DER GROSSE PLOETZ
Auszug aus der Geschichte

DER GROSSE PLOETZ

Auszug aus der Geschichte
von den
Anfängen bis zur Gegenwart

Begründet von Dr. Karl Julius Ploetz

31., aktualisierte Auflage,
bearbeitet von 69 Fachwissenschaftlern

Herausgegeben vom Verlag Ploetz

VERLAG PLOETZ FREIBURG · WÜRZBURG

Alle Rechte vorbehalten – Printed in Germany
© Verlag Ploetz Freiburg · Würzburg 1986, 1991
Erfassung und EDV-Verarbeitung des Registers:
Kühn & Weyh Software GmbH, Freiburg
Gesamtherstellung: Freiburger Graphische Betriebe 1992
ISBN 3-87640-375-8

VORWORT ZUR 29. AUFLAGE

Der „Auszug aus der allgemeinen Weltgeschichte als Leitfaden und zu Repetitionen" des Berliner Professors Dr. Karl Julius Ploetz erschien erstmals im Jahre 1863. Aus einem knappen, in den ersten Auflagen noch von einem Autor verfaßten Kompendium erwuchs seither ein umfassendes, heute von zahlreichen Fachwissenschaftlern erarbeitetes Informationsbuch für den historisch interessierten Leser. Das bewährte, in der ersten Auflage definierte Ploetz-Prinzip, „eine möglichst objektive Zusammenstellung der Tatsachen in möglichst übersichtlicher Gruppierung", bildet auch die Grundlage der durchgehend neu gestalteten 29. Auflage: Die Fülle des Stoffs ist nach den bekannten historischen Epochen gegliedert, die weitere Unterteilung nach Völkern und Staaten schafft überschaubare Kapitel, in denen die Darstellung chronologisch geordnet ist. Noch stärker als in den vorangegangenen Auflagen gilt dabei das Bestreben, möglichst alle Länder der Erde von den historischen Anfängen bis zur Gegenwart abzuhandeln. Das Nachschlagen wird durch die Hervorhebung wichtiger Namen, Begriffe und Ereignisse mit Hilfe besonderer Drucktypen sowie durch eine weitgehend durchlaufende Datenspalte erleichtert. Insgesamt sind erheblich mehr Einzeldaten als früher herausgestellt worden.

Die Anlage des Werks wurde inhaltlich und im Detail tiefgreifend verbessert. Während die 28. Auflage (1976) noch den Text der 27. Auflage (1968) bis zum Ende des Zweiten Weltkriegs unverändert übernehmen konnte, erforderten der wissenschaftliche Fortschritt und die veränderten Fragestellungen eine durchgängige Überarbeitung und weitgehende Neufassung. Insbesondere erhielt die Wirtschafts- und Sozialgeschichte ein ihrer Bedeutung für die Gesamtentwicklung entsprechendes Gewicht, jedoch unbeschadet der dominierenden Stellung der politischen Geschichte im Daten- und Faktengerüst.

Dort, wo es sinnvoll erschien, die geographischen und wirtschaftlichen, gesellschaftlichen und politischen Rahmenbedingungen von Epochen vorab zu klären, wurden den betreffenden Kapiteln Einführungen vorangestellt. Um dem wachsenden Bedürfnis nach systematischer Information zu entsprechen, wurden in die chronologische Darstellung an geeigneter Stelle thematische Blöcke eingeschoben, die bestimmte Zusammenhänge, Begriffe, Institutionen etc. in verdichteter Form abhandeln, durch eine senkrechte Randlinie abgehoben und im Registernachweis durch Fettdruck gekennzeichnet sind. Tabellen bieten chronologische Übersichten zur Untergliederung längerer Zeiträume sowie thematische Übersichten mit konzentrierter, leicht überschaubarer Zusammenstellung von Informationen, die sonst nur verstreut dargeboten werden könnten. Als völlig neues Element im „Großen Ploetz" stellen Schaubilder in vereinfachter Form Verfassungen und Wirtschaftsformen, Entwicklungen und soziale Strukturen dar, um die Ausdrucksmöglichkeiten des Textes zu erweitern und zu ergänzen.

Das Rückgrat bildet weiterhin das chronologisch geordnete Daten- und Faktengerüst im bewährten Ploetz-System. Zahlreichen Personennamen sind Geburts- und Sterbejahr, zahlreichen Ortsnamen die geographische Erläuterung beigegeben. Die entsprechenden Registernachweise sind durch Kursivdruck gekennzeichnet. Im übrigen wurden die Registerstichwörter stärker als bisher durch Unterstichwörter aufgeschlüsselt. Insgesamt ergab sich durch das Bemühen, sinnvoll zu ergänzen, ohne Wesentliches zu vernachlässigen, eine erhebliche Umfangssteigerung, die durch ein größeres Buchformat aufgefangen wurde.

Die Gliederung wurde noch übersichtlicher gestaltet. Die Vorgeschichte gibt nun eine Gesamtdarstellung von den Anfängen bis zur ersten Hälfte des letzten vorchristlichen Jahrtausends unter überblicksartiger Einbeziehung der alten Hochkulturen, die jedoch in separaten Kapiteln ausführlich behandelt werden. Es folgen die griechische und die römische Geschichte jeweils in geschlossener Abhandlung. Besonderer Wert wurde auf die vollständige und ausführliche Berücksichtigung nicht nur der Hauptstränge, sondern auch der Regionalgeschichte, der Einflußbereiche und der Randstaaten der antiken Welt gelegt. Das Mittelalter wurde noch klarer gegliedert und um eine systematische Erfassung von Grundzügen der Wirtschaft und Gesellschaft, der Verfassung und der Kultur bereichert. In ähnlicher Weise zeigen auch die neuzeitlichen Epochenüberblicke und die zugehörigen Länderkapitel eine neue Konzeption, wobei sich jetzt die Untergliederungen jeweils über größere Zeitabschnitte erstrecken, damit der Leser auch in den Nationalgeschichten die Zusammenhänge und langfristigen Entwicklungen besser verfolgen kann. Die bisher an die jeweiligen europäischen Epochen angehängte Geschichte der außereuropäischen Welt wurde zusammengefaßt, erweitert und nach ihren eigenen historischen Gesichtspunkten gegliedert. Die Darstellung der Neuesten Zeit setzt jetzt einheitlich mit der weltweiten Zäsur des Jahres 1945 ein, umgreift, entsprechend den globalen Entwicklungen, Ereignissen und Wechselwirkungen unserer Epoche, die Gesamtheit der Staaten und ist nach modernen Gesichtspunkten in westliche Welt, kommunistische Welt und Blockfreie gegliedert. Die Ereignischronologie wurde etwa bis zum Frühjahr 1980 fortgeführt.

Angesichts der Fülle des heute zugänglichen Quellenmaterials und der immer stärker werdenden Spezialisierung der Geschichtswissenschaft haben an dieser Ausgabe weitaus mehr Mitarbeiter mitgewirkt

IV Vorwort

als an jeder vorhergehenden. Das hat einerseits ein Mehr an Information und Genauigkeit zur Folge. Andererseits wurde es dadurch noch schwieriger, die einzelnen Beiträge aufeinander abzustimmen. Hierum haben sich alle Beteiligten in Respektierung unterschiedlicher wissenschaftlicher Auffassungen bemüht. Die Schreibweise der Namen stellte auch in den bisherigen Auflagen ein besonderes Problem dar. Für die Umschriften zumal der slawischen, arabischen und türkischen Namen wurden vereinfachte bzw. allgemein verbreitete Schreibweisen statt der in der Wissenschaft gebräuchlichen verwendet, für das Chinesische die Umschrift nach Wade-Giles. Für den griechisch sprechenden Teil der antiken Welt wurden in der Regel die griechischen Namensformen verwendet, doch wurde hier keine – das Lesen nur erschwerende – strikte Konsequenz angestrebt, vielmehr die im Deutschen geläufigen Namensformen sinnvollerweise verwendet.

Für grundlegende Gutachten, auf welche Bewahrung, Fortentwicklung und Ausbau des Ploetz-Systems zurückgehen, dankt der Verlag den Herren Professor Dr. Jochen Martin (Alte Geschichte) und Professor Dr. Klaus Hildebrand (Neuzeit). Disposition und Gliederung für die Darstellung der großen Epochen wurden hiernach aufgestellt von den Herren Professor Dr. Jochen Martin (Altertum), Professor Dr. Dr. h.c. František Graus (Mittelalter), Professor Dr. Johannes Kunisch (Frühe Neuzeit), Professor Dr. Klaus Hildebrand und Professor Dr. Gottfried Niedhart (Neuzeit 1789–1945) sowie Professor Dr. Peter Hüttenberger (Neueste Zeit). Die genannten Wissenschaftler leisteten damit, durch die Vermittlung geeigneter Autoren und als Fachberater einen entscheidenden Beitrag für das Zustandekommen dieser Neuausgabe, für den ihnen an dieser Stelle aufrichtig gedankt sei. Unser besonderer Dank gilt Herrn Professor Martin, der am Zusammenstellen der redaktionellen Richtlinien mitwirkte und die Redaktion in vielen Detailfragen sachkundig unterstützte.

Als Autoren der bisherigen Auflagen wirkten dankenswerterweise weiter mit die Herren Professor Dr. Herbert Ludat, der seit der 23. Auflage (1940) maßgeblich beteiligt ist, Professor Dr. Werner Conze und Professor Dr. Wolfram Frhr. v. Soden, die beide seit der 24. Auflage (1951) mitwirken, Professor Dr. Andreas Hillgruber (seit der 25. Auflage, 1956), Professor Dr. Dr. h.c. Dr. h.c. Bertold Spuler, Professor Dr. Erwin Rutte, Professor Dr. Hermann Müller-Karpe und Professor Dr. Wolfgang Lindig (diese seit der 27. Auflage, 1968). Ihnen und ebenso den neu hinzugekommenen Autoren, die im einzelnen im Verfasserverzeichnis aufgeführt sind, gilt unser Dank.

Wir hoffen, daß die vielseitige Anerkennung, die der ,,Große Ploetz" bisher erfahren hat, auch dieser Neuausgabe zum hundertjährigen Verlagsjubiläum zuteil wird, und bedanken uns im voraus für Anregungen und Kritik.

Freiburg, Sommer 1980   Verlag Ploetz

VORWORT ZUR 31. AUFLAGE

Die 29. und die 30. Auflage der Neubearbeitung des ,,Großen Ploetz" haben eine erfreuliche Zustimmung gefunden, für die der Verlag an dieser Stelle im Namen aller Mitwirkenden dankt. Die vielfach gelobte Übersichtlichkeit der Gliederung und der Reichtum an Information kommen nun dem Leser in einer aktualisierten Neuauflage zugute, welche die Chronologie bis zum März 1991 fortführt. Angesichts der weitgreifenden weltpolitischen Veränderungen der letzten Jahre hat sich die Redaktion dazu entschlossen, die Ereignisse seit 1985 in einem eigenen Kapitel zusammenzufassen und für dieses Kapitel von der bisherigen Gliederung der Neuesten Zeit in Westliche Welt, Kommunistische Welt und Blockfreie Welt abzugehen und zur Einteilung nach Kontinenten zurückzukehren. Die Kapitel bis 1985 wurden für die 31. Auflage durchgesehen und konnten im wesentlichen unverändert bleiben; sachliche Berichtigungen wurden berücksichtigt. Wir legen dem Leser diese Neuauflage hiermit vor und verbinden damit den Dank an die Bearbeiter der neu hinzugekommenen Texte und an alle übrigen Autoren des ,,Großen Ploetz".

Freiburg, im Februar 1991   Verlag Ploetz

INHALT

Verfasser	XVII
Verzeichnis der genealogischen Übersichten und Herrscherlisten	XIX
Abkürzungen in den Stammtafeln	XX

ERDGESCHICHTE ... 1

Einführung zur Geschichte der Erde und des Lebens	1
Die geologischen Formationen	3

VORGESCHICHTE ... 11

Paläolithikum (Altsteinzeit)	11
Altpaläolithikum (vor 60 000)	12
Mittelpaläolithikum (ca. 60 000–35 000)	13
Jungpaläolithikum (ca. 35 000–8 000)	14
Neolithikum (Jungsteinzeit)	17
Früh- und Altneolithikum (ca. 8.–6. Jt.)	18
Mittelneolithikum (ca. 5. und erste Hälfte des 4. Jt.s)	19
Jungneolithikum (ca. zweite Hälfte des 4. Jt.s)	21
Kupferzeit (ca. 3. Jt.)	23
Früh- und Altkupferzeit (ca. erste Hälfte des 3. Jt.s)	24
Mittel- und Jungkupferzeit (ca. 25.–21. Jh.)	30
Bronzezeit (ca. 2. Jt. v. Chr.)	39
Frühbronzezeit (ca. 20.–18. Jh.)	40
Ältere Bronzezeit (ca. 18.–16. Jh.)	43
Mittelbronzezeit (ca. 15.–13. Jh.)	47
Jungbronzezeit (ca. 13.–11. Jh.)	51
Eisenzeit (ca. 1. Jt. v. Chr.)	56
Früheisenzeit (ca. 10.–8. Jh.)	56
Ältere Eisenzeit (ca. 8.–6. Jh.)	57

ALTERTUM ... 61

Die Hochkulturen Ägyptens, des Vorderen Orients und Italiens	61
Ägypten	61
Babylonien und Assyrien	69
Übergang zur Frühgeschichte. Sumerer und Semiten (bis um 1450)	71
Die Anfänge des Assyrerreichs und die Hurriter (bis ca. 1000)	74
Das Assyrische Großreich und das Chaldäerreich (etwa 950–609)	75
Das Chaldäerreich (626–539)	77
Kleinasien	78
Syrien und Phönikien	82
Ugarit und die Stadtstaaten Syriens	82
Phönikische Städte und Kolonien	83
Syrien nach der Hethiterzeit (etwa 1200–700)	84
Arabien	84
Palästina	85
Nordwestafrika	89
Iran	90
Das Reich von Elam	90
Der Westen und Nordwesten Irans	91
Die Perser	92
Italien (8. Jh. bis römische Republik)	95
Die Etrusker	95
Griechenland vor dem Hellenismus	96
Die minoisch-mykenische Kultur	96
Die archaische Zeit Griechenlands (ca. 1100–ca. 500)	101

VI   Inhalt

Das „Dunkle Zeitalter" (12. Jh. – ca. 750) 102
Die Gesellschaften zur Zeit Homers und Hesiods 103
Die Kolonisation 106
Die Ausbildung der Polis als Staat 108
Einzelne Städte und Gebiete 111
Die Blütezeit der griechischen Polis (510–404) 120
Die Reformen des Kleisthenes in Athen 120
Der Ionische Aufstand und die Perserkriege 121
Die Ältere Tyrannis in Sizilien und Süditalien 123
Zwischen den Perserkriegen und dem Peloponnesischen Krieg: Die Pentekontaëtie 125
Der Peloponnesische Krieg (431–404) 133
Der Niedergang der Poliswelt (404–338) 136

Alexander und der Hellenismus 143
Makedonien und Epeiros bis Philipp II. 143
Alexander der Große (336–323) 147
Die Diadochenkämpfe (323–280) 151
Das hellenistische System 155
Die einzelnen hellenistischen Gebiete bis zur Auflösung der hellenistischen Herrschaft 158
Ägypten unter den Ptolemaiern 158
Das Seleukidenreich (281–63) 160
Palästina (320–63) 167
Die kleinasiatischen Monarchien im Hellenismus 168
Die Antigoniden in Makedonien (272–167) 172
Griechenland (338–145) 176
Karthago (um 450–146) 182

Römische Geschichte 183
Die Ursprünge und die Königszeit (bis ca. 510 v. Chr.) 183
Die alte Republik (ca. 510 bis ca. 270) 186
Die mittlere („hohe", „klassische") Republik (287–133) 195
Die späte römische Republik (133–44) 214
Der Prinzipat (44 v. – 285 n. Chr.) 224
    Die iulisch-claudische Dynastie 225
    Die flavischen Kaiser 236
    Das Adoptivkaisertum 237
    Die Severer 244
    Die Soldatenkaiser 245
Die Spätantike (284–476) 249
Das Christentum im Römischen Reich bis 313 257

Randstaaten, Einflußbereiche, Regionalgeschichte des Imperium Romanum 261
Italien 262
Griechenland/Makedonien 269
Südosteuropa 271
    Dalmatien 271
    Mösien 273
    Dakien 275
    Thrakien 276
Ostmitteleuropa 278
    Pannonien 278
    Noricum 281
Gallien, Germanien, Rätien, Alpenprovinzen 283
Das Freie Germanien bis zur Völkerwanderung 289
Britische Inseln 291
Iberische Halbinsel 293
Nordafrika 298
Ägypten 301
Palästina 302
Syrien 305
Kleinasien 308
Armenien 310
Iran und Mesopotamien 312
Arabien 317

Inhalt VII

MITTELALTER 319

Die sog. Völkerwanderungszeit und die Kontinuität des Imperiums 320
Völkerwanderungszeit allgemein 320
   Der Begriff „Völkerwanderung" 320
   Wanderbewegungen und Reichsgründungen der Ostgermanen (375–552) 321
Papsttum und Kirche (391–604) 327
Die Missionierung der europäischen Völkerschaften 331

Das Frühmittelalter und die Entstehung der mittelalterlichen Staatenwelt 334
Das Frankenreich (482–911) 334
   Die Merowingerzeit (482–714) 335
   Die Karolingerzeit (714–843) 340
   Die Auflösung des Reichs 347
      Das Westfrankenreich (843–987) 348
      Das Ostfrankenreich (843–911/919) 350
      Italien (781–887) 352
Das Papsttum und die Anfänge des Kirchenstaates (7.–10. Jh.) 353
Italien (568–950) 356
Die Iberische Halbinsel 362
Die Britischen Inseln (bis 1066) 364
   Die angelsächsischen Einfälle 365
   Die angelsächsischen Gebiete 365
   Die keltischen Gebiete 366
Skandinavien 369
Ost- und Südosteuropa (374–1025) 372
   Vom Hunneneinfall bis zu den Bulgarenreichen (374–650/1018) 372
   Die Ungarn und die Ausbreitung der Slawen 374
Das Byzantinische Reich (bis 843) 380

Das Hochmittelalter 387
Wirtschaft und Gesellschaft des Hochmittelalters 387
Die Kultur des Hochmittelalters . . . . : 391
Deutschland (911–1254) 397
   Die Ottonen (919–1024) 398
   Die Salier (1024–1125) 405
   Die Staufer (1138–1254) 411
Papsttum und Kirche (955–1309) 420
Die Kreuzzüge (1095–1291) 433
Italien (951–1266) 436
Frankreich (987–1270) 442
Die Iberische Halbinsel (711–1252) 456
   Das arabische Iberien (Al-Andalus) (711–1492) 456
   Die christlichen Reiche (711–1252/1328) 457
Die Britischen Inseln (1066–1272) 463
   Das Gebiet der Normannenherrschaft 463
   Irland 468
   Wales 469
   Schottland 470
Skandinavien (1035–1280/1286) 471
   Schweden 471
   Norwegen 472
   Dänemark 474
   Island 476
Ost- und Südosteuropa (950 – um 1300) 476
   Böhmen unter den Přemysliden 476
   Polen 478
   Rußland 480
   Ungarn 482
   Kroatien 483
   Serbien 483
   Bulgarien 484
   Albanien und Griechenland 485
Das Byzantinische Reich (842–1204) 485
Christliche Besitzungen im Vorderen Orient 492

VIII Inhalt

Das Spätmittelalter 495
Grundzüge von Politik, Wirtschaft, Gesellschaft, Verfassung 495
Wandlungen in der spätmittelalterlichen Kultur 499
Deutschland (1254–1493) 506
   Das sog. Interregnum (1254[1256]–1273) 507
   Könige aus den Häusern Habsburg, Nassau, Wittelsbach und Luxemburg (1273–1493) . . 509
   Die Schweizer Eidgenossenschaft (1218–1515) 524
Papsttum und Kirche (1309–1492) 526
Italien (1266–1494) 530
Frankreich (1270–1498) 540
Die Iberische Halbinsel (1252–1516) 557
Die Britischen Inseln (1272–1485) 564
   England 564
   Schottland 572
   Irland 573
Skandinavien (1280/1286–1523) 574
   Norwegen (mit Island) und Schweden (1280–1389) 574
   Dänemark (1286–1389) 575
   Die Unionszeit (1389–1523) 576
Ost- und Südosteuropa (1308–1526) 578
   Böhmen 579
   Polen 580
   Litauen 583
   Rußland 584
   Ungarn 586
   Walachei und Moldau 587
   Bulgarien 588
   Serbien 588
   Bosnien 589
   Griechenland und Albanien 590
Das Byzantinische Reich (1204–1453) 592
Christliche Besitzungen im Vorderen Orient bis 1573 596

EUROPÄISCHE NEUZEIT 597

Frühe Neuzeit (etwa 1500 bis Ende des 18. Jh.s) 597
Allgemeine Entwicklungen 597
Die Situation der Bevölkerung um und nach 1500 597
Der begrenzte Aufschwung von Landwirtschaft, Gewerbe und Handel 598
Staatliche Entwicklungen 600
Dauer und Wandel wirtschaftlicher Strukturen 601
Religiöser, wissenschaftlicher und kultureller Wandel 602
Die internationalen europäischen Ereignisse vom 15. bis 18. Jh. 610
Entdeckungen und frühe Eroberungen 610
Die Entstehung des europäischen Staatensystems und seine Entwicklung von der Hegemonie
zur Mächtebalance 615
Die einzelstaatliche Entwicklung von Ständestaaten zur absoluten Fürstenmacht 633
Heiliges Römisches Reich, Österreich und Brandenburg-Preußen (1493–1790/1792) 633
   Die Entwicklung im Reich bis zum Ende des Dreißigjährigen Krieges 633
   Der Aufstieg Brandenburg-Preußens und Österreichs zu europäischen Großmächten im
   17. Jh. 649
   Das Reich vom Westfälischen Frieden bis zur Französischen Revolution 652
Frankreich (1494–1789) 665
Die Britischen Inseln (1485–1789) 677
Rußland (1505–1795/1796) 685
Italien (Ende 15. – Ende 18. Jh.) 692
Spanien (1516–1788) 697
Portugal (1495–1777) 700
Niederlande (Nord- und Südprovinzen 1477–1782) 701
Skandinavien (16.–18. Jh.) 706
   Schweden 706
   Dänemark-Norwegen (mit Island und Grönland) 709
Polen (1505–1795) 710
Die Eidgenossenschaft (16.–18. Jh.) 714

Inhalt IX

Von der Französischen Revolution bis zum Ersten Weltkrieg (1789–1914) 716
Grundzüge und Grundprobleme europäischer Geschichte im 19. Jh. 716
Grundzüge europäischer Sozial- und Wirtschaftsgeschichte im 19. Jh. 716
Grundzüge europäischer Geistes- und Politikgeschichte 721
Internationales System 726
Die Einzelstaaten (1789–1914) 738
Deutschland, Preußen, Deutsches Reich (1789–1914) 738
  Im Zeitalter der Französischen Revolution und Napoleons (1789/92–1815) 738
  Der deutsche Vormärz (1815–1847) 742
  Die Revolution von 1848/1849 745
  Reaktion und preußisch-österreichischer Dualismus (1851–1866) 752
  Das Deutsche Reich im Zeitalter Bismarcks (1867/1871–1890) 755
  Das Zeitalter Kaiser Wilhelms II. (1890–1914) 764
Österreich bzw. Österreich-Ungarn (1804–1914) 769
Frankreich (1789–1914) 776
Großbritannien (1789–1914) 795
Rußland (1789–1914) 803
Italien (1796–1914) 813
Spanien (1789–1914) 818
Portugal (1789–1914) 820
Niederlande, Belgien, Luxemburg (1789–1914) 821
Skandinavische Staaten (1780/1789–1914) 824
  Norwegen und Schweden in der Personalunion (1814–1905/1914) 825
  Dänemark vom Kieler Frieden bis zum Ersten Weltkrieg (1814–1914) 827
Balkanstaaten (1789/1804–1914) 828
  Rumänien 828
  Bulgarien 828
  Serbien 829
  Montenegro 830
  Griechenland 830
Schweiz (1798–1914) 831

Das Zeitalter der Weltkriege (1914–1945) 833
Übernationale Entwicklung 833
Der Erste Weltkrieg (1914–1918) 833
Internationale Entwicklung zwischen den Weltkriegen (1918/1919–1939) 849
  Internationale Nachkriegsordnung und Ereignisse bis zum Ausbruch der Weltwirtschaftskrise 851
  Allgemeine Entwicklung von der Weltwirtschaftskrise bis zum Ausbruch des Zweiten Weltkrieges (1929–1939) 861
Der Zweite Weltkrieg (1939–1945) 870
  Ursachen und Vorgeschichte des Krieges 870
  Der Kriegsverlauf 871
    Europäischer Krieg (September 1939 – Juni 1941) 872
    Ausweitung zum Weltkrieg durch ‚Zusammenwachsen‘ des europäischen und des ostasiatischen Krieges (Juni 1941 – Dezember 1941) 883
    Übergang der Initiative auf die Mächte der „Anti-Hitler-Koalition" (Dezember 1941 bis Herbst 1942) 887
    Ansturm der „Anti-Hitler-Koalition" auf die „Festungen" Europa und Ostasien (Herbst 1942 – Sommer 1944) 895
    Endkampf und Kapitulation Deutschlands und Japans (Sommer 1944 – September 1945) 903
    Bilanz des Zweiten Weltkrieges 915
Die Einzelstaaten (1914–1945) 917
Deutschland (1914–1945) 917
  Deutschland im Ersten Weltkrieg (1914–1918) 917
  Die Weimarer Republik (1919–1933) 919
  Die nationalsozialistische Herrschaft (1933–1945) 932
  Vom Deutschen Reich abgetrennte Länder (1918/1919–1939/1945) 948
Österreich-Ungarn (1914–1918) 948
Österreich (1918–1938/1945) 949
Frankreich (1914–1945) 951
Großbritannien (1914–1945) 959
Irland (1922–1945) 962
Rußland/Sowjetunion (1914–1945) 962
Italien (1914–1944/1945) 972
Papsttum/Vatikanstaat (1914–1944) 977

X Inhalt

Spanien (1914–1944) 977
Portugal (1914–1945) 980
Niederlande (1914–1945) 981
Belgien (1914–1945) 982
Luxemburg (1914–1945) 983
Skandinavische Staaten (1914–1945) 983
  Schweden 984
  Norwegen 984
  Dänemark mit Island und Grönland 985
Finnland (1917–1945) 986
Baltische Staaten (1917–1945) 989
  Estland 989
  Lettland 989
  Litauen 990
Polen (1914 –1945) 991
Tschechoslowakei (1914–1939/1945) 993
Ungarn (1918–1945) 996
Rumänien (1914–1944) 999
Bulgarien (1915–1945) 1001
Jugoslawien (1914–1941/1944) 1022
Albanien (1912/1914–1939/1944) 1005
Griechenland (1913/1915–1945) 1005
Schweiz (1914–1940/1945) 1007

DIE AUSSEREUROPÄISCHE WELT VON IHREN ANFÄNGEN BIS ZUM ENDE DES ZWEITEN WELTKRIEGES 1009

Asien 1009
Zentralasien 1009
West-Zentralasien bis zum Aufstieg der Türken (ca. 1000 v. – 560 n. Chr.) 1010
Die Hsiung-nu und die Hunnen (3. Jh. v. – 4. Jh. n. Chr.) 1011
Zentralasien vom Ende des Hunnenreichs bis zum Aufstieg der Mongolen (6.–13. Jh.) 1011
Die Mongolen 1013
West- und Ostturkestan (16.–20. Jh.) 1015
Tibet 1016
Ostasien 1017
China (Anfänge bis 1945) 1017
Korea (Anfänge bis 1945) 1031
Japan (Anfänge bis 1945) 1034
Südostasien 1043
Südasien 1047
Indien von den Anfängen bis zur islamischen Herrschaft 1048
Indien unter islamischer Herrschaft 1051
Südindien von den Anfängen bis zur islamischen Herrschaft 1053
Das Reich der Großmogoln 1054
Die Marathen 1055
Der Aufstieg der europäischen Mächte in Indien 1056
Die Zeit der britischen Vorherrschaft 1058
Die Entwicklung von 1914–1945 1059

Islamisch-arabische Welt 1062
Die Entstehung des Islams 1062
Das Kalifenreich 1064
Die türkischen Reiche Vorderasiens 1070
Das Osmanische Reich 1074
Türkei (Republik) 1083
Der ostarabische Raum im 19./20. Jh. vor 1945 1085
  Die arabischen Provinzen der Türkei bis zum Friedensvertrag von Lausanne 1085
  Palästina 1088
  Syrien und Libanon 1089
  Irak 1089
  Die Arabische Halbinsel 1090
Ägypten (Neuzeit bis 1945) 1091
Der Maghreb (Neuzeit bis 1945) 1093

Algerien 1093
Marokko 1094
Tunesien 1095
Tripolitanien/Libyen 1095
Persien (Neuzeit bis 1945) 1096
Afghanistan (Unabhängigkeit bis 1945) 1099

Afrika südlich der Sahara 1100
Gesamtafrikanische Entwicklung bis Ende 19. Jh. 1100
Regionale Entwicklungen und Ereignisse bis zum Beginn der Kolonialzeit 1103
Der östliche Sudan 1103
Das Osthorn 1106
Westlicher und zentraler Sudan 1109
Die Guinealänder 1112
Innerostafrika 1116
Die Küstenregion Ostafrikas 1119
Die zentralafrikanischen Waldländer 1121
Das Mittelbantugebiet 1122
Südafrika 1124
Die europäische Kolonialzeit (bis 1945) 1126
Senegal 1126
Sierra Leone 1127
Liberia 1129
Nigeria 1130
Kamerun 1131
Mittelkongo (Französisch-Kongo, heute: Volksrepublik Congo) 1132
Belgisch-Kongo (heute: Zaïre) 1133
Angola 1135
Südrhodesien (heute: Zimbabwe-Rhodesien) 1136
Moçambique (heute: Mozambik) 1136
Deutsch-Südwestafrika (heute: Namibia) 1137
Südafrikanische Union (Kapkolonie, Natal, Oranje-Freistaat, Transvaal; heute: Republik Südafrika) 1138
Madagaskar 1142
Deutsch-Ostafrika – Tanganyika (heute: Tanzania) 1142
Kenya (Kenia) 1143
Somaliland (heute: Somalia und Dschibuti) 1144
Äthiopien 1144

Amerika 1145
Vorgeschichte und Indianerkulturen 1145
Nordamerika 1145
Mesoamerika 1148
    Tolteken, Chichimeken, Tepaneken 1155
    Das Reich der Azteken 1157
Südamerika 1157
    Gebiet des heutigen Kolumbien 1157
    Gebiet des heutigen Venezuela 1159
    Gebiet des heutigen Ecuador 1159
    Zentralandine Kulturen im heutigen Peru und Bolivien 1160
        Die Inka 1162
    Subandine Kulturen in den Gebieten des heutigen Südbolivien, Nordchile, Nordwestargentinien 1163
    Gebiet des heutigen Brasilien 1163
Kolonien und selbständige Staaten bis 1945 1164
Nordamerika von der Kolonialzeit bis 1945 1164
    Kolonialgeschichte Nordamerikas bis 1763 1164
    Kanada (1763–1945) 1170
    Die Vereinigten Staaten von Amerika (1763/1776–1945) 1173
Lateinamerika von der Kolonialzeit bis 1945 1188
    Kolonialgeschichte Lateinamerikas 1188
        Das spanische Kolonialreich 1188
        Das portugiesische Kolonialreich (Brasilien) 1192
        Die übrigen Kolonien Mittel- und Südamerikas 1193
    Die selbständigen Staaten Lateinamerikas 1195

XII Inhalt

Die panamerikanische Bewegung 1197
  Mexiko mit Mittelamerika 1197
  Mexiko 1197
  Zentralamerikanische Konföderation 1200
  Guatemala 1200
  El Salvador 1200
  Honduras 1201
  Nicaragua 1201
  Costa Rica 1201
  Westindien 1202
  Kuba 1202
  Haiti 1202
  Dominikanische Republik 1203
  Südamerika 1203
  Kolumbien 1203
  Panama 1204
  Venezuela 1204
  Ecuador 1205
  Peru 1205
  Bolivien 1206
  Paraguay 1207
  Uruguay 1207
  Argentinien 1208
  Brasilien 1209
  Chile 1211

Australien und Ozeanien mit Neuseeland 1212
Endogene Kulturen 1212
Australien 1212
Ozeanien mit Neuseeland 1214
Australien von der Entdeckung bis 1945 1220
Neuseeland von der Entdeckung bis 1945 1224
Ozeanien von der Zeit der Entdeckungen bis 1945 1225

NEUESTE ZEIT 1227

Weltorganisationen und Weltwirtschaft 1227
Die Ost-West-Beziehungen 1240

Westliche Welt 1257
Internationale Beziehungen innerhalb der westlichen Welt 1257
Die einzelnen Staaten westlicher Bündnissysteme 1274
Die Vereinigten Staaten von Amerika 1274
Kanada 1286
Deutschland seit 1945 / Bundesrepublik Deutschland 1289
  Besatzungszeit (1945–1949) 1290
  Wiederaufbau und Westintegration – Gründung der Bundesrepublik Deutschland (1949
  bis 1956) 1295
  Innere Konsolidierung (1956–1963) 1299
  Innenpolitische Krisen (1964–1969) 1301
  Die sozial-liberale Koalition (1969–1982) 1302
  Die christlich-liberale Koalition (seit 1982) 1306
Frankreich: IV. und V. Republik (mit Monaco) 1307
Großbritannien und Nordirland 1312
Irland 1318
Italien (mit San Marino) 1319
Spanien (mit Andorra) 1325
Portugal 1327
Benelux-Staaten 1330
  Niederlande 1330
  Belgien 1332
  Luxemburg 1335
Dänemark (mit Grönland und Färöer) 1335
Norwegen 1336

Island	1337
Griechenland	1338
Türkei	1339
Japan	1341
Republik Korea (Südkorea)	1347
Republik China (Taiwan)	1349
Neutrale Staaten in Europa	1349
Vatikan	1349
Österreich	1350
Schweiz (mit Liechtenstein)	1354
Schweden	1357
Finnland	1358
Zypern	1360
Malta	1360

Kommunistisch strukturierter Teil der Welt ... 1361

Internationale Beziehungen innerhalb der kommunistischen Welt	1361
Die Warschauer-Pakt-Staaten	1371
Sowjetunion	1371
Deutsche Demokratische Republik	1382
Polen	1396
Tschechoslowakei – ČSR/ČSSR	1400
Ungarn	1403
Rumänien	1405
Bulgarien	1407
Mongolische Volksrepublik	1408
Kommunistisch regierte Staaten außerhalb des Warschauer Paktes	1408
Jugoslawien	1408
Albanien	1411
China / Volksrepublik China	1412
Volksdemokratische Republik Korea (Nordkorea)	1426
Vietnam	1427
Laos	1431
Kambodscha	1432
Kuba	1433

Nicht durch Blockbündnis geprägter Teil der Welt ... 1437

Die Bewegung der bündnisfreien Staaten	1437
Islamisch-arabische Region	1441
Grundbedingungen für Entwicklung, Probleme und weltpolitische Bedeutung der arabischen Welt nach dem Zweiten Weltkrieg	1441
Arabische Einigungsbestrebungen und innerarabische Konflikte	1443
Der arabisch-israelische Konflikt	1449
Innere Verhältnisse der islamisch-arabischen Staaten und Israels (einschließlich Irans und Afghanistans)	1458
Syrien	1458
Libanon	1460
Transjordanien/Jordanien	1462
Israel	1464
Irak	1467
Saudi-Arabien	1469
Kuwait	1471
Die Emirate der „Vertragsküste". Bahrain – Katar – Vereinigte Arabische Emirate	1471
Oman (Maskat und Oman)	1472
Jemen – Arabische Republik Jemen	1473
Aden und die Südarabische Föderation – Demokratische Volksrepublik Jemen	1474
Sudan	1475
Ägypten – Vereinigte Arabische Republik (VAR)	1476
Libyen	1479
Tunesien	1481
Algerien	1483
Marokko	1486
Spanisch-Sahara – Marokkanisch und mauretanisch verwaltete Sahara / Demokratische Arabische Republik Sahara	1488
Mauretanien	1489

XIV Inhalt

Iran	1490
Afghanistan	1494
Afrika südlich der Sahara	1495
Westafrika	1495
Küstenstaaten	1495
Senegal	1495
Gambia	1496
Guinea-Bissau (Portugiesisch-Guinea)	1496
Kapverden	1497
Guinea	1497
Sierra Leone	1498
Liberia	1499
Elfenbeinküste	1499
Ghana (Goldküste)	1500
Togo	1502
Benin (Dahomey)	1503
Nigeria	1505
Binnenstaaten	1507
Mali (Soudan)	1507
Obervolta	1508
Niger	1509
Zentralafrika	1510
Tchad (Tschad)	1510
Zentralafrikanische Republik	1512
Kamerun	1513
Äquatorial-Guinea (Spanisch-Guinea)	1514
Sao Tomé / Principe	1514
Gabon (Gabun)	1515
Volksrepublik Congo (Kongo[-Brazzaville]/Französisch-Kongo)	1516
Zaïre (Kongo[-Léopoldville bzw. -Kinshasa]/Belgisch-Kongo)	1517
Rwanda (Ruanda)	1521
Burundi	1522
Südliches Afrika	1524
Südliches Zentralafrika	1524
Angola	1524
Zambia (Sambia/Nordrhodesien)	1526
Malawi (Nyasaland/Njassaland)	1527
Zimbabwe (Rhodesien/Südrhodesien)	1528
Mozambik (Moçambique)	1531
Südafrika	1532
Namibia (Südwestafrika)	1532
Republik Südafrika (Südafrikanische Union)	1535
Lesotho (Basutoland)	1537
Swaziland	1537
Botswana (Bechuanaland)	1539
Östliches Afrika	1539
Festland	1539
Tanzania (Tanganyika mit Zanzibar [Sansibar])	1539
Uganda	1540
Kenya (Kenia)	1541
Somalia (Britisch- und Italienisch-Somaliland)	1543
Djibuti (Dschibuti/Französisch-Somaliland)	1543
Äthiopien	1544
Ostafrikanische Inseln	1545
Madagaskar	1545
Comoren (Komoren)	1547
Réunion	1549
Mauritius	1549
Seychellen	1550
Indischer Subkontinent	1551
Der indisch-pakistanische Konflikt	1551
Innere Verhältnisse der Länder	1552
Indien nach dem Zweiten Weltkrieg	1552
Indien von der Unabhängigkeit bis zur Gegenwart	1552
Pakistan von der Staatsgründung bis zur Gegenwart	1559

Bangla Desch von der Unabhängigkeit bis zur Gegenwart 1561
Sri Lanka (Ceylon) von der Unabhängigkeit bis zur Gegenwart 1562
Malediven von der Unabhängigkeit bis zur Gegenwart 1563
Nepal 1563
Bhutan 1564
Südostasien 1564
Paktsysteme 1564
Innere Verhältnisse der Länder 1565
   Burma (Birma) 1565
   Thailand 1567
   Malaya/Malaysia 1569
   Brunei 1571
   Singapur 1571
   Indonesien 1572
   Philippinen 1574
Australien, Neuseeland und Ozeanien 1576
Australien 1576
Neuseeland 1580
Ozeanien 1581
Lateinamerika 1582
Mittelamerikanische Staaten mit Mexiko 1586
   Mexiko 1586
   Guatemala 1588
   Belize 1589
   El Salvador 1589
   Honduras 1590
   Nicaragua 1592
   Costa Rica 1593
   Panama 1594
Abhängige und erst seit jüngster Zeit unabhängige Gebiete 1595
Westindische Staaten 1596
   Haiti 1596
   Dominikanische Repulik 1597
   Jamaika 1597
   Trinidad und Tobago 1598
   Barbados 1598
   Saint Vincent 1599
   Grenada 1599
   Dominica 1599
   Saint Lucia 1600
   Bahamas 1600
   Puerto Rico 1600
   Saint Kitts (Saint Christopher) – Nevis 1601
   Antigua und Barbuda 1601
Südamerikanische Staaten 1601
   Kolumbien 1601
   Venezuela 1602
   Guyana 1604
   Surinam (Niederländisch-Guayana) 1604
   Ecuador 1605
   Peru 1606
   Bolivien 1608
   Paraguay 1609
   Uruguay 1610
   Argentinien 1612
   Brasilien 1614
   Chile 1616

EREIGNISSE SEIT 1985 1620

Weltorganisation und Weltwirtschaft 1620
Die Ost-West-Beziehungen 1621
Internationale Beziehungen innerhalb der westlichen Welt 1622
Internationale Beziehungen innerhalb der kommunistischen Welt 1624
Die Bewegung der bündnisfreien Staaten 1624

XVI Inhalt

Europa 1625
Mitteleuropa 1625
Bundesrepublik Deutschland – Deutsche Demokratische Republik – Österreich – Schweiz
Westeuropa 1629
Frankreich – Niederlande – Belgien – Luxemburg – Großbritannien und Nordirland – Irland
Südeuropa 1630
Italien (mit San Marino) – Vatikan – Malta – Spanien (mit Andorra) – Portugal
Nordeuropa 1632
Schweden – Norwegen – Dänemark (mit Grönland und Färöer) – Island – Finnland
Osteuropa 1632
Sowjetunion – Polen – Tschechoslowakei – Ungarn – Rumänien – Bulgarien
Südosteuropa 1635
Jugoslawien – Albanien – Griechenland – Zypern – Türkei

Islamisch-arabische Region 1636
Arabische Welt nach 1985 / Arabisch-israelischer Konflikt 1636
Syrien – Libanon – Jordanien – Israel – Irak – Saudi-Arabien – Kuwait – Bahrein – Vereinigte Arabische Emirate – Oman – Arabische Republik Jemen (Nordjemen) – Demokratische Volksrepublik Jemen (Südjemen) – Republik Jemen – Sudan – Ägypten – Libyen – Tunesien – Algerien – Marokko – Westsahara – Mauretanien – Iran – Afghanistan

Afrika südlich der Sahara 1644
Westafrika 1644
Senegal – Gambia – Guinea-Bissau – Kapverden – Guinea – Sierra Leone – Liberia – Côte d'Ivoire (Elfenbeinküste) – Ghana – Togo – Benin – Nigeria – Mali – Burkina Faso (Obervolta) – Niger
Zentralafrika 1646
Tchad (Tschad) – Zentralafrikanische Republik – Kamerun – Äquatorial-Guinea – São Tomé/ Príncipe – Gabon (Gabun) – Volksrepublik Congo (Kongo-Brazzaville) – Zaïre (Kongo-Léopoldville) – Rwanda – Burundi
Südliches Afrika 1648
Angola – Zambia – Malawi – Zimbabwe – Mozambik – Namibia – Republik Südafrika – Lesotho – Swaziland – Botswana
Östliches Afrika 1650
Tanzania (mit Zansibar) – Uganda – Kenya (Kenia) – Somalia – Dschibuti – Äthiopien – Madagaskar – Comoren (Komoren) – Mauritius – Seychellen

Asien 1652
Südasien (Indischer Subkontinent) 1652
Indien – Pakistan – Bangla Desch – Sri Lanka (Ceylon) – Malediven – Nepal – Bhutan
Südostasien 1654
Paktsysteme – Myanmar (Burma) – Thailand – Laos – Kambodscha – Vietnam – Malaysia – Brunei – Singapur – Indonesien – Philippinen
Ostasien 1657
Volksrepublik China – Republik China (Taiwan) – Volksdemokratische Republik Korea (Nordkorea) – Republik Korea (Südkorea) – Japan
Zentralasien 1659
Mongolische Volksrepublik

Australien, Neuseeland und Ozeanien 1659
Australien – Neuseeland – Ozeanien 1659

Amerika 1660
Nordamerika 1660
Kanada – Die Vereinigten Staaten von Amerika
Lateinamerika 1662
Mittelamerika mit Mexiko 1662
Mexiko – Guatemala – Belize – El Salvador – Honduras – Nicaragua – Costa Rica – Panama
Westindien 1664
Haiti – Dominikanische Republik – Jamaika – Trinidad und Tobago – Barbados – Saint Vincent – Grenada – Dominica – Saint Lucia – Bahamas – Puerto Rico – Saint Kitts-Nevis – Antigua und Barbuda
Südamerika 1666
Kolumbien – Venezuela – Guayana – Surinam (Niederländisch-Guayana) – Ecuador – Peru – Bolivien – Paraguay – Uruguay – Argentinien – Brasilien – Chile

Namen- und Sachregister 1669

VERFASSER

Erdgeschichte
Prof. Dr. Erwin *Rutte*, Würzburg (S. 1–10)

Vorgeschichte
Prof. Dr. Hermann *Müller-Karpe*, Bonn (S. 11–60)

Altertum
Prof. Dr. Alexander *Demandt*, Berlin: Die Spätantike (S. 249–257)
Prof. Dr. Werner *Eck*, Köln: Palästina (S. 302–305); Syrien, Kleinasien (Römerzeit S. 305–310)
Prof. Dr. Peter *Funke*, Gießen: Armenien, Iran und Mesopotamien (Römerzeit S. 310–317)
Prof. Dr. Hartmut *Galsterer*, Aachen: Italien (S. 262–269)
Prof. Dr. Erik *Hornung*, Basel: Ägypten (S. 61, 64–69, 158–160, 301–302)
Dr. Michael *Koch*, Ismaning: Iberische Halbinsel (S. 293–297)
Prof. Dr. Gianfranco *Maddoli*, Perugia: Die minoisch-mykenische Kultur (S. 96–101)
Prof. Dr. Jochen *Martin*, Freiburg i. Br.: Einleitung (S. 61); Karthago (S. 89–90, 182); Die archaische Zeit Griechenlands, Die Blütezeit der griechischen Polis (S. 101–136); Einleitung zur Römischen Geschichte, Die Ursprünge und die Königszeit, Die alte Republik, Die mittlere Republik, Die späte römische Republik, Der Prinzipat (S. 183–248); Das Christentum im Römischen Reich (S. 257–261)
Prof. Dr. Dr. Klaus *Rosen*, Eichstätt: Der Niedergang der Poliswelt, Makedonien und Epeiros bis Philipp II., Alexander der Große, Die Diadochenkämpfe, Das hellenistische System (S. 136 bis 158); Das Seleukidenreich (S. 160–167); Die kleinasiatischen Monarchien im Hellenismus, Die Antigoniden in Makedonien, Griechenland im Hellenismus, außer Karthago (S. 168–182)
Prof. Dr. Jaro *Šašel*, Ljubljana: Südosteuropa, Ostmitteleuropa (S. 271–283)
Prof. Dr. Wolfram Frhr. *v. Soden*, Münster: Babylonien und Assyrien, Kleinasien, Syrien und Phönikien, Arabien, Palästina, Nordafrika, Iran (Hochkulturen, außer Karthago S. 69–94)
Prof. Dr. Hartmut *Wolff*, Passau: Einleitung zur Regionalgeschichte des Imperium Romanum (S. 261); Griechenland/Makedonien (S. 269–271); Gallien, Germanien, Rätien, Alpenprovinzen (S. 283 bis 289); Britische Inseln (S. 291–293); Nordafrika (Römerzeit S. 298–300); Arabien (Römerzeit S. 317–318)

Mittelalter
Prof. Dr. Joachim *Ehlers*, Braunschweig: Frankreich (S. 442–455, 540–557)
Prof. Dr. Kaspar *Elm*, Berlin: Papsttum und Kirche, Missionierung, Kreuzzüge (S. 327–334, 353 bis 356, 420–436 außer Kirchenspaltung S. 423, 526–530)
Prof. Dr. Arnold *Esch*, Bern: Italien (S. 356–362, 436–442, 530–539)
Prof. Dr. Dr. h.c. František *Graus*, Basel: Einleitung zum Mittelalter (S. 319–320); Grundzüge von Politik, Wirtschaft, Gesellschaft, Verfassung des Hoch- und Spätmittelalters (S. 387–391, 495–499)
Prof. Dr. Rudolf *Hiestand*, Düsseldorf: Das Byzantinische Reich, Christliche Besitzungen im Vorderen Orient (S. 380–386, 485–494, 592–596), Kirchenspaltung (S. 423)
Prof. Dr. Ulrich *Im Hof*, Bern: Schweizer Eidgenossenschaft (S. 524–526)
Priv.-Doz. Dr. Reinhard *Liehr*, Berlin: Iberische Halbinsel (S. 362–364, 456–463, 557–563)
Prof. Dr. Herbert *Ludat*, Gießen: Ost- und Südosteuropa (S. 372–380, 476–485, 578–592)
Prof. Dr. Helmut *Meinhardt*, Gießen: Scholastik und Mystik im Hoch- und Spätmittelalter, Aufkommen des Buchdrucks (S. 392–395, 504–505)
Prof. Dr. Peter *Moraw*, Gießen: Deutschland im Spätmittelalter (S. 506–524)
Prof. Dr. Jürgen *Petersohn*, Marburg: Deutschland im Hochmittelalter (S. 397–420)
Prof. Dr. Friedrich *Prinz*, München (unter teilweiser Verwendung des Textes von Prof. Dr. Walther Kienast, Frankfurt a.M., aus der 28. Auflage): Das Frankenreich (S. 334–353)
Prof. Dr. Michael *Richter*, Dublin (unter Verwendung des Textes von Prof. Dr. Walther Kienast, Frankfurt a. M., aus der 28. Auflage): Die Britischen Inseln (S. 364–369, 463–470, 564–574); Skandinavien (S. 369–371, 471–476, 574–578)
Dr. Rainer *Schwinges*, Gießen: Wissenschaften, Rechts- und Bildungswesen, Kunst und Literatur (Kultur-Überblicke zum Hoch- und Spätmittelalter S. 395–396, 500–504)
Prof. Dr. Herwig *Wolfram*, Wien: Völkerwanderungszeit allgemein (S. 320–327)

XVIII   Verfasser

Europäische Neuzeit

Dr. Walther L. *Bernecker,* Augsburg: Spanien, Portugal (S. 818–820, 977–981)

Ulrich *Bracher,* Stuttgart: Skandinavien (S. 824–827, 983–988)

Prof. Dr. Werner *Conze,* Heidelberg: Übernationale Entwicklung. Erster Weltkrieg, Zwischenkriegs-zeit 1914–1939 (S. 833–869); Deutschland, Preußen, Deutsches Reich, Österreich bis 1939 (S. 738 bis 775, 917–943, 948–951); Italien 1935–1939 (S. 975); Papsttum/Vatikanstaat, Niederlande, Belgien, Luxemburg, Baltische Staaten, Polen, Tschechoslowakei, Ungarn, Rumänien, Bulgarien, Jugoslawien, Albanien, Griechenland 1914–1939 (S. 977, 981, 982, 983, 989–991, 991–992, 993–995, 996–998, 999–1000, 1001–1002, 1002–1003, 1005, 1005–1007)*

Prof. Dr. Hans *Hecker,* Düsseldorf (unter Verwendung des Textes von Prof. Dr. Reinhard Wittram, Göttingen, aus der 28. Auflage): Rußland 1505–1795/1796 (S. 685–692); Polen 1505–1795 (S. 710–714)

Prof. Dr. Andreas *Hillgruber,* Köln: Zweiter Weltkrieg (S. 870–916); Deutschland, Italien, Papsttum/Vatikanstaat, Niederlande, Belgien, Luxemburg, Baltische Staaten, Polen, Tschechoslowakei, Ungarn, Rumänien, Bulgarien, Jugoslawien, Albanien, Griechenland 1939–1945 (S. 943–947, 975–977, 981 bis 982, 982–983, 983, 989–991, 992–993, 995–996, 998, 1000–1001, 1002, 1003–1005, 1005, 1007)

Dr. Heinz *Holeczek,* Freiburg i. Br.: Allgemeine Entwicklung von Bevölkerung, Wirtschaft, Staat (Frühe Neuzeit S. 597–602); Die internationalen europäischen Ereignisse (S. 610–632)**

Prof. Dr. Ulrich *Im Hof,* Bern: Eidgenossenschaft, Schweiz (S. 714–715, 831–832, 1007–1008)

Dr. Wolfgang *Kessler,* Marburg: Rußland, Sowjetunion (S. 803–813, 962–972)

Dr. Willy *Kreutz,* Mannheim: Religiöser, wissenschaftlicher und kultureller Wandel (Frühe Neuzeit S. 602–610)

Priv.-Doz. Dr. Kersten *Krüger,* Marburg: Skandinavien im 16.–18. Jh. (S. 706–710)

Prof. Dr. Horst *Lademacher,* Kassel: Niederlande, Belgien, Luxemburg (S. 701–705, 821–824)

Priv.-Doz. Dr. Reinhard *Liehr,* Berlin: Spanien 1516–1788, Portugal 1495–1777 (S. 697–701)

Prof. Dr. Rudolf *Lill,* Karlsruhe: Italien (mit Papsttum 18.–20. Jh.) (bis 1934) (S. 695–697, 813–818, 972–975)

Prof. Dr. Wilfried *Loth,* Münster: Frankreich (S. 665–676, 776–795, 951–959)

Dr. Helmut *Neuhaus,* Köln: Heiliges Römisches Reich, Österreich und Brandenburg-Preußen (S. 633 bis 665)

Prof. Dr. Gottfried *Niedhart,* Mannheim: Grundzüge und Grundprobleme im 19. Jh., Internationales System 1791–1914 (S. 716–737); Britische Inseln, Großbritannien, Irland (S. 677–685, 795 bis 803, 959–962); Balkanstaaten 1789/1804–1914 (S. 828–831)

Die außereuropäische Welt

Dr. Goswin *Baumhögger,* Hamburg: Afrikas europäische Kolonialzeit (S. 1126–1143)***

Prof. Dr. Friedemann *Büttner,* Berlin: Islamisch-arabische Welt 1918–1945 (S. 1083–1090, 1092 bis 1093, 1094–1095, 1098–1099, 1099)

Dr. Dieter *Eisleb,* Berlin (unter Verwendung des Textes von Prof. Dr. Heinrich Euler, Würzburg, aus der 28. Auflage): Indianerkulturen Südamerikas (S. 1157–1164)

Dr. Wolfgang *Haberland,* Hamburg: Indianerkulturen Mesoamerikas (S. 1148–1157)

Dr. Klaus *Helfrich,* Berlin: Endogene Kulturen Australiens und Ozeaniens einschl. Neuseeland (S. 1212–1219)

Prof. Dr. Oskar *v. Hinüber,* Freiburg i. Br.: Südasien (S. 1047–1061)

Prof. Dr. Peter *Hüttenberger,* Düsseldorf: Australien, Neuseeland, Ozeanien von der Entdeckung bis 1945 (S. 1220–1226)

Prof. Dr. Jürgen *Jensen,* Hamburg: Afrika bis zum Ende des 19. Jh.s (S. 1100–1126)

Prof. Dr. Günter *Kahle,* Köln: Übrige Kolonien, selbständige Staaten Lateinamerikas bis 1945 (S. 1193–1211)

Prof. Dr. Wolfgang *Lindig,* Frankfurt a. M.: Einleitung zu den Indianerkulturen, Indianerkulturen Nordamerikas (S. 1145–1148)

Prof. Dr. Günter *Moltmann,* Hamburg: Einleitung zu Amerika, Nordamerika von der Kolonialzeit bis 1945 (S. 1164–1187)

Dr. Claudius *Müller,* München: Tibet, China bis 1919 (S. 1016–1029); Korea (S. 1031–1033)

Ulrich *Neininger,* München: Südostasien (S. 1043–1047)

Prof. Dr. Peter J. *Opitz,* München: China 1921–1945 (S. 1029–1031)

Priv.-Doz. Dr. Horst *Pietschmann,* Hamburg: Kolonialgeschichte Lateinamerikas (S. 1188–1193)

Prof. Dr. Dr. h.c. Dr. h.c. Bertold *Spuler,* Hamburg: Einleitung zu Asien, Zentralasien außer Tibet (S. 1009–1016); Islamisch-arabische Welt bis 1918 (S. 1062–1083, 1091–1092, 1093–1095, 1096–1098, 1099)

Prof. Dr. Peter *Weber-Schäfer,* Bochum: Japan (S. 1034–1043)

Neueste Zeit

Dr. Goswin *Baumhögger,* Hamburg: Afrika südlich der Sahara bis 1980 (S. 1495–1543, 1545–1550)

Prof. Dr. Walther L. *Bernecker,* Bern: Spanien bis 1980 (S. 1325–1327); Portugal bis 1980 (S. 1327–1330); Kuba bis 1980 (S. 1433–1436); Lateinamerika bis 1980 (S. 1582–1619)

Prof. Dr. Friedemann *Büttner,* Berlin: Islamisch-arabische Region (S. 1441–1494)

Dr. Friedemann *Corvinus,* Freiburg i. Br.: Afrika südlich der Sahara ab 1980 (S. 1495–1542, 1545–1550)

Hanswilhelm *Haefs* und Doris *Breuer,* Bonn: Dänemark, Norwegen, Island, Griechenland, Türkei (S. 1335–1339); Schweden, Finnland, Zypern, Malta (S. 1357–1360); Bewegung der bündnisfreien Staaten (S. 1437–1441)

Prof. Dr. Oskar *v. Hinüber,* Freiburg i. Br.: Indischer Subkontinent bis 1980, außer Malediven, Nepal, Bhutan (S. 1551–1563)

Prof. Dr. Peter *Hüttenberger,* Düsseldorf: Einleitung zur Neuesten Zeit, Weltorganisationen und Weltwirtschaft, Ost-West-Beziehungen, Internationale Beziehungen innerhalb der westlichen Welt (S. 1227–1274); Bundesrepublik Deutschland, Frankreich, Großbritannien, Irland, Italien (S. 1289–1324); Benelux-Staaten (S. 1330–1335); Österreich (S. 1350–1354); DDR (S. 1382–1396); Australien, Neuseeland, Ozeanien (S. 1576–1581)

Prof. Dr. Ulrich *Im Hof,* Bern: Schweiz (S. 1354–1357)

Dr. Wolfgang *Kessler,* Marburg: Internationale Beziehungen innerhalb der kommunistischen Welt, Sowjetunion (S. 1361–1382); Polen, Tschechoslowakei, Ungarn, Rumänien, Bulgarien (alle ab 1980: S. 1399, 1403, 1405, 1406, 1407); Jugoslawien, Albanien (alle ab 1980: S. 1411, 1412)

Margit *Ketterle,* München: Lateinamerika ab 1980 (S. 1582–1619)

Prof. Dr. Hans *Lemberg,* Marburg: Polen, Tschechoslowakei, Ungarn, Rumänien, Bulgarien (alle bis 1980: S. 1396–1408); Jugoslawien, Albanien (alle bis 1980: S. 1408–1412)

Dr. Jürgen *Lütt,* Heidelberg: Indischer Subkontinent ab 1980, außer Malediven, Nepal, Bhutan (S. 1551–1563)

Prof. Dr. Günter *Moltmann,* Hamburg: Vereinigte Staaten, Kanada (S. 1274–1289)

Dr. Claudius *Müller,* München: Südkorea, Taiwan (S. 1347–1349); Mongolische VR (S. 1408); Nordkorea (S. 1426–1427)

Ulrich *Neininger,* München: Vietnam, Laos, Kambodscha (S. 1427–1433); Südostasien (S. 1564–1576)

Prof. Dr. Peter J. *Opitz,* München: China (S. 1412–1426)

Ulrike *Redecker,* Freiburg i. Br.: Spanien ab 1980 (S. 1327); Portugal ab 1980 (S. 1330); Vatikan ab 1980 (S. 1350); Kuba ab 1980 (S. 1436); Somalia, Djibuti, Äthiopien ab 1980 (S. 1543–1545); Malediven, Nepal, Bhutan ab 1980 (S. 1563–1564)

Prof. Dr. Peter *Weber-Schäfer,* Bochum: Japan (S. 1341–1347)

Ereignisse seit 1985

Thomas Adolph, Freiburg (Asien, Großbritannien, Irland, Nordeuropa); *Dipl. pol. Johannes Berger, Berlin* (Arabische Welt); *Rainer Humbach, Freiburg* (Afrika südlich der Sahara, Südeuropa); *Dr. Wolfgang Kessler, Herne* (Internationale Beziehungen innerhalb der kommunistischen Welt, Osteuropa, Jugoslawien, Albanien); *Günter Moltmann, Hamburg* (Nordamerika); *Frank Schlumberger, Freiburg* (Einleitungskapitel, Mitteleuropa, Frankreich, Benelux-Staaten, Griechenland, Zypern, Türkei, Australien und Ozeanien, Lateinamerika)

Wir danken den Herren Prof. Dr. Walter *Bernecker,* Prof. Dr. Friedemann *Büttner,* Prof. Dr. Oskar *von Hinüber,* Prof. Dr. Peter *Hüttenberger,* Prof. Dr. Peter *Opitz,* Prof. Dr. Peter *Weber-Schäfer* für ihre Bereitschaft, die von der Redaktion erarbeiteten Aktualisierungstexte gegenzulesen.

Die Angaben zu den Autoren beziehen sich auf den Stand bei Abschluß des Werkes.
*   Erstellung von Grafiken und Tabellen durch die Verlagsredaktion.
**   Ab 1556 aus redaktionellen Gründen gekürzt.
*** Auswahl der Länder und zeitliche Begrenzung in Verantwortung der Verlagsredaktion.

Verzeichnis der genealogischen Übersichten und Herrscherlisten

Die bedeutendsten Tyrannen (Altgriechenland)	109
Liste der spartanischen Könige	112
Die Seleukiden	163
Die Antigoniden	173
Die römischen Kaiser vor Diokletian	225
Die iulisch-claudische Dynastie	233
Verwandtschaftstafel zu den spätantiken Dynastien	253
Die Päpste (384–604)	330
Die Karolinger	342
Die Päpste (604–1059)	355
Die angelsächsischen Könige bzw. die dänischen Könige in England	366

XX Genealogische Übersichten – Abkürzungen

Sächsisches (Liudolfingisches) Geschlecht	400
Salisches (fränkisches) Geschlecht	406
Staufer	412
Welfen	414
Die Päpste (1058–1304)	425
Genealogie der Kapetinger (direkte Linie)	443
Könige von Kastilien	458
Könige von Aragón	460
Könige von Portugal	462
Genealogie der Könige von England im Hochmittelalter	464
Verzeichnis der schwedischen Herrscher	471
Genealogie der Herrscher Norwegens	473
Genealogie der Herrscher Dänemarks	474
Stammtafel der Habsburger	509
Stammtafel der Luxemburger	511
Stammtafel der Wittelsbacher	512
Die Päpste (1305–1492)	526
Kapetinger – Valois – Orléans – Angoulême – Bourbon	545
Genealogie der Valois und der Herzöge von Burgund	550
Könige von Kastilien – Aragón – Sizilien	559
Genealogie der Könige von England	569
Herrscher Norwegens	574
Herrscher Schwedens	574
Herrscher Dänemarks	575
Herrscher Dänemarks und Norwegens	576
Die Jagiellonendynastie auf ihrem Höhepunkt	582
Haus Habsburg 1485–1780	617
Haus Hohenzollern	650
Haus Habsburg-Lothringen	664
Häuser Bourbon ältere Linie und jüngere Linie (Orléans)	673
Die Häuser Tudor und Stuart (England, Schottland)	679
Die Päpste (1492–1799)	695
Die Häuser Jagiello und Wasa in Polen	712
Häuser Hannover und Coburg	796
Die Päpste (1800–1922)	817
Chronologische Übersicht der Dynastien in China	1018
Dynastienfolge in China	1021
Chronologische Übersicht: Ch'ing (Mandschu)-Kaiser	1024
Die Omajjaden	1064
Die Abbasiden	1065
Dynastie der Osmanen I	1073
Dynastie der Osmanen II	1077
Dynastie der Osmanen III	1078
Die Päpste seit 1922	1350

Abkürzungen in den Stammtafeln

abged. = abgedankt	Gft., Gfst. = Großfürst	M. = Mutter	Pr(n.) = Prinz(essin)
B. = Bischof	Gftn. = Großfürstin	Marqu. = Marquess,	Reg. = Regent
Br. = Bruder	Ghz(n.). =	Marquis	röm. = römisch
Brit. = Britannien	Großherzog(in)	Metr. = Metropolit	S. = Sohn
dt. = deutsch	Großbr(it.) =	Mgf. = Markgraf	Satr. = Satrap
E. = Enkel	Großbritannien	Mgfn. = Markgräfin	Schw. = Schwester
Eb. = Erzbischof	HM = Hausmeier	N. = Neffe	Stth(n.) =
Ehz. = Erzherzog	Hochm. = Hochmeister	O. = Onkel	Statthalter(in)
Frkr. = Frankreich	Hz(n.) = Herzog(in)	Pfgf. = Pfalzgraf	T. = Tochter
Ft. = Fürst	Kard. = Kardinal	Pfgfn. = Pfalzgräfin	V. = Vater
G. = Gatte, Gattin	Kft. = Kurfürst	Port. = Portugal	Verw. = Verweser
Gf. = Graf	Kg(n.) = König(in)	Pp. = Papst	Vic. = Vicomte
Gfn. = Gräfin	Ks(n.) = Kaiser(in)	Prät. = Prätendent	Visc. = Viscount

In den Stammtafeln sind die regierenden Häupter des betreffenden Reiches in der Regel durch **Halbfettdruck** gekennzeichnet.

ERDGESCHICHTE

Einführung zur Geschichte der Erde und des Lebens

Als Einleitung zu einer Geschichte der Menschheit soll ein Überblick über die Zeiträume der Erdgeschichte gegeben werden, deren Zeuge der Mensch nur in ihrem letzten Abschnitt im Rahmen der menschlichen Vorgeschichte bzw. Geschichte ist.

Im Weltraum werden zahllose Planetensysteme vermutet. Der *Planet Erde* umkreist wie die anderen Planeten Merkur, Venus, Mars, Jupiter, Saturn, Uranus, Neptun und Pluto im Verein mit Tausenden kleinerer Planetoide auf angenähert ellipsenförmiger Bahn im Sonnensystem den Zentralkörper Sonne. Die Planeten werden von insgesamt 32 Monden begleitet, dazwischen bewegen sich Kometen und Sternschnuppen-Gruppen. Die Sonne beschickt die Körper mit Licht und Oberflächenwärme.

Astronomie und *Astrophysik* befassen sich mit der ältesten Vergangenheit der Erde. Die *Erdwissenschaften,* voran die *Geologie,* setzen zu dem Zeitabschnitt ein, an dem die Existenz einer festen Erdkruste angenommen werden kann.

Grundlagen

Erde und *Sonnensystem* dürften etwa fünf Milliarden Jahre alt sein. Der Prozeß der Verdichtung gasförmiger Materie zum flüssigen Glutball und die Erstarrung der Erdkruste fallen in Bereiche ohne Dokumentation. Sie gehören der *„Vorgeologischen Vergangenheit der Erde"* an und sind das Gebiet einer Reihe *kosmogonischer Hypothesen,* die besagen, daß die Erde unter Verdichtung eines *protoplanetaren Nebels* – einer von *Asteroiden* gelieferten Akkumulation von Staub und festeren größeren Teilchen – in undefinierbaren Zeiträumen kleiner und immer fester wurde. Wahrscheinlich hat sich der Nebel in einer Phase der Rotationsunstabilität von der *Protosonne* abgelöst. Die Nebel kühlen zunehmend ab, der Staub konsolidiert sich, das System nimmt zunächst diskusförmige, dann rundliche Gestalt an. Die Folgen sind Ausquetschungen von Gasen, hauptsächlich Wasserstoff, ferner Helium und Kohlensäure. Freier Sauerstoff fehlt primär; er entsteht allmählich als Folge des Zerfalls von Molekülen des Wassers durch die Photodissoziation von Wasserdämpfen durch Ultraviolett-Strahlen. Die Substanzen gruppieren sich schalenförmig als *Uratmosphäre* um das Gebilde. In und unter der Kruste verursacht die Rotation Konvektionsströmungen und Sonderungen der Magmen. *Radioaktive Prozesse* als Folge der zunehmenden Verdichtung führen zu Erwärmung und zum Ausstoß von neuen, anderen Stoffen, darunter Stickstoffverbindungen. Sie gruppieren sich abermals um die Erde, diesmal aber fester angebunden, weil die Anziehungskräfte größer geworden sind. Die Gase treten mit dem vorhandenen Gestein in Wechselbeziehung, und es kommt zu Kondensationen, Lösungen, Mineralneubildungen sowie zu gewaltigen Wasseransammlungen, dem *Urmeer.* In der *Frühzeit der Erde* ist die Dichte geringer als heute, die Oberfläche ist größer, die Umdrehungsgeschwindigkeit ist erhöht, und Tag wie Jahr haben andere Dimensionen als gegenwärtig.

Das *älteste Gestein der Erde* ist ein Sediment aus Grönland, das mit radiometrischen Methoden auf 3,8 Milliarden Jahre eingestuft wird. Ein 3,6 Milliarden Jahre alter Gneis in Kanada ist mehrfach umgeschmolzen, dokumentiert also eine lange geologische Vorgeschichte.

Erforschung und chronologische Darstellung sind Aufgabe der *Historischen Geologie.* Unentbehrliche Hilfswissenschaften sind *Allgemeine Geologie, Paläontologie, Stratigraphie, Geochemie, Geophysik, Paläogeographie* und *Paläoklimatologie.*

Fakten, Dokumente und Daten liefern die Gesteine, darin geborgene *Fossilien* und die absolute Altersbestimmung. Die *radiometrischen Methoden* sind allerdings nur in Gesteinen, die meßbare Stoffe enthalten, anzutragen. Viele Sedimente und vor allem die meisten Fossilien sind nur auf Umwegen relativ einzustufen. In der Erdgeschichte spielen deshalb absolute Zahlen besonders für das Präkambrium eine Rolle. Für die letzten 600 Millionen Jahre ist die *relative Zeitrechnung* maßgeblich.

Normal abgelagerte Schichtgesteine werden vom liegenden zum hangenden Verband jünger. Einzelne Schichten können nach den Seiten verfolgt und parallelisiert werden. Eindringende Magmen und auflaufende Vulkanite geben weitere Anhaltspunkte. Der übliche Weg führt über den Vergleich des Fossilinhaltes. Weil im Laufe der Erdgeschichte eine Entwicklung von nieder zu höher organisierten Lebewesen stattgefunden hat, besitzt jede geologische Zeit eine ganz charakteristische Pflanzen- und Tierwelt. Gleichaltrige Schichten enthalten die gleichen *Leitfossilien,* das sind besonders kurzlebige und möglichst weltweit verbreitete Formen.

2 Erdgeschichte

Die Entstehung des Lebens

Die Frage, wie aus unbelebter Materie *Lebendiges* werden kann, wie ein komplexes System entsteht, das imstande ist, Strukturen aufzubauen, Energien zu übertragen, umzuwandeln, beizubehalten, sich zu verändern, zu entwickeln, zu vererben, zu vermehren – und einzigartig im bekannten Weltall zu sein – ist nicht zu beantworten; sie gilt als unlösbar. Unter den Hypothesen ist die (unwahrscheinliche) Annahme eines zufälligen Starts am häufigsten angeführt. Der *Urorganismus* sei ein Schüttelergebnis, *entstanden aus einer zufälligen Mischung* der in der Uratmosphäre vorhandenen Moleküle von Kohlenstoffen, Wasserstoff, Stickstoff, Methan, Sauerstoff und sodann Aminosäuren, Eiweiß, Zucker, Fettsäuren, Nucleinsäuren, Porphyrinen – unter der Einwirkung von gewaltigen elektrischen Impulsen, Licht und Wärme von der Sonne sowie energiereicher kosmischer Strahlung. Allerdings ist es experimentell noch nicht gelungen, aus anorganischen Stoffen allein lebendige Strukturen zu erzeugen.

Für die *chemische Evolution* stehen sehr lange Zeiträume zur Verfügung. Die *ältesten nachgewiesenen Fossilien* auf der Erde, es sind merkwürdig vollkommen wirkende sphärische und fädige zelluläre Gebilde, sind in Gesteinen der auf 3,5 Milliarden Jahre geschätzten Onverwacht-Serie Südafrikas entdeckt worden. Bis auf Bakterien, Graphit, pflanzliche Sporen und Algenbauten sind Lebensspuren im *Archaikum* spärlich.

Die Entwicklung der Organismen

Die lange Dauer des überschaubaren Zeitraums gibt allein der *Paläontologie* die Möglichkeit, den Ablauf der *Entwicklung der organischen Welt* zu beurteilen. Hauptmerkmal sind phasenhaft erfolgende *Entwicklungssprünge*. Sie werden von biotischen, weniger von äußeren geologischen Faktoren wie Katastrophen, Klima, Strahlung, Paläogeographie u.a. gesteuert *(Makroevolution)*. Gut bekannt sind die Verhältnisse bei den Ammoniten. Aus einem einzigen Ausgangstyp entspringen *(Typogenese)* explosionsartig und zu gleicher Zeit mehrere andersgestaltete und höher organisierte Formen. Die Nachkommen führen sich, ohne wesentliche Bauplanänderungen, über Jahrmillionen durch die Formationen hindurch weiter *(Typostase)*. Bestrebt, durch Spezialisation und Anpassung möglichst viele Biotope und ökologische Nischen zu erobern, geht die Gruppe in die Breite. In einer abschließenden Phase erfolgt die Aufgabe der typisierenden Formmerkmale *(Typolyse)*. Die spiraligen Gehäuse werden nun gerade oder unregelmäßig. Der Einsatz der Typolyse erfolgt bei extremen Gruppen früher, bei konservativen später. Er bedeutet das *Aussterben* der Einheit (O. H. Schindewolf).

Die Wirbeltiere demonstrieren die *Spontaneität des Erscheinens* jeder neuen Form noch auffälliger. Ein Dinosaurier hat weder Vor- noch Nachfahren in der gleichen Organisation. Es gibt weder kleine Vorläufer noch Reihen. Von 230 Gattungen sind nur 150 Riesen. Das gut überschaubare Heer der fossilen Säugetiere und der fossilen Menschen liefern ausgezeichnete Unterlagen zur Rekonstruktion von *Entwicklungsabläufen*, von deren Geschwindigkeit und Dauer. Die Deutung der Ursachen und des Zeitpunkts des Aussterbens, vor allem der gleichmäßigen Verteilung über die Formationen, ist jedoch nicht möglich. Zwischen den Wirbeltierklassen verbinden „*missing links*", z.B. *Ichthyostega* zwischen Fischen und Amphibien, *Seymouria* zwischen Amphibien und Reptilien, *Archaeopteryx* zwischen Reptilien und Vögeln sowie *Oligokyphus* zwischen Reptilien und Säugetieren. Um von einer *Entwicklungsstufe* zur anderen zu gelangen, überschreiten unabhängig voneinander mehrere Zweige das *Übergangsfeld*. Der Reptilienzustand entwickelt sich in mindestens fünf Reihen aus den Amphibien, der Säugetierzustand wiederum in mindestens fünf Reihen aus den therapsiden Reptilien. So ist eine Klasse kein natürlicher Verband, sondern eine Entwicklungsstufe (E. Kuhn-Schnyder).

Die *Evolutionsgeschwindigkeit* ist sehr verschieden. Die Brachiopodengattung *Lingula* existiert mit unveränderten Schalen seit 450 Millionen Jahren. Den Rekord der langlebigen *Arten* hält der Süßwasserkrebs *Triops cancriformis* mit 190 Millionen Jahren. Pferde- und Raubtiergattungen erreichen fünf bis neun, eine Ammonitengattung eine bis drei Millionen Jahre. Das kurzlebigste Leitfossil überhaupt ist der Neandertaler *(Homo sapiens neanderthalensis)* mit schätzungsweise 40 000 Jahren.

Die geologischen Formationen

Archaikum (3500–1800 Mio. Jahre)

Proterozoikum (1800–580 Mio. Jahre)

Die Erdgeschichte vor dem Kambrium, gewöhnlich als **Präkambrium** zusammengefaßt, umgreift einen sechsmal längeren Zeitraum als alle späteren Formationen zusammengenommen. Die zeugnislose früheste Periode ist das *Katarchaikum*. Das *Archaikum* beginnt mit dem Nachweis der *ersten Lebensspuren.* Die ersten vielzelligen Tiere werden in der *Ediacara-Fauna* (650–600 Mio. Jahre) Südaustraliens gemeldet. Die Seltenheit präkambrischer tierischer Fossilien wird mit der Skelettlosigkeit der meisten Vertreter und der Kalkarmut des Meereswassers erklärt. Die Trennung der Wirbellosen-Stämme muß bereits im Proterozoikum erfolgt sein.

Die Gliederung der meist viele Kilometer mächtigen Gesteinsserien wird mit *Gebirgsbildungen* („*Umbrüchen*") durchgeführt. Die erdweit erfolgenden *Orogenesen* scheinen in Abständen von 300–400 Millionen Jahren abzulaufen. Die Masse der Gesteine ist plutonischen und vulkanischen Ursprungs und infolge der *Gesteinsmetamorphose* sehr stark verändert. Im Präkambrium entstehen die meisten Granite. Die Gesteine sind örtlich reich an wertvollen nutzbaren *Lagerstätten* (Gold, Kupfer, Nickel u.a.). Die absolute Altersbestimmung liefert zahlreiche Daten. Die Sedimentgesteine sind nur wenig aufbereitet, weil die chemische Verwitterung noch zurücktritt. Die sedimentären Eisenerze gehören zu einem Gesteinstyp, der in der Erdgeschichte nicht wiederkehrt. Kalke spielen erst ab dem Proterozoikum eine Rolle. Salzablagerungen sind sehr spärlich. Bis auf den Schungit, eine graphitähnliche Algen-Faulschlamm-Kohle, fehlen Kohlenablagerungen.

Es lassen sich alle *Klimatypen* nachweisen. Die Masse der Sedimentgesteine ist in einem kühlen und humiden Klima entstanden. Mancherorts sind *Klimaschwankungen* zu erkennen. Gegen Ende zeigen weitverbreitete rote Sandsteine semiaride Bedingungen an. Aus allen Weltteilen kennt man Zeugnisse von *Vereisungen*. Die ältesten sind in archaischen Gesteinen bewiesen. Das Proterozoikum Afrikas bietet mehrfach *Tillite* (fossile Moränen). Der Abschluß des Präkambriums wird weltweit durch eine der größten Kaltzeiten, die *Infrakambrische Eiszeit,* gekennzeichnet.

Kambrium (580–490 Mio. Jahre)

Es ist die erste Formation des *Paläozoikums*. In breiten Meeresstreifen *(Geosynklinalen)* lagern sich Sedimente mit einer überraschend reichen Lebenswelt ab. Das Leben zeigt eine hochkomplexe Organisation. Die Ursachen des massierten Auftretens so vieler fortschrittlicher Wirbelloser sind nicht bekannt. Alle Stämme der Wirbellosen und marine Pflanzen sind bereits vertreten, Wirbeltiere fehlen noch. Bis jetzt sind über 3000 Arten beschrieben worden, davon sind 50% *Trilobiten* und 30% *Brachiopoden*. Die riffbauenden *Archaeocyathiden* kommen nur im Kambrium vor. In den Schiefern vom Burgess-Paß (Kanada) sind 70 Gattungen mit 130 Arten, hauptsächlich *Arthropoden, Schwämme, Medusen und Würmer* ganz vorzüglich überliefert. Abgesehen von den Würmern verdanken die Tiere ihre Überlieferung dem Besitz von Skeletten. Als Baustoffe werden Kalk, Chitin, Phosphat und Kieselsubstanz verwendet.

Die Gesteine sind vorwiegend klastisch (groß gekörnt), weil auf dem pflanzenfreien Land die mechanische Verwitterung überwiegt. Das Kambrium ist die *ruhigste Formation der Erdgeschichte,* man registriert kaum gebirgsbildende Ereignisse. Auch der submarine Vulkanismus tritt gegenüber früheren und späteren Zeiten zurück.

Das *Klima* ist warm-gemäßigt und humid. Aus Kanada, Sibirien, Persien und Indien sind Salzlagerstätten bekannt.

Ordovizium (490–440 Mio. Jahre)

Die marine Sedimentation wird in ungestörtem Übergang in den sich etwas erweiternden Meeresräumen des Kambriums weitergeführt. In der früher als **Untersilur** bekannten Formation zeigen die Gesteine allerdings eine größere Mannigfaltigkeit, die Kalkabscheidung ist reichlicher. Kalke kennzeichnen besonders den Hohen Norden. Die *Arktis* ist das *Entwicklungszentrum* kalkschaliger Tiere. Das vorherr-

4 Erdgeschichte

schende Gestein ist Schiefer *(Griffelschiefer-, Schiefertafel-, Dachschieferformation),* aber auch Sandsteine spielen eine Rolle. *Eisenerzablagerungen* sind nicht selten. Die vulkanischen Gesteine werden überwiegend submarin gefördert. Das Massenvorkommen von *Graptolithen,* winzigen, seegrasartig verbreiteten Tierchen sonderbarer Organisation, stellt eine Fülle hervorragender Leitfossilien. Mit ihrer Hilfe lassen sich ordovizische Schiefer in allerkleinste Bereiche unterteilen. Die andere Wirbellosenfauna zeigt eine fortschreitende Entwicklung und Entfaltung. Die Faunenprovinzen des Kambriums verwischen sich. Mit den Agnathen, kieferlosen Fischvorläufern, erscheinen die *ersten Wirbeltiere.* Das *Klima* ist warm und feucht. Am Ende des Ordoviziums werden in einer gewaltigen *Gebirgsbildung* die Appalachen und andere Gebirgszüge unter gleichzeitiger Förderung magmatischer Gesteine aus den Meereströgen herausgewölbt.

Silur (440–400 Mio. Jahre)

Die Formation war früher als **Gotlandium** oder auch **Obersilur** bekannt. Beginn wie Abschluß sind durch große Gebirgsbildungen markiert. Es entstehen die Gebirgsketten der *Kaledoniden.* Die gebirgsbildenden Bewegungen sind von größeren magmatischen Förderungen begleitet. Die Sedimentationsräume verändern sich kaum. Jedoch sind die Gesteine noch mannigfaltiger als im Ordovizium, der Anteil der Kalke nimmt weiterhin zu, die Bedeutung der Schiefer geht zurück. Auffällig sind *die ersten Korallenriffe* (Insel Gotland). In den Meeren herrschen allgemein günstige Lebensbedingungen.
Wie im Ordovizium sind die Graptolithen die wichtigsten Leitfossilien. Es werden *die ersten Panzerfische und die ersten Landpflanzen* registriert. Das Klima ist warm, wärmer als im Ordovizium, teils feucht, teils arid. In Nordamerika und in Sibirien bilden sich Ende Silur *Salzlagerstätten.* Doch in den Anden und in Südafrika sind Spuren von *Vergletscherungen* überliefert.

Devon (400–345 Mio. Jahre)

Die Gesteine zeigen gegenüber den vorausgegangenen Formationen eine weiter gesteigerte Vielfalt. Neben marinen Sedimenten spielen starke magmatische Förderungen *(Diabase, Eisenerze)* und weit verbreitete kontinentale Ablagerungen, das **Old red,** eine Rolle. Der *Rote Kontinent* (Spitzbergen, Grönland, Britische Inseln, Rußland, Nordpersien, Sibirien) nimmt den Abtragungsschutt des Kaledonischen Gebirges auf. Aus der Füllung der vielen Meeresträge *(variskische Geosynklinalen)* werden später, im Karbon, lange Gebirgsketten.
Das Devon bietet *die ersten Haie, Lungen- und Knochenfische, die ersten Amphibien, die ersten Nacktsamer und die ersten Farne.* Das Festland wird von Pflanzen und den *vierfüßigen Tieren* erobert. Das *Klima* ist ausgeglichen warm und feucht, nur auf dem Old-red-Festland trockener. Am Ende des Devon ist es allgemein warm und trocken. Aus Südafrika und Südamerika liegen frühdevonische Spuren einer *Vereisung* vor. Die besonderen klimatischen Bedingungen, insbesondere ein andauernder Wechsel zwischen Regenzeiten und strenger Dürre, begünstigen bei den süßwasserbewohnenden Fischen die Ausbildung einer *Doppelatmung.* Wie bei den heutigen *Lungenfischen* arbeiten neben Kiemen paarige Luftsäcke. Von stammesgeschichtlich großer Aussage ist die bei den *Quastenflossern* konstatierte Umwandlung von paarigen Fischflossen in Landgliedmaßen. *Der Wechsel vom Wasser- zum Landleben gilt als der bedeutendste Schritt in der Geschichte der Wirbeltiere.* Anspornender Einfluß auf die Höherentwicklung geht nur vom Land aus. Umfangreiche Veränderungen, besonders im Bau der Wirbelsäule, sind die weitere Folge.
Im Devon-Meer lebt eine zumeist reich entwickelte Wirbellosenfauna. Die Graptolithen sterben aus. Die marinen Fische entfalten sich, neben den Knochenfischen spielen die Haie eine große Rolle.

Karbon (345–275 Mio. Jahre)

Am Beginn der **Steinkohlenformation** steht eine plötzliche Entfaltung der Pflanzenwelt. Der außerordentlich reiche und durch viele neue Formen charakterisierte Pflanzenwuchs wird durch ein ausgeglichen feuchtwarmes Klima begünstigt. Die niederen Gefäßpflanzen erreichen den Höhepunkt ihrer Entwicklung. Es stellen sich *die ersten Samenpflanzen* ein. Gürtelförmig schlingt sich eine *Zone der Kohlenbildung* um den Erdball. Das Zusammentreffen optimaler biologischer, klimatischer und tektonischer Vorgänge erklärt den *Reichtum an Steinkohle.* Die Hauptmenge der Flöze entsteht im Oberkarbon. Die Bildungsräume sind die meist schmalen marinen Tröge vor den aufsteigenden Gebirgsketten. Neben diesen *paralischen* Vorkommen (England, Nordfrankreich, Belgien, Ruhrgebiet, Oberschlesien, Donezbekken) gibt es festländische (Saargebiet, Schlesien, Böhmen). Reiche Kohlenvorräte entstehen ferner in (Kuznezk und in Nordchina) sowie in Nordamerika (Appalachen).

Ende Karbon wird es trockener, auf der Südhalbkugel kühler. Aus Argentinien, Indien, Südaustralien und Südafrika sind eine charakteristische Pflanzenwelt, die Gondwana-Glossopteris-Flora, und erste Spuren der ins Perm weiterreichenden Vereisung bekannt. Es erscheinen *die ersten Reptilien. Die Insekten erobern den Luftraum.* Wichtige marine Fossilien stellen die Cephalopoden, Korallen und Brachiopoden.

Tektonisches Hauptereignis ist die *Variskische Gebirgsbildung.* In mehreren *Faltungsphasen* entstehen in Eurasien und Nordamerika Serien von *Kettengebirgen.* Sie werden sowohl für die Entstehung der Kohlenlagerstätten wie auch für die spätere Paläogeographie maßgeblich. Die Stümpfe der meisten mitteleuropäischen Mittelgebirge sind Relikte dieser Gebirgsbildung. Vielerorts geht das Karbon gleitend in das Perm über.

Perm (275–225 Mio. Jahre)

Es ist die letzte Formation des Paläozoikums. Wegen der in Deutschland aufgestellten *Zweiteilung* in eine untere festländische Abteilung **(Rotliegendes)** und eine obere marine **(Zechstein)** war früher die Bezeichnung *Dyas* gebräuchlich. Auf den Südkontinenten ist eine Abtrennung vom Karbon meist nicht möglich, dort wird die Einheit mit *Permokarbon* umschrieben. Wo festländische Sedimente des Perms ohne Übergang in die Trias gehen, spricht man von *Permotrias.*

Für die lebensvollen marinen Ablagerungen sind Foraminiferen, Brachiopoden und Cephalopoden Leitfossilien, für die festländischen sind es Pflanzen und Reptilien. Die *Pflanzenwelt* zeigt eine *Gliederung in Provinzen.* Auffällig ist der Gleichklang in der Verbreitung der Pflanzen mit der der *Amphibien und Reptilien.* Inmitten des Perms liegt der Umschwung der *Pterydophytenflora* des *Paläophytikums* in die *Nacktsamer-Gymnospermen-Flora des Mesophytikums.* Die *Coniferen* werden bedeutend. Die Reptilien bieten eine Reihe absonderlich gestalteter Vertreter, ferner *die ersten säugerähnlichen Reptilien.* Trilobiten, Tetrakorallen, Blastoideen, viele altertümliche Arthropoden und Brachiopoden sterben aus. Das *Klima zeigt enorme Kontraste.* Auf den Südkontinenten kommt es zu *Vereisungen,* die an regionalem Umfang und in den Mächtigkeiten der Ablagerungen den pleistozänen nicht nachstehen. Es ist **die permische Eiszeit.** Auf der Nordhalbkugel ist es überwiegend trocken und heiß. Auf dem Festland lagern sich mächtige, *rot gefärbte Schuttserien* ab. In Binnenmeeren bilden sich (im Zechstein) *die bedeutendsten Salzablagerungen der Erdgeschichte.* In Asien ist es feuchter, dort entstehen reichhaltige *Steinkohlenlagerstätten.* Der Vulkanismus äußert sich in örtlich gewaltigen Förderungen von *Melaphyren und Quarzporphyren.*

Nach der **Kontinentalverschiebungstheorie** (A. Wegener) hat der zusammenhängende Südpol-Urkontinent *Pangaea* im Perm begonnen, sich in Einzelteile aufzulösen. Die Schollen schwimmen infolge Polfluchtkraft und Westdrift auseinander. Die Ursache wird im Bestreben gesehen, das irdische Rotationsgleichgewicht herzustellen. Polverschiebungen zwingen das Rotationsellipsoid Erde immer wieder zu neuer Justierung. Abdriftende Kontinente induzieren sekundäre Gleichgewichtsstörungen wie auch neue Polverschiebungen. Stoßen die driftenden Platten zusammen, bilden sich im Aufstaubereich komplizierte tiefreichende tektonische Strukturen, Eröffnungen des Vulkanismus und Faltengebirge *(Plattentektonik).* In Bereichen der Zerrung hinter den Schollen kommt es zu Ozeanerweiterungen und Tiefseegräben. Die *Beweise* stellen der Paläomagnetismus, Gletscherbewegungen, Eiszeitablagerungen, die Verbreitung bestimmter Floren- und Faunenvertreter (Reptilien, Ostracoden, Beuteltiere, die Muschel *Eurydesma*), die Umrißform der Kontinente, Übereinstimmungen im Gebirgsbau, die großen Grabenbrüche, die Entstehung des Atlantik und die gegenwärtige Bewegung von Grönland.

Trias (225–180 Mio. Jahre)

Die Trias ist die erste Formation des *Mesozoikums.* Der Name leitet sich von der in Deutschland markanten *Dreigliederung* in Keuper
               Muschelkalk
               Buntsandstein
ab. Neben dieser *Germanischen Trias* sedimentieren im erstmals erkennbaren weltumspannenden Mittelmeer, der *Tethys,* die Gesteine der *Alpinen Trias* (in den Zeiten *Skyth, Anis, Ladin, Karn, Nor* und zuoberst *Rhät). Gesteinsbildende Korallen und Algen* erreichen einen *Höhepunkt der Entwicklung.* Organogene Kalke bauen viele Gebirgsketten der Nordalpen auf. Der *Buntsandstein* ist die in Deutschland weitverbreitete Folge roter Sandsteine (Helgoland, Nordhessen, Bedeckung der Oberrheinischen

6 Erdgeschichte

Mittelgebirge u. a.). Der *Muschelkalk* ist eine Serie grauer, flachmeerisch entstandener Kalke, in denen *örtlich außerordentlich viele Fossilien* vorkommen (Thüringen, Franken, Nordbaden, Württemberg u. a.). Der *Keuper* zeichnet sich durch sehr wechselhafte Gesteine und Farben aus. Die verschiedene Widerständigkeit gegen die Verwitterung läßt später aus den Gesteinen der Trias die *süddeutsche Schichtstufenlandschaft* entstehen.

In den marinen Gesteinen sind die *Cephalopoden*, darunter die *Ceratiten*, daneben Muscheln und Brachiopoden wichtig. Die *bituminösen Schichten vom Monte San Giorgio im Tessin* sind wegen Quantität und Qualität der Wirbeltierfunde weltberühmt. Die festländischen Ablagerungen werden mit Hilfe von Wirbeltieren, Arthropoden und den sich lebhaft entfaltenden Pflanzen geordnet. Es erscheinen *die ersten Dinosaurier, Ende Rhät die ersten Säugetier-Vorläufer.*

Das *Klima* ist weltweit ausgeglichen warm, zeitweilig humid, aber auch arid. Die Extremismen des Perm sind ausgelöscht. Entsprechend gleichförmig sind die Floren und Faunen verteilt. *Salzlagerstätten* sind vor allem für Deutschland von Bedeutung.

Auch tektonisch ist die Trias eine Zeit der Ruhe. Die *Förderung von Laven* erreicht im Bereich der Tethys sowie auf den Landmassen Sibiriens, Nordamerikas und Südafrikas große Bedeutung. Im Paraná-Becken in Brasilien stellen die bis 400 m mächtigen Basaltdecken auf mehr als einer Million km² Fläche *den größten vulkanischen Erguß der Erdgeschichte.*

Jura (180–140 Mio. Jahre)

In der Juraformation dominiert in Europa das Meer. Die in Deutschland üblichen Gesteinsfarben bzw. Vorkommen in Großbritannien haben die weltweit gültige *Dreiteilung* in die Abteilungen

Weißer Jura = Malm
Brauner Jura = Dogger
Schwarzer Jura = Lias

veranlaßt. Der Schweizer Jura hat den Namen gegeben. In Süddeutschland ist die Alb (Schwäbische Alb, Frankenalb) der von den weißen Malmkalken verursachte felsige Steilrand der Schichtstufenlandschaft. Das *Klima* ist allgemein gleichmäßig warm, zu Beginn etwas feuchter und kühler, gegen Ende örtlich arid. Sehr ausgeprägt sind *klimatisch begrenzte Meeresfaunenprovinzen*. Klimatisch abhängige Gesteine sind die *Salzlager*, die *Eisenerzlagerstätten* (Minette Lothringens, südlicher Rheintalgraben, Braunschweig), die vielen *Korallenriffkalke.*

Die Fauna gehört zu der am besten bekannten in der Erdgeschichte. Die größte Rolle spielt das Heer der vielgestaltigen *Ammoniten;* sie stellen die meisten Leitfossilien. Daneben kennt man eine Fülle von Muscheln, Brachiopoden, Schnecken und Belemniten. Berühmt sind *die vollendet überlieferten Tiere und Pflanzen aus dem lithographischen Schiefer* des Malm-Zeta der Lokalitäten Solnhofen, Eichstätt, Jachenhausen, Kelheim und Painten. Aus diesen Schichten hat man inzwischen fünf Exemplare sowie eine Feder des ersten Vogels *Archaeopteryx lithographica* gefunden. Bekannt sind auch die Reptilienfunde aus dem *Posidonienschiefer des Lias-Epsilon* von Holzmaden, Bad Boll und Banz (*Ichthyosaurus* u. a.). Besonderes Interesse verdienen die ersten Flugsaurier (*Rhamphorhynchus, Pterodactylus*) und das Vorkommen von *Dinosauriern* in Nordamerika, Afrika und Asien. *Brachiosaurus, das größte landbewohnende Tier der Erdgeschichte,* wird bei 30 m Länge über 40 Tonnen schwer. Zeugnisse von Säugetieren sind spärlich.

Kreide (140–70 Mio. Jahre)

Nur ein geringer Teil der Gesteine ist als (namengebende) weiße *Schreibkreide* entwickelt, meist handelt es sich um Tone und Sandsteine. Kreidegesteine führen verschiedene Namen wie Pläner, Quadersandstein, Grünsandstein. Charakteristikum ist der selten fehlende *Feuerstein (Flint).* Für die in Europa überwiegend tonig entwickelte untere und überwiegend kalkige obere Hälfte dürften die klimatischen Verhältnisse ursächlich sein. In den Alpen entsteht neben verschiedenen Kalken und Mergeln der *Flysch*, in Nordafrika die Hauptmasse des festländischen *Nubischen Sandsteins.*

Die paläontologische Gliederung wird mit Hilfe von Ammoniten, Muscheln, Brachiopoden, Seeigeln und Foraminiferen vorgenommen. Riffbauende starkschalige und große Muscheln, die *Rudisten,* sind für die tropischen Randmeere und formenreiche *Schwämme* für die übrigen Meeresräume charakteristisch. Die *landlebenden Reptilien* verzeichnen riesige Vertreter (Iguanodon, Triceratops, Tyrannosaurus, Trachodon) und *das größte Flugtier aller Zeiten Pteranodon* (mit acht Meter Spannweite). In der Oberkreide werden die ersten Vertreter der Beuteltiere und der Plazentalsäuger (*Insektenfresser*) sowie *Nager* und *Urraubtiere* festgestellt. Mit der Wende zum Tertiär sind mit den letzten Ammoniten, Riesensauriern, Flugsauriern und Fischsauriern typisch mesozoische Faunenglieder ausgestorben.

Die *ersten Blütenpflanzen* erscheinen. Das *Klima* ist warm, zunächst feuchter, dann trocken-heiß. Sehr deutlich läßt sich *eine zonare Anordnung der Klimabereiche* feststellen. Aus der Oberkreide von Australien, Texas und Spitzbergen werden *Spuren von Vereisungen* gemeldet.
In der alpidischen Geosynklinale treten die ersten starken Faltungen auf. Es entstehen die Kernzonen der Alpen, Dinariden, Anden und des Felsengebirges. *Eine der größten Transgressionen der Erdgeschichte* läßt das Meer in allen Erdteilen große Landgebiete überfluten. Eine ebenso *weltweite Regression* formt im Zusammenspiel mit gebirgsbildenden Bewegungen und der *Beendigung der Kontinentalverschiebung großen Ausmaßes* auf der Südhalbkugel bereits in groben Zügen das heutige Bild der Verteilung von Land und Meer. Mit der Kreide endet das Mesozoikum.

Erdgeschichtliche Tabelle

Ära	Formation	Abteilung	Dauer in Mio. Jahren	Beginn vor Mio. Jahren
Känozoikum	Quartär	Holozän	2	8150 v. Chr.
		Pleistozän		2
	Tertiär	Pliozän	8	10
		Miozän	13	23
		Oligozän	10	33
		Eozän	20	53
		Paläozän	12	65
Mesozoikum	Kreide	Oberkreide Unterkreide	70	140
	Jura	Malm Dogger Lias	40	180
	Trias	Keuper Muschelkalk Buntsandstein	45	225
Paläozoikum	Perm	Zechstein Rotliegendes	50	275
	Karbon	Oberkarbon Unterkarbon	70	345
	Devon	Oberdevon Mitteldevon Unterdevon	55	400
	Silur		40	440
	Ordovizium		50	490
	Kambrium	Oberkambrium Mittelkambrium Unterkambrium	90	580
Präkambrium	Jungproterozoikum Altproterozoikum	(Algonkium)	1220	1000 1800
	Archaikum		1700	3500
	Katarchaikum Bildung der Erstarrungsrinde der Erdoberfläche			5000

Tertiär (70–2 Mio. Jahre)

Die erste Formation des *Känozoikums* ist durch *gewaltige Gebirgsbildungen auf der ganzen Erde* gekennzeichnet. Es entstehen die Alpen, Pyrenäen, Karpaten, der Apennin, Kaukasus, die zentralasiatischen Kettengebirge, die Kordilleren. *Rege vulkanische Tätigkeit* fördert unzählige Basaltvorkommen, darunter Flächenergüsse mit über 100 000 km² bei 1000 m Mächtigkeit. Gleichzeitig bilden sich *enorme*

8   Erdgeschichte

Braunkohlenlagerstätten, anderwärts *Erdöllagerstätten.* Immer deutlicher formiert sich die heutige Verteilung von Land und Meer. Die meisten marinen Sedimente liegen in Nähe der heutigen Küsten. Nur in alpidischen Gebirgen oder über tektonischen Schwächezonen der Erdrinde (Rheintalgraben, Mainzer Becken) kann das Meer tiefer in die Kontinente eindringen. Von größter Vielfalt sind die festländischen Ablagerungen.
Überregional gültige geologische und paläontologische Daten sind dabei selten geworden. Die stratigraphische Gliederung berücksichtigt in den Stufen den Anteil der heute noch lebenden marinen Tierarten. Im *Pliozän* sind mehr als die Hälfte der Meeresbewohner dieselben wie gegenwärtig, im *Miozän* sind es nur noch 2%. Die größte Bedeutung besitzen die *modernen Säugetiere,* die sich mit Beginn des Tertiärs zur herrschenden Klasse entfalten. Jedoch bedingen Paläogeographie, Klima und Spezialisierung ein wellenmäßiges Erscheinen und eine von Kontinent zu Kontinent andersartige Verbreitung. Entwicklungsschwerpunkte liegen weit auseinander, am wichtigsten wird die eurasiatisch-nordamerikanische *Holoarktis.* Südamerika und Australien bleiben den Plazentalsäugetieren bis Ende Tertiär fast völlig verschlossen.
Das *Klima* zeigt im *Eozän* die größte Erwärmung, darauf erfolgt eine gleichmäßige Temperatursenkung. Im Laufe des Tertiärs sind es rund 10 °C. Im Miozän gedeihen nördlich der Alpen noch Palmen. Im Übergang ins Quartär *(Arvernensiszeit)* leben in Mitteldeutschland noch *Mastodonten, Tapire und Makaken.* *Höhepunkte der Salzabscheidung* sind Eozän/Oligozän und Mittel-/Obermiozän, sie wechseln mit Zeiten *besonders reicher Braunkohlenbildung* (Mitteleozän, Untermiozän). Klimagürtel und Jahreszeiten können mit Annäherung an die Jetztzeit deutlicher rekonstruiert werden. Im Pliozän zeichnen sich *die ersten Anlagen der großen Flußsysteme* ab. Eine Aare-Donau entwässert im Altpliozän das Schweizer Mittelland, der Alpenrhein ist ein Nebenfluß, das Wasser der Alpennordseite fließt in den Pontus.

Quartär (2 Millionen Jahre – Jetztzeit)

Es ist die jüngste und die kürzeste, aber erdoberflächlich am weitesten verbreitete geologische Formation. Da auf entsprechende kontinentale Zeugnisse keine Methode der absoluten Altersbestimmung angetragen werden kann, liegt der genaue Zeitpunkt des Beginns im Dunkeln. Der erste für die Gesamtgliederung anwendbare Wert lautet *690 000 Jahre für Beginn Mittelpleistozän;* marine Kleinlebewesen passen sich der Meerwasserabkühlung im Zusammenhang mit einer Eiszeit an. Die nächsten absoluten Datierungen fallen mit der Reichweite der *Kohlenstoffisotopen-(C^{14}-)Methode in das ausgehende Jungpleistozän.* Die Zeiten dazwischen können nur in Schätzwerten gefaßt werden.
Die *Arvernensiszeit* beginnt im ausgehenden Jungpliozän und endet im Ältestpleistozän. Noch entwässert Süddeutschland über die Donau ins Schwarze Meer. Das *Klima* ist tropisch warm-feucht. Im Altpleistozän wird es trockener. Tektonische Absenkungen im Rhein-Main-Gebiet formieren im Ältestpleistozän in der Verknüpfung von Arvernensisströmen den Main. Die Donau fließt in der Südlichen Frankenalb im (später von der Altmühl übernommenen) großen Tal der *Altmühldonau.* Viele mitteleuropäische Flüsse schneiden sich bis fast auf die Höhe der heutigen Talsohle ein. *Im Altpleistozän werden die Täler aufgefüllt.* Im Neckartal, an mehreren Stellen im Mittelmaintal, in Mosbach bei Wiesbaden, in Süßenborn bei Weimar *entstehen die altpleistozänen Fossilfundstellen* (mit dem ältesten Europäer *Homo erectus heidelbergensis* von Mauer und den Artefakten von Würzburg-Schalksberg). Erst mit dem Beginn Mittelpleistozän erniedrigt sich die Temperatur. *Die drei Kaltzeiten Mindel, Riß und Würm wechseln mit den Warmzeiten (Zwischeneiszeiten, Interglazialen) Holstein und Eem.* Die Schwankungen erklärt man mit unterschiedlicher Sonnenstrahlungsintensität. Sie setzen auf der ganzen Erde gleichzeitig ein. Während der größten Vereisung ist das Temperatur-Jahresmittel um 4–12 °C erniedrigt. *Das glaziale Klima ist ausgeprägt kontinental,* die Sommer sind kühl und kurz. Die Meerwassertemperatur liegt während der Kaltzeiten 7 °C unter der jetzigen. Im Bereich der Umgebung der nördlichen Polkappe und in den Hochgebirgen der Alpen, Mittelasiens, Südamerikas, Afrikas und Neuseelands *wachsen die Gletscher und rücken gegen das Vorland.*
Die *Eisvorstöße* erreichen, abhängig von der sich jeweils ändernden Paläogeographie und den klimatischen Voraussetzungen, *verschiedene Reichweiten.* Mehrfach werden von Norden her Skandinavien, Rußland, die Britischen Inseln, die Niederlande, Nordwest- und Mitteldeutschland, von den Alpen her die Alpenvorländer überwältigt. Desgleichen sind Kanada und die nordöstlichen USA eisbedeckt.
Kleinere Halte im Vor- oder Zurückgehen des Gletschers sind die *Interstadiale.* Im Periglazialgebiet vor dem Eis entsteht im Hochglazial der *Löß.* Der aus den vegetationsarmen Schotter- und Sandflächen ausgeblasene Windstaub verwittert in wärmeren Abschnitten zum fruchtbaren *Lößlehm.* Allmählich *formt sich die gegenwärtige Landschaft* heraus.
Tier- und Pflanzenwelt zeigen in der Entwicklung und Verteilung starke Abhängigkeiten vom Wechsel der klimatischen Bedingungen, vom Stand des Eises oder des Meeresspiegels. Gute *Leitfossilien,* insbesondere Klimaindikatoren, stellen die Säugetiere. *Eiszeitrepräsentanten sind das Mammut, das Wollhaarige Nashorn, Rentier, Wildpferd, Riesenhirsch, Moschusochse, Höhlenbär, Eisfuchs* u. a. Wertvolle Daten vermittelt die *Pollenanalyse.*

Geologische Formationen 9

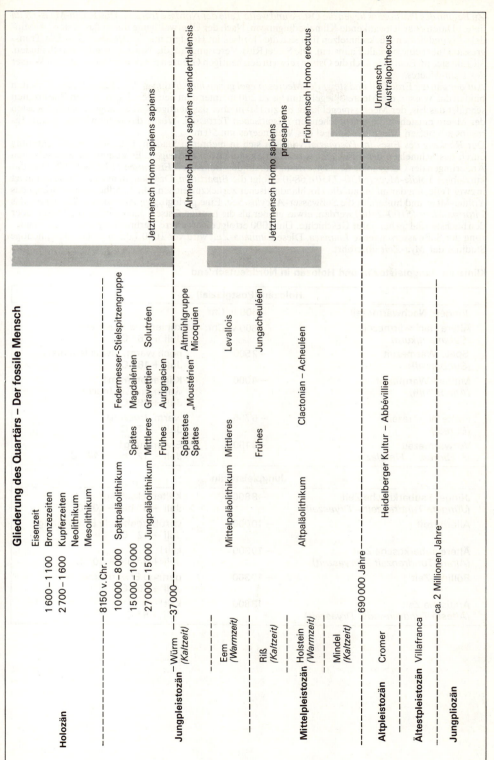

10 Erdgeschichte

Zu Beginn des Pleistozäns liegen die Ostsee und weite Teile der Nordsee trocken. Das *Rhein-Maas-Delta* liefert Daten über schwankende Klimabedingungen. Nach der Überwältigung durch das Elster (= Mindel)-Eis und dessen Rückschmelzen füllt sich die Nordsee im Holstein mit der *Holstein-See.* Die Transgression führt eine boreale Fauna ein. Die Saale(Riß)-Vereisung läßt die Nordsee wieder verschwinden. Sie füllt sich im Eem (wie auch die Ostsee) etwa in den heutigen Grenzen mit dem normal-salzigen Wasser des *Eem-Meeres.*

Auf der ganzen Erde fällt und steigt der Meeresspiegel genau im Rhythmus des Eishaushaltes. Eiszeiten binden das Wasser, der Meeresspiegel kann bis zu 200 m unter dem heutigen liegen. In den Warmzeiten schmilzt das Eis, der Meeresspiegel kann bis 150 m über das heutige Null ansteigen. An den Küsten der Meere entstehen die entsprechenden *Eustatischen Terrassen.* Würde das gegenwärtige polare Eis restlos schmelzen, stiege der Spiegel des Weltmeeres um 50 m.

Der *Rückzug des Eises im Postglazial* vollzieht sich in mehreren Stadien. Die Gewichtserleichterung durch das Schmelzen des Eises *läßt isostatisch Skandinavien aufsteigen.* Es kommt zu wechselvollen Änderungen der Geographie des Ostseeraumes. Auf den *Baltischen Eisstausee (13000–8150)* folgt das kurzlebige *Yoldia-Meer (8150–7350).* 6840 erfolgt die *Bipartition.* Das skandinavische Eis zerschmilzt in zwei Teile, um darauf bis auf die Hochlandgletscher zurückzuweichen. Die Landhebung verdrängt das Yoldia-Meer und hinterläßt die *Süßwasser-Ancylus-See.* Eine geringfügige Absenkung läßt daraus das *Litorina-Meer (5100–2500)* werden, etwas größer als die heutige Ostsee. Jetzt verfügt die Ostsee über den höchsten Salzgehalt ihrer Geschichte. Um 2000 erfolgt eine weitere Verbrackung und die Zuwanderung der Süßwasserschnecke *Limnaea.* Diese *Limnaea-Zeit* wird vor 1000 Jahren in das letzte, heutige Stadium der *Mya-Zeit* überführt.

Klima im Jungpleistozän und Holozän in Norddeutschland

Holozän (Postglazial)		
Jüngere Nachwärmezeit	– 500 n. Chr.	
Ältere Nachwärmezeit *(Subatlantikum)*	– 800 v. Chr.	kühler und feuchter! Juli + 16° C
Späte Wärmezeit *(Subboreal)*	– 2500	noch warm, etwas feuchter! Juli + 18° C
Mittlere Wärmezeit *(Atlantikum)*	– 4000	Klimaoptimum! warm, mäßig feucht Juli + 19° C
Frühe Wärmezeit *(Boreal)*	– 6750	warm, trocken! Juli + 17° C
Vorwärmezeit *(Präboreal – Finiglazial)*	– 8150	Erwärmung! Juli + 12° bis + 14° C
Jungpleistozän		
Jüngere subarktische Zeit *(Jüngste Tundrenzeit – Dryaszeit)*	– 8800	Kälterückschlag! Juli + 8° bis + 10° C
Allerödzeit	– 10000	vorübergehende Erwärmung! Juli + 12° C
Ältere subarktische Zeit *(Ältere Tundrenzeit – Dryaszeit)*	– 10300	kalt! Juli + 8° bis + 10° C
Bölling-Zeit	– 10300	geringe Erwärmung! Juli + 10° C
Arktische Zeit *(Älteste Tundren- oder Dryaszeit)*	– 13800	kalt! Juli + 6° C

VORGESCHICHTE

Wenn im vorangehenden Abschnitt von Erdgeschichte gesprochen wird, so ist dabei der Begriff „Geschichte" im übertragenen Sinne verwendet. Geschichte im engeren und eigentlichen Sinn ist nur dem Menschen eigen. Sie bezeichnet die Art, wie der Mensch in der Welt natürlicher Gegebenheiten sich eine Welt menschlicher Gemeinschaft aufbaut und in dieser seine Geistigkeit entfaltet.

Als Vorgeschichte (im Sinne von *Vordergeschichte*, also vorderer Teil der universalen Geschichte) wird im allgemeinen die Spanne von den ältesten menschlichen Kulturzeugnissen bis zum Beginn der antiken Kulturen des letzten vorchristlichen Jahrtausends bezeichnet.

Die Vorgeschichte als Ganzes gliedert sich in *zwei Hauptabschnitte*: ein älterer, als Paläolithikum (Altsteinzeit) bezeichnet, umfaßt die pleistozäne Urmenschheit bis zum 10./9. Jt. v. Chr., ein jüngerer die gesamte nachfolgende Zeit. Diese letztere läßt sich aufgrund technischer, wirtschaftlicher, kunst-, gesellschafts- und geistesgeschichtlicher Wandlungen chronologisch untergliedern, wobei die jeweiligen Neuerungen innerhalb eines bestimmten Zeitalters nur einen Teil der gleichzeitig lebenden Gesamtmenschheit kennzeichnen, also nur regional eine unmittelbare Zäsur in der geschichtlichen Entwicklung darstellen. Neben den so in Erscheinung tretenden *regionalspezifischen Kulturstufen-Abfolgen* der einzelnen Erdgebiete und Geschichtsräume ist für die geschichtswissenschaftliche Verständigung eine pragmatische *Gesamtperiodisierung* unerläßlich, die nicht auf der *diachronen* (zwischenzeitlichen) Verfolgung „entsprechender" Kulturerscheinungen beruht, sondern die Erfassung *synchroner* (gleichzeitiger) Erscheinungen auch unterschiedlicher geschichtsstruktureller Ausprägung ermöglicht. So zu verstehen ist die altweltliche Gliederung in *Neolithikum* (Jungsteinzeit), *Kupferzeit, Bronzezeit* und *Eisenzeit*. Dabei gehört die Eisenzeit ins letzte Jt. v. Chr., die Bronzezeit ins 2. Jt., die Kupferzeit ins 3. Jt. und das Neolithikum ins 8.–4. Jt.

Paläolithikum (Altsteinzeit)

An Funden stehen uns in erster Linie *Steingeräte* zur Verfügung (vor allem Feuerstein, Jaspis, Hornstein, Chalzedon; wo diese Arten nicht vorkommen, auch Quarzite, Eruptivgesteine, Grauwacke, Basalt, Gneis, Granit). Sie sind ausschließlich durch Behauen und Retuschieren hergestellt (nicht durch Schleifen und Durchbohren wie in der Jungsteinzeit). Das Gesteinsmaterial übt zwar einen gewissen Einfluß auf die Formgebung aus, jedoch ist offenkundig, daß die spezielle Gestalt der Geräte primär vom menschlichen Formwillen abhängt. Die Steingeräte lassen gewisse Typen erkennen, die sich durch feste formale und technische Merkmale auszeichnen und bestimmte Traditionen und Konventionen widerspiegeln. Holz- oder Geweihschäftungen sind nur ausnahmsweise erhalten bzw. sicher zu rekonstruieren. Das bekannteste altsteinzeitliche Gerät, der Faustkeil, dürfte in der Regel ungeschäftet in der bloßen Hand als Universalgerät geführt worden sein. Neben den Steingeräten sind Geräte und *Schmuckstücke* aus Knochen, Elfenbein und Geweih erhalten, durchweg aus dem Jungpaläolithikum stammend. Schmuck ist ferner aus Muscheln, Graphit, Bernstein und Gagat hergestellt. Besonders wichtig für die Kenntnis der Altsteinzeit sind *Kunstwerke* sowie *Grabanlagen*.

Für das gesamte Paläolithikum kennzeichnend sind die ausschließlich aneignenden Formen der Nahrungsgewinnung (Jagd, Fischfang, Sammeln vegetabilischer Nahrung). Unbekannt sind Pflanzenanbau und Tierhaltung, Seßhaftigkeit und die Anlagen fester Siedlungen.

Die **Chronologie** der Altsteinzeit beruht hauptsächlich auf stratigraphischen Fundverhältnissen, d. h. dem Auftreten charakteristischer Formen und Kulturerscheinungen in übereinanderliegenden Rastplatzschichten. Die Verknüpfung zahlreicher solcher Fundbeobachtungen in nahezu allen bewohnten Teilen der Erde läßt sowohl gewisse Grundzüge einer allgemeinen Kulturentwicklung als auch regionale Sonderentwicklungen, vor allem im Mittel- und Jungpaläolithikum, deutlich werden.

Angesichts der überaus langen Dauer, die aufgrund der stratigraphischen Fundverhältnisse altsteinzeitlicher Kulturzeugnisse für diese Zeit insgesamt zu erschließen ist, kommt den Ergebnissen der *geologischen Pleistozänforschung* eine hohe Bedeutung für die Beurteilung des Paläolithikums zu. Die weltweit sich auswirkenden klimatischen Schwankungen mit dem Wechsel von Kälteperioden und wärmeren Zwischenabschnitten beeinflussen den menschlichen Lebensraum nachhaltig und können bei einer zeitlichen Gliederung und Synchronisierung menschlicher Kulturzeugnisse mit verwertet werden. Dabei spielen hauptsächlich vier geologische Beobachtungsmaterialien eine Rolle: 1.) die unmittelbaren Spuren von *Vereisungen* und deren Rückzugsbewegungen; 2.) *Terrassenschotter;* 3.) *Lößanwehungen, Travertinbildungen, Höhlensedimente,* soweit sie klimatologisch aufschlußreich sind: Wechsel von Glazialen (Eiszeiten) und Interglazialen (Zwischeneiszeiten) bzw., wenn es sich um kürzere Warmphasen innerhalb

12 Vorgeschichte – Paläolithikum (Altsteinzeit)

eines Glazials handelt, Interstadialen; 4.) *Schwankungen des Meeresspiegels,* die teils auf Klimaänderungen, teils auf andere chronologisch bestimmbare geologische Prozesse hindeuten. Die letztgenannten Beobachtungen ermöglichen vor allem eine zeitliche Parallelisierung paläolithischer Fundschichten Europas mit solchen Nordafrikas und Vorderasiens. Allgemein führen die geologischen Untersuchungen zur Unterscheidung mehrerer **Glazialzeiten,** die in Europa nach den süddeutschen Flüssen *Günz, Mindel, Riß* und *Würm* benannt werden. Mindestens die letzte dieser Eiszeiten ist anhand analoger Phänomene als Pluvial (Regenzeit) auch in Teilen von Afrika (sog. *Gamblian*) wiederzuerkennen, wiederum als Glazialzeit auch in Asien und sogar in Amerika (sog. *Wisconsin*). In dieses letzte Glazial gehört kulturgeschichtlich das gesamte Jungpaläolithikum und ein Teil des Mittelpaläolithikums; ein anderer Teil des Mittelpaläolithikums fällt ins letzte Interglazial. Das Altpaläolithikum ist teilweise mit dem Rißglazial und dem davorliegenden Holstein-Interglazial zu verbinden. Die frühesten in ihrem Artefaktcharakter gesicherten *Werkzeuge* (Werkzeuge, die eine menschliche Bearbeitung erkennen lassen) entstammen teilweise älterpleistozänen Schichten.

Anhaltspunkte für **die absolute Zeitbestimmung** der Altsteinzeit bieten 1.) die *Warvenzählung* des schwedischen Geologen Gerard De Geer, 2.) die *Sonnenstrahlungskurve* des jugoslawischen Astronomen Milutin Milanković und 3.) *Radiokarbonuntersuchungen.*

Warven sind verschieden gefärbte Tonbänder, die sich beim Abtauen des Eisrandes nach dem letzten Glazial am Rand des zurückweichenden Eisstausees in jahreszeitlichem Wechsel bilden und die von den Linien des Gletscherhöchststandes bis zu seinen postglazialen Rückzugsgebieten verfolgt werden können. Diese Streifen entsprechen jeweils einem Sonnenjahr. Sie lassen sich zählen und ergeben zusammengenommen die Dauer dieses Abschmelzvorganges. Demnach ist das Ende des letzten Glazials in die Zeit um 8000 v. Chr. zu setzen, das Maximum dieser letzten Eiszeit etwa in die Zeit um 16 000 v. Chr.

Die Schwankungen der Sonnenbestrahlung im Verlauf der letzten 600 000 Jahre lassen sich astronomisch berechnen. Diese Schwankungen sind in bestimmten Zeitmaßen auszudrücken. Sofern diese unterschiedliche Intensität der Sonnenbestrahlung sich auf die Klimaverhältnisse der Erde ausgewirkt hat (was von kompetenter Seite nicht allgemein vorausgesetzt wird), dürften diese Schwankungen eventuell mit der geochronologisch (erdgeschichtlich) ermittelten klimatologischen Gliederung des Pleistozäns parallelisiert werden. Dann würde das Maximum der Würmvereisung etwa in die Zeit um 15 000 gehören, eine ältere Kaltphase des Würmglazials in die Zeit um 60 000, die Rißeiszeit in die Zeit um 120 000–100 000, die Günzeiszeit in die Zeit vor 300 000 Jahren.

Die Radiokarbonuntersuchungen beruhen darauf, daß radioaktiver Kohlenstoff mit dem *Atomgewicht 14,* der von Pflanzen aufgenommen wird und von da als Nahrung auch in Tiere gelangt, in pflanzlichen und tierischen Überresten gemessen werden kann. Da mit dem Tod der Pflanzen die Aufnahme von „C 14" endet, seine Strahlungsintensität also abklingt, kann die Zeitspanne ermittelt werden, die zwischen dem Tod des betreffenden Lebewesens und der Gegenwart verstrichen ist. Die Methode ist aber noch unvollkommen, so daß die bisher vorliegenden Messungen kein absolut sicheres Bild ergeben.

Altpaläolithikum (vor 60000)

Die frühesten als Artefakte zu bestimmenden **Steinwerkzeuge** stammen aus dem frühen Eiszeitalter (sog. Villafranchium). Sie sind roh aus Steingeröllen oder -knollen entweder nur an einer Kante bzw. nur aus einer Richtung behauen (sog. Choppers) oder an mehreren Kanten bzw. durch gezielte Schläge aus zwei Richtungen zugerichtet, so daß eine annähernd zickzackförmige Schneide entsteht (sog. *Chopping-tools*). Während die ersteren auch auf natürliche Weise entstehen können, erscheint die bei den letzteren als sehr unwahrscheinlich, zumal, wenn eine Häufung an bestimmten Plätzen zu beobachten ist, wie im Schichtpaket I und II der Oldoway-Schlucht in Ostafrika. Dort erscheinen sie zusammen mit Hominidenresten („*Homo habilis*"), die als kleinhirnig zu erweisen sind (Gehirnvolumen 680 ccm, gegenüber 800–1200 ccm beim *Homo erectus* des mittleren Eiszeitalters). Ein noch kleineres Hirn einer morphologischen Übergangsform zwischen Pithecinen (Affenähnlichen) und Hominiden (Menschenähnlichen) haben die sog. Australopithecinen, die aus Süd- und Ostafrika bekannt sind, aber bei denen keine sicheren Anhaltspunkte für eine Werkzeugherstellung bekannt sind. Die Datierung der Oldoway-Funde verteilt sich auf eine sehr lange Zeitspanne (schätzungsweise 1 Million Jahre oder mehr), ohne daß bei den Steinwerkzeugen eine Veränderung erkennbar wäre. Über die Stellung des „Homo habilis" innerhalb der zum Menschen im Vollsinn des Wortes hinführenden Entwicklung *(Homo sapiens)* besteht noch keine volle Klarheit, d. h. über die Frage, inwieweit für diese Wesen ein reflexes, logisches und abstraktes Denken mit Traditionsbildung, Zukunftsplanung und sprachlicher Kommunikation, alles freilich in uranfänglich-undifferenzierter Ausprägung, in Betracht gezogen werden darf.

Gegenüber diesem frühpleistozänen „Homo habilis" und seinem als frühpaläolithisch zu bezeichnenden Werkzeugbestand tritt im Mittelpleistozän der sog. *Homo erectus* (Oldoway, Java, Swartkrans, Mauer bei Heidelberg, Vértesszöllös bei Budapest, Chou-k'ou-tien bei Peking) in Erscheinung, mit dem neben einfachen Abschlaggeräten erstmalig *Faustkeile* und andere gegenüber den Choppers und Chopping-tools verbesserte und verfeinerte Geräte typischer Formung auftreten *(Altpaläolithikum).* In Oldoway

ist eine stratigraphische Superposition eines solchen Gerätebestandes über einem frühpaläolithischen bezeugt. Daß den Trägern des Altpaläolithikums eine volle Geschichtlichkeit zuzusprechen ist, unterliegt keinem Zweifel. Geräte dieser Art sind in den drei altweltlichen Kontinenten Europa, Asien und Afrika bekannt. Technologisch sind bei den Faustkeilen zwei Gruppen zu unterscheiden, eine ältere, bei der die Bearbeitung nur unter Verwendung von Schlagsteinen erfolgt (sog. Amboßtechnik: *Abbevillien-Art,* nach reichen Funden bei Abbeville an der Sommemündung), und eine jüngere, bei der zusätzlich Schlaghölzer verwendet werden (sog. Hammertechnik: *Acheuléen-Art,* nach Funden von Saint-Acheul bei Amiens). Insgesamt zeigen die Faustkeile eine beträchtliche typologische Variationsbreite, die für eine lange Zeitspanne kennzeichnend ist (etwa 500 000–60 000). Vereinzelt sind außer den Steingeräten feuergehärtete Holzspitzen, offensichtlich *Jagdspeere,* gefunden worden (Torralba in Spanien; Clacton-on-Sea in England). Als **Jagdwild** des Altpaläolithikers sind Steppen- und Waldelefant, Waldnashorn, Boviden (rinderartig) und Cerviden (hirschartig) bekannt. Lagerplätze sind bisher so gut wie nicht bekannt; daher fehlen Bestattungen aus dieser Zeit. Immerhin wird aus dem Umstand, daß unter den altpaläolithischen Menschenresten sich viele Calvarien und Unterkiefer befinden, geschlossen, daß diesen Teilen eine besondere Aufbewahrung und Behandlung zuteil geworden sei (*Kopfbestattungen,* Schädelkult).
In einer Spätphase des Altpaläolithikums werden erstmalig **Höhlen** in nennenswertem Umfang von Menschen als Lagerplatz aufgesucht, nachdem dort zuvor nur Tiere gehaust haben. Für die in den drei altweltlichen Kontinenten nachweisbare Inbesitznahme der Höhlen durch den Menschen bildet die Beherrschung des Feuers (im Prinzip bereits für ältere Zeit bezeugt) eine wesentliche Voraussetzung. Sie verschafft dem Frühmenschen eine Überlegenheit gegenüber Raubtieren (Herdstellen von Anfang an kennzeichnend für Lagerplatz).

Mittelpaläolithikum (ca. 60 000–35 000)

Archäologisch ist dieses Zeitalter gekennzeichnet durch einen charakteristischen Bestand an **Steingerätformen.** Eine größer gewordene Anzahl fester Typen zeigt gegenüber der vorangehenden Zeit eine zunehmende formale und funktionale Differenzierung sowie eine technische Vervollkommnung an. Neben späten Faustkeilen sind vor allem Abschlaggeräte (teils in *Levalloisien-*, teils in *Moustérien-*Technik, erstere benannt nach Levallois bei Paris, letztere nach Le Moustier in der Dordogne) typisch, wobei mitunter ausgesprochene Meisterleistungen von technisch nicht zu überbietender Feinheit begegnen (z. B. große Blattspitzen).
Die mittelpaläolithische **Ökumene** umfaßt Europa, Asien und Afrika. Wenn in Amerika und Australien Fundzeugnisse dieser Zeit bis jetzt fehlen, so dürfte dies schwerlich auf einer Forschungslücke beruhen. Innerhalb des altweltlichen Bereiches scheint es während des Mittelpaläolithikums in stärkerem Maße als im Altpaläolithikum zu *regionalen Sonderentwicklungen* gekommen zu sein. Nicht nur Ostasien, sondern auch Afrika südlich der Sahara sind nach den derzeit bekannten Fundbelegen als Periphergebiete zu betrachten, die an der Kulturentfaltung westlich und nördlich davon nicht voll Anteil nahmen. Aber auch der europäisch-nordafrikanisch-westasiatische Raum weist keine völlig homogene materielle Kultur auf. So sind z.T. qualitätvoll gearbeitete, flächenretuschierte Pappel- oder Lorbeerblattspitzen (typische Beispiele von Mauern im Kreis Neuburg/Donau; Ranis, Bezirk Gera; Moravany, Slowakei) eine Spezialität mitteleuropäischer Gruppen, während bestimmte Schaberarten (z. B. Typus La Quina) auf Frankreich beschränkt und aus Silexkieseln gefertigte Schaber die Besonderheit einer westmittelitalischen Gruppe (sogenanntes Pontigniano) sind. Auch das vorderasiatische Mittelpaläolithikum, wie es vor allem in den Höhlen des Karmels in Palästina (Et-Tabun, Mugharet es-Skhul), der Wüste Juda und in Jabrud am Antilibanon in typischer Ausprägung erschlossen wurde, zeigt im Formenensemble gewisse Sonderzüge, ebenso dasjenige Nordafrikas, für das hauptsächlich gestielte Spitzen kennzeichnend sind (sog. Atérien).
Es kann sein, daß die für die Zeit des Mittelpaläolithikums zu erschließenden klimatischen Schwankungen (im eurasischen Raum: Wandel von einer Warmzeit zu einer Kaltzeit) eine Veränderung des Lebensraumes und damit eine temporäre Isolierung mancher Gebiete und ihrer Bevölkerung mit sich bringen. Damit könnte auch die Ausbildung *rassischer Sondermerkmale* in gewissen Gebieten zusammenhängen. Die Menschenfunde aus dem älteren (interglazialen) Abschnitt des Mittelpaläolithikums zeigen in Europa und Westasien (z. B. Weimar-Ehringsdorf; Fontéchevade, Département Charente; Saccopastore bei Rom; Krapina in Kroatien; Mugharet es-Skuhl im Karmel, Palästina) eine bemerkenswerte gestaltliche Variabilität, darin offensichtlich die anthropologischen Verhältnisse des Altpaläolithikums fortsetzend. Demgegenüber gehört die Form des extremen **Neandertalers** (genannt nach der 1856 im Neandertal bei Düsseldorf entdeckten Schädelkalotte) vor allem in Westeuropa durchweg einem jüngeren (glazialen) Abschnitt des Mittelpaläolithikums an, so daß die anthropologische Forschung heute diesen extremen Neandertaler für eine Spezialisationsform hält, die jedenfalls nicht – wie früher erwogen wurde – in die Ahnenreihe der vom Jungpaläolithikum an allgemein herrschenden „Sapiens-Form" gehört (die interglazialen Menschenformen der Art Ehringsdorf–Saccopastore–Mugharet es-Skuhl zeigen stärkere sapienstümliche Merkmale als die extremen Neandertaler).

14 Vorgeschichte – Paläolithikum (Altsteinzeit)

Trotz der Anzeichen für gewisse regionale Sonderausprägungen in kultureller und rassischer Hinsicht treten die verbindenden *Gemeinsamkeiten* der mittelpaläolithischen Kultur vom Atlantik bis nach Innerasien hervor (gefördert zweifellos durch die nomadisierende Lebensweise), die sich nicht nur auf die geläufigen Formen und Techniken der Steingeräte erstrecken, sondern auf wirtschaftliche Eigenheiten (Jagdmethoden) und vor allem auf kultisch-religiöse Wesenszüge, wie sie dank der seit dieser Zeit bestehenden Erhaltungsbedingungen anhand von Opfergaben und Bestattungen erschlossen werden können.

Die bei der **Jagd** auf Großwild, vor allem große Dickhäuter, angewandte Methode des Speerens wird am eindrucksvollsten durch den Fund von Lehringen in Niedersachsen vor Augen geführt. Dort lag in einem interglazialen Tümpel das Skelett eines Altelefanten mit einem 2,5 m langen Eibenholzspeer mit feuergehärteter Spitze zwischen den Rippen, umgeben von einigen roh zugeschlagenen Steingeräten, mit denen offensichtlich die verfolgenden Jäger die aus dem Wasser herausragenden Teile des gesperrten Tieres abgeschnitten haben. Während an manchen mittelpaläolithischen Jagd- und Lagerplätzen auffallend verschiedenartige Jagdtiere in Resten nachzuweisen sind (jagdliche Vielseitigkeit), sind andere Stationen bekannt, bei denen (wohl wegen besonderer natürlicher Voraussetzungen, vielleicht aber auch wegen der besonderen Vorliebe einzelner Populationsgruppen) bestimmte Jagdtierarten dominieren. Mancherorts spielt die Jagd auf Höhlenbären eine überragende Rolle (z. B. Istállósköer Höhle in Ungarn, Veternica-Höhle in Kroatien, Ilinka in Südrußland), an anderen Plätzen diejenige auf Mufflons (z. B. Aman-Kutan in Usbekistan/Sowjetunion), an wieder anderen die Jagd auf Wisente (z. B. Ilskaja in der östlichen Schwarzmeergegend, wo im Laufe der Zeit weit über 2000 Tiere dieser Art verzehrt wurden; Wolgograd), an anderen die Jagd auf den Onager, eine schnelle Wildeselart (z. B. Cholodnaja Balka), an anderen diejenige auf Saiga-Antilopen (z. B. Sjuren, Čokurča im Kaukasus), an anderen die auf Hirsche (z. B. El Castillo in Nordspanien, Achenheim im Elsaß). In Gebirgsgegenden werden mancherorts bevorzugt Bergziegen (z. B. Tešik-Taš in Usbekistan) oder Steinböcke (z. B. Repolust-Höhle in der Steiermark) gejagt. Neben diesen im Vordergrund stehenden Jagdtierarten erscheinen aber jeweils auch andere, die an der Fleischversorgung der betreffenden Gruppen sogar zum Teil trotz der vergleichsweise niedrigen Zahl erlegter Individuen einen namhaften Anteil haben (beispielsweise sind in der Station von Wolgograd außer 366 gejagten Wisenten 51 Mammute, 42 Pferde und 42 Saigas nachzuweisen).

Als Zeugnisse **religiöser Opfer** sind auffällige Deponierungen von Tierknochen, vor allem Schädeln, zu deuten. Außer Hirsch- und Wisentknochen sind hauptsächlich Schädel von Höhlenbären in Höhlen der Schweiz, Jugoslawiens, Schlesiens, Ungarns und Südrußlands (Drachenloch, Mornova, Veternica, Reyersdorfer Höhle, Istállósköer Höhle, Ilinka) rituell niedergelegt (in Steinkisten gebettet, mit Steinplatten umstellt oder in sonst geeigneter Weise geschützt).

Bestattungen: Die Verstorbenen erfahren eine nicht nur pflegliche, sondern regelrecht rituelle Behandlung. Die wichtigsten diesbezüglichen mittelpaläolithischen Funde liegen vor von La Ferrassie, Le Moustier, La Chapelle-aux-Saints und Regourdou in Frankreich, Kük-Koba, Staroselje, Tešik-Taš in Südrußland, aus der Grotta Guattari in Mittelitalien, Shanidar im Irak, Mugharet es-Skhul und Et-Tabun in Israel. Danach werden die Toten zumeist in Schlafstellung in Felsspalten oder künstlich gegrabenen Gruben gebettet, mit Ocker umgeben (Ausdruck der Festlichkeit), nicht selten mit Steinen bedeckt (Schutz vor Raubtieren), einmal auch mit Ziegenhörnern umstellt (Zier) und mit Fleischstücken und z. T. auffallend sorgfältig gefertigten Steingeräten ausgestattet (Abschiedsgeschenke). Einige Male liegen die Toten auf einer Herdstelle, die zum Zeitpunkt der Bestattung noch heiß gewesen ist (dem Verstorbenen wird der zentrale und wichtigste Platz der Gruppengemeinschaft als Ruhestätte überlassen). Dieselbe Behandlung wie Erwachsene erfahren Kinder bis hin zu Föten (Beweis für die Bedeutung der Familiengemeinschaft). Einigen kopflosen Bestattungen stehen andere Funde gegenüber, bei denen der Kopf einen besonderen Schutz oder eine besondere rituelle Herrichtung erfahren hat. Vor allem bemerkenswert ist die Grotta Guattari im Monte Circeo, wo auf der alten Höhlensohle ein einzelner Schädel inmitten eines ovalen Steinkranzes angetroffen wurde. Der Schädel zeigt alte Hiebwunden, die den Tod des Individuums herbeigeführt haben (partielle Beisetzung eines rituellen Menschenopfers).

Jungpaläolithikum (ca. 35 000–8000)

Wenngleich in technischer, ökonomischer und religionskundlicher Hinsicht eine Tradition vom Vorangehenden erkennbar ist, verkörpert das Jungpaläolithikum eine wesenhaft **neue Geschichtsepoche** innerhalb der universalen Menschheitsentwicklung.

Der **Fundbestand** dieses Zeitalters wird charakterisiert durch *Steingeräte in Schmalklingentechnik* (damals neu aufkommendes Verfahren, durch einen geschickt geführten Schlag auf einen Kernstein eine lange, schmale, an beiden Rändern scharfe Klinge abzusprengen). Die serienweise gefertigten Klingen werden dann zu zahlreichen speziellen Gerättypen weiterverarbeitet, die bestimmten Arbeitszwecken dienen (weitere Spezialisation, dazu technische Perfektion). Nicht minder ausgeprägt ist der Bestand an Geräten aus organischem Material, vor allem solchen jagdlicher und zeremonieller Art (erhalten nur dort, wo sie aus Knochen, Geweih und Elfenbein geschnitzt werden; wo sie aus Holz bestehen, sind sie vergangen. Dank der typologischen Veränderung der Stein- und Beingeräte kommt ihnen die wesentliche Rolle bei der chronologischen Untergliederung des Jungpaläolithikums zu. In Westeuropa werden hauptsächlich folgende Abschnitte unterschieden: Aurignacien (genannt nach der Höhle Aurignac, Département Haute-Garonne), Gravettien (nach der Abri-Station La Gravette in der Dordogne), Solutréen (nach der Fundstelle Solutré, Département Saône-et-Loire), Magdalénien (nach dem Abri La Madeleine in der Dordogne).

Im Jungpaläolithikum erweitert sich der menschliche **Lebensraum** durch die Erstbesiedlung Amerikas und Australiens. Die Landnahme *Amerikas* erfolgt anscheinend in einer Frühstufe des Jungpaläolithikums von Nordostasien aus, als infolge der letztglazialen Vergletscherung im eurasischen und im nordamerikanischen Bereich und der damit verbundenen Hortung ungeheurer Wassermassen das Absinken des Meeresspiegels eine Landverbindung zwischen Alaska und Nordostsibirien erstehen läßt. Die Besiedlung schreitet von Norden nach Süden fort und scheint vor dem Ende des Pleistozäns die Südhälfte des Doppelkontinents erreicht zu haben.

Die Erstbesiedlung *Australiens* findet wahrscheinlich in der letzten Phase des Pleistozäns von Neuguinea aus statt, wohin wegen des Absinkens des Meeresspiegels damals eine Landbrücke besteht; die zwischen den Sundainseln verbleibenden Meeresstraßen sind für eine Überquerung nicht zu breit. Zeitweilig wird die Verbindung mit dem australischen Festland mehr oder weniger unterbrochen, so daß in Indonesien und vor allem in Australien eine kulturelle Verarmung (und eventuell eine rassische Spezialisation) eintritt.

Kunst: Bezeichnendster Ausdruck der das Jungpaläolithikum begründenden Kulturentwicklung ist die Entstehung der bildenden Kunst. Sie zeigt eine neue Stufe menschlicher *Bewußtseinsentwicklung* an, indem offensichtlich erst jetzt ein erlebendes Subjekt zur bildlichen Darstellung eines erlebten Objekts befähigt und veranlaßt wird. Vom Beginn des Jungpaläolithikums an erscheinen Darstellungen von Tieren (vor allem Jagdtiere) und Menschen, ausnahmsweise auch von Pflanzen, ein- oder mehrfarbig (mit rotem, gelbem und braunem Ocker, Kohle und Manganerde) auf Höhlenwände oder lose Steine gemalt, mit feinen oder kräftigen Linien auf Felswände, Stein, Geweih-, Elfenbein-, Gagat- oder Bernsteinstücke geritzt, reliefartig aus dem Bildgrund oder vollplastisch aus diesem Materialien herausgearbeitet. Diese Darstellungsgattungen setzen alle in der Zeit des Aurignacien ein, ebenso wie von dieser Frühstufe an bereits verschiedene stilistische Darstellungsarten nachweisbar sind: von bewundernswert veristischen Naturwiedergaben bis zu schematischen Darstellungen oder abgekürzten Detailabbildungen. *Verbreitet* sind die Zeugnisse jungpaläolithischer Kunst von Spanien, Frankreich und England über Italien, die Schweiz, Deutschland, die Tschechoslowakei bis nach Südrußland und Sibirien sowie im südlichen Afrika, und zwar in den einzelnen Gattungen und speziellen stilistischen Ausprägungen so auffallend verwandt, daß ein unmittelbarer kultureller und geistiger Kontakt der betreffenden Populationen vorausgesetzt werden muß.

Bedeutende **Fundstätten** jungpaläolithischer Kunstwerke sind in *Frankreich:* Brassempouy, Dép. Landes (weibliche Elfenbeinfiguren), Bruniquel, Dép. Tarn-et-Garonne, und La Colombière, Dép. Ain (Tiergravierungen auf Steinplatten und Kieseln), Les Combarelles, Dép. Dordogne (Tausende von gravierten Tier- und einige Menschenfiguren in Höhle), Font-de-Gaume, Dordogne (Hunderte von polychrom gemalten Tierfiguren in Höhle), Fourneau du Diable, Dordogne (Tierreliefs auf Steinblöcken unter Felsdach [Abri]), Isturitz, Dép. Basses-Pyrénées (Gravierungen auf Steinplatten und Knochenstücken von Tieren, Tierpartien und Menschen, Steinreliefs und vollplastische Figuren), Lascaux, Dép. Dordogne (Hunderte von z.T. polychrom gemalten Tierbildern und Gravierungen in Höhle), Laussel, Dordogne (Reliefs von Menschen auf Steinblöcken unter Abri), Lourdes, Dép. Hautes-Pyrénées (Gravierungen und Figuren von Tieren und Menschen aus Knochen), La Madeleine, Dordogne (Gravierungen, Reliefs und vollplastische Figuren, zumeist aus Geweih und Knochen), Montespan, Dép. Haute-Garonne (aus Lehmblock geschnittene Bärenfigur im Höhleninnern; wahrscheinlich war dem Lehmkörper ein echter Bärenkopf aufgesetzt), Tuc d'Audoubert (großfiguriges Wisentpaar, aus Lehmblock herausgeschnitten, im hintersten Teil einer Höhle), Niaux, Dép. Ariège (schwarze Höhlenmalereien), Le Roc-de-Sers, Dép. Charente (Reliefs auf Felsblöcken), Teyjat, Dordogne (Tiergravierungen auf Stalagmiten), Trois-Frères-Höhle, Dép. Ariège (Tausende von Tiergravierungen auf Höhlenwänden). – In *Spanien:* Altamira, Prov. Santander (polychrome Tierbilder auf Höhlendecke), Parpalló, Prov. Valencia (etwa 5000 Tiergravierungen und einige Tiermalereien auf kleinen Steinplatten). – In *Deutschland:* Klausenhöhlen im Altmühltal (Gravierungen von Tieren auf Steinplatte und Knochenstück), Petersfels, Kreis Konstanz (Tiergravierungen auf Geweih- und Gagatstücken, weibliche Figuren aus Gagat), Vogelherd, Kreis Heidenheim (rundplastische Tierfiguren aus Elfenbein), Gönnersdorf, Kreis Neuwied (Hunderte von Tier- und Menschenzeichnungen auf Schieferplatten). – In der *Schweiz:* Thayngen, Kanton Schaffhausen (Tiergravierungen auf Geweih- und Knochenstücken). – In *Österreich:* Willendorf in der Wachau (weibliche Statuetten aus Stein und Elfenbein). – In der *Tschechoslowakei:* Ostrava-Petřkovice an der Oder (weibliche Statuette aus Rötel), Pavlov und Unterwisternitz, Südmähren (Tierfiguren und weibliche Statuetten aus Knochen, Elfenbein und einer Tonmasse, die im Herdfeuer gebrannt und dadurch erhalten geblieben ist; menschlicher Kopf aus Elfenbein), Brünn (männliche Elfenbeinstatuette in einem Grab). – In *Italien:* Insel Levanzo westlich von Sizilien (Gravierungen auf Höhlenwänden), Grimaldi bei Ventimiglia (weibliche Statuetten aus Stein), Rignano Garganico, Apulien (figürliche Malereien auf einer Höhlenwand und Gravierungen auf Knochen). – In *Rußland:* Avdejevo, Gebiet von Kursk (weibliche Elfen-

16 Vorgeschichte – Paläolithikum (Altsteinzeit)

beinfigur), Kostjenki am Don (weibliche Figuren und Tierköpfe aus Elfenbein und Stein), Mezin an der Desna (sehr stilisierte, mit feinen Mäandermustern bedeckte weibliche Elfenbeinfiguren). – In *Sibirien:* Malta und Buret im Gebiet von Irkutsk (Tiergravierungen und -figuren sowie mehrere menschliche Elfenbeinstatuetten).

Die *Tierfiguren* auf den Höhlenwänden finden sich zumeist tief im Höhleninnern an schwer erreichbarer Stelle. Doch gibt es Wandmalereien und -gravierungen nachweislich auch in den vorderen Höhlenpartien (infolge der Witterungseinflüsse dort nur ausnahmsweise erhalten). Ausschließlich in den vom Tageslicht erreichten Höhlenteilen werden Reliefs auf Felswänden und losen Steinblöcken angetroffen. Die Größe der Wandbilder schwankt zwischen lebensgroßen bis zu winzigen, nur wenige Zentimeter großen Darstellungen. Nur ganz vereinzelt finden sich *Kompositionen* von mehreren, thematisch zusammengehörigen Figuren (im Kampf gegeneinanderrennende Mammut- oder Wisentbullen; Wisentbulle, der Wisentkuh folgend; Paare von Hirschen oder Rentieren; Rentier, das sich zu einem am Boden liegenden, offenbar kranken oder toten Tier herabneigt), mitunter auch Herden- und Jagdbilder (Mann flieht vor wild anstürmendem Wisent; Mann verfolgt Wisent; Mann liegt – offensichtlich tot – vor einem Wisent). Überwiegend handelt es sich bei den bildlichen Darstellungen jedoch um *Einzeltiere,* die häufig – sowohl auf Höhlenwänden als auch auf kleinen Stein- und Knochenstücken – übereinandergesetzt sind. Dennoch sind die Darstellungen durchweg naturgetreu und formklar. In stilistischer und typologischer Hinsicht schließt eine feste Konvention und eine lang anhaltende Tradition diese Tierbilder zu einer großen altweltlichen Einheit zusammen, hinter der eine einheitliche geistige Vorstellungswelt steht. Die Themenauswahl und die Darstellungsart legen die Annahme nahe, daß diese Bilder unmittelbare Jagderlebnisse – Erfolge (Jagdbeute) und Gefahren (Raubtiere) – wiedergeben. Da diese bildlichen Erinnerungsberichte unverkennbar religiösen Charakter besitzen, dürfen wir sie wohl in die aus späteren Kulturen bekannte Gattung der *Votivbilder* einordnen.

Bei den *menschlichen Figuren* sprechen die Fundbeobachtungen am ehesten dafür, daß es Selbstdarstellungen der Verfertiger oder Besitzer sind. Bemerkenswert ist bei einigen dieser Menschenbilder die Geste der erhobenen Hände, die vermutlich als Adorationshaltung (Anbetung) zu deuten ist. Diese Geste kommt auch in einzeln gemalten Armen und Händen mit gespreizten Fingern sowie in positiven oder negativen Handabklatschen zum Ausdruck, die mit roter oder schwarzer Farbe an den Wänden zahlreicher Höhlen Spaniens, Frankreichs und Italiens neben jungpaläolithischen Tierdarstellungen dargestellt sind.

Bestattungen: Die jungpaläolithischen Grabanlagen führen ein Erbe der vorangehenden Zeit weiter. Neu ist jedoch, daß die Toten (Männer, Frauen und Kinder) häufig mit Kleider- und Körperschmuck versehen sind: durchlochte Tierzähne und Konchylien (Schalen von Weichtieren) an Schädel, Hals, Becken, an den Oberarmen, den Ellbogen und Handgelenken, den Knien und Füßen, zu verschiedenartigen Zieraten gehörend (wichtige Funde von La Madeleine, Combe Capelle, Crô-Magnon, Duruthy, Laugerie-Basse und Saint-Germain-la-Rivière in *Frankreich,* Arene Candide und Grimaldi in *Ligurien,* Brünn, Unterwisternitz und Předmost in *Mähren,* Kostjenki in der *Ukraine,* Malta in *Sibirien*). Die zu Schmuckstücken verarbeiteten Konchylien stammen meist aus den betreffenden Gegenden selbst; vergleichsweise häufig finden sich aber auch ortsfremde Arten, die erst viele Hundert Kilometer von ihrem Fundort entfernt natürlich vorkommen. Dabei handelt es sich teils um schlichte, unscheinbare Arten, die offensichtlich gesammelt werden, als sich die betreffende Population im Zuge ihrer nomadisierenden Lebensweise im natürlichen Vorkommensbereich jener Muschelarten aufhält, teils aber um sehr auffällige Arten (Cyraeen), die möglicherweise begehrte Tauschobjekte sind.

Eine beachtliche Rolle spielen im Jungpaläolithikum isolierte *Kopfbestattungen,* die entweder einzeln oder in Gruppen beisammenliegen. So wurden im Hohlenstein, Kreis Ulm, die Köpfe eines Mannes, einer Frau und eines Kindes dicht nebeneinander auf einer gemeinsamen Rötelschicht angetroffen. In der Ofnethöhle bei Nördlingen waren die Köpfe von vier Männern, neun Frauen und zwanzig Kindern in zwei Mulden zu Schädelnestern vereinigt. Ähnliche Kopfbestattungen sind aus Spanien (Parpalló), Frankreich (Le Placard, Le Mas-d'Azil, Les Eyzies) und Mähren (Lautsch, Předmost) bekannt. Soweit nähere Beobachtungen vorliegen, sind die weiblichen Köpfe reichlich mit Schmuck versehen, die männlichen nicht. Die bei vielen Kopfbestattungen und auch bei vollständigen Bestattungen festzustellende Blickrichtung nach Westen dürfte mit der untergehenden Sonne in Verbindung stehen. Anders zu beurteilen als die Kopfbestattungen sind Zeugnisse eines Schädelkultes, bei dem menschliche Schädel (ohne Weichteile) rituell aufbewahrt werden. Ein solcher in einer Wandnische der französischen Höhle von Le Mas-d'Azil gefundener Schädel (ohne Unterkiefer) hat in den Augenhöhlen künstliche Einsätze aus geschnitzten Cerviden-Knochenscheiben.

Lagerplätze liegen bevorzugt an Wasserläufen. Aufschlußreiche Befunde sind aus mehreren europäischen Ländern und aus Sibirien bekannt. Die Behausungen sind mitunter tief in den Boden eingegrabene, rechteckige, mit Holzverkleidung versehene Gruben mit geraden Wänden, die eine Holzbalkendecke aufweisen (z. B. Timonovka a. d. Desna). Neben diesen regelrechten *Erdwohnungen* gibt es solche, die nur teilweise eingetieft und zum anderen Teil als obertägige Bauten errichtet sind, und schließlich solche mit ganz ebenerdigem Fußboden. Aus Verfärbungen oder aus randlichen Stütz- bzw. Verkeilsteinen und Mammutknochen läßt sich mitunter der Grundriß solcher hüttenartigen Behausungen (mit zeltartig aufsteigendem Dach) erkennen. Danach gibt es sowohl annähernd rechteckige (z. B. Moravany, Slowakei) als auch ovale und runde Anlagen (z. B. Gagarino, Honci, Kostjenki, Mezin in der Ukraine;

Jungpaläolithikum (35 000–8000) – Neolithikum (Jungsteinzeit)   17

Unterwisternitz, Pavlov in Mähren). Die größten sind mehr als 30 m lang. Der Hüttenboden ist gelegentlich steingepflastert oder als Estrich gebildet. Vielfach finden sich in den Behausungen ein oder mehrere *Herde* (bis zu zehn, in der Längsachse mit regelmäßigen Abständen aneinandergereiht). Vermutlich wohnen in den Behausungen so viele Familien, wie Herdstellen vorhanden sind. Die Großanlagen (bzw. die zu einem Lagerplatz gehörigen kleineren Einzelbehausungen) weisen auf die Existenz von Sozialeinheiten *(Lagerplatzgemeinschaften)* hin, deren Angehörige gemeinsam wandern und jagen. Außer den Lagerplätzen im offenen Gelände werden auch Abris und Höhlen aufgesucht (Feuerstellen, zuweilen Reste architektonischer Einbauten). Viele Freiland- und Höhlenlagerplätze sind mehrfach belegt, wobei teilweise eine Tradition zwischen mehreren Besiedlungsphasen zu bestehen scheint (Regelmäßigkeit des Lagerplatzwechsels).

Wirtschaft: Während von der pflanzlichen Nahrung (gesammelte Früchte, Beeren, Wurzeln, Samen und Kräuter) nur selten Überreste erhalten sind, vermitteln die archäologischen (bildlichen und ergologischen) sowie die faunistischen Funde Einblicke in die *Jagdsitten*. In Frankreich und Mitteleuropa werden während eines älteren Abschnittes des Jungpaläolithikums besonders häufig Mammute gejagt; in einem folgenden Zeitabschnitt steht das Pferd vielerorts an erster Stelle, in einer Spätstufe der Wisent und das Ren. Im östlichen Mittel- und in Osteuropa ist das Mammut bis ans Ende des Paläolithikums in ausreichendem Maß vorhanden (in Unterwisternitz machen Mammutknochen 90 % des faunistischen Fundmaterials aus; in Předmost sind etwa 1000 erlegte Mammute ermittelt). Ausgesprochene Mammutjäger sind auch in Südrußland nachzuweisen, ebenso in Nordamerika. Bei einigen Mammutbildern des franko-kantabrischen Kunstkreises ist die Stelle auf der Brust der Tiere besonders gekennzeichnet, an der beim Angriffskampf der *Stoßspeer* zu sitzen hat. Mit dem Stoßspeer (Spitze feuergehärtet oder mit einer Steinspitze besetzt) werden auch Boviden und Bären erlegt. Für scheues, flüchtiges Wild (Equiden, Cerviden, Capriden) eignen sich eher Schuß- und Wurfwaffen. Vom Gravettien an sind *Pfeil und Bogen* in Gebrauch, seit dem Beginn des Magdalénien auch *Wurflanzen,* die eine mit Widerhaken versehene Harpunenspitze besitzen. Wildpferde werden im Rahmen organisierter Treibjagden erlegt (am Steilabfall des Tafelberges von Solutré, Dép. Saône-et-Loire, schätzungsweise 100 000 Pferde). Nach Ausweis der Felsmalereien werden auch Fallgruben, Fanggatter und Schlingen als Jagdmittel benutzt. In manchen Gegenden schließen sich den jahreszeitlich wandernden Renherden Populationsgruppen an, indem sie die Wanderungen dieser Tiere über weite Strecken mitmachen, um ganzjährig von der Renjagd leben zu können (Sommerlagerplätze nachgewiesen bei Stellmoor und Ahrensburg nahe Hamburg, unweit des damaligen Eisrandes).

Neolithikum (Jungsteinzeit)

Der Übergang vom Jungpaläolithikum zum Neolithikum ist ein vielschichtiger, komplexer Vorgang, der sich in den einzelnen Erdgebieten sehr verschiedenartig darstellt und sich über eine unterschiedlich lange Zeitspanne erstreckt. Mitunter werden Fundkomplexe aus dieser Übergangszeit, die nachweislich jünger als das Pleistozän sind, aber noch nicht alle für die Jungsteinzeitkultur kennzeichnenden Elemente aufweisen, als *Mesolithikum* (mittlere Steinzeit) bezeichnet. Vom Standpunkt einer regionalen Kulturstufenabfolge ist diese Benennung mancherorts gerechtfertigt. Ein allgemeines Zeitalter im Sinn eines universalhistorischen Entwicklungsabschnittes wird dadurch indes nicht umschrieben. Als Ganzes wird die als Jungsteinzeit bezeichnete Spanne in ihrem Beginn markiert durch den geochronologischen Übergang vom Pleistozän zum Nachpleistozän (geologische Jetztzeit) und in ihrem Ende durch die Entstehung der frühesten Hochkulturen im Vorderen Orient (um 3000 v. Chr.).

Zu einer neuen historischen Epoche wird das Neolithikum durch die im Vorderen Orient erfolgte Begründung einer gegenüber dem gesamten Paläolithikum neuen Lebensform und Bewußtseinsstruktur; sinnfälligster Ausdruck dessen sind: eine produzierende Form der Nahrungsgewinnung durch Pflanzenanbau und Tierhaltung, volle Seßhaftigkeit mit der Anlage fester Siedlungen und Errichtung von Häusern aus Steinen, Holz und (oder) Lehm, damit verbunden eine Vorratswirtschaft und die Entstehung neuer Produktionsweisen (zimmermannsgemäße Holzbearbeitung, Keramikherstellung und Metallverarbeitung). Weiterhin treten vom Beginn dieses Zeitalters an erstmalig Befestigungen, Waffenformen (nicht für die Jagd, sondern ausgesprochen für den Krieg bestimmt) sowie bildliche Darstellungen von Kämpfen zwischen Menschengruppen auf, offenbar Hinweise auf eine jetzt – Hand in Hand mit jenen kulturellen Errungenschaften – entstehende kriegerische Haltung, die ebenso zu den Neuerungen des Neolithikums gehört wie die neuen Techniken und Wirtschaftsformen. Die Ausbreitung der neolithischen Kulturerscheinungen nach Europa, Nordafrika, Süd- und Ostasien erfolgt in unterschiedlicher Geschlossenheit und Schnelligkeit (Neolithisierung). Amerika, Afrika südlich der Sahara, Südostasien und Australien werden von ihnen offensichtlich während der jungsteinzeitlichen Jahrtausende gar nicht erreicht.

18   Vorgeschichte – Neolithikum (Jungsteinzeit)

Früh- und Altneolithikum (ca. 8.–6. Jt.)

Frühneolithische Siedlungen, die die Anfänge dieser Entwicklung beleuchten, sind von Westiran bis Anatolien bekannt; weitestgehend untersucht sind sie in *Palästina* (am Anfang *Natuf-Stufe,* nach einer Höhlenstation im Wadi en-Natuf, dann *Tahune-Stufe,* nach einem Wohnplatz bei Bethlehem, z. B. Jericho, Nahal Oren, Eynan, Beidha). Bezeugt sind aus der ältesten Stufe Rundhäuser mit Steinsockel, Lehmoberbau, Herd und Silos sowie einer Umfassungsmauer, aus der Tahune-Stufe auch Rechteckhäuser. Die dorfartigen Ansiedlungen bilden mitunter die Basis von Tellsiedlungen (Hügel, die durch immer neues Planieren von Lehmhausresten und das Errichten neuer Häuser an derselben Stelle entstehen). In Beidha läßt sich eine stratigraphische Abfolge verschiedener Hausformen feststellen: erst unregelmäßig vieleckig, eingetieft, dann rund, eingetieft, dann einräumig viereckig mit gewölbten Seiten, eingetieft, dann rechteckig geradseitig, z. T. mehrräumig und zweigeschossig. In Jericho ist ebenfalls eine Abfolge von Rund- und Viereckhäusern bezeugt; besonders beachtenswert ist hier eine 1,7 m breite Befestigungsmauer mit einem massiv gebauten Rundturm (Durchmesser 9 m). Der Bestand an **Steingeräten** schließt an den spätpaläolithischen an, unterscheidet sich von diesem durch Klingen mit Sichelglanz und durch Mikrolithen. Die ersteren bilden die Einsätze von *Erntegeräten,* die letzteren solche von dolch- oder speerartigen *Waffen.* Charakteristisch sind weiterhin Steinmörser (Getreidemühlen), Steinbeile (zur Holzbearbeitung) und plastische Menschen- sowie Tierfiguren aus Stein oder Bein, die eventuell eine Tradition vom Spätpaläolithikum her verkörpern. An **Bestattungen** sind Körper- und isolierte Schädelbeisetzungen bekannt; von den letzteren zeigen einige eine Übermodellierung mit gipshaltigem Ton und Augeneinsätzen aus Muscheln, so daß naturalistische *Kopfplastiken* mit echtem Schädelkern entstehen (Jericho). Als erste Haus- bzw. Herdentiere sind Schaf und Ziege bezeugt (osteologisch gesichert).

Während in diesen frühneolithischen Siedlungen **Keramik** noch fehlt, ist solche in altneolithischen Fundstätten des Vorderen Orients geläufig. Zunächst ist es eine unbemalte Ware mit einfachen Formen, aus der sich aber bald eine solche mit Ritzmustern oder einfacher Streifenbemalung entwickelt. Durch diese frühe Keramik gekennzeichnete Siedlungen sind aus dem Iran (Tepe Sialk, Tepe Guran, Tell-i-Bakun), Mesopotamien (Tell Hassuna, Tell Matarra, Tell Halaf), Palästina (Jericho, Megiddo), Ägypten (Merimde), Libanon (Byblos), Westsyrien (Ras Schamra) und Anatolien (Mersin, Hacılar, Çatal Hüyük) bekannt. Die vielräumigen, mitunter mehrstöckigen, durchweg rechtwinkligen **Häuser** (luftgetrocknete Lehmziegel, mitunter auf Steinsockel und mit eingezogenen Holzbalken, Wände verputzt) sind unmittelbar aneinandergebaut (agglutinierende Bauweise), die Räume mitunter mit Ornamenten oder symbolischen Jagddarstellungen ausgemalt, unter Wandbänken oder dem Fußboden Tote beigesetzt. Die Tatsache, daß bisweilen mehr als zwölf Siedlungsschichten dieser Stufe übereinanderliegen, läßt auf eine Besiedlungskonstanz und eine beträchtliche Gesamtdauer schließen. Während in diesen Siedlungen Rundbauten gänzlich fehlen oder nur als Speicherbauten vorkommen, haben die Häuser dieser Zeit auf Zypern durchweg Rundform (Khirokitia).

In mehreren Siedlungen dieser Stufe werden einfache gegossene *Kupfergegenstände* geborgen, die die Kenntnis der Metallverarbeitung bezeugen (offenbar gewonnen in Verbindung mit der Keramikherstellung). Stein- und Tonplastiken spielen eine beträchtliche Rolle (in Jericho lebensgroß, deutlich eine Tradition von den frühneolithischen übermodellierten Schädeln), weiterhin Tonstempel (Pintaderas). An Haustieren sind hier auch Rinder nachgewiesen, an angebauten Pflanzen vor allem Getreidearten. Anscheinend gibt es mancherorts bereits eine künstliche Bewässerung.

Von ihrem vorderasiatischen Ursprungsgebiet aus werden wesentliche Züge der neolithischen Kultur während des Altneolithikums nach Nordafrika und nach Südosteuropa verbreitet, fraglos durch eine **Kolonisation,** d. h. das allmähliche Vorrücken einer neolithischen Agrarbevölkerung. Wie weit diese Bewegung in Nordafrika über Ägypten hinaus nach Westen reicht, ist noch ungeklärt. Die *Sahara* bietet damals wesentlich günstigere Lebensbedingungen als heute. Felsbilder mit Rinderherden sind sicher z. T. neolithisch (genaue Datierung einstweilen fraglich). Auf *Kreta* (unterste Schichten des Siedlungshügels von Knossos), anderen ägäischen Inseln (Skyros, Chios), dem *griechischen Festland* (Argissa-Magula, Otzaki-Magula, Sesklo und Soufli-Magula in Thessalien, Nea Makri in Attika, Nea Nikomedia in Makedonien), in *Bulgarien* (Karanovo), *Rumänien* (Leţ) und *Serbien* (Starčevo, Vinča, unterste Schicht) sind altneolithische Siedlungen mit rechteckigen Einzelhäusern aus Lehm bekannt, die z. T. die unteren Partien von länger belegten Tells bilden. Auch hier umfaßt die Keramik neben einer unverzierten Ware solche mit einfacher Bemalung, dazu Menschen- und Tierplastik, Pintaderas, geschliffene Steinbeile und -keulen, Steingefäße und Sicheleinsätze, alles auf vorderasiatische Formen zurückführbar. Aus dem Rahmen der übrigen altneolithischen Kultur Südosteuropas fällt eine Siedlung bei Lepinski Vir am Eisernen Tor (Durchbruch der Donau zwischen Südkarpaten und Ostserbischem Gebirge) heraus: regelmäßig gebaute Trapezhäuser enthalten große ausdrucksvolle Steinplastiken singulärer Art.

Außerhalb dieser vollneolithischen Kultur, die durch agrarisch-viehhalterische Wirtschaftsform, Lehmarchitektur, Siedlungskonstanz und einfache bemalte Keramik gekennzeichnet ist, lassen sich an diese in den angrenzenden europäischen Gebieten verwandte Kulturerscheinungen anschließen, die insgesamt einen abgewandelten, weiterentwickelten Eindruck machen und offenbar wiederum auf Landnahmebewegungen beruhen. Im Theiß-Gebiet (Ungarn) ist dies die *Körös-Kultur,* weiter westlich die *Bandkeramikkultur* und in den mediterranen Küstengebieten von Jugoslawien und Apulien bis Ligurien und Spanien die nach Eindrucksmustern (u. a. mit der Cardiummuschel) benannte *Impressakeramikkultur*. Über den Beginn dieser Neolithkulturen (inwieweit noch mit den altneolithischen Kulturen Südosteuropas und des Vorderen Orients gleichzeitig und inwieweit bereits jünger) besteht noch keine Klarheit.

Fest steht indes, daß unabhängig von der die Ausbreitung bzw. Entstehung vollneolithischer Kulturen bewirkenden Neolithisierung sich in ganz Europa (bis Westfrankreich und Südskandinavien), ebenso in weiten Teilen Afrikas (bis zum Süden des Kontinents) und in Südasien während der nachpleistozänen Jahrtausende die **Mikrolithik** ausbreitet (serienweise gefertigte, winzig kleine Steingeräte in Halbmond-, Dreieck- oder Trapezform: Tardenoisien in Frankreich), wie sie während des Paläolithikums unbekannt ist und das Aufkommen sowie die schnelle, überaus weite Ausbreitung neuartiger Gegenstandstypen (als deren Steineinsätze die Mikrolithen zu betrachten sind) anzeigt. Wo wir durch günstige Erhaltungsbedingungen deren Gestalt erkennen, ist nachzuweisen, daß es sich dabei um *Waffen* (Dolche oder Speere) handelt, wie dies entsprechend für die vorderorientalischen Mikrolithen von der Natuf-Stufe an der Fall ist. Auch andere Typen dieser ‚mesolithischen‘ Gruppen (verzierte Geweihäxte, Keulenknäufe) sind als Waffen zu deuten. Dazu paßt, daß die nachpaläolithischen Felsmalereien Ostspaniens und der Sahara (im Gegensatz zu allem, was aus dem Paläolithikum bekannt ist) erstmalig Darstellungen von *Kämpfen zwischen Menschengruppen* zeigen. Soweit diese ‚mesolithischen‘ Gruppen uns zugänglich sind, führen sie in ihrer Wirtschaftsform, ihrer Lebensweise und ihren Rastplatzanlagen ein paläolithisches Erbe weiter. Eine Gemeinsamkeit mit den frühneolithischen Kulturen des Vorderen Orients ist nur in der Verwendung von Waffen und der darin zum Ausdruck kommenden kriegerischen Haltung erkennbar.

Nach Osten sind mikrolithische Fundkomplexe von Tardenoisien-Art bis Polen, Ostpreußen, Litauen, Weißrußland und in die nordwestliche Ukraine verbreitet. Im östlichen Baltikum ist statt dessen die *Kunda-Kultur* anzutreffen, in Nordrußland bis zum Ural hin die verwandte *Schigir-Kultur,* wo hochwertiger Feuerstein, der für eine ausgeprägte Mikrolithik unerläßlich ist, nicht zur Verfügung steht (Geräte aus Quarz und Schiefer), wo aber funktionale Äquivalente nicht völlig fehlen. Typisch sind hier aus Knochen und Geweih gefertigte Harpunen, Speer- und Pfeilspitzen sowie Äxte. Auch im Gebiet des Dnjepr und Donez, auf der Krim und am Asowschen Meer in der Sowjetunion sind Spuren einer epipaläolithischen (d. h. der Kultur, nicht der Zeit nach) Jäger- und Sammlerbevölkerung bekannt, die dann gewisse neolithische Kulturmerkmale (geschliffene Steingeräte, Keramik) annimmt.

Mittelneolithikum (ca. 5. und erste Hälfte des 4. Jt.s)

Vorderer Orient

Mesopotamien: Auf die **Hassuna-Stufe** folgen die **Samarra-** und dann die **Halaf-Stufe,** für die jeweils charakteristische Keramikgattungen repräsentativ sind. Dabei lassen sich regionalspezifische Ausprägungen verfolgen (bei der Bemalung neben reichen Ornamenten auch figürliche und symbolische Darstellungen; Halaf-Ware: technisch und künstlerisch Höhepunkt der Töpferei). Zugehörig sind Steingefäße, steinerne Keulenköpfe, Stein- und Tonfiguren, Schminkpaletten, Steinbeile und andere Steingeräte, aber auch einzelne Kupfergeräte, ferner Sicheln aus hart gebranntem Ton. Mit der obermesopotamischen Halaf-Keramik verwandt ist eine südmesopotamische (nach einer Siedlung unweit von *Uruk-Warka*) als *Hadschi-Mohammed-Gruppe* bezeichnete Ware, mit der die Zeugnisse einer neolithischen Kulturentwicklung und Besiedlung im nachmaligen Land Sumer einsetzen (neuerdings auch Samarra-Ware bezeugt). Ob damit die erstmalige Inbesitznahme dieses Landesteiles durch eine ackerbautreibende Bevölkerung (etwa infolge jetzt erfolgter Veränderungen im naturlandschaftlichen Charakter dieses Gebietes) angezeigt wird, oder ob das Fehlen älterer Belege nur auf einer Forschungslücke beruht, muß dahingestellt sein.

Die mesopotamischen Siedlungen dieser Zeit bestehen aus vielräumigen, aneinandergebauten Lehmziegel- oder Stampflehmhäusern mitunter stattlicher Größe und regelmäßiger Grundrißgestalt (Tell as-Sauwan, Tell Hassuna, obere Schichten), umgeben von einer starken Lehmziegelmauer und einem Wassergraben (Sauwan), dazu runden Tholosbauten aus Lehmziegeln mit oder ohne Steinsockel, die – abweichend von den rechtwinkligen Wohnhäusern – als Speicher zu deuten sind und außerdem Stätten kultischer Handlungen sind.

In dem übrigen **Westasien** sind Siedlungen der Samarra- und Halaf-Zeit wohlbekannt (verwandte Keramik in den einzelnen Landesteilen, eigengeartete, importierte Halaf-Ware bis in die Osttürkei, Kilikien und zur israelischen Küstenzone). Die Siedlungen liegen teils an zuvor schon besiedelten Plätzen (Jericho, Byblos, Ras Schamra, Mersin Hacılar), teils werden hier neue Tellsiedlungen begonnen, mitunter (so in Çatal Hüyük) dicht neben solchen des Altneolithikums.

In **Ägypten** gehören ins Mittelneolithikum einerseits noch unterägyptische Siedlungen wie die von *Merimde* und *El-Fajum,* die in ihrem Beginn wohl ins Altneolithikum zurückreichen (keramische Entwicklung, qualitätvolle Steingeräte, u. a. retuschierte Sicheln, durchbohrte Keulenknäufe, Steingefäße), andererseits die oberägyptische Frühstufe der ausgedehnten Friedhöfe (*Tasa-Stufe*: Mostagedda) mit Hockerbestattungen, ritzverzierter oder geriefelter Keramik, Elfenbeinarmringen und -löffeln, Steinperlen und -paletten. Diese Friedhöfe setzen sich kontinuierlich in die folgende Zeit hinein fort.

20 Vorgeschichte – Neolithikum (Jungsteinzeit)

In **Iran** (Tell-i-Bakun, Tepe Gijan, Tepe Djafarabad, Tepe Sialk) und im nordöstlich angrenzenden *Turkmenistan* (Dscheitun, Tell Anau, Namasga) sind Siedlungen mit Lehmziegelarchitektur, Tonfiguren, einer bemalten Keramik und sonstigen Kulturerscheinungen bekannt, die mehr oder minder sicher mit dem Mittelneolithikum Mesopotamiens zu synchronisieren sind und die Wirksamkeit von Kulturbeziehungen bezeugen. – *(Forts. S. 21)*

Europa

In **Griechenland** wird die charakteristischste mittelneolithische Kultur nach der thessalischen Siedlung von **Sesklo** benannt (4 m mächtige Siedlungsschichten, mehrere Stufen zu unterscheiden). Hier und an anderen Plätzen (Argissa-Magula, Soufli-Magula, Korinth, Otzaki-Magula, Knossos) folgt die Besiedlung einer solchen älterer Zeit. Mitunter beginnt sie aber erst mit dieser Stufe (Chaironeia in Böotien, Rakhmani, Tsangli und Tsani in Thessalien). Typisch sind eine weiß-auf-rot oder rot-auf-weiß gemalte Keramik mit charakteristischem Ornamentschatz, Ton- und Steinstatuetten, Stein- und vereinzelt Kupfergeräte sowie eine Hausform: *Tsangli-Typ* (Einzelrechteckbau mit Wandzungen).
In **Bulgarien** wird die altneolithische Besiedlung in den Tells überlagert von Schichten der mittelneolithischen **Veselinovo-Kultur** (Karanovo, Azmaška Mogila) mit bezeichnender Knopfhenkelkeramik, Lampen, Statuetten und Geräten. In diesen Kulturerscheinungen ebenso wie in den Hausformen läßt sich eine Tradition vom Vorhergehenden feststellen. In Nordbulgarien und **Rumänien** folgt auf die altneolithische *Criş-Kultur* die **Boian**-*Kultur,* von der mehrere, anhand ihrer eigenwilligen Keramik herausstellbar Stufen zu unterscheiden sind.
Westlich des Verbreitungsgebietes der *Criş-Körös-Kultur (Ungarn)* erstreckt sich dasjenige der **Bandkeramikkultur,** deren ältestes Entwicklungsstadium im östlichen *Mitteleuropa* (an und nördlich der mittleren und oberen Donau) zu belegen ist (Krumlov-Stufe), ein entwickelteres in einem erweiterten, bis westlich des Mittelrheins reichenden Bereich (Flomborn-Stufe), während ein nochmal jüngeres Stadium nach Westen bis zur Champagne, nach Norden bis Pommern und nach Osten bis zum oberen Dnjestr verbreitet ist. Dabei lassen sich in einzelnen Gebieten noch weitere chronologische Unterabschnitte herausstellen, die insgesamt für eine beträchtliche Dauer dieser Kultur (etwa ein Jahrtausend) sprechen. Soweit bekannt, stellt die bandkeramische Kultur in Mitteleuropa, die im wesentlichen die fruchtbaren Böden erfaßt, unfruchtbare und gebirgige aber meidet, den Beginn einer vollneolithischen Lebensweise dar, die fraglos durch einen vom Mitteldonaugebiet ausgehenden Kolonisationsvorgang hier Eingang findet. Daneben ist mit der Weiterdauer ‚mesolithischer' Jäger- und Sammlergruppen zu rechnen, ähnlich wie auch später vielerorts Populationen verschiedener Wirtschaftsform und Kultur räumlich nebeneinander leben. Bei den Bandkeramikern spielt die Jagd nur eine untergeordnete Rolle; statt dessen halten sie Rinder, Schafe, Ziegen und Schweine; im Rahmen einer ausgewogen *gemischtwirtschaftlichen Lebensweise* wird dazu Weizen angebaut. Namengebend für diese Kultur ist ihre *Keramik,* bei der auf rundbodigen Kümpfen, Schalen oder Flaschen eingeritzte Spiral-, Mäander- oder Zickzackbänder, Stichreihen- und Zwickelmuster in beträchtlicher Vielfalt erscheinen. Wenngleich diese Ware innerhalb ihres weiten Verbreitungsgebietes und ihrer langen Entwicklungsspanne sich als zusammengehörige Erscheinung erweist, bestehen eine Menge regionaler Sonderausprägungen und -entwicklungen, die teilweise erkennbar mit kleinen oder größeren Siedlungskammern in Verbindung zu bringen sind. Trotz eines sich herausbildenden Eigenlebens bleibt bis in die Spätstufe hinein ein Kontakt mit dem Gesamtverband bestehen.
Ebenso charakteristisch wie die Keramik sind die *Steingeräte,* vor allem die aus Felsgestein geschliffenen sog. Schuhleistenkeile, ein mit D-förmigem Querschnitt versehenes Meißel- bzw. Dechselwerkzeug, das hauptsächlich der Holzbearbeitung dient, dazu Steinklingen als Einsätze von Sicheln. Durchbohrungen finden sich nicht bei Geräten, sondern nur bei *Waffen* (Keulenköpfen). Inwieweit steinerne Pfeilspitzen oder Pfeilschneiden für die Jagd und inwieweit für den Krieg bestimmt sind, läßt sich schwer entscheiden. Unter den *Schmuckformen* stehen Stein- und Muschelperlen von Hals- und Armketten sowie Armringe aus Spondylusmuscheln und Stein an erster Stelle (Spondylus nicht fossil, sondern rezente Arten, die vermutlich aus dem Roten Meer stammen und für weitere Kontakte der Bandkeramiker sprechen).
Zahlreiche Ausgrabungen von Mähren über Polen bis Holland und Mittelfrankreich haben Aufschluß über die **Siedlungen** der Bandkeramiker gebracht, die wiederum durch wesentliche Gemeinsamkeiten gekennzeichnet sind. Typisch sind große Rechteckhäuser (5 × 20 bis 8 × 40 m), deren Wände aus mächtigen Holzpfosten mit lehmverstrichener Flechtwerk- (oder Fachwerk-)füllung bestehen; drei innere Pfostenreihen tragen das Firstdach, wobei aus der Pfostenstellung im einzelnen Hinweise auf die Inneneinteilung der Häuser gewonnen werden können (Schlaf-, Wohn- und Küchenteil, Erntespeicher). Dieser Haustypus zeigt in Details gewisse zeitliche und regionale Abwandlungen, kennzeichnet als Ganzes aber diese Kultur von ihrer Frühstufe an. Oft scheinen solche Häuser als *Einzelhöfe* zu bestehen, in einigem Abstand umgeben jeweils von einem Flechtwerkzaun, der wohl gleicherweise das Vieh bei Nacht zusammenhalten und den Menschen Schutz vor wilden Tieren (und womöglich räuberischen Menschen, Mesolithiker?) bieten soll.
Zuweilen liegen offensichtlich zwei Häuser dieser Art (die jeweils eine über eine Kleinfamilie hinausgehende Sozialeinheit beherbergen, Großfamilie?), eventuell sogar deren mehrere, nahe beieinander. Jedoch ist ungewiß, ob es regelrechte Dorfsiedlungen gegeben hat (die bei Ausgrabungen ermittelten

Wand- und Pfostenspuren von oft zahlreichen Häusern rühren großenteils von nacheinander errichteten Bauten her, ähnlich wie bei den Häusern der Tellschichten). – Die typische *Grabform* der Bandkeramiker ist die Beisetzung in liegender Hockerstellung mit Keramik-, Schmuck-, zuweilen auch Waffenbeigaben, dazu oft Rötelfärbung, selten eine anthropomorphe (menschengestaltige) oder zoomorphe (tiergestaltige) Tonfigur, wie solche auch unter den Siedlungsfunden begegnen. Brandbestattungen kommen nur ganz vereinzelt vor.

In **Italien** folgt auf die durch Impressa-Keramik gekennzeichnete neolithische Anfangsstufe eine solche, die auf Sizilien sowie in Unter- und Mittelitalien durch bemalte Keramik (u. a. **Capri-Stil, Ripoli-Gruppe**), auch mit eingedrückter und geritzter Musterung, in Oberitalien durch andere Gattungen (z. T. mit quadratischer Gefäßmündung) charakterisiert ist. In dieser Zeit beginnt u. a. die befestigte Siedlung auf der nachmaligen Akropolis von Lipari; diese Insel spielt wegen ihres Obsidianvorkommens eine bedeutende Rolle (Obsidian für Herstellung von Messerklingen besonders geeignet, daher weithin geschätzt).

In **Westeuropa** ist in den mediterranen Gebieten Frankreichs und Spaniens die **Impressa-Keramik-(Montserrat-)Kultur** verbreitet, die im Altneolithikum beginnen mag, aber im wesentlichen jünger sein dürfte, und in Frankreich in einigen an Mitteleuropa angrenzenden Landesteilen die *Bandkeramikkultur.* Sonst haben wir in Westeuropa während des Mittelneolithikums im wesentlichen noch mit einer Population ,mesolithischen' Charakters zu rechnen. Ähnliches gilt für *Norddeutschland* und *Südskandinavien* sowie für *Osteuropa* östlich des Weichselgebietes und nördlich der Ukraine. – *(Forts. S. 22)*

Jungneolithikum (ca. zweite Hälfte des 4. Jt.s)

Vorderer Orient (Forts. v. S. 20)

In **Mesopotamien** wird diese Zeitspanne hauptsächlich vertreten durch die **Obed-Stufe** (benannt nach Siedlung El-Obed nahe Ur). An einer typischen *Keramik* (typologisch, malstilistisch und technologisch als Weiterentwicklung der nordmesopotamischen Halaf- und der südmesopotamischen Hadschi-Mohammed-Ware aufzufassen) kenntlich, gehören dieser Stufe jeweils mehrere (bis acht) Siedlungsschichten der Tells an. Die *Wohnhäuser,* an engen Gassen gelegen, zeigen einen ähnlichen Charakter wie in der vorangehenden Zeit (mitunter Nachlassen der baulichen Sorgfalt feststellbar ähnlich wie bei Keramik); als etwas Neues treten u. a. *Tempelbauten* in Erscheinung (im Süden: Eridu und Uruk; im Norden: Tepe Gaura). Dabei läßt sich eine Entwicklung von kleinen, im Grundriß einfachen Anlagen zu immer stattlicheren, stärker gegliederten, architektonisch monumentaleren verfolgen. Dennoch kann es angesichts des derzeitigen Forschungsstandes nicht als gesichert gelten, daß die Tempelentwicklung tatsächlich erst zu Beginn der Obed-Stufe einsetzt. Ob die typologischen Unterschiede zwischen der Reihe der Eridu-Tempel und denjenigen von Tepe Gaura auf einen generellen Unterschied zwischen dem sumerischen Süden und Obermesopotamien hindeuten, muß von künftigen Befunden abhängig gemacht werden. In dieser Hinsicht ist beachtenswert, daß bei den bemalten *Menschenfiguren* dieser Stufe die obermesopotamischen unverkennbar in einer Halaf-Tradition stehen und die südmesopotamischen davon abweichen. An Waffen sind mehrere Axttypen bezeugt. Kennzeichnend sind sodann Steingefäße, Tonsicheln, Schminkpaletten und Siegel, und zwar *Petschaftsiegel* zunächst nur mit geometrischen Mustern, zuletzt auch mit einfachen figürlichen Motiven. Singulär ist ein Rollsiegel mit geometrischem Muster. Bestattungen liegen entweder innerhalb der Wohnhäuser und Höfe oder außerhalb der Siedlung in eigenen Friedhöfen (neben vorherrschender Körper- auch Brandbestattung).

In den übrigen Ländern **Westasiens** vermitteln vor allem einige Besiedlungsschichten des kilikischen Mersin sowie des südwestanatolischen Hacilar eine charakteristische Kultur dieser Zeit; die erstgenannte Siedlung wird von einer starken Kasemattenmauer mit Stadttoren umgeben. Die im Ganzen lokale Keramik zeigt Beziehungen zur Obed-Ware. Hacilar enthält in dieser Zeit eine burgähnliche Anlage.

In **Ägypten** fehlen aus dieser Zeit Siedlungsfunde so gut wie völlig; dafür liegen um so reichlicher (viele tausend) Grabfunde vor: durchweg Hocker, deren Beigaben mehrere Stufen unterscheiden lassen. Auf die gewiß noch mittelneolithische **Tasa-Stufe** folgt die **Badari-Stufe** (nach dem Friedhof El-Badari, Mittelägypten), die durch eine dünnwandige, geriefelte Keramik mit schwarzer Randzone (unbemalt) gekennzeichnet ist, ferner Rechteckpaletten, qualitätvolle Elfenbeinschnitzereien (Löffel, Kämme, Armringe, Menschenfiguren), Steinfiguren und -perlen sowie Kupferschmuckstücke. Es folgt die **Negade I-Stufe** (Friedhof Negade in Oberägypten), deren Keramik die Entwicklung aus der Badari-Ware erkennen läßt (hohe Schwarzrandgefäße), dazu neue Gattungen enthält (eine weiß-auf-rot gemalte Ware, vor allem mit geometrischen Mustern, daneben aber auch Tieren, Menschen und szenischen Darstellungen). Abweichend von den Badari-Formen sind auch die jetzt typischen rautenförmigen Schminkpaletten, Steingefäße (sehr häufig harte Gesteinsarten verwendet), Keulenköpfe, Elfenbeingefäße und -kämme, Perlen und große, überaus fein retuschierte Feuersteinmesser.

Ein weiterer Zeitabschnitt wird als **Negade II-Stufe** bezeichnet. Neben einigen Formen, die von der vorangehenden Stufe ziemlich unverändert übernommen werden, zeigen andere eine typologische Weiter-

22 Vorgeschichte – Neolithikum (Jungsteinzeit)

entwicklung (Schminkpaletten, rot polierte Keramik, Keulenknäufe); wieder andere stellen etwas Neues dar (rot-auf-weiß gemalte Keramik, u.a. Röhrenkannen, teils Marmorierung, also Steingefäßimitation, teils mit geometrischen Mustern, meistens aber mit Darstellungen festlich geschmückter Schiffe). Kupfer ist häufiger belegt als zuvor. Dieser Negade II-Formenschatz geht fließend in denjenigen von **Negade III** über (kontinuierliche Belegung der Friedhöfe), der in die Zeit der **1. Dynastie** gehört, also in die Zeit nach 3000 v.Chr. Negade II-zeitliche Gräber sind (anders als die auf Mittel- und Oberägypten beschränkten älteren Gräber) auch in Unterägypten und in Nubien bekannt, was eine Ausweitung ägyptischer Kultur (und vermutlich der dahinter stehenden Staatlichkeit) anzeigen dürfte. – *(Forts. S. 24).*

Europa (Forts. v. S. 21)

Im **ägäischen Bereich** entspricht dem Vorgenannten zeitlich u.a. die thessalische **Dimini-Stufe.** In der namengebenden Magula (Tell) ist eine befestigte Siedlungsanlage mit megaronartigem Hauptbau an einem Hof nicht als Dorf, sondern als Einzelhof anzusprechen (inwieweit einfach einem Hofbauern gehörig bzw. dem Angehörigen einer sozialen Oberschicht, läßt sich noch nicht ausmachen). Die charakteristische Dimini-Keramik zeichnet sich (im Gegensatz zu den älteren Gattungen) durch Spiral- und Mäander-Muster sowie eine Polychromie aus. Dieselben Muster können auch eingerillt sein. Auch die Dimini-Statuetten zeigen gegenüber denen der Sesklo-Stufe typologische und die Bemalung betreffende Besonderheiten (schwarze Farbe, Spiralmuster). In **Mittel-** und **Südgriechenland** sowie auf den Ägäischen Inseln sind Siedlungszeugnisse bekannt, die mit denen der Dimini-Gruppe verwandt sind.

In **Dalmatien** erscheint die jungneolithische **Danilo-Gruppe,** die Beziehungen besonders über die Adria nach Italien sowie der Küste entlang nach Mittelgriechenland (Korinth) aufweist, in **Bosnien** die **Butmir-Gruppe,** die sich durch eine eigenwillige Keramik (ebenfalls – wie die Danilo-Ware – reiche Spiralmusterung, im einzelnen aber abweichend von dieser), eine ausgeprägte Figuralplastik mit Menschenfiguren von teilweise beachtlicher künstlerischer Qualität auszeichnet, dazu ein auffallender Reichtum an Pfeilspitzen (in Verbindung mit einem hohen Prozentsatz von Wildtierknochen unter den Speiseabfällen der Siedlungen, auf eine vergleichsweise große Bedeutung der Jagd hindeutend), nordöstlich des bosnischen Berglandes, im Donautal und in Siebenbürgen, die **Turdaş-Gruppe** mit ihrer geritzten Mäanderkeramik, ihrem charakteristischen Statuettenbestand und ihrer Vorliebe für Symbolzeichen, im unteren Donaugebiet die Spätabschnitte der **Boian-** und die (kontinuierlich aus dieser entwickelten) Frühphase der **Gumelniţa-Kultur,** in der nordbulgarischen Schwarzmeerregion die **Sava-Gruppe** und südlich davon die **Marcia-Gruppe,** die beide ebenfalls in die Gumelniţa-Kultur einmünden. Diese Gruppen sind in ihrer Verbreitung sowie ihrer Entwicklung durch mehrere Stufen anhand ihrer Keramik und ihrer Statuetten, aber auch ihrer Siedlungsanlagen und ihrer typischen Hausformen zu verfolgen. In dieser letzteren Hinsicht haben neue Ausgrabungen in Bulgarien ergeben, daß die *Ansiedlungen* eine überraschend regelmäßige Form besitzen, sowohl in der äußeren Begrenzung (quadratisch oder rechteckig, von einer Befestigung umgeben) als auch der Innengliederung (gerade, sich rechtwinkig kreuzende Wege, daran feste Rechteckparzellen mit Häusern) und der Form und Bauweise der Häuser (mehrräumig, lehmverstrichene Stabwände, verputzt, mitunter bemalt, wobei die Musterung Ähnlichkeit mit der Keramikdekoration zeigt). Die jungneolithische Keramik in Bulgarien zeigt in Gefäßformen (Vierzipfelschale) und Verzierungsweise Beziehungen mit der griechischen Dimini-Ware. Kupfer ist belegt.

In **Siebenbürgen** und östlich des Karpatenkammes **(Moldau und Ukraine)** beginnt im Jungneolithikum die **Cucuteni-Tripolje-Kultur** und -Besiedlungstradition, bei der aufgrund stratigraphischer Befunde mehrere Stufen zu unterscheiden sind (die jüngere – ebenso wie diejenige der Gumelniţa-Kultur – bereits kupferzeitlich). Der ältere Abschnitt ist durch unbemalte, aber mit reichen Ritzmustern versehene Keramik und weibliche Tonfiguren gekennzeichnet. Die dorfartigen Siedlungen (keine Tells) bestehen aus großen Rechteckhäusern mit gebranntem Lehmestrichboden (Ploščadki). Die ukrainische *Tripolje-Kultur* (nach einer Siedlung bei Kiew) ist unter maßgebendem Einfluß vom Westen her entstanden, ohne daß mit Sicherheit auf eine Landnahme von dort kommender Bevölkerungsgruppen geschlossen werden könnte. In der Ukraine beginnt nicht erst mit Tripolje eine neolithische, agrarische Kultur; als Vorläufer gilt eine am mittleren und unteren Bug verbreitete (barbotineverzierte Keramik) Kultur, deren Träger Pflanzenanbau und Haustiere kennen **(Sudbug-Kultur).** Diese mag in ihren Anfängen noch ins Mittelneolithikum zurückreichen. Weiter östlich, im *Dnjepr-Donez-Gebiet,* ist eine Gruppe charakteristischer Grabanlagen bekannt, bei denen oft viele Tote auf einer dicken Ockerschicht, mit Jagdgeräten und Waffen ausgestattet, liegen. Zugehörig sind Wohnplätze mit einfacher Kammkeramik. Wirtschaftlich ist diese Gruppe, ebenso alle östlich davon belegten, rein jägerisch und sammlerisch.

In **Mitteleuropa** ist das Jungneolithikum in einer Anzahl von Gruppen ausgeprägt, die entweder sich als unmittelbare Weiterentwicklung mittelneolithischer Kulturen erweisen oder doch gewisse Traditionslinien von solchen zeigen. In *Ostungarn* ist dies die sog. **Theiß-Kultur** (durch eine Keramik mit kräftig eingeritzten, komplizierten, zumeist schräg verlaufenden Mäandermustern gekennzeichnet). Die kleinen, regelmäßig angelegten Rechteckhäuser werden in Lehmbauweise errichtet, was – verbunden mit einer Siedlungskonstanz – zur Entstehung von Tells führt (der am weitesten nach Europa hineinreichende Ausläufer dieser südosteuropäisch-vorderasiatischen Siedlungsform). Auch hier ist eine Verzierung von Hauswänden (mit komplizierten Mäandermotiven) bezeugt, die derjenigen der Keramik entspricht. In

Westungarn entspricht dem die **Lengyel-Gruppe** (nach einer Höhensiedlung im Komitat Tolna), aus der große, rechteckige Pfostenhäuser sowie große Friedhöfe mit Hockerbestattungen bekannt sind. Als Beigaben spielen eine reich bemalte Keramik, Perlenketten und vor allem durchbohrte Steinäxte (sicher Waffen) eine Rolle. In *Nordungarn* und der *Ostslowakei* treffen wir die **Bükk-Gruppe** an, in der *Mittelslowakei* die **Zseliezer-Gruppe**, die in ihrer Keramik ein spätbandkeramisches Erbe zur Schau trägt, in ihren Hausformen sowie im Reichtum der Grabbeigaben aber sich davon unterscheidet. Etwas jünger ist die **Lužianky-Gruppe** (nach einem Gräberfeld bei Nitra), die uns durch ihre Friedhöfe mit bemalter Keramik, Tiergefäßen und Streitäxten zugänglich ist. Während hier Statuetten nur vereinzelt begegnen, sind solche in der mährisch-niederösterreichischen **Střelice-Gruppe** (nach einer Siedlung bei Znojmo) überaus häufig und in ausgeprägten Typen vertreten. Überwiegend handelt es sich um weibliche Gestalten, oft mit nach vorn oder nach oben gehaltenen Händen, die eine kultische Geste (Adoration, ähnliche Darstellungen eingestochen auch als Gefäßzier) wiedergeben. Hausmodelle aus Ton zeigen ein Firstdach und Tierköpfe am Giebel (Häuser mit entsprechendem Grundriß auch durch Siedlungsgrabungen bezeugt).

In *Böhmen, Mähren, Niederbayern, Mitteldeutschland, Schlesien* und *Kleinpolen* wird die Bandkeramikkultur abgelöst von der **Stichbandkeramikkultur**, deren Tonware eine Weiterentwicklung der Bandkeramik darstellt. Die Bestattungsform (Brandgräber) sowie die Häufigkeit von Pfeilschneiden und Steinäxten stellen etwas Neues gegenüber der vorangehenden Zeit dar. Die Hausformen der älteren Stichbandkeramikstufe schließen typologisch an die Bandkeramikhäuser an, während diejenigen einer jüngeren Stichbandkeramikstufe Trapezform und auch bautechnisch Abweichungen aufweisen. In *Süddeutschland*, im *Elsaß*, in der *Champagne*, im *Niederrheingebiet* und in *Westfalen* geht die Bandkeramikkultur in landschaftlich jeweils eigengeartete Gruppen über. Besonders markant ist die **Hinkelstein-Gruppe** am nördlichen Oberrhein (benannt nach einem Gräberfeld bei Worms), die Beziehungen zur Stichbandkeramik erkennen läßt (vor allem in den Schmuck- und Steingerät- bzw. -waffenformen) und in der Bestattungsweise (Strecklage auf dem Rücken) auch von der vorangehenden Bandkeramikkultur abweicht. Von der Nordschweiz bis Westfalen und Mitteldeutschland verbreitet sind die **Rössener Kulturerscheinungen** (Rössen = Friedhof bei Merseburg). Erstmalig werden jetzt in größerem Umfang Höhen zur Anlage von Siedlungen aufgesucht. Eine solche auf dem Goldberg im Nördlinger Ries ist bereits ein Dorf, bestehend aus einer Anzahl kleiner Häuser (neuer Siedlungstyp). Die Flachlandsiedlungen bestehen aus einem oder mehreren großen Trapezhäusern, die sich von denen der Bandkeramikkultur unterscheiden und ebenfalls mitunter in Gruppen zusammenliegen, so daß auch hier Dorfsiedlungen entstehen.

In **Frankreich** scheint eine vollneolithische Kultur während des Jungneolithikums nach Westen über das Pariser Becken nicht hinausgelangt zu sein. Auf den **Britischen Inseln** und in **Nordeuropa** fehlt eine solche offensichtlich ganz. Hier ist mit einer Besiedlung ‚mesolithischer‘ Art zu rechnen. – *(Forts. S. 26)*

Kupferzeit (ca. 3. Jt.)

Mit der Entstehung der ältesten **Hochkulturen** (voll entwickelte Staatlichkeit, Königtum, Schrift, Totenkult) um 3000 v. Chr. beginnt ein neues Zeitalter der altweltlichen Geschichte. Soweit den (dafür allein aussagefähigen) archäologischen Quellen ein Urteil zu entnehmen ist, haben die Sumerer in Südmesopotamien als erste diese neue Form der Geschichtlichkeit ausgebildet. In *Mesopotamien* lassen sich wesentliche Kulturerscheinungen der wohl etwas vor 3000 einsetzenden *Uruk-Stufe* (genannt nach der gewiß bedeutendsten Stadt dieser Zeit, dem heutigen Warka) als Weiterentwicklung von Formen der vorangehenden Obed-Stufe begreifen, ohne daß näherhin zu ermitteln ist, welche Geschehnisse im einzelnen die neue geschichtliche Struktur (politische, soziale und kultische Verhältnisse) zum Entstehen gebracht haben.

Durch eine Reihe charakteristischer Kulturerscheinungen (Stier- und Rinderkopfsymbolik, Fabeltiertypen, Steingefäße und Keulenköpfe mit Reliefdarstellungen, vogelgestaltige Gefäße, Löwen-, Geier- und hockende Affenfiguren aus Stein, Rollsiegel mit Figuraldarstellungen, Monumentalarchitektur mit Nischengliederung) ist die mesopotamische Uruk-Kultur mit der *ägyptischen Kultur der 1. Dynastie* nach 3000 verbunden. Diese Gemeinsamkeiten sind so auffallend, daß ihnen ein historischer Kontakt zugrunde liegen muß. Wenngleich die ägyptische Kultur der beginnenden dynastischen Zeit nicht beziehungslos der vordynastischen (Negade-)Kultur gegenübersteht, sondern in gewisser Hinsicht eine Tradition von dieser erkennen läßt, haben wir es hier offenbar nicht mit einer autonomen Entwicklung zu tun; jene archäologisch bezeugten Verbindungen mit der frühsumerischen Kultur dürften vielmehr auf *Anregungen* von dieser Seite hinweisen. Dabei muß mehr als ein bloßer Handelskontakt in Betracht gezogen werden. Nur durch eine Beziehung umfassenderer Art ist erklärlich, daß im Zuge der hier jenen sumerischen Beziehungen greifbaren ägyptischen Innovationen auch in diesem Land ein Königtum, ein Staat, ein Tempelkult und eine Schrift auftreten, die freilich gegenüber den betreffenden sumerischen Ausprägungen ausgesprochen ägyptisch sind (und eine ägyptische Tradition begründen), gleichwohl strukturell mit jenen so verwandt sind, daß eine historische Verbindung (Abhängigkeit) schwerlich in Abrede gestellt werden kann.

24 Vorgeschichte – Kupferzeit

Außerhalb der beiden frühen Hochkulturen (Sumer und Ägypten) treten von dieser Zeitstufe an sowohl östlich von Mesopotamien als auch in den westasiatischen Ländern und in Europa kulturelle Züge als etwas Neues in Erscheinung, die nicht auf dortige Vorstufen zurückgeführt werden können, sondern genetisch mit Neuerungen der frühen Hochkulturen zu verknüpfen sind. Nicht die hochkulturelle Geschichtsstruktur als Ganzes breitet sich aus, sondern nur Einzelzüge (wie dies analog im frühen Neolithikum geschieht). Am deutlichsten kommt dies in den **Grabmonumenten**, den Bestattungsformen und dem Totenkult zum Ausdruck (Tumuli Nubiens, Felskammgräber Palästinas, Siziliens und Sardiniens, Tholoi Kretas, Megalithgräber Unteritaliens, West-, Mittel- und Nordeuropas, Tumuli mit Holzkammer Mittel- und Osteuropas). Auch die damit auftretenden figürlichen Darstellungen, die auf anthropomorphe **Götterbilder** (und mythische Vorstellungen) hindeuten, gehören vermutlich in diesen Zusammenhang, aber auch die in vielen Geschichtsräumen aus dem 3. Jt. vorliegenden **burgartigen Ansiedlungen**, die für die Existenz einer sozialen Oberschicht sprechen, weiterhin die Zeugnisse eines wesentlich ausgeprägteren **Metallbesitzes** (vor allem Kupfer); dabei spielt das Metall nicht nur im Hinblick auf eine werkzeugtechnische Funktion eine Rolle, sondern auch auf die Akkumulation von Wert *(Reichtum)* als Äußerung von Sozialprestige. Wenngleich bei der historischen Interpretation diesbezüglicher archäologischer Befunde wiederum dahingestellt bleiben muß, wie (durch welche Bewegungen und Geschehnisse) diese gemeinsamen strukturellen Züge der in weiten Teilen der Alten Welt ausgeprägten Kupferzeitkulturen verbreitet worden sind, so dürfte der historische Zusammenhang als solcher sowie derjenige mit den analogen Erscheinungen der Hochkulturen unbestreitbar sein. Dies gibt die Berechtigung, das kupferzeitliche Jt. als allgemeinen Geschichtsabschnitt herauszustellen. Innerhalb dieser Zeitspanne unterscheiden wir zwischen früher, älterer, mittlerer und jüngerer Kupferzeit, wobei jeder dieser Abschnitte etwa mit einem Jahrtausendviertel in Verbindung gebracht wird.

Früh- und Altkupferzeit (ca. erste Hälfte des 3. Jt.s)

Vorderer Orient (Forts. v. S. 22)

Mesopotamien: Am Ende des 4. Jt. entwickelt sich aus der Obed-Stufe die **Uruk-Stufe,** die vor allem durch ihre monumentalen Tempel im Zentrum von urbanen Siedlungen (Tempelstädte) zur Geltung kommt (Uruk, Tell Uqair, Tepe Gaura, Chafadje, Habuba Kabira). Die **Städte** sind Ausdruck einer Konzentration der zuvor diffuseren Besiedlung, der Stärkung von politischer Zentralgewalt und der Bedeutungszunahme örtlicher Kultstätten **(Priesterkönige)**. Die *Sakralarchitektur* erfährt eine enorme Steigerung ihrer künstlerischen und monumentalen Form; der Hochtempel (Zikkurat) als neuer Bautyp wird geschaffen, ebenso das Stiftmosaik als neue Form der Mauerdekoration, dazu die figürliche Freskenmalerei, die Rundsäule und der Terrassensockel als neues Architekturelement. Die in den Tempeln deponierten Votivgegenstände (Stiergefäße und Keulenknäufe mit Reliefdarstellungen, Steinfiguren von Menschen in Bethaltung und von Tieren), die Kultsymbole, *Rollsiegel* mit kultischen oder anderen figürlichen Darstellungen sowie die Tontäfelchen mit Aufschriften kennzeichnen das Neue dieses Zeitalters. Inwieweit bei den Menschenabbildungen an die Darstellung Sterblicher zu denken ist und inwieweit an *göttliche Gestalten,* ist schwer zu entscheiden (mit der letzteren Möglichkeit ist von dieser Zeit an zu rechnen). Auf den Siegeln begegnet neben Priestern mitunter eine männliche Gestalt, die offensichtlich den *König* (En) darstellt. Die ältesten **Schrifttafeln** (Uruk) zeigen die urtümlichste (ganz piktographische) Form der mesopotamischen Schrift, die dem Stadium ihrer Entstehung, jener geistesgeschichtlich so bedeutsamen Neuschöpfung, offenkundig noch ganz nahe ist. Rasch entwickelt sich die Schrift zu stilisierten, weniger bildhaften Zeichen, die dann in Keilgruppen aufgelöst werden *(Keilschrift).* Über die *Grabformen* der Uruk-Stufe geben einstweilen vor allem nordmesopotamische Funde Aufschluß (Tepe Gaura): es sind, verglichen mit den obedzeitlichen Anlagen, wesentlich größere Grabkammern mit erheblich reicheren Beigaben, wobei religiöse Symbole (Stern, Sonne, Mond) eine bemerkenswerte Rolle spielen. Insgesamt lassen die archäologischen Zeugnisse der Uruk-Kultur die Bedeutung für das kulturelle und politische Leben deutlich werden (nomineller Eigentümer der Stadt mit allem Land und allen Einwohnern ist die Gottheit, in deren Namen und für die der En [König] die priesterliche, politische und wirtschaftliche Verwaltung leitet). In *wirtschaftlicher* Hinsicht ist bezeichnend, daß die Keramik erstmalig auf der (langsam rotierenden) *Töpferscheibe* hergestellt ist (mit Entstehung eines gewerbsmäßigen Töpferhandwerks im Rahmen einer urbanen Arbeitsteilung und der Entstehung von Spezialberufen zusammenhängend) und daß die Metallverarbeitung einen merklichen Aufschwung erlebt, was in der Entwicklung neuer Techniken (Gußverfahren, Treiben) und in dem Umfang des Metallbesitzes zum Ausdruck kommt. Die mehr als ein Dutzend urukzeitlichen Bauschichten, die mancherorts festzustellen sind, beweisen eine Dauer von sicher mehreren Jahrhunderten (vor und nach 3000; die letzte Phase dieser Stufe nach der Siedlung *Dschemdet Nasr* bezeichnet, etwa 28. Jh.).
Es folgt (28.–24. Jh.) eine Stufe, die als **frühdynastisch** bezeichnet wird. Viele Städte der Uruk-Zeit bestehen weiter; einige alte werden aufgelassen, andere neu gegründet; der Typus der Tempelstadt mit ihrer Vereinigung von sakralen, politischen und ökonomischen Aspekten ist weiterhin herrschend. Im Rahmen

einer allgemeinen Bau- und Kulttradition sind mancherorts gewisse Veränderungen in der Tempelarchitektur und in anderen Kulterscheinungen festzustellen, wobei unsicher ist, inwieweit diese auf Wandlungen in der allgemeinen sakral-politischen Ordnung hindeuten.

Hinsichtlich des *Baumaterials* unterscheidet sich die frühdynastische von der vorangehenden Zeit durch die Verwendung einer neuen Form der (luftgetrockneten) Lehmziegel (plankonvexe Form gegenüber den vorangehenden „Riemchen"). Damit ist auch die 9,5 km lange, mit etwa 900 halbrunden Bastionen versehene **Stadtmauer** von Uruk gebaut, als deren Erbauer in der Tradition *Gilgamesch* gilt. Im nördlichen (nachmalig akkadischen) Babylonien sowie in Nordmesopotamien lassen sich in der Bebauung, den Grundrißtypen (Sin-Tempel von Chafadje), der Glyptik und der Keramik unmittelbare Traditionsverbindungen zwischen der Uruk/Dschemdet Nasr- und der frühdynastischen Stufe erkennen. Nur in diesem Gebiet findet sich die charakteristisch bemalte Scarlet-Keramik. Ob das Fehlen solcher Befunde im sumerischen *Südmesopotamien* auf einer Forschungslücke beruht oder besagt, daß dort zwischen diesen beiden Zeitaltern eine stärkere Zäsur besteht, ist derzeit nicht zu entscheiden. Immerhin ist auffällig, daß der sumerische Tempeltyp der Uruk-Zeit keine eindeutige frühdynastische Nachfolger besitzt. In Uruk behält das zentrale *Eanna-Heiligtum* trotz merklicher Bauveränderung der Zikurrat-Terrasse als Kultplatz jedoch weiterhin seine Bedeutung, während in Ur das Hauptheiligtum (Zikurrat der Mondgottheit Nanna) offensichtlich in frühdynastischer Zeit erst beginnt. In *Kisch* sind Reste eines frühdynastischen **Königspalastes** ermittelt. Im Kreise der selbständigen, sich häufig bekriegenden und wechselnde Koalitionen eingehenden sumerischen (Stadt-)Könige haben in der Frühzeit neben denen von Uruk diejenigen von Kisch eine hervorragende Rolle gespielt (so daß später die Bezeichnung *Lugal Kischi* [König von Kisch] ein sumerischer Ehrentitel wird). Als Zeitgenossen des Gilgamesch von Uruk werden aus Kisch die Könige *Aka* und sein Vater *Mebaragesi* genannt. Es sind dies die ältesten in der Überlieferung enthaltenen sumerischen Königsnamen.

Jünger, vermutlich ins 26. Jh. gehörig, sind die ersten, mit Namensinschrift versehenen zeitgenössischen Zeugnisse sumerischer Könige: ein Täfelchen von Tello nennt einen König Enhengal, eine Steinkeule mit der Darstellung des löwenköpfigen Adlers Imdugud einen Lugal Kischi Mesilim, eine Steinstatuette, einen Enlilpabilgagi von Umma; einige Votivsteinreliefs von Tello zeigen Darstellungen und Inschriften von Urnansche von Lagasch und seinen Söhnen (Urnansche tritt anscheinend als Usurpator dort die Königsherrschaft an), Siegel in Gräbern des Königsfriedhofes vor Ur solche von König Meskalamdug und Königin Puabi (Schub-ad).

Ägypten: Nach 3000 tritt das *Königtum* (**1. Dynastie** mit archäologischen und inschriftlichen Zeugnissen) als etwas Neues in Erscheinung: erstmalig (im Gegensatz zu den Tausenden von vordynastischen Gräbern) werden nun über den Bestattungsräumen oberirdische Monumente aus Lehmziegeln erbaut (Sakkara, Abydos: Stätten des weiterdauernden **Totenkultes**); die Grabbeigaben stellen an Reichtum alles vorher Bekannte in den Schatten (jeweils Hunderte von Steingefäßen, noch wesentlich zahlreichère Tongefäße, Dutzende von Kupfergefäßen, Hunderte von kupfernen Flachbeilen, ebenso viele Messer, Sägen u. a., Elfenbeinschnitzereien, kupferbeschlagene Möbel, Brettspiele, Schmuck, Köcher mit Pfeilen, Bogen u. a.). Dieser spektakuläre Reichtum ist sowohl in soziologisch-politischer Hinsicht als auch bezüglich eines neuartigen Wertbegriffes aufschlußreich. Erstmalig erscheinen **Königsinsignien** und *ikonographische Symbole*, wie sie fortan das ägyptische Königtum kennzeichnen; erstmalig werden Rollsiegel mit kultischen oder symbolischen Szenen hergestellt und zur Eigentumskennzeichnung verwendet; erstmalig enthalten Gräber eine *Grabstele* (als Stätte des Totenkultes); erstmalig begegnen **Hieroglyphen**, gewiß nicht zufällig auf königlichen Votivgegenständen (Schrift entstanden für Fixierung von Taten des Königs). Vermutlich ebenfalls in Verbindung mit dem Königtum (Göttlichkeit des Pharao = Identifizierung mit dem Sonnengott Horus; seine *Unsterblichkeit* als Bestandteil des Königsdogmas) steht die erstmalige Entstehung anthropomorpher **Götterbilder**, aber auch von zoomorphen Götterdarstellungen (Sonnengott *Horus* = Falke) und deren Vereinigung in Form von Mischwesen, wie sie von nun an kennzeichnend für die ägyptische Religion sind. Erstmalig werden nun auch Tempel erbaut (Abydos, Hierakonpolis). Nicht unmittelbar durch Ausgrabung belegt, aber indirekt (aus bildlichen Darstellungen) zu erschließen ist der urbane Charakter der bedeutendsten Siedlungen dieser Zeit (Stadtmauer mit halbkreisförmigen oder rechteckigen Bastionen, berufliche Spezialisierung: Töpfereibetriebe mit Töpferscheibe, erstmalig in Ägypten nachweisbar).

Innerhalb der als frühdynastisch bezeichneten Spanne zeigen die Grabmonumente, die Schrift, die Glyptik und andere Kulterscheinungen *eine Entwicklung;* zudem ist zu verfolgen, daß gewisse Neuerungen, die zunächst auf die Könige bezogen und wohl ihnen vorbehalten sind, von anderen Bevölkerungsschichten übernommen werden (Grabmonumente, Totenkult, Schrift, Reichtum).

Ein neuer Abschnitt setzt mit dem Beginn der **3. Dynastie** (27. Jh.) ein. Für König *Djoser* wird in Weiterentwicklung des frühdynastischen Mastabatyps erstmalig ein Grabmonument aus Stein in Form einer *Stufenpyramide* (Stufenmastaba) erbaut (Sakkara, unweit der unterägyptischen Haupt- und Residenzstadt Memphis), inmitten eines riesigen Sepulkralbezirkes (545×277 m). In dieser neuen Architekturform kommt eine abermalige Steigerung des Königtums (in seinem mythisch-kultischen und innerweltlich-machtpolitischen Aspekt) zum Ausdruck. Das gleiche gilt für die monumentale Steinplastik sowie die großformatigen Steinreliefs, die nach frühdynastischen Vorstufen jetzt zu voller Ausprägung gelangen. Die Pyramide des *Sechem-chet* von Sakkara übertrifft diejenige des Djoser; die Außenumgrenzung entspricht jener ziemlich genau. Zwei weitere Königspyramiden liegen nahe von *Gisa*.

26   Vorgeschichte – Kupferzeit

Aus der **4. Dynastie** (ca. 26. Jh.) sind von Pharao *Snofru* drei Pyramiden bekannt (Medum in Oberägypten und Dahschur in Unterägypten); dabei wird erstmalig die Form der geradseitigen, *„reinen"* Pyramide
verwirklicht und ein *Totentempel* auf der Ostseite errichtet. Snofrus Sohn *Cheops* errichtet für sich die
größte und auch wegen ihrer Einbauten besonders großartige Pyramide mit Totentempel und Taltortempel (am Beginn des Fruchtlandes), der mit jenen durch einen gemauerten, überdeckten, mit Reliefs geschmückten Aufweg verbunden war. *Chephrens* benachbarte Pyramide ist nur wenig kleiner als diejenige
seines Vaters, steht aber auf einem höher gelegenen Platz, so daß sie größer wirkt. Totentempel, 500 m
langer Aufweg und Taltortempel gleichen denen des Vaters. Die typologisch entsprechenden Anlagen
von Pharao *Mykerinos* sind kleiner; sie sind beim Tod des Königs noch nicht fertig und werden von seinem
Sohn *Schepseskaf* vollendet, der für sich als Grabmal nicht eine Pyramide, sondern eine riesige Mastaba
mit Totentempel und 700 m langem Aufweg erbaut. Die Königsgräber sind umgeben von regelmäßig angelegten *Friedhöfen* (mit aus Lehmziegeln oder Steinen erbauten Mastabas) der Beamten, von hohen
Würdenträgern bis einfachen Bediensteten.

In **Palästina** und **Westsyrien** steht die geschichtliche und kulturelle Entwicklung während des Zeitraums
der ägyptischen 1.–4. Dynastie unter merklichem sowohl ägyptischem als auch mesopotamischem Einfluß. Die am Anfang dieser Zeitspanne (30.–28. Jh.) in Palästina verbreitete **Ghassul-Kultur** (genannt
nach einer Siedlung Telelat Ghassul nordöstl. des Toten Meeres) kennt einerseits Ansiedlungen aus
rechtwinklig-mehrräumigen Einzelhäusern mit Wandbemalung (z. T. szenisch-kultischen bzw. -mythi-
schen Inhaltes) sowie solche mit Apsisbauten, andererseits solche mit in den Felsboden eingearbeiteten
Höhlenwohnungen primitiver Art (u. a. Beersheba). Die letzteren stehen so außerhalb der vorderasiatischen Architekturtradition, daß als Erbauer und Benutzer nicht Nachfahren der seit alters im Fruchtland
Ansässigen mit agrarischer Lebensweise gesehen werden, sondern von Haus aus nomadische, eventuell
viehzüchterische Populationen, die in dieser Zeit beginnen, seßhaft zu werden. Die für diese Kultur typische (nur ausnahmsweise bemalte) Keramik ist großenteils scheibengedreht, was für einen Zusammenhang mit der ägyptisch-frühdynastischen und der mesopotamischen Uruk-Ware spricht. Ähnliches gilt
für die *Kupfergegenstände* (besonders reichhaltig ein Depot von 240 kupfernen Keulenknäufen,
20 Flachbeilen und einer Menge figürlicher Kupferdinge aus einer Höhle von Nahal Mischmar in der
Wüste Juda). Auch die typischen *Grabformen* (Felskammergräber mit jeweils zahlreichen Bestattungen,
oft in haus- bzw. truhenförmigen Tonossuarien) weichen von neolithischen Formen ab und lassen sich
mit den in Ägypten vom Beginn der dynastischen Zeit an bekannten Felskammergräbern in Verbindung
bringen. Während südpalästinensische Keramik typologische Verwandtschaft mit und sogar Importe aus
Ägypten aufweist, läßt Keramik aus Nordpalästina und Westsyrien Beziehungen mit Mesopotamien erkennen, wie auch Siegel von Dschemdet Nasr-Art bis in die Gegend von Antiochia gelangt sind.

Auf diese Stufe folgt in der palästinensisch-syrischen Zone eine solche (27.–26. Jh.), die durch die Anlage
befestigter, großer Ansiedlungen urbanen Charakters gekennzeichnet ist (Tell el-Djudaide nahe Antiocheia, Byblos, Hama, Megiddo, Betschan, Jericho usw.). Daher nennt man sie **frühurbane Stufe** (entsprechend der frühdynastischen in Mesopotamien). Wenngleich die betreffenden Plätze in früheren Zeiten bereits besiedelt sind, stellen die frühurbanen Siedlungen niemals eine unmittelbare Fortsetzung einer
älteren Besiedlung, sondern stets eine Neugründung dar. Insgesamt besitzen die frühurbanen Siedlungen
jeweils zahlreiche Belegungsschichten (bis 50), so daß eine lange Gesamtdauer in Betracht zu ziehen ist
(Stufe *Frühurban I* etwa 27. und 26. Jh.). Zugehörig sind Felskammernekropolen mit Kollektivbestattungen, ausnahmsweise auch gemauerte, gewölbte Grabkammern (Tell Taannek), die mit ägyptischen
und mesopotamischen Anlagen zu vergleichen sind, außerdem Megalithgräber (Dolmen), deren hügel-
bedeckte Grabkammern Verschlußsteine mit ausgemeißelter Öffnung aufweisen.

In **Anatolien** hat der Tell von **Beycesultan** im oberen Mäandertal eine Abfolge von etwa 25 Besiedlungsschichten der älteren Kupferzeit ergeben, wobei eine Siedlungskontinuität sowie eine kulturelle Tradition
bestehen, die sich in die folgende Zeit noch fortsetzen. Im kilikischen Mersin verkörpert eine durch eine
weißgemalte Keramik (vergleichbar derjenigen einer Frühphase von Beycesultan) gekennzeichnete
Besiedlung etwas Neues gegenüber der dortigen Jungneolithkultur (keine Besiedlungskontinuität und
keine kulturelle Tradition). In *Tarsus* (Tarsos) sind die Siedlungsschichten dieser Zeit mehr als 7 m mächtig, im inneranatolischen *Alişar Hüyük* sogar 11 m. In dieser Stufe beginnt auch die Besiedlung von *Alaca
Hüyük* und *Boğazköy* (Büyükkaya). Die ostanatolische Keramik läßt Beziehungen nach Transkaukasien
und Aserbeidschan erkennen. An der Westküste dürften die ersten Schichten von *Troia I* in die ältere
Kupferzeit zurückreichen. Allgemein enthalten die genannten anatolischen Siedlungen Marmoridole,
Stempelsiegel aus Stein, Kupfer, Blei und Ton, Steinnäpfe, Steinäxte und -keulenköpfe, kupferne Dolche,
Flachbeile und Nadeln. – *(Forts. S. 30)*

Europa (Forts. v. S. 26)

Griechenland: Auf bemaltkeramische, jungneolithische Gruppen folgen solche, bei denen Gefäßbema-
lung zurücktritt oder ganz fehlt (Gefäße schwarz poliert, oft riefenverziert oder gefirnißt). In Thessalien
wird eine solche als *Larissa-Gruppe* bezeichnet; aus ihr sind erstmalig Urnengräber bekannt. In Mittel-
und Südgriechenland spielen Höhensiedlungen eine Rolle (Asea in Arkadien, Malthi in Messenien,
Eutresis in Böotien, Aigina). Es folgt auf dem griechischen Festland die sog. **frühhelladische Kultur,** aus

Früh- und Altkupferzeit (erste Hälfte 3. Jt.) – Europa   27

der die Siedlungen meist befestigt sind; Gräber liegen teils innerhalb der Siedlung, teils außerhalb in gesonderten Friedhöfen. Als altkupferzeitlich hat nur die Frühstufe des Frühhelladischen zu gelten (in Eutresis gehören ihr acht Bauschichten an).

Von den griechischen Inseln sind nachweislich Keos, Paros, Naxos, Chios, Mykonos, Kalymnos und Samos in der Frühkupferzeit besiedelt. Eine *Kupfergewinnung* ist auf Keos bezeugt; von Euböa stammen drei Goldgefäße, die typologisch mit Keramik dieser Zeit Ähnlichkeit zeigen, so daß möglicherweise an einen dementsprechenden Ansatz zu denken wäre. Die folgende altkupferzeitliche Stufe der **Kykladen-kultur** wird als *Pelos-Stufe* bezeichnet (nach einem Gräberfeld auf Melos). Bedeutend aus dieser Stufe die Steingefäße (vor allem Marmor) und die aus demselben Gestein gefertigten Idole.

Auf **Kreta** gehört eine schwarze, mit einpolierten Mustern sowie eine dunkelgefirnißte, mit weißer Bemalung versehene Keramik (vergleichbar der oben genannten von Beycesultan) in die spätneolithisch/-frühkupferzeitliche Stufe. Sie ist in *Knossos* durch eine Besiedlungsschicht vertreten, deren Architektur wie ein Vorläufer des späteren Palastes anmutet (im Gegensatz zu diesem ortsfeste Herde), außerdem in Grab- und Höhlenfunden. Von dieser spätneolithischen Stufe führt auf Kreta eine kontinuierliche Entwicklung zur Frühphase der **frühminoischen Kultur** (sowohl hinsichtlich der Besiedlung als auch der Keramik, der Figuralkunst und der Stein- sowie Kupfergeräte), deren Keramik Beziehungen zu derjenigen der kykladischen Pelos-Stufe zeigt.

Im östlichen **Bulgarien** und in der **Großen Walachei** gehört im wesentlichen die **Gumelniţa-Kultur** in die frühe und ältere Kupferzeit. Die Siedlungen bilden Tells, deren zahlreiche Bauschichten oftmals ältere überlagern. Wie in der vorangehenden Zeit zeigen die Dorfsiedlungen eine regelmäßige Anlage mit mehrräumigen Rechteckhäusern einheitlichen Typs, aufgereiht an engen Gassen, von einer Befestigung umgeben. Einige Häuser sind außen bemalt, und zwar mit Spiralmustern, wie sie ähnlich auch auf der Keramik begegnen. Im Hausinnern sind die Wände manchmal auch kunstvoll bemalt und Holzsäulen mit einer ebenso bemalten Lehmschicht bedeckt (Căscioarele). Vermutlich zu Votivzwecken werden Tonmodelle von Häusern hergestellt (sie bezeugen strohgedecktes Firstdach und runde Fenster) sowie Modelle von Herden, Mahlplätzen, Vorratsgefäßen und Altären sowie menschliche Figuren mit erhobenen oder vor den Leib gehaltenen Händen. Mitunter sind solche Statuetten mit jenen anderen Votivgegenständen ,in situ' kombiniert (Ovčarovo), so daß auch für die ersteren eine entsprechende Deutung begründet ist (gefäßtragende Figuren wohl als Opfernde zu verstehen). Von den Gräberfeldern der Gumelniţa-Kultur, die außerhalb der Siedlungen liegen (Hocker), verdient vor allem die kürzlich zum Vorschein gekommene *Nekropole von Varna* Beachtung wegen der außerordentlich reichen Beigaben von Kupferäxten und -beilen sowie goldenen Zierstücken und Figuren.

Nördlich an das Verbreitungsgebiet der Gumelniţa-Kultur grenzt dasjenige der **Cucuteni-Kultur,** die in **Siebenbürgen** und der **Moldau** in Höhensiedlungen und Tells vertreten ist und in der **Ukraine** sich unter der Bezeichnung **Tripolje-Kultur** fortsetzt. Die Dörfer bestehen aus großen, zwar gewisse Richtungs- und Lageregeln aufweisenden, aber nicht so regelmäßig wie in der Gumelniţa-Kultur liegenden Häusern, die auch in der Bauweise von diesen abweichen. Es scheint, daß ein zentral gelegenes größeres Haus in der Funktion von den übrigen Häusern abweicht und eine Bestimmung für die Gemeinschaft als Ganzes hat *(Habaşeşti).* Höhensiedlungen sind durch tiefe (z. T. in den Fels gearbeitete) Gräben und durch diese innen begleitende Wälle befestigt. Vor allem anhand der Keramik sind mehrere *Cucuteni-Stufen* zu unterscheiden (ritzverzierte Jungneolithstufe; Stufe mit bichrom bemalter Ware, nach der Siedlung *Ariusd* benannt; Stufe mit trichrom bzw. polychrom bemalter Keramik: **„Cucuteni A";** Stufe mit abweichender, einfarbig bemalter Keramik: **„Cucuteni A B";** Stufe mit schwarzer Bemalung: **„Cucuteni B";** Stufe mit neuen Malmustern und Gefäßformen: **Stufe Horodiştea,** in der Ukraine **Gorodsk-** und **Usatovo-Gruppen).** In der Ukraine weisen die Siedlungen mitunter beträchtliche Größe sowie eine in Rumänien nicht nachgewiesene Anordnung der Häuser auf, indem diese konzentrisch in einer oder mehreren Reihen um einen runden Mittelplatz herum liegen, auf dem ein oder zwei Gebäude von offenkundig besonderer Bedeutung stehen (Kolomyjščina, Vladimirovka). Die Tripolje-Häuser besitzen in einem Innenraum neben Herdstellen einen kreuzförmigen Lehmsockel, der als Altar zu interpretieren ist. Analog der Gumelniţa-Kultur, typologisch davon abweichend, werden auch hier Terrakottamodelle von Häusern, Hausteilen, Menschen und Tieren als Votivgegenstände hergestellt, wobei von den Häusern hauptsächlich auf die Darstellung der Innenansicht mit Herd, Kreuzaltar und einer Reihe Vorratsgefäße Wert gelegt wird. In den kupfernen Äxten, Beilen, Dolchen und Anhängern bzw. Zierstücken zeigt die Cucuteni-Tripolje-Kultur Verwandtschaft mit Gumelniţa.

Aus den ukrainischen *Gorodsk-* und *Usatovo-Gruppen* sind außer den Siedlungen in stattlicher Anzahl *Grabhügel* (Kurgane) bekannt, die meist mehrere eingetiefte Beisetzungen (liegende Hocker) enthalten, regelmäßig mit einem schwarzbemalten und einem unbemalten, grobtonigen, oft schnurverzierten Gefäß ausgestattet, außerdem mit Tonidolen, seltener mit Knochenidolen, kupfernen Beilen oder Äxten, Dolchen, Lockenringen, Knochenäxten u. a.

Diese Tumulusgräber, die vor der Kupferzeit in diesem Gebiet (und überhaupt in Europa) durchweg fehlen, sind keine Spezialität der Gorodsk- und Usatovo-Gruppen, sondern erscheinen von einem älteren Abschnitt der Kupferzeit an in einer Zone vom Kaukasusvorland über die Ukraine bis zum unteren Donautal in einem Rahmen, der als *Ockergrab-* oder *Kurgankultur* bezeichnet wird. Viele dieser Hügel zeigen beträchtliche Dimensionen (Höhe bis 13 m) und enthalten bis zu 120 Gräber, die teils als einfache

28 Vorgeschichte – Kupferzeit

Schächte, teils als Schächte mit Seitenkammern (sog. Katakomben) angelegt sind (Tote häufig auf Ocker-streuung). Auf der Krim sind *Steinkisten* vielfach innen mit schwarzen Mustern bemalt, in der Ukraine mit anthropomorph verzierten Platten abgedeckt, in anderen Tumuli neben bzw. über den Gräbern *(menschengestaltige) Statuenmenhire* aufgestellt, alles typisch kupferzeitliche Sepulkralzüge, die auch in anderen europäischen Geschichtsräumen erscheinen. Die Beigaben bestehen aus Keramik, Schmuck aus Stein, Muscheln, Fayence, Kupfer, Silber und Gold sowie Waffen aus Stein, Knochen und Kupfer, vereinzelt auch einem Wagen mit zwei Scheibenrädern oder einem Tonmodell von einem solchen.
Westlich der unteren Donau, in **Serbien, Slawonien** und im **Banat** entspricht der östlichen Gumelniţa-Kultur die **Vinča-Kultur** (nach einem Tell unweit Belgrads mit 11 m mächtigen Kulturschichten), deren ältere Stufe im wesentlichen als frühkupferzeitlich, deren jüngere Stufe als altkupferzeitlich gelten kann. Gekennzeichnet durch eine typische – riefen- oder mäanderverzierte, zum Schluß auch pastos bemalte – Keramik, die Beziehungen zu Keramikgattungen Nordgriechenlands aufweist, sowie einen ebenso ausge-prägten Bestand an Tonstatuetten, der sich deutlich von den östlich benachbarten Gruppen Gumelniţa und Cucuteni unterscheidet, sowie Monumentalplastiken und einen großen Lehmschmuck figürlicher Art an Häusern, kennt die jüngere Vinča-Kultur schwere Kupferäxte und -beile.
Nördlich des Vinča-Gebietes ist im **Theißbereich** die **Tiszapolgár-Kultur** verbreitet (nach einem Friedhof in Ostungarn), die in wesentlichen Zügen eine Tradition von der jungneolithischen Kultur des Theißge-bietes erkennen läßt. Ihr Spätabschnitt wird als **Bodrogkeresztúr-Stufe** bezeichnet (nach einem ostunga-rischen Gräberfeld). Typisch für sie sind Friedhöfe mit ostwestlich gerichteten Hockerbestattungen (ins-gesamt mehr als 600 bekannt), wobei Männer regelmäßig auf der rechten Seite, Frauen auf der linken liegen. Im Rahmen der Tiszapolgár-Kultur begegnen auch Hügelgräber. Neben einer für diese Kultur charakteristischen Keramik (u. a. Gefäße mit hohem Standfuß, in der Spätstufe Gefäße mit feinen Ritz-mustern werden in die Gräber kupferne Äxte und Schmuckformen sowie goldene Scheibenanhänger mit-gegeben, die solchen der Gumelniţa- und Cucuteni-Kultur sowie solchen aus Griechenland verwandt sind. Die Goldzierstücke sind mitunter von erstaunlicher Größe (ein Anhänger ist 0,75 kg schwer). In Westungarn entspricht jener ostungarischen Kultur die *Balaton-Gruppe*, nördlich der Donau (Südwest-slowakei) die *Ludanice-Gruppe*, die in ihrer Keramik Verwandtschaft mit der Tiszapolgár-Bodrogkeresz-túr-Kultur zeigt, aber offensichtlich nicht die Sitte der geschlechtsdifferenzierten Totenlage kennt. Die Siedlungen bestehen aus regelmäßig gebauten zweiräumigen Rechteckhäusern.
In **Böhmen** und **Mähren, Schlesien** und **Sachsen** treffen wir nach der jungneolithischen Kultur als erste ausgeprägte Kupferzeiterscheinung die **Jordansmühl-Kultur** (nach Jordansmühl in Schlesien; bekanntes-ter Fund: große Widderfigur) mit Hocker- und Brandgräbern sowie kupfernen Schmuckformen und steinernen Streitäxten, in **Mittelböhmen, Mitteldeutschland** bis Mecklenburg die **Baalberger Kultur** (nach einem Hügelgrab mit Steinplattenkiste, Bezirk Halle), deren Verbreitung durch ihre charakteristische Keramik umschrieben wird. Für diese Kultur kennzeichnend sind Hügelgräber sowie megalithisch an-mutende Steinkammern, die beide in diesen Gebieten als etwas Neues erscheinen, weiterhin ein steiner-ner Streitaxttyp, der südosteuropäischen Kupferäxten dieser Zeit ähnlich ist. Kupferschmuck ist selten. Bevorzugt sucht man für Siedlungen Höhen auf, die befestigt werden.
In **Bayern** folgen auf die jungneolithischen Erscheinungen die **Münchshöfener Gruppe** (nach einer Sied-lung bei Straubing in Niederbayern) und auf diese die altkupferzeitliche **Altheim-Gruppe**. Aus der letzte-ren sind einige Wall-Graben-Anlagen bekannt, bei denen bis jetzt nicht geklärt werden konnte, inwieweit es sich um befestigte Siedlungen und inwieweit um Kultstätten, ähnlich solchen aus Westeuropa, handelt. Die Besiedlung durch agrarische Gruppen schiebt sich nach dem Jungneolithikum weiter zum Alpenrand vor (z. B. **Pollinger** und **Schussenrieder-Gruppe)**, wobei in den neubesiedelten Landstrichen die Jagd eine größere Rolle spielt als in den altbesiedelten Lößgebieten.
In **Südwestdeutschland** und im **Elsaß** ist eine Reihe von Übergangserscheinungen zwischen jungneolithi-scher Rössener Art und solchen kupferzeitlichen Alters bekannt, die insgesamt einmünden in die **Michelsberger Kultur** (nach einer befestigten Höhensiedlung bei Bruchsal). Vor allem aus Siedlungen, darunter zahlreichen auf Anhöhen, ist bekannt, daß diese nach Norden über das Mittelrheingebiet und Niederhessen bis Belgien und Niedersachsen verbreitet und im Osten mit der Baalberger Kultur ver-knüpft ist. Ihre Keramik kennzeichnen neben typischen Vorratsgefäßen vor allem sog. *Tulpenbecher* und flache Tonplatten; die letzteren sind als Backunterlagen für eine kulturspezifische Fladenart zu deuten. Wo günstige Erhaltungsbedingungen gegeben sind (Thayngen nahe Schaffhausen), liegen reichlich Holz-gefäße und -geräte vor. Als Streitäxte sind solche aus Stein geläufig; Kupfer ist bekannt, wenngleich of-fensichtlich nicht in gleichem Umfang wie im Mitteldonaugebiet. Einige Siedlungsuntersuchungen im Moorgelände (Ehrenstein bei Ulm, Riedschachen im Federsee) geben wünschenswert weitergehenden Aufschluß über die Gesamtanlage der Dörfer (Häuser mit der Schmalseite an einem Weg aufgereiht, von einem Dorfzaun umgeben, der eventuell verstärkt als Befestigung aufzufassen ist, mitunter in der Mitte des Dorfes ein Gebäude besonderer Zweckbestimmung) sowie über die Grundrißgestalt und Bauweise der Häuser (mehrräumig, rechteckig, Holzdiele, darauf in einem oder in beiden Räumen ein aus Lehm gebauter Herd, die Wände aus Holzpfosten mit lehmverstrichenem Flechtwerk oder aus Spaltbrettern). Eine ans Rheinufer grenzende Michelsberger Großsiedlung bei **Urmitz** (nahe Neuwied) ist mit einem hufeisenförmig verlaufenden, insgesamt 2500 m langen, hinten durch eine Pfostenpalisade abgestützten Erdwall umzogen, der auf seiner Außenseite ziemlich regelmäßig weit vorspringende abgerundete Bastionen aufweist. Dieses *Befestigungssystem*, das gegenüber allem aus dem Neolithikum in Mittel-

Früh- und Altkupferzeit (erste Hälfte 3. Jt.) – Europa   *29*

europa Bekannten ein völliges Novum darstellt, zeigt typologisch auffallende Ähnlichkeit mit mediterranen (von Palästina und Griechenland bis Spanien und Portugal), ägyptischen sowie vorderasiatischen Stadtmauern mit Bastionenkranz (bautechnisch von der Urmitzer abweichend; meist aus Stein oder Lehmziegeln bestehend). Ein historischer Zusammenhang dürfte schwerlich in Abrede gestellt werden. Als Urform solcher Befestigungsanlagen hat wohl die *Gilgamesch-Stadtmauer* von Uruk zu gelten.

In der **Nordschweiz** entspricht der Michelsberger die **Pfyner Kultur** (nach einer aus neun Häusern bestehenden Siedlung im Kanton Thurgau), in der **Mittel-** und der **Westschweiz** die **Cortaillod-Kultur** (nach einer Siedlung am Neuenburger See). Die letztere, aufgrund der stratigraphischen Verhältnisse eine längere Zeitspanne umfassend und in zwei Hauptabschnitte zu gliedern, besitzt eine Keramik u. a. mit Auflagemustern aus weißlichen Birkenrindenlamellen auf dunkelpoliertem Grund. Sehr reichlich vertreten sind holz-, knochen- und geweihgeschnitzte Geräte, Waffen, Sicheln, Kämme, Gefäße u. a. Kupfer spielt eine gewisse Rolle. Die Dorfsiedlungen bestehen anscheinend meist aus einräumigen, reihenweise angeordneten Häusern, die in der Bauweise denen der Michelsberger Kultur entsprechen. Die Pfyner Siedlung von Niederwil enthält Häuser der üblichen Breite (5 m), aber exzeptioneller Länge (z. T. mehr als 60 m); sie sind in regelmäßige, etwa 10 m lange Abteilungen untergliedert, deren jede mit einem Herd ausgestattet ist (Prinzip der Reihenhäuser). In ihrer Kulturzugehörigkeit bis jetzt schwer bestimmbar, aber aufgrund von Streuscherben am ehesten mit der Cortaillod- und Pfyner Kultur in Verbindung zu bringen ist eine vom Genfer See bis in die Nordschweiz verbreitete Gruppe von Steinplattengräbern **(Chamblandes-Gruppe)**, die sowohl in dieser Grabform als auch der hier entgegentretenden Bestattungsweise als Gruft-, d. h. Kollektivbestattung (Grabkammer durch einen längeren Zeitraum für Beisetzungen benutzt) spezifisch kupferzeitlich sind.

Im **zentralmediterranen Raum** ist auf Sizilien, den Liparischen Inseln und in Unteritalien nach den jungneolithischen bemaltkeramischen Gruppen eine unverzierte, rotpolierte Keramik mit breiten Spulenhenkeln verbreitet **(Diana-Gruppe,** nach einer Fundstelle auf Lipari), mit der erstmalig Kupferschlacken nachgewiesen werden. Auch Malta ist in dieser Zeit besiedelt. Diese Stufe wird abgelöst von einer altkupferzeitlichen Stufe, die auf Malta als **Zebbug-Stufe** bezeichnet wird und in der als etwas Neues Felskammergräber mit Kollektivbestattungen angelegt werden. Der in diese Stufe datierte Kopf einer großen Steinstatue beweist, daß diese in den folgenden Kupferzeitstufen auf Malta zu hoher Blüte gelangte Kunstgattung bereits in die Zebbug-Stufe zurückreicht. Daß dies auch für die monumentalen maltesischen Tempel der Fall ist, konnte bisher noch nicht erhärtet werden; mit der Möglichkeit ist indes zu rechnen. – Auch auf Sizilien setzen in dieser Stufe (genannt nach der Höhle von **Conzo** und einer Gräbergruppe von **Piano Notaro**) Felskammergräber sowie aus Stein gebaute Kammern mit Kollektivbestattungen ein. Das gleiche ist auf der Apenninhalbinsel festzustellen, wo zudem auch megalithische Grabkammern sowie Kuppelgewölbe und Kammern unter einem Hügel auftreten; meist ist dabei allerdings nicht sicher, inwieweit diese Anlagen bereits altkupferzeitlich sind und wieweit jünger. – *Sardinien* scheint überhaupt erst in der Kupferzeit besiedelt worden zu sein. Am Anfang stehen dort Grabhügel mit Steinplattenkammern (Arzachena), die mit Anlagen aus Griechenland und Anatolien verglichen werden. Noch keine Klarheit besteht über den Beginn der für Sardinien so typischen Felskammergräber; möglicherweise reichen sie in ihren Anfängen in die Altkupferzeit zurück.

Auf der **Iberischen Halbinsel** gehören der frühen Kupferzeit anscheinend noch keine Grabkammern mit Kollektivbestattungen an, sondern eingetiefte, mitunter mit Steinschutz versehene Gräber mit Einzelbestattungen (in Nordostspanien: **Madurell-Gruppe**). Die folgende Zeit ist durch *Sepulkralmonumente* verschiedener Typen gekennzeichnet, denen *Kollektivbeisetzungen* gemeinsam sind. Inwieweit diese Neuerungen bereits während der Altkupferzeit einsetzen, ist noch unklar. Auch in *Frankreich* scheint ein gestaffelter Beginn von kupferzeitlichen Kulturerscheinungen stattgefunden zu haben. Aus dem älteren Abschnitt der **Chasséen-Kultur** (genannt nach der Höhensiedlung *Camp de Chassey,* Dép. Saône-et-Loire), der mit der schweizerischen *Cortaillod-* und der *katalanischen Madurell-Kultur* Beziehungen aufweist und der in nahezu allen Teilen Frankreichs in Siedlungen ausgeprägt ist, sind keine Megalithgräber oder nichtmegalithische Grabhügel bekannt. Diese beginnen vielmehr in einem *jüngeren Chasséen-Abschnitt.* Es sind runde oder rechteckige *Erdhügel* von mitunter beträchtlichem Ausmaß (der bretonische Mont St. Michel bei Carnac ist 120 x 56 m groß und 12 m hoch) mit kleinen *Steinkisten,* in der Regel einer größeren Anzahl, die offensichtlich im Verlauf einer gewissen Zeitspanne angelegt und für Beisetzungen benutzt werden; weiterhin rechteckige oder runde, aus Steinblöcken oder Trockenmauern errichtete *Kammern mit Gang* unter einem Hügel (Kammer sollte durch leicht zu öffnenden Gang für neue Bestattungen zugänglich bleiben). In Chasséen-Siedlungen, die häufig durch Wälle und Gräben befestigt sind, begegnen vereinzelt Backteller, ähnlich denen der mitteleuropäischen Michelsberger Kultur.

Auf den **Britischen Inseln** hat eine vom Kontinent ausgehende Landnahme agrarischer Gruppen *("Neolithisierung")* erst nach Beginn der Kupferzeit stattgefunden. Die ältesten Zeugnisse dieser Getreideanbau und Viehhaltung treibenden, feste (nicht selten befestigte) Siedlungen anlegenden Bevölkerung (nach einer Siedlung in *Wiltshire* **Windmill-Hill-Kultur** genannt) sind in Südengland (südlich der *Severn-Wash-Linie*) verbreitet, ein entwickelteres Stadium auch weiter nördlich (bis *Lincolnshire* und *Yorkshire*). Nach Ausweis der Keramik sind wiederum jüngere Stadien vertreten in verwandten Erscheinungen in *Schottland* (ältere **Beacharra-Gruppe**) und *Irland* (**Dunmurry-** und **Lyles-Hill-Gruppe.**) Die südenglische Windmill-Hill-Kultur zeigt in ihrer Keramik, ihrem lithischen Gerätebestand, ihren *"Erdwerken"* und in ihren Sepulkralmonumenten Beziehungen zur französischen Chasséen-, teilweise auch

30   Vorgeschichte – Kupferzeit

der belgischen Michelsberger Kultur, so daß kein Zweifel an der Herkunft dieser Siedler besteht. Diese treffen keine unbewohnten Gebiete an, sondern finden dort eine *Jägerpopulation „mesolithischer"* Art vor. Die Ansiedlungen der Windmill-Hill-Kultur sind häufig durch ringförmige, konzentrisch verlaufende Wälle mit Gräben befestigt, wobei die letzteren (bis 2 m) tief in den Kreidefels eingearbeitet sind (Außengraben an eponymem Platz, Durchmesser: 370 m). Gut bekannt sind sodann die von den Trägern dieser Kultur angelegten *Flintminen*, in denen qualitätsvoller Feuerstein abgebaut wird. An *Grabmonumenten* sind sowohl Langhügel (bis 90 m) ohne Megalithkammern bekannt, in denen die Beisetzungen in ebenerdig errichteten Holzbohlenkammern ruhen, als auch Hügel mit megalithischen Kammern. Aufgrund einiger Befunde sind die ersteren (mindestens in ihrem Beginn) älter.
Ähnlich wie auf den Britischen Inseln werden große Teile **Norddeutschlands** sowie **Dänemark, Südschweden** und **Südnorwegen** erstmalig in der Kupferzeit von einer Bevölkerung mit *neolithischer Wirtschaftsweise* besiedelt. Nach einer keramischen Eigentümlichkeit spricht man von der **Trichterbecherkultur.** Die ältesten Ausprägungen dieser Kultur sind aus *Siedlungen* und aus *Moordepositionen* bekannt, letztere offenkundig Zeugnisse ritueller Handlungen; an *Grabfunden* liegen nur einfache Erdbestattungen vor. Megalithische Erscheinungen beginnen offenbar erst in einer folgenden Stufe, ein Hinweis darauf, daß die Kolonisation als historischer Vorgang unabhängig war von der in der Ausbreitung kupferzeitlich-megalithischer Sepulkralformen und -ideen zum Ausdruck kommenden Bewegung. Die frühesten Grabmonumente des Nordischen Kreises sind *Erdhügel* mit eingetieften, kleinen, aus vier Steinblöcken gebauten *Kammern*, jeweils mehrere unter einem Hügel, zunächst wohl jeweils für eine Einzelbeisetzung, darin also denen der mitteleuropäischen Baalberger Kultur verwandt, deren unmittelbare Ausstrahlung anhand der Keramik bis *Mecklenburg, Brandenburg* und *Pommern* zu verfolgen ist; andererseits sind (hinsichtlich der Form des Langhügels; ein solcher von *Strahlendorf*, Bezirk Schwerin, ist 125 m lang) *südenglische* und *bretonische Anlagen* zu vergleichen. In den Verwandtenkreis dieser Langhügel gehört auch eine weiter östlich zwischen unterer Weichsel und mittlerer Warthe verbreitete Gruppe **(kujawische Gruppe):** sie besteht aus trapezförmigen, in der Länge zwischen 25 und 150 m schwankenden Anlagen, die von einer Steinreihe eingefaßt sind und Holzeinbauten enthalten. Von den Siedlungen der älteren nordischen Trichterbecherkultur weiß man, daß neben kleinen Einzelhäusern auch Langbauten von mehr als 80 m Länge bekannt sind (Barkaer in Jütland), die durch Querwände in etwa 3 m lange, selbständige Wohnungen unterteilt sind, ganz ähnlich also wie die etwa gleichzeitigen Reihenhäuser von Niederwil in der Schweiz. Kupfer ist in Form von Äxten, Flachbeilen und Schmuckstücken bekannt, wenngleich als Seltenheit. Die statt dessen geläufigen Feuersteinbeile (Länge bis 40 cm) und Felsgesteinäxte zeigen typologische Anlehnungen an die Kupferformen. – *(Forts. S. 34)*

Mittel- und Jungkupferzeit (ca. 25. – 21. Jh.)

Vorderer Orient (Forts. v. S. 26)

In **Ägypten** fällt in die zweite Hälfte des 3. Jt.s die *Spätphase des Alten Reiches* (5. und 6. Dynastie) sowie die *Erste Zwischenzeit* (7.–11. Dynastie). Die Könige der **5. Dynastie** erbauen sich Grabmonumente bei Sakkara und Abusir, bestehend jeweils aus einer Pyramide, wesentlich kleiner als diejenigen der 4. Dynastie, einem Totentempel, einer noch kleineren Ritualpyramide, einem Aufweg und einem Taltortempel. Die Pyramide des letzten *Königs Unas*, die kleinste der Reihe, enthält in ihren Innenräumen erstmalig umfangreiche Ritualinschriften (sog. Pyramidentexte). Spezifisch für die 5. Dynastie sind die von mehreren Königen erbauten Sonnenheiligtümer (zwei davon archäologisch bekannt), in deren Zentrum ein *gemauerter Obelisk* mit einem großen Altar davor steht. Die Privat-(Beamten-)Gräber dieser Zeit bestehen aus *Mastabas*, bei denen im Gegensatz zu denen der vorangehenden Zeit die Kulträume in den Baukörper hineingenommen sind, sowie (in Mittel- und Oberägypten) Felskammergräbern, jeweils mit Wandreliefs versehen.
Die Könige der **6. Dynastie** (Ende 24.–23. Jh.) besitzen Grabdenkmäler bei Sakkara, in der Grundform denen der 5. Dynastie ähnlich, alle durch Sammlungen von Pyramidentexten gekennzeichnet (vergleichsweise gut erhalten die Anlage des nahezu hundert Jahre alt gewordenen *Phiops II.*). Privat-(Beamten-)Mastabas und Felskammergräber erfahren in Architektur, Reliefschmuck und Rundplastik einen Höhepunkt ihrer Entwicklung am Ende dieser Zeitspanne, deutlich als Ausdruck verstärkter Regionalbeamtengeltung. Die Grabbeigaben bestehen aus kupfernen Gefäßen, Altarmodellen, Spiegeln, Rasiermessern und Werkzeugen, Steingefäßen, Halskragen aus Perlen, Rollsiegeln, Kopfstützen, Betten, anderen Möbeln aus Holz, Beamtenzeptern u. a. Mit den Namen ägyptischer Könige der 6. Dynastie versehene Steingefäße sind außerhalb des Landes bis *Byblos* (Libanon) bekannt (ägyptische Fahrten dorthin, um Zedernholz zu besorgen); weiter *Hieroglypheninschriften* dieser Zeit im *Sinaigebiet* (Türkis- und Kupfergewinnung) und in *Nubien*.
Am Ende der langen Regierung von Phiops II. (bis 1. Hälfte 22. Jh.) lockert sich die königliche Zentralgewalt und zerbricht schließlich ganz; die Provinzbeamten zeigen Tendenzen zur Verselbständigung und entwickeln sich zu Provinzfürsten. Was in der historischen Überlieferung als **7. und 8. Dynastie** bezeich-

Mittel- und Jungkupferzeit (25.–21. Jh.) – Vorderer Orient   31

net wird, ist eine Spanne (wohl weniger als ein halbes Jh.) chaotischer Verhältnisse: die staatliche Ordnung des Alten Reiches endet; innere und äußere Wirren bedeuten einen tiefgreifenden Einschnitt in die geistigen, religiösen und gesellschaftlichen Verhältnisse.

Allmählich bilden sich *zwei Machtzentren* aus, im Norden *Herakleiopolis* (die **9. und 10. Dynastie** der Überlieferung), im Süden *Theben* (**11. Dynastie,** die aber nicht auf jene folgt, sondern großenteils mit ihnen gleichzeitig regiert). Aus der Gegend von Herakleiopolis ist eine große Nekropole bekannt *(Gebel Sedment)*, deren Grabformen und Beigabenausstattung eine Tradition vom späten Alten Reich andeuten. Als etwas Neues erscheinen Holzfiguren und -modelle von Dienern, Handwerkern, Werkstätten, Getreidespeichern, Ruder- und Segelbooten sowie Szenen des täglichen Lebens. In Mittel- und Oberägypten kennen wir neben zahlreichen einfachen *Sepulturen* auch die Gräber von Provinzfürsten *(Beni Hasan, Deir el-Gebrauí)*. Von Theben, einer während des Alten Reiches keine Rolle spielenden Stadt, die durch ihre Lokalfürsten der Ersten Zwischenzeit zu Ansehen kommt, liegen Gräber von mehreren Fürsten namens Antef, die typologisch nicht an ältere Felsgrabformen anschließen, sondern eine architektonische Neuschöpfung darstellen, sichtbarer Ausdruck eines neuerwachenden Machtwillens. Im Zuge der wechselvollen Kämpfe zwischen den Fürsten von Theben und Herakleiopolis nennt sich *Antef II.* bereits (vorübergehend?) König von Ober- und Unterägypten. Aber die endgültige Unterwerfung Unterägyptens und damit die *Vereinigung „beider Länder"* vollbringt *Mentuhotep I.* Damit wird Theben Reichshauptstadt. Mentuhotep erbaut sich ein Grabmal wiederum neuer Art (Theben West: *Deir el-Bahari)*, das durch die Einbeziehung der dahinter aufsteigenden Felswand an Monumentalität seinesgleichen nicht hat.

In **Mesopotamien** gehört der letzte Abschnitt des **Frühdynastischen** *(Frühdynastisch III, u.a. die Ur I-Zeit)* ins 25. und den größten Teil des 24. Jh.s. Während in Uruk die frühdynastische Zeit bis jetzt nur sehr unzureichend bekannt ist, sind von **Ur** dank der reichen Funde des Königsgräberfriedhofes mehrere *Königsnamen* bekannt *(Meskalamdug, Akalamdug, Mesannepada, Meskiangnuna, Baluli)*, ebenso durch die Grabungen in Tello Könige von **Lagasch** *(Urnansche, Akurgal, Eannatum, Enanatum, Entemena I. und II., Lugalanda, Urukagina)*. Hinsichtlich der politischen Struktur Mesopotamiens *(Stadtstaaten mit Sakralkönigen* an der Spitze, die häufig in Kriege miteinander verwickelt sind), des Charakters der von Mauern umzogenen Städte, der Paläste (einer bekannt von Eridu) und Tempel (Zikurrati: Ur, Uruk, Chafadje; und andere Grundrißformen: Tell Asmar, Chafadje, Mari) besteht von der **Mesilim-Stufe** der frühdynastischen Kultur bis in die frühdynastische Spätstufe (Ur I-Zeit) ungebrochene Kontinuität. Das gleiche gilt für die bildende Kunst, das Kunsthandwerk, die Schmuck-, Geräte- und Waffenherstellung, die Edelmetall- und Kupfertoreutik, die Glyptik und den Handel. Zwei- oder vierrädrige Wagen (mit Scheibenrädern) dienen Repräsentationszwecken (gezogen von Equiden und Rindern). Bei einigen mit überaus reichen Beigaben versehenen Königsgräbern von Ur sind zahlreiche Menschen mitbestattet, die offensichtlich lebend in den Grabschacht gelangen und dort den Tod finden (u.a. kostbar gekleidete Harfenspielerinnen und bewaffnete Soldaten). Steinkeulen, manchmal mit Reliefdarstellungen, dienen wohl nicht mehr als Waffe, sondern sind reine Herrschaftszeichen bzw. Ritualobjekte. Steinplastiken und -reliefs stellen Menschen (oft Könige) in ritueller Haltung (Gebet, Opfer, Tempelgründung) oder mythische Gestalten dar. Auch die Siegelbilder zeugen von der Bedeutung der Mythologie.

Gegenüber dem aus Inschriften ersichtlichen *Ideal des sumerischen Stadtkönigs*, dessen Aufgaben im Bau von Tempeln, dem Anfertigen und Darbringen von Opfergaben und Votivgegenständen, in der Anlage und dem Instandhalten von Bewässerungskanälen, dem Bau von Stadtmauern, der Beschaffung von Bau- und sonstigen Materialien sowie der Deponierung von Nahrungsvorräten besteht, gibt es Herrschergestalten, die von persönlichem Besitz- und Machtstreben geprägt sind, so *Eannatum von Lagasch*. Dieser unternimmt nicht nur Kriege gegen *sumerische Städte*, sondern auch gegen *Mari* am mittleren Euphrat sowie gegen *Elam* und rühmt dabei seine Grausamkeit den Besiegten gegenüber.

Am *Ende der frühdynastischen Zeit* (Mitte des 24. Jh.s) steht König *Lugalsaggesi von Umma*, der – dort als Usurpator an die Macht gekommen – im Zuge einer kriegerischen Expansionspolitik die Herrschaft auch in Uruk und Lagasch an sich reißt. In seinen Siegesinschriften kommt ein neues Hegemoniestreben zum Ausdruck, womit er politisch überleitet zur unmittelbar folgenden Zeit (ca. 23. Jh.).

Das 23. Jh. wird durch *Sargon von Akkad* verkörpert. Mit ihm beginnt eine *neue Epoche* der mesopotamischen Geschichte. Im Gegensatz zu den frühdynastischen Königen der sumerischen Tempelstaaten ist Sargon nicht Sumerer, sondern Semite. Nicht der Tradition sumerischer Föderalstruktur verhaftet, verfolgt er erstmalig ausgesprochen imperiale Ziele. Wenn er als erster sich eine *neue Residenzstadt* erbaut *(Akkad)*, nach drei Kriegszügen über Südmesopotamien Lugalsaggesi gefangennimmt, das sumerische *Ensis* besiegt, weiterhin *Elam* im Südosten, die *Amoriter* im Westen und *Mari* sowie die Stämme im *Chaburgebiet* im Norden angreift und unterwirft, so gehen diese Unternehmungen über das in frühdynastischer Zeit Übliche hinaus und zielen bewußt auf die **Gründung eines Großreiches** ab. Die eroberten Gebiete „vom unteren bis zum oberen Meer" werden durch akkadische Gouverneure und Militäreinheiten in ein neuartig festes Verwaltungs- und Herrschaftssystem eingefügt. Sargon und seine vier ihm ebenbürtigen Nachkommen (Rimusch, Manischtusu, Naramsin und Scharkalischarri), die das mesopotamische Großreich im wesentlichen zusammenhalten und ausbauen, bringen die Neuartigkeit ihrer Herrschaftsposition in ihren Insignien (Hörnerkrone), ihrer Titulatur („König der vier Weltgegenden") und der allgemeinen Tendenz zu ihrer Vergöttlichung zum Ausdruck (Private nennen sich: „Sargon ist mein Gott"; von Naramsin an werden die Könige mit dem Gottesdeterminativ geschrieben; die Hörner-

32 Vorgeschichte – Kupferzeit

krone, bisher ausschließlich ein Attribut von Götterdarstellungen, wird jetzt auch dem König zuteil). Die *Stadt Akkad* sowie die *Sonnenstadt Sippur* (Hauptkultort des obersten Reichsgottes *Schamasch*) sind archäologisch nicht untersucht. Hingegen sind vom **Tell Asmar** aus dieser Zeit eine ausgedehnte Palastanlage, ein kleiner Tempel und ein Wohnquartier bekannt, wobei Tempel und Wohnhäuser unmittelbar solche der frühdynastischen Zeit fortsetzen (als Baumaterial dienen jetzt allenthalben Flachziegel). In Nordmesopotamien zeigt eine neben einer Wohnstadt vom **Tell Brak** gelegene quadratische *Festung von Naramsin* eine ganz regelmäßige Grundrißgestalt (wohl militärische Station im nördlichen Grenzgebiet des Reiches). Neben der Beherrschung der nördlichen Gebiete (ein Diorit-Relief verherrlicht den Sieg Naramsins über das Bergvolk der *Lullubäer*, ein anderes *Felsrelief von Derbend-i-Ghor* einen solchen über einen anderen nordöstlichen Grenzstamm) legen die *Könige der Akkad-Dynastie* großen Wert auf die nominelle und faktische Weiterführung der sumerischen Kulte, Kultur und Städte: die drei ersten Akkad-Könige führen neben anderen noch den Titel *König von Kisch* weiter; in allen sumerischen Städten erneuern die Akkad-Könige Zikurrati, andere Tempel und Stadtmauern. Akkadische Prinzessinnen sind Hohepriesterinnen in Ur (so *Enheduana*, eine Tochter Sargons). – Wie die Besiedlung der mesopotamischen Städte von der frühdynastischen in die Akkad-Zeit (und darüber hinaus) trotz der andersgearteten Herrschafts- und Staatsstruktur kontinuierlich weitergeht, so bleiben auch die Errungenschaften der frühdynastischen Verwaltung und die Schrift, aber auch der Kult in den Tempeln erhalten; die Friedhöfe werden weiterbelegt; das Handwerk, die diversen Kunstgattungen sowie die Edelmetall- und Kupferverarbeitung finden eine ungebrochene Weiterentwicklung. Erstmalig erscheinen fast lebensgroße Bronzestatuen (bemerkenswerterweise stammen aus derselben Zeit die ersten monumentalen Bronzestatuen von Phiops I. und Merenre.

22. Jh.: Die Herrschaft der Akkad-Könige bricht unter dem Ansturm des aus den nördlichen Bergregionen kommenden Fremdvolkes der *Gutäer* zusammen. Im nördlichen Babylonien werden die politischen, wirtschaftlichen und sozialen Verhältnisse durch diese Fremdherrschaft bestimmt. Ein späterer Hymnus berichtet: das Land sei in der Hand der Barbaren; die Götterbilder würden fortgeschleppt, die Bevölkerung zur Zwangsarbeit gepreßt; die Kanäle verfielen; der Tigris sei nicht mehr zu befahren; die Felder könnten nicht mehr bestellt werden; die Ernten blieben aus. – Demgegenüber vermögen sich im südlichen Landesteil die sumerischen Städte in der Form der alten Tempelstaaten neu zu konstituieren und diesen Typus zu neuer Blüte zu bringen. Gut bekannt sind uns die Verhältnisse in **Lagasch: sog. II. Dynastie.** Nach ihren zahlreich hinterlassenen Inschriften sehen die Könige ihre Aufgabe nicht in kriegerischen Aktionen, sondern in der Förderung des Wohlstandes durch Handel sowie friedliche Materialexpeditionen, um Werke zu Ehren der Götter vollbringen zu können. Bezeichnender noch als die Ritualtexte und Hymnen sind die aus dieser Dynastie bekannten Jahresnamen (als besonders wichtig empfundene Ereignisse, die dem Jahr den Namen geben): niemals Kriege oder Siege; zahlenmäßig an erster Stelle stehen Amtseinsetzung von Priestern und Beamten, gefolgt von der Errichtung (bzw. Restaurierung) eines Tempels, Anfertigung von Weihegeschenken, Anlage von Kanälen und städtebaulichen Arbeiten. Was uns an plastischen Bildwerken und an Steinreliefs der Lagasch II-Zeit erhalten ist (Beterstatuen und mythische bzw. kultische Darstellungen), veranschaulicht diese Grundhaltung.

Um 2100: Im Gegensatz zu den Ensi der Lagasch II-Dynastie stehen bei dem Ensi *Utuhengal von Uruk* kriegerische und machtpolitische Unternehmungen im Vordergrund (mindestens der von ihm überlieferten). Ihm gelingt die Besiegung der Gutäer; er führt erstmals seit den großen Akkad-Königen wieder den Titel „*König der vier Weltgegenden*". Ein von ihm in Ur eingesetzter Militärgouverneur, *Urnammu*, macht sich noch zu Lebzeiten Utuhengals selbständig und begründet in Ur eine selbständige Dynastie (*Ur III-Dynastie*). Urnammu führt eine Erweiterung seiner Titulatur ein: „*König von Sumer und Akkad*". Ur wird Hauptstadt eines Reiches, das seinen Schwerpunkt in Südmesopotamien hat, aber weit nach Norden bis zum mittleren Euphrat und zum mittleren Tigris reicht (Urnammu-Inschriften im Tell Brak). Überall im Land tritt der absolutistisch regierende König als Erbauer bzw. Erneuerer von Tempeln in Erscheinung; die Einsetzung von Oberpriestern ist ihm vorbehalten. Von *König Schulgi* an schreiben sich die Könige mit Gottesdeterminativ; teilweise wird ihnen ein regelrechter Kult zuteil. Die Ur III-Könige führen in dieser (wie auch in anderer) Hinsicht ihrem sumerischen Erbe die Tradition der Akkad-Könige weiter. Zu den wichtigen Aufgaben des Königs gehört seine Sorge für die Rechtssicherheit (Sammlung von Gesetzen: *Kodex Urnammu*). Die beiden wesentlichsten Machtfaktoren im Ur III-Reich sind „*Palast*" und „*Tempel*". Zum ersteren gehören nicht nur die Residenzen des Königs und der Ensis, sondern die gesamte, vom König abhängige Verwaltung und Wirtschaft, die Werkstätten, Magazine, Schatzhäuser, die Truppen und Handwerker, die Beamten und Transportbeauftragten.

25.–22. Jh.: Im **palästinensisch-westsyrischen Raum** folgt auf einen ersten Abschnitt der **frühurbanen Kultur** der Hauptabschnitt **(Stufen II und III)**. Typisch sind ausgedehnte Siedlungen mit städtischen Zügen (Stadtmauer, Spezialhandwerke, z. B. Herstellung von hart gebrannter Keramik, dazu Königspaläste, Tempel in: Jericho, Khirbet el-Kerak, Tell Arad, Betschan, Megiddo, Byblos, Hama). Dabei bezeugen die jeweils aufeinanderfolgenden Bauschichten (in Jericho deren fünfzehn) eine beträchtliche Siedlungskonstanz. Zugehörig sind extramurale *Nekropolen* mit *Felskammergräbern*, die durchweg Kollektivbestattungen aufweisen; die Grabformen zeigen vereinzelt Beziehungen zu ägyptischen Gräbern sowie zu solchen aus Mesopotamien. Daneben sind in Palästina, vor allem im ostjordanischen Wüstengebiet, *Megalithgräber* (einst von meist runden, zuweilen viereckigen Hügeln überwölbt) bekannt, die offensichtlich nicht von der Stadtbevölkerung, sondern von anderen ethnischen Gruppen errichtet und be-

Mittel- und Jungkupferzeit (25.–21. Jh.) – Vorderer Orient 33

nutzt werden. *Elfenbein- und Steinplastiken* der frühurbanen Stufen II und III sind typologisch an mesopotamische Werke anzuschließen, ebenso *Augenfiguren,* die bestimmte religiöse Vorstellungen zum Ausdruck bringen, sowie *Rollsiegel,* die die Übernahme einer charakteristischen Form der Eigentums- und Persönlichkeitskennzeichnung bezeugen, während die außerdem noch bedeutende *Stempelglyptik* eine Tradition aus der vorangehenden westasiatischen Kultur widerspiegelt. Gut ausgeprägt ist die Metallverarbeitung (Dolche, Äxte, Beile, Keulenknäufe, Messer, Lanzenspitzen, Nadeln z. T. mit Tierfigurkopf, Zierscheiben, überwiegend aus Kupfer, selten aus Silber und Gold). Hierbei treten Verbindungen mit Mesopotamien, allerdings noch deutlicher mit Ägypten in Erscheinung. Letzteres ist weiterhin bei Steingefäßen der Fall; bis nach Byblos gelangen echte ägyptische Steingefäße, z. T. versehen mit Königskartuschen.

Die frühurbane Kultur Palästinas und Westsyriens findet ein gewaltsames Ende: die urbanen Siedlungen werden zerstört; die Siedlungskontinuität und die Nekropolenbelegung brechen an den meisten Orten ab. Man nimmt an, daß dahinter Bevölkerungsbewegungen stehen, die historisch mit denen zusammenhängen, die in Ägypten am Ausgang des Alten Reiches und in Mesopotamien in der späten Akkad-Zeit bezeugt sind. Nach den als *Amurru* bezeichneten Beduinengruppen, die vor allem in der Ur III-Zeit Mesopotamien bedrängen, wird die palästinensisch-westsyrische Kultur nach der frühurbanen Stufe amoritisch genannt. Während die meisten Siedlungen dieser **Amoritischen Stufe** sich stark von denen der vorangehenden Zeit unterscheiden (keine Stadtmauer, Paläste, Tempel und dicht bebaute Wohnviertel), scheint an einigen Orten urbanes Leben weiterzubestehen, so in *Byblos* und in *Megiddo* (hier sogar mit einem Tempel, der eine Bau- und Kulttradition von der frühurbanen Zeit her bekundet). Auch die Sepulkralformen der Amoritischen Stufe unterscheiden sich merklich von denen der vorangehenden Zeit. In Südpalästina (vor allem Jericho) lassen sich mehrere Gräbergruppen voneinander unterscheiden, durchweg Felskammergräber, jeweils mit Einzelbestattung, die in Einzelheiten der Grabform, in der Beigabenausstattung oder den Beisetzungssitten Besonderheiten aufweisen. Insgesamt fassen wir in diesen Gräbern (offenbar) Bevölkerungsgruppen, die – einst nomadisierend und zunächst keramiklos – seßhaft werden, das Land in Besitz nehmen und von der Vorbevölkerung kultische Eigenheiten übernehmen. In Byblos liegen aus der Amoritischen Stufe einige reiche Tempeldepots vor (kupferne Ösenhalsringe, Nadeln, Spiegel, Armringe, Beile und Äxte, kupferne und silberne Diademe und Gefäße sowie Fayencefiguren und Skarabäen ägyptischer Art). Die urbane Siedlung *Hama* am Orontes übersteht scheinbar die Wirren dieser Zeit vergleichsweise gut.

In **Persien** sind mittel- und jungkupferzeitliche Siedlungen und Nekropolen (z. T. mit Gruftbestattungen) untersucht worden im *Tepe Giyan* (Luristan), in *Yanik Tepe* (Aserbaidschan), in *Bampur* (Südost-Iran) und im *Tepe Hissar* (Nordost-Iran). Am letztgenannten Ort werden Besiedlungsschichten mit einer urbanen Bebauung, die in die Zeit der frühdynastischen Städte Mesopotamiens gehören, abgelöst von solchen *(Hissar III),* aus denen ein Palast sowie Gefäße aus Gold, Silber und Kupfer (z. T. mit plastischer Figuralzier), Zierstücke aus denselben Metallen und bunten Steinen, Menschen- und Tierfiguren aus Stein und Metall, kupferne Äxte, Lanzenspitzen und Dolche zum Vorschein gekommen sind, insgesamt Zeugnisse einer fürstlichen Kultur, die gleicherweise der mesopotamischen der Akkad- und neusumerischen Zeit wie der inneranatolischen von Alaca Hüyük sowie der kaukasischen der Maikop-Gruppe an die Seite gestellt werden kann.

Nordöstlich des iranischen Hochlandes ist im Bereich der turkmenischen Steppe die **Anau-Kultur** als Ausstrahlung der vorderorientalischen Agrarkulturen zu verstehen, während in den anschließenden Weiten Innerasiens offenbar nur mit nomadischen Jägerpopulationen zu rechnen ist.

In **Anatolien** sind *mittelkupferzeitliche Siedlungsschichten* (25.–23. Jh.) vor allem in *Tarsus* (Schichten in 20–11,5 m Tiefe) untersucht, in Inneranatolien bei *Kültepe* (Schichten 14 und 13) und *Ališar* (Schichten 11–7), in Pisidien in *Kusura,* in Südwestanatolien in *Beycesultan* (XVI–XIII a mit zehn Besiedlungsschichten), in Nordwestanatolien in *Troia* (Schicht I mit zehn Einzelschichten). In der Keramik bestehen gewisse Beziehungen zwischen diesen Gebieten; im ganzen aber überwiegen die regionalspezifischen Züge. Ähnlich steht es mit den zugehörigen Stein- und Kupfergeräten, Waffen- und Schmuckformen, den Idolen aus Stein und Ton, den Stempelsiegeln und einfachen Steingefäßen. Urbane Züge weisen anscheinend nur *kilikische Siedlungen* auf; im übrigen hält Anatolien Abstand von der auf eine frühe Hochkultur hinweisenden städtischen Siedlungsstruktur des Vorderen Orients.

23.–21. Jh.: Ohne daß in dieser letzteren Hinsicht bei den anatolischen Siedlungen der jüngeren Kupferzeit (Tarsus, Schichten in 11,5–9 m Tiefe; Kültepe, Schichten 12 und 11; Ališar, Schichten 7 und 6; Beycesultan XII–VIII) eine wesentliche Änderung gegenüber den vorangehenden erkennbar wäre (was freilich an dem Erforschungsstand liegen kann), bezeugen andere jungkupferzeitliche Kulturerscheinungen gewichtige Neuerungen in technologisch-wirtschaftlicher, künstlerischer sowie offenbar auch in sozialer und politischer Beziehung. *Erstmalig* ist der Gebrauch der (langsam rotierenden) **Töpferscheibe** nachzuweisen; stärker macht sich ein Aufschwung in der Metallverarbeitung bemerkbar (beträchtliche Erweiterung des Formenschatzes, der Techniken und der Dekorationsweisen, reichlicher Gebrauch von Edelmetall), wobei fraglos die in Inneranatolien und weiter westlich vorhandenen Metallvorkommen ausgebeutet werden. Dieses Aufblühen diverser Handwerkszweige wird initiiert von *Regionalfürsten,* die wir in Inneranatolien aufgrund ihrer Grabstätten, in Nordwestanatolien in einigen reichen Metalldepots, hauptsächlich aus der letzten Schicht von **Troia II** erschließen können. Die aufschlußreichsten Fürstengräber sind die von **Alaca Hüyük:** Schon die Form der großen, gemauerten Rechteckkammern mit Bal-

34 Vorgeschichte – Kupferzeit

kendecke, auf der sich Rinderköpfe befinden, stellt gegenüber allem bis dahin Bekannten etwas völlig Neues dar; dem entspricht die Ausstattung mit kupfernen, silbernen und goldenen Statuetten, getriebenen Gefäßen, wobei nicht selten verschiedene Metalle kombiniert verarbeitet werden (u. a. Tauschierung), Halsketten mit Goldanhängern, Golddiademen, Nadeln, kupfernen Streitäxten und kupfernem „Schwert" (Länge bis 84 cm, in der Form gleichzeitiger Dolche, kaum als gebrauchsfähige Waffe zu deuten, sondern als reines Repräsentationsstück), Dolchen mit Eisenklinge (damals überaus kostbares Material, zugehöriger Griff mit Goldblechbelag), Steinkeule mit goldbeschlagenem Schaft, goldenem Keulenknauf und durchbrochenen Zierscheiben, anscheinend Sonnenzeichen, mit Rinder- oder Hirschfiguren, die mit guten Gründen als Zier von Prunkwagen gedeutet werden. Diese Grabbeigaben bezeugen nicht nur einen exzeptionellen Reichtum (und fraglos eine dementsprechende Machtgeltung), sondern auch die Wirksamkeit eines Werkstättenkreises, der in Inneranatolien zu lokalisieren ist und vornehmlich für diese Fürsten arbeitet.

In (und in der Gegend von) *Troia* sind keine Fürstengräber, dafür aber *Schatzfunde* bekannt, die mit ihrem Schmuck und ihren Gefäßen aus Edelmetall, ihren Prunkäxten aus Halbedelstein sowie ihren Kupfergefäßen den Alaca-Hüyük-Fürstengräbern ebenbürtig sind und als Besitzer gewiß ebenfalls Fürsten voraussetzen. Die *Burg von Troia II* (mit geböschter Umfassungsmauer, repräsentativen Toren und Megaronbauten) vermittelt eine Vorstellung von der Residenz dieser Fürsten. – Trotz des unverkennbar regionalspezifischen Charakters der anatolischen Fürstenkulturen (außer den beiden archäologisch zu erschließenden ist mit weiteren zu rechnen) zeigen diese mannigfache Beziehungen zu Mesopotamien und Westsyrien; mit von dort ausgehenden Anregungen ist zu rechnen.

Zypern beherbergt in der Mittel- und Jungkupferzeit eine Kultur besonderer Art (Siedlungen mit Rundhäusern, Felskammergräber mit Einzel- oder Kollektivbestattungen: Philia, Vounous, Lapithos). Die *Kupfergewinnung* setzt auf der Insel bereits in dieser Zeit ein und verschafft ihr eine beträchtliche wirtschaftliche Bedeutung. Vereinzelt beginnt bereits (wie auch im übrigen Westasien) eine (wohl beabsichtigte) Beimischung von anderen Metallen, ohne daß aber von wirklicher Bronze gesprochen werden könnte. – *(Forts. S. 40)*

Europa (Forts. v. S. 30)

Im **ägäischen Raum** (25.–21.Jh.) haben die Inseln *Lesbos, Lemnos* und *Samos* (Siedlungen Thermi, Poliochni und Samisches Heraion), von den Kykladeninseln vor allem *Syros, Melos, Delos, Paros* und *Amorgos,* sodann *Kreta* (Gräber und Siedlungsfunde, zum fortgeschrittenen und jüngeren Abschnitt des **Frühminoischen** gehörig) und das *griechische Festland* (Siedlungen und Nekropolen eines fortgeschrittenen und jüngeren Abschnittes des **Frühhelladischen**) Kulturzeugnisse ergeben, die Kontakte mit mittel- und jungkupferzeitlichen Erscheinungen Vorderasiens erkennen lassen. Die Siedlungen bestehen aus vielräumigen, unmittelbar aneinandergebauten Häusern an gewundenen Straßen, nicht selten umzogen von einer starken Befestigungsmauer mit Bastionen und Tortürmen. Auf dem griechischen Festland gibt es daneben auch die Siedlungsweise in Einzelhäusern (Rund-, Rechteck- oder Apsisform). Auf Kreta sind die Plätze einiger späterer Paläste (*Knossos, Mallia*) bereits in frühminoischer Zeit besiedelt (indes unsicher, ob bzw. inwieweit als Vorläufer von Palastanlagen zu deuten). In der *Argolis* trägt die (spätere) *Akropolis von Tiryns* Reste eines frühhelladischen Rundbaues mit einem Bastionenkranz (Durchmesser 21 m), wohl ein Palast. Ein monumentaler, regelmäßig gebauter Rechteckpalast, orientalischen Anlagen vergleichbar, liegt von Lerna vor.

Fürstlicher Edelmetallschmuck nach Art desjenigen von Troia II ist aus der Siedlung *Poliochni* auf Lemnos bekannt, fürstliche Grabausstattungen vergleichbar denen von Alaca Hüyük vor allem von Kreta. Sie stammen aus viereckigen (Mochlos, Archanes) oder runden, trockengemauerten, ehemals kragkuppelüberwölbten Anlagen (**Tholoi:** Lebena, Gurnes, Kumasa, Platanos in der Mesara-Ebene). Es sind Edelmetallschmuck, Kupferdolche, Stempelsiegel und Statuetten aus Elfenbein und hartem Stein, Modelle von vierrädrigen Wagen, Steingefäße und bemalte Keramik, insgesamt Zeugnisse hochentwickelter Kunsthandwerkszweige und eines ausgeprägten Kunststiles. Die Grabkammern enthalten stets Kollektivbestattungen und Hinweise auf einen nach der Beisetzung unterhaltenen *Totenkult.* Dabei werden Kulträume benutzt, die regelmäßig auf der Ostseite der runden Tholoi liegen. Bildliche Darstellungen (Stiere und Menschen) dürften sich auf *mythische Themen* beziehen, wie auch gewisse Menschenfiguren wohl als Darstellung göttlicher Gestalten zu deuten sind.

Die mittel- und jungkupferzeitliche **Kykladenkultur** (sog. **Syros-Stufe**) kennt im Gegensatz zur frühminoischen Kultur Kretas als typische *Grabform* Steinkisten oder trockengemauerte bzw. in den Felsboden gearbeitete Kammern, die *geschlossene Nekropolen* bilden (bei Chalandriani auf Syros etwa 600 Gräber). Auch hier bezeugen die Grabbeigaben eine hohe Kulturblüte mit einem Wohlstand (Silber häufiger als Gold, außer Schmuck vor allem Gefäße, Silberplattierung auch bei Kupferdolch), eine *wirtschaftliche Bedeutung* (Kupfergewinnung, seetüchtige Schiffe) und *gewisse Religionseigenheiten* (Marmoridole, überwiegend wohl den Verstorbenen in einer Gebetshaltung darstellend; auf Kultgefäßen und Edelmetallzierblechen Abbildungen der Sonne oder des Himmels mit Schiff nach Art der ägyptischen Sonnenbarke; Nadeln mit Kopf in Form eines Vogels, eines Widders oder einer Schnabelkanne, Ritualgefäße aus Stein und Keramik).

Mittel- und Jungkupferzeit (25.–21. Jh.) – Europa   35

Die **frühhelladische Kultur** des Festlandes, deren Siedlungen bis zu zehn Bauschichten enthalten, kennt Einzel- und Kollektivgräber inner- und außerhalb der Siedlungen. In Lerna wird nach Zerstörung eines frühhelladischen Palastes der Bauschutt zu einem im Durchmesser 19 m großen, mauerumsäumten Hügel aufgeschüttet und der Platz unbebaut gelassen, offensichtlich, um durch diesen Tumulus eine Erinnerung an das Bauwerk zu bewahren. Andere kultisch gedeutete Funde sind eine *Marmorbaetyle* aus einem Haus von Eutresis und ein großer, runder *Ritualherd* mit doppelaxtförmiger Mittelvertiefung von Lerna. Menschen- und Tierfiguren sind seltener als auf den Inseln. Geläufig ist indes der Gebrauch von Siegeln, wobei *Rollsiegel* zur Gefäßdekoration, *Stempelsiegel* zur Besitzkennzeichnung auf Tonbullae u. dgl. verwendet werden. Als Ausstrahlung orientalischer Edelmetalltoreutik und Prunkwaffen sind eine goldene Schnabeltasse und ein Kupferdolch mit Goldblechbelag des Griffs zu verstehen (weitere Zeugnisse von Beziehungen mit dem Orient: ägyptische Knopfsiegel, Fußamulett aus Steatit, silberne Doppelspiralnadel, kupferne Streitäxte).

Im **zentralmediterranen Gebiet** haben in der Mittel- und Jungkupferzeit **Malta** und die Nachbarinsel **Gozo** eine hervorragende Rolle gespielt *(Mġarr- und Ġgantija-Stufe)*. Während die Ovalhäuser und die Felskammergräber mit Kollektivbestattungen dieser Zeit nachweislich in einer altkupferzeitlichen Tradition stehen, erscheinen nun als etwas Neues Tempel, die charakteristische Bauschöpfung der maltesischen Kupferzeitkultur *Ta Haġrat: Mġarr, Kovdin, Ġgantija, haġar Qim, Skorba, Mnajdra*. Es sind Komplexe von jeweils mehreren, paarweise angeordneten Apsidenräumen mit Mitteleingang und kleiner Stirnapsis, insgesamt in einem aus mächtigen Steinblöcken errichteten Baukörper mit gewölbter Wandung und konkaver Vorderfront liegend. Mitunter sind mehrere solche Tempel dicht nebeneinandergebaut. Steinaltäre, Kultnischen aus spiralverzierten Steinplatten, Darstellungen von Kultzeichen, Idolen und Opfertieren weisen auf die hier durchgeführten Kulthandlungen hin. Solche fanden auch auf den gepflasterten Plätzen vor den Tempeln statt. Wenngleich ein Zusammenhang zwischen Tempeln und Totenkult nicht in Abrede zu stellen ist, dienen die Tempel allem Anschein nach primär nicht diesem, sondern einem *Götterkult*. Typologisch mit den Tempeln zu verbinden ist eine komplett in den Fels gearbeitete vielräumige Anlage von *Hal Saflieni* (500 qm, drei übereinanderliegende Etagen, sog. Hypogäum) mit Scheinarchitektur und spiralverzierten Decken. Die Seitenräume dienen als Bestattungsplätze (schätzungsweise 7000 Tote), die Zentralräume dem Totenkult. Dieser Sakralarchitektur künstlerisch ebenbürtig sind die Ton- und Steinplastiken, vor allem weibliche Gestalten, mitunter auf einer Kline liegend.

Auf **Sizilien** treffen wir in dieser Zeit auf die durch eine bemalte Keramik gekennzeichnete *Serraferlicchio-Stufe* und die monochrome rote Keramik führende *Malpasso-Stufe*, u. a. mit Felskammergräbern. – Auf **Sardinien** wird die zeitlich entsprechende Kultur nach der Stadt *Ozieri* (oder der Höhle *S. Michele*) genannt. Die Siedlungen bestehen aus Rundhütten (Durchmesser 4–5 m). Bestattet wird in natürlichen Höhlen und in Felskammergräbern (*„domus de janas"*, mehr als 1000 bekannt, große Nekropole z. B. von *Anghelu Ruju*). Neben einfachen Anlagen gibt es große, vielräumige mit Innenpfeilern oder -säulen, Scheinarchitektur, als Wandrelief ausgearbeiteten Hörnermotiven sowie zuweilen gemalten Symbolen und Ornamenten sowie menschlichen Darstellungen. Weibliche Steinfiguren (verwandt denen von Kykladen), aber durchweg aus einheimischem Gestein) erscheinen in Kleinausführung in Gräbern, in größeren Exemplaren in Siedlungen (in *Senorbi*: 44 cm großes Idol inmitten eines Steinkreises) und in anderen Heiligtümern *(Monte d'Accodi:* trockengemauerter Trapezsockel von 6 m Höhe mit Rampe).

Auf der **Apenninhalbinsel** sind in einigen Gegenden Gruppen von Felskammergräbern bekannt *(Apulien: Celino S. Marco; Kampanien:* Gaudo-Gruppe; *Latium-Toskana:* Rinaldone-Gruppe). Neben der gruppenspezifischen Keramik spielen an Beigaben kupferne Dolche und Flachbeile, Steinpfeil- und Steinlanzenspitzen, Steinäxte und -keulenknäufe sowie knochengeschnitzte Hammerkopfnadeln (ähnlich solchen aus dem Frühhelladischen, aus Anatolien und dem südlichen Osteuropa) eine Rolle. Üblich sind Gruftbestattungen, vereinzelt Einmalbestattungen *(Ponte S. Pietro:* ungewöhnlich reich ausgestatteter Mann, dahinter mitbeigesetzte Frau mit gespaltenem Schädel; *Arnesano:* schematisches Steinidol vor Hockerbestattung). Mit einer Kupfergewinnung in der Toskana ist zu rechnen. In Oberitalien sind Flachgräber mit Einzelhockern üblich *(Remedello-Gruppe)*.

Im **südöstlichen Mitteleuropa** (Gebiet der mittleren Donau und ihren Nebenflüssen) wird die Mittelkupferzeit (25.–23. Jh.) durch die **Badener Kultur** (genannt nach der Königshöhe von Baden bei Wien) ausgefüllt (vertikal kannelierte Keramik). Die z. T. befestigten *Ansiedlungen* liegen oft auf Anhöhen (mitunter burgartig, mit großen Apsidenhäusern und einer Kupferverarbeitung). Die *Friedhöfe* bestehen aus (bis mehreren hundert) Flacheinzelgräbern (Hocker oder Leichenbrand in Urne, vereinzelt auch isolierte Schädelbeisetzung, gelegentlich obertägig durch Stelen gekennzeichnet; in Mähren sind zudem Hügelgräber bekannt). An *Kupferbeigaben* verdienten Beachtung Diademe, Zierscheiben, Brillenanhänger, Halsringe und Streitäxte, an keramischen Beigaben das Modell eines vierrädrigen Wagens sowie anthropomorphe Gefäße (Menschen mit erhobenen Armen). Weisen diese letzteren auf religiöse Vorstellungen hin, so gilt dies auch für die offensichtlich *rituelle Deponierung von Gefäßen* (mit Inhalt) in Höhlen oder an anderen Plätzen. Die Keramik sowie die kupfernen Schmuck- und Waffenformen der Badener Kultur zeigen Beziehungen zu ägäischen und anatolischen Erscheinungen der Mittelkupferzeit.

In **Böhmen** grenzt die kupferzeitliche Badener Kultur an die vor allem in **Mitteldeutschland** verbreitete **Salzmünder Kultur** (nach einer Höhensiedlung bei Halle), in der außer Höhensiedlungen vor allem Grabhügel bekannt sind (daraus große Steinäxte aus weichem Gestein mit Kreismustern, an Keramikformen

36 Vorgeschichte – Kupferzeit

neben Henkelkannen vor allem mit Symbolzeichen versehene Trichter, sog. Trommeln). Östlich schließt an das Salzmünder Gebiet dasjenige der *Südpolnischen Gruppe* der **Trichterbecherkultur** an, nördlich dasjenige der **Walternienburger Kultur** (genannt nach einem Flachgräberfeld im Bezirk Magdeburg). Neben anderen Grabformen treten hier *Megalithkammern* (rechteckig oder trapezförmig) oder trockengemauerte bzw. aus Holzbalken errichtete Kammern mit Balkendecke in runden oder länglichen Hügeln mit Kollektivbestattungen auf, offenbar als südliche Peripherercheinung der nordischen Megalithgräberprovinz. Auch die Felsgesteinbeile, Doppeläxte aus Felsgestein sowie Bernsteinamulette in Doppelaxtform bekunden Beziehungen mit dem Norden.

Im **westlichen Mitteleuropa** treten an mittelkupferzeitlichen Kulturerscheinungen die *bayerisch-salzburgische* **Cham-Gruppe,** die *schwäbisch-schweizerische* **Goldberg III-** und die **Horgener Gruppe** sowie die *hessisch-westfälische* **Steinkammergruppe** in Erscheinung. Die erstere (kenntlich an einer leistenverzierten Keramik und Doppeläxten aus Stein mit Verzierungen) läßt sich auf zahlreichen *Höhensiedlungen* belegen und ist in den Kupferrevieren zwischen alpinem *Inn und Enns* mit dem Beginn einer dortigen Kupfergewinnung in Verbindung zu bringen. Auf dem *Goldberg im Nördlinger Ries* folgt ein in diese Zeit gehöriges Dorf aus kleinen Rechteckhäusern (lehmverstrichene Flechtwerkwände mit Mittelherd) stratigraphisch bzw. auf eine altkupferzeitliche Michelsberger Siedlung. Vermutlich hier einzureihen ist ein Grabhügel mit rotem Sandsteinsaum und weißer Kalksteindecke (Unterjettingen). Die Horgener Gruppe (benannt nach einer Station am *Zürichsee,* kenntlich an einer grobtonigen Keramik) ist (abgesehen von Höhensiedlungen) vor allem aus Seerandsiedlungen bekannt (zumeist stattliche, regelmäßige Rechteckhäuser: Sipplingen). Mit der unsorgfältigen Herstellung der Keramik steht die kunstvolle Fertigung der (dank günstiger Erhaltungsverhältnisse vorliegenden) Holzgefäße, Flecht- und Webarbeiten in Kontrast. Vermutlich zur Horgener Kultur gehören kleine (von Tumuli bedeckte) Megalithkammern mit rundem Loch in einer Wandplatte, die im Verbreitungsgebiet der Horgener Keramik zum Vorschein gekommen sind. Bezeugt ist diese Zeitstellung bei den größeren, megalithischen oder trockengemauerten *Steinkammern* (Länge bis 30 m) aus *Hessen* und dem *südlichen Westfalen (Züschen, Altendorf, Lohra;* trotz Eintiefung von Langhügeln bedeckt). Die für die Beisetzung der Toten bestimmte Hauptkammer (Hunderte von Toten als Strecker in Lagen übereinander) wird jeweils von einer kleinen Vorkammer durch eine Steinplatte mit rundem Loch abgetrennt (sog. „Seelenloch", für Einstieg bei Neubelegung). Einige Kammern weisen eingepickte Ornamente oder bildliche Darstellungen auf (Rinder, Wagen, Köcher, Pfeile, Bogen). Typische Grabbeigaben sind Ketten aus Tierzähnen, Stein-, Bernstein-, Knochen- und Kupferperlen, Steinäxte (z. T. Nephrit) sowie -beile und Pfeilspitzen, an Gefäßformen Kragenfläschchen (für bestimmte Essenzen). Ähnliche Keramik stammt aus Siedlungsplätzen (u. a. Höhensiedlungen). Vor allem wohl mit dem Totenkult dürften *Menhire* (z. T. verziert) in Verbindung stehen.

In der Jungkupferzeit (23.–21. Jh.) ist im **südöstlichen Mitteleuropa** die **Vučedol-Kultur** ausgeprägt (benannt nach einer burgartigen Höhensiedlung am slowakischen Donauteilufer, kenntlich an einer feinpolierten Keramik mit kräftigen, weiß und rot inkrustierten Mustern, z. T. symbolischen Charakters; Kreuzfußschalen). Eine südostalpine Sonderfazies *(Laibacher Gruppe)* zeichnet sich durch charakteristische Tonidole mit Textilmusterung und Zeugnisse einer Kupferverarbeitung (Gußformen, Tiegel usw.) aus, eine slowakische und oberheißländische Sonderfazies *(Kosihy-Čaka-* sowie *Nyírség-Zatín-*Gruppe) durch keramische Besonderheiten und Brandgräber. In *Mähren* wird die anzuschließende, in oft befestigten Höhensiedlungen und Hügelgräbern entgegentretende Kultur nach dem Fundort *Jaispitz* benannt *(Jevišovice;* hier liegen Reste eines Dorfes dieser Zeit stratigraphisch über solchen der mittleren und der älteren Kupferzeit). Neben kupfernen Schaftlochäxten, wie sie ähnlich bis zum ägäischen Raum geläufig sind, treten in der Jaispitz-Gruppe steinerne Streitäxte in Erscheinung, die typologisch entsprechend im übrigen Mitteleuropa sowie in weiten Gebieten Nord- und Osteuropas begegnen, großenteils im Rahmen der Schnurkeramik-Kultur.

Die jungkupferzeitliche **Schnurkeramikkultur** ist von der *Westschweiz* und dem *Elsaß* bis *Ostpolen* verbreitet, wobei trotz mannigfacher *regionaler Sonderausprägungen* (vor allem in Mitteldeutschland, Schlesien, Kleinpolen, Nordböhmen, Südbayern, Südwestdeutschland) die verbindenden Gemeinsamkeiten vor allem im Grabbrauch, der Keramik (Becher u. a. mit Schnurabdrücken, große Amphoren) und der Bewaffnung (geschwärte Steinaxt, gerundet oder facettiert) bestehen und bezeugen, daß als Träger dieser Kultur eine Bevölkerung mit einheitlichem Volkstum in Betracht zu ziehen ist. Bestattet wird üblicherweise als Hocker, und zwar Männer auf der rechten Seite in Westostlage, Frauen auf der linken Seite in Ostwestlage, den Blick also jeweils nach Süden gewandt, jeweils als eingetiefte Einzelbeisetzung unter einem Hügel (zuweilen Plattenkisten oder Nachbestattung in mittelkupferzeitlichen Megalithkammern sowie in Grabhügeln; einige Male auch gleichzeitige Mehrfachbestattung; bei Männern nicht selten Schädeltrepanation). Im ebenen *Theißgebiet,* in *Siebenbürgen* und am *Oberlauf des Dnjstr* sind ebenso wie in *Norddeutschland* Randerscheinungen der Schnurkeramikkultur bekannt. Während in den meisten Gebieten Siedlungen dieser Kultur nur selten nachgewiesen sind, spielen solche an den *Schweizer Seen* eine beträchtliche Rolle (z. T. an Stellen, wo zuvor eine Mittel- oder Altkupferzeitsiedlung bestanden hat; neuerdings auch Reste von großen Rechteckhäusern festgestellt). Charakteristisch sind aus diesen Siedlungen Holzgefäße und -geräte, die in Gräbern nie erhalten sind, außerdem kupferne Dolche, Beile und Perlen, die nicht zu den üblichen Grabbeigaben gehören. Als Einzelfunde oder als (offenkundig rituelle) Deponierungen im Moor bzw. Gewässer haben *Kupferäxte* (Typenfamilie Eschollbrücken, zuweilen mit mitgegossenem Kupferstiel) zu gelten, die typologisch den steinernen Äxten der Schnurkeramik-

Mittel- und Jungkupferzeit (25.–21. Jh.) – Europa   37

Gräber nahestehen und – dieser Kultur angehörend – Prunkwaffen bzw. Hoheits- und Machtzeichen einer sozialen (und politischen) Oberschicht gewesen sein dürften.

Im östlichen Teil des Verbreitungsgebietes der Schnurkeramikkultur (von Böhmen, Mitteldeutschland und Mecklenburg bis zur Weichsel und zur nördlichen Moldau) ist die **Kugelamphorenkultur** verbreitet (benannt nach einer keramischen Leitform). Teilweise gleichzeitig mit der Schnurkeramikkultur, ist sie als Ganzes von dieser deutlich zu unterscheiden, aufgrund des keramischen Formenschatzes, des als Hauptwaffe verwendeten Beiles aus (oft gebändertem) Feuerstein und der Grabform: Einzelflachgräber mit oder ohne Steinschutz und rechts- oder linksseitige Hocker in Ostwest-Richtung (Blick also nach Süden oder Norden); vergleichsweise selten begegnen Nachbestattungen in Megalithkammern oder älteren Tumuli. Insgesamt stellt offensichtlich die von einer besonderen Population getragene Kugelamphorenkultur eine kurzfristige Erscheinung dar.

In **Westeuropa** blühen während der Mittel- und wohl auch noch Jungkupferzeit **megalithische Kulturen** als Weiterentwicklung altkupferzeitlicher Ausprägungen. In **Südostspanien** gehört die **Los-Millares-Gruppe** in diese Zeit. Der eponyme Fundort ist eine große Siedlung im Dreieck zweier Flüsse (von einer 270 m langen Steinmauer mit Bastionenkranz abgeriegelt, im Inneren Rechteckhäuser und eine 1 km lange Wasserleitung von einer Quelle zu einer Zisterne) und eine außerhalb der Mauer gelegene Nekropole aus mehr als 100 kragkuppelgewölbten Rundkammern mit Mittelsäule (bzw. Viereckkammer) und Gang nach Osten in einem Rundhügel; der Gang besitzt eine oder mehrere Verschlußplatten mit ausgemeißeltem Rundloch. Durchweg handelt es sich um lange benutzte Sippenbegräbnisstätten. In Andalusien begegnen Kuppelgräber mit Blockabschluß und langem, blockgedecktem Gang, daneben Megalithgräber anderer Form, stets aber nach außen weniger markant in Erscheinung tretend als die Tumuli der Los-Millares-Gruppe. Runde Kuppelkammern mit Gang sind an der Atlantikküste bis in die Höhe von Lissabon zu finden. In den **küstenfernen Gebieten der Pyrenäenhalbinsel** herrscht die megalithische Polygonalkammer mit Blockdecke. Verglichen mit den in Blocktechnik errichteten oder gemauerten Kammern, treten Felskammergräber ganz zurück und sind auf einige Gebiete der Halbinsel beschränkt. Ebenso wie Form und Bauweise der Grabmonumente zeigen auch die Keramik, die Schmuck- und Geräteformen, die Steinidole, die Stein- und Knochen- bzw. Elfenbeingefäße, die Feuersteindolche und -stabdolche in den einzelnen Gebieten Sonderzüge (vor allem gut bekannt in der Los-Millares-Gruppe und der portugiesischen **Praia-das-Macas-Gruppe.** Perlen aus Bernstein, Calleis und Türkis dürften auswärtige Beziehungen bezeugen. Religionskundlich aufschlußreich sind Idole in den Grabkammern und Baetylen außerhalb derselben, auf dem Vorplatz, wo nach Ausweis von Opferdepositionen ein Totenkult unterhalten wird, weiterhin in den westiberischen Gräbern Kalksteinmodelle von Halbmonden, Keulen und geschäfteten Querbeilen, weiterhin männliche Elfenbeinfiguren, symbolische Darstellungen (Sonne, Tiere, Augenpaar) auf Keramik, auf Wandsteinplatten von Grabkammern und auf *Felsmalereien in der Sierra Morena.* Ähnlich der befestigten Siedlung von Los Millares sind solche auch von der **portugiesischen Atlantikküste** bekannt (Vila Nova de S. Pedro und Zambujal): mit mächtigen, oft erneuerten und verstärkten Mauern umzogene Burgen (fraglos Sitze politisch Mächtiger, wo auch Kupfer verarbeitet wird) inmitten größerer Ansiedlungen.

In **Frankreich** folgt auf die altkupferzeitliche Chasséen-Stufe eine mittel- und jungkupferzeitliche Kultur, deren charakteristische Keramik Verwandtschaft mit der Horgener Ware der Schweiz aufweist (im Pariser Becken: **Seine-Oise-Marne-Gruppe;** in Südwest-Frankreich: **Chenon-Gruppe;** in der Charente: **Peu-Richard-Gruppe;** im Languedoc: **Fontbouisse-Gruppe;** eine weitere Gruppe in der Bretagne). In der Mittelkupferzeit werden Megalithgräber der vorangehenden Stufe vielfach noch belegt; die damals neu errichteten Grabmäler indes von jenen ab: im Pariser Becken sind es Felskammergräber sowie eingetiefte, ganglose Rechteckkammern megalithischer Art (sog. *allées couvertes* bzw. *gallery graves*), häufig mit „Seelenloch"-Stein, die mit den hessisch-westfälischen Kammern verwandt sind; in Westfrankreich ebenfalls ganglose Rechteckkammern (bis mehr als 5 × 18 m lichte Weite), in Rund- oder Rechteckhügeln. Nicht selten tragen die Gräber innen Darstellungen einer weiblichen Gestalt, eines Beiles oder eines Sonnenzeichens. Auch außerhalb der Gräber, z. T. aber mit Sepulkralanlagen in Verbindung stehend, sind vor allem aus Südfrankreich zahlreiche *Stelenmenhire* bekannt, die außer anthropomorphen Zügen zuweilen auch Sonnenzeichen aufweisen. Mindestens großenteils gehören die Einzelmenhire sowie die Menhirreihen (Alignements) und die Menhirkreise (Cromlechs), wie sie besonders in der Bretagne erhalten sind, in die Mittel- und Jungkupferzeit.

Auf den **Britischen Inseln,** bis hinauf zu den Shetlands, finden sich Gruppen von Megalithgräbern mit Rund- oder Viereckkammer unter mitunter großem Hügel und einem Vorplatz für den Totenkult. Grundrißtypen und Bauweise der Gräber und Hügel bekräftigen regionale Sonderausprägungen, ähnlich die Keramik (Peterborough, Rinyo-Clacton- und Sandhill-Gattungen). Vor allem im mittleren *Ost-Irland* verbreitet sind kuppelgewölbte Ganggräber der **Boyne-Gruppe** (bis 12 m hohe Tumuli, Durchmesser bis 85 m), die sich durch reichlich auf ihren Wandsteinen eingepickte Symbole (Spiralen, konzentrische Kreise, Rosetten, anthropomorphe Figuren) auszeichnen. Auf dem *nordschottischen Festland* belegt ist der **Grabtyp Yarrows** (vierzipfelige Hügelform, Länge bis 72 m, mit kuppelgedeckter Kammer), auf den *Orkney-Inseln* der **Maes-Howe-Typ** (eponymer trockengemauerter Kuppelraum zu den großartigsten, technisch vollkommensten Megalithgräbern Europas zählend). Neben den während der Mittel- und Jungkupferzeit neu erbauten Megalithgräbern werden in allen Landesteilen solche der vorangehenden Zeit weiterbelegt. Fest steht auch, daß die *Henge-Rotunden* sowie die *Menhirreihen, -alleen* und

38 Vorgeschichte – Kupferzeit

-kränze, deren Beginn (mindestens als Denkmälergattung) in die Altkupferzeit zurückreicht, bis in die Jungkupferzeit (und z.T. danach) in Benutzung sind und für die Kultur auf den Britischen Inseln ebenso kennzeichnend sind wie die Megalithgrabgrüfte.

Niederlande, Norddeutschland, Dänemark, Südschweden und der südlichste Teil **Norwegens** beherbergen während der Mittelkupferzeit (25.–23. Jh.) eine in regionale Gruppen zu gliedernde Kultur, für die Megalithgräber in Rund- oder Rechteckhügeln kennzeichnend sind. Aus altkupferzeitlichen Ausprägungen erwachsen, beruht diese Kultur als Ganzes auf mannigfachen Beziehungen entlang der Küste mit Westeuropa. Unter den Grabtypen spielen neben ganglosen Kammern *(Dolmen)* vor allem Ganggräber (durchweg aus Wandblöcken mit Decksteinen bestehend) die Hauptrolle; in *Västergötland* sind die Kammern oft extrem lang und schmal, in *Bohuslän* mitunter rhombisch, in *Jütland* mit Nebenkammern versehen; in *Norddeutschland* ist – verglichen mit Südskandinavien – der Gang stets relativ kurz, dafür die Kammer aber in die Länge gezogen (bis 27 m), wobei Sondertypen im Emsgebiet, in Mecklenburg und in der Altmark erkennbar sind. Die anhand der Grabtypen sich abzeichnende regionale Gruppierung kommt auch in der charakteristisch verzierten Keramik (sog. Trichterbecherkeramik, z. T. von beträchtlicher kunsthandwerklicher Qualität) zum Ausdruck. Die Bewaffnung besteht aus Pfeilen (vor allem mit Querschneide) und Stein-, vereinzelt auch Kupferäxten, wobei deren Bedeutung als Standeszeichen dazu geführt haben mag, daß Bernsteinamulette die Form von Doppeläxten erhalten. Wie in anderen Megalithgrabprovinzen, so werden auch im Nordischen Kreis in und vor den Sepulkralmonumenten Totenkulthandlungen vorgenommen. Auch Augenmuster auf Gefäßen sowie verzierte Scheiben aus Ton, Bernstein und Kupfer dürften als religiöse Symbole gedeutet werden. Einige architektonische Anlagen aus Dänemark (Tustrup, Ferslev) mit Ritualgefäßen werden als ausgesprochene (nichtsepulkrale) Kultbauten gedeutet. Die Bevölkerung, deren Sippenbegräbnisstätten die Megalithgrabmonumente sind, treibt Ackerbau und Viehhaltung, wie dies für die überwiegend meisten europäischen Kupferzeitkulturen nachweisbar ist. Weithin in den südskandinavischen Gebieten lebt daneben eine Population in jägerischer Wirtschaftsweise mit sog. Grübchenkeramikkultur.

Jungkupferzeitlich (23.–21. Jh.) ist in *Norddeutschland* und *Südskandinavien* die sog. **Einzelgrabkultur,** die im Gegensatz zu den Megalithgrüften Einzelbestattungen unter Hügeln kennt. Die Grabform sowie die typische Totenhaltung entsprechen ganz denjenigen der mitteleuropäischen Schnurkeramikkultur; auch die Keramik und die Streitaxttypen sowie die Beile und Messer bezeugen diese Zugehörigkeit. Jungkupferzeitliche Nachbestattungen in Megalithkammern sind keine Seltenheit. Insgesamt ist unklar, inwieweit die Träger der Einzelgrabkultur im Nordischen Kreis dort als Neueinwanderer anzusehen sind und inwieweit es sich um Nachfahren der Megalithbevölkerung handelt.

Im **nördlichen Osteuropa** (Mittel- und Nordrußland, baltische Gebiete, Finnland und Karelien), nach Süden bis zum mittleren Dnjepr und zum Donbecken, nach Osten bis zum Ural und darüber hinaus, ist die **Kamm- und Grübchenkeramik** verbreitet, die mit einer jägerisch-sammlerischen Population verbunden ist. Von den voll seßhaften, agrarischen Gruppen Mitteleuropas wird als einzige erkennbare Kulturerscheinung die Keramikherstellung übernommen. Bemerkenswert sind im Okagebiet bis zum Weißen Meer retuschierte Menschen- und Tierfiguren aus Feuerstein, in Karelien und Südostfinnland Steinäxte in Form eines Tierkopfes, vermutlich szepterartige Hoheits- und Machtzeichen, die mit ukrainischen, ägäischen und vorderorientalischen Figuraläxten zu vergleichen sind.

In der **Ukraine,** nach Westen bis zur Moldau und in die Walachei, nach Osten bis zum Kaukasusvorland reichend, ist während der Mittel- und Jungkupferzeit (25.–21. Jh.) die **Ockergrabkultur** verbreitet, die Grabhügel mit Einzelbestattungen anlegt. Die Träger dieser Kultur kennen Ackerbau und Viehhaltung und erweisen sich insofern als Erben der ukrainischen Kulturen der vorangehenden Zeit. In den westlichen Verbreitungsgebieten (nordöstlicher Balkan) erscheint diese Kultur (Tumuli mit Steinwaffen, u. a. Tierkopfszepter, ohne Keramik) jedoch als *Einbruch einer Fremdbevölkerung.* – Für die Entstehung der Ockergrabkultur von Bedeutung sind die über den Kaukasus kommenden *vorderasiatischen Einflüsse,* für welche die mittel- und jungkupferzeitliche *Maikop-Gruppe* im Kobangebiet wichtigste Etappenstation ist. In großen Kurganen (Höhe bis 13 m) enthalten Grabschächte mit Holz- oder Steinplattenauskleidung fürstliche Bestattungen mit goldenen Ringen, Halsketten aus Gold-, Silber-, Kupfer-, Lapislazuli-, Türkis- und Kristallperlen, Gold- und Silbernadeln, Diademen mit Goldrosetten, Silberbechern mit bildlichen Darstellungen (einmal: Gebirgskette, Bäume, Flüsse, ein See und Tiere), glatten Gold-, Silber- und Kupfergefäßen, gold- und silberbeschlagenen Stangen mit goldenen und silbernen Rinderfiguren, offenbar zu einem Baldachin gehörend, kupfernen Dolchen, Lanzenspitzen und Äxten. Diese fürstliche Kultur läßt sich mit der inneranatolischen von Alaca Hüyük verbinden. Ihr Reichtum und die Hochblüte des Kunsthandwerkes dürften mit dem Abbau von kaukasischen Metallvorkommen zusammenhängen. In die Jungkupferzeit reicht wohl auch die **Fatjanovo-Kultur** – an der Moskwa und westlich der oberen Wolga – zurück. Im Gegensatz zur Ockergrabkultur handelt es sich hier um eine reine *Viehzüchterbevölkerung.* Üblich sind Einzelflachgräber (Hocker: Männer auf der linken, Frauen auf der rechten Seite) mit Stein- und Kupferäxten, tönernen Axt- und Wagenmodellen, Steinpfeil- und Lanzenspitzen sowie Armschmuck aus Bärenzähnen (Männer) oder Eberzähnen (Frauen). Diese Kultur verdankt ihre Entstehung Einflüssen aus verschiedenen westlichen und südlichen Kulturen. – *(Forts. S. 41)*

Bronzezeit (ca. 2. Jt. v. Chr.)

Antike Autoren der ersten Hälfte des letzten Jt.s v. Chr. nennen das vor ihrer eigenen (als eisern bezeichneten) Gegenwart liegende Zeitalter bronzen. Die archäologische Forschung bestätigt, daß etwa seit der letzten vorchristlichen Jahrtausendwende Eisen in einigen vorderasiatisch-ägäischen Gebieten übliches Werkmetall zu werden beginnt, während vorher seine Stelle **Bronze** einnimmt. Diese (d. h. die beabsichtigte *Legierung von Kupfer und Zinn*) ist in vielen europäischen und asiatischen Ländern schon in der ersten Hälfte des 2. Jt.s geläufig. Diesbezügliche Ansätze reichen zwar bereits ins 3. Jt. zurück; doch kommt ihnen praktisch keine große Bedeutung zu. Es ist demnach begründet, das 2. Jt. allgemein als Bronzezeit zu bezeichnen, wobei klar ist, daß damit für die Gebiete vom Atlantik bis China nur eine allgemeine Rahmenkennzeichnung gegeben wird, ohne diese spezielle Kulturerscheinung für jeden einzelnen Geschichtsraum speziell in dieser zeitlichen Erstreckung nachweisbar (oder auch nur vorauszusetzen) wäre.

Insgesamt treten im 2. Jt. in diversen Geschichtsräumen *Einzelpersönlichkeiten* in ihrer Individualität stärker in Erscheinung als zuvor. Mag das teilweise durch die Quellenlage bedingt sein, so scheint, aufs Ganze gesehen, doch eine Entwicklung in Richtung auf eine *Festigung der Persönlichkeitsstruktur* stattgefunden zu haben, die gleicherweise im sozialen, politischen und wirtschaftlichen Leben wie in der bildenden Kunst und in der Religion zum Ausdruck kommt. Freilich haben wir es hier nicht mit einer im einzelnen klar zu umschreibenden Neuerung zu tun, die zur empirischen Definition eines Zeitalters in einem konkreten Geschichtsraum (und erst recht im altweltlichen Raum insgesamt – geeignet wäre; dennoch werden wir die so zu interpretierenden Züge der Geschichte und Kultur des 2. Jt.s in besonderer Weise für geschichtstypisch ansehen und gegenüber der zuvor behandelten Kupferzeit als Weiterführung einer strukturellen Entfaltung der allgemeinen Geschichtlichkeit werten dürfen.

Gewiß treten auch im 3. Jt. mancherorts überragende einzelne aus dem Rahmen eines Gesellschaftsverbandes hervor, das geschichtliche Leben in besonderer Weise prägend: die *Könige Ägyptens*, diejenigen von *Sumer* und *Akkad*, die *Fürsten von Alaca Hüyük, Troia II, Maikop* und *Tepe Hissar*, die in einigen goldreichen Gräbern der jüngeren *Gumelniţa-Kultur* von Varna Beigesetzten und in gewisser Weise auch die jungkupferzeitlichen Einzelbestattungen unter Tumuli der Schnurkeramikkultur, die gegenüber den monumentalen Gemeinschaftsgrüften der Megalithkulturen eine Tendenz in diesem Sinne anzudeuten scheinen. Aber in Ägypten spiegeln gegenüber den Königen des Alten Reiches diejenigen des Mittleren Reiches und nochmal stärker diejenigen des Neuen Reiches ein Menschentum wider, das stärker als zuvor Größe und Eigenart, Kraft und Leistung der Einzelpersönlichkeit zur Geltung kommen läßt und nicht so sehr von der Funktion des Amtes her wertet. Selbst wenn in dieser Hinsicht die ägyptischen Könige Wegbereiter sind, bleiben diese neuen Wesenszüge doch nicht auf diese beschränkt: wenn in Ägypten das persönliche Gewissen und die allgemeine Ethik sich zu wacheren Formen entwickeln, wenn die Forderung nach *persönlicher Gottesliebe* statt kollektiven Kultvollzuges erhoben wird, wenn die bildliche Kunst den *Menschen* in seinem *persönlichen Schicksal* und *Seelenzustand* zu erfassen und darzustellen sucht, so deutet dies darauf hin, daß hier ein die ägyptische Kultur und Geschichtlichkeit des 2. Jts. insgesamt kennzeichnendes Phänomen vorliegt. Und wenn in Mesopotamien am Beginn des 2. Jts. archäologische Befunde eine Gewichtsverlagerung vom Tempel zum Palast bezeugen und auch die *literarischen Quellen* eine Stärkung der politischen Aspekte und der Machtstellung des Königtums gegenüber den sakralen Funktionen erkennen lassen, andererseits in *Hammurabis Gesetzessammlung* und -*veröffentlichung* die *Rechtsposition des einzelnen Bürgers* eine Festigung erfährt, wenn in altassyrischer Zeit die Kaufleute und Handwerker eine größere *wirtschaftliche und soziale Selbständigkeit* erlangen und in den Eigentumsverhältnissen Neuerungen emanzipatorischen Charakters festzustellen sind, so weist dies alles auf Wandlungen hin, deren Ergebnis mit dem in Ägypten Feststellbaren wesenhafte Gemeinsamkeiten an den Tag treten läßt. Die Annahme liegt nahe, daß auch die königlichen Bestattungen der *mykenischen Schachtgräber* sowie die fürstlichen und adeligen Einzelgräber sowie die Beisetzungsformen anderer europäisch-bronzezeitlicher Geschichtsräume gewisse, damit strukturell verwandte Wesenszüge der Persönlichkeitsentfaltung zum Ausdruck bringen. Analoges ist auch für die *chinesischen Könige* und Adeligen der *Shang-Dynastie* der Fall.

Wenngleich in den einzelnen altweltlichen Geschichtsräumen die Kultur und Geschichtlichkeit des 2. Jt.s mehr oder weniger weitgehend eine Tradition von der vorangehenden kupferzeitlichen weiterführen, haben nachweislich *historische Kontakte* verschiedener Art in den einzelnen Bronzezeitstufen zwischen benachbarten und weit auseinanderliegenden Geschichtsräumen stattgefunden, die über technologische, wirtschaftliche und sozialphänomenologische Erscheinungen hinausgehen und insgesamt als das wesenhaft Konstituierende für die *Bronzezeit als eines altweltlichen Zeitalters* der universalen Geschichte anzusehen sind.

Entsprechend der chronologischen Untergliederung der Kupferzeit teilen wir die Bronzezeit in vier etwa gleichlange Abschnitte *(frühe, ältere, mittlere und jüngere Bronzezeit)*, von denen jeder etwa ein Jahrtausendviertel umfaßt.

40 Vorgeschichte – Bronzezeit

Frühbronzezeit (ca. 20.–18. Jh.)

Vorderer Orient (Forts. v. S. 34)

Ägypten: Das erste Viertel des 2. Jt.s wird von der **12. Dynastie** beherrscht, einer Zeit stabiler innen-
und außenpolitischer Verhältnisse **(Blütezeit des Mittleren Reiches).** Zu den Aufgaben der Könige gehören umfangreiche Baumaßnahmen (Hauptstadt in Unterägypten; Grabmäler: *Pyramiden* aus Steinmauern mit Schuttfüllung und Steinverkleidung, größer als diejenigen der 6. Dynastie; insgesamt aber typologisch und topographisch bewußt an diese anknüpfend; Gräber der ersten Könige bei *El-Lischt* und
Illahun, dann bei *Dahschur,* jeweils zugehörig kleinere Königinnenpyramiden und Totentempel, der
größte, mit einer 300×240 m Ausdehnung von *Amenemhet III.;* und Tempel), die Beaufsichtigung
handwerklicher und landwirtschaftlicher Betriebe, die Planung und Durchführung von Expeditionen zur
Gewinnung von Rohstoffen in die Wüstengebiete, den Sinai, nach Nubien und in den Libanon, die *Kolonisation des Fajum* und die *Inbesitznahme von Nubien* nach mehreren Feldzügen; im übrigen werden
keine Eroberungen vorgenommen; Kriege gegen Asiaten gelten nur der Abwehr von dort kommender
Nomaden oder der Sicherung von dort benötigter Rohstoffe (Holz, Kupfer, Türkis). Allgemein unterscheidet sich das Königtum des Mittleren Reiches von demjenigen des Alten Reiches, indem nun die
menschlichen Leistungen des einzelnen Königs stärker herausgestellt werden. Diese Zeit, gekennzeichnet
durch einen weit verbreiteten Wohlstand, ist eine *Blüte* auch *der ägyptischen Literatur* (später als Klassik
empfunden). Eine Vorstellung vom Aussehen einer regelmäßig angelegten Siedlung dieser Zeit vermittelt die komplett untersuchte Stadt von *Illahun.* – Von Privatleuten (hohen Beamten bis einfachen Handwerkern) sind zahlreiche Felskammer- und einfache Schachtgräber bekannt, die größeren mit Wandreliefs und Malereien. Unter den Beigaben spielen *Skarabäen* und *Halskragen aus Perlenketten* sowie
Amulette, andere Schmuckstücke, Spiegel, Steingefäße, Rasiermesser, Fayence-, Ton- und Kupferge-
fäße, Geräte und Holzfiguren eine bedeutende Rolle, kennzeichnend sind Holzsärge, die außen und innen
bemalt und innen mit rituellen Totentexten versehen sind.
Mesopotamien: Am Ausgang des 3. Jts. geht die Vorherrschaft der **Ur III-Dynastie** zu Ende. Zu Lebzeiten
des letzten Ur III-Königs *Ibbisin* macht sich der Heerführer *Ischbi-Erra* von Isin selbständig und nennt
sich *„König der vier Weltgegenden";* auch andere Stadtkönige entziehen sich der Oberhoheit von Ur.
In der Zwischenzeit erobert der Elamiterkönig Ur und setzt sich dort fest. Ischbi-Erra vertreibt ihn von
dort und verleibt Ur seinem eigenen Machtbereich ein, womit er praktisch das Erbe der Ur III-Dynastie
als Oberherr über ganz Mesopotamien antritt. Jedoch dauert diese Periode nicht lange. Unter Ischbi-
Erras viertem Nachfolger zerfällt *Isins* Vormachtstellung; *Larsa* und andere Städte treten gleichberechtigt
und rivalisierend hervor. In der Forschung wird diese Periode selbständiger, bald miteinander verbündeter, bald sich bekriegender Stadtstaaten als **„Zwischenzeit"** (zwischen den Perioden erst sumerischer,
dann babylonischer Zentralgewalt) bezeichnet.
Beendet wird dieser Zustand durch **Hammurabi** wohl in der ersten Hälfte des 18. Jh.s. Archäologisch
erschlossen wurde diese insgesamt auch als **Isin-Larsa-Zeit** bezeichnete Ära in Siedlungsschichten hauptsächlich von *Ur, Tell Asmar, Nippur, Tello* und *Larsa* mit Wohnquartieren, Königspalästen und Tempeln.
Bestattungen werden im Stadtgebiet oder in eigenen Nekropolen angelegt: Schachtgräber mit Strecker,
Topfgräber mit Hocker, Tonsärge und Kammergräber mit Kollektivbestattungen. Typisch für diese Zeit
sind Rollsiegel, Tonfiguren, Perlenketten aus Metall, Fritte und bunten Steinen sowie eine Keramik mit
figürlichen, weiß inkrustierten Ritzungen.
Die **palästinensisch-westsyrische Zone** wird während des ägyptischen Mittleren Reiches sowohl von
ägyptischen als auch *mesopotamischen Wirtschaftsunternehmungen* erreicht. Die **Fürsten von Byblos** besitzen nach Ausweis ihrer Grabausstattung reichlich ägyptisches Geschmeide, Prunkwaffen und Steingefäße; ägyptische Skarabäen kommen bis zum unteren Orontes, mesopotamische Siegel der Isin-Larsa-
Zeit bis in die nordsyrische Hafenstadt Ugarit und nach Palästina. Was die einheimische Kultur dieser
Zone angeht, so konsolidiert sich diese nach der wohl bis zum 20. Jh. dauernden **Amoritischen Stufe** zu
der sog. **mittelurbanen Stufe.** Diese ist dadurch gekennzeichnet, daß die Siedlungen wieder Stadtcharakter zeigen (Jericho, Hazor, Sichem, Megiddo, Ugarit, Byblos). Offenbar breitet sich dieser Siedlungstypus
vor allem von den *phönikischen Küstenstädten* aus, wo er die Amoritische Zeit überdauert hat (aber auch
Hama). Die Städte sind von laufend verstärkten Befestigungsanlagen umgeben; im Innern ist eine nochmals herausgehobene Akropolis besonders befestigt (Hazor Oberstadt 500×200 m; anschließende
Unterstadt 900×600 m). Die Befestigung umfaßt oft mehrere Ringe aus Mauern und Wällen, anscheinend bezugnehmend auf die damals neu aufkommende Kriegführung mit schnellen Streitwagenverbänden. Die Bewaffnung besteht aus Kurzschwertern, Äxten, Lanzen sowie Pfeil und Bogen. Die Keramik
wird größtenteils wieder auf der Töpferscheibe hergestellt; Fayencegefäße und solche aus Stein spielen
eine Rolle, auch vollplastische und Relieffiguren von Göttern aus Silber oder Kupfer. Tempel liegen zumeist in den Städten, mitunter aber auch außerhalb derselben (*Nahariya* bei Acre an der israelischen
Küste).
Die *Assyrer* entfalten (19.–18. Jh.) von Obermesopotamien aus eine beträchtliche wirtschaftliche Aktivität im mittleren **Anatolien.** Jeweils dicht neben einheimischen Ansiedlungen mit Fürstensitz (*Kültepe,
Alişar, Boğazköy*) werden von Assyrern sog. **Karum-Siedlungen** („Faktoreien") angelegt, die offenbar

Frühbronzezeit (20.–18. Jh.) – Vorderer Orient – Europa 41

unter dem Schutz der betreffenden einheimischen Fürsten stehen. Sie dienen dem Gütertausch (vor allem Metalle und Textilien) und sind für die Kulturentwicklung Inneranatoliens von nachhaltigem Einfluß (Keilschriftgebrauch und altassyrische Siegel in den Karum-Siedlungen). Die bildende Kunst (Elfenbein, Blei- und Tonfiguren von Göttern, von Menschen und Tieren, Tierkopfrhyta), die Keramik, die Glyptik sowie die Architektur stehen am Beginn einer Tradition, die in der folgenden Stufe als **hethitisch** in Erscheinung tritt, so daß diese Kultur in der Forschung auch als *früh-hethitisch* bezeichnet wird. Bedeutsame *inneranatolische Fürstensitze* dieser Zeit sind (außer den oben genannten) noch *Alaca Hüyük* und *Karahüyük*, weiter westlich *Beycesultan* (Schichten V und VI mit Palast und Sakralbauten) sowie *Troja* (vor allem Schichten IV, teilweise wohl auch III und V).
Auf **Zypern** entspricht dem die sog. **mittelzyprische** Kultur, die sich kontinuierlich aus der frühzyprischen des 4. Jts. entwickelt. Die Siedlungen haben urbanen Charakter (Kalopsida, Nitovikla, Krini). Die Nekropolen (z. B. Lapithos, Stephania, Ayios Iakovos) bestehen aus Felskammergräbern mit einer braun- auf hellbemalten Keramik, Idolen und Kupferwaffen. – *(Forts. S. 43)*

Europa (Forts. v. S. 38)

Kreta: In das 2. Jt. (erste drei Jh.e) gehört **Mittelminoische Kultur,** deren auffallendste Erscheinung die ausgedehnten *Paläste* von *Knossos, Phaistos* und *Mallia* sowie einige kleinere Anlagen (sog. „Villen": *Achladia*) sind. Zwar knüpfen diese Bauten siedlungstopographisch und architektonisch an Vorangehendes an, doch stellen sie insgesamt etwas Neues dar, das den Beginn eines neuen geschichtlichen Zeitalters anzeigt. Die Paläste zeigen einen großen Zentralhof, um den sich Wohn-, Kult- und Wirtschafts-(Magazin-)Räume gruppieren. Typologisch stehen sie anatolischen und syrischen Palästen nahe. Zu erschließen ist eine Wandmalerei, deren pflanzliche Motive und Ornamente ähnlich auf der polychromen Feinkeramik wiederkehren (u. a. *Kamares-Gattung,* die als Import bis Westsyrien und Ägypten gekommen ist). Neben wenigen Stein- und Elfenbeinfiguren sind solche aus Ton vorherrschend, meist Männer und Frauen in Adorationshaltung. Diese werden in großer Anzahl zusammen mit organischen Opfergaben im Bereich von Bergheiligtümern deponiert *(Petsopha, Piskokephalo, Juktas).* Zu einer zweiten Gruppe von Heiligtümern gehören Höhlen *(Kamareshöhle),* wo mitunter offensichtlich Getreide in Gefäßen geopfert wird. Die frühminoischen *Tholoi* werden auch jetzt noch als Bestattungsstätten benutzt, außerdem bei *Mallia* ein rechteckiger, vielräumiger Grabbau errichtet *(Chrysolakkos),* der auf der Ost-Seite Räume (in der letzten Baustufe mit Pfeilerhalle) für den Totenkult besitzt. Abweichend von aller Regel ist die Bauanlage von *Chamaizi,* deren Außenmauer oval verläuft. Künstlerisch von besonderer Qualität sind die mittelminoischen Stempelsiegel; als Fremdstücke erscheinen einige vorderasiatische Rollsiegel sowie ägyptische Skarabäen aus Elfenbein oder Stein. Auf einheimischen Siegeln, Gefäßen, Steinblöcken, Tonstangen und -tafeln treten erstmalig bilderschriftartige Zeichen und echte minoische Hieroglyphen auf. Wenngleich diese *Bilderschrift* offensichtlich auf Kreta entsteht, ist die ihr zugrundeliegende Schriftidee zweifellos orientalischen Ursprungs. Hochentwickelt ist auch die Herstellung von Edelmetallschmuck; Geräte und Waffen bestehen nun erstmalig aus Bronze. Bei dünnen Doppeläxten von *Platanos* muß an reine Zeremonialobjekte bzw. Kultzeichen gedacht werden. Am Ende dieser Stufe (etwa um 1700) werden die Paläste Kretas und viele andere Siedlungen (wahrscheinlich durch ein gewaltiges Erdbeben) zerstört.
Auf dem **griechischen Festland** wird annähernd gleichzeitig mit dem Beginn der mittelminoischen Stufe auf Kreta die frühhelladische von der **mittelhelladischen Stufe** abgelöst. Dabei ist an einigen Orten eine Besiedlungskontinuität und eine ungebrochene Kulttradition (Architektur, Keramik-, Geräte-, Schmuckformen) feststellbar; an den meisten Plätzen liegt aber zwischen beiden Stufen ein Besiedlungsund Kulturbruch, so daß mit einer Einwanderung von Bevölkerungsteilen gerechnet wird. Die mittelhelladischen Siedlungen enthalten oft Apsishäuser *(Koraku, Lerna, Olympia, Eutresis),* vereinzelt auch Ovalhäuser *(Tiryns),* aber auch Rechteckhäuser *(Asine, Asea, Tiryns, Eutresis),* dazu Befestigungsmauern *(Aigina, Argos, Malthi).* Gräber begegnen sowohl innerhalb als auch außerhalb der Siedlungen in geschlossenen Friedhöfen, meist als Einzelbestattung, vereinzelt aber auch als Grüfte mit Kollektivbestattung; Kinder in *Pithoi.* Erstmalig erscheinen Tholoi *(Koryphasion),* mehrfach Grabhügel *(Aphidna, Drachmani, Leukas).* Neben den beiden wesentlichsten Keramikgattungen, der sog. *minyschen* und der *mattbemalten Gattung,* sind Geräte und Waffen, nun auch aus Bronze, sowie Edelmetallschmuck bekannt.
Auf **Malta** dauert die kupferzeitliche Tempelkultur bis in die Frühzeit des 2. Jh.s an **(Tarxien-Stufe,** nach einem bedeutenden Tempelkomplex mit spiralverzierten Steinplatten und zahlreichen Votivstatuetten aus Stein. Diese blühende Kultur findet plötzlich ein radikales Ende (fraglich, ob durch kriegerische Invasion oder durch Epidemie).
Auf **Sizilien** fällt in diese Zeit die an einer charakteristisch bemalten Keramik kenntliche **Castelluccio-Stufe,** ausgeprägt in Siedlungen, oft auf Höhen angelegt und mit einer Umfassungsmauer befestigt *(Branco Grande),* und benachbarten Felskammergräbern. Soweit bekannt, haben die Häuser ovalen Grundriß. Die Felskammergräber zeigen manchmal eine mit einer Scheinarchitektur versehene Prunkfassade, die Verschlußsteine Spiralreliefs, ähnlich wie in den maltesischen Tempeln. Auswärtige Beziehungen kommen auch in sog. Knochenleisten zum Ausdruck, kunstvoll geschnitzten Stäben mit

42   Vorgeschichte – Bronzezeit

Eierbesatz unbekannter, fraglos symbolisch-ritueller Bedeutung, die ganz entsprechend in Apulien, auf der Peloponnes und in Troja wiederkehren.

Auf **Sardinien** lebt die kupferzeitliche **Anghelu-Ruju-Kultur** mit ihren z. T. beträchtlich großen Felskammergrüften in dieser Zeit weiter, wie vor allem das Auftreten einer Keramikgattung beweist, die als *Glokkenbecherware* bezeichnet wird (geschweifte Becher mit Zonenmuster, Schalen, oft mit vier Füßen); zugehörig sind knochengeschnitzte konische Knöpfe mit V-Loch, Silexpfeilspitzen mit „gestutzten" Flügeln und rechteckige Steinplatten mit Durchbohrungen an den Schmalseiten (Armplatten, die meist am Arm aufgebunden werden und die Bedeutung eines Amulettes oder eines Standeszeichens haben).

Der Formenkreis typischer **Glockenbechererscheinungen** begegnet auch auf der **Apenninhalbinsel,** hier bei nordsüdlich gerichteten, nach Osten blickenden Einzelhockern *(Cadimarco, Santa Cristina, Rocolo Bresciani),* darin deutlich von den mittel- und süditalienischen Felskammern der Kupferzeit unterschieden. So liegende Hocker (Männer linksseitig, mit dem Kopf im Norden, Frauen rechtsseitig mit dem Kopf im Süden) mit Keramik, Pfeilspitzen und V-Knöpfen, dazu Kupferdolchen, Knochenanhängern in Scheiben- oder Bogenform, sind in ganz **Mitteleuropa** (von Ungarn, der Slowakei und Schlesien bis zum Rheingebiet) und weiter westlich wohlbekannt. Diese Gräber heben sich in Mitteleuropa in allen wesentlichen Zügen von der zeitlich vorangehenden Schnurkeramikkultur ab. Einige Kontaktbefunde *(Glokkenbecher-Nachbestattungen* in Schnurkeramik-Hügeln; keramische Misch- bzw. Übergangsformen) bezeugen eine gewisse Tradition, die indes die neuartige Geschlossenheit der Glockenbecherkultur nicht erklären kann. Läßt sich die Entstehung dieser Kultur einstweilen auch nicht aufhellen, so steht doch fest, daß sie – bei einigen *regionalen Sonderausprägungen* – bemerkenswert umfassende Gemeinsamkeiten der sie tragenden Bevölkerung innerhalb jenes weiten Verbreitungsgebietes widerspiegelt. Aus der sonst gleichförmigen Ausstattung ragen einige durch goldene Diademe, Ohr- oder Lockenringe oder ein verziertes Goldblech in der Form der normalerweise aus Stein bestehenden Armplatten versehene Gräber (soweit bestimmbar: Männer) hervor, vermutlich sozial Bevorzugte.

Glockenbecherzeitlich, mit dieser Kultur auch Beziehungen zeigend, aber ihr gegenüber selbständige Grundzüge aufweisend, ist die in der **Ostslowakei** und in **Südpolen** verbreitete **Veselé-Gruppe,** die in der Totenhaltung und -ausrichtung sowie der Keramik vor allem ein Erbe der Schnurkeramikkultur weiterführt.

Ebenfalls dieser Stufe gehört die **Schönfelder Gruppe** im *Gebiet vom Harz bis zum Havelland* **(Norddeutschland)** an. Ausschließlich durch Brandbestattungen und Schalen mit parabelförmiger Musterung gekennzeichnet, zeigt diese Gruppe einen höchst eigenwilligen Charakter, von dem anzunehmen ist, daß er sich nicht im Handwerklich-Formalen erschöpft. Im übrigen *Norddeutschland* und in **Dänemark** ist ein später Abschnitt der dortigen jungkupferzeitlichen Einzelgrabkultur durch Einflüsse seitens der **Glockenbecherkultur** mit dieser als zeitgleich erwiesen (in Dänemark wegen der im Gegensatz zu den älteren eingetieften Gräbern in den Hügeln ebenerdig oder sogar innerhalb der Hügelaufschüttung angelegten Bestattungen als **Bodengrab-** und **Obergrabzeit** bezeichnet). Echte Glockenbecher sind vereinzelt bis *Mecklenburg, Schleswig-Holstein* und *Jütland* gelangt, ebenso die typischen Pfeilspitzen, Armplatten und V-Knöpfe. Auch die hier nun auftauchende Nordsüd-Richtung der Hocker (in Dänemark und Südschweden) im Gegensatz zur vorher herrschenden Ostwest-Richtung bezeugt einen Einfluß der mitteleuropäischen Glockenbecherkultur.

In anderen Kulturzügen kommt jedoch das jungkupferzeitliche Einzelgraberbe zur Geltung, so in der Bewaffnung mit einer Streitaxt. Typisch sind jetzt in *Norddeutschland* und *Dänemark* u. a. solche mit „gekniffenem" Nacken, in Schweden sog. *Bootäxte,* die dort in mehr als 2500 Exemplaren bekannt sind (danach spricht man in **Schweden** auch von der **„Bootaxtkultur"**), Dänemark aber nur vereinzelt erreicht haben; in **Südwestfinnland** treten demgegenüber Streitäxte anderer Form auf (finnischer Typ: auch mit Schafttülle sowie Nackenknauf), an die dann südlich des Finnischen Meerbusens die Streitaxtformen *Estlands* anschließen. Die Feuersteinbeile der späten Einzelgrabkultur sind von denen der älteren Stufe nicht zu unterscheiden. Vielleicht spezifisch für die glockenbecherzeitliche Stufe sind große, retuschierte *Silexspandolche.* Frauen tragen weiterhin Bernsteinperlen. Eine Tradition vom Vorangehenden drückt sich auch in der Grabform der schwedischen jüngeren Bootaxtkultur aus (durchweg Flachgräber, reihenweise Anordnung).

Von **Südspanien** bis zu den **Britischen Inseln** und **Holland** ist die (spätkupfer- oder) frühbronzezeitliche Kultur durch **Glockenbechererscheinungen** gekennzeichnet. Zwar zeigen die Keramik, Knöpfe, Metallspitzen und -dolche teilweise eine *regionalspezifische Entwicklung,* so daß vor allem in dem jüngeren Stadium die Unterschiede in die Augen fallen; dennoch sind die Gemeinsamkeiten mit der mitteleuropäischen Glockenbecherkultur höchst auffällig und von Gewicht, ohne daß es bisher gelungen wäre, eine begründete historische Erklärung für dieses archäologische Phänomen zu geben. Auf der *Iberischen Halbinsel* werden in der Glockenbecherzeit in allen Landesteilen die Megalithkammern noch belegt, daneben aber auch Einzelbestattungen in einfache Schächte gebettet. Die Siedlungen der vorangehenden Zeit bestehen gleichfalls weiter. Charakteristisch sind *Kupferspitzen (Palmela-Typ), Griffplattendolche* und *Goldspiralen.* Auch in **Frankreich** werden neben der Anlage von Einzelbestattungen allenthalben Megalithkammern als Beisetzungsstätten weiter benutzt, besonders im *Languedoc,* der westlichen *Provence* und im *Rhônegebiet,* an der *Atlantikküste* von der Garonnemündung bis zur *Bretagne,* im *Pariser Becken* und in *Burgund* (in jedem dieser Gebiete zeigt die Keramik jeweils gewisse Sonderzüge). In *Holland* ist die Glockenbecherkultur besonders weitgehend erforscht; hier läßt sich der Übergang von der

Ältere Bronzezeit (18.–16. Jh.) – Vorderer Orient   43

vorangehenden Schnurkeramikkultur vergleichsweise gut verfolgen. Auf den *Britischen Inseln* finden sich die ältesten Glockenbecher (ausschließlich mit Schnurlinien) vor allem in *Süd- und Ostengland*, was deutlich die Herkunft von den kontinentalen des Rheingebietes unterstreicht. Entwickeltere Ausprägungen sind bis *Schottland* und *Irland* verbreitet. Sie erscheinen zusammen mit Kupferdolchen, goldenen Ohrringen, Goldscheiben, Pfeilspitzen und Armplatten bei Einzelflachhockern in Nordsüd-Lage mit dem Blick nach Osten, also den kontinentalen Glockenbechergräbern entsprechend. Die kupferzeitlichen *Henge-Rotunden* haben als Kultplätze noch immer Bedeutung. – *(Forts. S. 44)*

Ältere Bronzezeit (ca. 18.–16. Jh.)

Vorderer Orient (Forts. v. S. 41)

Ägypten: Von dem frühen 18. Jh. an wird in der historiographischen Tradition eine oberägyptische **(13.)** und eine unterägyptische **(14.) Dynastie** überliefert, also anscheinend nebeneinander regierende Könige, ein Hinweis auf das *Fehlen einer Zentralgewalt* und auf *politisch instabile Verhältnisse*. Die Könige regieren meist nur kurzfristig, teilweise offenbar mit beschränktem Herrschaftsbereich (sog. **Zweite Zwischenzeit**). Um die Mitte des 17. Jh.s beginnt die Fremdherrschaft der aus Vorderasien kommenden **Hyksoskönige (15. Dynastie).** Was die Tradition als **16. und 17. Dynastie** bezeichnet, sind *Kleinkönige,* die unter der *Oberhoheit eines Hyksos* stehen. Die fremden Eroberer, die als neue Waffe den *Streitwagen* mitbringen, übernehmen zwar die ägyptische Kultur (Königstitulatur, Schrift, Verwaltung, Wirtschaft, Handwerk); jedoch treten in den Grabformen (Felskammergrab mit mehreren Räumen) und *Bestattungssitten* (Hockerlage, Equidenmitgabe), in der Bewaffnung (Streitwagen, Kurzschwert, Streitaxt), in einigen bevorzugten Gottheiten (vor allem einem vorderasiatischen *Baal*, in Ägypten als *Seth* bezeichnet) sowie vor allem in den engen Beziehungen vieler Kulturerscheinungen mit *Palästina-Syrien* der vorderasiatische Ursprung der Hyksos und ihre Verbindungen mit diesem Raum auch nach ihrer Herrschaftsübernahme in Ägypten in Erscheinung. Ägyptische Steingefäße und andere Gegenstände mit dem Namen von *Chian* oder einem anderen Hyksos sind in Knossos und Mykenai, Boğazköy, Mesopotamien und Palästina zum Vorschein gekommen.
Mit den lokalen Fürsten von Theben, *Ahmose* (Mitte 16. Jh.), beginnt die **18. Dynastie (Neues Reich):** ihm wird die Beseitigung der Fremdherrschaft der Hyksos verdankt. Sein Sohn *Amenophis I.* beginnt den Ausbau des zur Reichshauptstadt Theben gehörigen großen *Amun-Tempelbezirks Karnak* sowie auf der westlichen Nilseite die Anlage seines Grabes im Tal der Könige mit einem zugehörigen Totentempel am Rande des Fruchtlandes. Wenn in seinem Grab ein Gefäß mit der Aufschrift der *Haluti,* der Tochter des Hyksoskönigs *Apophis,* gefunden wurde, so kann dies ein Hinweis auf eine genealogische Verbindung sein (etwa Hyksosprinzessin im Harem des Ahmose oder des Amenophis I.).
In **Mesopotamien** bedeutet die wohl in die erste Hälfte des 18. Jh.s fallende *Herrschaft des Hammurabi* von Babylon den Beginn einer neuen Geschichtsepoche. In Babylon herrscht seit etwa einem Jh. eine **westsemitische Dynastie,** die ihr Herrschaftsgebiet nach und nach auf große Teile Nordbabyloniens ausdehnen kann. Hammurabi baut die bis dahin kleine Stadt großzügig aus und macht sie politisch, militärisch und kulturell zur führenden Kraft des Landes. Drei Jahrzehnte nach seinem Regierungsantritt erobert er *Larsa* und *Mari* am mittleren Euphrat, nachdem er zuvor die sumerischen Städte, die Elamiter und die Assyrer besiegt hat. Damit wird er zum Herrn über ganz Mesopotamien; die einst zum Ur III-Reich gehörenden Gebiete werden wieder unter einheitlicher Herrschaft vereint (Titel: *König der vier Weltgegenden*). Das hammurabizeitliche Babylon ist archäologisch noch nicht untersucht. Unsere Kenntnis der altbabylonischen Kultur stützt sich vor allem auf Befunde im *Tell Asmar*, im Tell *Harmal* in *Bagdad,* in *Uruk, Ur* und *Nippur.* Einige Steindenkmäler werden bei einem elamitischen Plünderungszug im 12. Jh. nach *Susa* verschleppt (wo sie zum Vorschein gekommen sind), darunter die *Gesetzesstele Hammurabis,* auf der 380 Rechtssätze aufgeschrieben sind (im Epilog heißt es: damit „ein unterdrückter Mann, der eine Rechtssache hat", „diese aufgehellt bekommt", auf daß er „sein Recht sieht").
In **Anatolien** tritt im 18. und 17. Jh. im Kreis ethnisch und sprachlich unterschiedlicher Stämme und Kleinstaaten (teils indogermanisch-hethitischer, -luwischer, -palaischer, teils nichtindogermanisch-protohattischer, teils hurritischer Zugehörigkeit) ein **Staat** unter **hethitischer** (nesischer, nach der Stadt Nescha) **Führung** durch hegemoniale Tendenzen und Erfolge hervor. Unter König *Hattusilis I.* gewinnt dieser Staat mit der Hauptstadt *Hattusas (Boğazköy)* den Charakter eines Reiches, das weite Teile Inneranatoliens mit verschiedenen Einzelstämmen und ihren vor allem kultischen Besonderheiten umfaßt. Kulturell steht es in der Tradition der *karumzeitlichen Kultur* Anatoliens, wozu auch die starken Beziehungen zu Obermesopotamien gehören. Gegenüber der *protohattisch sprechenden Grundbevölkerung* sind die *indogermanischen Gruppen* in Anatolien nicht als autochthon anzusehen; über ihre Herkunft (ob vom Westen über den Bosporus oder vom Nordosten über den Kaukasus) lassen sich nur Vermutungen äußern. Hattusilis' Sohn *Mursilis I.* unternimmt zu Beginn des 16. Jh.s einen Kriegszug nach Mesopotamien, bei dem Babylon eingenommen und geplündert, der dort residierende letzte Vertreter der Hammurabi-Dynastie vertrieben und reiche Beute nach Hattusas zurückgebracht wird. Dieser Kriegszug

44   Vorgeschichte – Bronzezeit

trägt mit seinen politischen, wirtschaftlichen und kulturellen Ergebnissen offensichtlich zur Festigung des hethitischen Reiches bei (glanzvoller Ausbau der Hauptstadt, Entfaltung der bildenden Kunst und des Kunsthandwerks, Knüpfung von ständischen bzw. diplomatischen Beziehungen mit anderen Königen und Fürsten Vorderasiens).

So positionsstärkend sich Mursilis' Babylon-Zug für das hethitische Reich auswirkt, so folgenschwer ist der durch ihn bewirkte *Zusammenbruch der Herrschaft* der **Babylon I-Dynastie** für die weitere historische Entwicklung des babylonischen Tieflandes. Bereits seit längerer Zeit ist dort ein wegen seiner kriegerischen Einfälle gefürchtetes Fremdvolk aus dem nördlichen Bergland, die **Kassiten,** bekannt. Diese können nach dem *Sturz der Hammurabi-Dynastie* sich in Babylonien festsetzen und die Herrschaft übernehmen (König *Agnum,* der sich nennt: *„König der Kassiten und Akkader sowie König von Babylon, König von Alman und Padan":* oberes Dijala-Gebiet). In der Zwischenzeit bleibt der Süden des Tieflandes zunächst von der Fremdherrschaft frei; hier herrscht die **„Dynastie des Meerlandes".**

In **Obermesopotamien** ist das 17. und 16. Jh. ebenfalls gekennzeichnet von ethnischen und politischen Bewegungen, innerhalb derer hurritische Stämme und Staaten sowie eine arische (d. h. ostindogermanische, indische), durch kastenmäßige Abgeschlossenheit, persönliche Tapferkeit und kriegerisches („ritterliches") Lebensideal sich auszeichnende Adelsschicht *(Marjannu)* das **Mitanni-Reich** gründen. Diese Marjannu sind es, die den *Streitwagen* und eine spezialisierte *Pferdezucht* sowie die beides voraussetzende neuartige Taktik der Kriegführung unter Verwendung geschlossen manövrierender Streitwagenverbände entwickeln und in Vorderasien einführen, was ihnen eine anfängliche Überlegenheit verleiht, dann aber die anderen Staaten zur Übernahme und Nachahmung zwingt. Wird man dies bei den Hethitern und Kassiten annehmen dürfen, so ist bei den Staaten der westsyrisch-palästinensischen Zone sowie den in Ägypten als Hyksos auftretenden Fremdlingen ein noch engerer Zusammenhang mit dem Marjannu in Betracht zu ziehen, weil die Staaten der Levanteküste unter hurritischer Marjannu-Oberherrschaft stehen und auch die Hyksos-Herrschaft ein (das letzte) Glied dieser Marjannu-Reiche ist.

In **Palästina** und **Westsyrien** kennen wir aus dem zweiten Viertel des 2. Jt.s eine Anzahl städtischer Siedlungen *(Beth Pelet, Betschan, Gezer, Hazor, Jaffa, Megiddo, Tell Sukas, Tell Beit Mirsim, Ashdod, Tell el-Ajjul, Sichem, Lakisch, Tell Tannek),* die größtenteils in der vorangehenden Zeit bestehen und in die folgende Zeit hineinreichen. Bis zum 17./16. Jh. spricht man von der **mittelurbanen Kultur,** danach von der **späturbanen** oder **spätkanaanitischen.** Dabei besteht insgesamt zwischen diesen Stufen eine Besiedlungs- und Kulturkontinuität; jedoch trennt bei etlichen Städten eine Zerstörung, der mitunter ein Besiedlungshiatus folgt, beide Stufen voneinander (die Zerstörung der mittelurbanen Städte Sichem und Lakisch wird mit ägyptischen Kriegszügen der frühen 18. Dynastie in Verbindung gebracht). Auf **Zypern** finden wir im zweiten Viertel des 2. Jt.s zunächst noch die sog. mittelzyprische Kultur, dann den Beginn der spätzyprischen Bronzezeitkultur, im **westlichen Anatolien** die Troia-Schichten VI, vielleicht auch noch die letzten Niveaus von Troia V, auf Lemnos die Schicht VII von *Poliochni. – (Forts. S. 47)*

Europa (Forts. v. S. 43)

Auf der Insel **Kreta** gehören ins 17. und 16. Jh. vor allem die beiden Stufen **Mittelminoisch III** und **Spätminoisch I.** Gekennzeichnet ist dieser Zeitabschnitt durch die *Neuerrichtung der* (um 1700 anscheinend durch Erdbeben zerstörten) *Paläste* (Mittelminoisch III: *Knossos, Phaistos, Mallia)* und Siedlungen *(Pseira, Mallia, Mochlos, Gournia, Palaikastro),* wobei die Paläste ihre Vorgänger an Größe und Ausstattung übertreffen. Ohne örtliche Vorläufer werden in dieser Zeit der Palast von *Hagia Triada* erbaut, weiterhin die als „Villen" bezeichneten Anlagen von Archanes (eventuell zum Palast von Knossos gehörig), *Tylissos, Amnisos, Slavokampos* u. a. In ihrem Grundtyp (nordsüdlich gerichteter Zentralhof, Repräsentations- und Kulträume, breite Treppen zu den Obergeschossen, in einigen Trakten Untergeschosse als Magazinreihen) führen diese jüngeren Paläste die älteren weiter; bemerkenswert sind die in Resten erhaltenen *Wandfresken* (bekanntestes Fragment: blauer Affe in Krokusbeet). In Knossos gehört zu dem Mittelminoisch III-Palast ein Kultdepot, bestehend aus einem Marmorkreuz (wohl liegende Altarplatte, die vier Himmelsrichtungen andeutend), Fayencefiguren von Frauen mit Schlangen, eine Ziege und eine Kuh jeweils mit einem Jungen, blühende Pflanzen, fliegende Fische und Muscheln sowie Ritualgefäße. Ebenfalls dem Kult dienen bewegliche oder ortsfeste runde Opferaltäre (Knossos, Mallia), die mit Stuck, reich bemalt oder mit zahlreichen Näpfen versehen sind, weiterhin Pithoi mit Doppelaxtdarstellungen. Außerhalb der Paläste und Siedlungen bestehen Kultstätten auf Anhöhen und in Höhlen. Als etwas Neues werden in dieser Stufe *Felskammergräber* angelegt (Knossos, Mavro Spilio, Isopata); neuartig sind auch lange *Rapiere aus Bronze,* z. T. als Prachtwaffe mit Kristallknauf und Goldblechgriffbelag, gegossene Bronzefiguren, getriebene Bronzegefäße, eine Tonscheibe mit spiralig angeordneten piktographischen Zeichen, die eingestempelt sind, wie dies sonst bei Schrifttafeln ungewöhnlich ist (Diskus von Phaistos). Beziehungen mit Mesopotamien bezeugt ein altbabylonisches Rollsiegel aus Platanos (wohl 18. Jh.), solche mit Ägypten ein Alabastergefäß mit dem Namen des Hyksos Chian von Knossos sowie eine dort zum Vorschein gekommene ägyptische Dioritstatuette mit Inschrift, die in die 13. Dynastie gesetzt wird, aber auch später nach Kreta gelangt sein kann.

Nach einer Zerstörung der mittelminoischen Paläste werden diese wieder aufgebaut (16. Jh.: *Spätminoisch I;* neu kommt derjenige von *Zakros* ganz im Osten der Insel hinzu), wiederum den Typ beibehaltend

Ältere Bronzezeit (18.–16. Jh.) – Europa   45

(viele Partien sogar unmittelbar weiterverwendet). Weitergehend erhalten ist aus dieser Stufe die *Freskenausmalung* (Kulthandlungen, mythische Darstellungen, Meerestiere und üppige Vegetation). Die Paläste finden am Ende der Spätminoisch I-Stufe ein gewaltsames Ende. In hoher Blüte steht die *Töpferkunst* (mariner und Florastil), nicht minder die *Elfenbeinschnitzerei* (Spiegelgriffe, Figuren), die besondere Kontakte mit dem Orient bezeugen, das *Juwelierhandwerk,* die *Bronzetoreutik* (Kessel bis 1,25 m Durchmesser) und die Siegelschneidekunst. An Grabmälern sind Felskammern mit langem Dromos und gemauerte Anlagen bekannt, die zugleich dem Totenkult dienen (Knossos, sog. *Temple Tomb;* sowie Tholoi).

Eine der kretischen Spätminoisch I-Stufe sehr ähnliche Kultur ist auf einigen anderen Inseln bekannt: *Thera, Keos, Kythera, Rhodos* und *Delos.* Vor allem bedeutsam ist die Siedlung **Akrotiri** auf Thera (Santorin); durch Vulkanausbruch (um 1500) verschüttet (weitgehend erhaltene Fresken: Flotte aus großen seetüchtigen Schiffen mit Landschaft und Stadt, Bewaffnete, Pflanzen- und Tierwelt).

Auf dem **griechischen Festland** dauert die **mittelhelladische Kultur** mit ihren oft befestigten Siedlungen, Flach- und Hügelgräbern bis ins 17. Jh. Aus diesem Spätabschnitt stammt eine ziemlich vollständig untersuchte *Höhensiedlung von Malthi* (150×90 m, von 2–5 m dicker Mauer umzogen, Hausreihe anschließend, in der Mitte besonders sorgfältig gebautes Gebäude: Palast, Kultraum sowie andere Wohn- und Wirtschaftsgebäude). Im 16. Jh. ist auf der Peloponnes die als **Späthelladisch I** oder nach den **Schachtgräbern** von **Mykenai** benannte Kultur ausgebildet. In diversen Kulturerscheinungen sich als Weiterentwicklung des Mittelhelladischen erweisend, kommt das Neue dieses Zeitalters in einem Reichtum der *königlichen Grabausstattungen* zum Ausdruck, der alles zuvor Gewesene in den Schatten stellt: Plätze, wo sich bis ans Ende der mykenischen Kultur Paläste von Fürsten bzw. Königen befinden (Mykenai, Pylos). Die Grabbeigaben umfassen Edelmetallschmuck und -gefäße, Bronze-, Fayence-, Stein- und Tongefäße, überreich, z. T. mit farbigen Einlagen und Goldgriffen versehene Bronzeschwerter, Helme mit Eberzahnbesatz. Die in diesen Grabbeigaben zum Ausdruck kommende *Prachtentfaltung,* das vor allem durch die goldenen Gesichtsmasken unterstrichene Bestreben, die *Personalität* jedes einzelnen Bestatteten zu bewahren, und die *Monumentalität* der die Stätte des Totenkultes kennzeichnenden *Stele* (mit Reliefdarstellung des „heroisierten" Grabherrn auf Streitwagen) werden ergänzt durch das Aufblühen *neuer Handwerkszweige* (Edelmetall- und Bronzetoreutik, Steinglyptik, Bronzeguß von Stichschwertern und Tüllenlanzenspitzen). Hinzu kommt das Wirksamwerden von *Beziehungen mit Kreta,* aber auch mit vorderorientalischen Geschichtsräumen, einschließlich Ägypten (Hyksos-Skarabäus, Papyrusdarstellung auf Einlegebild eines Bronzedolches). In alledem spiegelt sich eine zu Macht und Reichtum gekommene soziale (und politische) *Oberschicht,* die auf der Grundlage heimischer Tradition durch wirtschaftliche, kulturelle und fraglos politische Kontakte mit auswärtigen Staaten die **peloponnesisch-frühmykenische Kultur** entstehen läßt. Dabei gibt sie durch den Besitz pferdebespannter Streitwagen, langer Rapiere und Stichlanzen eine typologische Verwandtschaft mit den hurritisch-levantinischen Marjannu und dem hethitischen Adel zu erkennen. Die *theräische Freskendarstellung* einer Flotte mit Bewaffneten (mit Eberzahnhelm und großem Turmschild, wie im Frühmykenischen üblich) kann eine Vorstellung von militärischen Expeditionen frühmykenischer Fürsten in vorderasiatische Länder vermitteln, an Reichweite und Bedeutung vergleichbar Mursilis' I. Zug von Hattusas nach Babylon.

Im **außermykenischen Europa** sind altbronzezeitliche Kulturausprägungen bekannt, die bei *regionalspezifischem Grundcharakter deutliche gemeinsame Züge* im Auftreten überdurchschnittlich reicher Einzelbestattungen und damit verknüpfbarer Votiv- und Depotfunde mit neuartigen Prunkwaffen zeigen. Daraus läßt sich in mehreren Geschichtsräumen von der unteren Donau bis Südskandinavien, Südengland und die Bretagne auf eine sich etwa im 16. Jh. bildende *Adelsschicht* schließen, die, in vergleichsweise engem Standesverkehr miteinander stehend, für die Herausbildung der regionalen Mittelbronzezeitkulturen von ebensolcher Bedeutung ist wie die fürstlich-frühmykenische Schachtgräberkultur für die weitere Entwicklung der mykenischen Kultur.

Im **unteren Donautal** und in **Siebenbürgen** treten im Rahmen örtlicher Siedlungsgruppen **(Tei-, Monteoru-, Wietenberg-Gruppe)** erstmalig *goldene Prunkwaffen* (Schwerter nach mykenischem Vorbild, Dolchstäbe, Äxte), *Bronzestichschwerter* (teils in Anlehnung an frühmykenische Rapiere, teils eigene Formschöpfungen) sowie neuartige Bronzeaxttypen auf, dazu goldene Zierscheiben, Lockenringe und Gefäße, außerdem verzierte Trensen, wie sie zu schnell manövrierbaren *Streitwagen* gehören, insgesamt Neuerungen, bei denen teils eine einheimische Tradition bzw. eine Entstehung in heimischen Werkstätten und aufgrund heimischer Metallvorkommen erkennbar ist, teils aber eine Anregung seitens des frühmykenischen (oder anatolischen) Kreises angenommen werden muß.

Im Gebiet der **mittleren Donau** und der **Theiß** treffen wir zunächst die **Nagyrév-Gruppe,** kenntlich an ihrer Keramik in tellartigen Siedlungen (z. B. *Tószeg*) und Körpergräberfeldern mit Kupferdolchen und -ringen, westlich davon (Westungarn) die **Kisapostag-Gruppe,** vor allem in Friedhöfen, durchweg mit Brandbestattungen (Leichenbrand in Urne, mit Schale zugedeckt), kennzeichnender Keramik und Kupfer- und Bronzeschmuck, weiter westlich, im Burgenland und im Wiener Becken, die **Wieselburger Gruppe** mit geschlechtsdifferenzierten Hockerbestattungen und Gefäßdepots, nördlich der Donau, in der Südwestslowakei, die **Nitra-Gruppe,** ebenfalls mit geschlechtsdifferenzierten Hockern in Ostwest- bzw. Westost-Lage, Blick stets nach Süden, mit vergleichsweise reichem Kupferschmuck sowie Knochen- und Fayenceperlen. Auf diese Kulturausprägungen folgen innerhalb der Altbronzezeit solche, die mit reichen siebenbürgisch-unterdonauländischen Depots synchronisiert werden können: an der mittleren Theiß die

46   Vorgeschichte – Bronzezeit

Periam-Gruppe mit Tellsiedlungen und geschlechtsdifferenzierten Hockergräbern und Bronzebeigaben, nordwestlich davon, zwischen Theiß und Donau bei Budapest, die **Vatya-Gruppe**, deren große Gräberfelder ausschließlich aus Urnenbestattungen bestehen, in Westungarn die **Veszprém-Gruppe** mit Urnen- und Brandschüttungsgräbern, an der oberen Theiß und in Nordsiebenbürgen die **Otomani-Gruppe**, kenntlich an einer qualitätvollen Keramik mit gerieften Spiralmustern, Tell- und befestigten Höhensiedlungen z. T. burgartigen Charakters, an der unteren Theiß die **Vattina-Gruppe** mit Urnenfriedhöfen. Die letzteren Gruppen, wenngleich durch gewisse Traditionsfäden mit den Vorläufern verbunden, führen als etwas Neues bronzene Waffen, z. T. ausgesprochene Prunkwaffen *(Depots von Apa, Hajdusàmson)*, Goldschmuck und Pferdetrensen als Hinweis auf einen Streitwagenbesitz.

Im **nordöstlichen Mitteleuropa,** von Böhmen-Mähren bis Mitteldeutschland, Schlesien und Großpolen, wird die Altbronzezeit (18./17.–16. Jh.), ausgefüllt von der **Aunjetitz-Kultur,** die durch einheitliche Keramik und einheitlichen Grabritus (Flachgräberfelder mit Hocker in Südnord-Richtung, Männer und Frauen übereinstimmend rechtsseitig, nach Osten blickend; Kinder auch in Pithoi) ausgezeichnet ist. Von einer älteren Stufe dieser Kultur (etwa 18. und 17. Jh.) hebt sich deutlich eine jüngere ab (etwa 16. Jh.), in der in einigen Gegenden *Fürstengräber* in Holzbohlenkammern unter monumentalen Hügeln (Höhe bis 8 m) mit reichem Goldschmuck (Nadeln, Armringe, Lockenringe), Bronzewaffen (Dolche, Meißel, Dolchstab) und als archaischem Besitz Steinäxten (Leubingen, Helmsdorf, Łeki Małe) eine soziale Oberschicht anzeigen. Auch die übrigen Gräber sind erheblich metallreicher als zuvor; zudem bezeugt eine große Anzahl von Bronzedepotfunden einen beträchtlichen Metallbesitz sowie einen hohen Stand örtlicher Bronzeverarbeitung.

Im **nördlichen Österreich** und in **Süddeutschland** folgen auf die Glockenbecherstufe regionale Gruppen von Flachhockerfriedhöfen (niederösterreichische **Unterwölbling-Gruppe,** bayrische **Straubing-Gruppe,** südwestdeutsche **Singen-** und rhein-mainische **Adlerberg-Gruppe**), die aufgrund ihrer Kupferbeigaben mit der älteren Aunjetitz-Kultur zu parallelisieren sind. Davon ist wiederum eine jüngere Stufe abzusetzen, in der Hügelgräber, bronzene Waffen-Bronzedepots (u. a. mit den ersten Schwertern, Dolchstäben und Vollgriffdolchen) erscheinen. Goldtassen (u. a. Fritzdorf bei Bonn), die ältesten Bernsteinzierstücke mit komplizierten Durchbohrungen (wie sie entsprechend im schachtgräberzeitlichen Mykenai begegnen) sowie ein schweizerisches Prunkbeil mit andersfarbigen Metalleinlagen gehören ebenfalls in diese Stufe. Daß damals die Kupferlagerstätten des tirolisch-salzburgischen Raumes abgebaut werden und mit dem anhand der Barrendepots (z. B. München-Luitpoldpark: 85 kg) nachweisbaren Metallreichtum des Voralpenlandes sowie dem hier neu aufblühenden Gußhandwerk zusammenhängen, ist ebenso unverkennbar wie die Tatsache, daß die in dieser Stufe beginnende Bronzeverarbeitung häufig in befestigten Höhensiedlungen wohl burgartigen Charakters erfolgt.

In **Italien** liegen aus diesem Zeitabschnitt außer Siedlungshinterlassenschaften einige reichhaltige Bronzedepots vor, die vor allem Prachtdolche mit Bronzegriffen enthalten (*Ripatransone:* 25 Exemplare; *Loreto Aprutino:* mehr als 10 Exemplare.). Insgesamt bezeugen die Funde das Vorhandensein einer für die Kulturentwicklung wesentlichen sozialen Oberschicht, in deren Auftrag Bronzewerkstätten tätig sind und enge (ständische und handwerkliche) Kontakte mit Mitteleuropa unterhalten. Außerdem bestehen in Apulien, Sizilien und auf den Liparischen Inseln Beziehungen mit dem ägäischen Kreis.

Auf der **Iberischen Halbinsel** ist die altbronzezeitliche Kultur besonders weitgehend im Südosten (Provinzen Almeria, Murcia, Granada) erforscht **(El Argar-Gruppe):** befestigte, z. T. große Ansiedlungen mit städtischen Zügen und im Siedlungsbereich angelegten Hockergräbern in einfachen Schächten oder kleinen Steinkisten mit Dolchen, Stabdolchen und Goldschmuck. Goldgefäße aus Nordwest-Spanien, die vermutlich auch bereits altbronzezeitlich sind, könnten – in Verbindung mit Bronzefunden – auf eine kulturelle Bedeutung dieses durch seinen Kupfer- und vor allem Zinnreichtum wirtschaftlich wichtigen Gebietes hindeuten.

In **Frankreich** sind altbronzezeitliche Gräber und andere Kulturzeugnisse in allen Landesteilen bekannt (im *Rhônegebiet* wird ein Zusammenhang mit einer dortigen Kupfergewinnung angenommen), am weitaus besten in der **Bretagne.** Vor allem in der Küstenzone häufen sich Grabhügel (Höhe bis 6 m) mit holz- oder steinausgekleidetem Schacht, z. T. in den Felsboden eingetieft und mit Steinplatten abgedeckt, in dem jeweils ein Toter mit reichen Beigaben beigesetzt wird (oft mehrere Bronzedolche oder -schwerter, Dolchstäbe und Beile, dazu Nadeln, Zierstücke und Ringe aus Bronze oder Edelmetall sowie Gold und Silbergefäße; auch Dolche zeigen goldene Einlagen oder Griffzier, einmal 15 000 Goldstifte). So markant sich diese Gräbergruppe und die kennzeichnende fürstliche Kultur von dem zuvor in der Bretagne Existierenden als neuartig abhebt, so eng sind die Beziehungen zu den ständischen und kulturellen Erscheinungen dieser Zeit in anderen europäischen Geschichtsräumen.

Wenn in der Bretagne neben einem vermutlich noch wirksamen megalithischen Erbe die hier vorhandenen *Zinnlagerstätten* für das Aufblühen der Altbronzezeitgruppe von Bedeutung gewesen sein dürften (mit den daran sich knüpfenden Fernverbindungen), so scheinen analoge Verhältnisse auch beim Aufblühen einer gleichzeitigen Gruppe in **Südengland (Wessex-Gruppe)** eine Rolle gespielt zu haben. Auch hier zeichnen sich einige *Hügelgräber* durch einen dort zuvor unbekannten Reichtum an Prunkwaffen (Dolche mit z. T. goldverziertem Griff, Steinkeulen mit goldbelegten Buckeln, Beile, Steinäxte), Gefäßen aus Gold, Bernstein und Stein sowie goldenen Zierplatten aus. Offenkundig besteht für diese Fürstengräber ein topographischer Bezug zum alten **Kupferzeitheiligtum Stonehenge.** Anderseits treten hier wiederum deutlich die unmittelbaren Kontakte mit kontinentaleuropäischen Geschichtsräumen, einschließlich des frühmykenischen, in Erscheinung. Während in der Wessex-Gruppe als Halsschmuck Kragen aus Bernstein- oder Gagatschiebern und Perlenketten üblich sind, werden in **Cornwall, Wales, Schottland** und **Irland** statt dessen reich verzierte Goldhalskragen (Lunulae) getragen, wie sie in etlichen Exemplaren auch auf das europäische Festland gelangt sind.

Im **norddeutsch-südskandinavischen Raum** setzen vor dem Hintergrund der weiterdauernden späten Einzelgrabkultur etwa im 16. Jh. neuartige Kulturerscheinungen ein, teils Grab-, teils Moor- und andere Votivfunde, bei denen *Prunkwaffen* (bronzene Stich- und Sichelschwerter, Äxte und Keulenköpfe, Vollgriffdolche und Stabdolche mit Bronzegriff) im Vordergrund stehen. Dabei stammen einige Exemplare fraglos aus mitteleuropäischen Werkstätten, andere (sowie goldene Lunulae) wohl aus westeuropäischen; fest steht aber, daß im Norden mehrere selbständige Werkstättenkreise entstehen (z. B. *Malchiner Kreis* in Mecklenburg), woraus auf eine entsprechende soziale, wirtschaftliche und politische Struktur geschlossen werden kann. – *(Forts. S. 48)*

Mittelbronzezeit (ca. 15.–13. Jh.)

Vorderer Orient (Forts. v. S. 44)

In **Ägypten** ragt während der 18. Dynastie (14. Jh.) im wesentlichen die durch *Echnaton (Amenophis IV.)* und seine unmittelbaren Nachfolger gekennzeichnete **Amarna-Zeit** als etwas Besonderes heraus. Am Ende des 14. Jhs. beginnt die **19. Dynastie.** Mit Ausnahme der Amarna-Herrscher, die in der neu gegründeten, dem alleinigen *Gott Aton* geweihten Stadt bei dem heutigen *Tell el-Amarna* residieren (und dort Gräber haben), regieren Könige der 18. Dynastie meist in **Theben,** wo auch die bedeutendsten Kultstätten des Reiches (*Amun-Tempel* von *Karnak* und *Luxor*) liegen sowie – auf der Westseite des Nil – jenseits des das Niltal begrenzenden Höhenzuges die Könige bestattet werden. Dies letztere sowie die Bedeutung Thebens als hervorragende Tempelstadt bleibt in Geltung, auch nachdem in der 19. Dynastie die Haupt- und Residenzstadt nach Unterägypten verlegt wird. – Im Gegensatz zu den Königssepulturen des Mittleren Reiches werden diejenigen des Neuen Reiches als Felskammergräber mit möglichst unkenntlich gemachtem Eingang angelegt und – topographisch davon getrennt – die Totentempel am Rande des Niltales, gegenüber der Stadt Theben. Ebenso wie die Königsgräber selbst (nahezu unberührt entdeckt und untersucht ist nur das wegen seiner einzigartig reichen Beigabenausstattung berühmte *Grab des Tutenchamun*) sind auch die von jedem einzelnen König für seinen eigenen Totenkult erbauten Tempel in Resten erhalten (am weitgehendsten derjenige von *Hatschepsut* mit Reliefdarstellungen, u. a. von einer Expedition ins Weihrauchland Punt; zu demjenigen *Amenophis' III.,* dem wohl größten, gehören die noch heute am Rand des Fruchtlandes stehenden sog. *Memnonskolosse).* Diese Totentempel liegen in einem ausgedehnten *Nekropolenbereich,* wo neben zahllosen einfachen Gräbern auch solche hoher Beamter der 18. und 19. Dynastie bekannt sind (Wesire: *Rechmire* und *Ramose,* Astronom *Nacht,* kgl. Schreiber *Userhet,* Speicheraufseher *Chaemhet,* Katasterschreiber *Menena,* Truppenbefehlshaber *Amenemhet,* Ober-Vermögensverwalter *Kenamun,* Bildhauer *Ipuki),* deren Wandreliefs kultur- und kunstgeschichtlich zu den bedeutsamsten Zeugnissen dieser Zeit gehören. – Nahezu alle Könige der 18. und frühen 19. Dynastie bauen im **Tempelbezirken von Karnak** (neben Amun-Tempel solche der Mut, des Month, des Chons und des Ptah, insgesamt die großartigsten Architekturzeugnisse dieser Zeit; dazu auch zahlreiche plastische Bildwerke, so allein in einem Schachtdepot, sog. Cachette, 18 000 Votivstatuen und -statuetten aus dieser und der nachfolgenden Zeit). – Tempel und Gräber sind auch aus den übrigen Landesteilen bezeugt; von Siedlungen ist außer einigen nubischen Orten vor allem **Amarna** großflächig untersucht, wodurch ein umfassender Einblick in die Form, Bauweise und Ausstattung der Wohnhäuser zu gewinnen ist.

In **Babylonien** (15.–13. Jh.) herrschen die (als mittelbabylonisch bezeichneten) **Kassiten.** Unter *Kaschtiliasch III.* (15. Jh.) wird auch das südliche Babylonien dem Kassitenreich einverleibt. Wechselvolle Kämpfe finden mit Elam und Assyrien statt; dauernd müssen auch Eindringlinge aus dem Gebirgsland und der Wüste abgewehrt werden. Mit den Königen Ägyptens werden dagegen freundschaftliche Beziehungen unterhalten. Außer kassitischen Siedlungsschichten in bereits zuvor bestehenden Städten (*Ur, Nippur, Babylon, Uruk:* vom letzteren Ort ein Tempel des Königs Karaindasch mit Ziegelreliefs, einer künstlerischen Eigenheit dieser Zeit) ist in *Agar Kuf* nahe Bagdad eine von König *Kurigalsu* neu gegründete Stadt mit **Zikkurat,** anderen Tempeln, Königspalast (mit Freskenausmalung) sowie Wohn- und Wirtschaftsgebäuden bekannt. Von den archäologischen Zeugnissen der Kassiten treten bemalte Terrakottafiguren hervorragender Qualität hervor, ferner die (in altbabylonischer Tradition stehende) Glyptik und die sogenannten *Kudurrus* (Steine mit symbolischen Darstellungen und Texten, sich auf Landbelehnungen des Königs oder eines hohen Beamten beziehend), die anscheinend in Tempeln deponiert waren.

In **Obermesopotamien** ist Assur während der mittelassyrischen Zeit (15.–14. Jh.) ein Kleinstaat unter der Oberhoheit des im 16. Jh. entstehenden **Mitanni-Reiches.** Solange die mitannische Hauptstadt und die Königsresidenz noch nicht untersucht sind, ist unsere Hauptquelle für die Beurteilung der mitanni-

48   Vorgeschichte – Bronzezeit

schen Kultur der weitgehend freigelegte *Palast* mit Tempeln, Wohnquartieren und reichem *Archiv von* **Nuzi,** zum *Vasallenstaat Arrapcha* gehörig. In wesentlichen Zügen erweisen sich die Mitanni als Erbe der altmesopotamischen Kultur; etwas Neues gegenüber dieser ist die Kenntnis des leichten *Streitwagens* und der *Pferdedressur* sowie der darauf gegründeten Kampfweise mit Streitwagenverbänden, die von den das Mitanni-Reich tragenden *Marjannu* besonders gepflegt und den anderen vorderorientalischen Staaten vermittelt werden. – Auch in der Herstellung figuralverzierter Prunkwaffen sind mitannische Werkstätten in Vorderasien führend. Charakteristisch mitannisch ist ferner die kunstvoll bemalte *Nuzi-Ware* (der Bemalung der Wandfresken des Palastes von Nuzi verwandt).

Das anatolische **Hethiterreich** entwickelt sich auf der von *Hattusilis* und *Mursilis I.* geschaffenen Grundlage zu der dritten vorderorientalischen Großmacht. Dabei gilt die Regierungszeit von *Telepinus* als althethitische Zeit; seit *Tudhalijas II.* wird von der Großreichzeit gesprochen. Insgesamt haben die Könige ständig um den Bestand des Reiches zu kämpfen, sowohl mit Stämmen und Staaten in Anatolien und Nordsyrien, die die hethitische Oberhoheit abzuschütteln suchen, als auch mit Mitanni, Assur und den Ägyptern wegen der Vormachtstellung im Bereich der syrischen Staaten. Dabei wechseln Perioden hethitischer Schwäche, in denen das Reich auf die zentralanatolischen Kernlande beschränkt ist (so unter Telepinus und seinen Nachfolgern sowie unter Tudhalijas III.), mit solchen ab, in denen eine erfolgreiche Expansionspolitik getrieben wird (vor allem unter *Suppiluliuma I.*, der das Mitanni-Reich endgültig besiegt und gegen Ägypten siegreich bleibt, und dann unter Muwatallis, der in der *Schlacht bei Kadesch* (1285) am Orontes mit 3500 Streitwagen und 35 000 Fußsoldaten gegen *Ramses II.* kämpft. Die hethitische Kultur dieser Zeitspanne ist vor allem durch die archäologische Erforschung der *Hauptstadt Hattusas (Boğazköy)* bekannt (Neugründung Hattusilis' I.). Sowohl die dortige Königsburg (Büyükkale) mit Palast, Audienzsaal, Staatsarchiv, Wirtschaftsbauten, Kultanlagen und Befestigungsring als auch die Stadtmauer sowie die untersuchten Wohnbezirke zeigen mehrere Bauschichten, die die wechselvolle Geschichte der Stadt widerspiegeln. Der Großreichzeit gehören einige ausgedehnte Tempelbezirke an. Für die Kenntnis des hethitischen Königtums, der Religion und der Figuralkunst aufschlußreich sind vor allem die Siegel (fast ausschließlich Stempelsiegel) und Ritualgefäße aus Ton oder Metall in Tiergestalt bzw. mit Reliefdarstellungen.

In der **palästinensisch-westsyrischen Zone** bestehen vom 15.–13. Jh. zahlreiche kleine Staaten, die mitunter nur durch eine Stadt mit einem gewissen Umland gebildet werden, mitunter mehrere Städte umfassen; in der Regel steht an ihrer Spitze ein König. Diese **Kleinstaaten,** in ihrer Ausdehnung sowie ihrer innen- und außenpolitischen Machtstellung schwankend, bekriegen sich oft und bilden Koalitionen, werden in ihrem Schicksal zudem wesentlich durch die politische Einflußnahme der Großmächte Ägypten, Mitanni, Assyrien und Hatti bestimmt. Unter der Oberhoheit von einer dieser Mächte können die Einzelstaaten politisch, wirtschaftlich und kulturell weitgehend ein Eigenleben führen.

In zahlreichen dieser Städte sind archäologische Untersuchungen vorgenommen worden (sog. **spätkanaanitische Kultur:** Beth Pelet, Tell Beit Mirsim, Lakisch, Ain Shems, Gezet, Sichem, Megiddo, Betschan, Tell Abu Hawam, Hazor, Byblos, Katna, Hama, Ugarit, Alalah). Sie sind befestigt und besitzen außer Wohnquartieren und Wirtschaftsanlagen Tempel und einen Palast. Wenn in *Alalah* (am unteren Orontes) der Königspalast (mit Archiv) während der Regierung von *Ilimilimma* geplündert, zerstört und nicht mehr aufgebaut wird, während die übrige Stadt mit ihren Tempeln weitgehend unbeschädigt bleibt und weiterbesteht, so dürfte das auf eine Eroberung durch den Hethiterkönig *Suppiluliuma* zurückzuführen sein, durch die Alalah seine politische Selbständigkeit verliert. – Wie die *Paläste* (außer Alalah vor allem Ugarit) weisen *Königsgräber* (außer Ugarit namentlich Byblos) auf die politisch Führenden hin; andere reiche Bestattungen, dazu bildliche Darstellungen sowie kostbare Waffen, bronzene Schuppenpanzer, Streitwagen mit Gespannen, toreutische Fayence-, Elfenbein- und Edelmetallerzeugnisse deuten auf eine *wohlhabende Aristokratenschicht* von Marjannu-Art. Für deren geschichtliche und kulturelle Bedeutung ist es nicht nur bezeichnend, daß ihre Ausrüstungs- und sonstigen Besitzstücke innerhalb der einzelnen Stadt einen hervorragenden Platz einnehmen, sondern auch bemerkenswert, daß die Ausrüstungs- und Besitzstücke in besonderer Weise die interregional-vorderorientalischen Beziehungen dieser Zeit zum Ausdruck bringen. Diese Gesellschaftsschicht hat offensichtlich namhaften Anteil am politischen Geschick der Städte und Staaten gleicherweise wie an den damit zusammenhängenden kulturellen Kontakten mit anderen spätkanaanitischen Staaten und den Großmächten. – *(Forts. S. 51)*

Europa (Forts. v. S. 47)

In den Kreis vorderorientalischer Staaten und Geschichtsräume gehört im 15. bis 13. Jh. auch der **ägäische Bereich.** Wie bereits für das 16. Jh. wird dies auch in den nachfolgenden durch mannigfache archäologische Beziehungen zwischen der mykenischen Kultur und dem Vorderen Orient sowie durch die in Ägypten (in Texten der Zeit von Hatschepsut und Thutmosis III.) als Gesandte genannten, im ägäischen Raume zu lokalisierenden *Keftiu* bezeugt. An **mykenischen Erzeugnissen** läßt sich vor allem bemalte Keramik im gesamten Levantegebiet, vereinzelt auch im nördlichen Anatolien, reichlich in Ägypten nachweisen, an **orientalischen Erzeugnissen** im ägäischen Kreis ägyptische Steingefäße, Fayencefiguren und Skarabäen (mitunter mit dem Namen von Hatschepsut, Thutmosis III., Amenophis II., Amenophis III. und Ramses II.). Darüber hinaus bestehen in der *Palastarchitektur* und ihrer *Freskenausmalung,*

Mittelbronzezeit (15.–13. Jh.) – Europa   49

in den Elfenbeinschnitzereien, den *ersten Glaserzeugnissen* (Figuren, Gefäßen, Schmuck) und der Bewaffnung mit Schwert, Schuppenpanzer und Streitwagen Beziehungen zwischen dem ägäischen Kreis und dem Vorderen Orient.

Auf **Kreta** werden die **Spätminoisch I-Paläste** von *Knossos, Phaistos, Mallia* und *Zakros,* die als „Villen" bezeichneten vornehmen Baulichkeiten *(Sklavokampos, Vathypetrou, Pyrtos, Zou)* sowie alle untersuchten Städte etwa in der Mitte des 15. Jh.s zerstört. Die „Villen" bleiben verwüstet, ebenso die Paläste von Phaistos, Mallia und Zakros, wo nur die zugehörigen Städte einen Wiederaufbau erfahren, während dies bei anderen Städten (Gournia, Pseira, Mochlos) nicht der Fall ist. Von den Palästen wird nur derjenige von Knossos neu aufgebaut **(Stufe Spätminoisch II,** in zugehörigen Werkstätten gefertigte Prachtkeramik: sog. *Palaststil;* der Palast besteht bis in die erste Hälfte des 14. Jh.s) Auch eine Anzahl von reich mit Waffen, Bronzegefäßen und Importartikeln ausgestatteten Gräbern dieser Stufe aus der Gegend von Knossos (Zafer Papoura, Ayios Ioannis, Isopata, Sellopoulo) lassen erkennen, daß dieser Ort nun, stärker als zuvor, eine überragende Bedeutung für wohl die gesamte Insel besitzt. Kulturell erweist sich diese Stufe als unmittelbare Fortsetzung der Spätminoisch I-Stufe; nur einige geringfügige Erscheinungen (z. B. in der Keramik) weisen auf eine Einflußnahme festländisch-griechischer Werkstätten hin. Inwieweit darin eine Herrschaftsübernahme durch festländische Mykener zum Ausdruck kommt, ist schwer zu entscheiden.

Auf dem **griechischen Festland** folgt auf die frühmykenische Schachtgräberstufe im 15. Jh. die **mittelmykenische** und vom 14. Jh. an die **spätmykenische Phase,** wobei die durch eine bestimmte Keramikausprägung gekennzeichnete Stufe *Mykenisch III A 2* durch das Auftreten zahlreicher solcher Keramikfunde im ägyptischen Amarna mit der Regierungszeit Echnatons und seinem unmittelbaren Nachfolger, diejenige *Mykenisch III B* mit der Regierungszeit von Ramses II. synchronisiert werden kann. – Zu den **mykenischen Palästen** (vor allem *Mykenai, Tiryns, Pylos, Theben, Volos)* gehören als königliche Sepulturen kragkuppelgewölbte **Tholoi** unter Tumuli (auch *Dendra, Vaphio, Kakovatos, Marathon, Orchomenos),* die sowohl in ihrer Architektur als auch im Reichtum ihrer Beigabenausstattung alle anderen Grabanlagen dieser Zeit überragen. Neben den Tholoi stehen die **Felskammergräber,** einfacher in der Architektur, kleiner und – da in den Felshang eingearbeitet – obertägig weniger monumental wirkend als jene, dafür aber um ein Vielfaches zahlreicher; in ihrer Beigabenausstattung stehen sie in einigen Fällen den königlichen Tholosgräbern kaum nach (ebenfalls kostbares Edelmetallgeschirr, kunstvoller Edelmetallschmuck, Eberzahnhelme, Bronzepanzer, Streitwagen, Prachtschwerter und künstlerisch hervorragende Steinsiegel); sie enthalten offensichtlich großenteils Angehörige einer bevorzugten Aristokratie, die aber gesellschaftlich und politisch sich von den Königen abheben.

Wie für die Altbronzezeit, so verdienen auch für die Mittelbronzezeit neben den historischen Beziehungen der mykenischen Kultur zum Vorderen Orient diejenigen zu den **Donaugebieten** Beachtung. Während Halskragen aus Bernsteinperlen und -platten in mykenischen Gräbern aus dem Norden stammen müssen, ist mykenischer Einfluß beispielsweise in den *Schwertformen* bis zum Unterdonaugebiet und nach Albanien zu verfolgen. Mit der Möglichkeit ist zu rechnen, daß, abgesehen von dem zyprischen Kupfervorkommen, auch Siebenbürgen für den mykenischen Kreis eine Rolle spielte.

In Siebenbürgen reicht die **Wietenberg-Gruppe** aus der Alt- in die Mittelbronzezeit hinein; in Oltenien, Nordwest-Bulgarien, Syrmien und im Banat ist während der Mittelbronzezeit die **Dubovac-Gruppe** verbreitet, kenntlich an großen Urnenfriedhöfen (Dubovac, Kličevac, Vrsac, Cîrna) mit einer reich verzierten Keramik (eingedrückte Spiral- und Bogenmuster; jeweils zahlreiche Gefäße in den Gräbern), Tonidolen (stehende Frauen mit Kleidungs- und Schmuckangabe, ausnahmsweise auch Wagenfahrer, wobei Vögel als Zugtier und Wagenbegleiter erscheinen: Wagen von Dupljaja, vermutlich mythische Gestalten, d. h. Götter), zuweilen auch Tonmodellen anderer Art, so von verzierten Doppeläxten (Kultzeichen bzw. Götterattribut, ähnlich wie im ägäischen Kreis) sowie ausgesprochenen Ritualgefäßen. – Während westlich davon, im bosnischen Bergland, Grabhügel errichtet werden **(Glasinac-Gruppe),** ist es im mittleren Theißgebiet während dieser Zeit üblich, Flachgräberfelder hauptsächlich mit Körperbestattungen anzulegen (**Tápé-Gruppe,** mit charakteristischen Bronzeschmuckformen, u. a. Anhängern, Nadeln und Gürtelblechen), im oberen Theißgebiet die **Otomani-Gruppe,** innerhalb deren eine Wandlung von der Hocker-Bestattungsweise zur Brandbestattung festzustellen ist; westlich davon die **Vatya-Gruppe** mit ausschließlich herrschenden Urnengräbern, in Nordungarn und der Südslowakei die **Piliny-Gruppe** ebenfalls mit großen Urnenfeldern und z. T. ausgedehnten Siedlungsplätzen (oft befestigt und mit Zeugnissen von Metallverarbeitung). Typisch für die Piliny-Gruppe (die Keramik als Weiterentwicklung der Otomani-Ware erweislich) ist die Beigabe von Miniaturausführungen von Bronzeschmuck, -waffen und -geräten; dabei fällt besonders eine Diademform auf, die in Depots auch in natürlicher Größe bekannt und als gruppenspezifisches, eventuell standeskennzeichnendes Trachtelement anzusehen ist. Als Hinweis auf eine aristokratische Oberschicht dürfte auch die auf einer Urne angebrachte Ritzzeichnung von zweirädrigen, pferdebespannten Streitwagen gelten, die zeitgleichen mykenischen Streitwagen an die Seite gestellt werden können. Gleichfalls vermutlich als Besitz und Kennzeichen einer bestimmten Gesellschaftsschicht sind besonders im Piliny-Gebiet verbreitete szepterartige Bronzeknäufe mit zwei langen Armen anzusprechen.

Westlich an das Piliny-Gebiet schließt dasjenige der sog. **karpatischen Hügelgräberkultur** an (ältere Stufe nach Gräbern von Dolný Peter bezeichnet, die jüngere nach solchen von Salka), genannt nach den herrschenden Grabhügeln, die ebenso im gesamten übrigen Mitteleuropa für die Mittelbronzezeit kennzeich-

50   Vorgeschichte – Bronzezeit

nend sind. – Wohl auf der Grundlage einer Ausbeutung des slowakischen Kupfervorkommens besteht im Mitteldonaugebiet während der gesamten Mittelbronzezeit ein blühendes leistungsstarkes Bronzehandwerk, das in der Herstellung von Dolchen, Schwertern und Streitäxten, Kopf-, Hals-, Brust-, Arm-, Gürtel- und Beinschmuck den altbronzezeitlichen Formenbestand weiterentwickelt (ältere Stufe nach Depots von Koszider benannt, jüngere nach Depot von Forró).

Im **nordöstlichen Mitteleuropa** (Mitteldeutschland, Schlesien und Warthegebiet) werden die Mittelbronzezeitfunde als **Vorlausitzkultur** bezeichnet. Es ist im Grunde eine Provinz der westlich und südwestlich davon verbreiteten *Hügelgräberkultur,* im Waffen-, Schmuck- und Geräteformen bestand stark vom Mitteldonaugebiet beeinflußt. In eigenen Werkstättenkreisen werden gewisse Tracht- und sonstige Eigenheiten entwickelt. Vor allem entlang der Oder werden Einflüsse vom Mitteldonaugebiet zum Nordischen Kreis um die westliche Ostsee vermittelt.

Innerhalb der **Zone der Hügelgräberkultur nordwärts der Alpen** können bei gewichtigen kulturellen Gemeinsamkeiten in den Grabformen (Hügel oft mit Steinkranz und einem oder mehreren ebenerdigen Gräbern), den Bestattungssitten (überwiegend gestreckte Körperbestattung, seltener Totenverbrennung), der Bewaffnung (Stichschwert, Dolch und Streitbeil, nur ausnahmsweise Lanze; bei Pfeil und Bogen fraglich, inwieweit als Waffe bzw. als Jagdgerät zu deuten, vermutlich Streitwagen speziell für Adelsschicht) und der Schmuckausstattung (zur Frauentracht gehörend: zwei Nadeln an den Schultern getragen, Halsketten mit Anhängern verschiedener Form, Armringe und -spiralen, Fußringe) eine *Anzahl regionaler Gruppen* unterschieden werden, vor allem solche in *Niederösterreich* und *Mähren,* in *Böhmen,* in der *Oberpfalz* und *Mittelfranken,* in *Südbayern,* im Bereich der *Schwäbischen Alb,* im *Elsaß,* im *Rhein-Main-Gebiet* und in *Osthessen* (die jeweiligen Zwischengebiete sind ebenfalls besiedelt). Neben ausgeprägten *keramischen Eigenarten* (Buckel-, Kerbschnitt- oder Ritzmuster) zeichnen sich diese Regionalgruppen vor allem durch besondere *Schmuck-* und *Trachtformen,* aber auch *sepulkralrituelle Sonderzüge* aus. Schwer zu klären ist, inwieweit einige Formen von Anhängern und Nadelköpfen (Scheibe, Rad, Doppel- bzw. Brillenspirale) über den dekorativen Charakter hinaus einen symbolischen haben, was grundsätzlich wohl in Betracht gezogen werden darf. Zeugnisse kultischer Handlungen sind Depositionen von Bronzegegenständen in Mooren, Quellen und Gewässern anderer Art sowie Brandopferplätze, wie sie in einiger Anzahl oft an landschaftlich hervorragenden Stellen, vereinzelt auch innerhalb mittelbronzezeitlicher Siedlungen festgestellt worden sind: Ansammlungen von Asche, Holzkohle, kalzinierten Tierknochen und Keramikscherben, großenteils verbrannt, von zahlreichen Gefäßen stammend, insgesamt deutlich die Reste von Opferhandlungen.

Die *Ansiedlungen* haben sehr unterschiedliche Größe und Bedeutung. Mitunter können aus der Lage (auf einem Hügel, in einer Flußschleife oder an einem wichtigen Verkehrsweg), der Befestigung (mit Mauern, Wall und Graben) sowie durch gewisse Befunde im Innern (Bronzeverarbeitung) Erkenntnisse gewonnen werden. Die in den einzelnen Gegenden für den Regionalbedarf arbeitenden Bronzegießer, die so an der Ausbildung von Regionaltraditionen mitwirken, unterhalten technologische und typologische Beziehungen mit den umliegenden Gebieten (von den Mittelmeerländern bis zur Ost- und Nordsee). Belege weiter Kulturkontakte sind auch die ältesten Glasperlen in süddeutschen Mittelbronzezeitgräbern.

In **Italien** wird die Mittelbronzezeit durch die sog. **Apenninische Kultur** (15.–13. Jh.) verkörpert, für die eine mit eingerillten Mäander- und Spiralmustern verzierte *Keramik* kennzeichnend ist, von Apulien bis Kampanien, Ischia und die Toskana vereinzelt auch *mykenische Importware* (Siedlungen und Bestattungs- sowie Kulthöhlen). Auf **Sizilien** steht die **Thapsos-Stufe** (nach einer Siedlung auf einer Halbinsel mit Nekropole nördlich von Syrakus) in ihrer *charakteristischen Keramik* unvermittelt der altbronzezeitlichen *Castelluccio-Ware* gegenüber; sie zeichnet sich durch gut zu verteidigende Siedlungsplätze (Rechteck- und Ovalhäuser mit Steinsockel), Felskammernekropolen und bemerkenswert intensive mykenische Beziehungen aus (Importkeramik, Idole, Bronzegefäße, Rapiere, Spiegel).

Auf der **Iberischen Halbinsel** haben die Pithosgräber mit Dolchen, Stabdolchen, Griffplattenschwertern, Silberschmuck (u. a. Diademe) und Perlenketten der **El Argar-Gruppe** als mittelbronzezeitlich zu gelten, ebenso verwandte Schwerter sowie andere Bronzefunde, mitunter mit Castros (befestigte Siedlungsplätzen) oder Kupfer-, Zinn- und Silberminen in Verbindung stehend. Im Südwesten der Halbinsel dürften die Hügelkomplexe mit Felsschacht- oder Steinplattengräbern von Atalaia in diesen Zeitabschnitt gehören.

In **Frankreich** setzt die Mittelbronzezeit mit einer Stufe ein, für die ein bretonischer **Depotfund von Tréboul** repräsentativ und namengebend ist. Charakteristische Schwerttypen, dazu Beile, Lanzenspitzen, Radnadeln und Rasiermesser führend, hergestellt in eigenen, eine Tradition von der Altbronzezeit her weiterführenden Werkstättenkreisen, bekundet dieser Formenbestand vielfache Beziehungen mit der Frühphase der mitteleuropäischen Hügelgräberkultur, aber auch mit der *Arreton-Stufe Englands.* Die bronzenen Waffen-, Schmuck- und Gerätetypen der Frühphase der französischen Mittelbronzezeit werden typologisch weiterentwickelt oder ersetzt durch jüngere Ausprägungen, die sich mit der jüngeren mitteleuropäischen Hügelgräberkultur synchronisieren lassen. Bernstein-, Fayence- und Glasschmuck ist bezeugt, ebenso Goldgefäße und Goldschmuck (u. a. *Rongères,* Dép. Allier).

Auf den **Britischen Inseln** folgt auf die durch die **Wessex-Fazies** vertretene Kultur die den Beginn der Mittelbronzezeit bezeichnete **Arreton-Stufe** (nach einem Fund von der Insel Wight). Wie in Frankreich, so bezeugen auch hier geschweifte Dolche und Randleistenbeile (oft verziert) ein Weiterbestehen dortiger Traditionen, was durch das Vorkommen von Steinäxten (als archaisches Element) unterstrichen wird. In einer heimischen Formtradition stehen auch die nun als Lanzenspitzen verwendeten dolchartigen Dorn- oder Tüllenspitzen. Die in dieser Stufe neu erscheinenden Rasiermesser stellen zwar ebenfalls spezielle typologische Ausprägungen der Britischen Inseln dar, hängen aber kulturgeschichtlich mit den in vielen kontinentaleuropäischen Gebieten in dieser Zeit als etwas Neues auftauchenden Rasiermesserarten zusammen (dahinter wohl mehr zu sehen als eine Neuerung der Körperpflege). Zum Frauenschmuck dieser Stufe (stets Brandbestattungen) gehören Fayenceperlen und Halskragen aus Bernstein- oder Gagatperlen und -platten, die bemerkenswert ähnlich solchen aus Mitteleuropa und aus dem mykenischen Kreis sind.

In **Norddeutschland** und **Nordpolen** ist die Mittelbronzezeitkultur charakteristisch ausgeprägt, beginnend mit einer in Grabhügeln und Depots faßbaren Stufe (im Westen nach Grabfunden von *Sögel* und *Wohlde* bezeichnet), bei der Männer mit Kurzschwert, Steinpfeilspitzen, Streitbeil und Dolch (die letzteren beiden meist aus Bronze, zuweilen aus Stein) sowie einer Nadel ausgestattet sind, Frauen mit Radnadeln, zunächst einem Halsringsatz, aus dem sich bald ein gegossener, längsgerippter Halskragen entwickelt, einer Halskette aus Bernsteinperlen und Bronzeanhängern, Armspiralen und Kleiderbesatzstücken, Blechgürtel und Fußbergen. In einer jüngeren Stufe der Mittelbronzezeit ist vor allem im *Lüneburger Gebiet* dank reich vorhandener Grabfunde die Frauentracht mit ihrem spiralverzierten Schmuck gut bekannt, wobei hier örtliche Werkstättentraditionen und regionale Besonderheiten der Schmuckformen und des Grabbrauches in einem Ausmaß verfolgt werden können, wie es anderwärts nicht gelingt, im Prinzip aber wohl weitgehend vorausgesetzt werden darf (Stufen Behringen und Kolkhagen).

Schleswig-Holstein, Dänemark und **Südschweden** bilden im engeren Sinn den **Nordischen Kreis**. Auf altbronzezeitlicher Grundlage entwickelt sich hier – parallel zur mitteleuropäischen Hügelgräberkultur – eine Kultur, die gleichfalls Grabhügel kennt (nicht selten von beträchtlicher Größe, Höhe bis 8 m), wie dort in Gruppen zusammenliegend oft an landschaftlich bemerkenswertem Platz. Nicht selten enthalten die Hügel (wie in Mitteleuropa) mehrere Gräber, oft jeweils einen Mann und eine Frau in Zueinanderordnung, mitunter zudem in zeitlicher Abfolge, eventuell mit Generationsabstand, so daß insgesamt die Hügel als Familienbegräbnisstätten anzusehen sind (jeweils zu einem Hof gehörig). Dank günstiger Erhaltungsbedingungen liegen in *schleswig-holsteinischen* und *jütischen Hügeln* zahlreiche *Baumsärge* mit Textilbeigaben, Holzgefäßen und anderen Gegenständen aus organischem Material vor, die einen Einblick in diese uns sonst nicht mehr zugänglichen Fertigungsbereiche vermitteln.

Bemerkenswert sind der *Metallreichtum* des Nordischen Kreises (keine natürlichen Metallvorkommen in diesem Gebiet) und die technische sowie künstlerische Qualität der in dortigen Werkstätten hergestellten Erzeugnisse. Dabei lassen sich im wesentlichen zwei Stufen unterscheiden (die ältere *Valsømagle-* und die sog. *Periode II*). Zu besonderer formaler Vielfalt und besonderem Verzierungsreichtum gelangen die Schwerter mit Bronzegriff, die Lanzenspitzen, Streitbeile und -äxte, Rasiermesser, mit einem in einen plastischen Pferdekopf auslaufenden Griff, Halskragen, Gürtelplatten, Fibeln und Bronzegefäße. Dabei sind bei vielen Formen mitteleuropäische Vorbilder und Anregungen allgemeiner Art zu erkennen, darüber hinaus sogar (mittelbare) Beziehungen mit dem mykenischen Kreis (Griffzungenschwerter, Doppelaxtzierstücke, spiralverzierte Lanzenspitzen). Andererseits sind Waffen und Schmuckstücke des Nordischen Kreises über diesen hinaus in einiger Anzahl bis Mecklenburg und Pommern, vereinzelt auch weiter südlich, bis Mähren, zum Vorschein gekommen. – Anscheinend auf Männergräber beschränkt sind goldene Armringe (vermutlich als Standeszeichen zu deuten), ebenso *verzierte Goldscheiben*, die als *Sonnensymbole* gedeutet werden. Dazu berechtigt der in einem *Moor bei Trundholm* (Seeland) gefundene *Bronzewagen mit Pferdefigur* und großer Scheibe, die auf einer Seite mit einer spiralverzierten Goldplatte belegt ist und offensichtlich ein Bild der über den Himmel fahrenden Sonne ist. – *(Forts. S. 53)*

Jungbronzezeit (ca. 13.–11. Jh.)

Vorderer Orient (Forts. v. S. 48)

Das letzte Viertel des 2. Jh.s beginnt in **Ägypten** während der Regierungszeit von *Ramses II.* Es folgen noch vier, zur **19. Dynastie** gerechnete Könige *(Menephtah, Amenmesse, Sethos II. und Siptah* bzw. Königin *Tausret)*. Um 1185 v. Chr. kommt mit *Sethnacht* die **20. Dynastie** an die Herrschaft, der dann weitere neun Könige mit den Namen *Ramses* (III.–XI.) angehören (Namensführung in bewußter Anknüpfung an Ramses II.) – Die Königsgräber bis zum letzten Ramessiden liegen im *Tal der Könige* in *Theben-West* und zeigen den vom Beginn des Neuen Reiches an herrschenden Typus. Analoges gilt für die zugehörigen Totentempel, von denen vor allem diejenigen Ramses' II. (sog. *Ramesseum)* und Ramses' III. (Medinet Habu) wegen ihrer integrierten Palastanlagen und ihrer religionskundlich und politisch-historisch bedeutsamen Relieffausstattung (Ramesseum: Schlacht bei Kadesch; Medinet Habu: Kriege gegen Seevölker und Libyer) Beachtung verdienen. Ramses II. tritt als Bauherr vieler weiterer Tempel von Nubien (hier mehrere Felsentempel, u. a. von *Abu Simbel)* bis zum Deltagebiet hervor. Im Delta erbaut er sich auch eine neue Hauptstadt. Seiner regen Bautätigkeit und seiner Vorliebe für Kolos-

52 Vorgeschichte – Bronzezeit

salstatuen entspricht seine kraftvolle Außen-, d. h. vor allem Asienpolitik, die zunächst wesentlich durch militärische Aktionen, dann mehr auf diplomatischem Wege (bekräftigt durch die Aufnahme fremder Prinzessinnen in seinen Harem) geführt wird. Unter Ramses II., ebenso wie unter Menephtah und Ramses III., tauchen kriegerische Fremdstämme an den nördlichen Grenzgebieten Ägyptens auf, großenteils mit Schiffen, teils als Seeräuber Küstenstädte plündernd, teils mit der Absicht einer gewaltsamen Landnahme, teils auch verbündet mit den benachbarten Libyern. Besonders heftige Anstürme solcher *Nord-(oder See-) Völker,* die sowohl auf dem Landweg, die Levanteküste entlang, als auch auf dem Seeweg Ägypten hart bedrängen, finden unter Ramses III. statt, der sie jedoch in einer siegreichen Doppelschlacht abwehren kann. Die bei solchen Einfällen gefangengenommenen Gegner werden teils der ägyptischen Armee eingegliedert, teils im ägyptischen Staatsgebiet angesiedelt. So erhalten auch die Peleset *(Philister)* ihre palästinensischen Wohngebiete. Mit Ramses III. endet die ägyptische Machtgeltung in Vorderasien. Damit Hand in Hand geht ein Schwund der königlichen Autorität im Innern. Die Loyalität der Beamten läßt nach; die Verwaltung und Versorgung der Bevölkerung mit Lebensmitteln funktioniert nicht mehr so wie zuvor. Statt dessen wächst unter den Ramessiden die Spannung zwischen dem im unterägyptischen Tanis residierenden König und der oberägyptisch-thebanischen Amun-Priesterschaft. Bereits unter Ramses II. ist das Amt des Hohenpriesters in Theben (Karnak) erblich geworden; dem starken geistigen Gewicht entspricht ein wirtschaftliches, indem immer mehr Ländereien in das Eigentum des *Amun-Tempels* übergehen (unter Ramses IV. gehört etwa ein Drittel des anbaufähigen Landes den Tempeln). – Unter Ramses XI. kommt es zum offenen Bruch zwischen König und dem thebanischen Hohenpriester. Unter *Herihor* wird Oberägypten politisch weitgehend selbständig, wobei Amun als eigentlicher König gilt, in dessen Auftrag der Hohepriester die Herrschaft ausübt. Bald danach gewinnt der in Tanis amtierende Amun-Hohepriester *Smendes* für Unterägypten eine ähnliche politische Position, so daß beim Tod der letzten Ramessiden das Reich in zwei Teile auseinandergefallen ist.
Die Zeit des Nebeneinanders der *Herrschaften von Theben* und *Tanis* wird in der Tradition als **21. Dynastie** geführt. Die beiden Amun-Hohepriester stehen offenbar in gutem Einvernehmen miteinander (Bautätigkeit nicht auf jeweils eigenes Territorium beschränkt; bei Datierung mitunter die Jahreszahlen des Kollegen benutzt). Königsgräber dieser Zeit in Theben sind noch nicht zum Vorschein gekommen, wenngleich solche mit Gewißheit zu erwarten sind; von den in Tanis regierenden Königen ist aus dem 11. Jh. das *Grab des Psusennes* bekannt (mit überaus reichen Beigaben, u. a. aus Edelmetall); von Psusennes weiß man, daß er Tanis zur Festung ausgebaut hat. – In dieser Zeit spielen eiserne Waffen bereits eine gewisse Rolle (vereinzelt freilich bereits im 14. Jh.).
In der zweiten Hälfte des 13. Jh.s ist **Assyrien** (mit *Salmanassar I., Tukulti-Ninurta I.)* stärkste Macht. Durch ständige militärische Interventionen und Stationierung von Besatzungstruppen können die um das assyrische Kernland liegenden obermesopotamischen Gebiete in Botmäßigkeit gehalten werden. Schwer unter Kontrolle zu halten sind vor allem nicht voll seßhafte Stämme. Tukulti-Ninurta erobert um 1240 v. Chr. **Babylonien,** nimmt den Kassitenkönig *Kastilias IV.* gefangen, schleift die Stadtmauer von Babylon, deportiert einen Großteil der Bevölkerung nach Assyrien, ebenso das *Kultbild des Marduk* (Ende des babylonischen Staatskultes); ein assyrischer Statthalter führt die Herrschaft im südlichen Mesopotamien. Indes kann am Ende des 13. Jh.s Babylon seine Machtposition wieder stärken und sogar politischen Druck auf Assyrien ausüben. In der ersten Hälfte des 12. Jh.s führt dann aber der Elamiterkönig *Sutruk-Nahunte* einen vernichtenden Schlag gegen Babylonien, plündert viele Städte (dabei u. a. *Gesetzesstele von Hammurabi* nach Susa verschleppt), nimmt den letzten Kassitenkönig gefangen und errichtet eine Fremdherrschaft. Der Widerstand gegen diese geht von der Stadt *Isin* aus, wo um die Mitte des 12. Jh.s eine sumerische Dynastie **(Isin II.)** zu Macht und Ansehen gelangt. Sie vertreibt die Elamiter und führt Krieg gegen *Elam* und *Assur (Nebukadnezar I.).* Im ausgehenden 12. und frühen 11. Jh. tritt der Assyrerkönig *Tiglatpilesar I.* mit ausgedehnten Kriegszügen (bis zum Mittelmeer: Byblos, Sidon) und schließlich einer Eroberung Babyloniens hervor. Seine Nachfolger können diesen weiten Herrschaftsbereich jedoch nicht halten. – Um die Mitte des 11. Jh.s gelingt es erstmalig den aus dem westlichen Steppengebiet kommenden **Aramäern,** sich in Babylonien festzusetzen und dort ein eigenes Königreich zu bilden. – Archäologisch zugänglich ist uns die mesopotamische Kultur des letzten Jahrtausendviertels durch die weitgehenden Untersuchungen in *Assur,* die kursorischen in dem unweit davon gelegenen *Tulul Akir,* einer Neugründung Tukulti-Ninurtas, und in Babylonien vor allem durch die jüngeren Schichten von **Akar Kuf** *(Dur Kurigalsu), Isin* und **Babylon.** Dabei wurden gleicherweise die Tempel-, Palast-, Befestigungs- und Wohnarchitektur wie auch die Rund- und Reliefplastik, die Malerei und die Glyptik erschlossen. An Grabformen stehen nebeneinander einfache Schächte mit Körperbeisetzung in zwei ineinandergesteckten Töpfen oder in Tonsärgen und ziegelgemauerte Grüfte.
In der **palästinensisch-westsyrischen Zone** dauert die **spätkanaanitische Kultur** bis ins 12. Jh. Dabei bleiben die *Städte* als solche (Ugarit, Hama, Qatna, Byblos, Hazor, Betschan, Megiddo, Sichem, Ashdod, Lakisch) mit ihren Befestigungsanlagen, Tempeln, Palästen, Wohnquartieren und mannigfachen Wirtschaftsanlagen kontinuierlich – wenngleich mitunter durch mehr oder weniger umfangreiche Zerstörungen in Mitleidenschaft gezogen – bestehen. Erhalten bleibt auch die dahinter stehende politische Struktur der zahlreichen *Kleinstaaten* mit Königen an der Spitze, die, zwischen den Großmächten Ägypten, Assur und Hatti gelegen, jeweils die Oberhoheit einer dieser Mächte anerkennen müssen. Im 12. Jh. werden diese Städte zerstört, nicht nachweislich während einer kurzen Zeitspanne, so daß vermutlich keine einheitliche kriegerische Katastrophe dahintersteht; insgesamt aber bezeichnen diese Geschehnisse

für die kanaanitische Kultur etwas Einschneidenderes als die vielen ephemeren Zerstörungen der vorangehenden Jh.e. Viele Städte werden danach nicht wieder aufgebaut *(Alalah, Ugarit, die Unterstadt von Hazor)*; an anderen Plätzen weicht die nachfolgende Besiedlung mit dürftiger Bebauung völlig von der vorangehenden ab und weist auf Bevölkerungen hin, die nicht aus der Tradition der levantinisch-urbanen Kultur kommen. Einen wesentlichen Anteil haben dabei offensichtlich die vermutlich aus dem ägäischen Raum stammenden Gruppen, die König Ramses III. in seinem achten Regierungsjahr in Südpalästina besiegt *("Seevölker")* und dann dort ansiedelt *(Philister)*; daneben aber spielen hier nomadische oder halbnomadische Stämme aus der Steppenregion eine Rolle, die in die Gebiete zwischen den Städten einsickern, von den Städtern manches übernehmen, mit diesen in Konflikt geraten und allmählich neue ethnische Einheiten und politische Kräfte bilden. In dieser Hinsicht am besten bekannt ist die so erfolgte Landnahme der **Israeliten** mit ihrer im 10. Jh. entstandenen neuen staatlichen Ordnung und den neuen, von König Salomo veranlaßten Stadtanlagen. Weiter nördlich, in Syrien, sind es **aramäische Stämme**, die (analog den Vorgängen des 3. und frühen 2. Jt.s) ins Kulturland einbrechen und Verheerungen verursachen. Wesentlich ermöglicht wird dieses Eindringen fremder Bevölkerungselemente und der Zusammenbruch der staatlichen Ordnung dadurch, daß Ägypten und Hatti als Ordnungsfaktoren in dieser Zone ausfallen. Trotz der *einschneidenden Zäsur*, die das Ende der spätkanaanitischen Kultur bedeutet, lassen sich in den verschiedensten kulturellen Bereichen Traditionsfäden in der Kultur des 11. Jh.s erkennen (Handwerk, Handelsbeziehungen mit Ägypten, Zypern und Griechenland, Bewaffnung mit Schuppenpanzer, Schwert, Lanze und Streitwagen, Glyptik, Amulette, Götterstatuetten, Tiersymbole, Sargformen u. a.).

Das **hethitische Großreich** in **Anatolien** hat festen Bestand bis um 1200 v. Chr. oder kurz danach. Eine *Katastrophe*, die in allen untersuchten Städten als gewaltsame Zerstörung zu erkennen ist, bedeutet das *Ende dieser Kultur* und *dieses Reiches*. In der Hauptstadt *Hattusas (Boğazköy)* gehen vor allem die den Staat repräsentierenden Anlagen (Königsburg auf Büyükkale und Tempel) zugrunde, ohne wiederaufgebaut zu werden. Über die diese archäologischen Befunde verursachenden politischen Ereignisse und über die Herkunft der Zerstörer lassen sich kaum mehr als Vermutungen anstellen (fraglich, inwieweit aus Anatolien, womöglich aus dem Hethiterreich kommend – innere Aufstände oder Einbrüche von Stämmen der unmittelbaren Nachbarschaft –, und inwieweit von außerhalb, ob im Rahmen eines einzigen, kurzfristigen Geschehens oder auf eine längere Zeitspanne verteilt). Wie in Syrien und Palästina, so läßt sich auch in Anatolien mancherorts das Weiterdauern einer Besiedlung nachweisen ebenso wie die hethitische Hieroglyphenschrift, kulturelle Eigenheiten und sogar Züge des Königtums in Teilen des Großreiches weiterleben, offenbar vor allem im Osten und Südosten des hethitischen Kernlandes. – *(Forts. S. 56)*

Europa (Forts. v. S. 51)

Die **spätmykenische Kultur,** die als geschlossenes geschichtliches Phänomen den **ägäischen Bereich** bis Thessalien im Norden umfaßt, erlebt um oder vor 1200 v. Chr. in vielen Landesteilen *Zerstörungen* von Siedlungen und Burgen, das Abbrechen von Friedhöfen und Veränderungen im kulturellen Erscheinungsbild; dazu gehören Spuren (handgemachte Keramik u. ä.) einer als *Fremdlinge* im mykenischen Bereich zu verstehenden *nordwestgriechischen Bevölkerung.* An etlichen Orten endet die Besiedlung mit dieser Stufe (Prosymna, Berbati, Lerna, Sparta, Gla, Eutresis, Orchomenos); an anderen erfolgt nach jenen Zerstörungen ein Wiederaufbau (Mykenai, Tiryns, Dendra, Asine, Malthi, Athen-Akropolis, Eleusis, Theben, Delphi, Jolkos). Die damit einsetzende letzte, etwa ins 12. Jh. gehörende mykenische Kulturstufe *(Mykenisch III C)* stellt im Hinblick auf die Siedlungsverhältnisse, die in den Burgen zum Ausdruck kommende *sozial bevorzugte und politisch herrschende Schicht,* die Bewaffnung, gewisse Schmuckformen, die bemalte Drehscheibenkeramik, die Grabformen (Felskammergräber) und die Bestattungssitten sowie die Zeugnisse kultischer Handlungen und mythischer Religionsvorstellungen eine kontinuierliche Weiterführung der vorangehenden Kultur dar. Wenn auf der einen Seite in einigen Erscheinungen sich eine Entwicklung zum Einfacheren und Geringerwertigen erkennen läßt, so stehen auf der anderen ausgesprochen qualitätsvolle Leistungen – sowohl auf dem Gebiet des Kunsthandwerkes als auch der Architektur – gegenüber (offenbar erstmalig planmäßige Anlage von Städten mit regelmäßig verlaufenden Straßen, so in Tiryns, ähnlich wie in Enkomi auf Zypern). Die kulturellen Kontakte, vor allem mit dem Vorderen Orient, spielen auch in dieser Stufe eine bemerkenswerte Rolle. Abgesehen von einigen Landschaften (Achaia), beträgt die Anzahl von *Mykenisch III C-Fundplätzen* nur einen Bruchteil von denen aus *Mykenisch III B*, was mit einem allgemeinen Bevölkerungsrückgang (z. T. eventuell wohl infolge einer Abwanderung) erklärt wird.

Um 1100 v. Chr. enden die *mykenischen Siedlungen* und Paläste mit einer *Zerstörung*, auf die kein Neuaufbau folgt. Die zeitlich anschließende Kulturstufe wird als **submykenisch** (auf Kreta: **subminoisch**) bezeichnet (11. Jh.). Zwar zeigt die bemalte Drehscheibenkeramik typologisch und technologisch eine Tradition vom Vorhergehenden, und auch sonst. gibt es Hinweise auf ein weitergeführtes kulturelles Erbe (auf Kreta auch in religionskundlicher Hinsicht); jedoch tritt in den Siedlungsverhältnissen, den Grabformen sowie in den meisten Schmuck- und Waffenformen das Neue dieser submykenischen Stufe dominierend in Erscheinung: die Ansiedlungen finden sich meist an anderen Plätzen als zuvor; falls jedoch die submykenische Stufe am alten Ort auftritt, wird die alte Bebauung nicht fortgeführt; als Grabform ist

54   Vorgeschichte – Bronzezeit

das Flachgrab mit Körperbestattung, zuweilen mit Plattenschutz (Athen-Kerameikos, Salamis, Tiryns) vorherrschend, daneben sind Urnengräber (die alten Familiengrüfte der Felskammergräber werden nicht weiter belegt; Ausnahme: Argos) zu finden. Zur Waffenherstellung wird ganz vereinzelt Eisen verwendet. Auf Kreta gehören u. a. eine *Kapelle von Knossos* mit einigen Idolen und die *Siedlung von Karphi* (ebenfalls mit Idolen minoischer Art) in diese Zeit.

In **Sizilien** und in **Apulien** bestehen während der gesamten Jungbronzezeit (ebenso wie vorher) kulturelle (wirtschaftlich motivierte) Beziehungen mit dem ägäischen Kreis. Die ostsizilische **Pantalica-Kultur** führt in *Keramik* und *Grabform* (Felskammergräber, z. T. große Nekropolen) eine *Tradition* von der mittelbronzezeitlichen *Thapsos-Stufe* weiter, weicht u. a. aber von dieser merklich dadurch ab, daß die Ansiedlungen nicht mehr an der Küste, sondern zumeist weiter landeinwärts liegen (Pantalica, dazu großer palastartiger Bau mit Steinsockelmauer gehörig, Monte Dessueri). Bronzespiegel, bronzene Violinbogenfibeln, goldene Fingerringe u. a. stehen spätmykenischen Formen nahe. Die Pantalica-Kultur entwickelt sich vom 12. und 11. Jh. kontinuierlich in die Früheisenzeit hinein.

Auf der **Apenninhalbinsel** sind die wesentlichsten jungbronzezeitlichen Fundkomplexe Siedlungen des *Gardaseegebietes* **(Peschiera-Gruppe)** und der *Emilia* (sog. **Terremare-Gruppe)**, die überaus reichhaltige Bronzefunde geliefert haben und vermutlich bei Hochwasserkatastrophen zerstört worden sind. Weniger fundreiche Siedlungen mit entsprechenden Bronzewaffen, -schmuckstücken und -geräten sind bis Apulien bekannt; dazu gehören Friedhöfe meist mit Brandbestattungen. Von dieser älteren Jungbronzezeitstufe unterscheidet sich eine jüngere (12. und 11. Jh.), die vor allem in Urnenfriedhöfen von sog. **Protovillanova-Art** (Fontanella, Bismantova, Pianello, Timmari), in Bronzedepots und in Siedlungen verkörpert wird. Diese letzteren zeigen mitunter beträchtliche Größe und stehen an der Wiege von Früheisenzeitstädten.

In **Sardinien** ist die nähere Altersbestimmung einer *charakteristischen Grabform (tombe dei Giganti:* Rechteckkammer aus aufrecht stehenden Steinblöcken oder Trockenmauer mit Blockdecke oder Kraggewölbe mit Bogenfassade in Langhügel) innerhalb der Bronzezeit noch schwer bestimmbar. Einerseits typologisch an westeuropäische und maltesische Megalithbauten erinnernd, stehen diese Gräber andererseits am Beginn einer früheisenzeitlichen Entwicklung. Dasselbe gilt für die sog. *Nuraghen,* einen auf diese Insel beschränkten Bautyp (etwa 7000 Exemplare erhalten: im Grundriß runde, kegelstumpfförmige Wohntürme aus großen z. T. bearbeiteten Steinen mit kragkuppelgewölbten Räumen in mehreren, durch Treppen miteinander verbundenen Stockwerken), deren Anfänge sicher bronzezeitlich sind.

Auf **Korsika** liegen aus der Bronzezeit einfache *Megalithgräber* sowie zahlreiche *Menhire* vor; die letzteren sind mitunter statuenartig ausgestaltet, wobei auch eine Bewaffnung mit Langschwertern dargestellt erscheint.

Im **südöstlichen Mitteleuropa** wird innerhalb der Jungbronzezeit unterschieden zwischen einem älteren **(Uriu-Stufe)** und einem jüngeren **(Kisapati-Stufe)** Abschnitt, jeweils benannt nach Bronzedepots (in Siebenbürgen bzw. in Westungarn). Funde dieser Art sind zu Hunderten aus dem unteren und mittleren Donaugebiet, Siebenbürgen und der Slowakei bekannt (die fünf umfangreichsten 4000 kg schwer), bestehend aus Schwertern, Lanzenspitzen, Streitäxten, Helmen, Beinschienen, Schilden, Geräten, Schmuckstücken, Gefäßen, Wagen- und Pferdegeschirrteilen u. a.

Aufgrund der unterschiedlichen Keramik, der Siedlungen und Gräberfelder sind *mehrere Regionalgruppen* zu erkennen: in der *Walachei,* der *Moldau* und in *Südostsiebenbürgen* als Nachfolge der Monteoru-Kultur die **Noua-Gruppe,** in *Nordsiebenbürgen* und am *Oberlauf der Theiß* die **Suciu-Gruppe,** die ebenfalls eine Tradition aus der Mittelbronzezeit her weiterführt *(Hügelgräberfeld von Lăpuş;* außer geschlossenen Nekropolen fürstliche Einzeltumuli), im *Banat, westlich der unteren Theiß* und in *Syrmien* die **Belegiš-Gruppe,** als Fortsetzung der Dubovac-Kultur (faßbar vor allem in Urnenfriedhöfen), beiderseits der mittleren Theiß die Csorva-Gruppe, in *Nordungarn* und der *Südostslowakei* die **Spätstufe der Piliny-Gruppe,** weiter *westlich die* **Čaka-Gruppe,** die vor allem durch große Grabhügel mit fürstlichen Bestattungen charakterisiert ist, dazu befestigte Höhensiedlungen. Befestigte Siedlungen gibt es auch im Flachland *(Sîntana bei Arad:* 1000 × 800 m Fläche von noch heute 6 m hohem Wall umzogen).

Im **nordöstlichen Mitteleuropa** (an *oberer* und *mittlerer Elbe* und *Oder, oberer Weichsel* und *March)* ist während der Jungbronzezeit die **Lausitzer Kultur** verbreitet, innerhalb der anhand der Keramik und von Trachteigenheiten mehrere *landschaftliche Gruppen* unterschieden werden können. Dabei ist jeweils eine regionalspezifische Entwicklung von der Mittelbronzezeit her festzustellen. Übereinstimmend ist die Brandbestattung und die Anlage großer Urnenfelder mit reichen Keramikbeigaben (oft buckel- und riefenverziert) vorherrschend. Bronzen sind in gewisser Menge aus Depots erhalten. Reich mit Bronzen (Schwert, Lanzenspitzen, Bronzegefäße) versehene Bestattungen in Grabhügeln sind auf die Peripheriegebiete (z. B. Stenn bei Zwickau) sowie die Nachbargruppen im *Saalemündungsgebiet,* in *Westböhmen* **(Milavče-Gruppe)** und *Mähren* **(Velatice-Gruppe)** beschränkt.

In **Süddeutschland,** der **Schweiz** und dem **Elsaß** folgt auf die mittelbronzezeitliche Hügelgräberkultur die jungbronzezeitliche **Urnenfelderkultur,** die, aus einer Anzahl landschaftlicher Gruppen bestehend, enge Beziehungen mit denen der ost- und südostmitteleuropäischen sowie der italienischen Jungbronzezeitkultur aufweist. Die *Regionalgliederung* im Innern läßt teilweise Siedlungskammern erkennen (z. B. Nordtiroler Gruppe, eine solche im Salzburgischen, andere im niederbayerischen Donautal, der Münchner Umgebung, im Obermainbereich, am Untermain und in der Wetterau, im Oberrheingebiet, im Neuwieder Becken, im Trierer Land), die grabrituelle Sonderzüge sowie keramische, trachtliche sowie die

Geräte- und Waffenformen betreffende Besonderheiten ausgebildet und durch eine gewisse Zeitspanne tradiert haben (Keramik oft mit Riefen-, Buckel-, Rillen- und Kammstrichmuster, graphitüberzogen, zuweilen mit Kerbmuster oder Bronzenagelung; zur Tracht gehörig: Nadeln, Fibeln, Gürtel, Halsketten mit Bronzeanhängern, Bernstein- und Glasperlen, Hals-, Finger-, Arm- und Fußschmuck; zur Bewaffnung gehörig: Schwerter mit Bronze- oder organischem Griff, Lanzen, Pfeile; an Geräten wichtig: Messer, Rasiermesser, Pinzetten, Sicheln, Beile, Wagen- und Pferdegeschirrteile). Nachweislich sind *örtliche Bronzewerkstattkreise* tätig, die, an einem allgemein-mitteleuropäischen Formenbestand partizipierend, mehr oder weniger eigengeartete Ausprägungen desselben entwickeln. Die Siedlungen haben zuweilen beträchtliche Ausmaße und sind oft befestigt (vor allem, wenn Reste einer Metallverarbeitung bezeugt sind), bestehen aber offensichtlich oft nur aus *Einzelhöfen* (große, rechteckige Pfostenbauten und jeweils zu diesen gehörige kleine Bauten nachgewiesen, wobei über das funktionale bzw. ökonomische oder soziologische Verhältnis dieser Hausformen zueinander noch keine Klarheit erzielt werden konnte). Bei den *Grabfunden* heben sich von den einfach ausgestatteten solche ab, die aufgrund ihrer Anlage (aus Steinplatten, Trockenmauern oder Holzbalken gebaute Kammern, in Südwestdeutschland auffallend regelmäßig in Nordsüd-Richtung), ihrer Bestattungsart (mitunter auf Wagen liegend verbrannt, oder als Doppelbestattung: Mann und Frau, mitunter auch unverbrannt) und ihrer Beigaben (Waffen, Bronzegefäße, Goldschmuck) sich als *Sepulturen einer sozialen Oberschicht* zu erkennen geben (mitunter aus Lage solcher Gräber zueinander kann auf Abfolge, eventuell im Generationsabstand, geschlossen werden). Bronzene *Schutzwaffen,* wohl ein Privileg dieser adligen Oberschicht (vor allem Helme und Schilde), werden nicht in die Gräber mitgegeben, indes gelegentlich in Mooren oder Gewässern deponiert. Dürfte bei Moor-, Quell- und Flußdeponierungen ein *kultisches Motiv* angenommen werden, so ist bei den zahlreichen Jungbronzezeitdepots vom festen Land eine Bestimmung ihrer Vergrabungsmotive schwierig. Teilweise ist aber auch bei ihnen mit entsprechenden Motiven zu rechnen. Die bedeutendsten Kultmäler sind die aus Goldblech getriebenen *Goldkegel* (von *Etzelsdorf* bei Nürnberg und *Schifferstadt* in der Pfalz). Eine Rolle spielen zudem *Darstellungen der Sonne, von Vögeln und Stieren,* die insgesamt als Hinweis auf mythische Vorstellungen zu deuten sind.

In **Frankreich** ist eine in Grabfunden (Körper- und Brandbestattung), Siedlungen und Depots gut ausgeprägte Jungbronzezeitkultur (abgesehen vom Elsaß) vor allem in *Burgund* und in der *Champagne* bekannt, die sich in all ihren Einzelerscheinungen als *Randgruppe des mitteleuropäischen Kulturbereiches* erweist. Wie dort allgemein, lassen sich auch im Westen kulturelle Traditionen von der Mittelbronzezeit her aufzeigen (Entwicklung der Griffplattenschwerter, der Nadeln, Armringe, Fußbergen und Beile). Ein *Goldkegel von Avanton* bei Poitiers, bronzene Vogelfiguren sowie scheiben- und halbmondförmige Amulette sind bemerkenswerte, die Verwandtschaft mit Mitteleuropa unterstreichende *religionskundliche Zeugnisse,* mit feinem Bronzedraht kunstvoll umsponnene Eberhauer, Bronzehelme, Bronzepanzer und Beinschienen Ausrüstungsstücke einer sozialen Oberschicht. Die Funde aus der Jungbronzezeit innerhalb der *französischen Atlantikküstenzone* bezeugen besondere Beziehungen mit den Britischen Inseln.

Der **britischen Kultur** fehlen wesentliche Erscheinungen der kontinentalen; aber der Besitz (und die auf den Inseln selbst erfolgte Herstellung) von Bronzeschwertern (zunächst mit parallelseitiger, dann mit weidenblattförmiger Klinge, entsprechend der mitteleuropäischen Klingenentwicklung), Lanzenspitzen, Absatz-, Lappen- und Tüllenbeilen, Bronzeschilden und Bronzekesseln weist auf die Übernahme kontinentaler Formen und Errungenschaften hin. Sofern die Fundangaben eines Griffzungenschwertes und einiger Doppeläxte verläßlich sind, würden diese Fundstücke sogar unmittelbare Kontakte mit dem mykenischen Kreis bezeugen.

Norddeutschland und **Südskandinavien** haben eine blühende Jungbronzezeitkultur aufzuweisen **(Bronzezeitperiode III),** die sich in den einzelnen Landschaften (Pommern-Mecklenburg, Lüneburger Gebiet, Schleswig-Holstein mit Jütland, dänische Inseln und Südschweden) kontinuierlich aus der ebenso glänzenden Mittelbronzezeitkultur **(Periode II)** entwickelt. Gegenüber dieser geht die kunsthandwerkliche Qualität einiger Erzeugnisse (Schwerter mit Bronzegriff, Lanzenspitzen, Beile, Gürtelscheiben) sichtlich zurück, indem die Typenvielfalt zugunsten einer uniformeren Produktion schwindet. Dafür zeigen andere eine glänzende *regionalspezifische Entfaltung* (Fibeln, Armschmuck); auch *Bronzegefäße* spielen nun eine bemerkenswerte Rolle, wobei es sich vermutlich um Erzeugnisse mitteleuropäischer Toreutik handelt (Werkstätten, eventuell in Mecklenburg zu lokalisieren); sicherlich nordische Handwerksleistungen hervorragender Qualität sind indes gegossene Bronzegefäße. Nicht völlig gesichert ist das bronzezeitliche Alter von (im Moor erhalten gebliebenen) hölzernen Wagen mit *Scheibenrädern* sowie von *hölzernen Hackpflügen.*

Siedlungen mit großen und kleineren Rechteckhäusern sind hauptsächlich aus **den Niederlanden** bekannt; neue Untersuchungen aus dem Nordischen Kreis lehren, daß dort ähnliche Hausformen üblich sind. – Als *Grabform* herrscht allgemein der Tumulus vor (mitunter mit Steinpackungen oder Holzsärgen), wobei oft mittelbronzezeitliche Hügel weiterbenutzt und überwölbt werden; nicht selten enthalten die Hügel jeweils zwei, zwar gesonderte (nacheinander angelegte), aber doch zusammengehörige *Bestattungen* (Mann und Frau); anders als in der vorangehenden Zeit überwiegen jetzt die Brandbeisetzungen. – Die rituell deponierten Moorfunde enthalten entweder *Schmuckensembles,* welche solchen von Grabbeigaben entsprechen, oder ausgesprochen kultische Gegenstände (Luren, riesiggroße Ritualäxte u.a.). – *(Forts. S. 56)*

56 Vorgeschichte – Eisenzeit

Eisenzeit (ca. 1. Jt. v. Chr.)

Über die zeitliche *Abgrenzung der Vorgeschichte* gegenüber der *Alten Geschichte* werden unterschiedliche Ansichten vertreten. Am sinnvollsten dürfte es sein, diese Abgrenzung nicht an das Vorhandensein bzw. Nichtvorhandensein von **Schriftquellen** zu knüpfen, sondern im altweltlichen Raum den vorderen Abschnitt der Geschichte (Vorgeschichte) bis zur ersten Hälfte des letzten vorchristlichen Jahrtausends reichen zu lassen, in der dann andererseits die Antike beginnt. Freilich ist damit nur eine sehr allgemeine Zeitbestimmung gegeben (ähnlich wie dies für die Abgrenzung zwischen Antike und Mittelalter der Fall ist). Wenn griechische Autoren von *Hesiod* an (Ende des 8. Jh.s) ihre Gegenwart in Gegenüberstellung zur bronzenen Vergangenheit als eisern bezeichnen und wir feststellen können, daß die **Verwendung von Eisen** als *Werkmetall für Waffen und Geräte* tatsächlich weithin die Kultur vom Beginn des letzten Jt.s v. Chr. an kennzeichnet, so liegt es nahe, diese Zeit der *auslaufenden Vorgeschichte* und der *beginnenden Antike* allgemein als Beginn der Eisenzeit zu bezeichnen.

Was die Eisenzeit gegenüber der Bronzezeit allgemein an *neuen geschichtlichen Formen und Strukturen* hervorgebracht hat, gleicherweise im Bereich der *Philosophie*, der *Religion*, der *Einzelwissenschaften* und der *bildenden Kunst* wie auf *technologisch-wirtschaftlichem* und *politischem Gebiet*, von Europa bis China, ist so gewichtig, daß die erste Hälfte des letzten vorchristlichen Jahrtausends (mit Homer, den ionischen Naturphilosophen, den Mysterienkulten, der großgriechischen Kolonisation, den großen Propheten in Israel, Zarathustra in Persien, Buddha in Indien, Konfutse und Laotse in China) sich im altweltlichen Raum als neue **gesamthistorische Stufe** darstellt, die als Weiterentwicklung gegenüber den Lebensformen und Bewußtseinsausprägungen der Bronzezeit aufzufassen ist.

Früheisenzeit (ca. 10.–8. Jh.)

Vorderer Orient (Forts. v. S. 53)

In **Ägypten** herrscht im ersten Viertel des letzten vorchristlichen Jt.s die **22. Dynastie.** Nachdem die Spätphase der **21. Dynastie** einen Tiefpunkt ägyptischer Kultur und politischer Macht bezeichnet, erfolgt um 950 durch *Scheschonk I.* (aus einem libyschen Offiziersgeschlecht) eine Wiederherstellung und Festigung der politischen Einheit (*Hauptstadt Bubastis* im Delta). Königsgräber sind aus *Tanis* bekannt. Üblicherweise ist ein Königssohn Hoherpriester des Amun in Theben. Von wirtschaftlichen Aktivitäten in Vorderasien zeugen ägyptische *Fundstücke in Byblos. Nubien* bildet seit der Jahrtausendwende ein *selbständiges Königreich* (Hauptstadt Napata), das bis zum 4. Katarakt des Nil reicht.

In den meisten Teilen **Mesopotamiens** sind vom Beginn des 10. Jh.s an die **Aramäer** ethnisch-politisch das bestimmende Element. Nur **Assyrien** kann sich der Fremdlinge erwehren; am Ende des 10. Jh.s beginnt unter *Assurdan II.* ein politischer Wiederaufstieg, der in den nächsten Generationen zu einer Wiedereroberung des aramäisierten Mesopotamien führt (während das 9. Jh. deswegen zahlreiche, grausam geführte Feldzüge von *Adadnirari II., Tukulti-Ninurta II., Assurnassirpal II.* und *Salmanassar III.*). Assurnassirpal II. verlegt die *Residenz* von Assur *nach Nimrud* (Kalach), das er zu einem einzigartigen Kulturzentrum ausbaut (großartige Wandreliefs). Salmanassar III. weitet seine Macht bis *Babylon* und zum *Persischen Golf* sowie nach *Damaskus* und zum *Mittelmeer* aus, während im Norden das **Urartu-Reich** einem assyrischen Vordringen Einhalt gebietet. Am Ende des 9. Jh.s stößt der Assyrerkönig *Schamschi-Adad V.* am Urmia-See erstmals mit *Medern* zusammen. In der ersten Hälfte des 8. Jh.s stagniert der Aufstieg Assyriens zur Weltherrschaft. (Das *Jahr 763* mit seiner im Orient als Unglücksereignis gewerteten Sonnenfinsternis bildet einen *Festpunkt in der Chronologie.) – (Forts. S. 57)*

Europa (Forts. v. S. 55)

Im **ägäischen Bereich** folgt auf die **submykenische** im 10. Jh. die **protogeometrische Stufe** (bei der Keramikverzierung erstmalig Lineal und Zirkel verwendet), die in besiedlungs- und sepulkralkundlicher, handwerklicher und kunstgewerblicher Hinsicht eine kontinuierliche Weiterentwicklung des Vorangehenden darstellt. Eisen wird jetzt nicht nur für Schmuckstücke (Nadeln, Fibeln), sondern auch für Schwerter, Lanzenspitzen und Messer verarbeitet.

Ebenso fließend sind die Übergänge zwischen der **proto-** und der **frühgeometrischen Stufe** des 9. Jh.s (kennzeichnend bei der Keramikdekoration der Beginn des Mäanders). Im 8. Jh. treten bei den in den Gräbern als Ossuarien oder Beigaben erscheinenden Gefäßen neben dem Mäandermuster *bildliche Darstellung im Silhouettenstil* auf (Szenen des Bestattungsrituals: Aufbahrung und Wagenfahrt der Toten, Beweinung; Schiffe, Pferde, Vögel, Kämpfe, z. T. wohl mythische bzw. epische Themen). Zur Ausrüstung Vornehmer gehören Bronzehelme, -panzer und -schilde, wobei bei den besonders kunstvoll verzierten Prunkstücken neben sicher griechischen Erzeugnissen auch orientalische Stücke hervortreten (Schilde aus Kreta). Dasselbe ist auch bei den figuralen Elfenbeinschnitzereien der Fall, ebenso bei bronzegegossenen Dreifüßen und Bronzegefäßen. Im 8. Jh. werden wieder *Grabhügel* errichtet, nachdem zuvor nur Flachgräber (erst nur mit Brand-, dann mit Körperbestattungen) angelegt worden sind. Im 8. Jh. erleben die großen **griechischen Heiligtümer** ihre erste Blüte (Olympia, Argivisches Heraion, Samisches Heraion, Delphi, Artemis-Tempel von Sparta).

Auf der **Apenninhalbinsel** ist im 10. Jh. die **Spätstufe** der **Protovillanova-Kultur** ausgeprägt *(Urnenfriedhöfe* vom Alpenrand bis Apulien: *Fontanella, Pianello, Allumiere, Timmari; Bronzedepotfunde* sowie z. T. befestigte Höhensiedlungen). Am Golf von Tarent bestehen kontinuierlich Kontakte mit dem ägäischen Kreis. In mehreren Landesteilen (ebenso auf Sizilien) läßt sich von dieser Protovillanova-Kultur eine Tradition (in Keramikentwicklung, Schmuck-, Waffen- und Gerätformen; Grabsitten) in die voll entwickelte **Früheisenzeitkultur** des 9. Jh.s verfolgen; an einigen Orten betrifft dies auch die Besiedlungsverhältnisse (so in Rom). Die voll entwickelte Früheisenzeitkultur mit ihren großen beigabenreichen *Gräberfeldern* (teils mit Brand-, teils mit Körperbestattung) besteht aus *mehreren Regionalgruppen* (venetische Este-Gruppe, Bologna-Gruppe, Golasecca-Gruppe in der nördlichen Lombardei, toskanische, latinische, umbrische, kampanische Gruppe usw.). Die Gruppen im westlichen Mittelitalien stehen an der Wiege der **etruskischen** sowie der **latinisch-faliskischen Kultur.** In **Rom** läßt sich verfolgen, daß die ältere Früheisenzeitbesiedlung – offensichtlich rein dörflichen Charakters – im 8. Jh. urbane Züge annimmt; auch für die Etruskerstädte dürfte dies anzunehmen sein (Beginn von Drehscheibenkeramik, handwerkliche Spezialisierung, Auflassen von Friedhöfen innerhalb des geschlossenen Siedlungsgebietes, Festigung von Standesprivilegien, Bevölkerungskonzentration). Bereits vor Gründung der ältesten großgriechischen Kolonien steht das westliche Mittelitalien in Kontakt mit dem ägäischen Raum.

In **Mitteleuropa** folgen zu Beginn des letzten Jt.s auf die jungbronzezeitlichen die meist als **spätbronzezeitlich** bezeichneten **Stufen** der **Urnenfelderkultur.** Vom *Mitteldonaugebiet, Schlesien, Klein-* und *Großpolen,* über den *Ostalpenraum, Mähren* und *Süddeutschland* bis in die *Schweiz* und *Ostfrankreich* sind Regionalgruppen anhand ihrer vor allem keramikreichen Urnenfriedhöfe ausgeprägt, die in den wesentlichen Kulturerscheinungen eine kontinuierliche Entwicklung aus den vorangehenden Urnenfelderstufen bezeichnen, andererseits aber Beziehungen zu den gleichzeitigen oberitalischen Gruppen erkennen lassen. Über den Formenbestand von Bronzewaffen (Helme, Schilde, Beinschienen, Schwerter, Streitäxte), Bronzegefäßen, Geräten, Wagen- und Pferdegeschirrteilen sowie Schmuckformen unterrichten vor allem die in großer Anzahl vorliegenden *Depotfunde.* Sie spiegeln ebenso die Wirksamkeit *regionaler Werkstättenkreise* als auch die Vielseitigkeit enger handwerklicher Kontakte innerhalb von Mitteleuropa und darüber hinaus wider. *Befestigte Höhensiedlungen* sind aus nahezu allen Landesteilen bezeugt, aus der Schweiz außerdem Uferrandsiedlungen mit reicher Fundausbeute (sog. *Pfahlbauten*). Die im wesentlichen wohl ins 8. Jh. gehörende **Späturnenfelderstufe** stellt einen besonders markanten historischen Abschnitt dar. Zu den *Flachgrabfriedhöfen* treten nun *Einzelhügel* mit reich (u. a. mit Waffen) ausgestatteten Beisetzungen, die einer sozialen Oberschicht angehören bzw. Häupter von Sippenverbänden sein dürften. Eisen ist in Mitteleuropa auch in dieser Stufe noch ein kostbares Metall, das vereinzelt zur Herstellung von Schmuckstücken und Schwertklingen, bzw. -verzierungen verwendet wird. Dies bedeutet gegenüber Italien oder gar dem ägäischen Raum deutlich eine Verzögerung.

In **Norddeutschland** und **Südskandinavien** findet die Kultur der nordischen **Bronzezeitperiode III** in den (spätbronzezeitlichen) **Perioden IV** und **V** ihre kontinuierliche Fortsetzung. Außer dem leistungsfähigen Bronzegußhandwerk (besonders hervorzuheben: paarweise zu benutzende Luren) sind *Felsbilder* (u. a. rituelle und mythische Darstellungen) von Bedeutung. Reiche *Waffengräber („Königsgrab" von Seddin* in der Mark Brandenburg) sind mit mitteleuropäischen Hügelgräbern der Späturnenfelderzeit zu vergleichen.

In **Westeuropa** ist während der Spätbronzezeit/Früheisenzeit eine charakteristische Kultur ausgeprägt, die gemeinsame Züge von der Iberischen Halbinsel bis zu den Britischen Inseln aufweist, andererseits aber in den einzelnen Landesteilen eine Tradition von der Jungbronzezeit her sowie Beziehungen mit Italien und Mitteleuropa erkennen läßt (bronzene Schwerter, Lanzenspitzen, Schilde, Helme und Panzer, Bronze- und Goldgefäße, Geräte, Wagen und Pferdegeschirr). – *(Forts. S. 58)*

Ältere Eisenzeit (ca. 8.–6. Jh. v. Chr.)

Vorderer Orient (Forts. v. S. 56)

In **Ägypten** geht in der zweiten Hälfte des 8. Jh.s mit König *Bokchoris* die **24. Dynastie** zu Ende; eine **nubische Dynastie (die 25.)** tritt die Herrschaft an (um 750 von König Kaschta selbständiges nubisches Reich gegründet), auf die die **26. (saitische) Dynastie** folgt; am Ende des 6. Jh.s wird diese durch die persische Eroberung beendet.

In **Mesopotamien** stellt am Beginn dieser Zeitspanne *Assyrien* unter *Tiglatpilesar III.* die beherrschende Macht dar, die unter *Sanherib* nach *Palästina* und unter *Assarhaddon* und *Assurbanipal* sogar nach *Ägypten* ausgreift. Am Ende des 7. Jh. wird das assyrische, als Weltherrschaft des *Gottes Assur* verstandene

58 Vorgeschichte – Eisenzeit

Reich durch die von Osten anstürmenden *Meder* zerstört. Die ersten beiden Drittel des 6. Jh.s stehen in Mesopotamien wieder unter der Vorherrschaft der Babylonier, die gleichfalls bis zur Mittelmeerküste wirkt. Im Bereich des Van-Sees und des Urmia-Sees (Ostanatolien, Aserbaidschan und Georgien) besteht im 8. und 7. Jh. das **Reich von Urartu,** kulturell unter assyrischem Einfluß stehend, das ein blühendes Kunstgewerbe entwickelt.

In **Anatolien** treten aus früheisenzeitlichen Frühstufen im 8. Jh. die **Phryger** in Erscheinung mit wiederum städtischen Siedlungen (Hauptstadt Gordion, weiterhin Boğazköy, Alişar), monumentalen Königsgräbern (Gordion, größter Hügel: Höhe 53 m, Durchmesser 300 m mit zentraler Holzbohlenkammer und reicher Ausstattung vor allem an kostbaren Holzmöbeln, Holz- und Elfenbeinschnitzereien sowie Metallgefäßen), einer charakteristisch bemalten Keramik und eigenen Schmuckformen (u. a. phrygische Fibeln). Hethitisches Erbe (Monumentalkunst, Königsinsignien und -titeln sowie Hieroglyphenschrift) lebt in **späthethitischen Kleinstaaten** vor allem südlich des Taurusgebirges in *Kilikien* und *Nordsyrien* (Karatepe bei Adana, Karkemisch am Euphrat) weiter.

An der **Levanteküste** besitzen **Phönikerstädte** (vor allem *Sidon* und *Tyros*) auch im 8./7. Jh. beträchtliche Handelsgeltung; teils unmittelbar, teils durch *phönikische Koloniegründungen* (u. a. *Karthago*) wird die kommerzielle und allgemein kulturelle Kommunikation der Mittelmeerländer nachhaltig intensiviert (vorderorientalische Erzeugnisse ägyptischen, assyrischen und urartäischen Stils im ägäischen Raum, in Italien, Sardinien, der nordafrikanischen Küstenzone und Südspanien).

Europa (Forts. v. S. 57)

In **Griechenland** macht sich ein orientalisierender Einfluß im 8. Jh. im Kunstgewerbe dahingehend bemerkbar, daß zu dem (in der ornamentalen und figürlichen Keramikbemalung sowie der Figuralplastik zu einer besonderen Blüte gelangten) sog. **geometrischen Stil** in importierten toreutischen Werken, Elfenbeinschnitzereien und Fayencearbeiten eine **neuartige Stilausprägung** hinzutritt, die rasch von den Griechen adaptiert und zur Grundlage des Kunstschaffens des 7. Jh. gemacht wird.

Auf **Sizilien** und der **Apenninhalbinsel** werden seit der Mitte des 8. Jh.s die Kontakte mit dem ägäischen Kreis intensiver und in diesem Zuge an zahlreichen Küstenplätzen **griechische Kolonien** gegründet (Unteritalien, sog. Großgriechenland: Kyme, Neapel, Poseidonia, Elea, Medma, Rhegium, Kroton, Sybaris, Siris, Metapont, Tarent; Sizilien: Naxos, Syrakus, Leontinoi, Gela, Agrigent, Seliniunt, Zankle, Messina). In der Polisverfassung mit den ionischen bzw. dorischen Mutterstädten verbunden, bieten diese politisch selbständigen Kolonien nicht nur griechischen Siedlern und Handwerkern Ackerland und Lebensmöglichkeit, sondern üben auch auf die einheimischen sizilischen und italischen Völker einen merklichen Kultureinfluß aus. Dieser beschränkt sich nicht auf die Übernahme gewisser Import- und Luxusgüter, sondern regt zu eigenen Kultur- und Kunstschöpfungen an.

Zu einer geschichtlichen und kulturellen Entwicklung besonderer Art kommt es in **Latium** und **Etrurien:** zwar können hier Griechen keine Koloniestädte gründen, jedoch unterstreichen griechische und vorderorientalische Importgegenstände (u. a. *Fayencevase von Tarquinia* mit Darstellung des Ägypterkönigs Bokchoris), daß auch das westliche Mittelitalien von den ägäisch-orientalisierenden Kontakten berührt wird. Die aus früheisenzeitlichen Wurzeln im 8. Jh. sich entwickelnden **latinischen** und **etruskischen Stadtsiedlungen** stehen unter dem Einfluß dieser Kontakte. Von den latinischen Städten gewinnt allmählich Rom eine besondere Bedeutung, in Etrurien u. a. Veii, Tarquinia, Caere, Falerii, Vulci, Rusellae, Volsinii, Volterra, Vetulonia und Populonia. Politisch bilden diese Städte mit dem sie umgebenden Territorium zunächst jeweils selbständige Staaten, in der Regel mit einem König an der Spitze. Außer stadteigenen Heiligtümern spielen zentrale Kultstätten eine Rolle (in *Latium* u. a. auf dem *Mons Albanus,* in *Etrurien* das *Vultumna-Heiligtum bei Volsinii* am Bolsener See), wodurch im 6. Jh. Staatenbünde entstehen.

Der **etruskische Staatenbund** stellt eine gewisse *politische Einheit* dar, die gemeinsame militärische Aktionen ermöglicht (um 540 Seeschlacht der verbündeten Etrusker und Karthager gegen die phokäischen Griechen bei Alalia). Nach Norden greifen die Etrusker über den Apennin in die Poebene aus und gründen Kolonien in Marzabotto, Bologna (Felsina), Modena, Spina, Mantua, u. a., nach Süden über Latium hinaus nach Kampanien.

Stärker als in politischer Hinsicht treten die Etrusker *kulturell* in Erscheinung. In Anlehnung an das griechische Alphabet entwickeln sie eine *Schrift,* in der sie vom 7. Jh. an ihre eigene (uns noch wenig erschlossene) Sprache wiedergeben. Während Tempel in den zumeist auf Hochplateaus gelegenen Städten anscheinend erst im 6. Jh. erbaut werden (ebenso in Rom: Jupitertempel auf dem Kapitol), werden in den ausgedehnten Nekropolen im 7. Jh. aus den einfacheren Grabformen der vorangehenden Zeit monumentale Sepulkralmonumente entwickelt, teils Felskammern, teils runde oder viereckige Tumuli mit äußerer Steinmauer und gemauerter Innenkammer, wobei eine Verwandtschaft mit orientalischen Grabanlagen besteht. Orientalisierend sind auch kunstgewerbliche Produktionszweige, die in Etrurien zu besonderer Blüte gelangen (exzeptionell reiche Beigabenausstattung der *Tomba Regolini Galassi* in Caere und der *Tomba Barberini* sowie der *Tomba Bernardini* im latinischen Praeneste).

In **Oberitalien** blüht vor dem Eindringen der Etrusker in der *Lombardei* die **Golasecca-Kultur** (bedeutendes *Gräberfeld Ca'Morta bei Como),* in der *Emilia* und *Romagna* die **Villanova-Kultur** (wichtigste

Grabfelder bei Bologna) und in Venetien die **Este-Kultur** (an namengebendem Ort mehrere beigabenreiche Gräberfelder).

Im **östlichen Mittel-** und in **Süditalien** (Picenum, Apulien, Basilicata) zeigen die ältereisenzeitlichen Kulturerscheinungen (u. a. **Novilara**) eigengeartete, charakteristische Ausprägungen. Die italischen Adria-Kulturen, einerseits kulturell und historisch mannigfach mit den binnenländischen und den am Tyrrhenischen Meer ansässigen Stämmen verbunden, weisen auch Beziehungen mit der ältereisenzeitlichen Kultur östlich der Adria auf.

Die **jugoslawischen Gruppen** (von *Bosnien*, dort nach Hügelnekropolen vom *Glasinac* benannt, bis *Slowenien*, dort wichtige Hügelgräberfelder von *Stična*, Magdalenska gora, Šmarjeta, Vače, Novo mesto, S. Lucia) gehören zu einer Zone, die sich von der nördlichen Balkanhalbinsel über das mittlere Donaugebiet, den *Raum nordwärts der Alpen* bis nach *Ostfrankreich* erstreckt und allgemein als **Hallstattkultur** bezeichnet wird (**ältere Hallstattzeit** im wesentlichen 7. Jh.; **jüngere Hallstattzeit:** 6. Jh.). Anhand des archäologischen Fundstoffes (vor allem Keramik, Schmuck- und Trachtformen) in eine Reihe von Regionalgruppen gegliedert, stellt sich diese Kultur insgesamt als Weiterentwicklung der dort ausgebildeten Früheisenzeitkultur dar. Für die historische Stellung und die Kultur wesentlich sind *Kontakte mit der gleichzeitigen Kultur Italiens und Griechenlands.* Verschiedentlich sind *befestigte Burgsiedlungen* bekannt, offensichtlich Sitze kleinerer Potentaten (z. B. Stična in Slowenien, Heuneburg an der oberen Donau, Mont Lassois bei Châtillon sur Seine), wozu besonders reich ausgestattete *Fürstengräber* gehören. In einigen gut erforschten Gebieten (z. B. *Württemberg)* zeichnen sich bereits die Herrschaftsgebiete solcher Fürsten ab. Sie sorgen zweifellos für die Unterhaltung von Beziehungen sowohl über die Alpenpässe hinweg als auch dem Rhônegau entlang (griechische Kolonie Massilia) mit dem Süden (etruskisches Bronzegefäß des 7. Jh. aus Grab von Kastenwald im Elsaß, zahlreiche etruskische und griechische Bronzegefäße des 6. Jh.s aus allen Teilen der Hallstattkultur, vor allem ein 1,64 m hoher, figürlich verzierter Krater aus dem *Fürstinnengrab von Vix* beim Mont Lassois sowie rhodische Kleeblattkannen, ferner Elfenbeinschnitzereien, sowie reichlich schwarzfigurige attische Keramik). Auch in figürlich geformten Steinstelen als Bekrönung von Grabhügeln kommt eine Verbindung mit dem Süden zum Ausdruck, ebenso in dem (freilich in Mitteleuropa seit der Jungbronzezeit nachzuweisenden) Brauch, vornehme Tote auf (oder mit) einem vierrädrigen Wagen beizusetzen. Die einheimische *hallstättische Bronzetoreutik* mit Kesseln, Eimern, Trink- und Siebgefäßen führt eine früheisenzeitlich-mitteleuropäische Tradition weiter; neuartig ist ein Bestand figürlicher Bildmotive (z. T. offensichtlich mythologische Thematik) der Bronzegefäße von Kleinklein in der Steiermark. Auch die zumeist nur *geometrisch verzierte* (bemalte, geritzte oder gekerbte) *Keramik* weist mitunter figürliche Darstellungen auf. Dabei treten erstmalig Reiter auf.

Etwas Neues stellt auch die nun in Mitteleuropa geläufige *Verwendung von Eisen für Waffen* (Schwerter, Lanzenspitzen, Streitbeile), Schmuckformen, Geräte (Messer, Sicheln) sowie Pferdegeschirr und Wagenteile dar, wobei zunächst vielfach typologisch an Bronzeformen angeknüpft wird. Zu den besonders kennzeichnenden bronzenen Schmuckformen gehören Gürtelbleche, Fibeln, Hals-, Arm- und Beinringe, die oft jeweils in Sätzen übereinander getragen werden.

Für das 6. Jh. läßt sich die Bevölkerung im Gebiet der oberen Donau und weiter westlich aufgrund antiker Autoren erstmalig als **keltisch** bestimmen. Die südöstliche Hallstattkultur darf demgegenüber mit den **Illyrern** in Verbindung gebracht werden.

Als keltisch tritt dann vor allem die vom 5. bis zum 1. Jh. in *Mitteleuropa* und weiten Gebieten *Westeuropas* ausgeprägte **Latènekultur** in Erscheinung. Von einer Anzahl von Völkern verwandter Sprache getragen und durch deren *Wanderungen* (seit dem 4. Jh.) nach dem *Iberischen Halbinsel* (**Keltiberer**), *Ober-* und *Mittelitalien* (**Boier, Insubrer, Senonen),** nach *Schlesien, Siebenbürgen* und *weiter südöstlich bis Griechenland* (u. a. vor Delphi) und *Kleinasien* (**Galater**) weithin verbreitet, zeigt diese Kultur gemeinsame Züge der Bewaffnung (Hiebschwert mit parallelseitiger Klinge, Lanze mit Eisenspitze, Holz-Leder-Schild mit eisernem Buckelbeschlag, Bronze- oder Eisenhelm mit Nackenschutz, Reitpferd mit eiserner Trense und bronzenen Zierstücken), der Tracht- und Schmuckformen (Bronze- und Eisenfibeln; Halsring/Torques, der als besonders kulturspezifisch gilt; Armringe und Ketten aus bunten Glasperlen) und der Keramik, die nun großenteils (für Mitteleuropa erstmalig) auf der Töpferscheibe hergestellt ist. In den älteren Abschnitten der Latènekultur spielen im archäologischen Fundbestand *Fürstengräber* mit kostbaren Beigaben einheimisch-keltischer Kunsthandwerksarbeiten und griechischer Importstücke eine hervorragende Rolle, in den jüngeren Abschnitten (2. und 1. Jh.) vor allem die *stadtartigen Großsiedlungen (oppida)* mit ihren Befestigungsanlagen *(murus Gallicus),* ihren Handwerksbetrieben für die Eisen-, Glas-, Bronzebearbeitung, Keramikherstellung und Münzprägung.

Im Süden der **Iberischen Halbinsel** macht sich seit dem 8. Jh. die *Kolonisation der Phöniker* bemerkbar (Almuñécar, Provinz Granada; Torre del Mar und Trayamar, Provinz Málaga), deren Anfänge vielleicht in noch frühere Zeit zurückreichen. Diesem die nordafrikanische Küste entlang erfolgenden phönikischen Vordringen, das wohl den Metallvorkommen des Landes gilt, entspricht die auf der Nordseite des Mittelmeeres nach Westen ausgreifende *Kolonisation von Griechen* (vor allem Phokäer) in der nordöstlichen Küstenregion Spaniens (Rhode, Emporion/Ampurias, Provinz Gerona u. a.). Bei der einheimischen Bevölkerung wird unterschieden zwischen den **Iberern** im Ostteil der Halbinsel, einer binnenländischen **Meseta-Kultur** und den **Tartessiern** (nach Stadt und Reich Tartessos) im Süden und Westen der Halbinsel.

60 Vorgeschichte – Eisenzeit

Nördlich der Pyrenäen sind außerhalb der Gebiete mit hallstättischen Kulturerscheinungen in der atlantischen Küstenzone damit verwandte Besiedlungszeugnisse bekannt, die ihrerseits mit den ältereisenzeitlichen Kulturhinterlassenschaften der Britischen Inseln Beziehungen aufweisen.

Nördlich der **deutschen Mittelgebirge** sind während der älteren Eisenzeit Spätformen der **Lausitzer Kultur** ausgebildet (z. B. **Billendorfer Kultur** in Mitteldeutschland und Schlesien, **Aurither Kultur** an unterer Oder und Warthe, kleinpolnische und großpolnische Gruppe). Neben zahlreichen befestigten „Ringwall"-Siedlungen verdient die im 6. Jh. errichtete **Inselsiedlung** in einem See **bei Biskupin** in Großpolen besondere Beachtung (auf 70×100 m großer, von Holzbalkenmauer umgebener Fläche regelmäßige Anlage von 13 parallelen Häuserzeilen; die Häuser jeweils in einheitlicher Form und Größe). Bis ins Odergebiet reichen Zeugnisse skythischer Einbrüche (*Goldfund von Vettersfelde* in Niederschlesien). Die **Skythen,** im nördlichen Schwarzmeergebiet zwischen Don und Karpaten ansässige, von Haus aus nomadisierende Stämme, sind östlicher Herkunft (teilweise wohl aus Persien stammend). Im **nordpontischen Gebiet** (Hügelgräber/Kurgane mit z. T. fürstlicher Ausstattung) bedrängen sie die dort vor ihnen lebenden reiternomadischen Stämme der **Kimmerier,** die daraufhin im 8./7. Jh. teilweise nach Anatolien und dem östlichen Mitteleuropa ausweichen. In dieser Zeit werden an der ukrainischen Küste und auf der Krim griechische Kolonien gegründet (Insel Berezan in der Dnjepr-Bug-Bucht, Tyras an der Dnjestr-Mündung, Olbia an der Bug-Mündung, Chersones auf der Krim), die auf die Kulturentwicklung des nördlichen Hinterlandes großen Einfluß ausüben.

Insgesamt ist die Vorgeschichte gekennzeichnet durch eine wachsende bzw. immer deutlicher hervortretende Herausbildung regionaler Merkmale und Kulturen, die schon im Paläolithikum zu bemerken ist. Während dieses noch in einem die gesamte pleistozäne Urmenschheit erfassenden Überblick dargestellt werden kann, liegt das Schwergewicht vom Neolithikum an auf den regionalspezifischen Kulturstufen-Abfolgen Europas und des Vorderen Orients, und die Vorgeschichte der übrigen Großräume ist im Zusammenhang mit den entsprechenden Darstellungen ihrer Geschichte zu betrachten.

ALTERTUM

Innerhalb der *Alten Geschichte,* die im Sinne der traditionellen historischen Epochengliederung als der gesamte geschichtliche Zeitraum vor dem Mittelalter verstanden wird, beschränkt sich das Altertum räumlich auf die *Mittelmeerwelt* mit ihren Randkulturen und die *vorderasiatischen Hochkulturen,* die mit jener in enger Beziehung stehen. Die außerhalb dieser Region liegenden Räume, Völker und Kulturen haben ihre eigene Geschichte, die in eigenem Zusammenhang an anderer Stelle behandelt wird.

Die Darstellung der Ereignisse, die in wachsendem Maß durch *schriftliche Quellen* faßbar werden, beginnt mit dem *Aufstieg zur Hochkultur,* deren zeitliches Vorfeld, soweit zum Verständnis notwendig, einbezogen wird, setzt also in den verschiedenen behandelten Gebieten zu ganz unterschiedlichen Zeiten ein. Der *Ausgang des Altertums* wird in den europäischen Gebieten markiert durch die fließende Grenze zwischen der griechisch-römischen Antike und dem Mittelalter, in Nordafrika und Vorderasien hauptsächlich durch die arabisch-islamische Eroberung.

Chronologisch wie in der Darstellung am Anfang stehen die Hochkulturen des Alten Orients, d. h. Vorderasiens einschließlich Ägyptens in vorhellenistischer Zeit, an die sich Karthago und Italien vor der Herrschaft Roms anschließen. Es folgt zunächst die griechische Geschichte (mit der kretisch-mykenischen Kultur), sodann die römische Geschichte, die man mit der griechischen gewöhnlich unter dem Begriff der *Antike* oder des *klassischen Altertums* zusammenfaßt. Dieser gehört das Schwergewicht der Darstellung, weil sie – trotz der bleibenden Wirkung des gesamten Altertums (z. B. durch die Erfindung der Schrift, durch die Schaffung der Stadt, durch den Aufbau von Staaten) – in besonderer Weise die europäische Geschichte bis heute beeinflußt hat.

Die Hochkulturen Ägyptens, des Vorderen Orients und Italiens

Ägypten

Altägypten umfaßt das etwa 1000 km lange und meist nur 10–20 km breite, in das nordafrikanische Wüstenplateau eingeschnittene, untere **Niltal** vom Katarakt von Assuan bis Kairo, dazu das von den Verzweigungen des Stromes gebildete Delta im Norden. Äußerst regenarm, hängt seine große Fruchtbarkeit nur vom Nil ab, dessen Hochwasser jedes Jahr von Juni bis Oktober das Land bewässert und fruchtbaren Schlamm aus Innerafrika auf ihm absetzt. Das Delta wird vor 5000 Jahren nur in den Randgebieten besiedelt. Das lange, schmale Tal begünstigt den Partikularismus einzelner „*Gaue*", die volle Ausnutzung des Nils jedoch und die Regelung der künstlichen Bewässerung fordern straffe Zusammenfassung des Landes und das Siedeln in geschlossenen Dörfern inmitten des dazugehörigen Ackerlandes. Breite Wüstengürtel mit wenigen Oasen schließen das Land gegen Westen und Osten, eine hafenarme Küste gegen Norden weithin ab; nur im Süden, gegen Nubien, ist die Grenze offen und dadurch wechselnd. Der geographisch gegebene Schutz gegen größere Feindeinbrüche ermöglicht Altägypten eine in der alten Welt einzigartige, nur selten gestörte **geschlossene Kulturentwicklung,** die eigenen Gesetzen folgt; er fördert aber auch die Neigung zu selbstgenügsamer Abschließung gegen die Außenwelt.

Ägypten ist reich an wertvollen Gesteinen, dem Rohstoff für Großbauten und die einzigartige Steinplastik. Dagegen fehlt es an gutem Bauholz, und auch die meisten Metalle müssen durch Expeditionen oder Handel beschafft werden (Gold vor allem aus Nubien, Kupfer aus dem Sinai und der Ostwüste). Materielle Grundlage der stetig wachsenden *Bevölkerung* (um die Mitte des 3. Jt.s v. Chr. etwa 1,5 Mio.) bleibt stets die Landwirtschaft.

um 5000	In Ägypten beginnt das **Neolithikum** (Jungsteinzeit), in der die Grundlagen der späteren
nach 4000	Hochkultur gelegt werden und erste Anfänge des Götter- und Jenseitsglaubens hervortreten; sie geht in das **Chalkolithikum** über.

Die kulturelle Entwicklung verläuft in *Ober- und Unterägypten* zunächst getrennt; Unterschiede lassen sich nicht durch einen einfachen Gegensatz Nomaden – Bauern erklären, denn die soziale Struktur der Bevölkerung ist bereits im Neolithikum weitaus differenzierter.

Die ersten bedeutenden Kulturen in *Unterägypten* sind die von **Merimde** (am Westrand des Deltas) und **El-Fajum.** Die Menschen leben hier in Dörfern aus runden oder ovalen Schilf- und Strohhütten, die oft zur Hälfte in den Boden eingegraben sind. Die Toten wer-

Chronologische Übersicht

Italien/Etrusker	Rom	Karthago	Griechenland	Kleinasien
				um 4000–2500: Jüngere chalkolithische Buntkeramikkulturen
			um 2800/2500–2000: Vorpalastzeit in Kreta	
				um 2500–2200: Frühe Bronzezeit: Alaca (Aladscha) und Alischar
			2000–1580: Frühpalastzeit in Kreta; Hieroglyphen – und Linear A-Schrift	**um 1860–1730:** Protohattische Dynastien; durch einwandernde Indogermanen verdrängt
			1580–1075: Kretisch-mykenische Kultur: älteste europäische Hochkultur; Linear B-Schrift	**um 1600–1490:** Altes Hethiterreich
				um 1440–1200: Neues Hattireich
		seit ca. 1200: Phönikische Handels-kolonien im Gebiet des heutigen Tunesien	**seit um 1200:** Dorische Wanderung **um 1100 – um 500:** Archaische Zeit	
seit 900: Villanova-Kultur				**seit 900:** Griechische Besiedlung der Westküste
8. Jh.: Städtebildung in Etrurien **um 750 – um 600:** Griechische Kolonisation in Süditalien/Sizilien **7./6. Jh.:** Etruskische Thalassokratie **6. Jh.:** Etruskisches Königsgeschlecht in Rom **seit um 400–268:** Aufbau der römischen Herrschaft in Italien	**8. Jh. – ca. 510:** Römische Königszeit	**814:** Gründung Karthagos **seit um 650:** Vorort-stellung unter den phönikischen Westkolonien **um 540:** Seesieg über Phokaier von Aleria	**8. Jh.:** Homerische Epen **8.–6. Jh.:** Früh-griechische Kolonisation **7.–6. Jh.:** Tyrannis und Gesetz-gebung	**nach 800:** Phrygisches Reich **680–547:** Lydisches Reich **547–334:** Perserherrsch[a]
	510–287: Alte Republik: Zeit der Ständekämpfe	**480:** Niederlage bei Himera **370:** Sicherung des Hinterlandes d. Hanno	**510–404:** Blüte der griechischen Polis **404–338:** Niedergang der Poliswelt **336–323:** Alexander d. Gr. – da-nach Diadochenkämpfe	**499–449/448:** Ionischer Aufstand und Perserkriege **334:** Sieg Alexanders d. Gr. am Granikos über Perser
264–241: 1. Punischer Krieg	**287–133:** Mittlere Republik	**264–241:** 1. Punischer Krieg		

Alte Hochkulturen

...an/Persien	Babylonien/Assyrien	Syr./Phön./Arabien	Palästina	Ägypten
				um 3600: Negade I-Kultur
	um 3300–3100: Uruk-/Gaura-Kultur			um 3200: Negade II-Kultur
	um 3100–3000: Älteste Hochkultur in Uruk – Erfindung der Schrift			um 3000: Erfindung der Hieroglyphenschrift
m 3000: ...usa I – Keramik; ...ach 3000: Reich von ...lam; Hauptstadt ...wan, dann Susa	um 2950–2750: Dschemdet-Nasr-Zeit		um 3000: Anzeichen einer Stadtkultur	um 3000–2900: Vereinigung von Ober- und Unterägypten; 2900–2640: Frühzeit; 1.–2. Dynastie
	um 2750–2350: Frühdynastische Zeit			um 2640–2155: Altes Reich: 3.–6. Dynastie; Pyramidenzeit
	um 2500: 1. Dynastie von Ur	nach 2500 – um 2240: Reich von Ebla		
	um 2480–2340: Dynastie von Lagasch			
...ach 2300: ...ngliederung ...lams an das Reich von ...kkade; ...ach 2040: ...ngliederung ...n das Reich von Ur	um 2330–2150: Dynastie von Akkade; 1. Großreich der Geschichte; 2064–1955: 3. Dynastie von Ur	um 2100–1900: Kanaanäische Einwanderungswelle; 2. Jt.: Stadtkultur im Südwesten Arabiens (Jemen und Hadramaut)	um 2100–1900: Kanaanäische Einwanderungswelle	um 2134–2040: 1. Zwischenzeit: Spaltung in 2 Teilreiche; um 2040–1785: Mittleres Reich: 11.–12. Dynastie; um 1785–1551: 2. Zwischenzeit
m 1600: ...dogermanische Arier ...ringen in Ostiran ein	1830–1531: Babylonische Dynastie; 1729–1686: Hammurabi	seit um 1500: Phönikisches Buchstabenalphabet bezeugt; 15./14. Jh.: Blüte von Ugarit (Keilschriftenalphabet), daneben zahlreiche Kleinstaaten	um 1700: Zeit der Erzväter; um 1550: Palästina ägyptische Provinz	um 1650–1551: Hyksosherrschaft; 1551–1070: Neues Reich: 18.–20. Dynastie; unter Amenophis IV. (Echnaton) erster Monotheismus der Geschichte
	etwa 1460–1340: Mitannireich			
	um 1400–1050: Klassische babylonische Kultur; Gilgameschepos	seit 1300: Einbrüche der Aramäer; seit 1200: Phönikische Kolonisation an westlichen Mittelmeerküsten. Nordsyrien Rückzugsgebiet hethitischer u. hurritischer Kultur.	nach 1250: Gottesoffenbarung an Moses; um 1220: Ersterwähnung des Namens Israel	1070–525: 21.–26. Dynastie
000/600: ...arathustra	nach 1050–609: Assyrisches Großreich	um 1000: Südaraber übernehmen phönikische Schrift; nach 900: Nordaraber zuerst bei Salmanassar III. erwähnt	um 1008–969: David errichtet einen Staat Israel	
36: Erstmalige ...rwähnung der Meder; ...0–550: ...edisches Reich; ...39: Assurbanipal ...robert Susa; ...50–330: ...ersisches Weltreich	626–535: Chaldäisches Reich; 539: Einverleibung in das persische Großreich durch Kyros	seit 850: Kämpfe Syriens und Phönikiens gegen Assyrien; um 550: Jathrib (Medina) gehört zum Reich Nabonids von Babylonien	seit 738: Wachsende Abhängigkeit v. Assyrien; 587–539: „Babylon. Gefangenschaft"; 538–333: Vorherrschaft der Perser	525–404: Persische Provinz; 404–343: Letzte (28.–30.) einheimische Dynastien
30: Persien wird Teil ...es Alexanderreichs	331: Alexander d. Gr. erobert Babylonien	332/331: Anschluß an das Alexanderreich	332: Anschluß an das Alexanderreich	332: Eroberung durch Alexander d. Gr.

64 Altertum – Hochkulturen Ägyptens, des Vorderen Orients und Italiens

den in den Dörfern beigesetzt, bleiben daher bei den Lebenden und sind von Grabbeigaben unabhängig. Als Haustiere werden Rinder, Schweine, Schafe und Ziegen gezüchtet, auch der Hund ist domestiziert. Gerste und Emmer werden angebaut, doch bleiben auch Jagd und Fischfang für die Ernährung von großer Bedeutung. Gewebte Gewänder lösen die Fellbekleidung ab.

Jüngere Phasen dieser Kulturen sind in **El-Omari** bei Helwan und **Maadi** bei Kairo bezeugt. In *Oberägypten* zeigt der Fundplatz von **Deir Tasa (Mostagedda)** bei Assiut Friedhofbestattung mit in Fellen oder Matten eingehüllten Leichen in Hockerstellung, dazu Beigaben (u.a. Schminkpaletten).

ab 4000 Besser bezeugt ist die bis nach Nubien verbreitete Kultur von **El-Badari** (südlich Assiut). Dörfer und Landwirtschaft sind ähnlich wie in Unterägypten, doch werden die Toten wie in Deir Tasa außerhalb der Siedlung bestattet.

um 3600 Die **Negade-I-** oder **El-Amra-Kultur** (El-Amra bei Abydos) ist nach dem großen Friedhof von Negade (Nakada, nördlich von Luxor) benannt. Insgesamt sind aus beiden Negade-Kulturen bisher über 15 000 Gräber in 50 Plätzen nachgewiesen, Siedlungsreste aber erst in geringer Zahl freigelegt.

Zu den Grabbeigaben gehören rotpolierte Tongefäße mit weißer Bemalung (vor allem Tierdarstellungen), Tonfiguren von Menschen und Tieren, ebenso Elfenbein-Figuren und tiergestaltige Schminkpaletten aus Schiefer.

um 3200 Die **Negade-II-** oder **Girsa-Kultur** breitet sich über das ganze Land aus. In der Keramik treten neben sogenannten Wellenhenkelgefäßen, die auch in Palästina bezeugt sind, rotbraun bemalte Gefäße mit reichem Bildschmuck hervor (Schiffe, Standarten, Tiere, tanzende Frauen, offenbar Szenen aus der Bestattung des Toten). Auf Gräber und Beigaben wird größere Sorgfalt verwendet; insbesondere die Steingefäße erreichen hohe Vollendung, wobei auch Hartgesteine wie Diorit und Granit verwendet werden. Die neue Technik der ägyptischen *Fayence* wird für kleine Gefäße, Schmuck und Amulette angewandt. Die Schminkpaletten erhalten eine Dekoration im Relief.

Religion und Kultur der Frühzeit

In der **Religion** der Frühzeit werden Götter in Gestalt von Tieren und von Dingen *(Fetisch)* verehrt. Besonders treten Falke (später der Gott *Horus*), Löwe, Stier und Kuh hervor, auch Tierbestattungen bezeugen die Verehrung heiliger Tiere; menschengestaltige Gottheiten fehlen noch. Vorstellungen über das Fortleben im Jenseits sind bereits reich entwickelt, wie die große Sorgfalt für Gräber und Beigaben zeigt. Die altägyptische **Sprache** bildet einen besonderen Zweig der hamito-semitischen Sprachgruppe. Sie wird mit der um 3000 erfundenen, bildhaften **Hieroglyphenschrift** geschrieben, in der Wort-, Silben- und Konsonantenzeichen nebeneinander benutzt, aber keine Vokale geschrieben werden. Neben dieser Monumentalschrift steht von Anfang an eine verkürzte Buchschrift (*Hieratisch*, später das noch kursivere *Demotisch*). Die Entzifferung gelingt nach vielen vergeblichen Versuchen 1822 dem Franzosen Jean François Champollion mit Hilfe des dreisprachigen (griechisch-hieroglyphisch-demotischen) *Steins von Rosette*, der während der ägyptischen Expedition Napoleons I. 1799 gefunden wird (jetzt im Britischen Museum, London). Der ägyptische **Kalender** beruht seit Beginn der geschichtlichen Zeit auf einem *Sonnenjahr* zu 365 Tagen ($12 \times 30 + 5$ Tage). Da es keine Schaltjahre gibt, verschiebt sich das ägyptische Jahr gegenüber dem julianischen alle vier Jahre um einen Tag. Der Neujahrstag fällt theoretisch mit dem Beginn der Nilüberschwemmung (Mitte Juli) und dem Frühaufgang des Sirius (ägyptisch Sothis) zusammen; Datierungen des Frühaufgangs nach dem ägyptischen Kalenderjahr (*„Sothisdaten"*) lassen daher den Grad der Verschiebung gegenüber dem julianischen Jahr erkennen und bilden wichtige Fixpunkte der absoluten Chronologie. Daneben wird im Kult und für Feste immer wieder auch ein *Mondkalender* verwendet, und die überlieferten Monddaten erlauben weitere Festlegungen der Chronologie, für die man jedoch vor 2134 (11. Dynastie) noch mit Unsicherheiten von mehreren Jahrzehnten rechnen muß. Eine fortlaufende Jahreszählung *(Ära)* gibt es in Altägypten nicht, man datiert im Alten Reich nach *Steuer-Erhebungen* (meist alle zwei Jahre), dann nach *Regierungsjahren* der Könige.

ca. **3000** Die erste Vereinigung der „Beiden Länder" von Ober- und Unterägypten ist ein Prozeß,
–**2900** der sich über mehrere Generationen hinzieht. Die frühen Schriftdenkmäler dieser Zeit geben die Namen von oberägyptischen Königen („Skorpion", Narmer, Aha), die eine spätere Überlieferung (seit etwa 1500 v.Chr.) in der legendären Gestalt des Reichseinigers **Menes** zusammenfaßt.

ca. **2900** Auf den hellenistisch gebildeten Priester *Manetho* (um 280 v.Chr.) geht die Einteilung der ägyptischen Könige in 30 „Dynastien" und die Bezeichnung der Herrscher der **1. und**
–**2640** **2. Dynastie (Frühzeit)** als „Thiniten" zurück, wegen ihrer Herkunft aus dem „Gau" von *Thinis* in Oberägypten. Dort, bei *Abydos*, liegen die Königsgräber der 1. Dynastie, seit Aha weitere Grabanlagen in *Sakkara*, dem Friedhof von *Memphis* (bei Kairo), das allmählich zur bevorzugten Königsresidenz wird. Auf den „Annalentäfelchen" begegnet seit König

Ägypten – Altes Reich   65

Aha (um 2900) die offizielle Kennzeichnung der Jahre durch besondere Ereignisse, die Bauten, kultische Funktionen, aber auch Kämpfe mit den Nachbarn im Norden (Sinai und Westdelta) und Süden (Nubien) betreffen. Die Schrift wird zunächst nur für kurze Beischriften verwendet, die zusätzliche Informationen zur bildlichen Darstellung geben und zugleich als Mittel dienen, Ereignisse in Raum und Zeit festzulegen. Die reichverzierten Prunkschminktafeln verschwinden nach der Reichseinigung, während die Blüte der formenreichen Steingefäße weiterdauert; daneben Grabstelen der Könige und Steinplastiken von Königen, Beamten und Tieren. Die Bauten werden noch nicht aus Stein, sondern aus Nilschlamm-Ziegeln aufgeführt.

um 2690 König *Peribsen* ersetzt den Königsgott Horus vorübergehend durch Seth; die religiösen und
–2675 politischen Auseinandersetzungen beendet *Cha-sechemui*, in Zukunft gilt der König als
um 2670 Verkörperung von Horus und Seth in einer Person. „Vermenschlichung der Mächte", erste
–2640 Götter in Menschen- oder Mischgestalt (Tierkopf und Menschenleib). Ägyptische Handelsbeziehungen sind jetzt bis nach Byblos im Libanon bezeugt.

Das Alte Reich (2640–2160)

um 2640 Mit der **3. Dynastie,** von *Nebka* und *Djoser* begründet, beginnt das Alte Reich (3.–6. Dyna-
–2575 stie) oder die *Pyramidenzeit.* König Djoser und sein Bauleiter Imhotep gestalten erstmals das Königsgrab als Pyramide (Stufenpyramide von Sakkara) und gehen damit zum monumentalen Steinbau über; gleichzeitig entstehen die erste lebensgroße Steinplastik (Djoser-Statue) und die ersten längeren Inschriften (Beamten-Biographien, dazu älteste, nicht erhaltene Weisheitslehre, die Imhotep zugeschrieben wird). Sinai und Unternubien werden jetzt regelmäßig von Expeditionen durchzogen, um Gold, Kupfer, Türkis und andere wertvolle Steine zu holen. Die Nachfolger des Djoser errichten weitere, unfertige Stufenpyramiden.

um 2575 Die Könige der **4. Dynastie** gestalten die Form der Stufenpyramide zur „echten" Pyramide
–2465 um. *Snofru* errichtet die beiden Steinpyramiden von Dahschur; *Cheops* (ägypt. Chufu),
Chephren (ägypt. Chafre) und *Mykerinos* (ägypt. Menkewre) bauen die Pyramiden von Gisa
um 2540 (Giseh) bei Kairo; mit 147 m Höhe und etwa 2,6 Mio. cbm Mauerwerk ist die **Cheops-Pyramide** (Bauleitung: Prinz Hemiun) das größte Bauwerk des Altertums. Chephren errichtet neben dem Aufweg zu seiner Pyramide den monumentalen *Sphinx* von Gisa (Giseh). Zu den Pyramidenanlagen gehören außer dem Aufweg noch ein Tal- und ein Totentempel für den Kult, ferner Totenschiffe und Nebenpyramiden für Königinnen; um sie herum liegen die Gräber der hohen Beamten in Form der *Mastaba* („Steinbank").

Die Grundstrukturen des Alten Reiches

In den Pyramiden spiegelt sich der streng zentralistische und hierarchisch gestufte **Aufbau des Staates,** mit dem König (*Pharao* = „das größte Haus") und seinen nächsten Angehörigen an der Spitze. Die Stelle des obersten Ministers *(Wesir)* wird zunächst nur mit Prinzen besetzt; der Wesir ist zugleich oberste Instanz für die Rechtsprechung. Ein eigener Priesterstand existiert noch nicht, und die Verwaltung der Provinz erfolgt nicht durch Gaufürsten, sondern durch die Leiter der königlichen Domänen, in denen die Steuer-Abgaben (Korn und Vieh, keine Geldwirtschaft) gestapelt werden. Sklaverei ist nicht belegt; die gewaltigen Bauleistungen, dazu Expeditionen und Kriegszüge werden durch Dienstverpflichtung eines großen Teiles der Bevölkerung ermöglicht. In der **Religion** tritt der Sonnengott *Re* (Ra) in den Vordergrund, der König nimmt den neuen Titel „Sohn des Re" an und benutzt als Thronnamen in der Regel eine Aussage über diesen Gott. Die Totengebete richten sich vor allem an den Gott *Anubis,* der für die Einbalsamierung des Körpers zuständig ist; diese wird jetzt zur vollendeten Technik der *Mumifizierung* gesteigert. Die strenge Ausrichtung der Pyramiden und ihrer Eingänge nach Norden weist auf die Vorstellung eines Jenseits am Himmel, unter den „niemals untergehenden" Sternen in der Nähe des Himmelspols.

um 2465 Die **5. Dynastie** errichtet bescheidenere Pyramidenanlagen, daneben aber zu Ehren des Re
–2325 große *Sonnenheiligtümer* mit einem aufgemauerten *Obelisk.* Die Kulträume der königlichen wie der Beamtengräber (z. B. Ti, Ptahhotep) sind reicher als bisher gegliedert und ausgestattet (bemaltes Relief, Szenen aus Landwirtschaft, Jagd und Handwerk). Außenpolitisch weiteres Ausgreifen: erste gesicherte Fahrten über das Rote Meer nach *Punt,* Beziehungen bis Kleinasien und Ägäis. In der Religion Hervortreten des *Osiris,* der zum Herrscher eines unterweltlichen Totenreiches wird; mit ihm verbunden wird die Idee eines jenseitigen Gerichts über alle Toten.

um 2355 Seit König *Unas* werden die Innenräume der Pyramiden beschriftet (Pyramidentexte als
–2325 ältestes Corpus religiöser Sprüche, beschreiben den Aufstieg des Königs zu den Göttern und seinen Schutz gegen Gefahren und Entbehrungen des Jenseits). Gleichzeitig älteste er-

66   Altertum – Hochkulturen Ägyptens, des Vorderen Orients und Italiens

haltene Weisheitslehren (vor allem Ptahhotep) mit pragmatischen Anweisungen für das Verhalten in bestimmten Lebenssituationen.

um 2325 –2160   Mit der **6. Dynastie** endet die Blütezeit des Alten Reiches. Zunehmende politische und soziale Unruhe, Kämpfe in Nubien, Palästina und Sinai, im Inneren Erstarken lokaler Machthaber (Gaufürsten) und rege Bautätigkeit außerhalb der Residenz. Die wachsenden Aufgaben der Verwaltung übersteigen die Möglichkeiten des bisherigen patriarchalischen Systems, Steuerbefreiungen bürden dem königlichen Schatzhaus zu große Lasten auf, und eine neue Trockenperiode verstärkt die wirtschaftlichen Probleme. Religiös erlebt der Ägypter das Geschehen als Trübung und Zerstörung der vom Schöpfergott gesetzten Welt-

um 2254 –2160   ordnung. Nach der extrem langen Regierung (94 Jahre) von *Phiops II.* und einer raschen Folge ephemerer Herrscher verliert das göttliche Königtum seine bisherige Autorität, der Staat bricht auseinander.

um 2134 –2040   **Erste Zwischenzeit,** die sich mit dem allgemeinen Umsturz geistig auseinandersetzen muß und zu einer Blüte der ägyptischen Literatur führt („Klagen des beredten Bauern", „Gespräch eines Lebensmüden mit seiner Seele", „Mahnworte des Ipuwer", Lehre für Merikare). Dagegen sinkt die bildende Kunst auf provinzielles Niveau herab, es fehlen die zentralen königlichen Werkstätten, denn das Land ist in zwei Teilreiche gespalten: die **9./ 10. Dynastie** von *Herakleiopolis* (bei Beni Suef) im Norden, die **11. Dynastie** von *Theben* (heute Luxor) im Süden, dazu weitere selbständige Gaufürsten. Bisherige königliche Vorrechte werden von den Gaufürsten und ihren Beamten übernommen, aus den königlichen Pyramidentexten gehen die für jeden Verstorbenen bestimmten Sargtexte hervor.

Das Mittlere Reich (2040–1650)

Um 2040   Nach wechselvollen Kämpfen in Mittelägypten gelingt *Mentuhotep I.* (2061–2010) von Theben aus die neue Einigung des Landes. Mit *Theben* erlangen sein Gott *Amun* und sein Haupttempel in *Karnak* (bei Luxor) zentrale Bedeutung für die ägyptische Religion. Damit Beginn des Mittleren Reiches: neue Blüte der bildenden Kunst neben einer bedeutenden Literatur (Erzählung von *Sinuhe,* Märchen, Lehren, Hymnen) und Wissenschaft (vor allem medizinische und mathematische Texte); der Seeverkehr nach Byblos, Kreta und Punt wird wiederaufgenommen.

1991–1785   In der **12. Dynastie,** von *Amenemhet I.* (1991–1962) begründet, wird die politische Stabilität durch Mitregentschaft des Thronfolgers gesichert. Die Residenz liegt wieder im Norden, bei *El-Lischt* (südlich Kairo), besondere Aufmerksamkeit gilt der Oase *El-Fajum* zwischen Nil und Mörissee (heute Karun-See), wo neues Fruchtland gewonnen wird. Dort

1897–1878   liegen auch einige der königlichen Grabpyramiden. *Sesostris II.* (ägypt. Senwosret) gibt die bisherige Nord-Orientierung der Pyramiden auf; damit verlagert sich auch das königliche Jenseits in die Unterwelt des Osiris, dessen Kultstätte in *Abydos* zu einem religiösen Mittelpunkt des ganzen Landes wird (jährliche Festspiele unter Leitung der höchsten Beamten). Im Zusammenhang mit dieser Entwicklung steht das Hervortreten neuer Formen in der Kunst (*Skarabäus, Uschebti-Figuren* in Mumiengestalt, Würfelhocker) und eine besonders ausdrucksvolle Königsplastik unter *Sesostris III.* (1878–1841) und *Amenemhet III.*

1878–1797   (1844–1797). Das nubische Gebiet zwischen 1. und 2. Katarakt wird auf Dauer besetzt und durch starke Festungsbauten gesichert (Buhen, Semna, Uronarti u. a.). Mit Vorderasien meist friedliche Beziehungen, Byblos und sein Hinterland stehen ganz unter ägyptischem Einfluß. Straffe, zentrale Verwaltung im Inneren, Sesostris III. beseitigt das Gaufürstentum. Asiatische Sklaven und Söldner spielen zunehmend eine Rolle.

1785–1650   Neue Verfallszeit: **13. Dynastie** mit rasch wechselnden Herrschern, darunter einige mit asiatischem Namen; daneben Kleinkönige im Delta als **14. Dynastie.** Rückzug aus Nubien, wo ein selbständiger Staat mit der Residenz Kerma entsteht.

Die Herrschaft der Hyksos (1650–1551)

um 1650   Ägypten gerät unter die Herrschaft der **Hyksos** (ägyptisch hekau-chasut „Fremdlandherrscher"), einer vielleicht durch churritische Elemente verstärkten semitisch-kanaanäischen Stammesgruppe, die den von Pferden gezogenen Streitwagen in das Niltal einführt. Ihre Residenz liegt in *Avaris* (Ostdelta), von wo sie außer Ägypten auch Syrien und Palästina beherrschen. Die Namen der Hyksoskönige **(15./16. Dynastie)** und ihrer Beamten erscheinen vor allem auf *Skarabäen,* die jetzt zur beliebtesten Amulett-Form werden. Ägypten beginnt, sich für kulturelle Einflüsse aus Vorderasien zu öffnen. Die Fremdherrscher werden nominell auch in Oberägypten anerkannt, wo sich die lokalen Fürsten von Theben **(17. Dynastie)** jedoch als legitime Nachfolger der 13. Dynastie fühlen.

um 1560   Offene Auflehnung gegen den Hyksoskönig *Apophis I.* (ägypt. Apopi; Ipepi) durch Sekenenre und seine Söhne Kamose und Ahmose.

1551   *Ahmose* (1551–1526) wird zum Begründer des Neuen Reiches.

Das Neue Reich (1551–1070)

1551–1306	Der **18. Dynastie** gelingt unter Ahmose die Eroberung von Avaris und die Vertreibung der Hyksos, dazu die Wiedergewinnung des nubischen Gebietes.
1505–1493	*Thutmosis I.* (ägypt. Dhutmose) greift im Norden bis zum Euphrat, im Süden bis zum 4. Katarakt aus; ganz Syrien, Palästina und Nubien unter ägyptischer Oberhoheit. In Nubien wird eine Kolonialverwaltung unter einem Vizekönig („Königssohn von Kusch") eingerichtet, in Syrien-Palästina stützt sich Ägypten auf die loyalen Stadtfürsten, denen ägyptische Schreiber und Offiziere zur Seite stehen. Dazu rege Beziehungen mit Kreta und Punt (Expedition der Königin Hatschepsut 1482, in ihrem Totentempel von *Deir el-Bahari* dargestellt). Residenz ist zunächst *Theben,* doch gewinnt daneben *Memphis* als militärisches Hauptquartier an Bedeutung. Für Ober- und Unterägypten je ein Wesir an der Spitze der Verwaltung. Durch bedeutende Zuwendungen und Bauten der Könige werden der Amuntempel von Karnak und seine Priesterschaft zum überragenden Machtfaktor. Seit Thutmosis I. werden die Königsgräber als Felsgräber im *Tal der Könige* (bei Luxor) angelegt, die Pyramidenform ist aufgegeben; zugleich als neues Dekorations-Element die illustrierten Unterweltsbücher (systematische Beschreibungen des Jenseits). Für die Beamten prächtig ausgemalte Gräber und Beigabe von Totensprüchen auf Papyrus (Totenbuch).
1490–1468	Nach der friedlichen Regierung der ältesten Tochter Thutmosis' I., *Hatschepsut* kämpft ihr
1490–1436	Stiefsohn und Mitregent *Thutmosis III.* auf zahlreichen Feldzügen in Syrien und Palästina mit dem aufstrebenden Mitannireich und seinen Verbündeten.
1468/1458	Ägyptischer Sieg bei Megiddo südwestlich von Nazareth (1468); Vorstoß zum Euphrat bei Karkemisch (1458).
1438–1412	sein Sohn *Amenophis II.* (ägypt. Amenhotep) behauptet in langen Kämpfen die Orontes-Grenze und rühmt sich gewaltiger Sportleistungen (Bogenschießen, Rudern).
1412–1364	Unter *Thutmosis IV.* (1412–1402) führen Vorstöße der Hethiter nach Nordsyrien zu einem Friedensvertrag zwischen Ägypten und den Mitanni, gefolgt von einem Heiratsbündnis unter *Amenophis III.* (1402–1364), dessen Hauptgemahlin die bedeutende *Teje* ist. Blütezeit der Malerei (Gräber des Nacht und des Menena, Palast von El-Molgata) und Tendenz zum Kolossalen in Baukunst und Plastik (Memnonskolosse, Tempel von Luxor und Soleb). Rege diplomatische Aktivitäten und Handelsbeziehungen mit den nördlichen Nachbarstaaten von Kreta bis Babylonien (Keilschrift-Archiv von El-Amarna). In der Religion verstärkt sich die Dominanz des Reichsgottes *Amun* weiter, unter Amenophis III. findet der populäre Tierkult auch am Königshof Eingang.
1364–1347	Unter seinem Sohn *Amenophis IV.* (nach seinem Gott **Echnaton** genannt) Reaktion gegen diese Tendenzen, zunächst unter dem Einfluß seiner Mutter Teje und seines Erziehers *Aja*
seit ca. 1361	(Eje). Tiefgreifende Revolution in Religion, Kunst und im staatlichen Leben.

Die Umwälzung unter Amenophis IV.

Der Reichsgott Amun und die anderen bisherigen Götter werden durch den alleinigen Gott **Aton** ersetzt, der im Bild der strahlenden Sonne verehrt wird; damit erster **Monotheismus** der Geschichte, mit dem König als alleiniger Mittler zwischen Gott und den Menschen. Zugleich neue Residenz in Mittelägypten *(Achetaton* bei El-Amarna, daher *Amarnazeit)* und Änderung des Königsnamens in *Echnaton.* Neue Schriftsprache (Neuägyptisch) und freierer, bewegterer Kunststil mit eigenwilliger, oft kühner Ikonographie. Später Verfolgung der alten Kulte, Bilderzerstörungen in großem Ausmaß. Der Mythos von den Göttern wird durch die Schilderung im *„Sonnengesang"* Echnatons ersetzt, dazu der liebevolle Umgang des Königs mit seiner Gemahlin *Nofretete* und seinen sechs Töchtern zur Schau gestellt. Der Revolution ist jedoch keine Dauer beschieden, noch unter Echnaton erfolgt eine Milderung der extremsten Formen.

1347–1306	Unter dem unmündigen Schwiegersohn von Amenophis IV., *Tutenchamun* (1347–1338), wird die Residenz Achetaton aufgegeben und nach *Memphis* verlegt, während das Königsbegräbnis weiter in Theben erfolgt (Grabschatz des Tutenchamun, noch stark von der Amarnazeit beeinflußt). Versuch eines Ausgleichs mit den alten Kulten, der alleinige Aton wird durch die *Dreiheit Amun – Re – Ptah* ersetzt, auch die anderen Götter und der Tierkult sind wieder anerkannt. Ende der 18. Dynastie mit *Haremhab* (1333–1306), der zuerst als General, dann als König versucht, die in der Amarnazeit gegen die Hethiter verlorenen Positionen in Syrien und Palästina zurückzugewinnen.
1306–1186	Die **19. Dynastie** wird von *Ramses I.* (1306–1304), einem Offizier Haremhabs, und seinem Sohn *Sethos I.* (1304–1290) begründet. Jetzt offizielle Reaktion auf die Amarnazeit; das

68   Altertum – Hochkulturen Ägyptens, des Vorderen Orients und Italiens

Andenken Echnatons und seiner Nachfolger wird verfolgt, nur Haremhab gilt als legitim. Der Amuntempel von Karnak wird durch neue Zuwendungen und Bauten entschädigt (großer Säulensaal). Außer seinem gewaltigen Felsgrab im Tal der Könige errichtet Sethos I. noch ein Zweitgrab mit prächtigem Tempel in Abydos und beginnt mit der Anlage einer neuen Residenz im Ostdelta *(Ramses-Stadt)*.

1285   Unentschiedene Schlacht von *Kadesch:* schwere Kämpfe mit den Hethitern unter *Ramses II.* (1290–1224).

1270   Nach langen Verhandlungen Abschluß eines Friedensvertrags mit dem hethitischen König *Hattusilis III.*, der die beiderseitigen Interessensphären in Syrien abgrenzt, dazu späteres Heiratsbündnis.
Geistig-kulturell Öffnung Ägyptens gegen Vorderasien, das geradezu Mode wird (Lehnwörter, Kleidung, Küche, Dichtung und Musik, asiatische Götter). Gewaltige Felsentempel von *Abu Simbel, Ramesseum* in Theben). In Memphis kümmert sich Prinz *Chaemwese* um die Erhaltung alter Denkmäler, die jetzt als Sehenswürdigkeiten gelten.

1224   Nach dem Tod Ramses' II. besteigt *Merenptah* (1224–1214) den Thron.

1219   Er siegt bei *Buto* über Libyer und die Seevölker (Peleset; spätere *Philister*).
Auch in Nubien Kämpfe, und gegen Ende der Dynastie schwere innere Auseinandersetzungen (Usurpator *Amenmesse*, Königin Tausret mit ihrem asiatischen Minister Bija).

1186–1070   **20. Dynastie,** in der die Nachfolger des Dynastiegründers *Sethnacht* alle den Namen *Ramses* tragen.

1184–1153   *Ramses III.* gelingt es, die Libyer sowie die Philister und anderen Seevölker in mehreren getrennten Schlachten zu besiegen, die Kriegsgefangenen werden als Söldner in Dienst genommen. Letzte große Bauten des Neuen Reiches (Tempel von Medinet Habu), aber die umfangreichen Akten der thebanischen Handwerker-Siedlung von Deir el-Medine berichten von wachsender wirtschaftlicher Not, Korruption und sogar Streiks. Mit persönlicher Frömmigkeit, die auf die Hilfe der Götter vertraut, sucht man der Rechtsunsicherheit zu begegnen, greift aber auch zu Magie und zu scharfer Satire.

1153–1070   Nach der Ermordung des Königs rascher Verfall der ägyptischen Macht unter den letzten Ramessiden; Palästina (das Land, wo sich die Philister niedergelassen haben) und Nubien werden aufgegeben, dazu Bürgerkrieg in Oberägypten, der mit der Errichtung einer *Theokratie* der Amuns-Priesterschaft endet.

1070–945   Die Könige der **21. Dynastie** residieren in *Tanis* (Ostdelta), weitgehende Selbstverwaltung Oberägyptens durch die Hohenpriester des Amun. Die Bautätigkeit erlahmt, dafür Blüte der Sarg- und Buchmalerei und des Bronzegusses. Orakelentscheidungen des Amun und anderer Götter regeln rechtliche und sogar politische Fragen.

945–722   Der libysche Söldnerführer *Scheschonk I.* (945–924) begründet die **22. Dynastie,** von nun an steht Ägypten kontinuierlich unter Fremdherrschern, die sich jedoch meist der überlegenen ägyptischen Kultur anpassen. Wieder aktive Außenpolitik, größere Bautätigkeit. Oberägypten wird von Verwandten des Königshauses regiert, auch im übrigen Land wachsende Selbständigkeit lokaler Machthaber.

926   Zug nach Palästina und Plünderung Jerusalems.

808–715   Abspaltung der **23. Dynastie** und Zerfall des Landes in kleine Machtgebiete; die letzten Könige der 22. Dynastie werden nur noch im Ostdelta anerkannt.

seit ca. 740   Während Oberägypten unter den Einfluß der nubischen Könige von *Napata* (am 4. Katarakt) gerät, versucht der libysche Kleinkönig *Tefnacht* von Sais aus eine Einigung, wird aber von *Pianchi*, König von Kusch [Nubien], besiegt.

712/711   Sein Sohn *Bokchoris* (**24. Dynastie**) unterliegt *Schabaka*, dem Bruder des Pianchi.

712–664   Ägypten wieder geeint unter den nubischen (oder „äthiopischen", nach den antiken Quellen) Königen der **25. Dynastie.** Sie geben sich als fromme Amun-Anhänger; Kunst und Kultur orientieren sich an den älteren Blütezeiten; getreue Kopien alter Texte, aber dazu eine neue, realistische Bildniskunst. Die königlichen Grabbauten bei Napata kehren zur Pyramidenform zurück.

690–664   *Taharka*, ebenfalls ein Sohn Pianchis, entfaltet eine rege Bautätigkeit (Säulenhallen im Tempel von Karnak), wird aber von den Assyrern aus Ägypten vertrieben.

671   Die Assyrer unter *Assarhaddon* erobern den Norden Ägyptens.

666   Unter *Assurbanipal* assyrisches Vordringen bis Theben.
Die Nachfolger des Taharka behalten die Herrschaft über Nubien (Reich von *Meroë*, Residenz zunächst noch Napata). *Necho I.* von Sais (672–664) und sein Sohn *Psammetich I.* unterstützen anfangs die Assyrer, machen sich dann aber unabhängig.

664–525   Sie begründen die **26. Dynastie** mit der Hauptstadt *Sais*, daher Saiten genannt. In Oberägypten vollzieht sich der Übergang von der nubischen zur saitischen Herrschaft friedlich, formell untersteht das Gebiet einer „Gottesgemahlin" aus dem Königshaus, die ihr Amt durch Adoption weitergibt.

664–610   *Psammetich I.* beseitigt den Feudalismus der libyschen Kleinkönige und stützt sich vor allem auf ionische und karische Söldner, Öffnung des Landes für griechischen Einfluß (von

Milet gegründete Kolonie *Naukratis* im Westdelta). Archaisierende Kunst mit Werken von hervorragender Qualität. Hieratisch wird von Demotisch als neuer Kanzleischrift abgelöst. In der Religion treten statt des Amun jetzt die Gottheiten des Osiris-Kreises in den Vordergrund; phönizischer und griechischer Handel verbreitet ägyptische Formen und Vorstellungen über das ganze Mittelmeergebiet.

seit 616	Psammetich unterstützt die Assyrer in ihrem Endkampf gegen Babylonier und Meder.
610–595	Sein Sohn *Necho II.* kämpft in Palästina und Syrien.
605	Necho II. wird bei *Karkemisch* am Euphrat von dem damaligen babylonischen Kronprinzen und späteren Herrscher *Nebukadnezar II.* geschlagen, kann aber einen Vorstoß der Babylonier nach Ägypten verhindern. – Ein erster Kanal zwischen Nil und Rotem Meer bleibt unvollendet, und die Geschichtlichkeit der ersten Umsegelung Afrikas unter Necho ist umstritten.
595–589	Unter *Psammetich II.* Feldzug in Nubien.
589–570	König *Apries* kämpft gegen die Babylonier unter Nebukadnezar II.
586	Nach dem *Fall Jerusalems* suchen der Prophet *Jeremia* und viele andere Juden Zuflucht in Ägypten, auf der Nilinsel Elephantine bei Assuan entsteht eine jüdische Militärkolonie (Fund von aramäischen Papyri). Auf einem Feldzug gegen die griechische Kolonie *Kyrene*
570–526	in Libyen wird *Amasis* (570–526) zum König erhoben. Enge Beziehungen zu den Inselgriechen, mit Kyrene Freundschaftsvertrag und stabile Friedenszeit, die durch das Vordringen der Perser beendet wird.
525 Mai	Nach kurzer Regierung wird *Psammetich III.* vom Perserkönig *Kambyses* bei *Pelusium* geschlagen und entthront.
525–404	Ägypten ist Provinz *(Satrapie)* des **persischen Reiches,** behält aber eine gewisse Selbstverwaltung und die Religionsfreiheit. Die Ablehnung der neuen Fremdherrscher schürt den verbreiteten Fremdenhaß, führt zu stärkerer Isolierung und fördert bizarre Auswüchse der Frömmigkeit (Tierkult, Verehrung von Osiris-Reliquien, Speisetabus). Mehrfach Aufstände gegen die persische Herrschaft mit griechischer Waffenhilfe, die durch den *Kallias-*
449	*frieden* beendet wird; kurz danach bereist *Herodot* das Land.
404	*Amyrtaios* von Sais gelingt es, Ägypten wieder unabhängig zu machen.
404–343	**Letzte** (28.–30.) **einheimische Dynastien.** Erfolgreiche Abwehr der Perser durch *Hakoris* (393–380) mit Hilfe griechischer Söldner. König *Tachos* (362–360) stößt sogar nach Syrien vor.
343 Herbst	Dem Perserkönig *Artaxerxes III.* gelingt die erneute Unterwerfung Ägyptens; der letzte Pharao, *Nektanebos II.*, flieht nach Nubien.
332	Eroberung Ägyptens durch *Alexander d. Gr.* und Hellenisierung des Landes als Teil des makedonischen Reiches. Gründung von *Alexandreia* (Alexandria) als neuer Residenz, aber Anerkennung der alten Kulte und der religiösen Zentren (Bauarbeiten in Karnak und anderen Tempeln, Zug zur Oase Siwa). – *(Forts. S. 158)*

Babylonien und Assyrien

Babylonien ist das Schwemmland des *Euphrat* und *Tigris* etwa von *Bagdad* an südwärts, das wegen unzureichenden Regens auf künstliche Bewässerung unter Ausnutzung des Frühjahrshochwassers der Flüsse angewiesen ist. Überall da, wo ein geordnetes Staatswesen das stets von Versandung bedrohte Kanalsystem in Ordnung hält, ist es sehr fruchtbar. Die durch mitgeführte Sinkstoffe immer weiter nach Südosten vorgeschobene Mündung der Flüsse liegt in alter Zeit noch nördlich von Basra, ja im 4. Jt. liegen auch *Ur* und *Eridu* (südlich von Nasirija) an der Lagune des Persischen Golfs. Der Unterlauf beider Flüsse ist häufigen Veränderungen unterworfen.
Assyrien ist das Land beiderseits des Tigris von dessen Austritt aus dem Gebirge bis etwa Samarra; sein Klima ist etwas rauher, aber regenreicher. Anders als Ägypten haben beide Länder ungeschützte offene Grenzen gegen die Steppe und Wüste im Westen und das *Zagrosgebirge* im Osten. Das fruchtbare und wohlhabende Land lädt Wüstennomaden und Bergbewohner zu dauernden Raubzügen ein, die nur ein starker Staat abwehren kann. Das Bestreben, dem Fruchtland Sicherheitszonen vorzulagern, und die Rohstoffarmut (in Babylonien findet sich selbst Kalkstein nur selten in erreichbarer Tiefe) führen immer wieder zur Eroberungspolitik. Weitausgreifende Handelsbeziehungen sind neben dem Handwerk die Voraussetzung für den Wohlstand und jede höhere Kultur. Durch wiederholte Einbrüche anderer Völker sind die Schicksale beider Länder recht wechselvoll; im Gegensatz zu Ägypten ist die kulturelle Entwicklung weniger einheitlich.
Das westlich angrenzende Steppenland **Mesopotamien** zwischen mittlerem Euphrat und Südarmenien ist nur selten Mittelpunkt eines Reiches; städtische Kultur gibt es nur in den mäßig fruchtbaren Flußtälern.
Gegen Ende des **Frühneolithikums (Frühe Jungsteinzeit)** etwa im 6. Jt. werden in Assyrien und Mesopotamien die frühesten Siedlungen beobachtet. Babylonien wird, vor allem wohl von Norden her, erst

70 Altertum – Hochkulturen Ägyptens, des Vorderen Orients und Italiens

während des **Altneolithikums** etwa nach 5000 besiedelt, weil der Mensch erst nach und nach lernt, die im Schwemmland immer wieder von neuem notwendigen *Ent-* und *Bewässerungsarbeiten* durchzuführen. Welche Völker vor etwa 3200 den mesopotamischen Raum besiedeln, wissen wir nicht. Über ihre noch schriftlosen Sprachen läßt sich den alten Ortsnamen und den aus ihnen in das *Sumerische* und die *semitischen Sprachen* übernommenen Wörtern einiges entnehmen; gesicherte Schlüsse sind aber noch nicht zu ziehen.

Folgende nicht überall scharf gegeneinander abzugrenzende Kulturen heben sich vor allem heraus:

um 5000 –4400 In Assyrien die nach **Tell Hassuna** (bei Mossul) genannte Kultur (in Syrien gleichzeitig die *Amuk-Kultur*). Sie übernimmt aus Nordwestiran den Ackerbau und mit ihm den Pflug, ebenso wohl die dörflichen Siedlungsformen (Schilfhütten und Holzhäuser mit Stampflehmfundamenten). Angebaut werden Gerste, Emmer, Einkorn und Hülsenfrüchte; Haustiere sind Schafe, Ziegen, Rinder, Schweine und Hunde. Zu Geräten aus Ton und Stein treten manchmal Messer aus Obsidian. Außer einer groben Gebrauchskeramik gibt es eine feinere Ware mit schwarzen, einfachen Malmustern. In *Tell es-Sauwan* bei *Samarra* fand man in Häusern und Gräbern auch grob modellierte Alabasterstatuetten mit eingelegten Augen.

um 4400 –3700 In Assyrien und Nordmesopotamien die **Tell-Halaf-Kultur** (nach dem von Max von Oppenheim ausgegrabenen *Tell Halaf* bei *Ras el-Ain*). Weitere Fundorte sind u. a. *Schagir Bazar* südlich von *Amuda* und *Tell Arpatschija* bei Mossul. Die Stampflehmbauten haben jetzt öfter Bruchsteinfundamente. Die Häuser und die noch kleinen Heiligtümer haben meist rechteckige Grundrisse oder sind Rundbauten vom Bienenkorb-Haustyp teilweise mit rechteckigem Vorraum. Auf die Verehrung einer Muttergöttin ähnlich der späteren Ischtar weisen schwarz bemalte Tonfigürchen nackter Frauen mit sehr ausgeprägten Geschlechtsmerkmalen. Auf einen Gott in Stiergestalt (Mondgott?) deuten Stierfigürchen und die meist stark vereinfacht gezeichneten Stierschädelmotive auf den oft zweifarbig bemalten Tongefäßen. Neben geometrischen Motiven finden sich auf fein gearbeiteten Schalen Rosettensymbole (für die Muttergöttin) und lange Tierreihen, jedoch nur teilweise in naturalistischer Zeichnung.

Etwa in die gleiche Zeit anzusetzen ist die wohl aus Iran stammende **Samarra-Kultur** im Tigrisgebiet, die auch in Syrien beobachtet wird. Die durchweg nicht naturalistisch gezeichneten Figuren auf den bemalten Tongefäßen (Symboltier der Widder) sind meist laufende Tiere und Vögel, nur selten Menschen, mit Vorliebe in hakenkreuzförmiger Anordnung. Die Malereien weisen auf von der Halaf-Kultur abweichende religiöse Anschauungen eines anderen Volkes.

um 4200 –3800 In Babylonien die mittelneolithische **Eridu-Hadschi-Mohammed-Kultur** mit einer zweifarbig bemalten Keramik (meist geometrische Motive). Vom Regenfeldbau des Nordens müssen sich die Bewohner hier auf Bewässerung durch Kanäle umstellen, bei sorgfältiger Ausnutzung des knappen Acker- und Gartenlandes. Nahrungsgrundlage ist neben Gerste, Emmer und Hülsenfrüchten sowie dem Ertrag von Jagd, Fischfang und einer intensivierten Viehzucht der Anbau der aus Arabien eingeführten Dattelpalme. Die wichtigste Ölfrucht ist der Sesam. In Eridu wurden kleine Tempel aus ungebrannten Ziegeln gefunden. Die Siedlungen sind wohl durchweg noch dörflich.

nach ca. 3800 Neben Schmuck und Geräten aus Stein treten immer mehr solche aus Kupfer und selten Edelmetall. Die Jungsteinzeit anderer Gebiete geht damit in die **Kupfersteinzeit (Chalkolithikum)** über.

um 3700 –3300 Für die **El-Obed-Kultur** (nach dem *Tell el-Obed* bei *Ur*) ist eine andersartig bemalte Keramik (schwarz auf grün gebranntem Grund, Motive meist geometrisch) bezeichnend. Ähnlich bemalte kleine Tontiere und stark stilisierte Frauenfigürchen bezeugen den Kult des Mondgottes und der Muttergöttin in den allmählich größer werdenden Tempeln, die nun schon teilweise auf Hochterrassen liegen. Die Verwendung von Asphalt beim Bauen sowie Obsidian- und Kupfergeräte neben den alten Werkzeugen beweisen mannigfache Handelsbeziehungen zu Nachbargebieten. Einige Grabbeigaben deuten auf den Glauben an ein Fortleben nach dem Tode. Nach Skelettfunden gibt es viele Menschen mediterraner Rasse. Gegen Ende dieser Zeit wird in den archäologischen Funden eine Verarmung der Kultur erkennbar.

Die gleichzeitige Kultur in Assyrien und Mesopotamien wird wegen ihrer technisch ähnlichen Keramik ebenfalls *El-Obed-Kultur* genannt. Die vor allem in *Ninive* (Schicht V) und dem nördlich davon gelegenen *Tepe Gaura* beobachteten Malmotive sind aber andere und mannigfaltiger. Das Metall (auch Gold) spielt wegen der Nachbarschaft des metallreichen Armenien bereits eine größere Rolle für Werkzeuge und Schmuck. Die Tempelbauten in Tepe Gaura (rechteckig und rund) sind bedeutender als die des Südens und zeigen mit einem Langraum als Kultzella Grundrißgestaltungen, die für Assyrien kennzeichnend bleiben. Die Beziehungen zu Iran sind vielfältig, entziehen sich aber noch einer historischen Ausdeutung.

Übergang zur Frühgeschichte. Sumerer und Semiten (bis um 1450)

Die Daten vor etwa 2350 sind geschätzt (einige C-14-Daten), danach Spielräume von etwa 100 Jahren. Die Zeit 2100–1500 datiert man heute entweder nach einer „mittleren" oder der nach neuen Berechnungen wahrscheinlicheren „kurzen" *Chronologie,* die hier zugrunde gelegt ist (Unterschied 64 Jahre). Beide gehen aus von unvollständig erhaltenen Königslisten und nicht ganz eindeutigen Angaben über Mondfinsternisse und Konstellationen der Venus, die sich alle 56–64 Jahre wiederholen, außerdem von Synchronismen auch mit Ägypten, die aus Königsinschriften und Briefen zu entnehmen sind.

Nach etwa 3800 Besonders reichliche Regen in der Mitte des 4. Jt.s bewirken ein Ansteigen der Meere und damit Hochwasserkatastrophen im Tiefland, die Anlaß zur Entstehung der *Sintflutsagen* geben. In dieser Zeit werden aber auch Wüsten passierbar und Völkerbewegungen dadurch erleichtert. Wohl aus Nordwestafrika wandern semitisch sprechende *Nomaden* ostwärts

seit etwa 3300? und gelangen teilweise nach Mesopotamien und setzen sich dort (wohl wie später) teils durch Unterwanderung, teils als Eroberer fest. Eine spätere Überlieferung über diese Zeit ist nicht erhalten. Etwas später dringen Semiten auch nach Nordbabylonien ein.

nach 3300 Etwa in der gleichen Zeit müssen von Osten her die **Sumerer** nach Südbabylonien – vielleicht in mehreren Schüben – gelangt sein. Da kulturelle Beziehungen zur *Induskultur* bestehen und ihre agglutinierende, d. h. die Wortwurzeln nicht verändernde Sprache neben Anklängen an Turksprachen auch solche an die späteren Drawidasprachen Südindiens erkennen läßt, kommen sie vielleicht aus Indien. In eine Sprachfamilie läßt sich die, trotz einer gewissen Wurzelarmut, an Ausdrucksmöglichkeiten reiche Sprache noch nicht einordnen. Anthropologisch kann man auf Bildern des 3. Jt.s und an Skeletten einen grazilen, langschädligen Typ und einen gedrungenen, kurzschädligen (armenoiden) Typ unterscheiden.

ca. 3300 –3100 Für die Kulturen dieser Zeit tiefgreifender Wandlungen ergeben die Ausgrabungen noch kein klares Bild. Die Buntkeramik tritt ganz zurück. Dafür erscheinen neben sehr einfachen unbemalten Gefäßen solche mit einem grauen oder roten mattpolierten (engobierten oder geslipten) Farbüberzug. Von Südbabylonien aus verbreitet sich die Keramik dieser **Uruk-Kultur** weit nach Nordwesten. Die gleichzeitige Kultur Assyriens wird **Gaura-Kultur** genannt, weil bisher vor allem in *Tepe Gaura* festgestellt. Charakteristisch für sie sind Rechtecktempel mit fein gegliederten Fronten und eine motivreiche Siegelschneidekunst (vor allem Tierbilder auf Stempelsiegeln).

um 3100 –3000 Im damals wohl schon sumerischen Südbabylonien entsteht die **älteste Hochkultur.** Neben die kleineren Hochterrassentempel treten in *Uruk* nun monumentale, dreischiffige Bauten von 80 m Länge in einem erst teilweise ausgegrabenen heiligen Bezirk. Die nischengegliederten Wände und Pfeiler sind mit Mosaiken meist in Schwarz, Rot und Weiß aus vielen Tausenden von am Kopf gefärbten Ton- oder Steinkegelchen geschmückt; Matten nachahmende Rautenmuster und Bänder überwiegen. Die Bildkunst formt zumeist aus Stein fein gearbeitete Tier- und Menschenbilder, teilweise im Rahmen von Kult-, Jagd- und Kampfszenen. An die Stelle der bis dahin üblichen Stempelsiegel treten nun zylindrische *Rollsiegel,* die zur Siegelung auf Ton viel besser geeignet sind und die Möglichkeit zu horizontal nicht begrenzten Bildkompositionen bieten (die Figuren sind oft streng antithetisch angeordnet). Meist sind nur Abrollungen erhalten (Höhe 2–6 cm).
Alles Land ist bei den Sumerern Tempeleigentum. Da die damals schon stark entwickelte *Tempelwirtschaft* mit überkommenen Aufzeichnungsbehelfen nicht mehr auskommen kann, werden die Sumerer die Schöpfer der **Idee des Schreibens,** die die Ägypter und die Indusleute von ihnen entlehnen. Sie sind die **Erfinder der ältesten Schrift** der Erde. Die Bildzeichen für Wörter und später auch Silben werden mit Griffeln in Ton eingedrückt. Für häufig gebrauchte Begriffe, wie z. B. „Schaf", gibt es Kürzel, die auf Zählsteinchen – meist aus Ton – von Ägypten bis Iran schon viele Jh.e vorher im Gebrauch sind. Durch die Umformung zu auf Ton gut schreibbaren abstrakten Zeichen entsteht aus dieser Schrift nach und nach *die Keilschrift,* die sich für eine lange Zeit im ganzen Vorderasien durchsetzt.

nach 3000 Die Ausstrahlungen der Uruk-Kultur reichen bis nach Syrien. Wohl infolge neuer Wanderungen, die in Uruk zur Zerstörung der Großtempel führen, kommt es in der nach einem

um 2950 –2750 Hügel bei *Kisch* benannten **Dschemdet-Nasr-Zeit** Babyloniens und Mesopotamiens zu wesentlichen Veränderungen, vielleicht zeitweise zu einer Reichsbildung im Norden, die durch den Handel auch auf Ägypten einwirkt. Eine neue Buntkeramik ist auch in Westiran bezeugt. An den Hochterrassentempeln Babyloniens sind Reste von Malereien erhalten, die zunächst die Tonstiftmosaiken nachahmen, dann aber auch Bildszenen in Secco-Technik gestalten. Ein Tempel in Nordmesopotamien ist mit vielen Augen bedeckt. Eine Relief-Kultvase aus Uruk zeigt die Ordnung des Kosmos vom Grundwasser bis zur Götterwelt, der die Menschen mit Opfern dienen müssen. Ein beliebtes Bildmotiv ist der Schutz der heiligen Tempelherde. Die sumerische Schrift wird nun zunächst sehr behelfsmäßig auch für die Sprache der Semiten Nordbabyloniens verwendet, die später nach der Stadt

72 Altertum – Hochkulturen Ägyptens, des Vorderen Orients und Italiens

Akkade **Akkadisch** genannt wird. Diese Akkader, über deren früheren Kulturbesitz wir wenig wissen, werden jetzt von Wanderhirten immer mehr zu Ackerbauern und auch Stadtbewohnern. Sie übernehmen von den Sumerern viele Kulturwörter, Grundformen der Bau- und Bildkunst, manche religiösen Vorstellungen und die Organisation der Stadtstaaten. Durch Umformung und Umdeutung des Übernommenen bringen sie aber im Laufe der Zeit immer mehr ihre eigene Art zur Geltung. Als besondere Völker verstehen sich weder Sumerer noch Akkader; der alte Orient außerhalb Israels kennt keinen Volksbegriff, sondern nur Unterschiede der sozialen Gruppen.

etwa **2750** **Frühdynastische Zeit.** An ihrem Beginn stehen wahrscheinlich Völkereinbrüche aus Iran,
−2350 die tiefgreifende Neugestaltungen zur Folge haben. Anstelle der alten monumentalen Tempel finden sich kleine aus plankonvexen Ziegeln von nur kurzer Lebensdauer; einige liegen in ovalen Fluchtburgen. Später werden z.B. in Kisch gewaltige Paläste errichtet. Viele hundert Beterstatuetten – auch von Frauen – sind vor allem im Dijala-Gebiet und in Mesopotamien nachgewiesen; sie stehen auf Wandpodesten in den Tempeln als Zeugnis dafür, daß die Beter mit freudigem oder demütigem Ausdruck immer vor der Gottheit stehen wollen.

Über die Ereignisse der Zeit vor etwa 2700 fehlt eine zuverlässige Überlieferung; die Aufteilung des Landes in zahlreiche *Stadtstaaten* unter Stadtfürstendynastien mit je einem Kultzentrum im Mittelpunkt ist aber sicher sehr alt. Der jeweils Stärkste hat als König die Oberherrschaft, die oft über einige Zeit behauptet wird. Die Stadtstaaten führen oft Krieg gegeneinander; Anlaß ist häufig der Streit um die Verteilung des lebensnotwendigen Wassers.

um 2500 Der Handel bringt der **1. Dynastie von Ur** (Gründer *Mesannepada)* großen Wohlstand. Berühmt sind die *Königsgräber in Ur* mit reichsten Beigaben an Kunstgegenständen aus Gold, Silber, Halbedelsteinen usw., darunter Mosaikbilder mit Kult- und Kriegsszenen, Tierdarstellungen, Musikinstrumente und Spielbrettern mit Einlegearbeiten. Mit König und Königin (Grab der *Puabi)* gehen vielleicht in Rahmen von Fruchtbarkeitskulten für den Mondgott und die Muttergöttin Inanna mehrfach viele Gefolgsleute (bis zu 80) freiwillig in den Tod; die Deutung dieser Kulte (wie vieler Siegelbilder, die sich in den Gräbern fanden) ist umstritten. Die formenreiche Bildkunst kennt wie in Ägypten keine Perspektive und bevorzugt im Rundbild zylindrische Grundformen.

um 2480 Dynastie von *Lagasch. Eannatum* stellt (um 2430) Eroberungen in Wort und Bild auf der
−2340 ‚Geierstele‘ dar. Der letzte König der Dynastie, *Urukagina,* rühmt sich großer sozialer Reformen (Bekämpfung von Korruption und Geldgier der Priester), unterliegt aber *Lugalsaggesi,* dem König der Nachbarstadt *Umma;* dieser dringt dann (erstmals?) bis zum Mit-
etwa telmeer vor.

2330–2150 **Dynastie von Akkade.**
2330–2274 Der Akkader *Sargon I. (Scharrukin)* besiegt Lugalsaggesi, da seine bewegliche Kampftaktik der schwerfälligen Phalanx der Sumerer überlegen ist, und gründet das erste Großreich der Geschichte, das zeitweilig von Südwestiran bis nach Syrien (an den Libanon) und nach Kleinasien (Kappadokien) reicht. Später bilden sich viele Legenden um ihn (Geburtslegende ähnlich der des *Mose).*

2250–2213 *Naramsin* erneuert das Reich, zieht auch nach Ostarabien und läßt sich als Gott verehren. Danach verfällt das Reich schnell. Die Inschriften dieser Könige sind meist in akkadischer Sprache abgefaßt. Der Stil der reichen, in den Formen gelockerten Bildkunst ist als Antwort auf die recht abstrakt gewordene sumerische Kunst stärker realistisch. Durch die Übernahme der *Keilschrift* für das Akkadische wird das Schriftsystem noch komplizierter; viele Zeichen sind als Wort- und Silbenzeichen mehrdeutig. Vier Vokale werden geschrieben.

um 2160 Ein Einbruch der kriegerischen *Gutäer* (Volkstum unbekannt) aus Iran bringt eine Zeit der Fremdherrschaft. Durch sie wird das Sumerertum im Süden politisch und kulturell neu ak-
um 2060 tiviert. Den durch den Handel gewonnenen Reichtum benutzt König *Gudea* von *Lagasch* zum Bau großer Tempel mit reicher Ausstattung. (Da man im steinarmen Babylonien fast nur mit überwiegend sonnengetrockneten Ziegeln baut, sind von den Bauten meist nur Grundmauern erhalten, nie überdachte Räume. Bilddarstellungen ermöglichen aber oft eine ungefähre zeichnerische Wiederherstellung der alten Bauwerke.) Die fein gearbeiteten Dioritstatuen des Königs zeigen den Körper auffällig verkürzt. Sein großer Bauhymnus zur Weihe des Tempels des Gottes Ningirsu ist für Religion und geistige Welt des Sumerertums besonders kennzeichnend.

2064–1955 Nach Vertreibung der Gutäer durch *Utuhengal* von Uruk (2068?) neue Blütezeit unter der **3. Dynastie von Ur** (*Urnammu* 2064–2046, *Schulgi* 2046–1998), die auch Elam und Assyrien beherrscht. Die alten Hochterrassentempel werden auf einem jetzt dreistufigen Unterbau vergrößert neu gebaut. Die vergöttlichten Könige, denen sumerische Hymnen gesungen werden, erhalten eigenartige Grabtempel. Die sumerischen Literaturwerke, die sehr alten ebenso wie neugeschaffene (Hymnen, Klagelieder, Mythendichtungen, Streitgespräche, Spruchdichtung), erhalten nach 2050 ihre klassische Gestalt.

Die sumerische Kultur

Die sehr zahlreichen, etwa 2000–3000 **Götter** der Sumerer bilden einen Götterstaat nach dem Muster des irdischen. Die Hauptgötter sind kosmisch (*An* Himmel, *Nintu* Erde, *Ellil* Luft, *Enki* Wasser, *Nanna* Mond, *Utu* Sonne). Die religiösen Vorstellungen kreisen um die beiden Pole eines statischen Ordnungsdenkens und, vor allem im Kult der *Inanna* und ihres Geliebten *Dumusi* (ursprünglich ein mythischer König, später als Unterweltsgott verehrt), eines Sehnens nach Fruchtbarkeit. Der Schicksalsgedanke spielt eine große Rolle; an ein Gericht nach dem Tode glaubt man nicht. Die **Wissenschaft** begnügt sich mit einer eindimensionalen Ordnung der Gegenstands- und Götterwelt in einspaltigen Listen ohne Erläuterung. Es herrscht **Tempelstaatswirtschaft** mit ausgebauter Bürokratie. Für die Verwaltung gilt der Grundsatz der Schriftlichkeit; weit über 100 000 Verwaltungsurkunden aus dieser Zeit sind bekannt.

seit ca. 2020	Semitische Nomaden – nun der kanaanäischen Wanderungswelle – fallen in Babylonien und Mesopotamien ein. Viele dieser **Frühkanaanäer** bleiben lange Lohnarbeiter; andere bilden bei weitgehender kultureller Angleichung immer mehr eine politisch-militärische Führungsschicht.
nach ca. 1960	Die Dynastien sind daher überwiegend kanaanäisch, die Staaten meist ziemlich klein und oft wenig dauerhaft. Das sumerische Südbabylonien wird immer stärker semitisiert, so daß das Sumerertum nach und nach ganz im Akkadertum aufgeht (Abschluß der Entwicklung um 1500). Das Sumerische bleibt aber als Kultsprache neben dem Akkadischen bis in die hellenistische Zeit im Gebrauch. Dadurch wird die babylonische (geistige) Kultur ähnlich der europäisch-mittelalterlichen zu einer *zweisprachigen*.
1955	Zerstörung von *Ur* durch die Elamier, nachdem zuerst der Kanaanäer *Ischbi-Erra* in *Isin* in Mittelbabylonien eine neue Dynastie (1969–1732), wenig später *Naplanum* im südlichen *Larsam* eine weitere (1961–1700) begründet hatte. Beide beherrschen nur Teile des Landes, aber ihre Herrschaft begünstigt eine Nachblüte der sumerischen Kultur. Erst *Rim-Sin* von Larsam siegt mit elamischer Hilfe (1732) endgültig über Isin.
1830–1531	Eine weitere **Dynastie** macht sich im Norden in dem bis dahin ganz unbedeutenden **Babylon** (*Babili* „Gottespforte") selbständig.
1729–1686	Zu ihr gehört **Hammurabi,** der unter geschicktester Ausnutzung wechselnder Koalitionen mit den anderen Mächten von *Elam* über Assyrien bis Syrien (*Aleppo*) diese nacheinander größtenteils ausschaltet, so daß sein Reich nach kleinsten Anfängen zuletzt ganz Babylonien, Assyrien und Mesopotamien umfaßt. Von seiner vorbildlichen Sorge für seine Untertanen zeugt neben seinen Briefen sein auf einer großen Stele eingemeißeltes Reformgesetz.

Recht und Kultur zur Zeit Hammurabis

Das Reformgesetz sucht große Teile des **Zivil-** und **Handelsrechts** gegenüber älteren Gesetzen und dem Gewohnheitsrecht neu zu regeln, ist aber wohl nicht lange in Geltung. Der schon einmal überwundene Grundsatz „Auge um Auge" und häufige Todesandrohungen wirken archaisch. Die Frauen sind im Recht aber bessergestellt als sonst meist im Orient; keine Ehe ohne Eheurkunde. Auch die Sklaven sind nicht ganz ohne Rechtsschutz. Die zielbewußte Akkadisierungspolitik wird nun auch theologisch unterbaut. Die stärker dynamische semitische **Gottesauffassung** setzt sich innerhalb des als Ganzes übernommenen sumerischen Pantheons durch Göttergleichsetzungen durch; *Marduk* von Babylon, der Sonnengott *Schamasch* und die Liebes- und Venusgöttin *Ischtar* stehen im Vordergrund. Die kultische Königsvergöttlichung wird beseitigt.

Zu den von Hammurabi zerstörten Städten gehört auch *Mari* am Euphrat bei *Der es-Sor.* Sein mit bunten Fresken (meist Kultszenen und Ornamente) geschmückter gewaltiger Königspalast ist damals weitberühmt. In den Ruinen fand man ein Archiv von über 20 000 Tontafeln meist in babylonischer Sprache mit Kanaanismen, das wichtigste Aufschlüsse über Politik, Zusammensetzung der Bevölkerung (Nomaden und Halbnomaden unter den Ansässigen), Religion, Kultur und Wirtschaft der Zeit vermittelt. Erste Blütezeit der babylonischen (akkadischen) **Literatur.** Die religiöse Dichtung umfaßt Hymnen und Epen (Menschenschöpfung, Sintflut; die mythischen Könige *Gilgamesch* und *Etana* suchen vergeblich ein ewiges Leben). Die sumerisch-akkadischen Wort- und Satzlisten dienen dem Verständnis der sumerischen Literatur und ermöglicht uns die Entzifferung des Sumerischen. Für die Erforschung des Gotteswillens durch die Opferschau legt man große Vorzeichensammlungen an. Aus dem sexagesimalen Zahlensystem mit den Grundzahlen 1, 60, 3600 usw. wird eine leistungsfähige Mathematik (Geometrie und Arithmetik) ohne Lehrsätze und Beweise entwickelt.

1686–1648	Hammurabis Reich hat nicht lange Bestand. In Südbabylonien gewinnt schon unter seinem Sohn *Samsuiluna* eine eigene Dynastie an Boden. Von Nordosten aus Iran greifen die *Kassiten (Kossäer)* an, über deren Sprache wir nur wenig wissen. Sie gründen zunächst Fürsten-
1531	tümer im Norden, gewinnen aber später auch das von den *Hethitern* auf einem Raubzug zerstörte Babylon.

74 Altertum – Hochkulturen Ägyptens, des Vorderen Orients und Italiens

um 1450 Seit *Ulamburiasch* vereinigen die Kassiten ganz Babylonien; sie setzen wieder mehr feudale Strukturen durch. Die politisch meist schwachen Könige verfassen sumerische und akkadische Inschriften und fördern Kunst und Literatur.

Die Anfänge des Assyrerreichs und die Hurriter (bis ca. 1000)

Der Vergleich der Kulturen von *Tell-Halaf* und *Samarra* erlaubt für das 4. Jt. den Schluß auf (mindestens) zwei verschiedene Volkstümer, die wir noch nicht benennen können. Aus der Verbindung der zuerst um 3000 einwandernden Semiten *(Akkader)* mit diesen Völkern entsteht das Assyrervolk, bei dem sich zunehmend ein härterer und kriegerischerer Charakter als in Babylonien bei starker kultureller Abhängigkeit vom Süden ausprägt. Mit der Keilschrift übernimmt es von dort die Grundlagen der geistigen Kultur, wesentliche Formen der Bau- und Bildkunst, viele Götterkulte u. a. m. Sein in Babylonien nie anerkannter Nationalgott ist *Assur,* der Herr der Stadt Assur am Tigris, die seit etwa 1400 dem Land den Namen gibt; bis dahin gilt es als Teil von Subartu.

Ab 2300 Assyrien gehört zum Reich von *Akkade.*

ab ca. 2010 Später gehört es zeitweise zum Reich von *Ur.* Danach werden die Stadtfürsten von Assur wieder selbständig.

etwa 1860 Großen Gewinn ziehen sie aus den *Handelsfaktoreien* in Kappadokien (Zentrum Kanesch,
–1730 heute Kültepe bei Kayseri/Türkei), ohne dieses Gebiet politisch zu beherrschen. Viele tausend altassyrische Briefe und Urkunden zumeist aus dem Händlerviertel (karum) von Kanesch bezeugen den Handel vor allem mit Kupfer, Zinn und Stoffen, oft auf Kreditbasis. Insgesamt bestehen die Faktoreien trotz des Hethitereinfalls in Kleinasien wohl an die 120 Jahre (bis etwa 1730). Von Kämpfen hören wir nur vereinzelt; an den Zöllen und Steuern verdienen alle Beteiligten.

1750–1717 Innere Wirren in Assyrien ermöglichen dem Kanaanäer *Schamschi-Adad I.,* die Herrschaft an sich zu reißen und von Assur aus ein ganz Mesopotamien mit Randgebieten umfassendes Reich zu gründen, das ihn freilich trotz kluger Behandlung seiner Untertanen nicht überlebt. Seine an *Sargon* von *Akkade* anknüpfende Herrschaftsideologie wird für das spätere assyrische Großreich bestimmend. Seine etwa 200 Briefe gewähren auch Einblick in die Erziehung seiner Söhne, denen er frühzeitig verantwortliche Stellungen überträgt, und seine Bemühungen um eine Hebung der Landwirtschaft (Einführung neuer Pflüge).

Nach 1680 Nach vorübergehender Unterwerfung unter *Hammurabi* von Babylon wird Assyrien von einer neuen Wanderungsbewegung der aus Nordwestiran kommenden **Hurriter** (Churrier) erfaßt. Abgesprengte Teile dieses Volkes sind schon seit etwa 2200 im Osttigrisland und in Mesopotamien feststellbar, wo etliche Fürsten hurritische Namen tragen. Die neue Bewegung aber, die vielleicht auch den Einbruch der *Kassiten* in Babylonien auslöst, schafft in Assyrien, Mesopotamien, Ostkleinasien und Syrien-Palästina weithin ganz neue Verhältnisse; überall tauchen Hurriterfürsten auf. Das in babylonischer und ugaritischer Keilschrift geschriebene *Hurritische* ähnelt im Bau einigen Kaukasussprachen und ist in den Grundzügen aufgrund von Briefen, Ritualen, Namen usw. erschlossen. Ihre Götter erleben die Hurriter vor allem als furchterregende Mächte. Hauptgötter sind der Wettergott Teschup und die Schauschka. Ihre Bildkunst ist oft technisch primitiv, aber vielseitig und biswielen von erdrückender Monumentalität.

Seit etwa In einigen Hurriterstaaten finden sich Dynastien mit z. T. *indoarischen Namen,* die zu nach
1500 Südwesten abgesprengten Gruppen der Indoiraner *(Arier)* gehören müssen.

etwa **1460** Der bedeutendste dieser Staaten ist offenbar das **Mitannireich** (Hauptstadt *Wassukkanni*
–1340 im nördlichen Chaburgebiet), das unter *Sauschtatar* (um 1430) vom iranischen Grenzgebirge bis nach Alexandrette am Mittelmeer gereicht haben muß; Assyrien gehört unter abhängigen Fürsten dazu. In Syrien kämpfen die Mitanni oft mit dem Ägypten der 18. Dynastie.

um 1390 Verträge schaffen gute Beziehungen unter *Tuschratta,* der aber später mit *Suppiluliuma I.*
–1350 von Hatti unglücklich kämpft, so daß sein Sohn *Sattiwasa* Vasall der Hethiter wird. Nach etwa 4000 Urkunden aus dem Fürstentum *Arrapcha* (Kerkuk) in stark hurritisch gefärbter akkadischer Sprache ist der Boden im Mitannireich unverkäuflich; durch Scheinadoptionen mit „Geschenken" umgeht man das oft. Sorgfältig gepflegt wird die Pferdezucht für die damals oft kampfentscheidende Streitwagentruppe (Terminologie z. T. arisch-indisch).

1364–1328 Nach dem Hethiterkrieg macht sich Assyrien unter *Assur-uballit I.* wieder selbständig und greift bald in Thronstreitigkeiten unter den Kassitenkönigen Babyloniens ein.

1274–1207 Nach wechselvollen, sehr harten Kämpfen werden Mesopotamien und Südarmenien von *Salmanassar I.* (1274–1244: Schulmanaschared) und *Tukulti-Ninurta I.* (1244–1207: bei den Griechen Ninos) unterworfen; letzterer erobert und zerstört auch Babylon. Assur, Ninive und andere Städte werden befestigt und ausgebaut (Frondienst wird oft als Strafe

Babylonien und Assyrien – Assyrerreich und Chaldäerreich   75

verhängt). Gesetzestafeln zeigen eine barbarische Strafpraxis und, abweichend von manchen Urkunden, eine Schlechterstellung der Frau.

1207 Nach Tukulti-Ninurtas Ermordung bricht das Reich zusammen; Mesopotamien wird von einer neuen Welle semitischer Nomaden, den **Aramäern** (Sprache Aramäisch), überschwemmt.

1157 Babylonien gewinnt nach der Vertreibung der letzten Kassitenkönige durch den Begründer
1126–1104 der 2. Dynastie von Isin wieder zeitweilig die Oberhand, vor allem unter *Nebukadnezar I.* (Nabu-kudurri-ussur), der Elam besiegt.

1116–1077 Assyrien steigt erneut auf unter *Tiglatpilesar I.* (Tukulti-apil-Escharra), der in Südarmenien kämpft und nach zahlreichen Aramäerfeldzügen Palmyra und das Mittelmeer erreicht. Er fördert die Landwirtschaft und Literatur. Durch neue große Aramäereinbrüche aus Arabien geht unter seinen Söhnen Mesopotamien wieder verloren.

Die klassische Kultur Babyloniens

Die Zeit von etwa 1400–1050 ist die klassische Zeit der jüngeren **babylonischen Literatur,** die nun auch in Assyrien gepflegt wird; die Kriege, Jagden und Bautätigkeit werden in oft sehr lebendig schildernden Königsinschriften und Dichtungen auch dort meist babylonisch, nicht im assyrischen Dialekt abgefaßt. Die noch anerkannten Werke der älteren Literatur erhalten nun ihre „kanonische" Gestalt. Sin-leke-unnini dichtet das **Gilgameschepos** von den Taten des *Gilgamesch* und seines Freundes *Enkidu* unter Einbeziehung der alten Sintfluterzählung neu. Ein Weltschöpfungsepos verherrlicht zugleich die Erhöhung *Marduks.* Weitere neue, wieder meist anonyme Werke gehören zur Gebets- und Weisheitsliteratur. Sehr stark ausgebaut werden die Vorzeichensammlungen (auch für die Astrologie) und die Philologie in Listenform. Die Medizin arbeitet zugleich mit Tausenden von Diagnosen und Rezepten und mit magischen Riten. Kein systematisches Werk zieht Folgerungen aus den oft sehr guten Beobachtungen. In der **Religion** gewinnt ein nicht auf die Erkenntnis einzelner Verfehlungen beschränktes Sündenbewußtsein immer größere Bedeutung; dabei wird auch die *Hiob-Frage* nach der Gerechtigkeit Gottes gestellt. Monotheistische Tendenzen sind erkennbar, können sich aber gegen das Gewicht der Überlieferung und das Interesse der Priesterschaft an den alten Kulten nicht durchsetzen. Religion und Magie werden vielfach vermengt. Viele Gebete werden in magischen Riten gegen Dämonen, Hexen und böse Kräfte wie Beschwörungen verwendet. Rituale regeln die Tempelkulte oft bis ins kleinste. An ein Fortleben nach dem Tod glaubt man nicht, der Totenkult bleibt auf wenige Handlungen beschränkt. Langes, glückliches Leben auf der Erde ist das höchste Ziel.

Neben dem auf vielen Gebieten blühenden **Handwerk,** das sich in den Familien vererbt, spielt der **Handel** eine beherrschende Rolle; Kriege dienen dem Schutz seiner Wege, auch die Könige sind an ihm oft direkt beteiligt. Der Bodenbesitz ist verschieden geordnet; neben dem alten Tempel- und Staatsbesitz gibt es auch manchmal ausgedehnten Privatbesitz. Belehnungen verdienter Beamter und Offiziere sind oft bezeugt. **Landwirtschaft,** Viehzucht und Gartenbau werden intensiv gepflegt; für die Bestellung und Ernte werden Lohnarbeiter zusätzlich eingestellt. Kriegsgefangene werden nur teilweise versklavt; Freilassungen sind häufig.

Das Assyrische Großreich und das Chaldäerreich (etwa 950–609)

nach 1050 Das Eindringen aramäischer Nomaden,vor allem in Babylonien setzt sich verstärkt fort und führt dort nach und nach zur gänzlichen Aramaisierung des flachen Landes. In Mesopotamien konsolidiert sich das Aramäertum in vielen kleinen Staaten, deren Kultur zumal in der Bild- und Baukunst vor allem durch das Erbe der Hethiter und Hurriter bestimmt wird.

nach 930 Das erneut erstarkende Assyrien muß daher zunächst immer wieder mit diesen Aramäerstaaten kämpfen, zugleich aber auch mit den hurritischen Reststaaten, mit Südarmenien und mit Babylonien.

884–859 Besonders große Erfolge erzielt der zähe, jeden Widerstand brutal brechende *Assurnassirpal II.*, der wieder Phönikien erreicht; die schon früher oft geübte Politik, widerspenstige Bevölkerungen umzusiedeln, führt er in großem Maßstab durch und gewinnt dadurch u. a. die Bewohner für die neue Hauptstadt *Kalach* an der Mündung des oberen *Zab,* wo er einen gewaltigen Palast mit Hunderten von zu großen Bildfolgen zusammengestellten, wohl farbigen Kalksteinreliefs errichtet.

859–824 Sein Sohn *Salmanassar III.* führt seine Eroberungspolitik planmäßig fort. Er unterwirft in Iran als erster *medische Stämme,* kämpft im Norden mit dem neuen Reich *Urartu* und gelangt im Westen bis zum Taurus und nach Transjordanien, kann allerdings Damaskus nicht erobern. An den Koalitionen gegen ihn in Syrien sind auch *Israel* unter *Ahab* und *Jehu* sowie erstmals arabische Kamelreiter beteiligt. Auf seinem berühmten schwarzen Obelisken

76 Altertum – Hochkulturen Ägyptens, des Vorderen Orients und Italiens

und in zahlreichen Bronzebildstreifen auf Palasttoren sowie in vielen Annaleninschriften verewigt der Herrscher seine Taten.

810–782 Für seinen noch unmündigen Enkel *Adadnerari III.* führt vier Jahre lang dessen Mutter *Semiramis* (Sammuramat), von der die Griechen Wundergeschichten erzählen, tatkräftig die Regentschaft. Er selbst kämpft wieder Jahr für Jahr an den Grenzen von Medien bis Südpalästina und bringt auch Babylonien in immer größere Abhängigkeit, mit Rücksicht auf die Empfindlichkeit des alten Kulturlandes aber unter eigenen Königen.

746 Geringere Erfolge seiner weniger kriegerischen Nachfolger lösen eine Militärrevolte aus,
746–727 die mit *Tiglatpilesar III.* (auch Pulu genannt) den eigentlichen Begründer des neuassyrischen Großreichs auf den Thron bringt.

734 Er erobert das für den Arabienhandel wichtige Gaza am Mittelmeer.

732 Damaskus von den Assyrern erobert; nach einem Vorstoß nach Arabien zahlen sogar die *Sabäer* im Jemen Tribut. Im Norden drängt Tiglatpilesar III. das Reich von *Urartu* zurück und schickt Truppen bis zum *Demawend* in Nordiran.

729 Das immer wieder aufsässige Babylonien wird assyrische Provinz. Durch Austausch nicht pazifizierter Grenzbevölkerungen steigert Tiglatpilesar III. die Entnationalisierungspolitik; die Kriegstechnik verbessert er u. a. durch die Einführung eines Dreimannstreitwagens neben dem seit der Mitannizeit üblichen leichteren Wagen. Die Reiterei hat nur eine geringe Bedeutung.

722 Sein Nachfolger *Salmanassar V.* (727–722) wird während der Belagerung von Samaria in
722–705 Israel von einem General gestürzt, der den berühmten Namen *Sargon II.* (Scharrukin „legitimer König") annimmt und sich wieder stärker auf die konservativen Kräfte der Aristokratie und der Priester stützt. In Babylonien macht ihm und seinem Sohn der Chaldäer *Mardukapaliddin* (im Alten Testament Merodachbaladan) schwer zu schaffen.

720 In Südpalästina schlägt Sargon II. bei *Raphia* die Ägypter; Zypern und Midas von Phrygien zahlen Tribut. Urartu erleidet erneut eine Niederlage. Aus Sicherheitsgründen baut er nordöstlich von Ninive *Dur-Scharrukin* („Sargonsburg") als neue Hauptstadt; der gewaltige Palast erhält reichen Bildschmuck. Sargon fällt im Kampf in Iran.

705–681 Sargons Sohn, der hochbegabte, aber maßlose *Sanherib* (Sinachcheriba) kämpft auch wieder an allen Fronten, muß einen Feldzug in Palästina, u. a. gegen Hiskia von Juda, wegen einer Seuche abbrechen und kämpft jahrelang mit den ihm verhaßten Babyloniern, die im Bund mit Elam stehen.

689 Babylon wird total zerstört, was selbst viele Assyrer als Sakrileg ansehen. Als neue Hauptstadt wird *Ninive*, schon lange die zweite Stadt Assyriens, prächtig ausgebaut. Sanheribs ungewöhnliches Interesse für Technik führt u. a. zum Bau eines gewaltigen Aquädukts. Die *assyrische Reliefkunst* erreicht unter ihm und Assurbanipal ihren Höhepunkt. Die großzügig komponierten Kampf- und Jagdbilder sind sehr lebendig, viele Tierdarstellungen unübertroffen (Sorgfalt im Kleinen und Freude an fein beobachteten Szenen aus dem Leben von Mensch und Tier). Sanherib endet durch Mord.

681–669 Sein Sohn *Assarhaddon* (Aschschurachiddin) muß den Thron erst erkämpfen und baut dann Babylon wieder auf, hat gleichwohl viel mit den Aramäern Babyloniens zu kämpfen.

671 Zur Sicherung Palästinas erobert er Ägypten. Im Norden und Osten bringen trotz Einzelerfolgen die **Kimmerier** Assyrien in schwere Gefahr, das dagegen ein Bündnis mit den **Skythen** unter Partatua schließt; viele Orakelanfragen bezeugen die Angst des kränklichen Königs, der früh stirbt.

669–627 Nachfolger als Großkönig wird ein jüngerer Sohn, *Assurbanipal.* Der ältere Bruder Schamaschschumukin (669–648) erhält Nordbabylonien, verliert es aber wieder nach einem
648 mißlungenen Aufstand.

um 655 Ägypten wird nach wechselnden Kämpfen wieder frei.

639 Dafür gelingt nach mehreren Feldzügen die Vernichtung des alten Reichs von Elam im Südosten; damit fällt ein wichtiges Bollwerk gegen die *Meder* aus. Auch gegen Araberstämme und in Kleinasien wird gekämpft; *Gyges* von Lydien schickt Tribut. In Ninive legt der ursprünglich zum Gelehrten erzogene König eine *große Bibliothek* an und läßt für sie alle erreichbaren Literaturwerke Babyloniens und Assyriens zumeist in neuen Abschriften sammeln; über 20 000 Tontafelbruchstücke davon wurden noch bei Ausgrabungen gefunden. Seine umfangreichen eigenen Inschriften übertreffen durch lebendige Erzählkunst und geschickte Gestaltung noch die gleichfalls kunstvollen Inschriften seiner Vorgänger. Mißerfolge werden verschwiegen oder umgedeutet, die Kriege fast immer religiös motiviert. Über 2500 Briefe unterrichten über die Zustände im Reich seit etwa 750.

627 Nach Assurbanipals Tod geht es mit dem durch die vielen Kriege ausgebluteten Reich, das jetzt durch Bürgerkriege (zwei Söhne streiten um den Thron) noch weiter geschwächt wird, rasch abwärts.
Der große Skythensturm auf Vorderasien und ein erster Mederangriff können aber (625) noch vor dem Kerngebiet abgewehrt werden.

626–605 Babylonien hingegen macht sich unter dem Chaldäerfürsten *Nabupolassar* endgültig von

Babylonien und Assyrien – Chaldäerreich   77

Assyrien frei. Dieser tut sich bald mit dem Mederkönig *Kyaxares* zusammen, während Assyrien von den Skythen und jetzt auch Ägypten unterstützt wird.

Trotzdem fallen nach schweren Kämpfen *Assur* und *Ninive*. Beide Städte werden völlig zerstört, der letzte König *Sinscharrischkun* läßt sich in seinem Palast verbrennen.

609 Auch *Charran* in Mesopotamien fällt, wohin ein Rest der Armee entkommen ist. Das Reich wird nun zwischen Babylonien und Medien aufgeteilt; Assyrien selbst wird zur bedeutungslosen und weithin entvölkerten Provinz, nachdem sich der in Jahrhunderten angestaute Haß der unterdrückten Völker furchtbar Luft gemacht hat.

Das Chaldäerreich (626–539)

605–562 Nabupolassar schickt nach dem Zusammenbruch Assyriens gegen die diesem zu spät zu Hilfe kommenden Ägypter seinen Sohn *Nebukadnezar II.*, der Necho bei Karkemisch in Syrien schlägt (605), aber wegen seines Vaters Tod nicht nachstoßen kann. Als König macht dieser Babylonien noch einmal zur Großmacht. Versuche der Juden und anderer Völker, sich zu befreien, schlagen fehl.

587 *Jerusalem* wird zerstört, *Tyros* dann jahrelang belagert, Ägyptens Heer erneut geschlagen. Nebukadnezars Bautätigkeit übertrifft an Umfang die aller früheren Könige. Der Hochtempel des Marduk in Babylon wird bei gleicher Länge und Breite 91,5 m hoch (Tempel zweistöckig auf fünf Kolossalstufen; „*Turm zu Babel*"); farbige Ziegelreliefs schmücken die Paläste und die Tore der gewaltigen Festungswerke. Die sogenannten „*hängenden Gärten*" sind wohl Terrassengärten. Nördlich von Babylon errichtet er die vom Euphrat bis zum Tigris reichende „*Medische Mauer*". Das Reich wird nach assyrischem Muster durchorganisiert; die Provinzstatthalter haben große Vollmachten. Bei zunehmendem Wohlstand lebt die Geisteskultur weitgehend von der Vergangenheit. Im Heer gibt es auch griechische Söldner.

555–539 Nach drei Kurzregierungen folgt als letzter König Babyloniens *Nabonid* (Nabuna'id), ein Aramäer aus Charran. Er verbittert die Priester von Babylon durch die Bevorzugung seines heimischen Mondgottes *Sin* und versucht vergeblich, von Westarabien aus den Widerstand gegen Persien zu organisieren. Während seiner langen Abwesenheit in Arabien ist sein Sohn, Kronprinz *Belscharrussur* (im Buch *Daniel Belsazar),* Regent in Babylon.

539 Infolge des Verrats der Mardukpriester erobert der Perser *Kyros* ohne größere Kämpfe Babylon und verleibt das ganze Reich seinem Großreich ein. Der Verlust der Selbständigkeit bedeutet für Babylonien noch nicht das Aufhören eines Lebens nach eigenen kulturellen und religiösen Überlieferungen, da die Perser den Unterworfenen viele Freiheiten lassen. – Dennoch Aufstände gegen die persische Herrschaft.

522/521

482? Der persische König *Xerxes* hebt nach zwei Aufständen das eigene babylonische Königtum (in Personalunion mit dem persischen) auf und zerstört den Marduktempel in Babylon. Wirtschaftlicher Niedergang setzt ein.

331 Nach der Eroberung Babyloniens durch *Alexander d. Gr.* kommt es noch zu einer Art **Spätrenaissance des Babyloniertums** vor allem in *Uruk* (griechisch Orche) im Süden, die über

seit 141 die Zeit der *Seleukidenherrschaft* hinaus auch noch während der Zugehörigkeit zum *Par-*
v. Chr. *therreich* eine Zeitlang nachwirkt.

bis ca. 75 Das Babylonische, schon unter den Chaldäern fast nur noch Schriftsprache, bleibt aber auch
n. Chr. für Privaturkunden noch lange in Gebrauch. Man spricht Aramäisch. Die Astronomen schreiben noch längere Zeit in Keilschrift; durch die Verbindung babylonischer und griechischer Methoden gelingen bedeutsame Entdeckungen. Sonst wird der geistige Niedergang allenthalben stärker spürbar. In der Wirtschaft bilden sich (nach 700) ausgeprägt kapitalistische Formen aus (Verquickung von Geldverleih und Grundstückshandel; Tempelpfründen werden wie Aktien gehandelt). Nach Ägypten bringt Babylonien im Perserreich anfangs das größte Steueraufkommen auf.

Das Erbe der babylonischen Kultur

Die Wirkung der Kultur Babyloniens auf die Nachbarländer ist schon im 3. Jt. sehr groß und vielseitig und geht weit über die Befruchtungen hinaus, die Babylonien und Assyrien ihrerseits erfahren. Am stärksten ist sie in *Iran* von der Frühzeit bis zum Achämenidenreich und in Kleinasien. Auch in *Syrien und Palästina* sind die ägyptischen Einflüsse nur zeitweilig intensiver. Im *Alten Testament* sind mancherlei babylonische Anregungen spürbar, besonders in den Psalmen.

Auf die *griechische Kultur* wirken unmittelbar wohl nur die babylonische Mathematik und Astronomie. Die mittelbaren Einwirkungen über Kleinasien und Phönikien (z. B. auf die griechische Mythologie) sind

78   Altertum – Hochkulturen Ägyptens, des Vorderen Orients und Italiens

vorläufig noch schwer abzuschätzen. Beträchtlich ist aber der babylonische Einfluß auf manche Denkweisen des *Hellenismus* und über das Seleukidenreich auf die Wirtschaftsformen der hellenistischen Welt. Babylonische Maßsysteme bleiben z. T. noch jahrhundertelang im Gebrauch mit Einflüssen bis zur europäischen Gegenwart. – *(Forts. S. 160)*

Kleinasien

Das ganz überwiegend gebirgige Kleinasien zerfällt in zahlreiche, oft durch hohe Gebirgsriegel voneinander geschiedene Landschaften sehr ungleichen Charakters; Kleinstaaterei und kulturelles Eigenleben der einzelnen Landesteile werden dadurch sehr gefördert. Manche der an anbaufähigem Boden armen Hochgebirgslandschaften im Osten und Norden sind ausgesprochene Rückzugsgebiete für kleine Volksreste. Das Gebiet der durch tiefe Buchten reich gegliederten Westküste mit ihrem leicht zugänglichen Hinterland ist kulturell meist ein Teil des *ägäischen Gebietes*, während *Mittelanatolien* mit seinen Steppen zu Asien gehört. *Armenien* im Osten bildet bei oft wechselnden Grenzen das Übergangsgebiet zu *Nordwestiran* und zum *transkaukasischen* (grusinischen) *Tiefland*. Das *kilikische Tiefland* zwischen dem paßarmen *Tauros* (Taurusgebirge) und dem *Amanus* (Teil des Ost-Taurusgebirges) stellt die Brücke nach Syrien dar. Kleinasien ist vor allem im Nordteil reich an leicht abzubauenden Metallen. Eisenerze gibt es im Bereich von *Malatya* (Südostanatolien).

Etwa 6500 –5500?	Während des **vorkeramischen Frühneolithikums** gibt es in Kleinasien bereits Ackerbau und Viehzucht (Schafe, Ziegen). In *Hacılar* (Hadschilar bei Burdur in Südwestkleinasien) sind Lehmziegelhütten und Steingefäße nachgewiesen.
nach 5500	Hauptfundort für das **keramische Neolithikum** ist *Çatal* (Tschatal) *Hüyük* südlich von Konya mit reichbemalten Häusern und Kultstätten sowie Stein- und Tonfiguren (Göttin und Tiere).
nach 5000	Im **frühen Chalkolithikum** (Kupfersteinzeit) wird die Bemalung noch reicher (Tiere und Menschen), neben die alte grobe Keramik treten auch in *Mersin* in Kilikien mit brauner Farbe bemalte Gefäße von mannigfachen Formen (geometrische Motive und eigenartige religiöse Symbole); einige haben die Gestalt sitzender Frauen (Augen aus Obsidian). Die Siedlungen sind teilweise ziemlich groß. Beziehungen bestehen zur *Tell-Hassuna-* und später zur *Tell-Halaf-Kultur* Mesopotamiens sowie zur *Amuk-Kultur* Syriens, bei denen aber Metallgeräte erst später einsetzen.
um 4000 –2500	Die jüngeren chalkolithischen Buntkeramikkulturen Kleinasiens fallen, wie es scheint, gegenüber den älteren ab. Über Völkerbewegungen in dieser langen Zeit sind sichere Aussagen noch nicht möglich.
um 2500 –2200	Die **frühe Bronzezeit** ist vor allem im Halysgebiet in *Alaca* (Aladscha Hüyük, nordwestlich von Yozgat) und *Alişar* vertreten. Städtische Siedlungen nützen die reichen Metallvorkommen aus. Überaus reiche Beigaben fanden sich in den Fürstengräbern von Alaca und in ähnlich ausgestatteten, etwas jüngeren Gräbern auf dem *Horoztepe* nördlich von Tokat im Pontosbereich: neben bemalter Keramik Gefäße aus Bronze und Gold, Waffen, kupferne Tierfiguren mit Elektronüberzug, Sistra mit Symbolfigürchen usw. Heilige Tiere sind danach der Stier, der den Wettergott vertritt, und der Hirsch.
ca. 1860 –1730	Träger dieser noch schriftlosen Kultur, die deutlich sumerische Einflüsse erkennen läßt, sind vielleicht schon die sogenannten **Protohattier**, die uns als eine Hauptgruppe der Einheimischen später in den altassyrischen Handelskorrespondenzen von *Kanesch* begegnen. Sie sind damals, wie wohl schon zur Zeit der Feldzüge Sargons und Naramsins von Akkade, auf dem Hochland in kleineren Staaten organisiert. Ihre aus Namen und einigen jüngeren Ritualen in Keilschrift aus *Hattusas* (Boğazköy) erst unzureichend bekannte Sprache, die als grammatische Elemente in großem Ausmaß Vorsilben verwendet, läßt sich noch in keine bekannte Sprachfamilie einordnen.
um 1800	Auf noch unbekannten Wegen, meist wohl östlich des Schwarzen Meeres, dringen (nach 2000) kleine Gruppen von **Indogermanen** nach Anatolien ein und werden als politische Führungsschicht über der einheimischen Bevölkerung nachweisbar, der sie sich in der materiellen Kultur zunächst weitgehend anpassen. Der Verdrängung der protohattischen Dynastien gehen schwere Kämpfe voraus, die zur – durch Ausgrabungen nachweisbare – Zerstörung verschiedener Städte führen. Aufgrund ihrer untereinander nah verwandten Kentum-Sprachen können wir die Volksgruppen der **Hethiter** (Nasier), **Luwier** und **Palâer** unterscheiden, von denen nur die erste eine für uns faßbare größere geschichtliche Bedeutung gewinnt. Der Wortschatz dieser Sprachen, die auch wieder in babylonischer Keilschrift geschrieben werden, ist nur zum kleineren Teil indogermanisch, auch der Sprachbau ist altkleinasiatisch beeinflußt (erste Entzifferung durch Bedřich Hrozný 1915). Infolge der Verwendung vieler sumerischer und akkadischer Wörter als Wortzeichen in der Schrift sind viele hethitische Wörter auch für sehr geläufige Begriffe noch unbekannt.

Die Anfänge des Hethiterreichs sind noch dunkel. Ob ein von *Anitta* von *Kussar* gegründetes anatolisches Reich Bestand hatte, wissen wir wegen des Abbrechens der schriftlichen Überlieferung (nach 1730) noch nicht.

um **1600** –**1490** Das sogenannte **Alte Reich** der Hethiter begründet wohl *Labarnas*, dessen Name später (wie Cäsar) zum Titel wird. Sein Sohn *Hattusilis I.* kann von dem Kerngebiet um die Hauptstadt *Hattusas* (heute *Boğazköy* 150 km östlich von Ankara) schon nach Syrien vorstoßen.

1531 Dessen Sohn *Mursilis I.* (griechisch Myrsilos) erobert auf einem Raubzug euphratabwärts Babylon, kann das Gebiet aber nicht halten.

um 1490 Nach inneren Unruhen (mehrere Morde in der Königsfamilie) und schweren Bedrängnissen durch Angriffe der Hurriter versucht der Usurpator Telepinus eine Staatsreform; der Erlaß darüber mit historischer Einleitung ist z. T. erhalten. Die Königsherrschaft ist nicht absolut. Die Macht des Königs wird durch die *Adelsversammlung* der Inhaber der großen Lehen(*pankus*) beschränkt; sie kann den König in besonderen Fällen zur Rechenschaft ziehen. Die Erbfolgeordnung legt Telepinus genau fest. Vor allem im Neuen Reich hat die Königin *(Tawananna)*, die ihre Stellung vererbt, auch auf die Politik einen großen Einfluß. Das Reich ist ein *Feudalstaat.*

um **1440** –**1200** Nach einer Zeit der Schwäche begründet *Tudhalijas II.* das sogenannte **Neue Hattireich,** dessen Könige auf ihren Monumenten eine neue, teilweise ältere Symbole benutzende Bildzeichenschrift (sogenannte *hethitische Hieroglyphen)* benutzen, die heute im wesentlichen entziffert ist. Man schreibt einen Dialekt des *Luwischen*, der vielleicht nie als Umgangssprache diente. Verwaltungs- und Literatursprache bleibt jedoch das Hethitische. Tudhalijas erobert erneut Aleppo (Haleb); unter seinen Nachfolgern gehen die Nachbarvölker immer wieder zum Angriff über.

um *1375* –*1340* Der bedeutendste König ist *Suppiluliuma I.*, der das Reich in Kleinasien wiederherstellt und vergrößert, in Syrien die Ägypter zurückdrängt und sich das *Mitannireich* nach Zerstörung der Hauptstadt großenteils unterwirft. Die eroberten Gebiete meist unter der Herrschaft einheimischer Fürsten, die durch – unter Anrufung vieler Götter – beschworene Verträge mit genau festgelegten Bedingungen (z. T. erhalten) an Hatti gebunden werden; die Verwaltung wird dadurch dezentralisiert. In den Kämpfen werden oft Streitwagen eingesetzt; Vorschriften für das Training der Pferde sind z. T. erhalten. Der Verteidigung dienen starke Befestigungen.

um 1338 –1310 Suppiluliumas jüngerer Sohn *Mursilis II.* erweitert das Hethiterreich vor allem nach Westen.

um 1310 –1285 *Muwatallis* kämpft wieder in Syrien mit Ägypten: 1285 Schlacht bei *Kadesch* (am oberen Orontes) gegen *Ramses II.*

um *1278* –*1250* Dessen jüngerer Bruder *Hattusilis III.* verbannt seinen Neffen und Vorgänger und schließt Frieden mit Ägypten; er behält dabei den größeren Teil Syriens (1270).

um 1200 Nach vielen Kämpfen vor allem in Südwestkleinasien erliegt das Reich dem Ansturm von aus Thrakien einbrechenden Heerscharen, die wohl mit den „*Seevölkern*" in Ägypten zusammenhängen; Hattusas wird zerstört: Berichte darüber fehlen. Reststaaten halten sich noch länger in Ostanatolien und Syrien, das daher bei den Assyrern immer Hatti heißt.

Staat, Religion und Kultur der Hethiter

Für die **Kultur** des Hethiterreichs ist neben den Ausgrabungen das große *Tontafelarchiv* der Hauptstadt Hattusas mit Keilschrifttafeln in 7 Sprachen die Hauptquelle. Sie ist danach recht uneinheitlich. Das indogermanische Erbe ist außer im Staatsaufbau nur in manchen Werken der formal vom Orient abhängigen bedeutenden *Bildkunst* (Felsreliefs bei Hattusas) und in der *Sprache* deutlich erkennbar; aber auch die monumentale *Baukunst* wirkt in vielem nicht orientalisch. Unter den sehr zahlreichen Göttern (darunter auch Berge, Flüsse und Quellen) begegnen neben vielen altkleinasiatischen (vor allem protohattischen, hierzu neben dem ursprünglich stiergestaltigen Wettergott z. B. die Göttin des Königshauses, die „Sonnengöttin von *Arinna*") besonders auch hurritische, da die *Hurriter* von Syrien und Ostanatolien aus einen sehr starken Einfluß ausüben. Babylonischer Einfluß ist vor allem in Kult, Magie und Vorzeichenglauben erkennbar, obwohl die in umfangreichen Ritualen behandelten und den König sehr stark beanspruchenden *Staatskulte* durchaus eigenes Gepräge tragen. Babylonische Vorbilder wirken aber auch in der *Literatur* mannigfach nach, vieles wird sogar in der Ursprache oder in Nachdichtungen direkt übernommen, z. B. eine Gilgameschdichtung. Vor allem in Ritualen gibt es viele protohattische, hurritische, luwische und palaische Stücke, die erst teilweise verständlich sind. Unter den echt hethitischen Werken, die anders als in Babylonien oft die Verfasser nennen, sind besonders bemerkenswert einige Selbstberichte von Königen, die nicht nur dem Selbstruhm dienen, sondern Ansätze zu echter, religiös motivierter Geschichtsdarstellung erkennen lassen; bisweilen werden sogar Mißerfolge erwähnt.

Über die gewiß nicht einheitliche Volksreligion sagen die Quellen fast nichts aus. Das aus den nur z. T. erhaltenen Gesetzessammlungen zu erschließende *Strafrecht* ist recht human; die Todesstrafe ist selten

80 Altertum – Hochkulturen Ägyptens, des Vorderen Orients und Italiens

(keine Verstümmelungen). Die Wiedergutmachung des Schadens hat Vorrang vor der Vergeltung. Das Privateigentum auch am Boden wird geschützt. Die große Mehrheit der Bevölkerung ist wohl bäuerlich; es gibt nur wenige größere Städte, in denen das Handwerk eine bedeutsame Rolle spielt. Infolge der Tendenz, den Einfluß des Adels zu beschränken, werden die Priesterschaften und das Beamtentum im Lauf der Zeit immer einflußreicher. Eine dem alten Orient sonst fremde Sitte ist die Feuerbestattung neben der überwiegend üblichen Erdbestattung.

Die Beziehungen des Hethiterreichs zum mykenischen Kreis und zu *Kreta* sind noch nicht ausreichend geklärt. Jüngere hethitische Texte erwähnen mehrfach oft feindliche Berührungen mit dem *Ahhijawa-Volk* in Westkleinasien (um Millawanda/Milet?) und wohl auch auf ägäischen Inseln (Rhodos?). Mit ihm könnten griechische *Achaier* gemeint sein. Ein Fortwirken der hethitischen Kultur ist außer in Kleinasien besonders bei den Phrygern vor allem in Syrien und in Assyrien erkennbar, zumal in der Bild- und Baukunst. Die Wirkung auf Griechenland läßt sich noch nicht recht abschätzen; nachweisbar ist sie in der Mythologie (Kronosmythen). Die Vermittlung künstlerischer Elemente wie des sog. orientalisierenden Stils erfolgt seit etwa 800 wohl überwiegend über die Städte und Inseln der Südküste Kleinasiens.

1200–800	Über die Verhältnisse in Zentralanatolien ist fast nichts bekannt. In dieser Zeit müssen über den Bosporus die mit den Armeniern verwandten indogermanischen **Phryger** in das frühere Hethitergebiet eingedrungen sein.
um 1100	Einen Vorstoß von dort aus noch weiter nach Osten wehrt *Tiglatpilesar I.* von Assyrien ab, der seine Gegner *Muschki* nennt.
seit ca. 900	Nach Gründung weniger Faktoreien schon in der mykenischen Zeit wird später die ganze Westküste Kleinasiens von Griechen besiedelt. Ihre Städte haben zum Hinterland zunächst wenige Beziehungen.
Nach 800	Die Phryger haben in Anatolien ein größeres Reich mit der Hauptstadt *Gordion* am Fluß *Sakarya*. Der aus der griechischen Sage bekannte, mit einer Griechin verheiratete *Midas*
um 720	(assyrisch *Mita*) versucht sogar, nach Kilikien vorzudringen.
709	*Midas* muß den Assyrern unter *Sargon II.* weichen und ihnen Tribut schicken.
um 690	Er erliegt mit seinem Reich den *Kimmeriern* und gibt sich selbst den Tod. Das Gebiet fällt z. T. an Lydien. Über die von den Hethitern stark abhängige Kultur der *Phryger* ist wenig bekannt. Die Vornehmen werden in großen Felsgräbern oder unter gewaltigen künstlichen Hügeln (bis zu 53 m Höhe) bestattet. Die Hauptgottheit ist die „große Mutter" *Kybele*, die ein Bildwerk aus *Boğazköy* (Hattusas) zwischen Musikanten darstellt. Einige Kulte, darunter besonders der des *Attis*, sind orgiastisch, ähnlich dem Dionysoskult der Griechen.

Armenien

Ca. 1220 –850	Im Gebiet von **Armenien** gibt es nach 1300 zahlreiche Kleinstaaten mit vorwiegend hurritischer Bevölkerung (dazu die *Nariländer* der Assyrer).
nach 900	Diese werden später zu einem neuen Reich zusammengefaßt, das bei den Assyrern **Urartu** (in der Bibel *Ararat)*, in den urartäischen Inschriften *Biaini* heißt. Hauptstadt wird *Tuschpa* (heute Wan am Wansee).
um 828 –785	Zunächst durch die Assyrer in Schranken gehalten, wird Urartu in Zeiten sinkender assyrischer Macht unter den Königen *Ispuinis* und *Menuas* zur Großmacht, die nach Norden bis zum Araxes und südwestlich bis Syrien ausgreift.
um 785 –753	*Argistis I.* dringt sogar bis nach Südgeorgien und über den Urmiasee nach Aserbaidschan vor.
um 753 –735	*Sardur II.* erreicht Aleppo, wo Urartu aber bald wieder den Assyrern unter Tiglatpilesar III. weichen muß. In der Folgezeit gerät es zwischen Assyrien und den von Norden vordringenden Kimmeriern in eine Zange.
714	Tuschpa wird von *Sargon II.* zerstört, aber wieder geräumt. Urartu kann sein Kernland nach Abwanderung der Kimmerier wieder befreien.
nach 600	Schließlich erliegt Urartu den *Skythen*.

Die urartäische Kultur – ihr Erbe

Die urartäische **Sprache,** in assyrischer Keilschrift geschrieben, ist dem Hurritischen nächst verwandt. Keine Literatur außer Königsinschriften ist bekannt. Bedeutend ist das in den Motiven z. T. von Assyrien beeinflußte **Kunsthandwerk;** in der Metallbearbeitung ist Urartu führend. Der **Land- und Gartenbau** wird durch ausgedehnte Bewässerungsanlagen und Kanäle gefördert. Den **Göttern**, besonders dem National-gott *Chaldi*, werden große, reich ausgestattete Tempel erbaut. Die starken, z. T. in den Fels gehauenen Burgen und Festungen lassen das Weiterwirken hethitischer Vorbilder auch in Armenien erkennen.

Das Erbe Urartus treten die indogermanischen **Armenier** an, die wahrscheinlich mit den *Phrygern* nach Kleinasien kommen und vielleicht zunächst in Kappadokien siedeln. Ob sie dann nach Armenien freiwillig oder unter Zwang wandern, ist noch unbekannt. Nach griechischen Nachrichten gibt es im 6. Jh. noch mancherlei Kämpfe zwischen ihnen und den in Armenien noch ansässigen Resten der Urartäer (griechisch Alarodier), ehe Einwanderer und Altansässige zu dem uns bekannten Volk der Armenier zusammenwuchsen. Politisch werden die Armenier zunächst den Medern und später den Persern botmäßig. In der armenischen Sprache zeichnet sich die wechselvolle Geschichte des Landes ab; manche Umbildungen erklären sich durch urartäische, kaukasische und iranische Einwirkungen. Die Selbstbezeichnung der (von Griechen und Persern so genannten) Armenier ist *Hai* (daraus später der Landesname Hajastan). Ein Aufstand gegen die Perser 521 wird von Dareios I. bald unterdrückt. – *(Forts. S. 310)*

Lydien

Unter den bekannten Staaten Westkleinasiens gewinnt nach dem Zusammenbruch Phrygiens nur **Lydien** unter der Dynastie der *Mermnaden* für begrenzte Zeit eine größere Bedeutung.

um 680 –652
Gyges (assyrisch Guggu) stößt vom Kernland um die Hauptstadt *Sardeis* (am Gedis) an die Küsten vor, kämpft mit wechselndem Erfolg mit den griechischen Kolonien und erobert *Kolophon*. Gegen die Kimmerier sucht er ein Bündnis mit *Assurbanipal* von Assyrien, wendet sich aber wieder von ihm ab, wird dadurch isoliert und fällt bei einem neuen Angriff der Kimmerier.

um 652 –610
Sein Sohn *Ardys* stellt das Reich wieder her und gewinnt neue Stützpunkte an der Westküste.

um 605 –560
Die größte Ausdehnung hat das Reich unter *Alyattes*. Gegen ihn zieht *Kyaxares* von Medien (590).

585
28. Mai
Nach längeren Kämpfen kommt es zu einer unentschiedenen *Schlacht am Halys,* die durch eine von *Thales von Milet* vorausgesagte totale Sonnenfinsternis beendet wird.
Beim Friedensschluß danach vermittelt *Nebukadnezar II.* von Babylonien, der Mediens Ausdehnung eine Grenze setzen will; der Halys wird zur Grenze beider Reiche.

575
560–546
Alyattes erobert und zerstört Smyrna. Alyattes' Sohn *Kroisos* erobert Ephesos; an der Küste bleibt nur Milet noch selbständig, wird aber durch Vertrag an Lydien gebunden. Verträge mit Sparta und anderen Griechenstaaten folgen. Das Land wird zunehmend hellenisiert (reiche Stiftungen für griechische Tempel).

547
Gestützt auf Bündnisse mit Babylonien, Ägypten und Sparta, glaubt Kroisos, den nach Kappadokien vorgestoßenen *Kyros* von Persien angreifen zu können, wird jedoch isoliert, nach einer Niederlage bei *Pteria* in Sardeis eingeschlossen und bei der Eroberung der Stadt gefangengenommen, aber begnadigt. Lydien wird nun persische Provinz.

Staat und Kultur der Lyder

Die mit einer eigenen, der griechischen ähnlichen Buchstabenschrift geschriebene lydische **Sprache** ist indogermanisch und dem Hethitischen nah verwandt. Große Viehherden und reiche Bodenschätze in Verbindung mit einem hochstehenden Kunsthandwerk und der Herstellung feiner Stoffe sowie die Vermittlung des Ost-West-Handels lassen den Feudalstaat Lydien sehr reich werden. Wohl als erste prägen die Lyder die für Zahlungen verwendeten Metallstücke durch beidseitige Abstempelung zu **Münzen,** um das bis dahin notwendige immer erneute Abwiegen entbehrlich zu machen. Bald werden überall Münzen geprägt. Die Perser siedeln in Lydien u. a. Ostiranier an, um eine weitere Hellenisierung zu verhindern. Später aber ziehen die persischen Satrapen selbst viele Griechen ins Land; der Siegeszug Alexanders d. Gr. wird dadurch mancherorts erleichtert.
Die **Steuerbezirke** im persischen Kleinasien sind *Lydien* mit *Mysien* (Hauptstadt Sardeis), *Kappadokien* mit *Phrygien* (Hauptstadt Daskyleion) und *Ionien;* ein weiterer Bezirk der „Meerleute" an der Südküste wird nach dem Ionischen Aufstand *Karien* genannt (Hauptstadt Mylasa). Kappadokien, schon seit der Mederherrschaft iranisiert, wird früh zur erblichen Satrapie *(Pharnakes, Pharnabazos)* mit eigener Münzprägung. In Lydien betreibt *Tissaphernes* seit 413 eine expansive Politik. Als Oberbefehlshaber (Karanos) von ganz Kleinasien folgt er 400–395 auf *Kyros den Jüngeren* (408–401). In den Griechenstädten der Westküste setzen die Satrapen mehrfach Adlige als Tyrannen ein, belassen aber einheimische Kleinkönige in Priesterfürstentümern und abgelegenen Gebirgsgegenden, so besonders auch in dem südlichen Gebirgsland Lykien, wo das (indogermanische) *Lykische,* eine jüngere Form des *Luwischen*, gesprochen und mit dem griechischen Alphabet mit Zusatzbuchstaben geschrieben wird. Es werden aber auch griechische Inschriften gefunden. An den hohen Grabbauten vor 400 ist Reliefschmuck häufig; um 500 werden die bedeutenden Reliefs am „Harpyienmonument" von *Xanthos* geschaffen.

82   Altertum – Hochkulturen Ägyptens, des Vorderen Orients und Italiens

Die griechischen Besitzungen in Kleinasien

477 ab 400	Nach der Gründung des 1. Attischen Seebundes gehen die Griechenstädte Kleinasiens dem Perserreich verloren und bleiben dank der spartanischen Plünderungszüge in Westkleinasien noch bis zum Königsfrieden von 387 frei.
368/367	Infolge von Satrapenaufständen machen sich *Bithynien* und etwas später die Satrapen *Datames* und *Ariobarzanes* in Sinope (heute Sinop) und *Daskyleion* sowie der König *Maussolos* in Karien selbständig.
362	*Maussolos* gelingt dann im Bunde mit den griechischen Nachbarstaaten unter Duldung der Großkönige *Artaxerxes II.* und *Artaxerxes III.* die Gründung eines südwestkleinasiatischen Staates mit der Hauptstadt *Halikarnassos.*

In der Auseinandersetzung mit der griechischen Kultur, die hier ihren Höhepunkt erreicht, wird die Geschichte Kleinasiens im 4. Jh. zur Vorgeschichte des Hellenismus. Pontos und Paphlagonien bleiben stärker iranisierte Gebiete, obwohl auch hier der griechische Einfluß deutlich in Erscheinung tritt (Felsgräber von Süleimanköy). – *(Forts. S. 168)*

Syrien und Phönikien

Syrien ist der nicht sehr breite Landstreifen zwischen Mittelmeer, Euphrat und Syrischer Wüste. Die Nordgrenze bilden die Gebirge *Amanus* und *Tauros;* das südliche Drittel, *Palästina,* wird durch sein geschichtliches Schicksal zu einer Sonderlandschaft.

Das gebirgige, aber hafenreiche Küstengebiet etwa zwischen *Latakija* und *Akko* wird meist **Phönikien** genannt. Die Gebirgsketten sind durch einen nordsüdlichen Längsgraben geteilt. Östlich der im Altertum waldreichen Gebirge *(Libanon* und *Antilibanon)* liegt die große fruchtbare Oase von *Damaskus.* Zwischen Amanus und Euphrat erstreckt sich die hüglige Ebene von *Aleppo.* Ständige Besiedlung ist nur in den Gebieten mit ausreichendem Regen möglich. Eine politische Zusammenfassung des ganzen Gebiets gelingt einheimischen Dynastien nur selten.

vor 5500	Wie in Kleinasien und Mesopotamien beginnen schon während des **vorkeramischen Frühneolithikums** Regenfeldbau und Viehzucht bei ähnlichen wirtschaftlichen Verhältnissen.
nach 5500	Das **keramische Altneolithikum** ist vor allem durch die **Amuk-Kultur** (nach der Ebene Amuk nördlich von Antakije genannt) vertreten. Für sie sind besondere Gefäßtypen mit poliertem Farbüberzug (auch in Weiß) und Ritzmustern bezeichnend, für die man Muscheln benutzt. Später findet sich in Nordsyrien die mesopotamische *Tell-Halaf-Keramik.* An der Küste sind – wie für die frühere Zeit – die uralten Hafenstädte *Ugarit* und *Byblos* die Hauptfundorte.
nach 3500	Begünstigt durch die bessere Passierbarkeit von Wüstengebieten, gelangen in das bis dahin nach Ausweis vieler Ortsnamen von Nichtsemiten bewohnte Syrien wie nach Mesopotamien größere Semitengruppen, vorwiegend **Nordsemiten** (Hauptgott *Dagan*).
nach 3200	Im Euphratgebiet (nur in Handelsplätzen?) wird auch sumerischer Einfluß erkennbar, während das Küstengebiet sich infolge des Seehandels früh ägyptischen Einflüssen öffnet,
nach 2700	vor allem in *Gubla/Byblos.*
nach 2500	Eine bis dahin unbekannte sumerisch-semitische Kultur wurde in **Ebla** (heute Tell Mardich 50 km südlich von Aleppo) entdeckt. Im Palast wurden Plastiken und 10000 Keilschrifttafeln (Urkunden und literarische Texte; Sprachen Sumerisch, Akkadisch und das dem Ugaritischen verwandte nordsemitische Eblaitische) gefunden. Über das Reich von Ebla
um 2240	wissen wir erst wenig. Es fällt auseinander, als *Naramsin* von *Akkade* Ebla zerstört.
nach 2100	Wie in Babylonien dringen kanaanäische Stämme in immer neuen Wellen ein und errichten zahlreiche kleine Staaten um die Küstenstädte und im Binnenland, über deren Schicksal wir aus dem Archiv von *Mari* erfahren: besonders mächtig ist der Staat *Jamchad* (Hauptstadt Halab/Aleppo); andere Zentren sind *Katanum* (heute Mischrife bei Homs) und im Norden am Euphrat *Karkemisch* (heute Dscherablus). Schriftsprache ist dort das Babylonische (viele Kanaanismen in Briefen und Inschriften). In *Alalach* (heute Tell Atschana) am unteren Orontes überwiegen hingegen hurritische und kleinasiatische Einflüsse.

Ugarit und die Stadtstaaten Syriens

Infolge Kreuzung babylonischer und ägyptischer Kultureinflüsse sind in Phönikien schon vor 2000 die Keilschrift (von *Ebla*) und die ägyptischen Hieroglyphen bekannt. Unter Benutzung beider Schriftsy-

Syrien und Phönikien   **83**

steme werden dort neue, stark vereinfachte Schriften für das *Kanaanäische* erfunden, zuerst vielleicht um 1700 in *Gubla* eine nur z. T. bildhafte Silbenschrift mit wohl etwa 120 Zeichen (teilweise entziffert) auf Bronze- und Steintafeln. Vielleicht aus dieser Schrift ausgewählt wird das seit etwa 1500 bezeugte **phönikische Buchstabenalphabet,** das kurze Vokale nicht und lange nur selten behelfsmäßig zum Ausdruck bringt. Inschriften an Bergwerken im Sinai (vor 1400?) mit z. T. noch bildhaften Buchstaben sind teilweise entziffert. Dieses Alphabet wird um 1000 von Israeliten, Aramäern, den Südarabern und später auch von den Arabern mit einigen Umgestaltungen übernommen. Meist unter Hinzufügung und Umdeutung von Zeichen stammen von ihm unmittelbar oder mittelbar alle Buchstabenschriften der Erde ab, letztlich über die griechische, welche die bis dahin fehlenden Vokalbuchstaben hinzufügt, auch die lateinische. In der Hauptsache ist auch die Anordnung des griechischen und des lateinischen Alphabets der des phönikischen gleich.

In *Ugarit* wird im 15./14. Jahrhundert ein Keilschriftalphabet von 30 Buchstaben (Anlehnung an phönikische Buchstaben und die Keilschrift) auf Tontafeln neben der babylonischen Keilschrift geschrieben. Durch die Entzifferung (1930) wurden neben hurritischen Texten Reste der bis dahin verschollenen **Literatur Syriens und Phönikiens** wiedergewonnen, vor allem Mythendichtungen, von denen Spuren auch im Alten Testament erkennbar sind.

Im Mittelpunkt der **Religion** stehen danach Fruchtbarkeitskulte oft orgiastischer Art, zu denen auch die sakrale Prostitution und im Orient sonst streng verpönte Kinderopfer gehören. Der oberste Gott ist *El* („Gott"); verehrt werden ferner dessen Gattin *Aschera, Dagan* und besonders der Wettergott *Hadad*, meist einfach *Baal* („Herr") genannt, dazu als Verkörperung weiblicher Fruchtbarkeit *Astarte* und die blutdürstige *Anat*. Ein Mythos handelt von Tod und Wiederauferstehen des Baal als Vegetationsgott (bei den Griechen *Adonis*). Die teilweise hurritischen und phrygischen Kultbräuchen ähnlichen Kulte finden in den Städten in reich ausgestatteten Tempeln und auf Bergen statt. Kultsymbole wie heilige Pfeiler für Götter und heilige Stangen oder Bäume für Göttinnen spielen eine große Rolle. Die Priesterschaft ist reich gegliedert, daneben stehen Kultpropheten.

Der aus großen Steinquadern errichtete gewaltige *Palast von Ugarit* ist in manchem Bauwerken der ägäischen Welt ähnlich. Die religiöse Bildkunst ist vielseitig entwickelt, in den meisten Werken aber technisch ziemlich primitiv. Die akkadischen und ugaritischen Briefe und Urkunden aus Ugarit sind eine sehr wichtige Quelle für die verworrenen politischen Verhältnisse in Syrien zwischen 1400 und 1200 sowie für den Aufbau von Staat und Gesellschaft und die Rechtsordnung. Die Könige von Ugarit sind lange Zeit von den Hethitern oder dem an diese vertraglich gebundenen König von Aleppo abhängig.

nach 1500 Neben Ugarit gibt es in Syrien und Phönikien zahlreiche Kleinstaaten mit hurritischen oder
−1350   kanaanäischen Dynasten, die mit mehr oder weniger Glück zwischen den Großmächten (Hethiter, Ägypter und auch *Mitanni* [bis ca. 1350]) zu lavieren suchen; weitere wichtige Quellen dafür sind die Archive von *El-Amarna* in Ägypten und von *Hattusas*.

um 1200 Nach dem Untergang des Hethiterreichs und der Schwächung Ägyptens durch die „Seevölker", über die Nachrichten aus Syrien fehlen, bleibt das Land, von zunächst nur vereinzelten Übergriffen der Assyrer abgesehen, sich selbst überlassen. Die Führung im Binnenland geht nun an die (wohl seit 1300) in immer neuen Wellen anbrandenden **Aramäer** über, die sich kulturell den Alteingesessenen im wesentlichen anpassen. Über die Vorgänge im einzelnen und die dadurch bewirkten Umschichtungen wissen wir mangels Quellen fast nichts.

Phönikische Städte und Kolonien

Die durch den Küstenhandel reich gewordenen **phönikischen Städte** finden infolge des Aramäereinbruchs keine Möglichkeit, ihrer wachsenden Bevölkerung auf dem Land neuen Raum und angemessene Lebensbedingungen zu schaffen. Sie beginnen daher nach dem Zusammenbruch der Seemacht Kretas und der Schwächung Ägyptens mit dem Bau größerer Flotten, um im gesamten Mittelmeerraum Überseehandel treiben zu können.

seit 1200 Als Handelsstützpunkte werden auch an den westlichen Küsten des Mittelmeers **Handelskolonien** gegründet, von denen sich manche dank ihrer Lage zu blühenden Städten entwickeln (z. B. *Melite* = Malta, *Panormus* = Palermo, *Hippo* = Biserta, *Utica* nordwestlich von Tunis, *Málaga, Karthago*).

um 1100 Die Straße von Gibraltar wird durchfahren; von den Kolonien an der Atlantikküste wird vor allem *Gades* (Cádiz) eine Quelle großen Reichtums. Für Handelsreisen der Phöniker nach Britannien fehlen sichere Zeugnisse. Führend in der Kolonisation ist zunächst *Sidon* (heute Saida), das später auch aus der Glaswarenherstellung großen Gewinn zieht, nach 1000 aber *Tyros* (heute Ssur), dessen König *Hiram I.* (um 969–936) gemeinsam mit *Salomo* von Israel auch Handel im Roten Meer betreibt. Er führt auf diesem Wege vor allem Holz und Kupfer aus und Gold und Gewürze ein. Bedeutende Städte sind auch das uralte *Gubla* und *Arwad* (heute Ruad). Teilweise hohen künstlerischen Rang haben die auch nach Assyrien exportierten Elfenbeinplastiken.

84   Altertum – Hochkulturen Ägyptens, des Vorderen Orients und Italiens

nach 750   Den systematisch vordringenden *Assyrern* können die Phönikerstädte wegen ihrer Unei-
           nigkeit keinen nachhaltigen Widerstand leisten.
     677   Assarhaddon zerstört Sidon.
     573   Tyros bleibt dank seiner einzigartigen Lage auf einer Felszunge im Meer lange uneinnehm-
           bar. Erst der Babylonier Nebukadnezar II. kann es nach 13 Jahren Belagerung einnehmen.
           Im Auftrag Nechos II. von Ägypten führen phönikische Schiffe (um 600) vom Roten Meer
           aus in zwei Jahren (?) eine Umsegelung von ganz Afrika durch (nicht gesichert). Durch den
           Aufstieg Griechenlands und die Verselbständigung Karthagos sinkt der Einfluß Phönikiens
           im Mittelmeer; der Handel der Städte bleibt aber auch im Chaldäer- und Perserreich ge-
           winnbringend. Sehr einträglich für sie ist auch die weitberühmte Purpurstoffherstellung.
           Das Perserreich beläßt diesen Städten eine beschränkte Autonomie unter eigenen Fürsten,
           verpflichtet sie aber zur Stellung und Bemannung eines großen Teils der persischen Kriegs-
           flotte. Sitz des persischen Satrapen ist wohl *Tripolis*. Sogenannte anthropoide Sarkophage
           ägyptischer, später phönikischer und griechischer Arbeit sowie hausförmige Särge mit
           Reliefs griechischer Künstler aus den Königsgräbern von *Sidon* bezeugen die Blüte dieser
           Stadt in der Achämenidenzeit. Schwere Rückschläge und die erneute Zerstörung Sidons
           bringt der mißglückte Aufstand des *Tennes* von 351.

Syrien nach der Hethiterzeit (etwa 1200–700)

nach 1200 **Nordsyrien** wird ein Rückzugsgebiet der hethitischen und hurritischen Kultur. Die hethiti-
           schen Hieroglyphen werden hier noch jahrhundertelang, oft neben der aramäischen und
           phönikischen Schrift, geschrieben. Eindrucksvolle Denkmäler vor allem hurritisch be-
           stimmter Kunst aus der Zeit nach 1000 sind z. B. aus *Karkemisch* am Euphrat und aus
           Samal (Sendschirli) bekannt, wo sich Residenzen von – durch Inschriften bezeugten – ara-
           mäischen Dynastien befinden.
nach 1000 Ein Gebiet hethitisch-phönikischer Mischkultur ist *Kilikien*. Denkmäler der gleichen Art
           sowie Inschriften in Hieroglyphen neben phönikischen wurden in *Asitawaddija* (heute
           Karatepe am Ceyhan) aufgefunden. Nach der Assyrerzeit entsteht in Kilikien unter Herr-
           schern mit dem Titel *Syennesis* ein den Tauros kontrollierender Staat, der (um 600) nach
           Kappadokien und Pamphylien ausgreift. Durch *Kyros* werden die Fürsten persische Vasal-
           len. Erst nach der *Schlacht von Kunaxa* (401) wird Kilikien zur Satrapie.
etwa *950* Die Vormacht im **südlichen Syrien** wird nach der Befreiung vom David-Reich der Ara-
  –800   mäerstaat von *Damaskus*, der Israel schwer zu schaffen macht.
 853/848   Eine große Koalition unter Führung von *Benhadad II.* von Damaskus kann in der *Schlacht
           von Karkar* nördlich von Hamat und auch danach die Assyrer unter *Salmanassar III.* auf-
           halten; sie fällt unter Benhadads Nachfolger *Hasa'el* freilich wieder auseinander.
     841   Bald danach kann nur Damaskus Salmanassar widerstehen.
     806   Infolge neuer schwerer Verluste im Krieg mit *Adadnerari III.* verliert Damaskus unter
           Benhadad III. seine Vormachtstellung an Hamat (heute Hama) unter Sakir. Tiglatpile-
     732   sar III. und Sargon II. brechen aber auch hier den letzten Widerstand und erobern Damas-
     720   kus und etwas später Hamat.
           In der Folgezeit spielte Syrien als assyrische, babylonische und persische Provinz weder po-
           litisch noch kulturell eine erhebliche Rolle. Erst die hellenistischen Städtegründungen der
           Seleukiden bringen nach Alexander d. Gr. neues Leben. – *(Forts. S. 160)*

Arabien

Arabien ist eine nach Osten abfallende Wüsten- und Steppentafel mit Gebirgsrändern im Westen und
Südosten. Das dem Ackerbau nur wenig Raum gewährende Innere zwingt zu nomadischer Lebensweise.
Nur im Südwesten (*Jemen* und *Hadramaut*) ermöglichen die Monsunregen regelmäßigen Ackerbau bei
sorgfältiger Wasserbewirtschaftung. Die dürftigen Lebensmöglichkeiten zwingen die Nomaden, die erst
nach 1200 v. Chr. zu kamelzüchtenden **Beduinen** werden, immer wieder zu Einbrüchen in die Arabien
benachbarten, reicheren Gebiete; eine dauernde Landnahme wird dabei aber nur manchmal erstrebt.
Arabien galt früher als die Urheimat der Semiten und wird in den bewohnbaren Gebieten wohl in der
Tat sehr früh durch sie besiedelt, da in der Zeit der großen Semitenwanderungen im 4. Jt. in Arabien
viel mehr Regen fällt als davor und danach (bis heute). Die für uns ältesten Semitengruppen, die *Akkader*
Babyloniens und die *Nordsemiten* in Syrien, kommen wohl nicht über Arabien ins Kulturland, sicher aber
die *Kanaanäer*, *Aramäer* und *Araber*. Für die Herkunft der Semiten aus Nordwestafrika spricht vor allem,

Arabien – Palästina   85

daß die *Berbersprachen* dem Semitischen nah verwandt sind. Die harten Lebensbedingungen in Arabien haben den Charakter der Menschen dort wesentlich mitgeprägt. Semitische Völker können so die Weltgeschichte immer wieder entscheidend beeinflussen.

vor 1000 Über die Geschichte Arabiens ist fast nichts bekannt. Durch den Indien- und Afrikahandel sowie durch Ackerbau mit künstlicher Bewässerung werden die von *Südarabern* bewohnten Gebiete im Südwesten (Jemen und Hadramaut) schon im 2. Jt. wohlhabend und entwickeln eine Stadtkultur mit Hochbauten. Die phönikische *Buchstabenschrift* wird übernommen und in etwas veränderter Gestalt zur Aufzeichnung von Zehntausenden von (inhaltlich leider nicht sehr vielseitigen) Inschriften in *südarabischer Sprache* (Hauptdialekte Minäisch, Sabäisch, Katabanisch und Hadramautisch) verwendet, die (zeitlich von vor 900 v. Chr. bis 543 n. Chr. reichend) zusammen mit den Bodenfunden die Hauptquelle für unsere Kenntnis Altsüdarabiens sind. Das Südarabische mit seinen noch heute gesprochenen Dialekten (z. B. Mechri, Sokotri) ist den semitischen Sprachen Abessiniens (Äthiopisch, Amharisch, Tigre, Tigrinja) nächst verwandt; die Abessinier übernehmen auch das altsüdarabische Alphabet.

nach 900 Arabisch sprechende *Nordaraber* sind zuerst bei Salmanassar III. von Assyrien erwähnt, Königinnen der Sabäer im Alten Testament (Zeit Salomos) und bei Tiglatpilesar III. Sargon II. vertreibt die Thamudäer aus dem Gebiet von *Edom* ins Gebirge des Hidschas. Diese sind durch (niemals monumentale) Felsinschriften von *Dedan* bis ins südliche Jordanien (etwa 500 v. Chr. bis nach 600 n. Chr.) nachweisbar.

um 550 *Jathrib* (später Medina) gehört mit anderen Städten zum Reich *Nabonids* von Babylonien, der etwa 10 Jahre lang meist in der Oase *Taima* residierte.

Staatliches und kulturelles Leben im frühen Arabien

Über die politische Geschichte der arabischen Staaten vor dem Islam ist sehr wenig bekannt. Wir erfahren von langen Kämpfen zwischen den Reichen von *Ma'in* (nach unserer Kenntnis das älteste), *Saba* und *Kataban* im Jemen sowie von *Hadramaut* um die Vorherrschaft über die Handelsstraßen. Die Dauer dieser Reiche ist noch umstritten; ein Radiokarbondatum für Hadschar ibn Humaid in Kataban um 1000 paßt zum Bericht über Handelsbeziehungen Salomos mit Saba. Der **Staat** baut sich auf den *Stämmen* auf, deren Führer zeitweise eine Art von Staatsrat bilden; dieser wirkt vor allem mit an der Gesetzgebung im Boden- und Steuerrecht. Der Staat ist anfänglich theokratisch; der König heißt „Priesterfürst" (Mukarrib), erst später „König" (Malik).
Im Mittelpunkt der **Götterkulte** stehen der Mondgott *Almakah* (auch Sin oder Wadd), die Sonnengöttin *Schams* und der Sterngott *Athtar*. Der reiche Kult wird in großen Tempeln mit teils rechteckigem, teils rundem oder elliptischem Grundriß (Beziehungen zu Zimbabwe in Rhodesien?) zelebriert. Heiligtümer mit vielen Kultsymbolen aus dem 8.–6. Jahrhundert v. Chr. sind bekannt vor allem aus Timna in Kataban und Ma'rib in Saba. Zu den weltlichen Großbauten gehören Festungen, Felsburgen und Talsperren.
In der **Baukunst** wie in der überwiegend ziemlich primitiven Plastik sind Einflüsse des Perserreichs, in das nur die *Lihjaniter* Nordwestarabiens eingegliedert sind, und später der hellenistischen Reiche erkennbar. Bestattet wird in Felshöhlen (oft an Steilwänden sehr hoch eingetieft) oder in großen, rechteckigen Grabbauten mit je zwei gemauerten Grabkammern übereinander zu beiden Seiten von Fluren; in ihnen fanden sich viele Grabstatuetten. – *(Forts. S. 317).*

Palästina

Die (im Anschluß an den römischen und altchristlichen Sprachgebrauch so genannte) Landschaft Palästina („Philisterland"), das alte *Kanaan*, umfaßt das südliche Drittel Syriens etwa vom Südende des Libanon bis südlich des Toten Meeres (etwa 250 km); die Ostgrenze bildet die syrisch-arabische Wüste, die Längsachse der Jordangraben, der größtenteils tief unter dem Meeresspiegel liegt (See Genezareth – 208 m, Totes Meer – 392 m). Die politischen Grenzen haben sich sehr oft geändert, vor allem im Osten; das Ostjordanland ist nur selten mit den übrigen Gebieten vereinigt. Die Fruchtbarkeit des Landes ist sehr ungleich, ebenso das Klima; einzelne Gebiete, insbesondere der Ostabfall des Hochlandes von Judäa, haben Steppen- oder Wüstencharakter und daher keine Dauersiedlungen; anderswo gedeihen der Ölbaum und der Weinbau. Bodenschätze gibt es wenig. Die größtenteils sandige und hafenarme Küste ist für Schiffahrt und Seehandel wenig einladend. Als ausgesprochenes Durchgangsgebiet hat es im Altertum nie eine ganz homogene Bevölkerung.

Vor 5500 Das Land ist seit der Altsteinzeit besiedelt. Für das **vorkeramische Frühneolithikum** sind Rundbauten kennzeichnend (in *Jericho* auch ein Rundturm) sowie primitive Ton- und

nach 5500 Steinfiguren, die auch im **keramischen Altneolithikum** mannigfach bezeugt sind. Die Bauten, z. T. aus Lehmziegeln, sind nun überwiegend rechteckig.

86　Altertum – Hochkulturen Ägyptens, des Vorderen Orients und Italiens

um 4000	Ins **Chalkolithikum** gehören die größeren Hausbauten mit mehrfarbig gemalten Kultszenen in *Telelat Ghassul* bei Jericho. Bei *Beerseba* sind unterirdische Siedlungen aufgedeckt worden.
um 3000	Zu Beginn der **frühen Bronzezeit** gibt es Totenbeisetzungen in mit Steinen ausgelegten Kammern. Die Hinweise auf eine Stadtkultur mehren sich. Über die Bevölkerung vor etwa 3300 wissen wir nichts. Wie in Syrien und Mesopotamien setzen sich bald danach die ersten **Semiten** fest, die wohl über Ägypten einwandern.
nach 2600?	Es folgen wie in Syrien Nordsemiten, über die das Archiv von *Ebla* Nachrichten enthalten dürfte (Jerusalem genannt?).
um 2100 –1900	Nach einer durch Ausgrabungen erwiesenen Katastrophenzeit sehr geringer Siedlungsdichte dringen Semiten der *kanaanäischen Welle* wie in Babylonien und Syrien ein, die durch kanaanäische Namen in ägyptischen Texten (um 1900) bezeugt sind. Sie gehen dort, wo Ackerbau möglich ist, von der nomadischen zur halbnomadischen Lebensweise über und werden teilweise allmählich seßhaft. Die Nomaden der Zeit vor 1200 haben noch keine Kamele; einziges Tragtier ist der Esel.
um 1700	Die ältesten geschichtlichen Erinnerungen im **Alten Testament** (AT) reichen höchstens bis zur **Zeit der Erzväter** *Abraham, Isaak, Jakob* zurück, sind aber zur Zeit der Niederschrift der ältesten Teile des AT (nach 1000) nur noch sehr unbestimmt. Die Erzählung von Abrahams Herkunft aus Charran bewahrt die Erinnerung daran, daß der Stamm Benjamin Reststamm eines nach Briefen aus Mari (um 1720) in Nordmesopotamien zeltenden großen Nomadenstammes ist. Entsprechend seinem Charakter als Zeugnis für das Handeln Gottes am Menschen in der Geschichte vor allem Israels ist das AT am äußeren Ablauf der Ereignisse in der Frühzeit nur begrenzt interessiert und bedarf daher als Geschichtsquelle einer kritischen Auswertung unter Berücksichtigung babylonischer und ägyptischer Quellen sowie der Ausgrabungsergebnisse.
seit ca. 1650	Vorfahren der später zu *Israel* gehörigen kanaanäischen Stämme leben als Nomaden und Halbnomaden in Syrien-Palästina neben den älteren Landesbewohnern. Die Abwanderung von Vorfahren der *Josephstämme* nach Ägypten steht vielleicht im Zusammenhang mit der *Hyksosbewegung*, kann aber auch später erfolgt sein.
um 1550	Nach dem Zusammenbruch des Hyksosreiches wird Palästina ägyptische Provinz, wobei die örtliche Regierungsgewalt weithin lokalen Dynasten kanaanäischer, hurritischer und vereinzelt indoarischer Herkunft überlassen bleibt.
ca. 1400 –1350	Die Hauptquelle dafür ist das Keilschriftbriefarchiv von *El-Amarna* (Mittelägypten) – sog. Amarnabriefe.
um 1360	Fürst von Jerusalem ist *Abdi-Hepa*. Immer neue Nomadenschübe sind Ursache vieler Kleinkriege. Die Schriftsprache ist ein kanaanisiertes Babylonisch.
Nach 1250	Rückwanderung von Gruppen der späteren Josephstämme (im Zwölfstämme-Schema *Ephraim* und *Manasse*), die besonders Ramses II. zur Fronarbeit gezwungen hat, unter *Mose* (Name ägyptisch) und *Aharon* aus Ägypten; die Ausdeutung der sehr sagenhaften Auszugsberichte ist umstritten. Die **Gottesoffenbarung** am *Sinai* (oder Horeb, Identität mit dem heutigen Sinai fraglich) an Mose verpflichtet die Sippen, ausschließlich dem einen Gott **Jahwe** („Er erweist sich") zu dienen; Kultmittelpunkt wird die Bundeslade. Es folgen lange Jahre des Herumziehens in den Wüstensteppen Südpalästinas, die nur eine nomadische Lebensweise zulassen, unter wechselnden Kämpfen mit anderen Stämmen (Midianiter, Amalekiter) und Stadtstaaten des Kulturlandes.
um 1220	Der Name **Israel** ist zuerst auf einer Stele *Merenptahs* erwähnt. Die genauen Zahlenangaben des AT widersprechen sich oft. Die Zeitangaben vor 850 können daher nur ungefähre sein. Auch die David wie Salomon zugeschriebenen „40" Jahre sind nicht gesichert.

Die Stämme Israels und ihre Nachbarn

Die Besetzung des eigentlichen Palästina, die die Überlieferung stark vereinfachend mit dem Namen von Moses Nachfolger *Josua* verbindet, vollzieht sich nur nach und nach, indem die durch den Jahweglauben verbundenen Gruppen und Stämme verschiedener Herkunft – darunter auch *Aramäer* (5. Buch Mose 26, 5) – sich zunächst als Halbnomaden oft friedlich in Besiedlungslücken einschieben und dann unter vielen Kämpfen auch Städte des politisch zerrissenen Landes. Im Ostjordanland bilden sich gleichzeitig andere Kleinstaaten nahverwandten Volkstums und z.T. ähnlicher sozialer Struktur wie Ammon, Moab und im Süden Edom. Die Küstenebene wird nach 1200 großenteils von den aus der Ägäis kommenden, wohl indogermanischen **Philistern** besetzt, die nach dem „Seevölkersturm" auf Ägypten hier zurückbleiben und zeitweilig auch Israelstämme sich tributpflichtig machen. Gegen die Angriffe aller dieser kriegerischen Nachbarn schließen sich einige Stämme von Fall zu Fall unter „Richtern" zusammen (z.B. Ehud, die „Richterin" Debora, Gideon, Jephta, Simson), kämpfen aber trotz des aus gemeinsamem Gottesdienst in Silo, Sichem usw. erwachsenden Gemeinschaftsgefühls oft auch gegeneinander. Die trotz aller Veränderungen im Bestand der Stämme immer festgehaltene **Zwölfzahl** hat ihre Wurzel wohl im sakralen Charakter des Stämmeverbandes. Die einzelnen Stämme bestehen aus Sippen. Die wehrfähigen Männer werden im Krieg in Tausendschaften gegliedert.

um 1012   In einer Stunde schwerster politischer Bedrängnis beruft das Volk den durch den „Richter" und Propheten *Samuel* designierten Benjaminiten *Saul* zum König, der den immer noch losen Stämmeverband zuerst zu Siegen über die Ammoniter, Philister und andere Nachbarn führt, dann aber den Philistern unterliegt.

um 1008   Die Errichtung eines einheitlichen Staats gelingt nach langen Kämpfen erst **David** aus dem
−969   Stamme *Juda*, der zunächst von *Hebron* aus z.T. mit Hilfe von Söldnertruppen die Angriffskraft der Philister endgültig bricht und dann **Jerusalem** den *Jebusitern* entreißt und zur Hauptstadt macht. Er unterwirft danach das Ostjordanland und besetzt später zeitweilig Damaskus und große Teile Syriens. Das so plötzlich entstandene Reich im Stil der orientalischen Großreiche kann freilich auch der bei vielen Schwächen persönlich fromme David, der viele Psalmen dichtet, nicht zu einem einheitlichen Staat machen. Aufstände *(Absalom)* sind Zeichen der Unzufriedenheit weiter Kreise; manche sehen aus religiösen Gründen im Königreich überhaupt eine Israel nicht angemessene Institution.

um 969   Davids Sohn **Salomo** kann das Reich nur zum Teil halten und lehnt sich an Ägypten an
−930   (Heirat einer ägyptischen Prinzessin). Am Golf von Akaba in Edom, das David erobert hat, legt er den Hafen Ezeon-Geber an und gewinnt durch den zusammen mit den Phönikern (Bündnis mit *Hiram* von Tyros) auf eigenen Schiffen betriebenen Arabienhandel großen Reichtum. Nach dem Vorbild der Großmächte legte er Garnisonen für seine Streitwagentruppe an (Pferdestallungen sind z.T. ausgegraben). In Jerusalem baut er Jahwe einen Tempel mit sehr reicher Ausstattung unter Einsatz von Fronarbeit und gibt damit erstmals dem Kult ein festes Zentrum, das freilich immer wieder in Gefahr gerät, entgegen dem geoffenbarten Gotteswillen Kulten der Nachbarvölker Raum zu geben. Bei straffer Zentralisierung fördert er Kunst und religiöse Literatur (erste Geschichtsschreibung) und macht sich einen Namen als weiser Richter.

930–908   Nach seinem Tod zerfällt das Reich in das Nordreich **Israel** unter *Jerobeam I.* (Hauptstadt
930–913   Sichem, später Samaria) und das viel kleinere **Juda** unter Salomos Sohn *Rehabeam*.
In den vielen Kämpfen mit den Nachbarn stehen diese oft gegeneinander. Das politische Übergewicht hat meistens Israel, das allerdings durch vor allem durch wiederholte Kriege mit wechselndem Ausgang mit Damaskus immer wieder geschwächt wird.

926   Tempelplünderung durch Scheschonk (22. Dynastie) von Ägypten.

Die religiöse Tradition Israels

Die Vermischung der Israelstämme mit den alteingesessenen Kanaanäern ist im Nordreich stärker als in Juda. Die dadurch bewirkte Neigung zu Rückfällen in das Heidentum wird in Israel, das eigene Kultzentren hat, durch den Einfluß der reichen Städte Phöniziens noch weiter gefördert; *Isebel,* die Frau des Königs *Ahab* (871–852), stammt aus Tyros. Aber auch dort erfolgen Einsprüche gegen die Kanaanisierung sogar des Jahwekultes immer wieder von seiten derer, die sich den alten Überlieferungen des Volkes verpflichtet wissen, wie sie wohl zur Zeit Salomos in dem alle altorientalische Geschichtsschreibung weit hinter sich lassenden Geschichtswerk des „Jahwisten" *(Nathan?)* literarisch gestaltet worden sind. Um den Gottesdienst im Sinne der auf Mose zurückgeführten Satzungen rein zu erhalten, fordern sie eine weitgehende Absonderung von der Umwelt und ein Leben im Einklang mit den Geboten Gottes. Die Wortführer dieser Bewegung kommen weniger aus den Kreisen der am Kult interessierten Priesterschaft als aus denen der **Prophetenschaft,** die – als Institution übrigens schon Jahrhunderte früher bei den Kanaanäern von Mari und den Phönikern bezeugt – die Verkündung des Gotteswillens zunehmend als ihren besonderen Auftrag ansieht. Die Sprüche und Predigten der frühen Propheten werden noch nicht überliefert. Zu ihnen gehören nach *Samuel* zur Zeit von David und Salomo *Nathan* sowie später der geistesmächtige *Elia* († um 850), der in Israel Ahab und Isebel und dem von ihnen geförderten Kult des phönikischen Baal unerbittlich entgegentritt. Sein Werk wird von seinem Schüler *Elisa* († um 795) mit Entschiedenheit fortgeführt.

   Die Dynastie des *Omri* in Israel, zu der *Ahab* gehört, wird nach letztlich sehr unglücklichen Kämpfen, über die (um 848) auch eine Inschrift des Moabiterkönigs Mesa berichtet, von
845–818   *Jehu* (von *Elisa* zum König gesalbt) ausgerottet.
841   Dieser muß Salmanassar III. von Assyrien Tribut zahlen. Die phönikischen Kulte werden beseitigt. In der Folgezeit läßt der Druck von Damaskus nach.
Das Südreich Juda hat sich bis dahin aus der großen Politik etwas mehr heraushalten kön-
845–840   nen. Starke innere Erschütterungen bringt die Herrschaft der *Athalja*, einer Tochter *Omris* von Israel, die das Haus Davids auszurotten sucht und den Baalsdienst einführt, aber vom Priester Jojada getötet wird.

88   Altertum – Hochkulturen Ägyptens, des Vorderen Orients und Italiens

802–747   Unter *Joas* und *Jerobeam II.* hat Israel eine ruhigere Zeit. Die Nichtbeachtung des mosa-
ischen Gesetzes und grobe Mißstände in Kult und Sozialordnung, in Israel noch mehr als
in Juda, rufen wieder Propheten auf den Plan, die – meist nicht den Prophetenschulen ent-
stammend – schweres Unheil als Strafe verkünden.

nach 750   Die hervorragendsten sind *Amos, Hosea* und *Jesaja* († nach 700), deren in leidenschaftli-
cher, meist rhythmischer Rede vorgetragene Sprüche und Predigten teilweise aufgeschrieben wurden. Sie betonen, daß Opfer ohne Erfüllung von Gottes Willen wertlos seien.

732   *Tiglatpilesar III.* von Assyrien, dem *Menahem von Israel* (746–737) schon 738 Tribut zahlen muß, wird von *Ahas von Juda* (742–726) gegen einen gemeinsamen Angriff von
Damaskus und *Pekah von Israel* (734–732) zu Hilfe gerufen; er annektiert Teile von Israel.

732–724   Der letzte König von Israel, *Hosea* (732–724), wird wegen seiner Verhandlungen mit
Ägypten von Salmanassar V. gefangengesetzt, *Samaria* 3 Jahre lang belagert.

721   Samaria wird von Sargon II. erobert. Große Teile des Volkes werden nach Mesopotamien
und Medien verschleppt, wo sie anscheinend ganz in der dortigen Bevölkerung aufgehen;
Babylonier und Syrer werden dafür angesiedelt. Im nördlichen Palästina entsteht so die
Mischbevölkerung der **Samaritaner,** die neben Jahwe auch heidnische Götter verehrt.

725–697   Nach dem Untergang des Nordreichs versucht *Hiskia,* von *Jesaja* beraten, sich in Anlehnung an Ägypten von Assyrien zu lösen, muß jedoch Sanherib Tribut zahlen, obwohl diesem (z. T. wegen einer Seuche in seinem Heer) die Eroberung Jerusalems mißlingt. Im
Sinne der vor allem im 5. Buch Mose („*Deuteronomium*", d. h. „zweite Gesetzgebung",
wohl um 640 niedergeschrieben) vertretenen Auffassung schafft Hiskia die kultische Verehrung Jahwes außerhalb Jerusalems „auf den Höhen" ab; nur der Kult im Tempel von
Jerusalem gilt seither als legitim.

696–642   Unter seinem schwachen Nachfolger *Manasse,* der ganz von Assyrien abhängig ist, werden
allerdings heidnische Kulte wieder zugelassen.

639–609   *Josia* führt nach Auffindung des Deuteronomiums (621) im Tempel eine durchgreifende
Kultreform durch mit dem Ziel, alle kanaanäischen Gebräuche zu beseitigen. Nach Reinigung des Tempels und Zerstörung aller Höhenheiligtümer wird das *Passahfest* wiederein-
gesetzt, das die Erinnerung an die Befreiung aus Ägypten unter Mose wachhält. Die der
Absonderung der Juden dienenden Bestimmungen werden verschärft. Eine Vertiefung des
ethischen **Monotheismus** zeigt sich vor allem in den Predigten des Propheten *Jeremia*
(† nach 585), der das kommende Unheil voraussagt, aber bei den meisten auf Unglauben
und Ablehnung stößt. *Josia* versucht, nach dem Zusammenbruch des Assyrerreiches das
Davidreich in Palästina zu erneuern.

605   Er scheitert aber bei dem Versuch, den Assur zu Hilfe ziehenden Ägyptern unter Necho
bei Megiddo den Weg zu verlegen, und fällt in der Schlacht von Karkemisch.
Danach fällt Juda in den Machtbereich Babyloniens.

597   Nach einem Aufstandsversuch des *Jojakim* (608–597) erobert Nebukadnezar II. Jerusalem
und führt dessen eben König gewordenen Sohn *Jojachin* (in babylonischen Urkunden
Ja'u-kin genannt) nach Babylonien.

588   Der als König eingesetzte *Zedekia* erhebt sich erneut.

587   Nach einer Belagerung von eineinhalb Jahren *erobert Nebukadnezar Jerusalem* wieder,
blendet Zedekia, zerstört Stadt und Tempel und verschleppt große Teile der Bevölkerung
(„Babylonische Gefangenschaft").

586   Ein weiterer Teil flieht nach der Ermordung des nun eingesetzten Statthalters *Gedalja* mit
Jeremia nach Ägypten, wo schon etwas früher jüdische Söldnerkolonien entstanden sind
(die von Syene = Assuan mit z. T. archaischen Kultgebräuchen wurden durch Papyri aus
der Perserzeit bekannt).

Babylonische Gefangenschaft

Während des Exils treten Propheten auf, vor allem *Hesekiel* († nach 570), der nach der Zerstörung des
Volks besonders die persönliche Verantwortung jedes Menschen vor Gott betont (früher steht oft die
kollektive im Vordergrund), und der *zweite Jesaja* († nach 535), der in den Liedern vom „Knecht Gottes"
dem Gedanken vom stellvertretenden Leiden des Sündlosen Ausdruck verleiht. Neben die Bußpredigt
tritt jetzt verstärkt die Verkündigung der Rückführung des Volkes und des künftigen Heils, das der
„Gesalbte Gottes" **(Messias)** später einmal seinem die Gebote Gottes befolgenden Volk bringen soll.
Mit diesen Propheten und der gleichzeitigen Psalmdichtung ist der Höhepunkt der religiösen Entwicklung
innerhalb des Judentums erreicht.

539   Nach der Eroberung Babylons durch Kyros beginnt die Rückwanderung der in Babylonien
nicht assimilierten Juden nach dem nunmehr an *Persien* gefallenen Judäa.
Der Tempel in Jerusalem wird aufgrund eines im AT überlieferten Erlasses (538) des Kyros

520–515   mit Förderung der persischen Behörden auf dem alten Platz wiedererrichtet und die

Gemeinde unter Führung Serubbabels mit Unterstützung der Propheten *Haggai* und *Sacharja* neu begründet.

445 Nach langen Jahren vielfach gehemmter Entwicklung kommt im Auftrag von Artaxerxes I. sein Mundschenk *Nehemia* als Statthalter nach Jerusalem, setzt dort den Neubau der Stadtmauer gegen alle Widerstände durch und ordnet das Leben der Juden den neuen Verhältnissen entsprechend.

Die religiösen Gesetze

Vor oder bald nach Nehemia (460?) wird der Schreiber *Esra* mit der Neuverkündung des wohl von babylonischen Juden erweiterten „Gesetzes des Himmelsgottes" beauftragt; damit wird der Neuaufbau des nur noch in inneren Angelegenheiten autonomen **theokratischen jüdischen Gemeinwesens** vollendet. Die Behörden machen dieses Gesetz für alle Juden Syriens und Palästinas verbindlich. Die sich nun als geschlossener Stand formierende *Priesterschaft*, der für niedere Tempeldienste die *Leviten* zur Seite treten, hat die strikte Befolgung des Gesetzes zu überwachen; in seiner Auslegung wird sie unterstützt durch den Stand der sorgfältig geschulten *Rabbis*, der sich in der Folgezeit herausbildet. Zum Teil abweichend von den großen Propheten, an die später *Jesus* anknüpft, glaubt das Judentum, daß Gott vor allem die peinlich genaue Erfüllung der vielen Vorschriften des nun abschließend formulierten Gesetzes (*Thora*, griechisch Pentateuch) fordert; die Bewahrung des Volkstums (strenges *Mischehenverbot*) gewinnt auch religiös zentrale Bedeutung. Während der Opferkult Jerusalem vorbehalten bleibt, sammeln sich die Gemeinden sonst überall um die Schulen *(Synagogen)*. Die Heiligung des *Sabbats* und der großen Feste wird ganz ernst genommen.

332 Der Anschluß Palästinas an das Alexanderreich und seine Nachfolgestaaten bringt auch die seit langem vorbereitete Abtrennung der *Samaritaner*, die Jerusalem als einzigen Kultort ablehnen, zum Abschluß; sie errichten ein eigenes Heiligtum auf dem Berg *Garizim*. – (Forts. S. 167)

Nordwestafrika

Nordwestafrika wird von Sahara und Hohem Atlas im Süden begrenzt und ist ein nur z. T. für den Ackerbau geeignetes *Steppen*- und *Bergland*, obwohl die Wüste in alter Zeit viel weniger weit reicht als heute. Schon in der Altsteinzeit besiedelt, bleibt es fast überall noch bis nach 1000 v. Chr., im Inneren des Landes z. T. sogar bis in die römische Zeit, im Dunkel der Vorgeschichte; kulturell gibt es mannigfache Beziehungen zu Spanien. Die älteste uns erkennbare Bevölkerung, gewiß nicht die Urbevölkerung, sind (seit vor 4000?) die nach ihrer Sprache den Semitenvölkern verwandten *Berber*.

seit ca. 1200 Die **Phöniker** legen an der nordafrikanischen Küste Handelskolonien an, vor allem im heutigen Tunesien. Über ihre älteste Geschichte (bis etwa 600) ist fast nichts bekannt.

814 Von *Tyros* aus wird **Karthago** (Kartchadascht „Neustadt"), wohl auf dem Boden einer erheblich älteren Gründung von *Sidon*, nordöstlich von Tunis auf einer Halbinsel gegründet. Um die Burg *Byrsa* herum wird es stark befestigt. Infolge der Ausbreitung der griechischen Seeherrschaft (seit etwa 800) und der Schwächung Phönikiens durch die Assyrer geht vielen Kolonien die Verbindung mit dem Mutterland früh verloren; oft müssen die phönikischen Kolonisten den Griechen weichen.

seit ca. 650 Karthago, dank seiner günstigen Lage durch den Handel reich geworden, schafft sich eine eigene Flotte und Heeresmacht und wird dadurch zur Schutzherrin der Kolonien am westlichen Mittelmeer, bis es sie nach und nach in das wachsende Reich eingliedern kann. Den *Libyern* des Binnenlandes bleibt Karthago freilich noch lange tributpflichtig. Die Pityusen, Sardinien und Westsizilien werden (vor 500) erobert, die anderen phönikischen Kolonien Nordafrikas zu abhängigen Bundesgenossen gemacht. Nur die Nachbarstadt *Utica* bleibt noch länger selbständig. In den Handel Karthagos wird auch Westafrika mit den Kanarischen Inseln einbezogen.

Staat und Kultur Karthagos

Gegründet wird Karthago als phönikische Handelskolonie. Der Handel trägt konsumtiven Charakter; er gilt dem Erwerb, nicht dem Absatz von Waren. Der entscheidende Anstoß zur karthagischen Machtbildung geht von den sich im westlichen Mittelmeer ausbreitenden Griechen (Phokaiern) aus. Die karthagi-

90   Altertum – Hochkulturen Ägyptens, des Vorderen Orients und Italiens

sche Machtbildung – und dies findet seine Entsprechung in der karthagischen Vertragspolitik – ist ein erzwungener Schritt und ist nicht auf politische Herrschaft eingestellt.
Karthago besitzt eine dem Typus nach aristokratische Verfassung. An der Spitze des Staates stehen zwei *Sufeten* (= Richter, auch Könige genannt *(basileis* bzw. *reges)*, die von der Volksversammlung jährlich gewählt werden; Wiederwahl ist möglich. Laut Aristoteles werden bei der Wahl sowohl die Tüchtigkeit als auch der Reichtum berücksichtigt. Formal ist das Volk souverän – jeder Bürger kann in der Volksversammlung das Wort ergreifen –, faktisch jedoch liegt die Herrschaft beim Adel. Das eigentliche Regierungsorgan bilden der Rat *(synkletos* bzw. *senatus* – 300 Mitglieder) und der sich aus ihm rekrutierende *Rat der Ältesten* (30 Mitglieder). Neben den Rat tritt seit dem 5. Jh. der *Rat der Hundertvier* – der oberste Gerichtshof. Die Wahl der Hundertvier liegt bei einem Fünf-Männer-Gremium, das sich durch Kooptation ergänzt. Rekrutierungsbasis ist der *Rat der 300.* Ämterkumulation ist möglich. Die Richter sind von politischen Instanzen völlig unabhängig und nicht absetzbar. An diesem Punkt setzen die Reformen Hannibals (196 Sufet) ein.

6. Jh.	Karthago steigt zur führenden Kolonie im westlichen Mittelmeer auf. Das Vordringen der Griechen in diesen Raum führt zu bewaffneten Auseinandersetzungen (karthagisch-etruskische Bündnisse gegen die Griechen).
550–450	Unter der Herrschaft der *Magoniden,* die eine Art dynastisches Monopol auf das Feldherrnamt *(Mago;* Söhne: *Hasdrubal, Hannibal)* besitzen – Feldherrn- und Sufetenamt sind wahrscheinlich noch oft miteinander verbunden –, wird Westsizilien unterworfen, ein Teil Sardiniens erobert und durch Kolonien gesichert. Daneben begründet Karthago in Nordafrika ein eigenes Reich (Eroberung des heutigen Nordtunesiens). – *(Forts. S. 182)*

Iran

Iran (einschließlich des heutigen Afghanistan und Belutschistan) ist mit Ausnahme schmaler Tieflandstreifen im Südwesten entlang dem Zagrosgebirge und im Norden ein von schroffen, paßarmen Hochgebirgen umrandetes und z. T. auch durchzogenes *Hochplateau* von sehr ungleichem Charakter: fruchtbare Hochtäler stehen neben oasenlosen Salzwüsten und Steppen, die nur Nomaden das Dasein ermöglichen. Die **Hauptkulturgebiete** sind neben *Aserbaidschan* im Nordwesten der südwestliche und der nördliche Gebirgsrand mit seinen Tälern vor allem an der Innenseite, während die hafenarme, heiße Südküste nur schwach besiedelt ist. Die Beschaffenheit des Landes im ganzen ist staatlicher Zusammenfassung nicht ungünstig; einige abgelegene Hochgebirgsgebiete sind allerdings nur schwer auf die Dauer von einer Zentrale aus zu regieren. Iran, zu allen Zeiten städtearm, bildet die Brücke von Vorderasien nach Indien und Zentralasien. Es gibt aber nur zwei natürliche große *Ost-West-Straßen,* die in den teilweise erz- und mineralreichen Gebirgen jedoch leicht zu sperren sind.

vor 5500	Wie in Kleinasien gibt es in Iran, das bereits im Paläolithikum besiedelt ist, stellenweise schon im vorkeramischen Frühneolithikum Ackerbau und Viehzucht (z. B. nach den Funden in *Kalat Dscharmo* [Qalat Jarmo] in Aserbaidschan).
etwa 5500 –3000	Für das keramische Neolithikum und das Chalkolithikum sind verschiedene Kulturen festgestellt worden, die sich vor allem durch eine reiche und mannigfache Gefäßbemalung auszeichnen und offenbar die frühen Kulturen Mesopotamiens mehrfach befruchtet haben. Eine Abgrenzung dieser Kulturen gegeneinander ist zeitlich und örtlich erst begrenzt möglich. In Zentraliran wurde *Tepe Sialk* (bei Kaschan) über einen längeren Zeitraum erforscht, im Norden *Tepe Hissar* bei Semnan.
vor 4000	Auf Völkerverschiebungen deutet die ganz andere Keramik des Urmia-See-Gebietes *(Dalma, Hasanlu* usw.). Im Süden liegen die wichtigsten Zentren um *Schiras* herum und bei *Susa.*
vor 3000? um 3000	Neben besonders feiner Keramik und Siegeln werden auch Vorstufen der Schrift beobachtet. Den Höhepunkt stellt die über ein großes Gebiet verbreitete dünnwandige **Susa-I-Keramik** mit einer breiten Palette von Motiven dar. Die ostiranischen Waren z. B. von *Kulli* in Belutschistan sind denen des Indusgebiets nah verwandt.

Das Reich von Elam

In die Geschichte tritt der Osten erst im 1. Jt. Auf bestimmte Bereiche des Westens hingegen fällt schon seit etwa 2500 von Babylonien aus einiges Licht. In der den Süden des Zagrosgebirges und die vorgelagerte Ebene umfassenden Landschaft *Chusistan* entsteht wohl früh im 3. Jt. das Reich von Elam (Hauptstadt erst *Awan,* dann *Susa* am Karun). Die Elamier benutzen nach der „protoelamischen" **Schrift** die (etwas abgewandelte) sumerisch-babylonische Keilschrift für ihre erst zum Teil erschlossene, agglutinierende **Sprache** (Elamisch), die sich an andere Sprachen noch nicht anschließen läßt, schreiben infolge der kulturellen Abhängigkeit von Babylonien aber oft auch Sumerisch oder Akkadisch.

Wann und von wo sie einwandern, ist noch unbekannt. Auch über ihre **Religion** wissen wir wenig (Hauptgötter *Humban* und *Inschuschinak,* dazu die Muttergöttin *Pinenkir* oder *Kiririscha*). Der **Staat** ist anscheinend meist ein ziemlich lockerer Bund von Kleinstaaten, unter denen Susa lange die Führung beansprucht. Die Babylonier nennen nur die Fürsten der Kleinstaaten „Könige", den wohl vor allem mit militärischen Funktionen ausgestatteten Oberherrscher aber „Großminister". In den Königsfamilien herrscht teilweise Inzucht wegen der (später z. T. auch von den Achämeniden und einigen hellenistischen Dynastien übernommenen) Geschwisterehen; zeitweise galten wohl die ganzen Herrscherhäuser als göttlich. Dem König folgt, wenn vorhanden, zunächst der Bruder; die weitere Erbfolge wird durch die mütterliche Abstammung bestimmt (bruderrechtliche Familienorganisation mit vaterähnlicher Stellung des ältesten Bruders, die auch außerhalb der Fürstenfamilien, z. B. in der Gestaltung des Erbrechts, erkennbar ist). Die elamische Kunst ist von der sumerischen und babylonischen stark beeinflußt, findet aber in der Plastik und der Baukunst (um 1240 Hochterrassentempel von *Tschogha Sembil* 40 km südöstlich von Susa) oft auch einen eigenen Stil.

Die äußere Geschichte Elams, dessen Gebietsumfang sich für die älteren Perioden nur ganz unzureichend bestimmen läßt (die Ost- und Nordgrenze bleibt meist unklar), wird nach unseren weithin recht dürftigen und sprachlich nur teilweise verständlichen Quellen durch die Beziehungen zu Babylonien und den nordwestlichen Nachbarn im Gebirge bestimmt.

nach 2300 Nach wechselnden Kämpfen mit sumerischen Stadtstaaten wie *Lagasch* wird es dem Reich
nach 2040 von *Akkade* angegliedert und später wenigstens teilweise dem Reich der 3. Dynastie von *Ur,* an deren Sturz (1955) Elam mitbeteiligt ist. In der Folgezeit kann sich Elam mehrfach in die Kämpfe zwischen den Teilreichen in Babylonien einmischen (Einzelheiten noch unklar).

Nach 1330 Unter der Dynastie des *Pahirischschan* scheint sich der Schwerpunkt des Landes nach Südosten zu verlagern.

um 1150 Nach Babylonien und bis nach *Kirkuk* dringt der große Eroberer *Schilhak-Inschuschinak* vor. Es folgt eine lange Zeit der Schwäche.

742–717 Ein neuer Aufstieg vollzieht sich unter der Dynastie des *Humbanigasch,* die Assyrien die Oberherrschaft über Babylonien streitig machen kann und immer auf der Seite der Feinde Assyriens steht. Nach wechselnden Kämpfen, während deren die Assyrer mehrfach Thron-
639 streitigkeiten in Elam für sich ausnützen, kann erst *Assurbanipal* durch die Eroberung von Susa Elam endgültig ausschalten; Restfürstentümer im Gebirge halten sich aber noch bis in die Achaimenidenzeit. Die Abrechnungen der Hofkanzlei in Persepolis erfolgen noch unter Dareios I. und Xerxes vielfach in elamischer Sprache.

Der Westen und Nordwesten Irans

Über die Geschichte vor 1000 wissen wir nur, daß aus den Tälern des Zagrosgebirges seit 2300 immer wieder die kriegerischen *Lullubu* und um 2200 die *Gutäer* in das Osttigrisland einbrechen sowie nach 1700 die *Kassiten*. Eine höhere Kultur hat wohl keines dieser Völker.

Aus den Gebieten südlich des Aralsees dringen wohl spätestens um 1600 die ersten Gruppen der **indogermanischen Indoiranier (Arier)** zunächst nach Ostiran ein; die Westwanderung der *Hurriter* und *Kassiten* wird vielleicht dadurch ausgelöst. Abgesprengte Gruppen der Arier werden bald nach 1500 in Vorderasien nachweisbar; ihre Bedeutung für die Geschichte ist umstritten. Noch nicht geklärt ist auch, welchen Völkern die als *Luristanbronzen* bekannt gewordenen überaus zahlreichen Bronzeplastiken sehr verschiedener Art aus dem Bereich von Kermanschah-Nehawend zuzuschreiben sind, die sich über eine sehr lange Zeit verteilen. Vor 1000 siedeln in diesem Raum Kassiten, danach vor allem *Meder;* wegen der vielen Trensen muß dort die Pferdezucht eine große Rolle spielen. Ausgrabungsbefunde fehlen noch.

836 In assyrischen Inschriften werden erstmals die **Meder** (assyrisch Madai) in Westiran um ihre spätere Hauptstadt *Ekbatana* (heute Hamadan) herum erwähnt. Wie lange vor dieser Zeit sie von Nordosten oder Osten dahin gelangen, ist noch unbekannt. Nordwestlich von ihnen um den Urmiasee herum siedeln (nach 800) die *Mannäer* (Herkunft unbekannt).

etwa Der den Medern nächstverwandte iranische Stamm der **Perser** sitzt zunächst lange unmit-
bis 700 telbar südlich von Medien etwa im Bereich von *Churremabad* im Land *Parsuwa* und wandert erst später teilweise nach Südosten nach *Fars* ab.

Der religiöse Reformator Zarathustra

In Nordostiran und Choresmien siedeln wohl schon vor 1000 iranische Hirtenstämme noch ohne Städte und feste politische Organisation. Unter ihnen lebt wohl der große Reformator der altiranischen Religion, Spitama Zarathustra (griechisch Zoroaster), vermutlich zwischen 1000 und 600 (nach einigen erst 599–522). Als Priester kommen ihm Zweifel an dem polytheistischen Gottesdienst seiner Stammesgenossen. Eine als Besuch erlebte Offenbarung des Gottes **Ahuramazda** („Weiser Herr") bringt ihn zu der Überzeugung, daß dieser der einzige Gott und weise Schöpfer der ganzen Welt und auch im Leben jedes Menschen wirksam sei. Er verlange von den Menschen die Entscheidung zwischen dem Guten und dem

92   Altertum – Hochkulturen Ägyptens, des Vorderen Orients und Italiens

von den jetzt als Mächte des Truges gedeuteten Göttern seiner Umwelt (*Daivas,* d. h. ursprünglich wie indisch *Devas* „die Himmlischen") gestifteten Übel, zu dem nun auch die mit Rauschtrankgenuß verbundenen Massenopfer von Rindern gerechnet werden; denn das Endgericht sei nahe. Gestalt findet seine Lehre, die er nur sehr mühsam gegen schwerste Anfeindungen durchsetzen kann, in prophetischen Liedern, den schwer verständlichen *Gathas* („Hymnen"; 16 sind überliefert). Mit jüngeren Ritualtexten wachsen diese später zum *Avesta* zusammen, der wohl erst in der Sassanidenzeit niedergeschrieben wird und nur teilweise erhalten ist. Der durch ihn bezeugte Glaube an einen kommenden Weltheiland ist ebenso wie die Lehre vom *Dualismus* des *Guten* und *Bösen* als kosmischer Mächte erst jüngeren Datums. Ob diese ausgesprochen missionarische Religion schon mit den Medern und Persern nach Westiran gelangt oder erst später, ist noch nicht geklärt. Nach 500 ist *Raga* (Rhagai/Rai bei Teheran) ein Hauptzentrum der *Magier* (iranisch Magusch), einer zoroastrischen Priesterklasse noch unbekannter Herkunft.

Nach 750	Die indogermanischen (auch arischen?) *Kimmerier* fallen über den Kaukasus ein und fügen zunächst *Urartu* schwere Schläge zu. Ein Teil wandert dann nach Südwesten ab und vernichtet Phrygien.
um 690	nichtet Phrygien.
um 652	Lydien wird verheert.
um 652	Andere Gruppen wenden sich südostwärts und werden unter *Teuschpa* den Assyrern sehr
679	gefährlich. Von einer dauerhaften Staatenbildung erfahren wir nichts.
nach 800	Nach der Schwächung des nach assyrischen Berichten zeitweise beherrschenden Reiches *Man* durch die Urartäer und Assyrer (Dajukku/*Dejokes I.* wird von Sargon II. deportiert) gelingt wohl *Dejokes II.* (nach Herodot 700–647) die Einigung der medischen Stämme in einem Staatenbund, der sich von dem zunächst übermächtigen Assyrerreich immer mehr löst.
715	
um 675	Einen Rückschlag für Medien bringt der Einbruch der den Kimmeriern folgenden indogermanischen *Skythen* (assyrisch Aschkusa) aus Südrußland, da sich Assyrien mit dem Skythenkönig Partatua (griechisch Protothyes) gegen die Meder und Kimmerier verbündet.
630	Der Skythensturm nach Syrien läßt Assyrien unbehelligt. Der nur durch Herodot bezeugte Mederkönig *Phraortes* (Fravartisch: 647–625) soll bei einem mißglückten Angriff auf Assyrien gefallen sein.
625	Zum Begründer der medischen Großmacht wird nach Abwehr der Skythen *Kyaxares* (Huvachschatra: 625–585).
616–609	Er vernichtet im Bunde mit Babylonien Assyrien, unterwirft große Teile von Iran und besetzt nach der Eroberung von Armenien Ostanatolien. Der *Halys* wird die Grenze gegen Lydien. Das Heer wird in Anlehnung an skythische Vorbilder neu bewaffnet.
585–550	Kyaxares' Sohn *Astyages* (assyrisch Ischtuwegu) vermeidet Auseinandersetzungen mit Babylonien, unterliegt aber schließlich den Persern unter *Kyros II.* Medische Schriftdenkmäler sind bisher nicht bekannt.

Die Perser

Das Machtzentrum der Perser liegt seit etwa 700 in Südiran in *Fars.* Die Anfänge der nach einem Ahnherrn Hachamanisch genannten Fürstensippe der **Achaimeniden** liegen im Dunklen. *Tschischpisch* (Teispes: um 670–640) stellt durch Eroberung elamischer Gebiete die Verbindung zwischen Parsuwa und Fars her. Nach unsicherer Überlieferung teilt er das Land zwischen seinen Söhnen *Ariaramnes,* der den Osten erhält, aber nicht lange behaupten kann, und *Kyros I.* (Kurasch: 640–600), der ein gutes Verhältnis zu Assurbanipal von Assyrien sucht und seinen ältesten Sohn an dessen Hof sendet. Später muß er wohl ebenso wie sein jüngerer Sohn Kambyses I. (Kambudschija: 600–559) die Oberhoheit der Mederkönige anerkennen.

559–529	Kambyses' Sohn *Kyros II.* (Kurasch der Große) stürzt, gedeckt durch ein Bündnis mit
550	*Nabonid* von Babylonien, seinen Lehnsherrn *Astyages* von Medien und erobert die Mederhauptstadt *Ekbatana.*
547	Nach Festigung seiner Herrschaft in Iran wendet sich Kyros II. gegen *Lydien,* dessen König
546	Kroisos Teile der medischen Westprovinz besetzen will, und zerstört das Lyderreich völlig. Die Griechenstädte Westkleinasiens werden unterworfen. Nach einem großen Feldzug nach Nordosten (Baktrien und Sogdien) gegen die *Massageten* und Anlage von Stützpunkten dort zieht er nach *Babylon.*
539	Nach ausgiebiger propagandistischer Vorbereitung unter Ausnutzung der Mißstimmung gegen *Nabonid* wird Babylon leicht eingenommen. Durch die darauf folgende Annexion des ganzen Chaldäerreichs bis zur Grenze Ägyptens wird Persien zum **Weltreich** in damaliger Sicht. Die Religionen der unterworfenen Völker läßt Kyros wie seine Nachfolger unangetastet, ja fördert sie sogar (z. B. durch die Freigabe des Tempelbaus in Jerusalem); die innere Verwaltung überläßt er, so angängig, zunächst einheimischen Fürsten.
529	Kyros fällt nach weiteren Kriegen in Ostiran im Kampf gegen die Massageten in der aralischen Steppe. Sein monumentales Grabmal steht noch heute in Pasargadai in Fars, das neben Susa, früher Hauptstadt von Elam, und Babylon Residenz geworden ist. Ein literari-

Iran 93

sches Denkmal setzt ihm später *Xenophon* in seiner im einzelnen oft romanhaften „Kyropädie".

529–522 Sein Sohn und Nachfolger wird *Kambyses II.*, der schon (seit 538) Statthalter in Babylon ist.

525 Er tötet heimlich den jüngeren Bruder *Bardija* (Smerdis) und wendet sich dann nach Ägypten, das er unterwirft und bis Nubien durchzieht; auch die Griechen der Kyrenaika unterwerfen sich. Mehrere Bluttaten im Jähzorn erwecken trotz großer Schenkungen an ägyptische Tempel Haß. Für die geplante Eroberung von Karthago verweigern die phönikischen Seeleute die Gefolgschaft. Die lange Abwesenheit in Ägypten benutzt der der Priesterkaste der Magier angehörige Reichsverweser *Gaumata*, um sich für den angeblich noch lebenden *Bardija* auszugeben und sich in Iran und Babylonien zum König zu machen.

522 Auf dem Rückmarsch von Ägypten zur Bekämpfung Gaumatas stirbt Kambyses in Syrien durch einen Unglücksfall, ohne einen Sohn zu hinterlassen.

Gegen Gaumata erheben sich nun sieben Stammesfürsten der Perser unter Führung des

522–485 (angeblichen?) Urenkels des *Ariaramnes* und Sohnes des *Vischtaspa* (Hystaspes), *Dareios I.* (Darajavausch).

521 Dareios I. erschlägt Gaumata in seiner Burg und erhebt sich zum Großkönig. Wohl zwecks

16. Okt. Legitimierung seiner Usurpation heiratet er *Atossa*, die Tochter von Kyros II. Es folgen gefährliche Aufstände in Iran und Babylonien, deren rasche Niederwerfung Dareios in einer dreisprachigen (altpersisch-elamisch-babylonischen) Inschrift am Felsen von *Behistun* (Bagistana) nahe dem Ort der Entscheidungsschlacht südwestlich von Ekbatana berichtet (über der Inschrift ist Ahuramazda abgebildet).

Für das von ihm erstmals geschriebene Altpersisch verwendet er eine neue Keilschrift mit nur 36 Silben- und 6 Wortzeichen (nach den Namen 1802 von Georg Friedrich Grotefend entziffert). Die dreisprachigen Inschriften der Achaimenidenkönige ermöglichten die Entzifferung der babylonischen Keilschrift durch Henry Creswicke Rawlinson und andere Wissenschaftler um 1850. Eine vierte, aramäische Fassung der Behistun-Inschrift ist auf Papyri z. T. erhalten.

518 Dareios zieht nach Ägypten, um die über *Kambyses* empörten Ägypter für sich zu gewinnen.

nach 512 Der zu eigenmächtige Statthalter *Arvandes* wird hingerichtet und durch *Pherendates* ersetzt. Der vom Ägypterkönig *Necho* begonnene Kanal vom Nil zum Roten Meer wird fertiggestellt, damit Iran auch auf dem Seeweg um Arabien herum erreicht werden konnte.

512 Um die *Skythen* wirksam zu bekämpfen, zieht er über den Bosporus zur unteren Donau bis Bessarabien, erreicht aber, weil die Skythen ausweichen, nur Teilerfolge, vor allem die

513? Unterwerfung Thrakiens und Makedoniens. Im Osten erobert er das Industal (Landschaft Pandschab).

Das Reich des Dareios

Sein Reich teilte Dareios in etwa 20 große **Provinzen** auf unter *Satrapen* mit sehr großen politischen, militärischen und wirtschaftlichen Vollmachten, denen ein bestimmtes, hohes Steuersoll in Silber, Getreide oder (nur für Indien) Gold auferlegt wird. Die Grenzen der Satrapien werden mehrfach geändert. Die Maße und Gewichte werden standardisiert, eine einheitliche **Währung** eingeführt (Grundeinheit der *Golddareikos* mit Bild des Königs, von dem 300 einem babylonischen Silbertalent entsprechen). Den Kern des stehenden Heeres bilden die Perser (darunter als Leibgarde „die 10 000 Unsterblichen"); aber auch alle anderen Völker sind zur Heeresfolge weithin unter einheimischer Führung verpflichtet, wobei die Phöniker, Karer von der Seeräuberküste Südkleinasiens und Griechen die Flotte bemannen. Große Heerstraßen für die Kuriere des Königs und die Truppen werden angelegt. Die alten **Landessprachen** bleiben Verwaltungssprachen, die Verordnungen der königlichen Kanzlei werden aber für große Teile des Reiches aramäisch abgefaßt. Großartige Paläste wurden gebaut, vor allem in *Susa*, *Ekbatana* und in der neuen Hauptstadt *Persepolis* (persisch Parsa) in *Fars* unter Einsatz von Handwerkern aus allen Reichsteilen. Die monumentale **Bau-** und **Bildkunst** ist in vielem von Assyrien, Babylonien, Urartu, Ägypten und Griechenland beeinflußt, zeigt aber durchaus eigenes Gepräge. Die Bildzyklen an den Palastwänden und -treppen zeigen oft lange Reihen von Beamten, Kriegern und Dienern in ihren jeweiligen Landestrachten. Das **Hofzeremoniell** ist prunkvoll. Nach elamischem Vorbild gibt es im Königshaus mehrfach Geschwisterehen. Die **Religion** des Königshauses ist die *Zarathustras*, die sich allerdings vor allem unter dem Einfluß der medischen Priesterkaste der *Magier* vom Monotheismus wegentwickelt. Keine Inschrift nennt Zarathustra.

500–494 Der große *Aufstand der ionischen Griechen* wird nach langen Kämpfen niedergeworfen,

494 *Milet* zerstört.

490 Ein zur Sicherung dieses Erfolges unternommener Feldzug gegen Griechenland selbst scheitert bei *Marathon*. Über den Vorbereitungen zu einem neuen Schlag gegen Griechen-

94   Altertum – Hochkulturen Ägyptens, des Vorderen Orients und Italiens

land, die durch einen Aufstand in Ägypten gestört werden, stirbt Dareios; sein Grab liegt bei Persepolis.

485–465 Der von ihm als Sohn der Atossa zum Nachfolger bestimmte jüngere Sohn *Xerxes I.* (Chschajarscha) unterdrückt alsbald die Aufstände in Babylonien und Ägypten; ein Rückgang der bis dahin blühenden Wirtschaft ist die Folge der durch die Kämpfe verursachten Zerstörungen.

480–479 Das große Unternehmen gegen Griechenland endet trotz der gewaltigen Vorbereitungen mit einem Mißerfolg (Seeschlacht bei Salamis). Nach weiteren Jahren geringer politischer Aktivität, aber umfangreicher Bautätigkeit vor allem in Persepolis wird er mit seinem ältesten Sohn *Dareios* von *Artabanos* ermordet.

465–424 Der jüngere Sohn *Artaxerxes I.* (Artachschatra) *Longimanus* muß Aufstände z. T. als Folge der überall zunehmenden Unzufriedenheit wegen der drückenden Steuerlast z. B. in Baktrien unterdrücken.

456   In Ägypten kann erst der Satrap *Megabyzos* den von Athen unterstützten *Inaros* schlagen.

448   Der weitere Machtverfall im Westen des Reiches nötigt zu einem Vertrag mit Athen. Zur Ordnung der Verhältnisse in Jerusalem entsendet König Artaxerxes I. *Esra* und *Nehemia.*

424–405 Nach der Ermordung von Xerxes II. durch Sogdianos hat *Dareios II. Nothos* mehrere Satrapenaufstände niederzuwerfen, kann aber in Ägypten den Aufstand des *Amyrtäus* nicht unterdrücken.

Über die Verwaltung und Besitzverhältnisse der Zeit Dareios II. und der seines Vorgängers Artaxerxes I. unterrichtet ein großes Geschäftsurkunden-Archiv aus *Nippur* in Mittelbabylonien.

405–359 Gegen den Sohn des Dareios II., *Artaxerxes II. Mnemon,* erhebt sich mit griechischer Hilfe dessen jüngerer Bruder *Kyros.*

401   Er wird in der Schlacht von *Kunaxa* (nördlich von Babylon) getötet.

374   Der Versuch, Ägypten wieder zu unterwerfen, mißlingt erneut.

387   Westkleinasien hingegen fällt durch den Frieden des *Antalkidas* wieder an das Perserreich. Macht und Aufsässigkeit der Satrapen nehmen vor allem in den Randgebieten des Reiches weiter zu. Der Kult des altiranischen Gottes *Mithra* und der mit der semitischen Fruchtbarkeitsgöttin *Ischtar* (Astarte) gleichgesetzten Wassergöttin *Anahita* gewinnt nun auch am persischen Königshof Boden; wesentliche Grundsätze der Lehre Zarathustras werden preisgegeben.

359–338 *Artaxerxes III. Ochos,* Sohn des Artaxerxes II.

351   Er unterdrückt neue Aufstände in Kleinasien und Phönikien.

343/342 Nach drei Feldzügen unterwirft er Ägypten wieder, das jetzt wegen seines mehrfachen Widerstandes schwer gezüchtigt wird.

338   Der tatkräftige, aber brutale König wird von seinem Günstling, dem Eunuchen *Bagoas,* vergiftet; dasselbe Schicksal erleidet bald danach Artaxerxes' jüngster Sohn und **Nachfolger** *Arses.*

336   Auf den Thron erhebt Bagoas nun einen anderen Urenkel des Dareios II., *Dareios III.*

336–330 *Kodomannos,* wird aber von diesem durch Gift getötet.

334   Nach vorübergehenden Erfolgen seiner Satrapen in Westkleinasien wird Dareios von *Alexander d. Gr.* angegriffen.

330   Nach schweren Niederlagen wird er von dem Satrapen *Bessos* in Ostiran ermordet. Iran mit dem gesamten Perserreich wird dadurch ein Teil des Weltreichs Alexanders, das in vielem an die Überlieferungen des Achaimenidenreiches anknüpfen und darauf aufbauen kann.

Das persische Erbe

Eine **Iranisierung** des Gesamtreiches versuchen die Perser während der gut 200 Jahre ihrer Herrschaft nie ernstlich. Die politische und zivilisatorische Vereinheitlichung, die schon das Assyrer- und Chaldäerreich großen Teilen Vorderasiens bringen, führen die Achämeniden aber beträchtlich weiter und übertragen sie auf Gebiete, die von ihr bis dahin nicht betroffen sind. Das schon vorher als Handels- und Verkehrssprache weit verbreitete *Aramäische* gewinnt als Verwaltungssprache des Reichs nun eine noch viel größere Verbreitung (von Lydien bis Indien). Es trägt damit dazu bei, die Teile des Reichs – trotz der gewaltigen Entfernungen und aller Verschiedenheiten in Sprache und Kultur – immer mehr zusammenzuführen und die Menschen an das Vorhandensein großer politischer und wirtschaftlicher Zusammenschlüsse zu gewöhnen. Die weitgehende Selbstverwaltung der Städte und kleineren Gebiete sowie die fast immer tolerante Behandlung der so verschiedenartigen *religiösen Kulte* im Reich lassen die Fremdherrschaft vielerorts als nicht drückend empfinden; auch wissen viele die *wirtschaftlichen Vorteile* und die zunehmende Freizügigkeit des einzelnen durchaus zu schätzen. So wird das rasche Fortschreiten der **Hellenisierung** der Alten Welt nach Alexander d. Gr. nur auf der von den früheren Reichen geschaffenen Grundlage möglich. – *(Forts. S. 160, 310)*

Italien (8. Jh. bis römische Republik)

In der Eisenzeit blühen in Oberitalien die Golasecca-Kultur (Lombardei), die Villanova-Kultur (Etrurien, etruskisches Kampanien, Emilia-Romagna) und die Este-Kultur (Venetien) bis zum Entstehen der *etruskischen Stadtkultur,* die, ebenso wie die latinische, gleichfalls an früheisenzeitliche Traditionen anknüpfende städtische Kultur Mittelitaliens, Kontakte durch Handel (Importgegenstände) mit der griechischen und orientalischen Welt pflegt. Unteritalien und Sizilien werden darüber hinaus seit der Mitte des 8. Jh.s von der Kolonisation der *Griechen* erfaßt, deren Kultur auf die sizilischen und süditalischen Völker ausstrahlt. Unter den latinischen Städten steigt Rom nach und nach zu regionaler Führung und schließlich zur Beherrschung der ganzen Apenninenhalbinsel auf.

Die Etrusker

Die schon im Altertum diskutierte Frage nach der *Herkunft der Etrusker* kann auch heute nicht eindeutig beantwortet werden. Die Forschung neigt jetzt dazu, die Ausbildung des Etruskertums in *Italien* selbst anzunehmen, wobei aber eine Vermischung von Einwanderern (aus dem Osten?) mit (vorindogermanischen und/oder indogermanischen) Einheimischen vorausgesetzt werden muß. Aus den Funden wird eine Kontinuität von der Eisenzeit Ober- und Mittelitaliens zur etruskischen Kultur deutlich, während sprachliche und kunsthistorische Erscheinungen auf die Ägäis bzw. Westkleinasien hinweisen. Die (nicht indogermanische) *Sprache* ist nur in relativ wenigen Zeugnissen erhalten und kaum übersetzbar, da mit keiner bekannten Sprache sicher zu parallelisieren; bekannt ist hingegen die von einem westgriechischen Alphabet abgeleitete etruskische *Schrift.*
Die Zone etruskischen Einflusses umfaßt zur Zeit der größten Ausdehnung im 6. Jh. neben dem eigentlichen Etrurien noch die Po-Ebene im Norden, Kampanien und Latium im Süden sowie Elba und das Gebiet um Alalia auf Korsika. Die *materielle Kultur* basiert auf der Landwirtschaft und auf reichen Bodenschätzen (Eisen, Kupfer, Silber) vor allem im Tolfagebirge, in den Colline Metallifere (westlich von Siena) und auf Elba. Die Metalle werden sowohl in Etrurien verarbeitet als auch unbearbeitet exportiert.
Politisch ist Etrurien zur Zeit der römischen Eroberung in 12 (oder 15) selbständige *Städte* aufgeteilt, die einen Bund bilden und am Fanum Voltumnae zu Treffen, Festen und Spielen zusammenkommen. Wahrscheinlich geht der Bund schon in ältere Zeiten zurück; ebensolche Zwölfstädtebünde werden auch für das etruskische Kampanien und die Po-Ebene genannt. In archaischer Zeit stehen die etruskischen Städte jeweils unter Königen, deren Machtausübung man sich wohl in Analogie zu der der etruskischen Könige Roms vorzustellen hat. Wichtige politische Institutionen Roms gehen auf die Etrusker zurück.
Die etruskische *Religion* kennt zunächst keine anthropomorphen Gottheiten, gerät aber früh unter griechischen Einfluß, wobei ein der olympischen Götterwelt entsprechendes Pantheon entsteht. Typisch für die etruskische Religion ist das Bemühen, den Willen der Götter durch Beobachtung des Vogelflugs (auspicium) und durch Leberschau (haruspicium) zu erkennen – die sog. „etruskische Disziplin".
Die *Kunst* der Etrusker ist fast nur aus den zahlreichen, oft sehr großzügig ausgestatteten *Grabanlagen* bekannt, die nicht nur die etruskische Architektur, sondern auch bildende Kunst und tägliches Leben (der Vornehmen) dokumentieren; letzteres wird gerade in der Wandmalerei (Blütezeit 6./5. Jh.) ausdrucksvoll dargestellt, während aus den Kammergrabanlagen Rückschlüsse auf Konstruktion und Ausstattung der Wohnhäuser gezogen werden können; insgesamt scheint die etruskische Kunst um 700 mit einer orientalisierenden Phase einzusetzen, gegen die sich (archaische) griechische Einflüsse schließlich durchsetzen; im 1. Jh. v. Chr. geht die etruskische Kunst ohne Bruch in die römische über.

8. Jh.	Prozeß der Stadtbildung, vor allem in Südetrurien.
7.–6. Jh.	*Etruskische Thalassokratie (Seeherrschaft) und Piraterie im Tyrrhenischen Meer.*
um 540	Etruskisch-karthagischer Seesieg über die phokaiischen Griechen in sardischen Gewässern.
504?	Aristodemus von Kyme entsetzt das von Etruskern unter Aruns angegriffene Aricia. Die etruskische Macht in Latium zerbricht (auch im Zusammenhang mit der Vertreibung des letzten etruskischen Königs aus Rom und mit Angriffen der Äquer und Volsker).
6.–5. Jh.	In den etruskischen Stadtstaaten wird das Königtum zugunsten aristokratischer Regime gestürzt.
474	Auf Hilferuf von Kyme schlägt Hieron, Tyrann von Syrakus, die Etrusker in der Bucht von Neapel.
5. Jh.	Kelteneinfälle bewirken den Niedergang der etruskischen Macht in der Po-Ebene.
424	Die Samniten erobern Capua, der etruskische Städtebund Kampaniens zerfällt.
396	Zerstörung Veiis durch Rom.
4./3. Jh.	Die wachsende Ausdehnung des römischen Einflusses führt zum *Absinken der Macht der Etrusker* und schließlich zum Verlust ihrer Selbständigkeit. – *(Forts. S. 262)*

Griechenland vor dem Hellenismus

Die minoisch-mykenische Kultur

Die Kultur der Bronzezeit in Griechenland wird heute gewöhnlich als **Helladikum** bezeichnet. Die Einführung der Bronze (erste Hälfte des 3. Jt.s v. Chr.; um ein genaueres Datum wird heftig diskutiert) bedeutet für Griechenland den *Beginn einer neuen Ära*. Die Land- und Weidewirtschaft der griechischen Halbinsel entwickelt sich dank dem Gebrauch neuer Technologien (besonders des Pfluges), die Bevölkerung vermehrt sich, die Siedlungen vervielfachen sich. Unter den Zentren dieses noch nicht griechischen Griechenlands, dessen Physiognomie von mit *Anatolien* verbundenen *ethnischen Gruppen* geprägt wird, hat eine besondere Bedeutung Lerna, eine „Stadt" der Argolis im Scheitelpunkt des Golfes von Nauplia. Dieser Kulturtyp kleinasiatischen Ursprungs **(Frühhelladikum)** bricht am Ende des 3. Jt.s durch die Ankunft neuer Einwanderer zusammen, die ein Zweig der großen gewöhnlich als Indoeuropäer bezeichneten Völkerschaften sind. Ihre Ankunft (von Nordosten) auf der griechischen Halbinsel kann zwischen 2000 und 1950 datiert werden (Beginn des **Mittelhelladikums).** Die Neuankömmlinge werden – nach einer in der römischen Welt gebräuchlichen Bezeichnung – „*Griechen"* genannt, auch wenn nicht mit Sicherheit bekannt ist, wie sie sich zur Zeit der Ankunft selbst nennen. Sie sind vielleicht die *Ionier*, die ihrerseits später – gegen Mitte des Jt.s – gezwungen sein werden, sich aus Teilen der griechischen Halbinsel und der Peloponnes wegen der Ankunft neuer Gruppen zurückzuziehen: der *Achaier* zunächst und dann der *Aioler*. Mit der Ankunft der Achaier (um 1580) beginnt das **Späthelladikum** (oder **mykenische Zeit),** dem gegen 1200 neue Völkerbewegungen ein Ende setzen.
Parallel zur Kultur des Festlandes entwickelt sich auf der Insel **Kreta** eine noch blühendere Kultur, die als **„minoische"** bekannt ist, aber auch als **„Kultur der Paläste"** bezeichnet werden kann. Wahrscheinlich stammen die Anfänge dieser Kultur ebenfalls aus Anatolien, besonders aus dem Umkreis der Luvier. In Kreta hat die griechische Kultur ihren wichtigsten Ursprung, vor allem nachdem sich in der späten Bronzezeit die mykenische und minoische Kultur direkt begegnen und miteinander verschmelzen.
Besondere Charakteristika, die aber auf eine grundlegende Einheit in der ägäischen Kultur der Bronzezeit zurückgeführt werden können, weisen die **Kykladen**-Inseln auf.
Über die Originalität der mykenischen Kultur (so bezeichnet von Heinrich Schliemann, dem Ausgräber von Mykene, Tiryns und Troia, nach der Führungsrolle, die den Königen Mykenes in den Epen Homers zugeschrieben wird) oder ihre Abhängigkeit von der minoischen Kultur (so bezeichnet von *Arthur Evans,* dem Ausgräber von Knossos, nach dem sagenhaften *König Minos*) haben in der Forschung der ersten Hälfte dieses Jh.s dauernde Kontroversen bestanden. Die *Entzifferung der mykenischen Schrift* hat endgültig gezeigt, daß die mykenische Kultur, obwohl der minoischen eng verbunden, der Ausdruck eines vom „minoischen" unterschiedenen Volkes ist.

Die Bronzezeit in der Ägäis

	Helladikum (H)	Kykladikum (K)	Minoikum (M)
Alt-	um 2800/2500 bis 2000		Vorpalastzeit
Mittel-	2000–1580	2000–1550	2000–1580 Frühpalastzeit (Mittel-M I bis Mittel-M IIIb)
Spät- (= Myke- nisch) I	1580–1500	Spät-K I 1550–1400	1580–1450 Spätpalastzeit (Mittel-M IIIb bis Spät-M II)
II	1500–1425		1450–1425
III a	1425–1300	Spät-K II 1400–1100	1425–1075 Nachpalastzeit (= Spät-M III)
b	1300–1230		
c	1230–1075		

Die Bronzezeit an der Küste Kleinasiens

Troia I 1. Hälfte des 3. Jt.s bis ca. 2300	Troia VII ca. 1240 – 1100 Danach bleibt der Ort etwa 3¹⁄₂ Jh.e unbewohnt	
Troia II ca. 2300 – 2100		
Troia III–V ca. 2100 – 1900	Troia VIII ca. 750 – (griechisches Ilion)	
Troia VI ca. 1900 – 1240	Troia IX römisches Ilion	

Das 1. Schema hat A. Evans nach der Dreiteilung der ägyptischen Geschichte (Altes, Mittleres, Spätes Reich) geformt. 1953 hat A. Wace einige Modifikationen der Periodisierung des Spät-H III vorgeschlagen: a = 1425 bis

1340; b = 1340–1210; c = 1210–1100. Der italienische Archäologe D. Levi hat auf der Grundlage der Ausgrabungen von Phaistos eine kurze Chronologie des Minoikums vorgelegt, die um 2000 beginnt und als Konsequenz ein äußerst kurzes Alt-M (2000–1850, Vorpalastzeit) und ein verkürztes Mittel-M (1850–1550, Frühpalastzeit) hat.

Die Chronologie der Bronzezeit an der Küste Kleinasiens (dargestellt im 2. Schema) wird gewöhnlich auf die Abfolge der verschiedenen Schichten in Troia bezogen, die auf Erkenntnissen amerikanischer Ausgrabungen im 20. Jh. fußen.

Die **mittlere Bronzezeit** auf dem Festland (Mittelhelladikum) dauert etwa vier Jh.e lang und ist noch wenig bekannt. Die neuen Einwanderer (die „*ersten Griechen*") sind Träger einer *patrilinearen* und *kriegerischen Zivilisation* und siedeln größtenteils in befestigten Orten, die als Zentrum einen Palast des Anführers haben. Auf diese Weise werden viele der Plätze besetzt, die in den folgenden Jh.n große Bedeutung haben: z. B. *Mykene, Tiryns*, die *Insel Aigina*. Unter den gut ausgegrabenen und daher bekannten Orten ist *Malthi* in Messenien, das antike *Dorion*.

Die Kunst ist in dieser Epoche noch wenig entwickelt, aber es setzt sich ein neuer Typ verfeinerter und auf der Drehbank gearbeiteter Keramik durch, die als „*minische*" Keramik (von den Miniern, die nach Homer die ersten Bewohner von Orchomenos in Boiotien waren) bekannt ist. Eine weitere bemerkenswerte Neuerung ist die Benutzung des Pferdes, das von den indoeuropäischen Völkern in großem Umfang gebraucht wird. Schließlich beginnen sich die Neuankömmlinge mit dem Meer auseinanderzusetzen. Sie dringen vor allem in Richtung auf die Kykladen vor, wo sie zum ersten Mal in Kontakt mit den Kretern kommen.

Die minoische Kultur

In Kreta erscheinen mit dem Beginn der mittleren Bronzezeit die *ersten Paläste*. Die wichtigsten sind die von *Phaistos, Knossos* und *Mallia*. Die minoische Kultur, die schon in der frühen Bronzezeit (Vorpalastzeit) angefangen hat, entwickelt sich zu größter Blüte weiter; der Bruch, der auf dem Festland durch die Ankunft der Indoeuropäer entsteht, bleibt ihr erspart. Kreta weist weiterhin mit den benachbarten anatolischen Kulturen gemeinsame Züge auf und unterhält ständige Kontakte sowohl mit den Kykladen als auch mit Ägypten. Der Bau von **Fürstenpalästen** (Protopalastphase der minoischen Kultur) scheint darauf hinzuweisen, daß die dort residierenden Fürsten auch eine politische Herrschaft über Gebiete der Umgebung ausüben. Von fähigen Architekten erbaut, die Kunst und technisches Wissen verbinden können, haben die drei größeren Paläste in den Grundlinien eine ähnliche Geschichte: sie werden am Beginn des 2. Jt.s errichtet und – wahrscheinlich durch Erdbeben – gegen Ende des 17. Jh.s v. Chr. zerstört. In reicheren Formen werden sie am Ende des Mittelminoikums (Beginn der Spätpalastphase) wieder aufgebaut.

Vermutlich ist das Zentrum der Ausstrahlung der Palastkultur *Phaistos* an der Südküste, die bessere Landeplätze als die Nordküste für die aus Anatolien kommenden Schiffe bietet. In einem zweiten Zeitabschnitt, als sich der kretische Einfluß auf die Kykladen und das Festland ausdehnt, entwickeln sich die Vororte der Nordküste, unter denen vor allen Knossos und Mallia hervorragen. *Hauptkennzeichen der Paläste* sind ein großer gepflasterter Zentralhof, an den sich gegliederte Gebäudekomplexe, große angelegte Terrassen auf verschiedenen Ebenen, breite Verbindungstreppen, Kultbauten und Magazine anschließen. Die späteren Erweiterungen machen den Plan dieser Paläste kompliziert und lassen wahrscheinlich bei den Alten die Vorstellung und den Namen des berühmten **„Labyrinths"** des Minos aufkommen („Labyrinth" ist fast sicher von „labrys" abgeleitet, der Doppelaxt als religiösem Symbol der Macht). In dieser Zeit setzen sich unter anderem zwei architektonische Kennzeichen der kretischen Paläste durch: die *Propyläen*, d. h. ein monumentaler Eingang, und der sog. *minoische Saal*.

Seit 1973 ist im Westteil Kretas auch der Palast des antiken *Kydonia* (Chania) identifiziert worden, einer der drei Städte, die nach der Tradition von Minos gegründet sein sollen; dort ist ein reiches Archiv mit wichtigen Zeugnissen gefunden worden. – Gleichzeitig mit den großen Palästen entstehen auch zahlreiche andere herrschaftliche Gebäude, die zwar weniger ausgedehnt, aber reich genug ausgestattet sind, um ebenfalls „*Paläste*" oder „*königliche Villen*" genannt zu werden (z. B. *Hagia Triada* bei Phaistos, *Tylissos* und *Amnisos* bei Knossos, *Gournia, Nirou Chani, Vathypetron, Palaikastro*). Oft ist ihre Verbindung mit den größeren Palästen (z. B. Phaistos – Hagia Triada) problematisch. Man weiß nicht genau, ob es sich um Zweitresidenzen der Herren der großen Paläste oder um Wohnbauten der nachgeordneten Autoritäten handelt. – Die bewohnten Zentren um die Fürstenresidenzen oder auf dem Lande sind bis heute noch wenig bekannt.

Die *minoischen Monarchien* weisen zahlreiche Analogien zu den orientalischen auf: wie diese sind sie bürokratisch organisiert und registrieren minutiös auf Täfelchen alle Transaktionen, die den Palast interessieren; wie in den orientalischen Monarchien gewinnt der König seine Autorität durch eine *priesterliche Weihe*.

Die **Wirtschaft** der minoischen Königreiche gründet sich auf *Viehzucht* und *Landbau* und ist durch ein dichtes *Netz von Handelskontakten* mit allen an die Ägäis grenzenden Ländern (von Ägypten bis Zypern,

98   Altertum – Griechenland vor dem Hellenismus

von Syrien bis Kleinasien, von den Inseln bis zum griechischen Festland) verbunden. Die Blüte Kretas ist auf lange Perioden des Friedens zurückzuführen, die sich in der offenen (nicht befestigten) Bauweise der Paläste widerspiegeln.

In der **Kunst** der Kreter ist neben der *Architektur* die *Malerei* von Bedeutung: die Wände der Paläste sind mit Fresken geschmückt, die in Tempera-Farbe ausgeführt sind und trotz ihrer fragmentarischen Erhaltung Aussagekraft besitzen. Die glänzenden Fresken, die im Königspalast der Insel Thera entdeckt wurden (16. Jh. v. Chr.), haben, obwohl vielleicht Ausdruck der kykladischen Kunst, das hohe Niveau der minoischen Malerei bestätigt. – Meisterwerke bringt die minoische Kunst auch in der *Stein- (Sigel)*, *Metall*- und *Elfenbeinverarbeitung* hervor. Fast alle minoischen Zentren besitzen schließlich Werkstätten für die *Keramikproduktion*, die im Mittelminoikum feinstes künstlerisches und technisches Niveau erreicht. Es handelt sich um äußerst dünnwandige Vasen, für die sich in den verschiedenen Produktionszentren und auf der ganzen Insel die Entwicklung der dekorativen Motive verfolgen läßt (geometrische Elemente, Kamares-Stil, Palaststil etc.).

Die minoische **Religion** kennt anthropomorphe Gottheiten und mystische Wesen. *Weibliche Gottheiten* herrschen vor, vor allem verschiedene Ausdrucksformen einer *Muttergottheit*, die mit den Lebensrhythmen der Natur verbunden ist. Große Tempel sind unbekannt; dafür gibt es kleinere Heiligtümer, die oft in direkter Beziehung zur Natur stehen (häufig Grotten, die später oft von den Griechen verehrt werden: z. B. die Grotte von Ilizia in Amnisos, die Grotte des Zeus auf dem Ida usw.). Ein gutes Beispiel für *Kultzeremonien* bietet ein bemalter Sarkophag aus Hagia Triada. Eng verbunden mit der Götterwelt ist die Welt der Toten, die, wie durch die Gräber (Tumuli) und Kultformen nahegelegt wird, von einem festen Glauben an ein Weiterleben nach dem Tode geprägt ist. Die minoische Religion übt auf die mykenische und die der Griechen überhaupt einen entscheidenden Einfluß aus.

Die blühende Kultur der minoischen Paläste wird in der 2. Hälfte des 15. Jh.s (Anfang der Nachpalastphase) unterbrochen. Dabei wirken 2 Faktoren zusammen: eine erneute *Naturkatastrophe* (die sehr wahrscheinlich mit der furchtbaren Eruption des Vulkans von Thera verbunden ist) und die anschließende *Eroberung durch die Griechen (Achaier)*, die vom Festland kommen. Dort hat sich in der Zwischenzeit, seit etwa 1580 v. Chr., die große Kultur herausgebildet und gefestigt, die man heute gewöhnlich *mykenische Kultur* nennt.

Eine der großen Errungenschaften der minoischen Kultur besteht in der Ausbildung und im Gebrauch der **Schrift**. Es gibt 3 Typen von Schriften in Kreta: die sog. Hieroglyphen-Schrift, die in der 1. Hälfte des 2. Jt.s v. Chr. in Gebrauch und nur in begrenztem Umfang bezeugt ist; die sog. *Linear-A-Schrift*, die vor allem im Zusammenhang mit der 2. Phase der Paläste vorkommt, die aber in ihrer bei Hagia Triada bezeugten Form (Proto-Linear A) die älteste Schrift der Insel zu sein scheint; schließlich die *Linear-B-Schrift*, eine gegenüber Linear A weiterentwickelte Form, die von den mykenischen Griechen sowohl in Kreta wie auf dem Festland vermutlich seit dem 15. Jh. benutzt wird. Von der Hieroglyphenschrift wissen wir bisher wenig. Die Linear-A- und Linear-B-Schrift gründen sich auf ein System von Lautwerten *(Silben = Silbenschrift)* und *Schriftzeichen* (Ideogrammen), das zum Ausdrücken verschiedener Sprachen dient; die Sprachen der Minoer, die sich unter der noch nicht entzifferten Linear-A-Schrift verbergen, sind noch unbekannt. Die entzifferten Linear-B-Zeugnisse sind in griechischer Sprache geschrieben. Ein völlig isoliertes und noch nicht entziffertes Schriftzeugnis ist der Diskus von Phaistos (vielleicht anatolischen Ursprungs), der mit einem System von 45 Schriftzeichen beschrieben ist.

Die mykenische Kultur

Der kulturelle Einfluß Kretas auf das Festland verstärkt sich in dem Maße, in dem sich die *Präsenz der Kreter in der Ägäis* ausdehnt. Nach der antiken Tradition *(Herodot, Thukydides)* hätte König Minos nach und nach die Ägäischen Inseln unterworfen. Archäologische Spuren einer minoischen Präsenz auf dem Festland sind zahlreich; die Legende, daß die Athener dem König von Knossos Menschen als Tribute „zahlen" mußten, von denen sie der König Theseus befreit hätte, indem er im Labyrinth den Minotaurus tötete, macht die antike Erinnerung an Kontakte zwischen Kreta und dem Festland deutlich. Es läßt sich nicht mit Sicherheit sagen, ob diese Beziehungen auch Formen politischer Unterwerfung angenommen haben. Sicher ist jedoch, daß die politische, administrative und ökonomische Organisation Kretas ein Modell für jene des Festlands bot.

Im Laufe des 16. Jh.s wird der *kretische Einfluß bestimmend*. Er fällt zusammen mit dem Zustrom neuer ethnischer Gruppen, unter denen die hervorragen, die von Homer „*Achaier*" genannt werden. Die neue Vitalität, die Griechenland in dieser Zeit gewinnt, markiert den Beginn einer neuen kulturellen Phase, des **Späthelladikums**. – Wir kennen die mykenische Kultur durch die Archäologie, durch Homer (die Gedichte, die unter seinem Namen überliefert werden, haben eine komplexe Entstehungsgeschichte; in ihnen fließen Teile, die direkt auf die mykenische Zeit zurückgehen, und Teile, die deutlich späteren Ursprungs sind, zusammen; der *Gebrauch Homers als historische Quelle* ist deshalb immer *problematisch*) und heute auch durch die Schrifttäfelchen, die in der Linear-B-Schrift geschrieben sind; sie wurden 1952 von Michael Ventris entziffert.

Aus dem Schiffskatalog, d. h. dem Verzeichnis der achaiischen Kontingente, die am *Troianischen Krieg* teilnahmen (Ilias, Buch 2; der Passus geht in seinen wesentlichen Linien sicher auf das Ende der mykenischen Zeit zurück), wird deutlich, daß das achaiische Griechenland in eine bestimmte Anzahl von Fürstentümern aufgeteilt ist, deren größte die peloponnesischen *(Mykene, Argos* und *Tiryns, Pylos, Sparta, Arkadien)* und die Kretas sind, das trotz seiner sprichwörtlichen hundert Städte als Einheit behandelt wird. Die Pluralität von Staaten wird überall in den Epen Homers und indirekt auch durch die mykenischen Palast-Archive bestätigt, die bisher entdeckt wurden und die für die administrative und politische Autonomie einzelner Sitze sprechen. Über die Fürstentümer des Festlandes, wenigstens über die der Peloponnes, übt wohl der *König von Mykene* eine gewisse Hegemonie aus (in den Epen Homers nennt er sich „*königlicher*" als die anderen), auch wenn es nicht möglich erscheint, von einer Herrschaft Mykenes im strengen Sinn zu sprechen. Wahrscheinlich handelt es sich um einen *wirtschaftlichen und politischen Vorrang,* der daneben auch gentilizisch und sakral begründet ist und der dem König von Mykene bei gemeinsamen Unternehmungen (wie der, die in der Tradition als Troianischer Krieg erwähnt wird) die Führung sichert.

Durch archäologische Forschungen sind einige Königspaläste gut bekannt, vor allem für die Zeit seit dem Ende des 15. Jh.s: Von Tiryns, Pylos und dem boiotischen Gla läßt sich heute ein fast kompletter, von Mykene und Theben ein annähernder Plan erstellen; von Mykene kennen wir gut die befestigte Burg mit ihrer unmittelbaren Umgebung (zahlreiche *Tholos-Gräber)* und einige Wohnquartiere. Andere bekannte Burgen sind z. B. *Midea, Thorikos, Theben, Orchomenos* und *Athen.* Auf den Kykladen ist das bestbekannte Zentrum *Philakopi.* Die Siedlung Mykene erhebt sich auf der felsigen Spitze eines unzugänglichen Hügels und ist durch schwere Mauern befestigt, die nur am berühmten *Löwentor* und an einer geheimen Stelle auf der entgegengesetzten Seite Zugänge besitzen. Die Bebauung des Felsens geschieht in verschiedenen Phasen. Zu einem bestimmten Zeitpunkt umschließt die Ringmauer den heiligen Bezirk der Gräber für die alten Könige (sog. Ring A), während ein anderer noch älterer Komplex von Fürstengräbern (Ring B, Ende des 17./1. Hälfte des 16. Jh.s) außerhalb der Mauern bleibt (in der Nähe des sog. *Grabes der Klytaimnestra).*

Der **mykenische Palast** ist, obwohl einige seiner Merkmale auf den minoischen zurückgehen, von diesem unterschieden und einfacher. Er hat nicht den großen Zentralhof. Seine charakteristischen Elemente sind das *Megaron* als Zentrum des Lebens und der Familie (es findet sich auch in einigen Häusern) und ein monumentaler Eingang *(Propyläen),* der auf einen Hof führt (in Kreta sind die Propyläen der Eingang zum inneren Palast oder zu einem Teil desselben und immer mit einer breiten Treppe verbunden); er ist mit einer *Ringmauer* befestigt, die, außer in Tiryns und vielleicht in Gla, nicht die umgebende Siedlung einschließt. Die Mauer ist 5–10 Meter dick und in vielen Fällen (z. B. in Tiryns) von Korridoren und Treppen durchzogen. Diese Mauern – aus Felsblöcken im unteren, aus Lehmziegeln im oberen Teil – sind vielleicht der beste Beweis für die Spannungen, die zwischen den einzelnen Fürstentümern bestehen, und damit auch für deren politische Autonomie. – Zu erwähnen ist auch eine große mykenische Mauer über den Isthmus von Korinth, die den Zugang zur Peloponnes von Norden her sichert.

Die vorherrschende Begräbnisart ist die Leichenbestattung. Die **Grabtypen** sind äußerst verschieden. Es gibt Zisten-, Graben-, Schacht-, Pithos- (hohe Vase), unterirdische Kammer- und Tholosgräber. Diese letzteren, die kretischen Modellen nachgebildet sind, werden zu Gräbern der Fürsten und Könige. Das berühmteste ist das sog. „*Schatzhaus des Atreus"* in Mykene, das älteste das von *Koryphasion* in Messenien (17. Jh.).

Wenig ist über die **Kultorte** bekannt; sie wurden meistens im Innern der Häuser und Paläste gefunden oder sind mit den Gräbern verbunden. Neuerdings wurden auch eigentliche Heiligtümer entdeckt (z. B. in Hagia Irini auf der Insel Keos; man kann aber auch das Tsountas-Haus und das Zitadellenhaus in Mykene „Tempel" genannt), deren Existenz sich auch aus den Linear-B-Schrifttäfelchen ablesen läßt (z. B. das *Heiligtum von Pakijane,* das zum Königreich Pylos gehört).

In der **Kunst** und im **Kunsthandwerk** hat die *Keramik* sowohl unter quantitativen als auch unter qualitativen Gesichtspunkten besondere Bedeutung. Vor allem im Späthelladikum I und II ist sie in Motiven und Technik der minoischen Keramik verpflichtet, entwickelt sich aber – vor allem im Hinblick auf den Stil – seit dem Ende des Späthelladikums II eigenständig weiter. Vom Ende des 14. Jh.s ab machen die kretischen Werkstätten einen großen Aufschwung durch und exportieren sowohl in die östliche wie in die westliche Mittelmeerwelt. Vereinfachung *(Granary-Stil)* und Abstraktion *(Close-Stil)* beherrschen die letzte expansive Phase der mykenischen Produktion (Späthelladikum IIIc), in der auch Vasen mit Personenfries (z. B. die berühmte „*Kriegervase" von Mykene)* hergestellt werden. Die Motive der mykenischen Keramik werden von der zyprischen übernommen, überdauern teilweise in submykenischer Zeit, einige bis zur archaischen Kunst des 1. Jt.s.

Von der **Malerei,** die besonders die Fürstenpaläste schmückte, sind nur geringe Reste erhalten, dagegen viele wertvolle Stücke der **Goldschmiedekunst** (z. B. die berühmte Goldmaske, Becher, Halsketten, Diademe, Dolche, Ringe, Siegel). Besondere Erfahrung bezeugen die *Elfenbeinschnitzereien.* Die Bronzebearbeiter haben große Bedeutung sowohl auf künstlerischer wie auf sozialer Ebene.

Auf der Peloponnes ist außer den Palästen von Mykene und Tiryns der von **Pylos** am besten bekannt (Sitz der homerischen Könige Neleus und Nestor). Der wichtigste Fund aus diesem Palast ist das *Archiv von Linear-B-Schrifttäfelchen,* das eine große Anzahl von Zeugnissen in bestem Erhaltungszustand hervorgebracht hat. In Verbindung mit den anlogen Zeugnissen aus Knossos bieten die Täfelchen von Pylos

100 Altertum – Griechenland vor dem Hellenismus

eine ausführliche dokumentarische Grundlage für die mykenische Schrift. Dank dieser äußerst wichtigen historischen Entdeckung können Aussagen über die inneren Verhältnisse der mykenischen Gesellschaft und über die ökonomisch-administrative Organisation eines achaiischen Staates gemacht werden, obwohl die Täfelchen trockene bürokratische Zeugnisse sind.

Die **Gesellschaft** ist pyramidenförmig aufgebaut: an der Spitze steht der *König*, der den Titel *Wanax, „absoluter Herrscher"*, trägt, die gleiche Bezeichnung, die bei Homer für Zeus und die höchsten Götter reserviert ist. Der mykenische König betrachtet sich als deren Priester und Repräsentant. Insbesondere ist der Palast unter den Schutz der Göttin Athena gestellt; das geht mit großer Sicherheit aus einigen Schrifttäfelchen hervor und wird bestätigt durch die Tatsache, daß später Tempel der Athena an den Stellen entstehen, die in mykenischer Zeit Sitz des Wanax waren. Der König besitzt ein ihm reserviertes Landlos (temenos), ebenso der zweite Mann im Staate, der *Lawagetas* (Führer des laos, des Volkes), vielleicht der Erbprinz oder ein anderer Exponent der Geblütsaristokratie, der besonders militärische Führungsaufgaben hat. Die Wurzeln der Macht des Wanax liegen in einer *Gesellschaft von Bauern und Hirten*, in der es keine saubere Trennung zwischen zivilem und religiösem Bereich gibt und in der einige Familiengruppen allmählich Macht und Einfluß gewonnen haben, die über Blutsbande weitergegeben und durch den Ahnenkult gestärkt werden. Exponenten dieser gentilizischen Gruppen sind die *basileis* (Könige), Personen, die in ihren Gemeinschaften mit königlicher Macht ausgestattet sind. Sie leben in Residenzen, die über das dem Wanax unterstehende Territorium verstreut sind. Vielleicht ist auch der Wanax ein basileus, der „königlicher" ist als die anderen. Von hierher ergeben sich bedeutsame Parallelen zur Situation, wie sie in den homerischen Epen beschrieben wird. Jedem basileus steht, wie in der Odyssee (z. B. bei den Phaiaken), ein *Rat von Alten* (gerousia) zur Seite; auch er hat religiöse Vorrechte.

Dem **Kult** kommt im Leben des mykenischen Staates hervorragende Bedeutung zu; er ist entscheidend für die *Sicherung der Stabilität* und der *Integration*. Der Palast muß die religiösen Pflichten skrupulös erfüllen. Über diese Aufgabe bindet er einen weiten Personenkreis unterschiedlicher sozialer Herkunft an sich: von Adligen, die ihren Tribut zum Kult leisten müssen (telestai), bis zu einer Reihe von Handwerkern und Personen verschiedener Herkunft. Im *Königreich Pylos* ist Pakijane Sitz vieler wichtiger Kulte für den Palast.

Viele der mykenischen **Götter** sind dieselben, die besser durch Homer bekannt sind *(Zeus, Hera, Poseidon, Artemis, Hermes, Dionysos)*, aber in ihrer Gesamtheit hat die religiöse Welt noch nicht die Gestalt angenommen, die sich in der späteren griechischen Religion findet. In vieler Hinsicht ist sie einer *chthonischen Religiosität* verbunden, wie sie in großem Umfang aus der minoischen Religion bekannt ist. Das *patrilineare Prinzip* der Indoeuropäer bestätigt sich auch in der Religion, doch ist breiter Raum noch weiblichen Gottheiten reserviert, die später aus dem klassischen Pantheon verschwinden oder dort eine völlig marginale Stellung einnehmen. Einzigartig ist die Zerlegung von Gottheiten in männliche und weibliche Bestandteile (Zeus/Diwia, Poseidon/Poseidaeia).

Die **Herrschaft** wird im Rahmen stark **zentralisierter** und **bürokratischer Strukturen** ausgeübt, die ihren Bezugspunkt im Palast haben. Von hier aus kontrolliert der Wanax über ein Netz von Funktionären, die entweder im Palast selbst residieren oder über die verschiedenen Verwaltungseinheiten des Staates (damoi, Distrikte) verteilt sind, das ökonomische Leben der Gemeinschaft und sorgt dafür, daß nichts der Registration durch die *Schreiber* entgeht. Diese Personen, die einen bestimmten Rang haben und verschiedenen Sektoren der Palastwirtschaft vorstehen, geben innerhalb ihres engen Zirkels die Kunst des Schreibens weiter. Schriftzeugnisse auf anderem Material als Tontäfelchen (Papyrus, Pergament) sind nicht bekannt, obwohl es sehr wahrscheinlich gebraucht wurde.

Das *Königreich Pylos* ist, wie aus den Zeugnissen hervorgeht, in 16 *Distrikte* unterteilt, die ihrerseits wieder zu zwei *„Provinzen"* zusammengefaßt sind. Hier vollzieht sich unter der Kontrolle von zentralen Inspektoren *(ko-re-te, po-ro-ko-re-te;* die genaue Bedeutung des Begriffs ist unbekannt; er ist im späteren Griechisch verschwunden) das vielfältige Leben der Gemeinschaft, aus dem eine Reihe von *Handwerken* und *Künsten* hervorgeht. Eine besondere Stellung nimmt die *Textilmanufaktur* ein, die ihre Grundlage in der Schafzucht hat. Sie bildet zweifellos eine der wichtigsten Quellen des Reichtums in der mykenischen Gesellschaft. Auf diesem Sektor findet neben den Hirten weibliche Arbeitskraft vielfache Verwendung (Kämmen der Wolle, Spinnen, Weben). Im Zusammenhang mit der Wolle sind hervorzuheben die Produktion von Leinen und die Konfektion einer ganzen Reihe von Fertigprodukten, die exportiert werden.

Herausragend ist die Tätigkeit der *Bronzebearbeiter* (chalkewes): nicht zufällig entfaltet sich die mykenische Kultur mitten in der Bronzezeit. Allein im Königreich Pylos sind ca. 400 Bronzebearbeiter bezeugt, die alle unter dem Schutz der Potnia (wahrscheinlich die Göttin Athena) stehen.

Andere blühende, durch die Schrifttäfelchen bezeugte Bereiche der Wirtschaft sind die Produktion von Öl und Oliven, Salben und Parfums, bemerkenswert ist auch der Handel mit Spezereien. Die Zeugnisse enthalten weiter Hinweise auf die Keramik und die Waffenproduktion.

Wertvoll sind die Täfelchen schließlich, um das Werden der wichtigen **Institutionen** der griechischen Welt zu verstehen. Einige konstitutive *Elemente der späteren Polis* sind im Keim schon in der mykenischen Welt vorhanden: vom *„damos"* als repräsentativem Kollegium der Gemeinde über einige *Magistraturen* bis zur *Einteilung in Distrikte*, aus der in vielen Fällen später die Stadt durch *Synoikismos* (politisch-administrativer Zusammenschluß mehrerer Gemeinden zu einem Zentrum) entsteht.

Expansion und Ende der mykenischen Kultur

Als *Erben der minoischen Erfahrungen* zur See stoßen die Mykener seit dem 15./14. Jh. mit wachsender Intensität aufs Meer vor, und zwar entlang den Routen, die seit Jh.n von ägäischen Seeleuten befahren sind. Um die Mitte des 15.Jh.s besetzt wahrscheinlich eine Gruppe von Achaiern den Hauptsitz Kretas, Knossos, und macht ihn zur Hauptstadt eines sich über die ganze Insel erstreckenden Reiches. So vollendet sich der Prozeß des *Übergangs der kretischen zur mykenischen Kultur*, während die minoische Kultur endgültig untergeht. Ein Grab der *18. Dynastie im ägyptischen Theben* registriert auf einem seiner Bilder diesen kulturellen Übergang: die Kleidung der Keftiu (Ägäer), die bis dahin minoisch ist, wird durch mykenische Kleidung ersetzt.

Die *vollständige Kontrolle der Ägäis* erlaubt es den Mykenern, weiter vorzudringen: Im Osten siedeln sie an der anatolischen Küste (z. B. in *Milet*), in *Rhodos* (das vielleicht mit dem Zentrum des in Dokumenten des benachbarten Hethiterreiches erwähnten Reiches Ahhijawa, d. h. „*Achaia*", „*Reich der Achaier*", zu identifizieren ist), um schließlich *Zypern* und die *Küste Syriens* zu erreichen. Im Westen gelangen die mykenischen Seefahrer nach Süditalien, Sizilien, dem Aiolischen Archipel und dringen auf der Suche nach Rohmaterial bis zum Zentrum des Tyrrhenischen Meeres und in Richtung auf die Iberische Halbinsel vor. Das ist die Phase der sog. **„Vorkolonisation"**, die sich auch nach dem Fall der mykenischen Reiche fortsetzt und sich in zahlreichen Traditionen widerspiegelt, unter denen an erster Stelle die Heimfahrten (nostoi) der griechischen *Helden von Troia* stehen. Die „Vorkolonisation", heute archäologisch gut bezeugt (z. B. *Taras, Thapsos bei Syrakus, Aiolische Inseln)*, schafft die Voraussetzungen für die große Kolonisation des 8. und 7. Jh.s und unterstreicht die historische Bedeutung, welche die Achaier der Bronzezeit für die Geschichte des Mittelmeerraumes haben. Die *Expansion der Mykener* zur See setzt die schon von den Minoern in der zentralen und südlichen Ägäis ausgeübte Kontrolle fort und inspiriert die Griechen der klassischen Zeit zu der von Herodot und Thukydides erwähnten Vorstellung einer legendarischen Seeherrschaft des Minos.

Ein bedeutsames Beispiel für die expansive Phase der mykenischen Kultur ist auch der **Troianische Krieg,** der für das *historische Bewußtsein der Griechen* immer ein wichtiger Bezugspunkt bleibt. *Herodot* datiert ihn in die 1. Hälfte des 13. Jh.s, der alexandrinische Gelehrte *Eratosthenes* auf das Jahr 1184 v. Chr.; amerikanische Archäologen setzen die Zerstörung von Troia VIIa, das der in der Ilias beschriebenen Phase zu entsprechen scheint, auf 1230–1225 fest. Unabhängig von der dichterischen Ausschmückung ist der Krieg ein *historisches Faktum*, das man mit der strategischen Position der Troas erklären kann: sie liegt am Ufer des Hellespont auf dem direkten Weg zum Schwarzen Meer und zu den metallreichen kaukasischen Regionen.

Gegen Ende des 2. Jts v. Chr. wird der östliche Mittelmeerraum von neuen Völkerbewegungen erschüttert. Ethnische Gruppen verschiedenen Ursprungs, die vom Kaukasus, Anatolien und der Balkanhalbinsel kommen, dringen in die Ägäis vor (um 1200). Ägypten wird zweimal von „Seevölkern" bedroht, während Phryger in Anatolien einfallen; die Einheit des Hethiterreiches wird zerstört. In diesen Zusammenhang (am Beginn des Übergangs von der Bronze- zur Eisenzeit) gehört auch die Einwanderung, die von den Griechen später als „*Rückkehr der Herakliden*" interpretiert wird, die aber schon Thukydides als Einwanderung der Dorer versteht. Auf diese **„Dorische Wanderung"** geht die Zerstörung der achaiischen Königspaläste und das Ende der mykenischen Kultur zurück.

Die archaische Zeit Griechenlands (ca. 1100–ca. 500)

Die *geophysikalischen Bedingungen* Griechenlands erfordern – im Unterschied zu den Flußtälerkulturen Ägyptens und Mesopotamiens – keine gesellschaftliche Organisation für die Bearbeitung des Bodens. Die Landwirtschaft kann in einzelnen, auf Autarkie ausgerichteten Höfen betrieben werden. Dazu kommt eine zweite Grundbedingung für die Geschichte der archaischen Zeit: bis zu deren Ende, also bis um 500, bleibt Griechenland von äußeren Angriffen verschont. Neben den geophysikalischen Gegebenheiten und einem durch die Natur der Landschaft begünstigten *Partikularismus* ist das ein weiterer Grund dafür, daß es in Griechenland nicht zu umfassenden politischen Organisationsformen kommt. Unter politischen Gesichtspunkten bleibt griechische Geschichte immer die Geschichte einzelner Städte und Stämme. Selbst in den einzelnen Siedlungseinheiten kann sich ein Prozeß der Staatsbildung erst seit dem 7. Jh. und nur zögernd durchsetzen: er ist vor allem durch soziale Auseinandersetzungen im Innern der Städte bedingt.

Trotz fehlender politischer Einheit haben sich „die Griechen" in der archaischen Zeit als *kulturelle Einheit* geschaffen; nach Alfred Heuß erlaubt es dieser Vorgang, die archaische Zeit als Epoche zu betrachten. Die erste Phase dieser Epoche ist der Forschung nur durch archäologische und sprachgeschichtliche Quellen zugänglich. Sie wird, weil schriftliche Zeugnisse fehlen und weil gegenüber der mykenischen Kultur in allen Lebensbereichen ein deutlicher Niedergang erkennbar ist, heute oft als „*Dunkles Zeitalter*" bezeichnet, über dessen Grenzen aber keine Einigkeit besteht. Im folgenden wird der Begriff für die Zeit bis um 750 übernommen. Mit dem 8. Jh. beginnt – durch die Schaffung der griechischen *Schrift;*

102 Altertum – Griechenland vor dem Hellenismus

durch die *Epen Homers*, obwohl deren Aussagewert für die zeitgenössischen Verhältnisse umstritten ist; schließlich durch die *Kolonisation* – eine geschichtlich „hellere" Zeit. Trotzdem gibt es für die griechische Geschichte bis um 600 nur wenige gesicherte absolute Daten. Die Darstellung kann deshalb nicht in der Form einer strikten Chronologie erfolgen.

Einteilung der Zeit 1200–700 unter kultur- und kunstgeschichtlichen Gesichtspunkten

1200–1050	Späte Bronzezeit	Mykenisch (III C)
1125–1050		Submykenisch (nicht in allen Gebieten vertreten)
1050–900	Eisenzeit	Protogeometrisch
900–850		Frühgeometrisch
850–760		Mittelgeometrisch
760–700		Spätgeometrisch

Der Einteilung – nach A. M. Snodgrass – liegt die Entwicklung in Attika zugrunde.

Das „Dunkle Zeitalter" (12. Jh.–ca. 750)

Die Dorische und Ionische Wanderung

Um 1200 lösen Völkerbewegungen im mitteleuropäischen Raum die **Große oder Ägäische Wanderung** aus: auf die Stämme der Balkanhalbinsel wird Druck ausgeübt, der einerseits zu Wanderungsbewegungen von Kleinasien über den Vorderen Orient bis nach Ägypten, andererseits zur „*Dorischen Wanderung*" führt, die in ihrer Bedeutung umstritten ist. Zwar lassen sich im 12./11. Jh. deutlich Unruhen, Völkerbewegungen und die Zerstörung spätmykenischer Paläste feststellen; dennoch weisen die archäologischen Zeugnisse eine *Kontinuität mykenischer Kultur* auch dort auf, wo an der Stelle zerstörter Siedlungen neue entstehen. Dies läßt sich am besten durch die Hypothese erklären, „daß die Dorer und andere Einwanderer in ihrer materiellen Kultur nicht wesentlich von den überlebenden Mykenäern zu unterscheiden" sind (A. M. Snodgrass), daß sie also schon vorher im Umkreis der mykenischen Kultur leben. Im Gefolge der „Dorischen Wanderung" tauchen mykenische Bevölkerungselemente (wahrscheinlich Flüchtlinge) in verschiedenen Gegenden Griechenlands neu oder verstärkt auf, so an der Ostküste Attikas, auf Euboia (Euböa), in Chios, Kreta, Zypern und sogar in Tarsos in Kilikien. Seit dem 11. Jh. beginnt die sog. „*Ionische Wanderung*", ein Prozeß, der in mehreren Wellen bis zum 8. Jh. hinzieht und in dessen Verlauf die Inseln der Ägäis und die Westküste Kleinasiens von griechischen Siedlern besetzt werden. Nur in seltenen Fällen sind mykenische Siedlungen als Vorläufer vorhanden. Die Landnahme wird begünstigt, weil keine größere staatliche Macht besteht, die den Griechen Widerstand entgegensetzen kann. Zwischen dem 11. und dem 8. Jh. bilden sich die griechischen Dialektgruppen heraus, die dann das Bild der Landkarte von Griechenland bis zur Westküste Kleinasiens bestimmen. Aufgrund der archäologi-

Die Verteilung der griechischen Dialekte

	Mutterland	Inseln	Kleinasien
Ionier	Attika, Euboia, Halbinsel Chalkidike	Nördliche Sporaden, Kykladen, Chios, Samos, Ikaros	der Streifen südlich von Smyrna bis nördlich von Halikarnassos
Aioler (Achaier)	Arkadien	Lesbos, Zypern	von Smyrna nach Norden
Nordwest-griechen	Elis, Achaia; der größte Teil Mittelgriechenlands (Akarnanien, Aitolien, Lokris, Phokis)	Boiotien, Thessalien — Kephallenia, Zakynthos	
Dorer	Sparta (Lakonien), Argolis, Korinth, Megara	Kythera, Kreta, Melos, Thera, Astypalaia, Kos, Rhodos	von Halikarnassos nach Süden

Archaische Zeit Griechenlands – Dunkles Zeitalter – Zeitalter Homers und Hesiods

schen Befunde ist es jedoch zweifelhaft, die Existenz dieser Gruppen schon in das 12. Jh. zu verlegen; Begriffe wie „Dorische Wanderung" oder „Ionische Wanderung" sind deshalb eher Hilfsbegriffe, die aus einer späteren Realität abgeleitet sind.

Merkmale des „Dunklen Zeitalters"

In der 1. Hälfte des 12. Jh.s werden viele mykenische Siedlungen zerstört oder aufgegeben. Trotzdem bleiben das 12. und teilweise 11. Jh. noch durch die mykenische bzw. submykenische Kultur geprägt, die aber deutliche **Zeichen eines Niedergangs** (z. B. Verlust technischer Fertigkeiten) aufweist. Am Rückgang der Zahl der Siedlungen läßt sich ablesen, daß die Bevölkerung in starkem Umfang abnimmt. Die mykenische Schrift geht verloren. Die mykenischen Grabbauten werden vielfach durch Zistengräber (Kistengräber) mit individueller Bestattung abgelöst. An die Stelle der mykenischen Steinbauten treten im 11. und 10. Jh. einfache Lehmziegelhäuser. Die Kommunikation zwischen den einzelnen Siedlungen scheint im 11. Jh. weitgehend unterbrochen zu sein.

Dennoch werden seit dem 11. Jh. erste Zeichen eines **Neubeginns** im Bereich der materiellen Kultur greifbar. Seit um 1050 entstehen in Athen die ersten protogeometrischen Vasen; ebenfalls in Athen, aber auch in anderen Orten Griechenlands markieren die ersten Eisenprodukte (Gewandnadeln, Fibeln) den Übergang von der Bronze- zur Eisenzeit. Seit dem 10. Jh. nimmt, wie sich an der Verbreitung der Techniken der Eisenbearbeitung und Töpferei feststellen läßt, die Kommunikation zwischen den Siedlungen wieder deutlich zu, wobei Athen eine führende Rolle zu haben scheint. Davon zeugt auch die Ionische Wanderung. Die *Bevölkerungszahl* steigt wieder an, zunächst allmählich, im 8. Jh. sprunghaft. Im Bereich der *Landwirtschaft* scheint sich im 9. Jh. eine Verlagerung von der Viehzucht zum Ackerbau zu vollziehen. Die Gründung einer griechischen Faktorei in *Al-Mina* (Syrien) um 800 und zunehmender orientalischer Einfluß in der Vasenmalerei und in anderen künstlerischen Äußerungen seit um 750 sind neben beginnender griechischer Kolonisation kennzeichnend für Ausweitung der Verbindungen im 8. Jh.

Bis zur 1. Hälfte des 9. Jh.s scheint relative Armut zu herrschen, die Häuser sind einfach, die Grabbeigaben weisen kaum auf soziale Differenzierungen hin. Die ersten „reichen" Gräber lassen sich in *Lefkandi* (Euboia) und *Attika* vor und um 850 nachweisen. Wahrscheinlich hängt eine stärkere soziale Differenzierung mit dem Übergang zum Ackerbau zusammen. In verschiedenen Gebieten entsteht Differenzierung auch dadurch, daß Einwanderer die Bevölkerung, auf die sie treffen, unterwerfen und in einen minderberechtigten Status herabdrücken (z. B. Heloten und Perioiken in Sparta, Penesten in Thessalien). Nach der literarischen Tradition haben am Beginn des 1. Jt.s verschiedene *Synoikismen* (d. h. Zusammenschlüsse von dörflichen Siedlungen zu einer städtischen) stattgefunden. Archäologisch nachweisbar ist die Herausbildung der **Stadt als Lebensform.** Dabei ist das ionische Kleinasien führend: *Alt-Smyrna* (bei Bayrakli, 4 km nördlich Izmir) ist die einzige Stadt, die schon im 9. Jh. eine Mauer besitzt; selbst bis zum Ende des 8. Jh.s sind Mauern äußerst selten. Die Qualität der Wohnhäuser nimmt seit dem 9. Jh. zu; das Ovalhaus wird durch rechtwinklige Häuser abgelöst, die eine dichtere Bauweise ermöglichen und im 8. Jh. zu regelrechten Stadtanlagen führen. Auch die Städte leben aber von der Landwirtschaft, und es gibt Gebiete wie Thessalien, in denen sich Stammesstrukturen noch lange erhalten.

Im Hinblick auf die **politischen Strukturen** vor dem 8. Jh. bleiben die Zeugnisse stumm. Die mykenischen Paläste mit ihrer zentralisierten Bürokratie haben keine Entsprechung im Dunklen Zeitalter. Gräber, die sich als Fürstengräber aus der Masse der übrigen hervorheben, gibt es vor dem 9. Jh. nicht. Nach Meinung einiger Forscher setzen Ereignisse wie die Ionische Wanderung oder die Ummauerung Alt-Smyrnas wenigstens primitive politische Organisationsformen voraus.

Bis zum Ende des 10. Jh.s gibt es keine spezifischen Gebäude für den **Kult**, der wohl vor allem, wie auch in der Bronzezeit, an natürlichen Kultstätten vollzogen wird. Materielle Reste, die auf eine Kontinuität des Kultes seit mykenischer Zeit hinweisen, fehlen, doch ist heute unbestritten, daß die griechische Religion des 8. Jh.s an die mykenische Religion anknüpft. Eigenständige Kultgebäude, kaum unterscheidbar von Wohnhäusern, beginnen mit dem 9. Jh.; aus dem 8. Jh. sind erste Beispiele des für die spätere Zeit typischen rechtwinkligen Tempels bekannt (z. B. Heraion in Samos).

Die Gesellschaften zur Zeit Homers und Hesiods

Für die Entstehung der kulturellen Einheit Griechenlands ist das 8. Jh. in mehrfacher Hinsicht grundlegend: die Schaffung der griechischen Schrift, die Epen Homers, der Beginn der Olympischen Spiele sind Marksteine in diesem Prozeß.

Die Schaffung der griechischen **Schrift** kann an eine trotz der Ausdifferenzierung in verschiedene Dialekte *gemeinsame griechische Sprache* anknüpfen. Um 750 übernehmen die Griechen das *phönikische Alphabet* und formen es, vor allem durch Hinzufügung von Zeichen für Vokale, nach dem Prinzip der Lautschrift so um, daß die erste reine Buchstabenschrift der Geschichte entsteht. Diese Schrift ist so einfach, daß jeder sie erlernen kann und die Schreibkunst nicht zum Monopol Privilegierter wird.

104 Altertum – Griechenland vor dem Hellenismus

Die Epen **Homers,** die „*Ilias*" und die „*Odyssee*", erzählen „Mythen", die auf eine lange mündliche Tradition zurückgehen und in der zweiten Hälfte des 8. Jh.s im ionischen Kleinasien ihre endgültige Fassung erhalten. Durch sie werden das Selbstverständnis der Griechen und die olympische Götterwelt so dauerhaft geprägt, daß „Ilias" und „Odyssee" zu den *Grundlagen griechischer Erziehung* werden.

Wohl fast gleichzeitig mit der „Odyssee" entstehen die Werke des boiotischen Bauern und Dichters **Hesiod** (um 700): die „Theogonie", welche die Entstehung der olympischen Götterwelt zum Thema hat, und die „Werke und Tage", die im ersten Teil vom Streit Hesiods mit seinem Bruder Perses und der Unterdrückung des Rechts durch die Adligen berichten, im 2. Teil genaue Anweisungen für die bäuerlichen Arbeiten im Kreislauf des Jahres geben. Während der Zeitbezug Hesiods unbestritten ist, gehen bei Homer Elemente der mykenischen Zeit, des 8. Jh.s und konstruierte Vorstellungen eine oft nicht mehr trennbare Mischung ein, doch scheint es gerechtfertigt zu sein, die Epen wenigstens in ihrer Darstellung des alltäglichen Lebens als Quellen für das 8. Jh. zu benutzen.

Die **Landwirtschaft** ist bei Hesiod wesentlich Ackerbau, bei Homer eine Mischform zwischen Ackerbau und Viehzucht; große Herden (vor allem Rinder, Schafe, Ziegen) sind für den Reichtum der Herren charakteristisch. Angebaut werden Weizen, Emmer und Gerste, wahrscheinlich auch Hirse, ferner spielen Wein und Öl eine große Rolle. Zur Bodenbearbeitung werden starre Holzpflüge (meist von Ochsen gezogen) und Handhacken benutzt. Die Düngung ist bekannt, bei Gartenbaukulturen auch die künstliche Bewässerung. – **Handwerker** werden bei Homer zusammen mit Sängern, Ärzten, Sehern und Herolden unter dem Namen „*Demiourgoi*" („in der Öffentlichkeit und für sie Wirkende" – F. Eckstein) zusammengefaßt. Es gibt Zimmerleute (für Holz-, Horn- und Steinbearbeitung; Haus- und Schiffsbau), Lederbearbeiter (Waffenherstellung), Goldbearbeiter, Töpfer und Schmiede; nur der Schmied hat eine eigene Werkstatt. Viele handwerkliche Arbeiten werden noch von Mitgliedern der Haushalte geleistet oder von Handwerkern auf den Höfen durchgeführt. – Der **Handel** spielt in den Epen eine geringe Rolle. Seine Träger sind meist nicht Griechen, sondern Phöniker.

Die grundlegende soziale Einheit ist im 8. Jh. der **Oikos** (Haus, Familie); zu wohlhabenderen Oiken gehören auch Sklaven und vor allem Sklavinnen, zu den adligen Häusern ferner Gefolgsleute. Vor allem für Gelegenheitsarbeiten werden auch Lohnarbeiter (Theten) beschäftigt, die aber nicht Mitglieder des Oikos sind. Die Wirtschaft der Oiken ist auf **Autarkie** ausgerichtet, der Überschuß wird gewöhnlich gehortet. Neben seinen wirtschaftlichen hat der Oikos vor allem Schutzfunktionen: da die politische Organisation gering entwickelt ist, genießt nur derjenige Schutz, der Mitglied eines von einem starken Herrn geführten Oikos ist. – Als einzelne Oiken umschließende **soziale Verbände** werden in den Epen *Phylen* (Stämme) und *Phratrien* (Bruderschaften) genannt. Beide sind an einer Stelle Grundlage für die Heeresgliederung. Im übrigen bleibt die Bedeutung dieser Verbände unklar. Die Phratrien könnten einen Kreis von „*Genossen*" (Etai) umfassen, der gemeinsame Funktionen bei der Blutrache, bei Hochzeiten und Begräbnissen hat.

Die ganze Gesellschaft ist grundsätzlich in Adlige und Nichtadlige unterschieden. Die **Adligen** sind gekennzeichnet durch großen Besitz, kriegerische Tüchtigkeit, physische Kraft und Schönheit; sie brauchen für ihren Unterhalt nicht zu arbeiten (obwohl sie oft bäuerliche und handwerkliche Tätigkeiten beherrschen) und bilden besondere Formen der Freizeitbeschäftigung (besonders Wettkämpfe und Spiele aller Art) aus, die sich zu einer eigenständigen Adelskultur verfestigen.

Die **Nichtadligen** setzen sich zusammen aus Demiourgoi, Bauern, Theten und Sklaven. Demiourgoi können auch Adlige sein und wegen ihrer besonderen Fähigkeiten einen hohen Ruf genießen; sie können aber auch in der Nähe der Theten stehen. Die Bauern müssen, auch wenn sie nicht nur als arm vorgestellt sind, hart arbeiten. Als Besitzende haben sie aber eine soziale Position über den Theten, die ihren „Arbeitgebern" schutzlos ausgeliefert sind. Selbst die Sklaven als fest zu einem Oikos gehörende scheinen in einer besseren Situation gewesen zu sein als sie.

Die **sozialen Beziehungen** zwischen Adligen sind einerseits bestimmt durch Konkurrenz: die Größe des Besitzes, die physische Kraft, die Leistung im Krieg und im Wettkampf, das Redenkönnen – in allen Lebensbereichen gilt es, besser zu sein als der andere und dadurch Ruhm zu erlangen. Von hierher wird das Agonale (Wettkampfmäßige) eine der Grundstrukturen des griechischen Lebens überhaupt. Fehden und Raubzüge sind eine häufige Erscheinung dieser Adelsgesellschaft. Der Besitz ist deshalb immer prekär, vor allem wenn ein starker Herr des Oikos fehlt. – Anderseits stehen die Adligen untereinander in mannigfachen Beziehungen der **Gastfreundschaft,** die nicht auf eine Stadt oder ein Gebiet beschränkt ist, sondern den gesamten griechischen Raum umfaßt. Gegenseitiges Geschenkemachen ist weit verbreitet, wobei aber – wie beim Tausch – auf genaue Äquivalenz der Geschenke geachtet wird.

Ähnliches gilt für die Beziehungen unter den Bauern. Unter den Bedingungen einer wenig entwickelten, vor allem den Wechselfällen der Natur ausgesetzten Produktion sind sie auf **Nachbarschaftshilfe** angewiesen, die aber auch, wie Hesiod ausdrücklich betont, auf der Basis der Gleichwertigkeit und des gegenseitigen Nutzens geleistet wird.

Die Beziehungen zwischen Adligen und Bauern beruhen nicht auf der Verleihung von Land und daraus resultierender Gefolgschaft, haben also nichts mit feudalen Verhältnissen zu tun. Zur Zeit Hesiods sind Bauern auf vielfache Weise der Gewalt der Adligen ausgesetzt: diese werden durchweg als „geschenkefressende Könige" bezeichnet; die gegenseitigen Raubkriege der Adligen fügen den Bauern Schaden zu; die Adligen benutzen ihre Richterfunktion zu „schiefen" Rechtsprüchen. Hesiods Fabel vom Habicht und der Nachtigall ist Ausdruck dieses Gewaltverhältnisses.

Archaische Zeit Griechenlands – Zeitalter Homers und Hesiods   105

In der auf Autarkie der Einzeloiken ausgerichteten, auf Leistung und Konkurrenz beruhenden Gesellschaft des 8. Jh.s ist das wesentliche Kriterium für richtiges Handeln der **Ruhm**, die Anerkennung durch andere. Neben den Bauern sind deshalb alle, die sich in dieser Konkurrenz nicht behaupten können, in einer prekären Situation: besonders Witwen und Waisen, alte Eltern und Alte überhaupt, Theten, Bettler und Fremde. Im Hinblick auf sie werden in der „Odyssee" und bei Hesiod erstmals Ansprüche formuliert, wird gutes Verhalten ihnen gegenüber unter das Gebot des Zeus gestellt, der Rechttun belohnt und Unrechttun bestraft. Von den Herrschern wird gerechtes Verhalten gegenüber allen Menschen verlangt, die bei Hesiod durch das Recht von den Tieren unterschieden werden.
An **politischen Institutionen** kommen in den Epen Volksversammlungen, Adelsräte und Könige vor. Das **Königtum** geht fast überall in Griechenland im 8./7. Jh. in eine **Adelsherrschaft** über. Deshalb werden in der „Odyssee" und bei Hesiod auch alle Adligen als Könige bezeichnet. Soweit noch eine Art von Oberkönigtum in einem Gebiet besteht, kommen ihm als Funktionen die Heerführung und Opferhandlungen zu; im Richten teilt es sich meist mit dem übrigen Adel. Die Könige bekommen von der Gemeinschaft ein besonderes Stück Land (Temenos), haben Anspruch auf den besten Teil der Kriegsbeute und auf „Geschenke". Obwohl in der Regel dynastische Erbfolge vorausgesetzt wird, hängt deren Durchsetzung von den tatsächlichen Machtverhältnissen ab; und obwohl der König Szepter und Weisungen von Zeus erhält, ist seine Stellung schwach. Weder äußere Bedrohungen noch innere Notwendigkeiten erzwingen eine starke königliche Gewalt. Wo solche Bedrohungen vorliegen, wie z.B. in Sparta, in Epeiros und Makedonien, bleibt das alte Heerkönigtum erhalten.
Mit den Adligen zusammen berät der König im **Rat** über gemeinsame Angelegenheiten aller Art. Eine der wichtigsten Funktionen des Rates scheint das Richten gewesen zu sein.
Die **Volksversammlung** wird unregelmäßig einberufen und hat ebensowenig wie der Rat eine feste Geschäftsordnung. In der Regel sprechen nur Adlige über Themen, die alle angehen (z.B. Herannahen eines Heeres), aber es wird auch über private Angelegenheiten beraten. Nirgends in den Epen fassen Volksversammlungen Beschlüsse; sie dienen wohl eher dazu, die Meinung des Volkes zu erkunden, es zu bestimmten Handlungen zu ermuntern oder es auf die Seite eines oder mehrerer Adliger zu ziehen. Zwischen Königtum, Adel und Volksversammlung besteht kein geregelter institutioneller Zusammenhang. Dies ist nur Ausdruck der Tatsache, daß die Stadt als politische Einheit kaum entwickelt ist. Die Adligen bei Homer sind nicht primär Athener oder Spartaner, sondern Adlige, die durch Heiraten und Gastfreundschaften über Stadtgrenzen hinweg miteinander verbunden sind. Deshalb gibt es zwar Adelsfehden und Raubzüge, aber nicht Kriege der Städte untereinander.
In den Epen Homers werden **Mythen** erzählt. „Mythos" bedeutet ursprünglich einfach „Wort" und erhält erst später die Bedeutung „Märchen", „Fabel". Für die Frühzeit kann man Mythos am besten definieren als „Erzählung von bedeutsamen Handlungen und Schicksalen persönlicher Wesen der Vorzeit" (R. Harder). Dazu gehört auch das Handeln der Götter mit den Menschen. Solche Erzählungen sind für die frühen Griechen Geschichte. In der besonderen Form des Mythos schafft sich die Adelsgesellschaft der Zeit Homers ihre Vergangenheit und setzt sich über die Vermittlung dieser Vergangenheit das Ideal ihrer selbst: das Ideal des wesentlich seinem individuellen Ruhm verpflichteten, nicht auf öffentliche Verantwortung ausgerichteten Heros.
Homer und Hesiod „haben den Hellenen ihr Göttergeschlecht gebildet, den Göttern ihre Beinamen gegeben, die Ämter und Fähigkeiten und ihre Gestalt umrissen" (Herodot, Historien II, 53). Auch für die Entstehung der griechischen **Religion** bilden die Epen also einen entscheidenden Schritt, auch wenn der Prozeß, der zu ihnen führt, schon lange vorher angelegt ist. Der Übergang zu einer anthropomorphen Götterwelt ist schon vor der Dorischen Wanderung geschehen. Neu ist, daß eine Fülle von Einzelgöttern gleichsam als Eigenschaften auf wenige zentrale Götter übertragen werden und diese damit für alle Griechen annehmbar werden, ferner die konsequente Ausgestaltung der *Götterwelt* nach dem Bild des Menschen. Der Abstand zwischen Menschen und Göttern ist zunächst gering (Gottesfurcht z.B. gibt es nicht); der Mensch ist zwar von den Göttern abhängig und bringt ihnen Opfer dar, verkehrt aber auch mit ihnen wie mit seinesgleichen. Schon in der „Odyssee", vor allem jedoch bei Hesiod, wird der Abstand zwischen Menschen und Göttern vertieft dadurch, daß die Götter mit moralischen Ansprüchen verbunden werden; *Zeus* wird zum Gott der Gerechtigkeit. – Wieweit das religiöse Leben der Unterschichten von der Religion der olympischen Götter berührt wird, ist unsicher. Hier wirken wohl eher traditionale Elemente wie die Verehrung alter Naturgottheiten und mit der täglichen Arbeit verbundene rituelle Vollzüge nach, wie auch später für die Volksreligion die Sterne, Wahrsager, Sühne- und Wanderpriester und Mysterien große Bedeutung haben. Ferner spricht der *Dionysos-Kult* mit seinen ekstatischen Riten die Bauern und vor allem auch Frauen besonders an. Trotz dieser Einschränkung sind der Mythos und die olympische Religion grundlegend sowohl für die Entstehung einer kulturellen Einheit Griechenlands als auch für das Selbstverständnis der Griechen.
In gleicher Hinsicht bedeutsam werden zwei Erscheinungen, die unmittelbar mit der Religion zusammenhängen, nämlich die Amphiktyonien und die Spiele. Verschiedene Kultorte im Mutterland, auf den Inseln und in Kleinasien erlangen überlokale Bedeutung. Um sie herum bilden sich **Amphiktyonien,** d.h. religiöse Verbände derer, die um ein Heiligtum „herumwohnen". Zweck der Amphiktyonien ist der Schutz und die Verwaltung des Heiligtums, um das sie sich bilden, und die Sicherung des Friedens während der Feste. Obwohl mit der Zeit sicher auch politische Interessen Einfluß gewinnen, entwickeln sich die Amphiktyonien nie zu politischen Bünden.

106 Altertum – Griechenland vor dem Hellenismus

Die wichtigsten Amphiktyonien

Um das Poseidon-Heiligtum auf der Halbinsel Mykale (Panionion)	Milet, Ephesos, Myus, Priene, Kolophon, Lebedos, Teos, Klazomenai, Phokaia, Samos, Chios, Erythrai
Um das Apollon-Heiligtum in Delos	Ionische Städte und Inseln
Um das Apollon-Heiligtum in Delphi	Die Amphiktyonie, die ursprünglich zum Demeter-Tempel von Anthela (nahe den Thermopylen) gehört, umfaßt im 7. Jh. Stämme Mittel- und Nordgriechenlands. Für das 4. Jh. werden genannt: Thessaler, Boioter, Dorer, Ionier, Perrhaiber, Doloper, Magneten, Lokrer, Ainianen, Phthioten, Malier, Phoker
Um das Poseidon-Heiligtum von Kalaureia	Athen, Prasiai, Aigina, Nauplia, Hermione, Epidauros, Orchomenos

In Verbindung mit den Kultfeiern bilden sich allmählich **Spiele** heraus, die bedeutendsten in *Olympia*. Die *Liste der Olympiasieger* beginnt 776. Die Teilnehmer an den Olympischen Spielen stammen zunächst aus der Peloponnes, seit Anfang des 7. Jh.s auch aus dem übrigen Griechenland. Das Wettkampfprogramm wird ständig ausgeweitet: vom Stadionlauf über den Faustkampf, Wettkampf mit dem Viergespann, Reiten bis zum Ringkampf etc.; auch Tanz-, Gesangs- und Rezitierwettbewerbe werden aufgenommen. Am Beginn des 6. Jh.s entstehen weitere bekannte Spiele, so die *Pythien* in *Delphi*, die *Nemeen* in *Nemea* auf der Peloponnes, die *Isthmien* am *Isthmos von Korinth*. Bei den Spielen trifft sich der griechische Adel, dessen Konkurrenzverhalten fast von selbst zu überlokalem panhellenischem Vergleich drängt. Siege bei den großen Spielen vermitteln hohen sozialen Ruhm. Um 700 begegnet bei Hesiod der Name **Hellas** für Griechenland – ein Zeichen des Einheitsbewußtseins, das sich auch in einem ätiologischen Mythos (Hellen als Stammvater, Doros, Aiolos und Ion als Söhne bzw. Enkel) manifestiert.

Die Kolonisation

Seit der Mitte des 8. Jh.s wird in der gesamten Mittelmeerwelt und im Schwarzmeergebiet eine große Anzahl von griechischen Kolonien gegründet. Die Kolonisationsbewegung geht in mehreren Wellen vonstatten: bis zum Beginn des 7. Jh.s liegt die Initiative bei Städten des griechischen Festlandes, der Schwerpunkt der Kolonisation im Westen. Seit dem 7. Jh. werden Thrakien, die Propontis (heute Marmarameer) und das Schwarzmeergebiet vor allem durch kleinasiatische Städte besiedelt. Den Hauptanteil hat hier *Milet* (Westküste von Kleinasien), das allein 90 Städte gegründet haben soll. Sowohl im Westen wie im Osten liegen die Kolonien ausnahmslos an der Küste, doch gründen sie häufig wieder eigene Kolonien, durch die sie sich auch das Hinterland erschließen.

Die griechische Kolonisation im Osten

Zeit	Mutterstadt	Kolonie
1. Hälfte 7. Jh.	Paros	Thasos, das Stryme gründet
	Chios	Maroneia
	Klazomenai	Abdera
	Aioler	Alopekonnesos, das Ainos gründet
	Milet	Abydos, Kyzikos; kleinere Kolonien, vielleicht Sekundärgründungen, sind Astyra, Arisbe, Priapos, Apollonia, Miletopolis, Artake, Prokonnesos
	Milet/Erythrai/Paros?	Parion
	Lesbos	Sestos
?	Ionier (?)	Dikaia
?	Samothrake	Mesembria (Thrakien), Zone, Sale
nach 650	?	Neapolis (Thrakien)
	Milet/Klazomenai	Kardia
	Milet	Limnai
	Megara	Astakos, Chalkedon, Byzantion, Selymbria
um 600	Phokaia? Milet?	Lampsakos; kleinere milesische Kolonien sind Kolonai, Paisos, Abarnis, Kallipolis
	Samos	Perinthos, Heraion Teichos, Bisanthe
	Athen	Elaios, Sigeion

Archaische Zeit Griechenlands – Kolonisation   107

Zeit	Mutterstadt	Kolonie
um 600	Milet	Kios, Histria, Olbia, Sinope, das Kerasos, Kotyora, Trapezos gründet.
	Milet/Rhodos	Apollonia
	Phokaia? Milet?	Amisos
6. Jh.	Milet	Odessos, Tomoi, Tyras (Odessa), Kerkinitis, Theodosia, Pantikapaion, Nymphaion, Tanais, Pityus, Dioskurias, Phasis
	Megara	Mesembria, Herakleia, das Chersonesos und Kallatis gründet
	Teos	Phanagoria, Hermonassa

(Die Chronologie der Kolonisation im Osten ist umstritten. Die in den schriftlichen Quellen angegebenen Daten lassen sich oft aus archäologischen Gründen nicht halten. In der Regel sind hier die Ansätze bei C. Roebuck, Ionian Trade and Colonization, New York 1959, zugrunde gelegt.)

Die griechischen Kolonien im Westen und in Afrika

Datum	Mutterstadt/-gebiet	Kolonie	Sekundärgründungen
vor 750	Chalkis (Euboia)	Pithekussai (Ischia)	
757/756	Chalkis (Euboia)	Kymai	Dikaiarcheia, Neapolis (700/675)
734	Chalkis (Euboia)	Naxos	Leontinoi (729)
733	Korinth	Syrakus	Katane (729)
			Akrai (663)
			Himera (648)
			Kasmenai (643)
			Kamarina (598)
um 730	Chalkis (Euboia)	Zankle (Messana)	Mylai, Himera (648)
um 730/720	Chalkis (Euboia)	Rhegion	Metauron (?)
728	Megara	Megara Hyblaia	Selinus (650), das Herakleia Minoa gründet
720	Achaia	Sybaris	Poseidonia (Paestum, frühes 6. Jh.)
um 708	Achaia	Kroton	Terina
um 706	Sparta	Taras (Tarentum)	
690/680	Achaia	Metapontum	
688	Rhodos/Kreta	Gela	Akragas (Agrigentum, 580)
680/670	Kolophon	Siris	
675/650	Achaia	Kaulonia	
um 673	Lokris	Lokroi	Metauron (?); Hipponion (Vibo Valentia), Medma (beide 6. Jh.)
630	Thera	Kyrene	Barke, Euhesperides
um 600	Phokaia	Massalia, Mainake	
?	Phokaia	Nikaia, Antipolis, Athenopolis, Olbia, Tauroeis, Agathe, Emporion, Hemeroskopeion	
um 600?	griechische Söldner	Naukratis	
580/576	Knidos	Lipara	
um 560	Phokaia	Alalia	
nach 540	Phokaia	Elea (Velia)	

(Die Daten sind mit wenigen Ausnahmen die der traditionellen, von Thukydides ausgehenden Chronologie. Nicht aufgenommen sind die von den griechischen Tyrannen gegründeten Kolonien, da sie einen anderen Typ der Kolonisation repräsentieren: sie bleiben eng mit der Mutterstadt verbunden und von dieser abhängig.)

Die Kolonisationsunternehmungen stehen gewöhnlich unter der Leitung eines „Gründers" *(Oikistes)*. Wenn eine Kolonie geplant wird, geht der zukünftige Oikistes häufig nach *Delphi* (in der antiken Landschaft Phokis, Mittelgriechenland) und befragt dort das *Orakel* nach dem Ort der Kolonie und deren Zukunft. Mit der Antwort erhält auch der Gründer selbst eine göttliche Autorisierung. In einigen Fällen wird, wie beim italischen „ver sacrum" („heiliger Frühling"), ein Anteil an der Jungmannschaft einer Stadt geradezu Apollon geweiht. Bei der Priesterschaft von Delphi sammeln sich im Laufe der Zeit, weil das Orakel aus allen Teilen der griechischen Welt und sogar von Nichtgriechen befragt wird, viele Informationen. Delphi kann deshalb eine gewisse Verteilungsfunktion bei der Kolonisation wahrnehmen, obwohl die meisten Oikisten schon Vorstellungen über die geographische Richtung ihres Unternehmens mitgebracht haben werden. Die eigentliche Funktion Delphis liegt aber darin, daß Apollon die Kolonisten bei ihren Unternehmen schützt, sein Einverständnis mit den neuen religiösen Einrichtungen der zu gründenden Kolonie geben und vielleicht vor allem: durch seine Autorität Griechen zur Teilnahme an Koloniegründungen veranlassen soll; denn viele Griechen verlassen nur aus Not und unter Zwang die Heimat.

108 Altertum – Griechenland vor dem Hellenismus

Delphi vertritt hier gleichsam die fehlende staatliche Autorität. – Wenn das Orakel ergangen ist, werden die Kolonisten, sofern sie nicht Freiwillige sind, ausgelost oder ausgesondert. Die Gründung der Kolonie ist zugleich ein religiöser und politischer Akt. Der Oikistes, der sie vornimmt, wird in der Kolonie auf Dauer religiös verehrt.

Die Kolonie (Apoikia) bleibt zwar in mannigfachen, vor allem religiösen Beziehungen zu ihrer *Mutterstadt,* steht aber nicht in einem Abhängigkeitsverhältnis zu ihr. Dies unterscheidet die frühgriechische von der Kolonisation der späteren Tyrannen oder des demokratischen Athen, die abhängige Kolonien gründen. Die Unabhängigkeit gilt nicht immer für die Sekundärgründungen.

Die *Ursachen* der griechischen Kolonisation liegen vor allem in dem starken Wachstum der Bevölkerung seit dem 8. Jh. sowie der dadurch bedingten Land- und Nahrungsnot. Davon sprechen auch verschiedene antike Gründungsberichte. Die meisten Kolonien in Süditalien, Sizilien, Thrakien, der Propontis und Libyen zeichnen sich durch gutes Ackerland aus. Die *Kolonisation* ist hier also wesentlich *Landnahme* wegen Land- und Nahrungsnot. Das gilt teilweise auch für die Kolonien des Schwarzmeergebietes; für einige von ihnen, die wenig Raum für Ackerbau bieten, dürfte der Fischreichtum des Schwarzen Meeres eine Rolle gespielt haben; z. T. werden sie später durch den Export von Fischen berühmt. Die Situation in Kleinasien ist im 7. Jh. für die Griechen schwieriger als zuvor: das *lydische Reich* unter *Gyges* konsolidiert sich und blockiert die weitere Ausdehnung der Griechen ins Innere Kleinasiens; durch häufige Raubzüge ins Gebiet der Griechen wird deren Ernährung gefährdet. Dazu kommen zwischen 670 und 650 Raubzüge der *Kimmerer* und *Trerer* ins griechische Kleinasien. – Gegenüber der Land- und Nahrungsnot sind *Handelsgesichtspunkte* wohl selten für die Kolonisation maßgebend. Möglich ist das bei den frühen Kolonien Pithekussai (Ischia) und Kymai (Cumae; Verbindungen mit den Etruskern); Handelskolonien sind sicher auch die Gründungen Phokaias (nordwestlich von Izmir) in Spanien und Südfrankreich (lydisches Gold und Weißgold wird gegen spanisches Zinn, Kupfer, Bronze gehandelt), die aber – mit Ausnahme Massalias (Marseille) – als bloße Stützpunkte keine bedeutenden Städte werden. – Sonderfälle sind die Ansiedlungen griechischer Söldner durch fremde Könige; dazu gehört Naukratis (am westlichen Nilarm), das in der Folge eine große Handelsstadt wird.

Die Ausbildung der Polis als Staat

Im 7. Jh. geraten die bäuerlichen Unterschichten Griechenlands, für die es zunächst keinen politischen oder gesetzlichen Schutz gibt, in eine bedrohliche Situation: Einerseits steigert die Tendenz adliger Grundbesitzer, mehr Öl und Wein statt Getreide anzubauen und Pferdezucht zu betreiben, den Landbedarf der Adligen; andererseits nimmt die Bevölkerung weiter zu; durch Erbteilung wird, da keine Fortschritte in der Bearbeitung des Bodens erzielt werden, die Existenzfähigkeit kleinerer Höfe eingeschränkt. Viele Bauern müssen „Schulden" machen, indem sie Saatgut oder Nahrung leihen. In der Regel begeben sie und ihre Familien sich beim Schuldenmachen in eine soziale Abhängigkeit von Gläubiger, die als **„Schuldknechtschaft"** – wie das „nexum" in Rom – bezeichnet wird. Der Gläubiger erhält dadurch die Verfügung über die Arbeitskraft des Schuldners und kann bestimmen, was auf dessen Boden angebaut wird; ein Abarbeiten der Schuld ist nur theoretisch möglich. Verschuldete Bauern werden, wie es für Attika überliefert ist, auch ins Ausland in die Sklaverei verkauft oder fliehen in die Fremde.

Diese Lage der Bauern bildet eine Bedingung für die schon dargestellte Kolonisation. Nicht wenige Griechen verdingen sich als Söldner bei fremden Königen (z. B. bei dem Lyder Gyges oder bei Psammetichos I. von Ägypten). Weitere Ausweichmöglichkeiten gibt es kaum. Im Handwerk lassen sich erst seit der 2. Hälfte des 7. Jh.s in Korinth kleinere Töpfereibetriebe nachweisen, die aber ebensowenig wie andere Sparten des Handwerks die Überbevölkerung aufnehmen können. Der Handel scheint durch die Kolonisation gefördert worden zu sein, doch sind sein Umfang und seine Bedeutung im 7. Jh. umstritten. Einige griechische Städte wie Korinth, Megara und Phokaia betätigen sich im Handel; die wirtschaftliche Grundlage bleibt aber meist agrarisch. Keinen großen Einfluß auf den Handel hat wohl zunächst das Aufkommen geprägten Geldes gegen Ende des 7. Jh.s (von Lydien aus). Geprägt werden vorab nur große Nominale, die sich höchstens für den Handel mit Luxusgütern eignen, im übrigen vorzüglich für Repräsentationszwecke benutzt werden.

Die wirtschaftlich-soziale Situation im Griechenland des 7. Jh.s führt vielerorts zu inneren Auseinandersetzungen **(Staseis),** bei denen auch der Ruf nach einer Neuverteilung des Landes erhoben wird. Das bedeutet eine wesentliche Verschärfung gegenüber der allgemeinen Forderung nach Gerechtigkeit bei Hesiod und setzt voraus, daß die einzelne Stadt stärker zum Bezugsrahmen des Handelns geworden ist. Dafür gibt es auch andere Zeichen: Abgesehen vom ersten Krieg *Spartas* gegen *Messenien* (8. Jh.), finden im 7. Jh. erstmals Kriege zwischen Städten statt: so der Krieg zwischen *Chalkis* und *Eretria* (beide auf Euboia) um die Lelantinische Ebene (1. Hälfte des 7. Jh.s?), an dem auch andere griechische Städte teilnehmen, und der Kampf der *Athener* gegen *Megara* (um 630?). Da alles verfügbare Land besiedelt ist, stoßen die einzelnen Siedlungseinheiten enger aneinander; dadurch werden einerseits die Konfliktmöglichkeiten größer, andererseits wird das Einheitsbewußtsein in den Städten gestärkt, zu dessen Entstehen wohl auch die Erfahrungen der Griechen bei der Kolonisation beitragen.

Archaische Zeit Griechenlands – Ausbildung der Polis   109

Zudem übernehmen die Griechen im 7. Jh. eine neue Kampfweise aus Kleinasien, nämlich den Einsatz schwerbewaffneter Fußsoldaten, und bilden sie zur **Hoplitenphalanx** aus: die Fußsoldaten kämpfen in geordneter, dicht gedrängter und tief gestaffelter Schlachtreihe. Damit werden diejenigen Bauern, die wohlhabend genug sind, um sich selbst die Ausrüstung zu beschaffen, für den Kriegsdienst und folglich auch für die Stadt bedeutsam. Vielleicht werden daraus Forderungen für die politische Beteiligung abgeleitet.

Im Bereich der **politischen Organisation** beginnen im 7. Jh. städtische Ämter und Adelsräte. Sie ermöglichen zwar, daß Städte etwa in Kriegen einheitlich handeln, begründen aber – im Unterschied zum republikanischen Rom – noch keine feste politische Organisation des Adels. Eben deshalb können sich innerhalb des Adels große Unterschiede ausbilden, so daß in manchen Städten die Macht in den Händen weniger miteinander rivalisierender Adelsfamilien konzentriert wird – ein Zustand, den die Griechen „*Dynasteia*" nennen. Die Macht dieser Familien beruht auf sozialen Abhängigkeitsverhältnissen, die im 7./6. Jh. auch institutionell verfestigt werden: der attische Gesetzgeber *Drakon* überträgt den Phratrien Aufgaben bei der Blutrache, im 6. Jh. kontrollieren sie in Attika das Bürgerrecht. Auf diese Weise – die genaue Rolle der Phylen läßt sich nicht ausmachen – sichern die Adelsgeschlechter, die Phratrien und Phylen beherrschen, ihren Einfluß auch unter den Bedingungen des werdenden Stadtstaates. An den inneren Auseinandersetzungen Attikas im 6. Jh. sind nur wenige adlige Familien mit festen Gefolgschaften führend beteiligt. Sie betonen hohe Geburt und Abstammung (die Adligen werden deshalb als „*Eupatriden*" bezeichnet) und lassen ihre Stammbäume in ununterbrochener Reihenfolge auf Götter oder Heroen zurückführen.

Die Konkurrenz zwischen den großen Adelsfamilien, der Konflikt zwischen Adligen und Bauern, die wachsende Bedeutung der Stadt als Bezugsrahmen des Handelns und vielleicht auch die Beteiligung der Bauern am Kriegsdienst sind Voraussetzungen für die beiden wichtigsten Phänomene des 7./6. Jh.s, die **Tyrannis** und die **Gesetzgebung.**

Seit um 650 machen sich in Städten des Mutterlandes und Kleinasiens sowie auf den Ägäischen Inseln Adlige zu *Alleinherrschern*. In Sizilien (mit Ausnahme von Akragas [heute: Agrigento] und Leontinoi [heute: Lentini]) begegnet die Tyrannis erst im 5. Jh.

Die bedeutendsten Tyrannen

Zeit	Ort	Tyrannen
ca. 650–580	Korinth	Kypseliden: Kypselos Periandros Psammetichos
ca. 650–550	Sikyon	Orthagoriden: Orthagoras Myron Kleisthenes Aischines
2. Hälfte 7. Jh.	Megara	Theagenes
ca. 615/610 ca. 590/580	Mytilene (Lesbos)	Melanchros Myrsilos Pittakos
Ende 7. Jh.? 6. Jh.	Milet	Thrasybulos Thoas Damasenor
ca. 600 1. Hälfte 6. Jh.	Ephesos	Pythagoras Melas Pindaros
ca. 570–554	Akragas	Phalaris
561–511	Athen	Peisistratiden: Peisistratos Hippias Hipparchos
1. Hälfte 6. Jh. ca. 538–520	Samos	Demoteles Solyson Polykrates
ca. 550–524	Naxos	Lygdamis

110 Altertum – Griechenland vor dem Hellenismus

Die *Tyrannis* ist nichts anderes als die äußerste Steigerung adliger Macht, von daher, wie schon Solon es beschreibt, das letzte Ziel adliger Wünsche. Tyrannen können deshalb auch in der griechischen Adelswelt einen hohen Ruf erlangen. – Die Tyrannis begegnet nicht in Gebieten mit Stammesstruktur, setzt also die „Verdichtung" der Stadt voraus. Einzelne Adlige können sich, wie in Megara, die Unzufriedenheit der Bauern zunutze machen, um an die Macht zu gelangen. Wegen des Aufkommens der Hoplitenphalanx kann auch ein militärisches Führungsamt Ausgangspunkt für eine Tyrannis sein. Schließlich verhelfen schon an der Macht befindliche Tyrannen Adligen in anderen Städten zur Herrschaft.

Um diese aufrechtzuerhalten, setzen Tyrannen ihre Familienangehörigen als Helfer ein, treten in Kontakt zu anderen Tyrannen oder auswärtigen Mächten, schaffen sich auswärtige Stützpunkte und eine Leibgarde, verschiedentlich auch ein Söldnerheer. Besondere Probleme treten in der Regel beim Übergang zur zweiten Tyrannengeneration auf (wenn er überhaupt gelingt). – Die Tyrannen konzentrieren erstmals die Machtmittel einer Stadt in einer Person und schaffen dadurch *neue Handlungsmöglichkeiten,* auch wenn die folgenden Merkmale nicht für alle Tyrannen charakteristisch sind: sie führen Steuern ein, reglementieren das Leben der Bürger, stützen die Bauern (ob es zu regelrechten Landverteilungen kommt, ist unsicher), zentralisieren die Rechtsprechung, fördern den Kult (besonders auch zentrale Kulte) und zeichnen sich durch große Bauten (Wasserleitungen, Hafenanlagen, Tempel) aus. „Aus alldem spricht eine systematische Planung, wie sie der Vergangenheit unbekannt war und unbekannt sein mußte" (Alfred Heuß). – Schon dadurch bildet die Tyrannis einen wichtigen Markstein in der Entstehung der Polis als politisch-organisatorischer Einheit. Darüber hinaus schwächt die Tyrannis, wenn sie längere Zeit besteht, die gesellschaftlichen Bindungen zwischen Adligen und Bauern und damit die gesellschaftliche Macht des alten Adels. Rivalisierende Adlige können verbannt, ihre Güter konfisziert, einzelne Adlige auch getötet werden. Auf ihre Wirkungen hin betrachtet, stellt die Tyrannis in einigen Städten eine Art von *Bauernbefreiung* dar.

Die *Gesetzgebung* beginnt fast gleichzeitig mit der Tyrannis. Die Gesetzgeber – die bekanntesten sind *Zaleukos in Lokroi* (beim heutigen Locri, Süditalien), *Charondas in Katane* (heute: Catania, Sizilien), *Drakon* und *Solon in Athen* – werden als *Aisymneten* (solche, die jedem das Seine nach Gebühr zuteilen) oder, wie Solon, als *Diallaktes* (Versöhner) bezeichnet, d.h., sie wirken in der gleichen Situation sozialer Spannungen, die auch für die Entstehung verschiedener Tyrannisherrschaften charakteristisch ist. *Pittakos von Mytilene* wird sowohl Tyrann wie auch Aisymnet genannt; ebenso werden sowohl Solon als auch *Pittakos, Periandros* und *Thrasybulos* zu den „Sieben Weisen" (eine sich erst später herausbildende und in ihrer Zusammensetzung wechselnde Gruppe von Männern der archaischen Zeit, die wegen ihnen zugeschriebener moralischer Lehren angesehen sind) gerechnet. Obwohl die spätere griechische Geschichtsschreibung die Tyrannis negativ bewertet, haben Tyrannen und Aisymneten vieles gemeinsam. Es gibt noch keine klare, staatlich definierte Legitimität, die sauber zwischen beiden Gruppen zu unterscheiden erlaubt. Tyrannen wie Aisymneten wirken kraft eigener Macht und Einsicht.

Ziel der Gesetzgebung ist die **Aufzeichnung** des geltenden, aber auch die Schaffung neuen Rechts. Strafen für Vergehen werden schriftlich fixiert, die Blutrache eingeschränkt, übermäßiger Luxus verboten, erste Grundsätze für Erbschaften formuliert und wahrscheinlich die Existenz von Oiken geschützt. Dies zielt ebenso auf den Abbau sozialer Spannungen wie die genaue Festlegung politischer Rechte und Pflichten für die einzelnen Polisbürger, wobei die überkommene Ungleichheit aber nicht durchbrochen wird. Das Konzept einer durch Gesetze *(Nomoi)* geordneten Polis ist das eigentlich Neue der Gesetzgebung. Erst damit entsteht die **Polis als Staat,** ohne sich freilich sofort gegenüber der gesellschaftlichen Macht des Adels durchsetzen zu können. In Athen z.B. folgt auf die solonische Gesetzgebung die Tyrannis der Peisistratiden. Dennoch wird durch die Gesetzgeber, von denen Solon seine Gedanken auch in Gedichten vertritt, eine neue Wirklichkeit gesetzt, die für die Zukunft der Polis bestimmend wird.

Auch auf religiösem Gebiet sowie in der Literatur und Kunst läßt sich die Umbruchsituation des 7. und 6. Jh.s feststellen. Das *Apollon-Heiligtum* in *Delphi,* dessen Bedeutung für Griechenland schon bei der Kolonisation deutlich wird und das verschiedenen Gesetzgebern die Inspiration zu ihrem Werk gegeben haben soll, vermittelt spätestens im 6. Jh. moralische Lehren, deren wesentlicher Inhalt in zwei über dem Eingang zum Orakel angebrachten Sprüchen Ausdruck findet: *„Erkenne dich selbst!"* und *„Nichts zuviel!"* Auch in seinen Orakelsprüchen fordert Delphi, daß man sich unauffällig in die bestehende Ordnung einzufügen habe. Im 6. Jh. entsteht aus dieser Haltung eine Opposition Delphis gegen Tyrannen. Im eigentlich religiösen Bereich vertritt die Priesterschaft des delphischen Apoll eine „legalistische" Position (M. P. Nilsson): sie achtet darauf, daß religiöse Gebote und Riten peinlich genau erfüllt werden – diesem Bestreben ist in der 2. Hälfte des 7. Jh.s auch eine wohl von Delphi ausgehende Neuregelung des Kalenders zu verdanken –, und ist zuständig für Reinigungen und Sühnungen. Der Dionysos-Kult wird durch seine Aufnahme in Delphi gebändigt.

Versucht Delphi, durch die Aufforderung zum Maßhalten das Bestehende zu sichern, so sind andere religiöse Erscheinungen charakteristisch für die Not der Unterschichten und daraus erwachsende religiöse Erregtheit und Jenseitshoffnungen. *Wundermänner* und *Seher,* die in den Städten umherziehen und zu Entsühnungen herangezogen werden, finden große Resonanz. In den *Mysterien* (am bekanntesten sind die Eleusinischen) scheint sich im 7. Jh. eine Umorientierung zu vollziehen: die mystische Vereinigung (in Eleusis zwischen Persephone und der ihr geraubten Tochter Kore/Demeter), die während der Mysterien-Feier vollzogen wird, begründet für Eingeweihte individuelle Hoffnung auf ein besseres Jenseits; in früheren Zeiten bezog sich die Hoffnung auf das Geschlecht und dessen Weiterleben.

Archaische Zeit Griechenlands – Einzelne Städte – Sparta   111

Den Schritt, daß die Hoffnung auf ein besseres Jenseits von moralisch gutem oder schlechtem Verhalten abhängig gemacht wird, tun die *Orphiker,* die durch eine Anthropogonie (religiöse Anschauung über die Entstehung des Menschen) das Gute und Schlechte im Menschen zu erklären versuchen. Sie verkünden, daß Missetäter für ihre Handlungen in der Unterwelt büßen müssen, während den Gerechten – den Orphikern selbst – die Seligkeit bevorstehe. Die Körperfeindlichkeit der Orphiker spricht dafür, daß die Sekte sich vor allem aus dem Volk rekrutiert.

Das 6. und 7. Jh. ist das große Zeitalter der **griechischen Lyrik,** die Zeichen ist für die Entdeckung der Subjektivität, des eigenen Ich. Menschen und Natur werden ganz persönlich betrachtet. Am Anfang steht *Archilochos* aus Paros (um 650), der wegen Armut aus seiner Heimat auswandern und sich „mit dem Speer" sein Brot verdienen muß. In seinen Iamben (Spott- und Scheltlieder) setzt er sich mit seiner eigenen Situation, mit Freunden und Feinden auseinander. Die gleiche literarische Form benutzen später *Semonides* aus Samos (um 600), der u. a. einen „Weiberspiegel" verfaßt, und *Hipponax* aus Ephesos (2. Hälfte 6. Jh.). – Die Elegie begegnet erstmals bei dem Spartaner *Tyrtaios* (2. Hälfte 7. Jh.), der im 2. Messenischen Krieg zum Kampf für die Vaterstadt aufruft und für Eunomia (gute Ordnung) eintritt. Nach *Kallinos* aus Ephesos (Ende 7. Jh.) und *Mimnermos* aus Kolophon (um 600; Liebeselegien, Darstellung der Kämpfe um Smyrna) findet sie ihren Höhepunkt in *Solon,* der in seinen Elegien sein politisches Wirken begründet und, wie Tyrtaios, für die Eunomia wirbt. *Theognis* aus Megara (6. Jh.) vermittelt die Auseinandersetzungen in seiner Heimatstadt nach der Tyrannis des Theagenes und wendet sich immer wieder gegen die „Neureichen". – Die Gattung der Liebeslieder beginnt mit der aus Lesbos stammenden Dichterin *Sappho* (um 600); ihr Landsmann und Zeitgenosse *Alkaios,* der an den inneren Auseinandersetzungen beteiligt ist, die in Mytilene zur Aisymnetie des Pittakos führen, verfaßt für die politische Situation aufschlußreiche Trinklieder (Scholien) und Kampflieder. Die Tradition der Liebes- und Trinklieder wird fortgesetzt von *Anakreon* aus Teos (2. Hälfte 6. Jh.). – Dessen Zeitgenosse *Simonides* aus Keos schreibt vor allem Chorlyrik.

Im Laufe des 7. Jh.s wird im Mutterland – wohl ausgehend von Argos und Korinth – die *dorische Ordnung* im **Tempelbau** ausgebildet, seit dem Ende des Jahrhunderts findet der Übergang von den ursprünglichen Holzbauten zu Steinbauten statt. In Kleinasien entsteht um die gleiche Zeit die *ionische Säulenordnung* mit ausgearbeiteten Säulenbasen und geschmückten Kapitellen, die in Voluten auslaufen. – Parallel zum dorischen Tempel wird im 7. Jh. die archaische **Großplastik** geschaffen. Charakteristisch sind zunächst (unbekannte) nackte Jünglinge (Kouroi), deren strenge, einfache Formen im 6. Jh. einer organischeren Körpergliederung Platz machen. Besonders in Ionien entstehen auch bekleidete weibliche Plastiken (z. B. Genelaos-Gruppe in Samos, Hera des Cheramyes), die vor allem in der Gewanddarstellung immer differenzierter werden. Um die Mitte des 6. Jh.s wird von samischen Künstlern die *Großbronze* erfunden. – Seit dem 6. Jh. pflegen Künstler ihre Werke zu signieren und werden so als Persönlichkeiten faßbar.

Mit der **ionischen Naturphilosophie** beginnt sich das griechische Denken über die Welt vom Mythos zu befreien. Man geht aus von der Frage, aus welchem Urstoff, der zugleich als Bleibendes in allem Wandel angesehen wird, die Welt gemacht sei. In Milet lehren seit dem Beginn des 6. Jh.s nacheinander *Thales* (1. Hälfte 6. Jh.), *Anaximander* und *Anaximenes,* die jeweils das Wasser, das „Unbegrenzte" oder die Luft als den gesuchten Urstoff verstehen. Ihre Untersuchungen führen sie auch zu praktischen Ergebnissen: Thales sagt die *Sonnenfinsternis vom 28. Mai 585* voraus, Anaximander schafft eine Sonnenuhr und eine Weltkarte. – Gegenüber der milesischen Philosophie des Stoffes ist die des *Pythagoras,* der aus Samos stammt und um 530 nach Kroton in Süditalien geht, eine Philosophie der Form: die Welt ist ein begrenzter, strukturierter, in Harmonie befindlicher Kosmos; Prinzip der Harmonie ist die Zahl. Die Welt bildet eine Einheit, an der alle Lebewesen einschließlich der Tiere teilhaben. Die Seele ist unsterblich und kann sich beim Tod des Körpers in jedem Lebewesen neu inkarnieren (Seelenwanderung). Aus den Vorstellungen über die Harmonie der Welt ziehen die *Pythagoräer,* die sich in der Form eines Bundes organisieren, auch religiöse, ethische und medizinische Folgerungen. – Von *Xenophanes* (ca. 570–480), der von Kolophon (Kleinasien) nach Elea (heute: Velia in Süditalien) auswandert, ist vor allem die Kritik überkommener polytheistischer Vorstellungen bekannt. – Für *Herakleitos* aus Ephesos (ca. 540–480) gibt es keine statische Harmonie, sondern nur dauerndes Werden: alles ist immer in Bewegung, alles entsteht aus dem Kampf der Gegensätze.

Einzelne Städte und Gebiete

Sparta

Zu **Sparta** (Lakedaimon) gehört um die Mitte des 6. Jh.s der ganze südliche Teil der Peloponnes. Mit ca. 8050 qkm ist es der größte Staat Griechenlands. Das Gebiet zerfällt in zwei größere Hälften, die durch das Taygetos-Gebirge getrennt sind: *Lakonien* und *Messenien.* Im Unterschied zu anderen griechischen Städten besitzt Sparta, vor allem in den Flußebenen des Eurotas und des Pamisos, genügend gutes Ackerland, dagegen kaum gute Häfen.

112   Altertum – Griechenland vor dem Hellenismus

Über die spartanische Geschichte, vor allem die innere Geschichte vor dem 6. Jh., gibt es viele divergierende Auffassungen. Im folgenden wird davon ausgegangen, daß die „*Große Rhetra*", ein mit dem Namen des Gesetzgebers Lykurgos verbundenes „Verfassungsdokument", in die 1. Hälfte des 7. Jh.s gehört, daß aber die eigentümliche spartanische Lebensordnung *(Kosmos)* erst nach dem 2. Messenischen Krieg ausgebildet wird.

Chronologische Übersicht: Liste der spartanischen Könige

Agiaden		Eurypontiden	
Agis I	[930–900]	Eurypon	[895–865]
Echestratos	[900–870]	Prytanis	[865–835]
Leobotas	[870–840]	Polydektes	[835–805]
Dorussos	[840–815]	Eunomos	[805–775]
Agesilaos I	[815–785]	Charillos	ca. 775–750
Archelaos	ca. 785–760	Nikandros	ca. 750–720
Teleklos	ca. 760–740	Theopompos	ca. 720–675
Alkamenes	ca. 740–700	Anaxandridas I	ca. 675–660
Polydoros	ca. 700–665	Archidamos I	ca. 660–645
Eurykrates	ca. 665–640	Anaxilas	645–625
Anaxandros	ca. 640–615	Leotychidas I	ca. 625–600
Eurykratidas	ca. 615–590	Hippokratidas	ca. 600–575
Leon	ca. 590–560	Agasikles	ca. 575–550
Anaxandridas II	ca. 560–520	Ariston	ca. 550–515
Kleomenes I	ca. 520–490	Demaratos	ca. 515–491
Leonidas I	490–480	Leotychidas II	491–469
Pleistarchos	480–459	Archidamos II	469–427
Pleistoanax	459–409		
		Agis II	427–399
Pausanias	409–395		
		Agesilaos II	399–360
Agesipolis I	395–380		
Kleombrotos I	380–371		
Agesipolis II	371–370	Archidamos III	360–338
Kleomenes II	370–309	Agis III	338–331
Areus I	309–265	Eudamidas I	ca. 331–305
Akrotatos	265–c. 262	Archidamos IV	ca. 305–275
Areus II	ca. 262–254	Eudamidas II	ca. 275–244
Leonidas II	ca. 254–236	Agis IV	ca. 244–241
Kleomenes III	236–222	Eudamidas III	ca. 241–228
Agesipolis III	219–215	Archidamos V	228–227
		Eukleidas	227–222

Nach W. G. G. Forrest, A History of Sparta 950–192 B. C., New York, London (Verlag Hutchinson) 1968
(Die Könige bis zum Beginn des 8. Jh.s sind nicht mehr als Namen; erst danach können historische Ereignisse gelegentlich mit einzelnen Königen verbunden werden; eine reichere Überlieferung beginnt mit dem Ende des 6. Jh.s)

11. Jh.   Vielleicht dringen die späteren *Dorer* in einer 2. Welle der *Dorischen Wanderung* in die Peloponnes ein. Archäologische Zeugnisse lassen sich frühestens

10. Jh.   für die Zeit seit um 950 nachweisen; sie stehen zunächst kaum in Zusammenhang mit anderen Zeugnissen der Ägäis und selbst der Peloponnes. Auch nach der literarischen Überlieferung wird Sparta im 10. Jh. gegründet. Es besteht aus den Dörfern Pitane, Mesoa, Limnai und Konooura, die aber vielleicht erst später unter einheitlicher Leitung zusammengefaßt werden. Die spartanische *Gesellschaft* ist, wie alle Dorer, in die drei Phylen („Stämme") der *Hylleis, Dymanes* und *Pamphyloi* aufgeteilt. Wahrscheinlich reichen einzelne Elemente (z. B. Altersgruppen, Männerbünde) der im 6. Jh. ausgebildeten Gesellschaftsordnung schon in die Frühzeit zurück, doch lassen sich ihre alten Funktionen nicht feststellen. Die Spartaner werden geführt von zwei Königen aus den Geschlechtern der Agiaden und Eurypontiden. Dieses in Griechenland einmalige *Doppelkönigtum* ist bisher nicht befriedigend erklärt.

754   Beginn der – viel später erstellten – Ephorenliste. Wenn es im 8. Jh. schon Ephoren („Aufseher") gibt, haben sie sicher nicht die Funktionen wie im 6. Jh.

um 750   Die Ausbreitung Spartas in Lakonien geht sehr langsam vor sich. Im Süden bildet Amyklai eine Sperre; es wird im 8. Jh. erobert und mit Sparta vereinigt. Bei allen übrigen Eroberun-

Archaische Zeit Griechenlands – Einzelne Städte – Sparta   *113*

gen macht Sparta die unterworfene Bevölkerung entweder zu Heloten oder zu Perioiken. Die **Heloten,** die in der modernen Forschung meist als Staatssklaven oder Hörige begriffen werden, bleiben auf ihren angestammten Höfen, in ihren alten sozialen und kultischen Beziehungen; ihr Land wird in Form von Landlosen (Klaroi) an die einzelnen Spartiaten verteilt, an welche die Heloten die Hälfte ihres Ernteertrags abführen müssen, ohne mit ihrem Land in das individuelle Eigentum der Spartaner überzugehen. **Perioiken** („Umwohnende", wahrscheinlich Dorer wie auch Nicht-Dorer) sind Einwohner von Städten, die im Innern weitgehend autonom, außenpolitisch und militärisch aber von Sparta abhängig und zur Heeresfolge verpflichtet sind. Das spartanische Gebiet ist also – anders als in den meisten übrigen griechischen Poleis – nicht identisch mit der Stadt Sparta. Die prekäre Situation gegenüber Heloten und Perioiken ist wohl die wichtigste Bedingung dafür, daß das Königtum in Sparta erhalten bleibt.

um   **1. Messenischer Krieg.** Sparta greift Messenien an, gewinnt (unter dem König Theopom-
735–715 pos?) die nördliche Pamisos-(Stenyklaros-)Ebene mit der Festung Ithome und dringt in der
                  Folgezeit weiter nach Süden und Westen vor. Während des Krieges wahrscheinlich auch
                  Kämpfe mit Argos.

um 706   Einzige Koloniegründung Spartas in Tarent; Ursache sind wahrscheinlich innere Auseinandersetzungen, deren Charakter sich nicht ausmachen läßt.

1. Hälfte   Die Kampfesweise mit schwer bewaffneten Fußsoldaten wird zuerst in Sparta übernommen
7. Jh.   und ausgebildet; die endgültige Form der *Hoplitenphalanx* entsteht aber erst im 7. Jh.
                  Wie in anderen griechischen Städten kommt es aufgrund wachsender wirtschaftlich-sozialer
                  Unterschiede zu inneren Kämpfen (Staseis). Vielleicht in Reaktion darauf werden in der
                  „Großen Rhetra", die der delphische Apoll dem Gesetzgeber Lykurgos als Orakel gegeben
                  haben soll, religiöse, politische und soziale Institutionen Spartas neu gegründet oder geordnet und in ihren Beziehungen zueinander festgelegt.

Kulte des Zeus Syllanios und der Athena Syllania sollen eingerichtet, das Volk in Phylen und Oben (lokale Einheiten, Dörfer) eingeteilt und eine Gerusia (Rat der Alten) aus 30 Mitgliedern einschließlich der beiden Könige (Archagetai) gebildet werden; Volksversammlungen (Apellai) sollen in regelmäßigen Abständen an einem festgelegten Ort abgehalten und dort Vorlagen eingebracht werden; diese Versammlungen sollen die letzte Entscheidung haben. – Es bleibt unklar, wie sich Phylen und Oben, die beide schon vor der Rhetra bestehen, zueinander verhalten; in späterer Zeit sind Oben die Grundlagen der militärischen Gliederung. Regelmäßige Volksversammlungen werden hier erstmals in Griechenland institutionell gesichert. Die Könige werden als Mitglieder des Rates eingeführt, d. h. wahrscheinlich in ihrer Stellung eingeschränkt. – In einem Zusatz zur Rhetra wird festgelegt, daß Älteste und Könige „krumme" Beschlüsse des Volkes aufheben können. – Obwohl nicht alle Einzelheiten geklärt werden können, ist die Gesamttendenz klar: durch die Rhetra wird eine organisierte Aristokratie geschaffen; die Macht der Gerusia wird befestigt; die Volksversammlung erhält zwar Entscheidungsrechte, bleibt aber den Ältesten und Königen untergeordnet. – Im übrigen scheint sich das Leben im Sparta des 7. Jh.s kaum von dem in anderen griechischen Poleis zu unterscheiden.

676   Die Siegerliste der *Karneia* (Kultfest für den Fruchtbarkeitsgott Karneios) beginnt, 1. Sieger ist *Terpander* von Lesbos, der den Chorgesang und die Musik in Sparta ausgestaltet. Der Dichter *Alkman* (aus Sardeis oder aus Sparta?) bezeugt ein fast höfisches Leben in der Stadt. Vasenmalerei (lakonische Keramik) und Plastik erreichen in der 2. Hälfte des 7. Jh.s einen hohen Standard und lassen, wie auch die Dichtung, die Verbindungen Spartas zur übrigen griechischen Welt erkennen.

669   Niederlage Spartas gegen *Pheidon* von Argos bei Hysiai. Pheidon kann den Einfluß von Argos im Norden bis nach Olympia ausdehnen.

um   **2. Messenischer Krieg.** Vielleicht im Zusammenhang mit den Veränderungen im Norden
650–620 der Peloponnes erheben sich die Messenier gegen Sparta, das von Elis unterstützt wird,
                  während Pisa und Arkadien auf der Seite der Messenier stehen. Aus den Kriegsjahren
                  stammen die Kampflieder des Dichters *Tyrtaios,* der für Eunomia (gute Ordnung) eintritt
                  und alle adligen Werte gegenüber dem Kampf für die Vaterstadt zurücksetzt. Der Krieg
                  gegen die Messenier kann nur mit großer Anstrengung gewonnen werden. Wahrscheinlich
                  wird alles messenische Gebiet in Landlose aufgeteilt und den Spartiaten zugewiesen.

6. Jh.   Im ersten Drittel des Jh.s Niederlage der Spartaner gegen Argos (unter Meltas) und Tegea.

Der spartanische „Kosmos"

Unter dem Eindruck des 2. Messenischen Krieges und der folgenden Niederlagen muß (etwa bis um 550) die **spartanische Lebensordnung** entstanden sein, durch die Sparta in der hellenischen Welt und bis in unsere Tage berühmt geworden ist. Sie bringt alte und neue Elemente in einen Funktionszusammenhang, der etwas völlig Neues ergibt.

114 Altertum – Griechenland vor dem Hellenismus

Die **Bevölkerung** des von Sparta beherrschten Gebietes gliedert sich in *Spartiaten, Perioiken* und *Heloten*. Nur die (wohl maximal 9000 erwachsenen männlichen) Spartiaten sind Vollbürger, die sich als „Gleiche" (Homoioi) verstehen. Sie sind von jeder wirtschaftlichen Tätigkeit freigesetzt. Jedem von ihnen ist ein Landlos (Klaros) zugewiesen, das von Heloten bearbeitet wird. Wahrscheinlich gibt es auch Eigentum neben den zugewiesenen Landlosen. Jedenfalls lassen die Quellen auf die Weiterexistenz wirtschaftlicher Unterschiede schließen. Jeder Spartiate ist aber durch sein Landlos weitgehend wirtschaftlich gesichert. Den Handel und das Handwerk, die den Spartiaten verboten sind, tragen die Perioikenstädte, von denen es etwa 100 gegeben haben soll.

Der Aufrechterhaltung dieses Systems, in dem sich wenige Spartiaten gegenüber einer großen Zahl von Heloten und Perioiken durchsetzen müssen, dient die gesellschaftliche, militärische und politische Ordnung Spartas. Neben den Bindungen des Besitzes werden auch die der *Familie* zurückgedrängt. Über die Aufzucht oder Aussetzung eines neugeborenen Kindes entscheiden die Ältesten der Phylen. Vom 7. Lebensjahr ab werden die Knaben aus der Familie herausgenommen und beginnt für sie die staatliche Erziehung, die *Agoge*. Sie vollzieht sich in Altersgruppen (7.–13. und 14.–20. Lebensjahr), ist einem Paidonom unterstellt und zielt auf militärische Ertüchtigung, Abhärtung, die Erlernung von List und Verschlagenheit sowie Gehorsam. In der Erziehung wird mit dem Mittel eines dauernden Leistungswettbewerbs gearbeitet, ferner herrscht absolute Unterordnung unter die Leiter der Altersgruppen und jeden Älteren. Für die 2. Altersgruppe ist charakteristisch das Institut der *Krypteia:* Jünglinge werden ins Land ausgeschickt, um Heloten zu töten. Wahrscheinlich ist hier ein alter Initiationsritus im Hinblick auf Polizeifunktionen umgebildet. – Auch die Mädchen sind in Sparta in die staatliche Erziehung einbezogen, doch ist die genaue Form unbekannt.

Mit Vollendung des 20. Lebensjahres sind die Spartiaten zum Kriegsdienst verpflichtet. Auch jetzt leben sie, auch wenn sie heiraten, noch weiterhin mit ihren Altersgenossen zusammen, wahrscheinlich bis zum 30. Lebensjahr. Durch Bildung von 3 Elitegruppen *(Hippeis)* wird eine dauernde Konkurrenzsituation zwischen ihnen geschaffen. Vom 30. Lebensjahr ab können die Spartiaten, die jetzt auch das Stimmrecht in der Volksversammlung erhalten, in ihren Häusern wohnen, müssen aber die Mahlzeiten in gemeinsamen Gruppen einnehmen *(Andreia, Phiditia),* in die man kooptiert wird. – Das ganze System wird durch scharfe soziale Sanktionen gesichert: diese können informeller Natur sein (z. B. Nichtkooptation in die Mahlgemeinschaft), aber auch in der formellen Versetzung in einen niedrigeren bürgerrechtlichen Status (Hypomeiones) oder im Verlust der bürgerlichen Rechte (Atimia) bestehen.

Die gesellschaftliche Ordnung wird in der militärischen abgebildet: Sparta hat die *Hoplitenphalanx* zur Vollendung gebracht. Es ist einem Spartiaten praktisch unmöglich, seinen Platz in der Phalanx zu verlassen. Gleichzeitig herrscht ein absoluter Befehlstrang von oben nach unten, der genau geregelt und eingeübt ist, was die spartanische Phalanx besonders reaktionsfähig macht.

Politische Institutionen sind die 2 Könige, die Gerusia, die 5 Ephoren und die Volksversammlung. Das **Königtum** ist innerhalb der beiden Geschlechter der *Agiaden* und *Eurypontiden* erblich. Die Könige genießen bestimmte Vorrechte (z. B. „Krongüter", Sonderbehandlung bei den Mahlzeiten, Leichenfeiern), verrichten die Staatsopfer und haben die Führung im Krieg; ihre Einbindung in den Staat kommt darin zum Ausdruck, daß sie sich eidlich auf die Gesetze verpflichten müssen, in der Rechtsprechung beschränkt ist, sie nicht mehr selbständig die Beziehungen zu anderen Staaten regeln können und daß sie auf Feldzügen von 2 Ephoren begleitet werden, die zwar nicht in die Kriegführung eingreifen, die Könige aber kontrollieren können.

Die **Gerusia** setzt sich aus Spartiaten zusammen, die über 60 Jahre alt sind und durch Akklamation des Volkes auf Lebenszeit bestimmt werden. Der Rat richtet in allen Staatsangelegenheiten und schweren Kriminalfällen und bereitet die Volksversammlungen vor.

Die **Ephoren,** die ebenfalls durch Akklamation für 1 Jahr gewählt werden, sind Aufseher darüber, daß die Gesetze eingehalten werden. Sie nehmen den Königen den diesbezüglichen Eid ab und schwören selbst den Königen, daß, solange diese ihren Eid halten, das Königtum unversehrt bleibe. Mit der Aufsicht über die Gesetze sind Polizeifunktionen und eine ausgedehnte Strafgerichtsbarkeit verbunden. Die Ephoren berufen die Volksversammlung und haben dort den Vorsitz, ferner führen sie die laufenden Staatsgeschäfte. Jährlich erklären sie den Heloten formell den Krieg. – Sind die Ephoren einerseits Repräsentanten des Volkes (z. B. in ihren Funktionen gegenüber den Königen), so sind sie andererseits nicht dem Volk, sondern nur ihren Nachfolgern rechenschaftspflichtig.

Die **Versammlung der Spartiaten** (Apella oder Ekklesia) beschließt über alle Angelegenheiten, mit denen sie befaßt wird, besonders über Gesetze, Bündnisse, Krieg und Frieden. Eine Gerichtsbarkeit der Volksversammlung, deren genaue Geschäftsordnung unbekannt ist, gibt es nicht.

Über das Funktionieren des Systems gibt es nur wenige Nachrichten. Dennoch läßt sich weder ein grundsätzlicher Gegensatz zwischen Königtum und Ephorat annehmen noch sind allgemeine dauernde Konflikte zwischen den Institutionen überliefert. Gesetze werden nicht aufgeschrieben. Dies trägt zusammen mit dem Modus der Wahl von Geronten und Ephoren und den hierarchischen Befehlsstrukturen wohl dazu bei, den oligarchischen Charakter des politischen Systems zu bewahren. – Die Ziele des spartanischen Kosmos – *innere Geschlossenheit und militärische Effizienz nach außen* – scheinen erreicht worden zu sein: eine Tyrannis entsteht in Sparta nicht; seit der Mitte des 6. Jh.s gilt die spartanische Phalanx als unbesiegbar. Wirkung des Systems ist ein starker Abschluß nach außen, der auch bewußt gefordert wird; fremde Importe nach Sparta hören ebenso auf wie Schöpfungen im Bereich der Musik und Litera-

Archaische Zeit Griechenlands – Einzelne Städte – Korinth – Athen   115

tur; Sparta zieht keine fremden Künstler mehr an; die Prägung von Silbermünzen wird wahrscheinlich Anfang des 6. Jh.s verboten; die Zahl der spartanischen Olympiasieger nimmt deutlich ab (720–576: 46 von 81 bekannten; 548–400: 12 von 200).

seit um 560
Auch in Verbindung mit der Neuordnung des Staates und mit dem Einfluß der Ephoren steht vielleicht eine Neuorientierung der spartanischen Außenpolitik. Nach einem Sieg über Argos und dem Gewinn der Grenzbezirke Kynuria und Thyreatis werden keine Annexionen mehr vorgenommen, sondern nach und nach Bündnisse mit fast allen Staaten der Peloponnes (mit Ausnahme von Argos und Achaia) abgeschlossen. Den Beginn scheint ein Bündnis mit Tegea gebildet zu haben, von wo aus die Überreste des Orestes nach Sparta überführt werden – damit wird ein Anschluß an die Tradition der Herrschaft Agamemnons geschaffen. In dem Bündnissystem, das als „Peloponnesische Liga" bezeichnet wird, übt Sparta aufgrund seiner inneren Geschlossenheit und militärischen Stärke die Hegemonie aus.

2. Hälfte 6. Jh.
Sparta trägt mehrfach zum Sturz von Tyrannisherrschaften im Mutterland und in der Ägäis bei und gewinnt daraus später große Reputation.

510
Mit Hilfe eines spartanischen Heeres unter König *Kleomenes I.* wird die Tyrannis der Peisistratiden in Athen gestürzt.

Korinth

um 720
In Korinth, das unter der Herrschaft des Geschlechts der **Bakchiaden** steht, wird der geometrische Stil der Vasenmalerei abgelöst durch den protokorinthischen, „orientalisierenden" Stil. Damit beginnt Aufstieg der korinthischen Keramik, der bis ins 6. Jh. andauert.

um 664
Seeschlacht zwischen Korinth und dessen Kolonie *Korkyra;* nähere Umstände (vielleicht will Korinth seine Herrschaft ausdehnen?) und Ausgang sind unbekannt.

um 657
Kypselos, über seine Mutter mit den Bakchiaden verwandt, kann wohl mit Unterstützung der Bauern und eines Teils des Adels die Herrschaft der Bakchiaden in Korinth brechen und eine Tyrannis errichten. Die Bakchiaden werden verbannt, ihre Güter konfisziert und vielleicht an die Bauern verteilt. Kypselos richtet eine regelmäßige Steuer ein und betreibt eine Kolonisation neuen Stils: Leukas, Anaktorion (beim heutigen Vonitsa) und Ambrakia (heute: Arta) werden von Söhnen des Kypselos als abhängige Kolonien gegründet und können korinthische Bauern aufnehmen. Unter Kypselos beginnt die Blüte des korinthischen Stils der Keramik, die schnell Verbreitung vor allem im westlichen Mittelmeergebiet findet.

um 627–587
Periandros, Kypselos' Sohn, setzt dessen Außenpolitik fort: Poteidaia (Chalkidike) sowie Apollonia (heute: Pojan) und Epidamnos (heute: Durazzo) in Illyrien werden kolonisiert, Korkyra unterworfen, Epidauros annektiert.
Verbindungen zu auswärtigen Herrschern (Thrasybulos von Milet, Alyattes in Lydien, ägyptische Könige) werden geknüpft. Im Gegensatz zu seinem Vater soll Periandros eine Leibwache gehabt und Adlige getötet haben. Gegen den Adel richtet sich auch das Verbot eines übermäßigen Luxus und des Erwerbs von Sklaven. Das Landvolk wird von der Stadt ferngehalten, eine Wasserleitung angelegt. Die keramische Produktion bleibt auf ihrer Höhe.

um 587
Nachfolger des Periandros ist dessen Neffe *Psammetichos,* der jedoch nach kurzer Zeit gestürzt wird.
Durch die lange Dauer der Tyrannis in Korinth werden die Unterschiede innerhalb des Adels beseitigt und wahrscheinlich auch das Bauerntum gestärkt. Da sich später die alten dorischen Phylen nicht mehr in Korinth finden, ist es möglich, daß die Kypseliden durch eine Phylenreform die Bevölkerung umstrukturiert haben. Jedenfalls werden durch die Tyrannis die Voraussetzungen für eine organisierte Aristokratie geschaffen, deren wichtigste politische Institution wohl ein Rat *(Boule)* von 80 Mitgliedern und ein daraus gebildetes Kollegium von 8 Bouleuten als Exekutive sind. Von weiteren Unruhen in Korinth ist nichts bekannt; im 5. Jh. wird die *Eunomia* (gute Ordnung) Korinths von Pindar gelobt.

Athen

Athen ist mit rund 2500 qkm nach Sparta der zweitgrößte Polisstaat. Die Landschaft Attika gliedert sich in verschiedene Ebenen, die nicht scharf voneinander getrennt sind. In Laureion (Südwestattika) gibt es Silbervorkommen.
Zwischen der mykenischen Kultur und dem Dunklen Zeitalter besteht ein scharfer Bruch: die mykenische Burg von Athen wird im 12. Jh. verlassen, die Zahl der Siedlungen geht stark zurück, es gibt keine den mykenischen vergleichbare Bauten.

116 Altertum – Griechenland vor dem Hellenismus

um 1050 Beginn der *protogeometrischen Keramik* und der *Eisenbearbeitung* in Attika. Besonders in der Keramik bleibt Athen in der geometrischen Zeit (bis um 700) führend. Seit dem 10. Jh. lassen sich ausgedehnte Verbindungen Athens mit anderen Gebieten der Mittelmeerwelt nachweisen.

um 950 Der **Synoikismos** (Einigung) Attikas soll (der Sage nach durch Theseus) herbeigeführt worden sein. Die archäologischen Zeugnisse (geringe Zahl von Siedlungen; soziale Differenzierung aus Grabbeigaben erst um 850 feststellbar) sprechen gegen diese Überlieferung. Dem Fundmaterial angemessener ist die Vorstellung, daß eine zunächst allmähliche, im 8. Jh. rapide Neubesiedlung Attikas vom Zentrum Athen aus stattfindet und auf diese Weise sich die – bei Homer vorausgesetzte – Einheit Attikas herausbildet (J. Cobet). – Auch in Attika gibt es zunächst Könige, die militärische, kultische und richterliche Funktionen haben. Spätestens im 7. Jh. wird das Königtum durch den Adel abgelöst.

682 Beginn der attischen **Archontenliste**. Im 7. Jh. entstehen folgende Jahresämter: *Archon eponymos* (allgemeine Leitung; nach ihm wird das Jahr benannt), *Basileus* („König"; zuständig für den Kult), *Polemarchos* („Feldherr"), 6 *Thesmotheten* (zuständig für die Interpretation des Rechts); alle Amtsträger haben in ihrem Bereich auch jurisdiktionelle Kompetenzen. Vor der 1. Gesetzgebung (um 630) besteht wohl auch schon der *Areiopag* als Adelsrat. Die Wirksamkeit der Institutionen ist bis zum Ende des 6. Jh.s nur sehr selten belegt.

Phylen, Phratrien, Adelsgeschlechter

Die attische Gesellschaft ist eingeteilt in die wohl alten **Phylen** Geleontes, Hopletes, Argadeis, Aigikoreis, die auch in anderen ionischen Städten vorkommen. Die Phylen haben eine eigene Organisation mit einem „Phylenkönig" (Phylobasileus) an der Spitze. Sie bilden die Grundlage für das militärische Aufgebot der Stadt. – Die **Phratrien** sind kleinere soziale Einheiten, deren genaues Verhältnis zu den Phylen ungeklärt ist. Auch sie haben eine eigene Organisation und eigene Kulte; im 7. und 6. Jh. erhalten sie gesetzlich festgelegte Funktionen bei der Blutrache und der Führung der Bürgerliste. – Über Phratrien und Phylen, die beide auch Nichtadlige umfassen, üben **adlige Geschlechter** (Eupatriden) Macht aus. Mittel dafür sind – neben den Funktionen der Phratrien bei der Blutsühne und der Führung der Bürgerlisten im 6. Jh. – wahrscheinlich eine lokale Privatgerichtsbarkeit des Adels und der Kult: Nur die adligen Geschlechter besitzen Kulte, so daß das Volk in religiöser Hinsicht von ihnen abhängig ist. Ferner verschlechtert sich im 7. Jh. die **wirtschaftliche Situation** der Bauern: viele von ihnen müssen Schulden machen, geraten in Schuldknechtschaft, werden teilweise in die Sklaverei verkauft oder fliehen nach auswärts. Unbekannt ist, ob das für Attika bezeugte Institut der *Hektemoroi* (solche, die $1/6$ ihrer Ernte abführen müssen) sich auf Schuldner bezieht oder allgemeine Abgaben von Bauern an Adlige anzeigt. In jedem Fall ist in Athen im 7. Jh. mit sozialen Auseinandersetzungen und der Konzentration der Macht auf wenige miteinander rivalisierende Adelsgeschlechter zu rechnen.

um 630 In dieser Situation besetzt der Olympiasieger und Schwiegersohn des Tyrannen Theagenes von Megara, *Kylon*, mit Hilfe megarischer Truppen die Akropolis und versucht, eine Tyrannis zu errichten. Von Bauern und Mitadligen unterstützt, kann der Archon *Megakles* aus dem Geschlecht der *Alkmaioniden* den Versuch niederschlagen, wobei Anhänger Kylons, obwohl sie bei einem Altar Schutz gesucht haben, getötet werden. Dieser **„Kylonische Frevel"** führt später zur Verbannung des Megakles und belastet das Geschlecht der Alkmaioniden auch in der Folgezeit.

um 624 Wahrscheinlich einige Jahre nach Kylons Tyrannis-Versuch **Gesetzgebung des Drakon:** durch eine Regelung der Blutrache werden Adelsfehden eingeschränkt, für Delikte aller Art sollen sehr harte („drakonische") Strafen festgelegt worden sein.
In die Jahre zwischen 630 und die solonische Gesetzgebung fallen Kämpfe Athens mit Megara um die Insel Salamis, an denen Solon (als Polemarch?) beteiligt ist, und weitere innere Auseinandersetzungen.

594 *Solon*, aus adligem Geschlecht, führt als Archon und „Versöhner" (Diallaktes) ein umfassendes Gesetzgebungswerk durch.

Die solonischen Gesetze

Im Zentrum steht die **„Lastenabschüttelung"** (Seisachtheia): Die verschuldeten bäuerlichen Höfe werden schuldenfrei gemacht; in die Sklaverei verkaufte Athener werden zurückgekauft, ebenso die in die Fremde Geflohenen zurückgeholt. Für die Zukunft werden die Schuldknechtschaft, der Landerwerb über ein bestimmtes Maß hinaus und die Ausfuhr von Nahrungsmitteln (außer Olivenöl) verboten.
Der Absicherung dieser wirtschaftlich-sozialen Maßnahmen dienen **Regelungen im politischen Bereich:** Die Gesellschaft wird nach timokratischen Prinzipien in 4 Gruppen eingeteilt: *Pentakosiomedimnoi*

Archaische Zeit Griechenlands – Einzelne Städte – Athen   *117*

(Fünfhundertscheffler = solche, die über 500 Scheffel ernten), *Hippeis* („Ritter", über 300 Scheffel), *Zeugiten* (über 200 Scheffel) und *Theten* (unter 200 Scheffel). Die politischen Rechte entsprechen dieser Einteilung: den Archontat können nur Mitglieder der beiden ersten Klassen bekleiden, die zugleich als Reiter Militärdienst leisten; die Zeugiten, die sich selbst die schwere Ausrüstung beschaffen müssen, dienen als Hopliten; die Theten, im Krieg ohne Funktion, haben wahrscheinlich dennoch Zugang zur Volksversammlung.

Darüber hinaus schafft Solon neue politische Institutionen und legt die Kompetenzen bestehender fest: **Der Areiopag,** der sich aus gewesenen Archonten zusammensetzt, ist Gerichtshof für Mord, Religionsfrevel und Verletzung der Verfassung; er kontrolliert die Magistrate, entscheidet über Klagen gegen sie und hat die Aufsicht über den Tempelbezirk. Vielleicht bereitet er auch die Sitzungen der Volksversammlung vor, falls Solon dafür nicht, wie überliefert wird, einen **Rat der 400** (Boule; je 100 Ratsmänner aus jeder Phyle) schafft. Die **Volksversammlung** wird vom Archon einberufen und geleitet. Für die Zeit zwischen Solon und Kleisthenes ist nur ein Volksbeschluß (über eine Leibwache für Peisistratos) bekannt. Seit Solon gibt es schließlich entweder ein **Volksgericht** oder kann sich die Volksversammlung auch als Volksgericht konstituieren, an das sich wohl Bürger gegen magistratische Zwangsmaßnahmen wenden können. – Der Tendenz, möglichst alle Bürger am politischen Leben zu beteiligen, dienen die Einführung der Popularklage (jeder kann wegen eines begangenen Unrechts Anklage erheben) und vielleicht ein – in der Forschung umstrittenes – Stasis-Gesetz, durch das jeder Bürger bei inneren Auseinandersetzungen zur Parteinahme verpflichtet wird.

Außerhalb der engeren Bereiche der Seisachtheia und der politischen Organisation werden Solon viele weitere Gesetze zugeschrieben, die nur z. T. auf ihn zurückgehen. Am wahrscheinlichsten ist dies für die den *Oikos* betreffenden Bestimmungen: durch Regelungen zur Erbschaft, zu den Erbtöchtern, zur Adoption soll der Fortbestand der einzelnen Oiken gesichert werden, deren Wiederherstellung ja auch Ziel der Seisachtheia ist. Dagegen bleibt zweifelhaft, ob Solon eine Maß- und Münzreform durchführt.

Die solonische Gesetzgebung ist möglich, weil die Furcht vor einer Tyrannis alle diejenigen vereint, die nicht selbst die Chance zum Gewinn einer Tyrannis haben. Sie zielt auf die Errichtung einer *organisierten Aristokratie.* Alle freien Athener sollen Anteil am Staat erhalten, so daß es sinnvoll wird, von Polisbürgern zu reden. Auch in Gedichten tritt Solon für die „Eunomia" (gute Ordnung) ein. Sein Werk und sein politisches Denken erweisen sich als „Vorgriff": weil sich bald bei vielen Unzufriedenheit über die wirtschaftlichen Maßnahmen ausbreitet und die gesellschaftliche Macht der Adelsgeschlechter fortbesteht, können die politischen Institutionen zunächst nicht oder nur begrenzt wirksam werden.

	In der **nachsolonischen Zeit** kommt es in Attika zu Auseinandersetzungen zwischen drei rivalisierenden Adligen und deren Anhang: dem Alkmaioniden *Megakles* mit den Paraliern (Küstenbewohner), *Lykurgos* mit den Pediakern (Bewohner der Ebene) und *Peisistratos* mit den Diakriern oder Hyperakriern (Bergbewohner). Die Anhänger sind vermutlich nach dem (durch Besitz und Kulte bestimmten) Kerngebiet der jeweiligen Führer benannt.
561/560	**Peisistratos,** der sich in Kämpfen mit Megara ausgezeichnet hat und vielleicht auch durch soziale Forderungen Unzufriedene auf seine Seite zieht, erhält durch Beschluß der Volksversammlung eine Leibwache, bemächtigt sich der Akropolis und gewinnt damit die **Tyrannis.** Durch eine Koalition zwischen Megakles und Lykurgos wird er kurz darauf gestürzt.
558/557? 556/555	Megakles, dessen Tochter Peisistratos heiraten soll, verhilft diesem ein zweites Mal zur Tyrannis, doch wird Peisistratos wiederum gestürzt und aus Athen verbannt. Er geht auf die Halbinsel Chalkidike, sichert sich die Ausbeutung der Gold- und Silberminen im Pangaion-Gebirge in Thrakien, heuert Söldner an und gewinnt die Unterstützung von Adelsgruppen in verschiedenen griechischen Städten.
546/545	Mit dieser Streitmacht setzt er von Eretria nach Attika über, schlägt ein attisches Heer bei Pallene und erlangt zum dritten Mal die Tyrannis, die er bis zu seinem Tod behält. Ihm folgen in der Herrschaft seine Söhne *Hippias* und *Hipparchos,* der bei einem Panathenaienfest
514	von Harmodios und Aristogeiton ermordet wird. Die Tyrannis, nun des Hippias allein, wird daraufhin härter, der Berg Munichia wird befestigt. Das delphische Orakel stiftet auf Betreiben der Alkmaioniden die Spartaner an, militärisch gegen die attische Tyrannis vorzugehen. Mit Hilfe eines spartanischen Heeres unter König Kleomenes I. wird Hippias ge-
511/510	stürzt.

Die Herrschaft der Peisistratiden

Durch die **attische Tyrannis** wird zwar nicht die solonische Verfassung, wohl aber die attische Gesellschaft stark verändert. Peisistratos und seine Söhne, deren Maßnahmen in vielen denen der Kypseliden in Korinth ähnlich sind, stützen ihre Herrschaft auf Söldner (skythische Bogenschützen) und auf ein Netz persönlicher äußerer Beziehungen (z. B. Gastfreundschaften, Heiraten); Sigeion am Eingang zu den Dardanellen wird erneut kolonisiert und dort ein Sohn des Peisistratos als Herrscher eingesetzt. Im Innern werden die *Bauern* durch Darlehen und vielleicht auch Landverteilungen gestützt; in der Zeit nach der Tyrannis erscheint das kleinere und mittlere Bauerntum als relativ gefestigt. Zugleich sollen die

118 Altertum – Griechenland vor dem Hellenismus

Tyrannen das Landvolk entwaffnet und durch den Zwang, ländliche Kleidung zu tragen, von der Stadt fernzuhalten versucht haben. Dem Ziel, das Landvolk zufriedenzustellen und zu entpolitisieren, dient auch die Verbreitung des Dionysos-Kultes, der in enger Beziehung zur Landwirtschaft steht und mit seinen ekstatischen Riten einen Ausgleich für den schweren bäuerlichen Alltag bietet; das Demeter-Heiligtum in Eleusis wird ausgebaut.

Die Lebenssituation des *Stadtvolkes* wird durch den Bau einer großen Wasserleitung verbessert; die Agora wird vergrößert, als Kultbauten werden ein Olympieion (für den olympischen Zeus) und ein Athena-Tempel auf der Akropolis begonnen. Unter den Peisistratiden setzt die Blüte der attischen *schwarzfigurigen Keramik* ein, die in verschiedenen Gebieten des Mittelmeerraumes die bis dahin vorherrschende korinthische Keramik verdrängt. Ob durch Bauten und keramische Produktion auch neue Arbeitsmöglichkeiten für die Stadtbevölkerung geschaffen oder ob nicht primär Fremde und Metoiken nach Athen gezogen werden, ist umstritten.

Obwohl zwischen Adligen und Tyrannen keine grundsätzliche Feindschaft besteht und einige Adelsfamilien mit den Peisistratiden zusammenarbeiten, wird die *Macht des Adels* durch die Tyrannis stark getroffen: verschiedene Adlige werden verbannt oder gehen freiwillig ins Exil; einige Güter werden konfisziert. Peisistratos faßt die wirtschaftlichen Ressourcen Attikas in seiner Person zusammen, indem er eine (10%ige?) Bodenertragssteuer, die Söhne vielleicht noch Steuern auf die Geburt und den Tod jedes Atheners einführen. Weitere Geldquellen erwachsen den Tyrannen durch Zölle und Marktgebühren, ferner aus den Gold- und Silberminen im Pangaion-Gebirge. Erstmals werden Münzen für die gesamte Stadt (sog. Athena-Münzen) geprägt; sie lösen vielleicht adlige Prägungen ab. An die Stelle einer adligen Privatgerichtsbarkeit setzt Peisistratos die Institution der *Demenrichter*, die in den einzelnen Wohnbezirken umherreisen und Recht sprechen. Der Luxus der Adligen und damit deren Repräsentationsmöglichkeiten werden eingeschränkt.

Schließlich werden *zentrale Kulte*, wie z. B. der der Athena (Ausgestaltung der Panathenaien mit Vortrag der Gesänge Homers), gefördert, vielleicht auch der der Städtischen (Großen) Dionysien eingerichtet, bei denen 534 die erste Tragödie (des Thespis) aufgeführt wird.

Die Herrschaft der Peisistratiden bewirkt eine Stärkung Athens als Zentrum und gleichzeitig eine Schwächung der sozialen Abhängigkeit der Bauern von den Adligen. Damit bildet sie ein wichtiges Stadium in der Entstehung der attischen Demokratie. – *(Forts. S. 120)*

Der Osten

um 680–652	Unter *Gyges* wird Lydien mit der Hauptstadt Sardeis (am Hermos) zu einer bedeutenden Macht. Gyges stößt auch nach Westen vor (Eroberung von Kolophon) und nimmt den kleinasiatischen Griechenstädten die Möglichkeit einer weiteren Ausdehnung ins Landesinnere. Die Antwort darauf ist die fast zwei Jahrhunderte andauernde Kolonisation der ionischen Städte, vor allem Milets, in Thrakien, an den Dardanellen, am Bosporus und im gesamten Schwarzmeergebiet bis zur Krim.
7. Jh.	In *Smyrna* (heute: Izmir) und *Milet* entstehen regelmäßige Stadtanlagen mit rechtwinklig einander zugeordneten Straßen. Im *Heraion* in Samos wird der Tempel des 8. Jh.s durch einen großen Neubau ersetzt und der Tempelbezirk durch eine Stoa ausgestaltet.
um 600	Nachdem in Milet schon vorher Auseinandersetzungen innerhalb des Königsgeschlechts und zwischen Adligen stattgefunden haben, kann sich *Thrasybulos* zum *Tyrannen* machen und die Angriffe des Lyders Alyattes abwehren. Milet bleibt selbständig; Beginn der *Philosophenschule*, die nacheinander durch Thales, Anaximander und Anaximenes repräsentiert wird.
	In *Ephesos* wird die Herrschaft des Geschlechts der Basiliden, die mit den Lyderkönigen verwandt sind, durch die *Tyrannis des Pythagoras* unterbrochen, der sich auf das Volk gestützt haben soll.
um 590–580	Nach Kämpfen zwischen Adelsfaktionen, an denen auch der Dichter Alkaios beteiligt ist, wird in Mytilene auf Lesbos *Pittakos* zum *Aisymneten* gewählt; teilweise wird er in den Quellen als Tyrann bezeichnet. Er ordnet die Stadt und tritt freiwillig zurück.
	Wie in Milet, Ephesos und Mytilene begegnen auch in anderen Städten Tyrannisherrschaften. Auch nach deren Beseitigung dauern innere Unruhen und Kämpfe in vielen Städten das ganze 6. Jh. über an. Trotzdem blüht infolge der Kolonisation und der von den Lydern übernommenen Geldwirtschaft der Handel auf.
575	Der Lyderkönig *Alyattes* erobert und zerstört Smyrna.
	Alyattes' Nachfolger *Kroisos* erobert alle griechischen Küstenstädte bis auf Milet, läßt aber den Griechen weitgehende Selbständigkeit und fördert Tempelbauten. Als riesige Monumentalbauten entstehen ein 3. Tempel (sog. Labyrinth) im Heraion in Samos (Baumeister Rhoikos und Theodoros) und das nicht vollendete *Artemision in Ephesos*. Zugleich blüht die ionische Skulptur (besonders in Naxos, Samos, Chios).
547	Nach einer Niederlage des Kroisos gegen den Perserkönig *Kyros* und der Einnahme von Sardeis wird Lydien persische Provinz. Auch die Griechenstädte mit Ausnahme Milets

Archaische Zeit Griechenlands – Einzelne Gebiete – Osten – Westen   **119**

werden unterworfen. In vielen Städten werden, vor allem unter *Dareios I.* (seit 521), Tyrannen als Vasallen der Perser eingesetzt oder gestützt. Infolge der Perserherrschaft flüchten viele Griechen nach Thrakien, ins Mutterland sowie nach Süditalien und Sizilien.

um 538   *Polykrates* erringt in *Samos* die Tyrannis, baut den Hafen und die Flotte aus, ist zur See beherrschend und treibt Seeraub. Seinen großen Reichtum verwendet er für Bauten (Wasserleitung; unvollendeter monumentaler Tempel im Heraion; Palast) und eine großzügige Hofhaltung (u. a. wirken die Dichter Anakreon von Teos und Ibykos von Rhegion an seinem Hofe). Anlehnung an Persien.

um 524/523   Ein Versuch, mit spartanischer und korinthischer Hilfe den Tyrannen Polykrates zu stürzen, mißlingt.

um 522   Der Satrap *Oroites* kann Polykrates durch eine List gefangennehmen und töten.

512   Dareios I. unterwirft Thrakien.

Der Westen (Magna Graecia)

Das Verhältnis der süditalischen und sizilischen Griechen zur einheimischen Bevölkerung wird unterschiedlich gestaltet: Manche Städte (wie Syrakus und Gela) unterwerfen die Bewohner der Umgebung, die in einen minderen Status (Kyllyrioi in Syrakus) herabgedrückt werden; andere Städte (z. B. die chalkidischen Gründungen) treten mit den Einheimischen in freundschaftliche Beziehungen. – Für die Geschichte zwischen der Kolonisation und dem Ende des 6. Jh.s gibt es nur wenige Nachrichten. Insgesamt gleichen sich die Verhältnisse in bezug auf die Sozialstruktur und die Machtausübung denen des Mutterlandes an. Griechen aus dem Westen nehmen an den großen Spielen und religiösen Festen des Mutterlandes teil; Auseinandersetzungen innerhalb des Adels und zwischen Adel und Volk führen zur Gesetzgebung und Tyrannis. Viele Städte, zwischen denen wie im Mutterland immer wieder Rivalitäten und Kämpfe ausbrechen, bringen es zu beträchtlichem Reichtum, der sich seit dem 6. Jh. auch in prachtvollen Bauten äußert.

661?   Nach der Tradition soll schon einige Jahre nach der Gründung von **Lokroi** (673) dort *Zaleukos* als erster Gesetzgeber in der griechischen Welt aufgetreten sein. Er legt wohl Strafen für Vergehen fest. In der Folgezeit erscheint Lokroi als Aristokratie mit einem Rat der 1000, der auch für Rhegion (heute: Reggio di Calabria) und Kroton (heute: Crotone) bezeugt ist, und einem Kosmopolis als höchstem Beamten.

7. Jh. (Ende?)   Gesetzgebung des *Charondas* in **Katane** (heute: Catania). *Panaitios* errichtet als Feldherr mit Hilfe des Volkes die erste **Tyrannis Siziliens** in Leontinoi (heute: Lentini).

um 580   Rhodier und Knider unter *Pentathlos* versuchen, eine Kolonie in Lilybaion (heute: Marsala) zu gründen, werden aber von *Phönikern*, die in Motye (Isola San Pantaleo, nördlich von Marsala), Panormos (heute: Palermo) siedeln, und den das westliche Sizilien bewohnenden *Elymern* geschlagen und ziehen nach Lipari.
Wahrscheinlich seit den 70er Jahren des 6. Jh.s bringen die *Karthager* die phönikischen Siedlungen unter ihren Einfluß.

um 570–554   Tyrannis des *Phalaris in Akragas* (heute: Agrigento), der den Machtbereich der Stadt ausweitet und durch seine Grausamkeit berüchtigt wird.

um 570–530   Erste große *Tempelbauten* in **Syrakus** (Apollon- und Zeus-Tempel), Selinus (heute: Selinunte; Tempel C, D und F), Poseidonia (Paestum) (Hera- und Athena-Tempel) und Metapont (Tempel des Apollon Lykeios, Hera?-Tempel).

um 550   Kamarina (südwestlich von Ragusa), unterstützt von Sikelern, erhebt sich gegen die Mutterstadt Syrakus und wird zerstört.

um 540   Seeschlacht in sardischen Gewässern zwischen Phokaiern, die **Alalia** (heute: Aleria; Korsika) kolonisiert haben, und vereinigten Etruskern und Karthagern. Die Etrusker übernehmen die Kontrolle in Korsika, die Karthager in Sardinien; die Phokäer gründen **Elea** (heute: Velia), in das bald darauf der Philosoph Xenophanes aus Kolophon im Zuge der Fluchtbewegung der kleinasiatischen Griechen vor den Persern kommt. Er ist der erste der berühmten *Eleaten*.
Siris (am Sinni) wird von Metapont, Sybaris (am Crati) und Kroton zerstört. **Sybaris,** die größte Stadt Süditaliens, deren Einfluß bis Poseidonia am Tyrrhenischen Meer reicht, ist wegen seines Reichtums und Luxus bekannt.
Bald nach der Zerstörung von Siris unterliegt Kroton am Fluß Sagra Lokroi.

um 530   Der Philosoph *Pythagoras* († 497/496) wandert von Samos nach Kroton aus, begründet dort im Rahmen eines „Bundes" die **pythagoreische Philosophie** und beeinflußt auch die politische Ordnung der Stadt. Daneben wird Kroton zu einem Zentrum der Medizin (Demokedes), die ebenfalls durch den Pythagoreismus starke Impulse erhält (Alkmaion von Kroton).

524?   Kyme unter Aristodemos besiegt die Etrusker in einer Schlacht vor der Stadt. Damit wird der etruskischen Ausbreitung in Kampanien eine Grenze gesetzt.

um 514   Dorieus, Halbbruder des spartanischen Königs Kleomenes, versucht Kolonien in Libyen,

120 Altertum – Griechenland vor dem Hellenismus

nach 511/510 auf dem Mons Eryx (heute: Erice) in Sizilien zu gründen, wird aber von den Karthagern und Elymern getötet.

511/510 Kroton unter dem Olympiasieger Milon besiegt Sybaris; über die zerstörte Stadt wird der Fluß Crati geleitet. – *(Forts. S. 123)*

Die Blütezeit der griechischen Polis (510–404)

Das 5. Jh. ist sozialgeschichtlich und politisch dadurch charakterisiert, daß es – vor allem in Athen, aber auch (teilweise in Abhängigkeit von Athen) in anderen Städten – gelingt, den Adel in die Polis einzubinden, d. h. die politische Organisation der Stadt zu vollenden. Das geschieht im Rahmen unterschiedlicher Organisationsformen. In Athen schaffen die Tyrannis, die kleisthenischen Reformen und die Perserkriege die Voraussetzung dafür, daß ein demokratisches politisches System entstehen kann. Zugleich gelangt das künstlerische Schaffen auf verschiedenen Gebieten zur höchsten Blüte.

Die Reformen des Kleisthenes in Athen
(Forts. v. S. 118)

509/508 Auseinandersetzungen zwischen zwei „Dynasten", *Isagoras* und dem Alkmaioniden *Kleisthenes,* die beide von Adelsgefolgschaften unterstützt werden. Isagoras wird für 508/507 zum Archon gewählt. Kleisthenes zieht daraufhin das Volk mit dem Vorschlag einer **Phylenreform** auf seine Seite. Auf Bitten des Isagoras interveniert Kleomenes I. von Sparta. Kleisthenes wird mit vielen seiner Anhänger aus der Stadt verwiesen. Als Kleomenes und Isagoras die Burg von Athen einnehmen, werden sie dort von den übrigen Athenern belagert. Die Spartaner müssen abziehen, Anhänger des Isagoras werden hingerichtet, Kleisthenes und die mit ihm Exilierten zurückgerufen.

508/507 **Kleisthenes** führt seine **Reformen** durch, die wohl (jetzt oder schon vor der spartanischen Intervention) von der Volksversammlung beschlossen werden.

Ganz Attika wird in 3 große Bereiche – Stadt, Binnenland, Küste – aufgeteilt. Jeder dieser Bereiche ist wieder unterteilt in 10 Einheiten, die *Trittyen* genannt werden. Aus je einer Trittys aus den Bereichen Stadt, Binnenland, Küste wird eine Phyle gebildet (der Name Trittys bedeutet ein „Drittel" einer Phyle), so daß anstelle der alten 4 jetzt 10 neue *Phylen* entstehen: Erechtheis, Aigeis, Pandionis, Leontis, Akamantis, Oineis, Kekropis, Hippothoontis, Aiantis, Antiochis. Als kleinste lokale Einheiten werden – oft in Anlehnung an schon bestehende Einheiten – *Demen,* Wohnbezirke, geschaffen.

	Demen	Trittyen	Phylen
Stadt	nicht gleichmäßig auf die Bereiche aufgeteilt	10	10 Phylen, jede bestehend aus je 1 Stadt-, Binnenland- und Küstentrittys
Binnenland		10	
Küste		10	

Die Demen werden als *lokale Selbstverwaltungseinheiten* konstituiert: mit einem *Demarchen* (Demenvorsteher), einer Versammlung der Demenmitglieder (Demoten) und eigenen Kulten. Von den Phratrien, die zwar weiterbestehen, aber ihre politische Bedeutung verlieren, übernehmen sie die Führung der Bürgerlisten. – Die Phylen haben ebenfalls einen Vorsteher, eine Versammlung und einen Kult des Heros, nach dem die Phyle benannt ist; das Heeresaufgebot (mit 10 Strategen an der Spitze, die ab 501/500 gewählt werden) und die Boule sind fortan nach Phylen gegliedert. – Über die Funktion der Trittyen ist kaum etwas bekannt: auch sie haben eigenen Besitz und eigene Kulte; vielleicht sind die Unterabteilungen im Heer nach Trittyen zusammengestellt.
Der Sinn dieser neuen, auf lokaler Grundlage beruhenden Gliederung Attikas ist, die durch die Tyrannis schon geschwächten sozialen Abhängigkeitsverhältnisse zu zerschlagen. Vor allem durch die Organisation der Demen verlieren die Adelsfamilien wichtige Grundlagen ihres Einflusses. Durch die neuen Phylen wird die attische Bevölkerung „vermischt", was ebenfalls den alten, lokal bestimmten Abhängigkeitsverhältnissen zuwiderläuft. Dennoch bleiben die Adligen noch für lange Zeit allein die politisch Führenden. Sie können Führung jetzt aber nicht mehr aufgrund fester Gefolgschaften ausüben, sondern nur im Rahmen politischer Institutionen. Dadurch entsteht *Isonomia* (Gleichheit) innerhalb des Adels.

Blütezeit der Polis – Kleisthenes' Reformen – Ionischer Aufstand, Perserkriege   *121*

Die solonischen politischen Institutionen bleiben unverändert bestehen, mit Ausnahme der Boule: Kleisthenes schafft einen neuen *Rat der 500,* in den jede Phyle 50 Mitglieder schickt. Jede Phyle hat für einen Monat den Vorsitz (Prytanie), aus den 50 Prytanen wird jeweils für einen Tag ein Vorsitzender gewählt. Der Rat bereitet die Geschäfte der Volksversammlung vor.
Durch die Phylenreform werden die politischen Institutionen und das Zentrum Athen, das allein Sitz dieser Institutionen ist, gestärkt. Die Ausweitung der Staatlichkeit und die Beseitigung sozialer Abhängigkeitsverhältnisse sind entscheidende Voraussetzungen für die Entstehung der attischen Demokratie.

507? Athen sucht gegen eine drohende spartanische Intervention ein Bündnis mit dem Perserkönig.

506 *Kleomenes I.* von Sparta marschiert, erneut von Isagoras gerufen, in Attika ein. Gegen Athen stehen auch die Korinther, Boioter und Chalkidier. Wegen Uneinigkeit mit dem 2. spartanischen König, *Demaratos,* und mit den Korinthern muß Kleomenes abziehen. Die Boioter und Chalkidier werden in getrennten Schlachten geschlagen. Als Folge seines Sieges gründet Athen auf dem Lelantinischen Feld bei Chalkis erstmals eine **Kleruchie,** d. h. eine Kolonie, deren Siedler attische Bürger bleiben.

Der Ionische Aufstand und die Perserkriege

499 *Aristagoras,* Tyrann von Milet, gewinnt den persischen Satrapen in Sardeis (Lydien), Artaphrenes, dafür, einer Gruppe von Naxos vertriebener Aristokraten zu helfen. Als die Expedition gegen Naxos scheitert, nutzt Aristagoras (angeblich auf Anstiften seines Schwiegervaters Histiaios) die Unzufriedenheit mit der persischen Herrschaft aus, um die ionischen Städte zu einem **Aufstand gegen Persien** zu bewegen. Er reist nach Griechenland, um dort Hilfe zu gewinnen. Sparta lehnt eine Unterstützung ab, Athen sendet 20, Eretria (auf Euboia) 5 Schiffe.

498 Die Griechen erobern *Sardeis,* brennen die Stadt nieder, während die Burg von den Persern gehalten werden kann.
Auf dem Rückzug Niederlage der Griechen bei *Ephesos.* Die Athener ziehen ihr Kontingent ab; dagegen treten Städte an den Meerengen und in Zypern der Aufstandsbewegung bei. In den folgenden Jahren können die Perser zunächst Zypern und die Städte im Norden zurückgewinnen. Aristagoras verläßt Milet und geht nach Thrakien.

495 Niederlage einer griechischen Flotte unter Dionysios von Phokaia bei der Milet vorgelagerten Insel Lade.

494 Einnahme und **Zerstörung Milets;** die überlebende Bevölkerung wird deportiert. Auch andere Städte werden bestraft, die meisten Tyrannen abgesetzt und dafür „Demokratien" eingerichtet. Im Perserkrieg stehen die meisten kleinasiatischen Griechen auf der Seite Persiens.
Schwere Niederlage von *Argos* bei Sepeia (östlich von Argos?) gegen Kleomenes I. von Sparta; die Stadt verliert die Kontrolle über Teile der Argolis (Tiryns, Mykenai).

493 *Themistokles* betreibt den Ausbau des *Peiraieus* (Piräus, Hafen von Athen).

492 Der Perser Mardonios unternimmt einen Kriegszug nach Thrakien. Trotz einer Niederlage gegen die Thraker wird die Abhängigkeit des Landes ebenso wie die Makedoniens und der Insel Thasos (in der nördl. Ägäis) gesichert. Auf der Rückfahrt werden Teile der Flotte am Berg Athos (östliche Landzunge der Halbinsel Chalkidike) durch Stürme vernichtet.

491 Der Perserkönig Dareios schickt Gesandte nach Griechenland, die von den Städten Erde und Wasser als Zeichen der Unterwerfung verlangen. Die meisten Städte, u. a. Aigina, kommen der Forderung nach; in Athen und Sparta werden die Gesandten getötet.
Kleomenes I. von Sparta, der mit Hilfe des bestochenen Delphi die Absetzung seines Mitkönigs Demaratos erreicht hat (neuer König wird Leotychidas II.), zieht gegen Aigina, das Geiseln stellen muß. Sie werden den Athenern übergeben. Kurz darauf wird die Bestechung aufgedeckt, Kleomenes muß Sparta verlassen.

490 Unter *Datis* und *Artaphernes* unternimmt Persien einen Feldzug gegen Eretria und Athen, die am Ionischen Aufstand teilgenommen haben. Eine Flotte mit höchstens 20 000 Mann überquert die Ägäis, unterwirft die am Weg liegenden Inseln, landet in Euboia, erobert und zerstört Eretria, dessen Einwohner später nach dem Osten deportiert werden. Nach Attika übergesetzt, gehen die Perser, bei denen sich der ehemalige Tyrann Hippias befindet, bei **Marathon** (an der Ostküste von Attika) an Land. Ein attisches Heer, unterstützt durch ein kleines Aufgebot aus Plataiai in Boiotien (südl. von Theben), bezieht unter dem Polemarchen *Kallimachos* eine günstige Stellung beim Herakleion, die Perser formieren sich gegenüber dem attischen Heer. Die Athener, bei denen der Stratege *Miltiades* (* um 550, † 489) die militärische Planung bestimmt, warten zunächst auf ein spartanisches Heer, dessen

122 Altertum – Griechenland vor dem Hellenismus

Ankunft sich wegen einer religiösen Feier in Sparta verzögert. Als die Perser wegen des ungünstigen Geländes ihre starke Reiterei abziehen und einschiffen und ein Angriff auf das entblößte Athen droht, wagen die Athener allein die Schlacht und erringen einen vollständigen Sieg. Die Perser segeln nun nach Athen, doch das attische Heer ist rechtzeitig zur Stelle, so daß die Perser den Angriff aufgeben und nach Kleinasien zurückfahren. – Der unerwartete Sieg wird der Hilfe der Götter zugeschrieben (Weihegeschenke an verschiedenen Orten Griechenlands).

489 Miltiades beantragt in der Volksversammlung Geld, Schiffe und Mannschaften für einen Raubzug gegen *Paros*. Das Unternehmen scheitert, der schwer verwundete Miltiades wird zu einer hohen Geldstrafe (50 Talente) verurteilt und stirbt bald darauf. Sein Sohn *Kimon* bezahlt die Schuld.

80er Jahre Kämpfe zwischen Athen und Aigina, weil Athen die 491 gestellten Geiseln nicht zurückgeben will.

488/487 **Erster Ostrakismos** („Scherbengericht": Abstimmung darüber, ob ein Politiker ohne Verlust seines Vermögens und seiner bürgerlichen Rechte außer Landes gehen soll) in Athen. Ostrakisiert wird der Peisistratide Hipparchos. Der Ostrakismos dient dazu, unter den von Kleisthenes neu geschaffenen Bedingungen politischen Handelns (die Kämpfe zwischen Adligen werden jetzt häufig vor der Volksversammlung ausgetragen) die inneren Auseinandersetzungen zu begrenzen, indem bestimmte politische Gruppen zeitweise personell geschwächt werden. Die Ostrakismen der 80er Jahre treffen besonders Adlige, die unter dem Verdacht einer Zusammenarbeit mit Persien stehen.

487/486 Ostrakismos des Alkmaioniden *Megakles*.
Änderung in der Bestellung der **Archonten,** die künftig nicht mehr direkt gewählt, sondern aus von Demen vorgewählten Kandidaten erlost werden. Gleichzeitig verliert wohl der Polemarchos den Oberbefehl über das attische Heer. Das bedeutet eine Aufwertung der **Strategie,** die fortan das einzige bedeutende Wahlamt in Athen ist und für die es keine Beschränkung der Wiederwahl gibt.

485/484 Ostrakismos des Schwagers des Megakles, *Xanthippos*.

483/482 Als neue ergiebige Minen in den Silberbergwerken von Laureion (im Südosten Attikas) entdeckt werden, setzt *Themistokles* durch, daß die Erträge nicht an die Bürger verteilt, sondern zum *Bau einer Flotte* verwendet werden, der offiziell gegen Aigina, in Wirklichkeit aber wohl gegen Persien gerichtet ist.

482/481 *Aristeides* († um 467), Gegner des Flottenbaus, wird ostrakisiert.
In Persien trifft zunächst *Dareios I.*, nach seinem Tod (seit 485) sein Sohn und Nachfolger *Xerxes* Vorbereitungen für einen neuen Feldzug gegen Griechenland. Der Bau zweier Brücken über den Hellespont und eines Kanals durch den Isthmus der Halbinsel Athos wird geplant.

481 Xerxes schickt Gesandte an alle griechischen Städte außer Sparta und Athen, um Erde und Wasser zu fordern. Boioter und Thessaler treten auf die Seite der Perser (obwohl es antipersische Minoritäten gibt); Argos und Delphi bleiben neutral; die peloponnesischen Städte außer Argos, ferner Athen, Chalkis, Eretria und Aigina sowie die mittelgriechischen Plataier, Phoker und Thespier erklären sich für den Krieg.
Die antipersischen Städte treffen sich auf dem Isthmus von Korinth und schließen unter der Führung Spartas eine **Symmachia** (Kampfbund) **gegen die Perser.** Die Streitigkeiten zwischen den einzelnen Staaten werden beigelegt, die Verbannten zurückgerufen. Gesandte werden – u. a. zu dem Tyrannen Gelon von Syrakus – ausgeschickt, um weitere Städte für den Krieg zu gewinnen.

480 Aufbruch des persischen Heeres (Schätzungen der Stärke: 100 000–150 000 Kämpfer, ca. 700 Schiffe). Das Landheer überquert den Hellespont, durchzieht Thrakien und vereinigt sich mit der Flotte in *Thermai* (bei Saloniki). Um Mittelgriechenland zu verteidigen, besetzt der spartanische König *Leonidas* mit 6000–7000 Spartiaten, anderen Peloponnesiern, Phokern, Thespiern und Thebanern die **Thermopylen** (Paß am Golf von Malia). Eine Flotte von 271 Schiffen unter dem Spartaner Eurybiades – das attische Aufgebot wird von Themistokles geführt – bezieht Stellung in der Nähe des Artemision an der Nordküste Euboias; ein kleines Aufgebot von 53 Schiffen sichert den Süden des Euripos (Meerenge zwischen Euboia und dem Festland).

Aug. Das persische Landheer marschiert von Thermai aus nach Süden, die Flotte erleidet an der Küste von Magnesia durch Stürme schwere Verluste. 200 Schiffe gehen bei dem Versuch, Euboia zu umfahren, durch ein Unwetter verloren. Seegefechte beim Artemision enden ohne Entscheidung. Zu Lande wehrt Leonidas die persischen Angriffe zwei Tage ab; in der folgenden Nacht kann die Garde der „Unsterblichen" mit Hilfe eines Griechen die griechische Stellung auf einem Seitenpaß umgehen. Als Leonidas davon hört, entläßt er den größten Teil seiner Soldaten und findet, „den Gesetzen gehorsam" *(Epitaph),* am folgenden Tag mit 300 Spartiaten, 700 Thespiern und 400 Thebanern den Tod. Die griechische Flotte zieht sich durch den Euripos zurück.

Das persische Landheer verwüstet Phokis, Thespiai und Plataiai. Die attische Bevölkerung wird nach Salamis, Aigina und Troizen (in der östlichen Argolis) gebracht, wobei der Areiopag finanzielle Hilfe leistet. Attika wird verheert; Athen und die nur von wenigen verteidigte Akropolis werden niedergebrannt.

Die griechische Flotte unter Eurybiades (ca. 300 Schiffe) sammelt sich im Sund von Salamis, die persische bei Phaleron (östlich des Piräus). Themistokles, der einen Rückzug der Flotte hinter die Isthmus-Linie verhindert, soll durch eine geheime Botschaft an den Perserkönig erreicht haben, daß die griechische durch die persische Flotte eingeschlossen wird.

Ende Sept. **Seeschlacht von Salamis** unter den Augen des Xerxes, der vom Aigelaos aus zuschaut. Die Perser können sich wegen der Enge des Raumes nicht entfalten. Der aus dem Exil zurückgekehrte Aristeides besetzt die Insel Psyttaleia am Südostausgang des Sundes und verdrängt die dort postierten Perser. Aufgrund der glänzenden Strategie des *Themistokles* erringen die Griechen einen **vollständigen Sieg.** Die persische Flotte segelt nach Asien zurück, Xerxes verläßt Griechenland auf dem Landweg; der größte Teil des Landheeres unter *Mardonios* bezieht Winterquartiere in Thessalien.

Athen, das mit dem Wiederaufbau beschäftigt ist, lehnt ein Angebot des Mardonios für einen vorteilhaften Sonderfrieden ab.

479 Mardonios verwüstet erneut Attika, nachdem auch ein 2. Friedensangebot abgelehnt ist. Als auf Drängen Athens das peloponnesische Landheer unter *Pausanias* (Regent für Leonidas' Sohn) den Isthmus überschreitet, zieht sich Mardonios nach Boiotien zurück und lagert am Nordufer des Asopos bei *Plataiai*.

Sept. Dort kommt es, nachdem sich die Athener mit den Peloponnesiern vereinigt haben, zu einer sich über mehrere Wochen hinziehenden *Schlacht*, in deren Endphase Mardonios fällt. Die persische Armee, deren Lager erobert wird, flieht nach Norden. Das mit den Persern verbündete Theben wird belagert und liefert die perserfreundlichen Führer aus, die hingerichtet werden. In Plataiai wird dem Zeus Eleutherios (Befreier) ein Fest gestiftet. Aus der reichen Beute erhalten viele Heiligtümer Weihegeschenke. In Delphi wird ein goldener Dreifuß auf einer bronzenen Schlangensäule aufgestellt. Sie enthält die Namen der Staaten, die an den Schlachten von Salamis und Plataiai teilgenommen haben.

Eine griechische Flotte, die im Frühjahr unter dem spartanischen König *Leotychidas* von Aigina nach Delos gesegelt ist, fährt nach Samos weiter und besiegt bei der Halbinsel *Mykale* die dort gelandete Besatzung der persischen Restflotte. Überall in den ionischen Städten wird die Perserherrschaft gestürzt. Die griechische Flotte segelt zum Hellespont, um die Brücken zu zerstören und damit einen weiteren Angriff der Perser zu Lande zu verhindern.

479/478 Als man die Brücken schon zerstört findet, kehrt Leotychidas mit den Peloponnesiern nach Griechenland zurück, während die Athener unter Xanthippos Sestos belagern und einnehmen. Die Aktionen der Flotte in Kleinasien markieren schon den Übergang vom Abwehr- zum Angriffskrieg gegen Persien. – *(Forts. S. 125)*

Die Ältere Tyrannis in Sizilien und Süditalien
(Forts. v. S. 120)

Von einzelnen Ausnahmen (Panaitios von Leontinoi, Phalaris von Akragas) abgesehen, begegnet die Tyrannis im Westen erst in der 1. Hälfte des 5. Jh.s. Die Verspätung gegenüber dem Mutterland ist wohl dadurch bedingt, daß die gesellschaftliche Differenzierung innerhalb des Adels, die Voraussetzung für eine Tyrannis ist, in den Kolonien naturgemäß später einsetzt als im Mutterland. Auseinandersetzungen zwischen Adel und Volk (Staseis) gehen auch im Westen der Tyrannis voraus. Schließlich könnte für die Entstehung der Tyrannis das Verhältnis zur einheimischen (in den dorischen Kolonien unterworfenen) Bevölkerung von Bedeutung sein.

um 505 – um 490 *Aristodemos,* der sich in Kämpfen gegen die Etrusker (524) und gegen Arruns Porsenna ausgezeichnet hat, Tyrann in Kyme (Cumae; westlich von Neapel). Er nimmt nach der Schlacht am See Regillus (496) den letzten römischen König, *Tarquinius Superbus,* in Kyme auf.

um 505–499 Tyrannis des *Kleandros* in *Gela* (an der Südküste Siziliens).

um 499–491 Nach seiner Ermordung wird sein Bruder *Hippokrates* Tyrann, der zunächst das Hinterland um Gela, dann die Griechenstädte Naxos (südlich vom heutigen Taormina), Zankle (Messana, heute: Messina) und Leontinoi (heute: Lentini) erobert und dort abhängige Tyrannen einsetzt.

494–476 *Anaxilaos* Tyrann in *Rhegion.* Eine Gruppe samischer Flüchtlinge besetzt auf seine Aufforderung hin das gegenüberliegende Zankle, als sich der dort von Hippokrates eingesetzte

124 Altertum – Griechenland vor dem Hellenismus

Tyrann Skythes auf einem Feldzug befindet. Der herbeigerufene Hippokrates setzt Skythes ab, läßt die Samier im Besitz der Stadt und fordert dafür die Hälfte der beweglichen Güter und Sklaven innerhalb und alle Güter außerhalb der Stadt. Die Zankleier werden bis auf 300 Vornehme versklavt, die den Samiern zur Hinrichtung übergeben, von diesen aber verschont werden. Hier zeigt sich zum ersten Mal die für die sizilische Tyrannis typische Willkür im Umgang mit den Bevölkerungen ganzer Städte.

um 492 Hippokrates greift Syrakus an, wo Auseinandersetzungen zwischen Oligarchen (Gamoroi) und dem Volk stattfinden. Die Syrakusaner werden am Heloros (heute: Tellaro) besiegt, doch kann die Stadt mangels einer Flotte nicht eingenommen werden. Auf Vermittlung Korinths wird Friede geschlossen: Hippokrates gibt die Gefangenen heraus und erhält dafür Kamarina (südwestlich von Ragusa), das er mit Einwohnern Gelas neu besiedelt.

491 Hippokrates fällt im Kampf gegen Sikeler.

491–478 Sein Nachfolger in Gela wird *Gelon* aus dem Geschlecht der Deinomeniden.

nach 490 Anaxilaos von Rhegion vertreibt die Samier aus Zankle und besiedelt die Stadt neu mit Griechen verschiedenen Ursprungs, u. a. Messeniern. Die Stadt erhält den Namen Messana

um (heute Messina).

488–472 *Theron* Tyrann in *Akragas*. Seine Tochter Damarete wird Frau des Gelon.

485 In *Syrakus* erhebt sich das Volk zusammen mit den Kyllyrioi (einheimische unterworfene Bevölkerung) gegen die Gamoroi, die sich nach Kasmenai (nordwestlich vom heutigen Palazzolo Acreide) zurückziehen und Gelon um Hilfe bitten. Gelon erobert, ohne Widerstand zu finden, die Stadt, macht sich zum Herrn in Syrakus und setzt in Gela seinen Bruder *Hieron* zum Tyrannen ein. Die Hälfte der Bevölkerung Gelas wird nach Syrakus umgesiedelt; Kamarina wird zerstört, seine Bewohner trifft dasselbe Schicksal; Megara Hyblaia (am Golf von Augusto) und Euboia (Lage unbekannt) werden erobert, die Vornehmen in Syrakus aufgenommen, die Armen versklavt. Schließlich erhalten auch 10 000 der Söldner Gelons Bürgerrecht in Syrakus, das damit und durch den Aufbau einer Kriegsflotte zur mächtigsten griechischen Stadt wird.

483 Theron vertreibt den Tyrannen *Terillos* von Himera (zwischen den heutigen Palermo und Cefalù). Dieser und sein Schwiegervater Anaxilaos wenden sich um Hilfe an Karthago, das umfangreiche Vorbereitungen für einen Krieg trifft.

481 Eine griechische Gesandtschaft bittet Gelon um Unterstützung gegen die Perser. Gelon lehnt ab, als ihm das Oberkommando im Krieg versagt wird.

480 Die *Karthager* landen in Panormos und stoßen mit Heer und Flotte bis *Himera* vor. Sie werden von Gelon und Theron vernichtend geschlagen. Von der griechischen Tradition wird die Schlacht auf den gleichen Tag wie der Sieg über die Perser bei Salamis datiert und ihr die gleiche Bedeutung wie diesem (Befreiung der Griechen von den Barbaren) beigemessen. Die hohe Kriegskostenentschädigung Karthagos wird für die Münzprägung in Syrakus, für Tempelbauten in Syrakus und Akragas und für große Weihegeschenke nach Delphi und Olympia verwendet.

478 *Hieron*, der mit einer Tochter des Anaxilaos verheiratet ist, wird Nachfolger Gelons in *Syrakus;* sein Bruder *Polyzalos*, der die Witwe Gelons heiratet, wird Tyrann in *Gela*. Hieron verstärkt die Söldnermacht und schafft eine Geheimpolizei. Er verpflanzt die Einwohner von Naxos und Katane nach Leontinoi, gründet Katane neu unter dem Namen *Aitna* und setzt dort seinen Sohn *Deinomenes* als Herrscher ein. Das Ereignis wird von Pindar und Aischylos gefeiert.

476–467 Mikythos Tyrann in Messana und Rhegion.

474 Auf Hilferuf von Kyme schlägt Hieron die *Etrusker* in der Bucht von Neapel.

um 473 Mikythos von Rhegion erleidet mit den Tarentinern eine schwere Niederlage gegen die Iapygen.

472 Tod Therons. Sein Nachfolger *Thrasydaios* wird in einem Feldzug gegen Hieron geschlagen und die Tyrannis in Akragas und Himera gestürzt. In Akragas soll zunächst eine Oligarchie, dann – unter Mitwirkung des Empedokles († um 423) – eine Demokratie eingerichtet worden sein.

467 Mikythos gibt in Rhegion die Tyrannis zugunsten der Söhne des Anaxilaos auf.
Tod Hierons, dessen Bruder *Thrasybulos* nun die Tyrannis in Syrakus übernimmt. Er wird jedoch bald durch die von anderen Städten unterstützten Syrakusaner gestürzt. Auch in Gela und – in den folgenden Jahren – in den übrigen sizilischen Städten endet die Tyrannis. Überall sollen statt dessen Demokratien geschaffen worden sein.
Im Gefolge des Sturzes der Tyrannen sucht der Sikelerfürst *Duketios* die Sikeler zu vereinen und eine starke Macht aufzubauen.

460/459 Zusammen mit Syrakus siedelt er die Kolonisten aus Aitna um, das wieder in Katane umbenannt wird.

451 Später erobert er das zu Akragas gehörende Motyon, wird dann aber von Syrakus und

450 Akragas bei Nomai geschlagen. Nach Korinth verbannt, kehrt er von dort zurück und besiedelt Kale Akte (beim heutigen Caronia) neu.

Die sizilischen Tyrannen ziehen berühmte **Dichter** und **Philosophen** *(Pindar, Aischylos, Simonides, Bak-chylides, Xenophanes)* an ihre Höfe, entfalten rege Bautätigkeit und erringen häufig Siege bei den ge-samtgriechischen Spielen. Anders als die frühgriechischen Tyrannen stützen sie sich nirgends auf das Volk. Durch die Bevölkerungs- und damit verbundenen Besitzumschichtungen wird die Gesellschafts-struktur zwar verändert, aber keine Konsolidierung der sozialen Unterschichten erreicht, so daß die „Demokratie" in Sizilien nur ein „Zwischenspiel" bleibt. Nach dem Sturz der Tyrannis kehren viele sizili-sche Griechen wieder in ihre Heimatstädte zurück und versuchen, auch ihren alten Besitz wiederzugewin-nen. Die daraus resultierenden Prozesse sind eine Voraussetzung für die sophistische Rhetorik.

Zwischen den Perserkriegen und dem Peloponnesischen Krieg: Die Pentekontaëtie

(Forts. v. S. 123)

Die ca. „50 Jahre" (daher der Begriff „*Pentekontaëtie*") zwischen Plataiai und dem Beginn des Pelo-ponnesischen Krieges (431) sind durch den **Aufstieg Athens** zur politisch und kulturell führenden Macht Griechenlands bestimmt. Strukturelle Voraussetzungen dafür wurden durch Solon, die Tyrannis und die kleisthenischen Reformen geschaffen. Der Kampf gegen die Perser, zunächst von Athen allein, dann un-ter wesentlicher Beteiligung besonders der attischen Flottenmacht durchgeführt, stärkt das Selbstbe-wußtsein der Athener und läßt sie zu Rivalen der Vormachtstellung Spartas in Griechenland werden.

479/478	Wiederaufbau Athens und Befestigung der Stadt durch eine *Mauer*. Sparta, das dagegen Einspruch erhebt, wird von Themistokles so lange hingehalten, bis es für ein Einschreiten zu spät ist.
478?	Ergebnislose Strafexpedition der Spartaner unter Leotychidas gegen Thessalien (wegen dessen Zusammenarbeit mit Persien).
478	Eine griechische Flotte unter dem Spartaner *Pausanias* befreit *Zypern* und *Byzanz* von der Perserherrschaft. Eigenmächtige Pläne des Pausanias (Verbindungen zum Perserkönig?) führen zu dessen Abberufung. In Sparta wird ihm der Prozeß gemacht. Danach geht er als Privatmann erneut nach Byzanz, wird von den Ephoren um 470 wiederum zurückgerufen und 469/468 hingerichtet.
478/477	Die am Flottenunternehmen in der Ägäis beteiligten Städte übertragen dem Führer des at-tischen Kontingents, *Aristeides*, den Oberbefehl. Daraus entsteht der **Delisch-Attische Seebund** als Kampfbund gegen die Perser: Athen schließt mit Inseln und Küstenstädten der Ägäis zeitlich unbefristete Einzelverträge; die Bündnispartner, denen Verträge unter-einander verboten werden, haben Schiffe zu stellen oder jährliche Abgaben in Geld zu ent-richten, deren Höhe nach dem Bodenertrag festgelegt wird. Die von attischen Hellenota-miai verwaltete Bundeskasse befindet sich in Delos, wo auch die Bundesversammlung *(Synhedrion)* tagt, in der jeder Bündnispartner eine Stimme hat. Feldherrn des Bundes sind attische Strategen, wie auch die politische Hegemonie bei Athen liegt.
476/475	Erste Unternehmung des Seebundes ist unter dem Strategen *Kimon* (Sohn des Miltiades), der (bis 462) eine Führungsstellung in Athen innehat, die Einnahme von Eion in Thrakien.
70er Jahre	Die Insel Skyros (südlichste Insel der nördlichen Sporaden) wird erobert und, wie auch Eion, mit attischen *Kleruchen* besiedelt. Kimon läßt die Gebeine des attischen Gründungs-heros Theseus von Skyros nach Athen überführen. Das euboiische Karystos wird in den Seebund hineingezwungen.
471/470	Ostrakismos des *Themistokles,* der zunächst nach Argos geht, dann, auf Verlangen Spartas in Athen verurteilt und von Athenern und Spartanern gemeinsam verfolgt, über Korkyra und Epeiros zum Perserkönig flieht und als persischer Vasall stirbt. Synoikismos (Bildung eines städtischen Zentrums) von Elis (nordwestlicher Teil der Pelo-ponnes).
60er Jahre 1. Hälfte	Weitere Synoikismen in Arkadien (Mantineia und Tegea); *Argos* erobert Mykenai und Tiryns (in der Argolis) zurück, die sich 494 selbständig gemacht haben. Vielleicht wirken Themistokles und der aus Sparta verbannte König Leotychidas an diesen Bewegungen mit, deren Folge kriegerische Auseinandersetzungen mit Sparta sind: Sparta besiegt zunächst bei *Tegea* (im Süden der ostarkadischen Hochebene) die verbündeten Argos und Tegea, kurz darauf bei *Dipaia* (im mittleren Arkadien) die Arkader.
um 467?	Als erstes Mitglied tritt *Naxos* aus dem Seebund aus, wird mit Gewalt zurückgezwungen und muß fortan, statt Schiffe zu stellen, Geldzahlungen leisten.
467/466?	Als die Perser an der Südküste Kleinasiens Schiffe zusammenziehen (geplante Offensive?), werden sie in einer Land- und Seeschlacht am *Eurymedon* (Pamphylien) von der See-bund-Flotte unter Kimon vernichtend geschlagen. Weitere Städte treten dem Seebund bei.
465	*Thasos* tritt (vielleicht wegen Aktivitäten Athens im thrakischen Interessengebiet der Insel) aus dem Seebund aus, wird zur See geschlagen, dann belagert und muß sich nach zwei Jah-

126 Altertum – Griechenland vor dem Hellenismus

ren ergeben. Ein Hilfeersuchen der Insel an Sparta bleibt, obwohl dieses zur Hilfeleistung geneigt ist, wegen eines Erdbebens und anschließenden Helotenaufstandes erfolglos.

465/464 Athen sendet Kolonisten nach Enneahodoi (dem späteren Amphipolis; in Thrakien), die aber bei *Drabeskos* von den Edonern vernichtet werden.

464/463 Erdbeben in Sparta, in dessen Folge sich die *Heloten Messeniens* und *Lakoniens* erheben.

463/462 Ein von Perikles angestrengter Prozeß gegen Kimon in Athen (die Anklage lautet auf Bestechung) endet mit dessen Freispruch. Die Spartaner bitten ihre Bundesgenossen, u. a. auch Athen, um Hilfe gegen die Messenier. Kimon tritt für die Hilfeleistung ein, Ephialtes dagegen, weil man einen Rivalen nicht stark machen solle. Kimon setzt sich durch und geht mit 4000 Hopliten nach Messenien ab.

462/461 Während der Abwesenheit Kimons **Reformen des Ephialtes:**
Der *Areiopag* wird „entmachtet"; d.h. wahrscheinlich, daß ihm die Zuständigkeit für die Kontrolle der Behörden (einschließlich der Eingangsprüfung für Beamten, der Dokimasie) entzogen und auf Gremien der Volksversammlung, der Boule, und auf das Volksgericht übertragen wird. Der Areiopag behält als eigene Kompetenz nur die Blutgerichtsbarkeit. Die Reformen des Ephialtes stellen den entscheidenden Schritt zu einer *demokratischen politischen Organisation* in Athen dar. Sie werden vor allem von den *Theten* unterstützt, da sich viele Hopliten in Messenien befinden. Die Theten sind als diejenigen, die die Schiffsmannschaften stellen, die Hauptnutznießer des Seebundes. Umstritten ist in der Forschung, ob sie daraus Forderungen nach politischer Mitbestimmung ableiten oder ob 462/461 vor allem die attische Außenpolitik und das Verhältnis zu Sparta zur Debatte steht: indem die Kontrolle des auf ein gutes Verhältnis zu Sparta bedachten Areiopags ausgeschaltet wird, fallen auch innere Grenzen attischer Machtpolitik. Die Demokratisierung von 462/461 wäre dann Mittel, nicht Ziel der Politik des Ephialtes. Dem entspricht, daß Athen in den 50er Jahren eine fieberhafte außenpolitische Aktivität entfaltet.
Als Reaktion auf die Reformen schicken die Spartaner das attische Hilfsheer zurück.

461 Kimon, der sich für die Rücknahme der Reformen einsetzt, wird ostrakisiert, Ephialtes ermordet. Athen verläßt das antipersische Bündnis mit Sparta und schließt Verträge mit *Argos* und *Thessalien*.

460/459 Schon 462 oder 461 kämpft eine griechische Flotte in *Zypern*, das noch unter persischem Einfluß steht. Auf einen Hilferuf des Libyers *Inaros* hin, der gegen die Perser revoltiert und *Ägypten* „befreien" will, segelt die griechische Flotte (oder ein Teil von ihr) von Zypern nach Ägypten und nimmt Memphis (außer der Zitadelle) ein.
In Griechenland schließt sich Megara an Athen an. Wohl deshalb kommt es zu einem Krieg, in dem Athen eine *Landschlacht bei Halieis* (Portocheli) gegen Korinth (das in Grenzstreitigkeiten mit Megara liegt) und Epidauros verliert, aber eine Seeschlacht gewinnt. Ebenso wird *Aigina* in einer Seeschlacht geschlagen und anschließend die Stadt drei Jahre lang belagert.
Baubeginn der **„Langen Mauern"**, die Athen mit dem Peiraieus und Phaleron verbinden.

458/457? Bündnisvertrag zwischen *Athen* und *Segesta* in Sizilien (?).

457 Die *Phoker* greifen Doris (am Nordabhang des Parnaß) an. Die *Spartaner* und ihre Bundesgenossen kommen den *Doriern* zur Hilfe. Als die Athener ihnen den Rückweg verlegen, kommt es bei *Tanagra* (im westlichen Boiotien) zu einer Schlacht, in der Athen und seine argivischen Bündner besiegt werden. Zwei Monate später fallen die Athener unter Myronides in Boiotien ein und besiegen bei *Oinophyta* (südöstlich von Tanagra) die Boioter; die meisten boiotischen Städte und Phokis schließen sich ihnen an, das opuntische Lokris wird unterworfen. (Verschiedentlich werden die Auseinandersetzungen seit Tanagra oder schon seit Halieis bis 446 als **1. Peloponnesischer Krieg** bezeichnet.)

457/456 Kapitulation Aiginas, das seine Mauern schleifen, seine Schiffe abliefern und – mit einem hohen Tribut – in den Seebund eintreten muß.
Die Zeugiten werden zum Archontat zugelassen. Wahrscheinlich in dieser Zeit werden Tagegelder für die Richter im Volksgericht eingeführt.

456/455 Eine attische Flotte unter *Tolmides* umsegelt die Peloponnes, zerstört die spartanischen Werften in Gytheion. In Naupaktos werden Messenier angesiedelt, die in Ithome auf freien Abzug kapituliert haben.
In *Ägypten* vertreibt Megabyzos die Griechen aus Memphis und schließt sie auf der Deltainsel *Prosopitis* ein.

454 Nach achtzehnmonatiger Belagerung wird die Insel genommen, die meisten Griechen finden den Tod. Eine Hilfsflotte wird ebenfalls vernichtet. Die Wirkung dieser „ägyptischen Katastrophe" ist, daß attische Unternehmungen im Mutterland (Feldzüge des Myronides gegen Thessalien und des Perikles nach Akarnanien) abgebrochen und in den folgenden drei Jahren außenpolitische Zurückhaltung geübt werden. Da die persische Flotte wieder mit Unternehmungen in der Ägäis beginnt, wird die *Kasse des Seebundes* von Delos *nach Athen* verlegt und bleibt auch dort, als die Persergefahr beseitigt ist. In den Jahren 453 und 452 zahlen viele Städte keine Tribute.

Blütezeit der Polis – Zwischen Perserkriegen und Peloponnesischem Krieg   *127*

453/452	Wiedereinführung der Demenrichter, die schon unter den Peisistratiden bestanden haben.
451	Kimon kehrt aus der Verbannung zurück.
451/450	5jähriger **Waffenstillstand** zwischen **Athen** und **Sparta,** dreißigjähriger Friede zwischen Sparta und Argos. **Bürgerrechtsgesetz des Perikles:** das Bürgerrecht wird auf diejenigen beschränkt, deren beide Eltern attische Bürger sind. Betroffen sind vor allem Adlige, bei denen Heiraten über die Stadtgrenzen hinaus üblich sind. Das Gesetz bildet einen Höhepunkt im Prozeß der Durchsetzung der Polis gegenüber den Adelsfamilien und ist zugleich fundamental für das Selbstverständnis der allein auf das eigene Interesse ausgerichteten attischen Demokratie: Interessenkonflikte von Bürgern in außenpolitischen Fragen sollen ausgeschaltet werden.
450/449	Wohl zur Aktivierung des Seebundes Zug Kimons gegen *Zypern*. Kimon stirbt bei der Belagerung von *Kitaion*.
449 (450?)	Die abziehende attische Flotte besiegt bei **Salamis** (Hafenstadt auf Zypern) die persische Flotte zu Wasser und zu Land.
448 (449?)	Verhandlungen des Kallias in Susa führen zum **Friedensschluß mit Persien** *(Kallias-Friede)*: Die Freiheit der kleinasiatischen Griechenstädte wird gesichert, die Ägäis für die persische Flotte Sperrgebiet; Athen will sich künftig jedes Angriffs gegen Persien enthalten. Mit dem Kallias-Frieden ist die ursprüngliche Zielsetzung des Seebundes überholt. Um seine Stellung in Griechenland zu erhalten, lädt Athen zu einem **panhellenischen Kongreß** in Athen ein, dessen Themen der Wiederaufbau der zerstörten Tempel, die Sicherung des Friedens und der Meere sein sollen. Der Plan scheitert am Widerstand Spartas, das einen Feldzug gegen die (mit Athen verbündeten) Phoker unternimmt, um Delphi von deren Herrschaft zu befreien. Obwohl wegen des Friedens mit Persien verschiedene Bündner ihre Tributzahlungen vorübergehend einstellen, hält Athen am Seebund fest und gestaltet ihn in den folgenden Jahren konsequent zu einer *Arche* (Herrschaft) um. Die Beitragszahlungen der Bündner werden fortan auch für rein athenische Angelegenheiten benutzt. Durch Beschlüsse der Volksversammlung (deren Datierung umstritten ist) wird das attische Münz- und Maßsystem für das gesamte Bundesgebiet verbindlich gemacht *(Klearchos-Dekret)* und die Tributeinziehung durch attische Beamte gestrafft *(Kleinias-Dekret)*. Athen greift (jeweils zugunsten des Demos) in die inneren Angelegenheiten der Bündner ein und wird alleiniger Gerichtsstand für schwere Straftaten und bestimmte Strafarten. Gegen diese Politik wächst eine *Opposition* im Innern, die bis 443 von *Thukydides*, dem Sohn des Melesias, geführt wird. Sowohl um dieser Opposition zu begegnen als auch um die Situation in verschiedenen Gebieten des Seebundes zu stabilisieren, werden **Kleruchien**
447	(Kolonien, deren Siedler attische Bürger bleiben) auf der thrakischen Chersones (Halbinsel Gallipoli), in Naxos und Andros gegründet. Baubeginn des Parthenon.
447/446	Umsturz in Boiotien. Ein attisches Heer unter Tolmides wird bei *Koroneia* vernichtend geschlagen.
446	Gründung einer attischen Kleruchie in Brea am Strymon. Aufstand von *Megara* und *Euboia*. Ein spartanisches Heer unter Pleistoanax fällt in Attika ein und zwingt Perikles, der mit einem Heer nach Euboia gegangen ist, zur Rückkehr. Nach Abzug der Spartaner wird Euboia unterworfen, eine Kleruchie nach Histiaia gelegt und das Land der vertriebenen Aristokraten (Hippoboten) als attisches Staatsland eingezogen.
446/445	Abschluß eines **30jährigen Friedens** zwischen *Athen* und *Sparta*. Athen verzichtet auf seinen Einfluß in Mittelgriechenland, Sparta erkennt die attische Seemachtstellung an. Streitigkeiten sollen durch ein Schiedsgericht gelöst werden. Bau der mittleren Langen Mauern zwischen Athen und Peiraieus und Neuanlage des Peiraieus nach dem Plan des Hippodamos von Milet.
444/443	Panhellenische Koloniegründung in *Thurioi* (Süditalien), für die Hippodamos von Milet den Stadtplan und der Sophist Protagoras die Verfassung entwirft.
443	Ostrakismos des *Thukydides*, des Sohnes des Melesias. Fortan wird Perikles bis zu seinem Tod ununterbrochen zum Strategen gewählt.
441/440	Auseinandersetzungen zwischen *Samos* und *Milet* führen zum Eingreifen Athens unter
440/439	Perikles. Samos muß kapitulieren, Gebiet abtreten und Geiseln stellen; die Demokratie wird eingeführt.
zwischen 439 u. 435	Flottenexpedition des Perikles in das Schwarze Meer zur Sicherung der Getreideeinfuhren Athens.
seit 438/437	*Prozesse* gegen *Pheidias* (Schöpfer des Standbildes der Athena im Parthenon), den Philosophen *Anaxagoras* und Perikles' Geliebte *Aspasia* wegen Gottlosigkeit (Asebeia). Die Prozesse werden als Zeichen innerer Opposition gegen Perikles gewertet.
437/436	Baubeginn der Propyläen auf der Akropolis (433/432 vollendet).
437/436	Gründung der Kolonie Amphipolis am Strymon.
435/434	Gründung der Kolonie Astakos am Ostende des Marmara-Meeres.

128 Altertum – Griechenland vor dem Hellenismus

433 Rückkehr des Thukydides, Melesias' Sohn, aus dem Exil.

Das Ergebnis des Ausbaus der attischen Thalassokratie (Seeherrschaft) wird exemplarisch
433/432 deutlich im *Megarischen Psephisma* (Volksbeschluß): Athen und das Gebiet der Arche
werden für Megara gesperrt.

Wirtschaft, Gesellschaft, Politik und Kultur im klassischen Athen

Trotz der Bedeutung Athens als eines Zentrums für Manufaktur und Handel ist auch im 5. Jh. die **Landwirtschaft** der wichtigste Teil der attischen Wirtschaft. Nur attische Bürger dürfen in Attika Land besitzen. Noch am Ende des 5.Jh.s haben drei Viertel der Athener Grundbesitz, der stark zersplittert ist. Der
größte Teil wird von kleinen und mittleren Bauern und deren Familien, teils mit Hilfe von Sklaven, bearbeitet. Im 5. Jh. werden auch mehrfach attische Bauern in *Kleruchien* (Kolonien, deren Siedler attische
Bürger bleiben) angesiedelt. – Die größeren Güter der Adligen, die ökonomisch ganz auf die Landwirtschaft ausgerichtet sind, werden entweder verpachtet oder mit Sklaven bewirtschaftet. Angebaut werden
die Grundnahrungsmittel Weizen und Gerste, daneben Gemüse, Öl, Feigen und Wein. Vor allem in
bergigen Gegenden gibt es Schaf- und Ziegenzucht, ein Standesmerkmal ist die Pferdezucht. – Wahrscheinlich haben auch Fischfang und Fischkonservierung einige Bedeutung.

Die Organisationsform des **Handwerks** ist, selbst bei der berühmten attischen Keramik, in der Regel der
häusliche Kleinbetrieb. Größere Betriebe, in denen Sklaven beschäftigt werden, sind seit der 2. Hälfte
des 5. Jh.s bekannt; als Höchstzahl von Beschäftigten in einem Betrieb ist 120 überliefert, doch liegen
die normalen Zahlen weit darunter (etwa 10–30). Bezeugt sind Betriebe für Lederverarbeitung (Schilde
und Schuhe), Eisenverarbeitung (Messer und Schwerter), Töpferei, eine Lyra-, Flöten-, Lampen- und
eine Möbelwerkstatt. Bedürfnisse der Rüstung und der vielen attischen Feste spielen neben solchen des
Alltags offensichtlich eine wichtige Rolle für die Entwicklung dieser Betriebe, mit denen u. a. die nichtadligen Demagogen seit dem Peloponnesischen Krieg ihren Wohlstand gewonnen haben. Von Bedeutung
sind ferner das Bau- und Zimmerhandwerk (große öffentliche Bauten, Flottenbau).

Der Handel gliedert sich in Nah- und Fernhandel. Träger des Nahhandels sind zu einem großen Teil noch
die Produzenten selbst; daneben gibt es aber auch einen äußerst differenzierten Berufshandel, der entweder von lokalen Produzenten oder beim Fernhändler kauft. Der Fernhandel wird, soweit er den Export
betrifft, teils ebenfalls von den Produzenten, teils von Händlern getragen, die aber neben Athenern und
Metoiken auch Fremde sein können. Die Existenz von Kommissions- und Frachtgeschäften ist umstritten.
Dagegen gibt es zumindest im 4. Jh. das Seedarlehen, das gleichzeitig eine Art von Versicherung darstellt. – Exportiert werden landwirtschaftliche Produkte (Öl, Wein, Honig), Salzfische, Keramik und andere Handwerksprodukte (z. B. Lampen, Schilde). Wichtiger als der Export ist der Import, da Athen sowohl für die Ernährung als auch für die Flotte auf Einfuhren angewiesen ist. Getreide kommt vor allem
aus dem Schwarzmeergebiet und aus Euboia, Schiffsbauholz aus Makedonien. Daneben werden Eisen,
Kupfer, Hanf und viele Delikatessen importiert.

Staatliche **Wirtschaftspolitik**, soweit man davon sprechen kann, besteht zum einen darin, die Ernährung
der Bevölkerung (d. h. vor allem die Getreidezufuhr) und den Import von Materialien für den Schiffsbau
zu sichern; zum anderen ist sie fiskalisch ausgerichtete Zoll- und Ausgabenpolitik.

Hauptpunkte für staatliche Einnahmen und Ausgaben in der perikleischen Zeit

Einnahmen	Ausgaben
A. Regelmäßig: Verpachtung von Staatseigentum Verpachtung von Bergwerken Ein- und Ausfuhrzölle Hafenzölle Markt- und Torsteuern Verkaufssteuern Sklavensteuern Schutzgeld der Metoiken (Metoikion) Gerichts- und Strafgelder, Konfiskationen Tribute	A. Regelmäßig: Diäten für Ratsherren, Richter und Beamte Bauten (z. B. Befestigungen, Parthenon, Propyläen) Feste und Opfer Polizei (Skythen) Spenden an das Volk (z. B. Getreideverteilungen) Unterstützung der Kinder der im Krieg Gefallenen Öffentliche Belohnungen (z. B. Speisung im Prytaneion) Schiffsbau Sold für die Flotte
B. Unregelmäßig: Vermögenssteuer Kontributionen, Beute	B. Unregelmäßig: Kriegskosten
C. Leiturgien	

Blütezeit der Polis – Klassisches Athen   129

Die attischen Bürger zahlen keine regelmäßigen direkten *Steuern,* die nur in Notzeiten erhoben werden. Gewissen Ersatz stellen die Leiturgien dar: Bürger und Metoiken mit festgelegtem Mindestvermögen sind verpflichtet, bestimmte Aufgaben zu finanzieren, z. B. die *Choregie* (Sorge für Chöre bei Schauspielen) und – als wichtigste – die *Trierarchie* (Instandhaltung von Kriegsschiffen für 1 Jahr).

Die regelmäßigen *attischen Einnahmen* bei Ausbruch des Peloponnesischen Krieges belaufen sich auf ca. 900–1000 Talente (davon 400–500 Talente Tribute) und werden während des Krieges durch Erhöhung der Tribute verdoppelt. Die jährlichen Ausgaben für die Richter betragen allein 100–150 Talente; der sich über mehrere Jahre hinziehende Bau der Propyläen kostet z. B. 2012 Talente.

Die attische **Silberwährung** besteht aus 4 Einheiten: Talent (= 60 Minen), Mine (= 100 Drachmen), Drachme (= 6 Obolen) und Obole. Der Lohn für einen ungelernten Arbeiter ist mindestens 3 Obolen, für gelernte Arbeiter, zu denen auch z. B. Architekten gehören, 5–6 Obolen. 1 Medimnos Weizen (52,5 l) kostet 3 Drachmen, 1 Metretes Öl (39,4 l) 12–36 Drachmen, 1 Metretes Wein 4 Drachmen, 1 Sklave 1–3 Minen, 1 Ackerpferd 3 Minen.

Unter politisch-rechtlichen Gesichtspunkten gliedert sich die attische **Gesellschaft** des 5. Jh.s in Bürger, Metoiken und Sklaven, unter sozialen Gesichtspunkten gibt es weitere Trennungslinien innerhalb der ersten beiden Gruppen. Die erwachsene männliche Bevölkerung Athens am Beginn des Peloponnesischen Krieges wird auf 43000 Bürger, 10000 Metoiken und 80000–120000 Sklaven (Männer und Frauen) geschätzt.

Der attische **Adel** ist im 5. Jh. durch Landbesitz, Ahnen, Sozialprestige und Bildung gekennzeichnet; einige Priestertümer sind in bestimmten Adelsgeschlechtern erblich. Seit den kleisthenischen Reformen fehlen den Adelsfamilien feste Gefolgschaften. Dennoch üben bis zum Peloponnesischen Krieg fast ausschließlich Adlige politische und militärische Führungsfunktionen (als Demagogen, Strategen) aus. Der Areiopag verliert mit seiner Entmachtung durch Ephialtes und der Bedeutungsminderung des Archontats seinen Charakter als Adelsrat.

Reiche Nichtadlige gewinnen in der Politik seit dem Tod des Perikles Bedeutung. Sie erlangen ihren Reichtum entweder ebenfalls durch Landbesitz oder durch Manufaktur und Handel. Ihnen mangeln zwar Sozialprestige und Ahnen, sie haben aber Zugang zur neuen sophistischen Bildung.

Die Masse der attischen Bevölkerung besteht aus selbständigen kleinen und mittleren Produzenten im Bereich der Landwirtschaft und des Handwerks; dazu kommen die auf der Flotte dienenden Theten. Die Lage der **Bauern** ist nach der Tyrannis und den kleisthenischen Reformen relativ konsolidiert; zusätzlicher Landbedarf wird durch Kleruchiegründungen gedeckt. Die **Handwerker und Tagelöhner** leben zwar, wenn man die Löhne betrachtet, oft am Rande des Existenzminimums, haben aber in der Regel wohl Arbeit. Klagen über die Konkurrenz von Metoiken und Sklaven sind nicht bekannt. Zusätzliche Verdienstmöglichkeiten bringen die seit Perikles gezahlten Diäten und der Flottendienst.

Die Metoiken sind Fremde, die in Athen zeitweise oder auf Dauer wohnen und arbeiten. Sie haben keine politischen Rechte, müssen ein Schutzgeld (Metoikion) zahlen und sich auch an den staatlichen Aufgaben (Leiturgien, Heeres- und Flottendienst) beteiligen. Da Grundbesitz in Attika nur attischen Bürgern erlaubt ist, betätigen sich die Metoiken ausschließlich im Handwerk und im Handel und gewinnen dabei häufig großen Reichtum. Die Ökonomie der Polis ist ohne sie nicht denkbar.

Die Sklaven, die wohl überwiegend in der Stadt arbeiten, sind in der Regel rechtlos, doch gibt es Zwischenstufen zwischen Sklaven und Freien. Die konkrete Lage der Sklaven hängt von den jeweiligen Umständen ab. In den meisten handwerklichen Tätigkeiten finden sich Bürger, Metoiken, Sklaven, ohne daß Unterschiede in der Wertung der Arbeit gemacht würden. Wie in der späten römischen Republik haben Sklaven auch die Möglichkeit, in Handwerksbetrieben auf eigene Rechnung zu arbeiten. Viele Sklaven sind als Hausklaven tätig. Über die Situation der Sklaven in der Landwirtschaft ist für Athen nichts bekannt. Äußerst schlecht ist die Lage der Sklaven, die in den Bergwerken von Laureion arbeiten müssen. Sie werden dafür teilweise von Sklavenbesitzern an Unternehmer verpachtet. – Zu Sklavenaufständen kommt es in Athen nie. Eine Gruppe von Sklaven, die 300 skythischen Bogenschützen, wird sogar als Polizeitruppe verwendet.

Die gesellschaftlichen Beziehungen im Athen des 5. Jh.s sind dadurch geprägt, daß die attische Gesellschaft aus Einzelhäusern (Oikoi) besteht, die nicht in – vertikale oder horizontale – soziale Verbände eingebunden sind. Es gibt keine soziale Abhängigkeit (auch deshalb nicht, weil die meisten Athener selbständige Kleinproduzenten sind. Abhängige Arbeit wird negativ bewertet). Die Integration der Gesellschaft vollzieht sich wesentlich im politischen Bereich. Ihr Medium ist, wie es der Historiker *Thukydides* (* um 460, † um 400) den *Perikles* sagen läßt, die Macht und Größe der Stadt und der Stolz auf die Verfassung, durch welche die Macht erreicht worden ist. Die Macht und die Größe der Stadt dienen auch dazu, ökonomische und soziale Interessen der Unterschichten zu absorbieren. In den politischen Auseinandersetzungen der 2. Hälfte des 5. Jh.s fehlen klassenkämpferische Themen.

Das soziale und das politische System stehen deshalb in Athen unvermittelter nebeneinander als in Rom. Der *Oikos* der Adligen z. B. vermittelt zwar Reichtum, Ahnen und sozialen Ruhm; er ist aber, anders als die *familia* der römischen Oberschicht, in keiner Weise bestimmend für die politische Integration. Politischer und sozialer Ruhm sind nicht, wie in Rom, identisch; politische Heiraten oder politische Freundschaften haben keine Funktion, weil politisches Handeln nicht auf dem Vorhandensein fester Abhängigkeitsverhältnisse beruht. Das wirkt sich auch auf die Stellung des Vaters und der Familie überhaupt aus. Es gibt in Athen keine der römischen vergleichbare väterliche Gewalt.

Das **politische System** der attischen Demokratie erfährt, obwohl wichtige Institutionen schon vorher bestehen, seine endgültige Ausbildung durch die *Reformen des Ephialtes* im Jahre 462/461.
Im Zentrum des politischen Systems steht die **Volksversammlung** (Ekklesia). In ihr haben alle männlichen Bürger Attikas, die das 18. Lebensjahr vollendet haben, *Stimmrecht*. Die Versammlung ist ungegliedert. Sie wird vorbereitet und einberufen durch den Rat der 500, geleitet durch den Vorsitzenden

des Rates, der immer nur für einen Tag amtiert. Bestimmte Termine und Tagesordnungspunkte für Versammlungen sind gesetzlich festgelegt. Grundlage für die Diskussion in der Versammlung ist in der Regel ein *Probouleuma* (Vorlage) des Rates. Jedes Mitglied der Versammlung kann dazu reden und Anträge einbringen. Bei den Abstimmungen wird jede einzelne Stimme gezählt. – Der *Kompetenzbereich* der Ekklesia ist schlechthin umfassend: sie beschließt nicht nur über Gesetze und wählt, soweit es sich nicht um Losbeamte handelt, die Magistrate, sondern befaßt sich auch mit allen laufenden Dingen der Politik und kann Prozesse gegen Beamte an sich ziehen.

Der **Rat der 500** (Boule) setzt sich aus je 50 besoldeten Vertretern der 10 attischen Phylen zusammen. Für je einen Monat bilden die Ratsmitglieder einer Phyle als Prytanie einen geschäftsführenden Ausschuß; von den Prytanen hat jeweils einer für 24 Stunden den Vorsitz und leitet dann auch in diese Zeit fallende Volksversammlungen. – Der Rat bereitet die *Beschlüsse der Volksversammlung* vor und führt sie aus. Die Vorbereitung geschieht in der Regel durch ein Probouleuma, das aber von der Volksversammlung abgeändert werden kann; die Ekklesia kann dem Rat auch Probouleumata vorschreiben. Ausgeführt werden die Beschlüsse der Ekklesia in Zusammenarbeit mit den Behörden, die der Rat überwacht. Besondere Zuständigkeiten des Rates sind der Kult, die auswärtigen Angelegenheiten und die Finanzen, aber auch in diesen Bereichen besitzt er keine eigene Entscheidungskompetenz.

Die attischen **Behörden** sind in der Regel gegenüber der Volksversammlung und dem Rat strikt *weisungsgebunden* und *rechenschaftspflichtig*. Sie haben eng umgrenzte, bis ins einzelne genau festgelegte Tätigkeitsbereiche und sind nicht mit einer Regierung im modernen Sinn vergleichbar. Die Rekrutierung geschieht in den meisten Fällen aus allen Athenern (jedes Zivilamt darf aber nur einmal im Leben bekleidet werden) durch Los. Wahrscheinlich werden alle Inhaber von Losämtern besoldet. Wahlämter sind nur die Strategie und einige hohe Finanzämter. Die Amtszeit beträgt ein Jahr. Die meisten Behörden setzen sich – entsprechend der Zehnzahl der Phylen – aus *Kollegien* von je 10 Beamten zusammen. Eine Hierarchie innerhalb der Ämter gibt es nicht. – Die alten Archonten haben in der Demokratie keine politische Bedeutung mehr. Der eponyme *Archon* behält Funktionen im Familienrecht, der *Basileus* wie auch der *Polemarchos* im Kult, während die *Thesmotheten* als Justizbehörde fungieren, die bestimmte Klagen annimmt, Verfahren vor dem Volksgericht in Gang bringt und leitet. – Den größten Bewegungsspielraum unter den Ämtern hat, der Natur der Sache entsprechend, die *Strategie,* für deren Bekleidung Grundbesitz in Attika Voraussetzung ist. Auf sie als einziges bedeutendes Wahlamt richtet sich deshalb besonders der Ehrgeiz der Adligen. Auch die Strategie fällt aber, was Weisungsgebundenheit und Rechenschaftspflicht angeht, nicht aus den allgemeinen Bedingungen für die Ämter heraus; bei ihr ist jedoch Wiederwahl unbegrenzt möglich.

Für das **Volksgericht** (Heliaia) werden jährlich aus attischen Bürgern, die das 30. Lebensjahr überschritten haben und sich freiwillig melden, 6000 *Geschworene* ausgelost. Es ist in mehrere Abteilungen (Dikasterien) untergliedert, deren Größe (z.B. 501, 1001, 1501) von der Bedeutung der zu verhandelnden Fälle abhängt. Abgesehen davon, daß Bagatellfälle von Beamten und Demenrichtern abgeurteilt werden können und die Blutgerichtsbarkeit dem Areiopag vorbehalten ist, ist die Zuständigkeit des Volksgerichts allgemein. Da Athen bei bestimmten Straftaten und Strafarten auch Gerichtsstand für die Bündner ist, fallen sehr viele Prozesse an und tagen die Abteilungen des Volksgerichts fast in Permanenz. Gegen Urteile des Volksgerichts gibt es keine Berufung.

Der **Areiopag,** zusammengesetzt aus gewesenen Archonten, verliert durch die Reformen des Ephialtes seine politischen und – bis auf die Blutgerichtsbarkeit – richterlichen Funktionen. Er bleibt aber ein angesehenes Gremium, das in Krisensituationen auch politische Initiativen ergreifen kann.

Im attischen politischen System ist die **Volksversammlung** tatsächlich **Souverän,** und zwar nicht nur im Sinne eines Gesetzgebers: *die Volksversammlung herrscht unmittelbar,* alle nicht strikt routinemäßigen politischen Angelegenheiten müssen von ihr entschieden werden. Die Beamten, die dauernder Kontrolle der Öffentlichkeit ausgesetzt sind (Eisangelie-Klage), sind ausführende Organe, der Rat ist in jedem Konfliktfall der Volksversammlung unterlegen und außerdem so konstruiert (jährlich wechselnde Mitglieder, monatlich wechselnde *Prytanie,* täglich wechselnder Vorsitz), daß sich dort keine dauernde Machtbilden kann. Die Volksversammlung ist in ihren Entscheidungen auch nicht durch eine Verfassung begrenzt: eine *Verfassungsklage* (die graphe paranomon) gibt es frühestens seit um 415. Die attische Demokratie lebt aus dem – vom Komödiendichter Aristophanes karikierten – Bewußtsein, daß die Volksversammlung alles machen kann. Das Prinzip der Demokratie ist konsequent durchgesetzt. Zwei Erscheinungen weisen auf Defizienzen dieses *radikal-demokratischen* Systems hin. Zunächst: eine institutionalisierte Position für die politische Initiative fehlt. Es gibt keine Regierung, keine Parteien. Die Funktion der politischen Initiative übernehmen die **Demagogen.** Sie sind diejenigen, die in der Volksversammlung reden und Anträge stellen. Ihre Stellung beruht auf persönlicher Einsicht und Redekunst. Sie sind kein institutionelles, wohl aber ein strukturelles Element der attischen Demokratie, weil ohne sie diese Demokratie nicht funktionieren kann. Bis zum Peloponnesischen Krieg nehmen häufig adlige Strategen (der berühmteste von ihnen ist Perikles) die Funktion des Demagogen wahr. Obwohl die Stellung eines Strategen Vorteile für die Demagogie bietet, sind beide Erscheinungen nicht grundsätzlich miteinander verbunden. Die Strategie ist kein Regierungsersatz.

Auf der Ebene der Rechtsprechung bilden das Gegenstück zu den Demagogen die **Sykophanten.** Der Bereich des öffentlichen Interesses ist in der attischen Demokratie außerordentlich weit gefaßt und umschließt z.B. *Kult und Religion,* Familien- und Erbschaftsangelegenheiten, Finanzen (vor allem im Hin-

132 Altertum – Griechenland vor dem Hellenismus

blick auf Leiturgien). Andererseits gibt es keine staatliche Strafverfolgungsbehörde. Diese Lücke füllen die Sykophanten aus. Sie erheben aus privater Initiative Anklage gegen solche, die nach ihrer Meinung das öffentliche Interesse schädigen. Ihr Wirken führt zu einem hohen Grad von Rechtsunsicherheit, weil einerseits die juristischen Regelungen oft unklar sind, andererseits die Entscheidungen des Volksgerichts nicht nach juristischen Maßstäben erfolgen.

Demagogie und Sykophantie machen die Grenzen der attischen Demokratie deutlich. Der Historiker Thukydides charakterisiert die perikleische Zeit als „Herrschaft des ersten Mannes".

Demokratische Beteiligung vieler setzt ein Mindestmaß an **Bildung** voraus. In Athen wie auch in anderen Städten Griechenlands gibt es zwar keine öffentlichen, aber relativ billige private Schulen; wahrscheinlich können die meisten Athener lesen und schreiben.

Für politische Führerschaft (d. h. für die Demagogie) in der klassischen attischen Demokratie bietet eine neue Form der Ausbildung die **Sophistik.** Während in der nichtsophistischen griechischen Philosophie die Probleme des Urgrunds alles Seienden und des Werdens weiter verfolgt werden (Empedokles aus Akragas, * ca. 483/482, † ca. 423; Anaxagoras aus Klazomenai, * ca. 500, † 428; Demokritos aus Abdera, wirkt in der 2. Hälfte des 5. Jh.s) und die Eleaten (Parmenides, 1. Hälfte des 5. Jh.s; Zenon, wirkt um die Mitte des 5. Jh.s) eine scharfe Trennung zwischen Sein und Schein behaupten, reflektieren die Sophisten Probleme des Zusammenlebens in der Polis radikal vom Menschen her (Protagoras: *„Der Mensch ist das Maß aller Dinge"*). Sie gehen von den Erscheinungen der Dinge aus, betonen die Relativität menschlicher Erkenntnis und kommen zu ganz unterschiedlichen praktischen Konsequenzen. Die meisten Sophisten, zu denen u. a. *Protagoras* (aus Abdera, * ca. 485, † ca. 415), *Gorgias* (aus Leontinoi, * ca. 480, † nach 400), *Antiphon* (aus Athen, * ca. 480, † 411) und *Kritias* (aus Athen, † 404/403) gehören, sind Wanderlehrer, die um teuren Preis jungen Adligen und reichen Nichtadligen Unterricht in Rhetorik und „Politik" erteilen und damit auf die sich aus dem Handeln mit der Volksversammlung ergebenden Bedürfnisse antworten. Athen wird zu einem Zentrum sophistischer Tätigkeit, obwohl die Entstehung der Sophistik nicht auf Athen beschränkt ist. In Athen werden dann auch durch Sokrates und Platon die philosophischen Gegenpositionen gegen die Sophistik geschaffen.

Wie die Sophistik ist auch die **Geschichtsschreibung** des *Thukydides* (* ca. 460, † ca. 400) wesentlich durch das Geschehen der Polis und vor allem Athens bedingt. Die griechische Geschichtsschreibung beginnt mit den „Genealogien" des *Hekataios von Milet* (* um 560/550, † nach 494). *Herodot* aus Halikarnassos (* vor 480, † nach 430), der „Vater der Historie", stellt in seinen „Historiai" die Auseinandersetzung zwischen Griechen und Persern dar. Während er die Wirklichkeit als außerordentlich vielfältige beschreibt – sein Werk bietet z. B. eine Fülle von kultur- und religionshistorischen Mitteilungen –, konzipiert *Thukydides* in seinen „Historiai" über den Peloponnesischen Krieg Geschichte wesentlich als politische Geschichte: Leitender Gesichtspunkt ist die Macht der Polis und der Kampf um die Macht zwischen den Poleis.

Die griechische Tragödie und Komödie des 5. Jh.s sind genuine Schöpfungen Athens. Sie sind von ihrem Ursprung her eng mit dem Kult verknüpft. **Tragödien** werden jeweils an den Großen Dionysien aufgeführt, wobei mehrere Dichter um den 1. Preis kämpfen. Im Medium der Heroenwelt, der in der Regel der Stoff der Tragödien entstammt, werden von den großen Tragikern für die neue Polis typische Spannungen und Konflikte dargestellt. *Aischylos* (aus Eleusis, * 525/524, † 456/455; erhaltene Werke: „Perser", „Sieben gegen Theben", „Hiketiden", „Orestie", „Prometheus") und *Sophokles* (aus Kolonos in Attika, * 497, † 406/405; erhaltene Werke: „Trachinierinnen", „Aias", „Antigone", „Oidipus Tyrannos", „Elektra", „Oidipus Kolonos") betonen die notwendige Verstrickung des Menschen in Schuld, halten aber am Sinn der göttlichen Weltordnung fest. *Euripides* (aus Phyle in Attika, * 485/480, † 406; 18 Werke erhalten, darunter „Medea", „Hippolytos", „Hekabe", „Elektra", „Iphigeneia in Aulis", „Bakchen") stellt in seinen Charakteren die Freiheit und Verantwortung des Menschen in den Vordergrund.

Komödien werden ebenfalls an den Großen Dionysien und an den Lenaien aufgeführt. Hauptvertreter der sog. Alten Komödie ist *Aristophanes* (aus Athen, * um 445; † nach 388), von dem 11 Stücke erhalten sind. Sie behandeln unmittelbar politische Probleme vor allem der Zeit des Peloponnesischen Krieges. Aristophanes setzt sich für den Frieden ein („Acharner", „Eirene", „Lysistrate") und geißelt Erscheinungen der attischen Demokratie wie die Demagogen („Ritter"), das Gerichtswesen („Wespen"), die sophistische Bildung („Wolken").

Die Stadt Athen wird im 5. Jh. um prachtvolle **Bauten** bereichert, die ihren Höhepunkt in der von Perikles initiierten Neugestaltung der Akropolis finden. Dafür werden auch die Tribute der Bündner herangezogen. Das *Parthenon* wird 447–438 von den Baumeistern Iktinos und Kallikrates erbaut. Das Kultbild der Athena Parthenos stammt von *Pheidias*, der auch zusammen mit unter seinem Einfluß stehenden Werkstätten den Bildschmuck des Tempels (Giebel, Metopen) gestaltet. 437–432 entstehen die Propyläen (Baumeister Mnesikles), das Erechtheion wird 408, der Niketempel 406 vollendet. Ein Odeion (Gebäude für musikalische Aufführungen) läßt Perikles 445 am Südabhang der Akropolis errichten. – Die Agora (Markt) erhält im 5. Jh. Bauten für das Volksgericht (Heliaia) und den Rat (Bouleuterion und Tholos) und wird durch Säulenhallen und einen Arestempel ausgeschmückt. Weitere wichtige Bauten in Attika um die Mitte des 5. Jh.s sind der Poseidontempel in Sunion und das Telesterion (Mysterientempel) in Eleusis.

Die Tempelbauten Athens und die vielen Götterfeste, die in der Stadt gefeiert werden, sind nicht primär

Ausdruck von Religiosität (die Äußerlichkeit der Feste wird schon von Zeitgenossen kritisiert), sondern Ausdruck der Macht Athens und dienen der gesellschaftlichen Integration der Athener. Die Bedeutung der **Religion** für das klassische Athen ist schwer zu würdigen. Einerseits werden in der Tradition der ionischen Naturphilosophie viele Erscheinungen, die vorher auf das Einwirken der Götter zurückgeführt wurden, jetzt „naturwissenschaftlich" erklärt; die Sophisten leugnen die Existenz der Götter oder zumindest ihren Einfluß auf das menschliche Leben. Dem entspricht das Bewußtsein der attischen Demokratie, alles „machen" zu können. Andererseits begegnet bei Aischylos und Sophokles der Glaube an eine göttliche Weltordnung und finden seit den dreißiger Jahren des 5. Jh.s Asebieprozesse (wegen „Gottesfrevel") statt, die in dem Prozeß gegen Sokrates (399) gipfeln. Wahrscheinlich ist die Religiosität im klassischen Athen nicht primär durch die olympischen Götter, sondern durch kleinere und fremde Götter, durch Heroen und vor allem durch abergläubische religiöse Elemente bestimmt. Seher und Wahrsager· haben großen Einfluß. Im Asebieprozeß gegen den Philosophen Anaxagoras z. B. geht es um die Himmelserscheinungen, durch deren naturwissenschaftliche Erklärung den Sehern und Wahrsagern eine Grundlage für ihr Tun entzogen wird.

Der Peloponnesische Krieg (431–404)

In *Epidamnos* (heute: Durazzo an der Adria), einer Kolonie Korkyras (heute: Korfu), brechen Streitigkeiten zwischen Demokraten und Oligarchen aus.

Korinth, das sich vom Demos in Epidamnos in die Auseinandersetzungen hineinziehen
435 läßt, sendet eine Flotte, die von Korkyra bei *Leukimne* (Kap im Südosten Korfus) geschlagen wird. Korkyra gewinnt die Kontrolle in Epidamnos, Korinth bereitet eine neue Flottenexpedition vor.

433 Dagegen schließen Korkyra und Athen ein *Defensivbündnis* (Epimachie). Athen schickt ein kleines Flottenkontingent.

Aug./Sept. Als die Korinther eine Flotte gegen Korkyra aussenden, kommt es bei den *Sybota-Inseln* (zwischen dem Süden Korfus und dem Festland) zur Schlacht, die ungünstig für die Korkyraier und Athener verläuft. Wegen der Ankunft einer weiteren kleinen attischen Hilfsflotte ziehen die Korinther jedoch ab.

433/432 Athen erneuert Verträge mit den Städten Leontinoi (Sizilien) und Rhegion (Reggio di Calabria). Die attische Volksversammlung beschließt das *„megarische Psephisma"* (Ausschluß Megaras von allen Häfen der attischen Arche) und provoziert damit den Peloponnesischen Bund.

Der Makedonenkönig *Perdikkas II.* wirkt auf der Halbinsel Chalkidike gegen Athen und sucht dabei auch mit der korinthischen Kolonie *Poteidaia*, die gleichzeitig zum Seebund gehört, zusammenzuarbeiten.

432 Athen stellt ultimative Forderungen an Poteidaia, das aus dem Bund austrat. Korinth
Frühjahr schickt Hilfstruppen, Athen verstärkt schon vorher gegen Perdikkas gesandte Einheiten und schließt Poteidaia ein.

Sommer Auf einem Treffen der Peloponnesischen Liga drängen Korinth, Megara und Aigina auf Krieg gegen Athen, das den Frieden von 446/445 gebrochen habe. Obwohl der spartanische König Archidamos warnt, wird kurz darauf der Krieg beschlossen.

431–421 Der Archidamische Krieg:
Der *Kriegsplan des Perikles* geht von der Überlegenheit der attischen Flotte aus: Attika soll nicht verteidigt, die Bevölkerung in Athen und zwischen den langen Mauern zusammengezogen werden; zugleich soll die attische Flotte die peloponnesische Küste angreifen und den Feind zermürben. Athen ist durch sein umfangreiches Bündnissystem, das zu Beginn des Krieges noch ausgebaut wird, geschützt; finanzielle Ressourcen für einen längeren Krieg sind vorhanden; die Ernährung der Bevölkerung ist durch Einfuhren gesichert.

431 Überfall der Thebaner auf *Plataiai* (südlich von Theben). Die Thebaner werden gefangen-
Frühjahr genommen und hingerichtet – eine Grausamkeit, die als Kriegsfanal wirkt. Erster Einfall des spartanischen Königs *Archidamos* in Attika; Perikles kann das Volk nur mühsam zum Durchhalten des Kriegsplanes bewegen. Attische Flottenexpedition um die Peloponnes und Gewinnung von *Kephallenia*. Die Bewohner von *Aigina* werden vertrieben und dort attische Bauern angesiedelt. Bündnis mit dem Odrysenkönig *Sitalkes;* auch der Makedonenkönig *Perdikkas* tritt wieder auf Athens Seite.

430 Zweiter Einfall in Attika. In Athen bricht die *Pest* aus, die zu hohen Bevölkerungsverlusten führt. Die attische Flotte unter Perikles verheert peloponnesische Küstengebiete. Sitalkes nimmt spartanische Gesandte gefangen, die mit den Persern verhandeln wollen, und schickt sie nach Athen, wo sie hingerichtet werden. – Das attische Volk entlädt die Unzufriedenheit mit der defensiven Kriegführung auf Perikles, der abgesetzt und wegen Unterschlagung zu einer hohen Geldbuße verurteilt, 429 jedoch wieder zum Strategen gewählt wird.

134 Altertum – Griechenland vor dem Hellenismus

429 *Poteidaia,* das seit 432 belagert worden ist, kapituliert auf freien Abzug der Bevölkerung und der Truppen und wird mit Athenern besiedelt. Archidamos fällt wegen der Pest nicht in Attika ein, sondern beginnt die *Belagerung von Plataiai.* Die attische Flotte unter Phormio besiegt die Korinther und Sikyonier bei Naupaktos. – *Perikles stirbt an der Pest.*
In der Folge wird deutlich, daß das Funktionieren der attischen Demokratie unter Perikles eine durch die überragende Einsicht und Redekunst dieses Mannes bedingte Ausnahme gewesen ist. Die dem politischen System inhärenten Möglichkeiten dauernder Auseinandersetzungen zwischen Demagogen und mangelnder Kontinuität der Politik werden nach Perikles' Tod Wirklichkeit. Einflußreichster Demagoge ist zunächst der Gerber *Kleon,* der erste bedeutende Nichtadlige unter den Demagogen.

428 Dritter Einfall in Attika. Mytilene fällt vom Bund ab und wird trotz spartanischer Angriffe auf Athen von diesem belagert.

427 Vierter Einfall in Attika. *Mytilene* muß kapitulieren, eine spartanische Hilfsflotte trifft nicht ein. Die oligarchischen Initiatoren des Abfalls werden hingerichtet, attische Kleruchen in Lesbos angesiedelt. – Sparta nimmt *Plataiai,* dessen Einwohner getötet werden. – Athen erhebt eine einmalige *Vermögenssteuer* (Eisphora), die etwa 200 Talente einbringt. – Der sophistische Rhetor *Gorgias* von Leontinoi, dessen Rede in Athen großen Eindruck macht, bittet um Hilfe in einem Krieg gegen Syrakus. Eine kleine attische Flotte unter Laches segelt nach *Sizilien* ab. – In *Korkyra* bricht ein grausamer Bürgerkrieg aus, in den Athen und Sparta einzugreifen versuchen.

426 Attischer Flottenkrieg unter Demosthenes gegen Leukas, die Aitoler und Ambrakia. Sparta gründet in Trachis (westlich des Golfes von Malia) die Kolonie *Herakleia.*

425 Fünfter Einfall in Attika. Eine 2. attische Flotte, bei der sich auch Demosthenes befindet, bricht nach Sizilien auf und landet unterwegs in *Pylos* vor der Küste Messeniens. Pylos wird befestigt, Demosthenes bleibt mit fünf Schiffen dort. Die Spartaner senden eine Flotte und besetzen die südlich von Pylos gelegene Insel *Sphakteria.* Die zurückgerufene attische Flotte besiegt die peloponnesische, die Hopliten auf Sphakteria werden eingeschlossen. Gegen Übergabe der peloponnesischen Flotte (als Pfand) wird ein *Waffenstillstand* geschlossen. Spartas *Friedensangebot* lehnen die Athener auf Drängen Kleons ab. *Kleon* selbst (der Stratege Nikias stellt seinen Posten zur Verfügung) kann mit Demosthenes Sphakteria erobern und die meisten Hopliten (292) lebend gefangennehmen. Sie werden als Geiseln gegen weitere peloponnesische Invasionen in Athen festgehalten. – Die *Tribute* im Seebund werden entscheidend erhöht (insgesamt auf 1460 Talente).

424 Erfolglose attische Flottenexpedition ins Schwarze Meer. Einnahme von *Kythera* und Plätzen der peloponnesischen Küste. Ein Angriff auf Boiotien endet mit einer schweren Niederlage der Athener bei *Deleion.* Die sizilischen Städte schließen einen Waffenstillstand, die attische Flotte kehrt zurück. – Der Krieg nimmt eine überraschende Wende, als der Spartaner *Brasidas* durch Mittelgriechenland zur Chalkidike zieht, dort die Freiheit der Städte verkündet, Akanthos, Stageiros sowie das für Athen auch ökonomisch besonders wichtige *Amphipolis* nehmen kann. Der *Historiker Thukydides* kann als Stratege die Stadt nicht entsetzen, wird verbannt und sammelt in der Verbannung das Material für sein Geschichtswerk.

423 Trotz weiterer Erfolge des Brasidas wird ein einjähriger *Waffenstillstand* geschlossen. Als
Frühjahr Brasidas zwei Tage danach Skione einnimmt, geht die Kampftätigkeit im Norden weiter.

422 *Kleon* und *Nikias* als Strategen auf der Chalkidike. Kleon kann Städte zurückgewinnen, fällt jedoch in einer Schlacht gegen Brasidas, der ebenfalls seinen Verwundungen erliegt. Jetzt setzt sich in Sparta und Athen die Friedensbereitschaft durch.

421 Friedensschluß auf 50 Jahre (Friede des Nikias): Die eroberten Plätze werden herausgegeben, die Gefangenen ausgetauscht; Streitigkeiten sollen durch ein Schiedsgericht geregelt werden. Wichtige Staaten der Peloponnesischen Liga wie Korinth und Megara treten dem Frieden nicht bei, was Sparta in eine prekäre Lage bringt.
In der Folgezeit wird die *Diskontinuität* der attischen Politik für die Stadt immer verhängnisvoller. Die Volksversammlung läßt sich von Demagogen (Alkibiades, Hyperbolos, Kleophon) immer wieder zu unbedachten außen- und innenpolitischen Aktionen hinreißen, die aber charakteristisch für das „normale" Funktionieren der attischen Demokratie sind.

421/420 *Defensivbündnis* zwischen *Sparta* und *Athen;* gleichzeitig Bündnis zwischen Korinth, Argos, Elis, Mantineia und den Städten der Chalkidike.

419 *Alkibiades* (* um 450, † 404) vermittelt ein 100jähriges Bündnis Athens mit Argos, Elis und Mantineia.

418 Nach einem Angriff von Argos auf Epidauros, das von Sparta unterstützt wird, siegt Sparta (mit Korinth und Boiotien) unter Agis in der Schlacht bei *Mantineia* über die neue Koalition und schließt nach einem oligarchischen Umsturz in Argos mit diesem einen fünfzigjährigen, mit Mantineia einen dreißigjährigen Frieden. Damit ist Spartas Stellung auf der Peloponnes wiederhergestellt.

Blütezeit der Polis – Peloponnesischer Krieg   135

417 Der Demagoge *Hyperbolos* versucht, Alkibiades ostrakisieren zu lassen; dieser verbindet sich jedoch mit Nikias, so daß der Ostrakismos (der letzte überhaupt) Hyperbolos selber trifft.

416 Erneute Annäherung zwischen Athen und Argos. Athen greift das neutrale *Melos* an, nimmt es nach einer Blockade. Alle Männer werden niedergemacht, Frauen und Kinder versklavt, auf der Insel attische Kleruchen angesiedelt.

415–413 Sizilische Expedition Athens. Auf Hilferuf des mit Athen verbundenen Segesta, das mit dem von Syrakus unterstützten Selinunt im Kampf liegt, und der durch Syrakus vertriebenen Einwohner von Leontinoi beschließt Athen, unter *Nikias* (der selbst gegen das Unternehmen ist), *Alkibiades* und *Lamachos* eine große Flotte und Hopliten nach Sizilien zu senden, wobei wohl die Hoffnung auf die Eroberung der Insel die entscheidende Rolle spielt. Obwohl Alkibiades kurz vor der Abfahrt der Teilnahme an Religionsfreveln (Verstümmelung der Hermes-Säulen, Befleckung der Eleusinischen Mysterien) verdächtigt wird, kann er mit der Flotte lossegeln, wird aber kurz nach der Ankunft in Sizilien zurückberufen; er flieht, von den Athenern in Abwesenheit zum Tode verurteilt, nach Sparta, um dort gegen seine Heimatstadt zu wirken. In Athen finden unter dem Einfluß religiöser Erregung viele Prozesse statt.

414 Die Athener besetzen die Hochfläche Epipolai nordwestlich von Syrakus, die Flotte ankert im großen Hafen. Sparta schickt auf Rat des Alkibiades den Offizier *Gylippos* zur Hilfe, der die drohende Blockade der Stadt abwendet. Auch Korinth sendet eine Hilfsflotte.

413 Auf Bitten des *Nikias* treffen attische Hilfskontingente unter *Eurymedon* und *Demosthenes* in Sizilien ein. Ein sofortiger Angriff auf Syrakus scheitert.

27. Aug. Als Demosthenes jetzt auf Abzug der Athener besteht und Nikias endlich nachgibt, wird wegen einer Sonnenfinsternis der Abzug um einen Monat verschoben. Die Syrakusaner sperren die Ausfahrt aus dem Hafen, die Athener müssen die Flotte aufgeben, sich über Land zurückziehen und werden dabei von den Syrakusanern überwunden. Die Gefangenen werden in die Steinbrüche geworfen, Nikias und Demosthenes hingerichtet.

413–404 Dekeleischer Krieg:

413 Auf Rat des Alkibiades besetzen die Spartaner *Dekeleia* in Attika, um so die attischen Bauern dauernd zu bedrängen. Die Schwächung der attischen Seemacht durch die sizilische Katastrophe, Verhandlungen zwischen Persien und Sparta und die Entsendung einer peloponnesischen Flotte in die Ägäis lösen den Abfall verschiedener Städte (u. a. Chios und Milet) vom Seebund aus.

412 Athen kann mit einer neuen Flotte zwar Erfolge in der Ägäis erringen, doch geht auch die Abfallbewegung weiter. Nach einem demokratischen Umsturz erhält *Samos* Autonomie und wird der wichtigste Flottenstützpunkt der Athener in der Ägäis. – Unter dem Druck der außenpolitischen Verhältnisse werden in Athen *10 Probouloi* gewählt, die die Beschlüsse des Rates und der Volksversammlung vorbereiten sollen. Von *Alkibiades*, der sich beim persischen Satrapen Tissaphernes befindet, initiierte Verhandlungen zwischen attischen Oligarchen und Persien über ein Bündnis schlagen fehl.

411 Bündnis zwischen der Peloponnesischen Liga und Persien. Die kleinasiatischen Griechen werden Persien preisgegeben, die Liga soll Hilfe gegen Athen erhalten.
In Athen *oligarchischer Umsturz:* Volksversammlung und Boule werden aufgelöst, alle Diäten aufgehoben. Die Vollbürgerschaft wird auf 5000 Athener beschränkt, die *Herrschaft* geht auf einen *Rat der Vierhundert* über, der ein Willkürregiment ausübt. Friedensbemühungen der Oligarchen scheitern. Die Flotte in Samos erklärt sich für die Demokratie und wählt *Thrasybulos* und *Thrasyllos*, später auch Alkibiades als neue Strategen. Als bei Eretria eine attische durch eine peloponnesische Flotte geschlagen wird, werden die Vierhundert entmachtet. Unter Führung des *Theramenes* wird eine gemäßigte *Verfassung der 5000* geschaffen.

410 Vernichtende Niederlage der peloponnesischen Flotte gegen die Athener unter Alkibiades bei *Kyzikos* (Südufer des Marmara-Meeres). Ein *Friedensangebot Spartas* lehnt Athen auf Betreiben des Demagogen *Kleophon* ab. Die volle Demokratie wird wiederhergestellt, neben den Diäten eine Zahlung von zwei Obolen täglich an arme Bürger eingeführt.

409 Sparta gewinnt Pylos, Alkibiades Byzanz und Chalkedon zurück.

408 *Alkibiades* kehrt nach Athen zurück und wird zum Strategen mit unumschränkten Vollmachten gewählt. Der spartanische Nauarch (Flottenkommandant) *Lysander* nimmt mit *Kyros*, dem Bruder des Perserkönigs Dareios II., Verbindung auf und erhält finanzielle Unterstützung.

407 Lysander schlägt bei *Notion* (südlich von Kolophon) einen Teil der attischen Flotte, verweigert aber Alkibiades die Schlacht. Dieser wird abgesetzt. Kallikratidas, der Nachfolger Lysanders, schließt die attische Flotte unter Konon in Mytilene ein. Athen baut mit Hilfe des Königs Archelaos von Makedonien eine neue Flotte.

406 Verlustreicher Seesieg der Athener bei den *Arginusen-Inseln* (südöstlich von Lesbos) über die Peloponnesier; Kallikratidas fällt. Die Attischen Strategen werden vor der Volksver-

136 Altertum – Griechenland vor dem Hellenismus

sammlung angeklagt, weil sie wegen eines Sturmes die Schiffbrüchigen nicht gerettet haben, und gegen den Einspruch des Prytanen Sokrates zum Tode verurteilt und hingerichtet.

405 Lysander besetzt mit der peloponnesischen Flotte Lampsakos (an den Dardanellen) und sperrt so die für Athen lebenswichtigen Meerengen. Die attische Flotte bezieht eine ungünstige Stellung bei *Aigospotamoi* (gegenüber Lampsakos) und wird bei einem Überraschungsangriff Lysanders völlig aufgerieben. Alle attischen Gefangenen werden getötet. Ende der attischen Arche; nur Samos hält noch zu Athen.

405–404 Athen wird zu Lande durch die spartanischen Könige Agis und Pausanias II., zu Wasser durch Lysander eingeschlossen. Der Demagoge Kleophon wird wegen Verletzung militärischer Pflichten angeklagt und verurteilt.

404 Nach Verhandlungen des Theramenes mit Lysander in Sparta kommt es zum **Frieden:** die Langen Mauern und die Peiraieus-Mauern müssen geschleift, die Flotte bis auf 12 Schiffe übergeben werden. Alle attischen Besitzungen sind aufzugeben, Athen muß ein Bündnis mit Sparta schließen.

Der Niedergang der Poliswelt (404–338)

Die beiden großen **hegemonialen Bünde Spartas und Athens** geben Griechenland während der Pentekontaëtie (Zeitraum zwischen 480 und 431) trotz mancher Konflikte im Innern und wachsender gegenseitiger Spannung eine gewisse Stabilität. Im **Peloponnesischen Krieg** schwächen sie einander so sehr, daß zuletzt die Entscheidung Persien zufällt, das mit seinem Geld Sparta zum Sieg verhilft. Damit sind die politischen Rahmenbedingungen für die folgende Epoche gegeben: Eine dauerhafte Machtbildung kommt in Griechenland nicht mehr zustande. Sie wäre für Persien auch gar nicht wünschenswert, das mit inneren Schwierigkeiten zu kämpfen hat (Selbständigkeitsbestrebungen der Satrapen; Abfall Ägyptens) und daher durch wechselnde Subsidienzahlungen für ein rivalisierendes Gleichgewicht der griechischen Staaten sorgt. So führt der griechische *Partikularismus* mit seiner Vielzahl von Staaten, die eifersüchtig über ihre Autonomie wachen und deren Interessen immer wieder aufeinanderprallen, zu einer fast ununterbrochenen Kette kleinerer und größerer militärischer Konflikte mit stets sich ändernden Koalitionen.

Übergreifende Hegemonialbildungen lösen sich rasch ab; die Bemühungen *Spartas*, des *2. Attischen Seebundes* oder *Thebens* erleiden jeweils nach einem Jahrzehnt entscheidende Rückschläge. Selbst landschaftlich begrenzte Bünde wie der Peloponnesische, Boiotische und Thessalische haben beständig mit zentrifugalen Tendenzen zu kämpfen. Die Stammesbünde *(Koiná)* der Achaier, Aitoler und Arkader gelangen noch nicht zu größerer Bedeutung. Allerdings fördern die schwerwiegenden Folgen der dauernden militärischen Anspannung den panhellenischen Gedanken und wecken den Wunsch nach einer gemeingriechischen Friedensordnung *(Koinè eiréne)*. Doch die Friedensverträge sind kurzlebig und werden von außen (Persien, später Makedonien) mitbestimmt. Ein panhellenischer Perserfeldzug bleibt Wunschdenken (Isokrates). Spielt in der 1. Hälfte des 4. Jh.s immer wieder Persien in die griechischen Verhältnisse hinein, so sehen sich die griechischen Staaten seit dem Regierungsantritt *Philipps II.* (359) mehr und mehr gezwungen, ihre Politik an Makedonien auszurichten. Philipp nützt ihre Zersplitterung aus, und nach dem *Sieg von Chaironeia* 338 erzwingt er als Hegemon des *Korinthischen Bundes* zwar die äußere Einheit Griechenlands, doch ist damit auch die außenpolitische Autonomie der einzelnen Poleis beendet.

Die **politische Zersplitterung** bleibt nicht ohne Einfluß auf die **wirtschaftlichen und sozialen Verhältnisse**. Die *Landwirtschaft* bekommt die Folgen der vielen Kriegszüge und der damit verbundenen Verwüstung des flachen Landes besonders zu spüren, während *Handel* und *Gewerbe* weniger beeinträchtigt werden, zum Teil auch am Krieg verdienen. Die Lage der einzelnen Poleis unterscheidet sich daher je nach ihrer wirtschaftlichen Struktur. Athen erholt sich überraschend schnell von den Schäden des Peloponnesischen Krieges und behält seine Stellung als wichtigster Umschlagplatz. Das Bankwesen blüht auf, Handwerksbetriebe entwickeln sich zu großen Manufakturen, sie und der Bergbau beschäftigen zahlreiche Sklaven. In anderen Handelsstädten (Megara, Korinth, Sikyon, Argos) findet eine ähnliche Entwicklung statt. Es entsteht eine reiche Kaufmannsschicht, gegenüber der der alte grundbesitzende Adel an politischem Gewicht verliert und oftmals verarmt. Doch bleibt die Kluft zu den Unterschichten, woraus soziale Spannungen erwachsen. Kolonisation als Mittel gegen Übervölkerung und Verproletarisierung ist nicht mehr möglich; statt dessen bildet sich ein großes Reservoir an *Söldnern*, die in persischen und makedonischen Diensten, aber auch bei den zahlreichen Auseinandersetzungen in Griechenland selbst ihren Unterhalt suchen. Nur in Sparta geht die Bevölkerung weiter zurück, doch da sich gleichzeitig der Grundbesitz in der Hand weniger konzentriert, kommt es ebenfalls zu inneren Schwierigkeiten. Wie im 5. Jh. verbinden sich oftmals politische und soziale Gegensätze im Streit um die **aristokratische** oder **demokratische** Gestalt der **Verfassung,** und die Parteien rufen fremde Hilfe herbei, um ihre Vorherrschaft zu sichern. Daneben gelingt es vor allem in kleineren Staaten einzelnen, die sozialen Gegensätze auszunützen und eine eigene Herrschaft zu begründen *(Jüngere Tyrannis);* Persien und Makedonien bedienen sich mit Vorliebe solcher Tyrannen.

Die inneren und äußeren Schwierigkeiten in den Staaten des griechischen Mutterlandes, dazu die Begegnung mit den Königsherrschaften am Rande der griechischen Welt regen zwar die Diskussion über neue politische Formen an, aber die autonome Polis als normatives Staatswesen wird letztlich nicht in Frage gestellt, und infolgedessen kommt es nicht zu tiefgreifenden Reformen. Dazu trägt auch eine sich verbreitende Distanz zum Politischen bei, für die etwa in Athen die Unlust zum Kriegsdienst ebenso bezeichnend ist, wie der Übergang von den politischen Inhalten der Älteren Komödie zu gesellschaftlichen Gegenständen der Mittleren Komödie.

Die Grundstrukturen des athenischen *Verfassungslebens* bleiben die gleichen wie im 5. Jh. Modifikationen sollen die Souveränität des Demos stärken (bezeichnend dafür auch die Einführung des Ekklesiastensoldes 403/402), sie sollen Mißstände bekämpfen (wachsende Bedeutung des Volksgerichtes, der Heliaia), den Einfluß politischer Cliquen unterbinden (Einführung der „Normenkontrollklage", der *graphè paranómon*) und einzelne Organe der Polis neuen Aufgaben anpassen (Zuordnung von besonderen Geschäftsbereichen für einzelne Strategen).

Athen bleibt weiterhin das Zentrum des **griechischen Kulturlebens,** dessen geistige Kraft ungebrochen ist. Mit dem Ausgang des Peloponnesischen Krieges geht allerdings die *tragische Dichtung* zu Ende (Euripides stirbt 406; Sophokles 405). 386 wird ein Gesetz über die Wiederaufführung älterer Dramen erlassen, die damit als klassisch anerkannt werden. Das 4. Jh. ist die Blütezeit der attischen Prosa, und die attische Sprache verbreitet sich nicht nur in der Literatur, sondern auch als gehobene Umgangssprache in der ganzen griechischen Welt. Mit ihr wird das ionische Alphabet, das der Archon *Eukleides* 403/402 in Athen einführt, zur gemeingriechischen Schrift. *Lysias* (* ca. 445, † 380) und *Isokrates* (* 436, † 338), beide nicht aus Attika stammend, führen die Rhetorik auf ihren Höhepunkt und verbreiten durch ihre Lehrtätigkeit die Technik der kunstvollen Rede. Noch stärker als im 5. Jahrhundert ist *Rhetorik* in der Demokratie zur Voraussetzung einer politischen Karriere und Rhetor zum Synonym für Politiker geworden. *Aischines* (* ca. 390, † 315), *Demosthenes* (* 384, † 322) und *Hypereides* (* 390, † 322) verkörpern am besten diese Synthese.

Die isokratische Rhetorik übt auch auf die *Geschichtsschreibung* einen starken Einfluß aus. Die Schlichtheit *Xenophons* (*ca. 426, †350) in den *Hellenika*, in der kleineren Schriften und abgelöst durch die rhetorische Historiographie der Isokratesschüler *Ephoros* und *Theopomp*. Gegenpol der Rhetorik und der ihr nahestehenden Sophistik mit ihren relativierenden Wertvorstellungen wird die sokratische Philosophie, die nach echtem Wissen und wahrer Tugend fragt. Seine kompromißlose Haltung macht Sokrates (* 470, †399) zum Opfer der mißverstehenden und beunruhigten demokratischen Restauration in Athen, aber er wirkt durch seine Schüler fort. Sie führen sein Gedankengut weiter, vermischen es zum Teil mit anderen Philosophien und bilden verschiedene Schulen aus. Der bedeutendste Sokratiker, *Plato* (*427, †347), gründet 387 die *Akademie*, entwickelt die Ideenlehre und macht sie zur Grundlage eines idealen Staates *(Politeia; Nomoi).* Doch scheitert er in der politischen Praxis (Rechenschaftsbericht im 7. Brief über seinen Aufenthalt bei dem syrakusanischen Tyrannen *Dionysios II.* 367/366 und 361/360). *Aristoteles* (*384, †322) ist 367–347 Schüler Platos. 343–340 unterrichtet er in Makedonien Alexander. 335 gründet er in Athen seine eigene Schule, den *Peripatos.* Er erweitert die spekulative Philosophie Platos durch weitgespannte empirische Forschungen. Seine Schriften über Politik *(Politeia),* Ethik *(Nikomachische Ethik; Große Ethik),* Metaphysik, Poetik, Zoologie entspringen unmittelbar seiner Lehrtätigkeit. In großen Sammelwerken, zu denen seine Schüler beitragen (u. a. Sammlung von Verfassungen, von denen die Verfassung Athens 1892 auf Papyrus entdeckt wurde), vereinigt und verarbeitet er das Wissen seiner Zeit.

Auch in der bildenden Kunst bleibt Athen vorbildlich. Die Erhabenheit der *perikleischen Klassik* wird zum *Schönen Stil* der Zweiten Klassik fortentwickelt, *Praxiteles* († ca. 320) bringt in seinen Götterstatuen *(Aphrodite von Knidos; Hermes von Olympia)* seelische Empfindungen zum Ausdruck. Noch stärkere Bewegung zeigen die Figuren des *Skopas von Paros.* Die subjektive Erscheinung will *Sysipp* (*ca. 370, †310) in seinen Bronzestatuen darstellen; die Zeitgenossen (Alexander der Große) schätzen ihn auch als Porträtisten. Neben der freien Plastik blüht die Reliefkunst (Grab- und Weihreliefs). Bei den Tempelbauten verbreitet sich das korinthische Kapitell.

Chronologische Übersicht

400–394	Spartanisch-persischer Krieg	357–355	Athenischer Bundesgenossenkrieg
394–387	Korinthischer Krieg	356–346	3. Heiliger Krieg
387 / 386	Königsfriede (Antalkidasfriede)	346	Friede des Philokrates
378–355	2. Attischer Seebund	338	Schlacht von Chaironeia
371–362	Hegemonie Thebens	337	Korinthischer Bund

404 Mit dem Friedensschluß verkündet *Sparta* gemäß seiner bisherigen Propaganda die **Freiheit und Autonomie aller griechischen Staaten,** tatsächlich aber nutzt es den Sieg für seine Hegemonie aus. *Lysander,* nun der mächtigste Mann, legt in zahlreiche Städte des Mutterlandes, der Inseln und Kleinasiens makedonische Besatzungen unter der Führung von *Harmosten* (spartanische Offiziere) und gibt die Regierungsgewalt spartafreundlichen oligar-

138 Altertum – Griechenland vor dem Hellenismus

chischen Zehnmännerkommissionen *(Dekadarchien)*. In *Athen* setzt er die *Dreißig* ein, vor deren Terror zahlreiche Bürger fliehen. Das Vollbürgerrecht wird auf 3000 beschränkt. Lysander erhält als erster in Griechenland *göttliche Ehren.*

403 Athenische Emigranten unter *Thrasybulos* gewinnen den Piräus. Der Führer der Dreißig, Platos Onkel *Kritias,* fällt gegen sie im Straßenkampf, worauf ihre Anhänger nach Eleusis fliehen und dort einen Sonderstaat errichten. Die 3000 Vollbürger wählen ein Zehnmännerkollegium, das von Lysander gestützt wird. Doch dessen selbstherrliches Auftreten hat ihn inzwischen in Sparta verdächtig gemacht. König *Pausanias* rückt in Attika ein, entkleidet ihn seiner Macht und stellt die Demokratie wieder her. Eine Amnestie soll die Gegner aussöhnen, aber der eleusinische Sonderstaat wird erst 401 aufgelöst.

402 Auch in den übrigen Dekadarchien werden die Anhänger Lysanders zurückgedrängt, der auf ein spartanisches Wahlkönigtum hinarbeitet und dazu Unterstützung in Delphi sucht. Als er mit dem Satrapen *Pharnabazos* verhandelt, verrät dieser ihn in Sparta, und die Ephoren entmachten ihn. Der Satrap *Kyros* wirbt mit Spartas Einverständnis in Griechenland Söldner für einen Zug gegen den persischen Großkönig, seinen älteren Bruder *Artaxerxes II.* (404–362).

401 Kyros bricht von Sardeis mit dem *Zug der Zehntausend* auf. Bei *Kunaxa* (nordöstlich von Babylon am Euphrat gelegen) erweisen sich seine griechischen Söldner den Truppen des Artaxerxes überlegen, doch er fällt, und den Griechen bleibt nur die Rückkehr. *Xenophon,* der an dem Unternehmen in führender Stellung teilnimmt, gibt in der „*Anabasis*" eine lebendige Schilderung. Am Abfall Ägyptens und an der gegensätzlichen Politik der Satrapen Tissaphernes und Pharnabazos erweist sich die periodische Schwäche der persischen Zentralregierung.

400 *Tissaphernes* versucht, die persische Oberhoheit auf alle kleinasiatischen Griechenstädte
400–394 auszudehnen und löst damit den wechselvollen **Spartanisch-persischen Krieg** aus. Sparta, obwohl gerade mit dem vom Peloponnesischen Bund abgefallenen Elis beschäftigt (400–398), schickt *Thibron* mit 5000 Mann dem von Tissaphernes belagerten Kyme zu Hilfe.

399 Lysander unterstützt die Thronfolge des *Agesilaos* (399–359), eines Halbbruders Agis' II. Der Versuch des *Kinadon,* mit Hilfe von Periöken und Heloten die Macht der Spartiaten zu brechen, scheitert. Thibron, der aus Geldmangel seine Truppen verbündetes Gebiet plündern läßt, wird durch *Derkylidas* ersetzt. In Athen wird *Sokrates* als Jugendverderber und Verkünder neuer Götter zum Tode verurteilt und trinkt den Giftbecher. Der Justizmord wird für *Plato,* der den Prozeß und Tod seines Lehrers in „*Apologie*" und „*Kriton*" schildert, zum Schlüsselerlebnis und bestimmt ihn zu seiner Ablehnung der Demokratie.

398–397 Ein Waffenstillstand mit Pharnabazos ermöglicht Derkylidas, nach der Chersones überzusetzen, die er vor thrakischen Angriffen schützt. *Euagoras von Zypern* und der seit Aigospotamoi aus Athen verbannte *Konon* rüsten die persische Flotte auf. Tissaphernes und Pharnabazos zwingen Derkylidas, einen Angriff auf Karien abzubrechen.

396–395 Die verstärkten persischen Rüstungen veranlassen Sparta zu neuen Anstrengungen zu Wasser und zu Land. Agesilaos übernimmt das Oberkommando in Kleinasien. Friedensbemühungen bleiben erfolglos. Als er den Tissaphernes am Paktolos schlägt und die Umgebung von Sardeis verwüstet, wird der Satrap abberufen und hingerichtet. Sein Nachfolger *Tithraustes* schließt einen Waffenstillstand, und Agesilaos wendet sich gegen Pharnabazos. Den kleinasiatischen Städten wird die Anwesenheit der Spartaner immer lästiger, und in Griechenland gelingt es mit persischem Gold, eine zweite Front aufzubauen. In der *Schlacht bei Haliartos* fällt Lysander gegen die Boioter, worauf sich Theben, Argos, Athen, Korinth und die kleineren mittelgriechischen Staaten zu einem Bund gegen Sparta zusammenschließen (**Korinthischer Krieg:** 395–386).

394–393 Agesilaos muß Kleinasien aufgeben. Der neue Bund wird von Aristodemos am *Nemeabach,* von Agesilaos bei *Koroneia* besiegt, aber Konon und Pharnabazos vernichten die spartanische Flotte bei *Knidos* und beenden die Seeherrschaft Spartas. Die letzten spartanischen Harmosten werden vertrieben. Konon und Pharnabazos plündern die lakonische Küste. Konon kehrt ehrenvoll nach Athen zurück; die langen Mauern werden mit persischen Mitteln restauriert. Die Kleruchien (attische Militärkolonien) Lemnos, Imbros und Skyros kehren zu Athen zurück, und Rhodos, Kos, Chios, Ephesos schließen Bündnisse mit der Stadt, so daß man dort an eine Erneuerung des Seebundes denkt.

392 In Korinth veranstalten demokratische Spartagegner ein Massaker unter den Aristokraten und verstärken sich sogleich durch eine argivische Besatzung. Bis 386 besteht zwischen beiden Städten eine *Sympolitie* (Bund mit eigenem Bundesbürgerrecht). Der Spartaner *Antalkidas* scheitert mit einem Friedensangebot bei *Tiribazos,* dem Nachfolger des Pharnabazos. Konon wird wegen der Seebundspolitik von Tiribazos gefangengenommen, entkommt aber zu Euagoras und stirbt kurz darauf. Bei athenisch-spartanischen Friedensverhandlungen in Sparta fällt zum ersten Mal der Begriff der „*Koinè eiréne*", einer alle Griechen umfassenden Friedensordnung *(Andokides' Friedensrede).*

Niedergang der Poliswelt   139

391–390 Agesilaos kämpft erfolgreich gegen die Argiver. Der athenische Söldnerführer *Iphikrates* vernichtet mit Peltasten (Leichtbewaffneten) eine spartanische Abteilung. Sein Erfolg ist symptomatisch für die Wandlung in der Kampftechnik, durch die das Übergewicht der Phalanx gebrochen wird. Da Thrasybulos in Athen intensiv den Ausbau der Flotte betreibt, wendet sich die persische Schaukelpolitik wieder Sparta zu und ermöglicht den Bau von 27 Schiffen, mit denen Samos und Knidos besetzt werden.

389–388 Thrasybulos erobert Thasos, Samothrake und die thrakische Halbinsel Chersones (Gallipoli), schließt mit den Thrakerkönigen *Amadokos* und *Seuthes* ein Bündnis und gewinnt Byzantion und Chalkedon. Er stößt nach Halikarnassos und Klazomenai vor, doch seine Gegner zu Hause stürzen ihn.

387–386 Die athenischen Erfolge führen zu einer weiteren persisch-spartanischen Annäherung. Antalkidas schließt in Susa einen Friedensvertrag. Er sperrt am Hellespont die Getreidezufuhr nach Athen und macht die Stadt verhandlungsbereit. Im folgenden *Königsfrieden (Antalkidasfrieden)* setzt Persien seine Forderung nach Autonomie, d. h. Aufgabe der kleinasiatischen Städte, und Auflösung aller Bündnisse durch. Ein Friedenskongreß in Sparta vereinbart zusätzlich die *erste „Koinè eiréne"* der griechischen Geschichte, die tatsächlich aber eine Hegemonie Spartas von Persiens Gnaden ist. In den folgenden Jahren nimmt Sparta die Autonomieformel immer wieder zum Anlaß, um in anderen Städten die ihm genehme Partei an die Macht zu bringen.

383–379 Sparta schließt mit Amyntas III. und den chalkidischen Städten Akanthos und Apollonia einen Vertrag, der gegen den seit Ende des Peloponnesischen Krieges immer stärker werdenden Chalkidischen Bund gerichtet ist. Olynth, die Hauptstadt des Bundes, wendet sich an Athen. Von 381 an wird sie durch ein großes spartanisches Aufgebot belagert und muß 379 kapitulieren. Sparta scheint auf einem neuen Höhepunkt seiner Macht zu sein. Jason von Pherai errichtet eine Tyrannis mit dem Ziel, Thessalien unter seiner Herrschaft zu einen. Die Griechenstädte Kleinasiens erleben unter persischer Oberhoheit trotz Tributzahlungen und Truppenabgaben einen wirtschaftlichen Aufschwung. Isokrates verkündet im *Panegyrikos* das Programm eines *panhellenischen Feldzuges* gegen Persien, unter Führung Athens und Spartas.

379–378 Nachdem eine spartanische Abteilung auf dem Weg nach Olynth die Burg in Theben besetzt hat (382), gewinnen thebanische Flüchtlinge unter *Pelopidas* von Athen aus die Stadt zurück und errichten eine Demokratie, die Sparta vergeblich zu stürzen sucht. Auch ein spartanischer Angriff auf den Piräus scheitert. Athen und Theben verbünden sich, und ein weiteres Bündnis mit Byzantion sichert die pontische Getreidezufuhr nach Athen.

377 Athen ruft „die Griechen, die Barbaren des Festlandes und die Inselbewohner, soweit sie nicht Untertanen des Großkönigs sind", zur Gründung des **2. Attischen Seebundes** auf, der auf der Grundlage der im Königsfrieden garantierten Autonomie stehen soll. Einzelverträge binden die Mitglieder an Athen, an erster Stelle die bisherigen Verbündeten Chios, Byzantion, Mytilene, Rhodos, Theben, wozu nun Städte auf Euboia und einige Inseln in der nördlichen Ägäis kommen. Der Kreis erweitert sich in den folgenden Jahren bis auf 70 Mitglieder, die alle Stimmrecht in dem in Athen zusammentretenden *Synedrion* haben, doch müssen Beschlüsse von der Ekklesia bestätigt werden. Um keine bösen Erinnerungen an den 1. Seebund zu wecken, werden statt Steuern *(Phoroi)* Matrikularbeiträge *(Syntaxeis)* erhoben. In Athen ist die treibende Kraft *Kallistratos*. *Androtion* führt eine Reform der Leistungen durch, die die in *Symmorien* zusammengeschlossenen Bürger der Stadt aufbringen und die vornehmlich für die Flotte verwendet werden. Theben stellt den **Boiotischen Bund** wieder her mit einer Bundesversammlung und sieben *Boiotarchen*. Der Satrap *Maussollos* (377–352) baut die Satrapie Karien unter persischer Oberhoheit zu einer eigenen Herrschaft aus und macht Halikarnassos zur Residenz.

376–375 **Athenisch-spartanischer Krieg** zur See. Sparta besetzt Aigina, während der bedeutende athenische Stratege *Chabrias* im Gegenzug die Flotte des Peloponnesischen Bundes bei Naxos besiegt. Er fährt in die nördliche Ägäis, hilft den von Thrakern bedrängten Abderiten und gewinnt Thasos, Samothrake und den erneuerten Chalkidischen Bund für den Seebund. Ihm ist auch der Vertrag mit *Amyntas III.* zu verdanken, der Athen das wichtige makedonische Schiffbauholz sichert. Auf einem Kongreß in Sparta erneuern die kriegführenden Mächte den Königsfrieden. Persien ist am Frieden interessiert, da andernfalls der Zustrom griechischer Söldner versiegt.

374 Polydamos von Pharsalos muß sich, nach vergeblichem Hilferuf an Sparta, *Jason von Pherai* anschließen, der zum thessalischen *Tagos* (Oberhaupt) gewählt wird und mit dem Bau einer Flotte beginnt. Er plant die Hegemonie über Griechenland zu gewinnen und einen Perserkrieg zu unternehmen, darin von Isokrates unterstützt. Als Konons Sohn *Timotheos* auf Zakynthos verbannte Demokraten zurückführt, sieht Sparta darin einen Friedensbruch.

373–372 Sparta versucht mit Hilfe des Dionysios I., Korkyra in seine Gewalt zu bringen, doch dem athenischen Strategen *Iphikrates* gelingt es, die Belagerung zu sprengen und zusätzlich Kephallenia zu gewinnen. Zwischen Athen und Theben kommt es zum Bruch über die von

140 Altertum – Griechenland vor dem Hellenismus

Sparta aufgegebenen boiotischen Städte. Athen nimmt Oropos in Besitz, Theben zerstört Plataiai (*Plataikos* des Isokrates). Als Reaktion auf die wachsende thebanische Macht nähert sich Athen wieder Sparta.

371 Zum 2. Mal werden auf einer Konferenz in Sparta Königsfriede und „Koinè eiréne" erneuert. Auch Dionysios I. und Amyntas III. nehmen teil. Nur Theben schließt sich unter Führung des *Epameinondas* aus, der in diesem Jahr zum Boiotarchen gewählt wird. Zusammen mit Pelopidas hat er sich seit der Befreiung von Sparta um die Aufrüstung Thebens (Eliteeinheit der heiligen Schar) und den Ausbau des Boiotischen Bundes bemüht. Als Sparta auf der Autonomie der boiotischen Städte beharrt und *Kleombrotos* mit 10 000 Mann gegen Theben vorrückt, tritt ihm Epameinondas bei *Leuktra* entgegen und siegt trotz numerischer Unterlegenheit dank der neuartigen Taktik des verstärkten linken Flügels *(schiefe Schlachtordnung).* Die Niederlage raubt Sparta endgültig den Nimbus der Unbesiegbarkeit zu Lande und erschüttert seine Stellung in der Peloponnes, wo Mitglieder des Peloponnesischen Bundes revoltieren. In Arkadien entsteht ein Bundesstaat; Mantineia wird wieder aufgebaut. Die **thebanische Hegemonie** der folgenden zehn Jahre (371–362) ruht allein auf dem militärischen Genie des Epameinondas.

370 *Lokrer, Phoker* und *Aitoler* schließen mit dem *Boiotischen Bund* einen Freundschaftsvertrag, Euboia und Akarnanien, Mitglieder des attischen Seebundes, treten zu ihm über. Eine sich abzeichnende Auseinandersetzung mit *Jason* wird durch dessen Ermordung verhindert. *Theben* erhält die *Promantie* (Vortritt bei Orakelbefragung) in der delphischen Amphiktyonie. Epameinondas und Pelopidas ziehen in die Peloponnes, verwüsten unter Zuzug der Arkader, Argiver und Eleer Lakonien, können aber das von Agesilaos verteidigte Sparta nicht nehmen. Der Abfall der Perioiken und die Wiederherstellung des messenischen Staates, wozu Epameinondas die in der griechischen Welt zerstreuten Messenier zurückruft, bedrohen die Grundlage der spartanischen Lebensordnung. Sparta bittet Athen um Hilfe, und Iphikrates zwingt Epameinondas zum Rückzug. Arkadiens neue Hauptstadt Megalopolis entsteht aus einem *Synoikismos* (Zusammenlegung) von 39 Gemeinden.

369 *Pelopidas* schließt ein Bündnis mit *Alexander II.,* und *Philipp II.* kommt als Geisel nach Theben. Epameinondas rückt zum 2. Mal in die Peloponnes, gewinnt Pellene, Phlius und Sikyon; weitere Erfolge werden von einem spartanisch-athenischen Heer verhindert, dem Dionysios I. Hilfe schickt. Die Enttäuschung in Theben äußert sich in einem Prozeß gegen Epameinondas, der für das kommende Jahr nicht zum Boiotarchen gewählt wird.

368 Pelopidas versucht vergeblich, thessalische Städte gegen Jasons Nachfolger *Alexander von Pherai* zu gewinnen, der sich mit Athen verbündet. Eine auf persische Veranlassung in Delphi zusammengetretene Friedenskonferenz bleibt erfolglos, da Theben gegen die Rückkehr Messeniens zu Sparta ist und Arkadien auf Selbständigkeit gegenüber Theben beharrt. Alexander von Pherai schließt mit dem Boiotischen Bund einen Vertrag.

367 Auf einem dritten Zug in die Peloponnes kann Epameinondas das bisher neutrale Achaia nur kurz halten, da sich eine oligarchische Reaktion Sparta anschließt. In Susa, wo griechische Gesandtschaften die Gunst des Perserkönigs zu erreichen versuchen, gewinnt Pelopidas *Artaxerxes* für eine „Koinè eiréne", deren Bedingungen Thebens Interessen wahren: Messene soll unabhängig bleiben und Athen seine Flotte aufgeben. Denn nach der Einkreisung Spartas will Theben als neuer griechischer Hegemon Athen die Seeherrschaft streitig machen. Epameinondas läßt 100 Trieren bauen.

366 Athen unterstützt dagegen den aufständischen Satrapen *Ariobarzanes* am Hellespont. Sestos und Krithote schließen sich dem Seebund an zum Schutz gegen den Thrakerkönig *Kotys,* der seine Macht auf den Chersones auszudehnen sucht. Samos wird erobert und mit 2000 Kleruchen besiedelt. Theben nimmt Athen Oropos weg und unterstützt das sich bildende **Aitolische Koinon.**

365–363 Der athenische Stratege *Timotheos* gewinnt Methone, Torone, Pydna und Poteidaia, scheitert aber vor Amphipolis trotz makedonischer Unterstützung. Die wachsende Unzufriedenheit im Seebund über Athens Vormachtstellung nutzt *Epameinondas* aus und bringt mit der neuen Flotte Keos, Chios, Byzantion und Rhodos zum Abfall. Aber neue Anforderungen in Griechenland unterbrechen Thebens Ausgreifen in die Ägäis. Der Boiotische Bund vernichtet Orchomenos, das verbannte thebanische Aristokraten aufgenommen hat, und unterstützt Tegea und Megalopolis bei Rivalitäten im *Arkadischen Bund.*

362 Auf seinem vierten Zug in die Peloponnes kann *Epameinondas* Sparta wieder nicht erobern. Die Schlacht von Mantineia entscheidet er mit der schiefen Schlachtordnung, doch fällt er, und mit seinem Tod bricht die thebanische „hegemonia" (Vormacht) zusammen. Die erschöpften Staaten erneuern die „Koinè eiréne" auf der Grundlage des Status quo. Da damit die Existenz Messeniens anerkannt wird, hält sich Sparta fern.

361–360 Alexander von Pherai fordert Athen mit Kaperfahrten heraus, erobert Peparethos und überfällt den Piräus; Byzantion, Chalkedon und Kyzikos bringen attische Getreideschiffe auf; Amphipolis wird mittlerweile von *Perdikkas III.* von Makedonien unterstützt; Sestos geht an Kotys verloren. Trotz neuer Leiturgien fehlt in Athen das Geld für energische

Niedergang der Poliswelt   *141*

Gegenschläge. Die Demokratie macht ihrer Unzufriedenheit Luft durch Todesurteile gegen Politiker und Strategen; *Kallistratos* und *Leosthenes* gehen rechtzeitig nach Makedonien in die Verbannung.

359–358 Dem athenischen Strategen *Kephisodotos* gelingt es nicht, die Verluste auf der Chersones gutzumachen. Fehden zwischen thrakischen Stammeskönigen und die Schwäche des Seebundes kennzeichnen die Situation an der Nordküste der Ägäis, als der Regierungsantritt *Philipps II.* eine neue Epoche einleitet. Athen unterstützt zunächst den Thronprätendenten *Argaios,* schließt dann aber mit Philipp einen Vertrag, in dem ihm Amphipolis gegen das Seebundsmitglied Pydna versprochen wird.

357 Ein Bündnis mit den Thrakerkönigen *Berisades, Amadokos* und *Kersebleptes* soll Athen die Tributzahlungen der Seebundsmitglieder an der thrakischen Küste und auf der Chersones sichern. Es schlägt zusammen mit Eretria die anderen Städte, die Theben zu Hilfe gerufen haben, und sichert den Erfolg durch ein die ganze Insel einschließendes Bündnis. Amphipolis bittet beim ehemaligen Gegner Athen vergebens um Unterstützung gegen Makedonien. Um so größer ist die Enttäuschung in Athen, als Philipp nach der Eroberung von Amphipolis nicht an die Übergabe der Stadt denkt. Die Athener geben allerdings auch nicht Pydna heraus, für den Makedonenkönig der Anlaß, die Stadt anschließend zu unterwerfen. Athen kann keinen wirksamen Gegenangriff führen, da inzwischen

357–355 der **Bundesgenossenkrieg** ausgebrochen ist: Chios, Rhodos, Kos schließen sich gegen die Mißachtung der bundesgenössischen Autonomie mit Maussollos zusammen, der ihren Abfall mit Schiffen und Söldnern unterstützt. Byzantion, Perinthos und Selymbria schließen sich an. Chabrias fällt bei einem Angriff auf Chios. Die Flottenrüstungen zwingen Athen zu einer Reform der *Symmorien* und *Trierarchien.*

356 Der athenische Stratege *Chares* operiert mit dem aufständischen Satrapen *Artabazos* zusammen, während Maussollos und seine Verbündeten von *Artaxerxes III.* *Ochos* unterstützt werden. Gegen Makedonien ist Athens Bündnis mit den Königen *Ketriporis* von Thrakien, *Lyppeios* von Paionien und *Grabos* von Illyrien gerichtet. Der folgenschwere **3. Heilige Krieg** (356–346) nimmt seinen Ausgang von hegemonialen Ansprüchen der Thebaner und Phoker, veranlaßt die anderen Staaten zur Parteinahme und öffnet schließlich Makedonien den Zutritt zu Mittelgriechenland. Auf Phokis' Seite treten Athen und Sparta, ohne zunächst aktiv einzugreifen, in der gegnerischen Koalition befinden sich neben Theben vor allem Lokris, Doris und die Thessaler.

355–354 Chares erobert Lampsakos und Sigeion und schlägt ein persisches Heer. Darauf setzt eine persische Gesandtschaft Athen unter Druck, das den abgefallenen Bündnern die Unabhängigkeit zugesteht. Im Seebund verbleiben Euboia und einige Inseln und Städte der thrakischen Region. Die delphischen Tempelschätze ermöglichen Phokis, ein Söldnerheer von 10 000 Mann aufzustellen; der Stratege *Philomelos* fällt gegen Theben, *Onomarchos* wird sein Nachfolger. Er erobert Orchomenos, wird aber bei Chaironeia vom boiotischen Aufgebot geschlagen. In Athen führt die Zerrüttung der Finanzen als Folge des Bundesgenossenkriegs zu sozialen Spannungen. *Eubulos* wird Vorsteher des *Theorikon* (Schauspielgelderkasse), führt eine Finanzreform durch und plädiert für eine Friedenspolitik, um den Staatshaushalt zu sanieren *(Xenophons* Buch „Einkünfte"; Isokrates' „Friedensrede").

353–352 *Lykophron von Pherai,* Nachfolger Alexanders, ruft die Phoker gegen Philipp zu Hilfe; Onomarchos schlägt die Makedonen zweimal und erobert Koroneia. Die Spartaner wollen die Auseinandersetzung Thebens in Mittelgriechenland ausnützen, um ihre Hegemonie in der Peloponnes wieder zu errichten. Sie greifen das mit Theben verbündete Megalopolis an, dem Athen Hilfe verweigert, um sein Verhältnis zu Sparta nicht zu belasten. Kersebleptes und Olynth nähern sich aus Sorge vor Philipp Athen. Philipp schlägt die Phoker auf dem Krokusfeld, athenische, achaiische und spartanische Truppen hindern ihn jedoch, in Phokis einzumarschieren.

351–350 Philipps Sieg über die Phoker ermöglicht Theben, in die Peloponnes einzugreifen. Sparta erobert Orneai und schlägt die heranrückenden Argiver. Mit Theben schließt es nach mehreren unentschiedenen Gefechten einen Waffenstillstand. Damit ist Thebens Politik in der Peloponnes beendet, die dortigen Gegner Spartas schauen fortan nach Makedonien. Theben erneuert seine traditionelle Freundschaft mit dem Perserkönig, der 300 Talente schickt. Auch Athen bemüht sich um gute Beziehungen zu Artaxerxes; der athenische Stratege *Phokion* hilft dem königstreuen karischen Satrapen *Idrieus,* einen Aufstand in Zypern niederzuschlagen.

349 Nachdem *Demosthenes* schon seit 352 für stärkere Unterstützung Olynths gegen Makedonien plädiert hat, kommt angesichts von Philipps bedrohlichem Vorgehen auf der Chalkidike ein Bündnis zustande *(1. Olynthische Rede).* Das Kontingent von 30 Trieren und 2000 Söldnern ist jedoch zu schwach, um das makedonische Belagerungsheer zu vertreiben. Phokion führt ein Bürgerheer nach Euboia, wo der Tyrann von Eretria, *Plutarch,* von Gegnern und Makedonenfreunden angegriffen worden ist, um Athen zusätzlich zu binden. Phokion siegt bei Tamynai.

142 Altertum – Griechenland vor dem Hellenismus

348 Auf Demosthenes' *2. und 3. Olynthische Rede* hin wird Charidemos mit 4000 Söldnern vom Hellespont nach Olynth beordert, kann aber die Eroberung der Stadt nicht verhindern. Die Bemühungen einzelner athenischer Politiker (Eubulos, Aischines), einen gesamtgriechischen Krieg gegen Makedonien zustande zu bringen, scheitern. Dagegen rät *Philokrates*, auf die von Philipp geäußerten Friedensabsichten einzugehen.

347 Im Einverständnis mit Kersebleptes sichert Chares die thrakischen Küstenplätze des Seebundes mit Besatzungen gegen weiteres Ausgreifen Makedoniens. Die Phoker siegen dank ihrer Reiterei über die Thebaner bei Koroneia, doch die delphischen Tempelschätze gehen zur Neige, und innerphokische Gegensätze brechen auf, die auch das Verhältnis zu Athen und Sparta belasten; Theben wird von makedonischen Truppen unter *Parmenio* unterstützt.

346 Eine *athenische Friedensdelegation* reist nach Pella, darunter Demosthenes und Aischines, deren spätere Darstellungen vom Verhandlungsverlauf sich vielfach widersprechen *(Reden von den Truggesandtschaften)*. Philipp geht auf die Forderung nach Rückgabe von Amphipolis und nach Sicherheitsgarantien für die athenischen Positionen in Thrakien nicht ein. Eine Gegengesandtschaft mit Parmenio und Antipater bietet ein Defensivbündnis auf Grundlage des Status quo an; der von Philokrates redigierte Vertragstext wird nach heftigen Auseinandersetzungen in der Ekklesia ratifiziert: **Friede des Philokrates.** Da Phokis ausdrücklich vom Frieden ausgenommen wird, hat Philipp eine formale Handhabe, den 3. Heiligen Krieg in einem raschen Feldzug zu beenden. Er übernimmt Phokis' Sitz in der delphischen Amphiktyonie. Auf der Peloponnes tritt er gegen Sparta für Messeniens Selbständigkeit ein.

345–343 Philipp stellt sich gemäß dem Friedensvertrag im Amphiktyonenrat gegen Delos, das seine Unabhängigkeit von Athen will. In allen griechischen Staaten werden innenpolitische Entscheidungen fortan von der Einstellung zu Makedonien mitbestimmt. Demosthenes sucht auf der Peloponnes den wachsenden Einfluß Philipps bei den Spartagegnern (Messene, Argos, Arkadien, Elis) einzudämmen, wogegen eine makedonische Gesandtschaft protestiert *(2. Philippische Rede)*. Philokrates wird vom Makedonengegner *Hypereides* angeklagt und verbannt; Aischines entgeht knapp der Verurteilung. Auch in Theben regen sich die Makedonengegner. Philipps Vorschlag einer allgemeinen Friedenskonferenz wird abgelehnt, da er auf ehemaliges athenisches Gebiet (Halonnesos) nicht verzichtet. Makedonenfreundliche Aristokraten richten in Elis unter ihren Gegnern ein Blutbad an; bei einer gleichen Auseinandersetzung in Megara können sich die Demokraten mit Hilfe Athens behaupten. Auf Euboia nützt Philipp innere Spannungen aus und bringt in Eretria und Oreos Tyrannen an die Macht.

342 Athen, dessen Furcht vor einer makedonischen Einkreisung wächst, stationiert ein Geschwader bei Skiathos und siedelt auf der Chersones neue Kleruchen an. Als Philipp von Epeiros aus nach Süden vorstößt, um den Seeweg zur Peloponnes zu sichern, wirft es Truppen nach Akarnanien, und athenische Gesandte agitieren unter Leukadiern, Ambrakioten und Peloponnesiern. Der von Philipp abgesetzte König *Arybbas* von Epeiros erhält athenisches Asyl.

341 Der Stratege *Diopeithes* greift makedonische Stützpunkte an der thrakischen Küste an. Sein Zusammenstoß mit dem promakedonischen Kardia veranlaßt Philipp im Zuge weiterer Ausdehnung nach Osten zu Gegenmaßnahmen. Die attischen Makedonengegner entfalten eine intensive diplomatische Tätigkeit (Demosthenes' *3. Philippische Rede*). Aus Oreos und Eretria werden die makedonenfreundlichen Tyrannen durch eine Koalition von Athen, Chalkis und Megara vertrieben, und ein **Euboiischer Bund** konstituiert sich. Er schließt sich einem Kriegsbündnis Athens mit Megara, Achaia, Korinth, Akarnanien, den Leukadiern und Korkyraiern an. Ein Synhedrion unter Athens Führung wird gebildet. Als Philipp Byzantion belagert und attische Getreideschiffe kapert, erklärt ihm Athen den Krieg. Chares kommt mit einer Flotte Byzantion zu Hilfe, das sich dem Bund anschließt.

339 Phokion segelt mit einem 2. Geschwader nach Byzantion; auch Chios, Kos und Rhodos senden Schiffe. Philipp muß die Belagerung aufheben. Der Erfolg setzt Demosthenes, in diesem Jahr Flottenvorsteher *(Epistates)*, in die Lage, eine Finanzreform durchzuführen: Die Schauspielgelder werden für die Dauer des Krieges an die Kriegskasse abgeführt. Er sucht ferner Theben zu gewinnen, das ihm folgt, als Philipp anläßlich einer Strafexpedition der Amphiktyonie gegen Amphissa nach Mittelgriechenland einmarschiert.

338
2. August Nach der Zerstörung Amphissas macht Philipp den siegessicheren Athenern vergeblich Friedensangebote. Um so härter trifft Athen die **Niederlage von Chaironeia,** die mit einem Schlag nicht nur die zwanzigjährige Auseinandersetzung mit Makedonien entscheidet, sondern darüber hinaus der gesamten griechischen Poliswelt einen Stoß versetzt, von dem sie sich nicht mehr erholt. Der **Korinthische Bund** soll Makedonien die dauernde Hegemonie über Griechenland sichern. – *(Forts. S. 176)*

Alexander und der Hellenismus

Makedonien und Epeiros bis Philipp II.

Chronologische Übersicht

700–500	Grundlegung des makedonischen Staates
495–450	Aufstieg Makedoniens unter Alexander I.
450–414	Perdikkas' II. Schaukelpolitik gegenüber Griechenland
414–399	Ausbau Makedoniens unter Archelaos
399–359	Schwächung durch innere Wirren und Angriffe an den Grenzen
359–336	Philipp II. erlangt die Vorherrschaft über Griechenland; Makedonien wird europäische Großmacht

Die Frühgeschichte von *Epeiros* und der Westhälfte *Makedoniens* wird durch die **geographische Lage** bestimmt. An Ohrid- und Prespasee im Norden schließen hohe Gebirgsketten mit tiefeingeschnittenen Flußtälern an. Ihre Wasserscheide ist der Gebirgszug des *Pindos*, der sich in die griechische Halbinsel fortsetzt. Größere geopolitische Einheiten gibt es im Binnenland nicht, und die Küstensäume sind sehr schmal. Seit der Wende vom 3. zum 2. Jt. wird das Gebiet immer wieder von Wellen von Indogermanen durchzogen, die nach Süden drängen (Ionier, Nordwestgriechen, Dorer), aber im Bevölkerungssubstrat keine nachhaltigen Spuren hinterlassen. Die kärglichen Lebensbedingungen verlocken nicht zum Bleiben. Dagegen hat in Ostmakedonien der *Axios* (heute Vardar) eine fruchtbare Schwemmlandebene aufgeschüttet mit guten Voraussetzungen für Ackerbau und Viehzucht. Daran schließt sich das Mittelgebirge der *Chalkidike* an, das mit seinen Waldbeständen Holz und Pech für den Schiffsbau liefert. Aber auch hier entstehen in der Frühzeit keine größeren Machtgebilde, wohl weil die Küstenregion zum Durchgangsland nach Thrakien und weiter nach Kleinasien wird.

Die **politische Zersplitterung** spiegelt sich in den Landesnamen, die nicht original sind. Makedonien ist nach den einwandernden *Makedones* (Hochländer) benannt und setzt sich im Zuge der staatlichen Einigung als politischer Begriff durch; Epeiros (Festland) ist seit Beginn des 4. Jh. als Landschaftsname gebräuchlich. In der frühen Eisenzeit (1300–700) werden diese Gebiete von einer Vielzahl größerer und kleinerer Stämme besiedelt, deren ethnische Einordnung schwierig ist. Im Süden gibt es Übergänge zum *Griechentum*, im Norden herrscht das *illyrische*, in Makedonien das illyrische und das *thrakisch-phrygische* Element vor. Doch hat man mit fließenden Volksgrenzen zu rechnen.

Um 750   An der epeirotischen und an der makedonischen Küste setzt die **griechische Kolonisation** ein. Auf der Epeiros vorgelagerten Insel *Korkyra* kolonisiert Korinth und geht von dort aus das Festland über, siedeln die Griechen in *Methone* und *Pydna* an, und ein Kranz griechischer Städte entsteht auf der *Chalkidike*. Etwa zur gleichen Zeit geraten die Stämme im Landesinneren in Bewegung im Zusammenhang mit weiträumigen, vom Donauraum und von Südrußland (Kimmerer) ausgehenden Völkerverschiebungen.

Um 700   Aus dem epeirotischen Bergland dringen kleine wandernde Kriegergruppen (*„Makedonen"*) unter Heerkönigen in Pierien am mittleren Haliakmon (heutiger Flußname: Aliákmon) ein. Sie gewinnen die *Oberhoheit* über die dortige ältere Bevölkerung, vermischen sich mit ihr und legen so den *Grund für den makedonischen Staat*. (Das ist der historische Kern der novellistischen Erzählung bei *Herodot* 8, 137–139.)

In den folgenden zwei Jahrhunderten dehnt sich die **makedonische Herrschaft** nach Norden bis *Almopia*, nach Nordwesten bis *Mygdonia* und in die westliche *Chalkidike* aus. Die ansässigen Stämme werden integriert, widerstrebende Teile werden vertrieben. (*Thukydides'* Darstellung 2, 99 ist dementsprechend zu modifizieren.) Die erfolgreiche Expansion läßt das ursprüngliche Heerkönigtum gegenüber dem Kriegeradel immer stärker in eine monarchische Stellung hineinwachsen. Die für das 7. und 6. Jh. überlieferten Herrscher *Perdikkas, Argaios, Philippos, Aeropos, Alketas, Amyntas* sind historisch, aber die durchgehende Deszendenz dürfte wenigstens teilweise spätere Konstruktion sein. Kriegerische Fähigkeiten des Königs sind auch weiterhin für die *makedonische Monarchie* stärker bestimmend als richterliche und priesterliche Tätigkeit, was zusammen mit der Rolle der Heeresversammlung an die Ursprünge aus dem Heerkönigtum erinnert. Vornehme Adlige stehen dem König als *Hetairoi*-Gefährten (Adelsreiterei) zur Seite und werden für ihre Dienste mit Landbesitz in den eroberten Gebieten belohnt. Die Kontinuität der Herrschaftsverhältnisse wird gefördert durch die dauernde militärische Anspannung. Denn die immer nur für kurze Zeit gebannte Gefahr, die an den nördlichen Grenzen von illyrischen und thrakischen Völkerschaften ausgeht, dazu die zeitweiligen Versuche griechischer Mächte, Einfluß in Makedonien zu gewinnen, erfordern ständige Abwehrmaßnahmen.

144 Altertum – Alexander und der Hellenismus

Ein vergleichbarer Einigungsprozeß findet in *Epeiros* zunächst nicht statt. Die Stämme leben bis ins 4. Jh. weitgehend ein *politisches Eigenleben*. Die Macht der Könige wird vom Adel stark eingeschränkt, und die größeren Stämme *(Chaonen, Molosser)* bilden bundesstaatliche und genossenschaftliche Formen *(Koinon)* aus. Die Chaonen besitzen zunächst einen gewissen Vorrang. Dieser geht im 4. Jh. auf die Molosser über, nachdem König *Tharyps* sie in der 2. Hälfte des 5. Jh. zu politischem und wirtschaftlichem Aufschwung geführt hat, der von einer *Hellenisierung* begleitet wird.

2. Hälfte 6. Jh.– ca. 495	*Amyntas* verstärkt Makedoniens Beziehungen zu griechischen Staaten. Er bietet dem aus Athen vertriebenen Tyrannen *Peisistratos* das kurz zuvor eroberte Anthemus auf der Chalkidike an.
513/512	Als der Perserkönig *Dareios* im Rahmen seiner großangelegten Westoffensive von Makedonien Unterwerfung fordert, gibt Amyntas in realistischer Einschätzung seiner Machtmittel nach.
ca. 495 –451 480	*Alexander I.* folgt der Politik seines Vaters. Er ist zwar athenischer Proxenos und zeigt den Griechen seine Sympathie, leistet beim Zug des Perserkönigs *Xerxes* aber Heeresfolge gegen die griechische Eidgenossenschaft.
479	Xerxes schätzt Alexanders Dienste so hoch ein, daß er Makedonien auf dem Rückzug nach der *Niederlage von Salamis* um ein großes Gebiet zwischen den Flüssen Axios und Strymon erweitert. Durch den *Machtzuwachs* festigt sich auch Alexanders Stellung als König im Innern, wie sich aus den Münzen ablesen läßt, die er nun im eigenen Namen prägt und mit denen er die bisherigen Stammesprägungen ablöst. Er gewinnt die **Hegemonie über die obermakedonischen Fürstentümer,** baut *Pella* zur Hauptstadt aus und stärkt das makedonische Aufgebot, indem er den berittenen adligen *Hetairoi*-Gefährten das Fußvolk der *Pezhetairoi* zur Seite stellt. Nach dem endgültigen Abzug der Perser bemüht er sich erneut um gute Beziehungen zu Griechenland (Beiname *Philhellen*), besonders zu dem im Perserkrieg neutral gebliebenen *Argos*. Dazu dient die Legende von der Herkunft der makedonischen
476	Dynastie aus Argos. Sie soll ebenso wie Alexanders Teilnahme an den Olympischen Spielen das Griechentum des Königshauses demonstrieren.
ca. 451 –413	Alexanders Nachfolgeregelung, die seinem Sohn *Perdikkas II.* die **Herrschaft über Gesamtmakedonien,** den anderen Söhnen *Philippos* und *Alketas* Teilherrschaften gibt, führt zu inneren Auseinandersetzungen, wie sie auch später immer wieder vorkommen werden, wenn Angehörige der Königsfamilie, darunter Söhne von Nebenfrauen des regierenden Herrschers, aufgrund des anerkannten Geblütsrechts dynastische Forderungen stellen und Teile der Makedonen für sich gewinnen.
432–429	Perdikkas verdrängt seine Brüder, obwohl sich Philippos mit Athen, dessen Sohn *Amyntas* sich mit dem Odrysenkönig *Sitalkes* verbündet hat. Makedonien wird dadurch in den **Peloponnesischen Krieg** hineingezogen, doch gelingt es Perdikkas durch eine geschickte Schaukelpolitik zwischen Athen und Sparta, die makedonischen Interessen zu wahren.
423	Perdikkas schließt ein *Bündnis mit Athen,* das der Stadt das Exportprivileg auf das wichtige makedonische Schiffsbauholz garantiert.
417	Perdikkas schließt sich der *Koalition der Spartaner, Argiver und Chalkidier* an, um zu verhindern, daß Athen seine Machtstellung im benachbarten Thrakien zurückgewinnt.
413–399	*Archelaos,* Sohn des Perdikkas aus einer früheren Ehe und zum Vormund über den noch minderjährigen Thronfolger bestellt, beseitigt seinen Schützling, heiratet die Königinwitwe und übernimmt selbst die Herrschaft. Er fördert den wirtschaftlichen Ausbau des Landes und zieht dazu griechische Handwerker ins Land. Insbesondere die *Aristokratie hellenisiert* sich immer stärker. Neben anderen Künstlern und Dichtern verbringt *Euripides* die letzten Lebensjahre am Hof zu Pella, wo er in der nach seinem Gönner benannten Tragödie „Archelaos" die Anfänge des Königshauses und seine angeblich argivische Herkunft verherrlicht. Auch nach Thessalien kann Archelaos seinen Einfluß ausdehnen.
399	Archelaos Opfer einer Verschwörung; sein Todesjahr ist durch den Synchronismus mit dem Tod des Sokrates *das erste völlig gesicherte Datum der makedonischen Geschichte.*
399–392	Seine Ermordung leitet eine Periode voller Wirren ein, in der Thronprätendenten rasch wechseln *(Orestes,* Sohn des Archelaos; *Aeropos; Amyntas II.),* während im Nordwesten illyrische Stämme einfallen und an der makedonischen Ostflanke im *Chalkidischen Bund* und seinem Vorort *Olynth* ein gefährlicher Gegner erwächst.
392–370	*Amyntas III.* schließt nach der Herrschaftsübernahme einen Bündnis- und Handelsvertrag mit Olynth, muß aber bald darauf vor dem Prätendenten *Argaios* aus Makedonien weichen. Es gelingt ihm, mit thessalischer Hilfe zurückzukehren. Durch Tributzahlungen an die Illyrer sichert er das Land vor Einfällen.
382–379	Durch ein *Bündnis* gewinnt er die Spartaner *gegen Olynth* (Chalkidike), das Teile Makedoniens an sich gerissen hat. Die Stadt wird gezwungen, sich Sparta anzuschließen, der Chalkidische Bund löst sich für mehrere Jahre auf.
ca. 375 –373	Amyntas III. schließt *Bündnisse mit Athen (375) und mit Jason von Pherai* (Thessalien) (374/373).

Makedonien und Epeiros bis Philipp II.   145

369–368   Sein Nachfolger *Alexander II.* wird nach einjähriger Regierung ermordet. Wieder bringen konkurrierende Thronansprüche Unruhen mit sich und geben Athen Gelegenheit einzugreifen.

365–359   *Perdikkas III.,* Sohn Amyntas' III., sichert sich die Herrschaft.

360   Er wahrt durch ein Bündnis mit der ehemaligen athenischen Kolonie *Amphipolis* seine Eigenständigkeit gegenüber athenischen Interessen.
In einer großen Schlacht, mit der er sich von der Tributpflicht gegenüber den Illyrern befreien will, fällt er zusammen mit 4000 Makedonen.

359–336   In der verzweifelten Lage übernimmt sein dreiundzwanzigjähriger Bruder **Philipp II.** die Regierung. Die Illyrer besetzen Teile des westlichen Makedonien, im Norden dringen Paionen ein. Mehrere Prätendenten aus der Königsfamilie machen Philipp die Herrschaft streitig: *Pausanias* sucht mit thrakischer Unterstützung den Thron zu erobern, *Argaios* versichert sich dazu athenischer Hilfe. Philipp beweist sogleich seine Fähigkeiten, indem es ihm trotz Perdikkas' Katastrophe gelingt, die Wehrkraft der Makedonen zu stärken und nicht nur die Konkurrenten im Innern auszuschalten – als nächster Angehöriger des gefallenen Königs hat er die größere dynastische Legitimität –, sondern auch die Paionen zu vertreiben. Mit Athen schließt er ein Bündnis mit der Vereinbarung, Amphipolis zu erobern und es gegen Pydna an Athen zu übergeben.

358   Philipp besiegt die Illyrer und gewinnt die von ihnen besetzten Gebiete zurück. Er festigt die Vorherrschaft über Obermakedonien, dessen Stammeskönigtümer in den nächsten Jahren ihre Selbständigkeit verlieren. Die in kürzester Frist erfolgte Konsolidierung Makedoniens schafft die Voraussetzung für die expansive Außenpolitik der nächsten Jahre, die durch die Schwäche Griechenlands, den **Bundesgenossenkrieg** (357–355) und den **3. Heiligen Krieg** (356–346) begünstigt wird.

357   Ein Bündnis mit dem molossischen König *Arybbas* sichert Philipp zusätzlich durch die Heirat mit dessen Nichte *Olympias,* der Tochter des kurz zuvor verstorbenen Königs *Neoptolemos.* Olympias gebiert ihm den Thronfolger Alexander III. **(Alexander der Große).** Philipp erobert und behält Amphipolis, worauf ihm Athen den Krieg erklärt.

356   Durch Einnahme des mit Athen verbündeten Pydna arrondiert Philipp Makedonien im Süden. Er gewinnt den *Chalkidischen Bund* für eine Bundesgenossenschaft (Symmachie) und übergibt ihm das wenig später eroberte Poteidaia, das Mitglied des *2. Attischen Seebundes* war. Er schlägt eine gegen ihn gerichtete *illyrisch-paionisch-thrakische Koalition,* die Makedoniens Ausgreifen jenseits des Strymon (heute: Struma) – Besetzung von Krenides – verhindern will und der sich auch Athen angeschlossen hat. Er gewinnt die Gold- und Silberbergwerke des Pangaiongebirges, die ihm mit ihrem jährlichen Ertrag von 1000 Talenten eine reiche Münzprägung ermöglichen *(Philippeioi)* und so mithelfen, seine auswärtigen Unternehmungen zu finanzieren (Söldnerwerbung; Schiffsbau; Bestechungsgelder). Mit der Gründung und Namengebung von *Philippi* gibt er ein für die hellenistische Zeit folgenreiches Beispiel.

355   Mit der *Eroberung Methones* wird die letzte Enklave auf makedonischem Gebiet beseitigt. Ungehindert ist fortan der Zugang nach Thessalien, wo die *Aleuaden* von Larisa bei den Kämpfen mit benachbarten Tyrannen auf makedonische Hilfe angewiesen sind.

354   Ein Flottenunternehmen entlang der thrakischen Küste bringt Philipp in den Besitz von Abdera und Maroneia, beides athenische Verbündete.

353   Der Konflikt der Phoker mit den Boiotern und Thessalern *(3. Heiliger Krieg)* gibt Philipp Gelegenheit, in Griechenland einzugreifen. In Thessalien erleidet er jedoch zwei Niederlagen gegen die phokischen Söldner des *Onomarchos.*

352   Zum Archon (höchster Beamter) des thessalischen Koinon gewählt, kann er 20000 Fußsoldaten und 3000 Reiter aufbieten und die etwa gleichstarken Phoker auf dem *Krokusfeld* bei Pagasai schlagen. Onomarchos fällt, und der mit ihm verbündete Tyrann von Pherai wird vertrieben. Die Hafenstadt Pagasai wird makedonische Flottenstation. Als Philipp den Sieg ausnützen und in Phokis selbst einmarschieren will, versperren ihm athenische, spartanische und achaiische Truppen an den Thermopylen den Zugang zu Mittelgriechenland. Er zieht nach Thrakien, wo der athenische Stratege *Chares* inzwischen erfolgreich operiert hat (Einnahme von Sestos; Vertrag mit dem Thrakerkönig *Kersebleptes*).

351   Philipp nützt *innerthrakische Gegensätze* aus. Er gewinnt mit *Amadokos* einen anderen Thrakerkönig, unterstützt Byzantion und Perinthos gegen Kersebleptes und belagert Heraion Teichos. Athenische Hilfsmaßnahmen kommen zu spät, und Kersebleptes schließt mit ihm einen Vertrag. Eine Krankheit hindert Philipp vorläufig, seinen Einfluß, der mittlerweile bis zu den Meerengen (Dardanellen und Bosporus) reicht, noch weiter auszubauen.

350   Philipp greift in *Epeiros* ein, veranlaßt durch antimakedonische Maßnahmen des Molosserkönigs Arybbas. Dieser wird gezwungen, Tymphaia, vielleicht auch Atintania und Parauaia an Makedonien abzutreten. Sein Neffe *Alexander (der Molosser),* der Bruder der Olympias, wird nach Pella gebracht, um dort zum Nachfolger auf dem molossischen Königsthron

146 Altertum – Alexander und der Hellenismus

erzogen zu werden. Wahrscheinlich noch im gleichen Jahr findet ein Feldzug gegen *Paionen* und *Illyrer* statt.

349 Philipp unternimmt es, den makedonischen Machtbereich, der nur noch von Olynth und dem Chalkidischen Bund unterbrochen wird, endgültig abzurunden. Obwohl eine friedenswillige promakedonische Partei in Olynth angesichts des absehbaren Zusammenstoßes immer größer wird, kann sie die *militärische Entscheidung* nicht verhindern. Philipp eröffnet im Spätsommer die Auseinandersetzung **(Olynthischer Krieg)** mit der Belagerung und Zerstörung von Stageira (in Makedonien, Geburtsort von Aristoteles), worauf sich ihm andere chalkidische Städte kampflos ergeben. Olynth ersucht Athen dringend um Hilfe, und es ist *Demosthenes' Olynthischen Reden* zu verdanken, daß trotz Kriegsmüdigkeit Hilfskontingente geschickt werden. Darauf sucht Philipp Athen an einer zweiten Front zu binden und schürt auf Euboia, wo auch eine beachtliche promakedonische Partei entstanden ist, den Kampf gegen die Anhänger Athens, die von dort mit einem Expeditionskorps unter Phokion unterstützt werden **(Euboiischer Krieg).**

348 Im Frühjahr erneuert Philipp den Angriff auf Olynth und erobert die Stadt trotz eines zweiten athenischen Entsatzheeres; eine dritte athenische Expedition kommt zu spät. *Olynth wird zerstört,* die Makedonengegner müssen das Land verlassen. Die anderen chalkidischen Städte werden in die makedonische Herrschaft eingegliedert. Aus dem eroberten Gebiet erhalten die Hetairoi große Güter. Der *Gewinn der Chalkidike,* eines Territoriums von 4000 Quadratkilometern, ist für Makedonien von höchster Bedeutung: die Griechenstädte mit ihren alten und weitgespannten Handelsbeziehungen bringen ein gewichtiges Wirtschaftspotential ein; das Truppenreservoir wird beträchtlich erweitert; die Hellenisierung Makedoniens erhält einen neuen Schub; sein Rang als stärkste Landmacht der nördlichen Balkanhalbinsel ist endgültig gesichert; in der nördlichen Ägäis bilden fortan makedonische Schiffe eine gefährliche Konkurrenz für die attische Flotte. Nach dem Engagement im 3. Heiligen Krieg und im Euboiischen Krieg liefert der Olynthische Krieg den endgültigen Beweis, daß Philipp gewillt ist, seine Machtstellung auch im Kreis der griechischen Staaten auszuspielen. Darüber hinaus richtet sich sein Interesse bereits nach Kleinasien und damit in den persischen Machtbereich.

347 Philipp zieht erneut gegen Kersebleptes, der wieder zu Athen übergeschwenkt ist, um der weiteren makedonischen Expansion in Thrakien einen Riegel vorzuschieben.

346 Ein makedonisches Heer unter *Parmenio* operiert erfolgreich gegen die *Phoker* und belagert anschließend das aufständische *Halos Achaia* an der den Thessaliern unterstehenden Phthiotis. Nachdem Philipp schon beim Fall Olynths, wo zahlreiche Athener in Kriegsgefangenschaft geraten sind, seine Friedensbereitschaft bekundet hat, beschließen die ernüchterten und erschöpften Athener, mit ihm in Verhandlungen einzutreten. Philipp ist in der stärkeren Position und läßt sich auf wichtige Gegenforderungen nicht ein. Athen kann weder Amphipolis zurückholen, noch darf es für diejenigen unter seinen Bundesgenossen sprechen, die nicht dem Seebund angehört haben. Vom endgültigen Friedensvertrag **(Friede des Philokrates),** der eine zwölfjährige Feindseligkeit beendet, sind sowohl Kersebleptes wie Halos und Phokis ausgenommen. Es sind die drei Gegner, gegen die Philipp im gleichen Jahr vorgeht. Kersebleptes wird noch vor Abschluß der Verhandlungen in einem raschen Feldzug niedergeworfen; *Halos* wird *erobert* und zerstört; *Phokis* ist durch innere Auseinandersetzungen und Geldmangel so sehr geschwächt, daß es bei Philipps Anmarsch kapituliert. Es wird aus der *Amphiktyonie* (kultisch-politischer Verband von 12 griech. Stämmen) ausgeschlossen, und Philipp erhält seine beiden Stimmen zusammen mit dem Vorsitz bei den *Pythischen Spielen.* Damit ist der Makedonenkönig offiziell in den Kreis der griechischen Staaten aufgenommen. *Isokrates* sieht in ihm den künftigen Einiger Griechenlands und Führer im panhellenischen Rachefeldzug gegen die Perser *(Philippos; Brief 2),* während *Demosthenes* zum Wortführer der Makedonengegner wird. Doch zu offenem Kampf sind diese vorläufig nicht in der Lage, und auch Philipp muß seinem Land nach den ununterbrochenen Kriegen eine Ruhepause gönnen.

345 In die Zeit nach dem Philokratesfrieden fällt eine **Reorganisation Makedoniens.** Im Zusammenhang mit den neu erworbenen Gebieten und der wiederum notwendig gewordenen Grenzsicherung gegen die *Illyrer* werden Bevölkerungsgruppen verpflanzt. Philipp schlägt die von der Adriaküste vordringenden illyrischen *Ardiaier* unter *Pleuratos* zurück und legt im Grenzgebiet befestigte Plätze an.

344 Auseinandersetzungen im *thessalischen Adel* zwingen Philipp auch hier zum Eingreifen. Er wird nun auf Lebenszeit zum Archon des Koinon gewählt und reorganisiert dessen tetradische (vierteilige) Struktur. An die Spitze jeder Tetrade setzt er Männer seines Vertrauens als *Tetrarchen.* Die Loyalität des Landes, dessen Einnahmen dem Archon zur Verfügung stehen, ist fortan gesichert.

343 Um der Opposition in Athen zu begegnen, die sich mit *antimakedonischen Kräften* in Sparta und in dem sich von Makedonien abwendenden Theben verbündet und weitergehende makedonische Pläne an den Meerengen und in Kleinasien zu behindern droht,

Alexander der Große   147

schickt Philipp den Byzantier *Python* nach Athen, um eine *Neuregelung des Philokrates-friedens* von 346 anzubieten. Der Vorschlag einer gemeingriechischen Friedensordnung *(Koinè eiréne)* scheitert an der von den Makedonengegnern betriebenen Forderung, Philipp solle Amphipolis, Poteidaia und andere ehemalige athenische Plätze herausgeben (Demosthenes' *2. Philippische Rede*).

343–342 Als Reaktion greift Philipp wieder wie 349–348 in Euboia ein und unterstützt in Megara und Elis die Aristokraten gegen die athenfreundlichen Demokraten. In Epeiros vertreibt er Arybbas und setzt Alexander auf den Thron. Sein weiteres Ausgreifen nach Akarnanien verhindern athenische Truppen.

342–341 Philipp schließt ein *Bündnis mit Hermias* von Atarneus. Er wendet sich wieder Thrakien zu, wo die makedonische Herrschaft neuer Sicherung bedarf, auch im Hinblick auf eine griechisch-persisch-thrakische Koalition, um die sich Demosthenes bemüht *(3. Philippische Rede)*. Es gelingt Philipp, *Kersebleptes* und den mit ihm verbündeten *Teres*, Sohn des Amadokos, zu vertreiben. Neue Festungen werden angelegt, *Thrakien* wird als Strategie unter einem makedonischen Strategen eingerichtet, es muß den Zehnten bezahlen und Hilfstruppen stellen. *Athen schließt ein Bündnis mit Byzantion* und *Perinthos*, die sich der bedrohlichen Freundschaft Philipps entziehen.

340 Unter Athens Führung konstituiert sich ein **hellenischer Bund gegen Makedonien.** Philipp belagert Perinth, doch als der benachbarte persische Satrap der Stadt Hilfe schickt, muß er sich zurückziehen. Darauf greift er Byzantion an und kapert eine athenische Getreide-flotte. Nun erklärt ihm Athen den Krieg. Eine athenische Flotte unter *Chares* trifft am Bosporus ein.

339 Philipp muß auch Byzantion aufgeben und unternimmt einen *Blitzfeldzug gegen die Skythen* an der unteren Donau, um sein Prestige wiederherzustellen. Eine Strafexpedition der Amphiktyonie gegen Amphissa im ozolischen Lokris wird Philipp übertragen und gibt ihm Gelegenheit, in Griechenland eine Entscheidung herbeizuführen. Als er in Phokis einmar-schiert und Elateia besetzt, verbünden sich Athen und Theben.

338 Philipp gelingt es, an dem Riegel der Verbündeten vorbei nach Amphissa durchzubrechen
2. August und die Stadt zu zerstören. In der Ebene von **Chaironeia** kommt es zur **Entscheidungs-schlacht.** Auf beiden Seiten stehen etwa 30 000 Mann; der gegen die boiotischen Kerntrup-pen stehende linke makedonische Flügel wird vom *Kronprinzen Alexander* befehligt. Die in jahrelangen Kämpfen erprobte *makedonische Phalanx* und die *Reiterei* sichern den Sieg, der Philipp zum Herrn Griechenlands macht. Vorbereitend zu einer **umfassenden Neuordnung der griechischen Staatenwelt** löst er den Boiotischen und den Athenischen Bund auf. The-ben erhält eine Besatzung, Athen verliert seine letzten Besitzungen auf der Chersones (Gallipoli), auf der Peloponnes bringt Philipp seine Anhänger an die Herrschaft. Dann ruft er Gesandte aller griechischen Staaten nach Korinth. Auf der Grundlage der früheren Ver-träge über ,,Koinè eiréne" errichtet er einen *Friedensbund*, dem nur Sparta fernbleibt *(Korinthischer Bund)*. Der makedonische König ist der *Hegemon* des Bundes, der im *Syn-hedrion* (Ratsversammlung) eine Repräsentativvertretung der nominell autonomen Mit-glieder erhält, die durch eine Symmachie (Kampfbündnis) zusätzlich verbunden sind.

337 Der Bund erklärt Persien den Krieg, und das Synhedrion überträgt Philipp als dem bevoll-mächtigten Strategen *(Strategòs autokrátor)* die Kriegführung. Nach Makedonien zurück-gekehrt, heiratet Philipp Kleopatra, die Nichte seines Generals Attalos, und löst damit einen schweren Konflikt mit Olympias und Alexander aus, die Pella verlassen.

336 Philipp versöhnt sich mit *Alexander* und bestätigt ihn als *Thronfolger*. Eine makedonische Vorhut unter Parmenio setzt nach Kleinasien über. Bevor Philipp nachkommen kann, wird er in Aigai während der Hochzeit seiner Tochter Kleopatra mit Alexander von Epeiros er-mordet; die zweifellos politischen Hintergründe sind bis heute umstritten. ,,Ein Mann, wie ihn bis dahin Europa noch nie gesehen hat"(Theopomp), hat Philipp sein Land zur europä-ischen Großmacht geführt und die Grundlage geschaffen, auf der sein Sohn Alexander ein Weltreich errichten kann.

Alexander der Große (336–323)

Den besten *Anschauungsunterricht* in *Politik und Strategie* erhält Alexander bei seinem Vater *Philipp II*. Am Königshof in der makedonischen Hauptstadt Pella erlebt er in jungen Jahren, wie Philipp mit Hilfe loyaler Männer aus der Aristokratie und einem von ihm geschmiedeten Heer, mit diplomatischer Raffi-nesse und massiver Bestechung aus Makedonien die erste Macht der Balkanhalbinsel macht.
Die *Erziehung* des Kronprinzen liegt zunächst in den Händen seiner Mutter *Olympias*, die ihm auch etwas von ihrem aufbrausenden Temperament vererbt hat. Die entscheidende geistige Ausbildung verdankt er aber dem Umgang mit *Aristoteles* (343–340). Der universale Gelehrte weckt in ihm ein weitgespanntes

148   Altertum – Alexander und der Hellenismus

kulturelles Interesse, das die Literatur ebenso einschließt wie naturwissenschaftliche Forschungen, die er dann auf seinem Asienzug gezielt fördert. *Homer* wird sein Lieblingsdichter, der homerische *Achill* sein lebendiges Vorbild.

Während Philipps Feldzug 340 gegen Byzantion führt Alexander als Sechzehnjähriger die Regierung, unternimmt einen Feldzug gegen die Maider und gründet Alexandropolis in Anlehnung an Philippi und Philippopolis. In der **Schlacht von Chaironeia** 338 hat er entscheidenden Anteil am makedonischen Sieg. Bei einer anschließenden Friedensgesandtschaft nach Athen lernt er das kulturelle Zentrum des Griechentums kennen und erhält das athenische Bürgerrecht. Beim **Bundesvertrag in Korinth,** den die Griechen mit „Philipp und seinen Nachkommen" schließen, gilt der formelhafte Plural in erster Linie seiner Person. Als im folgenden Jahr das Zerwürfnis zwischen Vater und Sohn die anerkannte Thronfolge in Frage stellt und Alexander aus Pella flieht, schadet sich Philipp selbst am meisten. Denn an unsicheren dynastischen Verhältnissen kann ihm zu dem Zeitpunkt, wo er intensiv zum Perserkrieg rüstet, nicht gelegen sein. So ist die baldige Versöhnung auch ein Gebot politischer Klugheit.

Chronologische Übersicht

336–335	Alexander sichert Makedoniens Grenzen und die Herrschaft über Griechenland
334–331	Er vernichtet die Herrschaft des persischen Großkönigs
330–327	Er nimmt die östlichen Teile des Perserreiches ein
327–325	Er zieht nach Indien, bis die erschöpften Truppen am Hyphasis den Weitermarsch verweigern
325–323	Er sichert den inneren Ausbau des Reiches und stirbt mitten in den Vorbereitungen zu einem Flottenzug nach Arabien

336   Nach der *Ermordung Philipps* setzt Alexander sofort seinen **Thronanspruch** durch und sichert sich mit der Akklamation durch die Heeresversammlung die makedonische Gefolgschaft (*Parmenio* und *Antipater* erweisen sich ihm gegenüber als loyal). Mögliche Konkurrenten beseitigt er, insbesondere *Amyntas IV.*, den Sohn des 360 gefallenen Perdikkas III., für dessen Thronfolge sich Stimmen erheben. Dann sichert er die äußere Stellung Makedoniens. Er zieht nach Thessalien, wo ihn die Bundesversammlung zum Archon wählt, und rückt gegen das zum Abfall neigende Theben vor, das sich fügt. In *Korinth* übernimmt er die Hegemonie seines Vaters und verpflichtet sich als bevollmächtigter Stratege *(Strategòs autokrátor)* zum Perserkrieg.

335   Alexander kämpft gegen die *Triballer* im Balkangebirge, die Philipps Tod ausnützen, um die makedonische Vorherrschaft abzuschütteln. Er dringt bis zur Donau vor und überquert sie; Verträge mit einzelnen Stämmen sollen ihm während des Perserkrieges den Rücken sichern. Er vertreibt die in Westmakedonien eingefallenen *Illyrer*. Im Herbst marschiert er in einem Blitzfeldzug gegen *Theben,* das sich aufgrund des Gerüchts von seinem Tod wieder erhoben hat. Eine antimakedonische Koalition kommt trotz Demosthenes' Einsatz und Subsidien des neuen Perserkönigs *Dareios III.* (336-330) nicht zustande. Allein gelassen, wird Theben erobert und – nominell auf Beschluß des Korinthischen Bundes – zerstört, die Bewohner werden versklavt.

334   Im Frühjahr eröffnet Alexander den **Perserkrieg** und setzt bei Abydos über den Hellespont. In seinem Heer von 35 000 Mann bilden die 1200 makedonischen Hetairenreiter, die 1200 thessalischen Reiter und die 12 000 Mann der makedonischen Phalanx mit ihren 4 m langen Stoßlanzen (Sarissen) den Kern. Die bedeutendsten Mitglieder der makedonischen Aristokratie sind Unterführer *(Parmenio* und sein Sohn *Philotas; Krateros; Antigonos; Kleitos)* oder nehmen im weiteren Verlauf führende Stellungen ein *(Perdikkas; Ptolemaios;* Alexanders engster Freund *Hephaistion).* Die 7000 Hopliten (schwerbewaffnete Fußsoldaten) des Korinthischen Bundes sind zugleich ein Pfand für das Wohlverhalten Griechenlands während Alexanders Abwesenheit. Der Bund stellt auch die Flotte mit 160 Schiffen. Das Heer wird von einer *Kanzlei* begleitet, dazu von einem umfangreichen Hofstaat, in dem sich Naturwissenschaftler, Künstler, Philosophen und Literaten befinden *(Kallisthenes,* Neffe des Aristoteles). *Antipater* bleibt mit einer beträchtlichen Streitmacht zurück, um Makedonien zu sichern und für den Nachschub zu sorgen. Befreiung der kleinasiatischen Griechenstädte und Rache für den Perserkrieg von 480 sind für Alexander als Bundesfeldherrn die nächstliegenden Ziele. Doch die aufwendigen Rüstungen verraten weitergehende Absichten.

Mai   Nach einem Besuch in Troia, wo er das Grab Achills schmückt, trifft Alexander am **Granikos** auf das Aufgebot der kleinasiatischen Satrapen, dessen stärkste Teile die Reiterei und die griechischen Söldner sind. Der Dynast *Memnon* von Rhodos rät den Satrapen vergebens zur Taktik der verbrannten Erde. Alexander siegt dank der schiefen Schlachtordnung. Als er wie stets in vorderster Linie kämpft, rettet ihm *Kleitos* das Leben. 300 persische Rüstungen schickt er als Weihgeschenk nach Athen, die gefangenen Griechen kommen nach Makedonien zur Zwangsarbeit.

Der Sieg eröffnet den Zugang nach Kleinasien. Die Satrapenresidenzen Daskyleion und Sardeis ergeben sich kampflos, ebenso Ephesos; Milet und Halikarnassos werden erobert. Die griechischen Städte erhalten nominell die Freiheit, müssen aber Beiträge (Syntaxeis) abführen. In Anlehnung an ältere Stammesbünde organisieren sie sich in politisch-religiösen *„Koiná"*, wahrscheinlich unabhängig vom Korinthischen Bund; perserfreundliche Oligarchien werden durch Demokratien ersetzt. In Halikarnassos überträgt Alexander *Ada,* der Schwester des *Maussollos,* die Satrapie Karien und wird als Nachfolger von ihr adoptiert.

Mit dem Besitz der kleinasiatischen Küste schneidet er der persischen Flotte, die Dareios Memnon unterstellt hat, die Basis ab. Memnon verbündet sich mit Makedonengegnern in Griechenland und bereitet eine Invasion vor. Da die Bundesflotte zu kostspielig und für einen Gegenschlag zu schwach ist, entläßt sie Alexander, um die knappe Kriegskasse zu schonen; nur 7 athenische Schiffe behält er als Geiseln. In einem Winterfeldzug unterwirft er Lykien, Pamphylien, Pisidien und Phrygien. Die persische Verwaltungsorganisation der Satrapien beläßt er und stellt lediglich Makedonen an die Spitze (Antigonos in Phrygien). Gordion, wo er den *„gordischen Knoten"* durch Schwertschlag löst, wird neuer Aufmarschort.

333 Da Memnons Gewinne in der Ägäis bedrohlich werden, läßt Alexander wieder eine Flotte ausrüsten. Doch Memnon stirbt bei der *Belagerung von Mytilene,* womit der persische Versuch, eine zweite Front aufzubauen, gescheitert ist. Dareios hat inzwischen ein riesiges Heer aufgeboten und zieht vom Euphrat gegen Kleinasien. In Eilmärschen dringen die Makedonen über das Taurusgebirge in die kilikische Küstenebene vor. Nach einem Bad im kalten Kydnos befällt Alexander ein schweres Fieber; er liegt 2 Monate krank in Tyros. Parmenio schickt er zur Sicherung der syrischen Gebirgspässe voraus und vereinigt sich noch rechtzeitig mit ihm, während Dareios mit seinen Truppen die Küste entlang nach Issos vorrückt.

Nov. Bei **Issos** kommt es zur Schlacht, in der die griechischen Söldner des Dareios gegen die makedonische Phalanx standhalten und erst Alexanders Reiterattacke auf den im Zentrum stehenden Dareios die Entscheidung bringt. Der Großkönig flieht, sein Lager mit der Königsfamilie fällt in die Hand des Gegners. Alexander ist nun unbestrittener Herr Kleinasiens, auch Syrien und Ägypten liegen offen. Parmenio nimmt Damaskus, und der dort lagernde persische Kriegsschatz von 2600 Talenten beseitigt alle finanziellen Schwierigkeiten. Ein vages **Friedensangebot des Dareios** lehnt Alexander ab. Er marschiert die phönikische Küste entlang, wo sich Arados, Byblos und Sidon, die bisher einen wesentlichen Teil der persischen Flotte gestellt haben, ergeben.

332 *Tyros* (heute Sur/Libanon), das sich neutral erklärt, wird nach neunmonatiger Belagerung erobert. Die kyprischen Könige unterwerfen sich freiwillig. Auch ein **2. Friedensangebot des Dareios,** der alles Land bis zum Euphrat abtreten will, wird von Alexander gegen Parmenios Rat verworfen. Damit bekennt er sich erstmals klar zu dem Ziel, die Herrschaft über ganz Persien zu gewinnen. Die Festung Gaza (heute: Gasa) wird in zweimaliger Belagerung bezwungen. Der anschließende Marsch nach *Ägypten* hat angesichts neuer persischer Rüstungen keine vorrangige strategische Notwendigkeit. Alexander betritt das Land als Befreier von der Perserherrschaft und übernimmt die Nachfolge der Pharaonen. Mit der *Gründung von Alexandreia* (heute: Alexandria/Ägypten) zeigt er wirtschaftlichen Weitblick: die Stadt entwickelt sich in kurzer Zeit zu einem der größten Handelszentren des Mittelmeers. Beim Zug zum Heiligtum des *Zeus-Ammon* in der Oase Siwa, wo ihn der Priester als Sohn des Ammon begrüßt, wird seine neue Selbstauffassung deutlich, die den machtpolitischen Anspruch auf Nachfolge der Achaimeniden und Pharaonen um eine göttliche Sphäre erweitert. Die den Makedonen fremde Vorstellung des Gottkönigtums führt erstmals zu Spannungen im Heer, wo man um die traditionelle makedonische Königsherrschaft fürchtet. Der Grieche *Kleomenes* wird mit der Finanzverwaltung Ägyptens betraut; das nordafrikanische Kyrene unterwirft sich.

331 Dareios führt aus den östlichen Satrapien ein neues Heer nach *Gaugamela (Arbela)* am oberen Tigris, wo er in ebenem, für seine Streitwagen und Reiter günstigem Gelände den makedonischen Vormarsch erwartet.

1. Okt. Die **Entscheidungsschlacht** wird wieder durch den von Alexander selbst geführten *Reiterangriff* entschieden (Darstellung des bei Issos und Gaugamela gleichen Vorgangs auf dem *Alexandermosaik von Pompeii*). Dareios gibt zu schnell auf und flieht. Alexander wird nach der Schlacht zum **König von Asien** ausgerufen. Die Satrapen von *Babylon* und *Susa* kapitulieren und behalten ihre Stellung. Alexander beginnt mit der *Ausmünzung* des in Susa gelagerten persischen Königsschatzes (50 000 Talente; Schatzmeister sein Freund Harpalos). Die von Xerxes 480 mitgenommenen Statuen der Tyrannenmörder Harmodios und Aristogeiton werden nach Athen zurückgeschickt. Kurz vor Gaugamela ist es Antipater gelungen, eine von Agis III. von Sparta geführte Koalition (Elis, Arkadien, Achaia) bei *Megalopolis* zu schlagen. Agis fällt, und Sparta tritt dem Korinthischen Bund bei.

150 Altertum – Alexander und der Hellenismus

330 Die Makedonen erkämpfen gegen Bergstämme den Zugang zur *Persis*. Die Königsstadt *Persepolis* (nordöstlich von Schiras) wird als Fanal für das Ende der Achaimenidenherrschaft eingeäschert. Dareios stellt in Medien ein letztes Aufgebot zusammen, verliert aber die Führung an den Satrapen *Bessos*, der zunächst in seine Satrapie Baktrien ausweicht. In Ekbatana (Hamadan) entläßt Alexander die griechischen Kontingente in die Heimat, da der **Rachefeldzug** im Namen des Korinthischen Bundes **beendet** ist. In einem Gewaltritt verfolgt er *Dareios*, der kurz vor seiner Ankunft von Bessos *bei Hekatompylos ermordet* wird. Mit einem ehrenvollen Begräbnis in den Königsgräbern von Persepolis legitimiert sich Alexander als sein Nachfolger. Den Erwartungen der Makedonen, die das Ende des Krieges für gekommen ansehen, tritt er entgegen. Die Einführung des persischen Hofzeremoniells (*Proskynese* = Fußfall vor dem Herrscher) und das Anlegen der persischen Königstracht ruft bei der Phalanx und einem Teil der adligen Führer Opposition hervor, die Alexander mit dem *Todesurteil gegen Philotas* wegen angeblichen Hochverrats und mit dem Todesbefehl gegen dessen Vater Parmenio in Ekbatana einschüchtert. Hyrkanien, Areia (Gründung von Alexandreia Areia = Herat), Drangiane und Arachosien (Gründung von Alexandreia = Kandahar) werden, teilweise nach hartem Widerstand, unterworfen.

329–328 Alexander dringt über den Hindukusch nach *Baktrien* vor, wo *Bessos*, der nach Sogdiane zurückgewichen ist, von seinen Verbündeten ausgeliefert wird. Ein persisches Gericht verurteilt ihn als Hochverräter zum Tode. Die sogdischen Bergfesten werden in mühseligem Kampf erobert. Alexander führt einen Präventivangriff über den Jaxartes (Syr-Darja), Persiens Nordgrenze gegen die skythischen Steppenvölker. Anlage von *Alexandreia Escháte* („dem äußersten" = Chodschent, Leninabad). Gegen den im Rücken ausbrechenden Aufstand unter *Spitamenes* muß Baktrien und Sogdien in fast zweijährigen verlustreichen Gebirgskämpfen zurückerobert werden. Dazu gliedert Alexander das Heer in kleinere selbständig operierende Einheiten um. Er stellt auch persische Abteilungen auf. Aus Makedonien und Griechenland trifft dringend benötigte Verstärkung ein. Bei einem Gastmahl in Marakanda (Samarkand) *ersticht Alexander im Jähzorn seinen Gefährten Kleitos*, der ihm Verrat an der makedonischen Tradition vorgeworfen hat. Spitamenes wird nach einer Niederlage von skythischen Verbündeten ermordet.

327 Liebe und Politik der Versöhnung verbindet Alexander bei der Heirat *Roxanes*, der Tochter des sogdischen Adligen *Oxyartes*, die ihn fortan als seine rechtmäßige Gemahlin begleitet. Eine Pagenverschwörung wird entdeckt, in deren Verlauf auch der Geschichtsschreiber *Kallisthenes*, der die Proskynese abgelehnt hat, hingerichtet wird. Mit 50 000 Mann, die zum Teil aus nationalen Verbänden der eroberten Völker bestehen, bricht Alexander nach Indien auf, das als ehemalige persische Satrapie zurückgewonnen werden soll. *Taxiles*, Fürst von Taxila (zwischen Indus und Hydaspes), bietet seine Unterwerfung an. *Perdikkas* und *Hephaistion* ziehen über den Khaiberpaß und sichern den Indusübergang, während Alexander zur Rückendeckung das Gebirgsland von Nordpakistan bezwingt. Eroberung des Aornosfelsens, den selbst Herakles nicht bezwungen haben soll.

326 Nach dem Einzug in Taxila wird Taxiles in seiner Herrschaft bestätigt. *Poros,* der mächtigste König des Pandschab, lehnt eine Unterwerfung ab und wird am *Hydaspes* (Dschihlam) trotz eines großen Aufgebotes (Elefantenkämpfer) geschlagen. Sein Königtum wird ihm belassen. Beim Weitermarsch nach Osten sind die Truppen durch Kämpfe und ungewohntes Klima (Monsunregen) so erschöpft, daß sie Alexander am *Hyphasis* (Beas) die Heeresfolge verweigern und ihn zur Umkehr zwingen. In einem kombinierten Land- und Flottenzug mit neuerbauten Schiffen stößt Alexander den Hydaspes hinab. Beim Sturm auf eine Stadt der kriegerischen Maller wird er schwer verwundet.

325 Bei der *Einfahrt in den Indus* wird ein weiteres Alexandreia gegründet. Kämpfe mit anliegenden Stämmen unterbrechen immer wieder den Zug. Vom Indusdelta aus zieht Alexander mit einem ausgesuchten Teil des Heeres durch Gedrosien, das Gros mit den Verwundeten führt Krateros durch Arachosien zurück, und die Flotte fährt unter Nearch die Küste entlang, um den Seeweg zu erkunden. Nach einem strapaziösen Wüstenmarsch vereinigt sich Alexander mit Krateros in Karamanien (dionysischer Festzug durch Karamanien).

324 *Alexander entsetzt alle Satrapen,* die sich während seiner Abwesenheit zu selbständig gemacht haben. Sein Schatzmeister Harpalos flieht vor einem Strafgericht nach Athen. In *Susa* nimmt Alexander *Stateira,* die Tochter des Dareios, neben Roxane zur Frau und verheiratet in einer **Massenhochzeit** makedonische Adlige mit vornehmen Perserinnen, um zunächst innerhalb der Führungsschicht eine Integration zu beginnen. In gleicher Absicht bildet er aus jungen Persern *(Epigonoi)* Heeresformationen nach makedonischer Art.
Die **Empörung des makedonischen Fußvolkes** über diese Entwicklung entlädt sich in *Opis,* als Alexander 10 000 Veteranen unter Krateros in die Heimat verabschiedet. Er verspricht, die Eigenständigkeit des makedonischen Königtums (Basileia) und den Vorrang der Makedonen zu erhalten. Bei den Olympischen Spielen läßt er *Nikanor* die *Rückkehr aller Verbannten* verkünden, um die Makedonenanhänger in Griechenland zu stärken, wo vor allem in Athen und Aitolien die Unzufriedenheit mit der makedonischen Vorherrschaft wächst.

Der *Tod Hephaistions* erschüttert Alexander, welcher den Freund als Heros verehren läßt.
323 In *Babylon* trifft Alexander ausgedehnte Vorbereitungen zu einer Umsegelung Arabiens. Auch das westliche Mittelmeer zieht er in seine Pläne ein, doch erkrankt er überraschend.
10. Juni Alexander stirbt.

Das Weltreich Alexanders des Großen

Das „**Alexanderreich**" ist bei Alexanders Tod eigentlich kein Reich, sondern ein Konglomerat von einzelnen Herrschaften, die völlig unterschiedliche Rechtsstellungen haben und die er in seiner Hand vereinigt hat: die *makedonische Basileia,* das *persische Großkönigtum,* die *Nachfolge der Pharaonen,* die *Hegemonie über Griechenland.* Dazu kommen innerhalb dieser Ländermasse zahlreiche *Einzelbündnisse mit kleinen Staaten und Städten.* In der Folgezeit hätte sich Alexander die Aufgabe gestellt, die verschiedenen Teile miteinander zu verbinden und seine Stellung weiter zu konsolidieren, um so erst ein einheitliches Gebilde zu schaffen. Daß ihm ein solches Ziel vor Augen stand, macht am frühesten die Vereinigung von persischen und makedonischen Elementen in Königstracht und Hofzeremoniell für seine Person sinnfällig. Nach der Rückkehr aus dem Osten folgen dann die ersten Schritte zu einer *Verschmelzung der Untertanen.* Schon während der Feldzüge verändert sich die *Zusammensetzung der Armee,* zu der immer mehr Perser herangezogen werden. Übergreifende *wirtschaftliche Maßnahmen* sind im Sinne einer künftigen „*Reichswirtschaft"* zu deuten: Von den *neugegründeten Städten* (angeblich über 70, tatsächlich etwa die Hälfte) haben viele nicht nur strategische Bedeutung, sondern liegen an weitreichenden Handelsstraßen; die Expedition Nearchs von der Indusmündung zur Euphratmündung und die geplante Umsegelung Arabiens sollen zugleich Wege für den Güteraustausch erkunden; die Ausprägung der bisher thesaurierten persischen Königsschätze bringt starke wirtschaftliche Impulse und schafft mit den Alexandermünzen eine Europa und den Orient verbindende Währung. Alexanders Eroberungswerk öffnet auch, den **Hellenismus** fördernd, einem neuen Strom griechischer Kultur den Weg nach Osten, der ältere Ansätze verstärkt; doch ist hier, anders als im politischen und wirtschaftlichen Bereich, die Grenze zwischen Absicht und natürlicher Folge schwerer zu ziehen. Ungewiß ist auch, ob der *persische Weltreichsgedanke* Alexanders Reichspolitik beeinflußt und ob er im *Herrscherkult* ein einigendes Band für alle Untertanen gesehen hat.

Die Diadochenkämpfe (323–280)

Chronologische Übersicht

323	Reichsordnung von Babylon
321–320	1. Diadochenkrieg (Perdikkas, Eumenes gegen Antipater, Krateros, Antigonos, Ptolemaios)
320	Reichsordnung von Triparadeisos
319–316	2. Diadochenkrieg (Polyperchon, Olympias, Eumenes gegen Antigonos, Kassander, Ptolemaios)
319	Freiheitsdiagramma Polyperchons
316–311	3. Diadochenkrieg (Ptolemaios, Seleukos, Kassander, Lysimachos gegen Antigonos, Polyperchon)
306–305	Antigonos, Demetrios, Ptolemaios, Kassander, Lysimachos, Seleukos nehmen den Königstitel an
302	Erneuerung des Korinthischen Bundes
302–301	4. Diadochenkrieg (Kassander, Lysimachos, Seleukos, Ptolemaios gegen Antigonos, Demetrios)
301	Schlacht bei Ipsos; Antigonos fällt
294–288	Demetrios König der Makedonen
288–286	5. Diadochenkrieg (Ptolemaios, Seleukos, Lysimachos, Pyrrhos gegen Demetrios)
282–281	6. Diadochenkrieg (Lysimachos gegen Seleukos)
281	Schlacht bei Kurupedion; Lysimachos fällt; Seleukos König der Makedonen
280	Seleukos, der letzte Diadoche, von Ptolemaios Keraunos ermordet

Alexanders Eroberungswerk hebt die historische Auseinandersetzung zwischen Griechenland und Persien auf und beseitigt die politische Reibungsfläche zwischen Europa und Asien. Der neue Zustand könnte fortdauern, es fehlt jedoch ein einziger starker Nachfolger für die Gesamtherrschaft. Dadurch bricht mit der Verwaltungsteilung in Babylon in gewisser Weise wieder der alte Gegensatz auf, nur treten

152   Altertum – Alexander und der Hellenismus

sich jetzt auf beiden Seiten Makedonen gegenüber. Ausgangspunkt der folgenden Kämpfe sind die verschiedenen Auffassungen, welche die Verwalter des Alexandererbes, die **Diadochen** (= Nachfolger), über dessen Zukunft haben: die Anhänger des makedonischen Königshauses treten für die Reichseinheit zumindest unter der nominellen Herrschaft eines Angehörigen der Königsfamilie ein; ihre Hauptvertreter sind *Antipater, Polyperchon* und *Eumenes.* Eine eigene Herrschaft über das Gesamtreich erstrebt *Perdikkas,* dann *Antigonos Monophthalmos* (= der Einäugige).
Ein Teil der Diadochen ist von Anfang an allein darauf bedacht, für sich die Macht über ein bestimmtes Reichsgebiet zu sichern, ausgehend von den Satrapien, die in Babylon 323 und in Triparadeisos 320 verteilt werden. Zu dieser Gruppe gehören vor allem *Ptolemaios, Lysimachos* und *Seleukos,* später *Kassander.* Die drei entgegengesetzten Bestrebungen entscheiden über die Fronten in den politischen und kriegerischen Auseinandersetzungen von 323–301. Eine wichtige Rolle in den Parteiungen der Diadochen spielen die griechischen Staaten des Mutterlandes und Kleinasiens und anderer staatlicher Sondergebiete innerhalb des Reiches. Auf jeder Seite versucht man, möglichst viele von ihnen für sich zu gewinnen, um die eigene Stellung zu stärken und zugleich dem Gegner diese Möglichkeit zu nehmen.

323 *Alexander stirbt*, ohne die Nachfolge geregelt zu haben. Da die schwangere Roxane den Leibeserben noch nicht geboren hat und der einzige männliche Überlebende der makedonischen Königsfamilie, Alexanders Halbbruder *Philipp Arrhidaios*, nicht im Vollbesitz seiner geistigen Kräfte ist, fällt die Entscheidung den in Babylon anwesenden makedonischen Generälen und Truppen zu. Die Perser sind ausgeschlossen, Alexanders Verschmelzungspläne werden nicht fortgeführt. Die **Reichsordnung von Babylon** ist ein machtpolitischer Kompromiß: die traditionsbewußte makedonische Phalanx setzt durch, daß Philipp Arrhidaios zum König ausgerufen wird (323–317). Als Roxane einen Sohn gebiert, wird er als *Alexander IV.* zum Mitherrscher erhoben (323–310). Die Verwaltung Asiens mit der Aufsicht über die Satrapen übernimmt Perdikkas, der schon seit Hephaistions Tod die *Chiliarchie,* eine Art Reichsverweserschaft, innehat. Antipater bleibt Stratege von Europa; Krateros, der sich mit 10 000 Veteranen in Kilikien befindet, wird *Prostates,* Verweser des makedonischen Königtums, das damit ausdrücklich in seiner Eigenständigkeit herausgehoben wird. Die von Perdikkas durchgeführte Satrapienverteilung beläßt Antigonos Großphrygien, Lykien und Pamphylien; Eumenes, Alexanders Kanzleivorsteher und der einzige Grieche unter den Diadochen, erhält Kappadokien und Paphlagonien, Lysimachos Thrakien, Ptolemaios Ägypten. Unter Athens Führung versucht eine große Koalition griechischer Staaten, Makedoniens Herrschaft abzuschütteln; Antipater wird von Leosthenes in Lamia eingeschlossen *(Lamischer Krieg).*

322 Leosthenes fällt vor Lamia. Leonnatos, Satrap des hellespontischen Phrygien, kommt Antipater zu Hilfe, wird aber von den Griechen, die von Lamia abgezogen sind, in Thessalien geschlagen. Antipater entkommt nach Makedonien, wohin nun auch Krateros zieht. Die Verweserschaft für das makedonische Königtum eignet sich Perdikkas an, vor dessen Ambitionen Antigonos zu Antipater und Krateros flieht. Die griechische Flotte unterliegt der makedonischen bei der Kykladeninsel Amorgos. Antipater und Krateros schlagen die verbündeten Griechen bei Krannon in Thessalien; Athen kapituliert, und harte Friedensbedingungen sichern den makedonischen Einfluß.

321 Ptolemaios bemächtigt sich der Leiche Alexanders, die nach der Oase Siwa überführt werden soll, und bestattet sie in Memphis. Antipater, Krateros, Antigonos und Ptolemaios vereinbaren eine **Koinopragía** (nichtstaatliche Zusammenarbeit, im Gegensatz zum zwischenstaatlichen Bündnis, der *Symmachia*) gegen den nach Alleinherrschaft strebenden

321–320 Perdikkas, zu dem sich Eumenes schlägt **(1. Diadochenkrieg).** Nach mißglücktem Vormarsch gegen Ptolemaios wird Perdikkas von Peithon und Seleukos ermordet; Krateros fällt gegen Eumenes.

320 Im syrischen *Triparadeisos* stellt Antipater eine **neue Reichsordnung** auf: er übernimmt die Reichsverweserschaft (Epimeleia), die er fortan von Makedonien aus im Namen der bei ihm befindlichen Könige ausübt. Antigonos und als dessen Stellvertreter Kassander, Antipaters Sohn, bleiben als Führer des Reichsheeres in Asien mit dem Auftrag, den Reichskrieg gegen den geächteten Eumenes zu führen. Seleukos erhält die Satrapie Babylon. Antigonos strebt nach der Herrschaft über Asien und überwirft sich mit Kassander. Er schlägt Eumenes in Kappadokien und schließt ihn in der Festung Nora ein.

319 Antipater stirbt, nachdem er vorher Polyperchon, einen alten General Alexanders, zum Nachfolger, Kassander als *Chiliarchen* zu dessen Stellvertreter ernannt hat. Antigonos und Kassander, der die Herrschaft über Makedonien anstrebt, erkennen Polyperchon nicht an. Sie gehen zusammen und suchen in Kleinasien und Griechenland die Städte für sich zu gewinnen. Dagegen verkündet Polyperchon im Namen von Philipp Arrhidaios in einem *Diagramma* die Freiheit aller Griechenstädte und zieht aus Griechenland die makedonischen Besatzungen ab. Er ernennt, von der Königinmutter Olympias unterstützt, Eumenes zum

319–316 Strategen von Asien und überträgt ihm den Krieg gegen Antigonos **(2. Diadochenkrieg).**

318 Eumenes verliert Kleinasien und Syrien an Antigonos, zu dem Seleukos und Ptolemaios halten. In Athen wird Phokion von den wiedererstarkten Demokraten hingerichtet. Kas-

sander besetzt mit Schiffen des Antigonos den Piräus. Polyperchon vertreibt in der Peloponnes die von Antipater eingerichteten und Kassander unterstützenden Oligarchien, aber sein Admiral Kleitos wird von Antigonos bei Byzantion vernichtend geschlagen.

317 Athen ergibt sich Kassander, der *Demetrios von Phaleron* (317–307) zum Leiter einer oligarchischen Verfassung macht. Eurydike, Gemahlin des Philipp Arrhidaios, setzt in dessen Namen Polyperchon ab und überträgt Kassander die Reichsverweserschaft, Antigonos die Strategie von Asien. In dem in **Makedonien** ausbrechenden **Bürgerkrieg** setzen sich zunächst Olympias und Polyperchon gegen das Königspaar durch, das hingerichtet wird. Dann schließt Kassander Olympias in Pydna ein.

316 Kassander erobert Pydna, läßt Olympias hinrichten und hält Roxane und Alexander in Gewahrsam. Antigonos besiegt und tötet Eumenes in Gabiene und nimmt dessen Landsmann *Hieronymos* von Kardia, den späteren Historiker der Diadochenzeit, in seine Dienste. Durch eine Revision unter den Satrapen verstärkt er seine Stellung im Osten, wo er von Einheimischen als König von Asien begrüßt wird.

315 *Kassander, Lysimachos* und *Ptolemaios,* zu dem Seleukos geflohen ist, schließen statt einer *Koinopragía* eine **Symmachie,** ein zwischenstaatliches Bündnis, womit sie die gemeinsame
315–311 Grundlage des Alexanderreiches in Frage stellen **(3. Diadochenkrieg).** Antigonos ernennt *Polyperchon* zum Strategen der Peloponnes und verkündet, um die gegnerische Koalition zu treffen, die Freiheit aller Hellenen. Ptolemaios benutzt ebenfalls die Freiheitsparole, um die Griechenstädte zu gewinnen. Kassander gründet Thessalonike und Kassandreia und baut das von Alexander zerstörte Theben wieder auf. Antigonos baut eine Flotte, gründet das *Koinón der Nesioten* (Bund der Inselbewohner) und tritt in Kleinasien, auf Zypern und in Griechenland den Verbündeten entgegen. Polyperchons Sohn *Alexander* fällt von ihm zu Kassander ab und erhält dafür die Strategie der Peloponnes.

314–313 Aitoler kämpfen auf Antigonos' Seite gegen die mit Kassander verbündeten Akarnanen. Krieg in der Ägäis, in Karien und an den Meerengen bringt Antigonos nur Teilerfolge.

312 Gegen Ptolemaios' Vorstoß nach Syrien schickt Antigonos seinen Sohn *Demetrios,* der bei Gaza geschlagen wird. Ptolemaios besetzt fast ganz Syrien, Seleukos gewinnt seine Satrapie Babylon zurück und legt damit den **Grundstein** für die Herrschaft der **Seleukidendynastie,** die ihre Ära von diesem Zeitpunkt an datiert. Er schlägt Antigonos' Strategen Nikanor, und Susiane, Medien und die Persis fallen ihm zu. Dem vereinigten Angriff von Antigonos und Demetrios ist Ptolemaios unterlegen und zieht sich nach Ägypten zurück. Syrien fällt bis auf die Nabatäer im Süden an Antigonos.

311 Die Pattsituation führt zu einer vom Status quo ausgehenden Verständigung: Antigonos wird Stratege Asiens, Kassander Stratege Europas bis zur Volljährigkeit Alexanders IV., Lysimachos und Ptolemaios werden im Besitz ihrer Territorien bestätigt. Alle Vertragspartner bekennen sich zur Freiheit und Autonomie der Griechen. Demetrios versucht vergebens, vor Abschluß des Friedens Seleukos aus Babylon zu vertreiben. Die völkerrechtliche Form des Friedensschlusses läßt die Vertragspartner als souverän erscheinen. Aus den bisherigen Abwehrmaßnahmen gegen konkurrierende Ansprüche können sie für sich „das Recht des speererworbenen Landes" *(Chóra doríktetos)* beanspruchen.

310 Kassander läßt den 12jährigen Alexander und seine Mutter Roxane ermorden und beseitigt damit für die Diadochen die letzte (scheinrechtliche) Hürde auf dem Weg zur Souveränität. Der Friedensvertrag von 311 unterbricht nur kurz ihr Bestreben, den eigenen Machtbereich auf Kosten des Nachbarn zu erweitern und zu konsolidieren. Ptolemaios zwingt König *Nikokles* von Paphos auf Zypern wegen Konspiration mit Antigonos zum Selbstmord.

309 Polyperchon hofft, mit Hilfe eines illegitimen Sohnes Alexanders d. Gr., *Herakles,* die Makedonen für sich zu gewinnen. Kassander hält die Absicht für so bedrohlich, daß er sich zu einer Samtherrschaft bereit erklärt. Polyperchon erhält die Strategie der Peloponnes und läßt seinen Schützling erdrosseln.

308 Eine Befreiungsfahrt des Ptolemaios nach Griechenland endet mit der Besetzung Sikyons und Korinths. Kassander, mit dem er einen Freundschaftsvertrag schließt, erhält Megara. Ein Verteidigungsbündnis *(Epimachie)* mit Demetrios zur weiteren Befreiung griechischer Städte ist nur von kurzer Dauer. In legitimistischer Absicht gründet Lysimachos auf der thrakischen Chersones (heute: Gallipoli) als Hauptstadt Lysimacheia, Seleukos Seleukeia am Tigris. Die Anfänge von Antigoneia am Orontes fallen möglicherweise in die gleiche Zeit. Antigonos kämpft gegen Seleukos, der von den Einheimischen zum König von Babylon ausgerufen worden ist.

307 Demetrios überrumpelt mit einer großen Flotte den Piräus und gewinnt Athen. Die makedonische Besatzung wird vertrieben, auch Megara muß sich ihm anschließen. Demetrios von Phaleron wird verbannt und geht später nach Ägypten. Die **attische Demokratie** wird **wiederhergestellt;** der Philosoph Theophrast, Schüler und Nachfolger des Aristoteles, verläßt vorläufig die Stadt. Die Athener überschütten Antigonos und Demetrios mit maßlosen Schmeicheleien, verehren sie als rettende Götter (Theoì sotéres) und richten die zwei neuen Phylen *Antigonis* und *Demetrias* ein.

154 Altertum – Alexander und der Hellenismus

306 Antigonos rüstet gegen Ptolemaios. Demetrios belagert dessen Bruder *Menelaos* in Salamis auf Zypern mit neuartigen Belagerungsmaschinen (Helepolis = Städteeroberin), die ihm den Beinamen *Poliorketes* = Städteeroberer einbringen. Vor Salamis vernichtet er die Flotte des der Stadt zu Hilfe eilenden Ptolemaios (Einsatz von Siebenruderern). Auf diesen Erfolg hin nehmen Antigonos und Demetrios den *Königstitel* an. Sie versuchen zu Wasser und zu Land eine Invasion in Ägypten, werden aber von Ptolemaios durch geschickte Defensive im Nildelta abgewehrt.

305 Auch Ptolemaios, Kassander, Lysimachos und Seleukos nehmen den Königstitel an, der letzte Schritt zur **Auflösung von Alexanders Herrschaft** ist vollzogen. Demetrios belagert Rhodos, das in den Auseinandersetzungen der Diadochen auf Neutralität beharrt, aber Ptolemaios zuneigt. Seleukos unterwirft Baktrien; andere östliche Satrapien muß er *Sandrokottos* (Tschandragupta) überlassen, der zwischen Indus und Ganges eine mächtige Dynastie begründet hat.

304 Demetrios schließt mit den Rhodiern unter aitolischer Vermittlung einen Vergleich, um sich wieder Griechenland zuzuwenden, wo Kassander das 307 verlorene Athen in seine Gewalt zu bringen versucht, aber vor dem Antigoniden zurückweicht. Demetrios gewinnt die Boioter und Herakleia an den Thermopylen und rüstet sich, um Kassander und Polyperchon ganz aus Griechenland und womöglich aus Makedonien zu verdrängen.

303 Demetrios vertreibt die Besatzung des Ptolemaios aus Sikyon und Korinth und erobert mit Hilfe seiner Belagerungsmaschinen die meisten Städte in Achaia und Arkadien. Elis tritt zu ihm über, und der junge König *Pyrrhos* von Epeiros verbündet sich mit ihm.

302 *Demetrios* erneuert den **Korinthischen Bund,** zu dem alle griechischen Staaten bis auf Sparta, Messenien und Thessalien Vertreter schicken. Antigonos und Demetrios übernehmen gemeinsam die *Hegemonie* und vereinbaren mit den Mitgliedern einen gemeingriechi-

302–301 schen Frieden *(Koinè eiréne)* und seine *Symmachie* (zwischenstaatliches Bündnis), die als Instrument gegen Kassander dienen soll. Kassander bringt dagegen ein Bündnis mit Ptolemaios, Lysimachos und Seleukos zustande, die vereinbaren, konzentrisch gegen Antigonos vorzugehen **(4. Diadochenkrieg).** Demetrios muß Griechenland aufgeben, um seinem Vater zu helfen, der die Strategen Dokimos und Phoinix an den in Kleinasien vorrückenden Lysimachos verliert.

301 Antigonos kann nicht verhindern, daß sich Lysimachos mit Seleukos, der 500 indische Elefanten heranführt, in Kappadokien vereinigt, während Ptolemaios *Koilesyrien* erobert, sich aber wegen des falschen Gerüchts vom Sieg des Antigonos zurückzieht. Bei *Ipsos* in Phrygien siegen die Verbündeten, Antigonos fällt, Demetrios flieht mit wenigen Truppen. Die Herrschaft der Antigoniden wird aufgeteilt: Lysimachos erhält Kleinasien bis zum Tauros, Seleukos Syrien ohne Koilesyrien, auf dessen Besitz Ptolemaios beharrt, Kassanders Bruder *Pleistarchos* fällt eine Herrschaft in Kilikien zu. Die 4 Diadochenreiche scheinen in einem Gleichgewicht zu sein, das Ruhe für die Zukunft garantiert. Doch die machtpolitischen Interessen jedes einzelnen führen bald zu neuen Verwicklungen. Der größte Störenfried der folgenden Jahre ist Demetrios, dem aus dem Reiche seines Vaters einige kleinasiatische Küstenstädte und Inseln, Tyros, Sidon und Zypern, in Griechenland Megara, Korinth und Chalkis verblieben sind und der die stärkste Flotte besitzt.

300 Der **Korinthische Bund löst sich auf.** Athen weigert sich, Demetrios aufzunehmen, der Pyrrhos zu seinem Stellvertreter in Griechenland macht und Plünderungszüge an der thrakischen Küste in Lysimachos' Gebiet unternimmt. Gegen Seleukos, der die Einnahme Koilesyriens vorläufig zurückstellt, nähert sich Ptolemaios stärker Lysimachos und Kassander.

299 Als Reaktion verbündet sich Seleukos mit Demetrios und heiratet dessen Tochter *Stratonike*. Er gründet Antiocheia am Orontes. Demetrios vertreibt Pleistarchos aus Kilikien. Seine bald wieder eingetretene Entfremdung von Seleukos führt ihn zu Ptolemaios, und Pyrrhos geht als seine Geisel nach Ägypten.

298–297 Kassander stirbt, und der Zwist unter seinen Söhnen gibt Demetrios neue Aussichten auf den makedonischen Thron. Pyrrhos kehrt mit Ptolemaios' Hilfe nach Epeiros zurück, wo er zunächst eine Samtherrschaft mit *Neoptolemos* ausübt und sein Interesse in Konkurrenz zu Demetrios ebenfalls auf Makedonien richtet.

296–295 Demetrios belagert Messene und gewinnt mehrere Städte auf der Peloponnes zurück. Seine Flotte erobert Aigina und Salamis, das Landheer Eleusis und Rhamnus. Der Piräus und das Stadtgebiet von Athen, das der Tyrann *Lachares* verteidigt, werden eingeschlossen, die Getreidezufuhr blockiert. Ein Entlastungsangriff des Ptolemaios scheitert.

294 *Athen* ergibt sich, und die *Demokratie* wird *erneuert*. Demetrios marschiert gegen *Sparta*, schlägt die Spartaner in zwei Feldschlachten, sieht aber von einer Belagerung der Stadt ab, da ihn Kassanders Sohn *Alexander* im Thronstreit mit seinem Bruder *Antipater*, der sich an Lysimachos gewandt hat, zu Hilfe ruft. Inzwischen haben die anderen Diadochen Demetrios' asiatische Besitzungen an sich gerissen. Demetrios läßt Alexander ermorden und wird von der makedonischen Heeresversammlung zum König ausgerufen. Seine Absicht, von

Makedonien aus die Herrschaft Alexanders d. Gr. über Griechenland und Asien zu erneuern, vereinigt die andern Diadochen gegen ihn.

293 Demetrios gewinnt Thessalien, wird zum Archon des Thessalischen Bundes gewählt und
gründet am Golf von Volo bei Pagasai seine Hauptstadt Demetrias. Er bezwingt Boiotien
mit Theben und setzt den Historiker Hieronymos als Statthalter *(Harmostes)* ein.

292–291 Lysimachos gerät bei einem Zug über die Donau in die Gefangenschaft des Getenkönigs
Dromochaites, der ihn freiläßt, um ihn als Bundesgenossen gegen den gefährlicheren
Demetrios zu gewinnen, welcher die Gelegenheit zu einem Einfall in Thrakien benutzt hat,
aber durch die Erhebung Boiotiens zurückgerufen wird. *Theben,* das sich mit dem *Aitolischen Bund* und mit *Pyrrhos* verbündet hat, wird erneut erobert und erhält eine Besatzung.

291–290 Demetrios heiratet *Lanassa,* die Tochter des *Agathokles* von Syrakus, die ihren Gemahl
Pyrrhos verlassen hat. Er erhält dadurch Korkyra und schließt mit Agathokles ein Bündnis.

289 Er rückt in Aitolien ein und verwüstet anschließend Epeiros. Sein Feldherr *Pantauchos* wird
von Pyrrhos geschlagen. Demetrios treibt Pyrrhos bei einem Einfall in Makedonien zwar
zurück, aber sein Ansehen im Lande ist so sehr gesunken, daß er mit ihm einen Vertrag
schließt, um sich zugleich den Rücken für eine Invasion in Asien freizuhalten.

288–286 Beunruhigt durch Demetrios' angestrengte Rüstungen schließen Lysimachos, Seleukos und
Ptolemaios ein Bündnis, für das sie auch Pyrrhos gewinnen **(5. Diadochenkrieg).** Ptolemaios verschafft sich das Protektorat über den Nesiotenbund und erscheint mit einer Flotte
im Saronischen Golf. Pyrrhos und Lysimachos fallen von zwei Seiten in Makedonien ein
und teilen das Land unter sich auf. Demetrios flieht nach Griechenland, Athen fällt von
ihm ab. Pyrrhos rückt ihm nach, verständigt sich aber mit ihm gegen Anerkennung seiner
Nachfolge in Makedonien. Demetrios segelt mit 11 000 Mann nach Kleinasien. Als Statthalter in Griechenland läßt er seinen Sohn *Antigonos Gonatas* zurück.

286–285 Mehrere kleinasiatische Städte fallen von Lysimachos zu Demetrios ab. Vor Lysimachos'
Sohn Agathokles weicht er in das Seleukos gehörende Kilikien aus. Dieser vermag ihn nicht
entscheidend zu treffen, doch Krankheit und Desertionen zwingen ihn schließlich zur
Kapitulation. Seleukos interniert ihn in Apameia am Orontes, wo er 283 stirbt. In Griechenland kann Antigonos einen Großteil der Besitzungen seines Vaters (Chalkis, Demetrias, Korinth, die Peloponnes) gegen Pyrrhos halten, der Thessalien besetzt.

285–284 Lysimachos verbündet sich mit Athen und den Aitolern und vertreibt Pyrrhos aus Makedonien. Er bringt Thessalien und Paionien zum Anschluß, und für kurze Zeit ist er der mächtigste der Diadochen, als dynastische Zwistigkeiten seinen Sturz herbeiführen.

283 Lysimachos läßt auf Betreiben seiner jüngsten Gemahlin *Arsinoë,* der Tochter Ptolemaios' I. und dessen Nebenfrau *Berenike,* seinen Sohn *Agathokles* aus erster Ehe ermorden. Agathokles' Gemahlin *Lysandra,* Tochter des Ptolemaios und der Eurydike, flieht mit
anderen Anhängern zu Seleukos. Bei diesem findet sich auch Lysandras Bruder *Ptolemaios
Keraunos* (= Blitz) ein, den Ptolemaios I. von der Erbfolge zugunsten eines Sohnes der
Berenike *(Ptolemaios II. Philadelphos)* ausgeschlossen hat. Keraunos erhofft sich von
Seleukos Hilfe gegen Philadelphos, der seit 285 Mitregent ist und 283 seinem Vater auf
den Thron folgt.

282–281 Seleukos läßt sich von den Flüchtlingen zum Krieg gegen Lysimachos bestimmen **(6. Diadochenkrieg).** Er fällt in Kleinasien ein, wo er weiteren Zulauf erhält. Lysimachos rückt
über den Hellespont vor und fällt gegen ihn bei *Kurupedion.* Seleukos, der letzte von Alexanders Generälen, vereinigt für 7 Monate dessen Erbe im bisher größten Umfang. Er will
den Erfolg mit der Königsherrschaft über Makedonien krönen und zieht nach der Neuordnung Kleinasiens über den Hellespont der Heimat zu, wird aber bei Lysimacheia von
Keraunos ermordet, der sich in seiner Hoffnung auf den ägyptischen Thron getäuscht sieht.
Als Rächer des Lysimachos wird *Keraunos* von der makedonischen Heeresversammlung
zum König der Makedonen ausgerufen. Die Epoche der Diadochen ist damit zu Ende.

Das hellenistische System

Hellenismus als **politisch-historischer Begriff** umfaßt die Geschichte des Alexanderreiches nach Alexanders Tod (323), d. h. das Auseinanderfallen der in seiner Hand vereinten europäischen und asiatischen
Gebiete und den Aufstieg und Niedergang der Nachfolgestaaten bis zu dem Zeitpunkt, wo sie dem Römischen Reich einverleibt werden.
Die ältere **kulturhistorische Bedeutung** des Wortes, das Johann Gustav Droysen eingeführt hat, meint
die *Ausbreitung griechischer Kultur* und ihre *Vermischung mit anderen Kulturen* (im Osten wie im
Westen), ein Prozeß, der durch Alexander und seine Nachfolger wesentlich gefördert wird, dessen Beginn
und Ende aber nicht eindeutig zu bestimmen sind. Im Osten wird die dünne Schicht der makedonisch-
griechischen Eroberer und Einwanderer Träger der politischen und kulturellen Entwicklung. Ihr ist zu

156 Altertum – Alexander und der Hellenismus

verdanken, daß in den verschiedenartigen Teilen des Alexanderreiches die kurze Zeit der Zusammengehörigkeit über die Eigentraditionen hinaus weiterwirkt, so daß man von einem hellenistischen System sprechen kann.

Sein Schwergewicht liegt bei den aus den Kämpfen der Alexandernachfolger *(Diadochen)* hervorgegangenen drei Monarchien der *Antigoniden* in Makedonien, der *Seleukiden* in Asien und der *Ptolemaier* in Ägypten, Süd-Syrien, Cyrenaika in Nordafrika und Zypern. Deren Verhältnis zueinander wird, je nach den äußeren Bedingungen, den militärischen Möglichkeiten und den persönlichen Entscheidungen der Monarchen (oder ihrer Freunde), von *hegemonialen Zielvorstellungen* beherrscht, oder es pendelt sich ein *Gleichgewicht der Kräfte* ein. In beiden Fällen spielen die kleineren griechischen Staaten der Mutterlandes, der Inseln und Kleinasiens eine Rolle, und man sucht sie in gegenseitiger Konkurrenz als Verbündete zu gewinnen. Auch dynastische Heiraten werden als politisches Mittel eingesetzt. Die hellenistische Staatenwelt wird vielfältiger, als im Verlauf des 3. Jh. in Kleinasien auf seleukidischem Boden neue Staaten entstehen: Pergamon, Bithynien, Galatien, Kappadokien und Pontos.

Bei Seleukiden und Ptolemaiern vermischen sich Herrschaftsformen der Achaimeniden bzw. der Pharaonen, die äußerlich am Zeremoniell und an der königlichen Tracht abzulesen sind, mit Elementen des makedonischen Königtums, so daß sich zum Teil Gemeinsamkeiten zu den Antigoniden ergeben, die ihrerseits von der Entwicklung im Osten beeinflußt werden. Einheit und Staatlichkeit des Herrschaftsgebietes sind in der Person des Königs gegeben, der als *das lebendige Gesetz (Nómos émpsychos)* absolut regiert. Die Legitimität seiner Herrschaft leitet sich ursprünglich aus dem *Recht des speererworbenen Landes (Chóra doríktetos)* ab, das auch für Makedonien außerhalb der Stammlande gilt. Die Erbfolge ist anerkannt, häufig wird sie durch Mitregentschaft des Leiberserben gesichert. Solange ein dynastisches Gefühl noch nicht verwurzelt ist, bildet das *Heer die Machtgrundlage* des Regenten, was sich in seiner Erhebung durch die *makedonische Heeresversammlung* manifestiert. Erfolgreiche Politik und Sicherheit nach außen, wirtschaftliche Blüte und Ruhe im Innern fördern die dynastische Anhänglichkeit, zu deren Fundierung auch der in Makedonien unbekannte und dort nie eingeführte Herrscherkult beiträgt. Der bürokratische Apparat, mit dessen Hilfe der König seine Macht ausübt, ist in Makedonien weniger stark ausgebildet als bei den Seleukiden und Ptolemaiern, und in der straff hierarchisch organisierten Verwaltung treten diese das Erbe der Pharaonen an, während im weiträumigen Seleukidenreich die Provinzgouverneure häufig eine große Selbständigkeit behaupten. Hier wie dort nehmen Griechen die hohen Verwaltungsposten ein, Einheimische finden sich nur auf der unteren lokalen Ebene, und erst spät steigen einzelne Nichtgriechen in die oberen Ränge auf. Im Heer, das ursprünglich nur aus Makedonen besteht, geht die Vermischung schneller vonstatten. Den Berufsbeamten entsprechen die Berufskrieger zu Fuß *(makedonische Phalanx)* und zu Pferde, die als erbliche Bauernsoldaten in geschlossenen Dörfern angesiedelt werden. Eine einheitliche Bevölkerungsmischung findet nicht statt. Es bleibt eine Kluft, die durch soziale Unterschiede zwischen der privilegierten fremden Oberschicht und den wirtschaftlich und politisch benachteiligten „Barbaren" verstärkt wird. Sie führt im 2. Jh. sowohl im Seleukidenreich (Juden) als auch in Ägypten in dem Maße zu inneren Spannungen, wie sich die Macht der Dynastien verringert.

Der *Hof* in der Hauptstadt ist zugleich das *Zentrum der Herrschaft.* Dort versammelt der König den *Kronrat* (Synhedrion), dem als seine *Freunde* hohe Offiziere und Beamte angehören. Er hat keine festumrissene Funktion, trotzdem übt er bei politischen Entscheidungen häufig einen starken Einfluß aus. Da das Eroberungsrecht den König zum Besitzer des Landes macht, verfügt er nach Gutdünken über Grund und Boden, entlohnt den Adel mit Gütern, weist den Soldaten Ackerland zu und siedelt Kolonisten in den neugegründeten Städten an. Zwar behält er die Oberhoheit am Boden und kann Schenkungen rückgängig machen, aber sie verringern mit der Zeit das verfügbare Königsland. Trotzdem stellt dieses das größte *Wirtschaftspotential* des Landes dar, dessen Erträge zusammen mit *Zöllen, Geldsteuern* und *Naturalabgaben* in die königlichen Kassen fließen. Großen Gewinn zieht der Monarch auch aus dem Handel, dessen staatliche Lenkung am weitesten in Ägypten geht (*Monopole* in Öl, Wein, im Manufaktur-, Bank- und Transportwesen). Neue Häfen werden angelegt; die Seleukiden pflegen und erweitern das alte persische Straßennetz. Der bisher im Osten wenig übliche Geldverkehr wird gewaltig vermehrt. Die Handelsbeziehungen reichen vom Mittelmeer bis nach Indien und China im Osten und bis nach Spanien im Westen. Die Städte nehmen innerhalb des monarchischen Herrschaftsbereiches politisch und wirtschaftlich eine Sonderstellung ein, die verschiedene Abstufungen kennt. Die Abhängigkeit wird vielfach von der Stärke des jeweiligen Herrschers bestimmt. Sie ist am größten in den altmakedonischen Städten und den Neugründungen des Ostens. Dagegen stehen die vom Königsland umgebenen griechischen Polisstaaten in einem Bundesverhältnis zum Herrscher mit nomineller Selbständigkeit, die ihnen auch durch die gerne verkündeten Freiheitsparolen bestätigt wird. Die Grenze der Souveränität zeigt sich bei Interessenkollisionen, wenn sich der König nicht scheut, Besatzungen in eine Stadt zu legen und ihr einen Vorsteher *(Epistátes)* aufzuzwingen. Für die Beziehungen des Königs zu den Dynasten (im Seleukidenreich) und zu den Tempelterritorien (in Kleinasien, Syrien und Ägypten) gilt ähnliches.

Das *griechische Staatsdenken* setzt sich im ausgehenden 5. und im 4. Jahrhundert in Reaktion auf Mißstände der Demokratie intensiv mit dem Problem des Königtums auseinander (Sophistik; Plato; Isokrates). Auf die Ausformung der **hellenistischen Monarchie** üben solche Überlegungen keinen unmittelbaren Einfluß aus, auch wenn man nachträglich aus diesem Arsenal den einen oder anderen Gedanken zu ihrer theoretischen Fundierung geholt hat. Anderseits fördern die Auseinandersetzungen der griechischen Staaten mit der makedonischen Monarchie und das Erlebnis der großen, aus dem Alexanderreich hervorgehenden Territorialherrschaften **bundesstaatliche Zusammenschlüsse** *(Sympolitien, Koiná)*, die sich nicht mehr wie bisher auf den geschlossenen Stamm *(Ethnos)* beschränken, sondern über ihn hinausgreifen. Die beiden überstammlichen Sympolitien der *Achaier* auf der Peloponnes und der *Aitoler* in Mittelgriechenland sind das Neue im griechischen Staatsleben der hellenistischen Zeit. Ihre Struktur ändert sich nicht gegenüber den alten Stammesbünden. Im Innern sind die Mitgliedsgemeinden autonom und behalten ihr *eigenes Bürgerrecht.* Daneben besteht ein *Bundesbürgerrecht*, eine *Bundesversammlung* aller Bundesbürger, ein *Rat* und *Bundesbeamte* mit einem jährlich gewählten *Strategen* an der Spitze. Bundessache sind *Außenpolitik, Heerwesen, Münzprägung.*

Auch die **Polis** inner- und außerhalb der Bünde erfährt in ihrem staatlichen Aufbau keinen grundsätzlichen Wandel. Eingriffe der Könige sollen lediglich ihre Loyalität sichern. Zu diesem Zweck werden Parteiungen ausgenützt und je nachdem *Oligarchen* oder *Demokraten* an die Macht gebracht. Die Antigoniden stützen sich auch gerne auf *Tyrannen.* Der städtische Kult für einen Herrscher entspringt der Dankbarkeit für erwiesene Güte und ist Aufforderung zu künftigem Wohlverhalten. Letztlich dokumentiert er das ungleiche Machtverhältnis zwischen König und Polis, oft auch deren Abhängigkeit von materiellen Zuwendungen des Wohltäters *(Euergétes)* und Retters *(Sotér).*

Wirtschaftlich erlebt Griechenland in der Diadochenzeit zunächst eine *Blüte* durch das Einströmen der ausgemünzten persischen Edelmetalle, während zugleich der *Bevölkerungsdruck* nachläßt und viele Arme im Osten eine neue Existenz finden. Doch im 3. Jahrhundert setzt ein Rückgang ein, für den Polybios 262 mit Recht die dauernden Kriege verantwortlich macht, die die Griechen untereinander führen und bei denen meistens die auswärtigen Mächte hineinspielen. Durch die häufigen Verwüstungen der Ländereien wird besonders der grundbesitzende Mittelstand geschädigt und sinkt ab, während die *Vermögenskonzentration* in der Hand weniger zunimmt; am Schicksal Spartas ist die Entwicklung gut abzulesen. Es kommt zu scharfen *sozialen Spannungen* und *revolutionären Forderungen* (Landneuaufteilung; Schuldenabschüttelung). Weniger betroffen sind Handelsstädte wie Athen, Korinth, Sikyon, aber auch hier fällt der Unterschied zur Wirtschaftsblüte im Osten auf. Das günstig gelegene Rhodos wird zur neuen Handelsgroßmacht. Der binnenländische Markt für Manufakturwaren stagniert, und der Export geht zurück, da die Könige die eigene Industrie fördern. Die Arbeit wird knapp, und der freie Lohnarbeiter kann mit den billigen Sklaven nicht konkurrieren.

Die **hellenistische Kultur** bleibt auch innerhalb der neuen Reiche eine *städtische.* Die Gründungen Alexanders und seiner Nachfolger übernehmen das Muster der *griechischen Polis.* Zu ihr gehören der *Markt* (Agorá), gewöhnlich mit einer umgebenden Säulenhalle, *Tempel*, ein *Theater* und für Sport und Bildung das *Gymnasium*, das zu besuchen im Osten geradezu Ausweis des Griechentums wird. Straßen und Häuser sind oft schachbrettartig angelegt *(System des Hippodamos von Milet).* Der attisch-ionische Dialekt wird mit einigen Änderungen zur Amts- und Verkehrssprache *(Koiné).* **Athen** behält seine führende Stellung in der *Philosophie.* Mit *Arkesilaos* (Schulhaupt 265–240) beginnt die Neue Akademie. Im „Peripatos" (Wandelhalle für Vorträge) führen Aristoteles' Nachfolger *Theophrast* (372–287) und *Straton* von Lampsakos (ca. 330–269) vor allem die naturwissenschaftlichen Forschungen des Meisters fort. 307–306 eröffnet *Epikur* von Samos den „Garten" (Kepos); seine Lehre vom Leben in der auf Tugend gegründeten Lust *(Lebe im Verborgenen!)* zieht viele an. Gegenströmung ist die etwa gleichzeitig von *Zenon* von Kition (336–264) gegründete und von *Chrysipp* (280–209) systematisierte *Stoa*, die Überwindung der Affekte durch Tugend fordert, einen strengen Rationalismus vertritt, Zeus als vernünftiges Weltgeschehen interpretiert (Zeushymnus des *Kleanthes*) und den Menschen als Weltbürger sieht. Die *neue Komödie* mit ihren unpolitischen Gesellschaftsstücken wird von *Philemon* (361–263) begründet. Mit *Menander* (342–292), einem Meister der Komposition und Charakteristik *(Dyskolos* = der Menschenfeind; *Epitrepontes* = das Schiedsgericht), erreicht sie ihren Höhepunkt. 324 wird das steinerne Dionysostheater erbaut.

Als Bildhauer sind in Athen die beiden *Söhne des Praxiteles* tätig *(Menanderkopf* um 290). *Polyeuktos* schafft die ausdrucksvolle Bronzestatue des *Demosthenes.* Aus der *Lysippschule* in Sikyon stammt der *Apoxyomenos* (= der sich abschabende Athlet).

Griechenland wird in bildender Kunst und Architektur, in Dichtung und Wissenschaft mehr und mehr von den neuen Residenzen überflügelt, vor allem von *Alexandreia* in Ägypten und *Pergamon* in Kleinasien. Diese sollen nicht nur Zentren der Macht sein, sondern auch die kulturelle Führung übernehmen und so Glanz auf die Monarchen werfen, die als großzügige Förderer und Auftraggeber Künstler und Gelehrte aus der ganzen griechischen Welt heranziehen, sie sich bisweilen auch gegenseitig abjagen. Mit den ihnen zur Verfügung stehenden Mitteln kann keine Polis mehr konkurrieren. Doch freigebiges Mäzenatentum findet sich auch in den prosperierenden Städten Kleinasiens und Syriens, wo zahlreiche öffentliche Gebäude, musische und gymnische Veranstaltungen (neben sonstigen sozialen Aufwendungen) den Spenden reicher Mitbürger verdankt werden.

Mit *Rhodos'* wirtschaftlichem Aufschwung wächst auch seine kulturelle Bedeutung; der rhodischen Bildhauerschule entstammt die *Nike von Samothrake.* Pergamon bietet die hervorragendsten Beispiele hellenistischer Architektur *(Akropolis*, vollendet um 175) und Skulptur *(Pergamonaltar; Sterbender Gallier).* Neben der pathetisch-erhabenen Plastik bildet die hellenistische Bildhauerei die realistisch-drastische Darstellung aus (trunkene Alte; Ganswürger; Dornauszieher). Alexandreia wird zur Metropole von Dichtung und Wissenschaft. *Ptolemaios I.* gründet 280 das *Museion* für organisierte wissenschaftliche Arbeit mit einer Bibliothek, die auf 490000 Papyrusrollen anwächst. Ihr Leiter wird der als Dichter und

158 Altertum – Alexander und der Hellenismus

Gelehrter gleich berühmte und die römische Dichtung stark beeinflussende *Kallimachos* von Kyrene (ca. 310–240). Er verfaßt einen Katalog der griechischen Klassiker in 120 Büchern, Götterhymnen, Epigramme, die *Aitia* (Ursprünge von Festen und Bräuchen) und, in Abwendung vom großen Epos, das Kleinepos *(Epyllion) Hekale*, das den Helden Theseus nach dem Kampf zeigt. Sein Nachfolger an der Bibliothek, *Apollonios* von Rhodos (ca. 295–215), ist Verfasser eines Argonautenepos in 4 Büchern. *Theokrit* aus Syrakus (* ca. 305), mit Ptolemaios II. und Kallimachos befreundet, wird Begründer der bukolischen Dichtung. In Mimiamben schildert *Herodas* von Kos um 250 kleine Alltagsszenen. Kommentierung und Erhaltung der Klassiker sind die historischen Leistungen der alexandrinischen Philologie: der Grammatiker *Zenodotos,* Vorgänger des Kallimachos als Bibliotheksvorstand (285), veranstaltet die erste kritische Homerausgabe. Noch wichtiger für den Homertext ist die Arbeit des *Aristophanes* von Byzantion (ca. 257–180), des bedeutendsten Philologen des Altertums. Sein Schüler *Aristarch* von Samothrake (ca. 217–145) verteidigt die historische Darstellung Homers gegen den Symbolismus der *Pergamenischen Philologenschule* (*Krates* von Mallos). Im Umkreis Ptolemaios' I. schreibt *Kleitarch* seine Alexandergeschichte, die bis in den Alexanderroman des Mittelalters nachwirkt. Sie selbst ist verloren, ebenso hat sich von den 7 Tragikern, der *Pleias von Alexandreia,* so gut wie nichts erhalten. Das mathematische Wissen der Zeit faßt *Euklid,* der um 300 in Alexandreia lebt, in den „Elementen" zusammen. Sein Schüler ist *Archimedes* (287–212), der größte Mathematiker und Mechaniker der Antike. Möglicherweise hält sich auch *Aristarch* von Samos in Alexandreia auf, der das *heliozentrische Weltbild* und die *Achsendrehung* der Erde vertritt. *Eratosthenes,* von Ptolemaios III. 246 zum Vorsteher der Bibliothek und Erzieher des Kronprinzen berufen, treibt chronologische Studien (Olympiaden als festes Datengerüst) und stellt in der *Geographika* die physische Geographie der Erde dar. In der Medizin tritt Alexandreia in Konkurrenz zu den Ärzteschulen von Kos und Knidos. *Herophilos* (1. Hälfte 3. Jahrhundert) und *Erasistratos* (2. Hälfte 3. Jahrhundert) führen Leichensektionen durch und machen wichtige anatomische Entdeckungen.

Die traditionelle **griechische Religion** verschwindet **im Hellenismus** nicht. Die Kulte werden weitergepflegt, die *Götterfeste* gefeiert, die *gemeingriechischen Heiligtümer* und *Orakelstätten* geehrt und aufgesucht. Die Auswanderer nehmen in die neue Heimat ihr religiöses Erbe mit, darin bestärkt von den Herrschern, die sich ihre *Reichsgötter* unter den Olympiern suchen (Ptolemaier – Zeus; Seleukiden – Apollon; Attaliden von Pergamon – Zeus und Athene). In der Regel sind sie gegenüber den vorgriechischen Kulten tolerant und fördern so indirekt den *Synkretismus.* Aber die Tendenzen, die schon vorher zu beobachten sind, verstärken sich: *östliche Einflüsse* auf die griechische Religion; *Philosophie als Religionsersatz* in den Oberschichten; Ausdehnung des Erlösung versprechenden *Mysterienwesens;* verstärkte *individuelle Frömmigkeit* neben dem *offiziellen Kult* (Aufschwung der Dionysosverehrung; Herakles als Erlösergott), wodurch der Boden für das Christentum bereitet wird.

Die einzelnen hellenistischen Gebiete bis zur Auflösung der hellenistischen Herrschaft

Ägypten unter den Ptolemaiern
(Forts. v. S. 69)

Ägypten ist wie das Seleukidenreich ein **Nationalitätenstaat** mit scharfer Trennung zwischen Makedonen und Untertanen, dazu starken Spannungen zwischen den einzelnen Minoritäten (etwa Griechen und Juden). Das religiöse und geistige Leben der einzelnen Volksgruppen verläuft weitgehend getrennt, mit gelegentlichen Ansätzen zu einer Mischkultur.

Zunächst einzige Griechenstadt und königliche Residenz ist *Alexandreia* (Alexandria), dessen Bevölkerung auf über eine halbe Million anwächst, davon 150 000 Griechen; als Sitz des *Museion* und einer berühmten *Bibliothek,* welche die hervorragendsten Dichter und Gelehrten anzieht, ist es geistiger Mittelpunkt der gesamten hellenistischen Welt. Makedonen und Griechen siedeln außerdem in der alten Kolonie *Naukratis* und in der Neugründung *Ptolemais,* dazu als *Kleruchen* in Dörfern; im Delta wie im Niltal bleibt die alte Einteilung in „Gaue" *(Nomoi)* erhalten, z. T. mit neuen Namen. Der König übernimmt die vorgegebene Rolle der ägyptischen Pharaonen, mit ihrer Titulatur und ihrem Ornat. Er ist Eigentümer des Landes, das die Einheimischen als Pächter bestellen; auch die Steuern werden verpachtet, Banken und Papyrus-Produktion sind staatliches Monopol. Neben der Landwirtschaft spielt der Transithandel eine wichtige Rolle. Eine reiche Quelle für Alltagsleben, Verwaltung, Wirtschaft und Recht bildet die Fülle von griechischen und demotischen *Papyri,* die sich durch das trockene Klima erhalten hat. (Hauptfundorte sind mehrere Dörfer der großen Oase El-Fajum und insbesondere *Oxyrhynchos.*) In den Tempeln, die ihre lokale Tradition pflegen, wird die alte Hieroglyphenschrift weiterverwendet und eine Fülle von religiösen Texten überliefert.

Ptolemaierreich (Ägypten) *159*

Alle Herrscher der Dynastie tragen den Namen *Ptolemaios* und werden in der Antike nur durch Kultnamen der Herrscherverehrung (seit etwa 278) unterschieden; sie werden daher als *Ptolemaier* (Ptolemäer) oder nach dem Stammvater der Dynastie *(Lagos)* auch als *Lagiden* bezeichnet. Ptolemaios, Sohn des Lagos und der Arsinoë, behauptet sich nach dem Tod Alexanders d. Gr. als Satrap Ägyptens, zunächst für Philipp III. Arrhidaios (323–316) und dann für Alexander IV. (310 ermordet).

321	Perdikkas im Kampf mit Ptolemaios von Offizieren ermordet.
312	Sieg des Ptolemaios bei Gasa über Demetrios Antigonos.
305	Annahme der Königswürde als **Ptolemaios I. Soter** (305–285, 282). Er ist zuerst vermählt mit *Eurydike* (Sohn Ptolemaios Keraunos), dann mit deren Hofdame *Berenike* (ihr Sohn *Magas* herrscht seit 308 in Kyrene).
298/286	Kyrene (298), Zypern (294), Tyros und Sidon (286) werden ägyptisch. Besondere Fürsorge des Herrschers für die Hauptstadt Alexandreia, deren griechisch geprägte Kunst bis nach Fajum ausstrahlt. Der Leichnam Alexanders d. Gr. wird zunächst nach Memphis, dann nach Alexandreia gebracht. Der König stiftet gemeinsam für Griechen und Ägypter den neuen Serapiskult, in dem die Verehrung von Isis und Osiris integriert ist. In Oberägypten wird als weitere Griechenstadt *Ptolemais* gegründet.
285	**Ptolemaios II. Philadelphos** wird neben seinem Vater Mitregent (282–246 Alleinherrscher).
seit 278/277	In Geschwisterehe mit *Arsinoë II.* verheiratet (vorher Gattin des Lysimachos und des Keraunos, nach ihrem Tod am 9. Juli 270 göttlich verehrt). Gründung von Faktoreien am Roten Meer und Bau eines Nilkanals dorthin. In mehreren Kriegen kann Ptolemaios II. die Besitzungen in Kleinasien und in der Ägäis behaupten:
275	Krieg gegen Magas von Kyrene.
274–271	**1. Syrischer Krieg** gegen Antiochos I. von Syrien (Seleukidenherrscher).
273	Erster Gesandtenaustausch mit Rom.
267 (268?) –261	*Chremoneideischer Krieg:* mit Sparta und Athen gegen Antigonos Gonatas von Makedonien.
260 (259?) –253	**2. Syrischer Krieg** gegen Antiochos I. von Syrien: Ptolemaios II. Philadelphos kann sich nicht in Syrien festsetzen.
246	Es folgt **Ptolemaios III. Euergetes** auf dem Thron (246–222). Kulturelle Blüte (245 Kallimachos' Gedicht „Locke der Berenike", 237 Bau des Tempels von Edfu begonnen).
246–241	**3. Syrischer Krieg**, da die Schwester von Ptolemaios III., *Berenike*, zweite Gattin von *Antiochos II.* von Syrien (seit 252), mit ihrem Sohn enterbt wird. Vorstoß über den Euphrat, aber Gegenstoß von *Seleukos II.* Ausbau des Herrscherkults durch das Dekret von
238	Kanopos. Einrichtung der „Gaustrategie".
233	Verlust von Damaskus an das Seleukidenreich.
221	**Ptolemaios IV. Philopator** (221–205) zunächst unter Regentschaft des Sosibios und Agathokles.
219–217	**4. Syrischer Krieg** gegen den Seleukidenherrscher Antiochos III., der Ptolemaios zunächst aus Syrien verdrängen kann.
217 März	Durch den Sieg bei *Raphia* gewinnt Ptolemaios Südsyrien zurück.
nach 217	Innere Unruhen durch Inflation (ab 221, mit Gleichberechtigung der Kupferwährung ab 212) und neues Selbstbewußtsein der Ägypter.
ab 205	In Oberägypten einheimische Gegenkönige Harmachis und Anchmachis (205–184). Aufstand unterbricht den Bau des Edfu-Tempels, dazu Angriffe der Meroïten unter Ergamenes.
204	**Ptolemaios V. Epiphanes** (204–180: bis 197 unter wechselnder Regentschaft).
202 (?201)	Ausbruch des **5. Syrischen Krieges (202–198** nach Geheimvertrag zwischen Antiochos III. und Philipp V. von Makedonien über die Aufteilung der ägyptischen Außenbesitzungen).
200	Durch die Niederlage bei *Paneion* Verlust von Südsyrien, Palästina und den kleinasiatischen Gebieten; Ägypten behält nur Zypern und Kyrene.
196	Priesterdekret von Memphis („Stein von Rosette", Grundlage für die Entzifferung der Hieroglyphen durch Champollion).
195	Tod des Bibliothekars *Eratosthenes* in Alexandreia, ihm folgt *Aristophanes* von Byzanz.
194	Heirat Ptolemaios' mit *Kleopatra I.* von Syrien.
184	Niederwerfung des Eingeborenenaufstands in Oberägypten.
180	**Ptolemaios VI. Philometor** (180–145, bis 176 unter Vormundschaft seiner Mutter Kleopatra I., heiratet 175 seine Schwester *Kleopatra II.*, seit 170 gemeinsame Regierung mit ihr und seinem Bruder *Ptolemaios VIII.*)
170–168	**6. Syrischer Krieg:** Antiochos IV. von Syrien besetzt Ägypten bis auf Alexandreia, wird aber durch römische Intervention *(C. Popillius)* zum Abzug gezwungen.
168–164	Neue Unruhen in Oberägypten.
164	Der König wird von seinem Bruder Ptolemaios VIII. vertrieben und geht nach Rom.
163	Rückkehr von Ptolemaios VI. nach Ägypten. Reichsteilung: Ptolemaios VI. und Kleopa-

160 Altertum – Alexander und der Hellenismus

tra II. erhalten Ägypten mit Zypern, ihr Bruder Kyrene, das er in seinem Testament den Römern verspricht.

145 Rückeroberung von Südsyrien gegen den Seleukiden Alexander I. Balas.
Ptolemaios VII. Neos Philopator (152–150 König von Zypern) regiert nur wenige Monate, danach erneut **Ptolemaios VIII. Euergetes II.,** genannt *Physkon* (145–116).

142 Der neue Herrscher verstößt seine Schwester-Gattin Kleopatra II. zugunsten ihrer Tochter *Kleopatra III.,* worauf es zum Bürgerkrieg kommt.

139 Römische Gesandtschaft mit Scipio Aemilianus in Ägypten.

132 Ptolemaios wird nach Zypern vertrieben (132–127).

131 Einheimischer Gegenkönig Harsiesis in Theben und Achmim belegt (131–129).

127 Ptolemaios gewinnt Alexandreia zurück.

124 Aussöhnung der streitenden Parteien: *Dreierregierung* Ptolemaios' mit Kleopatra II. und III. Der griechische Einfluß geht zurück, Gelehrte und Künstler werden aus Alexandreia vertrieben, zunehmende Orientalisierung. Ausweitung des Handels.

ca. 117 Beginn der regelmäßigen Seefahrten nach Indien.

116 **Ptolemaios IX. Soter II. Lathyros** (116–80, bis 107 gemeinsame Regierung mit seiner Mutter Kleopatra III.).

107 Ptolemaios wird nach Zypern vertrieben.

107–101 **Regierung Kleopatras** mit ihrem anderen Sohn **Ptolemaios X. Alexandros.**

101–88 Gemeinsame Regierung von Ptolemaios X. mit seiner Schwester *Berenike III.*, Kämpfe in Syrien zwischen den beiden Brüdern.

88 Ptolemaios IX. kehrt nach Alexandreia zurück, neue Aufstände in Oberägypten werden unterdrückt.

84 **Ptolemaios XI. Alexandros II.,** Sohn des vertriebenen Ptolemaios X., flieht zu Sulla nach Rom.

80 Ptolemaios XI. wird Mitregent und Gemahl seiner Stiefmutter *Berenike III.* Er läßt sie ermorden und wird darauf selbst von den Alexandrinern getötet. Er hat testamentarisch Ägypten und Zypern dem *römischen Staat* vererbt.
Ptolemaios XII. Neos Dionysos, genannt *Auletes,* Sohn von Ptolemaios IX. (80–51).

74 Kyrene wird römisch.

69/68 Ptolemaios XII. heiratet *Kleopatra V.*

58 Als Zypern römische Provinz wird, flieht Ptolemaios XII. nach Rom.

58–55 Herrschaft seiner Tochter *Berenike IV.* mit verschiedenen Mitregenten.

55 Ptolemaios XII. wird von *A. Gabinius* wieder zurückgeführt. Während Rom die politische Vormundschaft übernimmt, breitet sich der ägyptische *Isis-Kult* in Rom aus (erste Verbote durch den Senat 59 und 58).

51 **Kleopatra VII.** (51–30), regiert zunächst mit ihrem Bruder **Ptolemaios XIII. Philopator Philadelphos.**

48–47 Im **Alexandrinischen Krieg** leistet Ptolemaios XIII. *Caesar* Widerstand und wird getötet.

47 Kleopatra, mit Caesar verbündet, erhebt ihren zweiten Bruder **Ptolemaios XIV. Philopator** zum Mitregenten (47–44).

44 Kleopatras und Caesars gemeinsamer Sohn *Caesarion* als **Ptolemaios XV.** zum Mitregenten benannt (44–30).

41 Erste Begegnung Kleopatras mit *M. Antonius* in Tarsos, bald darauf in Ägypten. Kleopatra sucht im Bündnis mit ihm das Ptolemaierreich im einstigen Umfang wiederherzustellen.

34 „*Armenien-Triumph*" von Antonius in Alexandreia, *Kleopatra* als „*Königin der Könige*" proklamiert.

32 Formelle Kriegserklärung *Octavians* an Ägypten und heftige Propaganda gegen Kleopatra.

31 Ägyptische Niederlage bei *Actium* gegen Octavian (2. Sept.).

30 Einnahme Alexandreias durch die Römer (3. Aug.), Ende des Ptolemaierreiches.

12. Aug. Selbstmord Kleopatras; Ägypten wird *römische Provinz.* *(Forts. S. 301)*

Das Seleukidenreich (281–63)

(Forts. v. S. 78)

Die **Seleukiden** datieren den Beginn ihrer Herrschaft von 312/311 an, als *Seleukos I.* seine Satrapie Babylon von Antigonos Monophthalmos zurückerobert *(seleukidische Ära).* In den folgenden Jahren unterwirft sich Seleukos die iranischen Satrapien, stößt bis zum Indus vor, gewinnt 301 durch die Schlacht bei Ipsos Syrien, 296 Kilikien und 281 mit seinem Sieg bei Kurupedion das übrige Kleinasien, ausgenommen Pontos, Bithynien und einige Griechenstädte. „Könige, Dynasten, Städte und Völker" umfaßt die Herrschaft, die er seinen Nachkommen hinterläßt, und sie wird legitimiert durch das „Recht über erobertes Land" *(Chóra doríktetos).* Aber die eroberten Gebiete, die sich anfangs ungefähr mit dem Umfang

Seleukidenreich   *161*

des Achaimenidenreiches decken, sind in ihrer geopolitischen, ethnischen und kulturellen Struktur zu ungleich, als daß sie unter der neuen Dynastie zu einer Einheit zusammenwachsen könnten. Die Geschichte des Seleukidenreiches ist zu einem guten Teil die Geschichte eines dauernden Kampfes, den die Herrscher gegen die zentrifugalen Kräfte führen. Indien geht noch unter Seleukos (304) verloren. Die Souveränität über die iranischen Provinzen muß immer wieder militärisch behauptet werden, in *Baktrien* und *Parthien* entstehen nach 250 neue Königreiche, und um *Koilesyrien* ringen die Seleukiden immer wieder mit Ägypten. In Kleinasien bilden sich im Verlauf des 3. Jh.s mehrere unabhängige Fürstentümer unter einheimischen Dynasten: die *Galater* gründen einen Staat, und das *pergamenische Reich* entwickelt sich aus kleinen Anfängen zu einer bedeutenden Macht. In der Auseinandersetzung mit *Rom* seit Beginn des 2. Jh.s schrumpft der Bestand des Reiches weiter, das schließlich, auf *Syrien* beschränkt, als römische Provinz eingezogen wird.

Wie auch in Ägypten sind die *makedonisch-griechischen Soldaten, Offiziere und Verwaltungsbeamten* die Stützen der Monarchie. Um diese Grundlage zu verstärken, betreiben Seleukos I. und *Antiochos I.* eine *intensive Siedlungspolitik.* Nach dem Vorbild Alexanders d. Gr. errichten sie zahlreiche Städte für Einwanderer aus Makedonien und Griechenland und legen daneben *Militärkolonien* an, die später häufig das Stadtrecht erhalten. Die Gründungen, teilweise in Anlehnung an ältere Siedlungen, werden zu Zentren der hellenistischen Kultur. Ihre anfängliche Ausstrahlung vermindert sich in dem Maße, wie die Einwanderung nachläßt und eine Bevölkerungsmischung eintritt.

Zwar regiert der *Herrscher* aus eigener Machtvollkommenheit, aber im Rat *(Synhedrion)* seiner Freunde *(Philoi),* dem hohe Militärs und Zivilbeamte angehören, werden oft wichtige Entscheidungen gefällt. In der Verwaltung knüpfen die Seleukiden an die persischen Vorgänger und an Alexander an. Vor allem im Osten bleibt die Einteilung in *Satrapien* bestehen, an deren Spitze sich *Satrapen,* später *Strategen* befinden, die militärische und zivile Funktionen vereinen. Die *Finanzverwaltung* ist ein eigenständiger Bereich. Zu finanziellen und militärischen Aufgaben sind die reichsunmittelbaren Städte, Tempelstaaten und Dynasten verpflichtet. Der König bezieht bedeutende Einkünfte aus den großen Domänen *(Chóra basiliké),* die sich allerdings durch großzügige Schenkungen verringern, mit denen sich die Herrscher Loyalität zu verschaffen suchen. Der Festigung der Loyalität dient auch die Einführung und *Institutionalisierung des Königskultes,* zunächst für den toten, seit Beginn des 2. Jahrhunderts auch für den lebenden Herrscher und seine Gemahlin.

281–261	**Antiochos I.** ist seit 294 Mitregent seines Vaters *Seleukos I.* und König der jenseits des Euphrat gelegenen Oberen Satrapien mit der Hauptstadt *Seleukeia;* schon zu der Zeit gründet er zahlreiche Städte.
281–277	Als Seleukos nach der Schlacht von *Kurupedion* nach Makedonien aufbricht, dehnt er die Mitregentschaft seines Sohnes auf Gesamtasien aus. Mit der Ermordung des Vaters fällt Antiochos, der sich zu der Zeit im Osten aufhält, die Alleinherrschaft zu. Ein Aufstand in Syrien hindert ihn daran, sofort Seleukos' Ansprüche auf Thrakien und Makedonien durchzusetzen oder *Ptolemaios II. Philadelphos* von Ägypten entgegenzutreten, der sich in Karien und auf Samos festsetzt. Auch die Ausdehnung Bithyniens an der Schwarzmeerküste muß er hinnehmen. Unter dem Eindruck der Keltengefahr schließt er Frieden mit dem in Kleinasien eingedrungenen *Antigonos Gonatas* von Makedonien und vermählt seine Halbschwester *Phila* mit ihm.
275	Antiochos besiegt in der „Elefantenschlacht" die *Kelten,* die *Nikomedes von Bithynien* für seine Ziele zu Hilfe gerufen hat, und siedelt ihre Reste in Großphrygien an. Er erhält den Beinamen Soter = Retter.
275–271	Während Antiochos' Keltenkrieg dringt Ptolemaios II. in Syrien ein. *Magas,* Halbbruder des Ptolemaios und Statthalter von Kyrene, heiratet die Tochter des Antiochos, der seine Absicht auf den ägyptischen Thron unterstützt und hofft, auf diese Weise das von Seleukos seit 301 beanspruchte Koilesyrien zu erhalten. Ptolemaios kommt dem geplanten Zangenangriff mit einem Vorstoß auf Damaskus zuvor. Er kann auch Magas abwehren und trägt den Krieg in die Ägäis und an die kleinasiatische Küste. Antigonos' Eingreifen bringt für Antiochos keine Wende, doch erobert sein Feldherr *Dion* Damaskus zurück. Im *Friedensvertrag* muß er Ägyptens Herrschaft in Koilesyrien bestätigen.
270–261	Antiochos treibt den inneren Ausbau des Reiches voran. Seinen ältesten Sohn *Seleukos,* seit 279 Mitregent in den Oberen Satrapien, läßt er 268 wegen Hochverrats hinrichten und setzt den jüngeren *Antiochos II.* an seine Stelle. Die Selbständigkeitsbestrebungen des *Philhetairos von Pergamon* kann er nicht unterbinden und unterliegt dessen Neffen und Nachfolger *Eumenes I.* 263 bei Sardeis. 261 fällt er gegen die Kelten.
261–246	**Antiochos II.** Die Hälfte seiner Regierungszeit füllt der **2. Syrische Krieg 259 (260?)–253,** dessen Ausbruch möglicherweise mit Antiochos' Erfolgen gegen die ptolemaischen Stützpunkte in Kleinasien zusammenhängt.
259	Antiochos gewinnt *Ephesos,* wo der ägyptische Statthalter *Ptolemaios* von Söldnern erschlagen wird, und befreit *Milet* von dessen Verbündeten, dem Tyrannen *Timarchos,* wofür er den Beinamen Theos = Gott erhält. Auch *Erythrai* und die Küstenstädte im Rauhen Kilikien und in Pamphylien zieht er mit der Freiheitsparole vom Lagiden ab. Einfälle des Ptolemaios Philadelphos in Syrien haben keinen durchschlagenden Erfolg. Das syrische

162   Altertum – Alexander und der Hellenismus

Arados erhält von Antiochos für seine Treue die Autonomie. Der Eleutherosfluß bleibt Grenze zu Ägypten. Wieweit Antigonos Gonatas am Krieg beteiligt ist, bleibt ungewiß. Dessen Seesiege bei Kos und Andros hat man in den 2. Syrischen Krieg verlegt. Den *Friedensvertrag* besiegelt Antiochos durch die Heirat mit Philadelphos' Tochter *Berenike*, verstößt sie aber wieder nach ihrer Niederkunft und bestimmt Seleukos, den Sohn seiner ersten Frau *Laodike*, zum Nachfolger. Nach Unternehmen gegen Byzantion (Byzanz) und Thrakien stirbt er in Ephesos.

246–226 **Seleukos II. Kallinikos** kommt auf den Thron, kurz nachdem in Ägypten *Ptolemaios III.* die Herrschaft übernommen hat, der dem Hilferuf seiner Schwester Berenike gegen Laodike folgt und den **3. Syrischen Krieg (Laodikekrieg)** eröffnet **(246–241).** Noch vor seinem Angriff wird Berenike ermordet, und als ihr Rächer erobert Ptolemaios Syrien mit Antiocheia und Seleukeia und stößt nach Mesopotamien vor. *Andragoras*, Satrap von Parthyene, macht sich selbständig. Die ägyptische Flotte erobert inzwischen die Südküste Kleinasiens. Ionien, die vorgelagerten Inseln und die thrakische Südküste gehen zum Lagiden über. Unruhen in Ägypten zwingen Ptolemaios zur Umkehr und geben Seleukos Gelegenheit zur Rückeroberung des Verlorenen. In Kleinasien erhebt er seinen Bruder *Antiochos Hierax* zum Mitregenten.

240–234 Nach dem *Frieden mit Ptolemaios* führen die Selbständigkeitsbestrebungen des Antiochos, hinter dem Laodike steht, zum **Bruderkrieg.** Antiochos verbündet sich mit kleinasiatischen Dynasten und mit den Galatern, die Seleukos 240/239 bei Ankyra besiegen. Als Hierax die Gallier gegen Pergamon führt, unterliegt er *Attalos*, der den Königstitel annimmt (etwa 238). Um die gleiche Zeit nützt *Diodotos I.*, Satrap von Baktrien und Sogdiane, den Bruderzwist aus und gründet das griechisch-baktrische Reich.
Das iranische Reitervolk der Parther dringt unter *Arsakes* in Parthyene ein und gründet das *Partherreich.*

235 *Antiochos Hierax* veranlaßt den Ptolemaios zu einem *Angriff auf Damaskus.*

234 Beim *Friedensschluß* erkennt Seleukos die Herrschaft seines Bruders jenseits des Tauros an.

ca. 230 Seleukos sucht die Parther, die sich nach Diodotos' I. Tod (234) mit dem Nachfolger *Diodo-*
–228 *tos II.* verbündet haben, zu vertreiben, erleidet aber nach ersten Erfolgen eine Niederlage. Diodotos wird von *Euthydemos von Magnesia* gestürzt, der sich zum König in Baktrien macht. Neue dynastische Schwierigkeiten rufen Seleukos nach Syrien zurück.

228 Antiochos Hierax wird von Attalos aus Kleinasien vertrieben, er sich mit Hilfe *Stratonikes*, der Tochter Antiochos' I. und der ehemaligen Gattin *Demetrios' II.* von Makedonien, Syriens bemächtigen will, wird er von Seleukos' Feldherrn *Andromachos* und *Achaios* geschlagen und fällt bald darauf in Thrakien. Stratonike wird hingerichtet.

226 Seleukos stirbt durch einen Sturz vom Pferd.

226–223 **Seleukos III. Soter** (= Retter). Er sieht in der Rückgewinnung Kleinasiens seine Hauptaufgabe.

223 Nach einem Mißerfolg des Andromachos gegen Attalos I. von Pergamon zieht er mit einem großen Heer über den Tauros, wird aber in Phrygien während eines Söldneraufstandes ermordet. Statt seines unmündigen Sohnes wird sein jüngerer Bruder *Antiochos*, damals etwa 20jährig, vom Heer zum Nachfolger ausgerufen, nachdem sein Onkel *Achaios* den Königstitel abgelehnt hat.

223–187 **Antiochos III. der Große.** Er kann für kurze Zeit das Seleukidenreich in beinahe dem Umfang wiederherstellen, den es unter Seleukos I. gehabt hat, vermag aber nicht, den Auflösungsprozeß auf die Dauer abzuwenden. Zunächst übernimmt er die wichtigsten Helfer seines Vorgängers: *Hermeias* bleibt Reichskanzler, *Achaios* wird Statthalter Kleinasiens.

222 Der medische Satrap *Molon,* von Antiochos als Statthalter über die Oberen Satrapien eingesetzt, empört sich und nimmt den Königstitel an. Er gewinnt die benachbarten Satrapen und treibt mehrere gegen ihn ausgesandte Generäle zurück.

220 Antiochos zieht selbst gegen ihn, vernichtet ihn bei Apollonia in Babylonien. Er entsetzt die mit Molon verbündeten Satrapen und macht *Artabazanes* von Atropatene zum Vasallen. Hermeias gestürzt. Achaios erhebt sich in Kleinasien und läßt sich zum König ausrufen.

219–217 Im **4. Syrischen Krieg** versucht Antiochos, dem neuen ägyptischen König *Ptolemaios IV. Philopator,* der Verbindung mit Achaios aufnimmt, Koilesyrien zu entreißen. Er vertreibt eine ägyptische Besatzung aus Seleukeia in Pieria; Tyros und Ptolemais fallen ihm durch Verrat zu (219).

218 *Galiläa* in der Hand der Seleukiden.

217 In der Schlacht bei *Raphia*, in der auf jeder Seite etwa 70 000 Mann stehen, wird Antiochos III. von Ptolemaios geschlagen.

216–213 Zum Krieg gegen Achaios verbündet sich Antiochos mit Attalos von Pergamon; auch die anderen kleinasiatischen Dynasten neigen ihm zu. Er belagert Achaios in Sardeis (215–213) und läßt ihn nach dem Fall der Stadt hinrichten. Die kleinasiatischen Reichsteile kehren unter seine Oberhoheit zurück.

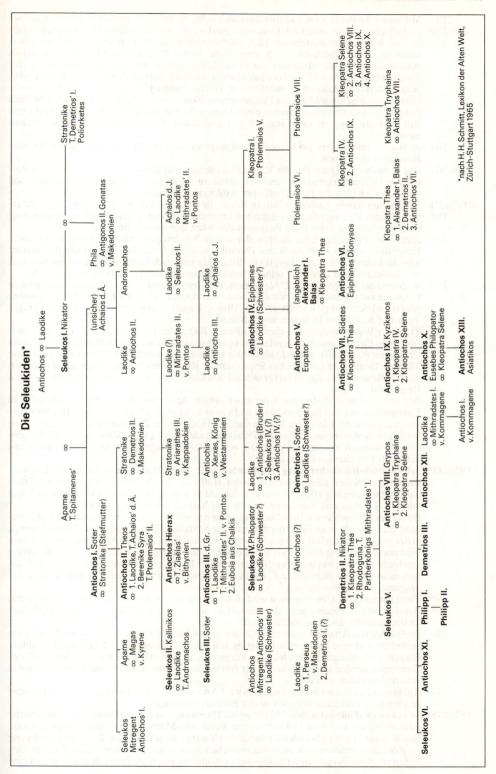

164   Altertum – Alexander und der Hellenismus

212– Mit seiner **Anabasis,** dem 8 Jahre währenden Feldzug im Osten, erneuert Antiochos den se-
205/204 leukidischen Machtanspruch bis zur indischen Grenze. In realistischer Einschätzung beläßt
er nach Möglichkeit bestehende Herrschaftsverhältnisse und begnügt sich mit der Anerkennung seiner Oberhoheit. Der armenische König *Xerxes* unterwirft sich und erhält
Antiochos' Schwester *Antiochis* zur Frau (212); Medien wird neu geordnet (211). Der
Partherkönig *Arsakes III.* und der baktrische Herrscher *Euthydemos* fügen sich nach hefti-
gem Widerstand Antiochos' militärischer Überlegenheit (209–207). Auch der indische
Fürst *Sophagasenos* schließt ein Freundschaftsabkommen (206). Nach der Rückkehr nach
Babylonien unternimmt Antiochos einen Flottenzug zum Südufer des Persischen Golfs und
tritt in Beziehung zu dem arabischen Handelsvolk der Gerrhaier, das einen Tribut
zahlt (205).

204   *Antiochos* nimmt den Titel eines *Großkönigs* an, und die Zeitgenossen geben ihm den
Beinamen *der Große.*

203–202   Der *Geheimvertrag* mit *Philipp V.* von Makedonien anläßlich des Thronwechsels von Ptolemaios IV. zu *Ptolemaios V.* und den damit ausbrechenden Wirren in Alexandreia soll
Antiochos endlich die *Herrschaft über Koilesyrien* bringen.

201 (202?) **5. Syrischer Krieg:** Antiochos fällt in Koilesyrien ein, das ihm bis auf Gaza kaum Wider-
–198 stand leistet. Den ägyptischen Gegenstoß unter dem aitolischen Söldnerführer *Skopas* fängt
er in der Schlacht beim Berg Panion in der Nähe der Jordanquelle auf.

200   *Jerusalem* geht zu ihm über. Skopas, der sich nach Sidon geflüchtet hat, muß sich ergeben.
Unter dem Namen *Koile Syria und Phoinikia* wird das 100 Jahre lang umkämpfte Gebiet
seleukidische Provinz. Auf ägyptische Bitten hin verhandelt eine römische Gesandtschaft
mit Antiochos, der eine Ehe seiner Tochter *Kleopatra* mit *Ptolemaios V.* verabredet.

197   Während der Endphase des *2. Makedonischen Kriegs* gewinnt Antiochos mit einer großen
Flotte die mit Ägypten verbündeten Städte in Kilikien, Lykien und Karien. Nach *Kynoske-*
phalai und dem fast gleichzeitigen Tod Attalos' I. zieht er gegen makedonische und pergamenische Stellungen in Ionien und Aiolien.

196   Trotz der Warnung des römischen Feldherrn *T. Quinctius Flamininus* und der Aufforde-
rung, alle Griechenstädte freizulassen, setzt Antiochos über den Hellespont, gewinnt die
Chersones (Gallipoli), wo er *Lysimacheia* aufbaut, und unternimmt einen Zug gegen die
Thraker. Gegenüber *L. Cornelius Scipio,* der die Rückgabe allen ägyptischen und makedo-
nischen Besitzes verlangt, beruft er sich auf den von seinem Vorfahren Seleukos I. ererbten
Rechtstitel.

195–193   Auf einem erneuten Zug zur Chersones nimmt Antiochos den flüchtigen *Hannibal* in
Ephesos auf und ehrt ihn demonstrativ. In zwei Kriegszügen befreit er alle Griechenstädte
von den *Thrakern.* Kleopatra I. gibt er bei der Hochzeit mit Ptolemaios V. die Gefälle einiger Städte Koilesyriens, Judäas und Phönikiens als Mitgift (194). Mehrere Verhandlungen
mit den Römern bleiben erfolglos. Die von Rom enttäuschten Aitoler fordern Antiochos
auf, nach Griechenland zu kommen.

192–188 **Seleukidisch-Römischer Krieg** (Antiochoskrieg): Antiochos landet in Demetrias und verkündet die Freiheit aller Griechen. In der Hoffnung auf eine allgemeingriechische Erhebung hat er lediglich 10 000 Mann bei sich. Aber neben den Aitolern schließen sich ihm
nur Elis, Epeiros und Euboia an, Sparta und Makedonien bleiben abseits.

191   Da Antiochos auch von seinen Bundesgenossen wenig Unterstützung erhält, ist er ungenügend gerüstet, als es an den *Thermopylen* zur Schlacht gegen *M'. Acilius Glabrio* kommt,
in der seine Truppen fast völlig aufgerieben werden. Er flieht nach Kleinasien, seine Flotte
wird noch im Herbst bei Korykos von einer *römisch-pergamenisch-rhodischen Koalition*
geschlagen. Nach zwei weiteren Niederlagen der Flotte gibt Antiochos die Chersones auf
und zieht sich vor dem unter *L. Cornelius Scipio* heranrückenden römischen Heer auf
Magnesia am Sipylos zurück.

190   Trotz numerischer Überlegenheit wird Antiochos dort geschlagen und flieht nach Apameia.

189   *Artaxias* von Armenien nützt die Niederlage aus, schüttelt die seleukidische Oberhoheit
ab und gründet das *armenische Reich.*

188   Im *Frieden von Apameia* verliert Antiochos ganz Kleinasien bis zum Tauros, muß die Flotte
ausliefern und eine Kriegsentschädigung von 15 000 Talenten in 12 Jahresraten zahlen.
Phrygien, Mysien und Lydien fallen an Pergamon, Lykien und Karien an Rhodos, die Griechenstädte werden in der Mehrzahl für frei erklärt. Damit ist die Großmachtstellung des
Seleukidenreiches gebrochen.

187   Auf einem Zug in die Oberen Satrapien wird Antiochos bei dem Versuch, einen Baaltempel
zu plündern, von Eingeborenen in der Elymais erschlagen.

187–175 **Seleukos IV. Philopator.** Seit 193 übt er als Thronfolger in Kleinasien wichtige militärische
Funktionen aus und wird 189 von seinem Vater zum Mitregenten ernannt. Seine gesamte
Regierungszeit wird überschattet durch den Zwang, die ungeheure Kriegsentschädigung
an Rom einzutreiben, was zu wirtschaftlichen Schwierigkeiten führt. Konflikte mit den
Juden entstehen wegen außergewöhnlicher Kontributionen. Außenpolitisch sieht er keine

Seleukidenreich *165*

andere Wahl, als nach allen Seiten gute Beziehungen zu pflegen, mit Rom ebenso wie mit Ägypten und Makedonien (Heirat seiner Tochter *Laodike* mit *Perseus* 177). Syrien, Koilesyrien und Mesopotamien bleiben fest in seiner Hand, aber im Osten scheint es zu weiteren Selbständigkeitsbestrebungen gekommen zu sein, ohne daß er eingreifen kann.

183 Auf römischen Druck hin nimmt Seleukos IV. von einer geplanten Intervention gegen Pergamon zugunsten von Pontos Abstand.

175 Er fällt einem Mordanschlag seines Kanzlers *Heliodor* zum Opfer, dessen Hintergründe nicht geklärt sind.

175–164 Antiochos IV. Epiphanes, der jüngere Bruder des Ermordeten, lebt seit 190 als Geisel in Rom und erfährt auf der Heimreise in Athen von Heliodors Tat. Mit Hilfe *Eumenes' II. von Pergamon* vertreibt er den Mörder seines Vaters, der sich zum König hat ausrufen lassen, und besteigt den Thron. Er sichert ihn durch Zugeständnisse an die Städte, in denen er als Hellenenfreund das Griechentum fördert. Auch die Kolonisations- und Siedlungspolitik, die seit Antiochos I. weitgehend geruht hat, nimmt er wieder auf und gewinnt für Neugründungen Siedler aus Griechenland. Der Festigung seiner Herrschaft soll auch sein Kult als *Epiphanes* oder *Theos Epiphanes* (= leibhaftig erschienener Gott) dienen.

170–168 6. Syrischer Krieg: Nach dem Tode Kleopatras I., die für ihren unmündigen Sohn *Ptolemaios VI. Philometor* die Regentschaft führt (seit 180) und für gute Beziehungen zu ihrem Bruder *Antiochos* sorgt, betreibt eine Hofclique in Alexandreia den Angriff auf Syrien, um die eigene Position zu stärken. Seleukidische und ptolemaiische Gesandtschaften rechtfertigen sich in Rom. Antiochos, der wegen neuer Pläne für den Osten seit mehreren Jahren gerüstet hat, schlägt das schlecht vorbereitete Ägypter bei Pelusion, dringt bis Memphis vor und übernimmt die Vormundschaft für *Ptolemaios VI.* (170–169). Ein Umsturz in Alexandreia erhebt dessen jüngeren Bruder **Ptolemaios VIII.** zum König, worauf Antiochos gegen Alexandreia vorrückt. Er kann die Stadt nicht nehmen und räumt Ägypten bis auf Pelusion. Die beiden Ptolemaier versöhnen sich und rufen Rom als Schutzmacht an. Als Antiochos wieder auf Alexandreia zumarschiert, zwingt ihn eine römische Gesandtschaft unter *C. Popillius Laenas* zum Abzug. Auf dem Rückweg legt er eine Besatzung nach Jerusalem, wo die Orthodoxie proägyptisch gesinnt ist, und versucht eine gewaltsame Hellenisierung. Er bemächtigt sich der Tempelschätze und löst damit den *Makkabäeraufstand* aus.

166 Antiochos beauftragt *Lysias* als Reichsverweser und Vormund seines gleichnamigen Sohnes mit dem Kampf gegen die Makkabäer.

165 Nach weiteren Rüstungen bricht er in den Osten auf. Er zwingt den souverän gewordenen Artaxias von Armenien zur Unterwerfung.

164 In die Persis zurückgekehrt stirbt er, nachdem er noch Philippos anstelle des Lysias zum Reichsverweser ernannt hat.

164–162 Antiochos V. Eupator, schon mit 3 Jahren zum Mitregenten erhoben, wird Alleinherrscher. Der Thronanspruch seines Vetters *Demetrios,* eines Sohnes Seleukos' IV., der in Rom als Geisel lebt, wird vom Senat abgewiesen.

163 Lysias, der mit Antiochos die Makkabäer in Jerusalem bekämpft, schließt Frieden und gewährt Religionsfreiheit, um sich gegen Philippos zu wenden, der Antiocheia besetzt hat und selbst die Herrschaft übernehmen will. Er schlägt ihn, ist aber gegen den aus Rom entkommenen Demetrios machtlos, der im phönikischen Tripolis landet und rasch in ganz Syrien anerkannt wird.

162 Bevor es zu einer Entscheidung kommt, werden Lysias und Antiochos erschlagen.

162–150 Demetrios I. Soter. Rom hält seine Anerkennung zurück und begünstigt den medischen Satrapen *Timarchos.*

161 Timarchos erhebt sich im Bunde mit Artaxias gegen Demetrios, wird aber von ihm geschlagen.

160 Demetrios nützt Zwistigkeiten in Jerusalem aus. *Judas Makkabaeus* fällt gegen seinen Feldherrn *Bakchides.*

158–156 Demetrios zieht nach Kappadokien, vertreibt *Ariarathes V.,* der ihm bei der Thronerhebung aus Vorsicht gegenüber Rom Hilfe versagt hat, und setzt dessen Bruder *Orophernes* ein. Durch Rom gedeckt und von *Attalos III. von Pergamon* unterstützt, kehrt der Vertriebene zurück. Orophernes geht nach Antiocheia, wo er die wachsende Antipathie gegen Demetrios für hochverräterische Absichten ausnützt, aber von diesem gefangengenommen wird. Demetrios' Versuch, Ägypten Zypern wegzunehmen, führt zu Spannungen mit Alexandreia. Bakchides zieht erneut gegen die Makkabäer unter *Jonathan* und *Simon.*

153–150 Mit Zustimmung Ptolemaios' VI., Ariarathes' V. und des römischen Senats baut Attalos einen angeblichen Sohn Antiochos' IV., *Alexander Balas,* als Prätendenten gegen Demetrios auf. Alexander überrumpelt mit einer Söldnertruppe die phönikische Stadt Ptolemais, verbündet sich mit dem Makkabäer Jonathan, den er zum Hohenpriester ernennt. Nach einem ersten Sieg über den Eindringling setzt eine Abfallbewegung gegen Demetrios ein, den sein harter Regierungsstil und der wachsende Steuerdruck immer verhaßter machen.

166 Altertum – Alexander und der Hellenismus

Demetrios verliert die Entscheidungsschlacht gegen Alexander Balas und wird auf der Flucht getötet.

150–146 **Alexander I. Balas.** Zur Herrschaftssicherung heiratet er sofort Ptolemaios' VI. Tochter *Kleopatra III. Thea,* aber er zeigt sich seiner Stellung nicht gewachsen. Die Regierung führt *Ammonios.*

146 Demetrios' gleichnamiger Sohn nimmt den Kampf um das väterliche Erbe auf. Ihm wendet sich Ptolemaios VI. zu, der einem Anschlag des Ammonios knapp entrinnt und Kleopatra zu sich ruft. Er verheiratet sie mit Demetrios, um Koilesyrien zu gewinnen. Die Antiochener bieten Ptolemaios das Diadem an, aber er setzt Demetrios' Proklamation durch. Alexander Balas wird am Oinoparas geschlagen und flüchtet zum Nabatäerhäuptling *Zabdiël,* der ihn töten läßt. Der in der Schlacht schwer verwundete *Ptolemaios VI.* stirbt nach wenigen Tagen; Koilesyrien bleibt im Besitz des Demetrios.

145–138 **Demetrios II. Nikator** macht den Makkabäern neue Zugeständnisse, und Jonathan hilft ihm kurz darauf bei einem Aufstand in Antiocheia, das hart bestraft wird.

144 Die Erbitterung der Stadt benützt der Befehlshaber *Diodotos,* um dort den kleinen Sohn des Alexander Balas als **Antiochos VI.** zum König ausrufen zu lassen. Demetrios muß fliehen.

143 **Diodotos** gewinnt fast ganz Syrien, und so gestärkt ermordet er Antiochos und regiert selbst unter dem Namen **Tryphon** („der Prächtige"). Demetrios kann sich in Kilikien, Mesopotamien und Babylonien halten. Jonathan bemächtigt sich Koilesyriens, gerät aber durch Verrat in Tryphons Hand und wird getötet.

142 Demetrios erkennt Jonathans Bruder Simon als Hohenpriester an und gewährt Judäa Steuerfreiheit; die seleukidische Besatzung zieht aus Jerusalem ab. Es ist der *Beginn eines selbständigen jüdischen Staates;* die *hasmonäische Ära* setzt mit diesem Jahr ein.

141–129 Demetrios zieht gegen den Partherkönig *Mithradates I.* (171–138), der Elymais, Babylonien und Medien erobert hat. Mit baktrischer Hilfe schlägt er ihn zunächst, gerät aber dann in Gefangenschaft. Er wird mit einer Tochter des Mithradates verheiratet und bleibt 10 Jahre in Haft, um als möglicher Prätendent zu dienen.

138–129 **Antiochos VII. Euergetes Sidetes,** jüngerer Bruder des gefangenen Demetrios, heiratet dessen erste Frau Kleopatra III. und vertreibt Tryphon.

135–134 Er belagert Hyrkanos in Jerusalem und erobert die Stadt.

130 Kriegszug mit einem großen Heer gegen die Parther und Einnahme von Babylonien.

129 Mithradates' Nachfolger *Phraates II.* gibt Demetrios frei und schlägt Antiochos in Medien vernichtend. Das Seleukidenreich ist nunmehr auf Syrien und Kilikien beschränkt.

129–125 *Demetrios gewinnt Syrien zurück,* allerdings sind die früheren Spannungen mit den Städten, besonders mit Antiocheia, geblieben.

Als ihn seine Schwiegermutter *Kleopatra II.* gegen ihren Brudergemahl *Ptolemaios VIII.* zu Hilfe ruft, zieht er gegen Ägypten (128). Ptolemaios stellt ihm in seinem Rücken *Alexander II. Zabinas,* einen (angeblichen) Adoptivsohn des gefallenen Antiochos VII., entgegen, und der Prätendent gewinnt mehrere Städte, so daß Demetrios vor Pelusion umkehren muß.

125 Bei Damaskus kommt es zur Entscheidung. Demetrios wird geschlagen und auf der Flucht auf Veranlassung seiner ehemaligen Gemahlin Kleopatra getötet.

125–123 **Alexander II. Zabinas.** Mit Ptolemaios' VIII. Unterstützung kann er einen Teil Syriens halten. Er ist in dem Augenblick überflüssig, als sich Ptolemaios mit seiner Schwester versöhnt; er unterliegt *Antiochos VIII.,* dem ein großes ägyptisches Heer zu Hilfe kommt.

125 *Demetrios II.,* ältester Sohn Seleukos' V., wird von Phraates, in dessen Gefangenschaft er nach Antiochos' VII. Tod geraten ist, als Prätendent nach Syrien geschickt, aber von seiner Mutter Kleopatra rasch beseitigt.

125–96 **Antiochos VIII. Grypos,** jüngerer Sohn des Demetrios II. und der Kleopatra III., regiert (bis 121) zusammen mit seiner Mutter, der er sich durch Gift entledigt.

115–96 **Antiochos IX. Kyzikenos,** Sohn Antiochos' VII. und der Kleopatra III., den seine Mutter nach Kyzikos in Sicherheit gebracht hat (129), sucht gegen seinen Stiefbruder eine eigene Herrschaft in Syrien zu errichten. Der Bruderkrieg beschleunigt den Verfall des verbliebenen Restreiches. Die Gegenkönige erhalten infolge der Thronstreitigkeiten in Alexandreia wechselweise ägyptische Unterstützung. Die verstoßene Kleopatra IV. verheiratet sich mit Kyzikenos und führt ihm Truppen zu.

113 *Kyzikenos* siegt, solchermaßen gestärkt, über *Grypos,* der Verlierer geht nach Aspendos in die Verbannung.

111 Grypos erobert das nördliche Syrien zurück.

Die Städte, um deren Gunst beide konkurrieren, erlangen immer größere Selbständigkeit. Kyzikenos kann das von Rom gern gesehene Vordringen Judäas in Koilesyrien nicht verhindern.

105 Der Makkabäer *Aristobulos* nimmt den Königstitel an.

102 Rom setzt sich im Kampf gegen die Seeräuber in Kilikien fest.

Palästina   *167*

96–95	Als Grypos ermordet wird, führt sein Sohn **Seleukos VI.** den Kampf gegen den Onkel fort, der ihm in einer Schlacht unterliegt.
95–83	Der Sohn des Gefallenen, **Antiochos X. Eusebes Philopator,** läßt sich in Arados zum König ausrufen. Er vertreibt Seleukos aus Syrien nach Kilikien; Seleukos findet dort kurz darauf den Tod.
94	Auch dessen jüngerer Bruder **Antiochos XI.** wird am Orontes geschlagen. Die Folgezeit ist gefüllt mit Kämpfen gegen die anderen Söhne des Grypos, *Philippos, Demetrios III.* und **Antiochos XII. Dionysos,** die sich auch untereinander die Herrschaft streitig machen.
86–69	Der armenische König *Tigranes I.* nützt die völlig zerrütteten Verhältnisse aus, um Syrien zu erobern. Er verschafft dem Land eine Ruhepause, die mit dem Krieg gegen den römischen Oberbefehlshaber für ganz Kleinasien, *Licinius Lucullus,* endet.
69–64	**Antiochos XIII. Asiaticus,** Sohn Antiochos' X. Eusebes, übernimmt mit Lucullus' Duldung die Königswürde. Nach einem unglücklichen Zug gegen die Araber bricht in Antiocheia wieder ein Aufstand aus, der zur Proklamation des Gegenkönigs **Philippos II.,** Sohn Philippos' I., führt, der vom Araberfürsten Azizos gestützt wird.
64	**Antiochos XIII.** stirbt in arabischer Gefangenschaft. Mit ihm erlischt die seleukidische Dynastie („der letzte Seleukide").
63	Philippos II. wird vom römischen Oberbefehlshaber für das gesamte Mittelmeer, *Cn. Pompeius,* abgesetzt, und *Syrien* wird daraufhin in eine *römische Provinz* verwandelt. – *(Forts. S. 305).*

Palästina (320–63)
(Forts. v. S.89)

320	Palästina fällt an die *Ptolemaier,* dadurch starker hellenistischer Einfluß. Die Schriften des Alten Testaments werden für die ägyptischen Judengemeinden ins Griechische übersetzt. Zahlreiche Städtegründungen: Philadelphia (Amman), Ptolemais (Akkon), Skythopolis (Betsan).
200	Die Eroberung durch den Seleukidenherrscher *Antiochos III.* (223–187) im Zuge des *5. Syrischen Krieges* (201–198) beschleunigt die Hellenisierung des Landes. Zum Teil wird der jüdische Gott Jahwe mit Zeus gleichgesetzt, im Kult griechische Bräuche eingeführt. Diese Entwicklung führt zum Konflikt mit den gesetzestreuen (orthodoxen) Gläubigen.
168	*Antiochos IV.* (175–164) beläßt auf seinem Rückzug von Ägypten während des *6. Syrischen Krieges* (170–168) in Jerusalem eine starke seleukidische Besatzung, um gegen die proägyptisch eingestellten Orthodoxen vorgehen zu können.
167	Als Antiochos IV. eine gewaltsame Hellenisierung versucht, indem er sich der Tempelschätze bemächtigt und den jüdischen Kult verbietet, löst er den **Makkabäeraufstand** unter Führung des *Hasmonäers Mattathias* und seiner Söhne *Judas Makkabaeus, Jonathan* und *Simon* aus.
166	*Lysias* führt im Auftrag von Antiochos als Reichsverweser den Kampf gegen die Makkabäer.
163	Nach blutigen Kämpfen schließt Lysias Frieden und gewährt die Wiedereinführung des Jahwekultes, um gegen seinen Widersacher *Philippos,* der an seiner Stelle zum Reichsverweser ernannt worden ist und selbst die Herrschaft übernehmen will, freie Hand zu haben.
160	Der Seleukidenherrscher *Demetrios I. Soter* (162–150) läßt seinen Feldherrn *Bakchides* gegen die Makkabäer vorgehen: *Judas Makkabaeus fällt.*
156	Erneute Auseinandersetzung der Seleukiden mit den Makkabäern unter Jonathan und Simon.
153	*Alexander Balas* (150–146), Prätendent gegen Demetrios II. Nikator, verbündet sich mit Jonathan und ernennt diesen zum Hohenpriester.
143	Jonathan kann sich Koilesyriens bemächtigen, gerät aber durch Verrat in die Hand des Söldnerführers *Diodotos Tryphon* und wird getötet.
142	*Demetrios II.* (145–138) erkennt Jonathans Bruder Simon als Hohenpriester an und gewährt Judäa Steuerfreiheit. Die syrische Garnison wird von Jerusalem abgezogen.
142–135	Mit Simon setzt die **hasmonäische Ära** ein: Beginn eines *selbständigen jüdischen Staates* – Vereinigung von geistlicher und weltlicher Macht.
135–134	Erneuter Verlust Jerusalems an die Seleukiden.
129	Durch die Niederlage von *Antiochos VII.* im Partherkrieg bedingt, kann im erweiterten Gebiet von Judäa die Freiheit der Juden wiedergewonnen werden.
134–76	Die Hasmonäer unter *Hyrkanus I.* (134–104) und *Alexander Jannaeus* (102–76) erobern die Küstenstädte, Galiläa und große Teile des Ostjordanlandes.
63	*Cn. Pompeius* gliedert den Hasmonäerstaat dem Römischen Reich ein. – *(Forts. S. 302)*

168 Altertum – Alexander und der Hellenismus

Die kleinasiatischen Monarchien im Hellenismus
(Forts. v. S. 82)

Das nördliche **Kleinasien, Bithynien, Paphlagonien** und **Pontos,** ist von Alexander nicht erobert worden. Hier und in **Kappadokien** herrschen auch während der Diadochenzeit starke Unabhängigkeitsbestrebungen. Aus dem teils iranischen, teils vor-indoeuropäischen Adel dieser Gebiete, der in befestigten Herrensitzen lebt und das Land beherrscht, gehen im 3. Jh. einheimische Monarchien hervor. Eigene Herrschaften bilden sich auch in *Pergamon* und in *Galatien.* Die neuen ‚Mittelmächte' treten neben die hellenistischen Großmächte, die Seleukiden vornehmlich im Binnenland der anatolischen Halbinsel und die Ptolemaier im Südosten, und neben die griechischen Stadtstaaten rings an den Küsten. Die neuen Monarchien sind die kräftigsten Förderer des *Hellenismus,* der während des 3. und 2. Jh.s in unterschiedlichem Umfang nach Osten vordringt. Mit dem 2. Jh. beginnt sich das politische Kräftefeld nach *Rom* auszurichten, eine Entwicklung, an deren Ende die Einrichtung römischer Provinzen steht.

Bithynien

328–280	Bithynien gewinnt mit dem Fall des Perserreiches seine Unabhängigkeit und vermag sie gegen Alexander und die Diadochen zu behaupten. Der einheimische Fürst **Zipoites** nimmt nach mehreren Abwehrsiegen gegen *Lysimachos* 297 den Königstitel an (Beginn der bithynischen Ära). Nach Seleukos' Ermordung (280) entreißt er *Herakleia* Thynis, Tios und Kieros und schlägt den seleukidischen Feldherrn Hermogenes von Aspendos.
280	Nachfolger wird sein Sohn **Nikomedes I.** (280–ca. 255). Er verbündet sich gegen *Antiochos I.* mit *Antigonos Gonatas* und mit Herakleia, dem er die Eroberungen seines Vaters zurückerstattet.
278	Nikomedes holt die *Galater* ins Land, besiegt mit ihrer Hilfe seinen aufständischen Bruder *Zipoites* und gewinnt *Phrygia epiktetos.* Er gründet die Hauptstadt *Nikomedeia* als griechische Stadt. Unter den Söhnen aus zwei Ehen entstehen nach seinem Tod Thronkämpfe.
250–230	Nachfolger wird der älteste Sohn **Ziaëlas** mit Unterstützung der Galater.
246	Er erkennt die Asylie für Kos an.
230–182	**Prusias I.,** Sohn des Ziaëlas, führt (220–219) zusammen mit Rhodos *Krieg gegen Byzantion* und erobert dessen Besitz in Mysien, den er aber beim Friedensschluß zurückgibt.
216	Prusias erringt gegen die galatischen Hilfstruppen des *Attalos I.* am Hellespont einen großen Sieg. Im 1. Makedonischen Krieg (215–205) kämpft er auf der Seite *Philipps V.* von Makedonien gegen Attalos.
208	Prusias fällt in pergamenisches Gebiet ein.
202	Er erhält von Philipp die zerstörten Städte Kios und Myrleia, die er als *Prusias* und *Apameia* wiederaufbaut.
ca. 195	Er gewinnt von Pergamon Phrygia epiktetos und von Herakleia *Tios* und das in Prusias umbenannte *Kieros.* Ein Angriff auf Herakleia selbst scheitert.
188	Für seine Neutralität im *Antiochoskrieg* sichert ihm Rom seinen Besitzstand zu, dennoch eröffnet *Eumenes II.* mit römischer Billigung gegen ihn den Krieg um Phrygia epiktetos. Der nach Bithynien geflohene *Hannibal* erringt gegen Eumenes einen Seesieg, wird aber auf Roms Druck von Prusias fallengelassen (183).
182–149	**Prusias II.** nähert sich Pergamon (181) und unterstützt Eumenes gegen *Pharnakes I.*
179	Er heiratet die Schwester des *Perseus von Makedonien,* Apame, tritt aber im *3. Makedonischen Krieg* (171–168) auf die römische Seite und nützt die Entfremdung zwischen Eumenes und Rom aus.
156–154	Prusias bekriegt im Bund mit mehreren ionischen und hellespontischen Städten Attalos II., wird aber von Rom zu Frieden und Kriegsentschädigung gezwungen.
150	Sein Sohn Nikomedes erhebt sich gegen ihn, unterstützt von Attalos, und stürzt ihn.
149–128	**Nikomedes II. Epiphanes.** Stets um gute Beziehungen zu Rom bemüht, hilft er den Römern gegen *Aristonikos* (Pergamon), doch seine Erwartungen, dafür Phrygien zurückzuerhalten, erfüllen sich nicht.
128–94	**Nikomedes III. Euergetes.** Roms politischer Einfluß führt zur wirtschaftlichen Ausbeutung Bithyniens durch die *Publicani* (Steuereinnehmer). Die Versklavung zahlreicher Einwohner macht es Nikomedes unmöglich, Truppen für *Marius' Kimbernkrieg* (102–101) zu stellen. Die zusammen mit *Mithradates VI.* (seit 106) unternommenen Anstrengungen, Paphlagonien und Kappadokien zu unterwerfen, scheitern an den beiderseitigen Eigeninteressen und am Widerspruch Roms (95).
94–74	**Nikomedes IV. Philopator** verteidigt mit römischer Hilfe die Herrschaft gegen seinen Halbbruder *Sokrates,* dem Mithradates VI. auf den Thron verholfen hat. Als er (88) im Gegenzug auf Veranlassung des römischen Gesandten *M.' Aquilius* in Pontos einfällt, wird

Kleinasiatische Monarchien   *169*

er geschlagen, und Mithradates besetzt Bithynien. Er flieht nach Italien, und Sulla führt ihn (84) zurück.

74 Testamentarisch setzt Nikomedes Rom zum Erben ein.

64–63 *Pompeius* richtet die *römische Provinz Bithynia und Pontus* ein.

Pontos

301 Pontos, zunächst unter der Herrschaft der *Antigoniden,* wird nach der Schlacht von *Ipsos* selbständig.

281–265 Der Lokalherrscher **Mithradates I. Ktistes** („Gründer") erringt die Oberhoheit und nimmt, wahrscheinlich nachdem er einen der Schlacht von *Kurupedion* (281) folgenden seleukidischen Angriff abgewehrt hat, den Königstitel an und macht Amaseia zur Residenz.

265 Unter seinem Sohn **Ariobarzanes** (möglicherweise seit 279 Samtherrscher) bilden die im
–ca. 250 Süden sich festsetzenden Galater die stärkste Gefahr für die junge Herrschaft.

ca. 250 **Mithradates II.** beginnt eine ausgreifende Politik und fördert die Hellenisierung des Lan-
–ca. 220 des.

ca. 245 Die Heirat mit Seleukos' Schwester bringt ihm Phrygien.

239 Gegen *Seleukos* unterstützt er dessen Bruder *Antiochos Hierax.*

222 Seine Tochter Laodike verheiratet er mit *Antiochos III.*

220 Ein Angriff auf *Sinope* scheitert.

ca. 220 **Mithradates III.,** sonst wenig bekannt und ohne größere Bedeutung, setzt als erster sein
–ca. 185 Porträt auf Münzen.

183 Sein Sohn **Pharnakes I. (ca. 185–ca. 160)** erobert Sinope.

182–179 Die Landgewinne, die er – teilweise mit galatischer Hilfe – im *Pontischen Krieg* macht, muß er unter römischem Druck wieder herausgeben.

ca. 160 **Mithradates IV. Philopator Philadelphos,** Bruder des Pharnakes, wird Freund und Bun-
–ca. 150 desgenosse der Römer.

155/154 Er unterstützt *Attalos II.* gegen *Prusias II.*

ca. 150 **Mithradates V. Eupator,** Sohn des Pharnakes, macht Sinope zur Hauptstadt. Er unterstützt
–ca. 120 die Römer im *3. Punischen Krieg* (149–146) und gegen Aristonikos.

130 Nach Ariarathes' Tod gewinnt er Kappadokien und übernimmt testamentarisch Paphlagonien.

120 Er fällt einem Mordanschlag zum Opfer.

120–63 **Mithradates VI. Eupator Dionysos.**

112 Aus Thronwirren innerhalb der Herrscherfamilie geht er als Alleinherrscher hervor.

110–107 Er setzt die Expansion seines Vaters zunächst nach Osten und Norden fort, wo sein Feldherr *Diophantos* das *Bosporanische Reich* mit den Halbinseln Krim und Taman erobert, dazu Kolchis und Kleinarmenien. So gestärkt greift er in Kleinasien (Bithynien; Galatien) ein.

95 Mithradates gehorcht der Aufforderung des römischen Senats und räumt Kappadokien. Er schließt ein Bündnis mit *Tigranes I.* von Armenien.

88 Seit der *Vesper von Ephesos* wird sein Ziel deutlich, die Römer aus Kleinasien zu vertreiben und ein neues hellenistisches Großreich zu errichten. In den drei *Mithradatischen Kriegen* (88–63) scheitert er trotz zahlreicher Erfolge und schwerer Fehler der Gegenseite, da er der römischen Militärmacht, sobald sie energisch geführt wird, letztlich nicht gewachsen ist. Mit seiner rastlosen Expansionspolitik, seinem politischen und strategischen Geschick, seinen geistigen Fähigkeiten und kulturellen Interessen verkörpert er nochmals Züge des hellenistischen Herrschertums, in dem auch Parallelen zu seiner Brutalität nicht fehlen.

63–47 Sein Sohn **Pharnakes II.,** der den Vater nach dessen endgültigem Scheitern zum Selbstmord zwingt, wird als König des Bosporanischen Reiches von Rom anerkannt.

47 Er unterliegt *Caesar* bei Zela.

Kappadokien

ca. 255 Als der aus einem alten kappadokischen Fürstengeschlecht stammende **Ariarathes III. (ca. 260–220)** den *Königstitel* annimmt, ist die nominelle Oberhoheit der Seleukiden beendet.

ca. 240 Er gewinnt, wahrscheinlich während der Auseinandersetzung zwischen *Seleukos II.* und *Antiochos Hierax,* Kataonien am Tauros.

ca. 220 Sein Sohn **Ariarathes IV. Eusebes** unterstützt seinen Schwiegervater Antiochos III. gegen
–ca. 163 die Römer.

188 Er kann sich jedoch nach der Niederlage von *Magnesia* den Frieden mit hohen Geldzahlungen erkaufen und wird zum treuen Vasallen Roms und zum Verbündeten Pergamons.

182–179 Er nimmt am Krieg *Eumenes' II.* gegen *Pontos* teil und erhält die an *Pharnakes I.* verlore-

170 Altertum – Alexander und der Hellenismus

nen Gebiete zurück. Er bemüht sich um die Hellenisierung seines Landes: die beiden einzigen größeren Städte, Mazaka und Tyana, erhalten den Beinamen Eusebeia.

ca. 163 –130 Auch sein Nachfolger **Ariarathes V. Eusebes Philopator** treibt die Hellenisierung kräftig voran.

162–156 Thronstreitigkeiten mit seinem Bruder *Orophernes*, der von *Demetrios I.* unterstützt wird, werden von Rom durch eine Samtherrschaft geregelt, die aber nur kurze Zeit währt.

150 Ariarathes hilft Rom gegen Demetrios. Er fällt im Kampf gegen *Aristonikos* von Pergamon. In der Folgezeit wird Kappadokien Ziel der pontischen Expansion, gegen die sich die schwächlichen Nachfolger, ebenfalls mit Namen Ariarathes, nicht durchsetzen können.

95–63 Nach dem Aussterben des Königsgeschlechts wird **Ariobarzanes I.** mit römischer Billigung zum König gewählt. Zur *pontischen* (Mithradates VI.) tritt die *armenische Bedrohung* (Tigranes I.).

65–64 Erst *Pompeius' Neuordnung Kleinasiens* bringt Sicherheit.

63 Ariobarzanes übergibt den Thron seinem gleichnamigen Sohn.

52/51 Dieser fällt einer Verschwörung zum Opfer.

52–42 **Ariobarzanes III.** wird in die Wirren der ausgehenden römischen Republik hineingezogen.

36 v. Chr. –17 n. Chr. Unter dem von Antonius eingesetzten **Archelaos** wird Kappadokien um Teile Kilikiens und Armeniens erweitert. Schwierigkeiten mit den Untertanen führen verschiedentlich zu Klagen in Rom. Von *Tiberius* wird er deswegen vorgeladen, stirbt aber nach seiner Ankunft, worauf das Land als *Provinz Cappadocia* eingezogen wird.

Pergamon

Die auf einem 335 m hohen Berg in der Kaïkosebene, 25 km vom Meer entfernt gelegene *Festung Pergamon* ist im 4. Jh. Sitz einer Tyrannenfamilie, von der *Gongylos* bekannt ist. In der Diadochenzeit ist *Philetairos*, Sohn des Makedonen Attalos und einer Paphlagonierin, Burgkommandant und bewacht die dort gelagerten 9000 Talente aus Alexanders Reichsschatz. Er unterstellt sich 302 vor der Schlacht von *Ipsos* Lysimachos und 281 vor *Kurupedion* zu Seleukos über. Nach dessen Ermordung erlangt er unter seleukidischer Oberhoheit größere Selbständigkeit.

263–241 Sein Neffe und Nachfolger **Eumenes I.** schließt ein Bündnis mit *Ptolemaios II.*

262 Seine neue Unabhängigkeit verteidigt er in der *Schlacht von Sardeis* gegen *Antiochos I.* Er errichtet gegen die Galater die beiden Festungsstädte Philetaira beim Ida und Attaleia am Hermos, wird aber gezwungen, ihnen Tribut zu zahlen. Er macht die Küstenstadt Elea zu Pergamons Hafen.

ca. 230 **Attalos I. (241–197),** Neffe des Eumenes, schlägt die von Antiochos Hierax unterstützten Galater an den Kaïkosquellen bei Pergamon und nimmt den Königstitel mit dem Beinamen *Soter* an. Die Skulpturen der *Großen Galliergruppen* (Rom) erinnern an seinen Sieg.

229–228 Nach Erfolgen gegen *Hierax* in Phrygien, Lydien und Karien dehnt er seine Herrschaft bis zum Tauros aus.

223–220 Er verliert aber seine Eroberungen gegen *Antiochos' III.* Feldherrn *Achaios*.

216 Er schließt Frieden mit Antiochos und unterstützt ihn gegen den aufständischen Achaios.

211 Seine Wendung nach Westen, die Verbindung mit den griechischen Küstenstädten, dann das Bündnis mit den Römern und Aitolern (210–209 Stratege des Aitolischen Bundes) richten sich gegen Seleukiden und Antigoniden.

209 Er gewinnt *Aigina* (Erneuerung des Zeustempels).

201 Gegen Philipps V. von Makedonien Ausgreifen nach Kleinasien betreibt er den 2. Makedonischen Krieg (200–197). Mit seiner Bündnisdiplomatie in Griechenland (zahlreiche Stiftungen, vor allem in Delphi) wird er zu Roms wichtigstem Helfer im Osten, kann aber Antiochos' Vordringen in Kleinasien nicht verhindern.

197 Er stirbt nach einem Schlaganfall, den er in Theben während einer Mission mit *Flamininus* erlitten hat. Unter ihm wird Pergamon neben Alexandreia zum größten Zentrum hellenistischer Kultur (Bibliothek; Bildhauerschule).

197–160 **Eumenes II.** setzt die Politik seines Vaters fort.

188 Rom verleiht ihm für seine Hilfe gegen Antiochos fast das gesamte seleukidische Kleinasien.

183 Er erhält das an Bithynien verlorene Phrygia epiktetos zurück und macht Galatien botmäßig.

182–179 Er kämpft mit Bithynien und Kappadokien gegen *Pharnakes I.*

172 Er veranlaßt Rom zum *3. Makedonischen Krieg* (171–168), doch seine eigenständige Politik während des Krieges macht ihn den Römern verdächtig.

165 Deswegen erklärt Rom die Galater für autonom. Eumenes setzt den kulturellen und wirtschaftlichen Ausbau Pergamons fort (Zeusaltar; Hallen; Stadtmauer). Unter ihm beginnt die Prägung von *Cistophoren* (*cista* = Kultgefäß des Dionysos), die sich in ganz Kleinasien verbreiten.

Kleinasiatische Monarchien · 171

160–138	**Attalos II. Philadelphos,** Bruder des Eumenes, vollendet den Bau des Pergamonaltars und stiftet die Kleinen Gallier auf der Akropolis in Athen.
156–154	Für *Alexander Balas* kämpft er gegen *Prusias II.*, der Pergamon belagert, aber durch römische Intervention zum Abzug gezwungen wird.
149	Attalos unterstützt *Nikomedes* gegen dessen Vater *Prusias.*
144	Sieg über die Thraker.
138–133	**Attalos III.,** Neffe Attalos' II., ist ein gelehrter Sonderling. In seinem Testament erklärt er die abhängigen Städte für frei und vererbt Pergamon an das römische Volk.
132–129	Rom muß die neue Herrschaft gegen die soziale Revolution des **Aristonikos** sichern, ein unehelicher Sohn Attalos' II., der die krassen wirtschaftlichen Unterschiede ausnützt und über Pergamon hinaus aus den unteren Bevölkerungsschichten Kleinasiens großen Zulauf gewinnt.
130	Aristonikos wird von M. Perperna geschlagen und später in Rom hingerichtet.
129	*M'. Aquilius* richtet die pergamenische Herrschaft als Provinz Asia ein.

Galatien

278	Teile der *Kelten,* die (seit 281) Thrakien, Makedonien und Nordgriechenland verheert und im östlichen Thrakien das Königreich von Tylis gegründet haben, werden von Nikomedes von Bithynien gegen seinen Bruder und Rivalen Zipoites unter Vertrag genommen. Nach dem Sieg ziehen sie, getrennt in die drei Stämme der *Tolistobogier, Tektosagen* und *Trokmer,* plündernd durch das kleinasiatische Binnenland und die Küstenstädte am Hellespont und an der Ägäis, die zu Geldzahlungen gezwungen werden.
ca. 275	*Antiochos I.* besiegt sie in der Elefantenschlacht, und als Folge davon machen sie sich als *Galater* in Galatien seßhaft. Später sitzen die *Tolistobogier* um *Pessinus,* die *Tektosagen* um *Ankyra* und die *Trokmer* um *Tavion.* Als Söldner nicht nur im Dienst der kleinasiatischen Herrscher, sondern auch der Seleukiden und Ptolemaier wirken sie bei zahlreichen militärischen Unternehmen mit. Aber auch durch Raubzüge beunruhigen sie weiterhin ihre Umwelt, und zeitweilig müssen die kleinasiatischen Seleukidenstädte für Abwehrmaßnahmen eine Galatersteuer bezahlen.
ca. 230	Attalos I. gewinnt mit zwei Siegen über die Galater hohes Ansehen.
189	Die Hilfe galatischer Söldner für *Antiochos III.* und die Klagen kleinasiatischer Städte veranlassen den römischen Konsul *Cn. Manlius Vulso* zu einem verheerenden Einfall, der die Galater nachhaltig einschüchtert.
184	**Ortiagon** versucht, die drei Stämme unter seiner Herrschaft zu einigen. Er verbündet sich mit *Prusias II.* gegen *Eumenes II.*, wird aber geschlagen. Pergamon übt (bis 165) die Oberhoheit über Galatien aus. Vielleicht fällt in diese Zeit die Einteilung der drei Stammesgebiete in Tetrarchien.
90	Unter *Mithradates V.* gerät Galatien unter pontischen Einfluß, stellt aber Rom Truppen gegen *Mithradates VI.*, der das Land mit allen Mitteln zu sichern sucht.
86	Ermordung der Tetrarchen.
66	*Pompeius* setzt drei ihm genehme Tetrarchen über die drei Stämme. Einem von ihnen, **Deiotarus**, gelingt es, die Gesamtherrschaft zu erringen.
40	*Antonius* ernennt dessen Enkel **Kastor** zum Nachfolger und verleiht ihm zusätzlich Paphlagonien.
36	Nach dessen Tod übergibt Antonius dessen Sohn **Deiotarus II.** Paphlagonien und macht **Amyntas,** den ehemaligen Sekretär Deiotarus' I., zum König von Galatien.
25	Amyntas fällt in Pisidien, und testamentarisch geht Galatien in römischen Besitz über.

Karien, Lykien, Pamphylien, Kilikien

	Die Küstenstädte im Südwesten und Süden Kleinasiens stehen während des 3. Jh.s unter ägyptischem Einfluß. In Kilikien stoßen die Interessen der Ptolemaier und Seleukiden immer wieder aufeinander. Episode bleibt das makedonische Eingreifen in Karien (227 und 202/201).
197	*Antiochos III.* zwingt den Küstenstädten seine Oberhoheit auf.
188	Er verliert sie aber schon wieder mit der *Niederlage von Magnesia. Rhodos* erhält von Rom das südliche Karien und Lykien, muß aber die Gebiete nach dem *3. Makedonischen Krieg* (171–168) aufgeben. In der folgenden Zeit der Unabhängigkeit werden die *Seeräuber* in Kilikien mit Kaperfahrten und Sklavenraubzügen zu einer Plage für das östliche Mittelmeer.
129	*Karien* wird der *Provinz Asia* zugeschlagen.
102–101	Rom richtet gegen die Seeräuber ein eigenes Kommando als *Provinz Cilicia* ein.

172   Altertum – Alexander und der Hellenismus

	67	Pompeius räumt endgültig mit den Seeräubern auf.
51–50		*Cicero* ist *Statthalter in Kilikien.*
43 n. Chr.		*Lykien* wird *römische Provinz.*

Zypern

Zypern bildet einen *Eckpfeiler ptolemaiischer Seeherrschaft* und wird von Strategen verwaltet.

152	Es wird als Nebenkönigtum eingerichtet.
58	Im Senatsauftrag zieht *Cato* die Insel ein.
47	*Caesar* gibt sie an *Ägypten* zurück.
30	*Zypern* wird endgültig *römische Provinz.* – *(Forts. S. 308)*

Die Antigoniden in Makedonien (272–167)

(Forts. v. S. 155)

Der Alexanderzug und die auf Alexanders Tod folgenden Kämpfe der Diadochen, die stets mit Massen von makedonischen Soldaten geführt werden, sind für das makedonische Mutterland ein ungeheurer Aderlaß. Eine gewisse Erholung bringt trotz weiterer Belastungen die 20jährige **Herrschaft Kassanders** (316–298), der seit 305 als König der Makedonen regiert. Wie die anderen Diadochen, will auch er eine eigene Dynastie gründen. Aber sein ältester Sohn und Nachfolger Philipp stirbt schon nach 4 Monaten, und die Thronstreitigkeiten der beiden jüngeren Söhne, Antipater und Alexander, stürzen das Land in neue Unruhen. Während Seleukiden und Ptolemaier ihre Dynastie längst etabliert haben, wird Makedonien zum Zankapfel zwischen Demetrios Poliorketes, Pyrrhos und Lysimachos. Mit dem *Sieg bei Kurupedion* fällt Seleukos die makedonische Königsherrschaft zu, aber noch bevor er die makedonische Heimat erreicht, wird er von Ptolemaios Keraunos ermordet.

Aus den folgenden Wirren, die sich mit dem *Kelteneinfall* verquicken, geht **Antigonos Gonatas** als Sieger hervor, und ihm gelingt es in einer langen Regierungszeit, die **Dynastie der Antigoniden** so zu festigen, daß sie bis zum Eingreifen der Römer über 100 Jahre unangefochten herrscht. Die Sicherung der Grenzen nach Westen, Norden und Osten, die Rolle im Mächtespiel der Diadochenreiche und das Verhältnis zu Griechenland sind die drei Gebiete, die Makedoniens äußere Politik in dieser Zeit bestimmen, und die Erfolge, die der einzelne König hier erringt, entscheiden zugleich über sein Ansehen bei den Makedonen. Auf keinem der drei Gebiete hat die Antigonidenherrschaft wesentliche Rückschläge erlitten, als sie als erste der hellenistischen Monarchien Rom unterliegt. Der langsame Verfall der Seleukiden und Ptolemaier bleibt ihr erspart, aber es ist überhaupt fraglich, ob ein Staatswesen wie das makedonische Königreich, das auf einer einheitlichen, ungebrochenen Tradition ruhte, sich je so weit innerlich aufgelöst hätte, wie das in unterschiedlicher Weise beim Seleukiden- und beim Ptolemaierreich der Fall gewesen ist.

281–279	**Ptolemaios Keraunos** wird von einer Heeresversammlung zum König der Makedonen ausgerufen. Er setzt seine Herrschaft gegen **Antigonos Gonatas** (seit 287 Statthalter in den griechischen Besitzungen des Demetrios Poliorketes) durch. Ptolemaios vertreibt auch *Arsinoë,* die Gattin des Lysimachos, aus Makedonien und ermordet ihre jüngeren Söhne.
279	Er fällt in einer Schlacht gegen die in Makedonien eingedrungenen Kelten.
279–277	*Die Kelten* plündern das flache Land, die Städte verteidigen sich. Mehrere aufeinanderfolgende Bewerber um den Thron scheitern jeweils nach wenigen Wochen, da sie militärisch gegen die Eindringlinge versagen. Erfolge erringt der Regent *(Prostates) Sosthenes,* der den Königstitel ablehnt. In dieser Zeit der *Anarchie* macht sich Kassandreia unter *Apollodor* selbständig.
277–276	Antigonos Gonatas schlägt die Kelten bei Lysimacheia und öffnet sich mit dem Sieg den Weg auf den makedonischen Thron. Nach zehnmonatiger Belagerung erobert er Kassandreia.
274–273	Der aus Italien zurückgekehrte *Pyrrhos* gewinnt Westmakedonien. Antigonos kann sich dank seiner Flotte in Teilen Ostmakedoniens halten. Sein Versuch, Pyrrhos' Abwesenheit in der Peloponnes auszunützen und gegen dessen Sohn das Verlorene wiederzugewinnen, mißlingt.
272	Pyrrhos' Tod in Argos gibt Antigonos Gesamtmakedonien zurück. Obwohl er seine Königsjahre offiziell von 283 ab rechnet, beginnt jetzt erst die ununterbrochene **Herrschaft der Antigoniden.** Sein Königtum versteht er in stoischem Sinn als „ehrenvollen Knechtsdienst" *(éndoxos douleía).* Vor verlustreichen außenpolitischen Unternehmungen hütet er sich. Den Königshof in Pella macht er wieder zu einem kulturellen Zentrum, wo Dichter *(Arat von Soloi),* Historiker *(Hieronymos von Kardia)* und Philosophen (der Stoiker *Persaios)* leben; er selbst ist mit *Zenon von Kition,* dem Haupt der Stoa, befreundet.

Antigoniden (Makedonien) 173

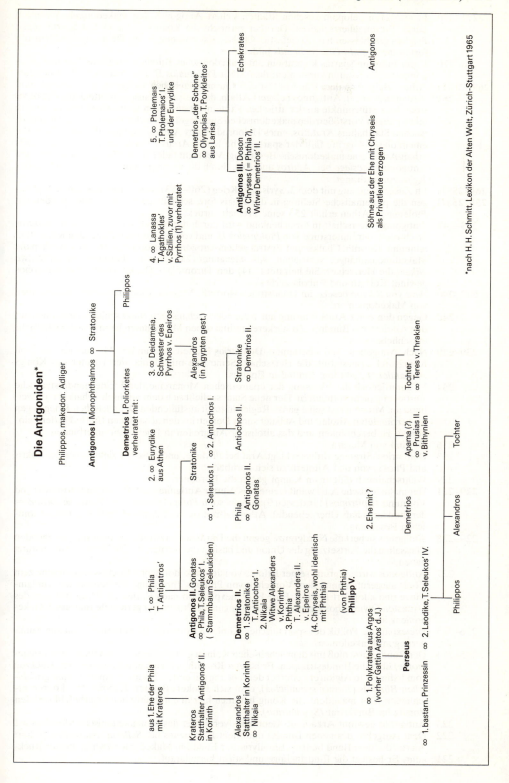

174 Altertum – Alexander und der Hellenismus

271–270 In mehreren peloponnesischen Städten sichert Antigonos den makedonischen Einfluß durch Tyrannenherrschaften. Darüber zerbricht die Koalition, die er mit Sparta gegen Pyrrhos geschlossen hat. Er befestigt Chalkis, das zusammen mit Demetrias und Korinth fortan *die Fesseln Griechenlands* bildet.

ca. 270 Unter Führung Spartas kommt ein antimakedonisches Bündnis mit kretischen und peloponnesischen Staaten zusammen; dazu stößt *Ptolemaios II.* Die Aitoler bleiben neutral.

268 (267?) Athens Beitritt zu dem Bündnis löst den **Chremonideischen Krieg** aus (Chronologie und
–261 Verlauf unsicher). Antigonos belagert Athen, das die ptolemaiische Flotte unter *Patroklos* trotz ihrer Stützpunkte an der attischen Küste nicht entsetzen kann. Auch Sparta kann in mehrmaligen Vorstößen den makedonischen Sperriegel bei Korinth, dem Sitz des makedonischen Statthalters *Krateros*, eines Halbbruders des Antigonos, nicht durchbrechen. Bei einem dieser Angriffe fällt der spartanische König *Areus I.* Nach der Kapitulation (262) erhält Athen eine makedonische Besatzung. Vielleicht fallen in die Zeit gegen Kriegsende Antigonos' *Seesiege* bei *Andros* und *Kos,* durch die er die ptolemaiische Seemacht in der Ägäis zurückdrängt.

260 (259?) Im Zusammenhang mit dem **2. Syrischen Krieg** (260–253) setzt Antigonos den Kampf ge-
–255 (253?) gen die ptolemaiische Stellung in der Ägäis fort, schließt aber einen Sonderfrieden mit Ptolemaios. Athen erhält 255 seine Freiheit zurück.

253–244 Antigonos' Herrschaft in Griechenland wird durch den Abfall seines Neffen *Alexandros* erschüttert, der, unterstützt von *Ptolemaios II.* und vom achaiischen Bund, den Königstitel annimmt. Korinth, Chalkis und Eretria gehen Antigonos verloren; in Arkadien werden die Makedonenanhänger vertrieben. Als Alexander (247) stirbt, übernimmt seine Witwe *Nikaia* die Herrschaft. Sie heiratet (244) den Thronfolger *Demetrios II.,* und Antigonos gewinnt Korinth und Euboia zurück.

243–240 *Arat von Sikyon* besetzt im Handstreich Korinth; Megara, Epidauros und Troizen fallen von Makedonien ab.

242 Gegen den unter Arats Führung aufstrebenden **Achaiischen Bund** schließt Antigonos mit den Aitolern ein Bündnis. Zu stärkeren militärischen Maßnahmen kann er sich nicht mehr entschließen.

239–229 Nach Antigonos' Tod übernimmt **Demetrios II.,** seit Alexanders Usurpation mit dem Königstitel ausgestattet, die Herrschaft. Seine Ehe mit Phthia, der Tochter des Königs *Alexander II.,* gibt ihm Einfluß in Epeiros.

234 Er kann jedoch die Ablösung der epeirotischen Monarchie durch eine bundesstaatliche Verfassung nicht verhindern. Der neue Staat schließt sich dem aitolisch-achaiischen Zweibund an. Mit dem fast seine ganze Regierungszeit ausfüllenden *Demetrischen Krieg* gegen die verbündeten Aitoler und Achaier sucht Demetrios den achaiischen Einfluß in der Peloponnes zu beschränken und das aitolische Ausgreifen in Epeiros zu unterbinden.

236 Gewinn von Megara.

233 Demetrios' Stratege Bithys schlägt Arat bei Phylake, und er selbst zieht Boiotien, Lokris und Phokis von den Aitolern zu sich herüber.

229 Wahrscheinlich fällt er im Kampf gegen die Dardaner.

229–221 Der makedonische Adel wählt Demetrios' Vetter **Antigonos** zum Regenten *(Prostates)* und Vormund *(Epitropos)* für dessen 9jährigen Sohn *Philipp* (Antigonos' Beiname *Doson* = der die Herrschaft Übergebende). Athen befreit sich mit Arats Hilfe von der makedonischen Besatzung.

229–228 Antigonos sichert die Nordgrenze gegen die Dardaner, erzwingt von dem sich lossagenden Thessalien die Fortsetzung der Union und besiegt die Aitoler, die die Thessaler unterstützt haben.

227 Antigonos wird aufgrund seiner Erfolge von der makedonischen Heeresversammlung zum König ausgerufen unter dem Vorbehalt von Philipps Thronfolge. Er heiratet die Königinwitwe und adoptiert Philipp. Eine Flottenexpedition nach Karien zur Unterstützung des Dynasten Olympichos knüpft an frühere gegen die Ptolemaier gerichtete Interessen Makedoniens an.

226–225 Die expansive Politik des spartanischen Königs *Kleomenes III.* veranlaßt Arat zur Annäherung an Makedonien.

225–224 Der Bündnisabschluß mit dem achaiischen Koinon gibt Antigonos den Oberbefehl *(Hegemonie)* über die Bundestruppen. Er besetzt Korinth und zwingt Kleomenes zum Rückzug vom Isthmos. In Aigion erweitert er den Vertrag mit den Achaiern zu einem *gemeingriechischen Bündnis (Koinès symmachía)*, dem sich Phoker, Boioter, Euboier und Lokrer anschließen. Der makedonische König hat auch hier den militärischen Oberbefehl und den Vorsitz im Bundesrat *(Synhedrion)*.

223 Antigonos gewinnt Arkadien; Kleomenes vernichtet das promakedonische Megalopolis.

222 Dem Aufgebot des neuen Bundes unterliegt Kleomenes bei *Sellasia*. Antigonos erobert Sparta, das dem Bund beitritt. Ein illyrischer Einfall in Makedonien zwingt ihn zur Rück-
221 kehr. Er besiegt die Eindringlinge und stirbt kurz darauf.

Antigoniden (Makedonien) 175

221–179 **Philipp V.**, bei der Thronfolge 17 Jahre alt, steht zunächst unter der Vormundschaft eines von *Apelles* geführten Regentschaftsrates. Doch durch seine militärischen Anfangserfolge ist er in der Lage, Apelles, der sich Arats Einfluß auf die makedonische Politik widersetzt, zu entmachten und hinzurichten (218).

220–217 Im **Bundesgenossenkrieg** zeigt Philipp seine Entschlossenheit, Makedoniens Hegemonie in Griechenland gegen die Aitoler zu verteidigen, die sich mit Sparta verbünden. Mit blitzartigen Vorstößen in die Peloponnes und nach Aitolien zwingt er die Gegner zum Frieden, der unter Vermittlung neutraler Staaten in *Naupaktos* zustande kommt. Der Friedenskongreß steht unter dem Eindruck römischen Eingreifens in Illyrien *(Die Wolke aus dem Westen)*. Unter dem Einfluß des vor den Römern geflohenen *Demetrios von Pharos* richtet Philipp seine Pläne nach Westen.

216 Mit einer neuerbauten Flotte von 100 leichten Schiffen *(Lemben)* umsegelt Philipp die Peloponnes, um gegen den von ihm zu Rom abgefallenen Illyrerfürsten *Skerdaïdas* vorzugehen, kehrt aber auf die Nachricht vom Nahen römischer Schiffe um.

215–205 **1. Makedonisch-Römischer Krieg:** Philipp schließt mit *Hannibal* einen Vertrag, in dem er ihm Unterstützung unter der Bedingung zusichert, daß Epeiros, Illyrien und die Inseln vor der Küste als makedonisches Interessengebiet anerkannt werden.

214–211 Philipps Angriff auf Apollonia scheitert durch das Eingreifen einer römischen Flotte. Seine Siege über die Atintanen, Ardiaier und Parthiner (213) veranlassen die Römer zu einem *Bündnis mit den Aitolern* (212–211), dem sich Elis, Messenien, Sparta und *Attalos von Pergamon* anschließen.

210–206 Die Koalition, der eine römisch-pergamenische Flotte zu Hilfe kommt, erringt nur Einzelerfolge. Philipp kann sich auf den verschiedenen griechischen Kriegsschauplätzen behaupten. Eine dardanische Invasion schlägt er zurück. Mit *Philopoimen* (207) gewinnt auch sein achaiischer Verbündeter an Schlagkraft.

206 Vorfriede mit den Aitolern.

205 Philipp schließt in *Phoinike* Friede mit den Römern, die seine Stellung in Griechenland und die Eroberung Atintaniens anerkennen.

204–200 Die Ägäis tritt in Philipps Politik in den Vordergrund. Er unterstützt die Kreter in einem Krieg gegen Rhodos (204), und der in seinem Dienst stehende aitolische Freibeuter *Dikaiarch* und der Tarentiner *Herakleides* helfen ihm beim Aufbau einer Flotte. Nach dem Tode *Ptolemaios' IV.* und der Thronfolge des unmündigen *Ptolemaios V.* (203–202) vereinbaren Philipp und *Antiochos III.* in einem *Geheimvertrag*, die Schwäche Ägyptens für ihre Interessen auszunützen (die genauen Bestimmungen des Vertrags sind umstritten). Am Hellespont und in der nördlichen Ägäis erobert Philipp mehrere Inseln und Städte, darunter Lysimacheia, Chalkedon und Kios, die mit den Aitolern verbündet sind (202). Er belagert Samos und führt damit den Bruch mit den Rhodiern herbei, die er bei *Lade* besiegt. Gegen eine rhodisch-pergamenische Koalition kämpft er in der *Seeschlacht von Chios* unentschieden. Bei einem anschließenden Einfall in Karien verlegt ihm die gegnerische Koalition den Rückzug, und er muß in Bargylia überwintern, von wo er im folgenden Frühjahr entkommt (201–200).

200 Rhodos und Pergamon schließen mit Athen ein Bündnis und erbitten Roms Hilfe gegen Philipp. Eine römische Gesandtschaft fordert ihn ultimativ auf, die Griechen in Frieden zu lassen, seine kleinasiatischen Eroberungen herauszugeben und den Konflikt mit Attalos einem Schiedsgericht zu überantworten.

200–197 Philipps Ablehnung löst den **2. Makedonisch-Römischen Krieg** aus.

200 *P. Sulpicius Galba* landet mit 2 Legionen in Epeiros, wo Illyrer zu ihm stoßen; eine römische Flotte landet im Piräus. Nach einem athenischen Überfall auf Chalkis greift Philipp Athen an, kann die Stadt aber nicht erobern und plündert Attika. Die Römer erobern Obermakedonien, und die *Oresten* treten auf ihre Seite.

199 Philipp vertreibt die Aitoler, die sich jetzt erst den Römern anschließen, aus Thessalien; ein römischer Flottenangriff gegen Kassandreia wird abgeschlagen.

198 *T. Quinctius Flamininus* vereinigt sich nach einem Sieg am Aoospaß in Thessalien mit den Aitolern, und sein Bruder *L. Quinctius*, Befehlshaber der Flotte, verwüstet Euboia. Achaia schließt sich den Römern an.

197 Friedensverhandlungen in Rom scheitern an der von den griechischen Gegnern und von Flamininus vertretenen Forderung, Philipp solle alle Besitzungen in Griechenland herausgeben. *Nabis von Sparta* tritt zu Rom über. Für die *Entscheidungsschlacht bei* **Kynoskephalai** in Thessalien bietet Philipp 25 000 Mann auf. Seine Niederlage beendet die makedonische Herrschaft in Griechenland einschließlich Thessaliens. Im *Friedensvertrag* liefert er die Kriegsflotte aus, zahlt eine Kriegsentschädigung und verpflichtet sich Rom zur Heeresfolge. Sein Sohn *Demetrios* geht als Geisel nach Rom. Thessalien wird in 4 *Tetrarchien* aufgeteilt; die Oresten bleiben unabhängig.

196–187 In den folgenden Jahren bemüht sich Philipp im Innern um eine wirtschaftliche und bevölkerungspolitische Gesundung seines erschöpften Landes (Intensivierung des Bergbaus,

176　Altertum – Alexander und der Hellenismus

Pflege des Handels, Ansiedlung von Thrakern). Er macht Zugeständnisse an die Selbstverwaltung der Gemeinden. In Roms Auseinandersetzung mit Nabis (195) und mit *Antiochos III.* und den *Aitolern* (191–190) zeigt Philipp sich als treuer Bundesgenosse. Er erobert Athamania, Dolopia und Perrhaibia (191), *Ainos* und *Maroneia* (187). Doch auf Betreiben seiner Gegner in Rom muß er seine Gewinne zum größten Teil wieder hergeben.

187–180　Erbittert rüsten Philipp und sein Sohn und Nachfolger *Perseus* heimlich zum Krieg, während Philipps anderer Sohn Demetrios prorömisch gesinnt ist und von Rom als Thronfolger gefördert wird. Es kommt zu Spannungen innerhalb des Adels, denen Philipp mit Demetrios' Ermordung entgegentritt.

179　Philipp stirbt nach kurzer Krankheit, und **Perseus (179–168)** geht zu einem versöhnlichen Kurs gegen Rom über, um seine Herrschaft nicht zu belasten. Er bemüht sich zugleich um gute Beziehungen zu den Seleukiden und zu den griechischen Staaten (Thessalien; Aitolien).

176–175　Die Dardaner und *Eumenes von Pergamon,* der über Makedoniens Einfluß in Thrakien und am Hellespont besorgt ist, schüren Roms Mißtrauen gegen Perseus, der die Verdächtigungen durch Gegengesandtschaften auszuräumen versucht.

174–172　In Thessalien, Boiotien und im achaiischen und aitolischen Koinon wird Perseus in den Streit zwischen den oligarchischen und demokratischen Parteiungen und den damit parallel laufenden pro- und antirömischen Tendenzen mithineingezogen. Gegner Roms sehen in ihm ihren Vorkämpfer, so daß Eumenes' persönliche Anklagen vor dem Senat trotz makedonischer und rhodischer Gegendarstellungen ihre Wirkung nicht verfehlen. Um Zeit für Rüstungen zu gewinnen, macht eine römische Gesandtschaft unter *Q. Marcius Philippus* Perseus Hoffnung auf eine friedliche Lösung. Römische Gesandte fordern von den verbündeten Königen in Kleinasien, Ägypten und Illyrien Hilfstruppen. Die Mehrheit des Boiotischen Bundes und der Achaiische Bund treten auf Roms Seite.

171–168　Die Schuld am **3. Makedonisch-Römischen Krieg** liegt bei Rom, das nach den Erfahrungen mit Philipp V. in Makedonien immer nur den potentiellen Gegner sieht, den es endgültig zu beseitigen gilt: Perseus schlägt den Konsul *P. Licinius Crassus* in Thessalien; statt den Sieg auszunützen, macht er ein letztes Friedensangebot, während in Griechenland die Sympathie für ihn wächst.

170　Der Konsul *A. Hostilius* versucht vergeblich, von Thessalien aus in Makedonien einzudringen. Die römisch-pergamenische Flotte gewinnt Abdera durch Verrat. Perseus schlägt die Dardaner vernichtend und gewinnt den Illyrerkönig *Genthios.*

169　Der Konsul *Q. Marcius Philippus* dringt in Südmakedonien ein, muß sich aber wegen Verpflegungsschwierigkeiten zurückziehen. Angriffe der Flotte gegen makedonische Küstenstädte scheitern. Ein makedonischer Flottenzug vernichtet eine pergamenische Abteilung auf Chios.

168　*Aemilius Paullus* übernimmt die Führung des römischen Heeres, umgeht den makedonischen Riegel am Elpeiosfluß südöstlich des Olymps und zwingt Perseus zum Rückzug auf Pydna.

22. Juni　Bei **Pydna** wird Perseus vernichtend geschlagen; er flieht nach Samothrake (167 im Triumphzug in Rom mitgeführt; er stirbt als Gefangener 165).
Makedonien ergibt sich Aemilius ohne Widerstand.

167　Makedonien wird für frei erklärt. Eine Senatskommission teilt das Land in *vier autonome Republiken* mit eigener Verwaltung auf, die untereinander weder politische noch wirtschaftliche Beziehungen pflegen dürfen. Die Ausbeutung der Silberbergwerke wird verboten. Diese Tetraden erweisen sich nicht als lebensfähig. Es kommt in der Folgezeit immer wieder zu Unruhen.

151–148　**Andriskos,** angeblich ein Sohn des Perseus, nützt die Unruhen aus. Er eint Makedonien, nimmt den Königstitel an und gewinnt Thessalien. Ein Sieg über den Prätor *P. Iuventius Thalna* veranlaßt die Römer zu einem starken Aufgebot unter dem Prätor *Caecilius Metellus,* dem Andriskos unterliegt.

148　Gesamtmakedonien *wird römische Provinz.* – (Forts. S. 269)

Griechenland (338–145)

(Forts. v. S. 142)

Die **Niederlage von Chaironeia** (338) und der **Korinthische Bund** (338–337) haben Griechenland befriedet, mit der makedonischen Hegemonie aber nicht versöhnt. Das wird in den folgenden 15 Jahren bei jeder Veränderung in Makedonien deutlich, bei Alexanders Thronfolge, während seiner Abwesenheit und nach seinem Tode. Jedesmal regen sich Kräfte, die die aufgezwungene Ordnung abschütteln wollen. Zur gleichen Zeit verliert Griechenland im Mittelmeerraum in dem Maße an Gewicht, wie *Alexanders*

Griechenland   177

Eroberung den politischen Schwerpunkt nach Osten verlagert. Weder in den Auseinandersetzungen mit den *Diadochen* noch im System der *drei* großen *Nachfolgemonarchien* erscheint Griechenland als gleichrangige Macht. Nun zeigt sich deutlich die Folge des alten Partikularismus. Doch sind die griechischen Staaten noch immer stark genug, um im politischen Kräftespiel als Partner umworben zu werden. Die geographische Nähe und das historische Erbe Philipps II. bringen es mit sich, daß sich Makedonien dabei am wenigsten eine Zurücksetzung leisten kann. Die Freiheitsparolen der Diadochen sind ideologisches Mittel, um den Gegner im Wettbewerb auszustechen. Lagiden und Seleukiden verfolgen mit ihrer Griechenlandpolitik zusätzlich die Absicht, sich den Zustrom griechischer Söldner und Siedler zu erhalten, die zusammen mit den makedonischen Soldaten die tragfähige Grundlage ihrer Herrschaft bilden sollen. Der *Partikularismus* und der *Antagonismus gegen Makedonien* machen es *Rom* im 2. Jh. leicht, die Oberhoheit über Griechenland zu gewinnen und in gewisser Weise dort fortzufahren, wohin Philipp II. 337 gelangt ist.

334   **Alexander d. Gr.** zieht nicht nur als makedonischer König in den Perserkrieg, sondern auch als *Hegemon des Korinthischen Bundes,* dessen Mitglieder 7000 Fußsoldaten und die Mehrzahl der Schiffe stellen. *Antipater* bleibt als Stratege Europas zurück, um Griechenland zu überwachen. *Memnon* plant nach der Niederlage am Granikos (Mai 334) eine Invasion in Griechenland, um sich mit den Makedonengegnern zu verbünden.

332   Der spartanische König *Agis III.* (338–331) bietet mit persischem Geld Söldner auf und schlägt den Makedonen Korragos. Elis, Achaia und Arkadien treten zu Agis über und belagern mit ihm Megalopolis. *Demosthenes* bestimmt Athen zur Neutralität.

331   Antipater schlägt die Verbündeten in der *Schlacht von Megalopolis;* Agis fällt.

330   **Athen** bereitet auf lange Sicht einen **Verteidigungskrieg gegen Makedonien** vor. *Lykurg* reformiert die Finanzen und entwirft ein moralisches Erneuerungsprogramm *(Rede gegen Leokrates);* Befestigungen werden wiederhergestellt, die Flotte vergrößert, die Epheben militärisch geschult. Im *Kranzprozeß* siegt Demosthenes über den Makedonenfreund Aischines. In Aitolien erhebt sich ebenfalls Widerstand gegen Makedonien.

324   Nach seiner Rückkehr aus Indien sucht Alexander mit dem *Dekret über die Rückführung der griechischen Verbannten* die Makedonenanhänger zu stärken. Die Aitoler sollen die Oiniaden, Athen Samos an die früheren Bewohner zurückgeben. In Athen trifft Alexanders geflohener Schatzmeister *Harpalos* ein.

323   Aitoler und Athener schließen ein Bündnis und werben auf Kap Tainaron Söldner an. Demosthenes wird wegen des Vorwurfs, Geld des Harpalos unterschlagen zu haben, verbannt.

323–322   Mit der Nachricht von **Alexanders Tod** kommt der drohende Krieg zum Ausbruch. Unter Athens Führung bildet die Mehrzahl der griechischen Staaten eine *Symmachie* (Kampfbündnis). Demosthenes kehrt zurück; der athenische Stratege *Leosthenes,* der das Bundesaufgebot kommandiert, schließt Antipater in Lamia ein *(Lamischer Krieg).* Diesem gelingt es, zu entkommen und mit Hilfe des von Kilikien eingetroffenen *Krateros* die Griechen bei *Krannon* zu schlagen. Die athenische Flotte wird von *Kleitos* bei Armorgos vernichtet *(Leichenrede des Hypereides).* Antipater besetzt Athen und löst die Demokratie auf. Das Vollbürgerrecht wird von einem Zensus von 2000 Drachmen abhängig gemacht, wodurch sich die Bürgerschaft von 21 000 auf 9000 verringert. Demosthenes, zum Tode verurteilt, flieht auf die Insel Kalauria und nimmt Gift; Hypereides wird hingerichtet. Antipater setzt auch in anderen Städten promakedonische Reformen durch. Phokion steuert in Athen einen gemäßigten Kurs.

321–318   Im Kampf gegen Antipater verbündet sich *Perdikkas* mit den *Aitolern,* deren Bund *(Koinón)* sich in diesen Jahren konstituiert. Nach Antipaters Weggang nach Asien unterwerfen sie die Lokrer und einen Teil Thessaliens. Als Antipaters Nachfolger *Polyperchon* mit Hilfe einer Freiheitsdeklaration *(Diagramma)* Griechenland gegen *Kassander* zu sichern sucht, stellt sich *Nikanor,* der makedonische Kommandant im Piräus, auf dessen Seite. Dem vermittelnden Phokion werfen die wiedererstarkten Demokraten Verrat vor und lassen ihn hinrichten. Auch in der Peloponnes werden die von Antipater eingesetzten Oligarchien gestürzt. Megalopolis wehrt sich erfolgreich und wird von Polyperchon vergebens belagert.

317   Kassander gewinnt Athen, wo die Demokratie eingeschränkt wird (Zensus von 1000 Drachmen). An die Spitze der Stadt stellt er als *Epimeleten* den Peripatetiker *Demetrios von Phaleron,* der in den 10 Jahren seiner Regierung eine vernünftige Finanzpolitik verfolgt (Einnahmensteigerung auf jährlich 1200 Talente) und das kulturelle Leben fördert. Euboia und Teile Thessaliens treten auf Kassanders Seite, während Polyperchon sich in Mittelgriechenland (Aitolien) hält und sein Sohn *Alexander* Sikyon und Korinth besetzt.

316   Kassander stellt Theben wieder her.

315   *Antigonos* verkündet in Tyros gegen Kassander die *Freiheit der Griechenstädte* und verbündet sich mit den Aitolern. Die Kykladen schließen sich unter seinem Protektorat zu einem Bund zusammen *(Koinón der Nesioten).*

315–314   Kassander, dem sich Alexander anschließt, sucht die Gegner aus der Peloponnes und aus

178 Altertum – Alexander und der Hellenismus

Aitolien zu verdrängen. Alexander wird ermordet, seine Witwe *Kratesipolis* übernimmt die Herrschaft in Sikyon.

312 Antigonos' Neffe *Polemaios* gewinnt Boiotien, Euboia und Theben und schließt mit Demetrios von Phaleron einen Waffenstillstand.

311 Im Friedensschluß erkennt Antigonos Kassanders Stellung in Griechenland an; alle Diadochen bekennen sich zur Freiheit der Hellenen.

309–308 Polyperchon erhält nach Versöhnung mit Kassander die Strategie der Peloponnes. Gegen beide wirft sich *Ptolemaios I.* zum Befreier der Griechen auf, segelt zum Isthmos von Korinth und erhält durch Verbindung mit Kratesipolis Korinth und Sikyon. Er versöhnt sich mit Kassander, um Antigonos entgegenzuwirken, der ein umfangreiches Befreiungsprogramm für Griechenland vorbereitet.

307–306 Antigonos' Sohn *Demetrios Poliorketes* gewinnt mit einer Flotte von 250 Schiffen im Handstreich den Piräus und erobert Megara. Athen ergibt sich, Demetrios von Phaleron flieht nach Theben, später nach Ägypten. Auch Theophrast, Aristoteles' Schüler und Haupt der peripatetischen Schule, verläßt für ein Jahr die Stadt. Die Athener beschließen *göttliche Ehren* für die Retter *(Soteres)* Antigonos und Demetrios. Sie werden zu eponymen Göttern zweier neuer Phylen, *Antigonis* und *Demetrias,* und ihre Statuen werden neben denen der Tyrannenmörder aufgestellt.

306–302 Kassander versucht im **vierjährigen Krieg** seine Herrschaft in Griechenland gegen die Antigoniden zu festigen. Er unterwirft Korinth, Boiotien, Euboia und Phokis; ein Angriff auf Athen scheitert.

305–304 Als Demetrios Rhodos belagert, bemühen sich über 50 griechische Staaten, den Frieden für die zur bedeutenden Handelsmacht aufgestiegene Insel zu vermitteln.

304 Kassander verwüstet bei einem neuerlichen Angriff Attika, seine Flotte siegt über die athenische.

304–301 Demetrios nimmt seine Griechenlandpolitik wieder auf. Er drängt Kassander an die Thermopylen zurück, Boiotien, Phokis und fast die ganze Peloponnes treten zu ihm über.

303/302 Er erneuert unter Mithilfe des *Adeimantos von Lampsakos* den **Korinthischen Bund** Philipps II. Alle griechischen Staaten bis auf Sparta, Messenien und Thessalien schließen auf ewige Zeiten ein Bündnis und zugleich einen Allgemeinen Frieden *(Koinè eiréne).* Sie wählen Antigonos und Demetrios zu Führern *(Hegemonen)* des Bundes und verpflichten sich, Kontingente zum Bundesheer zu stellen.

302 Demetrios greift zur See Südthessalien an und rückt gegen Kassander vor, schließt aber mit ihm einen Präliminarfrieden, um seinem Vater in Kleinasien zu Hilfe zu kommen. Kassander stellt anschließend sofort die makedonische Herrschaft über Thessalien wieder her. Teilerfolge gelingen ihm in Mittel- und Südgriechenland.

301–297 Die Niederlage der Antigoniden bei Ipsos bedeutet das **Ende des Korinthischen Bundes.** In Athen übernimmt eine gemäßigte Demokratie unter *Lachares'* Führung die Regierung. Demetrios wird die Aufnahme verweigert. Dieser ernennt den von Kassander aus Epeiros vertriebenen jungen König *Pyrrhos* zum Strategen über die treugebliebenen Griechenstädte. Der *Tyrann Lachares* lehnt sich an Makedonien an. Athens Wunsch nach strikter Neutralität läßt sich weder gegenüber Kassander noch gegenüber *Lysimachos* von Thrakien verwirklichen, der sich nach Kassanders Tod (298) stärker Griechenland zuwendet.

296–294 Bei einem Angriff auf Athen wird Demetrios' Flotte von Sturm schwer beschädigt. In der Peloponnes gewinnt er einige abgefallene Städte. Er erobert Attika und den Piräus, wo sich eine demokratische Gegenregierung etabliert (295). Nach einer Hungerblockade muß die Stadt kapitulieren; Lachares flieht vor der demokratischen Reaktion nach Theben, dann zu Lysimachos; Athen erhält eine Besatzung. Eine Belagerung Spartas bricht Demetrios ab, da sich ihm Aussichten auf den makedonischen Thron eröffnen (294).

293–287 Mit der Herrschaft in Makedonien übernimmt Demetrios auch die makedonische Griechenlandpolitik. Er erneuert die Personalunion mit Thessalien, dringt in Boiotien ein und belagert Theben, das aitolische und spartanische Hilfe nicht retten kann. Bei einer neuerlichen Erhebung wird die Stadt von Demetrios' Sohn *Antigonos Gonatas* eingeschlossen und fällt nach mehr als einjähriger Belagerung (291). Die Aitoler behaupten sich erfolgreich bei zwei Einfällen des Demetrios (290; 289). Seine Kämpfe gegen Pyrrhos und Lysimachos nützt Athen, das von diesen beiden und von Ptolemaios I. unterstützt wird, aus, um das makedonische Joch abzuschütteln (287). Als Statthalter seines Vaters behauptet Antigonos Boiotien, Euboia und einen Teil der Peloponnes.

285–284 Antigonos zwingt wahrscheinlich sogar Sparta zur Anerkennung. Der *Nesiotenbund* kommt unter ptolemaiisches Protektorat.

283 Als Antigonos in Attika einfällt, wird er von *Olympiodoros* zurückgeschlagen.

281 Nach einer Flottenniederlage gegen *Ptolemaios Keraunos* zieht er sich nach Boiotien zurück.

280 *Areus* von Sparta bringt eine peloponnesische Koalition gegen ihn zusammen. Sie fällt in das Gebiet der auf Antigonos' Seite stehenden Aitoler ein, wird aber vertrieben. Unter den

Griechenland **179**

Verbündeten befinden sich die 4 achaiischen Städte Patrai, Dyme, Tritaia und Pharai, die sich in Anlehnung an einen früheren Zusammenschluß zu einem *Koinón* vereinen, das der Kern des **Achaiischen Bundes** wird.

279 Die Kelten unter *Brennos* dringen durch Makedonien nach Griechenland vor. Thessalien wird überrannt. An den Thermopylen stellt sich ihnen eine Koalition von Lokrern, Phokern, Boiotern, Megarern und besonders Aitolern entgegen. Sie wird umgangen, und die Kelten stoßen auf Delphi vor. Einer rasch aufgebauten Verteidigung, der auch ein athenisches Kontingent zu Hilfe eilt, gelingt es, den Angriff abzuwehren und den Abziehenden weitere Verluste beizubringen. Zur Erinnerung wird das panhellenische Fest der *Soteria* eingerichtet. Die Leistung der Aitoler gegen die Kelten leitet den Aufschwung des **Aitolischen Bundes** und seinen Vorrang in der *delphischen Amphiktyonie* ein.

276–273 Zum makedonischen König geworden, bemüht sich Antigonos um ein gutes Verhältnis zu Athen, wo eine gemäßigte demokratische promakedonische Regierung ans Ruder kommt. Die politischen Beziehungen werden durch Antigonos' persönliches Interesse am kulturellen Leben der Stadt gefördert. Eine Entfremdung tritt ein, als sich Athen dem Pyrrhos auf seinem Marsch in die Peloponnes nähert.

273–269 Pyrrhos' Plan nach seinem Erfolg gegen Antigonos in Makedonien (274), Griechenland zu unterwerfen, führt zu einem **makedonisch-spartanischen Bündnis.** Pyrrhos scheitert vor Sparta, wohin ihn der Spartaner *Kleonymos* gerufen hat, um König Areus zu stürzen. Vor Argos trifft er auf Antigonos; beide sind sie von streitenden Parteien in der Stadt zum Eingreifen aufgefordert worden.

272 Pyrrhos' Tod im Straßenkampf in Argos befreit Antigonos nicht nur von einem gefährlichen Rivalen, sondern läßt die ungewöhnliche Allianz mit Sparta hinfällig werden.

272–271 In der Peloponnes sucht Antigonos den makedonischen Einfluß durch Unterstützung von Tyrannen zu sichern, die soziale Gegensätze zur Usurpation ausnützen (Sikyon; Argos; Megalopolis; 5monatige *Tyrannis des Aristodemos* von Elis 271).

ca. 270 –269 In Sparta übernimmt Areus Formen der hellenistischen Monarchie (Münzprägung in eigenem Namen). Er schließt mit Elis, Achaia, Mantineia, Tegea, Orchomenos und einer Anzahl arkadischer und kretischer Städte ein Bündnis. *Ptolemaios II.* wendet sich Griechenland zu. Er schließt mit Athen, dann mit dem neuen Peloponnesischen Bund Symmachieverträge.

268–261 **Chremonideischer Krieg:** *Chremonides,* mit seinem Bruder *Glaukon* Leiter der athenischen Politik, beantragt einen Volksbeschluß, mit Sparta und seinen Bündnern ein ewiges Bündnis zu schließen, durch das Freiheit und Autonomie aller Partner garantiert wird.

267 Der gegen Makedoniens Stellung in Griechenland gerichtete Beschluß veranlaßt Antigonos zur Belagerung Athens, das weder Ptolemaios' Stratege *Patroklos* zur See, noch Areus zu Land zu entsetzen vermag. Die Situation wiederholt sich in zwei weiteren Kriegsjahren.

265 Areus fällt gegen Antigonos bei Korinth, und der Peloponnesische Bund löst sich auf. Die Athener können sich noch halten (bis 262).

262–261 Athens Autonomie wird nach der Kapitulation stark eingeschränkt; die Stadt erhält wieder eine Besatzung auf dem Museion und im Piräus; die höchsten Beamten, an ihrer Spitze ein Epistates (Vorsteher), werden von Antigonos ernannt; Glaukon und Chremonides fliehen nach Ägypten.

Der Aitolische und der Akarnanische Bund vereinbaren (ca. 262) in Distanzierung zu Makedonien *Symmachie* und *Isopolitie* (Berechtigung, das Bürgerrecht des Partners zu erwerben). Areus' Sohn und Nachfolger *Akrotatos* fällt bei dem Versuch, den Tyrannen *Aristodemos* von Megalopolis zu stürzen (ca. 261).

255 Als Antigonos in Athen die Epistasie aufhebt und die Besatzung vom Museion abzieht, sichern promakedonische Anhänger seinen Einfluß.

253–247 Antigonos' Kampf gegen seinen abgefallenen Neffen *Alexander,* den Strategen der Peloponnes, spaltet die griechischen Staaten. Alexander schließen sich Euboia, Boiotien und der Achaiische Bund an. Athen und Argos unterstützen Antigonos, werden aber von Alexander zum Friedensschluß gezwungen (249). Der Aitolische Bund steht ebenfalls auf Antigonos' Seite, nützt aber dessen schwierige Lage aus, um sich mit *Alexander II.* von Epeiros über eine Aufteilung Akarnaniens zu verständigen, ungeachtet des 262 geschlossenen Bündnisses.

252–251 In Sikyon macht sich *Nikokles* mit Alexanders Einverständnis zum Tyrannen.

251 *Arat,* Sohn des demokratischen sikyonischen Politikers *Kleinias,* der mit anderen Verwandten in Argos im Exil lebt, befreit Sikyon im Handstreich und führt die Stadt in den Achaiischen Bund. *Ptolemaios II.* spendet Arat 40 Talente, damit er die sozialen Probleme lösen kann, die durch die Rückkehr der Verbannten entstanden sind. *Arat* wird *Stratege des Achaiischen Bundes* und fortan ein über das andere Jahr wiedergewählt.

245 Die Aitoler siegen bei *Chaironeia* über die Boioter, die ihnen das seit 255 zu ihrem Bund gehörige Phokis genommen haben.

243 Arat überrumpelt das seit einem Jahr wieder makedonische Korinth.

180 Altertum – Alexander und der Hellenismus

242 Er wagt einen Plünderungszug nach Attika und Salamis. Antigonos erweitert das bisherige Einvernehmen mit Aitolien zu einer Symmachie und vereinbart eine Aufteilung Achaias.

241 Die Aitoler unternehmen einen Vorstoß in die Peloponnes. In Sparta, wo die Zahl der Vollbürger auf 700 zurückgegangen ist und 100 Familien den Grundbesitz in ihren Händen halten, unternimmt *Agis IV.* eine Sozial- und Verfassungsreform (Schuldentilgung; Bodenaufteilung in 4500 gleiche Landlose; Auffüllung der Bürgerzahl). Den Widerstand der konservativen Ephoren sucht er durch außenpolitische Erfolge zu unterlaufen. Als er dem verbündeten Achaiischen Bund gegen die Aitoler zu Hilfe kommt, wird die Reform in seiner Abwesenheit hintertrieben, er selbst, von Arat brüsk zurückgeschickt, wird bei der Heimkehr gefangengenommen und hingerichtet. Arat überrascht kurz darauf die plündernden Aitoler bei Pellene und schlägt sie.

240–236 Kurz vor seinem Tod schließt Antigonos mit dem Achaiischen Bund Frieden, den Arat zu einem erneuten Einfall in Attika und in die Argolis ausnützt. Nach dem Regierungsantritt *Demetrios' II.* schwenkt er um und geht ein Bündnis mit den Aitolern ein. So gedeckt okkupieren diese den 252 Epeiros überlassenen Teil Akarnaniens, während Arat erfolglos mehrere Vorstöße gegen Argos und Athen unternimmt und die makedonische Besatzung aus dem Piräus zu vertreiben sucht. Nach Absprache fallen die Aitoler in Lakonien ein (236), um spartanische Verbannte zurückzuführen, während die Achaier Heraia in Westarkadien erobern.

235 Der Tyrann *Aristippos von Argos* fällt gegen die Achaier bei Kleonai, sein Bruder *Aristomachos* übernimmt die Tyrannis und hält sich mit makedonischer Hilfe.

234 Der promakedonische Tyrann von Megalopolis, *Lydiades,* führt angesichts der achaiischen Expansion seine Stadt in das Koinon und wird zum Strategen gewählt; Orchomenos und Mantineia folgen.

233 Die Schläge, die *Demetrios II.* Aitolien und Achaia versetzt, und die Gefahr einer makedonisch-spartanischen Kooperation zwingen die beiden Bünde weiterhin zusammen. Der neue epeirotische Bundesstaat und in der Peloponnes Tegea, Mantineia und Orchomenos schließen sich ihnen an.

229–226 Der Herrscherwechsel in Makedonien zu *Antigonos Doson* bietet Arat neue Möglichkeiten. Er hilft *Eurykleides* und *Mikion* in Athen, die Stadt von den makedonischen Besatzungen im Piräus, auf Sunion und Salamis freizukaufen. Er gewinnt den bisher auf Makedoniens Seite stehenden argivischen Tyrannen Aristomachos für das Koinon; Aigina, Phlius und Hermione folgen. Gegen den mächtig gewordenen Bundesgenossen fördern die Aitoler den alten spartanisch-achaiischen Gegensatz. *Kleomenes III.* (235–222) erobert Tegea und Orchomenos (229). Allein kann sich Arat nicht zu einer Revanche entschließen (228) und unterliegt Kleomenes am Lykaion und bei Ladokeia (227). In Sparta nimmt Kleomenes, gestützt auf diese Siege, Agis' Landreform wieder auf: die großen Güter werden eingezogen und auf 4000 Landlose verteilt, das Ephorat entmachtet.

226 Kleomenes überfällt Mantineia und schlägt das achaiische Heer bei Dyme; Arat muß zurücktreten. Kleomenes tritt in Verhandlungen mit dem Koinon ein und fordert für sich die Hegemonie, was von Arat, der mit Antigonos Geheimbesprechungen aufgenommen hat, hintertrieben wird. Kleomenes gewinnt Pellene, Kaphyai, Pheneos, Argos und Korinth.

225 Mit *Ptolemaios III.* geht er einen Subsidienvertrag ein.

225–224 Der Achaiische Bund schließt eine *Symmachie mit Antigonos,* der die Hegemonie des Bundes erhält. Er marschiert in die Peloponnes, und Kleomenes muß sich vom Isthmos zurückziehen; Argos und Korinth treten auf die makedonische Seite.

224 Das Bündnis mit dem Achaiischen Bund wird zu einer *Symmachie mit anderen Bünden* (Phokis, Boiotien, Lokris, Euboia, Epeiros und Akarnanien) erweitert, mit Antigonos als Hegemon. Kleomenes' Versuch, Argos zurückzugewinnen, mißlingt.

223 Antigonos erobert Arkadien.

222 Nach einem weiteren vergeblichen Angriff auf Argos zieht sich Kleomenes nach Lakonien zurück, wo er bei *Sellasia* von Antigonos geschlagen wird und nach Ägypten flieht. Der Sieger zieht in Sparta ein. Das Königtum wird abgeschafft, das Ephorat restauriert, die Stadt wird unter der Aufsicht des Boioters *Brachylles* Mitglied der Symmachie.

221–217 Nach Regierungsantritt *Philipps V.* von Makedonien (221–179) sucht die aitolische Kriegspartei unter *Dorimachos* und *Skopas* Gelegenheit, um die Übermacht der Symmachie zu brechen. Einfälle in Bundesgenossengebiet (Akarnanien, Epeiros, Boiotien) und in das bisher mit Aitolien verbündete, aber Makedonien zuneigende Messenien provozieren den **Bundesgenossenkrieg (220–217).** Sparta, wo das Königtum wiederhergestellt wird, schließt mit Aitolien eine Symmachie, Elis folgt. Die Aitoler weichen großen Schlachten aus, doch die beiderseitigen rücksichtslosen Plünderungszüge, Eroberungen gegnerischer Städte und Piratereien, unter denen auch das neutrale Athen zu leiden hat, zerrütten die Verhältnisse in Griechenland so nachhaltig, daß sich die neutralen Handelsmächte Rhodos, Chios, Byzantion und sogar Ptolemaios IV. einschalten und den *Frieden von Naupaktos* vermitteln.

Griechenland   *181*

215–207   Die Achaier weigern sich, Philipps Wendung gegen Illyrien und damit gegen Rom **(1. Makedonisch-Römischer Krieg)** mitzumachen, während die Aitoler eine Möglichkeit sehen, mit römischer Hilfe Makedoniens Vormacht zu brechen. Ihre an das Bündnis mit Rom (212–211) und mit Attalos von Pergamon geknüpften Erwartungen erfüllen sich nicht, da diese nur ungenügende Unterstützung schicken. Philipp verdrängt die Aitoler aus Zakynth, Thessalien und von den Thermopylen. In der Peloponnes, wo sich ihnen Elis, Messenien und Sparta angeschlossen haben (211–210), schlägt der unter *Philopoimen* erstarkte Achaiische Bund die Spartaner bei Mantineia (207).

206–201   Philipps Friedensschluß mit Aitolien (206), mit Rom (205) und seine nachfolgende Wendung nach Osten gibt Griechenland äußerlich Ruhe. Aber Philipp nützt die infolge der Kriege seit 220 gewachsenen inneren Spannungen in den griechischen Staaten aus und macht sich zum Anwalt der Massen gegen die *Oligarchen.* Der Achaiische Bund gewinnt ihm gegenüber größere Unabhängigkeit. In Sparta nimmt *Nabis* (207–192) die Reformen Kleomenes' III. auf und geht sogar zur *Helotenbefreiung* über. Als er Messenien erobert (202), wird er von Philopoimen geschlagen.

200   Als sich Rom mit Attalos von Pergamon und Rhodos im **2. Makedonisch-Römischen Krieg (200–197)** gegen Philipp verbündet, schließt sich in Griechenland zunächst nur Athen an; die Aitoler (199), die Achaier (198) und die Boioter (197) folgen, letztere nach heftigen inneren Auseinandersetzungen.

198   Roms militärische Überlegenheit gibt den Ausschlag für den Anschluß, weniger die Freiheitsparole, die vom römischen Konsul *Flamininus* verkündet wird.

197   Die makedonische Herrschaft in Griechenland endet mit Philipps Niederlage bei *Kynoskephalai.*

196   Flamininus krönt mit der **Freiheitsverkündigung bei den Isthmischen Spielen** die makedonische Niederlage. Die Proklamation bedeutet für Rom nicht den Verzicht auf eigene Interessen und direkte Interventionen, weshalb die von Philipp freigegebenen *Fesseln Griechenlands:* Chalkis, Demetrias und Akrokorinth mit römischen Besatzungen belegt werden. Vor allem die Aitoler, die enttäuscht sind, daß sie nicht Thessalien erhalten und Philipp nicht gestürzt wird, sehen darin einen Widerspruch.

195   *Argos* und – mit minderem Status – die lakonischen Küstenstädte treten dem Achaiischen Bund bei.

195–194   Der *Tyrann Nabis* weigert sich, Argos freizugeben, und wird von einer römisch-achaiischen Koalition bezwungen.
Nach Vorhaltungen der Aitoler und als Geste des guten Willens bewirkt Flamininus beim Senat, daß alle römischen Truppen aus Griechenland abgezogen werden. Aitolien nähert sich Nabis, der bei dem Versuch, die Achaier aus den lakonischen Seestädten zu vertreiben, von Philopoimen geschlagen wird. Ihm rettet Flamininus den Thron, um Achaia nicht zu mächtig werden zu lassen, aber er wird kurz darauf unter aitolischer Mithilfe ermordet.

193–192   Philopoimen zwingt *Sparta* in den *Achaiischen Bund* und beendet damit seine selbständige Geschichte. Aitolien schließt gegen athenischen und römischen Protest mit *Antiochos III.* ein Bündnis. Da dieser mit 10 000 Mann nach Griechenland übersetzt, halten sich mögliche Bundesgenossen (Boiotien, Thessalien, Athen, Achaia) voll Skepsis zurück, und Richtungskämpfe zwischen Freunden und Gegnern Roms beeinträchtigen die Wirkung seiner Freiheitsparole.

191   Zusammen mit einem ungenügenden aitolischen Aufgebot von 4000 Mann unterliegt Antiochos III. den Römern an den *Thermopylen.* Die römische Forderung nach bedingungsloser Unterwerfung und einer Kriegsentschädigung von 1000 Talenten veranlaßt die Aitoler, ihren Widerstand fortzusetzen (Kampf um Ambrakia).
Durch den Beitritt von Elis und Messenien wird der Achaiische Bund zum Herrn der Peloponnes.

189   Unter Vermittlung von Athen, Rhodos und dem Athamanenkönig *Amynandros* kommt der Friede zwischen Rom und den Aitolern zustande.

188   Ein Aufstand Spartas wird von Philopoimen niedergeschlagen, seine Mauern werden zerstört.

187–186   Ein Bündnis mit Ägypten soll das Achaiische Koinon aus der Abhängigkeit von Rom befreien.

183   Der römische Senat neigt sich dagegen Sparta zu. Philopoimen zieht gegen das unter römischem Einfluß abgefallene *Messenien,* wird gefangengenommen und vergiftet. Sein Nachfolger *Lykortas* unterwirft Messenien. Gegen ihn vertritt *Kallikrates* im Koinon eine prorömische Richtung.

182–181   In Sparta unternimmt *Chairon* soziale Reformen, die durch achaiisches Eingreifen rückgängig gemacht werden.

seit 179   Gegensätze zwischen Reichen und Armen gehen in Aitolien, Boiotien und Thessalien mit römerfreundlicher bzw. römerfeindlicher Einstellung zusammen, was zu schweren inneren Konflikten führt. Die Romgegner blicken auf *Perseus,* der beim Regierungsantritt in Del-

182 Altertum – Alexander und der Hellenismus

phi, Koroneia und Delos einen Schuldenerlaß verkündet. Eine Mittelgruppe, zu der in Achaia Lykortas und sein Sohn, der Historiker Polybios, gehören, sucht einen neutralen Kurs zu steuern.

171–168 Perseus' Versuch, die Differenzen auszunützen und den Einfluß Makedoniens zu stärken (174 Bündnis mit Boiotien; Annäherung an Aitolien), führt zum **3. Makedonisch-Römischen Krieg.** Roms Diplomatie bewirkt, daß aus den Sympathien für Makedonien in Griechenland kaum aktive Unterstützung wird.

168 Nach der **Schlacht von Pydna** werden in Aitolien die Römerfeinde niedergemetzelt, Achaia
22. Juni muß 1000 Geiseln, darunter Polybios, nach Italien schicken; Rhodos wird für einen Vermittlungsversuch durch den Verlust seines kleinasiatischen Gebietes (Peraia) und die Errichtung eines Freihafens auf Delos bestraft.

167–146 Die *völlige Ausrichtung der äußeren Politik auf Rom* und die Erledigung der Gegner beseitigt in den griechischen Staaten nicht die sozialen Spannungen. Rom entscheidet über zwischenstaatliche Konflikte (Grenzstreit zwischen Sparta und Megalopolis 165). In der Auseinandersetzung zwischen Athen und Oropos kommt die athenische Philosophengesandtschaft mit *Karneades, Kritolaos* und *Diogenes* nach Rom (155).

146–145 Der Austritt Spartas aus dem Achaiischen Bund und eine zwiespältige Haltung Roms, das zusätzlich Unabhängigkeit für die Bundesmitglieder Korinth und Argos fordert, führen zum **Achaiischen Krieg,** der letzten griechischen Erhebung gegen Rom.
Den Achaiern unter Kritolaos schließen sich Boiotien, Lokris, Phokis und Euboia an. Die Achaier unterliegen *L. Mummius* am Isthmos, Korinth wird niedergebrannt, der Achaiische Bund aufgelöst. Die Achaier und ihre Bundesgenossen werden hart bestraft und dem Prokonsul von Makedonien unterstellt. – *(Forts. S. 269)*

Karthago (um 450–146)
(Forts. v. S. 90)

Zentrales Problem des karthagischen Staates bildet das Militärwesen. Eine Verbindung von Bürgertum und Wehrpflicht gibt es in Karthago nicht; das Heer besteht aus Söldnern und wird wie ein Kapitalunternehmen immer wieder an dem Verhältnis zwischen Investition und Ertrag gemessen. Politische Leitung und militärische Führung laufen getrennt, was permanente Konflikte zwischen Feldherrn und Staat zur Folge hat. – Kennzeichnend für die karthagische Religion – oberste Gottheiten *Baal Hammon* und *Tanit* – ist das direkte und umfassende Abhängigkeitsgefühl des Menschen von den Göttern. Wesentlicher Bestandteil des Kults sind Natural- und Tieropfer, wobei die Opfer neben dem Fortbestand göttlicher Gunst zugleich auch den Naturallohn der Priester sichern. Für Griechen und Römer steht karthagische Religion synonym für Exzesse (Menschenopfer: Motiv ist, die Götter durch Blut zu nähren, damit diese ihre Schutz- und Befruchtungstätigkeit erfüllen).

um 450 Wahrscheinlich als Antwort auf die Herrschaft der Magoniden wird die Verfassung durch *Einführung des Rates der Hundertvier* modifiziert. Der Rat kontrolliert Rechtsprechung und Gerichtshöfe und überwacht die Verfassungstreue der Feldherrn.
Der Karthager Hanno unternimmt eine Entdeckungsfahrt zur Koloniegründung an der afrikanischen Westküste. Sein in punischer Sprache niedergeschriebener Reisebericht ist in einer griechischen Übertragung aus dem 4. Jh. v. Chr. erhalten.

4. Jh. Der Rat der Hundertvier übt faktisch die Herrschaft über alle Verwaltungsorgane aus. Außenpolitisch kennzeichnet die folgenden Jahrzehnte der Kampf mit Syrakus um Sizilien.

366 In einem Friedensvertrag mit Dionysios II. von Syrakus wird der Fluß Halykos als Grenze zwischen dem karthagischen und dem griechischen Sizilien festgelegt.

264–241 Die Niederlage im 1. Punischen Krieg hat den Verlust Siziliens (241) zur Folge.

nach 241 Der Karthager Mago verfaßt ein Lehrbuch über die Landwirtschaft in 28 Büchern, das nach der Zerstörung Karthagos auf Senatsbeschluß ins Lateinische übertragen wird.

242–237 Die aus der Niederlage erwachsene Finanzkrise führt zu einem Söldneraufstand in Nordafrika. Rom nutzt diese Schwäche Karthagos und erzwingt die Abtretung Sardiniens (237).

218–201 Die Niederlage im 2. Punischen Krieg bedeutet für Karthago die Auslieferung der Flotte und den Verlust Spaniens.

196/5 Den dadurch bewirkten wirtschaftlichen Rückschlag überwindet Karthago durch politische Reformen und durch Umstrukturierungsmaßnahmen in der Landwirtschaft (Einführung der mit Sklaven intensiv betriebenen Plantagenwirtschaft).

195 Reform des Rats der Hundertvier und der Finanzen durch Hannibal. Von der eigenen Aristokratie in Rom verleumdet, entzieht er sich einem drohenden Auslieferungsbegehren Roms durch Flucht (Tod durch Selbstmord 183).

149–146 Ein Kriegszug Karthagos gegen den Numidierkönig Massinissa – eine formelle Verletzung von Karthagos Vertrag mit Rom – führt nach dreijährigem erbittertem Widerstand zur Zerstörung Karthagos. – *(Forts. S. 298)*

Römische Geschichte

Es ist umstritten, ob die **Latiner** um die Wende vom 2. zum 1. Jt. oder schon tausend Jahre früher mit anderen indogermanischen Stämmen in Italien eingewandert sind. Nach der ersten These haben sie schon während der Wanderungszeit einen festen ethnischen Verband gebildet und gemeinsame soziale Institutionen (z. B. die 30 Kurien), Ursprungsvorstellungen und Denkmuster nach Italien mitgebracht; nach der zweiten hat sich das „Latinertum" erst im Übergang von der Bronze- zur Eisenzeit allmählich ausgeformt. – Im ersten Jt. lassen sich jedenfalls in Italien verschiedene Sprach- und Volksgruppen deutlich unterscheiden. Anders als in Griechenland der homerischen Zeit haben die einzelnen Stämme keine Heiratsgemeinschaft miteinander (vgl. Legende vom *Raub der Sabinerinnen*), was sich auf die Struktur der Kriege auswirkt. Die einzelnen Volksgruppen werden zu unterschiedlichen Zeiten seßhaft und gehen zu geregeltem *Ackerbau* über; die dadurch entstehende Ungleichheit in der wirtschaftlichen Entwicklung dürfte ebenfalls zur Verunsicherung der Situation (Raubkriege) beigetragen haben. – **Rom** gehört zur **latino-faliskischen Sprachgruppe.** Seine Lage am Unterlauf des Tiber ermöglicht ihm einerseits die Verbindung zur See, bietet ihm andererseits Schutz gegen direkte Angriffe von der See her. Nahe der Tiberinsel befindet sich, von der Mündung des Flusses aus gesehen, die erste Furt über den Tiber, durch die schon vor dem Bau der ersten Brücke ein wichtiger Verkehrsweg, die *Salzstraße* von Etrurien nach Kampanien, verläuft. Ebenso bestehen nach Mittelitalien gute Verbindungen, durch die Rom allerdings auch leicht den Angriffen umliegender Bergstämme ausgesetzt ist. – Die *ethnische Situation* in Mittelitalien, Unterschiede in der wirtschaftlichen Entwicklung zwischen den einzelnen Stämmen und schließlich die geographische Lage sind neben den Voraussetzungen, welche die Latiner bei ihrer Landnahme vielleicht mitbrachten, wahrscheinlich auch die Faktoren, die Roms soziale und politische Organisation in der Frühzeit entscheidend beeinflussen.

Chronologische Übersicht

8. Jh. (753) – Ende 6. Jh. (510)	Königszeit	133–44 (31)	Späte Republik oder Die römische Revolution	
510–287	Alte Republik oder Zeit der Ständekämpfe	44 (31) – Ende 2. Jh.	Der Prinzipat	
287–133	Mittlere („Hohe", „Klassische") Republik	3. Jh. Ende 3. Jh. – 476 (Ende 6. Jh.)	Die Reichskrise Die Spätantike	Der Dominat

Die Ursprünge und die Königszeit (bis ca. 510 v. Chr.)

Durch eine alte Sage, die durch den römischen Dichter *Vergil* ihre kanonische Ausformung erhält, wird die Geschichte Roms mit der Griechenlands verbunden: *Aeneas* sei auf der Flucht von Troia nach Latium gekommen, dieser habe Lavinium (Pratica di Mare), sein Sohn Ascanius (= Iulus) Alba Longa (Castel Gandolfo) gegründet, das als Mutterstadt Roms gilt. Nach späteren chronologischen Berechnungen des römischen Gelehrten Varro wird die **Gründung Roms** auf das Jahr 753 v. Chr. festgelegt. Der erste König der Stadt, *Romulus*, habe laut römischer Überlieferung schon wichtige soziale und politische Institutionen (Einteilung in Patrizier und Plebejer; Klientel; Senat; Volksversammlung) geschaffen, die von den folgenden Königen weiter ausgebaut worden seien: *Numa Pompilius, Tullus Hostilius, Ancus Marcius, Tarquinius Priscus, Servius Tullius, Tarquinius Superbus.*
Stellt man der Überlieferung die archäologischen, sprachwissenschaftlichen, institutions- und religionsgeschichtlichen Erkenntnisse gegenüber, dann ergibt sich etwa folgendes Bild: Im Gebiet des späteren Rom läßt sich eine **kontinuierliche Besiedlung** ungefähr seit dem 14. Jh. (Mittlere Bronzezeit, Apennin-Kultur) nachweisen (Funde von San Omobono). Während die spätbronzezeitlichen Funde noch in deutlicher Beziehung zur „Protovillanova"-Kultur Etruriens stehen, wird seit dem 9. Jh. der Raum, der später durch die latinische Sprachgruppe umschrieben ist, als eigenständige Einheit faßbar. Der Übergang zur Seßhaftwerdung und zum Ackerbau wird vollzogen, die Siedlungsreste und die Nekropolen zeigen ein spürbares Bevölkerungswachstum an. Die *Latiner* (nomen Latinum) siedeln in kleinen, voneinander unabhängigen, zunächst nicht-städtischen Einheiten (populi), für deren Gesamtheit trotz fortlaufender Veränderungen immer die Zahl 30 angegeben wird (vgl. z. B. „triginta populi Albenses" bei: Gaius Plinius Secundus – Plinius der Ältere – naturalis historia 3, 69). Sie kommen jährlich auf dem Mons Albanus

184   Altertum – Römische Geschichte

zusammen, um das Fest des Jupiter Latiaris (Latinerfest = Kult des göttlichen Ahnherrn der Latiner?) zu feiern. Außer durch gemeinsame Kulte sind sie durch Heiratsgemeinschaft und Handelsverkehr miteinander verbunden.

Maßnahmen der römischen Könige nach der Überlieferung

Könige	Maßnahmen im Innern	Maßnahmen nach außen
Numa Pompilius	Einrichtung der meisten Priestertümer; Einrichtung vieler Kulte; Bau des Janus-Tempels am Forum; Jahreseinteilung und Bestimmung der Festtage	
Tullus Hostilius	Aufnahme der vornehmen Albaner in den Senat; Bau der Curia (Hostilia); Bildung neuer Reiterturmen und Legionen; Caelius in die Stadt einbezogen	Unterwerfung und Zerstörung von Alba, Übersiedlung der Bevölkerung nach Rom, Vorherrschaft in Latium; Kämpfe mit Veii und Fidenae, mit den Sabinern und den Latinern
Ancus Marcius	Aventin und Janiculum in die Stadt einbezogen, Bau einer Pfahlbrücke über den Tiber; Bau eines Gefängnisses	Eroberung latinischer Orte, Bewohner in römische Bürgerschaft aufgenommen; Eroberung veiientinischen Gebietes, Ausdehnung bis zur Tibermündung, Bau von Ostia; Kämpfe mit Fidenae und Sabinern
Tarquinius Priscus	Zahl der Senatoren um 100 vermehrt (gentes minores), die der Reiterzenturien verdoppelt; Einrichtung der ludi magni (Romani); Entwässerung der niedrig gelegenen Teile der Stadt, Bau des Circus Maximus, von Säulenhallen und Kaufläden um das Forum; Rom durch steinerne Mauer geschützt; Bau des Jupiter-Tempels auf dem Kapitol begonnen; Übernahme etruskischer Königsinsignien: Goldkranz, Purpurgewand, Elfenbeinthron und -szepter, 12 Äxte	Kämpfe mit Latinern, Eroberung von Apiolae und anderer latinischer Orte; Kämpfe mit Sabinern, die römische Oberherrschaft anerkennen; Kämpfe mit Etruskern und römische Suprematie über sie
Servius Tullius	Einführung des Zensus und der Zenturienordnung (Festlegung der Rechte und Pflichten der Bürger nach dem Vermögen); Erweiterung der Stadt um Quirinal, Viminal und Esquilin und Bau von Mauern und Gräben; Einteilung der Stadt in 4 Regionen, des Landes in Tribus	Kämpfe mit Etruskern, vor allem Veii; zusammen mit Latinern Bau eines Diana-Heiligtums auf dem Aventin in Rom, das damit als Haupt des Latinerbundes anerkannt wird
Tarquinius Superbus	Weiterbau des Jupiter-Tempels; Ausbau des Circus Maximus und der Abwasserkanäle	Gewinnung von Gabii, Kolonien nach Signia und Circeii, Vertrag mit den Latinern; Bündnis mit Hernikern; Kämpfe mit Volskern (Eroberung von Suessa Pometia) und Sabinern; Krieg mit Ardea

In Rom liegen die ersten ausgegrabenen *Behausungsreste* (9. Jh.?) auf dem Palatin. Dort und im Forumstal befinden sich auch die ersten *Nekropolen*, zunächst ausschließlich Verbrennungsgräber; seit dem Ende des 9. Jh.s(?) begegnen Verbrennungs- und Bestattungsgräber nebeneinander auf dem Forum, dem Esquilin und dem Quirinal, schließlich (seit dem 7. Jh.?) ebenda, auf der Velia und dem Palatin allein Bestattungsgräber. Die schon im 9. Jh. in Etrurien einsetzende Stadtentwicklung hat in Latium zunächst keine Parallele. Im 8. Jh. wird die Besiedlungsfläche Roms weiter ausgedehnt. Die literarische Tradition von einem Eindringen der *Sabiner* in die latinische Ebene (vgl. das Doppelkönigtum des Romulus und Titus Tatius) scheint durch sprachliche Einflüsse des Umbrisch-Oskischen auf das Alt-Latinische und durch archäologische Zeugnisse bestätigt zu werden. Die vorher gleichmäßig ärmlichen Grab-

Ursprünge und Königszeit 185

beigaben werden im 8. Jh. reicher und lassen auf entstehende *soziale Differenzierungen* schließen. Typisierte Formen der Beigaben deuten auf die Anfänge eines Handwerks hin, die Keramik-Funde lassen Verbindungen zu Griechenland (beginnende Kolonisation im Westen) und zu etruskischen Städten (besonders Veii) erkennen, die im 7. Jh. intensiver werden (sog. orientalisierender Stil); in der 2. Hälfte des 7. Jh.s werden griechische durch etruskische Importe in den Hintergrund gedrängt. Die ersten *Schriftzeugnisse* treten auf – auch hier herrschen in Latium etruskische gegenüber latinischen vor. Um die Wende vom 7. zum 6. Jh. vollzieht sich der endgültige Übergang zur Stadt: das Forum, auf dem die Bestattungen enden, wird gepflastert, das Forum Boarium neu angelegt, feste Straßen werden geschaffen, durch Skulpturen geschmückte Sakralbauten errichtet. Die ursprünglichen Lehmhütten werden durch auf Steinfundamenten gebaute Lehmziegel-Häuser mit Ziegeldächern abgelöst. In der römischen Geschichtsschreibung findet diese Phase ihren Niederschlag in den städtebaulichen und organisatorischen Maßnahmen, die den Königen Tarquinius Priscus und Servius Tullius zugeschrieben werden. Sie beide und ihr Nachfolger repräsentieren ein etruskisches Geschlecht. Die **Etrusker** haben seit dem 7. Jh. ihr Einflußgebiet bis nach Kampanien ausgedehnt; dabei sind auch Rom und Latium auf eine heute nicht mehr erkennbare Weise unter ihren politischen Einfluß gekommen, der sich nicht nur auf die Stadtentwicklung, sondern auf alle Bereiche des römischen Lebens ausgewirkt hat.

Grundlage der **Wirtschaft** Roms bleiben während der gesamten römischen Geschichte Ackerbau und Viehzucht. Sie werden mit relativ primitiven Methoden durchgeführt. Der dennoch zu beobachtende Prozeß wirtschaftlicher Differenzierung hat seine Gründe wohl einmal in den Eroberungen (Rom soll sich während der Königszeit von ca. 150 auf über 800 qkm ausgedehnt haben), zum anderen darin, daß die Stadt, wie die Funde zeigen, durch ihre zentrale Lage im etruskischen Einflußbereich unter den etruskischen Königen einige Bedeutung im Handel erlangt. Das Handwerk wird durch wachsende Luxusbedürfnisse und die Baumaßnahmen der etruskischen Könige gefördert. Als alte Handwerkervereinigungen (collegia: sie dienen vornehmlich kultischen Zwecken) gelten der römischen Tradition Flötenspieler, Goldschmiede, Zimmerleute, Färber, Schuhmacher, Kupferschmiede und Töpfer. Dennoch ist Rom nie zu einem Zentrum der Manufaktur geworden.

Im Bereich der **sozialen Organisation** gehen die *30 Kurien* (curia = coviria: Männervereinigung), in welche die Bevölkerung Roms eingeteilt ist, sicher in voretruskische Zeit zurück. Sie bilden gesamtlatinische Organisationsformen auf der Ebene des einzelnen „populus" ab und sind wohl Personalverbände, die eigene Beamte und Kulte haben und zu kultischen Mahlen zusammenkommen. Ob die Kurien von Anfang an Untergliederungen größerer Einheiten, nämlich der Tribus (3 Tribus zu je 10 Kurien), sind, oder die Tribuseinteilung etruskisch ist (die Namen der 3 ältesten Tribus – Tities, Ramnes und Luceres – sind etruskisch), läßt sich nicht sicher feststellen. Ebenso ist unsicher, wann sich die entstehende Oberschicht zu *adligen Geschlechtern*, „gentes", formiert hat. Die Geschlechter scheinen nicht Untergliederungen der Kurien gewesen zu sein. Die Etruskerherrschaft trägt mit der Einführung des Reiterkampfes, besonderer Standesabzeichen und einer eigenen Tracht zumindest zur Stärkung, wenn nicht überhaupt erst zur Ausbildung eines Adels bei. Dieser „Reiteradel" übernimmt auch etruskische Lebensformen. Die adligen „gentes", die vielleicht jeweils unter einem gemeinsamen Geschlechtsoberhaupt stehen, haben gemeinsame Versammlungen, Satzungen, Kulte und Traditionen; Gentilgenossen können Vermächtnisse empfangen, wenn Familienangehörige und Agnaten fehlen; sie helfen sich gegenseitig bei Rechtsgeschäften und beim „Strafvollzug", der nicht staatlich geregelt ist.

Spätestens am Ende der Königszeit besitzen die Geschlechter einen festen Anhang von Klienten. Die Römer verstehen unter der *Klientel* ein Treueverhältnis auf Gegenseitigkeit (in fide esse). Der Klientelherr (patronus) ist zur Vertretung der Interessen des Klienten vor Gericht und gegenüber Angriffen Dritter, der Klient zur militärischen und – in der republikanischen Zeit – politischen (bei Wahlen und Abstimmungen) Unterstützung des Patrons, aber auch zu materiellen Leistungen (z. B. für die Mitgift der Töchter des Patrons; Hilfe in besonderen Notlagen) verpflichtet. Obwohl die Klienten wahrscheinlich nicht Hörige, sondern Freie sind, wird das Klientelverhältnis im Normalfall vererbt. Die Festigkeit der Klientel kann ursprünglich darauf beruht haben, daß die Klienten durch die „gentes" Land zugewiesen erhielten; in historischer Zeit erklärt sie sich vor allem aus der gering ausgebildeten staatlichen Zentralgewalt: Schwache müssen sich unter den Schutz von Mächtigen stellen.

Der kleinste soziale Verband Roms ist die *„familia"*, die den „Hausverband als Ganzes mit seinen Personen und Sachgütern" (Max Kaser) umfaßt. Sie ist streng hierarchisch organisiert: der Familienvater (pater familias) hat gleichsam absolute Gewalt (patria potestas). Seine Rechte sind nur durch die Tradition (mores) und Religion eingeschränkt. Er ist alleiniger Eigentümer des Familienvermögens. Die übrigen Familienmitglieder bleiben unter seiner Gewalt, solange er lebt. In jeder Familie werden die verstorbenen Eltern, Großeltern und Urgroßeltern als „di parentes" („Eltern-Götter") verehrt.

Die gegenüber dem archaischen Griechenland straffere soziale Organisation Roms kann entweder als Erhaltung alter Stammesstrukturen oder als Neu- bzw. Umbildung sozialer Institutionen interpretiert werden. Bedingungen dafür sind wohl die starken äußeren Anforderungen und die Herrschaft der etruskischen Könige, die vor allem die **politische Organisation** Roms beeinflußt haben. Das *Königtum* geht in Rom sicher in voretruskische Zeit zurück und findet sich auch in anderen latinischen Städten. Es ist ursprünglich, wie auch sonst bei indogermanischen Stämmen, ein Heerkönigtum mit sakralen Funktionen, vielleicht bei wichtigen Handlungen an die Zustimmung der Gemeinde (der Ältesten?) gebunden und nicht erblich; das zeigt die Einrichtung des „interregnum" (Zwischenkönigtum) noch in re-

186   Altertum – Römische Geschichte

publikanischer Zeit: wenn bis zum Ende eines Amtsjahres keine Konsuln für das folgende Jahr gewählt werden, bestellt der Senat aus den Patriziern einen „interrex" (Zwischenkönig), der 5 Tage amtiert, dann sich einen Nachfolger ernennt usf. Der zweite und die folgenden „interreges" haben die Aufgabe, Konsulwahlen zu veranstalten. – Durch die Etrusker wird das römische Königtum im Sinne einer unumschränkten Herrschaft umgestaltet. Dem entsprechen die *Amtsinsignien*, die von Tarquinius Priscus eingeführt worden sein sollen. Besonders die 12 Äxte und Rutenbündel (fasces), die von Liktoren (Amtsdienern) dem König vorangetragen werden, kennzeichnen die Macht über Leben und Tod. Sie werden von den republikanischen Magistraten übernommen; der Elfenbeinthron (sella curulis) wird später zum Amtssessel der Magistrate, Goldkranz und Purpurgewand stehen ursprünglich dem König, in republikanischer Zeit dem Triumphator zu.

Den *Senat* hat es wohl ebenfalls schon in voretruskischer Zeit gegeben. Über seine Mitgliedschaft (ursprünglich die ältesten Familienoberhäupter?, später Adlige?) ist nichts Genaues bekannt. Aus dem Interregnum ergibt sich eine Mitwirkung bei der Königsernennung; sie scheint aber unter den etruskischen Königen zumindest eingeschränkt gewesen zu sein. Wichtigste Funktion des Senats ist die Beratung der Könige.

Die *Volksversammlung* ist nach den 30 Kurien gegliedert und stimmt wohl auch nach Kurien ab. Ihre genauen Befugnisse lassen sich nicht feststellen – wahrscheinlich ist sie in irgendeiner Form (Akklamation?, Gefolgschaftseid?) an der Königserhebung beteiligt. Auch die militärische Ordnung Roms baut auf den Kurien auf.

Innerhalb des *„nomen Latinum"*, zu dem Rom gehört, hat bis zum Beginn des 7. Jh.s Alba Longa eine Vorrangstellung inne. Nach römischer Tradition hat König Tullus Hostilius Alba Longa zerstört und damit für Rom die Vorherrschaft in Latium gewonnen; die folgenden Könige sollen weitere latinische Siedlungen für Rom annektiert haben, das dann unter den Tarquiniern den übrigen Latinern als Hegemonialmacht in Latium gegenübergestanden habe – eine Auffassung, die heute vor allem von italienischen Forschern gestützt wird. Andere Forscher betrachten die frühe Hegemonie Roms in Latium als Rückprojektion späterer Verhältnisse; Alba Longa sei nicht durch Rom, sondern durch Lavinium, dann Aricia (heute: Ariccia, Diana-Heiligtum) und Tusculum (bei Frascati) als kultische Mittelpunkte Latiums abgelöst worden; die gemeinsamen latinischen Kulte seien auch während der Etruskerherrschaft unter der Leitung eines jährlich gewählten dicator Latinus fortgesetzt worden.

Ende des 6. Jh.s wird das *Königtum in Rom gestürzt*. Grund dafür ist einmal, daß durch die Herrschaft der etruskischen Könige der römische Adel in seinen sozialen und militärischen Funktionen gestärkt wurde. Insofern kann man mit der römischen Tradition den römischen Adel als Träger des Umsturzes bezeichnen. Auch in anderen mittelitalischen Städten wird seit dem Ende des 6. Jh.s die Königs- durch eine *Adelsherrschaft* abgelöst. Der unmittelbare Anlaß für den Regimewechsel in Rom scheint aber ein inneretruskischer Konflikt gewesen zu sein: König Porsenna von Clusium (heute: Chiusi) erobert Rom, vertreibt Tarquinius Superbus, der nach Tusculum flieht (505?). Die Latiner schließen sich gegen Porsena und Rom in dem neuen Bund von Aricia zusammen. Mit Hilfe des Aristodemos von Kyme wird der Sohn Porsennas, Arruns, bei Aricia geschlagen. Unter dem Eindruck dieser Niederlage scheint Porsenna mit Rom einen Pakt geschlossen, dem Adel die Herrschaft überlassen zu haben und von der Stadt abgezogen zu sein.

Die alte Republik: Ständekämpfe und Ausbreitung in Italien (ca. 510 bis ca. 270)

Die Jahreszahlen bis um 300 sind fast alle unsicher – es handelt sich um Anhaltspunkte. Wenn eigens ein Fragezeichen bei einer Zahl steht, dann bedeutet dies, daß von einem Teil der Forschung oder in der römischen Tradition ein Ereignis in eine ganz andere Zeit datiert wird.

Ausgangssituation und Bedingungen

Seit Beginn der **Republik** stehen sich in Rom zwei Gruppen gegenüber: die *Patrizier* (patres) und *Plebejer* (plebs). Der Patriziat ist ein grundbesitzender Geburtsadel und geht auf den Reiteradel der etruskischen Könige zurück, dessen Vorrechte und Standesabzeichen er übernimmt. Er ist nach Geschlechtern gegliedert, die einen festen Anhang von Klienten besitzen. Sein innerer Zusammenhalt wird gestützt durch die straffe Familienorganisation und ein System von Nahbeziehungen (politische Freundschaften und Heiraten). Alle politischen, militärischen, rechtlichen und religiösen Funktionen der Könige gehen auf ihn allein über.

Die Plebejer – vor allem Bauern, Besitzlose und wenige Handwerker – bilden keine einheitliche soziale Schicht. Neben sehr armen stehen wohlhabende Bauern; diese erhalten laufend Zuzug durch die Auf-

Alte Republik – Ausgangssituation und Bedingungen   187

nahme fremder Adelsgeschlechter nach Rom, die nur in den seltensten Fällen und nur in der Frühzeit der Republik zum Patriziat zugelassen werden. Plebejer und Klienten sind vermutlich nicht identisch. Versuche, die „plebs" mit der städtischen Bevölkerung Roms, die Klienten mit dem auf dem Lande lebenden Bauern zu identifizieren, setzen eine damals wahrscheinlich noch nicht bestehende deutliche Trennung zwischen Stadt und Land voraus. Die wirtschaftliche Situation des Großteils der plebejischen Bauern ist äußerst prekär: sie haben nur kleine Parzellen, die Technik der Bodenbearbeitung ist wenig entwickelt, jede Mißernte hat katastrophale Folgen. So ist es verständlich, daß in den Texten zur frührepublikanischen Gesellschaft das *Schuldenproblem* eine große Rolle spielt; Bauern leihen sich Nahrung, Saatgut oder Vieh, entweder in der Form, daß sie sich verpflichten, das Geliehene mit „Zinsen" innerhalb einer bestimmten Zeit zurückzuzahlen; wenn sie das nicht können, erhalten die Gläubiger Zugriff auf die Person des Schuldners, den sie gefangennehmen, töten oder als Sklave verkaufen können. Verbreiteter als diese Form des Schuldenmachens ist aber in der Frühzeit wahrscheinlich eine zweite, nämlich das Eingehen der *Schuldknechtschaft* (nexum): Bauern begeben sich, gleich wenn sie Schulden machen, in die Knechtschaft des Gläubigers; sie verlieren zwar ihre persönliche Freiheit, sind aber vor den Konsequenzen der Tötung und des Verkaufs geschützt; die Schulden arbeiten sie gleichsam ab. Für die Gläubiger hat diese Form den Vorteil, daß sie die Verfügungsgewalt über Arbeitskräfte erlangen – die Landwirtschaft im 5. Jh. beruht noch nicht auf Sklavenarbeit.

Aus dieser Situation erklären sich die beiden zentralen wirtschaftlich-sozialen Forderungen der Ständekämpfe, nämlich die nach Landverteilungen und nach Schuldenerlaß. Dazu kommt die politische Forderung nach *Rechtssicherheit*, d. h. Aufzeichnung des Rechts. Darum geht es auch den wohlhabenden Plebejern, daneben aber vor allem um politische und soziale Gleichberechtigung mit den Patriziern.

Die **politische Organisation** der Anfangszeit weist nur wenige Institutionen auf: einen oder zwei Oberbeamte, wahrscheinlich zunächst nicht mit dem Titel „consul", sondern „praetor" (nach anderen Auffassungen „*dictator*"); sie werden auf *ein Jahr gewählt* und haben als zentrale Funktion die *Heerführung* (und die Rechtsprechung?) inne; vermutlich können sie schon früh *Quästoren* als Hilfsbeamte ernennen. In den Oberbeamten setzt sich die alte politische und militärische Macht (imperium) der Könige fort, wenn auch durch das Prinzip der *Annuität* (Einjährigkeit des Amtes) und – entweder von Anfang an oder erst später – das der *Kollegialität* (mindestens zwei Personen bekleiden dasselbe Amt) in republikanischem Sinne eingeschränkt. Meist wird auch angenommen, daß es das Ausnahmeamt des Diktators schon in der republikanischen Frühzeit gegeben habe: der Diktator wird bei schwerer innerer oder äußerer Not für 6 Monate mit unbeschränktem Imperium ernannt und hat keinen Kollegen, sondern bestellt sich einen militärischen Gehilfen (magister equitum). – Die sakralen Funktionen der Könige gehen auf einen „Opferkönig" (rex sacrorum) und auf die *Priester* (pontifices) über. – Der *Senat*, in dem die Häupter der patrizischen Familien vertreten sind, wird aus einem Beratungsorgan der Könige zu einem der Oberbeamten und bildet zugleich das wichtigste institutionelle Mittel für die Konsensfindung innerhalb des Patriziats. Er ratifiziert Beschlüsse der *Volksversammlung* durch seine Zustimmung (patrum auctoritas) und bestellt, wenn die Oberbeamten ausfallen, einen „Zwischenkönig" (interrex).

Als Organisation des Gesamtvolkes gibt es am Beginn der Republik sicher die *Kuriatkomitien* (comitia curiata), d. h. die nach Kurien gegliederte Volksversammlung. Nach römischer Tradition gehen auch die *Zenturiatkomitien* (comitia centuriata; centuria = Hundertschaft) auf die Königszeit zurück, doch wird ihre Entstehung von der Forschung häufig erst dem 5. Jh. zugerechnet. Sie hat ihren Grund darin, daß – wohl im 5. Jh. – der adlige Einzelkampf durch die Phalanx schwerbewaffneter Bauern abgelöst wird. Das **römische Heer** besteht fortan aus *Reitern*, die weiterhin der Adel stellt, aus *Schwerbewaffneten*, die sich aus Vermögenden rekrutieren, weil die schwere Ausrüstung selbst beschafft werden muß, schließlich aus *Leichtbewaffneten*. Die Vermögenden werden „classis" (Aufgebot), die weniger Besitzenden „infra classem" (unterhalb des Aufgebots) genannt. Nach dem Vermögen und der davon abhängigen Stellung im Heer bemißt sich in den Zenturiatkomitien das Gewicht der politischen Stimme: Adel, „classis" und „infra classem" sind in Zenturien eingeteilt; es wird nach Zenturien abgestimmt, wobei Adel und „classis" die Mehrheit haben, obwohl in den Zenturien „infra classem" die Mehrheit der Römer vertreten ist. – In historischer Zeit obliegt den Zenturiatkomitien die Wahl der Obermagistrate, die Entscheidung über Krieg und Frieden, über Gesetze und über politische Kapitalverbrechen.

Die innere Ausgangssituation für die *Ständekämpfe* ist bestimmt durch den Konflikt zwischen einer politisch und sozial relativ gut organisierten Herrschaftsschicht und der von der Herrschaft ausgeschlossenen Plebs, die keine einheitliche wirtschaftliche Basis und entsprechend auch unterschiedliche Interessen hat. Im wirtschaftlichen Bereich stehen die wohlhabenden Plebejer den Patriziern näher als ihren eigenen Standesgenossen. Diese Interessengemeinschaft wird noch verstärkt durch die prekäre äußere Situation, in der sich Rom nach dem Sturz der etruskischen Königsherrschaft befindet. Das sind die wichtigsten Gründe dafür, daß die Konflikte der Ständekämpfe nie bis zum äußersten ausgetragen werden. Die Organisation des *Patriziats* und die sich bildende Organisation der *Plebs* erleichtern die begrenzte Austragung von Konflikten und die Kompromißbildung. Der *Kompromiß*, idealtypisch dargestellt in der Fabel vom Magen und den Gliedern (Titus Livius, Ab urbe condita, 2, 32), wird zum typischen Mittel der Konfliktlösung und zur entscheidenden Voraussetzung der römische Rechtstradition. Zugleich wird die römische Führungsschicht, anders als die archaische griechische, sowohl durch die äußere Situation wie durch den Konflikt mit der sich organisierenden Plebs zu organisiertem Handeln gezwungen, d. h. auf staatliches Handeln festgelegt. Die Verpflichtung des Adels auf die „res publica" hat darin ihren Grund.

188 Altertum – Römische Geschichte

Innere Entwicklung – Ständekämpfe

509 Die **römische Tradition** hat die Tendenz, in das erste Jahr der Republik wichtige Ereignisse zu datieren, die für das Selbstverständnis der Römer wichtig sind: so ein Provokationsgesetz, das Leib und Leben römischer Bürger gegen magistratische Übergriffe schützt und das wohl erst im Jahre 300 verabschiedet wird, so auch die Weihe des dem Jupiter zusammen mit Juno und Minerva (kapitolinische Trias) heiligen *Jupiter-Tempels* auf dem Kapitol, die wahrscheinlich noch auf den letzten etruskischen König zurückgeht. In den Augen der Römer wird die Republik auch durch einen religiösen Akt konstituiert; der Kult des kapitolinischen Jupiter (Optimus Maximus) wird zum Mittelpunkt des *Staatskultes:* dort legen z. B. die Konsuln bei ihrem Amtsantritt die Gelübde ab, dort enden die Triumphzüge. Vermutlich hat sich die **wirtschaftliche Situation** Roms einige Jahrzehnte nach dem Sturz der Königsherrschaft verschlechtert: Während bis in die 470er Jahre griechische und etruskische Importe archäologisch nachweisbar sind, nehmen sie danach spürbar ab. Der etruskische Handel mit den Griechenstädten erleidet durch die etruskische Flottenniederlage gegen Kyme und Syrakus (474) einen entscheidenden Rückschlag; durch das Vordringen der Volsker wird Roms Verbindung nach Kampanien durchschnitten, die Feindschaft zu Veii und den Äquern behindert auch den Verkehr in andere Richtungen. Der Tiber-Übergang Roms verliert den Charakter einer „Durchgangsstraße". Die Isolierung Roms von griechischem Einfluß hat Folgen auf wirtschaftlichem, vor allem aber auf kulturellem Gebiet. In den „*Zwölftafeln*" (um 450) erscheint Rom als einfache Ackerbaugemeinschaft.

494 Um sich gegen die Willkür der patrizischen Herrschaft zu schützen, schafft sich die **Plebs** eine eigene **Organisation:** eine *Versammlung* (concilium plebis) und *Repräsentanten* (*Volkstribune,* tribuni plebis; Zahl anfangs ungewiß, später 10). In der Tradition wird dieser Akt mit einer Kriegsdienstverweigerung durch die Plebs und deren Auszug (Sezession) auf den „mons sacer" verbunden. Grundlage der Organisation ist ein religiöser Schwur (lex sacrata), durch den sich die Plebs verpflichtet, ihre Tribune gegen Übergriffe zu schützen. Wer sich an den Tribunen vergreift, soll den Göttern verfallen (sacer) sein. Aufgabe der Tribune ist vor allem die Hilfe für den einzelnen Plebejer gegen die patrizischen Magistrate. Das ist die Grundlage der späteren Rechte des Volkstribunats, des „ius auxilii" (Hilferecht) und des „ius intercedendi" (Einspruchsrecht). Im 5. und 4. Jh. handelt es sich jedoch nicht um Rechte, sondern um usurpierte Gewalten, deren Wirksamwerden eine Frage der Macht ist. Auch das „concilium plebis" kann bis 287 keine das Gesamtvolk bindenden Gesetze, sondern nur Resolutionen beschließen.

Obwohl „leges sacratae" auch sonst in Italien bekannt sind, ist die politische Organisation einer von der Herrschaft ausgeschlossenen Gruppe für die Antike singulär und hat Einfluß auf die Form der inneren Auseinandersetzungen in den folgenden Jahrhunderten.

493 Es bleibt umstritten, ob die Weihe eines *Tempels für Ceres* (griechisch: Demeter, Göttin des Wachstums), Liber und Libera in unmittelbarem Zusammenhang mit der Organisation der Plebs steht und ob die *plebejischen Ädile* (aediles plebis), die als Beamte der Plebs ebenso alt sein sollen wie die Tribune, von der Verwaltung dieses Tempels (= aedes) ihren Namen haben. Später befinden sich im Ceres-Tempel das Archiv und die Kasse der Plebs.

484 Weihe des 496 in der Schlacht am See Regillus gelobten Castor- (später Dioskuren-)Tempels. *Castor* und sein Bruder *Pollux,* deren Kult wohl von Tusculum übernommen wird, werden zu Patronen der Ritterschaft. Die Übernahme fremder Kulte ist typisch für die Römer, die sich des Wohlwollens aller Götter versichern wollen und mehrfach während eines Krieges die Götter der bekämpften Stadt „herausgerufen" (evocatio) und bei sich aufgenommen haben.

466 *Tempel des Dius Fidius* (Gott des Schwurs, der Treue) geweiht.

Die römischen Historiker der späten Republik (Annalisten) berichten von häufigen Auseinandersetzungen in Rom vor allem um Ackerverteilungen und Schuldenerlaß. Mittel der Plebs in diesem Kampf sollen die Kriegsdienstverweigerung, nächtliche Zusammenrottungen (coetus nocturni) und eine Art von „Revolutionstribunalen" gegen Patrizier vor dem „concilium plebis" gewesen sein.

Ergebnisse der ersten Phase des Kampfes der Plebs liegen nicht auf wirtschaftlichem Gebiet, sondern in der Aufzeichnung des Rechts durch

um 450 die **Zwölftafelgesetzgebung.** Sie behandelt u. a. Erbschaftsfragen, Diebstahlsdelikte, Schulden und Schuldknechtschaft. Die Ehe zwischen Patriziern und Plebejern wird verboten, der Luxus der Reichen beschränkt. Die Zwölftafeln bezeugen eine einfache *Agrarwirtschaft, Privateigentum und Besitzdifferenzierung* (assidui – proletarii). Als Verbände werden die „*familia*", die Agnaten und das Geschlecht (Sippe, gens) genannt. Auf die Ständekämpfe reagieren das Verbot nächtlicher Zusammenrottungen und die Reservierung (politischer) Kapitalurteile allein für den „comitiatus maximus" (= Zenturiatkomitien?).

Es ist unbekannt, wann neben den Kuriat- und Zenturiatkomitien die dritte Organisationsform der Volksversammlung, die *Tributkomitien* (comitia tributa nach tribus = Wohnbezirk), entstanden sind. Die Einteilung des römischen Gebietes nach Wohnbezirken (Tributsordnung) wird teilweise schon für die Königszeit, teilweise erst für die Zeit nach der Eroberung von Fidenae und Crustumerium (426) angenommen; entsprechend setzt man die Entstehung der Tributkomitien entweder schon zum Beginn des 5. Jh.s oder zu verschiedenen späteren Daten (das späteste ist nach 287) an.

Die auf die Zwölftafelgesetzgebung folgenden Jahrzehnte bis zur Eroberung Veiis lassen wiederum keine Erfolge für die plebejischen Unterschichten erkennen. Dagegen machen die reichen Plebejer erste Schritte auf dem Weg zur Gleichstellung mit dem Patriziat. Die römische Magistratur wird differenzierter.

447?	**Wahl der Quästoren** eingeführt.
445	„Lex Canuleia" gestattet die Heirat (conubium) zwischen Patriziern und Plebejern.
444?–366	Mehrfach *Konsulartribune* (bis zu acht jährlich) als Oberbeamten gewählt (wegen wachsender militärischer Aufgaben oder als Beschränkung der Macht der Konsuln?).
443	*Einführung der Zensur,* deren Funktionen vorher beim Oberamt liegen.
421	Zulassung der Plebejer zur Quästur.
409	Erstmals *plebejische Quästoren* bezeugt.
387	Mit der Einrichtung neuer Tribus nach der Eroberung von Veii werden in größerem Umfang Landwünsche der Plebejer befriedigt *(Viritanassignationen).*

Die prekäre Situation nach der Gallierkatastrophe, die dauernden Kämpfe mit Latinern, Äquern und Volskern und die Unmöglichkeit weiterer Landverteilungen führen zunächst

367/366 zu länger dauernden Unruhen und dann zum Kompromiß der **licinisch-sextischen Gesetzgebung,** in deren Inhalt sich die unterschiedlichen Interessen auf seiten der Plebs deutlich widerspiegeln: der Umfang des durch Okkupation gewonnenen Besitzes an *„ager publicus"* wird beschränkt (die Zahlenangaben der römischen Historiker können nicht stimmen; vielleicht ist dieses Gesetz Rückprojektion aus späterer Zeit), günstige Bedingungen für die *Rückzahlung von Schulden* werden zugestanden. Rückkehr zum zweistelligen Konsulat, zu dem die Plebejer Zugang erhalten. Dafür wird aus dem Konsulat die *Prätur* ausgegliedert und zusätzlich zur plebejischen die *kurulische Ädilität* eingerichtet. Auch um die neuen Ämter können sich die Plebejer bewerben; sie dringen in der Folgezeit in alle Ämter ein. Dieser Prozeß wird jedoch von den Patriziern kontrolliert und betrifft nur die plebejische Oberschicht. Sie verschmilzt mit den Patriziern zu einer neuen Führungsschicht, der *Nobilität,* die gegenüber dem Patriziat einen Amtsadel darstellt. Zu ihr gehören alle Familien, die unter ihren Vorfahren Konsuln haben. Spätestens seit 367/366, vielleicht schon früher, werden Plebejer auch in den Senat aufgenommen. Sie heißen im Unterschied zu den „patres" (= Patrizier) „conscripti" (= Dazugeschriebene). – Durch die Reformen von 367/366 wird die soziale und politische Struktur Roms nicht durchgreifend verändert. Die plebejische Oberschicht gleicht sich dem Patriziat an. Wirtschaftliche Forderungen der plebejischen Unterschicht können in der Folgezeit durch Landverteilungen auf erobertem Gebiet befriedigt und damit innere Auseinandersetzungen abgefangen werden.

339	Die Zustimmung des Senats für Gesetze (patrum auctoritas) muß künftig vor deren Abstimmung in den Zenturiatkomitien gegeben werden (lex Publilia Philonis).
327	Anläßlich der Belagerung Neapels erster Fall der Verlängerung (prorogatio) der Amtsgewalt eines Konsuls (Q. Publilius Philo). Zunächst ein Mittel, um Befehlshaber von Heeren ihre Aufgaben auch nach ihrer normalen Amtszeit „pro consule" (anstelle eines Konsuls) zu Ende führen zu lassen, wird die Prorogation im 2. Jh. zu einer regelmäßigen Institution in der Reichsverwaltung (Prokonsuln, Proprätoren).
326	**Verbot der Schuldknechtschaft** (nexum) durch eine „lex Poetelia". Das Schuldenproblem wird dadurch nicht gelöst. Die Wirksamkeit des Gesetzes scheint anfangs nicht groß gewesen zu sein. Mit dem wachsenden Einsatz von Sklaven in der Landarbeit seit dem 3. Jh. wird die Schuldknechtschaft als Mittel der Aneignung von Arbeitskraft obsolet.

Im 2. Samnitenkrieg und den unmittelbar anschließenden Jahren werden politisch-militärische Veränderungen vorgenommen, die teils auf Kriegsnotwendigkeiten, teils darauf zurückzuführen sind, daß neue Familien zum Konsulat gelangen.

vor 312	Die Ergänzung des Senats (lectio senatus) wird von den Konsuln auf die *Zensoren* übertragen.
312	Zensur des *Appius Claudius Caecus,* der die erste gepflasterte römische Straße von Rom nach Capua (via Appia, vorwiegend für militärische Zwecke) und die erste Wasserleitung nach Rom (aqua Appia) anlegt; er soll auch stadtrömische Besitzlose in die ländlichen Tribus eingeschrieben haben, was das Gewicht der Stadtrömer bei Abstimmungen verbessert hätte. Die Maßnahme, deren Authentizität angezweifelt wird, soll (304) rückgängig gemacht worden sein.
vor 311	Die *Zahl der Legionen* wird von zwei auf vier, die der Reiterzenturien von sechs auf 18 erhöht; damit können Plebejer verstärkt in sie eindringen.

311 16 der 24 *Militärtribune* (= Offiziere des „mittleren Dienstes"; sechs für jede Legion) werden künftig vom Volk gewählt. Erstmals „duoviri navales" (Zweimänner für das Flottenwesen) genannt.

300 Durch eine **„lex Ogulnia"** werden die Plebejer zu den *Priestertümern* der „pontifices" und „augures" zugelassen und sind damit im Bezug auf alle politischen Ämter und fast alle Priestertümer den Patriziern gleichgestellt. Im selben Jahr wird durch eine **„lex Valeria de provocatione"** römischen Bürgern eingeräumt, gegen magistratische Zwangsmaßnahmen (= Koerzition), soweit sie Leib und Leben betreffen, an die Volksversammlung zu appellieren (*provocare* = das Volk herausrufen).

287 Es kommt zu einer letzten Sezession der Plebs und der Ernennung des Diktators Q. Hortensius, wohl weil infolge der dauernden kriegerischen Anspannungen Roms die Schuldenlast der Bauern gewachsen ist. Über die Lösung des Schuldenproblems ist nichts bekannt. Durch eine **„lex Hortensia"** erhalten aber die Beschlüsse des „concilium plebis" *(= Plebiszite)* Gesetzeskraft und werden den „leges" gleichgestellt. Damit ist formal auch die Anerkennung des Volkstribunats vollzogen. Auf der politisch-institutionellen Ebene bildet die „lex Hortensia" den **Abschluß der Ständekämpfe.** Der Unterschied zwischen Patriziern und reichen Plebejern im Sinne eines Standesunterschiedes verliert in der Folgezeit immer mehr an Bedeutung. Zugleich ist die römische *Magistratur,* auch wegen vermehrter Aufgaben, in verschiedene Funktionen ausdifferenziert und die magistratische Gewalt in mehrfacher Hinsicht beschränkt worden. Damit ist das „klassische" System der römisch-republikanischen Herrschaftsordnung entstanden.

Die äußere Entwicklung – die römische Eroberung Italiens

Man kann die **äußere Entwicklung** Roms in der frühen Republik in **3 Phasen** einteilen: die erste reicht bis zur Kelteninvasion 387, die zweite bis zur Unterwerfung Latiums 338, die dritte bis zum Abschluß der Eroberung Unter- und Mittelitaliens 264. Für Roms Verhalten gegenüber den latinischen und italischen Städten und Stämmen werden unterschiedliche Interpretationen angeboten: a) Rom reagiert von Fall zu Fall auf (wirkliche oder vermeintliche) Bedrohungen, sein Handeln ist wesentlich von Sicherheitsgesichtspunkten bestimmt; b) Rom betreibt planmäßig die Expansion in Italien; von Anfang an oder zumindest sehr früh ist sein Ziel die Gewinnung der Herrschaft; c) die Auseinandersetzungen zwischen Patriziern und Plebejern und die Notwendigkeit von Landverteilungen sind wichtige Bedingungen für die Expansion.

Das ganze 5. Jh. ist durch zwei Schwerpunkte charakterisiert: Auseinandersetzungen mit der südetruskischen Stadt Veii (beim heutigen Isola Farnese) und Kämpfe Roms und der Latiner gegen *sabellisch-oskische Stämme,* die nach *Latium* vordringen. Insgesamt konsolidiert sich Roms äußere Stellung im 5. Jh., wird aber durch die Invasion der Kelten 387 erneut gefährdet. Trotz der Vertreibung der Tarquinier, deren Versuche zur Rückgewinnung der Herrschaft in Rom scheitern, bricht die Verbindung Roms zu Etruskerstädten (z. B. Clusium, Caere) [heute: Cerveteri]) nicht ab.

496 Ein Krieg zwischen dem Latinerbund und Rom endet mit dem Sieg der Römer am *See Regillus* (bei Tusculum). Die Römer werden wieder Mitglieder des **Latinerbundes.**

493? Ein Vertrag zwischen Rom und den Latinerstädten, das sog. „*foedus Cassianum",* das u. a. ewigen Frieden und gegenseitige Hilfeleistung bei Angriffen bestimmt und von der Annalistik ins Jahr 493 gesetzt wird, gehört wohl eher in die Zeit 373/371. Die *Tarquinier,* die in Tusculum Aufnahme gefunden haben, müssen nach Kyme fliehen.

Infolge des Zusammenbruchs der etruskischen Macht in Latium und den angrenzenden Gebieten (474 wird eine etruskische Flotte bei Kyme vernichtend geschlagen) dringen sabellisch-oskische Stämme gegen latinisches Gebiet vor: die *Volsker* in die Pomptinische Ebene (Süd-Latium), die *Äquer* zum Algidus-Paß (Osten der Albanerberge). In den folgenden Jahrzehnten unternehmen sie häufige Beutezüge gegen Rom (Coriolan-Legende) und die Latinerstädte. Entscheidende Erfolge der Römer seit 462 (Cincinnatus).

486? Die *Herniker* (um Anagnia [heute: Anagni]) sollen in den Latinerbund aufgenommen worden sein – das Bündnis mit ihnen ist aber eher ins Jahr 358 zu datieren. Im 5. Jh. haben sie mit dem Latinerbund die Frontstellung gegen Äquer und Volsker gemein.

477 Kämpfe mit der südetruskischen Stadt Veii; Vernichtung der gens Fabia an der Cremera. Rom gewinnt allmählich die **Vormachtstellung im Latinerbund:** das Bundesheiligtum der

vor 456 Diana wird von Aricia nach Rom (auf den Aventin) übertragen.

451 Rom wird mit der Ausrichtung des Latinerfestes (Latiar) auf dem Mons Albanus beauftragt. Die wachsende Stärke des Latinerbundes zeigt sich seit der zweiten Hälfte des 5. Jh.s in der **Gründung latinischer Kolonien** (Priscae Latinae Coloniae), die als militärische Stützpunkte um das latinische Gebiet angelegt und eigenständige Mitglieder des Latinerbundes werden.

Form	territoriale Integration (einschließlich colonia civium Romanorum)	direkte Herrschaft über integrierte Bevölkerungen	municipium, später civitas sine iure suffragii	colonia civium Latinorum	socii (Bündnisverträge)
Merkmale	Annektion von Gebieten, Einrichtung neuer Tribus oder Zuweisung zu bestehenden, Viritanassignationen, teilweise Errichtung von coloniae civium Romanorum mit begrenzter Selbstverwaltung.	Gemeinwesen werden als ganze in die römische Tribusordnung integriert, verlieren ihre Eigenstaatlichkeit und behalten nur noch Funktionen im sakralen Bereich und zur Aufrechterhaltung der Ordnung.	Die Einwohner der integrierten Stadt werden römische Bürger; die Stadt behält Selbstverwaltung nach innen, für die Außenpolitik wird Rom zuständig.	Römische Bürger und teilweise Nichtrömer werden als latinische Bürger angesiedelt. Die Siedlung erhält Eigenstaatlichkeit und damit auch eigene, dem römischen nachgebildete staatliche Organe.	Der Vertragspartner bleibt selbständig; das Defensivbündnis beinhaltet die gegenseitige Stellung von Truppen bei Angriffen von außen und Frieden für ewige Zeit.
Bedingungen und Ziele	Keine bestehende Kooperation mit Führungsschichten; Vertreibung oder Vernichtung der einheimi-	grierenden Gebietes (um bestehende Abhängigkeitsverhältnisse in den Tribus nicht zu stören) und bestehende Kooperation mit Führungsschichten.	Die zu integrierenden Städte sind nicht völlig unterworfen, oder die machtpolitische Situation erlaubt keine volle Integration; bestehende Kooperation mit Führungsschichten.	Teilsiege über Gegner, die zu einem Gesamtarrangement nicht bereit sind, oder sich nicht dazu zurückziehen. Die latinische Kolonie füllt ein Machtvakuum auf, ist militärischer Außenposten in exponierter Lage, muß deshalb selbständig handlungsfähig sein. Sie dient später auch zur Stabilisierung der Herrschaft nach innen in Gebieten, die durch Bundesgenossenverträge an Rom gebunden werden.	Besiegte Gegner sind nicht zur Integration bereit und können nicht dazu gezwungen werden. Staaten, mit denen kein Krieg geführt wurde, schließen gegen Bedrohung vor allem durch Gallier und Samniten freiwillig Bündnisse mit Rom.
Erstes Vorkommen	Nach 426: Fidenae und Crustumerium	381 (?) Tusculum, 338 Latinerstädte	351 Caere, 338 Capua	334 Cales	371 (?) foedus Cassianum; wichtig vor allem seit 338

Einrichtung von Tribus und Kolonien (4. und 3. Jh.)

Anlaß	Tribus	Latinische Kolonien	Bürger-Kolonien
396 Eroberung Veiis	387 4 Tribus: Stellatina, Tromentina, Sabatina, Arnensis	ca. 382 Sutrium, Nepet	
386? 362–358 Sieg über Kamaner im Latinerkrieg Herniker?	358 Pomptina 358 Poblilia	ca. 383 Setia	
340–338 Annektionen infolge des Latinerkrieges; Schutz der Küste Latiums	332 Maecia, Scaptia		338 Antium, Ostia 329 Tarracina
340 Sieg über Kampaner im Latinerkrieg	318 Falerna	334 Cales	
341/329 Siege über die Volsker von Privernum	318 Oufentina	328 Fregellae	
314 Teilsiege über Samniten Unterwerfung der Aurunker und Sicherung Kampaniens	299 Teretina	314 Luceria 291 Venusia 313 Suessa Aurunca, Saticula 312 Interamna, Pontiae	295 Minturnae, Sinuessa
304–302 Unterwerfung der Äquer u. Sicherung Zentralitaliens	299 Aniensis	303 Sora, Alba Fucens 299 Narnia 298 Carseoli	
Schutz des ager Gallicus			289–283 Sena Gallica
290 Unterwerfung der Sabiner u. Vestiner	241 Quirina		
290 Unterwerfung der Prätuttier, 268 Picenums	241 Velina	289–283 Hadria	264 Castrum Novum
280 Sieg über Vulci		273 Cosa	
284–272 Kriege mit Lukanern		273 Paestum	
Festigung der Stellung im Samnitengebiet. Schutz gegen Gallier		268 Beneventum 263 Aesernia	
		268 Ariminum	
269–268 Unterwerfung der Picenter		264 Firmum	
267 Unterwerfung der Sallentiner		244 Brundisium	247 Alsium 247? Pyrgi 245 Fregenae
Schutz der Küste im 1. Punischen Krieg. Sicherung Umbriens		241 Spoletium	

Ausdehnung des ager Romanus

		qkm			qkm
Beginn der Republik	ca. 510	822	Vor dem 3. Samnitenkrieg	298	7 600
Nach der Eroberung Veiis	396	1 510	Nach dem 3. Samnitenkrieg	290	14 000
Vor dem Latinerkrieg	340	1 902	Vor dem Beginn des Pyrrhoskrieges	280	17 390
Nach dem Latinerkrieg	338	5 289	Beim Beginn des 1. Punischen Krieges	264	24 000

nach J. Beloch

Alte Republik – Äußere Entwicklung – Römische Eroberung Italiens   *193*

442 Die Reihe der Kolonien beginnt wahrscheinlich mit dem noch auf latinischem Gebiet gelegenen *Ardea;* auf äquischem Gebiet folgen *Labici* (heute: Monte Compatri, 418) und
Vitellia (beim heutigen Valmontone, vor 393), während das volskische Gebiet südöstlich
von Rom von den Kolonien *Velitrae* (heute: Velletri), *Cora* (heute: Cori), *Norba, Signia*
(Segni; Gründungsdaten sind unbekannt), *Circeii* (heute: Monte Circeo 393), *Satricum*
(beim heutigen Casale di Conca, 385) und *Setia* (heute: Sezze, ca. 383) gleichsam getrennt
wird.

426 Mit der Einnahme von Fidenae (heute: Castel Giubileo) und Crustumerium (wenige km
nördlich von Rom) gelingt ein entscheidender Erfolg gegen Veii.

406–396 Drei Jahrzehnte später wird Veii nach zehnjährigem Krieg erobert und zerstört.

387 Das Land von Veii (wie schon vorher das von Fidenae und Crustumerium) wird zum größten Teil von Rom annektiert, in 4 neue *Tribus* (Wohn- und Abstimmungsbezirke) aufgeteilt
und zu Landanweisungen an römische Bürger *(Viritanassignationen)* benutzt.
Vor der Eroberung Veiis gibt es folgende 21 **Tribus,** deren Einrichtungsdaten in der Forschung umstritten sind:
4 *städtische:* Collina, Esquilina, Palatina, Suburana;
17 *ländliche:* Aemilia, Camilia, Claudia, Clustumina, Cornelia, Fabia, Galeria, Horatia,
Lemonia, Menenia, Papiria, Pollia, Pupinia, Romilia, Sergia, Voltinia, Voturia.

ca. 382 Im Norden werden zwei latinische Kolonien *(Sutrium* [heute: Sutri] *und Nepet* [heute:
Nepi]) angelegt. Die direkte Beherrschung fremder Gebiete durch *Annexion, Tribusein-
richtungen* und *Landanweisungen* an römische Bürger bleibt auch für die Folgezeit ein
Grundmuster der *römischen Expansion* in Italien. Ein Teil des eroberten Gebietes bleibt
in *Staatsbesitz* (ager publicus) und wird gegen geringe Abgaben zur *Okkupation* freigegeben: diejenigen, die genügende Mittel für die Bearbeitung des Bodens haben, können ihn
,,besetzen". Die Okkupation wird zu einem Mittel der Bereicherung besonders für den
Adel.
Neben der *Integration* eroberten Gebietes entwickelt Rom in der Folgezeit noch weitere
Methoden, um seinen Einfluß in Italien zu sichern. Ihre Anwendung hängt ab von der jeweiligen machtpolitischen Situation und der Dichte der Beziehungen, die zwischen der römischen Herrschaftsschicht und fremden Führungsschichten bestehen.
Die Gründung latinischer Kolonien durch Rom und den Latinerbund endet 382 und wird
334 durch Rom allein mit veränderter Zielsetzung wieder aufgenommen. Nach der *Eroberung Veiis* haben die Römer ein deutliches Übergewicht im Latinerbund. Die Situation verändert sich für sie aber noch einmal durch den *Einfall der Kelten* unter Brennus. Seit um
400 sind keltische Stämme in Norditalien eingewandert und haben die Poebene in Besitz
genommen. Einer ihrer Beutezüge führt sie bis nach Latium.

387 Römer und Latiner werden an der *Allia* (linker Nebenfluß des Tiber nördlich von Rom)
von den Kelten vernichtend geschlagen. Rom wird besetzt und geplündert, nur das Kapitol
soll verteidigt worden sein. Gegen ein Lösegeld ziehen die Kelten ab. Rom wird wieder aufgebaut und durch eine Mauer (sog. Servianische Mauer) geschützt.

386 Infolge der Gallierkatastrophe erheben sich die Volsker von Antium (heute: Anzio) und
latinische Städte gegen Rom. Die gleiche Koalition tritt in den folgenden Jahrzehnten
mehrfach als Feind Roms auf, bis Rom im *Latinerkrieg* von 340/338 endgültig die Herrschaft über Latium gewinnt.

383 *Krieg mit Lanuvium* (heute: Lanuvio). Tusculum, das Velitrae, Circeii und Praeneste

381? (heute: Palestrina) bei der Zerstörung des proròmischen Satricum Hilfe leistet, wird zur
Annahme des römischen Bürgerrechts gezwungen. Diese Form der römischen Expansion
wird als Primärform nur bei latinischen Städten angewandt, und zwar außer bei Tusculum
(dessen Eingliederung teilweise erst ins Jahr 338 gesetzt wird) nur noch nach dem Latinerkrieg 340/338.

373/371? Bündnis Roms mit den Latinern (foedus Cassianum).

367–351 **Krieg mit Falerii** (heute: Città Castellana) **und Etruskerstädten** (Tarquinii [heute: Tarqui-
nia], Caere). 40jährige Friedensschlüsse mit Falerii und Tarquinii. Caere erhält erstmals
den Status eines Municipiums; dieser Status, anfangs von den Betroffenen als positiv
gegenüber der vollen Integration betrachtet, später als ,,civitas sine iure suffragii" (Bürgerrecht ohne Wahlrecht in Rom) negativ beschrieben, wird bis 290 vergeben und vielfach zu
einem Zwischenstadium auf dem Weg zur vollen Integration in den römischen Herrschaftsbereich.

361–354 **Krieg mit Tibur** (heute: Tivoli), das kapituliert.

um 360 *Zweiter Einfall der Kelten,* die von Tibur und wahrscheinlich auch von Praeneste unterstützt
werden.

358? Bündnis Roms mit den Hernikern.

354 Vertrag Roms mit den Samniten.

um 350 *Dritte Invasion der Kelten,* die wiederum von Latinerstädten unterstützt, aber von Rom
besiegt werden.

194   Altertum – Römische Geschichte

349   Eine „griechische" (Dionysios II.? Timoleon?) Flotte greift die latinische Küste an. Als
      Antwort darauf schließt Rom den *1. Vertrag mit Karthago* (von der römischen Tradition
348? ins Jahr 509 gesetzt), in dem Latium als Einflußgebiet der Römer erscheint.
343   *2. Vertrag mit Karthago,* dem jetzt größere Rechte bei der Einnahme von Städten in Latium
      eingeräumt werden – wahrscheinlich eine Drohung gegen die feindlichen Latinerstädte.
343–341 **1. Samnitenkrieg:** Capua wendet sich gegen die Expansion der Samniten nach Kampanien
      an Rom um Hilfe. Obwohl der Latinerbund gegen Rom rüstet, ziehen die Römer nach
      Kampanien und Samnium und können sich dort durchsetzen. Die Latiner greifen die mit
      Rom verbündeten Päligner (um Sulmona) an.
342   Meuterei der Truppen in Kampanien.
341   Friede mit den Samniten, die freie Hand gegen die Sidiciner (Kampanien) erhalten; Rom
      behält Capua. Die Sidiciner gewinnen die Kampaner und den Latinerbund für einen Angriff
      gegen die Samniten.
340–338 **Latinerkrieg.** Rom vereinigt seine Streitkräfte mit den samnitischen; die Latiner und
      Kampaner werden in zwei Schlachten am Vesuv und bei Trifernum (zwischen Sinuessa und
      Minturnae) besiegt.
338   Zusammen mit dem volskischen Antium müssen sich die Gegner Roms ergeben. Der *Lati-
      nerbund* wird *aufgelöst,* „conubium" (Ehegemeinschaft) und „commercium" (Handels-
      verkehr) zwischen den latinischen Städten werden verboten. Rom annektiert einen Teil des
      latinischen und kampanischen Gebietes. Mit Tibur und Praeneste werden Bündnisverträge
      geschlossen; einige Latinerstädte und die latinischen Kolonien behalten ihren selbständigen
      Status, die übrigen Latinerstädte werden voll in den römischen Herrschaftsbereich inte-
      griert; die kampanischen Städte werden „municipia". Nach Antium, das seine Kriegsflotte
      ausliefern muß (die *Schiffsschnäbel* werden in Rom an der Rednerbühne angebracht, die
      deshalb „*rostra*" heißt), wird eine römische Bürgerkolonie gelegt – zusammen mit Ostia
      der Beginn einer langen Reihe römischer Kolonien, die im 4. und 3. Jh. ausschließlich an
      der Küste errichtet werden und deren Schutz dienen.
      Die folgenden Jahrzehnte (bis 267) sind zunächst durch die *Auseinandersetzung mit den
      Samniten* gekennzeichnet, die Rom auch in Kontakt und schließlich in Konflikt mit den
      süditalischen Stämmen und Griechenstädten bringen. Im Verlauf der Kämpfe baut Rom
      auch seine Stellung in Zentralitalien bis zur Adria aus.
334   Latinische Kolonie nach Cales (heute: Calvi). Obwohl der Latinerbund aufgelöst ist, grün-
      det Rom fortan neben Bürgerkolonien solche latinischen Rechts, die – in feindlichem oder
      gefährdetem Gebiet liegend – aufgrund ihrer Eigenstaatlichkeit selbständig auf äußere
      Entwicklungen reagieren können.
327   *Neapel* greift römisches Gebiet an. Rom erklärt ihm den Krieg. Gegen eine römisch einge-
      stellte Gruppe in Neapel wird eine samnitische Besatzung in die Stadt gelegt, die aber von
      der prorömischen Gruppe vertrieben wird. Neapel sucht jetzt Schutz bei den Römern und
      wird deren Bundesgenosse.
326–304 Das ist der Anlaß zum **2. Samnitenkrieg.** Das Heer beider Konsuln wird in den Caudini-
      schen Pässen eingeschlossen, muß kapitulieren und wird durchs Joch geschickt.
321   Ein Vertrag unterbricht den Krieg (321–316).
320–315 In dieser Zeit schließt Rom Bündnisse mit den zentralitalischen Stämmen der *Marser,
      Päligner, Frentaner* und mit den apulischen Städten *Teanum* (heute: Ponte di Città),
      Canusium (heute: Canosa) und *Arpi* (heute: Arpe).
315   Der 2. Kriegsabschnitt beginnt mit einer römischen Niederlage bei Lautulae (Paß östlich
314   von Terracina), der aber ein römischer Sieg über die *Aurunker,* die Rückeroberung verlo-
      rener Städte, die Gründung neuer latinischer Kolonien als militärische Stützpunkte (Anlage
      der latinischen Kolonie *Luceria* [heute: Lucera] im Nordosten des samnitischen Gebietes),
306   ein Sieg über die *Herniker* bei Silvium (heute: Punta di Salvore) und schließlich die Erobe-
305   rung des samnitischen Hauptortes *Bovianum* (heute: Pietrabbondante), ferner der Städte
      Sora, Arpinum (heute: Arpino) und *Aesernia* (heute: Isernia) folgen. Im *Friedensschluß*
      bleibt das Gebiet des Samnitenbundes in Aufbau und Umfang unangetastet, doch erstreckt
      sich das Gebiet Roms und seiner Bundesgenossen jetzt bis zur Adria.
304–302 Unterwerfung der Äquer im Aniotal.
ca. 303/ Krieg zwischen Rom und *Lukanern* einerseits und *Tarent* andererseits, das den Spartaner
302   Kleonymos zur Hilfe ruft. Im Frieden muß sich Rom verpflichten, nicht über das Lakinische
      Vorgebirge hinaus den Tarentinischen Golf zu befahren.
      Versuche Roms, seine Stellung in Zentralitalien zu festigen und nach Norden vorzudringen
seit 299 (Bündnisse, Kolonien), führen zu Kriegen mit den gallischen *Senonen, Etruskern, Um-
      brern* und *Sabinern,* die sich zum Krieg mit den Samniten ausweiten.
298–290 **3. Samnitenkrieg**
298   Die Lukaner werden von *L. Cornelius Scipio Barbatus,* die Senonen und Etrusker von
295   *P. Decius Mus* bei *Sentinum* (beim heutigen Sassoferato; Selbstaufopferung des Konsuls),
293   die *Samniten* von *L. Papirius Cursor* bei Aquilonia (beim heutigen Alfedena?) geschlagen.

Mittlere Republik   195

Ein Feldzug gegen zentralitalische Stämme beschließt den Krieg: die Sabiner, Prätuttier und Äquiculer werden „cives sine iure suffragii" (Bürger ohne Stimmrecht), der Samnitenbund bleibt unabhängig, wird aber durch die Kolonie Venusia (heute: Venosa) weiter eingekreist.

285? *Thurioi* verbündet sich mit Rom gegen die Lukaner.

284–280 Kriege mit Kelten und Etruskern. Die Senonen greifen das mit den Römern verbündete Arretium (heute: Arezzo) an, das römische Entsatzheer wird fast vernichtet.

283 Die vereinigten Senonen und Etrusker (Tarquinii, Vulsinii [heute: Bolsena], Vulci) werden am Vadimonischen See geschlagen.

282 Einfall der gallischen *Boier*, die besiegt werden und Frieden schließen. Die Kämpfe mit den Etruskerstädten ziehen sich noch 2 Jahre hin, Vulci und wahrscheinlich Tarquinii müssen Land abtreten.

282–270 Krieg mit Tarent und den süditalischen Stämmen.

282 *C. Fabricius* besiegt die *Lukaner* und *Bruttier,* entsetzt damit das belagerte Thurioi, das eine römische Besatzung erhält. Lokroi und Rhegion (heute: Reggio di Calabria) schließen sich Rom an und erhalten ebenfalls Besatzungen. Eine römische Flotte, die gegen den Vertrag von 303/302 in den Tarentinischen Golf einfährt, wird von den Tarentinern teilweise vernichtet, die auch Thurioi einnehmen.

282/281 Eine römische Gesandtschaft nach Tarent bleibt ergebnislos, so daß die Römer Tarent den Krieg erklären. Samniten, Lukaner, Bruttier und Salentiner treten entweder jetzt oder im folgenden Jahr in den Krieg ein, der so zu einer Auseinandersetzung zwischen Rom und Süditalien wird. Tarent ruft König *Pyrrhos* von Epeiros zur Hilfe.

280 Sieg über die Römer bei Heraclea (am Agri), dann Vorstoß bis Latium.

279 Angriff des Pyrrhos auf Apulien, Sieg über ein römisches Heer bei Ausculum (heute: Ascoli Satriano). Friedensverhandlungen nach Heraclea und Ausculum scheitern.

279/278 Rom schließt mit Karthago, das mit den ostsizilischen Griechenstädten im Kampf liegt und Pyrrhos von Sizilien fernhalten will, einen Pakt.

278 Nach Hilferuf von Syrakus geht Pyrrhos dennoch nach Sizilien. Während seiner Abwesenheit erzielen die Römer Erfolge, aber keine Entscheidung. Ebenso kann Pyrrhos die westsizilische Stellung der Karthager nicht einnehmen und kehrt nach Italien zurück (karthagischer Sieg über Pyrrhos' Flotte). Die letzte Schlacht zwischen Pyrrhos und Rom bei Benevent (?) geht unentschieden aus.

275

274 Wegen eines Einfalls in Makedonien setzt Pyrrhos nach Epeiros über und ruft auch die zunächst in Italien zurückgelassenen Teile seines Heeres zurück; nur in Tarent bleibt eine Besatzung. Die Römer können sich jetzt gegen die Samniten, Lukaner und Bruttier durchsetzen.

272 Nach dem *Tod des Pyrrhos* wird Tarent übergeben. Im *Frieden* müssen die Samniten ca. ein Drittel ihres Landes abtreten (Koloniegründungen Beneventum [heute: Benevent] und Aesernia), ihr Bund stark eingeschränkt. Mit den Lukanern (Kolonie Paestum) und Bruttiern werden Bündnisse geschlossen.

270 Das von kampanischen Söldnern besetzte Rhegium wird erobert und den Griechen zurückgegeben.

269–268 Ein Aufstand der Picenter wird unterdrückt, ihr Land größtenteils annektiert.

267–266 Kämpfe mit den Sallentinern führen zur Annektion von Brundisium (heute: Brindisi; 244 latinische Kolonie).

265–264 Wegen innerer Auseinandersetzungen wendet sich der Adel von Vulsinii an Rom; die Stadt wird belagert und zerstört, an anderer Stelle wieder aufgebaut.
Damit ist die *römische Eroberung Unter- und Mittelitaliens abgeschlossen.* Mit einer einzigen Ausnahme (Falerii 241) hat es bis zum 2. Punischen Krieg keine Aufstände mehr gegeben.

Die mittlere („hohe", „klassische") Republik (287–133)

Die Zeit zwischen 287 (lex Hortensia) und 133 (Reformen des Tiberius Gracchus) ist als Einheit dadurch gekennzeichnet, daß die aristokratische **Herrschaftsordnung** im wesentlichen reibungslos funktioniert (daher der Begriff „klassische Republik"). Der *Senat* wird zum unbestrittenen Träger der Politik, der sich selbst den *Volkstribunat* dienstbar machen kann. Die sozialen Voraussetzungen für die Macht des Senats liegen darin, daß 1. die führenden Familien der Plebs mit dem Patriziat zur neuen Führungsschicht der *Nobilität* verschmolzen sind, 2. den nichtsenatorischen reichen plebejischen Familien durch die *Eroberungen* neue wirtschaftliche Möglichkeiten eröffnet werden, 3. Landwünsche der Plebejer in großem Umfang durch *Viritanassignationen* (Anweisungen von Land an einzelne) und *Koloniegründungen* im Zuge der römischen Eroberung Italiens befriedigt sind. Deshalb können die *Klientelbeziehungen* zwi-

196 Altertum – Römische Geschichte

schen dem Adel und der übrigen Bevölkerung auch wirksam bleiben. Der Führungsanspruch des Senats wird ferner durch die Erfolge in äußeren Kriegen gestärkt, die sich durch die mit ihnen verbundenen Anforderungen auch positiv auf die Integration der Herrschaftsschicht auswirken.

In der mittleren Republik wird Rom zum *Weltreich*. Wesentliche Bedingungen dafür liegen wohl in der – relativ zu anderen antiken Staaten – straffen *politischen Organisation* Roms, der Effizienz des *italischen Bündnissystems* und der starken *Integration* einer Führungsschicht, die traditionell ihre Interessen mit denen der „*res publica*" gleichsetzt und in deren Wertesystem militärische Leistungen und insbesondere Eroberungen weit oben rangieren. Die „Ursachen" oder „Motive" der *römischen Expansion* sind bis heute umstritten. Wird einerseits behauptet, Rom habe im wesentlichen auf – wirkliche oder vermeintliche – Gefahren reagiert (wobei infolge vergangener Erfahrungen, insbesondere der Gallierkatastrophe, die kritische Schwelle äußerst niedrig lag) oder planlos sich bietende Chancen wahrgenommen, geht man andererseits davon aus, daß die Eroberung eines Weltreichs ohne auf dieses Ziel ausgerichtetes planvolles Handeln nicht zu verstehen sei. Zu dessen Erklärung rekurriert man auf wirtschaftliche Motive, auf soziale Auseinandersetzungen oder auch einen „Machtwillen" der Römer, doch hat sich bisher keine Lösung des Problems durchgesetzt.

Träger der **Außenpolitik** ist die römische Aristokratie, die aber anläßlich außenpolitischer Zielsetzungen kaum in Konflikt mit anderen sozialen Gruppen Roms gerät. Deshalb und wegen der Forschungslage ist es gerechtfertigt, die Außenpolitik der mittleren Republik für sich zu behandeln. Damit ist nicht gesagt, daß die Reaktionen der römischen Aristokratie einem naturgegebenen Mechanismus der Machtkonkurrenz unterliegen.

Konsens besteht in der Forschung über gravierende **Folgen der römischen Expansion:** die militärischen Belastungen hat vor allem das kleine Bauerntum zu tragen, das seit dem 2. Punischen Krieg in bestimmten Gegenden Italiens rapide abnimmt. Davon wird auch das soziale Bindungssystem der Klientel betroffen. Für die *Verteilung der Macht* innerhalb der Aristokratie bringt das Weltreich insofern Probleme, als die Kontrolle der Macht immer schwieriger wird und die hervorgehobene Stellung einzelner als populärer Feldherrn oder Statthalter die Integration der Herrschaftsschicht und die aristokratische Gleichheit bedroht.

Die Erringung der Vorherrschaft im Westen

Chronologische Übersicht: Errichtung von Provinzen zur Zeit der mittleren Republik

Eroberung	Errichtung	Provinz
241	227	Sicilia
237	227	Sardinia/Corsica
201	197	Hispania Citerior
201	197	Hispania Ulterior
167	45	Illyricum
148	147/146	Macedonia (seit 146 mit Teilen Griechenlands – Achaia – als Anhang)
146		Africa
133	129	Asia

Die Jahre zwischen dem Abschluß der römischen Eroberung Italiens und dem Ende des 3. Jh.s werden durch die beiden ersten **Punischen Kriege** zwischen *Rom* und *Karthago* beherrscht. Der Konflikt zwischen diesen Mächten ist nicht durch grundlegende, sich widerstreitende Interessen bedingt; vielmehr scheinen Rom und Karthago ohne weitergehende Pläne in den 1. Punischen Krieg hineingeraten zu sein. Bestimmte Kriegsziele Roms bilden sich erst während des Krieges heraus. Daß der Krieg dennoch äußerst hartnäckig geführt wird, ist wohl darin begründet, daß Rom sich erstmals als Führungsmacht des italischen Bundes bewähren muß.

Die *Vorgeschichte des Krieges* beginnt damit, daß sich ehemalige oskische Söldner des *Agathokles* (Tyrann von Syrakus), die sich nach dem sabellischen Kriegsgott Mamers

um 285 *Mamertiner* nennen, der Stadt *Messana* (Messina) bemächtigen, einen eigenen Staat aufbauen und auch umliegende Städte in ihre Gewalt bringen. Seit um 280 arbeiten sie dabei mit *Rhegion* zusammen, das zu dieser Zeit von kampanischen Truppen besetzt worden ist.

275/274 Gegen die Mamertiner stellt sich *Hieron*, der nach dem Abzug des Pyrrhos aus Sizilien eine Führungsposition in Syrakus gewonnen hat. Nach einer Niederlage bei Kentoripa (heute:

vor 270 Centuripe) besiegt er sie schließlich am Longanus entscheidend (die Römer haben vorher – 270 – eine Strafexpedition gegen die Kampaner in Rhegion unternommen). Karthago, die

270/269? dritte wichtige Macht Siziliens, hindert Hieron, der sich nach Syrakus zurückzieht und dort

Mittlere Republik – Erringung der Vorherrschaft im Westen   197

zum König ausgerufen wird, an der Ausnutzung des Sieges und legt eine Besatzung nach Messana.

265/264   Den Mamertinern gelingt es – ob mit Hilfe Roms, ist unklar –, die karthagische Besatzung zum Abzug zu bewegen. Karthago läßt daraufhin den Kommandanten von Messana hinrichten und rüstet gegen die Stadt. Das gleiche tut Hieron, der die Karthager für ein Bündnis gewinnen kann. Beide belagern die Stadt. In dieser Situation wendet sich Messana mit einem Hilfegesuch an Rom und bietet die Übergabe der Stadt (Dedition) an (teilweise wird dieses Hilfegesuch schon vor die Vertreibung der karthagischen Besatzung datiert). Die Annahme des Hilfegesuchs (die Motive der Römer sind unklar, können aber kaum in der Absicht, Sizilien zu erobern, gelegen haben) löst den Krieg mit Hieron und den Karthagern aus.

264–241   1. Punischer Krieg

264   Rom schickt ein Heer unter dem Konsul *Appius Claudius Caudex* nach Sizilien. Von Rhegion aus fordert der Konsul Hieron und die Karthager auf, die Belagerung Messanas abzubrechen. Als das abgelehnt wird, erklärt er ihnen den Krieg, setzt mit seinem Heer nach Sizilien über und kämpft dort mit wechselhaftem Erfolg.

263   Die Römer setzen zwei konsularische Heere (vier Legionen) in Sizilien ein, mehrere ostsizilische Städte schließen sich ihnen an. Hieron schließt Frieden mit Rom, muß die Kriegsgefangenen ausliefern, ein Lösegeld zahlen und die von den Römern eroberten und zu ihnen abgefallenen Städte an sie abtreten, behält aber im übrigen sein Königreich und wird römischer Bundesgenosse, der in der Folgezeit die Römer häufig, vor allem durch Getreidelieferungen und Schiffe, unterstützt.

Die Römer scheinen nach dem Frieden mit Hieron ihre Mission im wesentlichen für beendet anzusehen und ziehen ein konsularisches Heer aus Sizilien ab. Karthago, das vorher wenig in die Auseinandersetzung eingegriffen hat, steht nun vor der Situation, daß die Römer ein wichtiger Machtfaktor im Osten der Insel geworden sind.

263/262   Karthago legt Truppen nach Akragas (heute: Agrigento) und befestigt die Stadt.

262/261   Rom schickt daraufhin abermals zwei konsularische Heere nach Sizilien, die Akragas belagern und in Westsizilien operieren. Karthago beginnt mit der Verwüstung italischer Küstenstriche und mit Operationen an den sizilischen Küsten den Seekrieg gegen Rom. Unter dessen Eindruck und mit der *Einnahme von Akragas* scheint sich in Rom als Kriegsziel die Eroberung ganz Siziliens durchgesetzt zu haben. Um die *karthagische Seeherrschaft* zu brechen, wird der Bau einer Flotte beschlossen.

260–257   Die folgende Kriegsphase ist durch *römische Flottenaktionen* an den sizilischen Küsten, ge-
260–258   gen Sardinien, Korsika und Malta bestimmt. Seesiege bei *Mylai* (heute: Milazzo) unter
257   C. Duilius und *Sulci* (Sardinien), unentschiedene Seeschlacht bei *Tyndaris*.

256–254   *Offensive in Afrika.* Durch einen Seesieg bei *Eknomos* (beim heutigen Licata; 256) wird die Überfahrt gesichert. Die Römer (unter dem Konsul M. Atilius Regulus) verwüsten karthagisches Gebiet; ein Friedensangebot Karthagos scheitert wegen zu hoher Forderungen des Regulus, der von dem Söldnerführer Xanthippos bei Tunes (heute: Tunis) geschlagen und gefangengenommen wird (255). Die römische Flotte, die das Restheer aus Afrika holt, wird bei *Camarina* (südwestlich vom heutigen Ragusa) durch einen Sturm vernichtet (254).

253   Nach Bau einer neuen Flotte wieder Konzentration des Kampfes auf Sizilien. Panormus (heute: Palermo) und andere Städte werden erobert, der größte Teil der Flotte bei *Palinurus* (heute: Capo Palinuro) durch Sturm verloren.

252   Karthago schickt *Hasdrubal* (Sohn des Hanno) mit Elefanten nach Sizilien : er wird von
250   *L. Caecilius Metellus* bei *Panormus* geschlagen, aber Drepana (heute: Trapani) und Lilybaeum (heute: Marsala) werden von den Karthagern gehalten.

249   Die karthagische besiegt die römische Flotte bei *Drepana;* eine weitere römische Flotte wird an der Südküste Siziliens vernichtet. Rom gibt den Seekrieg auf; Stellungskrieg in Sizilien. Karthago kann in den folgenden Jahren wiederholt Angriffe auf die italischen Küsten unternehmen und sich im Westen Siziliens (seit 247 unter *Hamilkar Barkas*) halten, bis die Römer auf Privatinitiative eine neue Flotte bauen.

241   Der römische Seesieg unter *C. Lutatius Catulus* bei den *Ägatischen Inseln* (vor der Westküste Siziliens) über die Karthager zwingt diese zur Aufgabe von Lilybaeum und Drepana und zum Frieden.

Die Friedensordnung nach dem 1. Punischen Krieg

Ein zwischen *Hamilkar Barkas* und *C. Lutatius Catulus* ausgehandelter **Friedensvertrag** wird von der römischen Volksversammlung annulliert und in mehreren Punkten zuungunsten der Karthager modifiziert. Diese müssen Sizilien mit den Liparischen und Ägatischen Inseln an Rom abtreten, die gefangenen Römer ohne Lösegeld zurückgeben, als Kriegskostenentschädigung 1000 Talente sofort, weitere 2200 Talente in 10 Jahresraten zahlen; die beiderseitigen Bundesgenossen werden in den Frieden einge-

198 Altertum – Römische Geschichte

schlossen; beide Partner sollen jeweils den Machtbereich und die Bundesgenossen des anderen respektieren.

Die *römische Organisation* des neugewonnenen Gebietes wird erst allmählich entwickelt. Hierons Reich bleibt bis zu dessen Tod (215) selbständig und – ebenso wie z.B. Messana – nur durch einen Bundesgenossenvertrag an Rom gebunden. Im übrigen wird das italische Bundesgenossensystem nicht auf Sizilien übertragen: die dieses System konstituierenden gemeinsamen Interessen fehlen in Sizilien, die aus Bundesgenossenverträgen resultierenden Verpflichtungen wären bei außeritalischen Staaten schwer zu realisieren. Wahrscheinlich erhält zunächst einer der vier *Flottenquästoren* (quaestores classici) in Lilybaeum seinen Sitz. Da es sich dabei um Beamte ohne Imperium handelt, die Verwaltung des eroberten Gebietes aber an das Imperium gebundene Kompetenzen erfordert (z.B. Rechtsprechung, Kriegführung), wird 227 die Zahl der *Prätoren* von 2 auf 4 erhöht – einer von ihnen erhält *Sizilien als Amtsbereich* (= provincia, daher der Begriff „*Provinz*"). Wann die verschiedenen Formen von Tribut- und Steuerleistungen eingeführt werden, ist unklar; nach dem 2. Punischen Krieg (218–201) wird Sizilien zu einer wichtigen Kornkammer Roms.

241–238 **Aufstand der ehemaligen karthagischen Söldner** und Libyer in Afrika sowie der Söldner in Sardinien gegen Karthago. Der Kampf, mit unerbittlicher Grausamkeit geführt, bringt Karthago an den Rand des Abgrunds. Hieron und Rom leisten Karthago Hilfe.

238 Rom, das eine erste Einladung der Söldner in Sardinien zur Besitznahme der Insel abgelehnt hat, entschließt sich zur Annahme eines zweiten Angebots. Als die Karthager nach Beendigung des Aufstandes in Afrika gegen die sardinischen Söldner rüsten, erklären die Römer die karthagischen Rüstungen als feindliche Handlungen.

237 Die Karthager müssen nachgeben; in einem Zusatzvertrag zum Vertrag von 241 wird festgelegt, daß sie *Sardinien* an die Römer abtreten und weitere 1200 Talente Kriegskontribution zu zahlen haben. Wohl um die gleiche Zeit gewinnen die Römer *Korsika*. Beide Inseln werden (227) als Provinz eingerichtet und einem Prätor unterstellt.

Das Verhältnis zwischen Rom und Karthago muß durch die erneuten Annexionen stark belastet worden sein. Ob aber fortan eine Gruppe in Karthago unter Führung des Adelsgeschlechts der *Barkiden* nur auf Revanche an Rom hingearbeitet hat oder ob die folgenden *Eroberungen in Spanien* primär als Ausgleich für die an Rom verlorenen Gebiete dienen sollten, ist unsicher.

237 *Hamilkar Barkas* geht als karthagischer Feldherr nach Spanien, an dessen Küste Karthago schon Handelsstützpunkte besitzt. In den nächsten Jahren erobert er Teile des südlichen und östlichen Spanien.

236 Eine *Invasion* (seit 238) der norditalischen *Kelten* bis vor die Tore von Ariminum (heute: Rimini) endet mit Auseinandersetzungen innerhalb des keltischen Heeres, dessen einer Teil abzieht; mit dem restlichen Teil, den *Boiern*, schließen die Römer Friede. Janustempel angeblich zum ersten Mal seit Numa Pompilius geschlossen.

231 Rom soll auf die karthagischen Eroberungen in Spanien durch eine Gesandtschaft reagiert haben, die Hamilkar aber habe beruhigen können. Nach dessen Tod übernimmt sein

229 Schwiegersohn *Hasdrubal* den Oberbefehl in Spanien. Er dehnt die karthagische Herrschaft auch mit diplomatischen Mitteln aus, konsolidiert sie und gründet *Carthago Nova* (Cartagena, 227).

Durch die Schwäche der griechischen Städte an der Adriaküste kann sich, gestützt auf das illyrische Königtum von Skodra (Ardiaierreich), die Piraterie in der Adria ausbreiten. Auf Hilfegesuche ostadriatischer Städte schickt Rom eine Delegation, die aber nichts ausrichtet. Einer der Gesandten wird auf der Heimkehr ermordet, was den

229–228 **1. Illyrischen Krieg** auslöst.

229 Gegenüber einem großen Flottenaufgebot, mit dem Rom gegen Illyrien vorgeht, muß die Königin *Teuta* nachgeben.

228 Im von den Römern diktierten Friedensvertrag verzichtet sie auf einen großen Teil Illyriens und muß eine Kriegskostenentschädigung in Jahresraten zahlen. Der Küstenstreifen zwischen Lissos (heute: Lesh) und Epeiros (dazu Korkyra, Pharos [heute: Hvar], Issa [heute: Vis], Epidamnos [Dyrrhachion, Durazzo, heute: Durrës], Atintanien und das Gebiet der Parthiner) wird als römisches „*Protektorat*" eingerichtet, der Rest des Ardiaierreiches *Demetrios v. Pharos* als Regenten unterstellt. Illyrische Kriegsschiffe dürfen südlich von Lissos nicht operieren.

228 Eine römische Gesandtschaft nach Griechenland erläutert die römische Politik; die Römer werden zu den Isthmischen Spielen zugelassen.

Rom betrachtet – vielleicht im Zusammenhang mit der Keltengefahr in Oberitalien – die

226/225 Expansion Hasdrubals mit Mißtrauen und schickt eine Gesandtschaft zu ihm, mit der er den sog. *Ebrovertrag* abschließt: er verpflichtet sich, den Ebro nicht in kriegerischer Absicht zu überschreiten. Wahrscheinlich kurze Zeit später (oder vor dem Ebrovertrag?) greift Rom als „Schiedsrichter" in innere Auseinandersetzungen der weit südlich des Ebro gelegenen Stadt Sagunt ein, ohne ein förmliches Bündnis mit ihr abzuschließen.

225 Fast alle italischen *Kelten*, unterstützt durch Abteilungen aus dem Rhônetal, schließen sich gegen Rom zusammen und dringen bis nach Etrurien (Clusium) vor. Anläßlich der Invasion läßt Rom eine *Aufnahme der erwachsenen männlichen Bevölkerung* Italiens durchführen.

Römer	300000	Abruzzenvölker	54400
Latiner	134000	Etrusker	86400
Samniten	123000	Umbrer	35200
Apuler	89600	Lukaner	52800

korrigierte Zahlen nach P. A. Brunt

Das keltische Heer, das sich an die etruskische Küste zurückzieht, wird in der Schlacht bei Telamon durch die unter dem Konsul *C. Atilius Regulus* aus Sardinien heranrückenden Legionen und das zweite konsularische Heer unter *L. Aemilius Papus* in die Zange genommen und großenteils vernichtet. Um die Keltengefahr endgültig zu bannen, führen die Römer in den folgenden Jahren in Oberitalien eine Offensive durch.

224–223 Die Kelten südlich des Po (Boier, Lingonen, Anaren) ergeben sich kampflos.

223 Die Römer überschreiten den Po.

222 Die Kämpfe mit den Insubrern enden mit der Einnahme von Comum (heute: Como) und Mediolanum (heute: Mailand), ohne daß das Gebiet schon fest unter römische Herrschaft gebracht wird. Zur besseren Verbindung mit den gallischen Gebieten läßt der Zensor *C. Flaminius* die von Rom nach Spoleto reichende Straße über den Apennin bis nach Ariminum verlängern (Via Flaminia).

220 *Demetrios von Pharos* bricht den Vertrag von 228; der Konsul *L. Aemilius Paullus* zerstört

219 Pharos, Demetrios flieht zu Philipp V. von Makedonien.

218 Zur Sicherung gegen die Kelten jenseits des Po werden die beiden latinischen Kolonien *Placentia* (heute: Piacenza) und *Cremona* (jeweils mit 6000 Siedlern) angelegt.
In Spanien wird 221 Hasdrubal ermordet.
Hannibal, der Sohn Hamilkars, tritt an seine Stelle und geht schon bald zu großangelegten militärischen Eroberungen in Mittelspanien über. Die Meldungen darüber und ein Konflikt zwischen Sagunt und den unter karthagischem Schutz stehenden Torboleten veranlassen die Römer, 220 durch eine erneute Gesandtschaft bei Hannibal und in Karthago die Forderung zu stellen, daß Sagunt nicht angegriffen und der Ebro nicht überschritten wird. Trotzdem belagert Hannibal 219 Sagunt und erobert es nach acht Monaten. Aus ungeklärten Gründen (Krieg mit Demetrios? mangelnde Bereitschaft oder Vorbereitung für einen Krieg mit Karthago?) greift Rom während der Belagerung nicht ein, fordert aber nach der

218 Einnahme Sagunts Karthago ultimativ auf, Hannibal und die bei ihm befindlichen Mitglieder des karthagischen Rates auszuliefern. Als das abgelehnt wird, erklären die römischen Gesandten Karthago den Krieg.

218–201 2. Punischer Krieg.
Der Krieg ist von beiden Seiten offensiv angelegt: Hannibal will den Krieg in Italien austragen; dabei rechnet er auf die Unterstützung der Kelten und italischen Bundesgenossen Roms, die er durch das Versprechen der Freiheit gegenüber Rom gewinnen will. Nach den römischen Plänen sollen die beiden Konsuln des Jahres 218 den Feind in Afrika und Spanien bekämpfen. Von den Ausgangsbedingungen her liegen alle Chancen auf seiten der Römer: sie besitzen die Überlegenheit zur See und haben bei weitem die größeren Reserven. Ihnen steht aber ein militärisches Genie gegenüber: *Hannibal*.

218 Nach Sicherung Afrikas und Spaniens, wo er seinem Bruder *Hasdrubal* den Oberbefehl
Sommer übertragt, bricht Hannibal mit einem Heer von ca. 60000 Mann und 60 Kriegselefanten nach Italien auf. In Nordspanien werden 11000 Mann unter Hanno zurückgelassen. Der Konsul *P. Cornelius Scipio,* der auf dem Weg nach Spanien bei Massilia (heute: Marseille) landet, kommt zu spät, um Hannibals weit landeinwärts vollzogenen Rhôneübergang zu verhindern. Dennoch schickt er seinen Bruder *Gnaeus* mit dem Heer nach Spanien – eine für den ganzen Krieg wichtige Grundentscheidung –, geht selbst nach Norditalien. Hannibal überschreitet mit seinem Heer unter großen Strapazen und Verlust fast der Hälfte seiner Leute die Alpen, hat zunächst mit den Taurinern zu kämpfen und besiegt dann Scipio in
Sept. einem *Reitergefecht am Ticinus* (heute: Ticino). Die Kelten beginnen in größerer Zahl zu ihm überzugehen. Rom gibt den Plan des Angriffs auf Afrika auf, der Konsul *Ti. Sempronius Longus* wird aus Sizilien nach Norditalien gerufen.
Dez. An der *Trebia* (heute: Trebbia) kommt es nach Vereinigung der konsularischen Heere zur Schlacht, die Hannibal – schon durch Anwendung der *Umfassungstaktik* – gewinnt. – In Nordspanien können sich die Römer nördlich des Ebro eine Basis für weitere Operationen schaffen.

217 Hannibal, der alle Kriegsgefangenen der römischen Bundesgenossen ohne Lösegeld entläßt

und sich als Freiheitsbringer propagiert, stößt an zwei gegen ihn bei Ariminum und Arretium aufgestellten Heeren vorbei nach Mittelitalien vor. Der ihm unvorsichtig folgende Konsul *C. Flaminius* wird am Nordufer des *Trasimenischen Sees* in einen Hinterhalt gelockt, sein Heer vernichtet. In Rom wird *Q. Fabius Maximus* durch Volkswahl zum Diktator ernannt; den Göttern werden besondere Opfer gebracht. Hannibal dringt durch Mittelitalien ins nördliche Apulien vor, plündert auch Samnium und Teile Kampaniens. Fabius folgt ihm, ohne sich zur Schlacht zu stellen; diese „Ermattungsstrategie" trägt ihm den Beinamen „Cunctator" (Zauderer) ein. Hannibals Hoffnung auf Abfall der mittelitalischen Bundesgenossen Roms erfüllt sich nicht. – In Spanien, wohin Rom Verstärkung unter *P. Cornelius Scipio* schickt, können sich die Römer nördlich des Ebro halten und erste Vorstöße nach Süden machen.

216
August Für eine weitere Schlacht gegen Hannibal stellen die Römer ein Heer von fast 80 000 Mann unter den Konsuln *L. Aemilius Paullus* und *M. Terentius Varro* auf. Trotz zahlenmäßiger Unterlegenheit vernichtet Hannibal das Heer in der klassischen Umfassungsschlacht von *Cannae.* Obwohl die Wirkung der Niederlage auf die römische Bevölkerung ungeheuer ist und besondere Opferhandlungen zur Versöhnung der Götter vorgenommen werden, behält der Senat das Heft fest in der Hand: den geschlagenen Konsul M. Terentius Varro empfängt er ehrenvoll an den Stadtmauern Roms; karthagische Gesandte, die wegen Auslösung der Kriegsgefangenen verhandeln und die Friedensbereitschaft der Römer erkunden sollen, werden nicht in die Stadt hineingelassen. Die Auseinandersetzungen im Senat zwischen verschiedenen Adelsgruppen werden zugunsten der alten Familien beigelegt. Für die Zukunft wird auf jede offene Feldschlacht verzichtet. Trotz einiger Abfallbewegungen – die wichtigste ist die von Capua – bleibt insgesamt das römische Bündnissystem fest. Hannibal kann deshalb seinen Sieg in Italien nur begrenzt ausnutzen.

215 In Spanien verteidigen die Römer erfolgreich die Ebro-Grenze; in Sardinien wird ein karthagisches Heer geschlagen.
Auf diplomatischem Gebiet erringt Hannibal Erfolge: er schließt ein *Bündnis mit Philipp V. von Makedonien.*

215–205 Der sich daraus ergebende **1. Makedonische Krieg** zwischen Rom und Makedonien hat aber kaum Wirkungen auf die militärische Situation in Italien.

214 Als *Hieron von Syrakus* stirbt, schließt die Stadt nach inneren Auseinandersetzungen ein Bündnis mit Hannibal gegen Rom.

213 Die Karthager landen in Sizilien, wo auch die grausame Kriegführung der Römer (Blutbad von Enna) viele Städte zum Abfall treibt. Die Einnahme von Syrakus, an dessen Verteidigung der Mathematiker Archimedes mitwirkt, gelingt nicht.

213/212 Offensive Philipps im Illyricum; Rom kann die wichtigen Küstenplätze halten, verliert aber Gebiet im Hinterland. In Süditalien kann Hannibal *Tarent* erobern; daraufhin gehen auch Metapont, Herakleia (heute: Policoro) und Thurioi (am Crati) zu ihm über.

212 In Spanien nehmen die Römer *Sagunt* ein; in Sizilien erobert M. Claudius Marcellus Syrakus (Tod des Archimedes), das zur Provinz Sicilia geschlagen wird. Um den Aktionen Philipps zu begegnen, schließt Rom ein Bündnis mit den *Aitolern,* das u. a. einen Separatfrieden mit Philipp verbietet.

211/210 *Attalos von Pergamon* und *peloponnesische Städte* (Sparta) treten dem Bündnis bei. Die Römer nehmen *Capua* ein, obwohl Hannibal sie durch einen Zug auf Rom ablenken will; damit Entlastung in Kampanien. Capua verliert seine Selbständigkeit, sein Land wird konfisziert. In Spanien erleiden die Römer bei einem Vorstoß ins Innere des Landes eine vernichtende Niederlage; *Publius und Cn. Cornelius Scipio* fallen.

210 *P. Cornelius Scipio* (Sohn des gefallenen Publius Scipio), der vorher nur Ädil gewesen ist, erhält 25jährig durch Volksbeschluß das Oberkommando in Spanien. Durch ihn wird in der Folgezeit der Krieg wesentlich bestimmt.
In Sizilien gewinnen die Römer Agrigent.
In Italien herrscht eine Hungersnot, Getreide muß von Ägypten eingekauft werden.

209 12 latinische Kolonien können die geforderten Mannschaften für das Heer nicht mehr aufbringen. Trotzdem gelingt die Einnahme Tarents, Hannibal wird im wesentlichen auf Bruttium eingeschränkt.
Der entscheidende Kriegsschauplatz wird in diesen Jahren *Spanien.* Scipio stößt in Eilmärschen bis Carthago nova vor, erobert die Stadt mit den spanischen Geiseln der Karthager, den Nachschublagern, Schiffen und Silberminen der Umgebung. Er wird dadurch mit einem Schlag berühmt, viele Spanier gehen zu ihm über.

208 Scipio besiegt bei Baecula (beim heutigen Bailén) Hasdrubal, der sich mit den Resten seines Heeres nach Italien absetzt.

207 Nach Überwinterung in Gallien kann Hasdrubal zwar die Alpen überschreiten, wird aber, als er nach Mittelitalien marschieren will, am Metaurus (Umbrien) geschlagen. Hannibal selbst wird auf den Raum von Kroton (heute: Crotone) und Lokroi (heute: Locri) zurückgedrängt.

Mittlere Republik – Erringung der Vorherrschaft im Westen 201

206	In Spanien fällt die endgültige Entscheidung in der Schlacht bei *Ilipa* (heute: Alcalá del Río): Scipio besiegt Hasdrubal, den Sohn Giskos, und Mago. Nach Rom zurückgekehrt, wird er zum Konsul für das Jahr 205 gewählt.
	Entgegen den Abmachungen von 212 schließen die Aitoler einen Separatfrieden mit Philipp von Makedonien.
205	Rom schließt mit Philipp den *Frieden von Phoinike.*
	In Rom setzt sich Scipio mit seinem Plan, den Krieg nach Afrika zu verlegen, im Senat durch und erhält als Provinz Sicilia. Von Rhegion aus wird Lokroi eingenommen. Den Winter verbringt Scipio mit seinem Heer in Sizilien.
204 Sommer	Von Lilybaeum aus setzt Scipios Streitmacht nach Afrika über, wo sie sich zunächst, weil der Numiderfürst Syphax zu den Karthagern übergegangen ist, bei Utica (heute: Hr. bou Chateur) verschanzen muß.
203	Scipio besiegt Hasdrubal, Giskos Sohn, in der Schlacht auf den „Großen Feldern". Masinissa, ein Rivale des Syphax, übernimmt dessen Reich, Karthago bittet um Frieden. Ein Vertrag wird ausgehandelt, Hannibal aus Italien zurückgerufen. Der Senat stimmt dem Vertrag zu. Vor der offiziellen Zustimmung Karthagos trifft Hannibal in Afrika ein; unter dem Eindruck der Rückkehr verwirft Karthago die römischen Friedensbedingungen. Beide Seiten rüsten für die Entscheidungsschlacht.
202	*Schlacht* bei *Zama* (Lokalisierung unsicher). Scipio besiegt Hannibal mit dessen eigener Umfassungstaktik.
202/201	Karthago muß unter den – jetzt verschärften – römischen Bedingungen *Frieden* schließen: die inzwischen von Rom eroberten überseeischen Besitzungen Karthagos bleiben bei Rom. In Afrika wird Karthago auf den territorialen Status vor Kriegsbeginn eingeschränkt und muß Besitz, der ehemals Masinissa und dessen Vorfahren gehörte, zurückgeben; alle Kriegsschiffe bis auf 10 und alle Elefanten müssen ausgeliefert werden; Kriegführung außerhalb Afrikas wird den Karthagern überhaupt verboten, innerhalb Afrikas nur erlaubt, wenn Rom zustimmt; als Kriegskostenentschädigung sind 10 000 Talente in 50 Jahresraten zu zahlen. – Karthago büßt damit neben allen territorialen und materiellen Verlusten seine außenpolitische Handlungsfreiheit ein; mit dem Gebiet des römischen Klientelfürsten Masinissa reicht römischer Einfluß bis unmittelbar an die karthagischen Grenzen. Die eroberten spanischen Gebiete werden (197) geteilt *(Hispania citerior und ulterior),* als *Provinzen* eingerichtet und je einem Prätor unterstellt. Obwohl durch den Krieg Roms Vormachtstellung im Westen endgültig befestigt ist, hat es in der Folgezeit in Norditalien, Spanien und Nordafrika noch harte Kämpfe zu bestehen.
201 200/199	In Norditalien erheben sich unter Mitwirkung des Karthagers Hamilkar die Boier, denen sich die Insubrer und Cenomanen anschließen, und erobern Placentia. Die Insubrer werden bei Comum besiegt (196).
seit 197	Von Süden (Turdetani) ausgehend, *Aufstand spanischer Stämme.*
195	Der Konsul M. Porcius Cato schlägt den Aufstand im Norden nieder, bleibt aber im Süden und bei einem Angriff auf die Keltiberer erfolglos. Der Krieg dehnt sich auf die Lusitaner (Süd-Portugal) aus. In den folgenden Jahren wird mit wechselndem Erfolg gekämpft.
191	Sieg über die Boier durch P. Cornelius Scipio Nasica.
190	Niederlage des L. Aemilius Paullus gegen die Lusitaner.
	Zur Sicherung Norditaliens werden die latinischen Kolonien Cremona und Placentia reorganisiert und verstärkt.
189	Als neue latinische Kolonie wird Bononia (heute: Bologna) gegründet.
187	Neue Straßenverbindungen, die Via Aemilia von Ariminum nach Placentia und eine zweite Via Flaminia von Arretium nach Bononia, werden angelegt.
183	Errichtung von Mutina (heute: Modena) und Parma als Bürgerkolonien neuen Typs, welche – anders als die alten „coloniae maritimae" – die gleichen Funktionen erfüllen sollen wie die latinischen Kolonien. Rekrutierungsschwierigkeiten führen zur Aufgabe dieses Typus.
181	Die letzte latinische Kolonie wird in Aquileia zur Sicherung der Nordostgrenze eingerichtet.
181–180	Die Ligurer werden besiegt, 40 000 von ihnen in die Gegend von Beneventum deportiert. *Q. Fulvius Flaccus* erobert das Gebiet der keltiberischen Lusones (südöstlich von Calatayud).
180–178	*Ti. Sempronius Gracchus* dringt weiter in keltiberisches Gebiet vor, kann aber vor allem durch Verträge mit den Keltiberern die Situation in Spanien für längere Zeit stabilisieren und gründet Gracchuris am Ebro als ein Zentrum für die Romanisierung.
	Als Bollwerk gegen die Ligurer (und als letzte Kolonie vor der Gracchenzeit) wird die Bürgerkolonie Luna (177) gegründet. Einzelne Kämpfe ziehen sich noch über Jahrzehnte hin; insgesamt beginnt jetzt aber ein Prozeß der *Romanisierung von Gallia Cisalpina.*
178–177 157–155	Durch die Eroberung Istriens und einen Feldzug gegen die Dalmatiner (mit Einnahme der Hauptstadt Delminium [beim heutigen Županjac]) wird die Adria bis auf wenige Ausnahmen zu einem römischen Binnenmeer.

202 Altertum – Römische Geschichte

154	In *Spanien*, das seit 178 relativ ruhig geblieben ist, fallen die Lusitaner in römisches Provinzialgebiet ein und schlagen ein römisches Heer. Wegen der Ummauerung der Stadt Segeda kommt es zum Konflikt mit den Keltiberern, denen die Römer den Krieg erklären.
153	Der Prätor L. Mummius unterliegt bei seiner Ankunft in Spanien den Lusitanern, kann sie aber danach mehrfach schlagen; der Konsul Q. Fulvius Nobilior erleidet mehrere Niederlagen bei Numantia (beim heutigen Soria).
152	Sein Nachfolger M. Claudius Marcellus versucht, den Aufstand auf diplomatischem Weg zu bannen, doch werden seine Friedensvorschläge vom Senat abgelehnt. Verträge mit den Lusitanern werden von diesen nicht eingehalten.
151	Marcellus schließt mit den Keltiberern Frieden, der bis 143 Bestand hat.
	Karthago bemüht sich, die aus dem Frieden von 201 resultierenden Verpflichtungen gewissenhaft zu erfüllen, wird aber immer wieder durch Übergriffe Masinissas provoziert, der karthagische Gebiete annektiert und von Rom meistens gedeckt wird. Als er sich 152/151 das Gebiet um Thugga (heute: Dougga) aneignen will, erscheint auf Bitten Karthagos eine römische Gesandtschaft in Afrika. Zu ihr gehört auch M. Porcius Cato, der aus seiner Abneigung gegen Karthago kein Hehl macht, fortan unablässig für dessen Zerstörung plädiert, während P. Scipio Nasica um Roms selbst willen Karthago als Konkurrentin erhalten möchte.
151/150 150	In Karthago wächst der Haß gegen Numidien, Anhänger Masinissas werden aus der Stadt vertrieben, eine numidische Gesandtschaft wird belästigt. Als daraufhin Masinissa in karthagisches Gebiet einfällt, bekriegen ihn die Karthager, ohne zuvor die Erlaubnis Roms eingeholt zu haben, unterliegen aber.
149	Wegen Verletzung des Vertrages von 201 erklärt Rom Karthago den Krieg.
149–146	**3. Punischer Krieg.**
	Karthago unterwirft sich durch den Akt der „deditio“; der Senat sichert der Stadt die Erhaltung des Territoriums und Freiheit zu, falls Geiseln gestellt und die Anordnungen der Konsuln befolgt werden. Die Konsuln landen mit einer Armee bei Utica, verlangen die Auslieferung sämtlicher Waffen. Als dies geschehen ist, fordern die Konsuln, Karthago solle zerstört werden, die Einwohner sollen sich im Binnenland, mindestens 10 Meilen von der Küste entfernt, ansiedeln. Trotz Waffenlosigkeit lehnen die Karthager ab, befestigen die Stadt und können fast 3 Jahre der römischen Belagerung standhalten.
147	*P. Cornelius Scipio Aemilianus* wird unter Entbindung von bestehenden Gesetzen zum Konsul gewählt und erhält den Oberbefehl in Africa.
146	Scipio gelingt eine vollständige Blockade Karthagos, das schließlich in einem sechs Tage währenden Straßenkampf erobert wird. Die Überlebenden werden in die Sklaverei verkauft, die Stadt zerstört, der Boden mit einem Fluch belegt: er soll nie mehr besiedelt werden. Das Gebiet der Stadt wird zur römischen *Provinz Africa*.
	In Spanien wird *Viriatus* Anführer der Lusitaner (seit 147) und bringt den Römern eine Reihe schwerer Niederlagen bei (147–145).
143	Q. Fabius Maximus Aemilianus kann Viriatus aus Hispania ulterior zurückdrängen, doch gelingt es diesem, die Keltiberer zur Aufkündigung des Friedens von 151 zu bewegen.
143–142	Erfolgreiche Kriegführung des Q. Caecilius Metellus Macedonicus gegen die Keltiberer, während die Lusitaner unter Viriatus die Römer mehrfach besiegen (143–140), so daß Q. Fabius Maximus gezwungen ist, mit Viriatus einen Vertrag zu gleichen Bedingungen zu schließen.
140	Der vom römischen Volk bestätigte Vertrag mit den Lusitanern wird vom Senat auf Drängen des neuen Statthalters Q. Servilius Caepio wieder aufgehoben.
139	Q. Pompeius schließt nach zweijähriger unglücklicher Kriegführung einen Vertrag mit den Numantinern; wegen Auslegungsstreitigkeiten müssen sich beide Vertragspartner vor dem Senat verantworten. Der Senat verwirft den Vertrag, das Volk lehnt aber die – in solchen Fällen übliche – Auslieferung des Pompeius an die Numantiner ab. – Auf dem lusitanischen
138	Kriegsschauplatz wird Viriatus durch Verrat ermordet; die Lusitaner, durch Servilius Caepio zurückgedrängt, übergeben sich und erhalten Land zur Ansiedlung. Vor *Numantia* erleidet M. Popillius Laenas eine Schlappe.
137	C. Hostilius Mancinus, mit seinem Heer von den Numantinern eingeschlossen, muß kapitulieren und einen für Rom ungünstigen Frieden schließen, um das Heer zu retten. Vermittler dabei ist der spätere Volkstribun Ti. Sempronius Gracchus.
136	Der Vertrag wird in Rom verworfen, Mancinus den Numantinern ausgeliefert, die ihn jedoch nicht annehmen. In den beiden folgenden Jahren gelingt den Römern vor Numantia kein Fortschritt.
	Erst als *P. Cornelius Scipio Aemilianus* (für 134 ohne Bewerbung und gegen das Verbot
134	der Iteration zum Konsul gewählt) den Oberbefehl gegen Numantia übernimmt, gelingt die vollständige Blockade und Aushungerung der Stadt.
133	Daraufhin müssen sich die Numantiner bedingungslos ergeben. Die Einwohner werden in die Sklaverei verkauft, die Stadt dem Erdboden gleichgemacht.

Rom und der hellenistische Osten

Die Ursachen der mit dem 2. Makedonischen Krieg beginnenden Wendung Roms nach Osten sind seit der Antike heftig umstritten. Ist sie nur eine Konsequenz des Sieges im Westen und beschreitet Rom jetzt endgültig den Weg des Imperialismus? Nimmt es Rache für Philipps V. Verhalten im 2. Punischen Krieg? Will es Bundesgenossen im Osten schützen? Eine rechtliche Verpflichtung dazu besteht wahrscheinlich nicht. Der Krieg gegen Philipp V. ist wohl ein Präventivkrieg, hervorgerufen durch eine Überreaktion gegenüber der Machtausdehnung Philipps V. im Osten. Nach dem Krieg zieht Rom sich zunächst ganz aus Griechenland zurück; bis 146 nimmt es keine Annexionen im Osten vor, betreibt aber nach dem Frieden von Apameia eine für den Osten verhängnisvolle Interventionspolitik.

204	Ptolemaios IV. Philopator stirbt und hinterläßt einen fünfjährigen Sohn. Philipp V. von
203/202	Makedonien und Antiochos III. (d. Große) von Syrien schließen einen *Geheimvertrag*, um die ägyptischen Außenbesitzungen anzugreifen. Bei den folgenden militärischen Unternehmungen gerät Philipp in Konflikt mit den Aitolern, Rhodos und dem mit Rom freundschaftlich verbundenen Attalos I. von Pergamon.
202	Eine Gesandtschaft der Aitoler nach Rom wird dort unter Hinweis auf den Separatfrieden von 206 brüsk abgewiesen.
201	Eine rhodisch-pergamenische Gesandtschaft berichtet in Rom über Philipps Vorgehen und den Geheimvertrag. Daraufhin wird der in makedonischen Angelegenheiten erfahrene P. Sulpicius Galba zum Konsul für 200 gewählt.
200	Er erhält nach Amtsantritt *Macedonia* als Amtsbereich zugewiesen. Eine Senatsgesandtschaft reist nach Osten ab, verkündet in Griechenland die Parole der Freiheit für griechische Städte (gegenüber Makedonien), trifft im Mai in Athen ein und übergibt dem in Attika eingefallenen makedonischen Feldherrn Nikanor Forderungen des Senats. Dennoch wird Attika verwüstet, Philipp greift unter ptolemaiischer Herrschaft stehende Städte in Thrakien und Kleinasien an. Vor Abydos (an den Dardanellen) überbringt ihm M. Aemilius Lepidus, ein Mitglied der Senatsgesandtschaft, verschärfte ultimative Forderungen des Senats. Als Philipp sie ablehnt, kann der Senat – trotz vorheriger Opposition der Zenturiatkomitien – den Kriegsbeschluß durchsetzen.
200–197	**2. Makedonischer Krieg.**
197	In der Schlacht bei *Kynoskephalai* (Thessalien) besiegt T. Quinctius Flamininus Philipp,
197/196	dessen Herrschaft auf Makedonien beschränkt wird.
196	Auf den Isthmischen Spielen verkündet Flamininus im Auftrag des Senats die *Freiheit aller Griechenstädte* und wird dafür wie ein Gott verehrt. Dennoch erweist sich die anschließende Neuordnung Griechenlands als schwierig; insbesondere die Aitoler fühlen sich benachteiligt.
195–194	Durch einen von Flamininus organisierten Feldzug aller griechischen Städte wird Argos von der Herrschaft des Tyrannen Nabis von Sparta befreit.
194	Rom zieht sein Heer und alle Besatzungen aus Griechenland zurück. Während des 2. Makedonischen Krieges dehnt der Seleukidenherrscher *Antiochos III.* seine Macht aus. Rom fordert ihn 196 ohne Erfolg auf, die Freiheit der Griechenstädte zu respektieren.
194/193	Ein Angebot Antiochos' III. an Rom für den Abschluß eines Freundschaftsvertrags, falls seine Ansprüche in Kleinasien und Thrakien anerkannt werden, lehnt Rom ab.
193	Ebenso scheitern entsprechende Verhandlungen im Sommer in Kleinasien.
192	Die mit der Friedensregelung von 196 unzufriedenen Aitoler erobern ohne Kriegserklärung Demetrias (bei Volos, Thessalien), laden Antiochos zur Landung in Griechenland ein und wählen ihn, als er im Herbst in Euboia ankommt, zum Strategen.
192–188	Das bedeutet den **Krieg mit Rom.**
191	Schon im ersten Kriegsjahr gewinnen die Römer unter M. Acilius Glabrio Griechenland (Sieg bei den Thermopylen), Antiochos zieht sich nach Kleinasien zurück. L. Cornelius Scipio, den sein Bruder Africanus begleitet, überschreitet den Hellespont.
190	Antiochos wird bei *Magnesia* am Sipylos (Lydien) entscheidend geschlagen. Cn. Manlius
189	Vulso unternimmt einen Feld- und Raubzug gegen die Galater in Kleinasien.
188	Im *Frieden von Apameia* (heute: Dimêr, Phrygien) zwischen Rom und Antiochos muß dieser auf Kleinasien diesseits des Tauros-Gebirges verzichten; militärische und diplomatische Aktivitäten westlich des Tauros werden ihm verboten. Damit ist das *hellenistische Mächtesystem* nicht nur äußerlich *zerstört*. Rom zieht zwar auch 188 alle Truppen aus Griechenland und Kleinasien zurück, wird aber in der Folgezeit häufig um Intervention gebeten. Umgekehrt wächst Roms Mißtrauen gegenüber dem Osten, so daß – besonders nach dem Perseus-Krieg – keine Macht mehr unabhängige Politik betreiben kann, ohne daß Rom interveniert. Diese zunehmende „Intoleranz gegenüber Souveränität" (L. Raditza) steigert die Instabilität im Osten, die auch dadurch gefördert wird, daß Roms *Interventionspolitik* zur Verschärfung sozialer Gegensätze beiträgt.

204 Altertum – Römische Geschichte

Nach dem Frieden von Apameia sind im Osten neben dem Seleukidenreich und Makedonien Pergamon, Rhodos und der Achaiische Bund die stärksten Kräfte. Während der Achaiische Bund unter Philopoimen römische Interventionen möglichst abzuwehren versucht, gelingt es dem im Frieden von Apameia benachteiligten Philipp V., Makedonien trotz mehrfacher Eingriffe Roms wieder zu stärken. Nach seinem Tod setzt sein Sohn Perseus diese Politik fort. Mißtrauen Roms ihm gegenüber findet endlich einen konkreten, wenn auch zweifelhaften Anhaltspunkt in einer Liste von ,,Verbrechen" Perseus', die Eumenes von Pergamon dem Senat vorlegt. Rom erklärt Perseus den Krieg.

171–168   3. Makedonischer Krieg

Trotz anfänglicher Erfolge unterliegt Perseus schließlich dem Konsul L. Aemilius Paullus
168 in der Schlacht bei *Pydna* (Südmakedonien), flieht, wird gefangen und später im Triumph mitgeführt. Das Königtum in Makedonien wird abgeschafft, das Land in vier unabhängige Bezirke aufgeteilt. 1000 vornehme Achaier, unter ihnen der Historiker Polybios, werden nach Rom deportiert. – *Rhodos* verliert wegen Vermittlungsversuchen während des Krieges die lykischen und karischen Gebiete, die es im Frieden von Apameia erhalten hat; durch Errichtung eines Freihafens in Delos (unter attischer Oberhoheit) wird sein Handel geschädigt; die Schwächung der Inselrepublik hat eine Ausbreitung der Seeräuberplage zur Folge. Auch Roms Verhältnis zu Eumenes von Pergamon bleibt gespannt.

168 Antiochos IV. greift Ägypten an, nachdem er schon in den Vorjahren dort eingedrungen ist. Nach der Schlacht von Pydna interveniert Rom: der römische Gesandte C. Popillius Laenas trifft mit Antiochos in *Eleusis* bei Alexandreia zusammen und fordert ihn auf, Ägypten zu räumen. Als der König Bedenkzeit erbittet, zeichnet Laenas um den Standort des Königs einen Kreis in den Sand und fordert eine Entscheidung vor Verlassen des Kreises. Der König gibt nach. Diese Episode und die Tatsache, daß König Prusias II. von Bithynien in der Tracht eines Freigelassenen vor dem Senat erscheint, kennzeichnen Roms Stellung im Osten.

seit 151 Der Schritt zur direkten Annexion im Osten wird vollzogen, als in Makedonien der Thronprätendent Andriskos auftritt, der sich als Sohn des Perseus ausgibt.
149 Erst mit fremder Hilfe gelingt es ihm, sich zum König zu machen; ein römisches Heer unter
148 Q. Caecilius Metellus bereitet ihm aber ein schnelles Ende. *Makedonien* wird *römische Provinz*, dessen Statthalter auch für Epirus und Illyricum zuständig ist.

In Griechenland versucht nach dem Tod des prorömischen Kallikrates (150) der Achaiische Bund, Sparta wieder in den Bund hineinzubringen. Auf Klagen Spartas verlangt Rom die Unabhängigkeit Spartas, Korinths und Argos' vom Bund; die entsprechende Senatsgesandtschaft wird in Korinth insultiert. Der Achaiische Bund erklärt Sparta und Herakleia
146 am Oita den Krieg, wird aber schnell von Q. Caecilius Metellus, dann L. Mummius besiegt. Korinth wird zerstört, der *Achaiische Bund aufgelöst*. Rom interveniert in vielen Städten zugunsten von Oligarchien. Die Unabhängigkeit Griechenlands, das dem makedonischen Statthalter unterstellt wird, ist damit endgültig beseitigt.

133 Attalos III. von Pergamon stirbt ohne Erben und vermacht sein Reich testamentarisch den Römern.

Innere Geschichte Roms von der lex Hortensia (287) bis zum Ende des 2. Punischen Krieges (201)

242 Einrichtung des ,,*praetor peregrinus*" für die Rechtsprechung zwischen römischen Bürgern und Fremden.
241 Aufstand von *Falerii*, der innerhalb von 6 Tagen niedergeworfen wird. Die Stadt wird vom Berg in die Ebene verlegt, die Hälfte ihres Territoriums annektiert.
241 Die letzten beiden Tribus, Quirina und Velina, werden eingerichtet. Die jetzt erreichte Zahl der Tribus, 35, bleibt fortan konstant; neu erworbenes römisches Gebiet wird in Zukunft bestehenden Tribus zugeordnet, wodurch diese bald den Charakter geschlossener Wohngebiete verlieren.
241/218 Reform der Zenturiatkomitien.
Der Inhalt der Reform ist im einzelnen umstritten. Sicher ist aber, daß zumindest für die 1. Klasse die *Tribus*- mit der *Zenturienordnung* verbunden wird; damit wird der Ausdehnung des römischen Herrschaftsgebietes in Italien Rechnung getragen, eine Repräsentation aller italischen Wohnbezirke in den Zenturiatkomitien erreicht und so das bäuerliche Element in ihnen gestärkt. Ferner genügen nun nicht mehr allein die Stimmen der Ritter und der 1. Klasse für eine Mehrheit. Schließlich verlieren die Ritter zugunsten der 1. Klasse das Recht der Prärogative, d. h. der zuerst abstimmenden Zenturie. Wahrscheinlich hängt diese Reform damit zusammen, daß zwischen 243 und 216 zum letztenmal eine größere Gruppe

Innere Geschichte Roms 287–201 – Grundlinien der republikanischen Epoche 205

neuer Familien zum Konsulat gelangt, die man als „plebejische Gentry" (Alfred Heuß) bezeichnet hat und die bäuerliche Interessen vertritt. In dieser Zeit entfaltet auch der Volkstribunat zum letztenmal vor den Gracchen eine selbständige Aktivität.

232 Gesetz des zur genannten Gruppe gehörenden Volkstribunen C. Flaminius, daß der ager Gallicus (das Gebiet südlich von Rimini) einzeln an neue Siedler verteilt werden soll (Viritanassignation); Widerstand des gesamten Senats.

227 Die Zahl der Prätoren wird von 2 auf 4 erhöht und damit eine geordnete Verwaltung der neu erworbenen außeritalischen Gebiete ermöglicht.

220 In der Zensur des C. Flaminius werden die Freigelassenen auf die vier städtischen Tribus beschränkt; Bau des Circus Flaminius, des Forum Flaminii und der Via Flaminia.

218 Die „lex Claudia" des Tribunen Q. Claudius, die C. Flaminius als einziger Senator unterstützt, verbietet den Senatoren den Besitz von Schiffen, die mehr als 300 Amphoren fassen, vielleicht auch die Teilnahme an der Staatspacht. Die Senatoren werden dadurch vom Seehandel ausgeschlossen. Das Gesetz ist eine der Voraussetzungen für die Entstehung des Ritterstandes.

Wegen der Anspannungen des 2. Punischen Krieges (218–201), insbesondere wegen des Bedarfs an Heerführern, muß die römische Aristokratie grundlegende politische Traditionen durchbrechen: durch ein Plebiszit wird die unbegrenzte Wiederholung (Iteration) oder Fortsetzung (Kontinuation) von Konsulaten erlaubt; die Verlängerung der Amtsgewalt (prorogatio) wird weit häufiger angewandt als in der ganzen Zeit davor (seit dem 1. Fall im Jahre 326), und zwar teilweise für einen langen Zeitraum (bis zu 10 Jahren).

211 Erstmals wird mit P. Cornelius Scipio Africanus ein Mann ohne Amt, ein „privatus", mit einem prokonsularischen Imperium betraut. Die Versammlung der Plebs, das „concilium plebis", das unkomplizierter arbeitet als die Zenturiatkomitien, wird zum Hauptorgan für notwendig werdende Gesetzgebungsakte und behält diese Rolle auch in der Zukunft bei. Entsprechend erscheinen die Volkstribunen (seit 216) fast ausschließlich als Werkzeuge der Senatspolitik.

205 Die religiöse Erregung der Kriegszeit wird u. a. darin deutlich, daß der Kultstein der Magna Mater von Pessinus (Phrygien) nach Rom gebracht wird.

Grundlinien der republikanischen Epoche

Grundlage der **römischen Wirtschaft** bleibt immer die Landwirtschaft, in der sich jedoch in der mittleren Republik ein deutlicher Wandel vollzieht: sind etwa bis zum 2. Punischen Krieg bäuerliche Klein- und Mittelbetriebe vorherrschend, so bilden sich danach in bestimmten Gegenden Italiens (Etrurien, Latium, Kampanien, verschiedene Regionen Süditaliens) verstärkt größere Gutsbetriebe aus. Sie werden durch Sklaven bewirtschaftet; statt Getreide werden vor allem Oliven, Wein und Gartenbauprodukte angebaut, teilweise geht man zu Viehzucht über. Die Möglichkeiten für die Bildung von Großgrundbesitz werden durch die römische Expansion und Kriege geschaffen: im 2. Punischen Krieg werden die zu Hannibal abgefallenen Städte durch Landkonfiskationen bestraft; die Reichen erhalten dadurch mehrfach Gelegenheit zur Okkupation; infolge des länger werdenden Kriegsdienstes können viele Bauern ihre Höfe nicht halten; Menschenverluste vor allem im 2. Punischen Krieg und in den spanischen Kriegen machen viele Höfe gleichsam herrenlos; durch Gutsbesitzer wird ein starker Druck auf Bauern ausgeübt. Gleichzeitig strömt durch Statthalterschaften, Kriegsbeute und die Staatspacht viel Geld aus den Provinzen nach Rom, das in Land angelegt wird. Infolge der Kriege sind Sklaven als Arbeitskräfte billig zu haben. – Anregungen für neue landwirtschaftliche Produktionsformen haben die Römer durch die Begegnung mit den süditalischen Griechen und den Karthagern erhalten.

Auf den Gütern der Reichen wird zwar für den Markt produziert, die Gewinne werden aber konsumiert: die politische Laufbahn und gesellschaftliche Repräsentation (z. B. bei Begräbnissen) verschlingen riesige Summen. In der Regel werden die Güter nicht durch die Eigentümer, sondern durch Verwalter bewirtschaftet („absentee landlordism"). Die wirtschaftlichen Möglichkeiten der Großbetriebe werden nicht ausgeschöpft, die Erträge bleiben relativ gering. Insgesamt handelt es sich bei der römischen Gutswirtschaft nicht um eine kapitalistisch betriebene Wirtschaftsform.

Das Kleinbauerntum hält sich vor allem in den Binnengegenden und Gebirgsregionen Italiens. Seine Existenzbedingungen verschlechtern sich aus den oben angeführten Gründen; sie sind auch in normalen Zeiten hart, da die Größe von Bauernhöfen häufig unter 10 „iugera" (1 iugerum = 1/4 ha) gelegen zu haben scheint, so daß sich viele Bauernfamilien nur durch zusätzliche Arbeit auf benachbarten Gütern erhalten können. – Die Bauern, die ihre Höfe verlieren, finden nur teilweise feste Arbeit auf dem Lande. Zum großen Teil ziehen sie als Erntearbeiter in Italien umher, oder in die Städte, vor allem nach Rom. Auch dort sind die Arbeitsmöglichkeiten begrenzt, zumal sich Sklavenarbeit auch im Handwerk ausbreitet. Die meisten müssen von Gelegenheitsarbeiten leben oder sich von reichen Patronen aushalten lassen, denen sie bei Abstimmungen ihre Stimmen „verkaufen".

206 Altertum – Römische Geschichte

Gegenüber der Landwirtschaft stehen alle übrigen Wirtschaftszweige in Italien an Bedeutung zurück. Zwar gibt es ein ausgedehntes *Handwerk,* das insbesondere auch von den wachsenden Anforderungen auf dem Gebiet der Waffenherstellung, der Gutswirtschaft, des Baus von privaten und öffentlichen Gebäuden, Wasserleitungen etc. profitiert. Dennoch entsteht daraus keine Industrie, obwohl die *Arbeitsteilung* entwickelt ist. Das Handwerk bleibt also wesentlich auf kleine Betriebe beschränkt; es weist zwar insgesamt viele Beschäftigte auf, wirft aber keinen großen Gewinn ab. Hauptgrund für diese Verhältnisse dürfte sein, daß die Absatzmärkte wegen Transportschwierigkeiten begrenzt sind: der *Landtransport* ist äußerst teuer und kommt deshalb für normale Gebrauchsgüter nicht in Frage; der *Seetransport* ist zwar billiger, enthält aber große Risiken, die vor allem in mangelnden navigatorischen Kenntnissen, aber auch in der verbreiteten Seeräuberei begründet liegen. Dazu kommt, daß die Reichen immer wieder Gelegenheit haben, ihr Geld in Land zu investieren. Im sozialen Wertesystem gilt die Landwirtschaft als die honorigste Weise des Unterhalts, weil nur Landwirtschaft allein volle Autarkie ermöglicht.

Aus dem bisher Dargestellten folgt auch, daß die Bedeutung des *Handels* begrenzt bleibt. In den meisten Städten Italiens werden die Waren vom Hersteller verkauft, die Bedeutung der Märkte ist überwiegend auf die Region beschränkt. Wo Schiffahrtswege vorhanden sind, entwickelt sich ein Seehandel, von dem die Senatoren durch die „lex Claudia" von 218 ausgeschlossen sind. Der zunehmende Handel mit dem Osten liegt großenteils nicht in römischen Händen.

Die Expansion Roms hat zur Folge, daß sich die öffentlichen Aufgaben stark erweitern: Heeresversorgung im Krieg, Transportwesen, städtebauliche Maßnahmen, Straßenbau, Zölle aller Art, Ausbeutung von Bergwerken in den Provinzen. Der Staat übernimmt diese Aufgaben nur teilweise in eigene Regie, teilweise verpachtet er sie an *Staatspächter* (publicani). Diese Gruppe, die den Kern eines sich neu herausbildenden Standes, der *Ritter* (equites), darstellt, wächst aus dem Bauerntum heraus und investiert ihre Gewinne aus der Staatspacht zum großen Teil in Land. Um die teils großen Summen für die Pachten aufzubringen, bilden die „publicani" *Gesellschaften* (societates).

Nicht durch wirtschaftliche, sondern durch politisch-militärische Tätigkeit als Statthalter und Heerführer (Kriegsbeute) erwachsen der römischen Führungsschicht seit der Einrichtung von Provinzen und den Kriegen mit den reichen hellenistischen Staaten Einnahmen, die für den Kreis der Nobilität wahrscheinlich nach und nach die Einnahmen aus der Landwirtschaft übertreffen.

Eine staatliche *Wirtschaftspolitik* im eigentlichen Sinn gibt es in der römischen Republik nicht. Der Staat versucht – nicht immer mit Erfolg –, die Kornzufuhr für die hauptstädtische Bevölkerung zu sichern; er schafft neue Bauernstellen durch *Viritanassignationen* und *Koloniegründungen* (zum letztenmal vor den Gracchen 177), mit denen aber immer auch, wenn nicht primär, militärische Zwecke verfolgt werden. Ebenso liegt die Münzprägung in Händen des Staates: geprägtes Kupfergeld gibt es seit dem 4. Jh., Silbergeld wird erstmals 269 geprägt. Die gebräuchlichsten römischen Münzen seit 217 haben folgende Relation: 1 denarius (Silber) = 4 sestertii (Silber) = 16 asses (Kupfer). 6000 Denare entsprechen einem Talent Silber. Was dieses Geld wert ist, kann man sich am besten an einigen *Löhnen* und *Preisen* klarmachen, die T. Frank für die 1. Hälfte des 2. Jh.s berechnet hat. Ein freier Arbeiter verdient um 3 sest. am Tag, die Arbeit eines Sklaven wird zu 2 sest. gerechnet. Ein modius (= 8,733 Liter) Weizen kostet 3, ein Liter gewöhnlichen Weins 0,77 bis 1 sest., ein Landsklave 300–500 den., ein Pflugochse 60–80 den. Ebensowenig wie eine staatliche Wirtschaftspolitik gibt es vor der Spätantike einen geregelten *Staatshaushalt* mit genauer Planung der Einnahmen und Ausgaben. *Die Bürgersteuer* wird 167 abgeschafft.

Staatliche Einnahmen und Ausgaben (200–157)

Einnahmen		Ausgaben	
Kriegsentschädigungen	152.100.000 den.	Stipendium für Soldaten	300.000.000 den.
Kriegsbeute	109.500.000 den.	Verpflegung für Alliierte	64.000.000 den.
Spanische Minen nach 178	50.000.000 den.	Transportkosten für Armee	50.000.000 den.
Bürgersteuern bis 167	60.000.000 den.	Flotte	58.500.000 den.
Pacht für öffentliches		Öffentliche Gebäude	20.000.000 den.
Land in Italien	63.000.000 den.	Rückzahlung überzahlter	
Tribute der Provinzen	130.000.000 den.	Bürgersteuern	22.500.000 den.
Zölle, indirekte	46.000.000 den.	Andere Ausgaben	
Steuern		(z. B. bestimmte Spiele,	
		Gesandtschaften)	40.000.000 den.
gesamt:	610.600.000 den.	gesamt:	555.000.000 den.
durchschnittliche Jahreseinnahmen:	13.900.000 den.	durchschnittliche Jahresausgaben:	12.600.000 den.

nach T. Frank

Die unter den Ausgaben nicht nachgewiesenen 55 600 000 den. enthalten einen Überschuß von 25 500 000 den.; der Rest ist nicht nachzuweisen. Im übrigen sind fast alle Summen sehr allgemeine Schätzungen und sollen nur Anhaltspunkte bieten. Insgesamt: Roms Wirtschaft wird im Hinblick auf die

Staatsfinanzen, die Versorgung der hauptstädtischen Bevölkerung und die Einnahmen der Aristokratie, teilweise auch der Staatspächter, zunehmend von den Provinzen abhängig. Diese Raubwirtschaft nach außen ist nur die andere Seite der *Sklavenwirtschaft* im Innern. Im Hinblick auf das kleine und mittlere Bauerntum ist die römische Wirtschaft wesentlich *Subsistenzwirtschaft* mit dem Ziel der Autarkie.

Römische Gesellschaft: der *Senat* besteht bis zu Sulla aus 300 Mitgliedern, die von den Zensoren durch „adlectio" (Zuwahl) bestimmt werden. Er rekrutiert sich aus den jeweils bestehenden senatorischen und ritterlichen Familien, wobei der Unterschied zwischen Patriziern und Plebejern immer mehr an Bedeutung verliert. Im Normalfall sichert die Bekleidung von Ämtern die Anwartschaft auf einen Sitz im Senat. Innerhalb der Senatsaristokratie bilden die Familien, die in ihren Reihen oder unter ihren Vorfahren Konsuln haben, einen herausgehobenen Kreis, die *Nobilität*. Insbesondere seit dem 2. Punischen Krieg tendiert dieser Kreis zu strikter Exklusivität, die auch durch wachsende wirtschaftliche Differenzierung innerhalb der Senatorenschicht gestützt wird.

Der Begriff „*Ritter*", ursprünglich nur auf die in 18 Zenturien organisierten Staatspferdinhaber (equites equo publico) angewandt, dient seit der mittleren Republik zunehmend zur Bezeichnung Wohlhabender überhaupt. Erst seit C. Gracchus erhält diese Schicht eindeutige Konturen: seitdem muß jeder Staatspferdinhaber, der Senator wird, sein Pferd abgeben; zudem überträgt Gracchus den Rittern die Geschworenengerichte. Ob schon in der mittleren Republik ein Vermögensminimum für die Zugehörigkeit zum Ritterstand besteht, ist umstritten. – Die Ritter wachsen aus dem wohlhabenden Bauerntum hervor. Ihnen erstehen durch die römische Expansion in und außerhalb Italiens mannigfache Aufgaben, vor allem durch die Staatspacht. Daneben sind Ritter als Großhändler und Offiziere tätig. Obwohl durch die „lex Claudia" von 218 Senatoren vom Seehandel und wahrscheinlich auch von der Staatspacht ausgeschlossen werden, bleiben Ritter- und Senatorenschicht relativ homogen; die Ritter legen ihre Gewinne vornehmlich in Land an und richten sich nach der senatorischen Lebensweise aus.

Durch den Übergang ihrer führenden Familien in die Senatsaristokratie und die allmähliche Ausbildung des Ritterstandes wird die *Plebs* zu einer sozialen Unterschicht, die infolge der Konzentration von Landbesitz zunehmend verarmt. Viele Bauern, die ihre Höfe verlieren, ziehen in die Städte, vor allem nach Rom. Die soziale Zusammensetzung der Plebs ändert sich auch durch die relativ häufigen Freilassungen von Sklaven. Die Lebensbedingungen der Plebs in Rom sind äußerst hart, da es vor C. Gracchus keine staatliche Vorsorge für eine kontinuierliche Getreidezufuhr gibt, Wohnungsknappheit herrscht und bindende Vorschriften für den Wohnungsbau fehlen (deshalb häufige Einstürze und Brände), schließlich weil kein organisierter Schutz gegen die Wechselfälle des Lebens besteht.

Die *sozialen Beziehungen* innerhalb der Aristokratie sind von dem Ziel bestimmt, die soziale Integration der Herrschaftsschicht zu sichern. Diesem Ziel dienen: die starke Ausprägung der *väterlichen Gewalt* (und damit ein strikter Zwang zur Einordnung von Kindern und „Jugendlichen"); die Verbindungen von Adelsfamilien durch *politische Heiraten* und durch – wesentlich politisch bestimmte – Freundschaften (amicitiae) – politische Gruppen bilden sich in Rom nicht um Programme, sondern um Personen; das Protektionswesen, d.h. der Zwang für junge Adlige, sich einflußreichen Nobiles anzuschließen, um in der politischen Laufbahn voranzukommen; ein einheitliches Wertesystem, das auf bäuerlicher Grundlage ruht und in dessen Rahmen die Konkurrenz innerhalb der Adligen auf das Wirken im Staat bezogen ist; schließlich der Senat, der nicht nur ein Herrschaftsorgan, sondern auch ein Mittel sozialer Kommunikation ist, das allen anderen sozialen Gruppen in Rom fehlt. Bis um 200 wird die Integration der Herrschaftsschicht gestützt durch äußere Anspannung.

Für die Beziehungen zwischen der Herrschaftsschicht und den übrigen Gruppen der Bürgerschaft ist bis zur mittleren Republik vor allem das Institut der *Klientel* kennzeichnend: es bildet nicht nur einen wichtigen gesamtgesellschaftlichen Integrationsfaktor, sondern auch die soziale Grundlage der aristokratischen Herrschaft. Die feste und gleichmäßige Verteilung der Klientel auf die Führungsschicht sichert zudem die aristokratische Gleichheit und zwingt, wie die äußere Anspannung, die Adligen zur Kooperation. Wenn in der 1. Hälfte des 2. Jh.s Patrone den Schutzverpflichtungen gegenüber bäuerlichen Klienten oft nicht nachkommen und viele Bauern ihre Wohnsitze verlassen müssen, führt das wahrscheinlich zu einer Lockerung der Klientelbeziehungen, deren Wirkung sich im *Tribunat des Ti. Gracchus* zeigt.

Im übrigen profitiert auch die *soziale Unterschicht* bis zum 2. Punischen Krieg von der römischen Expansion. *Soziale Unzufriedenheit* scheint sich erst seit dieser Zeit in großem Umfang auszubreiten: Zeichen

208 Altertum – Römische Geschichte

dafür sind das verstärkte Eindringen östlicher *Jenseits- und Mysterienreligionen* in Italien (vgl. den Senatsbeschluß von 186 gegen die Bacchanalien) und Kriegsdienstverweigerungen seit dem Ende der 150er Jahre.

Die Ritter haben mit der Führungsschicht weitgehend die gleichen Interessen an der Erhaltung des status quo und sind durch die wirtschaftlichen Möglichkeiten, die sich ihnen seit dem 2. Jh. bieten, voll saturiert. *Sklaven* gelangen nach Rom durch Kriege (seit dem 3. Jh. werden in der Regel nur noch die Bewohner abgefallener oder aufständischer Städte versklavt), durch *Sklavenjagden* römischer Statthalter und Publikanen und über den *Sklavenmarkt* (vor allem in Delos und Aquileia). Die Hauptquelle für Sklaven scheint aber deren natürliche Fortpflanzung zu sein. – Der römische Sklave hat keine persönlichen Rechte, er ist rechtlich eine Sache (res), mit der der Besitzer nach Belieben verfahren kann. An der Wende vom 3. zum 2. Jh. wird auf den Gütern der Reichen die Sklaverei zur Grundlage der landwirtschaftlichen Produktion, doch dringen Sklaven auch verstärkt ins Handwerk sowie in die private und öffentliche Verwaltung ein. Je nach Beschäftigungssituation ist die Lage der Sklaven sehr unterschiedlich: am unmenschlichsten sind die Verhältnisse in den Bergwerken; die Arbeit dort ist häufig Bestrafung für Freie wie für Sklaven. In der Landwirtschaft werden die Sklaven zwar nicht rücksichtslos ausgebeutet (in einer nicht-kapitalistischen Wirtschaft steht das Interesse an der Erhaltung des Besitzes im Vordergrund), werden aber dauernd beaufsichtigt, sind jederzeit der Willkür ihrer Herren oder Verwalter ausgesetzt, leben z.T. in Sklavenhäusern (ergastula) und sind vom gesellschaftlichen Leben isoliert. Die Handwerker-Sklaven sind oft nicht im Haushalt ihres Herrn tätig, genießen eine gewisse Unabhängigkeit und haben wahrscheinlich Zutritt zu den Kollegien und deren Kulten. Noch besser geht es den Sklaven in der Verwaltung und denen mit speziellen Fähigkeiten (z.B. Köche, Tänzer): ihr Wert sichert ihnen menschliche Behandlung. Von der unterschiedlichen Situation wie von der verschiedenen ethnischen Herkunft der Sklaven her ist nicht ohne weiteres auf eine gemeinsame Interessenlage zu schließen.

Obwohl Polybios und Cicero die römische **Regierungsform** als Mischung zwischen Monarchie, Aristokratie und Demokratie bezeichnen, kann kein Zweifel am *aristokratischen (oligarchischen) Charakter* der römischen Herrschaft bestehen. Fundamentale Prinzipien einer organisierten aristokratischen Herrschaft sind die aristokratische Gleichheit und die Beschränkung der Ausübung politischer Macht auf die Mitglieder der Aristokratie. Die wichtigsten politischen Institutionen Roms sind der Senat, die Magistrate und die Volksversammlung.

Der *Senat* setzt sich aus 300 Mitgliedern zusammen, die sich vor allem aus den gewesenen Magistraten rekrutieren. Rechtlich hat er fast keine Kompetenzen; er ist *Beratungsorgan der Magistrate* (senatum consulere; der Senatsbeschluß heißt senatus consultum). Faktisch wird der Senat in der mittleren Republik zum entscheidenden *Regierungsorgan* Roms, weil in ihm die politische Erfahrung Roms repräsentiert ist und er ein kontinuierliches Organ gegenüber den jährlich wechselnden Magistraten bildet. Das wirkt sich besonders in der angesichts der Expansion komplizierter werdenden Außen- und Finanzpolitik aus, weshalb der Senat diese beiden Gebiete als seine Domäne betrachtet. Ein großer Teil der *Gesetzgebung* zwischen dem 2. Punischen Krieg und den Gracchen vollzieht sich auf Initiative des Senats. Ferner usurpiert der Senat eine wichtige Rolle in der *Gerichtsbarkeit*: er setzt häufig außerordentliche Quästionen (Untersuchungsgerichte) ein. Richter in Geschworenengerichten sind Senatoren. – Aufgrund der sozialen Abhängigkeitsverhältnisse (Klientel) und der vielfältigen Einspruchsrechte ist im Normalfall ein Magistrat ohne Zustimmung des Senats aktionsunfähig. Dieser ist deshalb auch das entscheidende politische Mittel zur Sicherung der aristokratischen Gleichheit.

Außerordentliche Magistraturen

Name	Zahl und Entstehung	Bestellung	Rekrutierung	Amtszeit	Funktionen
Interrex	1; wahrscheinlich Königszeit	durch patrizische Senatoren	nur Patrizier	5 Tage	Abhaltung von Konsulwahlen, wenn Konsulat vakant ist.
Dictator	1; wahrscheinlich Königszeit	von 1 Konsul ernannt	Konsulare	6 Monate	besondere Aufgaben, vor allem im militärischen Bereich
Magister equitum	1; wahrscheinlich Königszeit	vom Dictator ernannt	Konsulare	6 Monate	Gehilfe des Dictators, Aufgaben nach Auftrag

Bis zu Sulla hin sind auch Proconsules und Propraetores als außerordentliche Magistrate zu betrachten. Seit 326 wird mehrfach das Imperium von Konsuln und Prätoren verlängert (prorogiert), damit kriegerische Aufgaben pro consule oder pro praetore zu Ende geführt werden können. Im 2. Punischen Krieg erhalten auch Private prokonsularische Imperien, seit dem 2. Jh. werden Prokonsuln und Proprätoren auch in der Provinzverwaltung eingesetzt. Die damit eingeleitete institutionelle Verfestigung der Promagistratur wird durch Sulla vollendet; seitdem folgt auf jedes Konsulat und jede Prätur automatisch eine Promagistratur in den Provinzen.

Grundlinien der republikanischen Epoche *209*

Ordentliche Magistraturen

Name	Zahl und Entstehung	Wahl in	Rekrutierung	Funktionen
Censores	2; 367/6	comitia centuriata	Konsulare	Vermögensschätzung und Musterung der Bürger (census); Auswahl der Mitglieder des Senats (lectio senatus); Musterung der Ritter (census equitum); Sittenaufsicht (cura morum); verantwortlich für Gemeindeimmobilien; Verpachtung staatlicher Güter (Bergwerke, Zölle); Anordnung und Realisierung städtischer Neubauten
Consules	2; Beginn eines städt. Oberamtes am Anfang der Republik; wann als consules, unsicher	comitia centuriata	im Normalfall konsularische Familien	Imperium; allgemeine Leitungsfunktion; Heerführung; Berufung und Leitung der Komitien und des Senats
Praetores	367/6: 1 praetor urbanus	comitia centuriata	senatorische und Ritterfamilien, Bürger der 1. Klasse	Imperium; Vertretung des Konsuls bei dessen Abwesenheit; Berufung und Leitung der Komitien und des Senats; Jurisdiktion in Rom; Vorsitz in Geschworenengerichtshöfen (seit 2. Jh.); Abhaltung der ludi solemnes
	+ 242: 1 praetor peregrinus			Imperium; Iurisdiktion inter cives et peregrinos (zwischen Bürgern und Fremden).
	+ 227: 2 praetores			Verwaltung der Provinzen Sizilien und Sardinien / Korsika
	+ 197: 2 praetores			Verwaltung der beiden spanischen Provinzen
Tribuni plebis	spätestens seit um 450 10; kurz nach Beginn der Republik	concilium plebis	nur Plebejer	Berufung und Leitung des concilium plebis (Gesetzgebung, politische Gerichtsbarkeit); Hilferecht (ius auxilii) und Interzessionsrecht (ius intercedendi)
Aediles plebis	2; kurz nach Beginn der Republik	concilium plebis		Berufung u. Leitung des concilium plebis; Verwaltung der plebejischen Tempel — cura urbis: Aufsicht über Sicherheit und Sauberkeit der Stadt und des Verkehrs, über Kultstätten, Marktgeschäft, Bäder, Garküchen, Bordelle, öffentliche Brunnen; Multprozesse vor Tributkomitien;
Aediles curules	2; 367/6	comitia tributa	senatorische und Ritterfamilien; Bürger der 1. Klasse	Berufung und Leitung der Tributkomitien; Zivilprozesse wegen Beleidigung; cura ludorum — cura annonae: Sorge für ausreichende Getreide- und Ölzufuhr, Aufsicht über Magazine, Leitung der Getreideverteilung
Quaestores	447: 2 quaestores urbani			Gehilfen der Konsuln; Verwalter des aerarium
	+ 421: 2 quaestores	comitia tributa		Feldherrnquaestoren; Verwaltung der Kriegskasse und der Proviantmagazine; Vertretung des Feldherrn
	+ 267 (?): 4			quaestores classici für die Flotte
	+ unbestimmte Zahl			Provinzquaestoren; Verwaltung der Gelder und Marktgerichtsbarkeit in Provinzen; Vertretung des Statthalters.

Obenstehende Liste der ordentlichen Magistraturen stellt eine Rangfolge, nicht eine hierarchische Ordnung dar. Die Reihenfolge und das jeweilige Mindestalter für die *Bekleidung der Ämter* werden erstmals in der „lex Villia annalis" von 180 genau festgelegt. Wie weit der Volkstribunat dabei mit berücksichtigt ist, läßt sich nicht feststellen. – Alle ordentlichen römischen Magistrate werden nur für ein Jahr gewählt *(Prinzip der Annuität)*; nur die Amtszeit der Zensoren, die nur alle fünf Jahre gewählt werden, beträgt 18 Monate. Jedes Amt wird mindestens mit 2 Vertretern besetzt *(Prinzip der Kollegialität)*. Die Ämter sind grundsätzlich unbezahlte *Ehrenämter* (honores), weshalb sie nur von Wohlhabenden bekleidet werden können. Jeder Beamte hat gegenüber seinen Kollegen, jeder höhere Magistrat hat gegenüber dem niedrigeren ein *Einspruchsrecht* (Veto). Eine Sonderstellung nehmen aufgrund ihrer Entstehung die *Volkstribune* ein: sie unterliegen nur dem Einspruch ihrer Kollegen, können aber ihrerseits die Amtshandlungen jedes anderen Magistrats unterbinden (ius intercedendi). Weitere Einspruchsmöglichkeiten bietet die *Religion:* viele Amtshandlungen, insbesondere die Abhaltung von Volksversammlungen, werden von religiösen Zeremonien begleitet; eine Amtshandlung darf nicht durchgeführt bzw. muß abgebrochen werden, wenn die religiösen Vorzeichen schlecht sind. Durch alle diese Regelungen sichert sich die Aristokratie gegen Einzelgänger. – Die *allgemeine Amtsgewalt* der römischen Magistrate heißt „potestas", die *spezifische Amtsgewalt* der Obermagistrate (Konsuln, Prätoren) „imperium", das z.B. die Kompetenz zur Heerführung und zur Abhaltung von Zenturiatkomitien einschließt. – Die römischen *Magistrate* sind nicht einfach Repräsentanten des Volkes. Sie werden zwar vom Volk gewählt, aber die wahlleitenden Magistrate haben das Recht, die Kandidatur von Bewerbern anzunehmen oder abzulehnen; eine Wahl wird erst gültig durch die Verkündigung (renuntiatio) des wahlleitenden Magistrats. Die Beamten sind dem Volk nicht verantwortlich, es gibt kein förmliches Rechenschaftsverfahren. Keine Volksversammlung kann ohne Initiative eines Magistrats handeln. Die Volkstribune waren zwar ursprünglich Repräsentanten der Plebs, haben diesen Charakter aber mit dem Ende der Ständekämpfe eingebüßt. In der 1. Hälfte des 2. Jh.s sind sie bevorzugte Mittel senatorischer Politik.

Die Organisation der Herrschaft gegenüber den Nichtrömern.

Kategorien	Latiner (nomen Latinum)	Bundesgenossen (socii)	„Freunde" (amici)	Föderierte (socii)	Provinziale (stipendiarii)
geographischer Raum	Italien		außeritalische Gebiete		
Grundlagen des Verhältnisses zu Rom	Vertrag	Vertrag	Gesandtenaustausch, konkret geleistete Hilfe (merita), Friedensverträge oder Verträge anderer Art	Vertrag	Unterwerfung; Provinzialstatut (lex provinciae)
rechtlicher Status	im Innern autonom, Prozeß-, Handels-, Heiratsgemeinschaft mit Römern	im Innern autonom	volle Autonomie, die im 2. Jh. faktisch nicht mehr gewährt wird	im 3. Jh. volle Autonomie, im 2. Jh. nur noch innere Autonomie	Rom ist Souverän; die Herrschaft wird durch Statthalter ausgeübt; lokale Selbstverwaltung wird belassen
Pflichten gegenüber Rom	Verzicht auf außenpolitische Handlungsfreiheit; Leistung von Militärhilfe; keine Tribute		Neutralität im Kriegsfall; zunehmend wird aktive Unterstützung erwartet und gefordert	materielle und militärische Unterstützung im Kriegsfall	Grundsätzlich alles, was Rom verlangt: im Regelfall Zahlung von Tributen, Stellung von Auxilien, Unterwerfung unter römische Gerichtsbarkeit
Leistungen Roms	Schutz nach außen; Beteiligung an Kriegsbeute, Landanweisungen, Okkupation		Neutralität im Kriegsfall; seit dem Ende des 3. Jh.s interpretiert Rom die amicitia im Sinne einer Schutzmachtstellung, nimmt eigenmächtig „Interessen" der amici wahr	Garantie der Autonomie	Schutz nach außen, Garantie von Friede und Ordnung im Innern

Grundlinien der republikanischen Epoche   211

Die Vielfalt der *römischen Volksversammlungen*, die sich in ihren Kompetenzen teilweise überschneiden, hat historische Gründe. In der mittleren und späten Republik sind die *Kuriatkomitien* politisch bedeutungslos. Den *Zenturiatkomitien* bleiben zwar die Wahlen der *Obermagistrate*, bestimmte politische Entscheidungen sowie politische Kapitalprozesse vorbehalten; die Gesetzgebung geht jedoch – wegen des einfacheren Verfahrens – immer mehr auf das „concilium plebis" über. – In allen römischen Volksversammlungen wird nach *Stimmeinheiten* (Kurien, Zenturien, Tribus), nicht nach Personen abgestimmt. In den Zenturiatkomitien haben die reichen und gehobenen Schichten übermäßigen Einfluß; die Masse der Armen und Besitzlosen stimmt nur in wenigen Zenturien und kommt im Normalfall gar nicht zur Abstimmung, da diese abgebrochen wird, wenn die Mehrheit der Zenturien erreicht ist. In den *Tributkomitien* und im „concilium plebis" spielt zwar der Besitz keine direkte Rolle; da aber die zum Teil sehr weit von Rom entfernt wohnenden Bauern zu gewöhnlichen Abstimmungen nicht in die Hauptstadt kommen können, haben auch hier die Reichen ein Übergewicht. Zudem wirkt sich das *Klientelsystem* auch in den Versammlungen aus: bis 139 sind die Abstimmungen nicht geheim, so daß die Adligen die Stimmabgabe ihrer Klienten kontrollieren können. – Initiativen in den Volksversammlungen können nur von den Magistraten ausgehen. Es gibt keine Diskussion, sondern nur die *Abstimmung* mit „ja" oder „nein". Zwar können den Komitien sog. „contiones" vorangehen, formlose Versammlungen, in denen z.B. Gesetzestexte verlesen und Stellungnahmen abgegeben werden; aber auch in den „contiones" gibt es keine freie Diskussion. Auch sie werden von einem Magistrat geleitet; sprechen darf nur, wer vom Magistrat dazu aufgefordert wird.

Mit den *Latinern* und italischen *Bundesgenossen* bilden die Römer eine **Wehrgemeinschaft.** Das römische *Heer* ist ein bäuerliches Milizheer, zu dem neben den römischen Bauern auch festgesetzte Kontingente der Latiner und Bundesgenossen herangezogen werden. Diese Wehrgemeinschaft ist wesentlicher Zweck der Verträge; deutliche Eingriffe in die inneren Angelegenheiten der Bundesgenossen kommen erst im 2. Jh. vor. – Die „*Freundschaft*"(amicitia) dient zunächst dazu, ein Verhältnis wohlwollenden Interesses zu außeritalischen Städten und Staaten zu schaffen. Mit der wachsenden Ausdehnung und Macht Roms läßt sich die Unabhängigkeit der „Freunde" nicht aufrechterhalten. Im 2. Jh. wird dieser Status im Hinblick auf Pflichten und die außenpolitische Handlungsfreiheit dem der italischen Bundesgenossen angenähert. – Regelrechte *Bündnisverträge* mit außeritalischen Partnern sollen in der Regel diese aus der Provinzialorganisation heraushalten und ihre Unabhängigkeit garantieren, doch ist auch dieses Ziel angesichts der römischen Überlegenheit kaum zu erreichen. – Die *Provinzialen* bilden die „Untertanen" Roms. Die ihnen aufgebürdete *Steuerlast* ist anfangs relativ gering, sie liegt z.T. erheblich unter den vorher einheimischen Herrschern geleisteten Abgaben. Schwerere Belastungen ergeben sich für die Provinzialen – vor allem in Spanien und dem hellenistischen Osten – aus Kriegen (Einquartierung, Verpflegung von Heeren, Stellung von Auxilien) und dem privaten Zugriff der Statthalter. In anderen Provinzen – wie z.B. Sizilien – werden durch die römische Herrschaft dauernde innere Auseinandersetzungen beendet und damit die Grundlagen auch für größere wirtschaftliche Prosperität geschaffen.

Rom ist in den ersten zweihundert Jahren der Republik relativ stark von der Außenwelt, insbesondere von griechischen Einflüssen, isoliert. Ein engerer Kontakt zur *griechischen Kultur* entsteht erst wieder in der 1. Hälfte des 3. Jh.s über die süditalischen Griechenstädte. Wegen der Isolation, der dauernden kriegerischen Anspannungen und der inneren Auseinandersetzungen zwischen Patriziat und Plebs entwickelt sich keine eigene Adelskultur. – Was die **kulturelle Entwicklung** insgesamt angeht, so weiß man über die *bildende Kunst* nur wenig. Sie ist zunächst durch Importe aus dem griechischen Süditalien geprägt. In Pompeii beginnt um 150 der sog. 1. Stil in der *Wandmalerei*, in der *Architektur* erfolgt im 2. Jh. der Übergang vom einfachen italischen Haus zum griechisch beeinflußten Peristyl-Haus (genannt nach dem von Säulen umgebenen Innenhof). Charakteristisch für die Bautätigkeit in Rom sind die großen *Basiliken* auf dem Forum: die Basilica Porcia (184), Aemilia (179), Sempronia (170) und Opimia (121). Der 179 begonnene Pons Aemilius (Aemilische Brücke) wird 142 erstmals durch steinerne Bögen überwölbt.

Die *literarische Produktion* beginnt erst im 3. Jh. Sie wird, soweit sie nicht Geschichtsschreibung ist, zunächst meist von Dichtern nichtrömischer Herkunft getragen. Neben Übersetzungen von *Epen, Tragödien* und *Komödien* aus der *griechischen Literatur* werden originär römische Epen, Tragödien (tragoedia praetexta) und Komödien (comoedia togata) geschaffen. *L. Livius Andronicus* (aus Tarent? wirkt mindestens zwischen 240 und 207) übersetzt die Odyssee und verfaßt Dramen, *Cn. Naevius* (aus Kampanien? ca. 265– nach 200) schreibt neben Tragödien und Komödien ein Epos „Bellum Punicum". Die ersten Höhepunkte findet die Komödie in *T. Maccius Plautus* (aus Sarsina, ca. 250– ca. 184) und *P. Terentius Afer* (aus Karthago, 185?– ca. 160), das historische Epos in *Q. Ennius* (aus Rudiae, 239–169) mit den „Annales". – Die römische *Geschichtsschreibung* ist mit der praktischen Politik eng verbunden, ihre Autoren sind durchweg Mitglieder der römischen Führungsschicht. Als erster schreibt *Q. Fabius Pictor*, der 216 als Gesandter in Delphi ist, während des 2. Punischen Krieges eine „Römische Geschichte" in griechischer Sprache, um den Griechen die römische Politik verständlich zu machen. Auch die folgenden Werke der Annalisten *L. Cincius Alimentus* (Ende des 3. Jh.s), A. Postumius Albinus (Konsul 151) und *C. Acilius* (um 150) sind in griechischer Sprache verfaßt. Das erste Geschichtswerk in lateinischer Sprache, die „Origines", stammt von *M. Porcius Cato* (234–149) und berücksichtigt ausführlich auch die Zeitgeschichte. Neben „Annales" in lateinischer Sprache (L. Calpurnius Piso Frugi, Konsul 133, und C. Sempronius Tuditanus, Konsul 129) entsteht erstmals auch eine historische Monographie: das „Bellum

Die römischen Volksversammlungen

Name	Teilnehmer	Leitung	Versammlungsort	Funktionen		
				Wahl	Gesetzgebung	Gericht
Comitia curiata (Kuriatkomitien)	30 curiae (= Personalverbände); in der späten Republik wird jede curia durch 1 Liktor repräsentiert	Konsul oder Prätor, in religiösen Angelegenheiten Pontifex Maximus	Comitium (Capitol)		lex curiata, durch die das imperium der höheren und die potestas der niedrigen Magistrate bestätigt wird; in Versammlungen unter dem Pontifex Maximus werden Adoptionen und bestimmte testamentarische Verfügungen bestätigt.	
Comitia centuriata (Zenturiatkomitien)	193 centuriae (= Vermögenseinheiten); offen für alle Bürger	Konsul oder Prätor; wenn kein Konsul im Amt, Interrex für Konsulwahlen	Außerhalb des Pomeriums, fast immer Campus Martius	von Konsuln, Prätoren, Zensorn	Ursprünglich für gesamte Gesetzgebung zuständig; nach 218 aber nur noch selten für allgemeine Gesetze gebraucht, ausgenommen Kriegserklärung und Bestätigung der potestas der Zensoren	zuständig für Kapitalklagen; seit Gracchenzeit vor allem auf Perduellionsklagen beschränkt
Comitia tributa (Tributkomitien)	35 Tribus (= Wohnbezirke). 4 städtische und 31 ländliche; offen für alle Bürger	Konsul oder Prätor; für Gerichtsfälle manchmal kurulischer Ädil	Für Wahlen in der späten Republik Campus Martius; für Gesetzgebung und Gericht das Forum oder die Area Capitolina	von kurulischen Ädilen, Quästoren, niedrigen Beamten, Sonderbeauftragten	Gesetzgebung jeder Art, ausgenommen die den Comitia centuriata vorbehaltene	Für Verbrechen gegen den Staat, die nicht kapital waren
Concilium plebis (Versammlung der Plebs)	35 Tribus, offen nur für Plebejer	Volkstribun oder plebejischer Ädil		von Volkstribunen, plebejischen Ädilen und bestimmten Sonderbeauftragten	Seit 287 haben Plebiszite den Rang von Gesetzen; der größte Teil der Gesetzgebung seit 218 durch concilium plebis	Häufige Verfahren durch Tribune wegen Verbrechen gegen den Staat

nach L. R. Taylor

Punicum" des *L. Coelius Antipater* (180/170?– nach 121). – Die Kategorie des Sachbuches führt der schon genannte *Cato* mit einem Werk über die Landwirtschaft (De agri cultura), einer Art Leitfaden für die Gutsverwaltung, in Rom ein.

Seit dem 2. Jh. werden auch Einflüsse der griechischen *Philosophie und Bildung* in Rom aufgenommen. 168 kommt als Geisel der griechische Historiker *Polybios* nach Rom, der in seiner „Geschichte" den Aufstieg Roms zur Weltherrschaft aus der Verfassung des römischen Staates zu erklären versucht. 155 besuchen die Häupter der attischen Philosophenschulen Rom; der Stoiker *Panaitios* hat ebenso wie Polybios engen Kontakt zu *P. Cornelius Scipio Aemilianus.* Griechisch gebildete Sklaven sind als Hauslehrer in adligen Familien tätig und gründen Schulen.

Die römische **Religion** bewahrt auch in der mittleren Republik noch stark den Charakter einer Bauernreligion, der z. B. aus einer Liste der wichtigeren Feste und Feiern des römischen Jahres hervorgeht:

Feste und Feiern

Zeit	Name	Bedeutung
11. u. 15. Jan.	Carmentalia	zu Ehren der Carmentis, Geburtsgöttin (?)
15. Februar	Lupercalia	urspr. Hirtenfest zur Abwehr der Wölfe, dann Reinigungsfest
13.–21. Febr.	Parentalia	zu Ehren der Toten der Familie
17. März	Liberalia	für Liber und Libera, Fruchtbarkeitsfest
27. Febr. und 14. März	Equirria	
19. März	Quinquatrus	Reinigung der Pferde, Waffen und Hörner
23. März	Tubilustrium	zur Vorbereitung des Feldzuges
15. April	Fordicidia	Opferung trächtiger Kühe in den Kurien für Tellus (= Erde)
21. April	Parilia	Hirtenfest zur Reinigung
25. April	Robigalia	zur Abwehr des Getreiderostes
9., 11., 13. Mai	Lemuria	zur Abwehr von Gespenstern
11. Juni	Matralia	zu Ehren der Mater Matuta für die eigenen Kinder
19., 21. Juli	Lucaria	?
23. Juli	Neptunalia	Bau von Laubhütten, Versiegen von Wasser soll abgewendet werden (?)
17. August	Portunalia	für Türen
19. August	Vinalia	zu Ehren Jupiters, für Schutz der Weinberge
21. August, 15. Dezember	Consualia	zu Ehren des Consus = Gott des geernteten Getreides
23. August	Volcanalia	zum Schutz der Ernte vor Feuer
11. Oktober	Meditrinalia	Fest des neu gekelterten Weines
13. Oktober	Fortinalia	zur Stärkung der Quellen
15. Oktober	Equus October	
19. Oktober	Armilustrium	Entsühnung der Pferde und Waffen nach den Feldzügen
11. Dezember	Agonicum Indigati	für Wärme für die Wintersaat
17. Dezember	Saturnalia	Bauernfest
23. Dezember	Larentalia	Zu Ehren der Lares = Hausgötter

nach K. Latte

Wichtigster Inhalt der römischen Religion ist es, sich bei allen Geschehnissen und Handlungen des Wohlwollens der Götter zu versichern. Dies gilt auch für Ereignisse des staatlichen Lebens. Staat und Religion sind deshalb eng aufeinander bezogen, eine ganze Anzahl öffentlicher *Priesterschaften* nehmen religiöse Aufgaben wahr: z. B. die „pontifices" (Priester) mit dem „pontifex maximus" an der Spitze, die für alle Entscheidungen in sakralen Fragen letztlich zuständig sind; die „haruspices" und „augures", jene für die *Weissagung* aus tierischen Eingeweiden, diese für die *Vogelschau* (sie unterstützen Magistrate bei den Auspizien); die „fetiales" wirken bei der Kriegserklärung und beim Friedensschluß mit.

Eine moralische Verantwortung gegenüber den Göttern kennt die ursprüngliche römische Religion ebensowenig wie ekstatische Riten und Jenseitsvorstellungen; diese verbreiten sich aus dem Osten erst seit dem 2. Punischen Krieg. Seit derselben Zeit kommen verstärkt *Spiele* (ludi) auf, deren religiöser Inhalt immer mehr säkularisiert wird. Im Jahre 240 werden sie erstmals mit szenischen Aufführungen verbunden.

Die innere Entwicklung Roms 200 bis 133

seit 201   In den in Süditalien konfiszierten Gebieten werden teilweise Veteranen Scipios angesiedelt, große Teile des Landes werden zur Okkupation freigegeben.

194   Zur Sicherung der italischen Küsten und der ehemals aufständischen Gebiete werden die *Bürgerkolonien* Salernum (heute: Salerno), Puteoli (heute: Pozzuoli), Volturnum (heute: Castel di Volturno), Liternum (heute: Literno), Sipontum (heute: S. Maria di Siponto),

214 Altertum – Römische Geschichte

Buxentum (beim heutigen Policastro), Croton (heute: Crotone) und Tempsa (beim heutigen Nocera) gegründet.

193/192 Gründung der latinischen Kolonien Copia (am Ort von Thurioi) und Vibo Valentia.

200/180 Nicht genau datierbare „*leges Porciae*" dehnen die Provokation auf das gesamte Reichsgebiet aus und führen – entweder rechtlich oder faktisch – ein Verbot der magistratischen Kapital- und Prügelstrafe herbei. Der Unterschied zwischen Bürgern und Nichtbürgern, die nicht das Provokationsrecht haben, wird dadurch vertieft.

186 Senatsbeschluß gegen die *Bacchanalien* (Dionysos-Kult), weil in ihnen eine Gefahr für die staatliche Ordnung gesehen wird; sie werden nur noch unter staatlicher Kontrolle erlaubt. In dem Vordringen östlicher Jenseits- und Mysterienreligionen macht sich soziale Unzufriedenheit bemerkbar.

184/181 Zur Sicherung der Verbindungen nach Norden werden die Bürgerkolonien Potentia (heute: Potenza) und Pisaurum (heute: Pesaro) sowie Saturnia und Graviscae (heute: Porto Clementino) gegründet.

181 Gesetz gegen „ambitus", d. h. gegen Mißbräuche bei der Ämterbewerbung, hervorgerufen durch wachsende Konkurrenz innerhalb der Herrschaftsschicht. Bis zum Ende der Republik sind ambitus-Gesetze ein ständiges Thema römischer Innenpolitik.

180 „*lex Villia annalis*"; sie regelt die Ämterlaufbahn und das Eintrittsalter für Ämter und soll außerordentliche Karrieren wie die des Scipio Africanus unmöglich machen.

167 Die römische Bürgersteuer wird abgeschafft.

153 Ein Gesetz (lex Aelia et Fufia) verbessert die *religiösen Einspruchsmöglichkeiten* (Obnun-

152/150 tiation) bei Volksversammlungen. Dieses Gesetz dient ebenso wie ein Verbot der zweimaligen Wahl zum Konsul der Beschränkung der magistratischen Gewalt.

149 Durch ein Gesetz des L. Calpurnius Piso Frugi wird ein erster ständiger *Geschworenengerichtshof* in Rom eingerichtet, der für Rückforderungen (Repetunden) der Provinzialen gegenüber Statthaltern zuständig ist. Geschworene sind Senatoren.

139, 137 *Tabellargesetze* schreiben die schriftliche Abstimmung (tabella=Stimmtäfelchen) zunächst bei Beamtenwahlen, dann bei Gerichtskomitien vor. Die unmittelbare Kontrolle der Klienten durch Patrone bei Stimmabgaben wird dadurch verhindert.

In der ganzen Periode zwischen 200 und 133 erleidet das Kleinbauerntum vor allem infolge von Belastungen durch Kriege weitere Einbußen, die Besitzkonzentration setzt sich fort. Rekrutierungen für Kriege werden immer schwieriger. Die Klientelbeziehungen beginnen sich zu lockern. Mitglieder der Aristokratie erkennen die Gefahren der wachsenden Konkurrenz innerhalb der Herrschaftsschicht und der hervorgehobenen Stellung einzelner (als Feldherrn, Statthalter); die Maßnahmen dagegen bleiben jedoch auf der institutionell-organisatorischen Ebene.

Die späte römische Republik (133–44)
Soziale und politische Desintegration

Seit der **Gracchenzeit** wird deutlich, daß die stadtstaatlich organisierte römische Aristokratie die Probleme, die sich aus der Regierung eines Weltreichs ergeben, innerhalb des überkommenen politischen Systems nicht lösen kann. Durch den Niedergang des Kleinbauerntums wird die Klientel gelockert, das *politische Gleichgewicht gestört* und die *militärische Macht Roms gefährdet;* die zunehmende Differenzierung innerhalb der Aristokratie, noch erhöht durch die Entstehung der Heeresklientel, bedroht ebenfalls die aristokratische Gleichheit; die Bundesgenossen fordern das Bürgerrecht, dessen kriegerisch erzwungene Gewährung die „res publica" in einer der traditionellen sozialen und politischen Organisationsformen sprengenden Weise ausweitet. Kennzeichnend für die inneren Schwierigkeiten ist die *Emanzipation des Volkstribunats* vom Senat. In den populären Volkstribunen, die, auf die Zustimmung der Volksversammlung gestützt, gegen die Senatsmehrheit handeln, erscheint ebenso wie in den großen Feldherrn der späten Republik temporär immer schon der spätere Prinzeps, ohne daß der Prozeß zum Prinzipat eine eindeutige Zielrichtung besäße. – Die Außenpolitik wird immer mehr von den inneren Auseinandersetzungen bestimmt.

136–132 **1. Sklavenaufstand in Sizilien,** verursacht durch die Ausweitung der Sklavenwirtschaft seit dem 2. Punischen Krieg (218–201). Von Enna ausgehend, erhält der Aufstand schnell großen Zulauf. Die Sklaven wählen sich den weissagekundigen Syrer *Eunus* zum König, der sich Antiochos nennt und sein Königtum nach hellenistischem Muster ausgestaltet.

seit 134 Die Römer nehmen den Aufstand zunächst nicht ernst; erst als konsularische Heere eingesetzt werden, kann er unterdrückt werden.

Da der *Niedergang des Kleinbauerntums* auch die römische Wehrkraft gefährdet, bringt schon einige Jahre vor 133 C. Laelius einen Vorschlag zur Landaufteilung ein, zieht ihn aber wegen starken Widerstandes zurück.

Späte römische Republik   215

133 **Ti. Sempronius Gracchus,** dessen Familie zu den Spitzen der römischen Nobilität gehört, macht als Volkstribun einen neuen *Gesetzesvorschlag:* Jeder soll nur noch 500 „iugera" (= 125 ha) an Gemeindeland (ager publicus) besitzen dürfen, dazu noch je 250 „iugera" für 2 erwachsene Söhne. Der Rest soll eingezogen und in Einheiten zu je 30 „iugera" zur Errichtung neuer Bauernstellen verwendet werden, die unverkäuflich sein sollen. Privatbesitz wird durch das Gesetz nicht tangiert. Obwohl einflußreiche Nobiles den Vorschlag unterstützen, lehnt die Senatsmehrheit ihn ab. Ti. Gracchus bringt sein Gesetz dennoch vor die Volksversammlung, findet ungeheure Zustimmung und läßt einen im Auftrag der Senatsmehrheit interzedierenden Volkstribunen, *M. Octavius,* absetzen; danach wird das Gesetz angenommen. Ferner beschließt die Volksversammlung auf Antrag des Ti. Gracchus, die angefallene Erbschaft des Königreiches Pergamon für die Durchführung des Ackergesetzes zu verwenden. Ti. Gracchus sucht sich gegen Drohungen, ihn nach seiner Amtszeit vor Gericht zu stellen, durch die Bewerbung um einen zweiten Tribunat zu schützen, doch wird er bei den Vorbereitungen dazu mit 300 seiner Anhänger von Senatoren unter Führung des *P. Cornelius Scipio Nasica Serapio* erschlagen.

Die Vorgänge sind in mehreren Punkten symptomatisch für die gesamte späte Republik: 1. mit *Ti. Gracchus* wird der Volkstribunat zum aktiven *Träger von Reformen* und emanzipiert sich vom Senat; 2. eine Minderheit der Herrschaftsschicht kann mit Hilfe des Tribunats und der Volksversammlung gegen die Senatsmehrheit Politik machen; man nennt diese Art politischen Handelns *populare Politik* (popularis ratio); 3. die Bedingung der Möglichkeit solcher Politik ist die *Abschwächung der Klientelbeziehungen* und die wirtschaftlichsoziale Not der Unterschichten; 4. diese Schichten werden aber nicht dauerhaft politisiert; bei der Schlußkatastrophe steht ein Teil des Volkes, besonders der „plebs urbana", auf der Seite der Senatsmehrheit; 5. erfolgreiche Politik von einzelnen oder Minderheiten bedroht das zentrale Prinzip aristokratischer Herrschaft, die *aristokratische Gleichheit;* die gewaltsame Reaktion entspricht der Schärfe der Bedrohung.

132 Durch außerordentliche, vom Senat eingerichtete Gerichtshöfe werden weitere Anhänger des Ti. Gracchus zum Tod verurteilt und hingerichtet.

Trotz der *Ermordung des Ti. Gracchus* bleibt sein Gesetz wirksam. Eine Dreimännerkommission vollzieht die Aufteilung in neue Parzellen. Die italischen Bundesgenossen, die zwar auch „ager publicus" besetzt haben, aber wohl nicht zum Kreis der Empfänger neuer Parzellen gehören, intervenieren gegen die Landverteilung.

129 *Scipio Aemilianus* unterstützt sie, der Ackerkommission wird vielleicht die richterliche Kompetenz entzogen, damit ihre Arbeit behindert. Kurz darauf wird Scipio Aemilianus in seinem Haus tot aufgefunden (Mordgerüchte).

125 Der Konsul *M. Fulvius Flaccus* beantragt, den Bundesgenossen wahlweise das Bürgerrecht oder das Provokationsrecht zu erteilen, um die Ackerverteilung wieder in Gang zu bringen; er wird aber vom Senat auf ein Kommando im *Krieg gegen die Allobroger* (125–121) in Südgallien abgeschoben.

123–122 **C. Sempronius Gracchus,** der jüngere Bruder des Tiberius, nimmt als Volkstribun dessen Politik mit einem umfassenden Reformprogramm wieder auf. Die Gesetzesanträge, teilweise von Kollegen des C. Gracchus eingebracht, lassen sich in 3 Hauptgruppen einteilen: 1. *Verfahrensgesetze,* die auf das Schicksal des Ti. Gracchus reagieren und tribunizisches Handeln für die Zukunft sichern sollen: u. a. eine „lex de capite civis", die Quästionen wie die von 132 verbietet, soweit sie nicht durch Volksbeschluß eingerichtet werden; damit wird das Provokationsrecht erneut eingeschärft; – 2. *Sozialgesetze:* durch ein Ackergesetz führt C. Gracchus wahrscheinlich die Agrarreform seines Bruders fort; in den Zusammenhang der Agrarreform gehören wohl auch mehrere Gesetze über die Gründung von Kolonien (Scolacium [heute: Squillace], Tarent, Iunonia auf dem Gebiet von Karthago), bei denen aber teilweise auch Handelsgesichtspunkte eine Rolle spielen können; durch ein Getreidegesetz soll die kontinuierliche Getreideversorgung der Plebs zu einem festen Preis gesichert werden; diesem Zweck dient auch die Errichtung von Getreidemagazinen und vielleicht die Förderung des Straßenbaus; eine „lex militaris" verbietet, Jugendliche unter 17 Jahren zum Kriegsdienst heranzuziehen; den Soldaten wird ihre Ausrüstung künftig vom Staat gestellt. – 3. *Gesetze,* die das *Verhältnis Roms zu den Latinern, Bundesgenossen und Provinzialen* regeln: ein Gesetzesantrag, daß Latiner Bürger- und Bundesgenossen Latinerrecht erhalten, geht nicht durch; um eine wirksame Kontrolle der Statthalter zu ermöglichen, sollen künftig in Repetundengerichten Ritter statt Senatoren Richter sein; durch ein Gesetz über die konsularischen Provinzen wird bestimmt, daß künftig die Amtsbereiche („Provinzen") der Konsuln vor deren Wahl festgelegt werden sollen; schließlich wird gesetzlich geregelt, daß die Tribute der Provinz Asia durch römische Steuerpächter eingezogen werden sollen.

C. Gracchus greift mit seinen Gesetzen, in denen er sich als genuiner Reformer erweist, die neuralgischen Probleme der Geschichte der späten Republik auf. Als er, für 122 wiedergewählt, im 2. Amtsjahr nach Iunonia geht, um die Gründung der Kolonie vorzubereiten, be-

216 Altertum – Römische Geschichte

antragt der Tribun M. Livius Drusus im Auftrag des Senats die Gründung von 12 Kolonien in Italien, um C. Gracchus in der Gunst des Volkes auszustechen. Außerdem werden Emotionen der Plebs gegen die Bundesgenossen und Latiner geweckt. Bei der Tribunenwahl für 121 unterliegt C. Gracchus.

121 Bei dem Versuch des Senats, die Kolonie Iunonia aufzuheben, kommt es zum Tumult. Der Senat ruft erstmals den „*Ausnahmezustand*" aus (senatus consultum ultimum: videant consules ne quid detrimenti res publica capiat = die Konsuln sollen dafür sorgen, daß der Staat keinen Schaden nimmt), der den Konsuln unbegrenzte Gewalt einräumt – eine Antwort auf die „lex de capite civis" des C. Gracchus. Dieser kann zwar über den Tiber entkommen, läßt sich dann aber von einem Sklaven töten. Gegen 3000 seiner Anhänger werden Todesurteile ausgesprochen. Der Senat weiht einen Tempel der Concordia (Eintracht).

In Südgallien schlägt *Cn. Domitius Ahenobarbus* zusammen mit dem Konsul von 121, *Q. Fabius Maximus*, die Allobroger und Arverner, worauf die Römer einen Küstenstreifen in Südgallien als Landverbindung nach Spanien unter dauernder Kontrolle behalten (spätere *Provinz Gallia Narbonensis).*

113 *Cn. Papirius Carbo* unterliegt bei *Noreia* (Ostalpen) den *Kimbern, Teutonen* und *Ambronen*, die ihre Heimat an der Nordsee (infolge einer Sturmflut?) verlassen haben. Trotz ihres Sieges wenden sie sich nicht nach Italien, sondern westwärts nach Gallien.

Das *numidische Königreich* haben bei Micipsas Tod (118) dessen Söhne Adherbal und Hiempsal sowie der Adoptivsohn des Königs, Jugurtha, übernommen. Hiempsal wird ermordet, das Reich durch Rom zwischen Jugurtha und Adherbal aufgeteilt (116). Jugurtha

112 greift Adherbal an, nimmt – trotz römischer Intervention – dessen Hauptstadt *Cirta* ein und läßt Adherbal sowie die männliche erwachsene Bevölkerung der Stadt, in der sich auch viele italische Händler befinden, töten. Darauf heftige Agitationen in Rom, an denen sich besonders auch Ritter beteiligen.

111 Durch eine „lex Thoria" wird das gesamte von Okkupanten besetzte und das durch die gracchischen Ackergesetze angewiesene Land zu Privatland. Damit sind weitere Agrarreformen im Sinne der Gracchen fast völlig ausgeschaltet.

111–105 Jugurthinischer Krieg.

Der Konsul L. Calpurnius Bestia geht nach Afrika, schließt aber mit Jugurtha einen für diesen vorteilhaften Vertrag. Jugurtha, auf Antrag des Tribunen *C. Memmius* nach Rom vorgeladen, um wegen Bestechungsverdachts auszusagen, läßt dort einen Konkurrenten ermorden. Daraufhin Fortführung des Krieges.

Anfang Eine schwere Niederlage der Römer in Afrika führt in Rom auf Antrag des Tribunen
109 *C. Mamilius Limetanus* zu Sondergerichtsverfahren (mit Rittern als Richtern) gegen Adlige.

109 Niederlage des *M. Iunius Silanus* gegen die Germanen im Rhônetal.

109–108 In Numidien erfolgreiche Kriegführung durch *Q. Metellus.*

108 Für 107 wird gegen den Widerstand der Nobilität, aber mit Unterstützung der Ritter, *C. Marius* zum Konsul gewählt und erhält durch Volksbeschluß den Oberbefehl im Jugurthinischen Krieg. Er nimmt erstmals auch *Freiwillige* aus der Gruppe der Besitzlosen (proletarii) ins Heer auf. Obwohl die Maßnahme durch ständige Herabsetzungen des Zensusminimums (d. h. der für den Kriegsdienst notwendigen Besitzgröße) seit dem 2. Punischen Krieg vorbereitet ist, stellt sie einen weitreichenden Eingriff dar: die Besitzlosen sind frei auch für längeren Kriegsdienst, verteidigen nicht eigenen Besitz, sind für ihr materielles Wohl und die Versorgung nach dem Krieg auf den Feldherrn angewiesen. Das Heer nimmt dadurch und durch die Reformen von 104 den Charakter eines Berufsheeres an, das persönlich an den Feldherrn gebunden ist. Diese „*Heeresklientel*" ist eine der wichtigsten Voraussetzungen für den Prinzipat.

107 Marius geht als Konsul nach Numidien.

Niederlage des L. Cassius Longinus gegen die Tiguriner, die sich den Kimbern und Teutonen angeschlossen haben, bei Agen.

106 Ein Gesetz des Konsuls *Q. Servilius Caepio* überträgt – wohl in Reaktion auf die Mamilianischen Quästionen – die Richtertätigkeit entweder Senatoren allein oder Rittern und Senatoren gemeinsam. Durch ein *Gesetz* des *C. Servilius Glaucia* (zwischen 104 und 101?) werden die Ritter jedoch wieder alleinige Richter.

105 Jugurtha fällt durch Verrat in die Hände des *L. Cornelius Sulla* (Quästor des Marius), damit Ende des Jugurthinischen Krieges. Numidien wird geteilt: die östlichen Gebiete erhält Gauda, ein Halbbruder Jugurthas, die westlichen Teile Bocchus von Mauretanien.

Vernichtende Niederlage des Q. Servilius Caepio und Cn. Mallius gegen die Kimbern, Teutonen, Ambronen und Tiguriner bei *Arausio* (heute: Orange).

104 Durch eine lex Domitia wird an die Stelle der Kooptation in den großen Priesterkollegien die Wahl durch die Minderheit der Tribus gesetzt.

104–101 2. Sizilischer Sklavenaufstand. Weil durch Seeräuber und Steuerpächter viele Einwohner mit Rom befreundeter Staaten zu Sklaven gemacht und verkauft worden sind, hat der Senat

Späte römische Republik   217

angeordnet, die Statthalter sollen solche Sklaven freilassen. Der Statthalter Siziliens führt den Beschluß zunächst aus, stoppt dann die Ausführung aufgrund einer Intervention der Gutsbesitzer. Dies löst den 2. Sklavenaufstand aus, der 101 durch den Konsul Manius Aquilius niedergeschlagen wird.

seit 104 C. Marius ist fünfmal hintereinander Konsul, zunächst – bis 101 –, um den Krieg gegen die Kimbern und Teutonen zu beenden. Innere Auseinandersetzungen und eine tatsächliche Notsituation wirken zusammen, um das Prinzip der Annuität faktisch außer Kraft zu setzen.

104 Durch Veränderungen in der *Heerestaktik* (von Centurionen geführte Kohorten werden anstatt der Manipel zu taktischen Einheiten der Legion) und durch militärischen Drill (dabei u. a. Bau eines Kanals von Arles zum Mittelmeer) schafft sich Marius eine schlagkräftige Armee.

103 *1. Tribunat des L. Appuleius Saturninus.* Er verbindet sich mit Marius und setzt – unter Gewaltanwendung gegen einen interzedierenden Kollegen – durch, daß den afrikanischen Veteranen des Marius je 100 Morgen Land in Afrika zugewiesen werden. Damit wird eine erste Konsequenz aus der Rekrutierung Besitzloser gezogen; auch die Zusammenarbeit zwischen Tribunen und Feldherrn bleibt für die Folgezeit typisch. – Ein Versuch, die Getreidepreise durch Plebiszit herabzusetzen, scheitert an gewaltsamem Widerstand. Um Gewalt gegen tribunizische Akte für die Zukunft zu erschweren, bringt Saturninus ein Majestätsgesetz durch, mit dem vielleicht ein ständiger Geschworenengerichtshof mit ritterlichen Geschworenen errichtet wird. Zusammen mit seinem Kollegen C. Norbanus schaltet Saturninus die beiden Verantwortlichen für die Niederlage bei Arausio (105), Q. Servilius Caepio und Cn. Mallius, politisch aus.

102 Der Prätor *M. Antonius* erhält ein prokonsularisches Kommando (102–100) gegen die Seeräuber in Kilikien und Pamphylien.

102 *Marius* schlägt die Teutonen und Ambronen bei *Aquae Sextiae* (heute: Aix-en-Provence)
101 und – zusammen mit seinem Kollegen *Q. Lutatius Catulus* – die Kimbern bei *Vercellae* (heute: Vercelli). Damit ist die Germanengefahr beseitigt. Marius wird trotz Widerstandes der Nobilität ein sechstes Mal zum Konsul gewählt. In turbulenten Wahlen erlangen L. Appuleius Saturninus den Tribunat, C. Servilius Glaucia die Prätur.

100 *2. Tribunat des Saturninus,* der wiederum einen Gesetzesvorschlag zur Versorgung der Veteranen des Marius in der Gallia Cisalpina, in Sizilien, Achaia und Makedonien einbringt. Da dabei auch Bundesgenossen berücksichtigt werden sollen, nicht aber die stadtrömische Bevölkerung, opponiert diese, doch mit den Veteranen des Marius wird der Widerstand gewaltsam gebrochen. Alle Senatoren müssen binnen 5 Tagen auf das Gesetz schwören – ein in diesen Jahren auch bei anderen Gesetzen aufkommendes Mittel gegen die Senatsopposition. Saturninus kann für 99 erneut seine Wahl zum Tribunen durchsetzen; als Servilius Glaucia sich gegen die Gesetze um den Konsulat bemüht und dabei ein Mitbewerber, C. Memmius, erschlagen wird, faßt der Senat das *„senatus consultum ultimum";* der Konsul Marius geht gegen seine früheren Verbündeten vor, die gefangengenommen, in der Kurie eingesperrt und von der städtischen Menge vom Dach aus gesteinigt werden. Das Gesetz des Saturninus wird aufgehoben.

95 Die Konsuln *Q. Mucius Scaevola* und *L. Licinius Crassus* weisen alle unrechtmäßig eingebürgerten Fremden aus Rom aus. Die Maßnahme trifft vor allem die Bundesgenossen.

92 *Edikt der Zensoren* Cn. Domitius Ahenobarbus und L. Licinius Crassus gegen die lateinischen Rhetorenschulen, die neu aufgekommen sind und in denen – im Hinblick auf die Demagogie in den Volksversammlungen – „reine" Rhetorik vermittelt wird.

91 Der Volkstribun *M. Livius Drusus* schlägt ein *Richtergesetz* vor, durch das die Gerichtsbarkeit dem um 300 Ritter vergrößerten Senat übertragen werden soll. Die Rittergerichte haben sich gerade einer skandalösen Verurteilung schuldig gemacht. Gleichzeitig bringt er zugunsten der städtischen Plebs ein Getreide- und ein Ackergesetz ein, mit dem er noch einmal die gracchische Siedlungspolitik aufnimmt. Trotz Opposition der Ritter und eines der Konsuln werden die Gesetze verabschiedet, vom Senat später aber wieder aufgehoben. Pläne des Livius, den Bundesgenossen das Bürgerrecht zu verleihen, finden durch die Ermordung des Tribunen ihr Ende. Das *Bundesgenossenproblem* hat sich seit der „lex Licinia Mucia" von 95 verschärft. Da es nach dem Tod des Livius Drusus unter den Bundesgenossen gärt, sendet der Senat Beauftragte in die einzelnen Gebiete. Ein Prätor wird in Asculum ermordet, ebenso alle Römer in der Stadt.

91–88 Das ist das Signal zum Ausbruch des **Bundesgenossenkrieges** (auch Marsischer Krieg genannt). Die *Italiker,* die sich eine Art nationaler Organisation mit Zentrum in Corfinium
90–89 schaffen, können den Römern eine Reihe von Niederlagen beibringen. Rom muß nachgeben. Durch verschiedene Gesetze wird allen italischen Gemeinden und einzelnen Italikern, die nicht abgefallen sind oder den Krieg aufgeben, das Bürgerrecht, den Transpadanern Latinerrecht gewährt. Alle Neubürger werden freilich nur in 8 Tribus eingeschrieben, so daß sie in den Volksversammlungen kein ihrer Zahl entsprechendes Gewicht erlangen können.

218   Altertum – Römische Geschichte

Trotz weiterer Niederlagen gewinnen die Römer schließlich die Oberhand. Das Ergebnis des Krieges – Italien wird weitgehend römisch – hat wichtige Konsequenzen für das aristokratisch-stadtstaatliche Regiment, das die erweiterte Bürgerschaft nicht mehr kontrollieren kann.

88   In der Nachfolge der Politik des *M. Livius Drusus* betreibt der Tribun *P. Sulpicius Rufus* die Verteilung der Neubürger und Freigelassenen auf alle Tribus. Als dagegen die Konsuln einen Stillstand der Geschäfte (iustitium) dekretieren, kommt es zu einem Kampf auf dem Forum; der Konsul *L. Cornelius Sulla* muß den Geschäftsstillstand aufheben und geht nach Nola, wo das Heer für den ihm übertragenen Krieg gegen Mithradates bereitgestellt wird. In Rom geht das Neubürgergesetz durch, auf Antrag des Sulpicius wird der Oberbefehl im Mithradatischen Krieg von Sulla auf Marius übertragen. Sulla antwortet, indem er erstmals römische Legionen gegen Rom führt, die Stadt nach kurzem Straßenkampf erobert und Sulpicius und Marius sowie deren Anhänger ächten läßt; Sulpicius wird kurz darauf ermordet. Sulla sichert dem Senat durch verschiedene Maßnahmen die Kontrolle der staatlichen Angelegenheiten, führt Konsulwahlen durch und geht dann in den Osten ab.

88–85   1. Mithradatischer Krieg.

Mithradates VI. Eupator, König von Pontos, hat seit 120 seine Macht ständig ausgeweitet. Er fällt in Bithynien und Kappadokien ein (90), dringt dann in die von den römischen Steuer-

88   erpächtern geplagte Provinz Asia vor, proklamiert sich als Befreier und verkündet Schuldenerlaß. An einem festgesetzten Tag werden in der *Vesper von Ephesos* alle Römer und Italiker in den asiatischen Städten ermordet (es sollen 80 000 gewesen sein). Auf Einladung der Griechen schickt Mithradates eine Heeresabteilung unter Archelaos nach Griechenland, wo viele Städte zu ihm übergehen.

87   Der Konsul *L. Cornelius Cinna* nimmt – trotz einer vorangegangenen eidlichen Verpflichtung gegenüber Sulla, dessen Ordnung zu wahren – das Neubürgergesetz des Sulpicius wieder auf und betreibt die Rückberufung der von Sulla Verbannten. Sein Kollege *Cn. Octavius* und die Senatsmehrheit widersetzen sich; Cinna wird gewaltsam vertrieben, sammelt in Italien ein Heer (Sulla hat eine Legion bei Nola zurückgelassen) und erobert – Sullas Beispiel nachahmend – zusammen mit dem zu ihm stoßenden Marius die Stadt. In einem anschließenden zehntägigen Morden fallen auch viele Mitglieder der Nobilität. Für 86 werden Cinna und Marius zu Konsuln bestimmt.

86   *Marius* stirbt nach kurzer Amtszeit, sein Nachfolger wird *L. Valerius Flaccus*. Zensoren werden gewählt, die vielleicht mit der Verteilung der Neubürger auf alle Tribus beginnen; durch ein Gesetz des Flaccus werden drei Viertel aller Schulden erlassen, durch ein von M. Marius Gratidianus publiziertes Edikt der Prätoren und Tribunen wird die Währung stabilisiert. Die neuen Machthaber arbeiten mit dem Senat zusammen.

März   *Sulla* erobert das seit einem Jahr belagerte *Athen* und gibt es der Plünderung preis. Die Truppen des Mithradates, die vom Norden her in Griechenland einmarschieren, schlägt er bei *Chaironeia,* ein zweites Heer bei *Orchomenos* (beide in West-Boiotien). Der Konsul L. Valerius Flaccus, von Rom zur Übernahme des Oberbefehls mit zwei Legionen in den Osten gesandt, zieht nach einer kurzen Berührung mit den sullanischen Truppen an den Bosporus und wird durch eine Meuterei getötet; sein Legat C. Flavius Fimbria, der an der Meuterei beteiligt gewesen sein soll, übernimmt das Kommando.

85   Flavius Fimbria setzt nach Kleinasien über, schlägt ein Heer des Mithradates, seine Legionen plündern die Provinz. Sullas Quästor L. Licinius Lucullus beherrscht mit einer Flotte das Meer. Wegen der Situation in Rom schließt Sulla mit Mithradates den für diesen äußerst günstigen *Frieden von Dardanos* (Troas): Er muß das gesamte eroberte Gebiet räumen, wird aber als König von Pontos anerkannt; er muß 70 Schiffe abliefern und 2000 Talente Kriegskostenentschädigung zahlen. Die Truppen Fimbrias zieht Sulla zu sich herüber. Viel härter wird Asia bestraft, das 20 000 Talente zahlen muß; viele Städte werden geplündert. Um die geforderten Zahlungen aufzubringen, müssen sich die Gemeinden zu Wucherzinsen hoch verschulden. Von diesem Schlag erholt sich Asia erst wieder im Prinzipat.

In Rom sind *Cinna* und *Cn. Papirius Carbo* Konsuln, auch für 84. Verhandlungen des Senats mit Sulla führen zu keinem Ergebnis.

Cinna will Sulla im Osten entgegentreten, wird aber bei der Einschiffung in Ancona von meuternden Truppen getötet. Carbo alleiniger Konsul; die Abwehr Sullas wird vorbereitet.

83–81   2. Mithradatischer Krieg, vom Statthalter Asiens *L. Licinius Murena* eigenmächtig begonnen, endet mit einer Bestätigung des Friedens von Dardanos.

83   *Sulla* setzt mit 40 000 Mann von Makedonien nach Brundisium über. Zu ihm stoßen verschiedene Nobiles und *Cn. Pompeius* (* 106, † 48) mit einem privat ausgehobenen Heer. Sulla verkündet, daß er die Rechte der Neubürger respektieren werde, rückt gegen Rom vor und schlägt nördlich von Capua den einen Konsul, C. Norbanus; das Heer des anderen Konsuls, *L. Cornelius Scipio Asiaticus,* geht zu ihm über.

82   Konsul C. Marius, der Sohn des Marius, bei Sacriportus (Latium) geschlagen, in Praeneste eingeschlossen, läßt in Rom noch viele Nobiles hinrichten. Sulla nimmt Rom, Carbo, der

Späte römische Republik   *219*

andere Konsul, flieht nach Afrika. Als Versuche, Marius zu entsetzen, scheitern, machen die Gegner Sullas, mit denen sich die Samniten verbündet haben, einen Vorstoß auf Rom.

1. Nov. Sulla bleibt in einer blutigen Schlacht am Collinischen Tor Sieger; die überlebenden Samniten werden ermordet. Bald darauf fällt Praeneste. Die Reste der Marianer in Sizilien und Africa werden von Pompeius besiegt (81–80).

82–81 In Rom werden die Gegner Sullas geächtet, ihre Namen auf Tafeln bekannt gemacht **(Proskriptionen)**. Neben Senatoren sind vor allem Ritter von den Verfolgungen betroffen. Anhänger Sullas (u.a. M. Licinius Crassus) verschaffen sich riesige Reichtümer. 120 000 Veteranen wird durch Koloniegründungen in Kampanien, Etrurien und Samnium Land zugewiesen, das ehemaligen Gegnern Sullas abgenommen wird – eine *wirtschaftliche Umverteilung* größten Ausmaßes, die zur *Verelendung* vieler italischer Bauern führt.

82 Da beide Konsuln tot sind, bestimmt der Senat als Interrex L. *Valerius Flaccus*, der durch ein Komitialgesetz *Sulla* zum ,,dictator legibus scribundis et reipublicae constituendae" (Diktator für die Abfassung von Gesetzen und die Neuordnung des Staates) ernennen läßt. Seit dem 2. Punischen Krieg nicht gebraucht, erscheint die *Diktatur* hier in neuer Form: sie ist zeitlich unbegrenzt; ihre Vollmachten betreffen nicht den militärischen, sondern den zivilen Bereich.

81–80 Mit seinen **Reformen,** die als Komitialgesetze verabschiedet werden, reagiert Sulla auf alle inneren Schwierigkeiten Roms seit der Gracchenzeit, die sich u.a. auch in seiner eigenen Karriere darstellen.

Die Reformen Sullas

Die Gesamtheit der Adligen und damit der Senat soll wieder die Kontrolle über das politische Leben erlangen. Dazu wird 1. der *Volkstribunat entmachtet:* Gesetzesanträge der Tribunen müssen vom Senat genehmigt sein, das Vetorecht der Tribunen wird eingeschränkt, gewesenen Tribunen wird die weitere Ämterlaufbahn verboten, wodurch der Tribunat für fähige junge Römer unattraktiv wird. – 2. werden die *Ämterlaufbahn* und das Eintrittsalter für die Magistraturen neu und schärfer geregelt als durch die ,,lex Villia annalis" von 180 (mit 30 Jahren frühestens Quästor, mit 42 Jahren frühestens Konsul); Iteration eines Amtes nach einem Intervall von 10 Jahren erlaubt. – 3. Als Antwort auf vermehrte Aufgaben wird die Zahl der *Quästoren* auf 20, der *Prätoren* auf acht erhöht; desgleichen werden die Kollegien der ,,*pontifices*" und ,,*augures*" auf je 15 Mitglieder gebracht und die Volkswahl für diese Kollegien wieder durch die Kooptation ersetzt. – 4. *Provinzialverwaltung* neu geordnet: die acht Prätoren und zwei Konsuln sollen nach ihrer Amtszeit jeweils ein Jahr als Prokonsuln und Proprätoren eine Provinz verwalten (es gibt 10 im Jahre 80); sie sollen ohne Erlaubnis des Senats weder ihre Provinz verlassen noch Krieg führen dürfen. Damit soll die Gefahr außerordentlicher Kommanden, langer Befehlshaberschaft und einer Invasion Italiens abgewendet werden. Italien wird entmilitarisiert sein, da Konsuln und Prätoren keine militärischen Kommanden mehr zu führen brauchen. – 5. Das *Gerichtswesen* wird neu geordnet: Sulla errichtet neue Geschworenengerichtshöfe, deren Zahl jetzt auf sieben gebracht wird. Prätoren führen den Vorsitz, Geschworene sind Senatoren. – 6. Die Zahl der *Senatoren* wird von 300 auf 600 erhöht; jeder Quästor wird künftig automatisch Mitglied im Senat, so daß die ,,lectio senatus" als Funktion der Zensoren obsolet wird. Bis 70 werden keine Zensoren mehr gewählt.

Mit diesem Werk versucht Sulla, der zweimal gegen Rom marschiert ist, auf sich eine nie zuvor dagewesene *diktatorische Gewalt* vereinigt und sich durch den Beinamen ,,Felix" (im Osten: Epaphroditos) schon im Sinne der späteren Kaiser deutlich aus allen Römern herausgehoben hat, die alte republikanische Ordnung gesetzlich abzusichern. Dieser Widerspruch ist charakteristisch nicht nur für die Person, sondern für die Zeit. Die individuellen Ansprüche einzelner Aristokraten, die Anforderungen des Weltreichs, die durch Sullas Herrschaft kompromittierte sullanische Oligarchie und die Schwierigkeiten der Integration der Bundesgenossen belasten von Anfang an die sullanische Ordnung.

79 Noch der Diktator Sulla selbst muß dem jungen Pompeius, der noch kein ordentliches Amt bekleidet hat, einen Triumph zugestehen. Auch die weitere Karriere des Pompeius verläuft ganz gegen die sullanische Ordnung.
Sulla legt die Diktatur nieder und stirbt im folgenden Jahr.
Da Rom die hellenistischen Mächte geschwächt, aber selbst keine starke ständige Flottenmacht aufgebaut hat, breitet sich die *Piraterie* immer stärker aus; sie erhält Zuzug von allen mit der römischen Herrschaft Unzufriedenen und wird, besonders seit den Kriegen mit Mithradates, in quasi-staatlichen Formen organisiert.

78–75 Im Auftrag des Senats zerstört P. Servilius Isauricus die Festungen der Seeräuber an der kleinasiatischen Südküste, dringt ins Innere Kilikiens vor und besiegt auch die Isaurer. Ein Teil der Seeräuber zieht sich nach Kreta zurück.

78–71 Zum Schutz der makedonischen Nord- und Ostgrenze Kämpfe in Dalmatien und Thrakien, das unterworfen wird.

77	Als die von Sulla enteigneten Bauern in Faesulae (heute: Fiesole) revoltieren, macht der Konsul *M. Aemilius Lepidus* mit ihnen gemeinsame Sache, sammelt in Gallia ulterior ein Heer und rückt gegen Rom vor. Der Senat faßt das „senatus consultum ultimum", wiederum erhält Pompeius als Privatmann ein Imperium. Nach der *Niederschlagung des Aufstandes* weigert er sich, sein Heer zu entlassen, und verlangt ein Kommando in Spanien gegen Sertorius, das ihm auch gewährt wird.
	Sertorius, 83 Prätor, hat im Bürgerkrieg gegen Sulla gekämpft und sich dann nach Spanien zurückgezogen. Von dort 81 nach Afrika vertrieben, wird er 80 von den Lusitanern zurückgerufen und baut eine römische Gegenregierung auf. Die spanischen Statthalter, seit 79 u. a. Q. Caecilius Metellus Pius, können seinen Vormarsch auch in keltiberische Gebiete nicht aufhalten.
77	Auf dem Weg nach Spanien unterwirft Pompeius die Salluvier (in der Provence).
75	In Spanien unentschiedene Schlacht zwischen den vereinigten römischen Heeren und Sertorius bei Sagunt.
	In Rom wird (seit 76) für die **Wiederherstellung des Volkstribunats** agitiert. Wegen der
75	äußeren Anspannungen und der Tätigkeit der Seeräuber Hungersnot; vielleicht im Zusammenhang damit wird durch Gesetz des Konsuls C. Aurelius Cotta den Volkstribunen wieder die Ämterlaufbahn ermöglicht.
74–71	M. Antonius erhält ein Kommando mit besonderen Vollmachten gegen die *Seeräuber,* wird aber in einer Seeschlacht an der kretischen Küste geschlagen und muß Frieden schließen.
75/74	*Nikomedes IV.* vermacht sein Reich *Bithynien* testamentarisch den Römern, aber Mithradates, der (seit 81) seine Macht wieder ausgedehnt hat, fällt in das Land ein.
74–63	**3. Mithradatischer Krieg.**
74	L. Licinius Lucullus erhält – ebenfalls mit besonderen Vollmachten – den Oberbefehl. Agitationen gegen die sullanischen Geschworenen. *Kyrene* (96 durch Erbschaft an Rom gefallen) wird als Provinz eingerichtet.
	In Spanien erhält Pompeius Verstärkung, kann mit Metellus die Offensive übernehmen (74–72), aber Sertorius nicht entscheidend schlagen.
	Dieser fällt einer Verschwörung unter M. Perperna zum Opfer (72), der in einer Entscheidungsschlacht Pompeius unterliegt. Die beiden spanischen Provinzen werden neu geordnet, Pompeius schafft sich eine große Klientel.
73	Volkstribun C. Licinius Macer (Verfasser einer Römischen Geschichte) agitiert für Volkstribunat, Konsuln bringen wegen angespannter Versorgungslage Getreidegesetz ein.
73–71	**Spartacus-Aufstand:** Der *Thraker Spartacus* bricht mit einigen Mitsklaven aus der Gladiatorenschule in Capua aus. Zulauf durch Sklaven vom Lande, nach anfänglichen Erfolgen über kleine römische Einheiten wächst das *Sklavenheer* auf 70000.
72	Eine abgespaltene Gruppe unter dem Gallier Krixos wird am Mons Garganus (Monte Gargano) besiegt, Spartacus schlägt in Norditalien die gegen ihn aufgestellten Heere. Obwohl damit den Sklaven der Weg über die Alpen freisteht, wendet sich das Heer wieder nach Süden und wird durch den neuen römischen Oberfeldherrn, *M. Licinius Crassus,* in der Bruttischen Halbinsel eingeschlossen. Spartacus gelingt zwar der Durchbruch, aber in der
71	Folgezeit zersplittert sich sein Heer, die einzelnen Abteilungen und schließlich er selbst werden geschlagen. Eine versprengte Gruppe wird in Oberitalien von dem aus Spanien zurückkehrenden Pompeius vernichtet. Ihm wird vom Senat ein Triumph zugestanden und die Erlaubnis, sich entgegen den Bedingungen Sullas über die Ämterlaufbahn um den Konsulat zu bewerben.
70	**Pompeius und Crassus** stellen als **Konsuln** durch einen gemeinsamen Gesetzesvorschlag alle Rechte des *Volkstribunats* wieder her; durch eine „lex Aurelia" bilden künftig statt Senatoren allein zu je einem Drittel Senatoren, Ritter und Aerartribunen die Richter in Geschworenengerichten. Noch vor diesem Gesetz *Prozeß Ciceros* gegen den ehemaligen Proprätor von Sizilien, Verres, der vor der Hauptverhandlung ins Exil geht. Die Zensoren des Jahres 70, Cn. Lentulus und L. Gellius, schließen 64 Senatoren, die sich als Richter der Korruption schuldig gemacht haben sollen, aus dem Senat aus. – Die sullanische Ordnung ist damit in den 10 Jahren nach Sullas Diktatur in wesentlichen Bereichen entweder durch Gesetze oder faktisch überholt. In der Folgezeit wächst ständig der Einfluß mächtiger einzelner (Crassus, Pompeius, Caesar), die nicht bereit sind, sich voll in das aristokratische Regiment einzuordnen.
68	**C. Iulius Caesar** (* 100, † 44) wird Quästor. Der Schwiegersohn Cinnas und Neffe des Marius ist unter Sulla geächtet, dann begnadigt worden; 73 (?) *Pontifex,* setzte er sich für den Volkstribunat ein. Während seiner *Quästur* führt er beim Begräbnis der Tante Iulia die Bilder des Marius mit.
67	*Reformgesetze* des Tribunen Cornelius über die Exemtion von Gesetzen und die Rechtsprechung der Prätoren.
	Auf Antrag des Tribunen *A. Gabinius* erhält Pompeius gegen den Widerstand des Senates – nur Caesar soll für den Antrag gesprochen haben – ein mit beispiellosen Vollmachten

Späte römische Republik *221*

ausgestattetes *Sonderkommando gegen die Seeräuber* für 3 Jahre und löst die Aufgabe innerhalb von 3 Monaten. Die Seeräuber werden größtenteils in Städten angesiedelt. *Kreta* wird als Provinz organisiert.

Im 3. Mithradatischen Krieg (74–63) verdrängt L. Licinius Lucullus seit 73 Mithradates aus Pontos und zwingt ihn zur Flucht zu dessen Schwiegervater Tigranes von Armenien; gegen den Widerstand der Steuerpächter ordnet er die Finanzen der Provinz Asia. Als Tigranes die Auslieferung des Mithradates verweigert, marschiert Lucullus in Armenien ein, besiegt 69 Tigranes bei *Tigranocerta.* Wegen Opposition in Rom (Steuerpächter) werden ihm seit 68 seine Provinzen genommen.

67   Mithradates besiegt einen Legaten des Lucullus bei *Zela* und kann Pontos zurückgewinnen. Tigranes greift Kappadokien an.

66   In Rom wird auf Antrag des Tribunen *C. Manilius* der Oberbefehl im Mithradatischen Krieg – wiederum mit großen Sondervollmachten – Pompeius übertragen; für das Gesetz hält Cicero als Prätor seine erste Staatsrede.

Pompeius besiegt bei Dasteira (nahe dem Euphrat) Mithradates, der aber in die Krim entkommen kann, und unterwirft Armenien. Tigranes muß alle Eroberungen (u. a. Syrien) aufgeben, darf aber das Königreich Armenien behalten.

66–65   In Rom mißlungene **Verschwörung** der für 65 designierten Konsuln, die wegen Bestechung verurteilt worden sind.

65   *Caesar* gibt als *Ädil* großartige Fechterspiele zu Ehren seines Vaters und läßt die Siegeszeichen des Marius und dessen Statue wiedererrichten.

Pompeius verfolgt Mithradates, läßt ihn auf der Krim blockieren, unterwirft die Völker südlich des Kaukasus und zieht über Armenien nach Amisos (Samsun); seine Legaten rükken in Syrien ein.

65–64   Von Amisos aus wird die römische Herrschaft am Schwarzen Meer neu geordnet: Teile von Pontos werden zu Bithynia geschlagen; in der Nachfolge Alexanders werden neue Städte gegründet und das Provinzialgebiet in 11 Verwaltungsbezirke unterteilt. Im östlichen Pontos werden Klientelfürstentümer errichtet.

64   Pompeius marschiert nach Syrien, wo er das *Ende des Seleukidenreiches* besiegelt: Syrien wird als römische Provinz organisiert.

64–63   In *Palästina* greift Pompeius in Thronstreitigkeiten zwischen den Hasmonäern Aristobulos und Hyrkanos ein.

63   Pompeius belagert 3 Monate lang Aristobulos auf dem Tempelberg in *Jerusalem.* Hyrkanos wird als Hoherpriester bestätigt. – Mithradates läßt sich angesichts einer Meuterei, an der auch sein Sohn Pharnakes teilnimmt, von einem Offizier töten. – Pompeius regelt abschließend die **Verhältnisse in Kleinasien und Syrien.** Seine Anordnungen lassen eine einheitliche Konzeption erkennen: dem Kranz *römischer Provinzen,* der sich jetzt fast an der ganzen kleinasiatischen und syrischen Küste entlangzieht (Bithynia/Pontus, Asia, Cilicia, Syria), werden *Klientelfürstentümer* (u. a. Galatia, Paphlagonia, Cappadocia, Armenia Minor, Commagene, das Bosporanische Reich, Osrhoene, Gordyene, Emesa, Chalcis) vorgelagert, die insbesondere auch einen Schutz gegen die Parther bilden sollen. Durch Städtegründungen wird die römische Herrschaft stabilisiert. Sowohl durch die Kriegführung als auch die Ordnung der eroberten Gebiete weist Pompeius, der sich als neuer Alexander stilisiert, auf den Prinzipat voraus.

63   **Konsulat des M. Tullius Cicero** (* 106, † 43), der aufgrund seiner Beredsamkeit und seines Programms der „concordia ordinum" (Einheit von Senat und Ritterstand) heftige populare Agitationen gegen die sullanische Oligarchie abwehren kann. Der Tribun Rullus bringt ein *Ackergesetz* ein, das eine großzügige Landverteilung an die städtische Plebs vorsieht und hinter dem Crassus, vielleicht auch Caesar stehen. Cicero verhindert die Annahme und verteidigt einen Senator, der angeklagt wird, den Tribunen von 100, Saturninus, getötet zu haben. Auf Antrag des Tribunen Labienus wird die Wahl für die großen Priesterkollegien wieder ans Volk zurückgebracht, *Caesar* wird – unter Einsatz ungeheurer Bestechungssummen – zum *Pontifex Maximus* gewählt. Nach der *Niederlage Catilinas* bei den Konsulwahlen für 62 **Catilinarische Verschwörung,** die Cicero aufdeckt. Catilina verläßt Rom, einige Catilinarier werden festgenommen.

5. Dez.   In einer Senatsdebatte spricht sich Caesar gegen die Hinrichtung der Catilinarier aus, unterliegt aber, da *M. Porcius Cato* (Uticensis), der trotz seiner Jugend bald zur Zentralfigur der Opposition gegen die großen Feldherrn wird, für die Todesstrafe eintritt. Cato setzt im Senat eine Erhöhung der *Getreidezuteilung* an das Volk durch, am Ende seines Amtsjahres wird Cicero trotz Gegenaktionen der Popularen von der Menge nach Hause geleitet.

Im Jahre 63 kann sich, weil Crassus, Caesar, in der 2. Jahreshälfte auch Catilina und ein Beauftragter des Pompeius um die Macht rivalisieren, Ciceros Beredsamkeit glänzend durchsetzen. Dieses Jahr bildet den Höhepunkt ideologischer Auseinandersetzungen in Rom. In der Folgezeit wird die römische Politik zunehmend durch den Einsatz organisierter Banden (operae conductae) und der Veteranen der Feldherrn bestimmt.

222 Altertum – Römische Geschichte

62	*Caesar Prätor*. Catilina wird mit seinen Anhängern bei Pistoria geschlagen.
Dez.	Pompeius landet in Brundisium und entläßt sein Heer.
61	Caesar, der nur aufgrund einer Bürgschaft des Crassus in seine Provinz abreisen darf, kann sich als Proprätor in Hispania ulterior durch eigenmächtige Kriegs- und Beutezüge finanziell sanieren. Pompeius dringt mit seinen Forderungen nach Versorgung seiner Veteranen und Anerkennung der Ordnung des Ostens nicht durch.
60	Dem für 59 zum Konsul gewählten *Caesar* gelingt es, mit *Crassus* und *Pompeius* ein Bündnis (sog. **1. Triumvirat**) zu schließen.
59	**Caesar** setzt als **Konsul** folgende Maßnahmen durch: die Versorgung der Veteranen des Pompeius (lex agraria), die Anerkennung der pompeianischen Ordnung des Ostens, einen von Crassus schon früher befürworteten Pachtnachlaß für die Steuerpächter Asiens, eine umfassende Neuregelung der Repetundengerichte (lex de repetundis) und die Verteilung des „ager Campanus" an Familien mit 3 und mehr Kindern. Auf Antrag des Tribunen Vatinius werden Caesar für sofort auf 5 Jahre die Provinzen Gallia cisalpina und Illyricum zugewiesen, auf Antrag des Pompeius fügt der Senat (nur eine Minderheit nimmt noch an den Sitzungen teil) Gallia ulterior hinzu. – Bei allen seinen Maßnahmen arbeitet Caesar mit der Volksversammlung gegen die Senatsmajorität zusammen, wobei teilweise auch die Veteranen des Pompeius eingesetzt werden. Widerstand wird gewaltsam gebrochen, religiöse Einsprüche (Obnuntiationen) des Kollegen M. Calpurnius Bibulus bleiben unbeachtet. Auf die Ackergesetze müssen die Senatoren bzw. Amtsbewerber schwören. Infolge der vereinigten Macht der Triumvirn – Pompeius heiratet im April Caesars Tochter Iulia – sind die politischen Spielregeln der Republik außer Kraft gesetzt. Als Cicero die politischen Zustände kritisiert, erlaubt Caesar P. Clodius, dem Todfeind Ciceros, den Übertritt zur Plebs; Clodius wird für 58 zum Tribunen gewählt.
58	Versuche, die Gesetzgebung von 58 zu annullieren, scheitern. Clodius führt durch Gesetze die unentgeltliche Versorgung des Volkes mit Getreide ein, stellt die 64 verbotenen „collegia" (Handwerkervereinigungen u.a. mit kultischen Zwecken, in den 60er und 50er Jahren als politische Gruppen gebraucht) wieder her, schränkt die Obnuntiation und die Möglichkeit des Ausschlusses aus dem Senat durch Zensoren ein. Durch ein weiteres Gesetz werden alle diejenigen geächtet, die römische Bürger ohne Gerichtsurteil töten oder getötet haben. Aufgrund des Gesetzes wird Cicero verbannt, Cato wird durch den Auftrag, Zypern zu annektieren, aus Rom entfernt. Clodius kann sich noch einmal als Tribun mit Hilfe seiner Banden eine gegenüber den großen Heerführern unabhängige Stellung schaffen, seine Politik ist aber ganz von persönlichen Zielsetzungen geleitet.

58–51 Gallischer Krieg.

Infolge der Organisation von Germanen unter *Ariovist* im linksrheinischen Gebiet verlassen die *Helvetier* ihre Wohnsitze und dringen nach Gallien vor. Caesar verbietet ihnen Durchzug durch die römische Provinz, schlägt sie bei *Bibracte* (Mont-Beuvray) und zwingt sie, wieder in ihre Heimatgebiete zurückzukehren. Auf Bitten der *Häduer,* die sich durch das germanische Vordringen in linksrheinische Gebiete bedroht fühlen, wendet sich Caesar gegen den erst im Vorjahr als Freund des römischen Volkes anerkannten *Ariovist* und schlägt ihn im Elsaß.

57	Caesar erobert in einem glänzenden Siegeszug das nördliche und westliche *Frankreich* (Sieg über die *Nervier* an der Sambre) und geht nach *Illyricum.* – Während des ganzen Krieges greift Caesar immer wieder durch Beauftragte und riesige Bestechungssummen in die römische Politik ein, in der sich Pompeius und Crassus eine der Caesars vergleichbare Position zu schaffen suchen, während die sullanische Oligarchie mit Cato an der Spitze Caesars Kommanden aufzuheben trachtet. In Rom stellen die Tribunen T. Annius Milo und P. Sestius den Banden des Clodius eigene entgegen. Cicero wird zurückberufen. Der Senat beschließt ein 15tägiges Dankfest für die Siege Caesars in Gallien und legalisiert damit faktisch dessen Kommando. Pompeius erhält einen umfassenden Spezialauftrag zur Beschaffung von Getreide (cura annonae).
56	Gegen die Gefahr, daß ihm sein Imperium genommen wird, bringt *Caesar* nochmals einen *Bund mit Pompeius und Crassus (Abmachungen von Ravenna und Lucca)* zustande. In Gallien schlägt Caesar unter Einsatz einer neu gebauten Flotte einen Aufstand der Veneter und benachbarter Stämme nieder.
55	Die *Konsulwahlen* für 55 werden bis zum Anfang des Jahres verhindert, dann mit Hilfe abkommandierter Urlauber Caesars *Pompeius und Crassus* gewählt. Auf Antrag des Tribunen *C. Trebonius* erhalten sie auf 5 Jahre Spanien und Syrien als Provinzen; sie selbst verlängern durch Gesetz Caesars Kommando in Gallien ebenfalls um 5 Jahre. Weitere konsularische Gesetze gegen die Bestechung bei Gerichtsverfahren und bei Wahlen, ferner zum Verfahren bei Verwandtenmord. Einweihung des Theaters des Pompeius (erstes steinernes in Rom). Crassus geht nach Syrien, Pompeius bleibt nach Amtsrecht in der Nähe Roms. Caesar besiegt an der Mosel die germanischen Stämme der *Usipeter und Tenkterer,* die den Rhein überschritten haben, und unternimmt selbst einen kurzen Demonstrationszug

Späte römische Republik *223*

in rechtsrheinisches Gebiet (Brückenbau bei Neuwied). Erstmals setzt ein römisches Heer nach *Britannien* über.

54 Zug in das Gebiet der Treverer, dann 2. Feldzug nach Britannien, Kämpfe gegen die Briten unter Cassivellaunus, der tributpflichtig wird. Das gesamte römische Heer wird aber wieder abgezogen.

In Rom riesiger *Bestechungsskandal* anläßlich der Konsulwahlen für 53, die bis zum Juli 53 nicht durchgeführt werden können. Tod der Iulia (Tochter Caesars, Frau des Pompeius). Es herrscht Anarchie, Pompeius greift nicht ein.

54–53 *Aufstände gallischer Stämme:* die Eburonen vernichten ein römisches Winterlager.

53 Strafexpeditionen gegen die Nervier und Vernichtung der *Eburonen.*

M. Licinius Crassus wird von den Parthern bei Karrhai (Nord-Mesopotamien) *besiegt und getötet.*

52 Milos Bande tötet *Clodius*, die Plebs steckt die Kurie in Brand. Pompeius alleiniger Konsul. Auf Antrag der 10 Volkstribunen wird Caesar die Bewerbung um den Konsulat in Abwesenheit erlaubt. Milo wird trotz Ciceros Verteidigung verurteilt.

Aufstand fast aller gallischer Stämme unter *Vercingetorix.* Caesar nimmt *Avaricum* (heute: Bourges) ein, bleibt aber vor *Gergovia* (heute: Gergovie südlich von Clermont-Ferrand) erfolglos. Siegreiche Entscheidungsschlacht bei *Alesia* (heute: Alise-Sainte-Reine nahe Dijon), Vercingetorix wird gefangen.

51 Mit Feldzügen gegen die Bituriger, Carnuten und Bellovaker und der Einnahme von Uxellodunum (nicht lokalisiert) ist die Eroberung Galliens abgeschlossen. Darstellung des Krieges in Caesars Büchern „*De bello Gallico*".

50 Versuche, Caesar vom gallischen Kommando abzulösen, schlagen dank der Gegenmaßnahmen des von Caesar bestochenen Tribunen C. Scribonius Curio und der Furcht vor einem Bürgerkrieg fehl. Im Dezember überträgt der Konsul C. Marcellus eigenmächtig Pompeius den Schutz der Republik.

1. Jan. 49 Der Senat verlangt von Caesar Entlassung des Heeres.

7. Jan. Als Caesar ablehnt, faßt der Senat das „senatus consultum ultimum", Caesar rückt aus seiner Provinz Gallia cisalpina, den *Rubico* überschreitend, in Italien ein und eröffnet damit den **Bürgerkrieg.** Die Konsuln und Pompeius geben Italien auf, setzen mit vielen Senatoren nach Dyrrhachion über. Caesar findet in Italien kaum Widerstand, läßt überall besiegte Senatoren und Ritter frei („Milde von Corfinium") und geht nach kurzem Aufenthalt in Rom zunächst nach Spanien. In Hispania citerior zwingt er die Legaten des Pompeius, L. Afranius und M. Petreius, bei Ilerda (heute: Lérida) zur Kapitulation; der Befehlshaber in Hispania ulterior, M. Terentius Varro, übergibt die Provinz kampflos. Massilia kapituliert nach längerer Belagerung, muß Teile seines Gebietes abtreten, bleibt aber freie Stadt.

Dez. Vom Prätor M. Aemilius Lepidus zum **Diktator** ernannt, führt **Caesar** in Rom Wahlen durch (er selbst wird mit P. Servilius Isauricus zum Konsul gewählt) und erläßt ein *Gesetz* zur *Schuldenregulierung.* Gallia cisalpina und die spanische Stadt Gades (heute: Cádiz) erhalten das römische Bürgerrecht.

48 Trotz Beherrschung der See durch die Gegner kann Caesar mit 20 000 Mann nach Epeiros übersetzen und später Verstärkung nachkommen lassen.

9. Aug. Nach erfolglosem Stellungskrieg bei Dyrrhachion glänzender *Sieg Caesars über Pompeius* bei Pharsalos (heute: Farsala, Thessalien). Pompeius flieht nach Ägypten und wird dort ermordet. Die übrigen pompeianischen Führer versammeln sich in Afrika und bilden dort ein neues Heer. Caesar, der für ein Jahr zum Diktator ernannt wird und dem besondere Ehrenrechte übertragen werden, gelangt auf der Verfolgung des Pompeius mit geringer Truppenmacht nach *Ägypten,* wo er in die dortigen Thronstreitigkeiten zugunsten der Kleopatra eingreift, in Alexandrien von den Ratgebern des Königs Ptolemaios XIII. belagert

47 wird (Vernichtung der alexandrinischen Bibliothek durch Brand). Erst nach Eintreffen kleinasiatischer und syrischer Hilfstruppen kann er den König schlagen. Ägypten bleibt unter *Kleopatra* und Ptolemaios XIV. selbständig, 3 Legionen werden im Land belassen.

Über Syrien, Kilikien und Kappadokien, wo überall die römische Herrschaft neu geordnet wird, zieht Caesar gegen *Pharnakes*, der seit 48 von seinem Bosporanischen Reich aus die Rückeroberung der Gebiete seines Vaters Mithradates betrieben hat.

1. Aug. Caesar besiegt Pharnakes bei *Zela* (Zile/Türkei) (veni, vidi, vici).

In Rom, wo M. Antonius als „magister equitum" Caesars die Geschäfte führt und der Tribun P. Cornelius Dolabella das ganze Jahr über für Schuldenerlaß agitiert, schafft Caesar Ordnung und landet noch im Dezember in *Afrika.*

6. Apr. 46 *Sieg* über die Republikaner bei *Thapsus* (heute: Henchir ed-Dimas); M. Porcius Cato, der gegen Caesar stets die republikanischen Ideale verteidigt hat, gibt sich in Utica selbst den Tod. Die Söhne des Pompeius entkommen nach Spanien. Numidien wird aufgeteilt: ein Teil fällt an Mauretanien, der andere wird der Provinz Africa zugeschlagen.

Caesar erhält die *Diktatur auf 10 Jahre,* beginnt die Veteranenversorgung in Italien und die Ansiedlung stadtrömischer Besitzloser in außeritalischen Kolonien, beschränkt die Zahl

224 Altertum – Römische Geschichte

der städtischen Getreideempfänger auf 150000, regelt die Gerichtspraxis neu, erweitert den Senat (bis 44 auf 900 Mitglieder) und führt einen neuen *(iulianischen) Kalender* auf der Grundlage des Sonnenjahres ein.

45   In einem letzten Feldzug werden die Söhne des Pompeius bei *Munda* (heute: Montilla bei
17. März Córdoba) in Spanien besiegt.

Gründung von Bürgerkolonien in Spanien und Gallia Narbonensis. Nach Rom zurückgekehrt, setzt Caesar die Kolonisationspolitik auch in Griechenland, Kleinasien und Africa fort. Sizilien erhält Latinerecht.

45–44 Vorbereitungen zu einem *Partherfeldzug.*

Nach seinen Siegen werden Caesar jeweils umfassende Ehrenrechte verliehen: Er ist zuletzt *Diktator auf Lebenszeit* (dictator perpetuus), führt einen erblichen *Imperatortitel,* darf für die Hälfte der Magistrate bindende Wahlvorschläge machen und Patrizier ernennen, hat *tribunizische Ehrenrechte,* erhält den Titel „pater patriae" und als „„divus Iulius" göttliche *Verehrung;* sein Geburtstag wird gefeiert, der *Monat* Quintilis in *Iulius* umbenannt. Er erhöht nach eigenem Ermessen die Zahl der Magistrate und Senatoren und regiert mit ritterlichen Helfern, einer Art von Kabinett. Von Augustus, der später viele der genannten Vollmachten übernehmen wird, unterscheidet ihn die besonders in der lebenslänglichen Diktatur zum Ausdruck kommende Mißachtung republikanischer Formen. Dagegen bildet sich eine **Verschwörung,** an deren Spitze *M. Iunius Brutus, C. Cassius Longinus, D. Brutus* und *C. Trebonius* stehen.

44   Kurz vor seiner Abreise zum Partherfeldzug wird **Caesar** an den **Iden des März** in einer
15. März Senatssitzung **ermordet.**

Kultur der späten Republik

In der Zeit der Krise der Republik gelangt die römische **Kultur** auf verschiedenen Gebieten zu höchster Blüte: mit *P. und Q. Mucius Scaevola* († spätestens 115 bzw. 82), *Ser. Sulpicius Rufus* († 43) und *M. Tullius Cicero* († 43) entfaltet sich die römische **Rechtswissenschaft.** Mit Cicero kommt auch – nach *M. Antonius* († 87), *L. Licinius Crassus* († 91) und *Q. Hortensius Hortalus* († 50) – die lateinische **Rhetorik** zu ihrem Höhepunkt und wird in theoretischen Schriften (Auctor ad Herennium, *Ciceros Schriften* De inventione, De oratore, Brutus und Orator) begründet; sie findet ihre „causae" in den Verhandlungen vor Geschworenengerichten und in den politischen Debatten der Volksversammlung und des Senats. – Durch *T. Lucretius Carus* († 15. 10. 55) wird die epikureische **Philosophie** in Rom eingeführt (Lehrgedicht „De rerum natura"), während *Cicero* in seinen *philosophischen Schriften* (De finibus bonorum et malorum, Tusculanae disputationes, De natura deorum, Cato maior de senectute, De divinatione, Laelius de amicitia, De officiis) vor allem platonisches, peripatetisches und stoisches Gedankengut verarbeitet. – Die in den turbulenten Jahren seit 54 verfaßten *staatstheoretischen Schriften Ciceros* (De re publica, De legibus) stellen eine systematische Vergegenwärtigung aristokratisch-republikanischer Grundsätze dar. – In der **Geschichtsschreibung** schmücken die Autoren der jüngeren *Annalistik (Q. Claudius Quadrigarius, C. Licinius Macer,* † nach 66, und *Valerius Antias)* die römische Geschichte unter Einbringung teils von Familien-, teils von politischen Interessen aus. *L. Cornelius Sisenna* († 67) schreibt Zeitgeschichte und ist unmittelbarer Vorläufer des *C. Sallustius Crispus* († 35), der in seinen nach 44 verfaßten historischen Monographien (Catilinae coniuratio, Bellum Iugurthinum) und in seiner Zeitgeschichte (Historiae) die Gründe für den Niedergang der Republik zu erfassen sucht. Spezifische Formen der Geschichtsschreibung stellen die *Commentarii Caesars* (De bello Gallico, De bello civili), die *Biographien des Cornelius Nepos* († nach 27) und die *Autobiographie* (z.B. die Sullas, benutzt in Plutarchs Vita Sullas) dar. Die *antiquarische Forschung* hat in *M. Terentius Varro* († 27; De verborum significatione) ihren bedeutendsten Vertreter. – Das *Briefwerk Ciceros* (ad familiares, ad Quintum fratrem, ad Atticum) vermittelt wichtige Aufschlüsse nicht nur über die Motive der politisch Handelnden, sondern auch über die politischen und sozialen Verhältnisse der ciceronischen Zeit. – *C. Valerius Catullus* († 47?) ist mit seinen *Liebesgedichten* Vorläufer der klassischen Elegie.

Der Prinzipat *(44 v. Chr. – 285 n. Chr.)*

Der Prinzipat ist in vieler Hinsicht eine typisch römische Lösung der Krise der Republik: erstens ist er nicht in kühnem Entwurf entstanden, sondern durch Experimentieren langsam gewachsen; zweitens stellt er einen Kompromiß dar, der auf der Einsicht beruht, daß ohne die politische und militärische Erfahrung und die politische Autorität der alten Herrschaftsschicht das Reich nicht regiert werden kann; drittens schließlich wird bei der Institutionalisierung des Prinzipats, wo immer möglich, an traditionelle Formen angeknüpft. Man kann den Prinzipat als eine *spezifische Form der Adelsherrschaft* verstehen, deren monarchische Züge erst allmählich stärker hervortreten. Bestimmte *Merkmale einer Monarchie*

Prinzipat – iulisch-claudische Dynastie   225

(so z. B. rechtlich fixierte dynastische Nachfolgeregelungen) *fehlen* dem römischen Kaisertum bis zu seinem Ende.

Die römischen Kaiser vor Diokletian

Augustus	27 v. Chr. bis 14 n. Chr.	Verus	161–169	Decius	249–251
Tiberius	14– 37	Commodus	180–192	Trebonianus Gallus	251–253
Caligula (Gaius)	37– 41	Pertinax	193	Volusianus	251–253
Claudius	41– 54	Didius Iulianus	193	Aemilianus	253
Nero	54– 68	Septimius Severus	193–211	Valerianus	253–260
Galba	68– 69	Caracalla	211–217	Gallienus	253–268
Otho	69	Geta	211–212	Claudius Gothicus	268–270
Vitellius	69	Macrinus	217–218	Quintillus	270
Vespasian	69– 79	Elagabal	218–222	Aurelianus	270–275
Titus	79– 81	Severus Alexander	222–235	Tacitus	275–276
Domitian	81– 96	Maximinus Thrax	235–238	Florianus	276
Nerva	96– 98	Gordianus I.	238	Probus	276–282
Traian	98–117	Gordianus II.	238	Carus	282–283
Hadrian	117–138	Balbinus	238	Carinus	283–284
Antoninus Pius	138–161	Pupienus	238	Numerianus	283–285
Mark Aurel	161–180	Gordianus III.	238–244		
		Philippus Arabs	244–249		

Die iulisch-claudische Dynastie

Nach der *Ermordung Caesars* kämpfen in Rom um die Macht: die **Republikaner,** zu denen die Caesarmörder mit Brutus und Cassius an der Spitze sowie die führenden Männer im Senat gehören, die **Caesarianer** mit dem Konsul M. Antonius und dem *magister equitum* Caesars M. Aemilius Lepidus (auch viele Provinzstatthalter und große Teile des römischen Heeres stehen auf seiten der Caesarianer), der Großneffe Caesars **C. Octavius** (*63 v. Chr., † 14 n. Chr.), der von Caesar zum Erben eingesetzt und testamentarisch adoptiert worden ist, und schließlich *Sex. Pompeius,* der seit der Schlacht bei Munda einen Untergrundkrieg gegen die Caesarianer führt.

44 Antonius sichert sich die nachgelassenen Papiere Caesars und setzt durch, daß *Caesars Testament* anerkannt wird und die Anordnungen Caesars Gesetzeskraft haben sollen. Auf
20. März der Begräbnisfeier für Caesar teilt er dessen Verfügungen dem Volk mit. Die Caesarmörder
April werden dadurch in die Verteidigung gedrängt. Einige von ihnen gehen in die ihnen noch von Caesar zugewiesenen Provinzen ab, so *D. Brutus* in die *Gallia Cisalpina*.
Mai C. Octavius (seit der Adoption: *C. Iulius Caesar Octavianus*) trifft in Rom ein und nimmt das Erbe Caesars an. Spannungen mit Antonius.
Juni Antonius gibt die ihm zugewiesene Provinz *Macedonia* auf, bekommt dafür *Gallia Cisalpina* und *Gallia Comata*.
Brutus und *Cassius* erhalten vom Senat außerordentliche Kommanden zum Einzug von
Aug. Getreide in *Asia* und *Sizilien;* beide verlassen Italien.
seit Sept. *Philippische Reden Ciceros* gegen Antonius, der in seine Provinz abgeht und der D. Brutus,
Nov. welcher die Übergabe der Provinz verweigert, in *Mutina* einschließt. Inzwischen stellt Octavian in Arretium eine Privatarmee auf. Den Kern seiner Anhängerschaft bilden die Ritter Q. Salvidienus Rufus, M. Vipsanius Agrippa und C. Maecenas.
43 Der Senat legitimiert die Truppen Octavians und des D. Brutus und nimmt Octavian in
Jan. seine Reihen auf.
Febr. „*Senatus consultum ultimum*" gegen Antonius. Neben den Konsuln wird Octavian mit dem Schutz des Staates beauftragt.
21. April Antonius wird bei Mutina geschlagen. Die Konsuln *A. Hirtius* und *C. Vibius Pansa* fallen. Der zum Staatsfeind erklärte Antonius vereinigt sich in der *Gallia Narbonensis* mit *Q. Lepidus* und *L. Munatius Plancus*.
Aug. Octavian marschiert nach Rom und erzwingt seine und des *Q. Pedius* Wahl zu Konsuln. Die Caesarmörder werden verurteilt, die Soldaten Octavians erhalten riesige Donative. Inzwischen haben Brutus und Cassius im Osten eine beträchtliche militärische Macht gesammelt, während Sex. Pompeius vom Senat ein außerordentliches Kommando über die Flotten und Küsten erhalten hat. Deshalb sucht Octavian die Verständigung mit Antonius
11. Nov. und schließt mit ihm und Lepidus auf einer Flußinsel bei Bononia den **2. Triumvirat** (tresviri rei publicae constituendae): er soll für 5 Jahre bestehen; Octavian soll den Konsulat aufgeben, die Konsuln bis 40 sollen im voraus bestimmt werden; von den Provinzen erhält Anto-

226 Altertum – Römische Geschichte

	nius Gallia Cisalpina und Comata, Lepidus die Narbonensis und beide Spanien, Octavian Africa, Sicilia, Sardinia und Corsica. Zur Bekräftigung der Abmachungen heiratet Octavian eine Stieftochter des Antonius.
27. Nov.	Durch eine „*lex Titia*" wird der Triumvirat von den Komitien bestätigt. Danach beginnen
7. Dez.	*Proskriptionen:* auf der Liste stehen 130 Senatoren, unter ihnen *Cicero,* der *ermordet* wird. Viele Senatoren können in den Osten fliehen, ihr Vermögen fällt an die Triumvirn. Da trotzdem das Geld für die Soldaten nicht ausreicht, werden neue Steuern eingeführt. Der Senat wird mit Anhängern der Triumvirn aufgefüllt.
42 1. Jan.	Caesar wird unter die Staatsgötter aufgenommen, so daß Ocatavian sich jetzt „*divi filius*" (Sohn des Vergöttlichten) nennen kann.
	Vorbereitungen für den *Krieg mit Brutus* und *Cassius,* die sich bei *Philippi* (nordwestlich von Kavala, Makedonien) festsetzen.
23. Okt.	Antonius schlägt zunächst Cassius, 20 Tage später Brutus; beide begehen Selbstmord. In den Schlachten fallen viele Senatoren.
41	Antonius geht in den Osten ab, um dort Geld zu beschaffen, während Octavian in Italien die Ansiedlung der Veteranen durchführen soll. Die italischen Städte lehnen sich dagegen auf. Zu Sprechern der Opposition gegen Octavian machen sich *L. Antonius,* der Bruder des Triumvirn, und dessen Frau *Fulvia.* L. Antonius setzt sich in Perusia (Perugia) fest, Octa-
40 15. März	vian belagert die Stadt und nimmt sie ein *(Perusinischer Krieg).* Perusia wird zur Plünderung freigegeben; 300 Senatoren und Ritter vor Altar des *Divus Iulius* hingeschlachtet.
	Während des Perusinischen Krieges fallen die *Parther* unter *Pacorus* und dem römischen Renegaten *Q. Labienus* (er nennt sich *Parthicus imperator*) in Syrien ein und dringen bis Kleinasien vor.
Sept.	Der Triumvir Antonius, dem sich Sex. Pompeius anschließt, belagert *Brundisium,* doch auf Druck der beiden Armeen verständigen sich die caesarischen Führer im *Pakt von Brundisium:* Italien soll gemeinsamer Besitz sein, Octavian erhält den Westen, Antonius den Osten, Lepidus Africa. In Rom heiratet Antonius *Octavia,* die Schwester Octavians. Ein Gedicht Vergils, die 4. Ekloge, in der die Geburt eines Knaben und mit ihm der Anbruch eines goldenen Zeitalters prophezeit wird, weist auf die in den Pakt zwischen Antonius und Octavian gesetzten Hoffnungen hin.
39	*Vertrag von Misenum* mit Sex. Pompeius, der neben den besetzten Inseln Achaia erhält.
39–38	Partherfeldzug des P. Ventidius Bassus. Die Parther werden in 3 großen Schlachten (die letzte bei Gindarus) besiegt.
38	Octavian heiratet *Livia Drusilla,* die ihm den Zugang zu den höchsten Adelskreisen Roms öffnet. Octavian nennt sich erstmals **Imperator Caesar.**
37 Frühjahr	Eine geplante Invasion Siziliens (gegen Sex. Pompeius) mißlingt; in Rom *Aufstände der städtischen Plebs* wegen Hungersnot. Octavian wendet sich um Hilfe an Antonius, mit dem er sich in *Tarent* trifft: der *Triumvirat* wird um 5 Jahre (wahrscheinlich bis Ende 32) *verlängert,* Octavian erhält von Antonius 120 Schiffe für den Krieg gegen Sex. Pompeius. Agrippa baut eigens einen Kriegshafen in Puteoli. Sizilien wird genommen, Pompeius von Agrippa
36 3. Sept.	bei *Naulochus* entscheidend geschlagen. Lepidus wird als Triumvir ausgeschaltet. Durch den Sieg über Pompeius wird die Macht Octavians endgültig konsolidiert: die Veteranen von Mutina und Philippi werden in Kolonien angesiedelt, Steuern und Schulden werden erlassen, die Hungersnöte in Rom hören auf. Octavian erhält die Unverletzlichkeit *(sacrosanctitas)* der Volkstribune.
	Im Osten regelt Antonius (seit Winter 37/36) die Angelegenheiten der Provinzen und Vasallen-Königtümer; Ägypten wird vergrößert. Die Historizität der *Hochzeit des Antonius* mit der ägyptischen Königin *Kleopatra* ist umstritten. Ein *Partherfeldzug* endet mit einer Niederlage.
35–34	Feldzüge Octavians gegen die pannonischen Stämme (Einnahme Siscias [Šišak]) und Befriedung der Küsten Dalmatiens.
34	Antonius gewinnt *Armenia* als *römische Provinz* und feiert einen Triumph in Alexandreia. Königtümer werden auf die Kinder Kleopatras (von Caesar und Antonius) übertragen.
33	Als Konsul trägt Octavian im Senat heftige Angriffe gegen die Regelungen des Antonius im Osten und gegen die Verbindung mit Kleopatra vor. In dem nun beginnenden *Propagandafeldzug* wird der Kampf gegen Antonius und Kleopatra zu einer nationalrömischen Sache stilisiert.
32	Die Propaganda erreicht ihren Höhepunkt, als Octavian das bei den Vestalinnen deponierte Testament des Antonius in seine Hand bringt und veröffentlicht. Italien und die Westprovinzen schwören ihm einen persönlichen Gefolgschaftseid. Antonius wird aller Gewalt für verlustig, Kleopatra wird der Krieg erklärt. Antonius scheidet sich von Octavia, die er schon vor 37 nach Rom zurückgeschickt hat.
32/31	Octavian zieht mit dem gesamten Senat in den Osten.
2. Sept.	*Seesieg bei Actium* (Punta am Golf von Arta) über Antonius und Kleopatra, die nach Ägypten entkommen. Dieser Sieg wird zum Gründungsmythos des neuen Systems.

Prinzipat – iulisch-claudische Dynastie   227

30 *Sieg über Antonius* und *Einnahme Alexandreias*. Antonius und Kleopatra begehen Selbstmord. Ägypten wird als eine Art Krongut Octavians eingezogen und künftig in dessen Auftrag von einem ritterlichen Präfekten verwaltet. Senatoren dürfen es nicht betreten. Die *Ordnung des Ostens* übernimmt Octavian von Antonius und wechselt nur die Statthalter aus.

29   Octavian zieht in Rom ein und feiert drei Triumphe: für den *dalmatinischen Krieg, Actium*
13.–15. und *Alexandreia*. Auf Senatsbeschluß werden die Türen des Ianus-Tempels geschlossen.
Aug.   Nach ca. 100 Jahren Bürgerkrieg ist die Sicherung des von vielen ersehnten Friedens eine
       Grundbedingung für die Durchsetzung der *augusteischen Herrschaft*.
       Die **Stellung Octavians** in Rom beruht zunächst auf dem *Konsulat*, den er von 31–23 ununterbrochen bekleidet, und auf dem *Gefolgschaftseid* von 32. Im Jahrzehnt nach 29 wird allmählich und unter Spannungen eine *neue Ordnung* geschaffen. Dabei knüpft Octavian bewußt an die alte *res publica* an, deren Wiederherstellung er schon seit 36 propagiert hat. In einer *lectio senatus* werden 200 Senatoren aus dem Senat ausgeschlossen. Octavian läßt sich den Titel „*princeps senatus*" verleihen. Ferner ernennt er 22 neue Patrizierfamilien. Die Heere der Bürgerkriegszeit (ca. 60 Legionen) werden allmählich auf ein stehendes Heer von 28 Legionen reduziert. Viele Veteranen sind zu versorgen. Dazu werden jetzt und in der Folgezeit *Kolonien* in Italien und in den Provinzen gegründet.

28   *Zensus* der gesamten römischen Bürgerschaft. Illegale und willkürliche Akte der Triumvirn werden annulliert, vor allem die Steuern für römische Bürger wieder abgeschafft. Octavian läßt 82 Tempel wiederherstellen.

27   Während eines feierlichen *Staatsaktes* legt Octavian alle außerordentlichen Gewalten nie
13. Jan. der.

Die neue Ordnung, die jetzt geschaffen wird, beruht darauf, daß die alte republikanische Verwaltung für Rom und Italien erhalten bleibt. In diesem Rahmen bekleidet Augustus Jahr für Jahr den Konsulat. Die **Reichsverwaltung** wird geteilt: Die befriedeten *Provinzen* werden durch vom Senat beauftragte Statthalter verwaltet. Für die nicht befriedeten Provinzen (darunter Gallien, Spanien, Syrien) erhält Augustus ein auf 10 Jahre befristetes „*imperium proconsulare*", das an die außerordentlichen Imperien der späten Republik anknüpft. Die Frist wird später mehrfach verlängert, an der Befristung als republikanischem Grundsatz wird aber festgehalten. Mit den nicht befriedeten Provinzen bekommt Augustus gleichzeitig den größten Teil der militärischen Macht Roms in seine Hand.
Die **Volksversammlungen** werden, obwohl Augustus für sie in einem umfassenden Bauprogramm neue Versammlungsplätze schafft, in ihren *Wahlrechten eingeschränkt*: der *Prinzeps* kann Kandidaten für bestimmte Ämter vorschlagen (commendatio); diese *candidati Caesaris* müssen gewählt werden. Daneben kann er sich durch „*suffragatio*" (Wahlunterstützung) für einen Kandidaten einsetzen, doch sind hier die Komitien nicht an sein Votum gebunden. Von der „*commendatio*" macht Augustus nur sparsam und nie im Falle von Konsulwahlen Gebrauch. Das Recht der Gesetzgebung bleibt den Komitien, doch werden mehr und mehr Angelegenheiten durch Senatskonsulte und kaiserliche Erlasse geregelt.

27   Unter den zahlreichen Ehrungen für Octavian sind die Verleihung eines Ehrenschildes, auf
16. Jan. dem die Tugenden des Augustus (virtus, clementia, iustitia, pietas) eingeschrieben sind, und
       des Ehrennamens **Augustus,** mit dem Octavian eine religiöse Weihe erhält, hervorzuheben.
       Der offizielle Name Octavians ist von nun an **Imperator Caesar divi filius Augustus.** Der
       Monat Sextilis wird in Augustus umbenannt.
Sommer Augustus geht über Gallien, wo er einen Zensus durchführt, nach Spanien.
26   Erstmals ein „praefectus urbi" für Rom ernannt, der aber nach wenigen Tagen sein Amt niederlegt.
26–25 Kämpfe gegen die *Asturer* und *Kantabrer* in Nordwestspanien. Der Ianus-Tempel wird erneut geschlossen.
25   Kämpfe gegen die *Salasser* (Westalpen) und Gründung der Kolonie *Augusta Praetoria* (Aosta). Nach dem Tod des Königs Amyntas wird Galatia annektiert.
25–24 Kämpfe gegen die *Sabäer* in *Arabia felix*.
24   Aufstand in Spanien. Augustus kehrt nach Rom zurück.
23   *Verschwörung* des *Fannius Caepio*, an der auch der Mitkonsul des Augustus, *A. Terentius Varro Murena* (Schwager des mit Agrippa und Livia den engsten Kreis um Augustus bildenden Maecenas), beteiligt ist.
       Die Verschwörer werden hingerichtet. An Stelle Varros wird ein überzeugter Republikaner, *Cn. Calpurnius Piso*, Konsul. Augustus verzichtet selbst auf den Konsulat. Die Spannungen in Rom und eine schwere Krankheit des Augustus führen zu einer *Neuordnung*: Augustus bekleidet den Konsulat nur noch in Ausnahmefällen. Statt dessen übernimmt er die „*tribunicia potestas*" (und damit das Initiativrecht für Gesetzesanträge und das Interzessionsrecht) auf Lebenszeit. Nach der „tribunicia potestas" werden künftig die Regierungsjahre gezählt. Ferner wird Augustus ein *übergeordnetes Imperium* (imperium proconsulare maius) auch für die Senatsprovinzen verliehen. Die von den konkreten Ämtern

228   Altertum – Römische Geschichte

abgelösten Gewalten sind typisch für den Prinzipat. Mit der tribunizischen und prokonsularischen Gewalt werden die beiden Gewalten zur Grundlage des Prinzipats, die auch in der späten Republik immer wieder den Rahmen des republikanischen Systems durchbrochen haben.

Durch die Krankheit des Augustus (auch in Spanien ist er schon schwer erkrankt) wird die *Nachfolgefrage* akut. Die Konstruktion des Prinzipats verbietet eine staatsrechtlich fixierte dynastische Lösung. Dennoch ist die Sicherung der Nachfolge für das Imperium lebenswichtig. Das Problem begleitet Augustus während seiner ganzen Regierungszeit. Agrippa erhält ein prokonsularisches Imperium auf 5 Jahre. Der für die Nachfolge zunächst favorisierte Neffe des Augustus, *Marcellus*, stirbt Ende des Jahres. Agrippa geht nach Osten.

22   Augustus lehnt ihm wegen einer Hungersnot angetragene außerordentliche Gewalten ab, übernimmt aber einen Auftrag für die Getreideversorgung (cura annonae), den er durch prätorische Beamte (curatores) durchführen läßt.

22–19   Augustus zunächst in Sizilien, dann im Osten.

21   Hochzeit zwischen Agrippa und Augustus' Tochter Iulia.

20   Augustus erreicht im Osten, wo er überall die römische Verwaltung regelt, durch Verhandlungen und Drohungen (Augustus' Stiefsohn Tiberius marschiert in Armenien ein und krönt dort Tigranes zum König) die Rückgabe der 53 bei Karrhai verlorenen *Feldzeichen* durch die *Parther*. Das Ereignis wird in der römischen Öffentlichkeit außerordentlich gefeiert.

Ein Gremium von senatorischen „curatores viarum" für den Straßenbau wird eingesetzt.

20–19   Agrippa in Gallien und Spanien, das endgültig befriedet wird.

19   Während der Abwesenheit des Augustus hat das Volk zweimal nur einen Konsul gewählt und Augustus zur Übernahme der Diktatur oder des Konsulats aufgefordert. Durch den populären *M. Egnatius Rufus* veranlaßte Unruhen werden unterdrückt. Nach seiner Rückkehr übernimmt Augustus wahrscheinlich die *allgemeine Leitungsgewalt* der römischen Konsuln auf Lebenszeit – eine Funktion, die durch die „tribunicia potestas" nicht ersetzt werden konnte. Damit ist nach den Regelungen von 27 und 23 die **Konzeption des Prinzipats** im wesentlichen abgeschlossen.

18   In einer erneuten „lectio senatus" wird die Zahl der Senatoren von 800 auf 600 gesenkt. *Ehegesetzgebung* (lex Iulia de maritandis ordinibus): die Ehen von Senatoren mit Freigelassenen, von freigelassenen Bürgern mit „anrüchigen" Frauen (z. B. Dirnen, Kupplerinnen) werden verboten und gleichsam eine Ehepflicht eingeführt; Ehe- oder Kinderlose werden bei Erbschaften benachteiligt, Verheirateten mit Kindern Privilegien in der Ämterlaufbahn eingeräumt. Die Maßnahmen werden ergänzt durch ein Gesetz über Ehebruch (lex Iulia de adulteriis). Vielleicht in dieses Jahr gehören auch Vorschriften für städtische Bauten zur Eindämmung der häufigen Einstürze und Brände.

Agrippas „imperium proconsulare" wird auf die Senatsprovinzen erweitert und um 5 Jahre verlängert, dazu erhält er die tribunicia potestas für 5 Jahre.

17   Feier der *Säkularspiele* (ludi saeculares = Jahrhundertfeier der Gründung Roms; 1.–3. Juni); der Dichter Horaz verfaßt dafür das „carmen saeculare".

Augustus adoptiert die beiden Söhne Agrippas und der Iulia, *Gaius* und *Lucius*. Agrippa geht wieder in den Osten.

16   Schwere Niederlage des *M. Lollius* in Gallien gegen germanische Stämme (Usipeter, Sugambrer, Tenkterer), die über den Rhein vorgedrungen sind.

16–13   Augustus in Gallien. Für die Stadt Rom wird zum zweitenmal ein „praefectus urbi" ernannt. Augustus' Stiefsöhne Tiberius und Drusus erobern die Alpenländer *Raetia, Vindelicia* und *Noricum*. Damit beginnt ein *Offensivprogramm*, das die Schaffung gut zu verteidigender Grenzen im Norden und im Balkanraum zum Ziel hat. Im Osten wird dagegen nur der status quo gesichert. Vor allem hier wie auch in Nordafrika den römischen Provinzen Klientelfürstentümer vorgelagert, die von Augustus scharf kontrolliert werden.

13   Nach seiner Rückkehr nach Rom wird Augustus die Errichtung eines Friedensaltars *(ara pacis)* gelobt. Die Gewalten Agrippas werden erneut um 5 Jahre verlängert.

12   Agrippa stirbt nach einem Feldzug in Illyricum.

6. März   Nach dem Tod des Lepidus wird Augustus zum **Pontifex Maximus** gewählt.

Einweihung eines Altars für Augustus und die Göttin Roma in Lugdunum (Lyon).

12–9   Pannonien und Dalmatien werden von Tiberius unterworfen. L. Calpurnius Piso wirft einen Aufstand in Thrakien nieder. Kämpfe gegen die Germanen unter Drusus, der bis zur Elbe vordringt. Ziel ist eine kürzere Grenze zwischen Rhein und Donau.

11   Tiberius muß die Witwe Agrippas, Iulia, heiraten.

Die Sorge für die Wasserleitungen, die Agrippa übernommen hat, wird zu einem Amt (cura aquarum mit curatores an der Spitze).

9   Drusus stirbt nach einem Unfall.

30. Jan.   Einweihung der „ara pacis".

8–7   Weitere Germanenfeldzüge unter Tiberius.

8	Reform des iulianischen Kalenders.
	Tod des Maecenas.
7	Einteilung Roms in 14 Regionen. Als Folge davon wird das Feuerlöschwesen in Rom neu organisiert.
7/6?	**Geburt Jesu.**
6	Tiberius erhält die „tribunicia potestas" auf 5 Jahre, geht jedoch wegen eines Zerwürfnisses mit Augustus in ein freiwilliges Exil nach Rhodos.
5	Augustus übernimmt den Konsulat, um Gaius Caesar die toga virilis (Mannestoga) zu verleihen. Von der Ritterschaft wird Gaius zum „princeps iuventutis" (Führer der aktiven Ritterschaft) ausgerufen.
2	Die gleichen Ehrungen erhält Lucius Caesar.
5. Febr.	Augustus erhält den Titel **pater patriae** (Vater des Vaterlandes).
12. Mai	Einweihung des Augustusforums.
	Erstmals werden zwei „praefecti praetorio" (Befehlshaber für die Prätorianer) ernannt.
1 v. Chr.	Gaius Caesar regelt im Osten das Verhältnis Roms zu den Parthern und greift in Armenien
– 4 n. Chr.	ein.
2 n. Chr.	Tiberius kehrt nach Rom zurück und lebt dort als Privatmann.
	Tod des Lucius Caesar in Massilia.
4	Tod des Gaius Caesar in Armenia. Damit sind alle Nachfolgepläne zunichte gemacht. Der Prinzeps *adoptiert* jetzt *Tiberius* und *M. Agrippa Postumus* (Sohn des Agrippa und der Iulia). Obwohl er einen eigenen Sohn hat, muß Tiberius, der auch die „tribunicia potestas" auf 10 Jahre erhält, den Sohn des Drusus, *Germanicus* (Enkel der Schwester des Augustus, Octavia), adoptieren.
	Durch die „lex Aelia Sentia" wird der Status der Freigelassenen festgelegt und die Freilassung unter bestimmten Bedingungen verboten.
4–6	Feldzüge des Tiberius in Germanien.
5	Durch die *„lex Valeria Cornelia"* wird die Vorwahl (destinatio) der Kandidaten für Konsulat und Prätur eingeführt. Aus Senatoren und Rittern der Richterdekurien gebildete 10 Zenturien suchen die Kandidaten aus und schlagen sie der Volksversammlung zur Wahl vor. Die Reihenfolge der Wahlvorschläge wird durch Los bestimmt.
	Einrichtung einer Stadtpolizei (cohortes urbanae).
6	Das Amt eines Befehlshabers der Feuerwehr (praefectus vigilum) wird geschaffen.
	Für die *Veteranenversorgung*, die vorher vom Prinzeps allein abhängig war, wird eine Kasse (aerarium militare) eingerichtet, die vor allem aus einer 5%igen Erbschaftssteuer und Stiftungen des Prinzeps gespeist wird.
	Das Reich des Herodes fällt an Rom; *Iudaea* wird zur Provinz Syrien geschlagen.
6–9	Ein großangelegter Zangenangriff (vom Westen und Süden) gegen das Reich des Maroboduus in Böhmen wird durch den *Pannonisch-Dalmatischen Aufstand* unterbrochen, der nur nach schweren Kämpfen von Tiberius niedergeschlagen werden kann.
7	Einsetzung eines „praefectus annonae" für die Getreideversorgung.
9	Mit der „lex Papia Poppaea" wird die Ehegesetzgebung von 18 v. Chr. fortgeführt. Ziel ist eine Vermehrung der Ehen und der Zahl der Kinder.
	Vernichtende **Niederlage** des *P. Quinctilius Varus* gegen *Arminius* im **Teutoburger Wald;** Verlust von drei Legionen.
10–12	Kämpfe des Tiberius und Germanicus gegen die Germanen.
12	Triumph des Tiberius für seinen Sieg in Pannonien.
13	Die „tribunicia potestas" des Tiberius wird verlängert; er erhält das „imperium proconsulare maius".
14	**Tod des Augustus** in Nola. Seine Frau Livia wird testamentarisch adoptiert. Ein von
19. Aug.	Augustus selbst verfaßter Tatenbericht (Res gestae) wird vor dem Augustus-Mausoleum aufgestellt (nur Kopien erhalten; nach der besten, in Ankyra [Ankara] gefundenen wird der Bericht auch Monumentum Ancyranum genannt).
	Augustus wird zum Gott erklärt (konsekriert).

Der augusteische Prinzipat

Die **sozialen Voraussetzungen** für den augusteischen Prinzipat sind äußerst komplex. Auf einer ersten allgemeinen Ebene tritt Augustus die Nachfolge aller einzelnen Patrone der Republik an; das ganze Volk wird zu seiner **Klientel.** Bedingung dafür ist die Beendigung der Bürgerkriege und die Sicherung des Friedens, die Ernährung der hauptstädtischen Bevölkerung und die Ermöglichung wirtschaftlichen Wohlstandes in Italien und den Provinzen. Die Kornzufuhr nach Rom wird, nachdem anfangs noch Schwierigkeiten bestehen, vor allem mit Hilfe Ägyptens befriedigend geregelt. Durch Spiele *(panem et circenses),* Geschenke *(Donative)* – die Freigebigkeit *(liberalitas)* des Prinzeps wird zu einer wichtigen Herrschertugend – und Speisungen *(congiaria)* wird die Stimmung der stadtrömischen Bevölkerung beeinflußt. Eine

230 Altertum – Römische Geschichte

Wirtschaftspolitik wird zwar nicht betrieben und auch nicht das Wirtschaftssystem geändert, aber allein durch die Beendigung der Bürgerkriege, die endgültige Befriedung vieler Gebiete, die Abschaffung der privaten Ausbeutung der Provinzen durch Statthalter und Steuerpächter, die Verbesserung der Kommunikation durch Straßenbau entstehen günstige wirtschaftliche Bedingungen, die in vielen Teilen des Reiches zu einer wirtschaftlichen Blüte führen. Die u. a. daraus entstehenden Bindungen an Rom und den Prinzeps äußern sich im **Kult für Augustus** und die *„dea Roma"*, für die im Westen in Provinzhauptstädten (so Lugdunum, Tarraco [Tarragona]) Altäre, im Osten viele Tempel errichtet werden. Der *Kaiserkult* und die damit verbundenen *Spiele* sind auch die Hauptfunktionen der Provinziallandtage (jährliche Versammlungen von Abgeordneten der Städte einer Provinz). In Rom und Italien duldet Augustus nur die Verehrung seines *Genius*. Festtage der kaiserlichen Familie werden im ganzen Reich gefeiert.

Die **Ritter** formt Augustus zu einem geschlossenen Stand um. Nur der Kaiser bzw. von ihm beauftragte Senatoren entscheiden über die Aufnahme und das Verbleiben im Ritterstand. Voraussetzungen für die Aufnahme sind Unbescholtenheit und ein Mindestvermögen von 400 000 Sesterzen. Die Standeszugehörigkeit ist nicht erblich, obwohl faktisch viele Söhne von Rittern ebenfalls Ritter werden. Zum Ritterstand gehören auch Senatorensöhne vor ihrem Eintritt in den Senat. – Durch die absolute Kontrolle des Zugangs zum Ritterstand schafft sich Augustus in den Rittern eine ergebene Gefolgschaft. Durch die Rekrutierung vieler Ritter aus der Munizipalaristokratie im ganzen Reich entstehen Verbindungen zwischen dem Reich und dem Prinzeps, die ebenfalls für die *Loyalitätssicherung* bedeutsam sind.

Die **Senatoren** werden mit Augustus zu einem erblichen Stand. Senatorensöhne gelangen nach Heeresdienst und Bekleidung des Vigintivirats durch die Bekleidung der Quästur in den Senat (Voraussetzung ist die Vollendung des 25. Lebensjahres und ein Mindestvermögen von 1 Mio. Sesterzen, doch hilft der Prinzeps hier nicht selten aus). Naturgemäß ist die Sicherung der Loyalität gegenüber der alten Herrschaftsschicht besonders schwer, aber Augustus und die nachfolgenden Prinzipes bleiben auf die Erfahrung und Autorität dieser Schicht angewiesen. Durch seinen *Herrschaftsstil* (z. B. Ablehnung übertriebener Ehrungen und außerordentlicher Gewalten) knüpft Augustus bewußt an Traditionen der Republik an, die auch in der *Ideologie des Prinzipats* und in der *Religionspolitik* (Wiederbelebung alter Kulte, Wiederherstellung vieler Tempel) betont werden. Das soziale Ansehen des Senats wird durch die Ausstoßung unwürdiger Mitglieder und durch besondere Privilegien gehoben. Der Prinzeps kann durch Zuwahl *(adlectio)* neue Mitglieder in den Senat bringen; Augustus geht aber mit diesem Recht sehr vorsichtig um.

Durch die Ernennung neuer **patrizischer Familien** schafft Augustus einen inneren Kreis innerhalb der Herrschaftsschicht. Die Patrizier werden bei der Besetzung der ordentlichen Konsulate, der Provinzstatthalterposten und militärischen Kommandos, schließlich der Priesterstellen bevorzugt und genießen Erleichterungen in der Ämterlaufbahn. Sie haben den gleichen sozialen Rang wie der Prinzeps selbst und sind dadurch wie durch die Tatsache, daß die Stellung der neuen patrizischen Familien vom Prinzeps abhängig ist, besonders eng mit dem Kaiserhaus verbunden.

Den engsten Kreis um den Prinzeps bilden die Mitglieder der **kaiserlichen Familie.** Augustus nützt alle Möglichkeiten dynastischer Heiraten, selbst bei entfernten Verwandten, aus, um Bindungen an seine Person zu schaffen.

Neben dem vielfältigen System sozialer Bindungen bildet das **Heer** eine zweite Grundlage der Macht des Prinzeps. Aber auch die *Loyalität des Heeres* muß immer wieder neu gewonnen und erhalten werden. Als Oberkommandierende für große Aktionen setzt Augustus häufig Mitglieder des Kaiserhauses ein. Das Offizierskorps und die Soldaten gewinnt er vor allem in der Bürgerkriegszeit durch die Tradition des Namens Caesars und durch verschwenderische Donative. Eine charismatische Beziehung zwischen Heer und dem Prinzeps wird mit dem Vornamen „Imperator" angestrebt. Die konkreten Ausrufungen zum Imperator werden für den Prinzeps reserviert. Nach 19 gibt es für Senatoren keine Triumphe mehr. Durch die Feldzüge von 35–34 sucht Octavian auch persönlichen militärischen Ruhm zu gewinnen. – Eine Bindung zwischen Heer und Prinzeps besteht auch dadurch, daß bis zur Errichtung des *„aerarium militare"* der Prinzeps allein für die Veteranenversorgung verantwortlich ist. Sie geschieht zunächst durch Ansiedlung in Kolonien, später durch ein Entlassungsgeld. Die in Italien und den Provinzen angesiedelten Veteranen bilden nicht nur eine Anhängerschaft des Augustus, sondern zugleich eine militärische Reserve und einen wichtigen Faktor für die Romanisierung.

Seit Augustus ist das römische Heer ein *stehendes Berufsheer.* Die Dienstzeit beträgt zunächst 16, ab 6 n.Chr. 20 Jahre. Nach den Bürgerkriegen werden 28 Legionen, die von römischen Bürgern gebildet werden, im Dienst gehalten; dazu kommen von Provinzialen gestellte *Auxiliarkohorten* und *Alen* (Reitertruppen). Zwei *Flotten* in Ravenna und Misenum (südwestlich Pozzuoli). Eine besondere Schutztruppe des Prinzeps sind die *Prätorianer* (9 Kohorten zu je 1000 Mann), deren Garnisonen in Rom und den Städten der Umgebung liegen. – Jede Legion steht unter einem senatorischen *„legatus legionis",* mit Ausnahme der ägyptischen, die von ritterlichen Präfekten befehligt werden. Ebenfalls senatorischen Ranges ist der ranghöchste *„tribunus" (laticlavius),* der in der Regel nur für ein Jahr dient. Die übrigen Tribune werden ebenso wie die Präfekten der Auxiliarkohorten und Alen aus Rittern rekrutiert *(militia equestris).* Das eigentliche Gerüst der Legionen bilden die *Centurionen.* In der Regel ist der *Centurionat* die höchste erreichbare Stufe für den gemeinen Soldaten, doch gibt es die Möglichkeit des Übergangs vom ranghöchsten Centurio *(primus pilus)* zur militia equestris.

Eine dritte Stütze des Prinzeps wird schließlich der neu entstehende **kaiserliche Verwaltungsapparat.** In der *Verwaltung Roms und Italiens* werden sämtliche alten zensorischen Funktionen (mit Ausnahme des

Prinzipat – iulisch-claudische Dynastie   *231*

Zensus, der *„lectio senatus"* und des *„census equitum")* zu ständigen Ämtern, die von senatorischen *„curatores"* (vom Prinzeps in Übereinstimmung mit dem Senat ernannt) geleitet werden. Auch aus den übrigen republikanischen Ämtern werden, obwohl sie im Gegensatz zur Zensur weiterbestehen, wichtige Funktionen ausgegliedert und gehen auf senatorische Präfekturen über. Dadurch und durch die Augustus übertragenen Gewalten werden die alten Ämter ausgehöhlt. Der *Konsulat* wird zu einem Prestige-Amt, was auch darin zum Ausdruck kommt, daß seit 2 v. Chr. fast regelmäßig zwei Konsulpaare (consules ordinarii und suffecti) gewählt werden.

Als neue ständige Aufgabenbereiche werden die Getreidebeschaffung und die Feuerwehr ritterlichen Präfekten unterstellt.

In der **Provinzialverwaltung** werden die senatorischen Provinzen durch jährlich wechselnde Prokonsuln, die kaiserlichen, welche zusammen die „provincia" des Augustus bilden, in dessen Auftrag durch proprätorische *„legati Augusti"* (ohne zeitliche Begrenzung) geleitet. Für die Finanzverwaltung treten ihnen ritterliche Prokuratoren zur Seite. An der Spitze Ägyptens steht ein ritterlicher Präfekt, und auch in einigen kleineren neu gewonnenen Provinzen setzt Augustus ritterliche Leiter ein.

Die **Zentralverwaltung** des Augustus wird als private organisiert und ausschließlich aus Freigelassenen und Sklaven rekrutiert, die nicht selbständig staatliche Funktionen wahrnehmen können. Dieser Bereich ist besonders charakteristisch für die Zurückhaltung des Augustus bei der Errichtung des Prinzipats; und gerade in diesem Bereich werden sich bei der zunehmenden *Institutionalisierung* und *Verstaatlichung* des Prinzipats einschneidende Veränderungen ergeben. – Gemeinsame Merkmale der neuen Verwaltung sind klare *Kompetenzenaufteilung*, die Bezahlung, das Abrücken von der Kollegialität im alten Sinn und von der Annuität. Im Gegensatz zur modernen Bürokratie bleibt aber die *patrimoniale Rekrutierung* des Verwaltungsstabes (und damit der Verzicht auf fachliche Qualifikationen); zivile und militärische Laufbahn werden nicht getrennt); zwischen den Ämtern gibt es keine Hierarchie.

Die augusteische Zeit bringt einen ungeheueren Aufschwung der **Bautätigkeit** in Rom. Im Zuge der Reaktivierung der traditionellen Religion werden viele *Tempel* wiederhergestellt oder neu errichtet (u. a. das Pantheon des Agrippa, 27 v. Chr.). Für die Volksabstimmungen wird eine riesige Halle, die *Saepta Iulia* (26 v. Chr. vollendet), errichtet. Für Spiele und szenische Aufführungen entstehen mehrere *Theater*, so das Amphitheater des T. Statilius Taurus auf dem Marsfeld (29 v. Chr.), das Marcellus-Theater (13 oder 11 v. Chr.) und das Theater des L. Cornelius Balbus (13 v. Chr.). Um die Wasserleitungen bemüht sich besonders Agrippa, der auch zwei neue Leitungen *(Aqua Iulia* und *Aqua Virgo)* anlegen läßt. Der kaiserlichen Repräsentation dienen das *Mausoleum des Augustus* (28 v. Chr.), der *Augustusbogen* (19 v. Chr.) und das *Augustusforum* mit einem Tempel des Mars Ultor (2 v. Chr. eingeweiht). Einen Höhepunkt der augusteischen Klassik in der Reliefkunst stellt der 9 v. Chr. geweihte „ara pacis" dar.

Auch die lateinische **Literatur** erreicht in der augusteischen Zeit ihren *klassischen Höhepunkt*. In Dichterkreisen um *C. Maecenas, C. Asinius Pollio* und *M. Valerius Messalla Corvinus* wird sie stark gefördert und stellt sich, vor allem bei Vergil, Horaz und Livius, auch in den Dienst der augusteischen Erneuerung. – *P. Vergilius Maro* (aus Andes, 70–19) verfaßt *Bucolica* (Hirtenlieder, mit der berühmten 4. Ekloge vom Jahre 40, in der die Geburt eines Kindes und ein goldenes Zeitalter vorausgesagt wird), dann in seinen *Georgica* das Leben aus der bäuerlichen Welt und schafft mit der *Aeneis* das *römische „Nationalepos"*, das die römische Weltherrschaft als Vollzug des göttlichen Willens versteht. – *Q. Horatius Flaccus* (aus Venusia, 65–8) dichtet Epoden, Satiren, Oden und Episteln, setzt sich auch theoretisch mit der Dichtkunst auseinander (ars poetica) und preist in seinen Römeroden und dem für die Säkularfeier von 17 verfaßten *carmen saeculare* die Römertugenden und das Herrscherhaus. – *Albius Tibullus* (ca. 50–19), *S. Propertius* (aus Asisium, 47– vor 2) und *P. Ovidius Naso* (aus Sulmo, 43–18 n. Chr.) schreiben Elegien, der letztere außerdem ein Lehrgedicht über die Liebeskunst *(Ars amatoria)*, Metamorphosen (Verwandlungen), eine aitiologische Deutung des römischen Kalenders *(Fasti)* und poetische Briefe.

In der *Geschichtsschreibung* schafft *T. Livius* (aus Patavium, 59–17 n. Chr.) mit seinen 142 Büchern (35 erhalten) *Ab urbe condita* die für die Folgezeit maßgebende und vom Gedanken der Eintracht *(concordia)* her konzipierte Darstellung der römischen Republik. *Diodoros* (aus Agyrion, lebt bis in die dreißiger oder zwanziger Jahre; „Bibliotheke") schreibt ebenso wie *Pompeius Trogus* (aus Gallia Narbonensis; „Historiae Philippicae") eine Weltgeschichte, *Dionysios von Halikarnassos* (wirkt 30–8 in Rom) eine Römische Archäologie. Einen geographischen Überblick über die damals bekannte Welt mit vielen historischen Notizen bietet die Geographie des *Strabon* (aus Amaseia, 64/63 – nach 23 n. Chr.). *Vitruvius* verfaßt wohl in den 30er Jahren ein Lehrbuch über die Architektur.

14–37 Tiberius *(Tiberius Caesar Augustus):*

14   Tiberius (* 42 v. Chr., † 37 n. Chr.) erbt zwei Drittel des Vermögens des Augustus. Die „tribunicia potestas" und das „imperium proconsulare maius" werden ihm auf Lebenszeit übertragen. Ebenso erhält sein Adoptivsohn Germanicus, der die germanischen Legionen befehligt, das prokonsularische Imperium auf Lebenszeit. – Typisch für den Prinzipat des Tiberius sind das strikte Befolgen des von Augustus eingeschlagenen Weges und große Zurückhaltung bei allen Ehrungen. Er verzichtet auf den Vornamen Imperator. Sein Versuch, dem Senat größere Selbständigkeit einzuräumen, bewirkt, weil die Bedingungen für eine solche Selbständigkeit nicht mehr bestehen, Unsicherheit und Mißtrauen. Durch die Konzentration der Quellen auf die Ereignisse in Rom wird Tiberius' *gute Verwaltung des*

232 Altertum – Römische Geschichte

Imperiums in den Hintergrund gerückt. Korrupte Statthalter werden verurteilt, die Provinzialen können sich mit Klagen direkt an den Prinzeps wenden.

Meutereien der germanischen und pannonischen Legionen vor allem wegen der Länge der Dienstzeit und der Höhe des Soldes werden niedergeschlagen.

14–16 Verlustreiche *Feldzüge* des Germanicus *nach Germanien.*

15 In Fortführung der „lex Valeria Cornelia" von 5 n.Chr. werden die *Beamtenwahlen* jetzt ganz von den Komitien auf den Senat übertragen, der zudem (der Prozeß bahnt sich schon unter Augustus an) zum *Gerichtshof für die oberen Stände* (Senatoren und Ritter) wird. Der „praefectus urbi" wird zu einem ständigen Amt.

15. März *Tiberius* zum *Pontifex maximus* gewählt.

16 Tiberius stoppt die Angriffe gegen Germanien; der Rhein bleibt Grenze.

17 *Cappadocia* wird römische Provinz.

17–19 *Kampf zwischen Arminius und Maroboduus,* der vertrieben wird. Arminius wird von Verwandten ermordet.

17–24 *Aufstand des Tacfarinas in Nordafrika.*

17–19 *Germanicus* wird mit einem *außerordentlichen Kommando in den Osten gesandt* und setzt
18 in Armenien Zenon (der sich Artaxias nennt) als König ein. Commagene wird römische Provinz, bald darauf aber zu Syrien geschlagen.

19 Mit dem *Tod des Germanicus* in Antiocheia beginnt die steile Karriere des Prätorianerprä-
10. Okt. fekten (seit 14, allein seit 15) *L. Aelius Seianus.* Gegen ihn kämpft die Witwe des Germanicus, Agrippina, um die Nachfolgerechte ihrer Söhne.

21 Aufstand der *Treverer* unter Iulius Florus und der *Haeduer* unter Iulius Sacrovir, der bei Augustodunum (Autun) geschlagen wird. Ebenso wird ein Aufstand thrakischer Stämme unterdrückt.

22 Der Sohn des Tiberius, Drusus, erhält die „tribunicia potestas" und wird damit zum Nachfolger designiert.

23 Seianus zieht die Prätorianer in einem Lager in Rom (castra praetoria) zusammen. Auf sein Anstiften wird Drusus vergiftet.

23–24 Nach Siegen des *Q. Iunius Blaesus* schlägt *P. Dolabella* endgültig den *Aufstand des Tacfarinas* nieder, der fällt.

25 Tiberius lehnt eine Heirat zwischen Seianus und Livilla ab.

Der republikanisch eingestellte Historiker *A. Cremutius Cordus* wird von Seianus zum Selbstmord getrieben.

26 Ein erneuter *Aufstand thrakischer Bergstämme,* der sich gegen Aushebungen richtet, wird von *C. Poppaeus Sabinus* unterdrückt.

27 Tiberius zieht sich nach Capri zurück und betritt Rom bis zu seinem Tod nicht wieder.

29 Tod der Livia. Kurz darauf werden auf Betreiben Seianus' Agrippina und deren ältester Sohn Nero Caesar verbannt.

30 **Prozeß Jesu** und dessen Kreuzigung in Jerusalem.

Der zweite Sohn der Agrippina, *Drusus Caesar,* wird verurteilt und eingekerkert. Höhepunkt der Macht des Seianus, dem auch das „imperium proconsulare" übertragen wird. Der Historiker *Velleius Paterculus* (ca. 20 v.Chr. –?) veröffentlicht seine aus loyaler Einstellung gegenüber dem Prinzipat heraus verfaßte Römische Geschichte.

31 Seianus Konsul mit Tiberius, der aber nun über die auf den Prinzipat zielenden Bestrebungen seines Gardepräfekten informiert wird und eine Anklageschrift gegen ihn verfaßt.

18. Okt. *Seianus* wird *vom Senat verurteilt* und *hingerichtet.* Prozesse gegen Anhänger des Seianus, Hinrichtungen und Selbstmorde ziehen sich über mehrere Jahre hin. – Die Karriere des Seianus offenbart die Schwächen des Systems in der Nachfolgeregelung. Auch nach dem Fall des Seianus trifft Tiberius keine Bestimmungen über die Nachfolge.

Der Schriftsteller Valerius Maximus widmet seine „Facta et dicta memorabilia" Tiberius.

35 Nach dem Tod des Zenon (Artaxias) Einsetzung eines neuen Königs in Armenien und Durchsetzung dieser Regelung gegenüber dem Partherkönig.

37 Tod des Tiberius (16. März) bei Misenum. Er wird nicht konsekriert.

37–41 **Gaius** (* 12 n.Chr. in Antium, 41 n.Chr.; Caligula = Soldatenstiefelchen ist ein Spitz-
37 name) wird auf Betreiben des Prätorianerpräfekten *Naevius Sutorius Macro* vom Senat der
18. März Titel Imperator verliehen. Mit Gaius gelangt die Familie des Germanicus auf den Thron, dessen immer noch bestehende Popularität Anlaß zu großen Hoffnungen gibt. Gaius unterstützt sie durch großzügige Congiarien, Donative und eine Amnestie für alle aus politischen Gründen Verurteilten, erweist sich aber bald als absoluter Herrscher, dessen ganze Regierungszeit von Aufforderungen zum Selbstmord, Verurteilungen und Hinrichtungen durchzogen ist. Dabei spielt besonders auch die ständige Geldnot des Prinzeps (Konfiskationen) eine Rolle.

Commagene wird wieder Königreich. Der jüdische Fürst und Freund des Gaius, Iulius Agrippa, erhält Gaulanitis, Trachonitis und Abilene, 39 noch Galilaea und Peraea als Klientelkönigtum.

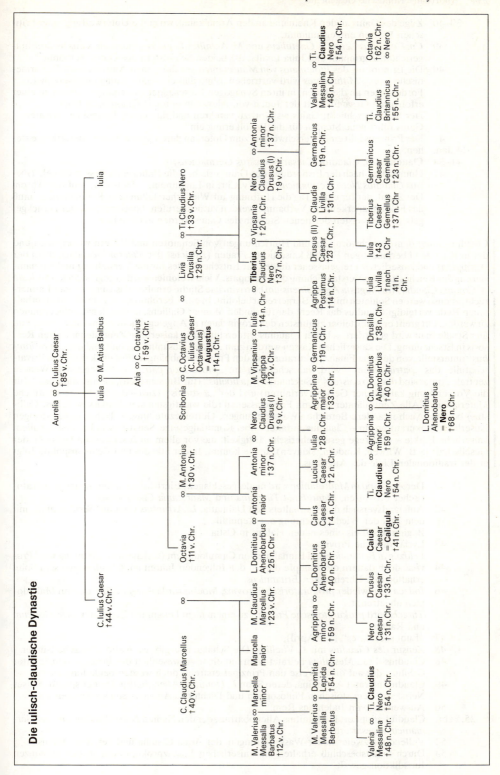

234 Altertum – Römische Geschichte

39–40 Züge des Gaius an den Rhein und an den Ärmelkanal, wo er die Unterwerfung eines briti-
       schen Prinzen entgegennimmt.
    39 *Cn. Cornelius Lentulus Gaetulicus* und *M. Aemilius Lepidus* werden als Verschwörer hin-
       gerichtet, Agrippina und Iulia Livilla, die beiden Schwestern des Gaius, verbannt.
    40 Die Ermordung des *Ptolemaios von Mauretanien* löst dort einen Aufstand aus. Der arme-
       nische König *Mithradates* wird vertrieben, ohne daß ein neuer König eingesetzt wird.
       Forderungen an die Juden, in ihren Synagogen Kaiserbilder zu verehren, führen zu einer
       erfolglosen Gesandtschaft der Juden von Alexandreia unter *Philon* nach Rom.
       Der Senat beschließt, Gaius als Gott zu verehren und ihm einen Tempel zu errichten.
       Gaius führt neue Steuern für die Bevölkerung ein.
    41 Der Prinzeps fällt einer Verschwörung zum Opfer, an deren Spitze Prätorianeroffiziere ste-
24. Jan. hen.

41–54 Claudius *(Ti. Claudius Caesar Augustus Germanicus):*
    41 Unmittelbar nach der Ermordung des Gaius erheben die Prätorianer dessen Onkel, *Tibe-
       rius Claudius Nero Germanicus* (* 10 v. Chr. in Lugdunum, † 54 n. Chr.) auf den Thron.
       Der Senat, der für einen Tag die Hoffnung auf Wiederherstellung der Republik hegt, muß
       das Faktum anerkennen. Verbannte werden zurückberufen, konfiszierte Güter zurückge-
       geben. Die meisten der neuen Steuern des Gaius werden aufgehoben.

Claudius, unter dem Verschwörungen und Hinrichtungen von Senatoren und Rittern weitergehen und
der in Rom den übermächtigen Einfluß kaiserlicher Frauen (zunächst der *Valeria Messalina,* dann der
Agrippina) und kaiserlicher Freigelassener duldet, tut Entscheidendes für die Verwaltung und Romanisierung des Reiches und die Verstaatlichung des Prinzipats. Viele **Kolonien** werden gegründet (so 50 *Köln
= Colonia Claudia Ara Augusta Agrippinensium),* provinziale Städte erhalten das Bürger- oder Latinerrecht, ebenso werden Soldaten mit dem Bürgerrecht belohnt. In einer berühmten, z. T. inschriftlich erhaltenen Rede verteidigt Claudius das Recht der führenden Männer Galliens, in den Senat aufgenommen
zu werden. Oft greift er unmittelbar zugunsten der Provinzialen in Angelegenheiten einzelner Städte ein.
Der Straßenbau wird gefördert. – Unter Claudius tritt erstmals die **kaiserliche Zentrale** mit festen Ressorts in Erscheinung. Die kaiserlichen Kassen werden zum *„fiscus"* zusammengefaßt und dem *„a rationi-
bus"* unterstellt, von dem die Finanzprokuratoren in den Provinzen abhängen. Für die kaiserliche Privat-
schatulle, das *„patrimonium",* wird wahrscheinlich ein *„procurator patrimonii"* eingesetzt. Weitere
zentrale Ämter sind der *„ab epistulis"* (Sekretariat), *„a libellis"* (für Bittschriften), *„a cognitionibus"* (für
die Vorbereitung kaiserlicher Gerichtsverfahren) und der *„a studiis"* (zuständig für wissenschaftliche
Materialien?). Alle Zentralämter sind mit Freigelassenen (die wichtigsten sind Narcissus, Pallas, Callistus) besetzt. Auch in andere Bereiche (Wasserleitungen, Getreidezuteilungen, Hafen Ostia) dringen
kaiserliche Prokuratoren ein. – Claudius entfaltet – über Komitialgesetze, Senatsbeschlüsse und vor allem
kaiserliche Edikte – eine rege **gesetzgeberische Tätigkeit,** die vor allem auch schwachen Gruppen der
Gesellschaft (z. B. Witwen, Kindern, Sklaven) zugute kommt. In der Stände- und Religionspolitik folgt
er der traditionalen Linie des Augustus.

41–42 Der *Aufstand in Mauretanien* wird niedergeschlagen; Einrichtung zweier neuer prokurato-
       rischer Provinzen, *Mauretania Tingitana* und *Mauretania Caesariensis.*
    42 Aufstandsversuch des Statthalters von Dalmatia, *L. Arruntius Camillus Scribonianus,* mit
       dem Ziel der Wiedererrichtung der Republik.
       Beginn des Baus eines neuen Hafens in Ostia.
    43 Lycia römische Provinz.
       Feldzug in Britannien und Einnahme von Camulodunum (Colchester). *Britannia wird Pro-*
    44 *vinz,* doch dauern die Kämpfe dort in den folgenden Jahren an. Claudius und sein Sohn
       erhalten die Ehrennamen *Britannicus.*
    46 *Iudaea* wird wieder *prokuratorische Provinz, Moesia* wird als eigene Provinz von Makedo-
       nien abgetrennt.
       Thracia wird *prokuratorische Provinz,* zu einem nicht bekannten Zeitpunkt auch *Noricum*
       und Raetia.
    47 „Ludi saeculares" (21. April).
47–48 Zensur des Claudius mit *L. Vitellius.* Die Schätzung ergibt ca. 6 Mio. römische Bürger.
    48 Claudius' Frau *Messalina* heiratet während einer Abwesenheit des Prinzeps den Senator
       C. Silius, der auf diese Weise den Prinzipat erstrebt, doch werden beide hingerichtet.
    49 Claudius heiratet Agrippina, deren Sohn *L. Domitius Ahenobarbus* (= der spätere Kaiser
       Nero) von dem stoischen Philosophen und Dichter *L. Annaeus Seneca* erzogen wird.
    50 Ausweisung von Juden aus Rom.
25. Febr. Claudius adoptiert L. Domitius Ahenobarbus, der den Namen *Nero Claudius Drusus Ger-
       manicus Caesar* erhält.
    52 Vollendung zweier neuer Wasserleitungen, der Aqua Claudia und der Anio Novus.
    53 Durch Senatsbeschluß erhalten die kaiserlichen Finanzprokuratoren in den Provinzen
       Jurisdiktionsgewalt.

Prinzipat – iulisch-claudische Dynastie   *235*

54 13. Okt.	Claudius wird von Agrippina vergiftet, aber vom Senat konsekriert, von Seneca in dessen Apokolokyntosis (Verkürbissung) verhöhnt.
54–68	**Nero** *(Nero Claudius Caesar Augustus Germanicus):*
54 13. Okt.	Nero (* 37 in Antium, † 68) wird vom Prätorianerpräfekten *Sex. Afranius Burrus* den Prätorianern präsentiert, von diesen zum Imperator ausgerufen und vom Senat bestätigt. Die durch Claudius gefestigte Reichsverwaltung wird zunächst von Burrus und Seneca geleitet. Die *Parther* erobern Armenien; Tiridates, Bruder des Partherkönigs *Vologaeses,* wird dort als König eingesetzt. *Cn. Domitius Corbulo,* zum Statthalter von Cappadocia und Galatia ernannt, leitet fortan die Unternehmungen im Osten.
57–60	Corbulo erobert *Armenien,* 58 fällt die Hauptstadt Artaxata (Artashat).
59	Nero läßt seine Mutter Agrippina ermorden. Er führt neue Spiele ein, tritt selber auf.
60	*Tigranes V.* wird als *König von Armenien* eingesetzt. Corbulo wird Legat von Syrien.
61	*Aufstand der Briten* unter *Königin Boudicca,* hervorgerufen durch die Einbeziehung der Iceni in die römische Provinz und durch die Härte der römischen Verwaltung. Die Aufständischen nehmen *Camulodunum* und *Londinium* (London), bis es dem Statthalter *C. Suetonius Paullinus* gelingt, die Briten in einen Hinterhalt zu locken und zu schlagen. Boudicca begeht Selbstmord.
61–65	Weitere *Kämpfe in Armenien.*
62	Der Tod des Burrus, Senecas Rückzug aus der Politik und die Heirat Neros mit *Poppaea Sabina* markieren den Übergang zu einem *despotischen Regime.*
64	Neros ständige Geldnot führt zur Reduktion des Gold- bzw. Silbergehalts des Aureus und Denars. Die Vorschrift wird eingeführt, daß der Prinzeps bei Testamenten bedacht werden muß. Dazu kommen große *Konfiskationen,* vor allem in Afrika. *Annexion von Pontos,* das der Provinz Galatia zugeschlagen wird.
18.–19. Juli	*Brand Roms,* für den die Christen verantwortlich gemacht und deswegen grausam bestraft werden. Tod des Satirendichters *A. Persius Flaccus* (aus Voltera, * 34).
64–65	*Wiederaufbau Roms* und Bau einer großen kaiserlichen Palastanlage mit der „domus aurea"; Raub von Kunstschätzen im ganzen Reich.
65	Die wachsende Opposition gegen Nero, die auch philosophisch begründet wird, gipfelt in der **Pisonischen Verschwörung.** Auch Prätorianer sind beteiligt. Die Verschwörung wird entdeckt, *C. Calpurnius Piso* mit vielen anderen hingerichtet, *Seneca* und der Epiker *M. Annaeus Lucanus* (aus Corduba, 39–65; verfaßt ein Epos über den Bürgerkrieg, „Pharsalia") *zum Selbstmord gezwungen.* Das Morden geht auch im folgenden Jahr weiter. Der
66	Dichter *C. Petronius Arbiter* (Satyricon) begeht Selbstmord. *Tiridates,* der 65 angesichts einer großangelegten Invasion Corbulos in Armenien seine Krone vor einer Statue Neros niedergelegt hat, erhält sie unter großem Pomp aus der Hand Neros zurück. Ausbruch eines großen *jüdischen Aufstandes* in Iudaea gegen die harte Politik der römischen Prokuratoren. In Rom Vinicianische Verschwörung.
66–67	Große Demonstrationsreise Neros durch Griechenland; der Prinzeps nimmt an Spielen teil und verkündet auf den Isthmien von 66, wie T. Quinctius Flamininus 196 v. Chr., die Freiheit Griechenlands.
67	*T. Flavius Vespasianus* mit dem Krieg gegen die Juden beauftragt. Die Kommandeure von Ober- und Niedergermanien und Corbulo werden zum Selbstmord gezwungen. Damit gerät die Loyalität der Provinzialheere ins Wanken.
68	*C. Iulius Vindex,* Statthalter der Gallia Lugdunensis, revoltiert. Ihm schließen sich *Ser. Sulpicius Galba,* Statthalter von Hispania Tarraconensis, u. a. an. Vindex wird zwar von *L. Verginius Rufus* (Kommandeur in Obergermanien) geschlagen, dieser unterstellt sich aber dem Senat, mit dem auch der Prätorianerpräfekt *L. Nymphidius Sabinus* gemeinsame Sache macht.
8. Juni 9. Juni	*Galba* wird *vom Senat als Kaiser anerkannt. Nero* wird zum Staatsfeind erklärt und *tötet sich selbst.* Damit ist die *iulisch-claudische Dynastie erloschen.* Der neue Kaiser besitzt kaum Anhang und kann sich nur kurze Zeit halten. In dieser Krise des Reiches, die in kurzer Folge 4 Kaiser hervorbringt **(Vierkaiserjahr),** fällt die endgültige Entscheidung aufgrund der militärischen Macht in den Provinzen.
68–69	**Galba** *(Imperator Caesar Augustus):* Galba (* 3 v. Chr., † 69 n. Chr.), dessen Prinzipat vom Senat zunächst als Wiederherstellung republikanischer Formen angesehen wird, macht sich schnell aufgrund großer Strenge und Verweigerung von Donativen für die Prätorianer unbeliebt. Gegner in den Provinzen und in Rom werden getötet.
69 1. Jan.	Das niedergermanische Heer ruft seinen Kommandeur, *A. Vitellius,* gegen Galba zum Kaiser aus.

10. Jan.	Galba adoptiert *L. Calpurnius Piso Frugi Licinianus,* um die Situation zu retten. Der bei der Adoption zurückgesetzte *M. Salvius Otho* (* 32) gewinnt die Prätorianer für sich. Galba
15. Jan.	wird ermordet, **Otho** von der Garde zum Kaiser ausgerufen und vom Senat anerkannt *(Imperator Caesar Augustus).* Er versucht, die Provinzen durch Zugeständnisse zu gewinnen, doch schließt sich fast der gesamte Westen Vitellius an, der 2 Heere unter *A. Caecina Alienus* und *Fabius Valens* nach Italien in Marsch setzt. Nach ihrer Vereinigung schlagen
16. April	sie die Truppen Othos bei Bedriacum (Calvatone), Otho begeht Selbstmord.
1. Juli	**A. Vitellius** (Germanicus, * 12, † 69) marschiert nach Rom. Gegen ihn rufen die Truppen Ägyptens unter *Ti. Iulius Alexander* den mit dem Krieg gegen die Juden beauftragten *T. Flavius Vespasianus* zum Kaiser aus, die Legionen Iudaeas und Syriens schließen sich an. Der Statthalter Syriens, *C. Licinius Mucianus,* bricht nach Italien auf. Auch die Donaulegionen erklären sich für Vespasian. Unter *M. Antonius Primus* besiegen sie, bevor noch
24. Okt.	Mucianus in Italien eingetroffen ist, die Truppen des Vitellius bei Cremona, das geplündert wird. Unter weiteren Plünderungen ziehen die Legionen nach Rom und nehmen es ein.
20. Dez.	Vitellius wird getötet.

Die flavischen Kaiser

69–79	**Vespasian** *(Imperator Caesar Vespasianus Augustus):* Vespasian (* 9, † 79) gewinnt ein gutes Verhältnis zur römischen Aristokratie, obwohl es auch eine philosophisch begründete Opposition gibt. Seine Hauptleistung liegt darin, daß er in Fortführung der Politik des Claudius die *Reichsverwaltung weiter ausbaut.* Nach dem Bürgerkrieg werden die Finanzen saniert, Privilegien für bestimmte Gebiete (z.B. Griechenland) aufgehoben und weitere Ausgaben für Congiarien und Donative zurückgeschraubt. Die Erträge der Landwirtschaft (besonders auch der kaiserlichen Domänen) sucht Vespasian durch Ansiedlung von Kolonen zu erhöhen. Besonders im Osten wird die *Provinzialorganisation* reformiert. Der Gründung von Kolonien, der Erhebung von Städten zu Munizipien, der Verleihung des Bürger- und Latinerrechts entspricht das vermehrte Eindringen von (auch östlichen) Provinzialen in den Senatorenstand und in die kaiserliche Verwaltung. Durch viele Straßen- und Brückenbauten wird die Kommunikation verbessert; auch die übrige Bautätigkeit Vespasians (z.B. Amphitheater) bleibt nicht auf Rom beschränkt. Feste Legionslager werden entweder wiederhergestellt oder neu errichtet. Bei der Besetzung vor allem der militärischen Posten achtet Vespasian auf Qualifikation durch Erfahrung. In Ansätzen bildet sich so etwas wie eine zivile Karriere heraus, für die der Dienst als Militärtribun nur noch eine Formalität ist.
69	Die Stellung Vespasians wird in der teilweise inschriftlich erhaltenen *„lex de imperio Vespasiani"* umschrieben. *Titus* und *Domitian,* die Söhne Vespasians, werden *„Caesares"* und *„principes iuventutis".*
69–70	*Bataveraufstand* unter *Iulius Civilis,* der zunächst gegen die Vitellius anhängenden Legionen kämpft, nach der *Schlacht bei Cremona* aber zur offenen Rebellion übergeht, die Rheingermanen und weitere gallische Führer (die Treverer Iulius Tutor und Iulius Classicus) gewinnt. Die Legionslager nördlich von *Moguntiacum* (Mainz) werden genommen. Streitigkeiten innerhalb der Gallier und das energische Eingreifen römischer Legionen unter *Q. Petillius Cerialis* beenden den Aufstand. In der Folge werden die gallischen und germanischen Auxilien, die den Aufstand unterstützt haben, stets in anderen Gebieten des Imperiums eingesetzt.
70	*Einnahme und Zerstörung Jerusalems* durch *Titus* (Darstellung auf dem Titusbogen), der auch die tribunizische Gewalt erhält. Im Gefolge des Krieges kommt der Historiker *Flavius Iosephus* (* 37/38, † nach 100) nach Rom, der in seinem „Jüdischen Krieg" die Römer verteidigt und in seinen „Jüdischen Altertümern" der hellenistischen Welt das Judentum bekannt machen will.
70–71	*Neubau des Iupiter-Tempels* auf dem Kapitol.
70–80	*Bau des Flavischen Amphitheaters (Colosseum).*
71–73	*Feldzüge des Q. Petillius Cerialis* gegen die Briganten in Nordengland.
72/73	Fall der jüdischen Festung Masada.
73–74	Vespasian und Titus bekleiden die Zensur. Die Zahl der senatorischen Familien wird erhöht, *Spanien* erhält das *Latinerrecht.* Feldzug des *Cn. Cornelius Pinarius Clemens* zum oberen Neckar. Das Land (von Tacitus „Decumates agri" genannt) wird durch Kastelle und Kolonisten gesichert und damit die Konzeption des späteren *Limes* vorbereitet.
74	Astrologen und stoische Philosophen werden aus Rom ausgewiesen.
74–76	*Kämpfe des Sex. Iulius Frontinus* gegen die Siluren *in Südwales.*

75	Ausdehnung des Pomerium (Stadtgrenze Roms).
	Aufteilung von Africa in *Africa Vetus* und *Africa Nova.*
77/78–84	*Feldzüge des Cn. Iulius Agricola in England und Schottland.*
79	Tod Vespasians (23. Juni), der konsekriert wird.
79–81	**Titus** *(Imperator Titus Caesar Vespasianus Augustus):*
	Titus (* 39 in Rom; † 81) setzt in jeder Beziehung die Politik seines Vaters fort.
79	Durch einen *Ausbruch des Vesuv* werden *Pompeii und Herculaneum zerstört.* Dabei
24. Aug.	kommt auch der Präfekt der Flotte von Misenum, *C. Plinius Secundus* (* 23/24 in Comum), um, der u. a. eine Naturkunde (Naturalis historia) verfaßt hat.
80	Brand Roms. Einweihung des Colosseums.
81	Titus stirbt (13. Sept.) und wird später konsekriert.
81–96	**Domitian** *(Imperator Caesar Domitianus Augustus):*
	Domitian (* 51, † 96) versteht sich als autokratischen Herrscher, der in schwere Konflikte mit der Senatsaristokratie gerät. Die *Reichsverwaltung* wird weiter *zentralisiert,* Domitian überwacht alle Angelegenheiten persönlich und drängt so die Macht der Freigelassenen in der Zentrale zurück. In zwei wichtigen Ressorts werden Freigelassene durch Ritter ersetzt. Die Reichsverteidigung wird effektiv organisiert. Domitian erhöht den Sold der Truppen von 225 auf 300 Denare pro Jahr, leitet häufig selbst militärische Unternehmungen und behält dadurch enge Verbindung zu den Truppen. Aus der Sicht der Provinzialen erscheint sein Regiment in einem wesentlich besseren Licht als aus der Sicht der Senatsaristokratie. – Ausgedehnte Bautätigkeit in Rom, u. a. *Domitians-Palast auf dem Palatin, Iupitertempel auf dem Kapitol* (Wiederherstellung 82 abgeschlossen), weitere *Tempel, Stadion auf dem Marsfeld* (heute Piazza Navona), *Horrea* (Getreidespeicher).
82/84	Verleihung des (inschriftlich erhaltenen) *Munizipalrechts* an *Malaca* (Málaga) und *Salpensa* (Provinz Sevilla) in Spanien.
83–85	*Kriege gegen die Chatten* (83 unter Domitian selbst); weiterer Ausbau der rechtsrheinischen Grenzsicherung durch *Anlage eines Limes.*
84	*Abschluß der Kämpfe in Britannien unter Cn. Iulius Agricola.*
85/90	Die germanischen Militärdistrikte werden als Provinzen eingerichtet.
85	Domitian nimmt den Titel „censor perpetuus" an, kontrolliert streng das moralische Verhalten vor allem der Führungsschichten und stützt die traditionelle römische Religion (Verurteilung von Vestalinnen).
	Die *Daker,* die einen einheitlichen Staat gebildet haben, fallen in Mösien ein.
86	*Erster Daker-Feldzug Domitians.* Schwere Niederlage und Tod des Gardepräfekten
86/87	M. Cornelius Fuscus gegen den *Dakerkönig Decebalus.* Die Provinz Moesia wird geteilt.
	Domitian läßt sich fortan „*dominus et deus*" (Herr und Gott) nennen.
88	Feier der „ludi saeculares".
	Zweiter Daker-Feldzug unter Iulius Tettianus, der Decebalus bei Tapae schlägt und mit ihm Frieden schließt.
89	Weil die *Markomannen, Quaden* und *Iazygen* keine Heeresgefolgschaft gegen die Daker geleistet haben, Feldzug gegen sie (unter Domitian selbst) ohne sichtbaren Erfolg.
	Erneuerung der „lex Iulia de adulteriis", Vertreibung der Mathematiker und Philosophen aus Rom.
90	Ein Aufstand des obergermanischen Legaten *L. Antonius Saturninus* wird niedergeworfen, bevor Domitian persönlich eingreift.
92	Nach dem Tod *Iulius Agrippas II.* werden Gaulanitis und Trachonitis annektiert.
	Einfall der Markomannen, Quaden und Iazygen in Pannonien und Vernichtung einer Legion. Unter Domitian Kämpfe vor allem gegen die Iazygen.
	Durch Edikt wird der Weinanbau in den Provinzen zugunsten Italiens begrenzt – einer der ganz seltenen kaiserlichen Eingriffe in die Wirtschaft.
seit 93	Wegen Furcht vor Attentaten verstärkter Terror in Rom, der schließlich zur Ermordung
96	Domitians führt; dessen Taten verfallen der „damnatio memoriae" (Auslöschung der Erinnerung).
18. Sept.	M. Cocceius Nerva (* 30 in Narnia, † 98) wird von den Gardepräfekten zum Kaiser ausgerufen.

Das Adoptivkaisertum

96–98	**Nerva** *(Imperator Nerva Caesar Augustus):*
	Verurteilte erhalten Amnestie, konfiszierte Güter werden zurückerstattet.
97	Die Alimentationen (Unterstützung armer freigeborener Kinder durch Stiftungsfonds) werden staatlich geregelt.

238 Altertum – Römische Geschichte

Als die Prätorianer eigenmächtig die Mörder Domitians töten, adoptiert Nerva *M. Ulpius Traianus* (* 53 in Italica, † 117), den Statthalter Obergermaniens, und designiert ihn zum Nachfolger.

98 Tod Nervas (27./28. Jan.).

98–117 Traian (*Imperator Caesar Nerva Traianus Augustus*):
Mit ihm gelangt der erste Römer provinzialer Herkunft auf den Thron. Obwohl in der Reichsverwaltung Claudius und den Flaviern folgend, ist er auf Ausgleich mit dem Senat bedacht.

100 Sein durch Zurückhaltung gekennzeichneter Herrschaftsstil und die Tatsache seiner *Adoption* nähren die im „Panegyricus" des *C. Plinius Caecilius Secundus* (d. Jüngeren) ausgedrückte Hoffnung, daß der Ausgleich zwischen Prinzeps und Senat erhalten bleiben und künftig immer der beste herrschen werde. Der Philosoph *Dio Chrysostomos,* unter Domitian aus Rom verbannt, entwirft das Ideal eines pflichtbewußten Monarchen. – Fast alle Posten der kaiserlichen Zentralverwaltung nehmen von nun ab *Ritter* ein; „correctores" und „curatores rei publicae" werden ernannt, um die Ordnung und die finanzielle Situation in den Städten Italiens und des Reiches zu „korrigieren". Die Organisation der Alimentationen wird ausgebaut.

101–102 *Erster Daker-Feldzug* Traians, nachdem der Dakerkönig *Decebalus* seine Stellung gefestigt hat. Unter ständiger Sicherung durch Anlage von Straßen und Befestigungen dringt Traian mit großer Heeresmacht nach Dakien vor und zwingt Decebalus zum Friedensschluß, der Dakien zu einem Klientelkönigtum macht.

seit 102 *Apollodorus* von Damascus baut bei Drobeta (Turnu Severin, Rumänien) eine Steinbrücke über die Donau.

105–106 Erneute Angriffe des Decebalus gegen umliegende Völkerschaften führen zum *Zweiten Dakerkrieg.* Sarmizegetusa (Várhely) wird genommen und niedergebrannt, Decebalus flieht und begeht Selbstmord, Dakien wird Provinz.

106 Pannonien wird in zwei Provinzen geteilt, Arabien annektiert.
Rege Bautätigkeit im ganzen Reich (vor allem Straßen, Brücken, Aquädukte, Theater, Bäder).

110/111 – 112/113 *C. Plinius Caecilius Secundus* als Sonderbeauftragter in Bithynien; Briefwechsel mit Traian und Reskript Traians, das die Behandlung der *Christen* regelt.

113 Einweihung des Traiansforums mit Traianssäule (Darstellung der Dakerkriege) und umliegenden Märkten.

114–117 Als in Armenia der mit römischer Zustimmung eingesetzte König *Axidares* mit Billigung des Partherkönigs *Osroes* verdrängt wird, kommt es zum *Partherkrieg.* Armenia, Mesopotamia und Assyria werden nacheinander erobert und zu Provinzen gemacht. Damit erreicht das Imperium seine größte Ausdehnung.

114 Traian erhält den Titel „optimus princeps".

115–117 *Aufstand des Diasporajudentums.*

116–117 Gleichzeitig damit parthische Gegenangriffe in Mesopotamien. *Parthamaspates* wird als Partherkönig eingesetzt, von den Parthern aber nicht anerkannt.

117 Traian erkrankt schwer, soll noch auf dem Sterbebett *P. Aelius Hadrianus* (* 76 in Italica,
vor 9. Aug. † 138) adoptiert haben und stirbt in Selinus (Kilikien).

117–138 Hadrian (*Imperator Caesar Traianus Hadrianus Augustus*):
Unter Hadrian herrscht in den meisten Gebieten des Reiches Friede. Der Prinzeps bereist fast alle Provinzen, regelt überall die Verwaltung, gründet Städte, regt Bauten in den Städten an, inspiziert die Heere und Verteidigungsanlagen. Obwohl er die Reichsverwaltung systematisch und zentralistisch ordnet (unter ihm dringen die Ritter endgültig in alle wichtigen prokuratorischen Posten ein), stützt er lokale Traditionen und erweist sich durch den Stil seiner stark persönlich geprägten Administration als ein paternalistischer Herrscher. Durch gesetzliche Regelungen wird die Willkür in der Behandlung der Sklaven eingeschränkt, die Stellung der Mutter im Erbrecht verbessert, die Möglichkeit des Erbens für Soldatenkinder geschaffen; die Verpflichtungen für Pächter werden genau festgelegt.

117 Hadrian wird zum Kaiser ausgerufen (11. Aug.). Er gibt Armenien, Mesopotamien und Assyrien als Provinzen auf.

117–118 Auf dem Weg nach Italien bekämpft Hadrian die Iazygen und Roxolanen, welche die Donauprovinzen bedrohen. Kurz darauf wird *Dacia* in zwei Provinzen geteilt.

118 Eine in ihren Hintergründen ungeklärte *Verschwörung von vier Konsularen* wird vom Gardepräfekten *P. Acilius Attianus* unterdrückt, die Verschwörer werden hingerichtet. Das Ereignis überschattet Hadrians Ankunft in Rom und dessen Verhältnis zur Aristokratie, das während der ganzen Regierungszeit kühl bleibt, obwohl der Prinzeps die Rechte des Senats respektiert. – Schuldenerlaß in Rom.

118–125 Neubau des *Pantheons.*

118–138 Bau der *Villa Hadriana* bei Tivoli.

119/120 Reise Hadrians durch Italien.

121–126	*Erste Provinzreise Hadrians,* die ihn nach Gallien, Germanien, Britannien, Spanien, Mauretanien, Kleinasien, in die Donauprovinzen, nach Griechenland und Sizilien führt.
122	Der Prinzeps veranlaßt den Bau des *Hadrianswalles* (vom Solway zum Tyne) in *Britan-*
123	*nien.*Verhandlungen mit dem Partherkönig.
124	Einrichtung der Provinz *Dacia Parolissensis.*
124–125	Besuch Athens und Einweihung in die eleusinischen Mysterien.
127	Reise durch Italien.
128	Annahme des Titels *„pater patriae",* den Hadrian vorher abgelehnt hat. Besuch Afrikas.
128–134	*Zweite große Rundreise* in den Osten nach Athen, Kleinasien, Syrien, Arabien, Palästina, Ägypten und auf den Balkan.
um 130	Die *Jurisdiktionsedikte* der römischen Magistrate werden vom Juristen *P. Salvius Iulianus* abschließend redigiert und vom Senat bestätigt.
130	Wiederaufbau Jerusalems als *Aelia Capitolina.* Wohl dadurch und durch den Plan eines
132–135	Tempels für Iupiter wird der *Bar Kochba-Aufstand* ausgelöst, in dessen Folge viele Juden aus Palästina vertrieben werden.
134	Einweihung des Mausoleums Hadrians (Engelsburg).
135	Einweihung des Tempels der Venus und der Roma.
136	Wegen einer Erkrankung adoptiert Hadrian den *L. Ceionius Commodus* (= L. Aelius Verus).
138	Als der designierte Nachfolger stirbt, adoptiert Hadrian den *T. Aurelius Fulvius Boionius Arrius Antoninus* (= Imperator T. Aelius Caesar Antoninus) und verpflichtet ihn, seinerseits *M. Annius Verus* (= M. Aelius Aurelius Verus) und *L. Ceionius Commodus* (= L. Aelius Aurelius Commodus) zu adoptieren.
10. Juli	Tod Hadrians, der 139 in seinem Mausoleum beigesetzt und konsekriert wird.

Wirtschaft, Gesellschaft, Verwaltung und Kultur zur Zeit Hadrians

Durch die mit dem Kaiserfrieden geschaffenen günstigen Bedingungen (Ende der Bürgerkriege, Abbau der riesigen Bürgerkriegsheere, Wegfall der Ausbeutung durch Statthalter, Überwachung der Staatspächter, Verbesserung der Kommunikation) blüht die **Wirtschaft** im römischen Reich auf. Techniken der Bodenbearbeitung und der Warenproduktion werden überallhin verbreitet. Da die Verkehrswege sicher sind und das Straßennetz dauernd ausgebaut wird, können Waren gleichsam weltweit ausgetauscht werden. Der relativ kleine Verwaltungsapparat, die insgesamt geringe Kriegstätigkeit und die Zurückhaltung verschiedener Prinzipes im persönlichen Lebensstil ermöglichen es, die finanziellen Anforderungen an Bürger und Provinzialen niedrig zu halten. Der Geldwert bleibt im wesentlichen stabil. – Für die Zeit um 100 wird der Anteil der Bauern an der Gesamtbevölkerung des Reiches auf ca. 70–75% geschätzt. Die **Landwirtschaft** bildet also weiterhin den wichtigsten Wirtschaftszweig im Imperium Romanum. Der Boden ist vor allem aufgeteilt in kaiserliche Domänen, die während des 1. Jh.s (u. a. durch Konfiskationen und Legate) beträchtlich anwachsen, Großgrundbesitz und bäuerlichen Mittel- und Kleinbesitz. Die Bewirtschaftung der Domänen und großen Güter erfolgt teils durch Sklaven, teils durch freie Pächter – „coloni" –, deren Partner meist nicht der Besitzer, sondern ein Großpächter – „conductor" – ist. Obwohl die Sklavenwirtschaft als die rentabelste Wirtschaftsform gilt, gewinnt das Kolonentum an Boden, weil Sklaven knapp werden und Kolonen, wie schon der römische Agrarschriftsteller *L. Iunius Moderatus Columella* (um die Mitte des 1. Jh.s) ausführt, eine sicherere Rendite bringen als Sklaven, wenn der Gutsbesitzer diese nicht selbst überwacht. Dies ist aber die Regel bei den römischen Gutsbesitzern, die mit den Erträgen ihrer Güter ein Rentnerdasein führen. Hier liegt eines der wichtigsten Probleme der römischen Landwirtschaft seit der Republik. Die Gutsbesitzer konsumieren die Gewinne aus ihren Gütern, z. B. für glanzvolle Spiele und Bauten in den Städten, eine Reinvestition findet kaum statt. Unter den günstigen Bedingungen des frühen Prinzipats machen sich die Nachteile des Systems zunächst nicht bemerkbar, aber schon *Plinius der Jüngere* berichtet in seinem Briefwechsel, daß Gutsbesitzer den Rückstand von Pachten durch Verkauf von Arbeitsmaterialien wettgemacht, dadurch aber den Wert von Gütern verringert hätten. Auch Pächter selbst, deren Verträge in der Regel 5 Jahre laufen, hätten sich nicht um die Bezahlung ihrer Rückstände gekümmert, sondern alles verbraucht. Auf den kaiserlichen Domänen werden Pächter rar, so daß z. B. Hadrian besondere Anreize für diejenigen schafft, die unbebaute Äcker (agri deserti) bewirtschaften wollen.
Diese Probleme stellen sich dort besonders scharf, wo der Großgrundbesitz und die kaiserlichen Domänen weit verbreitet sind, d. h. vor allem in Italien, Afrika (außer Ägypten) und den Westprovinzen. Die Ernennung von „curatores rei publicae" und „correctores" seit Traian kann mit diesen Schwierigkeiten zusammenhängen; denn das Reichtum der Städte ist in erster Linie von ihrem Umland abhängig. Zwar gibt es Beispiele für **Manufakturen,** die überregionale Bedeutung erlangen, wie etwa die „terra sigillata" – Produktion von Arretium. Da aber der Landtransport äußerst teuer ist, tendieren die Abnehmer dazu, Waren möglichst im eigenen Gebiet herzustellen. Deshalb bilden sich kaum Großbetriebe aus. Ebenso bleibt dadurch der Handel begrenzt, auch wenn bestimmte Luxusgüter über weite Strecken verkauft werden.

240   Altertum – Römische Geschichte

Diese Verhältnisse spiegeln sich wieder in der Führungsstruktur der **Städte.** Die städtischen Führungsschichten (Magistrate, Dekurionen) werden fast durchweg von Landbesitzern gestellt. Nur wenige Städte
(z.B. Lugdunum-Lyon, Arelate-Arles, Ostia, Alexandreia) sind ausgesprochene Handelsstädte. Neben
der Bedeutung der Städte als Wohnsitze der umliegenden Grundbesitzer und als lokaler Märkte ist vor
allem ihre Bedeutung als Verwaltungszentren und – allgemeiner – als Medien der Vermittlung zwischen
Rom und dem Reich hervorzuheben. Nur über die Städte kann die römische Verwaltung den einzelnen
Bürger und Provinzialen erreichen. Aufgrund dieser Vermittlungsfunktion entsteht in den Städten eine
spezifische Öffentlichkeit, die sich z.B. in öffentlichen Plätzen und Gebäuden, in Tempeln, Theatern,
Bädern, in Denkmälern für den Kaiser äußert. In diesem Sinn wird die Kultur des gesamten Imperium
Romanum zu einer städtischen, und bis etwa zur Mitte des 2. Jh.s rivalisieren die Städte geradezu miteinander in der Bautätigkeit.
Die **finanziellen Ressourcen** des Reiches setzen sich zusammen aus den Tributen der Provinzen, aus Steuern (5% Erbschafts-, 1% Verkaufs-, 4% Freilassungssteuer) und Zöllen, aus den Erträgen der Bergwerke. Die Verpachtung der Tibute und Zölle an Publikanengesellschaften wird seit Augustus zurückgedrängt. Zölle (portoria) werden zwar noch verpachtet, ihr Einzug aber durch kaiserliche Prokuratoren
kontrolliert, bis um die Mitte des 2. Jh.s der Staat auch hier direkt tätig wird. Das Reich ist in Zollgebiete
eingeteilt (z.B. Gallien, Spanien, Illyricum), die gleichzeitig Wirtschaftsgebiete bilden. – Neben den
Steuern und Zöllen sind die munera, Dienstleistungen, zu nennen, zu denen die Einwohner des Reiches
verpflichtet sind. Sie reichen vom Unterhalt von Straßen und Leistungen für die kaiserliche Post bis zur
Finanzierung von Spielen und Bauten. – Das kaiserliche Vermögen wird gespeist aus den kaiserlichen
Domänen, durch Berücksichtigung des Prinzeps in Testamenten, durch Konfiskationen und durch
Geschenke, die teilweise, wie das „Krongold" (aurum coronarium), den Charakter einer Sondersteuer
annehmen.
Die grundlegenden **gesellschaftlichen Einteilungen** ändern sich in den ersten 150 Jahren des Prinzipats
nicht. Die Bedeutung der Ritter als Träger der kaiserlichen Verwaltung nimmt zu. Das wichtigste gesellschaftliche Phänomen der ersten beiden nachchristlichen Jahrhunderte ist vielleicht die **Romanisierung**
der Bevölkerung. Das römische Bürgerrecht und seine Vorform, das Latinerrecht, breiten sich teilweise
über ganze Länder (Spanien) aus. Senatoren und Ritter werden zunehmend auch aus den Provinzen rekrutiert, mit Traian gelangt der erste Provinzialrömer auf den Thron. Die Legionen, bis zu Gaius überwiegend noch aus Italikern zusammengesetzt, werden seit Hadrian nur noch zu einem geringen Prozentsatz von Italien gestellt. Dieser Prozeß vollzieht sich zwar nicht ohne Opposition, aber insgesamt doch
unter großer Zustimmung der Beteiligten. Ausdruck dafür ist, daß der Titel „colonia" (ursprünglich eine
von Rom gegründete Siedlung) von den Provinzstädten bevorzugt wird gegenüber dem Titel „*municipium*" (ursprünglich eine Stadt, die das römische Bürgerrecht erhält).
In der Zeit zwischen Augustus und Hadrian bildet sich eine genuine **Zentral- und Reichsverwaltung** aus.
Angesichts der Größe des Reiches kommt sie mit einem Minimum von Personal aus, da die Städte in
weitem Umfang Selbstverwaltung genießen. – Die Verwaltung ist nur insofern hierarchisch strukturiert,
als der Kaiser – in einigen Fällen zusammen mit dem Senat – ihre Spitze bildet. Zwischen den einzelnen
Ämtern gibt es in der Regel keine hierarchischen Abhängigkeiten. Dagegen gibt es eine Rangfolge der
Ämter und von daher typische Laufbahnen für *Senatoren* und *Ritter*. – Dem Einfluß des Prinzeps können
sich auch die Ämter nicht entziehen, die teilweise dem Senat unterstellt sind. Dieser Bereich einer institutionell festgelegten Kooperation zwischen Prinzeps und Senat ist entscheidend für den inneren Frieden
in Rom. Vom Herrschaftsstil der einzelnen Prinzipes hängt es ab, inwieweit dem Senat eine Chance zur
Mitregierung eingeräumt wird. – Außer bei den alten republikanischen Magistraturen besteht bei den
Ämtern weder Kollegialität (im alten Sinn) noch Annuität. Die Amtsträger werden durch den Prinzeps
eingesetzt. Gesichtspunkte einer sachlichen Qualifikation werden zunehmend berücksichtigt, wenn auch
das Prinzip einer patrimonialen Rekrutierung durch den Prinzeps nie grundsätzlich durchbrochen wird. –
Senatoren bekleiden weiterhin die Ämter, die ihnen schon unter Augustus verliehen oder neu zugewiesen
worden sind. Eine entscheidende Veränderung bis zu Hadrian vollzieht sich dadurch, daß die Ritter alle
wichtigen Posten der kaiserlichen Zentrale und die Finanzprokuraturen in den Provinzen übernehmen,
teilweise auch senatorischen Curatores oder Praefecti beigegeben werden. In diesem Prozeß manifestiert
sich die Verstaatlichung des Prinzipats und der kaiserlichen Zentralverwaltung. Ihre Funktionen, ursprünglich als private des Prinzeps entstanden und von Freigelassenen und Sklaven durchgeführt, werden
schließlich zu öffentlichen. – Freigelassene und Sklaven bleiben als Verwaltungspersonal unterhalb der
Leiter verschiedener Ressorts und auf kaiserlichen Domänen und sonstigen Besitzungen bedeutsam.
In der **Gesetzgebung** verlieren die *Volksversammlungen* seit Claudius jede Funktion; eine Ausnahme
bilden nur die Gesetze, durch die dem Kaiser jeweils die Gewalt übertragen wird bei Herrschaftsantritt
(leges de imperio). An die Stelle der Volksgesetze treten **Senatsbeschlüsse,** die faktisch Gesetzeskraft
erhalten, und **Anordnungen der Kaiser** (constitutiones principis), die vor allem in drei Formen ergehen:
dem magistratischer Praxis nachgebildeten *Edikt* (allgemeine Kundmachung), dem *Reskript* (schriftlicher Bescheid auf Anfrage) und dem *Dekret* (richterliche Entscheidung). Die Jurisdiktionsedikte der
Magistrate werden unter Hadrian von dem Juristen *P. Salvius Iulianus* redigiert und durch Senatsbeschluß
verabschiedet.
In der **Rechtspflege** bildet sich das Kaisergericht aus, das, ausgehend von der dem Kaiser mit seinen
Funktionen (z.B. als Statthalter) zustehenden Jurisdiktionsgewalt, bald zu allgemeiner Zuständigkeit ge-

Prinzipat – Adoptivkaisertum   241

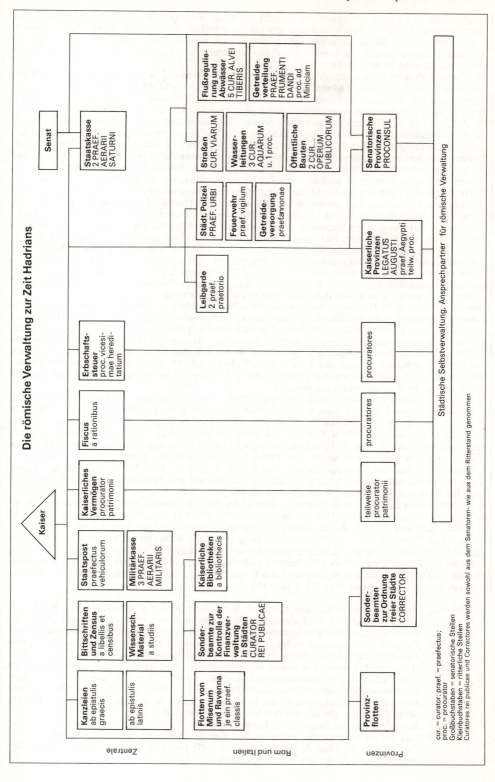

242   Altertum – Römische Geschichte

langt und die Spitze eines Instanzenzuges darstellt. Neben das alte Formular- und Geschworenenverfahren tritt, bestärkt durch die Praxis des Kaisergerichts, mehr und mehr ein neues formloses Kognitionsverfahren, in dem der Magistrat selbst entscheidet. Damit setzt sich auch in der Rechtspflege die Verstaatlichungstendenz durch, denn im Kognitionsverfahren gibt es keine private Initiative der Parteien und keine privaten Richter mehr.

Den Entscheidungen des Kaisergerichts kommt normierende Wirkung zu. Die Kaiser berufen auch immer wieder Juristen in ihr Consilium; seit Hadrian sind Juristen ein fester Bestandteil dieses Instituts. Ferner suchen die Prinzipes die *Entwicklung des Rechts* über die Rechtspflege auch dadurch zu beeinflussen, daß schon seit Augustus ausgewählte Juristen das *„ius respondendi"* erhalten, d. h. die Befähigung, mit der Autorität des Prinzeps (ex auctoritate principis)Rechtsgutachten über Prozesse abzugeben. Seit Hadrian schränken diese Gutachten die Entscheidungsfreiheit des Richters ein. Senatorische und ritterliche Juristen dringen seit dem 2. Jh. vermehrt in wichtige Posten der Verwaltung ein. Enge Zusammenarbeit zwischen Juristen und Prinzeps kennzeichnet die hochklassische Zeit römischer Jurisprudenz, die unter Hadrian bedeutende Männer wie *P. Iuventius Celsus* und *P. Salvius Iulianus* hervorbringt.

Neben den sich seit Augustus ausbildenden Funktionen des Prinzeps als Spitze der Verwaltung, der Rechtspflege und als Quelle des Rechts steht weiterhin sein Kommando über das Heer, das in den ersten 150 Jahren des Prinzipats nur unwesentlich vergrößert wird. Im Heer wird der **Kaiserkult** besonders gepflegt, der auch für die Sicherung der Loyalität und Einheit des Reiches große Bedeutung hat. Die stadtrömische Bevölkerung, deren Stimmung für die Situation in der Hauptstadt wichtig ist, wird mit Korn versorgt, erhält Geldgeschenke und Congiarien (Speisungen) und vor allem immer wieder **Spiele.** Der Kanon der alten republikanischen Spiele wird ausgeweitet, und zwar teils durch einmalige Spiele, z.B. anläßlich eines Sieges oder anderer festlicher Gelegenheiten, teils durch die Institution neuer, in regelmäßigen Abständen gefeierter Spiele, wie z. B. der „ludi Divi Augusti et Fortunae Reducis" (im Oktober), die einen Bezug zum Kaiserkult haben. Domitian führt die *Kapitolinischen Spiele* (Juni/Juli) als athletische Wettkämpfe ein und baut dafür das Stadion auf dem Marsfeld.

Insgesamt erscheint die Herrschaft der Prinzipes im 2. Jh. sowohl in Rom und Italien als auch in den Provinzen als gesichert. Der Grund dafür liegt nicht nur in der Verwaltungsorganisation und im Heer, in der Befriedigung der stadtrömischen Bevölkerung und im Ausgleich zwischen Prinzeps und Senat, sondern vor allem auch darin, daß Prinzipes wie Hadrian sich um alle Belange der Reichsbevölkerung kümmern und diese nicht als Ausbeutungsobjekt betrachten. Man nennt deshalb das Kaisertum des 2. Jh.s auch das humanitäre Kaisertum oder den Staat einen **„Wohlfahrtsstaat".** Sicher ist, daß trotz beginnender wirtschaftlicher Schwierigkeiten der Prinzipat des 2. Jh.s seine Legitimation entscheidend aus der Zustimmung der Reichsbevölkerung gewinnt.

Im letzten Drittel des 1. Jh.s sowie unter Traian und Hadrian erreicht die römische **Literatur** noch einmal eine Blüte (silberne Latinität). Epen verfassen *Silius Italicus* (* ca. 35, † ca. 100, „Punica"), *P. Papinius Statius* (* ca. 40, † ca. 96; „Thebais", „Achilleis", auch „Silvae" = Stegreifpoesie). Die Epigramme des *M. Valerius Martialis* (aus Bilbilis, Spanien, * ca. 40, † 103/104) und die Satiren des *D. Iunius Iuvenalis* (aus Aquinum, * ca. 67, † um 140?) sind für das tägliche Leben Roms äußerst aufschlußreich. *M. Fabius Quintilianus* (aus Calaguris, * ca. 35, † ca. 100) schreibt Rhetorik-Handbuch („Institutio oratoria"), *C. Plinius Caecilius Secundus* (aus Comum, * ca. 61/62, † 112/113) einen Panegyricus auf den Kaiser Traian und kunstvolle Briefe, die als historische Quelle wertvoll sind. Die lateinische Geschichtsschreibung hat ihren größten Vertreter in *P. Cornelius Tacitus* (* ca. 55/56, † ?), der zwar von der Notwendigkeit des Prinzipats ausgeht, ihn aber immer wieder an der alten Adelsvirtus mißt. Neben kleineren Werken („Agricola", „Germania", „Dialogus de oratoribus") verfaßt er die „Annales" und „Historiae", in denen die Zeit vom Tod des Augustus bis zu Domitian dargestellt ist (nur teilweise erhalten). – Von *C. Suetonius Tranquillus* (* ca. 70, † ?) stammen Biographien der Kaiser bis zu Domitian („De vita Caesarum"). – Aus der griechischen Literatur sind zu nennen *Plutarchos von Chaironeia* (* ca. 45, † nach 120), der seine vergleichenden Lebensbeschreibungen großer Griechen und Römer dem Kaiser Traian widmet, der Rhetor *Dion Cocceianus* (Chrysostomos; aus Prusa, * ca. 40, † ?) und der stoische Philosoph *Epiktetos* (aus Hierapolis, Phrygien, * ca. 55, † ca. 135).

138–161 **Antoninus Pius** (*Imperator Caesar T. Aelius Hadrianus Antoninus Augustus Pius*):
Antoninus Pius (* 86 bei Lanuvium, † 161) wiederholt zwar nicht die Reisen Hadrians, behält aber dennoch engen Kontakt mit allen Teilen des Reiches. Er stützt die traditionelle Religion und veranlaßt wichtige Regelungen zum Strafverfahren und zum Personen-, Familien- und Erbrecht. Erstmals erscheint in Gesetzen die Unterscheidung in Honestiores (Oberschicht), denen Privilegien im Strafverfahren eingeräumt werden, und Humiliores (Unterschicht). – Fremde dringen stärker ins römische Heer ein, nationale Hilfskontingente (numeri) werden stehend. Durch eine umsichtige Finanzpolitik hinterläßt Antoninus Pius trotz Erleichterungen für die Provinzialen seinen Nachfolgern wohlgefüllte Kassen. Seine Regierung gilt als eine der besten der Kaiserzeit.

139–142 Kämpfe gegen die Briganten in Nordengland.

142–143 Bau des Antoninuswalles zwischen dem Firth of Clyde und dem Firth of Forth.
Der Rhetor P. Ailios Aristeides (ca. 117–187) preist in seiner berühmten Rede „Eis Romen" die Vorzüge der Herrschaft Roms.

Prinzipat – Adoptivkaisertum *243*

144–150	Unruhen in Mauretanien.
148	Feier der „ludi saeculares".
150–161	Der germanisch-raetische Limes wird auf die Miltenberg-Lorch-Linie vorgeschoben. Unruhen in Ägypten lassen sich nicht genau datieren. Bei den Quaden und in Armenien wird jeweils ein König eingesetzt.
161	Tod des Antoninus Pius (7. März).
161–180	**Marcus Aurelius** *(Imperator Caesar Marcus Aurelius Antoninus Augustus)* und **L. Aurelius**
161–169	**Verus** *(Imperator Caesar L. Aurelius Verus Augustus):*
	Obwohl von Antoninus allein zum Nachfolger designiert, läßt Marcus Aurelius (* 121 in Rom, † 180) den Verus (* 130, † 169) sofort zum gleichberechtigten Mit-Augustus erheben. Nach langer Zeit eines relativen Friedens brechen an verschiedenen Grenzen schwere Kämpfe aus. Dadurch werden die Finanzen des Reiches außerordentlich belastet. Marcus Aurelius vermehrt die ritterlichen Verwaltungsposten (z. B. durch Subpräfekturen) und dehnt die Kompetenzen der Prätorianerpräfekten (Zuständigkeit für Italien) und des „a rationibus" (der zum Chef der gesamten kaiserlichen Finanzverwaltung wird) aus. Die Einnahme der Zölle wird verstaatlicht. In der Gesetzgebung wird die humanitäre Linie der Vorgänger fortgesetzt und u. a. die „patria potestas" (väterliche Gewalt) eingeschränkt.
161–166	*Partherkrieg.* Heere der Parther, deren nationale Einheit unter *Vologaeses III.* (seit 148)
161	gestärkt worden ist, dringen in Armenien und Syrien ein und besiegen jeweils die Römer. In Armenien wird der von den Römern eingesetzte König durch einen parthischen Prinzen ersetzt.
162	Verus geht in den Osten, wo auch Heere aus anderen Gebieten zusammengezogen werden.
163	Die Römer unter *M. Statius Priscus* erobern Armenien zurück, zerstören Artaxata und setzen wieder einen Klientelkönig ein.
164–165	Unter *C. Avidius Cassius* überschreiten die Römer den Euphrat, dringen in Mesopotamien ein, schlagen die Parther bei Dura-Europos und erobern u. a. Edessa, Seleukeia und Ktesiphon.
165–166	Feldzug nach Medien.
166	Friedensschluß. Armenien und Osrhoene bleiben römische Klientelstaaten. Die Truppen bringen aus dem Osten die *Pest* mit und verbreiten sie bis nach Italien und in den Westen.
166–180	*Markomannenkriege.* Völkerbewegungen bei den Germanen (Südwanderung der Goten) lösen einen starken Druck auf die Donaugrenze aus. Einfall der Markomannen und Quaden in Rätien, Noricum und Pannonien, eine Abteilung dringt bis Oberitalien vor.
168	Marcus und Verus an der Donaufront. Markomannen und Quaden ziehen sich zurück.
169	Tod des Verus in Altinum. Marcus Aurelius Alleinherrscher. Nach Aufenthalt in Rom, wo er wegen Geldmangel Juwelen aus kaiserlichem Besitz verkauft, kehrt er zur Donau zurück.
169/170	Die südrussischen *Kostoboken* dringen bis Griechenland vor.
170	*M. Claudius Fronto,* der ein Kommando über Obermösien und Dakien erhalten hat, fällt gegen die Markomannen, Quaden und Iazygen.
171	*Helvidius Pertinax* und *M. Claudius Pompeianus* drängen Markomannen, Quaden und Noristen aus Noricum und Rätien zurück.
171–173	Maureneinfälle in Spanien.
172	*C. Avidius Cassius* schlägt einen Aufstand in Ägypten nieder.
172–174	Markomannen und Quaden werden besiegt. Einrichtung einer neutralen Zone vor den Grenzen.
174–175	Feldzug gegen die Iazygen, die ebenfalls Frieden schließen müssen.
175	*Usurpation des C. Avidius Cassius,* der von Syrien und Ägypten unterstützt wird. Noch bevor Marcus Aurelius im Osten eintrifft, wird Cassius von den eigenen Soldaten getötet.
176	Der Sohn des Marcus, *Commodus,* erhält den Titel Imperator, bald darauf den des Augu-
177	stus. Damit wird das System des Adoptivkaisertums durchbrochen.
	Erneute Kämpfe an der Donaufront. Pläne zur Bildung zweier neuer Provinzen (Marco-
180	mannia und Sarmatia) werden durch den Tod des Prinzeps in Vindobona (Wien) verhin-
17. März	dert.

Unter Antoninus Pius und Marcus Aurelius, der selbst philosophische Interessen hat und „Selbstbetrachtungen" (eis heauton) schreibt, leben bedeutende griechische Wissenschaftler. Zur sog. *Zweiten Sophistik* gehören der Rhetor *Ti. Claudius Herodes Atticus* (101–177), der im Osten auch durch Stiftungen und glänzende Bauten (u. a. in Athen) hervortritt, der Satiriker *Lukianos von Samosata* (* um 120, † nach 180), der Rhetor *P. Ailios Aristeides* (* 117, † ca. 187). *Klaudios Ptolemaios* (lebt bis zur Zeit des Marcus Aurelius) verfaßt Schriften zur Astronomie, Mathematik und eine Geographie, der Arzt *Galenos* (aus Pergamon, * 129, † 199), der auch als Leibarzt der Kaiser wirkt, veröffentlicht medizinische Untersuchungen. Vor allem durch seine Alexander-Geschichte ist der Schriftsteller und Historiker *Flavius Arrianus* (aus Nikomedeia, † nach 170) bekannt, während *Appianos* (aus Alexandreia, * um 100, † um 170) eine Römische Geschichte verfaßt. Von *Pausanias* (* 111/115, † um 180) stammt eine Beschreibung Griechenlands. – Die lateinische Literatur ist in dieser Zeit durch den Rhetor *M. Cornelius Fronto* (aus

244 Altertum – Römische Geschichte

Cirta, * 100, † um 170) und durch *A. Gellius* (2. Jh.) vertreten, der unter dem Titel „Noctes atticae" Erörterungen zu verschiedenen Gegenständen schreibt. – Die römische *Rechtswissenschaft* findet nach der Zeit Hadrians weitere große Vertreter in *Ulpius Marcellus* und *Q. Cervidius Scaevola,* die beide vor allem durch ihre Gutachtertätigkeit wirken, sowie *Sex. Pomponius* und *Gaius,* die u. a. Kommentarwerke verfassen. Von Gaius ist ein Lehrbuch des römischen Privatrechts (Institutiones) fast vollständig erhalten.

180–192 Commodus *(M. Aurelius Commodus Antoninus Augustus):*
Unter Commodus (* 161 in Lanuvium, † 192) werden wieder Senatoren in großer Zahl hingerichtet. Durch Spiele (für die auch neue Ämter geschaffen werden), Ämterverkauf, spezielle Abgaben von Senatoren, Rittern und Dekurionen sowie durch private Bereicherung auch der Mitarbeiter des Kaisers werden die Ressourcen des Reiches belastet. In einzelnen Gebieten steigen die Getreidepreise, der Feingehalt des Denars nimmt ab. Östliche Kulte dringen in Rom ein.

180 Friedensschluß mit Markomannen und Quaden, die Klientelstaaten bleiben. Die Limesbauten an der Donaugrenze werden verstärkt.
182 Verschwörung der *Lucilla* (Schwester des Kaisers); seitdem reißen Hinrichtungen nicht ab.
184 Der Antoninuswall in Britannien wird von feindlichen Stämmen durchbrochen.
186 Unruhen in Gallien und Spanien.
192 Commodus wird vom Senat als Gott anerkannt (Hercules Romanus).
31. Dez. Ermordung des Commodus, der zunächst der „damnatio memoriae" verfällt, später auf Veranlassung des Septimius Severus konsekriert wird.
193 P. Helvius Pertinax (* 126) zum Kaiser ausgerufen, aber bald von den Prätorianern ermordet, die **M. Didus Iulianus** (* 133) erheben.
April *Septimius Severus* wird in Carnuntum, C. *Pescennius Niger* in Antiocheia zum Kaiser ausgerufen. Severus marschiert nach Rom, wo Didius Iulianus noch vor seiner Ankunft ermordet wird.

Die Severer

193–211 Septimius Severus *(Imperator Caesar L. Septimius Severus Pertinax Augustus,* * 145/146, † 211).
Er verbessert die *Situation der Soldaten,* denen er seine Stellung verdankt: Der Sold wird von 300 auf wahrscheinlich 400 Denare erhöht (durch Münzverschlechterungen sinkt aber der Silbergehalt des Denars auf 50%), den Soldaten wird die Heirat gestattet. Erstmals wird eine Legion in Italien stationiert. – Die Zahl der *Prokuratorenstellen* für die Verwaltung wird beträchtlich erhöht. Die Veränderungen betreffen besonders die Hervorhebung der kaiserlichen Zentrale und die Schaffung von regionalen Zuständigkeiten (z. B. für bestimmte Straßen, für die Post). Das Privatvermögen des Kaisers, die „res privata", wird vom Krongut, dem „patrimonium", getrennt. Viele Zenturionen steigen in den Ritterstand auf. Große Bautätigkeit vor allem in Rom. – Die spätklassischen römischen Juristen *Aemilius Papinianus* († 212), *Iulius Paulus* und *Domitius Ulpianus* († 223) sichten vor allem die Entscheidungen der vorangehenden Zeit und sind im kaiserlichen Rat und in der Verwaltung tätig; Papinianus (unter Septimius Severus) und Ulpianus (unter Severus Alexander) bringen es bis zu Gardepräfekten.
193 Septimius Severus löst die *Garde* auf und bildet sie neu aus Legionären. Pertinax wird konsekriert. *D. Clodius Albinus,* Statthalter in Britannien, erhält den Caesar-Titel und wird adoptiert.
Krieg gegen *C. Pescennius Niger.* Nach Siegen des Septimius Severus bei Perinthos (Eregli, Marmara-Meer), Kyzikos (am Marmara-Meer) und Nikaia (Iznik, Bithynien) wird Niger
194 bei Issos (Deli-Tschai, Kilikien) entscheidend geschlagen. Um Aufstände zu erschweren, wird die Provinz Syrien (wie später auch andere Provinzen) geteilt.
195 Feldzug gegen parthische Vasallenstaaten.
196 Nachdem Clodius Albinus den Augustustitel angenommen hat, erklärt sich Severus, um seine Legitimation zu stärken, zum Sohn des Marcus Aurelius und macht seinen Sohn zum Caesar *(M. Aurelius Antoninus Caesar).*
197 Albinus wird bei Lugdunum (Lyon) geschlagen; in Rom werden die Senatoren hingerichtet, die mit ihm gemeinsame Sache gemacht haben.
197 Britannien wird geteilt (oder 211/212?).
197/201 *Numidia* wird von Africa abgetrennt.
197–199 *Partherkrieg.* Die parthische Hauptstadt Ktesiphon wird genommen, Mesopotamien und Osrhoene werden annektiert.
199–200 Aufenthalt des Severus in Ägypten.

Prinzipat – Severer – Soldatenkaiser   *245*

201–202	Über Antiocheia und die Donauprovinzen kehrt Severus nach Rom zurück.
203–204	Aufenthalt des Kaisers in Afrika.
204	Feier der „ludi saeculares".
208–211	Kämpfe in Britannien.
211	Tod des Severus (4. Febr.) in Eburacum (York).
211–217	**Caracalla** *(Imperator Caesar M. Aurelius Antoninus Augustus,* * 186 in Lugdunum, † 217).
211–212	**Geta** *(Imperator Caesar P. Septimius Geta Augustus,* * 189).
Ende 211/212	Nach kurzer gemeinsamer Regierung läßt Caracalla seinen jüngeren Bruder Geta ermorden. Er erhöht den Sold der Legionäre wahrscheinlich auf 600 Denare und führt eine neue Münze, den Antoninianus (Gewicht von 1 ½ zum Nominalwert von 2 Denaren), ein.
212/213	Verleihung des römischen Bürgerrechts an fast alle Einwohner des Reiches *(Constitutio Antoniniana).*
213	Krieg gegen die Alamannen, Niederlage gegen die Cennen.
214	Kämpfe gegen die Karpen an der Donau.
214–217	Aufenthalt des Kaisers im Osten (um als neuer Alexander dessen Reich wiederherzustellen?).
215–216	Wegen Unruhen in Ägypten geht Caracalla nach Alexandreia.
216	Angriff gegen das Partherreich.
217 8. April	Caracalla wird bei Karrhai auf Veranlassung des Gardepräfekten *M. Opellius Macrinus* ermordet, der sich selbst zum Kaiser ausrufen läßt.
217–218	**Macrinus** *(Imperator Caesar M. Opellius Severus Macrinus Augustus,* * 164 in Caesarea, Mauretanien).
218	Macrinus, der erste Kaiser nichtsenatorischer Herkunft, schließt mit den Persern unter Zahlung einer hohen Kriegskontribution Frieden. Gegen ihn betreiben die syrischen Kaiserfrauen *Iulia Maesa* (Schwester der Frau des Septimius Severus und Mutter des Caracalla, *Iulia Domna*) und deren Töchter *Iulia Mamaea* und *Iulia Soaemias* die Erhebung des *Varius Avitus Bassianus* (Sohn der Soaemias), Priester des Sonnengottes von Emesa, Elagabal. Er wird als Sohn Caracallas ausgegeben, von den Truppen zum Kaiser ausgerufen, Macrinus geschlagen.
218–222	**Elagabal** *(Imperator Caesar M. Aurelius Antoninus Augustus,* * 204 in Emesa). Der Kaiser macht Elagabal zum höchsten Staatsgott, wird nach kurzer Herrschaft zusammen mit seiner Mutter ermordet.
222–235	**Severus Alexander** *(Imperator Caesar M. Aurelius Severus Alexander Augustus,* * 208 in Arka Kaisareia, Phönikien, † 235). Während seiner Regierung werden im Partherreich Arsakiden durch *Sasaniden* als Herrscher abgelöst, die den Anspruch auf Wiederherstellung des Achaimenidenreichs erheben. Damit beginnt ein jahrhundertelanger Konflikt zwischen Rom und den Sasaniden.
230	Nach Einfall des Sasaniden *Ardaschir I.* in Mesopotamien Feldzug des Severus Alexander
232	gegen ihn. Trotz ungünstigen Verlaufs kann Mesopotamien gehalten werden.
233	Alamannen überschreiten den Rhein.
235 19. März	Als der Kaiser gegen sie zieht und ihnen für Frieden Geldzahlungen anbietet, wird er mit seiner Mutter in Mainz ermordet. Statthalter mehrerer Provinzen ist unter Severus Alexander der Historiker *Cassius Dio Cocceianus* (aus Nikaia), der eine Römische Geschichte (nur teilweise erhalten) schreibt. Der etwas jüngere *Herodianos* verfaßt eine erhaltene Geschichte vom Ende des Marcus Aurelius bis zu Gordianus III.

Die Soldatenkaiser

In den 50 Jahren zwischen 235 und 285 regieren 22 Kaiser, zum Teil jeweils nur für wenige Monate. Sie werden fast durchweg von den Legionen erhoben. Das ist ein Ausdruck der **Reichskrise,** die im 3. Jh. alle Lebensbereiche erfaßt.

Der *Schutz des Reiches* kann, trotz starker Bedrohung seit Marcus Aurelius, zunächst noch aufrechterhalten werden, bricht aber bald nach Severus Alexander, vor allem unter Valerianus und Gallienus, zeitweise völlig zusammen. Im Osten ersteht mit den Sasaniden ein neuer gefährlicher Gegner, an der Donau und am Rhein drücken germanische Völker auf die Grenze. Das System der Reichsverteidigung mit festen Garnisonen ist den Angriffen, bei denen besonders auch Reiterei eingesetzt wird, nicht gewachsen. Teilweise muß sich Rom den Frieden an der Grenze durch hohe Tributzahlungen erkaufen.

Das *Heer* wird immer mehr zu einer Kaste, die sich wesentlich aus sich selbst rekrutiert, keinen Bezug zum Reichsganzen mehr hat und Loyalität nur gegenüber den Generälen kennt. Die wachsende selbständige Bedeutung des Heeres muß mit Solderhöhungen und hohen Donativen bezahlt werden. Ebenso zielen die dynastische Politik der Severer und der Ausbau der monarchischen Repräsentation

246 Altertum – Römische Geschichte

der Kaiser auf die Loyalität des Heeres. Um die Gefahr von Aufständen zu verringern, werden große Provinzen mit starker militärischer Macht (z. B. Syrien, Britannien) geteilt. Seit Septimius Severus werden auch schon ritterliche Präfekten an die Spitze von Legionen gestellt; Provinzen werden nicht mit ordnungsgemäßen senatorischen Statthaltern besetzt, sondern von ritterlichen Stellvertretern verwaltet. Gallienus schließt Senatoren ganz von Legionslegaturen aus.

Die ritterlichen *Prokuratorenstellen* werden zwischen Hadrian und Decius fast verdoppelt. Der wachsende Zugriff des Staates auf alle Bereiche zeigt sich vor allem aber auch in den Sonderbeamten, durch die die Selbstverwaltung der Städte eingeschränkt wird.

Die Masse der römischen **Reichsbevölkerung** gerät im 3. Jh. in eine desolate Situation. Die Ausweitung der Verwaltung, die Kriege, die Tributzahlungen und die Verpflichtungen der Kaiser gegenüber der Armee stellen hohe Anforderungen an die Ressourcen des Reiches. Dem steht eine nachlassende Produktion gegenüber: vor allem in Italien und in den Westprovinzen wird der freie Bauer weiter zurückgedrängt. Auf den kaiserlichen Domänen und den Latifundien werden die Lasten auf die Pächter abgewälzt, die zudem noch unter erhöhten Verpflichtungen zu Dienstleistungen (munera), unter privaten „Requirierungen" von Beamten und Militärs, feindlichen Einfällen und Räuberbanden zu leiden haben. Viele Pächter verlassen ihre Äcker. Das wirkt sich unmittelbar auf den Reichtum der Städte aus. Die Dekurionen, die persönlich für das Steueraufkommen der städtischen Gebiete haften, werden oft finanziell ruiniert, die städtische Bautätigkeit hört auf.

Die Kaiser reagieren auf die dauernde Geldnot durch *Verschlechterung des Geldes* (unter Gallienus beträgt der Silbergehalt des Denars nur noch 1–5%), was aber bei gleichzeitig sinkendem Warenangebot zu galoppierenden Preisen führt. Die Goldwährung (aureus) verschwindet aus dem Verkehr. Trotz erhöhten Soldes werden Geldzahlungen an Soldaten praktisch wertlos – ebenso geht der Reallohn der Beamten stark zurück. Die Folge ist in beiden Bereichen ein Übergang zu naturalwirtschaftlichen Verhältnissen. Für die Getreidelieferungen der Provinzen an die Militärs und Beamten in ihrem Bereich (annona militaris) werden entweder unangemessene Preise oder gar kein Entgelt mehr gezahlt.

Ist im 1. und 2. Jh. der Schutz des Reiches und die Sicherung ausreichender Lebensbedingungen die Wurzel für die Loyalität gegenüber Rom, so gibt es um die Mitte des 3. Jh.s dafür keine Basis mehr. Seit Decius versuchen die Kaiser, durch eine Aktivierung der alten römischen Religion die Einheit des Reiches neu zu beleben. Um die Unterstützung der Götter zu gewinnen, wird von allen Reichsbewohnern der Kult für die traditionellen Götter verlangt. Folge dieser Religionspolitik sind die ersten allgemeinen **Christenverfolgungen.**

235–238	**Maximinus Thrax** *(Imperator Caesar C. Iulius Verus Maximinus Augustus,* * um 170):
235	Hat Erfolge gegen die Germanen im Gebiet des heutigen Württemberg und kämpft an der
236–237	Donau.
238	Gegen die Steuerpolitik des Maximinus revoltieren Grundbesitzer in Afrika, die den Prokonsul *Gordianus (I.)* (* 159) zur Übernahme der Kaiserwürde veranlassen. Er erhebt seinen Sohn als *Gordianus II.* (* um 190) zum Mitkaiser. Beide werden vom Senat anerkannt. Gordianus II. fällt gegen den Statthalter Numidiens, der Vater nimmt sich das Leben. Der Senat erhebt daraufhin *D. Caelius Calvinus Balbinus* (* 178) und *M. Clodius Pupienus Maximus* (* um 164) zu Kaisern. Maximinus Thrax wird von seinen Truppen, bald darauf werden Balbinus und Pupienus nach 99tägiger Regierung von der Garde getötet. Die Prätorianer erheben
238–244	**Gordianus III.** *(Imperator Caesar M. Antonius Gordianus Augustus,* * 225), Enkel Gordianus' I.
241	Einfall der Perser ins Reichsgebiet.
241–242	Einfälle der Alamannen über den Limes und der Karpen an der Donau.
242–244	*Krieg gegen die Perser* unter *Schapur I.* Der Prätorianerpräfekt *Timisitheus* erringt bis zu
243	seinem Tod große Erfolge.
244	Der Kaiser wird bei Zaitha ermordet.
244–249	**Philippus Arabs** *(Imperator Caesar M. Iulius Philippus Augustus,* * um 204 in Philippopolis).
244	Er schließt gegen Geldzahlungen Frieden mit den Persern. Während seiner Regierung werden an der Donau, in Mesopotamien und Syrien Usurpationen versucht.
245–247	Erfolgreiche Kämpfe gegen Quaden und Karpen, die die Donau überschritten haben.
248	*Jahrtausendfeier Roms.* Die Goten fallen in Mösien ein.
249	Decius wird an der Donau zum Kaiser ausgerufen, Philippus fällt gegen ihn bei Verona.
249–251	**Decius** *(Imperator Caesar C. Messius Q. Traianus Decius Augustus,* * 190/200).
249	Um der ständigen Krise des Reiches Herr zu werden, versucht Decius, durch ein allgemeines *Opferedikt* die Einheit des Reiches im Kult für die traditionellen Götter wieder zu beleben. Das Opfergebot richtet sich an alle Reichsbewohner. Das Christentum wird zwar nicht direkt verboten, mittelbare Wirkung des Edikts ist aber die erste allgemeine *Christenverfolgung* im Römischen Reich.
250	Die Karpen fallen in Dakien, die Goten unter *Kniva* in Mösien ein. Niederlage des Decius bei Beroia (Verria, Makedonien).
251	Decius und sein Sohn Herennius fallen gegen die *Goten* bei *Abrittus* (Razgrad, Bulgarien).

Prinzipat – Soldatenkaiser 247

251–253	**Trebonianus Gallus** (*Imperator Caesar C. Vibius Trebonianus Gallus Augustus*, * um 206 in Perusia): Er schließt mit den Goten gegen Tributzahlungen Frieden und erhebt seinen Sohn *Volusianus* zum Mitkaiser.
251–252	Von Ägypten breitet sich die Pest im Reich aus.
252	Angriff Schapurs auf Nisibis (Nesibin, Irak).
253	Der Statthalter von Mösien, *Aemilianus,* erzielt Erfolge gegen die Goten und wird vom Heer zum Kaiser ausgerufen. Als er nach Rom marschiert, wird Trebonianus von seinen Truppen bei Interamna ermordet. Das gleiche Schicksal erleidet Aemilianus, als Valerianus in Rätien von seinen Truppen zum Kaiser ausgerufen wird.
253 **–259/260**	**Valerianus** (*Imperator Caesar P. Licinius Valerianus Augustus,* * um 190, † 259/260 in persischer Gefangenschaft):
253–268	**Gallienus** (*Imperator Caesar P. Licinius Egnatius Gallienus Augustus,* * um 218 bei Mediolanum): Valerianus macht seinen Sohn Gallienus zum Mitkaiser. Während beider Herrschaft erreichen die *Angriffe von außen* gegen das Reich und *innere Revolten* ihren Höhepunkt. Gallienus übernimmt das Kommando im Westen, während Valerianus in den Osten geht.
253–254	*Angriffe Schapurs,* von *Uranius Antoninus* (Sampsigeramos), Hoherpriester des Baal von Emesa, abgewehrt.
253–257	*Einfälle der Goten und Boraner,* zuletzt bis Kleinasien; Zerstörung bithynischer Städte.
254–257	*Kämpfe des Gallienus* am Rhein und an der Donau *gegen die Germanen.*
254–260	*Aufstände afrikanischer Völkerschaften.*
256	Schapur erobert Dura-Europos und bedroht (erobert?) Antiocheia.
257–258	*Edikte* Valerians *gegen die Christen.*
258–260	*Großer Goten- und Roxolanen-Einfall* in Pannonien.
258	Usurpationen zunächst des *Ingenuus,* dann des *Regalianus* in Pannonien werden unterdrückt. Die Alamannen dringen bis Mailand vor, werden dort von Gallienus geschlagen.
259	*Postumus* wird von den Truppen am Rhein zum Kaiser ausgerufen und gründet ein *gallisches Sonderreich,* das auch Spanien und Britannien umfaßt.
259–260	Die *Alamannen zerstören* den obergermanisch-rätischen *Limes.*
259/260	*Germanische Einfälle* bis nach Spanien. *Valerian* wird bei Edessa *von den Persern gefangengenommen.*
259/260 *– 268*	*Gallienus* Alleinherrscher. Er hebt die Edikte seines Vaters gegen die Christen auf, strebt eine *innere Erneuerung* auf der Grundlage der neuplatonischen Philosophie an und konzentriert die Kräfte des Reiches im Abwehrkampf nach außen, indem er Sonderreiche am Rande bestehen läßt und mit ihnen zusammenarbeitet. Durch eine *Heeresform* werden Reiterverbände als bewegliche Reserve geschaffen. Senatoren werden von den hohen militärischen Kommanden ausgeschlossen.
260	*Usurpation des Macrianus* und seiner Söhne. *Odainathos* von Palmyra schafft sich eine selbständige Stellung und übernimmt in den folgenden Jahren mit Billigung des Gallienus die Abwehr der Perser.
261–262	*Usurpationen im Osten* (Quietus) und *in Ägypten* (Aemilianus) werden niedergeschlagen.
262	Großer Goteneinfall bis nach Griechenland, Belagerung von Thessalonike (Saloniki).
265	Gallienus kämpft ohne Erfolg gegen Postumus.
267	Herulereinfall bis nach Athen und Zerstörung der Stadt. Tod des Odainathos. Seine Witwe *Zenobia* gründet in der Folge als Regentin für ihren Sohn Vaballathos ein *palmyrenisches Sonderreich,* zu dem neben Arabien auch Ägypten, Syrien und Mesopotamien gehören.
268	*Usurpation des Aureolus.* Gallienus belagert ihn in Mailand und wird dabei ermordet.
268–270	**Claudius Gothicus** (*Imperator Caesar M. Aurelius Valerius Claudius Augustus,* * 219):
268	Sieg über die Alamannen am Gardasee.
268–270	*Victorinus* Herrscher des *gallischen Sonderreiches.*
269	Sieg über die Goten bei Naissos (Niš, Jugoslawien).
270	Tod des Claudius durch die Pest.
270–275	**Aurelianus** (*Imperator Caesar L. Domitius Aurelianus Augustus,* * 214): Er wird nach kurzer Herrschaft des Bruders des Claudius, *Quintillus,* zum Kaiser ausgerufen, stellt die Reichseinheit wieder her (restitutor orbis), befestigt Rom und andere Städte durch eine Mauer und führt eine Münzreform durch.
270–274	*Tetricus* Herrscher des *gallischen Sonderreiches.*
270	Die Vandalen werden aus Pannonien, die Juthungen trotz einer Niederlage des Kaisers bei Placentia aus Italien vertrieben. Auf dem Weg in den Osten bekämpft Aurelianus die Karpen an der Donau und gibt Dakien auf.
271–272	Aurelianus zerschlägt das palmyrenische Reich der Zenobia, die gefangengenommen wird. Auf dem Rückmarsch nach Rom erneute Kämpfe gegen die Karpen.

248 Altertum – Römische Geschichte

273 Wegen eines Aufstands 2. Feldzug gegen Palmyra.

274 In einer Schlacht bei Châlons-sur-Marne wird dem gallischen Sonderreich ein Ende gesetzt; Tetricus geht zu Aurelianus über.
Einrichtung eines Staatskultes für *Sol Invictus*.
Auf dem Weg zu einem Perserfeldzug wird Aurelianus bei Byzanz ermordet.

275–276 **Tacitus** *(Imperator Caesar M. Claudius Tacitus Augustus,* * um 200 in Interamna):
Er wird vom Senat gewählt, unternimmt einen erfolgreichen Feldzug gegen die nach Klein-

276 asien eingedrungenen Goten und Alanen und wird von seinen Soldaten getötet. Ihm folgt für 2 Monate sein Halbbruder *M. Anius Florianus,* gegen den das Ostheer Probus zum Imperator ausruft. Florianus wird getötet.

276–282 **Probus** *(Imperator Caesar M. Aurelius Probus Augustus,* * 232 in Sirmium):
Er bekämpft zunächst die Franken, Alamannen, Burgunder, Vandalen und Goten am Rhein und an der Donau, befestigt die Rheingrenze, geht gegen Räuberbanden in Klein-

279/280 asien vor und schlägt Aufstände des Proculus und Bonosus in Gallien nieder.

282–283 **Carus** *(Imperator Caesar M. Aurelius Carus Augustus):*
Er kämpft erfolgreich gegen die Sarmaten und Perser.

283–284 **Numerianus** *(Imperator Caesar M. Aurelius Numerius Numerianus Augustus):*

283–285 **Carinus** *(Imperator Caesar M. Aurelius Carinus Augustus):*
Von den beiden Söhnen des Carus wird Numerianus schon 284, Carinus beim Kampf gegen

285 den in Nikomedeia (Bithynien, heute: Izmit) zum Kaiser ausgerufenen *Diokletianus* in Mösien ermordet.

Die Spätantike (284–476)

Der **Begriff Spätantike** (Alois Riegl, Die ägyptischen Textilfunde im k. u. k. österr. Museum, Wien 1889) bezeichnet die letzte Phase des römischen Altertums vor dem Beginn des Mittelalters und zugleich die letzte Periode der römischen Herrschaft über die Mittelmeerwelt. Der *Anfang* wird üblicherweise mit dem Regierungsantritt *Diokletians* 284 verbunden (so Ernst Stein, Geschichte des spätrömischen Reiches, 1928), weil damit nach der Reichskrise unter den *Soldatenkaisern* eine erneute Stabilisierung einsetzt, bedingt durch die lange Regierungszeit von Diokletian und *Konstantin* und deren umfassende Reformen. Zuweilen wird der Beginn der Spätantike bis zur Erhebung Konstantins zum römischen Kaiser 306 herab- oder bis zu der des *Septimius Severus* 193 hinaufdatiert.

Als *Endpunkt* der Spätantike gilt im allgemeinen die Absetzung des letzten weströmischen Kaisers *Romulus Augustulus* 476, weil sich darin die politische Auflösung des Reiches dokumentiert. Als Schlußdaten werden außerdem genannt: der Beginn von *Konstantins Alleinherrschaft* 324, der mutmaßliche *Aufbruch der Westgoten* (sog. Anfang der Völkerwanderung) 375, deren Ansiedlung in Thrakien 382, die angebliche *Reichsteilung* 395, der *Tod Stilichos* 408, *Chlodwigs Alamannensieg* 497 [?], *Justinians Tod* 565 und der *Langobarden-Einmarsch nach Italien* 568, der *Tod des Maurikios* 602, des *Herakleios* 641 oder noch spätere Daten bis zum *Fall Konstantinopels* 1453.

Mit den *diokletianisch-konstantinischen Reformen* verändert sich der römische Staat tiefgreifend: „Neu ist darin sozusagen alles" (Theodor Mommsen). Die hellenistisch-orientalische Komponente im **Kaisertum** drängt die römisch-senatorische Tradition zurück und verleiht ihm eine höhere Stellung. Im Gegensatz zum „*Prinzipat*" des Augustus spricht Theodor Mommsen vom spätrömischen „*Dominat*", Michael Iwanowitsch Rostovtzeff von einer „*orientalischen Zwingherrschaft*". Die wichtigsten Befugnisse des Kaisers bleiben Heeresbefehl, Außenpolitik, Ernennung der Beamten, Rechtsprechung und Gesetzgebung. Das Krongut *(res privata)*, seit Konstantin um das konfiszierte Tempelland erweitert, umfaßt ca. 15 % des gesamten Reichsterritoriums.

Angesichts der zahlreichen Kriegsschauplätze setzt sich das legale **Mehrkaisertum** durch. Jeder Kaiser regiert seinen Sprengel, offizielle Verlautbarungen erfolgen jedoch im Namen aller, die Reichseinheit bleibt staatsrechtlich bestehen. Die Kaiserernennung liegt beim rangältesten *(senior)* Augustus, es folgt die Akklamation durch das Heer, der Senat stimmt unaufgefordert zu. Erhoben werden Verwandte oder ausgewiesene Militärs (auch sie durch *Adoption* oder *Heirat* dynastisch legitimiert), in der Regel zunächst zu Unterkaisern *(Caesares)*, dann zu Oberkaisern *(Augusti)*. Usurpationen bleiben erfolglos. Die meisten Kaiser stammen aus dem Donau-Raum, viele sind niederer Herkunft.

Rom behält einen *Ehrenvorrang*, die Residenzen aber werden in die Grenznähe verlagert. Diokletian residiert in *Nikomedeia*, Konstantin in *Byzanz (Konstantinopel/Neurom)*. An der Perserfront wird *Antiocheia*, an der Donaufront *Sirmium*, an der Rheinfront *Trier*, in Britannien *York* Hauptstadt. In Italien wird *Mailand* 402 durch *Ravenna* abgelöst. Ins Feld begleitet den Kaiser sein Hofstaat *(comitatus)*, nach Rängen gegliedert. Entscheidungen werden im Kronrat *(consistorium)* beraten.

Die außenpolitische Notlage zwingt zu dauernder Vergrößerung des **Heeres.** Die Sollzahl beträgt um 400 n. Chr. 524 000 Mann. Die Rekrutierung unter den Provinzialen wird schwieriger, immer mehr Barbaren, vor allem Germanen, treten in die Armee ein. Die Reiterei gewinnt an Bedeutung. Disziplin und Ausrüstung gehen zurück. Der Militärhaushalt belastet die Wirtschaft, ihm dient die Steuerreform Diokletians und die **Bürokratisierung.** Die Verwaltungsstruktur zeigen die *Notitia Dignitatum* (Staatshandbuch) und der *Codex Theodosianus* (Gesetzessammlung von 438). Die seit Konstantin getrennte Militär- und Zivilverwaltung wird so selbständig, daß „*Kinderkaiser*" die Funktionsfähigkeit nicht bedrohen. Im Westen regieren seit 395 die Heermeister (Rangtitel seit 414: *patricius*), im Osten die höchsten Zivilbeamten (beide Beamtengruppen stehen im Rang von *viri illustrissimi*).

Die **Gesellschaft** wird von zeitgenössischen Quellen in *drei soziale Schichten* eingeteilt: 1. Grundbesitzer und Würdenträger *(honorati, possessores)*, 2. gehobenes Stadtbürgertum *(curiales, decuriones)*, 3. niederes Volk *(plebei, coloni, servi)*. Die Oberschicht entsteht nach den Wirren des 3. Jh.s aus Aufsteigern im Zivil- und Heeresdienst neu im frühen und mittleren 4. Jh. Es bildet sich wieder ein jetzt nicht mehr an Rom bzw. Konstantinopel gebundener erblicher Senatsadel *(clarissimi)*, der zumal im Westen über erheblichen Grundbesitz verfügt und in der Zivilverwaltung tätig ist. Die großen Senatsfamilien der *Anicii, Symmachi, Nicomachi Flaviani* in Rom sind Träger des altrömischen Traditionsgutes. Indem die Grundherren niedere Gerichtsbarkeit, Steuerhoheit und militärische Kompetenzen (Gefolgschaft, Bewaffnung der Bauern, Befestigung der Höfe) gewinnen, entwickelt sich faktisch eine Grundherrschaft. Die Patroziniumsbewegung verstärkt diese „Feudalisierung": kleine Leute *(clientes)* suchen bei den *patroni* Schutz vor den Barbaren und vor dem Fiskus. Die Kaiserhäuser sind untereinander verschwägert, durch Einheirat der Heermeister und Barbarenfürsten entsteht neben der *Senatsaristokratie* ein *Militäradel*, der mit den Tetrarchen beginnt und dem nahezu alle militärisch-politisch wichtigen Persönlichkeiten einschließlich der germanischen Könige angehören. Im Bereich der Führungsschicht besteht eine genealogische Kontinuität von der Spätantike zum Mittelalter. Die städtische Oberschicht *(curiales, decuriones)* verarmt, da sie für das Steueraufkommen persönlich haftet und dem fiskalischen Druck am stärksten ausgesetzt ist. Die Städte schrumpfen, vor allem im Westen, das Regiment kommt an die Bischöfe. Die Unterschichten werden homogener. Freie Bauern und Handwerker werden erblicher Berufs- und Orts-

250   Altertum – Römische Geschichte

bindung unterworfen. Sklaven unterscheiden sich kaum noch von Landpächtern. Alle sozialen Gruppen geraten mit der Staatsgewalt in Konflikt: Bauern (Bagauden), die Bevölkerung der antiken Großstädte (Hunger- und Zirkusrevolten), die Sonderkirchen (Donatisten, Meletianer), die Heeresteile (Spannung mit den Germanen), die Grundherren (in Steuer- und Rechtsfragen).

Seit Konstantin macht die **Christianisierung** erhebliche Fortschritte, die Kirche wird vom Staate begünstigt, die Interessen beider verflechten sich. Die *Maßnahmen gegen die Heiden* werden schärfer. Unter Konstantin beginnen Opferverbot und Tempelzerstörung; gegen Ende des 4. Jh.s werden Mönche gegen die Altgläubigen ins Feld geführt; parallel dazu werden die *Juden verfolgt.* Die innere Einheit des Christentums wird trotz der *Reichskonzile* und der Gesetzgebung in ihrem Interesse nicht erreicht. Ende des 4. Jh.s setzt sich im Westen der *Primat des Bischofs von Rom (Papst)* durch. Der Kanon der im Neuen Testament vereinigten Schriften bildet sich heraus. Administrative Gegensätze zwischen Rom und Konstantinopel, diesem und Alexandreia, sowie das Donatisten- und Arianerproblem werden nicht behoben, obwohl Theodosius das katholische Bekenntnis zur Vorschrift erhebt. Noch Augustin bekämpft 88 Häresien.

Das **Kulturleben** kommt zu neuer Blüte. Zahlreiche *Bauten* entstehen in Rom (Diokletians-Thermen, Basilika = Markthalle und Zirkus des Maxentius, Romulus-Rotunde, Konstantinsbogen) und den Residenzen (Konstantinopel s. u.; Trier: Basilika, Porta Nigra, Thermen; Thessalonike). Seit Konstantin werden Kirchen im *Basilika-Typ* und Rundbauten als Grabeskirchen gebaut, namentlich in Rom, in den Residenzstädten und in Palästina. Senatorische Villa von Piazza Armerina, Diokletianspalast von Spalato (Split), Mosaikschmuck.

In der *Plastik* und der (Katakomben-)*Malerei* zeigen sich expressionistische Tendenzen, teilweise verbunden mit einem Rückgang des handwerklichen Könnens (Konstantinsbogen). Das Kaiserbild, überwiegend frontal wiedergegeben, wird schematisiert, ins Kolossale gesteigert. Kalligraphie, Glaskunst, Edelmetallarbeiten (Silbergeschirre von Mildenhall, Augst), Elfenbein-Diptychen, Textilkunst (ägyptische Funde) und Mosaiktechnik bleiben auf hohem Stand.

Ungemein reiche Produktion an lateinischer wie griechischer *Literatur:* Rhetorik (Panegyriker, Symmachus, Libanios, Themistios, Synesios), Fachschriftsteller (Macrobius, Vegetius, Palladius, Obsequens, Pappos, Proklos, Anonymus de rebus bellicis, Firmicus Maternus), Historiographie (Eusebios, Ammianus Marcellinus, Historia Augusta, Breviatoren, Orosius, Hieronymus, Zosimos), Poesie (Claudian, Ausonius, Rutilius, Palladas, Sidonius), Patristik, Rechtsquellen, Listenliteratur (Verzeichnisse, Staatsbeschreibungen, Kalender, Karten, Chroniken). Die literarische Qualität ist weniger einheitlich als in früheren Zeiten.

284–305 **Diokletian.** Er wird vom Offizierskorps anstelle des ermordeten *Numerian* in Nikomedeia zum Kaiser (Augustus) erhoben. Diokletian heißt zuvor *Diokles* und nennt sich so wieder nach seiner Abdankung. Er stammt aus Dalmatien, ist niederer Herkunft (Sklave?) und hat sich zum Kommandanten einer Gardetruppe *(domestici)* hochgedient. Insofern ist auch er „*Soldatenkaiser*".

285 Nach dem Tode des *Carinus* erhebt er seinen illyrischen Kriegskameraden *Maximian* zum Caesar, 286 zum Augustus des Westens.

Die Zahl der Kriegsschauplätze erfordert eine Erweiterung des Kaiserkollegiums zur sog.

293 **Tetrarchie** (Vierherrschaft). Jeder Augustus ernennt einen Caesar, adoptiert ihn und verheiratet ihn mit seiner Tochter: *Diokletian* den *Galerius, Maximian* den *Constantius (I.) Chlorus.* Beide Caesares sind Soldaten von derselben geographischen und sozialen Herkunft wie die Augusti. Jeder Kaiser erhält einen Schutzgott: Diokletian den Jupiter (Beiname Jovius vgl. Dio-kles), Maximian den Herkules (Beiname Herculius), Galerius den Mars, Constantius Chlorus den Sol (Konstantin!). Die Kompetenzbereiche innerhalb der Reichshälften bleiben lose: Diokletian residiert meist in *Nikomedeia,* Galerius in *Thessalonike* und *Sirmium,* Maximian in *Mailand,* Constantius Chlorus in *Trier* und *York.* Offiziell treten die Kaiser gemeinsam auf, so bei Konferenzen und Staatsfeiern.

294 Diokletians *Verwaltungsreform* erweist ihn als den größten Organisator seit Augustus: die vier, den Tetrarchien entsprechenden Reichspräfekturen werden unter je einem „*praefectus praetorio*" als höchstem Beamten aufgeteilt in 12 Diözesen unter „*vicarii*", diese in insgesamt etwa 100 Kleinprovinzen unter „*praesides*" (auch *rectores, iudices*), die Stellung Italiens und Ägyptens wird angeglichen. Senatoren sind praktisch aus dem Staatsdienst ausgeschaltet. Im Finanzwesen werden neue Nominale *(follis)* und Paritäten eingeführt.

301 Der Wert der Silbermünzen in Rechnungsdenaren wird verdoppelt, um die Liquidität des Fiskus angesichts der gestiegenen Staatsausgaben zu wahren. Die Provinzialprägungen hören auf, Prägung wird Staatsmonopol von 14 Prägestätten. Die bisher unregelmäßigen Steuerforderungen werden festgelegt *(indictio),* ein Staatshaushalt aufgestellt. Berechnungsgrundlage sind Landgröße *(iugum)* und Arbeitskräfte *(caput);* die Städte bleiben frei von dieser „*capitatio-iugatio*", die in Naturalien *(annona)* geleistet wird. Mit seinem *Höchstpreisedikt* (inschriftlich erhalten) versucht Diokletian vergeblich, Preise und Löhne zu stabilisieren.

Das Heer erreicht die doppelte Stärke der Severerzeit, Veteranensöhne werden dienstpflichtig, Rekruten nach dem Steuersystem ausgehoben, Barbaren mehr als zuvor ange-

Spätantike 251

303   worben. Germanen erscheinen in den höchsten Offiziersrängen (*erster germanischer dux* 303), die (seit 295) bezeugte Feldarmee *(comitatenses)* untersteht den provinzialen *„duces"*, Soldaten befestigen die Grenzen, bauen Straßen und arbeiten in den staatlichen Waffenfabriken.

Die Diokletian zugeschriebenen Neuerungen im *Kaiserzeremoniell* hat dieser nicht eingeführt (nicht einmal die *adoratio*), sondern allenfalls neu geregelt. Ebensowenig beginnt mit ihm ein *„spätantiker Absolutismus"*. Die Gesetzgebung (etwa 1300 Gesetze im Wortlaut erhalten) zeigt eine klassizistische, zentralisierende und humanisierende Tendenz (gegen Zinswucher, gegen brutalen Strafvollzug), jedoch wird eine Schollenbindung der Pächter *(coloni)* und die Berufsbindung in den Versorgungsbetrieben der Großstädte und der Armee angestrebt. Lateinisch wird Amtssprache im Osten.

303   *Manichäerverbot* und **Christenverfolgung:** Unter dem Einfluß von *Galerius* will Diokletian in Glaube und Leben den *„mos maiorum"* (Vätersitte) wiederherstellen. Er entfernt die Christen aus dem Staatsdienst, enteignet die Gemeinden, bestraft die Geistlichkeit und versucht, die Christen zur Rückkehr zum alten Glauben zu zwingen. Im Osten gibt es zahlreiche Martyrien, Constantius wendet im Westen keine Zwangsmaßnahmen gegen Personen an. Der Erfolg bleibt aus.

Usurpationen werden niedergeworfen: in Gallien Bagauden unter Amandus 286, in Britannien Carausius 286–293 und Allectus 293–296, in Ägypten L. Domitius Domitianus und Achilleus 297/298. 288 wird ein Frieden mit dem Perserkönig Bahram II. geschlossen, 290 erfolgt ein Sarazeneneinfall. In Armenien wird Tiridates III. inthronisiert, der dort den ersten christlichen Staat schafft. Im neu ausgebrochenen Perserkrieg erleidet Galerius bei Karrhai eine Niederlage, Diokletian gewinnt jedoch 297 Nisibis und befestigt den Limes gegen die Sarazenen. Die Donaugrenze wird gegen Westgoten, Karpen, Gepiden, Iazygen und Sarmaten, die Rheingrenze gegen Alamannen, Burgunder, Franken und Friesen gesichert mit Hilfe von Feldzügen, Befestigungen, Jahrgeldern und Umsiedlung von Barbaren *(laeti)* auf Reichsterritorium. Britannien wird gegen Sachsen und Picten, Africa gegen Quinquegentanei verteidigt. Die äußere Sicherheit ist seit etwa 300 wiederhergestellt.

305   *Abdankung Diokletians* und *Maximians* zugunsten ihrer zu Augusti erhobenen Cäsaren. Diokletian zieht sich in seinen Palast zu Spalato (Split) zurück und stirbt dort (316).

306–324   **Aufstieg Konstantins I. d. Gr.** zur *Alleinherrschaft.* Bei der Nachfolgeregelung 305 wird *Constantius Chlorus* Augustus des Westens, *Severus* dessen Caesar für Italien, *Galerius Augustus* des Ostens, *Maximinus Daia* dessen Caesar für Syrien und Ägypten. Nach dem Tode von Constantius Chlorus wird dessen Sohn Konstantin 306 in York, Maxentius in Rom zum Kaiser ausgerufen, zugleich übernimmt dessen Vater Maximian wieder sein Kaisertum und vermählt seine Tochter *Fausta* dem Konstantin, der in Trier residiert. Severus scheitert gegen Maxentius, in Africa erhebt sich *Domitius Alexander* (308–311). In der *Kaiserkonferenz von Carnuntum* (307 oder 308) unter Diokletians Vorsitz wird *Licinius* als Augustus für Italia, Konstantin als Caesar anerkannt, Maxentius für illegitim erklärt.

310   Konstantin läßt Maximian (nach einem Putschversuch?) erdrosseln.

311   Galerius erläßt auf dem Totenbett in Serdica ein **Toleranzedikt** für die Christen, begründet mit der Erfolglosigkeit des Verbots und dem Erfordernis (irgendeines) göttlichen Segens für das Reich. Konstantin verbündet sich mit Licinius und zieht gegen Maxentius.

312   Aufgrund einer Kreuzesvision läßt Konstantin das *Christogramm* auf die Schilde der durchweg heidnischen Soldaten malen und gewinnt den *Bürgerkrieg an der Milvischen Brücke.*

313   Konstantin trifft Licinius in Mailand, dieser heiratet Konstantins Schwester, akzeptiert die Duldung des Christentums und besiegt seinen aufsässigen Unterkaiser Maximinus Daia.

314   Konstantin schlägt Licinius, nimmt ihm Illyricum, sichert die Donaugrenze gegen Sarmaten
324   und Goten und wirft Licinius bei Adrianopel und Chrysopolis (Seesieg) mit germanischen Truppen unter dem Labarum (Feldzeichen mit Christogramm) nieder.

324–337   **Alleinherrschaft Konstantins.**
Das Mehrkaisertum wird fortgesetzt durch Beteiligung der Söhne als Caesares, unterstützt von *„praefecti praetorio".*

326   Seit 317 Caesar für Gallien, wird Crispus zusammen mit Fausta hingerichtet (Liaison?). Ihm folgt *Konstantin (II.)*, ebenfalls seit 317 Caesar. Als dieser die Donaufront (vor 332) übernimmt, erhält *Constantius (II.)*, seit 324 Caesar, Gallien, später die Ostfront; Konstantin (II.) kehrt nach Gallien zurück. *Constans* wird Caesar für Italien; *Dalmatius*, Neffe Konstantins, Caesar für die untere Donau.

Konstantin selbst beginnt 324 den Ausbau von *Bynzantium (Konstantinopel)* als seine Residenz
330   denz und weiht sie ein. Sie wird ein *„Neues Rom"*. Zusiedler erhalten Vergünstigungen und Kornrationen wie in Rom. Es entstehen Landmauer, Palast, Hippodrom, Kirchen, Märkte. Dem Schmuck der Stadt dient ein umfangreicher Kunstraub in Griechenland.

334   Die äußere Sicherheit wird, von Grenzkonflikten abgesehen, erst durch den *Angriff des Perserkönigs Sapor II.* (Schapur) bedroht.

Staat und Kirche unter Konstantin

Die *Verwaltungsreform Diokletians* geht weiter (ca. 400 Gesetze Konstantins erhalten): als Oberkommandierende werden zwei Heermeister eingesetzt *(magister peditum* und *magister equitum)*, unter Constantius II. vermehrt um drei regionale Heermeister in den Präfekturen Orient, Gallien und Illyricum, die Truppen werden vermehrt, vor allem um Germanen, denen die gesamte militärische Laufbahn und der Konsulat offenstehen, die mobile Feldarmee wächst auf Kosten der Grenzbesatzung. Die Prätorianergarde wird 312 aufgelöst, die gemäß den Reichsteilen hinfort drei- oder vierfach besetzte Präfektur (Gallien, Italien, Illyricum – letztere oft zusammengefaßt , Orient) verliert die militärische Kompetenz und wird höchstes Zivilamt. Militärische und zivile Befugnisse werden weiter entflochten, die Hofverwaltung wird einem „*magister officiorum*" unterstellt, der die Ressorts *(officia, scrinia)* und die Garde *(scholae)* beaufsichtigt. Die Hofränge sind in „*comites*" (Begleiter) 1. bis 3. Ordnung eingeteilt. Eunuchen erscheinen im Hofdienst seit 326. Der Zivildienst wird als „*militia*" verstanden, Senatoren werden wieder an ihm beteiligt. Konstantins neue Goldwährung *(solidus)*, durch eingezogene Tempelschätze ermöglicht, bleibt 700 Jahre stabil; Paritäten werden korrigiert: 1 Goldstück = 240 *folles;* die „*capitatio*" wird in eine Geldsteuer verwandelt, die bisher steuerfreien Städte zahlen „*collatio lustralis*", die Senatoren „*collatio glebalis*" von ihrem Grundbesitz. Munizipale Steuern werden verstaatlicht, die Inflation geht weiter.

Spätantike Reichsverwaltung (nach der Notitia Dignitatum, Anfang 5. Jh.)

Konstantins Christentum, zu Unrecht von Jacob Burckhardt bezweifelt, ist geprägt durch die Toleranz und den Sonnenkult seines Vaters. Konstantin hat 310 eine Vision des Sol-Apollon, der als sein Beschützer erscheint, 321 wird die Sonntagsruhe *(dies Solis)* vorgeschrieben, Weihnachten auf den Geburtstag des *Sol invictus* verlegt (bezeugt für den 25. Dez. jedoch erst 354). Heer, Senat und Landvolk sind im Westen, außer Africa, durchweg heidnisch. Möglicherweise unter dem Einfluß des Bischofs *Hosius von Córdoba* identifiziert Konstantin seinen solaren, monotheistischen Gottesglauben zunehmend mit dem christlichen, auf den er seine Schlachtenerfolge zurückführt. Dies akzeptiert die Kirche, 314 wird auf der Synode von Arles Wehrdienstverweigerern die Exkommunikation angedroht. Konstantins Wunsch nach *religiöser Einheit* scheitert. Das donatistische Schisma in Africa ist weder gewaltsam noch friedlich zu beheben. Gegen die arianische „*Häresie*" beruft 325 Konstantin das erste *Staatskonzil nach Nikaia* (Nicäa). Die (unbiblische) Kompromißformel des Kaisers „*wesenseins*" (homo-ousios) wird Glaubensbekenntnis, alle Sekten werden verboten, teilweise verfolgt. Konstantin stiftet zahlreiche Kirchen, besonders in Rom, Jerusalem und Konstantinopel, und beschenkt sie mit Gütern. Die Bischöfe erhalten erhebliche regelmäßige Zuwendungen aus der Staatskasse für ihren Unterhalt, für repräsentative und caritative Zwecke, Konstantin verspricht Steuerprivilegien für Dekurionen, die sich weihen lassen, Christen werden im Staatsdienst bevorzugt. Ein Armeegebet wird eingeführt, Zivilgerichtsbarkeit und Sklavenfreilassung auch Bischöfen zugestanden, Prämien für prominente Konvertiten ausgesetzt, Opfer verboten, Tempel zerstört und der Kaiserkult reduziert.

Konstantin begreift sich nach herkömmlicher Manier als *Günstling und Beauftragter des Himmels*, erblickt im rechten Gottesdienst die Garantie für Wohlergehen und Kriegserfolg, bezeichnet sich als „gemeinsamen Bischof", als *Bischof der Nichtchristen (Caesaropapismus)*. Die seit ihm sog. „katholische Kirche" mit dem Bischof von Alexandreia, Athanasios, sowie Arianer und Donatisten akzeptieren ihn als obersten Richter in Kirchenfragen. *Eusebios von Kaisareia* (Caesarea) formuliert in der Festrede zum 30. Regierungsjubiläum das *christliche Gottesgnadentum:* der Kaiser sei Gottes Sachwalter auf Erden, Widerstand gegen ihn Sünde. Im Hinblick auf die reinigende Wirkung läßt sich Konstantin erst kurz vor seinem Tode 337 taufen, er wird beigesetzt in Konstantinopel im Kreise der (fiktiven) 12 Apostelgräber in seinem Mausoleum bei der Apostelkirche.

Verwandtschaftstafel zu den spätantiken Dynastien

337–361 Constantius II.: Testamentarisch hat Konstantin I. d. Gr. Gallien Konstantin II., Italien Constans, Illyricum Dalmatius und den Orient Constantius II. zugewiesen. Dynastische Morde in Konstantinopel beseitigen u. a. Dalmatius, sein Gebiet kommt an Constans.

340 Konstantin II. marschiert in Italien ein, fällt aber bei Aquileia. Constans verteidigt den Westen gegen Franken, Alamannen und Picten, Constantius II. den Osten gegen Sapor II. (Schapur).

350 Constans wird von dem fränkischen Usurpator *Magnentius* gestürzt; in Illyricum erhebt sich *Vetranio,* in Rom *Nepotianus.*

351 Magnentius unterliegt Constantius II. bei Mursa und endet 353.

254   Altertum – Römische Geschichte

351–354   Zur Wahrung der Kaiserpräsenz bestellt Constantius II., selbst ohne Söhne, seinen Vetter *Gallus* zum Caesar des Ostens, der durch Juden- und Isaurieraufstände beunruhigt wird, den
355   Halbbruder des Gallus, *Julian*, zum Caesar für Gallien, wo sich in Köln der Franke *Silvanus* erhoben hat. Die Reichspräfekturen werden mit regionalen Heermeisterkommandos ausgestattet: Orient 351, Gallien 355, Illyricum 359.
Constantius kämpft gegen Alamannen, Quaden, Sarmaten und Perser, die (359) u. a. Amida erobern *(Augenzeugenbericht Ammians)*.

357   Im zwanzigsten Jahr seiner Regierung besucht Constantius Rom. Bei den Auseinandersetzungen zwischen der römisch-alexandrinischen Orthodoxie, angeführt von *Athanasios,* und dem „*Arianismus*" in Syrien, Kleinasien und Illyricum unterstützt Constantius den letzteren und verfolgt das Heidentum im Osten blutig.

355–363   Julian Apostata (der Abtrünnige, vom Christentum) verwaltet seit 355 als Caesar Gallien
357   vorbildlich, überschreitet mehrfach den Rhein, besiegt die Alamannen bei Straßburg, siedelt Salfranken in Toxandrien an.

360   Zum Augustus ausgerufen (Schilderhebung!), marschiert er gegen Constantius, doch stirbt
361   dieser in Kleinasien. Julian verkörpert das senatorische Kaiserideal (Vorbild: Marc Aurel), er löst den teuren Hofstaat und die Staatspolizei *(agentes in rebus)* auf, gibt den Städten die konfiszierten Einkünfte zurück. Julian vertritt den Neuplatonismus, wie er in Athen, Pergamon (Maximos), Antiocheia (Libanios) und Alexandreia gelehrt wird (Briefe, Reden, Schriften von ihm sind erhalten). Er begünstigt den „*hellenischen*" *Glauben* und versucht ihn nach christlichem Vorbild zu organisieren: Provinzialpriester sollen die Funktion heidnischer Bischöfe wahrnehmen. Christen werden geduldet, aber von den staatlichen Professuren ausgeschlossen (Rhetorenedikt).

362   Um den seit 337 dauernden *Perserkrieg* zu beenden, stößt er bis Ktesiphon vor, fällt aber
363   auf dem Rückmarsch. Das Offizierskorps erhebt *Jovianus*, einen Christen, der das Territorium um Nisibis und Singara an den Perserkönig *Sapor II.* (Schapur) abtritt, aber schon 364 stirbt.

364–375   Valentinian und **Valens:** Das Offizierskorps erhebt den illyrischen Militärtribun Valenti-
378   nian, dieser seinen Bruder Valens zum Augustus für den Osten. Das zum Perserzug vereinte Heer wird geteilt. Valentinian residiert meist in Trier, bevorzugt im Reichsdienst Pannonier und Germanen. Er kämpft erfolgreich gegen Alamannen, Franken, Sachsen, Quaden und Sarmaten, befestigt Rhein-, Donau- und Nordseegrenzen.

366   In Rom bricht zwischen den Anhängern des Ursinus und des Damasus ein Bürgerkrieg um den Bischofsthron aus.

368–371   *Zaubereiprozesse* werden gegen Senatoren geführt.
Den maurischen Usurpator *Firmus* in Africa (370–375) wirft der Heermeister *Theodosius* nieder. Valentinian erleichtert die Steuern und richtet das Amt des „*defensor plebis*" zum Schutz der kleinen Leute ein, er übt, obschon er selbst Christ ist, programmatisch Toleranz gegenüber Heiden und Ketzern, erneuert jedoch das *Manichäerverbot* 372.

366   Valens besiegt den Usurpator *Procopius,* der Konstantinopel besaß, kämpft gegen die Westgoten unter Athanarich, residiert angesichts der Persergefahr meistens in Antiocheia. Der Senat von Konstantinopel wird vergrößert. Kirchenpolitisch begünstigt Valens weiterhin die „Arianer" und gerät in Konflikt mit *Basileios von Kaisareia* (Caesarea).

376   Er nimmt die von den Hunnen bedrängten *Westgoten* unter Fritigern über die untere Donau, um Siedler und Soldaten zu gewinnen, zumal die Westgoten durch *Wulfila* schon weitgehend christianisiert sind.

378   Bei der Übernahme kommt es zu Reibereien, Valens verliert gegen sie bei **Adrianopel** Schlacht und Leben. Die Armee des Ostreiches ist praktisch aufgerieben. Seitdem steht Illyricum den Germanen offen, die Landverbindung zwischen Westen und Osten bleibt bedroht.
Valentinians Sohn *Gratian* (* 359), Mit-Augustus 367, übernimmt Gallien, und sein anderer Sohn, *Valentinian II.* (* 371), bekommt unter Leitung seiner arianischen Mutter *Iustina* Italien (375). Gratian fördert Senatoren, insbesondere die Familie seines Lehrers *Ausonius* (Gedichte und Briefe erhalten). Er legt den Titel *Pontifex Maximus* ab, widerruft 379 das Toleranzedikt und konfisziert die Einkünfte der römischen Staatskulte. Die militärische Leitung liegt beim fränkischen Heermeister *Merobaudes.*

383   Beide stürzt der aus Britannien vordringende Usurpator *Maximus.* Dieser verurteilt auf kirchliches Betreiben die asketischen *Priscillianisten* aus Spanien, es kommt zur *ersten europäischen Ketzerhinrichtung.*

384/387   Am Hofe Valentinians II. in Mailand verhindert Ambrosius die Wiederaufstellung der Victoriastatue im römischen Senat (384), für die der Senator *Symmachus* eingetreten ist, und (386) die Herausgabe der Basilica Porciana an Iustina. Mit ihrem Sohn flieht diese vor dem nach Italien einrückenden Maximus nach Thessalonike (387).

379–395   Theodosius I. (d. Gr.) wird als Sohn des gleichnamigen spanischen Heermeisters von Gratian zum Nachfolger des Ostkaisers Valens erhoben.

Spätantike   *255*

382 Er überläßt den Westgoten römisches Land an der Donau: das ist die *erste Ansiedlung von Germanen,* die nach ihrem eigenen Recht leben und nur (unter ihren eigenen Führern) wehrpflichtig sind.

387 Ein *Aufstand bricht in Antiocheia* wegen Steuererhöhungen aus (Zeugnisse des Libanios). Armenien wird mit Persien geteilt.

388 Theodosius besiegt Maximus. Gallien kommt an Valentinian II., geleitet von dem fränkischen Heermeister *Arbogast.*

390 Ein Aufstand wird in Thessalonike von Theodosius grausam gerächt, Ambrosius zwingt den Kaiser zur öffentlichen Kirchenbuße.

392 Nach dem Selbstmord Valentinians II. erhebt Arbogast den Rhetor *Eugenius* zum Kaiser des Westens, der Toleranz verkündet. Letzte **Blüte des Heidentums in Rom:** *Symmachus* (Schriften erhalten), *Nicomachus Flavianus, Ammianus Marcellinus* (bedeutendster lateinischer Historiker seit Tacitus, zeitgenössische Teile seines Geschichtswerks erhalten).

394 Theodosius besiegt den Usurpator am Frigidus (Wippach). Auf beiden Seiten kämpfen hauptsächlich Germanen.
Die durch Konstantin begonnene **Christianisierung** wird vorangetrieben. Theodosius bricht mit der arianischen Tradition im Osten. 380 definiert er durch Gesetz den *Begriff „katholisch"* und erhebt den Glauben der Bischöfe von Rom und Alexandreia zur Vorschrift für alle Untertanen. Seitdem ist der *Glaubenszwang Staatsgesetz,* bestätigt vom *zweiten ökumenischen Konzil* 381 in *Konstantinopel.* Es kommt zur blutigen Verfolgung von Häretikern und Heiden; Synagogen und Tempel werden zerstört, das Serapeum mit der Bibliothek in Alexandreia niedergebrannt (391), im Osten herrscht religiöser Bürgerkrieg. Die *olympischen Spiele* werden (393) *zum letzten Mal* begangen, das *Orakel von Delphi* und die *Mysterien von Eleusis* enden etwa gleichzeitig. Reste des Heidentums halten sich im Westen in Rom (Senatoren) und auf dem Lande in Italien und Gallien, im Osten in den Universitäten (Athen, Alexandreia) und einzelnen Tempelstädten (Apameia, Karrhai, Gaza). Sie werden im 5. Jh. niedergekämpft.

395 Theodosius stirbt, ihm folgen seine Söhne *Arcadius* im Osten, im Westen **Honorius** (* 384, † 423 – Mit-Augustus 393), dieser unter der Leitung des vandalischen Heermeisters **Stilicho,** Günstling und Schwiegersohn des Theodosius, Schwiegervater des Honorius. Seitdem regiert im Westen der jeweils führende Heermeister. Stilicho favorisiert die Germanen, die Kirche und die Senatoren; es kommt zur Spannung mit dem Ostreich über die Zugehörigkeit von Illyricum. Dort wird *Alarich* von Stilicho 395 und 397 bekriegt. Der ab-

398 trünnige Befehlshaber von Africa, *Gildo,* wird niedergeworfen. Bei Alarichs Angriff auf Italien zieht Stilicho die Garnisonen vom Rhein und aus Britannien ab, besiegt die Westgo-

402 ten bei Pollentia (dargestellt durch Stilichos Hofdichter *Claudian).* Honorius verlegt den *Hof* von Mailand ins besser geschützte *Ravenna.*

403 Nach dem *Sieg über Alarich bei Verona* bestellt er diesen zum Heermeister für Illyricum.

405 Stilicho besiegt die *Ostgoten* unter *Radagais* bei Faesulae.

406 Dennoch brechen Vandalen, Alanen und Sueben in Gallien ein.

407 Es folgt die *Usurpation von Konstantin III.* in Britannien und Gallien. Bei dem Versuch, nach dem Tode des Arcadius im Osten einzugreifen, wird Stilicho von Honorius umgebracht, danach kommt es zu einer antigermanischen Welle unter der Regentschaft des *„magister officiorum"* Olympius.

409 Vandalen, Alanen und Sueben besetzen Spanien, **Alarich** dringt in Italien ein, erhebt den

410 Senator *Attalus* zum Gegenkaiser und **nimmt Rom,** literarisches Echo bei *Hieronymus, Augustinus, Orosius;* doch die Romidee dauert: *Rutilius.*
Der Kommandant Africas, *Heraclianus,* wird bei Ocriculum geschlagen.

413 Honorius ernennt den Pannonier *Flavius Constantius* († 421) zum leitenden Heermeister, dieser besiegt Konstantin III. in Arles 411, überläßt den Westgoten Aquitanien, heiratet die zuvor mit dem Westgotenkönig *Athaulf* vermählte Kaiserschwester *Galla Placidia* 417 und wird 421 als *Constantius III.* Mit-Augustus. In den Westprovinzen gehen Usurpationen, Bauernunruhen und Barbarenkriege weiter, in Africa dauern die Spannungen zu den Donatisten (ca. 400 Bischöfe) an, trotz ihrer von *Augustinus,* Bischof von Hippo, geförderten kirchlichen und staatlichen Bekämpfung. 423 erhebt der Senat *Johannes Primicerius* zum Nachfolger des Honorius in Ravenna.

395–408 **Arcadius** (* 377; Mit-Augustus 383), Ostkaiser in Konstantinopel, geleitet von den rasch wechselnden höchsten Zivilbeamten, Hofeunuchen und seiner Frau Eudoxia, Tochter eines fränkischen Heermeisters.

399/400 Es kommt zum Aufstand der germanischen Truppen unter *Tribigild* und *Gainas* in Kleinasien (beschrieben bei *Zosimos* und *Synesios),* danach folgt eine *germanenfeindliche Personalpolitik.* Die Heiden- und Ketzerverfolgung geht weiter, in der Spannung zwischen den Patriarchaten Alexandreia und Konstantinopel stürzt *Johannes Chrysostomos.*

408–450 **Theodosius II.** (* 401; Mit-Augustus 402), Sohn des Arcadius, wird Ostkaiser. Die Regierung bleibt bei den Zivilbeamten, auf deren Bestallung die Kaiserschwester *Pulcheria* und

256   Altertum – Römische Geschichte

die Kaiserin *Athenais-Eudokia*, Tochter eines Athener Neuplatonikers, einwirken. Seit 412 wird Konstantinopel erweitert und befestigt, 415 die neuplatonische Philosophin *Hypatia* durch Mönche in Alexandreia ermordet. Der Konflikt zwischen den Patriarchaten von Alexandreia und Konstantinopel *(Nestorius)* wird 431 auf dem 3. ökumenischen *Konzil von Ephesos* gewaltsam fortgesetzt.

438   Der **Codex Theodosianus**, die erste staatliche Gesetzessammlung, wird publiziert. Aus derselben Periode stammt die *Notitia Dignitatum*, ein Verzeichnis der spätantiken Behörden. Die Politik bestimmen die kaiserlichen Damen, Hofbeamten und Eunuchen. Die Militärführung liegt wieder bei germanischen und alanischen Heermeistern (Plintha, Ardabur, Aspar), sie kämpfen gegen *Perser, Isaurier, Vandalen* und *Hunnen,* die unter *Attila* (434–453) die Donauländer plündern und Lösegelder erpressen.

425–455   *Valentinian III.* (* 419) Westkaiser. Seine Mutter Galla Placidia stürzt mit östlichen Truppen *Johannes* in Ravenna, ihr Anhänger in Africa, *Bonifatius,* öffnet dieses den *Vandalen,* die 429 von Spanien aus unter *Geiserich* mit 80000 Mann einmarschieren. Als leitender Heermeister setzt sich, gestützt auf hunnische Truppen, gegen den Willen des Hofes der illyrische Offizier **Aëtius** durch; er sucht Roms Herrschaft gegen Bagauden und Sueben in Spanien, gegen Westgoten und Franken in Gallien zu sichern, doch gelingt dies meist nur
443   in den Städten; er siedelt die von den Hunnen geschlagenen *Burgunder* um Worms *(Nibe-*
451   *lungenlied)* in Savoyen an, *besiegt* mit den Westgoten *Attila* auf den **katalaunischen Feldern,** die Hunnen kehren um, plündern aber 452 noch Aquileia. 454 wird Aëtius, der „letzte Römer", von Valentinian III. persönlich niedergehauen, dieser 455 von Gefolgsleuten des Aëtius erschlagen. Valentinian III. wird, wie vor ihm Galla Placidia († 450) und Honorius († 423), im Mausoleum bei Alt Sankt Peter in Rom bestattet. Die Verhältnisse im Westen werden chaotisch.

450–457   *Markianos,* Offizier niederer Herkunft aus Thrakien, wird durch den Heermeister Aspar und die Ehe mit der Kaiserschwester Pulcheria zum Ostkaiser erhoben.
451   Das 4. ökumenische *Konzil von Chalkedon* stärkt das Patriarchat Konstantinopel auf Kosten Alexandreias.
453   Die Hunnengefahr endet mit dem *Tode Attilas.* Ostgoten werden in Pannonien angesiedelt.
457–474   *Leon I.,* gleichfalls thrakischer Offizier, von Aspar zum Nachfolger im Osten lanciert. Die Ostgoten erheben sich unter *Theoderich Strabo,* die Hunnen greifen wieder an, der groß-
468   angelegte *Vandalenfeldzug scheitert.* Leon zieht Isaurier nach Konstantinopel und stürzt die alanisch-germanischen Heermeister *Aspar* und *Ardabur* 471. Auf Leons Tod folgen Usurpationen und Bürgerkriege zwischen den Heermeistern, in denen sich *Zenon* der Isaurier (474–491) mühsam als Kaiser behauptet.

455–476   *Bürgerkriege unter den letzten Westkaisern.* 455 wird der Senator *Petronius Maximus* Kaiser. *Geiserich plündert Rom.* Mit westgotischer Hilfe erhebt sich in Gallien *Avitus,* ihn
456   stürzt der suebische Heermeister **Ricimer,** er bleibt sechzehn Jahre der mächtigste Mann im Westen. Er erhebt 457 *Maiorian,* setzt ihn 461 ab und läßt ihn hinrichten. Es folgt *Livius Severus* bis 465, Leo entsendet *Anthemius* aus dem Osten 467, der scheitert gegen die Germanen und wird von Ricimer 472 gestürzt. Dieser erhebt *Olybrius,* beide sterben 472.
473   Der Neffe und Nachfolger Ricimers *Gundobad* (später König der Burgunder) macht *Glycerius* zum Kaiser, Leo entsendet jedoch *Nepos* als Westkaiser. Dessen pannonischer
476   **Heermeister** *Orestes* vertreibt ihn und erhebt seinen eigenen Sohn **Romulus (Augustulus).** Er wird aber von dem hunnischen Heermeister *Odoaker* abgesetzt. Obwohl der legitime Nepos bis 480 im dalmatischen Exil lebt, bemerkt der Chronist *Marcellinus Comes* zu 476: *Hesperium Romanae gentis imperium [...] cum hoc Augustulo periit;* über *Jordanes* und *Otto von Freising* gelangt diese Epochensetzung in die neuere Historiographie.

Deutung der Spätantike

In den offiziellen Äußerungen (Panegyriken, Münzumschriften) wird daran festgehalten, das *Imperium Romanum,* verkörpert durch die Bauten der Stadt Rom, bedeute den *krönenden Abschluß der Weltgeschichte,* umspanne den gesamten Erdkreis und dauere ewig **(Romidee).** *Eusebios von Kaisareia* verkündet, die letzte Stufe irdischen Glücks beginne mit dem gottgewollten Regiment des christlichen Kaisers, Gottes irdischem Sachwalter **(Romtheologie).** Heidnische Autoren kritisieren innere und äußere Mißstände, führen sie auf moralisches Versagen *(Ammian)* oder auf das Christentum zurück, das den Göttern den schuldigen Respekt entziehe und deren Segen verscherzt habe *(Symmachus, Zosimos,* anonyme *Gegner Augustins).* Die Christen haben die Dekadenz teilweise geleugnet, ja einen Fortschritt zu erkennen geglaubt *(Ambrosius, Prudentius, Orosius),* später die Unglücksfälle als Züchtigung der Sünder oder als Prüfung der Gerechten durch Gott verstanden in einer Welt, die ohnedies nur von transitorischer Bedeutung sei *(Augustinus, Salvianus).* Allgemein herrscht die Ansicht, daß trotz der alternden Roma *(Roma senescens)* das Imperium keiner anderen politischen Ordnung weichen und bis zum Weltgericht dauern werde. Die Germanen haben diese Konzeption theoretisch nicht bestritten, sondern mehrfach erneuert *(Athaulf, Theoderich, Theudebert, Karl d. Gr.),* sie schien durch eine entsprechende Deutung der Daniel-Prophezeiung (Kap. 2) *biblisch legitimiert.* Sie wird noch im 17. Jh. von Jacques Bénigne Bossuet vertreten und endet erst mit dem Heiligen Römischen Reich Deutscher Nation 1806.

Gegen diese **Kontinuitätsthese** wendet sich jedoch die **Katastrophentheorie** der italienischen Humanisten *(Flavius Blondus, Niccolò Machiavelli).* Sie besagt, das Imperium sei von den Germanen nicht weitergeführt, sondern zerschlagen, die *antike Kultur* sei *barbarisiert* worden. Das *„finstere Mittelalter"* weiche jetzt erst einer *Neuentdeckung der (antiken) Zivilisation.* Der Protestantismus stützt diese Deutung durch die Annahme, die Kirchenherrschaft des Papstes sei ein Irrweg gewesen, und auch religiös sei nun das Mittelalter überwunden. Die deutschen Humanisten *(Beatus Rhenanus, Ulrich von Hutten, Hugo Grotius)* entlasten ihre „germanischen Vorfahren", indem sie als eigentlichen Verfallsgrund die Korruption im spätrömischen Staat angeben. Die Aufklärung hält an den inneren Gründen fest. *Voltaire* macht die Kirche verantwortlich, *Montesquieu* den Luxus, der die Römer den Germanen gegenüber geschwächt habe. *Edward Gibbon* verbindet beides, indem er nach gesunkener Moralität die *christliche Weltflucht* benennt, während *Johann Gottfried Herder* jeden *Imperialismus* für notwendig vorübergehend und nur die *„natürlichen"* Nationen für dauerhaft erachtet.

Für den *historischen Materialismus* scheitert das Reich an der angeblichen Unfähigkeit, sich politisch dem sozialen Wandel von einer Sklavenwirtschaft zum Feudalismus anzupassen in der Folge einer *„Epoche sozialer Revolution" (Karl Marx)* von Sklaven, Colonen und Germanen (Štaerman). Nach *Friedrich Engels* ist die Sklaverei eine „Sackgasse", nur die aufgrund ihrer urgesellschaftlichen Lebensform seelisch gesunden Germanen seien fähig gewesen, *„eine an verendender Zivilisation laborierende Welt zu verjüngen".* Die spätere marxistische Forschung konzentriert sich auf die Frage nach den progressiven Kräften, den gesellschaftlichen Gegensätzen und den Ursprung des Feudalismus und hält an der Vorstellung einer *mehrhundertjährigen „Revolution"* fest. Sozialökonomische Verfallsgründe nimmt auch *Max Weber* an, doch hat sie *Michael I. Rostovtzeff,* der beste Kenner der kaiserzeitlichen Wirtschaftsgeschichte, kategorisch bestritten. Er macht im Anschluß an *Eduard Meyer* eine kulturelle Nivellierung verantwortlich. Während *Otto Seeck, Karl Julius Beloch* und *Tenney Frank* anthropologische, *Theodor Mommsen, Alfred von Domaszewski* und *Ernst Kornemann* administrativ-militärische Niedergangsursachen annehmen, verschiebt sich die Diskussion durch die Thesen von *Alfons Dopsch* und *Henry Pirenne,* die kulturelle Entwicklung sei nicht durch die Völkerwanderung bzw. erst durch die Araber unterbrochen worden. Diese Ansicht hat durch *Hermann Aubin* und *P. E. Hübinger* wesentliche Korrekturen erfahren: Während der kulturelle und administrative Überbau mit Ausnahme der fortlebenden Kirche zusammenbrach, dauerten die sozialen Strukturen an (Großgrundbesitz, Sklaverei, Gefolgschaft, kümmerndes Stadtleben).

Eine abgewogene Bilanz zieht *Arthur H. M. Jones* (The Later Roman Empire, 1964), der die inneren Schwächesymptome einräumt, aber wie *Norman H. Baynes* als letzte Ursache des Niedergangs die **Germaneneinbrüche** ansieht, denen das Westreich mit seinen langen Flußgrenzen wesentlich stärker ausgesetzt war als das Ostreich, das aufgrund seiner günstigeren strategischen Lage überdauerte. Seit dem 3. Jh. n. Chr. sind die Germanen militärisch nahezu auf demselben Stand wie die Römer. Indem sie das Reich durch dauernde Angriffe bedrohen, wird dieses zu einer Erhöhung der Militär- und Verwaltungsausgaben gezwungen, die von der Bevölkerung zunehmend unwillig geleistet werden, zumal es Anzeichen für eine wachsende Korruption in der Verwaltung gibt. Zugleich schwindet die Bereitschaft in der römischen Bevölkerung zum Kriegsdienst, der immer stärker von germanischen Söldnern geleistet wird. Deren militärisches Übergewicht wird seit dem 5. Jh. politisch spürbar und führt schließlich zur *Auflösung des Reichsverbandes in ein östliches (byzantinisches) Restimperium* und die *germanischen Nachfolgestaaten* im Westen.

Das Christentum im Römischen Reich bis 313

Das Christentum findet im Römischen Reich günstige *Bedingungen für seine Ausbreitung:* die grundsätzliche religiöse Toleranz des römischen Staates wird auch den Christen gegenüber aufrechterhalten. Paulus kann deshalb im 13. Kapitel seines Römerbriefes die römischen Christen auffordern, sich der staatlichen Gewalt unterzuordnen. Zum Kult für den römischen Herrscher werden die einzelnen Reichsangehörigen nicht gezwungen. Allerdings werden den Christen wegen ihrer Tendenz zur Abkapselung und ihren – in den Augen der heidnischen Umwelt – geheimen Versammlungen kriminelle Handlungen wie Ritualmorde, Genuß von Menschenfleisch und Inzest vorgeworfen, Beschuldigungen, gegen die sich noch die Apologeten des 2. Jh.s mit aller Macht wehren müssen. Diese Anklagen stehen im Zusammenhang mit der ersten Verfolgung der römischen Christen unter Nero und damit, daß Kaiser *Traian* die Verurteilung von ordnungsgemäß angezeigten Christen vorschreibt, das Aufspüren von Christen aber verbietet. Wenn die Christen sich also ruhig verhielten, brauchten sie in der Regel nichts zu befürchten. In der Tat gibt es bis zur Mitte des 3. Jh.s keine allgemeine Christenverfolgung, sondern nur lokale Ausbrüche des Hasses gegen die Christen. Erst als mit der Reichskrise des 3. Jh.s die Kaiser Opfer für die Götter von jedem Reichsangehörigen fordern, werden die Christen, die die Opfer ablehnen, bestraft.

258   Altertum – Römische Geschichte

7/6 v. Chr.	**Geburt Jesu;** Aufwachsen in Nazareth.
27/28	Wirken *Johannes' des Täufers.*
n. Chr.	
um 28–30	Öffentliche Wirksamkeit Jesu, der Jünger um sich sammelt. Seine Predigt und insbesondere sein Anspruch, der Messias zu sein, werden von den jüdischen Führern als Gotteslästerung
30	betrachtet. Sie klagen ihn beim römischen Statthalter, dem Präfekten *Pontius Pilatus,* an,
7. April (?)	der ihnen Jesus zur **Kreuzigung** übergibt.

Am 3. Tag nach der Kreuzigung erfahren die Jünger Jesus als den Auferstandenen und empfangen in der Folgezeit, besonders beim ersten „Pfingsten", die Kraft, die Verkündigung Jesu fortzuführen.

In der Gemeinde von Jerusalem, der **„Urgemeinde",** haben zunächst die *„Zwölf" (Apostel)* und unter ihnen *Petrus* eine hervorragende Stellung. Eine weitere Institution bilden die „Sieben", die von der Gemeinde für den Tischdienst ausgewählt und von den Aposteln eingesetzt, aber danach als Prediger und Missionare tätig werden. Märtyrertod des *Stephanus,* eines der „Sieben", und anschließende Verfolgung der Gemeinde von Jerusalem. Viele Mitglieder der Gemeinde fliehen und bilden Keime neuer Gemeinden in Iudaea und Samaria.

Beginn der *Missionstätigkeit des Paulus,* ursprünglich strenger Anhänger der pharisäischen Theologie, in Syrien und Kilikien.

um 43/44	Verfolgung der Urgemeinde durch *Herodes Agrippa. Jakobus der Ältere* wird hingerichtet, Petrus verläßt die Stadt. *Jakobus der Jüngere* übernimmt die Leitung der Gemeinde. Neben ihm üben Presbyter Leitungsfunktionen aus.

Barnabas gewinnt Paulus für die Mission im syrischen **Antiocheia,** die von „Propheten und Lehrern" getragen wird. In Antiocheia entsteht die Bezeichnung **„Christen"** (Christianoi) für die neue Gemeinschaft.

vor 49/50	*1. Missionsreise des Paulus* (mit Barnabas) im Auftrag der antiochenischen Gemeinde: die Reise führt über Zypern (Salamis, Paphos) nach Pisidien (Perge, Antiocheia) und Lykaonien (Ikonion, Lystra, Derbe).
um 49/50	Judenchristliche Gruppen kritisieren die Missionsmethode des Paulus, der in der **Heidenmission** nicht die Beachtung des mosaischen Gesetzes und die Beschneidung fordert. Ein „Apostelkonzil" in Jerusalem, zu dem auch Paulus und Barnabas reisen, entscheidet für diese. Damit wird die Fortführung der Heidenmission ermöglicht, obwohl der judaistische Widerstand in der Gemeinde andauert.
um 50–53	*2. Missionsreise des Paulus* (mit Silas). Sie führt ihn über Kilikien und Lykaonien nach Troas, von dort über Makedonien (Philippoi, Thessalonike, Beroia) nach Athen (Areopagrede) und Korinth, wo sich Paulus eineinhalb Jahre aufhält. Von Korinth reist er über Ephesos nach Palästina zurück.
um 54–58	*3. Missionsreise des Paulus,* der zunächst nach Ephesos geht, dort bis ins Jahr 57 bleibt und anschließend noch einmal die Gemeinden in Makedonien und Griechenland besucht.

Die *paulinischen Gemeinden* unterscheiden sich in ihrer Organisationsform von der Urgemeinde: Presbyterat fehlt; es gibt eine große Anzahl von freien „Diensten", die auf die Anerkennung der Gemeinde angewiesen sind; noch zu Lebzeiten des Apostels beginnen sich aber die Funktionen der Vorsteher, Verwalter und Hirten in den *Episkopen („Bischöfen")* zu institutionalisieren. – Das Nebeneinander verschiedener Organisationsformen ist typisch für die Gemeinden der ersten und auch noch der zweiten christlichen Generation. Organisatorische Fragen stehen nicht im Vordergrund des Interesses; unterschiedliche regionale Traditionen können sich auswirken.

58	*Paulus in Jerusalem.*
58–60	Als die Juden ihn bedrohen, wird er von den römischen Behörden gefangengenommen und
61	2 Jahre in Kaisareia in Palästina in leichter Haft gehalten. Von dem Statthalter Festus ap-
62	pelliert er an den Kaiser und wird nach Rom gebracht. Für die Zeit nach seiner Ankunft dort fehlen sichere Berichte; eine Reise des Apostels nach Spanien und ein weiterer Aufenthalt im Osten bleiben unsicher.

Jakobus der Jüngere erleidet in Jerusalem den Märtyrertod.

64	Brand Roms und anschließende **Verfolgung** der römischen Christen, denen Brandstiftung vorgeworfen wird. Während der Verfolgung sollen auch **Petrus und Paulus** getötet worden sein.
66–67	Anläßlich des 1. Jüdischen Aufstandes (ab 66) wandern die Judenchristen aus Jerusalem aus.
70	*Einnahme Jerusalems durch Titus.*

Die zweite christliche Generation ist dadurch gekennzeichnet, daß sich – wegen des Todes der meisten Apostel und unmittelbaren Zeugen Jesu – das Problem der wahren Tradition und ihrer Garanten stellt und viele Gemeinden stark anwachsen, was zu Ordnungsproblemen führt. Die Antwort darauf ist seit um 65 die Aufzeichnung der *Evangelien* und der *Apostelgeschichte* sowie die Ausbildung der *Gemeindeämter* der Presbyter und Episkopen

Das Christentum im Römischen Reich   259

(diese Begriffe werden teilweise zunächst synonym gebraucht), die sich um die rechte Lehre sorgen und disziplinarische Befugnisse ausüben sollen.

90/100   Brief der Gemeinde von Rom an die Gemeinde von Korinth (Clemensbrief), in dem im Rahmen einer umfassenden ordnungstheologischen Konzeption der durch die Apostel vermittelte gottgesetzte Ursprung des Gemeindeamtes vertreten wird.
Die *Mission* der christlichen Gemeinden hat im 1. Jh. vor allem Palästina, Syrien, Kleinasien (Lykaonien, Pisidien, Phrygien, Asia), Makedonien und Griechenland sowie Rom und die Hafenstadt Puteoli erreicht. Im 2. Jh. dringt das Christentum weiter in die Randgebiete des Vorderen Orients und Kleinasiens, in den Balkanraum, nach Gallien, Spanien und Nordafrika vor.

98/117   Unter Traian erleidet der Bischof *Ignatios von Antiocheia* in Rom den Märtyrertod. In seinen erhaltenen Briefen erscheint erstmals der *monarchische Episkopat* voll ausgebildet. Die Presbyter stehen unter dem Bischof, die Diakone sind seine besonderen Helfer. Der Bischof ist der Garant der Kirchlichkeit aller kirchlichen Handlungen. Ziel der starken Betonung der bischöflichen Stellung ist die Wahrung der Einheit der christlichen Gemeinden, die von Sondergruppen bedroht wird. Zum erstenmal gebraucht Ignatios den Begriff „katholische Kirche".

110/113   *Reskript* des Kaisers *Traian* an den Sonderbeauftragten in Bithynien, *C. Plinius Caecilius Secundus* (Plinius der Jüngere, * 61/62, † nach 111), zum Problem der Behandlung von Christen: diese sollen nicht aufgespürt, anonyme Anzeigen gegen sie nicht beachtet werden. Wenn Christen ordnungsgemäß angezeigt werden und ihrem Christsein nicht dadurch abschwören, daß sie den Göttern opfern, sind sie zu bestrafen. – Nach diesen Regeln wird bis zur Mitte des 3. Jh.s verfahren. Angebliche Reskripte der Kaiser Hadrian und Antoninus Pius sind von den Christen gefälscht.

117–138   *Kodratos* (Quadratus) und *Aristeides* verfassen unter Hadrian die ersten christlichen Verteidigungsschriften **(Apologien)** gegen das Heidentum und das Judentum. Unter *Antoninus*
138–161   *Pius* (* 86, † 161) schreiben die Apologeten *Ariston von Pella* und *Iustinos von Flavia Neapolis* († um 165). Die Apologien richten sich teilweise direkt an die Kaiser.
Schon seit hadrianischer Zeit treten **Gnostiker** auf, die in Konkurrenz zur Kirche ein religiöses, auf „wahre Erkenntnis" zielendes Welt- und Menschenverständnis vermitteln und um die Mitte des Jh.s zu einer ernsten Bedrohung für die christlichen Gemeinden werden. Ihre Hauptgruppen sind die *Basilidianer* (nach dem Syrer *Basilides*), die *Valentinianer* (nach dem Ägypter *Valentinos*) und vor allem die **Markioniten** (nach dem Kleinasiaten *Markion*, der seine Anhänger entsprechend den christlichen Gemeinden straff organisiert, benannt).

155/169   Märtyrertod des Bischofs *Polykarpos* von Smyrna im dortigen Stadion.
um 160   In Phrygien entsteht der **Montanismus** (nach *Montanus*) als christliche Bewegung, für die ethischer Rigorismus und eine große Bedeutung der Prophetie kennzeichnend sind; sie breitet sich auch in andere Gebiete, besonders nach Afrika, aus.

161–180   Unter *Marcus Aurelius* (* 121, † 180) verfassen der Philosoph *Kelsos* (2. Hälfte des 2. Jh.s) eine Streitschrift, der Satiriker *Lukianos von Samosata* (* um 120, † um 180) eine Satire und der Rhetor *Fronto von Cirta* (* 100/110, † 175/180) eine Hetzrede gegen das Christentum. Christliche Apologien schreiben *Tatian, Miltiades, Apollinaris* von *Hierapolis, Theophilos* von Antiocheia und *Meliton* von Sardeis.

177   Aus Anlaß einer Feier des Kaiserkults in *Lyon* werden Mitglieder der Gemeinden von Lyon und Vienne vom Volk auf dem Marktplatz von Lyon zusammengetrieben und erleiden in der Folge das Martyrium. Der Fall ist typisch für die Martyrien der Zeit vor 250, die häufig auf Ausbrüche der Volkswut zurückgehen.

um 180   Gegen die Gnostiker, die sich für ihre Lehre auf geheime, von den Aposteln ausgehende Traditionen berufen, entsteht die kirchliche **Sukzessionstheorie**. *Hegesippos* stellt erstmals
um   eine *Bischofsliste für Rom* zusammen. Das gleiche tut *Irenäus von Lyon* (* um 130, † um
180/200   200); nach ihm haben die Apostel in den einzelnen Gemeinden Bischöfe als ihre Nachfolger eingesetzt und ihnen das Lehramt übergeben; die historisch ununterbrochene Abfolge der Bischöfe garantiert, daß eine Gemeinde bei der rechten Lehre geblieben ist. Für Irenäus ist die Gemeinde von Rom ein besonderer Garant der rechten Überlieferung. – Mit dem Wichtigwerden der historischen Abfolge der Bischöfe kann es zusammenhängen, daß (seit um 160) der Ort (unter der heutigen Peterskirche), der als **Petrusgrab** verehrt wird, durch ein Monument (Tropaion) besonders ausgestaltet wird.
Parallel zur Sukzessionstheorie und ebenfalls in der Abwehr der Gnosis wird die **Kanonbildung** vorangetrieben; das älteste Verzeichnis der meisten neutestamentlichen Schriften bietet das *Muratorische Fragment* (genannt nach dem Entdecker Ludovico Antonio Muratori).

um 195   Im Streit um die Datierung des Osterfestes (das vor allem in Kleinasien und Syrien am Tag des jüdischen Passah, in Rom am ersten Sonntag nach dem Passahfest gefeiert wird) finden auf Veranlassung des römischen Bischofs *Viktor I.* in verschiedenen Gebieten Synoden

260 Altertum – Römische Geschichte

statt, die hier erstmals als Mittel der Kommunikation zwischen den Gemeinden erwähnt werden.

um 200 *Q. Septimius Florens Tertullianus* (* um 160 in Karthago, † nach 220), der erste bedeutende Kirchenschriftsteller lateinischer Sprache, verfaßt theologische und apologetische Schriften (so unter anderem das Apologetikum); er tritt um 205 zum Montanismus über.
Ebenfalls eine lateinische Apologie (Octavius) schreibt *Minucius Felix.*
In Edessa wird *Bardesanes* (* 154, † 222) zum Begründer der syrischen Theologie und Dichtung.
Den Ruhm der alexandrinischen Theologie begründet *Klemens von Alexandreia* (* um 140/150 in Athen), der seit etwa 200 in Alexandreia lehrt und sich um eine Synthese zwischen Christentum und griechischer Bildung bemüht.

um 200/235 *Hippolyt* († 235) von Rom verfaßt neben wichtigen exegetischen und dogmatischen Werken die erste erhaltene **Kirchenordnung** (Traditio apostolica), die eine scharfe Trennung der Gemeinden in Klerus und Laien, eine weitgehende Differenzierung der Funktionen in der Gemeinde und eine sowohl von alttestamentlichen Vorstellungen wie auch vom römischen Recht beeinflußte Legitimation des Klerus, besonders des Bischofs als Hohenpriesters, bezeugt.

um 205 *Origenes* (* um 185, † um 254), der größte Theologe der frühen griechischen Kirche, übernimmt die Leitung der *Katechumenenschule in Alexandreia,* lehrt seit um 230 in Kaisareia (Palästina).
S. Iulius Africanus († nach 240) schreibt eine Weltchronik, in der die profane, alttestamentliche und christliche Geschichte synchronisiert werden.
In Persien begründet *Mani* (* 216, † 274/277) den **Manichäismus** als eine synkretistische Religion, die auch starke christliche und gnostische Elemente enthält.

248/249 *Cyprian* (* 200/210, † 258) Bischof von Karthago. Er leitet seine Gemeinde während der
–258 *Verfolgungen des Decius und Valerian,* verfaßt wichtige theologische Schriften, vertritt im Konflikt mit Rom über die Ketzertaufe die Eigenverantwortlichkeit jedes einzelnen Bischofs und lehnt einen Primat Roms ab.

249 *Opferedikt des Decius,* der von allen Reichsbewohnern den Kult für die traditionellen Götter verlangt. Über die vollzogenen Opfer werden Bescheinigungen (libelli) ausgestellt. Das Opfergebot ist begründet in der Krise des Reiches, in der die Unterstützung der Götter gewonnen werden soll. Obwohl das Edikt nicht eigens gegen die Christen gerichtet ist, löst es, da den Christen nach ihrem Selbstverständnis das Opfer für die polytheistischen Götter unmöglich ist, die **erste allgemeine Christenverfolgung** im Römischen Reich aus, die sich in ihrem grundsätzlichen Charakter von allen vorangegangenen, lokalen Verfolgungen unterscheidet.

257–258 *Edikte Valerians* (* vor 200, † nach 260), die direkt von christlichen Klerikern und vornehmen Laien Opfer fordern und im Verweigerungsfalle schwere Strafen (Hinrichtung, Verbannung, Vermögenskonfiskation), unter anderem auch ein Versammlungsverbot, vorsehen.

259/260 *Gallienus* beendet die Verfolgung, die Christen erhalten ihre Versammlungsstätten und Begräbnisstätten zurück. Dafür wird die Auseinandersetzung mit dem Christentum auf der philosophischen Ebene (Neuplatonismus) verschärft.

260–303 Bis zur letzten großen Verfolgung unter Diokletian erlebt die Kirche eine *Friedenszeit,* in der das kirchliche Leben aufblüht und Christen selbst in Staatsämter eindringen. Auch übergemeindliche Organisationsformen scheinen sich jetzt auszubilden oder zu verfestigen: Auf dem *Konzil von Nikaia* (325) wird die Existenz von Kirchenprovinzen und Metropoliten schon vorausgesetzt. Im Osten folgt diese Organisation der staatlichen, in Ägypten haben Alexandreia, in Afrika Karthago (viele Synoden der afrikanischen Kirche schon unter Cyprian), in Italien Rom eine Vorortstellung errungen.

um 270 *Antonios* (* um 250, † um 356) beginnt in der libyschen Wüste ein Einsiedlerleben, sammelt Jünger um sich und gründet *Einsiedlergemeinden.*

297 *Edikt Diokletians* gegen die Manichäer. Nach Maßnahmen gegen die Christen im Heer und
303–311 im kaiserlichen Palast löst *Diokletian* die letzte und **größte Christenverfolgung** aus.

303 Durch ein erstes Edikt wird angeordnet, die christlichen Versammlungsstätten zu zerstören
24. Febr. und christliche Schriften zu verbrennen; Christen sollen ihre Ämter und Würden und dazu
Sommer die Rechtsfähigkeit verlieren. Zwei weitere Edikte richten sich gegen Kleriker, die gefangengenommen werden und Opfer für die heidnischen Götter vollziehen sollen.

304 In einem 4. Edikt wird von allen Christen das Opfern für die Staatsgötter verlangt, im Wei-
Frühjahr gerungsfalle die Todesstrafe angedroht. Diokletians Vorgehen gegen die Christen steht im Rahmen seines Versuchs, auf allen Gebieten den alten römischen Staat zu erneuern. Dazu gehört auch die Wiederherstellung der traditionellen Religion. – Die Verfolgung wird besonders im Osten hart durchgeführt, während im Westen zwar Maximian, nicht aber *Constantius I. Chlorus,* dessen Sohn Konstantin und Maxentius die Edikte Diokletians beachten.

311	Durch ein **Toleranzedikt** stellt *Galerius* die Verfolgung ein, gestattet erstmals ausdrücklich die Ausübung der christlichen Religion und den Wiederaufbau der Kirchen. Die Christen sollen, wie die Heiden zu den polytheistischen Göttern, zu ihrem Gott um das Wohl des Staates beten.
311–312	Wiederaufflackern der Verfolgung unter *Maximinus Daia* im Osten.
312	*Maxentius* erstattet der römischen Gemeinde ihre Güter zurück.
28. Okt.	*Sieg Konstantins* über Maxentius *an der Milvischen Brücke* (im Norden Roms); unter dem Zeichen des Christengottes (Christusmonogramm) erfochten, bedeutet der Sieg auch dessen Anerkennung als Helfer. Noch im selben Jahr verfügt Konstantin, daß den Christen in Nordafrika das beschlagnahmte Kirchengut zurückzugeben sei; der Klerus der karthagischen Kirche erhält Immunität und eine Geldschenkung.
313 Febr.	Bei einem *Treffen in Mailand* sucht Konstantin Licinius auf seine Religionspolitik festzulegen. Die Ergebnisse der Konferenz finden ihren Niederschlag in *Edikten des Licinius,* in denen, wie in Afrika, die Rückgabe des Kirchengutes an die christlichen Gemeinden angeordnet wird.

Randstaaten, Einflußbereiche, Regionalgeschichte des Imperium Romanum

Grundzüge der Administration des Imperium Romanum

Seit dem Bundesgenossenkrieg und Sullas Reformen gliedert sich das Römische ‚Reich‘ in das geschlossene *Bürgerland Italien,* das unter dem unmittelbaren Regiment der in Rom residierenden *Magistrate,* des *Senats,* später zusätzlich des Kaisers und seiner regelmäßigen Beauftragten (*Prätorianerpräfekt, praefectus urbi* u. a.) steht, und in die *,Außenländer‘* (provinciae), die von einem *Promagistrat* (oder dessen Stellvertreter, wozu auch die kaiserlichen Legaten und Prokuratoren zählen) geführt werden; die Vorrangstellung Italiens wird erst unter Diokletian aufgehoben.

Der römischen *Zentral- und Reichsadministration,* die sich im wesentlichen auf die Gewährleistung von Frieden (Militär, Polizei, Rechtsprechung), die Einziehung von Steuern und Tributen und die Bereitstellung der zu beiden Aufgaben erforderlichen Infrastrukturen (politisch-administrative Ordnungen und Bauten) beschränkt, steht die *lokale einheimische Administration der Gebietskörperschaften* (coloniae, municipia, praefecturae, civitates [darunter auch Poleis und Stammesverbände], Strategien, kleine Klientelfürstentümer) gegenüber, die die personalintensiven Aufgaben wie Personenerfassung, Umlage von munera (Dienstleistungen) und Abgaben, lokale Raumordnung, niedere Rechtsprechung, soziale Fürsorge (soweit vorhanden) u. ä. in autonomer Gestaltung wahrnimmt, in welche ‚Rom‘ nur bei Dysfunktion eingreift. Daher kommt die römische Administration mit wenigen Amtsträgern und geringem Personal, das teilweise vom Militär gestellt wird, aus.

Die Verbindung zwischen römischer und einheimisch-lokaler Administration wird meist durch *informelle soziopolitische Beziehungen* zur einheimischen Oberschicht hergestellt; diese Verzahnungen werden vor allem durch die *Offenheit der römischen Gesellschaft* (besonders gegenüber fremden Oberschichten) und die römische Bürgerrechts- und Kolonisationspolitik (seit Caesar) gewährleistet. – Die politisch bedingte Aufteilung der Außenländer in *Senats- und Kaiserprovinzen* wird schon im 1. Jh. n. Chr. durch das *imperium maius* des Kaisers weitgehend überbrückt. (Die Einrichtung prokuratorischer bzw. präfektorischer Provinzen beruht ursprünglich zumeist auf ihrer Übernahme von Klientelfürsten, ist später aber u. a. auch durch Mangel an Senatoren bedingt.) Die *Trennung von Heerführung und Ziviladministration,* die Verkleinerung der Provinzen und die Dezentralisation der kaiserlichen Zentraladministration ermöglichen in der Spätantike eine intensive ‚Verwaltung‘ und die institutionelle Überwindung der *Scheidung zwischen römischer und einheimisch-lokaler Administration.* Durch den dahin führenden Integrationsprozeß, der sich im Laufe der Kaiserzeit zuerst auf soziopolitischem, im 3. Jh. auch auf institutionellem Terrain vollzieht, entsteht aus dem römischen Herrschaftsgebiet (imperium Romanum) langsam ein territorialstaatliches Reich, das erst in der Spätantike seinen höchsten Grad an Staatlichkeit erreicht.

Die römische Administration ist gekennzeichnet durch die Prinzipien: 1. *geringer Objektivierung und Institutionalisierung* (daher anstatt Behörden mit Instanzenzügen nur Kanzleien für manuelle Hilfsarbeiten), 2. *großer Öffentlichkeit* und *direkter sozialer Einbindung der Entscheidungen,* 3. *hoher Politikträchtigkeit,* 4. *hoher Teilbarkeit der administrativen Aufgaben* (so daß Behördenprinzip anfangs unnötig), 5. *Unmittelbarkeit* und somit Schnelligkeit *der Administrationsakte,* 6. *geringer institutionalisierter Querverbindungen* zwischen den ‚Kanzleien‘, 7. *weitgehender Verantwortlichkeit des Entscheidungsträgers* (auch für Fehlentscheidungen und anderer schuldhaft verursachter Schäden).

Erst die Intensivierung der römischen Administration zwingt dann in der Spätantike zu einer Objektivierung administrativer Akte und Entscheidungskriterien, mithin zur Entwicklung eines Behördentyps (officium).

262   Altertum – Römische Geschichte

Italien
(Forts. v. S. 95)

Bezeichnung und Grenzen Italiens in der Republik

Nach Meinung der Griechen entsteht die Bezeichnung „*Italia*" im äußersten Süden des Landes, dem antiken *Bruttium* (heute Calabria), abgeleitet entweder von einem mythischen *König Italos* oder von einem später verschwundenen Stamm, den *Itali*. Diese Ableitung, in ursprünglicher Schreibweise „*Vitalia*" von „*Vitaloi*", findet ihre Entsprechung in anderen italischen Stammesnamen; so wie die *Picentes* von picus (Specht) und die *Hirpini* von hirpus (Wolf), sollen auch die Itali von dem ihnen heiligen Tier, dem *vitulus* (junger Stier), ihren Namen erhalten haben.

In den nächsten Jh.n erhält „Italia" als Benennung immer weitere Geltung, ohne daß eine politische Einheit dahinter steht: am Ende des 5. Jh.s umfaßt es *Großgriechenland um den Golf von Tarent*, im 4. Jh. reicht es bis *Paestum*, dann sogar bis *Kampanien*. Nachdem Rom Vormacht der westlichen Griechen geworden ist und im 3. Jh. den Kampf gegen deren alten Gegner Karthago aufgenommen hat, wird die Bezeichnung „*Italia*" auf das *Gesamtgebiet des römischen Bundes* bezogen (wohl durch bewußte Aneignung von seiten der Römer; es gibt Anzeichen, daß diese ihr eigenes Territorium – seit wann, ist unbekannt – als „Italia" bezeichnen).

Die Nordgrenze dieses neuen „*Groß*"-Italien, gegenüber den Gebieten *Liguria* und *Gallia*, bleibt bis ins 1. Jh. (Sulla) unverändert: von Livorno im Westen südlich an Florenz vorbei bis zur Aesismündung nördlich Anconas. Diese Linie hat freilich weder geographische noch politische Bedeutung: „*Italia*" *als geographischer Begriff* umfaßt zunächst das Land bis zum Apenninbogen, ab dem 2. Jh. (Polybios und Cato) ganz selbstverständlich auch dasjenige südlich der Alpen. Auch in ihrer Bündnispolitik nehmen die Römer keine Rücksicht auf diese Grenze: wie im Süden das sizilische Messina vollgültiger „italischer" Bundesgenosse wird, gründet man im Norden in rascher Folge eine große Zahl *latinischer* und *Bürgerkolonien*, wie man es in Alt-„Italia" getan hat. Die schnelle und durchgreifende *Romanisierung* führt im Bundesgenossenkrieg zu Problemen, als die Bürgerrechtsgesetze von 90/89 die generelle Verleihung des Bürgerrechtes auf „Italia" beschränken, die Gemeinden der *Transpadana* nur latinisches Kolonialrecht erhalten. Diese Zurücksetzung wird noch verschärft, als Sulla den bisher mit dem Rest Italiens verwalteten Norden als Provinz *Gallia Cisalpina* verselbständigt. Die Grenze von „Italia" wird zwar auf den Arno im Westen und den Rubikon im Osten vorgeschoben, dennoch leben nunmehr viele Bürger unter der absoluten Gewalt eines Statthalters. Die hieraus sich ergebenden Unzufriedenheiten und Agitationen finden ihr Ende, als Caesar 49 allen Bewohnern der Gallia Cisalpina, die es noch nicht besitzen, das Bürgerrecht verleiht und Octavian 42 die Provinz auflöst und das Gebiet Italien anschließt. Seine endgültigen Nordgrenzen findet Italien nach der Unterwerfung und Befriedung der Alpenstämme in Zusammenhang mit der Einteilung in Regionen (möglicherweise während des letzten Census des Augustus, 13/14 n. Chr.). Die Westgrenze ist nunmehr der Var bei Nizza. Von ihm verläuft die Grenze knapp westlich Turins, dann auf dem Hauptkamm der Alpen um das Tal von Aosta nach Osten, kreuzt die Vallis Venostica, den Vintschgau, bei Partschins westlich Merans und das Eisacktal bei Klausen, verläuft über den Plöckenpaß und biegt dann nach Süden, so daß Triest und der größte Teil Istriens noch zu Italien gehören.

Süditalien

342–338	Süditalien ist bis zum Pyrrhoskrieg *Teil der griechischen Welt. Archidamos III.* von Sparta (360–338) kommt mit einem Heer dem von Lukanern bedrängten Tarent zu Hilfe; er fällt in der *Schlacht von Manduria* (in Apulien, südöstlich von Tarent), ohne dauernde Ergeb-
333–330	nisse erzielt zu haben. Dasselbe gilt für den Molosserkönig *Alexander I. von Epeiros* (* 362, † 330), den Onkel Alexanders d. Gr., obwohl er, zuletzt mit Rom gegen Lukaner und Bruttier verbündet, einen großen Teil Süditaliens unterworfen hat.
	Die Alexander d. Gr. zugeschriebene Absicht, mit dem westlichen Mittelmeergebiet auch Italien zu unterwerfen, ist im Zusammenhang mit dessen „Letzten Plänen" zu sehen.
304–289	*Agathokles*, König von Syrakus (* ca. 360, † 289), greift nach Unteritalien über.
299	*Eroberung von Kroton;* Bündnisse mit anderen großgriechischen Städten folgen. Agatho-
298/297	kles unterstützt Tarent gegen die Lukaner. Ansätze zur Zusammenfassung der süditalischen und sizilischen Griechenstädte in einem Herrschaftskomplex werden durch Agathokles' Tod ohne Erben zunichte.
	Tarent, das (bereits 303) wieder einen auswärtigen Feldherrn, *Kleonymos von Sparta*, gegen die Lukaner verpflichtet hat, ist auch in den folgenden Zeiten nicht in der Lage, sich
280	selbst zu wehren. *Pyrrhos von Epeiros* kommt den Tarentinern in ihrem Konflikt mit Rom zu Hilfe, der aus einer römischen Übertretung des Schiffahrtsabkommens von 303 entstan-

den ist. Im Laufe des Krieges werden die letzten noch unabhängigen griechischen Städte zum *Anschluß an Rom* gezwungen. Nach Pyrrhos Tod übergibt dessen Statthalter Tarent an Rom.

270 *Rhegion* (Reggio) wird von der Herrschaft rebellierender kampanischer Söldner befreit und tritt als letzte Griechenstadt in das *Bundesverhältnis zu Rom:* dessen Herrschaftsbereich erstreckt sich nunmehr von Rimini bis Reggio di Calabria gegenüber Sizilien.

Die Organisation Italiens in der mittleren Republik

Zum ersten Mal erscheint in dem *Frieden, den Rom 338 mit den Latinern schließt,* die Reihe der Rechtsformen, die die Römer in Zukunft anwenden, um ihr Verhältnis zu italischen Gemeinden auf Dauer zu regeln. Der sogenannte **„Italische Bund",** die Bundesgenossenschaft Roms mit ihm zu militärischer Unterstützung verpflichteten, sonst selbständigen Staaten dauert bis 91 v. Chr., als ein Teil dieser *„socii"* meutert und Rom sich gezwungen sieht, sein Bürgerrecht auf die italischen Bundesgenossen auszudehnen.

Dieser Bund setzt sich im einzelnen zusammen aus dem *Staat Rom,* dem *latinischen Bund* und den *Bundesgenossen* („socii").

Der römische Staat ist kein Einheitsstaat, sondern in sich gegliedert: 1. Die **Stadt Rom** und ihr unmittelbares Territorium, d. h. der *„ager Romanus"* im eigentlichen Sinn, das Gebiet, auf dem die *stadtrömischen Magistrate* direkt wirksam werden, da es hier, außer den 31 Landtribus und einer rudimentären Selbstverwaltung der Dörfer und Märkte (vici, pagi, fora et conciliabula), keine staatlichen Organe gibt. Dieses Gebiet nimmt zunächst, während der Eroberungskriege, durch erzwungene Landabtretungen stark zu, verringert sich aber, vor allem seit dem 2. Punischen Krieg, durch die Errichtung von Kolonien und Bürgermunizipien.

2. **Kolonien** römischer Bürger sind Ansiedlungen auf oder am Rand des „ager Romanus", in die eine kleine Zahl römischer Bürger (meist um 300) mit ihren Familien geschickt wird (Deduktion). Neben diesen wohnt eine durchweg wesentlich größere Anzahl von bisherigen Einwohnern weiterhin in der Stadt, die nach einiger Zeit römisches Bürgerrecht erhalten, so daß beide Bevölkerungsteile allmählich zusammenwachsen. Aufgabe der Kolonisten ist also sichtlich die Überwachung und politische Romanisierung einer nichtrömischen Vorbevölkerung. Zur Erfüllung dieser Aufgabe erhalten die Kolonien ein gewisses Maß an Selbstverwaltung.

3. **Munizipien** römischer Bürger sind ursprünglich Nachbargemeinden Roms, die freiwillig in dessen Gemeindeverband eintreten und als „Belohnung" einen Großteil ihrer Eigenstaatlichkeit und Selbstverwaltung behalten; andererseits haben sie als Latiner den römischen ähnliche Institutionen, so daß eine „Romanisation" wie bei den Kolonien unnötig erscheint. Ursprünglich sind es sehr wenige (z. B. Tusculum); ihre Zahl nimmt seit den Bürgerrechtsverleihungen von 90/89 und dann vor allem in der Kaiserzeit rapide zu.

4. **Halbbürgergemeinden** (municipia sine suffragio), stammesfremde Staaten (wie z. B. das etruskische Caere und das oskische Capua), mit denen Rom eine Militärunion in dem Sinn eingegangen ist, daß deren Bürger mit den römischen in der Legion kämpfen, sie also kein eigenes Militär unterhalten. In Sprache und Institutionen sind diese Municipien völlig autonom – ein interessantes Experiment, das bei größerer Verbreitung und längerer Dauer den römischen Staat vielleicht föderativer gestaltet hätte. Die Anziehungskraft des immer mächtiger werdenden Rom und der Abfall sowie die folgende Auflösung des wichtigsten „municipium sine suffragio", Capua, im 2. Punischen Krieg entziehen dieser Rechtsform jedoch ihre Grundlagen. Die übrigen Halbbürgermunicipien romanisieren sich schnell und erhalten bald das römische Bürgerrecht.

Der **latinische Bund** (nomen Latinum) besteht weiter, ist jedoch ganz auf Rom ausgerichtet, das die Stammesbeamten stellt, Feste veranstaltet und die Politik des Bundes bestimmt. Ihm gehören an:

1. die wenigen nach der Neuordnung von 338 noch verbliebenen *Latiner- und Hernikerstädte,* die sog. *„prisci Latini"* (z. B. Tibur, Anagnia), und

2. als immer größerer Teil die *„latinischen Kolonien";* als selbständige Staaten mit Militär- und eigener politischer Ordnung besitzen diese, im Gegensatz zu den römischen Kolonien, deren Bürger in zentral aufgestellten Legionen dienen, eine jederzeit mobilisierbare Streitmacht; an strategisch wichtigen, aber weit vom römischen Territorium abgelegenen Positionen (Aquileia fast 300 km!) haben sie die Funktion vorgeschobener Festungen; da in latinische Kolonien viel größere Kontingente (von Bürgern und Latinern, aber auch von „socii") deduziert werden als in Bürgerkolonien (mehrere tausend gegenüber einigen hunderten), ist auch hier die politische Zuverlässigkeit und die langfristige Romanisation der selbstverständlich auch in diesen Orten verbleibenden Vorbevölkerung gesichert.

Den größten Teil der **Bundesgenossen** bilden die „socii", die nur durch Militärvertrag mit Rom verbunden sind, ihre *etruskische, samnitische oder griechische Staats- und Sozialordnung* jedoch beibehalten. Ihre *Militärkontingente* werden auf römische Aufforderung hin mobilisiert und treten unter römisches Kommando. Das *Bündnis (foedus),* in dem das Verhältnis der betreffenden Stadt zu Rom seinen Aus-

264 Altertum – Römische Geschichte

druck findet, regelt meist nur den militärischen und damit außenpolitischen Anschluß. Selbst wenn der Vertrag (fiktiv) zwischen gleichberechtigten Mächten abgeschlossen wird, ist der Machtunterschied zwischen Rom und den kleinen italischen Staaten, deren politische Bündnisse untereinander möglichst unterbunden werden, so groß, daß Roms Herrschaft gesichert bleibt.

Das **politische Gebilde** *„Italien unter römischer Herrschaft"*, für das die Römer selbst keine eigene Bezeichnung haben, setzt sich also zusammen aus Rom und seinem Territorium im weitesten Sinn (unter Einschluß der Halbbürgerstädte) als dem Rekrutierungsgebiet der Legionen (etwa zwei Fünftel des Bundesgebietes) und den Territorien verbündeter Staaten (den restlichen drei Fünftel des Landes), die für das Heer Hilfstruppen stellen.

Die offizielle Bezeichnung lautet: *socii nominisve Latini quibus ex formula milites in terra Italia imperare solent* (die Bundesgenossen und die vom latinischen Bund, denen sie [sc. die Römer] die Gestellung von Hilfstruppen nach der Verhältnistabelle zu befehlen pflegen). Je nach der Zahl der von Rom mobilisierten Legionen müssen die insgesamt etwa 150 *übrigen Staaten Italiens* kleine Einheiten (cohortes der Infanterie und turmae der Reiterei) aufbieten, die dann zu den *„alae sociorum"* (Bundesgenossenkorps) vereinigt werden. Einige, vor allem griechische Städte Süditaliens stellen darüber hinaus auch bemannte Schiffe zum Küstenschutz.

Die *römischen Konsuln* sind im Kriegsfall *Oberbefehlshaber* des Bundes, greifen aber auch bei Notständen (tumultus, so etwa bei dem Bacchanalienskandal von 186) in das innere Leben der Bundesgenossenstädte ein; der *Senat* ist – mehr de facto als de iure – die oberste politische Entscheidungsinstanz für Italien, im übrigen bemüht sich Rom lange Zeit peinlich, die Autonomie der „socii" nicht zu verletzen.

Die **politischen Beziehungen** zwischen Rom und seinen italischen Bundesgenossen werden weitgehend innerhalb des Verhältnisses von *„patroni"* und *„clientes"* abgewickelt: ein prominenter Römer übernimmt die Vertretung eines bestimmten Staates vor Senat und Volk; dafür ist ihm dieser Staat zu Dank und Diensten verpflichtet. Der Patron kann Wünsche und Anregungen Roms an seine Klienten weitergeben, und diese richten sich weitgehend danach, ohne daß es sich dabei um einen administrativen Dienstweg handelt.

Italien ist im 3. und 2. Jh. v. Chr. nicht nur staatsrechtlich, sondern auch sozial, wirtschaftlich und kulturell ein buntscheckiges Gebilde. Neben den – in vollem Niedergang befindlichen – Griechenstädten am Golf von Tarent und den nicht wesentlich lebendigeren Städten der Etrusker entwickeln sich vor allem die Stadt Rom selbst und daneben eine Reihe römischer und latinischer Kolonien zu auch wirtschaftlich bedeutenden Zentren (z. B. Ostia, Cales, Brundisium, Aquileia).

Die *große Trennlinie* der Zeit verläuft *zwischen städtisch und ethnisch geordneten Gesellschaften,* wobei Etrusker, Latiner, Campaner und vor allem Griechen, also die Bewohner der Ebenen an der West- und Südküste Italiens, in städtischen Zentren, die sabellischen Stämme im Apennin hingegen noch in Gauen ohne zentrale Orte leben.

Dieser Unterschied *im Sozialgefüge* fällt zusammen mit der *unterschiedlichen Erwerbsgrundlage* zwischen Ackerbau und Gewerbe einerseits und Viehzucht andrerseits. Da die Bergregionen nur einer beschränkten Bevölkerungszahl Lebensunterhalt bieten, kommt es immer wieder zu organisierten *Abwanderungs- und Landnahmeversuchen* sabellischer Gruppen in der Ebene (ver sacrum). Roms politischer Erfolg beruht nicht zuletzt darauf, daß es von Anfang an Vorkämpfer der urbanisierten Bewohner des Flachlandes gegen solche Einfälle ist. Auf der großen Zahl seiner mittleren und kleinen Bauern beruht *Roms Sozial- und Militärordnung*; die Anweisung von Ackerland an bedürftige Bürger (Viritanassignation), wie sie z. B. Flaminius 220 im Hinterland von Rimini vornimmt, hat ebenso militärische wie soziale Gründe. Die späte Einführung einer richtigen *Austauschwährung* zeigt, daß Handel – vor allem Fernhandel – und Gewerbe noch keinen wichtigen Platz in der römischen Wirtschaft einnehmen.

Eines der Hauptinstrumente Roms bei der Eroberung, wie später bei der Beherrschung und Romanisation Italiens, ist das gut ausgebaute *Fernstraßennetz,* dessen Idee die Römer vielleicht von den Etruskern übernommen haben. Die ältesten Straßen (via Latina, via Salaria) sind alte Handelswege. Ab 312 werden die Neuanlagen, die hauptsächlich aus strategischen Gründen errichtet werden, nach den Auftraggebern (meist Censoren) benannt. Zwischen erster Trassierung und Ausbau, d. h. Pflasterung, vergeht in der Republik oft geraume Zeit.

Die *wichtigsten Straßen haben ihren Ausgangspunkt in Rom*. Es sind folgende (gegen den Uhrzeigersinn) zu nennen: Die *via Appia* (312) geht durch die Pontinischen Sümpfe nach Terracina und weiter über Minturnae und Casilinum, wo sie auf die *via Latina* trifft (die durch das Liristal nach Süden läuft), nach Capua. Von hier wird sie einige Jahrzehnte später über Benevent und Venusia nach Tarent und Brindisi (den römischen Haupthafen für den Verkehr nach Osten) weitergeführt. Ab Benevent gibt es in der Kaiserzeit die Alternativroute der *via Traiana* über Bari nach Brindisi. Die Verbindung von Capua nach Süden über Salerno bis Reggio di Calabria stellt die *via Annia* (131 ?) dar. Von Rom nach Osten, durch das schwierige Berggelände des Hochapennin, führen die *via Valeria* (306), die erst von Claudius bis an die Adria verlängert wird, sowie die alte *via Salaria*, die über Rieti und Ascoli die Adriaküste erreicht. Hauptverbindung nach Nordost ist die *via Flaminia* (220), die über Narni und den Scheggiapaß in den von Flaminius zur Besiedlung vorgesehenen „ager Gallicus" läuft. Vom Endpunkt dieser Straße, von Rimini aus, wird schon 187 die *via Aemilia* weitergeführt, die in nahezu gerader Linie die später nach ihr genannte Region zwischen Apennin und Po durchquert und über Bologna und Piacenza Mailand und schließlich selbst Aosta erreicht. Von Rimini nach Aquileia im Nordosten geht die *via Popilia* (132). Die direkte Verbindung Roms nach Norden stellen die *via Cassia* (Ende 3. Jh.) über Florenz nach Bologna und entlang der Küste die *via Aurelia* (177) her, die ab Livorno durch später angelegte Straßen (*via Aemilia Scauri* 109; *via Iulia Augusta* 13) bis Genua und Südfrankreich verlängert wird.

In der Kaiserzeit sind die Straßen den vom Kaiser ernannten „*curatores viarum*" senatorischen oder ritterlichen Standes unterstellt. Die Kosten des Straßenbaus teilen sich die Staatskasse, die Anliegergemeinden und die Eigentümer des an der Strecke liegenden Großgrundbesitzes, wobei die Kaiser vor allem bei Neubauten erheblich beizusteuern pflegen. Die Meilensteine sind Anzeiger für Straßenbau und -unterhalt in den verschiedenen Epochen der römischen Geschichte.

Eine neue Dynamik kommt in die italischen Verhältnisse durch die Herrschaft, die Rom (mit Hilfe seiner „socii") im Mittelmeerraum erwirbt, sowie durch die *Folgen des 2. Punischen Krieges,* der hauptsächlich Italien in Mitleidenschaft zieht. Zu Hannibal sind vor allem die Bewohner urbanisierter Bergkantone und die Griechenstädte im Süden übergegangen; die Rückeroberung und die darauf folgende Bestrafung dieser Gebiete bewirken, daß Süditalien während der gesamten römischen Zeit – bis heute – gegenüber der Mitte und dem Norden der Halbinsel wirtschaftlich zurückbleibt *(Mezzogiorno-Problem).* Viele Städte in Mittelitalien gewinnen durch die Flucht der Bauern vom Lande und die Entstehung einer Waffen-„industrie" erheblich an Einwohnerzahl und Bedeutung, die sie nach dem Krieg auch behalten, da viele Landleute nicht auf ihre zerstörten Höfe zurückkehren oder durch den entstehenden Großgrundbesitz verdrängt werden.

Der lange Krieg, der die Führungsfunktion des römischen Senats erheblich verstärkt hat, und die mit dem Krieg verbundenen Bevölkerungsverschiebungen führen zu einem starken Abbau des kleinstaatlichen Bewußtseins. Vor allem bei den Bürgersoldaten der „socii", die unter römischen Offizieren neben römischen Einheiten lange Jahre kämpfen, macht sich dies bemerkbar, ein Umstand, der sich noch mehr in den folgenden Jahrzehnten fast dauernder Kriege im Osten verstärkt. Die **Romanisierung Italiens** macht durch den Gebrauch der *lateinischen Sprache,* durch einheitliche *Sitten und Gebräuche* sowie durch die *Uniformierung in Kriegstechnik* und *Kleidung* (Gebrauch der Toga und Bezeichnung aller Italiker als Togati) entscheidende Fortschritte.

Dieser Entwicklung parallel und ihr, zumindest teilweise, auch entgegen läuft die zunehmende *Absonderung und faktische Privilegierung der Römer* gegenüber ihren italischen Verbündeten. Die Siegesbeute nach Schlachten wird zwar wohl auch weiterhin meist nach den alten Verträgen aufgeteilt, die eigentlichen Gewinne aus den neuen Provinzen fließen aber nach Rom, hier wieder hauptsächlich in die Stadt Rom und in die Taschen der Senatoren. Die Bundesgenossen können weder ihre Stadtbevölkerung mit außeritalischem Getreide ernähren, noch können sie sich dem römischen Verzicht auf die Erhebung direkter Steuern (167) anschließen. Vor allem aber sieht sich die *Aristokratie* der bundesgenössischen Gemeinden zusehends degradiert. Bis ins 3. Jh. verkehrt man mit den römischen Senatoren von gleich zu gleich; Heiraten untereinander sind nicht selten. Nun kann man, weder was die Besitzausdehnung und den Luxus der Lebensführung, geschweige denn was die Machtausübung angeht, mithalten. Gelegentliche Entgleisungen römischer Beamter, die die „socii" spüren lassen, daß sie nicht durch die Appellationsrechte römischer Bürger geschützt sind, bewirken, daß samnitische und etruskische Adlige an eine Abwanderung nach Rom denken. Dort kann man aber das Bürgerrecht erwerben und danach hoffen, bald selbst Senator zu werden. Es ist verständlich, daß solche „Möchtegern"-Römer ihre Gemeinden mehr im Sinn römischer Erwartungserwartungen als im ausschließlichen Interesse ihrer Heimatstadt führen. Die Autonomie der mit Rom Verbündeten wird von innen ausgehöhlt.

Ein zweiter Problemkreis betrifft hauptsächlich *verarmte Bauern und Erwerbslose,* die aus den wirtschaftlich zurückgebliebenen Bergkantonen in das römische Gebiet abwandern wollen. Da Rom das zweigeteilte Militärsystem nicht ändern will, müssen auch die Rekrutierungs-, d. h. die Bevölkerungsstärken der „socii" beibehalten, Auswanderung also möglichst verhindert werden. Meist sind es sogar die Heimatgemeinden, die um eine Rücksendung ihrer nach Rom geflüchteten Bürger bitten, nicht Rom selbst, das diesen die Verleihung des Bürgerrechts verweigert.

Diese lange Zeit nur in ihren Symptomen beachtete Krise wird zuerst – aus Gründen der römischen Innenpolitik – von *C. Gracchus* klar erkannt und für lösbar befunden. Das Ackergesetz seines Bruders *Tiberius* war schließlich daran gescheitert, daß die nicht unerhebliche Menge römischen Staatslands im Besitz der „socii" ohne tiefe Erschütterung des Bündnissystems nicht zu beschlagnahmen und an römische Bürger zu verteilen war. *Fulvius Flaccus* stellt 125 in seinem Gesetzesprojekt den Bundesgenossen Bürger- oder Provokationsrecht zur Auswahl – gegen Herausgabe ihres „*ager publicus*"; C. Gracchus verspricht in seiner „*lex de civitate*" den Latinern das *Bürgerrecht,* den übrigen Bundesgenossen ein *beschränktes Stimmrecht* in Rom, ebenfalls im Tausch gegen „ager publicus". Beide Vorschläge scheitern, nicht zuletzt auch am mangelnden Interesse der „socii" selbst.

Diese indifferente Haltung der „socii" ändert sich jedoch in den nächsten Jahren, vor allem als Folge der *Heeresreform des Marius,* die für zum Militär eingezogene „*proletarii*" großzügige Landabfindungen vorsieht. Als daraufhin wieder viele Verbündete nach Rom einzuwandern suchen, kommt es 95 (lex Licinia Mucia) zu den letzten großen *Repatriierungsaktionen.* Die hieraus entstandene Erregung, verstärkt durch die Ermordung des *Livius Drusus,* führt 91–88 zum **Bundesgenossenkrieg:** verbündete Gemeinden, hauptsächlich samnitischen Stammes, gründen ein *Gegen-Italia,* einen unabhängigen Staat. Ihre Hoffnung auf einen allgemeinen Abfall der „socii" geht nicht in Erfüllung. Durch Bürgerrechtsverleihungen an treu gebliebene (90, lex Iulia) sowie an freiwillig wieder unter Roms Herrschaft zurückgekehrte

266   Altertum – Römische Geschichte

Bündnispartner (89, lex Plautia Papiria) wird – nach anfänglichen Niederlagen – relativ schnell eine Befriedung herbeigeführt. Nur der *Kampf gegen die Samniten*, der in seiner letzten Phase in die Bürgerkriege zwischen Marius und Sulla einmündet, dauert noch einige Jahre an.

Das Ergebnis der Kämpfe ist, daß Italien in seiner vergrößerten Gestalt nur noch von römischen Bürgern bewohnt wird. Einheimische Sprachen, Institutionen und Rechtsformen werden zwar nicht sofort geändert (das Stadtrecht von Bantia noch um 80 in oskischer Sprache und mit einer Reihe einheimischer Institutionen); im Laufe des nächsten halben Jh.s wird Italien jedoch tiefgreifend romanisiert. Hierzu tragen nicht zuletzt die Bürgerkriege selbst und die *Ansiedlung von Veteranen* bei, die Sulla und – noch brutaler – Octavian unter Enteignung der Vorbevölkerung durchführt. Die Vernichtung vieler alter senatorischer Familien durch Kriege und Proskriptionen eröffnet den *munizipalen Aristokratien Italiens* die Möglichkeit, in den Senat aufzusteigen. Die Sozial- und Wirtschaftsordnung der Gemeinden gleicht sich ebenso an wie ihr politischer Aufbau, ohne daß es irgendwelcher Vereinheitlichungsgesetze bedarf.

Oberitalien, d.h. Ligurien und Gallia Cisalpina, wird seit dem 3. Jh. mehr und mehr von Römern und Italikern besiedelt. Koloniegründungen (Lucca und Luna am Golf von La Spezia; Ariminum/Rimini und eine Reihe anderer entlang der neuen via Aemilia; Aquileia), Aussiedlungen besonders renitenter Stämme oder Stammesteile (282 Vertreibung der Senonen aus dem „ager Gallicus" südl. Rimini; 180 Verpflanzung von 40 000 Apuani aus dem Hinterland Luccas nach Samnium) sowie Landnahme und Kultivation durch eine große Zahl unorganisierter Einwanderer machen aus dem Land zwischen Apennin und Po ein ebenso reiches wie durchgreifend romanisiertes Neuland. Weder Ligurer noch gallische Stämme schließen sich dem Aufstand von 91 an. Sie erhalten – sofern südlich des Po wohnend – das Bürgerrecht; die gallischen, venetischen und euganeischen Stämme nördlich des Po bekommen nach einem Zwischenstadium mit latinischem Kolonialstatus (89, lex Pompeia) schließlich von Caesar 49 das volle Bürgerrecht zuerkannt. *Unter Augustus ist Italien in Sprache, Recht und Zivilisation weitgehend geeint.*

Italien in der Kaiserzeit

Italien in der Form, wie sie ihm Augustus gegeben hat, besteht ohne große Veränderungen bis zu den *Reformen Diokletians* weiter. Nur im Nordosten wird unter *Marc Aurel* – im Rahmen der Grenzbefestigungen in den Iulischen Alpen – das Gebiet von *Emona* (Ljubljana) an Italien angeschlossen.

Die **Verwaltung Italiens** bleibt in der Kaiserzeit zunächst die der Republik: *Italien ist territorial die Summe von über 400 Stadtgebieten,* administrativ vom ebenso vielen Stadtregierungen, über die Kaiser, Konsuln und Senat eine nicht recht abgegrenzte Oberaufsicht führen. Die wachsende Zahl von Beamten, die der Kaiser zu anderen Zwecken in Italien ernennt (Flotten-, Straßen-, Postbeauftragte u. a.), ergibt jedoch eine immer größere faktische Präsenz der Zentralregierung auch in abgelegeneren Regionen. Die Prätorianerpräfekten werden, als Kommandanten einer auch als Bereitschaftspolizei dienenden Truppe, mehr und mehr für die innere Sicherheit des Landes zuständig. Die Abwertung der städtischen Gerichte und damit die Verlagerung einer immer größeren Zahl von Prozessen an die stadtrömischen Gerichtshöfe macht die Schaffung regionaler Obergerichte nötig: unter dem *Stadtpräfekten* und den *Prätorianerpräfekten*, die Appellationsrichter der Sprengel innerhalb und außerhalb einer Hundertmeilenzone um Rom sind, begegnen unter Traian und Hadrian vier „*consulares*" bzw. „*iuridici*", ab 164 dann kontinuierlich belegte, an Zahl wechselnde Gerichtsmagistrate (iuridici), deren Amtsbezirke in wechselnder Kombination auf der Grundlage der augusteischen Regioneneinteilung bestimmt werden.

Die **Regionen** werden unter Augustus in Anlehnung an alte ethnische und sprachliche Gemeinschaften, die seit den Bürgerkriegen kaum mehr Bedeutung besitzen, neu geschaffen. Sie sind keine Verwaltungsbezirke; da Italien jedoch eines der städtereichsten Gebiete des Reiches ist, muß für Zensuslisten usw. eine praktikable Unterteilung gefunden werden.

Rom selbst ist aus der Regionenordnung ausgenommen. Von Rom aus umfassen zunächst (gegen den Uhrzeigersinn fortschreitend) sieben Regionen das „alte" Italien: (I) *Latium* und *Campania*, (II) *Apulia* und *Calabria*, (III) *Lucania* und *Bruttium*, (IV) *Samnium* mit dem Gebiet der Sabiner (später *Valeria*), (V) *Picenum*, (VI) *Umbria* und *ager Gallicus*, (VII) *Etruria*. In vier Regionen ist Norditalien aufgeteilt: (VIII) *Gallia Cispadana* (später *Aemilia*), (IX) *Liguria*, (X) *Venetia* und (XI) *Transpadana*. Als Grenzen der Regionen werden nach bewährtem römischen Muster, wenn möglich, Flußläufe gewählt.

Die **Stadtverfassung:** neben der wachsenden staatlichen besteht freilich, wie in der Republik, die *Selbstverwaltung der Gemeinden* weiter, von *Territorialkörperschaften* also mit städtischem Mittelpunkt. Nach einem langen Angleichungsprozeß ist die Verfassung der Städte ein Abbild des republikanischen Rom im Kleinen. Ihre Organe sind Beamte *(magistratus), Senat* und *Volksversammlung.* Die Magistrate sind „honores", Ehrenämter ohne Bezahlung, von deren jährlich wechselnden Inhabern sogar die Schenkung erheblicher Summen in die Stadtkasse erwartet wird. Als die freiwilligen Meldungen zu diesen kostspieligen Ehrenämtern zurückgehen, muß man mehr und mehr auf die Zwangsverpflichtung genügend vermögender Kandidaten zurückgreifen *(„honos" wird „munus").* Die ursprünglich kaum beschränkten Kompetenzen der Magistrate werden durch römisches Eingreifen und Nichtausnutzen noch vorhandener Möglichkeiten von seiten der Städte selbst immer geringer.

Folgende Ämter finden sich, unter geringfügig wechselnden Bezeichnungen, fast überall: *„duumviri"* (iure dicundo): die Vorsitzenden des Stadtrates, oberste Richter und Vertreter der Stadt nach außen; *„aediles":* neben Überwachung des Marktes (Sorge für genügend viel und billiges Getreide!) Kontrolle von Bauwesen und Straßenreinigung; *„quaestores":* Überwachung der städtischen Einnahmen (Marktabgaben, Zölle, Verbrauchssteuern, Verpachtungen) und Ausgaben (Gehälter des Unterpersonals, Bauten, Organisation von Festen); *„duumviri quinquennales":* alle 5 Jahre übernehmen die *„duumviri"* zusätzlich zensorische Befugnisse, stellen die Rats-, Bürger- und Steuerlisten neu auf und verpachten die wirtschaftlichen Unternehmungen der Stadt. – Bei ihren Aufgaben werden die Beamten von einem teilweise recht großen Stab bezahlter Sekretäre und Amtsdiener (Sklaven und Freigelassene) unterstützt.
Der *Stadtrat,* meist mit 100 oder mehr Mitgliedern, besteht aus allen gewesenen Beamten und zugewählten Bürgern. Dies ist eine Möglichkeit, durch faktischen Verkauf des Ratssitzes an ehrgeizige, aber nicht zu Beamten wählbare Neureiche (Freigelassene!) Geld in die Stadtkasse zu bekommen.
Die *Volksversammlung* aller erwachsenen freien Bürger verliert immer mehr an Bedeutung. Dem Volk bleibt die informelle Möglichkeit, sich bei Forderung von Spenden sowie der Ablehnung bzw. Befürwortung bestimmter Amtskandidaten lautstark oder selbst tätlich zu äußern.
Speziell zur Einbindung der Freigelassenen in die Stadtverfassung und zu ihrer finanziellen „Verwertung" wird schon in augusteischer Zeit das Ehrenamt der *„seviri augustales"* geschaffen.
Zunehmende Verarmung der Städte durch Abwanderung der reichsten Familien nach Rom, abnehmende Attraktivität der politisch immer unbedeutenderen Ämter sowie finanzielle Mißwirtschaft führen zu einer immer schärferen Staatsaufsicht durch vom Kaiser ernannte *„curatores".* Die Selbstverwaltung der Städte geht, lokal verschieden schnell, immer mehr zurück.
Über das *äußere Aussehen* italischer Städte der Kaiserzeit unterrichten am besten die Ruinen von *Ostia* und *Pompeii.*
Die **Sonderstellung Italiens** im Reich schwächt sich immer mehr ab: das *Bürgerrecht* verbreitet sich auch in den Provinzen immer weiter, bis Caracalla es allen freien Reichsbewohnern verleiht. Auch Senat und Ritterstand ergänzen sich seit dem 1. Jh. n. Chr. mehr und mehr aus den Provinzen. Dies hat zwar keine politischen Folgen, da die Integrationskraft des Senates stark genug ist, auch Afrikanern und selbst Griechen das Standesethos aufzuzwingen, und die Senatoren sind auch gehalten, einen ansehnlichen Teil ihres Vermögens in italischem Land anzulegen – Italiker werden sie trotz allem nicht. Bei den Legionen geht der Anteil der in Italien rekrutierten Soldaten zurück, und ihr letztes Bollwerk, die *Prätorianergarde,* wird unter Septimius Severus ebenfalls mit Provinzialen aufgefüllt. Die Unmittelbarkeit der italischen Städte zu Kaiser und Senat wird durch die Einrichtung von Kuratoren und „iuridici" beeinträchtigt; die Freiheit vom ordentlichen Militär, die Italien zumindest im Frieden seit Sulla genießt, hört auf, als Septimius Severus eine Legion auf dem Albanerberg bei Rom stationiert; der unter Caracalla belegte *„corrector Italiae"* ist kaum etwas anderes als ein Provinzstatthalter. Diese Provinzialisierung setzt sich im 3. Jh. fort, und es ist nur der Schlußstrich einer langen Entwicklung, daß Diokletian dem Land seine seit dem 2. Jh. v. Chr. genossene Freiheit von direkten Steuern (tributum) nimmt und es etwa zur selben Zeit in Provinzen (auf der Grundlage der alten Regionen) teilt: vor der neuen absoluten Monarchie hat die alte Unterscheidung zwischen Eroberern und eroberten Provinzen keinen Bestand.
Seit *Diokletian* (bzw. seinem westlichen Mitkaiser Maximian) besteht die *„dioecesis Italiciana"* mit der *Hauptstadt Mailand,* der neuen Kaiserresidenz, statt des militärisch immer abgelegeneren Rom. Die Diözese umfaßt neben Italien auch Sizilien, Sardinien, Korsika sowie die Alpes Cottiae und Rätien. Sie ist von Anfang geteilt in zwei *Vikariate,* in *„Italia annonaria"* (d. h. das für den Hof in Mailand und das in Oberitalien stationierte Feldheer die „annona" liefernde Italien), das – mit gelegentlichen Grenzverschiebungen – bis südlich des Arno reichte, und *„Italia suburbicaria",* Mittel-, Süd- und Inselitalien, das durch Lieferung vor allem von Wein und Schweinefleisch zur Ernährung der noch immer wichtigen Großstadt Rom beiträgt. Beide Vikariate bestehen aus je fünf bis zehn Provinzen unter „consulares".
Die **soziale und wirtschaftliche Entwicklung Italiens** in der Kaiserzeit bietet ein nicht leicht zu interpretierendes und vor allem lokal sehr verschiedenes Bild. Die *Bevölkerungszahl* scheint im ganzen gegenüber der Republik zurückgegangen zu sein. Der Zustrom nach Rom hält zwar an und macht die bei den städtischen Lebensbedingungen der städtischen „plebs" verständliche hohe Sterblichkeitsquote wett. *Auf dem Lande* draußen wird aber schon im 1. Jh. eine *Entvölkerung* konstatiert. Der Rückgang bei der Rekrutierung von Italikern sowie das Ende der bis Augustus noch recht starken *Auswanderung* sind ebenfalls Indizien, die hierfür sprechen. Traian und spätere Kaiser versuchen, durch Aussetzen eines Kindergeldes (alimenta; abgestuft nach ehelichen Knaben und Mädchen, unehelichen Knaben und Mädchen) die Geburtenziffer zu steigern, doch scheitert das Projekt, möglicherweise wegen der Zahlungsunwilligkeit der Landbesitzer, deren Hypothekenzinsen die „alimenta" finanzieren sollen.
Die Städte beginnen unter dem *Aussterben* bzw. der Abwanderung nach Rom der alten Adelsfamilien zu leiden. Neubildung einer zwar stadtsässigen, aber landbesitzenden Aristokratie ist dadurch erschwert, daß vielfach ein beachtlicher Teil des verfügbaren Bodens im Besitz Nichtansässiger (Kaiser, Senatoren, kaiserliche Günstlinge) ist.
Im *wirtschaftlichen Bereich* bleibt die *Landwirtschaft wichtigster Sektor.* Die *Besitzkonzentration* schreitet, lokal verschieden schnell, weiter fort, doch kann man etwa in Oberitalien erst in der Spätantike von einem *Überwiegen des Großgrundbesitzes* sprechen. In der Bewirtschaftung der Güter versucht man sich, nachdem Sklaven zusehends teurer werden, mit verschiedenen Formen der Verpachtung zu behelfen,

268 Altertum – Römische Geschichte

ohne zu allseits befriedigenden Resultaten zu kommen. Der Anbau von Getreide nimmt, gegenüber Wein und Öl, weiterhin ab; Versuche Domitians, den italischen Weizenanbau zu fördern, scheitern. Obwohl Italien, bedingt durch den zu ernährenden „Wasserkopf" Rom, insgesamt wesentlich mehr ein- als ausführt, werden vor allem Spitzenweine, daneben Öl, Oliven, Fischsoße (garum) usw. mindestens bis ins 2. Jh. in größeren Mengen ausgeführt. Marmor aus Carrara (Luna) erfreut sich seit der Erschließung der Lagerstätten in augusteischer Zeit auch in den Provinzen großer Beliebtheit. Italische Handwerkserzeugnisse (Reliefkeramik aus Arezzo = Terra sigillata, Arretina; Glaswaren aus Aquileia u. a.) haben in der Kaiserzeit zunehmend mit der Konkurrenz provinzieller Produktionsstätten zu kämpfen.

Insgesamt ist zu konstatieren, daß – mit geringen Ausnahmen – der Wohlstand Italiens bis in die Spätantike nicht entscheidend zurückgeht.

Sizilien

264   Der Hilferuf der *Mamertini,* oskischer Söldner, die sich in *Messina* niedergelassen haben, an Rom und Karthago löst den 1. Punischen Krieg aus. Messina wird, wie die italischen „socii", als militärpflichtiger Bundesgenosse an Rom angeschlossen.

241   Die *Städte im Westteil der Insel,* bisher karthagisch, kommen unter römische Oberhoheit, daneben besteht bis 212 das Königreich Hierons von Syrakus weiter.

227   Im Zusammenhang mit der Organisation Sardiniens wird auch *Sizilien als „provincia"* einem lokalen Imperiumsträger unterstellt: zuerst einem Prätor, seit Sulla einem Proprätor mit Sitz in Syrakus; unter ihm stehen 2 Quästoren (in Lilybaeum und Syrakus). Neben einigen verbündeten und freien Städten (z. B. Palermo) ist die große Menge der sizilischen Gemeinden tributpflichtig (Ablieferung eines Zehnten, „decuma", nach den weitergeltenden Bestimmungen von König Hierons Finanzordnung, der lex Hieronica); einige zahlen darüber hinaus noch Pacht für ihr ihnen abgenommenes Land (civitates censoriae).

Die sprichwörtliche *Fruchtbarkeit der Insel,* deren Felder nach Cicero zehn- und mehrfache Erträge liefern, macht das *sizilische Getreide* (den Tribut!) unentbehrlich für die Ernährung der Bevölkerung Roms. Es entstehen große, oft eingewanderten Römern gehörige Landgüter, die vorwiegend mit Sklaven bewirtschaftet werden.

135–132   Als Folge der Mißstände auf diesen Latifundien brechen *Sklavenkriege* aus, die von Rom
104–101   nur unter großen Schwierigkeiten niedergeschlagen werden können.

73–71   *Statthalterschaft des C. Verres.* Ciceros Anklageschrift gegen seine Mißwirtschaft (Verrinen) bietet das ausführlichste, aber ein besonders negatives Bild des römischen Sizilien.

36   Die Insel wird von dem Krieg Octavians gegen Sex. Pompeius erheblich geschädigt.

In der *Kaiserzeit* ist *Sizilien Senatsprovinz* und steht unter einem Prokonsul prätorischen Ranges. In eine Reihe von Städten (Catania, Palermo, Syrakus) hat Augustus Veteranen-Kolonien deduziert, andere (z. B. Messina) sind Bürgermunizipien. Der Rest der Gemeinden besitzt seit Caesar latinisches Recht. Der Wohlstand der Insel, der hauptsächlich auf Weizenanbau, daneben Weinbau und Viehzucht beruht, bleibt bestehen. Große kaiserliche und senatorische Domänen zeugen von ihrer Anziehungskraft. In der Geschichte der Kaiserzeit taucht Sizilien kaum auf, bis es 440 von den Vandalen besetzt wird.

Sardinien

238   Rom erpreßt von Karthago die Abtretung Sardiniens und Korsikas.

227   Sardinien ist *„provincia" eines Prätors,* zusammen mit Korsika.

Die fruchtbare Ebene im Süden der Insel wird relativ schnell unterworfen. Im Hochland, wo auch die Karthager ihre Herrschaft nie fest zu etablieren vermocht haben, dauern die Kämpfe (bis 177) an, und auch später folgen immer wieder Aufstände. Räuberei ist in diesem Gebiet bis in die Kaiserzeit endemisch.

Die Ebene ist *wichtiger Weizenlieferant* für Rom, im Bergland bleibt wichtigste Erwerbsquelle die Viehzucht. Im Südwesten der Insel werden einige Metallvorkommen abgebaut (Blei, Silber, Eisen und Kupfer).

In der *gesellschaftlichen und politischen Entwicklung* ist die Insel zurückgeblieben: wenigen Bürgergemeinden an der Küste (Cagliari, Porto Torres) steht die große Menge der Sarden gegenüber, die im traditionellen Stammesverband verbleiben.

In der *Kaiserzeit ist Sardinien meist Senatsprovinz* unter einem Prokonsul prätorischen Ranges, dazwischen gelegentlich kaiserlich unter einem Präsidialprokurator. Von der Geschichte der Insel in dieser Zeit ist kaum etwas bekannt.

Korsika

259 Erste römische Expedition nach Aleria.
238 Zusammen mit Sardinien wird Korsika von Karthago abgetreten. Seitdem haben beide Inseln für 300 Jahre gemeinsame Geschichte. Die Niederwerfung und Kontrolle des Hochlandes gelingt hier noch weniger als in Sardinien. Es gibt nur eine Straße auf der Insel, von Mariana nach Aleria entlang der Ostküste; nur Mariana und Aleria werden später Kolonien.
Die Insel ist in der Antike noch stark bewaldet. Hauptausfuhrartikel sind deshalb Bau- und Schiffsholz sowie Teer und Pech.
Seit Claudius ist Korsika eigene Provinz unter einem Prokurator der niedrigsten Rangstufe.
– (Forts. S. 356)

Griechenland / Makedonien
Achaia, Creta-Cyrene, Cyprus, Epirus, Macedonia
(Forts. v. S. 176, 182)

Die *Provinzen Macedonia, Epirus und Achaia umfassen die Balkanhalbinsel* südlich des Skardon- und des Pirin-Gebirges (Šarplanina bzw. Perim) einschließlich der küstennahen Inseln (u. a. Kykladen). Die Cyrenaica im nördlichen Libyen reicht von Arae Philenorum (Gser et-Trab) bis (ausschließlich) Paraetonium (Marsa Matruch). – Die stolz empfundene Tradition, Ursprungsland der höheren Gesittung und Stätten berühmter Taten zu sein, verpflichtet zumeist auch Römer zur wenigstens wohlwollenden Behandlung der Epigonen.

148 Bei Einrichtung der *Provinz Macedonia* unterstehen nur die vier makedonischen ‚Republiken‘ und Epirus (mit illyrischen Stämmen um Dyrrhachium) dem römischen Statthalter.
145 Auch ein Teil der südlicheren Poleis gerät in direkte Abhängigkeit vom Statthalter (Tributpflicht; Teil des Gebietes des zerstörten Korinth zu ,,ager publicus" erklärt); der *Achaische Bund* wird neu konstituiert. Aitolien, Akarnanien, Thessalien, Athen, Sparta, Sikyon, Elis u. a. Poleis bleiben ‚frei‘.
134/33 und 104/102: *Sklavenaufstände in Laureion* (beeinflußt von sizilischen Sklavenkriegen).
88 *Athen* schließt sich unter Führung des Athenion, der primär antiaristokratische Ziele verfolgt, und darnach des Aristion dem Mithradates an; nach Anfangserfolgen der antirömischen Bewegung in Mittelgriechenland und Peloponnes brechen die Bündnisse bei Sullas Erscheinen zusammen.
86 Athen nach schwerer Belagerung erobert und grausam bestraft. Ende des griechischen Widerstandes gegen Rom.
75/74 *P. Cornelius Lentulus Marcellinus* zieht die von *Ptolemaios Apion* 96 Rom testamentarisch vermachte *Cyrenaica* ein.
75–70 Kämpfe des *C. Scribonius Curio* und *M. Terentius Varro Lucullus* gegen Dardaner, Thraker, Besser u. a. Stämme südlich der Donau.
68–65 *Q. Caecilius Metellus (Creticus)*, als Prokonsul mit Piratenkrieg auf Kreta beauftragt, erobert und provinzialisiert die Insel; sie wird gemeinsam mit Kyrene regiert.
58 *M. Porcius Cato* zieht aufgrund eines ,,plebiscitum Clodium" Zypern ein und ordnet die Insel im römischen Interesse, die der Provinz Cilicia zugeschlagen wird.
In den Bürgerkriegen werden besonders Epirus, Thessalien und Makedonien in Mitleidenschaft gezogen. Die Parteinahme der einzelnen Poleis richtet sich überwiegend nach der Präsenz im Osten, d. h. nach der jeweils unterlegenen Partei (Pompeius 47, Brutus, Cassius 42, Antonius 31). Vergünstigungen *Caesars, Antonius'* und *Octavians* für ihre Parteigänger, aber auch für ehrwürdige Poleis der Gegenseite wie Athen. Erst seit etwa dieser Zeit wird die römische Präsenz so intensiv, daß die Geschichte der vier Provinzen als Regionalgeschichte des Imperium Romanum verstehbar wird.
37 Antonius überträgt Cyprus der *Kleopatra*.
29–28 Erfolgreiche Kämpfe des *M. Licinius Crassus* gegen Bastarner, Geten, Möser und Thraker begründen die großenteils noch mittelbare Herrschaft Roms bis zur unteren Donau. Thrakien bleibt Klientelkönigtum (bis 46).
27 Achaia mit Altepeiros und Thessalien wird von Macedonia getrennt und als eigenständige Provinz (wie Macedonia und Creta-Cyrene) dem Senat zugewiesen. Die ,,civitas foederata" Sparta wird dem *C. Iulius Eurycles* (später auch Sohn und Enkel) als Lohn der Unterstützung Octavians überlassen. Frei oder föderiert bleiben auch die Eleutherolakonen, Elis (?), Athen, Tanagra, Thespiai, Plataiai, Delphoi, Amphissa, Elateia, Nikopolis u. a.

270 Altertum – Römische Geschichte

22 v. Chr.	*Augustus* überträgt die Kontrolle über die Provinz Cyprus dem Senat.
15–44 n. Chr.	Macedonia und Achaia unterstehen dem kaiserlichen Legaten von Moesia; Claudius stellt die augusteische Ordnung wieder her.
67 28. Nov.	*Nero* erklärt zum Abschluß seiner Griechenlandtournee an den Isthmien alle Poleis des klassischen Griechenland für frei; Epirus wird prokuratorische Provinz, Thessalien Macedonia zugeteilt.
73	Wegen Unruhen in den Freistaaten macht *Vespasian* das verkleinerte Achaia wieder zur Senatsprovinz.
115	Judenaufstand in Cyrenaica und Cyprus (besonders Salamis) führt zu schweren Bevölkerungsverlusten und Zerstörungen.
170/171	Kostobokeneinfall bis weit nach Achaia.
262	Erster Germaneneinfall; Belagerung von Thessalonike; Befestigung des Isthmus.
267	Herulereinfall bis in die Peloponnes (Zerstörungen in Athen, Korinth, Argos, Sparta); eine Abteilung wird von 2000 Athenern unter *P. Herennius Dexippus* (* ca. 210) besiegt.
380–382	Nach dem Sieg bei Adrianopel (378) durchstreifen Goten die Balkanhalbinsel; diese nun wiederholt bedroht.
393	Letzter olympischer Agon (293. Olympiade).
395–396	*Alarich I.* durchzieht Thessalien, Boiotien, Peloponnes und Epirus.
410–413	Angriffe der Austuriani auf die Cyrenaica.
465	Vandalen plündern griechische Westküste.
517	Bulgaren durchstreifen erstmals Mittel- und Südgriechenland (zahlreiche Gefangene).
559	Cotrigurische Hunnen, Bulgaren und Sclaveni verheeren Nordgriechenland bis zu den befestigten Thermopylen.

Abgesehen von der (centenaren) prokuratorischen Provinz Epirus, unterstehen die vier anderen Provinzen nach 27 bzw. 22 einem *prätorischen Prokonsul* mit je einem *Legaten* und *Quästor* (und deren geringem Hilfspersonal) sowie einem *centenaren* (Cyprus: sexagenaren) *Prokurator*. Hauptstädte sind in Macedonia: Thessalonike, Achaia: Korinth, Creta et Cyrene: Gortyn (und Kyrene), Cyprus: Paphos, Epirus: Nikopolis. Die römische administrative Präsenz und Durchdringung der Poleis ist in der Republik noch sehr rudimentär und nimmt nur langsam zu; sie erreicht seit Traian eine neue Steigerung durch die gelegentliche Entsendung kaiserlicher *„correctores"* für die (besonders finanzielle) Reformierung der Freistaaten (civitates liberae oder foederatae). Das seltene unmittelbare Eingreifen des Statthalters erklärt, daß Creta-Cyrene oder das zerklüftete Griechenland von je einem Prokonsul regiert werden können. Die Kompetenz des Kaisers in den Senatsprovinzen zeigt sich besonders deutlich an den ‚Edikten von Kyrene' (7/6 und 4 v. Chr.). – Im *diokletianisch-konstantinischen Administrationssystem* gehören die fünf Provinzen, von denen Macedonia dreigeteilt wird, zu verschiedenen Diözesen der Prätorianerpräfektur Oriens: Macedonia, Thessalia (Hauptort: Larissa), Epirus nova (Hauptort: Dyrrhachium), Epirus vetus, Achaia (von correctores bzw. proconsules regiert) und Kreta bilden (ab 327?) die Diözese Macedonia (Sitz des Vikars: Thessalonike, sofern dort kein Kaiser residiert); Cyrene verliert als Libya superior östliche Gebiete an Libya inferior und zählt zu Aegyptus; Cyprus gehört der Diözese Oriens an. – In der Republik kommandiert der Statthalter von Macedonia gewöhnlich 2–4 Legionen; später sind die vier Senatsprovinzen entmilitarisiert (außer 15–44, 119/120 u. ö., als unter kaiserlichen Legaten). In Zypern wird vielleicht schon seit 2. Hälfte 3. Jh. ein Geschwader stationiert. Im 4.–6. Jh. garnisonieren in unterschiedlicher Stärke in allen Festlandprovinzen Truppen, die in der Diözese Macedonia zum Feldheer, in Libya überwiegend zu den „limitanei" (unter dux Libyarum) zählen.

Die **Infrastruktur** braucht kaum verbessert zu werden: Via Egnatia, bald nach Provinzgründung erbaut, von Dyrrhachium/Apollonia nach Thessalonike, Philippi und Byzanz; ferner Straße von Thessalonike über Stobi und Scupi an die Donau sowie über Larissa, Demetrias, Thespiai, Korinth nach Patrai und Megalopolis. Kyrene ist durch Küstenstraße mit Tripolitanien und Ägypten verbunden. – Der Durchstich des Isthmus von Korinth wird nach Vorhaben des Demetrios Poliorketes, Caesar u. a. erst von Nero begonnen, aber nicht beendet.

Insbesondere an wichtigen Handelsplätzen wie Delos, Athen, Chalkis (Korinth), Argos u. a. lassen sich im 2. und 1. Jh. bereits viele Römer (Italiker) nieder, die (gelegentlich sehr mächtige) „conventus civium Romanorum" bilden. **Kolonien** deduzieren nur Caesar (Laus Iulia Corinthus [auch Freigelassene], Buthrotum, Dyme) und Augustus (Philippi, Pella, Cassandrea, Dyrrhachium, Patrae, Cnossus u. a.); Traian siedelt nach 115 in Kyrene 3000 Legionsveteranen an, ohne die Verfassung der Stadt zu ändern. Römische Municipien werden nur im illyrischen Teil Makedoniens gegründet (Denda und Stobi); Verleihungen des „ius Latii" sind nicht bekannt. Mehrere Kolonien, wozu auch Stobi erhoben wird, erhalten im 2. oder Anfang 3. Jh. das „ius Italicum". – Die **griechischen Poleis** werden von vielen Kaisern durch Bauten und Privilegien gefördert, besonders von Augustus, Nero, Hadrian (in Athen: 112/113 Archon; 124/125, 128/129, 131/132 anwesend; Neufassung der „patrioi nomoi"; Bauten), Marc Aurel, Gallien, Julian. Neugründungen sind selten (Nicopolis/Actium unter Augustus). Rom begünstigt eine Oligarchisierung, vor allem dauerhafte Stadträte mit Censusqualifikation. Die übrigen Institutionen halten sich zäh (Ephebie; spartanischer Kosmos). Die *landschaftlichen Städtebünde* (**Koiná**) bleiben ohne politisch bedeutsame Rechte bestehen (Achaier, Arkader, Eleutherolakonen, Athamanen, Aitoler, Lokrer, Phoker, Boioter u. a.); sie vereinigen sich als Ersatz für einen Provinziallandtag (der in Achaia erst im 4. Jh. eingerichtet) zum *Panachaischen Synhedrion* (zwischen Nero und Marc Aurel durch Achaisches Koinon ersetzt). Das makedonische Koinon (mit Kaiserkult) tagt in Beroia (Mitte 1.–Mitte 3. Jh.); ein ähnliches Koinon besteht auch auf Kreta (in Gortyn) und Zypern (in Paphos), aber nicht in Kyrene und Epirus. Hadrian begründet Panhellenion, das in Athen jährlich Delegierte aller Griechenpoleis versammelt (Kult des Zeus Panhellenios; penteterische Spiele).

Unter der *„pax Augusta"* blüht auch das vielfältige, hochentwickelte **Wirtschaftsleben** Griechenlands, Cyrenes und der Inseln wieder auf. Die Tendenz zum *Großgrundbesitz* zerstört langsam das freie Bauerntum (erhebliche soziale Folgen!). Jedoch wird von der grundbesitzenden Oberschicht auch stark in Handel, Bankwesen und Gewerbe investiert (notorisch: Herodes Atticus). Zu besonderer Blüte gelangen Korinth, Patrae, Thessalonike, Nikopolis, Athen (wegen Fremdenverkehrs). Der *Erzbergbau* leidet an Erschöpfung der Minen, nicht jedoch die Marmorgewinnung; Viehzucht (Pferde) in Thessalien und Kyrene, verbreitete Purpurfischerei in Thessalien, Achaia, Epirus. Der *wirtschaftliche Rückschlag* im 3. Jh. geht mit einem *Bevölkerungsrückgang* einher (z. T. bedingt durch Pest von 166?). Kaiserliche Domänen finden sich besonders in Cyrene.

Die **Gesellschaftsentwicklung** wird nur wenig römisch beeinflußt. Obwohl die Oberschicht zwischen Claudius und Marc Aurel weitgehend das römische Bürgerrecht erhält und relativ zahlreich in Senat und Ritterstand aufrückt, bleiben die verschiedenen griechischen Rechtsordnungen bis weit ins 3. Jh. in Kraft. Das wirkt sich sozial stark aus, u. a. auf die Stellung von Sklaven und Freigelassenen. Die soziopolitischen Spannungen des 2. und 1. Jh. scheinen sich zu mildern, nicht aber die sozioökonomischen Unterschiede. – Die sich in Griechenland manifestierende **Kultur** gilt noch bis ins 4. Jh. für normativ; die meisten bedeutenden Geister der griechischen (und römischen) Kulturwelt kennen Hellas und wirken dort zeitweise. *Römischer Einfluß bleibt gering.* Die Hellenisierung der illyrischen Regionen Makedoniens, der inneren Cyrenaica und in Cyprus schreitet rasch voran. Die intensiven religiösen Traditionen, wozu auch Agone zählen, bleiben lebenskräftig. Eine Änderung bewirkt erst das *Christentum,* das sich trotz der *paulinischen Gemeinden* in Philippi, Thessalonike, Beroia, besonders im missionarisch aktiven Korinth vor dem 4. Jh. wenig im Mutterland, stärker in Mittelkreta, Cyrene und auf Zypern (Mission des Barnabas) ausbreitet. Hort des Heidentums ist Athen. Die kirchliche Organisation des 3./4. Jh. orientiert sich an der römischen Reichsadministration (außer: Zuweisung der libyschen Gemeinden [Metropole: Ptolemais] an alexandrinischen Patriarchen; auf Zypern: Salamis/Constantia Metropole). Erst als Iustinian 529 nach dem Verbot heidnischen Unterrichts das Vermögen der platonischen Akademie konfisziert und deren Philosophen die Gehälter entzieht, endet Hellas' spezifischer Beitrag zur Geschichte des Imperium Romanum. – *(Forts. S. 372)*

Südosteuropa

Dalmatien

Die **griechische Kolonisation** in die abseits gelegene, fjordartig gegen Nordwesten orientierte Adriawelt hat fast gleichzeitig mit jener in andere Richtungen eingesetzt (Epidamnos, heute Durrës, 627 v. Chr. gegründet). Weil sich jedoch die Rohstoffgewinnung hier der politischen und geographischen Gegebenheiten wegen schwieriger gestaltet, gerät sie ins Stocken. Zu einer neuen Welle kommt es im 4. Jh., als anderswo in der Mittelmeerwelt die Durchbruchsmöglichkeiten schwerer geworden sind und an der Adria sich die politische Situation interessanter gestaltet hat (liburnische Einheit, illyrischer Staat, Delmatae-Bereich, die alle mit dem mineralreichen Inneren kommunizieren). Auch der Handel mit den etrusko-venetischen nordadriatischen Emporia (Spina, Adria) lockt, obwohl er von den Rivalitäten der griechischen Poleis, dem wachsenden Selbständigkeitsstreben der Autochthonen, der römischen Expansion, dem keltischen Vorstoß, dem etrusko-venetischen Untergang und ähnlichem (z. B. dem Fernhandel über oder um die Alpen) behindert wird. Die wichtigsten Kolonien und Emporia sind: Issa (heute Vis, Versorgungs- und Etappenstation), Pharos (Stari Grad auf der Insel Hvar) Traguiron (Trogir), Korkyra Melaina (Korčula), Apsoros (Osor), Buthoe (Budva), Epetion (Stobreč).

Durch die wirtschaftlichen und sozio-politischen Einflüsse beginnt sich die **Lebensorganisation der Einheimischen** den mediterranen Anschauungen anzupassen. Unter dem Einfluß von Epeiros und Makedonien formieren Illyrer seit dem 4. Jh. ein Staatsgebilde, das von mittelgriechischen Einheiten kaum zu unterscheiden ist. Ähnliches gilt für die Dardaner. Stämme in nordwestlichen Regionen richten sich nach venetischen (Histrer, Liburner) und keltischen (Japoden) Beispielen aus. Genau in der Mitte dieser Einflußsphären siedeln *Delmatae.*

Dalmatien umfaßt ursprünglich nur das Gebiet des Stammes der Delmatae, zwischen Narona (Vid bei Metković) und Scardona (Skradin). Stammeszentrum ist nicht Salonae (Solin), wo die Issaier vielleicht schon im 2. Jh. v. Chr. Fuß gefaßt haben, sondern anscheinend am neuralgischen, gegen Norden und

272 Altertum – Römische Geschichte

Nordwesten orientierten Punkt bei Knin, auf dem Burgwall Delminium (heute Duvno). Der Stamm der Delmatae gehört gesellschaftlich und wirtschaftlich der Hirtensphäre an und wird durch Plündern und Piraterie zum scharfen Gegner des römischen Handels in der Adria.

Das karstige Innere des Landes ist vom schmalen Küstenstreifen (mit nur wenigen fruchtbaren Enklaven: um Zadar, um Salonae und auf einigen Inseln) durch den schroffen, parallel zur Adria verlaufenden Gebirgszug der Velebit- und der Dinarischen Kette getrennt. Der *Unterhalt* der Stämme in den Bergen wird fast ganz von der Viehwirtschaft gedeckt, ausgenommen die Bergbauzonen im erzreichen Bosnien, die den dort siedelnden Stämmen jeweils Prosperität und politische Führungsstellung sichert (Maezaei, Daesidiati, Dardani). Transporte auf den Flüssen für die Ausfuhr schwerer Ladungen sind überall intensiv benutzt. Mit den erwähnten Gebieten nur lose verbunden ist die nach Pannonien hinübergleitende nordbosnische Hügelwelle.

Im 2. und 1. Jh. v. Chr. beherrschen das Savetal die *Skordisker;* das südwestlich anschließende Gebiet die keltisierten *Japoden;* an der Küste südlich von diesen sitzen venetisierte *Liburner;* das erzreiche mittelbosnische Gebiet besiedeln vor allem *Maezäer* und *Daesidiaten,* die östlichen Gebiete *Dardaner.* Das dalmatinische Zentralgebiet liegt in den Händen der kriegerischen und räuberischen **Delmatae,** an die im Südosten – gegen Montenegro und Albanien hin – die nach Epeiros, Makedonien, Mittelgriechenland orientierten, von dort auch politisch beeinflußten Stämme der Illyrer anschließen.

Entsprechend der geopolitischen Bedingungen verlaufen die ersten **Kontakte mit Rom.** Neben der Sicherung der Schiffahrt, der Bekämpfung der Piraterie und dem Interesse an einigen strategisch und für die Fernschiffart wichtigen und reichen hellenistischen Städten auf den Inseln und an der Küste ist für die römische Politik in Dalmatien in der späten Republik allein der Erzreichtum entscheidend. In Konflikte mit Rom geraten vor allem die Küstenanwohner – Illyrer, Delmatae, Liburner – wegen Belästigung griechischer Kolonien, die sich an Rom um Hilfe wenden, und wegen der Piraterie; von anderen Stämmen nur jene, die an römisches Territorium grenzen oder dort einzufallen pflegen, wie Japoden im Westen, Skordisker im Save- und Moravatal; sie bedrohen oft das römische Makedonien und werden von dort aus im 1. Jh. auch bekämpft und aufgerieben.

229 v. Chr. Im Gebiet zwischen Montenegro und Narona entwickelt sich unter makedonisch-griechischen Einflüssen und Vorbildern das regional mächtige *Ardiäerreich,* dessen Untertanen die Schiffahrt in der südlichen und mittleren Adria durch Piraterie gefährden, die griechischen Siedlungen und Emporia erpressen und sich als Söldner von den politisch zersplitterten griechischen Staaten überall gern anwerben lassen. Die Bedrängten sehen im benachbarten Rom einen natürlichen Beschützer, das auch an der Aufrechterhaltung der Ruhe in der Adria interessiert ist. Nach kurzer Intervention werden die Verhältnisse mit den Illyrern vertraglich geregelt, ohne daß vorerst ein Interesse bestünde, das zerklüftete, armselige Gebiet zu besitzen und zu verwalten.

218–201 Roms Engagement im 2. Punischen Krieg erlaubt den *Illyrern,* die Vertragsbestimmungen zu lockern und sich an die Seite der Großmacht Makedonien zu stellen. Dies besiegelt ihr politisches Los.

168 Nach kurzem Kampf wird ihr Territorium formell zum konsularisch verwalteten Gebiet des römischen Volkes.

118 Ebenfalls besonders Piraterie und Plünderungszüge entscheiden die Besetzung *Liburniens.* Sie erfolgt aus Istrien und der Cisalpina, von wo aus Liburnien zunächst auch verwaltet wird. Somit kontrolliert der römische Staat die Inselwelt und den Küstenstreifen von der Arsia (heute Raša) in Istrien bis zum Titius (Krka) und vom Naro bis zum Mathis (Mati). Das zwischen Titius und Naro gelegene Gebiet gehört den *Delmatae,* deren Unterwerfung

35–33 erst unter Augustus gelingt. Diese Endphase der Okkupation wird von vier Seiten aus eingeleitet, was die zu überwindenden Schwierigkeiten kennzeichnet: 1. von der istrischen Küste nach Liburnien, 2. vom Savetal in die bosnischen Gebirge, 3. von Makedonien in Richtung Dardanien und Ostdalmatien, 4. von albanischen Gebieten die Küste hinauf.

27 Augustus überträgt Illyricum dem Senat.

11. v. Chr. Das Gebiet muß infolge von Revolten (16–9) wieder unter direkte militärische Verwaltung gestellt werden. Im Zuge der *Pazifizierungsphase* werden Bergsiedlungen geräumt, Straßen trassiert, Sicherheitsposten eingerichtet, Landvermessungen durchgeführt, Bergbaugebiete eingerichtet und das Brigantentum in Gebirgszonen bekämpft, über welche nur drei „viae publicae" – die 1000 km lange Küste mit dem Savetal verbindend – geführt werden können. Das alles ist ohne Militärhilfe und -leitung nicht zu bewältigen; wegen der Verbindungen nach Pannonien und zur Adria wird ein römisches *Generalkommando Illyricum* eingerichtet.

6. n. Chr. Veranlaßt durch den Steuerdruck, durch stete Rekrutenaushebungen und durch eine große Anzahl von Abenteurern, Händlern und Goldsuchern, die sich möglichst schnell zu bereichern suchen, bricht der schwere und „international" konzipierte *dalmatisch-pannonische Aufstand* aus, an dem die rheinischen Germanen unter Arminius ebenso wie Markomannen unter Maroboduus und Daker oder Makedonen und Illyrer beteiligt sind und der auch auf Teile Pannoniens und Makedoniens übergreift. Tiberius kann ihn mit enormen Kräften erst

9 nach vier Jahren unterdrücken.

Der besetzte Küstenstreifen wird gleich nach der Niederwerfung des Aufstandes für die *zivile Verwaltung* eingerichtet. Griechisch geprägte Städte und unter deren Einflüssen ausgebildete „oppida" der Einheimischen können die kommunalpolitische Arbeit sofort übernehmen, während Dalmatien militärisch mit dem pannonischen Heer vereint bleibt. Es ist kaiserliche, von einem konsularischen *„legatus Augusti pro praetore"* geleitete Provinz mit zwei Legionen, die in flavischer Zeit versetzt werden – für Lokaldienste genügen fortan die Hilfstruppen und Lokalmilizen –, was den Verwaltungsstatus jedoch nicht ändert. Metropole der Provinz ist Salonae, wo sich auch der Sitz der Finanzverwaltung befindet. Der Bergbau steht unter einem Bergbauprokurator, der auch Pannonien verwaltet. Als Arbeitskräfte werden neben der lokalen Bevölkerung häufig Häftlinge eingesetzt. Seit der zweiten Hälfte des 3. Jh.s wird die Provinz von einem „präses", der dem Ritterstand angehört, verwaltet.

284–305   Im Zuge der *diokletianischen Staatsreform* wird der südöstliche Teil der Provinz mit Scodra (Skutari; Shkodër) als Hauptstadt selbständig und *Praevallis* benannt. Diokletian siedelt sich nach seiner Abdankung bei Salonae in einem neuerbauten Palast an, den heute die Stadt Split beherbergt.

Händler, Bauern, Veteranen und vor allem ein intensiver Städteausbau bringen dem Land seit dem frühen Prinzipat Prosperität, die vor allem auf dem Erzreichtum beruht. Es dauert jedoch rund 3 Generationen, bis *Dalmatien als provinzialrömische Einheit* zu betrachten ist, die sich als solche – trotz regionaler Tendenzen (besonders auf der nach außen abgeschlossenen Inselwelt, in Liburnien, Montenegro usw. mit unterschiedlichen geschichtlichen, ethnischen und sprachlichen Grundlagen) – auch fühlt. Seither normalisiert sich das Leben in der Provinz. Der *politisch aktive Bevölkerungsteil* in urbanen Siedlungen wird größtenteils *romanisiert*, profitiert zivilisatorisch und kulturell überdies von der Nähe Italiens, besonders Aquileias, was sich vor allem in geistigen Strömungen (orientalische Kulte) und später in der intensiven Verbreitung des Christentums widerspiegelt.
Die *Stämme* besonders im inneren Provinzbereich sind auch *aus fiskalischen Gründen streng eingeteilt.* Durch Rekrutierung wird ihre Stoßkraft regelmäßig geschwächt. Ihre Lebensgrundlage bleibt die Viehwirtschaft. Einige erhalten neue Stammesführer, die oft Unteroffiziere sind. Jeder Stamm ist einem der drei Gerichtsbezirke zugewiesen, in die das Land eingeteilt ist (Gerichtsstätten in Narona, Scardona, Salonae).

Mösien

Nordgrenze des politischen Raumes ‚Mösien' ist die Donau (von Traian bis Aurelian sind auch Teile des Banat, ferner Oltenien, Muntenien ins Reich einbezogen; getrennt wird Dobrudscha-Scythia Minor behandelt), die Ostgrenze das Schwarze Meer, die Südgrenze der Balkan (im Südwesten Skardon, heute Šar Planina, und das Rhodope Gebirge); die Westgrenze verläuft längs der Flußtäler der West-Morava und des Ibar. Die Grenzlinie zwischen Ober- und Untermösien läuft von der Mündung des Ciabrus (heute Cibrica) gegen das Gebirge Stara Planina im Süden (Obermösien = heute Serbien, Untermösien = heute Nordbulgarien, vorübergehend auch Teile Südrumäniens).
Möser, die ursprünglich auf das erzreiche Gebiet in Nordostserbien beschränkt sind, erweitern im Laufe der Generationen ihren Einfluß in die umliegenden Gebiete und werden, neben Thrakern und Dardanern, zu den hartnäckigsten Gegnern Roms. Die Masse der mösischen Bevölkerung ist thrakischer Abstammung. Die *Thraker,* zu denen auch die nach Norden und Nordwesten sich ausbreitenden Geten gehören, bewohnen ursprünglich die östlichen Gebiete der Balkanhalbinsel mit Einschlägen bis Siebenbürgen. Nach allgemeiner Auffassung wird im Laufe der Generationen die nordwestliche Gruppe der Geten zu *Dakern,* die südwestliche zu Mösern, die sich in verschiedene Stämme, wie Celegeri, Triballi, Moesi, Dardani aufteilen. Zur Zeit der römischen Republik bewohnen die heutige Dobrudscha Skythen und Griechen.

Wechselseitige kulturelle, wirtschaftliche und politische Einflüsse zwischen der heimischen Bevölkerung und *griechischen Kolonisten.* Kämpfe gegen die eingedrungenen und nach
3. Jh.   Griechenland und Kleinasien durchziehenden Kelten (z. B. Skordisker im Bereiche des unteren Morava).

148   Seit der Konstituierung der römischen Provinz Makedonien haben alle Parteien auch mit deren Führung Verbindung. Im Laufe des 1. Jh.s werden die Römer in den Balkangebieten aktiver, was schließlich – über den formellen Schutz griechischer Kolonisten, ferner Strafexpeditionen gegen thrakische Brigantenzentren und über das Paktieren mit regionalen oder Stammeskönigen – zur *Besetzung* führt.

29/28   Nach der endgültigen römischen Eroberung wird das besetzte Gebiet verwaltungstechnisch der prokonsularen Provinz Makedonien zugeteilt. Der darin enthaltene *mösische Militärdistrikt* ist ebenso wie die Territorien der griechischen Kolonien an der Schwarzmeerküste

274 Altertum – Römische Geschichte

(Mesembria, Odessus, Tomoi) Legaten prätorischen Ranges unterstellt. Das innere Verwaltungsgerüst bilden – bis zur Urbanisierung des Landes (vorher ist lediglich die Pontosküste urbanisiert) – die alten Stammesgebiete, gewöhnlich mit römischen Offizieren als politischen Leitern (praefecti), die dem Statthalter untergeordnet sind.

Die erste Phase nach der Besetzung ist mit Grenzkämpfen erfüllt (Roxolaneneinfälle aus der Walachischen Ebene, Eindämmungskämpfe gegen Sarmaten und Skythen im Dobrudscha-Bereich, gegen Daker im Banat), was zum Ausbau der Donaulinie, zur steten Hebung

44 n. Chr. des Militärpotentials und schließlich zur *Autonomie der Provinz* führt, um deren Abwehrmöglichkeit zu erhöhen. Mösien wird von einem konsularen Gouverneur verwaltet. In Sicherheits- und Militärfragen bleibt es mit Makedonien und Achaia verbunden. Mit der Errichtung der Provinz will Rom wahrscheinlich einen Keil in die Masse der stets wandern-

15 den Völkerschaften der östlichen Balkangebiete treiben. Der Pontosstreifen fällt zunächst Makedonien zu, ehe er Mösien zugeteilt wird. Das Gebiet der Ripa Thraciae (Landstrich

bis 44 zwischen Haemus und Donau) bildet einen Teil des thrakischen Klientelstaates und führt daher – wie auch später, besonders im Zolldienst – diese Bezeichnung.

57 Aus politischer Einsicht und wegen ständigen Drucks der in der Walachei und Dobrudscha lebenden nomadischen Stämme (Bastarner, Roxolanen, Skythen) auf die Grenze werden große Teile von ihnen vom Provinzgouverneur *Ti. Plautius Silvanus,* der auch einige Städte am Pontos von Skythen befreien kann, nach Untermösien als Kolonisten und Feldarbeiter aufgenommen.

81–96 *Unter Domitian* wird mit zweifelhaftem Erfolg gegen den schnell anwachsenden romfeindlichen Druck der vereinigten dakischen Stämme unter *Decebalus* gekämpft. Aus verwaltungstechnischen und strategischen Gründen und um eine zu starke militärische Machtzusammenballung zu vermeiden, wird die Provinz unter Domitian in **Moesia Inferior** (Verwaltungssitz Novae) und **Moesia Superior** (Verwaltungs- und bis in die tiberische Zeit anscheinend auch Garnisonssitz Naissus) geteilt. Der *„legatus Augusti pro praetore"* in Untermösien wird zugleich zum Verweser der Schwarzmeerküste bis zur Chersonesos Taurica (Halbinsel Krim). Die am Pontosufer gelegene Hexapolis (oft auch Pentapolis genannt, das sind die alten griechischen Kolonien Istros, Tomoi, Odessos, Mesembria, Apollonia, Kallatis) wird vorerst Mösien, später Thrakien zugewiesen.

101–102 Formell werden die *Dakerkriege* Traians mit einem Roxolaneneinfall nach Untermösien eröffnet. Die Provinzverteidigung wird ausgebaut, alte Festungen erweitert, Nordmösien zum Aufmarschgebiet für Einheiten aus dem gesamten Reich gestaltet.

170 Ebenso sind in Mösien auch die *Markomannenkriege* spürbar (z. B. kurzfristige Vereinigung Dakiens und Mösiens), obwohl das Land nicht so intensiv betroffen ist wie Pannonien. Durch die Massierung des Militärs werden Urbanisierung und Romanisierung gefördert. Zugleich wird die zu den stärksten Provinzial-Armeen gehörende Militärmacht von Kommandeuren zu Usurpationen benutzt, besonders in den Jahrzehnten vor Diokletian (Decius, Gallus, Aemilianus).

269 Den Plünderungseinfällen und -zügen der Goten gebietet *Claudius Gothicus* mit dem *Sieg*
271? *bei Naissus* einen vorläufigen Einhalt, wobei Dakien aufgegeben werden muß. Dessen Bevölkerung wird vorwiegend nach Untermösien zur Besiedlung der durch Kriege und Pestepidemien verwüsteten Länder ausgesiedelt. Die beiden dakischen Legionen werden nach Oescus und Ratiaria verlegt. Verwaltungstechnisch wird aus Nordmösien gleichsam ein neues Dakien formiert.

Im Zuge der diokletianischen Reformen entstehen auf dem Gebiet des einstigen Großmösiens sechs Provinzen: **Moesia Prima, Moesia Secunda, Dacia Mediterranea, Dacia Ripensis, Scythia Minor, Dardania,** die alle der *Dioecesis Thraciarum* und somit der *illyrischen Präfektur* unterstehen.
Trotz der Gründung der separaten Provinz *Scythia Minor* (Dobrudscha) durch Diokletian – sie soll den barbarischen Angriffen auf das Reich vorbeugen und eine elastischere Verteidigung ermöglichen – können auf die Dauer die *Goten* nicht abgewehrt werden. Oft dringen sie nach Untermösien ein, bis sie Konstantin d. Gr. bezwingt, mit ihnen ein Klientelverhältnis eingeht und zwei Donaubrücken errichtet (Oescus-Sucidava, Transmarisca-Constantiniana Daphne), um die Grenzkontrolle leichter auszuüben.
Moesia Superior ist dauernd von Sarmaten bedroht. Deren und anderer Plünderungseinfälle in das Hinterland haben systematische Instandsetzung der Städteverteidigung im Provinzinneren sowie der Limesanlagen zur Folge.
Für **Politik, Handel und Verkehr,** besonders zwischen der kleinasiatisch-griechischen und der pannonisch-norditalischen Welt, ist neben den Flüssen das aus alten Karawanenwegen entstandene *römische Straßennetz* Singidunum-Thessalonike und Sirmium-Serdica-Byzantin wichtig, für den Handel und besonders für die Armee – trotz Schwierigkeiten am Eisernen Tor, die von der römischen Technik erstmals überwunden werden – auch der Donauverkehr, dessen Bedeutung bis zur Argonautensage zurückreicht.
Zivilisatorisch-kulturelle Zentren der Provinz sind die griechischen Städte an der Schwarzmeerküste, ferner das Donautal: teils wegen des intensiven Handelsverkehrs, teils wegen der Massierung des Militärs in einer ununterbrochenen Garnisonsreihe. Die neu hinzukommenden Stadtgründungen (Kolonien und

Munizipien, wie Marcianopolis, municipium Montanensium u.a.) entwickeln sich zu Bezirksmittelpunkten. Römische Bürger nehmen an der Verwaltungsarbeit der einheimischen „vici" teil, wo sich ihr Besitz befindet. Der Händler und Veteran zivilisiert oder romanisiert das Land mit Erfolg; viele Möser erreichen hohe Verwaltungsposten; die Kaiser Claudius Gothicus und Aurelian sind Möser, Konstantin d. Gr. ist in Naissus geboren.

Die übrigen *Gebiete Mösiens* sind *städtearm.* Zunächst entstehen sporadische *Neugründungen* in Dardanien (als erste Scupi in flavischer Zeit, dann das traianische Ulpiana). Bis dahin, z. B. eben in Dardanien wie auch anderswo, nach Stämmen und nur für Hilfseinheiten rekrutiert werden. Es folgt die Errichtung der *Donaufestungen* und *-städte,* entweder auf der Grundlage einheimischer Vorgänger oder in Anlehnung an Garnisonen (Oescus, Novae, Durostorum, Viminacium, Singidunum); daneben auch Errichtung neuer Städte (Tropaeum Traiani, Nicopolis ad Istrum).

Über die *Volksreligion* in Mösien ist wenig bekannt. Die *römische Staatsreligion* wird zur Gänze aufgenommen. Früh dringt das *Christentum* ein, wobei der Arianismus überwiegt. Im Bereich der geistigen Betätigung beginnen die mösischen Städte erst mit der Organisation der christlichen Kirche ein selbständiges artikuliertes Leben (Palladius von Ratiaria, Wulfila in Nicopolis).

Dakien

Dakien umfaßt das *östliche Banat* (wahrscheinlich nicht konstant), das *ganze Siebenbürgen* (mit strategisch wichtigen und allmählich eroberten Regionen), *Oltenien* (Muntenien, von Geten, Roxolanen und Skythen bewohnt, gehört nur zeitweise, besonders unter Traian und Hadrian sowie seit dem 4. Jh., dem Imperium an und ist Untermösien zugeteilt).

Wirtschaftsgrundlagen: Reiche Minerallager in Siebenbürgen, Weidewirtschaft der Hirtenstämme in den Bergen (im überschwemmungsreichen Südwesten und Südosten Nomadentum) und Getreideanbau in Oltenien.

Der Grundstock der dako-getischen, von lokalen Fürsten beherrschten **Bevölkerung** ist als thrakisch zu werten mit starkem skythischem Einschlag (Kulmination des politischen Expansionseinflusses vom 7. bis zum 4. Jh.), keltischen Infiltraten (im 3. und 2. Jh.) und schwarzmeer-griechischen Einflüssen (z. B. Prägetätigkeit). Ihres Reichtums wegen sind die Daker stets einem Druck vom Nordosten (Karpen, Quaden, Skythen usw.) ausgesetzt und neigen auch ihrerseits in Zeiten geschickter politischer Führer zur Expansion: so unter *Burebista* († vor 44) um 60 v. Chr., als sich die Expansion gegen Westen richtet, den boisch-taurischen Bund in Westpannonien zerschlägt und Noricum gefährdet. *Caesar* beabsichtigt zum Schutz des verbündeten Noricum und der nordöstlichen Gebiete Italiens einen Gegenschlag, der sich erübrigt, weil Burebista stirbt und seine Koalition zerfällt.

  Zivilisatorische Einflüsse werden aus Rom und dem griechischen Raum wirksam. Wechselseitige Grenzplünderungen mit anschließenden Strafexpeditionen unter Führung der römischen Grenzsektionskommandeure. Seit der Mitte des 1. Jhs n. Chr. gewinnt unter der zielbewußten Führung des *Diurpaneus* eine für Rom gefährliche Politik die Oberhand.

85–88 Unter dem Dakerkönig *Decebalus* erfolgt Ausbruch offener Feindseligkeiten.

106 Unter Traian wird nach zwei Kriegen (101–102; 105–106), wobei sich der Dakerkönig als fähiger Heerführer erweist, das ganze Land von den Römern besetzt und als konsulare **Provinz Dacia** eingerichtet. Das entscheidende Kampfgeschehen kann durch die Darstellung auf der *Traianssäule* in Rom und aus sporadischen Inschriften rekonstruiert werden.

  Noch während der Okkupationsphase werden alle Bergbaugebiete vom römischen Staat übernommen, dann in Pacht gegeben, Spezialisten und Ingenieure herbeigeführt, auch Kolonisten aus anderen Bergbaugebieten des Reiches angesiedelt (vorwiegend aus der mineralreichen Provinz Dalmatien), was eine Reihe von Neugründungen zur Folge hat. Aus der Zielorientierung dieser Organisationsmaßnahmen ist klar die römische (schon unter Domitian erkennbare) Grundtendenz ersichtlich: nämlich dem finanziell erschöpften Reich den Zustrom neuer *Geld-* und *Mineralressourcen* zu sichern.

  Die Okkupation wird mit militärischen Kräften aus dem ganzen Imperium durchgeführt. Da Dakien mehr als andere Provinzen isoliert in feindliche Länder hineinragt, besteht die Gefahr dauernder direkter Eingriffe von Ostmitteleuropa und Südrußland und umgekehrt. Die häufig gespannte Lage erfordert eine starke *Provinzarmee:* neben zwei Legionen bilden die Sollstärke zunächst zwei Reitereinheiten und zehn Kohorten, deren Anzahl jedoch von Jahrzehnt zu Jahrzehnt gesteigert werden muß (100 Jahre später: vier „alae", 15 Kohorten, 13 „numeri"). Sie sind auf strategisch wichtige Positionen verteilt und leisten Wacht- und Sicherheitsdienste.

  Die *Verwaltung* Dakiens wird – entsprechend der fast immer bedrohlichen Situation – elastisch gehandhabt. Die zunächst konsulare Provinz wird zur Zeit des mühsam zurückgeschlagenen Einfalls der vereinten *Iazygen* und *Roxolanen* (Reiternomaden; Rom muß den Schwerpunkt auf die Kavallerie legen, was Hadrian, der diese Kampagne leitet, zeitlebens

118

276   Altertum – Römische Geschichte

beeindruckt) mit Unterpannonien militärisch gemeinsam geführt. Sofort danach wird Dakien jedoch in **Dacia Superior** (Siebenbürgen) und **Dacia Inferior** (Oltenien, Ostbanat) geteilt und von einem *„procurator Augusti vice praesidis"*, d. h. einem *„legatus Augusti pro praetore"*, geleitet. Inzwischen wird versucht, im Norden und Nordosten das Eroberte abzurunden.

158–159   Wegen starker Angriffe der freien Daker muß aus Verteidigungsgründen das dakische Gebiet aufgeteilt werden: **Dacia Porolissensis** (Leitung: *„procurator vice praesidis"*, Sitz zunächst in Porolissum, seit dem 3. Jh. in Napoca), **Dacia Apulensis** (Leitung: *„legatus Augusti pro praetore"*, Sitz Apulum, Verwaltungsgebiet: Siebenbürgen, zeitweise Banat), **Dacia Malvensis** (Leitung: *„procurator vice praesidis"*, Sitz: unbekannt, Verwaltungsgebiet: Oltenien). Während der bedrohlichen Situation, die dem Ausbruch der Markomannenkriege vorangeht, wird Dakien militärisch gestärkt und unter einem konsularen *„legatus Augusti"* als *provincia trium Daciarum* vereinigt.

180   Die durch Krieg und Pest verödete Provinz wird mit freien Dakern als Kolonisten besiedelt. Der dadurch mühsam begonnene Aufschwung wird jedoch (schon seit 235) besonders

248   durch die *Karpeninvasion* abrupt abgebrochen. Wegen der schwierigen Sicherung (Hunderte von Gebirgsgarnisonen, Lagern, Kontrollposten, Straßensperren), der überlangen und stets gefährdeten Grenzen kommt schon unter Hadrian der Gedanke auf, das Land aufzugeben, wird aber wegen der wirtschaftlichen Bedeutung des Landes zunächst fallengelassen. Erst in den Krisenzeiten der zweiten Hälfte des 3. Jh.s wird diese Idee wieder wach. Schon unter *Gallien* militärisch geschwächt, wird die *Provinz unter Aurelian geräumt*. Anlaß dazu ist starker Druck der aus Südrußland vertriebenen Westgoten und anderer Stämme, die zunächst Kleinskythien, die Walachei, aber auch Dakien zu überschwemmen beginnen und von *Claudius Gothicus* bei Naissus aufgehalten und aus dem Reich zurück nach Dakien gedrängt werden.

Intensive Kolonisation, große Erzausfuhren, Handel besonders mit dem Mittleren Orient und entlang der Donau sowie die große Zahl der in der Provinz angesiedelten Veteranen lassen in verhältnismäßig kurzer Zeit viele **städtische Gründungen** entstehen: Munizipien: Apulum (um 200), Dierna, Drobeta (um 130), Napoca, Porolissum (um 200), Romula, vielleicht auch Ampelum, Malva, Tibiscum; Kolonien: Sarmizegethusa (107), Apulum (107?), Drobeta, Napoca, Romula, vielleicht auch Dierna; darüber hinaus eine Reihe von „vici", Kurorten, „pagi".

Den Grundstock der **wirtschaftlichen Bedeutung** Dakiens bilden die Bergbauschätze (attraktive Goldlager und Farbmetallurgie). Die **Bevölkerung** besteht aus Hirtenstämmen, Bergbauarbeitern, Soldaten, die mit ihren Familien in Dorfgemeinschaften leben, und aus Kleinbauern.

Für **Verkehr und Handel** ist die Donau von großer Bedeutung. Die **Kultur,** hauptsächlich von Militärs und Kolonisten getragen, ist stark durch orientalische Einflüsse geprägt. Das Christentum kann bis zur Aufgabe der Provinz unter Aurelian kaum Fuß fassen. Es wird sofort danach unter Bischof *Wulfilas* Tätigkeit unter der gotischen und gepidischen Bevölkerung, die sich in Dakien angesiedelt hat, in arrianischer Form verbreitet.

Nach Aufgabe der Provinz verbleiben einige der alten Militärfestungen, wie Dierna, Drobeta, Romula und Sucidava, aus strategischen Gründen noch auf dem dakischen Ufer der Donau, andere Militärstationen werden südlich der Donau verlegt.

Thrakien

Thrakien umfaßt das Gebiet zwischen *Haemus* (Balkan-Kette) und dem *Ägäischen Meer* mit vorgelagerten Inseln in nordsüdlicher und vom Schwarzen Meer bis zu den Flüssen *Morava* (Margus) und *Vardar* (Axios) in ostwestlicher Ausdehnung, wobei auch die außerhalb gelegenen Randterritorien oft stark assimiliert werden (Paionien, Dardanien) und gelegentlich die Verwandtschaft mit Dako-Geten zum Ausdruck kommt.

In geschichtlicher Zeit befinden sich die Ballungsräume der Thraker besonders im Stromgebiet des Hebros und im Nordosten Bulgariens. Die wichtigsten **Stämme der Thraker** (die schon Herodot als das nach den Indern zahlreichste Volk bekannt sind, während sie Thukydides – er ist halbthrakischen Ursprungs – sofort hinter den Skythen einreiht) sind: Triballoi, Myser, Serden, Dentheleten, Maidoi, Bessoi, Odryser, Sapaier, Getai.

Wirtschaft: Weidewirtschaft ist für die Bevölkerung seit jeher die Lebensgrundlage. Dabei nimmt die Pferdezucht eine hervorragende Stellung ein, die bis in die römische Phase dauert (Reiterkontingente) und sich auch im Kult und in bildlichen Darstellungen äußert. Weniger betont ist der *Ackerbau,* der sich besonders auf Ländereien der griechischen Kolonien entwickelt und durch hellenistische Gründungen (Philippopolis, Lysimacheia usw.) ins Innere eindringt. Besonders von hier – jedoch nicht ausschließlich – geht der Impuls zum *Weinbau* aus, der sich in Bräuchen, in der thrakischen Musik (Orpheus), in Tanz

Regionalgeschichte – Thrakien   277

und Religion stark spürbar macht. Zu erwähnen sind auch der seit der Urgeschichte bestehende Fischfang und besonders das Holzfällen für den *Schiffsbau* in zahlreichen Uferstädten. Den seit der Vorgeschichte andauernden Grundstock der thrakischen ‚Industrie' bilden die Bergwerke. Wichtig ist vor allem die *Eisenproduktion* in Gebieten der bessischen Stämme (Haemus), aber auch im Pangaion- (das Griechen seit jeher anzieht), Dysoron-Gebirge und in der Rhodope; sie bringt für die dort lebenden Stämme konstanten Reichtum und wirkt sich soziopolitisch als ständige Quelle wirtschaftlicher und gesellschaftlicher Differenzierung aus.

Die thrakische **Sprache** gehört zur indoeuropäischen Familie. Ihre nur fragmentarische Kenntnis ist vorwiegend auf griechisch oder lateinisch transkribierte Orts-, Fluß-, Berg-, Götter- und Personennamen beschränkt; es gibt auch einige Glossen, 30 dakische Pflanzennamen und ein paar Inschriften.

Das durch Bodenschätze reiche Gebiet der Thraker zieht seit jeher seine Nachbarn – Griechen, Makedonen, später Kelten und Römer – und über die Dardanellen sogar das ägyptische, persische und pergamenische Reich an. Die thrakischen Sippen und Stämme, deren berühmte Kämpfer und Reiter im 2. Jt. auch in Kleinasien und vor Troia kämpfen, büßen in der nachfolgenden Zeit durch das Aufkommen neuer Taktiken, disziplinierter und kollektiver Kampfweisen an Schlagkraft und Ruhm ein, bleiben jedoch als geübte und harte Söldner gesuchte Leute.

Die Bergregionen mit ihren Sippen entwickeln sich nach dem Aufkommen der Metallurgie zu starken, reichen und bedeutenden Gebieten. Es bilden sich daraus **Stammesverbände** unter Magnaten oder unter königlicher Führung, die einander häufig bekämpfen, die aber auch mit den benachbarten Mächten paktieren.

7.–6. Jh.	Nach der *griechischen Kolonisation* haben das größte Interesse an Thrakien die *Makedonen,* die dort reiche Beute suchen und teilweise auch finden. Besonders ist ihnen am südthrakischen Streifen entlang dem Ägäischen Meer mit dem goldreichen Pangaion- und Dysoron-Gebirge gelegen.
148	Als die *Römer* nach drei Kriegen Makedonien bezwingen und als Provinz einrichten, wird ihr das Gebiet zwischen Strymon und Hebros als separater Gerichtsbezirk zugeteilt und sofort die Anlage der Transbalkan-Straße (via Egnatia – auf der Grundlage der persischen
129	Heerstraße) begonnen. Später wird dem separaten Gerichtsbezirk auch der Streifen vom Hebros bis zur Thrakischen Chersonesos zugeschlagen.
129–19	Die Zeit bis zur Errichtung des thrakischen Vasallenstaates ist durch *interne Kämpfe* gekennzeichnet, an welchen sich die Außenwelt aktiv beteiligt (Skordisker, das Bosporanische Reich, Bastarner, Griechen, Dardaner, Rom). Die Römer paktieren mit thrakischen Königtümern (Odrysen- und Sapaierbund), besetzen thrakische Sektionen und verlieren sie wieder. Besonders blutig und hartnäckig verlaufen die Kämpfe gegen die Bessen. Starke Rückwirkungen hat in Thrakien der *dakische Bund unter Burebista.*
50–44 48	Die Thrakerkönige nehmen aktiv am Kampf bei Philippi und an den Auseinandersetzungen zwischen Antonius und Octavian teil.
19 v. Chr. – 46 n. Chr.	In der kurzen Periode des *thrakischen Klientelstaates* teilt sich das thrakische Königsgeschlecht der Odrysen die Führung bzw. Verwaltung einerseits der Ripa Thraciae (Gebiet zwischen dem Haemus und der Donau) und andererseits das Gebiet der Sapaier (während eine Reihe der Gebirgsstämme frei lebt). Deren Einheiten helfen während des *pannonisch-dalmatischen Aufstandes*, die Übergänge nach Makedonien zu sperren, und kämpfen gegen Geten an der unteren Donau. Anläßlich von Zwistigkeiten zwischen beiden Herrschaftsteilen muß das römische Heer aus Mösien eingreifen. Ein allgemeiner thrakischer
6–9 n. Chr. 46	Aufstand gegen die Regenten wird unterdrückt. Nach einem weiteren Aufstand wird Thrakien annektiert und die Provinzverwaltung eingeführt.

Bezeichnend für die soziale Entwicklung der Thraker ist das **Fehlen urbaner Siedlungen.** Die bestehenden sind griechischen oder hellenistischen Ursprungs (Apollonia, Mesembria, Philippopolis, Lysimacheia), später kommen römische Neugründungen hinzu. Das Zusammenleben mit dem naturverbundenen Menschenschlag der Hirten und Schmiede bleibt – der undurchdringlichen Gebirgs- und Waldnatur wegen – gefährlich. Massive Rekrutierungen, um die Ordnung zu erhalten, den Bergbau mit stets neuem Zustrom an Häftlingen zu betreiben, tragen nicht dazu bei, das Land zu befrieden.

Aus dem Versuch, die Gefahrenherde auszuschalten, erklärt sich die auf Dörfern, Gauen und Stämmen basierende römische Gebietseinteilung in **Strategien** (z.B. Dentheletike, Kainike, Maidike, Serdike usw.). Militärstraßen mit dazugehörigen befestigten Stationen werden ausgebaut. Durch **Militärkolonien,** d.h. städtische Gründungen für das ausgediente Militär (z.B. Apri, Deultum), wird das Gebiet urbanisiert, zivilisiert und das Land systematisch kultiviert. Der wichtigste Städtegründer ist – wohl aus militärwirtschaftlichen Gründen – *Traian.* Unter ihm entstehen Anchialos, Nicopolis ad Nestum, Traianopolis, Augusta Traianopolis, Augusta Traiana, Pautalia, Serdica, Nicopolis ad Istrum (das bis Septimius Severus zu Thrakien, später zu Untermösien gehört). Viele dieser Städte haben – nach dem Vorbild griechischer Poleis – das Recht, für eigene Bedürfnisse eigene Münzen zu prägen; die Prägungen sind wichtige lokalhistorische Quellen für das Kultleben, die Verwaltung, Wirtschaft usw.

Der breiten „Kreisen" zugute kommende Wohlstand geht nicht nur auf die Landesschätze, sondern auch auf den **Transitverkehr** (via Egnatia, Linie Sirmium – Byzanz, Küstenschiffahrt) und die Tatsache zurück,

278   Altertum – Römische Geschichte

daß das ganze Land als Verpflegungsgrundlage für viele Garnisonen dient. Dieser Wohlstand manifestiert sich in Kultur und Architektur sowie in vielen stark griechisch beeinflußten Kunstgegenständen.

Auf die ethnischen Unterschiede und die geographischen Bedingungen der Besiedlung weist die thrakische **Religion,** in der sich typisch griechische und hellenistische Vorstellungen (auch Unsterblichkeitsglaube) und assimilierte Götter (wie Bendis-Artemis, Hermes, Dionysos, Ares) mit der urthrakischen Welt vermischen (wie die Gleichsetzung Asklepios–Apollon–Thrakischer Reiter, Ortskulte, Kultstätten an Quellen, Menschenopfer im Zalmoxis-Kult, Kriegsgefangenen-Opfer für den Gott Pleistoros), was sich synkretistisch – später auch unter starkem orientalischem Einfluß – in kosmischen Deutungen der Volksreligion und dem Jenseitsglauben bis zur Ausbreitung des Christentums auswirkt.

86–90	Die ruhige Lage und die dadurch ermöglichte friedliche Entwicklung der Provinz in den ersten zwei Jh.n n. Chr. wird durch den stark befestigten mösischen Sektor ermöglicht, der in der Zeit der *domitianischen Kämpfe gegen die Daker und Roxolanen* (gegen die eine Verteidigungslinie von Tomoi bis Axiupolis an der Donau errichtet wird) viele Einbruchsversuche und Rückschläge abfängt, welche die römische Armee erleidet. Dasselbe gilt für
101–106	die Phase der Okkupation Dakiens und – etwas weniger – für die Zeit der Markomannenkriege (165–180), als die Plünderungsvorstöße der Kostoboker aus Dakien über Mösien und die Ränder Thrakiens bis Mittelgriechenland reichen.
	Der *Druck der germanischen Stämme* auf die freien Daker und dieser auf die dakischen Grenzen wird unter *Septimius Severus* so stark, daß die Verteidigung neu gestaltet werden muß.
250	Den Goten gelingt es, Philippopolis zu besetzen und das römische Heer unter *Decius* bei
251	Abrittus in der Dobrudscha zu schlagen. Im Laufe des 3. Jh.s wird Thrakien mehrmals Schauplatz blutiger Einfälle. Eine Folge davon ist der festungsartige Ausbau der Städte. Die Plünderungszüge der Daker, Goten und Heruler werden besonders stark zur Zeit des Kaisers *Gallienus*. Sein Nachfolger *Claudius Gothicus* besiegt bei Naissus (Niš) die Goten,
270–275	jedoch nicht entscheidend. *Aurelian* gibt das verwüstete Dakien kampflos auf, verlegt die Truppen und die Bevölkerung auf die Gebiete der ziemlich entvölkerten Regionen am Südufer der Donau, wo er aus westlichen Regionen Obermösiens und den östlichen Thrakiens (Distrikt Serdike) und Untermösiens Neudakien als Verwaltungseinheit gründet, und zwar *Dacia Ripensis* (mit der Hauptstadt Ratiaria) und *Dacia Mediterranea* (mit der Hauptstadt Serdica).
276–278	Unter *Probus* müssen 100 000 Bastarner, die dem Druck im Bereich der unteren Donau nicht mehr widerstehen können, auf thrakischen Boden umgesiedelt werden.
284–305	*Diokletian* besiegt die in die Dobrudscha eindringenden Karpen und mit ihnen verbündete Germanen entscheidend. Um sie zu befriedigen, werden Teile dieser Stämme in Pannonien und Mösien angesiedelt. In Thrakien siedelt Diokletian gefangene Perser an (Spuren auch in religiösen Äußerungen).
	Besonders wegen dieser Ereignisse – außerdem wegen der kritischen wirtschaftlichen Lage, dem unzuverlässigen Verwaltungsapparat und der ungenügenden Schlagkraft der ständig bedrohten Provinzen – führt der Kaiser eine *Reorganisation der Militärverwaltung* durch. Aus Untermösien und Thrakien entstehen sieben kleinere Provinzen (von praesides verwaltet), die zur Diözese Thrakien (unter der Führung des magister militum per Thracias) gehören: Europa (Hauptstadt Constantinopolis), Rhodope (Traianopolis), Thracia (Philippopolis), Haemimontus (Hadrianopolis), Moesia Inferior (auch Mysia oder Moesia Secunda; Marcianopolis), Scythia (Tomoi); die letzten zwei stehen als Grenzprovinzen unter der gemeinsamen Führung von „praesides" und „duces". Westlich der Diözese Thrakien liegen die Diözesen Mösien und Makedonien. – *(Forts. S. 372)*

Ostmitteleuropa

Pannonien

Das *Pannonische Becken* reicht von den Osträndern der Alpen bis zu den Bogenenden der Karpaten (als römische Provinz Pannonia nur bis zur Donau) und von den nördlichen Ausläufern der Dinarischen Alpen südlich der Save bis zum Ungarischen Mittelgebirge. Grundlegend bei allen Stämmen (z. B. Boi, Varciani, Japoden u. a.) ist die mit dem Feldbau kombinierte *Viehwirtschaft,* welche zwischen Donau und Karpaten nie das Nomadentum verdrängt. In rauhen, teils versumpften, bewaldeten und klimatisch ungünstigen Gebieten verlaufen die römischen Okkupationskämpfe trotz hervorragender Führung langwierig und schwer.

Regionalgeschichte – Pannonien

2. Jh. v. Chr. Erste *Strafexpeditionen* der *römischen Armeeführung* in der Cisalpina; einige Züge müssen von *Aquileia* aus gegen *Siscia* – das einflußreiche Produktions- und Handelszentrum – aus politischen Gründen geführt worden sein. Bewohner Pannoniens sind teils *Kelten* (Boi, als norische Ostnachbarn, Eravisci, Latobici, Taurisci, Skordisker im Savetal, die später anscheinend von Pannoniern assimiliert werden), teils *Pannonier* (Breuci, Andizetes, Amantini, Iasi, Azali, Herculiates, Varciani). Das keltische Element ist im Westen und Norden des Landes vorherrschend.

ca. 50 Die im Entstehen begriffene Hegemonie der Boier und Taurisker wird durch die *dakische*, westwärts gerichtete *Expansion* gebrochen (Gründe unklar, wahrscheinlich ein vorhergehender boisch-keltischer Vorstoß in die Karpaten), doch verebbt der dakische Druck nach dem Tode des Anführers Burebista.

Römische *Kämpfe gegen Taurisker, Karner und Japoden*. Die Endphase der Kriegshand-
35 lungen wird von der Cisalpina und dem dalmatischen Küstenland aus durch *Augustus* eingeleitet, durch den Mitregenten *M. Vipsanius Agrippa* und durch *Tiberius* weitergeführt und beendet.

In der *Okkupationsphase* und in den ersten Jahrzehnten danach, als Pannonien wegen fehlender städtischer Zentren sich nicht selbst verwalten kann, im Bereich vieler Stämme noch Unruheherde bestehen und sich ein wirtschaftlicher Aufschwung nicht absehen läßt, muß ein vorerst für Pannonien und Dalmatien einheitliches *Militärgouvernement* beibehalten werden. Das Militärverwaltungsnetz wird vom Garnisonskordon der Armee in Illyricum nach Norden ausgebreitet, weshalb der Name Illyricum auch auf das neu eroberte Territorium ausgedehnt ist (Illyricum: von der Adria bis zur Donau). Längs der „Nervenlinien" werden Militärbasen, -posten und -kontrollpunkte ausgebaut, die von den Stabszentren Carnuntum (Deutsch-Altenburg), Siscia (Sisak), Poetovio (Ptuj), Burnum (Ivoševci) befehligt werden, denen sich später auch Mursa (Osijek), Brigetio (Dunapentele), Aquincum (Budapest), Sirmium (Sremska Mitrovica) zugesellen. Ferner wird die Stämmeführung in Unruhegebieten Offizieren unterstellt (z. B. bei den Skordiskern, Colapiani); intensiver
6–9 Straßenbau. Die systematische Rekrutierung schwächt die Abwehrmöglichkeiten der
n. Chr. Stämme (z. B. der Breuker), besonders nach dem *dalmatisch-pannonischen Aufstand*. Nach der *Niederwerfung des Aufstandes* verbleiben das Oberkommando und der Regierungssitz für Illyricum im Stabe der Armee Illyricums (wahrscheinlich Siscia).

Verwaltungstechnisch, besonders in zivilrechtlichen Fragen, werden die zu Dalmatien tendierenden Gebiete der „Unterabteilung" *Dalmatien* zugeteilt, die zu *Pannonien* tendierenden einer für dieses Gebiet entsprechenden Behörde, wobei die erste, durch die größere Urbanisierung und durch die weniger gefährdete Lage bedingt, mehr unter zivilen Aspekten verwaltet wird als die pannonische, bei der die Militärverwaltung schon wegen der Grenzsituation dominiert.

Während der Militärverwaltungsphase sind *Garnisonsorte* und *Legionslager* gleichmäßig im Lande verteilt, die Donau als Grenzfluß wird nur an neuralgischen Punkten kontrolliert. Als später mehrere Orte Alteingesessener zu autonomen Städten werden und sich die seit
41–54 Claudius entstehenden Garnisonen längs der Limeslinie zu konsolidieren beginnen, beeinflußt der *Romanisationsprozeß* auch die Umgebung. Die Folge ist wirtschaftliche Prosperität (Manufaktur, Fernhandel, Feldwirtschaft, Verkehr besonders durch Flußschiffahrt). Mit der Zeit werden die *Ebenen von Innerpannonien* erschlossen und kultiviert, womit das spätantike Aufblühen der Großhöfe dort erst möglich wird. Der wachsende Lebensstandard weckt in verstärktem Maße die Aufmerksamkeit der Nachbarn, wobei nicht nur der *Druck auf die Reichsgrenze* stärker wird, sondern die ‚Barbaren' sich auch durch die vielschichtigen römischen Kontakte zivilisatorisch und besonders organisatorisch zu entwickeln beginnen.

69–117 Als Folge davon muß *von Vespasian bis Traian* die Grenzlinie dicht besetzt werden. Weil im pannonischen Sektor drei Legionen verbleiben, wird ihnen als Hauptkommandeur ein „*vir consularis*" mit dem Sitz zunächst in Poetovio, später Carnuntum ernannt, der nach der Konstituierung der Provinz, d. h. nach der *Auflösung des großen Militärkommandos*
69–79 *Illyricum* unter *Vespasian,* automatisch zum Provinzstatthalter wird. Bis dahin kann im Land eine Reihe von *Kolonien und Munizipien* gegründet werden, wodurch die Selbstverwaltung erst zu funktionieren beginnt. Gleichzeitig damit werden Garnisonen im Inneren der Provinz geräumt und Militäreinheiten zur neuangelegten Limeslinie versetzt, weil jenseits derselben die zivilisatorische und wirtschaftliche Entwicklung mächtig voranschreitet und sich für das Imperium lokal gefährlich gestaltet.

69 Die Armee Illyricums erkennt Vespasian in Poetovio als Kaiser an. Unter Domitian und Traian Kriege mit Sarmaten und Dakern.

106 Zweiteilung der Provinz in **Pannonia Superior** (= westlicher Teil) mit drei Legionen unter konsularischen Statthaltern (Sitz in Carnuntum) und **Pannonia Inferior** (längs der Donau und östlich vom Plattensee; Grenze: Donauknie–Plattensee–Drau; Sitz: Sopianae) mit einer Legion unter prätorischen Legaten, deren erster der spätere Kaiser Hadrian wird.

Römische Gründungen in Pannonien

Gründung von *Oppida* (= O), *Munizipien* (= M) und *Kolonien* (= C)
(einige noch nicht identifizierte Städte sind ausgelassen)

	Iulier	Claudier	Flavier	Traian	Hadrian	Septimius Severus	Caracalla
Andautonia			M				
Aquae Iasae					M		
Aquincum					M	C	
Brigetio							M
Carnuntum					M	C	
Cibalae					M		
Mogentiana					M		
Mursa				C			C
Mursella					M?		
Neviodunum			M				
Poetovio				C			
Salla					M		
Savaria		C					
Sirmium			C				
Siscia			C			C	
Scarbantia	O		M				
Vindobona							M

137–161 Unter *Antoninus Pius* wird die seit Tiberius geförderte *Klientelpolitik* gegenüber den Grenzstämmen (z. B. Quaden) noch aufrechterhalten.

161–180 Unter *Marc Aurel* wird Pannonien Zentrum der *Kämpfe gegen die germanischen Stämme,* die in die Balkanprovinzen und nach Norditalien eindringen.

180–192 *Commodus* wird Herr der kritischen Lage und befestigt aufs neue die Grenzlinie.

214 Aus innerpolitischen Gründen wird die Ostgrenze Oberpannoniens vom Donauknie nach Westen verschoben und damit das Territorium der Legion in Brigetio mit den dazugehörigen militärischen Sektionen der unterpannonischen Armee zugeordnet, um die Macht des oberpannonischen Provinzgouverneurs zu beschränken. Die Wirtschafts- und Finanzverwaltung wird durch Prokuratoren versehen, getrennt für die Staatsfinanzen, den kaiserlichen Besitz, den Bergbau, Zoll, Verkehr, Staatspost und besondere Ausgaben.

Im 3. Jh., als es in Pannonien zu Verarmung, politischer Unsicherheit, zu Barbareneinfäl-

253–268 len, wirtschaftlich-sozialen Krisen, *Armeeunruhen* unter Gallienus und zu *Usurpationserscheinungen* (Ingenuus, Regalianus) kommt, müssen wiederholt schwere Abwehr- und Offensivkämpfe geführt werden. Damals beginnt man, kleine Garnisonen auch im Inneren der ganzen Provinz zu errichten, ein Versuch, der 100 Jahre später durch Föderatensiedlungen vervollständigt wird. Das alles führt direkt zu den *diokletianischen Reformen,* weswegen der politischen Bedeutung der damaligen Ereignisse entsprechend sogar Sirmium als Residenzstadt und Hauptquartier ausgebaut werden muß (es ist Hauptquartier, z. B.

236 schon während der Kämpfe des Kaisers Maximinus Thrax gegen Sarmaten und Germanen).

284–305 Seit Diokletian sind beide Provinzen nochmals geteilt in die unter „*duces*" und „*praesides*" stehenden Einheiten **Pannonia Prima** (Hauptstadt Savaria, heute Szombathely), **Savia** (Hauptstadt Siscia), **Valeria** (Hauptstadt Sopianae, heute Pécs), **Pannonia Secunda** (Hauptstadt Sirmium).

Bevölkerung: Die Gemeinden der einheimischen Bevölkerung gehen in Einzugsbereichen städtischer Territorien bald in der Stadtbevölkerung auf; die entlegenen halten sich länger. Epidemien (z. B. Pest), sozioökonomische Krisen (Assentismus, Desertionen) und Kriege dezimieren besonders seit Marc Aurel die Provinzbevölkerung. In das entstehende Vakuum beginnen vorerst sporadisch, später durch Propaganda massiv unterstützt, neue *Kolonisten* einzuströmen, die der Provinz ein östliches und afrikanisches Gepräge geben. Ebenso werden Legionen und Hilfseinheiten oft im Osten und in Afrika ausgehoben oder von dort hierher versetzt (der oberpannonische Statthalter mauretanischer Abstammung *Septimius*

Severus wird am 9. April 193 in Carnuntum zum Kaiser ausgerufen und geht, von der pannonischen Armee getragen, aus dem nachfolgenden Bürgerkrieg als Sieger hervor). Handel und Gewerbe liegen mehr und mehr in den Händen der aus dem Osten Zugewanderten. Damit dringen auch die östlichen, ägyptischen und afrikanischen **Kulte,** zuletzt das Christentum ins Land ein. Die Staats- und Militärgötterwelt herrscht im Kultwesen vor, daneben treten sowohl lokale und regionale Besonderheiten, auch Vorrömisches, ferner lokale Natur- und Schutzgottheiten (Nymphen, Städtepatroninnen, Schiffahrtsbeschützer, glückbringende Marktgötter) als auch die ganze Skala der orientalischen Götterwelt (Mithras, Iupiter Dolichenus, Iupiter Heliopolitanus, Isis usw.) auf.

Wirtschaftlich gehört Pannonien zu den mehr oder weniger autarken Provinzen des Römischen Reiches mit stark entwickeltem Handwerk (Manufaktur), Handel- und Verkehrsgewerbe (importiert werden hauptsächlich Luxusgüter). Trotz entgegengesetzter, fragmentarisch erhaltener Aussagen der Schriftsteller (z. B. *Velleius Paterculus,* der in Pannonien kämpft, oder *Cassius Dio,* der hier Provinzgouverneur ist), ist archäologisch bekundet, daß *Feldwirtschaft* und *Weinbau* von Bedeutung sind, was auf die Tätigkeit der Veteranen (missiones agrariae oder nummariae) und die Bewirtschaftung des Kaiser- und Militärgeländes zurückzuführen ist. Einheimische Produkte werden nicht nur innerhalb, sondern auch außerhalb des Römischen Reiches abgesetzt. Pannonien ist wie ein Eckstein des Imperiums, auf welchen vom Norden und Osten stets starker Druck ausgeübt wird. Deshalb ist es zugleich ein wichtiges Durchgangsland. Mit Sicherheit festzustellende **Spracheinheit** in Pannonien ist außer dem Lateinischen und Griechischen nur das Keltische. Vom Norden sickert über die Grenzen das Germanische ein, das später das ganze Land überflutet; vom Süden das Liburnische; vom Osten und Südwesten muß mit dako-thrakischen Elementen gerechnet werden. Welche Sprache jedoch die pannonischen Stämme gesprochen haben, ist bisher unklar. Die mythologischen Vorstellungen des Altertums weisen vielleicht auf eine Parallelität zum Pelasgo-illyrischen hin, was auch durch die gemeinsame Bewegung der Stämme im dalmatisch-pannonischen Aufstand nahegelegt wird. Im 4. Jh., nach der Orientalisierungsphase und zur Zeit der Föderatenansiedlung sowie während des Einsickerns der hunnisch-awarisch-germanischen Stämme, verändert sich das Sprachbild völlig.

Noricum

Die Landnahme der *keltischen Stämme* in den Ostalpen (4./3. Jh.) umfaßt das Gebiet zwischen Inn und dem Plattensee (Balaton) und reicht von der Donau im Norden bis zur Save und bis Friaul im Süden. Das Gebiet ist in zwei mehr oder weniger organische Hälften geteilt, die sowohl besiedlungsmäßig als auch verwaltungstechnisch stets schwer zu verbinden sind. Die nördliche ist zum Donautal hin orientiert und mitteleuropäischen und ost-westlichen Strömungen geöffnet; die südliche umfaßt die Stromgebiete der Drau, Gurk, Sann und Mur und bildet ein natürliches Propylon zur mediterranen Welt (vgl. Herkules-Sagen, den Argonautenweg und den perialpinen Bernsteinweg).

Die ostalpinen Täler und Kessel werden im 2./1. Jh. von mehreren Stämmen beherrscht (z. B. Ambilini, Ambidravi, Uperaci, Saevates, Elveti, Laianci, Ambisontes, Alauni). Die wirtschaftlich-politische Führung übernehmen bald **Noriker,** von denen der allmählich entstehende Bund (?) die Bezeichnung „*Königreich Noricum*" erhält. Die wirtschaftliche Basis bilden vor allem die unerschöpflichen Eisenlager im Hüttenberg-Bereich nördlich von Virunum (am Zollfeld in Kärnten). Die dort beheimatete erstklassige Eisenherstellung wird zusammen mit anderen Landesprodukten – darunter Gold, Blei, Felle usw. – sofort nach den Kriegen mit Hannibal für ganz Italien, sogar für die römische Kriegswirtschaft und Manufaktur unentbehrlich. Rom paktiert deswegen mit den norischen Stämmen, die auch ihrerseits öfters, obwohl nicht immer ohne innere Opposition, den politischen Schutz des mächtigen Nachbarn suchen, der den zumeist ziemlich glatt verlaufenden Handel nach Aquileia sichert. Das sprunghafte Aufblühen nicht nur Aquileias als Verwaltungs- und Gewerbezentrum, sondern auch anderer norditalischer Städte, wie Tergeste, Concordia, Opitergium, Iulium Carnicum, Forum Iulii, hängt besonders damit zusammen.

Die früheste Phase der **römischen Kultur** in Noricum ist durch den ausgebauten Handel (der Exportkreis reicht bis Nordafrika; die Verbindungen nach Norden und Osten sind nicht erforscht) und das rege politische Leben gekennzeichnet. Anzeichen für größere soziale Unruhen sind selten. Die letzten zwei vorchristlichen Jh.e verlaufen für die norischen Länder fast ohne Erschütterungen, ausgenommen die dakische Gefahr unter Burebista um 50 v. Chr.

35–33	*Octavian* erobert mit *M. Vipsanius Agrippa* nach hartnäckigen Kämpfen das *Gebiet der Japoden und Delmater* (Linie Poetovio–Siscia–Burnum–Tilurium). Die territorial-politische Abrundungspolitik wird von römischer Seite nach der endgültigen Einverleibung des Ostens fortgeführt.
16–15	Die gesamte alpine Kette mit Noricum wird in die Reichsverwaltung einbezogen.
12–9	Zentrales Balkangebiet und zentrales Pannonien folgen; damit *Donaugrenze* erreicht.
6–9 n. Chr.	Zur Zeit des *dalmatisch-pannonischen Aufstandes* werden alle Garnisonen aus Norditalien in die Provinzen verlegt und Norditalien selbst – ebenso wie auf Grund alter freundschaftlicher Beziehungen Noricum – dem Schutz der Armee Illyricums anvertraut.

282 Altertum – Römische Geschichte

Die norische, sozial-politisch führende Schicht lehnt sich in dieser Phase eng an Rom an, festigt sich wirtschaftlich, übernimmt mit dem Münzwesen und rudimentärer Geldwirtschaft auch die lateinische Schrift, wird kulturell und zivilisatorisch gehoben. Allem Anschein nach gibt es in der breiten keltischen Bevölkerung keine krassen Unterschiede; im gegebenen sozialen Rahmen wird ein Wohlstand erreicht, der kaum den Keim für Unruhen in sich trägt. Über die Alteingesessenen weiß man mangels Quellen nichts.

Für die Zeit zwischen der Annexion und der Epoche Kaiser Claudius' wird dem Lande entweder eine modifizierte alte Verfassung belassen, oder es wird schon damals prokuratorisch mit Hilfe der Distrikt- bzw. Präfekturenoffiziere verwaltet, die den (absichtlich?) verkleinerten Stämmen (civitates) als Verwaltungshilfe, Kontrolle und Stütze beigegeben werden.

um 50 Unter Claudius wird die **Provinz Noricum** eingerichtet, weil erst jetzt gewisse Vorbedingungen erfüllt sind: vor allem die Errichtung der fünf ersten Munizipien in Südnoricum, auf welche die lokale Selbstverwaltung aufgebaut wird.

Das Leben in Noricum beginnt sich reichseinheitlich zu formieren, die alten Stammes- und Handelszentren werden im neuen Stil aufgebaut, die **lokale Verwaltung** wird von assimilierten Stammesmagnaten geführt. Es bilden sich führende Familien, deren großer Reichtum den Aufstieg zum Geldadel, im 2. Jh. sogar in die Nobilität ermöglicht. Das Land ist dem „*Procurator Augusti provinciae Noricae*" mit Sitz in Virunum unterstellt. Von Virunum aus wird auch die Verwaltung der Post- und Nachrichtendienste und der im Lande stationierten militärischen Hilfseinheiten geführt.

69 In den Wirren nach dem *Ermordung des Kaisers Nero* ergreifen Noriker vorerst für *Otho* Partei, als dieser beseitigt wird, für *Vespasian*.

165–180 Die Bevölkerung genießt Ruhe bis zur *germanischen Invasion*, die zur Zeit Marc Aurels verheerend über Noricum, Rätien und Pannonien hereinbricht. Gleichzeitig wird mit dem Militär aus dem Orient eine epidemische Seuchenwelle eingeschleppt, die die übriggebliebene Bevölkerung dezimiert und auch den germanischen Stämmen schwere Verluste zufügt. Nach der mühevollen Wiederherstellung der Ruhe (das Projekt zur Errichtung neuer Provinzen, wie Marcomannia und Quadia im heutigen tschechoslowakischen Territorium, wird aufgegeben) wird zum Provinzschutz die damals geschaffene zweite italische Legion im Lande belassen und die Provinzführung deren prätorischem Legaten mit Sitz in der Garnisonsstadt Lauriacum übergeben. Der Sitz der Finanzprokuratur wird der Eisenindustrie wegen in Virunum belassen; einige Provinzämter kommen nach Ovilavae.

193 Die Erhebung des Septimius Severus in Carnuntum unterstützt auch die norische Legion.

9. April Die zivile Bevölkerung entscheidet sich für den Gegenkaiser, was politische Säuberungen nach sich zieht.

214 Unter Kaiser Caracalla fallen im Nordwesten der Provinz die *Alamannen* ein, mit denen später, besonders unter Gallien und Aurelian und bis in die Jahre des hl. Severin († 482), an der Grenze stets unerbittlich gekämpft wird.

284–305 Im Zuge der *diokletianischen Staatsreform* wird Noricum in zwei Verwaltungsbezirke eingeteilt, **Noricum Ripense** (zur Donau orientiert, Verwaltungssitz Ovilavae) und **Noricum Mediterraneum** (die ostalpine Südhälfte, Verwaltungssitz Virunum). Das militärische Oberkommando bleibt in Lauriacum, ihm wird militärisch Pannonia Prima untergeordnet. Die damals neuerrichtete „legio I Noricorum" scheint in Favianae stationiert gewesen zu sein.

Der Grundstock des **Handels** basiert auf Bodenschätzen (Rohguß und Verarbeitungen, berühmt wegen Qualität, besonders der Eisenprodukte), gehandelt werden aber auch Vieh, geselchtes Fleisch, Honig, Wolle und Wollstoffe, Felle und Leder. Luxusartikel werden aus Italien, später mehr und mehr aus Gallien, aus dem römischen Germanien und Rätien eingeführt. Noricum gehört zum Zollbezirk Illyricum, der den Länderkomplex von Rätien bis zum Schwarzen Meer umfaßt. – Das **Eisenregal** wird zunächst verpachtet, Sitz der Pächter und des Pachtamtes in iulisch-claudischer Zeit ist Aquileia, später Virunum. Die Blei-, Kupfer- und Silberproduktion tritt weit zurück. Seit flavischer Zeit und besonders seit Marc Aurel übernimmt der Staat die Eisenbergwerke in direkte Verwaltung und unterstellt sie dem Prokurator mit dem Sitz in Tiffen (Kärnten). Die übrige Produktion, außer vielleicht der der Waffen- und Kleidungsstücke, bewegt sich auf Lokalebene.

Der **Urbanisierungsprozeß** verläuft der Besiedlungsdichte und den alpinen geographischen Verhältnissen entsprechend zögernd: Unter *Claudius* entstehen *fünf Munizipien*: Celeia, Virunum (Zollfeld in Kärnten), Teurnia, Aguntum und Iuvavum (Salzburg), unter Vespasian nur Solva, unter Hadrian Ovilavae und Cetium; unter Caracalla werden Ovilavae zur Kolonie und die Zivilsiedlung bei der Garnisonsstadt Lauriacum zum Munizipium. Die Vermittlerrolle zwischen der mediterran-römischen Kultur und Zivilisation und den Ostalpengebieten hat seit seiner Gründung *Aquileia* inne; dessen Händler, Baumeister, Steinhauer, Gewerbetreibende, Priester und Exponenten verschiedenster Geschäftsrichtungen – auch der Flußschiffahrt – sind im Lande inschriftlich bekundet. Einen entscheidenden Romanisationsfaktor stellt die Armee dar, besonders weil die Veteranen mit ihren Familien zumeist im Lande verbleiben bzw. später sogar nur noch lokal rekrutiert werden.

Die mediterrane römische Kulturwelt wird bis in die Dörfer rezipiert (vgl. die mit mythologischen Symbolen und Szenen dekorierten Grabbauten der besitzenden Schicht). Hauptsächliche Zeichen der **Zivilisation** sind jedoch die Städte, Herrensitze der Landeigentümer und die zahlreichen Garnisonen. Reisen, Militärdienst, Verwaltungsapparat und Sklavenhandel vermitteln breitesten Kreisen empirische Weltkenntnisse. Die technologischen Errungenschaften (wie Wasserleitungen, Hygiene, aufgeklärte Vieh- und Feldwirtschaft usw.) tragen zur allgemeinen Bildung bei. Eine literarisch gehobene und systematisch formierte Bildung ist jedoch außerhalb von Kreisen der Verwaltung, Priesterschaft, des höheren Militärs und der wirtschaftlich führenden, mehr oder weniger dem Ritterstand angehörenden Familien kaum zu finden.

Aus dem altnorischen Pantheon wird vieles in die römische **Religion** offiziell übernommen (besonders Städtebeschützer wie Celeia, Noreia, Atrans), einiges wird der ,,interpretatio Romana" unterworfen (Mars Latobius, Iupiter Culminalis, Apollo Grannus), anderes verbleibt stets auf der Ebene lokaler Kulte (verschiedene Nymphen, Beschützer der Flußschiffahrt, der Weide). Von orientalischen Kulten erfreuen sich besonderer Beliebtheit Mithras, auch Dolichenus und Isis. – Seit dem 3. Jh. beginnt das **Christentum** zu überwiegen, das schließlich durch straffe Organisation und durch Missionstätigkeit die Oberhand gewinnt. Im 4. Jh. sind Bischöfe für Lauriacum, Teurnia, Celeia, Aguntum und Poetovio bekundet. – *(Forts. S. 372)*

Gallien, Germanien, Rätien, Alpenprovinzen

Die Region zwischen Alpen, Pyrenäen, Rhein und oberer Donau wird Jahrhunderte vor der römischen Eroberung vorwiegend von **Kelten** besiedelt. Die Gascogne bewohnen iberische **Aquitanier,** die Seealpen **Ligurer;** von Nordosten sickern vereinzelte Stämme und Gruppen von **Germanen** ein: Die kulturelle Einheitlichkeit des Gebietes ist davon kaum berührt. Neben intensiver Landwirtschaft, die auf adliger Großgrundherrschaft basiert, sind der Bergbau und in den großen befestigten Zentralorten *(oppida)* das Handwerk (Metallarbeiten, Keramik u. a.) hoch entwickelt. Der Handel führt schon früh, besonders über Massilia, zu regem Güteraustausch mit dem Mittelmeerraum. Die Münzprägung scheint stammesweise organisiert zu sein. Die *Macht des Adels,* der das soziale, politische, wirtschaftliche Geschehen bestimmt, beruht auf Gefolgschaften aus halbfreien Hintersassen und wird durch Bündnisse zwischen ungleich angesehenen und mächtigen Adligen politisch umgesetzt. Die Oppida bilden keine selbständigen Körperschaften, sondern Organisationsgrundlage sind ,Gau' *(pagus)* und Stammesgemeinde *(civitas)*. Im 1. Jh. v. Chr. sind die wohl ursprünglichen Königtümer großenteils abgelöst von einer regelmäßig monarchischen Jahresmagistratur (Vergobret), die mit Adelsrat und Volks- bzw. Heeresversammlung, in der ebenfalls die Adligen das Wort führen, zusammenwirkt. Gewichtigen Einfluß besitzen ferner die aus dem Adel rekrutierten Druiden.

4. Jh. v. Chr.	Rom steht seit Anfang des Jh.s in ständiger Auseinandersetzung mit der keltischen Welt (,Galliertrauma' seit Niederlage an der Allia).
	Das erste dauerhafte Interesse Roms an Südgallien (Provence, Languedoc) entsteht seit dem 2. Punischen Krieg aufgrund des Landweges nach Spanien; wichtigster Verbündeter ist *Massilia* (*foedus* spätestens seit 2. Punischem Krieg; großes Territorium besonders östlich der Rhônemündung).
125–122	Nach längeren Kämpfen zum Schutz Massilias (M. Fulvius Flaccus 125/123, C. Sextius Calvinus 123/122 [Aquae Sextiae/Aix-en-Provence]) pazifiziert *Cn. Domitius Ahenobarbus* (Konsul 122, Prokonsul 121–119?) das Rhônetal (bis zum Genfer See), Savoyen, Dauphiné, Provence und Languedoc, baut die via Domitia aus und begründet endgültig hier die römische Herrschaft (*selbständige Provinz* spätestens seit Sulla um 80). – Lokale Aufstände um 90, 85–83, 78/77, 74–72, 61.
59	Die Eroberung der übrigen Gallien bis zum Rhein wird *Caesar* durch Wanderzug der Helvetier (mit Klientelstämmen) ermöglicht, die beschließen, vor anhaltenden germanischen Raubzügen nach Aquitanien auszuwandern, um dort eine Hegemoniestellung zu begründen:
58	Das starke Stammesaufgebot (angeblich etwa 92 000 Waffenfähige unter 368 000 Auswanderern) wird bei *Bibracte* mit Unterstützung der Haeduer so vernichtend geschlagen, daß (nach Caesar) nur insgesamt 110 000 nach Helvetien zurückkehren. Um verbündete Haeduer vor *Ariovist* und dessen Sueben zu beschützen, kann Caesar diesen angreifen; nördlich Vesontio werden Sueben geschlagen (Sept. 58) und über den Rhein zurückgeworfen.
57–53	Die übrigen belgischen, gallischen und aquitanischen Stämme, die teilweise wiederholt rebellieren, werden unterworfen (57 Nervier bei Maubeuge [Sambre], 56 Veneter, Aquitanier, 55 Ausrottung der Usipeter und Tenkterer, erster Rheinübergang, erster Britannienzug, 54 Treverer, zweiter Britannienzug, 54/53 Ambiorix-Aufstand, Vernichtung der Eburonen, Sieg über Treverer, 53 zweiter Rheinübergang).

284 Altertum – Römische Geschichte

52	Gemeingallischer Aufstand unter Arvernerkönig *Vercingetorix* niedergerungen (Niederlage Caesars bei Gergovia, entscheidender Sieg bei Alesia).
52/51	Die restlichen Unruheherde werden befriedet.
	Caesars Ordnung beläßt unterschiedliche Stellung der „civitates" zueinander (u.a. Klientelen der Haeduer) und gegenüber Rom (Foedus behalten Haeduer, Remer, Lingonen u.a.), fördert die prorömischen Adligen, sichert Herrschaft durch Geisel- und Truppengestellung; sehr maßvoller Jahrestribut von 40 Mio. Sesterzen und Erschöpfung des Landes sichern über Jahrzehnte die Ruhe. Lokale Aufstände sind aber wiederholt zu bekämpfen: 46 Bellovaces, 38 und 28 Aquitanier, 30 Morini, 29 Treverer.
44	Prokonsul *L. Munatius Plancus* wehrt Räterangriff ab. – *Agrippa* siedelt zum Schutz der
39/38	Rheingrenze die germanischen Ubier (um Köln) und vielleicht auch schon die Vangionen
(oder 19?)	(um Worms), Nemeter (um Speyer), Triboker (um Brumath) an.
16–14	Ein Sugambrereinfall (16 clades Lolliana) und die Eroberung der Alpen und des rätischen Alpenvorlandes unter *Drusus* und *Tiberius* (16–14) führen zur Neukonzeption der gallischen Ostgrenze.
12–8	Nach der abgeschlossenen Neuordnung Galliens unterwerfen Drusus (12–9) und Tiberius (8–7) in jährlichen Sommerfeldzügen von Rhein (Hauptbasen: Mogontiacum/Mainz, oppidum Ubiorum/Köln, Vetera/bei Xanten) und Alpenvorland aus (Legionslager Dangstetten und Augsburg-Oberhausen [?]) die *Germanenstämme bis zur Elbe* der römischen Vorherrschaft.
8 v. Chr.	Umsiedlung von 40000 Sugambrern westlich des Rheins.
7 v. –	In den folgenden Jahren wird diese Herrschaft durch jährlichen Einmarsch der römischen
6 n. Chr.	Rheinarmee gefestigt bzw. gegen Rebellionen durchgesetzt, besonders unter Tiberius.
	Dessen Plan, das Reich des Markomannenkönigs *Maroboduus* (mit Kern in Böhmen) zu
6–9	unterwerfen, scheitert am Ausbruch des *Pannonischen Aufstandes*.
7–9	Der Versuch des *P. Quinctilius Varus* (Kommandeur des Rheinheeres), die römische Herrschaft zu institutionalisieren, scheitert an dem in seinen Ursachen umstrittenen **Aufstand**
Sept. 9	**des Cheruskerkönigs (?) Arminius,** der Varus' Armee (XVII., XVIII. und XIX. Legion mit Auxilien) im „Teutoburgischen Bergwald" (*„Teutoburgiensis saltus"*, nicht lokalisierbar) aus dem Hinterhalt überfällt und vernichtet.
10–12	Nach Konsolidierung der Rheingrenze und Neuordnung des germanischen Kommandos durch Tiberius (Teilung in Militärbezirke Unter- und Obergermanien) stellt *Germanicus*
13–16	in erfolgreichen Feldzügen gegen Arminius und die Germanenstämme in Nordwestdeutschland und durch Rückgewinnung von zwei Legionsadlern (der dritte wird 42 von *Gabinius Secundus* den Chauken entwunden) das römische Ansehen wieder her (Triumph 26. Mai 17). Tiberius begnügt sich mit indirekter Herrschaft über die (im Innern noch wenig konsolidierten) Germanenstämme östlich des Rheins als Klientelrandvölker.
	Die Rheingrenze unterhalb der Neckarmündung bleibt im 1. Jh. unruhig (28 und 57 Friesen, 39 und 50 Chatten, 41/42 und 47 Chauken, 77 Brukterer). Während im Innern Galliens der lokale Aufstand (im Jahre 21: Haeduer und Treverer unter Iulius Sacrovir und Iulius Florus) ebenso schnell niedergeworfen ist wie der verfrühte Putsch des Legaten der Lugdunensis *Iulius Vindex* (68) gegen *Nero* (unterstützt von Vienna, Sequanern und Haeduern), kann (69/70) der vom Bürgerkrieg begünstigte Aufstand der Bataver unter *Iulius Civilis*, Treverer unter *Iulius Classicus* und *Iulius Tutor*, Lingonen unter *Iulius Sabinus* und kleinerer Stämme (wohlwollende Neutralität der colonia Agrippinensium) erst nach *Vespasians Sieg* und *Q. Petillius Cerialis* in wenigen Monaten erstickt werden. (Ganz unrealistisch das ‚gallische Kaisertum' des *Classicus*.)
83–85	Nach dem Chattenkrieg *Domitians* (,Germania capta') und der Umwandlung der zwei germanischen Heeresbezirke in Provinzen **Germania Inferior und Superior** (eingegliedert: Wetterau, Odenwald, Neckartal [seit Drusus von Süden und Westen aus von Galliern neu besiedelt?], Schwäbische Alb) putscht der Legat Obergermaniens, *L. Antonius*
Jan. 89	*nius Saturninus*, trotz Unterstützung durch die Chatten erfolglos. Nachdem bereits Claudius eine Kastellkette entlang der Donau und im Oberrheintal, Vespasian im unteren und oberen Neckartal (Arae Flaviae/Rottweil: Straßenbau von Argentorate/Straßburg zur Donau durch Cn. Pinarius Clemens), Domitian entlang des späteren Pfahl, im Odenwald, mittleren Neckartal, auf der Schwäbischen Alb und an der Altmühl errichtet haben, befestigen *Hadrian* und *Antoninus Pius* unter Auflassung der rückwärtigen Auxiliarlager den obergermanisch-rätischen **Limes** (obergermanischer Pfahlgraben und rätische Mauer) und schiebt Pius denselben vor auf die Miltenberg-Lorch-Linie.
2. Jh.	Die Rheingrenze bleibt im 2. Jh. im wesentlichen ruhig (172 Chaukeneinfall in die Belgica). Die rätische Donaufront wird durch die *Markomannenkriege* unter *Marcus Aurelius* gefährdet (166/167–180).
213	*Caracalla* wendet sich in einem Präventivkrieg gegen die Alamannen.
233	Wohl nach lokalen Attacken (ca. 230/232?) überrennen die Alamannen den Limes, vor allem in der Wetterau, und zerstören diesen teilweise.

Regionalgeschichte – Gallien, Germanien, Rätien, Alpenprovinzen *285*

235 Nach *Alexander Severus'* Tod werden sie von *Maximinus Thrax* zurückgeschlagen.

um 259/260 Die Alamannen zerstören den gesamten obergermanisch-rätischen Limes und sein Hinterland, so daß das Gebiet jenseits von Rhein, Iller und Donau aufgegeben wird; die Alamannen besiedeln Neckartal und (vorher siedlungsleeren) Schwarzwald. Das Schicksal der gallo-römischen Bevölkerung der rechtsrheinischen Gebiete ist unklar. Der Bedrohung Galliens leisten die wohl von der einheimischen Aristokratie gestützten Kaiser des Gallischen Sonderreiches erfolgreich Widerstand.

um 260 – 274

Erneute tiefe Einfälle von Franken, Alamannen, Juthungen u. a. nach Gallien und Rätien (268, 270/271, 275/276, 288, 298).

353–357 Nach Stabilisierung der Grenze unter *Diokletian/Maximinian* und *Konstantin* schwere Verwüstungen durch Franken und Alamannen (Siege *Julians* bei Köln 356 und Straßburg 357); das Gebiet zwischen Waal, Maas und Schelde wird fränkisches Föderatenland.

368–389 Die umfassende Befestigung der Grenzen an Maas, Rhein und oberer Donau durch *Valentinian I.* (365–374 in Gallien und Rätien) kann wiederholte germanische Raubzüge nicht verhindern (368 und 388/389 Franken, 378 Alamannen; 383 Alamannen und Juthungen nach Raetia II).

um 406 Im ersten Jahrzehnt des 5. Jh. zerfällt die Rhein-Donau-Grenze (406/409 Alanen, Vandalen, Quaden, Burgunder, Alamannen gehen auf Dauer über den Oberrhein bis weit ins Innere; 405/406 Radagaesus durch Raetia nach Italien).

Die 22 v. Chr. von der **Gallia comata** abgetrennte Provinz **Gallia Narbonensis** (Hauptstadt: Narbo Martius, seit Vespasian auch Sitz des Landtages und provinzialen Kaiserkults) entspricht einer erweiterten **Gallia ulterior;** das stark romanisierte und urbanisierte Gebiet wird von prätorischen Prokonsuln mit einem prätorischen Legaten und einem Quästor regiert (ferner ein ducenarer Prokurator). 16–12 erhält das von *Caesar* eroberte Gallien seine endgültige Organisationsform von *Augustus* und *Drusus:* drei prätorische Kaiserprovinzen **Gallia Belgica** (Statthaltersitz: Durocortorum/Reims), **Gallia Lugdunensis** (Statthaltersitz: Lugdunum/Lyon) und **Gallia Aquitani(c)a** (Statthaltersitz: im 1./2. Jh. unklar, im 3./4. Jh. Burdigala/Bordeaux), allgemeiner Census (im 1.–3. Jh. in unregelmäßigen Abständen wiederholt), zu dessen Abschluß im August 12 v. Chr. erster Landtag der Tres Galliae in Confluentes (pagus Condate) bei Lugdunum (im Rahmen des Kaiserkultes unter auf 1 Jahr gewähltem „*sacerdos Romae et Augusti*" [bzw. „*Augustorum*"] am 1. August jährlich wiederholt), Einsetzung zweier ducenarer Finanzprokuratoren (Galliae Belgicae [nach 85 mit Zusatz: „*et duarum Germaniarum*"] mit Sitz in Trier [anfangs in Reims ?], Galliarum Lugdunensis und Aquitani[c]ae mit Sitz in Lyon). In den **Alpen** bleibt ein Teil des ehemaligen *Königreiches des Cottius* unter dessen Verwaltung als „*praefectus civitatium*" (neben einem Prokurator; Hauptort: Segusio/Susa; sein Sohn *Donnus* [13–44] und Enkel *Cottius II.* [*rex* 44–63] erben diese Stellung; seit 63 regiert die **provincia Alpium Cottiarum** ein centenarer Prokurator). Die **Alpes Maritimae** (Hauptort: Cemenelum/Cimiez) und die **Alpes Graiae** (= Alpes Atrectinae?; Hauptort Axima [= Forum Claudii]/Aime) stehen seit Augustus unter ritterlichen „*praefecti*", wohl seit 69 unter centenaren Prokuratoren. Die **Alpes Poeninae** (Wallis; Hauptort: Octodurus/Martigny), spätestens seit Mitte 2. Jh. mit Alpes Graiae vereint, gehören bis Claudius zu dem von einem „*praefectus*" verwalteten Gebiet der Vindelici und Raeti, die dann die Provinz **Raetia** unter einem ducenaren Prokurator bilden (Statthaltersitz: Augusta Vindelicum/Augsburg; Grenzen: Alpenkamm, Inn, Donau [bzw. Schwäbische Alb], Bodensee [Untersee], Hochrheintal). Die Grenzen der drei westlichen Alpenprovinzen verschieben sich wiederholt geringfügig. 85–90 werden die zwei germanischen Militärbezirke (seit 12/13) in Provinzen umgewandelt (**Germania Inferior** [Statthaltersitz: Köln] und **Superior** [Statthaltersitz: Mainz]; Grenze: Vinxtbach bei Brohl, im Westen [Zugehörigkeit der Frisavonen und Tungrer bzw. der Lingonen und Sequaner] umstritten, Aquae Granni [Aachen] aber wohl zu Niedergermanien gehörig). 175 wird *Raetia* prätorische Kaiserprovinz („legio III Italica" in Reginum/Regensburg). Wohl seit Anfang des 3. Jh.s ist die iberische *Novempopulana* als eigene Provinz aus der sonst keltischen Gallia Aquitani(c)a ausgegliedert (Statthaltersitz: Elusa/Eauze). Im **diokletianisch-konstantinischen System** gehört das gesamte Gebiet außer *Raetia I* (um Chur) und *II* (um Augsburg), die zur *Präfektur Italien-Africa* zählen, zur Prätorianerpräfektur *Galliae* (Sitz: Trier, seit Ende 4. Jh. Arelate/Arles) mit den Diözesen *Viennensis* (*Aquitania I, II* [unter Konstantin wieder miteinander vereint]; *Novempopulana* [um Eauze, später Auch]; *Narbonensis I* [um Narbonne], *II* [um Aix-en-Provence], *Viennensis* [um Vienne; zwischen Konstantin und Valentinian I. vereint mit Narbonensis II]; *Alpes Maritimae* [mit Südteil der Alpes Cottiae; um Embrun]; Sitz des Vikars: Vienna) und *Galliae* (*Lugdunensis I* [um Lyon], *II* [um Rouen]. *III* [383/8 aus Lugdunensis II; um Tours], *IV* = *Maxima Senonia* [383/8 aus Lugdunensis I; um Sens]; *Belgica I* [um Trier], *II* [um Reims], Germania II [um Köln]; *I* [um Mainz], *Maxima Sequanorum* [um Besançon]; *Alpes Graiae et Poeninae;* Sitz des Vikars: Trier, seit Ende 4. Jh. vereint mit Vikariat der Viennensis). Die „*notitia Galliarum*" zählt Ende des 4. Jh.s in beiden Diözesen 118 *civitates* (korrigiert). Die Provinzen und Diözesen bilden im 4. Jh. eigene Landtage. (Das „*concilium Trium Galliarum*" in Lyon löst Diokletian auf.) Die übrigen Zentralämter (besonders „*sacrae largitiones*" und „*res privata*") residieren zumeist in den Vororten der Provinzen und Diözesen. – Eine Münzstätte prägt von Augustus bis 69, 193–197 und 274–423 in Lyon, Ende 256–273 in Köln, 269–273 und ab 293 auch in Trier (um 395 nach Mailand), 324–476 in Arles. Lokale städtische Prägung (einflußreich Nemausus) endet unter Caligula.

286 Altertum – Römische Geschichte

Die **Besatzungsarmee** ist bis in das 2. Jahrzehnt v. Chr. auf das innere, besonders nördliche Gallien verteilt, wird dann an den Rhein verlegt (Mogontiacum, Köln [ab ca. 35 nach Bonna/Bonn und bis um 100 Novaesium/Neuß], Vetera, seit Anfang Tiberius Argentorate [außer 43–70] und bis ca. 101 Vindonissa/Windisch, 70 bis Anfang Hadrian Noviomagus/Nijmegen): bis 9 wohl sieben Legionen, 9–43: acht, 43–70: sieben, 70–86: acht, 86–92: sieben, 92 – ca. 101: sechs, um 101 bis Anfang Hadrian: fünf, danach ständig vier Legionen (bis 175 *„legio III Italica"* in Reginum stationiert) in Argentorate *(VIII Augusta),* Mogontiacum *(XXII Primigenia),* Bonna *(I Minervia),* Vetera *(XXX Ulpia Victrix).* Die Hilfstruppen, die im Laufe des 1./2. Jh.s in Niedergermanien verringert, in Obergermanien vermehrt werden, stehen im 2./3. Jh. in *Einzelkastellen entlang des Limes* (im 2. Jh. in Niedergermanien: 5–6 Alen, 13 Kohorten [1 milliaria], bis zu vier Numeri, also um 10000/10800 Mann; in Obergermanien: drei Alen [1 milliaria], ca. 22 Kohorten [1 milliaria], 15–17 Numeri [besonders Brittonen, die seit Anfang des 2. Jh.s aus Britannien rekrutiert werden, und explorationes], d. h. um 16500 Mann; in Raetia: 3–4 Alen [1 milliaria], 13 Kohorten, keine Numeri, rund 8500–9000 Mann). Viele *Einheiten der beiden germanischen Heere* werden zwischen Claudius und Hadrian *nach Britannien* und *an die mittlere und untere Donau* verlegt. Bis in flavische Zeit werden (irreguläre) Stammesaufgebote nach Bedarf einberufen (berühmt die acht Bataverkohorten). In den Binnenprovinzen stehen nur einzelne Kohorten (wie z. B. in Cemenelum die *„cohors Ligurum"* und *„cohors Gaetulorum"* im 1. Jh.). In Lyon versieht die *„cohors I"* bzw. *„XIII urbana",* nach 197 eine Legionsvexillation Polizeiaufgaben. Den Rhein sichert die *„classis Augusta Germanica"* (Haupthafen Köln-Bayenthal), die Überfahrt nach Britannien die *„classis Britannica"* (Haupthafen Gesoriacum/Boulogne). Seit Ende des 3. Jh.s lagern unter dem Befehl eines „dux" in jeder Grenzprovinz zwei Legionen (Sollstärke vielleicht wesentlich unter der des 1.–3. Jh.s) und eine wechselnde Anzahl kleinerer Hilfstruppen. Auch im Innern Galliens und an der Atlantikküste werden nun Truppen stationiert (zumeist comitatensische).

Die Legionen werden im 1. Jh. überwiegend noch in (Nord-)Italien rekrutiert, seit Mitte des 2. Jh.s vornehmlich aus dem gallischen Raum, woher auch nicht spezialisierte Auxilien seit Augustus zumeist ergänzt werden. Im 4. Jh. überwiegt bei weitem das germanische Element. – Die Infrastruktur wird durch **Straßenbauten** besonders unter militärischen Gesichtspunkten wesentlich verbessert; *Hauptknotenpunkte* sind Arelate (via Domitia), Lugdunum, Durocortorum, Augusta Treverorum, Augusta Vindelicum (via Claudia). Die *wichtigsten Alpenpässe* sind Mont-Genèvre (Alpis Cottia), Kleiner und Großer St. Bernhard (Alpis Graia, Summus Poeninus), Septimer-Julier, Reschenscheideck, Brenner. *Kanalbauten:* Fossa Mariana an der Rhônemündung (103 v. Chr.), fossae Drusinae (Rhein–Zuidersee, 12 v. Chr.), fossa Corbulonis (Altrhein–Maas, 47 n. Chr.); offenbar verhindert Kompetenzstreit 63 Verbindung von Saône und Maas.

Die **römische Kolonisation** beschränkt sich auf Ostgallien (Narbo Martius 118 v. Chr. [Nachdeduktion unter Caesar]; cäsarisch: Arelate [durch Ti. Claudius Nero], Valentia, Equestris [Nyon], Lugdunum [44 v. Chr. durch L. Munatius Plancus], Raurica [44/43 durch Plancus; augusteische Nachdeduktion]; augusteisch: Forum Iulii [Fréjus; Flottenstation vor allem der frühaugusteischen Zeit], Arausio [Orange], Baeterrae [Béziers]; claudisch: Vienna [Vienne; 37–46; titular], colonia Claudia Ara Agrippinensium [Köln; 50]; Aventicum/colonia Pia Flavia Constans Emerita Helvetiorum Foederata [Avenches; 70/73]; colonia Ulpia Traiana [Xanten; um 100]); zumeist sind militärische Gründe für die Koloniededuktionen maßgebend. In den Germaniae und Raetia werden auch *römische (?) Municipien* gegründet (Arae Flaviae [vor 186: traianisch?], municipium Batavorum/um Nijmegen? [traianisch?], municipium Cananefatum/um Voorburg [hadrianisch?]; Augusta Vindelicum [hadrianisch]). Das **Latinische Recht** erhalten in den drei Alpenprovinzen und der Narbonensis anscheinend alle „civitates", im übrigen Gallien sehr viele, darunter die civitates Treverorum, Arvernorum, Haeduorum, Lingonum, Sequanorum, Segusiavorum, Viducassium; diese Gemeinden führen in den Alpen den Titel *municipium,* im gallischen Raum *colonia* (oder *civitas*). Römische Neugründungen traianischer und aurelischer Zeit sind die acht (zumeist wohl peregrinen) *„civitates"* zwischen Rhein und Limes (Ulpia Sueborum Nicretum [um Lopodunum/Ladenburg], Ulpia [?] Mattiacorum [um Aquae Mattiacorum/Wiesbaden], Ulpia [?] Taunensium [um Nida/Frankfurt-Heddernheim], Auderiensium [um vicus V.V./Dieburg], *Alisin* ... [um Bad Wimpfen i. T.], Aurelia *G* ... [östlich des Neckars], Sumelocennensis [um Sumelocenna/Rottenburg], Aurelia Aquensium [um Aquae/Baden-Baden]). Erstaunlicherweise ist Raetia wohl nicht in ähnlicher Weise in „civitates" unterteilt worden: Neben Augsburg sind im 2.–3. Jh. nur Cambodunum/Kempten (Estiones und Licantii ?) und Brigantium/Bregenz (Brigantii und Venones ?) als Civitas-Zentren wahrscheinlich; zu erwägen ist ferner Curia/Chur. Ein civitasfreies Gebiet war anscheinend das ehemals treverische Umland von Mogontiacum, das Ende des 3. Jh.s eine civitas wird.

Die **gallischen Stammesgemeinden** sind prinzipiell nicht verändert; 21 gibt es in den *Tres Galliae* insgesamt 64 „civitates" mit einem durchschnittlichen Territorium von ca. 8300 km². (In der *Narbonensis* sind die Gemeinden regelmäßig kleiner [vergleichbar aber Vienna, die einstige civitas Allobrogum, oder Nemausus], ebenso im 2./3. Jh. in Obergermanien [außer Lingonen und Sequanern].) Das ländliche Territorium behält daher oft bis in das 4. Jh. das Übergewicht gegenüber dem Vorort. In augusteischer Zeit werden viele Hauptorte mit rechtwinkligem Straßensystem neu angelegt (Augustobona/Troyes; Augustonemetum/Clermont-Ferrand; Augusta Treverorum/Trier; Augusta Viromanduorum/St-Quentin; Bagacum/Bavay; Lutetia/Paris; Samarobriva/Amiens u. v. a.). Der Einfluß der grundbesitzenden, oft sehr reichen *land- und stadtsässigen Aristokratie* wird verstärkt; Dekurionenrat und Ämter werden den römischen Prinzipien angeglichen. Der Civitas-Vorort, oft mit der körperschaftlichen Organisation eines *„vicus"*, besitzt nur beschränkte Zentralität für die gesamte Gemeinde und steht zumeist in Konkurrenz mit anderen städtischen Siedlungen *(vici)*. In Mittelgallien werden ländliche Zentren mit Theater, Basilica, Thermen, Forum und Tempeln bei anscheinend geringer Wohnbesiedlung und Vicus-Verfassung durch private Stiftungen geschaffen. Das Wachstum anderer *„vici"* neben dem Vorort führt, zumeist auf der Basis alter *„pagi"*, besonders seit Diokletian zu Teilungen großer Stammesgemeinden (etwa Haedui Ende des 4. Jh.s: *„civitas Haeduorum"* [um Augustodunum/Autun] und *„civitas Cabillonum"* [um Cabillo/Châlon-sur-Saône] und *„civitas Autissiodurum"* [um Auxerre]). Schon im 1. Jh. v. und n. Chr. wird das *Helvetiergebiet* durch Koloniededuktionen zumindest dreigeteilt; als vermutliches Relikt des einstigen Stammes bleibt ein *„conventus Helveticus"* bestehen. – Alte Unterorganisationen des Stammes *(pagi, curiae)* bleiben oft erhalten.

Der wichtigste und für den Reichtum Galliens grundlegende Wirtschaftszweig ist die **Landwirtschaft,** die überwiegend, gegen äußere Unruhen störanfällig, in Großgrundbesitz *(fundi)* von Gutshöfen aus (*villae rusticae;* mit je ca. 1 km² Land) vielseitig betrieben wird (Getreide, Wein, Öl, Viehzucht). Pächter und Landarbeiter scheinen gewöhnlich auf dem Gutshof zu leben; Bauerndörfer sind bisher selten nachzuweisen. Ebenso ist die Centuriation (wie in Arausio durch inschriftliche Pläne überliefert) nur selten sicher zu belegen. In den großen Städten und stadtähnlichen Siedlungen (*vici;* die alten keltischen Oppida werden bis Ende des 1. Jh.s n. Chr. verlassen) sowie in zahlreichen kleinen Straßendörfern (oft auch als *vici* verfaßt) werden in kleinen (?) Betriebsformen viele, z. T. hochdifferenzierte **Gewerbe** (Metallarbeiten, Holz, Bein u. a.) ausgeübt, die hauptsächlich den lokalen Markt bedienen; Stadt und Land sind daher wirtschaftlich aufeinander angewiesen. Freie Arbeitskräfte scheinen zu überwiegen, stehen als Landarbeiter jedoch in starker Abhängigkeit vom Grundherrn. Die Eigentumsformen der Gewerbebetriebe sind bisher unklar. **Bergbau** und **Erzgewinnung** werden in ganz Gallien im kleinen Maßstab betrieben (Gruben und Raseneisenabbau). Kaiserliche Minen bauen Silber (im Rutenerland) und besonders Eisen (organisiert unter centenarem „procurator ferrariarum Galliarum") ab; vor allem im 4. Jh. lassen sich über ganz Gallien verstreut zahlreiche kaiserliche Betriebe *(fabricae)* feststellen.

Überregionale Bedeutung erlangt die **Keramikproduktion** vor allem von Condatomagus/La Graufesenque (Rutenergebiet), Ledosus/Lesoux (Arvernerland), Tabernae/Rheinzabern, ferner Glasproduktion im Loiregebiet und besonders in Köln (Diatretgläser, Schlangenfasergläser u. a.) und Textilherstellung in ganz Gallien (Wolle und Leinen). Eigene Wirtschaftsniederlassungen entstehen bei den Legions- und Auxiliarlagern *(canabae* und *vici)*. **Fernhandel** spielt nicht nur in den bedeutenden Häfen (Massilia, Arelate, Narbo Martius, Burdigala, Rheinmündung) eine große Rolle, sondern auch entlang Rhône, Saône, Loire, Seine, Maas, Mosel, Rhein u. a. Flüssen (*collegia nautarum* in Arelate, Lugdunum, Portus Namnetum/Nantes, Lutetia u. a.). Zentrum sind Lugdunum (besonders Wein) und beschränkt Arelate (Öl); bescheidenes Wirtschaftszentrum Rätiens ist Augsburg. An den gallischen Außengrenzen und im Binnenland wird die „quadragesima Galliarum" als Zoll zu 2,5% erhoben; Raetia gehört zumindest teilweise zum *„publicum portorium Illyrici"*. Kleinhandel und Transportunternehmen florieren in den *„vici"* verschiedenster Größe. Auch der Fremdenverkehr blüht im 2./3. Jh. (Badeorte, Heiligtümer).

Über die im Imperium allgemeine Rechtsgliederung hinaus ist von der **Sozialstruktur** im gallischen Raum wenig bekannt. Die Stellung im Wirtschaftsprozeß scheint besonders stark bestimmend und hierin Land und Stadt wesentlich verschieden zu sein; das römische Personenrecht und die *Urbanisierung* lockern die Abhängigkeit vom grundbesitzenden Adel, jedoch wird ein städtisches ‚Bürgertum' nur in der Narbonensis und einigen Großstädten, wie Lugdunum, Augustodunum, Burdigala, Augusta Treverorum, CCAA u. a., zur vorherrschenden Schicht, obgleich der Adel schon früh rechtlich und kulturell romanisiert ist (im Laufe des 1. Jh.s n. Chr. in den Tres Galliae). Soziale Mobilität trifft man wohl vornehmlich in größeren Stadtsiedlungen. In Ostgallien, beiden Germanien und Rätien spielt das Heer nicht nur als Wirtschaftsfaktor und Männeransammlung, sondern auch für sozialen Aufstieg eine zentrale Rolle. – Viele Angehörige der Oberschicht der Narbonensis gelangen schon im 1. Jh. n. Chr. in Senat und ritterlichen Kaiserdienst (z. B. D. Valerius Asiaticus, „consul iterum" 46, aus Vienna, Cn. Iulius Agricola, Konsul 76, aus Forum Iulii, Sex. Afranius Burrus, Prätorianerpräfekt unter Nero, aus Vasio Vocontiorum). Aber nur sehr wenige Gallier der *„Drei Gallien"* sind ähnlich aufgestiegen, als erster Senator 48 ein Haeduer, ferner *C. Iulius Vindex*, aus einem aquitanischen Fürstengeschlecht stammend; seit den Flaviern setzt sich die von Claudius forcierte Förderung dieser Gallier nicht fort: Noch im 3. Jh. ist ihr Anteil gering (ein Prokurator aus CCAA [C. Titius Similis]; beste, aber folgenlose Beziehungen hat T. Sennius Sollemnis aus der colonia Viducassium); er nimmt erst im 4. Jh. zu. Die Ursachen sind unbekannt. Ebenso sind nur wenige Gallier in die Richterdekurien aufgenommen worden, vornehmlich aus der Narbonensis und den Kolonien Lugdunum und Equestris. – Der einzige in Prokuraturen aufgestiegene Vindeliker (Claudius Paternus Clementianus, Ende des 1. Jh.s) stammt aus Abudiacum/Epfach.

Die **Assimilation an die römische Kultur** und Zivilisation findet vor allem in und über die städtischen Siedlungen *(vici)* statt, am frühesten in der Narbonensis, die Plinius d. Ä. um 75 „treffender Italien als eine Provinz" zu sein scheint und die seit Ende 2. Jh. v. Chr. einer intensiven Einwanderung unterliegt. Nur in Germanien und Rätien wird die Akkulturation vom Heer stark gefördert. Keltische Sprache, Religion und Brauchtum halten sich auf dem flachen Land noch weit ins 4. Jh., so daß die Verzögerung der Romanisierung den irreführenden Eindruck einer ‚keltischen Renaissance' im 3. und 4. Jh. erweckt. Kontinuität zeigt sich allgemeiner auf religiösem Gebiet, obwohl schon Augustus den *Druidenkult*

288   Altertum – Römische Geschichte

Römern, Claudius ihn allen verbietet und obwohl die sehr zahlreichen, oft nur eng lokal verehrten Götter zumeist römisch benannt werden (Taranis-Jupiter, Teutates-Mars, Esus-Merkur, Grannus-Apollo, Sirona-Diana u. v. a.; Matronenkulte [germanisch] und Iupiter-Giganten-Säulen im Rheinland; Rosmertakult, Eponakult; ‚Viereckschanzen‘ [Fruchtbarkeitskult?] im Seinegebiet und Alpenvorland; gallische Umgangstempel u. a.). – **Soziale Unruhen** sind wohl erst eine Folge der Germaneneinfälle: Bagauden 283–286 (‚Bagaudenkrieg‘ Maximians) und besonders seit ca. 380 und im 5. Jh. in Alpen, Bretagne und Normandie (zeitweise selbständige ‚Staatsbildung‘; keine sozialrevolutionäre Bewegung). – Seit Ende des 3. Jh.s werden Reichsfremde (Laeti; germanische [zumeist fränkische] *foederati*) in Nordgallien wiederholt angesiedelt, aber in die gallo-römische **Bevölkerung** kaum integriert. Die *Germaneneinfälle* führen zu Verarmung, Flucht, Verschleppung und Bevölkerungsverlusten, die seit etwa der 2. Hälfte des 4. Jh.s nicht mehr ausgeglichen werden können; am härtesten betroffen sind die nord- und nordostgallischen Provinzen. Auch die germanische Landnahme des 5. Jh.s kann den starken Bevölkerungsrückgang hier nicht aufhalten; die städtischen Siedlungen schrumpfen erheblich (teilweise wegen Rückgangs öffentlicher Gebäude und des Bauluxus der Oberschicht) und bleiben lange romanische Inseln im germanischen Umland. Der regional verschiedene, in Mittel- und Südgallien leichtere, im Nordosten schwere zivilisatorische Rückschritt primitivisiert entsprechend die Wirtschafts- und Sozialstruktur.

Die **kulturelle Blüte** fällt, abgesehen von der früh entwickelten Narbonensis, in das 2.–4. Jh. Besonders die lateinische Redekunst wird intensiv gepflegt (z. B. M. Aper und Iulius Secundus in Tacitus' Dialogus); berühmt wird die Redeschule von Augustodunum (faßbar in den Panegyrici Latini). Aus der Narbonensis stammen die Historiker *Pompeius Trogus* (schreibt unter Augustus ‚Weltgeschichte‘) und vielleicht *Cornelius Tacitus* (cos. 97). Im 4. Jh. treten der Dichter *D. Magnus Ausonius* aus Burdigala (um 370: Mosella) und der Agrarschriftsteller *Palladius* hervor, im 5. Jh. die Dichter *Rutilius Namatianus* (416: de reditu suo) und *C. Sollius Modestus Apollinaris Sidonius* (aus Lugdunum), der Redner *Ennodius* und Historiker *Gregor von Tours*. Eine Blüte erlebt die christliche Literatur seit dem 4. Jh. (*Hilarius von Poitiers, Alcimus Ecdicius Avitus* u. a.). Einen wesentlichen Einfluß hat diese späte Literatur auf das Reich nicht mehr ausüben können, wohl aber auf das Abendland. – Die **Ausbreitung des Christentums** verläuft über die städtischen Zentralorte; die wohl ältesten bedeutsamen Gemeinden sind Lugdunum (Christenverfolgung 177) und Vienna. Im 3. Jh. beherbergen auch die südliche Narbonensis, Trier, Köln, Paris u. a. Städte größere Christengemeinden; den Durchbruch hat erst das 3. und frühe 4. Jh. gebracht. 314 Synode von Arles. Die Gliederung der Kirche folgt im wesentlichen der politisch-administrativen Raumordnung. Im 5. Jh. wird Arles schrittweise (417, 462) zum päpstlichen Vikariat erhoben. – Die Religiosität ist auch in heidnischer Zeit sehr stark ausgeprägt und äußert sich u. a. in zahllosen Weihgaben in den vielen ländlichen und städtischen Heiligtümern. Außer den römischen und zahlreichen gallischen Kulten finden auch *orientalische Religionen* (Cybele-Attis [Dendrophoren], Mithras, Iupiter Dolichenus, Isis-Serapis, Bacchus/Liber Pater u. a.) besonders im Rheinland Verbreitung. Die landnehmenden Germanen stehen im 5. Jh. noch zumeist in religiösem Gegensatz (Heiden, z. T. Arianer) zu den christianisierten, romanischen Stadtsiedlungen (bzw. deren Resten).

Die *materielle Kultur* zeigt sehr unterschiedliche künstlerische Qualität; Spitzenleistungen finden sich in den großen Städten besonders der Narbonensis. Einen repräsentativen Eindruck von Zivilisation und Prunk der großen Vici und Zentralorte bieten die noch erhaltenen Theater von Arausio, Vienna oder Augusta Raurica, Amphitheater von Nemausus, Arelate oder Aventicum, Tempel von Vienna oder Nemausus, Stadttore von Reims, Besançon oder Trier (Porta Nigra), Aquädukte (Pont-du-Gard), Brücken, Grabbauten (Iulierdenkmal von Glanum/Saint-Rémy oder Pobliciusdenkmal von Köln) u. a. m. Die Zahl prächtiger Villen mit hervorragenden Mosaiken (wie z. B. Nennig) läßt sich nicht mehr schätzen. Unzählige, oft recht qualitätvolle Weihdenkmäler, Statuen, Schmuck- und Gebrauchsgegenstände, Wandmalereien, Mosaiken befinden sich in Heiligtümern, Plätzen und privaten Anwesen – ein in den barbarischen Raubzügen nur langsam erschöpfter, breitgestreuter Wohlstand. In Germanien und Rätien ist zumeist das Heer der entscheidende Akkulturationsfaktor, im übrigen Gallien neben den Einwanderern (vor allem aus Italien) die einheimische Oberschicht; daher schließen hervorragende Werke oft unmittelbar an italische oder stadtrömische Vorbilder an. Das italische Kunstempfinden hat – regional verschieden intensiv – spätestens im 2. Jh. feste Wurzeln gefaßt.

	Im 5. Jh. zieht Rom sich langsam aus Gallien zurück, nachdem das Alpenvorland schon 405 verlorengeht. Seit 406/409 verweilen Germanenscharen dauerhaft in Gallien.
418	Als erstes förmlich anerkanntes *Germanenreich* bildet sich das *westgotische* im weiteren Aquitanien (443 das der von den Hunnen 436 geschlagenen *Burgunder* in Savoyen).
442	*Alanen* werden im Territorium der *„civitas Aurelianorum"*/Orléans angesiedelt. Die aremorikanischen *Bagauden* tun es den Germanen nach (435–37; um 445).
451	Eine geregelte Reichsverwaltung wird in weiten Teilen der Prätorianerpräfektur unmöglich; trotz der siegreichen Abwehr der Hunnen auf den Katalaunischen Feldern zerfällt
454	nach der Ermordung des *Aëtius* die Reichsgewalt in Gallien (gelegentlicher Widerstand des gallischen Adels, besonders *Apollinaris Sidonius* in der „civitas Arvernorum").
nach 470	*Reich des Syagrius.*
	Die schon im 4. Jh. nach Nordostgallien als Foederaten eingedrungenen *Franken* bilden unter ihrem König *Childerich* († 482) ein eigenständiges Reich.

Während auch die administrative Ordnung der Civitates zugrunde geht und sehr rudimentär nur in der Organisation der Kirche überdauert, wird die Kontinuität von Städten (im sozio-ökonomischen Sinne) und Adel nur in den Gebieten intensiver germanischer Landnahme gefährdet; wo sie abbricht, werden später oft die *gallo-römischen Ruinenstädte* zu neuen Siedlungszentren.

Abgesehen von der Narbonensis, ist die Bedeutung Galliens für das Römische Reich relativ gering, der Einfluß des Imperiums auf Gallien und Rätien jedoch enorm. Einerseits ist es ein Schutzglacis gegen die nördlichen Barbaren bis in das 5. Jh. hinein, andererseits in herausragender Weise römisches Kulturland: Die **zivilisatorische und sprachliche Romanisierung** und deren durch die Urbanisierung ermöglichtes Fortwirken ins Mittelalter sowie die Christianisierung haben weltgeschichtlich höchst relevante Folgen. – *(Forts. S. 334)*

Das Freie Germanien bis zur Völkerwanderung

Seit dem 2. Jt. v. Chr. läßt sich von Südskandinavien bis zum Harzvorland und von Ostniedersachsen bis Hinterpommern eine kulturelle Zone von relativer Einheitlichkeit und beträchtlicher Stabilität archäologisch abgrenzen; in ihr werden um die Zeitenwende die **Germanen** faßbar, deren (keltischer) Name vermutlich erst von Poseidònios (vor 60 in *Historiai*) festgehalten, von Caesar und damit den Römern im 1. Jh. v. Chr. verwendet wird. Eine eigene schriftliche Überlieferung der Germanen des Altertums fehlt fast ganz, die Zeugnisse lateinischer Schriftsteller setzen erst mit Caesar und Tacitus („*Germania*", verfaßt um 98 n.) ein und sind in der Regel wenig zuverlässig oder doch interpretationsbedürftig. So bleibt die Forschung weitgehend (vor Christi Geburt fast ausschließlich) neben sprachwissenschaftlichen Rückschlüssen auf archäologische Funde angewiesen, deren ethnische Zuordnung stets problematisch ist; dies macht die Annahme eines Germanentums der Bronzezeit äußerst fraglich, zumal man von germanischen Sprachen kaum vor der ersten Lautverschiebung (5./3. Jh. v. Chr.?) sprechen kann.

Dies läßt es für die frühe Zeit ratsamer erscheinen, nur von der *Vorgeschichte* angehörenden Kulturen zu sprechen. Aus ähnlichen Gründen sind die Fragen der vor der römischen Eroberung auf linksrheinischem Gebiet seßhaft gewordenen, rasch in die gallo-römische Kultur einbezogenen Germanen oder der Vermischung mit vorgermanischer Bevölkerung (etwa mit Kelten in Böhmen, Mähren, der Slowakei und Südpolen) noch nicht ausdiskutiert. Die der jüngeren Eisenzeit (ca. 6. Jh. – um Chr. Geb.) zugehörende *Jastorfkultur* (Jastorf bei Uelzen) in Norddeutschland und Südjütland wird jedoch als germanisch bezeichnet trotz Beeinflussung durch die Hallstatt- bzw. die Latènekultur (Silberkessel von Gundestrup bei Ålborg in Jütland, wohl keltisch). Aber erst in der *römischen Kaiserzeit* werden die Bodenfunde durch römische Berichte über Namen und Ereignisse, wirtschaftliche und gesellschaftliche Gegebenheiten und politische Umstände ergänzt. Auf den (umstrittenen) Rückbezug des hierauf aufgebauten Bildes auf davorliegende Epochen wird hier bewußt verzichtet.

Das **Freie Germanien der römischen Kaiserzeit,** im Westen und Süden durch das Imperium Romanum begrenzt, reicht im Osten bis zum Gebiet der Balten, ohne daß in Ost- und Südost-Mitteleuropa generell feste Grenzen angegeben werden können; auch im Norden, gegen die Lappen, gibt es eine nicht sicher zu definierende Übergangszone. Während das Bewußtsein einer Zusammengehörigkeit bei den Germanen feststellbar ist, sind die vor allem von Tacitus genannten *Stammeseinteilungen* noch weit unsicherer und labiler als vom 3./4. Jh. n. Chr. an und jedenfalls nicht mit eigenen Stammesterritorien oder gar -institutionen verbunden. Mit diesem Vorbehalt lassen sich im 1. Jh. n. Chr. fünf Gruppen unterscheiden, denen wahrscheinlich, aber ohne Anspruch auf Vollständigkeit, einige namentlich bekannte Stämme zugeordnet werden können: Neben den *Nordgermanen* Skandinaviens stehen eine Gruppe an der *Nordseeküste* (mit Friesen und Chauken), *Westgermanen* zwischen Rhein und Saale, Weser und Main (Brukterer, Tenkterer, Chatten, Cherusker, teilweise Hermunduren), *Elbgermanen* von Niedersachsen bis zur Oder (Langobarden, Semnonen, Markomannen, Quaden, teilweise Hermunduren) und *Ostgermanen* zwischen Oder und Weichsel, Bug und San (Lugier, Rugier, Burgunder, Goten, Vandalen).

Wirtschaft und Gesellschaft:
Archäologisch zeichnen sich regional begrenzte, durch nicht oder wenig bewohnte Ödmarken voneinander geschiedene *Siedlungsgruppen* ab, die sich aus Einzelhöfen, Weilern oder auch dorfartigen Siedlungen zusammensetzen. Ausweitungen, Verlagerungen und Verdichtungen des Siedlungsraums (die neben großen Wüstungsvorgängen nachweisbar sind) setzen umfangreiche Rodungs- und Kolonisationsvorgänge und damit größere *soziale Zusammenschlüsse* voraus. Fluchtburgartige Anlagen sind vereinzelt bekannt, befestigte Adelssitze kaum, Höhenburgen als politische Mittelpunkte nicht vor der jüngeren römischen Kaiserzeit. Die *Nahrungswirtschaft* beruht auf Viehhaltung (in Nordeuropa vorwiegend; neben Rindern auch Schafe bzw. Ziegen und/oder Schweine) und Ackerbau (hauptsächlich Gerste) in großen Flursystemen mit für individuelle Bestellung geeigneten (also keine genossenschaftliche Bewirtschaftung voraussetzenden) Parzellen. Bodenmelioration ist in Einzelfällen bekannt. Der schwere Streichbrettpflug ist etwa seit der Zeitenwende nachweisbar, die Sense dagegen erst seit der jüngeren römischen Kaiserzeit.

290 Altertum – Römische Geschichte

Während die gesamte Ernährungswirtschaft durch ein weitgehendes Festhalten an überlieferten Formen ohne erhebliche Beeinflussung durch die fortgeschrittenen römischen bzw. keltischen Produktionsformen geprägt ist, sind Handwerk, Handel und Gewerbe stärkerem Wandel und äußeren Einflüssen unterworfen. Das zum Teil in großen Verhüttungsgebieten gewonnene Eisen wird von einem nach Qualität der Erzeugnisse differenzierten *Schmiedehandwerk* verarbeitet (Damaszierungstechnik in der jüngeren römischen Kaiserzeit). Bronze- und Edelmetallarbeiten des *Kunsthandwerks* sind aus Grab- und Schatzfunden bekannt, die vom 1. Jh. an eine (außergermanische Einflüsse aufnehmende) Steigerung der Verarbeitungstechniken dokumentieren. Auch die *Töpferei* (soweit es die feinere Ware betrifft) sowie die Bearbeitung von *Holz* und mehreren anderen Werkstoffen deuten auf die Existenz eines spezialisierten Handwerkertums neben verbreitetem Hausgewerbe hin. Neben einheimischen Erzeugnissen sind bis nach Skandinavien hinein *römische Importgüter*, wie Münzen, Terra-sigillata-Geschirr und Gläser, festzustellen, die den literarisch bezeugten *Fernhandel* (großenteils, wenn nicht ausschließlich durch römische Kaufleute) auch archäologisch belegen; die schriftliche Überlieferung spricht von Wein und Lebensmitteln als römischen, von Bernstein und Sklaven als germanischen Exporten. Handelsplätze werden in römischen Quellen genannt. Als Handelsstraßen spielen die Flüsse und nicht zuletzt der Seeweg eine wesentliche Rolle.

Käufer wertvoller Importgüter, aufwendig hergestellter Waffen und repräsentativer Kunstgegenstände ist eine sozial abgehobene Gruppe, die schon in Gräberfeldern der Zeitenwende durch Bestattungsart und Beigabensitte faßbar wird; im 1./2. Jh. n. Chr. wird eine erheblich stärkere Hervorhebung deutlich in den reich ausgestatteten sog. *Fürstengräbern* der Lübsowgruppe (Lübsow bei Greifenhagen [Pommern]), die von Südnorwegen bis Zentralböhmen, von der Weser bis zur Weichsel das recht einheitliche Bild einer Oberschicht zeigen, die unter römischem Kultureinfluß steht und für welche die Forschung (mit Einschränkung wegen des Fehlens z. B. nachgewiesener genealogischer Bezüge) die Bezeichnung „*Adel*" verwendet. Unter dieser als politisch eindeutig führend anzunehmenden, aufgrund von Besitz, Gefolgschaft und Ansehen herrschenden Schicht stehen die (in ihrem Verhältnis zum Adel nicht eindeutig zu definierenden) Freien und die zahlreichen, mit Sicherheit nachgewiesenen Unfreien.

Eine soziale Differenzierung spiegelt sich auch in den Siedlungsfunden sowie der (archäologisch und literarisch rekonstruierbaren) *Bewaffnung und Kampfesweise* wider: Die Masse des Fußvolks ist ausschließlich mit der Lanze, nur zum Teil auch mit dem Schild bewaffnet, und nur eine Minderheit trägt zusätzlich ein (römisch beeinflußtes Kurz-)Schwert. Von dem in geschlossenem Haufen kämpfenden Fußvolk heben sich die Berittenen auch durch ihre Bewaffnung (Wurfspeer, Lanze, Schwert) ab, die sich in der *Völkerwanderungszeit* (ebenso wie die Kampfesweise) den Stoßlanzen, Bogen und Panzern benachbarter iranischer Reitervölker angleicht. Die Größe der Heerhaufen deutet auf eine den Rahmen der einzelnen Siedlung übergreifende Organisationsform hin, die sich im 2./3. Jh. unter dem Druck der historischen Entwicklung erneut und tiefgreifend zu wandeln beginnt. Aus zahlreichen Kleinstämmen bilden sich *größere Stammesverbände* neu (z. B. Franken, Sachsen, Alamannen), nichtgermanische Bevölkerungsteile werden dabei z. T. integriert (z. B. bei der Herausbildung der Bajuwaren/Bayern im 6. Jh.). Politische Strukturen wie Heerkönigtum bzw. Herzogsherrschaft, Gefolgschaftswesen und weitere Herausbildung des Adels gehen in die Verfassung der Völkerwanderungsreiche ein.

4. Jh.	*Erste Nachrichten über die Germanen* (Jütlands) bei Pytheas von Massalia.
2./1. Jh.	Überlieferung des Namens der Germanen durch Poseidonios und Caesar.
um 120	Abzug der *Kimbern, Teutonen* und *Ambronen* aus Jütland.
102/101	Nach Siegen bei Noreia (113) und Arausio (105) werden sie bei Aquae Sextiae und Vercellae von den Römern unter Marius vernichtend geschlagen.
1. Jh.	Im Zusammenhang mit der Südausdehnung der elbgermanischen Sueben kommen die Hermunduren nach Thüringen, die Triboker nach Württemberg, die Vangionen und Markomannen ins Rhein-Main-Gebiet, die Quaden über dieses nach Mähren. Die Vandalen besetzen das freigewordene Gebiet an Elbe und Unstrut.
59/58	Germanischer Druck auf die Helvetier führt zu deren Kampf gegen Römer (Caesar) und Kelten in Gallien.
58	Die von ihrem Heerkönig *Ariovist* über den Rhein geführten Sueben werden durch Caesar wieder vertrieben,
55	der die Usipeter und Tenkterer vernichtend schlägt und zweimal (55/53) den Rhein überschreitet.
39/38 (oder 19?)	Ansiedlung der Ubier im Raum Köln; deren bisheriges Gebiet zwischen Rhein, Main und Lahn erhalten die Chatten.
12–8	Römische Eroberungszüge unter Drusus bzw. Tiberius führen zur Unterwerfung der Germanenstämme bis zur Elbe.
8–6 v. Chr.	*Maroboduus* (Marbod; † 37 n. Chr.) wird König der Markomannen, die er nach Böhmen führt, von wo aus er seine Macht zeitweilig auch über Lugier, Semnonen und Langobarden errichtet.
9 n. Chr.	Die *Vernichtung der drei Legionen des Varus* durch den Aufstand des Arminius beendet die direkte Römerherrschaft zwischen Niederrhein und Unterelbe.
13–16	Nach erfolgreichen Feldzügen des Germanicus in Nordwestdeutschland wird ein Klientelverhältnis Roms zu den rechtsrheinischen Germanenstämmen errichtet.

83–85	Chattenkrieg Kaiser Domitians, Umwandlung der zwei germanischen Heeresbezirke (einschließlich Wetterau, Odenwald, Neckartal, Schwäbischer Alb) in die Provinzen Germania Inferior und Superior (85/90).
ca. 83–161	Anlage des *obergermanisch-rätischen Limes.*
ca. 150–180	*Wanderung der Goten* von der Weichselmündung zur Schwarzmeerküste; dadurch werden eine Westbewegung der Burgunder und eine Südbewegung der Vandalen veranlaßt; Chatten (um 162) und Markomannen (166/167) überschreiten die römische Reichsgrenze.
166–180	Erfolgreicher römischer Abwehrkampf in den Markomannenkriegen unter Kaiser Marcus Aurelius.
213	Krieg des Kaisers Caracalla gegen die *Alamannen,* die bald darauf (233) den Limes überrennen, aber zunächst noch zurückgeschlagen werden (235).
248, 250	Die 236 an der unteren Donau aufgetretenen Goten fallen in Mösien ein.
251	Kaiser Decius fällt in der Gotenschlacht von Abrittus (heute Razgrad).
253–257	Goten und andere Germanen dringen bis nach Kleinasien vor.
257	*Frankenzug* über Gallien und Spanien bis Marokko.
258–260	Goten- und Roxolaneninvasion in Pannonien.
um 259/260	Die *Alamannen* nehmen das gesamte Gebiet zwischen Limes, Rhein, Donau und Iller auf Dauer in Besitz.
262	Großer Goteneinfall bis nach Griechenland; danach gotische Wanderung zur Balkanhalbinsel.
267	Heruler zerstören Athen.
268, 269	Kaiser Claudius siegt über die Alamannen am Gardasee, über die Goten bei Naissos.
270	Kaiser Aurelianus vertreibt die Vandalen aus Pannonien, die Juthungen aus Italien.
ab 276	Erfolgreicher Kampf des Kaisers Probus († 282) gegen Franken, Alamannen, Burgunder, Vandalen, Goten an Rhein und Donau.
3./4. Jh.	In der Folgezeit können die Kaiser *Diokletian* (284–305) und *Konstantin d. Gr.* (306/324–332) die Reichsgrenze gegen die Germanen vorerst stabilisieren.
357	Sieg des späteren Kaisers Julian über die Alamannen bei Straßburg.
366	Kaiser Valens kämpft gegen die Westgoten unter Athanarich.
ab 368	Trotzdem weitere germanische Raubzüge (Franken, Alamannen, Juthungen).
um 375	Das Reich des Ostgotenherrschers *Ermanarich* in Südrußland wird von den Hunnen zerschlagen, deren Westbewegung die als *Völkerwanderung* (im engeren Sinne) bezeichnete Epoche einleitet – *(Forts. S. 321)*

Britische Inseln: Britannia

Roms nördlichste Provinz umfaßt *England, Wales* und zeitweilig *Südschottland;* die *Highlands* und *Irland* geraten nur als Ausgangsbasen von Raubzügen in die römische Interessensphäre. Die vom Festland her durch Siedlungsschübe und Handel fortentwickelte **keltische Kultur** teilt sich in drei Gruppen, von denen die südöstlichen *Belgerstämme* die höchste Entwicklung, die *Briganten* (Pennines und Umland) noch bronzezeitliche Kulturmerkmale und nur geringen Ackerbau aufweisen; die *Highlands* sind von Britannien kulturell stark verschieden. Die **politische Ordnung** beruht auf meist locker gefügten, im Südosten gefestigteren, großen *Stammesverbänden unter Königen* (auch weibliche Erbfolge) und ,*Rittern'* mit deren Gefolgschaften. Landwirtschaft und Viehzucht wird meist auf leichten Böden von Einzelhöfen aus im Rahmen von *Großfamilien* betrieben; auch Gewerbe und Handel sind nur mäßig entwickelt. Die Römer lernen Britannien erst durch Caesar genauer kennen.

Spätsommer 55 u. ca. 6. Juli–30. Aug. 54 v. Chr.	*Caesars Abschreckungsexpeditionen* nach Südostengland: Eindämmung der expansionistischen *Catuvellauni* (Hauptgegner *Cassivellaunus,* wahrscheinlich deren König); Tributzahlungen dieser und anderer Stämme; Britannien bleibt Zufluchtsland für Gallier (Atrebatenfürst Commius u. a.). Römischer Einfluß bringt allmählich die südlichen Stämme in die Stellung von ,*Klientelrandvölkern';* wesentliche Zunahme des Handels mit Galliern und Konsolidierung der Königsherrschaften. In spätaugusteisch-tiberischer Zeit erneute Ausdehnung der Catuvellauni unter *Cunobelin.*
40 n. Chr.	Sommer: Versuch des *Gaius,* nach Britannien überzusetzen, scheitert wohl an Meuterei.
43	*A. Plautius* erobert mit 4 Legionen und ca. 20 000 Mann Hilfstruppen Südostengland (Catuvellauni, Trinovantes, Cantii, Atrebates, Regnenses, Belgae).
Ende Aug.	Kurze Anwesenheit des *Claudius* (mit großem Stab und 1 Legion); Einnahme von Camulodunum/Colchester, Triumph des Claudius. – In den drei folgenden Jahren wird England bis zum Severn und Trent unterworfen.
49	Gründung der ,,*colonia Claudia Vitricensis*'' um Camulodunum. –
60–61	Die *Eroberung von Wales* wird unterbrochen durch *Boudicca-Aufstand* (besonders Icener und Trinovanten; Ursache: Haß gegen römische Herrschaft, gewalttätige Provinzialisie-

292 Altertum – Römische Geschichte

	rung der Icener nach Tod des Klientelkönigs *Pratusagus,* des Mannes der Boudicca): Zerstörung von Camulodunum, Londinium und Verulamium/St. Albans, nach hohen Verlusten Sieg des Statthalters *C. Suetonius Paullinus* südlich Leicester.
69/70	Interne Rebellion gegen Klientelkönigin *Cartimandua* zwingt *Q. Petillius Cerialis* noch 71/73 zum Kampf gegen Briganten (und Parisii). –
78	Die von *Sex. Iulius Frontinus* begonnene Besetzung von Wales (74–77) beendet *Cn. Iulius Agricola.*
79–84	*Nordengland und Schottland bis zu den Highlands von Agricola erobert.*
Herbst 84	*Entscheidungsschlacht gegen Caledonier* unter *Calgacus* am Mons Graupius (zwischen Aberdeen und Inverness?); Umsegelung Schottlands. –
87/88	Abzug der „legio II Adiutrix" an Donaufront zwingt zur Preisgabe von Inchtuthil (bei Dundee).
um 105	Rückzug des Hauptteils der schottischen Besatzungsarmee wohl auf *Tyne-Solway-Linie (Stanegate-Limes).*
122–128/ 135	Der *Hadrianswall* auf Tyne-Solway-Linie erbaut (zu Abwehr und Trennung der nördlichen Stämme von Briganten).
139–142/ 143 185	Erneute Unterwerfung der Namnonii, Novantae, Selgovae und Votadini durch *Q. Lollius Urbicus,* Errichtung des *Antoninuswalls* zwischen Clyde und Forth; Hadrianswall bleibt anscheinend durchgehend (aber verschieden dicht) besetzt.
183/184– 185	Caledonische Stämme durchbrechen Antoninuswall, nach schweren Verlusten besiegt von *Ulpius Marcellus.*
April 193	*D. Clodius Albinus,* als Legat von Britannien vom Usurpator *Septimius Severus* adoptiert und zum Caesar erhoben, setzt nach Annahme des Augustustitels im Frühjahr 196 mit vielen Truppen nach Gallien über. Seine Abwesenheit und Niederlage provozieren Aufstände in Wales, der Briganten, Angriffe der Caledonier (u. a. Maeaten).
205–207	Wiederherstellung des Hadrianswalles zur Überwachung der südschottischen Stämme.
208–211	*Krieg des Septimius Severus* und *Caracalla* gegen *Stämme der Highlands,* rasch beendet
ca.	nach Severus' Tod (4. Febr. 211 in Eburacum/York).
211/212	Teilung Britanniens in **Britannia superior** und **inferior** (vielleicht auch schon 197).
ca. 260–274	Von der Reichskrise des 3. Jh.s wird die Insel wenig berührt. Britannien gehört zum Gallischen Sonderreich.
um 270/290	Angriffe sächsischer Seeräuber werden durch entsprechende Dislokation der Flotte abgewehrt.
287	Usurpation des *M. Aurelius Mausaeus Carausius,* nach Vertreibung aus Nordgallien (288) und siegreicher Seeschlacht toleriert, von *Allectus* ermordet.
296	Allectus nimmt Augustustitel an; er fällt in der *Schlacht bei Londinium* gegen *Constantius Chlorus.*
306	Constantius erneut in Britannien, *Feldzug gegen Caledonier und Pikten.* Nach seinem Tod in Eburacum ruft Armee seinen Sohn *Konstantin* am 25. Juli 306 zum Augustus aus.
367	Angriffe der *Scotii* (aus Irland), *Attacotti* (von Irland oder westschottischen Inseln) und *Pikten* über den Hadrianswall und von *Sachsen* und *Franken* auf Ostküste: Vernichtende Niederlagen des *Nectaridus,* „comes litoris Saxonici", und *Fullofaudes,* „dux Britanniarum", schwere Verwüstungen in Nord- und Ostbritannien.
368/369	*Theodosius d. Ä.* stellt römische Herrschaft wieder her; Neuordnung der Verteidigung.
382	Zug des *Maximus* gegen Scotii und Pikten.
383	Usurpation des *Maximus Magnus,* wohl „dux Britanniarum"; zieht Truppen aus Britannien ab: wiederholte Raubzüge von *Pikten, Schotten* und *Iren.*
401	Abzug weiterer Einheiten zum Schutz Italiens.
406/410	Schwierigkeiten der Verteidigung führen zu kurzlebigen Schilderhebungen: *Marcus Gratian; Konstantin III.* (setzt mit den meisten Verbänden nach Gallien über).
410	**Sachseneinfall** leitet die Auflösung der römischen Reichsgewalt ein.
442	Angeblich Rebellion sächsischer Föderaten; ab Mitte des 5. Jh.s wird Britannien langsam angelsächsisch.

Seit 43 wird Britannien von einem militärisch erfahrenen konsularen *„legatus Augusti pro praetore"* und einem *ducenaren Procurator* regiert (Amtssitze: Londinium). Einen Teil der Zivilfunktionen des Legaten übernimmt *Ti. Claudius Cogidubnus,* Klientelkönig u. a. der Regnenses, als *„legatus Augusti in Britannia".* Seit Vespasian entlastet ein prätorischer *„legatus iuridicus"* den Statthalter, den er gegebenenfalls vertritt. Bei **Provinzteilung** um 197 führt wohl ein Prokurator anfangs *Britannia inferior,* seit Caracalla ein Prätorier, der zugleich die „legio VI Victrix" kommandiert (Amtssitz: Eburacum). Die *Provinzgrenze* verläuft vermutlich zwischen *Humber* und *Liverpool* an den nördlichen Civitasgrenzen der Coritani und Cornovii. Im *diokletianisch-konstantinischen Administrationssystem* bildet Britannien eine Diözese (Amtssitz des Vikars u. a. Zentralämter: Londinium) der Prätorianerpräfektur Galliae mit vier bis fünf Provinzen: **Britannia I** (Westengland und Wales; Hauptort: Corinium Dobunnorum/Cirencester?); **Britannia II** (wohl im wesentlichen die alte Inferior; Hauptort Eburacum); **Maxima Caesariensis** (um Londinium); **Flavia Caesariensis** (um Lindum/Lincoln); seit 369 **Valentia** (wohl westlicher Teil der Secunda; Hauptort: Luguvallium/Carlisle?). – Sitz des Provinziallandtages ist Camulodunum. – Das dichte *Straßennetz* im Süden entsteht entsprechend militärischen Erfordernissen; *Hauptknotenpunkte sind Londinium und Corinium*. Nach Norden führen zwei Hauptstraßen von Lindum über Eburacum und Corstopitum/Corbridge nach Nordostschottland, westlich der Pennines von Deva/Chester über Luguvallium nach Westschottland.

43–87/88 sichern vier, dann drei Legionen das befriedete Mittel- und Südengland: *„II Augusta"* in Glevum/Gloucester, ab ca. 75 in Isca Silurum/Caerleon; *„IX Hispana"* in Lindum, ab ca. 72/73 in Eburacum, wohl ca. 122 hier ersetzt durch *„VI Victrix"*; *„XIIII Gemina"* in Viroconium/Wroxeter bis Ende 67, 71– ca. 77 ersetzt durch *„II Adiutrix"* (bis 87/8 in Deva): *„XX Valeria Victrix"* in Viroconium, unter Agricola in Inchtuthil, seit 87/88 in Deva. Die Masse des ungewöhnlich großen Auxiliarheers steht seit Frontinus und Agricola als Besatzung in Wales, im Brigantengebiet, am *Hadrians- (und Antonius-)Wall* und in Südschottland (erste Hälfte des 2. Jh.s über 36 500 Mann: 14 Alen [1 milliaria], 51 Kohorten [7 milliariae], mehrere Numeri). Seit ca. 270 kommt Schutz des „litus Saxonicum" hinzu, das im 4. Jh. einem „comes" untersteht, die übrige Armee dem „dux Britanniarum". – Im 1. Jh. werden die Legionen überwiegend aus Gallien, Germanien und Britannien ergänzt. Föderaten sind im 4. Jh. selten.

Auxiliarkommandeure oder *Centurionen* fungieren als *Administrationschefs von ‚Regionen'* anscheinend besonders in Mittel- und Nordwales, im Brigantenland (außerhalb der „civitas Brigantium" um Isurium/Aldborough) und während der Besetzung des Antoninuswalls wohl auch in Südschottland. Das übrige Britannien ist seit Agricola in 12, seit Hadrian in 16 „*civitates*" aufgeteilt, von denen 3 im 1. Jh. durch Veteranendeduktionen verkleinert werden („*Colonia Nervia Glevum*" aus „*civitas Dobunnorum*", unter Flaviern „*colonia Lindum*" aus „*civitas Coritanorum*" ausgegliedert). Unter Caracalla wird wohl „*civitas Parisiorum*" titular zur „*colonia Eburacum*" umgewandelt. Im 3. Jh. wird zumindest noch „*civitas Carvetiorum*" wohl um Luguvallium gebildet. (Durchschnittsgröße der Civitates schätzungsweise etwa 6000 km².) Die meist mittelgroßen Hauptorte sind ebenso wie viele andere stadtähnliche Siedlungen, darunter wohl auch Londinium, als *Vici* verfaßt und seit dem 3. Jh. zumeist befestigt. Auch in Nachbarschaft der vielen Auxiliarkastelle entstehen Zivilsiedlungen (vici). Das alte Stammeskönigtum wird schon innerhalb der ersten Generation durch *Dekurionenverfassung* ersetzt. *Latinisches Recht* und *römische Municipien* sind bisher nicht nachzuweisen.

Die *Landwirtschaft* (Getreide, Vieh) wird in „*villae rusticae*" und besonders in kleineren Einzelhöfen betrieben; umfangreicher privater Großgrundbesitz scheint selten zu sein; kaiserliche Domänen befinden sich wahrscheinlich in neu erschlossenen Fenlands und zwischen Salisbury und Bath. Ende 1. Jh. wird das sonst übliche Niveau erreicht; im 4. Jh. sogar exportiert. – Die *städtischen Gewerbe* beschicken lokale Märkte; exportfähig sind Wolltücher und im 3. Jh. sog. Castor-Geschirr, produziert um Durobrivae (westlich Peterborough/Cambridgesh.). Viele Güter, nicht nur Luxuswaren, müssen eingeführt werden. Bedeutsam ist der Bergbau: Gold in Dolaucothi (Carmrathensh.), Silber und Blei in den Mendip Hills (Somerset) und Pennines (u.a. Metallum Lutudarense in Derbysh.), Kupfer in Nordwales und den Pennines, Zinn in Cornwall, Eisen in Ostsussex, Coritanerland u.ö.; ebenso Kohle an vielen Orten. – Handelszentrum ist Londinium, Motor des Güteraustausches die Wirtschaftskraft der Armee und die Entwicklung der Landwirtschaft. – Über Eigentümlichkeiten der *Sozialordnung* ist wenig bekannt; prägende Gruppen sind das Heer und kleine bis mittlere Stadtsiedlungen. Die *Bevölkerungsdichte* scheint nicht nur durch Immigration (Soldaten, Händler) erheblich zu wachsen. Die Dekurionenschaft ist wohl nicht ständig stadtsässig. Kein Senator und nur wenige Ritter sind aus Britannien nachzuweisen; die *soziokulturelle Romanisierung* konzentriert sich auf Garnisonen und ‚Städte' und wird vor allem durch intensiven Handel und Armee gefördert; die Latinisierung des flachen Landes bleibt gering. Im 3./4. Jh. herrscht auf mäßigem Niveau die übliche provinzialrömische Zivilisation der Westprovinzen, die kaum Spitzenleistungen hervorbringt. – Die *keltische Tradition* prägt die *Religion,* ferner nationale Götter von Soldaten und Händlern. Das *Christentum* findet über die Städte seit Ende 2. Jh. langsam Verbreitung (208/209 Martyrium des *hl. Alban* in Verulamium; 314: Bischöfe von Londinium, Eburacum und Lindum in Arles), erreicht aber erst Ende 4. Jh. allgemeinere Anerkennung.

Kulturelle Impulse gibt Britannien nicht. Es bleibt ein unauffälliger, vom Heer geprägter Teil des Imperium und unterscheidet sich von Provinzen wie Dakien durch die starke keltische Tradition, langsame innere Befriedung und recht ungestörte Entwicklung im 3./4. Jh. Nach dem Abzug der Truppen erlischt die Romanität im Laufe eines Jh.s – *(Forts. S. 364).*

Iberische Halbinsel

1. Jt. v. Chr.	Noch zu Beginn des 1. Jt.s hält die Auffüllung der Hochebenen des Zentrums (Kontinentalklima) und des atlantischen Westens mit *indoeuropäischen Wanderungsschüben*, die teilweise aus dem Raum zwischen Kaukasus und Persischem Hochland vorstoßen, an. Die Träger der letzten Bewegungen, die – ohne je in die La Tène-Phase einzutreten – auf einer hallstattzeitlichen Kulturstufe verharren, erscheinen späteren griechischen Ethnographen

294 Altertum – Römische Geschichte

nach 1000 als **Kelten** (**Keltiberer** = iberische oder Ebro-Kelten). Zu Beginn des Jt. treten *phönikische Händler* in Kontakt zum spätbronzezeitlichen Süden und Südwesten der Halbinsel, auf der nach Ausweis des Schatzfundes von *Villena* in dieser Zeit Eisen noch als Edelmetall gilt. Agenten *Hirams I. von Tyros* (umfangreiches Wirtschaftsabkommen mit *Salomo von Israel,* welches maritime Unternehmungen auf dem Roten Meer und dem Mittelmeer einschließt) erhandeln auf dem südwestlichen Metallmarkt **Tharschisch** vor allem Silber und Zinn. Tharschisch ist die semitische Umformung eines einheimischen Lautstandes (griechische Version: **Tartessos**), der später in Namen wie *Tertis* (Guadalquivir), *Turta, Turdetani* greifbar bleibt. Nach einer Zeit *stummen Handels* kommt es zur Anlage phönikischer Faktoreien (seit 1960 durch Ausgrabungen nachgewiesen), in denen gegen Agrarprodukte (Öl, Wein), später gegen Fertigwaren und Luxusgüter (Schatz von *Aliseda*) Metalle eingetauscht werden. Durch die Phöniker kommen Ölbaum und Töpferscheibe auf die Halbinsel.

nach 730 Verstärkte Zuwanderung, bewirkt durch assyrischen Druck und innere Auseinandersetzungen, führen seit dem späten 8. Jh. zur Entwicklung günstig gelegener Faktoreien zu *westphönikischen Kolonien* (besonders *Gadir* [Cádiz], *Malaca, Sexs* [Almuñecar]) mit regem Wirtschaftsleben und Verbindungen zu gleichartigen Siedlungen im westlichen Mittelmeerraum. Unter phönikischem Einfluß entsteht im iberischen Hinterland der Südküste die *tartessische Kultur* (*südiberische Schrift,* Metallhandwerk *[Schatz von El Carambolo],* Keramik). Die Tartessier bleiben wirtschaftlich neben dem Metallabbau und -handel vorwiegend agrarisch orientiert. Aus Stammesherrschaften entwickeln sich früh auf ökonomische Macht gegründete Stadtkönigtümer *(Arganthonios von Tartessos),* die aber erst im Zusammenhang mit dem 2. Punischen Krieg deutlicher hervortreten.

650–550 Um die Mitte des 7. Jh.s ergeben sich erste Kontakte *phokäischer* und *samischer Griechen* mit Tharschisch/Tartessos, die im Laufe des 6. Jh.s infolge wachsender *karthagischer* Einwirkung abgebrochen werden. Während im Verlauf des 7. Jh.s Süd- und Osthispanien (Tartessos und **Iberia**) in der griechischen Literatur rezipiert werden *(Stesichoros, Hekataios* u. a., später *Herodot, Ephoros* und *Theopompos),* nehmen *massiliotische Niederlassungen (Emporion, Rhode, Hemeroskopeion* u. a.) starken kulturellen Einfluß auf die iberischen Stämme der Mittelmeerküste nördlich des *Cabo de la Nao* bis in den Rhônebereich, der sich in der Entwicklung der *ostiberischen Schrift,* im Metallhandwerk, in der Großplastik (*Elche, Cerro de los Santos, Osuna* u. a.) sowie in der beginnenden Stadtkultur *(Ullastret)* fassen läßt. Söldnertruppen aus Iberien tauchen im 5. Jh. auf Sizilien und im griechischen Mutterland auf. Während so der Süden und Osten des Landes in die mittelmeerische Welt einbezogen werden, sind die politischen und sozialen Vorgänge im Zentrum und Westen bis zur Entdeckungsreise des *Pytheas* (4. Jh.) kaum wahrgenommen worden. Der Raum westlich der Ibererwohnsitze wird in Übereinstimmung mit der *ionischen Weltkarte* ohne geographische Scheidung von Gallien pauschal als Keltenland **(Keltike)** bezeichnet. Unser Wissen über diesen vor allem durch auf „*-briga*" endende Ortsnamen gekennzeichneten Raum in der ersten Hälfte des Jt.s ist denkbar gering. Archäologisch lassen sich neben der atlantischen *Castro-Kultur* die nordwestliche *Duero-Kultur* und die südlichere *Tajo-Kultur,* die mit der *südfranzösisch-katalonischen Urnenfelder-Kultur* zusammenhängt, erkennen. Vorwiegend durch Ortsnamen sind Vorstöße indoeuropäischer Stämme nach Osten und Süden belegt.

nach 600 Infolge der zunehmend eingeschränkten Handlungsfreiheit des phönikischen Mutterlandes übernimmt *Karthago* die außenpolitische Vertretung der Westphöniker (bereits Mitte des 7. Jh.s Besetzung von *Ebysos* [Ibiza]). *Hanno* und *Himilko* unternehmen Erkundungsfahrten in den süd- bzw. nordatlantischen Raum. Karthago kontrolliert die Straße von Gibraltar und gründet im Süden der Halbinsel eigene *(libyphönikische) Kolonien.*

348 Im zweiten römisch-karthagischen Vertrag ist die Küste südlich des Cabo de la Nao (*Mastia* in Tartessos) karthagisch/westphönikische Schutzzone. Im Binnenland wächst der iberische Einfluß auf die indoeuropäischen Stämme des östlichen Hochlandes und des Ebrotales (*keltische Sprachzeugnisse* in *iberischer Schrift* im 4. Jh.). Es entstehen stadtähnliche Siedlungen (Fluchtburgen in Krisenzeiten, Typ *Numantia, Azaila* u. a.). Im westlichen Hinterland der iberisch-indoeuropäischen Konvergenzzone bestehen weiterhin vorstaatliche Organisationsformen: Sippenverbände *(gentilitates)* und Familienburgen *(castella);* im Westen hält sich die *Castro-Kultur* bis weit in die römische Zeit. Die Stämme des indoeuropäischen Raumes bleiben – vielfach in *halbnomadischen Lebensformen* – primitiven Wirtschaftsformen verhaftet und sind zum Mängelausgleich auf Raubzüge in die Territorien ihrer besser gestellten Nachbarn angewiesen.

237 Um Einbußen aus dem 1. Punischen Krieg zu kompensieren, intensiviert Karthago seine Beziehungen zur Iberischen Halbinsel. *Hamilkar Barkas* beginnt, ausgehend von Gadir/Gades, mit der Eroberung eines hispanischen Kolonialreiches, das bei seinem Tod (229) den gesamten Süden und Südosten bis über *Akra Leuke* (Alicante) hinaus umfaßt.

227 Sein Schwiegersohn und Nachfolger *Hasdrubal* gründet mit *Kart Hadashat* (Cartagena) die Hauptstadt des überseeischen Imperiums, das er, wie auch sein Schwager *Hannibal,* der ihm

(221) nachfolgt, nicht unähnlich hellenistischen Monarchen beherrscht. Beide schieben die Grenzen ihres Dominiums nach Norden und Westen vor, sichern es durch Bündnisse mit einheimischen Häuptlingen (Heiratsdiplomatie) und erschließen die Erzvorkommen des Raumes *Cartagena–Linares* und der *Sierra Morena* in technisch und organisatorisch ungekanntem Ausmaß.

226 Mit Rom wird der *Ebro* als Demarkationslinie festgelegt, der *Sagunt-Konflikt* durch Eroberung beendet (219). Das darauf folgende römische Ultimatum und die Kriegserklärung an Karthago beantwortet Hannibal mit einer von Kart Hadashat aus zu Land vorgetragenen *Offensive gegen Rom.*

218–206 218 landen römische Verbände in Emporion und dringen nach Süden vor. Nach wechselvollen Kämpfen werden die römischen Truppen nach Niederlage und Tod ihrer Feldherren 211 über den Ebro zurückgeworfen. Im Gegenzug nimmt der junge *P. Cornelius Scipio* 209 überraschend Kart Hadashat (römische Bezeichnung: *Carthago Nova*) und entscheidet damit im wesentlichen den Krieg in Hispanien (206 *Entscheidungsschlacht bei Ilipa*). Die einheimischen Stämme der Mittelmeerküste und des Südens treten mehrheitlich zunächst auf die Seite Roms; die westphönikischen und punischen Niederlassungen bleiben bei Wohlverhalten unangetastet. Erste Dispositionen des siegreichen Feldherrn sehen zwei römische Verwaltungsbezirke vor (**Hispaniae;** die Herkunft des Namens ist ungeklärt, vielleicht punischen Ursprungs).

ab 197 **Hispania citerior** und **Hispania ulterior** in der Regel unter Prätoren; die Grenze verläuft im Osten des Landes südlich von Carthago Nova, das Vorort der Citerior wird, während die stärker urbanisierte Jenseitige Provinz lange keine feste Statthalterresidenz kennt.

bis 133 Allmähliche Ausweitung des römischen Herrschaftsraumes auf der Iberischen Halbinsel. Einheimischer Widerstand gegen Fremdherrschaft (ab 195 regelmäßige Tributzahlungen; *argentum Oscense*), römische Aggression, ausbeuterische Übergriffe römischer Magistrate (zahlreiche *Repetundenprozesse* gegen Statthalter hispanischer Provinzen im 2. Jh.), aber auch einheimische Überfälle auf provinziales Kulturland und schließlich Roms Versuche, die Grenzen der halbnomadischen Stämme des östlichen Hochlandes und des Südwestens *(Lusitaner)* festzuschreiben (tiefer Eingriff in deren Lebensformen), führen zu ständigen Auseinandersetzungen an den Binnengrenzen der beiden Provinzen. Ab 154 gewinnt der einheimische Widerstand unter charismatischen Führern *(Viriatus* u. a.) überregionalen Zusammenhalt. Zunächst von den Lusitanern ausgehend, die erfolgreich eine Guerilla-Taktik anwenden, gipfelt der Kampf gegen Rom in einer breit angelegten Koalition der Stämme am mittleren und oberen Ebro (Zentrum: *Numantia*).

133 Nach beträchtlichen Verlusten, die starke soziale Rückwirkungen auf Italien haben, gelingt es Scipio Aemilianus, den einheimischen Widerstand mit einer gewaltigen militärischen Anstrengung niederzuwerfen.

Unterdessen schreitet in den vorrömisch höher zivilisierten Landesteilen (*Tal des Baetis* [Guadalquivir], Ostküste, unteres Ebrotal) die *Romanisierung* vor allem der Oberschicht rasch voran. Rom fördert die *Urbanisierung*. Bereits 206 Gründung von *Italica* (bei Sevilla) mit Kriegsinvaliden; 179 von *Gracchurris* im Ebrobereich; 171 von *Carteia* mit Soldatenkindern *(latinisches Recht)* an der Südküste (Flottenstützpunkt). Es folgen 152 (?) in wirtschaftsgeographisch günstiger Position *Corduba,* 138 *Valentia* und 123/22 *Palma* und *Pollentia* (mit bereits in Hispanien ansässigen Italikern) auf den Balearen. Träger der Romanisierung sind vor allem in Hispanien stationierte und dort rekrutierte Soldaten und aus wirtschaftlichem Interesse kürzer oder länger auf der Halbinsel verweilende Italiker und Römer (Bildung von „*conventus civium Romanorum*"). Seit Beginn der Okkupation Mineralabbau unter römischer Regie; später wird er an Privatleute verpachtet. Einheimische Münzprägung entwickelt sich in den Provinzen und dem kulturell zunehmend beeinflußten Nachbarraum. Aus militärischen und ökonomischen Gründen wird der Provinzialraum durch Straßen erschlossen (*via Herculea* [später: *Augusta*] entlang der Ostküste bis *Gades;* Straße Carthago Nova über *Castulo/Obulco* nach Gades; Ebrotal/*Jalóntal* – Straße; Binnenschiffahrt). Erste viritane Bürgerrechtsverleihungen an koloniale Eliten; erste Hispanorömer in hohen Staatsämtern *(Q. Varius Hibrida; L. Fabius Hispaniensis)*. In der Diesseitigen Provinz sind Carthago Nova und *Tarraco* (Tarragona), in der Jenseitigen Corduba, *Hispalis* (Sevilla) und Gades, das die Verbindung mit dem Osten aufrechterhält, die großen Zentren.

Während sich Süden und Osten wirtschaftlicher Prosperität und römisch-hellenistischen Kultureinflüssen ergeben, kommt es im Nordwesten und Westen nach begrenzten Unruhen *(Kimberneinfall; Arevakeraufstand)* unter Führung des vor sullanischem Zugriff flüchtenden Marianers *Q. Sertorius* (Proprätor der Citerior 82) zu einer letzten großen Abwehrbewegung gegen Rom, die durch Verbindungen zu Romgegnern im östlichen Mittelmeerraum gefährliche Dimensionen erhält, aber in ihren letzten politischen Zielen unklar bleibt. Gegen die lange erfolglos operierenden sullanischen Heerführer *Q. Caecilius Metellus* und *Cn. Pompeius* übernimmt Sertorius die einheimische Guerillataktik und kämpft erfolgreich im Norden und Osten des Landes. 72 wird er auf Betreiben des nach dem *Lepidus-Aufstand*

81–71

296 Altertum – Römische Geschichte

mit römischen Verbänden nach Hispanien geflohenen ehemaligen Prätors *M. Perperna* ermordet. Der letzte Widerstand wird bis 71 von Pompeius gebrochen, der in diesem Zusammenhang in den hispanischen Provinzen hohes Ansehen und wichtige Klientelverbindungen gewinnt. Der Sertorius-Krieg bewirkt einen Romanisationsschub im Inneren der Halbinsel (neue Zentren: *Castra Caecilia, Metellinum* (Medellín), *Pompaelo* (Pamplona), eine Entwicklung, von der nach wie vor der äußerste Nordwesten ausgespart bleibt. Dorthin gibt es vor der Eroberung durch *Augustus* bereits Vorstöße des *Brutus Callaicus* (138), des *Licinius Crassus* (nach 96) und *Caesars* während seiner Statthalterzeit (61/60) im Jenseitigen Hispanien. Aus den hispanischen Magistraturen (schon 69 als Quästor in der Ulterior) rühren Caesars enge Beziehungen zur Iberischen Halbinsel (hispanische Leibwache; *Cornelius Balbus* und *Decidius Saxa* als enge Vertraute).

Im 2. und 1. Jh. wird die Halbinsel geographisch und ethnographisch weiter erschlossen. Auf Vorarbeiten des *Eratosthenes* und Autopsie stützen sich *Polybios, Poseidonios, Artemidoros* und *Asklepiades von Myrlea,* der in Turdetanien als Lehrer wirkt. Später tragen *Pomponius Mela, M. Agrippa* und *Claudius Ptolemaeus* zur geographischen Erschließung Hispaniens bei. Den Süden empfindet Poseidonios bereits als so weitgehend romanisiert, daß er Italien vergleichbar sei. Bürgerrechtsverleihungen an Einzelne und Gruppen (*turma Salvittana* im italischen Bundesgenossenkrieg) sowie italische Einwanderung haben ein nicht unbedeutendes Substrat *lateinischer* und *römischer Bürger* in Hispanien geschaffen (*„legiones vernaculae"* im Bürgerkrieg zwischen Caesar und Pompeius), das wirtschaftlich sehr erfolgreich ist und an der Assimilation der Halbinsel an italische Verhältnisse, Lebensformen und Moden erheblichen Anteil hat.

49–45   Der im Jahre 49 nach Hispanien getragene *Bürgerkrieg,* 45 bei *Munda* zugunsten Caesars entschieden, hemmt diese Entwicklung nicht; vielmehr trägt die *Bürgerrechtspolitik* des Diktators und seines Adoptivsohnes dem hohen Romanisationsgrad Hispaniens Rechnung und fördert diesen weiter. *Caesarisch-augusteische Munizipien und Kolonien römischer Bürger* sind Gades, Hispalis, *Ilici* (Elche), Carthago Nova, Tarraco, *Barcino* (Barcelona) u. a. In *Emerita Augusta* (Mérida), *Emporiae* (Ampurias), *Caesaraugusta* (Zaragoza) werden *Veteranen* angesiedelt.

27–19   Die noch außerhalb der römischen Herrschaft stehenden *Kantabrer* und *Asturer* werden nicht ohne Mühe von Augustus (der sich i. d. J. 26–25 in Tarraco aufhält, das Carthago Nova als Vorort der Citerior abzulösen beginnt) und M. Agrippa unterworfen. *Asturica Augusta* (Astorga), *Bracara Augusta* (Braga) und *Lucus Augusti* (Lugo) werden zur Kontrolle dieses wegen seines Goldreichtums und seiner Rekrutierungsmöglichkeiten wichtigen Raumes angelegt, der sonst seine altertümlichen Siedlungsformen beibehält und bis zum Ende der römischen Zeit trotz jahrhundertelanger Zugehörigkeit zum Imperium Romanum nur oberflächlich romanisiert wird.

15 v. Chr.   Der Princeps, der im Jahre 15/14 noch einmal die Halbinsel besucht, organisiert die Provinzialverwaltung neu. Über die Wohngebiete der Lusitaner hinausreichend, wird im Westen eine neue Provinz **Lusitania** (Hauptstadt: Emerita Augusta) geschaffen. Im Südosten kommt das mineralreiche Waldgebirge (*„saltus Castulonensis")* an die jetzt meist als **Tarraconensis** bezeichnete Hispania Citerior, die ungefähr die Hälfte der gesamten Halbinsel ausmacht. Die südliche Restprovinz **Hispania Baetica** (Hauptort: Corduba) wird dem Senat unterstellt, während die beiden anderen Provinzen mit der im Nordwesten der Tarraconensis stationierten *„Legio VII Gemina",* die allein während der gesamten Kaiserzeit den militärischen Schutz der Iberischen Halbinsel wahrnimmt, der kaiserlichen Verwaltung unterliegen. Die Provinzen ihrerseits werden in *Gerichtsbezirke (*„conventus iuridici") eingeteilt.

15 n. Chr.   In der Tarraconensis wird der *Kaiserkult* eingeführt (Hispania Baetica und Lusitanien folgen erst in *flavischer Zeit*). Der Kult für den Kaiser und die *Dea Roma,* verbunden mit den *Provinziallandtagen (concilia),* sollen die Bindung der Provinzialen an die Reichsspitze und die innere Konsolidierung der Gesellschaft fördern; seine Priesterämter sind eine Domäne der provinzialen Aristokratie.

74   Der stetig gewachsenen Romanisierung (und ihrer weiteren Förderung) trägt *Vespasian* durch Verleihung des *„ius Latium minus"* an alle (?) peregrinen Gemeinden der Halbinsel Rechnung, wodurch die Oberschichten der Einwohnerschaft in den Genuß des Bürgerrechtes kommen.

212   Dieser Prozeß wird in Hispanien wie anderswo durch die *Constitutio Antoniniana* praktisch abgeschlossen.

Unter dem Prinzipat erlebt Hispanien fast 200 Jahre lang eine nahezu ungestörte Blüte. Die großen Städte des Landes sind Zentren wirtschaftlicher und kultureller Prosperität und schmücken sich mit großartigen Bauten. Die früh romanisierten Zonen leisten bemerkenswerte Beiträge zum geistigen und politischen Leben des Reiches. Hispanier sind außer der *Seneca-Familie* die Literaten *Columella, Mela, Boc-*

Regionalgeschichte – Iberische Halbinsel 297

chus, Martial und Quintilian. Seit Caesars Berater Balbus als erster Nichtitaliker Konsul wurde, gibt es eine wachsende Zahl von Hispanorömern im Senat. Traian, Hadrian und im 3. Jh. Balbinus sind Kaiser hispanischer Herkunft. Ermöglicht wird diese Blüte (Höhepunkt: die Antoninenzeit) durch hohe agrarische und industrielle Produktivität und ungestörte Fernhandelsbeziehungen. Exportiert werden neben dem bis nach York und Xanten gelangenden Öl Wein, Fischprodukte (vor allem die Fischsauce garum), Spartgras, Textilien, Sigillata und Pferde. Im Süden und Nordwesten werden weiterhin Minerale abgebaut. Importiert werden Konsum- und Luxusgüter. Die Infrastruktur wird ständig verbessert; noch in severischer Zeit besitzt das Land neben den Wasserwegen 34 Fernstraßen, an denen sich Marktflecken (fora) mit hoher Romanisierungsintensität gebildet haben. Die ungestörte Entwicklung von Wirtschaft und Handel führt zur Bildung einer starken Mittelschicht, die vornehmlich in den Städten, später zunehmend in stadtnahen „villae rusticae" lebt. Der großgrundbesitzende Adel, besonders im Süden, spielt zahlenmäßig keine besondere Rolle; die bäuerliche Landbevölkerung, deren Romanisierungsgrad nicht überschätzt werden darf, erscheint wirtschaftlich gesichert. Das religiöse Leben auf der Halbinsel – in vorrömischer Zeit durch ein selbstverständliches Nebeneinander einheimischer und fremder Kulte bestimmt – nimmt in den schnell und stärker romanisierten Landesteilen bald römisch-hellenistische Züge an. In den weniger romanisierten Zonen und auf dem bäuerlichen Lande erweisen sich die einheimischen und die durch die frühen Kolonisatoren importierten Kulte als erstaunlich resistent. Verstärkt im 2.–3. Jh. n. Chr. erreichen östliche Religionen und Kulte die Halbinsel, die sich, wie schon früher Juden und erste Christen, vorwiegend in den Handelsstädten der Küste und des Südens sowie im Bereich der Militärstationen ausbreiten. Das hispanische Christentum kommt überwiegend aus Nordafrika, das stets enge Beziehungen mit Hispanien unterhalten hat. Die erste hispanische Synode (Iliberi, um 305 n. Chr.) vereinigt 19 Bischöfe. Mitte des 3. Jh. sind Emerita, Asturica, Legio (das aus der Stationierung der Legio VII Gemina entstanden ist), Caesaraugusta, Tarraco, Hispalis Bischofssitze. Nach den Verfolgungsjahren des 3. Jh.s und der diokletianischen Zeit stellt das christliche Hispanien mit Ossius von Corduba und Acilius Severus einflußreiche Hofleute. Aus dem rasch christianisierten Land kommt im 4. Jh. die asketisch-rigoristische Häresie des Priscillianus († 386). Sonst ist die hispanische Kirche durchweg ein zuverlässiges Glied der Reichskirche.

200–300 Mit dem letzten Viertel des 2. Jh.s beginnen für die Halbinsel unruhige Jahre. Die von Osten eingeschleppte Pest, Überfälle maurischer Stämme auf den Süden (bis Italica), nach 260 Bedrohung der Küsten durch fränkische und alamannische Seepiraten stürzen Hispanien in eine mehr als 100jährige Dauerkrise, die durch innere Schwierigkeiten (sozial motivierte Bauernaufstände in Lusitanien; Maternus-Bande unter Commodus) noch vertieft wird. Schlecht bekommt dem Land die Parteinahme für Clodius Albinus (193–197); die Konfiskationen des siegreichen Septimius Severus bewirken tiefgreifende gesellschaftliche Veränderungen. Während dann die Severerzeit selbst dem Land Ruhe schafft (Einrichtung der Provinz **Callaecia** durch Caracalla), trägt das schlecht dokumentierte 3. Jh. (Rückgang des Mineralertrags, Verfall der Verkehrswege und des Fernhandels, Verarmung der Mittel- und Verelendung der Unterschichten) die gleichen Züge wie die Entwicklung im Reich insgesamt.

400–500 Die konstantinische Epoche bringt der Halbinsel noch einmal Ruhe und einen gewissen Wohlstand. Durch die Reichsreform Diokletians (Schaffung einer neuen Provinz **Carthaginiensis** mit den Balearen, die ab 360 eine eigene Provinz bilden) wird Hispanien zusammen mit der Mauretania Tingitana eine Diözese innerhalb der gallischen Präfektur. Damit hängt zusammen, daß die Halbinsel, die zunächst an Maximian, dann 306 an Konstantin fällt, politisch in die von Gallien/Britannien ausgehenden Usurpationen (Magnentius, Magnus Maximus, Eugenius, Konstantin III.) einbezogen wird. Wirtschaft und Handel erleben eine Nachblüte, aber die neuummauerten Städte schrumpfen, und das wirtschaftliche Schwergewicht verlagert sich auf die stark befestigten Landsitze der „potentes" mit ihren Privatarmeen. Aus Hispanien kommen im 4. Jh. die theodosianische Dynastie, der Usurpator Magnus Maximus (383–388) und bedeutende christliche Schriftsteller (Iuvencus, Prudentius, Orosius u. a.).

Im frühen 5. Jh. beginnt dann gegen zähen Widerstand des einheimischen Adels die politische und gesellschaftliche Auflösung. Nach 408 ist die Halbinsel Schauplatz der Auseinandersetzungen der eingedrungenen Vandalen, Alanen und Sueben (dazuhin Bagauden-Unruhen im Norden Mitte des Jh.), in die die Westgoten erst als Föderaten unter römischem Oberkommando ordnend, unter Eurich als Okkupanten eingreifen. Eine von Hispanien ausgehende Usurpation (Maximus 409–422) bleibt ohne Folgen. Während sich die Bevölkerung mit den Germanen zu arrangieren beginnt, unternimmt Kaiser Maiorian 460 einen vergeblichen Versuch der Rückgewinnung Hispaniens für die römische Herrschaft.

474 Mit dem Fall der Tarraconensis scheidet die Iberische Halbinsel faktisch aus dem römischen Reichsverband aus, während die römisch-romanische Kultur des Landes stark genug ist, sich mit Sprache, Religion und Lebensformen gegen die Eroberer durchzusetzen. – (Forts. S. 362)

298   Altertum – Römische Geschichte

Nordafrika
(Forts. v. S. 90)

Nordafrika, wohl die kulturell fruchtbarste, wenn auch kaum ins Mittelalter wirkende westliche Provinz-gruppe aus **Africa Proconsularis** (einschließlich Tripolitaniens), **Numidia, Mauretania Caesariensis** und **Mauretania Tingitana,** reicht von Arae Philenorum (Gser et-Trab) im Osten bis „ad Mercurios" (südl. Rabat) im Westen.
Die *geographische Grobgliederung* (1. schmaler Küstenstreifen, 2. teilweise sehr fruchtbare Bergregio-nen bzw. Flußtäler und 3. Steppen- und Wüstensteppensaum nördlich der Sahara) prägt die Geschichte.
Küstenstädte sind stark *punisch-karthagisch* beeinflußt, zum *karthagischen Machtbereich* gehörig, dessen Zentrum südlich und südwestlich Karthagos in Nordtunesien (Bagradastal, Byzacena [bes. Sahel]) liegt; *punische Städte* (Karthago, Utica, Lepcis Magna u. a.) sind Stadtaristokratien aus Händlern und Gewer-betreibenden mit verstreutem Großgrundbesitz im Hinterland. *Numidien* und *Mauretanien* sind von halbnomadischen und wohl mit Iberern verwandten Berberstämmen bewohnt, die zu wechselnden Herr-schaften unter punisierten/hellenisierten Königen zusammengezwungen werden (Reiche von Siga und Cirta; Syphax, Masinissa und Dynastie, Hiempsal [II.], Juba und Nachkommen). Nomadenstämme des Steppengürtels (Garamanten, Musulamii, Gaetuler, Quinquegentanei, Baquaten, Bavares u. a.) werden nur selten beherrscht und (vermutlich durch Klimaschwankungen) immer wieder zu Angriffen auf das Kulturland veranlaßt.

	Römische Eroberung des Gebiets der späteren Provinz Africa (vetus) im Rahmen des Kampfes gegen Karthago, wodurch Berberkönige zu römischen Verbündeten und seit Marius zu Klientelfürsten werden.
146	Der Einzug des verstreuten karthagischen Stadtgebietes zu „ager publicus" und des bisher karthagischen Herrschaftsbereichs schafft die **Provinz Africa (vetus)** mit der Hauptstadt Utica.
46	Einziehung des Reiches *Jubas I.* und Schaffung von **Africa nova** (erster Prokonsul: *Sallust*), seit 36 v. Chr. vereinigt mit Africa vetus und Tripolitanien zur nunmehrigen **Africa Procon-sularis.**
33–25 v. Chr.	Mauretanien gerät unter direkte römische Herrschaft, wird dem jungen *Juba II.*, einem eifrigen Gelehrten, als Klientelreich übergeben.
17–24 n. Chr.	Aufstand des *Tacfarinas* mit *Musulamii* gegen Numidia und Africa Proconsularis; Guerilla-krieg beendet durch Tod des Tacfarinas im Kampf bei Auzia.
23	Der Sohn Jubas II. (von Kleopatra Selene) *Ptolemaeus* erbt die Herrschaft in Mauretanien.
37	*Caligula* entzieht dem Prokonsul den unmittelbaren Befehl über die „legio III Augusta", weist deren Legionslegaten, der nun dem Kaiser untersteht, den neu geschaffenen Militär-bezirk Numidia zu.
40	Ptolemaeus wird von Caligula umgebracht.
42	Nach kurzem Krieg gegen Ptolemaeus' Freigelassenen *Aedemon* richtet *Claudius* die Pro-vinz **Mauretania Caesariensis** (Hauptstadt: Caesarea/Iol) und **Mauretania Tingitana** (Hauptstadt: Tingi oder Volubilis) ein, die beide einem erfahrenen ducenaren Prokurator unterstehen (Beginn der Provinzära: 40 n. Chr.). Ein Provinziallandtag existiert in beiden Mauretanien wohl seit Claudius (in Tingi und Caesarea), in Africa Proconsularis seit Vespasian (in Karthago).
68/69	Usurpation des *L. Clodius Macer.*
70–73	*Aufstand der Garamanten* südlich von Tripolitanien.
um 122	*Aufstand von Mauren* (Baquaten?) in Mauretania Tingitana.
142 –ca. 180	*Angriffe von Völkern des Rif* und des südlichen Mauretanien mit Übergriffen auf Südspa-nien.
197/201	Der Militärbezirk **Numidia** wird, von einem erfahrenen Prätorier regiert, *eigenständige Provinz.*
238	Usurpation Gordians I. und II.; sie wird vom numidischen Legaten Capellianus nieder-geschlagen.
254–260	Angriffe von *Baquaten, Quinquegentanei, Fraxinenses* auf Mauretanien und Numidien.
um 289–297	Aufstand der Quinquegentanei und anderer Stämme des südlichen Mauretanien gegen die römische Herrschaft.
	Im diokletianisch-konstantinischen Administrationssystem bildet Nordafrika mit Aus-nahme der Tingitana, die der Diözese Hispania zugewiesen wird, eine eigene **Diözese Africa** unter der Prätorianerpräfektur „Italia (Illyricum) et Africa". (Ein eigener Präfekt in Africa nur unter *Konstantin d. Gr.* und später noch 534.) Die östliche Mauretania Caesariensis wird zur neuen Provinz *Mauretania Sitifensis* abgetrennt, Numidien kurzfristig geteilt in *Numidia Cirtensis* und *Numidia Militaris, Africa Proconsularis* vor allem auf das städte-reiche Bagradastal beschränkt (Zeugitana), Byzacena (Mitteltunesien) und Tripolitanien abgetrennt.

| | | Regionalgeschichte – Nordafrika | 299 |

308/310 Usurpation des *L. Domitius Alexander,* „vicarius Africae".
373/374 Usurpation des Berberfürsten *Firmus,* „dux Mauretaniae".
397/398 Usurpation des *Gildo* (Bruder des Firmus), „comes Africae".

Wiederholte Aufstände und Raubzüge kaum kontrollierbarer nomadischer und halbnomadischer Stämme des Steppengürtels und des Rif erzwingen ein sehr umfangreiches **Verteidigungssystem.** Während der Republik sind in Afrika keine ständigen Besatzungstruppen stationiert; seit Augustus lagert nur 1 Legion (III Augusta) Anfang 1. Jh. in Ammaedara, dann Theveste, seit Anfang Hadrian (bis Anfang 5. Jh.) in Lambaesis (238–253 aufgelöst wegen Gegnerschaft zu Gordianen). Sie sichert mit Auxiliarheer von im 2. Jh. ca. 4000 Mann (2 Alen, 6 Kohorten) in mehreren Posten die numidische und afrikanische Südgrenze und stellt außerdem jährlich wechselnd 1 Kohorte und den Stab (officium aus 37 Chargierten) für den Prokonsul (neben dem Stab des numidischen Legaten). In *Karthago* versieht *„cohors I urbana"* seit Vespasian Polizeiaufgaben. Das Auxiliarheer der *Tingitana* besteht im 2. Jh. aus ca. 5 Alen und mindestens 10 Kohorten (davon 1 „milliaria", insgesamt ca. 8000 Mann), das der *Caesariensis* aus ca. 3 Alen (davon 1 „milliaria") und 10 Kohorten (ca. 7000 Mann). Seit Marcus ist in der Caesariensis eine Provinzflotte stationiert (vorher nur Detachements anderer Flotten). Außer aus Nordafrika werden die Soldaten aus Gallien und Italien rekrutiert. Im 4. Jh. ändert sich die Zusammensetzung der Truppen (besonders berberische Stammesverbände), aber nicht wesentlich die Zahl. – Ein besonders *dichtes Straßennetz* wird in Africa Proconsularis und Numidia ausgebaut; in Mauretania Caesariensis laufen drei, in Tripolitanien eine Hauptverkehrslinie parallel zur Küste. Aus militärischen Gründen ist auch der Steppensaum gut erschlossen.

Der römisch-italischen Einwanderung sind besonders Küstenstädte und Bagradastal ausgesetzt. Entsprechend verläuft **römische Urbanisierung** (wohl weit überwiegend Kolonien und Munizipien römischen Rechts). In der Republik nur viritane Ansiedlungen (Scheitern des C. Gracchus; „lex agraria" von 111; Marius). Seit Caesar und Augustus gründen fast alle Kaiser bis ins 4. Jh. neue römische ‚Städte' zumeist an der Stelle einheimischer Gemeinden oder Zentralorte. Die größte Intensität liegt in Zeugitana, Byzacena, Numidia, Mauretania Sitifensis und an mauretanischer Küste, zeitlich unter Augustus, Traian, Hadrian, Severern. Seit Hadrian werden Kolonien meist ‚titular' ohne Ansiedlung gegründet. Nur in

Die wichtigsten römischen Stadtgründungen und Stadtrechtsverleihungen in den nordafrikanischen Provinzen

Zeit	Kolonien	Munizipien
Caesar	Karthago	wohl kein Municipium
Augustus	Cirta (Constantine) Simitthu (Chemtou) Sicca Veneria (Le Kef) Saldae (Bougie) Tingi (Tanger) Banasa (Sidi-Ali-bou-Djenoun)	Utica (Hr. Bou Chateur) Musti (Hr. Mest)? Thunusida (Sidi Meskine)
Claudius	Caesarea/Iol (Cherchel) Oppidum Novum (Duperré)	Volubilis (Ksar Pharaoun) Rusuccuru (Dellys?)
Flavier	Icosium (latinisch; Alger) Madauros (Mdaourouch) Ammaedara (Haïdra)	Lepcis Magna (latinisch; Lebda) Sufetula (Sbeïtla)? Hippo Regius (Bône)?
Nerva	Sitifis (Sétif)	
Traian	Lepcis Magna (römisch; Lebda) Hadrumetum (Sousse) Thamugadi (Timgad) Theveste (Tébessa)	Capsa (Gafsa) Diana Veteranorum (Aïn Zana) Thubursicu Numidarum (Khamissa)
Hadrian	Zama Regia (unlokalisiert) Bulla Regia (Hammam Derradij) Utica (Hr. Bou Chateur)	Thuburbo Maius (Hr. Kasbat) Althiburos (Hr. Medeina) Avitta Bibba (Bou-Ftis)
Mark Aurel	Mactaris (Maktar) Sufes (Hr. Sbiba)	Lambaesis (Lambèse; latinisches Recht gemeinsam mit Gemellae/El Kasbate erbeten)
Septimius Severus	Vaga (Béja) Auzia (Aumale)	Aulodes (Sidi-Raïs) Thibursicum Bure (Teboursouk) Thignica (Aïn Tounga) Thugga (Dougga)
	ius Italicum an die Kolonien Karthago, Utica und Lepcis Magna verliehen	
3. Jh.	Uchi Maius (Hr. Douamis) Thugga (Dougga)	Abbir Cella (Hr. en Naam) Giufi (Bir Mcherga)

300 Altertum – Römische Geschichte

Mauretania Tingitana ist die römische Urbanisierung schon unter Claudius abgeschlossen (frühauguste-ische Küstenkolonien).

Infolge der römischen Immigration und Urbanisierung verlieren die **punischen und berberischen ,Städte'** (civitates liberae, stipendiariae) schon unter Augustus an Zahl und an Ausstrahlungskraft. In den wirtschaftlich zentralen Orten bestehen seit dem 1. Jh. v. Chr. *,,conventus civium Romanorum''*, die oft Anlaß zur Umkonstituierung ihrer Residenzgemeinde zu einer römischen ,Stadt' geben. Von großer Bedeutung ist das über Africa Proconsularis verstreute einstige Territorium Karthagos, auf dem sich, eingestreut in einheimische *,,civitates''*, romanisierte *,,pagi''* entwickeln, die mit den ,,civitates'' vor allem im 2. und 3. Jh. zu römischen Munizipien (seltener zu Kolonien) zusammengefaßt werden. Die mauretanischen Stämme, seit Masinissa zur Seßhaftigkeit veranlaßt, wandeln sich zumeist noch im 1. Jh. n. Chr. zu punisch geprägten Stadtgemeinden mit Sufeten, lokalen Untergliederungen der Bevölkerung (curiae, portae) und einem ,aristokratischen' Rat (senatus, ordo); auch die *,,curiae''* leben in den später römisch verfaßten ,Städten' fort. Eine scharfe Trennung zwischen Stadt- und Landbevölkerung zeigt sich nur in bezug auf die zahlreichen **Großgrundbesitzungen,** besonders des Kaisers und zunehmend seit dem 1. Jh. n. Chr. römischer Senatoren, die sich – ähnlich den kaiserlichen Domänen – vor allem im 4. Jh. der städtischen Hoheit zu entziehen vermögen und sich Grundherrschaften annähern, da die Herren nun überwiegend auf ihren Gütern (statt im städtischen Zentrum) wohnen.

Haupterzeugnisse Nordafrikas sind **landwirtschaftliche Produkte,** vor allem *Weizen* und *Öl,* deren Absatz Rom fördert. Die gewerbliche Produktion ist, außer lokal begrenzter Purpurgewinnung und Lampenherstellung, für den Export in andere Wirtschaftsräume des Reiches unbedeutend. An Grundprodukten ist nur Marmor erwähnenswert (Simitthu, Lepcis Magna). Dennoch gehört Nordafrika zu den wohlhabendsten Gebieten des Imperiums.

Die **Sozialstruktur** ist gekennzeichnet durch die sehr hohe Anzahl kleiner und mittlerer Stadtsiedlungen und den Großgrundbesitz, besonders kaiserliche Domänen. Es bildet sich eine breite stadtsässige, grundbesitzende Oberschicht heraus mit vielen abhängigen Landarbeitern und Bedarf an hochentwickeltem Gewerbe; daneben freie Landarbeiter, die teils als Schnitter und Olivenpflücker mit der (im Bergland späteren) Saison wandern und ein Potential zu sozialen und religiösen Unruhen bilden (circumcelliones), teils als Kleinpächter (coloni) Domänen bewirtschaften. Soldaten und Veteranen spielen außerhalb der Limeszone und der Provinzhauptstädte keine wesentliche gesellschaftliche Rolle. Die rechtliche und soziokulturelle **Romanisierung** erreicht im 2. Jh. ihre stärkste Dynamik, so daß Nordafrika zur Severerzeit weitestgehend in die römisch-lateinische Gesellschaft und Kultur integriert ist, obwohl Lybisch und Punisch vielenorts bis in die Vandalenzeit überleben. Die provinziale Oberschicht stellt durch Senatoren und im Reichsdienst hervortretende Ritter im 2. bis 4. Jh. einen sehr starken Anteil an der **Reichsaristokratie;** 80 der erste Konsul aus Africa (Q. Pactumeius Fronto). Mit *Septimius Severus* (Familie aus Lepcis Magna) und *Clodius Albinus* (aus Hadrumetum?) gelangen 193 zwei ,Afrikaner' zur Kaisermacht. Noch nach der Vandalenherrschaft findet die Oberschicht zurück in die Reichsaristokratie. – Eine besondere soziale Auszeichnung stellt in heidnischer Zeit das (halbeponyme) Priesteramt der karthagischen Ceres dar (Ära beginnt wohl 44 v. Chr.).

Seit 2. Jh. gibt Nordafrika wichtige **kulturelle Impulse** nicht allein auf den Gebieten der bildenden Kunst und der Architektur (manifest an zahlreichen städtischen Bauten, prächtigen Mosaiken städtischer und ländlicher Villen und in feiner Plastik), sondern vor allem in der *Literatur: M. Cornelius Fronto* aus Cirta (Konsul 143; † 175; Redner, Erzieher Mark Aurels), *Apuleius von Madauros* (Redner und Romancier [Metamorphosen]), *P. Salvius Iulianus* (Konsul 148, Jurist); besonders die christlichen Schriftsteller *Tertullian* (Apologie 197), *Minucius Felix* (Octavius, 1. Hälfte 3. Jh.), **Cyprian** (Bischof von Karthago 248/ 49–258), *Arnobius* (Anf. 4. Jh. in Sicca Veneria), *Lactantius* (Anf. 4. Jh.), **Augustinus** (Bischof von Hippo Regius, † 430), *Fulgentius von Ruspe* († 532) und seinem Hauptwerk nach Orosius (um 418 Historiae adversum paganos). Diese Blüte beruht auf starker Verbreitung des **Christentums** seit dem 2. Jh., das interne Auseinandersetzungen heftig, gelegentlich gewalttätig austrägt: Im 4. Jh. Kampf gegen Donatismus, der u. a. Anklang findet bei Circumcellionen und auch Aufstand des Gildo fördert. Die punischen und berberischen Kulte führen, zumeist in römischer Interpretation, neben importierten römisch-italischen Kulten ein kräftiges Eigenleben (z. B. Saturn/Baal Hammon, Caelestis/Tanit, Liber Pater/Chadrapha, Mars/Hadad, dit Mauri). Daneben findet in den Städten der römische Kaiserkult eine weite (offizielle) Verbreitung, ferner die Verehrung der numidischen Könige (Hiempsal, Juba, Ptolemaeus u. a.).

Die Eroberung Nordafrikas durch die arianischen **Vandalen** zerstört die stark romanisierte Sozialstruktur und Kultur nicht, schwächt aber erheblich den Wohlstand. Viele Städte werden 429–431 zerstört, u. a. Hippo Regius. 439 fällt mit Karthago den Vandalen die volle Herrschaft zu. Es bilden sich zahlreiche römisch-berberische Fürstentümer, so daß der vandalische Einfluß auf die stärker urbanisierten Gebiete, in Mauretanien weitgehend auf den Küstenstreifen beschränkt wird. Nach Rückeroberung durch *Belisar* (534) erneuern sich die alten Bindungen zum Imperium. 695–697 gerät Nordafrika unter arabische Herrschaft. Römisch-christliche Traditionen halten sich bis in das 12. Jh. Auf die *arabisch-islamische Geschichte* Nordafrikas wirkt die römische Okkupation nur gering fort. Der wesentliche Einfluß beruht im 2.–5. Jh. auf der Ausstrahlung der hochentwickelten Zivilisation und des Christentums auf die anderen Reichsteile, ferner auf der Lieferung von Getreide und Öl (besonders für Rom), schließlich dem Anteil an der Reichsaristokratie. – *(Forts. S. 1064)*

Ägypten
(Forts. v. S. 160)

Als Kronland des Prinzipats und wichtigster Getreidelieferant für Rom hat Ägypten in vielfacher Hinsicht eine Sonderstellung im Römischen Reich. Nur hier treten Augustus und seine Nachfolger als *absolute Monarchen* auf (Zählung nach Regierungsjahren, nicht nach Konsulaten), Titulatur und Ornat der Pharaonen werden auf die römischen Kaiser übertragen. Auch die römischen Herrscher bauen in ägyptischem Stil und sorgen für die einheimischen Kulte, die auf die uralte religiöse Rolle Pharaos angewiesen sind.

Die von den *Ptolemaiern* aufgebaute **Verwaltung** wird nach Möglichkeit fortgeführt. An ihrer Spitze steht ein *praefectus* aus dem Ritterstand, der meist alle 2–4 Jahre wechselt. Seine Stellung als Vizekönig enthält die Versuchung zur Usurpation, so schon bei dem ersten, *C. Cornelius Gallus* (30–26 v. Chr.), der strafweise abberufen wird und Selbstmord verübt. Der erste Nichtrömer (jüdischer Abstammung) *Ti. Iulius Alexander* (66–73 n. Chr.) unterstützt die Erhebung *Vespasians* zum Kaiser, ebenso der Präfekt *C. Calvisius Statianus* (175) die des *Avidius Cassius*; 257 wird der Präfekt *L. Mussius Aemilianus* in Ägypten zum Kaiser ausgerufen. Die Präfekten leiten auch die **Rechtsprechung.** Ihre Residenz Alexandreia steht außerhalb der Landes-Verwaltung mit den neugeschaffenen 3 Epistrategien von Oberägypten (Thebais), Mittelägypten (Heptanomia) und Unterägypten (Delta), in denen die etwa 40 „Gaue" (unter Strategen) zusammengefaßt sind. Die **Amtssprache** ist **griechisch,** das Vertragsrecht jedoch meist ägyptisch. Alle 14 Jahre findet eine Volkszählung (census) für Steuerzwecke statt. Im Land sind meist 3 Legionen stationiert – eine in Oberägypten, eine in Babylon bei Kairo, eine in Nicopolis bei Alexandreia zur Überwachung dieser Weltstadt mit ihrem stets unruhigen Pöbel und ihren nationalen Gegensätzen (häufige antisemitische Ausschreitungen gegen die starke Judengemeinde). Als Ausfuhrhafen des Getreides *(annona)* für Rom ist Alexandreia auch Stützpunkt der Flotte *(classis Augusta Alexandrina);* Bedeutung auch durch den Handel mit Indien (über Koptos und die Häfen am Roten Meer) und die Ausfuhr von wertvollen Gesteinen (Rosengranit aus Assuan, Porphyr vom Mons Claudianus). **Stadtrecht** haben außer *Alexandreia* nur die beiden Griechenstädte *Ptolemais* und *Naukratis.* Die Zahl der Römer im Land ist gering, doch werden viele Veteranen einzeln angesiedelt, und viele Römer (so schon Virgil und Maecenas) besuchen als Touristen das Niltal mit seinen Sehenswürdigkeiten. Den griechischen Bürgern werden immer mehr zwangsweise und unbesoldet Pflichten *(Leiturgie)* auferlegt. Die **Landwirtschaft** nimmt unter den ersten Kaisern einen großen Aufschwung, zugleich Bildung von Großgütern römischer Kapitalisten und vornehmer Alexandriner. Eine einheimische Priesterschaft pflegt die alten **religiösen Traditionen** und gibt die Kenntnis der Hieroglyphenschrift weiter, an vielen Tempeln wird eifrig weitergebaut (u. a. Dendera, Karnak, Esna, Oasen Charge und Dachle). Die römischen Kaiser *Caligula* und *Domitian* sind besonders aufgeschlossen für die ägyptischen Kulte, die sich in Rom und seinen Provinzen immer mehr ausbreiten.

115–117 Der **große Judenaufstand,** vom Präfekten *Q. Marcius Turbo* niedergeworfen, leitet eine Zeit wirtschaftlichen und geistigen Niedergangs ein, obgleich *Hadrian* die alexandrinische Religion besonders fördert (130 Besuch Ägyptens und Gründung der neuen Griechenstadt *Antinoopolis* durch Kaiser Hadrian, nachdem sein Günstling *Antinous* im Nil ertrunken ist).

154/167 Ein neuer Aufstand (154) und die Pest (167) fördern den Verfall, der wachsende Steuerdruck zwingt die Bauern vielfach zur Flucht aus ihren Dörfern und führt zur Verödung des Landes, das überdies von Banden terrorisiert wird.
Die Bautätigkeit an den Tempeln und die Kenntnis der Hieroglyphen gehen stark zurück, dafür erste Spuren der neuen, mit griechischen Buchstaben geschriebenen Schriftsprache des *Koptischen,* die vor allem in den wachsenden christlichen Gemeinden benutzt wird.

200 *Septimius Severus* in Ägypten, versucht eine Neuordnung in Verwaltung und Rechtsprechung. Die lokale Aristokratie wird zur Staatsverwaltung herangezogen, die Metropoleis in den Gauen erhalten das Stadtrecht. Die Auswirkungen der *Constitutio Antoniniana* (212/213) auf Ägypten (allgemeines Bürgerrecht) sind noch umstritten. *Caracalla* (211–217) gibt sich noch einmal betont als Pharao, doch kommt die Bautätigkeit in Esna und den übrigen Tempeln nach *Decius* (249–251) ganz zum Erliegen.

seit 253 Neue Pest-Epidemie; außerdem kommt es von Süden zu Einfällen der Nobaden und Blemmyer.

267–271 Ägypten gehört zum Machtbereich der *Zenobia* von Palmyra.

296 Nach der Niederwerfung der Rebellion des *Achilleus* gegen *Diokletian* (297 weiterer Aufstand unter L. Domitius Domitianus) verliert Ägypten seine Sonderstellung. Es wird in mehrere Provinzen aufgeteilt, der Präfekt ist jetzt dem vicarius der Diözese *Oriens* unterstellt (erst ab 381 mit Libyen eigene Diözese). Die militärischen Aufgaben werden von einem dux wahrgenommen, der dem magister militum des Orients untersteht. Rücknahme der römischen Besatzung aus Nubien, das den *Nobaden* überlassen wird. Unter *Maximinus Daia* (305–313) letztmals Hieroglyphen-Inschriften und Darstellung des Kaisers als Pharao – mit dem Sieg des Christentums fällt beides dahin.

302 Altertum – Römische Geschichte

Das Christentum im römischen Ägypten

Das **Christentum** findet in Ägypten mit seinen zahlreichen Judengemeinden früh Eingang, doch sind die Anfänge bis etwa 180 dunkel. Durch das Fehlen einer Stadtverfassung in den „Gauen" vor 296 bleibt *Alexandreia* lange der einzige Bischofssitz, dazu seit 190 Sitz einer Katechetenschule mit bedeutenden Vorstehern (Clemens Alexandrinus, Origenes); erst im 3. Jh. erhalten auch die Metropoleis in den Gauen Bischöfe, doch unter Aufsicht des Bischofs von Alexandreia, dessen Aufstieg zum Metropoliten, seit 451 *Patriarchen* so vorbereitet wird. Erste große Verfolgungen mit Märtyrern unter Septimius Severus, Decius und Diokletian. Die meisten Anhänger findet die neue Lehre in der unterdrückten Landbevölkerung, während die gebildete griechische Oberschicht noch länger an den heidnischen Kulten festhält (*Sarapis-Heiligtum* von Alexandreia 325 geschlossen, 391 zerstört). Frühe Entstehung eines Einsiedler- und Mönchtums (Antonius, Pachom, der um 320 das erste Kloster bei *Tabennese* gründet) und Übersetzung der Bibel in die Dialekte des *Koptischen* (aus lateinisch „Aegyptus"). Daneben Fortwirken *gnostischer* Lehren (Codices von Nag Hammadi = *Choinoboskion*).
Im 4. und 5. Jh. ist Ägypten Schauplatz erbitterter theologischer Auseinandersetzungen *(Athanasios, Arius, Kyrillos);* dazu Vertreibung der Juden aus Alexandreia und Verfolgung der letzten heidnischen Philosophen (Hypatia 415). Einfluß des *manichäischen* Glaubens, gegen den mehrfach strenge Edikte erlassen werden.
Unter *Justinian I.* (527–565) dauern die theologischen Streitigkeiten und die Unruhen in der Bevölkerung an; als letzter heidnischer Tempel wird der Isis-Tempel von Philae geschlossen, christliche Missionierung Nubiens durch Bischof Theodor. Die wirtschaftliche Ausbeutung des Landes und die Verfolgung seiner monophysitischen Kirche machen die byzantinische Verwaltung bei den Ägyptern so verhaßt, daß sie (619–629) die persischen und (seit 639) die arabischen Eroberer als Befreier begrüßen. – *(Forts. S. 1063)*

Palästina unter römischer Herrschaft
(Forts. v. S. 167)

63 v. Chr.	Der im Kampf gegen die *Seleukiden* mächtig gewordene **Hasmonäerstaat** von *Pompeius* nach der Einrichtung der *Provinz Syrien* seiner faktischen Unabhängigkeit beraubt. **Judäa** wird abhängiger Klientelstaat mit Pflicht zur Stellung von Hilfstruppen und zur Zahlung von Tribut. Der Hohepriester *Hyrkanos* ist gleichzeitig *Ethnarch* (= politischer Führer seines Volkes); alle griechischen Städte an der Küste und im Landesinneren durch Pompeius autonom. Die von Pompeius in die Sklaverei verkauften Juden verstärken die Diaspora.
47	Im römischen Bürgerkrieg nach anfänglichem Zögern *Anschluß an Caesar;* deshalb Hyrkanos wieder als Ethnarch bestätigt, der Idumäer *Antipater* als Vertreter der römischen finanziellen Interessen eingesetzt; durch eine Gesandtschaft des Hyrkanos ein Bündnis mit Rom unter Einbeziehung der Diasporajuden geschlossen. Caesars Erlaß schützt die religiöse Sonderstellung der Juden. Durch Anschluß an Antonius sichert sich *Herodes I.*, der
40	Sohn Antipaters, die Herrschaft in Judäa und wird durch den Senat als König anerkannt.
37	Konsolidierung seiner Macht durch Eroberung Jerusalems. Die Stellung des Hohenpriesters bleibt von der des Königs getrennt, da Herodes als Idumäer nur Halbjude ist. Wegen Auseinandersetzungen mit *Kleopatra* nimmt Herodes nicht an der *Schlacht von Actium* teil.
30	Deshalb Parteiwechsel zu *Octavian* möglich, der den Machtbereich des Königs vergrößert. Seine Macht durch die **Ausrottung der Hasmonäer,** die Schwächung des Hohenpriestertums, die neuerliche *Ummauerung Jerusalems,* die Errichtung von Befestigungen (z. B. Masada) und die Gründung von Städten (Sebaste, Kaisareia) gestärkt.
4	Nach seinem Tod Teilung seines Reiches mit Zustimmung des Augustus; *Archelaos* erhält u.a. Judäa mit Jerusalem.
6 n. Chr.	Nach langen Beschwerden der Untertanen Archelaos von Augustus abgesetzt und nach Gallien verbannt, sein Teilreich in die **Provinz Judäa** umgeformt; sie wird zunächst von einem ritterlichen Präfekten geleitet, dem nur Hilfstruppen unterstehen. Die Juden zur Bezahlung von Grund- und Kopfsteuer gezwungen; beide Steuern durch die lokalen administrativen Bezirke eingezogen. Entweder um 5/4 v. Chr. oder um 7 n. Chr. wird **Jesus geboren.**
40	*Herodes Antipas* von *Caligula* ebenfalls verbannt, sein Herrschaftsgebiet von *Claudius* zusammen mit der bisherigen Provinz *Herodes Agrippa I.* übergeben. Nach dessen Tod die
44	Provinz in größerem Umfang wiederhergestellt.
53	Der Sohn *Agrippa II.* zum **König der Trachonitis** und **Gaulanitis** bestimmt.
66	**1. Jüdischer Aufstand.** Die Spannungen mit der römischen Herrschaft wachsen spätestens seit dem Versuch Caligulas, sein Bild im Tempel in Jerusalem aufzustellen. Als ungerecht

Regionalgeschichte – Palästina 303

empfundener Steuerdruck, Mißachtung religiöser Privilegien durch die Statthalter verstärken eine messianische Stimmung, die von der Bewegung der *Zeloten* auch politisch verwertet wird. Unmittelbarer Anlaß des Aufstandes ist das Verhalten des Statthalters *Gessius Florus*, der die Juden in Kaisareia nicht vor einem Pogrom der Griechen schützt und Geld aus dem Tempelschatz fordert. Die Niedermetzelung der römischen Besatzung in Jerusalem nach Bewilligung freien Abzugs durch die Juden provoziert eine allgemeine Aufstandsbewegung, die bald auch von den politischen Führern des Judentums, den *Pharisäern,*
67 unterstützt wird.

68 Rom reagiert durch Entsendung *Vespasians,* der zunächst das offene Land erobert. Durch den Tod Neros und die Erhebung Vespasians zum Kaiser wird die **Belagerung Jerusalems** hinausgezögert.

70 Nach etwa halbjähriger Belagerung wird die Hauptstadt erobert, der Tempel (schon am
25. Sept. 30. August) vernichtet.

April 73 Die letzten Reste des Aufstandes werden mit der Erstürmung *Masadas* ausgelöscht. Zahl-
oder 74 reiche Juden in die Sklaverei verkauft.

70 Die Provinz wird einem *senatorischen Legaten* mit prätorischem Rang unterstellt, die legio X Fretensis in der Nähe von Jerusalem in Garnison. Die Befreiung der Juden vom Militärdienst bleibt bestehen; deshalb Rekrutierung zumeist außerhalb der Provinz bzw. unter der nichtjüdischen Bevölkerung.

Ein kaiserlicher Prokurator ist für den Steuereinzug und die großen kaiserlichen Domänen verantwortlich. Die Tempelsteuer von 2 Drachmen an den kapitolinischen Jupiter entrichtet; zuvor nur von Männern, jetzt von allen Personen mit jüdischer Religion bezahlt. Zölle an den Provinzgrenzen durch jüdische Zolleinnehmer erhoben.

Das durch die Religion bestimmte jüdische Leben wird getragen durch das Zentrum in Jamnia, wo der Pharisäer *Jochanan* mit Erlaubnis Vespasians eine Rabbinerschule eröffnet; dort auch Tagung des *Sanhedrin* (Gerichtshof).

vor 92 Mit dem *Tod Agrippas II.* kommt das letzte jüdische Klientelgebiet unter direkte römische Herrschaft.

115–117 Während des *Partherkrieges Traians* weitreichende **Aufstandsbewegung der Diasporajuden** in Syrien, Babylonien, Ägypten, der Kyrenaika und auf Zypern; auch Palästina wird betroffen. Langwierige militärische Auseinandersetzung; wahrscheinlich als Folge die Provinz Judäa seit traianischer, endgültig seit hadrianischer Zeit mit einer zweiten Legion be-
129 legt (zuerst die II Traiana, dann die VI Ferrata), spätestens seit etwa 129 ein konsularer
132–135 Legat als Provinzstatthalter mit Sitz in Kaisareia.

Letzter großer Aufstandsversuch in Palästina durch Simeon Bar Kosiba (*Bar Kochba* = „Sohn des Sternes"), Galiläa wenig beteiligt. Sorgfältige militärische und politische Vorbereitung; der Anlaß wohl im Plan *Hadrians* zu sehen, Jerusalem unter dem Namen *Aelia Capitolina* als hellenistisch-römische Stadt mit einem Jupitertempel an Stelle des jüdischen Tempels wieder zu errichten. Als Folge des Aufstandes die Beschneidung, das Betreten Jerusalems durch Juden verboten, sehr viele Bewohner Judäas getötet oder aus dem Land vertrieben. Die religiösen Beschränkungen durch *Antoninus Pius* wieder aufgehoben. Die innere Ruhe der Provinz bis 351 weitgehend gewahrt.

3. Jh. In der 2. Hälfte des 3. Jh.s der senatorische Legat durch einen ritterlichen *Präses* ersetzt; das Militärkommando geht an einen *dux Palaestinae* über, dem zahlreiche kleinere Abteilungen unterstellt sind. Dislokation vor allem am Limes, nicht mehr im Landesinnern. Nach Einsetzung eines Heermeisters im Osten diesem der dux untergeordnet.

351 Jüdischer Aufstandsversuch gegen *Gallus,* u. a. veranlaßt durch das Verbot, christliche Sklaven beschäftigen zu dürfen.

357 Der Süden der Provinz *(Palaestina Salutaris)* Arabien zugeschlagen.

363 Der Versuch *Julians,* Jerusalem den Juden zurückzugeben und den Tempel wiederzuerrichten, nach seinem Tod sofort aufgegeben.

um 400 **Teilung in Palaestina I und II;** Palaestina Salutaris wird zu **Palaestina III.** Die Statthalter dem Leiter der Diözese Oriens (comes) mit Sitz in Antiocheia und dem Prätorianerpräfekten des Orients mit Sitz in Konstantinopel untergeordnet.

484, 529 Aufstände, zum ersten Mal durch die *Samaritaner,* die sich um ihr Kultzentrum auf dem Berg *Garizim* von den Juden abgesondert hatten. Hoffnung auf persische Unterstützung nicht erfüllt; an Stelle des samaritanischen Heiligtums auf dem Garizim durch Kaiser *Zenon* eine Kirche errichtet. Durch die Ausbreitung der monophysitischen Lehre Schwächung der Zentralgewalt.

614 Der Perserkönig *Chosrau II.* zieht nach Palästina; Anschluß der Juden und Eroberung Jerusalems; die Stadt den Juden übergeben; 37 000 Christen in die Gefangenschaft nach Persien. Schon 3 Jahre später die Juden wieder vertrieben; Wiedererrichtung des *christlichen Patriarchats.*

629 Nach Friedensschluß Einzug des Kaisers *Herakleios* in Jerusalem mit der wiedergewonne-
21. März nen Kreuzesreliquie.

304   Altertum – Römische Geschichte

seit 632   Eindringen der moslemischen *Araber.*
   636   Niederlage der Römer am Yarmuk (20. Aug.).
   638   Jerusalem dem Kalifen Omar übergeben.
   640   Eroberung von Kaisareia. – **Ende des römischen Palästina.**

Grundstrukturen Palästinas zur Römerzeit

Die **lokale Organisation** zunächst durch vorrömische Formen bestimmt; an der Küste und im Jordantal griechische *Städte*, sonst das Land in *Toparchien* eingeteilt; dabei Dörfer als administrative Zentren ohne Autonomie. Auch die von *Herodes* und seiner Familie gegründeten Städte zumeist nur Verwaltungsmittelpunkt ohne Territorien. Städtische Gliederung im Rechtssinn erst seit *Vespasian* stärker entwickelt; im 4. Jh. das Land fast ganz in städtische Territorien aufgeteilt. Nur eine Veteranensiedlung von Vespasian in Emmaus angelegt, die meisten Städte griechisch bestimmt, teilweise die vorhandene jüdische Aristokratie entmachtet; das Judentum aber nicht vernichtet; im 4. Jh. *Tiberias* und *Diokaisareia* noch völlig jüdisch; besonders stark jedoch auf dem Land. Veränderung der **Bevölkerungszusammensetzung** durch Abwanderung von Juden, Einwanderung von Griechen und Syrern sowie die Niederlassung von entlassenen Veteranen. Geringe Verbreitung des *römischen Bürgerrechts* vor 212, da der hauptsächliche Zugang über den Dienst im Heer den Juden aus religiösen Gründen unmöglich ist. In der Führungsschicht schon bald einzelne Römer, vor allem im Haus des *Herodes;* Zugang zur Reichsaristokratie nur für wenige und nur nach Religionswechsel (z. B. Iulius Alexander, Präfekt von Ägypten 69). Geringe Einwirkung des Römischen, auch nicht in der **Sprache,** wohl aber der hellenistischen Kultur; selbst auf dem Land im 3. Jh. weitgehend Griechisch verwendet. Wesentlich stärkere Beeinflussung der Juden in der Diaspora, die Sprache zunächst meist griechisch, später auch häufig, vor allem im Westen, Latein.

Die **Wirtschaftsstruktur** ist weitgehend agrarisch; Großgüter fast nur im Besitz des Kaisers oder Patriarchen, sonst überwiegend freie Landbesitzer, die auch Bearbeiter des Landes sind; außerhalb des jüdischen Siedlungsgebiets auch Großgrundbesitz. Typischerweise die Bindung der Kolonen an den Boden erst 386 für Palästina verfügt. Besondere Produkte sind das Olivenöl Galiläas und die Oasen von Jericho und Engeddi sowie der Balsam von Jericho; Olivenöl in großem Ausmaß in die jüdische Diaspora exportiert. Weidewirtschaft (Schafe), bedeutende Weberei auf handwerklicher Basis; Zentrum für feine Stoffe ist Skythopolis.

Durch die **jüdische monotheistische Religion** nimmt Palästina eine Sonderstellung ein. Die **Hohenpriester** sowie der **Sanhedrin** besitzen selbst über die Diasporajuden Macht, die bis 70 auch durch die Tempelsteuern gebunden sind. Nach 70 entwickelt sich das **Patriarchenamt** in Haus Hillel als erbliche Führerstellung; der größte Einfluß der Patriarchen im späten 2. und am Anfang des 3. Jh. (in Tiberias). Durch ihn erfolgt die Ernennung der **Richter.** Ordination von **Rabbinern** ist nur mit seiner Erlaubnis möglich, auch in der Diaspora; er hat den Vorsitz im Sanhedrin inne, entsendet persönliche Beauftragte zur Kontrolle der Gemeinden, die bei besonderen Anlässen eine Abgabe zu entrichten haben. Von ihm werden auch die Festtage des Kalenders verkündet, ein Mittel zum Zusammenhalt des Judentums. Für Rom ist auch nach 135 der Patriarch der Vertreter des Gesamtjudentums, der im Eigeninteresse mäßigend auf sein Volk einwirkt. Das Patriarchat, noch im 4. Jh. durch die Verleihung des Ehrenranges eines Prätorianerpräfekten herausgehoben, wird vor 429 auf Drängen christlicher Kreise abgeschafft; die Ernennung der Rabbiner gelangt in die Zuständigkeit des Provinzialsanhedrins; dadurch ist vor allem das Diasporajudentum führerlos. Die Möglichkeit zum Zusammenhalt beruht nur noch auf religiöser Grundlage. Die dafür gültige Lehre ist im Kanon des Alten Testaments (seit etwa 100) festgelegt. Die kommentierende Arbeit lehrhafter und gesetzlicher Natur wird in der **talmudischen Literatur** zusammengefaßt (in Palästina um 400, in Babylonien um 525).

Die religiöse Situation ist zunächst innerhalb des Judentums durch die Richtungen der **Sadduzäer, Pharisäer** und **Essener** bestimmt. Die Essener sind eine apokalyptische Strömung, die in Chirbet-Qumran wohl ihr klosterähnliches Zentrum hat (ihre Schriften in benachbarten Höhlen seit 1947 gefunden); die Sadduzäer bilden die priesterliche Fraktion mit Beschränkung der Heiligung auf den kultischen Bereich; die Pharisäer vertreten die Durchdringung des gesamten Lebens mit religiösen Forderungen. Wegen der apokalyptischen Züge überleben die Essener die Jahre 66/70 nicht, ebensowenig die Sadduzäer wegen ihres national-religiösen Engagements. Nach 70 bzw. 135 setzt sich die pharisäische Richtung durch. In den hellenistisch geprägten Städten ist teilweise die übliche olympische Religion vorherrschend; darunter sind oft einheimische Götter verborgen, z. B. *Marnas* in Gaza.

Das **Christentum,** das in *Jerusalem* seine erste Gemeinde hat, ist stark judenchristlich orientiert; die Leitung zunächst bei *Petrus,* dann bei *Jakobus dem Jüngeren* (bis 62). Am Aufstand 66–70 beteiligen sich die Judenchristen nicht; Auswanderung nach Pella östlich des Jordan. Seit 135 besteht in Jerusalem eine rein heidenchristliche Gemeinde, andere Zentren sind im 2./3. Jh. hauptsächlich in hellenistischen Städten.

Die **Sprache** der christlichen Kirche ist *griechisch,* erst im 4. Jh. gibt es auch Übersetzungen ins *Aramäische.* Kirchliche Metropole wird *Kaisareia* (dort wirken Origenes und Pamphilos im 3. Jh. unter Konstantin Eusebios); Jerusalem behält Ehrenvorrang; aber erst nach 451 wird es als **Patriarchat** anerkannt. Christen sind bis zu Konstantin nicht sehr zahlreich, in jüdischen Zentren wie Tiberias und Diokaisareia wird der Zugang erst durch Konstantin erzwungen. Starke pagane Religion noch bis um 400 in Gaza und Raphia. Staatliches Vorgehen gegen die Christen besonders unter Diokletian und Maximinus Daia. Mit *Konstantin* ist **Palästina** zum **Heiligen Land** geworden. Intensiver Kirchen- und Klosterbau unter dem Einfluß der zahlreichen *Pilger* aus dem gesamten Reich, vor allem des *Hieronymus*. Im 5. und 6. Jh. Christianisierung auch des flachen Landes, Kirchen und Klöster selbst in kleinsten Orten; zahlreiche Einsiedler, z. B. Sabas und Johannes Silentiarius. Frühzeitige Märtyrer- und Heiligenverehrung durch Kapellenbauten. Im 5. Jh. **Kirchenspaltung** durch Annahme des *Monophysitismus* im Volk und unter den Mönchen. Dadurch Schwächung des inneren politischen Zusammenhalts – eine der Ursachen für den schnellen Verlust Palästinas an die moslemischen Araber. – *(Forts. S. 1063)*

Syrien
(Forts. v. S. 167)

Syrien, durch die *geographische Lage* einerseits zur Mittelmeerwelt hin geöffnet, andererseits nach Osten zum Zweistromland, Persien, Indien hin orientiert. Dadurch das Land wesentlich auf Austausch und Vermittlung ausgerichtet. Die in Nord-Süd-Richtung verlaufenden Gebirgszüge des Libanon und Antilibanon behindern diesen Charakter nicht, teilen es allerdings in viele kleine, getrennte *lokale Einheiten*. Der Regenreichtum der Westküste und die weitgehende Wasserlosigkeit des Ostens bestimmen wesentlich die *wirtschaftliche* und *soziopolitische Struktur.*

	Allgemeine politische Krise durch Zusammenbruch des **Seleukidenreiches** und das Ausgreifen des *Tigranes* (König von Armenien). Nach dessen Besiegung wird das Zentralland
64	der Seleukiden durch *Pompeius* zur **Provinz** erklärt, die wesentlich auf den Küstensaum, einen Teil des Orontestales und die fruchtbare Hochebene vom Amanus bis zum Euphrat beschränkt ist und von einem Prokonsul bzw. Proprätor geleitet wird (Amtssitz Antiocheia am Orontes). Der größere Teil des Landes bleibt unter einheimischen Dynasten, die einen Schutz gegen nomadisierende Stämme aus dem Osten und Süden bilden.
53	Von Syrien aus *Crassus'* Zug gegen die *Parther,* die nach der Niederlage der Römer bei
39	*Karrhai* in römisches Gebiet einfallen und erst nach den Siegen des *Ventidius Bassus* Syrien
38	räumen. Letzte große Schlacht gegen Parther bei *Gindaros;* von da an kein parthischer Einfall mehr bis 162.
nach 31	Die von *Antonius* an *Kleopatra* und andere Dynasten verschenkten Gebiete werden durch *Augustus* wieder zum Provinzialgebiet gemacht. Veteranenansiedlungen in Berytos und Heliopolis.

Römische Provinzialverwaltung

Die Provinz wird von einem kaiserlichen *Legaten* in konsularem Rang geleitet, der das Ende seiner Laufbahn erreicht hat – dies ein Ausdruck für die Bedeutung der Provinz; bis 70 sind ihm 4 Legionen unterstellt sowie zahlreiche Auxilien. Die *Truppen,* zunächst im Landesinnern gegen die unruhige Bevölkerung und gegen räuberische Stämme stationiert, werden seit Augustus weitgehend bereits aus dem Osten bzw. bereits unmittelbar aus Syrien rekrutiert. Zahlreiche Spezialeinheiten ausgehoben, die in anderen Reichsteilen eingesetzt und auch späterhin häufig mit Rekruten aus Syrien aufgefüllt werden. Das *Steuersystem* wohl auf den seleukidischen Verhältnissen aufbauend; die Tatsache der Grund- und Kopfsteuer bekannt, auch Frauen der Kopfsteuer unterworfen; nur wenige Städte mit römischem Rechtsstatus von den Kaisern privilegiert. Das *Finanzwesen* untersteht einem ritterlichen ducenaren *Prokurator,* der Einzug erfolgt aber über die Territorialeinheiten oder die Scheichs der abhängigen Stämme. Augustus errichtet eine Münzstätte, die Silber- und Kupfergeld prägt. Der Münzfuß ist mit dem der Parther identisch (notwendig wegen des Handelsaustausches?); daneben lokale städtische Kupferprägung bis in gallienische Zeit.

Spätestens seit *Nero* weitreichender Ausbau des *Straßensystems* durch die Truppen bzw. die Städte, zunächst in Nord-Süd-Richtung, später in Ost-West-Richtung bis zum Euphrat, auch über Palmyra am Euphrat entlang. Ein *Provinziallandtag* mit Sitz in Antiocheia besteht spätestens seit Mitte des 1. Jh.s n. Chr.

18 n. Chr.	**Kommagene** (nördlichste Landschaft Syriens zwischen Kilikien und Euphrat) zu Syrien geschlagen, seit *Tiberius* auch **Palmyra** in direkter Abhängigkeit von Rom (mit weitgehender innerer Autonomie).
41	Unter *Claudius* wird Kommagene an *Antiochos IV.* zurückgegeben; Veteranensiedlung in Ptolemais.
54–65	Kämpfe gegen die *Parther* unter Domitius Corbulo, der ein weit über die Provinz hinausgreifendes Kommando erhält.

306   Altertum – Römische Geschichte

69	Usurpation *Vespasians* mit Unterstützung des syrischen Statthalters Mucianus.
70	Die Zahl der Legionen wird auf drei verringert, die seit Vespasian teilweise an den Euphrat verlegt werden. Errichtung eines **Limes,** der die Bewegungen der nomadisierenden Stämme kontrollieren soll.
72	Kommagene endgültig zum Provinzialgebiet geschlagen.
vor ca. 92	Das letzte Dynastengebiet, **Chalkis,** der Provinz eingegliedert.
114–117	Kämpfe gegen die Parther, unter *Marc Aurel* wieder mit einem übergreifenden Kommando (Avidius Cassius).
175	Usurpation des *Avidius Cassius.*
193/194	Usurpation des *Pescennius Niger.*
194	Die Provinz wird von *Septimius Severus* in Syria Coele unter einem konsularen Legaten (Hauptstadt Laodikeia) mit zwei Legionen und **Syria Phoenice** unter einem prätorischen Legaten (Hauptstadt Tyros) und einer Legion geteilt, um die Aufstandsgefahr zu mindern.
197–199	**Kämpfe gegen die Parther.**
217	*Caracalla* bei Karrhai ermordet, *Macrinus* zum Kaiser ausgerufen.
218	Durch eine Revolte der Soldaten ein Neffe Caracallas, der Hoherpriester des Gottes von Emesa war, mit dem Namen *Elagabal* zum Kaiser ausgerufen; dadurch Verstärkung des allgemeinen syrischen Einflusses.
seit 230	Ständige **Angriffe der Sasaniden** (Sassaniden) auf Syrien, Verpflanzung zahlreicher Provinzbewohner nach Persien.
	Gegenkaiser als Schutz gegen die Perser:
253	*Uranius Antoninus;* nach der Gefangennahme *Valerians* durch *Schapur I.* Macrianus und
260	Quietus.
seit 260	Zusammenhalt des römischen Ostens durch *Odainathos,* den Fürsten von Palmyra; nach
267	seinem Tod seine Witwe *Zenobia* und ihr Sohn Vaballathos immer unabhängiger bis zur
273	Annahme des Augustustitels. Erst durch *Aurelian* die Sezession beendet, die Provinz wiederhergestellt und Ausgangspunkt für die Perserfeldzüge unter Kaiser *Diokletian;* intensiver Ausbau des Limes mit Kastellen und einer besonderen Verbindungsstraße. Während der Regierungen von Diokletian und Konstantin jeweils **Teilung der beiden Provinzen** in zwei kleinere Einheiten (Syria Coele – Augusta Euphratensis, Phoenice – Augusta Libanensis); das Militärkommando geht auf die zwei *Duces* über, die dem Heermeister des Orients unterstellt sind; die zivilen Statthalter sind an die Weisungen des *Vikars* der Diözese Orient sowie den *Prätorianerpräfekten* für den Osten gebunden. Der Heermeister, der Vikar und der höchste Finanzbeamte der Diözese Orient haben in Antiocheia ihren Sitz. Zur Versorgung des Heeres und der staatlichen Amtsträger bei Antiocheia, Damaskus, Skythopolis und Tyros staatliche Waffen- und Kleidermanufakturen errichtet. Unter Diokletian umfassender *Zensus* zur gleichmäßigen Verteilung der Steuerlast; differenzierte Berechnung nach Bodenqualität und Bebauung.
528–530	Unter *Constantius II.* und *Julian* weitere Perserfeldzüge, dann Syrien erst im 6. Jh. wieder durch persische Einfälle verheert.
540	Durch den Sasanidenherrscher *Chosrau I.* 50jähriger Friede, bereits nach 10 Jahren wieder gebrochen. Angriffe durch nomadisierende **Araber** verstärkt.
ab 604	Der Krieg von *Chosrau II.* führt zum Verlust Syriens; langsame Rückgewinnung durch *Herakleios* und Räumung Syriens durch die Perser.
636	Die römische Herrschaft geht durch die Schlacht am *Yarmuk* an die Araber verloren;
638	Antiocheia als letzter großer Stützpunkt geräumt. Die *Grenze des Byzantinischen Reichs* wird auf die Taurospässe zurückgenommen.

Die Strukturen der römischen Provinz Syrien

In der untersten territorialen Gliederung der römischen Provinz bleiben **vorseleukidische** und **seleukidische Strukturen** erhalten. An der Küste und im Orontestal zahlreiche *Städte* mit *Polisverfassung,* im Landesinnern große *Tempelherrschaften* mit vielen abhängigen Dörfern, an den Rändern des Fruchtlandes nomadisierende Stämme, die schon teilweise feste Mittelpunkte haben. Durch *Pompeius* wird die Autonomie der Griechenstädte wiederhergestellt; Bürger sind nur Bewohner der Städte; diese werden durch die Römer zur Sicherung ihrer Herrschaft und zur Durchführung der Administration unterstützt. Viele Dörfer mit lokaler Administration bleiben bis ins 4./5. Jh. hinein erhalten. Nur wenige Veteranenkolonien werden gegründet, aber Verleihung des Kolonierechts, z.B. an Antiocheia, Tyros, Palmyra (Hadrian), Emesa (Caracalla).

Mit der Umwandlung von Dörfern in Städte auch Vordringen der griechischen **Sprache.** Die Unterschicht der Städte und die Landbewohner bewahren weitgehend ihre *aramäischen Dialekte,* an den Rändern der Provinz sind diese Sprachen auch schriftlich (Palmyrener, Nabatäer). Zur eigentlichen Schriftsprache ist das aramäische Syrisch erst durch das Christentum seit dem 3. Jh. geworden (Bardesanes von Edessa), gestärkt durch das monophysitische Schisma des 5./6. Jh. *Latein* wird nur im Heer (durchgehend) und der Administration (teilweise neben Griechisch) verwendet; zeitweiliger Aufschwung der lateinischen Sprache erfolgt durch die Rechtsschule von *Berytos* im 4. Jh.

Die **Wirtschaftsstruktur** wird durch die *Landwirtschaft,* ein hochentwickeltes *Handwerk* und den *Handel* bestimmt. Anbau von Getreide, Olivenbäumen und Wein; alle Produkte werden auch exportiert, ferner Bäume aus dem Libanon für Bauten und Schiffe (kaiserliche Forste im Libanon mit Zedern, Zypressen, Tannen, Fichten); um Palmyra intensive Pferdezucht, wichtig für die römische Armee. Großgüter von freien Pächtern und Lohnarbeitern, wenig durch Sklaven bestellt; in den Dörfern zahlreicher Kleinbesitz. Die überall notwendigen Bewässerungsanlagen werden durch liturgische Dienste der Bevölkerung erhalten.

Zahlreiche *Manufakturen* für Glas, Textilien, Parfüme; Purpurherstellung und -färberei um Tyros, Byblos, Berytos und Sidon konzentriert. Der Handel setzt die einheimischen Produkte im gesamten Römischen Reich ab; syrische Händlerkolonien auch in vielen römischen Städten des Westens; wesentlich ist jedoch der Durchgangshandel besonders von Ost nach West; die Karawanenwege von Mesopotamien, Persien, Indien konzentrieren sich auf die syrischen Städte (Palmyra, Gerasa, Damaskus, von dort weiter zu den Küstenstädten); die Produkte vor allem Seidenstoffe, Teppiche, Stickereien, Pelze, Parfüme, Perlen und Drogen. Das risikoreiche Geschäft bringt hohe Gewinne; die Händler gehören in den syrischen Städten zur Oberschicht.

Die **Bevölkerung** besteht hauptsächlich aus einheimischen Syrern, die aber stark mit Juden, Nabatäern, Palmyrenern vermischt sind. Seit seleukidischer Zeit Ansiedlung von Griechen und Makedonen, vor allem in den Städten; frühzeitige Vermischung. Die *griechische* und *aramäische Sprache* ist häufig kein Symptom ethnischer, sondern *kultureller Zugehörigkeit.* Einwanderung von Italikern, vor allem als Händler nur in der Republik; in der Kaiserzeit nur geringfügige ethnische Veränderung durch die geschlossene bzw. viritane Ansiedlung von Veteranen, da die Soldaten zumeist im Osten selbst rekrutiert werden.

Das **römische Bürgerrecht** ist über den Dienst im Militär verbreitet, aber (bis 212) nicht in der Masse der Bevölkerung. Auch in der Namengebung ist der römische Einfluß gering; er ist nur spürbar in der Oberschicht der Städte, aus der auch seit vespasianischer Zeit einzelne Familien, vor allem aus stärker römisch geprägten Städten (Berytos, Heliopolis), in den Ritter- und Senatorenstand aufsteigen. Der wesentliche Einfluß in der Provinz bleibt bei den großen Handelsfamilien der Städte und den Stammesfürsten im Innern. Mit dem Auseinanderfallen der beiden Reichshälften im 4. Jh. gewinnen gebildete Familien aus Syrien über den Aufstieg in der Reichsadministration größeren Einfluß (z. B. Schüler des Libanios und Absolventen der Rechtsschule von Berytos).

In den Städten geringer Widerstand gegen die äußerliche Adaption der **griechisch-römischen Zivilisation** und ihre Möglichkeiten der Versorgung der Bevölkerung; in *Baukunst* und *Ornamentik* sind aber starke lokale Einflüsse bemerkbar (z. B. Heliopolis, Emesa, Palmyra). Zahlreiche *Schulen* fördern die weite Verbreitung von *Schriftlichkeit* (zumeist Griechisch). Umfangreicher Beitrag zur griechischen, weniger der lateinischen *Literatur;* seit dem 4. Jh. gewinnt die christliche Literatur immer größere Bedeutung.

Die ursprüngliche **Religion** der phönikischen Städte, Tempelherrschaften und nomadisierenden Stämme ist zumindest im Äußeren stark an die *olympische Religion* angeglichen; Einflüsse des *persischen Manichäismus* und des *jüdischen Monotheismus.* Einführung der Mysterien durch die Griechen und Einbau in die einheimischen Kulte; leichte Übertragbarkeit von Götternamen auf je verschiedene Erscheinungen. Durch starke theologische Spekulation synkretistische Angleichung mit Richtung auf einen solaren *Henotheismus:* Sonne als Sitz aller göttlichen Energie, alle Gottheiten ihr Ausfluß. Weitreichender Einfluß der syrischen Kulte (Dea Syria, Jupiter Heliopolitanus, Jupiter Dolichenus, der Unbesiegte Sonnengott) im ganzen Reich; verbreitet zunächst durch Kaufleute, später auch durch Soldaten. Der Sonnengott Aurelians ist aber keine direkte Übertragung aus dem besiegten Palmyra.

Bald nach dem *Tod Jesu* wegen der innerjüdischen Verfolgungen Ausbreitung des *Christentums* in Südsyrien, noch vor *Paulus* auch in Antiocheia, wo der Christenname aufkommt (als Selbstbezeichnung oder als amtliche Kennzeichnung einer jüdischen Sekte): erste heidenchristliche Gemeinde; gilt als petrinische Gründung; von Anfang an Rivalität mit Jerusalem; schon auf dem *Konzil von Nikaia* (Nicaea) 325 der Vorrang Antiocheias bestätigt, der sich zum Patriarchat ausbildet. Judenchristen gibt es aber bis ins 4. Jh. Schon am Ende des 3. Jh.s sind die griechisch geprägten Städte und auch Dörfer auf ihren Territorien stark christianisiert. Auch politischer Einfluß geht von der *Gemeinde von Antiocheia* (Bischof Paulus von Samosata als Amtsträger Zenobias) aus; beim Konzil von Nikaia sind 11 phönikische und 22 nordsyrische Bischöfe vertreten; geringe Christianisierung in den inneren Landesteilen, vor allem den alten Tempelherrschaften; dort erst durch Befehl *Konstantins* Zugang für Christen. Umwandlung heidnischer Kulte durch Übertragung von Götterfunktionen auf Märtyrer (hl. *Barlaam* auf dem Berg Kasius verehrt); frühzeitige Heiligen- und Märtyrerverehrung (*Kosmas* und *Damian* bei Kyros; *Babylas* in Daphne). Breite *Eremiten- und Mönchsbewegung* mit einer bizarren Askese; besondere Ausdrucksform der Säulenheiligen: *Symeon d. Ältere* (389–459), *Symeon d. Jüngere* (521/2-596/8); beide mit weitreichendem religiösen und sozialen Einfluß. Intensive Teilnahme des syrischen Christentums an der theologischen Fortentwicklung; Begründung einer rational geprägten antiochenischen Exegeseschule durch *Lukian,* den Lehrer des *Arius.* Besonders in der Streitfrage um die Person und Natur Christi sind antiochenische Bischöfe und syrische Theologen beteiligt gegen die Theologie Alexandreias. Schnelle Ausbreitung des Monophysitismus, Bildung einer Art Gegenkirche zur orthodoxen Reichskirche mit getrennter Hierar-

308   Altertum – Römische Geschichte

chie. Ofter Verfolgungsmaßnahmen durch die Kaiser, dadurch Schwächung des religiösen und politischen Zusammenhalts; *Perser* und schließlich *moslemische Araber* werden als Befreier begrüßt; dadurch Weiterbeleben der jakobitischen Kirche auch unter dem Islam. – *(Forts. S. 1063).*

Kleinasien

(Forts. v. S. 172)

Während ganz Kleinasien Teil des *Perserreiches* gewesen ist, gelangt nur der Westen und Süden unter die Herrschaft der Nachfolgestaaten *Alexanders d. Gr.,* der Norden und Osten unter einheimische bzw. iranische Dynasten. Unter anderem dadurch der Grad der *Hellenisierung* und *Urbanisierung* unterschiedlich entwickelt. Jahrzehntelange, indirekte Interventionspolitik der Römer (seit ca. 200).

133	Vererbung des pergamenischen Reiches durch *Attalos III.* an Rom.
129	Nach dem Aufstand des *Aristonikos* Einrichtung der **Provinz Asia** durch *Manius Aquilius* und eine *Senatskommission.*
seit 102	Ein geographisch nicht festbegrenzter Amtsbereich *Cilicia* zur Bekämpfung der Seeräuber gebildet.
	Die Ausbeutung von Asia durch die römischen Statthalter und Steuerpächter führt zum
88	Bündnis vieler Städte mit *Mithradates VI.;* Vernichtung von ca. 80 000 Römern; Neueinrichtung der Provinz durch *Sulla.*
84	
75/74	*Nikomedes IV.* vererbt das Königreich Bithynien an Rom.
64	Zusammen mit dem (seit 73) eroberten Pontos wird dieses Königreich durch *Pompeius* endgültig in der **Doppelprovinz „Pontus et Bithynia"** organisiert (spezielle Regelungen in einem Provinzgesetz zusammengefaßt).

Die Provinzialorganisation baut hier wie auch später zumeist auf den zufälligen Grenzen zum Zeitpunkt der Eroberung auf. Weitreichende Schäden während der römischen Bürgerkriege durch Kontributionen und Erpressungen, Aufschwung des Landes erst seit der Festigung des Kaiserfriedens. Der großräumige militärische Schutz wird von Syrien aus geleistet. Ansiedlung von Veteranen nur unter *Caesar* und *Augustus* in *Pontus et Bithynia* (Apameia, Herakleia, Lampsakos, Sinope), *Asia* (Alexandreia Troas, Parion) und Pisidien; die Kolonien in *Pisidien* dienen vor allem dem Niederhalten der unruhigen *Homonadenser.* Seit republikanischer Zeit Bau von Straßen, unter Augustus der Via Sebaste von Asia nach Kilikien.
Die beiden Provinzen aus republikanischer Zeit seit Augustus *Prokonsuln* unterstellt, in Asia mit konsularem, in Pontus et Bithynia mit prätorischem Rang. Weitere Provinzen, die als kaiserliche organisiert und einem Legaten unterstellt werden, kommen seit Augustus durch Einziehen einzelner abhängiger Dynastenherrschaften hinzu: das Königreich des Amyntas als **Provinz Galatia** (25 v. Chr.), der nach dem Tod des Deiotarus *Paphlagonien* angeschlossen wird (6 v. Chr.).
Die Erhebung der *Grund- und Kopfsteuer* in Asia wird seit Caesar den Steuerpächtern genommen und den Städten übergeben. Prokuratoren in den kaiserlichen Provinzen für den Einzug zuständig, in den Senatsprovinzen zumindest für die Domänen; die unregelmäßig anfallenden Steuern und Zölle von Pachtgesellschaften erhoben, diese seit Beginn des 2. Jh.s durch Prokuratoren überwacht. Die Verpflichtung zum Bau und Unterhalt der Straßen bei den Gemeinden; teilweise auch Soldaten eingesetzt. Bereits seit Augustus ein öffentliches Nachrichten- und Transportsystem eingerichtet *(cursus publicus);* Belastung der Städte und Dörfer, zahlreiche Beschwerden besonders im 3. Jh. wegen Übergriffen; im 4. Jh. der cursus publicus weiter ausgebaut und dem Prätorianerpräfekten unterstellt.

17 n. Chr.	Das Königreich **Kappadokien** eingezogen und zunächst von einem ritterlichen Prokurator geleitet.
43	Wegen innerer Unruhen wird der Städtebund der Lykier Provinz und **Pamphylien** (vorher bei Galatien) angeschlossen.
64	Das *pontische Königreich* des *Polemo* zu Galatien geschlagen.
	Unter *Vespasian* das kurzfristig getrennte *Lykien-Pamphylien* wiedervereinigt, Kilikien (seit Augustus Klientelkönigtum, der östliche Teil zu Syrien gehörig) neuerdings Provinz.
70/71	*Kappadokien* mit *Galatien* und den angeschlossenen Gebieten vereinigt und einem konsularen Legaten unterstellt, der 2 Legionen in Melitene und Satala kommandiert. In den übrigen Provinzen sind höchstens einzelne *Auxiliareinheiten* stationiert. Unter den Flaviern werden die Verkehrsverbindungen nach Galatien-Kappadokien verstärkt.
um 110	*Plinius* als Sonderlegat in Pontus et Bithynia (Briefwechsel mit Traian erhalten). Unter Traian Kappadokien und Galatien wieder getrennt.
162	Einfall der *Parther* nach Kappadokien.
vor 165 seit	Pontus et Bithynia wird kaiserliche Provinz, Lycia-Pamphylia hingegen einem Prokonsul unterstellt.
ca. 240	Angriffe der *Sasaniden* im Osten.

253–267	Angriffe der *Heruler* und *Goten* im Westen.
seit Ende 3. Jh.	Das Innere Kleinasiens und die Städte der Südküste werden immer wieder von *Isaurern* beunruhigt.
	Zumeist schon unter *Diokletian* alle alten Provinzen in mehrere Einheiten unterteilt, Asia z. B. in sechs: Asia, Hellespontus, Lydia, Caria, Phrygia I und II, Kappadokien erst 371/372 getrennt; die kleineren Einheiten wiederum zusammengefaßt in den *Diözesen* Asiana und Pontica. Nur noch im stark verkleinerten Asia ein Prokonsul; die anderen Provinzen von ritterlichen Präsides geleitet, im Laufe des 4.Jh.s häufig im Rang erhöht. Das Schwergewicht des Landes nach dem Nordwesten verlagert, da unter Diokletian *Nikomedeia* (Izmir/Türkei) und (seit 330) *Konstantinopel* (Istanbul) Kaiserresidenzen sind. Dort unter einem Heermeister Truppen konzentriert, sonst nur noch um das Land der Isaurier sowie im äußersten Osten unter dem „dux Armeniae".
5. Jh.	Die *Isaurier* werden zu einer *bestimmenden Macht in Konstantinopel* (*Zenon* der Isaurier *Kaiser* seit 474).

Grundstrukturen in römischer Zeit

Die **ethnischen und siedlungsmäßigen Voraussetzungen** sind zum Zeitpunkt der Annexion in den einzelnen Provinzen sehr unterschiedlich. Asia ist vor allem im Westen völlig in *Stadtterritorien* gegliedert; manchen dieser Städte wird von den Römern die schon vorher besessene Freiheit bestätigt, die teilweise (z. B. Aphrodisias) bis ins 2.Jh. n.Chr. auch inhaltlich gewahrt werden kann. Die abhängigen Städte, manche mit sehr großem Territorium, sind nach innen autonom, aber dem Willen der Statthalter, speziell in der Jurisdiktion, unterworfen. Von den Kaisern des 1./2.Jh. wird die Bildung neuer Städte durch die Erhebung von Dörfern gefördert; nach *Josephus* in Asia ca. 500 Städte. Neueinrichtung von Poleis auch noch in der Spätantike, aber auch Zusammenlegung vieler kleiner; dadurch Reduzierung auf etwa 320 unter *Justinian*. In Bithynien beläßt *Pompeius* die Stadtorganisation; Pontos unter den Königen zentral regiert; deshalb (64) Schaffung griechisch strukturierter Städte mit großem Landgebiet. Galatien bewahrt bis weit ins 2. Jh. hinein seine dreiteilige Stammesstruktur mit je einem Vorort; auch hier seitdem langsames Vordringen der Stadtkultur. Kappadokien war seit der persischen Zeit ein von königlichen Beauftragten geleitetes Land; in Zentralkappadokien um die Hauptstadt *Kaisareia* (heute Kayseri/Türkei) Bewahrung dieser Organisation bis ins 6.Jh.; Überführung des Königslandes in kaiserliche Domänen; Südkappadokien bis zum 4.Jh. in zahlreiche Stadtterritorien aufgeteilt, Archelais claudische Kolonie, Faustinopolis von Marc Aurel gegründet. In Kilikien, vor allem im Ostteil, werden zahlreiche griechische Siedlungen durch hellenistische Gründungen vermehrt; durch Pompeius Ansiedlung gefangener Piraten, Gründung von Pompeiopolis; weitere Neuanlagen Claudiopolis, Traianopolis. Lykien-Pamphylien wird größtenteils schon in hellenistischer Zeit nach griechischem Muster urbanisiert; die lykischen Städte werden zu einem Bund vereinigt (Koinón), der auch nach der Konstituierung der Provinz administrative Befugnisse behält.

Die intensive Urbanisierung fördert in fast ganz Kleinasien das Vordringen griechischer **Sprache und Kultur,** die sich im Westen, Norden und Süden selbst auf dem flachen Land zumindest oberflächlich durchsetzen kann; trotzdem etwa in Phrygien noch Überreste der einheimischen Sprache; in Galatien und Kappadokien ist nur die Oberschicht gräzisiert, die keltische und aramäische Sprache der Landbewohner bleibt noch im 4. und 5.Jh. in großem Umfang erhalten. Die *lateinische Sprache* wird nur im amtlichen Gebrauch verwendet; selbst in den Veteranenkolonien ist Latein spätestens im Verlauf des 2.Jh. durch *Griechisch* verdrängt.

Die Förderung der **städtischen Führungsschichten** durch Rom (auf sie größtenteils Beschränkung der Ratsfähigkeit; Ratsmitgliedschaft lebenslänglich) schafft eine enge Interessenidentität, die zur Befriedung beiträgt (Formulierung der ideologisch überhöhten Position in der Romrede des *Aelius Aristides* aus Smyrna, wohl 143 vor *Antoninus Pius* gehalten). Schnelle Verbreitung des römischen Bürgerrechts in den führenden Familien (in Galatien und Pontus in den ehemals königlichen bzw. tetrarchischen Familien) und im Westen, in den Hafenstädten gestützt durch Ansiedlung zahlreicher italischer Kaufleute bereits seit der Republik. Unter *Claudius* sind zum ersten Mal Bewohner Kleinasiens im ritterlichen kaiserlichen Dienst anzutreffen, seit *Nero* auch die ersten Senatoren; Verstärkung dieser Bewegung unter den *Flaviern;* Mitte des 2.Jh. die Bewohner Kleinasiens bereits durch eine starke Gruppe im Senat repräsentiert (breite Vertretung auch der vorrömischen Führungsschicht). Soziale Spannungen werden in den Städten (z.B. Tarsos) häufig durch glänzenden Aufwand für Nutz- und Prunkbauten sowie bei Spielen und Festen überdeckt.

Wirtschaftliche Grundlage ist überall die **Landwirtschaft,** getragen zumeist von der vorgriechischen bäuerlichen Bevölkerung. In den Küstenstädten eine breite Schicht von Händlern und Kaufleuten, welche inländische Erzeugnisse und solche des Handels mit dem Osten vertreiben. Bekannt sind die Tuche aus Asia (Goldstickereien aus *Laodikeia*) und aus Tarsos in Kilikien; Voraussetzung ist umfangreiche Weidewirtschaft. Auf den kaiserlichen Gütern Kappadokiens wird Pferdezucht betrieben, die Marmorbrüche (bei Mylasa, Synnada, Dokimeion) befinden sich in kaiserlichem Besitz. Aus dem Pontus und aus Pamphylia Export von Holz.

310 Altertum – Römische Geschichte

Seit Beginn des Kaiserfriedens wieder rege **kulturelle Tätigkeit,** die sich äußerlich in aufwendigen Bauten dokumentiert. Kaiserliche Förderung der Träger des geistigen Lebens: Ärzte (seit Vespasian), Rhetoren und Philosophen (seit Hadrian und Antoninus Pius) tragen zu einer relativen kulturellen Blüte bei; weit verbreitete Schriftlichkeit. Höhepunkt der 2. Sophistik im 2. Jh. n. Chr. *(Dio Chrysostomos, Aelius Aristides, Philostratos).*

Die äußeren Formen griechischer Kultur stülpen sich auch über die einheimischen **religiösen Erscheinungen,** die aber in Galatien, Pisidien und Kappadokien nicht völlig verdrängt werden: *Kult der „Ma"* um Kaisareia in Kappadokien (als Ma Bellona seit sullanischer Zeit auch in Rom), des Men um Antiocheia in Pisidien. Viele einheimische Götter unter griechischen Namen verehrt. Kleinasien das klassische Land des **Kaiserkultes,** aufbauend auf der Verehrung vorrömischer Herrscher. Seit 29 v. Chr. Tempel für Roma und Augustus in Pergamon und Nikaia (Nicaea); bald heftiger Wettbewerb vieler Städte um einen oder auch mehrere Kaisertempel (Neokorien), da mit den Festen auch wirtschaftliche Interessen verbunden sind. Die Ausrichtung des Kaiserkultes ist, abgesehen von den Städten, Aufgabe der Landtage (Koiná), die in jeder Provinz bestehen.

Frühzeitige Verbreitung des **Christentums** durch zahlreiche und starke *jüdische Gemeinden* gefördert; alle drei Missionsreisen des Apostels *Paulus* führen nach Kleinasien, u. a. nach Kilikien, Pisidien, Galatien, Ionien; zweijähriger Aufenthalt in Ephesos; in Phrygien wohl der Apostel *Philippus* tätig, in Asia *Johannes* (die Apokalypse u. a. eine Antwort auf die kultische Verehrung Domitians). Unter Traian in Pontus-Bithynien die christliche Religion bereits auf dem Land verbreitet; Vorgehen des Statthalters *Plinius* gegen die Christen (Briefwechsel mit Traian!). Vereinzelte *Martyrien* während des gesamten 2./3. Jh. bezeugt (*Polykarp* von Smyrna; unter *Arrius Antoninus* in Kappadokien). Mitte des 3. Jh.s der *Pontus Polemoniacus* durch *Gregor den Wundertäter* christianisiert; in Phrygien sind die Christen gegen Ende des 3. Jh.s vielleicht schon in der Mehrheit; selbst große Kultbauten möglich. Von Kappadokien aus Christianisierung Armeniens durch *Gregor den Erleuchter* (Ende 3. Jh.). Schon im 2. Jh. heterodoxe Gruppen, z. B. Montanismus in Phrygien. Im 3. Jh. volle Ausbildung der kirchlichen Hierarchie, weitgehende Gliederung nach Städten und Provinzen; Vorrang des Bischofs der Metropole; in Kappadokien wegen Städtearmut zahlreiche Chorbischöfe für die kirchliche Versorgung der Landbevölkerung. Nach der Anerkennung des Christentums durch *Konstantin* werden fast alle *Reichssynoden* in Kleinasien abgehalten: 325 Nikaia (Nicaea), 431 Ephesos, 451 Chalkedon. Einfluß der kappadokischen Theologie des *Basilius, Gregor v. Nazianz* und *Gregor v. Nyssa* bei der Versöhnung des Christentums mit antiker Philosophie und Kultur, aber auch bei den christologischen Streitigkeiten. Herausbildung einer spezifischen Form des *östlichen Mönchtums* bei Basilius durch Überwindung der radikalen Askese, Verarbeitung der Erfahrungen des ägyptischen Mönchtums zu einem Ideal der Gemeinschaft. Die Errichtung der Kaiserresidenz Konstantinopel verschafft deren Bischof bald einen Vorrang, der in Chalkedon 451 zum Patriarchat über die *Diözesen* von Asia, Pontus und Thracia rechtlich fixiert wird. Durch die Kirche wird die weitere *Gräzisierung* der kleinasiatischen Provinzen gefördert. Dies ist nicht unwesentlich für das Überleben des Byzantinischen Reiches seit dem Verlust Syriens, Palästinas und Ägyptens an die moslemischen Araber. – *(Forts. S. 380)*

Armenien

(Forts. v. S. 81, 94)

Die *indogermanischen Armenier* wandern im frühen 6. Jh. v. Chr. aus dem anatolischen Teil *Kleinasiens,* wohin sie wohl mit den *Phrygern* gekommen sind, in das Gebiet des zuvor von den *Kimmerern* bedrängten und 585 von den *Medern* unter Kyaxares eroberten Reiches von Urartu ein. Nach anfänglichen Kämpfen schon bald völlige Vermischung der noch ansässigen Reste der *Urartäer* mit den Einwanderern, die sich selbst Haikh nennen und die bei den Griechen und Persern gebräuchlichen Armenier-Namen nicht kennen. Die **geographische Lage** des Landes ist eine der wichtigsten Ursachen für den Verlauf der armenischen Geschichte. Als Land am Übergang von Vorder- zu Kleinasien (zentrales Hochland zwischen Anatolien und Iran mit Wansee [türk. Van Gölü] im Zentrum) einerseits kulturelle Mittlerfunktion (besonders hinsichtlich iranischer Religion und Kunst), andererseits stets von den Machtblöcken in Ost und West umkämpft. Schon früh wohl unter iranischem Einfluß Herausbildung einer **ständischen Gliederung** der Gesellschaft in Adel, Priester, Bauern und Handwerker. Mitglieder der Stände zu Abgaben und Dienstleistungen verpflichtet, im übrigen politisch und persönlich frei. Die eigentliche Macht liegt beim vorwiegend iranisch stämmigen Adel, der eine selbständige Kraft neben dem König darstellt und in königslosen Zeiten die Vollgewalt besitzt.

Den Medern tribut- und zuzugspflichtig. Unter den Achaimenidenherrschern ist Armenien eine Satrapie.

521 Ein Aufstand gegen die persische Zentralgewalt von Dareios niedergeschlagen. Erst nach dem Untergang des *Achaimenidenreiches* erlangen die Armenier volle staatliche Eigenständigkeit.

331 *Alexander d. Gr.* erhebt zwar *Mithrines* zum Satrapen von Armenien, ohne jedoch das

	Land tatsächlich zu erobern; so bleibt Armenien zur Zeit Alexanders und auch der frühen Seleukiden faktisch selbständig.
212	Erst *Antiochos III.* erzwingt die Anerkennung der **seleukidischen Oberhoheit** und setzt *Zariadris* über das westliche Kleinarmenien und *Artaxias* über das östliche Großarmenien als Strategen ein, die sich aber nach der Niederlage Antiochos' III. gegen Rom (Friede von Apameia 188) selbständig machen und den Königstitel annehmen. Artaxias gründet die Hauptstadt Artaxata.
95–55	Wiedervereinigung des Landes unter *Tigranes* aus dem Haus des Artaxias. **Höhepunkt armenischer Machtentfaltung:** Ausgreifen bis zum Kaspischen Meer.
seit 83	Oberherrschaft über die Reste des ehemaligen Seleukidenreiches in Syrien.
seit 77	Oberherrschaft auch über *Kappadokien.* Gründung der neuen Hauptstadt Tigranocerta und Annahme des Titels „König der Könige".
69	Im dritten *Mithradatischen Krieg* Niederlage gegen Lucullus.
66	Endgültige Kapitulation gegenüber *Pompeius.* Tigranes verliert alle Eroberungen und bleibt als König auf dem ostarmenischen, als Pufferzone gegenüber dem Partherreich fungierenden Kernraum beschränkt, während das westlich des Euphrat gelegene Kleinarmenien *(Armenia minor)* zunächst abwechselnd den angrenzenden römischen Klientelstaaten bzw. Provinzen zugeschlagen und spätestens seit *Vespasian* (69–79 n. Chr.) *Teil der Provinz Kappadokien* wird. In der Folgezeit Armenien ständiges Streitobjekt zwischen Rom und dem Parther- bzw. Sasanidenreich, wobei sich die Großmächte den Streit zwischen Adel und Königtum zunutze machen.
1/37 n. Chr.	Parthische Einmischungsversuche kann Rom durch *direkte Interventionen* (1, 18 und 37 n. Chr.) zu eigenen Gunsten zurückweisen.
63	Beilegung der armenischen Frage im **Abkommen von Rhandeia:** das armenische Königtum wird arsakidische Sekundogenitur unter römischer Oberhoheit.
66	Der Bruder des Partherkönigs *Vologaeses I., Tiridates,* wird von Nero in Rom zum König von Armenien gekrönt.
117	Die Umwandlung in eine römische Provinz (114) durch Traian wird unter Hadrian wieder rückgängig gemacht.
238–280	Nach zunächst erfolgreichen Abwehrkämpfen gerät Armenien unter die **Herrschaft der Sasaniden,** die die zarathustrische Religion einzuführen versuchen.
Ende 3. Jh.	Befreiung Armeniens mit römischer Hilfe durch Tiridates III., der nach anfänglicher Ablehnung die **Einführung des Christentums** durch *Gregor den Erleuchter,* Mitglied einer hochgestellten, parthisch-armenischen Familie, zuläßt. Zerstörung der heidnischen und zarathustrischen Tempel und Ersetzung durch christliche Kirchen, Ausbildung einer *Nationalkirche,* die, in 12 Bistümer eingeteilt, von einem Katholikos mit Sitz im alten heidnischen Kultzentrum Aschtischat (später Valarschapat) geleitet wird, dessen Amt (bis 428) in der Familie Gregors erblich ist.
4. Jh.	Unter *Tiran II., Arschak* und *Pap* starke Spannungen zwischen Königtum einerseits und Kirchenführung und Adel andererseits.
387	Unter *Arsakes IV.* **Teilung Armeniens** zwischen Ostrom und dem Sasanidenreich. Der östliche Teil (noch bis 428) unter arsakidischen Königen mit Tributpflicht an die Sasaniden, danach von sasanidischen Statthaltern (marzbanen) verwaltet.
390–438	Trennung von der Mutterkirche in Neokaisareia unter dem Katholikos Sahak.
um 400	Vollendung der *Armenisierung der Kirche* durch Verwendung der von Mesrop erfundenen armenischen Schrift im Gottesdienst. In der Folge kommt es zu einer regen Übersetzungstätigkeit (Übertragung liturgischer und theologischer wie auch literarischer griechischer Texte ins Armenische) und zur Ausbildung einer eigenen *armenischen Literatur* und Geschichtsschreibung.
439–457	**Blutige Christenverfolgung** durch den Sasanidenkönig *Yezdegird III.* Der römisch gewordene Teil Armeniens wird nach dem Tod Arsakes' IV. als römische Provinz verwaltet.
536	Durch *Justinian* unter Einbeziehung Kleinarmeniens Neueinteilung und von den Armeniern übernommene Numerierung als *Armenia I–IV.*
540	Verwüstungen durch den Sasaniden *Chosrau I.* (565–591). Erneute Kämpfe mit den Sasaniden um Armenien unter Justin II., Tiberios I. und Maurikios.
591	Maurikios greift in die sasanidischen Thronwirren ein und bringt Chosrau II. an die Macht, worauf er von diesem die Abtretung eines großen Teils des sasanidischen Armeniens erreicht.
seit 604	Erfolgreiche *Offensive der Sasaniden,* die sich erst nach dem Sieg des Herakleios bei Ninive (628) aus Armenien zurückziehen.
653/655	Als Ziel von Angriffen der islamischen Araber (seit 640) gerät Armenien endgültig unter die **Oberhoheit des Kalifenreiches.**

312   Altertum – Römische Geschichte

Iran und Mesopotamien
(Forts. v. S. 167)

	Unter *Seleukos I.* werden Mesopotamien und Iran (einschließlich des heutigen Afghanistan und Belutschistan) ein Teil des **Seleukidenreiches.**
304/303	Große Gebiete westlich des Indus und im Hindukusch (Satrapie Paropamisadai und die östlichen Teile von Arachosien und Gedrosien) müssen an das unter *Tschandragupta* (griechisch: Sandrokottos) expandierende *Maurja-Reich* abgetreten werden. Auseinandersetzungen mit den Antigoniden und Ptolemaiern und innerdynastische Streitigkeiten (Bruderkrieg zwischen *Seleukos II.* und *Antiochos Hierax* 240/239–237) zwingen die Nachfolger Seleukos' I., ihre Macht im Westen zu konzentrieren. Der politische Einfluß in den östlichen Reichsteilen zerfällt.
nach 250	Von der seleukidischen Zentralgewalt lösen sich *Parthien* unter dem Satrapen *Andragoras* (eigene Münzprägung, jedoch ohne Königstitel) und Baktrien unter dem Satrapen Diodotos (zunächst noch Anerkennung der seleukidischen Oberhoheit, seit 239 volle Eigenständigkeit), wahrscheinlich auch Elymais und Persis unter einheimischen Lokaldynasten.

Baktrien

Das gräko-baktrische Königreich

um 250 206	In Baktrien begründen *Diodotos I.* und *II.* das durch eine iranisch-hellenistische Mischkultur geprägte gräko-baktrische Königreich. Ein Rückeroberungsversuch *Antiochos' III.* endet mit einem Kompromiß: *Euthydemos I.* (ca. 225–200) unterwirft sich den Seleukiden, behält aber den Königstitel und die Herrschaft über Baktrien.
1. H. 2. Jh.	Der Niedergang des Maurja-Reiches begünstigt die große Expansion der *baktrischen Griechen* bis nach Turkestan und dem Pandschab unter *Demetrios I.*, dem Sohn des Euthydemos, und Eukratides, der im Aufstand gegen Demetrios an die Macht kommt. In der Folgezeit schwächen Rivalitätskämpfe zwischen verschiedenen, der Dynastie des Euthydemos bzw. Eukratides entstammenden Königen die machtpolitische Stellung des Reiches.
um 130	Das gräko-baktrische Reich erliegt dem Ansturm der *Saken* (Skythen) und *Yüe-tschi.*
1. Jh. v. Chr. 1. Jh. n. Chr.	Letzte Reste der indo-baktrischen Königreiche werden von den Saken unter *Azes I.* (57 Beginn der „Ära des Azes"; Festigung des indischen Sakenreiches), dann durch das Ausgreifen einer Dynastie parthischer Provinzialherrscher nach Osten (Bildung eines unter parthischer Herrschaft stehenden Sakenreiches; hierbei führend: Gondophernes 25–45) und schließlich (seit ca. 50 – andere Datierung ca. 150) durch die Expansion des *Kuschanareiches* aufgerieben.

Parthien

um 239	In Parthien brechen die *Parner,* iranische Reiternomaden vom Stamm der *Daher* aus dem Steppengebiet südöstlich des Aralsees, ein und verdrängen unter der Führung von *Arsakes I.* (möglicherweise seit 247 Herrscher = Beginn der arsakidischen Zeitrechnung – Stammvater der neugegründeten Dynastie der *Arsakiden*) *Andragoras* aus dessen Machtbereich. Die Parner, an die schon bald – wohl als Folge einer raschen Verschmelzung mit der einheimischen iranischen Bevölkerung – der Name **Parther** übergeht, gründen im neueroberten Gebiet (einschließlich des ebenfalls eroberten Hyrkanien) das **Partherreich.**
230/228	Der Versuch *Seleukos' II.*, im Bund mit Diodotos I. von Baktrien das parthische Gebiet zurückzuerobern, scheitert. Arsakes I. kann die parthische Machtstellung festigen und ausbauen: Gründung der Hauptstadt *Dara*; Beginn parthischer Münzprägung.
210–208	Erst *Antiochos III.* gelingt es, im Rahmen seines Ostfeldzuges Arsakes II. in der gleichen Weise wie den baktrischen König Euthydemos I. zur teilweisen Anerkennung der seleukidischen Oberhoheit zu zwingen.
188	**Friede von Apameia:** die Niederlage Antiochos' III. gegen Rom erschüttert die seleukidische Vormachtstellung auch in den mesopotamischen und iranischen Reichsteilen.
nach 188	Lokale Machthaber in der *Elymais* (187 wird hier Antiochos erschlagen), der Persis und in Media Atropatene fallen erneut ab und gründen unabhängige Herrschaftsbereiche; ebenso sagen sich in dieser Zeit die Parther von der seleukidischen Vorherrschaft los.

Bildung eines parthischen Großreiches

171–138 *Mithradates I.* erobert das gesamte westiranische Gebiet und Babylonien (141) sowie Mesopotamien. Im Osten werden Teile des baktrischen Gebietes annektiert. Ein Gegenangriff der Seleukiden wird durch die Gefangennahme Demetrios' II. abgewehrt (139). Zum Ausdruck seiner neuen Machtstellung nimmt Mithradates I. den alten Achaimenidentitel „König der Könige" an.

138/137 – ca. 128 *Phraates II.* kann die parthischen Eroberungen im Westen behaupten und den seleukidischen Widerstand endgültig brechen.

um 130 Dem Einbruch sakischer Stämme fällt das gräko-baktrische Reich zum Opfer.

129 Der Seleukide *Antiochos VII.* wird nach anfangs erfolgreichem Feldzug gegen die Parther besiegt.

seit 129 Sakische Stämme bedrohen die Nordostgrenze des Partherreiches.

128 Phraates II. fällt im Abwehrkampf gegen die Steppenvölker.

um 123 Das gleiche Schicksal erleidet sein Nachfolger *Artabanos I.*

123–88/87 *Mithradates II.* stellt die von Mithradates I. begründete parthische Großmachtstellung wieder her: Festigung der Vormacht im Osten durch Ansiedlung der Saken im Gebiet des Hamun-Sees (Sistan, „Sakenland", als Vasallenstaat gegründet); Rückeroberung Babyloniens, das zwischenzeitlich Hyspoasines von Charakene (Mündungsgebiet von Euphrat und Tigris) den Parthern entrissen hat. Ausdehnung der parthischen Machtsphäre bis an den Oberlauf des Euphrat: Unterwerfung ganz Mesopotamiens (113 Einnahme von Dura-Europos) und erstmaliges Eingreifen in Armenien.
Als neue Großmacht zwischen Ost und West nimmt das Partherreich Verhandlungen mit China auf (Gesandtenaustausch mit dem Han-Kaiser *Wu-ti*).

96 Aufnahme von Verhandlungen mit Rom: Zusammenkunft zwischen dem damaligen Proprätor von Kilikien, *Sulla*, und dem parthischen Gesandten Orobazos.

Die Grundstrukturen des Partherreiches

Ein sehr locker gefügter, dezentralisierter staatlicher Aufbau ist kennzeichnend für das parthische Reich. Die von den *Achaimeniden* begründete und von den *Seleukiden* modifizierte **Satrapienordnung** hat nur noch bedingte Gültigkeit; zahlreichen **Kleinfürsten** und **Unterkönigen** (etwa Persis mit dem Feuerheiligtum von Istachr als Zentrum, Media Atropatene, Elymais, Charakene, Adiabene; Osrhoene und Hatra unter arabischen Dynastien) wird ebenso wie den **griechischen Städten** (z. B. Seleukeia am Tigris) bei Anerkennung der parthischen Oberhoheit weitestgehende Selbständigkeit zugestanden. Das *Königtum* der Arsakiden orientiert sich stark am *hellenistischen Vorbild* (griechische Königstitulatur; ostentativ bekundetes Philhellenentum seit Phriapites (ca. 191–176); Griechisch und Aramäisch bleiben Amtssprachen); zugleich aber auch bewußtes Anknüpfen an achaimenidische Traditionen: Parthische Machtansprüche werden unter Berufung auf die Achaimenidennachfolge geltend gemacht. Dem König erwächst in dem sich in einem Rat konstituierenden Adel eine Gegenmacht, die zunehmend an politischem Einfluß gewinnt; starke Abhängigkeit des Königs von den Magnaten, insbesondere den sieben führenden iranischen Adelshäusern, und Erblichkeit zahlreicher Ämter bedingen eine **fortschreitende Feudalisierung.** Die Sozialstruktur weist ebenso wie die Heeresverfassung bereits in der Frühzeit feudale Züge auf: Die Landbevölkerung lebt in Abhängigkeit von den adligen Grundherren, die mit ihren Hörigen auch das Heeresaufgebot zu stellen haben; eine Sonderstellung nehmen die griechischen Poleis ein.
Grundlage der parthischen Wirtschaft bilden **Landwirtschaft** (Ackerbau und Weidewirtschaft) und **Handel** (Kontrolle der „Seidenstraße" und wichtiger Handelswege zwischen Levante und Persischem Golf; Blütezeit von *Hatra, Dura-Europos* und des von den Parthern neubegründeten *Assur*). Außer den Steuereinnahmen aus dem Handel gibt es zumindest teilweise eine Grund- und Kopfsteuer sowie Frondienstverpflichtungen. In der **Religion** kommt es zu vielfältigen Erscheinungsformen: Synkretistische Kulte hellenistisch-semitischer Prägung bestimmen besonders im Westen das Bild. Der Kult des Sonnengottes *Mithra* findet weite Verbreitung auch jenseits der parthischen Reichsgrenzen; daneben religiöse Dominanz des *Mazdaismus;* weitgehende Toleranz auch gegenüber Juden, Mandäern und Christen seitens der parthischen Dynasten, die selbst wahrscheinlich anfangs Anhänger einer schamanistischen Religion sind, sich dann aber dem Zarathustrismus zuwenden; erste Kodifizierung des „Avesta" (Gesamtheit der religiösen Grundtexte) unter *Vologaeses I.* (51–79/80), jedoch noch keine Ausbildung einer zarathustrischen Orthodoxie.
In der **Kunst** wird ein durchaus eigenständiger *parthischer Stil* entwickelt, der sowohl griechisch-römische als auch iranische und teilweise arabische Komponenten aufweist und nicht nur im Partherreich selbst (Assur, Hatra, Nisa, Ktesiphon), sondern auch in den angrenzenden Regionen (Palmyra, Dura-Europos) Verbreitung findet. In der Malerei, Plastik und Reliefkunst ist neben der Neigung zum Linearen besonders die Frontalität bestimmendes Merkmal; in der Baukunst wird der *Liwan* entwickelt, ein nach einer Seite offener, großräumiger Saal von rechteckigem Grundriß, der ohne stützende Säulen von Bögen und Gewölben überspannt ist.

314   Altertum – Römische Geschichte

Nach der endgültigen Konsolidierung des Partherreiches unter Mithradates II. steht in der Folgezeit neben den fortdauernden Kämpfen gegen die *Saken* und das *Kuschanareich* im Osten die Auseinandersetzung mit Rom im Vordergrund, wobei innenpolitische Streitigkeiten die parthische Position schwächen.

88–64   In den Mithradatischen Kriegen bleiben die Parther neutral.

69/66   Anerkennung des Euphrat als Grenze zwischen der römischen und parthischen Machtsphäre in den Verträgen mit *Lucullus* (69) und *Pompeius* (66).

64   Die *Neuordnung des Ostens* durch Pompeius schwächt den parthischen Einfluß im Westen (Osrhoene).
Der offene Bruch der Verträge durch den Einmarsch des *Crassus* in Gebiete östlich des

53   Euphrat führt zur **Schlacht bei Karrhai (Carrhae):** völlige Vernichtung des römischen Heeres durch die berittenen parthischen Bogenschützen unter Surenas; Tod des Crassus.

51   Erfolgloser Gegenangriff der Parther auf Syrien.

41–39   Die Parther können unter dem Thronfolger *Pakoros* zusammen mit *Q. Labienus* (eigene Münzen mit Titel: Parthicus imperator) Syrien und große Teile Kleinasiens erobern.

39–38   Sie werden aber von *C. Ventidius Bassus* zurückgeschlagen (Labienus und Pakoros fallen).

36/34   Dynastische Krise im Partherreich, dennoch Feldzüge des *M. Antonius* erfolglos.

20 v. Chr.   **Friedensvertrag** zwischen *Augustus* und *Phraates IV.*: Rückgabe der bei Karrhai eroberten Feldzeichen; Anerkennung der römischen Oberhoheit über Armenien. Befriedung der Euphratgrenze bringt Blütezeit für den internationalen Handel.

1 n. Chr.   Neue Auseinandersetzungen um Armenien zwischen Augustus und *Phraates V.* werden auf diplomatischem Weg beigelegt.

12   Gegen den in Rom erzogenen *Vonones I.* (7–12) erhebt der Adel *Artabanos III.* (12–38) zum König, dessen Zentralisierungspolitik (Umwandlung zahlreicher Vasallenstaaten in arsakidischen Sekundogenituren) jedoch neue Widerstände des Adels hervorruft; von Rom geschürte dynastische Krise.

37   Ein abermaliger Streit um Armenien zwischen dem römischen Statthalter von Syrien L. Vitellius und Artabanos III. wird beigelegt.

38   Nach Artabanos' Tod Aufstände und Bürgerkriege.

ca. 39 – 51   **Zeitweiser Zerfall** des Partherreiches in einen östlichen Teil unter *Gotarzes II.* (ca. 38–51) und einen westlichen unter *Vardanes* (ca. 39–47/48).

51–63   *Vologaeses I.* (51–79/80) erhebt erneut Ansprüche auf Armenien; langwieriger Krieg mit Rom.

63   Beilegung der armenischen Frage im Abkommen von Rhandeia: das armenische Königtum wird arsakidische Sekundogenitur unter römischer Oberhoheit.

66   Vologaeses' I. Bruder *Tiridates* wird von *Nero* in Rom zum König von Armenien gekrönt.

nach 72   Ein *Alaneneinfall* und der Abfall *Hyrkaniens* erschüttern das Partherreich. Aufflammen neuer Thronkämpfe nach Vologaeses' Tod.

114–117   Das widerrechtliche Eingreifen des Partherkönigs *Osroes* in Armenien veranlaßt *Traian* zum Feldzug gegen das Partherreich: Einrichtung der Provinzen Armenia, Mesopotamia, Assyria; Eroberung von Ktesiphon; Parthamaspates, ein Sohn des Osroes, als römischer Vasall eingesetzt.

nach 117   Durch den Verzicht *Hadrians* auf diese Neuerwerbungen wird die parthische Machtstellung im Westen weitgehend wiederhergestellt; Euphrat erneut Grenze; im Osten Bedrohung durch das Kuschanareich.

162   Ein Angriff *Vologaeses' III.* (147/148–191/192) auf Armenien und Syrien ist zunächst erfolgreich.

163–166   Römischer Gegenangriff unter *Avidius Cassius:* Einnahme von Seleukeia-Ktesiphon; das nordwestliche Zweistromland einschließlich Dura-Europos wird römisch.

195   *Septimius Severus* richtet die **Provinz Mesopotamia** ein.

ab 198   Feldzüge des Septimius Severus (erneute Einnahme Ktesiphons; jedoch 198–199 erfolglose Belagerung Hatras) und des *Caracalla* (216–217) sowie der Thronstreit zwischen *Vologaeses V.* (207/208–222) und *Artabanos V.* (ca. 213–224) tragen zur weiteren Schwächung der königlichen Zentralgewalt bei.

Das Sasanidenreich

Der endgültige Untergang der Arsakiden wird jedoch durch die wachsenden inneren Auflösungstendenzen im Partherreich herbeigeführt. Den Kleinfürsten von *Istachr* (nahe Persepolis), Vorsteher des dortigen Feuerheiligtums, gelingt es, durch eine Rebellion, deren Anfänge in die Zeit von Vologaeses IV. (191/192–207/208) zurückreichen, die Macht in der gesamten Persis an sich zu bringen.

seit 205/206   Festigung der Machtstellung und Eroberung angrenzender Gebiete (Elymais, Isfahan, Kerman) unter Papak und dessen Sohn Ardaschir.

Regionalgeschichte – Iran und Mesopotamien *315*

224	Die Weigerung *Artabanos' V.*, Ardaschir als neuen Vasallen anzuerkennen, führt zur **Entscheidungsschlacht bei Hormezdagan,** in der Artabanos fällt.
226	Mit der Krönung *Ardaschirs* in Ktesiphon zum „König der Könige von Iran" offizieller Beginn der Regierungszeit der **Sasanidendynastie** (benannt nach dem Stammvater Sasan).
226–241	Ardaschir I. unterwirft z. T. gemeinsam mit *Schapur I.* als Mitregenten die meisten Gebiete des ehemaligen Partherreiches; große Teile des Kuschanareiches sasanidischen Statthaltern unterstellt; erfolgreiche Angriffe (seit 237) auf Mesopotamien: Nisibis, Karrhai, Hatra erobert; auch Armenien sasanidisch (238–280). Das Sasanidenreich wird zur größten außenpolitischen Bedrohung für das Römische Reich.
241–272	Unter Schapur I. Fortsetzung der Expansionspolitik („**König der Könige von Iran und Nichtiran**"); wechselvolle Kämpfe gegen Rom.
nach 254	Zerstörung von Dura und Antiocheia.
259/260	*Valerian* von Schapur I. bei Edessa (heute Urfa) gefangengenommen (stirbt in Gefangenschaft); Ansiedlung römischer Kriegsgefangener in der neugegründeten Stadt Gundeschapur („das schönere Antiocheia des Schapur").
260/283	Das Eingreifen des *Odainathos* von Palmyra in die Kämpfe (seit 260) und der römische Gegenstoß unter Carus (Einnahme Ktesiphons 283) verhindern ein weiteres Ausgreifen der Sasaniden.
288	Förmlicher **Friedensschluß** zwischen *Bahram II.* und *Diokletian:* Sasaniden verzichten auf „Armenia" und „Mesopotamia".

Die Grundstrukturen des Sasanidenreiches

Unter den Sasaniden kommt es zu einer erheblichen **Stärkung der königlichen Zentralgewalt;** Gründung von Städten mit eigenem Territorium auf Königsland, Ablösung lokaler Herrscher in neueroberten Gebieten durch Mitglieder der Königsfamilie (Errichtung sasanidischer Sekundogenituren) und Aufbau eines Verwaltungs- und Beamtenapparates (hierarchische Gliederung; an der Spitze der *„buzurg-framadar":* Großwesir und Ratgeber des Königs) sowie eines stehenden Heeres (mit der gepanzerten Reiterei als Kernstück) beschleunigen den **Zentralisierungsprozeß.** Dennoch weiterhin starker Einfluß der grundbesitzenden Adelsschicht, die in verschiedene Gruppen unterschiedlich großen Ansehens gegliedert ist; darunter wie schon in parthischer Zeit die sogenannten *„sieben Häuser"* führend. Besetzung zahlreicher Ämter (teilweise erblich) und Stellung der Kerntruppen im Heer durch den Adel. Der dauernde *Gegensatz* zwischen zentralisierendem *Königtum* und *Adel* bedeutet eine ständige innere Bedrohung für die Sasanidendynastie. Einengung der politischen Handlungsfreiheit durch Hofintrigen und Wahlkapitulationen; uneingeschränkte Vollmacht des Königtums nur in der Frühzeit unter Ardaschir I. und Schapur I. und wieder unter Chosrau I. (531–579). Religiös sanktionierte, kastenhafte Scheidung der Bevölkerung in **vier Stände,** die ihrerseits in Klassen unterteilt sind: 1. *Priester;* 2. *Krieger;* 3. *Beamte;* 4. *Bauern* und *Handwerker;* starre Einteilung mit nur geringen Aufstiegsmöglichkeiten. Im wirtschaftlichen Bereich fällt neben der landwirtschaftlichen Produktion aufgrund der wachsenden Bedeutung von Handwerk (Seiden- und Glasherstellung, Kunsthandwerk) und Handel (eigener Warenverkehr sowie Mittler im Fernhandel zwischen Ost und West) den Städten eine wichtige Rolle zu; Sicherung der Vorrangstellung des Königs gegenüber den Städten durch staatliche Kontrollen und Handelsmonopole.

Die Sasaniden erheben den **Zarathustrismus** in einer mit alten mazdaistischen Vorstellungen durchsetzten Form zur **Staatsreligion.** Priesterschaft (Magier) hierarchisch gegliedert mit einem vom König eingesetzten, auch politisch einflußreichen *mobadanmobed* (höchster Würdenträger) an der Spitze. Erneute Sammlung und Vervollständigung der religiösen Überlieferung im nunmehr autoritativen „Avesta" mittels einer eigenen, auf einem Vokalalphabet basierenden Schriftsprache. Schon frühzeitig erwächst der neuen Staatsreligion starke Gegnerschaft im **Manichäismus,** einer von *Mani* (* 216, † 276) begründeten, synkretistischen Religion, deren Lehre sich aus gnostischen, babylonisch-chaldäischen, jüdischen, christlichen und iranischen Vorstellungen zusammensetzt. Unterstützt Manis durch Schapur I., dem Mani eines seiner Hauptwerke *(Schapuragan)* widmet, und Hormizd I.; unter Bahram I. jedoch wird Mani 276 auf Betreiben der Magier hingerichtet. In der Folgezeit Verfolgungen der manichäischen Gemeinden, dennoch aufgrund reger Missionstätigkeit schnelle Ausbreitung des Manichäismus westlich bis nach Spanien und Gallien, östlich bis nach China (manichäische Handschriften u. a. in koptischer, türkischer, chinesischer Sprache).

Die starke Ausbreitung des **Christentums** ist vor allem auf den Einfluß der seit den Eroberungskriegen Schapurs I. zwangsweise im Sasanidenreich angesiedelten römischen Kriegsgefangenen zurückzuführen. Die Behandlung der Christen stark von der Außenpolitik abhängig, seitdem Konstantin I. das Christentum im Römischen Reich begünstigt und damit die Christen im Sasanidenreich als potentielle Bundesgenossen Roms gelten. Daher unter Schapur II. (seit 339) während der Kriege gegen Rom blutige *Christenverfolgungen.* Unter Yezdegird I. (399–421) nach Aufnahme freundschaftlicher Beziehungen mit dem oströmischen Reich Wiederherstellung der Glaubensfreiheit. Auf den *Synoden von Seleukeia* (410 und 420) endgültige Festlegung einer kirchlichen Organisation (unter einem *Katholikos* von Seleukeia-Ktesiphon mit 5 Erzbischöfen). Unter Yezdegird II. (439–457) Spannungen zwischen König und Kirche und

316 Altertum – Römische Geschichte

erneute Christenverfolgungen (besonders in Armenien, Syrien, Babylonien). Peroz (459–484) unterstützt in seiner Religionspolitik den *Nestorianismus;* seitdem das Sasanidenreich Zufluchtsort für die Nestorianer aus dem Römischen Reich (Gründung der nestorianischen Theologieschule in Nisibis); 484 Trennung der im Sasanidenreich wohnenden Christen mit dem Bekenntnis zum Nestorianismus von der Großkirche: Entstehung einer christlichen *Nationalkirche.*

Die **sasanidische Kunst** knüpft unmittelbar an achaimenidische und parthische Traditionen an und entwikkelt diese fort; daneben starke römisch-hellenistische Einflüsse besonders durch Vermittlung römischer Kriegsgefangener, die vor allem zum Städtebau (Entwicklung römischer Stadtkultur) und bei der Anlage technischer Bauwerke (Brücken- und Dammbauten) herangezogen werden. Palastbauten mit großen Gewölbe- und Kuppelkonstruktionen (Palast von Ktesiphon) als vollendete Formen parthischer Liwane; in den Felsreliefs, auf denen Darstellungen der Siege über die Arsakiden und Römer sowie von Herrscherinvestituren durch den Gott *Ahura Mazda* vorherrschen (Mittel der Bildpropaganda), wechseln Frontalität und Profildarstellung. Hervorragende Leistungen in der Toreutik und Glyptik; sasanidische Seidenstoffe (Einführung der *Seidenraupenzucht*) mit figürlichem Schmuck im Abendland hochgeschätzt. Hohe Blüte von **Wissenschaft** und **Forschung** in den geistigen Zentren wie Gundeschapur und Nisibis. **Literarische Ausformung** einer in ihrem Sagenstoff auf parthische Ursprünge zurückgehenden Ritterepik, die in der Folgezeit die mittelalterlichen Epen des Abendlandes beeinflußt.

	Auch im 4. Jh. Fortsetzung der Kämpfe gegen die Römer im Westen und skythische sowie hunnische Völker im Osten. Gegen die wachsende Bedrohung durch Angriffe von Araberstämmen im Südwesten Schutz durch den sasanidischen Vasallenstaat der arabischen Lachmidendynastie von Hira.
309–379	Nach langen Kämpfen kann *Schapur II.* die unter Narse (293–302) gegen *Galerius* (296–298) verlorenen Gebiete nach erfolgreicher Abwehr Julians vor *Ktesiphon* (Tod Julians) durch Friedensschluß (363) mit *Jovian* (363–364) teilweise (größter Teil Mesopotamiens mit Nisibis) zurückgewinnen. Das Kuschanareich erneut erobert; dort auch Kampf gegen die (seit ca. 350) einfallenden hunnischen Völker (Chioniten, Kidariten), die nach Bündnisabschluß (seit 360) gegen Rom mitkämpfen.
seit 387	Der östliche Teil Armeniens wird aufgrund eines Teilungsvertrages mit Ostrom wieder sasanidisch.
nach 400	Eindringen der (iranischen oder hunnischen) *Hephthaliten* im Osten; Gründung eines eigenen Staatswesens auf dem Gebiet des ehemaligen Kuschanareiches; Einmischung in sasanidische Thronstreitigkeiten.
465, 484	Nach wechselvollen Kämpfen erleiden die Sasaniden unter *Peroz* gegen die Hephthaliten zwei vernichtende Niederlagen; bis in die erste Hälfte des 6. Jh.s tributäre Abhängigkeit.
488–496	Die außenpolitischen Mißerfolge schwächen die Stellung des Königs vollends; herrschende Macht ist der Adel, gegen dessen Willkür sich unter *Kavadh I.* (488–531) die religiöse, dem Manichäismus verwandte **Bewegung des Mazdak** wendet, deren sozialrevolutionärer Aspekt (Forderung nach gleichmäßiger Verteilung aller Güter, Weiber- und Besitzgemeinschaft) bestimmend wird. Vorherrschaft des Grundadels gebrochen; das feste Gefüge der Gesellschaft radikal zerstört. Zunächst Unterstützung des Mazdakismus durch Kavadh I., der hierin eine Möglichkeit zur Stärkung der Königsmacht gegen den Adel sieht.
496	Sturz Kavadhs durch eine Adelsverschwörung. *Tschamasp* wird König; dann Rückkehr
496–498	Kavadhs mit hephthalitischer Unterstützung.
523/524 (528/529?)	Nach Ernennung *Chosraus I.* zum Thronfolger noch unter Kavadh I. Ermordung der Führer der mazdaktischen Bewegung und blutige Verfolgung ihrer Anhänger.
531–579	Unter Chosrau I. Vollendung der bereits unter Kavadh I. eingeleiteten **Staatsreform** zur Stärkung der königlichen Zentralgewalt: *Steuerreform* nach dem Vorbild der Reformen Diokletians: Katastrierung des Grundbesitzes und Einführung einer festen Grundsteuer statt der wechselnden Ertragssteuer; umfassende *Volkszählung* und Neufestsetzung der Kopfsteuer (Staffelung nach Vermögensklassen). *Verwaltungsreform:* Einschränkung der Vollmachten des Großwesirs, Abschaffung des Amtes des militärischen Oberbefehlshabers und Einteilung des Reiches in vier Heeresbezirke unter je einem Feldherrn. Förderung des niederen Adels und Schaffung eines neuen Hof- und Beamtenadels. Wiederherstellung der Rechte der *zarathustrischen Kirche. Heeresreform:* Ausstattung der Soldaten auf Staatskosten, Normierung der Rüstung, Einführung von Rangabzeichen (neuer Militäradel); umfassende Grenzsicherungsmaßnahmen und Ausbau des Wegenetzes.
540	Der mit dem oströmischen Kaiser *Justinian* geschlossene „**Ewige Frieden**" (532) durch Chosrau I. gebrochen (Einfall in Syrien, Zerstörung Antiocheias, Deportation von Facharbeitern).
um 560	Mit Hilfe der verbündeten Westtürken Vernichtung des Hephthalitenreiches.
562	**Erneuter Friedensschluß** mit Byzanz auf 50 Jahre (Erhöhung der schon 532 vereinbarten Tributzahlungen an die Sasaniden).
571	Eroberung des Jemen und Vertreibung der mit Byzanz verbündeten Aksumiten aus Südarabien.

579	Nach dem Tod Chosraus I. erneute Frontstellung zwischen dem neuen Militäradel und dem Königtum.
591–628	*Chosrau II.:* erst dieser Herrscher kann den Aufstand des *Bahram Tschobin* (seit ca. 590) mit oströmischer Hilfe niederschlagen.
seit 604	Durch die Eroberung großer Teile Kleinasiens und Syriens große Erfolge im Kampf gegen das oströmische Reich.
619	Einnahme Ägyptens.
626	**Belagerung Konstantinopels** (Byzanz) durch Sasaniden und Awaren.
626–628	Der Gegenschlag des *Herakleios* (Sieg bei Ninive) zwingt zur Aufgabe der Eroberungen. Das harte Vorgehen Chosraus II. gegen den Adel verstärkt dessen Widerstand.
628	Sturz und Ermordung des Königs.
632	Nach einer Periode völliger Anarchie wird *Yezdegird III.* (632–651) durch die Adelspartei des Feldherrn Rustam auf den Thron gebracht.
636/642	Das durch Kriege und innere Zerrüttung geschwächte Sasanidenreich kann den Ansturm der **islamischen Araber** nicht abwehren. Niederlage bei Kadisija in Arabien (636), Eroberung Ktesiphons (637), Niederlage bei Nihavend in Medien (642).
651	Yezdegird III. wird in Ostiran ermordet. Das **Sasanidenreich** wird ein **Teil des Kalifenreiches.** – *(Forts. S. 1063)*

Arabien
(Forts. v. S. 85)

Das römische Arabien reicht, wie das ihm vorausgehende *Nabatäerreich,* etwa vom Dschebel Hauran im Norden und im Westen von der östlichen Dekapolis (so spätestens seit Septimius Severus), dem Toten Meer, der Negev und dem Sinai nach Osten bis zum Wadi al-Sirhan sowie bis Medain Salih und nach Süden zum Roten Meer (wohl bis Leuke Kome/Yanbu [?]). Im Vorfeld liegt das *Reich von Saba* (Kern im Jemen [Südjemen/Himyar wohl *Arabia felix/eudaimon*], dazu Kataban und westliches Hadramaut). Im Innern der Halbinsel kommt es zu keiner konstanten Machtbildung; die nördlichen Stämme zählen historisch zu *Mesopotamien* und *Syrien.* Die arabischen Kulturlandschaften, vom syrisch-mesopotamischen Raum stets stärker als von Ägypten beeinflußt, sind teilweise *hellenisiert* (Nabatäer) oder *hellenistisch durchsetzt* (Sabäer).
In die römische Interessensphäre geraten die **Nabatäer** (unter *Aretas III.)* durch *Pompeius'* Eingreifen in Syrien und Judäa, die **Sabäer** durch die *Annexion des Ptolemäerstaates;* das Nabatäerreich wird Klientelrandstaat (Königsliste ab Aretas III. [ca. 85– ca. 57]: ca. 57– ca. 30 Malichos I. [Gegner Herodes' I., Parteigänger Caesars und Antonius', bald nach Actium abgesetzt]; ca. 30– 9/8 Obodas II.; 8 v. Chr.– 40 n. Chr. Aretas IV.; 40–70 Malichos II.; 71–105/106 [?] Rabbel II.).

25 Sommer	Feldzug des Praefectus Aegypti *Aelius Gallus* gegen das Sabäerreich (Einnahme von Yatill u. a. Städten; erfolglose Belagerung der Hauptstadt Marib) schwächt dieses; in Folgezeit
– 24 Herbst	Kämpfe der Sabäer mit aufstrebendem Himyarenreich (Hauptstadt seit ca. 20 n. Chr. Zafar), seit etwa Mitte 1. Jh. n. Chr. kämpfereiches Gleichgewicht; Herrscher beider Reiche nehmen Titel ,König von Saba und Du-Raydan' an.
1 v. Chr.	Expedition des *C. Caesar* nach Arabien (wohl nördlich des Hauran).
106	Traian beauftragt den Legaten von Syrien *A. Cornelius Palma Frontonianus* mit der Annexion des Nabatäerreiches (Anlaß unklar; Organisator der Provinz 106–115: *C. Claudius Severus).*
130	*Hadrian* in Arabia. – Vom Bar-Kochba-Aufstand wird Arabia wohl kaum berührt.
166/169	Tempelbau der Thamudener in Rhobathon (Rawwafa) zu Ehren von *Marc Aurel* und *L. Verus.*
um 180	Hadramaut erobert Kataban, so daß im Süden nun drei Reiche miteinander rivalisieren.
191	Angriffe arabischer Stämme auf Sinaihalbinsel.
195	Kämpfe des *Septimius Severus* gegen nördliche Araber (Annahme des Siegernamens „Arabicus").
269–274	Arabia von Zenobia erobert und beherrscht.
um 270	*Yasir Yuhanim II.* von Himyar erobert endgültig das Sabäerreich.
um 300	*Sammar Yuharis III.,* Sohn des Yasir, erobert Kataban und Hadramaut und nennt sich nun König von Saba und Du-Raydan und Hadramaut und Yamnat.
325	*Einfall der Abessinier* (Reich von Aksum) führt zur Herrschaft über Südwestarabien (bis 360 ?).
um 370	Revolte der Sarazenenkönigin *Mavia* richtet sich auch gegen Arabia.
um 378	Wiederherstellung des Sabäerreiches.
um 411	Angriffe über den Wadi Sirhan auf Arabia. Im 5. Jh. *Etablierung der Ghassaniden* auf östlichem Provinzgebiet (Hauptstadt Djabiya südwestlich Damaskus).

318   Altertum – Römische Geschichte

um 525 Erneutes Eingreifen des monophysitischen Reiches von Aksum in Südwestarabien wegen Christenverfolgungen (vor allem in Nagran) des jüdischen Königs *Yusuf/Dhu-Nuwas* (seit um 500); Abessinier dringen um 560 bis Medina vor.
528/29 Gegen Angriffe des Lakhmidenfürsten *Mundhir III.* (505–553; Hauptstadt Hira) wird von Ostrom anfangs der Kinditenfürst *Harith* (seit ca. 490 in Umgebung von Mekka), nach dessen Tod der zum Patricius und König ernannte Ghassanidenscheich *Harith* ausgespielt.
um 570 Letzter Bruch des Staudammes von Marib besiegelt den *Niedergang des Sabäerreiches* (vorherige Dammbrüche 370, 449/450, 542).
575 *Sasaniden erobern Südarabien.*
582 Ghassaniden unter unmittelbarer oströmischer Herrschaft.
613 *Arabien fällt in persische Gewalt,* 630 teilweise zurückerobert.
634 Nach arabisch-moslemischen Siegen u. a. im Wadi Araba und der Einnahme von Bostra wird das römische Restarabien islamisch.

Das römische Arabien wird seit 106 von einem erfahrenen prätorischen Legaten und einem centenaren Prokurator regiert. Statthaltersitz ist Bostra; die alte nabatäische Hauptstadt *Petra* dient als ein zweiter Gerichtsort des Legaten. Unter *Diokletian* (nachweisbar um 297) wird Arabia zweigeteilt in **Arabia** (um Petra; vor 307 mit Palästina vereinigt) und **Arabia Augusta Libanensis** (um Bostra; Grenze in östlicher Richtung auf Höhe der Südspitze des Toten Meeres), die im Norden durch Trachonitis und Batanaea erweitert. Um 358 wird das Gebiet um Petra als **Palaestina Salutaris** wieder selbständige Provinz (Verbindung mit Palästina bleibt in Militärorganisation [dux Palaestinae] erhalten, während die Limitanei von Arabia einem „dux Arabiae" unterstehen). – Unter *Traian* wird *Straßensystem* ausgebaut, besonders Verbindung von Bostra über Philadelphia (heute: Amman) an Golf von Akaba; der südöstliche Teil der Provinz bleibt anscheinend wenig erschlossen. – Die Besatzung bildet seit Traian eine Legion in Bostra (VI. Ferrata?; seit Hadrian III. Cyrenaica) mit entsprechenden Auxilien (2. Jh. anscheinend 2 Alen und 8 Kohorten [1 milliaria] = ca. 5500 Mann). Wahrscheinlich unter *Diokletian* kommt die „legio VI Martia" (in Lejjun) hinzu. Die Hilfstruppen stehen entlang eines *Limes,* der in Nord-Süd-Richtung von Bostra nach Akaba verläuft und zum Wadi al-Sirhan hin (severische?) Außenposten aufweist. Eine zweite Kastellhäufung liegt zwischen Gasa und Petra. Dieses Defensivsystem trennt offensichtlich die urbanisierten Gebiete von überwiegend halbnomadischen Stämmen der Provinz und dient ferner als Flankenschutz gegen die Nordaraber, kaum Feinde aus West- und Südarabien. Eine Flotte ist wohl in Akaba oder Leuke Kome stationiert. Im späten 3. und 4. Jh. wird Besatzung verstärkt. Die Versuche zur politischen Bindung innerarabischer Steppenvölker (seit Ende 3. Jh. unter Sammelnamen Sarakenoi/Saraceni) als Föderaten führt, u. a. wegen persischer Konkurrenz, nur zu teilweisen Erfolgen (besonders bei Ghassaniden). Römische Kolonisation findet nicht statt; die Erhebung von Bostra, Petra und Gerasa zu Kolonien unter *Elagabal* ist nur titular. Da Legion und Auxilien schon bald überwiegend lokal rekrutiert werden, hält sich auch die viritane Landnahme von Römern aus dem Westen des Imperiums in engen Grenzen. – Die arabischen Teile der Dekapolis, besonders Gerasa und Philadelphia (altarab. Rabatamama), die Moabitis und Südidumäa sind relativ dicht urbanisiert. In den südlichen und östlichen Teilen der Provinz sind die wenigen städtischen Siedlungen offenbar kaum entwickelt, außer Petra (altarab. Requem); die nabatäische Unterteilung in Eparchien und Strategien scheint hier, z. T. auf Stammesbasis, fortbestanden zu haben. Durch den *Bau großer Staudämme und Bewässerungssysteme* (seit 7./6. Jh. v. Chr.) ist auch in Südarabien die *Verstädterung* fortgeschritten. Die Staatsorganisation beruht hier auf *Monarchie* und *Stammesaristokratie,* die auch die Priester stellt; eine „Beamtenschaft" wird nur rudimentär entwickelt. In den verschiedenen Sozialordnungen bleiben (minder in den urbanisierten Teilen der römischen Provinz) ethnische Gruppierungen (Araber, ‚Hellenen‘, Juden, Syrer u. a.), Sippen- und Stammesverbände (mit ihren ‚Ältesten‘) und Großfamilien bestimmend.
Wirtschaftlich ist das römische Arabien vor allem als Durchgangsregion für den Weihrauch- und Indienhandel bedeutsam, der von Südarabien seinen Ausgang nimmt. Zentrum ist Petra, als Hafen ferner Leuke Kome. Ackerbau blüht in den urbanisierten Gebieten; darüber hinaus gibt es Nachrichten von Kupferbergbau. Neben dem *arabischen Heidentum* (oberster Gott z. B. des Sabäerreiches ist Attar) und dem *Judentum* findet in Arabia das *Christentum* schon im 1. Jh. vor allem in den urbanisierten Regionen Eingang und breitet sich im 4. Jh. über die ganze Provinz sowie West- und Südarabien aus (um 378 in Marib); Blüte des christlichen Nagran im 6. Jh. Im 5. und 6. Jh. findet Monophysitismus starke Verbreitung, besonders in Südwestarabien. Kulturelle Impulse empfängt das Imperium Romanum von Arabien nicht. Ohne den Handel und die latente nordarabische Bedrohung wäre die Provinz ein abseitsgelegenes Hinterland. – *(Forts. S. 1062)*

MITTELALTER

Der traditionelle Begriff „Mittelalter" setzt die Existenz eines „Altertums" und einer „Neuzeit" voraus und stempelt die Zeit zwischen ihnen als eine Übergangsepoche ab. Das sog. Mittelalter hat sich allerdings in einem ganz anderen Sinn als Übergangszeit aufgefaßt: als die Zwischenzeit zwischen der Erscheinung Christi auf dieser Welt und dem Ende der Zeiten, das in dem Jüngsten Gericht gipfeln werde. Diese Vorstellung der Theologen wird von der Geschichtsschreibung kaum rezipiert – hier herrscht die Vorstellung von den sechs Reichen vor; das letzte sei das Römische Reich, das bis an das Ende der Zeiten andauern soll.

Eine neue Vorstellung kommt erst seit dem 14./15. Jh. mit dem sog. Humanismus auf, der in der römischen Antike den Gipfel der bisherigen Entwicklung sieht, an den man neu anknüpfen will. Die barbarische (auch „gotische") Gegenwart und Vergangenheit werden abgewertet – sie sind ein Tief zwischen dem alten Glanz der Antike und ihrer sich anbahnenden Erneuerung. Diese Vorstellung taucht zuerst bei Flavio Biondo (Blondus; 1392–1463) auf und wird endgültig durch die Lehrbücher des Christoph Cellarius (1688) populär; seither beherrscht sie die Geschichtsschreibung. (Seit der Reformation erhält sie eine kirchliche Variante in der protestantischen Geschichtsschreibung, die im Mittelalter, im Gegensatz zur sog. Urkirche, die Zeit des Verfalls sieht.)

Durch das Aufkommen des Begriffes selbst ist bereits eine negative Wertung der Zeit vorprogrammiert: Die „Zwischenzeit" erscheint als Verfall der Bildung (v. a. der Sprache und Literatur; evangelisch des wahren Glaubens) und seit der Aufklärung auch als Zeit des „finsteren Aberglaubens". Dagegen bemüht sich die Romantik, eine positive Wertung besonders aufgrund der „Einheit des Christentum" und der „Ideale des Rittertums" aufzubauen. Die beiden vereinfachenden Charakterisierungen (Abwertung und Verherrlichung) beeinflussen die Auffassungen vielfach bis zum heutigen Tag.

Seit dem 19. Jh. weisen Historiker immer wieder auf die Tatsache hin, daß jede Einteilung der Vergangenheit rein künstlich ist und insbesondere auf das Problematische der Einreihung der europäischen Geschichte – oder gar der Weltgeschichte – in das Prokrustesbett einer Dreiteilung. So sind daher verschiedene Versuche unternommen worden, die Vergangenheit aufgrund besonderer Kriterien (Kulturen, Wirtschafts-, Kunstformen usw.) zu periodisieren; keiner dieser Versuche konnte sich durchsetzen, da es sich als unmöglich erwies, die Vergangenheit verschiedener Völker und die Vielfalt aller Gebiete, die den Historiker interessieren, auf einen Nenner zu bringen. Infolgedessen kehrt man immer wieder zum viel geschmähten und doch bisher nicht ersetzten Begriff eines „Mittelalters" zurück, wobei jedoch nachhaltig darauf aufmerksam gemacht werden muß, daß es sich dabei um eine bloße Notlösung handelt und daß es absolut unstatthaft ist, das Adjektiv „mittelalterlich" wertend zu verwenden.

Ältere Arbeiten versuchten genaue Grenzdaten für den „Anfang des Mittelalters" festzulegen. Als Anfangszeiten werden oft die Jahre 375/378 („Anfang der Völkerwanderungszeit"), 410 (Eroberung Roms durch Alarich), 476 (Absetzung des letzten weströmischen Kaisers Romulus Augustulus) genannt. Als Ende wird recht allgemein das Jahr 1492 (Entdeckung Amerikas) vorgeschlagen. In der neueren Forschung herrscht Übereinstimmung darin, daß es müßig ist, genaue Jahreszahlen ermitteln zu wollen; man muß sich mit der Festlegung von chronologischen Grenzzonen begnügen und darauf aufmerksam machen, daß die Entwicklung nach Ländern und Sachgebieten beträchtliche chronologische Unterschiede aufweist. Praktische Gründe zwingen Historiker jedoch auch weiterhin zu einer recht mechanischen Abgrenzung, wobei heute weitgehend Übereinstimmung darin herrscht, daß als Grenzzonen des europäischen Mittelalters das 4.–6. Jh. bzw. das 15. Jh. zu gelten haben (mit beträchtlichen Abweichungen für einige Gebiete).

Daß es nötig ist, für die Darstellung einer mehr als ein Jahrtausend umfassenden Geschichte auch diese Zeit weiter zu gliedern, erscheint einleuchtend; auch hier gelingt es jedoch nicht, sachliche Periodisierungskriterien zu ermitteln, die eine Einteilung rechtfertigen würden, und so begnügt man sich damit, die mechanische – kaum wirklich etwas aussagende – Einteilung in ein Früh-, Hoch- und Spätmittelalter vorzunehmen, um größere Zeiträume zu benennen, während man innerhalb dieser Räume gewöhnlich von „Jahrhunderten" spricht (ein Prinzip, das zum erstenmal im 16. Jh. für die Kirchengeschichte die Magdeburger Zenturien anwenden). Auch dabei gilt jedoch, daß jede Einteilung letztlich willkürlich ist und nur durch die Praxis der Forschung und die Art der Darstellung gerechtfertigt werden kann.

Es fehlte auch nicht an Versuchen, den Begriff „Mittelalter" inhaltlich rechtfertigen zu wollen; diese Ansätze beginnen bereits mit der Abwertung durch die Humanisten; das Mittelalter wird hier der „Barbarisierung" der Mittelmeerwelt gleichgesetzt. Später vermeinte man, bei einer positiven Wertung, in der „kirchlichen Einheit Europas" das entscheidende Charakteristikum zu finden, ohne zu berücksichtigen, daß es eine Kirchenspaltung in Europa gibt, daß in Europa Juden und bis 1492 Moslems siedeln und daß es sogar bis 1386 „heidnische Herrscher" gibt. Auch die Kategorie des „Feudalismus" als Grundlage der Periodisierung hat sich nicht bewährt, da es sich kaum als realisierbar erweist, eine Charakteristik zu erar-

320 Mittelalter – Völkerwanderungszeit

beiten, die allgemein angewandt werden kann und zur Gliederung geeignet ist. Völlig verfehlt sind Versuche, das Mittelalter mit den Ansprüchen des mittelalterlichen Reiches (Imperium Romanum) zu identifizieren oder es ethnisch zu charakterisieren – etwa durch eine Symbiose „germanischer" und „romanischer" Komponenten in sog. Abendland –, weil alle diese wertenden Charakteristika höchstens die Geschichte eines Teils des europäischen Kontinents charakterisieren können.

Besonders ist noch darauf hinzuweisen, daß die gesamte Vorstellung einer Dreiheit von Altertum, Mittelalter, Neuzeit eindeutig auf Teile Europas ausgerichtet ist, für die außereuropäische Geschichte aber völlig sinnlos bleibt. Die Begriffe sind folglich bloße Notbegriffe, die helfen sollen, die Vergangenheit bei der Darstellung zu gliedern; einen immanenten Sinn, welcher Art auch immer, haben sie ganz besonders im weltgeschichtlichen Rahmen mit Sicherheit nicht, selbst wenn einige Gebiete z. T. (z. B. Norditalien, Westeuropa) in dieser Epoche gewisse charakteristische Eigenarten aufweisen. Europa (als geographischer Begriff) bildet jedoch auch in diesem Zeitabschnitt noch lange keine Einheit.

Die sog. Völkerwanderungszeit und die Kontinuität des Imperiums

Völkerwanderungszeit allgemein

Der Begriff „Völkerwanderung"

Wolfgang *Lazius* (* 1514, † 1565; Hofhistoriograph Kaiser Ferdinands I.) veröffentlicht 1557 ein Werk „De gentium aliquot migrationibus", worin er die Herrschaft des „Hauses Österreich" (Österreich gilt im Mittelalter als Gothia) mit den Wanderungen vor allem der Goten legitimiert. Michael *Schmidt* setzt in seiner „Geschichte der Deutschen" (1778) den Begriff *migratio gentium* mit „Völkerwanderung" gleich; eine Lehnübersetzung, die noch Johann Christoph *Gottsched* (* 1700, † 1766) aus vornehmlich sprachlichen Gründen mit Recht ablehnt. Der Ausdruck ist tatsächlich aus semantischen wie ideologiekritischen Gründen höchst bedenklich. Da die germanische Altertumskunde der antiken Historiographie mißtraut, versucht sie mit Archäologie, Sprachwissenschaft und Siedlungsforschung die Geschichte von gesunden, starken Wandervölkern, mit denen man sich identifiziert, zu entwerfen. Bereits Beatus *Rhenanus* (* 1475, † 1547) identifiziert die Deutschen mit den germanischen Stämmen der Völkerwanderungszeit; er feiert nicht bloß die germanischen Siege über die Römer, sondern reklamiert sie als deutsche Geschichte. Demgegenüber zeigt die *französische Forschung* in ihrem Festhalten an Begriffen wie „invasions des barbares" oder „invasions germaniques", daß sie sich bis heute in weit größerem Maße auf antikes Schrifttum bezieht als die deutsche Geschichtsschreibung. Aber in den Grundauffassungen gibt es Gemeinsamkeiten beider Betrachtungsweisen: So sind sich französische Romantik und deutscher Historismus im 19. Jh. darüber einig, daß die hereinbrechenden Germanen eine „Blutauffrischung" für das Abendland bedeutet hätten. Heute sind es gerade die *Archäologie* und *Frühgeschichte,* die von den dinglichen Quellen her den Beweis antreten, daß wir es eben nicht mit „jungen, kraftstrotzenden Völkern" und einer „gesunden Vergangenheit" zu tun haben.

Neben der ideologischen Belastung des Begriffs „Völkerwanderung" steht die Tatsache, daß „gens" nur mißverständlich mit „Volk" übersetzt wird. Der Volksbegriff ist vom modernen Nationenbegriff nicht zu scheiden. Hingegen ist eine Gens weder nach nationalstaatlichen Vorstellungen noch als biologische Einheit zu bestimmen. Da die gentile Geschichte die Kunde von den „Taten tapferer Männer" ist, ist eine Gens nicht die Bevölkerung eines bestimmten Landes, sondern die *politisch-rechtliche Einheit* des „bewaffneten Volks". Die Gleichung: Volk = Heer stellt das Leben auf und macht damit die Etymologien aller Begriffe zunichte, die wie „gens", „genus", „genealogia", „natio", die Vorstellung einer einheitlichen Abstammungsgemeinschaft enthalten. Dagegen sind gentile Völkerschaften stets ethnisch gemischt. Sie sind niemals bloße Abstammungsgemeinschaften, sondern vielmehr Aktionsgemeinschaften. Die *Stammesbildung* ist, obwohl es bis heute den Quellen immer wieder nachgeschrieben wird, keine Sache des „Blutes", sondern der „Verfassung". Dies bedeutet zunächst nicht viel mehr als das Zusammenfassen und Zusammenhalten derjenigen heterogenen Gruppen, die ein gentiles Heer ausmachen. Anführer und Repräsentanten von „bekannten" Sippen, die ihre Herkunft von Göttern herleiten und ihr Charisma in entsprechenden Erfolgen beweisen können, bilden die „Traditionskerne" neuer Stämme. Sie sind Heerkönige, ob sie nun den Weg zum mittelalterlichen Großkönigtum gehen oder nicht. Am bekanntesten von ihnen sind die gotischen Amaler und Balthen sowie die fränkischen Merowinger. Sie versuchen, die Stammesüberlieferung zu monopolisieren, das heißt die gentile Religio, die sich im Kult stets erneuernde Gemeinschaft der Lebenden und Toten, zu repräsentieren.

Eine Gens ist eine oder besser *die* Rechtsgemeinschaft der „Menschen" oder „Göttersöhne". Viele gentile Selbstbezeichnungen bedeuten nämlich nichts anderes als „Männer", wie etwa Goten und Alamannen, „Göttersöhne", wie die skandinavischen Gauten oder die keltischen Biturigen, „Menschen", wie die finnischen Suomi oder die indianischen Arapaho. Wer außerhalb dieser Rechtsgemeinschaft steht, ist daher ein „Unmensch", dem man keine Treue schuldet und weder Schwüre noch Verträge halten muß. Wenn also ein „Kulturmensch" über Gentes schreibt, dann erwähnt er zuerst einmal ihre abscheuliche Treulosigkeit, denn sie sind *Barbaren*. Barbaren aber sind keine vollwertigen Menschen. Sie gleichen zweifüßigen Tieren, ihre Sitten sind fremd, unberechenbar und gefährlich, ihre Sauflust ist unermeßlich. Sie umarmen einander zum Bruderkuß, tragen lange Haare und Pelze selbst dort, wo es warm ist. Ihre Sprache ist nicht die Sprache von Menschen, sondern Gestammel und bloßer Lärm. Ihre Religion ist Aberglaube, wenn nicht Heidentum, so bestenfalls verdorbenes Christentum, häretischer Arianismus. Barbaren können weder vernünftig denken noch handeln, sie werden von Dämonen getrieben; „ihnen sitzt einer auf" und zwingt sie, die abscheulichsten Dinge zu tun. Ob Germanen oder nicht, die Barbaren gelten dennoch als schöne Menschen; sie sind blond und groß, wenn auch furchtbar schmutzig und sonderbaren Toilettesitten ergeben. Bloß die eigentlichen Hunnen sind häßlich, Söhne von bösen Geistern und gotischen Hexen. Unerschöpflich ist die Menschenkraft der Barbaren; sie vermehren sich wie die Heuschrecken. Hat man ein Barbarenvolk abgewehrt oder gar vernichtet, so kommt schon das nächste aus den Sümpfen und Wäldern Germaniens oder den großskythischen Steppen. Diese Bilder und Vorstellungen der antiken Ethnographie werden so lange gebraucht, als die wandernden Gentes als Fremde gelten. In dem Augenblick, da sich dieses Gefühl der Fremdheit verflüchtigt, sind die Gentes, die auch das Wandern aufgeben, keine Barbaren mehr. Aus ihren Reichen werden, sofern sie sich halten können, die lateinischen Königreiche und Nachfolgestaaten des Römischen Reiches.

Wanderbewegungen und Reichsgründungen der Ostgermanen (375–552)
(Forts. v. S. 291)

Am Ende des 3. Jh.s spalten sich die **Goten:** Westlich des Dnjestr und des unteren Pruth entsteht während des 4. Jh.s die äußerst leistungsfähige Oligarchie der balthisch-terwingischen Vesier *(Westgoten)*. Diese werden Föderaten (Verbündete) Roms und entwickeln eine multizentrale Verfassung, die im Vorfeld des Römischen Reichs die erste Territorialisierung der Gens ermöglicht. Gleichzeitig bildet sich zwischen Dnjestr und Don das Heerkönigtum der amalischen Greutungen-*Ostrogothen (Ostgoten)*. Unter der Führung dieses Heerkönigtums erreicht die Skythisierung der östlichen Goten ihren Abschluß. Der gepanzerte Lanzenreiter, der ungeheure Entfernungen überwindet und seine Zweikämpfe zu Pferd austrägt, die Beizjagd, der Schamanismus sowie religiöse Praxis und Erfahrung, dargestellt in der Adlerfibeln, die politische Manifestation, die sich an der Übernahme des sasanidischen Königsornats der Amaler erkennen läßt – kurz: die Lebensweise der *iranisch-türkischen Steppenvölker* wird Teil der gotischen Welt, die der große ostrogothisch-greutungische König Ermanarich (um 350–375) beherrscht. Seine Eroberungen und der Umfang seines Vielvölkerreiches – genannt werden neben den Ostrogothen auch wolgafinnische Gruppen, Slawen, Anten, Heruler, Alanen, Hunnen, Sarmaten und wohl auch Aestier – legen den spätantiken Beobachter den Alexander-Vergleich nahe. Ermanarich tötet sich selbst, als sein Kampf gegen die Hunnen verlorengeht.
Der Einbruch der Hunnen zerstört sowohl das östliche Königreich als auch die westliche Aristokratie der Goten, die ebenfalls eine Völkergemeinschaft umfaßt. Diejenigen Goten, die keine hunnischen Goten werden wollen und sich der Unterwerfung entziehen können, treten auf römisches Gebiet über. Hier werden sie die Föderaten des Reichs, bleiben jedoch auf die Dauer nur dann eine politisch handlungsfähige Gens, wenn sie Königreiche errichten können.
Die gotischen Reiche auf römischem Boden wurzeln zwar in der gentilen Tradition, leiten sich aber von einer lateinischen Institution ab, die an die höchsten Magistrate der spätantiken Heeresorganisation und die damit verbundene vizekaiserliche Position anknüpft. Analog dazu ist die Gens nicht bloß das Heer der Goten, sondern zugleich auch eine römische Föderatenarmee, die in der Nachfolge der römischen Hofheere eintritt, wenn auch abgewandeltes Recht der Herrschaftsübertragung besitzt. Die Goten erheben als Föderaten keinen Kaiser, sondern einen König. Vom Standpunkt der römischen Verfassung bildet das barbarische Königtum diejenige Anomalie, die Praxis und Theorie der anomalen spätantiken Staatlichkeit miteinander versöhnt.

um 375 Die *Hunnen* und die mit ihnen verbündeten Alanen überschreiten den Don. Mehrere Niederlagen der Greutungen (Ostgoten). Tod Ermanarichs. Spaltung der Gens und der Amalersippe. Die Mehrheit der Greutungen wird den Hunnen untertan, einer bedeutenden Minderheit gelingt mit hunnischen und alanischen Splittergruppen 376 die Flucht ins Römerreich.

376 Die Hunnen zerstören die terwingisch-vesische Völkergemeinschaft in den Kernlanden des heutigen Rumäniens (Moldau unter Einschluß des heute russischen Bessarabiens, Muntenien und Siebenbürgen). Spaltung der Gens: Eine Minderheit geht mit dem bisherigen Oberhaupt, dem heidnischen Gotenrichter Athanarich († 381), in den von Sarmaten bewohnten Caucalandensis locus (wahrscheinlich in Siebenbürgen). Hingegen folgt die terwingische Mehrheit dem Häuptling Fritigern († nach 382), dem alten Gegner Athanarichs,

322 Mittelalter – Völkerwanderungszeit

der bereits am Beginn der siebziger Jahre das arianische Bekenntnis des Kaisers Valens angenommen hat, um dessen Unterstützung im Kampf gegen Athanarich zu erhalten. Die Goten Fritigerns werden im Spätsommer unter unklaren Bedingungen ins Römerreich aufgenommen. Inkompetenz und Habgier der römischen Beamten sowie Verpflegungsschwierigkeiten führen zur Rebellion der Fritigern-Goten.

377 Sie verbinden sich mit der berittenen, aus Greutungen, Alanen und Hunnen bestehenden Dreivölker-Konföderation.

378 *Schlacht bei Adrianopel.* Die östliche Hofarmee wird von den Goten unter Führung Friti-
9. Aug. gerns fast völlig vernichtet, wobei die greutungisch-alanisch-hunnische Kavallerie schlachtentscheidend wirkt. Der römische Kaiser Valens fällt.

382 Sein Nachfolger Theodosius I. (379–395) schließt mit den Goten, von denen sich die Dreivölker-Konföderation getrennt hat (Ansiedlung in Pannonien 380), den folgenschwersten Föderationsvertrag der römischen Geschichte. Durch die Ansiedlung eines ganzen Volkes, das autonom bleibt, auf römischem Hoheitsgebiet wird ein Staat im Staate und die Voraussetzung dafür geschaffen, daß barbarische Reiche innerhalb des Römerreichs entstehen. Die Ansiedlung der Goten erfolgt nach dem römischen Quartierlastengesetz der *„hospitalitas"* (Übertragung eines Teils des Bodens und der Arbeitskräfte) in Reichsdakien, Niedermösien und Kleinskythien, das heißt als Grenzschutz in den Provinzen der unteren Donau. Hier geschieht die Christianisierung der Goten im Sinne des Arianers Wulfila (* um 311, † 383?), die anscheinend selbst noch der katholische Kaiser Theodosius, „der Freund der Goten und des Friedens", fördert.

395 Nach dem Tod des Theodosius fallen die Westgoten unter der Führung *Alarichs* (* um 370, † 410) vom Ostreich ab und verlassen die von den Hunnen bedrohten Wohnsitze an der unteren Donau.
Plünderung der gesamten Balkanhalbinsel bis in die Peloponnes, obwohl es dem römischen Heermeister Stilicho (* um 365, † 408) zweimal beinahe gelingt, die Goten zu besiegen. Der Vorwurf, Stilicho habe Verrat geübt, ist jedoch unbegründet.

397 Der oströmische Kaiser Arcadius (395–408) schließt mit dem Balthen Alarich I. einen Föderationsvertrag, der den Westgoten die Niederlassung im Epirus (Nordwestgriechenland) gestattet. Alarich, wohl schon vorher zum König der Westgoten erhoben, erhält das römische Militäramt eines „magister militum per Illyricum".

400 Sieg der antigotischen Partei in Konstantinopel. Niedermetzelung der stammeslosen Goten.

um 400 Aufbruch der hasdingischen Theiß-Vandalen, der pannonischen Alanen und donausuebischer Gruppen nach dem Westen. Vereinigung mit silingischen Vandalen.

401/402 Die Alarich-Goten brechen in Italien ein und werden in den zwei Schlachten bei Pollentia (bei Turin) und Verona von *Stilicho* besiegt und zum Abzug gezwungen.
Während ein vertragsloser Zustand herrscht, lassen sich die Westgoten „im Barbarenland neben Dalmatien und Pannonien" nieder, von wo sie Plünderungszüge ins Ostreich unternehmen.

405 Während Alarich – nun durch einen Vertrag gebunden – in Illyrien völlig ruhig bleibt, fallen zahlreiche Scharen vornehmlich gotischer Herkunft unter *Radagais* († 406) über Pannonien und Noricum in Italien ein.

406 Sie werden von Stilicho beim florentinischen Faesulae (Fiesole) gestellt, mit Hilfe von Alanen, der donauländischen Uldin-Hunnen und der von Alarich abgespaltenen Sarus-Goten besiegt; ihr Anführer endet durch Henkershand.
Große Teile der geschlagenen Radagais-Goten gehen schließlich zu Alarich über.

406 Vandalen, Quaden und Alanen überschreiten nach Kämpfen mit föderierten Franken den
31. Dez. *Rhein* und breiten sich über ganz Gallien und 409 auch über Spanien aus.
Schließlich kommt es 411 zum Abschluß eines Föderationsvertrags, wonach die Hasdingen das östliche, die Sweben das westliche Galicien, die Silingen die Baetica und die Alanen Lusitanien und die Carthaginensis zugewiesen erhalten.

408 Der Versuch Stilichos, das von ihm geleitete Westreich mit dem Ostreich auszusöhnen, führt zum Bruch des etwa 405 abgeschlossenen Goten-Vertrags und schließlich zum Sturz Stilichos selbst. Alarich bezieht Stellung im pannonisch-norischen Grenzgebiet und fällt nach der Hinrichtung Stilichos in Italien ein. Er belagert Rom, zieht aber gegen reiche Tributzahlung wieder ab und beginnt die Verhandlungen mit Honorius (395–423) um die Anerkennung seines Königtums.
Als ihm der Kaiser nicht einmal die Ansiedlung in den beiden norischen Provinzen und aus-

409 reichende Getreidelieferungen zusagt, marschiert Alarich ein zweites Mal vor Rom und erzwingt vom Senat die Erhebung des Stadtpräfekten Attalus zum Kaiser.
Aber weder Honorius noch der Usurpator sind bereit, eine gotische Reichsbildung (etwa in Afrika) zuzulassen. Nun rücken die Alarich-Goten zum dritten Mal vor Rom.

410 **Einnahme und Plünderung Roms** (24.–27. Aug.). Die Einnahme der Ewigen Stadt erschüttert die lateinischen Zeitgenossen aufs tiefste: „Was bleibt heil, wenn Rom fällt?"

Völkerwanderung – Wanderbewegungen und Reichsgründungen der Ostgermanen 323

Mit gewaltiger Beute (Teile des jüdischen Tempelschatzes) und nach Gefangennahme der Galla Placidia (* 389, † 450), der Halbschwester des Honorius, zieht Alarich nach Unteritalien, um nach Afrika überzusetzen. Das Unternehmen schlägt fehl. Auf dem Rückmarsch nach Norden stirbt Alarich und wird bei Cosenza im Busento begraben.

410–415 König Athaulf.
Da Alarich ohne geeignete leibliche Erben stirbt, wird sein Schwager Athaulf König.

412 Er führt die Westgoten nach Gallien.

414 Dort vermählt er sich in Narbonne mit Galla Placidia. Athaulf sieht sich nicht als Zerstörer, sondern als Erneuerer Roms und will daher Frieden schließen. Alle diesbezüglichen Verhandlungen schlagen aber fehl. Athaulf wendet sich nach Spanien und wird in Barcelona aus Blutrache ermordet.

415–418 Es folgt **König Wallia.**
Nachdem ein neuerlicher Versuch der Goten gescheitert ist, nach Afrika überzusetzen,

416 schließt Wallia einen Vertrag mit Honorius und läßt Placidia frei.

418 In römischem Dienst schlägt er die silingischen Vandalen; doch wird das Gotenheer noch vor der endgültigen Befriedung Spaniens nach Südgallien verlegt.

418–507 Tolosanisches Westgotenreich. Hauptstadt Toulouse (Tolosa), zwischen Loire und Garonne, auf dem Gebiet der Provinz Aquitania secunda und angrenzender Stadtdistrikte. Das föderierte Gotenheer wird nach dem „ius hospitalitatis" (Übertragung von Boden und Arbeitskräften) angesiedelt. Die vornehmen Goten erhalten zwei Drittel des Großgrundbesitzes und leben als „consortes" der senatorischen Adeligen, umgeben von ihren Gefolgschaften („buccellarii", „saiones").

418–451 Die Ansiedlung erfolgt bereits unter **Theoderid (Theoderich I.), König der Westgoten.** Er gilt als Begründer der „jüngeren" Balthen-Sippe.
Die Westgoten Wallias besiegen die Silingen und Alanen, deren Reste sich den hasdingischen *Vandalen* anschließen; ihr König ist nun der König der Vandalen und Alanen.

429 **Vandalen-König Geiserich** (428–477, * um 390) setzt mit seinen Heerhaufen (80 000 Menschen) über die Meerenge von Gibraltar.

429–534 Vandalenreich in Afrika.
Zehnjähriger Kampf bis zur Einnahme Karthagos.

430 Augustinus (* 354), Bischof von Hippo Regius, stirbt während der Belagerung der Stadt durch die Vandalen.

435 Die Vandalen erhalten den Status von Föderaten in einem Teil der Diözese Afrika.

439 Die Hauptstadt Karthago wird genommen.

442 Valentinian III. (425–455) schließt Frieden und erkennt dabei das Vandalenreich als erstes unabhängiges Germanenreich auf römischem Boden an.

436 Der weströmische Heermeister *Aëtius* (* um 390, † 454) läßt durch seine hunnischen Hilfstruppen das mittelrheinische Reich der burgundischen Nibelungen vernichten, König Gunther, die ganze Königssippe und ein Großteil des Volkes werden getötet.
Den Südteil dieses Gebiets mit Worms nehmen die Alamannen, den Nordteil bis Mainz die Franken ein. Im Laufe des 5. Jh.s dehnen sich die Alamannen vom Neckarland über das südliche Rheinhessen, Pfalz, Elsaß, Nordschweiz, Vorarlberg und östlich bis zur Iller/ Lech-Linie aus.

443 Aëtius weist die Burgunder als Föderaten in die Sapaudia (Gebiet der oberen Rhône und Saône) mit der Hauptstadt Genf ein und überträgt ihnen die Grenzwacht gegen die Alamannen.
Die Burgunder werden nach dem „ius hospitalitatis" unter den gleichen Bedingungen wie die Westgoten angesiedelt. Unter einem neuen Königsgeschlecht (balthisch-westgotischer Herkunft?) gelingt den Burgundern die Ausbreitung ihres Reichs über das ganze Rhônetal mit der Hauptstadt Lyon bis zur Isère.

451 **Schlacht auf den Katalaunischen Feldern** (besser: Mauriacensischen Feldern) zwischen Troyes und Châlons-sur-Marne. Die gallische Gemeinschaft von Römern und Barbaren (genannt werden außer den Westgoten noch Alanen, Rheinfranken, Bretonen, sarmatische und germanische Laeten, Burgunder, gallische Sachsen sowie die Angehörigen ehemaliger römischer Militärbezirke) gilt Außenstehenden als „Vereinigung zwieträchtiger Völker" und besteht dennoch ihre große Bewährungsprobe, als *Attila* (434–453; * um 395) mit einem großen Aufgebot aus Hunnen sowie unterworfenen ost- und westgermanischen Stämmen (darunter vor allem die Gepiden und Ostgoten) in Gallien einfällt. Die Hunnen werden von Aëtius und dem Westgotenkönig Theoderid (durch Speerwurf des Amalers Andagis getötet) besiegt und in ihrer Wagenburg eingeschlossen. Aëtius beschleunigt aber den Abzug der Westgoten wie den Rückzug Attilas, der sich schon zum Selbstmord entschlossen hat, wohl um das gentile Gleichgewicht zu erhalten.

452 Attila verwüstet die Poebene und zerstört Aquileia. *Papst Leo I.* verhandelt als kaiserlicher Gesandter mit dem Hunnenkönig in Mantua, wobei der Hinweis auf das Schicksal Alarichs I. angeblich Attila von einem Marsch auf Rom abhält.

324 Mittelalter – Völkerwanderungszeit

453 Das Hunnenheer räumt Italien. Attila kehrt in seine Theiß-Residenz zurück und stirbt unerwartet nach der Hochzeitsfeier mit der Ostgermanin Hildico (eine Wurzel der Krimhildsage?).

453–466 Westgotenkönig Theoderich (II.) reaktiviert den Föderationsvertrag mit Rom.

454/55 Die Gepiden Ardarichs stellen sich an die Spitze einer gentilen Koalition, die am Fluß Nedao (in Pannonien) die Hunnen und die ihnen treu gebliebenen Ostgoten schlägt und somit die Auflösung des Hunnenreichs erzwingt.

Die Gepiden dehnen darauf ihre Herrschaft von der Theiß-Ebene bis über Siebenbürgen (Dakien) aus, so daß die Ostgoten ihre bisherigen Sitze verlieren und im Römerreich (Pannonien) Zuflucht suchen müssen. Außerdem entstehen – von kleineren Gruppen abgesehen – das Rugierreich am Ostrand des niederösterreichischen Waldviertels und im Weinviertel, ein herulisches Königtum in Südmähren und in der heutigen Slowakei sowie daran anschließend ein Reich derjenigen Donausweben, die nicht mit den Vandalen und Alanen die Heimat verlassen haben. Zwischen dem Donauknie und der Theißmündung gibt es weiterhin ein sarmatisches Reich sowie als Neuheit eine skirische Reichsbildung.

455 Nach der Ermordung Kaiser Valentinians III., mit dem Geiserich eine dynastische Heirat verabredet hat, erscheint dieser plötzlich mit einer Flotte vor der Tibermündung. Rom wird vierzehn Tage lang von den Vandalen geplündert.

Die Witwe Valentinians und ihre Tochter Eudokia werden ins Vandalenreich gebracht, wo Eudokia Geiserichs Sohn Hunerich (477–484) heiratet.

455 Der *Westgotenkönig Theoderich (II.)* macht seinen ehemaligen Lehrer *Avitus* zum Kaiser. Der König erringt zahlreiche Erfolge sowohl gegen die Sweben wie gegen die einheimische Aristokratie Spaniens. Die Goten erobern aber auch Narbonne (462) und erreichen damit die gallische Mittelmeerküste. Wie Theoderich (II.) selbst seinen Bruder beseitigt hat, so fällt er als Opfer einer Verschwörung seines jüngeren Bruders.

466–484 Westgotenkönig Eurich.

Dieser löst den Vertrag mit Rom, erobert die Auvergne, verteidigt von dem Bischof Sidonius Apollinaris (* um 432, † um 480/490), sowie das spanische Ebrotal (Tarraconensis). Nach einer ersten Anerkennung des westgotischen, auf das Sechsfache seines ursprünglichen Umfangs angewachsenen Großreichs durch Kaiser Nepos (475) erreicht das Tolosanische Reich im Jahre 477 seine größte Ausdehnung mit der „nassen Grenze" Loire, Rhône und Durance gegenüber dem übrigen Gallien, mit den Seealpen gegenüber Italien und der offenen iberischen Halbinsel als gotischem Hinterland.

Das älteste germanische Königsrecht, der *Codex Euricianus*, geht zumindest in den Grundzügen auf Eurich zurück, obwohl die endgültige Fassung der Zeit Alarichs II. (484–507) angehören dürfte. Die Eurich zugeschriebene antikatholische bzw. proarianische Kirchenpolitik ist nicht vornehmlich religiös, sondern politisch bestimmt.

475 Der Patricius und Heermeister Orestes († 476) verjagt den weströmischen Kaiser Julius Nepos († 480) und erhebt den eigenen Sohn *Romulus (Augustulus)* zum Kaiser. Er versagt aber bei der Versorgung der regionalen Föderatenarmee.

476 Daher wird **Romulus abgesetzt** (formelles **Ende des weströmischen Kaisertums und Reichs)** und Odoaker (* 433, † 493) aus der skirischen Königssippe, die mit dem Orestes-Romulus-Clan seit den Tagen Attilas verfeindet ist, zum König erhoben.

Die hauptsächlich ostgermanischen Föderaten erhalten die „tertia" (= Drittel) des römischen Grundbesitzes zugewiesen – für nichtbenötigtes Land wird eine gleichhohe Steuer eingeführt.

seit 476 Bis zu den Vandalen- und Gotenkriegen Justinians I. (527–565) steht fast das gesamte römische Westreich unter der Herrschaft lateinisch-germanischer Könige.

Der oströmische Kaiser Zenon (474–491) erkennt Odoaker als König an, überträgt ihm jedoch nicht die gewünschte Amtsgewalt eines Heermeisters und Patricius. Senat und Papst (Felix III.) stützen Odoaker, da damals wegen der monophysitenfreundlichen Kirchenpolitik Zenons ein Schisma (Kirchenspaltung) zwischen Konstantinopel und Rom besteht. Odoaker erwirbt Sizilien gegen Tributzahlung an den Vandalenkönig Geiserich.

480 Nach der Ermordung von Kaiser Julius Nepos gliedert er Dalmatien wieder dem Westreich an.

484–507 Westgotenkönig Alarich II., Eurichs Sohn, mit einer Tochter Theoderichs des Großen vermählt.

Das Andenken an seine Herrschaft ist durch seine Niederlage und seinen Tod in der Schlacht von Vouillé (bei Poitiers) gegen den Frankenkönig Chlodwig (507) überschattet. Tatsächlich festigt er die westgotische Herrschaft in Spanien und verteidigt bis 506/507 zumeist erfolgreich die tolosanische Nordgrenze gegen die Franken. Alarich II. rettet (490) die Ostgoten Theoderichs durch eine Intervention in Italien und (501) die rechtmäßige burgundische Dynastie, worauf Avignon westgotisch wird.

487/488 Odoaker zerstört in zwei Feldzügen das Reich der Rugier, deren Überlebende sich den Ostgoten anschließen.

Völkerwanderung – Wanderbewegungen und Reichsgründungen der Ostgermanen   325

488   Die römische Stadtbevölkerung des donaunahen Teils von Noricum ripense wird zwangs-
weise nach Italien geführt.
Eine ebenso anschauliche wie einzigartige Quelle über die Ereignisse und Zustände beim
Ende des Römerreichs an der Donau ist die Vita des heiligen Severin († 482), die Eugippius
(† nach 533) um 511 im ostgotischen Italien verfaßt.
Nach der Aufgabe des pannonischen Ostgotenreichs (ca. 455–473) zieht eine der drei ost-
gotischen Gruppen unter König Thiudimer († 474) und seinem Sohn *Theoderich,* der seine
Jugend als Geisel in Konstantinopel verlebt hat, auf der Suche nach günstigeren Bedingun-
gen für eine Reichsbildung auf der Balkanhalbinsel umher.
Von seinem letzten Stützpunkt, Novae (Svištov an der Donau) in Niedermösien, marschiert
Theoderich 488 im Auftrag Kaiser Zenons als dessen Heermeister („magister militum et
patricius"), nachdem er 484 den Konsulat bekleidet hat, nach Italien.

489   Theoderich schlägt Odoaker an der Isonzobrücke bei Görz und bei Verona.
490   Dann schlägt er ihn mit westgotischer Hilfe in einer großen Schlacht an der *Adda,* worauf
sich Odoaker nach Ravenna zurückzieht.
Er öffnet erst nach zweieinhalbjähriger Belagerung („Rabenschlacht" der Heldensage) die
493   Tore aufgrund eines Vertrags, der eine gemeinsame Herrschaft vorsieht, wird aber von
Theoderich ermordet.

493–552   Das Ostgotenreich in Italien.
493–526   Ostgotenkönig Theoderich der Große (* um 451/456) Titel: „Flavius Theodericus rex."
Theoderich sichert seine Herrschaft durch ein weitgespanntes Heirats- und Bündnissystem,
das die gesamte gentile Welt umfassen soll. Dieses System scheitert ein erstes Mal zwischen
506 und 510, da Theoderich, gehindert durch Konstantinopel, die von den Franken bzw.
Langobarden angegriffenen Westgoten und Heruler nicht schützen kann. Durch die Aufnahme von geschlagenen Alamannen und Herulern sowie durch das Heiratsbündnis mit
den Thüringern (um 510) wird zu retten versucht, was zu retten geht.

506   Im *Westgotenreich* Verkündung des für die römischen Untertanen gültigen Rechts im
„Breviarium Alaricianum" (oder in der „Lex Romana Visigothorum") als Gegenstück zum
„Codex Euricianus" für die Goten. Caesarius, Bischof von Arles (502–543), leitet im Auf-
trag Alarichs zu Agde (im Département Hérault) die Synode des gallisch-westgotischen
Reichsteils, wobei ein Ausgleich zwischen dem katholischen Episkopat und dem ariani-
schen Gotenkönig zustande kommt.

507–511   Eingreifen Theoderichs in Gallien.
Nach dem Schlachtentod seines Schwiegersohns Alarich II. bei Vouillé (507) sendet Theoderich ostgotische Truppen, wenn auch verspätet, den Westgoten zu Hilfe. Die Provence
wird als gallische Präfektur dem Ostgotenreich angegliedert. Nach mehrjährigen Kämpfen
gegen Gesalech († 511/513), den unehelichen Sohn Alarichs II., wird Theoderich selbst
König der Westgoten, worin ihm sein Enkel Amalarich († 531), der echte Sohn Alarichs II.,
erst nach 526 folgt. Für Theoderich regiert sein ostgotischer Waffenträger Theudis.

515   Theoderich verheiratet den bei den Westgoten „gefundenen" Amaler Eutharich († 522)
mit seiner Tochter Amalaswintha († 535) und designiert ihn zum Nachfolger.

519   Eutharich wird von dem byzantinischen Kaiser Justin I. (518–527) „nach barbarischer
Sitte" zum Waffensohn adoptiert, erhält das römische Bürgerrecht und tritt als Flavius
Eutharicus Cilliga gemeinsam mit dem Kaiser den Konsulat an.

523   Infolge von Familienwirren Krieg mit dem Burgunderreich, das gleichzeitig von den Franken angegriffen wird. Das Gebiet zwischen Isère und Durance wird ostgotisch (530 von
Amalaswintha zurückgegeben).

523–524   Nach Ende des Schismas (519) und dem überraschenden Tod Eutharichs (522) zunehmende Opposition des Senats, der nun von sich aus die Sorge um die Nachfolge Theoderichs
wahrnimmt. Hochverratsprozeß gegen die Senatoren Boethius (* um 480), der im Kerker
sein Buch „De consolatione philosophiae" schreibt, und seinen Schwiegervater Symmachus.

524, 525   Sie werden hingerichtet.

Um 525   Der byzantinisch gesinnte Vandalenkönig Hilderich (523–530) läßt das ostgotische
Gefolge der Amalafrida, Schwester Theoderichs und Witwe seines Vorgängers Thrasa-
mund (496–523), der sie 500 geheiratet hat, niedermachen; sie selbst stirbt im Kerker.
Theoderich baut eine starke Flotte, um das Vandalenreich anzugreifen.

526   Er stirbt aber vorher in Ravenna, wo sein Grabmal erhalten ist. In der deutschen Heldensage lebt er als Dietrich von Bern (= Verona) fort.

526–535   *Amalaswintha,* Theoderichs Tochter, Witwe, regiert zuerst für ihren unmündigen Sohn
Athalarich (* 516), der 534 stirbt, dann als Königin der Ostgoten.

533–534   *Belisar* (* um 500, † 565), Feldherr des Kaisers Justinian, zerstört das Vandalenreich in
Afrika, wobei ihn Amalaswintha unterstützt.

535   Amalaswintha wird von ihrem Vetter Theodahad († 536), den sie zum Mitregenten angenommen hat, ermordet.

326 Mittelalter – Völkerwanderungszeit

535–552 Diese Untat bietet den Anlaß für den *Krieg* Kaiser *Justinians I. gegen die Ostgoten.*

535–540 Belisar erobert Sizilien und Neapel, wird von Witigis († 541), den das Gotenheer nach Absetzung Theodahads (536) auf den Schild erhoben und der sich mit Amalaswinthas Tochter Mataswintha vermählt hat, in Rom vergeblich belagert (Landverluste an die Franken). Witigis zieht sich nach Ravenna zurück und öffnet schließlich Belisar die Tore, der vorgibt, König des ihm angebotenen Reichs der Goten und Italiker zu werden, statt dessen aber Witigis und Mataswintha sowie zahlreiche gotische Krieger nach Konstantinopel führt.

541 Während Belisar gegen die Perser kämpft, wählen die Goten *Totila* (Baduila) zum König, der fast ganz Italien außer Ravenna zurückerobert.

544–549 Belisar, aufs neue nach Italien entsandt, kämpft mit wechselndem Erfolg bis zu seiner endgültigen Abberufung nach dem Tod seiner Gönnerin, der Kaiserin Theodora († 548).

552 Erst *Narses* (* um 478, † 573), ein Eunuch armenischer Herkunft, gelingt es in einem frontalen Angriff von Istrien her, das ostgotische Königtum binnen Jahresfrist zu vernichten. Er schlägt zunächst Totila auf dem Busta Gallorum (nahe dem umbrischen Gualdo Tadino), wobei der Gotenkönig fällt.

552 Dann besiegt er dessen Nachfolger *Teja* am Mons Lactarius (Milchberg, heute Monte Angelo), zwischen Neapel und Salerno. Teja verliert als letzter Ostgotenkönig das Leben. Die meisten Ostgoten kapitulieren und kehren als kaiserliche Untertanen auf ihre Güter zurück.

553–554 Eine ostgotische Minderheit versucht Butilin, der mit seinem Bruder Leuthari ein fränkisch-alamannisches Heer nach Italien führt, zum König auszurufen, was jedoch scheitert. Narses vernichtet die eine der in zwei Gruppen operierenden Invasoren bei Capua, während die andere in Venetien einer heimgebrachten Seuche erliegt.

555 Kapitulation von Compsa (Conza della Campania) am Fluß Ofanto, wo siebentausend Barbaren verschiedenster Herkunft und nur zum Teil Goten bisher noch Widerstand geleistet haben.

Italien wird wieder römisch, Narses erster Statthalter, seine Nachfolger führen den Titel „exarchus et patricius" mit Sitz in Ravenna. Der *zwanzigjährige Krieg in Italien* hat das antik-römische Kernland verwüstet und derart geschwächt, daß die politische Einheit des Landes (568) auf Jahrhunderte hinaus verlorengeht. – *(Forts. S. 356).*

Das Vandalenreich in Afrika (429–534)

Afrika ist die Kornkammer des römischen Westreichs, doch ist der soziale Friede durch religiöse Spannungen (Donatistenstreit) ständig gefährdet. Die unterdrückte religiöse Richtung hat den Einfall der Vandalen zumindest begünstigt, vielleicht auch zur harten antikatholischen, proarianischen Religionspolitik *Geiserichs* (428–477) beigetragen. Trotzdem sucht Geiserich, die Römer in sein Reich einzugliedern. Als sichtbares Zeichen dafür gilt der allgemeinen der Übertritt zum Arianismus. Die Verfolgung der Katholiken scheint vorwiegend politische Ursachen zu haben. Indem sie als Reichsfeinde gewertet werden, wird ihre Führungsschicht, die *episcopi et senatores*, Gegenstand weitgehender Enteignung.
Der Versuch *Hilderichs* (523–530), des Sohnes Hunerichs und der Eudokia sowie Enkels Geiserichs, die ausweglose Politik zu überbrücken und ein vandalisch-römisches Reich in Afrika aufzubauen, bleibt wegen der Niederlage gegen die Berber erfolglos. Die Vandalen erobern rasch die Seeherrschaft im westlichen Mittelmeer und errichten Stützpunkte auf den Inseln Sizilien, Sardinien, Korsika und den Balearen. Die tatsächliche Herrschaft der Vandalen wird jedoch durch die *Berber* in zunehmendem Maße beschränkt, mag auch Kaiser Zenon im Frieden von 474 den vandalischen Besitzstand anerkennen. Die Herrschaft gilt als Erbgut der königlichen Sippe der Hasdingen; die „constitutio" Geiserichs sieht vor, daß jeweils der älteste aus der männlichen Nachkommenschaft König werden solle (Seniorat). Dieses „Hausgesetz" kann jedoch Thronstreitigkeiten und Königsmorde nicht verhindern; der letzte Vandalenkönig, Gelimer *(530–534)*, gilt als Usurpator.

Das Ostgotenreich unter Theoderich d. Gr. (493–526)

Theoderichs Staat, die Herrschaft über „Goten und Italiker", entsteht aus der *Verbindung der Herrschaft über Rom und Italien mit dem Reich der Goten*, das in einer Weise, die „die übrigen Völker nicht haben können", dem römischen Vorbild angeglichen wird. Der Gotenkönig gilt „der Tat nach als ein wahrer *Kaiser*". Es werden ihm Statuen gesetzt, ohne dabei den Kaiser zu erwähnen. Kaiserlich ist auch Theoderichs Herrschaft über die römische Bürokratie, er übt die Blutgerichtsbarkeit wie das Gnadenrecht über alle Bewohner Italiens aus, besitzt – obwohl Arianer – die Hoheit über die katholische Kirche und entscheidet über die Zugehörigkeit zum Senat. Da Theoderich den inneren Frieden in Italien sichert, kann er auch wie ein Kaiser wirtschaften. Vernünftige ökonomische Maßnahmen, wie eine Münzreform, ergeben sehr rasch einen Überschuß, der für eine intensive, obwohl vornehmlich restaurative Bautätigkeit verwendet wird.

Es werden sowohl Repräsentationsbauten, Nutzbauten, wie etwa Wasserleitungen, als auch Verteidigungsanlagen errichtet. In der Königsstadt *Ravenna* bleibt es nicht bloß bei der Renovierung, vielmehr kann die herrliche Ausgestaltung Ravennas als diejenige Leistung der theodericianischen Epoche angesehen werden, die am ehesten das Prädikat „schöpferisch" verdient (bes. San Apollinare Nuovo).

Die kaiserlichen Reservatsrechte, die Annahme des Imperator-Titels, das Anlegen kaiserlicher Gewänder und das volle Münzregal bleiben formal unangetastet. Mit der Erlassung des berühmten „*Edictum Theoderici*", das einerseits das römische Kaiserrecht modernisiert und den gegebenen Umständen anpaßt, andrerseits aber keineswegs in das Vorrecht der kaiserlichen Gesetzgebung eingreift, verkündet Theoderich territoriales Recht, wovon niemand, auch nicht seine Goten, ausgenommen ist. Wie die tolosanischen Goten, so wird auch das Heer Theoderichs des Großen aufgrund des römischen Quartierlastengesetzes, der „*hospitalitas*", angesiedelt; doch erhalten die Ostgoten bloß die „tertia" (ein Drittel) des Grundbesitzes in der Nachfolge des Heeres Odoakers und sind auch nicht steuerfrei. Das ostgotische Föderatenheer ersetzt eine reguläre römische (Bewegungs-)Hofarmee, was zur Folge hat, daß die Italiker im allgemeinen bloß in regionalen Milizeinheiten dienen und nur in Ausnahmefällen Kriegsdienste im Felde leisten.

Die römische *Zivilbürokratie* bleibt hingegen unangetastet in den Händen der Römer. Italien erlebt eine Spätblüte der antiken Kultur. Männer wie Boethius (* um 480, † 524), Papst Symmachus, Ennodius (* 473, † 521), Cassiodor (* um 485, † nach 580), der eine, heute bloß im Auszug des Jordanes erhaltene, Gotengeschichte schreibt und als „Minister" des späteren Theoderichs und seiner Nachfolger wichtige Staatspapiere (Variae) verfaßt, der heilige Benedikt von Nursia (* um 480, † um 547), der Gründer Montecassinos (529), und der skythische Mönch Dionysios (* um 470, † um 550), der die Zeitrechnung nach Christi Geburt entwirft, tragen zur Entstehung einer allgemeinen Kultur bei. Daß Theoderich Analphabet gewesen sei, ist eine Legende, die – bezeichnenderweise – von einer Schilderung des ungebildeten Kaisers Justin I. (518–527) auf ihn übertragen wird.

Die wichtigsten Völkerschaften der Völkerwanderungszeit

Germanen:	*Ostgermanen:*	*Nichtgermanische Völker:*
Alamannen	Westgoten	Hunnen
Sweben	Ostgoten	Alanen
Langobarden	Vandalen	Awaren
Franken	Burgunder	Slawen
	Heruler (Eruler)	

Papsttum und Kirche (391–604)

Die Kirche als Träger der Kontinuität zwischen Antike und Mittelalter

Die durch Konstantin d. Gr. (* um 285, † 337) eingeleitete und von Theodosius I. (379–395, * 347) zu einem gewissen Abschluß gebrachte Ersetzung der römischen Staatsreligion durch das Christentum und die sich daraus ergebende Durchdringung der kirchlichen, staatlichen und sozialen Sphären („Reichskirche") sichern der durch Lehrstreitigkeiten und Sonderentwicklungen gefährdeten Kirche nicht nur ihre Einheit, sondern schaffen auch die Voraussetzung für eine den Verfall des Imperiums überdauernde Kontinuität des römischen Erbes. Ausmaß und Intensität dieses Fortlebens, die von der Forschung nicht einhellig beurteilt werden, hängen sowohl in der sich zunehmend hellenisierenden östlichen als auch in der sich im Zuge der Völkerwanderung auflösenden westlichen Reichshälfte von den ethnischen, geographischen und politischen Umständen ab. Allgemein kann jedoch gelten, daß Kirche und Papsttum trotz der im 4. Jh. beginnenden und sich im 5. Jh. in allen Lebensbereichen durchsetzenden Barbarisierung und Regionalisierung wesentliche Elemente der römischen Reichsidee, der Verfassung und Verwaltung, des Rechtes und des Brauches, der Sprache, Literatur und Kunst sowie zahlreiche Institutionen und Techniken der Haus- und Landwirtschaft, des Handels und Gewerbes auf dem Boden des Reiches bewahren bzw. an die innerhalb und außerhalb der alten Reichsgrenzen entstehenden Herrschaftsbildungen weitergeben.

Träger dieser Kontinuität sind im Westen neben den Päpsten und den vornehmlich aus den alten Führungsschichten stammenden höheren Klerikern der in Anpassung an die Reichseinteilung entstandenen Bischofssprengel monastische Gemeinschaften, die in erster Linie das literarische und wissenschaftliche Erbe der heidnischen und christlichen Antike über die Zeitenwende hinüberretten. Neben den fortbestehenden Institutionen, den erhalten gebliebenen Bau- und Kunstdenkmälern sowie der in Liturgie und theologische Literatur (Patristik) eingegangenen geistigen Überlieferung schaffen die von dieser neuen klerikalen und monastischen Elite tradierten Texte und die durch sie in Handbüchern zusammengefaßten Ergebnisse der antiken Wissenschaft die Voraussetzungen für die schon im Frühmittelalter einsetzenden Bemühungen um eine Wiederbelebung der Antike.

328   Mittelalter – Völkerwanderungszeit

Die Verlegung der Reichshauptstadt in den Osten gibt diesem ein Übergewicht gegenüber dem Westen, befreit das römische **Papsttum** jedoch von der Gefahr kaiserlicher Bevormundung. Es beginnt in der Auseinandersetzung mit der östlichen Christenheit und dem vor allem in römischen Adelskreisen weiterlebenden Heidentum unter Silvester I. (314–335), Marcus (336), Julius I. (337–352) und Liberius (352–366) seinen Aufstieg, der unter Damasus I. (366–384) zu einem ersten Höhepunkt gelangt.

384–399   Papst *Siricius* (* um 334) betont die Führungsrolle des römischen Stuhles mit für den gesamten Westen verbindlichen Rechtsentscheidungen.

402–417   Der nach *Anastasius I.* (399–402) regierende *Innozenz I.* drängt auf die Durchsetzung der Consuetudo Romana („römische Gewohnheit") in Disziplin und Liturgie, versucht durch
404   Eingriffe in den Prozeß gegen Johannes Chrysostomos (* 344/354, † 407) sowie die
415   Errichtung eines apostolischen Vikariats von Thessalonike den Primatsanspruch gegenüber
417   Konstantinopel durchzusetzen und im Streit gegen Pelagius seine Lehrautorität zur Geltung zu bringen.

Während des Pontifikats Innozenz' I. Anerkennung des bischöflichen Rechts auf Gerichtsbarkeit über den Klerus (412) und Einzug der heidnischen Tempelgüter (415). Nach Rückschlägen unter *Zosimus* (417–418) und *Bonifaz I.* (418–422) erheben *Cölestin I.* (422 bis 432) und *Sixtus III.* (432–440) gegenüber dem Konzil von Ephesus (431) sowie den Patriarchen von Alexandrien und Konstantinopel den Anspruch auf die Leitung der Ökumene.

Im *Osten* kommt es nach den Auseinandersetzungen um die Trinität zwischen Nestorius (* nach 381, † um 451), seit 428 Patriarch von Konstantinopel, und Kyrillos († 444), seit 412 Patriarch von Alexandrien, zum Streit über die Natur Christi und sein Verhältnis zu Maria als Gottes- oder Christusgebärerin (Theotokos – Christotokos).

Die sieben ersten ökumenischen Konzilien

1	Nicaea (Nikaia) I Einberufen von Konstantin I. d. Gr. (306–337)	20. Mai – ca. 25. August	325
2	Konstantinopel I Einberufen von Theodosius I. (379–395)	1. Mai – Juli	381
3	Ephesus Einberufen von Theodosius II. (408–450)	22. Juni – 17. Juli	431
4	Chalkedon Einberufen von Markianos (450–457)	8. Oktober – 1. November	451
5	Konstantinopel II Einberufen von Justinian I. (527–565)	5. Mai – 2. Juni	553
6	Konstantinopel III Einberufen von Papst Agatho (678–681)	7. November – 6. September	680 – 681
7	Nikaia (Nicaea) II Einberufen von Kaiserin Irene (780/797–802)	24. September – 23. Oktober	787

431   Auf dem von Kaiser Theodosius II. einberufenen **3. Ökumenischen Konzil von Ephesus** wird die von Patriarch Johann von Antiochien und den syrischen Bischöfen vertretene Auffassung des Nestorius, die auf eine stärkere Trennung der beiden Naturen in Christus hinausläuft und Maria den Titel einer Theotokos aberkennt, von Kyrillos, Papst Cölestin I. und dem zunächst nestoriusfreundlichen Theodosius unter Berufung auf das Nicaenische Bekenntnis (325) verurteilt (ähnlich entschied schon 430 eine römische Synode).

440–461   Unter **Leo I.,** der sich stärker als seine Vorgänger als Erbe Petri versteht, erreicht der Anspruch der römischen Bischöfe auf die Leitung der Ökumene einen neuen Höhepunkt.
Leo setzt im Westen den auf vermeintliche Privilegien pochenden Hilarius von Arles
445   (* 401, † 449) als Metropolit von Arles ab, erreicht von Valentinian III. die Gleichstellung der Dekretalen mit den Reichsgesetzen, verwirft den Anspruch Konstantinopels auf Gleichrangigkeit mit Rom (451), greift entscheidend in die theologischen Lehrstreitigkei-
449   ten des Ostens ein, versucht ein allgemeines Konzil nach Italien einzuberufen und manifestiert durch sein Eintreten zum Schutze Roms und Italiens gegen Attila (452) und Geiserich (455), daß die Päpste an die Stelle des handlungsunfähigen Kaisers getreten sind.

Im *Osten* kommt es nach einer u. a. von Akakios von Beroia († nach 437) und Simeon dem Styliten d. Ä. († 459) herbeigeführten Einigung zwischen Johann von Antiochien und Kyrillos von Alexandrien (433) zu wiederholten Auseinandersetzungen: Theodoret von Cyrus (* um 393, † spätestens 466) vertritt 447 mit Abwandlungen die Lehre des

Papsttum und Kirche   *329*

Nestorius, während Patriarch Dioskuros von Alexandrien (444–451, † 454) und der Mönch Eutyches (* um 378) die Theologie des Kyrillos in Richtung auf den Monophysitismus übersteigern und auf der zweiten von Theodosius einberufenen Synode von Ephesus,

449   der Räubersynode, mit Gewalt gegen den Widerspruch Papst Leos I. zur Anerkennung bringen wollen.

451   Nach dem Tode Theodosius' II. beruft Kaiser Markianos (450–457) das **4. Ökumenische Konzil von Chalkedon** ein.

Die auf Verlangen Leos I. unter Leitung römischer Legaten tagenden, überwiegend aus dem Osten stammenden Väter kommen aufgrund einer schon 449 abgegebenen Stellungnahme Papst Leos, des „Tomus Leonis", zu einer verbindlichen Formel, wonach die beiden Naturen Christi als unvermischt und ungetrennt in einer Person und Substanz (Hypostase) zu verstehen sind. Neben zahlreichen anderen rechtlichen Regelungen wird gegen den Protest der römischen Legaten die Gleichrangigkeit der Metropoliten von Konstantinopel und Rom sowie der besondere Rang von Alexandrien, Antiochien und Jerusalem anerkannt. Obwohl das Konzil von Chalkedon die in Ephesus ergebnislos gebliebene theologische Diskussion zu einem Abschluß gebracht hat, kann sich der Monophysitismus in den Patriarchaten von Alexandrien, Jerusalem und Antiochien verbreiten, während der Nestorianismus in Edessa und später in Persien Anhänger findet.

468–483   *Simplicius*, nach *Hilarius* (461–468) Nachfolger Leos I., widersetzt sich dem Versuch Kaiser Zenons, aufgrund eines die Beschlüsse von Chalkedon mißachtenden Unionsdekretes

482   (Henotikon) die Monophysiten in Antiochien und Alexandrien mit der Orthodoxie zu versöhnen.

483–492   *Felix II. (III.)* enthebt in diesem Zusammenhang Akakios († 489), Patriarch von Konstantinopel, seines Amtes und führt damit den ersten offenen Bruch zwischen Ost und West

484   herbei *(Akakianisches Schisma* bis 519).

492–496   **Papst Gelasius I.** formuliert gegenüber Kaiser Anastasios, Odoaker und Theoderich das Verhältnis des Papsttums („auctoritas sacrata pontificum") und des Kaisertums („regalis potestas") als der beiden gemeinsam die Welt regierenden Mächte im Sinne der auf ihn zurückgeführten *Zweischwertertheorie,* setzt sich für die Behauptung der dem Papst in Süd- und Mittelitalien verbliebenen Rechte und Besitzungen ein.

496–498   Anastasius II. bemüht sich um Aussöhnung mit Byzanz.

Die gespaltene Haltung der römischen Gemeinde gegenüber Ostrom führt bei der Wahl

498   seines Nachfolgers zum *Laurentianischen Schisma.*

498–514   *Symmachus* findet für seine Politik gegen Konstantinopel die Unterstützung Theoderichs, während der probyzantinische *Laurentius* (498–506) von der Mehrheit des römischen Senats unterstützt wird.

Das Schisma führt zu einem ersten, von Symmachus veranlaßten Papstwahldekret: De-

499   signation des Papstes, bei ihrem Fehlen Mehrheitswahl durch den Klerus, Ausschaltung der Gemeinde.

Es gelingt dem 506 allgemein anerkannten Symmachus, den römischen Einfluß in Gallien

513   durch Wiederherstellung des Vikariates in Arles zu erneuern, dabei erstmalige Verleihung des Palliums.

Während seines Pontifikates Bekehrung des Burgunders Sigismund zum Katholizismus (496/499) und Taufe Chlodwigs (498/499).

514–523   *Hormisdas* erreicht die Aussöhnung mit dem Osten aufgrund seiner vom Patriarchen von

519   Konstantinopel übernommenen Bekenntnisformel („Regula fidei").

523–536   Unter den nur kurz regierenden Päpsten *Johannes I.* (523–526), *Felix III. (IV.)* (526–530), *Bonifaz II.* (530–532), *Johannes II.* (533–535) und *Agapet I.* (535–536) wird das Papsttum zeitweilig in den Kampf zwischen Ostgoten und Byzanz einbezogen, ohne eine selbständige Position behaupten zu können.

536–561   Sein politisches Gewicht und moralisches Ansehen gelangen unter *Silverius* (536–537), *Vigilius* (537–555) und Pelagius I. (556–561) auf einen Tiefpunkt, während es Justinian I. (527–565) im Zuge seiner Restaurationspolitik gelingt, ein deutliches Übergewicht über das Papsttum, u. a. das Recht der Anerkennung der Papstwahl, zu erlangen.

590–604   **Gregor I. der Große** (* um 540), vor seinem Pontifikat Präfekt von Rom und Mönch des von ihm gegründeten römischen Andreasklosters, beendet die altkirchliche Epoche des Papsttums und legt die Grundlage für die mittelalterliche. Er respektiert die Stellung des oströmischen Kaisers als Haupt des christlichen Imperiums, wendet sich aber gleichzeitig den germanischen Völkern zu, veranlaßt einen Friedensvertrag zwischen Byzanz und den Langobarden (593), deren Katholisierung er einleitet, tritt für Verständigung zwischen Franken und Ostrom ein und bemüht sich um Bindung der Westgoten an Rom.

596   Mit der Entsendung des Mönchs Augustinus († wohl 604) zu Ethelbert von Kent (560–616) eröffnet er die Missionierung der Angelsachsen.

Die materiellen Voraussetzungen für die Wiederaufnahme der Führungsrolle der Päpste, die sich seit Gregor I. „Servus Servorum Dei" (Diener der Diener Gottes) nennen, werden

330   Mittelalter – Völkerwanderungszeit

durch Konsolidierung der Patrimonialgüter der römischen Kirche, die geistigen durch die Gewinnung des Mönchtums für die universale Mission sowie gesteigerte Anforderungen an den Klerus („Regula pastoralis") geschaffen.

Die Päpste (384–604)

Siricius	384–399	Simplicius	468–483	Dioskur	530
Anastasius I.	399–402	Felix II. (III.)	483–492	Johannes II.	533–535
Innozenz I.	402–417	Gelasius I.	492–496	Agapet I.	535–536
Zosimus	417–418	Anastasius II.	496–498	Silverius	536–537
Eulalius	418–419	Symmachus	498–514	Vigilius	537–555
Bonifaz I.	418–422	Laurentius	498–506	Pelagius I.	556–561
Cölestin I.	422–432	Hormisdas	514–523	Johannes III.	561–574
Sixtus III.	432–440	Johannes I.	523–526	Benedikt I.	575–579
Leo I.	440–461	Felix III. (IV.)	526–530	Pelagius II.	579–590
Hilarius	461–468	Bonifaz II.	530–532	Gregor I.	590–604

Mönchtum und Klosterwesen

Wesen und Entwicklung

Das christliche Mönchtum verdankt seinen Ursprung den neutestamentlichen Forderungen nach einer die allgemeine Norm überschreitenden Weltentsagung. Aus locker organisierten Asketengemeinschaften im Osten und Westen entwickeln sich seit der Mitte des 3. Jh.s in Ägypten, Syrien und Palästina seine grundlegenden Formen. Neben den Gyrovagen, schweifenden Asketen ohne örtliche Bindung, entsteht nach dem Vorbild der Wüstenväter Paulus (* um 228, † um 341) und Antonius (* um 251, †350) der Typ des allein lebenden Eremiten, während Pachom (* um 287, † 347) und Basilius d. Gr. (* um 330, † 379) die Grundlage für das gemeinsame Leben, das Zönobitentum, legen.

Das orientalische Mönchtum, in dem mit den christlichen auch antike Vorstellungen von der Heiligung durch Entsagung verschmelzen, wird in die theologischen, kirchenpolitischen und sozialen Auseinandersetzungen einbezogen und nimmt vielfach gegen die Kirche und ihre „Verweltlichung" Stellung. Sein Vorbild wirkt auf Byzanz und Nordafrika sowie über Südfrankreich und Italien auf den Westen, wo sich eigenständige monastische Lebensformen entwickeln. Im Rhônetal und in Aquitanien entstehen unter orientalischem Einfluß Ligugé, Marmoutier, Lérins und Marseille (St. Viktor) als bedeutende Zentren. Seit Ende des 5. Jh.s verbinden sich orientalische mit keltischen und britischen Traditionen zur Sonderform des irischen Mönchtums, das von Columban dem Jüngeren bis nach Südwestdeutschland und Oberitalien verpflanzt wird. Zukunftsträchtiger als diese und andere Formen wird das von Benedikt im Anschluß an einheimische Entwicklungen begründete Mönchtum. Seine maßvolle, Gotteslob, Schriftlesung, ständige Ortsgebundenheit und Gehorsam betonende Regel verdrängt die gelegentlich exzentrische ältere monastische Gesetzgebung und wird zur Grundlage für das mittelalterliche Klosterwesen, das stärker als das orientalische und das enger mit diesem verbunden gebliebene Mönchtum der Ostkirche in der Gesellschaft aufgeht und mit seinen rechtlich und ökonomisch weitgehend selbständigen Klöstern dauernde Leistungen in fast allen Lebensbereichen erbringt.

Nach ersten Vorläufern in der Mitte des 4. Jh.s wird das Mönchtum seit dem 5. Jh. im Westen heimisch.

410   *Honorat* († 429/430) gründet nach Rückkehr aus dem Orient auf der Insel Lérins vor Cannes eine monastische Gemeinschaft, aus der zahlreiche gallische Bischöfe, u. a. Cäsarius von Arles (* 470, † 542), hervorgehen.

415   Ihr folgt eine ähnliche Gemeinschaft bei St. Viktor in Marseille, die auf *Johannes Cassian* (* um 360, † vor 435), den Verfasser grundlegender monastisch-asketischer Schriften (u. a. „Collationes"), zurückgeht.
Beide Gemeinschaften lassen das ältere, stärker orientalisch geprägte Mönchtum *Martins von Tours* († 397) zurücktreten.

529   *Benedikt von Nursia,* (* um 480, † um 547) beginnt nach einem Eremitendasein in Subiaco auf dem Monte Cassino ein Gemeinschaftsleben.
Hierfür stellt er eine *Regel* (Regula sancti Benedicti) auf, die auf älteres Traditionsgut zurückgeht und sich auf die wenige Jahre zuvor entstandene Magisterregel stützt. Sie ist für Laien bestimmt, die in Ortsgebundenheit (Stabilitas loci) und Gehorsam in Keuschheit und Armut der Welt entsagen wollen (Conversio morum). Sie stellt Gotteslob (Opus Divinum), Gebet (Oratio) und Schriftlektüre (Lectio) in den Mittelpunkt, sucht die Selbstheiligung weniger durch strenge Askese als durch Verbindung von Gebet, Arbeit, Entsagung und brüderliche Liebe zu erreichen.

Von den übrigen im 6. Jh. in Italien entstandenen monastischen Gemeinschaften zeichnet
555 sich das von *Cassiodor* (* um 485, † nach 580) gegründete süditalienische Vivarium durch
besondere Pflege der Wissenschaft aus.

In Irland schafft *Patrick* (* um 385, † 457/464) seit 431/432 die Voraussetzungen für ein
keltisch-irisches Mönchtum, das durch strenge Askese, harte Bußgesinnung, eschatologische Ausrichtung und enge Verbindung von Seelsorge und Mönchsleben (Mönchsbischöfe)
gekennzeichnet ist.

Es entfaltet in Irland, Schottland und England von den Klöstern Bangor, Iona und Lindisfarne aus eine erfolgreiche missionarische Tätigkeit. *Columban der Jüngere* (* um 543,
† 615) macht es auf dem Festland heimisch, wo, u. a. in Luxeuil, Klöster entstehen, die stark
auf das merowingische und burgundische Königtum einwirken und für die Christianisierung
der Franken, Alamannen und Bayern von Bedeutung sind. – *(Forts. S. 353)*

Die Missionierung der europäischen Völkerschaften

Die Verbreitung des Christentums erfolgt innerhalb des Römischen Reiches zunächst durch Leben und
Zeugnis der Gemeinden, wobei äußeres und inneres Wachstum der Kirche eng miteinander verbunden
sind. Nach der Anerkennung des Christentums als Staatsreligion ist die Mission bis ins Hochmittelalter
Angelegenheit von Herrscher, Klerus und Mönchtum, die in enger Verbindung von politischem und religiösem Interesse außerhalb der christlichen Welt und in anderen Traditionen lebende Völker oft durch
die vorhergehende Bekehrung ihrer Führer bzw. Führungsschicht für das Christentum zu gewinnen suchen und sich dabei neben der Predigt, der Liturgie und des Wunderbeweises auch politischer Macht bedienen.

**Epochen und Schwerpunkte der Missionsarbeit der lateinischen Kirche
vom 4. bis zum 10. Jahrhundert**

4. – 6. Jh.	Die Christianisierung der germanischen Völker im Mittelmeerraum
4. – 5. Jh.	Die Anfänge des Christentums bei den Iren, Pikten und Schotten
4. – 6. Jh.	Die Christianisierung der Germanen in Gallien und den angren-zenden nordwest- und südöstlichen Gebieten
6. – 7. Jh.	Die Bekehrung der Angelsachsen
6. – 7. Jh.	Die irische und angelsächsische Mission auf dem Festland
8. Jh.	Die Bekehrung der Sachsen
8. – 10. Jh.	Der Beginn der Mission unter den Slawen
9. – 10. Jh.	Der Beginn der Christianisierung Skandinaviens

Der germanische Arianismus

Von den in den theologischen Auseinandersetzungen des 4. Jh.s vertretenen Sonderlehren gewinnt der
Arianismus für die sich während der Völkerwanderungszeit ausbildende Staatenwelt entscheidende
Bedeutung. Die bereits am Ende des 3. Jh.s auf der Krim mit dem Christentum in Berührung gekommenen Goten nehmen in der Mitte des 4. Jh.s an der unteren Donau eine abgewandelte, die homöische Form
des Arianismus an. Eine dynamische, vorwiegend innergermanisch betriebene Mission gewinnt vom ausgehenden 4. bis ins 6. Jh. für sie außer den Franken, Alamannen und Bajuwaren im Westen sowie den
Herulern im Osten alle in das Römische Reich und sein Vorfeld einströmenden germanischen Völker,
so daß eine germanisch-arianische Staatengruppe um das westliche Mittelmeer zustande kommt. Volks-
sprachige Bibel und Liturgie, eine mögliche Nähe der homöischen Lehrformel zu germanischen Gottesvorstellungen und die Spannungen mit Ostrom führen zu einer engen Verbindung von „Arianismus" und
germanischen Königtümern, jedoch auch zur Distanzierung von der orthodox gebliebenen einheimischen
Bevölkerung, im Falle der Vandalen zu gelegentlicher Verfolgung des katholischen Klerus. Die durch
das Sonderbekenntnis herbeigeführte, auch durch die tolerante Politik der Ostgoten nicht aufhebbare
Isolierung hindert die germanisch-arianische Herrenschicht an der Gewinnung der nichtgermanischen

332 Mittelalter – Völkerwanderungszeit

Bevölkerung und damit an der Festigung ihrer Reiche. Allein die katholisch gewordenen oder vom Arianismus zur Rechtgläubigkeit zurückgekehrten Stämme vermögen zu Herrschaftsbildungen zu kommen, die über die Völkerwanderungszeit hinaus Bestand haben.

Als erstes der in den Mittelmeerraum eindringenden Germanenvölker kommen die *Goten* am Ende des 3. Jh.s auf der Krim und an der unteren Donau mit dem Christentum in Berührung.

325 Auf dem Konzil von Nicaea ist ein Bischof Theophilos Gothias († um 340) vertreten. Unter Wulfila (* um 311, † 383?), Missionsbischof und Bibelübersetzer gotisch-kappadozischer Herkunft, schließt sich ein Teil der Westgoten dem Arianismus an.

376 Ihnen folgt unter Fritigern die im römischen Reichsgebiet angesiedelte Mehrheit.

395 Durch Vermittlung der nach Westen aufbrechenden Westgoten im 5. und 6. Jh. Gewinnung der Vandalen, Burgunder, Sweben, Gepiden, Heruler, Ostgoten und Langobarden für den Arianismus.

Anfang des 6. Jh.s Beginn der Katholisierung. Der Burgunderkönig Sigismund tritt 496/ 499 zum Katholizismus über, der spanische Swebenkönig Chararich 550/555. Martin von Dumio (* um 515, † 580), seit ca. 572 Metropolit v. Braga, schafft Voraussetzungen für eine orthodoxe swebische Landeskirche. Nach Bekehrung des Westgotenkönigs Rekkared (586–601) Entwicklung einer gotisch-spanischen Kirche mit Toledo als Zentrum. Der Langobardenkönig Aribert I. (658–661) vollzieht Glaubenswechsel, nach arianischer Reaktion unter Grimoald (662–671) endgültige Durchsetzung der Orthodoxie unter Liutprand (712–744).

Von Britannien aus wirken im 5. und 6. Jh. Bischof Ninian und die Äbte Iltut († 530/535), David von Menevia († ca. 601), Samson von Dol († ca. 565) und Gildas († 570) für die Christianisierung der *Pikten, Schotten und Iren.*

431 Gründung der Bischofskirche Candida Casa (Whitern). Nach dem von Cölestin I. († 432) entsandten Bischof Palladius beginnt der aus brit.-römischer Kurialenfamilie stammende Patrick (* um 385, † 457/464) nach Gefangenschaft in Irland und Reisen auf dem Kontinent von Armagh aus die Mission der Iren. Errichtung einer eigenen Kirche in engem Anschluß an die Kleinkönigtümer (Tuatha). Seit Mitte des 6. Jh.s zunehmendes Gewicht des durch Äbte wie Finnian († 549), Brendan († 577) und Columban den Älteren († 597) repräsentierten Mönchtums, das oft anstelle der älteren Diözesen um Klöster zentrierte Seelsorgesprengel errichtet und wesentliche Beiträge zur Mission in Wales, Schottland und England, später auch auf dem Kontinent leistet.

Die Christianisierung der nach Gallien eindringenden *Germanen* wird entscheidend gefördert durch die von Bischof Remigius von Reims (* um 436, † 533) nach Siegen der Merowinger über Westgoten (496) und Alamannen (497?) vorgenommenen *Taufe Chlodwigs,*

498/499 der sich damit gegen die arianischen Goten und Burgunder stellt.

511 Mit der ersten Reichssynode in Orléans Beginn der Organisation einer fränkischen Reichskirche: Restauration der zwischen Köln und Worms teilweise erhalten gebliebenen römischen Kirchenorganisation und Christianisierung der diesseits und jenseits der alten Reichsgrenzen heimisch gewordenen Germanenstämme.

Im Nordwesten wirken die vom irischen Mönchtum geprägten Missionare Walaricus († 619), Richar († ca. 645), Audomar († ca. 667), Amandus († 679) und Eligius († 660), im burgundisch-rätisch-alamannischen Grenzraum Columban und seine Schüler Gallus († 640), Eustasius († ca. 629), Ragnachar und Fridolin.

In Bayern, wo für Augsburg (St. Afra) und Regensburg die Fortdauer altchristlicher

533–548 Gemeinden angenommen werden kann, beginnen unter Theudebert I. gallorömische Bischöfe und Vertreter des Luxeuiler Mönchtums mit der Christianisierung: die Columbanschüler Eustasius und Agilus (†ca. 650) sowie der Franke Emmeram († ca. 665) in Regensburg, Rupert (†ca. 720) in Salzburg und Korbinian († ca. 720/730) in Freising. Gleichzeitig Vordringen des Christentums vom Mittelrhein in das rechtsrheinische Vorland bis zum Spessart und in die Wetterau (Büraburg, Amöneberg), in den Kraichgau und das Neckarland (Amorbach).

588 Nach ersten, durch die Vermählung König Ethelberts von Kent (560–616) mit der Merowingerin Bertha zustande gekommenen Beziehungen zur gallischen Kirche beginnt mit der

596 Entsendung des römischen Praepositus Augustinus († wohl 604) durch Gregor den Großen die *Mission der Angelsachsen.* Nach der Taufe Ethelberts (597?) Ausbau einer Kirchenorganisation in Kent, Ostanglien und Wessex mit Canterbury als Metropole. Seit 625 unter dem römischen Presbyter Pauli-

627 nus († 654) Mission in Northumbrien, Taufe König Edwins (um 617–633), nach heidnischer Reaktion verstärkte Christianisierung unter König Oswald (634–642).

Spannungen zwischen dieser römisch-kontinentalen und der von den Klöstern Iona und Lindisfarne aus betriebenen irisch-insularen Mission. Dem seit 669 in England wirkenden

Missionierung der europäischen Völkerschaften 333

griechischen Mönch Theodoros von Tarsus († 690) gelingt es als Metropolit von Canterbury, die Gegensätze zu überwinden und die kirchliche Einheit zu sichern. Columban der Jüngere (* um 530, † 615) gründet in Burgund die ersten irischen Festlandsklöster Annegray, Luxeuil und Fontaines. Starker Einfluß auf den merowingischen Hof, von dort Unterstützung der irofränkischen Mission. Später Mission unter den Alamannen an Oberrhein und Bodensee, Gründung von Bobbio in Oberitalien.

Nach Vorarbeiten der Missionare Wilfrith, Bischof von York (* 634, † 709/710), Egbert (* 639, † 729) und der beiden Ewalde († ca. 695) im letzten Viertel des 7. Jh.s in Sachsen und Friesland Höhepunkte der angelsächsischen Festlandsmission unter Willibrord und Winfrid. Der Northumbrier Willibrord (* 658, † 739), Schüler Wilfriths, missioniert mit Ermächtigung Sergius' I. und Unterstützung Pippins des Mittleren unter den Friesen.

695 Er wird vom Papst als Erzbischof der Friesen wahrscheinlich mit Sitz in Utrecht ordiniert.

Der aus Wessex stammende *Winfrid-Bonifatius* (* 672 oder 675, † 754) missioniert im
722 Auftrage Gregors II., der ihn in Rom zum Bischof weiht, von Stützpunkten wie Fritzlar, Amöneburg und Ohrdruf aus in Thüringen und Hessen; Fällung der Donareiche zu Geismar (724).

Nach Ernennung zum Erzbischof (732) Neuordnung der bayerischen Bistümer, Gründung der Bistümer Würzburg, Büraburg und Erfurt, auf Veranlassung Karlmanns und Pippins Versuch einer Reform der fränkischen Kirche. Nach Erhebung zum Titularerzbischof von
754 Mainz und Gründung von Fulda (744) Märtyrertod bei Dokkum in Friesland.

Mission und Reformtätigkeit des irisch geprägten Pirmin († 753) in Südwestdeutschland, u. a. Gründung der Klöster auf der Reichenau (724) und in Murbach (728).

Die nach älteren, von Rom und Aquileja sowie Byzanz ausgehenden Ansätzen unter Bischof Virgil von Salzburg († 784) einsetzende und von Bayernherzog Tassilo III. (748–788) geförderte bayerisch-fränkische Mission der *Alpen-* und nördlichen *Südslawen* greift nach Kroatien, Pannonien und Mähren über.

863 Hier überschneidet sie sich mit der auf Bitten des großmährischen Herrschers Rastislav von Kaiser Michael II. eingeleiteten Tätigkeit der aus Saloniki stammenden Brüder Konstantin-Kyrillos (* 826/827, † 869) und Methodios († 885), die auf Widerstand des lateinischen
870 Klerus, u. a. Bischof Wichings von Neutra († 899), stoßen und durch den nach Rastislavs Sturz an die Herrschaft gelangten Svatopluk († 894) an ihrer Tätigkeit gehindert werden.

In Bulgarien, wo Chan Michael zeitweilig statt der griechischen lateinische Missionare
886 heranzieht, finden die aus Mähren vertriebenen Gefährten des Methodios Aufnahme.

Böhmen, unter dem ersten Přemysliden Bořivoj (ca. 850–894) von der griechischen Mis
895 sion berührt, öffnet sich nach der Anerkennung der fränkischen Oberhoheit der fränkisch-bayerischen Mission.

925 Die kirchenfreundliche Haltung Wenzels (921–935) führt zu heidnischer Reaktion und ist ein Grund für seine Ermordung.

Unter Boleslav II. (967–999) Erhebung Prags zum Suffraganbistum von Mainz. Adalbert (Voitech) (* um 956, † 997), seit 983 Bischof von Prag, wirkt nach Vertreibung und zeitweiligem Aufenthalt in Italien und Frankreich als Missionar in Polen, wo er als Märtyrer stirbt.

Der mit Dobrawa, Schwester Boleslavs II., vermählte Polenherzog Mieszko I. (ca. 960–992) ermöglicht nach seiner Taufe dem wahrscheinlich aus Böhmen kommenden ersten Bischof von Posen, Jordan († 984), die Mission in Polen. Unter Herzog Bolesław Chrobry (1000) Erhebung Gnesens zur Metropole der polnischen Kirchenprovinz.

Im Zuge der militärischen Expansion der Sachsenkaiser Gründung von Bistümern östlich der Elbe in Havelberg (946), Brandenburg (948), Merseburg, Zeitz und Meißen (968), seit 968 Suffragane des in diesem Jahre gegründeten Erzbistums Magdeburg. Beginn der bald durch den großen Slawenaufstand 983 zurückgeworfenen Mission der *Elb- und Ostslawen*.

Die vor 957 Christin gewordene Kiewer Fürstin Olga (* um 890, † 969) erbittet von Otto I. Missionare. Der von Trier entsandte Mönch Adalbert († 981) kann wegen Herrschaftswechsels nicht tätig werden, seither eindeutiges Übergewicht des byzantinischen Einflusses auf die *Ostslawen*.

Im Anschluß an die von Ebo von Reims geleistete Missionsarbeit beginnt Ansgar (* um 801, † 865), seit 831 Erzbischof von Hamburg, auf mehreren Reisen nach Dänemark und Schweden mit der *Skandinavienmission*. Er und seine Mitarbeiter gründen Kirchen in Schleswig und Ripen. Nach Rückschlägen infolge der Zerstörung Hamburgs (845) und der engen Bindung an die Reichspolitik Wiederbeginn der hamburgisch-bremischen Mission unter den Erzbischöfen Rimbert (* um 830, † 888) und Unni († 936) von Bremen-Hamburg.

948 Bekehrung des Dänenkönigs Harald Blauzahn (um 945–986), Gründung bzw. Neubelebung der Bistümer Schleswig, Ripen, Aarhus und Skare.

Starke Einflüsse der angelsächsischen Kirche auf Skandinavien nach der Eroberung Englands durch die Dänen. In England Taufe des Dänenkönigs Gutrun 885, ihm folgen Haa-

334 Mittelalter – Frühmittelalter

kon I. der Gute (935–959), erster christlicher Norwegerkönig, dessen Nachfolger Harald II.
Graumantel (um 960 – um 965) und Olaf I. Tryggvasson (995–1000) sowie der Dänenkönig Svend Gabelbart (986–1014). Höhepunkt der englischen Einwirkung mit Knut dem
Großen (* um 995, † 1035), der als Herrscher über Dänemark, Norwegen und England
von ihm gegründete dänische Bistümer mit in England geweihten Bischöfen besetzt.

980/981 Auf *Island*, wo schon um 800 irische Mönche nachweisbar sind, missionieren nach der
997 Landnahme, an der auch Christen beteiligt sind, der aus Norddeutschland stammende
Bischof Friedrich, die getauften Isländer Thorvald und Stifnir Thorgilsson sowie der ehemalige sächsische Hofkaplan König Olafs von Norwegen, Thankward.

1000 Auf dem Althing fällt der Gesetzessprecher Thorgeir einen Schiedsspruch für die allgemeine Annahme des Christentums.

Das Frühmittelalter und die Entstehung
der mittelalterlichen Staatenwelt

Das Frankenreich (482–911)
(Forts. v. S. 289)

Das fränkische Großreich ist das Ergebnis eines Bündnisses und bald auch der Verschmelzung des *fränkischen Stammes* mit der Gallien verwaltenden *gallorömischen Aristokratie*. Die Politik des Frankenkönigs
Chlodwig und der Katalysator des (römisch-)katholischen Glaubens, dem sich die Franken im Unterschied zu anderen germanischen Eroberervölkern von Anfang an zuwandten, werden die Voraussetzungen einer raschen **Integration** und politisch-sozialen Homogenisierung der gallorömischen wie der fränkischen Oberschichten. Die Franken sind schon seit Chlodwig niemals nur „Okkupanten", die
Machtstrukturen des Merowingerreiches vertiefen daher kaum jemals die Unterschiede der ethnischen
Struktur, sondern treiben die Verschmelzung zu einer neuen politischen Einheit und zu einem „*reichsfränkischen Bewußtsein*" voran. Die Integration der fränkischen und gallorömisch-senatorischen Oberschicht vollzieht sich allerdings nicht glatt und reibungslos, denn letztere, die großgrundbesitzenden „*possessores Romani*", haben in der Provence und in Gebieten südlich der Loire noch starke Machtpositionen
inne, vor allem auch in der Form bischöflicher Stadtherrschaft. Man hat sogar von „*Civitasrepubliken*"
gesprochen, die nur lose der merowingischen Gesamtherrschaft integriert sind. Die sogenannten „Säkularisationen" Karl Martells am Beginn des 8. Jh.s bieten dem karolingischen Hausmeier und seinen Nachkommen die Chance, Stück für Stück diese Herrschaftsstruktur abzubauen, teils durch geschickte Personalpolitik bei der Besetzung der Bistümer, teils durch militärische Mittel. Auf diese Weise entsteht seit
Karl Martell und bis zum Tode Karls d. Gr. (814) die fränkische **Reichskirche** als das sicherste und effek-
tivste Herrschaftsinstrument der Karolinger: Die Kirche wird seit den monastisch-kirchlichen Reformern
Willibrord († 739), Bonifatius († 754) und Chrodegang von Metz († 766) sowohl innerlich erneuert als
auch gleichzeitig für politisch-administrative Zwecke des Herrschers „instrumentalisiert" und in ihren
wirtschaftlichen und personellen Ressourcen sogar für militärische Aufgaben (Heeresfolgepflicht der
Bischöfe und Reichsäbte) mobilisiert. Das Bündnis der Karolinger mit dem *Papsttum* und ebenso seit
800 die *Kaiserwürde* sichern diesen Prozeß der durchgreifenden Reichsreform von päpstlicher Seite her
ab und leiten gleichzeitig den Dualismus von weltlicher und geistlicher Gewalt ein, der für das gesamte
europäische Mittelalter von entscheidender Bedeutung wird. Die Stabilisierung der karolingischen Herrschaft im Innern ermöglicht dann unter Karl d. Gr. (768–814) eine gewaltige *Expansion* des Reiches, die
einerseits mit dem Sieg über das langobardische Italien, mit der Herrschaft über Papsttum und Kirchenstaat abgeschlossen wird und andererseits alle germanischen Völker zwischen den Pyrenäen und der Elbe
vereint.
Damit tritt auch die sich formierende westslawische Völkerwelt in den Gesichtskreis des Karolingerreiches. Die Kirche und die seit Karl Martell (714–741) neu entstandene **„fränkische Reichsaristokratie"**
sind die beiden Säulen, auf denen Verwaltung und Organisation des fränkischen Großreichs im wesentlichen beruhen.
Die alten merowingischen Rand-Dukate Aquitanien, Sachsen, Alamannien und Bayern werden erst unter Karl d. Gr. endgültig dem Frankenreich einverleibt und der Verwaltung durch fränkische Amtsträger
aus den Reihen der Reichsaristokratie unterworfen; doch steht außer Zweifel, daß autochthone Adelsfamilien dabei berücksichtigt, in die Reihen der Reichsaristokratie aufgenommen werden und mit derselben
verwandtschaftlich verschmelzen. Diese staatstragende Schicht, aus der seit dem 10. Jh. in Frankreich das
französische Fürstentum und in Deutschland die Träger der „jüngeren Stammesherzogtümer" hervorgehen, bewahrt auch in den karolingischen Bruderkriegen des 9. Jh.s und während der jahrzehntelangen
normannischen Invasion das Bewußtsein der politischen Einheit des Karolingerreiches.

Frankenreich – Merowingerzeit *335*

Fränkische Reichseinigungen und Teilreiche in merowingischer und karolingischer Zeit

482–511 König Chlodwig beseitigt die übrigen fränkischen Teilherrscher sowie die nominell römische Restherrschaft des Syagrius.
511 Tod Clodwigs, seine Söhne teilen das Reich:

PARIS	SOISSONS	ORLÉANS	REIMS (Theuderich)
			Champagne und Osten

558–561 Vereinigtes Frankenreich unter König Chlothar I.,
nach seinem Tod Teilung unter vier, dann drei Söhne:

Neustrien: PARIS	**Burgund:** ORLÉANS, später LYON	**Austrien:** REIMS, später METZ
der romanische Westen zwischen	und CHALON-SUR-SAONE	Champagne, Maas- und Mosellland
Schelde und Loire	oberes und mittleres Loire- und	mit den fränkisch beherrschten
	Rhônegebiet	Stämmen östlich des Rheins

593 Vereinigung von Burgund und Austrien
613–629 Vereinigtes Frankenreich unter König Chlothar II., 629–639 unter Dagobert I., aber:
614 das Edictum Chlotharii läßt die drei Teilreiche unter Verwaltung von Hausmeiern fortbestehen:

Neustrien	Burgund	Austrien
		(ab 623 Dagobert I.)
		(ab 633 Sigibert III.)
[658–673 und um 677–680 Ebroin Hausmeier von Neustrien-Burgund]		[nach 639 Grimoald, Sohn Pippins I.]

687–714 Pippin II., 714–741 Karl Martell regieren als Hausmeier das ganze Reich:
741 Teilung unter Karl Martells Söhne: Westen [Pippin III.]

Osten [Karlmann, bis 747]

751/752–768 König Pippin I. regiert das geeinte Frankenreich, nach seinem Tod Teilung unter seine Söhne:
(Karl I., d. Gr.) Süden von Alamannien bis Septimanien (Karlmann, bis 771)
771–830 Vereinigtes Frankenreich unter Karl d. Gr. und Ludwig dem Frommen (†840), zeitweilig Unterkönige:
Aquitanien (Karls Sohn Ludwig der Fromme), Italien (Karls Sohn Pippin, †810)
806 Erbfolgeordnung von Diedenhofen: Francia, Neustrien, Austrien (Karls ältester Sohn Karl, †811)
erweitertes Aquitanien (Ludwig der Fromme) erweitertes Italien (Pippin, †810)
817: Aquitanien (Pippin) Bayern (Ludwig der Deutsche)
Nach mehreren Erb- bzw. Reichsteilungen einigen sich die drei Brüder Kaiser Lothar I., Ludwig der Deutsche und Karl der Kahle 843 im Vertrag von Verdun:

Aquitanien und **Francia**	Lotharingien, d. h. in etwa das alte	Sachsen, Ostfranken, Alamannien,
mit dem früheren Neustrien (Karl	Austrien links des Rheins, der Groß-	Bayern (Ludwig der Deutsche, †876)
der Kahle)	teil Burgunds sowie Italien (Kaiser	
	Lothar I.)	

870 Vertrag von Meerssen zwischen Karl dem Kahlen und Ludwig dem Deutschen:
Lotharingien – ab 880 ganz beim
Ostreich – und Burgund aufgeteilt
zwischen West- und Ostfrankenreich

885–887 kurzfristige Einigung des Frankenreichs außer Niederburgund unter Ludwigs des Deutschen Sohn Kaiser Karl III.

Francia/Franzien wird zum Kern des	Burgund 1032 ans Römisch-deut-	887–911 **Ostfrankenreich** unter Karo-
Westfrankenreichs.	sche Reich.	lingern.

Legende: HAUPTSTÄDTE (Könige) [Hausmeier] der Teilreiche, von denen die die weitere Entwicklung vorzeichnenden **hervorgehoben** sind. – *Reichseinigungen.*

Die Merowingerzeit (482–714)

482–511 **König Chlodwig** (Chlodowech = Ludwig, französisch: Clovis), Sohn des Königs der salischen Franken Childerich († 482), beseitigt die übrigen fränkischen Teilherrscher.

486 Chlodwig besiegt bei Soissons den römischen „dux" *Syagrius* (Ende der noch nominell römischen Restherrschaft).

Um oder vor 500 Sieg über die *Alamannen* (Ort unbekannt). Das nördliche Alamannenland wird fränkisch besiedelt, das übrige (außer dem ostgotischen Teil) fränkisch beherrscht.
Chlodwig tritt nach der Schlacht zum (römisch-katholischen) *Christentum* über, was die Integration von Gallorömern und Franken wesentlich erleichtert.

500 Krieg gegen das *Burgunderreich* an der Rhône, Sieg über König Gundobad († 516) bei Dijon, der aber mit Unterstützung der Westgoten seine Herrschaft behält.

507 Mit burgundischer Hilfe bei Vouglé (Vouillé nördlich von Poitiers) Sieg über die *Westgoten,* deren König Alarich II. fällt. Ganz Aquitanien (zwischen Loire und Garonne) wird dem Frankenreich einverleibt.

511 *Erstes fränkisches Nationalkonzil* unter Chlodwig in Orléans; Beginn einer einheitlichen kirchlichen Gesetzgebung des Frankenreiches.
Chlodwig in seiner Residenz Paris gestorben. Seine vier Söhne Theuderich, Chlodomer, Childebert und Chlothar **teilen das Reich** als gleichberechtigte Herrscher, jeder als „rex

	Francorum"; Hofhaltungen in Reims, Orléans, Paris, Soissons; Theuderich als ältester erhält die Champagne mit Reims und den Osten; jeder bekommt einen Teil Aquitaniens.
523–524	Erfolgloser Krieg gegen das Burgunderreich.
531	Schlacht in der Nähe der Unstrut: Theuderich und Chlothar unterwerfen das Reich der *Thüringer* unter König Erminfried, der (534) ermordet wird. Der Nordteil des Thüringerreichs bis zur Unstrut mit dem Harz kommt an die Sachsen. Die slawische Besiedlung kann sich jetzt bis zur Saale vorschieben. Das *Maingebiet* wird jetzt fränkisch besiedelt (Ost- oder Mainfranken).
532	Niederlage des letzten *Burgunderkönigs* Godomar bei Autun.
bis 534	Es folgt die fränkische Eroberung des Burgunderreichs.
ab 534	*Theuderichs Sohn, König Theudebert*, regiert bis 547/548. Er läßt unter seinem eigenen Namen Goldmünzen prägen (bisher Vorrecht des Kaisers).
537	Der durch den Krieg gegen Byzanz in Anspruch genommene *Ostgotenkönig* Witichis tritt z. T. alamannisch besiedelte Gebiete in Rätien (in der Nordschweiz und am Rhein) und die Provence ab.
539	Theudebert besiegt Ostgoten und Byzantiner in Italien, erobert zeitweilig Venetien und einen Teil von Ligurien.
558–561	*Vereinigtes Frankenreich unter König Chlothar I.* Nach Chlothars Tod wird das Reich unter vier, dann drei Söhne geteilt. Herausbildung der drei **Reichsteile** Austrien (oder Austrasien: Champagne, Maas- und Moselland mit den fränkisch beherrschten Stämmen, Hauptstadt: Reims, später Metz), *Neustrien* (der romanische Westen zwischen Schelde und Loire, Hauptstadt: Paris), *Burgund* (oberes und mittleres Loire- und Rhonegebiet, Hauptstadt: Orléans, später Lyon und Chalon-sur-Sâone). Aquitanien ist unter die Teilreiche aufgeteilt. Die weitere Entwicklung wird bestimmt von dem doppelten Gegensatz zwischen Königtum und Großen sowie zwischen Neustrien und Austrien, wo sich unter Führung der Arnulfinger und Pippiniden eine starke *Adelsopposition* formiert, welche bis zuletzt die Interessen der merowingischen Gesamtherrschaft vertritt. Die westgotische Königstochter Brunhild veranlaßt ihren Gemahl, König Sigibert (von Austrien), zum Krieg gegen seinen Bruder Chilperich (von Neustrien), der Brunhilds (dann ermordete) Schwester verstoßen und seine frühere Geliebte Fredegunde geheiratet hat.
575	Sigibert ermordet.
584	Chilperich ermordet.
vor 590	Bischof *Gregor von Tours* schreibt seine Frankengeschichte, die wertvollste historische Quelle des 6. Jh.s.
593	Die Reichsteile Burgund und Austrien vereinigt.
Ende des 6. Jh.s	Die Gascogne (zwischen Garonne und Pyrenäen, seit 568 z. T. von Basken besiedelt) kommt an das Frankenreich.
613	*Abermalige Reichseinigung, König Chlothar II.;* Brunhild gefangen und zu Tode gefoltert.
614	Das *Edictum Chlotharii*, in Paris als Kompromiß zwischen Königtum und Adel abgeschlossen, läßt die drei Teilreiche (Neustrien, Austrien, Burgund) unter der Verwaltung von *Hausmeiern* fortbestehen und festigt den Einfluß der Aristokratie.
623	Chlothar II. muß seinem Sohn Dagobert I. Austrien überlassen.
629	Chlothar II. gestorben.
629–639	*König Dagobert I.*, letzter tatkräftig regierender Merowinger (Paris), reorganisiert erfolgreich die fränkische Herrschaft östlich des Rheins.
631/32	Niederlage Dagoberts gegen den Franken Samo, der ein westslawisches Reich an der fränkischen Ostgrenze beherrscht.
633	Dagoberts dreijähriger Sohn Sigibert (III.) wird Unterkönig für Austrien (Hauptstadt Metz statt Reims): Reichseinheit kann nicht im bisherigen Umfang aufrechterhalten werden. Auch unter Dagoberts Nachkommen erfolgen *Teilungen* zwischen Neustrien-Burgund und Austrien unter zunehmendem Einfluß der Hausmeier, die in Neustrien-Burgund ihrerseits im Konflikt mit dem mächtigen Adel stehen.
nach 639	Nach Dagoberts Tod wird *Grimoald*, Sohn Pippins I. († 640), Hausmeier von Austrien; stärkere politische Rolle der Maasgegend.
656	Tod Sigiberts III., Grimoald setzt seinen eigenen Sohn auf den Königsthron, fällt aber der austrischen Adelsopposition zum Opfer.
662	Trotz zeitweiligem Verlust der Hausmeierstellung starker Einfluß der *Pippiniden* aufgrund großen Güterbesitzes. Schließlich Erblichkeit des Hausmeieramts in Austrien.
um 672	*Aquitanien* (zwischen Loire und Pyrenäen) wird unter eigenen Herzögen selbständig.
673	Der mächtige, mit den Pippiniden rivalisierende Hausmeier (seit 658) *Ebroin von Neustrien-Burgund* gestürzt.
673–675	Mit *König Childerich II.* regiert letztmalig ein Merowinger das Gesamtreich.
um 677 –680	Ebroin, erneut Hausmeier von Neustrien-Burgund, erstrebt die Herrschaft über das Gesamtreich, wird aber ermordet.

687 **Pippin II.** („der Mittlere"), Enkel Pippins I. („des Älteren"), besiegt bei Tertry den Hausmeier von Neustrien-Burgund, regiert fortan als Majordomus (Hausmeier) von seinen Stammlanden an Maas und Mosel aus das ganze Reich.

714 Pippin II. stirbt.

Grundstrukturen des Merowingerreichs

Gesellschaft, Verfassung, Kultur

Bevölkerung: Anders als im Tolosanischen Westgotenreich und im ostgotischen Italien trägt die fränkische Herrschaft in Gallien keinen durch das „ius hospitalitatis" bzw. durch die „tertia" fixierten Okkupationscharakter, d. h., die *gallorömischen Grundbesitzer* verlieren nicht ein Drittel bzw. zwei Drittel ihres Besitzes und ihrer abhängigen Bevölkerung an die germanischen Eroberer. Zwischen Rhein und Loire läßt sich im 5. und 6. Jh. eine starke Zunahme des *fränkisch-germanischen Bevölkerungselements* durch Siedlung nachweisen, wenn es auch kaum zu einer agrarischen Massenbesiedlung kommt. Die spätere deutsch-französische Sprachgrenze erweist sich als Ergebnis langwieriger ethnisch-sozialstruktureller Ausgleichsvorgänge bis ins Hochmittelalter hinein. Auch nördlich der Loire bleibt das *galloromanische Element* zahlenmäßig im Übergewicht. Vor allem das Umland der alten, nunmehr unter bischöflicher Stadtherrschaft stehenden „civitates" stellt sich nach siedlungsgeschichtlichen und archäologischen Befunden zumeist als intakte Insel der Romania dar, so in den kirchlichen und administrativen Zentren Trier, Metz, Verdun. Stärker noch als im frankisierten Nordosten bleibt südlich der Loire die alte ethnisch-politische wie die Besitzstruktur erhalten und damit die Macht und Herrschaft der *gallorömischen Aristokratie,* die mit dem politisch-administrativ ungemein aufgewerteten Bischofsamt eine zentrale Position im merowingischen Staatsaufbau behält und durch ihre Schriftkultur für die Verwaltung des Gesamtreichs rasch unentbehrlich wird.

Kultur: Die römisch-katholische *Christianisierung* der Franken verhindert politisch-religiöse Konfrontationen mit den Romanen, wie sie in den anderen Germanenreichen auf römischem Boden enen und gäbe sind, und befördert die Entstehung eines frühen gesamtfränkischen *Bewußtseins,* wie es sich im Geschichtswerk *Gregors von Tours* (vor 590) manifestiert. Das mittelmeerische *Mönchtum* wirkt von Lérins (Îles de Lérins bei Cannes), Marseille, Burgund, der Touraine und Aquitanien aus als neue geistige Kraft auch auf die fränkische Bevölkerung, besonders auf das Königtum, ein und fördert seinerseits die kulturelle Integration.

Neben dem Christentum übernehmen die Franken auch eine Reihe wichtiger Kulturgüter, so etwa die Schrift, den Steinbau und Elemente der spätantiken Kunst, die sich mit germanischer Tradition im 6./7. Jh. zu einem neuartigen, *merowingischen Reichsstil* verbinden. Ebenso eignen sich die Franken die weiterlebenden, rudimentären Traditionen römischer Rechts-, Steuer- und Verwaltungspraxis an. Schließlich übernehmen sie auch die Sprache, und zwar in doppelter Weise, nämlich die spätlateinische Volkssprache Galliens, die sich als „Latein in reichsfränkischem Munde" zum Altfranzösischen entwickelt, ebenso aber auch das geschriebene Latein, das als lebendige Kirchen- und Gelehrtensprache für das gesamte Mittelalter wichtig wird. Der sprachlichen Romanisierung der Franken steht die geistig-staatsideologische *Frankisierung der Galloromanen* zumindest bis zur Kulturscheide der Loire gegenüber. (*Aquitanien-Septimanien* hat bis weit in die Karolingerzeit hinein und darüber hinaus seine eigene politisch-kulturelle Physiognomie bewahrt, ebenso die Provence.)

Fränkisch-romanische Integration: Entscheidend und prägend ist ein neues reichsfränkisches „*Staatsbewußtsein".* Die Franken werden im Westen rasch, im Osten langsamer romanisiert, geben aber dem Kernland ihrer Reichsbildung den Namen: *Francia* (gewöhnlich auf das Land nördlich der Loire beschränkt). Frankisierung insgesamt ist vor allem Ausbreitung der politischen Herrschaft, teilweise Ausbreitung fränkischen Rechtes und fränkischer Siedlung sowie Entwicklung einer neuen Agrarverfassung mit der fränkischen Grundherrschaft. Frankisierung ist aber zugleich Rezeption und Assimilierung der vorgefundenen galloröm ischen, christlich-spätantiken Zivilisation. In Ergänzung früherer Auffassungen, wonach die Hauptakzente der fränkischen Epoche bei der Reichsgründung Chlodwigs (482–511) und beim Übergang der Herrschaft von den Merowingern an die Karolinger im 8. Jh. zu setzen seien, wird man neuerdings der ersten Hälfte des 7. Jh.s dieselbe Bedeutung für die Gesamtentwicklung beimessen können. In diesem Zeitraum vollzieht sich die gesellschaftliche und politische Integration der aus Franken, Burgundern und Romanen gebildeten *Führungsschichten* im regnum Francorum.

Ort dieser politisch so wichtigen Verschmelzung sind, neben den rudimentären Zentralverwaltungsorganen in den Königsresidenzen Paris, Metz, Soissons, Orléans, Autun etc., vor allem die zahlreichen neuen *Königs- und Adelsabteien* des 7. Jh.s, allen voran das um 590 am Westrand der Vogesen entstandene irofränkische Musterkloster *Luxeuil* und seine vielen Tochtergründungen sowie die Hofkreise um Chlothar II. († 629) und Dagobert I. (629–639), die als Stifter, Äbte und fördernde Bischöfe maßgeblich an der Aufwärtsentwicklung des fränkischen Klosterwesens Anteil haben. Durch die in Luxeuil geknüpfte enge Verbindung mit dem reichsfränkischen Adel gewinnt das Mönchtum weitreichende Wirkungsmöglichkeiten, dringt, oft an führender Stelle, in die von Franken neubesiedelten oder politisch neu erschlossenen Räume im Norden und Osten vor und nimmt aktiv an der Urbarmachung weiter Sumpf- und Wald-

338 Mittelalter – Frühmittelalter

gebiete in Belgien, den Ardennen und Vogesen teil. Die Klöster haben sich nun meist aus dem Bannkreis städtischer Zivilisation entfernt, das Mönchtum insgesamt breitet sich im Gefolge der Ostexpansion des Frankenreiches weiter aus, erreicht und überschreitet noch im 7. Jh. den Rhein und gewinnt durch den schrittweisen Sieg der *Benediktinerregel* über die älteren, orientalischen und irischen Klosterordnungen an innerer Kraft und organisatorischer Straffheit. Gleichzeitig überformt diese neue, irofränkische Klosterkultur das ältere, südgallische Mönchtum der Provence und Aquitaniens.

Die Verschmelzung von Oberschichten fränkischer und burgundischer, alamannischer und bajuwarischer Herkunft mit der gallorömischen Führungs- und Bildungsschicht, die vornehmlich im Wirkungsbereich der irofränkischen Klosterkultur stattfindet, geht Hand in Hand mit einer *Verchristlichung des reichsfränkischen Adels*. Gleichzeitig dringt die fränkisch-burgundische Oberschicht, vielfach über den monastischen Bildungsweg, in den merowingischen Episkopat ein, der bis zum 6. Jh. eine Art Reservat der gallorömischen Aristokratie gewesen ist.

Recht: Aus Personalverbandsbezeichnungen werden geographisch-politische Begriffe, die Romani verschwinden in den Quellen nicht nur der Francia, sondern auch der Burgundia. Die sogenannten *germanischen Stammesrechte* des Frankenreichs (Lex Salica – vielleicht schon zwischen 508 und 511 –, Pactus und Lex Alamannorum, Lex Baiuvariorum, Lex Ribuaria etc.) sind als königliche Rechtskodifikationen erlassen und, wie die Lex Baiuvariorum, in mehreren Zeitstufen zwischen dem 6. und 8. Jh. entstanden. In ihnen verbinden sich germanische Rechtstraditionen mit Normen des spätrömischen Vulgarrechts. Umstritten ist freilich, inwiefern in diesen Rechtsaufzeichnungen tatsächlich die gesellschaftliche Wirklichkeit und Verfassungsstruktur des Frankenreichs aufscheinen.

Verfassung: Ob das Frankenreich eine durchgehende, auf den König bezogene Verwaltungsorganisation in Form einer gleichmäßig ausgebildeten *Grafschaftsverfassung* besitzt oder ob das Grafenamt neben allgemeiner Interessenwahrung für den König (z. B. beim Heeresaufgebot) vor allem der Verwaltung des Königsguts dient, ist umstritten. Ebenso herrscht Unklarheit über die Standesqualität der in den Quellen auftauchenden *„liberi"* (= Freien), doch handelt es sich dabei weder um germanische „Gemeinfreie" im Sinne der älteren Rechtsgeschichte noch ausschließlich um die vom König mit Sonderstatus versehenen, auf Königsgut sitzenden und mit militärisch-administrativen Spezialaufgaben betreuten „Königsfreien". Da der Begriff des „Freien" sehr differenziert ist, vermag man auch nicht exakt zu sagen, welcher Teil der Gesamtbevölkerung damals zum *Kriegsdienst* verpflichtet ist (Heerbann). Der umfangreiche, an die Kirche geschenkte Grundbesitz mit Hintersassen erlangt allmählich *Immunität* und wird dadurch dem Eingriff der königlichen Beamten entzogen. Fraglich ist, ob die aus den Rechtsquellen erschlossenen Verfassungs- und Standesverhältnisse auch für die Räume der intakt gebliebenen Stadtkultur südlich der Loire Bedeutung haben, in denen der großgrundbesitzende gallorömische Adel mit der Bischofsherrschaft und dem rudimentär auftretenden Grafentum nach wie vor die „civitates" und ihr Umland beherrscht.

Als *königliche Hofämter* finden sich bereits im Merowingerreich Marschall, Schenk und Kämmerer; die „*schola palatii*", aus der die „referendarii" hervorgingen, ist Ausbildungsstätte junger Adliger für zentrale Verwaltungsaufgaben am Hofe, gleichzeitig Königskanzlei. Der *Majordomus (Hausmeier)*, ursprünglich lediglich Vorsteher der königlichen Hofhaltung, wird zum Führer der Antrustionen, der erst tenen königlichen Gefolgschaft, ebenso zum Leiter merowingischer Domänenverwaltung. Schließlich steigt er in den Kämpfen der Teilreiche am Ende des 6. Jh.s zum Anführer des Adels im jeweiligen Reichsteil auf. Auch nach der Wiedervereinigung des Frankenreichs unter Chlothar II. und Dagobert I. (613–623 bzw. 629–633) behalten Neustrien, Austrien und Burgund ihre Hausmeier; mit dem Erblichwerden des Hausmeieramtes in Austrien unter den Arnulfingern bzw. Pippiniden beginnt der bedeutsame *Aufstieg der Karolinger* und ihrer adligen Mitstreiter im Maas-Mosel-Raum (= karolingische Reichsaristokratie).

Wenn auch im Merowingerreich feste *Königsresidenzen* vorhanden sind (Paris, Soissons, Reims, Metz, Autun, Orléans), spielen dennoch die *Pfalzen* als Zentren der Königsgutsverwaltung für das Reisekönigtum dieser Epoche eine ebenso wichtige Rolle; desgleichen haben schon seit der Merowingerzeit Bischofsstädte und große Abteien als zeitweilige Aufenthaltsorte des fränkischen Herrschers vielfach Pfalzcharakter.

Stämme und Großdukate rechts des Rheins

Dem Merowingerreich werden im 6. Jh. das Burgunderreich, das Thüringerreich, die Alamannen und Bajuwaren eingegliedert.

Die **Bayern**, um 550 erstmalig zwischen Lech und Inn, Donau und Alpenrand bezeugt, sind wohl kein geschlossener, etwa aus Böhmen eingewanderter germanischer Stamm, sondern im 6. Jh. als politische Einheit unter fränkisch-merowingischer Oberhoheit zur Zeit König Theudeberts I. (534–548) entstanden. Ethnisches Substrat waren sowohl die galloromanische Vorbevölkerung wie verschiedene germanische Stammesgruppen. Der archäologische Befund bestätigt die Vielfalt der Komponenten und den allmählichen Prozeß des Einsickerns germanischer Gruppen seit dem 5. Jh. Unklar bleibt, ob das bayrische Herzogsgeschlecht der *Agilolfinger* fränkischer, burgundischer oder langobardischer Herkunft ist. In spätmerowingischer Zeit verselbständigt es sich und erlangt mit Hilfe dynastischer Verbindungen zum

Langobardenreich ein hohes Maß von Unabhängigkeit, die allerdings im Westteil des Herzogtums durch fränkisch orientierte und versippte Adelsgruppen (u. a. der Huosi) gefährdet wird. Erst unter Pippin dem Jüngeren und Karl dem Großen kann Bayern gewaltsam und endgültig dem Reichsverband wieder einverleibt werden.

Die Ausbreitung der **Alamannen,** über die in der 2. Hälfte des 5. Jh.s erreichten Gebiete (Vogesen, Nordschweiz, Raum zwischen Iller und Lech) hinaus ins Rhein-Main-Gebiet, wird (um oder vor 500) von König Chlodwig durch seinen militärischen Sieg gestoppt und zurückgeworfen. Nunmehr stellen sich die Alamannen unter den Schutz des Ostgotenreichs in Italien, kommen aber bald nach Theoderichs Tod endgültig unter fränkische Herrschaft (um 536). Das alamannische Herzogtum des 6. und 7. Jh.s, das sich zwar als merowingisches *Amtsherzogtum* vornehmlich auf Reste spätrömischer Institutionen und romanische Siedlungsinseln im Bodenseeraum und im Bereich des Hochrheins stützt, aber dennoch den gesamten alamannischen Siedlungsraum beherrscht, spielt in den innermerowingischen Auseinandersetzungen der Teilreiche, vor allem Burgunds und Austriens, eine wichtige Rolle. Nach der Wiederherstellung der Reichseinheit unter den Königen Chlothar II. (613–623) und Dagobert I. (629–633) wird Alamannien, wie auch Bayern, wieder fester in den Reichsverband einbezogen. Auf einer Reichsversammlung zwischen 613 und 623 kommt es zu einer ersten Aufzeichnung des alamannischen Stammesrechts im *„Pactus legis Alamannorum"*. Neben dem alamannischen Herzog, der im 7. Jh. wieder fast unabhängig wird, bestehen selbständige Adelsherrschaften. Unter dem karolingischen Hausmeier Karl Martell (714–741) und seinen Söhnen Karlmann und Pippin wird dieses merowingisch-alamannische Herzogtum endgültig zerschlagen und der Widerstand des herzogstreuen Adels im *Gerichtstag von Cannstatt (746)* gebrochen.

Die **Thüringer** bilden sich im 4. Jh. aus verschiedenen Völkerschaften, besonders den Angeln und Warnen. Wie heute aufgrund sprachgeschichtlicher Argumente angenommen wird, gehören auch die elbgermanischen Hermunduren zum ethnischen Substrat des Thüringerreichs, dessen Zentrum an der Unstrut und beiderseits der Saale liegt, das sich aber im Laufe des 5. und 6. Jh.s im Westen und Süden bis in den mainfränkischen Raum um Hammelburg und Würzburg ausdehnt und wenigstens vorübergehend den Raum nördlich der mittleren Donau erreicht. Thüringen wird Bestandteil des antifränkischen Bündnissystems von Theoderich, nach dessen Tod das fränkische Großreich 531 das Thüringerreich vernichtet. Durch den karolingischen Hausmeier Pippin den Mittleren († 714) wird das thüringische Herzogtum als erster der ostrheinischen Großdukate fest dem Frankenreich eingegliedert und spätestens unter Herzog Heden II. einer intensiven christlichen Mission durch die Angelsachsen Willibrord († 739) und Bonifatius († 754) geöffnet.

Die Entstehung des Großstamms der **Sachsen,** neuerdings mit dem Ausgriff des Merowingerreichs im 6. Jh. ursächlich in Verbindung gebracht, vollzieht sich wohl kaum durch förmlichen Bündnisschluß, sondern eher durch Eroberung seitens der namengebenden Kerngruppe, die ursprünglich in Nordalbingien (Holstein) siedelt und sich nach ihrer Spezialwaffe, dem einschneidigen Schwert (= sahs), nennt. Teile der Sachsen erobern zusammen mit Angeln und Jüten im 5. Jh. England. Um 700 reicht das sächsische Stammesgebiet, in dem u. a. die Chauken, Angrivarier, Cherusker, Thüringer, Semnonen und Reste der Langobarden aufgegangen sind, von Ostsee, Eider und Schlei bis zu Ijssel, Niederrhein, Sieg, Diemel, Werra und Saale. Die spätere politisch-rechtliche Gliederung der Sachsen in die *vier Teilstämme* (Herrschaften) der Engern, Westfalen, Ostfalen und Elbsachsen weist ebenso auf die komplizierte Entstehungsgeschichte dieses bis zuletzt nur locker organisierten Großstamms hin wie das Vorhandensein von drei voneinander scharf getrennten Ständen der *Edelinge, Frilinge* und *Liten*. Es ist anzunehmen, daß der sächsische Eroberadel im gesamten Stammesbereich die grundbesitzende Herrenschicht stellt, während die Freien, die zumindest teilweise den unterworfenen Völkerschaften entstammen, durch die besondere Bevorrechtung der Liten eingeengt werden. Letztere besitzen das Waffenrecht und entsenden ihre Vertreter zu der jährlichen *Stammesversammlung in Marklo* (bei Nienburg [Weser]), wo neben je zwölf Bevollmächtigten der drei politisch-gesellschaftlichen Gruppen auch die einzelnen „Gaufürsten" erscheinen. Der Übergang eines Teils des sächsischen Adels auf die fränkische Seite ermöglicht es Karl dem Großen, den unter *Herzog Widukind* entbrannten Volkskrieg erfolgreich zu beenden. Eine zeitweise harte fränkische Okkupation, verbunden mit einer teils gewaltsamen Christianisierung, vollendet die völlige Integration der Sachsen in das Frankenreich, die 802 mit der Reichsrecht und Stammesrecht verbindenden Lex Saxonum abgesichert wird.

Die **Friesen,** ursprünglich nördlich der Zuidersee und bis zur Ems siedelnd, schließen sich keinem der neuen Stammesverbände der Völkerwanderungszeit an, sondern erweitern lediglich ihr Siedlungsgebiet im 5. oder 6. Jh. unter ihrem Fürsten *Radbod* († 719) bis zur Schelde und im 9. Jh. bis nach Jütland. Sie bewahren ihre selbständige, germanische Sprache und ihr altes Stammesrecht bis in die Karolingerzeit und bilden im Gegensatz zu den Sachsen, von denen sie zeitweise überschichtet werden, eine monarchische Spitze aus. Utrecht und Dorestad werden unter dem Merowingerkönig Dagobert I. (629–639) politische und kirchliche Vorposten des Frankenreichs in Friesland, doch gehen diese Stützpunkte im Verlauf des 7. Jh.s wieder verloren. Im Nordseehandel des Frühmittelalters spielen die Friesen eine große Rolle, den Missionsbemühungen Willibrords († 739), Bonifatius' († 754), Gregors von Utrecht († um 774) und Willehads († 789) setzen sie lange Widerstand entgegen. Seit Karl Martells (fränkischer Hausmeier 714–741) Eroberungskriegen müssen die Friesen ihre Unabhängigkeit immer wieder verteidigen, Karl der Große unterwirft schließlich auch Ostfriesland.

340 Mittelalter – Frühmittelalter

Die Karolingerzeit (714–843)

714–741 **Hausmeier Karl Martell** (Hammer), Sohn Pippins II. aus einer Friedelehe; er hat sich die Stellung als Majordomus gegen die Neustrier und Pippins Witwe Plektrudis erkämpft.

732 Zwischen *Tours und Poitiers* Sieg Karls über Abd ar-Rachman, den Statthalter des Kalifen in Spanien. Burgund wieder stärker ans Reich gebunden.

ab 737 Karl regiert ohne (Merowinger-)König.

741 Vor seinem Tod teilt er das Reich unter seine Söhne Karlmann, der den Osten, und *Pippin III.*, „den Jüngeren" († 768), der den Westen bekommt.

743 Wegen des Widerstands der merowingischen Großdukate gegen den Aufstieg der karolingischen Hausmeier zur Gesamtherrschaft wird noch einmal ein merowingischer Schattenkönig (Childerich III.) eingesetzt.

746 Die alamannische Adelsopposition gegen die fränkische Herrschaft wird im Gerichtstag von Cannstatt niedergeworfen.

747 Karlmann geht ins Kloster (später nach Monte Cassino), es beginnt die Alleinherrschaft

751/52 Pippins.

–768 **König Pippin I.**

751/52 Nach erfolgreichen Verhandlungen mit Papst Zacharias wird Pippin der Jüngere in *Soissons* von einer Reichsversammlung zum König erhoben und vom Legaten Bonifatius gesalbt; die geistliche Salbung soll das fehlende Geblütsrecht ersetzen. Childerich muß ins Kloster.

754 Papst Stephan II., der Unterstützung gegen den Langobardenkönig Aistulf erbittet, erhält von Pippin ein Schutzversprechen, salbt ihn in Saint-Denis neuerlich, überträgt ihm und seinen Söhnen die Würde eines „patricius Romanorum" (ohne Amtsbefugnis, aber von den Franken als Auftrag zur Schutzherrschaft über Rom und das Papsttum aufgefaßt). In der *Pippinischen Schenkung* gibt der König dem Papst territoriale Zusagen in Italien.

754, 756 Zwei *Langobardenfeldzüge;* Pippin veranlaßt Aistulf zur Wiederanerkennung der fränkischen Oberhoheit, zur Herausgabe des Exarchats und der Pentapolis an den Papst (zusammen mit dem Dukat von Rom Grundlage der Herausbildung des Kirchenstaats).

757 Herzog Tassilo III. von Bayern huldigt als Vasall.

759 Einnahme von Narbonne: 752 begonnene Eroberung des bisher arabischen (vorher westgotischen) Septimanien (Gotien) vollendet.

760–768 Feldzüge gegen Aquitanien enden mit der Ermordung des letzten Herzogs Waifar; Ende des Herzogtums, *Eingliederung Aquitaniens* ins fränkische Reich.

763 Herzog *Tassilo III.* von Bayern verläßt auf dem Feldzug gegen Aquitanien das Heer Pippins („harisliz") und regiert in relativer Unabhängigkeit (bis 781).

768–814 **Karl I., d. Gr.** (* 742?), Sohn König Pippins, anfangs zusammen mit seinem Bruder Karlmann, der den Süden (von Alamannien bis Septimanien) regiert.

771 Karlmann †, Karl Alleinherrscher.

772 Beginn der *Sachsenkriege:* Zug gegen die Engern, Eroberung der Eresburg (Aeresburgum) an der Diemel; die Irminsul, ein Kultgegenstand (Holzstamm), zerstört.

773/774 Eroberung des *Langobardenreichs.* Um den vom Langobardenkönig Desiderius angegriffenen Papst Hadrian I. zu unterstützen, zieht Karl über die Alpen, erreicht nach langer Belagerung die Übergabe Pavias, zwingt Desiderius zum Eintritt ins Kloster und erneuert in Rom als „protector ac defensor" das Schenkungsversprechen seines Vaters an die Kirche, vereinigt als *„rex Francorum et Langobardorum"* das Langobardische Reich mit dem Fränkischen.

775–780 *Sachsenkrieg,* Eroberung der Sigiburg (Hohensyburg) an der Ruhr und mehrfache Wiederherstellung der von Sachsen zerstörten Eresburg (wohl im heutigen Obermarsberg).

777 Reichstag in Paderborn.

778 Auf Aufforderung des Emirs von Barcelona (der sich gegen den omaijadischen Emir von Córdoba erhoben hat) *Spanienfeldzug:* Eroberung von Pamplona, aber vergebliche Belagerung von Zaragoza und Niederlage durch die Waskonen (Basken oder Gascogner) im Tal Roncesvalles (nordöstlich Pamplonas); Hruodland (Roland), Graf der Bretonischen Mark, fällt (Chanson de Roland); dadurch Verlust der spanischen Eroberungen.
In Sachsen Aufstand des Westfalen *Widukind;*

779/780 durch neue Feldzüge niedergeworfen.

781 Karl bestätigt in Rom *Papst Hadrian I.* das Exarchat und die Pentapolis; der fränkische Schutz wird immer mehr zur Herrschaft. – In Worms erneute Anerkennung des Vasalitätsverhältnisses zum Frankenreich durch Herzog Tassilo von Bayern.
Karls Söhne Ludwig und Pippin werden Unterkönige von Aquitanien bzw. Italien.

782 Einführung der Grafschaftsverfassung in Sachsen, Karl ernennt sächsische Adlige zu Grafen. Aufstand unter Widukind gegen die Frankenherrschaft, Vernichtung eines fränkischen Heeres am Süntel. Widukind flieht zu den Dänen; fränkisches Strafgericht von *Verden an der Aller.*

Frankenreich – Karolingerzeit   *341*

783–785   Neuer Aufstand, Niederlagen der Sachsen bei Detmold und an der Hase. Kriegszüge Karls bis zur Elbe.
785   Widukind wird getauft.
787   Feldzug gegen Herzog Arichis von Benevent (Schwiegersohn des Langobarden Desiderius), der nun zeitweilig die fränkische Oberhoheit anerkennt.
um 788   Das (byzantinische) Istrien fällt unter fränkische Herrschaft.
788   Herzog *Tassilo von Bayern* (Schwiegersohn des Desiderius), der noch 787 seine Vasallität bekräftigt, bald darauf aber erneut verletzt hat, wird auf einer Reichsversammlung in Ingelheim abgesetzt und mit seiner Familie in Klöster verbannt: Ende des letzten Stammesherzogtums.
789   Feldzug bis an die Peene gegen die in Brandenburg und Vorpommern siedelnden slawischen *Wilzen,* die mit den (mit Karl verbündeten) Abodriten (in Mecklenburg) verfeindet sind.
790   Die auf Karls Veranlassung wohl von Theodulf von Orléans verfaßten *Libri Carolini* lehnen die (von Papst Hadrian I. gebilligten) Beschlüsse des 2. Konzils von Nikaia (787) zugunsten der Bilderverehrung ab und erheben den Führungsanspruch des Frankenreichs in der Gesamtkirche.
791   Von Regensburg donauabwärts und von Italien ausgehender Feldzug gegen die *Awaren* bis an die Raab.
792–799   Unter Mitwirkung der Abodriten werden Kämpfe gegen aufständische Sachsen, v. a. Nordalbinger, geführt: Umsiedlung zahlreicher Sachsen in andere Reichsgebiete.
793   Niederlage des Grafen Wilhelm von Toulouse gegen die Sarazenen am Orbieu.
794   Die Frankfurter Synode unter Karls Vorsitz verurteilt die Beschlüsse des Konzils von Nikaia (787).
795–796   Erfolgreiche Feldzüge des Markgrafen Erich von Friaul und Karls Sohn König Pippin von Italien gegen die Awaren, deren „Ring" (Hauptlager, zwischen Donau und Theiß; Erbeutung ungeheurer Schätze) erobert wird. Die von den Awaren eroberten, bayrisch besiedelten Gebiete östlich der Enns fallen ans Reich zurück (bayrische Ostmark).
797   *Capitulare Saxonicum,* unter sächsischer Mitwirkung erlassen, soll der Befriedung des eroberten Sachsen dienen.
seit 797   (Aus arabischen Quellen nicht belegte) zeitweilige gesandtschaftliche Verbindung mit dem abbasidischen Kalifen Harun ar-Raschid.
798   Die Nordalbinger werden von den (mit Karl verbündeten) Abodriten an der Schwentine geschlagen.
Das Bistum Salzburg wird als Haupt der bayrischen Kirchenprovinz Erzbistum; erster Metropolit Karls Freund Arn.
799   Der von einer Gegenpartei vertriebene Papst Leo III. flieht zu Karl nach Paderborn.
800   Karl zieht nach Rom.
25. Dez.   **Kaiserkrönung Karls d. Gr.** in der Peterskirche durch Papst Leo III. (gleichzeitig Königskrönung von Karls gleichnamigem Sohn). Byzanz betrachtet die Erhebung zum Kaiser als Usurpation. Karl erhält als Rechtsnachfolger des byzantinischen Kaisers auch förmlich die Hoheit über den Kirchenstaat. Die Krönung Karls ist nicht mit einer Salbung verbunden, entbehrt also des sakramentalen Charakters. Durch den Vorgang in der Peterskirche wird die bereits kaisergleiche Stellung Karls durch den Kaisertitel förmlich anerkannt. Kaisersiegel Karls mit der Umschrift *„Renovatio Romani Imperii"* (nämlich Konstantins).
803   Fränkische Eroberung von Barcelona. – Beginn des Kriegs mit Byzanz.
804   Letzter Sachsenfeldzug. Nordalbingien wird den Abodriten überlassen.
805/06   Feldzüge nach Böhmen, das tributpflichtig wird.
806   König Karl, des Kaisers Sohn, unterwirft die Sorben zwischen Elbe und Saale. – Venedig und Dalmatien huldigen dem Kaiser. – *Erbfolgeordnung von Diedenhofen:* Die Gebiete der Unterkönige Ludwig (Aquitanien) und Pippin (Italien) werden erweitert, dem ältesten Sohn Karl wird der Kern des Reichs mit der Francia zugesprochen.
808   Der mit den slawischen Wilzen verbündete Dänenkönig Göttrik (Gottfried) überfällt die Abodriten in Nordalbingien; ein *Dänenzug* des Königs Karl bleibt ohne Erfolg.
810   Anlage einer gegen Göttrik gerichteten Burg an der Stör (nahe Itzehoe). Friesland wird von einer dänischen Flotte geplündert und teilweise tributpflichtig gemacht. Ermordung Göttriks.
811   Friedensschluß mit Göttriks Nachfolger Hemming auf der Grundlage der Eidergrenze. – Fränkische Eroberung von Tortosa. – Der venezianische Doge verlegt seinen Sitz nach dem Rialto; rascher Aufschwung *Venedigs.*
812   Der byzantinische Kaiser Michael I. erkennt im *Vertrag von Aachen* gegen fränkischen Verzicht auf Venedig und das dalmatinische Küstenland die Kaiserwürde Karls an. Ihrerseits erweitern die byzantinischen Kaiser den Titel Basileus durch den Zusatz „ton Rhomaion". (Karls Nachfolger Ludwig der Fromme und die späteren Kaiser bis zu Otto II. [† 983] nennen sich nur „imperator augustus" ohne Beziehung auf Rom im Titel.)

Mittelalter – Frühmittelalter

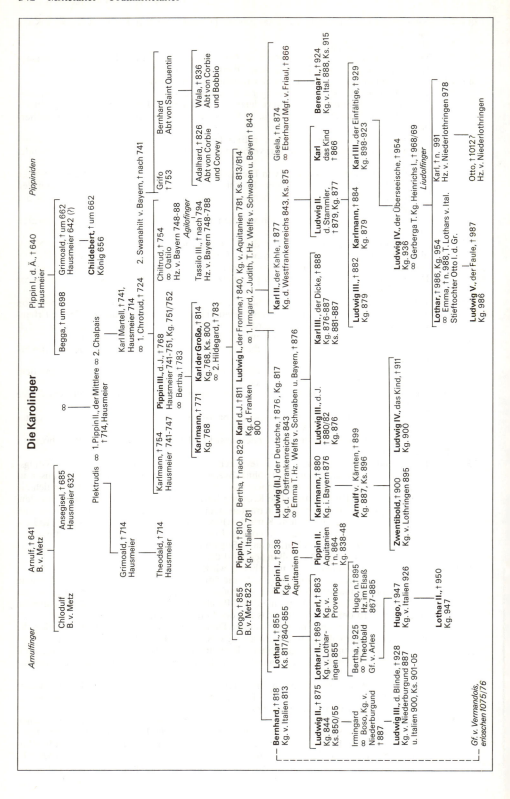

Frankenreich – Karolingerzeit   *343*

813 Karl krönt in Aachen seinen Sohn *Ludwig zum Mitkaiser* und designiert ihn so zum Nachfolger im ungeteilten König- und Kaisertum.
814 Karl d. Gr. in Aachen † (begraben in dem von ihm erbauten Münster).
814–840 Kaiser Ludwig der Fromme.
816 Ludwig wird von Papst Stephan IV. in Reims nochmals gekrönt (sog. Festkrönung).
816/17 *Klosterreform* auf Betreiben des Goten Benedikt (Witiza) von Aniane († 821; Oberaufseher aller Klöster).
817 *Ordinatio imperii:* Ludwigs ältester Sohn Lothar († 855) Mitkaiser und präsumtiver Nachfolger, von Ludwig gekrönt. Ludwigs jüngere Söhne Pippin und Ludwig der Deutsche werden Unterkönige über Aquitanien bzw. Bayern.
824 *Constitutio Romana* (Regelung der kaiserlichen Rechte im Kirchenstaat): Gerichtsaufsicht durch ständigen kaiserlichen Missus, Treueid des neugewählten Papstes vor der Weihe.
826 Der dänische Thronprätendent Harald in Mainz getauft. Als sein Begleiter geht *Ansgar,* der ,,Apostel des Nordens", nach Dänemark, missioniert dort (827) und in Schweden (830/31).
829 Ludwig gesteht dem von seiner zweiten, welfischen Gemahlin Judith geborenen Sohn Karl (,,dem Kahlen") einen neu gebildeten Dukat aus Alamannien, Rätien, Elsaß zu.
830 Mit einer *Empörung der drei älteren Söhne,* Lothar, Pippin und Ludwig, die formell die Wiederherstellung der Ordinatio von 817 zum Ziele hat, beginnt ein langandauernder, wechselvoller Machtkampf, der die Gesamtreichsidee nachhaltig schwächt.
831 Errichtung des Erzbistums Hamburg (für die Missionierung Nordeuropas), erster Erzbischof Ansgar (ab 832, † 865); 864 Verlegung nach Bremen.
     Erbteilung unter Lothar, Pippin, Ludwig und Karl.
833 Die zweite Empörung der älteren Söhne, als der Vater die Erbteilung von 831 beiseite schiebt, endet auf dem *,,Lügenfeld" bei Colmar,* wo Papst Gregor IV. und andere geistliche Verfechter der Reichseinheit Lothar unterstützen, das Heer Ludwigs des Frommen zu seinen Söhnen übergeht, der alte Kaiser gefangen wird und als abgesetzt gilt.
834 Wiedereinsetzung Kaiser Ludwigs durch seine Söhne Pippin und Ludwig wegen der wachsenden Macht Lothars, der sich schließlich unterwerfen muß, aber Italien behält.
     Die *Normannen* plündern im Loiregebiet (Noirmoutier) und in Friesland.
838 Tod von Ludwigs Sohn Pippin. – Neue *Reichsteilung* zwischen Karl dem Kahlen und Lothar, gegen die sich Ludwig der Deutsche empört.
840 Kaiser Ludwig der Fromme bei Ingelheim †. Krieg Ludwigs des Deutschen und Karls des Kahlen gegen Lothar, der aufgrund der Ordinatio von 817 die volle Kaisergewalt beansprucht.
841 Niederlage Lothars bei Fontenay (südwestlich von Auxerre).
842 *Straßburger Eide:* Feierliche Bekräftigung des Bündnisses von Ludwig und Karl vor ihren Heeren zu Straßburg (wichtige Sprachdenkmäler des Altfranzösischen und Althochdeutschen).
843 Vertrag von Verdun: Teilung des Reichs unter die drei Brüder Kaiser Lothar I., Ludwig den Deutschen und Karl den Kahlen.

Grundstrukturen des Karolingerreichs

Verfassung, Gesellschaft, Kultur

Die Verfassung

Königtum und Regierung: Als sich die Karolinger anschicken, dem Königtum seinen früheren Platz zurückzuerobern, stehen sie in den rechtsrheinischen Gebieten, wo die römischen Einrichtungen fehlen und ·der Adel das Heft in der Hand hält, vor einer fast unlösbaren Aufgabe. Durch ihre riesigen *Haus- und Krongüter,* großenteils Besitz der ausgeschalteten alamannischen und bayrischen Herzogsfamilien, und durch planmäßige *Staatskolonisation* (z. B. im heutigen Franken) gelingt es den Karolingern, gegen die *Adelsherrschaften,* in denen der König keine Gewalt hat, ein Gegengewicht zu schaffen. Diese Adelsherrschaften erscheinen mit dem Durchdringen der karolingischen Verwaltungsorganisation als von königlicher Gewalt freie ,,immunitates" (Immunitäten, vergleichbar denen der Kirchengüter), doch beruhen sie nicht oder erst nachträglich auf königlicher Privilegierung, sind vielmehr autogene Gebilde. Die königlichen Beamten sind aus diesen Gebieten ausgeschlossen, in denen den Herren die Gerichtsbarkeit zusteht. Mit dem Instrument der seit König Pippin (751/52–768) und Karl d. Gr. (768–814) entstandenen ,,*Hofkapelle"* schaffen sich die Karolinger ein, wenn auch rudimentäres, Zentralverwaltungsorgan, mit dem sowohl die Reichskirche beherrscht wie auch die Grafschaftsverwaltung und die Institution der ,,*missi dominici"* (Königsboten, bevollmächtigte Abgesandte zur unmittelbaren Wahrung königlicher Gewalt) gelenkt werden.

344 Mittelalter – Frühmittelalter

Adel, Herrschaft, Verwaltung: Die Herzogtümer werden beseitigt. Anstelle der Herzöge übernehmen Grafen aus den Reihen der karolingischen Reichsaristokratie die Regierungsgewalt. Die *Grafschaftsverfassung* wird weiter ausgedehnt. Doch hat sie niemals, besonders nicht im germanischen Norden und Osten, das ganze Reich mit einem geschlossenen Verwaltungsnetz überzogen. Grafschaft und germanischer Gau (pagus) decken sich häufig nicht.

Eine urgermanische Hundertschaft hat es nie gegeben. Der *„centenarius"* ist im rechtsrheinischen Deutschland ein aus der militärischen Organisation hervorgegangener Königsbeamter und Gehilfe des Grafen. Er ist etwa seit 750 in Alamannien, Bayern, Sachsen und besonders Ostfranken nachweisbar, doch scheinen „centenae" als Unterbezirke der Grafschaft nur in Ostfranken bestanden zu haben.

In spätkarolingischer Zeit beginnt eine rückläufige Bewegung: Grafschaften und Zentenen werden *feudalisiert* und *allodialisiert* (Tendenz zur Umwandlung in erbliche Lehen bzw. erblichen Privatbesitz), die fränkischen Königsbeamten verschmelzen mit dem eingesessenen Adel. Sie üben ihre Ämter zu eigenem Recht aus, das von ihnen verwaltete Königsland fällt der Adelsherrschaft anheim. Mit Hilfe der gräflichen Amtsgewalt steigen einzelne Adelsfamilien (Luitpoldinger, Bertholde, Unruochinger) zur Führung der sog. *„jüngeren Stammesherzogtümer"* im 10. Jh. auf.

Zum Grenzschutz sind die *Marken* (z. B. Bretonische, Awarische, Friaulische) eingerichtet, in denen mehrere Grafschaften unter dem Befehl eines dieser Grafen, der Markgraf, „dux" usw. betitelt wird, vereinigt sind. Das Amt der *Königsboten* („missi dominici", seit spätmerowingischer Zeit) erlebt seinen Höhepunkt unter Karl d. Gr. (768–814); sie werden jährlich zur Beaufsichtigung der örtlichen Beamten und Bischöfe entsandt. Die geistlichen und weltlichen Großen werden im Frühjahr und Herbst zu *Hoftagen* (conventus) versammelt. Es erwächst eine in den verschiedenen Reichsteilen begüterte *Reichsaristokratie* meist fränkischen, daneben alamannischen, bayrischen und sächsischen Stammes, die, solange es möglich ist (neben dem hohen Klerus, der ebenfalls fast durchwegs der Reichsaristokratie entstammt), für die Einheit des Reichs wirkt und im 9. Jh. die maßgebende Rolle spielt.

Recht: Die *Gerichtsversammlungen* werden als „echte" (= regelmäßige) Dinge vom Grafen gehalten. Als (je nach Bedarf) „gebotene" Dinge hält sie der „centenarius" oder „iudex" ab. Karl d. Gr. beschränkt die Zahl der echten Dinge, zu deren Besuch die ganze Gerichtsgemeinde verpflichtet ist, auf jährlich drei, um die Last der Gerichtsfolge zu erleichtern. Urteiler sind fortan die Schöffen anstelle der gesamten Versammlung. Diese Gerichtsreform ist bei Sachsen und Oberdeutschen nicht durchgedrungen. Karl läßt, soweit noch nicht geschehen, die *Volksrechte* aufzeichnen, z. B. die lex Saxonum. Umfassende Gesetzgebung durch *Capitularia,* schriftlich ergangene Gesetze, die die alten Volksrechte ergänzen und neues Reichs- oder Landesrecht setzen; fraglich bleibt jedoch die praktische Wirksamkeit der Capitularia.

Die Gesellschaft

Neben dem Herrscher und der ihn stützenden, teilweise mit ihm versippten Reichsaristokratie, der Reichsverwaltung durch Grafen und der Hofkapelle sind die *wichtigsten Strukturelemente der karolingischen Gesellschaft* die Grundherrschaft, das Lehnswesen und die Reichskirche, letztere als Adels- und Mönchskirche mit staatlichen Funktionen in der Reichsverwaltung und in der Mission östlich des Rheins wohl die stärkste Stütze der karolingischen Herrschaft.

Die **Grundherrschaft** im Sinne einer Zusammenfassung politischer, rechtlicher und wirtschaftlicher Funktionen stellt eine das gesamte Mittelalter bestimmende, neue Organisationsform dar. König und Adel entwickeln die Grundherrschaft und ihre *Fronhofsverfassung* (Abhängigkeitsverhältnis der – vom Grundherrn zu Lehen ausgegebenen – Bauerngüter und Ländereien des Fronhofsverbands zum Fronhof) sowohl in jenen Gebieten, in denen noch römische Einrichtungen bestehen, als auch außerhalb derselben in Austrien und rechts des Rheins. Die weltliche und geistliche Grundherrschaft entsteht aus der Hausherrschaft über alle zum Haus gehörigen Personen samt den Knechten (Leibherrschaft), aus der Schutzherrschaft über Gefolgsleute und aus der Inbesitznahme von Grund und Boden, der an freie und unfreie Bauern zur Leihe gegeben wird.

Es handelt sich also um *Herrschaft über Land und Leute,* die sich von der Latifundienwirtschaft der Antike in mehrfacher Hinsicht unterscheidet. Erstens ist sie in einer überwiegend naturalwirtschaftlichen Epoche nicht ein rentebringendes (Einkünfte abwerfendes) Besitztum neben anderen, sondern die einzige Grundlage der Adels- und Königsherrschaft schlechthin. (Nur die aus der Spätantike stammenden Bischofsstädte links des Rheins und vor allem die im System der mittelmeerischen Stadtkulturen verbliebenen Gebiete südlich der Loire bewahren eine eigene, ältere Sozialstruktur.) Ferner leben die *Grundherren,* vornehmlich die Adligen, auf ihren Herrenhöfen. Auch die königlichen Pfalzorte (Ingelheim, Worms, Nimwegen, Heristal, Diedenhofen, Attigny usw.) sind Mittelpunkte grundherrschaftlich organisierten *Reichsguts;* der Herrscher besucht sie reihum und verzehrt mit seinem Gefolge die dort angesammelten Nahrungsmittelvorräte; erst in der Spätzeit Karls d. Gr. entwickelt sich die Aachener Pfalz zu einer Art Dauerresidenz.

Große Teile der adligen Grundherrschaften sind nicht ererbtes Eigengut (Allod), sondern Lehen des Herrschers aus Königsgut oder Kirchenbesitz (z. B. den Säkularisationen Karl Martells). Soweit das Land nicht in Eigenbetrieben bewirtschaftet wird (Herrenhof, Fronhof, „villa"), ist es zur *Erbleihe* ausgegeben. Der Bauer, der eine Hufe (mansus), die übliche Einheit, die ihm die Existenz sichert, in Erbleihe besitzt, zahlt keinen Pachtzins, sondern erbringt *Leistungen* (Arbeitsleistungen und Naturalabgaben; er ist „Grundholde", der dem Grundherrn zu „Rat und Hilfe" verpflichtet bleibt, wie dieser ihm zu „Schutz und Schirm"). Der Eigenbetrieb des Herrn wird meist von einem Verwalter geleitet, der in der Regel ein Unfreier ist. Auf dem Hof arbeiten Knechte und Mägde (servi, mancipia), die z.T. in Gesindehäusern untergebracht sind, z.T. aber auch als „behauste" Unfreie familienweise außerhalb des Herrenhofs in kleinen Häusern wohnen. Das zum Herrenhof gehörige *Salland* wird nicht nur von diesen Unfreien bestellt, sondern auch die Hufenbauern arbeiten auf dem Salland. Die Bauern, die auf Freienhufen sitzen (mansi ingenuiles), sind verpflichtet, mit ihren Tieren und Arbeitsgeräten bei der Feldarbeit zu helfen. Die unfreien Hübner (auf mansi serviles) müssen wöchentlich drei Tage auf dem Herrenhof arbeiten. Die *arbeitsteilige Organisationsform* der Grundherrschaft, die mehrere tausend Bauernstellen zusammenfassen und auf Jahre hinaus Arbeitskräfte für Sonderaufgaben (z.B. Rodung) freistellen kann, und ebenso die in ihrem Bereich entwickelten technischen Innovationen (Übergang von der Feld-Gras-Wirtschaft zur Dreifelderwirtschaft, tiefpflügender Radpflug mit Sech und Streichbrett) sind eine Grundvoraussetzung für das große Werk des früh- und hochmittelalterlichen *Landesausbaus* seit dem 8. Jh., in dessen Gefolge sich durch Rodung und Melioration die Anbauflächen und damit die Bevölkerung Europas vervielfachen. Schon in den Kapitularien Karls d. Gr. und Ludwigs des Frommen wird allerdings Klage darüber geführt, daß Grafen und Äbte durch ständige *übermäßige Inanspruchnahme freier Bauern* für die Kriegszüge des Herrschers versuchen, dieselben zur Aufgabe ihres Eigens und zum Eintritt als unfreie Hintersassen in den eigenen Fronhofsverband zu zwingen; dafür bleibt ihnen die fast jedes Jahr fällige Heeresfolge erspart, die jetzt für sie von Knechten des Herrenhofs übernommen wird. Die Maßnahmen Karls d. Gr. und Ludwigs des Frommen gegen diesen Mißbrauch sind anscheinend wirkungslos.

Das **Lehnswesen**, das der Feudalgesellschaft den Namen gibt *(feudum = Lehen)*, bildet sich aus, als die karolingischen Hausmeier und Könige, vor allem zur Abwehr der Araber, aber auch im Kampf gegen innere Feinde, immer mehr Panzerreiter (loricati) brauchen, also möglichst viele Vasallen besitzmäßig so ausstatten und an sich binden müssen, daß sie regelmäßig Kriegsdienst leisten können. Dabei greifen die Herrscher auf *Kirchengut* zurück, das den Vasallen nicht einfach übereignet, sondern zinslos auf Lebenszeit als „beneficium" (= Lehen) geliehen wird. Seit dem 9. Jh. kommt, gleichbedeutend mit „beneficium", das Wort „feudum" in Gebrauch. Durch das Lehnswesen entsteht eine *„Lehenspyramide"*, an deren Spitze der Herrscher steht und die eine überregionale Organisationsform bildet, die Menschen von oben nach unten und umgekehrt aneinander bindet. So wie der karolingische König an seine Vasallen Lehen vergibt, geben die großen Vasallen wiederum Teile ihrer Lehen gegen ständige Dienstleistungen an Untervasallen weiter. Den „Staat", der auf diese Weise organisiert ist und der sonst kaum öffentliche Organe besitzt, weder ein stehendes Heer noch eine Polizei oder ein Beamtentum, kann man als *Personenverbandsstaat* bezeichnen.

Die fränkische **Kirche** und besonders die durch Willibrord († 739), Bonifatius († 754), Chrodegang von Metz († 766), Fulrad von St. Denis († 784) u. a. erneuerte *karolingische Reichskirche* ist sowohl Trägerin politischer Funktionen wie auch die fast ausschließliche Vermittlerin *geistigen Lebens*. Durch die kirchliche Organisation und die mit ihr verbundene missionarische Durchdringung der vom Frankenreich neu hinzugewonnenen Gebiete, zu denen auch Alamannien, Bayern, Thüringen und Sachsen gehören, werden aus den merowingischen und karolingischen Eroberungen feste Bestandteile des fränkischen Imperiums. Ebenso gibt die Kirche der Karolingerherrschaft die *religiöse Legitimation,* die den Herrscher weit über den Adel hinaushebt.

Entwicklungsgeschichtlich geht mit der Ausdehnung des Frankenreichs schon seit dem 6. Jh. der Neuaufbau und die Erweiterung des Netzes der *Kirchenorganisation* Hand in Hand, die Könige statten ihre Bischofskirchen mit Königsgut aus, gleichzeitig werden die Bischöfe als Träger schriftlicher Kultur und römischer Verwaltungspraxis für den Aufbau der Reichsverwaltung unentbehrlich. Aus den von der Völkerwanderung relativ unberührt gebliebenen Räumen Südgalliens gehen Priester und Bischöfe zu Mission und kirchlichem Aufbau nach Norden und Osten in die noch heidnischen Randzonen des Frankenreichs (z. B. Amandus [Apostel der Belgier, † 679?], Remaclus [Klosterbischof von Stablo und Malmédy, † um 675]). Infolge der engen Verbindung kirchlicher und staatlicher Aufgaben wird die Kirche fränkische Reichskirche, ihre Bischöfe wirken oft im Königsdienst als Berater und Verwaltungsbeamte, so etwa Arnulf von Metz († 641, Ahnherr der Karolinger). Mit der am Ende des 7. Jh.s und v. a. im 8. Jh. einsetzenden *angelsächsischen Mission* (Willibrord, Bonifatius, Willibald u. a.) und mit dem Bündnis zwischen Papsttum und Karolingern (750/51) beginnt eine Phase von Bistumsgründungen östlich des Rheins (Utrecht, Würzburg, Eichstätt, Büraburg, Erfurt). *Bonifatius* organisiert 739 mit Hilfe Herzog Odilos die romverbundene bayrische Kirche, wie er dann auch in den vierziger Jahren die fränkische Kirche mit Unterstützung von Karl Martells Söhnen Karlmann und Pippin (dem späteren König) als romverbundene fränkische Reichskirche reorganisiert.

Kultur

Da bis zum 10. Jh., als die Domschulen gegenüber den Klosterschulen an Bedeutung gewinnen und diese teilweise überflügeln, das **Mönchtum** der wichtigste Träger und Vermittler einer religiös geprägten schriftlichen Kultur wird und mit einer innovationsfreudigen klösterlichen Grundherrschaft auch wesent-

346 Mittelalter – Frühmittelalter

.lich an der Entwicklung der materiellen Kultur beteiligt ist, kommt dem fränkischen Klosterwesen als dem dynamischen Teil der Reichskirche entscheidende Bedeutung zu. Die nach 530 verfaßte Ordensregel des *Benedikt von Nursia* setzt sich bis zum 8./9. Jh. in ganz West- und Mitteleuropa durch. Bis zur Zeit Karls des Großen werden im Frankenreich mehr als 1000 Klöster gegründet; sie bilden, vor allem nördlich der Alpen, sowohl die Zentren der christlichen Mission wie auch die Mittelpunkte der frühmittelalterlichen Gesellschaft.

Die landbesitzende grundherrliche Oberschicht (König, Herzog, Adel) überträgt den Mönchen Land und Leute, so daß aus vorübergehenden Missionsplätzen festorganisierte Klöster entstehen, deren Existenz durch eine klösterliche Grundherrschaft gesichert wird. Die *Klostergrundherrschaft,* zu der oft Tausende von Bauern und Hintersassen (z. B. in St-Germain-des-Prés bei Paris im 9. Jh. 24 Herrenhöfe und 1646 Bauernstellen) gehören, die dem Kloster Dienste und feste Abgaben zu leisten haben, ermöglicht nicht nur die materielle Freistellung von Mönchen für Mission, Gottesdienst und Schule, sondern sie ist gleichzeitig die Voraussetzung dafür, daß die Klöster auch zu *kulturellen Mittelpunkten* werden. Hier entstehen wertvolle und künstlerisch bedeutende Handschriften und – u. a. durch gegenseitigen Bücheraustausch – Bibliotheken (St. Gallen, Fulda, Lorsch, Tours, Corbie [an der Somme], Fleury-sur-Loire, Saint-Denis [bei Paris] u. a.), hier wird Wissenschaft (z. B. Theologie, Mathematik, Medizin, Sprachen, Kirchenrecht) gepflegt und gelehrt, hier schaffen Mönche große Werke der bildenden Kunst (Klosterbauten, Miniaturen, kostbare Altargeräte aus Goldschmiedearbeit), und hier – etwa in St. Gallen, Fulda, Reichenau, Lorsch, Murbach, Corvey, Benediktbeuern, St. Emmeram [Regensburg]) – bildet sich aus der Kenntnis der internationalen Kirchen- und Gelehrtensprache, des Lateins, auch die erste am Latein geschmeidig gemachte deutsche Schriftsprache: das Althochdeutsche.

Die Rolle der Klöster als Zentren der Gesamtgesellschaft zeigt z. B. der *St. Galler Klosterplan* (um 820), der idealtypisch darstellt, was alles zu einem karolingischen Reichskloster gehören sollte: Es ist religiöskultisches Zentrum, Grablege und meist Eigentum einer Adelsfamilie oder des Herrschers, es ist Wirtschaftszentrum mit Landwirtschaft, Viehzucht und Handwerkern. Es ist aber mit einem repräsentativen Wohntrakt für den weltlichen Klosterherrn zugleich eine Art „Pfalzort" und damit politischer Stützpunkt, ferner ist es mit seiner seit Karl Martell (714–741) üblich gewordenen Verpflichtung, dem Herrscher Truppen und Geld zu stellen, militärisch wichtig; es bildet mit Klosterschule, Musik- und Schreibschule sowie durch seine Kunsthandwerker einen kulturellen Schwerpunkt und stellt schließlich als Vorratszentrum mit Krankenhaus, Apotheke und Armenversorgung zugleich die erste Entwicklungsstufe der Sozialfürsorge dar.

Karl d. Gr. nutzt als erster Herrscher planmäßig die vielfältigen Funktionen von Kirche und Mönchtum für seinen Staatsaufbau, verbessert nach Kräften die Ausbildung und das geistige Niveau von Klerikern und Mönchen, vereinheitlicht mit Hilfe Benedikts von Aniane (779 Gründer des Klosters Aniane bei Montpellier, † 821) und einer generellen monastischen Gesetzgebung das gesamte Klosterwesen (worin ihm später Ludwig der Fromme folgt) und fügt durch die Metropolitanverfassung sowie die intensive Nutzung von Kirchen- und Klosterbesitz den Organismus der erneuerten Reichskirche in sein politisch-administratives Gesamtsystem ein.

Literatur: Entscheidende geistig-kulturelle Impulse gehen unmittelbar vom Herrscher aus oder werden von ihm auf Anregung geistlicher Berater in der fränkischen Kirche verwirklicht. Karl selbst besitzt einen großen Bildungshunger, er kann lesen und schreiben, spricht Latein und versteht Griechisch, die allgemeine kulturelle Erneuerung fördert er durch Heranziehung berühmter Gelehrter. Zu dieser „Hofakademie" gehören u. a.: der Grammatiker Petrus von Pisa, Paulinus von Aquileja (ab 787 Patriarch von Aquileja, † 802?) und der Westgote Theodulf von Orléans (ab 798 Bischof von Orléans und Abt von Fleury, † 821), beide Theologen und Dichter; der Langobarde Paulus Diaconus († 799?), der Geschichtsschreiber seines Volkes (Historia Langobardorum); der Angelsachse Alkuin (Alchvine), Abt von St. Martin in Tours, Theologe, Dichter, Verfasser von Lehrbüchern, Leiter der Hofschule in Aachen und Berater des Kaisers in geistlichen Angelegenheiten, seit 781 in Karls Dienst († 804). Es entsteht am Hofe und in den großen Reichsklöstern eine offiziöse *Reichsannalistik:* Einhard (Eginhard; 828 Gründer des Klosters Seligenstadt, Abt mehrerer Klöster, † 840), Verfasser der wohl zwischen 817 und 830 abgefaßten Vita Caroli Magni, dann Karls Enkel Nithard († 844) (für die Jahre 814–843). Weltchronik des Regino von Prüm (wurde 892 Abt des Klosters Prüm in der Eifel, † 915). Politische Denkschriften Hincmars von Reims (Erzbischof seit 845, † 882). Den humanistischen Austausch zeigen die durch klassisches Latein ausgezeichneten Briefe des Baiern Servatus Lupus, Abt von Ferrières († 862).

Durch bewußtes Zurückgreifen auf die Werke der heidnischen und christlichen Antike belebt Karl die Kenntnis des Klassischen (**„karolingische Renaissance"**), ebenso hält er sich in seiner Baukunst an die antiken Vorbilder. Daneben steht aber auch die Sorge für die *heimische Volkskultur:* Versuch einer deutschen Grammatik, Sammlung germanischer Heldenlieder, Übersetzungen aus dem Lateinischen im Kloster Reichenau (Benediktinerregel u. a.); wohl gegen Ende des 9. Jh.s entsteht das Heldenepos des Waltharius (Verfasser unbekannt); das altsächsische Stabreim-Epos des Heliand (Heiland, vor 840) stellt die Heilsgeschichte mit den Ausdrucksmitteln germanischer Heldendichtung dar; zwischen 863 und 871 dichtet der Mönch Otfried von Weißenburg in fünf Büchern seine große althochdeutsche Evangelienharmonie in Endreimversen, die seitdem die europäische Literatur beherrschen; in St. Gallen wirkt Notker Balbulus (der Stammler, † 912), der eigentliche Schöpfer der Sequenzenliteratur (Sequenz = lateinisches Kirchenlied mit ungleichen Strophen und wechselnder Melodie).

Alkuins Schüler *Hrabanus (Magnentius) Maurus,* Leiter der Klosterschule, dann Abt von Fulda und Erzbischof von Mainz († 856), Praeceptor Germaniae, fruchtbarer Schriftsteller, bemüht sich um die philosophische und theologische Bildung des Klerus. Sein Schüler Walahfrid Strabo († 849), Abt von Reichenau, ist Dichter. Der (bis zu den Scholastikern) tiefste und selbständigste Philosoph, der in Irland geborene *Johannes Scotus Eriugena* († 877), wird von Karl dem Kahlen an die Hofschule berufen und mit der Übersetzung der (um 500 in Syrien entstandenen) Schriften des sogenannten Dionysius Areopagita beauftragt, welche den neuplatonischen Gedankenkreis mit der christlichen Lehre zu verschmelzen suchen *(„Vorscholastik").*

Kunst: Seit König Pippin I. (751/52–768) erscheint der stadtrömische konstantinische Typ der T-förmigen *Basilika* mit durchlaufendem Querhaus wieder (Neubau der königlichen Grabes- und Abteikirche in Saint-Denis 754–775), der in karolingischer Zeit an repräsentativer Stelle, vor allem bei Reichsklöstern, wiederbelebt wird (Fulda 790–810, Hersfeld 831–840). Die *Aachener Pfalzkapelle* Karls d. Gr. (um 785–805, 798 im Rohbau fertig) setzt dagegen eine Tradition der germanischen Teilreiche fort und veranschaulicht mit der Blickrichtung auf Byzanz die Unabhängigkeit vom Papsttum. Die Aachener wurde nicht nur Vorbild für einige Pfalzkapellen im Maasgebiet (z. B. Nimwegen, St. Donatus in Brügge), sondern auch für zahlreiche doppelgeschossige Herrschaftskapellen vom 11.–13. Jh., die sich in dieser Form fast nur in Deutschland finden. Auch die sogenannten Westwerke, den Basiliken der Reichsklöster angefügte Zentralbauten, die wahrscheinlich als Gastkirchen für den Herrscher während seiner Residenz im Kloster dienten, gehen auf das Aachener Vorbild zurück (Corvey 873–885, Werden, 875–943). Die Verbindung und Gleichsetzung *kirchlicher und herrscherlicher Gewalt* kommt auch darin zum Ausdruck, daß der Bischofsdom in den Städten in die Nachbarschaft der Grafenburg gelegt wird (Köln). In gleicher Richtung sind auch die (untergegangenen) Wandmosaiken zu verstehen, auf denen Karl d. Gr. neben Papst Leo III. in gleicher Rangordnung dargestellt wird (Triclinium des Laterans, Basilika Santa Susanna in Rom).

Nach Vorstufen im merowingischen Großkloster Corbie (an der Somme) entwickelt sich in den karolingischen Reichsklöstern im 8. Jh. die *karolingische Minuskel* als internationale Verkehrsschrift des europäischen Mittelalters, die auch in Italien ältere Schriftformen verdrängt. Karolingische Bibelgelehrsamkeit schafft mit der sog. „Alkuin-Bibel" eine philologisch verbesserte neue Edition der Hl. Schrift, die für ganz Europa richtungweisend wird.

In *Buchmalerei, Elfenbein- und Goldschmiedekunst* bildet sich eine Hofschule aus, die die insular geprägte Kunst der älteren Klosterschulen mit der antiken Überlieferung verschmilzt. Ein Hauptwerk ist das zu den Reichskleinodien gehörige Krönungsevangeliar (heute in Wien), das angeblich von Otto III. im Jahre 1000 im Grabe Karls gefunden wurde. Insgesamt ist durch die Impulse des Hofes, die Wiederaufnahme antiker Traditionen und die Wirksamkeit der Klöster eine Kulturhöhe erreicht, die nach dem Zerfall des Karolingerreichs frühestens seit dem ausgehenden 10. Jh. wieder zu vergleichbaren Leistungen führt.

Die Auflösung des Reichs

Im **Teilungsvertrag von Verdun (843)** erhält Kaiser *Lothar I.* Italien und ein relativ schmales Gebiet von Friesland bis zur Küste der Provence mit den Kaisersitzen Rom und Aachen, aber ohne Oberhoheit über die Brüder. *Ludwigs des Deutschen* Ostfrankenreich umfaßt das Gebiet östlich einer Linie von der Wesermündung zur unteren Ruhr, dann Rhein und Aare aufwärts; dazu die Gaue von Mainz, Speyer und Worms. Das Westfrankenreich *Karls II., des Kahlen,* beginnt an einer Linie, die von der Schelde aufwärts zum Bistum Cambrai (Reich Lothars) von dort östlich zur Maas und weiter in beträchtlichem Abstand westlich vom Fluß nach Süden verläuft, dann von der Maasquelle zur oberen Saône, diese abwärts, südlich von Mâcon nach Westen zurückweichend und westlich der Rhone nach Süden bis zu ihrer Mündung.

Die heutige *Sprachgrenze* verläuft von Gravelingen über Saint-Omer, Menin, östlich durch Belgien zur Maas unterhalb Lüttich, entlang der belgisch-deutschen Grenze von 1914 (Malmédy jedoch wallonisch) und der belgisch-luxemburgischen Grenze (Arlon jedoch deutsch), weiter zwischen Metz (französisch) und Diedenhofen (deutsch) hindurch nach Südosten, diesseits der deutsch-französischen Grenze von 1914, dann dicht unterhalb des Vogesenkammes nach Süden, hinüber zum Bieler See, Murten, Freiburg i. Ü. (französisch), Diablerets, Wildstrubel, Siders (französisch), Matterhorn und Monte Rosa. Die Sprachgrenze, ursprünglich mit zahlreichen Sprachinseln beiderseits ihres Verlaufs, bildet sich bis etwa 1000 scharf aus; seitdem hat sie sich nur unbedeutend verschoben, u. a. im Departement Pas-de-Calais und im Metzer Bistum zugunsten des Französischen.

Die Ostfranken nennen ihre Sprache im Gegensatz zum Latein des gelehrten Klerus die *deutsche Sprache* (lingua theodisca), d. h. volkstümliche (diutisc von diot = Volk). Der erste Beleg für „theodiscus" (786) bezieht sich noch auf das Angelsächsische. Teutisus als Volksname, im Gegensatz zu den Langobarden, zuerst 843. Für „theodiscus" kommt dann, von Fulda ausgehend, unter gelehrtem Einfluß das anklingende „theutonicus" in Aufnahme (zuerst 876 belegt).

348 Mittelalter – Frühmittelalter

Das Westfrankenreich (843–987)

Karl II., der Kahle, dem im Vertrag von Verdun (843) das westliche Reichsgebiet zugesprochen wird, versteht es, diesen Herrschaftsanspruch durchzusetzen und im *Vertrag von Coulaines* (843) durch ein festes Übereinkommen mit dem Adel und der Geistlichkeit das westfränkische (Teil-)Reich zu konsolidieren. Klerus und Adel treten dem König hier korporativ in einem „foedus concordiae salubris" gegenüber, wodurch fortan das Westfrankenreich nicht allein auf dem Königtum Karls, sondern ebenso auch auf der Gesamtheit seiner Fideles, die ihm als Partner gegenüberstehen, beruht. Auf diese Weise entsteht erstmals ein *Verbundsystem des Westreiches,* das zwar infolge der divergierenden Interessen von König, Adel und Klerus nur auf dem kleinsten gemeinsamen Nenner aufgebaut ist, sich aber dennoch in den schweren Belastungen der Folgezeit (Normannen, Kriege der Teilreiche untereinander, fortschreitende Feudalisierung der Lehen und des Kirchenbesitzes einschließlich der Bistümer) als zwar dünnes, aber elastisches Netz erweist. Seit Coulaines zeigt sich auch die führende politische Rolle der *Geistlichkeit* im Westfrankenreich, vor allem im korporativen Handeln der Prälaten.

Entgegen früheren Auffassungen bildet die trotz mancher Rückschläge erfolgreiche Herrschaft Karls des Kahlen einen Markstein in der Entwicklung zur Einheit der französischen Nation. Wenn allerdings schon seit Karl dem Kahlen und mehr noch unter dessen Nachfolgern in großem Maße Kirchengut, besonders ertragreiche Abteien, an die großen westfränkischen Adelsfamilien (Welfen, Robertiner, Rorgoniden u. a.) vergeben wird (teilweise als Belohnung für Beistand im Kampf gegen die normannischen Invasionen), dann kündigt sich hier sehr deutlich der *Verfall der Königsmacht und der karolingischen Kirchenherrschaft* an. Man kann von einer Re-Regionalisierung der bischöflichen Herrschaft sprechen. Was einst Karl Martell für etwa hundert Jahre erreicht und Karl d. Gr. in festen Formen institutionalisiert hat: die Zentralisierung der fränkischen Kirche im Dienste der Königsherrschaft, wird mit der Vergabe von Abteien an eine sich regional und strukturell verfestigende Aristokratie rückgängig gemacht. Gleichzeitig geraten auch die Bistümer mehr und mehr in die Hände eines machtvollen *Regionaladels,* womit derselbe in seinem Bereich politische und Kirchenherrschaft erfolgreich verbinden kann. So entsteht das französische Fürstentum des 10. Jh.s.

843–877	**Karl II., der Kahle,** dem der Vertrag von Verdun (843) das westliche Teilreich zugesprochen hat.
843	*Vertrag von Coulaines* (bei Le Mans); Interessenausgleich zwischen dem Königtum einerseits, Adel und Kirche andererseits.
	Der von Ludwig dem Frommen 826 zum Grafen der *Bretonischen Mark* eingesetzte Nominoe, selbst Bretone, empört sich.
845	Er schlägt Karl den Kahlen bei Ballon, läßt sich zum König salben und trennt durch Gründung des Erzbistums Dol die bretonische Kirche von der Kirchenprovinz Tours. Sein Staat ist nach fränkischem Vorbild organisiert. Er erobert die fränkischen Grafschaften Rennes, Vannes und Nantes sowie das Land Retz südlich der Loire.
848	Karl muß die Herrschaft Pippins II. von *Aquitanien* anerkennen (er wird aber zum König der Aquitanier gesalbt).
851	Nach dem Tod des Bretonen Nominoe bestätigt Karl der Kahle dem Sohn Erispoe diesen Besitz und sendet ihm die königlichen Insignien gegen Anerkennung der Lehnshoheit. Die Bretagne bleibt nun als Grafschaft oder Herzogtum jahrhundertelang von Frankreich tatsächlich unabhängig.
855	Der Königssohn Karl das Kind als Unterkönig in Aquitanien († 866),
856	sein Bruder Ludwig der Stammler in Neustrien eingesetzt († 879).
nach 864	Beseitigung Pippins II. von Aquitanien.
870	Karls *Vertrag von Meerssen* mit seinem Bruder Ludwig dem Deutschen (Zweiteilung des Reichs nördlich der Alpen an der Maas-Saône-Grenze auf Kosten von Lothars I. [† 855] Sohn Kaiser Ludwig II.).
875	Karls des Kahlen Romzug und *Kaiserkrönung* (durch den Papst – von nun an konstitutiv für die Kaiserwürde) nach Kaiser Ludwigs II. Tod.
876	Schlacht von Andernach, Niederlage des Kaisers gegen Ludwigs des Deutschen († 876) Sohn Ludwig d. J.).
877	Das Kapitular von Quierzy-sur-Oise setzt die aus Billigkeit übliche *Erblichkeit der Lehen* voraus, ordnet sie aber nicht als Rechtssatz an.
	Karls Hauptberater ist Erzbischof (845–882) *Hincmar von Reims*, Verfechter der Metropolitangewalt gegen die Suffragane, bedeutender Theologe und Kirchenrechtler.
	Tod Karls des Kahlen auf einem gescheiterten Italienzug.
877–879	Karls Sohn, **König Ludwig II.,** der Stammler.
879	Beginn neuer, schwerer Verwüstungen durch die zum „Großen Heer" vereinigten Normannen.
880–882	Ludwigs II. Söhne Ludwig III. (879–882) und Karlmann (879–884) regieren zeitweilig nur im Süden (Burgund, Aquitanien) bzw. Norden (Francia, Neustrien).
880	Verlust des westlichen Lotharingien durch den *Vertrag von Ribemont* an das Ostreich.
881	Ludwig III. besiegt die Normannen bei Saucourt, trotzdem weitere Einfälle.

Frankenreich – Auflösung des Reichs – Westfrankenreich 349

885–887 **Kaiser Karl III.** auch in Westfranken als Herrscher anerkannt, womit das Reich Karls d. Gr. für kurze Zeit noch einmal vereinigt ist.

888–898 **Odo,** Graf von Paris; nach Kaiser Karls III. Absetzung zum König gewählt. Erster nichtkarolingischer König des Westfrankenreichs, Sohn Roberts des Tapferen von Franzien.

898–923 Der Karolinger **Karl III., der Einfältige,** letzter Sohn Ludwigs des Stammlers; 893 zum Gegenkönig gewählt, 896/97 von Odo als Nachfolger anerkannt. Karls direkte Herrschaft ist jedoch auf eine stark zusammengeschrumpfte *Krondomäne* (Eigenterritorium des Königs; Laon als Mittelpunkt) beschränkt.

911 Nach entscheidendem Sieg über die *Normannen* schließt Karl der Einfältige in Saint-Clair-sur-Epte einen Vertrag mit ihnen, wodurch sie im Besitz der Normandie (ursprünglich wohl nur der Haute-Normandie, Dep. Seine-Inférieure und Eure) anerkannt werden (später Ausdehnung nach Westen bis zur Bretagne und zeitweise Lehnshoheit über diese; die tatsächliche Ansiedlung in dem wüstliegenden Land hat bereits etwa zwanzig Jahre vor 911 begonnen).

Nach dem Tod des letzten ostfränkischen Karolingers, Ludwigs des Kindes, erobert Karl der Einfältige Lothringen (bis 923/25).

922 Der Bruder von König Karls Vorgänger, Robert von Franzien **(König Robert I.),** von den Großen zum König erhoben.

923 Robert fällt aber im Kampf; daraufhin erheben die Großen Roberts I. Schwiegersohn **Rudolf** (923–936) von Burgund zum König. Karl verräterisch gefangengenommen.

929 Karl endet im Kerker.

936 König Rudolf stirbt kinderlos.

936–954 **König Ludwig IV., der Überseeische** (Transmarinus), Sohn Karls des Einfältigen (in England aufgewachsen).

Sein Gegenspieler wird der schon unter König Rudolf sehr mächtige Sohn König Roberts I., *Hugo Magnus,* Herzog von Franzien, dessen Herrschaftsgebiet sich von der Loire bis zur Seine und von Paris bis Orléans erstreckt. Wechselvoller Konflikt mit Eingreifen Ottos des Großen.

954–986 Ludwigs unmündiger Sohn **König Lothar,** gegen bedeutende Zugeständnisse mit Unterstützung Hugos von Franzien erhoben.

956 Herzog Hugo †.

978 Feldzug gegen Otto II., schließlich Verzicht auf Lothringen.

986–987 Lothars Sohn **Ludwig V.,** letzter karolingischer König.

991 Die Karolinger sterben aus als Herzöge von Niederlothringen mit Karl, der gefangengenommen wird (Todesjahr unbekannt), Lothars Bruder,

1012? und Karls Sohn Otto.

Die großen Herzogtümer und Grafschaften

Die spätkarolingischen großen Adelsherrschaften und die „Territorien" der Kronvasallen der früheren Kapetingerzeit sind in ihrer Bedeutung mit dem geläufigen Begriff der „Adelsanarchie" nicht zu fassen. Vielmehr stellen sie vermöge ihrer modernen, effektiveren *Verwaltungsorganisation* Bausteine für den künftigen Königsstaat dar. Für den Aufstieg der Kapetinger ist es bedeutsam, daß sie immerhin gewichtige Reste der karolingischen Kirchenherrschaft im gesamten Westfrankenreich (14 Bistümer z. Z. Hugo Capets [König 987–996]) behalten und schrittweise vermehren, also auch im Herrschaftsbereich der Kronvasallen ausbaufähige Stützpunkte und königliche Rechte aus karolingischem Erbe besitzen. Durch die in Frankreich viel früher als in Deutschland einsetzende *Feudalisierung* werden die großen Territorien (Herzogtum Aquitanien, Herzogtum Gascogne, Grafschaft Toulouse, Herzogtum Burgund, Herzogtum Franzien, Grafschaft Flandern, Bretagne) jedoch geschwächt (wie sie vorher das Königtum ausgehöhlt haben), so daß die Grafen oder Herzöge in den Territorien nur einen Teil ihres Gebiets unmittelbar beherrschen, während im Rest „seigneurs", „châtelains", „vicomtes" oder „comtes" als ihre Vasallen das Heft in die Hand bekommen. Die feudale Landkarte Frankreichs weist so schon im 10. Jh. ein so buntes Getäfel auf wie die deutsche erst im 13. Jh. – Eine Sonderrolle spielen Aquitanien und vor allem Burgund.

Aquitanien, von der Loire bis zu den Pyrenäen: Die romanische Sprache lebt ungebrochen von germanischem Einfluß fort. *Altfranzösisch* und *Occitanisch* (auch „Provenzalisch", da man seit ca. 1080 die Südfranzosen *Provinciales* nennt) stehen sich als zwei Sprachen gegenüber. Stärkstes Widerstreben gegen die fränkische Herrschaft zwingt die Karolinger von Karl d. Gr. († 814) bis zu Karl dem Kahlen († 877) zur Einsetzung von Unterkönigen.

Burgund: In *Nieder- oder Südburgund* (meist Provence genannt) hat die Abtrennung bereits begonnen, als Boso, Schwager Karls des Kahlen, 879 in Mantaille bei Vienne von den Bischöfen des Landes zum König gewählt wird. Es ist die erste Usurpation einer selbständigen Königsherrschaft durch einen Nichtkarolinger. Nach dem Tod Bosos von Vienne wird zunächst Kaiser Karl III. auch in der Provence als Herrscher anerkannt. Bosos junger Sohn Ludwig wird erst 890 in Valence zum König gewählt, nachdem

350   Mittelalter – Frühmittelalter

er dem ostfränkischen Karolinger Arnulf von Kärnten als Oberherrn gehuldigt hat. Ludwig der Blinde († 928) wird König von Italien und Kaiser.

Hoch-(Nord)-Burgund oder juranisches Burgund: In Saint-Maurice im Wallis wird 888 der Welfe Rudolf I. († 912) von Bischöfen und weltlichen Großen zum König gewählt. Sein Reich umfaßt die Schweiz von Basel bis zum Wallis, Waadt und Genf, ferner die Gebiete von Lyon, Besançon und Aosta. Rudolf II. (912–937) erhält von Herzog Burchard II. von Schwaben als Mitgift seiner Tochter Bertha den Aargau, so daß die Grenze 922 von der Aare zur Reuß verschoben wird, und ist 922–926 König von Italien.

In *Niederburgund* übt unter Ludwig dem Blinden Graf Hugo von Vienne die tatsächliche Herrschaft aus; 926 nach Italien als König; 945 wieder nach Niederburgund vertrieben; gestorben 947. Das Land fällt an Konrad von *Hochburgund* (937–993), der also die nördliche und die südliche Reichshälfte vereinigt. Nach Rudolfs III. (993–1032) Tod fällt das Königreich Burgund an *Deutschland.* Später tritt als Hauptstadt des burgundischen Königreichs Arles hervor, daher auch *Arelatisches Reich.* Seit dem 11. Jh. bildet sich links der Saône im Königreich Burgund, aber über den Fluß ins französische Herzogtum Burgund hinüberreichend, die Frei- oder *Pfalzgrafschaft Burgund,* Hauptorte Dôle und Vesoul. Das Erzbistum Besançon liegt innerhalb der Grafschaft, untersteht aber direkt dem deutschen König. Begründer der *Freigrafschaft* ist Otto Wilhelm († 1026), Sohn Adalberts von Ivrea, Königs von Italien, der als Flüchtling 971/72 in Autun gestorben ist; er hatte Gerberga, die Nichte des letzten Grafen von Mâcon, geheiratet. Sie hinterließ ihrem Sohn diesen Komitat, nämlich Mâcon, mit der seitdem so genannten „*Grafschaft Burgund",* vier königlich-burgundischen Gauen zwischen Saône und Jura. – *(Forts. S. 442)*

Das Ostfrankenreich (843–911/919)

Im Osten bleibt die karolingische, reichskirchliche Struktur im wesentlichen erhalten. Der König behält vor allem das Recht der *Bischofserhebung* und nutzt das *Kirchengut.* Ludwig der Deutsche (843–876), der im Vertrag von Verdun (843) das (Teil-)Reich der „Ostfranken" erhält, bringt sein Königtum durch Gericht, Hofkapelle, Urkundenwesen und Kirchenregiment energisch zur Geltung, wobei die sich auch hier verstärkende Adelsherrschaft noch in die Königsherrschaft eingebunden bleibt. Nur in der jahrzehntelangen Auseinandersetzung des ostfränkischen Reichs mit der neuen östlichen Herrschaftsbildung des Großmährischen Reiches (ca. 830–906) beginnen die mit Sondervollmachten ausgestatteten Markgrafen bereits eine eigene, auch gegen den König gerichtete Politik.

Die *Westgrenze* kann 870 durch den Vertrag von Meerssen bis zur Maas-Mosel-Linie, durch die Verträge von Verdun (879) und Ribemont (880) bis zur Schelde-Maas-Saône-Linie vorgeschoben werden; im *Osten* bilden Elbe, Saale, Böhmerwald und Kärnten die Grenze, während im *Norden* die Küste und im *Süden* der Alpenhauptkamm den Herrschaftsbereich der „Francia orientalis" umschließen. Ursprünglich nur Teil einer karolingischen Gesamtherrschaft, entwickelt sich bereits unter Ludwig dem Deutschen ein eigenes *ostfränkisches Zusammengehörigkeitsgefühl,* das sich auch sprachlich in der Ausbildung einer althochdeutschen Literatur artikuliert und politisch einen ersten Abschluß in der Wahl König Konrads I. (911) findet. Wenn auch das Westfrankenreich geistig-kulturell an der Spitze der Entwicklung bleibt, findet die karolingische Renaissance doch auch im Ostfrankenreich bedeutende Vertreter.

Ludwig IV., das Kind (900–911), kann weder die Invasionen der Ungarn abwehren, noch vermag das kirchlich bestimmte Reichsregiment unter ihm (Erzbischof Hatto von Mainz) den Aufstieg der sog. „*jüngeren Stammesherzogtümer"* (der Hunfridinger, Konradiner, Liudolfinger und Arnulfinger) zu verhindern. Es spricht jedoch für die bereits wirksame Verfestigung des ostfränkischen Reiches, daß nach Ludwigs Tod die ostfränkischen Großen mit dem Franken Konrad einen eigenen König wählen und damit ihren Willen bekunden, die Einheit des Ostfrankenreiches zu bewahren. Nur Lothringen geht unter den Reginaren wieder ans Westreich.

843–876 König Ludwig II., der Deutsche. Häufigste Residenz Regensburg.
     845 Hamburg von den Normannen zerstört; das Erzbistum wird 848 mit Bremen vereinigt.
     846 Ludwig setzt in Mähren Herzog Rastislav ein, mit dem er später jahrelang Kriege führt.
     862 Erster Angriff der *Ungarn* auf das Ostfrankenreich.
     870 *Vertrag von Meerssen* (Mersen) bei Maastricht (nur bis 880 von Bedeutung): Nach dem Tode Lothars II. († 869) wird dessen Gebiet zwischen Karl II., dem Kahlen, und Ludwig dem Deutschen geteilt: Ludwig erhält die Osthälfte Lothringens mit Aachen und Metz und zwei Drittel Frieslands sowie das Lyonnais und Viennois aus dem Erbe Karls von der Provence.
     876 Nach dem Tode Ludwigs des Deutschen teilen die Söhne aufgrund früherer Bestimmungen des Vaters das Reich:
876–880 *König Karlmann* hat Bayern und die südöstlichen Marken.
876–882 *König Ludwig III., der Jüngere,* hat Mainfranken, Thüringen, Sachsen.
876–887 *König Karl III., der Dicke,* hat Alamannien und Churrätien.
              Von Lothringen erhält jeder der drei Brüder einen Teil.
     876 Ludwig III. schlägt Karl den Kahlen, der den Ostteil von Lothringen zurückgewinnen will, bei Andernach am Rhein.

Frankenreich – Auflösung des Reichs – Ostfrankenreich   *351*

877 Karlmann zieht nach Italien, Karl der Kahle stirbt auf der Flucht über die Alpen. Karlmann erkrankt und muß nach Bayern heimkehren.

879 Karl III. übernimmt auf Verfügung Karlmanns die Regierung Italiens.

880 *Vertrag von Ribemont* (bei Saint-Quentin): Ludwig III., der Jüngere, erhält von den jungen Enkeln Karls des Kahlen die in Meerssen beim Westreich verbleibende Westhälfte Lotharingiens. Die im Vertrag von Verdun (843) gezogene Westgrenze des Mittelreichs bleibt im wesentlichen das ganze Mittelalter hindurch die *Grenze zwischen Deutschland und Frankreich.*Die Sachsen unter Herzog Brun (gefallen) werden von den *Normannen* vollständig geschlagen.

881 Karl III. von Papst Johannes VIII. zum **Kaiser gekrönt.**

882 Nach dem Tod seiner Brüder ist *Karl der Dicke alleiniger Herrscher* im Ostreich. Er läßt die in Elsloo eingeschlossenen Normannen abziehen, bewilligt ihnen Tribute und Landverleihungen.

885 Nach dem Tode zweier Enkel Karls des Kahlen übertragen die Westfranken die Herrschaft an Karl III., der somit noch einmal das *Gesamtreich* außer Niederburgund (Boso von Vienne) vereinigt.

886 Paris von den Normannen belagert; Karl bringt Entsatz, erkauft aber wieder den Abzug der Normannen mit Geld.

887 Reichstag zu Tribur, Karl zur Abdankung gezwungen († 888).

887–899 König Arnulf von Kärnten, natürlicher Sohn König Karlmanns (876–880), übt eine äußerliche Oberhoheit über die anderen, nicht von Karolingern regierten Reichsteile aus.

891 Arnulf siegt bei Löwen an der Dyle über die Normannen, die das Ostfrankenreich endgültig verlassen. Im Bund mit den

892, 893 Ungarn Feldzüge gegen das Großmährische Reich.

896 Arnulf in Rom vom Papst Formosus zum *Kaiser* gekrönt. – Krankheit und Machtzerfall setzen ein.

900–911 König Ludwig IV., das Kind, unter Leitung des Erzbischofs Hatto von Mainz und anderer Bischöfe. Zahlreiche innere Fehden.

seit 900 Fast alljährliche Einfälle der Ungarn, die

um 905 das Großmährische Reich zerstören. Verheerungen bis nach Alamannien und Sachsen.

907 Markgraf Luitpold von Karantanien und Pannonien sowie drei bayrische Bischöfe bei *Preßburg* gegen die Ungarn gefallen. Die Ostmark ist verloren, die Enns wird wieder Reichsgrenze.

Das jüngere Stammesherzogtum

Infolge der mangelnden Fähigkeit des Königtums, die äußeren Feinde nachhaltig abzuwehren, kommen bei den einzelnen Stämmen führende Familien der fränkischen *Reichsaristokratie,* die inzwischen in den karolingischen Teilherrschaften bodenständig geworden und mit dem autochthonen Adel verschmolzen sind, zur Herrschaft; es entsteht unter der politischen Führung einzelner großer Familien das „jüngere Stammesherzogtum".

Schwaben: Links des Rheins gehört zum schwäbischen oder alamannischen Stammesgebiet das Elsaß. Nach Norden gegen die Franken bildet der Hagenauer Forst die Grenze, die von dort östlich ungefähr zu den Altmühlquellen verläuft; von dort nach Süden zur Mündung des Lech, der die Grenze gegen die Baiern bildet. Im Süden wird Churwalchen, das noch durchaus rätoromanisches Sprachgebiet ist, erst nach Entstehung des Herzogtums Schwaben mit diesem verbunden. Im Südwesten reicht der Stamm in das Königreich Burgund hinüber, besonders nachdem 922 die (hoch-)burgundische Grenze von der Aare zur Reuß verschoben wird. Um die Herrschaft ringen die *Hunfridinger* oder *Burchardinger,* Grafen des Aargaus und Thurgaus, die auch die Markgrafschaft in Churwalchen (Hauptstadt Chur) innehaben, und die zwei Brüder Pfalzgraf *Erchanger* und *Berthold*; Hauptgegner beider Geschlechter ist der mächtige *Salomon,* Bischof von Konstanz (890–919), Abt von St. Gallen und Kanzler König Konrads. Dem Konflikt fallen Erchanger und Berthold 916 (Synode von Hohenaltheim bei Nördlingen) bzw. 917 (Hinrichtung) zum Opfer. *Burchard II.* (d.J.; 917–926), Sohn des Markgrafen Burchard des Älteren von Rätien, schwingt sich zum Herzog auf, das „jüngere" alamannische Stammesherzogtum hat sich durchgesetzt.

Bayern: Links der Donau gehören ein Teil des Nordgaus (Oberpfalz) – der andere ist fränkisches Siedlungsland –, rechts des Flusses die Marken Österreich, Kärnten und Steiermark zum Stammesgebiet. Gegen die Franken verläuft die Grenze streckenweise an der Regnitz bis nördlich von Nürnberg, von da nordwestlich zum Fichtelgebirge; gegen Böhmen und Mähren auf dem Böhmerwald und an der Thaya. Im ganzen Osten – im Nordgau am Obermain, in der Ostmark (Österreich), besonders in Kärnten und Steiermark – sitzen Slawen. Unter Arnulf von Kärnten (ostfränkischer König 887–899) ist der mit ihm verwandte *Luitpold* Markgraf von Karantanien und Pannonien sowie Graf im Donaugau. Nach Luitpolds Tod 907 (in der Schlacht bei Preßburg gegen die Ungarn) folgt ihm sein Sohn *Arnulf,* der sich Herzog der Bayern nennt († 937). Umfangreiche Säkularisation des Kirchengutes, besonders der (teilweise eingehenden) Klöster, zugunsten ritterlicher Vasallen, um Krieger gegen die Ungarn zu gewinnen. Im Kon-

352 Mittelalter – Frühmittelalter

flikt mit König Konrad I. behauptet Arnulf schließlich eine weitgehend unabhängige Stellung. 935 designiert er ohne königliche Mitwirkung seinen Sohn *Eberhard* (bis 938) zum Nachfolger.

Thüringen: Grenze gegen die Franken im Westen und Süden jenseits der Werra und auf dem Rennsteig, dem Kamm des Thüringer Waldes; im Osten gegen die Slawen die Saale bis zur Mündung der Unstrut; im Norden ist der Südrand des Harzes noch thüringisch. Unter den späten Karolingern haben Markgrafen oder Herzöge aus verschiedenen Geschlechtern die Grenze gegen die Sorben zu sichern. Als der „dux" *Burchard* 908 gegen die Ungarn fällt, dehnt der Sachsenherzog *Otto der Erlauchte* (Vater König Heinrichs I.) seine Herrschaft über diese Gebiete aus und verhindert so die Entstehung eines eigenen thüringischen Stammesherzogtums.

Sachsen: Rechts der Elbe ist Ostholstein (Wagrien) noch slawisch, die Grenze verläuft vom Sachsenwald an der Schwentine zum Kieler Hafen. Grenze gegen die Dänen an der Eider, gegen die Friesen von der Weser und Wapel zur Ems, jenseits südlich zum Rhein, ohne ihn zu erreichen. Die unterste Lippe, Sieg und Ruhr sind fränkisch. Im Süden gegen die Hessen zieht die Grenze zwischen Diemel und Eder und stößt an der Werra-Fulda-Mündung auf die fränkische. Führendes Geschlecht in Sachsen sind die *Liudolfinger,* die durch Anschluß an die Politik Karls d. Gr. aufsteigen. Der Edle *Liudolf* († 866) vermählt Mitte des 9. Jh.s seine Tochter Liutgard († 885) mit Ludwig dem Jüngeren (König Ludwig III.), Sohn Ludwigs des Deutschen, und ist „dux" im östlichen Sachsenland. Liudolfs Sohn *Brun* († 880) ist Feldherr gegen die Normannen. Liudolfs anderer Sohn *Otto der Erlauchte* († 912) vererbt das nun über das ganze Stammesgebiet ausgedehnte Herzogtum seinem Sohn, dem späteren König (913–936) *Heinrich I.* Die Liudolfinger vereinigen ihren Allodialbesitz mit der Inhaberschaft zahlreicher Grafschaften. Die arme und unbedeutende sächsische Kirche kann ihnen kein Gegengewicht halten.

(Ost-)Franken: Der fränkische Stamm, durch die karolingischen Teilungen politisch aufgesplittert, umfaßt noch innerhalb des ostfränkischen Reichs so ausgedehnte Gebiete, daß er für ein Herzogtum zu groß ist. *Lothringen* macht ursprünglich ein Teilreich aus, zuweilen von Unterkönigen oder königlichen Statthaltern regiert. Den ersten Platz im Lande nehmen die Grafen *Reginar Langhals* und sein Sohn *Giselbert* ein, deren Macht im Hennegau und den Ardennen wurzelt. Nach der endgültigen Angliederung des Landes ans Ostfrankenreich 925 entwickelt sich Giselberts Stellung zu der eines Stammesherzogs (seit 928). In Franken, d. h. *Ostfranken,* dem Land beiderseits des Mains und in Rheinhessen, erliegen die *Babenberger* 906 den *Konradinern,* deren Führer, der *jüngere Konrad,* der spätere König (911–919), nun eine herzogliche Stellung einnimmt. Nach dessen Tode regiert sein Bruder *Eberhard* (919–939), hat aber anscheinend den Herzogtitel nicht geführt.

Nur in kaum faßbarer Weise haben bei der *Entstehung der Herzogtümer* ein „Stammesbewußtsein", d. h. die Erinnerung der Großen an eine stärkere politische Selbständigkeit ihrer Vorfahren in spätmerowingischer Zeit, und die Unterschiede der Rechtsgestaltung in den einzelnen Gebieten mitgespielt. Ausschlaggebend sind die persönlichen Machtkämpfe unter den führenden Familien der *Reichsaristokratie.* Die so entstandenen Dukate haben viel mehr auf die schärfere Ausprägung der Stämme eingewirkt, als umgekehrt die Stämme die Grundlage der Dukate bilden. Der *Herzog* bietet den Heerbann auf, treibt eine selbständige Außenpolitik, versammelt die Großen auf Landtagen und bemüht sich, die Besetzung der Bistümer und Reichsklöster dem König zu entwinden und selbst auszuüben. Die Ausbildung der deutschen „Stammesherzogtümer" ist ein *allmählicher Vorgang,* der in der Regierung Karls III. (876–887) beginnt und beim Tode Konrads I. (919) einen gewissen Abschluß erreicht hat. – *(Forts. S. 397)*

Italien (781–887)

Da dieser Reichsteil auf einer breiten und dauerhaften Grundlage *antik-städtischer Tradition* basiert und überdies eine mehr als zweihundertjährige langobardische Herrschaft in Nord- und Mittelitalien ein *politisches Sonderbewußtsein* hervorgebracht hat, treten hier am frühesten Verselbständigungstendenzen hervor. Kaiser Lothars I. Sohn Ludwig II. übt seit seiner Krönung zum „König der Langobarden" (844) eine *relativ selbständige Herrschaft* (Residenz Pavia) aus, hält Reichsversammlungen ab, erläßt Kapitularien und hat eine eigene Hofkapelle. Seine faktische Herrschaft beruht vornehmlich auf der administrativen Leistung reichsfränkischer Adelsfamilien, doch zeigen sich auch hier dynastische Sonderinteressen, z. B. bei den Unruochingern in Friaul, den Supponiden in Parma, bei Bonifaz und Adalbert in Tuscien und bei den Lambertiner-Widonen in Spoleto. Der langwierige Kampf gegen die von Süden immer wieder einbrechenden *Sarazenen* bindet das besonders unter Papst Nikolaus I. (858–867) immer einflußreicher werdende *Papsttum* vorerst noch an die Karolinger. Nach schweren Rückschlägen des karolingischen Kaisertums unter Ludwig II. († 875) und Karl dem Kahlen († 877) gewinnen die *regionalen Kräfte* in Reichsitalien die Oberhand. Mit dem Auslaufen der karolingischen Oberherrschaft erleidet auch der Machtanspruch des Papsttums, der unter Nikolaus I. ein gewichtiger Faktor der großen Politik geworden war, schwere Einbußen.

781–810 Karls d. Gr. Sohn **Pippin „rex Italiae".**

781 1. Romzug Karls d. Gr.

787 Feldzug gegen Adelchis wegen dessen Annäherung an Byzanz und Kämpfe mit den Griechen in Kalabrien.

800 2. Romzug und *Kaiserkrönung Karls d. Gr.*

813	Karl setzt Pippins Sohn Bernhard zum Unterkönig in Italien ein.
814–840	**Kaiser Ludwig der Fromme.**
817	Bernhard, Enkel Karls d. Gr., scheitert im Aufstand gegen Ludwig den Frommen († 818).
817–855	**Lothar I.,** in Rom gekrönt, erläßt 824 für den Kirchenstaat die *Constitutio Romana.*
seit 827	Die *Sarazenen* sind im Besitz eines Teils von Sizilien, errichten
841	im festen Bari ein Sultanat.
844	Kaiser Lothar I. schickt seinen Sohn *Ludwig (II.)* nach Italien.
845–855	*Papst Leo IV.*
846	Die Sarazenen plündern Rom rechts des Tibers.
	Rom rechts des Tibers ummauert (daher Leostadt).
	Ludwig II. zieht an der Adria entlang nach Benevent, vertreibt die Sarazenen und
849	teilt als Lehnsherr das Fürstentum zwischen Benevent und Salerno.
850	**Ludwig II.** vom Papst zum König der Langobarden und zum **Kaiser** gekrönt (Stärkung des päpstlichen Einflusses).
	Ludwigs II. Hauptaufgabe ist die Bekämpfung der Sarazenen, zumal da das Fürstentum Benevent durch Adelsrevolten geschwächt ist. Er regiert Italien in Gegnerschaft zu
858–867	*Papst Nikolaus I.,* aber gestützt auf die mächtigen Benediktinerabteien Monte Cassino und San Vincente am Volturno.
871	In Unteritalien erobert Ludwig II. mit oströmischer Hilfe Bari, erliegt aber sogleich einem langobardischen Aufstand, durch den er eine Zeitlang unter Aufsicht Herzog Adelchis' in Benevent gefangengehalten wird. Von diesem Schlag hat sich das Kaisertum Ludwigs II. nicht mehr erholt.
873	Nach Ludwigs Freilassung unterstellt sich Benevent Byzanz.
875	Nach dem Tode Kaiser Ludwigs II.
12. Aug.	überspielt **Karl der Kahle** den heranrückenden ostfränkischen Karolinger Karlmann und sichert sich die Kaiserkrone:
Weih-nachtstag	Krönung in Rom durch Papst Johannes VIII.: Die päpstliche Krönung bleibt für Jh.e konstitutiv für das abendländische Kaisertum.
876	Karl der Kahle hält in Pavia eine Reichsversammlung ab, die ihn faktisch zum König von Italien erhebt. Sein „dux" und „missus", d.h. bevollmächtigter Stellvertreter in Italien, wird Boso von Vienne (Niederburgund), der sich mit Ludwigs II. Tochter Irmingard vermählt. – Vernichtende Niederlage Karls gegen Ludwig den Jüngeren bei Andernach.
877	Neuerlicher Italienzug Karls des Kahlen, ausgelöst durch einen Hilferuf des Papstes gegen die Sarazenen. Karlmann rückt mit einem bayrischen Heer heran, die westfränkischen Großvasallen unter der Führung Bosos und des Hugo Abbas verweigern die Heereshilfe. Karl muß aus Italien fliehen und stirbt auf dem Rückzug. Damit ist die westfränkisch-päpstlich-italische Großreichs- und Kaiserpolitik endgültig gescheitert.
879	übernimmt der ostfränkische Herrscher **Karl III., der Dicke,** die Regierung Italiens.
881	Kaiserkrönung,
887	Absetzung Karls III.

Das Papsttum und die Anfänge des Kirchenstaates (7.–10. Jh.)

(Forts. v. S. 331)

604–625	Die meist nur kurze Zeit regierenden Nachfolger Gregors des Großen, die Päpste Sabinian (604–606), Bonifaz III. (607), Bonifaz IV. (608–615), Adeodatus I. (Deusdedit) (615–618) und Bonifaz V. (619–625) können sich mit ihm nicht messen.
625–638	Erst sein Schüler *Honorius I.* versucht, in seinem Sinne die päpstliche Autorität zu stärken, die Versorgung Roms zu sichern und den Kontakt mit Angelsachsen und Langobarden aufrechtzuerhalten. Er vermag jedoch nicht, die bei der Ostkirche liegende kirchenpolitische Initiative zurückzugewinnen, stimmt vielmehr einer von Kaiser Herakleios zur Rückgewinnung der Monophysiten propagierten Ausgleichsformel (Ekthesis) zu, wonach es in Christus zwar zwei Naturen gibt, der Einheit seiner Persönlichkeit aber ein einheitlicher Wille entspricht (Monotheletismus).
	Die Ekthesis wird in den letzten großen Glaubensstreitigkeiten zwischen Ost und West zu-
649–653	nächst von Severinus und dann von Martin I. († 655) 649 auf einer Lateransynode verdammt.
	Der nicht vom Kaiser anerkannte Papst wird verbannt. Der erste Versuch einer Auflehnung gegen Orthodoxie und Ostreich ist damit trotz der Schwächung, die das oströmische Kaisertum durch die arabische Invasion erfährt, gescheitert.
654–657	Der noch zu Lebzeiten Martins I. gewählte Eugen I. und sein Nachfolger Vitalianus
657–672	begeben sich wieder in Abhängigkeit von Kaiser Konstans II.

354 Mittelalter – Frühmittelalter

680–681 Auf dem **Sechsten Ökumenischen Konzil** in Konstantinopel, dem *Ersten Trullanum,* wird mit Zustimmung Agathos' (678–681) ein Glaubensdekret über zwei natürliche Wirkweisen und Willen in Christus beschlossen, aufgrund dessen Papst Honorius I. mit späterer Zustimmung Leos II. (682–683) als Häretiker verurteilt wird, woraus sich die im Spätmittelalter oft diskutierte *Honoriusfrage,* das Problem eines häretischen Papstes, ergibt.

Die Flucht vor der arabischen Expansion führt zu einer Zunahme des griechischen und syrischen Elementes in Rom. Von 685 bis 715 lösen sich Griechen und Syrer auf dem Papstthron ab.

692 Kaiser Justinian II. stellt auf dem *Zweiten Trullanum,* dem *Quinisextum,* den Unterschied zwischen Ost- und Westkirche heraus, kann die disziplinären Beschlüsse jedoch gegenüber Sergius I. (687–701) nicht durchsetzen.

708–715 Unter Konstantin I. (708–715), der als letzter Papst Konstantinopel besucht, kommt es zu einer vorübergehenden Entspannung. Der endgültige Bruch wird anläßlich des Bilderstreites vollzogen.

715–731 Gregor II. (* 669) und Gregor III. verweigern dem von Kaiser Leon III. eingesetzten
731–741 Patriarchen Anastasios die Anerkennung bzw. exkommunizieren auf einer römischen Syn-
731 ode die Ikonoklasten, worauf Leon den süditalienischen Kirchenbesitz faktisch einzieht und die Kirchenprovinzen in Süditalien, Illyrien und Griechenland der römischen Jurisdiktion zugunsten des Patriarchen von Konstantinopel entzieht.

Das Papsttum wird zu einem „mittelitalienischen Rumpfpatriarchat", das sich stärker an die germanische Welt anlehnt.

741–752 *Zacharias* gibt einer von Pippin III., dem Jüngeren, nach Rom geschickten Gesandtschaft die berühmte Antwort, die 751/52 die Erhebung des Hausmeiers zum König der Franken (als Pippin I.) ermöglicht.

752–757 *Stephan II. (III.)* wendet sich angesichts der Bedrohungen Roms durch die Langobarden an Pippin.

754 Ein Treffen in Ponthion (Champagne) besiegelt die Abkehr des Papsttums vom griechischen Osten. Der vom Papst mit dem Patricius-Titel ausgestattete Herrscher gibt ihm in Quierzy (Oise) eine durch seinen Italienzug jedoch nur teilweise realisierte Restitutions- und Besitzgarantie für Mittelitalien (Korsika, Tuszien, den Exarchat mit Venetien und Istrien sowie die Herzogtümer Benevent und Spoleto), wodurch der **Kirchenstaat** mit den
757–767 Schwerpunkten Rom und Ravenna unter Stephan II. (III.) und Paul I. geschaffen wird *(Pippinische Schenkung).*

Zu ihrer Absicherung dürfte die sog. Konstantinische Schenkung (Fälschung) entstanden sein.

767–768 Nach Pippins Rückzug aus Italien kommt es zu Auseinandersetzungen zwischen römischem Stadtadel und Klerus, die zum Sturz Konstantins II. führen.

768–772 Unter Stephan III. (IV.) sieht sich Rom erneut dem Druck der Langobarden ausgesetzt, der erst 774 durch den Sieg des Frankenkönigs Karl (768–814) über Desiderius beseitigt wird.

Karl verweigert dem Papst zwar die umfangreichen von Desiderius geschuldeten Restitutionen, bestätigt jedoch den Kirchenstaat mit Rom, Perugia, Ravenna und Bologna und vermehrt ihn um einen Teil des langobardischen Tuszien mit Orvieto und Viterbo sowie um die Sabina und Capua.

787 Nach kurzfristiger Annäherung auf dem von den Franken verworfenen **Siebten Ökumeni-**
795–816 **schen Konzil** in Nikaia (Nicaea) bedeutet die von Papst *Leo III.* vorgenommene **Kaiserkrö-**
800 **nung Karls des Großen** eine weitere Abwendung des Papsttums von Ostrom und einen stärkeren Anschluß an das Frankenreich, dessen Herrscher maßgeblich den weiteren Ausbau der Reichskirche bestimmen.

816–817 Kaiser Ludwig der Fromme (814–840) bestätigt dem nach dem kurzen Pontifikat Ste-
817–824 phans IV. (V.) gewählten Paschalis I. im *Pactum Ludovicianum* Bestand und Autonomie des Kirchenstaates sowie die Freiheit der Papstwahl.

824–827 Unter Eugen II. wird das Patrimonium Petri stärker an das Reich gebunden und der gewählte Papst vor seiner Weihe zu einem Treueid veranlaßt, der bis zur Erhebung Hadrians II. (867–872; * 792) geleistet wird.

827–858 Gregor IV. (827–844), Sergius II. (844–847), Leo IV. (847–855) und Benedikt III.
(855–858) haben unter den Sarazenen zu erwehren, die bis in die Außenbezirke Roms vor-
846 stoßen, was zur Ummauerung des rechten Tiberufers (Civitas Leonina) führt.

858–867 *Nikolaus I.* betont nachdrücklicher als seine Vorgänger die päpstliche Autorität gegenüber Franken und Byzantinern, wobei er sich auf die *Pseudoisidorischen Fälschungen* stützen kann.

863 Er entscheidet im Eheprozeß zwischen Kaiser Lothars I. Sohn, König Lothar II., und seiner Gemahlin Theutberga für diese, setzt dabei die Erzbischöfe von Köln und Trier ab, unterwirft den Erzbischof von Ravenna und greift in den Streit zwischen den Patriarchen Ignatios (* um 798, † 877) und Photios (* vor 820, † 891) von Konstantinopel ein, indem

Papsttum und Anfänge des Kirchenstaates   *355*

er den einen absetzt und die Wahl des anderen für nichtig erklärt. Die Absetzung des Photios wird auf dem

869–870   **Achten Ökumenischen Konzil in Konstantinopel,** dem letzten im Osten abgehaltenen allgemeinen Konzil, erneuert, tatsächlich kommt sie jedoch erst 886 zustande.

870   Chan Boris von Bulgarien (852–889), der (866) für die Christianisierung seines Reiches die Unterstützung des Papstes gesucht hat, kehrt in die griechische Obödienz zurück.

Die Nachfolger Nikolaus' sehen sich stadtrömischen Parteikämpfen und dem Machtstreben der mittelitalienischen Herzöge ausgeliefert, ohne tatkräftige Unterstützung der von ihnen zu Kaisern gekrönten Herrscher finden zu können, wie 877 am erfolglosen Italienzug Karls des Kahlen deutlich wird.

885–891   *Stephan V. (VI.)* verbietet die von Methodios und Kyrillos eingeführte slawische Liturgie
885   und entscheidet damit über die Einbeziehung eines großen Teiles der West- und Südslawen in den lateinischen Westen.

Der Niedergang des Fränkischen Reiches reißt auch das Papsttum mit.

891–896   Formosus (* um 816) ruft König Arnulf (887–893; 896 Kaiserkrönung in Rom) gegen die Herzöge Wido und Lambert von Spoleto zu Hilfe.

896–897   Ein Gericht Stephans VI. (VII.) über Formosus' Leiche führt zu Auseinandersetzungen zwischen den Formosianern und ihren Gegnern.

Nach rasch wechselnden Pontifikaten und dem Erlöschen des Kaisertums (900/901) be-
904–911   ginnt mit Sergius III. die Herrschaft stadtrömischer Adelsgeschlechter über das Papsttum.

914–928   Johannes X. besiegt 915 im Bündnis mit Byzanz, Spoleto und Gaeta am Garigliano die Sarazenen.

Die Päpste (604–1059)

Sabinian	604–606	Benedikt III.	855–858
Bonifaz III.	607	Anastasius III.	855
Bonifaz IV.	608–615	Nikolaus I.	858–867
Adeodatus I.	615–618	Hadrian II.	867–872
Bonifaz V.	619–625	Johannes VIII.	872–882
Honorius I.	625–638	Marinus I.	882–884
Severinus	640	Hadrian III.	884–885
Johannes IV.	640–642	Stephan V. (VI.)	885–891
Theodor I.	642–649	Formosus	891–896
Martin I.	649–653	Bonifaz VI.	896
Eugen I.	654–657	Stephan VI. (VII.)	896–897
Vitalianus	657–672	Romanus	897
Adeodatus II.	672–676	Theodor II.	897
Donus	676–678	Johannes IX.	898–900
Agatho	678–681	Benedikt IV.	900–903
Leo II.	682–683	Leo V.	903
Benedikt II.	684–685	Christophorus	903–904
Johannes V.	685–686	Sergius III.	904–911
Konon	686–687	Anastasius III.	911–913
Theodor	687	Lando	913–914
Paschalis	687–692	Johannes X.	914–928
Sergius I.	687–701	Leo VI.	928
Johannes VI.	701–705	Stephan VII. (VIII.)	929–931
Johannes VII.	705–707	Johannes XI.	931–935
Sisinnius	708	Leo VII.	936–939
Konstantin I.	708–715	Stephan VIII. (IX.)	939–942
Gregor II.	715–731	Marinus II.	942–946
Gregor III.	731–741	Agapet II.	946–955
Zacharias	741–752	Johannes XII.	955–964
Stephan II.	752	Leo VIII.	963–965
Stephan II. (III.)	752–757	Benedikt V.	964–966
Paul I.	757–767	Johannes XIII.	965–972
Konstantin II.	767–768	Benedikt VI.	973–974
Philipp	768	Bonifaz VII.	974
Stephan III. (IV.)	768–772	Benedikt VII.	974–983
Hadrian I.	772–795	Johannes XIV.	983–984
Leo III.	795–816	Bonifaz VII.	984–985
Stephan IV. (V.)	816–817	Johannes XV.	985–996
Paschalis I.	817–824	Gregor V.	996–999
Eugen II.	824–827	Johannes XVI.	997–998
Valentin	827	Silvester II.	999–1003
Gregor IV.	827–844	Johannes XVII.	1003
Johannes	844	Johannes XVIII.	1003–1009
Sergius II.	844–847	Sergius IV.	1009–1012
Leo IV.	847–855	Benedikt VIII.	1012–1024

356   Mittelalter – Frühmittelalter

Gregor VI.	1012	Benedikt IX.	1047–1048
Johannes XIX.	1024–1032	Damasus II.	1048
Benedikt IX.	1032–1045	Leo IX.	1049–1054
Silvester III.	1045	Viktor II.	1055–1057
Benedikt IX.	1045	Stephan IX.	1057–1058
Gregor VI.	1045–1046	Benedikt X.	1058–1059
Clemens II.	1046–1047		

Die großen Fälschungen des Frühmittelalters

Die Konstantinische Fälschung

Das Constitutum Constantini ist eine zwischen 752 und 850 entstandene Fälschung in Urkundenform. Kaiser Konstantin I. (* um 285, † 337) berichtet in ihr von seiner Heilung vom Aussatz durch Papst Silvester, sanktioniert den Primat des römischen Stuhles und überträgt ihm neben zahlreichen Ehrenvorrechten wie der Erlaubnis, kaiserliche Herrschaftszeichen tragen zu dürfen, die Herrschaft über Rom, Italien und die Provinzen des westlichen Reiches, nachdem er selbst sein Reich in den Osten und seine Residenz nach Byzanz verlegt hat, „da es sich nicht ziemt, daß ein irdischer Kaiser dort herrscht, wo der himmlische die Herrschaft über die Priester und das Haupt der Religion beheimatet hat". Zeitpunkt und Ort, Anlaß und Zweck der Fälschung lassen sich nicht genau ermitteln. Neuere, freilich nicht unumstrittene Forschungen vermuten aufgrund stilistischer Merkmale, daß sie in den Kanzleien der Päpste Stephan II. (III.) (752–757) bzw. Paul I. (757–767) entstanden ist und den Anspruch auf den sich in diesen Jahren ausbildenden Kirchenstaat stützen sollte. Die Konstantinische Schenkung dient im hohen und späten Mittelalter als Argument für den päpstlichen Suprematsanspruch. Nachdem bereits zur Zeit Kaiser Ottos III. (* 980, † 1002) Zweifel an ihrer Echtheit geäußert und im 14. Jh. ihre Rechtsgültigkeit in Frage gestellt worden ist, wird sie im 15. Jh. aufgrund historisch-philologischer Kriterien als Fälschung erkannt. Erst seit Mitte des 19. Jh.s wird dies allgemein akzeptiert.

Die Pseudoisidorischen Fälschungen

Die nach Ursprung und Tendenz zusammengehörenden, in der Mitte des 9. Jh.s auftauchenden und im Mittelalter häufig Isidor von Sevilla († 636) zugeschriebenen Fälschungen bestehen im wesentlichen aus der Collectio Hispana Gallica Augustodunensis, den Capitula Angilramni, der Kapulariensammlung des Benedikt Levita sowie den Pseudoisidorischen Dekretalen. Die Sammlung enthält neben echten Konzilskanones und päpstlichen Dekretalen verfälschte sowie mosaikartig aus echten Quellenzitaten zusammengesetzte unechte Texte. Sie entsteht mit großer Wahrscheinlichkeit in der Kirchenprovinz Reims und verfolgt u.a. die Tendenz, durch Ausweitung des römischen Jurisdiktionsanspruches den Diözesanbischöfen Rechtsschutz gegen weltliches und kirchliches Gericht, gegen Laien und Chorbischöfe, vor allem aber gegen die Metropoliten zu verschaffen. Ihre eigentliche Wirkung setzt um die Mitte des 11. Jh.s ein, als im Zuge der Kirchenreform besonders die Pseudoisidorischen Dekretalen zur Stützung des römischen Primates herangezogen werden. Obwohl einzelne Stücke bereits im Mittelalter als Fälschungen erkannt werden, gelingt es erst zu Beginn der Neuzeit, den Nachweis zu führen. – (Forts. S. 420)

Italien (568–950)
(Forts. v. S. 269, 326)

Die **Langobarden,** ein von der Unterelbe nach Pannonien eingewanderter, kleiner westgermanischer Stamm, entschließen sich vor dem wachsenden Druck der benachbarten Awaren nach Italien auszuweichen, das Ostrom eben erst den Goten genommen hat. Letzte Welle der Völkerwanderung.

Langobardenreich in Italien (568–774)

568   Die Langobarden unter König *Alboin* dringen durch Venetien in die Poebene ein und erobern in kurzer Zeit Oberitalien. Mailand fällt 569; *Pavia* (Ticinum), nach dreijähriger Belagerung 572 erobert, wird Hauptstadt. Andere langobardische Scharen stoßen tief in die Halbinsel vor und errichten (zwischen 570 und 580) die *Herzogtümer Spoleto* und *Benevent*. Kerngebiet des Langobardenreiches bleiben Venetien, die Poebene und Toskana.

Italien – Langobardenreich   *357*

Alboin endet 572 durch Mord, ebenso sein Nachfolger Kleph 574; bis 584 herrschen allein die (wohl 36) Herzöge. Doch führt die Bedrohung von außen (Franken im Bündnis mit Byzanz) 584 zur *Wiederherstellung des Königtums.* Klephs Sohn *Authari* (584–590) und dessen Nachfolger *Agilulf* (590–615, vorher Herzog von Turin) gelingt es, das Bündnis von Franken und Byzantinern zu sprengen. Die Verständigung mit den Franken ist von Dauer. Byzanz bleibt der große Gegner, ist jedoch durch anderweitige Bedrohung gebunden.

Konsolidierung und Verfassung

Erste Konsolidierung der Verhältnisse unter Authari und Agilulf. Die Langobarden waren nicht als Föderierte des Reiches gekommen, sondern als Eroberer. Nach den Greueln der ersten Phase, denen vor allem die grundbesitzende Schicht zum Opfer gefallen war, beginnen mit Authari Ansätze zu geregeltem Zusammenleben, doch bleibt die eingesessene Bevölkerung zunächst praktisch rechtlos. Der Gegensatz zwischen den halbbarbarischen Eroberern und den unterworfenen Romanen, hier anfangs schärfer empfunden als in anderen germanischen Staaten der Völkerwanderungszeit, wird erst allmählich eingeebnet.

Die *Romanisierung* der langobardischen Herrenschicht schreitet im 7. Jahrhundert rasch fort (zumal Heirat zwischen Langobarden und Romanen nicht verboten ist) und überlagert die rechtliche Trennung zwischen Siegern und Besiegten. Zu Ausgleich und Verschmelzung trägt auch der allmähliche *Übertritt* der Langobarden *vom Arianismus zum Katholizismus:* betrieben schon von Autharis (dann Agilulfs) Gattin, der bayerischen Prinzessin Theudelinde († 627/28), gefördert durch die Gründung des Klosters *Bobbio* (612 durch den Iroschotten Columban) und abgeschlossen noch vor Ende des 7. Jahrhunderts.

Verfassung. Das langobardische Königtum, das eine eigentliche Dynastie mit festem Erbrecht nicht kennt, ist in seiner Macht stark eingeengt durch die zahlreichen – angeblich 36 – Herzöge (lateinisch *duces,* langobardischer Name unbekannt), ursprünglich Führer von Heeres- und Siedlungsverbänden, die sich nun um die vorgefundenen Städte gruppieren (Herzogtum Turin, Brescia usw.) und, vor allem in den Grenzgebieten, ihre eigene Politik treiben. Dem 584 wiederhergestellten *Königtum* gelingt es nur allmählich und unvollkommen, seine Machtbasis zu verbreitern (von den Herzögen abgetretenes neues Krongut, verwaltet durch königliche *Gastalden*) und das Erbrecht der Herzöge durch Einsetzung zu verdrängen. Die großen Herzogtümer *Spoleto* und *Benevent* im Süden bleiben bis auf Liutprand (712–744) vom Königreich weitgehend unabhängig und (durch den byzantinisch gebliebenen Korridor der Via Flaminia) auch räumlich getrennt. Abgesehen von der persönlichen Gefolgschaft (den *Gasindi,* aus denen die Träger der Hofämter und später die führenden Beamten hervorgehen), stützt sich das Königtum auf die *Arimannen:* gegen Kriegsdienst und Zins auf Fiskalland angesiedelte Freie, die unter Schultheißen *(sculdahis,* lateinisch *centenarius)* stehen und autonome Landgemeinden bilden.

Wiederaufnahme der Eroberungspolitik:

593	Agilulf erscheint vor Rom und wird durch eigenmächtige Verhandlungen Papst Gregors d. Gr. zum Abzug bewogen.
610	Erfolgreiche Kämpfe gegen den byzantinischen Exarchen von Ravenna führen zu ersten direkten Verhandlungen mit dem byzantinischen Kaiser: Waffenstillstand.
636–652	Nach Agilulfs Tod arianische Reaktion gegen Theudelindes Sohn Adalwald (616–626). König *Rothari.*
643	Er veranlaßt die erste Aufzeichnung des langobardischen Rechts *(Edictus Rothari).* Rothari drängt die Macht der Herzöge zurück und erobert die ligurische Küste mit Genua. Er ist der letzte Arianer, seit Aripert I. (652–661, Neffe Theudelindes) sind die Könige Katholiken.
662–671	Mit Grimoald macht sich ein Herzog von Benevent mit Gewalt zum König und vereinigt zeitweilig die langobardischen Gebiete Nord- und Süditaliens in einer Hand.
663	Letzter, vergeblicher Versuch von Byzanz, das langobardische Italien zurückzugewinnen: Kaiser Konstans II. landet in Süditalien, besucht Rom, weicht aber vor Grimoald nach Sizilien zurück, wo er bis zu seiner Ermordung 668 residiert.
um 680	Endlich *Friede mit Byzanz,* das die langobardische Herrschaft in Italien erstmals förmlich anerkennt.

Die byzantinische Präsenz. Das Papsttum

Der Besitzstand, der sich in diesen andauernden Kämpfen zwischen Langobarden und Byzantinern herausgebildet hat, verfestigt sich und wird das politische Bild der Halbinsel auf lange Zeit bestimmen. *Byzantinisch* bleiben: an der adriatischen Küste Istrien, der Küstensaum Venetiens, die Romagna mit Ravenna als Sitz des byzantinischen Statthalters von Italien (des *Exarchen,* darum „Exarchat Ravenna") und die Pentapolis (das „Fünfstädteland" von Rimini bis Ancona), durch einen schmalen, beidseitig von den Langobarden flankierten (sie aber auch trennenden) Korridor längs der Via Flaminia verbunden mit

358   Mittelalter – Frühmittelalter

dem Dukat Rom. Im Süden der Dukat Neapel, die Spitzen der Halbinsel (Bruttium, heute Kalabrien, und Calabria, heute Apulien) sowie die Inseln Sizilien, Sardinien und Korsika. Doch reicht die byzantinische Präsenz nicht aus, diese Territorien wirksam zu schützen und zu verwalten. Das zwingt zur Selbsthilfe und führt zunehmend zur *Verselbständigung der lokalen Gewalten*, die nun ihrerseits öffentliche Aufgaben übernehmen und insbesondere, als *tribuni*, die territoriale Miliz organisieren. Die lokalen, auf Grundbesitz beruhenden Oberschichten schaffen, besetzen und vererben Ämter: ein neuer Adel entsteht und tritt in der Wahrnehmung öffentlicher Funktionen neben die Kirche, die – als einzig bestehende Ordnung inmitten des allgemeinen Zusammenbruchs – längst Funktionen von Organen des Staates und der städtischen Selbstverwaltung übernommen hat. Die *Bischöfe*, voran der Bischof von Rom, haben durch diplomatische Tätigkeit, Organisation der Getreideversorgung usw. ihre Autorität und ihr wirtschaftliches Gewicht (Großgrundbesitz durch Schenkungen) auch im weltlichen Bereich eingesetzt und gemehrt. Neue politische und dogmatische Differenzen (z. B. Steuerpolitik, Bilderstreit) bestärken das *Papsttum* in seiner Tendenz zur Verselbständigung von Byzanz. Damit bereiten sich neue politische Konstellationen vor.

712–744	König *Liutprand.* Wiederaufnahme der Eroberungspolitik. Vorstöße gegen Ravenna und Rom veranlassen den Papst, der den (nominell vom Exarchen, faktisch aber vom Papst re-
739	gierten) Dukat Rom bedroht sieht, zu einem ersten Hilfegesuch an die Franken; Karl Martell lehnt ab. Doch verzichtet Liutprand endlich, von Papst Zacharias (741–752) überredet, auf die Eroberung von Rom und Ravenna. Unterwerfung der Herzöge von Spoleto und Benevent, *Höhepunkt des langobardischen Königtums.*
749–756	König *Aistulf* nimmt die Expansionspolitik Liutprands wieder auf und erobert das Exar-
751	chat: Fall von Ravenna, **Ende der byzantinischen Herrschaft in Mittelitalien.**
754	Vor der langobardischen Bedrohung wendet sich der Papst abermals an die Franken: Pippin geht auf das Hilfegesuch Stephans II. (752–757) ein und macht ihm territoriale Verspre-
756	chungen in Mittelitalien *(Pippinische Schenkung).* Der langobardische König wird in zwei Feldzügen zur Abtretung seiner byzantinischen Eroberungen an den Papst gezwungen. Das sind die **Anfänge des „Kirchenstaates",** gebildet aus den bisherigen byzantinischen Besitzungen in Mittelitalien (jedoch faktisch zunächst nur der Dukat Rom), unter fränkischer Oberhoheit; doch trägt dieses Gebilde, weder in seinen Grenzen noch im Ausmaß seiner Souveränität genau definiert *(Patrimonium Petri* ursprünglich nur Grundeigentum des Bischofs von Rom), in sich den Keim des Konflikts zwischen Papst und Kaiser (als *patricius Romanorum,* d. h. als Schutzherr von Rom in Nachfolge des Exarchen), bis Innozenz III. als „zweiter Begründer des Kirchenstaates" das Papsttum auch vom westlichen Kaisertum befreien wird.
773–774	**Eroberung des Langobardenreiches** durch **Karl d. Gr.,** der in Fortführung der Italienpolitik seines Vaters auf Ersuchen Papst Hadrians I. interveniert. Nur das Herzogtum Benevent bleibt außerhalb (Arichis I., 758–787, Hauptstadt Salerno), versteht sich fortan als Rechtsnachfolger des langobardischen Königtums und sucht nun Einverständnis mit Byzanz. Der letzte langobardische König Desiderius (756–774) geht in Gefangenschaft, das langobardische Reich wird in Personalunion mit dem Frankenreich verbunden (Karl als *rex Francorum et Langobardorum*).

Damit ist für Jahrhunderte die weitere Entwicklung Italiens und die **Dreiteilung der Halbinsel** vorgezeichnet: das langobardische, nun fränkische *Oberitalien* wird als das „Reichsitalien" der deutschen Kaiser eng mit dem nordalpinen Europa verbunden bleiben. Der *Kirchenstaat,* in Mittelitalien als breiter Gürtel von Meer zu Meer, wird der Umorientierung des Papsttums nach Westen, auf seine neue Schutzmacht, die Basis geben und später Gegenstand ihres unausweichlichen Konfliktes sein. *Unteritalien* bleibt außerhalb dieser Entwicklung und wird unter der Herrschaft der Byzantiner, dann der Normannen, Staufer, Franzosen und Spanier, seine eigenen Wege gehen. So ist die Gliederung Italiens weniger eine natürliche als eine historische.

Die karolingische Vorherrschaft (774–875)

Italien behält im karolingischen Großreich eine gewisse Autonomie, wird jedoch fränkisch durchsetzt: an die Stelle der langobardischen Herzöge treten fränkische Grafen, die langobardische Führungsschicht wird durch Angehörige der *fränkischen Reichsaristokratie* ersetzt und aufgefüllt; damals kommen viele fränkische, alamannische, bayrische Familien ins Land, die später zu den mächtigsten italienischen Geschlechtern gehören werden (Supponiden in Parma, Widonen in Spoleto u. a.). Die *zunehmende Feudalisierung* des politischen und sozialen Gefüges erfaßt auch die *Kirche:* sie wird von den fränkischen Herrschern nun auch hier zur Organisation der Herrschaft herangezogen und ausgestattet (Landschen-

Italien – Karolingische Vorherrschaft *359*

kungen, Hoheitsrechte, Immunität); einige Bischöfe erreichen bald die volle gräfliche Amtsgewalt. Doch wird sich das Feudalsystem hier, wo städtisches Leben nie ganz erloschen war, nicht so geschlossen durchsetzen wie nördlich der Alpen.

800 Durch die **Kaiserkrönung Karls d. Gr.** neues – westliches – Kaisertum, das seinen ideellen Mittelpunkt in Rom und seine reale Machtbasis nördlich der Alpen haben wird. Dadurch endgültiger Bruch mit Ostrom.

812 Doch sucht Karl eine Verständigung: im *Frieden von Aachen* überläßt er Ostrom gegen die Anerkennung als Imperator Venedig und die dalmatinische Küste.

Die Seestädte

Von diesem Ausgleich profitiert das aufsteigende **Venedig.** Gegründet durch Flüchtlinge des Hunnen- oder eher Langobardeneinfalls, wählt es, wohl seit 726, selbst seinen *dux* (venezianisch *Doge*) aus den *tribuni,* dem lokalen Adel. Die Siedlung, zunächst am Rande der Lagune, wächst erst mit der Verlegung des Dogen-Sitzes nach dem Rialto 811 ins Zentrum der Lagune hinein und zum nachmaligen Venedig heran. Die fränkische Herrschaft nur kurz erwägend (805–807) und sonst stets die nominelle Oberhoheit von Byzanz anerkennend, versteht es Venedig, seine Grenzlage nutzend, sich beiden Seiten zugleich zu entziehen und unentbehrlich zu machen: das Pactum mit Kaiser Lothar I. 840 (erneuert 880 und öfters) sichert Venedigs Absatzwege in die Poebene. In Abwehr dalmatinischer Seeräuber und sarazenischer Vorstöße (seit etwa 830) erstes Ausgreifen in die Adria. Unter dem Dogen Pietro Orseolo II. (991–1009) Aufstieg zur Vormacht in der Adria; 992 günstige Verträge mit Ost- und Westreich. Nominell unter byzantinischer Oberhoheit, aber faktisch selbständig unter selbstgewählten *duces* sind auch **Neapel** und (seit dem 9. Jh. vom Dukat Neapel gelöst) Gaeta und Amalfi, reine Seestädte ohne Hinterland, häufig in Konflikt mit dem benachbarten, langobardisch gebliebenen Herzogtum Benevent, aus dem 849, nach Intervention Kaiser Lothars, das Fürstentum Salerno ausscheidet.

Karls Sohn Pippin, Unterkönig in Italien 781–813, dessen Sohn und Nachfolger Bernhard nach Erhebung gegen Kaiser Ludwig den Frommen 817 ersetzt durch des Kaisers Sohn und

817–855 Mitregenten Lothar I. Er wird 823 in Rom gekrönt. In der *Constitutio Romana* bekräftigt

824 Lothar die kaiserlichen Aufsichtsrechte über Papstnachfolge und Kirchenstaat.

843 Bei der Reichsteilung im Vertrag von Verdun fällt Italien an Lothar, der seinen ältesten Sohn Ludwig mit der Verwaltung dieses Unterkönigtums beauftragt: seit 844 König der Langobarden, seit 850 Mitkaiser, nach Lothars Tod 855 alleiniger Kaiser, jedoch praktisch nur in Italien.

855–875 Kaiser Ludwig II.: kräftige Regierung über fast die gesamte Halbinsel, in Rom gegebenenfalls auch gegen Papst Nikolaus I. (858–867). Seine Hauptaufgabe wird die *Abwehr der Sarazenen.*

Die im 7. Jh. einsetzende **Offensive der Araber,** die nach der (allzu pointierten, aber fruchtbaren) These von H. Pirenne die Einheit des Mittelmeerraums zerschneidet, Europa damit auf sich selbst verweist und so erst das Mittelalter herauführt, gewinnt im frühen 9. Jh. eine neue Dynamik: *Kampf mit Byzanz um die Hegemonie zur See.* Die Sarazenen erobern seit 827 das byzantinische Sizilien (Palermo fällt 831, Syrakus 878, Taormina 902) und greifen, lokale Konflikte in wechselnden Bündnissen nutzend, aufs Festland über: 841 Bari und Tarent erobert. Die Seestädte Neapel, Gaeta und Amalfi versuchen aus Ohnmacht und handelspolitischem Interesse, sich mit den Arabern zu arrangieren. 846 *Vorstoß bis* vor die Mauern von *Rom;* zum Schutz der damals geplünderten Peterskirche ummauert Papst Leo IV. (845–855) den vatikanischen Stadtteil (seither *Leostadt*). Der Gegenstoß Ludwigs II. scheitert nach anfänglichen Erfolgen (871 Eroberung von Bari mit oströmischer Flottenhilfe) am Mißtrauen des Fürsten von Benevent, der Ludwig zeitweilig gefangenhält und sich nach Byzanz orientiert.

Bedeutendere Einfälle der Araber

636	byzantinische Niederlage am Jarmuk gegen die Araber, die in der Folge Palästina, Syrien, Ägypten, dann Tripolis und Armenien, schließlich das westliche Nordafrika bis zum Atlantik erobern.	seit 827	sarazenische Eroberung Siziliens (Palermo 831, Syrakus 878, Taormina 902), danach Übergreifen aufs Festland:
		841	fallen Bari und Tarent.
674–678	arabische Belagerung Konstantinopels.	846	Vorstoß bis vor die Mauern von Rom.
711	Zerschlagung des Westgotenreichs auf der Iberischen Halbinsel, danach Übergreifen über die Pyrenäen.	seit etwa 880	sarazenische Stützpunkte südlich Gaeta (bis 915) und Salerno,
		883	Monte Cassino geplündert,
732	fränkischer Abwehrerfolg (Karl Martell) zwischen Tours und Poitiers.	ca. 890–985	arabischer Stützpunkt Fraxinetum bei St. Tropez.
		904	Plünderung von Thessalonike.
826–961	Kreta in arabischer Hand.	918, 926	arabische Angriffe auf Reggio und Tarent.

360 Mittelalter – Frühmittelalter

875 Damit ist die gesamtitalische Politik des Karolingers Ludwig II. († 875) gescheitert: *Sizilien bleibt arabisch, Unteritalien wird wieder griechisch.* Unter dem fähigen Feldherrn Nike-
seit 885 phoros Phokas bauen die **Byzantiner** ihre Macht in Süditalien wieder auf, Bari wird für 2 Jh.e ihre wichtigste Basis. Durch die Rückeroberung der Südküste wächst der byzantini-sche Restbesitz hier wieder zusammen, fortan organisiert in den *Themen* (Militärprovin-zen) *Langobardia* (Apulien, 891) und *Calabria* (das seither so genannte Kalabrien, um 950), seit etwa 969 koordiniert durch den *Katepan von Italien.* Die ausgebildete byzantini-sche Militärverwaltung legt sich hier nun über die Großgrundbesitzerschicht meist lango-bardischer Herkunft. Kalabrien wird durch sizilische Flüchtlinge zusätzlich besiedelt; in Apulien leben *griechischer und lateinischer Ritus nebeneinander;* die lateinischen Bistümer bleiben lateinisch, werden aber politisch zuverlässig besetzt. Doch mißlingt ein weiteres Ausgreifen gegen Norden: das Herzogtum *Benevent,* nach Zusammenbruch 899 restau-riert und fortan leidlich stabil, widersteht weiterer Expansion.
Die *arabische Bedrohung* hält an und rückt, im byzantinischen Süden eingedämmt, gegen Norden:
um 880 *Sarazenische Stützpunkte* an der Garglianomündung südlich Gaeta und in Agropoli süd-lich Salerno. Dauernde Bedrohung des Binnenlandes (883 Monte Cassino geplündert) und sämtlicher Küsten bis hinauf nach Grado (875) und an die Riviera (Stützpunkt *Fraxinetum* bei St.-Tropez, etwa 890–985), ja sogar der Poebene und der Alpenpässe. Papst Johan-nes VIII. (872–882) organisiert den Widerstand zur See, doch gelingt erst 915 einer Liga zwischen Johannes X., Byzanz, Neapel, Spoleto und Capua die Vernichtung des Stütz-punkts bei Gaeta.
879 *Karl III. der Dicke* übernimmt die Regierung Italiens, wird 881 zum Kaiser gekrönt, 887 abgesetzt.

Das Ende der karolingischen Herrschaft. Ungarneinfälle

Der *Einsturz der karolingischen Herrschaft in Italien* läßt Strukturen zutage treten, die aus der Feudali-sierung seit der fränkischen Eroberung erwachsen sind. Gräfliche und markgräfliche Dynastien bauen inmitten der Anarchie eigene Herrschaftsräume auf, sei es mit königlicher Übertragung (doch geht der Amtscharakter weitgehend verloren), sei es de facto. In den Grenzgebieten verselbständigen sich große Markgrafschaften unter mächtigen Familien (Friaul, Ivrea, Tuszien, Herzogtum Spoleto). Die Schwäche des Königtums erschwert auch die Abwehr äußerer Bedrohung, die ihrerseits die Regionalisierung der Herrschaft vorantreiben wird: bevor die Arabergefahr nachläßt (neue Angriffe auf Reggio 918, Oria 925, Tarent 926; slawische auf Siponto 927), beginnen die *Einfälle der Ungarn* (erstmals 899, bis Pavia; dann 921, 924, 937, 947 bis Apulien). Sarazenen- und Ungarneinfälle, vielleicht auch grundherrliches Inter-esse, führen zu Siedlungskonzentration: statt Einzelgehöften und offener Dörfer nun Zusammensiedlung der ländlichen Bevölkerung in neuen befestigten Plätzen bzw. Wiederbefestigung alter Siedlungen (sog. *incastellamento*), oft in Höhenlagen fern der Küste.

Die sog. italienischen Nationalkönige (888–962)

Die feudale Anarchie macht das Königtum zum bloßen Titel, das Kaisertum zur partikula-ren Gewalt und den großen Feudaladel zum wahren Herrn der Lage: mehrere Könige und sogar Kaiser – „nationale" Prätendenten (jedoch meist Markgrafen fränkischer Herkunft) und auswärtige (burgundische und ostfränkische) – bekämpfen einander, ihre Ansprüche jeweils aus karolingischer Herkunft ableitend.
888 Berengar (I.) von Friaul aus der maasfränkischen Familie der Unruochinger wird König von Italien, jedoch in seiner Herrschaft bestritten und begrenzt zunächst durch Wido, Her-zog von Spoleto (889–894 König, 891 Kaiser), und Sohn Lambert (891–898 König, 892 Mitkaiser), gegen die der Papst wiederum Arnulf von Kärnten ruft.
896 Arnulf wird vom Papst zum Kaiser gekrönt († 899). Durch den Tod seiner Gegner bleibt
899 Berengar überlebender Sieger. 899 *Niederlage gegen die* eindringenden *Ungarn* an der Brenta.
Der neue Gegenprätendent *Ludwig von der Provence* (900 König, 901 Kaiser) 905 besiegt. Berengar wird 915 zum Kaiser gekrönt, doch bleibt seine Macht auf Oberitalien beschränkt
923 und auch dort bestritten: Berengar unterliegt 923 gegen *Rudolf II. v. Hochburgund* (seit 922 als König in Pavia) und wird 924 ermordet. Gegen Rudolf ruft der Clan um die Mark-grafen von Toskana Hugo von Vienne (damals faktisch Herr von Niederburgund):
926–946 Hugo von Vienne König von Italien, seit 931 sein Sohn *Lothar* Mitkönig.
Hugo vermag sich durch harte Politik gegen innen und außen bis 946 zu halten; er erreicht

die Anerkennung durch Byzanz (weil potentieller Verbündeter gegen die Langobarden in Unteritalien; seine Tochter heiratet Romanos II.), nicht aber die Kaiserkrönung in Rom. In **Rom** wird das Papsttum, ohne direkten kaiserlichen Schutz längst in der Gewalt des lokalen Adels, in zunehmender Ohnmacht und Verrohung (Prozeß Stephans VI. gegen die exhumierte Leiche seines Vorgängers *Formosus* 897; mehrere Päpste ermordet) endlich zur Domäne einer römischen Adelsfamilie: *Theophylakt* (unter verschiedenen antiken Titeln faktisch Stadtherr), danach seine Frau *Theodora* und beider Tochter, die „senatrix" *Marozia* (vermählt nacheinander mit dem Herzog Alberich von Spoleto, dem Markgrafen Wido von Toskana und 932 König Hugo) erheben zwischen 904 und 931 sieben Päpste ihrer Wahl. Dieses sog. „Weiberregiment" wird, weil die Stadt zuletzt dem Zugriff König

932   Hugos öffnend, 932 durch Marozias Sohn *Alberich II.* beseitigt, der als neuer Stadtherr 932–954 die Papstwahlen weiterhin kontrolliert, in Rom aber auch die Reformbewegung zuläßt.

945   Der an den deutschen Königshof geflüchtete Markgraf *Berengar* (II.) von Ivrea kehrt 945 mit Billigung Ottos I. nach Italien zurück und vertreibt 946 König Hugo († 947). Er beläßt

950   Hugos Sohn *Lothar* den Königstitel, läßt sich aber nach dessen Tod 950 mit seinem Sohn Adalbert in Pavia krönen.
Diese Mißachtung seines Lehnsverhältnisses zu Otto I. und der Hilferuf von Lothars Witwe *Adelheid* geben dem deutschen König Anlaß zu planvollem Eingreifen, das dann in die deutsch-italienische Kaisergeschichte des Hochmittelalters überleitet.

Kultur und Wirtschaft im Frühmittelalter

Kunst und Kultur. Das kulturelle Leben, in langobardischer Zeit ohnehin äußerst dürftig, wird wohl ganz von der romanischen Bevölkerung getragen: die Geschichte der Langobarden schreibt erst der stark romanisierte Langobarde *Paulus Diaconus* (etwa 720–799). Neben den Klöstern geben offenkundig auch lokale Grammatikerschulen die Kenntnis antiker Autoren in anspruchsloser Form weiter. Unter den Schreibern und Notaren setzen sich mancherorts schon seit dem 8. Jh. langsam, dann zunehmend die Laien durch, die ihre Berufsausbildung wohl in der Familie (oder sonst außerhalb der Kathedralschulen) erworben haben. Da das (längst verwilderte) Latein in Italien verständlicher (und d. h. als *Literatursprache* weiterhin verwendbar) bleibt, ist das Bedürfnis gering, die Volkssprache literarisch zu entwickeln. Auch in der Kunst tritt Italien im frühen Mittelalter noch vergleichsweise wenig hervor. Die *Architektur* bleibt unter dem (abnehmenden) Einfluß der alten Zentren Ravenna und Rom: massive, düstere Kirchenbauten mit regelloser Anhäufung von Spolien (wiederverwendete antike Baustücke). Als Baumeister werden früh und häufig die *magistri comacini* (aus Como) genannt. Byzantinisch (-ravennatischen) Einfluß zeigen etwa die Abteikirche Pomposa (9. Jh.) oder die herzogliche Palastkapelle S. Sofia im langobardischen Benevent (um 760); im übrigen wird die Tradition des frühchristlichen Kirchenbaus weitergeführt. Starke byzantinische Überlagerung (im 8. Jh. verstärkt durch vor dem Bildersturm flüchtende Künstler), sichtbar vor allem in den *Mosaiken* der Kirchen Roms zwischen 7. und 9. Jh. (S. Agnese um 635, Zenon-Kapelle in S. Prassede um 820) oder den Fresken von Castelseprio bei Mailand (Datierung strittig); weniger durchgängig hingegen in Freskomalerei und Kunsthandwerk, wo neben byzantinischen auch karolingische Einflüsse und römische Tradition spürbar sind. Ausgeprägt langobardische Ornamentik in der *Goldschmiedekunst*.
Wirtschaft. Nach den durch Kriege und Epidemien verursachten Bevölkerungsverlusten des 6. und 7. Jahrhunderts, die zur Verödung von Kulturland und zur Schrumpfung selbst der lokalen Märkte führten, beginnt seit dem späten 7. Jh. eine allmähliche Erholung. Die Stadt gewinnt langsam ihre (in Italien nie ganz verlorene) Bedeutung auch auf wirtschaftlichem Gebiet zurück. Noch herrscht drastischer *Kapitalmangel;* doch wächst die Rolle des Mobilienbesitzes, wie späte langobardische Gesetzgebung und frühe venezianische Testamente erkennen lassen. Der Friede von 680 fördert den *Handelsaustausch* zwischen der langobardischen Poebene und der byzantinisch gebliebenen Adriaküste: Öl und Getreide aus der Lombardei gegen Salz aus den Lagunen von Comacchio und Venedig. *Venedig* überflügelt Comacchio und beerbt 751 Ravenna als Hafen im Verkehr zwischen Byzanz und dem Abendland. Auch der Fernhandel, zeitweilig geschrumpft auf Luxuswaren, belebt sich seit dem 8. Jh.: das byzantinische Italien wird, neben Spanien, zur Drehscheibe im *Handel mit dem Islam* (Export von Sklaven, Metallen, Holz, Getreide gegen Gewürze und Seide). Daß Byzanz im frühen 9. Jh. seine Seeherrschaft an die Araber verliert und aus dem westlichen Mittelmeerraum verdrängt wird, stärkt Venedigs Position im Handel zwischen Ost und West, zwingt auch Amalfi auf eigene Füße und zum Lavieren zwischen Byzantinern und Arabern (Kaufmannskolonien beider in Konstantinopel und Alexandrien; von dort Überführung der Markusreliquien 828 nach Venedig). Doch werden die Handelswege durch die Sarazenen- und Ungarneinfälle, der Landverkehr auch durch die in karolingischer Zeit einsetzende wachsende Feudalisierung beeinträchtigt. Wie am Meer Venedig, Bari, Amalfi, Neapel, so ist im Innern Pavia (wo auch die zentrale Fiskalverwaltung des regnum Italiae rudimentär überlebt; wichtige Münzstätte) um 900 ein Zentrum internationalen Handels, wird aber bald von Mailand verdrängt; daneben Piacenza und Lucca an der Via Francigena nach Rom und die Städte am Po (Flußschiffahrt wichtig). Zahlreiche Marktrechtsverleihungen in Oberitalien

362   Mittelalter – Frühmittelalter

im 9. und 10. Jahrhundert. Im *agrarischen Bereich* frühe Bildung großer kirchlicher Grundherrschaften wie Bobbio, Nonantola, Farfa mit (jedenfalls in Oberitalien) Fronhofsystem, bewirtschaftet mit den dürftigen Ertragsquoten der Zeit (laut Urbar von S. Tommaso in Reggio, 10. Jh., Verhältnis Aussaat zu Ernte nur 1 : 1,7–3,3). Die Klosterwirtschaft hat – die Arbeitsvorschriften der Benediktsregel in Unternehmen umsetzend – zunächst große Bedeutung im agrarischen (und vielleicht auch gewerblichen) Bereich. Doch gehen weite Teile des kirchlichen Großgrundbesitzes durch langfristige Großpacht zuletzt praktisch in Adelsbesitz über. Durch frühe Stückelung des Grundbesitzes in Italien relativ früher *Übergang zum Pachtsystem* (mit Abgaben in Naturalien, seit 10. Jh. oft auch in Geld). – *(Forts. S. 436)*

Die Iberische Halbinsel
(Forts. v. S. 297)

Die Iberische Halbinsel gliedert sich einerseits in schmale, mild-feuchte, mediterrane und atlantische Küstenstreifen und andererseits in die von Randgebirgen umschlossene und von Scheidegebirgen zerteilte, ausgesprochen kontinentale und trockene Hochebene, die Meseta. Diese geographische Zweiteilung in Meseta und Peripherie hat die historische Entwicklung auf der Halbinsel entscheidend geprägt. Mit der Expansion des Westgotenreiches auf der gesamten Halbinsel mit Hauptstadt im zentralen Toledo auf der Hochebene beginnt die Ausbildung einer nationalen Identität, an die die Reconquista-Reiche als Vorläufer der modernen Länder Spanien und Portugal anknüpfen.

Das Westgotenreich auf der Iberischen Halbinsel (507–711)

	Vor und nach dem Zusammenbruch des Tolosanischen Reiches in der Schlacht von Vouillé (507) ziehen sich die Westgoten vor dem militärischen Druck der Franken über die Pyrenäen auf die iberischen Hochebenen zurück.
511–526	Ostgotenkönig Theoderich I. (493–526) interveniert und gliedert das Westgotenreich als Regent zum Schutz des unmündigen *Amalarich* (* 502), des Sohnes des in Vouillé gefallenen Königs Alarich II. (484–507), seinem eigenen Königreich ein.
531	Nach Theoderichs I. Tod wird das nun wieder unabhängig gewordene arianische Westgotenreich unter *Amalarich* (526–531; * 502, † 531) bei *Narbonne* vom Frankenkönig Childebert I. (511–558) geschlagen.
Dez.	Amalarich wird kurz darauf in Barcelona, wohin er flieht, ermordet.
	Amalarich hat das Westgotenreich von den Tributzahlungen an Italien befreit. Er unterliegt aber dem militärischen Druck der Franken.
531–548	Nach seinem Tode schwingt sich der Ostgote *Teudis*, zuvor von Theoderich I. ernannter Heermeister in Hispania, zum neuen König der Westgoten mit Residenz in Barcelona auf. Teudis drängt die Franken erfolgreich hinter die Pyrenäengrenze zurück, kämpft jedoch ohne Erfolg gegen die Oströmer, die bereits das Vandalenreich in Afrika erobert haben.
548	Kurz nach seiner Niederlage gegen die oströmischen Land- und Seestreitkräfte bei *Ceuta* wird er in seinem Palast in Sevilla ermordet.
548–549	Übergangsherrschaft von Teudegisel, der nur 18 Monate regiert.
549	Danach besteigt *Agila* als erster reinblütiger Westgote den Thron.
554	Er wird von seinen eigenen Leuten während eines Aufstands der hispanoromanischen, katholischen Opposition unter Führung des adligen Rebellen Athanagild, der zur Unterstützung oströmische Truppen Kaiser Justinians ins Land holt, getötet.
554–567	*Athanagild,* der den ehemaligen oströmischen Verbündeten die Provinz Baetica und einen großen Teil der Ostküste überlassen muß, unumstrittener westgotischer König. Residenz in Toledo. Er vermählt seine Töchter Brunhild († 613) und Galswintha († ca. 567/570) mit den Frankenkönigen Sigibert I. von Austrien (561–575) und Chilperich I. von Neustrien (561–584).

Entstehung und Gliederung des toledanischen Westgotenreichs

Die Westgoten wandern zum Teil schon vor, in ihrer Mehrzahl jedoch erst nach der Schlacht von Vouillé (507) über die Pyrenäen nach Süden. Sie lassen sich vor allem auf den von den Hispanoromanen weniger besiedelten Hochebenen zwischen den Flüssen Ebro und Tajo, insbesondere im Dreieck der Städte Palencia, Toledo und Calatayud, nieder. Sie dringen aber auch in die Provinz Tarraconensis (Barcelona) vor und gelangen später in die Provinz Baetica. Die Wanderbewegung der Westgoten wird nicht nur vom königlichen Gefolge und von Gruppen des Adels, sondern auch, insbesondere auf den Hochebenen zwischen Ebro und Tajo, von breiteren Volksschichten getragen. Im Verhältnis zur Gesamtbevölkerung bleiben aber die Westgoten auf den Hochebenen wie in Randspanien eine zahlenmäßig schwache Minderheit. Die Hispanoromanen sind im Gegensatz zu den eingewanderten Westgoten überwiegend in Randspanien, am dichtesten in der Provinz Baetica, ansässig. Der Nordwesten der Halbinsel wird darüber hinaus von den Sweben, der Norden von den Basken und die südöstlichen Küstenstriche seit der Mitte des 6. Jh.s von den Oströmern beherrscht.

Als verbündetes germanisches Kriegervolk siedeln die Westgoten auf der Iberischen Halbinsel ähnlich wie in Gallien im Rahmen der spätrömischen Form der Militäreinquartierung („hospitalitas"). Dabei überläßt der hispanoromanische Grundeigentümer dem westgotischen Krieger und seiner Familie ein Drittel seines Hauses und einen großen Teil, in der Regel zwei Drittel, seiner Ländereien. Große westgotische Grundbesitzer lassen ihre Ländereien nach römischem Vorbild durch Agenten und Prokuratoren verwalten und durch schollengebundene Kolonen oder abhängige Pächter bearbeiten. Neben ihnen existieren zahlreiche kleine, aber immer weniger freie, wirtschaftlich unabhängige westgotische Landbesitzer. Die militärische Unsicherheit der westgotischen Überlagerung führt im Agrarbereich zu institutionellen Frühformen des späteren Feudalismus. Die spätrömische *Stadtkultur* und die Handelsverbindungen sowohl im Landesinnern als auch zum Mittelmeerraum geraten zur gleichen Zeit in Verfall.

Die westgotische Minderheit hebt sich in *sozialer Hinsicht* deutlich von der hispanoromanischen Bevölkerungsmehrheit, die sie militärisch und politisch überlagert, ab. Die Westgoten sind Arianer, während die Hispanoromanen katholisch bleiben. Im Unterschied zu den Hispanoromanen zahlen die Westgoten für ihre Landanteile keinen Grundzins. Sie unterscheiden sich von den Hispanoromanen durch ihre eigene Gerichtsbarkeit und durch ihr eigenes Recht. Seit Leowigild (568–586) geht jedoch die westgotische Minderheit allmählich in kirchlicher und religiöser, in jurisdiktioneller und rechtlicher Hinsicht in der hispanoromanischen Bevölkerungsmehrheit auf. Auch der westgotische Adel verschwistert und verschwägert sich zunehmend mit dem hispanoromanischen Adel.

Das *Königtum* ruht auf der adligen westgotischen Militäroligarchie. Die westgotischen Magnaten verdrängen als nationale Oberschicht seit Teudis (531–548) auf nationaler, provinzieller und regionaler Ebene die römischen Zivilbehörden und ziehen die gesamte politische, administrative und richterliche Gewalt an sich. Leowigild (568–586) verbessert durch Kriegsbeute, Steuern und Konfiskationen die finanzielle Grundlage des Königtums mit Toledo als Reichszentrum. Er ersetzt die Einfachheit des germanischen Heerkönigtums durch ein pomphaftes Hofzeremoniell byzantinischen Stils. Ursprünglich werden die westgotischen Könige von der Versammlung aller freien Krieger gewählt. Auf der Iberischen Halbinsel reduziert sich aber dann die Wahlberechtigung bei der Königswahl auf die Magnaten und die Prälaten des Reiches. Die Könige streben dabei gegen die Interessen der Magnaten eine Erbmonarchie an, indem sie vor ihrem Tode ihre Söhne an der königlichen Macht beteiligen. Lediglich zwei Könige, Leowigild (568–586) und Chindaswind (642–653), erreichen es, daß ihnen ihre Söhne als Thronerben nachfolgen. Bis 554 werden die westgotischen Könige in der Regel von ihren Untertanen ermordet. Athanagild (554–567) ist seit Eurich (466–484) der erste westgotische König, der in seinem Bett stirbt. Die Thronfolge bleibt bis zum Ende des Westgotenreiches auf der Iberischen Halbinsel ein ungelöstes Problem.

567–573	Kurze Herrschaft *Leowas I.*
568–586	Leowas Bruder **Leowigild** († 586) Mitregent und nach dessen Tod dann Alleinherrscher. Er ist in der Lage, die Westgotenherrschaft über die ganze Pyrenäenhalbinsel auszudehnen. Es gelingt ihm, das swebische Königreich im Nordwesten zu unterwerfen und endgültig dem Westgotenreich einzugliedern, die Basken zu besiegen und über die Pyrenäengrenze nach Norden abzudrängen und die Oströmer an der Südostgrenze in die Defensive zu schlagen.
579–585	Einen gefährlichen Aufstand der unzufriedenen katholischen Bevölkerungsmehrheit in der Provinz Baetica unter Führung seines zum Katholizismus übergetretenen Sohnes Hermenegild († 585) und dessen westgotischen katholischen Anhängern, denen sich der unterworfene Swebenkönig Miro (570–583) und der Präfekt der oströmischen Provinz anschließen, schlägt Leowigild nieder.
587	Um die kirchliche und politische Einheit des Reiches wiederherzustellen, tritt Leowigilds Nachfolger und Sohn *Rekkared* (586–601) zum katholischen Glauben über.
589	Auf dem III. Konzil von Toledo wird der Katholizismus als Reichsreligion und die kirchliche Einheit des Reiches feierlich verkündet. Seit dieser Zeit werden die Juden Beschränkungen, Verfolgungen und Zwangsbekehrungen unterworfen. Von den Nachfolgern Rekkareds, Leowa II. (601–603) und Witterich (603–610), kann die kirchliche Einheit des Reiches nicht mehr rückgängig gemacht werden.
seit 610	Seit Gundemar (610–612) und *Sisibut* (612–621) regieren nur noch eifrige Katholiken auf dem westgotischen Thron. Sisibut beginnt damit, die oströmischen Besitzungen in Südspanien zurückzuerobern. Sein Mitregent und Nachfolger *Swintila* (621–631) bringt die Eroberung zum Abschluß.
633	Das IV. Konzil von Toledo entscheidet sich unter anderem eindeutig für das Wahlkönigtum. Dieser Grundsatz wird jedoch nicht streng beachtet.

364   Mittelalter – Frühmittelalter

642–653   König Chindaswind († 653).

Er ist ein alter Magnat, der sich an vielen Verschwörungen gegen die Könige beteiligt hat und der selbst durch eine Revolte auf den Thron gelangt ist. Er läßt nach Gewalttaten unterlegener Thronbewerber alle seine Gegner aus dem höheren und niederen Adel, insgesamt mehrere hundert Personen, töten. Durch die Konfiszierung der betroffenen adligen Vermögen kann Chindaswind die Kronfinanzen aufbessern.

653   Sein Sohn *Rekkeswind* (653–672) beruft das VIII. Konzil von Toledo ein, auf dem für alle vom Vater verfolgten Personen eine Amnestie erlassen und die Königswahl bis ins einzelne festgelegt wird.

Rekkeswind fördert die Rechtseinheit zwischen Westgoten und Hispanoromanen durch den Erlaß des „Liber Iudiciorum".

672/673   Gegen die Wahl König *Wambas* (672–680) bricht wieder ein Aufstand aus.

Das westgotische Königtum versinkt im verhängnisvollen Parteienstreit zwischen einflußreichen Magnatenfamilien, die rücksichtslos um die politische Macht kämpfen.

710   Die Wahl des letzten Westgotenkönigs Roderich ruft abermals die Opposition starker Gruppen von Magnaten hervor, die die Moslems um Hilfe bittend ins Land rufen.

711   Roderich fällt im Kampf gegen die Araber in der Schlacht am Guadalete.

Die Iberische Halbinsel gerät unter arabische Herrschaft.

Staat und Kirche im Westgotenreich

Die *Konzilien* erlangen seit dem III. (589) und IV. Konzil von Toledo (633) eine reichsumfassende geistliche und politische Funktion, denn sie beschäftigen sich nicht nur mit kirchlichen Fragen, sondern legen auch Richtlinien für die Regierung des Staates fest. Sie urteilen als einzig zuständige Instanz über die Legalität der Staatsgewalt. Die Konzilien treffen deshalb Entscheidungen über die Thronfolge, den Schutz der königlichen Familie, die gerichtliche Sicherung von zivilen und geistlichen Amtsträgern, Entscheidungen über Amnestien, den Einzug von Vermögen, die Rechtslage der Juden usw. Erzbischof *Isidor von Sevilla* (* um 560/570, † um 636) hat als überragende Autorität die Mitwirkung der Kirche an der Regierung des Staates entscheidend geprägt. Vor dem Untergang des Westgotenreiches ist auch die Kirche als Partei in die Auseinandersetzungen zwischen Königen und Magnaten verwickelt. Der Bischofssitz von Toledo wird in diesem Zusammenhang 681 zum Primat über alle anderen Bischofsstühle des Reiches erhoben, deren Besetzung in Zukunft durch ihn im Einvernehmen mit dem König erfolgen soll. – *(Forts. S. 456)*

Die Britischen Inseln (bis 1066)
(Forts. v. S. 293)

Die sprachlich-ethnische Gliederung: Das Zeitalter der Völkerwanderung bringt die Ausgestaltung der ethnischen Gliederung der Inseln, die sich am deutlichsten in der sprachlichen Differenzierung der Völker abzeichnet. Die *keltische* Bevölkerung der ehemals römischen Provinz Britannien wird seit dem 5. Jh. durch einwandernde *germanische* Stämme nach Westen abgedrängt. Sie erhält sich im Südwesten der Insel (Devon und Cornwall), während ein Teil der Bevölkerung von dort an die Nordwestspitze Galliens übersiedelt (Aremorica, nach der neuen Bevölkerung aus Britannien „Bretagne" genannt); sie überlebt weiterhin auf der walisischen Halbinsel und im Nordwesten, in Cumbria/Cumberland und Strathclyde. Diese Völker sprechen Varianten des brythonischen Zweiges der keltischen Sprachfamilie: Cornisch, Bretonisch, Walisisch/Cymrisch (diese Sprachen bestehen sämtlich bis in die Neuzeit fort, während es für die Sprachen der Völker von Cumbria und Strathclyde keine schriftlichen Zeugnisse gibt). In Irland leben die Kelten (Goidelen), deren Sprache von der der britischen Kelten stark verschieden ist. Sie greifen im 5. Jh. nach Osten über und siedeln an der Südwestküste von Wales, hinterlassen dort aber kaum sprachliche Spuren. Andere irische Stämme aus Dalriada (Nordirland) greifen um dieselbe Zeit nach Nordosten über und gründen das gleichnamige Reich in Argylshire. Von dort dringt die *irisch-gälische* Sprache allmählich ostwärts in das schottische Hochland vor. Im Norden Schottlands leben die von den Römern so benannten Picten („die Bemalten"), ein Volk unbekannter Herkunft und Sprache. Ihre Sprache verschwindet im 9. Jh. durch die Ausdehnung von Strathclyde. Die Stämme germanischer Sprache gründen in England seit dem 5. Jh. kleine Reiche (*Jüten* in Kent, *Sachsen* entlang der Südküste, *Angeln* nördlich der Themse), deren Vereinigung zum englischen Reich in einem Prozeß erfolgt, der sich über ein halbes Jt. erstreckt. Die Wikinger prägen in Siedlung und Sprache die Inseln vor allem entlang der Ostküste im mittleren Bereich (*Dänen*) und an der Nordküste Schottlands sowie auf den Inselgruppen des Nordens (Shetlands, Orkneys, Hebriden und bis nach Man); diese Siedler sind vornehmlich *Norweger*. Am Beginn der historischen Zeit gibt es auf den Britischen Inseln die lateinische Sprache, die pictische Sprache sowie zwei Varianten der keltischen Sprachfamilie; im Verlauf eines halben Jt.s von

Britische Inseln – Angelsächsische Einfälle und Gebiete **365**

Bevölkerungsverschiebungen differenziert sich das Bild durch die Siedlung der germanischen und der skandinavischen Völker in England, Schottland und auf den Inseln erheblich. Siedlungsdichte und politische Entwicklung bewirken eine allmähliche Abschwächung des dänischen sprachlichen Einflusses, der vornehmlich in Ortsnamen noch erkennbar ist, sowie eine stete Verbreitung der englischen Sprache. Dennoch bleiben die Britischen Inseln bis 1066 der skandinavischen Welt verbunden.

Die angelsächsischen Einfälle

Die Chronologie der Ankunft der germanischen Stämme auf den Britischen Inseln ist höchst ungesichert. Archäologische Funde weisen auf die Siedlung von Germanen in der römischen Provinz Britannien seit dem 4. Jh. Einzig die Angelsachsenchronik bietet ein genaues chronologisches Gerüst, das freilich als unzuverlässig betrachtet werden muß. Diese im ausgehenden 9. Jh. zusammengestellte Chronik (die sicher zum Teil auf älterem Material beruht) berichtet von folgenden Einfällen:

449 Einladung von Hengist und Horsa durch Vortigern.
455 Hengist und Horsa kämpfen gegen Vortigern. Horsa fällt, Herrschaft Hengists und seines Sohnes Aesc.
477 Ankunft von Aelle und seinen drei Söhnen Cymen, Wlencing und Cissa.
495 Ankunft von Cerdic und seinem Sohn Cynric (Cerdic † 534).
501 Ankunft von Port und seinen zwei Söhnen Bieda und Maegla in Portsmouth.
514 Ankunft der Westsachsen unter ihren Führern Stuf und Wihtgar († 544).

Die angelsächsischen Gebiete

596 Die Christianisierung der Angelsachsen erfolgt von Rom aus:
Mission des Mönches *Augustin* († wohl 604) durch Papst Gregor den Großen.
Weiterer Ausgangspunkt der Christianisierung ist Irland (Zentrum Iona, von dort Gründung Lindisfarnes durch Aidan [† 651]).
664 Die Synode von Whitby entscheidet sich für die römische Organisation.
Der politische und kulturelle Schwerpunkt liegt im 7. und beginnenden 8. Jh. in Northumbria (Beda Venerabilis, * um 673, † 735, Geschichtsschreiber der Angelsachsen und Theologe).
8. Jh. Verlagerung des politischen Schwerpunkts nach Mercia (König Offa, 757–796); Abgrenzung gegen Wales (Offa's Dyke).
793 Beginn der Wikingerzeit.
Als Folge davon verlagert sich der politische Schwerpunkt nach Wessex (Südwesten).
seit 850 Intensive Siedlung der Dänen im Osten Englands im später so benannten Danelaw.
871–899 König Alfred der Große von Wessex (* um 848).
Organisation des Widerstands gegen die Dänen. Kulturelle Blüte durch Alfreds Tätigkeit als Übersetzer (Orosius, Beda, Boethius) und Anregung angelsächsischer Annalistik. Unter seinen Nachfolgern gelingt die allmähliche Unterwerfung des Danelaw. Durchgreifende territoriale Organisation (Grafschaftssystem: „shire" mit dem Sheriff als Kronbeamten; mehrere „shires" unterstehen dem „ealdorman" oder „earl", eine Institution, die die Zentralisierung erschwert).
937 Schlacht bei Brunanburh (unbekannte Lage, darüber angelsächsisches Gedicht).
Weiterer Ausgriff nach Norden mit der Eroberung des skandinavischen Königreiches von York durch Ethelstan (924–939). Gewinn von Northumbria, während die Errichtung einer Oberhoheit über die keltisch-britischen Herrscher von Wales und Cornwall nicht dauerhaft gelingt. Enge Beziehungen mit den Ottonen.
959–975 König Edgar (* um 944).
Unter ihm erneuter kultureller Aufschwung durch die monastisch geprägte Kirchenreform Erzbischof Dunstans von Canterbury (960–988, * um 909). Außerdem Blütezeit volkssprachlicher angelsächsischer Literatur (Aelfric, Mönch von Winchester, * um 955, † nach 1020).
978–1016 König Ethelred II. (* 968).
Unter ihm erneute Erschütterung der Herrschaft über England durch Däneneinfälle. Er erhebt im Danegeld die erste allgemeine Steuer eines mittelalterlichen Staates.
Die endgültige Einigung des Königreichs England erfolgt unter dem dänischen
1016–1035 König Knut dem Großen (* um 995).

366   Mittelalter – Frühmittelalter

Sie wird durch seine beiden Nachfolger Harald Hasenfuß (1035–1040) und Hardeknut (1040–1042) erhalten. Unter Knut geht das englisch geprägte Lothian an Schottland verloren.

1042 Die angelsächsische Dynastie kommt mit Eduard dem Bekenner (* um 1003) wieder auf den Thron, der während der Dänenherrschaft in der Normandie im Exil gelebt und dort enge Kontakte zu dem Herzogshaus geknüpft hat.

1042–1066 König Eduard der Bekenner.
Bindung Englands an die Normandie nach Eduards Herrschaftsantritt stößt im Land auf erheblichen Widerstand.

seit 1052 Eduard steht unter der Kontrolle der Nationalpartei des Earl Godwin († 1053).

1066 Nach Eduards Tod wird Godwins Sohn Harald (* um 1022) König. Er wehrt erfolgreich einen Einfall der Norweger bei Stamfordbridge (in der Nähe des Wash) ab.

14. Okt. Er wird aber bei **Hastings** (an der Kanalküste) von Herzog Wilhelm von der Normandie (* 1027 oder 1020, † 1087) geschlagen und getötet. Darstellung des Feldzugs auf dem Teppich von Bayeux.
Die Überwindung der politischen Zersplitterung Englands hat ein halbes Jt. gedauert. Durch den Herrschaftsantritt Wilhelms des Eroberers erlebt England nach starken Bindungen an die skandinavische Welt eine historische Wende durch enge Kontaktnahme mit Frankreich, die die englische Geschichte der nächsten vier Jh.e bestimmt.

Die angelsächsischen Könige bzw. die dänischen Könige in England

Westsächsische Herrscher	
Egbert	802–839
Ethelwulf	839–855
Ethelbald	855–860
Ethelbert	860–865/66
Ethelred	865/66–871
Alfred der Große	871–899
Eduard der Ältere	899–924
Ethelstan	924–939
Edmund	939–946
Edred	946–955
Englische Herrscher	
Edwy	955–959
Edgar	959–975
Eduard der Märtyrer	975–978
Ethelred II.	978–1016 (1013–1014 auf der Flucht)
Dänische Herrscher	
Sven Gabelbart	1013–1014 (König von Dänemark 986–1014)
Knut der Große	1016–1035
Harald Hasenfuß	1035–1040
Hardeknut	1040–1042
Englische Herrscher	
Eduard der Bekenner	1042–1066
Harald Godwinson	1066
Edgar Etheling	1066 (gewählt in London, nicht gekrönt, † nach 1125)

Die keltischen Gebiete

Die geographische Lage der keltischen Gebiete gibt diesem Raum eine gewisse Geschlossenheit (keltische Thalassokratie = Meer als verbindendes Element). Die Tatsache, daß die Völker dieser Gebiete verschiedene Zweige der keltischen Sprachfamilie benutzen, führt gleichwohl zu keinem Gefühl der Einheit; dennoch besteht ein reger Austausch im materiellen und geistigen Bereich zwischen diesen Völkern (Zeitalter der Heiligen, Pilger, Schrift, Miniatur, Skulptur), bei dem *Irland* dominierend ist. Diese Verbindungen zwischen den keltischen Gebieten sind möglich, da während drei Jh.en wenige Bedrohungen von außerhalb eine verhältnismäßig ungestörte Entwicklung ermöglichen. Die in den Sagen überlieferten blutigen Kämpfe der heroischen Zeit sind offenbar keine typischen Erscheinungen des politischen Alltags. Alle keltischen Gebiete sind in der Frühzeit in kleine Stammesreiche gegliedert, die einander das Gleichgewicht halten (Rinderraub als Krieg bezeichnet). Die soziale Struktur fördert die Entstehung monastisch geprägter Kirchenordnungen in diesen Gebieten, die aber nie zu einer keltischen Kirche zusammengefaßt werden. Die Rivalität zwischen einzelnen „Heiligen" um den Primat im keltischen Bereich, die in der Hagiographie in Erscheinung tritt, scheint freilich einer späteren Entwicklungsstufe zugehörig zu sein.

Die relativ geschlossene keltische Thalassokratie (die nicht zur Introvertiertheit führt) wird durch die Plünderungen und anschließenden Siedlungen der Wikinger seit dem ausgehenden 8. Jh. gesprengt. Die Isolierung der keltischen Gebiete voneinander nimmt zu. Karolingische, angelsächsische und skandinavische Einflüsse führen zu differenzierten Entwicklungen in diesen Ländern. In Irland und in der Bretagne wird unter äußerem Druck die politische Zersplitterung teilweise überwunden. Im sprachlichen, kulturellen und wirtschaftlichen Bereich bringen die neuen Kontakte wichtige Einflüsse, die jedem der keltischen Gebiete ein eigenes Gepräge geben. Am Ende des Frühmittelalters treten die inselkeltischen Völker in neuer Individualität in Erscheinung. Die nachlassende Expansion der skandinavischen Völker sowie die Hinwendung Englands zum europäischen Festland bewirken, daß die keltischen Gebiete jetzt zu *Randgebieten Europas* absinken.

Irland

Die Kelten (Goidelen) wandern in vorgeschichtlicher Zeit ein und unterwerfen die stark gemischte Vorbevölkerung, der sie ihre Sprache geben. Sie nennen sich *Gaelen* (lat. Name „Scoti"), ihr Land „Eriu" (lat. „Hibernia"). Die „filidh", Dichter und Seher, Hüter der episch-historischen Volkstradition, wirken auch nach der Christianisierung fort. Die Christianisierung des Landes erfolgt im 5. Jh., besonders durch die Tätigkeit des hl. *Patrick,* eines in Gallien erzogenen römischen Bürgers Westbritanniens (* um 385, † 457/464 oder 491/493). Als Metropole der irischen Christentums gründet er Armagh; sein Einfluß scheint auf die Nordhälfte der Insel beschränkt gewesen zu sein. Statt der von ihm nach römischem Vorbild errichteten Bischofskirche entwickelt sich die *irische Mönchskirche,* in welcher der Abt das bedeutendere Amt innehat als der Bischof, der im Kloster residiert. Bedeutende *irische Mission* in den angelsächsischen Gebieten (Zentrum Iona), dann auf dem Festland (Klostergründungen Columbans des Jüngeren, zunächst in Burgund). *Blüte der irischen Gelehrsamkeit* 500–800, Kalligraphie, Miniaturen, einige Kenntnis des Griechischen. Iroschottische Mission im Frankenreich. Politisch gliedert sich das Land in eine Vielzahl von Stammesstaaten („tuath", Pl. „tuatha", über 150), die von Königen („ri") geleitet werden. Die *Wikingereinfälle* setzen der hohen kulturellen Blüte des Landes ein Ende. Die Wikinger (vornehmlich aus Norwegen) siedeln seit der Mitte des 9. Jh.s an den Küsten der Insel und dringen sporadisch ins Landesinnere vor. Unter dem Eindruck der Einfälle wandeln sich die politischen Strukturen; seitdem werden mächtigere Könige der Provinzen Ulster, Connacht, Meath, Leinster und Munster bestimmend, die um die Oberherrschaft über die Insel ringen. Die politische Einigung des Landes unter einem Hochkönig („ard ri") gelingt nur in Ansätzen. Brian Boru († 1014 in der Schlacht von Clontarf bei Dublin) nennt sich „Kaiser der Schotten". Das politische Zentrum des Landes verlagert sich von Tara nach Dublin, einer Gründung der Wikinger.

Die irische Schriftsprache und die ältesten irischen schriftlichen Denkmäler

Die ältesten schriftlichen Zeugnisse in irischer Sprache stammen aus dem 4. bis 6. Jh. Es sind insgesamt etwa 300 Inschriften auf Gedenksteinen, die in Irland, Wales, Schottland und auf der Insel Man gefunden wurden. Die *Ogham-Schrift* (15 Konsonanten durch Striche, die Vokale durch Punkte dargestellt) basiert wahrscheinlich auf dem lateinischen Alphabet; es besteht wohl keine Verbindung dieser Schrift mit den Runen.

Im 5. Jh. kommt mit dem Christentum die *lateinische Sprache und Schrift* nach Irland. Sie trifft dort auf eine hochentwickelte Gesellschaft mit reicher mündlicher Kulturtradition, die in weltlichen Schulen in langer und strenger Ausbildung durch Dichter/Seher („filidh") und Rechtsgelehrte („brehon") als privilegierte Gesellschaftsschicht gepflegt wird. Seit dem 6. Jh. wird neben der lateinischen auch die *irische Sprache* (Goidelic, Altirisch bis etwa 800) zur Aufzeichnung geistlicher und weltlicher Werke benutzt. Die altirische Sprache zeigt noch Spuren von Flexion, Passiv auf -r und die Deponensform. Recht und Religion weisen italo-keltisches Vokabular auf; Verwandtschaft mit Sanskrit. Mit der Christianisierung kommen neue lateinische Lehnwörter ins Irische, direkt (etwa für Lesen und Schreiben) und indirekt über das Brythonische. Die Wikingerzeit bringt eine Anzahl von Ausdrücken aus der Seefahrt. Das Irische ist die bedeutendste Sprache der keltischen Sprachfamilie (und erfährt nach langer Zurückdrängung durch das Englische eine Wiederbelebung vom ausgehenden 19. Jh. an).

Die mittelalterliche *irische Literatur* weist außerordentlichen Reichtum und große Vielfalt auf. Die ältesten schriftlichen Zeugnisse stammen vom Kontinent (Mission der Iroschotten) in der Form von Glossen (Würzburg, St. Gallen, Mailand, 7. Jh.) oder Gedichten (sog. Schulheft aus Reichenau, 9. Jh.); aus Irland

368   Mittelalter – Frühmittelalter

die Homilie über die Messe (7. Jh.), volkssprachliche Notizen im Book of Armagh (8. Jh.), Vision Adamnans (9. Jh.). Der Großteil der altirischen Literatur ist freilich nur in Handschriften des Hoch- und Spätmittelalters erhalten und nur aufgrund philologischer Analyse ins Frühmittelalter zu datieren. Bedeutende Sammlungen im Book of Leinster (12. Jh.), im sog. Buch der Kuh von Dun, in Handschrift Oxford Rawlinson B 502, im sog. Gelben Buch von Lecan. Die Sprache weist beachtliche Einheitlichkeit auf, was auf die Pflege durch eine kleine Oberschicht deutet. Die bedeutenden umfangreichen Rechtssammlungen, die sämtlich die Gesellschaft vor der Ankunft des Christentums darstellen, wurden erstmals wohl im 6. oder 7. Jh. abgefaßt und zeigen in den spätmittelalterlichen Handschriften umfangreiche Glossierungen (Erklärungen ungebräuchlicher oder veralteter Wörter), da die archaische Sprache schon nicht mehr verstanden wird.

Bereits seit dem späten 6. Jh. wird die irische Sprache auch von Geistlichen für *geistliche Werke* verwendet (älteste Dichtung „Amra Choluim Chille" von Dallan Forgaill, bald nach 597); reiche Annalistik, Sagen, Genealogien, Historien. Zyklen aus heroischer Zeit (Ulster-Zyklus mit der Geschichte vom Rinderraub „Tain Bo Cuailnge" mit dem Helden Cu Chulainn; Königszyklus; Fenian-Zyklus). Vielfältige heroische und lyrische Dichtung, Naturpoesie einzigartig im frühmittelalterlichen Europa, höfische Dichtung (Preisgedichte, Satiren, Elegien). Im 8. Jh. wohl unter Einfluß des Lateinischen Einführung des Endreims.

Bedeutender Beitrag deutscher Philologen zur Erforschung des Altirischen seit der Mitte des 19. Jh.s: Johann Caspar Zeuss (* 1806, † 1856), Kuno Meyer (* 1858, † 1919), Rudolph Thurneysen (* 1857, † 1940).

Schottland

	Schottland bewohnen die von den Römern so genannten Pikten („die Bemalten"), ein Volk unbekannter Herkunft und Sprache.
um 400	Es wird durch St. Ninian christianisiert.
um 550	Es existieren vier Königreiche: 1. Land der Pikten (Norden); 2. das von irischen Scoti aus Dalriada (Nordirland) gegründete gleichnamige Reich in Argyllshire (Beginn der gälischen Durchdringung Schottlands); 3. das keltisch-britische Strathclyde; 4. Bernicia, das Reich der Angeln (Südosten).
6. Jh.	Verstärkte Christianisierung, ausgehend von dem 563 durch Columban den Älteren († 597) gegründeten Kloster Hy oder Iona vor der Küste Dalriadas.
664/715	Konflikte zwischen irischen und römischen kirchlichen Gebräuchen werden schließlich zugunsten der letzteren entschieden.
843	König Kenneth MacAlpin von Dalriada († 858) vereinigt sein Land mit dem der Pikten, deren Name verschwindet.
etwa Ende 9. Jh.	Die Wikinger dehnen ihren Einfluß von den Orkneys und Shetlands sowie den Hebriden auch auf den Nordosten Schottlands aus.
	Die Expansion des schottischen Reiches ist seitdem nach Süden gerichtet, wie sich in der Folge zeigt:
1018	Eroberung Lothians (Nord-Bernicia) durch König Malcolm II. (1005–1034).
	Trotz starker Thronwirren (Ermordung Duncans I., 1034–1040, durch Macbeth; Ermordung Macbeths, 1040–1057, durch Malcolm III. Canmore, 1057–1093) bleibt die politische Einheit des Landes gewahrt.
	Das Land ist als Ergebnis der bisherigen Entwicklung dreisprachig: skandinavische Sprachen werden gesprochen auf den Inseln und im hohen Norden; gälisch nördlich des Forth; englisch in Lothian.

Wales

Auf der walischen Halbinsel überleben die von den germanischen Stämmen nach Westen abgedrängten Briten, die sich selbst *Cymry* nennen (die Fremdbezeichnung „Waliser" kommt erst im 12. Jh. auf). Ihre keltische Sprache ist ein stark vom Lateinischen geprägter Zweig des Brythonischen. Volkssprachliche Dichtungen (Aneirin und Taliesin) seit dem 6. Jh. Das geographisch äußerst zerklüftete Land gliedert sich in eine Vielzahl kleiner Stammesstaaten, die jede längerfristige politische Einigung des Landes verhindern. Christianisiert noch unter römischer Herrschaft in Britannien, ist die Kirche der Waliser wie die der Iren *monastisch organisiert* mit stark asketischer Prägung (5. und 6. Jh. Zeitalter der Heiligen, am bedeutendsten St. David, der „Wassertrinker", † um 601). Die Wikingerstürme gehen im wesentlichen an Wales vorbei. Seit dem 10. Jh. bildet sich allmählich unter englischem Einfluß eine *Bischofskirche* nach römischem Muster heraus. Die Regionen Gwynedd, Powys und Dyfed werden vorübergehend von Hywel Dda („dem Guten", † 950) geeint, zerfallen aber nach seinem Tod wieder. Hywel, der sich eng an das Königreich Wessex anlehnt, gilt als der Initiator der walisischen Rechtsbücher, die freilich erst seit dem späten 12. Jh. aufgezeichnet werden.

Bretagne

An der Nordwestspitze Galliens ist kein Anzeichen einer gallo-keltischen Kontinuität nachzuweisen. Die Einwanderung der Inselkelten in die nach ihnen benannte Bretagne („Aremorica", „Britannia minor") erfolgt in der zweiten Hälfte des 5. Jhs. Aus volkssprachlichen Glossen des 8. und 9. Jh.s ist die Sprache der Einwanderer dem brythonischen Zweig des Keltischen zuzuordnen; sie ist dem Cornischen näher als dem Walisischen. Monastische Siedlungen inselkeltischer Prägung sind seit dem 6. Jh. bezeugt. Im Osten der Aremorica bestehen die Bischofssitze der gallo-römischen Kirche fort (Rennes, Vannes, Nantes). Der kulturelle Einfluß des Karolingerreiches bewirkt die Übernahme der romanischen (später französischen) Sprache durch weltliche und geistliche Oberschichten. Die bretonische Mark der Karolinger wird erstmals 778 erwähnt (Tod des Präfekten Roland). Die Teilung des Landes in der Frühzeit in vier Fürstentümer wird unter dem Druck der karolingischen Bedrohung (Feldzüge 786, 799, 811) überwunden; es entsteht ein Herzogtum. Der Versuch, eine eigene Metropolitanverfassung durchzusetzen (Erzbistum Dol), um den kirchlichen Einfluß der Karolinger auszuschalten, scheitert schließlich 1199. Im 11. Jh. gewinnen die Normannen, dann die Grafen von Anjou, großen Einfluß auf die Geschicke des Herzogtums, das ein Lehen der Kapetinger ist. An der Eroberung Englands durch den Herzog der Normannen sind Bretonen maßgeblich beteiligt. Der kulturelle Austausch mit den inselkeltischen Völkern im Frühmittelalter ist schwach.

Die sogenannte keltische Kontinuität

Das Problem der keltischen Kontinuität im engeren Sinn ist *sprachlich-literarischer Natur*. In den vier hier behandelten Ländern bleiben die keltischen Sprachen lebendig. Freilich werden sie nur in Irland und Wales von allen Schichten der einheimischen Bevölkerung benutzt und gepflegt. Folglich schlagen sie sich auch dort in literarischen Zeugnissen nieder, da die führenden Schichten literarisches Patronat betreiben. Gleichwohl ist der Übergang von mündlicher Tradierung zu schriftlicher Fixierung selbst ein Zeichen des Wandels. In Irland ist die literarische Tradition sehr konservativ; in Wales zeigen sich starke Einflüsse von außerhalb, besonders durch die lateinische Literatur und Poesie. In der Bretagne sind die Oberschichten der französischen Sprache verpflichtet, in Schottland erliegen die herrschenden Kreise den Einflüssen aus England. Die keltischen Sprachen werden bei den unteren Schichten bzw. im Hochland gepflegt.

Keltische Kontinuität im weiteren Sinn berührt allgemeine *Fragen der Gesellschaft*. Hier ist die Entwicklung von Land zu Land verschieden. Äußere Einflüsse gefährden den Bestand der Sozialstruktur und fördern die Tendenz zu staatlicher Einigung. Die politische Zersplitterung, die mehr oder weniger überwunden wird, ist freilich nichts typisch Keltisches, sondern überlebt lediglich bei den Völkern keltischer Sprache besonders lange. Ein Bewußtsein der Zusammengehörigkeit der keltischen Völker entsteht erstmalig unter dem Druck englischer Expansion im frühen 14. Jh. und ist nur von kurzer Dauer. – *(Forts. S. 463)*

Skandinavien

Übersicht des Gesamtraumes, die Frage der sog. nordischen Einheit

Aus kleinen Stammesverbänden bilden sich während des Frühmittelalters die vier skandinavischen *Nationalstaaten* (Dänemark, Schweden, Norwegen, Island). Die Bewohner Skandinaviens betreiben Fischfang, Viehzucht und in beschränktem Maß Ackerbau (typisch sind Einzelhöfe). Durch die geographische Lage bedingt, betreiben sie seit jeher verhältnismäßig regen Außenhandel (Münzstätten seit dem 9. Jh.).

Im europäischen Rahmen weisen die skandinavischen Völker im Frühmittelalter archaische Züge der altgermanischen Zeit auf, die vor allem durch das unverhältnismäßig lange anhaltende Heidentum bedingt sind. Die aristokratisch geprägte *Gesellschaft* ist kleinräumig unter Häuptlingen organisiert, deren Befugnisse auf militärische und rituelle Funktionen beschränkt sind. Die kleinste soziale Einheit der Gesellschaft ist die Sippe als Friedensgemeinschaft. Die Häuptlinge werden aus dem Sippenverband gewählt, was blutige Streitigkeiten zwischen Rivalen fördert. In Skandinavien besteht das altgermanische Thing (Volks- und Gerichtsversammlung) fort.

Bevölkerungszuwachs (durch Rodungen bezeugt), Fortschritte im Schiffsbau sowie Ansätze zur Überwindung der politischen Zersplitterung führen seit dem ausgehenden 8. Jh. zu erheblichen Bevölkerungsverschiebungen, die die Grenzen Skandinaviens überschreiten. Nach anfänglichen Raubzügen und Plünderungen lassen sich skandinavische Gruppen an den Küsten Europas nieder und vermischen sich allmählich mit der fremden Bevölkerung. Der fortgesetzte Handel bleibt nicht ohne Rückwirkungen auf die skandinavischen Länder, deren Verbindungen mit den europäischen Völkern enger werden. Skandinavien tritt aus der Geschichtslosigkeit heraus. Die seit dem 9. Jh. organisierte *christliche Mission* führt zu einer Abhängigkeit von der fränkischen Kirche, aus der sich Skandinavien erst im Hochmittelalter lösen kann. Mit der christlichen Religion gelangt auch das lateinische Alphabet in diese Länder. Die hochentwickelte, bis dahin mündlich überlieferte *Kultur* wird allmählich schriftlich aufgezeichnet; wichtiges altgermanisches Gut ist in volkssprachlichen Überlieferungen Skandinaviens erhalten.

Wesentliche Gemeinsamkeiten in Sprache und Kultur geben den nordischen Völkern im Frühmittelalter eine gewisse *Einheitlichkeit,* die von den Zeitgenossen allerdings kaum als solche empfunden wird. Es gibt aber auch erhebliche lokale und regionale Unterschiede. So ist besonders Dänemark durch seine Grenze mit dem Frankenreich in der Frühzeit besser bekannt als die anderen Länder. Dieses Land ist auch am dichtesten besiedelt und entwickelt eine dynamische Politik, die zeitweilig zu einer über Skandinavien hinausgreifenden Vormachtstellung führt. Auch kommt es in Dänemark nicht, wie in den Nachbarländern, zu einer Herausbildung des Jarltums (Kleinfürsten). Die Dynastien der skandinavischen Länder sind eng miteinander verwandt und bekämpfen sich auf das heftigste.

Die nordische Frühzeit

	Die Entwicklung Skandinaviens in der Frühzeit ist nur in Umrissen zu erkennen.
um 500	Die *Dänen* sind bezeugt in Schonen und auf den Inseln.
	Sie breiten sich in der Folgezeit über Jütland aus (von dort sind die Angeln nach Britannien abgezogen). Das bedeutendste Stammesreich in *Schweden* ist das der Svear im Mälargebiet (um Uppsala) mit dem Haus der Ynglinge.
6. Jh.	Sie breiten sich an der baltischen Küste und in Gotland aus (550–800 Vendelzeit). Das angelsächsische Epos „Beowulf" berichtet von Kämpfen der Svear mit den Geatas (Goten?) und in Südschweden (West- und Ostgötaland).
seit	Die Ynglinge greifen nach *Norwegen* über.
etwa 650	Versuche, die Aufsplitterung der Länder in Kleinstherrschaften zu überwinden und zur staatlichen Einigung fortzuschreiten (ein wichtiger Anstoß zu den Wikingerzügen) sowie erste Missionsversuche im frühen 9. Jh. bringen das Ende der Frühzeit.

Die Wikingerzeit

In den skandinavischen Ländern ist die Wikingerzeit die Epoche der sog. Reichssammlung („rikssamling"); sie vollzieht sich unter schweren inneren und äußeren Kämpfen, wobei Dänemark die wichtigste Rolle zufällt. Zeitgenössische fränkische und englische Quellen berichten davon.

Schweden

Die schwedische Geschichte dieser Zeit ist schwer zu entwirren. Das Zentrum des Reiches bildet der Handelsplatz Birka im Mälarsee. Die Ausdehnung nach Jütland im 9. Jh. ist von kurzer Dauer, stärker sind die Bande über die Ostsee mit den baltischen Ländern. 1008 wird *Olaf Schoßkönig* (995–1022) getauft.

Norwegen

Zu Beginn der Wikingerzeit erfolgt die norwegische Besiedlung der Orkneys und Shetlands (weiteres Ausgreifen über die Hebriden bis zur Insel Man im 9. Jh.).

Um 872	König *Harald I. Schönhaar* (860–933, * 850) ein Ynglinger, eint die Kleinstämme Norwegens (Anstoß zur Besiedlung Islands).
	Sein Sohn *Erich I. Blutaxt* (930–935) kann sich mit Gewalt nicht durchsetzen. Er wird von Haakon I. (935–959) vertrieben und wird 954 in Northumbria ermordet. Die inneren Kämpfe geben den Dänen Gelegenheit, ihre Oberhoheit über Norwegen zu errichten.
991	Olaf I. Tryggvasson (995–1000) versucht, seine Herrschaft nach England auszudehnen.
1015–1030	**König Olaf II. der Heilige** (* 995).
	Er christianisiert sein Reich gewaltsam, kann die Alleinherrschaft gewinnen und sich vorübergehend von Dänemark lösen.

Skandinavien – Nordische Frühzeit – Wikingerzeit   *371*

Die Normannen/Wikinger

Als *Normannen* (Nordmänner) oder *Wikinger* bezeichnen die Zeitgenossen die Menschen aus Dänemark und Norwegen, die seit dem Ende des 8. Jh.s, noch nicht christianisiert, in Raub- und Plünderzügen die Küsten und Flußläufe Westeuropas heimsuchen (793 Überfall des Inselklosters Lindisfarne an der Nordostküste Englands). Neben Abenteuerlust und Suche nach Beute gilt auch die Unwilligkeit, sich der erstarkenden Königsmacht im Heimatland zu unterwerfen, als Anstoß für die Wikingerfahrten, die durch eine hochentwickelte Seefahrtstechnik (8. Jh. Segelschiff mit flachem Kiel ermöglicht Flußfahrt) eine neue Intensität erreichen.
Den häufigen Plünderzügen folgt seit der Mitte des 9. Jh.s die Siedlung an den Küsten Westeuropas, die zu einem allmählichen Zusammenleben mit der christlichen Bevölkerung führt. Die verkehrstechnische Überlegenheit der Wikinger kommt einem ausgedehnten Handel zugute, der sich in der Anlage von Handelsplätzen und Städten niederschlägt. Die Ausdehnung der schwedischen Wikinger (*Waräger* = Eidgenossen) nach Südosten, die weniger ausgeprägte kriegerische Züge hat, führt zur Staatsbildung der *Rurikiden* durch Oleg (879–912) und damit zur Grundlegung des russischen Reiches im Osten. Entsprechend entsteht an der Nordküste Frankreichs das Reich *Rollos* (911), der Ausgangspunkt der späteren Normandie. Zu den bleibenden historischen Leistungen der Wikinger gehört neben der Anregung des Handels und der Staatengründung auch eine Erweiterung des Weltbildes auf vier Kontinente.

Dänemark

804–810	**König Gotfrid von Dänemark.**
	Er führt schwere Kämpfe mit den Obodriten, den Verbündeten Karls des Großen. Er kann seine Eigenständigkeit bewahren und legt zum Schutz der Eidergrenze das erste Danewerk an.
826	Sein Nachfolger *Harald* nimmt das Christentum an.
	Unter ihm kommt es zu ersten Missionsversuchen (Ansgar, „Apostel des Nordens", * um 801, † 865); das organisatorische Zentrum ist das 831 gegründete Erzbistum Hamburg. Dennoch hält sich die heidnische Religion weiter.
Mitte 9. Jh.	Dann erleiden die Dänen einen Rückschlag, dadurch daß der Schwedenkönig Olaf nach Jütland übergreift und das Handelszentrum Haithabu für drei Generationen unter schwedische Herrschaft bringt.
934	Jütland wird erst unter *Gorm dem Alten* († um 945) und seiner Gemahlin Thyra wieder dänisch.
	Sein Sohn *Harald Blauzahn* (um 945–986) gewinnt die östlichen Inseln und Südschweden.
um 970	Dann kann er das norwegische Ostland (Viken) seinem Reich angliedern und das übrige Norwegen seiner Oberhoheit unterstellen.
983	Im Rahmen des großen Slawenaufstandes gegen die Ottonen gelingt ihm ein weiteres Vorrücken der Südgrenze.
	Innere Machtkämpfe können nach seinem Tod den dänischen Aufstieg nur vorübergehend hemmen. Durch eine Allianz mit Schwedens Olaf Schoßkönig (995–1022) gegen den Norweger Olaf Tryggvasson (995–1000) wird die Oberhoheit über Norwegen gefestigt.
1013	Die Dänen erobern England.
1018–1035	**Knut der Große, König von Dänemark** und England (seit 1016).
	Unter ihm Höhepunkt der Dänenherrschaft.

Island

Die ältesten bezeugten Bewohner Islands sind keltische Mönche; seit 875 erfolgt im Rahmen der Wikingerzüge die Landnahme durch heidnische Scharen, vornehmlich aus *Norwegen*. Sie vollzieht sich während eines halben Jh.s. Es handelt sich in erster Linie um Adlige mit ihrem Gefolge, die sich den Zentralisierungsplänen Harald Schönhaars (860–933) in Norwegen entziehen. Das verhältnismäßig milde Klima der Insel ermöglicht Viehzucht, doch kaum Getreidebau. Die Besiedlung erfolgt in Form von Einzelgehöften (keine Dörfer). Der Kontakt mit Norwegen (Handel) bleibt bestehen. Während das in Skandinavien allgemein verbreitete Thing übernommen wird, bildet sich auf der Insel gleichwohl eine eigene Staatsform heraus. Im Laufe des 10. Jh.s kommt es allmählich zum Zusammenschluß der 39 Godenverbände („Gode" = Tempelherr, Sippenvorstand mit religiösen und gerichtlichen Funktionen) und zur Bezirksverfassung (965). Die Insel wird in 4 Viertel geteilt. Die Verfassung ist herrschaftlich geprägt; es kommt nicht zur Ausbildung eines Königtums.
Die *Missionierung* der heidnischen Isländer beginnt am Ende des 10. Jh.s auf Initiative Olaf Tryggvassons von Norwegen. 1000 wird das Christentum durch Thingbeschluß angenommen. Seit der Mitte des 10. Jh.s erfreut sich die Insel einer langen Friedenszeit. Von Island aus wird durch *Erik den Roten* Grönland (982) und durch dessen Sohn *Leif* Amerika (1000) entdeckt. – *(Forts. S. 471)*

372 Mittelalter – Frühmittelalter

Ost- und Südosteuropa (374–1025)
(Forts. v. S. 271, 278, 283)

Entscheidende Merkmale dieser Epoche sind: Eindringen der Turkvölker, Abwanderung der Germanen, Landnahme der Slawen bis zu Ostsee, Adria, Balkan und oberer Wolga, Anfänge slawischer Staatenbildungen sowie Angliederung der osteuropäischen Völker an die antik-christlich bestimmte Kulturwelt. Die Eindämmung der Gefahren von seiten der Nomadenvölker durch Byzanz und das Eingreifen der Skandinavier in der russischen Tiefebene verleihen mit der Aufnahme des Christentums und der überlegenen Ordnungsformen der christlichen Imperien dem sich bildenden „Osteuropa" die „europäischen" Züge.

Vom Hunneneinfall bis zu den Bulgarenreichen (374–650/1018)

um 350	Die **Hunnen** brechen aus unbekannten Gründen unter Balamir (oder Balamber) über die Wolga vor und vernichten das starke Reich der sarmatischen *Alanen* an Terek, Kuban und unterem Don.
375	Dann greifen sie die Ostgotenherrschaft des greisen *Ermanarich* zwischen Don und Dnjestr an. Sie dehnen ihre Herrschaft in der Folge über die Karpaten bis in die Donau- und Theißebene aus (Unterwerfung der Gepiden), wohin sich der Schwerpunkt aus Südrußland verlagert.
	Tributzahlungen und Verträge mit wirtschaftlichen Zugeständnissen sichern dem Römischen Imperium vorübergehend Ruhe an der Nordgrenze zu (Hunnenzüge nach Persien).
seit 441	Eroberungen auf der Balkanhalbinsel unter Attila.
445/446	Er reißt die Alleinherrschaft an sich.
	Nach Attilas Tod (453) *Auflösung der hunnischen Herrenschicht* und teilweise Rückzug nach Südrußland, wo sich unter den Attilasöhnen Dengizich (bis 468) und Irnek eine Restherrschaft hält. Die Hunnen verschmelzen mit den von Osten nachdrängenden Turkvölkern (u. a. Saraguren, Oguren, Onoguren, oft als Verbündete der Byzantiner gegen die Perser benutzt) zum Volk der Bulgaren.
482	Bulgaren werden von Byzanz erstmals aus Südrußland gegen die Ostgoten aufgeboten. Teile der Hunnen verbleiben im Donauraum und gehen in den nachfolgenden Germanen und Steppenvölkern *(Awaren)* auf.

Die direkten Folgen des Hunneneinfalls

Der südrussische Steppenweg ist seither zum Einfallstor für eine ununterbrochene Kette neuer türkisch-mongolischer Nomadenvölker geworden, die durch ihre überlegene Kriegstechnik eine ständige Bedrohung der europäischen Völker- und Staatenwelt, mindestens in ihren östlichen Teilen, darstellen und seit dem 13. Jh. das Gesicht der russischen Reichsbildung entscheidend beeinflussen. Der *Wanderzug der Ostgermanen* in die osteuropäische Tiefebene wird unterbrochen, *nach Süden und Westen abgelenkt* und führt zur Errichtung germanischer Herrschaften auf weströmischem Boden, bis schließlich das Eindringen nordgermanischer Kriegerkaufleute in die osteuropäische Tiefebene seit dem 9. Jh. eine neue Welle germanischer Machtentfaltung einleitet. Die schnelle *Ausbreitung und Landnahme der Slawen* als selbständiger Kolonisationsvorgang, teilweise auch im Gefolge der erobernden Türkvölker, beginnt und erreicht noch während des 6. und 7. Jh.s im Süden und Westen die Grenzen der Kulturwelt sowie im Norden das Gebiet der oberen Wolga.

558	In der Reihe der türkisch-mongolischen Steppenvölker erscheinen nach der Bildung des Bulgarenvolkes in Südrußland die **Awaren,** zunächst als Bundesgenossen der Byzantiner, bald als ihre gefährlichsten Feinde, und drängen von ihren Wohnsitzen im Kaukasus an die
562	Donau vor. Ihr erster Vorstoß gegen das Frankenreich scheitert am Widerstand König Sigiberts in Thüringen.
567	Im Bund mit den Langobarden, die sich darauf nach Italien wenden, vernichten die Awaren das Reich der *Gepiden,* deren Sitze in Dakien und Pannonien unter dem Kagan Bajan (565–602) zum Zentrum einer sich von der Wolga bis zu den Ostgrenzen des Frankenreiches erstreckenden Herrschaft werden, der auch der erste politische Verband der Slawen, die Anten, erliegt.
seit 514/518	Unter awarischer Führung nehmen die ständigen Einfälle hunnisch-bulgarischer (seit 514) und slawischer (seit 518) Scharen in die oströmischen Donauprovinzen für Byzanz einen höchst bedrohlichen Charakter an:

Ost- und Südosteuropa – Vom Hunneneinfall bis zu den Bulgarenreichen *373*

582 Sirmium wird erobert.
601 Erst spät gelingt den Byzantinern der Gegenstoß bis zur Theiß.
Der Angriff der Perser und innerbyzantinische Wirren ermöglichen neue Vorstöße der Awaren:
610 Vorstoß gegen Friaul,
626 gemeinsam mit den Persern Zug gegen Konstantinopel.
Den anfänglichen Raubzügen folgt die dauernde Niederlassung der Slawen auf dem ganzen Balkan einschließlich der Peloponnes im 7. Jh.
Gegen die Persergefahr und die Barbaren aus dem Norden sowie zur Sicherung seines Handels mit Indien und China findet Byzanz vorübergehend Erleichterung in der Herbeirufung der **Türken** (567) gegen die Awaren und auch im Bündnis mit dem Frankenreich.
626 Die Schwächung der Awarenmacht spiegelt sich in ihrer militärischen Niederlage vor Konstantinopel.
Außerdem kommt es zu Aufständen der Slawen im Westen (Zentrum wahrscheinlich in Mähren) unter Führung des fränkischen Kaufmanns *Samo* († um 660) und der Bulgaren in Südrußland, wo sich ein **Großbulgarisches Reich** unter Kovrat (oder Kubrat; seit etwa 619 byzantinischer Parteigänger, † 642) gebildet hat.
Auch die Wanderung der Serben und Kroaten aus den Gebieten nördlich der Karpaten und ihre Ansiedlung auf dem Balkan durch Herakleios (Kaiser 610–641) bringt dem Byzantinischen Reich eine große Entlastung. Das Awarenreich im Donauraum überlebt die kurze Herrschaft Samos und besteht fort bis zur Vernichtung durch Karl den Großen 791–796.
um 650 Ende des Großbulgarischen Reiches durch die von Ostrom gegen die Perser seit 626 eingesetzten innerasiatischen *Chazaren*.

Das Reich der Chazaren

Das Chazarenreich bildet sich an der unteren Wolga und im Kaukasus; die Herrschaft der Chazaren breitet sich während des 8. und 9. Jh.s bis zum oberen Dnjepr aus, sie stehen wiederholt in politisch-dynastischen Beziehungen zum byzantinischen Hof. Griechisch-missionarische Einflüsse im Chazarenland; Vermittlerrolle im Handel zwischen Orient und Norden, Hauptstadt Balanger, seit 730 Itil an der Wolgamündung. Seit etwa 860 Anhänger der jüdischen Lehre. Niedergang in der 2. Hälfte des 9. Jh.s durch Konkurrenz der warägischen Reichsgründung am Dnjepr, Durchzug der Magyaren und dann Einzug der Petschenegen.

Seit etwa 650 Mit der Auflösung der bulgarischen Macht in Südrußland erfolgt die *Abwanderung bulgarischer Stämme:* 1. An die mittlere Wolga: Entstehung des **Wolgabulgarischen Reichs** mit der wichtigen Handelsmetropole Bolgar als Hauptstadt nahe der Mündung der Kama in die Wolga. Zu Beginn des 10. Jh.s Annahme des Islam, Niedergang und Ende durch die Mongolen. – 2. Nach Pannonien: Vereinigung mit den übrigen Bulgaren unter awarischer Herrschaft; nach deren Ende Aufgehen im bulgarischen Reich. – 3. Nach Mazedonien: Aufgehen in den Balkanslawen. – 4. Nach Benevent und v. a. 5. unter Asparuch (Isperich; * 641, † 702) über die Donau nach dem Balkan; Unterwerfung der eingewanderten Slawen.

Das Bulgarische Reich südlich der Donau (680–1018)

680 Begründung des *Donaubulgarischen Reichs* zwischen Isker, Balkan und Schwarzem Meer bis zu den Grenzen der Awaren und Chazaren im Norden nach dem Friedensschluß mit Byzanz, das sich durch jährliche Tribute den Frieden erkauft.
Schwerpunkt südlich der Donau; Hauptstadt Pliska; die Verwaltung liegt in Händen der *bulgarischen Herrscher- und Militärkaste,* die bis zum Beginn des 9. Jh.s von den Slawen streng geschieden bleibt; die Nähe von Byzanz ist bedeutsam.
8. Jh. Die Chane Tervel (702–718/719) und Kormisos (740–756) sind durch Felsreliefs (von Madara) und (nach türkisch-iranischer Tradition) Chronikinschriften (protobulgarisch) bekannt. Seit Mitte 8. Jh. Schwächeperiode durch Angriffe von Byzanz.
9. Jh. Konsolidierung unter den Chanen Krum (802–814) und Omurtag (814–831), danach: *Reformen nach byzantinischem Muster* zur Stärkung der Stellung des Herrschers und zur Beseitigung des Einflusses des konkurrierenden bulgarischen Adels (dadurch *Slawisierung* des Staates) sowie – nach dem Untergang des Awarenreiches und dem Vorschieben der Grenzen über Siebenbürgen bis zur Theiß – *militärische Unternehmungen gegen Byzanz* (811 Kaiser *Nikephoros* besiegt und erschlagen, 813 Konstantinopel gefährdet), später gegen das Frankenreich.
Die Palastbauten der Hauptstadt *Pliska* zeigen den Übergang von hunnischen zu byzantinischen Formen, vom Holz- zum Steinbau.

374   Mittelalter – Frühmittelalter

Stärkung des bulgarischen Prestiges unter den Balkanslawen und erste vorübergehende Ansätze zur Staatsbildung bei den *Serben* der Raška mit allmählicher Christianisierung durch Byzanz (staatliche Selbständigkeit wird hier jedoch erst im 11. Jh. erreicht).

852–889 Chan Boris I. (852–889) sucht Anschluß an die westliche Christenheit (856, 864 Bündnis mit Ludwig dem Deutschen gegen Mähren), muß sich aber der Übermacht des byzantinischen Kaisers beugen, dessen Namen Michael er in der Taufe 864 annimmt:

870 Definitive *Eingliederung Bulgariens in die byzantinische Kirchenorganisation* (Erzbistum mit 7 Diözesen).

Pflege der slawischen Liturgie und der Missionsarbeit der Schüler der mährischen Slawenapostel Kyrillos und Methodios. Die Grundlagen zur slawischen Literaturblüte werden gelegt; *Bulgarien wird zu einem slawisch-christlichen Staat* mit einer neuen Hauptstadt, Preslaw, in deren prachtvollen Palästen und Kirchen der byzantinische Kunsteinfluß dominiert (ebenso in der Basilika von Pliska); 906 letzte erhaltene Inschrift in glagolitischen Zeichen.

893–927 Höhe der Entfaltung unter dem griechisch gebildeten und erzogenen **Symeon d. Gr.** Unter ihm entsteht in Ochrid ein weiteres Kulturzentrum. Symeons (vergebliches) Ziel ist es, *das Byzantinische Reich zu erobern und zu erneuern: Vier Kriege* (894–896; 913; 914–923; 926–927). Handelsinteressen bilden den Anlaß zur Eröffnung des Krieges mit Byzanz.

Dieses ruft die Magyaren aus Südrußland gegen Bulgarien herbei, worauf sich Symeon mit

894–896 dem türkischen Nomadenvolk der Petschenegen verbindet.

913 Belagerung von Konstantinopel und Triumph Symeons: In den Friedensverhandlungen wird Symeon die Kaiserkrone (Titel als Basileus von Bulgarien) zugestanden und die Eheverbindung seiner Tochter mit Kaiser Konstantin VII. versprochen.

Tribute und territoriale Konzessionen der Byzantiner. Da Byzanz diese Zusagen bricht, entsteht ein neuer Krieg: Symeon macht sich zunächst

917/918 zum Herrn der ganzen Balkanhalbinsel, scheitert aber am Widerstand des neuen byzantinischen Kaisers Romanos Lakapenos (920).

Proklamation eines bulgarischen Patriarchats auf einer Synode bulgarischer Bischöfe.

924 Friedensschluß mit byzantinischer Tributzahlung; Ausweitung der bulgarischen Macht auf dem Balkan durch Siege über die Serben.

Im Westen werden Bulgarien Grenzen gezogen durch Begründung eines selbständigen *kroatischen Königreichs* unter Tomislav (910–928) zwischen Adria und Drau.

927–969 *Rascher Verfall des durch Kriege erschöpften Bulgarien unter Peter:* Der bulgarische Einfluß auf den Balkan wird durch den byzantinischen ersetzt, dem Bulgarien selbst völlig erliegt (lange Friedensperiode; Höhepunkt der Christianisierung).

Aber durch Anwachsen des geistlichen und weltlichen Großgrundbesitzes entsteht die sozial-religiöse Bewegung der *Bogumilensekte* (nach dem Muster der armenischen Paulikianer) mit der Lehre der Lebensverneinung, die von der Kirche bekämpft wird, aber eine große Anhängerschaft gewinnt. Verwüstung des Landes durch Magyaren und Petschenegen, innere Aufstände und Heere des mit den Byzantinern verbündeten russischen Großfürsten *Swjatoslaw von Kiew* (962–972), der darauf die Erneuerung des Bulgarischen Reiches zu seiner eigenen Aufgabe macht und erstmals die russische Balkanpolitik der Neuzeit ohne Erfolg zu verwirklichen sucht.

972 Nach Vertreibung Swjatoslaws durch die Byzantiner ist Ostbulgarien byzantinische Provinz; Aufhebung des Patriarchats und Unterstellung unter Konstantinopel.

972–1014 Dagegen hält sich in Westbulgarien unter *Samuel,* gestützt auf die Bogumilen, eine bulgarische Herrschaft (Hauptstadt Prespa, später Ochrid; Patriarchat nach Ochrid verlegt).

Von hier aus beginnt der Kampf um die Wiederherstellung des Bulgarischen Reiches zunächst mit einer erfolgreichen Expansion bis Larissa, Durazzo (989) und zeitweise bis zum Schwarzen Meer, worauf der byzantinische Kaiser *Basileios II.* (976–1025), der „Bulgarentöter", den grausamen Vernichtungskrieg eröffnet.

1018 Dieser endet nach Samuels Tod mit der **Einverleibung Bulgariens in das Byzantinische Reich.** – *(Forts. S. 484)*

Die Ungarn und die Ausbreitung der Slawen

Ungarn

Die Gründung des Ungarischen Reichs vollzieht sich auf den Trümmern des Mährischen Reichs in der slawisch besiedelten Pannonischen Tiefebene während des 10. Jh.s. Aus ihren Wohnsitzen zwischen Don und Dnjepr, wahrscheinlich in Abhängigkeit von den Chazaren, nach der Mitte des 9. Jh.s von den Petschenegen vertrieben, erreichen die *Magyaren, ein ugro-finnisches Volk mit einer türkischen Oberschicht,* nach frühem Vordringen einzelner Abteilungen nach Westen, die untere Donau.

Ost- und Südosteuropa – Ungarn und Ausbreitung der Slawen   *375*

889 Sie greifen als Bundesgenossen von Byzanz nach unglücklichen Kämpfen mit Bulgaren und Petschenegen (895–896) unter Árpád (**Arpaden** bis 1301) nach Pannonien hinüber.

896–907 Lösung der Bindung an die Chazaren und Westorientierung durch Bündnisse mit dem Ostfränkischen (892) und Byzantinischen Reich (895) leiten die Landnahme der sieben magyarischen Stämme und der chazarischen Kabaren an Theiß und mittlerer Donau ein.

899–955 Die Puszta wird zur Basis der ständigen Angriffsfeldzüge dieser Steppennomaden gegen das Abendland und Byzanz:
Besonders wird das ostfränkische Gebiet (zweiunddreißigmal heimgesucht, daneben Italien (924), Lothringen, Westfranken, Burgund, Spanien.

934 Sie erscheinen auch vor Konstantinopel.

955 Nach dem Verfall der Zentralgewalt *fördert die Niederlage bei Augsburg Seßhaftwerdung und Christianisierung* (erste ungarische Fürsten 948 von Byzanz getauft; 972 unter Géza, Árpáds Urenkel, Einsetzen der bayrischen Mission).
Nach der von Géza eingeleiteten engen Verbindung zum bayrischen Herzogshaus (995 Ehe von Gézas Sohn mit Gisela, der Tochter Heinrichs II. von Bayern, des Zänkers) erfolgt unter **Stephan I., dem Heiligen** (997–1038, 1083 kanonisiert), die feste Angliederung des ungarischen Volkes an die *westliche Christenheit* durch Begründung des Erzbistums Gran,

1001 und Stephan wird mit der vom Papst übersandten Krone zugleich zum König gekrönt (Ausdruck und Erfolg der Renovatio-Konzeption Ottos III.).

11. Jh. Missionierung unter deutscher Beteiligung, Benediktiner als Helfer. Einführung der Grafschaftsfassung zur Stärkung der Zentralgewalt und Finanzkraft gegenüber den heidnischen und partikularen Feudalgewalten. Thronwirren, heidnische Reaktionen (1046 und 1061) sowie Einfälle der Petschenegen (1067–1068) und der Kumanen (1071–1072) schwächen vorübergehend Ungarn (1044 lehnsabhängig vom Römisch-deutschen Reich; 1058 Unabhängigkeit definitiv anerkannt), leiten aber nach Erneuerung der Königswürde unter Andreas I. (1047–1061), Béla I. (1061–1063) und Géza (1074–1077), der sein Königsdiadem von Byzanz – den untere Teil der jetzigen Stephanskrone – erhält, zu einer neuen Periode der Machtentfaltung über.
Unter Ladislaus I. (1077–1095), der mit Unterstützung Gregors VII. Königsmacht und

1091 Kirchenzucht wiederherstellt, wird Binnenkroatien (bis zum Gvozd) angegliedert.

1095–1114 *Koloman I.* läßt sich in Biograd (in Dalmatien) zum König der Kroaten krönen und gewinnt auch den Venedig unterstehenden Teil der dalmatinischen Städte (1097–1102).

1102 Kroatien wird durch die *Pacta conventa* dauernd in Personalunion Teil des Ungarischen Reichs. – *(Forts. S. 482)*

Ausbreitung und Landnahme der Slawen

Unter und hinter der Kontrolle der türkischen Steppenvölker vollzieht sich seit dem Ausgang des 4. Jh.s die Ausbreitung und Landnahme der Slawen. Nach Süden durch die Mährische Pforte und Pannonien bzw. östlich des Karpatenbogens: Um 500 in der Dobrudscha, im 6. Jh. fortgesetzte Einfälle über die Donau nach Thrakien, Makedonien, Griechenland, Dalmatien mit anschließender Kolonisierung dieser Gebiete, in denen Mitte des 7. Jh.s die Slawisierung beendet ist. Eine Ausnahme bilden die alten römischen Städte an der dalmatinischen Küste, deren Bevölkerung erst später im wesentlichen slawisiert ist, unter Aufrechterhaltung der römischen Stadtrechtsverfassung.
Die Rehellenisierung Griechenlands ist, infolge zahlenmäßig schwacher Slaweneinwanderung, von den Städten aus mit Hilfe der orthodoxen Mission bis Ende des 10. Jh.s vollzogen; ähnlich in Transsilvanien und der Walachei Romanisierung der dünnen Slawenschicht. Nach Westen werden noch während des 6. Jh.s Elbe und Ostalpen (Berührung mit Restgermanen in Ostdeutschland), nach Nordosten zur gleichen Zeit die Gebiete um Ilmensee und obere Wolga erreicht.
Die Weiträumigkeit und die Verschiedenheit der historischen Voraussetzungen führen zur Bildung der geschichtlich bekannten Gruppierung von Stämmen und Völkern; *Südslawen:* Slowenen, Kroaten, Serben, Bulgaren; *Westslawen:* Polen, Pomoranen, Nordwestslawen (zwischen Oder und Elbe), Sorben, Tschechen und Slowaken; *Ostslawen:* Russen mit ihren späteren, historisch bedingten Zweigen der Ukrainer, Weißrussen und Großrussen.
Diese weitläufige Aufspaltung der Slawen wird weiterhin bedingt durch die ständige Differenzierung der Dialekte (Übernahme des Namens Karls des Großen zur Bezeichnung „Herrscher" eine der letzten gemeinslawischen Entlehnungen) und der kulturellen Grundlagen: Übergang vom Sippenverband zu territorialen Gemeinschaften in durch ständige Rodung erweiterten Offenlandschaften, mit sozialer Gliederung in Adel, Freie und Sklaven, teilweise demokratischen Lebensformen (Volksversammlung) und frühem Auftreten von Gaufürsten; Burgbezirksverfassung; Kriegstüchtigkeit, Piraterie in Ägäis und Ostsee; Handwerk: Metallarbeit, Textilien, Keramik vorwiegend unter dem Einfluß der Nachbarn entwickelt; Handel mit Frankenreich und Orient, Märkte mit Stadtcharakter in Anlehnung an Burgen; primitiver Naturkult und Ahnenverehrung, später (unter nordgermanischem Einfluß?) z.B. bei Nordwestslawen Götterbilder, Tempel und Priesterkaste; keine Schrift vor Einführung des Christentums.

376   Mittelalter – Frühmittelalter

Nach ersten Herrschaftsbildungen der slawischen Wander- bzw. frühen Landnahmezeit (u. a. Verband der Anten in Südrußland, der Kroaten am Nordrand der Karpaten) und nach dem Zusammenbruch der Awarenmacht erfolgt zum Abschluß dieser Periode im Wirkungsbereich der griechisch-byzantinischen und der romanisch-germanischen Kultur- und Missionstätigkeit sowie der durch den arabischen Handel geförderten skandinavischen Expansion durch tatkräftige Dynastien *die Bildung dauerhafter Großreiche.* Ihre Einbeziehung in das diplomatische Spiel der führenden Kulturmächte dieser Zeit wird zu einem Vorgang von eminenter Bedeutung: Die Annahme der christlichen Lehre sowie die Nachahmung und Einführung bewährter Ordnungsprinzipien der als Muster dienenden Kulturwelt leiten den *Prozeß der „Europäisierung" der osteuropäischen Staaten- und Völkerwelt* ein, der um die Jahrtausendwende für fast alle Slawen und die Magyaren seinen ersten Abschluß findet.

Ausgelöst wird diese Entwicklung durch Karls des Großen Awarensieg (795–796), wodurch es zum Machtanstieg des Donaubulgarischen Reiches (gemeinsame Grenzen mit dem Frankenreich in der Theißebene) und zur Entstehung des mährischen Staatsgebildes kommt, die beide in das Spannungsfeld der politisch-diplomatischen und missionarischen Bestrebungen der führenden Großmächte, des Karolingischen und des Oströmischen Imperiums, geraten.

Böhmen

seit 6. Jh. Slaweneinwanderung.
7. Jh. Böhmen ist Teil des Reiches von Samo (623–658).
8./9. Jh. Die Oberhoheit des karolingischen Imperiums ist nach dem Sieg Karls des Großen über die Awaren (791–796) besonders durch die Macht des Mährischen Reichs gefährdet.
845 Huldigung von 14 tschechischen Fürsten vor Ludwig dem Deutschen.
Böhmen wird Glied des mährischen Herrschaftsbereichs und sucht sich der fränkischen Oberherrschaft vorübergehend mit Erfolg zu entziehen. In Böhmen vollzieht sich noch in der 2. Hälfte des 9. Jh.s die Überwindung des Stammespartikularismus durch das Geschlecht der **Přemysliden** (bis 1306; sagenhafter Stammvater Přemysl) aus tschechischem Stamm (um Vyšehrad und Prag an der Moldau).
um 874 Dessen erster historisch bezeugter Fürst Bořivoj wird unter mährischer Hoheit von Methodios getauft.
895 Es huldigen dem fränkischen König Arnulf in Regensburg der přemyslidische Fürst Spytihněv sowie Witizla (vielleicht Vorfahre Slavniks?) angesichts des Niedergangs des Mährischen Reichs und schließen sich unter dem Eindruck der Ungarngefahr dem Ostfrankenreich an. – *(Forts. S. 476)*

Mähren

Mähren, im Besitz der Kontrolle der wichtigen Handelsstraßen über den Jablunkapaß, wird unter der Dynastie der *Mojmiriden* (Mojmír 830–846, wahrscheinlich schon Christ, unter der Tributhoheit des Fränkischen Reiches und in freundschaftlicher Verbindung zur bayrischen Kirche) nach einem Aufstand gegen die fränkische Oberhoheit und nach der Einsetzung Rastislavs (846–870), des Neffen Mojmírs, durch Ludwig den Deutschen (846) rasch selbständig und infolge geschickter Ausnutzung der innerfränkischen Gegensätze zur *führenden Macht unter den Slawen* längs der Ostgrenze des Frankenreiches (Ausdehnung der Herrschaft über mindestens Böhmen und Nordungarn, ständige Erhebungen aller Slawen zwischen Ostsee und Adria; unglückliche und erfolglose Kriegszüge Ludwigs des Deutschen gegen Mähren und Böhmen). Eindrucksvolle Zeugnisse von Kulturhöhe und Reichtum dieser Herrschaft bilden die überraschenden archäologischen Entdeckungen von zahlreichen ausgedehnten und dichtbesiedelten *Burgstädten* (teilweise von 50 ha Größe und mehr!) im Gebiet der unteren March (Mikulčice, Pohansko, Uherské Hradiště [Ungarisch-Hradisch]), wo in den letzten Jahren die Fundamente vieler Kirchen verschiedenen Typs (in Mikulčice bisher 11), teilweise noch aus der ersten Hälfte des 9. Jh.s neben weltlichen Steinbauten, zahllose Gräber mit kostbaren Beigaben und reiche Zeugnisse für gewerbliche Tätigkeit der Bevölkerung gefunden worden sind. Um sich der Macht des fränkischen Königtums und dem Einfluß der bairisch-ostfränkischen Kirche zu entziehen, sucht Rastislav *Anlehnung an Byzanz,* was zum sofortigen Bündnis zwischen dem Ostfränkischen Reich und Bulgarien (864) führt, und beruft für die Ausbreitung der christlichen Lehre in Mähren die *Slawenapostel Konstantin (Kyrillos;* * 826 oder 827) *und Methodios* (Griechen aus Saloniki, von Photios entsandt).

Kyrillos und Methodios

Diese begründen unter Billigung Roms eine von Ostfranken unabhängige **Kirchenorganistion** mit slawischer Liturgie: Es kommt zur erfolgreichen Einführung einer *slawischen Liturgie- und Literatursprache* auf der Grundlage des südslawischen Dialekts aus der Umgebung von Saloniki. Die Texte werden in einem neu erschaffenen Alphabet geschrieben, welches aus der griechischen Kursive (unter Benutzung einiger Buchstaben aus orientalischen Schriften) entstanden ist. Ziemlich rasch nacheinander entstehen zwei Typen der neuen Schrift, sog. glagolitisches und sog. kyrillisches Alphabet. Das glagolitische Alphabet ist wahrscheinlich das ältere, obwohl einige Forscher das kyrillische Alphabet für älter halten. Die slawische Liturgie verbreitet sich rasch unter dem mährischen Klerus, und überraschend schnell werden die Evangelien in diese slawische Liturgie- und Literatursprache übersetzt. Konstantin (Kyrillos) stirbt 869, Methodios 885. Die Tat der beiden Brüder hat, trotz des Fehlschlags in Mähren, weltgeschichtliche Bedeutung durch die Aufnahme und Pflege, die dieses *slawische Christentum* in dem inzwischen weitgehend slawisierten Bulgarien und später in Rußland und Serbien findet. In Mähren wird vorübergehend durch den Verrat Svatopluks, des Neffen Rastislavs, der Einfluß des Fränkischen Reichs und seiner Kirche wiederhergestellt.

870–894 Trotzdem setzt *Svatopluk* (870–894) seine Ausdehnungspolitik fort. Böhmen und Schlesien, die Gebiete an der oberen Weichsel und Teile Ungarns gehören zu seiner Herrschaft.

895 Mit dem Tode Svatopluks Niedergang des Mährischen Reiches.
Anschluß der böhmischen Fürsten (Huldigung vor König Arnulf in Regensburg) an das Ostfränkische Reich.

906 Vernichtung Mährens durch die **Ungarn.** Die Errichtung des ungarischen Staates auf slawischem Siedlungsland (Slowaken und Slowenen) wird von nachhaltiger Wirkung für die Aufspaltung der gesamten Slawenwelt.

Polen

Der Zusammenschluß der polnischen Stämme (Poleni = Feldbewohner) zwischen Weichsel und Oder unter dem Geschlecht der **Piasten** (bis 1370 bzw. 16. und 17. Jh. in Masowien und Schlesien; sagenhafter Stammvater; Zentren in Kruschwitz und Gnesen) muß bereits geraume Zeit vor dem ersten Erscheinen dieses auf Großpolen, Kujawien und Masowien ausgedehnten und wohlorganisierten Reichs anläßlich seiner Expansion nach Westen und seines Zusammenstoßes mit Markgraf Gero stattgefunden haben:

963 Mieszko I. (Miseča, etwa 960–992), Kaiser Otto I. tributpflichtig für sein Land zwischen Oder und Warthe, schließt sich nach seiner Heirat mit Dobrawa, der Tochter Boleslavs I. von Böhmen, dem Christentum in westlicher Form an.

966 Taufe Mieszkos I., Errichtung des *Missionsbistums Posen,* dessen Eingliederung von der 968 errichteten Erzdiözese Magdeburg angestrebt wird.
Staat und Kirche bleiben im Einflußbereich der *ottonischen Reichskultur;* dadurch wesentliche Mehrung christlicher Interessen an der Ostgrenze des Römisch-deutschen Reichs, dessen Expansion Mieszko durch formale Anerkennung der kaiserlichen Oberhoheit und Bundesgenossenschaft zu begegnen versteht; Ausweitung der polnischen Hoheitsgrenzen bis zur Ostsee, gemeinsame deutsch-polnische Kriegszüge gegen das (983) vom Reich abgefallene Slawenland (Liutizen und Obodriten zwischen Elbe, Oder und Ostsee) als Auftakt für das Ringen um die Gestaltung Mitteleuropas im 12. Jh.

981 Verlust der Grenzgebiete an Bug und San an das Kiewer Reich.

990 Der Konflikt mit der Přemyslidenmacht führt zur Eroberung Schlesiens und zur Angliederung der Landschaften an der oberen Weichsel (Krakau); zuletzt Unterstellung Polens unter den Schutz des Stuhles Petri.

992–1025 Diese erfolgreiche Politik erfährt ihre Krönung durch **Bolesław I. Chrobry,** der in enger Freundschaft mit *Kaiser Otto III.* dem Piastenreich (um 1000 erstmals als Polonia bezeichnet) die Vormachtstellung innerhalb der christianisierten Slawenwelt an der Ostflanke des Imperiums verschafft (Sclavinia in der Renovatio-Konzeption Ottos III.):

999 Religiöse und politische Motive verbinden sich deutlich und führen nach dem Martyrium des Bischofs Adalbert-Vojtěch (997) – aus dem Geschlecht der Slavnikiden – zur *Errichtung des Erzbistums Gnesen* mit den Diözesen Kolberg, Breslau und Krakau für die eingegliederten Landschaften Pommern, Schlesien und Kleinpolen, in dessen Verband auch Posen (nach 1012) einbezogen wird.

1000 *Zusammenkunft Ottos III. mit Bolesław Chrobry* in Gnesen am Grabe Adalberts als Ausdruck der Renovatio-Politik: Polen Glied des Imperium Romanum, Auszeichnung und Mauritiuslanze an Bolesław, Eheverbindung zwischen Ottonen und Piasten, aber keine Krönung.

nach 1002 Nach dem Tode Ottos III. führen Ansprüche Bolesławs auf das Erbe des 1002 ermordeten Markgrafen Ekkehard von Meißen zum Konflikt mit Heinrich II., an dessen Wahl und Huldigung Bolesław teilnimmt.

1003 Thronwirren in Prag bringen Bolesław, als Sohn der Dobrawa selbst Přemyslidensproß, die Herrschaft über Böhmen und Mähren.

1003–1018 Bolesławs Weigerung, hierfür Heinrich II. den üblichen Lehnseid zu leisten, löst die lang-

378   Mittelalter – Frühmittelalter

dauernden Kriege zwischen dem Reich und den Piasten aus; hieraus geht Bolesław im Frieden von Bautzen 1018 als unabhängiger Herrscher und Herr der Lausitzer Marken sowie Mährens hervor.
Mehrmaliges Eingreifen in die russischen Thronwirren (Besetzung Kiews 1018).

1025   Kurz vor seinem Tod läßt sich Bolesław zum König krönen.

1025–1034 Das Königtum seines Sohnes *Mieszko II.* nimmt durch Konflikte mit Konrad II., Koalitionen der Nachbarmächte und Thronwirren ein jähes Ende.

1033   Wiederherstellung der Lehnsabhängigkeit Polens vom Reich nach Verlust Pommerns, Mährens, der Lausitzen und der Gebiete zwischen Bug und Weichsel.
Nach Mieszkos II. Tod Verschärfung der Krise durch soziale und heidnische Aufstände.

1039   Břetislav I. von Böhmen benutzt Polens Schwächung zur Annexion Schlesiens, Verwüstung Polens und Wegführung der Reliquien des Nationalheiligen Adalbert nach Prag.

Mit Hilfe Heinrichs III. und seiner deutschen Verwandten (Erzbischof Hermann II. von
1039–1058 Köln) sichert *Kasimir I. Restaurator,* Mieszkos II. einziger Erbe und Sohn aus seiner Ehe mit der Nichte Ottos III., Richeza, den Fortbestand der piastischen Dynastie und des polnischen Reichs, der in enger kultureller und politischer Anlehnung an das salische Imperium mit Krakau als neuem Zentrum wiederhergestellt wird.
Die zahlreichen, in letzter Zeit aufgedeckten Denkmäler der Monumentalarchitektur des 10. und 11. Jh.s beweisen sämtlich die besonders enge Verbindung mit der ottonischen und salischen Baukunst (Sachsen, Rhein- und Maaslandschaft). – *(Forts. S. 478)*

Das Russische Reich

Das Russische Reich verdankt seine Entstehung dem Eindringen der Waräger, schwedischer Verbände von Kriegerkaufleuten mit dem Ziel der politisch-wirtschaftlichen Erschließung des Landes; der Begriff des räuberischen „Wiking" fehlt in Osteuropa gänzlich. Sie suchen über das Netz der osteuropäischen Ströme seit Beginn des 9. Jh.s direkten Kontakt mit den Märkten des Orients (Zurücktreten des friesischen Handels in der Ostsee). Sie errichten Stützpunkte und Tributherrschaften über die Stämme der Finnen, Slawen und Balten. So verschaffen sie sich den Zugang und sehr bald das Monopol der Kontrolle über den Wolgaweg und *„den Weg von den Warägern zu den Griechen",* den Dnjepr (Askold und Dir vor 860 in Kiew): Einströmen orientalischer Münzen nach Skandinavien, Erscheinen der Waräger auf den südlichen Märkten. Für sie und ihr Land setzt sich der Name *Rus* durch.

860   Erster Angriff der Russen auf Byzanz.

879–912 Durch die Vereinigung der einzelnen Warägerherrschaften und den Zusammenschluß des Nordens an Ladoga- und Ilmensee (Nowgorod) mit dem Dnjeprgebiet (Kernraum Kiew) durch *Oleg* (879–912) wird die Befreiung aller ostslawischen Stämme von der chazarischen Tributherrschaft angebahnt und die Gefahr eines von der Steppe beherrschten Osteuropa durch die Dynastie der **Rurikiden** (bis 1598) beseitigt. Es entsteht das Reich von *Kiew.*

907, 941 Erneute Angriffe auf Konstantinopel enden erfolglos.

912–945 Der Ausbau des Handels mit Byzanz (Verträge 911 und 944), besonders unter *Igor*
945–962 und *Olga,* die Schwächung der chazarischen und wolgabulgarischen Macht durch Swjatoslaw (962–972) und dessen Teilnahme an der Vernichtung des Donaubulgarischen Reiches kennzeichnen den Aufstieg dieser auf dem Reichtum des Handels beruhenden russischen Macht.

971   Deren Vordringen auf dem Balkan bereitet jedoch Byzanz mit der Vertreibung Swjatoslaws aus Bulgarien ein Ende.

972   Auf dem Rückzug wird Swjatoslaw von den Petschenegen erschlagen.
Der wichtigste Unternehmer dieses ständig von den Steppennomaden bedrohten Handels ist der Großfürst. In seinen Machtbereich strömen christliche Einflüsse von den Küstenstädten des Schwarzen Meeres sowie von Byzanz (erste Kirchenorganisation unter Photios um 870; Olga, die Witwe Igors, als erste russische Fürstin spätestens 957 getauft) und später von Bulgarien her. Im 10. Jh. setzt die rasche Slawisierung der warägischen Oberschicht ein. Erbteilung führt erstmals zu Kämpfen um die Vormacht in Kiew.

978–1015 Großfürst *Wladimir* (978–1015), Sohn Swjatoslaws und einer Slawin (980 mit warägischer Hilfe Alleinherrscher), führt mit der Heirat der byzantinischen Prinzessin Anna nach
988   Annahme der Taufe *Rußland in die Gemeinschaft der christlichen Völker:* Übernahme der slawischen Liturgie- und Kirchensprache.
Die Kirche und ihre Organisation unterstehen dem Patriarchat von Konstantinopel und den von ihm eingesetzten griechischen Metropoliten. Machtvolle Ausweitung der byzantinischen Kultursphäre: Bau von Kathedralen und Kirchen unter Heranziehung griechischer und armenischer Baumeister; Einrichtung von Schulen und Gründung von Städten; Verbindungen zum Westen und nach Rom.

1019–1054 Glanzvolle Entfaltung unter Wladimirs Sohn *Jaroslaw dem Weisen* (seit 1036 Alleinherrscher): Fortsetzung der Kulturarbeit (1037–1052 Sophienkirche in Kiew im byzantinischen

Stil), Übersetzungen aus dem Griechischen, Anfänge einer russischen Geschichtsschreibung und Literatur, Kirchenordnung Jaroslaws und älteste Redaktion der „Russkaja Pravda". Die deutschen Chronisten Thietmar von Merseburg und Adam von Bremen rühmen Kiews Glanz.

Politik und Verfassung im 11. Jh.

Einsetzung des Russen Ilarion zum Metropoliten Kiews (1051) als autochthone Reaktion auf griechischen Einfluß. Im Zusammenwirken mit König Konrad II. und Knut von Dänemark greift Jaroslaw in Polen ein (Rückgewinnung der Czerwiner Burgen 1030/31) und hilft nach 1039 gemeinsam mit König Heinrich III. bei der Wiederherstellung der Piastenherrschaft (Ehe Kasimirs I. mit Jaroslaws Schwester Dobronega; politisches Zusammenwirken in Masowien). Jaroslaws Siege über Petschenegen und Tschuden (Fortsetzung der Expansion im Ostbaltikum, 1030 Gründung Dorpats) und sein erfolgloser Krieg mit Byzanz (1043), der durch den letzten russisch-byzantinischen Handelsvertrag beendet wird, umreißen Richtung und Grenzen seiner Politik. Die engen Familienbeziehungen Jaroslaws zu den Herrscherhäusern in Polen, Skandinavien, Frankreich, Ungarn, Byzanz und zu den deutschen Fürstenhäusern zeigen ihn als eine zentrale Gestalt der dynastischen Einheit Europas.

Rußland, erwachsen aus einer Konföderation von Stadtstaaten, in denen auch nach ihrem Aufgehen in den Teilfürstentümern des Rurikidenhauses während des 11. Jh.s ein stark demokratisches Element in den Volksversammlungen der Bürgerkaufleute sich hält, repräsentiert in der Verbindung von Skandinaviertum, Slawentum und byzantinischem Christentum, während des 11. Jh.s ein höchst wertvolles, politisch und wirtschaftlich starkes Glied des sich bildenden Europa. Das Senioratsprinzip, das durch die Vielzahl der Fürsten verhängnisvoll wirkt, führt nach Jaroslaws Tod (1054) und der Teilung des Reiches unter die fünf Söhne (Teilgebiete Kiew, Černigov, Perejaslawl, Smolensk, Wolhynien) allerdings bald zur Schwächung des Staates und zu seiner Isolierung vom abendländischen Europa. – *(Forts. S. 480)*

Kroatien

um 630	Die Kroaten, deren Namensbedeutung – bei allen Slawen als Stammes- und Ortsbezeichnung verbreitet – dunkel bleibt, haben unter byzantinischer Oberhoheit im heutigen Dalmatien und Kroatien die bisher von den Awaren unterworfenen Slawenstämme befreit.
ca. Mitte 7. Jh.	Unter dem Einfluß lateinischer Kultur in den Küstenstädten Dalmatiens kommt es zur *Ausbreitung des Christentums im Küstenstreifen,* während die binnenwärts liegenden kroatischen Landschaften Pannoniens davon noch kaum berührt werden.
um 800	Nach dem Zusammenbruch der awarischen Macht geraten das slawonische Hinterland und das dalmatinische Küstengebiet in die Abhängigkeit des Fränkischen Reiches. Die Markgrafen von Friaul und die Patriarchen von Aquileja üben die Aufsicht über das kroatische Fürstentum (*Vojnimir* erster namentlich bekannter Fürst) aus.
812	Lediglich die Küstenstädte bleiben unter der byzantinischen Oberhoheit.
9. Jh.	Durch den Aufstand des Ljudevit (819–823) und das Eingreifen der Bulgaren (829–838) wird der fränkische Einfluß zunächst vorübergehend, nach der Mitte des 9. Jh.s definitiv zurückgedrängt.
845–864	Fürst *Trpimir,* Stammvater der kroatischen Dynastie (bis 1102).
864	Es wird ein Bistum in Trpimirs Residenz Nin gegründet und direkt Rom unterstellt.
um 880	Fürst *Branimir* löst sich aus der byzantinischen Hoheit und unterstellt sein Land dem Stuhl Petri.
910–928	Vom Westen christianisiert und stets in Verbindung zu Venedig stehend, schüttelt Kroatien unter *Tomislav* (910–928) die noch zeitweilig ausgeübte byzantinische Oberhoheit ab.
um 924	Tomislav nimmt den Königstitel an. Zusammenfassung des slawonischen Hinterlandes und des dalmatinischen Küstengebietes, Anschluß der byzantinisch verwalteten Seestädte unter Wahrung ihrer Autonomie; Seemacht, die sich gegen Venedig behauptet; Erbmonarchie; 15 Županien (Statthalterschaften), entwickelte Hof- und Landesverwaltung, Kanzlei im 11. Jh. – *(Forts. S. 483)*

Serbien, Albanien, Griechenland

ab 539	Diese Gebiete erleben als Teil des Byzantinischen Reichs 539, 577, 585 Slaweneinfälle als rasche Raubzüge, 591, 609, 678–680, 688 Belagerungen von Saloniki. Im Gebirge südwärts wandernd, siedeln sich Slawen (sprachlich zu den Mazedoslawen gehörend) in den Gebirgstälern, dann auch am Rand der großen Ebenen an (Unterwanderung an Ortsnamen ablesbar).
um 750	Die Halbinsel Peloponnes ist mit Ausnahme der Städte im wesentlichen slawisiert.

380 Mittelalter – Frühmittelalter

783 Doch halten sich die großen Stadtfestungen und abgelegene Küstengebiete (Tzakonia, Maina). Von ihnen geht dann die *Christianisierung und Gräzisierung der Slawen* aus. Die verwaltungsmäßige Verbindung mit Konstantinopel wird durch die Einrichtung von Themata (687/695 nur für Mittelgriechenland) für die Peloponnes wiederhergestellt.

799 Slawenaufstand in Ostthessalien.

805 Erhebung gegen Patras niedergeschlagen.
Thessalonike und Dyrrhachion sowie Kephallenia werden wohl unter Nikephoros I. (802–811) als Themata Ausgangspunkte byzantinischer Unternehmungen gegen Bulgarien und über die Adria.
Die alte Streitfrage der Ersetzung des alten Hellenentums durch die Slawen ist nur für die weniger fruchtbaren Gebiete positiv zu beantworten; kulturell hat sich das Griechentum immer behauptet, ethnisch nur in den Städten – soweit es dort nicht später ein Opfer des 4. Kreuzzugs, dann der Katalanen, schließlich der Türken wird.
Altserbien wird früh christianisiert. Die Inseln haben kaum Slawen aufgenommen. Griechenlands Küsten sind arabischen Seeräubern preisgegeben.

826–961 *Kreta* ist in der Hand der Araber.

904 Thessalonike wird von ihnen geplündert.
Die Inseln vor der Küste Kleinasiens stellen einen Teil der byzantinischen Flotte (Thema Aigaion Pelagos seit 710/732); nur 654 sind Rhodos und Kos kurz von den Arabern besetzt. – *(Forts. S. 483, 485)*

Das Byzantinische Reich (bis 843)
(Forts. v. S. 257, 310)

Byzanz und das Kontinuitätsproblem

Antiker Staat, griechische Kultur und christlicher Glaube bestimmen Byzanz bis 1453. Kennzeichen seiner Geschichte sind daher starke *Kontinuitätselemente*, unter dieser Ebene fortwährende Umgestaltung, aber ohne tiefen Einschnitt. Verschiedene Ansätze für den Beginn der byzantinischen Geschichte zwischen Konstantin dem Großen († 337) und dem 7. Jh. In Staat, Gesellschaft und Wirtschaft bestehen die spätantiken Strukturen fort. Der autokratische Kaiser herrscht an der Spitze eines zentralisierten Beamtenapparats, die Staatsideologie des heilsgeschichtlichen „Imperium Romanum Christianum" (Römisches christliches Reich) umfaßt alle Lebensbereiche. Die Diskrepanz zur politischen Wirklichkeit überspielt die Idee der „Familie der Könige". Bis 1453 sind die Reichsbewohner Römer bzw. Rhomäer, der Kaiser „Imperator Caesar Augustus" bzw. „Basileus (der Römer)", die Hauptstadt das neue Rom. Die welthistorische Leistung des Byzantinischen Reiches ist die *Abwehr der Perser, Araber und Seldschuken* und die Erschließung der slawischen Welt sowie die *Vermittlung des antiken Erbes an den Westen*. Nachbarn und osmanische Nachfolger übernehmen wesentliche Staatselemente, für den Westen ist Byzanz bewundertes und beneidetes Vorbild. Die günstige Lage, Seeherrschaft und Staatsmonopole (Seide, Purpur) schaffen unerhörten Reichtum, der subtile Diplomatie, Prunk (das „Versailles des Mittelalters") und höchste künstlerische Leistungen erlaubt.
Die *spätantike Tradition* in Staatsstruktur und Verwaltung mit Latein als Amtssprache bleibt bis Anfang 7. Jh. fast unverändert bei langsamem Vordringen griechischer und orientalischer Elemente. Die nur verwaltungstechnisch gedachte Reichsteilung von 395 verfestigt sich durch die unterschiedliche Entwicklung. Die Germanen sind im Osten seit 400 als selbständiger Faktor ausgeschaltet, das Heer wird aus dem Reichsinnern rekrutiert. Offene Probleme: die Verteidigung gegen Barbaren, der Gegensatz zu Persien und das Verhältnis zur westlichen Reichshälfte, im religiösen Bereich der Gegensatz zwischen *monophysitischem Osten* und *orthodoxem Westen* mit politischen Folgen.

Die Übergangsphase (bis 610)

450 Nach dem Tode Theodosius' II. (408–450), dem das Reich den „Codex Theodosianus", den Entscheid gegen Nestorius (* nach 381, † um 451) und die staatliche Hochschule, die Hauptstadt eine neue Mauer verdankt, geht die Herrschaft mit der Hand seiner Schwester Pulcheria (* 399, † 453), vermutlich auf Betreiben des Alanen Aspar († 471), an den Offizier Markianos (* 396?) über.

450–457 Kaiser Markianos.
Offen sind die monophysitische Frage und das Hunnenproblem. Der Tod Attilas († 453)

Byzantinisches Reich – Kontinuitätsproblem – Übergangsphase   *381*

befreit das Reich nur vorübergehend, denn neue germanische Stämme (Ostgoten) drängen nach. Erfolgreiche Sanierung der Staatsfinanzen.

451   Nach dem Protest gegen die Räubersynode von Ephesos (449) lehnt das *4. Ökumenische Konzil von Chalkedon* den Monophysitismus ab und legt das bis heute gültige orthodoxe Glaubensbekenntnis fest. Der Patriarch von Konstantinopel wird dem Papst gleichgestellt, dem nur Ehrenvorrang zukommt; Jerusalem wird fünftes Patriarchat. Der Osten des Reiches lehnt Chalkedon ab, die nichtanwesenden Armenier bleiben abseits.

Der Patriarch von Konstantinopel und die Ostkirche

Seit 381 an zweiter Stelle nach dem Papst, erlangt der Patriarch von Konstantinopel 451 *Gleichstellung* mit einem bloßen Ehrenvorrang Roms. Als Bischof der Reichshauptstadt (Neues Rom) und wegen der Gleichsetzung von Reich und Ökumene erhebt er mit dem Titel „ökumenischer Patriarch" (seit 6. Jh.) Anspruch auf die Führung in der ganzen Ostkirche und bei Konflikten mit Rom für die Kirche überhaupt. Der Lehr- und Jurisdiktionsprimat des Papstes wird nicht anerkannt, die Appellationsmöglichkeit praktisch aufgehoben, dagegen der eigene *Primat gegenüber den östlichen Patriarchen* von Antiocheia, Alexandreia und Jerusalem durchgesetzt, die nach der arabischen Expansion und in der Kreuzzugszeit häufig in Konstantinopel leben und auch hier erhoben werden.
Bis 1453 Reichskirche, auch in der Idee mit dem Staat untrennbar verbunden, ist die Kirche im Byzantinischen Reich vom Kaiser stark abhängig, der oft die Patriarchen selber einsetzt. Konflikte fast nur im personalen Bereich. Als höchstes Entscheidungsgremium gilt das *ökumenische Konzil* mit der Idee der Pentarchie („Fünfherrschaft", seit der Trennung von Rom z. T. auch Tetrarchie ohne den Westen) mit Mehrheitsentscheidung, die dem Osten das Übergewicht sichert.
Hierarchischer Aufbau: unter dem Patriarchen wechselnde Zahl von *Metropoliten* und „Erzbischöfen" (exemte Bischöfe bzw. Metropoliten ohne Suffragane), deren Rangfolge in periodisch erneuertem Verzeichnis („notitia") festgehalten wird. Neben dem Patriarchen für laufende Geschäfte die Synodos Endemusa, die seit dem 11. Jh. die Metropoliten wählt, und ein eigener Beamtenstab (z. B. Synkelloi). Schon im 5. Jh. erreicht Zypern die *Autokephalie* (Unabhängigkeit von einem Patriarchen). Bulgarien erhält 870 einen eigenen Erzbischof, 926/27–1018 bulgarisches Patriarchat (Ochrid), dann wieder 1186 Erzbistum Trnovo, von Papst Innozenz III. als Primas, 1235 von Nikaia als Patriarchat anerkannt (bis 1393); in Serbien 1219 autokephaler Erzbischof, 1347 Patriarchat (in Peć), 1375 von Konstantinopel als autokephal anerkannt (bis 1459); Rußland hat seit 1037 eine eigene Metropole direkt unter dem Patriarchen, seit 1447 ohne Wahlbestätigung durch den Patriarchen, was 1459 Gennadios (* um 1405, † nach 1472) anerkennt. Nach der türkischen Eroberung von Konstantinopel wird der Patriarch offiziell zum Oberhaupt aller orthodoxen Christen eingesetzt, damit Vorrang in der Orthodoxie. Auch vor 1453 bleibt trotz Autokephalie die geistliche Gemeinschaft der orthodoxen Kirche auf der Basis der sieben ökumenischen Konzilien bestehen.
Liturgisch-disziplinäre Kennzeichen: nationalsprachliche Liturgie, gesäuertes Brot beim Abendmahl, kein Sabbatfasten, Priesterehe, Bart- und Haartracht der Priester, Abtrennung des Altarraums durch die Ikonostasis (seit 13. Jh.). Als Gegenkraft zu Patriarch und Klerus, aber auch als politische Opposition übt das *Mönchtum* oft einen bestimmenden Einfluß aus. Jedes Kloster lebt nach eigener Ordnung (Typikon) ohne Ordensbildung im westlichen Sinn. Es ist in der Regel dem Bischof unterstellt, daneben Stauropegialklöster (unter dem Patriarchen).

457–474   Auf Markianos läßt Aspar **Leon I.** (* um 400), wieder einen Offizier, folgen.
Vermutlich erste Krönung durch den Patriarchen. Gestützt auf Isaurier unter dem Häuptling Tarasidokissa (* 426), beseitigt Leon den Alanen Aspar.

468   Feldzug gegen die Vandalen scheitert völlig.
Leon greift mehrfach im Westen ein, ohne dauernden Erfolg. Sein Kandidat Julius Nepos muß sich 475 nach Dalmatien zurückziehen, lebt noch bis 480. Auf Leon I. folgt mit kurzer Unterbrechung der Isaurier Tarasidokissa als Zenon.

474–491   **Kaiser Zenon** sieht nach dem Sturz des Romulus Augustulus 476 die Reichseinheit wiederhergestellt, ernennt Odoaker zum Stellvertreter im Westen und schickt zur Entlastung des
479   Balkans den Ostgoten Theoderich nach Italien.

488   Dessen Abzug bedeutet die *endgültige Befreiung Ostroms von den Germanen,* öffnet jedoch den Slawen den Weg.

482   Eine Kompromißformel in der christologischen Frage („Henotikon") mit dem Verbot weiterer Diskussion, aber monophysitischer Tendenz hat den ersten großen Bruch mit dem Papsttum zur Folge (*Akakianisches Schisma* 484–519).
Nach dem Tode Zenons fordert das Volk die Erhebung eines römischen und orthodoxen Kaisers. Die Wahl fällt auf den tüchtigen Hofbeamten Anastasios.

491–518   **Kaiser Anastasios I.** vertreibt die verhaßten Isaurier, welche in Thrakien angesiedelt werden. Wegen zunehmender Spannung mit Persien kommt er den Monophysiten entgegen.
Reformen: Förderung des Gewerbes, statt Naturalabgaben Geldzahlungen, staatlicher

382 Mittelalter – Frühmittelalter

Getreideaufkauf, füllen die Staatskasse und fördern wie die gestraffte Heeresorganisation die Zentralisierungstendenzen. Gegenüber dem persischen Nisibis wird die Festung Dara gebaut, ein Krieg (502–506) bleibt ohne Entscheidung.

518–527 **Kaiser Justin I.** (* um 450), ein Bauernsoldat aus dem lateinischen Makedonien, steht ganz unter dem Einfluß seines gebildeten Neffen und Nachfolgers Justinian.

519 Er hebt das Henotikon auf und legt das Schisma durch volle Rückkehr zu Chalkedon bei.

527–565 **Kaiser Justinian I.** (* 482).

Der letzte römische Imperator auf dem oströmischen Kaiserthron hat als Leitlinie die römische Staatsidee mit dem Ziel der Restauration durch Reintegration der ostgermanischen Mittelmeerreiche. Das Imperium (Reich) soll der christlichen Oikumene (Welt) entsprechen. Seine Gattin Theodora (* um 497, † 548) ergänzt als Monophysitin den katholischen Kaiser. Verwaltungsmann, kein Feldherr, regiert Justinian als „Kaiser ohne Schlaf" mit hervorragenden Mitarbeitern, den Generalen Belisar (* um 505, † 565) und Narses (* um 478, † 573/4), dem Prätorianerpräfekten Johannes Kappadox († nach 547), dem Rechtsgelehrten Tribonian († 543/545).
Als autokratischer christlicher Herrscher sieht sich Justinian auch an der Spitze der Kirche (oft als Caesaropapismus bezeichnet).

529 Er schließt die Schule von *Athen* als Zeichen der Verchristlichung des Reiches.
Doch das christologische Problem erweist sich als unlösbar. Nach schwankender Haltung werden 543/544 drei angeblich nestorianische Schriften von Theodor von Mopsuestia († 428), Theodoret von Kyros († spätestens 466) und Ibas von Edessa († 457) als nestorianisch verurteilt, um die Monophysiten zu gewinnen (sog. „*Drei-Kapitel*"-*Streit* bis 7. Jh.).
Der Fiskalismus, das Zurückdrängen der Großgrundbesitzer, Abschaffung des Ämterkaufes und Beschränkung der Zirkusparteien führt zum *Nika-Aufstand* in Konstantinopel. Der

532 Kaiser wird von Theodora gerettet, Belisar und Narses ersticken den Aufstand blutig.

534 Überragende Leistung ist die *Kodifikation des römischen Rechts* unter Leitung von Tribonian (später „Corpus iuris civilis") in lateinischer Sprache: Codex Iustinianus, Digesten bzw. Pandekten und Institutionen, ergänzt durch griechische Novellen.
Der Staatsschatz des Anastasios erlaubt große Erfolge im Westen, die aber durch Rückschläge im Osten und auf dem Balkan teuer bezahlt werden.

534–535 Belisar zerstört das *Vandalenreich* und gewinnt mit Nordafrika die Kornkammer zurück, ebenso Sardinien, Korsika, Balearen und Ceuta.

535–553 Langdauernder Krieg gegen die *Ostgoten*: Nach raschen Anfangserfolgen verschlingt der Krieg durch Dauer und Intensität große Kräfte.
Nach dem endgültigen Sieg über die Ostgoten wird Italien in das Byzantinische Reich eingegliedert. Papst Vigilius I., durch den Gotenkrieg wieder Reichsbischof, wird zum 5. Öku-

553 menischen Konzil in die Hauptstadt befohlen, das die Drei Kapitel verurteilt.

554 Ausgreifen nach Spanien, wo aber nur die Mittelmeerküste gewonnen wird (bis 628).
Trotz einem „ewigen Frieden" (532) zerstört der Perserkönig Chosrau I. (531–578) 540 als Bundesgenosse der Goten Antiocheia am Orontes. Hauptstreitpunkt das strategisch wichtige Lazika am Schwarzen Meer.

561 Abschluß des endgültigen Friedens auf 50 Jahre gegen Tributzahlung.
In der Syrischen Wüste entstehen arabische Satellitenstaaten: die monophysitischen Ghassaniden in Bosra (Syrien) gegen die heidnischen Lakhmiden in Hira (Irak). Auf dem Balkan drängen Bulgaren, Awaren und Slawen in das durch das Ende des Hunnenreiches und seit dem Abzug der Germanen geschaffene Vakuum, Festungsbauten und Tributzahlungen schützen die Reichsgrenzen nur unzureichend.
Intensive Handelskontakte mit dem Fernen Osten, um den persischen Zwischenhandel auszuschalten. Auf dem nördlichen Landweg kommt die Seidenraupe aus China nach Byzanz, das daraus Seidenmonopol errichtet, im Süden wird der Monsun entdeckt.
Umfangreiche Bautätigkeit mit der Hagia Sophia in Konstantinopel (spezielle Kuppeltechnik), Kirchen in Ravenna, Thessalonike, Ephesos, Antiocheia, Palästen usw. Der große Geschichtsschreiber Prokopios von Kaisareia (* um 490, † nach 555) schildert Vandalen-, Goten- und Perserkrieg und Bauten, übt in der Geheimgeschichte („Anekdota") scharfe Kritik; Ämterbuch des Johannes Lydos (* 490, † nach 552); großartige religiöse Hymnen von Romanos Melodos (* Ende 5. Jh., † um 555).
Justinian macht Konstantinopel zur Hauptstadt des ganzen Mittelmeerraums als einer politischen und kulturellen Einheit. Im Ergebnis steht den äußeren Erfolgen die völlige Erschöpfung des Reiches mit Krisenzeichen (Truppenmeutereien, Finanznot, religiöser Zwist) gegenüber.
Die Wahrung des Erbes – mit Ausnahme des nach 568 an die Langobarden verlorenen Italien – gelingt vorerst. Ähnlich der frühen Kaiserzeit Herrschaftskontinuität durch Adoption. Die Staatsausgaben, vor allem für Bauten, aber auch Tributzahlungen, werden scharf eingeschränkt. Die zurückhaltende Religionspolitik verhindert nicht zunehmende Entfremdung des sich auch sprachlich nationalisierenden monophysitischen Ostens.

Byzantinisches Reich – Frühbyzantinisches Reich   *383*

565–578 Kaiser Justin II. (* um 525–530) schließt ein Bündnis mit den Franken gegen die Langobarden, um freie Hand gegen Persien zu haben, mit dem er v. a. um Armenien kämpft (Krieg
bis 628).
Italien wird zwischen Langobarden und Byzanz geteilt, das hier (seit 584) und in Karthago
(591) als ersten Einbruch in die spätantike Reichsordnung zivile und militärische Gewalt
in Exarchaten zusammenfaßt.

578–582 Kaiser Tiberios I. Konstantinos.
   581 Großer Sieg über die Perser bei Konstantina (in Mesopotamien), während Italien und
Balkan vernachlässigt werden: 582 geht Sirmium verloren.

582–602 Kaiser Maurikios (* 539) sucht durch Reichsteilung unter seine Söhne (597) eine Dynastie
zu gründen. Er führt als erster Kaiser seit Theodosios I. Kriege persönlich.
   591 Der persische Thronfolger Chosrau II. flieht nach Byzanz. Maurikios adoptiert ihn und
verhilft ihm zum Thron Persiens. Dafür tritt Chosrau einen großen Teil Armeniens ab.
Enge Kontakte zum Frankenkönig Childebert II. in Metz.
Auf dem Balkan stoßen die Slawen bis nach Nordgriechenland und auf die Peloponnes vor.
Die romanisierten und gräzisierten Einwohner sammeln sich an den Küsten.

602–610 Kaiser Phokas (* um 547).
Schreckensherrschaft gegen die Aristokratie, nach außen Verlust des Balkans als gräzisier-
tes Gebiet zugunsten einer weitgehenden Slawisierung selbst großer Teile Griechenlands.
Als orthodoxer Kaiser im Westen begrüßt (Phokas-Säule auf dem Forum in Rom), kommt
Phokas dem Papst in der Frage des Titels „ökumenischer Patriarch" für das Neue Rom ent-
gegen.
   605–610 Chosrau II. zieht fast widerstandslos von Nisibis über Dara, Kaisareia bis Chalkedon. Das
Reich wird gerettet durch den Exarchen von Karthago, der seinen Sohn Herakleios nach
Konstantinopel schickt. Phokas wird gestürzt.

Das frühbyzantinische Reich (610–843)

In der Auseinandersetzung mit Persien bricht die bisherige Staatsstruktur zusammen. Das spätantike-
oströmische, noch stark latinisierte Reich wird zu einem griechischen Reich, das auf allen Bereichen die
Führung in der christlichen Welt hat. Die äußeren Provinzen und die Rückeroberungen Justinians gehen
verloren, es bleiben die südliche Balkanhalbinsel, Kleinasien und Teile Italiens. Als Gegenmaßnahme
gegen die persische und arabische Gefahr entsteht, auf älteren Ansätzen (Exarchate) aufbauend, die *Themenverfassung:* Bauern erhalten Landgüter gegen erbliche Dienstpflicht zu Pferd (Stratioten) als freizü-
gige Kleingrundbesitzer. Das Heer besteht statt Söldnern aus Berufsmiliz mit Einteilung (beginnend in
Kleinasien) in Themen: zuerst Truppenkörper, dann Militärbezirke, schließlich Verwaltungseinheiten
unter Strategen, die zivile und militärische Gewalt vereinigen. Stratiotentum und Themenverfassung sind
die tragenden Elemente des Staates bis ins 11. Jh. Eine hochentwickelte, in Logothesien gegliederte Zentralverwaltung mit dem Logothetos tu dromu an der Spitze hält das Reich zusammen.

Dynastie des Herakleios (610–711)

610–641 Kaiser Herakleios (* 575).
Er übernimmt ein im Innern ruiniertes, von außen tödlich bedrohtes Reich. Die Perser erobern 611 Antiocheia, 614 Jerusalem, von wo die Kreuzesreliquie nach Ktesiphon gebracht
wird, 617–619 Ägypten, was Konstantinopel der Kornzufuhr beraubt.
   615 Zuerst stehen die Perser vor Konstantinopel, zwei Jahre später auch die Awaren.
   617 Eine Verlegung der Hauptstadt nach Karthago verhindert der Patriarch. Die Kirche stellt
ihren Besitz zum Aufbau leichter Kavallerie zur Verfügung.
   622 Dann beginnt der Gegenangriff im Norden nach Persien hinein.
   626 Ein gleichzeitiger Angriff von Awaren und Persern auf die Hauptstadt wird in Abwesenheit
des Kaisers nach einem Seesieg erfolgreich abgeschlagen.
   627 Herakleios siegt entscheidend bei Ninive.
   628 Dann steht er vor Ktesiphon. *Das Sasanidenreich bricht zusammen.* Chosrau II. wird gestürzt, Persien gibt alles zurück, auch Kreuzesreliquie (631 wieder in Jerusalem), die
Reichsgrenze ist der Euphrat.
Auf dem Balkan stoßen Bulgaren, Kroaten und Serben nach. Innere Reformen unter Leitung des Patriarchen Sergios (610–638): griechischer Kaisertitel Basileus (allgemeine Gräzisierung statt Latein), weitere Verkirchlichung und Judenfeindlichkeit. Mangels dynastischen Gesetzes sichert künftig die Erhebung des Sohnes zum Mitkaiser die Thronfolge;
Prätendenten durch Verstümmlung ausgeschaltet. Nach der Rückeroberung der monophy-

384 Mittelalter – Frühmittelalter

sitischen Ostprovinzen versucht Herakleios die christologischen Streitigkeiten mit Zustimmung Papst Honorius' I. durch den Monenergetismus (zwei Naturen, eine Wirkungskraft) zu überwinden, dann Ausweichen auf den Monotheletismus (zwei Naturen, ein Wille) in der ,,Ekthesis'' 638. Der Kompromiß scheitert.
Erschöpft wie das Sasanidenreich, leistet Byzanz der arabischen Expansion nach 632 nur schwachen Widerstand.

636   In der Schlacht am Jarmuk (Palästina) geht Syrien verloren.
637 fällt Jerusalem, 640/646 Ägypten, wo dogmatische Probleme die arabische Eroberung erleichtern. *Der ganze Osten des Reiches bis zum Antitaurus wird arabisch.*

641–668   **Kaiser Konstans II.** (* 630) steht zuerst unter Vormundschaft des Senates. Die arabische Expansion geht weiter, 643 fällt Tripolis, 653 Armenien, während der Westen sich wegen des Monotheletismus abwendet.

648   Ein neues Edikt (,,Typos'') setzt die Ekthesis außer Kraft und verbietet theologische Diskussionen gegen erbitterten Widerstand des Westens unter Maximos dem Bekenner (* 580,
649   † 662). Eine Lateransynode verdammt Ekthesis und Typos.
Papst Martin I. wird nach Konstantinopel gebracht und stirbt als Hochverräter 655 auf der Krim. Unter Moawija I. (* um 600, † 680) beginnen die Araber mit Flottenbau.
655   Sie siegen über Konstans II. vor Lykien.
Nach dem Friedensvertrag mit Moawija 659 beginnt Konstans II. auf dem Balkan Feldzüge gegen die Slawen mit Umsiedlungen. Er geht 662 nach Italien und besucht als letzter byzantinischer Kaiser Rom.
663   Neue Residenz in Syrakus, wo er ermordet wird.

668–685   **Kaiser Konstantin IV.** (* 648).
674–678   Er verteidigt Konstantinopel gegen einen zweiten arabischen Vorstoß und eine fünfjährige Belagerung durch den *ersten großen byzantinischen Sieg* (678).
Die Griechen setzen als neue Waffe das griechische Feuer (Naphtaraketen gegen Schiffe) ein. Zwischen beiden Seiten umstritten, wird Zypern zum Niemandsland.
679   Moawija verpflichtet sich zu Tribut.
680   In der Dobrudscha entsteht das erste bulgarische Reich unter Asparuch (* 641, † 702).
680/681   Nach dem Verlust der monophysitischen Provinzen verurteilt das 6. ökumenische Konzil in Konstantinopel den Monotheletismus und Honorius I. und stellt die Einheit mit dem Papsttum wieder her.

685–695   **Kaiser Justinian II.** (* um 670).
und   Reformversuche: Unter ihm entsteht der ,,Nomos Georgikós'' (Ackergesetz) zugunsten
705–711   der kleinen Grundbesitzer und Dörfer; um die gleiche Zeit auch der ,,Nomos Stratiotikós'' (Soldatengesetz) und das Rhodische Seerecht.
691/692   Eine Synode im Trullos (Saal des Kaiserpalasts) ergänzt die dogmatische Arbeit des 5. und 6. Ökumenischen Konzils (daher Quinisextum) auf disziplinärem Gebiet in spezifisch griechischer Sicht (Priesterehe, Sabbatfasten). Der Papst lehnt ab.
Italien entfremdet sich dem Reich. Mit gewaltigen Umsiedlungen von Slawen soll Kleinasien
695   gestärkt werden. Ein Aufstand zwingt Justinian, ins Exil zu gehen.
695–717   Anarchische Zustände mit sechs Kaisern in 22 Jahren, darunter als eigentliche Terrorherrschaft nochmals Justinian II. (705–711), nutzen die Araber zur Eroberung von Karthago (695/698) und ganz Nordafrika bis zum Atlantik, dann Spaniens 711, wo byzantinische Besitzungen bereits 624 verlorengingen, und zu neuem Angriff auf Konstantinopel.
717   Beim Herannahen der Feinde wird der Stratege des Thema Anatolikon Leon zum Kaiser erhoben.

Die Syrische Dynastie und der erste Ikonoklasmus (717–802)

Der Verlust des Westens (außer einem Teil Italiens) sowie des Orients erleichtert eine innere Geschlossenheit, die Abwehr und Regeneration ermöglicht. Kleinasien und Thrakien werden Kerngebiete des Reiches als Kornlieferanten und Aushebungsbasis.

717–741   **Kaiser Leon III.** (* um 675).
717/718   Er sprengt mit bulgarischer Hilfe die neue arabische Belagerung *Konstantinopels* zu Wasser
718   und zu Land. Der Höhepunkt der arabischen Expansion ist damit überschritten.
Es folgen jahrhundertelange Grenzkriege, in denen sich byzantinische Akritai und islamische Ghasis (Glaubens- und Grenzkrieger) gegenüberstehen (Epos ,,Digenis Akritas''; ein byzantinischer Held, der die für beide Kulturen charakteristische gegenseitige Durchdringung verkörpert).
Neue Verwaltungsreform: die großen Themen werden aufgelöst; bedeutende Gesetzgebung: Eklogé, Auszug und Überarbeitung des Corpus iuris civilis in griechischer Sprache und christlich-humanitärem Sinn; Richter werden staatlich besoldet.
Eine neue religiöse Krise, *Ikonoklasmus* (Bildersturm), erschüttert Reich und Kirche.

Byzantinisches Reich – Frühbyzantinisches Reich   385

726 Aus vielfältigen Wurzeln und wohl auch persönlichen Gründen beginnt Leon III. in Parallele zu ähnlichen Bewegungen im Islam den Kampf gegen die Verehrung und Anbetung der Heiligenbilder (Ikonodulie bzw. Ikonolatrie), zugleich als Kampf um Kaiserkult und gegen das Mönchtum.

730 Ein Edikt befiehlt Zerstörung der Bilder und Absetzung des Patriarchen Germanos' I. (715–730, † 732).
Theologischer Hauptgegner ist Johannes Damaskenos (* um 650, † um 750).

741–775 Unter **Kaiser Konstantin V.** (* 719), der mit eigenen Traktaten eingreift, erreichen die
754 Auseinandersetzungen ihren Höhepunkt. Die Synode von Hiereia (Kaiserpalast bei Konstantinopel) verurteilt die Bilderverehrung als häretisch.
Bilderfreundliche Mönche werden verfolgt, in der Kunst Bilder durch Ornamente ersetzt (Irenenkirche). Der Bilderstreit führt seit Leon III. zum Konflikt mit dem Papsttum und zur organisatorischen Abtrennung Unteritaliens und Illyricums von Rom. Der Bilderstreit bereitet sowohl die Kirchentrennung als auch die Verbindung des Papsttums mit den Franken vor und bedroht damit die Universalität von Kaisertum und Papsttum.
Mit dem Verlust des Exarchats *Ravenna* (751) bricht die byzantinische Herrschaft in Mittelitalien zusammen.
Schwere Kämpfe gegen Araber und vor allem Bulgaren (Sieg bei Anchialos 763).

775–780 **Kaiser Leon IV.** (* 750) vertritt einen gemäßigten Ikonoklasmus.

780–797 **Kaiser Konstantin VI.** (* 771).
Vorerst unter der Vormundschaft seiner Mutter Irene (* um 752, † 803), verlobt mit einer Tochter Karls des Großen.

787 Das 7. Ökumenische Konzil in Nikaia kehrt zur Bilderverehrung zurück, verurteilt aber die Bilderanbetung: Einheit mit Rom wiederhergestellt. Radikale Ikonodulen (Zeloten) lehnen die Wiedereinsetzung ikonoklastischer Bischöfe ab, was zu neuen Konflikten führt.

797 Irene stürzt ihren Sohn, um als Basileus allein zu regieren.

797–802 **Kaiserin Irene** (* um 752).
Sie sichert die staatrechtlich prekäre Stellung durch Privilegien für die Mönche und Tribute an den Kalifen Harun ar-Raschid (* 763 oder 766, † 809).

800 Die Kaiserkrönung Karls des Großen, in byzantinischer Sicht eine Usurpation, schafft das *Zweikaiserproblem* (bis 1204). Das Projekt einer Ehe mit Karl scheitert.

802 Irene wird vom Logotheten tu geniku (Finanzminister) Nikephoros I. gestürzt.

802–811 **Kaiser Nikephoros I.** Versuch einer umfassenden Reform der Staatsfinanzen auch gegen kirchliche Privilegien: Allelengyon (gemeinschuldnerische Haftung der Dorfgemeinde), Herdsteuer (Kapnikon), Kataster, Zwangskredite für Kaufleute und Neureiche, Siedlungspolitik und Einführung der Themenverfassung auf dem Balkan. Nikephoros fällt bei einer
811 vernichtenden Niederlage gegen die Bulgaren, sein Sohn Staurakios überlebt nur wenige Monate.

811–813 **Kaiser Michael I. Rhangabé** († 843).
813 Ein schwacher Politiker, erkennt Karl den Großen als Basileus an.
In Byzanz wird der Kaisertitel jetzt allgemein „Basileus der Römer".
Die Studiten (Verteidiger der Bilderverehrung) treiben Michael I. zu einem neuen Krieg gegen die Bulgaren, denen er unterliegt.

813–820 **Kaiser Leon V.**
Der Kaiserhof kehrt unter starkem Einfluß des späteren Patriarchen Johannes Grammatikos zum Ikonoklasmus zurück.
815 Eine Synode wiederholt die Beschlüsse von Hiereia und lehnt das 7. Ökumenische Konzil ab. *Zweite Phase des Bildersturms.*
820 Eine Palastrevolution bringt Michael II. aus Amorion (Kleinasien), Gründer einer neuen Dynastie (820–867), auf den Thron.

820–829 **Kaiser Michael II.**
Er muß sich gegen den Usurpator Thomas den Slawen († 823) und dessen sowohl bilderfreundliches als auch sozialreformerisches Programm in einem langen Bürgerkrieg durchsetzen. Michael II. verkörpert das Stratiotentum. Sein Sohn

829–842 **Kaiser Theophilos.**
Bewunderer der arabischen Kultur, mit volkstümlichen Zügen wie Harun ar-Raschid, fördert Wissenschaft und Kunst. Theophilos, der letzte Ikonoklast auf dem Kaiserthron, sucht die Diskussion durch ein Verbot zu unterdrücken. Die Themenverfassung wird in den Randgebieten weiterausgebaut mit Kleisuren als kleineren Einheiten.
In neuer Offensive beginnen die Araber die Eroberung Siziliens (seit 827), wo 831
826 Palermo fällt und neue Hauptstadt der Insel wird. Auch Kreta geht verloren, die Thalassokratie und der offene Seeweg nach dem Westen sind gefährdet. Eine Koalition mit den spanischen Omajjaden und den Karolingern bleibt ohne Ergebnis.
838 In Kleinasien nach Niederlage bei Dazimon auch Amorion verloren.
842 Mit dem Tod des Theophilos bricht der Ikonoklasmus zusammen.

386   Mittelalter – Frühmittelalter

843   Die Kaiserinwitwe Theodora (* um 810, † 867) und der Minister Theoktistos lassen ohne Kontakt mit Rom auf einer Synode *den Ikonoklasmus endgültig verurteilen*. Verehrung soll dem Abgebildeten, nicht dem Bild gelten. Ende der inneren dogmatischen Auseinandersetzungen.

Verwaltung, Recht und Kunst

Unter dem absoluten, immer durch „Heer, Volk und Senat" erhobenen Kaiser (seit 457 mit Krönung durch den Patriarchen, im 13. Jh. auch Salbung) entspricht die **Verwaltung** in der Frühzeit der Reform des 3. Jh.s. Territorial zwei Präfekturen und sieben Diözesen mit dem Prätorianerpräfekten als kaiserlichem Statthalter an der Spitze (für die Hauptstadt ein Stadtpräfekt bzw. Eparch), mit scharfer Trennung von ziviler und militärischer Gewalt. In der hoch differenzierten Zentralverwaltung an erster Stelle der „magister officiorum", darunter der „quaestor sacri palatii" (Justiz), der „comes sacrarum largitionum" (Fiskus, im 6. Jh. abgelöst vom „sakellarios"), der „comes rerum privatarum" (kaiserliche Domänen), der „praepositus sacri cubiculi" (kaiserliches Schlafgemach, oft Eunuchen). Kennzeichen bleibt das Nebeneinander von Ämter- und Würdenhierarchie (mit Urkunde bzw. Abzeichen).
Im 7. Jh. bringt die *Themenverfassung* eine allgemeine Militarisierung der Verwaltung und statt Hierarchie ein Nebeneinander gleichberechtigter Logothesien mit dem Logothet „tu dromu" (Außenpolitik), „tu geniku" (Finanzen), „tu stratiotiku" (Heer), „Domestikos" (Garde). Sie verfallen wie die Themen (zuerst 4, dann 32, Ende 12. Jh. 89) durch Aufsplitterung, daher im 12. Jh. neue Spitzenämter Großdomestikos (Heer), Megasdux (Flotte), Logothet tu sekretu bzw. Großlogothet (Außenpolitik und Verwaltung). In der Spätphase durch die Feudalisierung und administrative Zersplitterung Auflösung der zentralen Behörden; die Großgrundbesitzer treten an die Stelle der Beamten.
Wie der Staat ein spätantikes Erbe, wird das **Recht** in großen *Kodifikationen* bis Ende 9. Jh. verchristlicht und unter Aufnahme gewohnheitsrechtlicher Elemente an die Umwelt angepaßt oder wieder gereinigt. Schon Justinian (527–565) rückt die Kirche an den Anfang (bei Theodosius II., 408–450, noch am Schluß), dann Übergang zur griechischen Sprache mit Milderung (Leon III., 717–741) und neuer Klassizismus (Makedonen). Stets hohes Rechtsbewußtsein und Rechtsbildung mit juristischer Hochschule (seit 11. Jh.) sorgen für Kontinuität. Gemeinsame Sammlungen weltlichen und kirchlichen Rechts spiegeln die Einheit von Staat und Kirche.
Die **Kunst** des Oströmischen Reiches setzt vorerst die Antike fort mit bestimmender christlicher Komponente und zunehmendem Einfluß griechischer und orientalischer Elemente. Stileinheit durch Justinians (527–565) große Bautätigkeit. Erst im 13. Jh. stärkere regionale Differenzierung, als das Reich sich aufsplittert und die von Byzanz erschlossene slawische Welt politisches Eigenleben gewinnt. Ziel ist weniger die individuelle Schöpfung des Künstlers als die Annäherung an das Vorbild bzw. den dargestellten Gegenstand in seinem ideellen Gehalt, daher genaue Vorschriften (z. B. Malerbuch des Dionysios) und Bildprogramme. Höchstleistungen in Architektur, Mosaik und Malerei, Elfenbein und Email. Wenig bekannt die Plastik. Die erhaltenen Zeugnisse gehören wegen der Zerstörung der Profanbauten ganz überwiegend der *kirchlichen Kunst* an.
Im Kirchenbau liturgisch bedingte Tendenz zum *Zentralbau* mit Narthex und Kuppel, im 6. Jh. Ausbildung der Kuppelbasilika als Vereinigung von Längs- und Zentralbau (Hagia Sophia 532–537), später Kreuzkuppelkirchen mit griechischem Kreuz als Grundriß und Ausstrahlung nach Westen (S. Marco in Venedig). Im Innern reiche *Mosaiken* (Konstantinopel, Ravenna, Thessalonike) und Marmorinkrustationen. Figürliche Zeugnisse der Frühzeit sind wegen des Ikonoklasmus fast nur im Westen erhalten, die umfangreichen ikonoklastischen Werke ihrerseits nach 843 zerstört worden. Später stärkere Verwendung von *Fresken*. Die Entwicklung der Ikonostasis fördert Tafelmalerei und Bildzyklen. Daneben Prunkhandschriften und *Buchmalerei*, an denen auch Kaiser beteiligt sind (Theodosius II., Leon VI., Konstantin VII.).

Armenien

Schon Ende des 3. Jh. offiziell zum Christentum übergetreten, seit 387 zwischen Byzanz und den Sasaniden geteilt, genießen die Armenier unter persischer Herrschaft größere politische und religiöse Freiheit trotz nationaler Revolten (451, 481–484, 851) unter einheimischen Führern („marzpan") und dem Katholikos als geistlichem Oberhaupt, während Byzanz durch Beseitigung des erblichen Adels Integration anstrebt. Die Zugehörigkeit zu Persien fördert orientalische Einflüsse in hochentwickelter Kunst (Rundbau von Etschmiadzin um 450, Reliefs an Außenwänden der Kirchen), daneben reiche Geschichtsschreibung mit Moses von Koren (5. Jh.), Sebeos (7. Jh.), Leontios (8. Jh.). Der Perserkönig Chosrau II. tritt 591 einen großen Teil Armeniens ab. 640 beginnen arabische Einfälle. Arabische Oberhoheit muß anerkannt werden. Unaufhörliche Kriege und die Verlegung der Handelswege führen zu Niedergang und großer Auswanderung nach Westen, wo vielen Armeniern der Aufstieg gelingt, bis zum Kaiserthron (Leon V., Basileios I.). – *(Forts. S. 485)*

Das Hochmittelalter

Wirtschaft und Gesellschaft des Hochmittelalters

Die Mitte des 11. Jh.s erscheint in mancherlei Hinsicht als eine Wende zwischen zwei Epochen; zwar kommen noch gelegentlich Eroberungszüge vor (Normannen Ende 9.–11. Jh.; Mongolen 12./13. Jh.). Allgemein ist jedoch die Herausbildung von Staaten (den Vorläufern der neuzeitlichen „Nationalstaaten") bereits beendet. Das Sozialgefüge hat sich stabilisiert, und mit der Entfaltung der Städte beginnt ein Aufschwung des Wirtschaftslebens, der zuweilen geradezu als „Industrielle Revolution des Mittelalters" oder als große „Handelsrevolution" bezeichnet wird.

Geändert haben sich auch die *politischen Schwerpunkte* in dem Raum, den man gemeinhin als Europa bezeichnet. Zu den großen Zentren der Machtbildung werden das „Reich" und im zunehmenden Ausmaß das Papsttum. Allerdings ist noch lange weder Europa noch das „Abendland" eine Einheit; der Anspruch des Reiches auf eine Art von Oberherrschaft wird außerhalb des Reiches nicht anerkannt; der Versuch einer wirklichen „Erneuerung des Reiches" (Renovatio imperii 962, 1000) scheitert. Der Anspruch der Päpste auf die Suprematie in der Kirche wird von der Ostkirche entschieden abgelehnt, führt zum offenen Bruch (1054) und setzt sich auch in den Diözesen der Westkirche sehr ungleich durch.

Das größte Machtzentrum bildet nichtsdestoweniger zunächst noch das *Reich* (Höhepunkte der Machtentfaltung unter Ottonen und Staufern). Seit dem 13. Jh. ist hier jedoch aufgrund älterer Ansätze die Herausbildung von *Landesherrschaften* bereits in vollen Gange. (Am Rande des Reiches entstehen sog. Flächenstaaten.) In Frankreich, das zunächst am stärksten von der feudalen Zersplitterung betroffen ist, und in England bilden sich die ersten Verwaltungsinstitutionen der Königreiche heraus. Der Osten (Byzanz, Rußland) hört auf, eine bedeutendere politische Rolle zu spielen. Die religiös-kulturelle Zweiteilung Europas verfestigt sich, die Grenze verläuft quer durch das von Slawen besiedelte Gebiet.

Der größte Fortschritt ist auf dem Gebiet des *Handels* und des *Handwerks* zu verzeichnen. Die Mühle wird (in verschiedenen technischen Adaptionen) zur „Allzweckmaschine" (11. Jh.), die auch in der Eisenerzeugung, bei der Tuchproduktion und später bei der Herstellung von Papier Verwendung findet. Allerdings ist die Entdeckung bzw. die Einführung einzelner Erfindungen bzw. neuer Techniken meist kaum genauer zeitlich zu bestimmen.

Die Landwirtschaft

Die Grundlage der gesamten Wirtschaft bildet weiterhin die Landwirtschaft, die das Gros der Bevölkerung beschäftigt und durch die Produktion von Nahrungsmitteln den Gesamtumfang der Bevölkerung bestimmt. Das Land wird von Grundherrschaften beherrscht, die größtenteils im sog. Villikationssystem (Fronhöfe und bäuerliches Land) organisiert sind. Freie Bauern erhalten sich in größerer Anzahl bloß in Randzonen. Die unfreien Bauern müssen Naturalabgaben zinsen und Frondienste leisten. Der große Fortschritt der Landwirtschaft ist u. a. durch die Verbreitung des Pfluges und der Dreifelderwirtschaft gekennzeichnet. Allerdings ist auch die Einführung des (tiefgehenden) Pfluges an die Qualität des Bodens und an das Vorhandensein von genügender Zugkraft gebunden; daher hat sich bis in das 19. Jh. hinein neben dem Pflug in vielen Gebieten Europas auch der primitive Haken als Ackergerät erhalten.

Bei der *Dreifelderwirtschaft* (Dreifelderfolge) folgt jeweils auf einen zweijährigen Getreideanbau ein Brachjahr; bedingt wird dieses System durch den Mangel an Düngemittel und erfordert seinerseits den Flurzwang (zur Nutzung des Brachlandes als Viehweide) und die Einteilung der Ackerfläche in Zelgen (Fluren seit 780 bezeugt). Die Einführung der Dreifelderwirtschaft in den einzelnen Teilen Europas geschieht in unterschiedlichen Zeiten, und da ihre Anwendung an eine ganze Reihe von agrotechnischen und strukturellen Vorbedingungen geknüpft ist, hat sie sich nie allgemein durchgesetzt (z. B. ist Frankreich in einen Bereich der Drei- und einen der Zweifelderwirtschaft eingeteilt).

Von entscheidender Bedeutung ist die Herausbildung von *Dörfern*, die nun neben die alten Streusiedlungen und die Herrenhöfe (villae) mit ihren Nebengebäuden treten. Die Größe und Form der Dörfer (und z. T. auch ihre innere Struktur) sind durch die Vielzahl von Komponenten bestimmt und auch in ihrer äußeren Erscheinungsform variabel (regelloser Grundriß, geregelter Grundriß z. B. Straßendorf, Platzdorf, Angerdorf, Runddorf, Zeilendorf – Erscheinungsformen, die sich nicht monokausal deuten lassen). Die Dörfer entwickeln – schon aus Gründen der Regelung der Feldwirtschaft – eine gewisse Gemeindebildung, die Grundlage späterer Genossenschaftsbildungen auf dem Dorf. Auch in dieser Hinsicht ist jedoch die Entwicklung nicht einheitlich verlaufen, und in weiten Teilen Süd- und Nordeuropas hat sich das Dorf als dominante Siedlungsform nicht durchgesetzt.

Bedeutende Änderungen sind seit der Mitte des 11. Jh.s auch im *Landschaftsbild* zu verzeichnen. Das ältere Siedlungsbild ist vorwiegend von sog. Siedlungskammern geprägt, besiedelter Flächen, die durch Wälder voneinander getrennt sind (wobei der Wald sowohl wirtschaftlich genutzt wird als auch zum Schutz der Siedlungen dient). Seit dem 11. Jh. beginnt ein Landesausbau durch gezielte Kolonisation, der die Siedlungskammer zu größeren Siedlungsflächen erweitert. Chronologisch verläuft die große mittelalterliche Kolonisationswelle in gestaffelter Art in west-östlicher Richtung und nimmt bald geregelte, zuweilen sogar geradezu genormte Formen an.

Kolonisation und Kolonistenrecht

Die Kolonisation, die geregelte Erschließung von Neusiedelland, beruht auf der Gründung von neuen Dörfern und der Urbarmachung von Boden. In größerem Umfang erfordert sie die koordinierte Tätigkeit der Gründer (Lokatoren, „Unternehmer") und der Kolonisten, die bereit sind, das Risiko von Neugründungen zu tragen. Praktisch entwickelt sich daher recht bald ein eigenes Kolonistenrecht (emphyteutisches Recht; im Bereich der Ostkolonisation als „deutsches Recht" bezeichnet). Neben kurzweiligen Vergünstigungen (etwa zeitweilige Abgabefreiheit) werden den Neusiedlern Sonderrechte – im Vergleich zu den Bauern des Altsiedellandes – zugestanden: ein begrenztes Eigentum an dem gerodeten Boden mit dem Recht, es zu vererben bzw. zu verkaufen, fest fixierte Abgaben an den Herrn und eine gewisse Selbstverwaltung (evtl. sogar die niedere Jurisdiktion). Dadurch entsteht die Möglichkeit einer ausgeprägteren sozialen Differenzierung der bäuerlichen Bevölkerung, und das Herrschaftsverhältnis zwischen Kolonisten und Grundherrn gestaltet sich lockerer als die alten Formen der Abhängigkeit. Gelegentlich kann sich das Verhältnis der Herren und der Rodungsbauern sogar an ein bloßes Pachtverhältnis annähern.

Der Handel

Die große Schwierigkeit des *Fernhandels* stellt weiterhin der Zustand der Landwege und die Behinderung der Nutzung der Flüsse durch Zölle dar. Dagegen kommt es zu einer Ausweitung und besseren Nutzung der Seewege. Der Handel mit dem Orient wird zunehmend von den italienischen Städten (Venedig, Genua) monopolisiert. Neben dem Weiterbestehen der Dominanz des Mittelmeeres im europäischen Fernhandel ist auch ein Hervortreten der Handelsverbindungen in der Nord- und Ostsee zu verzeichnen. Zu bedeutenden Zentren des europäischen Binnenhandels werden im 13. Jh. die Messen der Champagne; zunehmend konzentriert er sich jedoch in großen Handelsstädten (Brügge, Nowgorod, Köln, Mailand, Venedig, Florenz).

Die soziale Schichtung

Die wirtschaftlichen Veränderungen finden in sozialen Umschichtungen ihren Niederschlag. Als erster „Stand" formiert sich der *Klerus,* der durch eine Reihe von formalen Kriterien (insbes. durch die Jurisdiktion des kanonischen Rechtes) von dem Rest der Bevölkerung getrennt ist – bei allen, ungemein großen Unterschieden innerhalb der Personen mit kirchlichen Weihen; die Sonderstellung der Kleriker wird infolge der Reformbestrebungen der Kirche recht allgemein anerkannt. Die kirchlichen Reformbestrebungen, urspr. vom Reformmönchtum getragen, nutzen letztlich v. a. der Hierarchie und dem Papsttum. Ihr Sieg bedeutet das Ende des Reichskirchensystems (mit enscheidendem Einfluß des Königs).

Im Hochmittelalter ändert sich auch teilweise die Zusammensetzung des *Adels:* Die Ministerialen (urspr. zum Großteil Unfreie in Ämtern oder mit Diensten betraut) machen einen sozialen Aufstieg durch und verschmelzen weitgehend im Laufe der Zeit mit dem alten Adel. Noch ist jedoch der Adel kein eigentlicher Stand, die Stellung der einzelnen Angehörigen sehr unterschiedlich. Bei Besitz wird zwischen Allod (Erbgut) und Lehen (abhängiges, „verliehenes" Gut) unterschieden. Gemeinsam ist, daß Adel Herrschaft über Leute und Grund und Boden ausübt und besondere erbliche Vorrechte beansprucht. Durch die Kombinationen des *Lehenswesens,* alter Vorrechte und neuer Ansprüche sowie durch rücksichtslose Gewaltanwendung entsteht eine Vielfalt von Arten adeliger Herrschaft.

Als neue Form adeliger Lebensweise taucht das *Rittertum* auf, „Ritter" urspr. „Reiter", der kraft seiner Ausrüstung den Fußkämpfern weit überlegen ist. Obzwar die Aufnahme in die Ritterschaft bald durch verschiedene Förmlichkeiten gekennzeichnet ist (Ritterschlag, Schwertleite, Schwertnahme), bilden die Ritter zunächst keinen geschlossenen Stand; erst im Spätmittelalter setzt die Entwicklung zum Rittertum als einem Bestandteil des niederen Adels ein. (Eine Sonderform stellen die sog. Reichsritter dar.) Das Ritterideal wird weitgehend durch die Literatur (Chrétien de Troyes, Wolfram von Eschenbach) geprägt und nimmt die Formen eines „adeligen Lebens". (Das Rittertum ist seit der Romantik vielfach zur Grundlage einer Idealisierung des Hochmittelalters geworden.) Mit dem Rittertum und dem Kampf in geschlossener Rüstung hängt auch das Aufkommen von Wappen zusammen: Ursprünglich ein Schildzeichen um den gepanzerten Ritter zu erkennen, wird es später zum „Standesabzeichen" (bleibend oder erblich verliehen). Eine ähnliche Entwicklung ist auch bei dem Burgenbau festzustellen: Ursprünglich machtmäßig-militärische Stützpunkte, werden sie bald zu ausgeprägten „Prestigesymbolen". Die Änderungen im Sozialgefüge finden auch in der zeitgenössischen „Theorie" ihren (geistesgeschichtlichen) Niederschlag.

Die Dreiständelehre

Seit dem Anfang des 11. Jh.s ist (in England und Frankreich) die sog. Dreiständelehre bezeugt, die bald zur allgemein akzeptierten Gesellschaftslehre werden soll. Eine offizielle Soziallehre der Kirche gibt es im Mittelalter nicht, und die Vorherrschaft der Dreiständelehre wird auch von den meisten „Ketzern" akzeptiert. Der Ansicht dieser Lehre nach ist die gesamte Gesellschaft funktional in drei „Stände" („ordines") geteilt, deren Funktion das Beten (Klerus), der Kriegsdienst (Adel) und die Arbeit (die „laboratores") sein soll (tu ora, tu protege tuque labora – Du bete, Du schütze und Du arbeite). Eine Weiterentwicklung dieses Funktionsschemas ist, selbst in späteren Jahrhunderten, nicht mehr erfolgt, und der Aufstieg des Bürgertums vermag das rigide Einteilungsschema der Gesellschaft nicht zu modifizieren. Alle Personen, die nicht adelig oder Kleriker sind (Bürger, Bauern, Taglöhner usw.), bilden undifferenziert den sog. „dritten Stand". Versuche, das Schema in eine Vierständelehre, mit Sonderstellung der Bürger, umzuändern, bleiben ohne Erfolg.

Die Städte

Das wohl bedeutungsvollste Ereignis des Hochmittelalters ist der Aufschwung der *Städte* (urbs, civitas; Burg; ville; port; město; gorod). In den Mittelmeergebieten, wo es eine echte Kontinuität der Städte gibt, ist diese Entfaltung durch das Anwachsen der Größe der städtischen Siedlungen und durch die Erweiterung ihrer Anzahl gekennzeichnet. Die großen Stadtkommunen Norditaliens beginnen sich bereits seit dem Ende des 11. Jh.s zu autonomen Stadtstaaten zu entwickeln. In den transalpinen Gebieten, wo in den vorangehenden Epochen Vorformen der mittelalterlichen Stadt festzustellen sind, kommt es zum Ausbau dieser Ansätze und zu massenweiser Neugründung von Städten. Insgesamt entstehen während des Hochmittelalters überall geradezu Städtenetze, gelegentlich sogar ausgeprägte Städtelandschaften (Norditalien, Flandern).

Über den Charakter, die entscheidenden Merkmale der Stadt, gibt es Auseinandersetzungen bereits im Mittelalter selbst; nachdem sich herausgestellt hat, daß eine Rechtsdefinition unmöglich ist, herrscht Übereinstimmung darin, daß die mittelalterliche Stadt (als Idealtypus) von einer Vielzahl von Kriterien bestimmt wird, deren Kombination Städtetypen (nach Gebieten unterschiedlich) ergeben. Die Städte sind zunächst Konzentrationspunkte der Bevölkerung; sie sind von allem Anfang an auf den Zustrom ländlicher Bevölkerung angewiesen. Obzwar sich ihre numerische Größe weder mit der antiker noch der moderner Städte vergleichen läßt (eine Stadt mit ca. 10000 Einwohnern ist im Mittelalter bereits eine Großstadt; die Mehrzahl der Städte zählen ca. 500–1000 Einwohner) bilden sie zahlenmäßig Schwerpunkte der Bevölkerung. Ein charakteristisches Bild bietet das Äußere der Städte, ihre Befestigung durch Stadtmauern und die Anordnung der Bauten nach einem bestimmten Grundriß. In wirtschaftlicher Hinsicht sind die Städte Zentren der gewerblichen Produktion, die sich bald völlig in den Stadtmauern konzentriert, und des Handels (bes. des Fernhandels). Die ökonomische Vorrangstellung der Städte gegenüber dem Umland ist oft rechtlich (durch Privilegien) kodifiziert, und die Stadt erfüllt gewisse „zentrale Funktionen" für eine Umgebung, die nach Größe und politischer Bedeutung der Stadt stark variiert.

Besonders bezeichnend ist die eigenartige *Rechtsstellung* der Stadt und ihrer Einwohner („Bürger") in weiten Teilen Europas. Diese Rechtsstellung können Städte entweder im Laufe ihrer Entwicklung unformal aus vorstädtischen Formen erwerben (friedlich durch Kauf oder Verpfändung oder in Auseinandersetzungen mit dem Stadtherrn), durch besondere Privilegien („chartes de franchises") erteilt bekommen (ältestes, bruchstückhaft erhaltenes Stadtprivilegium für Huy 1066) oder gleich bei der Neugründung einer Stadt verbrieft erhalten (Stadtgründungsprivileg). An der Gründung von Städten sind nicht nur die Bürger selbst, sondern auch die Stadtherren (bes. Herrscher) interessiert, da die – auch militärisch bedeutsamen Städte – zu einem wichtigen Machtfaktor werden (z. B. Städtegründungen der Staufer, der

Schema der städtischen Selbstverwaltung

390   Mittelalter – Hochmittelalter

Přemysliden). Zu den wichtigsten Vorrechten der Bürger gehört ein erhöhtes Maß an Freiheit, besonders das Erbrecht, das bei größeren Städten zur vollen persönlichen Freiheit aller Einwohner der Städte führt. Aus den älteren Einigungen (Schwurverbänden, „coniurationes"; bereits 1076 Cambrai) entwickelt sich, zuweilen nach italienischem Vorbild, bald eine eigene selbständige Verwaltung, die die Tendenz aufweist, ihre Kompetenz ständig zu erweitern. (Im Spätmittelalter bilden die Städte oft eigene Gerichtsbezirke, und die großen Städte erlangen durch die Hochgerichtsbarkeit auch formal ihre völlige Emanzipation vom Stadtherrn.)

Die Grundsätze, nach denen die Städte verwaltet und nach denen auf gewohnheitsrechtlicher Grundlage Recht gesprochen wird, erweitern sich allmählich zu einem *städtischen Recht*, ohne daß das Mittelalter ein einheitliches Stadtrecht kennt. (Die Gesamtzahl der Statuten der italienischen Städte wird auf über 10 000 geschätzt.) Bloß gewisse Grundlagen sind recht allgemein verbreitet (römischrechtlich geprägter Eigentumsbegriff). Versuche von Königen im 13. Jh. (Ludwig IX. von Frankreich, Přemysl Ottokar II.), ein einheitliches Stadtrecht zu kodifizieren, dringen zunächst nicht durch; im Reichsgebiet wird im Osten eine gewisse Einheitlichkeit dadurch erreicht, daß das Recht einiger großer Städte (Nürnberg, Lübeck, Magdeburg) zum maßgeblichen Vorbild anderer Stadtrechte wird.

Beherrscht wird die *städtische Selbstverwaltung* zunächst von den Ministerialen der Stadtherren (besonders in Süddeutschland) und den reichen Kaufleuten, die schon bald (z. B. in Köln 1074, 1114) auch in Konflikt mit den Stadtherren (besonders in bischöflichen Städten) geraten. Sobald die Städte eine gewisse Größe erreichen und Macht erlangen, werden sie zwangsläufig zu Konkurrenten ihrer alten Herren. Seit dem 13. Jh. werden sich die Herren dieser Gefahr in zunehmendem Ausmaß bewußt; im Reich setzt eine städtefeindliche Gesetzgebung ein, die im Spätmittelalter ihre Fortsetzung findet.

Trotz der relativen Größe der Städte bleibt der lokale Markt begrenzt, und der Fernhandel erzwingt einen Zusammenschluß, um das Risiko zu mindern. Zwangsläufig sind daher besondere Genossenschaftsbildungen in den Städten festzustellen. Die *Gilde* („fraternitas", „unio") der Fernkaufleute ist eine alte Organisationsform, bedingt durch die Art des Handels und durch die Notwendigkeit von Sonderprivilegien für den Handel (Grundlage der Herausbildung eines besonderen Kaufmannsrechtes). Andersartig sind die Organisationsformen des Fernhandels der italienischen Städte, die bald städtische Vertretungen organisieren. Langwieriger gestaltet sich die Genossenschaftsbildung auf dem Gebiet der Handwerksproduktion, die zwangsläufig zur Reglementierung der gesamten Produktion und des Nahhandels führen muß. Als Vorform erscheint der Zusammenschluß von Handwerkern in religiösen Bruderschaften. Zur Konstituierung von *Zünften* (Amt, Handwerk, Zeche, Innung, Gaffel) ist in der Regel der Zunftzwang nötig, d. h. die Beschränkung, daß nur Mitglieder der Zunft das jeweilige Handwerk, Handel oder Gewerbe betreiben dürfen. Dadurch erlangen die Zünfte eine Monopolstellung in Gewerbe und Handwerksproduktion. Erste Zunftbildungen (wohl von Byzanz beeinflußt) sind seit dem Ende des 11. Jh.s bezeugt: 1095 Pisa, 1099 Mainz?, 1106 Worms, 1112 Ferrara, 1121 Parma, 1128 Würzburg – vor 1130 London, Oxford, Lincoln, Winchester, 1100–1135 Rouen.

Zünfte beginnen nicht nur die Qualität zu kontrollieren, sondern zunehmend auch die Produktion zu reglementieren, um die Preise nicht absinken zu lassen. Bald regt sich daher Widerstand sowohl von der städtischen Ober- als auch Kritik aus der Unterschicht. Trotz wiederholter Verbote (allgemeines Verbot 1231/1232 auf dem Reichshoftag von Ravenna) sind die Zünfte nicht zu unterdrücken. Sie erweitern ihre Kompetenzen zunehmend und streben danach, zu einer allgemeinen Organisationsform zu werden (mit militärischen Funktionen und eigener Jurisdiktion). Seit dem 13. Jh. beginnen sie auch politische Ambitionen zu verfolgen und verlangen, an der Verwaltung der Stadt beteiligt zu werden bzw. sich der ganzen Selbstverwaltung zu bemächtigen. Dominant sind in den Zünften die Meister; im Spätmittelalter haben dann die Zünfte den Charakter von Meisterzünften, daneben entstehen eigene Gesellenzünfte. Die Zunftform wird dann zur allgemeinen Organisationsform des städtischen Lebens. Die Zünfte können daher kaum als Keimzellen einer mittelalterlichen Demokratisierung angesehen werden, wie dies in der älteren Literatur zuweilen geschehen ist.

Endgültige Durchsetzung des Christentums

Durch die Kreuzzüge und die weithin erfolgreiche Reconquista in Spanien ist praktisch ganz Europa christlich geworden. Das Heidentum in Ost- und Nordosteuropa wird immer mehr gewaltsam zurückgedrängt, in organisierten blutigen „Kreuzzügen" und Heidenkämpfen bekämpft. Durch die Taufe des Litauerfürsten Władysław Jagiełło 1386 wird auch hier das Heidentum formal endgültig verdrängt. Die einzigen geduldeten Nichtchristen bleiben danach im christlichen Europa die Juden, denen die Kirchenlehre die Rolle der „Zeugen" („testes") zuspricht, d. h., ihre „armselige Lage" soll die Göttlichkeit Christi beweisen, den sie verleugnet haben.

Die Juden

Die strikte Abgrenzung der jüdischen Bevölkerung, wie sie im 7. Jh. besonders die Kirche im visigotischen Bereich durchgeführt hat, ist weitgehend außer Gebrauch gekommen. Die Juden spielen im Frühmittelalter eine wichtige Rolle im Fernhandel. Durch die Verbreitung des katholischen Glaubens und durch den Ausbau der feudalen Gesellschaft werden die Juden immer mehr zu Außenseitern, die sich nicht nur durch ihren Glauben und Ritus von der christlichen Bevölkerung unterscheiden. Aus Landwirtschaft, Handel und allmählich auch aus dem Gewerbe verdrängt, werden sie gezwungen, sich auf das Geldverleihen zu beschränken. (Durch kanonisches Recht war jedes Ausleihen von Geld gegen Zins als unzulässiger Wucher gebrandmarkt.)

Dadurch werden die Juden für ihre Herren zu einer wichtigen Einnahmequelle (Judensteuern), von den Schuldnern immer mehr gehaßt. Ihre Rechtsstellung verschlechtert sich im Laufe des Hochmittelalters zunehmend; beruht auf Sonderprivilegien. Seit dem 13. Jh. werden die Juden als Kammerknechte („servi camerae") angesehen und dienen nicht nur zur Erhöhung der Einnahmen der Herrscher, sondern auch als „Blitzableiter" für zunehmende Antagonismen in der Gesellschaft.

Judenrecht und jüdisches Recht: Das Leben der jüdischen Gemeinde, die Beziehungen zwischen den einzelnen Mitgliedern, richtet sich nach dem, auf die Bibel und den Talmud zurückgehenden, jüdischen Recht. Die Rechtsstellung der Juden in ihren Beziehungen zur nichtjüdischen Umwelt sind dagegen durch das Judenrecht geregelt, das auf Privilegien zurückgeht (ältestes Privileg Heinrichs IV. für Worms und Speyer 1090) und insbesondere die Geldgeschäfte jüdischer Pfandleiher normiert.

Die große Wende des Geschicks der Juden stellt der erste Kreuzzug (1096–1099) mit der ihn begleitenden Pogromwelle dar. Während in den vorangehenden Jahrhunderten die Juden unbehelligt unter der christlichen Bevölkerung siedeln, beginnt mit dem Ende des 11. Jh.s eine Reihe von Verfolgungen, die unter immer neuen Vorwänden (vermeintliche Schuld am Tode Christi, Ritualmord-Fabel, sog. Hostienschändung) zu blutigen Verfolgungen führt.

Größere antijüdische Pogromwellen

1096/1097	Erster Kreuzzug	1298	„König Rintfleisch"-Süddeutschland
1146/1147	Zweiter Kreuzzug	1320	Pastouraux-Frankreich
1190	England	1336–1339	Armleder-Süddeutschland
1236	Frankreich	1348–1350	Pogromwelle im Zusammenhang
1287	Mittelrhein		mit der Pest

Nun wird auch die alte kirchliche Abgrenzungspolitik neu aufgenommen und im kanonischen Recht fest verankert (Vierte Lateran-Synode von 1215). Analog wird auch von rabbinischer Seite eine konsequente Abgrenzung normiert. Erst im Spätmittelalter findet die Abgrenzung auch in der räumlichen Konzentration der Juden (Ghetto) ihren Niederschlag, zunächst oft zum Schutze der Juden dienend. Die sich wiederholenden Verfolgungswellen und einsetzenden Vertreibungen von Juden (1290 England, 1306/1322/1394 Frankreich) bewirken in dieser Zeit eine Verschiebung des Schwerpunktes der europäischen Juden nach Osteuropa (Polen) und drängen außerdem zu einem engeren Zusammenschluß der jüdischen Gemeinden.

Die Kultur des Hochmittelalters

Grundlinien und Grundbedingungen

Gemeinsame Merkmale der europäischen Kultur vom 10.–13. Jh. sind nur schwer festzulegen, weil grundlegende Wandlungen die Erscheinungsformen und Entwicklungsbedingungen so erheblich verändern, daß Epocheneinschnitte innerhalb dieses Zeitraums ebenso zu rechtfertigen sind wie der hier aus rein pragmatischen Gründen angewandte Hochmittelalter-Begriff; außerdem ergeben sich im Vergleich zwischen den einzelnen Ländern zeitliche Verschiebungen, die das in diesem Überblick angestrebte Gesamtbild relativieren. Für ein vertieftes Verständnis ist ohnehin die zusätzliche Beschäftigung mit den wichtigsten regionalen Entwicklungen notwendig.

Immerhin läßt sich generell sagen, daß, während mit dem Zerfall des Karolingerreichs die kulturelle Wirksamkeit der höfischen Zentren vorerst endet, geistliche, insbesondere **Klöster,** weiterhin als Kulturträger verbleiben. Die Beschränkung des Wirtschaftslebens durch die weitgehende Selbstgenügsamkeit von Fronhofsverbänden und Dörfern, die kaum Bedarf an Bildungsgütern, Kunstgegenständen und Luxuswaren haben, engt die entsprechende Nachfrage darüber hinaus sehr stark ein. Hinzu treten die den Fernhandel hemmenden Schwierigkeiten. Die fundamentale Tatsache schließlich, daß die *Schriftlichkeit* in Laienkreisen auf dem Kontinent nördlich der Alpen ganz gering, auch im hohen Adel etwa des 10./11. Jh.s keineswegs allgemein verbreitet ist, kann in ihren vielfältigen Wirkungen kaum überschätzt werden.

Literatur und bildende Kunst, Philosophie und Wissenschaft werden somit von der *Geistlichkeit,* ihren Möglichkeiten, Bedürfnissen und Zielen geprägt. Ohnehin sind „staatliche" und „kirchliche" Maßnahmen im Hochmittelalter kaum (in unserem heutigen Sinn schon gar nicht) voneinander zu trennen, kirchliche Institutionen und Würdenträger nehmen administrative Aufgaben wahr (nicht nur im ottonisch-salischen Reichskirchensystem des 10./11. Jh.s). Eine kulturelle Wirksamkeit des Römisch-deutschen *Kaisertums* ist nur begrenzt seit Otto I. († 973) und Otto III. († 1002), später durch Friedrich I. († 1190), Heinrich VI. († 1197) und v. a. Friedrich II. († 1250) festzustellen. Erst etwa ab 1100 entsteht eine betont *laikale Kultur,* und nur in *Italien* bringt bereits das 12. Jh. durch den jetzt einsetzenden kulturellen Einfluß des Stadtbürgertums eine Erweiterung der noch immer unerhört schmalen, das kulturelle Leben bestimmenden sozialen Schicht.

392   Mittelalter – Hochmittelalter

Weltbild und Umfeld

Das Weltbild ist somit christlich bestimmt, die *geographischen Kenntnisse* decken sich zunächst weitgehend mit der Verbreitung der Christenheit, werden aber im Gefolge der Kreuzzüge beträchtlich erweitert. Das Kirchenjahr, das dem natürlichen, jahreszeitlichen Ablauf des agrarischen Lebens angepaßt ist (Monatsbilder mit bäuerlichen Arbeiten), bestimmt das *Zeitgefühl* – weniger die auch technisch unvollkommene objektiv-abstrakte Chronologie. *Geschichte* wird als Heilsgeschehen aufgefaßt. Über die Geschichte des heidnischen Altertums setzt man sich (als Geschichte) hinweg. Ständig latent präsente chiliastische Vorstellungen führen oft zur Erwartung des nahen *Weltendes* mit dem Erscheinen des Antichrist (mit dem dann mehrfach lebende Persönlichkeiten, wie z. B. Kaiser Friedrich II., identifiziert werden).

Wichtiger als die unmittelbare Erfahrungswelt ist das, was hinter den sicht-, greif- und benennbaren Dingen steckt, das Denken in **Symbolen** spielt somit eine große Rolle, die uns in der Zahlensymbolik (u. a. drei, vier, sieben, acht), der Kirchenbaukunst (Grundformen von Kreis [Vollkommenheit] und Kreuz), der Liturgie und der Naturbetrachtung entgegentritt, am eindruckvollsten wohl in der Wortsymbolik, die das Studium von Wörtern und Sprachen zur Grundlage von Erziehung und Wissenschaft erhebt: *Wörter sind Symbole der Dinge,* und diese sind Widerspiegelungen anderer Dinge, die einer höheren Sphäre angehören. Die menschliche Gesellschaft ist hier das *Abbild der himmlischen Gesellschaft* (Engelshierarchie) – ein Aufbegehren gegen die irdische Sozialordnung wäre also gleichbedeutend mit einer Auflehnung gegen die göttliche Schöpfung. In diesem Geflecht der Unter- und Überordnung wird der Mensch von Kunst und Literatur kaum als Individuum gesehen, vielmehr als Vertreter von *Rang* und *gesellschaftlicher Position,* als Ausdruck seines Typus in Kleidung, Gestik, dann auch Wappen. (Dementsprechend kommt die namentliche Nennung des bildenden Künstlers kaum vor.) Dargestellt werden die Gestalten des Alten und Neuen Testaments, Kirchenväter, Heilige, Geistliche, christliche Herrscher und ritterliche Helden. Bauern werden verachtet und zunehmend verspottet, Aufrührer als „neidisch" geschildert.

Hohe Wertung hat die praktische **Ethik.** Sie wird durch Exempla (beispielhafte Begebenheiten) und Vorbilder gelehrt, die Regeln menschlichen Zusammenlebens als *Sitte* aus der Vergangenheit übernommen. Gleichwohl ist eine **Rationalisierung** von Denkgewohnheiten und Untersuchungsmethoden z. T. schon im späten 10. Jh. festzustellen: Kaiser Otto III. kritisiert die Konstantinische Schenkung als Fälschung, Gerbert von Aurillac (Leiter der Domschule in Reims, 999–1003 Papst Silvester II.) verschafft in Begegnung mit antikem Geistesgut der Logik große Geltung und führt nach arabischem Vorbild die mathematische Zahlenrechnung ein.

Philosophie und Geisteswissenschaft

Die Scholastik

Scholastik (von lateinisch „schola" = Schule) ist heute ein Sammelbegriff für die vorwiegend in den Schulen (Klosterschulen, Kathedralschulen, Universitäten) des lateinischen Mittelalters gepflegten und gelehrten Wissenschaften; in erster Linie meint man damit die Theologie und die vielfältigen Disziplinen der Philosophie. Scholastische Theologie und scholastische Philosophie stehen in einem stets engen, aber sehr wechselvollen Verhältnis: die Palette reicht von der Tendenz, die theologischen Glaubenswahrheiten in Philosophie aufzulösen (vgl. den Versuch des *Anselm von Canterbury* [* 1033 oder 1034, † 1109], die Frage nach Grund und Bedeutung der Menschwerdung Gottes rein rational zu lösen) bis zur nahezu völligen Integration philosophischer Einzelargumentationen in ein grundsätzlich theologisches Denken (so etwa *Bonaventura* [* 1217 oder 1218, † 1274]). Zwischen diesen beiden Extremen entwickelt *Thomas von Aquin* (* 1225?, † 1274) die klassische, wissenschaftstheoretisch durchreflektierte Synthese: Philosophie (und die übrigen nichttheologischen Wissenschaften) kennen als Quelle lediglich Erfahrung und natürliche Vernunft; auch die Autoritäten der Vergangenheit sind grundsätzlich der nachprüfenden Kontrolle der Ratio unterworfen. Die Theologie dagegen hat als Basis darüber hinaus die – im Glauben akzeptierten – Auskünfte der übernatürlichen Offenbarung, greifbar in Hl. Schrift und kirchlicher Lehrtradition. Oberhalb dieser akzeptierten Basis ist ihr Verfahren aber wieder rein rational und damit wissenschaftlich nachprüfbar und kommunikabel. Es gibt nur *eine Wahrheit* (gegen die Lehre von der doppelten Wahrheit des Siger von Brabant, † ca. 1284), über die die Theologie aber auf Grund der Glaubensoffenbarung mehr und Genaueres weiß.

Gegen eine Unterordnung der Theologie unter die Philosophie wendet sich defensiv *Petrus Damiani* (* 1007, † 1072) mit seiner Forderung, die Philosophie habe (in Glaubensfragen!) Magd der Theologie – „ancilla theologiae" – zu sein. Diese „Ancilla-Formel" ist, aus peripherem Anlaß gesprochen, als Motto für das Verständnis der Scholastik ungeeignet.

Die scholastische Methode

Für die Entwicklung der wissenschaftlichen Arbeitsweise der Scholastik ist *Peter Abaelards* (* 1079, † 1142) Schrift „*Sic et non*" (abgefaßt etwa 1122) von großer Wirkung. Sie stellt eine Kompilation von anscheinend sich widersprechenden Texten aus Schrift und Vätern über 158 wichtige theologische Fragen dar. Aus den Widersprüchen dieser „auctoritates" ergibt sich ein Problem, eine „quaestio", das zu lösen die „ratio" herausgefordert ist. Abaelard ist nicht der erste Autor, der dieses Sic-et-non-Verfahren anwendet, aber wohl der einflußreichste. Unter dem zusätzlichen Einfluß der „Logica nova" (der in der Mitte des 12. Jh.s bekannt gewordenen aristotelischen Schriften Topik, Analytiken und Sophistische Widerlegungen) entstehen aus diesem Verfahren die scholastische *Disputationsmethode* und die sie widerspiegelnde literarische Form der „*Quaestio*".

Neben dieser strengen Disputationsform gibt es die „lectio", die „Vorlesung" und Erläuterung eines gegebenen, dem Unterricht zugrunde gelegten philosophischen oder theologischen Textes. Literarisch schlägt sich diese Lehrform nieder in der außerordentlich reichen Kommentarliteratur des Mittelalters. Bevorzugte Texte der Kommentatoren waren im Bereich der Philosophie Pseudo-Dionysius Areopagita (um 500 n. Chr.), Boethius (* um 480, † 524), vom 13. Jh. an Aristoteles – in der Theologie die einzelnen Bücher des Alten und Neuen Testaments und die Sentenzen (Sammlung von „Meinungen" der Autoritäten) des Petrus Lombardus (* um 1095, † 1160).

Als charakteristisch für den Geist scholastischer Wissenschaften pflegt man die Dualität von *„auctoritas"* und *„ratio"* anzuführen. Man darf dabei aber „auctoritas" nicht unreflektiert mit „Autorität" übersetzen, da der Grad der Verbindlichkeit der „auctores" sehr verschieden ist; sie stuft sich ab von der unbedingten Geltung der Hl. Schrift bis zu einer nur noch dekorativen Zitation einer Berühmtheit der Vergangenheit zum Zwecke der Stützung der eigenen Position; es gab auch die Auseinandersetzung mit einer nichtakzeptierten „auctoritas". Der Unterschied zur heute üblichen Auseinandersetzung mit der „Literatur" ist somit nur graduell: er besteht in einer sehr viel stärkeren Integration des mittelalterlichen Wissenschaftlers in eine noch nicht historisch gewordene Tradition.

Die Mystik

Der (noch weniger als „Scholastik" eindeutig festgelegte) Begriff „Mystik" meint zumeist alle jene Personen und Bewegungen mittelalterlichen religiösen Geisteslebens, die – und insofern sie – ihre (literarische und mündliche) Wirksamkeit nicht an den Schulen und in den Formen der Schulen entfalten, sondern dem unmittelbaren praktischen Vollzug des Glaubens dienen wollen. (In einem engeren Sinne meint „mystisches" Erleben einen unmittelbaren übersprachlichen und überbegrifflichen, je individuellen Kontakt zu Gott, das als solches aber nicht mehr kommunikabel ist.) Mystik ist der Scholastik nicht entgegengesetzt, sondern ihr Korrelat; die Vertreter der scholastischen Wissenschaften sind vielfach zugleich Verfasser mystischer Texte und umgekehrt. Durch diese enge, bereits in den ersten christlichen Jh.en grundgelegte Verbindung gewinnt die Religiosität des christlichen Abendlandes jene intellektualistische Orientierung, die ihr Charakteristikum unter den großen Weltreligionen ausmacht: Glaube und Vernunft sind prinzipiell versöhnt.

Die Frühscholastik

Anselm von Canterbury, * Aosta 1033/1034, wird 1060 Mönch und Schüler Lanfrancs im Kloster Bec (Normandie), wird dort 1078 Abt. Seit 1093 ist er Erzbischof von Canterbury; † 1109. Seine Leitidee vom „Glauben, der nach Einsicht sucht = fides quaerens intellectum" meint den Fortgang von der Unmittelbarkeit des Glaubens zu einem möglichst hohen Grade natürlich-rationalen Einsehens. Im „Proslogion" entwickelt er den – in der Neuzeit so genannten, freilich dort verkürzt mißverstandenen – „ontologischen Gottesbeweis", in „Cur Deus homo" entwickelt er eine Satisfaktionstheorie zum Zwecke eines rationalen Verständnisses der Menschwerdung Christi.

Peter Abaelard (* 1079, † 1142), seit 1113 vielgehörter Lehrer in Paris. Sein Liebesverhältnis mit seiner Schülerin Heloise endet furchtbar: Heloisens Onkel, ein Kanoniker Fulbert, läßt Abaelard aus Rache in einem Gewaltstreich kastrieren. Heloise wird Nonne im Kloster Argenteuil, er selbst wird Mönch in St-Denis, beginnt aber bald ein unruhiges Wanderleben. Der berühmte Briefwechsel zwischen beiden ist teilweise literarische Fiktion Abaelards, die Selbstbiographie („Historia calamitatum", Bedeutung für Kunst und Literatur seit dem 13. Jh.) heute als echt anerkannt. Die letzte Zeit seines Lebens verbringt Abaelard im Kloster Cluny und im Priorat St-Marcel-sur-Saône. Als Philosoph beschäftigt sich Abaelard u. a. mit (Sprach-)Logik und lehrt im Universalienstreit (Frage nach der Seinsweise des Allgemeinen) einen Konzeptualismus; in der Ethik betont er die Funktion des subjektiven Gewissens: nicht in der Handlung, sondern in der Absicht liege das sittlich Gute und Böse. Seine von rationalistischen Tendenzen nicht ganz freizusprechende Behandlung theologischer Fragen erregt Widerspruch in der Kirche, findet sich in seiner Zeit aber häufig (vgl. Anselm von Canterbury).

Ebenfalls noch zur Frühscholastik zählt die *Schule von Chartres* (Blütezeit im 12. Jh., in den Jahren vor der Erbauung der Kathedrale). Hauptvertreter: Gilbert de la Porrée (* um 1080, † 1154), Thierry von Chartres († nach 1149) und Johannes von Salisbury (* um 1115, † 1180). Charakteristikum der Schule: intensives Interesse an den Autoren der Antike (Bernhard von Chartres: Wir sind wie Zwerge auf den Schultern von Riesen), Bevorzugung des Platonismus (besonders Platons „Timaios"), von daher Vorliebe für „naturwissenschaftliche" Fragen. Der Platonismus von Chartres treibt, wie viele spätere platonisierende Richtungen (intensiver als der jeweilige Aristotelismus), die wissenschaftsgeschichtliche Entwicklung in Richtung auf die modernen Naturwissenschaften.

Die Hochscholastik (13. Jh.).

Das Jahrhundertereignis ist das Bekanntwerden des ganzen Aristoteles (der bisher wesentlich nur als Autor logischer Schriften rezipiert worden war). Die Übersetzungen kommen teilweise direkt aus dem Griechischen (Bartholomäus von Messina, Robert Grosseteste, Wilhelm von Moerbeke), teilweise wandert der aristotelische Text aber erst über das Syrische ins Arabische, von dort – mitunter noch über das Altspanische – ins Lateinische. Mittelpunkt dieser Vermittlung ist die Übersetzerschule von Toledo. Der Umweg über den Orient bleibt für das Verständnis des Aristotelestextes nicht ohne Folgen. Mitübersetzt werden die Werke (v. a. die Aristoteleskommentare) der großen arabischen Gelehrten des 11. und 12. Jh.s: *Avicenna* (Ibn Sînâ, * 980, † 1037) hat mehr als 100 Werke hinterlassen. Sein „Kanon" ist für Jh.e das klassische Lehrbuch der Medizin, sein „Buch der Genesung" ist eine große philosophische Enzy-

394 Mittelalter – Hochmittelalter

klopädie, in der er eine Gesamtinterpretation der Lehren des Aristoteles liefert. *Algazel* (Al-Gazâlî, * 1058, † 1111) ist aus theologischen Gründen Gegner der Philosophie, v. a. des Aristotelismus, den er aber zum Zwecke der Kritik scharfsinnig darlegt. *Averroës* (Ibn Ruschd, * 1126, † 1198) wirkt als Richter in Cordoba im maurischen Spanien. Seine in drei verschiedenen Redaktionen überlieferten Aristoteleskommentare tragen ihm im Mittelalter den Namen des Kommentators schlechthin ein.

Die Araber sind in ihrer Aristoteleskommentierung ihrerseits abhängig von neuplatonischen Aristoteleskommentatoren des 3.–5. Jh.s (Porphyrios, Themistios, Ammonios). Mit ihrem Aristotelismus strömt somit erneut neuplatonisches Gedankengut in das Mittelalter ein, das als Erbe der Patristik ohnehin schon präsent ist.

Aus Südspanien (Zentrum Cordoba) kommen nicht nur die arabischen Impulse, sondern auch die jüdische Philosophie des 11. und 12. Jh.s. *Avicebron* (Salomon Ibn Gabirol, * um 1020, † 1070) ist der früheste Vertreter der Philosophie der Juden in Spanien. In seinem Traktat „Quelle des Lebens" (von Dominicus Gundisalvi in Segovia um die Mitte des 12. Jh.s ins Lateinische übersetzt) verbindet er eine neuplatonisierende Hypostasenlehre mit der Betonung eines freien göttlichen Willens als „Lebensquelle" aller endlich Seienden.

Moses Maimonides (* 1135, † 1204) verdankt seine Berühmtheit u. a. seinem „Dux neutrorum = Führer der Unschlüssigen". Er ist auch neuplatonisch beeinflußt, doch steht Aristoteles bei ihm an erster Stelle. Sein Einfluß auf das 13. Jh., speziell auf Thomas von Aquin, ist groß; Berührungspunkte sind v. a. die Schöpfungslehre und die Gottesbeweise.

Institutionelle und formale Prägungen erhält die Hochscholastik durch die entstehenden *Universitäten.*

Hauptvertreter der Hochscholastik

Albert der Große (der einzige Philosoph, der diesen Titel trägt), * um 1200 in Lauingen, † 1280 in Köln. Tritt als Student in Padua in den Dominikanerorden ein. Theologischer Magister in Paris, Lehrtätigkeit in Köln. 1260–1262 Bischof von Regensburg. In seinem umfangreichen Werk (38 Quartbände) vereinigen sich Neuplatonismus, Aristotelismus und einzelwissenschaftliche Naturforschung. In seiner Aristoteles-Rezeption will er expressis verbis nicht eigenständig sein, sondern den großen Philosophen nur darlegen und erklären. Das eigene „System" hält den Neuplatonismus in der Wirkungsgeschichte präsent: dem neuplatonischen Begriffspaar von Ausgang und Rückkehr schließt sich seine Schöpfungsmetaphysik und Erkenntnislehre an. Seinen großen – teilweise obskuren – Nachruhm verdankt Albert in erster Linie seinen einzelwissenschaftlichen Naturforschungen. Die Berichte der „erfahrenen Alten" hält er in Ehren, doch könne in solchen Fragen „nur das Experiment Sicherheit bringen", wobei „experimentum" bei Albert noch Einzelbeobachtung bedeutet, nicht „Experiment" im modernen Sinne.

Thomas von Aquin, * wahrscheinlich 1225 zu Rocca Secca (bei Neapel), aus einflußreichem Adelsgeschlecht. Um 1243/1244 gegen den Widerstand der Familie Eintritt in den Bettelorden der Dominikaner. Der Orden schickt ihn 1244 zu Albert dem Großen nach Köln. 1256 Magister der Theologie in Paris, mitbetroffen vom Streit um Lehrstühle für Mitglieder der Bettelorden. † 1274 auf der Reise zum Konzil von Lyon. Schreibt u. a. Aristoteleskommentare, einen Kommentar zu Pseudo-Dionysius, eine (philosophische) „Summe wider die Heiden", eine „Summe der Theologie" (unvollendet). Thomas steht stets auch bewußt in der augustinischen und neuplatonischen Tradition, seine Integration des Aristoteles aber verstärkt die (in der christlichen Lehrtradition stets schon vorhandenen) Momente der positiven Wertung der geschaffenen, natürlichen Wirklichkeit. Die theologisch geforderte (freie Schöpfung durch Gott, Menschwerdung) bejahende Zuwendung zur Welt läßt sich durch die aristotelische Philosophie besser als in platonischen Kontexten explizieren. Das führt zu einer relativen Autonomie der theoretischen und praktischen Vernunft, zur Unverzichtbarkeit der Sinneserfahrung in der menschlichen Erkenntnis bei Beibehaltung des apriorischen Elementes, zur Betonung der wesentlichen und positiv zu wertenden Leiblichkeit des Menschen (von daher enge Leib-Seele-Einheit) und zur Aufwertung der Natur gegenüber der göttlichen Gnade. Thomas hat eine imponierende Wirkungsgeschichte bis hin zu seiner zentralen Stellung in der „Neuscholastik" im 19. und 20. Jh.

Johannes Fidanza, Ordensname *Bonaventura,* * 1217 oder 1218 in Bagnorea (Toskana). Magister Artium in Paris 1242, Eintritt in den Franziskanerorden. Schüler des (in der augustinischen Tradition stehenden) Alexander von Hales (* um 1185, † 1245). 1257 zusammen mit Thomas von Aquin Aufnahme in das Pariser Professorenkollegium. Bald aber Wahl zum Ordensgeneral, von da vorwiegende Tätigkeit in Ordensangelegenheiten. 1272 Kardinal-Bischof von Albano. † 1274 auf dem Konzil von Lyon. Wichtigste Schriften: Kommentare zu den Sentenzen des Petrus Lombardus, Pilgerbuch („Itinerarium") der Seele zu Gott, Erklärung des Sechstagewerks. Bonaventura könnte man als Mystiker bezeichnen. Auch inhaltlich stellt er einen Kontrapunkt (nicht Gegner) zu Thomas dar. Aristoteles spielt eine untergeordnete Rolle, Theologie und Philosophie gehen ineinander über. Schwerpunkte seiner Metaphysik: Lichtmetaphysik, Mehrheit der Formen, Vernunftkeime („rationes seminales"), geistige Materie. Das Leib-Seele-Verhältnis wird weniger eng als bei Thomas von Aquin gesehen. In der Beschreibung der menschlichen Erkenntnis verbindet er Illumination und Abstraktion. Gesamttendenz: Gott und Welt sollen nicht zu weit auseinandertreten.

Raimundus Lullus (Ramón Llull), * 1232 in Palma de Mallorca. Als Knabe Page am Hof von Aragon, Heirat 1256, zwei Kinder. 1263 religiöse Wende, sein Ziel wird die Sarazenenmission, theoretisch und praktisch. 1273 Erfindung seiner „Ars generalis" („Ars Lulliana"). Viele Reisen, um sie zu realisieren, zwischen Jerusalem, Tunis und Paris. † 1315/1316. Sein vielleicht naiver, gewiß aber genialer Grundgedanke: Aufstellung einer Tabula generalis sämtlicher Grundbegriffe und Prinzipien, Einigung über deren Definitionen. Erarbeitung von Kombinationsregeln und Verfahrensweisen, mit deren Hilfe sinnlose Kombinationen von sinnvollen unterschieden werden können. Bei Vollständigkeit dieser Vorarbeiten läge das gesamte mögliche Wissen im Prinzip vor. Nach einer Art Formalisierung könnte man die Herausarbeitung sinnvoller Kombinationen (= Wahrheit) sich durch Maschinen erleichtern; an der Entwicklung solcher „Computer" arbeitet Lullus ernsthaft. Die „Ars Lulliana" soll nicht nur den Wissenschaften dienen, sondern der politisch-religiösen Befriedung zwischen Christentum, Judentum und Islam. Der Grundgedanke der Lullschen Kunst erweist sich in der ganzen folgenden Philosophie- und Wissenschaftsgeschichte bis zur Gegenwart immer wieder als Faszinosum.

Wissenschaften und Bildungswesen

Die Wirksamkeit von Logik und Vernunft, die Wiederentdeckung antiker Gelehrsamkeit und die Begegnung mit der arabischen Wissenschaft (verstärkt nach der kastilischen Eroberung Toledos 1085; reichhaltige Übersetzertätigkeit, v.a. Gerhard von Cremona [† 1187]) führen zu den Anfängen einer **wissenschaftlichen Auseinandersetzung mit Phänomenen der Natur,** so im Falkenbuch Kaiser Friedrichs II.; wirksamer unter dem Einfluß französischer Schulen wird die von Robert Grosseteste gegründete *Schule von Oxford* (1214–1221 Kanzler der Universität Oxford, † 1253; Lichtmetaphysik, methodologische, physikalische und astronomische Arbeiten, Prinzip des Experiments): Roger Bacon, † um 1292: Sprachen, Mathematik, Optik, Experimente, Begriff des Naturgesetzes.

Eine der stärksten Einwirkungen der Antike geht von der Neuentdeckung des **römischen Rechts** in der Sammlung Kaiser Justinians (Corpus iuris civilis, 534) Ende des 11. Jh.s in Oberitalien aus, die in der *Rechtsschule von Bologna* systematisch gesammelt, gesichtet und ausgewertet wird. Als ihr Begründer gilt *Irnerius von Bologna* (* um 1060, † um 1140), dessen Rechtsschule unter seinen Schülern zur Keimzelle der Universität Bologna wird. Nach den Glossen, mit denen sie den Text der justinianischen Rechtsquellen fortlaufend erläutern, nennt man ihre Schule *Glossatorenschule.* Die Gesetze der Römisch-deutschen Kaiser, die im mittelalterlichen Verständnis unmittelbare Nachfolger der römischen Imperatoren sind, werden den Novellen Justinians angefügt. Die Erläuterungen der Glossatoren stellt *Accursius* (Francesco Accorsi [Accorso] der Ältere, * um 1185, † um 1260) in der *glossa ordinaria* (oder *magistralis*) systematisch zusammen und ermöglicht damit erstmals eine Übersicht über den ausgedehnten Stoff und die bisherigen exegetischen Leistungen. Die *glossa* wird zur Grundlage der künftigen Arbeit der Rechtsgelehrten, der *Legisten.* Den Glossatoren folgen etwa von der Mitte des 13. Jh.s bis zum Beginn des 16. Jh.s die Kommentatoren des Corpus iuris, früher Postglossatoren genannt. Unter dem Einfluß der aristotelischen Dialektik entwickeln sie eine eigenständige legistische Methode, wenden sich verstärkt aktuellen Fragen der Rechtspraxis zu, werden in bedeutendem Maße als Gutachter (Konsiliatoren) tätig und sorgen für die Ausbreitung des gelehrten römischen Rechts in Europa.

Bologna wird zum Zentrum, das nach ganz Europa ausstrahlt und das Rechtsleben nachhaltig beeinflußt. Die *Rezeption des römischen Rechts*, im wesentlichen ein personengebundener Bildungsprozeß, wird eingeleitet über die geistliche Gerichtsbarkeit und das Kirchenrecht und erfaßt bereits im 13. Jh. auch das weltliche Recht. In den einzelnen Ländern vollzieht sich die Rezeption verschieden rasch und intensiv. Von Italien und Frankreich ausgehend, spielt römisches Recht schon im 12. und 13. Jh. in England eine gewisse, in Spanien und den Niederlanden eine bedeutende Rolle, erfaßt im 13. Jh. das Reich, dominierend aber erst im Laufe des 15. Jh.s, erreicht im 14. Jh. Polen und im 15. Jh. Skandinavien. Nirgendwo kommt es jedoch zu einer Totalrezeption. Überall gilt das lokale Gewohnheits- oder Statutarrecht vor dem römischen als dem *ius commune.* Das gelehrte Recht hat subsidiären Charakter. In England kommt es sogar über eine periphere Bedeutung nicht hinaus. Das im ganzen Lande gültige Gewohnheitsrecht, das *Common Law*, ist selbst gemeines Recht, das des fremden materiellen Rechts nur wenig bedarf. Die Rezeption führt zu einer *Verwissenschaftlichung des Rechts,* das mehr und mehr von ausgebildeten Juristen angewandt wird.

Die „*Renaissance des 12. Jh.s*" (Charles H. Haskins) und der Aufstieg der Städte verändern das noch immer nach den Prinzipien der karolingischen Epoche (9. Jh.) organisierte **Schulwesen** von Grund auf. Das führt zu einer großen Erweiterung des Wissens und zur Vermehrung der Schulen, der Scholaren und Magister. Die *Kathedral*- und *Stiftskirchenschulen* überflügeln qualitativ und quantitativ die Klosterschulen. Dort lernen Schüler (meist zu Klerikern bestimmte Knaben) Lesen, Schreiben, Rechnen und Latein, Singen, Kenntnis von Bibel und liturgischen Büchern.

In Italien bestehen neben den kirchlichen Einrichtungen privat geführte *Laienschulen:* Notariats- und Rechtsschulen z. B. in Rom, Ravenna, Pavia und Bologna; Medizinerschulen in Salerno und dazu im provenzalischen Montpellier, die beide unter arabischem und jüdischem Einfluß schon im 10. bzw. 11. Jh. Berühmtheit erlangen. Die Zentren des neuen schulischen Lebens liegen fast durchweg in den Städten der wirtschaftlich früh entwickelten und politisch bedeutsamen Regionen: im Norden *Italiens* und in *Frankreich* zwischen Loire und Rhein, z. B. in Laon, Reims, Orléans, Tours, Chartres und vor allem Paris. In ersten Formen entwickelt sich hier ein wissenschaftlicher Unterricht für viele, aus dem die Universität als Organisationsform hervorwächst. Dieses *studium generale* – die eigentliche Bezeichnung der mittelalterlichen Universität im Gegensatz zum *studium particulare* z. B. der Städte – zieht Studierwillige von überall her an. Neben der Lehre der Freien Künste *(artes liberales)* machen sich die *studia* durch die besondere Pflege bestimmter Disziplinen einen Namen: der Philosophie und Theologie in Paris, der Jurisprudenz in Bologna, der Medizin in Montpellier. Mit Beginn des 13. Jh.s entstehen die bei beiden Proto-

396   Mittelalter – Hochmittelalter

typen der mittelalterlichen Universität, die *Magisteruniversität zu Paris* und die *Studentenuniversität zu Bologna*. Sie gelten gemeinhin als alternative Verfassungsmodelle für die nachfolgenden Gründungen, sind dies aber nicht aus juristischen Erwägungen, sondern aus den je unterschiedlichen politischen und sozialen Bedingungen ihrer Entstehung. Die Universitäten sind zunächst nichts anderes als um einen Lehrer gescharte, mobile Gemeinschaften von Personen, die ein *studium generale* besuchen. Mit einem Begriff, der dem städtischen, korporativen Milieu entlehnt ist, nennen sie sich *universitas magistrorum* und/oder *scholarium* oder *universitas studii NN*. Die Entwicklung zu festgefügten Institutionen dauert bis in die Neuzeit an.

Die ältesten Universitätsgründungen und Rechtsschulen (R) bis 1400 *

Salerno	vor 1200	Orléans	1229 (R vor 1200)	Prag	1348 (R)
Montpellier	vor 1200 (R)	Toulouse	1229 (R)	Perpignan	1349 (R 1379)
Paris	vor 1200 (R)	Lissabon **	1290 (R)	Huesca	1354 (R)
Bologna	vor 1200 (R)	Lérida	1300 (R)	Siena	1357 (R)
Oxford	vor 1200 (R)	Avignon	1303 (R 1298)	Pavia	1361 (R)
Cambridge	1209 (R)	Rom (Stadt) +	1303 (R)	Krakau	1364 (R)
Salamanca	1218 (R 1254)	Valladolid	1304 (R 1346)	Wien	1365/1384
Padua	1222 (R)	Perugia	1308 (R)	Heidelberg	1386 (R)
Neapel	1224 (R)	Cahors	1332 (R)	Köln	1388 (R)
Angers	1229 (R)	Pisa	1343 (R)	Erfurt	1392 (R)

* Bis dahin wieder geschlossene Universitäten oder Rechtsschulen sind nicht berücksichtigt.
** Verlegt nach Coimbra 1308 (R).   + An der Kurie bereits 1245 (R).

Literatur und Kunst

Maßgeblicher sprachlicher Vermittler der Wissenschaft ist das Latein, das auch in der außerwissenschaftlichen **Literatur** lange führend bleibt: Im 10./11. Jh. dominiert es in der Historiographie und Dichtkunst etwa Deutschlands, Italiens, Frankreichs, Englands, und zwischen 1050 und 1200 kommt es zu einer ausgesprochenen *Blüte der mittellateinischen Literatur* mit zunehmender Affinität zur Antike (sog. Loirekreis), mit Natur- und Liebesdichtung, somit generell wachsender weltlicher Tendenz. Die Publizistik erlebt durch den sog. Investiturstreit sowie die Auseinandersetzungen um die neuen Mönchsorden einen Aufschwung, die Kreuzzüge und die Einflüsse aus der arabischen Welt liefern vielfältige Anregungen. Hochmittelalterliche Literatur in den **Volkssprachen** ist (mit Ausnahme der Rechtsquellen sowie der irischen und russischen Literatur) bis um 1100 nur vereinzelt überliefert (bei fortlaufendem lateinischem Einfluß etwa durch Übersetzungen: *Notker Labeo* [„der Deutsche"], † 1022). Gegen 1100, verstärkt nach dem Ersten Kreuzzug 1096–1099, hebt eine französische und provenzalische, vom Adel bestimmte Dichtung an, die durchaus weltlichen, wenngleich häufig religiös verbrämten Themen gewidmet ist: Die *weltliche Epik (chanson de geste)* und die *Troubadour-Lyrik* (Lyrik der ritterlichen Minnesänger bzw. -dichter, beginnend mit Herzog Wilhelm IX. von Aquitanien [* 1071, † 1126]) idealisieren die sich herausbildenden ritterlichen Lebensformen des Adels, vor dem sie vorgetragen werden, und bilden selbst einen Bestandteil ritterlichen-höfischen Lebens. Vergleichbare Gattungen sind in Deutschland nach dem Zweiten Kreuzzug 1147–1149 (dem ersten, an dem das Reich teilnimmt) in der Epik der *mittelhochdeutschen Klassik* und im *Minnesang* festzustellen. An eine sehr schmale Schicht gebunden, zeigt sich damit eine autonome Laienkultur mit über die Epoche hinausreichenden Leistungen wie der (Wieder-)Einführung einer Verherrlichung der weltlichen Liebe in die europäische Dichtung. Inzwischen, in der Mitte des 12. Jh.s, kommt in England und der Champagne anstelle der Heldenepen bereits der *höfische Roman* auf, der gleichfalls in metrischer Form zum Vortrag bestimmt ist (erst später Übergang zur Prosaform und damit zum Lesen statt Hören).

Ein enger Zusammenhang nicht nur mit dem Aufbau der Gesellschaft, sondern auch mit der politischen Geschichte ist sichtbar in der **bildenden Kunst,** wo nach der ostfränkisch-deutschen Reichsbildung die (noch in der Karolingerzeit gepflegte) spätantike Tradition in der *ottonischen Kunst* (etwa Mitte 10.–Mitte 11. Jh.) weitgehend verlassen wird und das Kaiserhaus unter Verwendung byzantinischer Vorbilder (und Künstler) Impulse gibt: In der Baukunst kreuzförmige, dreischiffige Basilika mit zwei Querschiffen und zwei Chören oder Doppelturmfassade als Betonung des Westbaus; daneben v.a. die Buchmalerei bedeutend (ausdrucksstarke Gestik); von Wandmalerei und Plastik nur wenig erhalten.

Inzwischen wird das christliche Europa jedoch von der *kirchlichen Reformbewegung* erfaßt, und etwa von der Wende zum 10. Jh. ab vollzieht sich eine vom Sakralbau ausgehende Wandlung des Kunststils zur **Romanik,** die in *großen Kirchengebäuden* ihren repräsentativen Ausdruck findet (in Deutschland v.a. die „Kaiserdome" von Speyer, Worms, Mainz): Auf der basilikalen Grundform aufbauende, klare Gliederung mit Doppelturmfassade bzw. Westwerk, oft Vierungsturm (und/oder Türme am Ostabschluß) zur Betonung der Vertikalen, innen weiträumig und hoch durch Wölbung mit Hilfe von Kreuzgraten (später Kreuzrippen) auf schweren Säulen und Pfeilern. Die monumentale Größe betont im Zeichen der geistigen Erneuerung (Cluny, gregorianische Reform) den Herrschaftswillen der Kirche, erwächst aber, gesteigert in den großen Kirchen an den *Pilgerwegen und Zentren,* aus einer praktischen Bedürfnissen dienenden Anlage: Ausstellung der Reliquien und ihre Verehrung, die evtl. durch große Pilgermassen erfolgt, welche Prozessionen abhalten und den Gottesdiensten beiwohnen wollen; optisch-gefühlsmäßige Konzentration auf den Hochaltar als Ausrichtung auf den Sitz des Pantokrators (Weltenherrschers); somit drei bis fünf Schiffe, ein oder zwei Querhäuser, Tribünen über den Seitenschiffen, Krypten zur Aussetzung der Reliquien, Kapellen für Nebenaltäre, Chor mit Umgang. Die feierlich-religiöse Wirkung wird unterstützt durch eine *Plastik*, die, als Groß- oder Bauplastik im vorromanischen Mittelalter nur vereinzelt auftretend, nun eine erste große Blüte im nachrömischen Europa erlebt. Den die Kirche betretenden Gläubigen empfängt die Portalplastik (auf dem Tympanon [zwischen Türsturz und Torbogen] häufig eindrucksvoll das Weltgericht: der Weltenrichter scheidet die Seligen von den Verdammten), der Blick wird hingelenkt zum Triumphkreuz mit der Christusdarstellung. Träger weiterer in die Architektur einbezogener Bildnerei sind u. a. Fassadenfriese, Kapitelle, Chorschranken (Ausgestaltung zum Lettner), Bronzetüren. Hinzu tritt, der Belehrung und Erbauung dienend, die farbige *Wandmalerei* mit Szenen und Figuren vorzugsweise aus Altem und Neuem Testament, oft in großartigen Bildzyklen (das Erhaltene sicher nur ein Bruchteil).

Die gesteigerte Prachtentfaltung der Romanik wird der cluniazensischen Bewegung von zisterziensischer Seite schwer angelastet, dominiert aber in Deutschland noch in der ersten Hälfte des 13. Jh.s. Währenddessen vollzieht sich dort, wo die neuen, rationalistischen Denkweisen und insbesondere die Scholastik sich stark entfaltet, mit sozialer Dynamik und wirtschaftlichem Fortschritt verbunden haben und kulturelle Anregungen aus verschiedenen Landschaften Frankreichs zusammenwirken, die Herausbildung eines neuen Kunststils: Die **Gotik** entsteht in der Île-de-France und leitet in ihrer Verbreitung über Europa schließlich ins Spätmittelalter über.

Deutschland (911−1254)
(Forts. v. S. 352)

Im *Hochmittelalter* liegen Beginn und erste Entfaltung der deutschen Geschichte, des deutschen Volkes, des deutschen Staates. Das deutsche Volk ist keine vorgegebene, natürliche Einheit, sondern das Ergebnis des Zusammenschlusses der festländischen Westgermanenstämme der *Alamannen, Bayern, Thüringer, Friesen* und *Sachsen* mit den rechtsrheinischen *Franken* unter der Herrschaft *Karls des Großen* und ihrer gemeinsamen Geschichte im östlichen Teil- und Nachfolgereich der Karolinger. Der zunächst tastend, dann deutlicher und überzeugt ausgedrückte Wille dieser Stämme zu vereintem politischem Handeln in Unabhängigkeit vom Westfrankenreich läßt die Jahre 887, 911, 919 als Epochendaten in der Entstehungsgeschichte des deutschen Reiches erscheinen. Dabei handelt es sich insgesamt jedoch um einen längerdauernden Prozeß, der im 9. Jahrhundert einsetzt und dessen Endstadien erst im 11. Jahrhundert erreicht werden. Mit der Erneuerung der Kaiserwürde durch Otto den Großen im Jahre 962 übernimmt das werdende Sozial- und Staatsgebilde eine Aufgabe, die seine Festigung zunächst fördert, auf die Dauer gesehen aber die einheitliche Zusammenfassung seiner Kräfte zu einem geschlossenen Herrschaftsverband erschwert. Die Offenheit der imperialen Hoheit in den Mittelmeerraum hinein und die wechselseitige Abhängigkeit von *Papst- und Kaisergewalt* führen zu Konflikten, die die innere und äußere Entwicklung Deutschlands belasten, da die politischen Probleme Italiens und des Papsttums die Kräfte der Zentralgewalt immer aufs neue beanspruchen und ihre Rückwirkungen auf das Reich das Verhältnis von Königs- und Fürstenmacht wiederholt negativ beeinflussen.

Im Hochmittelalter vollzieht sich in den Grundlinien die Formung des bis zur Katastrophe des 2. Weltkriegs **konstanten Geschichtsraumes der Deutschen.** Das Gebiet des ostfränkisch-deutschen Reiches von 911/919, anfangs im Südosten und Osten durch den Druck von Magyaren und Slawen gefährdet, wird im 10. Jahrhundert durch Einbeziehung Lothringens nach Westen über die Rheinlinie in französisches Sprachgebiet hinein erweitert. Durch expansive Ausdehnung ordnet sich das Reich im Laufe des 10.–12. Jahrhunderts in Konkurrenz zu Dänemark, Polen und Böhmen die kleineren westslawischen Stammes- und Herrschaftsbildungen zwischen südlicher Ostseeküste und Ostalpen unter, zunächst politisch und kirchlich, dann, vor allem seit Einsetzen des Landesausbaues mit deutschen Siedlern im 12. Jahrhundert, auch ethnisch und kulturell. Die damit eingeleitete deutsche Neustammbildung östlich von Saale und Elbe führt zur Aufnahme nicht unbeträchtlicher westslawischer, aber auch baltisch-pruzzischer Bevölkerungsbestandteile in den deutschen Volkszusammenhang.

Das **soziale Gefüge** des deutschen Volkes erhält damals eine für lange Zeit gültige Form. Seit dem 11. Jahrhundert wachsen aus der breiten grundherrlichen Unfreiheit die (später mit dem Niederadel verschmolzene) Ministerialität als laikale „*Beamtenschaft*" von Königtum, Kirche und Hochadel, das Stadtbürgertum und ein relativ gutgestellter Bauernstand hervor. Differenzierte Herrschaftsmaßnahmen, technische Neuerungen, Aufstieg von Handel und Produktion, Landesausbau und Ostbewegung begleiten eine starke Bevölkerungsvermehrung. Deutschland gewinnt in den Jahrzehnten vor und nach 1200 einen bis dahin nicht gekannten Zuwachs an demographischen, ökonomischen, politischen und kulturellen Energien.

Zugleich tritt die **Verfassungsentwicklung,** die in den vorausgehenden Jahrhunderten durch ein noch unentschiedenes Ringen des Königtums mit dem von den Anfangsbedingungen des Reiches her zur Eigen-

398 Mittelalter – Hochmittelalter

herrschaft berechtigten Hochadel bestimmt war, in ein abschließendes Stadium. Die staufischen Ansätze zur Erbmonarchie und Reichsterritorienbildung scheitern. Die Fürsten setzen Mitregierung im Reich und Bestellung des Königsamtes kraft Wahl endgültig durch und gewinnen für ihre Territorien königsgleiche Herrschaftsrechte. Die *föderalistische Grundgestalt* Deutschlands verfestigt sich.

Obwohl die **höhere geistige Bildung** Deutschlands im Hochmittelalter lateinisch und universalgerichtet ist, spielen direkte antike Kulturtraditionen selbst auf ehemaligem römischem Reichsboden an Rhein und Donau nur eine geringe Rolle. Volkstum, Recht, Sprache und heimische Dichtung Deutschlands entstammen im wesentlichen germanischer Erbschaft. Ihre Entfaltung unter starkem Anteil christlicher und antiker Überlieferungen sowie vielgestaltiger gemeineuropäischer Einflüsse kennzeichnet die Eigenart der deutschen Kultur des Hochmittelalters innerhalb der abendländischen Zivilisation.

911–918	**Konrad I.** († 918; König 911)
911	Während sich die Lothringer dem Westfrankenkönig Karl dem Einfältigen unterstellen, ziehen die übrigen ostfränkischen Stämme nach dem Tod Ludwigs des Kindes eine Fortsetzung ihrer bisherigen Sondergemeinschaft der Wiederherstellung der karolingischen Reichseinheit vor und wählen in Forchheim den Frankenherzog Konrad zum König.
912	Konrad versucht vergeblich, den Verlust Lothringens rückgängig zu machen. Gegenüber den *Ungarn,* die während seiner Herrschaft wiederholt in Deutschland einfallen (912, 913, 915, 917), bleibt er untätig. Die Stammesherzöge übernehmen die außenpolitische Sicherung. Obwohl durch sie auf den Thron gekommen und durch Heirat mit dem schwäbischen Großen Erchanger und Herzog *Arnulf von Bayern* verwandt, versucht Konrad in die Traditionen des karolingischen Königtums zurückzulenken. Rückhalt beim Kampf gegen die Stammesgewalten bieten ihm seine konradinische Hausmacht und die Kirche.
914	Konrad befreit seinen Kanzler, *Bischof Salomo III. von Konstanz* († 919), aus der Haft Erchangers und verweist diesen des Landes. Arnulf flieht zu den Ungarn.
915	Kämpfe mit den Sachsen führen nach der Niederlage von Konrads Bruder *Eberhard* vor der Eresburg zu einem Ausgleich mit den Liudolfingern. Erchanger kehrt zurück und wird in Schwaben zum Herzog ausgerufen.
916	Konrad kann Arnulf aus Regensburg vertreiben.
20. Sept.	Eine Synode, die in Hohenaltheim im Ries in Anwesenheit eines päpstlichen Legaten, aber ohne die sächsischen Bischöfe zusammentritt, versucht die Stellung von König und Episkopat mit kirchlichen Sanktionen zu stärken und verurteilt die schwäbischen Rebellen Erchanger und Berthold zu lebenslänglicher Klosterhaft.
917	Als Konrad sie in Verschärfung des Urteils hinrichten läßt, setzt sich in Schwaben ihr bisheriger Rivale, der Hunfridinger *Burchard (II.)* von Rätien, ungehindert als Herzog durch. Damit kommt auch hier die Ausbildung des jüngeren Stammesherzogtums zum Abschluß.
918	Konrad stirbt an einer auf einem neuerlichen Zug gegen Arnulf empfangenen Verletzung.
23. Dez.	Angesichts seiner schwachen Hausmachtbasis verpflichtet er vor seinem Tod seinen Bruder Eberhard († 939) und die Franken, den seit 912 regierenden Sachsenherzog Heinrich zum Nachfolger zu wählen.

Die Ottonen (919–1024)

919–936	**Heinrich I.** (* um 876, † 936; König 919)
	Der Tod Konrads I. stürzt das ostfränkische Reich in eine schwere Krise, da sich die Stämme zu keiner einhelligen Nachfolgeregelung zusammenfinden.
919 Mai	Während Franken und Sachsen in Fritzlar den Liudolfinger Heinrich zum König erheben, schreiten die Bayern unter Beteiligung der Ostfranken zur Wahl Herzog Arnulfs († 937). Heinrichs überlegtes Handeln bannt die Gefahr eines Auseinanderbrechens des werdenden deutschen Reichs.

Die Begriffe „deutsch", „Deutschland", „deutsches Reich"

Das Wort *deutsch,* althochdeutsch *diutisc, theodisk,* mittellateinisch *theodiscus* sowie (in gelehrt-irrtümlicher Angleichung) *teutonicus,* bedeutet im 8./9. Jahrhundert *volkssprachig, nichtlateinisch.* Schon im 9. Jahrhundert wird jedoch die Sprachbezeichnung zum Volksnamen für die Stämme des Ostfrankenreichs *(gens theudisca, Teutisci, Theodisci, Teutonici),* die seitdem ein gemeinsames Volksbewußtsein bezeugen.

Deutschland als geographisch-kulturräumlicher Begriff kommt im Mittelalter überwiegend als zusammengesetzter Plural vor *(tiutschiu lant)* und wird erst im 15./16. Jahrhundert zu einer Worteinheit.

Reich, mittelhochdeutsch *rîche,* meint ursprünglich Macht, Herrschaft, dann das dieser unterworfene

Gebiet, Herrschaftsbereich, entspricht lateinisch *regnum* und *imperium*. Die Wendung **deutsches Reich** *(regnum Teutonicorum,* regnum Teutonicum) beschränkt sich zunächst, abgesehen von dem zeitlich isolierten, aber überlieferungsgeschichtlich gesicherten Beleg der Großen Salzburger Annalen zur Königserhebung Arnulfs von Bayern im Jahre 919 in einer Handschrift des Klosters Admont aus der Mitte des 12. Jahrhunderts, vorwiegend auf Italien. Breitere Anwendung in Deutschland findet sie seit den 70er Jahren des 11. Jahrhunderts unter dem Einfluß des Sprachgebrauchs der Briefe und Manifeste Papst Gregors VII., der durch die betonte Verwendung der Begriffe *rex Teutonicorum* und *regnum Teutonicum* der Opposition gegen Heinrich IV. die Vorstellung eines (für Italien und das Papsttum nicht zuständigen!) nationalen deutschen Königtums nahezubringen versucht. Die Bezeichnung wird von der gregorianischen und antiheinrizianischen Geschichtsschreibung aufgenommen, von Heinrich V. im Wormser Konkordat (1122) zur Kennzeichnung der kirchenrechtlichen und konstitutionellen Unterschiede innerhalb des Imperiums anerkannt. Aber auch in der Folgezeit tritt die *deutsche* Königs- und Reichsauffassung hinter der römisch-universalen Kaiseridee zurück. *König der Römer* (spätestens seit Heinrich V.), nicht *König der Deutschen, imperium Romanum,* nicht *regnum Teutonicum* lauten die offiziellen Bezeichnungen von Herrscher und Reich, dessen imperial-römischen Charakter die Stauferkanzlei seit 1157 durch die Formel *sacrum imperium* nochmals hervorhebt. Deren erweiterte Fassung *(Heiliges Römisches Reich),* im 15. Jahrhundert präzisiert durch den Zusatz *Deutscher Nation,* ist bis zum Jahre 1806 Deutschlands Reichstitel.

König Heinrich I. lehnt im Unterschied zu seinem Vorgänger ein einseitiges Bündnis mit der Kirche ab (Verzicht auf Königssalbung) und sucht den Ausgleich mit den Stammesherzögen.

921 Durch das Zugeständnis selbständiger Rechte in Außenpolitik und Kirchenherrschaft kann er den Schwabenherzog *Burchard* und den Bayernherzog Arnulf, der seine Königsstellung aufgibt, an sich binden.

Der deutsche *König* steht künftig als *Lehnsherr* über den Stammesherzögen, die ein fester Bestandteil der Reichsorganisation bleiben.

7. Nov. Heinrich schließt mit dem *Westfrankenkönig Karl* dem Einfältigen nahe Bonn in der Mitte des Rheins als gleichberechtigter „König der Ostfranken" einen *Freundschaftsvertrag.*

925 Lothringen wird nach längeren Bemühungen in Ausnutzung der schwankenden Politik Herzog Giselberts aus dem Westfrankenreich herausgelöst und als fünftes Stammesherzogtum in das deutsche Reich einbezogen.

926 Nach dem Tod des Schwabenherzogs Burchard II. stärkt Heinrich auch hier seine Stellung und nimmt enge Beziehungen zum Burgunderkönig Rudolf II. auf, der ihm gegen Abtretung eines Teils von Schwaben (wahrscheinlich damals oder 935) durch Übergabe einer Lanze, in die ein Nagel vom Kreuz Christi eingefügt ist, Ansprüche auf Italien überträgt. Die heilige Lanze gehört künftig zu den Herrschaftszeichen der deutschen Könige.

Gegen die Ungarn zunächst machtlos, kann Heinrich gegen Auslieferung eines gefangenen Ungarnführers und hohe Tributzahlung einen neunjährigen Waffenstillstand einhandeln. Die Zwischenzeit wird zum Ausbau des Burgenwesens und zur Neuordnung des Heerbanns (Bauernkrieger und Panzerreiter) genutzt.

928/929 Gegenüber den Slawen nimmt Heinrich eine offensive Politik auf. Er unterwirft die Heveller (Hauptort Brennabor = Brandenburg), Daleminzier, Redarier, Obodriten und Wilzen.

929 In Begleitung Arnulfs von Bayern bringt er die Hoheit des Reichs in Böhmen zur Geltung. 932 und 934 folgen Züge in die Lausitz und gegen die Ukrer. Im östlichen Vorfeld des Reiches entsteht damit ein Gürtel abhängiger Tributärstaaten.

Sept. In der *Quedlinburger Hausordnung* verfügt Heinrich die alleinige Nachfolge seines zweitgeborenen Sohnes Otto und setzt dadurch – in Abweichung von der karolingischen Praxis – die Unteilbarkeit der deutschen Königsherrschaft fest.

933 Nach vorzeitiger Aufkündigung des Waffenstillstands tritt Heinrich den erneut einfallenden Ungarn mit einem Heer aus allen deutschen Stämmen entgegen und besiegt sie bei 15. März Riade (wohl an der Unstrut).

934 Durch Unterwerfung Knubas, des Beherrschers des wikingischen Handelsplatzes Haithabu (an der Schlei, gegenüber dem heutigen Schleswig), schiebt Heinrich im Norden die Reichsgrenze bis zur Schlei vor.

935 Ein Freundschaftsbündnis, das in Ivois an der Chiers (südöstlich von Sedan) mit den Königen *Rudolf II. von Burgund* und *Rudolf von Frankreich* geschlossen wird, sichert Heinrichs Vorrang auch im Westen.

Pläne eines Italienzugs kommen nicht zur Verwirklichung.

936 Heinrich I., dem nach innen und außen die Sicherung des Reichs gelungen ist, stirbt in 2. Juli Memleben an der Unstrut und wird in Quedlinburg beigesetzt.

936–973 Otto I. der Große (* 912, † 973; König 936, Kaiser 962).

936 Otto wird im Aachener Münster nach einer weltlichen Thronerhebung in der Vorhalle in 7. Aug. fränkischer Tracht gesalbt und gekrönt und auf den Karlsthron der Oberkirche gesetzt. Beim Krönungsmahl übernehmen die Herzöge von Lothringen (Kämmerer), Franken

400 Mittelalter – Hochmittelalter

Sächsisches (Liudolfingisches) Geschlecht

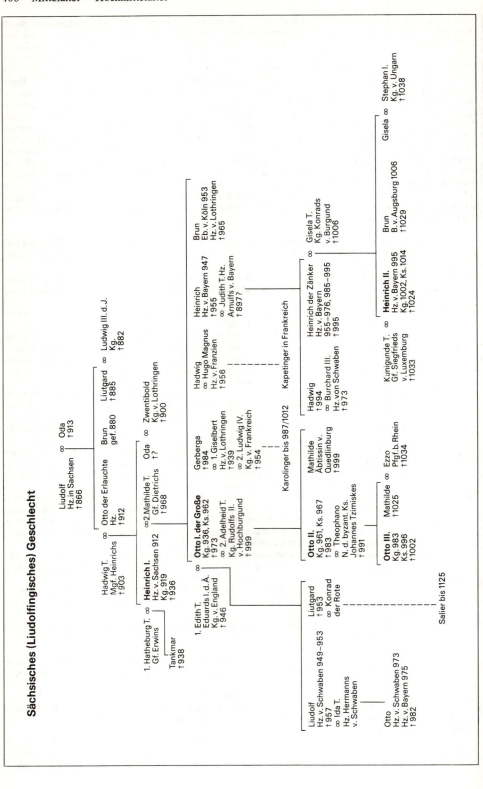

Deutschland – Ottonen   401

(Truchseß), Schwaben (Mundschenk) und Bayern (Marschall) die *symbolischen Hofdienste.*
Nach Unterwerfung der aufständischen Redarier (Herbst 936) sichert Otto die östlichen Vorlande des Reichs durch Errichtung von Marken, die allmählich in den deutschen Staat eingegliedert werden.
Als Markgrafen werden an der Niederelbe Hermann Billung (936; † 973), an Mittelelbe und Saale Gero (937; † 965) eingesetzt.

937 Mit der Gründung des Magdeburger Mauritiusklosters beginnt die missionarische Erfassung der mittelelbischen Slawenlande.
Ungeachtet des reibungslosen Herrschaftsantritts stoßen Ottos alleinige Thronfolge und sein gesteigerter Machtanspruch auf Widerstand in seiner Familie und bei den Stammesherzögen.

938 Nach einem Konflikt mit Arnulfs Sohn Eberhard von Bayern empört sich Ottos älterer Bruder Thankmar, dem sich der Frankenherzog Eberhard anschließt. Thankmar wird in den Kämpfen getötet.
Otto beschränkt das Eigenrecht der Stammesherzöge durch königliche Einsetzung (Amtsherzogtum). Herzog von Bayern wird Arnulfs Bruder Berthold, der dem König die Bischofsinvestitur überläßt.

939 Eine Erhebung von Ottos jüngerem Bruder Heinrich erhält Unterstützung durch Eberhard von Franken und Giselbert von Lothringen. Mit ihnen verbündet ist der Westfrankenkönig Ludwig IV., während Otto Beziehungen zu dessen inneren Gegnern aufnimmt. Eberhard und Giselbert werden bei Andernach vom Schwabenherzog Hermann geschlagen und finden den Tod. In Franken wird kein Herzog mehr eingesetzt.

940 Otto empfängt in Frankreich die Huldigung Hugos von Franzien und greift auch in Burgund ein, wo er als Lehensvormund König Konrads (937–993) die Schutzherrschaft ausübt. Otto gewährt seinem Bruder Heinrich nach einer letzten, erfolglosen Verschwörung Verzeihung. In den folgenden Jahren versucht er, die Stammesherzogtümer an seine Familie zu binden.

944 Der Wormsgaugraf *Konrad der Rote* wird in Lothringen als Herzog eingesetzt und erhält 947 Ottos Tochter Liutgard zur Frau.
Bayern wird nach dem Tod Bertholds (947) Ottos Bruder Heinrich, Schwaben 949 seinem Sohn Liudolf übertragen.
Fränkisches Gemeinschaftsdenken sichert Otto auch im Westfrankenreich hohes Ansehen.

946 Er greift zugunsten *Ludwigs IV.* gegen Herzog Hugo ein.

948 Der Streit um den Reimser Erzstuhl wird auf einer Synode in Ingelheim am Rhein in Anwesenheit Ottos und Ludwigs unter Vorsitz eines päpstlichen Legaten entschieden. In Ingelheim erscheinen erstmals die kurz zuvor für Dänemark (Schleswig, Ripen, Århus) eingesetzten Missionsbischöfe des Erzbistums Hamburg-Bremen. Im Havelgebiet errichtet Otto die Slawenbistümer Havelberg und Brandenburg.

950 Ein Zug nach Böhmen sichert die Hoheit über Herzog Boleslav I.

951–952 *Erster Italienzug,* der Anlaß: die Königserhebung seines Vasallen Berengar von Ivrea (950), der Hilferuf der von diesem gefangengesetzten Witwe Lothars von der Provence, Adelheid, sowie die eigenmächtige Italienpolitik der Herzöge von Bayern und Schwaben.

951 Otto nimmt nach Huldigung der italienischen Großen in Pavia den langobardischen Königstitel an und heiratet Lothars Witwe Adelheid.

952 Berengar und sein Sohn Adalbert behalten die Königswürde als Vasallen Ottos. Die Marken Verona und Aquileja werden mit Bayern vereint.

953 Eine Erhebung Liudolfs, der sich durch die Italienpolitik und zweite Heirat seines Vaters in seinen Rechten geschmälert sieht, findet starken Anklang im Reich. Auf seiten Ottos stehen vor allem seine Brüder Heinrich und Brun, dem der König das Erzbistum Köln und das Herzogtum Lothringen überträgt.

954 Als die Opposition Verbindung zu den erneut einbrechenden Ungarn aufnimmt, verliert sich ihr Anhang. Liudolf und Konrad der Rote müssen auf ihre Herzogtümer verzichten. Otto geht dazu über, königliche Befugnisse in steigendem Maße durch den Reichsepiskopat ausüben zu lassen, der damit zu einem Gegengewicht gegen die Stammesherzöge wird.

Das ottonisch-salische Reichskirchensystem

Als Reichskirchensystem wird das besondere Verhältnis von Königsgewalt und Kirche im hochmittelalterlichen Reich bezeichnet, das von Otto I. auf karolingischen Vorstufen begründet und von seinen Nachfolgern ausgebaut wird. Kennzeichnend ist die enge Bindung der Hochkirche an den König, der Reichsbistümer und -abteien durch Übergabe von Stab und Ring verleiht (Investitur), sich die Nutzung des Kirchenbesitzes durch Anspruch auf Gastung, Heerfolge und wirtschaftliche Leistungen aber vorbehält *(servitium regis).* Die Reichsbistümer werden bevorzugt mit Angehörigen der Hofkapelle besetzt, die sich in der königlichen Verwaltung (Kanzlei) bewährt haben und auch später Reichsaufgaben übernehmen.

402   Mittelalter – Hochmittelalter

Die Hoheit des Königtums über die Reichskirche beruht auf sakraltheokratischen Herrschaftsvorstellungen und stützt sich auf die Ausübung des Königsschutzes über die geistlichen Sonderbezirke (Immunitäten), auf Schenkung von Reichsgut und Königsrechten (Münze, Markt, Zoll, Forstbann usw.) sowie die Verleihung von Gerichtshoheit und Grafschaften. Geschlossenheit kann das Reichskirchensystem nur bei Einbeziehung des Papsttums erlangen. Sie glückt trotz zeitweiliger Erfolge der Ottonen und Salier nicht dauerhaft. Das Reformpapsttum bekämpft das Reichskirchensystem, das mit dem Wormser Konkordat weitgehend, Anfang des 13. Jahrhunderts endgültig abgebaut wird.

955	Otto stellt die Ungarn, die mit einem starken Heer Augsburg belagern, zum Kampf und
10. Aug.	erringt über sie auf dem *Lechfeld* (Gunzenlê) einen glänzenden Sieg.
	Die Ungarn geben ihre Raubzüge auf und werden in der Donau-Theiß-Ebene seßhaft.
16. Okt.	In der Schlacht an der Raxa (wohl Recknitz in Mecklenburg) erneuert Otto die Hoheit über die aufständischen Slawenstämme.
961–965	*Zweiter Italienzug,* ausgelöst durch Hilferufe Papst Johannes' XII. gegen Übergriffe Berengars, gegen den bereits 956 Liudolf († 957) nach Italien geschickt worden war.
961	Vor dem Aufbruch sichert Otto die Nachfolge seines Hauses durch die Königserhebung Ottos II.
962	**Ottos Krönung** durch Papst Johannes XII. in der Peterskirche erneuert **die römische Kai-**
2. Febr.	**serwürde,** nachdem spätestens seit dem Ungarnsieg Züge eines imperialen Königtums erkennbar sind.
	Der (west-)römische Kaisertitel bleibt fortan dem deutschen König vorbehalten.
	Otto bestätigt dem Papsttum die Schenkungen der früheren Könige und Kaiser und erneu-
13. Febr.	ert die fränkischen Kaiserrechte gegenüber Papst und Kirchenstaat (Privilegium Ottonianum).

Die Wertungen des Kaisertums

Das Hochmittelalter kennt keine einheitliche Auffassung des Kaisertums. Das Selbstverständnis des erneuerten Imperiums als *römisches* Reich erlaubt eine Anknüpfung an den universellen Hoheitsanspruch des altrömischen Imperiums und eine Deutung der deutschen Kaiserherrschaft als letztes Reich der Weltgeschichte. Gemeingut der europäischen Völker sind solche Vorstellungen jedoch nicht. Bestimmend ist eher die päpstliche Auffassung, daß die Kaiserwürde auf dem Schutz der römischen Kirche beruhe. Die Kämpfe der Salier und Staufer gegen das Papsttum mindern daher das kaiserliche Ansehen in Europa. Byzanz erkennt von seinem Eigenverständnis her weder den römischen noch den imperialen Charakter des deutschen Königtums wirklich an. Die Reiche außerhalb der deutsch-italienisch-burgundischen Großherrschaft, insbesondere der König von Frankreich, betrachten sich als unabhängig vom Kaiser. Selbst die Reichshoheit über Dänemark, Polen und Ungarn ist kein Ausfluß der Kaiserwürde als solcher. Dem Kaisertum kommt im mittelalterlichen Europa also keine rechtliche oder faktische Führungsstellung, sondern – abgesehen von dem politischen Gewicht der deutschen Königsmacht – lediglich der Ehrenvorrang einer höheren Würde zu.

963	Nach Abfall *Johannes' XII.* erweitert Kaiser Otto I. den Anteil des Kaisertums an der Papstwahl, kann die Verhältnisse in Rom und auf dem Stuhle Petri aber jeweils nur für kurze Zeit sichern.
	Markgraf Gero verpflichtet den Polenherzog Mieszko I. zur Anerkennung der Reichshoheit und Tributzahlung für das Gebiet zwischen Oder und Warthe.
965	Nach Geros Tod wird dessen Mark aufgeteilt.
966–972	*Dritter Italienzug.* Otto legt die Wirren in Rom bei.
	Seine Autorität erlaubt nun die Verwirklichung langjähriger Pläne für die kirchliche Organisation der Slawenlande.
967	Auf einer Synode in Ravenna stimmt Papst Johannes XIII. der Gründung des Erzbistums Magdeburg zu, welches nach Einwilligung von Erzbischof Hatto II. von Mainz errichtet wird.
968	Erster Erzbischof wird der einstige Rußlandmissionar Adalbert von St. Maximin in Trier († 981).
	Suffragane werden Brandenburg und Havelberg sowie die neugegründeten Bistümer Merseburg, Meißen und Zeitz (später Naumburg). Das Obodritenbistum Oldenburg (Holstein) wird Hamburg-Bremen unterstellt.
	Die Ausbreitung seiner Macht nach Süditalien (seit 967) bringt Otto in Konflikte mit Byzanz, das seine territorialen und rechtlichen Ansprüche zu behaupten versucht. Das „Zweikaiserproblem", verschärft durch die Krönung Ottos II. zum Mitkaiser Weihnachten
972	967, wird auf diplomatischem Wege gelöst: Otto verzichtet auf Apulien, behält dagegen Capua und Benevent. Otto II. wird mit Theophano, der Nichte des Kaisers Johannes Tzimiskes, vermählt.

Deutschland – Ottonen 403

973, Ostern 7. Mai	Ein glänzender *Hoftag in Quedlinburg* sieht Otto auf dem Höhepunkt politischer Geltung. Wenige Wochen später stirbt er und wird im Magdeburger Dom beigesetzt. Sein Beiname „der Große" (lateinisch „magnus") bedeutet ursprünglich nur: der Ältere.
973–983	**Otto II.** (*955, † 983; Mitkaiser 967) Otto II. steht anfangs starken inneren und äußeren Schwierigkeiten gegenüber.
974	Ein Zug über das Danewerk (Grenzwall zwischen Schlei und Treene) weist Übergriffe des Dänenkönigs *Harald Blauzahn* zurück und sichert die Schlei als Reichsgrenze. Die Neubesetzung des Herzogtums Schwaben mit seinem Neffen Otto, dem Sohn Liudolfs, führt zur Erhebung seines Vetters, des Bayernherzogs *Heinrich II.* (des Zänkers), der mit den Herzögen von Polen und Böhmen verbündet ist und nach Haft und Flucht sein Herzog-
976	tum verliert. Der Südostraum wird neu gegliedert: Die bayrische Ostmark (996 bzw. 998 erstmals: Ostarrîchi) wird dem Stammvater der jüngeren Babenberger, *Luitpold,* übertragen, Kärnten (mit den Marken Verona und Aquileia) unter dem Luitpoldinger Heinrich zu einem eigenen Herzogtum erhoben, das verkleinerte Bayern Otto von Schwaben unterstellt. Deutsche Besiedlung und Mission setzen ein.
978	Nach neuen Kämpfen mit *Heinrich dem Zänker* verleiht Otto Kärnten an den Salier Otto, einen Sohn Konrads des Roten und der Kaisertochter Luitgard. *Boleslav II.* von Böhmen erkennt die Kaiserhoheit wieder an. Die Übertragung des Herzogtums Niederlothringen an den westfränkischen Karolinger Karl (977) bringt Otto die Feindschaft von dessen Bruder, König Lothar von Frankreich, ein, der bei einem Überfall auf Aachen den Kaiser beinahe gefangennimmt (978). Ein Vergeltungszug nach Paris bleibt ergebnislos.
980	Der Friedensschluß beläßt Lothringen bei Deutschland.
980–983	*Italienzug.* Otto regelt die römischen Verhältnisse und beginnt mit der Eroberung Süditaliens, das er entsprechend seinem Selbstverständnis als *Romanorum imperator* (Kaiser der Römer) als Teil des Reiches beansprucht.
982 13. Juli	Bei *Kap Colonne* südlich Cotrone (Kalabrien) erleidet er eine vernichtende Niederlage durch die Sarazenen.
983	Eine Reichsversammlung in Verona wählt seinen zweijährigen gleichnamigen Sohn zum König und regelt erneut die Besetzung der süddeutschen Herzogtümer: der Konradiner Konrad erhält Schwaben, Heinrich von Kärnten Bayern. Eine umfassende Erhebung der Dänen und Slawen vernichtet weitgehend das politische und kirchliche Aufbauwerk Ottos des Großen. Die Liutizen zerstören Havelberg und Brandenburg, Hamburg wird von den Obodriten geplündert, die Reichshoheit im Norden auf die Elbe-Linie zurückgeschoben.
7. Dez.	Otto II. stirbt in Rom und wird in der Vorhalle von St. Peter bestattet.
983–1002	**Otto III.** (*980, † 1002; König 983, Kaiser 996)
983/984	Heinrich der Zänker versucht die Vormundschaft über den an Weihnachten 983 in Aachen gekrönten Kaisersohn an sich zu reißen, wird jedoch, als er selbst die Königsherrschaft anstrebt, unter Führung des sächsischen Adels und Erzbischof (seit 975) *Willigis'* von Mainz († 1011) zur Auslieferung Ottos an seine Mutter *Theophano* genötigt. Unter deren Regentschaft festigt sich die Stellung des Reichs.
985	Heinrich der Zänker erhält Bayern zurück.
986	Die Herzöge von Böhmen und Polen erkennen die Reichshoheit an.
989/990	Theophano erneuert auch in Italien und Rom die Ansprüche des Kaisertums.
991	Nach ihrem Tod geht die Regentschaft an Ottos Großmutter Adelheid über, unter der die Königsgewalt Einbußen erleidet.
994	Als Vierzehnjähriger übernimmt Otto selbständig die Herrschaft.
995	Er wendet sich zunächst gegen die Obodriten.
996	*Erster Italienzug.* Otto setzt seinen Vetter Brun von Kärnten als ersten Deutschen auf den Stuhl Petri (Gregor V.) und empfängt von ihm die *Kaiserkrone.* In enger Gemeinschaft mit ihm und seinem einstigen Lehrer, Gerbert von Aurillac (Papst Silvester II.), versucht Otto in den folgenden Jahren das Ideal einer *Renovatio imperii Romanorum* (= Erneuerung des römischen Reiches) zu verwirklichen.
997	Nach einem Zug gegen die Elbslawen beauftragt er seine Tante, Äbtissin Mathilde von Quedlinburg († 999), mit der Stellvertretung in Deutschland.
997–1000	*Zweiter Italienzug.*
998	Otto beseitigt in Rom die Herrschaft der Crescentier und macht – im Widerspruch zur Konstantinischen Schenkung, die er als Fälschung bezeichnet – Rom zum Reichszentrum. Die kaiserliche Hofhaltung mit einem Palast auf dem Palatin wird nach byzantinischem Vorbild organisiert.
999	Von asketisch-reformerischen Strömungen tief beeindruckt, bricht Otto von Rom nach Gnesen auf.
1000	Dort errichtet er am Grabe des ihm zu Lebzeiten eng verbundenen Prager *Bischofs Adalbert,* der 997 als Missionar der Prußen das Martyrium erlitt, ein polnisches Erzbistum mit

404 Mittelalter – Hochmittelalter

den Suffraganen Kolberg, Krakau und Breslau (Posen bleibt vorerst bei Magdeburg). *Herzog Bolesław I.* von Polen erhält eine Nachbildung der hl. Lanze und wird als „Bruder und Mithelfer des Imperiums" bzw. „Freund des römischen Volkes" bezeichnet.
Die kirchliche und politische Aussonderung Polens aus der Abhängigkeit von Deutschland stößt namentlich in Sachsen auf Kritik.
Otto zieht über Aachen, wo er das Grab Karls des Großen öffnen läßt, nach Rom zurück.

1001 Von hier wird er jedoch durch einen Aufstand vertrieben. Eine Synode in Ravenna beschließt Maßnahmen (Gründung des Erzbistums Gran, Übersendung einer Königskrone an Stephan I. von Ungarn), die Ungarn in ähnlicher Weise wie Polen in Ottos Konzeption eines römisch-christlichen Universalreiches einbeziehen.

1002 Bevor er Rom zurückerobern kann, stirbt Kaiser Otto III. einundzwanzigjährig auf der
23./24. Burg Paterno am Soracte (nördlich von Rom) und wird auf seinen Wunsch im Aachener
Jan. Münster beigesetzt.

1002–1024 Heinrich II. (* 973, † 1024; König 1002, Kaiser 1014)

1002 Gegen seine Mitbewerber um die deutsche Königskrone (Hermann II. von Schwaben, Ekkehard I. von Meißen) kann sich *Heinrich IV. von Bayern,* der Sohn Heinrichs des Zänkers, ein Urenkel König Heinrichs I., durchsetzen. Nach Krönung und Salbung durch Erzbischof Willigis von Mainz empfängt er auf einem Umritt die Huldigung der anderen, nicht an seiner Wahl beteiligten Stämme.
Heinrich sieht den Schwerpunkt seines Wirkens in Deutschland (Devise: *Renovatio regni Francorum* = Erneuerung des fränkischen Reiches). Er behauptet die Verfügung über die Herzogtümer, doch bilden die Bischöfe die eigentliche Stütze seiner Regierung.
Die Großmachtpolitik Bolesławs I. führt zu langdauernden Konflikten mit Polen. Bolesław fällt nach der Ermordung Ekkehards I. (1002) in die Mark Meißen ein und wird bei der Huldigung in Merseburg (Ende Juli 1002) mit dem Milzener Land und der Lausitz belehnt, verweigert nach Eroberung Böhmens hierfür jedoch die Anerkennung.
Seinen Kontakten mit dem Markgrafen des bayrischen Nordgaues, Heinrich von Schweinfurt, dem Babenberger Ernst und Heinrichs II. Bruder Brun setzt der König ein – von den Zeitgenossen kritisiertes – Bündnis mit den heidnischen Liutizen entgegen (1003) und vertreibt den Polenherzog mit tschechischer Hilfe aus Böhmen (1004). Bayern wird seinem Schwager Heinrich von Luxemburg übertragen.

1004 Erster Italienzug. In Oberitalien bricht die Herrschaft Arduins von Ivrea, der nach dem Tod Ottos III. die Königswürde errungen hat, zusammen. Heinrich wird in Pavia zum König der Lombarden gekrönt.

1006 Der kinderlose *Burgunderkönig Rudolf III.* (993–1032) setzt seinen Neffen und Lehnsherrn Heinrich offiziell zum Reichserben ein und überträgt ihm Basel als Pfand.
Das Rechtsverhältnis wird 1016 und 1018 in feierlichen Formen erneuert. Heinrich unterstützt Rudolf gegen die burgundischen Großen.

1007 Nach Wiedererrichtung des 981 aufgehobenen Bistums Merseburg (1004) gründet Heinrich das reich dotierte Bistum Bamberg.

1008 Im Westen des Reichs gerät Heinrich nach dem Tod Herzog Ottos von Niederlothringen (1005) in Auseinandersetzungen mit den flandrischen Grafen sowie (wegen Besetzung des Trierer Erzstuhles) mit den Luxemburgern.

1012 Niederlothringen wird dem Ardennergrafen Gottfried übertragen.

1013 Neuerliche Kämpfe mit Polen (seit 1007) werden durch den Frieden von Merseburg beendet. Bolesław I. behält die Lausitz und das Milzener Land als deutsche Lehen, erkennt die Hoheit Heinrichs an und verspricht Hilfe zum Romzug.
Sein Sohn Mieszko II. wird mit Richeza, der Tochter des lothringischen Pfalzgrafen Ezzo († 1034), vermählt.

1013–1014 Zweiter Italienzug.

1014 Heinrich erlangt in Rom die *Kaiserkrone,* kann aber die Verhältnisse im Kirchenstaat nicht
14. Febr. stabilisieren.

1015 Der Kaiser wendet sich erneut gegen Bolesław I., der seinen Romzugsverpflichtungen nicht nachgekommen ist, obwohl ihm Heinrich Hilfe gegen Kiew gewährt hat.
Die militärischen Unternehmungen der Deutschen bleiben insgesamt erfolglos.

1018 Der *Frieden von Bautzen* erneuert die territorialen Abmachungen von 1013 und hat bis zum Tod Heinrichs II. Bestand.

1020 *Papst Benedikt VIII.* sucht den Kaiser in Bamberg auf und erbittet Hilfe gegen die Expansion der Byzantiner in Süditalien, wo seit 1017 die Normannen als neue politische Kraft spürbar werden.

1021–1022 Dritter Italienzug.
Heinrich erneuert die Kaiserhoheit über die unteritalienischen Langobardenfürsten, ohne die politischen Verhältnisse wirksam verändern zu können.

1022 Eine Synode, die Papst und Kaiser gemeinsam in Pavia abhalten, beschließt Dekrete für die *Kirchenreform.*

| 1023 | Auch ein Zusammentreffen mit König Robert II. von Frankreich hat kirchliche Reformfragen zum Thema. |
| 1024 13. Juli | Heinrich stirbt in der Pfalz Grona (bei Göttingen) und wird in seiner Lieblingsstiftung, dem Bamberger Dom, beigesetzt (1146 Heiligsprechung durch Papst Eugen III.). |

Kultur der Ottonenzeit

Nach dem kulturellen Abstieg der späten Karolingerzeit setzt um 950 im Ostreich von den **Klöstern** aus eine Neubelebung des Bildungswesens ein. Neben die älteren süd- und westdeutschen Zentren (St. Gallen, Reichenau, Regensburg-St. Emmeram, Trier-St. Maximin) treten sächsische Konvente (Corvey, Gandersheim). Otto I. (936–973) bemüht sich, italienische Gelehrte nach Deutschland zu holen. Starke Bildungsimpulse gehen von seinem Bruder Brun von Köln aus. Unter Otto III. (983–1002) übernimmt das Kaisertum für kurze Zeit selbst die Führung. Gerbert von Aurillac (seit 999 Papst Silvester II.), der bedeutendste Gelehrte seiner Zeit, wirkt seit 996 als Lehrer und Berater an seiner Seite. Heinrich II. (1002–1024) schenkt die Bibliothek Ottos III. mit eigenen Erwerbungen aus Italien dem Bamberger Dom. –
Ansätze pädagogischer Breitenwirkung sind in den **Domschulen** erkennbar, von denen Magdeburg, Hildesheim, Lüttich, Würzburg, Worms und Bamberg zu nennen sind. Bestimmend für das Geistesleben der Zeit ist die formale Klassik- und Patristik-Verarbeitung, ohne daß von einer *ottonischen Renaissance* gesprochen werden sollte. Selbständige Leistungen liegen in der (lateinischen) **Dichtung** (Hrotsvit von Gandersheim [† nach 973], Ekkehard I. von St. Gallen [† 973], Froumund von Tegernsee [† 1008?]) und **Geschichtsschreibung** (Widukind von Corvey [† nach 973], Liudprand von Cremona [† um 972], Thietmar von Merseburg [† 1018]) vor.

Die Salier (1024–1125)

1024–1039	**Konrad II.** (*um 990, † 1039; König 1024, Kaiser 1027)
1024 4. Sept.	Nach dem Aussterben der *Liudolfinger* entscheidet sich die Mehrzahl der geistlichen und weltlichen Großen in Kamba (abgegangen, bei Oppenheim) unter Führung des Mainzer Erzbischofs (seit 1021) *Aribo* († 1031) für den älteren der beiden gleichnamigen Vettern aus der Familie der Wormsgaugrafen (Widonen-Lambertiner), die durch die Ehe Liutgards mit Konrad dem Roten Ururenkel Ottos I. sind.
1025	Er wird nach der Krönung in Mainz auf einem Umritt im gesamten Reich anerkannt.
1026–1027	*Erster Italienzug,* veranlaßt durch Versuche der oberitalienischen Großen, erst König Robert II. von Frankreich, dann Wilhelm V. von Aquitanien oder dessen Sohn zum König
1026	zu erheben. Konrad wird von Erzbischof *Aribert* von Mailand zum König gekrönt und unterwirft die Lombardei mit Pavia.
1027 26. März	In Rom empfängt er von *Papst Johannes XIX.* in Gegenwart der Könige Knut des Großen von England und Dänemark und Rudolf III. von Burgund die *Kaiserkrone.* Die Kaiserhoheit über die süditalienischen Langobardenfürsten wird erneuert. *Rudolf III.* erkennt das Erbrecht Konrads auf Burgund an (Aug. 1027).
1028	Konrads Sohn Heinrich (III.), 1026 bereits zum Nachfolger designiert, erhält das Herzogtum Bayern (1027) und wird in Aachen zum König gekrönt (Anfänge des Krönungsrechts der Kölner Erzbischöfe).
1029	Ein Vergeltungszug gegen den Polenkönig Mieszko II. bleibt erfolglos.
1030	Konrads Stiefsohn, Herzog Ernst II. von Schwaben, findet nach mehrfachen Empörungen und Kämpfen gegen den Kaiser den Tod.
1031	Nach vergeblichem Vorstoß befriedet das Kaisertum die Ungarn durch Abtretung des Gebietes zwischen Fischa und Leitha, erhält dagegen von Mieszko II. von Polen die Lausitz und das Milzener Land zurück.
1033 2. Febr.	Nach dem Tod König Rudolfs III. (1032) empfängt Konrad die Insignien des burgundischen Reiches und wird im Kloster Peterlingen *zum burgundischen König* erhoben. Das Kaisertum ruht jetzt auf der dreifachen Königswürde des deutschen Reichs, Italiens und Burgunds. Gegen Graf Odo von der Champagne, der mit Waffengewalt Erbansprüche in Burgund geltend macht, verbündet sich Konrad mit *König Heinrich I. von Frankreich.* Nach mehrjährigen Kämpfen erkennt Mieszko II. in Merseburg (Juli 1033) die Oberhoheit Konrads an und legt seinen Königstitel ab.
1034	Konrad setzt seine Hoheit auch im südlichen Burgund einschließlich der Provence durch. Der Kaiser verfügt damit über sämtliche Alpenpässe.
1035	Bei der Verlobung seines Sohnes Heinrich (III.) mit Gunhild (Kunigunde), der Tochter des englisch-dänischen Königs Knut des Großen, tritt Konrad an Dänemark die Mark Schleswig ab (Heirat 1036).

Mittelalter – Hochmittelalter

Salisches (fränkisches) Geschlecht

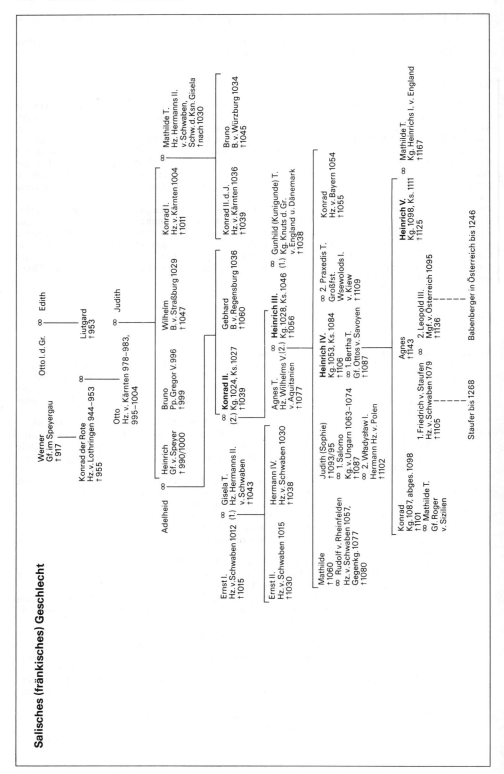

Deutschland – Salier   407

1037–1038	*Zweiter Italienzug.*
	Konrad versucht vergeblich, den aufsässigen Mailänder Erzbischof *Aribert* zu unterwerfen, gewinnt jedoch die Anhängerschaft der weltlichen Großen und durch Zusicherung der Erblichkeit ihrer Lehen auch die des niederen Adels (Valvassoren).
1038	In Unteritalien setzt Konrad Pandulf IV. von Capua zugunsten Waimars V. von Salerno ab und legitimiert die Herrschaft des Normannenfürsten Rainulf von Aversa.
	Seinem Sohn *Heinrich (III.)* verleiht Konrad auch das Herzogtum Schwaben und läßt ihn zum *König von Burgund* erheben.
1039 4. Juni	Konrad stirbt in Utrecht und findet seine Ruhestätte in dem von ihm begonnenen Dom zu Speyer.

1039–1056 Heinrich III. (* 1017, † 1056; König 1028, Kaiser 1046)

1039	Tritt ohne Schwierigkeiten die Nachfolge seines Vaters an.
1040	Er wird in Burgund und Italien anerkannt und söhnt sich mit Erzbischof Aribert von Mailand aus.
1041	Zwingt mit großem Heeresaufgebot den *Böhmerherzog Břetislav* zur Huldigung für Böhmen und Teile des von ihm eroberten Polen, unternimmt dann (1042) einen Gegenstoß gegen die Ungarn und verzichtet zur besseren Sicherung der Südostflanke auf Bayern zugunsten der Luxemburger.
	Im bayrischen Nordgau entstehen neue Marken.
1043	Für die Anerkennung des gegen den vertriebenen König Peter erhobenen Aba (Samuel) geben die Ungarn das Land zwischen Fischa und Leitha zurück.
1043–1072	Der Grafensohn *Adalbert von Goseck* nimmt als *Erzbischof von Hamburg-Bremen* die Mission in Skandinavien und Nordeuropa (bis Finnland, Orkney-Inseln, Island und Grönland) auf. Sein Versuch, die Selbständigkeitsbestrebungen der dänischen Kirche durch Errichtung eines nordischen Patriarchats zu überwölben, scheitert. Erfolgreich ist der Ausbau des Kirchenwesens im Siedlungsgebiet der Obodriten (Ostholstein, Mecklenburg), wo in enger Zusammenarbeit mit dem Fürsten Gottschalk aus dem alten Missionsbistum Oldenburg die Diözesen Oldenburg, Mecklenburg und Ratzeburg gebildet werden.
1044	Nach dem Tod *Herzog Gozelos I.* wird Lothringen aufgeteilt.
	Sein auf Oberlothringen beschränkter Sohn Gottfried der Bärtige tritt in Opposition zu Heinrich III.
	In Ungarn wird nach Heinrichs Sieg bei Menfö an der Raab Peter wieder als König eingesetzt, der in Stuhlweißenburg die Lehnshoheit Heinrichs III. anerkennt.
1045	
1046	Auf dem Merseburger Hoftag empfängt Heinrich die Huldigung der Herzöge von Böhmen, Polen und Pommern.
1046–1047	*Erster Italienzug.*
1046	Beeindruckt vom Reformethos Clunys schlichtet Heinrich die Papstwirren, indem er durch *Synoden in Sutri und Rom* die rivalisierenden Päpste Benedikt IX., Silvester III. und Gregor VI. absetzen und Bischof Suidger von Bamberg als Clemens II. erheben läßt. Dieser nimmt am 1. Weihnachtstag an Heinrich und seiner Gemahlin Agnes von Poitou die *Kaiserkrönung* vor.
	Mit der Würde eines „*patricius Romanorum*" übertragen die Römer Heinrich entscheidende Rechte bei der Papstwahl. Auch in der Folgezeit werden von diesem nur deutsche Bischöfe zu Päpsten erhoben. Die Maßnahmen Heinrichs III. befreien das Papsttum aus der Bindung an die römischen Adelsfamilien und verschaffen dem kirchlichen Reformdenken endgültig eine Heimstatt in Rom.
1047	Auf einem Zug nach Süditalien erhält Pandulf IV. Capua zurück. Die Normannenfürsten in Apulien und Aversa werden vom Kaiser belehnt.
	Oberlothringen kommt nach Scheitern einer Erhebung Gottfrieds des Bärtigen an die Grafen von Metz *(Haus Lothringen-Habsburg).*
1049	Gottfried und Balduin von Flandern werden mit dänischer und englischer Flottenhilfe unterworfen.
1053	Des Kaisers gleichnamiger Sohn (Heinrich IV.) wird in Tribur zum König gewählt und von den Fürsten unter der Voraussetzung gerechter Herrschaft als Nachfolger anerkannt.
1055	*Zweiter Italienzug.* Heinrich zerschlägt die durch Heirat Gottfrieds des Bärtigen mit Beatrix, Witwe des Markgrafen Bonifaz von Tuszien-Canossa (1054), entstandene feindliche Machtbildung. Gottfried flieht, Beatrix und ihre Tochter Mathilde von Tuszien werden nach Deutschland gebracht. Eine süddeutsche Fürstenverschwörung bricht rasch zusammen. Gemeinsam mit Papst Viktor II. hält der Kaiser in Florenz eine Reformsynode ab.
1056	Nach dem Bruch mit König Heinrich I. von Frankreich in Ivois söhnt sich der Kaiser mit Gottfried dem Bärtigen aus.
5. Okt.	Heinrich stirbt erst 39jährig auf der Pfalz Bodfeld im Harz in Gegenwart Papst Viktors II., dessen Schutz er Sohn und Reich anvertraut.

1056–1106 Heinrich IV. (* 1050, † 1106; König 1053, Kaiser 1084)

1056–1065	Die lange *Vormundschaftsregierung* für den jungen König wird zu einer Periode des

408   Mittelalter – Hochmittelalter

Umbruchs, in der sich das Papsttum aus den Bindungen an die Kaisermacht befreit und die Reichsfürsten ihre Rechte gegenüber dem Königtum erweitern.

1057   Kaiserin Agnes (Regentin von 1056–1062) überträgt Schwaben und die Verwaltung Bur-
1061   gunds *Rudolf von Rheinfelden,* gibt Bayern an *Graf Otto von Northeim,* Kärnten an *Berthold von Zähringen,* ohne aber die politische Gefolgschaft der Fürsten gewinnen zu können. Nach dem Tod *Papst Nikolaus' II.* verleihen die Römer Heinrich IV. die Patriciuswürde. Unter dem Einfluß des Hofes wird Bischof *Cadalus* von Parma als Gegenpapst *(Honorius II.)* gegen den ohne Beteiligung des Kaisertums gewählten Reformer *Alexander II.* erhoben.

1062   *Erzbischof* (seit 1056) *Anno II. von Köln* († 1075) entführt den elfjährigen König aus der Pfalz Kaiserswerth (heute zu Düsseldorf), muß die Regentschaft jedoch bald mit Adalbert von Bremen teilen. Agnes zieht sich nach Italien zurück.

1064   Auf der Synode von Mantua erkennt das Reich endgültig Alexander II. an.

1065   Heinrich übernimmt persönlich die Regierung, muß aber auf Druck der Fürsten *Adalbert von Bremen* vom Hof entfernen.

1066   Adalberts Sturz ist das Signal für eine umfassende heidnische Erhebung der nordwestlichen Slawen, die das kirchliche Aufbauwerk im Obodritenland restlos vernichtet.

1070   *Otto von Northeim* wird unter Anklage des Hochverrats geächtet und abgesetzt, Bayern Welf IV. (Gründer der jüngeren Welfenlinie aus dem Mannesstamm des Hauses Este) übertragen (Otto † 1083).

Heinrichs Versuche, im Harzbereich die territorialen Grundlagen des Königtums zu erneuern (Rückgewinnung des Königsgutes, Burgenbau, Einsatz stammesfremder Ministerialen),
1073   führen zu Erhebung der Sachsen unter Anführung Ottos von Northeim und Erzbischof Werners von Magdeburg. Der König findet Zuflucht bei den Bürgern von Worms (Anfänge gezielter Städteförderung durch das Königtum).

1074   Der *Frieden von Gerstungen* zwingt Heinrich zu weitgehender Anerkennung der Forderungen der Sachsen, die dann jedoch bei Homburg an der Unstrut (1075) besiegt werden. Die Führer der Opposition kommen in Haft, ihre Güter werden eingezogen, die Königsburgen wieder aufgebaut.

1075   Auf der römischen Fastensynode suspendiert *Papst Gregor VII.* einzelne nicht erschienene deutsche Bischöfe und lädt die fünf Räte Heinrichs IV., die bereits 1073 wegen der Maßnahmen des Königs bei der Besetzung des Erzbistums Mailand exkommuniziert worden waren, zur Verantwortung vor. Als Heinrich entgegen seinen Zusicherungen den Mailänder Erzstuhl erneut besetzt, sendet ihm Gregor ein ernstes Protest- und Mahnschreiben, das (am Jahresanfang 1076) am Königshof mit Empörung aufgenommen wird.

1076   Die Mehrheit der deutschen Bischöfe kündigt in Worms dem bisher von ihnen anerkannten Papst den Gehorsam auf. Heinrich fordert Gregor in einem (auch propagandistisch verbreiteten) Manifest zur *Abdankung* auf. Auch die lombardischen Bischöfe sagen sich von ihm los. Gregor verbietet Heinrich auf der römischen Fastensynode die fernere Ausübung der Regierung, *bannt ihn* und entbindet seine Untertanen von den ihm geleisteten Eiden. Die Fürstenopposition zwingt Heinrich in Tribur (gegenüber Oppenheim) zur Entlassung der gebannten Räte und zum Versprechen des Gehorsams und der *Genugtuung gegenüber dem Papst;* Heinrich soll die Königswürde verlieren, wenn er länger als ein Jahr im Bann bleibe; Gregor soll an einer Reichsversammlung in Deutschland teilnehmen.

Heinrich kommt der drohenden Vereinigung von Fürstenopposition und Papsttum zuvor, indem er über den Mont Cenis nach Oberitalien zieht und dem nach Deutschland reisenden
1077   Papst durch dreitägige Bußleistungen vor der Burg **Canossa** (am Nordabhang des Apennin) die Absolution abringt (28. Jan.). Er verspricht Annahme des *päpstlichen Schiedsspruchs* im Streit mit den Fürsten und Sicherheit für seine Reise nach Deutschland. Gregor behandelt ihn in der Folgezeit als König. Canossa bedeutet einen momentanen politischen Erfolg Heinrichs IV., verletzt jedoch für dauernd die sakral-theokratische Königsidee. Ungeachtet der Vereinbarungen von Canossa erklärt die Fürstenopposition in Forchheim (15. März) Heinrich für *abgesetzt* und *wählt* den Schwabenherzog *Rudolf von Rheinfelden zum König* (Einbruch des Prinzips der freien Fürstenwahl). Rudolf verzichtet auf Erbrecht und gestattet kanonische Bischofswahl.

Gregor VII. hält sich in der Folgezeit neutral. Auf seiten Rudolfs steht außer den sächsischen Großen die Mehrzahl der weltlichen Fürsten, auf seiten Heinrichs neben Teilen des Episkopats der niedere Adel, Ministeriale, Bürger und Bauern.

Der sogenannte Investiturstreit

Der schon dem Mittelalter geläufige Begriff dient als zusammenfassende Bezeichnung für die geistigen und machtpolitischen Auseinandersetzungen, die im letzten Viertel des 11. und dem ersten des 12. Jahrhunderts zwischen Papsttum *(sacerdotium)* und Königtum *(regnum)* um die Abgrenzung der beiderseitigen Einflußsphären in der Kirche geführt werden. Der gregorianischen Reform geht es allgemein um Befreiung der Kirche aus der Fremdbestimmung durch Laiengewalt (libertas ecclesiae), um Zurückdrängung der Traditionen des römischen Staatskirchentums und des germanischen Eigenkirchenrechts zugunsten einer neuen, durch den priesterlich-sakramentalen Vorrang bestimmten Weltordnung. Dabei wird die Investitur der Bischöfe und Äbte durch das Königtum, von den Reformern als unvereinbar mit dem Prinzip freier, kanonischer Wahl und dem Verbot der Simonie betrachtet, zum entscheidenden, wenngleich keineswegs einzigen Streitpunkt. Als Simonie gilt der strengen Reformrichtung seit Humbert von Silva Candida († 1061) nicht nur die Gewährung geistlicher Ämter gegen Geldzahlung (nach Apg. 8, 18ff.), sondern jeglicher Empfang von Kirchen aus Laienhand. Angesichts der engen Verflechtung von Königsmacht und Reichskirche in Deutschland und Oberitalien kommt der von den Königtum geforderte Verzicht auf Bestellung und rechtliche Leistungen der Bischöfe sowie auf Mitnutzung des Reichskirchengutes einer politischen Selbstaufgabe gleich. Ebenso aber widerstrebt der deutsche Episkopat einer Aufhebung seiner reichsrechtlichen Privilegien.

In ein akutes Stadium tritt der Investiturstreit im Jahre 1075 durch den Konflikt um die Besetzung des Erzbistums Mailand. Sowohl die grundsätzlichen Forderungen und theologisch-kirchenrechtlichen Begründungen der Reformer als auch die dramatischen Auseinandersetzungen der beiden höchsten Gewalten rühren die Welt tief auf und lassen eine umfangreiche Streitschriftenliteratur entstehen. Schon vor der Empfehlung Ivos von Chartres von 1097 wird um Rudolf von Rheinfelden und im normannischen England mit der Unterscheidung von Kirchenamt und Kirchengut (spiritualia und temporalia bzw. regalia) und deren getrennter Verleihung durch Kirche und Königtum der Weg zu einem Kompromiß gezeigt. Die Beilegung des Kampfes zögert sich jedoch hinaus, da Kaiser und Papst den vollen Rechtsstandpunkt durchzusetzen versuchen. Auch das Wormser Konkordat von 1122, das teilweise auf vorherigen Regelungen in Frankreich und England beruht, wird von rigorosen Reformern nicht gebilligt, erweist sich aber als brauchbarer Ausgleich, der beiden Seiten eine selbständige Neubegründung ihrer Positionen ermöglicht.

1078–1080	Schlachtenbegegnungen beider Könige bringen keine Entscheidung.
1079	Heinrich überträgt die schwäbische Herzogswürde an *Friedrich von Staufen* und verlobt ihm seine Tochter Agnes (Heirat um 1086/87).
1080	Als *Gregor VII. Heinrich erneut bannt* und seiner Herrschaft entsetzt, tritt die Mehrheit der deutschen und lombardischen Bischöfe auf Heinrichs Seite. Eine Synode in Brixen setzt Gregor ab und erhebt Erzbischof Wibert von Ravenna *(Clemens III.)* als *Gegenpapst. Rudolf von Rheinfelden stirbt* an einer in der Schlacht an der Weißen Elster (bei Hohenmölsen) erlittenen Verwundung (Verlust der Schwurhand).
1081–1084	*Erster Italienzug.*
1081	Heinrich bricht im Frühjahr nach Italien auf, während die Opposition einen neuen Gegenkönig wählt: Graf *Hermann von Salm*. Gregor wird in Rom eingeschlossen.
1084	Aber erst nach drei Jahren treten die Römer auf die Seite des Kaisers und seines Papstes. Heinrich wird *von Clemens III. zum Kaiser gekrönt.* Das Nahen der Normannen unter Robert Guiscard zwingt ihn zum Rückzug. Seine Macht in Deutschland und Italien ist nichtsdestoweniger gefestigt.
1087	Heinrich erreicht die Königskrönung seines ältesten Sohnes Konrad.
1088	Der glücklose Gegenkönig Hermann wird bei einer Privatfehde tödlich verwundet.
1090–1097	*Zweiter Italienzug,* veranlaßt durch die Ehe Welfs V. mit Mathilde von Tuszien (1089), die zum Zusammenschluß der süddeutschen und oberitalienischen Königsgegner führt.
1093	Der Abfall seines Sohnes Konrad, der nun auch die lombardische Königswürde empfängt, engt Heinrichs Bewegungsraum auf Venetien ein. Erst nach Auflösung der welfisch-tuszischen Ehe (1095) und Wiederversöhnung mit den Welfen (1096) kann Heinrich nach Deutschland zurückkehren (1097).
1098	Anstelle des abgesetzten Konrad wird Heinrichs jüngerer Sohn *(Heinrich V.)* unter Ausschluß jeglicher Mitherrschaft zum Nachfolger gewählt (1099 gekrönt).
1103	Als Voraussetzung für einen geplanten Kreuzzug verkündet Heinrich einen *allgemeinen Reichsfrieden* für vier Jahre.
1104	Heinrich V. erhebt sich gegen seinen Vater, in dessen fürsten- und papstfeindlicher Politik er eine Gefahr für das Reich erblickt.
1105	Er nimmt den Kaiser gefangen und zwingt ihn in Ingelheim zum Thronverzicht.
1106 7. Aug.	Heinrich IV. entkommt und beginnt vom Niederrhein aus den Kampf um sein Reich, stirbt aber und kann erst nach Lösung des Banns 1111 in Speyer kirchlich bestattet werden.
1106–1125	**Heinrich V.** (* wohl 1086, † 1125; König 1098, Kaiser 1111). Hält wie sein Vater am königlichen Investiturrecht fest und lenkt auch innenpolitisch bald in dessen Bahnen ein.
1106	Verhandlungen mit dem Papsttum, die in Guastalla bei Parma beginnen, scheitern zunächst. Nach dem Tod des letzten Sachsenherzogs Magnus aus dem Geschlecht der Billunger überträgt Heinrich unter Übergehung von dessen Schwiegersöhnen, des Welfen Heinrich des

410   Mittelalter – Hochmittelalter

Schwarzen und des Askaniers Otto von Ballenstedt, die sächsische Herzogswürde *Graf Lothar von Supplinburg (Süpplingenburg)*, der durch seine Ehe mit Richenza, Enkelin Ottos von Northeim, über ein reiches Eigengut verfügt und seine Macht im nordöstlichen Slawenland planmäßig erweitert (1110 Einsetzung der Schauenburger als Grafen in Holstein).

1108, 1109   Heinrichs Feldzüge gegen Ungarn und Polen bleiben ergebnislos.
In Böhmen kann er die Reichshoheit erneut durchsetzen.

1110–1111   *Erster Italienzug.* Heinrich findet in Oberitalien allgemein Anerkennung.

1111   Ein zunächst geheimer Vertrag mit Paschalis II., der eine radikale Trennung von Bischofsamt und Reichsgut vorsah, nach Verhandlungen in der römischen Kirche S. Maria in Turri in Sutri ratifiziert, scheitert bei der öffentlichen Verlesung im Krönungsgottesdienst am erregten Widerspruch der Bischöfe. Papst und Kardinäle werden gefangengesetzt, bis Paschalis im Vertrag von Ponte Mammolo Investitur und Kaiserkrönung zugesteht.
Die Reformer führen den Kampf um das Investiturverbot fort. Ein Abkommen mit der Markgräfin Mathilde von Tuszien setzt Heinrich als Erben ihrer Eigengüter ein.

1112   Unter Führung Lothars von Sachsen und Erzbischof (seit 1109/1111) *Adalberts I. von Mainz* († 1137) sammelt sich erneut die *Opposition der Fürsten*, der Heinrich in der Schlacht am Welfesholz (bei Mansfeld) unterliegt (1115).

1116–1118   *Zweiter Italienzug.*
Nach dem Tod der Markgräfin Mathilde von Tuszien (1115) zieht Heinrich deren Allodien ein, während die Reichslehen neu vergeben werden. Da Beratungen mit dem Papsttum er-

1118   gebnislos bleiben, läßt Heinrich Erzbischof Mauritius von Braga als Gegenpapst (Gregor VIII.) erheben.
Unter Papst Kalixt II. (1119–1124) kommen die Investiturverhandlungen wieder in Gang.

1122   Ein geplantes Abkommen in Mouzon an der Maas (1119) zerschlägt sich, doch führen neue
23. Sept.   Beratungen unter maßgeblichem Anteil der Fürsten zum **Wormser Konkordat:** Heinrich V. verzichtet zugunsten des Papsttums auf das *Investiturrecht.* Der Papst gesteht ihm die Wahl der Bischöfe und Äbte des deutschen Reichs in seiner Gegenwart und die Mitentscheidung von Wahldissensen zu. Der Gewählte empfängt vom König die Regalien durch das Zepter, und zwar in Deutschland vor, in den übrigen Teilen des Reichs nach der Weihe. Das *Verhältnis von Königtum und Reichskirche* wird künftig *lehnsrechtlich interpretiert.* Die Stellung der Bischöfe gleicht sich der der Fürsten an.

1124   Heinrich tritt auf seiten seines Schwiegervaters, König Heinrichs I. von England, in den Krieg gegen Frankreich ein, muß jedoch vor dem französischen Aufgebot zurückweichen.

1124–1125   Mit Billigung des Kaisers unternimmt Bischof *Otto I.* von Bamberg im Auftrag *Papst Kalixts II.* und des *Polenherzogs Bolesław III.* den *ersten Missionszug* zu den von Polen unterworfenen Pomoranen.

1125   Heinrich V. stirbt 44jährig als letzter Salier (beigesetzt im Dom zu Speyer). Das salische
23. Mai   Hausgut fällt an seine staufischen Neffen, Herzog Friedrich II. von Schwaben und dessen Bruder Konrad.

1125–1137   **Lothar III.** (* 1075, † 1137; König 1125, Kaiser 1133)
1125   Erzbischof *Adalbert* von Mainz lenkt die Wahl der Fürsten unter Übergehung Friedrichs
Ende Aug.   von Schwaben auf den Sachsenherzog Lothar.
Dieser zieht durch Vermählung seiner Tochter Gertrud mit Heinrich dem Stolzen dessen Vater, den Bayernherzog Heinrich den Schwarzen, auf seine Seite. Erzbischof Adalbert wahrt sich entscheidenden Einfluß auf die Kanzlei Lothars, in der die salischen Traditionen abbrechen.

1126   Ein Zug nach Böhmen zugunsten Ottos von Mähren endet mit einer Niederlage. Lothar muß seinen Gegner Soběslav belehnen.

1127   Im Kampf gegen die Staufer, die Lothars Forderung nach Trennung von Reichsgut und salischem Hausgut nicht Folge leisten, belagert Lothar vergeblich den fränkischen Stauferstützpunkt Nürnberg. Die *Stauferpartei* erhebt jetzt Konrad, den Bruder Herzog Friedrichs von Schwaben, zum Gegenkönig.

1128   Er zieht nach Italien, wird von Erzbischof Anselm von Mailand zum König von Italien gekrönt, kann die mathildischen Güter aber nicht in seinen Besitz bringen.
Lothar überläßt die Verwaltung Burgunds dem Zähringer Konrad.
Bischof *Otto I.* von Bamberg († 1139) missioniert mit Unterstützung Lothars und Markgraf Albrechts des Bären ein zweites Mal bei Liutizen und Pomoranen.
Nach dem Tod des Obodritenfürsten Heinrich wird Herzog Knud Laward von Schleswig († 1131) mit Wagrien belehnt (um 1129).

1130   Im *Papstschisma* zwischen *Innozenz II.* und *Anaklet II.* entscheiden sich Lothar und der deutsche Episkopat auf einer Synode in Würzburg zu Innozenz' Gunsten.

1131   Lothar sucht den Papst in Lüttich auf, verspricht ihm Rückführung nach Rom, läßt seine Gegenforderung auf Rückgabe des königlichen Investiturrechts auf Vorstellungen Bernhards von Clairvaux hin jedoch fallen.

1132–1133	*Erster Italienzug.* Lothar findet in Oberitalien nur teilweise Anerkennung und vermag in
1133	Rom die Peterskirche nicht den Anhängern des von Roger II. von Sizilien gestützten
4. Juni	Anaklet zu entreißen, wird daher in der Lateransbasilika zum *Kaiser gekrönt.*

Die Erzbischöfe von Magdeburg und Hamburg-Bremen erhalten die Hoheit über die verselbständigten Kirchenprovinzen Gnesen (mit dem neumissionierten Pommern) und Lund „restituiert", ohne ihre Ansprüche durchsetzen zu können. In Anerkennung älterer Rechte der römischen Kirche auf die mathildischen Güter empfängt der Kaiser diese gegen eine Zinszahlung zur Nutzung und überläßt sie seinem Schwiegersohn Heinrich dem Stolzen, der dafür dem Papst einen Lehnseid leistet.

Im Norden und Osten knüpft Lothar an die ottonische Grenz- und Markenpolitik an.

1134	Der Dänenkönig Magnus erkennt die Hoheit des Reichs an. Lothar fördert die Missionsarbeit des Wagriermissionars Vicelin durch Anlage von Burg und Kanonikerstift Segeberg. Albrecht der Bär († 1170) wird mit der Nordmark belehnt, die er in den fünfziger Jahren um das Erbe des Hevellerfürsten Pribislaw-Heinrich erweitert (Havelland, spätere Mark Brandenburg).
1135	Auf einem großen Hoftag in Merseburg zahlt Bolesław III. von Polen Tribut für 12 rückständige Jahre nach und erkennt die Lehnshoheit des Kaisers für Pommern und Rügen an. Auch der neue Dänenkönig Erich II. Emune huldigt. Die Staufer söhnen sich mit dem Kaiser aus, Konrad legt den Königstitel ab.
1136–1137	*Zweiter Italienzug.*
1136	Lothar zieht in Begleitung Heinrichs des Stolzen mit beträchtlicher Streitmacht nach Italien und erläßt in Roncaglia ein Gesetz gegen die Veräußerung von Lehen.
1137	Dann stößt er nach Süden vor und erobert Apulien und Kalabrien. Roger II. weicht nach Sizilien zurück und macht vergebliche Friedensangebote. Weitere Eroberungen scheitern am mangelnden Kampfwillen des deutschen Heeres und an Zwistigkeiten mit Innozenz II., der an der seit 1059 in Süditalien aufgebauten päpstlichen Lehnshoheit festhält. Die Belehnung Rainulfs von Alife mit Apulien wird von Papst und Kaiser gemeinsam vorgenommen. Nach dem Abzug Lothars fallen die kaiserlichen Positionen rasch wieder Roger II. zu. Heinrich dem Stolzen übergibt Lothar die Reichsinsignien und sichert ihm nach der Markgrafschaft Tuszien auch die sächsische Herzogswürde.
4. Dez.	Lothar stirbt nach Überschreitung der Alpen in Breitenwang in Tirol.

Die Staufer (1138–1254)

1138–1152	**Konrad III.** (* 1093, † 1152; König 1138)
1138	Erzbischof *Albero* von Trier läßt in Koblenz von einer kleinen Fürstengruppe den einstigen Gegenkönig Konrad zum Nachfolger Lothars wählen. *Heinrich der Stolze* als Nächsterbberechtigter und mächtigster Fürst des Reichs wird durch staatsstreichartige Handhabung des Prinzips der freien Wahl übergangen.

Konrad III. knüpft in Kanzleiwesen und Herrschaftsauffassung an salische Traditionen an, ist jedoch durch fortdauernden Konflikt mit den *Welfen* beengt. Heinrich der Stolze liefert die Reichsinsignien aus, verweigert aber, da Konrad den Verzicht auf eines seiner Herzogtümer verlangt, die Huldigung. Ein Hoftag in Würzburg ächtet ihn und spricht ihm beide Herzogtümer ab.

1139	Sachsen *Markgraf Albrecht dem Bären,* Bayern *Leopold IV. von Österreich* verliehen. Nach dem Tod Heinrichs des Stolzen wahrt in Sachsen die Kaiserinwitwe Richenza, in Süddeutschland Welf VI. die Rechte seines unmündigen Sohnes *Heinrich des Löwen.*
1140	Konrad schlägt Welf VI. vor der Burg Weinsberg (bei Heilbronn).
1142	Später erkennt er aber Heinrich den Löwen als Herzog von Sachsen an. Bayern kommt mit der Hand der Witwe Heinrichs des Stolzen an den Babenberger Heinrich II., Welf VI. bleibt in Opposition.
1146	Außenpolitische Beziehungen zu Byzanz (seit 1139), bei denen Konrad den Rang eines *imperator Romanorum* beansprucht, führen zur Eheschließung Kaiser Manuels I. mit Konrads Schwägerin Bertha aus Sulzbach (in Byzanz: Irene).
Ende Dez.	Konrad entschließt sich in Speyer unter dem Eindruck der Predigt *Bernhards von Clairvaux* zur Kreuznahme.
1147	Als Voraussetzung für eine längere Abwesenheit des Königs wird ein allgemeiner Reichsfriede verkündet, der zehnjährige Sohn Heinrich (VI.) zum König gewählt († 1150), die welfische Frage vertagt. Während Konrad in den Orient aufbricht *(Zweiter Kreuzzug 1147–1149),* erfüllen die sächsischen Großen ihr Kreuzgelübde durch den sogenannten *Wendenkreuzzug* gegen die Slawenstämme an der südlichen Ostseeküste. Heinrich der Löwe kämpft gegen die Obodriten, Albrecht der Bär, Erzbischof Friedrich I. von Magde-

burg und Bischof Anselm von Havelberg ziehen vor das (bereits christliche!) Stettin. Beide Unternehmungen fördern mittelbar die kirchliche und herrschaftliche Durchdringung der Küstenländer zwischen Elbe und Oder.

1148 Konrad schließt in Thessalonike mit Manuel I. einen Angriffspakt gegen Roger II. von Sizilien, der mit Welf VI., Ludwig VII. von Frankreich und Ungarn verbündet ist.

1150 Konrad besiegt Welf VI. bei Flochberg westlich von Nördlingen.

1151 Ein Zug gegen Heinrich den Löwen, der weiterhin Bayern fordert, schlägt fehl.

1152 Konrad stirbt in Bamberg, ohne den vorbereiteten Romzug angetreten zu haben, zu dem
15. Febr. ihn sowohl Papst Eugen III. als auch der römische Senat aufgefordert hatten.

1152–1190 Friedrich I. (Barbarossa) (*1122?, †1190; König 1152, Kaiser 1155)

1152 Nach vorherigen politischen Absprachen erreicht Konrads Neffe Friedrich III. von Schwaben, ein Vetter Heinrichs des Löwen, seine einhellige Wahl zum König.

Friedrich erstrebt eine umfassende Erneuerung der Königsgewalt auf der Grundlage des Ausgleichs mit den Fürsten. Konrads unmündigem Sohn Friedrich gibt er zum fränkischen Stauferbesitz das Herzogtum Schwaben, Welf VI. Tuszien, Spoleto und Sardinien, Berthold IV. von Zähringen das Rektorat von Burgund.

Staufer

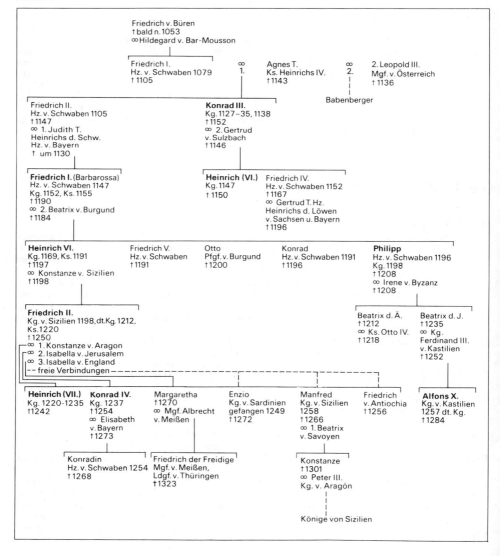

1153	Verhandlungen mit der römischen Kurie führen zum *Konstanzer Vertrag.* Friedrich verspricht Eugen III. Hilfe gegen Normannen und Römer, dieser die Kaiserkrönung und Unterstützung gegen innere Feinde.

1154 Auf dem Hoftag zu Goslar erhält Heinrich der Löwe Bayern und das Königsrecht der Bischofsinvestitur im Slawenland.

1154–1155 *Erster Italienzug.* Die Mehrzahl der oberitalienischen Städte huldigt Friedrich, der Beziehungen zur Bologneser Rechtsschule aufnimmt (Scholarenprivileg).

1155 Friedrich lehnt die Anerkennung des römischen Senats ab, die *Kaiserkrönung* findet daher
18. Juni unter Ausschluß der Römer in der militärisch gesicherten Peterskirche statt.
Da der Kaiser weder Rom unterwerfen noch die Fürsten zum Weitermarsch nach Süditalien bewegen kann, nähert sich Papst Hadrian IV. nun den Normannen (1156 Vertrag von Benevent).

1156–1167 *Rainald von Dassel* (1156 Hofkanzler, 1159 Erzbischof von Köln; † 1167) bestimmt Barbarossas Politik der *Restauratio imperii* (= Wiederherstellung der Reichsgewalt).

1156 Durch Eheschließung mit Beatrix von Burgund gewinnt Friedrich unmittelbare Herrschaftsrechte in Hochburgund und in der Provence. Der Babenberger *Heinrich Jasomirgott* verzichtet in Regensburg endgültig auf Bayern und wird mit Österreich belehnt, das zum Herzogtum mit besonderen Vorrechten erhoben wird *(Privilegium minus).*

1157 Der Kaiser greift zugunsten *Herzog Władysław II.* in Polen ein. (Dessen Söhne werden 1163 und 1172 auf Intervention Friedrichs im Besitz Schlesiens bestätigt.)

Okt. Ein Brief *Hadrians IV.* mit der zweideutigen Bezeichnung der Kaiserwürde als päpstliches „*beneficium*" (= Wohltat; Lehen) führt auf dem Hoftag zu Besançon zu einem Zusammenstoß mit den päpstlichen Legaten. Der deutsche Episkopat tritt geschlossen hinter den Kaiser.

1158 Der Papst läßt daher durch eine neue Gesandtschaft eine ausgleichende Erklärung überbringen.
Friedrich belohnt die Anhängerschaft Vladislavs von Böhmen mit dem Königstitel. Heinrich der Löwe unterwirft endgültig die Slawenfürsten in Mecklenburg. Kirchlicher Ausbau (Bistümer Ratzeburg, Lübeck, Schwerin), Verwaltung durch sächsische Ministeriale, deutsche Besiedlung und Städtegründung (Lübeck, Schwerin) beziehen das Land in die sächsische Herrschaft ein.

1158–1162 *Zweiter Italienzug.* Ziel ist die Errichtung einer unmittelbaren Territorialherrschaft in Oberitalien, die Teilhabe an der wirtschaftlichen Kraft der Lombardenstädte.

1158 In Roncaglia (bei Piacenza) werden die Königsrechte in Italien festgestellt (Regalienweistum), die Kommunen zu ihrer Rückgabe verpflichtet. Weitere Gesetze definieren das Kaisertum als Quelle aller Herrschafts- und Gerichtsgewalt, das Recht auf Pfalzenbau und Steuererhebung, regeln Landfrieden und Lehnswesen. Regaliennutzung und Reichssteuern (Fodrum) sichern der Krone gewaltige Einkünfte.

1159 Die Einsetzung kaiserlicher Beamter stößt auf Widerstände in Crema und Mailand.
Das Verhältnis von Kaisertum und Städten wird künftig eher durch Einzelverträge geregelt. Protesten des Papstes gegen die Einbeziehung des Kirchenstaates in die *kaiserliche Restaurationspolitik* stellt Barbarossa sein Recht als Römischer Kaiser gegenüber. Während sich die Krise zuspitzt, stirbt *Hadrian IV.* Die Neuwahl (7. Sept. 1159) führt zu einem *Schisma:* von der sizilienfreundlichen Kardinalsmehrheit wird *Alexander III.,* von einer kaiserfreundlichen Minderheit *Viktor IV.* erhoben.

1160 Das von Friedrich nach Pavia einberufene Konzil, von Alexander III. abgelehnt und vorwiegend von Kaiseranhängern besucht, entscheidet für Viktor IV.

1162 Nach Crema (1160) kapituliert Mailand nach einjähriger Belagerung. Die Stadt wird auf Verlangen der feindlichen Nachbarkommunen zerstört, die Bevölkerung in offenen Dörfern angesiedelt.
Barbarossa versucht vergebens, *König Ludwig VII.* bei St-Jean-de-Losne in Burgund von der Partei des nach Frankreich ausgewichenen Alexander III. abzuziehen. Waldemar I. von Dänemark huldigt hier dem Kaiser.

1163–1164 *Dritter Italienzug.* Das geplante Unternehmen gegen die Normannen kommt nicht zustande. Die Städteopposition Oberitaliens sammelt sich im Veroneser Bund.

1164 Heinrich der Löwe dehnt nach einem Aufstand in Mecklenburg seine Herrschaft bis zur Peene aus. Die *Pommernherzöge Kasimir I.* und *Bogislaw I.* erkennen seine Hoheit an.

1165 *Heinrich II. von England* zeigt sich im Streit mit *Thomas Becket* zu einem kirchenpolitischen Bündnis mit Friedrich bereit. Kaiser und Fürsten schwören in Würzburg, nie Alexander III. oder einen Papst seiner Richtung anzuerkennen und beschließen härtere Maßnahmen gegen die Alexandriner im Reich (bes. Kirchenprovinz Salzburg). Die *Heiligsprechung Karls des Großen* in Aachen bezieht die Karlstradition in das staufische Staatsdenken ein.

1166–1168 *Vierter Italienzug.*

1167 Die Erzbischöfe *Christian* von Mainz und *Rainald* von Köln vernichten bei Tusculum das stadtrömische Aufgebot. Alexander III. (1165 nach Rom zurückgekehrt) flieht, *Pascha-*

Mittelalter – Hochmittelalter

lis III. wird in St. Peter inthronisiert, Rom durch Vertrag mit dem Senat gewonnen. Wenige Tage später macht eine verheerende Malariaepidemie alle Erfolge zunichte. Zahlreiche Fürsten (u. a. Rainald von Dassel, *Friedrich IV. von Schwaben,* Welf VII.) sterben. Friedrich rettet sich nach Norditalien, wo die Erhebung der Städte und ihre Vereinigung zum Lombardenbund die Kaiserherrschaft auflöst.

1168 Mailand wird wieder aufgebaut, eine eigene Bundesfestung (Alessandria) westlich von Tortona errichtet. Barbarossa kommt über Burgund nach Deutschland zurück.
In den folgenden Jahren steht der Ausbau der Königsmacht in Deutschland im Vordergrund. Die Reichsterritorien im Oberrheingebiet, Schwaben, Franken und Ostmitteldeutschland werden durch Einsatz von Ministerialen, Rodung, Burgen- und Städtegründung sowie Erwerbung von Kirchenlehen verdichtet. In Sachsen erringt Heinrich der Löwe, seit 1168 mit der englischen Königstochter Mathilde († 1189) vermählt, eine königsgleiche Stellung.

1169 Friedrichs Sohn *Heinrich VI.* wird zum König gewählt.

seit 1170 Diplomatische Kontakte zu Byzanz, Venedig, Frankreich und Sizilien lockern den Ring der alexandrinischen Gegner.

1174–1178 Fünfter Italienzug.

1175 Barbarossa belagert vergebens Alessandria. Friedensverhandlungen mit den Lombarden (Vertrag von Montebello) scheitern.

1176 Heinrich der Löwe versagt in Chiavenna die erbetene Waffenhilfe. Friedrich unterliegt bei
Okt./ Legnano dem lombardischen Bundesheer. In radikalem Wechsel seiner Politik erkennt er
Nov. in Anagni Alexander III. an und isoliert den Lombardenbund.

1177 *Der Frieden von Venedig* bringt erhebliche Verbesserungen der kaiserlichen Position.
Juli/ Friedrich behält die mathildischen Güter auf 15 Jahre, schließt mit Sizilien einen Waffen-
Aug. stillstand auf 15, mit den Lombarden auf 6 Jahre.

1178 Auf dem Rückzug empfängt er in Arles die burgundische Königskrone.

1180 Bei neuerlichen Klagen gegen *Heinrich den Löwen* unterläßt der Kaiser im Gegensatz zu früheren Jahren Vermittlungsversuche. In zwei unterschiedlichen Verfahren wird Heinrich wegen Nichtbefolgen der Ladungsgebote nach Landrecht geächtet (1179), nach Lehnsrecht seiner Reichslehen verlustig gesprochen, nach Jahresfrist in die Oberacht erklärt. *Sachsen*

Welfen

wird *aufgeteilt,* der Westen als Herzogtum Westfalen dem Erzbischof von Köln, der Osten dem Askanier Bernhard verliehen. *Pfalzgraf Otto von Wittelsbach erhält Bayern,* die *Steiermark* wird *selbständiges Herzogtum.*
Der Prozeß Heinrichs des Löwen offenbart Macht und Grenzen (sog. Leihezwang) der lehnsherrlichen Stellung des deutschen Königs. Nicht das Königtum, sondern der Reichsfürstenstand ist Nutznießer der Auflösung der Stammesherzogtümer.

1181   Im Reichskrieg gegen Heinrich den Löwen gewinnt der Kaiser Lübeck. Der Pommernherzog Bogislaw I. wird Vasall des Kaisers. Heinrich erhält bei seiner Unterwerfung den Eigenbesitz (Braunschweig, Lüneburg) zurück und geht zu seinem Schwiegervater ins Exil. Sein politisches Erbe im südlichen Ostseeraum tritt der Dänenkönig Knut VI. an, der seit 1184 die slawischen Küstenländer unterwirft.

1183   Der endgültige *Friedensschluß* mit den Lombardenstädten in *Piacenza* und *Konstanz* verpflichtet den nun offiziell anerkannten Lombardenbund zur Wahrung der (finanziell reduzierten) Kaiserrechte.

1184   Glanzvolles Hoffest in Mainz zur Schwertleite der Kaisersöhne Heinrich und Friedrich.
1184–1186 Sechster Italienzug.
1184   Friedrich trifft in Verona mit *Papst Lucius III.* zusammen. Der Kaiser bekennt sich zum Kampf gegen die Häresie. Eine Einigung über die mathildischen Güter bleibt aus; der Papst verweigert die Kaiserkrönung Heinrichs VI., der sich in Augsburg mit Konstanze, der erbberechtigten Tochter Rogers II. von Sizilien, verlobt (Trauung und Krönung 1186 in Mailand).

1186   Als *Urban III.* im Trierer Schisma den kaiserfeindlichen Kandidaten weiht, besetzt Heinrich VI. den Kirchenstaat.
Die Mehrheit der deutschen Bischöfe unterstützt die Haltung des Kaisers.

1187   Die Fürstenopposition um *Philipp* von Köln wird durch ein Bündnis Friedrichs mit *Philipp II. Augustus von Frankreich* isoliert. Nach dem Fall Jerusalems lenkt das Papsttum ins Interesse eines neuen Kreuzzugs ein.

1188   *Clemens III.* wird im Auftrag des Kaisers nach Rom zurückgeführt. Auf dem Mainzer „Hoftag Jesu Christi" nimmt Friedrich das Kreuz *(Dritter Kreuzzug 1189–1192).*

1189   Der Papst legt den Trierer Streit bei und verspricht die Kaiserkrönung Heinrichs VI. Das Kaisertum erstattet den Kirchenstaat unter Vorbehalt der Reichshoheit zurück. Barbarossa
1190   bricht von Regensburg aus im Orient auf, ertrinkt aber, ohne Palästina erreicht zu ha-
10. Juni ben, in Kleinasien im Fluß Saleph.

1190–1197 Heinrich VI. (* 1165, † 1197; König 1169, Kaiser 1191)
Führt seit Abwesenheit seines Vaters die Regierung. Nach dem Eintreten des sizilischen Erbfalls durch den Tod *König Wilhelms II.* (18. November 1189) und der Königserhebung *Tankreds von Lecce* durch eine sizilische Nationalpartei schließt Heinrich Frieden mit Heinrich dem Löwen (Juli 1190), der im Oktober 1189 entgegen seinem Versprechen aus dem Exil zurückgekehrt war.

1191   *Erster Italienzug.* Heinrich, in Rom von dem kurz zuvor geweihten Cölestin III. *zum Kaiser gekrönt* (15. April), gibt den Römern das kaisertreue Tusculum preis. Der Marsch nach Sizilien endet mit der vergeblichen Belagerung Neapels.

1192   Da Heinrich unter Berufung auf die Reichszugehörigkeit Süditaliens die päpstliche Lehnshoheit über Sizilien nicht anerkennt, belehnt Cölestin Tankred.
Innenpolitische Fehlgriffe (Lütticher Bistumsstreit) führen zur Bildung einer umfassenden Fürstenopposition (Niederrhein, Köln, Mainz, Trier, Zähringer, Welfen, Böhmen).

1193   Erst die Auslieferung des auf dem Rückweg von Akkon von Leopold V. von Österreich gefangenen englischen *Königs Richard Löwenherz* an den Kaiser sprengt die feindliche Koalition.

1194   Richard wird nach Zusage zur Zahlung von 150000 Mark Silber Lösegeld und Lehnsleistung für England freigelassen. Heinrichs des Löwen ältester Sohn Heinrich wird als Gemahl der Erbtochter des staufischen *Pfalzgrafen Konrad bei Rhein* anerkannt, Heinrich VI. und Heinrich der Löwe († 6. August 1195) söhnen sich in Tilleda am Kyffhäuser aus.

1194–1195 Zweiter Italienzug. Nach dem Tod Tankreds (20. Februar 1194) wird das Normannenreich mühelos erobert.
1194   Heinrich empfängt in Palermo die sizilische Königskrone, wird in dieser Würde jedoch von
25. Dez. der Kurie nicht anerkannt.
Der normannische Thronschatz wird nach Deutschland gebracht.

1195   Heinrich ordnet die Verwaltung Reichsitaliens neu: Sein *Bruder Philipp* wird *Herzog von Tuszien,* der Reichstruchseß *Markward von Annweiler Markgraf von Ancona* und *Herzog von Ravenna* und *der Romagna.* Der Hoheitsanspruch des Imperiums wird auch auf andere Mittelmeerreiche ausgedehnt (Lehnsnahme der Könige von Kleinarmenien und Zypern).

1196   Heinrich bemüht sich um Zustimmung der Fürsten zur erblichen Herrschaft seines Hauses auch in Deutschland gegen Gewährung der Erblichkeit der Reichslehen in männlicher und

416 Mittelalter – Hochmittelalter

weiblicher Linie und Verzicht auf das Spolienrecht (Heimfall des persönlichen Nachlasses) der Bischöfe. Nach dem Scheitern der Verhandlungen mit *Papst Cölestin III.*, dem Heinrich für eine besitzrechtliche Absicherung in Italien und die Krönung seines Sohnes Friedrich finanzielle Sicherstellung der Kurie, vielleicht sogar die päpstliche Investitur der Kaiserherrschaft anbietet, lehnen die Fürsten den *Erbreichsplan* endgültig ab, wählen aber den fast zweijährigen Kaisersohn Friedrich zum König.

Als Sachwalter der mit seinem Bruder Philipp vermählten Tochter des entthronten *Isaak II. Angelos* nötigt Heinrich Kaiser Alexios III. von Byzanz zu jährlicher Tributzahlung.

1197 28. Sept.	Niederwerfung einer Verschwörung in Sizilien. Mitten im Aufbruch des seit 1195 angekündigten Kreuzzugs stirbt Heinrich 31jährig in Messina an der Malaria.

Mit seinem Tod zerfällt das staufische Großreich. Konstanze beschränkt sich auf päpstliche Anerkennung des sizilischen Thronrechts Friedrichs II. Das Papsttum beginnt mit Einziehung von Reichsgebiet in Mittelitalien (Rekuperationen). Deutschland wird nach der **Doppelwahl** von 1198 durch den staufisch-welfischen Thronstreit zerrissen. Reichsgut und Reichsrechte werden entfremdet.

1198–1208 Philipp von Schwaben (* 1176 oder 1177, † 1208; König 1198)
1198–1215 Otto IV. (* um 1177, † 1218; König 1198, Kaiser 1209)

1198	*Herzog Philipp von Schwaben*, jüngster Sohn Friedrichs I., wird von Stauferanhängern in Thüringen erhoben. Hinter ihm steht die Mehrheit der deutschen Fürsten. *Graf Otto von Poitou*, Sohn Heinrichs des Löwen, auf Betreiben Erzbischof (1193–1205, 1212–1216) *Adolfs I. von Köln* († 1220) mit englischer Hilfe von einer norddeutschen Fürstengruppe gewählt, bittet den Papst um Unterstützung.
Jahreswende 1200/1201	*Papst Innozenz III.* entscheidet unter Berufung auf die kuriale Translationstheorie (Übertragung des Kaisertums von den Griechen auf die Franken durch päpstliche Krönung Karls des Großen) und das päpstliche Weiherecht für Otto IV. Der päpstliche Anspruch auf Approbation der deutschen Königswahl und die Ansicht einer notwendigen Mitwirkung bestimmter Hauptwähler (später: Kurfürsten) werden Teil des kirchlichen Rechts (Dekretale „Venerabilem").
1201 1202	Otto erkennt im *Neußer Eid* die Rekuperationen und die Hoheit des Papsttums über Sizilien an. Die staufertreuen Fürsten protestieren in Halle an der Saale gegen die päpstliche Einmischung in die deutsche Thronfrage.
1204	Nach Abfall *Adolfs* von Köln zerfällt der welfische Anhang.
1205	Philipp wird neu gewählt und in Aachen gekrönt. Die Kurie ist nach geheimen Verhandlungen zur offiziellen Anerkennung Philipps bereit,
1208	als dieser in Bamberg einem privaten Racheakt Ottos von Wittelsbach zum Opfer fällt.
1209	Otto IV. wird vom Stauferanhang nachgewählt, verzichtet auf das Spolienrecht, gestattet freie kirchliche Wahlen und ungehinderte Appellation an die Kurie.
1209–1211	*Italienzug.*
1209 4. Okt.	Otto IV., von Innozenz III. *zum Kaiser gekrönt,* beginnt trotz gegenteiliger Versicherungen mit der Wiederherstellung der Reichshoheit in Mittelitalien und schreitet zur Eroberung des Königreichs Sizilien.
1210	
1211	Innozenz bannt ihn und läßt gegen ihn mit französischer Hilfe Friedrich von Sizilien als Gegenkönig in Deutschland aufstellen. Otto bricht daraufhin das Sizilienunternehmen ab.

1212–1250 Friedrich II. (* 1194, † 1250; König 1196/1212, Kaiser 1220)

1212	Nach Friedrichs Ankunft in Süddeutschland verläßt der Stauferanhang den Welfen. Friedrich wird nochmals in Frankfurt gewählt und in Mainz gekrönt.
1213	Er verbrieft in Eger *(Goldbulle von Eger)* mit Zustimmung der Reichsfürsten die kirchlichen Zugeständnisse Ottos IV.
1214	Dieser wird bei dem englisch-welfischen Zangenangriff auf Frankreich bei *Bouvines* (östlich Lille) von Philipp II. Augustus geschlagen. Die restlichen Fürsten gehen zu Friedrich über. Otto stirbt 1218 verlassen auf der Harzburg.
1215	Friedrich nimmt bei seiner endgültigen Krönung in Aachen das Kreuz.
1216	Er verspricht Innozenz III., nach der Kaiserkrönung Sizilien seinem Sohn Heinrich (VII.) zu übertragen, läßt diesen jedoch nach Deutschland bringen und hier zum König wählen (1220). Sizilien soll trotzdem staatsrechtlich vom Imperium getrennt bleiben.
1220 26. April	In der *Confoederatio cum principibus ecclesiasticis* verzichtet Friedrich auf selbständige Handhabung wichtiger Königsrechte in den Territorien der geistlichen Fürsten.

Die Anfänge der Landesherrschaft

Als Landesherrschaft gilt die Machtausübung von Fürsten über Territorien (Länder) im mittelalterlichen Deutschland. Die Ausbildung der Landesherrschaft gründet sich auf den hohen Anteil der Adelsgewalt an der Wahrung öffentlicher Funktionen im frühen deutschen Reich, das von seinen Entstehungsbedin-

Deutschland – Staufer 417

gungen her keine alle Teile einheitlich erfassende Königsmacht kennt, und wird gefördert durch häufige Schwächungen des deutschen Königtums während Minderjährigkeit, durch Erhebungen von Fürsten und Bischöfen gegen das im Streit mit dem Papsttum gebundene Königtum, durch die Monopolisierung der Königswahl durch die Fürsten und das Erblichwerden der Reichslehen, weniger durch die Kaiser- und Italienpolitik der Könige selbst. Landesherrschaft ist indes nicht mit widerrechtlicher Aneignung von Reichsrechten gleichzusetzen. Wurzeln und Entstehungsgeschichte der Landesherrschaft sind in den einzelnen Territorien verschieden. Wesentlich ist die Verfügung über Grafschaften, markgräfliche und herzogliche Rechte (Dukat) sowie die Immunität (Ausnahmestellung innerhalb der öffentlichen Verwaltungsbezirke). Eine wichtige Rolle spielt die Handhabung finanziell und politisch wichtiger Königsrechte (Regalien), wie Zoll, Münze, Marktrecht, Geleit und die Übernahme von Aufgaben, die das Königtum mangels eigener Organe nicht erfüllen kann (Rechtspflege, Landfriedenswahrung), sowie die selbständige Durchführung von Landesausbau und Städtegründung. Spätestens seit dem Wormser Konkordat (1122) wandeln sich auch die bisher dem König verfügbaren geistlichen Großimmunitäten zu Fürstentümern. In ihr entscheidendes Stadium tritt die Entwicklung der Landesherrschaft in der Stauferzeit. Das Königtum fördert sie, um stammesherzogliche Konkurrenzgewalten zu schwächen, versucht gleichzeitig aber, durch Ausbau des Königsbesitzes in Schwaben, Franken und Mitteldeutschland eigene „Reichs"-Territorien zu schaffen. Die Fürstengesetze von 1220 und 1231/32 begründen die Landesherrschaft weder rechtlich noch programmatisch, aber sie kennzeichnen die Machtsituation, die das Königtum zum Verzicht auf eigene Hoheitspolitik in den Fürstenterritorien zwingt, und markieren daher die faktische und rechtliche Entwicklung, die ungeachtet des Kronrechtsvorbehalts des Mainzer Landfriedens von 1235 nicht mehr rückgängig zu machen ist. Der Prozeß der Staatwerdung, der seit dem 13. Jahrhundert in den westeuropäischen Monarchien zum Aufbau zentraler, einheitlicher Herrschaftsverbände führt, verwirklicht sich daher in Deutschland nicht im Reich als solchem, sondern in den Territorien. Der deutsche König nimmt an dieser Entwicklung nur insoweit teil, als er selbst Territorialfürst wird und von seiner Hausmacht aus auf Reich und Landesfürsten einwirkt.

1220 22. Nov.	Friedrich II. erläßt bei seiner *Kaiserkrönung* eine Reihe von Gesetzen zugunsten der Kirche, u. a. über Ketzerbekämpfung und kirchliche Steuerfreiheit. Der *Schwerpunkt der Kaiserherrschaft* verlagert sich nun *nach Sizilien*. In Deutschland führen bis zur Regierungsfähigkeit Heinrichs (1228) Erzbischof *Engelbert* von Köln († 1225) und *Herzog Ludwig I. von Bayern* († 1231) die Regentschaft.
1225	Nach Gefangennahme durch seinen Lehnsmann *Graf Heinrich I. von Schwerin* (1223) wird *König Waldemar II. von Dänemark* zur Rückgabe des 1202 bzw. 1214 abgetretenen Reichsgebietes nördlich von Elbe und Elde verpflichtet. Seine Niederlage gegen eine norddeutsche Fürsten- und Städtekoalition bei *Bornhöved* (1227) beendet die dänische Vorherrschaft in Nordostdeutschland.
1226	*Erneuerung des Lombardenbundes* (verhindert dann das Zustandekommen der 1226 in Cremona, 1231 in Ravenna angesagten Reichstage). In der *Goldenen Bulle von Rimini* garantiert Friedrich dem *Deutschen Orden* Besitz und Hoheit des ihm von Herzog Konrad von Masowien angebotenen Kulmer Landes und der künftig von den heidnischen Preußen eroberten Gebiete, die 1234 auch in päpstlichen Schutz genommen werden. Durch den Weitblick des Hochmeisters *Hermann von Salza* (1209–1239) beginnt nach dem Vertrag von Kruschwitz (1230) der Aufbau des preußischen Ordensstaates. Die Vereinigung mit dem 1202 gegründeten livländischen Schwertbrüderorden (1237) bezieht auch das Baltikum in den Herrschaftsbereich des Deutschen Ordens ein.
1228–1229 1229	*Kreuzzug* des 1227 wegen abermaliger Verschiebung des mehrfach verzögerten Unternehmens von *Papst Gregor IX.* gebannten Kaisers. Friedrich, seit 1225 durch Heirat mit Isabella von Brienne auch König von Jersualem, gewinnt durch Vertrag mit dem ägyptischen *Sultan El-Kamil* (Al-Malik al-Kamil) Jerusalem mit Teilen seines ehemaligen Landgebietes.
1230	Nach der Rückeroberung Apuliens aus der Hand des Papstes einigen sich Friedrich und Gregor IX. in San Germano (heute Cassino) und im benachbarten Ceprano.
1231	Heinrich (VII.) verspricht im *Statutum in favorem principum* auch den weltlichen Fürsten eine Beschränkung der königlichen Territorial- und Städtepolitik gegenüber ihren Herrschaftsbereichen.
1232	Friedrich bestätigt das Gesetz, zwingt Heinrich aber zum Verzicht auf selbständige Politik und bindet ihn an den Konsens mit Papst und Fürsten.
1234	Als Heinrich sich gegen Ausschreitungen der Ketzerinquisition in Deutschland wendet, kommt es zum Konflikt mit Papst und Kaiser.
1235	Friedrich kehrt nach Deutschland zurück, schlägt die Empörung Heinrichs nieder, der entthront und in Süditalien gefangengesetzt wird († 1242). Auf dem *Mainzer Hoftag* (Aug. 1235) verkündet der Kaiser ein umfassendes *Landfriedensgesetz*, das die königliche Obergewalt auch für die von den Fürsten wahrgenommenen Hoheitsrechte betont. Zur Ausübung der königlichen Gerichtshoheit wird nach sizilischem Vorbild das Amt eines königlichen Hofrichters geschaffen. *Otto von Lüneburg*, Enkel Heinrichs des Löwen, wird unter

418 Mittelalter – Hochmittelalter

Auftragung seiner Allodien zum Reichsfürsten erhoben (Herzogtum Braunschweig-Lüneburg).

1236 Friedrich eröffnet den Reichskrieg gegen die feindlichen Lombardenstädte, deren Widerstand vom Papst gestärkt wird. Italiens Städte sind in die Parteien der Guelfen (Papstanhänger) und Ghibellinen (Kaiseranhänger) geteilt.

1237 In Wien wird Friedrichs neunjähriger Sohn *Konrad,* König von Jerusalem, zum Römischen König gewählt. Friedrich siegt bei Cortenuova (zwischen Mailand und Brescia) über die Mailänder, muß (1238) die Belagerung Brescias aber erfolglos abbrechen.

1239 Die erneute und endgültige Bannung Friedrichs durch Papst Gregor IX. leitet einen gnadenlosen *Macht- und Propagandakampf zwischen Kurie und Kaisertum* ein, der erst mit der politischen und physischen Vernichtung des Stauferhauses endet.
Friedrich macht die päpstlichen Rekuperationen rückgängig und rückt in den Kirchenstaat ein. Reichsitalien wird einer straffen Beamtenverwaltung unterstellt.

1241 Während Herzog *Heinrich II. von Schlesien* auf der Wahlstatt bei *Liegnitz* dem Vorstoß *der Mongolen* erliegt, verhindert Friedrich das Zustandekommen eines gegen ihn gerichteten Konzils durch Gefangennahme zahlreicher Prälaten in der Seeschlacht bei Montecristo (südöstlich von Elba).

1243/44 Friedensverhandlungen mit *Innozenz IV.* scheitern.

1245 Der Papst flieht nach *Lyon* und erklärt auf einem schwach besuchten Konzil den Kaiser als Ketzer und Verfolger der Kirche aller Ehren und Würden entkleidet.

1246–1247 Heinrich Raspe (* um 1204, † 1247; König 1246)

1246 Auf Betreiben des Papstes wählt eine Gruppe von rheinischen Kirchenfürsten in Veits-
22. Mai höchheim bei Würzburg den thüringischen Landgrafen Heinrich Raspe, Reichsgubernator seit 1242, zum Gegenkönig.
Friedrich II., der insbesondere in Süddeutschland über starken Anhang verfügt, behält nach dem Aussterben der Babenberger mit Friedrich dem Streitbaren Österreich und Steiermark als Reichslehen ein und baut hier eine straffe Reichsverwaltung auf.

1247–1256 Wilhelm von Holland (* 1227, † 1256; König 1247).

1247 Nach dem Tod Heinrich Raspes erheben die rheinischen Erzbischöfe und ihr Anhang in Worringen bei Köln den Grafen Wilhelm von Holland zum neuen Gegenkönig.

1248 Wilhelm wird nach längerer Belagerung in Aachen gekrönt. Friedrichs Lagerstadt vor dem 1247 abgefallenen Parma wird mit Schatz und Krone von den Belagerten erobert.

1249 Sein (unehelicher) Sohn Enzio (1238 König von Sardinien) fällt in die Hände der Bolognesen, die ihn bis zu seinem Tod (1272) gefangenhalten.

1250 Friedrich stirbt, politisch unbesiegt, in Castel Fiorentino bei Lucera (Apulien) und wird
13. Dez. neben seinem Vater im Dom von Palermo beigesetzt.

Die Wertungen Friedrichs II.

Friedrich II. versteht sich selbst als Abbild und Stellvertreter Gottes auf Erden, als Herr der Welt und der Elemente, als oberster Gesetzgeber, ja das beseelte Gesetz *(lex animata)* selbst, als Nachfolger der römischen Cäsaren und neuen Konstantin, als Bringer des goldenen Friedensreiches und letzten Kaiser der Weltgeschichte. Seit dem Kreuzzug von 1228/29 wird ihm in seinen offiziellen Staatsbriefen durch Übertragung von Worten der Bibel und Liturgie eine christusähnliche, messianische Stellung zugeschrieben. Seine Gegner indes sehen in ihm den zynischen Ungläubigen und verwerflichen Häretiker (so noch Dante), einen zweiten Pharao und Nero. Kuriale Manifeste und joachitische Schriften schildern ihn als Untier der Apokalypse, als Antichrist oder dessen Vorläufer. Seine Anhänger zweifeln an seinem Tod, und mehrfach tauchen nach 1250 in Italien und Deutschland „falsche Friedriche" auf. Die kirchliche Legende versetzt ihn in den Ätna (Sitz des Teufels). In Deutschland wird diese Vorstellung aufgenommen und mit prophetischen Hoffnungen verknüpft in der (erst seit dem 16. Jahrhundert auf Friedrich I. bezogen) Sage des im Kyffhäuser schlafenden Kaisers, der wiederkehrt, um die Kirche zu reinigen und das Reich zu erneuern.

1250–1254 Konrad IV. (* 1228, † 1254; König 1237)

1251 Konrad zieht nach Italien, um das sizilische Erbe anzutreten, für das der Papst einen nichtstaufischen Lehnsträger sucht.

1252 Eine Nachwahl in Braunschweig sichert *Wilhelm* weitgehende Anerkennung in Norddeutschland.

1254 Konrad stirbt nach einem kurzen Siegeszug. Danach wird in Deutschland kein Stauferkan-
21. Mai didat mehr erhoben.

1255 Wilhelm stärkt seine Stellung durch Anerkennung des Rheinischen Bundes, zu dem sich seit 1254 zahlreiche Städte von Aachen bis Zürich sowie Fürsten und Herren zur Wahrung von Sicherheit und Frieden zusammenschließen.

1256 Er wird aber im Kampf gegen die Friesen bei Alkmaar erschlagen (28. Jan.).

Deutschland – Staufer   *419*

Die Kultur der Salier- und Stauferzeit

Deutschlands Geistesleben in der Salier- und Stauferzeit ist bestimmt durch Leistungen der **Domschulen und Klöster.** Während im 12. Jahrhundert in Frankreich und Italien aus einzelnen Kathedralschulen und durch den Zusammenschluß von Lehrern und Scholaren Universitäten entstehen (Bologna, Paris), bleibt Deutschland die neue Organisationsform der Wissensvermittlung fremd. Es nimmt daher an der Entwicklung von Philosophie und Theologie, Jurisprudenz und Naturwissenschaften nur mittelbar teil. Das deutsche Geistesleben hält im Gegensatz zur dialektisch-scholastischen Methode Frankreichs an einer konservativen, symbolisch-typologischen Ausdeutung von Bibel und Weltgeschehen fest (Rupert von Deutz [† 1129], Gerhoch von Reichersberg [† 1169], Hildegard von Bingen [† 1179]).

Die **Geschichtsschreibung** der Salierzeit hat sowohl in der Behandlung der Zeitgeschichte (Wipo [† nach 1046], Lampert von Hersfeld [† 1081 oder 1085], Adam von Bremen [† nach 1081], das „Leben Kaiser Heinrichs IV.") als auch in der chronologisch interessierten Weltgeschichtsschreibung (Sigebert von Gembloux [† 1112], Frutolf von Michelsberg [† 1103]) Gutes geleistet. Den Höhepunkt der heilsgeschichtlichen Deutung der Universalhistorie bildet die „Historia de duabus civitatibus" Bischof Ottos von Freising (1143/46). Um Friedrich I. (1152–1190) und Heinrich VI. (1190–1197) blüht hofnahe Geschichtsschreibung (Otto von Freising [† 1158] und Rahewin [† zwischen 1170 und 1177], Gunther von Pairis [† Anfang 13. Jh.], Gottfried von Viterbo [† 1202]). Aus anderen Landschaften ragen hervor die Kölner Königschronik und Helmold von Bosau († nach 1177).

In der 2. Hälfte des 12. Jahrhunderts entwickelt sich in Deutschland eine reiche **adlige Laienkultur,** die durch ritterlich-höfische Standesideale geprägt ist und ihr spezifisches Ethos sowohl im Minnesang als auch in der Epik der mittelhochdeutschen Klassik ausdrückt. Förderung findet die deutschsprachige höfische Dichtung sowohl durch das Kaisertum als auch durch Territorialfürsten (Landgrafen von Thüringen, Babenberger). Politische Dichtung pflegen der sogenannte Erzpoet (Archipoeta; lateinisch) und Walther von der Vogelweide († 1230). Gleichzeitige mittellateinische Lyrik Deutschlands überliefern die „Carmina Burana" (Gedichtsammlung aus Benediktbeuern, vom Ende des 13. Jahrhunderts stammend).

Obwohl das Kaisertum seit Heinrich IV. Kontakte zu den Lehrern des römischen Rechts in Italien pflegt und die Staufer dieses für die Neubegründung des Kaisergedankens heranziehen, hält das deutsche **Rechtsleben** an der heimischen Überlieferung fest (Eike von Repgow: „Sachsenspiegel", um 1220/27). Ohne Einfluß auf Deutschland bleibt die Kulturblüte am sizilischen Hof Friedrichs II. (1198–1250), der sich selbst mit exakter Naturbeobachtung befaßt (Verfasser eines Buches über die Vogeljagd mit hervorragenden ornithologischen Einsichten). – *(Forts. S. 506).*

Die ältesten deutschen Werke

9. – Mitte 11. Jh.:	Althochdeutsche Periode
Ende 8. Jh.	Wessobrunner Gebet
Anf. 9. Jh.	Muspilli
vor 840	Heliand (altsächs. Evangeliendichtung)
863/71	Otfried von Weißenburg, Evangelienharmonie
vor 1000–1022	Notker Labeo („der Deutsche", Deutsche Übersetzungen aus lat. Bibel, klassischer Literatur, Philosophie und Artes
Mitte 11. Jh. – um 1170:	**Frühmittelhochdeutsche Periode**
um 1060/65	Williram von Ebersberg, Das Hohe Lied
um 1060/65	Wiener Genesis
1063	Ezzolied
1077/81	Annolied
1120/25	Leben Jesu der Frau Ava
um 1135/1150	Kaiserchronik
um 1150	König Rother (Spielmannsepos)
um 1150/60	Alexanderlied des Pfaffen Lamprecht
um 1170	Rolandslied des Pfaffen Konrad
1170/80	Herzog Ernst
um 1170–1250	**Mittelhochdeutsche Klassik**
	Heldenepos
um 1200	Nibelungenlied
1230/40	Kudrun
vor 1250	Ortnit/Wolfdietrich (A)

420 Mittelalter – Hochmittelalter

	Höfisches Epos
um 1170	Eilhart von Oberge, Tristant und Isalde
1170/1190	Heinrich von Veldeke, Eneit
um 1185–1202	Hartmann von Aue, Erec
	Gregorius
	Der Arme Heinrich
	Iwein
nach 1194	Ulrich von Zazikhofen, Lanzelet
1. und 2. Jahrzehnt	Wolfram von Eschenbach, Parzival
des 13. Jh.	Willehalm
	Titurel
nach 1204	Wirnt von Grafenberg, Wigalois
um 1210	Gottfried von Straßburg, Tristan und Isolt
um 1210/20	Der Stricker, Karl
	Daniel vom blühenden Tal
um 1220	Heinrich von dem Türlin, Krone
zwischen 1220 und	Rudolf von Ems
1250/54	Der Gute Gerhard
	Barlaam und Josaphat
	Alexander
	Wilhelm von Orlens
	Weltchronik
	Lyrik (vorwiegend Minnesang)
um 1150/70	Der Kürenberger
um 1160/70	Dietmar von Aist
um 1184	Kaiser Heinrich VI.
um 1170–1190	Friedrich von Hausen
um 1170/1190	Heinrich von Veldeke
um 1180–1187/89	Hartmann von Aue
um 1180–1195	Heinrich von Morungen
um 1185–1205	Reinmar der Alte
um 1200/1205	Wolfram von Eschenbach
1190–1230	Walther von der Vogelweide
um 1217/1237	Neidhart von Reuental
	Lehrhafte Dichtung
1215/16	Thomasin von Circlaere, Der welsche Gast
um 1230	Freidanks Bescheidenheit

Papsttum und Kirche (955–1309)
(Forts. v. S. 356)

Papsttum und römische Kirche geraten nach dem Zerfall des Fränkischen Reiches, mit dessen Hilfe sie sich von Ostrom lösten und der Bedrohung durch die Lombarden entzogen, unter den Einfluß des stadtrömischen Adels und der langobardischen Herrscher. Die Ottonen (deutsche Könige bzw. Römische Kaiser aus dem liudolfingischen Haus, 919–1024), denen zur Festigung ihrer eigenen Herrschaft an einer funktionsfähigen Leitung der Gesamtkirche gelegen ist, unterstützen die päpstlichen Bemühungen um ein eigenes Territorium und tragen dazu bei, den universalen Anspruch des römischen Bischofs wieder zur Geltung zu bringen. Die Realisierung dieses Anspruchs erfolgt freilich nicht ausschließlich mit politischen Mitteln.

Erst die in Burgund und Lothringen einsetzende monastische Reform, der bald eine Erneuerung des kanonikalen und eremitischen Lebens folgt, schafft das Bewußtsein von der Notwendigkeit der *Libertas ecclesiae*, der Freiheit von weltlicher Bevormundung und der Lösung aus zu weit gehender Verflechtung mit der weltlichen Gesellschaft. Die ersten salischen Herrscher (Könige bzw. Kaiser aus dem salischen oder fränkischen Haus, 1024–1125) verhelfen den Vertretern der *Libertas ecclesiae* zur Durchsetzung der Freiheit von weltlicher Bevormundung und zur Lösung aus zu weit gehender Verflechtung, wodurch das

Recht des Römisch-deutschen Kaisertums auf Mitgestaltung von Kirche und Welt wesentlich beschränkt wird. Das Ende des Investiturstreits bedeutet nicht das Ende des Kampfes um die rechte Zuordnung von geistlicher und weltlicher Gewalt.

Gestützt auf Theologie, Kanonistik und neue Orden, im Bündnis mit italienischen Stadtstaaten und europäischen Herrschern, gelingt es dem Papst, mit den Staufern das Kaisertum als die zweite Universalmacht zeitweise auszuschalten und auf Dauer entscheidend zu schwächen. Dies erweist sich jedoch als ein Pyrrhussieg. Durch den letztlich negativen Ausgang der Kreuzzüge, zunehmende Häresie, wachsende Kirchenkritik sowie fortschreitende Rationalisierung und Säkularisierung des Lebens in seinem Ansehen geschwächt, wird der Papst 1309 von seinem Bundesgenossen, dem König von Frankreich, in eine Abhängigkeit gebracht, die größer ist als je zuvor die vom Kaiser.

Die Krise des Papsttums und der Sieg der Reformbewegung (955–1159)

Die Erneuerung des Mönchtums im 10. und 11. Jh.

Im ersten Drittel des 10. Jh.s setzt in Lothringen und Burgund im Anschluß an die von Benedikt von Aniane († 821) unternommenen Bemühungen um eine allgemeine Durchsetzung des Benediktinertums eine Erneuerung des in den politischen Niedergang des Frankenreiches einbezogenen Mönchtums ein, die bald auf das ganze Abendland ausgreift und eine neue Epoche in der Kirchen- und Ordensgeschichte einleitet.

In Niederlothringen reformiert *Gerhard von Brogne* († 959) von der 913/914 gegründeten Abtei **Brogne** bei Namur aus zahlreiche hennegauische, flämische und nordfranzösische Klöster, während die 933 von Klerikern der Diözese Metz restaurierte Abtei **Gorze** zu einem Reformzentrum wird, das besonders stark ins Römisch-deutsche Reich hineinwirkt. Der eigentliche Mittelpunkt der monastischen Erneuerung des 10. Jh.s ist jedoch das 909 von *Wilhelm I. dem Frommen,* Herzog von Aquitanien (886–918) und Graf von Mâcon, gegründete burgundische **Cluny.** Die schon 909 dem Heiligen Stuhl unterstellte und so dem Einfluß lokaler weltlicher und geistlicher Gewalten entzogene Abtei *(libertas Romana)* entwickelt einen auf der Benediktinerregel beruhenden, in eigenen *Consuetudines* und *Statuta* formulierten Lebensstil, der den feierlichen Kult im Dienste für Lebende und Verstorbene in den Mittelpunkt rückt, Studium, Askese und Handarbeit jedoch zurücktreten läßt. Unter den bedeutenden, zu hohem Alter gelangten Äbten *Maiolus (954–994), Odilo (994–1049)* und *Hugo (1049–1109)* bildet sich in- und außerhalb Frankreichs um Cluny und dessen 1088 begonnene gewaltige dritte Klosterkirche (Cluny III) ein Verband von ca. 3000 Abteien und Prioraten, die in mehr oder minder großer Abhängigkeit vom Großabt in Cluny stehen. Durch seine *Consuetudines* wirkt Cluny auch auf zahlreiche Klöster und Klosterverbände wie diejenigen von *St.-Benigne* in Dijon, *Farfa* (Sabiner Berge), *Cava dei Terreni, Fruttuaria* (in Piemont, gegründet 1003) und *Hirsau* (im Schwarzwald, Neugründung nach 1049) ein, die auf eigenständige Reformen zurückgehen und ihre organisatorische Selbständigkeit bewahren, sich jedoch der Ausstrahlung Clunys nicht entziehen können. – Die Wirkungen Clunys gehen weit über die monastische Welt hinaus. Auch wenn sein Anteil an Gregorianischer Reform, Kreuzzug, Reconquista, Gottesfriedensbewegung und Ausbildung der romanischen Kunst gelegentlich übertrieben wird, kann kein Zweifel daran bestehen, daß die cluniazensische Reformbewegung und die von ihr überschatteten selbständigen Erneuerungsbemühungen in bestimmender Weise auf das geistliche und künstlerische Leben, auf die Frömmigkeit und die Lebenshaltung der hochmittelalterlichen geistlichen und profanen Gesellschaft einwirken.

Der deutsche König **Otto I.** (936–973) ist entschlossen, die italienische Königs- und die römische Kaiserkrone zu gewinnen.

960 Als ihn Papst Johannes XII. (955–964) gegen Berengar II. von Ivrea zu Hilfe ruft, läßt Otto
962 sich in St. Peter weihen und **zum Kaiser krönen,** nachdem er die früheren Schenkungen an
2. Febr. den Papst *(Privilegium Ottonianum)* bestätigt und in dessen Person sowie das Patrimonium
13. Febr. Petri unter seinen Schutz genommen hat.

Johannes XII. verschwört sich mit dem Sohn Berengars gegen Otto, der ihn von einer römi-
963–965 schen Synode ab- und statt seiner Leo VIII. einsetzen läßt, gegen den die Römer nach der
964–966 Rückkehr Johannes' XII. den Papst Benedikt V. wählen.

Trotz des von Kaiser Otto I. beanspruchten Rechts auf die Bestätigung des Papstes kommt es infolge der Rivalitäten des römischen Adels zu einem *häufigen Wechsel auf dem Papstthron.*

965–972 Johannes XIII. aus der Familie der *Crescentier* wird von Otto gestützt.

422 Mittelalter – Hochmittelalter

967 Der Papst stimmt auf der *Synode von Ravenna* der vom Kaiser seit 965 geplanten kirchlichen Organisation des Slawenlandes zu: Errichtung des Erzbistums Magdeburg mit den bisher Mainz unterstehenden Bistümern Brandenburg und Havelberg sowie den Neugründungen Merseburg, Meißen und Zeitz (später Naumburg).

973–974 Der Nachfolger des Johannes, Benedikt VI., wird von den Creszentiern gestürzt.

974 Ihr Kandidat Bonifaz VII. läßt ihn erdrosseln, flieht aber vor Kaiser Otto II. (973–983)

974–983 nach Griechenland und versucht vergeblich, Benedikt VII. zu verdrängen.

Bonifaz VII. beseitigt den von Kaiser Otto III. (983–1002) von Pavia nach Rom transfe-

983–984 rierten Johannes XIV. und folgt ihm in einem zweiten kurzen Pontifikat (984–985).

985–996 Der nächste Papst, Johannes XV., fördert die Creszentier, die eine Art Tyrannei über die römische Kirche ausüben.

996 Otto III. designiert (anstelle des inzwischen mit den Creszentiern zerfallenen Johan-

996–999 nes XV.) seinen Vetter Brun, Sohn des Herzogs von Kärnten, zum Papst, der als Gregor V. den Stuhl Petri besteigt.

Der vom Kaiser zum Exil verurteilte Crescentius läßt in Abwesenheit Ottos den Kalabresen

997–998 Johannes Philagathos als Johannes XVI. zum (Gegen-)Papst erheben, doch Otto veranlaßt die Enthauptung des Crescentius und verbannt Johannes zu lebenslanger Klosterhaft.

Otto läßt Gerbert von Aurillac (* um 940/950, † 1003), einen der größten Gelehrten seiner

999–1003 Zeit und seit 998 Erzbischof von Ravenna, als *Silvester II.* zum Papst wählen.

Otto und Gerbert sind bestrebt, von Rom aus als neuer Konstantin und Silvester Kirche und Welt zu erneuern, wobei der Kaiser die Initiative übernimmt. Er vollzieht in Übereinstimmung mit dem Papst den Anschluß Polens und Ungarns an die Westen durch Erhebung

1000/1002 von Gnesen und Gran zu kirchlichen Metropolen und plant die Gewinnung Rußlands sowie der unter venezianischer Herrschaft stehenden dalmatinischen Küstenstädte für das lateinische Christentum.

1002 Nach dem frühen Tod Ottos reißen die Creszentier wieder die Herrschaft an sich, die Päpste

1003–1012 Johannes XVII. (1003), Johannes XVIII. (1003–1009) und Sergius IV. (1009–1012) sind vollständig von ihnen abhängig.

Nach dem Tode Sergius' IV. gelingt es der Familie der *Tuskulaner,* ihr Familienmitglied

1012–1024 Theophylakt als Benedikt VIII. mit Hilfe König Heinrichs II. (1002–1024) gegen den Kandidaten der Creszentier durchzusetzen.

1014 Benedikt krönt Heinrich zum Kaiser, der ihm wie den übrigen Tuskulanerpäpsten in Rom freie Hand läßt, ordnet das Patrimonium, geht mit Pisanern und Genuesen ein Bündnis gegen die Mauren ein und befreit Sardinien.

1020 Kaiser Heinrich II. eilt dem Papst gegen die von Süditalien nach Rom vorrückenden Byzan-

1022 tiner zu Hilfe und hält mit ihm in *Pavia* eine *Reformsynode* ab, auf der u. a. die Zölibatspflicht eingeschärft wird.

1024–1045 Nach den Tuskulanerpäpsten Johannes XIX. (1024–1032) und Benedikt IX. (1032–1045)

1045 gelingt es den den Creszentiern nahestehenden Silvester III., nach finanzieller Abfindung seines Vorgängers den Stuhl Petri zu besteigen, den er jedoch noch im gleichen Jahr zu-

1045–1046 gunsten Gregors VI. räumen muß.

König Heinrich III. (1039–1056), der sich die von den französischen Reformzentren aus-

1046 gehenden Friedens- und Reformforderungen zu eigen macht, setzt auf der *Synode von Sutri* Silvester III. und Gregor VI. formell ab, drei Tage später auch Benedikt IX., ohne dazu jedoch eine eindeutige Legitimation zu besitzen. Auf seinen Vorschlag hin wird Bischof Suid-

1046–1047 ger von Bamberg als Clemens II. gewählt, der Heinrich zum Kaiser krönt.

1048 Diesem Papst folgt nach seinem baldigen Tode der nur 23 Tage als Damasus II. regierende Poppo von Brixen.

1049–1054 *Der bedeutendste der deutschen Reformpäpste, Leo IX.* (1049–1054; * 1002, † 1054; Brun von Toul aus dem Geschlecht der Grafen von Egisheim im Elsaß), öffnet der Reform den Weg nach Rom. Er schart mit Kardinal (seit 1051) Humbert von Silva Candida († 1061), Friedrich von Lothringen (Bruder des lothringischen Herzogs Gottfried des Bärtigen; später Papst Stephan IX.), Hugo dem Weißen (Hugo Candidus aus Remiremont, Kardinal) und Hildebrand (später Gregor VII.) ihre wichtigsten Vertreter um sich und legt gemeinsam mit ihnen die Grundlage für die spätere Gregorianische Reform. Auf zahlreichen Reisen und Synoden diesseits und jenseits der Alpen, auf denen Priesterehe, Simonie und Nikolaitismus verurteilt werden, stärkt er die Autorität des Papsttums. Das *Reimser Konzil* (1049) bezeichnet ihn als *Universalis ecclesiae primas et apostolicus* und gibt damit dem neu gewachsenen Selbstbewußtsein des lateinischen Westens gegenüber dem byzantinischen Osten Ausdruck.

Leos Pläne, mit eigenem Heer und der Unterstützung der Griechen die Normannen aus

1053 Süditalien zu vertreiben, scheitern, sein Heer wird bei Civitate (Apulien) geschlagen.

Auf Veranlassung des byzantinischen Kaisers Konstantin IX. Monomachos (1042–1055), der an einem Bündnis gegen die Normannen interessiert ist, kommt es zwischen dem Patriarchen Michael Kerullarios sowie den römischen Kardinälen Humbert von Silva Candida und Friedrich von Lothringen zu Verhandlungen über die Wiederherstellung der kirchlichen Einheit. Sie scheitern wegen der Unnachgiebigkeit der Verhandlungspartner in liturgischen und dogmatischen Differenzen.

1054 Eine *päpstliche Bannbulle* wird in der Hagia Sophia niedergelegt, worauf Patriarch und **16. Juni** Synode mit der *Bannung des Papstes* reagieren. Damit beginnt das bis heute während **Schisma zwischen östlicher und westlicher Christenheit,** wenngleich die Ansätze dafür viel früher liegen.

Kirchenspaltung und Unionsverhandlungen

Seit dem Schisma von 1054 werden Versuche unternommen, die Einheit der Kirche wiederherzustellen. Sie scheitern trotz den Unionen von 1274 (Zweites Konzil von Lyon) und 1439 (Konzil von Basel, in Florenz), weil sich *Kirchen- und Unionsbegriff* widersprechen: dem theologisch begründeten Primat und der Uniformität von Ritus und Disziplin im Westen steht die Idee eigenständiger Patriarchenrechte und des Konzils als höchster Instanz gegenüber. Union heißt für Rom Unterwerfung unter die päpstliche Autorität mit Angleichung in Ritus und Disziplin, was ein Konzil nur bestätigen kann, für den Osten dagegen Verhandlungen zweier gleichberechtigter Kirchen mit Entscheidung auf einem Konzil. Wichtigste *Streitpunkte:* Filioque, Azymen, Fegfeuer, Priesterehe, Ritenpluralismus und eigene Hierarchien, alles jedoch der entscheidenden Primatsfrage untergeordnet. Gegenseitiges Mißtrauen und Unverständnis sowie ungeeignete Unterhändler schaffen zusätzliche Spannungen.

Mit der Union sind stets *politische* Fragen verbunden: byzantinische Westpolitik, Kreuzzug, Lateinisches Kaiserreich, normannisch-angevinische Eroberungspläne. Die Verhandlungen haben entgegengesetzte Ziele; die Alternative lautet seit Papst Innozenz III. (1198–1216): Union als Voraussetzung (Rom) oder als Folge (Konstantinopel) von Konzil und Kreuzzug bzw. Verzicht auf Kreuzzug. Größte Annäherung ab Mitte des 13. Jh.s unter den Päpsten Innozenz IV. und Gregor X., der den Osten selber kennt. Die *Union von 1274* ist jedoch eine Kapitulation der Ostkirche aus politischer Not des Byzantinischen Reichs, in *Florenz (1439)* wird die Primatsfrage durch eine mehrdeutige Formel überspielt. Beide Unionen bleiben Entscheidungen der Reichs- und Kirchenspitze und werden vom Volk, geschürt vom aktiven Mönchtum, als Folge des Vierten Kreuzzugs (1202–1204) sowie der zwangsweisen Unterwerfung und Angleichung der griechischen Kirche nach 1204 abgelehnt.

1055–1057 Nachfolger Papst Leos IX. wird der kaiserliche Kanzler Gebhard von Eichstätt als Viktor II., der Leos Politik fortsetzt und nach dem Tode Kaiser Heinrichs III. die Nachfolge König Heinrichs IV. (1056–1106) und die Regentschaft seiner Mutter Agnes sichert.

1057–1058 Während Agnes' Regentschaft (1056–1062) im Reich erfreuen sich die kirchlichen Reformer der Unterstützung Herzog Gottfrieds des Bärtigen von Lothringen, dessen Bruder Friedrich sie als *Stephan IX.* zum Papst erheben, ohne jedoch die Zustimmung der Regentin einzuholen. Der ehemalige Abt von Montecassino macht das italienische Mönch- und Eremitentum für die Kirchenreform fruchtbar: Er ernennt den Prior von Fonte Avellana,

1057 Petrus Damiani (*1007, † 1072), zum Kardinalbischof von Ostia.

1058–1059 Gegen den Willen der Reformer wird nach Stephans Tod Bischof Johann von Velletri von den Tuskulanern als Benedikt X. erhoben.

1058–1061 Die Reformer wählen auf ungewöhnliche Weise in Siena Bischof Gerhard von Florenz, der als *Nikolaus II.* nach Rom zieht, den gegnerischen Papst in Sutri bannt und schließlich in Rom inthronisiert wird.

Nikolaus bringt im Sinne des von Humbert von Silva Candida († 1061) in seinem Werk „Adversus Simoniacos" formulierten Programms ein von der römischen Synode gebilligtes

1059 **Papstwahldekret** zustande, das den Erfolg der Reformer sichern hilft. Es sieht einen dreistufigen Wahlgang vor: die Kardinalbischöfe beginnen mit den Beratungen, die Kardinalpresbyter und -diakone schließen sich ihnen an, dem übrigen Klerus sowie dem römischen Volk bleibt nur die Zustimmung zu der von den Kardinälen vorgenommenen Wahl. Sie kann auch außerhalb Roms vorgenommen werden, wodurch sich das Papsttum prinzipiell von den Stadtrömern löst. Die Rechte des deutschen Königs werden mit der unbestimmten Formel *Salvo debito honore et reverentia* zumindest theoretisch gewahrt. Gegen Benedikt X. sucht Nikolaus Unterstützung bei den Normannen. Er nimmt von Richard von Aversa, Fürst von Capua, und Robert Guiscard, Herzog von Apulien und Kalabrien, Lehnshuldigung und Treueid entgegen und investiert sie mit den von ihnen eroberten Territorien (Synode von Melfi).

1061 Die Ausübung der Lehnsoberhoheit über die Normannen wird als Verletzung der Reichsrechte bezeichnet und führt nach dem Tode des Papstes zu einem *Schisma*. Die römische Opposition erbittet von König Heinrich IV. einen neuen Papst. Bischof Cadalus von Parma

1061–1064 wird daraufhin von deutschen und lombardischen Bischöfen als Honorius II. gewählt. Die

1061–1073 von Hildebrand angeführten Reformer wählen Bischof Anselm von Lucca als *Alexander II.* und inthronisieren ihn mit Hilfe des Fürsten Richard von Capua.

424   Mittelalter – Hochmittelalter

Alexander wird vom Reichsepiskopat auf einer Synode in Mantua anerkannt.

1064   Der Papst setzt energisch den Kampf gegen Laieninvestitur und Nikolaitismus fort, verlangt das gemeinsame Leben *(vita communis)* der Kleriker, fördert die Reconquista in Spanien sowie die Zurückdrängung der Byzantiner aus Süditalien.

1073   Der seit langem einflußreiche Archidiakon (seit 1059) Hildebrand wird vom römischen
22. April   Volk als Papst ausgerufen und erst danach vom Kardinal- und Stadtklerus als **Gregor VII.**
1073–1085   († 1085) gewählt und inthronisiert. Gregor, einer der bedeutendsten Nachfolger Petri, hat Gregor VI. in die Verbannung nach Deutschland begleitet, von wo er 1047 in Cluny oder ein cluniazensisches Kloster eintrat; unter Nikolaus II. war er einer der Hauptberater, unter Alexander II. der wichtigste Mann an der Kurie. Mit ihm setzt sich der Reformgedanke in der römischen Kirche durch.

1075   Entsprechend dem von Gregor VII. formulierten *Dictatus Papae* wird die Unterordnung der weltlichen Gewalt unter die geistliche verlangt und der Sieg des Gottesreiches über die Mächte der Finsternis angestrebt.

Der Papst wendet sich (seit 1074) auf mehreren römischen Synoden unter Androhung der Suspension gegen Simonie und Nikolaitismus und erklärt von Gebannten vorgenommene Ordinationen und ohne Billigung der Oberen erteilte Weihen als ungültig. Er nimmt den *Kampf gegen die Laieninvestitur* (durch Laien vorgenommene Besetzung geistlicher Ämter) auf, versucht, die vom kanonischen Recht vorgesehene *freie Wahl der Bischöfe* durchzusetzen, und meldet *Bedenken gegen das Eigenkirchenrecht* (Besitz von Kirchen und deren Zehnten in Händen von Laien) an. Zur Durchsetzung seiner Ziele bedient Gregor sich ständiger *Legaten,* die zumeist aus dem Land stammen, in dem sie die Interessen des Papstes vertreten sollen. Da er sich die letzte Entscheidung vorbehält, kommt es zu häufigen Appellationen nach Rom.

Seine Politik bezieht *alle Länder der Christenheit* ein. Er fördert Mission und Kirchenorganisation in Skandinavien, Polen, Böhmen, Ungarn und Rußland, will (1074) mit einem abendländischen Heer Byzanz gegen die Seldschuken beistehen und eine Union der Kirchen herbeiführen. In England unterstützt er die von Lanfranc von Pavia (Erzbischof von Canterbury) im Einvernehmen mit Wilhelm dem Eroberer durchgeführte Kirchenreform, stößt jedoch auf Widerstand Lanfrancs, der auf Wahrung seiner Rechte gegenüber Rom bedacht ist. In Spanien verbindet sich mit der Beteiligung an der Reconquista der Versuch, die eroberten Gebiete als Eigentum für die römische Kirche zu gewinnen. Es gelingt jedoch nicht, die normannische Expansion in Süditalien zu stoppen. Ein von Gregor vorbereiteter Krieg bleibt ohne Erfolg. Im Vertrag von Ceprano (in Latium) muß er die Eroberungen der Normannen hinnehmen. In Mittelitalien wird der 1076 gebannte, 1078 vergeblich abgesetzte Erzbischof Wibert von Ravenna zum Haupt einer Opposition, während in Oberitalien die 1057 in Mailand entstandene revolutionäre Bewegung der Pataria, deren sich seit Stephan IX. die Päpste für ihre Ziele zu bedienen versuchten, an Bedeutung verliert. Auf den stärksten Widerstand stößt die päpstliche Politik im Reich. Hier kommt es im sogenannten **Investiturstreit** zu einem Entscheidungskampf zwischen Kaiser und Papst, *Regnum* und *Sacerdotium,* an dessen Ende eine Schwächung des Römisch-deutschen Kaisertums steht, von der es sich nicht wieder völlig erholen kann.

1075   Die Auseinandersetzung entzündet sich in *Mailand,* wo sich seit 1072 die Pataria gegen den von König *Heinrich IV.* eingesetzten Erzbischof stellt. Die römische *Fastensynode* spricht ein energisches Verbot der Laieninvestitur aus und entzieht damit dem König prinzipiell das Recht auf die Investitur.

1076   *Reichstag* und *Synode* in *Worms* erklären Gregor VII. wegen ungültiger Wahl für abgesetzt. Dieser bannt den König und führt damit den Abfall zahlreicher seiner Getreuen herbei. Auf dem *Fürstentag von Tribur* muß Heinrich IV. Gehorsam und Genugtuung versprechen. Die Fürsten beschließen seine Thronenthebung, wenn er nicht vom Bann gelöst wird.

1077   Heinrich sieht sich daher gezwungen, Gregor in **Canossa,** einem Schloß der Markgräfin Mathilde von Tuszien am Nordabhang des Apennin, um Lösung vom Bann zu bitten. Da die deutschen Fürsten dennoch mit Herzog Rudolf von Schwaben (Rudolf von Rheinfelden) einen Gegenkönig wählen, der auf das dynastische Erbrecht der Krone verzichtet und die freie Bischofswahl zugesteht, kommt es zu einem Bürgerkrieg in Deutschland, der nach dem Tode Rudolfs von dem Gegenkönig Hermann von Salm fortgesetzt wird. Der erneuten

1080–1100   Bannung Heinrichs IV. folgt die Wahl Wiberts von Ravenna als Clemens III. († 1100). Es gelingt Heinrich, die meisten Bischöfe Ober- und Mittelitaliens für sich zu gewinnen, sich mit dem Kaiser von Byzanz gegen Robert Guiscard zu verbünden und in Rom einzuzie-

1084   hen, wo ihn Clemens III. zum Kaiser krönt. Gregor verläßt mit den Normannen die von
1085   ihnen zurückgewonnene Stadt und stirbt am 25. Mai 1085 in Salerno.

1086–1087   Nach dem nur kurzen Pontifikat Viktors III. wird der Kardinalbischof Odo von Ostia als
1088–1099   *Urban II.* zum Papst erhoben. Es gelingt dem ehemaligen Cluniazenser, die Politik Gregors VII. erfolgreich fortzusetzen. Er wirkt der kaiserlichen Übermacht durch ein Ehe-

1089   bündnis zwischen Welf V. von Bayern und Mathilde von Tuszien entgegen und kann nach

Papsttum und Kirche – Krise des Papsttums und Sieg der Reformbewegung *425*

1093	den Niederlagen des durch den Abfall seines Sohnes Konrad geschwächten Kaisers endgültig nach Rom zurückkehren.
1095	Urban II. nimmt in *Clermont* an einem Konzil teil und predigt den *Kreuzzug,* wodurch er die universale Stellung des Papsttums zur Geltung bringt.
1099–1118 1105–1111	*Paschalis II.* († 1118), der sich nach dem Tode Wiberts von Ravenna bedeutungslosen Gegenpäpsten, den Bischöfen Dietrich (Theoderich) von S. Rufina (1100–1102), Albert von Sabina (1102) und dem als Silvester IV. erhobenen Erzpriester Maginulf, gegenübersieht, führt in England, Frankreich und Deutschland den Kampf um die Investitur weiter.
1107	König Heinrich von England verzichtet auf die Investitur mit Ring und Stab, nimmt jedoch die Mannschaft vor der Konsekration entgegen, der König von Frankreich begnügt sich mit einem Treueeid.
1111	Der Papst ergreift in Deutschland die Partei des von Heinrich IV. (1104) abgefallenen Sohnes, *Heinrich V.,* der jedoch weiterhin das königliche Investiturrecht beansprucht und darin von den Fürsten unterstützt wird. Sie lehnen einen von Paschalis II. in Sutri gemachten Vorschlag ab, wonach die Reichskirchen dem König gegen Verzicht auf die Investitur alle ihnen verliehenen Güter und Rechte zurückgeben sollten. König Heinrich V. nimmt den Papst gefangen und erzwingt neben der Kaiserkrönung eine Bestätigung des Investiturrechtes. Paschalis wird durch einen Aufstand der Römer zur Flucht aus Rom gezwungen,
1118	er stirbt unmittelbar nach seiner Rückkehr.
1118–1119 1119–1124	Nach dem nur einjährigen Pontifikat Gelasius' II., der im Exil in Cluny stirbt, wird Erzbischof Guido von Vienne als Kalixt II. zum Papst erhoben. Den gegen Gelasius erhobenen Gregor VIII. (1118–1121) läßt Heinrich V. bald fallen.
1122 **23. Sept.** *1123*	Nach gescheiterten Verhandlungen in Straßburg, Mouzon und Rom kommt es mit dem **Wormser Konkordat** zu einem auf dem Fürstentag zu Bamberg und dem *Ersten Lateran- konzil* bestätigten Kompromiß, der den Investiturstreit in Deutschland und Reichsitalien beendet. Der Kaiser verzichtet auf Investitur mit Ring und Stab, behält jedoch das Recht der Regalieninvestitur in Deutschland sofort nach der Wahl, in Burgund und Reichsitalien binnen sechs Monaten nach der Weihe; die Wahl findet im deutschen Reichsgebiet in seiner oder seiner Bevollmächtigten Gegenwart statt.
1124 1124–1130 1128	In einer tumultuarischen Wahl wird auf Betreiben des von den Frangipani unterstützten Kardinals Haimerich statt des bereits gewählten Cölestin II. Lambert von Ostia als Honorius II. zum Papst erhoben. Er nimmt im deutschen Thronstreit gegen den Staufer Konrad für Lothar von Supplinburg Stellung, schließt im Frieden von Benevent einen Waffenstillstand mit Roger II. von Sizilien und entscheidet im Streit um den Abbatiat von Cluny zugunsten des Petrus Venerabilis gegen Pontius, was als Wendung vom Mönchtum zum Episkopat gedeutet wird. Zusammen mit der Förderung des regulierten Chorherrentums ist diese Neuorientierung eine der Voraussetzungen für das nach seinem Tode entstandene *Schisma von 1130.*

Die Päpste (1058–1304)

Nikolaus II.	1058–1061	Kalixt III.	1168–1178
Alexander II.	1061–1073	Innozenz III.	1179–1180
Honorius II.	1061–1064	Lucius III.	1181–1185
Gregor VII.	1073–1085	Urban III.	1185–118⁷
Clemens III.	1080–1100	Gregor VIII.	1187
Viktor III.	1086–1087	Clemens III.	1187–11ʻ
Urban II.	1088–1099	Cölestin III.	1191–119ʻ
Paschalis II.	1099–1118	Innozenz III.	1198–1216
Theoderich	1100–1102	Honorius III.	1216–1227
Albert	1102	Gregor IX.	1227–1241
Silvester IV.	1105–1111	Cölestin IV.	1241
Gelasius II.	1118–1119	Innozenz IV.	1243–1254
Gregor VIII.	1118–1121	Alexander IV.	1254–1261
Kalixt II.	1119–1124	Urban IV.	1261–1264
Cölestin II.	1124	Clemens IV.	1265–1268
Honorius II.	1124–1130	Gregor X.	1271–1276
Innozenz II.	1130–1143	Innozenz V.	1276
Anaklet II.	1130–1138	Hadrian V.	1276
Viktor IV.	1138	Johannes XXI.	1276–1277
Cölestin II.	1143–1144	Nikolaus III.	1277–1280
Lucius II.	1144–1145	Martin IV.	1281–1285
Eugen III.	1145–1153	Honorius IV.	1285–1287
Anastasius IV.	1153–1154	Nikolaus IV.	1288–1292
Hadrian IV.	1154–1159	Cölestin V.	1294
Alexander III.	1159–1181	Bonifaz VIII.	1294–1303
Viktor IV.	1159–1164	Benedikt XI.	1303–1304
Paschalis III.	1164–1168		

426   Mittelalter – Hochmittelalter

1130   Die Frangipanipartei unter Kardinal Haimerich wählt überstürzt und unkanonisch Inno-
1130–1143   zenz II., die Mehrheit des Kollegiums entscheidet sich für den Kardinal Petrus Pierleoni als
1130–1138   Anaklet II. (1130–1138). Innozenz gewinnt mit Hilfe Bernhards von Clairvaux fast ganz
Frankreich, England und Deutschland für sich, während sich Anaklet auf Rom, Mailand
und Süditalien stützen kann.
1138   Der Tod Anaklets beendet das Schisma, da sein Nachfolger Viktor IV. auf den Pontifikat
verzichtet.
1139   Innozenz versucht auf dem *Zweiten Laterankonzil*, die sich aus dem Schisma ergebenden
Probleme zu lösen und noch einmal die Programmpunkte der gregorianischen Reform ein-
zuschärfen.
1143–1144   Nach den kurzfristigen Pontifikaten Cölestins II. und Lucius' II., die sich der aufständischen
1144–1145   römischen Republikaner und der Normannen zu erwehren haben, wird der Zisterzienser
1145–1153   Bernhard aus Pisa als Eugen III. gewählt. Er weilt mit Unterbrechungen bis 1152 außerhalb
Roms, wo der Senat und der gegen die Verweltlichung der Kirche predigende Arnold von
Brescia (* um 1000, † 1155) die Herrschaft übernommen haben.
1153   Im *Konstanzer Vertrag* kommt es zu einer Einigung mit dem deutschen König Friedrich I.
(Barbarossa). Für den Schutz gegen Rom, die Normannen und Griechen wird die Kaiserkrönung und die Respektierung des *Honor Imperii* versprochen.
1153–1154   Auf den schwachen Anastasius IV. folgt der englische Kardinalbischof von Albano und
1154–1159   ehemalige Abt von St. Ruf, Nikolaus Breakspear, als *Hadrian IV.* (*1110/1120). Er sucht
1155   gegen Römer und Normannen die Unterstützung Barbarossas. Dieser wird in Rom zum
Kaiser gekrönt, nachdem er die Römer, die ihm vergeblich die Kaiserkrone aus ihrer Hand
anboten, niedergeschlagen hat.
1156   Nach dem Abzug des Kaisers schließt Hadrian in Benevent einen Vertrag mit Wilhelm I.
von Sizilien, der ihm die Rückkehr nach Rom und die Festigung seiner Herrschaft im Kirchenstaat ermöglicht.
1157   Auf dem *Hoftag zu Besançon* kommt es wegen der Interpretation des Begriffs *beneficium*
(„Lehen" oder „Wohltat") zu einer Auseinandersetzung über das Verhältnis von Kaiser
und Papst.
1158   Der auf der Autonomie seines Amtes bestehende Kaiser setzt auf dem *Reichstag von Roncaglia* die alten Reichsrechte wieder in Kraft, was für die oberitalienischen Städte eine weitgehende Einschränkung der inzwischen errungenen Freiheit bedeutet. Sie suchen ein
Bündnis mit dem Papst, der den Kaiser unter Bannandrohung zur Rücknahme der Gesetze
auffordert und durch Vermittlung einer Verständigung zwischen Kaiser Manuel Komnenos
von Byzanz und König Wilhelm I. von Sizilien eine Front gegen Barbarossa zu errichten
trachtet. Die sich anbahnende Konfrontation zwischen Kaiser und Papst wird durch
Hadrians Tod verschoben, sie kommt erst unter seinen Nachfolgern zustande.

Die neuen Orden des 12. Jh.s

Der für das 12. Jh. charakteristische geistige und religiöse Aufschwung führt zur Bildung zahlreicher
neuer Orden, in denen das bisher nur isoliert oder in lockeren Verbänden geführte Leben der Mönche,
Kanoniker und Eremiten straffer organisiert wird.
Der **Zisterzienserorden,** der verwandte Neugründungen wie die Orden von *La Chaise-Dieu* (in der
Auvergne, Klostergründung 1046) und Fontevrault (Westfrankreich, im Anjou; Gründung des Dop-
pelklosters 1101) an Bedeutung weit übertrifft, geht auf *Robert von Molesme* († 1111) zurück, der 1098
das von ihm gegründete Kloster Molesme verläßt, um in Cîteaux (Burgund, südlich Dijon) ein eremitisch
geprägtes Mönchsleben zu führen. Der dort errichtete Konvent kann nach dem Eintritt *Bernhards*
(1112), des späteren Abtes von *Clairvaux*, in La Ferté (1113), Pontigny (1114), *Clairvaux* (in der Champagne; 1115) und Morimond (1115) Klöster gründen, die zu Mutterhäusern mit Filiationen werden, die
sich über ganz Europa verbreiten. Sie umfassen am Ende des Jh.s 530 Gliedklöster, in denen stärker als
in Cluny Askese, Handarbeit und Armut das durch Benediktinerregel und Ordensstatuten geregelte
Leben bestimmen. Höchste Autorität des Ordens ist das jährlich in Cîteaux unter dem Vorsitz des Vater-
abtes tagende Generalkapitel der Äbte.
Der **Prämonstratenserorden** ist neben den Kongregationen von *Saint-Ruf* (Sankt Rufus), *Arrouaise*
(Aroasia, Klostergründung 1090) und *St. Viktor in Paris* (Klostergründung 1113) sowie dem auf England beschränkten *Gilbertinerorden* (Doppelorden, um 1131 von Gilbert von Sempringham [* 1089] ge-
gründet) der wichtigste der im Laufe der Kanonikerreform entstandenen Zusammenschlüsse regulierter
Chorherren. Er geht aus einem 1120 in *Prémontré* (bei Laon) von dem ehemaligen Wanderprediger *Norbert von Xanten* (*ca. 1080, † 1134) gegründeten Kloster hervor. In seinen Stiften, deren Zahl sich zu
Beginn des 13. Jh.s auf ca. 250 beläuft, wird ein von der Augustinerregel bestimmtes Ordensleben geführt, das ein gewisses Maß an Seelsorge einschließt.
Der **Kartäuserorden** bringt die z.T. schon im 11.Jh. von *Romuald* in Camaldoli (um 1012 *Kamaldulenser*), *Johannes Gualbertus* in Vallombrosa (*Vallombrosaner*, nach 1039) und *Stephan von Thiers*

(*1048, † 1124) um 1076 in Muret (*Grammontenser* oder Orden von Grandmont) unternommenen Bemühungen, das Einsiedlerleben gemeinschaftlich zu organisieren, zu einem gewissen Abschluß. Der ehemalige Reimser Kanoniker *Bruno* († 1101) legt dazu mit der 1084 in der *Chartreuse* bei Grenoble gegründeten Eremitengemeinschaft die Grundlage. Die in den ältesten Kartausen geltende Lebensform wird von dem fünften Prior der Grande Chartreuse, *Guigo* († 1137), aufgezeichnet und bleibt auch für die nach 1200 vornehmlich nördlich der Alpen gegründeten Klöster bestimmend.

Gleichzeitig mit diesen Orden entstehen zahlreiche Hospitalorden und -kongregationen. Die bekanntesten, der aus einer 1095 in der Dauphiné gegründeten Bruderschaft hervorgegangene *Antoniterorden* und der 1198 von Johannes de Matha gegründete *Trinitarierorden,* widmen sich vornehmlich der Pflege der von Mutterkornbrand (Vergiftungserkrankung) Befallenen bzw. dem Loskauf der in sarazenische Gefangenschaft geratenen Christen.

Der Sieg des Papsttums (1159–1263)

Kirchenrecht und Kanonistik

Nach einer Periode des Sammelns und Ordnens der Kirchenrechtsquellen im frühen Mittelalter legt der italienische Theologe Gratian, der „Vater der Kanonistik", unter dem Einfluß der neu aufblühenden römischen Rechtswissenschaft und geprägt durch die Frühscholastik, in Bologna mit seiner um 1140 vollendeten, systematisch angelegten Kanonessammlung, dem von ihm als *Concordia discordantium canonum* bezeichneten **Decretum Gratiani,** die Grundlage für die seither schnell aufblühende Kanonistik.

Sie wird erweitert durch die Gesetzgebungstätigkeit der Päpste (*Dekretalen*) und Konzilien (*Konstitutionen*), die sich in zahlreichen Sammlungen niederschlägt. Gregor IX. läßt durch den spanischen Kanonisten Raimund von Peñaforte († 1275) die Dekretalengesetzgebung der letzten Jahrhunderts einheitlich zusammenfassen (*Liber Extra,* publiziert 1234), doch nach den Dekretalensammlungen (*Novellen*) Innozenz' IV., Gregors X. und Nikolaus' III. sowie privaten (unautorisierten) Kompilationen tritt abermals Unübersichtlichkeit ein, so daß Bonifaz VIII. sich zur Beauftragung einer neuen Gesetzessammlung veranlaßt sieht, welche 359 Dekretalen (darunter 251 von Bonifaz selbst) und die Kanones der beiden Lyoner Konzilien enthält (*Liber Sextus,* publiziert 1298).

Die Kanonistik erreicht in der Zeit zwischen Gratian und Johannes Andreae († 1348) ihren Höhepunkt mit Kanonisten wie Huguccio († 1210) und Johannes Teutonicus († 1245/1246). Nach der vorherrschenden Arbeitsmethode, dem exegetisch-analytischen Glossieren, wird diese klassische Epoche der Kanonistik als diejenige der *Glossatoren* bezeichnet, wobei zeitlich und sachlich zwischen der Dekretistik, der Bearbeitung des Dekretes Gratians, und der Dekretalistik, der Erklärung der dem Decretum Gratiani später hinzugefügten Dekretensammlung des **Corpus Iuris Canonici** (bestehend aus: *Liber Extra* Gregors IX., *Liber Sextus* Bonifatius' VIII., *Clementinen* Johannes' XXII., *Extravagantes* Johannes' XXII.), unterschieden wird.

Die Kanonistik, die ihre Ergebnisse in literarischen Gattungen wie Glossenapparaten, in Summen und Commenta niederlegt, wird besonders in Bologna und Paris betrieben, ist jedoch allenthalben in Europa in- und außerhalb der Universitäten präsent. Kirchenrecht und Kanonistik sind ebenso Indiz wie Instrument des von Innozenz III. bis Bonifaz VIII. betriebenen energischen Ausbaus der päpstlichen Machtstellung. Der Papst bewahrt somit seine Souveränität auch dem Konzil gegenüber (die letzte Entscheidungsgewalt gegenüber Konzilsbeschlüssen), beruft und leitet die allgemeinen Synoden, deren Beschlüsse als seine Dekrete publiziert werden. Laien (z. B. der Kaiser) haben hieran keinen wesentlichen Anteil mehr. Erteilung von Privilegien und Dispensen sowie die höchste richterliche Gewalt über alle geistlichen und weltlichen Glieder der Christenheit stärken den päpstlichen Einfluß. In die gleiche Richtung zielen die Weiterentwicklung des obersten Verwaltungsrechts des Papstes, das Aufsichtsrecht über die Gesamtkirche, der Vorbehalt der Kanonisation, die Zentralisation des kirchlichen Ablaßwesens, die Universitätsgründungen bzw. -privilegierungen, der maßgebliche päpstliche Einfluß auf die Besetzung kirchlicher Pfründen und viele andere Maßnahmen.

	Nach dem Tode Eugens IV. wählt die Mehrheit der Kardinäle den Berater des Verstorbe-
1159–1181	nen, den Kardinal Roland Bandinelli, als *Alexander III.* zum Papst, eine kaiserfreundliche
1159–1164	Minderheit entscheidet sich für Oktavian Monticello, der sich Viktor IV. nennt.
	Viktor wird auf dem *Konzil von Pavia* vom Reichsepiskopat anerkannt. Alexander, der die
1160	Unterstützung von Mönchtum und Episkopat der westlichen Länder (und folglich auch von
	seiten der beiden miteinander im Konflikt befindlichen Könige Heinrich II. von England
	und Ludwig VII. von Frankreich) sowie der Sizilianer und Lombarden findet, begibt sich
	nach Frankreich. Einigungsversuche scheitern u. a. am Gegensatz zwischen Kaiser Friedrich I. (Barbarossa) und König Ludwig VII. von Frankreich.
	Nach dem Tode Viktors betreibt Friedrichs Kanzler *Rainald von Dassel* die Wahl Kardinal
1164–1168	Guidos von Crema als Paschalis III.

428   Mittelalter – Hochmittelalter

1165   Alexander nimmt Verbindung mit dem Bund der lombardischen Städte auf und gewinnt mit den Erzbischöfen von Salzburg, Mainz, Trier und Magdeburg Anhänger im deutschen Episkopat. Er kehrt nach Italien zurück, wo er in den Normannen eine Stütze findet.

1167   Der auf seinem vierten Italienzug zunächst siegreiche Barbarossa läßt nach der Eroberung der Leostadt Paschalis III. in St. Peter inthronisieren, Alexander flieht nach Benevent.

1170   In England wird Thomas Becket, Erzbischof von Canterbury, auf Betreiben König Heinrichs II., der 1164 in den Konstitutionen von Clarendon die alte Bindung der englischen Kirche an die Krone erneuern will, in seiner Kathedrale ermordet. Alexander III. zwingt den König von England zu Bußleistungen und kirchenpolitischen Konzessionen und spricht

1173   Thomas Becket heilig.

1176   Nach dem Abfall seiner italienischen Bundesgenossen unternimmt Kaiser Friedrich I. auf seinem Fünften Italienzug Annäherungsversuche an Alexander III., die erst nach der kai-

1177   serlichen Niederlage in der Schlacht bei Legnano zum Frieden von Venedig führen. Der vom Bann gelöste Kaiser erkennt Alexander an, der als Nachfolger Paschalis' III. gewählte Kalixt III. (1168–1178) verfällt der Reichsacht, es wird Waffenstillstand mit den lombardischen Städten und den Normannen geschlossen.

1179   Auf dem in Venedig vereinbarten *Dritten Laterankonzil,* an dem ca. 300 Bischöfe teilnehmen, beschließt man eine Zweidrittelmehrheit für die Papstwahl und Maßnahmen gegen Simonie, gegen Handel mit Ungläubigen und die anwachsenden Häresien.

1181–1185   Der Zisterzienserpapst Lucius III. muß vor den Römern nach Norditalien ausweichen, wo

1184   er den Kaiser auf der Synode von Verona zum Kreuzzug auffordert und für ein gemeinsames Vorgehen gegen die Ketzer gewinnt.

1186   Durch die Heirat seines Sohnes *Heinrich VI.* mit Konstanze, Tochter König Rogers II. von Sizilien, leitet Kaiser Friedrich I. die für das Papsttum gefährliche *Verbindung des Reiches mit dem Königreich Sizilien* ein.

1185–1187   Unter dem Nachfolger Lucius' III., dem kaiserfreundlichen ehemaligen Mailänder Erzbi-

1187–1191   schof Urban III., kommt es zu starken Spannungen zwischen Kaiser und Papst, die unter Gregor VIII. (1187) und Clemens III. (1187–1191) jedoch wieder abnehmen.

1191–1198   Cölestin III. krönt Heinrich VI., Sohn Friedrich Barbarossas und Gatte der Konstanze von

1191   Sizilien, zum Römischen Kaiser, belehnt aber gleichzeitig Konstanzes Onkel Tankred von Lecce mit Sizilien, wodurch es zum Bruch mit dem Kaiser kommt.

1194   Heinrich versucht nach der Krönung in Palermo mit der Kurie einen Ausgleich herbeizu-

1196   führen und einen Erbreichsplan, der wohl die Lehnsnahme des Reiches vom Heiligen Stuhl einschließt, zu verwirklichen, woran ihn jedoch der Tod hindert.

1198–1216   Nach dem Tode Cölestins III., der sich nicht nur gegenüber dem Reich behaupten, sondern auch die materielle Basis der Kirche festigen kann (Verzeichnis der Einnahmen im *Liber Censuum,* 1192), führt *Innozenz III.* Kirche und Papsttum zu einem neuen Höhepunkt. Der 38 Jahre alte Kardinaldiakon Lothar von Segni hat in Paris und Bologna Theologie und Kanonistik studiert und spielt bereits unter seinen Vorgängern Clemens und Cölestin an der Kurie eine bedeutende Rolle. Er macht sich die Sicherung des Kirchenstaates gegen die expansive Bedrohung von Süden und Norden, die Förderung des Kreuzzuges, die Eindämmung der Häresie und die Reform der Kirche zur Aufgabe, wobei er von der von ihm systematisch begründeten Auffassung ausgeht, daß in der Hand des römischen Bischofs die *plenitudo potestatis,* die Gesamtheit der kirchlichen Gewalt, liege und ihm damit auch in weltlichen Angelegenheiten eine entscheidende Rolle zukomme.

Der Papst beansprucht in Deutschland die Entscheidung über die *Doppelwahl von 1198.* Sie fällt nach längerem Zögern gegen den Staufen Philipp von Schwaben zugunsten Ottos von Braunschweig, der 1209 zum Kaiser gekrönt wird (Otto IV.), aber nach einem Angriffsversuch auf das seit 1198 unter päpstlicher Regentschaft stehende Königreich Sizilien dem Bann verfällt.

Kaiser Heinrichs VI. Sohn *Friedrich II.* wird nach Verzicht auf eine Vereinigung Siziliens mit dem Reich und der Bestätigung der von Otto IV. dem Papst gemachten Konzessionen *(Goldbulle von Eger, 1213)* als deutscher König anerkannt.

1209   In den mit dem deutschen Thronstreit eng verbundenen *englisch-französischen Auseinandersetzungen* ergreift der Papst zunächst für Frankreich gegen England Partei, da dessen Herrscher Johann ohne Land die königlichen Rechte bei der Bischofsbesetzung, speziell im Falle Canterburys, zu erweitern sucht. Nachdem Johann den päpstlichen Kandidaten, Stephan Langton, akzeptiert und sein Reich als Lehen dem Schutz des Heiligen Stuhles unterstellt hat (1213), tritt Innozenz gegen die englischen Barone und das sie unterstützende Frankreich an die Seite des Königs und seines unmündigen Sohnes Heinrich III., ohne deswegen jedoch die engen Bindungen an den französischen König Philipp II. Augustus zu lösen.

1209–1229   Nach der erfolglosen Ketzerpredigt zisterziensischer Legaten und angesichts der Wirkungslosigkeit von Disziplinarmaßnahmen sieht sich der Papst infolge der Ermordung des Zisterzienserpredigers Peter von Castelnau (1208) gezwungen, den Kreuzzug gegen die südfranzösischen Ketzer zu predigen. Die *Albigenserkriege* werden unter Raimund VI. von

Toulouse und später Simon von Montfort mit großer Härte geführt und verfolgen neben der Ausrottung der Ketzer politische Ziele wie die Verhinderung der von König Peter II. von Aragón (Schwager und Verbündeter Raimunds VI.) angestrebten Ausdehnung seiner Herrschaft nach Südfrankreich. Der Papst sieht die Notwendigkeit, die Ketzer statt durch das Schwert mit dem Wort zu überzeugen und die sich von der Kirche entfernende religiöse Bewegung mit ihr zu vereinen. Es gelingt ihm, einzelne Gruppen der *Waldenser* und *Humiliaten* zu versöhnen und mit den zunächst mündlich anerkannten Orden der *Dominikaner* und *Franziskaner* der Kirche ein Instrument für die Bekämpfung der Irrlehre und die Gewinnung der positiven Impulse der Armutsbewegung zu verschaffen.

Die Waldenser

Die Waldenser gehen auf den Kaufmann **Waldes** (Valdes, Valdus) aus Lyon zurück, der 1173/1176 durch das Evangelium und die Alexiuslegende dazu veranlaßt wird, seinen Besitz zu verschenken und Gottes Wort zu verkünden. Er und die sich ihm bald anschließenden *Laien männlichen und weiblichen Geschlechts* greifen damit die Tradition der sich seit der Mitte des 11. Jh.s in Europa ausbreitenden *apostolischen Armutsbewegung* auf. Sie wollen durch Predigt und vorbildliches Leben die Hierarchie und besonders das aufstrebende städtische Laientum für ein Leben nach dem Evangelium gewinnen, ohne jedoch Kirche und Glaubenslehre in Frage zu stellen. Erst als die Waldenser die ihnen 1179 auf dem Laterankonzil untersagte Glaubenspredigt fortsetzen und daraufhin 1184 auf der Synode von Verona exkommuniziert werden, kommt es in Organisation, Glaubenslehre und religiöser Praxis zur *Trennung von der Kirche* und zu einer stärkeren Hinwendung zu den zunächst auch von ihnen bekämpften Katharern. Die von Frankreich aus nach Italien und ins Reich gelangte Büßer- und Predigergemeinschaft gliedert sich in Anhänger *(credentes)*, Sympathisierende *(amici)* und Prediger *(perfecti)*. Sie muß den Verlust mit der Kirche versöhnter Gruppen *(Wiedervereinigte Lombarden* und *Katholische Arme)* hinnehmen, spaltet sich in einen französischen und einen italienischen Zweig, kann aber trotz aller inneren und äußeren Wandlungen in einigen europäischen Regionen – besonders in Savoyen und Piemont – bis auf den heutigen Tag überleben und Anhänger auch außerhalb Italiens finden.

Die Bettelorden

Die ersten Bettelorden, der von *Dominikus von Caleruega* († 1221), Kanoniker an der Kathedrale zu Osma in Kastilien, gegründete **Dominikaner- oder Predigerorden,** und der auf *Franz von Assisi,* den aus Assisi in Umbrien stammenden Kaufmannssohn Giovanni (Franciscus) Bernardone (* 1181/1182, † 1226), zurückgehende **Franziskaner- oder Minoritenorden** stehen in engem Zusammenhang mit der sich außerhalb und innerhalb der Kirche entwickelnden Armutsbewegung der 12. und 13. Jh.s.
Der in Südfrankreich, im Zentrum der waldensischen und katharischen Häresie, entstandene, 1216 von Papst Honorius III. als Klerikerorden nach der Augustinerregel anerkannte Dominikanerorden verbindet mit der gemäßigten Befolgung des evangelischen Armutsgebotes den Willen zur Bekämpfung der Ketzerei, zur Seelsorge für die städtische Bevölkerung und zum Studium der Theologie.
Die Franziskaner, deren Bruderschaft erst nach spannungsreichen Auseinandersetzungen mit Hilfe des Kardinals und späteren Papstes Gregor IX., Hugolin von Ostia, zu einer eigenen Regel (1223) und dauernder organisatorischen Gestalt kommen, wollen in Gehorsam gegenüber Kirche und Hierarchie in vollkommener Armut, Heimatlosigkeit und vorbildhaftem Leben die Forderungen des Evangeliums in ihrer ganzen Radikalität erfüllen.
Nach dem Vorbild dieser beiden Bettelorden werden der 1256 aus der Union bisher selbständiger toskanischer Eremitengemeinschaften hervorgegangene **Augustiner-Eremitenorden** und die um 1185 in Palästina am Berge Karmel entstandene, seit den dreißiger Jahren des 13. Jh.s in Europa heimisch gewordene Eremitengemeinschaft der **Karmeliten** umorganisiert und in den Dienst der Seelsorge gestellt. Im Laufe des 13. Jh.s stellen sich diesen zahlreiche andere kleinere Bettelorden wie z. B. die aus provenzalischen bzw. Florentiner Bußbruderschaften hervorgegangenen *Sackbrüder* und *Serviten* an die Seite. Die meisten dieser kleineren Bettelorden werden jedoch 1274 vom Zweiten Konzil von Lyon zur Auflösung gezwungen.
Die Bettelorden stellen ungeachtet aller individuellen Züge eine eigene Ordensgruppe dar, die sich vom älteren Mönchtum in zahlreichen Punkten unterscheidet. Sie lehnen prinzipiell nicht nur den persönlichen, sondern auch gemeinsamen Besitz ab, kennen nicht die Bindung ihrer Mitglieder an einen Konvent (stabilitas loci), schränken den Gebrauch irdischer Güter ein, leben von Schenkungen und Arbeitslohn, wenn erforderlich auch vom Bettel. Sie konzentrieren sich auf die städtische Seelsorge, das Studium und die Lehre sowie die Heidenmission. Ihre Ordensverfassung hat genossenschaftlichen Charakter, die Superioren werden von Konvents-, Provinzial- und Generalkapiteln gewählt und haben sich vor diesen Gremien zu verantworten. Wegen ihrer reichen Privilegierung und der intensiven Lehrtätigkeit geraten die Bettelorden schon im 13. Jh. in Gegensatz zum Weltklerus und den Universitäten, besonders der Pariser Universität. Diese Gegensätze können gemildert werden. Die Sonderstellung der Bettelorden hat je-

430   Mittelalter – Hochmittelalter

doch bis in die Neuzeit immer wieder Spannungen zum Ortsklerus aufkommen lassen. Dennoch kann ihre Bedeutung für Seelsorge, Ketzerbekämpfung, kirchliche Propaganda, Wissenschaft und Mission nicht hoch genug eingeschätzt werden.

Die Inquisition

Die richterliche Verfolgung der Häresie durch ein von der Kirche eingesetztes Glaubensgericht und ihre Bestrafung durch die weltliche Gewalt hat ihre Wurzeln in der von Kaiser Konstantin I. hergestellten Verbindung von Staat und Kirche. Sie wird durch das römische Kaiserrecht und die in das Kirchenrecht aufgenommene Anschauung des Kirchenvaters Augustinus, wonach Ketzer mit Gewalt in die Kirche zurückgeführt werden können *(Compelle intrare),* legitimiert. Gegen die seit Beginn des 11. Jh.s vermehrt auftretenden Ketzer gehen zunächst die Fürsten mit strengen Strafen vor. Die Aufspürung, Verurteilung und Auslieferung an die weltliche Gewalt wird im Anschluß an die auf dem Laterankonzil von 1179, der Synode von Verona 1184 und dem Laterankonzil von 1214 getroffenen Bestimmungen in der *Ketzergesetzgebung Kaiser Friedrichs II. (1231/1232)* und der *Dekretalensammlung Papst Gregors IX. (1234)* als gemeinsame Aufgabe von Kirche und Staat geregelt. Die seither vornehmlich von den Bettelorden durchgeführte und unter Papst Innozenz IV. (1252) durch die *Einführung der Folter* verschärfte Inquisition kommt in Deutschland seit der Mitte des 14. Jh.s zum Erliegen, kann sich in England und Skandinavien nicht recht durchsetzen und wird in Frankreich wiederholt zur Durchsetzung politischer Ziele eingesetzt (Templer). In der Frühneuzeit wird sie in Frankreich, in den Niederlanden und in Deutschland (Hexenprozesse) wiederaufgenommen. In *Spanien* erreichte sie unter der Leitung eines vom König bestätigten und bevollmächtigten Großinquisitors bei der Verfolgung zwangsgetaufter Juden (Marranos) und Mauren (Moriscos) sowie Protestanten ihren letzten Höhepunkt. Sie wird im 19. Jh. auch in Spanien (1834) und Portugal (1821) endgültig abgeschafft.

1214	Höhepunkt und Abschluß des Pontifikats Innozenz' III. ist das *Vierte Laterankonzil.* Auf der größten mittelalterlichen Kirchenversammlung, an der 400 Bischöfe sowie über 800 Äbte und Prälaten teilnehmen, werden Kreuzzug, Kirchenmission und Ketzerbekämpfung beraten sowie Beschlüsse betr. Klerus, Mönchtum und Laien gefaßt, die zum großen Teil ins kanonische Recht aufgenommen werden und so von bleibender Wirkung sind.
1216–1227 1216	Honorius III., bisher Kämmerer der römischen Kirche, krönt den deutschen König Friedrich II. zum Kaiser, vermittelt zwischen England und Frankreich, um die Durchführung eines Kreuzzuges zu ermöglichen, dringt auf Fortsetzung des Albigenserkrieges und fördert die entstehenden Bettelorden.
1227–1241	Sein Nachfolger, *Gregor IX.,* Kardinal Hugolin von Ostia und Vetter Innozenz' III., wie dieser eine energische Persönlichkeit, nimmt den Kampf gegen die hegemonialen Absichten Friedrichs II. in Italien auf.
1227	Den Auftakt bildet die Exkommunikation des Kaisers, der den u. a. 1225 im Vertrage von San Germano versprochenen *Kreuzzug* aufgeschoben hat. Der gebannte Kaiser gewinnt auf
1229	diplomatischem Wege *Jerusalem* zurück und fordert damit den Papst heraus. Es kommt jedoch in Ceprano und San Germano zur (vorläufigen) Versöhnung der beiden Mächte. Friedrich setzt den zentralistischen Ausbau seines sizilianischen Königreiches und die Wiederherstellung der königlichen Macht in Oberitalien fort. Sein Sieg über die lombardischen
1237	Städte bei Cortenuova, die Vermählung seines Sohnes Enzio mit der Erbin Sardiniens, eines päpstlichen Lehens, und der Versuch, seine Herrschaft auf Rom auszudehnen, lösen den Widerstand des Papstes aus, der ein Bündnis mit den oberitalienischen Städten eingeht. Als Friedrich zum Kampf gegen die lombardischen „Reichsrebellen" aufruft, verhängt Gregor über ihn erneut den Bann: *Endkampf der Kurie gegen den Kaiser.*
1241	Nach dem nur zwei Wochen dauernden Pontifikat Cölestins IV. und längerer Sedisvakanz
1243–1254	(10. Nov. 1241 – 25. Juni 1243) wird der Genueser Kardinal Sinibald Fiesco (Fieschin) einstimmig als *Innozenz IV.* gewählt. Der Jurist und Diplomat versucht zunächst, den Konflikt mit dem Kaiser beizulegen, um sich auf den Kreuzzug und die Abwendung der Mongolengefahr konzentrieren zu können. Es kommt jedoch zu keiner Einigung, der Papst begibt sich über Genua nach Lyon, von
1245	wo er den Kampf gegen den Kaiser organisiert und ein Konzil, das *Erste Konzil von Lyon,* abhält. Nach mißglückten Einigungsbemühungen wird Friedrich II. wegen Meineids, Friedensbruchs, Gefangennahme von Prälaten und Verdachts der Häresie als Römischer Kaiser und König des Regnums abgesetzt. Der Papst mobilisiert in Deutschland, Italien und Sizilien alle Kräfte, um dem Spruch des Konzils Geltung zu verschaffen. Im Reich kommt es zur Wahl von Gegenkönigen, für Sizilien sucht der Papst in Richard von Cornwall, Karl von Anjou und Edmund, dem Sohn Heinrichs III. von England, Nachfolger für die Staufer.
1254–1261 1261–1264	Alexander IV. und sein Nachfolger Urban IV. haben den Widerstand der letzten Staufer Manfred und Konradin zu überwinden.

Bündnis und Auseinandersetzung mit Frankreich (1263–1309)

1263	Urban gewinnt Karl von Anjou für Sizilien und vollzieht damit die langdauernde *Wendung des Papsttums nach Frankreich*.
1265–1268	Der nach anderthalbjähriger Sedisvakanz gewählte Franzose Clemens IV. belehnt Karl von
1265	Anjou in Rom mit Sizilien. Dieser schlägt den staufischen König Manfred von Sizilien bei
1266	Benevent und läßt den Schwabenherzog Konradin nach der verlorenen Schlacht bei Taglia-
1268	cozzo in Neapel enthaupten.
	Während einer fast dreijährigen Vakanz (29. Nov. 1268 – 1. Sept. 1271) gelingt es Karl von Anjou als Herr des Königreiches Sizilien, die Basis für ein umfassendes Mittelmeerreich zu legen und damit eine Position anzustreben, die für das Papsttum gefährlicher werden kann als die Macht des Reiches.
1271–1276	Der als *Gregor X.* (*1210) gewählte Theobald Visconti sieht in der Befreiung der Heiligen Stätten die Hauptaufgabe seines Pontifikates. Er versucht deswegen in Italien den Streit zwischen Guelfen und Ghibellinen beizulegen und das Interregnum in Deutschland zu beenden.
1274	Gregor beruft das *Zweite Konzil von Lyon* ein, auf dem die Kirchenunion mit den Griechen, Kreuzzug und allgemeine Kirchenreform beraten sowie eine neue Papstwahlordnung, nach der die wählenden Kardinäle am Sterbeort des Papstes bis zum positiven Ausgang der Wahl gemeinsam einen verschlossenen Raum beziehen sollen *(Konklave)*, beschlossen werden. Auf dem Konzilskonsistorium vom 6. Juni 1274 läßt der deutsche König Rudolf I. (von Habsburg) die Konzessionen, die Otto IV. und Friedrich II. der Kirche gemacht hatten, bestätigen, den Verzicht auf Sizilien erklären und die Annahme des Kreuzes versprechen. Die für 1276 in Aussicht gestellte Kaiserkrönung kann wegen des Todes des Papstes nicht vorgenommen werden.
1276	Die nur kurzfristig regierenden Nachfolger, Innozenz V. (* 1225; † 1276), Hadrian V.
1276–1277	(1276), Johannes XXI. (1276–1277), sind nicht in der Lage, die Pläne Gregors X. aufzugreifen.
1277–1280	Erst Nikolaus III. versucht, gegenüber *Karl von Anjou* die Unabhängigkeit der Kirche zu bewahren.
1281–1285	Diese Bemühungen sind jedoch vergeblich, da sich der Franzose Martin IV. wieder ganz in den Dienst Karls stellt, dessen Pläne jedoch infolge der Erhebung Siziliens in der Sizilia-
1282	nischen Vesper scheitern.
1285–1287	Nach den kurzfristigen Pontifikaten Honorius' IV. (*1210; 1285–1287) und Nikolaus' IV.
1288–1292	(1288–1292) kommt es vom 4. April 1292 – 5. Juli 1294 zu einer Sedisvakanz von 27 Monaten, da sich die verfeindeten Parteien der *Colonna* und *Orsini* nicht auf einen Kandidaten einigen können.
1294	Der Verstrickungen und politischen Auseinandersetzungen müde, wählt das Kardinalskol-
5. Juli	legium einen achtzigjährigen Einsiedler aus den Abbruzzen, Petrus von Murrone, der sich *Cölestin V.* (* 1215, † 1296) nennt und von den Spiritualen und Fraticellen unter dem Einfluß der Prophezeiung des Joachim von Fiore als Urheber eines neuen Zeitalters der Kirche *(Papa angelicus)* begrüßt wird. Er ist seinem Amt nicht gewachsen, gerät in Neapel, wohin er sich mit der Kurie begibt, unter den Einfluß Karls II. von Neapel. Auf Rat des Kardinals Benedikt Gaetani tritt der unter Gewissensskrupeln leidende Papst von seinem Amt zurück. Anderthalb Jahre später stirbt der „Engelpapst", dessen Amtsverzicht seine Anhänger nicht als rechtsgültig betrachten, in der Gefangenschaft seines Ratgebers, der sein Nachfolger wird.
	Der aus dem römischen Geschlecht der Gaetani stammende, in Anagni geborene und in Bologna zum Juristen ausgebildete Sekretär der Päpste Martin IV. und Hadrian V., der
1294–1303	Kardinal Benedikt Gaetani, gehört als **Bonifaz VIII.** zu den großen Päpsten des Mittelalters.
	Nach der Neuordnung von Kurie, Kirchenverwaltung und Kirchenstaat wendet er sich gegen Frankreich und die Gefahr einer Bevormundung der Kirche durch den französischen König.
1296	Bonifaz verbietet mit der Bulle *Clericis laicos* den Fürsten, ihren Klerus ohne Zustimmung des Papstes zu besteuern, wodurch er die Finanzierung der englisch-französischen Auseinandersetzungen erschwert. König Philipp der Schöne von Frankreich reagiert darauf mit einem Ausfuhrverbot für Geld, Edelmetall und Wechsel.
	Der Widerstand der Colonna gegen die italienische Politik des Papstes und die Bereicherung seiner Familie, der bei Spiritualen und französischer Krone Rückhalt findet, zwingt
1297	Bonifaz zunächst zum Einlenken. Nach der mit harter Hand vorgenommenen Unterwer-
1300	fung der Colonna wird das Heilige Jahr, das erste Jubeljahr der römischen Kirche, ausgeru-

432 Mittelalter – Hochmittelalter

fen und den zahlreichen Romreisenden unter bestimmten Bedingungen der vollkommene Nachlaß der Sündenstrafen gewährt.

Aus Anlaß eines von König Philipp dem Schönen von Frankreich gegen den Bischof von Pamiers, Bernard Saisset, geführten Prozesses nimmt Bonifaz den Kampf gegen den französischen König wieder auf, indem er die inzwischen zurückgezogenen Bestimmungen der

1301 Bulle *Clericis laicos* erneut in Kraft setzt. Er beruft den französischen Episkopat, Domkapitel und Doktoren zu einer Synode nach Rom. Sein Einladungsschreiben *Ausculta fili* wird jedoch vom König und seinen Beratern im antipäpstlichen Sinne verfälscht und eine gegen den Papst gerichtete Ständeversammlung nach Paris einberufen.

1302 Bonifaz formuliert in der am 18. Nov. veröffentlichten Bulle *Unam sanctam* in scharfer und
18. Nov. herausfordernder Weise die päpstliche Doktrin von der Überordnung des Papstes über alle geistliche und weltliche Gewalt und von der Heilsnotwendigkeit der katholischen Kirche (*extra ecclesiam nulla salus*).

Das Bündnis zwischen Colonna-Kardinälen, Spiritualen und französischem König sowie eine bewußt betriebene antipäpstliche Propaganda ermöglichen die Forderung nach einem allgemeinen Konzil, auf dem sich der Papst zu rechtfertigen habe.

Bonifaz, der beabsichtigt, den König zu exkommunizieren, wird von dem französischen
1303 Legaten *Wilhelm von Nogaret* und *Sciarra Colonna,* dem Haupt der mit ihm verfeindeten
7. Sept. Familie, beim **Attentat von Anagni** gefangengenommen. Er kann sich mit Hilfe der jetzt für ihn Partei ergreifenden Bürger der Stadt Anagni befreien und nach Rom fliehen, wo
11. Okt. er stirbt.

In der Gestalt des kraftvollen, von der Machtfülle seines Amtes überzeugten Papstes personifizieren sich wohl zum letzten Mal Anspruch und Möglichkeiten des mittelalterlichen Papsttums. Es ist daher kein Zufall, daß ihn die innerkirchliche Opposition und die Exponenten der nationalen Monarchien nicht nur zu seinen Lebzeiten mit einer hemmungslosen Propaganda attackieren, sondern auch noch posthum durch einen Prozeß gegen sein Andenken zu diffamieren suchen.

Der Franziskanerorden und seine Zweige

Im Franziskanerorden kommt es schon zu Lebzeiten des *Franz von Assisi* (* 1181/1182, † 1226) zu Auseinandersetzungen über die Verwirklichung der Forderung nach der *absoluten Armut.* Sie führen nach seinem Tode zur Ausbildung von drei Richtungen, die auf die Befolgung der im Testament (1226) eingeschärften absoluten Armut, die Übernahme der Armutspraxis der älteren Orden bzw. eine Anpassung im Sinne der *Regula bullata* (1223) drängen.
Nach dem Generalat *Bonaventuras* (1257–1274), das in der Armutsfrage zu einer gewissen Übereinstimmung führt, verschärfen sich die Gegensätze. Die Armutseiferer *(Spiritualen),* die sich in Mittelitalien und Südfrankreich unter Angelus Clarenus († 1337) und Ubertin von Casale († nach 1329), Hugo von Digne († ca. 1255) und Petrus Johannis Olivi (* 1248/1249, † 1298) zusammenschließen, gehen zu offenem Widerstand gegen Ordensleitung und Kirche über. Sie werden mit Ausnahme einer 1294 von Papst Cölestin V. anerkannten italienischen Splittergruppe in den *Spiritualenkämpfen (1284–1318)* verfolgt, exkommuniziert und in den Untergrund gedrängt, wo ihre Ideen bei den häretischen *Fraticellen* bis ins 15. Jh. weiterleben.
Seit 1368 nimmt in Italien der Wille zur strikten Regelbefolgung wieder zu. Die auf die Tradition des Spiritualentums zurückgreifende, seine antikirchliche Tendenz jedoch ablehnende Observanz des *Paulus Trinci* († 1390) kann sich mit Hilfe Bernhardins von Siena (* 1380, † 1444), Johannes Kapistrans (* 1386, † 1456), Alberts von Sarteano († 1450) und Jakobs von den Marken (* 1393, † 1476) diesseits und jenseits der Alpen durchsetzen. Nach vergeblichen Versuchen, den gesamten Orden zu reformieren, kommt es unter Papst Eugen IV., der 1446 der Observanz die Wahl eines eigenen Generalvikars und eigener Provinzialvikare erlaubt, zur weitgehenden Trennung von den nicht observanten Franziskanern, den *Konventualen.* Unter ihnen entstehen im 15. Jh. eigene Reformgruppen: die Martianer, Colettaner, Diskalzeaten, Amadeiten, Clarener und Capriolanti.
1517 erfolgt die endgültige Trennung zwischen Observanten und Konventualen. Die als *Minoriten* (OFM) bezeichnete Observanz, der sich die von ihr unabhängig entstandenen Reformgruppen anschließen, setzt institutionell mit Generalat und Siegel die Tradition des Ordens fort. Die in Zahl geringeren Konventualen bilden seither den zweiten autonomen Zweig des ersten Ordens der Franziskaner. Die von dem Observanten Matthäus von Bascio (* 1495, † 1552) und seinen Mitbrüdern Ludwig und Raphael von Fossombrone gegründete Reformgruppe der *Kapuziner* wird 1619 von Papst Paul V. als selbständiger Orden anerkannt und ist heute neben den Konventualen und Observanten der dritte Zweig des Franziskanerordens.
Neben dem *Klarissenorden,* dem zweiten Orden der Franziskaner, bildet sich seit dem 13. Jh. eine Fülle von *Terziaren- und Terziarinnengemeinschaften* aus, die den Status regulierter Konvente annehmen. Sie bilden eigene Brüder- oder Schwesternkongregationen und sind vorwiegend in Erziehung, Krankenpflege und Sozialfürsorge tätig. – *(Forts. S. 526)*

Die Kreuzzüge (1095–1291)

Der Kreuzzugsgedanke

Die seit 1095 von den Päpsten propagierten Kreuzzüge werden von Herrschern, Adel und Volk unternommen, um nach dem Willen Gottes *(Deus lo volt)* Jerusalem und das Heilige Land zurückzuerobern und die morgenländischen Christen vom Joch der Heiden zu befreien. Die durch ein Kreuz gekennzeichneten *Kreuzfahrer* verpflichten sich durch ihr *Gelübde* zum Kampf für das Erbe *(haereditas)* Christi und erlangen dadurch für sich und ihre in der Heimat verbliebenen Angehörigen *Rechte und Privilegien*. Sie erwarten als Lohn für die Kreuzfahrt neben anderen Gnaden die Vergebung ihrer Sünden *(remissio peccatorum)*. Kreuzzug und Kreuzzugsgedanke sind vorgebildet in der bis ins christliche Altertum zurückgehenden Jerusalemverehrung und Heilig-Land-Wallfahrt, dem schon von den Kirchenvätern sanktionierten Heiligen Krieg sowie den im 11. Jh. von Päpsten und Bischöfen angeregten Feldzügen gegen Heiden und Kirchenfeinde. Der Kreuzzugsgedanke erfährt im 12. und 13. Jh. eine so starke Ausweitung, daß auch andere von der Kirche sanktionierte Unternehmungen gegen (angebliche) Ungläubige und Kirchenfeinde nicht nur als Kreuzzüge bezeichnet, sondern wie diese organisiert, finanziert und durch geistliche Privilegien für die Teilnehmer erleichtert werden.

1096–1099 Erster Kreuzzug:

1095 Papst *Urban II.* (1088–1099) ruft nach einer Rundreise durch das südliche und südöstliche
27. Nov. Frankreich auf dem *Konzil von Clermont* die abendländische Ritterschaft zur Befreiung der morgenländischen Christen auf, nachdem ihn der byzantinische Kaiser Alexios I. Komnenos (1081–1118) u. a. auf dem Konzil von Piacenza (1094) um Hilfe gegen die Seldschuken gebeten hat.
Der durch Kreuzzugsbriefe und Predigten verbreitete Aufruf des Papstes löst eine *Massenbewegung zur Befreiung Jerusalems* aus. Den Kern des Aufgebots bilden die *Ritterheere* der z. T. schon vor Clermont in die Pläne des Papstes eingeweihten Fürsten, die auf verschiedenen Routen nach Konstantinopel ziehen. *Gottfried von Bouillon* (Gottfried IV., Herzog von Niederlothringen, † 1100), seine Brüder *Balduin* und *Eustache* marschieren mit Lothringern, Nordfranzosen und Deutschen ähnlich wie Graf *Raimund von Toulouse* und die Südfranzosen über den Balkan nach Konstantinopel, während Herzog *Robert von der Normandie* und die Grafen *Robert II. von Flandern* und *Stephan von Blois* sowie die süditalienischen Normannen unter *Bohemund von Tarent* und seinem Neffen *Tankred* den kombinierten Land- und Seeweg über Italien und die Adria wählen.

1096 Schon vor dem von Urban II. festgesetzten Aufbruchstermin (15. August 1096) hatten sich auf Betreiben und unter Führung von Klerikern und Laien wie dem nordfranzösischen Wanderprediger *Petrus Eremita (Peter von Amiens,* † 1115*), Walter ohne Habe* und Graf *Emicho von Leiningen* zahlreiche Nichtkämpfer, Männer, Frauen und Kinder, von Nordwesteuropa aus auf dem Landweg ins Heilige Land begeben. Die durch eschatologische Vorstellungen aufgewühlten und von der Hoffnung auf Besserung ihrer Lage erfüllten Massen lassen sich am Nieder- und Mittelrhein sowie in Süddeutschland zu den heftigsten bis dahin bekannten *Judenpogromen* hinreißen, die trotz Widerspruchs der Bischöfe zur fast gänzlichen Vernichtung der Judengemeinden von Speyer, Mainz, Worms führen.
Die Haufen Walters ohne Habe und Petrus' Eremita setzen trotz der Warnung Kaiser
21. Okt. Alexios' über den Bosporus und werden von den Türken bei *Xerigordon* vernichtet.
1097 Die im Sommer eintreffenden Kreuzfahrerfürsten leisten nach anfänglicher Weigerung dem Kaiser einen „Lehnseid" für die zu erobernden Gebiete des Byzantinischen Reiches, darauf werden sie über den Bosporus gesetzt. Nikaia wird am 19. Juni den Byzantinern
29. Juni übergeben, zehn Tage später erleidet der Sultan Kilidsch Arslan von Ikonion (Konia) bei **Dorylaion** (heute Eskischehir) eine Niederlage.
1098 Nach einem entbehrungsreichen Marsch durch Anatolien, die Kilikische Pforte und Arme-
3. Juni nien Belagerung und *Eroberung von Antiocheia*. Das von Kerbogas (Ketbogha), Emir von Mosul, herangeführte Entsatzheer wird am 28. Juni geschlagen. Bohemund bleibt in Antiocheia und gründet hier ein Fürstentum.
1099 Das Kreuzfahrerheer bricht unter Führung des Grafen Raimund von Toulouse von Syrien
Jan. aus auf und erreicht am 7. Juni **Jerusalem,** das von flämischen und lothringischen Rittern
15. Juli im Handstreich genommen wird.
Nach der mit einem entsetzlichen Blutbad verbundenen Eroberung Jerusalems beginnen die Bemühungen um die *Errichtung einer neuen kirchlichen und staatlichen Ordnung*. In Anlehnung an die altchristliche Einteilung werden eine lateinische Hierarchie errichtet sowie zahlreiche Abteien und Stifter gegründet, während sich der in Palästina und Syrien verbliebene Adel bei der Organisation seiner Herrschaft an dem europäischen Lehnswesen orientiert. Dem **Königreich Jerusalem,** das Gottfried von Bouillon bis 1100 als „Beschützer des Heiligen Grabes" regiert, sind als wichtigste Lehnstaaten das **Fürstentum Antiocheia,**

434 Mittelalter – Hochmittelalter

die **Grafschaften** von **Edessa** und **Tripolis** und die **Herrschaft Tiberias,** das spätere **Fürstentum Galiläa,** unterstellt. In den Kreuzfahrerstaaten organisiert sich im wesentlichen der „fränkische"Adel, die Zahl der aus dem Abendland kommenden Siedler ist gering, die politische Bedeutung der morgenländischen Christen und Moslems minimal. Die italienischen Handelsstädte, die erst nach dem Fall Jerusalems mit ihren Flotten die Eroberung unterstützen, sichern sich eine weitgehende Immunität.

1147–1149 Zweiter Kreuzzug:

1145 Papst *Eugen III.* (1145–1153) ruft nach dem Fall Edessas, das nach dem Tode Kaiser Johannes' II. Komnenos (1118–1143) von Byzanz und König Fulkos von Jerusalem (1143) am 25. Dez. 1144 durch Emir Zengi von Mossul und Aleppo erobert worden ist, zum Kreuzzug auf, der von *Bernhard von Clairvaux* gepredigt wird.

1147 Der deutsche König *Konrad III.* (1138–1152) und König *Ludwig VII.* von Frankreich (1137–1180) ziehen – jener im Mai von Regensburg, dieser im Juli von Metz aus – auf getrennten Wegen über Konstantinopel, wo sie von Kaiser Manuel I. Komnenos (1143–1180)

Ende Okt. nur mangelhaft unterstützt werden, nach Palästina. Der Hauptteil des deutschen Heeres wird bei *Dorylaion* vom Sultan von Ikonion geschlagen, die Reste ziehen sich nach Nikaia zurück und schließen sich dem an der Küste entlangziehenden französischen Heer an. Konrad kehrt nach Konstantinopel um. Die unter dem Befehl Bischof Ottos von Freising stehenden Fußtruppen werden Ende 1147 bei Laodikeia (an der Mittelmeerküste südwestlich Antiocheia) geschlagen. Die Franzosen gelangen bis nach Attaleia (Südwestküste Kleinasiens), von wo sich König und Adel nach Antiocheia einschiffen.

1148 Der deutsche und der französische König treffen sich im Frühjahr in Jerusalem, von wo aus sie erfolglos gemeinsame Expeditionen gegen Damaskus und Askalon unternehmen. Konrad kehrt im Sept. 1148, Ludwig im April 1149 in die Heimat zurück. Ihr Mißerfolg erschüttert den besonders von Bernhard von Clairvaux gepredigten Glauben an die Gottgefälligkeit des Kreuzzuges und die durch ihn gebotene Gelegenheit zur Buße. Die Niederlage wird als Folge des Sittenverfalles und der politischen Auseinandersetzungen in den Kreuzfahrerstaaten gedeutet.

1189–1192 Dritter Kreuzzug:

Die nach der Niederlage Kaiser Manuels bei Myriokephalon (1176) auf sich selbst angewiesenen Kreuzfahrerstaaten werden von *Saladin,* der die arabische Welt zum Heiligen

1187 Krieg gegen die Christen mobilisiert, am 4. Juli in der Schlacht bei Hattim am See Geneza-

6. Okt. reth so schwer geschlagen, daß sie den **Fall Jerusalems** hinnehmen müssen. Ihr Territorium schrumpft auf Tripolis, Antiocheia und die palästinensischen Küstenstädte zusammen. Kaiser *Friedrich I. Barbarossa* (1152–1190), König *Richard Löwenherz* von England (1189–1199) und König *Philipp II. August* von Frankreich (1180–1223) führen den Kreuzzug zur Rückeroberung Jerusalems und der Rettung der Kreuzfahrerstaaten an.

1189 Friedrich I. bricht von Regensburg aus auf. Er zieht mit dem Hauptheer durch Ungarn,

11. Mai kann nur mit Gewaltandrohung bis Adrianopel gelangen und setzt Ostern 1190 nach

1190 Umgehung Konstantinopels nach Gallipoli über. Nach einem Sieg bei *Ikonion* (18. Mai) ertrinkt der Kaiser am 10. Juni im *Saleph.* Sein Sohn, Herzog Friedrich V. von Schwaben,

1191 führt den Rest des sich auflösenden Heeres über Antiocheia nach Akkon, bei dessen Belagerung er stirbt.

Hier landen im Mai bzw. Juni 1191 Philipp II. Augustus und Richard Löwenherz nach Überwinterung auf Sizilien. Nach *Eroberung Akkons* am 12. Juli 1191 kehrt der französische König zurück, während Richard Löwenherz bis Okt. 1192 vergeblich Jerusalem zurückzuerobern versucht.

1202–1204 Vierter Kreuzzug:

1197 Nach einem *erfolglosen Kreuzzugsunternehmen Kaiser Heinrichs VI.* proklamiert Papst

1198 Innozenz III. (1198–1216) den Kreuzzug, wobei er sich vornehmlich an die Geistlichkeit

Aug. und den Adel Frankreichs sowie die italienischen Seestädte wendet.

1202 Markgraf *Bonifaz von Montferrat, Balduin VIII. von Flandern,* Graf *Ludwig von Blois* u. a.

Okt. segeln nach Abschluß eines Transportvertrages mit dem Dogen *Enrico Dandolo*

Nov. (1192–1205) von Venedig nach Ägypten ab. Sie erobern als Preis für ein Schuldenmoratorium gegen den Willen des Papstes die 1186 von Venedig abgefallene dalmatinische Küstenstadt Zara (heute Zadar) zurück. Auf Bitten des von seinem Bruder, Kaiser Alexios III., verstoßenen Isaak II. Angelos und dessen Sohn Alexios IV. von Byzanz, eines Schwagers des deutschen Königs Philipp von Schwaben, wenden sich die Kreuzfahrer gegen **Konstantinopel,** das sie nach einer ersten Einnahme (Sommer 1203) erobern und ausplündern.

1204 Gemäß einem schon im März 1204 geschlossenen Vertrag wird Balduin von Flandern

13. April (1204–1205) von Venezianern und Franken zum **lateinischen Kaiser** gewählt und eine formelle, von der griechischen Bevölkerung jedoch abgelehnte Kirchenunion herbeigeführt. Die Errichtung der lateinischen Herrschaft nimmt die Kreuzfahrer so sehr in Beschlag, daß sie ihr ursprüngliches Ziel aufgeben.

Kreuzzüge **435**

1212 **Kinderkreuzzug:**
Im Frühjahr brechen in den Rheinlanden und Niederlothringen _junge Leute gemeinsam mit Klerikern und Angehörigen niederer Stände_ auf, um die von den Mächtigen bisher nicht erreichte Rückeroberung Jerusalems zu bewerkstelligen. Während die unter der Leitung eines _Stephan aus dem Vendômois_ stehenden französischen Kinder zum großen Teil bereits in Frankreich aufgehalten werden, so daß nur einige von ihnen bis Marseille kommen, gelangt das von einem Knaben namens _Nikolaus_ geführte rheinisch-lothringische Kontingent im Aug. fast vollständig nach Genua (angeblich 7000 Kinder). Da eine Überfahrt für sie nicht erschwinglich ist, ziehen einzelne Gruppen nach Süditalien oder in ihre Heimat zurück. Andere sollen von Kaufleuten als Sklaven nach Nordfrankreich und Ägypten verkauft worden sein.

1217–1221 **Fünfter Kreuzzug:**
1217 König _Andreas II._ von Ungarn (1205–1235) und Herzog _Leopold VI._ von Österreich, die im Spätsommer von Split (Spalato) aus ins Heilige Land aufbrechen, unternehmen von Akkon aus drei erfolglose Expeditionen gegen die Sarazenen.

1218 Nach der Rückkehr König Andreas' ziehen die verbliebenen Kreuzfahrer im Sommer zusammen mit niederrheinischen und friesischen Seefahrern, die sich auf dem Weg nach Palä-
_1219_ stina an Kämpfen in Portugal beteiligt haben, gegen das im Nildelta gelegene _Damiette,_
5. Nov. das nach längerer, verlustreicher Belagerung fällt, aber am 8. Sept. 1221 schon wieder verlorengeht.

1228–1229 **Kreuzzug Kaiser Friedrichs II.:**
Kaiser Friedrich II. (1212–1250) unternimmt es als erster, das Ziel der Kreuzzüge mit diplomatischen Mitteln zu erreichen.
Nachdem er im Aug. 1227 wegen einer Erkrankung nach mehrtägiger Schiffsreise seine
1228 Kreuzfahrt hat abbrechen müssen und nunmehr gebannt ist, sticht er am 28. Juni 1228 von Brindisi aus in See. Nach Zwischenlandung in Zypern, wo er die Lehnsherrschaft des Reiches zu erneuern sucht, erreicht er Akkon.
_1229_ Friedrich schließt mit dem ägyptischen Sultan El-Kamil (Al-Malik al-Kamil) in Jaffa einen
18. Febr. _Vertrag,_ aufgrund dessen _Jerusalem_ (ohne Felsendom und El-Aksa-Moschee), Bethlehem und Nazareth samt der Verbindung zur Küste zurückgewonnen werden. Der Kaiser stößt auf den Widerstand des Papstes und des Patriarchen von Jerusalem, geht aber dennoch am 18. März 1229 in der Grabeskirche unter der Krone. Er schifft sich am 1. Mai 1229 unter Schmähungen des Volkes in Akkon nach Brindisi ein.

1248–1254 **Sechster Kreuzzug:**
Der französische König _Ludwig IX., der Heilige_ (1226–1270), verfolgt die Absicht, das 1244 wieder verlorene Jerusalem durch einen Angriff auf Ägypten zurückzugewinnen.
1249 Ludwig nimmt am 6. Juni 1249 _Damiette,_ wird aber auf dem Zug nach Kairo am 6. April
1250 1250 bei al-Mansurah von Ägyptern geschlagen und gefangengenommen. Er segelt nach Zahlung eines hohen Lösegeldes am 8. Mai nach Akkon, von wo er bis 1254 die faktische Herrschaft über Palästina ausübt.

1270–1275 **Siebter Kreuzzug:**
Nachdem es Baibars I., dem Sieger über die Mongolen (1259), gelungen ist, Syrien und Ägypten zu vereinigen, führt er zwischen 1261 und 1272 gegen die durch die Gegensätze zwischen italienischen Handelsstädten, Ritterorden, Baronen und Krone geschwächten Kreuzfahrerstaaten erfolgreiche Feldzüge, die u. a. zum Fall Jaffas und Antiocheias (1268) führen.
Ludwig IX. von Frankreich, der Baibars entgegentreten will, stirbt am 25. Aug. 1275 vor
_1275_ _Tunis,_ zu dessen Eroberung ihn sein Bruder Karl von Anjou veranlaßt hat. Der Kreuzzug
1. Nov. wird abgebrochen.
Prinz Eduard von England segelt nach Akkon weiter, wo er mit Baibars einen auf ca. 11 Jahre begrenzten Waffenstillstand schließt (1271).

Verluste und Rückgewinnungsversuche:
_1291_ _Akkon_ wird von den Mamluken erobert und danach der Rest Palästinas kampflos geräumt.
18. Mai Die Templer geben 1303 ihren letzten Stützpunkt, die Insel Ruad vor Tortosa, auf, von
1303 den in der Kreuzfahrerzeit entstandenen christlichen Staaten im östlichen Mittelmeerraum können sich nur _Armenien_ (bis 1375) und das Königreich _Zypern_ (1489 an Venedig) behaupten. Die zahlreichen in der Folgezeit aufgestellten Kreuzzugspläne und die wiederholt unternommenen Rückgewinnungsversuche bleiben erfolglos.

Die palästinensischen Ritterorden

Im Verlauf der Kreuzzüge entstehen in Palästina die geistlichen Ritterorden, die Mönchsleben, Hospitalfürsorge und Heidenkrieg miteinander verbinden und so zu einer der stärksten Stützen der Kreuzfahrerstaaten werden.

436 Mittelalter – Hochmittelalter

Der **Templerorden** geht auf eine Gemeinschaft französischer Ritter zurück, die um 1118 unter dem aus der Champagne stammenden *Hugo von Payens* († 1136) mit einem geistlichen Leben den bewaffneten Pilgerschutz verbinden. Sie leben zunächst nach der Art der Kanoniker der Heiligen Stadt und leisten dem Patriarchen von Jerusalem Gehorsam. Von König Balduin II. von Jerusalem (1118–1131) erhält die Gemeinschaft der *Pauperes commilitones Christi* (Arme Streiter Christi) Räumlichkeiten im *Templum Salomonis*, der heutigen Aksa-Moschee, und wird danach als *Militia Templi* bezeichnet. Auf dem Konzil von Troyes (1128) wird unter Mitwirkung Bernhards von Clairvaux eine Regel erarbeitet. Die Templer erhalten 1139 von Papst Innozenz II. weitgehende Selbständigkeit und die Bestätigung ihrer Organisationsform, die durch das Nebeneinander von Rittern, Kaplänen und dienenden Brüdern gekennzeichnet ist. Um diese Zeit legen sie einen weißen Mantel, dem später ein rotes Kreuz hinzugefügt wird, als Ordenskleidung an. 1312 wird der Orden aufgehoben.

Der **Johanniterorden** setzt die Tradition eines um 1070 bei dem amalfitanischen Benediktinerkloster *S. Maria Latina in Jerusalem* gegründeten Hospitals fort. Ursprünglich auf karitative Aufgaben beschränkt, übernimmt der Orden bereits 1137 militärische Funktionen, seit Mitte des 12. Jh.s ist er den Templern als Ritterorden gleichgestellt. Es gelingt den Johannitern, sich auf *Rhodos* bis 1522 und auf *Malta* bis 1800 als militärische Macht zu behaupten. Der Orden lebt heute noch in verschiedenen Nachfolgeorganisationen weiter.

Der **Deutsche Orden,** entwickelt sich aus einer 1190 bei der Belagerung *Akkons* zur Betreuung von Kreuzfahrern aus Lübeck und Bremen gegründeten Hospitalbruderschaft, deren Verhältnis zu dem 1143 erstmalig erwähnten *deutschen Spital in Jerusalem* noch nicht eindeutig geklärt ist. Sie wird 1198 nach dem Vorbild der Templer in einen Ritterorden mit weißem Mantel und schwarzem Kreuz umgewandelt. Seine eigentliche Bedeutung erlangt der Deutsche Orden nicht in Palästina, sondern in *Preußen,* wo sich nach einem mißglückten Versuch im Burzenland (Siebenbürgen) auf Bitten des Herzogs Konrad von Masowien, mit Billigung von Papst und Kaiser nach 1226 niederläßt und den Kampf gegen die heidnischen Prußen aufnimmt.

Militärische Aufgaben übernehmen neben anderen kleineren Ritter- und Hospitalorden auch der um 1120 aus dem Zusammenschluß von Aussätzigen entstandene **Orden vom hl. Lazarus** und der aus einem im Dritten Kreuzzug vor Akkon entstandenen Hospital hervorgegangene englische **Orden von St. Thomas in Akkon.**

Italien (951–1266)
(Forts. v. S. 362)

Die seit dem Tod Ludwigs II. (875) andauernden anarchischen Zustände auf der Halbinsel schaffen ein *Machtvakuum,* das endlich jene Macht zum Eingreifen herausfordert, die aus dem verfallenen karolingischen Großreich als die mächtigste hervorgegangen war: das deutsche Königtum. Es beansprucht aus der karolingischen Erbmasse in Italien das „Königreich Italien" und das Kaisertum und findet unschwer Anlässe zur Intervention.

951   **Otto I.,** von König Lothars Witwe Adelheid gegen Berengar II. zu Hilfe gerufen, läßt sich in Pavia huldigen: „König der Franken und Langobarden" in karolingischer Tradition. Ehe mit Adelheid, Belehnung Berengars mit dem Königreich Italien.

Lokale Konflikte lassen auch Alberichs II. Sohn Papst Johannes XII. (955–963), die nationalrömische Linie seiner Vorgänger verlassend, um Intervention bitten: auf Verlangen

962   Ottos und mit grundlegender Vereinbarung *(Privilegium Ottonianum)* Kaiserkrönung in Rom. Der Kaiser, *defensor* („Verteidiger") der Kirche, gewährt Schutz und beansprucht Herrschaft – von vielen als notwendige Ordnungsmacht, von einigen bereits als Fremdherrschaft empfunden.

963   Absetzung des aufrührerischen Papstes, Sieg über Berengar.

Das *regnum Italiae* wird „*Reichsitalien*". Auch hier stützt sich das deutsche Königtum zunehmend auf die Bischöfe („ottonisches Reichskirchensystem"), seit Heinrich II. (1002–1024) oft Deutsche. *Aufstieg neuer Territorialmächte,* zunächst in königlichem Dienst, wie der Markgrafen von Turin, der Markgrafen von Canossa; seit dem 11. Jh. steigen die Grafen von Savoyen (Humbert I. Weißhand, † ca. 1048, Stammvater des italienischen Königshauses) von den Alpen in die westliche Poebene hinab.

Das durch die Kaiserkrönung wiederauflebende Zweikaiserproblem führt zur *Konfrontation mit* **Byzanz** und seiner gerade damals aktiven Italienpolitik.

967   Otto I. zwingt die Fürstentümer Benevent und Capua (nicht Salerno und die kampanischen Seestädte) zur Anerkennung seiner Oberhoheit, kann aber mangels Flotte das byzantinische Bari nicht nehmen.

Erst Johannes I. Tzimiskes (969–976) anerkennt Ottos Kaisertum und seine Position in Unteritalien: Heirat des Thronfolgers Otto II. mit der byzantinischen Prinzessin Theophanu.

972

Italien 437

982 Gegen die neue Offensive der Sarazenen (zu deren Abwehr bald auch Venedig und Pisa auftreten) greift Otto II. in Unteritalien ein, wird aber bei *Cotrone* am Kap Colonne vernichtend geschlagen. Zugleich zerfällt mit dem Tode von Pandulf Eisenkopf von Benevent und Capua (981) dessen dynastische Territorialmacht, wichtigste Stütze des westlichen Kaisers in Unteritalien.

Noch anspruchsvoller in den Zielen, noch erfolgloser im Ergebnis die Italienpolitik seines Sohnes Otto III. (983–1002): sein Programm einer Erneuerung des Römischen Reiches *(Renovatio imperii Romanorum)* scheitert nicht zuletzt am Widerstand der Römer selbst, die ihn aus der zur kaiserlichen Residenz erklärten Stadt vertreiben. Die deutsche Herrschaft, bei Ottos frühem Tod auch in Reichsitalien zusammenbrechend, wird durch Heinrichs II. (1002–1024) Politik begrenzter Ziele wieder konsolidiert.

1002 Markgraf *Arduin* von Ivrea wird in Pavia zum König der Langobarden ausgerufen.

Doch bleibt seine Herrschaft beschränkt, da Bischöfe und hoher Adel nicht auf seine Seite treten (dankt 1014 ab).

Doch bleibt eine lombardische Opposition, die die Krone, vergeblich, noch mehrmals auswärtigen Fürsten anbietet. Aus den römischen Parteikämpfen, geführt zwischen den Familien der Creszentier und Tuskulaner um Stadt und Papsttum, erhebt sich der Tuskulaner Papst Benedikt VIII. (1012–1024). Er ermutigt Pisa und Genua zu Aktionen gegen die Sarazenen und Apulien zu einem Aufstand (unter Meles 1017, wie schon 1009) gegen Byzanz. Nach dessen Scheitern ruft er Heinrich II. nach Unteritalien:

1021–1022 Dies führt zum dritten Italienzug Heinrichs mit Angriff auf die vom Katepan Boioannes seit 1018 angelegte Festungskette der Capitanata um das neu gegründete Troia, jedoch ohne dauernden Erfolg.

Venedigs wachsende Einflußnahme auf Dalmatien (1000 Flottenzug bis Ragusa) führt zur Vorherrschaft in der Adria (der Doge fortan *dux Venetiae et Dalmatiae*). Zugleich fördert die feindselige Politik Konrads II. (der die Ansprüche des Patriarchen Poppo von Aquileia auf Venedigs Patriarchat Grado unterstützt; erst 1044 vom Papst abgewiesen) die Abkehr Venedigs vom Festland.

1032 In Reaktion auf die Familienherrschaft der großen Dogendynastien Parteciaci, Candiani und Orseoli wird dem Dogen die Wahl eines Mitregenten (meist der Sohn) untersagt: statt erblicher Dogen-Monarchie fortan oligarchische Adelsrepublik.

Während der Kämpfe gegen Byzantiner und Sarazenen in **Unteritalien** erstes Auftreten der **Normannen.** Ritter aus der französischen Normandie, als Pilger aus Jerusalem heimkehrend, helfen 1015/1016 (vielleicht schon 999) den von Sarazenen belagerten Salerno und ziehen weitere Normannen nach. Sie lassen sich im 2. apulischen Aufstand gegen Byzanz (1017) und andernorts als Söldner einsetzen.

Die Grafschaft Aversa wird 1030 – zunächst als Lehen von Salerno, seit Heinrich III. (1039–1056) unmittelbar vom Reich – erstes normannisches Territorium in Unteritalien. Ihre wachsende Verselbständigung und Aggressivität (Ausgreifen gegen das byzantinische Apulien und das seit 1050/51 päpstliche Benevent) führen zur Reaktion der etablierten Mächte. Doch läßt sich diese junge Macht nicht mehr beseitigen:

1053 Sieg der Normannen bei *Civitate,* Papst Leo IX. gefangen.

1059 Papst Nikolaus II. akzeptiert das Lehnsangebot der Normannen: auf der Synode von *Melfi* erhält Richard von Aversa Capua, **Robert Guiscard** Apulien, Kalabrien und (das noch sarazenische) Sizilien als päpstliche Lehen. Mit diesem eigenmächtigen Schritt schafft sich das Papsttum künftigen militärischen Rückhalt.

1071 Mit der normannischen Eroberung *enden die byzantinische Herrschaft in Unteritalien* (1071 Verlust von Bari), *die arabische Herrschaft auf Sizilien* (1061 Messina, 1072 Palermo, 1088 Syrakus erobert von Guiscards Bruder Graf Roger I.) und *das letzte langobardische Fürstentum* (Salerno 1077). Amalfi 1131, Neapel 1139 erobert.

1101–1154 Unter Rogers I. Sohn **Roger II.** von Sizilien wachsen die verschiedenen normannischen Herrschaftsbereiche durch Erbfall, Kauf und Eroberung zum einen unteritalisch-sizilischen Reich zusammen, das durch seine relative innere Geschlossenheit die normannische Dynastie und Jahrhunderte überdauern wird. Aufbau einer machtvollen Monarchie (Königstitel 1130 durch Anaklet II.), die mit zentralistischer Verwaltung und „Beamten" *(publici officiales)* das feudale Element auf Sizilien mehr, auf dem Festland weniger einzudämmen versteht, das Städtewesen niederhält und sogar die Kirche kontrolliert (der Herrscher hat seit 1098 Legatengewalt; kirchliche Sonderrechte der sog. *Monarchia Sicula*). Schonung der arabischen Untertanen und Heranziehung in Verwaltung, Industrie (Seide) und Wissenschaft (Geograph Edrisi [al-Idrisi]).

1140 Einheitliche Gesetzgebung in den „Assisen von Ariano" (mit Elementen fränkisch-normannischer Herrschaft, byzantinischer Verwaltung, römischen Rechts) und relativ geordnetes Finanzwesen.

Doch setzen sich die *Barone* (Aufstände 1132/35, 1137/39) unter Wilhelm I. dem Bösen (1154–66) und besonders Wilhelm II. dem Guten (1166–89) wieder durch.

438 Mittelalter – Hochmittelalter

Erfolgreiche Abwehr der Restaurationsversuche von West- und Ostkaiser (1136/37 Lothar III., 1155/58 Manuel I. gegen Unteritalien), erfolgloses Ausgreifen gegen das byzantinische Griechenland (Korfu 1147–49 wie schon 1085, Thessalonike 1185) und das arabische Nordafrika (1148–1156/60 Mahdia und Tripolis, 1174/76 Ägypten).

In **Oberitalien** wachsende soziale Spannungen: der hohe städtische (weltliche und geistliche, bes. bischöfliche) Adel gerät zunehmend in Konflikt einerseits mit der Masse der *kleinen Lehnsleute (valvassores)*, die im Unterschied zur obersten Schicht der Lehnsträger *(capitanei)* die Erblichkeit ihrer Lehen noch nicht haben durchsetzen können und aus dieser existenzbedrohenden Abhängigkeit herausstreben; andererseits mit dem *städtischen Element,* das die Herrschaft der feudalen Stadtherrn nicht mehr unwidersprochen hinnimmt.

Der gemeinsame Gegensatz der kleinen Lehnsträger und des neuen städtischen Elements gegen die feudale Oberschicht entlädt sich früh vor allem in Mailand:

1035 Niederlage des Erzbischofs Aribert und der Capitani. Konrad II., von beiden Seiten zu
1037 Hilfe gerufen, entscheidet für die Valvassoren und erklärt in der *Constitutio de feudis* deren Lehen für erblich.

Die von Mailand ausgehende Volksbewegung der **Pataria** (der „in Lumpen Gekleideten") verbindet mit dem Kampf gegen Feudaladel und bischöfliche Stadtherrn (und somit gegen das deutsche Königtum) in explosiver Mischung den Kampf der kirchlichen Reformbewegung gegen Priesterehe, Simonie und verweltlichten Episkopat und wird in beiden Zielsetzungen zum natürlichen Bundesgenossen des jungen Reformpapsttums.

1046 Mit den seit der Synode von *Sutri* von Heinrich III. eingesetzten, meist deutschen Päpsten hatte die cluniazensische Reformbewegung endlich auch Rom erfaßt. Das **Papsttum,** durch kaiserliche Macht aus den römischen Adelsfehden herausgehoben, gewinnt durch die
1059 Reform neue Autorität. Es schafft sich durch die Belehnung der Normannen konkreten Rückhalt für eine selbständige Politik ohne und notfalls gegen das Kaisertum (dessen Einfluß auf die Papstwahl zugleich durch das Papstwahldekret 1059 zurückgedrängt wird) und versteht nun auch in Oberitalien die Lage zu politischen, hierarchischen und reformerischen Zwecken zu nutzen und dort Fuß zu fassen.

Über der Neubesetzung des Mailänder Bischofsstuhls 1071 kommt es *zwischen Kaiser und Papst zum Konflikt,* der zu gegenseitiger Absetzung und dann nach Canossa (1077) führt. Beide Seiten werden, auf der Suche nach Bundesgenossen, der kommunalen Bewegung entgegenkommen.

Der damit anhebende Kampf um die universale Hegemonie wird konkret auf italienischem Boden als Machtkampf ausgetragen. Das Papsttum wird italienische Territorialmacht.

1084 Heinrich IV. erobert Rom, muß aber vor den von Papst **Gregor VII.** gerufenen Normannen weichen. Plünderung Roms durch Robert Guiscard (1085).
1093 Minderung der kaiserlichen Macht auch in Oberitalien: erstes förmliches Bündnis oberitalienischer Städte gegen den Kaiser.

Die wichtigste Stütze des deutschen Herrschaftssystems, die Bischöfe, werden durch das Wormser Konkordat 1122 (in Italien Belehnung der Bischöfe erst *nach* ihrer Weihe) dem königlichen Einfluß weitgehend entzogen und in ihrer politischen Bedeutung als Stadtherren zunehmend durch die kommunale Bewegung ausgeschaltet. Der große Herrschaftskomplex der Markgrafen von Tuszien-Canossa zwischen Arno und Po (mit Zentrum Mantua-Modena-Reggio) kommt durch Testament der *Markgräfin Mathilde* († 1115) an das Papsttum, wird jedoch (weil neben Allod d. h. Eigengut auch viel Reichsgut enthaltend) weiterhin auch vom Kaiser beansprucht.

So haben Kaiser und Papst fortan im Norden mit den Kommunen, im Süden mit den Normannen zu rechnen.

Die normannische Eroberung Süditaliens bringt die Adria-Ausfahrt in neue Hände: darum seit 1081 mehrmals Flottenhilfe **Venedigs** für Byzanz vor der östlichen Adriaküste, honoriert mit Handelsprivilegien 1082 (Abgabenfreiheit im ganzen Ostreich) und kroatischen
1082 Küstenstädten (der Doge seit 1094 auch dux Croatiae). *Wendepunkt in der Geschichte Venedigs,* einzigartige Stellung im Handel zwischen Byzanz und dem Westen.
1095 Das Pactum Heinrichs IV. gibt Venedig das Stapelrecht für alle Waren vom Festland (also das Monopol des Warenumschlags nun auch vom Westen her) und beendet zugleich die unfreundliche Politik der salischen Kaiser. Jedoch wachsende Konkurrenz durch die (stärker als Venedig in den Kreuzzügen engagierten) neuen Rivalinnen Pisa und Genua. Seit 1115 Krieg mit Ungarn um die dalmatinischen Küstenstädte. Die gemeinsame Furcht vor der Expansion Rogers II. läßt das Einverständnis Venedigs mit Byzanz andauern. Seit Manuel I. (1143–80) jedoch wachsende Entfremdung: byzantinisches Ausgreifen in die Adria (Ancona 1151 und 1157 besetzt), Begünstigung der genuesischen Konkurrenz, Vertreibung der venezianischen Kolonie aus Konstantinopel 1171. Der Doge Enrico Dandolo (1192–1205) lenkt den *4. Kreuzzug* auf Konstantinopel ab; 1204 Eroberung und Aufteilung des byzantinischen Reiches. Gründung des Lateinischen Kaiserreichs unter venezianischem Einfluß. Aufbau eines venezianischen Handelsimperiums im Osten.

Die Kommunen (Stadtrepubliken)

In der städtischen Einwohnerschaft, deren Mitspracherechte hier nie ganz erloschen waren, wächst im frühen 11. Jh. der Widerspruch gegen den *feudalen Stadtherrn:* in der Regel der Bischof, der – dem karolingischen, dann ottonischen System entsprechend – vom König übertragene oder de facto ausgeübte Hoheitsrechte innehat und in der Stadt mit Exponenten der grundbesitzenden Führungsschicht, der er meist selbst entstammt (häufig alte Richterfamilien), Herrschaft ausübt. Die kommunale Bewegung, häufig organisiert in *Schwurgenossenschaften* zu solidarischer Rechts- und Friedenswahrung und getragen von den (freien) Stadtbewohnern aller Schichten einschließlich des Adels (der in Italien immer schon auch in der Stadt sitzt), gewinnt durch den Investiturstreit Spielraum und schafft sich allmählich eigene Institutionen. Anstatt der ad hoc amtenden, nicht gewählten *boni homines* u. a. Notabeln meist aus dem Gefolge des Bischofs treten nun – meist aus denselben Kreisen – *gewählte, ständige Organe der Stadtgemeinde* zunächst neben den bischöflichen Stadtherrn und dann an seine Stelle. Die freie Wahl des Exekutivorgans, der *Konsuln,* gilt als Indiz für erlangte Autonomie: in Pisa Konsuln erstmals 1085 genannt, in Asti 1095, Mailand 1097, Genua 1099, Lucca 1119, Bologna 1123, Siena 1125, Florenz 1138. Den Konsuln zur Seite steht (neben der zunehmend entmachteten Vollversammlung) in der Regel ein Großer und ein Innerer Rat mit Majoritätsentscheidung und kunstvollem Wahlmechanismus. Eigene Wege geht wieder einmal Venedig (oligarchische Adelsrepublik). Die verfaßte Stadtgemeinde *(Commune)* zieht immer mehr öffentliche Rechte an sich und sucht Kontrolle auch über das Umland (sog. *Contado,* oft identisch mit der Diözese), aus dem sie Steuern, Getreide, Truppen zieht und wo sie, umliegende Feudalrechte mit Gewalt oder Geld erwerbend und den landsässigen Adel in die Stadt zwingend, am handgreiflichsten mit den alten Mächten in Konkurrenz tritt. In einer Phase wirtschaftlicher Expansion und starker Bevölkerungsvermehrung entstehend, übt die Kommune große Sogkraft aus: unter den vielen Zuwanderern aus dem Umland relativ hoher Anteil der ländlichen Oberschicht; starke Mobilität (Dantes „confusion delle persone") und soziale Umschichtung. Wachsende Ausbildung der Institutionen: nichts, was die Kommune zuletzt nicht geregelt und besteuert hätte. Seit mit der Autonomie auch die innere Parteiung wächst, tritt an die Stelle der Konsuln als Exekutivorgan und oberster Richter seit etwa 1175 ein von auswärts berufener (damit neutraler) *Podestà* mit kurzer Amtszeit (ursprünglich vom Kaiser eingesetzter Beamter). Die Kommune, Herrschaft ohne charismatischen Charakter durch freie Übereinkunft der (adeligen wie nichtadeligen) Bürger, vermag sich außerhalb von Ober- und nördlichem Mittelitalien nicht gegen die dort vorherrschenden feudalen Kräfte durchzusetzen. Einmal konsolidiert, greift sie hier jedoch ihrerseits in aggressiver Territorialpolitik gegen die Nachbarkommune aus – dauernde Gegnerschaft nach dem Schachbrettschema: der Nachbar der Feind, der Nachbar des Nachbarn der Freund (z. B. Pisa gegen Lucca gegen Pistoia gegen Florenz gegen Arezzo usw.); hier liegt die Chance des Kaisers, seine (nominell nicht bestrittene) Oberhoheit praktisch zur Geltung zu bringen. Doch muß er im Frieden von Konstanz 1183 förmlich anerkennen, was die Kommunen de facto längst errungen haben.

1152–1190	**Friedrich I. Barbarossa** sucht nach der Katastrophe des Investiturstreits in Italien neue zeitgemäße Ansätze, die kaiserliche Autorität zu restaurieren – die *Kommunen* anfangs verkennend und mißachtend, die ihrerseits die kaiserliche Macht als (womöglich gegen den feindlichen Nachbarn abzuleitende) archaisch-fremde Gewalt empfinden („bei Frost, Überschwemmung und Kriegszug des Kaisers" ist in Lucca Verminderung der Pachtabgabe vorgesehen). *Renovatio-Programm,* römisch-rechtlich unterbaut durch die Rechtsschule
1158	von Bologna (Reichstag von *Roncaglia* 1158), mit Rückforderung der von den Kommunen usurpierten Regalien als Versuch, die Rechte des Reiches in diesem wirtschaftlich fortgeschrittensten Reichsteil auch fiskalisch nutzbar zu machen (was dem Kaiser endlich ein Mehrfaches seiner deutschen Einkünfte einbringt). Doch gelingt es trotz energischer, die Feindschaft zwischen den Kommunen (besonders gegen Mailand, zerstört 1162) nutzender Versuche auf 6 Italienzügen von insgesamt rund 13 Jahren Dauer nicht, den in *Städtebünden* organisierten und vom Papsttum dauernd ermunterten Widerstand der Kommunen zu brechen:
1164	Veroneser Städtebund mit Verona, Vicenza, Padua, Treviso. Lombardischer Städtebund
1167	mit denselben, Mailand, Cremona, Bologna und Venedig.
1177	In Venedig Friede mit dem Papst, Waffenstillstand mit Kommunen und Normannen.
1183	Im *Frieden von Konstanz* anerkennt Friedrich (wie vorher schon in Sonderprivilegien für ihm verbündete Städte, z. B. Cremona, Pavia, Pisa, Genua) endlich allgemein die Errungenschaften der italienischen Kommune, bewahrt aber Oberhoheit und fiskalische Rechte. Verständigung, nach Papst und Kommunen, auch mit den *Normannen:* die Heirat des staufischen Thronfolgers Heinrich (VI.) mit Rogers II. Tochter Konstanze 1186 gibt das Normannenreich 1189 an die Staufer. Die *Vereinigung beider Reiche* in einer Hand wird die
1189	äußerste Konfrontation zwischen Kaisertum und Papsttum auf italienischem Boden unausweichlich machen.
1194	Das unteritalische Reich, erst 1194 mit Flottenhilfe Pisas und Genuas von **Heinrich VI.** in Besitz genommen und, wie auch Reichsitalien, bald mit deutschen Ministerialen durchsetzt,
1197	bricht mit Heinrichs frühem Tod 1197 zusammen.

440 Mittelalter – Hochmittelalter

1198 Nach dem Tod der Königin Regentschaft **Innozenz' III.** (weil es ein päpstliches Lehen ist).
Zugleich baut der Papst, die augenblickliche Schwäche des Kaisertums nutzend, die päpstliche Position in Mittelitalien zielstrebig aus: die territoriale Basis wird verbreitert („Rekuperationen" in Tuszien, Herzogtum Spoleto, Mark Ancona, versuchsweise Romagna) und verdichtet, aus dem „Patrimonium" wird der *Kirchenstaat* (Innozenz III. als „zweiter Begründer des Kirchenstaats"). Doch mißlingt dem Papsttum die Trennung von Imperium und Südreich.

1198–1250 **Friedrich II.,** Enkel Barbarossas und Rogers II., seit 1198 König von Sizilien (als Friedrich I.), seit 1212 römischer König.

Neuordnung Unteritaliens durch Friedrich II.

Reorganisation des unteritalischen Reiches (kodifiziert in den *Konstitutionen von Melfi* 1231) als zentralistisch und bürokratisch organisierter Staat ohne feudale und kommunale Autonomien – insofern verschiedentlich als „erster moderner Staat" unter „aufgeklärtem Absolutismus" bezeichnet. Die normannischen Ansätze weiterführend, sorgt die Monarchie, gestützt auf besoldete Beamte und geschulte Juristen und zu rücksichtslosem Durchgreifen neigend, für rigorose Rechtsprechung, straffe Staatsfinanz, Einordnung auch der Kirche in den Staat. Eigene staatliche Wirtschaftspolitik (Monopole, erste Goldprägung), eigene Staatsuniversität Neapel. Aufständische Araber werden nach Unteritalien umgesiedelt (Militärkolonie Lucera seit 1223) und dort durch Duldung gewonnen, das Land militärisch gesichert (Stauferkastelle).

Mit Papst *Gregor IX.* (1227–1241) tritt der Kampf zwischen Kaiser- und Papsttum in seine letzte Phase. Der Papst mobilisiert den Widerstand der oberitalienischen Städte (Lombar-
1226 discher Bund von 1226) und das erwachende Nationalgefühl („Libertas Italiae") gegen die deutsche Herrschaft in Reichsitalien, wo Friedrich indessen vor allem Italiener als Generalvikare und Podestàs einsetzt (Generalvikariat Piemont an die Grafen von Savoyen: Amedeo IV. 1233–53, Bonifaz 1253–63). Sieg Friedrichs bei Cortenuova (1237), Niederlage Friedrichs vor Parma (1248).
Der Kampf wird von beiden Seiten mit maßlosen Forderungen, apokalyptischer Propaganda und unerhörten Greueln geführt, erfaßt die ganze Halbinsel und wird in Oberitalien, alte Parteiungen zuspitzend und in neue Parteinamen fassend („*Guelfen*" = „Welfen" als päpstliche, „*Ghibellinen*" = „Waiblinger"/Staufer als kaiserliche Partei, erstmals um 1215), die im Innern angelegten Entwicklungskräfte vorantreiben und die Kommune allmählich in die Signorie führen. Unter den Führern der kaiserlichen Partei machen sich Ezzelino da Romano seit 1232 in Verona, Vicenza und Padua, Oberto Pallavicini seit 1250 in Cremona, Piacenza, Pavia und Vercelli zu Stadtherrn. In der Toskana ist **Florenz** Zentrum des guelfischen Widerstands; doch werden die Guelfen seit 1246 von Friedrich II. vertrieben. Gegen den ghibellinischen Adel (die *Grandi*) organisiert sich das Volk unter Capitano del popolo und Anziani (sog. Verfassung des *primo popolo,* 1250) und ruft die Guelfen 1251 zurück.
Die verbannten Ghibellinen unter Farinata degli Uberti, verbündet mit Siena und unterstützt von Manfred von Sizilien, schlagen Guelfen und popolo 1260 vernichtend bei Montaperti. Doch werden die zurückgekehrten Ghibellinen nach dem Sieg Karls von Anjou (1267) abermals vertrieben. Fortan ist Florenz guelfisch, verliert Siena an Bedeutung.
1250 Dem noch unentschiedenen Konflikt gibt der Tod Friedrichs II. die Wende.
Nachfolger im Königreich Sizilien wird sein natürlicher Sohn *Manfred* (zunächst als Regent, seit 1258 als König); gegen ihn ruft der Papst, bisher nur mit italienischen Kommunen im Bunde, den Bruder des französischen Königs Ludwig IX. d. Heiligen, **Karl v. Anjou.** Karl
1266, 1268 gewinnt das sizilische Reich durch Sieg über Manfred (Benevent 1266, gefallen) und Konrads IV. Sohn Konradin (Tagliacozzo 1268, hingerichtet). Statt Palermo wird Neapel Hauptstadt. So geht Unteritalien in eine neue Fremdherrschaft über. Erstes Ausgreifen Karls nach Oberitalien, Absichten auch auf Konstantinopel.

Kultur und Wirtschaft im Hochmittelalter

Auf fast allen Gebieten zeigen sich im Hochmittelalter – jedoch erst vom 12./13. Jh. an zunehmend – Ansätze zu jenen eigenen, epochemachenden Leistungen, durch die Italien fortan hervortritt: zuerst auf dem Gebiete des **Rechts.** Während bisher allenfalls lokale Schulen die für Richter und Notare unentbehrlichen Grundkenntnisse vermittelt hatten, beginnt im späten 11. Jh. die systematische Sammlung, Sichtung und Auslegung des wiederentdeckten *römischen Rechts* in der spätantiken Kodifikation Kaiser Justinians – wichtig auch als Waffe in den politischen und ideologischen Auseinandersetzungen der Zeit:

für den Kaiser gegen die Kommunen (da es nachrepublikanisch ist), für die Kommunen gegen das Feudalwesen (von dem das römische Recht nichts weiß). Gelehrt zunächst an der Rechtsschule von Bologna (Irnerius, † um 1125), dann auch in anderen konkurrierenden Rechtsschulen und Universitäten italienischer Städte, wird das römische Recht eine unerhörte Wirkung auf ganz Europa ausüben. Zugleich Entwicklung des *kanonischen Rechts* (erste Bestandsaufnahme erfolgt durch Gratian in Bologna um 1140).

Kunst. In der *Baukunst* bleibt der frühchristliche basilikale Grundriß bis gegen 1100 die Regel. Romanisch sind erst (teilweise unter Einfluß der französischen und deutschen Romanik) die großen *oberitalienischen* Kirchen des 12. Jh. (andeutungsweise bereits S. Abbondio in Como, geweiht 1095; S. Ambrogio in Mailand, Umbau um 1100, mit Kreuzrippengewölbe; dann die Dome von Modena, Piacenza, Parma, Ferrara begonnen 1099–1140); in der *Toskana* der Dom von Pisa (begonnen 1063, byzantinische und orientalische Einflüsse eigenwillig verarbeitend), mit Baptisterium (begonnen 1153) und Campanile („Schiefer Turm", begonnen 1173) zu einer großartigen Szene vereinigt. In Florenz früh und eigenständig (stärker antiken Anregungen folgend) S. Miniato al Monte und das Baptisterium, beide 11./12. Jh. mit polychromer Marmorverkleidung. In *Rom* bleiben die zahlreichen Kirchen-Umbauten des 12. und 13. Jh. von romanischen Einflüssen unberührt, vielmehr im Grundriß der frühchristlichen Basilika, in der Ausstattung (neben eigenen Beiträgen: Marmorarbeiten der sog. Cosmaten) dem Byzantinischen verhaftet. Unter byzantinischem Einfluß bleibt auch *Venedig* (S. Marco als Kreuzkuppelkirche, 1063–1094). In *Unteritalien* rege Bautätigkeit seit der normannischen Eroberung (1070–1100 Baubeginn der Kirchen in Tarent, Acerenza, Bari, Canosa di Puglia, Troia, Trani): hier vermengen sich lombardisch-romanische, normannische, byzantinische und auch sarazenische Einflüsse, vor allem auf Sizilien (La Martorana und die Cappella Palatina in Palermo begonnen 1143 bzw. 1140; die Dome von Cefalù und Monreale begonnen 1131 bzw. 1172). Byzantinisch auch die Ausstattung des – weithin als Vorbild wirkenden – Neubaus von Monte Cassino (1066–1071 unter Abt Desiderius) und der Mosaikschmuck der normannischen Kirchen Siziliens: der byzantinische Einfluß ist im 12. Jh. eher im Wachsen. Neben der Kirchenbaukunst bemerkenswerte Entwicklung auch der *Profanarchitektur:* kommunale Bauten (Palazzi pubblici, Brunnen), kommunale Urbanistik (Gestaltung von Plätzen, Anlage von Siedlungen), Militärarchitektur (staufische Kastelle in Unteritalien). Neue Plastizität und Monumentalität zeigen die *Skulpturen* der ersten namentlich faßbaren Bildhauer Meister Wilhelm in Modena (seit 1099), Meister Nikolaus in Ferrara (1135) und, alle überragend, Benedetto Antelami in Parma (seit 1178). In Mittel- und Süditalien werden neue Ansätze greifbar erst in der an antiken Vorbildern orientierten Bildhauerkunst im Umkreis Friedrichs II. (Brückentor von Capua, um 1235); dieser Stil von erstaunlicher Antiken-Nähe wird von Niccolò Pisano (ca. 1225–1280) weiterentwickelt in die Toskana getragen (Kanzel im Baptisterium von Pisa, 1260). In Florenz und Rom Arnolfo di Cambio († 1302). In der *Malerei* (und Mosaikkunst) bleibt der byzantinische Einfluß vorherrschend; die befreiende Überwindung der „maniera greca" gelingt erst am Ende des 13. Jahrhunderts.

Die **Literatur,** deren Entwicklung in der Volkssprache durch die relative Verständlichkeit (und damit: literarische Verwendbarkeit) des Latein in Italien lange gehemmt wird, steht zunächst ganz unter fremden Vorbildern: provençalische Troubadourlyrik und französische Ritterepen werden nachgeahmt und gerade auch von der bürgerlichen Schicht der Kommune gelesen, deren soziale Wertvorstellungen sie prägen (Namengebung und andere feudale Vorlieben des „bourgeois gentilhomme"). Erst im 13. Jh. Ansätze zu *volkssprachlicher Dichtung* (sizilische Dichterschule um Friedrich II., religiöse Volksdichtung nach Franz von Assisi), die in der Liebeslyrik des *dolce stil nuovo* (Guido Cavalcanti, Dante u. a.) um 1300 ihre erste Blüte erlebt. Zugleich Entwicklung der *Prosa* in volkssprachlichen *artes dictandi* (Briefmuster) und Übertragungen aus dem Lateinischen. Zunehmende Wirkung auf Lieddichtung und Malerei übt auch die franziskanische Bewegung, die (nicht zuletzt durch die Einrichtung des „Dritten Ordens") den städtischen Alltag durchdringt, den Laien anzusprechen versteht und so der bürgerlich-städtischen Kultur viele Ausdrucksformen leiht.

Insgesamt tritt die *bürgerlich-städtische Gesellschaft* wie im politischen und wirtschaftlichen, so auch im kulturellen Bereich nun überall in den Vordergrund, verdrängt Adel und Klerus aus ihrer lange vorherrschenden Position und prägt die weitere Entwicklung. In der *höfischen Kultur* führend die sizilische Monarchie (Roger II., Friedrich II.); persönliches Interesse des von arabischen und jüdischen Gelehrten umgebenen) Herrschers an literarischen, naturwissenschaftlichen, medizinischen und philosophischen Themen: für viele Zeitgenossen unerhört die Rationalität der Fragestellung und die empirisch-experimentelle Methode.

Wirtschaft. Im späten 10. Jh. beginnt in Italien – wie im 11. Jh. allgemein in Europa – eine *Phase wirtschaftlicher Expansion,* verursacht durch das Zusammentreffen mehrerer Faktoren in enger, kaum unterscheidbarer Wechselwirkung: ein Faktor jedenfalls die starke, durch das Nachlassen der Araber- und Ungarneinfälle noch begünstigte *Bevölkerungsvermehrung* (zwischen 1000 und 1300 vermutlich Verdoppelung von etwa 5 auf 10 Millionen; Indiz: im 12. und 13. Jh. Ausweitung der römischen Stadtmauerringe um ein Mehrfaches, z. B. Pisa von 30 auf 114 ha, Florenz 30–80–630 ha). Diese Bevölkerungsvermehrung zwingt zu Landgewinnung (z. B. Entsumpfungen in der Po-Ebene) und zu Steigerung des Bodenertrages (und umgekehrt: Ertragssteigerung ermöglicht Bevölkerungsvermehrung); zugleich setzt die Auflösung des Fronhofsystems Menschen und neue Produktivität frei. Es bildet sich ein *Markt für agrarische und gewerbliche Produkte;* wachsende Bedeutung des Fernhandels auch für Massenwaren.

442   Mittelalter – Hochmittelalter

Die wachsende Konkurrenz erzwingt, die wachsende Stadtbevölkerung ermöglicht stärkere Differenzierung, Spezialisierung und Arbeitsteilung im Gewerbe. Das kaufmännische Kapital besorgt die Rohstoffzufuhr und den *Fernabsatz* und schafft damit den Sog, der diese Entwicklung weiter vorantreibt (z. B. toskanische Tuchproduktion). Neben die alten Seestädte Venedig und Amalfi, die sich, zwischen Byzanz und Islam lavierend, notfalls mit den Arabern arrangiert hatten, treten neu Pisa und Genua, die eine aggressive Handelspolitik verfolgen und schon vor den Kreuzzügen zum Gegenangriff gegen die Araber übergehen: Angriffe gegen Reggio 1005, Sardinien 1015, Nordafrika 1034 und 1087, Palermo 1064, dann aktive Teilnahme am 1. Kreuzzug. Im östlichen Mittelmeerbecken behauptet Venedig seine (seit den byzantinischen Handelsprivilegien von 1082 einzigartige) Position. Amalfis Handel verfällt. Rascher Ausbau eines dichten Handelsnetzes mit *Kaufmannskolonien* von Marokko bis Syrien und Ägypten, wo die Italiener Anschluß an den arabisch-indischen *Gewürzhandel* finden, dessen Produkte sie in ganz Europa absetzen (seit etwa 1175 auch auf den Champagne-Messen).

In den Städten *erste Anhäufung von Kapital* aus (reinvestierten) Handelsgewinnen – so vermag Pisa im 12. Jh. mehrere kostspielige Bauvorhaben gleichzeitig zu finanzieren: Weiterbau der Kathedrale, Neubau von Baptisterium, Schiefem Turm, Stadtmauer, Werft, Straßen, Kanälen und Grenzburgen. Die Expansion des Handels (an dem sich in Italien immer auch der Adel beteiligt) mehrt das politische Gewicht der Kaufleute in den Städten; doch beteiligen sich am Fernhandel nachweislich (Genua 1200) auch kleinste Vermögen. Die Bevölkerungsvermehrung läßt die Bodenpreise langfristig steigen: das nach Anlage suchende städtische Kapital dringt aufs Land ein und treibt dort die Auflösung traditioneller Wirtschaftsformen voran. Die Bodennutzung vor allem auf stadtnahen Böden zeigt ein *neues ökonomisches Denken:* statt Besetzung von Hufen nun Verpachtung von Parzellen; Pachtverträge statt auf Dauer nun auf Zeit; neben festen (oft nur symbolischen) Geldabgaben nun inflationssichere, vermarktbare Naturalabgaben; statt fester Pachtsätze nun auch Anteil am – wachsenden – Ernteertrag (*mezzadria* d. h. Halbpacht, 12. Jahrhundert bis heute). Im Hochmittelalter tritt Italien, wirtschaftlich, an die Spitze Europas. – *(Forts. S. 530)*

Frankreich (987–1270)
(Forts. v. S. 350)

In der Anfangszeit der kapetingischen Monarchie beherrscht der König nur etwa 10% des alten westfränkischen Reichsgebietes unmittelbar *(Krondomäne),* der weitere Auflösungsprozeß der königlichen Machtstellung wird aber im Laufe weniger Generationen zum Stehen gebracht. Neben der Krondomäne und strukturell mit ihr vergleichbar stehen mehrere bedeutende *Fürstentümer,* deren Inhaber sich im Kampf gegen mindermächtige Lokalgewalten schließlich ebenso durchsetzen wie der König im Kronland. Die älteren vasallitischen Bindungen zwischen diesen Fürstentümern und der Monarchie lösen sich zwar mehr und mehr auf, eine prinzipielle Anerkennung des Königtums bleibt aber erhalten. Seit dem 12. Jh. übernimmt die Krone diese in sich gefestigten Fürstentümer, deren wirtschaftlicher und kultureller Aufstieg sich seit langem vollzogen hat. Dem entspricht eine personale *Kontinuität der Führungsschicht,* deren Vertreter vielfach auf Adelsfamilien der Karolingerzeit zurückführbar sind. Die gesamte adlige Gesellschaft der Epoche ist durch *Lehnsbande* miteinander verknüpft, was zugleich ein tiefgreifendes soziales Phänomen darstellt. Die Beziehung zwischen Herr und Vasall ist gegenseitig, infolgedessen auch ethisch aufzufassen und in hohem Maße kulturfähig.

Es entsteht unter diesen politischen und sozialen, von der Kirchenreform beeinflußten Voraussetzungen das *Rittertum,* dessen ständische Abschließung ab etwa 1150 zu beobachten ist. Materielle Grundlagen dafür sind der Bevölkerungszuwachs, die Verbesserung landwirtschaftlicher Techniken, der Landesausbau und der Aufschwung des Handels seit der zweiten Hälfte des 11. Jh.s.

Damit einhergehend vollzieht sich die rasche Entwicklung des *Städtewesens* und die Ausbildung der Munizipalverfassung, wobei Flandern eine besondere, auf die französischen Nachbarregionen ausstrahlende Bedeutung zufällt. Seit Ludwig VI. (1108–1137) nutzt das Königtum diese kommunale Bewegung für seine Zwecke aus. Gleichzeitig kommt es zu engen Beziehungen zwischen der französischen Monarchie und einer *Kirche,* die im Zuge der gregorianischen Reform spiritualisiert, intellektualisiert und auf das Papsttum als universale Macht gerichtet ist. Die europäische Geltung, ja Autorität der französischen Schulen und des französischen *Bildungswesens* mit Paris als Zentrum sind teilweise aus diesen Zusammenhängen zu erklären und haben ihre Entsprechung in der neuen bürgerlichen Laienbildung ebenso wie in den älteren Traditionen höfischer Kultur.

Auf diesem Boden gedeiht auch ein gelehrtes *Recht* mit Glossatoren und Kommentatoren; die Legisten in der Umgebung des Königs nutzen das römische Recht zur Stärkung der königlichen Prärogative, ohne freilich das regional unterschiedlich gehandhabte überkommene Gewohnheitsrecht (Coutumes) schon zu beseitigen. Aus schwachen Anfängen ist bis 1270 eine *Monarchie* erwachsen, die mit langen Regierungszeiten der einzelnen Herrscher und nie unterbrochener Sohnesfolge Dynastiewechsel nicht kannte und deshalb, anders als in Deutschland, das Wahlprinzip bei der Königserhebung zugunsten des Erbrechtes immer weiter in den Hintergrund treten ließ.

Genealogie der Kapetinger (direkte Linie)

444   Mittelalter – Hochmittelalter

Der Sieg des Lehnswesens
und die Zersplitterung Frankreichs (987–1108)

987–1328   Die Kapetinger (direkte Linie).
987–996   **König Hugo Capet.**
Da Ludwig V. († 987) keinen Erben hinterläßt, werden Herzog Hugo Capet (Beiname abgeleitet von cappa = Umhang, Mantel) von Franzien und Erzbischof Adalbero von Reims auf einer Wahlversammlung in Senlis zu Stimmführern einer nordfranzösischen Adels-

987   gruppe. Herzog Karl von Niederlothringen, der Oheim Ludwigs V., wird mit seinem Anspruch abgewiesen, Hugo von den Großen der Francia unter Mitwirkung der Normandie und Burgunds zum König gewählt und anschließend in Noyon gekrönt.

Zur karolingischen Partei gehören vor allem der Erzbischof von Sens, die Grafen von Vermandois, Troyes und Blois; gegen Angriffe von dieser Seite will König Hugo sein Haus fürs erste durch die Erhebung seines Sohnes Robert zum Mitkönig noch im gleichen Jahr sichern und zieht durch die Verheiratung Roberts mit der Witwe des Grafen Arnulf II. von Flandern auch dessen Nachfolger Balduin IV. (988–1035) auf die kapetingische Seite.

988   Im folgenden Jahr erobert Karl von Niederlothringen den alten karolingischen Stützpunkt Laon und weist ein königliches Belagerungsheer erfolgreich ab.

989   Durch Verrat des von Hugo eingesetzten Erzbischofs Arnulf, eines Neffen Karls, gewinnt er auch noch Reims.

Zwei Jahre lang behauptet der Karolinger diese Position, ohne jedoch seine eigene Königs-

991   wahl zu betreiben, bis er schließlich durch den bis dahin eidlich an die karolingische Partei gebundenen Bischof Adalbero von Laon in dieser Stadt an König Hugo ausgeliefert wird.

Die ganze karolingische Familie läßt Hugo in Orléans einkerkern; sie kommt in der Gefangenschaft um, bis auf den in Lothringen gebliebenen ältesten Sohn Karls, Otto, der vor 1031 erbenlos als Herzog von Niederlothringen stirbt. Die direkte Nachkommenschaft Karls des Großen endet mit ihm.

Eine neue Auffassung vom Reich im Sinne einer entstehenden französischen Nation gegen die ältere karolingische Universalreichsidee hat der Dynastiewechsel nicht gebracht, er *beendet aber die zerstörerische Rivalität zweier Familien* mit wechselnden adligen Gefolgschaften um das Königtum und retardiert damit den Aufstieg der Regionalgewalten. Den Rückstand gegenüber dem ostfränkisch-deutschen Königtum, das erheblich früher die politische Reichseinheit erreicht hat, vermag die kapetingische Monarchie freilich zunächst nicht aufzuholen und muß noch für Jahrzehnte mit dieser außenpolitischen Lage rechnen.

Das zeigt sich sogleich nach dem kapetingischen Sieg im Kampf um die Königsherrschaft,

991–997   als das von Hugo und Robert betriebene Verfahren gegen den verräterischen Bischof Arnulf zum *Reimser Bistumsstreit* führt.

Sowohl vom Papst wie auch vom deutschen Episkopat werden Bedenken gegen einen königlichen Eingriff in die kirchliche Jurisdiktion in politische Widerstände umgesetzt, die eine schwere Bedrohung der neuen Dynastie insofern darstellen, als von der Oberhoheit über einen Teil der Bistümer die Existenz des Königtums abhängt. Nur wenige ehemals karolingische Ländereien haben die schwache kapetingische Hausmacht vermehrt, die Kronvasallen erwarten für ihre Unterstützung dauernde Förderung, nur das Kirchengut (etwa 20 von insgesamt 77 Bistümern) kann als verläßliche Stütze gelten.

Um seinen Durchsetzungswillen zu demonstrieren, läßt König Hugo auf einer von ihm ein-

991   berufenen Synode in St-Basle/Verzy nahe Reims Arnulf als Hochverräter absetzen und an seiner Statt den wissenschaftlich herausragend gebildeten Reimser Kathedralscholaster Gerbert von Aurillac (Auvergne) zum Erzbischof erheben.

Gegen diese Entscheidung arbeitet vor allem Abt Abbo von Fleury als einflußreicher Vertreter des auf Rom verpflichteten cluniazensischen Reformmönchtums; aber der Kronepiskopat unter Führung des Bischofs Arnulf von Orléans setzt sich in so betont königstreuer Haltung durch, daß Papst Johannes XV. mit Revisionsabsichten eine Synode nach Aachen einberuft, an der freilich kein französischer Bischof teilnimmt.

992   Noch die Synode von Chelles sieht den Kronepiskopat in seiner bekannten Position, aber
994   mit dem wachsenden Einfluß Abbos von Fleury kommt es zu Veränderungen.
995   So wird Gerbert auf der Synode von Mouzon suspendiert.
996   Hugo Capet stirbt am 24. Okt.

996–1031   **König Robert II.,** der Fromme.
Mit ihm kommt ein entschiedener Förderer des Reformmönchtums auf den Thron, der nach einer Legation Abbos von Fleury an Papst Gregor V. Arnulf wieder als Erzbischof von Reims amtieren läßt (997–1021).

Gerbert folgt einem Ruf Ottos III. als politischer Berater des Kaisers.

Der Reimser Bistumsstreit führt zwar zum Einlenken der Könige Hugo und Robert gegenüber dem Papsttum, er zeigt aber ein neues Autonomiebewußtsein der französischen Kirche gegenüber dem deutschen Reich: Es ist hinfort nicht mehr möglich, kirchliche Angelegenheiten Frankreichs auf deutschem Boden synodal zu regeln. Letzte Reste gesamtfränkischer Reichsgedanken verschwinden.

Robert II. gerät nach dem Ende des Reimser Bistumsstreites in einen weiteren *Konflikt mit dem Papsttum,* weil seine Ehe mit Bertha, der Witwe des Grafen Odo I. von Blois-Chartres (†996) und Tochter König Konrads von Burgund, wegen zu naher Verwandtschaft gegen geltendes Kirchenrecht verstößt. Diese Spannungen überschatten einen großen Teil der Regierungszeit Roberts und führen zu unerträglichen Wirren, obwohl der König zunächst Erfolge aufweisen kann.

1002 Sein Oheim, der Herzog Odo-Heinrich von Burgund, stirbt ohne Erben. Damit erscheint die Eingliederung dieser Region in die Krondomäne möglich.

Mit Unterstützung Clunys und vor allem des Bischofs Hugo von Auxerre übt der König auf den mächtigsten burgundischen Konkurrenten, den Grafen Odo-Wilhelm von Mâcon, militärischen Druck aus, so daß er schon nach wenigen Jahren dessen Verzicht auf die Herzogswürde durchsetzt.

1004/05 Dennoch hält der Widerstand gegen die königliche Herrschaft in Burgund unter Führung
1015 des Bischofs Brun von Langres bis zu dessen Tod (1016) an, obwohl Robert II. seinen zweiten Sohn Heinrich als burgundischen Herzog einsetzt und mit dieser Geste dem Adel eine gewisse Autonomie zugesteht. Die tatsächliche Macht bleibt aber bei der Krone.

Kurz nach Beginn dieser Kämpfe beugt Robert sich dem zähen päpstlichen Widerstand und vollzieht die Trennung von Bertha (um 1003/04). Er heiratet nun Constanze, die Tochter des Grafen Wilhelm I. von der Provence.

1017 Aus dieser Ehe stammt auch Roberts Sohn Hugo, der zum Mitkönig erhoben wird.

Politisch unerträgliches Schwanken des Königs zwischen den beiden Frauen und damit zwischen den Adelsgruppen um die Häuser Blois-Chartres und Anjou schwächt die Monarchie.

Ein erneuter Versuch, beim erbenlosen Abgang eines Vasallen dessen Gebiet einzuziehen,
1019 mißlingt in Troyes/Meaux/Provins, wo Graf Odo II. von Blois (996–1037) seit 1023 als Inhaber sämtlicher Herrschaftsrechte bekannt ist.

Das führt Robert II. an die Seite *Kaiser Heinrichs II.:* Die französische Krondomäne ist durch Herrschaftsrechte Odos eingeschnürt, die bis nach Lothringen reichen und hier
1023 deutsche Interessen berühren. Bei einem Treffen beider Monarchen in Ivois an der Maas scheint der Kaiser noch einmal Schiedsrichter zwischen verfeindeten westfränkischen Parteien zu werden, bringt aber den Ausgleich zwischen Robert und Odo nicht zustande.

Eine gemeinsame Synode der Könige und des Episkopats beider Reiche mit Beteiligung des Papstes wird für den Tagungsort Pavia vorbereitet, um die großen Probleme der Christenheit zu beraten, tritt aber wegen des überraschenden Todes Heinrichs II. (1024) nicht zusammen.

In klarer Einschätzung seiner politischen Möglichkeiten lehnt Robert II. für sich und seinen Sohn Hugo das Angebot einer starken italienischen Fürstenpartei ab, aus ihren Händen die Königskrone anzunehmen.

1027 Er läßt als Nachfolger seines 1025 verstorbenen Sohnes Hugo dessen Bruder Heinrich zum Mitkönig erheben, der sich aber gegen den Vater mit Odo II. verständigt und dadurch die Position der Krone entscheidend schwächt.

Nur mit Hilfe der Erzbischöfe von Reims, Sens, Tours und Bourges kann sich der König bis zu seinem Tode mühsam gegen diese Koalition seiner Gegner behaupten.

Die Wende des beginnenden 11. Jh.s

Die kapetingische Dynastie wird seit Robert II. (996–1031) grundsätzlich als Königshaus anerkannt. Verfassungsgeschichtlich äußerst bedeutsam ist aber die Tatsache, daß der Zusammenhalt des Reiches nicht auf der Lehnsverbindung zwischen dem König und einer Vielzahl von kleinen und größeren Kronvasallen beruht: Immer weniger Adlige huldigen persönlich dem König, sondern sie werden durch Herzöge oder Markgrafen vertreten, die dann in ihrem Herrschaftsgebiet königliche Rechte wahrnehmen. Außer diesen *Großvasallen* leisten nur noch der Adel der Krondomäne und der Kronepiskopat die persönliche Huldigung. Die Oberhoheit des Königs wird formal auch von solchen großen Regionalgewalten anerkannt, die nicht gehuldigt haben.

In diesen Gebieten können sich Grafen und Burgherren gegen die Inhaber der regionalen Vormacht *(principes)* nicht durchsetzen. So entstehen die französischen *Fürstentümer:* Eine Auflösung des Reiches in kleine und kleinste Einheiten wird vermieden. Vor allem nördlich der Loire sind diese Fürstentümer neben Krondomäne und Königtum die wichtigsten Verfassungselemente.

Dynastische Kontinuität der Monarchie und Unteilbarkeit des Reiches sind dadurch gesichert, daß der jeweilige Sohn noch während der Regierungszeit des Vaters zum *(Mit-)König* gewählt wird.

446 Mittelalter – Hochmittelalter

Das besondere Verhältnis des Königs zur Kirche stärkt seine Stellung. Meist spendet der *Erzbischof von Reims* die sakramentalen Weihen, Reims beginnt seinen Aufstieg zur Krönungsstadt.
Bischöfe werden (anders als in Deutschland) jetzt erstmals auch aus anderen Gruppen als dem Hochadel genommen. Entsprechend bildet sich um den König in dem der hohe Adel, die Grafen und Bischöfe allmählich durch niederadlige königliche Vasallen aus der Île-de-France ersetzt werden.
Der *Landesausbau* erlebt eine erste Aufschwungsphase in den Fürstentümern wie in der Krondomäne.
Über Flandern und die Normandie finden Handel und Gewerbe Frankreichs Anschluß an die großen wikingerzeitlichen Verkehrswege Europas.
Die von Cluny seit 910 ausgegangene monastische Reform breitet sich aus, überwindet mit päpstlicher und teilweise königlicher (Robert II.) Unterstützung allmählich den Widerstand der Bischöfe und kann sich deren weltlicher und geistlicher Gewalt entziehen (Exemtion). Besonders wichtige Abteien neben *Cluny* sind Fleury (bei Orléans), St-Bénigne/Dijon und St-Victor/Marseille.

1031–1060 **König Heinrich I.** kann die Nachfolge seines Vaters ohne Schwierigkeiten antreten und in Burgund seinen Bruder Robert als Herzog einsetzen.

1032   Schon im nächsten Jahr aber erreicht *Odo II. von Blois* in Sens die Wahl eines ihm ergebenen Kandidaten zum Erzbischof und besetzt die Stadt. Als Heinrichs Mutter Constanze wenig später selbst die Regentschaft erstrebt, um anschließend die Erhebung ihres Lieblingssohnes Robert auf den Thron betreiben zu können, wird Heinrich I. nur dadurch gerettet, daß Odo die Nachfolge des 1032 verstorbenen Königs Rudolf III. von Burgund antritt und seinen bisherigen Kampfplatz verläßt. Kaiser Konrad II. beansprucht indessen das Erbe des Königreichs Burgund aufgrund einer Zusage Rudolfs an Kaiser Heinrich II.

1033   Er trifft sich in Deville an der Maas mit Heinrich I. und verabredet ein Bündnis gegen Odo.

1034   Im folgenden Jahr erobert Konrad II. das Königreich Burgund (zu unterscheiden vom Herzogtum und der Grafschaft Burgund!) und verbindet es mit dem Reich, wodurch für die französischen Herrscher die Verbindung nach Italien unterbrochen wird.

1037   Als Odo II. nach seinem burgundischen Mißerfolg den Kampf gegen Konrad II. fortsetzt, fällt er bei Bar-le-Duc und entlastet durch ein nunmehr geteiltes Erbe des Hauses Blois-Champagne den französischen König.

1044   Dem königstreuen Vasallen Graf *Gottfried Martell von Anjou* gelingt die Eroberung der Grafschaft Tours.
Dies ist zugleich für mehrere Jahre die letzte gemeinsame Aktion, denn durch die Ehe Heinrichs III. mit Gottfrieds Stieftochter Agnes von Poitou verbinden sich Anjous und Salier, wobei die neue Gefahr für den französischen König darin liegt, daß Gottfried Martell eine mächtige Stellung im Westen Frankreichs besitzt (Anjou, Touraine, Aquitanien). Infolgedessen werden neue Bündnisse notwendig, die nunmehr europäische Ausmaße erreichen, indem auf der Seite Heinrichs I. von Frankreich Graf Balduin V. von Flandern und Herzog Wilhelm II. („der Eroberer") von der Normandie Heinrich III. gegenüberstehen, der seinerseits mit dem Grafen Gottfried von Anjou, König Svend Estridsson von Dänemark und König Eduard („der Bekenner") von England rechnen kann.

1048   Ein Treffen Heinrichs I. mit Heinrich III. in Ivois an der Maas bleibt erfolglos.
Nun greift auf seiten des reformfreundlichen Kaisers Papst Leo IX. in die Auseinandersetzung ein.

1049   Er verbietet auf einer Reformsynode in Reims die geplante Heirat zwischen Herzog Wilhelm und der Tochter Balduins von Flandern.
Außerdem versucht er durch seinen Einfluß im Zusammenhang mit der Kirchenreform, den französischen Kronepiskopat vom König zu trennen, was aber mit einer Ausnahme (Langres) nicht gelingt.
Zu einer diplomatischen Wende kommt es wenig später, als Gottfried von Anjou die kai-

1052   serliche Partei verläßt, sich mit Heinrich I. aussöhnt und damit das gemeinsame Interesse bekundet, eine weitere Konsolidierung der normannischen Macht zu verhindern.
Der Erfolg dieser Verbindung ist freilich gering; die Krone sieht sich dem normannischen Herzogtum gegenüber in der schwächeren Position. Im gleichen Jahr wird dem König aus seiner dritten Ehe (Anna, Tochter des Großfürsten Jaroslaw von Kiew) der Thronfolger

1059   Philipp geboren, für dessen Erhebung zum Mitkönig er noch Sorge trägt.
Mit großer Beharrlichkeit und, im Gegensatz zu Robert II., persönlicher Stetigkeit ist es ihm gelungen, seinem Nachfolger eine *gefestigtere Krondomäne* und das verläßliche Bündnis mit Balduin V. von Flandern zu hinterlassen.

1060–1108 **König Philipp I.** übernimmt eine bewährte, zukunftsträchtige politische Konzeption: Festhalten am Kronepiskopat, Einsetzen militärischer Mittel nur im Notfall und gegen einzelne innere Gegner, außenpolitischen Spielraum.

1060–1067   Zunächst führt Balduin V. die Regentschaft für den siebenjährigen König. Die Landung Herzog Wilhelms II. von der Normandie in England kann schon aus diesem Grunde nicht verhindert werden, aber auch nach der Regierungsübernahme durch Philipp I. bleiben Erfolge der Krone aus.

1071	Die Niederlage des Königs bei Cassel (östlich St-Omer) gegen Robert den Friesen zeigt die machtpolitischen Grenzen.

1071 Die Niederlage des Königs bei Cassel (östlich St-Omer) gegen Robert den Friesen zeigt die machtpolitischen Grenzen.
Dazu kommen die *Auseinandersetzungen mit dem Reformpapsttum,* durch Gregor VII. mit scharfen Simonie-Vorwürfen eröffnet.

1073 Philipp entzieht sich deshalb einem Hilfeersuchen Heinrichs IV. und strebt daneben einen Ausgleich mit König Wilhelm I. von England an. Gleichwohl unterstützt er dessen Sohn Robert („Kurzhose", 1087–1106 Herzog der Normandie), da Wilhelm die gesamte Grafschaft Vexin beansprucht.

1092 Als Philipp I. Bertrada von Montfort, die Gemahlin des Grafen Fulko von Anjou, entführt und die Königin Bertha verstößt, belastet er das Land zusätzlich zur Investiturkontroverse. Trotz Einsegnung der neuen Verbindung durch den Bischof von Senlis versagt Papst Ur-
1094 ban II. die Anerkennung und läßt den König durch den päpstlichen Legaten Hugo von Die
1095 exkommunizieren. Auf dem *Konzil von Clermont* (heute zu Clermont-Ferrand) predigt Urban II. nicht nur den Kreuzzug, sondern erneuert auch die Bannsentenz.

1096 Schon im folgenden Jahr aber müssen die französischen Bischöfe zur Unterstützung der päpstlichen Politik aufgefordert werden, und Philipp erlangt die Absolution.
Erst nach einem bald darauf neu und diesmal über ganz Frankreich verhängten Interdikt
1098 sagt Philipp die Trennung von Bertrada zu, wird absolviert, ohne aber das Versprechen einzulösen, so daß er zwei Jahre später wieder dem Bann verfällt.

1101 Der Thronfolger Ludwig (VI.) wird offiziell an der Reichsregierung beteiligt und führt die Kämpfe gegen den widerspenstigen Adel der Île-de-France.

1107 In St-Denis treffen Philipp I. und Ludwig mit Paschalis II. zusammen; dort wird die folgenreiche *Verbindung Frankreichs mit dem Papsttum* in feierlicher Form begründet und die Regelung der französischen Investiturfrage auf dem Konzil von Troyes im gleichen Jahr ermöglicht: Die königliche Bewilligung (concessio) der Temporalien ohne Lehnseid nach kanonischer Bischofswahl ersetzt die bisherige Investitur mit Ring und Stab; als „kanonisch" gelten auch vom König bestätigte oder im Einvernehmen mit ihm durchgeführte Wahlhandlungen.

Die Ausbildung der großen Territorien

Flandern: Zur Grafschaft Flandern (Hauptstadt Brügge) gehören seit dem 10. Jh. die Grafschaften Waesland, Gent, Courtrai, Mempisc, Carabant, Mélentois, Tournai, Ostrebant, Arras. Untergrafen in Boulogne und Thérouanne. Lehnsherr: König von Frankreich *(Kronflandern).* 1002–1056 Erweiterung um niederlothringische Grafschaften Alost und Hennegau, Landschaften Overschelde und Vier Ambachten, fünf seeländische Inseln (darunter Walcheren): *Reichsflandern.* 1180 geht durch Ehe Isabellas von Hennegau mit Philipp II. August ganz Südflandern (ab 13. Jh.: „Artois") an die Krone.
Normandie: Seit 10. Jh. Ausgangsgebiet um Rouen, dazu westliche Grafschaften Sées, Hiémois, Bayeux, Avranches, Cotentin. *Personalunion mit England* (seit 1066) umstritten, mit Heinrich II. (1154) gefestigt. Ungewöhnlich *starke Herzogsgewalt:* Hochgerichtsbarkeit, unmittelbares Aufgebotsrecht, Besetzungsrecht für Bistümer, herzogliche Vormundschaft über alle minderjährigen Adligen. Modell nicht lehnrechtlich begründeter Zentralverwaltung für die französische Monarchie nach Eroberung 1204 durch Philipp II. August.
Bretagne: Ethnische Sonderstellung (keltische Flüchtlinge von den britischen Inseln, daher Name *Britannia*). Erneuerung des Herzogtums durch Conan I. von Rennes (990), dennoch lehnrechtliche Aufsplitterung. Normannischer Druck führt 1113 zum Verzicht Ludwigs VI. auf die Lehnshoheit; seit 1166 *englische Verwaltung* durch Verlobung Gottfrieds (Sohn Heinrichs II.) mit der Tochter Herzog Conans IV. Beider Sohn Arthur 1203 auf Veranlassung Johanns I. (Ohneland) ermordet, daraufhin Vormundschaft Philipps II. über die „Regentin" Alix, die 1213 einen kapetingischen Prinzen heiratet.
Anjou: Fulco III. Nerra († 1040) entzieht sich der Lehnsverpflichtung gegenüber dem König; Begründung des angevinischen Fürstentums und weitere Expansion (1044 Touraine, 1110 Maine). Straffe lehnsstaatliche Verwaltung (Gottfried V. Plantagenet, seit 1144 auch Herzog der Normandie). 1152 Erwerb des Herzogtums Guyenne, 1154 *Personalunion Anjou/Normandie/England* (Heinrich II.). 1214 Niederlage Johanns I. (Ohneland) bei Angers gegen Ludwig (VIII.) von Frankreich. 1258 *Vertrag von Paris:* Anjou, Maine, Touraine zur Krondomäne.
Blois-Champagne: Odo II. († 1037) vereinigt Blois/Chartres/Champagne, aber schon 1152 endgültige Teilung mit deutlichem *Übergewicht der Champagne.* 1160 enge Verbindung zum Königshaus durch Ehe Ludwigs VII. mit Adela von Champagne. 1234 Theobald IV. König von Navarra; kapetingische Schutzherrschaft während seiner Abwesenheit, aber erst die Ehe Philipps IV. mit Johanna von Navarra bringt die Grafschaft an die Krondomäne.
Burgund: Das Herzogtum umfaßt den Raum Autun/Auxerre/Langres/Troyes und geht 956 durch Heirat an Otto (Bruder Hugo Capets), 1002 durch *Erbfall an König Robert II.* Seit 1032 (Robert, Bruder König Heinrichs I.) kapetingische Herzöge in schwacher Position gegenüber dem König, ihren Vasallen und der reich ausgestatteten Kirche. Hauptstadt Dijon.

448   Mittelalter – Hochmittelalter

Aquitanien: Gegenüber der älteren Bedeutung (alles Land südlich der Loire) auf das Poitou reduzierte Herzogsgewalt; behauptet Lehnsherrschaft über Anjou, Angoulême, La Marche, Périgord.
1137 heiratet die Erbtochter Eleonore Ludwig VII., 1152 (nach Scheidung) Heinrich von Anjou/Normandie (seit 1154 König Heinrich II. von England). 1224 erobert Ludwig VIII. das Poitou, Bezeichnung Guyenne seit 13. Jh. für die südfranzösischen Besitzungen Englands (Gascogne, Agenais).
Toulouse: Die Grafschaft bildet mit Albi und Cahors eine Einheit; seit 1112 von der mittleren Garonne bis zur Rhônemündung erweitert. 1125 Teilungsvertrag mit den Grafen von Barcelona. Erwerb der Markgrafschaft Provence. Vertrag von Paris 1229 (Folge der Albigenserkriege): Raimund VII. tritt Herzogtum Narbonne, Albigeois zwischen Tarn und Agout, südliches Quercy an die Krone ab. Durch kinderlose Ehe (1249) der Erbtochter Johanna mit Alfons (Sohn Ludwigs VIII.) 1271 Erbfall für das restliche Gebiet.

Der König von Frankreich

987 bringt das *Wahlrecht* die Kapetinger auf den Thron, sie erreichen aber durch Erhebung des jeweiligen Thronfolgers zum Mitkönig Anerkennung des *Erbrechts* (1137). Das Krönungsrecht wird zwischen 1054 und 1089 dem Erzbischof von Reims zugesprochen, dessen Kathedralkirche seit 1129 ständiger Krönungsort ist. 1131 erstmals Gleichsetzung des bei der Königsweihe verwendeten Öls mit dem „Himmelsöl" des heiligen Remigius; 1223 erkennt das Krönungszeremoniell diese Legende an. Damit behauptet der König von Frankreich eine Sonderstellung unter den europäischen Monarchen, zumal er mit Chrisma an Kopf, Brust, Armgelenken, zwischen und auf den Schultern gesalbt wird (Hauptsalbung mit Chrisma seit 1204 sonst nur bei Priesterweihe). Die Kommunion in beiderlei Gestalt wird seit dem 13. Jh. zur Besonderheit, als der Laienkelch außer Brauch kommt; Skrofelheilung am Krönungstag ist seit Philipp I. Amtsmerkmal. Die *karolingische Tradition* als wichtiges Element des französischen Königsgedankens haftet besonders an der Abtei St-Denis bei Paris; sie ist Grablege der Könige, erhält häufig die Insignien als Weihegaben und verwahrt seit 1260 stets den Krönungsornat. Abt Suger von St-Denis (1122–1151) sieht in Ludwig VI. den Lehnsmann des heiligen Dionysius und Träger seiner Fahne („Oriflamme"), die seit 1184 als Banner Karls des Großen verstanden und 1214 bei Bouvines mitgeführt wird. Der Karlskult erinnert an das großfränkische Reich und ist insoweit politisches Programm: Unabhängigkeit von jedem auswärtigen hegemonialen Anspruch. Der Krönungsordo von Reims (1260/74) faßt die bisherigen Stufen zusammen und legt den Krönungsbrauch für die Zukunft fest.

Die Erneuerung der Königsmacht (1108–1270)

1108–1137 **König Ludwig VI.** (der Dicke).
Er setzt die Kirchenpolitik seines Vaters fort und bekämpft weiterhin den Adel in der Krondomäne, wobei der Episkopat ihn vielfach unterstützt. Seine Erfolge bilden die wichtigste Voraussetzung für die Ausbildung einer starken französischen Monarchie von der zweiten Hälfte des 12. Jhs. an. Gleichzeitig behauptet er sich trotz gelegentlicher Rückschläge energisch gegen die anglo-normannische Macht und dehnt die königliche Gerichtsgewalt aus.

1111–1113 *Krieg zwischen Heinrich I. von England und Ludwig VI.*
Im Frieden von Gisors (Département Eure) tritt Ludwig die Lehnshoheit über die Grafschaft Maine und Bretagne an Heinrich I. ab.

1116 Die Feindseligkeiten flammen drei Jahre später erneut auf; Schwerpunkt der Operationen ist das Vexin.

1119 Niederlage Ludwigs bei Brémule (Département Eure) gegen Heinrich I.

1121 Friedensschluß nach Vermittlung Papst Calixts II. Für das Herzogtum Normandie empfängt Ludwig die Huldigung durch Wilhelm, den Sohn Heinrichs II.

1122 Der König besteht auf seiner Kirchenhoheit und wahrt diese Rechte auch gegenüber dem ihm von Jugend an befreundeten Suger, dessen Wahl zum Abt von St-Denis nur unter erheblichen Schwierigkeiten bestätigt wird, weil Ludwig nicht vorher konsultiert worden war.

1124 Im August bereitet *Kaiser Heinrich V.* einen *Vorstoß gegen Reims* vor, um eine Bündnisabsprache mit seinem Schwiegervater Heinrich I. von England zu erfüllen. Angesichts dieser doppelten Bedrohung eilt Ludwig VI. nach St-Denis, läßt die Reliquien der Heiligen auf den Hauptaltar erheben, von dem er die „Fahne des heiligen Dionysius" nimmt (in Wahrheit die Lehnsfahne der Grafschaft Vexin, später als „Oriflamme" mit dem Banner Karls des Großen gleichgesetzt) und geht an der Spitze des bislang größten Heeres unter einem kapetingischen König dem Angreifer entgegen. Der bedeutende Zuzug (Aufgebote der Kirchen von Reims, Châlons, Laon, Soissons, Orléans, Étampes, Paris, St-Denis; der

Frankreich – Erneuerung der Königsmacht *449*

Grafen von Blois, Champagne, Nevers, Vermandois und Flandern; des Herzogs von Burgund) veranlaßt Heinrich V. zu kampfloser Umkehr bei Metz.

In Frankreich führen diese Ereignisse zur ersten deutlich faßbaren Welle *nationalen Bewußtseins,* das vom auswärtigen Gegner erregt und durch Abt Suger von St-Denis maßgeblich beeinflußt wird.

1126　Ein Vorstoß Ludwigs VI. in die Auvergne zum Schutz des Bischofs von Clermont sieht den König wieder an der Spitze eines großen und vielfältig zusammengesetzten Heeres (Grafen von Flandern, Anjou, Bretagne; normannische, von Heinrich I. abgeordnete Truppen; zahlreiche Kronvasallen).

Nach militärischen Erfolgen des Königs vermittelt Herzog Wilhelm IX. von Aquitanien den Waffenstillstand.

1130　Auf dem Konzil von Étampes, das Ludwig VI. einberufen hat, entscheidet sich die französische Kirche unter ausschlaggebender Mitwirkung Bernhards von Clairvaux im Schisma gegen Anaklet für Innozenz II. England und das deutsche Reich folgen.

Ludwig VI. hat die Krondomäne vergrößert und durch zielstrebige Politik unter wohlabgewogenem Einsatz militärischer Kräfte das *Ansehen des Königtums* bedeutend erhöht.

Die Gottesfriedensbewegung

Ende des 10. Jh.s beginnt in Südfrankreich der hohe Klerus den Friedensschutz zu organisieren und handhabt auch die geistlichen Strafen zu seiner Durchsetzung. Erste Friedensgelübde 975 in der Diözese Le Puy, 989 Erzdiözese Bordeaux; später über ganz Frankreich verbreitet. Ziel ist die Unterbindung von Adelsfehden, charakteristisch die Einheit Klerus/Landbevölkerung/Reliquienkult, Durchsetzungsmittel das Interdikt (erstmals 1030 in Aquitanien) gegen Friedensbrecher, theoretische Grundlage die Sorgepflicht des Bischofs für Arme, Kleriker, ungestörten Gottesdienst. Die ältere Form des Friedensbundes schützt bestimmte Personengruppen (waffenlose Kleriker, Bauern) und Sachen (Kirchen, Häuser, Vieh, Feldfrüchte), die jüngere bringt allgemeine Waffenruhe für bestimmte Tage (= *Treuga Dei;* zuerst 1033 in den Konzilsakten von Vich). 1041/42 Konzil von St-Gilles: pax et treva Domini; daraus Begriffsbildung *pax Dei* = Gottesfrieden, seit 1080/90 verbreitet. Friedenstage zunächst von Sonnabend nachmittag bis Montag morgen; bald erweitert auf Mittwoch abend bis Montag morgen; die Wochen vom 1. Advent bis Epiphaniasoktav, Sonntag vor Aschermittwoch bis Osteroktav, Rogationstage bis Pfingstoktav und zahlreiche Heiligenfeste. Cluny ist an den Anfängen nicht beteiligt. Seit Urban II. (1088–1099; Franzose!) vom Papsttum gefördert: 1095 Konzil von Clermont mit Sonderfrieden für Kreuzfahrer; von späteren Konzilien bekräftigt. Ludwig VI. beendet durch eigenen Kampf gegen den fehdeführenden Adel in der Domäne die ältere Friedensbewegung, im 13. Jh. läuft sie allgemein aus.

1137–1180　König Ludwig VII.

Er übernimmt zu einer Zeit die Regierung, als auch die *großen Fürstentümer* Frankreichs an innerer Festigkeit gewonnen haben und den König von Bevölkerung und Adel außerhalb der Domäne trennen. Normandie, Anjou, Blois-Champagne, Flandern stecken nicht nur die Grenzen königlicher Territorialgewalt ab, sondern sind auch ihre gefährlichsten Konkurrenten. Durch seine Ehe mit Eleonore, der Erbtochter Wilhelms X., ist Ludwig VII. aber in Personalunion Herzog von Aquitanien und hat damit südlich der Loire eine zweite Basis.

Bei Bischofserhebungen geht der König zunächst schroff gegen Domkapitel und Episkopat vor (Reims, Poitiers, Bourges), fördert die kommunale Bewegung gegen den örtlichen Klerus (Reims, Sens) und gerät dadurch in Gegensatz zum Papst.

1144　In der Normandie triumphiert Graf Gottfried Plantagenet von Anjou über den von Ludwig VII. gestützten Stephan von Blois.

Ludwig wechselt die Fronten, erkennt die Herrschaft Gottfrieds über die Normandie an und erhält seinerseits die Lehnsoberhoheit bestätigt.

1145　Aus persönlicher Frömmigkeit entscheidet sich Ludwig VII. für einen bewaffneten Zug ins Heilige Land.

1146　Erst der päpstliche Auftrag und die Kreuzzugspredigt Bernhards von Clairvaux in Vézelay bringen aber ein genügend großes Heer zusammen.

1147–1149　Zweiter Kreuzzug. Das französische Kontingent geht auf dem Landweg über Konstantinopel und Nikaia, erleidet bei Laodikaia eine schwere Niederlage und beteiligt sich an der vergeblichen Belagerung von Damaskus. Während dieser Zeit ist Abt Suger von St-Denis († 1151) Regent des Reiches.

1152　Scheidung des Königs von Eleonore, der Aquitanien zurückgegeben werden muß. Sie heiratet Heinrich Plantagenet, seit zwei Jahren Herzog der Normandie und Graf von Anjou, der als *Heinrich II. König von England* wird (1154).

Sein kontinentaler Besitz reicht vom Kanal zu den Pyrenäen und droht bei weiterer Expansion, Ludwig VII. auf das Pariser Becken zu beschränken.

450   Mittelalter – Hochmittelalter

1156 Um sich die Neutralität des französischen Königs während des Konfliktes mit seinem eigenen Bruder Gottfried zu sichern, huldigt Heinrich II. Ludwig VII. für die Normandie, Aquitanien, Anjou, Maine, die Touraine.

1159 *Ausbruch des Schismas.*
Während Kaiser Friedrich I. sich für Viktor IV. entscheidet, sind der englische und der französische Klerus auf seiten Alexanders III.; Heinrich II. und Ludwig VII. ergreifen folglich seine Partei.

1162 Alexander III. flieht nach Frankreich. Ein Treffen Ludwigs VII. mit dem Kaiser bei St-Jean-de-Losne (Saône) kommt nicht zustande.
Während seines dreieinhalbjährigen Aufenthaltes unterstützt der Papst den französischen König bei dessen Kirchenpolitik. Ludwig ist darauf angewiesen, weil er den seit zwei Jahren offen ausgebrochenen Konflikt mit Heinrich II. nicht militärisch gewinnen, sondern nur gestützt auf eine gefestigte Krondomäne überstehen kann.

1164 Thomas Becket, Erzbischof von Canterbury, geht ins französische Exil.

1167–1172 Krieg zwischen Ludwig VII. und Heinrich II., Hauptschauplatz ist das Vexin.

1173 Graf Raimund V. von Toulouse huldigt Richard, einem Sohn Heinrichs II., wodurch das Languedoc an Aquitanien fällt.
Ludwig unterstützt daraufhin den erfolglosen Aufstand Heinrichs des Jüngeren von England gegen seinen Vater.

1177 Nur unter päpstlichem Druck versteht sich Heinrich II. zum Ausgleich mit Ludwig.
Dem Verlust Aquitaniens und der Unterlegenheit gegenüber Heinrich II. entspricht positiv eine sehr gut verwaltete Domäne. Die Autorität des Königtums hat in Frankreich weiter zugenommen, der innere Zusammenhalt unter der kapetingischen Dynastie ist größer als 1137.

1180–1223 König Philipp II. Augustus.
Er hat in den Anfängen seiner Regierung mit drei Mächtegruppierungen zu rechnen: Heinrich II., Flandern und Champagne. Die Ehe mit Isabella von Hennegau bringt das Artois an die Krone.

1185 Die militärisch und politisch glücklose Koalition von Flandern/Champagne muß im Vertrag von Boves (südöstlich Amiens) 65 Burgen im Vermandois und die Stadt Amiens dem König ausliefern.
Philipp II. nutzt Spannungen im englischen Königshaus und sein Bündnis mit dem Kaiser zur *Teilung der angevinischen Macht:*

1188 Richard Löwenherz huldigt ihm für Normandie, Poitou, Anjou, Maine, Berry und Toulousain.

1191 Landung Philipps II. und Richards im 3. Kreuzzug vor Akkon; die Stadt fällt nach kurzer Belagerung. Im gleichen Jahr kehrt der französische König in sein Reich zurück.

1194–1199 *Englisch-französischer Krieg,* der für Philipp II. verlustreich endet: Außer Gisors gehen alle Positionen in der Normandie und im Vexin verloren; die Rechte im Erzbistum Tours fallen an Richard Löwenherz, der aber kurz nach Friedensschluß an den Folgen einer Verwundung stirbt.

1199 Die Nachfolge seines Bruders Johann (Ohneland) wird durch dessen Neffen Arthur von Bretagne bestritten, den Philipp unterstützt.

1200 Die Bewegungsfreiheit des französischen Königs wird aber durch das Interdikt eingeschränkt, mit dem Papst Innozenz III. ihn zwingt, die verstoßene zweite Gemahlin Ingeborg von Dänemark wieder aufzunehmen.

1202 Klage der mächtigen poitevinischen Familie der Lusignan gegen Johann vor dem Hofgericht Philipps II. als dem Oberlehnsherrn. Da Johann keiner Ladung folgt, werden ihm alle französischen Lehen aberkannt: Kriegserklärung in Form des Lehnsprozesses.
Einen Vermittlungsversuch Innozenz' III. lehnt Philipp mit Hinweis auf die Grenzen päpstlicher Jurisdiktionsgewalt ab, die Lehnssachen nicht einschließe. Zum ersten Mal stützt ein französischer König seinen Widerstand gegen die Kurie auf das Lehnsrecht. Während der folgenden Kämpfe wird Arthur von Johann gefangengenommen und bald darauf ermordet.

1204 Mit der Eroberung des stark befestigten Château Gaillard (Les Andelys/Seine) bricht Philipp II. das Tor zur Normandie, während Johann in England bleibt. Im Juni kapituliert Rouen. Mit dem Einzug des Königs in Poitiers beginnt zwei Monate später die Eroberung des Poitou.
Seit der Doppelwahl von 1198 im deutschen Reich hat sich eine *Annäherung Philipps II. an die staufische Partei* ergeben, um die englisch-welfische Allianz zu verhindern.
Nach der Ermordung Philipps von Schwaben fördert der französische König die deutsche

1208 Thronkandidatur Heinrichs von Brabant, wobei erstmals eine Bestechung der Wähler versucht wird.
Der Mißerfolg nötigt zur Wiederbelebung des staufisch-kapetingischen Bündnisses.

1213 Philipp bereitet eine Landung in England vor, um den Konflikt Johanns mit Innozenz III.

Frankreich – Erneuerung der Königsmacht

wegen der Kirchenpolitik des englischen Königs zu nutzen, scheitert aber an Johanns Unterwerfung, die das päpstliche Verbot französischer Kriegshandlungen gegen England nach sich zieht, und am Widerstand des Grafen Ferrand von Flandern-Hennegau. Der daraufhin unternommene Feldzug gegen Flandern ist militärisch erfolgreich, aber politisch ohne Ergebnis. Die französische Flotte wird in Damme (Hafen Brügges) von den Engländern vernichtet.

1214 Johann landet in La Rochelle und bereitet mit seinen militärischen Erfolgen den englisch-welfischen Feldzug vor. Beide Heere treffen sich in Valenciennes unter Führung von Johanns Halbbruder Wilhelm von Salisbury und des Kaisers, der die Herzöge von Brabant, Limburg, Oberlothringen, die Grafen von Flandern und von Holland als Verbündete hat, während sein eigenes Aufgebot nur westfälisch-niederrheinische Kontingente ohne geistliche Beteiligung umfaßt. Kriegsziel ist die Auflösung der kapetingischen Monarchie.

27. Juli Es kommt bei **Bouvines** (nahe Lille) zur entscheidenden Schlacht, in der Philipp II. einen glänzenden Sieg erringt und seither „Augustus" zubenannt wird. *Das angevinische Reich ist vernichtet, der deutsche Thronstreit entschieden, die europäischen Machtverhältnisse sind zugunsten Frankreichs gründlich verändert.* Johann von England schließt in Chinon einen Frieden auf fünf Jahre und anerkennt den Verlust aller englischen Besitzungen nördlich der Loire.

Beginn der Organisation des Reiches seit Philipp II. Augustus

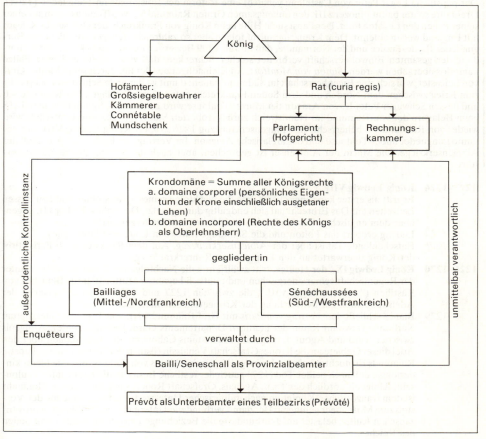

Ansehen und politische Möglichkeiten der Krone gegenüber den Regionalgewalten erfahren in Frankreich eine erhebliche Stärkung und erlauben in den folgenden Jahren den Aufbau einer zentralisierten *Verwaltung*.

1216 Die gegen Johann rebellierenden Barone rufen den französischen Thronfolger Ludwig (VIII.) nach England, der trotz päpstlichen Verbots geht, um die Krone zu erlangen. Der Tod Johanns entzieht dem Aufstand die Grundlage und zwingt Ludwig zum Verzicht.

452 Mittelalter – Hochmittelalter

Albigenserkriege in Südfrankreich (1209–1229)

Zuerst in den Rheinlanden tritt 1143 eine organisierte Sekte auf, die seit den 60er Jahren des 12. Jh.s. in ganz Mittel- und Westeuropa verbreitet ist. Die Mitglieder nennen sich selbst *Katharer* (von griechisch katharoí = die Reinen; daraus wahrscheinlich das deutsche Wort „Ketzer"), kennen eine Priesterhierarchie *(electi, perfecti)* über einfachen *auditores* oder *credentes* und besondere Grundsätze: tägliches Brotbrechen statt Messe und Kommunion, Handauflegung statt Taufe, Ablehnung von Fleischgenuß, Eid und Ehe. Ursprungsgebiet der Sekte ist der byzantinische Balkanraum, wo in der Mitte des 10. Jh.s der bulgarische Priester Bogumil urchristliche Ideale predigt. Um 1160/70 bringt der bogumilische Bischof Niketas aus Konstantinopel das radikal dualistische Weltbild in den Westen: sichtbare Welt nicht von Gott erschaffen, sondern vom Teufel; das Alte Testament als böser Widerpart des Neuen verwerflich. Damit wird die Sekte zur Gegenkirche mit spekulativer Dogmatik; am stärksten ist sie im *Languedoc,* wo es sechs Kathareribistümer gibt: Nach dem Hauptort Albi wird der Name *Albigenser* gebildet. Die Wirkung beruht auf apostelhafter Agitation und dem dualistischen Mythos, der mit klarer Scheidung von Gut und Böse dem weniger Gebildeten einleuchtende Erklärungsmodelle für irdische Mißstände liefert. Städte sind günstiger Nährboden, weil Armut breiter Bevölkerungsteile und schlechtes Gewissen vermögender Bürger gleichermaßen angesprochen werden. Deshalb wird das Languedoc zur wichtigsten katharischen Region: Von der Kirchenreform kaum berührt, steht spirituelle Leere neben großer Wirtschaftskraft. Die Amtskirche überzeugt im Vergleich zur katharischen Lebensführung nicht, so daß seit 1165 Toulouse, Albi, Agen, Pamiers, Carcassonne ihrer Kontrolle entgleiten.

Der päpstliche Legat Peter von Castelnau versucht eine Reform des Episkopats im Languedoc (1204). Drei Jahre später bannt Innozenz III. den unbeugsamen Grafen Raimund VI. von Toulouse, worauf einer seiner Pagen den Legaten tötet. Der Papst sucht Hilfe beim König von Frankreich, der aber seines Krieges mit England wegen ablehnt. Dem Kreuzzugsaufruf folgen aber so zahlreiche Krieger vor allem aus Burgund, der Île-de-France und der Normandie, daß im Juli 1209 Béziers erobert werden kann. Die Ermordung der gesamten Einwohnerschaft verbreitet solchen Schrecken, daß viele Städte und feste Plätze kampflos übergeben werden. *Simon von Montfort,* ein Kleinadliger aus der Île, durch seine Mutter Graf von Leicester, will sich eine Eigenherrschaft im Süden aufbauen; damit ist der erste Schritt vom Kreuzzug zum Krieg zwischen dem Norden und dem Süden Frankreichs getan. Simon schlägt 1213 Raimund VI. und dessen Schwager Peter II. von Aragon bei Muret; Toulouse wird genommen, Simon fällt aber 1218 beim Belagern der von Raimund im Handstreich zurückeroberten Stadt. Die gesamte Grafschaft wird wieder von Raimund VI. beherrscht. Im Albigenserkreuzzug 1226 erobert König Ludwig VIII. das gesamte Languedoc außer Toulouse und das arelatische Avignon. Im Vertrag von Paris 1229 Abschluß der Albigenserkriege. Die Macht der Albigenser ist gebrochen, aber auch die provenzalische Kultur zerstört.

1223–1226 König Ludwig VIII.
Er tritt als erster kapetingischer König die Nachfolge seines Vaters ohne Wahl zu dessen Lebzeiten an: Das Erbrecht hat sich endgültig durchgesetzt. Die Politik Philipps II. gegenüber dem englischen Festlandbesitz wird konsequent weitergeführt:
1224 Ludwig erobert das Poitou und die Saintonge (zwischen Loire und Dordogne).
1226 Entscheidende Tat ist aber der *Albigenserkreuzzug.* Auf dem Rückweg nach Paris stirbt der König unerwartet an den Folgen einer Ruhrerkrankung.

1226–1270 König Ludwig IX., der Heilige, tritt zwölfjährig die Nachfolge an. Zunächst steht er unter der Regentschaft seiner energischen und politisch begabten Mutter Blanca (Blanche) von Kastilien (Tochter Alfons' VIII.), die zwischen 1227 und 1236 mehrere Versuche der Adelsopposition zur Schwächung der Krongewalt scheitern läßt.
1229 Blanca schließt den *Vertrag von Paris* mit Graf Raimund VIII. von Toulouse: Herzogtum Narbonne (etwa im Raum der heutigen Départements Gard, Hérault, Aude), Albigeois zwischen Tarn und Agout, Landgebiet des Bistums Cahors mit der Lehnshoheit über den Adel dieser Gebiete an die Krone; Grafschaft Venaissin (östlich des Rhône) an den Papst. Raimunds Erbtochter heiratet Ludwigs IX. Bruder Alfons von Poitiers; die Ehe bleibt kinderlos, so daß nach beider Tod (1271) auch der restliche Besitz an die Krone fällt: Toulousain, Albigeois nördlich des Tarn, Agenais, Grafschaft Rodez, südliches Quercy. Nunmehr ist dem französischen Königtum nach militärischer Unterwerfung des Languedoc der Vorstoß zum Mittelmeer gelungen. Der damit verbundene Untergang einer blühenden provenzalischen Kultur belastet auf Jahrhunderte die Beziehungen zwischen Norden und Süden des Reiches.
1242 Im Bündnis mit einer aufständischen französischen Adelskoalition unter Führung des Grafen von Marche versucht Heinrich III. eine Rückeroberung der englischen Lehen, wird aber bei Saintes von Ludwig IX. geschlagen.
In der Auseinandersetzung zwischen Papst und Kaiser ist Frankreich eine von beiden Seiten umworbene Macht. Ludwig IX. verhält sich neutral und vermittelnd, wodurch den Interessen Frankreichs am besten gedient ist, zumal die antikirchliche Publizistik Friedrichs II. Resonanz im französischen Adel findet.

1248–1254	6. *Kreuzzug.* Ludwig nimmt das Kreuz und geht von Aigues-Mortes aus über Zypern nach Damiette (1249), wird nach vernichtender Niederlage (1250) gegen hohes Lösegeld freigelassen und wendet sich dann in das Heilige Land, wo er als unbestrittener Regent vier Jahre lang wirkt.
1258 11. *Mai*	Im *Vertrag von Corbeil* verzichtet Aragon auf die Lehnshoheit im Languedoc, Ludwig auf die seine über Katalonien.
28. *Mai*	Wenig später schließen Heinrich III. und Ludwig IX. den *Frieden zu Paris:* Heinrich gibt Normandie, Anjou, Touraine, Maine, Poitou auf und erkennt die französische Lehnshoheit über geringfügigen Besitz im Raum Limoges, Cahors, Périgueux sowie über Reste der Guyenne an.

Damit ist Frankreich zur *Großmacht* geworden, die seit dem Zusammenbruch der staufischen Herrschaft keine ernsthaften Rivalen mehr hat. Persönlich von tiefer Frömmigkeit mit asketischen Zügen geprägt, ist Ludwig IX. als Herrscher klug, beharrlich, gerechtigkeitsliebend; 27 Jahre nach seinem Tode wird er heiliggesprochen. Unter seinen Rechtsreformen sind besonders wichtig das Verbot des gerichtlichen Zweikampfes, die Appellationsmöglichkeit von baronialen Gerichten an das Pariser Parlament (Hofgericht), die Einschränkung des Fehderechts. Die Krongewalt wird im Innern durch weitere Maßnahmen gestärkt: Ständiger Sitz des mit Juristen besetzten Hofgerichts in Paris, Aufzeichnung seiner Urteile, Einzug heimgefallener Lehen zugunsten des Königs, Ausnutzung der städtischen Finanzen. Die kommunale Bewegung wird in der Krondomäne unterdrückt, außerhalb gefördert, um die Regionalgewalten weiter zu schwächen.

1270	7. *Kreuzzug.* Ludwig IX. zieht nach Tunis, wo er mit einem großen Teil des Heeres einer Seuche erliegt.

Die Literatur und die bildenden Künste

Literatur: Vom 9. Jh. an zeigen verstreute Zeugnisse das Entstehen einer nichtlateinischen Literatur, deren Autoren gleichwohl Kleriker sind. Als verloren gelten mündlich überlieferte Stücke volkstümlicher Lieddichtung, die karolingerzeitliche Stoffe in die hochmittelalterliche Literatur bringen. Lateinische Oster- und Weihnachtsspiele (zuerst 10./11. Jh. in St-Martial/Limoges und in Fleury-sur-Loire) als Beginn einer liturgisch bestimmten szenischen Kultur werden allmählich mit volkssprachlichen Partien durchsetzt (frühestes Zeugnis eine Handschrift aus St-Martial, um 1100), das erste französische Spiel entsteht um die Mitte des 12. Jh.s. (Adamsspiel).

Besonders Aquitanien und die Normandie bringen volkssprachliche Texte hervor: Heiligenlieder und -viten, im Süden *Troubadour-Lyrik* (von trobar = ein Lied verfassen; aus lateinisch tropus = Melodie, Gesang, Lied), die seit 1100 an aquitanischen Höfen gefördert wird. Innerhalb von zwei Generationen entwickelt sich eine Kunst, die das Provenzalische zur vorbildlichen lyrischen Dichtersprache werden läßt (Höhepunkt 1175–1200: Bertran de Born, Giraut de Bornelh, Arnaut Daniel).

Die weltliche Epik *(chanson de geste)* beginnt um 1100 mit der Chanson de Roland und bezieht ältere Traditionen aktualisierend auf die eigenen Zeitumstände; ritterliche Tugend als höchster Wert, Auseinandersetzung mit dem Islam beliebtes Thema. Am kulturell führenden anglo-normannischen Hof ist das Französische seit Anfang 12. Jh. Gesellschaftssprache, in der auch Geschichte geschrieben wird: Geoffroi Gaimar, Histoire des Anglais (um 1140).

Neue Literaturgattung ist von der zweiten Hälfte des 12. Jh.s. an der *Roman:* detailfreudig, psychologisch erklärend, inhaltliche Zusammenhänge stärker einsetzend als formale Bande. Antike Stoffe (Theben, Troja) werden rasch durch byzantinische ergänzt (Floire et Blancheflor) und ab etwa 1170 von den bretonisch-keltischen Themen (Tristan, Gral, Arthus) verdrängt, die Marie de France literarisch bekanntmacht, Chrétien de Troyes (vielleicht Kanoniker in Troyes) zur großen Form bringt. Satirisch, belehrend oder komisch, von Erzählfreude getragen ist das Tierepos (Roman de Renart). Nur wenig später entwickelt sich das *fabliau:* eine kurze, schwankhaft-parodistische Verserzählung, überwiegend in Nordfrankreich verbreitet.

Kunst: Mit der Ausbildung neuer architektonischer Formen um das Jahr 1000 entsteht eine regional unterschiedliche *Romanik* (Normandie, Poitou, Burgund, Aquitanien, Auvergne, Provence), die im Süden stärker durch antike Traditionen bestimmt wird. Wichtige Anregungen kommen aus Burgund (Abteikirche Cluny II, 981 geweiht, mit Staffelchor und westlicher Doppelturmfassade), Tours (Abteikirche St-Martin mit jetzt nicht mehr erhaltenem Chorumgang von 997 ff.) und Reims (Abteikirche St-Rémi, 1005–1049; durch Emporengeschoß aufgegliederte Wand des Langhauses), bevor die Normandie eine Spitzenstellung erreicht: Die Abteikirche Jumièges (1040–1067) gruppiert Arkaden, Emporen und Fenster linear und betont durch halbrunde Pfeilervorlagen vom Boden zur Decke die senkrechte Ausrichtung des Raumes. Die Abteikirchen des Mont-St-Michel (2. Hälfte 11. Jh.) und in Caen (St-Étienne, um 1065–1081; St-Trinité, 1059 ff.) schließen hier an. Charakteristisch für das Poitou sind dreischiffige Hallenkirchen mit Querhaus, Chorumgang, Kapellenkranz und tonnengewölbtem Mittelschiff (St-Savin-sur-Gartempe spätes 11. Jh.; Notre-Dame-la-Grande/Poitiers, 2. Viertel 12. Jh.), während Aquitanien

454 Mittelalter – Hochmittelalter

einschiffige Kuppelkirchen hervorbringt (Kathedrale St-Front/Périgueux, nach 1120 ff.). Gewölbte Hallenkirchen mit Emporen und Vierungskuppel kennzeichnen die Auvergne, einschiffige Saalkirchen und dreischiffige Basiliken die Provence. Der Raumeindruck wird hier durch die geschlossene Wand bestimmt; antike Elemente zeigen besonders St-Trophime/Arles und St-Gilles-du-Gard (beide Mitte 12. Jh.).

Ab 1100 ist *Burgund führend*, nicht nur in Frankreich, sondern in der europäischen Architektur überhaupt. Die Abteikirche Cluny III (1088 ff.), der größte mittelalterliche Kirchenbau, hatte einen hochaufragenden Innenraum mit Triforien, Spitztonnengewölbe, Chorumgang und Kapellenkranz. Ein Nachfolgebau dieser nach 1789 größtenteils vernichteten Kirche ist die Kathedrale St-Lazare/Autun (um 1120 ff.), andere Einflüsse zeigen Ancy-le-Duc (um 1100 ff.), St-Lazare/Avallon (12. Jh.) und Vézelay (um 1120 ff.).

Die romanische *Plastik* ist vor allem Bauplastik. Für die *Malerei* zeugen neben geringen Resten von Wandbemalung illuminierte Handschriften; wichtig vor allem Limoges (Bibel von St-Martial, Ende 11. Jh.), Burgund (Bibel von Cîteaux, 1109), St-Amand, Valenciennes.

Die *Gotik* breitet sich von der Île-de-France her aus und ist eine weitergeführte Synthese regionaler Bauelemente (Kreuzrippengewölbe: Normandie; Spitzbogen, Triforium: Burgund; Dreiportalfassade: Provence) zu einer in sich folgerichtig entwickelten Struktur: Auflösung der Wand, Raumerhellung durch große Glasfenster, einheitliches Raumgefüge statt Addition von Einzelräumen, sichtbare Funktion der Bauteile; durch Umgang und Kapellenkranz wird der Chor breiter als das Mittelschiff und erreicht schließlich dessen Länge, keine Emporen über den Arkaden. Da die Maßwerkfenster im Obergaden gleiche Abmessungen wie die Arkadenöffnungen haben, kann sich die Glasmalerei in bisher ungeahnter Weise entfalten (Chartres, Bourges); Frankreich ist im 12./13. Jh. auf diesem Gebiet führend. Vom 13. Jh. an wird auch die Profanarchitektur bedeutender (Stadtbefestigung von Carcassonne).

Die *Plastik* bleibt weiterhin ein Teil der Baukunst, die Figuren lösen sich aber von der Wand und werden immer selbständig-freier; ausgehend von der Portalzone, verteilen sie sich besonders über den Außenbau. In der *Malerei* verlieren die Klöster ab 1150 ihre führende Stellung an städtische Zentren, vor allem Paris (Evangeliar der Ste-Chapelle, um 1260/67; Psalter König Ludwigs IX., des Heiligen, 1253/70). – *(Forts. S. 540)*

Die ältesten französischen Sprachdenkmäler

842	Straßburger Eide
10. Jh.	*Vie de saint Léger*
1075/1100	*Chanson de saint Alexis*
vor 1109	*Chanson de Roland*
um 1125	*Gormond et Isembart*
vor 1126	Dichterisches Werk Graf Wilhelms IX. von Poitiers, Herzog von Aquitanien (,,erster Troubadour'')
gegen 1120	Benedeit, *Voyage de saint Brendan*
vor 1130	Philippe de Thaon, *Bestiaire*
1155	Wace, *Roman de Brut*
um 1160	*Eneas*
1170	Chrétien de Troyes, *Erec*
	Erstfassung von *Floire et Blancheflor*
1160/1170	Marie de France, *Lais*
nach 1161	Wace, *Roman de Rou*
um 1170	Thomas d'Angleterre, *Tristan*
1174	Garnier de Pont-Sainte-Maxence, *Vie de saint Thomas Becket*
um 1175	Erste Teile des *Roman de Renart*
um 1176	Chrétien de Troyes, *Cligès*
vor 1178	Étienne de Fougères, *Livre des manières*
um 1180	Chrétien, *Lancelot (Le chevalier de la charrette)*
	Chrétien, *Yvain (Le chevalier au lion)*
nach 1181	Chrétien, *Conte del Graal (Perceval)*
nach 1191	Béroul, *Tristan*
um 1200	Jean Bodel, *Le jeu de saint Nicolas*
vor 1200	Robert de Boron, *Estoire du saint Graal*
Anf. 13. Jh.	*Aucassin et Nicolette*
1213	Guilhem de Tudela, *Chanson de la croisade contre les Albigeois* (fortgesetzt 1228)
vor 1218	Gottfried I. von Villehardouin, *Conquête de Constantinoble*
um 1220	*Huon de Bordeaux*
1235	Guillaume de Lorris, *Roman de la Rose* (fortgesetzt wohl 1275 durch Jean de Meung)
vor 1236	Gautier de Coinci, *Les miracles de Notre-Dame*
um 1240	Henri d'Andeli, *Lai d'Aristote*
um 1250 – um 1285	Rutebeuf, *Werke*
vor 1285	Adam de la Halle, *Le jeu de la feuillée*
	Adam de la Halle, *Le jeu de Robin et Marion*

Frankreich – Kultur   455

Die ältesten gotischen Kathedralen

1140	Sens	
	1164	Weihe des Hauptaltars
	1230	(nach Brand) Langhaus, Chorumbau
	1267	Einsturz des Südturms
	ab 1289	Neu- und Umbau der Westteile
1150	Noyon	
	1185	Chor, Querhaus
	1200	Langhaus
1153	Senlis	
	vor 1180	Chor
	1191	Weihe
	1240	Querhaus
1150/1155	Laon	
	Ende 12. Jh.	Langhaus
	1200	Westfassade
	1220	Chorausbau
1163	Paris	
	1182	Chorweihe
	1200	Langhaus
	1250	Westfassade
1194	Chartres	
	1220	Langhaus
	1221	Chorweihe
	1245	Querhaus
	1260	Weihe
1195	Bourges	
	1195–1214	Apsiden, Chor, Chorumgang
	1225–1250	Langhaus
Ende 12. Jh.	Meaux	
	Zweite Hälfte 13. Jh. weitgehend erneuert	
1201/1202	Rouen	
	nach 1214	Chor
	nach 1250	Langhaus
	nach 1275	Querhaus
1208	Troyes	
	1223	Chorumgang
	1240	Chor
	vor 1298	Querhaus
1211	Reims	
	1225/40	älteste Skulpturen (Nordfassade)
	1241	Chor
	nach 1250	Chorfenster
1215	Auxerre	
	vor 1234	Chor
	vor 1300	Chorfenster
1220	Amiens	
	1236	Langhaus, Teile der Westfassade
	1269	Chor
nach 1225	Beauvais	
	1284	Einsturz der Chorgewölbe

Die vorangestellte Jahreszahl bezeichnet den Baubeginn, nachgeordnete Daten beziehen sich auf die Vollendung einzelner Bauteile bzw. wichtige Baunachrichten.

456   Mittelalter – Hochmittelalter

Die Iberische Halbinsel (711–1252)
(Forts. v. S. 364)

Das arabische Iberien (Al-Andalus) (711–1492)

Die Iberische Halbinsel gerät in wenigen Jahren als „al-Andalus" in den Herrschaftsbereich der Kalifen von Damaskus. Die moslemischen Berber und Araber dringen nicht als Okkupanten, sondern mit geringen Kräften als Verbündete einer Partei in das vom Bürgerkrieg zerrissene Westgotenreich ein. Die großen Städte, auch die Hauptstadt Toledo, kapitulieren mit Ausnahme Méridas, eines Machtzentrums des letzten Westgotenkönigs Roderich (710–711), ohne militärischen Widerstand. Bei der Übernahme der Städte garantieren die Moslems zu Anfang die geltende Rechtsordnung mit alter Obrigkeit, Eigentumsverhältnissen und Religionsfreiheit. Sie ersetzen lediglich die westgotische Zentralregierung und schöpfen mit der Verpflichtung zu Kopfsteuern und Naturallieferungen die wirtschaftlichen Überschüsse der Bevölkerung ab. In einer späteren Phase werden die moslemischen Krieger, insbesondere die Araber, zu stadtsässigen Großgrundbesitzern.

	Kalif Omar II. ibn Abdal Asis von Damaskus (717–720) steht der Unterwerfung der Iberischen Halbinsel, die von dem Gouverneur von Afrika, Musa (* 640, † 716/717?), eigenmächtig begonnen worden ist, abwartend gegenüber.
719–721	*As-Samh*, der als Statthalter das Vertrauen des Kalifen genießt, stärkt die Stabilität der moslemischen Herrschaft auf der Halbinsel, dehnt sie über die Pyrenäen aus und erobert Narbonne.
721–726	Sein Nachfolger ist *Anbasa* († 726). Er unterwirft mit Carcassonne und Nîmes die Reste des alten toledanischen Westgotenreiches. Gegenüber dem militärischen Druck der Franken unter Karl Martell (714–741) bleibt die Expansion der Moslems auf das Gebiet des Westgotenreiches beschränkt.
756–788	**Emir Abd ar-Rahman I.** (* 731, † 788) Der einzige überlebende Nachkomme der von den Abbasiden ausgerotteten Omajjadendynastie von Damaskus errichtet im Gegensatz zu den früheren, nur für kurze Zeit ernannten Gouverneuren der Halbinsel seine Herrschaft als eigenständiges „Emirat" mit Zentrum in Córdoba. Er unterdrückt innenpolitische Gegner und Aufstände und legt die Grundlagen eines von Vorderasien unabhängigen Staates.
788–796	Sein zweiter Sohn *Hischam I.* (* 757, † 796) folgt ihm als Erbe des Emirats nach.
796–822	Dessen Sohn und Nachfolger *al-Hakam I.* (* 770, † 822) hält trotz zahlreicher Aufstände als harter, grausamer Monarch die politische Einheit des Reiches aufrecht.
912–961	**Emir Abd ar-Rahman III.** (* 891, † 961) von Córdoba. Er baut die moslemische Herrschaft zu einem innen- und außenpolitisch starken Einheitsstaat aus. Aufstände innerhalb des Reiches schlägt er nieder, 927 erobert er Ceuta und 951 Tanger.
929	Seine militärischen Erfolge und seine vornehme Abkunft erlauben es ihm, sich selbst zum „Kalifen" und „Fürsten der Gläubigen" zu ernennen.
	Gestützt auf schwer integrierbare Söldnertruppen, führt er die entwickelte maurische Kultur mit intensiver, gartenbauartiger Landwirtschaft, blühender Verbrauchsgüter- und Luxusgüterindustrie, mit städtischer Zivilisation, regem Binnen- und Fernhandel, straffer Verwaltung, mit bewundernswerten Moscheen und Palästen, insbesondere dem Kalifenpalast von Córdoba und der Residenz as-Sahra, mit Hofgeschichtsschreibung, Philosophie, Dichtung, Naturwissenschaften und großen Bibliotheken zu ihrem Höhepunkt.
976–1013	Unter *Hischam II.* († 1013) gehen die afrikanischen Besitzungen wieder verloren. Sein erster Minister und Feldherr Mohammed ibn Abi Amir, genannt Almansor = der Siegreiche († 1002), wird mit seinen Feldzügen zum Schrecken der christlichen Königreiche im Norden.
1013-1031	Vom Ausgang seiner Regierungszeit bis zur Vertreibung des letzten Omajjadenkalifen, *Hischam III.* (1027–1031, * 975, † 1036), versinkt die Monarchie in dynastischen Auseinandersetzungen. Das Kalifat von Córdoba zerbricht angesichts der überaus starken Zentralisierung der Macht vor allem am Widerstand des arabischen Adels. Aristokratische Gruppen übernehmen in den nachfolgenden Kleinstaaten die Regierungsgewalt.
seit 1031	Unter den zahlreichen sich befehdenden Taifa-(= Teil-)Königreichen gewinnen die mächtigeren, wie Sevilla und Granada, überregionale Bedeutung. Die politische Schwäche der Teilkönigreiche wird von einer hohen Kulturblüte begleitet.
1080–1085	Alfons VI. von Kastilien (1072–1109) belagert und erobert Toledo.
1086 1090	Die *Almoraviden,* eine berberische politisch-religiöse Reformbewegung, überrennen und erobern, von dem Herrscher von Sevilla ins Land gerufen, den moslemischen Rest der Iberischen Halbinsel und machen ihn zu einer Provinz ihres nordafrikanischen Reiches.

Iberische Halbinsel – arabisches Iberien – christliche Reiche   457

Die Almoraviden erobern alle großen Städte, zuletzt Zaragoza (Saragossa), das erst 1110 fällt.

1145   Ibero-moslemische Aufstände treiben sie aus dem Land.
Im 12. Jahrhundert unterwirft eine zweite berberische politisch-religiöse Reformbewegung, die Almohaden, al-Andalus.

1130–1163   Unter ihrem Emir *Abd al-Mumin ben Ali* (* 1094, † 1163) erobern sie die meisten Städte im Süden der Halbinsel.

1163–1184   Sein Nachfolger *Abu Jakub Jusuf* erobert 1172 Murcia.
An seinem Hof lebt Ibn Ruschd (Averroes; * 1126, † 1198), der Verfasser von Kommentaren zu Aristoteles.

1195   Die Almohaden schlagen König Alfons VIII. (1158–1214) von Kastilien bei Alarcos (Provinz Ciudad Real).

1212   Bei *Navas de Tolosa* (nahe Jaén) erleiden sie eine vernichtende Niederlage durch die vereinigten kastilischen, navarresischen und aragonischen Heere.

1225   Sie geben die Iberische Halbinsel bis auf Granada auf, das zur Hauptstadt eines moslemi-
1235–1492   schen Königreiches unter der Dynastie der *Nasriden* wird.

Die christlichen Reiche (711–1252/1328)

In den asturischen Bergen bildet sich unter Pelagius, der aus altem westgotischem Adel stammt, eine Widerstandsbewegung gegen die moslemische Okkupation. 718 wird Pelagius von einer asturischen Versammlung zum Fürsten gewählt. 722 erlangt er bei *Covadonga* einen beachtenswerten militärischen Erfolg. Die junge asturische Monarchie, in die sich viele mozarabische Priester flüchten, versteht sich als Nachfolgerin und Erbin des alten Westgotenreiches. Um 750 werden die Moslems von den Asturern aus Galicien vertrieben. Auch die Basken behaupten im Westen der Pyrenäen um die Hauptstadt Pamplona erfolgreich ihre Unabhängigkeit gegen jede moslemische oder fränkische Oberhoheit. In den mittleren Pyrenäen, in den Bergen Aragóns, regiert ein Grafengeschlecht, das sich ebenfalls einer moslemischen oder fränkischen Vorherrschaft zu entziehen weiß. Im östlichen Pyrenäenraum schieben sich dagegen mit Unterstützung der fränkischen Könige immer zahlreichere Grafschaften als Grenzregion des Karolingerreiches („Spanische Mark") nach Süden vor.

Die Reconquista

Die Reconquista (Rückeroberung des Landes aus der arabischen Herrschaft) zeichnet sich bis zum 11. Jh. durch politische und religiöse Toleranz aus. Im 12. Jh. nehmen dagegen die Kriegszüge der Reconquista-Königreiche gegen die moslemischen Kleinstaaten der Halbinsel Kreuzzugscharakter an. Alles zurückeroberte Land fällt in römischer und christlicher Rechtstradition an den Fiskus der jeweiligen Krone. Im Westen der Halbinsel verläuft die Wiederbesiedlung der zurückgewonnenen Ländereien in drei Phasen: Sie erfolgt in der ersten Phase bis zum Duero überwiegend als Siedlung freier Bauern unter monastischer oder adliger Leitung oder in eigener Initiative im Namen der Krone. In der zweiten Phase südlich des Duero wird die Siedlung vorwiegend von zentralen königlichen Städten und in deren Gerichtsbezirken von weiteren untergeordneten Städten geleitet und ebenfalls von freien Bauern durchgeführt. Zwischen Tajo und Guadiana erhalten in dieser Phase die Ritterorden von Calatrava, Santiago, Alcántara und der Templer von der Krone zur Grenzsicherung umfangreiche Grundherrschaften. Südportugal, Andalusien und das Königreich Murcia werden erst nach der Schlacht bei Navas de Tolosa (1212) in der dritten Phase im Auftrag der Krone von Städten, Ritterorden und Magnaten zugleich als Kolonisationsträgern beziehungsweise Grundherren besiedelt. Die bäuerlichen Siedler kommen nicht nur aus dem kargen Norden, sondern auch als wohlhabende christliche Mozaraber mit höherer Kultur aus den moslemischen Reichen. Da im Süden der Halbinsel nur noch wenige neue Siedler zur Verfügung stehen, werden die weiten grundherrlichen Ländereien, die sich in späteren Jh.en zu Großgrundbesitzungen entwickeln, überwiegend durch extensive Viehzucht genutzt. Handel und Gewerbe treten in den christlichen Reconquista-Reichen hinter der Landwirtschaft zurück. Die Wiederbesiedlung im Osten der Halbinsel vollzieht sich ähnlich, jedoch spielen adlige und kirchliche Grundherren als Träger der Siedlung insgesamt eine größere Rolle als in León und Kastilien.
Die militärische und politische Expansionskraft der christlichen Königreiche, die wirtschaftlich und sozial auf die Reconquista ausgerichtet sind, greift nach Abschluß der Bewegung auf der Halbinsel von den Reichen der Krone Aragón nach Italien und dem östlichen Mittelmeerraum, von Portugal nach Afrika, Ostasien und Brasilien und von Kastilien nach Afrika, Hispanoamerika und den Philippinen aus. Die iberische Reconquista führt zu dem Ergebnis, daß das westliche Mittelmeer im 13. Jh. zu einem „christlich" kontrollierten Meer wird, während das östliche Mittelmeer bis zum Seesieg über die Türken bei Lepanto (1571) weitgehend in moslemischer Hand bleibt.

León und Kastilien

Könige von Kastilien

791–842	Das Königreich Asturien ist durch ein Niemandsland zum islamischen Herrschaftsgebiet hin geschützt. **König Alfons II. der Keusche** (* 759, † 842). Er baut die Hauptstadt Oviedo und das Verteidigungssystem südlich des Kantabrischen Gebirges aus. Für die östliche, vom Ebrotal her verwundbare Landschaft kommt aufgrund seiner vielen Kastelle der Name Kastilien auf. Die Kunde vom Jakobsgrab (Santiago de Compostela) stärkt die Widerstandskraft der jungen Monarchie.
850–866	*Ordoño I.* setzt die Expansion des Reiches nach Süden fort.
866–909	**König Alfons III.** (* um 848, † 910). Er erreicht und befestigt die Duero-Linie, ist jedoch in größerem Maße den Angriffen des Kalifats ausgesetzt. Er verlegt die Hauptstadt des Reiches von Oviedo nach León. Besonderen Ausbau erfährt der westliche Landesteil um Oporto (Portucale) am Duero. Das Gebiet nördlich und südlich dieser Stadt wird seit dem frühen 10. Jh. Portugal genannt. Der westliche Landesteil erlangt vor allem dadurch größere Selbständigkeit, daß die leonesischen Könige dieses Territorium häufig einem ihrer Söhne übertragen. Noch stärker als der Westen des Reiches expandiert die Grenzmark Kastilien im Osten.
923–970	Unter den kastilischen Grafen ist *Ferdinand González* die stärkste Persönlichkeit.
um 931	Er faßt mehrere kleine Grafschaften zur Großgrafschaft Kastilien zusammen.
1035–1065	**König Ferdinand I.** (* um 1016). Sohn Sanchos des Großen von Navarra († 1035). Unter ihm wird Kastilien auf Kosten von León erweitert und zu einem eigenständigen Königreich erhoben.
1037	Er beerbt den letzten König von León.

Iberische Halbinsel – Léon und Kastilien – Navarra 459

Danach verlagert sich das wirtschaftliche und politische Schwergewicht beider Reiche endgültig nach Kastilien. Ferdinand I. treibt die benachbarten moslemischen Teilkönigreiche militärisch in die Enge und erobert das Gebiet zwischen Duero und Coimbra. Sein zweiter Sohn ist

1072–1109 **König Alfons VI.** (* vor Juni 1040, † 1109).

1085 Er erreicht mit der Eroberung Toledos, das zur Hauptstadt des Gesamtreiches wird, die Tajo-Linie. Er nennt sich, ähnlich wie andere leonesische Könige vor und nach ihm, die sich ohnehin als Nachfolger der westgotischen Monarchen sehen, „Imperator totius Hispaniae" (Herrscher ganz Spaniens), um symbolisch einen Hegemonialanspruch über alle übrigen christlichen und moslemischen Reiche auf der Halbinsel auszudrücken.

In den Kriegen gegen die moslemischen Teilkönigreiche ist sein Feldherr Roderich Díaz de Vivar (* um 1043, † 1099) mit dem arabischen Beinamen *Cid* (= Herr), der später in moslemische Dienste wechselt und in Valencia eine eigene Herrschaft begründet, die dominierende Persönlichkeit.

Die Almoraviden schlagen Alfons VI. in mehreren Schlachten und erobern nach dem Tode des Cid Valencia zurück. Die leonesisch-kastilische Expansion im Süden des Tajo und in Richtung auf das Mittelmeer wird von den Almoraviden und nach ihnen von den Almohaden gestoppt.

1126–1157 **König Alfons VII.** (* 1105).

Auch er sieht sich als König von León und Kastilien, der als letzter Monarch den spanischen Kaisertitel führt, von den Almohaden militärisch in die Defensive gedrängt. Seit der Erbteilung beider Reiche regieren

1157–1188 *Ferdinand II.* (* 1137) als König von León

1158–1214 und *Sancho III.* (1157–1158) und nach ihm *Alfons VIII.* als König von Kastilien.

1195 Wenige Jahre nach der Niederlage Alfons' VIII. gegen die Almohaden bei *Alarcos* erlangen die erstmals erfolgreich vereinten Heere Kastiliens, Aragóns und Navarras bei **Navas**

1212 **de Tolosa** (nahe Jaén) einen entscheidenden Sieg.
16. Juli

1217–1252 **König Ferdinand III.** (* 1201, † 1252).

1230 Als König von Kastilien und León vereinigt er beide Königreiche für alle Zukunft und erobert die moslemischen Reiche von Córdoba, Murcia, Jaén, Sevilla. Die Reconquista findet bis auf die Eroberung des Nasridenreiches Granada ihren Abschluß. Das Königreich León-Kastilien, das innerhalb von 50 Jahren sein Territorium verdoppelt, wird zum Hegemonialreich der Halbinsel.

Navarra

1000–1035 **König Sancho der Große** (* um 992, † 1035).

Unter ihm spielt das Königreich Pamplona (später Navarra genannt) eine zentrale Rolle unter den Reconquista-Reichen. Im Westen gehören zu ihm die Gebiete von Sobrarbe und Ribagorza, und sein Einfluß reicht bis Barcelona. Sancho der Große vereinigt darüber hinaus in seiner Person die Grafschaft Kastilien und das Königreich León. Nach seinem Tode werden seine Reiche unter seinen Söhnen aufgeteilt.

1035–1054 Sein ältester Sohn *García* folgt ihm im Königreich Pamplona nach, das auf Kosten Kastiliens erweitert worden ist. Er verliert jedoch bald die Gebiete Sobrarbe und Ribagorza an das Königreich Aragón.

Nach seinem Tode gehen im Kampf gegen seinen Bruder Ferdinand I. von Kastilien auch die Gebiete im Westen des Reiches wieder an Kastilien verloren.

1076 Alfons VI. von Kastilien okkupiert schließlich die Provinzen Vascongadas und La Rioja, während Sancho Ramírez von Aragón den Rest des Königreiches Navarra mit der Hauptstadt Pamplona besetzt.

Nach dem Tode Alfons' I. von Aragón wird Navarra unter dem zum König erhobenen *Gar-*

1134 *cía Ramírez* (1134–1150) in den Grenzen der heutigen Provinz Navarra ohne die kastilisch verbleibenden Gebiete La Rioja und Vascongadas wieder selbständig. Er und sein Sohn *Sancho VI.* der Weise (1150–1194) behaupten zwar ihre Unabhängigkeit gegenüber den Königen von Kastilien und Aragón, können aber mangels moslemischer Grenzen durch die Reconquista keine Landgewinne erzielen.

1194–1234 **König Sancho VII. der Starke** (* 1154, † 1235).

Er vermählt seine Schwester Blanca mit Theobald III. von Champagne († 1201). Nach früheren Rückeroberungserfolgen verliert jedoch Sancho die baskischen Provinzen für alle Zukunft an Kastilien.

1234–1253 Theobalds und Blancas Sohn *Theobald IV.* (* 1200, † 1253) vereint Navarra mit der Champagne.

Seither wird das Königreich Navarra von französischen Herrscherhäusern regiert. Es gerät künftig immer enger in den französischen Macht- und Kulturbereich und entfremdet sich dem iberischen Kulturkreis. Johanna, Enkelin Theobalds IV. und Erbin von Navarra und Champagne, wird mit dem späteren König Philipp IV. von Frankreich (1285–1314) vermählt.

Nach dem Tode Karls IV., des letzten direkten Kapetingers, rufen die navarresischen Ständeversammlungen Johanna (* 1312, † 1349), die Tochter Ludwigs X. von Frankreich (1314–1316), zur Königin von Navarra aus, die durch ihre Heirat mit Philipp von Evreux (* 1301, † 1343) dieses nordfranzösische Haus für ein Jh. auf den Pampeloneser Thron bringt.

1328

Aragón

Könige von Aragón

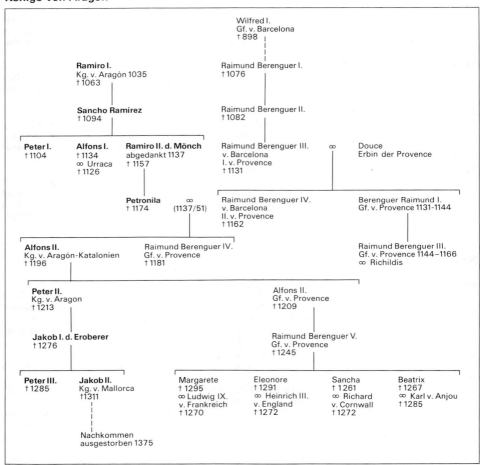

1035–1063 König Ramiro I.
Der Sohn Sanchos des Großen von Navarra erhält von seinem Vater die Grafschaft Aragón in den mittleren Pyrenäen und weitere Gebiete.

1035 Nach dem Tode seines Vaters läßt er sich zum unabhängigen König von Aragón ausrufen. Als sein Bruder García von Navarra stirbt, gewinnt er die Territorien Sobrarbe und Ribagorza im Osten hinzu.

1076 Sein Sohn *Sancho Ramírez* (1063–1094, * 1043) besetzt im Westen den Kern des Königreichs Navarra mit der Hauptstadt Pamplona.

Sancho Ramírez und sein Sohn *Peter I.* (1094–1104, * 1068/9?) erreichen durch die Reconquista großen Gebiets- und Machtzuwachs.

1096 Sie erobern mit Huesca den Mittelpunkt der moslemischen Herrschaft nördlich des Ebro.

Iberische Halbinsel – Aragón – Portugal **461**

1104–1134	**König Alfons I. der Kämpfer** (* um 1073, † 1134), ein Bruder Peters I.
1118	Er erobert die stark befestigte Hauptstadt des moslemischen Königreichs Zaragoza, das zur Hauptstadt Aragóns wird.

Der Besitz des Ebrotals in aragonischer Hand ist dadurch gesichert. Die aragonischen Positionen schieben sich rasch durch die Täler der südlichen Nebenflüsse des Ebro voran und gelangen bis in die Gegend von Teruel am Ostrand der Meseta. Die schnelle Ausdehnung Aragóns nach Süden schneidet der Südostexpansion der kastilischen Reconquista den Weg ab.

Peters und Alfons' I. Bruder und Nachfolger *Ramiro II. der Mönch* (1134–1137, † 1157)

1134 verliert Navarra, das wieder ein unabhängiges Königreich wird.

1137 Er verheiratet jedoch seine Tochter und Erbin Petronila († 1174) mit dem Grafen *Raimund Berenguer IV.* von Barcelona und erreicht dadurch eine der zukunftsträchtigsten Länderverbindungen auf der Halbinsel: Der Binnenstaat Aragón erhält Zugang zum Mittelmeer und das Küstengebiet Katalonien sein nötiges Hinterland.

Raimund Berenguer IV. (1137–1162), der seit der Abdankung Ramiros II. Aragón als Verweser regiert, kann jetzt die katalanische Reconquista bis zum unteren Ebro vortragen und Tortosa (1148) und Lérida (1149) erobern.

Graf Raimund Berenguer I. von *Barcelona* (1035–1076) erläßt die Usatges, das berühmte katalanische Gesetzbuch. Sein Nachfolger Raimund Berenguer II. (1076–1082) wird von seinem Bruder ermordet. Raimund Berenguer III. (1096–1131) erwirbt durch Heirat die Provence (Raimund Berenguer I. von der Provence).

1162–1196	**König Alfons II.** (* 1152, † 1196).
1166	Der Sohn von Raimund Berenguer IV. und Petronila erwirbt die an eine Nebenlinie übergegangene Provence wieder zurück, die jedoch nur bis 1245 unter dem Hause der Grafen von Barcelona und Könige von Aragón verbleibt, um danach durch Heirat an das Haus Anjou zu fallen.

Alfons II. setzt die Eroberung der Gegend von Teruel fort.

1171 Er beginnt die Unterwerfung des Königreichs Valencia, dessen Hauptstadt er belagert. Er ist mit Sancha († 1208), der Tochter König Alfons VII. von Kastilien, vermählt und pflegt das väterliche Bündnis mit Kastilien. Am Ende seiner Regierungszeit wendet er sich jedoch gegen die iberische Hegemonialmacht, eine Politik, die sein Sohn und Nachfolger *Peter II.* (1196–1213) wieder zugunsten Kastiliens korrigiert. Peter II. führt die langwierige Eroberung Valencias fort.

1212 Er unterstützt Kastilien in der Schlacht bei Navas de Tolosa gegen die Almohaden. Er findet als Verbündeter der Grafen von Toulouse und anderer südfranzösischer Großer

1213 in der Niederlage bei Muret (südwestlich von Toulouse, an der Garonne) in den Albigenserkriegen den Tod und verliert weitgehend die seit Jahrzehnten aufgebauten Herrschaftspositionen der Krone Aragón in Südfrankreich.

1213–1276	**König Jakob** (= Jaime) **I. der Eroberer** (* 1208).

Er wird zum Nationalhelden der Katalanen.

1229–1235 Er erobert die Balearen und schließlich die Hauptstadt des Königreichs Valencia (1238), das künftig neben dem Königreich Aragón und dem Fürstentum Katalonien den dritten großen Bestandteil der Krone Aragón bildet.

Nach der Einnahme Valencias fallen auch die moslemischen Festungen Cullera, Denia und

1240–1246 Játiva im Süden des Reiches.

1243–1244 Die Eroberung des Reiches Murcia durch Kastilien, die vollkommen im Rahmen des früheren Teilungsvertrags von Cazorla (1179) zwischen beiden iberischen Großreichen für die Reconquista der restlichen moslemischen Gebiete bleibt, schneidet den Ländern der Krone Aragón für künftigen Landgewinn den Weg ab.

Jakob I. richtet daher seine Expansion über die Balearen hinaus auf weitere mittelmeerische Territorien.

1262 Zielstrebig verheiratet er seinen Erben *Peter III.* (1276–1285) mit Konstanze († 1302), der Tochter Manfreds von Sizilien.

Portugal

1095/1096 König Alfons VI. von León und Kastilien überträgt die Grafschaft Portucale zwischen den Flüssen Minho und Tajo als Entschädigung für militärische Dienste in der Reconquista seinem künftigen Schwiegersohn *Heinrich* (1093–1112), dem Bruder des Herzogs von Burgund.

1109 Nach dem Tode Alfons VI. lehnt Heinrich die Lehnsoberhoheit der Könige von León über seine Grafschaft ab.

Seit der Gründung des Erzbistums Braga (1104) wird Portugal auch in kirchlicher Hinsicht allmählich unabhängig.

Könige von Portugal

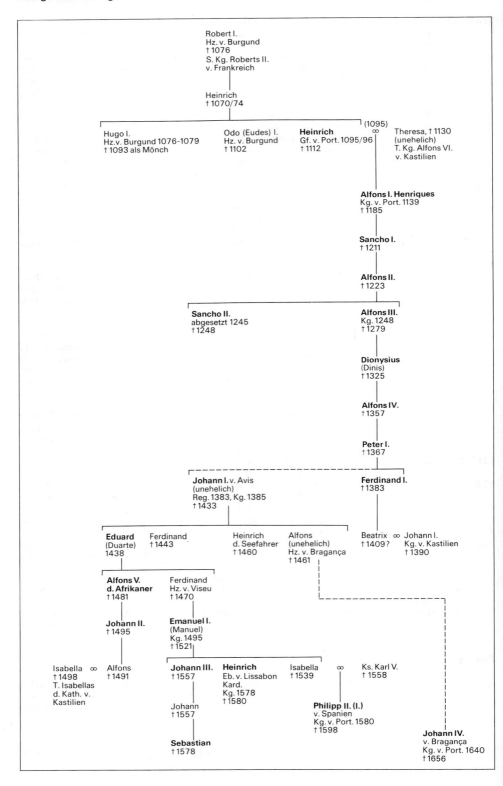

Britische Inseln – Gebiet der Normannenherrschaft   463

1112–1185	Heinrichs Sohn *Alfons I.* (* 1108/9?), für den die Mutter bis 1128 die Regentschaft hat, bemüht sich mehrfach ohne Erfolg, Galicien zu erobern.
1139	Nach dem glänzenden Sieg bei Ourique (südwestlich von Beja) über die Moslems läßt er sich von seinen Rittern und Fußsoldaten zum *König* ausrufen.
1143 1179	Alfons VIII. von León und Kastilien erkennt durch die Vermittlung eines päpstlichen Legaten die Unabhängigkeit des neuen Staates de iure an, ein Faktum, das Papst Alexander III. Jahrzehnte später sanktioniert.
1185–1211	Alfons I. erobert Lissabon (1147). Sein Nachfolger *Sancho I.* erwirbt durch Reconquista und bäuerliche Siedlung den Beinamen „der Siedlungsunternehmer" (o povoador).
1211–1223	König *Alfons II.* beteiligt sich an der Schlacht bei Navas de Tolosa (1212).
1223–1248 1248–1279	Dieser Sieg eröffnet seinen Nachfolgern *Sancho II.* († 1248) und nach ihm *Alfons III.* die Möglichkeit, bis um die Mitte des 13. Jh.s Südportugal bis zum portugiesisch-kastilischen Grenzfluß Guadiana zu erobern. – *(Forts. S. 557)*

Die Britischen Inseln (1066–1272)
(Forts. v. S. 369)

Das Gebiet der Normannenherrschaft

Die völlig romanisierten **Normannen** erobern das angelsächsische England, das nun eng in den Kreis der von der römischen Kirche geprägten abendländischen Völker einbezogen wird. Es entsteht ein starkes, finanziell ungewöhnlich *leistungsfähiges Königtum*, das mit seinen Rittern über die erprobtesten Krieger des damaligen Europa verfügt. Die Verbindung Englands mit der Normandie ist nur durch eine *straff zentralisierte Verwaltung* zu verwirklichen. Die *Literatur* in englischer Sprache geht erheblich zurück; das Lateinische wird vorherrschend. Blütezeit der lateinischen Historiographie bis ins 13. Jh. (Wilhelm von Malmesbury, * um 1080, † nach 1142; Ordericus Vitalis, * 1075, † nach 1143; Matthew Paris usw.). Unter dem Einfluß der französischen *Sprache*, die anfangs von der herrschenden Schicht gesprochen und später weiter gepflegt wird, wandelt sich das Altenglische zum Mittelenglischen. Durch die Thronbesteigung Heinrichs von Anjou 1154 wird aus dem anglo-normannischen das *angevinische Reich*, das eine schwere Bedrohung für die französischen Kapetinger wird. Die Ausdehnung der königlichen Oberhoheit über die inselkeltischen Nachbarn wird von der Krone nicht systematisch betrieben. In *Wales* und *Irland* bleiben Freiräume für die Aktivität anglo-normannischer Barone, die eine Mehrung ihrer persönlichen Macht anstreben und sich der königlichen Kontrolle nur widerwillig unterordnen. Die Verschmelzung des angelsächsischen und des französischen Elements zum *englischen Volk* setzt bereits im 12. Jh. ein und wird durch den Verlust der Normandie (1204) beschleunigt. Die Systematisierung der Verwaltung im 13. Jh. schlägt sich in einem reichen Aktenmaterial nieder. Die extensive Machtausübung durch die angevinischen Könige führt unter Johann (1199–1216) und Heinrich III. (1216–1272) zu schweren *Verfassungskonflikten.*

Hastings und die Folgen

Wilhelm, Herzog der Normandie (* 1027?; † 1087), der sich als designierter Nachfolger Eduards des Bekenners betrachtet, gewinnt den englischen Thron durch seinen Sieg bei *Hastings (1066).* Sein Heer umfaßt nicht mehr als etwa 6000 Mann, aber die berittenen Normannen sind den zu Fuß kämpfenden Angelsachsen überlegen. Diejenigen angelsächsischen Adligen, die sich Wilhelm nicht unterwerfen, verlieren ihren Besitz. Regionale Opposition gegen die neue Herrschaft ist 1071 gebrochen. Die neue Herrschaft wird durch die Anlage eines ausgedehnten Netzes von Burgen gesichert.

1066–1087	**König Wilhelm I. der Eroberer,** Sohn Herzog Roberts des Teufels von der Normandie, regiert gleichzeitig England und die Normandie. 1071 ist Wilhelm Herr über ganz England. Verlagerung der Regierungszentrale von Winchester nach Westminster (London). Drückende Fremdherrschaft der Normannen über die Engländer. An Stelle der englischen Grundherren treten fast durchweg normannische Barone. Bistümer und weltliche Ämter werden weitgehend mit Ausländern besetzt.
1070	Lanfranc, Italiener aus Pavia, Jurist, später Lehrer an der Klosterschule von Bec (Normandie) und Theologe, wird Erzbischof von Canterbury (* 1005; † 1089). Er verhindert eine allzu starke Einflußnahme des Papsttums auf das normannische England.
1086	Anlage des *Domesday Book* (unvollendet).

Genealogie der Könige von England im Hochmittelalter

Das englische Kirchensystem

Das päpstliche Angebot an Wilhelm den Eroberer, England von der Kurie zu Lehen zu nehmen (Übersendung eines Banners), wird abgelehnt. Statt dessen gelingt es dem König in Zusammenarbeit mit Lanfranc von Pavia, der 1070 zum Erzbischof von Canterbury ernannt wird, die *Kontrolle der Krone über die kirchlichen Ämter* zu verschärfen. Bei der Ernennung von Bischöfen und Äbten werden Ausländer den Engländern vorgezogen. König und Erzbischof wehren Einmischungsversuche des Papstes in Angelegenheiten der englischen Kirche erfolgreich ab.
Der Jurist und ausgezeichnete Verwalter Lanfranc führt ein ausgeprägtes *Metropolitansystem* ein, das der Erhöhung des Erzstuhls von Canterbury (Primat) dient. Zentralisierung der Kirchenherrschaft durch häufige Synoden (1070, 1072, 1075, 1076) unter Beteiligung des Herrschers. Die hohen geistlichen Amtsträger (Bischöfe, Äbte) werden Kronvasallen. Klöster sind der bischöflichen Aufsicht unterstellt. 1072 Schaffung eigener Gerichtshöfe für Geistliche.
Kurzer, heftiger *Investiturstreit* unter Erzbischof Anselm. 1107 Vereinbarung mit Papst Paschalis II. Der König verzichtet auf die Investitur mit Ring und Stab, ernennt die Bischöfe und Äbte und empfängt Mannschaft für deren weltlichen Besitz. Dadurch sichert sich der König eine starke Kontrolle über die Kirche. Bindungen an das Papsttum sind schwächer als vor 1066. Erst 1172 gibt der König die Appellation nach Rom frei.

Das Domesday Book und das Manorial-System

Das *Domesday Book* von 1086 (= Buch des Jüngsten Gerichts, unter diesem Namen volkstümlich seit dem 12. Jh.; wegen der Gründlichkeit der Untersuchung bekannt). Ein *Verzeichnis,* in dem Grafschaft für Grafschaft (die ärmeren nördlichen Grafschaften und einige der bedeutendsten Städte wie London und Winchester fehlen; die Untersuchung wird wahrscheinlich beim Tod Wilhelms I. abgebrochen) alles Land nach den einzelnen Herrenhöfen und kleineren Besitzungen mit Grundsteuerlast, Ackergröße, Gespannzahl, Bevölkerungsstand (ständisch gegliedert) und Wert verzeichnet ist. Bedeutende Quelle für die sozialen und wirtschaftlichen Umwälzungen in England in den zwei Jahrzehnten nach der normannischen Eroberung.
Das *Manorial-System.* Unter *manor* (Lehnwort aus dem Französischen, manoir = Wohnstatt/Bauern-

hof) versteht man die kleinste wirtschaftliche Einheit im *Lehnssystem*. Der Herr des manor ist ein Vasall. Das Manorial-System, das sich im Lauf eines Jhs. allmählich herausbildet, ist gekennzeichnet durch die Bewirtschaftung des *Herrenhofes* durch Hörige, die dem Herrn Abgaben und Dienstleistungen schulden. Der Herrenhof ist zugleich eine wichtige Zentrale der Lokalverwaltung, denn der Herr hat die Gerichtsbarkeit über die abhängigen Bauern. In den im Frühmittelalter von den Dänen besiedelten Ostteil Englands dringt das Manorial-System kaum ein, dort bleiben freie Bauern vorherrschend.

1087–1100 **König Wilhelm II. der Rote** (* zwischen 1056 u. 1060, † 1100).
Er folgt in England nach, während sein älterer Bruder Robert Kurzhose die Normandie erhält.

1100–1135 **König Heinrich I. Beauclerk** (‚der Gelehrte', * 1068, † 1135).

1100 Der jüngste Sohn des Eroberers übernimmt nach dem Tod Wilhelms II. die Herrschaft in England und der Normandie. Robert Kurzhose ist auf dem Kreuzzug.

1106 Er wird nach seiner Rückkehr bei Tinchebrai von Heinrich geschlagen und auf Lebenszeit gefangengesetzt.
Heinrich ist ein bedeutender Verwalter. Ein Schatzamt *(Exchequer)* als oberste Finanzbehörde erscheint während seiner Herrschaft in England (erster Beleg 1118) und in der Normandie (erster Beleg 1130), die frühesten Beispiele in Westeuropa. Vor dem Exchequer rechnen die Verwalter der Grafschaften *(sheriffs)* jährlich zweimal ab. Ihre Rechnungslegung wird in den *Pipe Rolls* aufgezeichnet (ältestes Fragment für das Finanzjahr 1129/30 erhalten, seit 1158/59 durchgehend bis ins 19. Jh.).
Ab 1111 Kriege mit Frankreich, in denen Heinrich I. die Lehnshoheit über Maine und Bretagne gewinnt (1113) und 1119 bei Brémule siegt.

1120 Heinrichs Sohn Wilhelm kommt bei einem Schiffsunglück ums Leben.

1127 Daher läßt Heinrich seiner Tochter Mathilde (* 1102, † 1167), der Witwe Kaiser Heinrichs V., als seiner Nachfolgerin huldigen.

1128 Er vermählt sie, ohne Rücksprache mit den Baronen zu nehmen, mit *Gottfried* (Geoffrey bzw. Geoffroi; * 1113, † 1151) *Plantagenet* (planta genista = Ginsterzweig, als Helmzier von Gottfried getragen, danach heißt seine Dynastie), dem Sohn des Grafen Fulko von Anjou, Maine und Touraine.

1135–1154 **König Stephan von Blois** (* um 1095, † 1154).

1135 Der Sohn der Schwester König Heinrichs I., Adela, und Stephans II. von Blois, sowie der mächtigste Adlige Englands, usurpiert den Thron und wird von der Kirche und vielen Baronen anerkannt.

1139 Erst nach gravierenden innenpolitischen Fehlern Stephans kommt Mathilde ins Land, um den Thron zu beanspruchen.
In dem nachfolgenden mehrere Jahre dauernden Bürgerkrieg, der ‚Zeit der Anarchie', kann sich Stephan gegen Mathilde behaupten, aber es gelingt ihm nicht, eine eigene Dynastie zu gründen.

1153 Schließlich erkennt er Heinrich, Mathildes und Gottfrieds Sohn, als Nachfolger auf dem Thron an.

Das englische Lehnssystem

Wilhelm der Eroberer gewinnt durch die Schlacht von Hastings (1066) die Herrschaft über ein für seine Zeit stark zentralisiertes Reich. Als Eroberer betrachtet er sich als der *Oberherr des gesamten Grund und Bodens*. Die einheimische Adelsschicht verliert ihren sämtlichen Besitz, den der König an seine Gefolgsleute verteilen kann.
Die Normandie zählt zur Zeit der Eroberung Englands zu den am stärksten feudalisierten Regionen Europas. Hingegen kennt man in England weder unter den angelsächsischen noch unter den dänischen Herrschern die Grundelemente des Lehnssystems (Vasall, Kommendation, Lehen, Burg). *Wilhelm I. führt das Lehnssystem in England ein;* die von der Normandie unterschiedlichen Voraussetzungen resultieren in einem System besonderer Prägung. Die anfänglich als Fremdherrschaft empfundene Regierung der neuen Dynastie erfordert aktiven Kriegsdienst der Vasallen; diese Tendenz wird durch die bis etwa 1085 andauernde Bedrohung aus Skandinavien verstärkt.
Dem gestärkten normannischen Königtum in England gelingt es, zu verhindern, daß sich in den Grafschaften Regionalmächte etablieren. Die Verwalter der Grafschaften sind die Sheriffs, absetzbare Kronbeamte. Die großen Barone (oberster Rangtitel comes/earl = Graf) haben über viele Grafschaften verstreuten Besitz (honor); dadurch wird *Territorialisierung und Landesherrschaft unterbunden*. Die Adligen sind vergleichsweise stark vom König abhängig. Als oberster Rechtsherr kann der König die Machtbildung des Adels auf lokaler Ebene weiter begrenzen. Die Erblichkeit der Lehen wird erst unter Heinrich II. (1154–1189) weit verbreitet.
Diese wichtigsten Wesenszüge prägen die hochmittelalterliche Verfassungsgeschichte Englands und stärken die Zentralgewalt, vor allem im Vergleich mit der Entwicklung in Frankreich und Deutschland.

Die Anfänge der englischen Zentralverwaltung

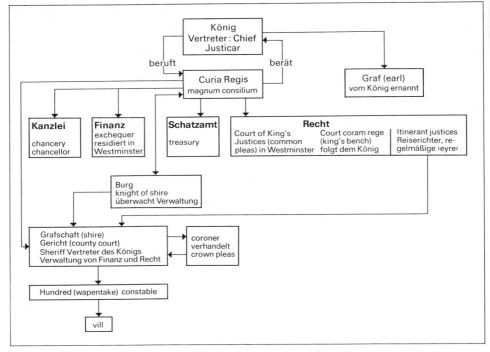

1154–1399 Haus Anjou-Plantagenet

1154–1189 König Heinrich II. (* 1133, † 1189).
Bedeutender Staatsmann und Organisator sowie Reformer der Verwaltung. Unter ihm wird die Normandie erneut mit England verbunden; hinzu kommt der Anspruch auf die Oberhoheit über die Bretagne, der väterliche Besitz von Anjou, Maine und Touraine. Durch seine Ehe (1152) mit Eleanore (* 1122, † 1204), der geschiedenen Gattin Ludwigs VII. von Frankreich, erhält er die Herrschaft über Poitou und Guyenne mit Gascogne. Für die festländischen Besitzungen ist Heinrich Vasall des französischen Königs. Gleichwohl ist er sehr viel mächtiger als sein Lehnsherr, denn das *angevinische Reich* (so benannt nach dem regierenden Haus Anjou) erstreckt sich von der schottischen Grenze bis zu den Pyrenäen. Neben dem Reich der Staufer ist es die ebenbürtige Vormacht des Abendlandes.

1164 Über die *Konstitutionen von Clarendon* (Wiederherstellung gewisser Königsrechte) und die darin festgelegte Stellung der Kleriker vor weltlichen Gerichten kommt es zum Bruch mit *Thomas Becket* (* 1118, † 1170), dem Erzbischof von Canterbury und früheren Kanzler Heinrichs. Becket verbringt sechs Jahre im Exil in Frankreich.

1170 Er wird nach seiner Rückkehr und einer scheinbaren Aussöhnung mit dem König in der Kathedrale von Canterbury von königlichen Rittern ermordet.
1173 wird er von Papst Alexander III. kanonisiert.

1171 Erster Feldzug Heinrichs nach Irland, um dort die seit zwei Jahren erfolgreich kämpfenden kambro-normannischen Barone unter Kontrolle zu bringen, was nur teilweise gelingt.

1172 Versöhnung Heinrichs mit dem Papst. Der König schwört einen Reinigungseid, gibt die Appellationen nach Rom frei.

1173–1174 Ein Aufstand der Söhne, die mit Schottland verbündet sind, wird niedergeschlagen. Kirchenbuße Heinrichs am Grab Thomas Beckets in Canterbury.
Große Rechtsreformen drängen die baronialen Gerichte zugunsten der königlichen Gerichte zurück; Einführung der Geschworenengerichte. In den königlichen Gerichten bildet sich das *Common Law* aus (common = für alle Untertanen, gleich, welcher Herkunft). Der Magister Vacarius aus Bologna hält 1149 in Oxford und Cambridge Vorlesungen über römisches Recht, dessen Studium in England schnell aufblüht. Heinrichs II. Reformen zeigen gewisse römisch-rechtliche Einflüsse.

1187/1189 Ranulf von Glanvill († 1190), englischer Kronbeamter, verfaßt oder veranlaßt einen Traktat über die Gesetze Englands, der die absolutistischen Tendenzen Heinrichs II. darlegt.

Britische Inseln – Gebiet der Normannenherrschaft   467

1189–1199 **König Richard I.,** genannt *Löwenherz* (* 1157, † 1199).
Ein tapferer Ritter, aktive Teilnahme am dritten Kreuzzug. Gefangennahme auf der Rückreise und Auslieferung an Kaiser Heinrich VI.
Freilassung gegen ein hohes Lösegeld.

1194 Erneute Abwesenheit von England durch Kriege mit Philipp II. Augustus von Frankreich, zu dem Richards Bruder Johann abfällt. Während Richards langer Abwesenheit aus England entwickelt sich die differenzierte Verwaltungspraxis unter dem Justitiar und Erzbischof von Canterbury Hubert Walter (1193–1205) mit für diese Zeit vorbildlicher Archivierung der Regierungsdokumente (Patent Rolls, Close Rolls usw.).

1199–1216 **König Johann** (‚*ohne Land*‘, da er bei der Apanagierung seiner Brüder durch den Vater Heinrich II. leer ausging; * 1167, † 1216).
Durch Erbansprüche des Sohnes seines verstorbenen älteren Bruders Gottfried, Arthur von der Bretagne, ist seine Herrschaft bedroht.

1203 Er veranlaßt Arthurs Ermordung.

1204 Mit einer Niederlage gegen Philipp II. Augustus kommt es zum *Zusammenbruch des angevinischen Reiches;* die Normandie geht verloren.

1207–1209 Das tyrannische Regiment Johanns, der sich mit dem Papst über die Wahl des Erzbischofs von Canterbury Stephan Langton überwirft, führt zum Interdikt und zur Bannung des Königs.

1213 Diese wird erst nach Jahren gelöst, als sich Johann angesichts der drohenden Invasion der Insel aus Frankreich dem Papst voll unterwirft und England von der römischen Kirche zu Lehen nimmt. Papst Innozenz III. verbietet daraufhin den französischen Angriff.

1214 Johann greift in Poitou (Provinz in West-Frankreich) ein, aber die Niederlage seiner Verbündeten bei *Bouvines* (bei Lille) beendet den Krieg und stärkt die Stellung des Adels gegen den König.

1215 Die geistlichen und weltlichen Großen (Barone) erzwingen auf der Wiese von Runnymede
15. Juni bei Windsor des Königs Zustimmung zur **Magna Carta libertatum.**

Die Magna Carta und die Anfänge des Parlaments

Die Magna Carta ist eine Urkunde König Johanns, in der das Ergebnis zäher Verhandlungen *zwischen dem König und geistlichen und weltlichen Großen* des Reiches niedergelegt ist. Das Ziel der Verhandlungen ist die Reform des Reiches (Präambel und Art. 61). In den Ausführungen wird deutlich, daß nach Ansicht der Großen die angevinischen Könige Heinrich II., Richard I. und Johann ihre Macht in unzulässiger Weise ausgedehnt haben. Sie soll wieder beschnitten werden. Spezifische Bestimmungen handeln von lehnsrechtlichen Verpflichtungen, von der Zusage des Königs, willkürliche Rechtsprechung künftig zu unterbinden, den Königsforst einzuschränken, seine ausländischen Berater auszuweisen, die ausländischen Söldner im Dienst der Krone zur Beendigung des Bürgerkriegs zu entlassen, Maße und Gewichte zu vereinheitlichen usw. In diesen Bestimmungen ist der Inhalt der Magna Carta konservativ.

Umfassende Ausführungsbestimmungen zur Verwirklichung der geplanten Reform (Art. 61) lassen Ansätze erkennen, die sich später im englischen *Parlament* niederschlagen. Die Barone werden 25 Männer aus ihrem Kreis wählen, deren Aufgabe es ist, die Verwirklichung der Reformen zu überwachen. Falls es zum Mißbrauch der Macht durch den König kommt, sollen mindestens vier der 25 Barone den König darauf hinweisen und ihn zur Abhilfe mahnen. Wenn der Mißbrauch nach 40 Tagen nicht abgeschafft ist, dann sollen alle Barone und Untertanen den König zur Besserung zwingen (Gehorsamsentzug, Besetzung von Burgen usw.), bis nach ihrer Ansicht die Reformen durchgeführt sind. Danach sollen sie dem König wieder gehorchen. Die Untertanen werden eidlich verpflichtet, den Baronen bei dieser Aufgabe zu helfen. Auch die Barone selbst schwören einen Eid, ihren Verpflichtungen nachzukommen. Kann unter den 25 Baronen keine Einmütigkeit erzielt werden, wird durch Mehrheitsbeschluß entschieden.

Der König verzeiht allen seinen Gegnern. Er verpflichtet sich, nichts zu unternehmen, um sich von diesen Versprechungen, die auch seine Nachfolger binden werden, befreien zu lassen. Die Urkunde ist vom König und den Baronen beeidigt.

Neu an der Magna Carta ist die Institutionalisierung einer *Kontrolle königlichen Handelns*. Die Mitglieder des Kontrollorgans werden nicht vom König ernannt. Es bleibt ihnen überlassen, zu entscheiden, ob im Einzelfall die versprochenen Reformen verwirklicht sind. Damit wird die königliche Machtvollkommenheit (‚König von Gottes Gnaden‘) empfindlich eingeschränkt.

Der Papst entbindet Johann von seinen Verpflichtungen, die Carta zu befolgen, da sie ohne seine Zustimmung erlassen worden ist.

1216 Landung des französischen Kronprinzen Ludwig in England, Bürgerkrieg, aber nach dem Tod Johanns scharen sich die englischen Adligen um seinen legitimen Nachfolger.

1216–1272 **König Heinrich III.** (* 1207, † 1272). Während seiner Minderjährigkeit, die eine Regentschaft notwendig macht (William Marshal, Hubert de Burgh), werden wesentliche Grundsätze der Magna Carta vorübergehend verwirklicht.

468   Mittelalter – Hochmittelalter

1225   Die Carta wird in einer überarbeiteten Fassung (ohne Art. 61, Widerstandspflicht) heraus-
gegeben und bleibt nunmehr zentraler Bezugspunkt des Verhältnisses von Krone und
Adel.
Die Päpste besteuern rücksichtslos die englische Kirche, um Geld zum Kampf gegen Kaiser
Friedrich II. zu sammeln, und verleihen viele Pfründen an Italiener und Ausländer. Der
König seinerseits stützt sich auf ausländische Berater. Beides bewirkt eine starke fremden-
feindliche Stimmung in England.

1255   Die Annahme der sizilischen Krone für Heinrichs jüngeren Sohn Edmund verstärkt die
Steuerforderungen des Königs und die wachsende Unzufriedenheit im Volk.

1258–1265   *Aufstand der Barone* (the barons' war), zunächst von oligarchischem Charakter.

1259   Provisionen von Oxford (erste Verwendung der englischen Sprache für königliche Verlautbarungen). Heinrich wird ganz von einem baronialen Ausschuß abhängig, alle wichtigen
Staatsämter werden neu mit Parteigängern der Barone besetzt.
Spaltung unter den Baronen, indem Simon von Montfort (* 1208, † 1265) als Führer des
aufsteigenden niederen Adels, der in der Verwaltung der Grafschaften tätigen Ritter, hervortritt.

1264   *Mise d'Amiens,* Schiedsspruch Ludwigs des Heiligen von Frankreich zwischen König und
Baronen, einseitig zugunsten der königlichen Autorität, wird von den Baronen nicht anerkannt. Simon schlägt den König, zu dessen Partei jetzt die meisten Barone gehören, bei

1265   Lewes (im Osten Südenglands) vollständig und nimmt ihn gefangen. Die Regierung geht
an Simon über; er stützt sich auf die Mittelklasse in Stadt und Land. Der Kronprinz Eduard
(* 1239, † 1307), aus der Gefangenschaft entkommen, besiegt Simon bei Evesham (südwestlich von Northampton). Simon fällt.
Durch den Einfluß Eduards leben die Reformideen Simons von Montfort weiter.

Die Ausbildung des Parlaments und die Entwicklung des Rechts

Der Aufstand der Barone ist wichtig für die Entwicklung des **Parlaments** (parlamentum = Besprechung,
Versammlung). Schon unter Heinrich III. ist die übliche ‚Große Ratsversammlung' (magnum concilium),
bestehend aus den ersten Dienern des Königs und den Kronvasallen, 1254 erweitert worden durch vier
gewählte Ritter als Vertreter jeder Grafschaft. Simon beruft 1265 zu seinem Parlament außer je zwei
Grafschaftsrittern auch zwei Bürger aus jeder Stadt. Die Maßnahmen von 1254 und 1265, ursprünglich
als Ausnahmen gedacht, werden allmählich zur Regel.
Recht: Henry de Bracton († 1268), der größte englische Jurist des Mittelalters, zwanzig Jahre lang Richter
unter Heinrich III., schreibt in den Tagen Simons de Montfort sein umfangreiches Rechtsbuch *De legibus
et consuetudinibus regni Angliae.* Sein Rechtsdenken ist vom Corpus iuris Civilis stark beeinflußt, aber:
„Der König steht unter Gott und dem Gesetz, das erst den König macht." – Nur in geringem Umfang
wird materiell römisches Recht übernommen (z. B. die Stellung der Hörigen wird nach dem Vorbild der
römischen Sklaven herabgedrückt), aber es dient der geistigen Schulung der Juristen. Seit der umfangreichen Gesetzgebung Eduards I. (1272–1307) studieren die englischen Juristen nicht mehr das römische
Recht. Sie werden seit dem 14. Jh. nicht mehr auf den Universitäten, sondern in besonderen Rechtsschulen *(Inns of Court)* ausgebildet und entwickeln das Common Law als *Caselaw* durch die Interpretation
früherer Gerichtsurteile. Berichte über juristisch wichtige Gerichtsverhandlungen sind literarisch niedergelegt in den *Year Books,* die 1292 einsetzen und bis zu Heinrich VIII. (1509–1547) reichen. So wird
der Einbruch fremden materiellen Rechts in das *Common Law* (Gewohnheitsrecht) auf ein Minimum
reduziert.

Irland

Die *Wikinger,* die sich seit dem 9. Jh. an Irlands Küstenstreifen festgesetzt haben, die im Lauf des 10. Jhs.
christianisiert worden sind, sind im 11. weitgehend mit der irischen Bevölkerung vermischt. Unter ihrem
Einfluß werden die ersten *territorialen Bistümer* gegründet (Dublin, Waterford, Limerick), deren
Bischöfe ihre Weihe in Canterbury erhalten.

Ab Mitte   Es kommt zu einer *Reformbewegung in der irischen Kirche,* die sich nicht an Canterbury
11. Jh.   anlehnt und die im 12. Jh. die Oberhand gewinnt (Synoden von Cashel 1101, Raith Bresail
1111).

1152   Sie findet in der *Synode von Kells/Mellifont* ihren Abschluß und wird gekennzeichnet durch
Anerkennung der autonomen Organisation der irischen Kirche unter dem Primat von
Armagh (Grafschaft im Norden des Landes).

Um 1155   König Heinrich II. von England erhält in der Bulle ‚Laudabiliter' die päpstliche Erlaubnis,
die irische Kirche zu reformieren und in Irland einzugreifen.

Die Initiative für das Eingreifen der *Kambro-Normannen* (von Wales) in Irland liegt jedoch bei König Dermot MacMurrough von Leinster (1134–1171), der in seinem Kampf gegen die O'Connors von Connacht um die Vorherrschaft in Irland Kambro-Normannen zu seiner Hilfe ins Land ruft.

1169 Mit ihrer Ankunft beginnt unter Gilbert fitz Richard, genannt Strongbow, die Eroberung der Insel im Osten.

1171 Bald kommt Heinrich II. selbst nach Irland und versucht, die Kambro-Normannen unter seine Kontrolle zu bringen.

1172 Auf der *Synode von Cashel* wird er allgemein als Herrscher über Irland anerkannt.
Es kommt zu keiner systematischen Eroberung des Landes, vielmehr kennzeichnen Privatunternehmungen einzelner Adliger das Bild.

1175 Im Vertrag von Windsor versucht Heinrich II., die Insel in ein anglo-normannisches Gebiet unter seiner Oberhoheit und in ein irisches Gebiet unter der Oberhoheit der O'Connor von Connacht zu teilen, aber er bleibt nicht lange genug im Land, um diese Politik zu verwirklichen.

1177 Er bestellt seinen Sohn Johann zum Herrn (Lord) von Irland.
Unter Johann erfolgt der *Ausbau des englischen Einflusses* auf der Insel.

1210 Er kommt persönlich nach Irland, aber seine anderen Verpflichtungen lassen ihm nicht die Zeit, sich der Unterwerfung Irlands zu widmen.
Dennoch vergrößert sich der englische Einfluß in Irland in der ersten Hälfte des 13. Jhs.

um 1250 Schließlich haben die Iren die Kontrolle über gut zwei Drittel des Landes verloren.
Damit ist aber der Höhepunkt der englischen Herrschaft erreicht.

1254 Kronprinz Eduard wird zum Lord von Irland ernannt, aber er nimmt seine Aufgabe nicht persönlich wahr.
Inzwischen sind einige der englischen Adligen bereits weitgehend mit der irischen Oberschicht assimiliert; in der zweiten Hälfte des 13. Jhs. geht der Einfluß der englischen Herrschaft zurück.

Hauptmerkmale des irischen Hochmittelalters

In einem Jh. intensiver englischer Herrschaft im Osten der Insel sind beachtliche Neuerungen festzustellen. Es kommt zur Gründung zahlreicher *Städte nach englischem Recht* (besonders in Meath unter Hugh de Lacy) und einer systematischen Anwendung moderner landwirtschaftlicher Methoden (Manorial-System). Ein erheblicher Teil des Gewinns wird nach England abgeführt, statt zum Ausbau der Landesherrschaft verwendet zu werden. Damit wird die Grundlage zu der künftigen weiteren *Schwächung der englischen Kontrolle* über Irland gelegt.

Die nicht unterworfenen Teile der Insel weisen die traditionelle *politische Zersplitterung* der frühen irischen Gesellschaft auf. Dennoch ist erheblicher geistiger Einfluß von außerhalb zu verzeichnen, der sich vor allem in der Übersetzung zahlreicher philosophischer und medizinischer Texte ins Irische niederschlägt. Durch die Engländer hat Irland in vieler Beziehung den Anschluß an die europäische Geistesentwicklung gefunden.

Wales

Durch seine geographische Lage bedingt, erfährt Wales am frühesten und am intensivsten von den inselkeltischen Ländern die *Expansion der englischen Nachbarn*. Im Verlauf der ersten Hälfte des 12. Jhs. wird die territorial neu gegliederte *Kirche* der Provinzialherrschaft von *Canterbury unterstellt* (1147 von Papst Eugen III. bestätigt). Diese Eingliederung wirkt befruchtend auf das Geistesleben und bringt Schriften hervor, die die eigentümliche Mischung lateinischer und keltischer Kultur darstellen. Geoffrey of Monmouth macht mit seiner Historia Regum Britanniae (um 1136), die angeblich auf volkssprachlichem Material aufbaut, den historisch unbedeutenden Arthur zu einer Heldengestalt, die dem Geschmack des Lehnszeitalters entspricht und der europäischen Literatur entscheidende Anstöße liefert *(Artus-Sagen)*. Giraldus Cambrensis (1147–1223) schildert in zahlreichen Werken (Beschreibung von Wales, Eroberung von Irland usw.) anschaulich die Vermischung des walisischen mit dem normannischen Gesellschaftssystem.

Statt systematischer Eroberung erlebt Wales das Vordringen einzelner Adliger aus England auf eigene Faust, wenn auch in lehnsmäßiger Abhängigkeit von der Krone. Diese *Marcher Lords* setzen sich seit dem ausgehenden 11. Jh. vor allem an der Ostgrenze und an der Südküste fest. Sie betrachten sich als Rechtsnachfolger der walisischen Kleinkönige, in deren Familien sie nicht selten einheiraten *(Kambro-Normannen)* und errichten unabhängige territoriale Herrschaften. In ihrem Einflußbereich bleibt die politische Zersplitterung erhalten.

470 Mittelalter – Hochmittelalter

In den unbesetzten Gebieten von Wales vollzieht sich unter dem Eindruck des Vordringens der Marcher Lords ein *gesellschaftlicher Wandel,* indem die Mehrzahl der Adligen zu Großbauern absinkt, während wenige Herrscher ihre Macht erweitern können und den Fürstentitel annehmen (gleichzeitig setzt sich die aus England stammende Fremdbezeichnung ‚Waliser' auch im Land selbst durch; Welsch = Fremd).

Von den Fürsten von Nordwales *(Gwynedd)* und Südwales *(Deheubarth)* gelingt es nur den Herrschern von Gwynedd, ihre Machterhöhung zu sichern.

1197   Das Fürstentum Südwales zerbricht wieder.

seit 1189   Die anhaltende Schwächung des englischen Reiches nach dem Tod Heinrichs II. ermöglicht den Aufstieg der Fürsten von Gwynedd zu unbestrittener Vorherrschaft im freien Wales; jetzt erfolgt die Aufzeichnung der walisischen Rechtsbücher in lateinischer und walisischer Sprache.

Llywelyn ab Iorwerth († 1240) dringt auf die alleinige Erbfolge seines Sohnes David, während bis dahin in Wales Teilung des Erbes unter alle männlichen Nachkommen üblich gewesen ist. Sein Enkel Llywelyn ap Gruffydd († 1282) vollendet die Konzentration der Macht im freien Wales in seinen Händen.

1258   Er nimmt den Titel *princeps Wallie (Fürst von Wales)* an.

1267   Als solcher wird er im Vertrag von Montgomery von der englischen Krone (König Heinrich III.) anerkannt.

Widerstände im eigenen Lager schwächen seine Stellung ebenso wie das energische Eingreifen *König Eduards I.* seit 1274.

1277   Im Vertrag von Conway verliert Llywelyn die Herrschaft über Südwales und den Osten.

1282   Dann kommt es in Wales zum Aufstand gegen die tyrannische Herrschaft Eduards I., der unter erheblichem finanziellem Aufwand das Fürstentum militärisch erobert. Llywelyn fällt.

seit 1284   König Eduard regiert das Fürstentum selbst (Statutes of Rhuddlan).

1301   Dann ernennt er seinen ältesten Sohn Eduard von Caernarvon zum Fürsten von Wales (‚*Prince of Wales*'), seit dieser Zeit der Titel des Thronerben.

Das Fürstentum wird nicht mit dem englischen Reich vereinigt, ist aber starkem kulturellem und wirtschaftlichem Einfluß aus England ausgesetzt.

Schottland

Die Herrscher, die sich seit dem 11. Jh. Könige der Schotten nennen, kontrollieren effektiv lediglich den anglisierten Südosten (Lothian) des Landes. Im Hochmittelalter können sie nur mit großer Mühe ihre Unabhängigkeit gegenüber dem stärkeren englischen Nachbarn bewahren.

1068   Die *Anglisierung Schottlands* wird in größerem Umfang durch die Eheverbindung König Malcolms III. Canmore (Großkopf) mit der Angelsächsin Margarete eingeleitet.

Die Königin erhält Unterstützung für ihre Pläne der Kirchenreform des Landes nach römischem Muster bei Erzbischof Lanfranc von Canterbury.

Unter den drei Söhnen aus der Ehe Malcolms mit Margarete, Edgar (1097–1107), Alexander I. (1107–1124) und David I. (1124–1153), wird die Verflechtung mit der englischen Politik stärker. Die Schwächung Englands unter König Stephan (1135–1154) ausnutzend, versucht David I., die Südgrenze seines Reiches zu verschieben und Cumberland, Westmoreland und Northumberland zu erwerben.

1138   Er wird aber in der ‚Schlacht der Standarte' unter der Führung des Erzbischofs Thurstan von York entscheidend geschlagen.

Der Einfluß aus England macht sich im 12. Jh. vor allem durch das *Eindringen des Lehnswesens* bemerkbar.

1174   Wilhelm I. der Löwe (1165–1214) muß den englischen König als Lehnsherr über Schottland anerkennen (Vertrag von Falaise), eine Bindung, die 1189 wieder gelöst wird.

1192   Es erfolgt die Anerkennung der *Autonomie der schottischen Kirche* (Bulle ‚Filia Specialis'), die allerdings für die nächsten drei Jh.e ohne Erzbischof bleibt.

1237   Alexander II. (1214–1249) erkennt die Tweed-Solway-Linie als die Südgrenze Schottlands an, die aber weiterhin umkämpft bleibt.

Sein Nachfolger Alexander III. (1249–1286) verbündet sich mit Norwegen.

1281   Er verheiratet seine Enkelin Margarete mit König Erich III. Magnusson von Norwegen (1280–1299).

1286   Margarete (the Maid of Norway) wird als Königin anerkannt.

1290   Vier Jahre später gelingt es Eduard I. von England, seinen Sohn Eduard von Caernarvon mit ihr zu verheiraten, wobei vertragsmäßig die *Unabhängigkeit Schottlands* von England zugesichert wird (Vertrag von Birgham).

seit 1290   Mit dem Tod Margaretes verstärken sich die Bemühungen des englischen Königs, Schottland in seine Gewalt zu bringen. – *(Forts. S. 564)*

Skandinavien (1035–1280/1286)
(Forts. v. S. 371)

Im Rahmen einer gesamteuropäischen wirtschaftlichen Blüte nehmen die skandinavischen Länder verstärkt an dem Geschick ihrer Nachbarn teil. Das sich allmählich etablierende *nationale Königtum* stützt sich bei der Selbstbehauptung auf die nationale *Kirche* (Märtyrerkönige als Nationalheilige). Mit der Intensivierung der christlichen Mission wird Skandinavien in die europäische Völkerfamilie aufgenommen. *Ausdehnungspolitik* (wenn auch in kleinerem Rahmen als in der Wikingerzeit, dafür in größerer Intensität) ist in allen drei Ländern zu erkennen. Wirtschaftlicher Aufschwung, Übergang zu produktiverer Dorfsiedlung, führt zu *Städtegründungen* und damit zur Entstehung neuer Bevölkerungsschichten. Es kommt zu Auseinandersetzungen mit rivalisierenden Kräften (Hanse).
Das Hochmittelalter bringt die erste Blüte volkssprachlicher und lateinischer *Literatur* (Sagen, Skaldendichtung, nationale Geschichtsschreibung). Die *Gewohnheitsrechte* werden kodifiziert, neue Gesetze werden erlassen. Trotz enger Zusammenarbeit mit der Kirche (Herrscherweihe) kann sich das nationale Königtum nicht dauerhaft etablieren. Adel, Städte, Bauern und Kirche kämpfen um eigenen Einfluß.

Schweden

Verzeichnis der schwedischen Herrscher

Stenkil	um 1060
Blot-Sven	1080
Magnus Barfuß	1093–1103
Inge d. J.	† 1130
Sverker d. Ä.	1130–1156
Erich Jedvarsson, der Heilige	um 1156–1160
Karl Sverkersson	1161–1167
Knut Eriksson	1167–1196
Sverker d. J. Karlsson	1196–1208
Erich Knutsson	1208–1216
Johan Sverkersson	1216–1222
Erich Eriksson	1222–1229
Knut Holmgersson	1229–1234
Erich Eriksson	1234–1250
Jarl Birger Magnusson	1248
Waldemar Birgersson	1250/66–1275
Magnus Birgersson Ladulas	1275–1290

Zu Beginn des Hochmittelalters ist Schweden ein *loser Reichsverband* mit starken partikularen Kräften. Der König wird von den Svear auf ihrem Landschaftsthing gewählt. Danach wird er bei dem Umritt auf den anderen Landesthingen anerkannt. Seine Funktion beschränkt sich im wesentlichen auf den militärischen Oberbefehl, sofern der starke Adel zur Kooperation bewegt werden kann.

um 1060 Nach dem Aussterben der alten Uppsala-Könige kommt das Königsgeschlecht der westgötischen *Stenkil* auf den Thron. Das folgende Jh. wird geprägt durch die Auseinandersetzungen zwischen den christlichen Göten und den am Heidentum festhaltenden Svear Upplands. Unter den Stenkils wird das Christentum weitgehend eingeführt (Zerstörung des Uppsalatempels am Ende des 11. Jh.s).

1104 Die schwedische Kirche wird dem neu gegründeten dänischen Erzbistum Lund unterstellt.

Um 1130 Um 1120 bestehen sechs schwedische Bistümer.

–1156 **König Sverker der Ältere** aus Östergötland.
Mit ihm kommt das Geschlecht der *Sverkir* zur Macht. Seinen Hauptsitz hat es bei Alvastra nahe dem Vättersee.

Um 1156 Sverker wird ermordet, worauf die Upsvear **Erich** zum **König** erheben.
Das folgende Jh. ist von schweren Thronkämpfen zwischen den Geschlechtern Sverkers und Eriks geprägt.
Erich scheint seine Herrschaft über ganz Schweden durchgesetzt zu haben. Als eifriger Christ unternimmt er einen Kreuzzug nach Finnland, das nun unter den Einfluß Schwedens gerät.

1160 Er wird von Dänen in Uppsala überfallen und enthauptet.
Schnell entwickelt sich ein Kult des Märtyrerkönigs, der zum *Nationalheiligen* Schwedens wird; seine Gebeine ruhen heute im Silberschrein zu Uppsala.

1164 Unter Erichs Nachfolger **Karl Sverkersson** (1161–1167) wird Uppsala Erzbistum.

472   Mittelalter – Hochmittelalter

Karl fällt bei Visingö gegen seinen Nachfolger, Erichs Sohn **Knut** (1167–1196). Im Rahmen der deutschen Ostkolonisation macht sich unter Knut der deutsche Einfluß auch in Schweden geltend. Es kommt zur Gründung zahlreicher Städte.

1187   Heidnische Seeräuber brennen die Handelsstadt Sigtuna am Mälar nieder und töten den Erzbischof von Uppsala in seiner Burg.

1196–1208   König Sverker der Jüngere Karlsson.
Er erläßt Gesetze zum Wohl der Kirche; Opposition der Söhne Knuts führt zum Sieg über den König und ein mächtiges dänisches Kontingent bei Lena in Westgötland. Sverker wird vertrieben.

1208–1216   König Erich Knutsson.
Er kann einen Rückeroberungsversuch Sverkers († 1210) siegreich abschlagen.
Mit Sverkers Sohn *Johann* (1216–1222) erlischt das Haus der Sverkir.

1222–1229   König Erich Eriksson.
und   Er stützt sich gegen Aufstände auf das mächtige Haus der *Folkunger*. Sie sind im Besitz
1234–1250   des Jarlamtes, des höchsten Reichsamtes, dessen wichtigste Aufgabe die Führung des Ledung ist, des Krieger- und Schiffsaufgebotes.

1248   Auf der Reichsversammlung (die gegen den vornehmlich zur richterlichen Funktion abgesunkenen Thing an Bedeutung ständig zugenommen hat) von Skenninge ordnet der Kardinallegat Wilhelm von Sabina das schwedische Kirchenwesen neu.

1249   Der Folkunger Birger Jarl unternimmt einen großen Heerzug gegen Finnland.

1250–1363   Geschlecht der Folkunger.
Unter ihnen wird der Regionalismus überwunden; Expansion Schwedens nach Estland, Rußland, Finnland.

1250   Der unmündige Sohn Birger Jarls, *Waldemar,* ein Schwestersohn Erich Erikssons, wird zum König gewählt.

1250–1266   Doch die Regierungsgeschäfte beherrscht **Birger Jarl,** der die Beziehungen zu Norwegen und Dänemark pflegt. *Stockholm* wird als bedeutende Handelsstadt gegründet, während im allgemeinen deutsche Hansekaufleute großen Einfluß in Schweden gewinnen; wirtschaftlicher Aufschwung. Im Rahmen einer umfassenden *Gesetzgebung* kommt es zu Neuerungen im Rahmen des Privat- und Prozeßrechts. Die Königsmacht wird gegen den Adel gefestigt, aber zugleich durch beginnende Apanagierung der Prinzen wesentlich geschwächt. Nach der schwachen eigenen Regierung Waldemars (1266–1275) folgt dessen Bruder

1275–1290   König Magnus Birgersson Ladulas (= Scheunenschloß).
Er führt tiefgreifende Neuerungen ein.

1279 oder   Im *Statut von Alsnö* werden alle zu Pferd dienenden Krieger von der Steuer befreit, aber
1280   gleichzeitig pflegt Magnus die Beziehungen zu den freien Bauern als Gegengewicht gegen den Adel.
Die Reichsämter des Drost (Truchseß und Stellvertreter des Königs), Marschall und Kanzler werden entwickelt; das dem zentralen Königtum gefährliche Jarlsamt wird nicht mehr besetzt. In diese Zeit fällt die Bindung der Insel Gotland an Schweden.

Norwegen

In Norwegen, zu dessen Königreich auch die heute schwedischen Provinzen Län Jämtland, Härjedalen und Bohuslän gehören, ist die Durchsetzung des nationalen Königtums schwierig.

1035–1047   König Magnus der Gute.
Der Sohn Olafs des Heiligen wird von den Norwegern aus Rußland herbeigerufen.

1042   Er wird aufgrund eines Erbvertrages auch König von Dänemark. Diese Bindung wird unter seinem Nachfolger wieder gelöst.

1047–1066   König Harald Hardrada (= der Strenge).
Er gründet *Oslo;* als Überseehafen blüht *Bergen.* Als Hartaknuts Erbe erhebt er Anspruch auf den englischen Thron, wird aber bei Stamfordbridge von dem englischen König Harald Godwinson geschlagen und stirbt.

1067(69)   König Olaf Kyrre (= der Stille).
–1093   Sohn Haralds. Mit ihm beginnt ein halbes Jh. einer ruhigen politischen Entwicklung des Landes. Bistümer und Städte werden gegründet.

1093–1103   König Magnus Barfuß.
Er intensiviert die norwegische Besiedlung der Orkneys, der Hebriden und der Insel Man.
Es folgen gemeinsam seine Söhne Olaf († 1115), Eystein († 1123), Sigurd († 1130).

1107–1111   Sigurd unternimmt einen Kreuzzug (Beiname Jórsalafari [Jerusalemfahrer]).
Er führt den Kirchenzehnten ein. Eystein gewinnt Jämtland zurück.

Genealogie der Herrscher Norwegens

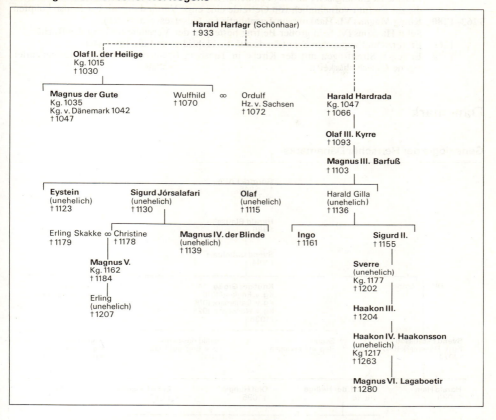

Es schließt sich eine über ein Jh. dauernde Zeit innerer Wirren an, die durch die eigentümliche *Mischung von Erb- und Wahlmonarchie* verursacht werden. Die Entscheidung über den Thronfolger liegt beim Thing. Viele Anzeichen deuten auf eine erneute politische Fragmentierung des Landes in Kleinkönigtümer hin.

1162 Gegen die sich befehdenden unehelichen Nachkommen des Magnus Barfuß setzt Erling seinen fünfjährigen Sohn *Magnus V. Erlingsson* (1162–1184), Tochtersohn Sigurds des Kreuzfahrers, auf den Thron.
Erling sucht die Stütze der nationalen Kirche des Landes. 1152 wird Trondheim (Nidaros) zum Erzbistum erhoben. Durch die kirchliche Weihe (Krone interpretiert als Lehen König Olafs des Heiligen) wird die fehlende dynastische Legitimität ersetzt.

1164 Auf dem Reichstag zu Bergen wird versucht, die Thronfolge auf eheliche Kinder zu beschränken und die Primogenitur einzuführen.
Gegen das Bündnis von Kirche und Königtum erhebt sich die Partei der *Birkebeine* (benannt nach ihren Strümpfen aus Birkenrinde) in den Waldgebieten an der schwedischen Grenze. Ihr Anführer ist *Sverre Sigurdsson* (er betrachtet sich seit 1177 als König, † 1202).

1177 Er erobert Trondheim.

1184 Dann besiegt er König Magnus Erlingsson in der Seeschlacht bei Firmreite.
Es erfolgt die Wiederherstellung der nationalen Einheit, die durch innere Reformen gestärkt wird. Unterteilung des Landes in Verwaltungsbezirke mit königlichen Beamten an der Spitze. Die Bauerngerichte werden neu organisiert.

1194 Gegen den wachsenden Widerstand der Kirche gelingt es ihm gleichwohl, von seinen Bischöfen gekrönt zu werden.
Das von Papst Innozenz III. über ihn verhängte Interdikt bleibt ohne konkrete Auswirkungen. Der Grundstein für ein starkes Erbkönigtum ist gelegt, das sich aber erst unter seinem zweiten Nachfolger Haakon Haakonsson voll entfalten kann und Norwegen auf den Höhepunkt der mittelalterlichen Entwicklung führt.

1217–1263 König Haakon IV.

1261 Er gewinnt *Grönland* und *Island* (1262/1264) auf friedlichem Weg.

In seine Regierungszeit fällt die beginnende Einflußnahme deutscher Kaufleute in Bergen, die zur Einfuhr vornehmlich von Getreide eine enge Verbindung mit der Hanse knüpfen.

1263–1280 **König Magnus VI. Haakonsson Lagaboetir** (= Gesetzesverbesserer).
Sohn Haakons IV. Sein großer Beitrag besteht in der Vereinheitlichung des Rechts.
1266 Er verzichtet zugunsten Schottlands auf die Hebriden und die Insel Man.
1277 Er regelt Streitfragen mit der Kirche in Tunsberg (freie Besetzung der Kirchenämter, eigene Gerichtsbarkeit).

Dänemark

Genealogie der Herrscher Dänemarks

Die (relativ) größte Bevölkerungsdichte sowie seine geographische Lage als Brücke zwischen Nord- und Ostsee machen Dänemark zum *führenden Land Skandinaviens* im Hochmittelalter. Seine Südgrenze ist die Eider. Zu diesem Land gehören auch Teile des heutigen Südschweden.

1047–1074 **König Svend Estridsson.**
Er arbeitet eng mit der Kirche zusammen (Gründung der Bistümer Lund, Roskilde, Odense, Ribe, Århus, Viborg, Vestervig); er ist Lehnsmann der Salier; Freundschaft mit Erzbischof Adalbert von Goseck, der 1043 als Erzbischof von Hamburg-Bremen die Mission in Skandinavien aufnimmt. Einer der Söhne Svends, *Knut II.* (1080–1086), wird zum Nationalheiligen Dänemarks.

Skandinavien – Dänemark   475

1104 Lund wird zum Erzbistum erhoben und wird damit zum Zentrum der dänischen Nationalkirche.
Rege Bautätigkeit während der nächsten 50 Jahre (Steindome).

1131 Der gewaltsame Tod des ersten vom dänischen König abhängigen Herzogs von Schleswig,
Knut Laward (= Lord/Herr) führt zu einem Feldzug Kaiser Lothars III. gegen Dänemark
1134 und endet mit der Huldigung des Dänenkönigs Magnus.
Thronstreitigkeiten und innere Unruhen stärken die Unabhängigkeit der Kirche von der
Königsgewalt.

1157–1182 König Waldemar I. der Große.
Er überwindet die nationalen Zwistigkeiten und leitet ein halbes Jh. dänischer *Großmachtpolitik* ein. Er erhält wertvolle Unterstützung durch Absalon, den Bischof von Roskilde und
späteren Erzbischof von Lund (1178–1201).

1162 Waldemar leistet den Lehnseid für sein Reich an Kaiser Friedrich I.
Es gelingt ihm, die innere Zerrissenheit des Landes zu überwinden, indem er gemeinsam
mit Herzog Heinrich dem Löwen die Wenden bekämpft.

1169 Er erobert die Insel Rügen, läßt den heidnischen Tempel Swantewit zerstören und leitet
eine zwangsweise Bekehrung zum Christentum ein.
Seine dynamische Kirchenpolitik (Einführung des Zehnten) führt zu Aufständen der Bauern von Schonen.

1181 Doch schlägt er deren Erhebung blutig nieder.
Das aus Deutschland eingeführte Ritterwesen dringt durch.

1182–1202 König Knut IV.
Er wird noch zu Lebzeiten seines Vaters gekrönt und setzt dessen *Expansionspolitik* fort.

1184 Er erringt einen großen Sieg bei der Insel Rügen über die Pommern.

1185 Dann huldigt ihm Herzog Bogislaw von Pommern, der bis dahin vom Reich lehnsabhängig
war.
Knut gelingt es, Teile Mecklenburgs zu unterwerfen; er nennt sich seitdem König der
Dänen und der Slawen. Dem Kaiser verweigert er den Lehnseid. In seine Regierungszeit
fällt die Abfassung der *Gesta Danorum* des *Saxo Grammaticus* (* um 1150, † um 1220),
die der herrschenden Dynastie gewidmete Geschichte der Dänen; Saxo ist im Dienst des
Erzbischofs Absalon von Lund tätig.

1201 Knuts Bruder Waldemar erobert *Holstein mit Lübeck und Hamburg;* die weite Ausdehnung des dänischen Großreiches wird durch die deutschen Thronwirren ermöglicht, in denen der dänische König auf der Seite der Welfen steht.

1202–1241 König Waldemar II. der Sieger.
Er ist der Bruder Knuts IV., führt Dänemark auf den Höhepunkt seiner mittelalterlichen
Macht. Er dehnt das Reich bis zur Elbe aus.

1219 Es erfolgt die Eroberung *Estlands* (Gründung von Reval) unter dem Danebrog, dem nach
der Sage vom Himmel gefallenen Banner, ein weißes Kreuz auf rotem Grund, das fortan
das Reichsbanner wird.

1227 Die Schlacht von *Bornhöved* führt zum Zusammenbruch der dänischen Vorherrschaft in
Norddeutschland. Rügen und Estland bleiben erhalten.
Dem militärischen Niedergang folgt die wirtschaftliche Schwächung durch die konkurrie-
rende Expansionspolitik der deutschen Ostsiedler entlang der Ostsee.

um 1231 Es wird das dänische Landbuch (Jordebog) oder *Liber Census Daniae* abgefaßt, Verzeichnis aller königlichen Güter und Einkünfte.

1241 Kodifizierung des *jütischen Rechts* (Jyske Lov) in der dänischen Volkssprache. Der könig-
lichen Exekutive werden drei Gesetzesversammlungen beigegeben, entwickelt aus den
Landesthingen von Schonen, Seeland und Jütland.
Dem Zerfall des dänischen Großreiches folgt der allmähliche Niedergang der königlichen
Herrschaft.
Waldemar II. hinterläßt seinem jüngeren Sohn Abel das Herzogtum Schleswig. Durch seine
Heirat mit Mechthild von Holstein sichert dieser sich und seinen Nachfolgern die Unter-
stützung des holsteinischen Adels gegen das dänische Königtum. Das führt zum Bürger-
krieg mit seinem älteren Bruder Erich IV. Pflugpfennig.

1241–1250 König Erich IV. Pflugpfennig.
Er verlangt den Bauern neue Steuern ab.

1250 Nach dessen gewaltsamem Tod folgt Abel selbst auf den Thron, wird aber seinerseits 1252
von den Friesen erschlagen. Weitere Thronwirren schwächen das Königtum.

1259–1286 König Erich V. Klipping.
1282 Er muß in einer großen Handfeste Vorrechte des Adels sowie Gewohnheitsrechte billigen.
Er verspricht ferner die jährliche Einberufung des *Reichstages (Danehof)* zur Gesetzgebung.
Am Ende des 13. Jh.s weisen Dänemarks etwa 70 Kaufmannsstädte auf erhebliche soziale
und wirtschaftliche Wandlungen hin, die sich bis dahin vollzogen haben.

476 Mittelalter – Hochmittelalter

Island

Der durch die Besiedlung der Insel gegründete enge Kontakt mit *Norwegen* bleibt bestehen. Die Könige von Norwegen erheben seit Anbeginn Anspruch auf die Oberhoheit über Island, den sie aber erst in der Mitte des 13. Jh.s verwirklichen können.

Mitte 11. Jh. Der erste isländische Bischof (von Skalholt) wird noch in Deutschland geweiht, aber seit dem frühen 12. Jh. untersteht die isländische *Kirche* dem Erzbischof von Lund, seit 1152 dem Erzbischof von Trondheim.

Im Lauf des politisch ruhigen 12. Jhs. verbreitet sich das europäische Mönchtum auf der Insel; dennoch bleiben viele heidnische Bräuche lebendig. Innere Kämpfe werden im 13. Jh. durch die ehrgeizige Familie der Sturlungar ausgelöst. Jetzt hat Norwegen die Möglichkeit, die Unterwerfung der Insel schrittweise durchzuführen.

1238 Norweger werden zu Bischöfen in Island.

1256 Dann erhebt Norwegen zum erstenmal Tribut.
Bergen wird das Handelsmonopol für Island zugesprochen.

1264 Die Abhängigkeit der Insel von Norwegen wird durch den sog. *alten Pakt* anerkannt.

1281 Der Althing verliert seine Gesetzgebungsmacht, die im folgenden durch königliche Verwalter ausgeübt wird.

Die Literatur Islands im Hochmittelalter

Islands einzigartige Bedeutung im Hochmittelalter liegt in der literarischen Blüte, die hauptsächlich in volkssprachlich verfaßten Werken in Erscheinung tritt. Die isländische Literatur ist die beste Quelle für die *altnordische Mythologie.* Zu der ältesten Literatur, die noch im 11. Jh. aufgezeichnet wird, zählt das Werk über die Besiedlung der Insel *(Landnamabok).* Seit dem späten 12. Jh. werden die Götter- und Heldenlieder in der sog. Lieder-Edda gesammelt. Einzigartig für seine Zeit ist das literarische Werk des Staatsmannes *Snorri Sturluson* (* 1179[78?], † 1241). Er entstammt einer führenden Familie Westislands, ist mehrmals Sprecher des Althing und pflegt engen Kontakt zu den norwegischen Herrschern, der zu seiner Ermordung führt. Seine wichtigsten Werke sind eine Prosabearbeitung der Edda und die sog. *Heimskringla,* die norwegische Königsgeschichte von den Anfängen bis ins 12. Jh. Mit ihrer selbständigen Quellenkritik zählt die Heimskringla zu den bedeutendsten Geschichtswerken des Mittelalters. Snorris Neffe Sturla Thordharson (* 1214, † 1284) wird von manchen Gelehrten als der Anreger des Landnamabok betrachtet. – *(Forts. S. 574)*

Ost- und Südosteuropa (950 – um 1300)

In dieser Epoche erfolgt die **Konsolidierung der osteuropäischen Völker- und Staatenwelt** durch intensive *Hebung des Landesausbaus* zum Zwecke der Vermehrung der wirtschaftlichen Kräfte. Hinzu kommen eine fortschreitende *Differenzierung des Sozialgefüges* und die Förderung der *kirchlichen Bestrebungen,* die auf die Überwindung des Heidentums innerhalb und außerhalb der staatlichen Grenzen abzielen. Dadurch wird in einem großen Teil Osteuropas der Weg für die in West- und Mitteleuropa entwickelten Rechts- und Wirtschaftsformen geebnet und die *Kolonisation zu deutschem Recht* eingeleitet. Das Schisma der Kirchen auf der einen Seite, der Mißerfolg einer dauerhaften Sicherung und machtpolitischen Verklammerung der osteuropäischen Wald- und Steppenzone durch das Kiewer Rußland und dessen zunehmende Verflechtung mit der türkisch-mongolischen und orientalischen Welt andrerseits lockern gegen Ende dieser Epoche Rußlands Bindungen an den Westen und begründen die *Spaltung Europas,* die sich nach der zweieinhalb Jh.e währenden Mongolenherrschaft nie mehr geschlossen hat. – Unter den *Südslawen* festigt und vertieft sich als Ergebnis des vorausgegangenen Ringens der Gegensatz zwischen dem lateinischen Westen und dem orthodoxen Byzanz bzw. den unter byzantinischem kirchlichem und kulturellem Einfluß sich entwickelnden Staaten in Bulgarien und Serbien.

Böhmen unter den Přemysliden
(Forts. v. S. 376)

nach 906 Böhmen, nach dem Einbruch der Magyaren (906 Schlacht bei Preßburg) zunächst wieder politisch selbständig, wird nach dem Eingreifen des ostfränkischen Königs Heinrich I. in

929 Prag sowie nach der Ermodung des Fürsten *Wenzel* (* um 903; 921/922–935; – Wenzel-

Skandinavien – Island – Ost- und Südosteuropa – Böhmen   477

935   legenden, hl. Wenzel Nationalheiliger noch im 10. Jh.; später Wenzelskrone) durch seinen
935–967   Bruder *Boleslav I.*, endgültig erst durch Otto den Großen 950 unter eigener Dynastie in
lockerer Form dem Reich eingegliedert. Zur přemyslidischen Herrschaft gehören im 10. Jh.
auch Schlesien und das Krakauer Land, die erst 990 dem polnischen Piastenstaat zufallen.
Im Ostteil Böhmens besteht noch bis 995 die Dynastie der Slavnikiden (zu ihr gehört der
hl. Adalbert von Prag, der für die Ausbreitung des Christentums in Böhmen, Ungarn und
Preußen wirkt; * um 956, † 997).
973/976   In *Prag* wird ein *Bistum* (Kult des hl. Wenzel) errichtet und der Mainzer Kirchenprovinz
angegliedert.
Unter Boleslav II. (967–999) dient Böhmen in Verbindung und in Rivalität mit Polen den
Missionsbestrebungen der Zeit, gerät durch die expansive Politik Bolesławs I. von Polen
1003/1004   (992–1025), der Prag in Besitz nimmt, in Gefahr, wird aber von Kaiser Heinrich II. (1002/
1014–1024) restauriert und zieht schließlich nach der endgültigen Angliederung Mährens
(1029?) aus der piastischen Katastrophe durch den *Siegeszug Břetislavs I.* (1037–1055)
1039   nach Polen (Gebeine des hl. Adalbert von Gnesen nach Prag) politischen Nutzen.
1041   Auf Intervention Kaiser Heinrichs III. (1028/1046–1056) unterwirft sich Břetislav.
1050   Er verliert seine Eroberungen an Kasimir I. von Polen, der 1054 Schlesien durch Entscheid
Heinrichs III. gegen Zinszahlung an Böhmen behält (stets Konfliktstoff bis 14. Jh.).
Böhmen erhält von Kaiser Heinrich IV. (1056/1084–1106) territoriale Zugeständnisse
(Bautzener Land, die spätere Oberlausitz, als Lehen vom Reich).
1086   Böhmens Herrscher *Vratislav I.* (* um 1035, † 1092, regiert seit 1061) wird *König.*
Nach Krisen und Thronwirren in der ersten Hälfte des 12. Jh.s (seit 1055 Senioratsverfassung mit anfänglich zwei, später fünf Teilgebieten, die zu Beginn des 13. Jh.s verschwinden)
und Stärkung des Adels sowie nach Einführung der Primogenitur (1138) erhält *Vladis-*
1158   *lav II.* (regiert seit 1140; † 1174) von Kaiser Friedrich I. die *Königskrone* als Vladislav I.
(faktisch seit 1198 erblich).

Strukturelemente im 12./13. Jh.

Das Land ist in Burgbezirke gegliedert, die von Vertrauten des Herrschers verwaltet werden. Die alten
führenden Adelsgeschlechter stellen seit der Ausrottung der Slavnikiden (995) und der Vršovci (1108)
keine Bedrohung mehr für das Přemyslidenhaus dar. Das Einsetzen der *deutschen Kolonisation* im
12. Jh. (um 1170 Privileg für die deutschen Kaufleute, Sobieslavum) fördert die Einwanderung von
Handwerkern und Bauern. Zum Adel und hohen Klerus tritt durch die Gründung von Städten nach deutschem Muster das Bürgertum als wichtiger Faktor im Staat, das zusammen mit jenen seit Beginn des
13. Jh.s in steigendem Maße den *Ständestaat* zu repräsentieren beginnt, vermehrt um den aus dem Ritterstand sich bildenden niederen Adel.

1198–1230   Die Machtstellung Böhmens wird unter *Přemysl Ottokar I.* (* 1155, † 1230) durch eine
Reihe von Privilegien der deutschen Herrscher und der Päpste gefördert (1212 Goldene
Bulle von Sizilien von Friedrich II.).
1253–1278   Unter *Přemysl Ottokar II.* (* 1233, † 1278) steigt Böhmen kurzfristig zu europäischer Geltung auf: Besitzergreifung des Babenberger Erbes in Österreich, 1254/1255 Kandidat für
die Kaiserkrone, Unterstützung des Deutschen Ordens, der 1255 seine Gründung am Pregel (in [Ost-]Preußen) zu Ehren Ottokars Königsberg nennt. Herrschaft über Österreich
(1251), Steiermark (1254 teilweise, 1260 vollständig), Teile der Slowakei (1260) und des
Egerlandes (1266), Krain und Kärnten (1269).
1273   Přemysl Ottokar II. unterliegt in der Königswahl Rudolf von Habsburg (König
1273–1291), verweigert die Herausgabe der Reichslehen, wird geächtet und findet in der
1278   Schlacht auf dem Marchfeld (bei Dürnkrut in Niederösterreich) den Tod, womit das
Schicksal der Reichsgründung Ottokars und die Erbansprüche der Habsburger auf Österreich und die Steiermark entschieden werden.
1278/1283   Ottokars Sohn, König *Wenzel II.* (* 1271, † 1305), gewinnt Ausgleich für diese Verluste
bis 1305   durch Einfluß und Lehnshoheit über die Piastenfürsten Schlesiens und durch Eingreifen
in Kämpfe der Teilfürsten Polens um Seniorat und Erneuerung des Königtums in Polen.
1300   Er wird nach Eroberung Klein- und Großpolens in Gnesen gekrönt und vermählt sich mit
der Tochter des polnischen Königs Przemysł II. (1295/1296), Rixa Elisabeth (* 1288,
† 1335).
1306   Nach der Ermordung *Wenzels III.* (1305–1306; * 1289; Ende der böhmischen Herrschaft
in Polen) wird Böhmen von König Albrecht I. (1298–1308) als Reichsgut eingezogen und
seinem Sohn Rudolf (* 1282), der Wenzels II. Witwe heiratet, übertragen.
1307   Dieser stirbt, worauf Heinrich von Kärnten († 1335) als Gemahl der ältesten Tochter Wenzels II., Anna (* 1290, † 1313), von den böhmischen Herren zum König (1307–1310) gewählt wird.

478 Mittelalter – Hochmittelalter

Doch wird er auf ihre Veranlassung durch Reichsfürstenurteil abgesetzt.

Böhmen erhält der Sohn Kaiser Heinrichs VII., *Johann der Blinde* von Luxemburg

1310 (* 1296, † 1346), der 1310 Wenzels II. jüngere Tochter, Elisabeth (* 1292, † 1330), ehelicht.

Durch diese Eheverbindung bleibt der Anspruch der Luxemburger auf die polnische Krone erhalten, während der Versuch Wenzels II., nach dem Aussterben der Arpaden (1301) auch die ungarische Krone mit der böhmischen zu vereinigen, wirkungslos bleibt. – *(Forts. S. 579)*

Polen
(Forts. v. S. 378)

Nach der mit deutscher Hilfe durchgeführten *staatlichen Erneuerung* unter *Kasimir I.*

1039–1058 (* 1016, † 1058), wobei sich der Schwerpunkt aus dem durch Kriege und Aufstände schwer heimgesuchten Großpolen nach dem relativ geschützten *Kleinpolen* (Krakau) verlagert und Schlesien seit 1054 wieder unter die polnische Oberhoheit tritt, wird um die Mitte des

Mitte 11. Jh.s auch die *Kirche* vornehmlich durch den Reichsklerus wiederhergestellt und in der

11. Jh. Folgezeit die Zahl der Bistümer, Abteien und Chorherrenstifte vermehrt (reiche Zeugnisse für Sakralbauten aus dem 11. und 12. Jh. in Anlehnung an die Reichskultur, Lothringen, Frankreich).

1058–1079 *Bolesław II.* (* um 1042, † 1083), mit Böhmen verfeindet, stützt die antisalischen Prätendenten in Ungarn und findet angesichts der drohenden Koalition zwischen König Heinrich IV., Böhmen und Rußland, dem Bolesław 1069 die Grenzgebiete an Bug und San entrissen hat, die Unterstützung Papst Gregors VII.:

1076 *Bolesław läßt sich krönen.* In seinem Konflikt mit Bischof Stanislaus (Stanisław; aus Szczepanow, * um 1040) von Krakau zeigt sich zum erstenmal die *Macht des geistlichen und weltlichen Adels:*

1079 Der König, der Bischof Stanislaus aus unbekannten Gründen töten läßt (1253 Heiligsprechung), wird aus dem Land vertrieben und sein jüngerer Bruder Władysław Hermann

1080–1102 (* 1043, † 1102) zum Herrscher gemacht.

Mit Judith († nach 1100), der Schwester König Heinrichs IV., seit 1088 in dritter Ehe vermählt, verzichtet Władysław auf die Königskrönung und zahlt Tribut für Schlesien.

Nach einem Thronstreit unter seinen Söhnen, wobei der ältere Bruder Zbigniew (1102–1106, * vor 1085, † nach 1112) vergeblich mit Hilfe des deutschen Königs die Alleinherrschaft erstrebt, erlebt Polen unter Władysławs Sohn *Bolesław III.* (* 1085, † 1138); seit 1115 verheiratet mit Salomea von Berg, deren Schwestern mit Vladislav I. von Böhmen bzw. dessen Vetter Otto II. von Mähren vermählt sind) eine neue Machtentfaltung:

1102–1138 Niederlage König Heinrichs V. 1109, siegreicher Abschluß der Kämpfe mit Böhmen, das auch auf den Tribut für Schlesien 1111 verzichten muß. Entschlossener Kampf um das nach Mieszkos II. (König von Polen 1025–1034) Tod unabhängig gewordenen Pommern, dessen

1121 Unterwerfung 1121 gelingt, und um die gleichfalls noch heidnischen Gebiete zwischen

1124/1125 Oder und Elbe mit Missionierung (Bischof Otto von Bamberg, Reisen 1124/1125 und

1128 1128) sowie Ausbau der Kirchenorganisation (Bistümer Lebus [gegründet um 1125] und Włocławek).

Durch Kaiser Lothars III. (1125/1133–1137) Eingreifen bleiben die Odergebiete deutsches Interessen- und Hoheitsgebiet:

1135 Es erfolgt auf dem Merseburger Hoftag die Belehnung Bolesławs III. mit Westpommern und Rügen.

1138 Die angestrebte Stärkung der Einheit *durch Einführung des Seniorats* (mit der Krönungs- und Hauptstadt Krakau und dem Zentralgebiet Polens in der Hand des jeweiligen ältesten Angehörigen der Piastendynastie) neben den im Piastenhaus erblichen Herzogtümern der übrigen Landschaften (zunächst Schlesien, Masowien, Großpolen, östliches Kleinpolen mit Sandomir [Sandomierz an der oberen Weichsel]) erweist sich als Fehlschlag und führt zu *beständigen Kriegen* unter den Teilfürsten.

Für anderthalb Jh.e findet sich kein Souverän, dem es gelingt, die miteinander rivalisierenden Teilfürstentümer zu einigen; die Kirche und ihre Organisation bleibt in dieser Zeit neben der Dynastie das wichtigste Bindeglied für die Idee der Einheit der polnischen Piastenländer und des Königtums.

1140 Errichtung des exemten Bistums Wollin in Pommern (um 1176 nach Kammin in Pommern verlegt).

1146 Der Senior Władysław II. (1138–1146; * 1105, † 1159) wird von seinen Brüdern und dem

Adel vertrieben. Er findet bei seinem Schwager, dem deutschen König Konrad III. (1138–1152), Zuflucht und stirbt im Exil.

1163 Konflikt des Nachfolgers Bolesław IV. (1146–1173; * um 1123, † 1173) mit Kaiser Friedrich I. Barbarossa führt zur Herausgabe Schlesiens an die Söhne Władysławs (II.), womit der Boden für verstärkte Aufnahme westlicher Kultur- und Ordnungsformen bereitet ist.

1180 Es werden erstmals die Vorrechte der Geistlichkeit verbrieft und das Prinzip des Seniorats preisgegeben.

Strukturelemente Polens im 13. Jh.

Der Besitz *Krakaus* bleibt weiterhin Voraussetzung für die Wiederherstellung der Einheit des Staates und damit wichtigstes politisches Ziel. Seither bildet Polen eine *Gemeinschaft piastischer Territorialherrschaften*, vermehrt um Ostpommern unter einer eigenen Dynastie, zusammengehalten durch die einheitliche Kirchenorganisation und die Interessen der über alle Teilgebiete verteilten Adelsgeschlechter. Entscheidend für die Folgezeit wird der im Wettbewerb um die Hebung der Landeskultur einsetzende *Prozeß der Verwestlichung* und damit der Einfluß deutscher Siedlung und Kultur in den polnischen Teilfürstentümern: führend dabei sind die *schlesischen Fürsten* Heinrich I. (1201–1238) und Heinrich II. (1238–1241) in der ersten Hälfte des 13. Jh.s; Abwehrschlacht bei Liegnitz (1241) und Rückzug der Mongolen trotz ihres Sieges.

In Pommern (schon im 12. Jh. dem polnischen Einfluß entzogen), in Schlesien und in den westlichen Randgebieten Polens werden große Teile des Adels, der Dörfer und Städte deutsch. Auch in Groß- und Kleinpolen sowie in Pommerellen und Masowien macht die *deutsche städtische und ländliche Kolonisation* dank der Förderung durch aufgeschlossene Piastenfürsten während des 13. Jh.s große Fortschritte: Die Vorzüge der durch die von allen Grundherrschaften geförderte deutsche Siedlungsbewegung entstehenden neuen Sozial-, Rechts- und Wirtschaftsordnung (persönliche Freiheit der Bauern und Bürger bei festgelegten Abgaben, Selbstverwaltung, Konzentration auf Ackerbau, Ausbau des Handwerks und Handels in neu angelegten Rechtsstädten; gehobene Lebensführung der Magnaten und der Szlachta) veranlassen ihre Anwendung auch bei der einheimischen Bevölkerung (Siedlung zu deutschem Recht).

1226 Herbeirufung des *Deutschen Ordens* durch Konrad von Masowien (* 1187 oder 1188, † 1247) zur Bekämpfung der heidnischen Preußen (Prußen). Der Orden, der 1230 vom Kulmerland (mit Thorn [Toruń], Kulm [Culm/Chełmno] und Graudenz [Grudziądz]; 1233 Kulmer Handfeste) aus, das ihm Konrad von Masowien überlassen hat, die Unterwerfung der Prußen, ihre Christianisierung und Eindeutschung beginnt, entwickelt sich zu einem rein deutschen Staatswesen, zu einer führenden Militärmacht Europas und zerstört nach Annektierung Ostpommerns mit Danzig (1308) schließlich die polnischen Hoffnungen auf eine Restaurierung der polnischen Grenzen bis zur Ostsee im Sinne der piastischen Idee Bolesławs I. und Bolesławs III.

Trotz der Zersplitterung bleibt die *Idee der polnischen Einheit* lebendig und verstärkt sich seit der Kanonisation des hl. Stanislaus (Stanisław) 1253 und durch die erhöhte Bedeutung des Adels. Diese Einheit wird dann durch Przemysł II. (* 1257), Herzog von Großpolen und seit 1294 Erbe der pommerellischen Dynastie, angebahnt.

1295 *Przemysł II.* läßt sich in Gnesen zum König krönen, wird aber schon 1296 ermordet.

Nun wird die Einheit von Wenzel II. von Böhmen (König von Böhmen seit 1278/1283, von Polen seit 1300, † 1305), unterstützt von der Kirche und dem deutschen Bürgertum, durch

1300 seine Krönung in Gnesen und Ehe mit Przemysłs II. Tochter Rixa Elisabeth (* 1288, † 1335) gefördert. Polen droht zum Nebenland der Přemysliden herabzusinken.

1306 Erst der Sieg *Władysław I. Łokieteks* (* 1260 oder 1261, † 1333), des piastischen Teilfürsten von Kujawien (beiderseits der Weichsel zwischen Thorn und Płock) und Sieradz (Stadt an der mittleren Warthe), über alle widerstreitenden Mächtegruppen nach dem Ende der Přemysliden ermöglicht die Konsolidierung der monarchischen Gewalt in einem verkleinerten Polen (ohne Schlesien, Masowien und das 1309 vom Orden besetzte Pommerellen):

1320 Mit seiner *Krönung in Krakau* beginnt eine neue Ära, die bis zum Erlöschen des Königtums am Ende des 18. Jh.s währt.

Halitsch (Halicz) und Litauen

Die in der Periode der polnischen Machtzersplitterung durchgeführten Interventionen im benachbarten russischen Teilfürstentum **Halitsch-Wolhynien** (Halitsch am Dnjestr in der heutigen Ukraine) bleiben ohne Erfolg. 1253 erhält Daniel von Halitsch die Königskrone aus der Hand von Papst Innozenz IV. Abschluß der Union der beiden Kirchen in der vergeblichen Hoffnung auf Hilfe aus dem Westen gegen die Mongolen. Das den Tataren tributäre Königtum Daniels, dem die Angliederung Kiews versagt bleibt, wird nach seinem Tod zur Interessensphäre ungarischer, masowischer und litauischer Politik.

480   Mittelalter – Hochmittelalter

Litauens Aufstieg unter Mindaugas (Mindowe; † 1263; vorübergehend Christ; Zentrum Nowogródek [im heutigen Weißrußland]) zu einer bedeutenden Macht im Osten bahnt sich in Abwehr des Deutschen Ordens sowie unter Ausnutzung der polnischen Schwächeperiode und des Zusammenbruchs des Kiewer Staats an. In diesem litauisch-ostslawischen Staatsgebilde kommt gegen Ende des 13. Jh.s eine neue Dynastie zur Macht (Zentren Troki [in der Nähe von Wilna] und Wilna), deren bedeutendster Vertreter, Großfürst *Gedymin* (polnisch Giedymin; 1316–1341; * um 1275, † 1341; litauischer Name Gediminas), die Expansion auf Kosten weiterer russischer Territorien einleitet und gegen das erstarkende Polen den Kampf um das Erbe des 1323 in Halitsch-Wolhynien erloschenen Rurikidenstammes eröffnet. – *(Forts. S. 580, 583)*

Rußland
(Forts. v. S. 379)

Die Erbfolgeordnung des Russischen Reichs

Nach Jaroslaws Tod (1054) beginnt der *Niedergang des Kiewer Reichs* infolge der unzulänglichen Erbfolgeordnung (Herrschaft als Gemeinbesitz des ganzen Rurikidengeschlechts mit dem Senior als Großfürst über Kiew und Nowgorod an der Spitze und mit fester Rangordnung der Teilfürstentümer für die jüngeren Mitglieder der Dynastie):
Jaroslaws fünf Söhne nehmen ihrem Alter entsprechend die nach ihrem politisch-wirtschaftlichen Wert abgestuften Teilgebiete (Kiew, Tschernigow (nördliche Ukraine), Perejaslawl (heute Pereslawl-Salesski im Gebiet Jaroslawl), Smolensk, Wolhynien) ein, wobei für die Erbfolge auf dem Kiewer Fürstenstuhl stets der Senior der Dynastie vorgesehen ist, so daß nach dem Tode des Kiewer Großfürsten ein Nachrücken der jüngeren Brüder erfolgen muß, was seit 1068 zu ständigen Bruderkriegen führt. Durch sie wird die politische Rolle und Bedeutung der städtischen Bevölkerung gegenüber dem Fürsten gestärkt und die Gefahr der Steppe (Kumanen oder Polowzer seit 1061; Bedrohung des Handels und Verwüstung des Südens) vermehrt.

1097   Auf der Fürstenversammlung von Ljubetsch kommt es zu einer *Neuordnung des Gesamtreichs:* Die Teilgebiete werden den einzelnen Zweigen des Rurikidenhauses zu erblichem Besitz neu zugewiesen (Idee der „Wottschina", Vatererbe).
Jedoch wird dadurch die *Auflösung des Russischen Reichs* nur noch beschleunigt: Festlegung der einzelnen Linien, die ebenfalls nach Ältestenrecht Haupt- und Nebensitze ausgliedern, wobei Kiew nach wie vor als Besitz der gesamten Rurikidendynastie gilt. Unaufhörliche Kriege zwischen den verschiedenen Linien der Rurikiden, in die auch die Nachbarn eingreifen, lassen die Städte allmählich zurück- und einen landbesitzenden Adel (Bojaren) hervortreten.
1113–1125   Unter *Wladimir II. Monomach* (* 1053, † 1125) letzte Vormachtstellung Kiews: Noch einmal weitgespannte Familienpolitik (Schweden, Ungarn, Osseten, Byzanz).
Er selbst ist in erster Ehe mit Gyda, einer Tochter König Haralds II. Godwinson von England, in dritter Ehe mit einer Tochter des Polowzer Chans verheiratet.
Danach verlagert sich das politische Gewicht endgültig in die nahezu selbständigen Fürstentümer und Stadtstaaten der verschiedenen Linien des Rurikidenhauses, unter denen der Kampf um Kiew, als Hauptstadt des einstigen Einheitsstaates noch andauert.
1169   Andrei Bogoljubski, der Sohn Juri Dolgorukis (1149–1157 Großfürst von Kiew), dem als fünftem Sohn Wladimir Monomachs das ferne Gebiet um Rostow im Nordosten zugefallen war, besiegt und tötet den Kiewer Großfürsten, plündert Kiew, verzichtet aber auf die Verlegung seiner Residenz an den Dnjepr.

Rußland vor dem Einbruch der Mongolen

Der Großfürst regiert von dem inzwischen kolonisatorisch erschlossenen Waldgebiet des Nordostens aus (Fürstentümer Susdal [nördlich von Wladimir], *Wladimir* u. a., 1147 erste Erwähnung *Moskaus*). Die Bedeutung des von der Steppe allzusehr bedrohten Kiew ist verblaßt (Abwanderung nach Nordosten und Westen). Ein *neues Rußland mit neuen Zentren* im Nordosten, im Norden um Nowgorod und im Westen um Halitsch ist im Werden. Dynastische Beziehungen zu Petschenegen und anderen Steppenvölkern werden häufiger. *Soziale Gliederung:* Adel, mehrere Bauernklassen, Sklaven. Feudalismus, jedoch ohne spezifisch westeuropäische Merkmale. In der *Kunst* stehen neben einer einheimischen „Prämongolischen Schule" die Fresken byzantinischen Stils in den Erlöserkirchen von Pskow (Pleskau; 1156) und Nowgorod (1195), in der Kathedrale von Wladimir (1195, auch Reliefs von 1190) und der St.-Georgs-Kirche von Staraja Ladoga sowie in Jurjew-Polski (nordwestlich von Wladimir; 1230/1240). Die Kämpfe mit

Ost- und Südosteuropa – Rußland   481

den Steppenvölkern und die Streitigkeiten der Teilfürsten untereinander um die Großfürstenwürde setzen sich im 13. Jh. bis zum Mongoleneinbruch fort. Während des 12. und 13. Jh.s lassen sich folgende häufig wiederum geteilte *Fürstentümer* aufzählen: Kiew, Tschernigow, Perejaslawl, Halitsch, Wolhynien, Turow-Pinsk, Polozk (an der Düna), Murom-Rjasan, Susdal-Rostow, Groß-Nowgorod (hier dank der günstigen Handelsbeziehungen mit gotländischen und deutschen Kaufleuten Rückgang der Fürstenmacht und Herrschaft der Handelsaristokratie, die auch politisch ihre Macht bis zum Weißen Meer und zum Ural ausdehnt), die sämtlich ihre eigenen geschichtlichen Schicksale haben. Das gemeinsame Band bleiben die Kirche und die Dynastie. In dieser Situation trifft Rußland der Einbruch der Tataren (Mongolen).

1206

1207/1211

Der mongolische Stammesfürst Temudschin (* um 1155 oder 1167) erhebt sich nach Unterwerfung der Tataren zum Herrscher aller Mongolen, gibt sich den Titel **Dschingis-Chan** (= höchster Herrscher?) und beginnt die Unterwerfung südsibirischer Stämme (1207) und Chinas (1211).

Aus unbekanntem Anlaß wendet er sich in der Folgezeit gegen das mittelasiatische Reich von Choresmien (Chwarism) und vernichtet dort die aus hellenistischer Zeit stammenden Kulturzentren. Er überrennt Nordpersien, Armenien, Georgien und greift auch die Fürsten der Polowzer in der südrussischen Steppe an.

1223

Auf deren Hilferuf unterstützen die Fürsten von Kiew, Tschernigow, Wolhynien und Halitsch die Polowzer und erleiden in der Schlacht an der Kalka (nördlich des heutigen Schdanow) eine vernichtende Niederlage, die vorerst ohne politische Folgen bleibt:

1227

Das Reich des Dschingis-Chan beschränkt sich nach dem erfolglosen Angriff auf die Wolgabulgaren bei seinem Tode auf das Gebiet bis zur unteren Wolga.

1236

Erst *Batu*, der Enkel Dschingis-Chans und Neffe des neuen Großchans Ögädäi (Ügedei), der in Karakorum (im Tal des Orchon) residiert, führt – mit dem westlichen Teil des Reiches betraut – den Beschluß der Reichsversammlung von 1236 durch: Unterwerfung des Kyptschak, Rußlands, Polens, Ungarns und schließlich ganz Europas.

1237

Batu vernichtet die Wolgabulgaren und eröffnet den Kampf gegen die russischen Teilfürsten (Rjasań, Moskau, Wladimir).

1238
4. März

Er erobert das gesamte Oka- und obere Wolgagebiet nach dem Sieg am Siń, wo der Großfürst Juri fällt.

Der Durchstoß auf Nowgorod und zur Ostsee wird durch Tauwetter verzögert und unterbleibt dann ganz. 1239–1240 wird der Angriff gegen Rußland fortgesetzt.

1240
6. Dez.

Nach dem **Fall Kiews** und der Unterwerfung von Halitsch und Wolhynien erfolgt der Einbruch der Mongolen nach Ungarn und in die Walachei sowie nach Polen und Schlesien.

1241

Orda besiegt bei *Liegnitz* (Wahlstatt) ein polnisch-deutsches Ritterheer unter Herzog Heinrich II. von Schlesien. Ein anderes Mongolenheer erringt über Béla IV. von Ungarn im Tale der Theiß den Sieg. *Nur der plötzliche Tod Ögädäis 11. Dez. 1241 veranlaßt Batu zum Rückzug* und entscheidet damit über das Schicksal Europas.

Die Mongolenherrschaft in Rußland

Nach der Unterwerfung Bulgariens und Transkaukasiens begründet Batu im Rahmen des mongolischen Gesamtreichs die *Herrschaft der Goldenen Horde* (Kyptschak) mit der Residenz Alt-Sarai bzw. Neu-Sarai (an der Stelle des heutigen Leninsk) an der unteren Wolga. Voraussetzungen hierfür bilden einerseits die wirtschaftliche Sicherung durch Ausbeutung der agrarischen und finanziellen Kräfte Rußlands, andererseits die militärische Sicherung durch Angliederung der Kaukasusgebiete. Die Herrschaft der Mongolen in Rußland beschränkt sich auf Eintreibung von Tributen durch tatarische „Zähler", Treueversprechen und Gehorsam der Rurikiden (zwischen 1242 und 1430 mehr als 130 Huldigungsreisen russischer Fürsten in die „Horde" mit demütigenden Zeremonien) sowie ihre Verpflichtung zur Stellung von Truppenkontingenten. Als Großfürst wird der Bruder Juris Jaroslaw Wsewolodowitsch (1238 bis 1246), der Senior der jüngeren Linie des Wladimir Monomach mit dem Fürstentum Wladimir-Susdal, von Batu anerkannt, 1246 nach Karakorum zitiert und hier ermordet.

Die *Folgen der Mongolenherrschaft* für Rußland sind wirtschaftlicher Niedergang und kultureller Verfall (Stärke des tatarischen Einflusses umstritten; Dynastie, Herrschaftsgedanke und Erbfolgeordnung der Rurikiden bleiben bestehen; Privilegien für die Kirche und einzelne Fürsten durch „Jarlyk") sowie der fast völlige Abbruch der Verbindungen zum Westen (Ausnahme: Nowgorod), für den Rußland im 15. und 16. Jh. neu entdeckt werden muß. Vertieft wird diese Trennung durch das Vordringen der Schweden, Deutschen und Litauer im Baltikum und im nordwestrussischen Siedlungsgebiet. Sie werden als Feinde Rußlands und der Orthodoxie von Nowgorod und Pleskau (Pskow) unter Führung des Nowgoroder Fürsten *Alexander* (1252–1263, * um 1220, Sohn des Großfürsten Jaroslaw), der 1253 selbst die Großfürstenwürde erhält, nacheinander geschlagen: 1240 (15. Juli) die Schweden unter Birger Jarl an der Newa (Beiname: *Newskij*), 1242 (5. April) der Deutsche Orden auf dem Peipussee, 1245 die Litauer vor Nowgorod. Die Erfolge und sein Eintreten für den mongolischen Herrschaftsanspruch (Huldigungsreisen nach Sarai und Karakorum 1248–1249) sowie sein Sieg über die von seinem Bruder Asidrei geführte

482 Mittelalter – Hochmittelalter

antimongolische Fürstenkoalition haben Alexander, den Stammvater der Moskauer Dynastie, zum Nationalheiligen und Symbol der erfolgreichen Verteidigung Rußlands gegen den Westen werden lassen (1380 Erhebung der Gebeine). Das Ergebnis dieser Entwicklung ist die *Abgrenzung zwischen abendländischer und russisch-orthodoxer Welt und Rußlands Ausschluß von der Ostsee.*
Im Südwesten Rußlands sucht Daniel von Halitsch und Wolhynien († 1264) zunächst mit päpstlicher Hilfe (1253 Krönung Daniels in Dorohyčyn durch päpstlichen Legaten), dann mit litauischer, vergeblich die Mongolenherrschaft abzuschütteln. Sein Land erstarkt durch intensive Kolonisation unter Heranziehung von deutscher, polnischer und ungarischer Bevölkerung und behauptet sich gegenüber Litauen, dem sich die russischen Fürsten von Polozk im oberen Dünagebiet unterwerfen.

1263   Nach Alexander Newskis Tod (14. Nov.) sinkt die Macht des Großfürsten.
    Die Teilfürsten verfügen über ihr Land als „Wottschina" nach Belieben, und der vom Khan durch den Jarlyk ausgezeichnete Großfürst pflegt von seinem Teilfürstentum aus auch das neue Zentrum Wladimir, das als Gemeinbesitz des Rurikidengeschlechtes gilt, mitzuregieren. Infolge der Vermehrung der Hofhaltungen und der Schwächung des Gemeinschaftsgefühls sowie durch die Tributzahlungen und Strafexpeditionen der Chane verarmt das Land zusehends; erst das Streben des Volkes nach Ordnung und Frieden führt durch die Moskauer Fürsten zu einer neuen Einigung und Machtbildung während des 14.Jh.s im Nordosten, während der Südwesten und Westen Rußlands einen eigenen Weg gehen, der dem lateinischen Abendland nähersteht, und die Stadtrepubliken im Nordwesten mit ihrer Brückenfunktion zum hansischen Ostseeraum eine Sonderstellung gewinnen. – *(Forts. S. 584)*

Ungarn
(Forts. v. S. 375)

    Ungarn gerät im 12. Jh. durch seine Stellung an der Adria in *Rivalität zum Byzantinischen*
1128   *Reich,* das sich unter *Kaiser Johannes II.* in die ungarischen Thronstreitigkeiten einmischt.
1159   Unter *Kaiser Manuel I.* übt Byzanz nachhaltigen Einfluß auf Ungarn *(Stärkung des Adels* und der orthodoxen Einflüsse) aus.
    Dabei sucht das aufständische Serbien (Stephan Nemanja 1151–1196) Anlehnung an die neue Balkan- und Adriamacht, die sich nach dem 2. Kreuzzug der antibyzantinischen Koalition der europäischen Mächte unter Führung König Rogers II. (1130–1154) von Sizilien anschließt.
    Vorübergehende Anlehnung Ungarns an Österreich und Böhmen, beginnende Ansiedlung der „Sachsen" in Südsiebenbürgen (Hermannstadt ([Sibiu]) und der Zips (Spiš; im östlichen Vorland der Hohen Tatra), die die Bindung an die westliche Kultur verstärken.
    Kaiser Manuel I. gelingt es, in den Kämpfen der Thronprätendenten nach dem Tod König Gézas II. von Ungarn (* um 1130, † 1162, König seit 1141), Dalmatien, Kroatien und Bosnien zu annektieren.
1167   Schließlich erhebt er *Béla III.* (1173–1196; * 1148), den er mit seiner Tochter vermählt
1173   und anfänglich zu seinem Nachfolger ausersehen hat, auf den ungarischen Thron.
nach 1180   Unter Béla III. Verwaltungsreform nach byzantinischem Vorbild.
    Nach dem Fehlschlag der byzantinischen politischen und kirchlichen Pläne und nach dem Tode Manuels (1180) unterstützt Béla zunächst die Serben gegen das verfallende Byzanz, stellt die ungarische Herrschaft über Dalmatien, Kroatien und Bosnien wieder her, schützt schließlich seit 1185 Byzanz gegen die Übermacht seiner Feinde auf dem Balkan und greift
seit 1185   zeitweise über die Karpaten nach dem Besitz von Halitsch.
    Siebenbürgen wird während des 12.Jh.s von den herbeigerufenen „Sachsen" (meist vom Niederrhein) besiedelt. Damals bildet sich neben dem Hochadel ein Dienstadel heraus.
1222   Bélas Sohn, König Andreas II. (1205–1235; * 1176 oder 1177; Vater der hl. Elisabeth von Thüringen), erläßt – vom Adel unter Führung des Thronfolgers gezwungen – die sogenannte *Goldene Bulle:* Steuerfreiheit und Begrenzung der Heerfolgepflicht für den Adel, Erb- und freies Verfügungsrecht über die Dienstgüter des niederen Adels, in dem die Krone eine Stütze gegen die Magnaten zu gewinnen sucht, Sicherheiten gegen Verhaftung, Besteuerung und Güterkonfiskation, jährliche Landesversammlung mit Beschwerderecht und Widerstandsrecht.
    Förderung der *deutschen Einwanderung* (Gebiet um Kronstadt [Brașov] im südöstlichen Siebenbürgen):
    1211 Deutscher Orden im Burzenland (Țara Bîrsei, im inneren Karpatenbogen, Zentrum Kronstadt), der 1225, als er versucht, ein selbständiges Staatswesen zu errichten, Ungarn räumen muß.

Ost- und Südosteuropa – Ungarn – Kroatien – Serbien   483

1224   Dagegen werden die deutschen Siedler Siebenbürgens auf dem Königsboden als „sächsische Nation" anerkannt und erhalten Selbstverwaltung *(Privilegium Andreanum)*.
Mit den Kreuzzügen und vor allem der Ausbreitung der Zisterzienser und Prämonstratenser dringt französische Kultur nach Ungarn und fördert die durch deutsche und wallonische Siedler angebahnte Verwestlichung.

1241   Die *Niederlage* Bélas IV. (1235–1270; * 1206) durch die *Mongolen* hat die Entvölkerung und Verwüstung des Landes zur Folge.
Bélas Abwehrmaßnahmen (Ansiedlung der Kumanen und Burgenbau des Adels) erwiesen sich als gefährliche Sprengmittel für den Staat und führen zur Zersetzung der Grafschaftsverfassung, Machtsteigerung des Adels und zum Verfall der Zentralgewalt. Das aufblühende deutsche Städtewesen mit seinem privilegierten Bürgertum zeigt sich als Hauptträger des geistigen und wirtschaftlichen Lebens und zugleich als wertvollste Stütze der Krone.

1301   Andreas III. (1290–1301; * um 1265), der letzte Arpade, ist zwar erfolgreich gegenüber König Rudolfs Ansprüchen auf Ungarn, den Magnaten aber nicht gewachsen.

1308   Nach inneren Wirren (1301–1308) geht die ungarische Krone an das *Haus Anjou* über.
– *(Forts. S. 586)*

Kroatien
(Forts. v. S. 379)

969–997   Unter *Stephan Držislav* wechselt Kroatien wieder vorübergehend in die byzantinische Ein-
996   flußsphäre über (Königstitel).

1000   Es erfolgt der erste große Angriff Venedigs auf Dalmatien.

1027   Das pannonische Kroatien (Slawonien) gerät unter ungarische Oberherrschaft, wird aber nach der Mitte des 11. Jh.s wieder mit dem küstenländischen Kroatien (Hauptstadt Nin) in Norddalmatien vereinigt.

1035–1058   Unter *Stephan I.* und unter *Peter Krešimir IV.* entfaltet sich Kroatien zu einem kräftigen
1058–1073   Staatswesen zwischen Drau und Adria, von der Narenta bis Istrien und wird zu einer Konkurrenz Venedigs zur See.

1076   *Demetrius Zvonimir* (1074–1089) wird vom päpstlichen Legaten gekrönt.
Die romanischen Elemente werden begünstigt, die Reste der byzantinischen nominellen Hoheitsrechte im Küstengebiet verschwinden.

nach 1091   In Thronfolgewirren greift das verwandte Arpadenhaus *Ungarns* erfolgreich ein und gliedert sich unter Koloman I. das gesamte Kroatien (um 1200 durch Sirmium erweitert) nach
1102   einem Kompromiß mit den 12 führenden Adelsfamilien durch die Garantie ihrer Privilegien *(Pacta conventa)* in Personalunion an: Koloman wird König der Kroaten, die Verwaltung Kroatiens von der Drau bis zum Meer einem Ban unterstellt. Dieses Schicksal unter der Stephanskrone Ungarns (1527–1918 unter dem Haus Habsburg) vertieft die Trennung von dem den Kroaten nahestehenden serbischen Volk.

Serbien
(Forts. v. S. 380)

7./8. Jh.   Die vermutlich schon im 7. und 8. Jh. christianisierten Stämme Serbiens gelangen in Anlehnung an Byzanz und in Abwehr gegen die Bulgaren nur vorübergehend zu politischer Gemeinschaft und staatlicher Selbständigkeit.

9./10. Jh.   Im 9. Jh. geschieht dies unter Vlastimir (um 850), im 10. Jh. – nach dem Ende der durch
11. Jh.   Symeon (seit 893 Khan, seit 918 Zar der Bulgaren, † 927) 924 begründeten bulgarischen Herrschaft – unter Časlav (927–949), und im 11. Jh. – nach dem Ende des einflußreichen westbulgarischen Reiches Samuels (972–1014), aber unter der dauernden Gefahr von byzantinischer und ungarischer Seite – kommt es zur Staatsbildung durch die Fürsten von Zeta (Zetaebene in Montenegro).

um 1040   Aufstand unter Stephan Vojslav geglückt;

1077   sein Sohn *Michael* wird von einem päpstlichen Legaten zum *König* gekrönt. Dieses serbische Königreich umfaßt Zeta, Teile Bosniens und Raškas (Raszien, in Südserbien und Ostmontenegro); Zentrum ist Skadar (Skutari).

1082–1106   Unter Konstantin Bodin beginnt der Zerfall in kleine territoriale Verbände, unter denen Raška das politische Übergewicht erlangt.

1089   Gründung des römisch-katholischen Erzbistums Bar (Montenegro).

484 Mittelalter – Hochmittelalter

um 1171 Erst in der 2. Hälfte des 12. Jh.s erreicht Serbien vom Gebiet der Raška aus eine dauerhafte Konsolidierung: Großžupan (Großfürst) **Stephan Nemanja** (1151–1196; * 1114, † um 1200) begründet die serbische Einheit.

1172 Stephan geht infolge einer Niederlage gegen Byzanz nach Konstantinopel.

1180 Nach dem Tode Kaiser Manuels I. (1143–1180) schüttelt er die byzantinische Oberhoheit ab.

Bosnien, das vorher zeitweise zu Serbien gehört hat, gerät unter ungarischen Einfluß, bis es im 14. Jh. zu einem unabhängigen Staatswesen wird. Staatsaufbau nach bulgarischem und byzantinischem Muster, erbliche Županien (später mit Beamtencharakter), Ausrottung der Bogumilensekte.

1217 Stephan II. (1196–1228, Sohn Stephan Nemanjas) erhält von der römischen Kurie die Königskrone.

1219 Byzanz gesteht ihm die Anerkennung der *kirchenorganisatorischen Selbständigkeit Serbiens* zu (orthodoxer Erzbischof wird Stephan Nemanjas Sohn, der hl. Sava [* 1169 oder 1171, † 1235 oder 1236]; Stärkung des Nationalgefühls; die *Orthodoxie* bleibt seitdem für die Serben die herrschende Glaubensform).

Der Freskenschmuck der Nemanja-Kirche in Studenica (Raška/Raszien) steht ganz in byzantinischer Tradition, dagegen Dečani (Südwestserbien; erbaut 1327–1335) in romani-

1243–1276 scher. Unter Stephan Uroš I. kommt auch die Organisation der katholischen Kirche auf serbischem Boden nach Abwehr von Ansprüchen des Erzbischofs von Ragusa (Dubrovnik) zum Abschluß (Erzbistum Bar seit 1089).

1282–1321 *Während des 13. Jh.s, besonders unter Stephan Uroš II.,* ständige Ausdehnung des Serbischen Reichs zur Morava, zum Vardar und zur Adria.

1330 Makedonien durch Sieg von Stephan Uroš III. (1322–1331) über die Bulgaren bei Kustendil annektiert: Serbien wird Vormacht auf dem Balkan. *– (Forts. S. 588)*

Bulgarien
(Forts. v. S. 374)

nach 1018 Das Kernland des Reiches Samuels (Westbulgarien 976–1014, 980 gekrönt) wird nach seiner Unterwerfung durch Byzanz zum Thema Bulgarien (später Dukat), mit Skopje als Zentrum, zusammengefaßt. Die Kirche (Erzbistum Ochrid [Ohrid im heute jugoslawischen Teil Makedoniens]) wird zum griechischen Instrument der Ausbeutung und Beherrschung des Volkes.

nach 1048 Nach dem Vordringen der Petschenegen über die Donau werden die Bulgaren fortgesetzt von ihnen und den nachfolgenden Steppenvölkern (Uzen, Kumanen) bedrängt. In dieser Lage hilft auch die Verbindung mit dem romanischen Element auf dem Balkan (Walachen, Rumänien) nichts. Zwei Aufstände (1040–1041, 1072–1073) bleiben erfolglos.

Erst nach der durch die Verselbständigung Serbiens, die ungarischen und normannischen Angriffe ausgelösten Lockerung der byzantinischen Herrschaft erlangt Bulgarien unter den

1185 Brüdern Asen († 1196) und Peter Asen († 1197) (Zentrum Trnovo = *Tarnowo,* heute Weliko Tarnowo, nördliches Bulgarien) seine staatliche Selbständigkeit (*Zweites Bulgarisches Reich;* Zar Asen vom Erzbischof von Tarnowo gekrönt) wieder.

Bulgarien dehnt mit Hilfe der Kumanen unter Ausnutzung der byzantinischen Ohnmacht seine Herrschaft unter Asens Bruder Kalojan (Iwan; Krone 1204 aus Rom; † 1207) und

1197–1207 dem gebildeten und bedeutendsten Herrscher dieser Dynastie, *Iwan Asen II.* (* um 1190)
1218–1241 über Nordalbanien, Makedonien und das westliche Thrakien zu einer für Byzanz bedrohlichen Machtstellung aus. – Blüte der Kultur.

Das Ziel, die Errichtung eines bulgarisch-byzantinischen Imperiums, erreicht Iwan Asen II. ebensowenig wie einst Symeon. Zwar führt ihn sein Sieg über das epeirotische Kaisertum bei Klocotniza (nahe Chaskowo, im südlichen Bulgarien) 1230 und die Errichtung eines autokephalen bulgarischen Patriarchats (1235 anerkannt) in greifbare Nähe des Erfolges gegenüber dem Lateinischen Kaisertum, aber nach seinem Tode wird Bulgarien durch un-

1242 garische und mongolische Einfälle (1242 Tributpflicht) schwer heimgesucht und gefährdet
1258 und geht nach der *Ausrottung der Asendynastie* (1258) in Adelskämpfen weiterer Auflösung entgegen.

Die verschiedenen Völkergruppen, die dieser bulgarische Staat vereinigt, sowie Konflikte mit Byzanz unter Konstantin Tich (1258–1277) und den nachfolgenden Usurpatoren tragen zu seiner Schwächung bei; Bulgarien verliert gegenüber dem erstarkenden serbischen Staat an Einfluß und Macht. – Die Fresken von Bojana (bei Sofia; Herrscherporträts) von 1259, später die der Vierzig-Märtyrer-Kirche von Tarnowo zeigen den Anschluß an beste byzantinische Kunst. *– (Forts. S. 588)*

Ost- und Südosteuropa – Bulgarien – Albanien und Griechenland – Byzantinisches Reich   *485*

Albanien und Griechenland
(Forts. v. S. 380)

Diese Gebiete erleben im Hochmittelalter als wieder gesicherter Besitz des Byzantinischen Reichs die *Gewinnung der Slawen für Christentum und byzantinische Kultur,* ja dank dieser Verbindung, auch für die griechische Sprache. Das Griechentum wird dadurch (wie im Altertum) ein Kulturbegriff gegenüber der Ablösung des Restes der antiken Landbevölkerung durch die slawische Einwanderung. Nur im Gebirge halten sich Slawenstämme noch geschlossen. Neuaufbau der kirchlichen Hierarchie, *Missionstätigkeit*, bezeugt für Hosios Nikon Metanoeite in Sparta (Reste der Klosterkirche des 10. Jh.s) und Hosios Lukas bei Delphi in Mittelgriechenland, erfolgen in der Notzeit der Sarazenengefahr. In den Gebirgsgebieten vollzieht sich die Einwanderung der romanischen *Wlachen* (Walachen oder Aromunen: Rumänen) zunächst als Hirtenbevölkerung; das Vorland des Pindosgebirges im Westen und Osten wird im 11. Jh. Großwlachien. Gleichzeitig geht vom selben, weiter nördlich (bei Niš) gelegenen Ausgangspunkt die Besiedlung *Rumäniens* durch das gleiche Volk (das in seinen alten Sitzen sprachlich slawische Elemente aufgenommen hat) vor sich bis zur Walachei, dem dortigen Wlachien.

In **Albanien** erscheinen um 1100 zum erstenmal die Albaner, ebenfalls ein Restvolk (im Mati-Gau [heute Verwaltungsgebiet Mat im nördlichen Albanien] erhalten, erste Erwähnung 1042; Hauptort dann Kroja [Croia, heute Krujë, nördlich von Tirana]), das aber sogar seine vorromanische, auf das Thrakische oder Illyrische zurückzuführende Sprache sich erhalten hat. Wie vorher gegen die Slawen, haben die Stadtfestungen und Machthaber nun die größeren Ebenen gegen die wlachische bzw. albanische Einwanderung zu verteidigen.

Die kaiserlichen Statthalter haben vor allem die Aufgabe des Küstenschutzes in den Themata Hellas (Hauptstadt Theben), Peloponnes (ab 783, Hauptstadt Korinth mit der starken Festung Akrokorinth), seit der ersten Hälfte des 11. Jh.s vereinigt; desgleichen der Dukat Thessalonike (ebenso damals aus mehreren Themata gebildet), die Themata Kephallenia (seit 880) und Nikopolis (mit Korfu und Ithaka, Hauptstadt Naupaktos [heute Nafpaktos]), der Dukat Dyrrhachion (Durazzo, in seinem Hinterland in Makedonien seit 1020 Thema Bulgaria mit Hauptstadt Ochrid [Ohrid] als Erbe des zweiten Bulgarenreichs; die Grenzen des Erzbistums Ochrid 1020 bewahren mit dem Ausgreifen nach Epeiros die Ausdehnung dieses Reiches in der Erinnerung). Die Einfälle der *Bulgaren* 918, nach 924, 978 und vor allem 996 bis zum Sieg bei den Thermopylen (Kaiser Basileios II., 976–1025), dann der *Normannen* auf den Ionischen Inseln, in Epeiros und bis Larissa (heute Larisa) in Thessalien (Robert Guiscard und sein Sohn Bohemund von Tarent 1081–85, geschildert in der Alexias der Anna Komnena [byzantinische Geschichtsschreiberin]), schließlich nach Theben und Korinth (König Roger II., 1147) bringen starke Verwüstungen und wirtschaftliche Schäden (für die Seidenweberei mit jüdischen Handwerkern), denen nur große Grundherren begegnen können. So kommt gegen 1200 ein byzantinisches Magnatentum auf (Sguros in Argos, Melissenos in Magnesia). Dasselbe gilt von *Kreta*, das 961 von Byzanz wiedergewonnen, um 1100 von Konstantinopel aus neu besiedelt und mit Burgen ausgestattet wird. Philippi kommt nach der bulgarischen Besetzung 836 nicht wieder hoch. Kämpfe um Durazzo 1018, 1040.

Kaiser Basileios II. besucht 1018 die Parthenonkirche in *Athen*. Seine Zeit leitet eine Blüte des *Kirchenbaus* ein, vor allem in Athen, kleine Kirchen auch in der Peloponnes (Eigenkirchen). Stiftungen des Kaisers oder der Statthalter (wie schon 872 Skripu) sind wohl die mosaikgeschmückten Klosterkirchen von Hosios Lukas in Phokis (um 1030) und Daphni bei Athen (1080). Die Entwicklung der Athosklöster (Anachoreten-Niederlassungen seit um 850) beginnt mit dem Typikon von 971/72 und der Anlage von Lavra unter Kaiser Nikephoros Phokas (Kreuzkuppelkirche nach 1000; 1045 300 Mönche), im zweiten Typikon (1046) erscheint zuerst die Bezeichnung „Der heilige Berg". – *(Forts. S. 590)*

Das Byzantinische Reich (842–1204)
(Forts. v. S. 386)

Nach der Abwehr der arabischen Expansion und der Überwindung der ikonoklastischen Krise beginnt eine neue politische und kulturelle Blütezeit mit machtvoller Expansion an allen Fronten. Durch Handel, Handwerk und hochentwickelten Fiskalismus für die Zeit unermeßlich reich, ist Byzanz weiterhin *eine führende christliche Macht*, obwohl im Westen die abendländischen Reiche aufsteigen und sich sowohl staatlich im *Zweikaiserproblem* (seit 800) als auch kirchlich den Gegensatz verschärft. Die Kreuzzüge und der wirtschaftliche Aufschwung des Westens künden die Umkehrung des Kräfteverhältnisses an, die in der Eroberung Konstantinopels durch die Kreuzfahrer 1204 ihren dramatischen Ausdruck findet. Byzanz verliert mit der Seeherrschaft die Kontrolle über den Handel an die italienischen Seestädte, dann die Flotte selbst. Das Reichsgebiet schrumpft im 11. Jh. durch den Verlust Anatoliens an die Seldschuken, großer Teile des Balkans an neue, wechselweise dominierende slawische Reiche und Süditaliens auf die Hälfte, was das Gewicht der Hauptstadt mit 500 000 bis 1 Mio. Einwohner steigert. Die Staatsgewalt ist in der Hand der Kaiser konzentriert mit hochorganisierter Bürokratisierung. Trotz Maßnahmen zugun-

486 Mittelalter – Hochmittelalter

sten der kleinen Grundbesitzer setzt eine Feudalisierung mit dynastischem Denken für die Staatsspitze (*Porphyrogennetoi* – Purpurgeborene) und erblichem Adel ein, ohne zu vollem Lehenswesen zu führen. Ende 12. Jh. auch partikularistische Tendenzen. Ähnliche Probleme in der Kirche zwischen Patriarchat und Mönchtum, das erfolgreich seine Selbständigkeit verteidigt und meist das populäre, häufig ein oppositionelles Element darstellt.

842–867 **Kaiser Michael III.** (* 838), Sohn des letzten ikonoklastischen Kaisers Theophilos. Seine Regierung stellt eine Übergangszeit dar. Der Kaisertitel wird um „Autokrator" erweitert, die Staatsfinanzen saniert.

856 Nach der Ermordung des Theoktistos erhält der Kaiseronkel Bardas, eigentlicher Schöpfer des Neubeginns, den Cäsar-Titel als präsumtiver Nachfolger. Er gründet in Konstantinopel die Hochschule neu mit dem Mathematiker Leon von Thessalonike und dem hochgelehrten *Photios* (* um 820, † 891); gleichzeitig die Dichterin Kassia.

858 Gegen die Erhebung des Photios (noch als Laie) zum Patriarchen appellieren die Studitenmönche an den Papst zugunsten des abgesetzten *Ignatios:* erster schwerer Konflikt mit Rom auf dem Weg zur endgültigen Entfremdung der Kirchen als Antwort auf das Ende des staatlichen Universalismus im Jahre 800.

863 Auf die Absetzung durch Papst *Nikolaus I.* antwortet Photios mit dogmatischen Angriffen wegen des *Filioque*-Zusatzes (Lehre vom Ausgang des Heiligen Geistes „aus dem Vater

867 und dem Sohn" statt wie früher nur „aus dem Vater") im Credo und belegt seinerseits, vom Kaiser gestützt, den Papst mit dem Bann.

Im Hintergrund steht der beginnende Kampf um die kirchliche und politische Zuordnung der slawischen Welt.

Eine Bitte des Mährenfürsten Rastislav (862) um die Entsendung von „Missionaren" leitet das Werk der Slawenlehrer *Konstantin-Kyrill* (* 826/827, † 869) und *Methodios* (Michael; † 885) ein, die die glagolitische Schrift zur Übersetzung der Evangelien und Gesetzbücher (Nomokanon) schaffen. Der Bulgarenfürst Boris wendet sich, durch die Verbindung Byzanz-Mähren provoziert, an Rom, empfängt dennoch vom byzantinischen Patriarchen mit Michael III. als Paten die Taufe. Nach neuem Hin und Her erhält Bulgarien 870 ein Erzbistum in Ochrid mit Autonomierechten gegenüber dem Patriarchen von Konstantinopel. *Bulgarien gehört zur byzantinischen Einflußsphäre.* Überraschungsangriff der Rus von Kiew auf Konstantinopel (860) führt gleichzeitig zu ersten byzantinischen Kontakten zu Rußland über das von Theophilos neugegründete Thema Cherson (Krim) als Beginn von Mission und Handelsbeziehungen.

Nach außen nutzt Byzanz die Schwäche des abbasidischen Kalifats zu einem Gegenangriff auf die Araber in Armenien und am Euphrat (863 Sieg des Petronas über den Emir von Melitene) und zur Flottenaktion auf das Nildelta 853, während die Rückeroberung Kretas zweimal mißlingt (843, 865). In den letzten Jahren Michaels III. steigt der ehemalige Stallknecht Basileios nach der Ermordung des Bardas 865 zum Mitkaiser auf und läßt dann den Kaiser selbst umbringen.

Die makedonische Dynastie 867–1025

867–886 **Kaiser Basileios I.** (* um 827)
Ein Bauernsohn aus Makedonien, vermutlich armenischer Herkunft, großer Staatsmann und Feldherr, wird der Gründer der glanzvollen *Makedonischen Dynastie 867–1056,* kann freilich auf Ansätzen seit 842 aufbauen. Im Innern wird die Staatsautorität gestärkt, Photios zugunsten von Ignatios abgesetzt und Kontakt mit Rom aufgenommen.

869/870 Das *Achte Ökumenische Konzil* in Konstantinopel verurteilt unter Zurückweisung päpstlicher Primatsansprüche Photios, der später Erzieher der Kaisersöhne und nach dem Tod

877 des Ignatios wieder Patriarch wird.

879/880 Eine neue Synode (in byzantinischer Sicht ökumenisch statt 869/870) rehabilitiert ihn mit päpstlicher Zustimmung.
Umfassende *Rechtskodifikation* soll die Gesetze „reinigen": Das Procheiron (Handbüchlein) vulgarisiert das Recht und bleibt bis ins 15. Jh. wichtig; die Epanagogé als Einleitung zur neuen Rechtssammlung enthält eine von Photios verfaßte Staatslehre über das Verhältnis Kaiser–Patriarch.
Basileios setzt die Offensive gegen die Araber in Kleinasien fort, wo auch 872 die Paulikianer (dualistische Sekte), bereits unter Michael III. zum großen Teil nach Thrakien umgesiedelt, endgültig unterworfen werden. Im Westen geht 870 Malta und 878 Syrakus auf Sizilien verloren, aber nach Kontakten zu Ludwig II. dehnt sich dank dem Niedergang der karolingischen Macht der byzantinische Einfluß aus. Benevent anerkennt 873 die byzantinische Oberhoheit, Bari wird 876 eingenommen.

Byzantinisches Reich 487

886–912 Kaiser Leon VI. der Weise (* 866).

Der Theologe, Jurist und Buchmaler führt das Reformwerk weiter; Rechtssammlung der *Basiliká* mit kanonischem, privatem und öffentlichem Recht, ergänzt durch Novellen (894) mit wichtigen Aussagen über die Staatsauffassung, im 12. Jh. auch ein Register *(Tipukeitos)*. Der Beamtenapparat wird ausgebaut, die Themen verkleinert und generalisiert (32 Themen für das ganze Reich) und parallel eine neue kirchliche Organisation in der Diatyposis 901/902. Der Kaiser hebt sich durch ein vom Orient beeinflußtes Zeremoniell stärker ab. Unter ihm entsteht ein Land- und Militäradel mit Strategendynastien (z. B. Phokai).

ca. 896 Der neue Staatsaufbau mit Ämter- und Würdenstruktur schlägt sich im *Kleterologion* nieder.

Ähnliche Regelungen für Handwerk und Gewerbe im Buch des Präfekten bzw. Eparchen (9./10. Jh.), mit umstrittenem Einfluß auf das westliche Zunftwesen.

Von außen drohen von allen Seiten große Gefahren. Auf dem Balkan strebt *Symeon von Bulgarien* (893–927) die Herrschaft in Konstantinopel an und zwingt zu weitgespannten Bündnissen: Byzanz mit den neu auftretenden Magyaren, Serben, Kroaten gegen Bulgaren, Petschenegen, das Ostfrankenreich und Araber.

902 Auf Sizilien fällt der letzte byzantinische Stützpunkt Taormina,

904 der Renegat Leon von Tripolis erobert Thessalonike,

907 die Rus greifen unter Oleg (seit 882 Fürst von Kiew, † 912) zum zweiten Mal an.

Symeon wartet auf den Tod Leons VI., der erst aus unkanonischer vierter Ehe mit der schönen Zoe Karbonopsina (sog. Tetragamiestreit mit innergriechischem Schisma bis 920) einen Sohn Konstantin (* 905) hat:

913–959 Kaiser Konstantin VII. Porphyrogennetos.

Von Leons unfähigem Bruder Alexander provoziert, fordert Symeon eine Ehe Konstantins VII. mit seiner Tochter zur Wiederherstellung des Reiches unter bulgarischer Führung. Das jugendliche Alter des Thronerben erlaubt einen Aufschub der Heirat, doch wird

913 Symeon vom Patriarchen mit der byzantinischen Krone zum *Kaiser der Bulgaren* gekrönt. Nach militärischen Mißerfolgen der Regentschaft übernimmt der Flottenkommandant

920–944 Romanos I. Lakapenos († 948) die Regierung, schlägt die Bulgaren, verheiratet Konstantin mit seiner Tochter und wird Cäsar und Basileopator, dann Mitkaiser. Er ist der eigentliche Herrscher, seit 921 auch offiziell an erster Stelle. Romanos sucht die kleinen Grundbesitzer gegen den Adel zu schützen, schwächt sie aber durch hohen Steuerdruck.

924 Gefahr droht weiter von Symeon, dessen Forderung nach dem Titel „Kaiser der Römer und Bulgaren" Romanos zurückweist (Vertrag von 924).

927 Erst Symeons Tod rettet das Reich, denn sein Sohn Peter läßt sich gegen das Zugeständnis eines bulgarischen Patriarchats für ein Ehebündnis gewinnen.

Die Rus erscheinen unter Igor zum dritten Mal vor Konstantinopel (941).

Dank der Befriedung des Balkans beginnt eine Offensive im Osten.

943 Johannes Kurkuas gewinnt das Mandylion (Reliquie mit Antlitz Christi) von Edessa.

944 Romanos wird von seinen Söhnen gestürzt.

945 Die jungen Lakapenoi müssen dem legitimen Herrscher Konstantin VII. weichen.

Dieser tritt vor allem als Gelehrter hervor: Verfasser von Enzyklopädien und Traktaten *(Zeremonienbuch, Über die Themen, Über die Reichsverwaltung)*, Förderer von Kunst und Literatur (der Hagiograph Symeon Metaphrastes [* 1. Hälfte des 10. Jh.s, † Ende des 10. Jh.s], der Mystiker Symeon der neue Theologe [* um 949, † 1022]).

Konstantin VII. pflegt diplomatische Beziehungen zum Westen. Nach mehreren Heiratsbündnissen seit Ende des 9. Jh.s gegen die Araber und mit dem Ziel, den staatlichen Universalismus wiederherzustellen, wird der Thronfolger Romanos II. mit einer Tochter König Hugos von Italien verheiratet. Nach 945 werden auch Gesandtschaften zu Otto dem Großen geschickt.

957 Der Besuch der Fürstin Olga von Kiew bereitet die Christianisierung Rußlands vor.

Neue Gesetze verstärken den Schutz der Bauern durch Vorkaufsrecht der Nachbarn und Verkaufsverbot für Stratiotengüter an den Adel.

Die makedonische Renaissance (9.–11. Jh.).

Die Epoche ist gekennzeichnet durch Palast- und Kirchenbauten (Kreuzkuppelkirchen, „Nea" in Konstantinopel), majestätische Mosaiken (Hagia Sophia, Hosios Lukas, Nea Moni auf Chios) mit festem Programm der Bildzyklen und Fresken (frühe kappadokische Höhlenkirchen) sowie illuminierte Handschriften aus dem Studitenkloster und der kaiserlichen Schreibstube (Josua-Rolle), dann für Basileios II. (Psalter in Venedig, Menologion im Vatikan). Das „Suidas-Lexikon", die „Bibliothek" des Photios und sein Schüler Arethas von Kaisareia († nach 944) (Plato) spielen eine wichtige Rolle in der Überlieferung der antiken Literatur. Es blüht die Geschichtsschreibung: Fortsetzer des Theophanes, Genesios und Leon Diakonos (* um 950, † nach 992).

488 Mittelalter – Hochmittelalter

959–963 Kaiser Romanos II. (* 939).
Schon unter Romanos II. tritt der tüchtige Feldherr *Nikephoros Phokas* aus dem Militäradel hervor. Durch Heirat mit der Kaiserwitwe *Theophano* (* um 941) übernimmt er die Herrschaft für die unmündigen Erben Basileios II. und Konstantin VIII. als

963–969 Kaiser Nikephoros II. Phokas (* um 912).
Durch glanzvolle Feldzüge gewinnt er 961 Kreta, 965 Zypern, 969 Antiocheia und Aleppo.

968 Gegen die Bulgaren wird erfolgreich Swjatoslaw von Kiew gerufen, der freilich das Land nicht freigibt, während im Westen nach der Wiederherstellung des westlichen Kaisertums ein zähes militärisches und diplomatisches Ringen mit Otto dem Großen um Süditalien und eine Heirat einsetzt.
Nikephoros fördert den Adel, vergrößert die Stratiotengüter, verbietet Schenkungen an die Kirchen.

969 Der asketische Kaiser wird auf Betreiben Theophanos beseitigt, doch erzwingt der Patriarch ihr Exil. Es folgt ein armenischer Adliger und Feldherr als

969–976 Kaiser Johannes I. Tzimiskes (* um 925).
Der neue Herrscher kehrt zu restriktiver Politik gegenüber dem Großgrundbesitz zurück mit strengen Katasterkontrollen und Konfiskationen.

971 Der Athos, wo 963 das erste Kloster entstanden ist, erhält eine Verfassung (Tragos).

972 Durch die *Ehe seiner Nichte Theophano († 991) mit Otto II.* erreicht der Kaiser den Ausgleich mit Otto dem Großen.
Swjatoslaw muß 971 Bulgarien räumen, das seine staatliche und kirchliche Selbständigkeit verliert. Im Osten stößt Tzimiskes bis nach Mesopotamien und vor die Tore Jerusalems vor. Nach seinem Tode wird kein neuer Feldherrenkaiser mehr erhoben. Der legitime Herrscher, der Sohn Romanos' II., führt allein den Kaisertitel.

976–1025 Kaiser Basileios II. (* 958). Er ist ein großer Feldherr, aber ohne geistige Interessen, beseitigt die Regierung seines Großonkels, des Parakoimomenos Basileios, und regiert nun selbst.

985 Er schlägt Adelsrevolten mit Hilfe einer von Wladimir von Kiew gestellten warägischen Garde (Druschina) nieder.

988 Wladimir erhält die Kaiserschwester Anna zur Gattin und tritt zum Christentum über, die russische Kirche wird dem Patriarchen von Konstantinopel unterstellt.
Rußland ist in den byzantinischen Kulturkreis einbezogen.
Hauptgegner bleibt *Bulgarien* unter Zar Samuel in Prespa (Makedonien). Nach langem er-

1014 bittertem Ringen werden die Bulgaren bei Skopje vernichtet, 14 000 Gefangene geblendet (Basileios „Bulgaroktonos" = Bulgarenschlächter).

1018 *Ende des ersten bulgarischen Reiches,* das in Themen aufgegliedert wird. Die Donau ist wieder die Grenze, die Slawen auf der Peloponnes werden gleichfalls unterworfen.

1021/1022 Im Osten übernimmt Basileios das Reich von Vaspurakan (Vansee), verteidigt Syrien gegen die Fatimiden (994–1001).
Ein geplanter Zug nach Sizilien kommt nicht mehr zur Ausführung, ein Ehebündnis mit Otto III. macht dessen Tod hinfällig.

1025 *Byzanz ist beim Tode Basileios' II. auf dem Höhepunkt seiner Machtstellung.*
Seit Leon VI. (886–912) das Verbot des Landerwerbs durch Beamte auf Strategen beschränkt, dehnt sich der *Großgrundbesitz* trotz vereinzelten Gegenmaßnahmen aus. Die Bauern werden Pächter *(Paroiken),* die dem Staat weder Steuern noch Militärdienst leisten. Durch das *Charistikariat* (zeitlich begrenzte Übergabe von Kirchengut an Laien) nur ungenügender Ersatz. Ämterverkauf fördert den Aufstieg neuer Schichten, vor allem in den blühenden Städten.

Die Krise des 11. Jh.s

1025–1028 Nach der kurzen Regierung *Konstantins VIII.* **Krise** *mit 13 Thronwechseln in 50 Jahren* (Chroniken des Johannes Skylitzes mit Historienbildern und Chronographie des Michael Psellos).
Die hauptstädtischen Beamten und die kleinasiatisch-thrakischen Militärs kämpfen um die Macht. In starkem Legitimitätsdenken geht sie bis 1056 über die beiden Töchter Konstantins VIII., Zoe (* 978, † 1050; 1042) und Theodora, beide in vorgerücktem Alter, bald an altgediente Beamte und Generale, bald an junge Abenteurer. Durch sein Wahlrecht erhält der Senat, wegen der Krönung der Patriarch neues politisches Gewicht.

1028–1034 Auf den früheren Eparchen *Romanos III. Argyros,* der zugunsten des Grundadels das Allelengyon (Steuerzuschlag für verödete Bauernländer) aufhebt,

1034–1041 folgt der militärfeindliche Paphlagonier *Michael IV.,*

Byzantinisches Reich   *489*

1042 dessen Neffe *Michael V. Kalaphates* mit dem Versuch, die Kaiserin Zoe ins Kloster zu schicken, die Erhebung des Beamten Konstantin Monomachos provoziert.

1042–1055 Kaiser Konstantin IX. Monomachos.
Der fähige General Georgios Maniakes erobert nach großen Erfolgen im Osten (Edessa 1032) Teile Siziliens zurück, scheitert jedoch bei einem Putschversuch. Im gleichen Jahr
1043 letzter Angriff der Rus.
Mit byzantinischem Geld wird die von dem Fatimidenkalifen al-Hakim zerstörte Grabeskirche in Jerusalem wiederaufgebaut.
1045 Das armenische Königreich Ani wird dem Reich einverleibt: gefährliches Vakuum im Osten für die Zukunft.
Das Reich erreicht seine *größte Ausdehnung seit der arabischen Expansion.* In Konstantinopel entstehen eine philosophische und eine juristische Hochschule mit neuem Interesse für die Antike. Ihre führenden Gestalten Michael Psellos (Konsul der Philosophen, * 1018, † um 1078), Humanist, Rhetoriker und Geschichtsschreiber, Johannes Xiphilinos (Nomophylax), Konstantin Leichudes spielen zugleich eine politisch bedeutende Rolle als Führer der Beamtenpartei.
Im Laufe von Verhandlungen mit Rom über dogmatisch-liturgische Differenzen (Filioque, gesäuertes oder ungesäuertes Brot/Azymen, Priesterehe, Sabbatfasten) legt der päpstliche
1054 Legat Humbert von Silva Candida eine *Bannbulle gegen den Patriarchen Michael Kerul-*
16. Juli *larios* († 1058), der Gleichberechtigung mit Rom will, auf dem Altar der Hagia Sophia nieder. Kerullarios erwidert sie auf einer Synode. Der Konflikt gilt als **Beginn der Kirchenspaltung,** doch liegen die Ansätze viel früher (Photios, Streichung des Papstes aus den Diptychen um 1000), andererseits gehen Beziehungen weiter.
Neben dem persönlichen Element geht es um die Zuordnung Unteritaliens und der slawischen Welt und den seit der Reformbewegung gesteigerten Primatsanspruch Roms.
1056 Mit dem Tode Theodoras stirbt die makedonische Dynastie aus.
Es folgen anarchieähnliche Zustände mit entscheidender Rolle hauptstädtischer Beamten wie Michael Psellos. Der Großgrundbesitz erlangt Steuer- und z.T. Gerichtsimmunität, Steuern werden verpachtet, Staatsland zeitlich befristet zur Nutzung ohne Steuerpflicht überlassen *(Pronoia).* Die Stratioten können die Dienstpflicht finanziell abgelten, an ihre Stelle treten Söldner (Waräger, Engländer). Die Folge sind große Gebietsverluste: bis 1071 die äußeren Provinzen Italien, Armenien, Mesopotamien, dann weite Teile Kleinasiens und des Balkans. Dem Reich stehen neue Völker gegenüber: die *Petschenegen* dringen 1048 und seit 1065 über die Donau vor, 1064 geht Belgrad verloren, die *Kroaten* erreichen mit der Erhebung Zetas zum Königreich 1077 staatliche Existenz; seit 1048 dringen türkische *Seldschuken* in Armenien ein, in Unteritalien machen sich die seit dem Ende des 10. Jh.s als Söldner auftretenden *Normannen* (Aufstand des Melus 1017) selbständig.
1056–1057 Gegen den von Theodora eingesetzten unfähigen *Michael VI. Parapinakes* (* 1052) erhebt
1057–1059 sich *Isaak Komnenos* († 1061) aus dem kleinasiatischen Militäradel.
Er erringt Erfolge gegen Ungarn und Petschenegen, doch zwingt ihn allgemeiner Widerstand gegen Steuerreformpläne zur Abdankung.
1059–1067 Es folgt *Konstantin X. Dukas* aus dem Beamtenadel, dessen Witwe den General *Roma-*
1068–1071 *nos IV. Diogenes* heiratet.
1071 Im Kampf gegen die Seldschuken, die 1065 Ani erobert haben, erleidet Romanos eine vernichtende Niederlage bei *Mantzikert* (Malazgirt am Vansee) und wird gefangen.
1071–1078 Die Erhebung *Michaels VII. Dukas* durch die Beamten führt zum Bürgerkrieg, in dem Romanos nach Blendung stirbt, Psellos vom Logotheten Nikephoritzes gestürzt wird.
Kleinasien, bisher Kornkammer und Rekrutenbasis, ist in der Hand türkischer Banden, die schon 1080 an den Dardanellen erscheinen. *Getreide* muß künftig aus dem Balkan und Südrußland *importiert* werden, Söldner werden unentbehrlich.
In Unteritalien erobern die Normannen unter Robert Guiscard den letzten byzantinischen
1071 Stützpunkt Bari und setzen 1081 nach Epeiros über.
1078–1081 *Nikephoros III. Botaneiates* aus der Phokai-Familie kann die äußere Gefahr nicht bannen und sieht sich Revolten gegenüber. (Geschichtswerk des Michael Attaleiates, seit 1034.) Das Reich wird gerettet durch den mit den Dukai verbundenen *Alexios Komnenos* aus dem Militäradel.

Die Zeit der Komnenen und Angeloi 1081–1204

1081–1185 Alexios ist der Gründer der **Dynastie der Komnenen.**
Byzanz tritt in eine westliche Phase, feudale und dynastische Züge verstärken sich, die komnenische Großfamilie besetzt überall hohe Staatsämter. Die Staatsautorität wird wie-

490　Mittelalter – Hochmittelalter

der aufgerichtet, die territorialen Verluste zum Teil wiedergutgemacht, wirtschaftliche Krisensymptome (Münzverschlechterung, Niedergang von Handel und Handwerk) bleiben. Eine Titelinflation kündet die Auflösung des Zentralismus an.

1081–1118　Kaiser Alexios I. Komnenos (* 1048).
Feldherr und Diplomat, in kritischer Situation erhoben, gewinnt er Adel und Klöster durch Privilegien und sichert das Reich gegen außen durch Bündnispolitik.

1082　Mit Hilfe Venedigs, das Abgabenfreiheit und Landeplätze in Konstantinopel erhält, wirft Alexios die Normannen zurück, die Byzanz mehr fürchtet als die Türken.

1085　Nach dem Tode Robert Guiscards wird Epeiros von den Normannen geräumt.
Einzug von Kirchengütern, Konfiskationen, Ausweitung des Charistikariats und der Pronoia füllen die Staatskasse. Steuerpacht wird üblich. Sowohl auf dem Balkan, wo jetzt *Ungarn* aufsteigt, als auch im westlichen Kleinasien stellt Alexios die byzantinische Herrschaft wieder her. Das innere Anatolien bleibt türkisch.

1090/1091　Dank überlegener Diplomatie gelingt es, einen Zangenangriff der bis nach Smyrna (Emir Tzachas) und an den Bosporus vorgedrungenen Türken und der Petschenegen erfolgreich abzuwehren.
Die Petschenegen werden von den herbeigerufenen Kumanen völlig vernichtet. Es folgt ein Feldzug nach Serbien. Dennoch sucht Alexios Hilfe im Abendland (Robert von Flandern, Konzil von Piacenza)

1095　und löst unbeabsichtigt den *Ersten Kreuzzug* aus, der statt Hilfe eine Vertiefung der Gegensätze bringt.
Die von Byzanz mißtrauisch empfangenen Kreuzfahrer erobern Nikaia, siegen bei *Dorylaion* über die Seldschuken, doch trennen sich Reichspolitik und Kreuzzug, dessen religiöse Idee Byzanz fremd bleibt, bald. Um die Rechtsstellung des normannischen Fürstentums Antiocheia entstehen neue Konflikte.

1108　Nach erfolglosem Angriff auf Dyrrhachion muß Bohemund von Tarent im Vertrag von Deabolis (Devol) die byzantinische Oberhoheit für Antiocheia anerkennen.

1111　Wie Venedig erhält auch Pisa Handelsprivilegien.

1118–1143　Kaiser Johannes II. Komnenos (* 1088).
Der größte der Komnenen setzt nach Vereitlung von Palastintrigen gegen seine Nachfolge die Politik des Vaters kraftvoll, aber mit Maß fort. Im Innern Friedenszeit mit wirtschaftlicher Blüte und fortschrittlicher Sozialpolitik (Gründung des *Pantokratorklosters* mit Hospital). Das Schwergewicht der Außenpolitik liegt zunächst auf dem Balkan. Durch Heirat Johannes' mit der Arpadin Irene gerät Ungarn in den byzantinischen Einflußbereich.

1122　Durch einen neuen großen Sieg über die *Petschenegen* wird die Reichsgrenze an die Donau zurückverlegt.

1126　Nach vergeblichem Versuch, auch Venedig zurückzudrängen, legt ein neuer Vertrag die Vorherrschaft der italienischen Seestädte endgültig fest.
Das Heer wird weiter verstärkt, die *Pronoia* dient jetzt zum Aufbau schwerbewaffneter Reiterei nach westlichem Muster.

1139/1141　Verhandlungen mit dem Papsttum bleiben ohne Ergebnis.
Nach 1130 Bündnisse mit Pisa, Venedig und dem Reich gegen Roger II. von Sizilien, in den letzten Jahren folgen Feldzüge nach Kilikien und Antiocheia (1137, 1142/1143). Ein Jagdunfall (oder Mord?) verhindert den geplanten Zug nach Jerusalem.

1143–1180　Kaiser Manuel I. (* 1120).
Mit großen Interessen für Theologie, Astrologie und Medizin, heiratet er *Bertha von Sulzbach (Irene)*, die Schwägerin des deutschen Königs Konrad III., und öffnet Byzanz dem lateinischen Einfluß. Das Herrscherzeremoniell wird mit ritterlichen Idealen verbunden (Turniere); normannische Adlige am Hof, die italienischen Kolonien wachsen. Manuel nimmt die universale Reichsidee mit Blick auf Italien wieder auf.

1147–1149　Der *Zweite Kreuzzug* führt zu einer psychologischen Krise im Verhältnis zum Westen, nach einem Angriff Rogers II. auf Korfu und Theben zu einem neuen Privileg für Venedig, zu

1148/1149　einem komnenisch-staufischen Bündnis gegen die Normannen im *Vertrag von Thessalonike* (Saloniki) mit Konrad III. und zu einer babenbergisch-byzantinischen Heirat.

1155　Nach griechischer Offensive in Süditalien und gegen Ancona löst Friedrich Barbarossa das Zusammengehen, worauf Manuel mit Sizilien Frieden schließt.
Auch auf dem Balkan große Erfolge: Stephan Nemanja von Serbien muß besiegt 1172 nach Konstantinopel gehen, nach langen Kriegen wird eine Personalunion mit Ungarn vorbereitet, auch der Sultan von Ikonion kommt 1162 nach Konstantinopel. Im Schisma nach 1159 unterstützt Manuel Alexander III. und die lombardischen Städte, um das westliche Kaisertum zu beseitigen. Der Thronfolger Alexios II. wird mit einer Tochter Ludwigs VII. von Frankreich verlobt. Die Kreuzfahrerstaaten suchen seit 1158 Bündnis gegen Ägypten.

1167　Der Gewinn von Dalmatien, Kroatien und Bosnien und das Handelsmonopol Venedigs schaffen neue Gegensätze, die nach Verträgen mit Genua und Pisa 1169/1170 zu einem

1171　Vernichtungsschlag führt (20 000 *Venezianer* verhaftet, aller Besitz beschlagnahmt).

Byzantinisches Reich *491*

Die aktive Außenpolitik erfordert höchste militärische und finanzielle Anstrengung: die Steuern steigen, der Großgrundbesitz, vor allem die *Pronoiare* werden gefördert, Handwerker und Handel verarmen. Zur Wiederbelebung des *Stratiotentums* werden Kriegsgefangene angesiedelt. Unter der glanzvollen Oberfläche zeigen sich strukturelle Schwächen, die Kräfte des Reiches werden überfordert.

1176   Der Versuch, das Sultanat von Ikonion zu zerschlagen, führt zur schweren Niederlage von *Myriokephalon*.
Kleinasien ist endgültig verloren.
Nach dem Tode Manuels bricht das Bündnissystem auf dem Balkan zusammen. Ungarn und Serbien lösen sich, der Widerstand gegen die Kaiserinwitwe Maria von Antiocheia

1182   führt in nationaler und religiöser Reaktion zu einem allgemeinen Lateinermord.

1183–1185   *Kaiser Andronikos I. Komnenos,* nach abenteuerlichem Leben erhoben, verspricht eine radikale Erneuerung gegen Korruption und Adel, für Rechtssicherheit und Steuergerechtigkeit. Wegen angeblicher Verschwörungen beginnt bald eine Schreckensherrschaft, der die Führungsschicht, auch die Kaiserinwitwe und *Alexios II.* (1180–1183), zum Opfer fallen. *Das Reich desintegriert an der Peripherie.* Zypern und Trapezunt machen sich selbständig. Ähnliche Tendenzen der Pronoiare in Kleinasien und Griechenland. In außenpolitischer Kehrtwendung verhandelt Andronikos mit Saladin.

1185   Neuer normannischer Angriff mit Eroberung von Thessalonike. Andronikos wird gestürzt.

1185–1204   Es folgt die **Dynastie der Angeloi,** aus dem neuen Adel.

1185–1195   **Kaiser Isaak II. Angelos** (* 1155).

1203–1204   Er vertreibt die durch eine Seuche geschwächten Normannen. Nach kurzen Reformansätzen kehren Feudaladel und Italiener, Steuerdruck und Korruption zurück. Die Seldschukenherrschaft in Kleinasien wird anerkannt, weil auf dem Balkan Bulgarien unter den Brüdern Asen, Peter und Kalojan wieder zu bedrohlicher Stellung aufsteigt. Daher neues Bündnis mit Ungarn. Dank der Zurückhaltung von Friedrich Barbarossa wird im *dritten Kreuzzug* die Eroberung Konstantinopels vermieden, doch die innere Schwäche von Byzanz liegt offen.

1195   Unter dem Vorwand notwendiger Reformen stürzt *Alexios III. Angelos* († 1210) seinen Bruder, ohne daß Besserung einträte.
Die Verteidigung wird völlig vernachlässigt. Kaiser Heinrich VI., dessen Bruder Philipp von Schwaben (* 1176 oder 1177, † 1208) die Tochter Isaaks, Irene (* um 1180, † 1208), geheiratet hat, erhält riesigen Tribut (Alamanikon). Auf dem Mittelmeer greift Seeräuberei um sich. Bulgarien unterstellt sich unter Kalojan kirchlich dem Papst. Unionsverhandlungen Alexios' III. mit Innozenz III. bleiben ergebnislos. Die Katastrophe kommt, als Venedig und der in den Westen entkommene Sohn Isaaks, *Alexios IV.,* den *vierten Kreuzzug* nach Konstantinopel ablenken.

1203   Die Kreuzfahrer erobern Konstantinopel zum ersten Mal, setzen Isaak II. und Alexios IV. ein.
Deren lateinerfreundliche Politik führt zu „nationaler" Reaktion *(Alexios V. Murtzu-*

1204   *phlos).* Nach einem Teilungsvertrag zweite **Eroberung Konstantinopels durch die Kreuz-**
13. April   **fahrer.**
Die Plünderung mit Zerstörung unschätzbarer Kunstwerke ist ein tödlicher Schlag für die Stadt.

Die Kunst der Komnenenzeit

Sie setzt die klassische Tendenz des 11. Jh.s fort: Mosaiken von Daphni und Hagia Sophia, Blachernenpalast (Tekfursaray), dann auch Ausstrahlung nach Serbien, Bulgarien und vor allem Sizilien (Palermo, Monreale). Geschichtswerke von Anna Komnena (* 1118, † 1153/54; Biographie Alexios' I.), Johannes Kinnamos (* 1118, † 1180), Niketas Choniates (* 1118, † 1206), der Theologe Eustathios von Thessalonike († 1193/1198) mit Schilderung des Normannenangriffs von 1185, die Briefe des Michael Choniates von Athen († 1222), der auch vulgärgriechisch schreibende Dichter Theodor Prodromos (in der 1. Hälfte des 12. Jh.s.).

Die westlichen Handelskolonien im Byzantinischen Reich

Seit dem 10. Jh. übernehmen die italienischen Seestädte, begünstigt durch ihre geographische und politische Zwischenstellung, steigenden Anteil am Handel zwischen Osten und Westen. Als Dank für Flottenhilfe gegen die Normannen und Bündnis gegen den westlichen Kaiser, teils auch in Konkurrenz untereinander, erhalten sie Handelsprivilegien und Quartier („*embolum",* eigentlich Straßenarkade) in Konstantinopel (Goldenes Horn) und anderen Städten (Thessalonike, Adrianopel, Philadelphia, Theben) mit Häusern, Kirchen, Anlegeplätzen. Bereits 944 feste Niederlassung der *Amalfitaner,* später mit

492   Mittelalter – Hochmittelalter

Kirche und Athoskloster, *Venedig* erhält 988 eine Zollreduktion, dann Abgabenfreiheit im ganzen Reich außer Kreta und Zypern (erst 1148) und eigenes Quartier (bestätigt 1126), Pisa 1111, 1136 und 1170, Genua 1155 und 1169/1170 Zollreduktionen. Mit dem Privileg von 1126 ist die spätere Entwicklung vorgezeichnet. Wegen des gleichzeitigen Verfalls der byzantinischen Flotte beherrschen die Italiener bald Handel und Wirtschaft des Reiches. Manuel I. (1143–1180) schafft für niedergelassene Abendländer einen neuen Rechtsstatus *(burgesioi)* mit militärischer Dienstpflicht. Aus politischer Schwäche gestehen die Angeloi-Kaiser weitere Konzessionen zu.

Durch eigene Verwaltung (Konsuln, Prokuratoren, nach 1204 Podestà und Bailo), kirchliche Bindung an die Heimatstadt und eigene Gerichtsbarkeit werden die Niederlassungen zu *Kolonien.* Der vierte Kreuzzug (1202–1204) gibt den Venezianern und ihrem Podestà als Herren von drei Achteln des Reiches und Konstantinopels eine Vormachtstellung. Nach 1261 geht sie an Genua über, jetzt ebenfalls im Genuß völliger Abgabenfreiheit mit Monopol für den gewinnreichen *Schwarzmeerhandel* (Korn, Seidenstraße). Pisa tritt zurück. Genua baut seine Niederlassung in *Galata* (seit 1267) zu einer eigenen Stadt mit Mauer und Graben aus, wo der Hauptumschlag stattfindet. Zolleinnahmen Anfang 14. Jh. 200 000 Goldstücke gegenüber 30 000 für den kaiserlichen Zoll. Um den Einfluß auf den Kaiser und um den Besitz von Inseln in der Ägäis liefern sich Genua und Venedig erbitterte Handelskriege (1294–1299, 1350–1352, 1377–1381), deren Hauptlast das Byzantinische Reich zu tragen hat, treten auch früh in Kontakt mit den Osmanen, doch haben sie Interesse an einem möglichst langen Überleben von Byzanz.

Kleinere Kolonien für Ancona, Ragusa, Florenz, Provenzalen, Katalanen usw. mit beschränkten Rechten. – *(Forts. s. S. 592)*

Christliche Besitzungen im Vorderen Orient

Armenien

	Der Niedergang des abbasidischen Kalifats und byzantinische Vorstöße führen im 9. Jh. zur Einsetzung der *Bagratuni* als nationale Lokalherrscher durch die Araber.
885/886	*Aschot I.* wird auch von Byzanz als König anerkannt.
	Die neue Dynastie steht in Rivalität zum Adel, vor allen *Artsruni* mit Zentrum am Vansee (Kirche von Aghtamar) mit eigenem Reich von *Vaspurakan.* Unter Aschot II. (10. Jh.) lehnt sich Armenien an Byzanz an.
952–977	*Aschot III.* und *Gagik I.* (990–1020) mit der Hauptstadt *Ani* (viele Kirchenbauten seit 961) bilden den Höhepunkt.
	Durch Erbverträge fortschreitende Annexion durch Byzanz mit Bildung von Themen 1021/1022, 1045, 1065. Auswanderung nach Kappadokien, Kilikien und Nordsyrien.
seit 1048	In das Vakuum stoßen die *Seldschuken* vor, die 1065 Ani erobern.
	Ende 11. Jh. gerät Armenien unter *georgische Herrschaft,* die sich auf den Adel stützt. Seit Ende 12. Jh. wieder fast selbständig.
1220	Es beginnt *die mongolische Invasion.* Armenien wird besetzt und Vasall des Großchans wie
1236	Georgien, aber profitiert wirtschaftlich vom Handelsaufschwung und religiöser Freiheit bis zum Übertritt der Mongolen zum Islam.

Zypern

1184	Zypern wird eigenes Kaiserreich unter Isaak Komnenos.
1191	Richard Löwenherz erobert die Insel, gibt sie erst den Templern, dann König *Guido von*
1192	*Lusignan* († 1194), dessen Familie bis 1489 herrscht.
	Die Kreuzzüge machen Zypern zu einem Teil der abendländischen Welt. Im Innern entsteht ein Nebeneinander von byzantinischer und fränkischer Kultur und Kunst, von griechischer und lateinischer Kirche. Guido (1192–1194) wirbt Ritter aus Syrien zur Besiedlung an, eigentlicher Staatsgründer wird sein Bruder *Aimerich* (1194–1205), der den Adel schwächt. Nikosia ist die Hauptstadt und Sitz eines lateinischen Erzbischofs mit Diözesen Limassol, Famagusta, Paphos. Gotische Kathedralen in Nikosia und Famagusta, große Burgen in St. Hilarion, Buffavento und Kantara.
1195	Aimerich anerkennt die Lehenshoheit Heinrichs VI., wird vom Bischof Konrad von Hil-
1197	desheim gekrönt, vereinigt im gleichen Jahr Jerusalem mit Zypern.
1205	Nach seinem Tode trennen sich die Reiche wieder.

1205	Zypern schließt ein Bündnis mit Kleinarmenien und greift Adalia (Antalya) an (1206). Neben Andreas II. von Ungarn und Johann von Brienne wird Hugo I. ein Führer des 5. Kreuzzuges (1217–1221).
1228	Kaiser Friedrich II. versucht die Reichslehnschaft zu erneuern und verlangt die Regentschaft für den unmündigen König Heinrich II. (sog. Langobardenkrieg 1229–1233).
1247	Innozenz IV. löst den König, der Ludwig IX. gegen Damiette unterstützt, vom Lehenseid. Seinem Sohn Hugo II. widmet Thomas von Aquin die Schrift „Über die Regierung der Fürsten".

Kleinarmenien

Auswanderer aus Hocharmenien gründen Ende 11. Jh. in Kilikien ein Fürstentum unter den Rupeniden im Gegensatz zu den byzanzfreundlichen Lampronatzi. In ständigem Kampf mit den Nachbarn spielen die Armenier eine wichtige Rolle für die Kreuzfahrerstaaten.

1137, 1142 1158	Byzanz unterwirft Kilikien mehrmals, um die Landverbindung mit den Kreuzfahrerstaaten herzustellen.
1177–1219	Friedrich Barbarossa verspricht *Leon II.* die Königskrone, die nach Gesandtschaft zu Heinrich VI. Erzbischof Konrad von Mainz gegen Anerkennung der Lehnshoheit übergibt. Gleichzeitig nach vergeblichen Verhandlungen mit Konstantinopel Union mit Rom nach Klärung liturgischer Fragen. Leon II. verbündet sich mit Jerusalem und Zypern, der Gewinn von Antiocheia scheitert. Blütezeit der armenischen Literatur (Nerses Schnorhali (* 1102, † 1173), Nerses von Lampron (* 1153, † 1198), reiche Geschichtsschreibung, Übernahme westlichen Lehensrechts und der Ritteridee.

Die Kreuzfahrerstaaten

Als Ergebnis des ersten Kreuzzuges und der darauf einsetzenden Zuwanderung von Rittern und Bürgern entstehen vier lehensrechtlich aufgebaute Kreuzfahrerstaaten: an der Spitze das *Königreich Jerusalem* mit später vier großen Baronien, zum Teil von ihm abhängig das stets von Byzanz beanspruchte Fürstentum Antiocheia und die Grafschaften Edessa und Tripolis (seit 1102/1109). Die Gründung einer lateinischen Kirche mit Patriarchen in Jerusalem und Antiocheia vertieft das Schisma. Ebenso politische Gegensätze zwischen Jerusalem und Antiocheia und zu Byzanz. Trotz Unterstützung durch Armenier und Maroniten (christliche Gemeinschaft im Libanongebirge seit dem 7. Jh.) gelingt weder eine Ausdehnung ins Hinterland noch nach Ägypten. Die Kreuzfahrer (Franken genannt) bleiben im wesentlichen auf den Küstenstreifen bis Gasa und Eilat beschränkt. Uneinigkeit der moslemischen Nachbarn gestattet Überleben und Ausbau. Bald zeigen sich politische, wirtschaftliche und kulturelle Symbiosephänomene (Bündnis Jerusalem–Damaskus). Die dünne Herrenschicht lebt von Landwirtschaft und Handelsvermittlung zwischen Osten und Westen (Tyrus, Akkon) sowie von den Wallfahrten. Nachgeborene Söhne abendländischer Adelsfamilien suchen hier Karriere zu machen. Wegen der dauernden demographischen und damit militärischen Schwäche entwickeln sich die *geistlichen Ritterorden* (Templer, Johanniter, Deutscher Orden) mit gewaltigen Burgen zur eigentlichen Militärmacht. Das anfänglich starke Königtum wird durch dynastische Probleme zunehmend geschwächt gegenüber dem Adel und (später) italienischen Seestädten, deren Flotte zur Eroberung der Küstenstädte unentbehrlich ist (Akkon 1104, Tripolis 1109, Tyrus 1124, Askalon 1153). Pisa, Genua und Venedig erhalten große Handelsprivilegien und eigene Quartiere. Im 13. Jh. herrscht der Adel fast uneingeschränkt. Kulturelle Leistungen: „Assises du royaume de Jerusalem" (Gesetzessammlung), Kirchen und Burgenbau (Krak des Chevaliers, Margat) und Geschichtsschreibung (Wilhelm von Tyrus, * um 1130, † 1186).

1099	Erster Herrscher in Jerusalem wird *Gottfried von Bouillon* (von Niederlothringen, * um 1060) als „Beschützer des Heiligen Grabes". Er besiegt die Ägypter und stirbt 1100.
1100–1118	Sein Bruder *Balduin I.* (* 1058) nimmt den Königstitel an.
1102	Niederlage bei Askalon, 1104 in Nordsyrien bei Harran gegen die Seldschuken, während Byzanz Tarsos und Teile Kilikiens erobert.
1118	Balduin I. stirbt während eines Vorstoßes nach Ägypten.
1118–1131	*Balduin II.* erläßt in Nablus (1120) Gesetze.
1124	Während seiner Gefangenschaft wird mit venezianischer Hilfe Tyrus erobert.
1131–1143	Unter *Fulko von Anjou* größte Ausdehnung, aber auch erste Adelsrevolte, während auf islamischer Seite der Widerstand sich organisiert, vor allem durch Emir Imad ad-Din Sengi von Mosul (1127–1145).

494 Mittelalter – Hochmittelalter

1144	Der Fall von *Edessa* (endgültig 1146) löst den erfolglosen 2. Kreuzzug aus. Relatives Gleichgewicht zwischen Moslems und Franken, die sich zu gemeinsamer Ägyptenpolitik seit *Balduin III.* (* um 1130, † 1163; König seit 1143) und vor allem unter *Amalrich* (†1174) dynastisch und politisch an Byzanz anlehnen, das 1137, 1142, 1158 Kleinarmenien und Antiocheia zu unterwerfen versucht.
1176	Seit der Niederlage Manuels I. bei Myriokephalon rasche Verschlechterung der Lage, da gleichzeitig der Aijubide Saladin nach dem Sturz der Fatimiden und dem Tode von Sengis Sohn Nur ad-Din Ägypten und Damaskus vereinigt und das Königreich unter dem leprakranken *Balduin IV.* († 1185) einkreist.
1184	Bei Montgisard 1177 besiegt, einigt Saladin nach dem Gewinn von Aleppo und Mosul die islamische Seite und tritt gegen die Seldschuken auch in Bündnis zu Byzanz.
1187	Vorstöße der Franken gegen die Verbindung Ägypten–Syrien und im Roten Meer bis Dschidda provozieren die vernichtende Niederlage König *Guidos von Lusignan*
4. Juli	(1186–1192, † 1194) bei *Hattin* (westlich von Tiberias).
2. Okt.	Jerusalem fällt in die Hand Saladins. Nur Antiocheia, Tripolis, Tortosa und Tyrus bleiben christlich.
1191	Der 3. Kreuzzug gewinnt Akkon zurück, das neue Hauptstadt wird.
1197	Mit dem Gewinn von Beirut und Sidon im deutschen Kreuzzug ist die ganze Küste bis Antiocheia wieder fränkisch. 1192 Waffenstillstand mit Saladin, 1198 zwischen König *Aimerich von Lusignan* († 1205), der 1197 Zypern und Jerusalem vereinigt, und Al-Malik al-Adil von Ägypten. Nach dem 3. Kreuzzug verstärkte Zusammenarbeit der Kreuzfahrer in Syrien und Zypern mit Kleinarmenien. Nach erneuter Trennung von Zypern geht die Führung im Königreich Jerusalem an die Haute Cour mit dominierender Stellung der Ibelins über. 1198 erfolgt kirchliche Union mit den Armeniern, 1180/1203 mit den Maroniten, deren Patriarch am 4. Laterankonzil 1215 teilnimmt. Im Norden sind Antiocheia und Tripolis seit 1201 vereinigt.
1225	Die Thronerbin Isabella von Brienne heiratet Friedrich II., der als exkommunizierter Kreuzfahrer Jerusalem im Vertrag mit Al-Malik al-Kamil von Ägypten zurückgewinnt.
1229	Kaiser Friedrich II. geht in der Grabeskirche zu Jerusalem unter der Krone. Westliche Frontstellungen werden nach Syrien übertragen.
1244	Die Chwarismier erobern Jerusalem endgültig.
1257	Die Kreuzfahrer lavieren zwischen Ägypten, Damaskus und der neuen Macht der Mongolen, schließen Frieden mit Mamluken und Aijubiden in Damaskus, doch die innere Anarchie und Entpolitisierung schreitet fort. Wenig realistische Hoffnungen auf Hilfe der Mongolen bleiben vergeblich. 1256–1258 liefern sich Genua und Venedig einen Handelskrieg („von St. Sabas") in Akkon.
1260	Die Mamluken vereinigen Ägypten und Syrien nach Sieg unter Kutus und Baibars I. bei Ain Dschalut über die Mongolen dank fränkischer Neutralität. Baibars wird der Hauptgegner der Kreuzfahrer.
1268	Zuerst fallen Jaffa und Antiocheia,
1289	dann Tripolis,
1291	nach erbitterten Kämpfen gegen al-Ashraf ohne wesentliche Hilfe des Westens die Hauptstadt Akkon. Tyrus, Sidon, Beirut werden geräumt.
1300–1302	Die Templer gewinnen nochmals die Insel Ruad bei Tortosa. Der Titel eines Königs von Jerusalem bleibt den Lusignans von Zypern, die seit 1269 wieder die Krone von Jerusalem tragen, aber durch andere Prätendenten wie Karl von Anjou an der Wiedererrichtung königlicher Autorität gehindert werden. Das Ende der Kreuzfahrerstaaten hat nachteilige Folgen für die einheimischen Christen, während die weiterlebende Kreuzzugsidee zu Spätkreuzzügen führt, die sich seit dem 14. Jh. auch gegen die Türken wenden. – *(Forts. S. 596)*

Das Spätmittelalter

Grundzüge von Politik, Wirtschaft, Gesellschaft, Verfassung

Das Spätmittelalter ist eine Epoche der verschiedensten Krisen, in denen der neuzeitliche Europabegriff erste Konturen anzunehmen beginnt. Besonders offensichtlich ist die Krise des **Papsttums:** Trotz der Verkündung des absoluten Vormachtsanspruchs (Bulle „Unam sanctam" Bonifaz' VIII. von 1302) geraten die Päpste in Avignon unter französischen Einfluß, und das *Große Schisma* (1378–1415) wird zum allgemeinen Ärgernis, führt zum *Konziliarismus,* der das Konzil als höchste Autorität in der Kirche ansieht. Die Krise der Kirche findet im *Hussitentum* ihren augenscheinlichsten Ausdruck. (Die Kirche ist genötigt, mit den „Ketzern" zu verhandeln.) Letztlich siegt jedoch das Papsttum über den Konziliarismus, und die Überwindung der tiefgreifenden Krise der Kirche durch eine gesteuerte Reformation wird dadurch verhindert.

Eine dominante europäische „Führungsmacht" gibt es in der **Politik** des Spätmittelalters nicht; *Frankreich,* das eine solche Stellung am Anfang des 14. Jh.s einnimmt, verliert sie im Laufe des Hundertjährigen Krieges. Im Osten beginnt der Aufstieg des *Moskauer Rus;* die Folgen offenbaren sich jedoch für die Geschichte Europas erst Jh.e später. Der Versuch der Neubegründung eines Machtzentrums in *Burgund* scheitert. Im *Reich* stabilisieren sich die Landesherrschaften endgültig, und die Bestrebungen, durch eine Reichsreform eine neuartige Struktur zu schaffen, scheitern. Grundlage der Herrschaft der Könige bzw. Kaiser ist ihre Hausmacht. *England* wird durch Adelsfehden weitgehend lahmgelegt, und nur in *Frankreich* (Ludwig XI., 1461–1483) und auf der *Iberischen Halbinsel* sind gegen Ende dieses Zeitabschnittes Ansätze zu einem neuen Staatstypus festzustellen.

Innerhalb der Staaten zeichnet sich ein *Ringen zwischen Königtum und Ständen* ab, die nun ihre Organisationsform finden (Parlament in England, Etats in Frankreich, sněm in Böhmen und Polen, Cortes in Spanien; nur im begrenzten Umfang die Reichstage, 1489 in drei Kurien gegliedert). Gesamthaft setzt sich – in sehr unterschiedlichem Ausmaß – das Königtum durch (bedeutendste Ausnahme: die Entwicklung Polens zur sog. Adelsrepublik). Dominierend wird für die Macht des Staates seine finanzielle Stärke. Zur Grundlage des Heerwesens wird, nach spektakulären Niederlagen feudal organisierter Ritterheere, das Söldnerwesen.

Ökonomisch scheinen vielfach die Grenzen der bisherigen Möglichkeiten erreicht zu sein, und man stellt eine wirtschaftliche *Stagnation* fest, die sich (nach Landschaften sehr unterschiedlich) seit dem Anfang des 14. Jh.s auswirkt und erst in der zweiten Hälfte des 15. Jh.s überwunden wird. Im Vergleich zu der vorangehenden Zeitspanne verlangsamt sich deutlich das Gesamttempo der Wirtschaftsentwicklung (im Agrarsektor ist geradezu ein Stillstand der Technik festzustellen), während in der *Handwerksproduktion* neue Erfindungen durchdringen, die das weitere Leben entscheidend umgestalten (mechanische Uhr, Feuerwaffen, Buchdruck). Errungenschaften in der Seefahrt ermöglichen die ersten großen *Entdeckungsfahrten,* die in der Folgezeit das geographische „Weltbild" völlig revolutionieren. Am auffälligsten erscheint die spätmittelalterliche Stagnation in der **demographischen Entwicklung** der europäischen Bevölkerung, wo nach dem mächtigen Anwachsen der Bevölkerung in der vorangehenden Epoche ein merklicher Rückschlag festzustellen ist.

Bevölkerungsentwicklung (geschätzt in Mio. Einwohner)

	1000	1340	1450
Italien	5,0	10,0	7,5
Frankreich-Niederlande	6,0	19,0	12,0
Iberische Halbinsel	7,0	9,0	7,0
Britische Inseln	2,0	5,0	3,0
Deutschland	4,0	11,5	7,5
Polen-Litauen	2,0	3,0	2,0

Die große Erschütterung des 14. Jh.s stellt bereits für die Zeitgenossen das Auftauchen der **Pest** (Schwarzer Tod) dar, einer auf dem Schiffsweg aus dem Orient eingeschleppten Pandemie, die in wiederholten Ansätzen weite Teile Europas (in unterschiedlicher Stärke) heimsucht und vielerorts die Bevölkerung dezimiert. – *Bedeutendere Pestwellen:* 1348–1350; ca. 1360/1361; 1369/1374; 1380/1381; 1412; 1425/1426; 1430/1431; 1439.

Eine von den Zeitgenossen tief empfundene Unsicherheit ist die **Geldentwertung.** Klagen über die dauernde *Entwertung der Silbermünzen,* den sinkenden Feingehalt (Korn) dieser Münzen werden verstärkt laut. Die Münzherrn werden beschuldigt, die Münzen künstlich zu entwerten, um daraus Nutzen zu ziehen. Dem Sinken des „Wertes" der Münzen wird die Hauptschuld an dem Steigen der Preise und Löhne zugeschrieben, die Münzherrn für die ökonomischen Schwierigkeiten der Zeit verantwortlich gemacht.

496   Mittelalter — Spätmittelalter

Noch auffallender als die Münzentwertungen ist der „*Kursverfall*" der Silbermünzen (und besonders der kleinen Scheidemünzen) im Verhältnis zu den *relativ stabilen Goldmünzen* (Gulden, floreni), der Währung der Banken, der päpstlichen Kurie und des Fernhandels.

Kurs des florentinischen Guldens in Silbermünzen

1252	20 s.	1378	68 s.
1292	38 s. 2 den.	1386	73 s.
1302	51 s.	1445	97 s.
1322	66 s.	1457	108 s.
1342	65 s.		

s. = solidi; den. = denarii

So schwerwiegend die Folgen dieser Münzentwertungen (besonders ihr rapider Kursverfall) auch sind, nachhaltiger scheint die gesamte Wirtschaft durch eine Agrarkrise betroffen zu sein.
Die Agrarkrise des Spätmittelalters. Durch ein relatives Überangebot an Getreide (wohl infolge des Rückgangs der Bevölkerung) auf dem Markt hervorgerufen, wird ein Stagnieren bzw. sogar ein Rückgang der *Getreidepreise* bewirkt. Er ist besonders im Vergleich mit dem gleichzeitigen Ansteigen der Löhne bzw. der Preise handwerklicher Produkte ersichtlich; auch dieses Phänomen fällt bereits den Zeitgenossen auf.

Indizierte englische Weizenpreise und Löhne

Jahr	Weizenpreise	Löhne	Relation der Löhne zu den Preisen
1320–1339	100	100	100
1340–1359	88	94	107
1360–1379	99	105	106
1380–1399	72	122	169
1400–1419	76	116	153
1420–1439	71	105	148
1440–1459	59	101	171
1460–1479	52	82	158

Die *Folgen der langandauernden Agrarkrise* betreffen die verschiedensten Aspekte des ländlichen und städtischen Lebens. Die unmittelbare Konsequenz ist die Verödung von Feldern und Dörfern, die im Laufe der vorangehenden Kolonisationswelle in ungünstiger Lage gerodet wurden. (Allerdings scheint dies bloß *ein* Faktor bei der Entstehung von sog. Wüstungen, die in ganz Europa festzustellen sind, zu sein.) Die sozialen Unterschiede auf dem Dorf werden schroffer; es entsteht eine recht zahlreiche Schicht von Besitzlosen auf dem Dorf, und ein echtes ländliches Armenproblem ist bereits gelegentlich festzustellen. In Schwierigkeiten geraten durch das Sinken der Einkünfte auch die Grundherrschaften, v. a. Kleinadlige, deren Einkünfte nicht imstande sind, ein „standesgemäßes" Leben zu gewährleisten. Die unmittelbare Folge der Agrarkrise ist eine weitverbreitete soziale Krise der bäuerlichen Bevölkerung und des Kleinadels, die zum „Reservoir" der großen Söldnerbanden des Spätmittelalters werden. Die Agrarkrise bewirkt die verstärkte Abwanderung der Bauern in die Städte, ein Phänomen, das die Herren vielfach durch Einführung der Leibeigenschaft steuern wollen. (Den leibeigenen Bauern wird u. a. die Freiheit, den Boden zu verlassen, verweigert.) Bald beginnen jedoch die Städte den Zustrom der Landbevölkerung selbst zu drosseln, da die städtischen Märkte nur begrenzt absorptionsfähig sind; vielerorts beginnt infolge Zustroms ländlicher Bevölkerung im 15. Jh. eine ausgesprochen restriktive Politik der Städte.
Zu diesen langfristigen Ursachen einer **Unrast** treten kurzfristig Hungersnöte, Verwüstungen des Landes durch Krieg oder Fehden hinzu, v. a. die erhöhte Bedrückung der Bevölkerung durch landesherrliche Steuern, durch die die finanziellen Lasten der Kriege und Fehden auf die Bevölkerung abgewälzt werden. (Klerus und Adel sind steuerfrei). Das Spätmittelalter ist dementsprechend auch ein Zeitalter der **Aufstände.** Neben überaus zahlreichen, lokalen städtischen Revolten ist auch eine Reihe von Aufständen festzustellen, die von der ländlichen Bevölkerung getragen, zuweilen auch von den Mittel- und Unterschichten der städtischen Bevölkerung unterstützt werden.

Wichtige Aufstände des Spätmittelalters

1323–1328	Aufstand in Seeflandern
1358	Französische Jacquerie
1378–1383	Tuchins in Frankreich
1381	Aufstand in England (Wat Tyler)
1419–1434	Hussitenkriege

Ökonomisch wird die spätmittelalterliche Entwicklung jedoch nicht vom Land beherrscht; immer deutlicher werden die **Städte** zur Dominante, auch wenn es letztlich dem Bürgertum nicht gelingt, machtmäßig wirklich durchzudringen und eine seiner wirtschaftlichen Macht adäquate politische Position zu erobern. Obwohl die städtische Bevölkerung insgesamt nur einen kleinen Teil der Gesamtbevölkerung ausmacht, erreichen einige Städte bereits beachtliche Ausmaße. (Auch hier setzt jedoch etwa mit der Mitte des 14. Jh.s in dem Wachstum der Bevölkerung eine Stagnation ein).

Einwohner einiger mittelalterlicher „Großstädte" (geschätzte Einwohnerzahlen)

Jahr	Stadt	Einwohner	Jahr	Stadt	Einwohner
ca. 1325	Paris	80 000	1370	Prag	30 000
ca. 1335	Toulouse	35 000	–	Köln	40 000
1338	Venedig	120 000	1387	Frankfurt/M.	10 000
1339	Florenz	120 000	1431	Nürnberg	22 148
1350	Hamburg	10 000	1444	Straßburg	20 600
1350	Gent	60 000	1446	Basel	10 500
1350	Genua	60 000			

Das Gros der mittelalterlichen Städte ist von viel bescheideneren Ausmaßen. (Die Zahl der Städte im Reich wird im 14. Jh. auf insgesamt etwa 4000 geschätzt; über 20 000 Einwohner haben jedoch nur zehn „Großstädte". Sechs bis zehn Städte zählen zwischen 10 000 und 20 000, über 200 zwischen 2000 und 10 000 Einwohner. Das Gros der Städte sind Kleinstädte mit weniger als 1000 Einwohnern.)

Die Bedeutung der Städte, ihr politisches Gewicht ist nach Größe und Lage sehr unterschiedlich. Die größte Macht und den größten Einfluß haben die *norditalienischen Stadtstaaten* und die *flandrischen Metropolen*. Im Reich gelingt es den *Reichsstädten*, Städte, die dem Kaiser unmittelbar unterstellt sind („reichsunmittelbar"; ihre Zahl beträgt zeitweise über 80), politisch selbständig zu werden und eigene Territorien aufzubauen. Versuche mit Hilfe von **Städtebünden,** erfolgreich den Einfluß des Adels zu steuern, scheitern meist an der eigennützigen Politik der Mitglieder.

Bedeutende Städtebünde

1254–1257	Erster Rheinischer Städtebund
1346–1547	Oberlausitzer Städtebund
1354–1673/1678	Elsässer Zehnstädtebund
1376–1389	Erster Schwäbischer Städtebund
1381–1389	Zweiter Rheinischer Städtebund
1474–1484	Niedere Vereinigung
1493–1508	

Einen Sondercharakter haben nur die *Deutsche Hanse,* die sich in der Mitte des 14. Jh.s aus einer Vereinigung von Kaufleuten in ein Bündnis der Städte wandelt, und die *Eidgenossenschaft* in der Schweiz, ein Bündniskonglomerat von Städten und Landgemeinden. Von größerem Erfolg ist das Streben der Städte, ihre Kompetenz gegenüber dem Stadtklerus zu erweitern, gekrönt.

Mit der Größe der Städte verschärfen sich die **sozialen Gegensätze** innerhalb der Stadtmauern. Die Herausbildung von ausgesprochenen Meisterzünften macht vielen *Gesellen* einen sozialen Aufstieg unmöglich, die mangelnde Aufnahme- und Integrationsfähigkeit der städtischen Wirtschaft und Gesellschaftsstruktur schafft Randgruppen, wirtschaftliche Schwierigkeiten führen vielerorts zur Pauperisierung; es entsteht ein städtisches „*soziales Problem*", und die großen Städte beginnen eine Armenfürsorge und die Aufsicht über Randgruppen zu organisieren. Besonders in den mittelalterlichen „Großstädten" ist der Anteil der Unterschicht relativ hoch (Lübeck ca. 1380 ca. 42%; Rostock ca. 60%; Augsburg 1475 ca. 66%). Wo die Quellen einen näheren Einblick gewähren, erscheint eine ausgeprägt differenzierte soziale Schichtung des spätmittelalterlichen Bürgertums, kein harmonisches Bild.

Ein Beispiel: Die Sozialschichtung Augsburg (in %)

	1396	1475	1498	1554
Oberschicht	2,1	–	–	–
Mittelschicht	47,5	32,0	54,0	41,0
Unterschicht	50,3	66,0	44,0	über 53,0

Die Folge der ausgeprägten Spannungen in den Städten ist eine Welle von *Revolten,* oft durch eine unmittelbare, neue steuerliche Belastung hervorgerufen. An diesen Aufständen beteiligen sich aus unterschiedlichen Gründen (oft auch aus persönlichen Motiven) Personen verschiedenen Standes, auch Mitglieder der Führungsschicht. Die eigentlichen „Träger" der Bewegungen sind jedoch die *Zünfte,* z.T.

498 Mittelalter − Spätmittelalter

bereits Angehörige der Unterschichten, die jedoch – zum Unterschied zu den Zünften der Handwerker – keine eigenen Organisationsformen haben. Das Endergebnis dieser Revolten (früher oft ungenau als „Zunftrevolutionen" bezeichnet) ist die Herausbildung einer neuen städtischen Führungsschicht aus *Kaufleuten* und *reichen Handwerkern*, die die älteren Stadtregierungen (früher oft als „Patriziat" bezeichnet) aus Ministerialen und Kaufleuten ablöst.

Bedeutende städtische Revolten im Spätmittelalter:

1293/1294	Braunschweig (ferner: 1374–1380; 1445/1446; 1487–1489)
1301	Brügge
1307	Paris (ferner: 1358; 1381/1382; 1413)
1308	Straßburg (ferner: 1332; 1349; 1419/1420)
1326/1327	Metz (ferner: 1346; 1356)
1333	Breslau (ferner: 1347; 1418)
1336	Zürich (ferner: 1349; 1488/1489)
1338–1345	Gent (ferner: 1349; 1350/1359; 1379–1382)
1348/1349	Nürnberg
1355/1356	Frankfurt/M. (ferner 1389 und folgend)
1368	Augsburg
1370/1371	Köln (ferner 1396; 1481/1482)
1371	Siena
1378	Florenz
1380/1384	Lübeck
1381/1382	Rouen
1393	Lyon (ferner: 1436; 1529)
1402	Magdeburg
1419	Prag (ferner: 1422; 1448; 1483)

Wenn das Spätmittelalter in mancherlei Hinsicht (v. a. auch kulturell) vom Bürgertum beherrscht wird, so mündet es dennoch *nicht in ein „bürgerliches Zeitalter"* ein. In den großen Zentren Norditaliens ist das 15. Jh. durch das Aufkommen der Signoria gekennzeichnet. Beseitigt wird auch allmählich die Selbständigkeit alter großer Handelszentren (Gent, Brügge, Nowgorod). Das Schicksal der Reichsstädte gestaltet sich recht vielfältig, und neben aufstrebenden Städten (Augsburg, Nürnberg, Frankfurt) sind stagnierende Städte festzustellen (Regensburg); kleinere Reichsstädte verlieren zuweilen durch Verpfändung ihre Freiheit.

Durch die Taufe der Litauer und durch die endgültige Verdrängung der Araber aus Spanien (1492) ist Europa christlich – dabei weiterhin in zwei **„Kirchen"** geteilt. Versuche (besonders aufgrund byzantinischer Vorstöße) die Spaltung zwischen Ost- und Westkirche (Unionsverhandlungen) zu überbrücken, scheitern. Zur großen Gefahr für die „Christenheit" werden die **Türken,** die unaufhaltsam auf dem Balkan vorrücken (1389 Serbien; 1393 Bulgarien; 1396 Niederlage des späteren Kaisers Sigismund bei Nikopolis) und durch die Eroberung von Konstantinopel (1453) das Ende der einst mächtigen byzantinischen Herrschaft herbeiführen. Für Jahrhunderte kennen nun Ost- und Mitteleuropa eine „Türkengefahr".

Eine weitere Verschlechterung der Lage der **Juden** in weiten Teilen Europas ist festzustellen. Durch das Aufkommen einer eigenständigen Kreditwirtschaft (besonders in Italien in Form von Banken, aber auch in den deutschen Städten) werden die Juden zunehmend auch aus dem Kreditwesen verdrängt und aus den Städten vertrieben. Den Juden, vielerorts auf Dörfer abgeschoben, bleiben oft nur die kleine Pfandleihe und das Hausieren als Möglichkeit des Überlebens offen.

Judenvertreibungen

1388	Straßburg	1436	Zürich
1390/1391	Pfalz	1439	Augsburg
1418	Trier	1446	Leipzig
1420	Mainz	1470	Erzstift Mainz
1424	Köln; Freiburg i. Br.	1498	Nürnberg; Salzburg

Die *Abgrenzung der jüdischen Bevölkerung* wird nun konsequent, sowohl räumlich als auch durch Kennzeichnung (Erneuerung alter Vorschriften durch Einführung des sog. Judenringes auf der Bamberger Synode 1451) durchgeführt; gleichzeitig sind Bestrebungen festzustellen, die Juden innerhalb des Reiches gesamthaft zu erfassen (Ansätze unter Ruprecht von der Pfalz [deutscher König 1400–1410]; dann 1480–1554 Joselmann von Rosheim als „Befehlshaber und Regierer der gemeinen Jüdischkeit im Reich".)

Durch die Pogromwelle von 1348–1350 (die Juden werden als „Brunnenvergifter" und Urheber der Pest bezeichnet) im Reich verschiebt sich der Schwerpunkt des aschkenasischen Judentums (Sprache Jiddisch) zunehmend nach *Polen* (Privilegierung durch Kasimir den Großen 1333–1370). Die nachhaltigste Umschichtung bewirkt jedoch – nach Pogromwellen – die Vertreibung der Juden aus der *Iberischen Halbinsel* (1492 Spanien, 1498 Portugal), damit die Liquidierung der einst blühenden Zentren jüdischen geistigen und politischen Lebens. Die Juden spanischer Sprache (spaniolisch; Sefardim) werden weitgehend aus Europa nach Nordafrika verdrängt. In Spanien beginnt die durch die Inquisition organisierte Verfolgung der getauften „Scheinchristen" (Conversos – Maranen), die im Land verbleiben, und eine Gesetzgebung taucht auf, die auf die „Reinheit des Blutes" (limpieza de sangre) Wert legt – die ersten Ansätze zu Rassengesetzen.

Das Spätmittelalter ist gleichfalls durch das Aufkommen eines neuartigen **„Nationalbewußtseins"** gekennzeichnet, das in einigen Teilen Europas eine Rolle zu spielen beginnt. Neben dem (bereits stark topischen) Lob der *„Heimat"*, die nun bereits gelegentlich mit den *„Staaten"* identifiziert wird, entsteht ein neuartiges *Sprachbewußtsein;* zuweilen wird bereits die Sprachgemeinschaft als Schicksalsgemeinschaft interpretiert, und aus der Zugehörigkeit zu dieser Gemeinschaft werden zwingende Folgerungen für das Individuum abgeleitet. Markant tritt dieser Trend im 14. Jh. zutage bei dem Kampf von Völkern gegen fremde Expansion (*Irland* und *Schottland* gegen die Könige von England). Zunehmend schwingen „national" verfärbte Töne auch in den Auseinandersetzungen zwischen *England* und *Frankreich* im „Hundertjährigen Kriege" (1338–1453) mit. Den „Höhepunkt" erreicht im 15. Jh. in dieser Beziehung *Böhmen,* wo sich ältere antideutsche Stimmungen mit dem religiösen Sendungsbewußtsein des Hussitentums verbinden. Stark religiös verfärbt ist auch das Eigenbewußtsein in *Polen* (Bollwerk des Katholizismus) und in *Rußland* (Hort des wahren – orthodoxen – Glaubens; Erbe von Konstantinopel). In *Deutschland* vermeinen im 15. Jh. die Humanisten in den Germanen die unmittelbaren Vorfahren der Deutschen gefunden zu haben; die Sprachgemeinschaft wird historisch interpretiert.

Nirgends ist jedoch im Spätmittelalter das „Nationalbewußtsein" zur prägenden Kraft geworden, nirgends tritt es mit dem Anspruch auf Ausschließlichkeit (wie im 19./20. Jh.) auf. Soziale und auch machtpolitische Probleme werden noch nicht „national", sondern *religiös* (gelehrt: theologisch; volkstümlich in der Sprache der Bibel) formuliert. Mit Ausnahme von Frankreich ist auch nirgends ein unmittelbares Weiterwirken national verfärbter Strömungen festzustellen – sie werden weitgehend von den religiös artikulierten Gegensätzen der Folgezeit überlagert. Eine gewisse Kontinuität wahren sie jedoch in der gelehrten Forschung, z. T. auch in der politischen Pamphletistik.

Wandlungen in der spätmittelalterlichen Kultur

Die geringe Lebenserwartung, die ständige Bedrohung durch Raub und Krieg, Krankheit und Seuche, Unterdrückung und Rechtsunsicherheit prägen ein **Lebensgefühl,** das unter dem Eindruck von Kurzlebigkeit und Unsicherheit steht. Um so mehr wird der Halt in der überschaubaren sozialen Gruppe gesucht, scheint das diesseitige Leben nicht ohne die Hinwendung zu Gott möglich, steht es öfter unter der ständigen Erwartung eines baldigen, konkret verstandenen Weltendes, das verschiedentlich prophezeit, dessen Nahen aber immer wieder hinausgeschoben wird. Nun jedoch treten in wachsendem Maß Anzeichen dafür auf, daß der Tod nicht nur als Übergang ins Jenseits begriffen wird: Die künstlerische *Entdeckung der Realität des leiblichen Todes* äußert sich um etwa 1400 in der populären Darstellung des *„Totentanzes"* (schließlich 1525/1526 „Todesbilder" Hans Holbeins d. J.); eine um 1465 entstandene „Ars moriendi" („Kunst des Sterbens") wird einer der häufigsten Wiegendrucke (mit Holzschnitten).

Die **bildende Kunst** generell, nach wie vor in erster Linie religiösen Themen gewidmet, hebt das Diesseits mehr vom Jenseits ab durch ein auffallendes *Interesse an der Natur,* die stärker als je zuvor seit der Antike zur Geltung kommt. Nichts Wirkliches ist nun vom Kunstinteresse ausgeschlossen, da *alles* eine Beziehung zu Gott hat: „Gott erfreut sich aller Dinge, denn jedes stimmt mit seinem Wesen überein" (Thomas von Aquin). Der philosophische Hintergrund des gewandelten künstlerischen Wollens ist der, daß die Allgemeindinge jetzt als den Erfahrungstatsachen immanent gedacht werden (Wilhelm von Ockham). Die **Gotik** als die das Spätmittelalter beherrschende Stilepoche bildet somit in ihren maßgebenden Bauwerken, den großen *Pfarr- und Bischofskirchen,* nicht nur eine übernatürliche Wirklichkeit ab, sondern stellt deutlich heraus, daß sie dies mit den Mitteln einer äußerlich komplexen, doch geometrisch klaren Architektonik versucht, d. h. der *Synthese von Form und Funktion, von Teil und Ganzem* verpflichtet ist. Einem technischen Streben nach dem günstigeren Verhältnis von Leistung und Aufwand entspricht die Auflösung des einheitlich starken, romanischen Mauerwerks in einen den Gewölbeschub auffangenden Strebapparat mit steinernen Diensten (als Wand- und Pfeilervorlagen) sowie den Außenbau akzentuierenden Strebepfeilern, der konstruktiv von Gewölberippen und Spitzbogen ergänzt wird: Voraussetzung für die gleichsam dem Himmel zustrebende Dynamik dieses Kirchenbaus und v. a. seiner Türme, aber auch für die großen Fenster (Maßwerkfenster z. B. in Chartres oder in Altenberg bei Köln), auf denen großartige Werke der Glasmalerei entstehen (Hochblüte ab 14. Jh.) und durch welche die Stufen von Helligkeit und Schatten sich vermischen.

500 Mittelalter − Spätmittelalter

Ausgangsgebiet gotischer *Baukunst* ist bereits im 12. Jh., also im Hochmittelalter, die *Île-de-France*. Die *Zisterzienserbaukunst*, die schlichte Sonderformen entwickelt, trägt durch die einheitlichen Bauvorschriften des Europa weithin umspannenden Ordens zur raschen Ausbreitung des neuen Baustils bei. In *Deutschland* wird schon in der ersten Hälfte des 13. Jh.s im Bau gotischer Hallenkirchen eine eigenständige Entwicklung sichtbar, dann unter dem Einfluß von Stifts- und Pfarrkirchen etwa im Übergang zur Einturmfassade (Freiburger und Ulmer Münster) und in der deutschen Spätgotik, die als Sondergotik bezeichnet wird wegen verschiedener baulicher Eigentümlichkeiten; neue Bauformen machen am deutschen Beispiel deutlich, daß hinter bedeutenden stilistischen Neuerungen des 13.−15. Jh.s das die *Stadtpfarrkirche* tragende soziale Element steht. Vielfach wirken Bürger und Städte an der Errichtung neuer großer Pfarrkirchen entscheidend mit.

Beispielhafte bürgerlich-städtische Kirchenbauten (Jahreszahlen = Baubeginn)

Annaberg, St. Annen, 1499.	Landshut, St. Martin, 1387.
Antwerpen, O. L. Vrouwkerk, 1352.	Lavenham, St. Peter and Paul's, 14. Jh.
Bern, St. Vinzenz, 1421 Neubau.	Lübeck, St. Marien, 1286.
Boston (England), St. Botolph, 14. Jh.	Lüneburg, St. Nikolai, 1407.
Brügge, St. Salvator, 1358.	Neuötting, St. Nikolaus, 1410.
Brüssel, St. Gundula und Michael, 1225.	Nördlingen, St. Georg, 1427.
Danzig, St. Marien, 1343.	Nürnberg, St. Lorenz, Ende 13. Jh.
Dinkelsbühl, St. Georg, 1448.	Nürnberg, St. Sebald, 1361 Neubau.
Esslingen, Liebfrauen, 1321.	Rostock, St. Marien, 1290 Umbau.
Florenz, Or San Michele, um 1300.	Schwäbisch Gmünd, Hl. Kreuz, um 1320.
Florenz, S. Maria del Fiore (Dom), 1294.	Siena, Dom, um 1250.
Freiburg i. Br., Liebfrauen, 1354 Chorbau.	Soest, St. Maria zur Wiese, 1331.
Freising, St. Georg, 2. Viertel 15. Jh.	Stettin, St. Jakobi, 1375 Chorbau.
Gent, St. Bavo, 1228.	Stralsund, St. Jakobi, 1303.
Greifswald, St. Marien, 1260.	Stralsund, St. Marien, 1382 Neubau.
Groningen, St. Martini, 1469.	Stralsund, St. Nikolai, um 1276.
Haarlem, St. Bavo, vor 1397.	Straubing, St. Jakob, Ende 14. Jh.
Herzogenbusch, St. Janskerk, um 1370.	Thorn, St. Jakob, 1309.
Krakau, St. Marien, 1320.	Ulm, Liebfrauen (Münster), 1377.
Kuttenberg, St. Barbara, 1388.	Wasserburg, St. Jakob, 1410.

In *England* setzt die Gotik im späten 12. Jh. ein (Chor der Kathedrale von Canterbury, ab 1185), macht sich rasch vom französischen Vorbild frei, entwickelt im *Early English* (Wells [etwa ab 1180], Lincoln [ab 1192]) durch stärkere Horizontalgliederung ein eigenes Aussehen, setzt sich im *Decorated style* (Kathedralen von Exeter [Langhaus und Chor ab 1275], Wells [Retrochor 1320−1363], Ely [Lady Chapel 1321−1349]) mit einem spezifischen Dekorationssystem um die Mitte des 13. Jh.s an fort und findet ihre Vollendung von der Mitte des 14. Jh.s an durch Maßwerkfenster und besondere Gewölbeformen im *Perpendicular style* (Gloucester [ab 1351], Winchester [ab 1394], King's College Chapel in Cambridge [1446−1515], Kapelle Heinrichs VII. der Westminster-Abtei [1503−1510]). Im *Tudorstyle* des frühen 16. Jh.s dringen Renaissanceformen in die englische Gotik ein. − Während die gebräuchliche Einteilung in *Früh-*, *Hoch-* und *Spätgotik* auf die meisten Länder mit Einschränkungen anwendbar ist, bleibt die Gotik in *Italien* dem romanischen Raumgefühl verhaftet und wird von der Renaissance abgelöst. Zahl, Größe und Kompliziertheit der neuen Gebäude erfordern eine effektivere Arbeitsorganisation: Im 13. Jh. entsteht (in Deutschland, Frankreich, England) die *Bauhütte* als an eine Hüttenordnung gebundene Werkstattgemeinschaft der Steinmetzen, die Arbeitsmethoden, technische Erfahrungen und Kenntnisse bewahrt bzw. weiterverbreitet. Indem sich die Bauhütte von früheren mönchischen Organisationen ähnlicher Art abhebt, zeigt sie einen Wandel, der augenfällig in einer Vielzahl neuer Bauwerke und in neuen Gebäudetypen zum Ausdruck kommt: Die **Stärkung des Laienelements** dokumentiert sich im *Aufschwung der Profanbaukunst*, die − besonders auf militärischem Sektor − wesentliche Impulse durch die Kreuzzüge und das Kennenlernen der hochentwickelten arabischen Burgen- und Schloßbaukunst erfahren hat. Die *Burgen* werden militärisch vervollkommnet, in England und der Romania setzt sich die regelmäßig-rechteckige Kastellform durch (so schon in den Stauferkastellen Süditalien-Siziliens). In Deutschland und Skandinavien bilden meist Bergfried und Pallas als Hauptwehr- bzw. Wohnbau das Zentrum, um das sich eine wachsende Zahl von Wohn- und Wirtschaftsgebäuden gruppiert: Der Wohnwert, zusätzlich auch der Repräsentationscharakter der Burg nimmt zu, in der Spätgotik (Prager Burg) treten z. T. monumentale Anlagen auf. Die Verwendung des Schießpulvers führt zunächst zur Anpassung des Burgenbaus (Bastionen, Gräben, Wälle) seit der Mitte des 15. Jh.s, dann zur Entwicklung der neuzeitlichen Festung, während sich die Wohn- und Repräsentationsfunktion auf das Schloß bzw. den Stadtpalast verlagert (im Spätmittelalter v. a. vertreten durch den Papstpalast in Avignon und die italienischen Palazzi).
Die *Ummauerung* als das (häufig ins Wappen aufgenommene) äußere Hauptmerkmal der mittelalterlichen Stadt begleitet den **Aufstieg des Bürgertums,** das der Profanbaukunst zu einer neuen Vielfalt verhilft: *Rathäuser* (Thorn [etwa ab 1300], Breslau [14. Jh.], Brügge [14. Jh.]), besonders typisch für den

Wandlungen in der Kultur 501

sozialen Wandel die frühen Zunfthäuser (Tuchhalle in Ypern [13. Jh.], Haus zum Rosengarten in Konstanz [14./15. Jh.], Gewandhaus in Leipzig [ab 1477, nicht erhalten], „Zur Schmiden" in Zürich [spätgotischer Zunftsaal 1520]).

Der zunehmende Einfluß des Bürgertums, der Wandel des Sakralgebäudes von der Kirche der Geistlichkeit zur Kirche der Bürgergemeinde, insgesamt eine größere Zahl und gesellschaftliche Vielfalt der Auftraggeber erlauben es immer mehr Bauleuten, sich aus der streng hierarchischen Bindung der Bauhütten zu lösen und, in *Zünften* organisiert, die größere künstlerische Freiheit gestalten, aus der Anonymität hervorzutreten. *Künstlerfamilien,* dann auch *Künstlerpersönlichkeiten* werden namentlich faßbar und „verewigen" sich z. T. durch Selbstbildnisse (Baumeister- und Bildhauerfamilie Parler im 14. Jh.: Münsterbauten von Freiburg i. Br. und Basel, u. a. Heiligkreuzkirche in Schwäbisch Gmünd; v. a. Peter Parler [* 1330, † 1399; Büste im Prager Dom; führt den Prager Dombau weiter, der eine bis dahin nicht gekannte bauplastische Ausstattung erhält]).

Auch die **Plastik** zeigt nämlich einen grundsätzlichen Wandel mit dem Anheben der Gotik durch eine *Verselbständigung der Figur* (Portale der Westfassade von Chartres [1145–1155] und von Senlis [um 1170]), die meist in der Bauhütte neben der Kirche erstellt wird und nicht nur eine eigenständige Form erhält (Raumbezogenheit im Faltenwurf des Gewandes, Ausdrucksstärke und Lebendigkeit der Darstellung bis hin zum gotischen Schönheitsideal), sondern auch selbständiger Träger von Inhalten wird (Figurenportale nach ikonographischen Programmen). Die Bauhütte, in der Bauleute und Steinmetzen häufig noch in Personalunion zusammenwirken, hält aber den grundsätzlichen Verbund von Bau- und Bildhauerkunst noch lange fest, bis das Ausscheiden der Steinmetzen aus den Bauhütten und die Arbeit in eigenen Werkstätten im 14. Jh. die weitere *Lösung der Plastik aus den architektonischen Bindungen* auch im Sinne eines stärkeren *Realismus* erleichtert. Italienische Fürstengrabmäler des 14. Jh.s, zeigen den Verstorbenen in ganz *persönlicher Darstellung,* bewaffnet und beritten (z. B. Cangrande della Scala [1311–1329 Signore von Verona], Bernabò Visconti [Signore von Mailand, † 1385]) und bringen damit die politisch-soziale Wirklichkeit des italienischen Spätmittelalters zum Ausdruck, auf deren Boden nun rasch die italienische Renaissance einsetzt.

Nördlich der Alpen erlebt die spätgotische Bildhauerkunst eine reiche Blüte besonders in der *Holzplastik;* diese befreit sich im frühen 14. Jh. vom steinernen Vorbild mit dem Aufkommen des (vergleichsweise kleinformatigen) Andachtsbildes, das unter Einfluß von Vorstellungen der deutschen Mystik entsteht (u. a. Vesperbild, Schmerzensmann, Schutzmantelmadonna, Hl. Grab). Die spätgotischen *Schnitzaltäre* stellen einen Höhepunkt der Holzplastik überhaupt dar, z. B.: Michael Pacher in St. Wolfgang (Salzkammergut, 1471–1481); Veit Stoß, Marienaltar in der Marienkirche zu Krakau (1477–1481); Tilman Riemenschneider, Altar der Herrgottskirche in Creglingen (Nordwürttemberg, 1502–1505). Dieser Aufschwung künstlerischer Qualität, Vielfalt und Menge ist neben dem Impulsen der Höfe und Herrscher großenteils der steigenden Zahlungskraft und dem Interesse der *Bürger* zu verdanken, die zwar nicht als Auftraggeber von Kirchen und Schlössern, aber von Altarschreinen und von Tafelbildern aufzutreten vermögen.

In der **Malkunst** gelangt unter diesen Bedingungen gerade die *Tafelmalerei,* etwa seit der Mitte des 14. Jh.s, zunächst in Gestalt von Altarbildern, zu einem neuen Aufschwung, der sie das Wandgemälde (außer in Italien) an Zahl und Bedeutung überflügeln läßt; zu nennen u. a. der Prager Hof Kaiser Karls IV. (1346–1378), die Schule von Avignon, die deutschen Meister des 15. Jh.s, in den Niederlanden Hubert und Jan van Eyck († 1426 bzw. 1441; Genter Altar) sowie Rogier van der Weyden († 1464; Kreuzabnahme). Vorbereitend wirkt seit der Mitte des 13. Jh.s, die höfische *Buchmalerei* (biblische Bücher, Heiligenlegenden, Stundenbücher), Höhepunkt in Burgund.

Die schon im 13. Jh. deutlicher werdende *Naturbeobachtung* tritt als Prinzip hervor in der Landschaftsmalerei zuerst des Italieners Giotto († 1337) und führt schließlich zur allmählichen Ablösung des Goldgrundes der Gemälde vom 15. Jh. an durch naturalistische Hintergründe. Ein schon in der Bildhauerkunst sichtbares, neues Raumempfinden kommt zum Ausdruck. Daneben entwickelt sich eine wachsende *Porträthaftigkeit* seit dem 13. Jh. (einzelne Grabfiguren, z. B. König Rudolf I. im Speyerer Dom, 1280–1290) zunächst in der Plastik (z. B. die schon genannten italienischen Grabmäler des 14. Jh.s), etwa ab 1300 auch in der Malerei (um 1360 Bildnis König Johanns II. des Guten von Frankreich; um 1380 Bildnis des Trierer Erzbischofs Kuno von Falkenstein im Evangelistar), anfänglich (v. a. in Deutschland) mit einem gewissen Schwergewicht auf den Stifterbildnissen von Altären (z. B. der erwähnte Genter Altar). Führend sind hier die Niederlande mit zahlreichen Porträtbildern von Jan van Eyck und Rogier van der Weyden neben Italien, dessen Bildnisse im 15. Jh. bereits der Frührenaissance angehören. Vielleicht wird es nirgendwo deutlicher als gerade in den Porträts, daß das Kunstwerk nicht mehr in erster Linie Symbol, sondern *Abbild* ist.

Auch in der **Literatur** des Spätmittelalters werden Entwicklungen sichtbar, die sich mit stärkerer Naturbeobachtung, mit Individualisierung und Verbürgerlichung umschreiben lassen, ohne daß die bis dahin gültigen Formen und Gattungen sogleich entwertet würden. Die *mittellateinische Literatur* zeigt ihr Weiterblühen in didaktischen Schriften, in theologischen (Mystik), wissenschaftlichen (Scholastik) und enzyklopädischen Werken, in der religiösen Lyrik der Bettelorden, in Legenden- (um 1270 „Legenda aurea" des Genueser Erzbischofs Jacobus a Voragine) und Exemplasammlungen, schließlich noch in Reiseberichten bzw. -beschreibungen (Johannes von Mandeville, Mitte 14. Jh.) und in Autobiographien bis hin zu Kaiser Karl IV.

502   Mittelalter − Spätmittelalter

Es wächst jedoch die Zahl der Übersetzungen in *Volkssprachen,* deren Vordringen binnen kurzem selbst zum literarischen Thema avanciert: Dante Alighieri (*1265, † 1321), der selbst teils lateinisch, teils italienisch schreibt und von dem das erste wissenschaftliche Prosawerk in italienischer Sprache stammt („Il convivio", zwischen 1303 und 1308), verfaßt um 1305 ein Lehrbuch „Über die Volkssprache" („De vulgari eloquentia") und läßt die in der „Divina Commedia" im Paradies Auftretenden ihre eigenen Dialekte reden; freilich deckt sich „Sprache" nicht mit „Volk", und Dante rechnet für Italien mit 14 Haupt- und über 1000 Lokaldialekten. Aber als schriftliches Verständigungsmittel spielen die Volkssprachen eine wachsende Rolle. Das Latein verliert zwar seine Monopolstellung auf diesem Gebiet, repräsentiert und garantiert aber bis weit in die Neuzeit hinein die Einheit der wissenschaftlichen Kultur Europas. Die im Spätmittelalter durch die Verbreitung des Papiers (das die Araber im 12. Jh. nach Spanien brachten) rapide ansteigende *Schriftlichkeit* kommt der literarischen Ausbreitung der Volkssprachen zugute.
Ein *nationales Selbstbewußtsein* fördert das Bewußtsein des Wertes der eigenen Sprache sowohl dem Lateinischen als auch den anderen Volkssprachen gegenüber. In diesem Sinne kommen die Sprachen *Frankreichs,* das (Nord-)Französische und das Provenzalische, am frühesten zur Blüte. In Poesie und Prosa, Geschichtsschreibung, Kanzleierzeugnissen und wissenschaftlicher Literatur formt sich vom 12. zum 14. Jh. eine französische Sprachkultur, die in dieser Glanzzeit eine internationale Reichweite erlangt und die semantische und literarische Entwicklung anderer Volkssprachen nachhaltig beeinflußt. Manche Sprachen, wie das Italienische, Englische und Spanische, müssen sich gegen den französischen Kulturprimat ebenso durchsetzen wie gegen den lateinischen. Auch das *Deutsche* gewinnt an Substanz durch die zahlreichen Übersetzungen und Bearbeitungen französischer Vorlagen. Im Zuge der deutschen Ostbewegung trägt die deutsche Sprache neben Latein und Französisch zur Entwicklung slawischer Sprachen bei. In weiten Teilen Europas wird eine *literarische Verbürgerlichung* deutlich. Gewiß ist diese Entwicklung nicht einheitlich: Höfische Literatur, ritterliche Turniere und Feste erleben v.a. in Burgund eine Spätblüte (1430 Ritterorden vom Goldenen Vlies), und der Adel bleibt auf solchen und anderen Gebieten noch lange im Vordergrund, auch über das Spätmittelalter hinaus. Ihrerseits rezipiert die bürgerliche Oberschicht adlige Ideale und Lebensformen.
Die *Prosa* dringt immer stärker in bisher von der Versform dominierte Gattungen ein, Versepen werden in Prosaversionen umgearbeitet: Das Interesse an stofflich orientierter, nüchterner Erzählliteratur wird stärker, und es kommt der Ausbreitung der Prosa zugute, daß jetzt mehr *gelesen* als vorgetragen wird − eine Entwicklung, die sich nach Einführung des Drucks mit beweglichen Lettern im 15. Jh. rasch beschleunigt. Überdies sprechen zeitgenössische Quellen der Prosa einen größeren Wahrheitsgehalt im Vergleich zur Versliteratur zu. Schon um 1220/1227 schafft Eike von Repgow ein Vorbild der *Rechtsprosa* im „Sachsenspiegel".
In der *Geschichtsschreibung* ist bei den weiterhin gepflegten Annalen und Chroniken (Klosterneuburger Chronik in deutscher Prosa, zwischen 1322 und 1428) eine stärkere Berücksichtigung des Individuellen und des Alltäglichen zu beobachten. Alfons der Weise (1252–1284 König von Kastilien) läßt eine unvollendete Menschheitsgeschichte „Crónica general de España" verfassen, die auf arabischen und europäisch-volkssprachlichen Materialien fußt. Die spätmittelalterliche Historiographie bleibt im heilsgeschichtlichen Rahmen, bemüht sich jedoch zunehmend um Genauigkeit in der Darstellung sowohl der Tatsachen und Umstände als auch der Charaktere (Joinville, „Histoire de Saint Louis", 1304–1309). Augenzeugenberichte werden öfter herangezogen (Froissart), auch die belehrende bzw. anklagende Zielsetzung kommt zu ihrem Recht (Commynes, „Mémoires", 1489–1498). Schließlich rückt die Schilderung des Stadtlebens mit in den Vordergrund („Nuova Cronica" des Florentiner Kaufmanns Giovanni Villani [*um 1276, † 1348], verbindet heilsgeschichtliche Weltchronik mit patrizischer Stadtchronik und Wirtschaftsgeschichte; „The Great Chronicle of London", 15. Jh.). Historisch-politische Themen werden weiterhin auch in der *Lyrik* behandelt, hauptsächlich aber in der *Epik* („Vox Clamantis" von John Gower [† 1408], behandelt u.a. den englischen Bauernaufstand von 1381). *Passionsspiele* (in Deutschland) und *Mysterienspiele* (in England und den romanischen Ländern) weisen auf die Verbürgerlichung einer kirchlichen Literatur (liturgische Spiele) hin, was sich im 15. Jh. verstärkt fortsetzt (*Moralitäten,* z.B. englisches „Everyman"-Spiel; deutsche *Fastnachtsspiele,* französische *Farcen*) in lebensvollen, teilweise derben Schilderungen. Im 15./16. Jh. führen die deutschen *Meistersinger* (in Singschulen organisierte, bürgerliche Dichter-Handwerker) die Tradition von Minnesang und Spruchdichtung fort. Autobiographische Inhalte, die in der Lyrik eines François Villon und Oswald von Wolkenstein zum Ausdruck kommen, lassen die *Dichterpersönlichkeit* stärker hervortreten (Porträt des letztgenannten in der Innsbrucker Handschrift von 1442).
Als erste bricht die *kaufmännische Oberschicht* die Bildungs- und Kulturhoheit des Klerus und geht in ihren Kontoren zur Schriftlichkeit über. Im 14. Jh. wird hier die Buchführung allgemein üblich. Die Städte richten in scharfer Konkurrenz zu den geistlichen Dom- und Stiftsschulen eigene **Schulen** ein, die dem Nachwuchs in Kaufmannschaft, Rat und Schreiberamt ein praktisches Wissen vermitteln sollen: neben Lesen, Schreiben und Rechnen, Latein und Kirchengesang vor allem die Stilisierung der Urkunden und der geschäftlichen und politischen Korrespondenz. Der Bedarf an geschulten Kräften verschafft den Universitätsbesuchern, insbesondere Juristen sowohl des kirchlichen als des weltlichen· (kaiserlichen) Rechts wachsenden Einfluß. Kaiser Friedrich II. hat bereits 1224 in Neapel die Landesuniversität für das sizilische Königreich gegründet, um dieser Entwicklung Rechnung zu tragen. Damit wird der zunehmenden **Verrechtlichung** des Lebens entsprochen, durch die es eher als zuvor möglich (aber auch nötig) wird, Ver-

Die großen volkssprachlichen Werke

Autor/Werk	Gattung	Zeit
Französisch/Provenzalisch		
Anonym (Turold?): *Chanson de Roland*	Chanson de geste	vor 1109
Troubadoure:	Lyrik/Minnelyrik	12. Jh.
Chrétien de Troyes († vor 1190): *Erec et Enide; Yvain; Lancelot; Perceval*	Romans courtois	1160/1190
Guillaume de Lorris: *Roman de la Rose I*	Allegorie-Satire	vor 1234
Jehan Clopinel de Meung: *Roman de la Rose II*	Allegorie-Satire	um 1275
Pierre de Saint-Cloud, Jacquemart Gelée u. a.: *Roman de Renart*	Fuchsroman	13. Jh.
Philippe de Beaumanoir (* um 1250, † 1296): *Coutume de Beauvaisis*	Rechtsbuch	1280–1283
Jean de Joinville (* 1224, † 1317): *Histoire de Saint Louis*	Geschichtsschreibung	1304–1309
Jean Froissart (* 1337, † um 1411): *Chroniques de France*	Geschichtsschreibung	ab 1370
Philippe de Commynes (* 1447, † 1511): *Mémoires*	Geschichtsschreibung	um 1500
Italienisch		
Dante Alighieri (* 1265, † 1321): *La vita nuova; Divina Commedia*	Lyrik; „Komödie"	1293/1307
Francesco Petrarca (* 1304, † 1374): *Il canzoniere (u. a. Italia mia)*	Lyrik	1327–1348
Giovanni Boccaccio (* 1313, † 1375): *Decamerone*	Novellen	1348–1353
Giovanni Villani († 1348): *Cronica (Florenz)*	Geschichtsschreibung	bis 1348
Matteo Villani († 1364): *Cronica (Florenz)*	Geschichtsschreibung	bis 1364
Spanisch (Kastilisch)		
Anonym: *Cantar de mio Cid*	Cantares de gesta	um 1145
Anonym (angeregt durch König Alfons X. den Weisen): *Las siete partidas*	Rechtsbuch	2. H. 13. Jh.
Anonym: *Crónica general de España*	Geschichtsschreibung	2. H. 13. Jh.
Juan Ruiz de Hita (* um 1300, † vor 1367): *Libro de Cantares*	Roman mit Lyrik	vor 1367
Martinez de Toledo (* um 1398, † 1470): *Corbacho*	Satire	1438
Englisch		
Mehrere Verfasser: *Yearbooks*	Rechtsbuch	1292
William Langland (* um 1330, † um 1400): *Piers the Plowman*	Allegorie	1362
John Wiclif of Yorkshire (* um 1320, † 1384): *Anregungen zur Bibelübersetzung*		1380–1384
Geoffrey Chaucer (* um 1340, † 1400): *Canterbury Tales*	Epik	1387–1400
Altwestnordisch (Norwegisch/Isländisch)		
Mehrere Verfasser: *Götterlieder; Heldenlieder*	poetische Edda	9. bis 12. Jh.
Snorri Sturluson (* 1178, † 1241): *Snorra-Edda; Heimskringla*	Prosa-Edda; Saga	1220/1230
Dänisch		
Mehrere Verfasser: *Folkeviser*	Heldenlieder	12./13. Jh.
Anonym: *Skånske lov*	Rechtsbuch	Anf. 13. Jh.
Anonym: *Jydske lov*	Rechtsbuch	1241
Schwedisch		
Eskil (13. Jh.): *Vestgötalag*	Rechtsbuch	vor 1250
Anonym: *Erikskrönika*	Geschichtsschreibung	um 1330
Mehrere Verfasser: *Visböker*	Balladen	15. Jh.
Tschechisch		
Sog. Dalimil: *Rýmovaná kronika ćeská (Böhmisch-tschechische Reimchronik)*	Geschichtsschreibung	vor 1314
Tomáš Štítný (* 1331, † um 1401): *Řeči besedni u. a.*	Religiöse Prosa	1376
Jan Hus (* um 1369, † 1415): *Postillen, Briefe aus Konstanz*		1412–1414
Petr Chelčický (* um 1390, † 1460): *Sít' víry*	Sozialkritik	1440–1443
Russisch		
Nestor: *Powest' wremennych let („Nestorchronik")*	Geschichtsschreibung	bis 1113
Anonym: *Slowo o polku Igorewe („Igorlied")*	Epos	12. Jh.
Deutsch		
Heinrich von Veldeke (* um 1140, † vor 1200): *Eneit*	Höfisches Epos	1170–1190
Hartmann von Aue (* um 1170, † 1215): *Erec; Armer Heinrich; Iwein*	Höfisches Epos	1185–1200
Gottfried von Straßburg († nach 1210): *Tristan und Isolde*	Höfisches Epos	um 1210
Wolfram von Eschenbach (* um 1170, † um 1220): *Parzival; Willehalm*	Höfisches Epos	1200–1220
Anonym: *Nibelungenlied*	Heldenepos	um 1200
Walther von der Vogelweide (* um 1170, † 1230)	Minnesang	1190–1230
Oswald von Wolkenstein (* um 1377, † 1445)	Minnesang	14./15. Jh.
Meister Eckhart von Hochheim (* um 1260, † 1327): *Büchlein der göttlichen Tröstung*	Mystik	13./14. Jh.
Johannes von Tepl (* um 1350, † 1414): *Ackermann aus Böhmen*	Prosaroman	um 1400
Heinrich Wittenweiler: *Der Ring*	Lehrdichtung	um 1400
Sebastian Brant (* 1457, † 1521): *Das Narrenschiff*	Didaktik-Satire	1494
Eike von Repgow (* vor 1190, † nach 1233): *Sachsenspiegel*	Rechtsbuch	um 1224–1227
Eike von Repgow?: *Sächsische Weltchronik*	Geschichtsschreibung	vor 1233
Ottokar aus der Geul (* um 1265, † 1319/1321): *Steirische Reimchronik*	Geschichtsschreibung	1301–1319
Jakob Twinger von Königshofen (* 1346, † 1420): *Deutsche Chronik*	Geschichtsschreibung	seit 1382
Tileman Elhen von Wolfshagen (* 1348, † 1420): *Limburger Chronik*	Geschichtsschreibung	1378–1398
Burkhard Zink (* um 1386, † 1474/75): *Augsburger Chronik*	Geschichtsschreibung	1450–1468

504   Mittelalter – Spätmittelalter

fahrensweisen in nicht mehr überschaubaren, weil in größerem Maßstab organisierten und komplizierter gewordenen gesellschaftlichen Einheiten einzuüben und (staatlich-herrschaftlich) zu verfestigen: Die auf ein bestimmtes Reich bezogene, an der Rationalität orientierte, positive Rechtsetzung durch den Fürsten (frühes Beispiel: Friedrichs II. Konstitutionen von Melfi, 1231) kann sich zwar nicht von den hergebrachten Normen lösen, beginnt aber erfolgreich mit der Durchsetzung eines *staatlichen Monopols* der Reglementierung, Rechtsetzung und Rechtsprechung, das sich auf weite Bereiche auch des täglichen Lebens erstreckt (ab Ende 13. Jh. Kleiderordnungen). Die *schriftliche Fixierung* fängt an, das Rechtsleben zu beherrschen (zunehmende Aufzeichnung auch von Gewohnheitsrechten unter Einfluß gelehrter Juristen).

Die Rationalisierung von Denkgewohnheiten, Naturbetrachtung und Untersuchungsmethoden kommt der Begegnung mit der arabischen **Wissenschaft** zugute, die über die beiden Kontaktzonen Sizilien (Friedrich II.) und Toledo (Alfons der Weise von Kastilien) in hohem Maße befruchtend wirkt, auch durch Vermittlung antiken Bildungsguts (zahlreiche Übersetzungen); Einführung der arabischen *Astronomie* im 13. Jh., der Brille um 1350. Erste mechanische Uhren Ende 13. Jh. Mit den Anfängen der Chemie bzw. Alchimie wird der Aufstieg der *experimentellen Wissenschaften* eingeleitet, Schießpulver und Kanone (Ballistik) revolutionieren das *Kriegswesen* und setzen weit darüber hinausgreifende Entwicklungen (mit) in Gang. Kompaß (13. Jh.?) und und Achterruder (14. Jh.) stehen am Anfang eines neuen Zeitalters von *Seefahrt*, Fernhandel und Politik. Die Wissenschaft beginnt, die Welt umzugestalten und das Weltbild zu verändern.

Das Aufkommen des **Buchdrucks** ermöglicht eine leichtere und raschere Kommunikation. Als Ersterfinder des Buchdrucks sind die Chinesen anzusehen (Lettern aus Ton im 11. Jh. n. Chr.), ihre Erfindung gelangt aber nicht nach Europa. Anders ist es mit dem Papier: Erfunden in China im 1. Jh. n. Chr., wandert es über die Araber und Spanien nach Europa; erste deutsche Papiermühle 1390 in Nürnberg. Papier ist sehr viel billiger als Pergament, es ist die Voraussetzung der Ausbreitung des Buchdrucks. Für Europa erfindet *Johannes Gensfleisch zum Gutenberg* in Straßburg, dann in Mainz die Kunst des Drucks mit wiederverwendbaren Einzellettern, zunächst aus Holz, dann aus Metall (1436–1445). 1455 wird als erstes größeres Druckwerk die lateinische „Gutenbergbibel" fertiggestellt (Auflage zwischen 100 und 200, heute erhalten noch 40 Exemplare). Formales Vorbild der frühen Buchdrucker sind die Traditionen der handgeschriebenen Bücher; viele Inkunabeln (= Wiegendrucke; vor 1500) sind von Handschriften kaum zu unterscheiden. 1457 erscheint in der Mainzer Werkstatt (aus der Gutenberg aus finanziellen Gründen hinausgedrängt worden ist) das „Psalterium Moguntinum", 1465 Ciceros „De officiis". Die Ausbreitung der neuen Technik geschieht mit frappanter Schnelligkeit. Das Interesse, die relativ billigen gedruckten Bücher zu kaufen, ist gewaltig. Gedruckt werden nicht nur kirchliche und wissenschaftliche Schriften, sondern sehr bald auch volkstümliche, vielfach mit Holzschnitten geschmückte Bücher (v. a. in Straßburg).

Älteste Druckorte

1465	Subiaco bei Rom	1476	Abtei Westminster bei London, Pilsen
1469	Venedig	1477	Basel, Stockholm
1470	Nürnberg, Neapel, Paris, Beromünster	1487	Prag
		1489	Kopenhagen
1471	Bamberg, Bologna, Budapest	1498	Danzig
1472	Florenz	Ende	Druckerpressen in mehr als 60 deut-
1473	Lübeck, Lyon, Valencia, Utrecht	15. Jh.	schen Städten
1475	Barcelona, Brügge, Krakau		

Von den Wandlungen der Zeit sind auch die **scholastische Philosophie und Theologie** und die **Mystik** betroffen. Die heutige Wertung der „*Spätscholastik*" ist noch in der Diskussion begriffen: Die Verfallsthese wird fraglich, ebenfalls die vom Vorherrschen des Nominalismus; Das Interesse an formalen logischen Problemen wird aus ähnlicher heutiger Situation her eher positiv bewertet. Man entdeckt zunehmend die positive Gründungsfunktion der späten Hochscholastik und der Spätscholastik für die Neuzeit; damit wird die „Epochenschwelle" problematisch.

Mystik war immer schon Korrelat der Scholastik. Die zentrale Gestalt mittelalterlicher Mystik ist *Meister Eckhart* (*um 1260, † 1327). Seine mittelhochdeutsch erhaltenen Predigten allein vermitteln ein falsches Bild, die lateinischen „wissenschaftlichen" Schriften müssen hinzukommen. Eckharts Formulierungen, zumal die in den deutschen Predigten, in denen er nicht unter dem Schutz einer langbewährten lateinischen Terminologie steht, mögen mitunter pantheistisch mißverständlich sein (daher die Verurteilung von 26 seiner Sätze durch den Papst 1329). An Eckharts subjektiver Orthodoxie ist aber nicht zu zweifeln. In seiner Ethik betont Meister Eckhart den entscheidenden Wert der inneren Gesinnung. Unmittelbare Schüler sind *Johannes Tauler* (*um 1300, † 1361) und *Heinrich Seuse* (lat. Suso; * 1295, † 1366). Beide führen das Eckhartsche Denken kaum weiter, sind aber durch ihre umfangreiche seelsorgerische Tätigkeit Grund für seine weite Verbreitung in der religiösen Praxis.

Der Flame *Jan van Ruysbroeck* (*1293, † 1381) legt seine Lehre über den Weg des Mystikers zur Gottesschau in 12 flämischen, kunstvoll aufgebauten Traktaten nieder (Hauptschrift: „Zierde der geistlichen

Wandlungen in der Kultur   505

Hochzeit"). Sein Freund *Gerhard Grote* (*1340, † 1384) ist der Begründer der „Brüder des gemeinsamen Lebens" („Fraterherren"). Diese ordensähnliche Genossenschaft verbreitet die Reformbewegung der „neuen Frömmigkeit" (*„Devotio moderna"*): sie ist schlichter und nüchterner, wohl auch mehr praxisorientiert als die hohe Mystik, aber eindeutig von ihr beeinflußt. Einflußreichster Vertreter: *Thomas Hemerken von Kempen* (*1379/1380, † 1471). Seine „Nachfolge Christi" (um 1420 entstanden) wird ein Lieblingsbuch der gesamten Christenheit – bis auf den heutigen Tag.

Daß die geistigen Ursprünge der Neuzeit weit ins Mittelalter hineinreichen, wird in ausnehmender Weise deutlich bei *Dietrich von Freiberg* (*ca. 1250, † 1310). Sein Interesse gilt in auffallender Weise Problemen der Naturforschung (darin Albert dem Großen ähnlich); daneben aber entwickelt er eine Theorie des menschlichen „intellectus", die in ihrer gegenstandskonstitutiven Spontaneität des erkennenden Subjektes vieles, was üblicherweise als neuzeitlich gilt, vorwegnimmt.

Johannes Duns Scotus (*um 1265, † 1308) hebt in der Ethik den Willen in seiner Eigenständigkeit stärker hervor und macht ihn zur letzten Entscheidungsinstanz des Menschen. Der Wille ist frei, nur durch sich selbst bestimmt. In der Metaphysik wird sowohl gegenüber der platonischen als auch der aristotelischen Tradition der Wert des Einzelnen, Individuellen stärker gesehen.

Nach *Wilhelm von Ockham* (*um 1285, † 1347) sind unsere Allgemeinbegriffe nur Zeichen, das Universale ist „etwas von uns Gebildetes" (quoddam fictum). Man pflegt diese Position unter die des *Nominalismus* zu rechnen (Allgemeines nur Name, Gegenposition *Realismus:* Allgemeines in den realen Dingen), streng genommen ist es ein *Konzeptualismus* (Allgemeines nur Begriff). In der Gotteslehre betont Wilhelm noch stärker als Duns Scotus den Primat des göttlichen Willens: seine Macht ist absolut, jedoch hält er sich in ihrer Ausübung an die einmal von ihm positiv gesetzte Ordnung, er ist an sie gebunden.

Die überragende Gestalt am Ausgang der Spätscholastik ist *Nikolaus von Kues* (Cusanus; *1401, † 1464). Ab 1432 nimmt er am Baseler Konzil teil, 1450 wird er Kardinal und Bischof von Brixen. Als Legat für Deutschland unternimmt er weite Legationsreisen, ist intensiv um die Kirchenreform bemüht. Sein schriftliches Werk enthält juristisch-kirchenpolitische sowie mathematische Schriften, behandelt astronomische Fragen, entwickelt eine frühe Theorie des naturwissenschaftlichen Experiments. Der Schwerpunkt liegt auf Philosophie und Theologie, auf spekulativer Mystik und in umfangreichen Predigtsammlung. In der Erkenntnislehre nimmt Nikolaus nominalistische Ansätze auf, überwindet sie aber in einer Theorie der Spontaneität des menschlichen Geistes. Gott ist der – oder gar über dem – „Zusammenfall der Gegensätze" (coincidentia oppositorum), ihn kann man nur in „belehrter Unwissenheit" (docta ignorantia – gleichlautende Schrift von 1440) erkennen. Präzise Wesenserkenntnis gibt es auch nicht von der Welt, Gott- und Welterkenntnis ist „Mutmaßung" (coniectura – gleichlautende Schrift 1444). Wohl aber gibt es partielle Wesenserkenntnis durch spontan gebildete Begriffe; diese Begriffe fassen außergeistige Realität, da sie Abbild des urbildlichen menschlichen Geistes ist. Eine solche Theorie weist vor auf den Deutschen Idealismus, auch wenn die Wege der Wirkungsgeschichte noch vielfach unerforscht sind. In dieser Erkenntnislehre begründet ist der cusanische *Toleranzgedanke* („De pace fidei" 1453): Auch die christliche Religion hat nicht die „präzise" Wahrheit, wenn sie ihr auch relativ am nächsten steht. Partieller Wahrheitsgehalt ist in allen Religionen. Es gibt nur „eine Religion in vielfachen rituellen Ausprägungen" (religio una in rituum varietate). „De pace fidei" ist, entgegen den anderen cusanischen Schriften, noch der deutschen Aufklärung bekannt: Lessings „Nathan" entsteht dann unter nachweislichem Einfluß dieser Schrift.

Eine besonders starke Betonung der menschlichen Vernunft kommt zum Ausdruck bei *Marsilius von Padua* (*um 1280, † 1342) in seiner 1324 vollendeten Schrift *„Defensor pacis"*. In den politisch-religiösen Konflikten seiner Zeit stehend (er flieht nach Bekanntwerden der Verfasserschaft zu Kaiser Ludwig IV. und wird als dessen Ratgeber 1327 vom Papst gebannt), bestreitet seine Staatstheorie nicht nur den universalen päpstlichen Herrschaftsanspruch (ohne ihn durch einen kaiserlichen ersetzen zu wollen), sondern – ähnlich wie bald darauf John Wiclif – die Berechtigung *jeder* „weltlichen Herrschaft" der Kirche. Die Normen für das Zusammenleben sind auf die *menschliche Vernunft* gegründet. Damit macht er eine deutliche Unterscheidung zwischen göttlichem Bereich (christliche Offenbarung) und menschlichem Bereich (Vernunft). Die letzte Konsequenz ist die Postulierung der Volkssouveränität.

Vernunfterkenntnis und religiöse Toleranz, Rationalität und Verrechtlichung, Wissenschaftlichkeit und Naturbeobachtung sind dort am deutlichsten ausgeprägt, wo in Kultur, Gesellschaft und Politik das Laienelement am stärksten hervortritt und die handeltreibende bürgerliche Oberschicht schon im Hochmittelalter großen wirtschaftlichen Einfluß besitzt: In der hochentwickelten *italienischen Stadtkultur*, zunächst im bürgerlichen *Florenz*, vereinigen sich diese Elemente mit einem wachsenden Interesse an der durch Baudenkmäler, künstlerische Hinterlassenschaften und Traditionen gleichsam noch vorhandenen *römischen Vergangenheit*, der sich der Dichter Francesco *Petrarca* (*1304, † 1374) durch seine Hinwendung zur Rhetorik Ciceros und zur antiken Moralphilosophie widmet. Aus der Rückbesinnung auf Sprache, Literatur und Wissenschaft der Antike erwächst eine Bewegung, die man seit dem 19. Jh. als **Humanismus** bezeichnet und die sich nach den Konzilen von Konstanz (1414–1418) und Basel (1431–1449, teilweise ab 1437/1438 in Ferrara, ab 1439 in Florenz) nach Frankreich, Spanien, England und weiteren europäischen Ländern ausbreitet, nach *Deutschland* u.a. durch Niklas von Wyle (*um 1410, † 1478), Albrecht von Eyb (*1420, † 1475), Jakob Wimpfeling (*1450, † 1528), Conrad Celtis (*1459, † 1508), Conrad Peutinger (*1465, † 1547) und Willibald Pirkheimer (Pirckheimer; *1470, † 1530). Die von der geistig-literarischen Bewegung stimulierte Wiederentdeckung der antiken *Kunst* führt, mit Italien im

506   Mittelalter – Spätmittelalter

Spätmittelalter beginnend, zur **Renaissance.** In ihrer Ausbreitung über fast ganz Europa sowie in ihrer Verbindung mit dem Humanismus wird diese zum Begriff der die **Neuzeit** einleitenden Epoche.

Deutschland (1254–1493)
(Forts. v. S. 419)

Die spätmittelalterliche Reichsgeschichte weist eine verwirrende Vielfalt von Aspekten auf, von denen nur zwei der wichtigsten angesprochen werden.
Der *äußere Rahmen* des **Heiligen Römischen Reiches** ist, soweit es dessen engeres Gebiet (ohne Italien und Burgund) betrifft, durch Krise und Katastrophe der Staufer kaum in Mitleidenschaft gezogen worden und wird bis ins 15. Jh. hinein durch fremde Eingriffe nicht sehr beeinträchtigt. Grenzveränderungen zuungunsten des Reiches wurzeln vor allem im Unterschied zwischen einer relativ gering entwickelten zentralen Staatlichkeit in Deutschland und strafferer, modernerer Staatlichkeit des Nachbarn (Frankreich, Venedig). Neue Reichsglieder werden Schlesien (1280 Herzogtum Breslau Reichslehen, 1289–1368 alle Herzogtümer böhmische Lehen oder böhmischer Besitz), Savoyen (1361 vom Königreich Burgund) und Flandern mit Artois (1477/1493 als französisches Lehen an Habsburg).
Ebenso wichtig für die frühneuzeitliche Zukunft sind *Differenzierungen innerhalb des Reiches,* dessen Verfassung man als ein Kräftespiel von König, großen Landesherren und einigen begünstigten kleinen Mächten auffassen kann: Allseits achtet man zwar prinzipiell überkommene Rechte, insbesondere die Rechtsfigur des Königtums, aber dessen konkrete technisch-praktische und politische Möglichkeiten im Hinblick auf das Ganze sind im Vergleich zur Ausdehnung des Reiches gering; die Zentralgewalt ist stets überfordert, weil dynastische Kontinuität fehlt, die Mittelpunkte wechseln und weil in unserem Zeitalter die Fähigkeit, Kräfte zu sammeln und sie konzentriert und langfristig einzusetzen, zu schwach entwickelt ist. Währenddessen richtet sich eine Überfülle von regionalen und lokalen Kräften mit viel größerem Erfolg auf jeweils kleine Räume und schafft dort Neues und Fortwirkendes. Diese Entwicklungen werden vorerst kaum gestört; die *offene Verfassung* der nachstaufischen Zeit, die gegenüber dem Hochmittelalter wohl eine Lockerung des Gefüges mit sich bringt, entspricht einem Zeitalter geringer Herausforderung.
Entscheidenden Wandel bringt das 15. Jh. mit sich, als vor allem Hussiten und Türken, Feinde des Glaubens, die Deutschen aufs heftigste herausfordern. Mit dem König, aber auch neben ihm und ohne ihn wird jetzt in mühseligen, quälenden Anstrengungen gemeinsames Handeln eingeübt und auf neue Weise der Weg zu gemeinsamen Institutionen beschritten (Heer, Steuern). Es tritt wieder eine Verdichtung ein, die das Reich am Leben erhält und zugleich darüber entscheidet, daß fortan neben dem *Königtum* unwiderruflich ein zweites Zentrum politischer Existenz besteht: die sich im *Reichstag* zusammenfindenden Kurfürsten, Fürsten, Grafen, Herren, Reichs- und Freien Städte. Gleichwohl bleibt derjenige alte Zustand erhalten, daß im Reich Zonen ganz unterschiedlicher Integration beheimatet sind: Während sich z. B. der äußere Niederrhein seiner Wirtschaftsverfassung gemäß immer selbständiger regt oder das livländische Ordensland kaum mehr als nominell zum Reich zählt, tragen die jeweilige königliche Hausmacht, die königsnahen Landschaften und königsnahe oder königsnah werdende Kurfürsten und Fürsten die Last der Selbstbehauptung des Reiches.
Gesellschaft: Um 1340 leben im Reich wohl 14 bis 15 Millionen Menschen, nach den Seuchenzügen der zweiten Hälfte des 14. Jh.s nur noch etwa 10 Millionen. Bald nach 1450 steigen die Bevölkerungsziffern wieder deutlich an, so daß auch nach dem Ende des Mittelalters der alte Zustand wieder erreicht ist. In diesem Zusammenhang, aber auch aus anderen Gründen ist entgegen äußerem Anschein Mobilität ein Hauptkennzeichen spätmittelalterlichen sozialen Lebens, für welche ein kleiner Anstoß genügt. Neben den ortsfesten Bauern, deren Horizont kaum über ihr Kirchspiel hinausreicht, stehen Landbewohner, die fast entvölkerte Städte in kurzer Zeit neu auffüllen oder scharenweise das Land durchziehen.
Bestehen bleiben allerdings die *sprachlichen Großgruppen* der Reichsbevölkerung: weit überwiegend Deutsche, die freilich zwischen Niederrhein und Steiermark sehr verschiedene Mundarten sprechen, Tschechen als Mehrheit in Böhmen und Mähren, „Reichsromanen" in einem breiten, französisch sprechenden Gürtel an der Westgrenze, Italiener und Slowenen am Alpensüdrand, Wenden in Mitteldeutschland, Polen in Teilen Schlesiens, Balten in Livland.
Auch die *sozialen Großgruppen* bestehen weiter: Bauern (zwischen 80 und 90%), Städter (zwischen 10 und 20% mit großen regionalen Unterschieden) in gegen 4000 Städten, die allerdings meist kleine Ackerbürgersiedlungen sind. Die größten Städte sind als Einzelkommune Köln und als Siedlungsgruppe die Prager Städte (wohl je 40 000 Einwohner), dann Lübeck, Danzig, Nürnberg u. a. Der Adel zerfällt in die Großgruppen des niederen Adels, der meist „landsässig", d. h. den werdenden Landesherrschaften eingegliedert wird, während wenige als künftige Reichsritter ein Eigendasein behaupten, und des hohen Adels (Fürsten, Grafen, [Freie] Herren). Grafen und Herren steigen nur unter günstigen Umständen zu Landesherren auf, viele werden in Fürstentümer eingefügt. Die (im 13. Jh.) 20–30 weltlichen und etwa 90 geistlichen Reichsfürsten, einschließlich der Kurfürsten, sind (samt ihren Räten, Juristen und Kanzleinotaren) neben dem König und den Königsnahen die eigentliche, überdauernde politische Gruppe des Reiches, die freilich oft erst im Laufe des Spätmittelalters Zusammenhalt und gemeinsame Interessen

Deutschland — Interregnum   507

erfährt. Gleichsam seitwärts der bisher Angeführten steht die Großgruppe der Kleriker und Ordensleute mit einer beträchtlichen sozialen Spannweite vom Reichsfürsten bis zum Vaganten, und unterhalb aller findet sich das zahlenmäßig nicht feststellbare Heer der Armen und Entwurzelten vor.

Die Landesherrschaft

Das politische Schicksal Deutschlands ist von seinen Anfängen an, ja von seinen Voraussetzungen her vor allem anderen *Ergebnis des Kräftespiels zwischen Königtum und Adel*. Fast alle Deutschen führen im Spätmittelalter ihr tägliches Leben als Angehörige adeliger oder entsprechender kirchlicher Herrschaft. Ihren Höhepunkt erfährt adelige Herrschaft im Spätmittelalter in der Landesherrschaft. Sie ist in erster Linie ist Ausdruck jener Verdichtung des sozialen Lebens in einem weiteren Sinn, die das alteuropäische Zeitalter deutscher Geschichte vom 12. bis 18. Jh. bezeichnet. In diesem Zeitalter ist sie neben der Ostsiedlung und der Ausbildung der Stadt die wichtigste Neuerung.

Alte Adelsherrschaft wird vor allem im Kampf der Nachbarn untereinander, weniger durch das Eingreifen des Königs, in einem Ausleseprozeß für die Minderzahl der Erfolgreichen zur *Landesherrschaft* und in der frühen Neuzeit zur juristisch abgeklärten *Landeshoheit*. Die Unterlegenen werden (historisch gesehen zu Unrecht) allmählich als private Grundherren aufgefaßt. Landesherrschaft ist beschränkt durch nach Raum und Zeit wechselnde Pflichten gegenüber dem König und (seit dem 15. Jh.) gegenüber dem Reich und durch die Freiheiten der vornehmeren Beherrschten, die sich gern in *Ständen* organisieren. Landesherrschaft ist der Inbegriff der Rechte des Herrn über sein Land und seine Leute, die höchste Gewalt im Reich nach derjenigen des Königs. Auch der König ist in seinen Hausmachtländern Landesherr, oft ein sehr moderner und erfolgreicher, und findet hier wesentliche Kraftquellen für sein Amt. Man kann Landesherrschaft kaum definieren, nur beschreiben. Sie wird in jahrhundertelanger Entwicklung mit unterschiedlicher Schnelligkeit verwirklicht und ist am Ende des alten Reiches oft noch nicht vollendet. Die großen Landesherrschaften entwickeln sich in der Regel schneller als die kleinen.

Landesherrschaft ist aus verschiedenen Wurzeln entstanden; daher ist sie aufzufassen als ein Bündel von Einzelrechten, das in jedem konkreten Fall anders zusammengesetzt sein kann, aber stets mehrere der folgenden Bestandteile enthält: 1. *Eigengüter*, d.h. ererbter Adelsbesitz an Grund und Boden, auch an Wäldern, samt der Herrschaft über die das Land bebauenden Leute. 2. *Landesausbau*, d.h. die Umwandlung unbesiedelten Landes in besiedeltes Land. 3. eine verfassungsmäßige *Verbindung mit dem Königtum*, die gern über die hochmittelalterliche Rechtsform der Grafschaft verläuft, d.h. vornehmlich über die mit dem Grafenamt verbundenen Gerichtsrechte, die jetzt als eigene Rechte aufgefaßt werden. 4. die sog. *Niedergerichtsbarkeit*, d.h. vor allem die Sühne der mit Geldstrafen bedrohten Vergehen. 5. *Regalien*, d.h. alte wirkliche oder nur theoretische Königsrechte (Markt, Zoll, Bergbau, Münze, Geleit). 6. Die Position eines *Herzogs*, zugunsten des werdenden Landesherrn (Bayern), oder das Fehlen einer solchen Würde als Erleichterung des Aufstiegs für andere. 7. *Vogteien*, d.h. Schutzherrschaften zumal über alte Klöster und Stifte mit reichem Besitz an Land und Leuten.

Landesherrschaft ist jedoch bei weitem nicht nur ein juristisches Problem, sondern es kommen hinzu das Durchsetzungsvermögen guter Verwaltung und politischer Erfolg, auch mit Gewalt. Im weiten Raum des Reiches kann sich Landesherrschaft ganz verschieden verwirklichen: Im Westen kann sie extrem kleingeteilt sein (d.h. in einem einzigen Dorf kann es mehrere Landesherren geben), im Bereich der Ostsiedlung ist sie im allgemeinen wegen geringerer Konkurrenz großräumiger.

So sind Bildung des Gemeinwesens und Staatswerdung in Deutschland auf zwei Wegen, dualistisch, vor sich gegangen. *Reich und Landesherrschaft bedingen sich gegenseitig*, eines kann nicht ohne das andere bestehen. Das Reich ergänzt, was der Landesherrschaft an Staatlichkeit fehlt; die Landesherrschaft schafft das moderne Gefüge des Reiches. Die Entstehung der Landesherrschaft ist daher trotz aller Konflikte zwischen König und Landesherren nicht in erster Linie aufzufassen als eine Schwächung der Zentralgewalt, zumal es in den Anfängen des Reiches nie einen Einheitsstaat gegeben hat, sondern als Folge des Wachstums von Bevölkerung und von Aufgaben, kurz von Verdichtung. Die Landesherrschaften übernehmen Funktionen, die die Reichsgewalt mangels einer Reichsverwaltung nicht übernehmen kann und die ihr auch – infolge der Ausdehnung des Reiches – unter den Bedingungen Alteuropas kaum zuwachsen können. Älterer Zeit ist das intensive und dauerhafte Handeln aus der Nähe angemessen; das Handeln des Königs, der meist aus der Ferne aktiv wird, kann kaum sehr intensiv und dauerhaft sein. So entsteht Landesherrschaft gleichsam in Freiräumen der Reichsverfassung. Ihre Entfaltung wird dann durch die Schwäche des spätmittelalterlichen Königtums begünstigt.

Das sog. Interregnum (1254[1256]–1273)

Als Interregnum bezeichnet man die nach dem Scheitern der Staufer fortdauernde, sich noch stärker ausprägende Schwächeperiode der Zentralgewalt, die vor allem durch ein Doppelkönigtum gekennzeichnet ist.

508 Mittelalter − Spätmittelalter

1247–1256 Wilhelm von Holland (* 1227, † 1256; König 1247/1252).

1247 Auf Betreiben niederrheinischer Fürsten und mit päpstlicher Hilfe ungeachtet seiner Schwäche und der Randlage seiner gräflichen Hausmacht erhoben, ist er seit 1254, dem Todesjahr des ungekrönt gebliebenen Stauferkönigs Konrad IV., alleiniger Herrscher.

1254 *Rheinischer (Städte-)Bund* mit Kerngruppe Mainz, Worms, Oppenheim, Bingen, der sich mit großer Schnelligkeit auf weite Teile des westlichen Reiches ausdehnt (1256 über 70 Städte); auch viele Fürsten treten bei. Das Ziel ist vor allem die Sicherung des Landfriedens.

1255 König Wilhelm erkennt den Bund an und stützt sich auf ihn.

1256 Wilhelm fällt in einem von seinen landesherrlichen Interessen bestimmten Feldzug gegen die Friesen.
Der Rheinische Städtebund zerbricht über der nun folgenden Thronkrise:

1257 Doppelwahl: Richard von Cornwall (* 1209, † 1272), Bruder des englischen Königs Heinrich III., Schwager Kaiser Friedrichs II., wird vor den Toren Frankfurts am Main gewählt (von Köln, Mainz, Pfalz, nachträglich von Böhmen) und einige Wochen später dann in Frankfurt **Alfons X.**, der Weise (* 1221, † 1284), König **von Kastilien,** Enkel Philipps von Schwaben (von Trier, Sachsen, Brandenburg, nachträglich von Böhmen). In dieser Wahl zeigen sich die Polarisierung der europäischen Politik, die den Schwerpunkt im Mittelmeerraum besitzt, die bedeutsame Rolle des Geldes, die weiterbestehende Uneinigkeit der politischen Kräfte im Reich und ein fortwirkendes Interesse am deutschen Königtum als Basis eines Kaisertums.
König Richard wird gekrönt und schafft sich im Rheingebiet ansehnlichen Anhang, vermag sich aber in nur kurzen Aufenthalten im Reich (knapp vier Jahre insgesamt) nicht allgemein durchzusetzen. König Alfons kommt nie ins Reich und bleibt ungekrönt. Beide Herrscher sind in Deutschland ohne Hausmacht und bleiben daher auf Bündnispolitik angewiesen; in ihrer Heimat können sie nicht genug Kräfte mobilisieren und ihre Ziele im Reich nicht plausibel machen. So schreiten in diesen Jahrzehnten die *Emanzipation der großen Fürsten,* aber auch die *Verselbständigung vieler Kleiner* und damit der *Schwund des Reichsguts* entscheidend fort.
Die letzten Staufer, zuerst *Manfred* (* 1231, † 1266), der Halbbruder Konrads IV. (seit 1258 König von Sizilien, gefallen 1266 in der Schlacht bei Benevent gegen Karl von Anjou, der im Vorjahr vom Papst mit Sizilien belehnt worden ist), dann *Konradin* (* 1252, † 1268), der junge Sohn Konrads IV., heftig umstrittener Herzog von Schwaben, suchen vor allem den sizilianisch-unteritalienischen Erbbesitz zu gewinnen oder zu behaupten.

1267 Konradin zieht nach Italien.

1268 Er wird bei Tagliacozzo (Ort in der mittelitalienischen Provinz Aquila) besiegt und in Neapel mit führenden Getreuen auf Befehl Karls von Anjou hingerichtet.
Es gibt sehr viele rechtmäßige und unrechtmäßige *Erben des Stauferguts* mit größeren und kleineren Anteilen, zu Recht erben z. B. die Herzöge von Bayern aus dem Hause Wittelsbach, zu Unrecht die Grafen von Württemberg.

1272 Tod König Richards.
Der Tod von König Alfons 1284 hat keine verfassungsgeschichtliche Bedeutung.

Die Kurfürsten

Die Regelung der Herrschernachfolge ist die wichtigste Entscheidung in älteren Gemeinwesen. Deutschland ist stets ein *Wahlreich,* jedoch wird dieses Wählen sehr verschieden gehandhabt und hat unterschiedliche Bedeutung. Vom 10. Jh. an beobachtet man eine ständige *Verminderung der Zahl der Wähler* und schließlich, vor allem unter dem Einfluß des kirchlichen Rechts, eine zunehmende *Verrechtlichung* und *Formalisierung* der Wahl. Die Frage nach den Wurzeln des Kurfürstentums ist nach wie vor unbeantwortet. Ein Zusammenhang mit den königlichen Erzämtern ist wahrscheinlich, mit dem Königtum gewiß. Weil sich im Mittelalter sehr rasch Traditionen bilden, denen dann hohes Alter und Ansehen zugeschrieben werden, kann unter „Formulierungshilfe" des Papsttums das Wahlrecht an wenigen hervorragenden Fürsten in einer Periode gleichsam hängengeblieben sein, als das Wählen wenig attraktiv gewesen ist (ausgehende Stauferzeit). Kaum wohl könnten die *sieben Kurfürsten* (die Erzbischöfe von Köln, Mainz und Trier, der König von Böhmen, der Pfalzgraf bei Rhein, der Markgraf von Brandenburg und der Herzog von Sachsen-Wittenberg) eine größere Zahl anderer Fürsten an der Mitwirkung hindern, wenn diese ernsthaft erstrebt würde. Umstritten ist das Kurrecht vor allem innerhalb der Familien (Sachsen-Wittenberg gegen Sachsen-Lauenburg; Wittelsbach-Pfalz gegen Wittelsbach-Bayern), aber auch das Recht einer böhmischen Stimme. Die beträchtlichen *Vorteile des Kurfürstenranges* stellen sich erst nach und nach heraus: Finanzielle und politische Zusagen des Kandidaten vor der Wahl, mehr oder weniger ständige Beteiligung an Reichsangelegenheiten, die Funktion des lange Zeit einzigen Kristallisationspunktes zentralen Handelns im Reich neben dem König. Als das spätmittelalterliche Königtum schwach ist oder am Rand des Reiches oder gar außerhalb von diesem weilt, leisten Kurfürsten Beträchtliches zum *Nutzen des Reichsganzen* und verbinden damit ihren eigenen Vorteil.

Könige aus den Häusern Habsburg, Nassau, Wittelsbach und Luxemburg (1273–1493)

1273–1291 Rudolf I., von Habsburg (* 1218, † 1291; König 1273).
    1273 Die Kurfürsten mit Ausnahme Böhmens, an dessen Stelle ausnahmsweise Niederbayern tritt, wählen nach Mahnung des Papstes in Frankfurt am Main einmütig den Grafen Rudolf von Habsburg.

Stammtafel der Habsburger

Graf Rudolf ist ein treuer Stauferanhänger, ohne deshalb mit der Kirche auf Dauer zu zerfallen, und ein nach innen und außen ehrgeiziger und erfolgreicher Landesherr mit Hausbesitz im Aar- und Zürichgau, im Elsaß und im Breisgau.
Als *König* ist er populär, insbesondere bei den Städtern, obwohl er sich für seine Person sehr von den Staufern unterscheidet und durchaus nicht nur populäre Maßnahmen trifft. Jedoch tritt er im politischen Handeln immer wieder demonstrativ in die Nachfolge der Staufer ein und wird von denjenigen getragen, die diese schon gestützt haben, von königsnahen Grafen und Herren. Dieser Gruppe gehört er selbst an, aus ihr stammt auch ein wichtiger Bundesgenosse, Burggraf Friedrich III. von Nürnberg (* 1225, † 1297) aus dem Hause Hohenzollern.

1273, 1274 Hoftage in Speyer und Nürnberg, wo die Rückforderung *(Revindikation)* des entfremdeten Reichsguts seit 1245 (Absetzung Friedrichs II. durch den Papst) verkündet wird, freilich praktisch mit Ausnahme der politischen Freunde König Rudolfs.
Der Erfolg ist dort am größten, wo man wenig Widerstand leisten kann, bei den Kleinen, aber schließlich auch gegenüber dem mächtigsten Herrn:
Der mächtigste Landesherr im Reich ist *König Přemysl Ottokar II. von Böhmen* (1253–1278; * 1233, † 1278), der nach dem Aussterben der Babenberger in männlicher Linie (1246) und nach dem Scheitern eines Zugriffs der Staufer das Herzogtum Österreich 1251 in Besitz nimmt; er heiratet die Babenbergerin Margarete. 1260/61 erwirbt Ottokar

510 Mittelalter – Spätmittelalter

das ebenfalls früher babenbergische Herzogtum Steiermark nach ungarischem Zwischen-
besitz hinzu und 1269 aus der Hinterlassenschaft des verwandten Herzogs Ulrich II. von
Kärnten noch dieses Herzogtum und Krain. Er ist damit der größte „Staufererbe" und
Hauptgewinner des Interregnums. Ottokars Großreich bildet in Ostmitteleuropa einen
neuen Schwerpunkt mit Auswirkungen bis zur Ostsee. Er verweigert die Huldigung gegenüber Rudolf und die rechtliche Klärung seines Besitzes.

1276 Erster Zug Rudolfs gegen Ottokar (1275 in die Acht erklärt), der u.a. durch böhmische
Adelsopposition geschwächt ist und sich ohne Kampf zur Huldigung für die böhmischen
und zum Verzicht auf die österreichischen Länder bereitfindet.
Ein von Ottokar geschürter Aufstand in Österreich führt zur entscheidenden Kraftprobe:

1278 Sieg Rudolfs und der Ungarn über Ottokar auf dem *Marchfeld* (bei Dürnkrut; Niederösterreich, in der Nähe der Grenze zu Mähren), Ottokar wird erschlagen. Ausgleich mit dem
Vormund des jungen Wenzel II.: Böhmen und Mähren bleiben přemyslidisch.

1282 *Österreich und Steiermark werden habsburgisch* durch Belehnung der Königssöhne durch
Rudolf.

1286 Kärnten und Krain fallen an Graf Meinhard II. von Görz-Tirol.
König Rudolf kann zwar das staufische Herzogtum Schwaben nicht wiederherstellen, da
der Widerstand vor allem des Grafen von Württemberg zu groß ist, aber er vermehrt seine
schwäbische Hausmacht ansehnlich. Im Reich sorgt er für Frieden und zerstört persönlich
Burgen von Landfriedensbrechern. Der frühe Tod von Päpsten (Gregor X. 1271–1276,
Nikolaus III. 1277–1280) und kurzzeitige Schwierigkeiten im Reich verhindern den angestrebten Romzug; so bleiben Zugeständnisse an das Papsttum (Verzicht auf die Romagna)
ohne Gegenleistung.

1289 Rudolf zwingt den Pfalzgrafen Otto IV. der Freigrafschaft Burgund zur Huldigung und
kann damit für kurze Zeit das weitere Reichsgebiet im Südwesten gegenüber dem französischen Königtum stabilisieren.

1291 „Grabesritt" Rudolfs nach Speyer, der sich damit ein letztes Mal zur Königstradition bekennt.

Entstehung der Schweizer Eidgenossenschaft

1291 „*Ewiger Bund*" der drei Waldstätte Uri, Schwyz und Unterwalden; ein älteres, nicht definierbares
Bündnis wohl während des Interregnums ist vorausgegangen. Motive waren wie anderswo das Streben
nach lokaler Friedensordnung und die Selbstbehauptung gegenüber wirklichen oder vermuteten landesherrlichen Bestrebungen der Habsburger. Eine Feindschaft zwischen den drei Orten und Habsburg gibt
es nur zeitweise, ein Interesse kann vor allem bestehen infolge der Öffnung des Weges über den St. Gotthard im frühen 13. Jh., der als nunmehr kürzeste Verbindung zwischen Oberrhein und Italien durch die
Waldstätte führt. Die Vermutung eines Willens zur Staatsgründung wäre vollkommen anachronistisch.
Die Überlieferung ist höchst dürftig und legendär überwuchert (weder der Rütlischwur noch die Vertreibung der Vögte, die Gestalt Geßlers oder die Apfelschußszene Tells sind historisch bezeugt). Der Alt-
schweizer Bund, in seinen Anfängen nichts Ungewöhnliches, wird erst durch unvorhersehbare Entwicklungen der Folgezeit zum Ausgangspunkt eines wichtigen historischen Zusammenhangs: durch das
erfolgreiche Zusammenspiel der „Urkantone" mit nichthabsburgischen Königen, die die rechtlichen
Schwächen der Schweizer Position bereitwillig bessern (Unterwalden ist habsburgisch, in Schwyz bestehen habsburgische Rechte), um dem Thronrivalen zu schaden, durch die Gunst der Topographie und vor
allem infolge des fortgesetzten militärischen Erfolgs der Schweizer gegenüber den Habsburgern mit einer
neuartigen, unritterlichen Kriegsführung (1315 Morgarten, 1386 Sempach). Der Erfolg zieht dann neue
Erfolge nach sich, und die Niederlage Habsburgs wird, nachdem eine dauernde Verbindung dieses Hauses
mit dem Königtum geschaffen ist, die Niederlage des Reiches einschließen: Am Ende des Mittelalters
ist die inzwischen bedeutend vergrößerte Eidgenossenschaft de facto, 1648 de jure selbständig.

1292–1298 Adolf von Nassau (* 1250, † 1298; König 1292)
Er stammt aus einem mittelrheinischen Grafenhaus und wird gewählt, weil der Sohn
Rudolfs, Herzog Albrecht von Österreich, den Kurfürsten als zu mächtig erscheint. Aber
auch Adolf strebt nach einer neuen Hausmacht im Osten, um seine überaus schmale
heimische Basis aufzubessern. Beim Versuch, Schwierigkeiten des Hauses Wettin, das Sachsen
und Thüringen beherrscht, auszunützen, hat er zunächst Erfolg (Einziehung der Markgrafschaft Meißen, Ankauf der Nachfolge in Thüringen 1293), jedoch führt er damit auch die
Gegnerschaft seiner Wähler und Böhmens herbei. Im Konflikt des englischen Königs mit
dem französischen Herrscher ist Adolf von Nassau eine umworbene, jedoch sehr schwache
Figur.

1294 Aufgrund eines Bündnisses mit Eduard I. von England läßt er sich Subsidien zahlen, jedoch
kommt es nicht zum Kampf, obwohl ein Konflikt mit Frankreich populär gewesen wäre.
Der Vorwurf einer Bestechung durch den französischen König läßt sich nicht erweisen.

1298 Nach seiner (unrechtmäßigen) *Absetzung* durch eine Kurfürstenversammlung in Mainz, die Herzog Albrecht zum neuen König wählt, entscheiden die Waffen zwischen den beiden Königen. Adolf fällt in der Schlacht von *Göllheim* (bei Worms).

1298–1308 Albrecht I., von Habsburg (* 1255, † 1308; König 1298).
Er wird in Frankfurt ein zweites Mal gewählt. Die Habsburger stehen in staufischer Tradition auf der anderen Seite des großen europäischen Konflikts:

1299 Bündniserneuerung in Quatrevaux (unweit Toul) mit Philipp IV. von Frankreich gegen territoriale Zugeständnisse Albrechts.

1301/02 Die dadurch beunruhigten, ein starkes Königtum ablehnenden rheinischen Kurfürsten werden, ehe sie aktiv werden können, vom König nacheinander besiegt oder gebeugt.

1303 Papst Bonifaz VIII., von Frankreich bedroht, erkennt nicht nur das rechtlich problematische Königtum Albrechts gegen verbale Zugeständnisse an, sondern sucht in der vergeblichen Hoffnung auf dessen Hilfe auch universale kaiserliche Rechtspositionen wiederaufzugreifen. Statt dessen bemüht sich Albrecht um den Erwerb Böhmens:

1306 Aussterben der Přemysliden in männlicher Linie. Albrecht setzt seinen Sohn Rudolf als böhmischen König durch, der jedoch 1307 stirbt.

1307 Ein königliches Heer wird von den Wettinern bei Lucka (Ostthüringen) geschlagen. Albrecht rüstet, um mit guten Aussichten beide Rückschläge auszugleichen und vielleicht eine große ostmitteleuropäische Hausmacht aufzubauen.

1308 Da wird er von seinem Neffen Johann (Parricida), dem er eine Erbteilung vorenthalten hat, bei Brugg an der Reuß ermordet.

Stammtafel der Luxemburger

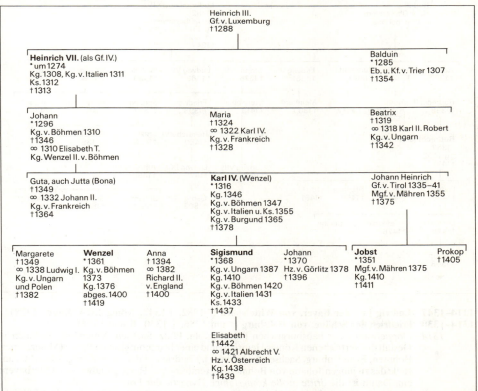

1308–1313 Heinrich VII., von Luxemburg (* um 1274, † 1313; König 1308, Kaiser 1312)

1308 Gegen einen französischen Anwärter wird auf Betreiben des Trierer Kurfürsten Balduin von Luxemburg dessen Bruder Graf Heinrich gewählt; er erkauft dies mit der Rückgabe der Revindikationen Albrechts.

1310 Eine böhmische Partei bietet dem Haus Luxemburg die Krone an, nachdem Herzog Heinrich von Kärnten als Böhmenkönig gescheitert ist. Heinrich VII. belehnt seinen Sohn Johann mit Böhmen, der mit der Přemyslidin Elisabeth vermählt wird.

512 Mittelalter — Spätmittelalter

Johann kann sich in der Folgezeit trotz vieler Schwierigkeiten in Böhmen behaupten und schafft damit die *Grundlage für die zweite zukunftsreiche Großdynastie* des deutschen Spätmittelalters.

1310–1313 *Italienzug* Heinrichs VII., von Dante (* 1265, † 1321) und vielen Ghibellinen jubelnd begrüßt. Jedoch ist die Militärmacht Heinrichs bescheiden, so daß er sich durch Einzelabkommen und Einzelkämpfe nach Süden durcharbeiten muß.

1311 In Mailand wird er zum König von Italien gekrönt.

1312 *Kaiserkrönung* in Rom, die aber von Straßenkämpfen überschattet ist.

1313 Auf dem ebenso schwierigen Rückmarsch stirbt der Kaiser unweit von Siena und wird im Dom von Pisa begraben. Das Heer löst sich auf.

Stammtafel der Wittelsbacher

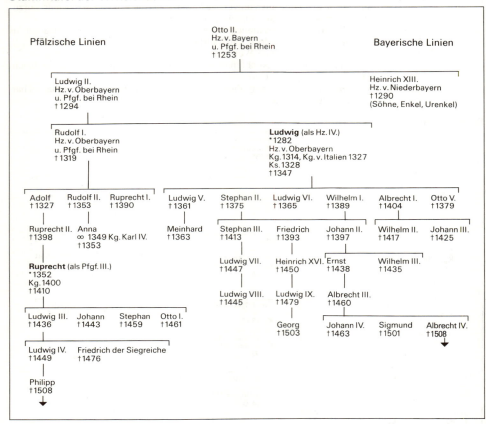

1314–1347 Ludwig IV., der Bayer, von Wittelsbach (* 1282, † 1347; König 1314, Kaiser 1328)
1314–1330 Friedrich der Schöne, von Habsburg (* um 1286, † 1330; König 1314)

1314 *Doppelwahl* einer habsburgischen Partei (Köln, Pfalz, Sachsen-Wittenberg, Böhmen in Gestalt des vertriebenen Königs Heinrich) und einer luxemburgischen Partei (Mainz, Trier, Böhmen, Brandenburg, Sachsen-Lauenburg). Friedrich ist der Sohn König Albrechts; anstelle des zu jungen Johann von Böhmen-Luxemburg tritt Herzog Ludwig von Oberbayern ein. Damit ist die *dritte große königsfähige Dynastie* der Folgezeit erhoben.
Werben und Plänkeln der beiden Könige um Fürsten und Städte im Reich, jedoch fällt jahrelang keine Entscheidung.

1315 Friedrichs Bruder Leopold wird von den Eidgenossen, die von Ludwig gefördert werden, am Morgarten (am Aegerisee, heute Kanton Schwyz) geschlagen.

1322 Bei *Mühldorf am Inn* Sieg Ludwigs unter Mithilfe Johanns von Böhmen.
Friedrich wird gefangen und 1325 gegen Thronverzicht freigelassen. Nach dessen Ablehnung durch Friedrichs Brüder wird eine gemeinsame Regierung angestrebt, die jedoch nicht zu praktischen Ergebnissen führt. Friedrich kehrt mit dem Königstitel, aber ohne Regierungstätigkeit nach Österreich zurück († 1330).

Deutschland — Häuser Habsburg, Nassau, Wittelsbach, Luxemburg   *513*

1323   Hoftag von Nürnberg: Ludwig belehnt seinen gleichnamigen Sohn mit der 1320 durch das
        Aussterben der Askanier erledigten Mark Brandenburg. Im gleichen Jahr sendet Ludwig
        einen Vikar nach Italien und stößt dabei auf den Widerstand des Papstes. Auf beiden Seiten
        ahnt man nicht, daß man in einen letzten, für beide Seiten *verhängnisvollen Konflikt zwi-
        schen Papsttum und Kaisertum* hineinschlittert. Papst Johannes XXII. (1316–1334; * um
        1245, † 1334) eröffnet einen Prozeß gegen Ludwig wegen widerrechtlichen Königtums und
        Unterstützung von Ketzerei mit dem Ziel von dessen Sturz. Ludwig appelliert dagegen in
        Nürnberg an ein künftiges allgemeines Konzil.
1324   *Bann Ludwigs durch den Papst* wegen Ungehorsams, gegen welchen der König die Sach-
        senhausener Appellation (bei Frankfurt) an ein kommendes Konzil einlegt, in unglückli-
        cher Verbindung mit einer Anklage gegen Johannes wegen Ketzerei (weil dieser die
        Armutstheorien radikaler Franziskaner ablehnt). Ohne dieses zur Kenntnis zu nehmen,
        folgt die Absetzung Ludwigs durch den Papst und die Verhängung von Bann und Interdikt
        über alle seine Gefolgsleute.
        Zweite Ehe Ludwigs mit Margarete von Holland-Hennegau, die nach dem Tode ihres Bru-
        ders 1345 mit diesen Ländern belehnt wird und damit die wittelsbachische Hausmacht ver-
        mehrt.
1326   Die Gelehrten Marsilius von Padua (* um 1280, † 1342) und Johann von Jandun (* um 1286,
        † vor 1329) als Emigranten aus Paris bei Ludwig.
1327–1330   Italienzug Ludwigs.
1327   Krönung zum König von Italien in Mailand.
        In Rom hat, während der Papst in Avignon weilt, eine Volksbewegung unter Führung von
        Sciarra Colonna die Macht ergriffen und sich vom Einfluß der französischen Anjou freige-
        macht.
1328   Ludwig wird von städtischen Beamten Roms *zum Kaiser gekrönt.* Papst Johannes wird ab-
        gesetzt, ein Franziskaner, Nikolaus V., zum neuen (Gegen-)Papst gewählt. Weitere radi-
        kale Franziskaner, z. B. Wilhelm von Ockham (* um 1285, † 1346/49), fliehen zu Ludwig.
        Der Konflikt mit dem Papst in Avignon, auf dessen Seite Frankreich steht und dessen
        Appelle an Gewissen und Rechtsgefühl der Gläubigen in Deutschland nicht ohne Wirkung
        sind, wird aufs äußerste verschärft. Bann und Interdikt und deren Durchbrechen, der
        Kampf von Gegenbischöfen und das Gegeneinander in Orden und beim Klerus hinterlassen
        tiefe Wunden, wobei jedoch infolge der langen Dauer des Konflikts allmähliche Abstump-
        fung eintritt. Weder Papst noch Kaiser können das Ringen gewinnen, jedoch muß Ludwig
        dann Abfall fürchten, wenn sich politische Vorteile mit der Gewissensbefreiung verbinden
        lassen. Dies gilt insbesondere für die Rivalen Luxemburg und Habsburg und die Kurfür-
        sten, während die Reichs- und Freien Städte meist fest zu Ludwig halten, der sie sehr be-
        günstigt. Zudem fühlt sich Ludwig trotz der ihn freilich zugleich belastenden publizistischen
        Hilfe radikaler Franziskaner, die in Ludwigs territorialer Residenz München ein geistiges
        Zentrum bilden, auf die Dauer den juristischen und geistigen Waffen des Papstes nicht ge-
        wachsen. Es kommt daher zu Versuchen, ein Übereinkommen mit der Kurie zu finden, das
        jedoch gemäß den Normen des Kirchenrechts und nach dem Willen entschlossener Päpste
        (Benedikt XII. 1334–1342; Clemens VI. 1342–1352) nur mit der Unterwerfung Ludwigs
        enden kann; zugleich drohen bedenkliche Folgen für die Rechtsposition des Königtums im
        allgemeinen. So bestimmt die Suche nach Lösungen für die Papstfrage fortan die Politik
        Ludwigs.
1335–1337   Verhandlungen mit dem Papst, die schließlich scheitern.
1337   Ludwig schließt in der Hoffnung auf politische Entlastung ein Bündnis mit Eduard III. von
        England gegen den französischen König.
1338   *Kurverein von Rhens* (unweit Koblenz). Auch die Kurfürsten fürchten nun um ihre Rechte
        und erklären unter der Führung Balduins von Trier (* 1285, † 1354), daß der von ihnen
        oder ihrer Mehrheit gewählte König rechtmäßig und ohne päpstliche Bestätigung herrschen
        könne. Danach Hoftag in Frankfurt: Ludwig verkündet den Kurfürstenspruch in zugespitz-
        ter Form als kaiserliches Gesetz „Licet iuris": Die Königswahl allein begründe auch schon
        Rechte, ja Titel des Kaisers. Das Manifest „Fidem catholicam" verbietet die Beachtung des
        Interdikts und der päpstlichen Prozesse. Noch im selben Jahr Hoftag von Koblenz: Begeg-
        nung mit Eduard III. von England, der zum Generalvikar im Reich erhoben und als König
        von Frankreich anerkannt wird.
1340/41   Politische Wende Ludwigs von England zu Frankreich in der Hoffnung auf dessen Vermitt-
        lung beim Papst. Weil dies nicht eintritt, macht sich Ludwig ohne politischen Nutzen un-
        glaubwürdig.
1342   Erwerb der Grafschaft Tirol durch eine Ehe von Ludwigs gleichnamigem Sohn und der
        Erbtochter Margarete, die jedoch schon mit Johann Heinrich, dem Sohn König Johanns
        von Böhmen, vermählt ist. Johann Heinrich wird zwar vertrieben, aber die dem Rechts-
        empfinden hohnsprechende Gewalttat richtet großen politischen Schaden an und macht die
        Luxemburger zu Todfeinden.

514 Mittelalter — Spätmittelalter

Balduin von Trier versöhnt sich mit dem Papst. Die Luxemburger betreiben die Thronkandidatur Karls, des Sohnes König Johanns, mit päpstlicher Unterstützung.

1343, 1345 Es scheitern die letzten Verhandlungsversuche Ludwigs mit dem Papst.

1346–1378 Karl IV., von Luxemburg (* 1316, † 1378; König 1346, Kaiser 1355)
Karl ist der bedeutendste Herrscher des deutschen Spätmittelalters. Unter seiner Regierung wird ein Großteil der überkommenen Probleme der Zentralgewalt hintangehalten, so daß die Fortsetzung seines Systems, die dann nicht gelungen ist, wohl eine günstigere Verfassungsentwicklung ermöglicht hätte, als sie tatsächlich eintritt.
Karl wird am französischen Königshof erzogen (1323–1330) und erhält eine für Laienfürsten sehr ungewöhnliche Bildung. Nach einem Aufenthalt in Oberitalien weilt er 1333–1346 als Markgraf von Mähren vor allem in den böhmischen Ländern, wo er trotz adeligen Widerstandes und zeitweiliger Gegnerschaft seines Vaters zur strafferen Landesherrschaft přemyslidischen Vorbilds zurückzufinden sucht. 1342 übernimmt er die Regierung in Böhmen. Die *neuluxemburgische Hausmacht* (Böhmen, Mähren, Egerland, die Lausitzen, eine wachsende Zahl der schlesischen Fürstentümer) ist neben der habsburgischen die größte im Reich und günstiger gelegen als diese.

1346 Der Papst fordert die Kurfürsten zur Neuwahl auf. Johann und Karl machen in Avignon große Zugeständnisse an das Papsttum (wenn auch ohne Verzicht auf Grundpositionen des Königtums), die aber vielfach durch die künftige Entwicklung überholt werden. Fünf Kurfürsten (Mainz, Köln, Trier, Böhmen, Sachsen-Wittenberg) wählen Karl in Rhens zum Gegenkönig, nach päpstlicher Approbation wird er in Bonn gekrönt. Vater und Sohn lassen sich als Verbündete der Franzosen in den Hundertjährigen Krieg ein und geraten in die Niederlage von Crécy (unweit Calais): Johann fällt, Karl entflieht.

1348 Die Habsburger lassen sich von Karl belehnen und nehmen damit Partei zu dessen Gunsten. In Brandenburg spielt dieser einen angeblichen Askanier, den „falschen Woldemar", gegen den Kaisersohn Ludwig aus und belehnt ihn. Die gebannten Wittelsbacher versuchen vergeblich, König Eduard III. von England als Königskandidaten für ihre Partei vorzuschieben. *Errichtung der Universität Prag* als der ersten im Reich nördlich der Alpen, Gründung der überaus großzügig geplanten Prager Neustadt.

1349 Nur Graf *Günther von Schwarzburg* (* 1304, † 1349) läßt sich gegen Karl zum König wählen, verzichtet aber als bald Schwerkranker nach wenigen Monaten in hoffnungsarmer Lage und stirbt. Durch ein Heiratsbündnis mit dem Pfalzgrafen spaltet Karl die Wittelsbacher Partei; die Oberpfälzer Mitgift bietet den Kern für die Entwicklung „Neuböhmens", die am Anfang der erfolgreichen Hausmachtpolitik Karls steht.
Auch bei den Reichsstädten setzt er sich durch. – Gegen den Widerstand des Papstes findet 1350 eine äußerliche Aussöhnung mit den bayrischen Wittelsbachern statt.

Die Große Pest

Die Anfänge Karls sind überschattet vom Einbruch der wohl schwersten sozialen und wirtschaftlichen **Krise des deutschen Spätmittelalters,** vom Kommen der Großen Pest und ihren direkten und indirekten Folgen und Begleitumständen. Allerdings darf man nicht alle Veränderungen des 14. Jh.s, das im allgemeinen ein dunkleres Jh. als das 13. gewesen ist, auf diesen Zusammenhang zurückführen, und neben Stillstand und Rückschritt steht auch der Wandel. Die Pest kommt aus dem Mittelmeerraum, man kennt kein Heilmittel. Bei großen Unterschieden im einzelnen dürfte etwa *ein Drittel der Reichsbevölkerung* dahingerafft worden sein (zuverlässige Zahlen gibt es nicht); vom ersten Ansturm sind gerade die böhmischen Länder kaum betroffen. Es zeigen sich *Auswirkungen auf die Mentalität* der Menschen (Geißlerzüge, Judenverfolgungen) und vor allem längerfristige soziale und wirtschaftliche Folgen. Dem ersten Seuchenzug folgen weitere, die erst in ihrer Summe – auf eine schon geschwächte Bevölkerung treffend – das ganze Unheil hervorbringen. Gegenüber der radikalen Verringerung der Zahl der Siedlungen in vielen Gegenden ist freilich zu bedenken, daß auch schon ältere Hungersnöte vorausgegangen sind und daß man die Aufgabe von Siedlungen und die Bevölkerungsmobilität zum Teil auch als „rationalisierende" Konzentration auffassen kann.
Die Menschenverluste haben – wohl von einer wenig durchschaubaren Münzkrise begleitet – schwerwiegende Folgen für das Preis- und Lohngefüge: Die Agrarpreise sinken – wenngleich mit einer bemerkenswerten Verzögerung – allmählich, und zwar für lange Zeit, während die Preise für gewerbliche Güter und die Löhne stark ansteigen. So verschlechtert sich die Lage vieler Bauern und beträchtlicher Teile des kleinen grundbesitzenden Adels (*Agrarkrise,* besonders Krise des Getreidebaus), während viele Städte trotz einer häufig sehr hohen Todesrate kraft ihrer wirtschaftlichen Anziehungskraft rasch wieder aufgefüllt werden und viele von ihnen Zeichen der Blüte zeigen. Die Ostsiedlung kommt in ihrer Breite zum Erliegen. Man muß aber betonen, daß die Verhältnisse im einzelnen sehr verschieden sind (schon der Begriff „Krise" ist vieldeutig) und sich infolge des Fehlens jeglicher gesamtwirtschaftlicher Daten nicht in voll befriedigender Weise aufklären lassen. Dies gilt auch für die Frage, wie sich solche Wandlungen auf das Königtum ausgewirkt haben.

Deutschland — Häuser Habsburg, Nassau, Wittelsbach, Luxemburg **515**

1354–1355 Erster Italienzug Karls IV. mit sehr geringem militärischem Aufwand.

1355 Krönung zum König von Italien in Mailand und *Kaiserkrönung* in Rom durch einen päpstlichen Legaten. Weder vom Papst noch von Petrarca oder Cola di Rienzo läßt sich Karl in inneritalienische Angelegenheiten verwickeln, vielmehr setzt er die verbliebenen Kaiserrechte in Einnahmen um. – Karl zieht seinen Landrechtsentwurf (sog. Maiestas Carolina) in Böhmen zurück. Wenn er Böhmen über den engeren Königsbesitz (Krondomäne) hinaus zu durchdringen sucht, scheitert er meist am Widerstand des kraftvollen Adels, den er in seiner Mehrheit nicht zu gewinnen vermag.

1356 Hoftage in Nürnberg und Metz: **Erlaß der Goldenen Bulle,** des wichtigsten „Grundgesetzes" des alten Reiches, das die Nachfolge im Königtum für die Zukunft regelt. Die Goldene Bulle ist ein *Kompromiß zwischen Kaiser und Kurfürsten,* weil etwas anderes angesichts des Verfassungszustandes des Reiches in krisenarmer Zeit kaum möglich ist, indessen ein sehr erfolgreicher. Die Rechte der sieben Kurfürsten werden letztgültig bestimmt. Einberufung und Leitung der Wahl obliegen dem Erzbischof von Mainz, der als letzter seine vielleicht entscheidende Stimme abgibt. Mehrheitswahl ist einstimmiger Wahl gleichrangig, Selbstwahl eines Kurfürsten ist gestattet. Kurfürstentümer dürfen nicht geteilt werden, um Streit um Wahlstimmen zu vermeiden; sie erhalten Rechte, die ihnen Vorteile vor anderen Landesherrschaften sichern. Insbesondere wird Böhmen hervorgehoben, dessen König jetzt unter den weltlichen Kurfürsten als erster gilt. Nicht die Rede ist vom Papst und von den beiden großen rivalisierenden Dynastien.

Mehrere Fürsten, vor allem die Habsburger, bemühen sich, den Vorsprung der Kurfürsten einzuholen (1358/59 Fälschung des sog. Privilegium maius zugunsten Österreichs, 1363 Erwerb Tirols durch die Habsburger, 1365 Gründung der Universität Wien).

1364 Einlösung der Niederlausitz (Kauf 1367).

1365 Übernahme der Verwaltung der Mark Brandenburg (Kauf 1373). Reise nach Avignon, Krönung zum König von Burgund in Arles.

1368 Mit dem Tod Herzog Bolkos von Schweidnitz-Jauer wird der Erwerb Schlesiens durch die Luxemburger vollendet.

1368–1369 Zweiter Italienzug zur Unterstützung des Papstes, der nach Rom zurückzukehren versucht. Wieder ist diplomatische Aktivität wichtiger als militärische.

1370 *Friede von Stralsund* nach der Niederlage des dänischen Königs gegenüber einem Bündnis von Hansestädten: Politischer Höhepunkt der Stellung der *Hanse* im niederdeutsch-nordeuropäischen Raum, den sie in ihrer Blütezeit zu einer Wirtschaftseinheit formt, nachdem sie – in diesem Randgebiet lange Zeit konkurrenzlos – erst diesen Raum im hohen Maße selbst geschaffen und damit viel zur „Europäisierung" des nördlich-nordöstlichen Viertels Europas beigetragen hat.

Die Hanse

Eines der bemerkenswertesten Phänomene des europäischen Mittelalters erwächst aus verschiedenen Wurzeln. Hansen sind lokale, zumal niederländisch-niederrheinische *Kaufmannsgruppen* des 12., z. T. schon des 11. Jh.s, die in England wegen ihrer besonderen Privilegien zusammengefaßt sind; die Hanse im späteren Sinn hat dann einen größeren Rahmen um diese Gruppen gezogen. Einen anderen Anfang bildet die Genossenschaft der Kaufleute des Reiches auf der Ostseeinsel Gotland, die seit der 2. Hälfte des 12. Jh.s rechtsfähig ist. Eine dritte Wurzel stellt Lübeck dar, das künftige Haupt der Hanse, mit dessen Gründung (endgültig 1158/59 durch Herzog Heinrich den Löwen) die erste vollausgebildete und moderne Großstadt und zugleich größte Stadt des mittelalterlichen Nordviertels Europas Zentrum und Modell für zahlreiche weitere Städte wird. Von Lübeck aus erschließt die Nordseekogge, ein lange Zeit weit überlegenes Fahrzeug, auch die Ostsee. Die Basis der hansischen Vor- und Frühzeit bildet die frühentwickelte *Wirtschaftskraft des Rheinlandes und Westfalens.* So hängt die Entfaltung der Hanse auch mit dem *Aufstieg der Städte* zusammen, ebenso wie mit der Vollentwicklung der deutschen *Ostsiedlung* seit etwa 1150. Eine weithin identische Sozial- und Wirtschaftsstruktur, das heißt ein Fernhandel treibendes Großbürgertum, ein vielfach verflochtener Personenkreis, ist und bleibt für die Hanse bezeichnend; es wächst hier heran. Es handelt sich nicht um ein politisch-institutionelles Gebilde, sondern um einen Personenverband mit gleichen oder ähnlichen Interessen.

Die *Geschichte der Hanse* läuft ab zwischen der Mitte des 12. und der Mitte des 17. Jh.s. Um 1290/1300 löst Lübeck die Vorherrschaft Gotlands ab. Bis dahin ist Nowgorod erreicht, ist der Transport des Herings aus Schonen, der wichtigen Fastenspeise, in hansischer Hand, wird der Stockfisch aus dem norwegischen Bergen gegen Getreide getauscht (alles um 1200), werden die ersten überseeischen deutschen Städte gegründet (Riga 1201, Reval 1230, Stockholm um 1251 u. v. a.), wirkt man mit dem Deutschen Orden zusammen (Gründung Elbings 1237), der später als einziges Fürstentum Hansemitglied ist. Bis 1270/80 ist das hansische Städtesystem um die Ostsee vollendet, das die Ausfuhrgüter des flachen Landes erschließt (Getreide, Holz, Erze). Im Westen handelt man am intensivsten mit England (seit 1281 nur noch eine Hanse in London) und vor allem mit dem reichen Flandern (Mittelpunkt Brügge).

516   Mittelalter – Spätmittelalter

Um 1250 beginnt das Zeitalter des seßhaften Kaufmanns, um 1300 sind die *Grundzüge der Hanse* ausgebildet: ein eng verknüpftes System von etwa 30 größeren und mehr als 100 kleineren Städten mit einer Ausdehnung von 1500 km Länge und mehreren Hundert km Tiefe zwischen Köln und Reval, mit großen Kontoren in London, Brügge, Bergen und Nowgorod und vielen kleinen. Das 14. Jh. ist die *Blütezeit der Hanse*. Statt der Person des Kaufmanns tritt allmählich, vor allem infolge wachsender auswärtiger Konkurrenz, die Heimatstadt in den Vordergrund: Aus der *Kaufmannshanse* wird schrittweise die *Städtehanse*. Der Begriff der Hansestadt bleibt aber vage, es gibt stets aktive und passive Städte. Man handelt in der Hanse, in Gestalt von Städtebünden auf Zeit, kaum als Gesamthanse, sie ist keine juristische Person. Der Hansetag als einzige „Institution" von 1356 an handelt reagierend und kann abwesende Städte nicht binden. Wachsende relative Verdichtung ist auch hier Reaktion auf zunehmende Schwierigkeiten in der Umwelt, auch die Städtehanse entwickelt sich daher stetig weiter. Die Städte sind jedoch politisch unterschiedlich eingeordnet (Reichsstädte, Freie Städte, landesherrliche Städte), und die Landesherrschaft wird immer mächtiger. Andere Problemfelder sind die Sicherung der Auslandsprivilegien, Piraterie, fremde Konkurrenz, Wachstum von Territorial- und Nationalwirtschaft. Gegenmittel sind Drohung mit dem Abzug, Blockade und Krieg. Die stets kurzfristigen Militärbündnisse führender Hansestädte sind gegenüber Flandern, Dänemark, England und anderen bis ins 16. Jh. sehr wirksam (z.B. 1358–60 und 1388–92 erfolgreiche Blockaden Flanderns, 1435 erfolgreicher Friede mit Dänemark, 1474 mit England, 1483 mit Frankreich).

Ein Umschwung zeigt sich am ehesten im *Wachstum defensiven Denkens* vom späten 14. Jh. an. Auch wenn die Konkurrenz von da an immer kräftiger wird, zumal in Gestalt der ebenfalls reichsangehörigen Holländer vom 15. bis zum 17. Jh., bleiben die Hansestädte mindestens gleichrangig, wenn nicht jedem Einzelkonkurrenten für sich genommen noch überlegen; der Abbau von Monopolen ist in einer Zeit kräftig wachsenden Handels nicht gleichbedeutend mit absolutem Rückgang. So ist das Handelsnetz der Hanse im 15. Jh. geographisch am umfangreichsten (bis Portugal und Island). Ökonomisch wichtiger als der Ostseebereich ist offenbar Flandern. Die *Vielfalt der Handelsgüter* ist außerordentlich groß und entzieht sich der Berechnung; dies gilt erst recht für den Nah- und Landhandel der Hanse, der anscheinend sehr ansehnlich ist. Im 16. Jh. schwinden allmählich die Voraussetzungen des hansischen Systems älteren Stils, Erfolge und Mißerfolge halten sich die Waage, die stets schon bestehenden Interessengegensätze der Städte verschärfen sich beträchtlich. Von nun an geht es immer mehr um den Vorteil von Einzelstädten als um das Schicksal der ganzen Hanse. Der Friede von Stettin 1570 bezeichnet das Ende hansischer Einheit im alten Sinn in der Ostsee. Der *Dreißigjährige Krieg* führt den *Untergang des Städtebundes* herbei, 1669 findet der letzte Hansetag statt. Es gibt fortan nurmehr Wirtschafts- und politische Geschichte von Einzelstädten oder kleinen Städtegruppen an Nord- und Ostsee oder Territorialwirtschaft.

Städtebünde und Ritterbünde

Mit der Wirtschaftskraft der Städte und mit ihrer Befestigung wächst im 13. und 14. Jh. das Selbstbewußtsein, der Zusammenschluß vermehrt ihre Kraft. Die *Freien Städte* (Köln, Mainz, Straßburg u.a.) haben sich gegenüber ihren bischöflichen Stadtherren verselbständigt und beanspruchen, keinen Herrn zu haben; aus den königlichen Städten der Staufer werden durch ähnliche Verselbständigung gegenüber dem Herrscher *Reichsstädte* (Nürnberg, Frankfurt a.M., Lübeck u.v.a.), auch *landesherrliche Städte* suchen sich ihres Herrn zu entledigen (mit Erfolg Hamburg, sonst auf die Dauer meist erfolglos). Seit dem Rheinischen Städtebund von 1254 bilden sich überall in Deutschland Städtebündnisse verschiedener Art, Größe und Dauer. Am wichtigsten sind neben der Hanse die *Bündnisse der süddeutschen Reichs- und Freistädte*. Weil die Landesherren Gegner der Reichsstädte sind, bleiben diese als die im Kräftespiel des Reiches zuletzt schwächeren auf den König angewiesen; ihre öffentliche Meinung ist dem Reich und seiner Spitze, dem König, zugeneigt.

Die wichtigste oberdeutsche Reichsstadt ist *Nürnberg*, das zwischen dem Zeitalter Regensburgs und dem Zeitalters Augsburgs wirtschaftlich besonders im 14. Jh. Erstaunliches leistet (hochentwickelte Handelsgesellschaften, gewerbliche Erfindungen auf fast allen Gebieten, große Finanzkraft, ausgedehnter Wirtschaftsraum). Es ist ein Zentrum des *oberdeutschen Wirtschaftsgebiets,* das – anders als das niederdeutsch-hansische beschaffen, aber ihm ebenbürtig oder gar (zumindest an Dynamik) überlegen – ebenfalls weit über die Grenzen des Reiches nach Osten und Südosten hinausreicht. Es ist, abweichend vom hansischen, dem Königtum verbunden und dient ihm – zum eigenen Vorteil – mit Geld und Information. Eine Anzahl von Städten erlebt *Bürgerkämpfe,* die häufig die politische Basis des Rates verbreitern (bis zu den Zünften), aber die äußeren Schwierigkeiten der Städte eher vermehren. Ludwig der Bayer begünstigt die Städte, die Städtepolitik Karls IV. und Wenzels jedoch ist in hohem Maße fiskalisch.

Der 1376 gegründete *Schwäbische Städtebund* unter der Führung Ulms behauptet sich gegenüber hohen Geldforderungen Karls IV. und zwingt ihn zum Nachgeben.

Ab 1338/54/79 *Elsässischer Städtebund*, 1381 *Rheinischer Städtebund,* die beide mit dem Schwäbischen Städtebund in Verbindung treten. 1382 *Sächsischer* (d.h. Niedersächsischer) *Städtebund*.

1388/89 *Erster Städtekrieg*. Niederlage der schwäbischen Städte bei Döffingen, der rheinischen bei Worms, Frankfurts am Main bei Kronberg. Der Gegensatz von Fürsten und Städten entlädt sich unter einem geschwächten Königtum, ein Umschwung zuungunsten der Städte tritt ein.

Deutschland – Häuser Habsburg, Nassau, Wittelsbach, Luxemburg *517*

1449/50 *Zweiter Städtekrieg* mit dem Höhepunkt des Konflikts zwischen Nürnberg und Markgraf Albrecht Achilles von Brandenburg (1448–1453). Nürnberg behauptet sich, aber das Zeitalter gemeinsamen Handelns der Städte ist zu Ende. Die Territorien überholen die Städte, nur noch die großen und glücklichen vermögen sich selbständig zu behaupten, viele kleine werden abhängig und verkümmern. Ähnlich wie die Städte schließt sich vor allem seit dem ausgehenden 14. Jh. in vielen Landschaften (Schwaben, Franken, am Rhein u. a.) der Niederadel zu *Ritterbünden* zusammen, um sich entweder intern gegen Landesherren zu behaupten oder, wie im königsnahen Raum, von Landesherren politisch und gegenüber Städten wirtschaftlich unabhängig zu bleiben (Gesellschaft vom Löwen, Gesellschaften mit St. Jörgenschild, die Schlegler, die Sterner). Während einige Bünde 1381/82 gegen die Städte unterliegen, vermögen andere insbesondere im Zeitalter Sigismunds eine politische Rolle zu spielen. Später sind sie ganz in die Defensive gedrängt, bis sie dann z. T. am *Schwäbischen Bund* von 1488 mitwirken.

1376	*Die Kurfürsten wählen Karls Sohn Wenzel* (* 1361, † 1419) zum König, erstmals seit der Stauferzeit zu Lebzeiten des Vaters: ein großer Erfolg, der gegen die Interessen des Papstes, der Kurfürsten und der rivalisierenden Dynastien verwirklicht wird.
1377–1378	Frankreichreise Karls, auf welcher wohl weitgespannte dynastische Pläne erörtert werden. Infolge der schon 1372 erfolgten Verlobung der jüngeren Erbtochter König Ludwigs von Polen und Ungarn mit Karls Sohn Sigismund sollte Polen luxemburgisch werden, während Ungarn an einen französischen Prinzen fallen sollte. Dafür mag Karl burgundische Rechte preisgegeben haben (Ernennung des französischen Thronfolgers zum Reichsvikar im Arelat). Da aber die älteste Tochter Ludwigs früh starb, werden Sigismund und mit ihm seine habsburgischen Erben (bis ins 20. Jh.) auf Ungarn umgelenkt.
1378	Karl teilt testamentarisch seine Erblande: Wenzel erhält das Kerngebiet mit Böhmen, Sigismund Brandenburg und Johann ein kleines Herzogtum Görlitz. In Karls letzten Tagen bricht das *Große Schisma der Kirche* aus, das künftig die deutsche Politik überschatten wird. Karl entscheidet sich für den römischen Papst.
1378–1400	**Wenzel, von Luxemburg** (* 1361, † 1419; König 1376) Der älteste Sohn Karls IV. übernimmt ein schweres Erbe, im Hinblick auf die gespaltene Kirche, auf das Gegeneinander von Fürsten, Städten und Rittern im Reich und auf die vom Vater mühsam kontrollierte Situation in Böhmen. Hier bricht die latente Krise zuerst auf:
1384/1385	*Zerfall des karolinischen Systems in Böhmen;* Wenzels Königtum wird schrittweise auf die Krondomäne zurückgedrängt. Infolgedessen gerät Wenzel auch im Reich und darüber hinaus in immer größere Schwierigkeiten.
1384	Heidelberger Stallung: Mühsamer Ausgleichsversuch zwischen König, Fürsten und Städten, der wenigstens Zeitgewinn bringt. Wenzel hat Mühe, das Reich auf seine kirchliche Politik (Unterstützung des römischen Papstes) festzulegen.
1386	Schlacht bei *Sempach* (heute Kanton Luzern): Herzog Leopold III. von Österreich unterliegt und fällt gegen die Eidgenossen und schwäbisch-rheinischen Städte. 1388 *Näfels* (heute Kanton Glarus), ebenfalls eine österreichische Niederlage gegen die Schweizer.
1386–1394	Geheimverhandlungen Wenzels mit Clemens VII., dem Papst von Avignon, bleiben ohne Ergebnis.
1388–1396	Wenzel bleibt dem Binnenreich fern.
1389	*Landfriede von Eger.* Als Folge ihrer Niederlage im Ersten Städtekrieg 1388/89 müssen die Städte wenigstens vorerst auf ihre Bündnisse verzichten.
1394	Gefangenschaft Wenzels in Böhmen in der Hand königsfeindlichen Hochadels und des Markgrafen Jobst von Mähren.
1395	Wenzel erhebt Giangaleazzo Visconti von Mailand (* 1351, † 1402) zum Herzog, um ihn für sich zu gewinnen und eine Romzug vorzubereiten.
1397–1400	Wenzels Machtverfall schreitet rasch fort. Die rheinische Kurfürstenopposition formiert sich unter der Führung von Pfalz und Mainz und schafft sich auf zunehmend gegen Wenzel gerichteten Königslosen Tagen trotz offenkundig unrechtmäßigen Handelns wachsenden Anhang im Westen des Reiches.
1398	Erfolgloses Treffen Wenzels mit dem französischen König Karl VI. in Reims zwecks Beseitigung des Schismas. Die kirchenpolitischen Ziele des Königs, der jetzt Avignon zuneigt oder jedenfalls neutral ist, und der romtreuen rheinischen Fürstengruppe treten immer weiter auseinander.
1400	*Die vier rheinischen Kurfürsten setzen in Oberlahnstein Wenzel ab* und wählen in Rhens den Pfalzgrafen Ruprecht III. (* 1352, † 1410) zum neuen König. Wenzel, der die Absetzung nicht anerkennt, aber zu militärischer Aktion im Binnenreich unfähig ist, wird abermals in Böhmen gefangengesetzt und verstrickt sich in innerdynastische Kämpfe mit der mährischen Nebenlinie und mit Sigismund von Ungarn (1402/3). Die religiös-politisch-sozialen Auseinandersetzungen in Prag und Böhmen, nicht ohne Zusammenhang mit Gegensätzen zwischen Tschechen und Deutschen, erschweren seine Situation immer mehr.

518 Mittelalter — Spätmittelalter

Wenzel stirbt 1419, nachdem er auch in seiner Landesherrschaft zum Schattenkönig geworden ist, und löst durch seinen Tod endgültig die hussitische Bewegung aus.

1400–1410 Ruprecht, von Wittelsbach (* 1352, † 1410; König 1400)
Die geistlichen Wähler streben zum Kurfürstenkönigtum alten Stils zurück, während sich der Pfälzer davon zu emanzipieren sucht. Doch reichen seine Kräfte hierfür nicht aus. Allerdings erobert er Neuböhmen und wird schrittweise im Westen, Nordwesten und Süden des Reiches anerkannt.

1401–1402 Der Italienzug Ruprechts scheitert schon in Oberitalien an den Visconti.

1403 Der römische Papst Bonifaz IX. (1389–1404; * um 1350, † 1404) approbiert Ruprechts Königtum erst, als Frankreich zu Avignon übergeht.

1405 Marbacher Bund der innenpolitischen Gegner Ruprechts, die die pfälzische Territorialpolitik unter der Königskrone fürchten. Ruprecht muß sich bescheiden.

1409 Das von Kardinälen berufene *Konzil von Pisa* setzt die Päpste von Rom und Avignon ab, die jedoch diesen Akt nicht anerkennen, und wählt einen dritten Papst. Hierüber spaltet sich der Anerkennungsbereich Ruprechts, der selbst dem römischen Papst treu bleibt, während viele unter Kurmainzer Führung zu Pisa übergehen.
Der Tod (1410) erlöst den König aus einer fast unhaltbar gewordenen Situation.

1410 *Schlacht bei Tannenberg* (poln.: Grunwald): Schwere Niederlage des Deutschen Ordens gegen König Władysław II. Jagiełło von Polen und Großfürst Witold von Litauen.

Der Deutsche Orden

Der Deutsche Orden (eig. Brüder vom Deutschen Haus St. Mariens zu Jerusalem), gegründet 1190/1198 auf dem Dritten Kreuzzug im Heiligen Land als jüngster der drei großen Ritterorden, ist in vielen seiner Aspekte nicht preußisch oder deutsch, sondern gesamtkirchlich oder gar mittelmeerisch. Er breitet sich im Orient und in Europa schnell aus und besitzt um 1300 schon etwa 300 Kommenden. Sitz des Hochmeisters ist Akkon bzw. die Burg Montfort bis zum Verlust von 1291, dann Venedig. *Hermann von Salza,* (1209–1239), der 4. Hochmeister, ist eine der großen Gestalten des Zeitalters. Als Vermittler zwischen Papst und Kaiser erlangt er viele Privilegien und die Gleichstellung mit Templern und Johannitern. 1225/26 bietet der Herzog von Masowien das von diesem an die heidnischen Prußen verlorene Kulmer Land als Schenkung an, wenn der Orden das Prußenland erobern würde. 1226 verbrieft Friedrich II. in der *Goldenen Bulle von Rimini* dem Orden die volle Landeshoheit für die zu erwerbenden Gebiete, 1234 nimmt der Papst das Ordensland in den Besitz der Kirche. Eine Lehnsbindung bleibt jedoch verboten; so wird das Ordensland Preußen politisch nicht zum Reich gehören und immer mehr ein Fremdkörper in einer dynastisch bestimmten Umwelt werden, während der konsolidierte Teil des Ordensbesitzes im Reich unter der Leitung des Deutschmeisters schließlich ein Fürstentum wird (1494).
1230 beginnt die *Eroberung Preußens,* sie ist 1283 abgeschlossen. 1309 wird die Marienburg Sitz des Hochmeisters. Damals sind schon Städte gegründet (Königsberg 1255), Bauern kommen seit etwa 1300 und siedeln in planmäßig angelegten Dörfern neben den Prußen. Aus Deutschen und Prußen werden allmählich *Preußen,* ein deutscher Neustamm wie in Pommern oder Schlesien, der im 15. Jh. ein eigenes Selbstbewußtsein auch gegen den Orden gewinnt und durch litauische und polnische Einwanderer ergänzt wird.
1236 tritt der Orden in die Position der geschlagenen Schwertbrüder ein, die in *Livland* (im Baltikum) wirken, wo ungefähr von 1180 an, insbesondere seit Albert von Bremen 1199, ein überseeisches Missionsland, jedoch kein Land für Bauernsiedlung, besteht. Von 1207 an ist Livland als Lehen für den Erzbischof von Riga Teil des Reiches (bis 1563), so daß der Deutsche Orden nur eine untergeordnete Position gewinnen kann. Problematisch sind nach der Kampfzeit äußere Lage und Selbstverständnis des Ordens auch in Preußen. Neues Lebensgesetz werden landesherrliches Verhalten nach innen und politische Notwendigkeit nach außen. Nachdem 1242 der Versuch scheitert, die als schismatisch geltenden Großfürstentümer Pleskau und Nowgorod zu erobern, sieht man sich dem heidnischen Litauen gegenüber (Kriege 1245–1422 mit jährlichem Zuzug von Kreuzfahrern aus Mittel- und Westeuropa ohne durchschlagende Erfolge), vor allem aber dem christlichen Polen und auf dem Landweg ins Reich dem christlichen Pomerellen. Dieses wird 1309 mit problematischem Recht erobert; polnische Ansprüche sind nicht befriedigt (1327–43 Krieg, der mit polnischem Verzicht endet).
Obwohl Polen erstarkt, ist das 14. Jh. die Blütezeit des Ordenslandes; ein ungewöhnlich „modernes", planvolles und effektives Staatswesen entfaltet sich. Aber das Zusammenwachsen von Orden und Ordensland gelingt nicht, ja es vermehrt sich die Entfremdung im entscheidenden 15. Jh., weil die Ordensbrüder (in Preußen vor 1410 eher weniger als 700) sozial gesehen zu eng an den west- und mitteldeutschen Niederadel gebunden sind, der hier in wirtschaftlicher Not Versorgung sucht. Gegenüber der polnisch-litauischen Heirat von 1386 und dem Übertritt Litauens zum Christentum plant der Hochmeister einen militärischen Ausweg über Tannenberg (1410) und scheitert. Am *Ersten Thorner Frieden* (1411) ist vor allem die hohe Auslösesumme für die Gefangenen verderblich, die aus Geldnot den Weg zur Ständeverfassung erzwingt, der dann doch nicht konsequent begangen wird. Große Städte und Adel aber sehen mehr Bewegungsfreiheit bei der Hanse und in Polen und schließen sich 1440 im Preußischen

Deutschland – Häuser Habsburg, Nassau, Wittelsbach, Luxemburg   *519*

Bund zusammen. Als dessen gewaltsame Auflösung droht, kommt es als innere Auseinandersetzung zum Dreizehnjährigen Krieg (1454–1466), der mit der Katastrophe des Ordens endet.
Im *Zweiten Thorner Frieden* (1466) verliert der Orden Pomerellen und etwa die Westhälfte Preußens mit Marienburg, Danzig, Elbing und Thorn an den König von Polen (künftig „Preußen königlichen Anteils", Realunion erst 1569). Der Rest, ein agrarischer Kleinstaat, kann sich zwar von direktem polnischen Einfluß freihalten, wandelt sich jedoch erst innerlich und dann äußerlich zum Landesfürstentum (*1525 weltliches Herzogtum* unter polnischer Lehnshoheit).

1410–1437 Sigismund, von Luxemburg (* 1368, † 1437; König 1410, Kaiser 1433)
  1410 Doppelwahl König Sigismunds von Ungarn, zugleich Markgraf von Brandenburg (durch Pfalz, Trier, Brandenburg, dieses wohl unberechtigt) und des Markgrafen *Jobst von Mähren* (* 1351; † 1411) (durch Mainz, Köln, Böhmen, nachträglich Sachsen-Wittenberg).
  1411 Tod Jobsts und Neuwahl Sigismunds einschließlich aller Stimmen Jobsts.
1410–1414 Sigismund kommt vier Jahre hindurch nicht ins Reich, in welchem in seinem Sinne Pfalzgraf Ludwig III. und Burggraf Friedrich VI. von Nürnberg die Hauptrollen spielen.
    Er ist durch innere und äußere Probleme Ungarns (1396 schwere Niederlage gegen die Türken bei Nikopolis, Konflikt mit Venedig, Sorgen mit Polen) festgehalten und hat nur in geringem Maße eine nutzbare Hausmacht im Reich (wegen der Hussitenkriege auch kaum als Erbe Wenzels nach 1419), so daß er sich vor allem auf Reichsstädte, königsnahen Adel und nacheinander auf verschiedene Fürsten stützen muß (Pfalzgraf, Burggraf von Nürnberg – Markgraf von Brandenburg, Herzog von Österreich). Infolge dieser wechselnden Basis und auf Grund außerordentlich weit gespannter Aufgaben wird sein politisches Verhalten von Unstetigkeit und Inkonsequenz bedroht.
    Vor allem muß er die unhaltbar gewordene Situation der Kirche zu bereinigen trachten. Die Gedanken des *Konziliarismus*, beruhend auf alten Rechtsvorstellungen, haben sich in der intellektuellen Öffentlichkeit im Rahmen allgemeiner Kritik an der Kurie, an deren Stelle man auf den deutschen König als Vogt der Kirche blickt, trotz des Widerstandes der Päpste so weit durchgesetzt, daß sich alle Hoffnungen auf ein allgemeines Konzil richten. Reichs- und Kirchengeschichte erweisen sich auch im 15. Jh. als zusammengehörig, das Streben nach Reformen bezieht sich auf Kirche und Reich zugleich.
1414–1418 Konzil von Konstanz, bisher größte Kirchenversammlung des Mittelalters. Unter großem und erfolgreichem persönlichen Einsatz Sigismunds behandelt das Konzil drei Hauptfragen kirchlicher Existenz, das Papstproblem (causa unionis), das Reformproblem (causa reformationis) und die Hus-Frage (causa fidei).
  1415 Absetzung Johannes' XXIII. (* um 1370, † 1419), Rücktritt Gregors XII. (* um 1325, † 1417), Verurteilung und Hinrichtung des Johannes *Hus* (* um 1370, † 1415), Übertragung von *Brandenburg* an Burggraf Friedrich VI. von Nürnberg (* 1371, † 1440).
1415–1417 Reise Sigismunds nach Frankreich und England im Dienste des Konzils und zur Vermittlung im Hundertjährigen Krieg.
  1417 Papst Benedikt XIII. († 1423) abgesetzt. *Wahl des Papstes Martin V.,* der sich allgemein durchsetzt.
    Deutsches Konkordat, das zeitlich begrenzt ist.
1419–1434 Hussitenkrise und Hussitenkämpfe. Die durch das Königtum Wenzels äußerlich hintangehaltenen, sich aber ständig vermehrenden religiösen Oppositionsgruppen mit unterschiedlichem sozialen und nationalen Engagement können angesichts der Stellung, die Böhmen im späteren 14. Jh. im Reich gewonnen hat, bald nicht mehr als innerterritoriale Angelegenheit gelten, zumal nicht nach dem Scheitern Sigismunds bei dem Versuch, die Landesherrschaft in Böhmen als Erbe Wenzels anzutreten (1420). Auch als Ketzer sind sie ein reichspolitisches Problem ersten Ranges.
  1421 Sigismunds Heer bei Deutsch-Brod (Böhmen) geschlagen, er wird als König von Böhmen abgesetzt.
  1422 Tag von Nürnberg: Die militärischen Leistungen aller Reichsglieder erstmals festgelegt. Die Herausforderung des Glaubens, des Königtums und zunehmend des Reiches führt ganz allmählich zu Verdichtungsvorgängen in der Reichsverfassung, wenngleich die Versuche, Reichszugehörigkeit und Verpflichtungen für das Reich in einer allgemeinen Weise als zusammengehörig erscheinen zu lassen, noch generationenlang umstritten sind und vielfach mißachtet werden.
    Privileg Sigismunds für die deutsche Ritterschaft mit der Erlaubnis zum Zusammenschluß untereinander und mit Reichsstädten.
  1423 Er belehnt Friedrich den Streitbaren (* 1370, † 1428), Markgraf von Meißen aus dem Haus Wettin, mit dem Kurfürstentum Sachsen-Wittenberg nach dem Aussterben der Askanier.
  1424 Kurverein von Bingen. Die sechs Kurfürsten vereinigen sich, auch gegen Sigismund, der jedoch diese Herrschaftskrise ohne abermaliges Gegenkönigtum überwindet.
1426–1430 Sigismund erneut abwesend vom Reich, das sich unter der Führung von Kurfürsten und päpstlichen Legaten auf Königslosen Tagen zu organisieren sucht.

520 Mittelalter — Spätmittelalter

1426 Niederlage eines Kreuzfahrerheeres bei Aussig (Nordböhmen) gegen die Hussiten.

1427 Niederlage eines Kreuzfahrerheeres bei Mies (Westböhmen). Die Hussiten gehen zur militärischen Offensive über Böhmen hinaus über.

Tag von Frankfurt am Main: Verabschiedung einer Kriegssteuer, der ersten allgemeinen Steuer im deutschen Spätmittelalter, die in Köln, Nürnberg, Erfurt, Salzburg und Breslau gesammelt und von einem ständischen Kollegialorgan und den Kriegshauptleuten in Nürnberg verwaltet werden soll.

1431 Niederlage eines Kreuzfahrerheeres bei Taus in Böhmen. Die Hoffnung auf eine militärische Lösung der Hussitenfrage wird aufgegeben.

1431–1449 **Konzil von Basel.** Die konziliare Bewegung findet sich in Fortwirkung der Gedanken und Beschlüsse von Konstanz neu zusammen, stößt aber dabei schnell auf die Ablehnung des neuen Papstes Eugen IV. (1431–1447). Zunächst freilich, bis zum Höhepunkt 1434, unterstützen öffentliche Meinung und politische Gewalten Europas, insbesondere Sigismund, die Konzilspartei, so daß Eugen seinen Widerstand vorerst aufgeben muß (Rücknahme der Auflösungsbulle 1433). Das Konzil erläßt eine Anzahl von Reformdekreten, verfällt aber seit 1435 wachsender Radikalisierung. Bald bricht der Konflikt mit dem Papst neu auf. 1437 wird das Konzil von diesem nach *Ferrara* verlegt, die Mehrheit der Teilnehmer lehnt dies jedoch ab und eröffnet den Prozeß gegen den Papst.

1431–1433 Italienzug Sigismunds.

1431 Krönung zum König von Italien in Mailand im Bündnis mit den Visconti.

1433 *Kaiserkrönung Sigismunds* durch Eugen IV. Im gleichen Jahr wird nach langwierigen Verhandlungen mit den Hussiten auf dem Konzil mit den gemäßigten Gruppen (Kalixtiner) ein Übereinkommen *(Prager Kompaktaten)* getroffen, das ihnen den Laienkelch gewährt.

1434 Die radikalen Taboriten werden bei Lipan (östlich von Prag) geschlagen.

1435 Ausgleich Sigismunds mit Venedig.

1436 Sigismund zieht als Landesherr in Böhmen ein, wo freilich die Position der zentralen Gewalt sehr geschwächt und der Hochadel gestärkt ist.

Die Rolle Böhmens als Zentrallandschaft des Heiligen Römischen Reiches im Sinne Karls IV. kehrt nicht wieder.

Reichsidee und Reichsreform

Die Frage nach dem *Zusammenhalt des Reiches* ist neben der sich angesichts des Dynastiewechsels erhebenden *Kontinuitätsfrage* das zweite Grundproblem deutscher Geschichte im späten Mittelalter. Denn die Zentralgewalt ist häufig geschwächt, und das Reich ist im Vergleich zu den Nachrichten- und Verkehrsmitteln des Zeitalters sehr ausgedehnt; das Interesse der meisten politischen Kräfte richtet sich demgegenüber auf den inneren Ausbau regionaler Bereiche. Während die im Rahmen des Gesamten denkende und handelnde politische Gruppe im 14. Jh. noch klein ist (König, weltliche Kurfürsten, rivalisierende königsfähige Häuser und deren erste Diener, eine Anzahl führender Großbürger und Kleriker), erweitert sich dieser Kreis im 15. Jh. auf jeder Stufe beträchtlich. Zugleich wird man fähig, das Denken vom Reich, das bisher stark an die Person des Herrschers gebunden war, vom König zu lösen, ja gegen diesen zu wenden, so daß die Formel von *„Kaiser und Reich"* in der frühen Neuzeit geradezu als Gegensatz verstanden werden kann. Die realen Schwierigkeiten, die einer einheitlichen Reichspolitik fast unüberwindbar im Wege stehen, werden in der Regel von den Zeitgenossen stark unterschätzt.

Dieses gilt gerade für die Literatur über die Reichsreform (meist im Zusammenhang mit der Kirchenreform), deren gutgemeinte Vorschläge bestenfalls zum viel kleineren Teil am Ende des 15. Jh.s verwirklicht werden können. Jedoch bieten diese Autoren (als Beispiel für viele der große Gelehrte Nikolaus von Kues [* 1401, † 1464] mit dem Werk „De concordantia catholica", 1434) gute Belege für das *Wachstum eines Zusammengehörigkeits- und Nationalgefühls* im Reich, das noch vor dem Ende des Jh.s zu einer politischen Kraft wird und ebenso Zeugnis wie wesentlicher Teil der Verdichtung des Reiches ist. Diese bringt freilich zugleich an den Tag, welche Randgebiete sich nicht mehr zugehörig fühlen.

1438–1439 **Albrecht II., von Habsburg** (* 1397, † 1439; König 1438)

Nach dem Tode des letzten Luxemburgers verbleibt den Kurfürsten kaum eine andere Möglichkeit, als einmütig (ohne die ungeklärte Stimme Böhmens) den Schwiegersohn, d. h. „Erben", Albrecht V. Herzog von Österreich, zu wählen. Ihm ist es nicht beschieden, sich in seiner kurzen Regierungszeit von den Problemen seiner Erbansprüche auf Ungarn und Böhmen und von der Türkengefahr zu lösen und ins Binnenreich zu kommen. Daher setzt sich unter ihm die Distanz von Königtum und Reichsentwicklung fort.

1438 *Das Basler Konzil suspendiert den Papst.* Die Kurfürsten erklären ihre Neutralität zwischen Papst und Konzil.

1439 Mainzer Akzeptation: König Albrecht und die Mehrheit der Kurfürsten erkennen eine Reihe von Basler Konzilsdekreten an, ohne sich endgültig festzulegen. Im Grunde streben sie nach einem Ausgleich. Das Basler Konzil setzt Papst Eugen ab und wählt den Herzog

Deutschland − Häuser Habsburg, Nassau, Wittelsbach, Luxemburg *521*

von Savoyen als Felix V. zum (letzten) Gegenpapst. Eugen IV. verlegt das papsttreue Konzil von Ferrara nach *Florenz.*

1440–1493 **Friedrich III., von Habsburg** (* 1415, † 1493; König 1440, Kaiser 1452)
Nach dem unvermuteten Tode Albrechts besteht abermals nur die Möglichkeit, einmütig einen Habsburger, wenngleich diesmal aus der innerösterreichischen Linie zu wählen, den Herzog von Steiermark und Kärnten. Damit rückt der landesherrliche Mittelpunkt des Königtums in den äußersten Südosten, eine höchst gefährliche Situation, weil damit die Zustände Sigismunds und Albrechts eher noch gesteigert werden; denn Friedrichs Hausmacht ist schwach, von Ständeunruhen, innerfamiliären Sorgen sowie von Türken und später auch Ungarn bedroht.

1440 Friedrich wird Vormund des nachgeborenen Sohnes Albrechts II., Ladislaus (* 1440, † 1457), für das Herzogtum Österreich.

1442 Erst zwei Jahre nach der Wahl kann Friedrich zur Krönung ins Binnenreich kommen.

1444–1471 *Friedrich kommt 27 Jahre hindurch nicht ins Binnenreich.*
Die Verbindung der Königsnahen mit dem Herrscher, auf der ein großer Teil der Wirkung des Königtums und damit auch ein Stück Reichszusammenhalt beruht, verdünnt sich beträchtlich. Der Königshof wird „provinzialisiert", verliert stark an Anziehungskraft und dient viel weniger als zuvor als Anknüpfungspunkt für Sozialbeziehungen. 1451 erlischt das Königliche Hofgericht, das auf festem Kontakt zum Binnenreich beruht, und wird ganz durch das seit 1415 bestehende Königliche Kammergericht ersetzt, das in höherem Maß herrscherbezogen ist. Das Reich wird abermals der Selbstorganisation überlassen, wobei die Kurfürsten zunehmend von einigen größeren Fürsten eingeholt werden (Bayern, Hessen, Cleve u.a.) und diesen Mitsprache einräumen. Auseinandersetzungen zwischen großen Fürsten und zahllose kleine Fehden können sich ohne viel äußeres Hemmnis abspielen, da die Hussitengefahr beendet ist und Türken und Ungarn aus geographischen Gründen vor allem den König beschäftigen, während neue Drohungen aus dem Westen, zumal die ausgreifende Politik des Herzogtums Burgund, noch fern scheinen.

1445 Österreichisches Konkordat Friedrichs III. mit dem Papst, das das Ende der Neutralität des Königs und seinen Übertritt zum Papsttum anzeigt.

1447 König, Kurfürsten und Fürsten entscheiden sich für den Papst und gegen das Konzil.

1448 *Wiener Konkordat,* das die Beziehungen zwischen „Staat" und Kirche bis zum Ende des alten Reiches regelt und die Besetzungsrechte kirchlicher Ämter zwischen Papst und Kapiteln bzw. Landesherren im wesentlichen gleichmäßig aufteilt. Es gibt beträchtliche Zugeständnisse des Papstes an einzelne Landesherren, insbesondere an Friedrich III. für seine Hausmacht. Das Landeskirchentum der Reformationszeit kündigt sich an.

1452 Italienzug Friedrichs III. mit *Kaiserkrönung,* der letzten eines deutschen Herrschers in Rom. Ein Aufstand beendet die Vormundschaft Friedrichs über Ladislaus in Österreich.
Friedrich III. verliert einen bescheidenen dynastischen Einfluß auf Böhmen, den er als Vormund des Ladislaus (1453 König von Böhmen) besaß, an den aus dem Hochadel stammenden Landesverweser (seit 1452) *Georg von Podiebrad* (* 1420, † 1471), der sich nach Ladislaus' Tod selbst zum König von Böhmen macht (1458) und eine beträchtliche Rolle in der Reichspolitik zu spielen beginnt (1459/61 sogar Plan seiner Wahl zum deutschen König im Sinne einer Statthalterschaft für den Kaiser), aber durch seine innenpolitisch notwendigen Zugeständnisse an die Husfreunde diskreditiert wird. Jedoch bleiben trotz des wechselvollen Geschicks Böhmens nicht nur dessen Reichszugehörigkeit, sondern auch die habsburgischen Ansprüche bestehen und werden 1526 verwirklicht.

1454 Tag in Regensburg unter dem Eindruck der Eroberung Konstantinopels durch die Türken.

1457 Tod des Ladislaus, der seit 1440 auch König von Ungarn (seit 1446 mit dem Reichsverweser Johann Hunyádi) ist.
Gegenüber *Ungarn* bestehen ebenfalls Ansprüche Friedrichs III., 1459 wird er dort Gegenkönig. Dies führt jedoch nach Anfangserfolgen zu schweren Rückschlägen; denn der Sohn des Reichsverwesers an Ladislaus' Statt, Matthias Corvinus (König 1458–1490), treibt bald eine aktive und erfolgreiche Politik gegen den Kaiser.

1458 Friedrich III. erbt Niederösterreich und nach schweren Kämpfen mit seinem Bruder Albrecht VI. nach dessen Tod (1463) auch Oberösterreich.

1460 Verlust des habsburgischen Thurgaus an die Eidgenossen (1418 schon der Aargau).

1460, 1462 Kurfürst Friedrich der Siegreiche von der Pfalz (1449–1476; * 1425, † 1476) besiegt Kurmainz, Württemberg, Baden, den Bischof von Speyer und verschiedene Grafen und schafft sich einen bedeutenden Hegemonialraum.
Das hegemoniale Gefüge im Reich kann sich, vom Kaiser kaum beeinflußt, durch zahlreiche Kriege und Gewalttaten umschichten: Wenige Größere machen viele Kleine von sich abhängig. Die Schwäche und Ferne des Kaisers, die in krassem Gegensatz zu seiner beharrlich festgehaltenen entscheidenden Verfassungsposition steht, macht ein Übereinkommen über Reformen im Reich unmöglich und läßt auch Landfriedensbemühungen ohne viel praktischen Erfolg bleiben.

522 Mittelalter – Spätmittelalter

1466	Papst Pius II. setzt Georg von Podiebrad wegen Ketzerei ab, jedoch behauptet sich dieser bis zum Tode 1471. Die böhmischen Nebenländer fallen dann an Matthias von Ungarn, so daß Friedrich III. aufs höchste bedroht ist.
1467–1477	*Karl der Kühne, Herzog von Burgund* (* 1433, † 1477), Besitzer zahlreicher Reichslehen (ab 1384 Freigrafschaft Burgund, 1421/29 Namur, 1426/33/36 Hennegau, Holland, Seeland, 1430 Brabant und Limburg, 1451 Luxemburg, 1440/56 auch Vogtei über die Hochstifte Lüttich, Utrecht, Cambrai beim Herzogtum Burgund), nur nominell Vasall des deutschen und französischen Königs, strebt nach dem Besitz von Lothringen und Elsaß. 1469 Erpfändung des habsburgischen Besitzes (der Tiroler Linie) im Elsaß und Breisgau, 1473 Eroberung von Geldern (Niederlande) und Zutphen (in der niederländischen Provinz Gelderland).
1471	Reichstag von Regensburg mit Teilnahme Friedrichs III. unter dem Druck der Türkennot.
seit 1471	Einfälle der Türken in die Steiermark.
1473–1475	Friedrich III. wieder im Binnenreich.
1473	Er verhandelt in Trier mit Karl von Burgund, wahrscheinlich über dessen Erhebung zum König sowie über ein Heiratsbündnis hinsichtlich seiner Erbtochter Maria (* 1457, † 1482). Die Gespräche scheitern.
1474	Die *„Ewige Richtung"* von Konstanz bringt unter burgundischem Druck einen Ausgleich zwischen Habsburg-Tirol und den Eidgenossen unter Anerkennung des Status quo. Die oberrheinischen Pfandgebiete Karls kehren nach einem Aufstand an Habsburg zurück.
1474–1475	Karl von Burgund mischt sich in ein kölnisches Kirchenschisma ein, scheitert aber bei der Belagerung von Neuß (1475), als das kaiserliche Heer heranrückt. Bei dieser Gelegenheit kommen nationale Gefühle zum Ausdruck.
1475	Karl erobert das Herzogtum Lothringen. Beim Friedensschluß mit dem Kaiser sagt Karl die Hand seiner Erbtochter Maria dem Kaisersohn Maximilian (* 1459, † 1519) zu.
1476	Karl wird bei Grandson (Kanton Waadt) und Murten (Kanton Freiburg) von den Eidgenossen besiegt.
1477	Karl fällt bei *Nancy* im Kampf gegen Eidgenossen, Lothringer und Elsässer. Maria von Burgund heiratet Maximilian, der dadurch Karls Lehen im Reich, d. h. die burgundischen Niederlande und die Freigrafschaft Burgund, für sein Haus gewinnt und sie erfolgreich gegen Frankreich verteidigt (Sieg bei Guinegate, Département Pas-de-Calais, 1479). Auch nach dem frühen Tode Marias (1482) behauptet sich Maximilian (Sieg bei Salins 1493).
1477, 1481	Beginn der bedrohlichen Einfälle des Matthias Corvinus in Österreich.
1485	Wien geht an Matthias verloren, der Kaiser flüchtet nach Tirol und ins Binnenreich und kann erst 1489 wenigstens nach Linz zurückkehren.
1486	Maximilian wird in Frankfurt am Main einmütig zum König gewählt. Der Reichstag von Frankfurt bringt die Diskussion um die Reichsreform wieder in Gang.
1488	Gründung des *Schwäbischen Bundes* aus Adel, Städten und Fürsten gegen Bayern.
1489	Die französische Grafschaft Flandern, ebenfalls burgundisches Erbe, erkennt Maximilian als ihren Herrn an; dies wird im Frieden von Senlis (Département Oise) 1493 von Frankreich hingenommen. Der Reichstag verfestigt sich organisatorisch.
1490	Nach Abdankung Sigismunds von Tirol fällt diese Grafschaft an Maximilian, der damit für sein künftiges Herrschertum eine binnenreichsnahe Hausmacht gewinnt und die Position seines Hauses und des an dieses künftig gebundenen Kaisertums im Reich wesentlich verbessert. Nach dem Tode von Matthias Corvinus (1490) erobert Maximilian die östlichen österreichischen Länder zurück und dringt in Ungarn ein.
1491	Friede von Preßburg: Maximilian behauptet ein Nachfolgerecht in Böhmen und Ungarn, auch wenn sich dort zunächst die Jagiellonen festsetzen.
1493	Friedrich III. stirbt.

Kunst und Literatur im Spätmittelalter

Kunst: Die *Baukunst* ist durch den gotischen Stil in verschiedener Ausprägung bezeichnet. Leider sind beim Profanbau die Verluste im Vergleich zu kirchlichen Bauten besonders hoch, zumal beim Wohnbau, weniger beim Repräsentativbau. Große Bauaufgaben in Haustein und Backstein sind Burgen und in den Städten Rathäuser, Kornhäuser, Kaufhallen, Hospitäler, Stadtbefestigung usw. Die bedeutendsten Backsteinburgen sind die Festen des Deutschen Ordens in Preußen (Marienburg begonnen um 1280, insbesondere das Mittelschloß des ausgehenden 14. Jh.s), unter den Burgen aus Haustein steht das Werk großer Herrscher voran (Karlstein unweit von Prag unter Karl IV., Ladislaussaal der Prager Burg 1502), alle mit um so reicheren Schmuckformen, je weiter die Zeit fortschreitet. Rathäuser: Lübeck 13.–15. Jh., Stralsund 13.–15. Jh., Lüneburg 14.–15. Jh., Köln 14.–16 Jh., Löwen 15. Jh. u. v. a. Sozialbauten: Heilig-

Deutschland – Kultur **523**

geistspital in Lübeck (seit 1260/70) und in Nürnberg (seit 1339). Die größten Aufwendungen werden für die Stadtbefestigung erbracht (bestes Beispiel einer Großstadt: Nürnberg, 14.–15. Jh.). Den schönsten Ausdruck gewinnt die spätmittelalterliche Architektur im Kirchenbau. Hier stehen der Typus der Basilika (in der Weise französischer Kathedralen) und der Hallenkirche nebeneinander. Als repräsentativste Form gilt die Basilika (Kölner Dom seit 1248, Langhausweihe des Straßburger Münsters 1276, Chorweihe der Lübecker Marienkirche 1291, Veitsdom in Prag seit 1341). Die wohl häufigere Hallenkirche wurzelt in hohem Maße im romanischen Westfalen und wird zum besonderen Ausdruck der deutschen Gotik (Elisabethkirche in Marburg seit 1235, Dom von Minden seit 1267, St. Stephan in Wien seit 1304, Parlerscher Hallenchor in Heiligkreuz zu Schwäbisch Gmünd seit 1351, Erstform des Ulmer Münsters seit 1377, Frauenkirche in München seit 1468, St. Marien in Danzig als die größte Halle vollendet 1502). Im deutschen Norden und weit darüber hinaus entwickelt in beiden Typen die Backsteingotik auf Grund technischer Beschränkungen besondere Ausdrucksformen (Marienkirche in Lübeck als Vorbild des Kirchenbaus im Ostseeraum, Marienkirche in Danzig). Das Bürgertum gewinnt als Auftraggeber neben Klerus und Fürsten an Bedeutung, aus der Kirche der Geistlichen wird zunehmend die Kirche der Gemeinde, der Turm der Kirche kann Wahrzeichen der Stadt werden.
Neues in der Sozialgeschichte der Kunst zeigt sich darin, daß an die Stelle der anonymen Bauhütte die Künstlerfamilie und bald die Einzelpersönlichkeit treten; diese kann ein nicht geringes Selbstbewußtsein entfalten. Bestes Beispiel ist die Baumeister- und Bildhauerfamilie der Parler aus Köln und Schwäbisch Gmünd, die die oberdeutsche Kunst und die Kunst vieler Nachbarlandschaften in der 2. Hälfte des 14. Jh.s maßgeblich bestimmt (Büste Peter Parlers auf der Triforiumsgalerie im Chor des Prager Doms). In der gotischen *Plastik* sind Hauptaufgaben Fassaden- und Pfeilerschmuck und Grabmäler, in der Holzplastik Chorgestühl und Schnitzaltar. Erst allmählich löst sich der Verbund von Bau und Plastik (noch im älteren Sinn Westfassade des Straßburger Münsters seit 1280, Pfeilerfiguren des Kölner Doms um 1322). Dieser Eleganz der hohen Gotik gegenüber setzt sich gegen Ende des 14. Jh.s ein Realismus durch (Parler und Parlerschule). Unerhört reich und vielfältig ist die Plastik des 15. Jh.s, ein Höhepunkt deutscher Kunst überhaupt: Nikolaus Gerhaert von Leyden (* um 1430, † 1473) an Rhein und Donau, Jörg Syrlin d. Ä. (* um 1425, † 1491) in Ulm, Erasmus Grasser (* um 1450, † 1518) in München, Michael Pacher (* um 1435, † 1498) in St. Wolfgang, Veit Stoß (* um 1445, † 1533) in Nürnberg, Bernt Notke (* um 1440, † 1509) in Lübeck, Adam Kraft (* um 1460, † 1508/1509) in Nürnberg, Tilman Riemenschneider (* um 1460, † 1531) in Würzburg.
Während die Wandmalerei zurücktritt (Szenen oberhalb des Chorgestühls im Kölner Dom um 1330), ist das *Tafelbild* sehr wichtig. Im 14. Jh. zeigen sich hier am besten international übergreifende Verbindungen, die im „Weichen Stil" als höfische Kunst um 1400 einen Höhepunkt finden. Dabei und zuvor schon ist bedeutungsvoll die Malerei am Hofe Karls IV. (1346–1378) und in dessen Umkreis (Prager Malerzeche, Meister Theoderich [† 1381], Meister von Hohenfurth und Wittingau), dann im Westen Bertram von Minden (* 1345, † 1415) und Konrad von Soest (bezeugt 1394 – um 1425), auch Meister Francke von Hamburg (erstes Viertel des 15. Jh.s). In der Malerei des 15. Jh.s bis hin zum „Realismus" ragen ferner hervor der Kölner Meister der hl. Veronika (1. Hälfte des 15. Jh.s), Stefan Lochner (* zwischen 1405 und 1415, † 1451), Konrad Witz (* um 1400, † um 1445), Martin Schongauer (* um 1450, † 1491), Hans Multscher (* um 1400, † 1467), Hans Holbein d. Ä. (* um 1465, † 1524), Michael Wolgemut (* 1434, † 1519).
Das 15. Jh. bringt den ersten Höhepunkt der *Druckgrafik* (Holzschnitt und Kupferstich). Es sind Künste für viele, zumal in der Stadt, sie können privater Andacht und Liebhaberei dienen. Bücher mit holzgeschnittenen vollständigen Seiten (Blockbücher) werden vor und nach der Erfindung des Drucks mit beweglichen Lettern geschaffen, zuerst mit religiösen, seit dem späten 15. Jh. auch mit profanen Motiven. Der Kupferstich bildet sich etwa seit der Mitte des 15. Jh.s heraus und gewinnt nach anonymen Meistern ersten Glanz mit Martin Schongauer (* um 1435, † 1491).
Literatur: Literatur in lateinischer und deutscher Sprache besteht weiterhin nebeneinander, jedoch erweitert sich der Begriff von Literatur beträchtlich; die Menge des Schrifttums nimmt stark zu, vor allem infolge zweier entscheidender Neuerungen: *Verbreitung des Papiers* als billiger Schreibstoff, der seit dem ausgehenden 14. Jh. auch in Deutschland hergestellt wird und *Erfindung des Buchdrucks* vor 1455. Das neue Verfahren Johannes Gutenbergs (* um 1397, † 1468), die Druckform aus beweglichen Metalltypen zusammenzusetzen (Versuche spätestens seit 1436, 1455 Vollendung der zweiundvierzigzeiligen lateinischen Bibel als erstes großes Druckwerk), bringt eine Umwälzung in der Buchherstellung mit sich. Dieses erste Massenmedium der Geschichte verändert vom späten 15. Jh. an die Rahmenbedingungen für den Ablauf des historischen Geschehens grundlegend.
Die *lateinische Literatur* spielt jetzt wohl ihre größte Rolle in der „wissenschaftlichen" Welt im weitesten Sinne, d. h. seit 1348 auch in der von der lateinischen Wissenschaftssprache geprägten Welt der deutschen Universitäten. Große Theologen, Philosophen, Naturbeobachter, „Naturwissenschaftler", Publizisten, Juristen, Autoren amtlich-politischer Texte und sogenannter Fachliteratur, Geschichtsschreiber u. a. äußern sich lateinisch (Albertus Magnus [* um 1200, † 1280], Alexander von Roes [2. Hälfte des 13. Jh.s], Heinrich von Langenstein [* 1323, † 1397], Johann von Neumarkt [* um 1310, † 1380], Konrad von Megenberg [* um 1309, † 1374], Lupold von Bebenburg [* vor 1300, † 1363], Marsilius von Inghen [* um 1330, † 1396], Matthäus von Krakau [* um 1335, † 1410], Nikolaus von Kues [* 1401, † 1464], Thomas Ebendorfer [* 1388, † 1464] und viele andere). Der deutsche Humanismus schafft von der 2. Hälfte des

524 Mittelalter – Spätmittelalter

15. Jh. an eine neulateinische, d. h. an der antiken Klassik geschulte Literatur und Dichtung (Konrad Celtis, * 1459, † 1508; Jakob Wimpfeling, * 1450, † 1528, u. v. a.).

Im 13. Jh. vollzieht die *deutsche* Sprache endgültig ihren Durchbruch zur „schönen" und zur sachbezogenen *Literatur*. Juristisches, Geschichtsschreibung und viele andere abstrakte oder konkrete Themen, dazu Übersetzungen aus dem Lateinischen (Scholastik seit dem 13. Jh., Bibeltexte seit dem 14. Jh.), vor allem jedoch „schöne" Literatur treten mit einer stark wachsenden Zahl von Autoren und Werken hervor. Es gibt keinen Höhepunkt, der mit der staufischen Klassik um 1200 vergleichbar wäre, jedoch eine Anzahl bemerkenswerter Texte, die allerdings z. T. unter neuartigen, sich immer weiter verändernden Rahmenbedingungen zu beurteilen sind, vor allem sind dies stärkere Regionalisierung und höhere soziale Differenziertheit. Prägende „idealisierende" Traditionen stehen einer immer mehr wirklichkeitsbezogenen Auffassung gegenüber, die einer Welt von immer größerer Buntheit gilt und ein starkes Interesse am Menschlichen hat. Infolgedessen ist der Inhalt oft wichtiger als die Form, können stark lehrhafte Züge nach vorn treten, findet man Extremes vom Feinsinnigen bis zum Derben vor.

Recht traditionsgebunden ist die *Epik,* die höfische Darstellungsformen bis ins 14. Jh. weiterträgt; jedoch dringen Wirklichkeit und Geschichtlichkeit ein. Die wohl besten Leistungen bieten Konrad von Würzburg (* zw. 1225 u. 1230, † 1287) und Albrecht von Scharfenberg (2. Hälfte des 13. Jh.s). Man liebt noch lange Zeit Heroisch-Abenteuerliches als Unterhaltungsliteratur bei stetiger stofflicher Erweiterung. Prosaauflösungen höfischer Epen bringt dann das 15. Jh. (Elisabeth von Nassau-Saarbrücken, * 1379, † 1456, u. a.).

Die *Prosa* wird auch die Ausdrucksform der Geschichtsschreibung anstelle älterer deutschsprachiger Reimchroniken (so noch die Steirische Reimchronik Ottokars aus der Geul; * um 1265, † 1319/21), insbesondere in den Deutschen Städtechroniken vom 14. bis zum 16. Jh. (gesammelt in 36 Bänden). Gipfel dichterischer Prosa ist der vieldiskutierte „Ackermann" des Johannes von Tepl (von Saaz) (* um 1350, † um 1414).

Einen anderen Höhepunkt neuartiger spätmittelalterlicher Sprachgewalt erreichen die Gattung der *Predigt* und die Werke der *Mystik*. Berthold von Regensburg (* zw. 1200 u. 1210, † 1272) ist ein Hauptmeister der Predigt, die Mystik beginnt mit Mechthild von Magdeburg (* 1212, † 1283), gipfelt bei Meister Eckhart (* um 1260, † 1327) und seinen Schülern Johannes Tauler (* um 1300, † 1361) und Heinrich Seuse (* 1295, † 1366) und findet einen bemerkenswerten Ausklang beim Autor der Theologia deutsch, vielleicht Johannes Lagenator von Frankfurt (* um 1380, † 1440).

Auch die *Lehr- und Spruchdichtung* ist eine für das Zeitalter bezeichnende Gattung von großer Vielfalt, vom Messen der Umwelt am Ideal des staufischen Ritters bis zu konkreter Zeitkritik, vom abstrakten Moralisieren bis zur derben Situationskomik. Meister sind Wernher der Gartenaere (* vor 1250, † um 1280), „Meier Helmbrecht", Hugo von Trimberg (* um 1230, † um 1313) „Der Renner", Konrad von Ammenhausen „Schachzabelbuch" (1337) oder Heinrich Wittenweiler († nach 1436) „Ring".

Die *Lyrik* erweitert ihre Thematik gegenüber der höfischen Zeit stark, ohne die großen Vorbilder aus dem Auge zu verlieren, und kann sich als sehr originell und vielfältig erweisen: Konrad von Würzburg (* 1220–1230, † 1287), Heinrich Frauenlob von Meißen (* um 1250, † 1318), Oswald von Wolkenstein (* um 1377, † 1445). Die Meistersinger pflegen die Formenwelt des späten Minnesangs weiter. Das deutsche *Volkslied* erwächst in großer Zahl im 14. und 15. Jh. Seine Motive sind Liebe, Tanz, Historisches und Religiöses.

Das *Drama* in deutscher Sprache entsteht zuerst in geistlicher Gestalt aus lateinischer Tradition seit dem 13. und 14. Jh.; die frühesten erhaltenen Fastnachtsspiele als profane Gattung entstammen der ersten Hälfte des 15. Jh.s. Sie blühen nach 1450 und im 16. Jh. (Hans Rosenplüt, * um 1400, † um 1470; später Hans Sachs, * 1494, † 1576).

Beim deutschen *Humanismus* besteht schon von den Anfängen an (2. Hälfte des 15. Jh.s) neben der lateinischen auch eine deutsche Literatur zumal als Übersetzungsliteratur (Niklas von Wyle, * um 1410, † 1478 und Albrecht von Eyb, * 1420, † 1475); die besten Dichtungen Sebastian Brants (* 1457, † 1521) gehören noch dem Mittelalter an („Das Narrenschiff", 1494). – *(Forts. S. 633)*

Die Schweizer Eidgenossenschaft (1218–1515)

1218   Mit dem *Aussterben der Zähringer* erfolgt im Gebiet der heutigen Schweiz eine territorialpolitische Verschiebung, wichtige Städte wie Zürich, Bern und Solothurn werden reichsfrei. Die Öffnung des Gotthardpasses verleiht der heutigen Zentralschweiz eine beträchtliche strategische und handelspolitische Bedeutung.

1231   Die Reichsunmittelbarkeit erreichen Uri im Freiheitsbrief von Hagenau (Haguenau, Elsaß)

1240   durch König Heinrich (VII.) und Schwyz in dem von Faenza durch Kaiser Friedrich II.

1291   Nördlich des Gotthards schließen sich die *drei Waldstätte* Uri, Schwyz und Unterwalden (Talgenossenschaften von Rodungsfreien) enger zusammen *(erster datierbarer Bund).* Damit entsteht ein Gegensatz zu den territorialstaatlichen Absichten der Savoyer und Habsburger (Herzöge von Österreich).

Schweizer Eidgenossenschaft *525*

1315
15. Nov.
Die erste kurze Phase dieses Gegensatzes gipfelt in der Schlacht am **Morgarten** (südöstlich des Ägerisees) mit der Niederlage Herzog Leopolds I. von Österreich (1308–1326; * um 1290, † 1326).

Der Bund von 1291 wird erneuert und erweitert zu einem Abwehrbund gegen Habsburg.

1332 Aus politischen und wirtschaftlichen Motiven verbündet man sich mit der Stadt Luzern.

1351 Die Möglichkeit zur Erweiterung ins Mittelland führt zum Bündnis mit Zürich.

1353 Für Bern ist das Bündnis mit den Waldstätten eine Absicherung gegen unterwaldnerische Übergriffe ins Berner Oberland.

Im Rahmen der Städtekriege im letzten Viertel des 14. Jh.s gelingt den Eidgenossen (v. a.

1386
9. Juli
1388
Luzern, Uri, Schwyz, Unterwalden) die Behauptung ihrer Position gegen das Haus Österreich in der Schlacht von **Sempach** (am Ostufer des Sempacher Sees im Schweizer Mittelland), dann in der bei *Näfels* (Glarus).

Folge: stärkerer Zusammenschluß, Ausweitung der Interessen- und Einflußsphäre:

1401–1411 Parteinahme für Appenzell gegen Österreich.

1415 Eroberung des Aargaus, zu der die Eidgenossen von König Sigismund (Luxemburger) gegen Herzog Friedrich IV. von Österreich (* 1382, † 1439) aufgefordert werden.

1440–
1446/50
Daß trotz gemeinsamer Erfolge der Zusammenhalt noch nicht gefestigt ist, zeigt sich u. a. im sog. *Alten Zürichkrieg,* der an den Differenzen in der Territorialpolitik verschiedener Orte entflammt, nicht innereidgenössisch geführt wird (Zürich sucht Hilfe bei Österreich) und erst nach relativ hart geführtem Kampf beigelegt werden kann.

1451–1466 Die Überwindung der Krise führt zum Erstarken, aggressives Tendenzen zeigen sich. Als zugewandte Orte gewinnen die Eidgenossen Positionen nördlich der Rheinlinie (Rottweil 1463, Mülhausen [Elsaß] 1466/1515), durch Eroberung der österreichischen Landschaft Thurgau (1460) erreicht man die Bodenseegrenze.

Die zweite Hälfte des 15. Jh.s und der Beginn des 16. Jh.s sind gekennzeichnet durch außenpolitische Erfolge und internationales Ansehen. Nachdem der Gegensatz Eidgenossen–Habsburg durch Vermittlung Frankreichs in der *„Ewigen Richtung"* beigelegt ist, sieht sich die burgundische Macht einer großen Allianz gegenübergestellt.

1474

1476 Der Angriff Herzog Karls des Kühnen wird bei *Grandson* (am Südwestufer des Neuenburger Sees) und *Murten* (am Ostufer den Murtensees) abgewehrt.

1477 Karl findet in der Schlacht von *Nancy* (Lothringen; 5. Jan.) den Tod.

Durch den Sieg gelangt der Bund zu internationaler Bedeutung. Die schon vorher als Krieger bekannten Schweizer stellen fortan noch mehr als bisher ihre überschüssige Jungmannschaft den Mächten als Söldner zur Verfügung.

1499
22. Sept.
Der **Schwabenkrieg** (Schweizerkrieg) gegen den Schwäbischen Bund und das Haus Österreich, erwachsen aus dem Konflikt um die Ausdehnung der Reichsreform König Maximilians I. auf die Eidgenossenschaft, führt nach Schweizer Siegen im *Frieden von Basel* zum faktischen Ausscheiden aus dem Reich.

1511–1515
1515
13./14.
Sept.
Im großen Krieg um Italien zwischen den Valois und den Habsburgern greifen die Schweizer selbständig ein. Nach mehreren Erfolgen bringt die den Schweizern von Frankreich zugefügte Niederlage von **Marignano** (südöstlich von Mailand) die Wende. Resultat dieser vier Jahre Großmachtzeit ist die Sicherung der „Ennetbirgischen Vogteien" und der Eroberungen südlich der Alpen (Tessin, Veltin; die Eroberung der Waadt durch Bern 1536 bildet ein spätes westliches Gegenstück).

Die Eidgenossenschaft am Ende des Mittelalters

Organisatorischer Aufbau: Die Eidgenossenschaft besteht zu dieser Zeit aus *dreizehn Orten,* den acht „alten" (Zürich, Bern, Luzern, Uri, Schwyz, Unterwalden, Zug, Glarus) und den fünf neuen (Freiburg, Solothurn, Basel, Schaffhausen und Appenzell), die 1481–1513 hinzukommen. Dieser Bund zwischen Stadt- und Landrepubliken unterhält Beziehungen zu *Zugewandten Orten* (z. B. St. Gallen, Mülhausen, Rottweil, Biel, Neuenburg), die in verschiedenartigen Verträgen an die Orte gebunden sind. Von den Orten gemeinsam verwaltet werden die *Gemeinen Herrschaften* (nicht alle von allen). Diese Kondominien fördern die Zusammenarbeit der Orte. – Seit 1400 bildet sich eine gemeinsame Oberbehörde, die *Tagsatzung* (Zweierdelegation der Orte), heraus. Rechtliche Grundlage des Systems sind die einzelnen *Bundesbriefe.* Daneben stellen drei gemeinsame *Konkordate* (Pfaffenbrief 1370, Sempacherbrief 1393 und v. a. Stanser Verkommnis 1481) den Zusammenhalt her. – Zu Bedeutung gelangt die Entwicklung eines speziellen Schiedsverfahrens bei Streitigkeiten, das sog. *„Eidgenössische Recht".* – Dieses ganze System hat bis 1798 Bestand.

Wirtschaftliche und soziale Aspekte: *Städtische Territorialwirtschaft* und *bäuerliche Genossenschaftsordnung* bilden sich heraus. Die Städte sind Handels- und Gewerbezentren und beherrschen durch Erwerb größerer Territorien das Mittelland. Die Mittellandbauern (Dreifelderwirtschaft) werden so zu Untertanen. Die Talgenossenschaften freier Bauern verlegen sich auf Viehzucht und Käseproduktion, gleichzeitig ergeben sich Verdienste aus Transportorganisationen (Transit über die Pässe). Für beide

526　Mittelalter − Spätmittelalter

Gruppen bildet der Solddienst eine weitere Einnahmequelle. − Die unterschiedliche Wirtschaftsstruktur führt zu Konflikten zwischen Städte- und Länderorten. Seit der Mitte des 15. Jh.s geraten die Städte in eine Krise und versuchen in der Folge, durch Verbot des Handwerks auf dem Land die Konkurrenz einzudämmen. Den häufigen, daraus entstehenden Konflikten zwischen Stadt und Land können die Stadtobrigkeiten erfolgreich begegnen. Deren Erstarken, bei Berücksichtigung lokaler Sonderrechte, ist meist die Folge. − *(Forts. S. 714)*

Papsttum und Kirche (1309–1492)
(Forts. v. S. 432)

Das Papsttum, das nach dem Untergang der Staufer vergeblich versucht hat, in den Königen von England, der angevinischen Seitenlinie des französischen Königshauses und zeitweilig auch den deutschen Herrschern neue Bundesgenossen zu finden, steht am Beginn des 14. Jh.s im *König von Frankreich* einem Widersacher gegenüber, der noch weniger als der letzte Stauferkaiser gewillt ist, seine Interessen denjenigen des Papstes unterzuordnen. Der Kampf beider Mächte führt zu dem Attentat von Anagni südöstlich von Rom (1303) und der **Gefangenschaft in Avignon** (1309–1377). Seither gelingt es den Päpsten nicht mehr, in der europäischen Staatenwelt eine Rolle zu übernehmen, die mit derjenigen im Hochmittelalter vergleichbar wäre. Kirche und Papsttum vollziehen in Avignon eine tiefgreifende Wandlung im Sinne einer *Fiskalisierung, Juridifizierung* und *Zentralisierung,* die sie zum Objekt der Kritik der immer stärker nach der religiösen, intellektuellen und politischen Selbständigkeit drängenden Individuen und gesellschaftlichen Gruppen macht und ständige Reformforderungen auslöst. Die Rückkehr der Päpste nach Italien gelingt nur um den Preis eines langdauernden **Schismas** (1378–1415). Die Reformkonzilien bringen zwar ein Ende der Spaltung, schwächen jedoch durch die Idee des *Konziliarismus* und durch ihre von den europäischen Herrschern in eigenem Sinne genutzten Reformforderungen Macht und Ansehen des Papsttums so sehr, daß die in der zweiten Hälfte des 15. Jh.s unternommenen Bemühungen um eine Neufundierung des Papsttums in der italienischen Staatenwelt ohne wirklichen Erfolg bleiben, vielmehr unter den Renaissancepäpsten zu einer weitgehenden *Verweltlichung* führen.

Die Päpste (1305–1492)

Clemens V.	1305–1314	Gregor XII.	1406–1415
Johannes XXII.	1316–1334	Alexander V.	1409–1410
Nikolaus (V.)	1328–1330	Johannes (XXIII.)	1410–1415
Benedikt XII.	1334–1342	Martin V.	1417–1431
Clemens VI.	1342–1352	Clemens (VIII.)	1423–1429
Innozenz VI.	1352–1362	Eugen IV.	1431–1447
Urban V.	1362–1370	Felix V.	1439–1449
Gregor XI.	1370–1378	Nikolaus V.	1447–1455
Urban VI.	1378–1389	Kalixt III.	1455–1458
Clemens VII.	1378–1394	Pius II.	1458–1464
Bonifaz IX.	1389–1404	Paul II.	1464–1471
Benedikt XIII.	1394–1417	Sixtus IV.	1471–1484
Innozenz VII.	1404–1406	Innozenz VIII.	1484–1492

Die Päpste in Avignon (1309–1377/1378)

1303–1304	Nach dem aus Treviso stammenden Dominikanerpapst Benedikt XI. (* 1240, † 1304), der
1304	nicht die Kraft besitzt, dem König von Frankreich zu widerstehen, ihn vielmehr vom Bann löst, wird nach fast einjährigem Konklave in Perugia der Erzbischof von Bordeaux, Bertrand de Got, als *Clemens V.* zum Papst gewählt.
1305–1314	Der magenkranke, willensschwache Gascogner läßt sich in Lyon krönen, erhebt neun Franzosen, darunter vier Neffen, zu Kardinälen, nimmt erneut alle über König Philipp den Schönen von Frankreich verhängten Kirchenstrafen zurück und bleibt auf seinen Druck hin während des ganzen Pontifikats in Frankreich, seit 1309 vornehmlich Avignon, das formell Reichslehen in der Hand des Königs von Neapel ist.
1309	Damit beginnt die Zeit des **Avignonesischen Papsttums,** der „*Babylonischen Gefangenschaft*" der Kirche.
	Clemens widersetzt sich dem 1309 in Avignon eröffneten, 1311 niedergeschlagenen Prozeß gegen das Andenken Bonifaz' VIII., der auf eine Verketzerung seines Vorgängers hinausläuft, verschließt sich dem französischen Wunsch nach Übertragung des Kaisertums, stimmt

jedoch der aus fiskalischen Gründen vom französischen König betriebenen *Aufhebung des Templerordens* zu.

1311–1312 Sie erfolgt auf dem von Philipp geforderten **Konzil von Vienne,** das neben der Templerangelegenheit über Kreuzzug und Kirchenreform sowie über die Lehre des Petrus Johannis Olivi (* 1248/1249, † 1298) und die franziskanische Armut *(usus pauper)* verhandelt.

Nach zweijähriger Vakanz können sich die französischen und italienischen Kardinäle in Lyon auf den zweiundsiebzigjährigen ehemaligen Kanzler Karls II. von Neapel (Anjou) und Bischof von Avignon, Jacques Duèze (* um 1245, † 1334) aus Cahors, einigen. Er läßt

1316–1334 sich in Gegenwart des Königs in Lyon als *Johannes XXII.* krönen und nimmt als erster Papst dauernd in Avignon seinen Sitz.

Der hierokratisch eingestellte Papst steigert durch systematischen Ausbau des Pfründen- und Abgabewesens die päpstlichen Einnahmen, verstärkt das französische Übergewicht im

1323 Kardinalskollegium, macht sich durch die Verdammung der Lehre von der absoluten Armut Christi und seiner Jünger große Teile des Franziskanerordens zum Gegner und gerät wegen seiner theologischen Anschauungen über die *visio beatifica* (Anschauung Gottes nach dem Hinscheiden) in Häresieverdacht. Politisch versucht er durch Beilegung der Kämpfe mit England und die Stützung der *angevinischen* Vormachtstellung in Italien die Rolle Frankreichs als Bundesgenosse des Papsttums auf Kosten des Reichs zu festigen. Johannes XXII. nützt den deutschen Thronstreit zwischen Ludwig dem Bayern und Friedrich dem Schönen zur Gewinnung des Reichsvikariats in Italien und nimmt in der letzten großen Auseinandersetzung zwischen Imperium und Sacerdotium mit allen kirchlichen Machtmitteln gegen den mit der Franziskaneropposition (Wilhelm von Ockham, Michael von Cesena) verbündeten Ludwig Stellung, als dieser in Italien aktiv wird und nach seiner

1328 Kaiserkrönung in Rom den Minoriten Peter von Corbara als Nikolaus V. (1328–1330), † 1333) zum (Gegen-)Papst wählen läßt.

1334–1342 Der als *Benedikt XII.* zum Papst gewählte Theologe und Zisterzienser Jacques Fournier (* um 1285) beginnt mit dem Bau des Papstpalasts in Avignon, überführt das päpstliche Archiv von Rom dorthin und verstärkt die Bindung an die französische Krone durch Konzedierung von Kreuzzugszehnten für den Krieg gegen England. Er stößt in Deutschland, wo sich Kaiser Ludwig (der Bayer) und die Kurfürsten weigern, die päpstliche Approbation als rechtsnotwendige Voraussetzung für das Königtum anzuerkennen (1338: *Licet iuris*), auf eine weitverbreitete antikuriale Stimmung. Innerkirchlich bemüht er sich um eine Reform der avignonesischen Verwaltung und die Erneuerung des Ordenslebens.

1342–1352 Mehr noch als seine Vorgänger ist *Clemens VI.* (* 1292) ein französischer Papst. Er unterstützt mit diplomatischen und finanziellen Mitteln die Sache Frankreichs gegen England, verhilft nach dem Tode Kaiser Ludwigs des Bayern dem „Pfaffenkönig" Karl IV. zur

1348 Krone, erwirbt Avignon und die Grafschaft Venaissin durch Kauf von Königin Johanna von Neapel und versucht, die päpstliche Position in Italien, wo in Rom Cola di Rienzo (* 1313, † 1354) als Volkstribun die Verwaltung übernimmt, gegenüber den Visconti und den Königen von Ungarn zu behaupten.

1352–1362 *Innozenz VI.* betreibt mit Hilfe des von ihm nach Italien entsandten Kardinals Albornoz
seit 1353 (* um 1300, † 1367) den Wiederaufbau des Kirchenstaats und schafft damit eine wichtige Voraussetzung für die Rückkehr des Papstes nach Rom.

1362–1370 *Urban V.* (* um 1310) begibt sich als erster avignonesischer Papst wieder nach Rom, von
1367 wo aus er mit Hilfe Kaiser Karls IV. seine italienische Machtstellung zurückzugewinnen sucht. Trotz Abratens Katharinas von Siena (* um 1347, † 1380) und Birgittas von Schwe-
1370 den (* um 1303, † 1373) zieht er sich jedoch enttäuscht nach Avignon zurück.

1370–1378 Erst sein Neffe *Gregor XI.* (* 1329) begibt sich trotz heftigen Widerstands der Kardinäle
1377 und des französischen Hochadels, ungeachtet auch der ungeklärten Lage in Oberitalien und der Toskana, endgültig nach Rom, wo die Päpste seither im Vatikan residieren.

Der päpstliche Fiskalismus

Die Päpste entwickeln in Avignon im Anschluß an ältere Praktiken ein wirkungsvolles System zur Erhebung der finanziellen Mittel, die sie nach zunehmendem Versiegen der italienischen Geldquellen zum Unterhalt der anspruchsvollen, sich infolge der Zentralisierung und Bürokratisierung ausweitenden Kurie, zur freiwilligen oder erzwungenen Unterstützung weltlicher Herrscher, zur Finanzierung ihrer eigenen Politik und zur Versorgung ihrer Klientel in gesteigertem Maße benötigen. Die wichtigsten Einkünfte der päpstlichen Finanzkammer bestehen neben Taxen und Sporteln aus den Abgaben bei der Besetzung der zunehmend dem Besetzungsrecht der Päpste reservierten geistlichen Stellen *(servitia),* den Einkünften aus vakanten *(fructus intercalares)* oder neubesetzten Stellen *(annatae),* der Hinterlassenschaft verstorbener Prälaten *(spolia)* und den allgemein oder regional begrenzt erhobenen *Zehnten, Prokurationen* und *Subsidien.* Die direkt bei der Kurie geleisteten, durch Kollektoren eingetriebenen oder von Banken vorfinanzierten Mittel geben den Päpsten politischen Handlungsspielraum, sie beleben Wirt-

528 Mittelalter – Spätmittelalter

schaft, Kultur und Kunst in und um Avignon. Die Rücksichtslosigkeit bei ihrer Eintreibung, die Mangelhaftigkeit ihrer Verwaltung und die Unkontrollierbarkeit ihrer Verwendung, die von den Betroffenen heftig kritisiert werden, führen jedoch zu einem solchen *Schwund an Vertrauen* in Papsttum, Kirche und geistliches Amt, daß man in dem im 14. Jh. ausgebildeten päpstlichen Fiskalismus einen Hauptgrund für die in der Reformation zu ihrem Höhepunkt kommende kirchenkritische Einstellung sehen muß.

Das Große (Abendländische) Schisma (1378–1415)

1378 *1378–1389* *1378–1394*	Nach dem frühen Tod Gregors XI. wird unter massivem Druck der an einem italienischen Papst interessierten römischen Bevölkerung in einem in seiner Rechtmäßigkeit bis heute umstrittenen Verfahren der Erzbischof von Bari, Bartolomeo Prignano (* um 1318), als *Urban VI.* zum Papst gewählt. Seine charakterlichen Schwächen (incapacità) und eine gegen die Kardinäle gerichtete Politik veranlassen diese, noch im gleichen Jahr in Fondi den Kardinal Robert von Genf (* um 1342) als *Clemens VII.* zu wählen, womit sie das *Große (Abendländische) Schisma* einleiten.
1379 1381	Es gelingt Clemens nicht, Urban aus Rom zu verdrängen, er muß vielmehr nach einer ihm von diesem bei Marino (über dem Albanersee) beigebrachten militärischen Niederlage zunächst an den Hof der mit ihm verbündeten Johanna I. von Neapel und dann nach Avignon zurückweichen. Er gewinnt neben den Anjous von Neapel nach kurzer Neutralität Frankreich, Savoyen, Burgund und später Kastilien, Aragón und Navarra, während die übrigen italienischen Territorien, fast das ganze Reich, die östlichen und nordischen Länder, Ungarn, England und seit 1385 auch Portugal die Partei Urbans ergreifen. Beide Päpste erhalten nach ihrem Tode Nachfolger, so daß das Schisma bestehenbleibt.
1389 1389–1404	In *Rom* wird der aus Neapel stammende Kardinal Pietro Tomacelli (* um 1350) als Bonifaz IX. gewählt. Er versucht sich gegen die neapolitanischen Anjous und ihre italienischen Anhänger durchzusetzen.
1394–1417 1395–1398 1398 1403	In *Avignon* folgt als Benedikt XIII. († 1423) der spanische Kardinal Pedro de Luna, der auf seiner Rechtmäßigkeit besteht und im Gegensatz zu den Beschlüssen der Pariser Synoden und dem Willen der französischen Krone nicht durch Abdankung *(via cessionis)* oder Absetzung *(substractio),* sondern *via conventionis* bzw. „*via facti*", also auf politischem und diplomatischem Wege, den römischen Papst zurückdrängen will. Nachdem Frankreich seine Neutralität erklärt hat, wird Benedikt in Avignon belagert und muß in die Provence fliehen. Es gelingt ihm jedoch schon bald, seine Obödienz zurückzugewinnen und eine aktive Politik gegen die römischen Päpste in Italien fortzusetzen.
1404–1406 1406–1415 1407	Diese, Innozenz VII. (* um 1336) und Gregor XII. (* um 1325, † 1417), weichen ihm jedoch aus und lassen es trotz einer in Marseille getroffenen Vereinbarung nicht zu den von ihm angestrebten Gesprächen kommen. Nachdem die Position Benedikts XIII. durch die Neutralitätserklärung Frankreichs erneut geschwächt ist, vereinbaren die Kardinäle beider Obödienzen auf einer Zusammenkunft
1408	in Livorno die Einberufung eines Generalkonzils, um im Sinne der von Heinrich von Langenstein und Konrad von Gelnhausen propagierten konziliaren Theorie über die Päpste zu richten und durch eine Neuwahl die Einheit der Kirche wiederherzustellen.
1409	Auf dem **Konzil zu Pisa,** an dem rund 200 Bischöfe persönlich oder durch Stellvertreter teilnehmen, werden die beiden Päpste als notorische Schismatiker, Häretiker und Eidbrecher abgesetzt. Nach einem kurzen Konklave wird nun einstimmig der von griechischen Eltern abstammende Kardinal von Mailand, Peter Philargi (* um 1340), als Alexander V.
1409–1410	gewählt. Da es die beiden Gegenpäpste ablehnen, sich dem Spruch des Konzils zu unterwerfen, gibt es fortan drei Päpste, von denen Gregor XII. Neapel und andere italienische Territorien sowie den deutschen König Ruprecht und einzelne Reichsfürsten, Benedikt XIII. Spanien, Portugal und Schottland zu ihrer Obödienz rechnen kann, während sich die übrigen Länder Alexander V. anschließen.

Die Konzile und der Sieg des Papsttums (1415–1492)

Der Konziliarismus

Der Konziliarismus oder die konziliare Theorie besagt, daß das *allgemeine Konzil als höchste Instanz der Kirche* zu gelten habe und ihm grundsätzlich auch der Papst unterworfen sei. Die Wurzeln dieser Theorie sind im älteren kirchlichen Recht und bei den hochmittelalterlichen Kanonisten zu suchen, die

Papsttum und Kirche – Das Große Schisma – Konzile und Sieg des Papsttums   *529*

eine Kirchenversammlung als Instrument zur Beseitigung von Notständen wie der Häresie oder Handlungsunfähigkeit des Papstes betrachten. Im 14. Jh. werden diese Ansätze von Theologen wie Konrad von Gelnhausen (* um 1320, † 1390), Heinrich von Langenstein (* 1325, † 1397), Pierre d'Ailly (Peter von Ailly; * 1352, † 1420) und Jean Gerson (Charlier; * 1363, † 1429) systematisiert und von Wilhelm von Ockham (* um 1285, † 1347) und Marsilius von Padua (* 1275/80, † 1342) in Richtung auf eine kirchliche „Volkssouveränität" zugespitzt.

Kirchenpolitische Bedeutung erhält der Konziliarismus nach der Kirchenspaltung von 1378, als die Einberufung und Entscheidung eines Generalkonzils von weiten Kreisen als der einzig geeignete Weg zur Ablösung der schismatischen Päpste und zur Wahl eines neuen Oberhauptes der Kirche angesehen wird. Das Konstanzer Konzil (1414–1418) gibt nun dem Konziliarismus in dem Dekret *Haec sancta* seine klassische Formulierung und versucht mit der in dem Dekret *Frequens* vorgesehenen Periodizität des Generalkonzils ein Gegengewicht gegen den päpstlichen Absolutismus zu schaffen. Die in Basel (1431–1449) erneuerten und prinzipiell gedeuteten Superioritätsdekrete werden jedoch von den Päpsten mißachtet bzw. unterlaufen. Dennoch bleibt der Konziliarismus bis zum Konzil von Trient (1545–1563) lebendig. Er spielt auch danach im Gallikanismus und Episkopalismus eine Rolle und gewinnt anläßlich der beiden Vatikanischen Konzilien (1869–1870 und 1962–1965) in historischer Forschung und theologischer Diskussion erneut an Bedeutung.

1410–1415	Auf Betreiben des deutschen Königs Sigismund (1410–1437), der die Wiederherstellung der kirchlichen Einheit mit Hilfe der größten, in Pisa geschaffenen Obödienz zu verwirklichen sucht, ruft der Nachfolger Alexanders V., der als Johannes XXIII. († 1419) gewählte
1413	ehemalige Condottiere Balthasar Cossa, nach Verhandlungen mit dem König in Lodi und Cremona ein Generalkonzil nach Konstanz ein, das ihm von Sigismund als Konzilsort vorgeschlagen wurde.
1414–1418	Nachdem der König durch einen Geheimvertrag die Teilnahme Englands und durch ein Bündnis diejenige Frankreichs erreicht hat, versammeln sich seit dem 28. Okt. 1414 zahlreiche Fürsten und Prälaten aus der ganzen Christenheit zur **Kirchenversammlung von Konstanz,** dem größten Kongreß des Mittelalters. Das Konzil, das sich die Beseitigung der Kirchenspaltung *(causa unionis),* die Verbesserung der kirchlichen Zustände *(causa reformationis)* und die Niederschlagung der Ketzerei *(causa fidei)* zur Aufgabe gemacht hat, gibt sich nach dem Vorbild der Universitätsverfassungen eine Geschäftsordnung, nach der nicht nach Köpfen, sondern nach *Nationen* (deutsche, französische, englische, italienische) abgestimmt und so eine Majorisierung durch die italienischen Bischöfe verhindert wird.
1415	Der als rechtmäßig anerkannte Johannes XXIII. stellt auf Druck des Konzils seine Zession in Aussicht, flieht jedoch mit Hilfe Herzog Friedrichs IV. von Österreich (* 1382/1383, † 1439) aus Konstanz, um so die Versammlung zur Auflösung zu zwingen. In dieser Situation verkündet das Konzil im Dekret *Haec sancta* den Grundsatz, daß es unmittelbare Gewalt von Christus habe und dem Papst übergeordnet sei. Es setzt aufgrund dieser Legitimation Johannes XXIII. ab, der bis 1419 im Gewahrsam des Pfalzgrafen bei Rhein bleibt. Nachdem auch Gregor XII. im Jahr 1415 resigniert hat, begibt sich Sigismund im Anschluß an die am 6. Juli 1415 erfolgte Verbrennung des Johannes Hus, mit einer Abordnung des Konzils nach Perpignan, um den dort befindlichen Benedikt XIII. zur Abdankung zu veranlassen. Die Verhandlungen scheitern, Sigismund kann jedoch die spanischen Staaten zur Loslösung von Benedikt und zur Teilnahme am Konzil gewinnen (jetzt 5 Nationen).
1417	Nach Sigismunds Rückkehr spricht das Konzil die Absetzung Benedikts aus.
	Das Konzil beschäftigt sich mit der Reform der durch das Avignonesische Papsttum deformierten Kirche. Dabei ergibt sich die Frage, ob die Wahl eines neuen Papstes der Reform vorausgehen oder ihr folgen soll. Der letzte Vorschlag, der ohne Gegenwirkung eines Papstes die Reform der Kirche an Haupt und Gliedern sowie eine Einschränkung des päpstlichen Zentralismus ermöglicht hätte, kann trotz der Bemühungen Sigismunds und der Deutschen wegen des Widerstandes der romanischen Nationen nicht verwirklicht werden.
11. Nov. *1417–1431*	Von den Kardinälen und je sechs Vertretern der fünf Konzilsnationen wird daraufhin Odo Colonna als *Martin V.* (* 1368) zum Papst gewählt.
1418	Das Konzil verabschiedet in seiner 43. Sitzung sieben Reformdekrete, der Papst schließt mit den fünf Nationen eigene Konkordate, die eine Beschneidung des päpstlichen Zentralismus und Fiskalismus vorsehen. Zu einer tiefgreifenden Kirchenreform kommt es jedoch nicht. Die im Dekret *Frequens* (1417) erhobene Forderung nach regelmäßigem Zusammentritt von Generalkonzilien läßt jedoch die Möglichkeit einer Fortsetzung des Reformwerkes offen.
1431–1449 1431–1447 1433	Das entsprechend diesem Dekret von Martin V. einberufene **Konzil von Basel** stößt zunächst auf Widerstand Eugens IV. (1431–1447, * um 1383), der jedoch die von ihm angeordnete Auflösung zurücknehmen muß.
	Die Versammlung, die ausdrücklich ihre *Superiorität über den Papst* feststellt, tagt unter dem Vorsitz des von Eugen bestellten reformfreudigen Kardinals Giuliano Cesarini (* 1398, † 1444). Sie bildet nach den ihr zugewiesenen Gegenständen (Glaubenssachen,

530 Mittelalter − Spätmittelalter

Kirchenfriede, Reform und Allgemeines) Deputationen, die nach Köpfen beschließen. Die aus jeder Nation (Italiener, Franzosen, Deutsche, Spanier) gleichmäßig besetzten Deputationen umfassen zahlreiche Universitätslehrer und Mitglieder des niederen Klerus, was dem Konzil einen stark „demokratischen" Charakter gibt. Es erläßt eine Reihe von Reformdekreten, die u. a. durch die Abschaffung von Reservationen und Annaten die Rechte und Einkünfte des Papstes beschränken. Der dem Konzil im Grunde ablehnend gegenüberstehende Eugen IV. verlegt es gegen den Willen der Mehrheit nach *Ferrara* (1437/1438), später nach *Florenz* (1439), wo eine kurzlebige Union mit den Griechen geschlossen wird.

1439　Die in Basel verbliebenen Konzilsväter setzen den Papst ab und wählen den ehemaligen
1439–1449　Herzog Amadeus von Savoyen (* 1383, † 1451) als Felix V. zum Papst, der jedoch abdankt, als die römische Kurie die Anerkennung der meisten Fürsten erreicht und sich das 1448 nach *Lausanne* verlegte Konzil auflöst.

Im Widerstreit zwischen dem Konzil und dem Papst gelingt es Frankreich in der *Sanktion von Bourges* (1438), dem deutschen König sowie den deutschen Fürsten in den vom Papst bestätigten sogenannten *Fürstenkonkordaten,* größeren Einfluß auf die Besetzung kirchlicher Stellen zu gewinnen, so daß am Ende weder der Papst noch die auf dem Konzil versammelten Vertreter der Gesamtkirche, sondern die Fürsten Nutznießer des Konzils werden. Das durch das Zurückdrängen des Konziliarismus gestärkte Papsttum bemüht sich unter Verzicht auf eine wirkliche Kirchen- und Kurienreform um die Neuordnung des *Kirchenstaates* als seiner Machtbasis und schafft damit die Voraussetzung für die Renaissance, die das Antlitz Roms entscheidend prägt.

1447–1455　Der als Kompromißkandidat von den Orsini und Colonna gewählte *Nikolaus V.* (* 1397), Förderer des Humanismus, Gründer der Vatikanischen Bibliothek und Planer tiefgreifen-
1452　der architektonischer Umgestaltungen Roms, vollzieht mit der Krönung Friedrichs III. die letzte Kaiserkrönung in Rom und bemüht sich um eine Befriedung des Kirchenstaates und
1454　Italiens. Als *Protector et Custos* tritt er dem Vertrag von Lodi bei. Er bemüht sich vergeblich um eine Abwehrfront gegen die Türken.

Ebenfalls als Verlegenheitskandidat gelangt der spanische Kardinal Alonso de Borja (Bor-
1455–1458　gia), Kalixt III., auf den Thron. Er setzt sich mit Energie, wenn auch ohne Erfolg, für die Rückerwerbung des 1453 von den Türken eroberten Konstantinopel ein. Er beruft zwei Neffen ins Kardinalskollegium und schafft damit die Voraussetzung für die Reihe der Borgiapäpste.

1458–1464　Sein aus dem Sieneser Geschlecht der Piccolomini stammender Nachfolger *Pius II.* (* 1405), der als ehemaliges Mitglied der Kanzlei Friedrichs III., Bischof von Trient und Siena eine zwischen Konzil und Papst schwankende Laufbahn hinter sich hat und wegen seiner historischen und literarischen Werke (u. a. Commentarii, Historia Friderici III.)
1459　Ansehen genießt, konzentriert sich auf die Kirchenreform und die Abwehr der Türkengefahr. Er beruft zu diesem Zweck einen Fürstenkongreß nach Mantua ein, kann jedoch den beabsichtigten Kreuzzug nicht mehr zustande bringen.

1464–1471　Paul II. (* 1418), Neffe Eugens IV., fördert zwar den Ausbau Roms (Palazzo Venezia), versteht es aber nicht, die humanistischen Literaten (Platina, Pomponius Laetus) für sich zu gewinnen.

1471–1484　Sixtus IV. (* 1414), aus dem Geschlecht der della Rovere, ehemaliger Generalminister der Franziskaner, betreibt den Ausbau Roms (S. Maria della Pace, Sixtinische Kapelle etc.) und die Festigung des Kirchenstaates als eines italienischen Fürstentums, wobei er sich eines rücksichtslosen Nepotismus bedient.

1484–1492　Der als Kandidat der della Rovere auf den Papstthron gelangte Innozenz VIII. (* 1432) steht hilflos den römischen Unruhen und der in der großen Liga vereinigten italienischen Staatenwelt (mit Ausnahme Venedigs) gegenüber. Beide Päpste sind den politischen und religiösen Problemen ihrer Zeit nicht gewachsen. – *(Forts. S. 692, 694)*

Italien (1266–1494)

(Forts. v. S. 442)

Die Anfänge der Signorie

Den zunehmenden inneren Gegensätzen ist die Kommunalverfassung auf die Dauer nicht gewachsen. Den Mächtigen der Kommune (adelige und nichtadelige *potentes,* „Magnaten") tritt der zunehmend organisierte *Popolo* gegenüber, anfangs regional nach Nachbarschaftsbezirken, dann korporativ von den angeseheneren Zünften getragen und zuletzt geführt vom *Capitano del popolo* (erstmals Parma 1244, Florenz 1250) und den *Anziani;* doch bleibt die eigentliche Unterschicht auch vom popolo ausgeschlossen. Diese wachsende Konfrontation zwischen *Comune* (Gesamtgemeinde) und *Popolo,* die sozialen Kon-

Italien 531

flikte (deren Fronten aber nicht in Klassenschemata zu bringen sind: es gibt handeltreibende Adelsfamilien wie grundbesitzende Popolanenfamilien) und politische Parteiung (unter den bald bedeutungslosen Parteinamen von *Guelfen* und *Ghibellinen*) entladen sich in dauernden Kämpfen. Darum der Ruf nach dem starken Mann, dem *Signore:* zunächst zu dem begrenzten Ziel, die Kommunalverfassung zu stabilisieren, dann als unverhülltes Parteiregiment. Der Aufstieg zum Stadtherrn führt meist über ein hohes städtisches Amt (Podestarie oder noch öfter Volkskapitanat) mit verlängerter, bald lebenslanger Amtsdauer und Ausnahmevollmachten, dann auch direkt unter neuem, sprechendem Titel *(dominus perpetuus* = immerwährender Herr). Der Signore, selbst meist feudaler Herkunft und Haupt einer Partei beliebiger aktueller Zielsetzung (hier für den popolo gegen die Magnaten, dort umgekehrt, meist jedoch gestützt auf den popolo minuto, der an der Signorie mehr gewinnt als andere), setzt sich gegen seinen nächsten Rivalen durch und *erzwingt den inneren Frieden um den Preis der Freiheit.* Dabei bleibt der äußere Anschein kommunaler Verfassung (mit plebiszitären Zügen) oft gewahrt, wofern man in der Signorie nur die krankhafte Verformung der Kommune und nicht etwas Neues sehen will. Während (und wegen) des Endkampfes Friedrichs II. vor 1250 in Oberitalien beginnend, ist die Signorie dort gegen 1300 bereits die Regel, erfaßt dann auch den nördlichen Kirchenstaat, jedoch kaum die Toskana, was Florenz (seinerseits oligarchisches Zunftregiment) in seiner politischen Propaganda stets hervorheben wird („Freiheit" gegen „Tyrannei"). Die Signorie ist *illegitim* (wie ursprünglich freilich auch die Kommune) und darum auf Erfolge angewiesen: viele Signori (darunter gewalttätige, von der popularisierenden Renaissance-Literatur später unnötig verherrlichte Gestalten) versuchen, Nachbarstädte hinzuzuerobern und sich ein flächiges, womöglich schon zentral verwaltetes Territorium zu schaffen (am erfolgreichsten die Visconti von Mailand). In Oberitalien ist das Reich, in Mittelitalien der Papst nicht stark genug, diese Entwicklung einzudämmen; wenn zur Beseitigung der Signori (versucht von Albornoz und Papst Martin V., erfolgreich erst Cesare Borgia) die Macht fehlt, werden sie durch Vergabe eines Titels (Reichsvikar bzw. apostolischer Vikar) wenigstens nominell in den Untertanenverband zurückgegliedert. Wo der Signore endlich, von Papst oder Kaiser, durch Anerkennung als Markgraf oder Herzog die Legitimierung erreicht, wird die Signorie zum *Prinzipat,* zum erblichen Fürstentum über Untertanen (so die Este: in Ferrara 1264 Signori, 1329 päpstliche Vikare, 1471 Herzöge, bis 1598; in Modena 1289 Signori, 1452 Herzöge, bis 1796! So die Gonzaga in Mantua: 1327 Signori, 1433 Markgrafen, 1530 Herzöge, in Mantua bis 1627); einige dieser Höfe werden zu Zentren der Renaissance-Kultur (Ferrara, Mantua, Urbino u. a.). Die italienischen Signorien, im 14. Jh. noch ein schwer durchschaubares Getümmel, werden im 15. Jh. durch die Konsolidierung weniger großer Territorialstaaten (Kirchenstaat, Venedig, Mailand, Florenz, Neapel) weitgehend beseitigt oder zugedeckt.

Die Herrschaft der *Anjou,* vom Papsttum gegen die letzten Staufer nach **Unteritalien** gerufen, droht auch nach Oberitalien auszugreifen:

1265–1285 Karl I. (* um 1220), bald auch päpstlicher Reichsvikar in Tuszien, übernimmt die ihm angetragene Signorie in Rom und in vielen guelfischen Kommunen Oberitaliens. Das Papsttum schwankt angesichts dieser neuen Konstellation zwischen nationaler Reaktion (der Römer Nikolaus III. 1277–80) und Neigung (der Franzose Martin IV. 1281–85). Doch wird die Anjou-Herrschaft von anderer Seite halbiert:

1282 gegen Fiskalpolitik und Übergriffe der neuen Fremdherrschaft blutige Volkserhebung der *Sizilianischen Vesper*; die Aufständischen vertreiben die Franzosen und bieten die Herrschaft über **Sizilien** Manfreds Schwiegersohn Peter III. von Aragón (1276–85) an. Der seither andauernde Krieg um Sizilien, zuletzt zwischen Peters Sohn Friedrich II.

1302 (1296–1337) und dem Thronprätendenten des Papstes (Lehnsherr Siziliens) Karl von Valois, Bruder Philipps IV. von Frankreich, wird im Frieden von Caltabelotta vorläufig zugunsten Aragóns unterbrochen: Sizilien wird aragonesisch, Unteritalien bleibt französisch (Karl II. v. Anjou 1285–1309). In **Mittelitalien** gerät das Papsttum, nun größte Territorialmacht Italiens, unter *Bonifaz VIII.* (1294–1303) als entschiedenstem Vertreter des päpstlichen Weltherrschaftsanspruchs mit der rücksichtslosen, die Macht des Königtums auch auf Kosten des Klerus verdichtenden Politik Philipps IV. v. Frankreich aneinander, dem der Kampf des Papstes mit den Colonna Gelegenheit zur Intervention gibt:

1303 Attentat von Anagni.

Oberitalien ist, als Reichsitalien, vom Zusammenbruch der Reichsgewalt in anderer Weise betroffen: der nachlassende äußere Druck läßt die politischen Kräfte im Innern um so ungehemmter fortwuchern, die Spannungen in und zwischen den Kommunen noch offener zutage treten. Mörderische Kämpfe unter den alten Parteinamen von *Guelfen* und *Ghibellinen:* dabei meint „guelfisch" in der großen Politik das Bündnissystem Papst-Florenz-Anjou zur Aufrechterhaltung des Status quo nach dem Ende der Staufer, im Innern (nach guelfischem Selbstverständnis) die freie bürgerliche Kommune im Kampf gegen die alten feudalen Kräfte; doch ist der Parteiname oft nur ideologische Etikettierung herkömmlicher Feindschaften. Anarchie und Parteihaß, manchen schmerzlich bewußt („Italien, Sklavin, Haus des Schmerzes..." Dante, Purgatorio VI), lassen viele endlich doch auf ein Eingreifen des Reiches hoffen; allein statt des von Dante erwarteten Universalkaisers kommt ein spätmittelalterlicher Territorialkönig:

532 Mittelalter − Spätmittelalter

1310–1313   *Heinrich VII.* (1308–13, seit 1310 in Italien, 1311 Krönung in Mailand, 1312 in Rom) wird, mangels eigenen Gewichtes, trotz besserer Vorsätze bald in die oberitalienischen Parteiungen hineingezogen; stirbt vor der entscheidenden, aussichtslosen Konfrontation mit Florenz und Robert v. Neapel (1313, begraben im Dom von Pisa).

Auf die kleinteilige Auseinandersetzung der Partikulargewalten wirkt sein Erscheinen nicht dämpfend, sondern polarisierend: Aufstieg und Konsolidierung mächtiger **Signorien** wie der *della Scala* (oder *Scaliger*) von Verona, beginnend mit Mastino della Scala (1259 Podestà), gipfelnd in *Cangrande:* Signore (1311–1329), Führer der Ghibellinen Oberitaliens, Gastgeber Dantes; gewinnt auch Vicenza und Padua. Seine Nachfolger werden 1336–39 durch eine oberitalienische Liga auf den Kernbesitz Verona und Vicenza zurückgedrängt und 1387 von den Visconti beseitigt. In Padua die *Carrara* (1318–29, 1337–1406); in Ferrara und Modena die *Este* und in Mantua die *Gonzaga*.

1311   In **Mailand** setzen sich gegen die anfangs mächtigen della Torre in mehrfachen Anläufen die *Visconti* durch, endgültig 1311: Ottone Visconti, Erzbischof von Mailand 1277 und 1282 Signore, sein Großneffe Matteo I. (1287 Capitano del popolo, 1294 Reichsvikar, 1310 von Heinrich VII. aus der Verbannnung zurückgeführt) 1311–22 Signore.

Matteo und seine Nachfolger, darunter Azzone (1328–39) und Giovanni, Erzbischof von Mailand (1349–54), bauen die Visconti-Herrschaft, neuer Ausdruck von Mailands natürlichem Übergewicht in der Lombardei, zielstrebig bis Vercelli, Como, Alessandria, Cremona und Parma aus (zeitweilig sogar Genua 1353–56 und Bologna 1350–60, führt zur Konfrontation mit Venedig bzw. Florenz). Kräftiges, aber schreckliches Regiment der Brüder Bernabò und Galeazzo II. (1354–85 bzw. 1378), die den Bestand des Visconti-Staates gegen alarmierte Nachbarmächte (darunter besonders Giovanni II. von Montferrat 1338–72, dann Amedeo VI. von Savoyen 1343–83), gegen Florenz, Papst und Kaiser in mehreren Kriegen und Friedensschlüssen (1358, 1364, 1369, 1370) im wesentlichen bewahren.

In der **Toscana** hingegen haben Signorien und ihre Territorialbildungen nur kurzen Bestand: in Pisa, das seit der Niederlage gegen Genua (Meloria 1284) absteigt und in Parteikämpfen vergeht, die Signorie der Gherardesca 1284–1320 und Ugucciones della Faggiola 1312–16; in Lucca (zeitweilig auch in Pistoia und Pisa) Castruccio Castracane 1316–28, schlägt als Führer der toskanischen Ghibellinen Florenz 1325 bei Altopascio.

In **Florenz** führend der „popolo grasso" („fettes Volk": besitzendes Bürgertum und integrierter Adel), der sich gegen „Magnaten" (alte feudale Familien) und „popolo minuto" (kleines Handwerk soweit organisiert oberhalb der Plebs) absetzt, sich in den arti maggiori organisiert (höhere Zünfte wie Tuchfabrikanten, Kaufleute, Bankiers, Notare) und seine politische Exklusivität im Klub der Parte Guelfa manifestiert.

seit 1282   *Alleinherrschaft der Zünfte* (Zunftprioren bilden die *Signoria*), die in den *Ordinamenti*
1293   *della Giustizia* von 1293 den Adel vom politischen Leben ausschließen; seit 1295 kann er wenigstens durch Einschreibung in eine Zunft daran teilhaben. Innerhalb der Guelfen Fraktionsbildung zwischen (gemäßigten) Weißen und Schwarzen um die Familien der Cerchi und Donati; unter den 1302 verbannten Weißen ist Dante.

Kritische Phase der 1340er Jahre: 1341–46 Zusammenbruch zahlreicher Florentiner Fir-
1342   men (s. Bankwesen); 1342/43 Signorie des von Adel und popolo minuto berufenen Walter
1345   von Brienne Herzogs von Athen; 1343/45 Konsolidierung der wachsenden Staatsschuld im *Monte Comune* mit 5%igen Anteilen; 1348 drastische Bevölkerungsverluste durch die
1348   **große Pest** (vor 1348 um 90–120000 Einwohner, im 15. Jh. etwa 40000).

Zunehmende *Expansion in die Toskana* (1351 Prato, 1361 Volterra, 1384 Arezzo, 1411 Cortona annektiert).

Das Königreich **Neapel** bleibt, im Einverständnis mit Frankreich und der Kurie, Vormacht des guelfischen Bündnissystems in Italien.

1309–1343   Höhepunkt unter Karls I. Enkel *Robert dem Weisen* von Anjou (* um 1279, Sohn Karls II.): realistisch, gelehrt, antikaiserlich in Politik und Programm (Denkschrift an den Papst zur Abschaffung des Kaisertums, das Dante in seiner „Monarchia" gerade noch einmal gerechtfertigt hat). Als König von Neapel zugleich päpstlicher Vikar für Reichsitalien, Generalkapitän der Truppen des Kirchenstaates, Signore zahlreicher guelfischer Städte (darunter zeitweilig Florenz, Rom, Genua); doch verhindert die Gegnerschaft der Visconti und das Eigeninteresse von Florenz ein dauerndes Fußfassen in Oberitalien.

Mit seiner Engelin *Johanna I.* beginnt der Abstieg: 1347/48 verliert sie ihr Reich zeitweilig an König Ludwig von Ungarn (Bruder ihres ermordeten Gatten Andreas aus der ungarischen Anjou-Linie, die 1308–1382 in Ungarn herrscht [u. a. Karl Robert und sein Sohn Ludwig I., der Große]).

Wachsender Einfluß des großen Feudaladels, Bürgerkrieg zwischen Anhängern der ungarischen und der neapolitanischen Anjou unter den Parteinamen Durazzo und Tarent. Johannas Entscheidung für den avignonesischen Papst bei Ausbruch des Schismas 1378 kostet sie Thron (1381) und Leben (1382).

Erfolglos bleibt der zähe Kampf der Anjou von Neapel um **Sizilien:** hier behauptet sich, natürlicher Bundesgenosse von Kaiser und Ghibellinen, die aragonesische Nebenlinie *(Friedrich II.* 1296–1337, Peter II. 1337–42, Ludwig II. 1342–55). Nach verheerenden, den Baronadel emportragenden Kriegen erst 1372 Friede mit Neapel und dem Papsttum. Friedrichs III. (1355–1377) Erbtochter Maria, deren Rechte von Peter IV. von Aragón nicht anerkannt werden, heiratet dessen Enkel Martin den Jüngeren (König von Sizilien 1391 bis 1409). Nach dessen erbenlosem Tod anerkennt Sizilien, wie Aragón, 1412 Ferdinand I. († 1416), Bruder Heinrichs III. von Kastilien: abermalige und nun dauernde Bindung Siziliens an Aragón und somit zuletzt an Spanien.

Unter den Seerepubliken verdrängt **Genua** endlich die alte Rivalin Pisa (Seesieg bei Meloria 1284), hält Korsika, verliert aber allmählich Sardinien an Aragón (das 1297 vom Papst die Insel als Ersatz für Sizilien erhält und bis 1336 erobert), seinen neuen Gegner und natürlichen Bundesgenossen Venedigs. Im Osten seit der Wiederherstellung des griechischen Kaisertums (1261) zeitweiliger Aufstieg Genuas auf Kosten Venedigs, das mit dem Sturz des lateinischen Kaisertums in Konstantinopel seine maßlosen Privilegien einbüßt. Genua dringt ins Schwarze Meer ein (Handelskolonie Caffa/Krim 1266–1475); wachsende Konfrontation beider Seemächte im Osten (1293–99 Krieg um die Meerengen, 1350–55 um Chios).

Venedig verliert 1358 die dalmatinische Küste an Ungarn, bewahrt aber im wesentlichen seine Position im Mittelmeerraum und geht im Innern stetig seinen eigenen Weg fern von Zunftherrschaft und Signorie.

Aristokratisch-oligarchische Verfassung von hoher Stabilität: neben dem auf Lebenszeit gewählten Dogen steht als Träger der Souveränität der Große Rat, der 1297 erbrechtlich geschlossen wird *(Serrata del Gran Consiglio);* Neuzulassungen werden dessen oligarchischen Charakter nicht in Frage stellen. Strenge Unterdrückung gegenläufiger Tendenzen: Staatsstreichversuche von Bajamonte Tiepolo 1310 (seither Rat der Zehn zur Überwachung der Staatssicherheit mit geheimem Verfahren) und Marino Faliero 1355.

1309 Das **Papsttum** übersiedelt nach *Avignon* unter den Schutz und Einfluß des französischen Königs.

Der *Kirchenstaat,* seit den „Rekuperationen" Innozenz' III. ein äußerst heterogenes Gebilde, ist fortan sich selbst und seinen auseinanderstrebenden Entwicklungskräften überlassen: im Süden das alte Patrimonium (von Orvieto bis Terracina), von der kommunalen Bewegung fast unberührt und Domäne des alten Feudaladels (Colonna, Orsini, seit Bonifaz VIII. die Caetani); im Norden nun Romagna und Mark Ancona, deren selbstbewußte Stadtstaaten und Signorien (wie die Montefeltro seit 1234 in Urbino, die Polenta seit 1275 in Ravenna, die Malatesta seit 1295 in Rimini) sich die neue päpstliche Herrschaft nicht so leicht überstülpen lassen: nach Norden und auf neue Entwicklungen hin orientiert, wirtschaftlich stark, weit von Rom entfernt und praktisch unregierbar.

1316–1334 Doch greift das avignonesische Papsttum schon unter *Johannes XXII.* energisch in die italienischen Verhältnisse ein, mit großem Aufwand an materiellen und geistlichen Mitteln:

1320–1334 der langdauernde Feldzug des Kardinallegaten Bertrand du Pouget gegen die Ghibellinen Oberitaliens (besonders die Visconti), geführt im Einverständnis mit Robert von Neapel und zuletzt auch mit dem (von einigen Städten gerufenen) Sohn Heinrichs VII., König Johann von Böhmen (in Italien 1330–33), scheitert nach anfänglichen Erfolgen.

Umgekehrt vermag auch die Reichsgewalt hier nicht mehr Fuß zu fassen:

1327–1330 *Italienzug Ludwigs des Bayern* gegen den Willen des Papstes, der (da Wahl ohne seine Approbation) in Italien weiterhin die Reichsverweserschaft vacante imperio beansprucht;

1327, 1328 Ludwig wird in Mailand gekrönt, dann in Rom von Vertretern des römischen Volkes (theoretische Grundlegung im „Defensor Pacis" 1324 des zu Ludwig flüchtenden Marsilius von Padua: die Souveränität liegt beim Volke; Beschränkung des Klerus auf geistliche Aufgaben).

Sein Nachfolger Karl IV. wird 1354/1355 nur noch hastig und unter Umgehung jeden Risikos die Kaiserkrone holen und unterwegs die bestehenden Verhältnisse gegen teures Geld legitimieren.

Die Abwesenheit der Päpste gibt auch in **Rom** selbst Raum zu Rückbesinnung auf eigenes Gewicht unabhängig vom (und gegebenenfalls auch: gegen das) Papsttum. Die im 12. Jh. ausgebildete, jeder realen Grundlage entbehrende Rom-Ideologie (Erneuerung des Senats, „politische Archäologie") wird nun inmitten totalen Ruins schwärmerisch übersteigert in dem aus antiken Reminiszenzen und mystischen Vorstellungen seltsam gemischten Programm des Notars *Cola di Rienzo.*

1347, 1354 Er ergreift in zwei Anläufen (beim zweiten getötet) als „Volkstribun" in Rom die Macht und ruft in lauten Manifesten das „ganze heilige Italien" zur Einigung unter der Führung Roms auf. Der große Adel wird aus der Stadt gedrängt, und fortan wortführend ist die aufsteigende Mittelschicht (viele Großviehzüchter, die Adels- und Kirchenbesitz auskaufen).

534   Mittelalter — Spätmittelalter

1348   Die *große Pest* führt auch in Italien zu drastischer Verminderung der Bevölkerungszahlen. Eine dichte Folge von Epidemien (1361/1363, 1374/1375, 1383/1384, 1390/1391, 1399/1400 usw.) verhindert vorläufig jede Regenerierung. Abermaliger Versuch des (von der öffentlichen Meinung nach Italien zurückgeforderten) avignonesischen Papsttums, den durch Schwäche, Mißwirtschaft und Entfremdung weitgehend verlorenen Kirchenstaat wieder in die Hand zu bekommen:

1353–1360   der bedeutende spanische Kardinal Aegidius (Gil) *Albornoz* (* um 1300, † 1367) gewinnt mit Energie und Maß den Kirchenstaat zurück. Seine „Constitutiones Aegidianae" (1357) bleiben bis 1816 Gesetzbuch des Kirchenstaates.
Die sich abzeichnende Reinstallierung des Papsttums in Italien sehen die Visconti und sogar Florenz mit Argwohn:

1375–1378   Krieg der Otto Santi („8 Heilige", d. h. die Florentiner Kriegskommissare), Florenz schürt den Aufruhr im Kirchenstaat („Libertà!"). Der Papst trennt sich (zu beider Schaden) zeitweilig von seinen Florentiner Bankiers und belegt Florenz mit dem Interdikt: schwerwiegende Folgen für die Florentiner Marktposition. Massaker päpstlicher Söldner in Cesena.

1378   In der Endphase des Krieges Aufruhr der Ciompi in Florenz: Wollschläger (und andere Lohnarbeiter in niederen Arbeitsgängen der Tuchproduktion), deren Wortführer oft als Unternehmer schon wirtschaftlich aufgestiegen waren, verlangen das Recht, sich in eigener Zunft organisieren und so endlich auch am politischen Leben der Kommune teilnehmen zu dürfen. Wirtschaftlicher Mißerfolg und die harte Reaktion der etablierten Zünfte lassen das Ciompi-Regime rasch zusammenbrechen.

1377   *Rückkehr des Papsttums* aus Avignon nach Rom (wie 1367–70 zeitweilig schon Urban V.). Erstes Problem ist die Wiederverwurzelung in Italien, notwendige Voraussetzung die Re-Italianisierung von Kurie und Kardinalskolleg. Nach tumultuarischer Wahl des Italieners Urban VI. 1378 Wahl eines französischen Gegenpapstes Clemens VII., der nach Avignon zurückkehrt:

1378–1415   **Großes Abendländisches Schisma,** fortan teilen sich zwei Päpste (seit dem Pisaner Konzil 1409 sogar drei) in die Gewissen und Abgaben der Christenheit.
Die Verdoppelung der Zahl halbiert ihre Autorität und ihre Ressourcen. Diese Verluste werden erfindungsreich kompensiert mit Methoden, die das Papsttum freilich kompromittieren werden: Ämter- und Ablaßverkauf, übermäßige Handhabung von Kreuzzug und Kirchenstrafen gegen politische Gegner, im Werben um Anhang gegenseitiges (von den politischen Mächten gern genutztes) Überbieten in Privilegien. Wachsende Bedeutung der Nepoten (Familien-Clan dreier neapolitanischer Päpste), weil einzig verläßliche Stütze im Kampf aller um den Kirchenstaat, der zudem von französischem Einmarsch bedroht ist („via facti" als gewaltsame Lösung des Schismas).
Stetige, den Kirchenstaat notdürftig konsolidierende Politik erst unter Bonifaz IX. (1389–1404) in enger Anlehnung an **Neapel:**

1381   denn hier setzt sich als Prätendent des römischen Papstes gegen Johanna I. *Karl III. von Durazzo* aus der ungarischen Linie der (älteren) Anjou durch, fortan in dauerndem Kampf mit den (jüngeren) französischen Anjou (Ludwig I. von Anjou, Bruder Karls V. von Frankreich, 1380 von Johanna I. adoptiert). Der Dynastiewechsel mindert den französischen Einfluß in Italien. Karls Sohn *Ladislaus* (1386–1414) nutzt das Schisma virtuos für seine Zwecke: seit 1400 Herr des Königreichs, seit 1404 ausgreifend in den Kirchenstaat, seit 1413 in die Toskana.

1378–1402   In Oberitalien unerhörte Machtkonzentration unter Galeazzos II. Sohn **Giangaleazzo Visconti** von Mailand (* 1351, seit der Beseitigung Bernabòs 1385 alleiniger Signore; seit 1395 Herzog, also Reichsfürst).
Straff organisierter, zentral verwalteter Staat, dessen Finanzen (mit Ansätzen eines Budgets) ein Mehrfaches der Einnahmen des deutschen Königs abwerfen. Förderung von Kunst und Wissenschaft (Dom von Mailand seit 1386, Kartause von Pavia seit 1396; Universität und Bibliothek von Pavia). Verheiratet seine Tochter Valentina 1387 mit märchenhafter Mitgift (darunter Asti) an Ludwig, Herzog von Orléans, daher die Ansprüche des Hauses Orléans auf Mailand. Seine rasante Expansionspolitik (Verona, Padua, Pisa, Siena, Perugia, Assisi, Bologna) vereinigt und sprengt mehrere Koalitionen, drückt auf den Kirchen-

1402   staat und führt Florenz, zunehmend isoliert, nach der Schlacht von Casalecchio an den Rand des Abgrunds.
Angeblich Plan eines italienischen Königtums. Seinen Söhnen Giovanni Maria († 1412) und Filippo Maria (1412–1447, * 1392) gelingt es mühsam, sich im Kern des Visconti-Staates zu behaupten und gegen wechselnde Bündnisse (1426–1447 meist Florenz und Venedig) endlich wieder aus der Defensive hervorzutreten.
Der Tod seiner großen Gegner Giangaleazzo und Ladislaus befreit **Florenz** im Augenblick ihres Anmarsches von tödlicher Gefahr (nach strittiger These tiefe Breitenwirkung dieser Bedrohung auf das politisch-geistige Bewußtsein in Florenz: „Bürgerhumanismus" mit antik-republikanischer Gesinnung gegen die Signorie als Tyrannei). Die oligarchische Herr-

Italien 535

schaft der aus dem mißlungenen Ciompi-Aufruhr gestärkt hervorgegangenen Albizzi-Faktion dauert an. Ihre erfolgreiche, aber kostspielige Außenpolitik (Abwehr des Visconti, Zugang zum Meer durch Erwerbung von Pisa 1405 und Livorno 1421) belastet die Innenpolitik: zu besserer Steuergerechtigkeit seit 1427 direkte Besteuerung der deklarierten Vermögen (einschließlich Investitionen!) mit Steuerfreibeträgen, seit 1480 mit Steuerprogression (sog. *Catasto* 1427–1495, wichtige Quelle zur Sozial- und Bevölkerungsgeschichte).

Schwindende Popularität der Albizzi (1426 ergebnisloser Krieg gegen Mailand) führt zur Ablösung durch die **Medici,** die mit Giovanni di Bicci dei Medici (* 1360, † 1429) seit etwa 1385 in der Papstfinanz aufgestiegen sind (seine römische Filiale erzielt bis 1420 30% Kapitalrendite und macht 50% der Gewinne des Gesamtunternehmens).

1434   Doch erst sein Sohn *Cosimo il Vecchio* (* 1389, † 1464) setzt Reichtum in politische Macht um und lenkt seit 1434 unter Wahrung der republikanischen Formen unauffällig die Geschicke der Stadt (vor allem durch Manipulation der Wahlverfahren, durch Sonderausschüsse und politische Besteuerungspraxis zum Ruin des Gegners).

Gleich bedeutend als Politiker, als Unternehmer, als Mäzen: fördert und finanziert – mit der Auftragtätigkeit von Pazzi, Strozzi, Rucellai wetteifernd – großzügig Baukunst (bevorzugter Architekt: Michelozzo, * 1396, † 1472), Skulptur (Donatello, * um 1386, † 1466) und humanistische Handschriftenjagd (Poggio Bracciolini, * 1380, † 1459; Niccolò Niccoli, * 1364, † 1437), gründet die Platonische Akademie und die Medici-Bibliothek. Für die Dynamik der Florentiner Gesellschaft kennzeichnend die rasche Umschichtung der Vermögen und die starke soziale Mobilität, vor allem durch aufsteigende Zuwanderer (gente nuova): 1427 sind 20% der Einwohner, ja 60% der Notare Zuwanderer, von den Florentiner Humanisten ist fast keiner in Florenz geboren.

Mit der Rückkehr des **Papsttums** vom Konstanzer Konzil nach Rom (1420) beginnt auf allen Gebieten die Restauration, ohne die das Renaissance-Papsttum nicht zu denken ist. Zielstrebige Rückeroberung und Reorganisation des Kirchenstaates unter *Martin V.* (1417–1431).

Rom, im 14. Jh. völlig heruntergekommen (ca. 25000 Einwohner, etwa 3% der antiken Bevölkerung), wird erst jetzt stabile Residenz der Päpste und ist wirtschaftlich ganz von der Kurie abhängig (bei Abwesenheit des Papstes sinken hier Warenimporte, Schiffsverkehr, Mieteinnahmen auf jeweils knapp zwei Drittel des Normalen). Die römische Kommune, bereits 1398 von Bonifaz IX. entmachtet, wird nun vollends domestiziert: 1434 letzte Papstflucht aus Rom bis 1848.

Wachsendes Gewicht der Florentiner in Finanz, Kanzlei, Kunst: das Rom der Renaissance ist das Rom nicht der Römer, sondern der Florentiner. An der Kurie Poggio Bracciolini seit 1403, Leonardo Bruni (* um 1370, † 1444) seit 1405, Antonio Loschi seit 1407, Flavio Biondo und Leon Battista Alberti seit 1432: die päpstliche Kurie wird humanistisch, mit *Nikolaus V.* (1447–1455) auch der Papst.

Die Condottieri

Als politischer Faktor zwischen den Mächten wirken, unstet und schwer berechenbar, die Condottieri (von condotta, Soldvertrag). Die mit dem Abstieg der Kommune und ihrer Miliz wachsende Bedeutung des Soldwesens im 14. Jh. schafft einen eigenen Markt mit empfindlichen Sold-Notierungen; falls ohne Soldvertrag, machen diese Söldnerführer (zunächst überwiegend Nicht-Italiener: Werner von Urslingen, John Hawkwood) Krieg auf eigene Faust. Höhepunkt der Condottieri ist die 1. Hälfte des 15. Jh.s: Muzio Attendolo († 1424) und sein Sohn Francesco Sforza (* 1401, † 1466), Braccio da Montone († 1424), Niccolò da Tolentino († 1435), Erasmo da Narni genannt Gattamelata († 1443), Niccolò Piccinino († 1444), Bartolomeo Colleoni († 1476). Bedenkenlos die Seiten wechselnd und entsprechend beargwöhnt und umworben, führen sie Krieg unter größtmöglicher Schonung ihrer Truppensubstanz, jedoch in blutiger Rivalität um den Aufstieg zum Territorialfürsten, der freilich nur wenigen gelingt (Francesco Sforza, Enkel eines Bauern, wird 1450 Herzog von Mailand). Die Condottieri bilden Schulen wie Künstler und Humanisten und suchen öffentliche Ehrung (gemalte Denkmäler im Dom von Florenz: John Hawkwood von Paolo Uccello [* 1397, † 1475] 1436, Niccolò da Tolentino von Andrea del Castagno 1456; Reiterstatuen für Venedigs Condottieri, jedoch auf eigene Kosten: Donatellos [* 1386, † 1466] Gattamelata 1447–53, Verocchios [* 1436, † 1488] Colleoni 1480–1496). Im konsolidierten Italien der zweiten Jahrhundert-Hälfte haben sie keinen Platz mehr.

1435   Im Königreich **Neapel** beginnt nach dem erbenlosen Tod von Ladislaus' Schwester Johanna II. (1414–1435) der längst erwartete Kampf um die Thronfolge zwischen den (von der Königin 1421 bzw. 1423 nach- und gegeneinander adoptierten) Prätendenten Alfons V. von Aragón-Sizilien und Ludwig III. von Anjou (bzw. seit 1434 dessen Bruder René I. von Bar-Lothringen (* 1409, † 1480; „le bon roi René").

536 Mittelalter — Spätmittelalter

Alfons, Sohn Ferdinands I. von Aragón und Sizilien, erobert Neapel 1442 und erhält 1443 die päpstliche Belehnung als *Alfons I. von Neapel-Sizilien* (1443–1458). Glänzende Hofhaltung, Förderung von Kunst und Wissenschaft (Lorenzo Valla; Pisanello; Triumphtor des Castel Nuovo). Nachfolger in Neapel wird sein Sohn *Ferrante* (Ferdinand) (Baronenverschwörung 1485).

So wird nach Sizilien nun auch Unteritalien spanisch und bleibt es: Sizilien in Personalunion mit Aragón, Unteritalien unter rasch italianisierter Dynastie bis 1501 (aussterbend), dann unter spanischen Vizekönigen bis 1713.

Nach dem Tode des letzten Visconti, Filippo Maria (1447; 1447–1450 ist Mailand „Ambrosianische Republik"), wird unerwartet sein Condottiere und Schwiegersohn *Francesco Sforza* (* 1401) Herzog von **Mailand** (1450–1466). Sforzas altes Einverständnis mit Cosimo Medici beendet die traditionelle Gegnerschaft zwischen Mailand und Florenz.

Unter den verbliebenen Seerepubliken Genua und Venedig heftige Rivalität um den Vorrang auf den Meeren:

Genua setzt insgesamt mehr auf Massenfracht in großbäuchigen Schiffen (Venedig mehr auf Luxuswaren in kostspieliger Galeerenfracht), orientiert sich zunehmend nach Westen und nimmt aktiv an den Vor-Entdeckungen und Entdeckungen teil. Im Innern ist Genua, in allem das Gegenbild Venedigs, noch unsteter und zerrissener als andere Städte: Zwiespalt zwischen republikanischen und signorilen Tendenzen, Kämpfe der guelfischen Fieschi und Grimaldi mit den ghibellinischen Spinola und Doria und dieser untereinander, fortwährender Ruf nach dem auswärtigen Signore (1396–1409 und 1458–1461 der französische König, 1409–1413 der Markgraf von Montferrat, 1421–1435 und 1464–1478 Visconti bzw. Sforza); schwacher staatlicher Rahmen: Flotte, Kolonien, Staatsschuldentilgung (Casa di San Giorgio 1407, erste öffentliche Bank) sind weitgehend in privater Regie.

Venedig, im Chioggia-Krieg (1378–1381) von seiner großen Rivalin zeitweilig hart bedrängt, drückt Genua allmählich aus dem östlichen Mittelmeerbecken, wird dort aber seinerseits zunehmend von den Türken bedroht und steigt nun sicherheitshalber mit einem Bein aufs feste Land: Beginn der anfangs umstrittenen Terra-ferma-Politik; Venedig schafft sich (nach ersten Ansätzen 1339 in der Mark Treviso) erstmals ein Festlands-Territorium als Glacis und (nach den Erfahrungen des Chioggia-Krieges) zur Sicherung seiner Versorgung und weitet es rasch bis gegen Mailand aus (1405 Verona, 1406 Padua, 1420 Friaul, 1428 Brescia und Bergamo).

Das *Vordringen der Türken* unter Mehmed II. (Konstantinopel 1453, Euboia/Negroponte 1470, Albanien 1479, Vorstöße nach Friaul 1473 und 1477 und Apulien 1480) drängt Venedig, das sich an seine schwerbefestigten Flottenstützpunkte klammert (jenseits der 1420 den Ungarn abgewonnenen dalmatinischen Küste vor allem Korfu, Modon, Kreta, seit 1489 Zypern), nach langjährigem Krieg (1463–1479) in Ägäis und Levante, zeitweilig sogar in der Adria, in die Defensive.

1454 Nach dem Dynastiewechsel in Neapel 1443 (fortan Aragón) und Mailand 1450 (fortan Sforza) konsolidiert sich die italienische Staatenwelt vorläufig mit dem **Frieden von Lodi:** Venedig und Mailand verständigen sich endlich über die Abgrenzung ihrer Interessenssphären (die Adda wird Westgrenze von Venedigs Terra ferma) und laden Florenz, Papst und Neapel ein, dem Vertrag zur Sicherung des Status quo beizutreten. Diese Erweiterung zu einer Entente der großen Mächte wird der sichtbarste Ausdruck der endlich erreichten Stabilisierung: labiles Gleichgewicht der (nicht saturierten, aber gleichmäßig schwachen) 5 größeren italienischen Mächte (Mailand, Venedig, Florenz, Papst, Neapel) umkreist von einer inzwischen geringeren Zahl kleinerer Mächte (die Republiken Genua, Siena, Lucca; die Fürstentümer der Gonzaga von Mantua, der Este von Ferrara; die Markgrafschaft Montferrat; Savoyen, seit 1416 Herzogtum, bleibt am Rande).

1469–1492 Für die Erhaltung dieses prekären Gleichgewichts, dessen Grundlage das Einverständnis Mailand-Florenz-Neapel ist, wirkt vor allem Cosimos Enkel **Lorenzo dei Medici** („il Magnifico", * 1449, Sohn des Piero di Cosimo 1464–1469).

Er gewinnt dadurch weithin politisches Ansehen, überdauert zugleich die Rivalität der anderen großen Florentiner Familien (Pazzi-Verschwörung 1478 im Bund mit Papst und Neapel) und fördert Künstler und Humanisten mit Kennerschaft, weniger mit Geld, da die Medici-Firma durch die allgemeine konjunkturelle Lage verfällt (1494 bankrott).

Das **Renaissance-Papsttum**, politisch auf das Gewicht eines Territorialfürstentums reduziert, droht auf seine Weise den Kirchenstaat zu säkularisieren: der Nepotismus, der zeitweilig durchaus politische Funktion hat (Verläßlichkeit der Amtsträger wichtiger als ihre Qualifikation), führt seit Sixtus IV. (1471–1484) zu versuchter Dynastiebildung in Form erblicher Kleinfürstentümer für Riario, della Rovere, Cibo, Borgia (und verunsichert dadurch auch die italienischen Mächte: Krieg von Ferrara 1482–1484). Die seit 1499 zu gleichem Zweck vorangetriebene Vernichtung der alten Signorien im Kirchenstaat durch

Cesare Borgia (* 1475, † 1507) führt zwar nicht zu dem erstrebten Fürstentum, wird aber der Konsolidierung päpstlicher Herrschaft im Kirchenstaat vorarbeiten. Glanzvolle päpstliche Hofhaltung. 1475 Gründung der vatikanischen Bibliothek. Seit Nikolaus V. (1447–1455, * 1397) erste große Bautätigkeit in Rom seit anderthalb Jahrhunderten, auch jetzt noch oft auf Kosten der antiken Monumente (Marmor gebrannt zu Kalk), die die Humanisten gerade neu sehen lehren: nach den „Mirabilien" („Wundern") der Pilgerführer nun Flavio Biondos archäologisch-philologische Bestandsaufnahme „Roma instaurata" (1444–1446). Erstes Neubauprojekt für St. Peter (1452), erste große Kardinalspaläste (Palazzo Venezia seit 1455, Cancelleria seit 1483), erste Straßendurchbrüche; Ausmalung von Sixtinischer Kapelle (1481–1483) und Borgia-Gemächern (1492–1495). 1496 Michelangelo betritt Rom.

Über dem scheinbar stabilen Gleichgewicht Italiens hängen jedoch drohend die französischen Ansprüche: Ansprüche des Hauses Anjou auf Neapel (1380 und 1423; 1481 dem französischen König vererbt), des Hauses Orléans auf Mailand (1387), die ihrerseits wieder Gegenansprüche (Spaniens und des Reiches) herausfordern. Das Ende des Einverständnisses Mailand-Florenz-Neapel führt zu immer verwegenerem Spiel mit der auswärtigen Intervention: die Adelsopposition in Neapel, opponierende Kardinäle, vor allem aber *Lodovico il Moro* (* 1452) in Mailand (der als Regent für seinen Neffen Giovanni Galeazzo Sforza 1480 die Herrschaft usurpiert hat und zu ihrer Bewahrung den französischen König
1494 auf seine Gegner hetzt) lassen Karl VIII. in Italien einmarschieren. In Florenz Vertreibung der Medici (1494–1512), fanatische Bußpredigten des Dominikaners *Girolamo Savonarola* (* 1452), der der neuen Republik eine theokratische Verfassung zu geben versucht (1498 hingerichtet). Der französische König erobert 1495 Neapel, wird aber durch eine „Heilige Liga" (Papst, Spanien, Kaiser, Venedig, Sforza), die bereits viele auswärtige Mächte gefährlich interessiert zeigt, zum Rückzug gezwungen.

Doch hat der französische Einmarsch, das kunstvolle Gebilde der „Italia bilanciata" (Machiavellis „ausbalanciertes Italien") mit einem einzigen Stoß über den Haufen werfend, das (bei aller virtuosen Staatskunst und Diplomatie) geringe Eigengewicht der italienischen Mächte aufgedeckt: für die große Mächtekonstellation der frühen Neuzeit ist Italien fortan nur noch Schauplatz und Objekt – der Kampf um die Hegemonie in Europa wird abermals auf dem Boden Italiens ausgetragen.

Kultur und Wirtschaft Italiens in Spätmittelalter und Renaissance

Italien übernimmt in Kunst und Wissenschaft die Führung in Europa. Anfänge der italienischen Renaissance: „Wiedergeburt" und das umliegende Wortfeld (renovare, restituere, reformare, reverti, resurgere usw., relativ spät auch renasci) meint das Erwachen der Musen, des Menschen, der Kunst, eines neuen Lebens (endlich auch: der Antike) nach dem Dunkel eines unseligen Mittel-Alters und umschreibt, als Lebensgefühl einiger wortführender Zeitgenossen, die Zuversicht, daß in der eigenen Gegenwart etwas Großartiges geschehen, durch eigene Leistung ein neues Zeitalter angebrochen sei – ist also Gegenwartsbewußtsein, mehr Kampfruf als Einsicht. Die Antike ist Ziel, aber mehr noch Mittel, und jedenfalls immer Maßstab – ein Wert, den man anfangs zu erreichen, dann zu übertreffen wagt. Nach eigenem Selbstverständnis beginnt die Renaissance bereits mit Dante (* um 1265, † 1321) und Giotto (* 1266, † 1337), doch schwankt die heutige Forschung zwischen frühem und spätem Ansatz je nachdem, ob sie die mittelalterlichen oder modernen Elemente der Bewegung, ob sie Kontinuität oder Zäsur hervorheben will. Renaissance als Bezeichnung einer ganzen Epoche und die Anwendbarkeit des Begriffs auf alle Lebensbereiche der Zeit ist zwar weiterhin strittig, doch hat sich der Begriff (seit Jules Michelet 1855, Jakob Burckhardt 1860) als brauchbare Verabredung erwiesen.

Entfaltung der italienischen Literatur durch Dante, Petrarca, Boccaccio. Breite Schriftlichkeit: Briefe der hl. Katharina von Siena (* 1347, † 1380); Ricordi (persönliche Aufzeichnungen von Florentiner Kaufleuten); Reiseberichte (Marco Polo, * 1254, † 1324; Alvise da Ca' da Mosto, † 1488).

Die italienische Kultur ist inzwischen durchaus Laienkultur. Gegen die herkömmliche Systematisierung traditionellen Buchwissens jetzt programmatische Betonung von Beobachtung, Erfahrung, Praxis und daraus wiederum das Bedürfnis nach theoretischer Reflexion auf allen Gebieten: in Ökonomie und Kunst die theoretischen Schriften von Leon Battista Alberti (* 1404, † 1472), in Politik und Staatskunst viele Abhandlungen (zumal im Staatsdienst viele Humanisten Karriere machen) bis hin zu Machiavelli (* 1469, † 1527).

Neuer Sinn für die *praktische Anwendbarkeit theoretischer Erkenntnisse* gibt dem Denken frische Impulse: Entwicklung von Geographie (der Mathematiker und Astronom Paolo dal Pozzo Toscanelli, † 1482, postuliert den Westweg nach Asien) und Kartographie (statt Welt-Bildern mit Jerusalem als Mittelpunkt nun Portolankarten, früheste erhaltene um 1300), Messen von Raum und Zeit; technische Traktate (z. B. über Hydraulik) von Taccola († vor 1458) zu Leonardo da Vinci (* 1452, † 1519). Neue methodische Ansätze auch in den historischen Wissenschaften: Flavio Biondo († 1463) in der Archäologie, ˙orenzo Valla († 1457) in der Philologie; systematisches Sammeln und textkritisches Sichten antiker

538 Mittelalter − Spätmittelalter

(auch griechischer) Handschriften. In der Rechtswissenschaft baut Italien seinen Vorsprung aus (Bartolo da Sassoferrato, † 1357; Baldo degli Ubaldi, † 1400) und verringert den französischen Vorsprung auf philosophisch-theologischem Gebiet. Nächst dem überall führenden Florenz (daneben Mailand, seit den 1440er Jahren auch Rom und Neapel, noch später Venedig) werden Brennpunkte von Kunst und Kultur auch kleinere Höfe wie die von Lodovico Gonzaga in Mantua († 1478), Sigismondo Malatesta in Rimini († 1468), Federico da Montefeltre in Urbino († 1482).

Kunst. In der *Baukunst* wird der gotische Kirchenbau, vermittelt zunächst durch die Zisterzienser, vor allem in den Kirchen der Bettelorden weiterentwickelt und angeeignet (S. Francesco in Assisi seit 1228, in Florenz S. Maria Novella seit 1245 und S. Croce seit 1294; daneben Dom von Siena um 1250, Domfassade Orvieto seit 1310). In der Profanarchitektur monumentale Amtsgebäude: Piacenza, Palazzo del Comune seit 1281; Florenz, Bargello seit 1254 und Palazzo Vecchio seit 1299; Perugia, Palazzo dei Priori seit 1279; Siena, Palazzo Pubblico seit 1289; Venedig, Dogenpalast seit etwa 1340. Bei der Weiterentwicklung zur Renaissance-Architektur führend Florenz mit Filippo Brunelleschi (* 1377, † 1446): die Antike wird ihm Vorbild in Technik (Domkuppel Florenz, seit 1420) und Form (S. Lorenzo seit 1425, Pazzi-Kapelle 1428, S. Spirito seit 1433). Das antike Vorbild theoretisch durchdringend und praktisch umsetzend Leon Battista Alberti (* 1404, † 1472): Palazzo Rucellai in Florenz und Umbau von S. Francesco in Rimini seit 1446, S. Sebastiano und S. Andrea in Mantua Entwürfe 1460 bzw. 1470. Neuentwicklung des kuppelbekrönten Zentralbaus. Urbanistik mit durchgeplanten Stadtentwürfen: Ausbau von Pius' II. Geburtsort Corsignano als „Pienza" 1460 (Bernardo Rossellino, * 1409, † 1464), einheitlich konzipierte Idealstadt „Sforzinda" (Filarete, 1464), erste Straßendurchbrüche in Rom um 1480. In der Profanarchitektur große Palazzi, offene Villen, geräumige Spitäler.

In der *Malerei* macht nach Cimabue (* um 1240, † um 1302) vor allem Giotto (* um 1266, † 1337) Epoche: allmähliche Überwindung der „maniera greca" (byzantinischer Stil) durch neue anschauliche, monumentale, plastische Auffassung. Führend zunächst Siena (Duccio * um 1255, † 1318, Simone Martini * um 1284, † 1344), im 15. Jh. Florenz: Überwindung der Gotik durch Masaccio (* 1401, † 1428). Fra Angelico (* um 1400, † 1455); Andrea del Castagno (* 1423, † 1457); Fra Filippo Lippi (* 1406, † 1469); Domenico Ghirlandaio (* 1449, † 1494); Sandro Botticelli (* 1444, † 1510). Das Studium der Malerei wird als Wissenschaft empfunden, Entwicklung und zunehmende Beherrschung der Perspektive: Paolo Uccello (* 1397, † 1475), Piero della Francesca (* um 1416, † 1492), Melozzo da Forlì (* 1438, † 1494), Andrea Mantegna (* 1431, † 1506). Ausbildung der für die Folgezeit wichtigsten Bildgattungen (Porträt, Selbstbildnis, Historienbild).

Die gotische *Plastik* (Höhepunkt Giovanni Pisano * um 1250, † um 1320) wird gegen 1400 in Florenz (Porta della Mandorla am Dom um 1395; Nanni di Banco, * um 1373, † 1421) allmählich überwunden, die unterschiedlichen Tendenzen noch einmal nebeneinander sichtbar in der Konkurrenz um die Baptisteriumstüren 1401. Weiterführend Jacopo della Quercia (* um 1374, † 1438), Lorenzo Ghiberti (* 1378, † 1455) und, alle überragend, Donatello (* um 1386, † 1466). Unerhörtes Fortschreiten in den verschiedensten Techniken und Gattungen (wobei derselbe Künstler meist mehrere beherrscht): neben dem Bronzeguß (Donatello, Ghiberti; Verrocchio * 1436, † 1488) Kleinplastik und Medaillen (Pisanello * um 1395, † nach 1450, Antonio Pollaiuolo * 1432, † 1498), glasierte Tonplastik (Luca della Robbia * 1400, † 1482), Bildnisbüsten (Desiderio da Settignano * um 1430, † 1464), Grabmäler (Mino da Fiesole, * um 1430, † 1484). Entwicklung der Kunsttheorie (Ghibertis Commentarii, gegen 1455; Albertis Schriften über Malerei, Plastik, Baukunst, seit 1436; Architekturtraktat des Filarete, 1464).

Wirtschaft. Die Dynamik der wirtschaftlichen Entwicklung dauert an, Italien erreicht erst allmählich die Grenzen seines unerhörten wirtschaftlichen Wachstums, der große Vorsprung gegenüber der aufholenden internationalen Konkurrenz verringert sich nur langsam. Die (nicht unbestrittene) These, wonach das europäische Spätmittelalter eine Phase wirtschaftlicher Depression gewesen sei, trifft für Italien so wohl nicht zu: jedenfalls zeigt das verstädterte Italien große Anpassungs- und Widerstandskraft und vermag Einbußen in einzelnen Sektoren oder Regionen anderweitig zu kompensieren.

Im *Fernhandel* behält das Geschäft mit indischen Gewürzen seinen Rang, vor allem auf der Route Alexandrien-Venedig (Gewinnspanne 20-30% netto). Der lebhafte Orienthandel (Syrien und Ägypten liefern Baumwolle und Gewürze gegen Tuche und Metalle, das Schwarze Meer Sklaven) weitet sich zeitweilig aus bis Fern-Ost: seit Marco Polo (in China 1271−95) bis zum Ende der weite Räume ordnenden „Pax Mongolica" 1368 (Sturz der mongolischen Dynastie in Peking) holen Venezianer und Genuesen auf neunmonatigem Landweg Seide aus China. Neben die traditionellen Orient- und Afrika-Routen tritt seit etwa 1300 der regelmäßige Schiffsverkehr auch mit Nordwesteuropa (englische Wolle, flandrische Tuche); seither wachsender italienischer Anteil auch an der iberischen Wirtschaft und den Vor-Entdeckungen Portugals. Ohne Handelsschiffahrt, Bankwesen und andere italienische Dienstleistungen und Initiativen hätte die internationale Verflechtung des europäischen Marktes im Spätmittelalter solche Dimensionen nicht erreicht. Das Vordringen der Türken zwingt endlich zu kostspieligen Arrangements und Kriegen im Osten, schließt das Schwarze Meer und verweist vor allem Genua, von Venedig zunehmend aus dem östlichen Mittelmeerbecken abgedrängt, nach Westen: auf die Entdeckungen, die freilich den Mittelmeerraum schließlich (ganz jedoch erst seit dem späten 16. Jh.) in den toten Winkel drängen werden.

Im *Gewerbe* steht nach Gewicht und Entwicklungsfähigkeit die Tuchproduktion an erster Stelle. In der Wolltuchindustrie führend Florenz: neben der Veredelung und Imitation flandrischer Tuche breites Sortiment eigener Herstellung zunächst mit englischer, dann viel spanischer Wolle; Jahresproduktion im 14. Jh. 20 000–30 000 Tuche (nicht 70 000–80 000, wie Giovanni Villani überliefert), im 15. Jh. 10 000–20 000; die Einbußen werden, Quantität durch Qualität kompensierend, teilweise durch Luxusproduktion ausgeglichen, darunter Seidenweberei, in der jedoch Lucca seine Führung knapp behauptet. Leinen-, Baumwollstoffe und Mischgewebe produziert Oberitalien gegen wachsende oberdeutsche Konkurrenz. Ausgeprägte Spezialisierung wie zwischen den Zünften, so auch zwischen den Städten: Waffen aus Mailand und Bergamo, Glas aus Venedig; aus Rom Vieh und antike Quadern von demontierten Tempeln (z. B. für den Dombau in Orvieto), aus Fabriano Papier; Rohstoffbeschaffung und Fernabsatz, oft auch die Koordinierung der Produktion (Verlagssystem) übernehmen große Handelsgesellschaften, die, gestützt auf ihr internationales Netz von Filialen und Agenten, in aller Welt mit Waren, Geld, Dienstleistungen und Nachrichten handeln. Im 14. Jh. überwiegen große, zentral gelenkte Firmen mit vielen Filialen und großem Gesellschaftskapital (wie die Florentiner Peruzzi mit 22 Gesellschaftern und 16 internationalen Kontoren), doch treten, nach der Erfahrung der großen Florentiner Bankrotte um 1345, an ihre Stelle kleinere Firmen mit relativ selbständigen Unternehmen unter starkem Dach wie die Medici oder Francesco Datini von Prato († 1410; sein Firmenarchiv bewahrt 125 000 Geschäftsbriefe!); sein Trust, mit zuletzt 8 Einzelunternehmen zwischen Florenz und Barcelona, tätig vom Wollankauf über die Tuchproduktion (im Verlagssystem: Heimarbeit auf rund 500 km²) bis zum Vertrieb alles in eigener Regie (meist Tuchhandel; 40 Angestellte, mittlerer Kapitalertrag 15–20%). Die reichen Erfahrungen werden in Handelshandbüchern („Pratica della mercatura") detailliert weitervermittelt: frühestes Pisa 1278, wichtigste: Francesco Pegolotti und Niccolò da Uzzano (Florenz um 1335 bzw. 1442). Von der skizzierten Entwicklung bleibt weitgehend ausgeschlossen Unteritalien, dessen Handel in der Hand florentinischer und venezianischer Kaufleute liegt.

Wirtschaftliche Grundlage bleibt natürlich auch in Italien gleichwohl die *Landwirtschaft*, entsprechende Bedeutung behält die agrarische Konjunktur. Getreideüberschüsse produzieren Sizilien, Apulien und nördliches Latium. Daneben Sonderkulturen wie Safran (um L'Aquila), Zitrusfrüchte (Unteritalien) und Maulbeerplantagen für Seidenraupen (jetzt auch in Oberitalien). Der kirchliche Grundbesitz, im 14. Jh. auch in Italien in die Krise geratend, geht nun vielfach in die Hände von Unternehmern über, die zu Investitionen bereit und zu ökonomischer Nutzung des Bodens entschlossen sind; wachsende Produktivität vor allem in der Lombardei.

Das italienische Bankwesen. Die Wiederbelebung von Fernhandel und Geldwirtschaft führt zu praktischen Zahlungsproblemen, für die wiederum die italienischen Kaufleute erste Lösungen finden und weiterentwickeln. Erste Ansätze sichtbar in Genueser Notarsprotokollen des 12. Jh.s (Zahlungsanweisungen auf Depositen, Kontokorrentkredite, Auszahlungen an anderem Ort). Doch lassen erst die großen Champagne-Messen neue Formen des Zahlungsverkehrs und damit, seit etwa 1200, *die Anfänge des internationalen Bankwesens* richtig erkennen: auf diesen Messen praktizieren italienische Kaufleute (viele Sienesen) zunehmend die bargeldlose Verrechnung von Schulden hier gegen Guthaben dort (z. B. Köln zahlt an den Papst mittels Krediten, aufgenommen bei italienischen Kaufleuten in Rom, rückzahlbar auf den Champagne-Messen). Aus dieser Praxis, die fast immer zugleich Wechsel (von einer Währung in die andere) und Leihen (weil rückzahlbar an anderem Ort, mit Laufzeit) ist, erwächst der *Wechselbrief als Kreditpapier* (seit 1400 auch giriert). Der Gewinn des Kreditgebers wird dabei (zur Umgehung des *kanonischen Zinsverbots*) im manipulierten Wechselkurs versteckt, d. h., die Schuldverschreibung lautet höher als die wirklich geliehene Summe. Rasche Entwicklung des ganzen Instrumentariums: Rechenhandbücher (mit Zinseszins und Amortisierung: Leonardo Fibonacci, Pisa 1202), *Buchführung* (Doppelte: Florenz gegen 1400), zahlreiche Techniken (daher italienisch die Fachausdrücke „Giro", „Agio" usw.). Der Florentiner Goldgulden („fiorino" nach der Florentiner Lilie), seit 1253 geprägt, wird vorbildlich. Anfänge der (See-)Versicherung im 14. Jh. Seit der reisende, seine Waren begleitende Kaufmann gegen 1300 durch den seßhaften, die Warenströme vom Büro aus dirigierenden Kaufmann abgelöst wird und die Champagne-Messen verkümmern, bauen italienische (meist toskanische) Gesellschaften ein *Netz von Kontoren und Agenten* über ganz Europa aus: von England bis Ägypten, von Marokko bis zur Krim (am wichtigsten Brügge; in Deutschland nur Köln – das wird bei Geldtransporten von Deutschland nach Rom das Aufsehen vergrößern und bis zur Reformation unvergessen bleiben). Bargeldloser Transfer in immer komplizierteren Verrechnungsfiguren ermöglicht ein regelrechtes *Clearing* über ganz Europa und damit den internationalen Ausgleich der Zahlungsbilanzen. Im *Kreditgeschäft* bieten die Kaufleute, gegen Verpfändung von Einnahmen, ihre guten Dienste dem Adel (der in seiner feudalen Mentalität meist schlecht zu wirtschaften versteht) und den Fürsten; hohe Gewinne bei hohem Risiko (die Zahlungseinstellung durch König Eduard III. von England läßt Bardi und Peruzzi, dann viele andere Florentiner Firmen 1341–1346 fallieren). Unentbehrlich vor allem für das Papsttum mit seinen Einkünften in aller Welt bringen italienische Familien-Firmen bald die *Papstfinanz* in ihre Hand: anfangs Sienesen, dann meist Florentiner (wie die Alberti antichi, seit etwa 1400 die Medici), jedenfalls Toskaner, da meist nur sie Kaufleute und Bankiers zugleich sind. Die Entwicklung nötigt die Theologen zu differenzierterer Betrachtung des kanonischen Zinsverbotes (hl. Antoninus v. Florenz, * 1389, † 1459). Zahlreiche volkswirtschaftliche Einsichten in toskanischen Traktaten (Leon Battista Alberti), Predigten (hl. Bernardino von Siena, * 1380, † 1444), persönlichen Aufzeichnungen (Ricordi Florentiner Kaufleute) des 15. Jh.s.

Zeit wird Geld. – (Forts. S. 692)

540   Mittelalter — Spätmittelalter

Frankreich (1270–1498)
(Forts. v. S. 454)

Während der Regierungszeit Philipps IV. (1285–1314) erreicht die **Königsmacht** einen Höhepunkt. Von seinen Vorgängern gelegte Fundamente baut dieser Herrscher zielstrebig aus und verpflichtet seine Ratgeber auf die politischen Ziele der Krone als den höchsten Wert. Durch ihn berufene Juristen in der weiter differenzierten *Verwaltung* arbeiten erfolgreich an der *Überwindung des Lehnrechts;* Konstante der französischen Politik bleibt der *Kampf gegen England.* Während die Expansion gegenüber Deutschland nur geringfügig sein kann, spürt Italien die Hegemonie Frankreichs immer deutlicher. Philipp *überfordert aber die Kräfte seines Reiches,* indem er sie auf zu viele Ziele gleichzeitig lenkt: Vergrößerung des Staatsgebietes, Eingliederung der Kronvasallen, Unterwerfung der französischen Kirche und damit verbundene Auseinandersetzung mit dem Papsttum, so daß häufig nur Teilerfolge möglich sind. Die hier schon angelegten Schwierigkeiten wachsen, als der englische König nach dem Übergang der Monarchie auf das Haus Valois (1328) seine Politik durch eigenen Anspruch auf die französische Krone wirksam legitimiert. Der **Hundertjährige Krieg** (1339–1453) wirft Frankreich politisch und wirtschaftlich zurück, einer reduzierten Zentralgewalt entspricht die Verelendung des ganzen Landes und seiner Bevölkerung. Die westlichen Grenzgebiete des deutschen Reiches werden damit vom Druck der französischen Expansionspolitik entlastet, Italien bleibt unabhängig. Seit dem Aufstieg Burgunds in der ersten Hälfte des 15. Jh.s ist der Hundertjährige Krieg zugleich Bürgerkrieg und nimmt damit an Schärfe zu.

Der wirtschaftliche Niedergang Frankreichs und die dauernden finanziellen Schwierigkeiten der Krone führen seit der Mitte des 14. Jh.s zur Einberufung von *Ständeversammlungen,* die Finanzkontrolle ausüben wollen, aber auch um politische Mitsprache kämpfen. Trotz dieser Hindernisse kann das Königtum den Lehnsadel und die Nutznießer der großen Apanagen wieder zurückdrängen und am Ende des 15. Jh.s die territoriale Einheit des Reiches herstellen: Der König übt im gesamten Gebiet der Monarchie die *uneingeschränkte Herrschaft* aus, ohne aber regionales Eigenleben ganz zu nivellieren. Hier wie schon unter den direkten Kapetingern ist die dynastische Kontinuität von großer Bedeutung: Ohne sie hätte die Krongewalt nicht erreichen können, was ihr seit Ludwig XI. (1461–1483) zu Gebote steht.

Während der für das europäische Spätmittelalter kennzeichnenden wirtschafts- und sozialgeschichtlich faßbaren Umbrüche verliert auch in Frankreich das Land im Vergleich zur Stadt an Bedeutung, wird das **Bürgertum** allmählich zur führenden sozialen Schicht. Produktion und Verbrauch sind nicht mehr so eng verbunden wie früher, auch auf dem Land wird das Gewinnstreben zum Wirtschaftsmotiv und fördert die Ausbreitung von Spezialkulturen (Wald, Gemüse, Obst, besondere Resborten). Die **Geldwirtschaft** erreicht alle Bevölkerungsschichten und führt durch ständige Münzverschlechterungen zur Verarmung derer, die feste Einkünfte beziehen (Arbeitslöhne; Grundzinse der ländlichen Aristokratie). Das damit verbundene Krisenbewußtsein nährt sich weiter durch Krieg und Gewalt, Seuchen und Hungersnöte. Die im *Großen Schisma* (1378–1417) korrumpierte Kirche ist in Traditionen und Institutionen erstarrt, von ihr gehen kaum noch spirituelle Anregungen aus. Dagegen nehmen die Universitäten an Bedeutung zu, weil bürgerliche Rationalität und politische Mächte den Gelehrten als Ratgeber suchen. Das persönliche Interesse des unter vielfältiger Bedrohung wirtschaftenden Menschen weckt den Sinn für die Individualität, für die Besonderheit des Einzelschicksals. **Soziale Spannungen** gewinnen damit an Schärfe, weil statt älterer Vorstellungen vom unabänderlichen Geburtsstand die Möglichkeit zur Besserung der persönlichen Lage immer deutlicher in den Blick tritt. Durch Koordination partikularer und allgemeiner Interessen hat die Monarchie Voraussetzungen für den neuzeitlichen französischen Einheitsstaat geschaffen und erhalten.

Der Ausbau der Königsmacht (1270–1339)

Nach dem Tod Ludwigs IX. vor Tunis tritt sein Sohn die Nachfolge an:

1270–1285 **König Philipp III.** (* 1245).

Den starken Einfluß seiner Umgebung auf die königliche Regierung zeigt der Plan seiner deutschen Thronkandidatur, durch Philipps Onkel Karl von Anjou (* 1220, † 1285) angeregt und von Philipp wohlwollend aufgenommen, aber an Papst Gregor X. gescheitert.

1272 Bemerkenswert groß ist auch das politische Gewicht seiner Mutter, Margarete von der Provence (* 1221, † 1295), und seiner Gemahlin, Maria von Brabant (* 1254, † 1321).

1282–1285 Karl von Anjou ist auch die treibende Kraft für Philipps III. „Kreuzzug" gegen Aragón: Nachdem Papst Martin IV. Peter III. von Aragón (1276–1285) für abgesetzt erklärt hat, soll der König von Frankreich die päpstlichen Beschlüsse militärisch verwirklichen helfen und dafür seinem zweiten Sohn Karl von Valois (* 1270, † 1325) die aragonesische Krone gewinnen. Auf dem Feldzug, der in einer Reihe katastrophaler Niederlagen endet, stirbt Philipp III.

1285–1314 **König Philipp IV. der Schöne** (* 1268).

Er hat schon als Thronfolger Bedenken gegen die väterliche Politik erhoben und betreibt zielstrebig den Ausbau einer zentralistischen, expansiven Königsmacht.

1294–1297 Krieg mit England, der das Herzogtum Guyenne an die Krone bringen soll. Nach großen Erfolgen wird das Kriegsziel ausgeweitet und eine Flotte zum Angriff auf die englischen Häfen gebaut. Eduard I. hat in seiner unmittelbaren Nachbarschaft die mit Frankreich verbündeten Schotten als Gegner und bemüht sich um Unterstützung: Das deutsche Reich hält zu England, deutsche Grenzfürsten stehen in beiden Lagern; der Graf von Flandern wendet sich gegen seinen Lehnsherrn Philipp, um größere Unabhängigkeit zu erreichen. Die militärischen Erfolge Frankreichs führen zum vorläufigen Waffenstillstand.

1296 Noch während des Krieges kommt es zum *Konflikt Philipps IV. mit Papst Bonifaz VIII.*, der in seiner Bulle „Clericis laicos" jede Sonderbesteuerung des Klerus ohne Zustimmung des Papstes verbietet und damit in Frankreich eine erste Welle antikurialer Publizistik heraufbeschwört.

1298 Bonifaz gibt nach und vermittelt einen Frieden zwischen Frankreich und England: Flandern bleibt französisches Lehen, über Schottland und Guyenne wird nicht entschieden.

1299 Treffen Philipps IV. mit König Albrecht I. bei Quatrevaux zwischen Vaucouleurs und Toul: Der Heiratsvertrag von 1295 wird bestätigt, mit dem Pfalzgraf Otto IV. von Burgund (Franche-Comté) das Land als Mitgift seiner Tochter für den französischen Prinzen Philipp (V.) (* 1293) vergeben hat. Ein Jahr später unterwirft sich die Stadt Toul dem König.

1301 Der Graf von Bar nimmt sein links der Maas gelegenes Land („Barrois mouvant") von der Krone Frankreich zu Lehen. Philipps IV. Bruder Karl von Valois geht mit einem französischen Heer auf Wunsch des Papstes nach Italien, um das aragonesische Sizilien zu unterwerfen. Vorher wird Florenz für die päpstliche Partei genommen (Verbannung Dantes). Gleichzeitig ist Philipp IV. durch die Auseinandersetzung mit Flandern und durch den zweiten *Konflikt mit Bonifaz VIII.* in Anspruch genommen. Für das neu geschaffene Bistum Pamiers (Département Ariège) hat der Papst Bernard Saisset ernannt, einen Südfranzosen voll offen gezeigter Abneigung gegen die zentrale Monarchie.

Diese seine Haltung führt zum Vorwurf des Hochverrats und zur Absetzung des Bischofs. Bonifaz verlangt die Überstellung Saissets nach Rom und formuliert gegen die klar erkannte Absicht Philipps zur Unterwerfung aller nichtmonarchischen Gewalten im Reich in der Bulle „Salvator mundi", daß allein die Kurie in der französischen Kirche die letzte Entscheidung haben soll. Die Bulle „Ausculta fili" stellt den Papst über Könige und Reiche und beruft ein französisches Reformkonzil nach Rom.

1302 Der König antwortet mit einer Versammlung der Generalstände (Klerus, Adel, Bürger) in Notre-Dame/Paris, auf der sich Adel und Städtevertreter entschieden für die Unabhängigkeit der Monarchie aussprechen. Der Klerus steht dem wohlwollend zur Seite, so daß der Papst, bestärkt durch die Nachricht von der französischen Niederlage bei Kortrijk, vor dem römischen Konzil im November mit der Bulle *„Unam sanctam"* die schärfste mittelalterliche Formulierung des theokratischen Gedankens gegen Philipp richtet.

Die Nachricht von der verlorenen Schlacht bei Kortrijk zwingt außerdem Karl von Valois zum Abbruch des Feldzuges gegen Sizilien; im Frieden von Caltabellotta (Prov. Agrigent) wird Sizilien für die Lebenszeit Friedrichs II. (1296–1337) Aragón zugesprochen.

Der Kampf gegen Flandern

Durch Flandern wird die bislang ungebrochene Aufstiegslinie der französischen Großmachtpolitik erstmals empfindlich gestört. Die Wirtschaftskraft ihrer Städte macht diese Landschaft zu einem mächtigen Faktor der europäischen Politik. Durch scharfe Abschließung der Kaufmannsgilden und des Schöffenkollegs führt die Herrschaft weniger Familien zu Spannungen, die sich um 1280 in allen flandrischen Städten gewaltsam entladen. Der Graf von Flandern nimmt gegen die Geschlechter Partei und hat infolgedessen die übrige Bevölkerung auf seiner Seite, so daß die Oligarchie beim französischen König Rückhalt sucht („leliaerts" = Anhänger des französischen Lilienwappens), ohne jedoch die Eingliederung Flanderns in die Krondomäne zu erstreben. Die Herrschaft des Grafen ist damit bedroht, seine Verwaltung wird von französischen Beamten kontrolliert, die das Patriziat von Gent, Brügge und Douai bereitwillig aufnimmt. England stützt den Grafen, weil Flandern seit dem Verlust der Normandie Landeplatz der Flotte sein muß (Brügge), sperrt die Ausfuhr englischer Wolle, um die städtische Tuchindustrie lahmzulegen und erzwingt dadurch das Bündnis. Im Januar 1300 wird Flandern französisch besetzt und Graf Guy von Dampierre (* 1225, † 1305) gefangengenommen. Im folgenden Jahr bereist Philipp mit dem ganzen Hof das Land, Burgen werden angelegt, eine königliche Verwaltung entsteht. Dagegen erheben sich die Zünfte: Bei der „Morgenfeier von Brügge" wird die französische Besatzung getötet (18. Mai), wenig später (11. Juli) scheitert in der **Schlacht bei Kortrijk** (Westflandern) der Versuch, die gefährdete Stellung zu sichern: Das französische Ritterheer unterliegt mit hohen Verlusten den zu Fuß kämpfenden Zunftaufgeboten (1302). Damit bleibt Flandern unabhängig und vermag als Brückenkopf Englands eine Schlüsselposition gegen den mächtigen Nachbarn zu behaupten.

542   Mittelalter − Spätmittelalter

1303   Durch die päpstliche Anerkennung Albrechts I. wird Frankreich zum Bündnis mit England
gezwungen, was nur gegen Rückgabe der Guyenne zu erlangen ist. Philipp überträgt jetzt
seinem Großsiegelbewahrer *Wilhelm von Nogaret* (* zwischen 1260 und 1270, † 1313)
Sondervollmachten zum Kampf gegen den Papst. Auf einer Ständeversammlung klagt
Nogaret in Gegenwart des Königs Bonifaz der Simonie und Gotteslästerung an, verlangt
seine Absetzung und ein allgemeines Konzil für den Urteilsspruch. Daraufhin wird das
Interdikt über Frankreich verhängt; nicht nur das kirchliche, auch das Universitätsleben
soll ruhen. Nogaret reist in die Toskana und sammelt Gegner des Papstes und seiner Familie
(Caetani).

7. Sept.   Er überfällt mit einer kleinen Streitmacht Bonifaz VIII. Dieses *Attentat von Anagni* soll
der Verkündung päpstlicher Kirchenstrafen gegen Philipp IV. zuvorkommen, dem Gefangenen will man in Frankreich den Prozeß machen.
Die Bürger von Anagni und eine römische Rittertruppe befreien den Papst zwar rasch, doch

11. Okt.   stirbt der Greis als gebrochener Mann in Rom.
Die öffentliche Meinung der Christenheit ist nun gegen Frankreich aufgebracht. Dennoch
strebt Benedikt XI. (1303−1304) unter dem Druck römischer Parteiungen den Ausgleich
an und löst Philipp IV. unaufgefordert vom Bann. Sein Nachfolger ist als Clemens V.
(1305−1314) Bertrand de Got, Erzbischof von Bordeaux. Er hebt die Bulle „Clericis laicos" auf, sieht in der Bulle „Unam sanctam" keine Rechtsminderung für den König von
Frankreich und geht selbst nicht nach Rom. Als er 1309 Avignon zur Residenz wählt, beginnt die bis 1377 währende „Babylonische Gefangenschaft der Kirche".
Gerüchte über Sittenverfall, Häresie und unerhörte Geheimrituale im *Templerorden* werden für Philipp IV. zum Anlaß für eine großangelegte Verfolgung. Der König strebt nach
dem Ordensvermögen, Nogaret möglicherweise nach persönlicher Rache, da sein Großva-
ter, durch Templer als Ketzer denunziert, auf dem Scheiterhaufen gestorben sein soll.

1307   An einem einzigen Tag werden in ganz Frankreich alle Templer festgenommen und der
Besitz des Ordens beschlagnahmt.
In einem genau vorbereiteten Untersuchungsverfahren, das die Kompetenzen der weltlichen Gewalt überschreitet, werden Geständnisse unter der Folter erpreßt und Hinrichtungen vollzogen, ohne daß der Papst einzuschreiten wagt. Die Universität Paris erstattet der
Krone ein wenig entschiedenes Gutachten, die Reichsstände billigen die königlichen Maßnahmen.

1311−1312   Das *Konzil von Vienne* (ein Drittel seiner Mitglieder sind Franzosen) erklärt die bisherige
Untersuchung zunächst für mangelhaft und will die Angeklagten hören, so daß erst persönliche Drohungen des Königs die kleinmütige Versammlung einer sofortigen Aufhebung des
Ordens durch den Papst zustimmen lassen. Das Vermögen wird den Johannitern zugesprochen, denen die Krone aber gewaltige Entschädigungen für angebliche Kosten bei der fiskalischen Verwaltung des Templerbesitzes abfordert.

1314   Der Großmeister Jacques de Molay (* um 1243, † 1314) und drei andere Ordenshäupter
werden nach einem zwei Jahre verschleppten Prozeß ohne entsprechendes Urteil in Paris
öffentlich verbrannt.
Die große *Judenvertreibung* des Jahres 1306 dient ebenfalls der königlichen Kasse, der
hinterlassene Güter zufallen. Auch norditalienische Bankiers in Frankreich, die sogenannten Lombarden, sind von Enteignungen betroffen (1311). Beides sind kurzsichtige Maßnahmen, gleichermaßen schädlich für die Finanzverwaltung und die Wirtschaftskraft des
Reiches.

Die Verwaltung Frankreichs. Das Finanzwesen.

Die königliche Verwaltung zieht bürgerliche Kenner des römischen Rechts *(Legisten)* immer häufiger
in ihren Dienst, so daß diese seit Philipp IV. (1285−1314) die Mehrheit im Rat haben. Wilhelm von Nogaret gehört zu jener dem Königtum ergebenen Gruppe, mit deren Hilfe gegen das Lehnrecht ein vorab-
solutistischer Staatsgedanke zum Sieg geführt wird.
Unter den großen Ämtern bleibt der Großsiegelbewahrer faktisch Haupt der Kanzlei, seit 1320 heißt
er wieder *Kanzler* mit Befugnissen auch im Parlament (Hofgericht) und als einflußreichster Berater des
Königs. Für die Finanzverwaltung untersteht dem König direkt der „grand chambellan", dessen Funktion
im Laufe des 14. Jh.s vier der Rechnungskammer unterstellte „trésoriers" übernehmen. Als Komman-
dierender des Heeres fungiert der „connétable", der im 14. Jh. alle anderen Zuständigkeiten abgibt und
nächst dem Kanzler wichtigster Minister der Krone ist. Er wird im 15. Jh. vom Staatsrat gewählt.
Mit dem Anwachsen des Kronlandes wird die ältere Organisation der „bailliages" erweitert (23 zu Beginn
des 14. Jh.s); Lehnsfürstentümer und Apanagen stehen unter der Kontrolle des ihnen benachbarten
„bailli", der seinerseits jederzeit abgesetzt werden kann und in seinen Aufgaben mehr und mehr beschränkt wird: „lieutenants" (Gerichtsbarkeit), „receveurs" (Steuerverwaltung), „maîtres des forêts"
(Gewässer und Forsten) treten ihm selbständig zur Seite.

Nach Ausgliederung von Parlament und Rechnungskammer bleibt von der älteren „curia regis" (Königshof) der Staatsrat („grand conseil"): In wechselnder Zusammensetzung unregelmäßig vom König an verschiedene Orte berufen, kann er zur Reichsversammlung erweitert werden oder, falls alle Lehnsfürsten, Kronvasallen und Städte vertreten sind, als Generalständetag *(„états généraux")* auftreten (erstmals 1302).

Die *Finanzverwaltung* unterscheidet zwischen ordentlichen Einnahmen des Königs aus dessen Grundherrschaften, Lehen und Gerichten einerseits, den außerordentlichen Einnahmen aus Steuern andererseits. Naturalleistungen mit Verkauf der Überschußproduktion, Einziehung herrenlosen Gutes, Gebühr bei Beurkundungen und Bewilligung neuer Rechte (Gütererwerb durch die tote Hand, Erwerb adliger Lehen durch Nichtadlige, Erhebung in den Adel, Legitimierung unehelich Geborener), Ablösung des Herbergsrechts durch Geldzahlung gehören ebenso wie Zölle zu den ordentlichen Einnahmen. Zölle werden auf Waren und an den Grenzen erhoben, an Märkten, Brücken oder Wegen und entwickeln sich immer mehr zur Geldquelle bei akuter Bedürftigkeit des Fiskus. Damit rücken sie in die Nähe der Steuern, die, weil frühmittelalterlichem Rechtsdenken fremd, auch später noch als außerordentliche Einnahmen verstanden werden. Der Ursprung des Steuerwesens liegt in den Sonderbeihilfen („aides"), die der Lehnsherr bei bestimmten Gelegenheiten fordern darf; sie werden zur allgemeinen Kriegsabgabe erweitert, die als Kopfsteuer ausgeschrieben jeden mit Ausnahme des Adels trifft und vom König direkt unter Umgehung seiner Vasallen erhoben wird. Direkte Steuer („taille"), Zölle („traites") und Verbrauchssteuer auf Salz („gabelle") sind seit Anfang des 14. Jh.s die wichtigsten außerordentlichen Einnahmequellen der Krone.

Die Erträge werden nach normannischem Vorbild von der Rechnungskammer („chambre des comptes") in Paris verwaltet; sie entscheidet auch Steuerprozesse. Seit 1320 besteht die Kammer aus vier geistlichen und drei (wenig später vier) weltlichen Beamten unter zwei Präsidenten, deren Amtsführung vom „contrôleur des finances" überwacht wird. Ursprünglich vom König ernannt, werden die Mitglieder der Rechnungskammer seit der zweiten Hälfte des 14. Jh.s gewählt.

Für die außerordentlichen Einnahmen sind seit dem 14. Jh. besondere Beamte („généraux des finances") zuständig, die seit Karl V. (1364–1380) sämtlich vom König ernannt werden.

1314–1328 Frankreich gerät nach dem Tod Philipps IV. in eine schwierige Lage, weil seine Söhne **Ludwig X.** (1314–1316, * 1289), **Philipp V.** (1316–1322, * 1293) und **Karl IV.** (1322–1328, * 1294) nach jeweils kurzer Regierungszeit ohne männliche Nachkommen sterben.

1317 Philipp V. läßt nach seiner Krönung durch einen erweiterten Staatsrat die weibliche Thronfolge für ausgeschlossen erklären, um sein eigenes Königtum zu legitimieren. Seit Mitte des 14. Jh.s wird als Grundlage dieser Entscheidung auf die „Lex Salica" verwiesen. Sie regelt aber nur Erbfragen bei Immobilien und gilt längst nicht mehr.

1328–1498 **Haus Valois** (kapetingische Nebenlinie).
Nach dem Tode Karls IV. spitzt sich die Frage nach dem nächsten Verwandten zu. Eduard III. von England beansprucht die französische Krone, weil seine Mutter Isabella (* 1292, † 1357) als Tochter Philipps IV. ihm ihre Rechte übertragen habe. Die französischen Kronjuristen antworten: Wer keine Rechte hat, kann sie nicht vergeben.

1328–1350 **König Philipp VI.** (* 1293)

1328 Der Sohn Karls von Valois, des Bruders Philipps IV., wird von einer Versammlung der Großen Frankreichs zum König gewählt.
Gräfin Johanna von Évreux, Tochter Ludwigs X., erhält das Königreich Navarra, für das die weibliche Erbfolge anerkannt wird; die Champagne soll an die Krone fallen. Eduard III. erkennt die französische Thronregelung nicht an und führt seit 1337 den Titel „König von Frankreich". Daraus entsteht ein über 100 Jahre andauernder zerstörerischer Konflikt zwischen beiden Ländern, der militärisch auf französischem Boden ausgetragen wird.

Erneuter Kampf gegen Flandern

In Flandern herrscht seit 1322 Graf *Ludwig von Nevers,* (* um 1304, † 1346), der am Pariser Hof erzogen und mit einer Prinzessin königlichen Geblüts verheiratet ist. Er stützt sich im Lande selbst auf Aristokratie und städtisches Patriziat, hat aber vor allem Zünfte und nicht an der Oligarchie beteiligte Kaufmannschaft gegen sich. 1323 kommt es im westflandrischen Landgebiet von Brügge zum Aufstand der selbstbewußten, wirtschaftlich starken Bauern mit dem Ziel vollständiger Beseitigung von Adelsherrschaft und Bodenrenten. Die Unruhen erweitern sich zu einem auf beiden Seiten mit besonderer Grausamkeit geführten Krieg, an dem die städtische Opposition mit Ausnahme Gents auf seiten der Bauern teilnimmt. Da die Bewegung auch gegen die französische Krone gerichtet ist und der Bürgermeister von Brügge Anerkennung des englischen Thronanspruchs gegen militärische Leistungen in Aussicht stellt, muß König Philipp VI. eingreifen. 1328 siegt er bei *Cassel* (nordöstlich von St-Omer) und wirft damit den Aufstand nieder, gibt aber der Volksbewegung ihren künftig verhängnisvollen antifranzösischen Zug. Die englische Bündnispolitik gewinnt in den folgenden Jahren an Boden: Außer den Grafen von Geldern, Looz, Jülich und Mark tritt Herzog Johann von Brabant ins antifranzösische Lager, das durch Hennegau-Holland,

544 Mittelalter – Spätmittelalter

Nassau, Österreich und den Erzbischof von Trier noch verstärkt wird. Der Bischof von Lüttich und Ludwig von Nevers zögern, worauf Eduard III. nach bewährtem Muster 1336 die eigene Wollausfuhr untersagt und den Import ausländischer Tuche nach England sperrt. Damit ist die flandrische Industrie gelähmt und wird durch Einwanderungsprivilegien für Handwerker nach England weiter geschwächt; in diesen Jahren bildet sich die Grundlage einer englischen Tuchmanufaktur, die fünf Jahrzehnte später als gefährliche Konkurrenz auftritt. Gegen Lockerung der Blockade durch Annäherung an England sperrt sich der Graf von Flandern, so daß zuerst Gent seine Interessen den französischen geopfert sieht. Ende Dezember 1337 wird die Stadt Schauplatz eines Aufstandes, der unter Führung des reichen Tuchhändlers Jakob van Artevelde (* um 1290, † 1345) der Herrschaft Brügges in Flandern ein Ende setzt. Weber, Walker und kleine Gewerke sind unter dem Stadtoberhaupt Artevelde an einer Regierung beteiligt, die sich der englischen Sache verschreibt und nach Aufhebung der Handelssperre ganz Flandern hinter sich weiß. Eduard III. glaubt sich im Juli 1337 außerdem durch einen Beistandspakt und hohe Zahlungen der Hilfe Kaiser Ludwigs des Bayern versichern zu können, wird aber dann so schwach unterstützt, daß er 1339 einen Herbstfeldzug in die Picardie kampflos abbrechen muß. Unter Führung Arteveldes, der die Grafschaft nach der Flucht Ludwigs von Nevers an den französischen Hof allein regiert, schließt Flandern 1340 ein *Bündnis mit England*. Daraufhin kann Eduard III. als „Erbe Ludwigs des Heiligen" in Gent einen Hoftag halten, auf dem er die Huldigung der Städte entgegennimmt, erkauft freilich durch große Zugeständnisse. Am 24. Juni wird die französische Flotte im Hafen von *Sluis* (in der Bucht des Zwyn, heute verlandet) von englischen Schiffen mit flämischer Unterstützung nahezu völlig zerstört.

Der Hundertjährige Krieg (1339–1453)

Materieller Anlaß zum Krieg ist für England das ständige Ausgreifen der französischen Verwaltung nach Guyenne; der englische Besitz ist dort auf den Küstenstrich zwischen Bordeaux und Bayonne beschränkt.

1341   Nach Rückkehr aus dem flandrischen Krieg stirbt Herzog Johann III. von der *Bretagne* (* 1286) ohne legitimen Erben.
        Seine Nichte Johanna (* 1319, † 1384) ist mit Karl von Blois (* 1319, † 1364) verheiratet, einem Neffen des Königs von Frankreich; sie erhebt Erbansprüche, die durch Johann von Montfort, den Bruder des verstorbenen Herzogs, bestritten werden. Der französische Teil der Bretagne (Diözesen Rennes, Nantes, Dol, St-Malo, teilweise St-Brieuc) hält zu Karl von Blois, der keltische (Diözesen Tréguier, Léon, Cornouaille-Quimper, Vannes) zu Johann von Montfort. Naturgemäß steht Philipp VI. auf seiten seines Neffen, Eduard III. unterstützt Johann von Montfort.

1343   Die folgenden Kämpfe finden im Vertrag von Malestroit (Département Morbihan) einen vorläufigen Abschluß: Karl von Blois beherrscht mit Rennes und Nantes die Hochbretagne, die Familie Montfort fast die gesamte Niederbretagne; Johann von Montfort muß ins Exil. In *Flandern* verstärkt sich die Opposition gegen die Vorherrschaft Gents, das den weniger mächtigen Orten die Selbstverwaltung nimmt. Die städtische Zunftherrschaft führt überdies zu blutigen Machtkämpfen zwischen Webern und Walkern; in Gent siegen die Weber, deren Zunftältester in Konkurrenz zu Jakob van Artevelde tritt. Das mühsam hergestellte Gleichgewicht zwischen den Bevölkerungsgruppen ist aufgehoben. Eduard III. greift nicht ein.

1345   Artevelde wird in Gent von den Webern erschlagen.

1346   Eduard III. landet bei St-Vaast-la-Hougue (Département Manche) und wendet sich zunächst gegen Caen, das nach kurzem Kampf genommen wird. In Eilmärschen sucht das englische Heer den flandrischen Bundesgenossen Hilfe zu bringen, muß sich aber bei *Crécy* (Département Somme) vor den nachrückenden Franzosen verschanzen. Philipp VI. trifft

26. Aug.   vor den englischen Feldbefestigungen ein und läßt sich zum Sturm verleiten, obwohl die ermüdeten Angreifer durch Regenfälle behindert sind. Die Bogenschützen Eduards III. haben entscheidenden Anteil an der vernichtenden Niederlage des französischen Ritterheeres, in dessen Reihen auch der blinde König Johann von Böhmen (1310–1346; * 1296), der Herzog von Lothringen, die Grafen von Alençon und von Flandern den Tod finden. Wenige Tage später stehen die Engländer vor *Calais* und beginnen eine Belagerung, die sich bis in den Sommer des folgenden Jahres hinzieht.

1347   Als Philipp VI. keinen Entsatz zu bringen wagt, kapituliert die Stadt zu harten Bedingungen
4. Aug.   (Gang der sechs „Bürger von Calais"): Vertreibung der Einwohner, Ansiedlung von Engländern.
        Bis 1559 bleibt Calais englisch, weil seine geographische Lage dem Ort unvergleichlichen strategischen Wert gibt.
        Der Papst vermittelt einen Waffenstillstand, der bis 1351 zweimal erneuert wird.

1349   Philipp VI. kauft die Stadt Montpellier von einer Seitenlinie des Hauses Aragón. Auf gleiche Weise geht die *Dauphiné* von ihrem letzten, kinderlosen Dauphin (aus dem lateini-

Frankreich – Hundertjähriger Krieg   545

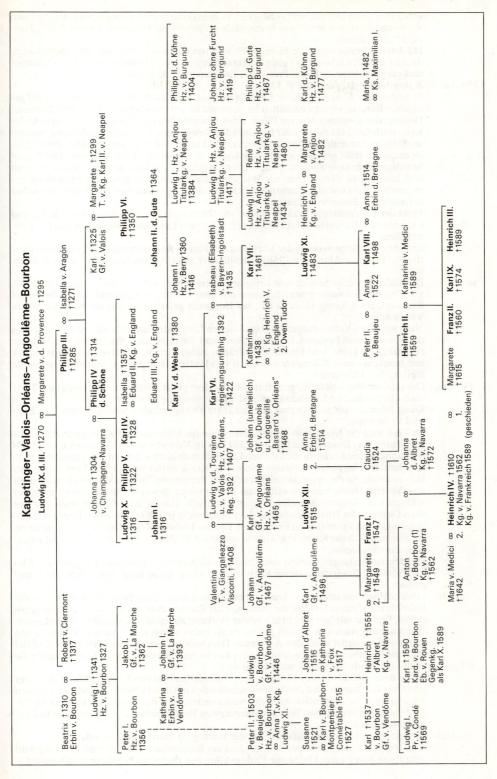

546 Mittelalter − Spätmittelalter

schen Beinamen „Delphinus" gebildetes Prädikat) Humbert II. an den König, der das Land als Reichslehen dem jeweiligen französischen Thronfolger bestimmt. Dessen Titel „*Dauphin*" rührt daher.

Die letzten Regierungsjahre Philipps VI. sind von der großen Pestepidemie überschattet, die im Laufe des Jahres 1347 ganz Frankreich ergreift. Ihre Folgewirkung (Bevölkerungsrückgang, Unterproduktion, Preis- und Lohnschere) erlebt erst

1350−1364 **König Johann II. der Gute** (* 1319).

Er ist der Lage nicht gewachsen: Unfähig zum persönlichen Regiment wie zur Auswahl geeigneter Berater, verschwenderisch im Aufwand für erlesene höfische Feste und Turniere, Gründer des Sternenordens zur Pflege eines versinkenden ritterlichen Ideals. Um trotz der Krise noch Geld für den wieder beginnenden Krieg gegen England aufzubringen, werden die Ständeversammlungen von Languedoc und Languedoïl sowie verschiedene Provinziallandtage um Hilfe gebeten; gleichzeitig kommt es zur Münzverschlechterung. Die Stände bewilligen zwar neue Steuern, fordern aber Mitsprache und Finanzaufsicht, verbunden mit dem königlichen Versprechen zur Wiederberufung: Die *erste große Einschränkung der monarchischen Gewalt* im Innern, erwachsen aus dem berechtigten Mißtrauen gegenüber der zentralen Finanzverwaltung.

1355 Trotz der Unterstützung muß die Krone alle Zahlungen für sechs Monate einstellen und kann nur mittels einer Sonderbewilligung („aide") der Languedoïl wenigstens das Heer unterhalten.

Sprecher des Bürgertums ist der Vorsteher der Pariser Kaufmannschaft („prévôt des marchands") Étienne Marcel († 1358), Tuchhändler aus einer der reichsten Familien dieser Stadt.

seit 1355 Der Süden Frankreichs wird vom Krieg besonders heimgesucht, nachdem Eduard (* 1330, † 1376), der Schwarze Prinz (Beiname seit dem 16. Jh., wohl wegen der Farbe seiner Rüstung), Sohn König Eduards III., bei Bordeaux gelandet ist und als Vertreter seines Vaters amtet.

1356 Nach schweren Verwüstungen im französischen Languedoc tritt Eduard von Bordeaux aus den Marsch durch Périgord, Limousin, Berry und Touraine nach Norden an; bei Amboise erreicht er die Loire. Von Johann II. bedrängt, ziehen sich die Engländer südwärts zurück und besetzen einige Kilometer südöstlich von Poitiers eine günstige und stark befestigte Stellung bei *Maupertuis.*

19. Sept. Das zahlenmäßig weit überlegene französische Heer greift besonner Warnung zum Trotz nach oberflächlicher Erkundung an und wird vollständig vernichtet.

König Johann ergibt sich; er muß fast vier Jahre als angesehener Staatsgefangener in England verbringen.

Im Volk wird die Niederlage als gerechte Strafe für Übermut und Korruption des Adels verstanden. Der Dauphin Karl (V.) (* 1337) hat als Vertreter seines Vaters mit dieser Mißstimmung breiter Kreise zu rechnen und kann sich auch nicht auf die in sich gespaltene Bürgerschaft der Hauptstadt verlassen: Neben die Kritik an der königlichen Verwaltung tritt Bewunderung für das oppositionelle flandrische Bürgertum. Étienne Marcel wirft sich nach dem Vorbild Jakobs van Artevelde zum Führer dieser Bewegung auf und reißt nach der Schlacht von Maupertuis die Stadtregierung an sich. Eine weitere Gefahr droht von den alten Gegnern des Hauses Valois; an ihrer Spitze steht jetzt Karl der Böse, König von Navarra und Sohn Johannas von Évreux, der Tochter Ludwigs X. Er strebt im Einvernehmen mit England nach der Krone Frankreichs und ist für die Pariser Bürgerbewegung der natürliche Bundesgenosse.

Ständeversammlungen fordern vom Dauphin die Annahme dauernder Ratgeber aus Klerus, Adel und Bürgertum; dieser Kreis soll vor allem die Reichsbeamten auswählen und ernennen.

1358 Trotz englisch-navarresischer Truppenbewegungen in der Umgebung von Paris betritt der Dauphin mit kleinem Gefolge die Stadt, aus der Karl von Navarra erst vor kurzem abgezogen ist. Der Thronfolger spricht mit großer Wirkung auf mehreren Bürgerversammlungen, aber während eines von Marcel geführten Aufruhrs dringt eine wütende Menge in den Palast und ermordet unter den Augen des Dauphins zwei seiner Marschälle. Als Karl der Böse auf Ersuchen Marcels wenige Tage später in Paris erscheint, verläßt der Dauphin die Stadt und beruft die Stände nach Compiègne.

Das in der ersten Hälfte des 14. Jh.s noch blühende Land ist von Krieg und Seuche schwer getroffen. Die Bauern sind durch streifende Banden um ihre Existenz gebracht und richten ihren ganzen Zorn gegen den Adel, der weder sie noch das Reich schützen kann, in wichtigen Schlachten versagt hat. Weil der Dauphin den Bauern Selbstschutz empfohlen hat, bewaffnen sie sich.

Mai Im Beauvaisis bricht ein Aufstand los, der rasch ganz Nordfrankreich erfaßt.

Die Jacquerie (nach dem Spottnamen „Jacques Bonhomme" für das niedere Volk) wird zentral von dem Bauern Guillaume Karle geführt, der, rhetorisch begabt und waffentüchtig, sein eigenes Siegel führt und mit dem Aufbau einer Kanzlei beginnt. Die erzählenden Quellen berichten dramatisch und durchweg voreingenommen von Mord und Plünderung bisher unbekannten Ausmaßes. Étienne Marcel glaubt die Jacquerie für seine Zwecke nutzen zu können und läßt sich auf gemeinsame Unternehmungen ein, Karl von Navarra steht dagegen auf seiten des Adels und lockt den Führer der Bauern in einen Hinterhalt; Karle wird in Clermont enthauptet. Während auf dem Lande Massenexekutionen der führerlosen „Jacques" stattfinden, beginnt der Dauphin die Belagerung von Paris. Marcel fühlt die nun von antienglischen Stimmungen geleitete Stadtbevölkerung seinem Einfluß entgleiten.

31. Juli   Er wird an der Bastille St-Antoine bei einem Volksauflauf erschlagen, als man ihn verdächtigt, Truppen Karls des Bösen in die Stadt lassen zu wollen.
Zwei Tage später zieht der Dauphin als Sieger in Paris ein.

1360   Englisch-französischer **Friede von Brétigny** bei Chartres: Außer Guyenne fallen Poitou,
8. Mai   Gascogne, Guines, Calais an England zum gleichen Recht, das die Krone Frankreich bisher innehatte, d. h. ohne Lehnsverpflichtung. Eduard III. verzichtet auf seinen französischen Thronanspruch und erhält ein hohes Lösegeld für König Johann II.

24. Okt.   Nach dessen Freilassung wird der Friedensvertrag in Calais ratifiziert.

1363   Nach Aussterben der kapetingischen Seitenlinie in Burgund (1361) gibt Johann II. das Herzogtum an seinen Sohn Philipp den Kühnen (* 1342, † 1404). Damit wird der Grundstein zu einer Macht gelegt, die wenige Jahrzehnte später der Krone selbst gefährlich wird.

1364–1380   König Karl V. der Weise (* 1337).

Er entspricht mit seiner schwachen, zeitlebens von Neuralgien heimgesuchten Konstitution nicht dem späten Ritterideal seiner Zeit. Er meidet weite Reisen und kommt in der gesamten Regierungszeit nicht über Rouen im Westen, Orléans im Süden hinaus. Gleichwohl neigt auch er zu prächtiger Hofhaltung, die im jetzt neu ausgebauten Louvre ihren angemessenen Ort findet. Der König liebt gelehrte Gespräche, konsultiert häufig die Universität Paris und stellt eine bedeutende Büchersammlung zusammen, Grundstock der königlichen Bibliotheken späterer Zeit. Wichtige französische Übersetzungen (Institutionen Justinians; Digesten; Hauptschriften des Aristoteles, von denen ihm Ethik, Politik und Ökonomik am wertvollsten sind) regt er persönlich an und ist wegen seiner juristisch fundierten, mitunter spitzfindigen politischen Schachzüge gefürchtet. Die bedeutendsten Ratgeber kommen aus dem Parlament (Jean und Guillaume de Dormans, Pierre d'Orgemont) und aus der Reichsverwaltung (Hugues Aubriot); sein vertrauter Freund und an allen wichtigen Regierungshandlungen beteiligt ist Bureau de la Rivière aus adliger Familie im Nivernais. Mit Raoul de Presles, Philippe de Mézières, Nicolas Oresme (* 1320, † 1382) hat er fähige Mitarbeiter am neuen Konzept der „bonne policie": Methodische Anstrengung zur umfassenden und gleichmäßigen Ordnung aller öffentlichen Angelegenheiten durch die monarchische Gewalt, die ihrerseits im aristotelischen Sinne gesetzmäßig sein will und der Ratgeber bedarf. Der „Traité de la première invention des monnaies" des Nicolas Oresme gibt eine frühe geldtheoretische Abhandlung auf volkswirtschaftlicher Grundlage.

Karl V. zeigt sich in der Verteidigung königlicher Rechte gegenüber der Kirche unnachgiebig und bekämpft das adlige Fehdewesen mit dem Ziel seiner völligen Aufhebung. Die vorsichtige Erhebung mählich steigender Sondersteuern verbindet er mit Subventionen für Burgenbau in den großen Lehnsgebieten, leitet aber daraus ein regelmäßiges Inspektionsrecht der Krone ab in dem Bestreben, den Adel ins königliche Heer einzugliedern. Den Städten gegenüber verhält er sich wohlwollend, fördert aber nicht kommunale Regungen, sondern das schrittweise Eindringen königlicher Beamter in die Stadtverwaltungen. Die seit dem Frieden von Brétigny verkleinerte Domäne wird konsolidiert, dennoch bestätigt und vergrößert der König die von seinem Vater gewährten großen Apanagen seiner Brüder Philipp (* 1342, † 1404) (Burgund), Ludwig (* 1339, † 1384) (Anjou-Touraine) und Johann (* 1340, † 1416) (Berry). Deren Eigeninteressen sind nicht nur eine Belastung für Karl V., sondern zusammen mit den übrigen Prinzen von Geblüt bilden die Brüder des Königs als „deuxième féodalité" (die erste hatte in den mittlerweile meist ausgestorbenen regionalen Dynastien bestanden) ein Hindernis auf dem Weg zum Einheitsstaat.

Eine der ersten Regierungshandlungen Karls V. ist der Einzug der Güter Karls von Navarra (* 1332, † 1387), weil dieser die burgundische Nachfolge für sich gefordert hat.

Held des daraus entstehenden Krieges ist der bretonische Ritter Bertrand du Guesclin
1364   (* 1315 oder 1320, † 1380), der das navarresische Heer bei Cocherel (Département Eure)
16. Mai   besiegt.

In der Bretagne kommt es nicht zu einem dauerhaften Ausgleich der Erbansprüche, so daß
29. Sept.   Johann von Montfort bei Auray (Département Morbihan) die militärische Entscheidung gegen Karl von Blois sucht, der eine Niederlage erleidet und im Kampf fällt.
Johann von Montfort wird Herzog der Bretagne und erkennt die königliche Lehnshoheit an, neigt aber traditionell der englischen Seite zu.
Nach dem Friedensschluß leidet Frankreich unter den Raubzügen beschäftigungsloser Soldbanden („compagnies"), mit denen du Guesclin schließlich nach Spanien zieht und Heinrich von Trastámara (1369–1379) gegen dessen von England unterstützten Halbbruder Peter I. den Grausamen zur Krone des Königreichs Kastilien verhilft. Seither gibt es für mehr als ein Jh. ein festes französisch-kastilisches Bündnis.

548 Mittelalter – Spätmittelalter

Karl V. sucht seit Beginn seiner Regierung eine Gelegenheit, den Vertrag von Brétigny aufzuheben und findet sie in einer Appellation adliger Herren aus der Gascogne an das Pariser Parlament gegen außerordentliche Steuererhebungen des Schwarzen Prinzen: Weil der König von Frankreich nicht ausdrücklich auf seine Lehnshoheit über den englischen Besitz verzichtet habe, könne er Beschwerden der Stände entgegennehmen. Zahlreiche Herren und Städte des Südens erkennen Karls Argumente an:

1369 *England und Frankreich befinden sich wieder im Krieg.* Karl V. gibt im Verfolg einer weitgreifenden Bündnispolitik dem Grafen von Flandern (Ludwig von Maele, 1346–1384) Orchies, Douai und Lille zurück, damit die flandrische Erbtochter Margarete, statt des Grafen von Cambridge (Sohn Eduards III.), des Königs Bruder Philipp von Burgund (1363–1404, * 1342; als Herzog von Burgund Philipp II., der Kühne) heiratet. Am 19. Juni wird diese Ehe geschlossen und damit die burgundische Herrschaft in den Niederlanden begründet. Kastilien und Portugal stehen ebenfalls auf französischer Seite, die Neutralität des Kaisers gilt als sicher.

Du Guesclin ist Connétable der Krone und führt mit Soldtruppen einen systematischen Kleinkrieg, in dessen Verlauf er das Poitou erobert.

1372 Eine englische Flotte wird bei La Rochelle (Département Charente) von kastilischen Galeeren vernichtet.

Herzog Johann von der Bretagne steht im offenen Bündnis mit England.

1375 Als bis auf Calais, Guines, Bayonne, Dax, St-Sever und das Bordelais alle englischen Besitzungen in französischer Hand sind, wird in Brügge ein Waffenstillstand vereinbart, der aber nur zwei Jahre besteht.

Seit langem verhandelt Karl von Navarra mit England, so daß Karl V. die Ländereien des Hauses Évreux in der Normandie einzieht. Mit Cherbourg verkauft Karl der Böse seinen letzten Besitz auf französischem Boden an die Engländer und zieht sich nach Navarra zurück, wo er 1387 stirbt.

1380 Im Kampf gegen die neuformierten „compagnies" fällt du Guesclin und wird in der königlichen Grablege St-Denis beigesetzt.

Die militärischen Anstrengungen überfordern das Land und sind allein mit außerordentlichen Steuern zu finanzieren, deren Bewilligung den Ständen nur gegen Anteil am Ertrag abzuringen ist. Bretagne, Burgund und Flandern zahlen nicht. Mit dem Umzug Gregors XI. von Avignon nach Rom (1377) verliert Frankreich seinen direkten Einfluß auf das Papsttum; in Avignon residiert seit Urban VI. (1378–1389) nur noch der eine von zwei Päpsten im Großen Schisma.

1380–1422 König Karl VI. (* 1368).

Er tritt zwölfjährig die Nachfolge an und ist von seinem Vater mit ausgesuchten Ratgebern versehen, die aber den Herzögen von Anjou, Berry und Burgund, den Brüdern des verstorbenen Königs, weichen müssen.

1382 Zuerst in Paris regt sich Widerstand gegen neue Steuererhebungen; Aufstände in Rouen, Amiens, Orléans, Reims, Lyon und anderen wichtigen Städten folgen. Gegenmaßnahmen der wohlhabenden Bürger und geschickte Verhandlungen der königlichen Seite führen in Paris zur Beruhigung der Straße, vorübergehend gehorcht auch Rouen, aber die Aufstandsbewegung hat inzwischen den Süden erfaßt, vor allem jedoch Flandern. Dort hat Philipp van Artevelde (* 1340, † 1382), der Sohn Jakobs van Artevelde, die Herrschaft über Gent errungen, wendet sich nun gegen den Grafen, besiegt ihn bei Beverhoutsveld nahe Brügge und nimmt auch diese Stadt ein. Graf Ludwig von Maele ruft den Herzog von Burgund, seinen Schwiegersohn, um Hilfe an und erhält auf diesem Wege den Beistand Frankreichs.

27. Nov. Bei *Roosebeke* (Rozebeke; bei Oudenaarde im östlichen Flandern) vernichtet das Heer Karls VI. die Truppen Philipps van Artevelde, der im Kampf sein Leben läßt.

Brügge unterwirft sich der königlichen Verwaltung. Nun hat der Hof gegenüber Paris freie Hand: Nach dem Einzug von 12 000 Mann königlicher Truppen werden Hunderte, selbst königstreue Bürger, verhaftet und zahlreiche Hinrichtungen vollzogen. Kaufmannschaft und Zünfte verlieren die letzten Reste ihrer korporativen Selbstverwaltung. Entsprechend wird in Rouen und im Languedoc verfahren.

1384 Ludwig von Maele stirbt, und der erwartete Erbfall tritt ein: Flandern, Artois, Franche-Comté gehen an Philipp den Kühnen von Burgund.

Auf den flandrischen Adel und die Macht Frankreichs gestützt, kann er den Besitz gegenüber England sichern und auch mit den flandrischen Städten, vor allem mit Gent, Frieden schließen.

1385 Einer planvollen Bündnis- und Erwerbspolitik Philipps dienen die durch ihn vermittelten Heiraten seines Sohnes Johann (* 1371, † 1419) mit Margarete von Hennegau-Holland (Tochter des Grafen Albrecht von Wittelsbach [* 1336, † 1404; seit 1349/1353 Graf von Holland und Hennegau]) und König Karls VI. mit Isabeau (Elisabeth) von Bayern-Ingolstadt (* 1371, † 1435).

Frankreich — Hunderjähriger Krieg   549

1388   Philipp lenkt das französische Heer gegen den Herzog von Geldern, mit dem die Herzogin
       Johanna von Brabant, Philipps Tante, im Kriege liegt, und erhält als Gegenleistung das
       brabantische Erbe für seinen zweiten Sohn Anton versprochen. Der Feldzug ist für Karl VI.
       Anlaß, die Regierung selbst zu übernehmen.
       Er ruft die alten Ratgeber seines Vaters zurück, die wegen ihrer niederadligen oder bürger-
       lichen Herkunft „marmousets" genannt werden; sie beschließen, nur einstimmig zu ent-
       scheiden. Ludwig (* 1372, † 1407), der energische jüngere Bruder des Königs, ist an der
       neuen Regierung beteiligt, während Karl selbst ganz in höfischen Festen aufgeht.
1392   Ludwig wird Herzog von Orléans. Karl VI. hat den ersten Anfall einer sich in Schüben wie-
       derholenden Geisteskrankheit. Die Marmousets werden vom Hof verbannt, die alte
       Regentschaft tritt wieder an ihre Stelle.
       Durch seine Ehe (ab 1389) mit Valentina Visconti († 1408; Tochter des Herzogs Giangale-
       azzo von Mailand) besitzt der Herzog von Orléans die Grafschaft Asti. Da auch Florenz
       französische Unterstützung sucht und Papst Clemens VII. Ludwig II. von Anjou († 1417)
       zum König von Sizilien gekrönt hat (1389), ist die Politik Frankreichs teilweise durch die
       Lage in Italien bestimmt.
1396   Hochzeit Isabellas, der Tochter Karls VI., mit König Richard II. von England.
       Das Projekt wird durch Herzog Philipp von Burgund gefördert, der für seine flandrischen
       Gebiete Frieden braucht. Herzog Ludwig von Orléans will einem Hilfesuch des Genueser
       Stadtadels gegen die Bürgerschaft nachkommen, um den Aufbau seines „Königreichs
       Adria" mit der Annektion Genuas zu beginnen. Auf Betreiben Philipps von Burgund un-
       terstellt sich die Stadt aber der Krone Frankreich und bleibt bis zum Aufstand von 1409
       unter deren Herrschaft. Der hier zum erstenmal offene Gegensatz zwischen den Herzögen
       von Burgund und von Orléans ist grundsätzlicher Natur und von verschiedenen politischen
       Interessen dauerhaft geprägt.
1404   Das zeigt sich, als Philipp der Kühne stirbt und sein Sohn *Johann ohne Furcht* (1404–1419)
       das Herzogtum als Burgunder lenkt, nicht als Vertreter des Hauses Valois.
       Flandern braucht seit je gute Beziehungen zu England, im Schisma steht es zu Rom. Umge-
       kehrt bestimmt der Herzog von Orléans im Bund mit der Königin Isabeau jetzt die Politik
       des Hofes.
1407   Die wachsende Feindschaft zwischen den Herzögen führt zur Ermordung Ludwigs von
23. Nov.   Orléans in Paris.
       Johann ohne Furcht bekennt sich zwei Tage später als Auftraggeber und kann die Stadt
       unbehelligt verlassen, weil er infolge seiner ständigen Ablehnung königlicher Steuerforde-
       rungen die Sympathie der Bürgerschaft auf seiner Seite hat.
1408   Im folgenden Jahr zieht er wieder in Paris ein, wo der Universitätstheologe Jean Petit
       (Johannes Parvus; * um 1360, † 1411) vor dem Dauphin, dem König von Sizilien, den Her-
       zögen von Berry, Bretagne, Bar und Lothringen sowie einem ausgewählten Zuhörerkreis
       eine lange Verteidigungsschrift verliest, die das Attentat als Tyrannenmord rechtfertigt.
       Karl von Orléans, der Sohn des Getöteten, gewinnt die Unterstützung der Herzöge von
       Berry, Bourbon, Bretagne, der Grafen von Clermont und Alençon; an der Spitze steht sein
       Schwiegervater Bernhard von Armagnac, nach dem die Partei des Hauses Orléans ihren
       Namen „Armagnacs" führt. Die beiden Lager spalten das Land. Paris steht auf burgundi-
       scher Seite, die Armagnacs werden vertrieben und enteignet. Karl VI. bezieht nicht ein-
       deutig Stellung.
1411   Als der *Bürgerkrieg* beginnt, sucht der Herzog von Orléans um die englische Neutralität
       nach, während die Burgunder Militärhilfe aus England erwartet.
       Die wohlorganisierte Pariser Bürgerschaft nimmt wieder kommunale Rechte wahr und ist
       mit dem Einfluß der Armagnacs auf die königliche Verwaltung so unzufrieden, daß ein
1413   Zunftaufstand unter Führung des Abdeckers Caboche (daher „Cabochiens") den König
       zum Erlaß der „*Ordonnance Cabochienne*" zwingt: Kontrolle der Behörden bei gleich-
       zeitiger Erweiterung ihrer Kompetenzen, Wahl der Beamten durch die Verwaltungskör-
       perschaften. Dennoch errichten die Cabochiens eine Terrorherrschaft, die zu ihrem Sturz
       führt, als der königliche Advokat Jean Jouvenel Großbürgertum und Universität zum
       Widerstand vereinigen kann. Johann ohne Furcht muß Paris aufgeben, das sich den Arma-
       gnacs öffnet. Die „Ordonnance Cabochienne" wird sogleich aufgehoben.
1414   Im folgenden Jahr schließt der Herzog von Burgund ein Bündnis mit König Heinrich V.
       von England (1413–1422), der die französische Krone für sich fordert.
1415   Heinrich V. landet mit 1400 Schiffen an der Seinemündung und besetzt den Hafen Har-
       fleur.
25. Okt.   Der englische Eilmarsch durch Picardie und Artois soll bei *Azincourt* (Département Pas-
       de-Calais) durch das mit 50 000 Mann nahezu viermal stärkere französische Heer aufgehal-
       ten werden. Das Gelände hindert aber die Entfaltung der Reiterei, so daß die englischen
       Bogenschützen den Sieg für ihren König erstreiten. Als vornehmste Gefangene nimmt
       Heinrich V. die Herzöge von Orléans und von Bourbon mit nach England.

550 Mittelalter — Spätmittelalter

Genealogie der Valois und der Herzöge von Burgund

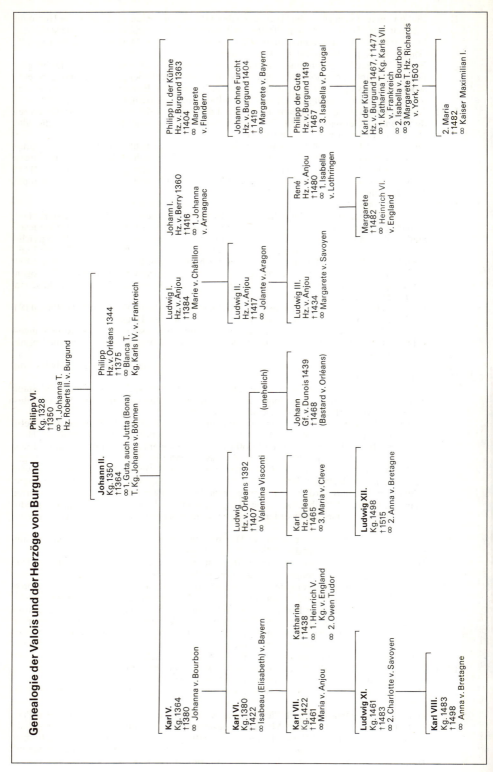

Die Regierung führt nun Graf Bernhard von Armagnac im Namen des Dauphins Karl (VII.). Er stützt sich auf gascognische Truppen und läßt alle Anhänger Burgunds (vor allem im Parlament und in der Universität) grausam verfolgen, zumal Johann ohne Furcht Heinrich V. als König von Frankreich anerkennt.

1417 Heinrich V. erobert die Normandie, während der Herzog von Burgund sich vor Paris legt. Er verspricht Befreiung von den Armagnacs und zieht die mit ihrem Sohn verfeindete Königin Isabeau auf seine Seite.

1418 In der Nacht zum 29. Mai öffnet ein burgundisch gesinnter Bürger die Porte de St-Germain: Paris ist den Armagnacs entrissen, die jetzt ihrerseits in Massen umgebracht werden; prominentestes Opfer ist Graf Bernhard.

Führer der Partei wird nun der Dauphin; sein Regierungssitz ist Bourges, während Isabeau mit dem kranken König von Troyes aus herrschen will.

1419
10. Sept. Die Engländer erobern nach langer Belagerung Rouen. Johann ohne Furcht sucht Frieden entweder mit dem Dauphin oder mit Heinrich V. Er verhandelt mit beiden Seiten und trifft sich mit Karl (VII.) auf der Brücke von Montereau (Département Seine-et-Marne); der Herzog wird während einer erregten Auseinandersetzung von Begleitern des Dauphins, aber vermutlich nicht auf dessen Befehl, ermordet. Der Anschlag treibt die gesamte burgundische Partei endgültig ins englische Lager.

1420 Johanns Sohn *Philipp der Gute* (1419–1467, * 1396) vereinbart im Vertrag von Troyes mit Zustimmung der Königin Isabeau die Heirat Heinrichs V. mit Karls VI. Tochter Katharina (* 1401, † 1438), die Nachfolge des englischen Königs auf den französischen Thron, den Ausschluß des Dauphins von der Thronfolge wegen des Mordes am Herzog von Burgund, die gemeinsame Regierung Heinrichs V. und Philipps des Guten in Frankreich.

Die Generalstände versammeln sich in Paris, bereiten Heinrich einen feierlichen Empfang und erkennen ihn an.

1422 Im gleichen Jahr sterben Heinrich V. und Karl VI. Für Heinrich VI., „König von Frankreich und England", führt sein Onkel, Herzog Johann von Bedford, die Regentschaft in Frankreich. Die französische Verwaltung bleibt bestehen, nur in der Normandie werden englische Beamte eingesetzt.

Burgund

Im Schutze des Bündnisses mit England kann Philipp der Gute (1419–1467, * 1396) seine Landesteile einer weitgehend vereinheitlichten Administration unterstellen, wobei besonders die Niederlande in den neuen Territorialstaat eingegliedert werden sollen. Außerdem sind weitere Erwerbungen vorbereitet und können großenteils realisiert werden: 1420 verspricht Katharina, die Tochter Philipps des Kühnen, ihr elsässisches Erbgut zum Zeitpunkt ihres Todes an den Chef des Hauses Burgund übergehen zu lassen; 1421 kauft der Herzog die *Grafschaft Namur* und erhält sie 1429 beim Tod Johanns III. von Namur. Als Jakobäa von Hennegau ihren Gemahl Johann IV. von Brabant, Philipps des Guten Vetter, verläßt und den Bruder des Herzogs von Bedford heiratet (1422), erkämpft sich Philipp in einem mehrjährigen Krieg zunächst die Regentschaft (1428), später auch Grafentitel und -rechte über *Holland, Seeland, Friesland* und *Hennegau* (1433), *Brabant* und *Limburg* kommen 1430 beim Tod des Grafen Philipp von Saint-Pol im Erbgang an Burgund. Damit verschiebt sich die Achse der burgundischen Politik nach Norden, vornehmstes Ziel wird die Festigung territorialer Eigenstaatlichkeit; aufkeimende Gegensätze zu England sind vor allem wirtschaftlich begründet (Konkurrenz der neuen englischen Tuchindustrie). Als Gegenleistung für seine Unterstützung der Päpste gegen das Konzil erhält Philipp ihm genehme Besetzungen der Bischofsstühle von *Cambrai* (1440), *Lüttich* und *Utrecht* (1456) durch nahe Verwandte und hat damit alle niederländischen Bistümer unter seiner Aufsicht. Das *Herzogtum Luxemburg* und die *Vogtei über das Elsaß* besitzt Philipps Tante Elisabeth von Görtz als Pfandschaft; sie setzt ihn 1442 zum Universalerben ein, Kaiser Friedrich III. erhebt keine Einwendungen, Ludwig XI. verzichtet 1462 auf eigene Ansprüche. Immer deutlicher tritt als Tendenz der burgundischen Ausdehnungspolitik die *Erneuerung Lothringens,* des alten Mittelreiches der karolingischen Teilungen, hervor mit dem Endziel einer unabhängigen Monarchie zwischen Deutschland und Frankreich. Schon 1438 ist *Lüttich* unterworfen worden, 1453 siegt der Herzog bei Gavere über die Milizen von *Gent.* Philipp der Gute ist damit zum Gründer der niederländischen Staatlichkeit geworden, in deren Dienst seine *Verwaltung* mittelbar steht: Im Herzogtum Burgund sind die „Jours Généraux" oberste Gerichtsinstanz, während der „Grand Conseil" zentraler Staatsrat, die „Chambre de Conseil" zentrale Verwaltungsbehörde ist. Untere Verwaltungsbezirke sind die „bailliages", die es auch in der Freigrafschaft (Franche-Comté) gibt, wo das Parlament höchster Gerichtshof ist. Entsprechend löst in Flandern ein Rechnungshof („chambre des comptes") mit territorialer Zuständigkeit die lehnsstaatlichen (personalen) Einrichtungen ab, der „Conseil de Flandre" wird als Landesgericht begründet, das Land in „bailliages" eingeteilt unter einem direkt dem Herzog verantwortlichen „souverain bailli de Flandre". Brabant hat seinen „Cour de Brabant", die ehemaligen Ländereien Jakobäas unterstehen der „Cour de Hollande"; Hennegau erhält im „grand bailli" ein Verwaltungshaupt, Luxemburg im „lieutenant-gouverneur". Die Lokalverwaltung bleibt den Einheimischen.

552   Mittelalter – Spätmittelalter

1422–1461 König Karl VII. (* 1403).

Er kann sich als „König von Bourges" auf Touraine, Berry, Poitou, Aunis, Saintonge und Dauphiné stützen, ferner auf Teile des Limousin, der Auvergne, der Guyenne und auf die Stadt Lyon. Er verfügt auch über viele Lehen von seit Azincourt (1415) Gefangenen, ist aber psychisch schwer gestört, infolgedessen fast unfähig zur Entscheidung, abhängig vom Willen der führenden Armagnacs und ständiges Opfer von Hofintrigen. Als ehemaliger oberster „maître des forêts" gewinnt Georges de La Trémoille das Vertrauen Karls, verfolgt aber nur eigene Interessen und stürzt durch seine mit Brutalität gepaarte Unfähigkeit die Länder des Dauphins in schlimmste Anarchie.

Eine Kette militärischer Erfolge des Herzogs von Bedford ermutigt die Engländer, mit der

1428   *Belagerung von Orléans* die völlige Unterwerfung Karls einzuleiten.

Seit dem Vertrag von Troyes regen sich im burgundischen Lager Zweifel an der so weitgehend englandfreundlichen Politik. Regionale Widerstandskämpfe, nationalbewußte Schriftsteller (Alain Chartier, * 1390, † 1450) und die breite Unterstützung der in Orléans Belagerten aus vielen Landesteilen sind Anzeichen für eine veränderte Stimmung, die dem Auftreten der *Jeanne d'Arc* den Boden bereitet. Jeanne ist zwischen 1410 und 1412 als Tochter eines Bauern in Domrémy an der Maas (Département Vosges) geboren. Frühe Visionen und Auditionen steigern sich unter dem persönlichen Eindruck des Krieges seit 1428 zu täglich empfangenen Anweisungen, die fortan ihr Handeln als gotterwählte Retterin Frankreichs bestimmen.

1429   In Chinon (Département Indre-et-Loire) steht sie das erste Mal vor dem Dauphin, der Gutachten anfordert und das Mädchen mehrere Wochen lang durch Theologen und Ärzte überprüfen läßt, bevor er sie mit militärischem Gefolge gegen Orléans sendet.

29. April   Das kleine Heer dringt in die Stadt ein, und die **Jungfrau von Orléans** erreicht in wenigen Tagen den Abzug der Engländer.

Die Wirkung auf alle Bevölkerungsschichten Frankreichs ist gewaltig; nach Jeannes Sieg über Falstaff bei Patay (Département Loiret) ergreift Panik die englischen Truppen, so daß der Weg nach Reims frei wird.

17. Juli   Hier empfängt der Dauphin die Königsweihe, sucht aber keine militärische Entscheidung, sondern strebt einen Frieden mit Philipp von Burgund an.

1430   Jeanne handelt nun selbständig, kommt in das von Burgundern belagerte Compiègne und gerät bei einem Ausfall in Gefangenschaft. Sechs Monate später wird sie den Engländern ausgeliefert und nach Rouen gebracht, wo unter Vorsitz des für Compiègne zuständigen Bischofs von Beauvais, Pierre Cauchon, ein Häresieprozeß beginnt, der mit ihrer Verurteilung endet. Die Jungfrau wird in Rouen öffentlich verbrannt (30. Mai 1431).

1449 veranlaßt Karl VII. ein Rehabilitationsverfahren, das 1456 zum Widerruf des Urteils von Rouen führt. (1909 Seligsprechung durch Papst Pius X., 1920 Heiligsprechung durch Benedikt XV.)

Noch im Jahr des Prozesses von Rouen wird Heinrich VI. Lancaster in Paris gekrönt. Nach Jeannes Tod löst sich der Krieg wieder in eine Vielzahl örtlicher Kämpfe auf, ohne an zerstörender Kraft zu verlieren. Der Sturz La Trémoilles (1433) führt nicht zur Stärkung der französischen Zentralgewalt, die einen Aufstand der Normandie gegen England (1434) ungenutzt scheitern läßt.

Die Befriedung des Landes kann erst beginnen, als die seit Jahren nie ganz abgerissenen

1435   Verhandlungen mit Burgund zum Friedenskongreß von Arras führen. Als Bedford auf dem Thronverzicht Karls VII. besteht und die englische Delegation jedem Kompromiß verschlossen abreist, stimmt Philipp der Gute einem Sonderfrieden zu: Neben Gebietsabtretungen sichert der Vertrag ihm persönliche Freiheit von allen Lehnsverpflichtungen gegenüber der französischen Krone. Durch den Tod Bedfords verliert England seinen bedeutendsten Staatsmann.

1436   Der Connétable *Arthur III. de Richemont* (* 1393, † 1458) nimmt Paris für Karl VII.

Die korrumpierende Wirkung dieses Krieges reicht bis in die Zeit nach dem Vertrag von Arras, weil die entlassenen burgundischen und englischen Söldner nur dadurch überleben können, daß sie als „écorcheurs" (Schinder) bandenweise die Bevölkerung ausplündern und bis 1444 alle Regionen Frankreichs in vernichtender Weise heimsuchen.

Als Reaktion auf die seit 1435 gefaßten Beschlüsse des Basler Konzils stellt Karl VII. die Verhandlungsergebnisse eines von ihm berufenen französischen Nationalkonzils in der

1438   *Pragmatischen Sanktion von Bourges* zusammen. Sie schützt die gallikanischen Freiheiten und regelt die Beziehungen der französischen Kirche zur Kurie: Unterordnung des Papstes unter das Konzil, freie kanonische Wahl durch Kapitel und Konvente unbeschadet königlicher Vorschlagsrechte, Verbot päpstlicher Pfründenreserven und Exspektanzen, Einschränkung des Appellationsrechts, Kürzung der nach Rom gezahlten Abgaben auf ein Fünftel des bisherigen Umfangs.

1439   Parlament und Basler Konzil billigen im nächsten Jahr diese Ordnanz. Einer weiteren großen Ordnanz stimmen die Generalstände zu: Die Anwerbung von Söldnern obliegt künftig allein dem König, der dafür eine dauernde direkte Steuer („taille royale") erheben darf. Adel und Klerus sind befreit.

1444 In Tours wird ein *Waffenstillstand mit England* geschlossen; die Versöhnung der Könige soll in der ehelichen Verbindung Heinrichs VI. mit Margarete von Anjou (* 1429, † 1482) ihren Ausdruck finden.

1445 Das Abkommen verschafft Karl VII. eine Atempause, die er zu einer großen *Heeresreform* auf der Grundlage seiner Ordonnanz von 1439 nutzt; Beseitigung der „écorcheurs" durch dauernde Soldverträge mit den Geeignetsten unter ihnen; Organisation der Kavallerie als der Hauptwaffe in 15 Ordonnanzkompanien zu je 100 „Lanzen". Jede Lanze besteht aus einem adligen „homme d'armes" und fünf ihm unterstellten „archers à cheval"; jede Kompanie wird von einem adligen Kapitän geführt, den der König ernennt. Zusammen mit den schottischen Reitern der königlichen Leibgarde und einem Kontingent im Kriegsfalle sogleich verfügbarer, von Steuern freier Fußkämpfer („francs-archers") bilden die Ordonnanzkompanien den Grundstock einer stehenden französischen Armee.

1449 Als der Waffenstillstand nicht zum dauernden Frieden wird, setzt Karl VII. sein neues Instrument zur Eroberung der Normandie ein und nimmt Rouen.

Die mit England wirtschaftlich verbundene und gegen die französische Verwaltung aufgebrachte Guyenne wehrt sich auf seiten des englischen Heerführers John Talbot, Earl of

1453 Shrewsbury (* um 1388, † 1453), so lange, bis dieser in der Schlacht bei *Castillon* (Département Gironde) unterliegt und den Tod findet.

Die Guyenne verliert alle ständischen Rechte, was Abwanderung der Kaufleute und wirtschaftlichen Niedergang der Region zur Folge hat. Mit der *Eroberung des gesamten englischen Festlandbesitzes* außer Calais ist der *Hundertjährige Krieg zu Ende.*

Die Erneuerung Frankreichs (1453–1498)

Seit Mitte der dreißiger Jahre hat Karl VII. zunehmend die Kraft gewonnen, mit Hilfe tüchtiger Ratgeber (vor allem Pierre de Brézé) die Krongewalt wieder zu stärken und des äußeren Feindes Herr zu werden. *Hauptgegner im Innern* sind die alten Dynastien mit ihrem Unabhängigkeitsstreben (Foix, Armagnac, Albret), besonders aber die *Prinzen von Geblüt,* d. h. die „deuxième féodalité" aus den Seitenlinien des Königshauses *(Orléans:* Herzogtümer Orléans und Valois, Grafschaften Blois, Dunois, Soissons, Beaumont-sur-Pose, Angoulême, Herrschaft Coucy; *Burgund:* Herzogtum Burgund, Niederlande, Grafschaften Artois, Flandern, Franche-Comté, Nevers, Rethel, Etampes; *Anjou:* Herzogtümer Bar und Lothringen, Grafschaften Anjou, Maine und Provence; *Bourbon:* Herzogtümer Bourbonnais und Auvergne, Grafschaften Forez, Clermont-en-Beauvaisis, Marche, Castres, Vendôme, Herrschaft Beaujeu; *Alençon:* Herzogtum Alençon, Grafschaft Perche, Vizegrafschaft Beaumont-le-Vicomte; *Bretagne/Dreux:* Herzogtum Bretagne, Grafschaften Montfort-l'Amaury und Vertus/Champagne). Jedes dieser Häuser verfügt über eigene Hofhaltung und Verwaltungsbehörden, sucht Ausgleich seiner enormen Kriegsschäden durch Pensionen des Königs; gemeinsam sollen die Reichsfinanzen kontrolliert werden. Die Koalitionen von 1437, 1440 und 1442 kämpfen unter den Herzögen von Bourbon, Alençon und Bretagne für diese Ziele; am gefährlichsten ist die *Praguerie* von 1440 (Name nach den Hussitenkriegen 1419–1434 im Zeichen der vier Prager Artikel), weil der Dauphin Ludwig (XI.) sie unterstützt und ihre militärische Stärke durch Soldbanden wächst, die mit der Ordonnanz von 1439 ihre Existenz bedroht sehen. Richemont und Karl VII. (* 1403, † 1461) erzwingen einen raschen Sieg der Krone; Ludwig erhält die Dauphiné, der Herzog von Bourbon eine bedeutende Pension.

Die *Landwirtschaft* erholt sich nach Kriegsende nur langsam, ebenso haben *Handwerk und Handel* durch Unsicherheit der Verkehrswege, häufig gesteigerte Abgaben und Ausfall der Messen gelitten. Der bekannte Kaufmann Jacques Cœur (* 1395, † 1456) bildet sein Vermögen durch die Kombination von unternehmerischem Geschick, Gunsterweisen Karls VII. und Bewährung in hohen Staatsämtern; er stürzt 1453 durch einen politischen Prozeß und ist nicht typisch für die zeitgenössische Kaufmannschaft, sondern für ein im Verwaltungsdienst aufsteigendes Bürgertum. Während die alten Familien am Ende des Krieges großenteils durch Ertragsschwund der Landwirtschaft und Lösegeldzahlungen ruiniert sind, erhebt sich der neue Briefadel, um alsbald in der Aristokratie aufzugehen.

Karl VII. hat sich in der Zeit politischen und sozialen Umbruchs bewährt, so daß er seinem Sohn Ludwig XI. das Reich als Einheit übergeben kann.

1461–1483 König Ludwig XI. (* 1423).

Er hat das Ende seines Vaters immer ungeduldiger erwartet und, als Folge offen gezeigter Feindschaft mit Anschlägen auf das eigene Leben rechnend, seit 1456 in Flandern Zuflucht gesucht. Politiker aus Leidenschaft, sammelt er mittels komplizierter Spionagenetze Informationen, die das außergewöhnliche Gedächtnis des großen Arbeiters für zynisch und intrigant geplante diplomatische Aktionen bereithält, um Gegner ohne Krieg zu vernichten. Seine persönlich anspruchslose Lebensführung erweckt im Volk Hoffnung auf Reformen, die aber nicht zu wesentlichen Erleichterungen führen.

554   Mittelalter – Spätmittelalter

Drastische Beschneidung von Adelsrechten zugunsten der monarchischen Gewalt und die bald von persönlichem Haß zwischen Ludwig und Karl dem Kühnen verschärfte Wendung

1465   gegen Burgund sind Grundlage der Ligue du bien public. Der Sohn Philipps des Guten von Burgund vereinigt die Häuser Alençon, Bourbon, Bretagne, Anjou, Armagnac zu einer antiköniglichen Koalition, die dem Namen nach durch Herzog Karl von Berry, Ludwigs Bruder, geführt wird.

Ohne militärische Entscheidung muß der König weitgehende Forderungen der Liga erfüllen, zieht aber Bourbon und Anjou durch Verleihung neuer Rechte auf seine Seite.

1467–1477   *Karl der Kühne, Herzog von Burgund.*
1433 in Dijon geboren als einzige Hoffnung der burgundischen Dynastie aus der dritten Ehe Philipps des Guten, wird der temperamentvolle Erbprinz besonders sorgfältig erzogen. In maßlosem Ehrgeiz sucht er sein Vorbild in Alexander dem Großen, der auch Sohn eines Philipp war, und verzehrt sich in ungeduldiger Erwartung des eigenen Regierungsantritts. Ausdauernde Arbeitskraft, hinreißende Rednergabe, Liebe zu Kunst und Musik verbinden sich mit Jähzorn, grausamer Härte, Sprunghaftigkeit und Argwohn zu einem zwiespältigen Charakter.

1468   Er heiratet Margarete von York, die Schwester König Eduards IV. von England; damit droht ein neues burgundisch-englisches Bündnis, zumal Ludwig XI. seiner Cousine Margarete von Anjou (* 1429, † 1482), Gemahlin des gestürzten Heinrich VI. Lancaster, Asyl gewährt. Ein Treffen des französischen Königs mit Karl dem Kühnen in Péronne (Département Somme) soll den Ausgleich bringen, wird aber durch unzeitigen Beginn des von Ludwig geschürten Aufstandes der Lütticher Bürgerschaft gestört:
Will der König nicht Gefangener des Herzogs sein, so muß er weitere Zugeständnisse machen und persönlich an der Strafexpedition gegen Lüttich teilnehmen. Ein Bündnis Aragón/Burgund/Neapel formiert sich und erhofft den Beitritt Englands,

1472   als Karl der Kühne den Tod des Herzogs von Berry zum Anlaß für einen überstürzten Krieg gegen Frankreich nimmt.

1473   Seine Niederlage vor Beauvais nötigt den Burgunder zum Waffenstillstand.

1474   Im Vertrag von London sagen sich Eduard IV. und Karl der Kühne militärischen Beistand gegen Frankreich zu und legen in Erwartung des Sieges eine Nachkriegsordnung fest, die das Ende der französischen Monarchie vorsieht.

1475   Als aber der englische König mit 12 000 Mann ausgesuchter Truppen in Calais landet, steht die burgundische Hauptmacht in Lothringen und ist für den Feldzug nicht verfügbar, worauf Eduard IV. mit Ludwig XI. den Vertrag von Picquigny (Département Somme) schließt:
Gegen Erstattung seiner Kriegskosten und lebenslängliche Zahlung einer hohen Jahrespension verzichtet der englische König endgültig auf seine französischen Thronansprüche. Im Süden ist es Ludwig schon früher gelungen, durch ein Bündnis mit Johann II. von Aragón gegen die Katalanen die Grafschaften Roussillon und Cerdagne als Pfandbesitz zu erwerben (1462), er muß diese Gebiete aber militärisch unterwerfen und macht sich damit schließlich Kastilien wie Aragón zu Gegnern. Eine sehr umsichtige Italienpolitik weiß die französische Hegemonie dort auch gegenüber dem burgundischen Rivalen zu behaupten; gestützt auf Mailand und Florenz ist Ludwig XI. Schiedsrichter zwischen den politischen Kräften Italiens und gewinnt seit der Niederlage Karls des Kühnen bei Grandson (1476) die Schutzherrschaft über Savoyen.

1477   Der *Tod Karls des Kühnen bei Nancy* und der folgende Zerfall seines Staates befreien Ludwig XI. auch von diesem Gegner.
Burgund wird als erledigtes Kronlehen betrachtet und von französischen Truppen besetzt.

1479   Ludwig nimmt in Dijon den Lehnseid des burgundischen Adels entgegen, hat aber durch seine Annektionspolitik Karls Tochter Maria (* 1457, † 1482) an die Seite des Hauses Habsburg getrieben:
Marias Vermählung mit Erzherzog Maximilian (1477) bringt Franche-Comté, Flandern und die Niederlande in österreichische Hand.

29. Juli   Ludwigs Revisionsversuch scheitert durch Maximilians Sieg bei Guinegate (Département Pas-de-Calais).

1480   Als René von Anjou stirbt, fallen die Herzogtümer Anjou und Bar an die Krone, 1481 auch Maine und die Provence zusammen mit den Ansprüchen des Hauses Anjou auf Neapel.

Merkmale der Regierung Ludwigs XI.

Die persönliche Regierung Ludwigs XI. sucht zwar erfahrene Ratgeber und bedient sich vielfach eigens geschaffener Gremien, duldet aber nur einmal die Versammlung der Generalstände (1468). Mit den Parlamenten kommt es zu zahlreichen Konflikten, weil der König wichtige Verfahren durch außerordentliche Kommissionen dem üblichen Rechtsgang entzieht und den Kronrat über solche *Evokationen* urteilen läßt. Mit erheblichen Kosten wird die *Armee* vergrößert (1483: über 3800 Lanzen bei den Ordonnanzkompanien, Verdoppelung der Zahl der „Francs-archers"), die Artillerie als wichtige neue Waffengattung ausgebaut. Das Geld bringen schärfere Steuererhebungen und Sonderlasten (neue Gebühren, Zölle, Zwangsanleihen), deren bedeutende Erträge dem König auch seine *Subsidienpolitik* erlauben. An loyale Adlige zahlt er Pensionen, belohnt mit Lehen und Ämtern; Widerstand bricht er gewaltsam. Neben der Krone verlieren die Prinzen von Geblüt ihre Bedeutung. Die *Städte* sehen deshalb im König ihren Verbündeten gegen die Bedrückung durch Regionalgewalten und tragen willig finanzielle Last und Einschränkung der kommunalen Freiheit; Handel und Gewerbe blühen im Schutz königlicher Privilegien (neue *Seidenindustrie* in Lyon seit 1467 und Lyoner Messen). Gegenüber der *Kirche* nutzt Ludwig XI. die Pragmatische Sanktion von 1438 im Sinne der königlichen Gewalt, beherrscht den Klerus und verfügt über dessen Pfründen. Seit 1479 zieht sich der alternde König immer mehr zurück und regiert die meiste Zeit von seinem befestigten Schloß Plessis-les-Tours.

1483–1498   König Karl VIII. (* 1470).
>
> Er ist beim Tod seines Vaters 13 Jahre alt, die Regierungsgeschäfte werden deshalb von seiner Schwester Anna (* 1461, † 1522) und ihrem Gemahl Peter von Beaujeu (Haus Bourbon) geführt. Anna hat als Lieblingskind Ludwigs XI. politische Begabung und herrscherlichen Ehrgeiz, Peter von Beaujeu ist seit zehn Jahren Vertrauter des Königs und von ihm selbst zum Stellvertreter ernannt. Erste Regierungsmaßnahmen richten sich auf Versöhnung mit der nach wie vor bestehenden Adelsopposition und wecken bei den Prinzen von Geblüt Hoffnung auf Teilhabe am Kronrat.
>
> *1484*   Um sich gegen den Herzog von Orléans zu behaupten, ruft die Regentschaft eine *Versammlung der Generalstände* nach Tours: Außer der Bretagne sind alle Regionen vertreten, und zum ersten Mal werden Bürger als Abgeordnete ihrer Städte im amtlichen Sprachgebrauch mit der Bezeichnung *Dritter Stand* erfaßt.
> Weil die Stände mit unterschiedlichen, teils gegensätzlichen Interessen nicht geschlossen auftreten, kann die Versammlung nach Anhörung ihrer Beschwerden und vollzogener Steuerbewilligung entlassen werden, ohne daß die monarchische Gewalt Zugeständnisse machen muß. Eine für 1486 vereinbarte Wiederberufung der Generalstände wird umgangen.
> Drehpunkt einer neuen Adelskoalition gegen die zentrale Monarchie wird die Bretagne. Ihr Herzog Franz II. steht unter dem Einfluß seines Großkämmerers Landois, der mit Ludwig von Orléans konspiriert. Die bretonische Unabhängigkeit soll erhalten werden, obwohl im Lande selbst starke Kräfte für die Unterwerfung eintreten. Als Landois seine Politik mit Waffengewalt durchsetzen will, stürzt ihn der bretonische Adel und schließt im Namen des Herzogs Frieden mit den Beaujeu.
>
> 1488   Der Tod Franz' II. erhöht die Spannungen, weil die bretonischen Stände nur seine beiden Töchter als Erbinnen anerkennen wollen.
> *1490*   Die 13jährige Erbtochter *Anna* (* 1477, † 1514) wird durch Ehevertrag mit Maximilian verheiratet, aber eine königliche Belagerungsarmee vor Rennes macht deutlich, daß nur noch eine Bindung an die französische Krone möglich ist.
> *1491*   Anna von Bretagne heiratet *Karl VIII.* und verpflichtet sich, im Falle seines kinderlosen Todes eine zweite Ehe nur mit dem nächsten Thronerben einzugehen.
> 1494   Karl geht nach Italien, um die Ansprüche des Hauses Anjou auf Neapel für die französische Krone geltend zu machen.
> Die lange diplomatische Vorbereitungsphase des Zuges hat aber Gelegenheit zur Bildung
> 1495   der antifranzösischen Heiligen Liga gegeben, in der Papst Alexander VI., Kaiser Maximilian I., Herzog Ludovico il Moro von Mailand, Venedig und Spanien verbunden sind. Die starke französische Armee kann das Königreich Neapel zwar erobern, muß aber dem Übergewicht der Verbündeten weichen und zieht sich nach Frankreich zurück.
> Die italienischen Kriege, mit Karl VIII. begonnen und unter Ludwig XII. fortgesetzt, bringen Frankreich in Beziehung zu allen Mächten Europas und zur italienischen Renaissance. Damit wirken sie epochebildend.

Die Literatur und die bildenden Künste im spätmittelalterlichen Frankreich

Der Hundertjährige Krieg betrifft alle Lebensbereiche mehr oder minder stark und hemmt auch das Kunstschaffen. Gleichwohl entstehen qualitätvolle literarische Werke in großer Zahl, thematischer Breite und vielfältigen Formen. Der französische Königshof büßt aber seine zentrale Stellung zugunsten des Hofes der Herzöge von Burgund ein, neben dem nur noch die Bretagne als führende literarische Landschaft gelten kann. Infolge der zahlreichen Niederlagen hat das Ansehen des Adels gelitten, die kleineren Höfe sind materiell nur mehr wenig leistungsfähig und können mit dem aufstrebenden, reich gewordenen Bürgertum vielfach nicht mehr mithalten. Die höfische Literatur verliert deshalb an Bedeutung, sie wird immer mehr von der bürgerlichen moralisch-didaktisch ausgerichteten Dichtung verdrängt.
Die *Lyrik* gibt sich rhetorisch-gelehrt und allegorisierend in ihren Hauptformen Ballade, Chant royal,

556 Mittelalter – Spätmittelalter

Rondeau und Virelai. Unter den Dichtern ist an erster Stelle Guillaume de Machaut (*um 1300, †1377) zu nennen, der als Kaplan und Sekretär König Johanns von Böhmen auch das östliche Mitteleuropa als Reisebegleiter des Königs in den Jahren 1327/1329 kennenlernt. 1337 erhält er ein Kanonikat in Reims und wird außerdem von den Höfen Frankreichs und Navarras gefördert. Der Komponist vertont eigene Texte, schreibt aber neben anderen auch eine Krönungsmesse, vielleicht für Karl V. Als poetisches Ziel des Dichters strebt er höchste Formvollendung an und wird damit schulbildend. Christine de Pisan (* 1365, † nach 1429), die Tochter des Hofastrologen Karls V., verdient als Witwe seit 1390 ihren Lebensunterhalt mit literarischen Werken, die hochgestellten Persönlichkeiten gewidmet sind (u. a. Ludwig von Orléans, Philipp dem Kühnen, Königin Isabeau). Entschieden verteidigt sie die Stellung der Frau gegen das im Rosenroman entworfene Bild und scheut sich nicht, frühzeitig für Jeanne d'Arc einzutreten („Ditié a la Pucelle", 1429). Ihre Lyrik, die Prosatexte (u. a. „Lamentacion" von 1410 über den Bürgerkrieg) und die didaktischen Arbeiten bilden zusammen das umfangreichste literarische Werk eines Autors dieser Zeit. Als Lyriker steht Herzog Karl von Orléans (* 1394, † 1465) stark unter dem Einfluß Guillaumes de Machaut. Seit 1408 ist er mit der Witwe Richards II. verheiratet und gerät 1415 bei Azincourt in englische Gefangenschaft, aus der er erst 1440 entlassen wird; Teile seines Werkes sind in englischer Sprache verfaßt. Er liebt die kurze Form (Ballade, Chant royal, Rondeau) und bevorzugt als Themen adliges Leben und Minnemotive. Zeitgeschichtliche Bezüge finden sich infolgedessen kaum. In der Auseinandersetzung mit den anerkannten Dichtern schreibt François Villon (* 1431/32, † nach 1463), dessen Balladen 1456 („Le petit testament") und 1461 („Le grand testament") in Sammlungen dem Publikum dargeboten werden. Er studiert in Paris und wird 1452 Magister der Artistenfakultät, bevor er 1455 wegen eines Totschlags die Stadt fluchtartig verlassen muß. Mehrfach krimineller Delikte angeklagt, wird er 1463 verbannt und ist seither verschollen. 1457 hat er am Dichterwettstreit vor Karl von Orléans teilgenommen.

Bürgerliche Korporationen richten szenische Darstellungen aus, die neben Mysterienspielen (Passion des Arnoul Greban, um 1450) auch profane Motive gestalten (Jacques Milet, † 1466: „Histoire de la destruction de Troye la grant"). Die derbe Posse („La Farce de Maistre Pierre Pathelin", um 1465) wird am Ende des 15. Jh.s zum Narrenspiel (Sottie), das alle Stände beißend charakterisiert. Die Pflege höfischer Form und das Bemühen um ein verblassendes Ritterideal bringen Anstandsbücher hervor, die teilweise schon Erziehungsromane sind (Antoine de La Sale, Le petit Jehan de Saintré; 1459), während am burgundischen Hof die „Grands Rhétoriqueurs" Georges Chastellain (* 1405, † 1475), Olivier de la Marche (* um 1426, † 1502) und Jean Molinet (* 1435, † 1507) eine Sondermanier des hohen Ausdrucks auf dem Gebiet der Historiographie pflegen.

Generell ist die *Geschichtsschreibung* ein wichtiger Teil der Prosaliteratur; sie wird durch den adligen Seneschall der Champagne Jean de Joinville († 1317) mit seiner 1304–1309 entstandenen „Histoire de Saint Louis" zu einem ersten Höhepunkt dieser Epoche geführt. Als Kleriker hält sich Jean Froissart (* um 1337, † um 1411) zwischen 1361 und 1369 am Hof Eduards III. auf, bevor er in Namur, Luxemburg, Blois und Orthez wirkt. In der Nachfolge Machauts schreibt er zunächst Rondeaus, ab 1365 auch umständliche Romane (u. a. Arthusstoff). 1370 beginnt er die „Chroniques de France, d'Engleterre et des païs voisins" mit anfangs englandfreundlicher, dann französischer, schließlich burgundischer Tendenz. Philippe de Commynes (* 1447, † 1511) steht zunächst im Dienst Karls des Kühnen, den er 1472 verläßt, um zu Ludwig XI. überzugehen. Seine 1489–1498 für den Erzbischof Angelo Cato von Vienne verfaßten „Mémoires" sehen die Geschichte von großen Persönlichkeiten und ihren Schwächen bestimmt. Traditionell in der Grundauffassung (Vorsehung der Einzelhandlung übergeordnet), erklärt er als erster die Ereignisse aus den psychologisch analysierten Absichten der Handelnden.

Zentren der *bildenden Kunst* sind im 14. Jh. Paris, Burgund und die burgundischen Niederlande, Avignon, für kürzere Zeit der Hof des Herzogs von Berry. Sie behalten ihren Rang auch im 15. Jh. und stehen untereinander in enger Beziehung.

Die *Architektur* des Sakralbaus hält an den alten Bauformen fest, entwickelt aber durch Übernahme des englischen „style flamboyant" reiche Schmuckformen, die nicht nur an Kirchen (St. Maclou/Rouen, 1434 ff.), sondern auch an profanen öffentlichen (Justizpalast Rouen, um 1500) und privaten Bauten (Haus des Jacques Cœur/Bourges, 1443 ff.) als reiner Dekorationsstil verwendet werden. In den Städten der burgundischen Niederlande entstehen prächtige Tuch- und Fleischhallen (Ypern, 1260–1380; Mecheln, 1320), Rathäuser (Brügge, Ende 14. Jh.) und ragende Türme („Beffrois": Ypern, Gent, Brügge, Mecheln, Douai, Kortrijk) als Zeichen bürgerlichen Selbstbewußtseins. Der gewaltigste Profanbau Frankreichs, von wehrhaft-kubischer Geschlossenheit, ist der Papstpalast in Avignon (1334–1352), dessen hauptsächlich von Italienern geschaffene Fresken die französische Wandmalerei beeinflussen.

Malerei und *Plastik* wenden sich sowohl mit der Aufnahme von Landschaft und Architektur in die Miniatur- und Tafelmalerei als auch mit den individuellen Zügen des Porträts zum Realismus. Maler, Bildhauer und Goldschmiede arbeiten gleichermaßen für die Höfe von Frankreich und Burgund, die niederländischen Städte und Bürger; viele Künstler bekleiden Hofämter. Ein Höhepunkt ist die Zeit Karls V. (1364–1380) (Entwicklung des „Schönen Stils" am Pariser Hof mit europäischer Wirkung bis ins 15. Jh.) und seiner Brüder Philipp der Kühne und Johann von Berry. In ihrem Umkreis wie auch in Avignon entsteht Großplastik mit individuell ausgeführten Gesichtszügen (Darstellungen Karls V. für das Portal der Cölestinerkirche/Paris und Karls VI. für den Herzogspalast/Poitiers; Grabplastiken für Päpste und Kardinäle). Bekanntester Bildhauer ist der Niederländer Claus Sluter (* zwischen 1340 und 1350, † 1406 in Dijon; Grablege der Herzöge von Burgund und Mosesbrunnen in der Kartause von Champmol). In die zunächst als reine Hofkunst ausgeübte *Buchmalerei* dringen über Avignon italienische Einflüsse; Höhepunkt sind die Stundenbücher der Brüder von Limburg für Herzog Johann von Berry („Très riches heures", 1416). Beobachtete Wirklichkeit findet sich auch in der *Tafelmalerei*, so bei dem flämisch beeinflußten Nicolas Froment (seit 1447 in Avignon tätig), beim Hofmaler Karls VII. Jean Fouquet (* um 1420, † um 1480), der außerdem zahlreiche Miniaturen schafft (Illustrationen zu den Jüdischen Altertümern des Flavius Josephus, 1470/76) und in Werken unbekannter Meister („Madonna mit den Engeln"/ Moulins, um 1498; „Pietà"/Villeneuve-lès-Avignon, um 1490). Vermutlich in Tournai arbeitet der Meister von Flémalle. Hubert († 1426) und Jan van Eyck (* um 1390, † 1441) sind die Schöpfer des Genter Altars; Jan malt Altäre (z. T. mit Stifterbildnissen) und zahlreiche Porträts von Adligen und Bürgern (Doppelbildnis Arnolfini, Madonna des Kanzlers Rolin). Er ist Hofmaler Herzog Philipps des Guten, während der aus Tournai stammende Rogier van der Weyden (* 1399, † 1464; Bildnis Karls des Kühnen) im Dienst der Stadt Brüssel steht. Auch *graphische Techniken* finden in Frankreich, Burgund und in den burgundischen Niederlanden rasch Eingang: Die Holzschneidekunst (besonders in Dijon und Lyon) und der Kupferstich wetteifern mit den deutschen Zentren. Die Tradition der *Teppichweberei* reißt in Frankreich nicht ab (Apokalypsenzyklus aus Angers, 1375/79) und hat ihre Schwerpunkte zunächst in Arras, vom 15. Jh. an in Tournai. – *(Forts. S. 665)*

Die Iberische Halbinsel (1252–1516)
(Forts. v. S. 463)

Das späte Mittelalter ist sowohl für die iberischen Monarchien als auch für die meisten übrigen Staaten Westeuropas seit dem Bevölkerungsverlust durch den Schwarzen Tod (Pest) eine Zeit der Mangelkrisen, der Preisrevolution, der sozialen Auflösung und allmählichen Neustrukturierung und Konsolidierung. Nach dem weitgehenden Abschluß der Reconquista (Rückeroberung des unter arabischer Herrschaft stehenden Landes) wird das Königtum immer machtloser, den in seinen Einkünften geschmälerte hohe Adel rebelliert gegen das Königtum und die Ständeversammlungen, besonders im Reich Aragón, gewinnen immer größere Privilegien. Früher als in anderen Ländern beginnt in Portugal und später in Spanien der nationalstaatliche Aufbau. Beide Staaten sind deshalb als erste europäische Nationen in der Lage, die bereits vorhandenen, auf Eroberung angelegten sozialen Kräfte und Mechanismen in den Mittelmeerraum, nach Afrika, Asien und Amerika zu lenken. Gleichzeitig beginnt wie überall in Westeuropa ein neuer Aufstieg des Königtums. Die Vereinigung der Kronen von Kastilien und Aragón wird zur Voraussetzung für den Aufstieg Spaniens zur europäischen Hegemonialmacht.
Im Hoch- und Spätmittelalter ist die königliche, kirchliche oder adlige *Grundherrschaft* die beherrschende agrarische Produktionseinheit. In León und Altkastilien absorbiert und verdrängt sie seit dem 11. Jh. mit zunehmender Grundbesitzkonzentration das freie bäuerliche Eigentum. In Andalusien, im Reino de Murcia und im südlichen Portugal vergibt die jeweilige Krone nach der Reconquista riesige Grundherrschaften an Adlige oder Ritterorden. Die *Agrarwirtschaft* der mittelalterlichen Reconquista-Reiche beruht ebenso wie im übrigen Europa vor allem auf dem Getreideanbau (Weizen, Roggen und Gerste). Daneben existiert Wein-, Gemüse-, Obst- und, insbesondere im Süden, Olivenanbau. Mit dem Fortschritt der Reconquista gewinnt die Viehzucht, insbesondere die Wanderschäferei, immer größere Bedeutung. Die Mesta, die nationale Genossenschaft der Viehbesitzer, entwickelt sich zum mächtigsten Interessenverband in Kastilien. Die kastilische Wolle findet in der nordeuropäischen und oberitalienischen Textilindustrie ihren Absatz.
In den aufstrebenden christlichen *Städten* Spaniens und Portugals beschleunigt sich gleichzeitig auch die zünftig organisierte *handwerkliche Warenproduktion* für regionale und zum Teil auch überregionale und überseeische Märkte. Wichtige Absatzchancen eröffnen die Herbergen an der Pilgerstraße nach Santiago de Compostela (angeblich Grab des Apostels Jakobus d. Ä.) und noch stärker die überregionalen und internationalen Messen, allen voran die Messen von Medina del Campo (südlich von Valladolid). Der rasche militärische Fortschritt der Reconquista bremst jedoch in Kastilien aufgrund mangelnder Arbeitskräfte die Entwicklung der Textilindustrie. Die ungünstigen Verkehrsverhältnisse des Landes hemmen die Entwicklung der Gewerbe ebenfalls. Das Binnenland Kastilien bleibt überwiegend ein agrarischer Rohstoffproduzent, bei dem Viehzucht und *Wollexport* nach Italien und Nordeuropa im Vordergrund stehen. Gleichzeitig muß Kastilien *Luxusgüter* und Fertigwaren, insbesondere für den Verbrauch der adligen und kirchlichen Eliten, aus Italien und dem nördlichen Europa *importieren*. In den Hafenstädten der Länder der Krone Aragón nehmen die Gewerbe, insbesondere die Textilindustrie, und auch der Überseehandel einen lebhafteren Aufschwung als in Kastilien. Die Kaufleute organisieren sich in den Seehäfen in Kaufmannsvereinigungen und Handelstribunalen (consulados).
Um 1480 erreicht die spanische *Bevölkerung* einschließlich der Bevölkerung Navarras etwa 5,4 Mio. Einwohner; davon beträgt die kastilische Bevölkerung rund 4,5 Mio. Menschen. Die größere Bevölkerungszahl auf der Meseta ist ein wichtiger Grund dafür, daß León-Kastilien zur iberischen Hegemonialmacht wird. In den christlichen Städten und Ortschaften leben neben der Masse der hispano-gotischen

558   Mittelalter – Spätmittelalter

Bevölkerung nicht integrierte Minderheiten, die sich auf eigene Stadtviertel konzentrieren. Zu diesen Minderheiten gehören einmal fränkische Einwanderer und deren Nachkommen, ferner die unterworfene moslemische Bevölkerung in getrennten Maurenvierteln (morerías) und schließlich die jüdische Bevölkerung, die bereits unter moslemischer Herrschaft in Judenghettos (juderías) abgesondert worden ist. Die hispano-christliche Gesellschaft gliedert sich hierarchisch in Stände, wobei der niedere Adel im Vergleich zum übrigen Europa durch die Militärdienstmöglichkeiten während der Reconquista weitaus zahlreicher vertreten ist.

Die christlichen Reconquista-Reiche sind im Spätmittelalter keine Wahlmonarchien mehr, sondern *Erbmonarchien*. Die in den *Ständeversammlungen* (Cortes) der einzelnen Reiche repräsentierten Stände: Adlige, Prälaten und Vertreter der Städte leisten dem neuen König den Treueid, während dieser schwört, die Gesetze, Privilegien und Freiheiten des Landes zu achten und zu bewahren. Dem König steht die Hofversammlung (lateinisch: curia regia) beratend zur Seite, der die Magnaten des Reiches angehören. Aus der curia regia entwickelt sich in Kastilien der Königliche Rat (Consejo Real) als oberste administrative und jurisdiktionelle Kronbehörde. Neben der Hofversammlung oder dem Königlichen Rat entstehen im Spätmittelalter in den einzelnen Reichen weitere Ämter und Behörden der königlichen *Zentralverwaltung*, insbesondere die der königlichen Finanzverwaltung. Träger der Territorialverwaltung sind neben den im Spätmittelalter aufblühenden Städten vor allem die königlichen, geistlichen und adligen Grundherrschaften. Daneben gibt es für Spezialaufgaben bestimmte königliche Territorial- und Distriktsbeamte.

Kastilien (1252–1516)

1252–1284   Unter *Alfons X., dem Weisen* (* 1221, † 1284), greift Kastilien nach dem vorläufigen Abschluß der Reconquista erstmals zur Expansion in den Mittelmeerraum aus.

1257   Um das Erbe der Staufer in Italien zu übernehmen, läßt sich Alfons, ein Verwandter der Staufer und Enkel Philipps von Schwaben, zum *deutschen König* wählen. Er erlangt jedoch nicht die Kaiserkrone, weil sich letztlich die Ständeversammlungen und die Großen Kastiliens dieser kostspieligen Außenpolitik mit Geldgeschenken und Truppenentsendungen widersetzen, aber auch, weil er als Herrscher zu unentschlossen und zu wenig energisch ist. Aufstände der moslemischen Bevölkerung des Landes engen dazu seinen Handlungsspielraum ein. Schließlich stößt der König mit seiner Italienpolitik auch auf den Widerstand der Kurie. Alfons X. läßt zahlreiche literarische, wissenschaftliche und juristische Werke, darunter die *Siete Partidas,* eine umfangreiche Gesetzessammlung in kastilischer Sprache, verfassen. Dank seiner Förderung entwickelt sich das Kastilische immer mehr zur Nationalsprache.

1284–1295   *Sancho IV.* (* 1258, † 1295) stärkt durch das Bündnis, das er nach der Eroberung Siziliens durch Aragón gegen dieses Land mit Frankreich geschlossen hat, seine eigene innenpolitische Anerkennung und gleichzeitig die hegemoniale Machtstellung Kastiliens auf der Halbinsel.

1292   Er erobert mit aragonesischer und granadiner Hilfe die Festung *Tarifa* (Straße von Gibraltar) und drängt den Einfluß der moslemischen Berber an der *Meerenge von Gibraltar* zurück.

Seine politisch kluge Gemahlin *María de Molina* († 1321) führt vormundschaftlich die Regentschaft für ihren Sohn *Ferdinand IV.* (* 1285, † 1312; 1295–1312) und später auch für ihren Enkel *Alfons XI.* (* 1311, † 1350; 1312–1350, seit 1325 selbständig). Die marokkanisch-granadiner Rückeroberungsversuche mit dem Ziel, die Kontrolle über die Meerenge von Gibraltar zurückzugewinnen, werden durch den kastilisch-portugiesischen

1340   *Sieg am Salado de Tarifa* (entspringt im Distrikt Tarifa) für alle Zukunft vereitelt.

1350–1369   *Peter I., der Grausame* (* 1334, † 1369), ist in einen Dauerkonflikt mit seinem unehelichen Halbbruder *Heinrich von Trastámara* (* 1333, † 1379) verwickelt, der die oppositionelle, durch Pest und Mangelkrisen geschädigte Adlige hinter sich vereinigt. In diesem Kampf, der zugleich ein Abschnitt des Hundertjährigen Krieges zwischen England und Frankreich ist, wird Peter trotz englischer Hilfe (Eduard, der Schwarze Prinz) geschlagen und wahrscheinlich von seinem Halbbruder, der französische Unterstützung erhält, ermordet (1369).

1368   Das von Heinrich erneuerte Bündnis Kastiliens mit Frankreich bleibt über ein Jh. bestehen.

1372   Als Verbündeter Frankreichs erringt *Heinrich von Trastámara* (1369–1379: *König Heinrich II.*) über die englische Flotte bei La Rochelle (französischer Hafen nördlich der Gironde) einen Sieg (England sucht den kastilischen Wollexport nach Flandern zu unterbinden).

1373/1375   Heinrich II. zwingt die englischen Verbündeten Portugal, Navarra und Aragón zum Frieden.

Iberische Halbinsel — Kastilien 559

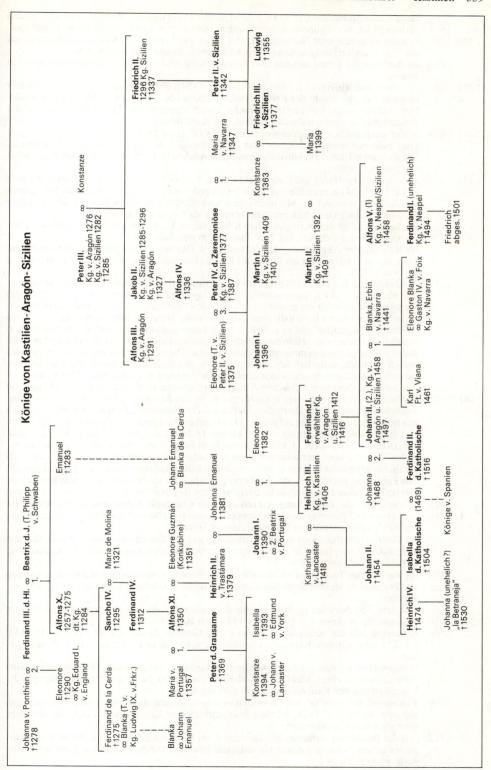

560   Mittelalter – Spätmittelalter

1385	Heinrichs Sohn *Johann I.* (* 1358, † 1390; 1379–1390) wird von Portugal, das mit England verbündet ist, bei *Aljubarrota* (im heutigen Distrikt von Leiria) vernichtend geschlagen.
1390–1406	Seit der Regierungszeit *Heinrichs III.* (* 1379, † 1406) zieht sich Kastilien außenpolitisch aus dem Hundertjährigen Krieg zurück und greift in den Atlantikraum aus.
1404	Im Auftrage der Krone nehmen zwei Franzosen die wichtigsten der *Kanarischen Inseln* in Besitz.
1407–1454	Innenpolitisch wird unter *Johann II.* (* 1405, † 1454), aber auch schon unter seinem Vater Heinrich III., die Macht der Krone durch wohlhabende adlige Oligarchien eingeschränkt. Der Außenhandel, das fernhändlerische Stadtbürgertum, die Handelsmessen und die Handelsmarine nehmen einen bescheidenen Aufschwung.
1454–1474	In der anarchischen Regierungszeit *Heinrichs IV.* (* 1425, † 1474) erreicht der Bürgerkrieg zwischen schwacher Krone und oppositionellen Adelsgruppen seinen Höhepunkt. Die Krone wird dabei nur von einigen wenigen Adelsherren, vor allem aber von den Städtebünden, unterstützt.
1474–1504	Aus dem *Bürgerkrieg* geht als Nachfolgerin Heinrichs dessen Halbschwester *Isabella* (* 1451, † 1504) hervor, die (seit 1469) mit *Ferdinand* (* 1452, † 1516), dem Erbprinzen von Aragón, vermählt ist. Mit politischem und militärischem Geschick verhilft vor allem Ferdinand seiner Gemahlin zur Anerkennung als Königin von Kastilien.
1476	Ferdinand schlägt den portugiesischen König *Alfons V.*, der die kastilische Thronfolge beansprucht, in der *Schlacht bei Toro* (am Duero oberhalb von Zamora). Im Rahmen der Abgrenzung der gegenseitigen Herrschaftsbefugnisse regiert Ferdinand auch, obgleich mit minderem Recht, als König (Ferdinand V.) von Kastilien (Vertrag von Segovia 1475).
1479	Als *Ferdinand II.* (1479–1516) tritt er in allen aragonesischen Reichen die Thronfolge an. Die *Vereinigung der Kronen Kastilien und Aragón* durch Ferdinand und Isabella ist das wichtigste Ereignis für die gesamte nachfolgende Geschichte Spaniens. Beide Länderkomplexe bleiben vorerst innerhalb ihrer Grenzen völlig getrennt. Mit Ausnahme der (1478) errichteten *Inquisition* gibt es zwischen ihnen keine gemeinsamen Behörden. Die Einheit besteht vor allem in der Heiratsverbindung zwischen Ferdinand und Isabella und in einer dadurch ermöglichten gemeinsamen Außenpolitik. Das neue territoriale Konglomerat wird jedoch räumlich, wirtschaftlich, demographisch, politisch und kulturell von Kastilien beherrscht. Kastilien entwickelt sich künftig zum Zentrum der spanischen Monarchie.
1481–1492	Zur Stärkung ihrer monarchischen Autorität erobern die *Katholischen Könige* (Ferdinand und Isabella) in einem harten, *zehnjährigen Krieg* das *Königreich Granada, die letzte moslemische Bastion* auf der Iberischen Halbinsel. Die Nasriden haben in Granada ein Reich von hoher kultureller Blüte aufgebaut. Davon geben die königliche *Palastanlage Alhambra* und die Geschichtsschreibung von *Ibn Haldun* († 1406) Zeugnis. Der letzte König *Abdallah (Boabdil*, 1482–1492, † 1527) zieht sich als Folge seiner Niederlage nach Afrika zurück. Die Integration der unterworfenen arabischen Bevölkerung bleibt jedoch länger als ein Jh. ein ungelöstes innenpolitisches Problem. In der Außenpolitik gegenüber Italien sieht sich Ferdinand gezwungen, der Eroberung Neapels durch Frankreich entgegenzuwirken.
1492 **12. Okt.**	Das bedeutendste außenpolitische Ereignis in der Regierungszeit der Katholischen Könige ist zweifellos die **Entdeckung Amerikas** durch **Christoph Kolumbus.** Die nachfolgende Eroberung und Kolonisierung des Doppelkontinents im Namen Kastiliens führt zum Aufbau des großen spanischen Kolonialreichs in Übersee.
1493	Im *Vertrag von Barcelona* erhält Ferdinand gegen die Zusicherung seiner Neutralität die an Frankreich verpfändeten Pyrenäengrafschaften *Rosellón* (französisch: Roussillon) und *Cerdaña* (Cerdagne) zurück.
1494 **7. Juni**	Im **Vertrag von Tordesillas** werden die überseeischen Interessensphären zwischen Spanien und Portugal durch eine Nord-Süd-Linie 370 Meilen westlich der Kapverdischen Inseln abgegrenzt.
1504–1516	Seit dem *Tod Isabellas* regiert Ferdinand Kastilien für seine regierungsunfähige Tochter *Johanna die Wahnsinnige* (* 1479, † 1555), als Regent.
1504	Ferdinand läßt das *Königreich Neapel* durch *Gonzalo Fernández de Córdoba* (* 1453, † 1515), den „Großen Kapitän", zurückerobern, so daß es wieder zur Krone Aragón gehört. In Nordafrika werden nur einige wenige Brückenköpfe zur Sicherung der spanischen Mittelmeerrouten erobert (Melilla, Mers-el-Kébir und Oran). Im Atlantik gelangt dagegen die Unterwerfung der *Kanarischen Inseln* zum Abschluß.
1506	Ferdinands Regentschaft über Kastilien wird von Johannas Gemahl, dem Habsburger *Philipp dem Schönen* (* 1478, † 1506), als rechtmäßigem König unterbrochen; dieser stirbt aber nach wenigen Monaten.
1512	Auf der Iberischen Halbinsel läßt Ferdinand das *Königreich Navarra* im Rahmen eines diplomatischen und militärischen Handstreichs besetzen und der Krone von Kastilien inkorporieren (1515).

Iberische Halbinsel — Aragón   561

Das Ziel, Portugal auf dem Wege der Heiratspolitik zu annektieren, mißlingt.
1516   Durch den *Tod Ferdinands* fallen alle kastilischen und aragonesischen Reiche an seine
Tochter *Johanna* und ihren Sohn *Karl* (als Kaiser Karl V., als König von Spanien Karl I.;
* 1500, † 1558).
Die habsburgische Thronfolge und der außenpolitische Gegensatz zu Frankreich bestimmen die Zukunft Spaniens. Die Katholischen Könige (Ferdinand und Isabella) verbessern
innenpolitisch die Macht der Krone durch die Rückgewinnung entfremdeten *Kroneigen-
tums*. Es gelingt ihnen, die *Großmeisterwürden* der kastilischen Ritterorden von Santiago,
Calatrava und Alcántara, eine Domäne des hohen Adels, der Krone anzugliedern. In Kastilien beschneiden sie die Macht der *Ständeversammlungen* und kontrollieren die Magi-
stratsoligarchien durch die Einsetzung königlicher *Corregidores* in den großen Städten. Mit
der Gründung der *Santa Hermandad* verbessern sie in Kastilien das Landpolizeiwesen. Sie
bauen den Behördenapparat der königlichen *Zentralverwaltung* mit überwiegend bürgerlichen und kleinadligen Berufsbeamten aus. Die *Kirche* wird in ganz Spanien der straffen
Kontrolle und Führung der königlichen Macht unterworfen. Um der Einheit und Reinheit
des katholischen Glaubens willen werden die *Juden* (1492) und die *islamische Bevölkerung*
(1502) zur Taufe oder zur Emigration gezwungen. Von den schätzungsweise 200 000 in
Spanien lebenden Juden verlassen etwa 150 000 und von den rund 1 000 000 Anhängern
des Islam etwa 300 000 das Land. Aus Angst vor der Inquisition fliehen auch viele *Neuchri-
sten* aus dem ehemals toleranten Spanien. Der Aufbau des spanischen Nationalstaats wird
von den Katholischen Königen mit sehr hohen wirtschaftlichen und sozialen Kosten vorangetrieben.

Aragón (1276–1516)

1276–1285   Peter III. der Große (* 1239, † 1285) ist von seinem Vater Jakob I. durch zahlreiche Führungsaufgaben auf die Thronfolge vorbereitet worden.
Als Gemahl Konstanzes, der Tochter und Erbin des Stauferkönigs Manfred von *Sizilien*
1282   (Sohn Kaiser Friedrichs II.), erobert Peter die Insel in sorgfältig geplanter Expedition.
Nach einem antifranzösischen Volksaufstand in Palermo *(Sizilianische Vesper)* und nach
1282–1285   der Krönung Peters zum König von Sizilien besiegt er gegen die Politik Frankreichs und
des französischstämmigen Papstes Martin IV. seinen Gegenspieler Karl von Anjou. Die
Krone Aragón beherrscht mit Unterstützung katalanischer Handelsinteressen zeitweilig
das westliche Mittelmeer. Peter III. stößt aber mit seiner kostspieligen Expansionspolitik
auf den erbitterten Widerstand der vereinigten Stände des Binnenreiches Aragón mit
1283   Valencia, denen er in Zaragoza ein weitreichendes *Generalprivileg* zugestehen muß.
1285–1291   Sein ältester Sohn *Alfons III.* (* 1265, † 1291) kämpft um den Zusammenhalt und um die
Rechte seiner Reiche Aragón, Valencia und Katalonien.
1287   Er ist aber gezwungen, den in der Unión Aragonesa vereinigten Ständen *weitere Privilegien*
zu gewähren und die königlichen Machtbefugnisse noch stärker einzuschränken.
1291–1327   Nachfolger ist *Jakob II.* (* 1264, † 1327), Peters zweiter Sohn, der seit 1285 bereits in Sizilien als König regiert.
1295   Jakob schließt mit Frankreich und der Kurie den Frieden von Anagni. Darin verzichtet er
zugunsten des Hauses Anjou auf Sizilien und wird dafür vom Papst als oberstem Lehnsherrn mit Sardinien und Korsika belehnt.
1296   Die Sizilianer erheben jedoch seinen Bruder Friedrich II. (1296–1337) zum König, dessen
Nachkommen die Insel bis zum Aussterben der Linie regieren.
1323   Jakob II. kann nach langwierigen Kämpfen das bisher von Pisa verteidigte *Sardinien* erobern. Korsika bleibt jedoch im Besitz Genuas.
Der Gegensatz der Handelsinteressen im Mittelmeer führt zu einer erbitterten Feindschaft
zwischen der Krone Aragón und der Stadtrepublik Genua. Katalanische und aragonesische
Söldner, die im Dienst König Friedrichs II. von Sizilien und des byzantinischen Kaisers ge-
standen haben, erobern Teile von Griechenland. Sie stellen die eroberten Gebiete unter
den Schutz und die Souveränität Siziliens. Später werden diese Territorien direkt der Krone
Aragón inkorporiert. König Friedrichs II. Sohn Manfred begründet die neue aragonesische
Dynastie der Herzöge von Athen. Im Königreich Valencia gelingt es Jakob, das Eigentum
des von Papst Clemens V. 1312 aufgelösten Templerordens dem 1317 neu gegründeten
Ritterorden von Montesa zu erhalten. Die Beteiligung der Krone Aragón an der kastilischen Reconquista tritt in der Zeit Jakobs II. im Vergleich zur Expansionspolitik im Mittelmeerraum in den Hintergrund.
1336   Auf Jakobs schwachen, unpolitischen Sohn *Alfons IV.* (* 1299, † 1336; 1327–1336) folgt
dessen Sohn *Peter IV., der Zeremoniöse* (* 1319, † 1387; 1336–1387).

562 Mittelalter – Spätmittelalter

1343–1349 Peter annektiert das von einer aragonesischen Nebenlinie regierte *Königreich Mallorca* mit den Pyrenäengrafschaften Rosellón und Cerdaña. Ihm gelingt es, den Widerstand des in der Unión vereinigten aragonesischen Adelsstandes, der dabei vom valencianischen Adel unterstützt wird, militärisch (*Sieg in der Nähe von Zaragoza [Saragossa] bei Epila:* 1348) und allmählich auch politisch zu brechen. In der Regierungszeit Peters steht die Krone Aragón aus verschiedenen innenpolitischen Gründen, aber auch im Rahmen des Hundertjährigen Krieges in militärischen Auseinandersetzungen mit Kastilien.

1377 Nach dem Tod Friedrichs III. von Sizilien ist *Peter,* der mit dessen Schwester vermählt ist, auch *König von Sizilien.* Er läßt aber Sizilien durch seinen Sohn *Martin* als *Vizekönig* verwalten.

1396/1410 Nach dem Tode seiner beiden Söhne *Johann I.* (* 1350, † 1396; 1387–1396) und *Martin I.* (1396–1410) erlischt das Haus Barcelona. Martin ist 1409 auch auf dem Thron der aragonesischen Seitenlinie in Sizilien nachgefolgt.

1412 Durch den *Schiedsspruch* der in *Caspe* (am Ebro östlich von Zaragoza) zusammengetretenen je drei Vertreter der Ständeversammlungen von Aragón, Katalonien und Valencia geht unter den zahlreichen Thronbewerbern *Ferdinand I.* (* 1379, † 1416; 1412–1416) aus dem Hause Trastámara, der Bruder König Heinrichs III. von Kastilien, als rechtmäßiger Erbe hervor. Seine Mutter Leonore ist die Tochter Peters IV., des Zeremoniösen, von Aragón. Ferdinand erbt auch den sizilianischen Thron.

1416–1458 *Alfons V., der Großmütige* (* 1396, † 1458), folgt als König und Fürst von Aragón, Katalonien, Valencia, Mallorca, Sardinien und Sizilien nach. Sein Hauptinteresse gilt der Eroberung des *Königreichs Neapel.*

1421–1423 Für die Geldbewilligungen der Neapelexpedition muß die Krone den katalanischen Ständeversammlungen (Cortes) weitreichende Zugeständnisse gewähren.

1431–1442 Nach einer zweiten, langwierigen Expedition gelingt es Alfons mit militärischem und diplomatischem Geschick, als König von Neapel anerkannt zu werden. Er kehrt als Liebhaber Italiens und der italienischen Renaissance in 25 Regierungsjahren nicht mehr nach Spanien zurück. Italien ist zum Zentrum des aragonesischen Mittelmeerreiches geworden.

1458–1479 Die iberischen Länder der Krone Aragón verwaltet sein Bruder Johann, der ihm als *Johann II.* (* 1398, † 1479) nachfolgt. Der Thron von Neapel fällt jedoch nach Alfons' Tod an seinen unehelichen Sohn Ferdinand (1458–1494). Johann ist durch seine Gemahlin Blanca (seit 1425) zugleich auch *König von Navarra.* Trotz französischer Militärhilfe und der damit zusammenhängenden Verpfändung der Pyrenäengrafschaften Rosellón (Roussillon) und Cerdaña (Cerdagne) an Frankreich (1462) ist er nicht in der Lage, einen erbitterten katalanischen Aufstand gegen sich als autoritär herrschenden Kastilier niederzuschlagen.

1472 Die Katalanen erkennen ihn erst wieder nach langem wirtschaftlichem Niedergang während der Kriegsjahre als Herrscher an.

1479–1516 Auf Johann II. folgt *Ferdinand II., der Katholische,* der mit Isabella von Kastilien verheiratet ist.

Portugal (1279–1495)

1279–1325 Alfons' III. Sohn *Dionysius* (*Dinis;* * 1261, † 1325) mit dem Beinamen „der Landwirt" ist der erste portugiesische König, der sich vorwiegend dem inneren Landesausbau widmen kann. Auf ihn gehen aber auch die Anfänge der portugiesischen Kriegsmarine und zahlreiche Verteidigungsbauten zurück. Dionysius legt die Grundlage zur sprachlichen Einheit des Landes, indem er den Dialekt von Porto zur Nationalsprache erhebt, die das Lateinische zunehmend verdrängt.

1288 Dionysius gründet die *Universität Lissabon,* die später nach Coimbra verlegt wird.

1294/1308 Mit *England* schließt Dionysius einen Handelsvertrag und (1308) einen *Militär- und Freundschaftspakt,* der sich vor allem gegen Kastilien richtet.

Das portugiesische Eigentum des von Papst Clemens V. (1312) aufgehobenen Templerordens weiß Dionysius dem 1317/1319 neu gegründeten *Christusorden,* einem nationalen Ritterorden, zu reservieren.

1340 *Alfons IV.* (1325–1357) leistet seinem Schwiegersohn, dem König von Kastilien, in der *Schlacht am Salado* gegen die Marokkaner und Granadiner entscheidende Hilfe.

Nach der kurzen, friedvollen, auf das Gemeinwohl bedachten Regierungszeit *Peters I.*

1367–1383 (1357–1367) verwickelt *Ferdinand I.* (* 1345, † 1383) mit Unterstützung des großgrundbesitzenden Adels das kleine Land in mehrere Kriege gegen Kastilien. Dabei droht die nationale Unabhängigkeit Portugals verlorenzugehen, die letztlich nur noch mit englischer Unterstützung erhalten bleibt.

Iberische Halbinsel – Portugal – Navarra 563

1373	Der (1308) geschlossene *Freundschaftsvertrag mit England* wird *erneuert*. Diese außenpolitische Bindung, die bis in die jüngste Geschichte bestehenbleibt, fördert die Handelsbeziehungen zwischen beiden Ländern. Mit Ferdinands Tod endet die Herrschaft des Hauses Burgund in Portugal.
1385–1433	Aus den Nachfolgekämpfen geht mit Unterstützung des niederen Adels und des Stadtbürgertums als neuer König *Johann I.* (* 1357, † 1433), ein unehelicher Halbbruder Ferdinands I., hervor. Er ist Großmeister des Avis-Ordens und wird nun Begründer der Dynastie Avis.
1385	Nahe *Aljubarrota* (im heutigen Distrikt Leiria) fügt er mit englischer Hilfe den Kastiliern, die in die portugiesischen Thronfolgeauseinandersetzungen eingreifen, eine vernichtende *Niederlage* bei.
1386	Er läßt zu *Windsor* das *Militärbündnis mit England* erneuern und heiratet *Philippa* (1387), die Tochter des Herzogs von Lancaster.
1411	*Kastilien* erkennt in einem *Friedens- und Bündnisvertrag* die Unabhängigkeit Portugals an.
1415	*Ceuta*, ein wichtiger nordafrikanischer Handelsplatz gegenüber Gibraltar für Gold, Sklaven, Getreide und andere afrikanische Waren, wird unter dem Kommando Johanns I. erobert.
1431	Der Bündnisvertrag mit Kastilien von 1411 wird durch den *Vertrag von Medina del Campo* bestätigt. Unter Johann I. leitet Portugal, der im Vergleich zur Entwicklung anderer westeuropäischer Länder am frühesten abgeschlossene Nationalstaat, die ökonomisch bedingte überseeische Expansion ein, aus der die kleine Nation als erste Kolonialmacht Europas hervorgeht.
	Johanns I. Sohn *Heinrich der Seefahrer* (* 1394, † 1460) ist der wichtigste organisatorische und finanzielle Förderer der portugiesischen *Entdeckungsfahrten*. Als Großmeister des Christusordens stehen ihm dafür beträchtliche Einkünfte zur Verfügung. Zur Verbesserung der wissenschaftlichen Nautik gründet er in Sagres in Südwestportugal eine Seefahrtsschule, an der vor allem Mathematik und Astronomie unterrichtet wird. Heinrich treibt die Entdeckungsfahrten längs der afrikanischen Küste voran.
1433–1438	In der Regierungszeit von König *Eduard* (*Duarte*; * 1391, † 1438) wird ein portugiesisches Expeditionsheer bei der Belagerung von Tanger vernichtend geschlagen. Dabei gerät Ferdinand, der Bruder des Königs, als Geisel in moslemische Gefangenschaft.
1438–1481	Unter *Alfons V., dem Afrikaner* (* 1432, † 1481), der 1446 volljährig wird, schreitet die Entdeckung und Eroberung westafrikanischer Küstenplätze und Inseln voran. Der Sklaven-, Gold- und Pfefferhandel expandiert.
1458/1471	Portugiesische Expeditionsheere erobern in Nordwestafrika 1458 *Alcácer Ceguer* und 1471 *Arcila* und *Tanger*.
1474	Des Königs Ansprüche auf den kastilischen Thron, der nach dem Tode Heinrichs IV. vakant ist, bleiben ohne Erfolg.
1481–1495	*Johann II.* (* 1455, † 1495) gelingt es mit Unterstützung der Städte, die bisher eigenständige lokale und regionale Gerichtsbarkeit und Verwaltung des Adels und die Unabhängigkeit der Kirche der Kontrolle und Gewalt der Krone zu unterwerfen. Die Macht der Herzöge von Bragança, von Viseu und anderer einflußreicher Adelsfamilien wird durch Hinrichtung, Verbannung und Konfiskation der Güter gebrochen. Johann II. ist ähnlich den Katholischen Königen in Spanien der Schöpfer einer frühabsolutistischen Staatsordnung. Nach der Vertreibung der Juden aus Spanien werden die zum großen Teil nach Portugal einwandernden jüdischen Familien zu einem sozialen Problem.

Navarra (1328–1512)

1328–1387	Auf *Philipp III.* (1328–1342/1349), Grafen von Evreux, und *Johanna II.* (1328–1349; * 1312, † 1349) folgt deren Sohn *Karl II.* (1349–1387) nach, unter dem Navarra in den Hundertjährigen Krieg hineingezogen wird.
1387–1425	Im Gegensatz zu seinem Vater widmet sich *Karl III.* intensiv dem inneren Landesausbau.
1425–1479	Dessen Tochter und Erbin Blanca ist mit König *Johann II.* von Aragón vermählt. Die Eingliederung Navarras in die Krone Aragón führt zum Bürgerkrieg im Lande.
1479	Nach dem Tode Johanns II. fällt das Königreich Navarra durch Heirat nacheinander an die französischen Grafenhäuser *Foix* und *Albret*.
1512	Um eine stärkere Bindung Navarras an Frankreich zu verhindern, läßt Ferdinand der Katholische das Land unter einem Vorwand kurzerhand militärisch *besetzen*.
1515	Durch die kastilischen Cortes von Burgos wird Navarra der Krone von Kastilien *inkorporiert*. Das institutionell selbständig verbleibende Königreich Navarra wird künftig durch einen in Pamplona regierenden Vizekönig verwaltet. – (*Forts. S. 697, 700*)

564 Mittelalter – Spätmittelalter

Die Britischen Inseln (1272–1485)
(Forts. v. S. 470)

England

Die als **Hundertjähriger Krieg** bekannten Auseinandersetzungen zwischen England und Frankreich sind von großer Bedeutung für die englische Gesellschaft. Da der Krieg im wesentlichen außerhalb Englands geführt wird, bleibt die Zivilbevölkerung von negativen Begleiterscheinungen weitgehend verschont. Der Krieg bringt – zumal in seinem ersten Stadium bis etwa 1360 – der englischen Bevölkerung Beschäftigung und materiellen Gewinn.

Eduard III. (1327–1377), der Kriegsherr, wird zum Leitbild des spätmittelalterlichen Rittertums höfischer Prägung. Er ist in der Lage, die Loyalität seiner Familie (Gemahlin Philippa von Hainault, Patronin des Chronisten Jean Froissart), seines Volkes und die Zuneigung seines Adels zu gewinnen; der gesellschaftliche Idealzustand, der unter Eduard II. (1307–1327) empfindlich gestört worden war (Zeit der nicht standesgemäßen Günstlinge des Königs, die den Adel erbittert hatten), wird wieder hergestellt. In Nachahmung des nun populären und legendären König Artus mit seiner Tafelrunde verspricht Eduard III. 1344 die Gründung eines weltlichen Ritterordens. Er löst das Versprechen nach den Siegen von Calais und Crécy 1348 mit der Gründung des Hosenbandordens ein (Motto: ‚honi soit qui mal y pense'). Der Orden ist exklusiv, auf 26 Mitglieder begrenzt, und bietet dem König damit Gelegenheit, seine engsten Vertrauten auszuzeichnen. Schaffung eines Rittergerichts („curia militaris") zur Überwachung des ritterlichen Niveaus.

Es kommt zu einer Stratifizierung des **Adels,** indem eine kleine Schicht bevorzugt behandelt wird. Den wichtigsten Sektor dieser Schicht bilden die Nachkommen des Königs. Eduard III. hat sieben Söhne, seit 1337 (Schaffung der Herzogswürde) kommt es zur Apanagierung der Königskinder, die loyal mit ihrem Vater zusammenarbeiten. Ferner kann der König seine Gunst durch Heiratspolitik gezielt vergeben. Die kriegerischen Auseinandersetzungen bewirken, daß der Hochadel ständig dezimiert wird. Im 14. Jh. sterben 13 Grafen (earls) ohne legitime Nachkommen. Die verbleibenden Adligen werden reicher als ihre Standesgenossen im 13. Jh. Ihr neuer Reichtum manifestiert sich in intensiver Bautätigkeit (Burgen, Kirchen, Colleges).

Der aktive **Heerdienst** als Teil der lehnsrechtlichen Verpflichtungen war im späten 11. Jh. bereits durch Geldablösung (scutage) ersetzt worden, die ihrerseits im späten 12. Jh. außer Gebrauch gekommen war. Die Feldzüge des Hundertjährigen Krieges werden durch von Adligen angeworbene Söldnerkompanien geschlagen, die durch schriftliche Dienstverträge (indentures) verpflichtet werden. Während der Regierungszeit Eduards III. ist der Krieg für England gewinnbringend. Plünderungen und Lösegelder (z. B. 500 000 Pfund Sterling für den französischen König Johann II.) erleichtern die Finanzierung. Als das nicht mehr der Fall ist, kommt es in England zur Krise: das Parlament von 1376 (Good Parliament) fordert, der Krieg dürfe das Land finanziell nicht belasten.

Häufiger aktiver Kriegsdienst macht den Schwerbewaffneten (armiger) zum Wappenträger (arms = Waffen/Wappen). Persönliche Tüchtigkeit führt unter besonderen Umständen zu sozialem Aufstieg, dennoch erhebt Eduard III. wenige Männer außerhalb seiner Familie zu hohem Rang. Es gibt keine geschlossene Adelsklasse; Versuche, eine solche zu schaffen (Richard II., 1387; Heinrich V., 1415), bleiben erfolglos. Ein Gesetz von 1390 regelt die gesellschaftlichen Voraussetzungen zur Haltung eines Adelsgefolges (retainers).

Die Herrschaft Eduards I. bildet den Höhepunkt der königlichen Gewalt im Mittelalter, zerrüttet aber mit ihren kostspieligen Feldzügen in Wales, Schottland und Frankreich die Staatsfinanzen. Das Spätmittelalter ist gekennzeichnet durch politische und soziale Unruhen, die die Königsgewalt schwächen und zu langjährigen dynastischen Kämpfen führen. Nach dem ebenso ehrgeizigen wie letztlich aussichtslosen Versuch, die französische Krone zu erwerben, schafft erst die Beschränkung auf die Insel die Voraussetzungen für die Großmachtpolitik der Tudors.

1272–1307	**König Eduard I.** (* 1239).
	Heinrichs III. tatkräftiger Sohn, bedeutender Herrscher und Gesetzgeber (‚Justinian Englands').
1277	Das seit 1267 von der Krone lehnsabhängige Fürstentum Wales wird in zwei Feldzügen er-
1282–1284	obert, der letzte Fürst Llywelyn ap Gruffydd fällt.
	Der König übernimmt die Herrschaft im Fürstentum, dessen Eigenständigkeit gewahrt wird; es wird nach englischem Vorbild in Grafschaften eingeteilt. 1301 erhebt Eduard seinen gleichnamigen, in Caernarvon geborenen Sohn zum Fürsten von Wales („*Prince of Wales*"), ein Titel, der fortan fast jedem Thronerben verliehen wird.
1290	*Eduard vertreibt die Juden,* die mit den Normannen im 11. Jh. nach England gekommen waren und der Krone zur Finanzierung ihrer Politik eine wichtige Stütze gewesen waren, aus England; erst unter Cromwell kehren die Juden nach England zurück.
	Im folgenden stützt sich Eduard zur Finanzierung seiner Kriege auf italienische Bankhäuser

	(Bardi, Frescobaldi). Die Vertreibung der Juden, die auch dem Adel viel Geld geliehen hatten, trägt zur Popularität des Königs bei.
1294–1297	Krieg mit Frankreich um Guyenne. Unter Berufung auf die Bulle „Clericis Laicos" (1296) verweigert der Klerus unter Erzbischof Winchelsey von Canterbury jede Besteuerung von Kirchengut. Doch der König kann die Geistlichkeit zwingen, ihm unter Umgehung des päpstlichen Verbots Geldgeschenke zu machen. Die Steuerforderungen für den Krieg mit Frankreich begünstigen kurzfristig die Ausbildung des Parlaments (Model Parliament 1295, das aber nicht wiederholt wird). Da die Last der neuen Steuern von beweglichem Vermögen hauptsächlich den Adel und die Städte trifft, legt die Krone zur leichteren Eintreibung auf die vorherige Zustimmung der Commons wert.
1297	*Bestätigung der Magna Carta,* die über die Bewilligung Heinrichs III. hinausgeht, indem der König darauf verzichtet, ohne Zustimmung des Parlaments nicht nur Steuern von seinen Vasallen, sondern auch neue Zölle zu erheben.

Das Parlament in der Zeit Eduards I.

Der König versammelt das Parlament von Zeit zu Zeit, um Bitten und Beschwerden anzuhören. Der Name Commons erklärt sich daraus, daß sie die Gemeinden (communities) des Reiches (Grafschaften, Städte, Marktflecken) vertreten. Sie sind kein dritter Stand im Sinn der Reichstage und Ständeversammlungen des Kontinents, denn außer Städten gehören auch die Grafschaftsritter zu ihnen. Daneben ist ein besonderes Kennzeichen des englischen Parlaments, daß der Klerus keinen besonderen Stand bildet. Zwei Erzbischöfe, 18 Bischöfe und einige große Äbte sitzen als Kronvasallen im Parlament. Die Steuern vom Kirchenbesitz werden seit dem 14. Jh. in den rein geistlichen Versammlungen (Konvokationen) bewilligt, die getrennt in den beiden Kirchenprovinzen Canterbury und York zusammengerufen werden.

	Das erstarkende Königtum strebt nach seiner Ausdehnung über Wales auch die Herrschaft über Schottland an. Das gelingt unter Eduard I. zeitweilig, aber kurz vor seinem Tod erwächst dort in Robert Bruce (* 1274, † 1329) ein seinem Nachfolger ebenbürtiger Gegner.
1307–1327	**König Eduard II.** (* 1284). Er tritt ein schwieriges Erbe an, kommt aber als Staatsmann seinem Vater nicht gleich. Unter ihm kommt es zur Günstlingswirtschaft, die die Opposition des hohen Adels stärkt und zu schweren inneren Auseinandersetzungen führt. Das erste Opfer dieser Adelsopposition ist der Gascogner Peter Gaveston, Regent während der Abwesenheit des Königs in Frankreich. Der hohe Adel unter Führung des Sohnes Edmunds von Sizilien, Thomas von Lancaster, will nach dem Vorbild der Provisionen von Oxford die Regierung selbst in die Hand bekommen.
1310	21 Barone werden als Lords Ordainers eingesetzt.
1312	Mit Gavestons Hinrichtung wird der König gedemütigt.
1314 23./24. Juni	Eduard II. wird bei dem Versuch, die englische Garnison in Stirling in Schottland zu entsetzen, bei *Bannockburn* von Robert Bruce geschlagen. England verliert seinen Einfluß in Schottland, die Position des Königs im eigenen Land wird grundlegend erschüttert.
1314–1322	Thomas von Lancaster regiert im Namen Eduards II., scheitert aber am Widerstand königstreuer Barone. Nach seinem Tod kommt es zu erneuter Günstlingswirtschaft, nun der Despensers, Vater und Sohn. Die Ordonnanzen der Ordainers werden abgeschafft. Die Herrschaft der Despensers führt zu erneuten Kämpfen.
1325	Eduards Gemahlin Isabella, die Tochter des französischen Königs Philipps IV., geht nach Frankreich zurück und konspiriert gegen ihren Gemahl.
1326	Dann kehrt sie mit ihrem Geliebten Roger de Mortimer (* 1286, † 1330) und mit französischen Truppen nach England zurück. Die Despensers werden gehängt.
1327	Mit Zustimmung des Parlaments wird Eduard II. zur Abdankung gezwungen und einige Monate später im Gefängnis ermordet.
1327–1377	**König Eduard III.** (* 1312). Während seiner Minderjährigkeit kommt es zur Willkürherrschaft Mortimers, der erst 1330 unter Zustimmung des Parlaments hingerichtet wird. Eduard III., ein leidenschaftlicher Krieger, versucht vergeblich, Schottland zu unterwerfen, wendet aber bald sein Augenmerk nach Frankreich.

England und der Hundertjährige Krieg (1339–1453) um die französische Krone

Eduard III. kann die Unterstützung Flanderns gewinnen, dessen Städte mit ihrer Tuchindustrie auf die Einfuhr englischer Wolle angewiesen sind. 1346 und 1356 große englische Siege über Frankreich bei Crécy und Maupertuis. *Überlegene Waffentechnik Englands:* die walisischen Langbogenschützen wer-

566   Mittelalter – Spätmittelalter

den durch die abgesessenen Reiter verstärkt. Enge Zusammenarbeit der ritterlichen und bürgerlich-bäuerlichen Schichten, die in England bereits in der Lokalverwaltung und im Parlament zusammenarbeiten. Die lange Dauer des Krieges führt zur Verwendung von *Berufssoldaten*, die freilich auch sehr kostspielig sind und nur finanziert werden können, solange der erfolgreiche Krieg reiche Beute abwirft.

Der ständige Geldbedarf führt zu einer häufigen Berufung von *Parlamenten*, die, da der König auf ihre Mitarbeit angewiesen ist, an Einfluß gewinnen. Die Trennung des Parlaments in Oberhaus (House of Lords) und Unterhaus (House of Commons) ist jetzt nachweisbar, ist aber wohl älter und hat ihre Ursprünge wohl in den nicht offiziellen Versammlungen der Commons, in denen sie ihre Haltung zu Forderungen der Krone oder zu Anträgen der Großen beraten. Im Parlament haben die einzelnen Mitglieder der Commons kein Recht auf Rede. Lediglich der Sprecher (Speaker) antwortet im Namen aller. Im Unterhaus ist der Sprecher der Vorsitzende der Versammlung. Das House of Lords ist das oberste Reichsgericht. Das Steuerbewilligungsrecht des Parlaments ist voll ausgebildet; der König verzichtet auf sein Recht, von den Bewohnern seiner Krondomäne Steuer (tallage) zu erheben. Vom König bewilligte Petitionen der Commons werden Gesetz. Der Einfluß des Unterhauses schwindet aber unter schwachen Regierungen und während der internen Kriege. Der König ist zur Berufung des Parlaments nicht verpflichtet.

1327   Das bisher nur sporadisch auftauchende Amt des *Friedensrichters (Justice of the peace)* wird auf ganz England ausgedehnt.
Sie werden vom König ernannt, vornehmlich aus dem Kreis der in den Grafschaften ansässigen kleinen Adligen (gentry). Sie üben Polizeigewalt aus, halten Gerichtssitzungen, die allmählich das alte Grafschaftsgericht (county court) ersetzen, und beaufsichtigen seit 1494 den Sheriff. Ihr Ansehen und Wirkungskreis vergrößern sich bis ins 18. Jh. immer mehr.

1348–1350   *Erstes Auftreten der Pest in England.* Die aus Ostasien vordringende Pest dezimiert die Bevölkerung um ein Viertel bis ein Drittel.
Weitere Pestepidemien bis ins frühe 15. Jh. führen dazu, daß die Bevölkerungszahl stagniert. Wirtschaftliche Auswirkungen: Landwirtschaftliche Erzeugnisse sinken im Wert wegen mangelnder Nachfrage, während die Arbeitskräfte erhebliche Lohnforderungen stellen. Das Parlament versucht vergeblich, die Löhne auf der Stufe vor Auftreten der Pest

1350   festzuschreiben und die Mobilität der Landarbeiter zu unterbinden *(Statute of Labourers).* Die bereits weit verbreitete Ablösung der Dienstleistungen auf den Herrenhöfen durch feste Geldzahlungen kann nicht wieder rückgängig gemacht werden.

1351   *Statute of Provisors* gegen die päpstliche Ernennung (provision) von Geistlichen und gegen Pfründenvergabe unter Ausschluß freier Wahl und unter Umgehung des Patronatsinhabers.

1353   Verstärkung der antipäpstlichen Gesetzgebung im *Statute of Praemunire,* das die Anrufung des Papstes in Sachen, die dem König zustehen, unterbindet.
Das Verhältnis zum Papsttum verschlechtert sich weiter durch die päpstliche Parteinahme für Frankreich.

1363   Eduard (* 1330, † 1376), der *Schwarze Prinz,* Eduards III. ältester Sohn, wird als Verwalter Guyennes in Bordeaux eingesetzt.
Von dort aus führt er Krieg in Spanien.

1369   Der wieder aufflammende Krieg mit Frankreich bringt die ersten spürbaren Niederlagen für England und führt zu Plünderungen an der englischen Südküste, die die Unzufriedenheit der Bevölkerung mit der Kriegführung verstärken.
Die letzten Regierungsjahre Eduards III. sind von Krisen erschüttert. Sein volkstümlicher ältester Sohn, der Schwarze Prinz, kommt von Krankheit gezeichnet nach England zurück. Der König zeigt deutliche Anzeichen von Senilität. Die beherrschende politische Gestalt ist Johann von Gent (John of Gaunt; * 1340, † 1399), ein jüngerer Sohn Eduards III., durch Heirat reicher Herzog von Lancaster. Johann von Gent führt die Partei der Barone und versucht, zugunsten des Adels Kirchengut einzuziehen.

1376   Dabei stößt er auf den Widerstand des „Guten Parlaments", das eine strengere Kontrolle der königlichen Finanzen fordert. Mitglieder des königlichen Rats werden von den Commons vor den Lords angeklagt und von diesen verurteilt, die ersten nachweisbaren Fälle des Impeachment. Nach dem Tod des Schwarzen Prinzen gelangt Johann von Gent wieder an die Macht und beeinflußt die Zusammensetzung des neuen Parlaments.

Kulturelle Merkmale des 14. Jh.s

Erste Blüte der Nationalliteratur in englischer Sprache, stark sozialkritisch geprägt. „Piers the Plowman" (1362) von William Langland (* um 1330, † um 1400). Geoffrey Chaucer (* um 1340, † 1400), bürgerlicher Herkunft, dichtet für den englischen Hof in englischer Sprache – der bedeutendste Dichter des englischen Mittelalters. Hauptwerk: „Canterbury Tales" (1387–1400), eine Sozialstudie der englischen Gesellschaft. Die englische Sprache wird zudem von den englischen *Mystikern* des 14. Jhs (Richard Rolle,

Julian von Norwich u. a. m.) verwendet, die in ihren Schriften den unmittelbaren Zugang zu Gott ohne Vermittlung der kirchlichen Institutionen und der gelehrten lateinischen Sprache suchen. In ähnlichem Geist, wenn auch in Werken lateinischer Sprache, wirkt der Kirchenreformer und Theologe *John Wiclif* (* wohl um 1320, † 1384). Er lehrt in Oxford und bekämpft in seinen zahlreichen Schriften die weltliche Herrschaft der Kirche. Anfangs findet er bei Johann von Gent Unterstützung. Es kommt zum Bruch zwischen ihnen, als er den Heilscharakter und die Transsubstantiationslehre im Abendmahl bestreitet, die Abschaffung des Papsttums und die Auflösung der Klöster fordert und die Priesterbeichte und Heiligenverehrung für unwirksam erklärt. Das Seelenheil ist allein von der Vorherbestimmung abhängig; er vertritt das allgemeine Priestertum der Gläubigen. Er leistet entscheidende Anregungen zur Übersetzung der ganzen Bibel in die englische Volkssprache. Sein Hauptgegner ist William Courtney, Bischof von London, dann Erzbischof von Canterbury. 1382 werden einige Lehrsätze Wiclifs für ketzerisch erklärt, er stirbt zurückgezogen auf seiner Pfarre in Lutterworth (Leicestershire). Seine Anhänger heißen Lollarden (mumblers, diejenigen, die Gebete in der Volkssprache murmeln).

1377–1399 König Richard II. (* 1367, † 1400).

Sohn des Schwarzen Prinzen, für den Zehnjährigen herrscht eine Regentschaft unter Leitung Johanns von Gent. Unter seinem Einfluß kommt es zur Finanzierung der Kriege in Frankreich durch die Erhebung von erdrückenden Kopfsteuern (Poll Tax, 1377, 1379, 1380), die vor allem die armen Schichten der Bevölkerung belasten.

1381 Während der Eintreibung der dritten Kopfsteuer kommt es zum großen *Bauernaufstand,* teils politisch begründet (gegen die Mißherrschaft Johanns von Gent; Empörung über die französischen Plünderzüge im Süden Englands), teils sozial motiviert (drückende Besteuerung).

Die Hauptforderung ist die Ablösung aller Dienste gegen vier Pence Pacht pro acre, die Abschaffung der persönlichen Unfreiheit und die Rücknahme der Kopfsteuer. Als Führer der Bewegung treten *Wat Tyler* und ein ehemaliger Priester John Ball hervor, der die Abschaffung von Standesprivilegien fordert. Der Aufstand ist am heftigsten im Südosten Englands. Die Kronbeamten, die die Kopfsteuer einsammeln, werden verjagt oder umgebracht, unbeliebte Grundherren werden erschlagen, die Grundbücher mit den Verzeichnissen der Dienstleistungen werden vernichtet.

13. Juni Der Zug der Bauern nach London führt dort zur Beteiligung der städtischen Unterschichten an dem Aufstand. Die Menge zündet den Savoy-Palast des Johann von Gent an, aber es kommt nicht zu allgemeinen Plünderungen. Der junge Richard II. rettet die Situation, indem er persönlich mit den Anführern der Aufständischen, die ihm vertrauen, verhandelt. Er verspricht, ihre Forderung nach Befreiung der Hörigen zu erfüllen und die Rebellen zu begnadigen.

14. Juni Inzwischen haben andere Haufen den Tower gestürmt und einige führende Persönlichkeiten (so Simon Sudbury, den Erzbischof von Canterbury und Kanzler) ermordet.

Bei einer weiteren persönlichen Begegnung zwischen dem König und den Aufständischen wird Wat Tyler erschlagen, was zum Zusammenbruch des Aufstandes in London und bald auch auf dem Land führt. Der König widerruft alle Zugeständnisse, verhindert aber gegen das Drängen seiner Berater eine blutige Rache an den Aufständischen. Das Parlament bekennt, daß Mißstände in der Regierung zu dem Aufstand geführt haben. Die Kopfsteuer wird im folgenden nicht wieder erhoben. Der Aufstand hat einige positive Ergebnisse.

1382 Richard II. heiratet Anna von Böhmen, eine Tochter Kaiser Karls IV.

Die Kontakte zwischen Böhmen und England führen zu der Verbreitung der Ideen John Wiclifs in Böhmen, die großen Einfluß auf Hus ausüben. Die teils sozialkritischen Schriften Wiclifs wirken auch in England nach. Wiclif selbst leugnet vor seinem Tod jede persönliche Verantwortung für den Bauernaufstand; seine Anhänger sind in erster Linie in Adelskreisen zu finden.

1389 Richard II. ergreift die persönliche Herrschaft und regiert anfangs sehr maßvoll.

1394/1395 Er versucht eine Reform der Verwaltung der englischen Kolonie in Irland.

1396 Dann schließt er einen Waffenstillstand mit Frankreich.

seit 1397 Er entwickelt plötzlich ein willkürliches Regiment, läßt einige seiner vermeintlichen Gegner anklagen, verbannen oder hinrichten.

1398 Das Parlament von Shrewsbury bestätigt dem König, durch Gesetze nicht gebunden zu sein, und überträgt alle parlamentarische Gewalt einem Ausschuß von 12 Lords und sechs Commoners, die aus dem Freundeskreis des Königs gewählt sind.

Herzog Heinrich von Hereford, Lancasters Sohn, wird verbannt.

1399 Als dessen Vater Johann von Gent stirbt, zieht der König seinen gewaltigen Landbesitz ein. Heinrich Bolinbroke, der neue Herzog von Lancaster, nutzt den Aufenthalt Richards II. in Irland zur Rückkehr nach England. Richard, der in Wales beträchtlichen Rückhalt hat, wird überlistet und gefangen genommen. Ein Parlament setzt ihn wegen Mißherrschaft ab und billigt die Thronfolge Heinrichs von Lancaster.

Richard II. stirbt 1400 unter mysteriösen Umständen im Gefängnis.

568 Mittelalter — Spätmittelalter

1399–1461 Haus Lancaster (Nebenlinie des Hauses Plantagenet).
Die Usurpation des Throns durch Heinrich Bolinbroke trägt zur Schwächung der Krone bei, die durch scharfe Gesetzgebung reagiert und dadurch Aufstände im Land provoziert. Die inneren Unruhen halten während des 15. Jh.s an und gipfeln in den sog. Rosenkriegen.

1399–1413 König Heinrich IV. (* 1367). Enkel Eduards III. Das bessere Anrecht auf die Krone hat der junge Edmund Mortimer, Graf von March, Enkel einer Tochter Lionels, Herzogs von Clarence, des zweiten Sohnes Eduards III. Heinrich hält daher den Knaben gefangen. Er verdankt seine Krone dem Urteilsspruch des Parlaments, daher pflegt er während seiner Herrschaft sorgfältig die Beziehungen zu den beiden Häusern.

1400–1410 Aufstand in Wales unter der Führung von *Owain Glyn Dwr* (engl.: *Owen Glendower*), der als nationaler Befreier gefeiert wird und den walisischen Fürstentitel annimmt. Bündnisse mit Schottland, Irland und Frankreich (1405) bedrohen den Bestand der neuen englischen Dynastie. Der Aufstand bricht 1410 zusammen, aber Glyn Dwr wird nicht gefaßt. Scharfe anti-walisische Gesetzgebung, die erst von den Stuarts aufgehoben wird.

1403 Aufstand des Adels im Norden Englands niedergeschlagen, Henry Percy, genannt Harry Hotspur, fällt.

1405 Scrope, Erzbischof von York, wird hingerichtet.
Verfolgung der Lollarden, die im Hochadel zahlreiche Anhänger haben. 1401 Gesetz Heinrichs IV. über die Ketzerverbrennung, die bis dahin in England kaum üblich war. Das Lollardentum lebt seitdem hauptsächlich in den niederen Volksschichten weiter und geht schließlich in der Reformation auf.

1407 Die in den Niederlanden tätigen englischen Kaufleute, die hauptsächlich Tuchexport betreiben, werden in der Handelskompanie der *Merchant Adventurers* zusammengefaßt und privilegiert.
Heinrich, Prinz von Wales, hat sich im Kampf gegen Glyn Dwr ausgezeichnet. Nach 1410 kommt es zum Zerwürfnis mit seinem Vater.

1413–1422 König Heinrich V. (* 1387).
Als König sehr fromm, erbitterter Gegner der Lollarden, glänzender Feldherr in Frankreich, aber er lebt nicht lange genug, um den Bestand des Erreichten dauerhaft zu festigen. Sir John Oldcastle (* 1377, † 1417), eine wichtige Stütze der Lollarden, wird exkommuniziert und flieht. Eine Verschwörung seiner Anhänger gegen den König wird blutig bestraft. 1417 wird Oldcastle gefangen und verbrannt.
Um die starken inneren Spannungen nach außen abzulenken und durch kriegerische Erfolge den Thron der Lancaster zu stützen, erneuert Heinrich den Krieg mit Frankreich. Erst jetzt ist die militärische Eroberung des Landes und die Vereinigung der Kronen von Frankreich und England ernsthaftes Kriegsziel.

1415 In Southampton wird eine Verschwörung aufgedeckt, deren Ziel es ist, Edmund von March, den Heinrich V. freigelassen hat, zum König zu machen. Edmunds Schwager, Richard von Cambridge (Haus York) und andere Große werden hingerichtet.

1420 Der Krieg mit dem König von Frankreich führt 1415 zum Sieg bei Azincourt und zum Vertrag von Troyes, wonach Heinrich Katharina, die Tochter Karls VI. von Frankreich, heiratet und nach Karls Tod König von Frankreich werden soll. In England baut er eine starke Flotte auf. Nach neuerlichen Siegen (Eroberung von Meaux) stirbt er mit 35 Jahren.

1422

1422–1461 König Heinrich VI. (* 1421).
Beim Regierungsantritt einjährig. Errichtung getrennter Regentschaften in Frankreich (Herzog Johann von Bedford [* 1389, † 1435; ältester überlebender Bruder Heinrichs V. und bedeutender Staatsmann) und England (Herzog Humphrey von Gloucester [* 1391, † 1447], jüngster Bruder des verstorbenen Königs, ehrgeiziger, aber politisch unfähiger Intrigant, Mäzen von Renaissancegelehrten: Duke Humphrey Bibliothek Oxford).

Das Parlament zur Zeit Heinrichs VI.

Der Einfluß des Unterhauses im Mittelalter erreicht wegen der Schwäche der königlichen Herrschaft unter Heinrich VI. seinen Höhepunkt. Das Petitionsrecht ist zum Recht der Gesetzesinitiative fortgebildet, indem die Mitglieder des Unterhauses Gesetzesanträge (bill, von bulla) bereits in Form fertiger Gesetze (statutes) einbringen. Bis dahin hatten alle „freeholders" (die zu einem freien Leiheverhältnis angesehenen Ritter und Bauern) die Parlamentsmitglieder der Grafschaft gewählt. 1430 beschränkt ein Gesetz das aktive Wahlrecht auf lastenfreie Einkommen aus freeholds von mindestens 40 Schilling jährlich, eine damals beträchtliche Summe. Dieser Satz bleibt bis zur Reform von 1832 in Kraft.
Bedford kann trotz widriger Umstände bis zu seinem Tod 1435 den festländischen Besitz im wesentlichen halten. Die königliche Flotte wird verkauft, und in England sinkt die Bereitschaft, sich in Frankreich militärisch zu engagieren. Der bedeutende Gegner Herzog Humphreys in England ist der wohlhabende Kanzler Henry Beaufort (* um 1375, † 1447), Bischof von Winchester, Kardinal (Nebenlinie der Lancaster).

Britische Inseln – England 569

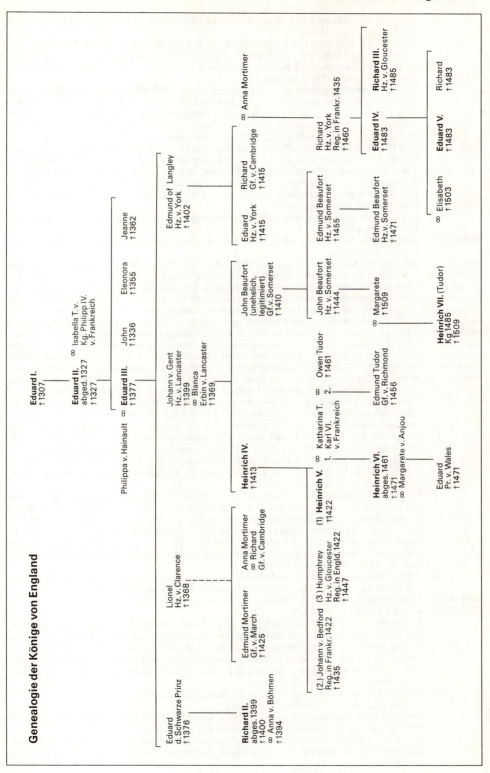

Genealogie der Könige von England

_570_ Mittelalter – Spätmittelalter

1439 Friedensverhandlungen in Calais scheitern an dem fortgesetzten Anspruch Englands auf den französischen Thron.
Heinrich VI. unterstützt Beauforts Politik, ist aber zu schwach, um sich durchzusetzen.

1445 Seine Ehe mit Margarete von Anjou (* 1429, † 1482) macht ihn in England unbeliebt.

1447 Es sterben Gloucester und Beaufort; Heinrichs Politik wird nun von William de la Pole, dem Grafen von Suffolk, geleitet.

1450 Parlamentsanklage (Impeachment) aufgrund falscher Beschuldigungen gegen Suffolk, dem der Verlust der Normandie zur Last gelegt wird. Er wird von dem ihm wohlmeinenden König verbannt, aber unterwegs ermordet. Infolge derselben politischen Beschwerden kommt es zum Bauernaufstand in Kent und Sussex, geführt von Jack Cade († 1450). Niederlage und Tod des Anführers, Zusammenbruch des Aufstandes.
Den Platz Suffolks nimmt 1450 Edmund Beaufort († 1455), Herzog von Somerset, ein, ein königlicher Günstling und anerkannter Sprecher der großen Mehrheit des Hochadels.

1453 Ende des Hundertjährigen Krieges. England verliert außer _Calais_ alle festländischen Besitzungen. Der Krieg hat die Ausbildung des englischen Nationalbewußtseins gefördert, das Ansehen der Unterschichten gehoben und die Abhängigkeit der englischen von der französischen Kultur gemindert.

1454 Der geisteskranke König wird vorübergehend wahnsinnig; Herzog Richard von York wird Reichsprotektor.

1455–1485 Rosenkriege, so benannt, weil eine rote Rose das Abzeichen der Lancaster, eine weiße Rose das der York bildet.

Das blutigste und düsterste Kapitel des englischen Mittelalters. Die Rosenkriege berühren in erster Linie den Hochadel und den kleinen Landadel (gentry), während die Masse der Bevölkerung kaum betroffen ist und eigentlich nur unter dem Fehlen einer festen Regierung leidet. Als Folge dieser Kriege wird die Zahl des hohen Adels drastisch dezimiert, was die nachfolgende Dynastie der Tudors stärkt. – Seit dem späten 14. Jh. umgeben sich die großen Barone mit niederen Gefolgsleuten, die zum Teil aus dem Landadel (gentry) ihrer Gegend kommen, die sich bedingungslos für ihren Herrn einsetzen. Der Herr unterhält und bezahlt sie und gibt ihnen ein mit seinem Abzeichen versehenes Kleid (_livery_), eine Art Uniform, und gewährt ihnen Hilfe (_maintenance_) gegen jedermann, mit offener Gewalt oder durch Einschüchterung der Gerichte. Dieses System von „livery" and „maintenance", das die innere Ordnung untergräbt, ist ein Anzeichen für die Schwäche der Königsherrschaft. Die auf dieser Grundlage versammelten Privatarmeen sind die wichtigsten Kampftruppen der Rosenkriege. Hinzu kommen die Soldaten, die nach der Beendigung des Hundertjährigen Krieges nach England zurückkommen und Betätigung suchen.

1455 Richard von York schlägt und tötet Somerset bei Saint Albans (Grafschaft Hertford). Er stützt sich gegen die starke Mehrheit des Hochadels auf die handeltreibenden Städte, besonders London, die mit den französischen Kriegen unzufriedenen breiteren Volksschichten und die dem Somerset feindlichen Adelsfamilien, besonders die einflußreichen Nevill.

1456 Der König gesundet vorübergehend und übernimmt wieder selbst die Regierung.

_1460_ Die Grafen von Salisbury, Richard Neville Warwick (* 1428, † 1471) und Eduard (* 1442, † 1483), der Sohn Richards von York, besiegen die königliche Armee bei _Northampton._ Heinrich VI. gerät in Gefangenschaft.
Richard von York erhebt Anspruch auf den Thron als Erbe Lionels von Clarence, des Sohnes Eduards III. Damit wird der Kampf zum Krieg der Häuser von York und Lancaster um den Thron. Königin Margarete ruft zu ihrer Hilfe die Barone Nordenglands auf (Northumberland und Lancaster). Mit einem starken Heer erringt sie bei _Wakefield_ (West Riding) einen überzeugenden Sieg. Richard von York fällt. Die ausnahmsweise beteiligten Massen unter den Anhängern Margaretes ziehen plündernd und brennend gegen London, so daß sich der Süden zur Abwehr erhebt.

_1461_ London öffnet Eduard die Tore. Er wird zum König (Eduard IV.) ausgerufen und siegt entscheidend bei _Towton._ Heinrich und Margarete fliehen nach Schottland.

1461–1485 Haus York (Nebenlinie des Hauses Plantagenet).

1461–1483 König Eduard IV. (* 1442).
Vortrefflicher Krieger, energisch und schnell entschlossen in Gefahr, ein grausamer Rächer. Er braucht Geld und pflegt den Umgang mit reichen Bürgern, die an politischem Einfluß gewinnen. Geistig interessiert, nimmt er William Caxton (* um 1421, † 1491) unter seinen Schutz, der 1476 seine Druckerpresse in Westminster errichtet. Der König macht seine Brüder Georg († 1478) und Richard († 1485) zu Herzögen von Clarence und Gloucester.

1464 Königin Margarete wird bei Hexham (Nordengland) geschlagen.

1465 Heinrich VI. wird in den Tower gesperrt.
Eduard heiratet unstandesgemäß Elisabeth Woodville (* 1431, † 1492), die Witwe Sir John Greys, und erregt damit den Unwillen des Hochadels.

_1470_ Der ‚Königsmacher' _Warwick_ und sein Schwiegersohn Clarence fliehen zu Ludwig XI. von Frankreich; beide werden dort mit Königin Margarete, dem Haupt der Lancasterpartei, versöhnt.

Britische Inseln – England **571**

Ludwig XI. fürchtet Burgunds Bündnis mit Eduard, der 1468 seine Schwester Margarete mit Karl dem Kühnen verheiratet und dadurch den englischen Handel mit den Niederlanden gesichert hat. Eduard, überrascht, muß nach Holland fliehen, während Warwick den schwachsinnigen Heinrich VI. nochmals auf den Thron setzt.

1471 Eduard kehrt nach England zurück und besiegt Warwick, der fällt, bei Barnet. Die mit einem anderen Heer gelandete Königin Margarete wird von Eduard vernichtend bei Tewkesbury (am Severn, nördlich von Gloucester) geschlagen; Eduard, Prinz von Wales (Sohn Heinrichs VI.) und Edmund, Herzog von Somerset, werden hingerichtet, Heinrich VI. im Tower ermordet.

1475 Nach einem Einfall in Frankreich Friedensschluß mit Ludwig XI. in Picquigny: Verzicht auf den Versuch, den Festlandbesitz wiederzugewinnen.

1478 Clarence, seinem Bruder verdächtig geworden, wird von Eduard vor dem Parlament des Hochverrats bezichtigt, verurteilt und im Tower umgebracht.

Der König verfügt über so große Einnahmen aus Konfiskationen, Heimfall sowie den Benevolenzen, ‚freiwilligen‘ Geldern, die von den reichen Bürgern erpreßt werden, daß er weniger denn je auf die Zustimmung des Parlaments angewiesen ist. Beginnender Absolutismus.

1483 Es folgt Eduards zwölfjähriger Sohn Eduard V. (* 1470) auf den Thron. Dessen Onkel, *Richard von Gloucester,* im Schottenkrieg bewährt, läßt die Ehe Eduards IV. für ungültig, die daraus entsprossenen Kinder für illegitim erklären.

Mit Zustimmung des Parlaments wird Richard zum König gekrönt.

1483–1485 König Richard III. (* 1452).

Die meisten mütterlichen Verwandten werden hingerichtet. Der Herzog von Buckingham, der Richards Thronbesteigung unterstützt hat, bereitet einen Aufstand zugunsten Heinrich Tudors vor, wird aber verraten und hingerichtet. Richard läßt Eduard V. und seinen jüngeren Bruder Richard im Tower umbringen. Der selbst für jene Zeit grausige Kindermord, der allmählich bekannt wird, zerstört die Popularität des Königs.

Heinrich Tudor (* 1457), Graf von Richmond, ein Abkömmling der südwalisischen Fürsten, in der Bretagne in der Verbannung lebend, ist durch seine Mutter Margarete von Somerset der einzige lebende Sproß des Hauses Lancaster. Er verspricht, Eduards IV. Tochter Elisabeth zu heiraten und so die Häuser Lancaster und York zu versöhnen.

1485 Schlacht bei **Bosworth** (nördlich von Leicester), in der Richard fällt. Heinrich Tudor wird
22. Aug. auf dem Schlachtfeld zum König gekrönt.

Die königliche Verwaltung des Reiches

Die königliche Verwaltung des Reiches im Spätmittelalter ist die Fortsetzung der im 12. Jh. ausgebildeten Institutionen, die weiter entwickelt werden, sie ist aber auch durch besondere Ereignisse und Umstände des 13. und 14. Jh.s geprägt. Die Verwaltung ist weiterhin in einem sehr engen Sinne die Verwaltung des Königs. Die wichtigsten Abteilungen sind aus seinem Haushalt hervorgegangen. Es sind dies

1. *Kanzlei* (Chancery), das Sekretariat des Königs. Der Vorsitzende ist der Kanzler (chancellor); er verwahrt das große Siegel, mit dem die feierlichen Verlautbarungen des Königs bekräftigt werden. Kopien von Briefen und Urkunden werden dort angefertigt und aufbewahrt. Die wachsende Bürokratisierung bringt es mit sich, daß die Kanzlei an einem Ort bleibt, in Westminster. Dadurch büßt sie etwas an Bedeutung ein, da der persönliche Kontakt mit dem Herrscher schwächer wird.

2. *Finanzabteilung* (Exchequer). Der Vorsitzende ist der treasurer. Diese Abrechnungsabteilung des laufenden königlichen Einkommens aus dem Reich residiert gleichfalls in Westminster.

3. *Kleiderkammer* (Wardrobe). Diese Abteilung hat den engsten ständigen Kontakt mit dem Herrscher, den sie überall hin begleitet. Sie ist am deutlichsten noch ein originaler Bestandteil des königlichen Haushalts. Eduard I. fördert ihre Bedeutung. Der Vorsteher (Keeper) der Kleiderkammer ist in der Regel der engste Vertraute des Königs. Seine Arbeit wird beaufsichtigt durch den Controller (den, der die counter-roll führt). Dieser beaufsichtigt das Sekretariat der Kleiderkammer. Er verwahrt das Privatsiegel des Königs (privy seal), das für die königliche private sowie für diplomatische Korrespondenz verwendet wird.

Während die Funktionen dieser drei Abteilungen niemals streng getrennt sind, ergibt sich doch bereits seit Eduard I. eine gewisse Sonderstellung der Kleiderkammer. Die dort einfließenden Gelder werden nicht vor dem Exchequer abgerechnet, sondern stehen für besondere Zwecke zur Verfügung.

4. *Königlicher Rat* (Council), die Versammlung des Königs mit den geistlichen und weltlichen Großen seines Reiches. In diesem Rat haben die Barone am ehesten die Möglichkeit, Entscheidungen des Königs zu beeinflussen. Sie sind zur Beratung verpflichtet, sofern aufgefordert, aber der König ist an ihren Rat nicht gebunden. Theoretisch ist er in der Auswahl seiner Berater völlig frei; in der Praxis kann es sich kein Herrscher leisten, die mächtigsten Barone von seinem Rat fernzuhalten.

5. *Parlament,* im Grunde eine Erweiterung des Council. Es wird nicht regelmäßig berufen und ist keine repräsentative Versammlung des Volkes. Freilich werden seit der Mitte des 13. Jh.s neben den Großen

572 Mittelalter − Spätmittelalter

des Reiches auch oft Vertreter jeder Grafschaft, einiger Städte und des niederen Klerus berufen, die sich als nützliches Gegengewicht gegen den Adel erweisen. 1322 wird bestimmt, daß Reformen des Reiches im Parlament beschlossen werden müssen; 1340 wird festgelegt, daß außerordentliche finanzielle Leistungen für den König der Zustimmung des Parlaments bedürfen.
Dennoch bleiben die Herrscher in der Regel in der Wahl ihrer engsten Berater frei (Kurialisten = Höflinge), während sich die hohen Adligen als „natürliche Berater" betrachten. Die Struktur der Verwaltung des Reiches ist in hohem Maß auf die Person des Herrschers zugeschnitten.

Der Zerfall des Manorial-Systems und die Entwicklung der Agrarwirtschaft

Das Manorial-System basiert in seiner Blütezeit auf der persönlichen Aufsicht des Grundherrn über seine Besitzungen. Die Zersplitterung des Besitzes, ein Merkmal des englischen Lehnssystems, macht solch eine persönliche Aufsicht selbst in Friedenszeiten problematisch, in Zeiten innerer Unruhe praktisch unmöglich. Das Spätmittelalter ist eine Zeit besonders starker politischer Unruhen in England. Die Zersplitterung des Besitzes mindert seinen Wert zudem durch hohe Transportkosten der landwirtschaftlichen Erzeugnisse.
Im späten 12. und frühen 13. Jh. tragen mehrere Faktoren zu einer Blüte des Manorial-Systems bei. Bevölkerungswachstum verbilligt die Arbeitskräfte, während trotz erheblicher Inflation die große Nachfrage nach landwirtschaftlichen Erzeugnissen den Gewinn des Herrn des Manor hebt. Dennoch setzt sich die Tendenz durch, die unter Aufsicht des Grundherrn oder seines Vertreters bewirtschafteten Teile des Herrenhofes (demesne) gegen eine feste, manchmal auf Lebzeiten, manchmal für mehrere Generationen fixierte Abgabe zu verpachten (hier vermutet man den Ursprung der Bezeichnung farm = firma = feste Abgabe). Die Verkleinerung der demesne führt zu einem Rückgang der Dienstleistungen, die wesentlich zum Manorial-System gehören. Seit dem 13. Jh. gehen die Erträge der landwirtschaftlich genutzten Flächen spürbar zurück, vielleicht weil das Ackerland ausgelaugt ist. Hinzu kommen die demographischen Einbrüche des 14. Jh.s (Mißernten und Hungersnöte 1315−1317; Pestepidemien seit 1348). Die Arbeitskräfte werden teuer, mangelnde Nachfrage führt zum Absinken der Preise und damit zu einem erheblichen Rückgang des Gewinns für den Grundherrn. Daraus resultiert eine modifizierte Wirtschaftsweise. Es verstärkt sich die Neigung zur Aufteilung des Ackerlands in Farmen (das um so mehr, als die für die Bearbeitung der demesne unentbehrlichen Hörigen allmählich ihre Freilassung erlangen). Es kommt zur Umstellung des Ackerlandes auf Parkland und zur verstärkten Weidewirtschaft (enclosure), die weniger arbeitsintensiv ist. Die große internationale Nachfrage nach englischer Wolle beschleunigt die Tendenz zur Schafzucht. Im 15. Jh. ist die demesne fast überall völlig verschwunden. Damit ist das Manorial-System beendet.

Schottland

1290−1292		*Erstes Interregnum.*
	1292	Eduard I. von England ernennt durch Schiedsspruch *John Balliol* (* um 1249, † 1313) zum König, der ihm für Schottland den Lehnseid leistet.
	1296	Bei seinem Versuch, dennoch eine selbständige Politik zu betreiben, scheitert Balliol und dankt ab.
1296−1306		*Zweites Interregnum.*
		Eduard I. übernimmt persönlich die Herrschaft über Schottland. Schottische Allianz mit Frankreich.
	1297	Aufstand gegen die Engländer unter Führung von Sir William Wallace (* um 1270, † 1305), 1298 niedergeschlagen.
	1299	Papst Bonifaz VIII. erklärt Schottland als unter besonderem päpstlichem Schutz stehend.
	1306	Robert Bruce ermordet seinen mächtigsten Rivalen im Kampf um den schottischen Thron, John Comyn, und wird zum König gekrönt.
1306−1329		**König Robert** (* 1274)
	1307	Mit dem Tod Eduards I. läßt der englische Druck auf Schottland nach, und Bruce kann seine Herrschaft gegen erhebliche Widerstände im Land festigen.
	1314 23./24. Juni	Die Schlacht von *Bannockburn* (bei Stirling) setzt dem englischen Eingreifen ein Ende und führt zur Anerkennung von Robert Bruce als König im eigenen Land. Er aktiviert den Lehnsdienst des Adels und organisiert 1315 den Plan für die Eroberung Irlands durch seinen Bruder Eduard († 1318).
	1320	Die auf englischen Druck verhängte päpstliche Exkommunikation führt zur Deklaration von Arbroath, in der die englischen Eingriffe in schottische Verhältnisse scharf zurückgewiesen werden.
	1324	Robert Bruce wird vom Papst als König anerkannt,

Britische Inseln — Schottland — Irland 573

1328	schließlich auch in England durch die Regenten Isabella und Mortimer.

König David II. Der Regierungsantritt des minderjährigen David II., der mit einer Schwester Eduards III. verheiratet ist, schwächt die Stellung der Krone.

1332	Es erheben sich die von Robert Bruce unterdrückten Barone und ernennen Eduard Balliol zum Gegenkönig (bis 1356). David II. flieht nach Frankreich, sein Schwager Robert the Stewart übernimmt die Regentschaft.
1346	Nach der Niederlage des Verbündeten Frankreich bei Crécy gerät David in englische Gefangenschaft. Die Stellung des Adels gegenüber der Krone wird dadurch weiter gestärkt.
1356	David wird gegen ein Lösegeld von 100 000 Mark Sterling freigelassen, was eine intensive Besteuerung des Landes erfordert und zu einer Beteiligung der Stände an der Regierung führt.
1371–1390	Durch die Passivität der ersten Könige aus dem Haus Stewart/Stuart, *Robert II.* (* 1316)
1390–1406	und *Robert III.* (* um 1340) verliert die Krone an Einfluß. Lehnswesen sowie systematische Besteuerung verfallen.
1406	Der Thronfolger James gerät in englische Gefangenschaft.
1406–1423	*Regentschaften.*
1423–1437	In den Jahren seiner persönlichen Herrschaft kann *Jakob I.* (* 1394) vorübergehend die Initiative an die Krone zurückbringen. Lange Jahre fehlender Kontrolle haben aber das Unabhängigkeitsgefühl des Adels gestärkt.
1437	Als Tyrann geschmäht, wird der geschickte und energische König ermordet.

Fortdauernder Widerstand des Adels gegen die Forderungen der Krone, wobei die Selbständigkeitsbestrebungen im gälischen Hochland und auf den Inseln besonders ausgeprägt sind.

Irland

Das Spätmittelalter ist in Irland gekennzeichnet durch einen kontinuierlichen Niedergang des Gebiets der englischen Lordschaft im Osten, durch die Erstarkung der irischen Sippenverbände *(gälische Erneuerungsbewegung)* sowie durch die Assimilierung der englischen Territorialherren außerhalb der Lordschaft an Sitten und Lebensweise ihrer irischen Standesgenossen. Diese Entwicklungen werden durch das mangelnde Interesse der englischen Krone an Irland ebenso gefördert wie durch die finanziellen Lasten, die der Lordschaft aufgebürdet werden.
Die gälische Erneuerungsbewegung beginnt im 13. Jh. mit der zunehmenden Anwerbung schottischer Söldner durch die Häuptlinge der irischen Sippenverbände, die allmählich wieder den Königstitel annehmen. Sie wird gefördert durch langjährige Abwesenheit englischer Territorialherren von ihren Besitzungen, eine Entwicklung, die die englische Regierung trotz wiederholter Gesetzgebung nicht rückgängig machen kann.

1315	Invasion Irlands durch Eduard Bruce, den Bruder des schottischen Königs, der die Herrschaft über die Insel anstrebt.
1315–1316	Er erobert Ulster und Connacht, scheitert aber bei dem Versuch der Unterwerfung von Leinster.
1316	Er wird als Hochkönig von Irland inauguriert und errichtet seinen Regierungssitz in Carrickfergus. Der Abfall der Provinz Leinster führt zu einem Eingreifen des Schottenkönigs Robert Bruce zugunsten seines Bruders, das aber keine entscheidende Wende bringt.
1317	Der Verbündete von Eduard Bruce, Donal O'Neill, verfaßt ein ausführliches Schreiben an Papst Johannes XXII. *(Irish Remonstrance)*, in dem er die Untaten der Engländer in Irland während der vergangenen eineinhalb Jh.e in scharfer Form anprangert und das Eingreifen Eduard Bruces rechtfertigt.
1318	Mit dem Tod von Eduard Bruce scheitert der Versuch, ganz Irland zu einen.

Bruces Invasion legt die Schwäche der englischen Lordschaft zum erstenmal bloß. Es kommt zu einem verstärkten Bestreben, Engländer und Iren offiziell zu segregieren, der nur insoweit gelingt, als den Iren niederen Standes englisches Recht verweigert wird; es kann nicht verhindert werden, daß die englischen Territorialherren zunehmend irische Sitten und Gebräuche annehmen (Gälisierung der Anglo-Iren).

1361–1366	Lionel, der Sohn Eduards III., weilt als dessen persönlicher Vertreter in Irland.
1366	In den unter seinem Vorsitz verabschiedeten *Statuten von Kilkenny* ergehen strenge Anweisungen, an der englischen Lebensweise festzuhalten. Erst jetzt erkennt die Krone das Ausmaß und die Gefahr der Gälisierung der Anglo-Iren. Es fehlt aber an praktischen Maßnahmen, diesen Gesetzen Geltung zu verschaffen.
1394–1395	Mit Richard II. kommt seit zwei Jh.en erstmals wieder ein englischer König nach Irland. Ihm gelingt es, von den irischen Stammeskönigen als Lehnsherr anerkannt zu werden, aber er scheitert bei seinem Versuch, die anglo-irischen Territorialherren zu unterwerfen.

574 Mittelalter − Spätmittelalter

Die Unsicherheit der Verhältnisse in England nach der Usurpation der Krone durch das Haus Lancaster 1399 schwächt die Lordschaft weiter. Auf ein Gebiet von etwa 30 km im Umkreis von Dublin reduziert und gegen das Nachbarland durch Befestigungen getrennt, ist die Lordschaft seit 1446 als *Pale* bekannt. Außerhalb der Lordschaft ist die Angleichung der Anglo-Iren an die Iren vollzogen. Diese Entwicklung macht eine neuerliche systematische Unterwerfung des Landes notwendig, die jedoch erst unter den Tudors erfolgt. − *(Forts. S. 677)*

Skandinavien *(1280/1286–1523)*
(Forts. v. S. 476)

Norwegen (mit Island) und Schweden (1280–1389)

Herrscher Norwegens

Erich III. Magnusson	1280–1299	Magnus VII. Eriksson	1319–1355
Haakon V. Magnusson	1299–1319	Haakon VI.	1355–1380

1280–1299 In **Norwegen** vereitelt *Erich III. Magnusson* (* 1268, † 1299), Sohn des Magnus VI. Haakonsson, genannt Lagaboetir (Gesetzesverbesserer), den Versuch des Erzbischofs von Trondheim, die Rechte der Kirche gegenüber dem Staat zu erweitern.

Konflikt mit der Hanse infolge ihrer großen Privilegien von 1278. Norwegen ist von der Getreideeinfuhr aus den baltischen Provinzen abhängig, so daß eine Hungersnot ausbricht.

1285 Friede von Kalmar; die Hanse erzwingt die Bestätigung ihrer Privilegien, sie beherrscht den norwegischen Handel völlig.

1299–1319 Erichs Bruder *Haakon V. Magnusson* (* 1270, † 1319) führt das Land zu einer Blüte. Er nimmt den Ämtern der staatlichen Lokalverwaltung ihren aristokratischen Charakter und überträgt sie von ihm völlig abhängigen Beamten. Er macht Oslo, im reichsten und am dichtesten bevölkerten Teil des Reichs, zur Hauptstadt und beendet damit die norwegische Interessenausrichtung nach England.

1312 Haakons Tochter Ingeborg heiratet Erich Magnusson († 1318), den Bruder des Schwedenkönigs Birger.

Ihr dreijähriger Sohn wird nach Haakons Tod König von Norwegen als *Magnus VII. Eriksson (1319–1355;* * 1316, † 1374). Unter ihm wird Norwegen zugunsten Schwedens vernachlässigt.

Herrscher Schwedens

Birger I. Magnusson	1290–1318	Karl VIII. Knutsson Bonde	1464–1465
Magnus Eriksson	1319–1363	Karl VIII. Knutsson Bonde	1467–1470
Albrecht von Mecklenburg	1363–1389	Sten Sture der Ältere	1471–1497
Margarete von Dänemark	1389–1412	Johann (Hans)	1497–1501
Erich der Pommer	1412–1439	Sten Sture der Ältere	1501–1503
Christoph von Bayern	1441–1448	Svante Nilsson Sture	1504–1512
Karl VIII. Knutsson Bonde	1448–1457	Sten Sture der Jüngere	1512–1520
Christian I.	1457–1464	Christian II.	1520–1523

In **Schweden** folgt auf Magnus Ladulas sein Sohn *Birger* (1290–1318), bis 1302 unmündig († 1318). Der weltliche Adel gewinnt die Oberhand über Königtum und Kirche. Im Reichsrat hat die Führung Marschall Torgils Knutsson als Haupt des Adels. Er baut das Reich nach Osten aus. Die Apanagierung von Teilen des Reiches an die Herzöge Erich und Waldemar bedroht ernsthaft den Bestand des Reiches. Torgils wird hingerichtet.

1317 Birger nimmt seine zu Gast geladenen Brüder im Schloß Nyköping gefangen und läßt sie 1318 umbringen.

Daraufhin vertreibt der Adel den König nach Dänemark, wo er stirbt.

1319–1363 Die Großen übertragen die Krone an Herzog Erichs und der Ingeborg Sohn, den unmündigen König *Magnus VII. Eriksson* von Norwegen; die **Union mit Norwegen** ist nur als vorübergehende Einrichtung gedacht, während der Adel nach der Herrschaft strebt. Anläßlich der Wahl werden großzügige Freiheiten verbrieft: Privilegien von Adel und Kirche, Stellung des Reichsrats, keine eigenmächtige königliche Steuererhebung, Wahlkönigtum.

Skandinavien – Norwegen (mit Island) und Schweden – Dänemark   575

Regentschaft durch Ingeborg, unterstützt von dem mächtigen dänischen Adligen Knut Porse († 1330), den sie 1327 heiratet. Seit 1331 selbständige Herrschaft des Königs.

um 1350   Einführung einer einheitlichen Rechtsordnung (Landrecht ersetzt Landschaftsrechte). In das Landrecht werden die Adelsforderungen von 1319 aufgenommen. 1349/1350 verheerende Folgen der Pest.

1355–1380   Da sich Norwegen vernachlässigt fühlt, muß Magnus das Land seinem Sohn *Haakon VI. Magnusson* (* 1339, † 1380) zur Nebenregierung überlassen.

1359   Magnus verlobt seinen Sohn Haakon mit der Tochter des Dänenkönigs Waldemar IV. Atterdag, Margarete (Hochzeit 1363).

1363–1389   Wegen des Verlustes von Schonen (1360), von Öland und Gotland (1361) an Dänemark wird Magnus von den Schweden abgesetzt, Wahl seines Neffen *Albrecht III.* von Mecklenburg-Schwerin (* um 1340) zum König von Schweden, der

1365   in der Schlacht bei Gata Magnus und Haakon schlägt.

1371   Magnus verzichtet auf den schwedischen Thron († 1374).

Albrecht stützt sich auf die Macht seines Vaters und der Hanse, aber die tatsächliche Gewalt liegt beim Adel.

1380–1387   Margaretes Sohn *Olaf* († 1387) König von Norwegen.

1389   Albrecht wird als König von Schweden gestürzt. Thronfolge Margaretes.

Die heilige *Birgitta von Schweden* (* um 1303, † 1373), Mutter von acht Kindern, adliger Abstammung: Mit 40 Jahren verwitwet, sucht sie nun das Frauenideal der heiligen Witwe zu verwirklichen. Aufzeichnung ihrer Visionen. Sie gründet das Kloster Vadstena mit eigener Regel. Seit 1350 lebt sie in Rom. Sie setzt sich für die Rückkehr des Papstes aus Avignon ein und greift in die politischen Streitfragen des Tages ein. Pilgerfahrt nach Jerusalem. 1391 kanonisiert.

Dänemark (1286–1389)

Herrscher Dänemarks

Erich VI. Menved	1286–1319	Christoph II.	1330–1332
Christoph II.	1320–1326	(Interregnum)	1332–1340
Waldemar III.	1326–1330	Waldemar IV. Atterdag	1340–1375

1286–1319 König Erich VI. Menved (* 1274, † 1319).

Er versucht trotz der inneren Schwäche des Königtums eine Rückkehr zur Großmachtpolitik, die nach Norddeutschland gerichtet ist.

1300   Fürst Nikolaus von Rostock, durch eine Fehde mit Brandenburg schwer bedrängt, läßt Stadt und Land dem Dänenkönig zu Lehen auf.

1304   Der deutsche König Albrecht I. bestätigt den Metzer Vertrag von 1214, jedoch ohne Lübeck.

Gegen die Grafen von Holstein nimmt Lübeck Erich zum Schutzherrn. In den folgenden Kämpfen der Fürsten (Mecklenburg, Rügen, Holstein, Sachsen-Lauenburg, Brandenburg) mit den Seestädten erhalten letztere keine Hilfe von Lübeck.

1311   Großes Fürstenlager vor Rostock. Waldemar von Brandenburg (* vor 1281, † 1319) wird von Erich zum Ritter geschlagen. Die Feier geht in Krieg über, da Rostock die Herren nicht in seine Mauern läßt.

Die Stadt Wismar an der Ostsee muß sich 1311 Heinrich von Mecklenburg ergeben, 1312 auch Rostock. Nur Stralsund kann sich mit Hilfe Waldemars von Brandenburg behaupten.

Auch die Kriege Erichs mit Schweden und Norwegen enden erfolglos.

1320–1326   Anläßlich der Wahl König *Christophs II.* (* 1276, † 1332) wird eine Wahlkapitulation ver-
1330–1332   einbart, die die Mitregierung der Stände vorsieht.

Allerdings fühlt sich Christoph an seine Versprechungen nicht gebunden. Seine Großmachtpolitik in Norddeutschland, die er nur durch strenge Besteuerung des Adels und des Klerus finanzieren kann, führt zu inneren Unruhen und schließlich zu seiner Vertreibung (nach Mecklenburg).

Graf Gerhard III. der Große von Holstein (* um 1293, † 1340) wird zum Reichsverweser,
1326–1330   sein Mündel, Herzog (seit 1325) Waldemar V. von Schleswig (* 1314, † 1364), als *Waldemar III.* zum nominellen König gewählt. Gerhard läßt sich von Waldemar Schleswig zum erblichen Besitz übertragen, mit der Bestimmung, Schleswig nie wieder mit der Krone Dänemarks zu vereinen (Constitutio Waldemariana).

1330–1332   Christoph II. kehrt vorübergehend auf den Thron zurück, wird aber von Gerhard auf der Lohheide am Danewerk geschlagen.

576 Mittelalter – Spätmittelalter

1332–1340	Ihm bleibt nur das kleine Lolland. Waldemar erhält Schleswig wieder, das übrige Reich ist in Gerhards Hand. Schonen stellt sich unter den Schutz Magnus Erikssons (1319–1363), des Königs von Schweden und Norwegen. Gerhard regiert nach Christophs Tod als Reichsverweser, aber die nun folgenden acht Jahre gelten als königslose Zeit (Anarchie). Starke Erbitterung in ganz Dänemark über die gewalttätige Herrschaft des holsteinischen Adels und der Hansestädte.
1340–1375	**König Waldemar IV. Atterdag** (* um 1320, † 1375). Sohn Christophs. Ihm gelingt in 20 Jahren die neuerliche staatliche Einigung Dänemarks. Die Finanzkraft der Krone wird durch die Rücknahme entfremdeten Reichsgutes gesichert.
1346	Er verkauft Estland an den Deutschen Orden.
seit 1348	Als Folge der Pest gelangt mehr Land unter die Aufsicht der Krone.
1360	Waldemar gewinnt Schonen von Schweden zurück. Auf dem Danehof von Kalundborg kommt es zum Ausgleich zwischen der Krone, dem Adel und der Geistlichkeit (großer Landfriede), in dem alle Gruppen ihre gegenseitigen Verpflichtungen anerkennen.
1361	Waldemar überfällt Gotland und nimmt nach dem Sieg über die Bauern dort Wisby in Besitz, was zu einer schweren Einbuße für die Hanse führt. Ihre Bedeutung geht im folgenden zurück.
1363	Es kommt zur Versöhnung mit Schweden und zur Heirat von Waldemars Tochter Margarete (* 1353, † 1412) mit Haakon, dem Sohn des Schwedenkönigs Magnus Eriksson.
1367–1370	Krieg mit der Hanse, der im Frieden von Stralsund beendet wird. Die Hanse bewahrt ihre Vormachtstellung im Ostseehandel.
1376–1387	Nach Waldemars Tod folgt sein unmündiger Enkel, Margaretes und Haakons Sohn *Olaf* (* 1370, † 1387). Die Regentschaft wird von Margarete geführt, die 1387 Königin wird und die Kronen von Dänemark und Norwegen vereinigt.

Die Unionszeit (1389–1523)

Voraussetzung für die Union der nordischen Länder sind neben sprachlichen und kulturellen Gemeinsamkeiten die Bereitschaft des Adels, sich mit einer Fremdherrschaft abzufinden (was tatsächlich zu ständigen Reibereien führt) sowie der wirtschaftliche Niedergang Norwegens, die innere Zerrissenheit Schwedens und das erdrückende Übergewicht Dänemarks. Dazu kommt der weit verbreitete Wunsch nach Ruhe und Frieden. Zugleich bleibt aber die innere Spannung zwischen dem Streben der Herrscher nach absolutistischer Regierung und dem Verlangen des Adels nach Regierungsbeteiligung sowie nach der Teilnahme an der Wahl des Monarchen bestehen. Der Erfolg der Union wird durch die politischen Fähigkeiten der einzelnen Herrscher bestimmt.

Herrscher Dänemarks und Norwegens

Olaf	1380–1387	Christoph III. von Bayern	1439–1448
(als dänischer König)	1376–1387	Christian I. von Oldenburg	1448–1481
Margarete von Dänemark	1387–1412	Johann (Hans)	1481–1513
Erich der Pommer	1412–1439	Christian II.	1513–1523

	Margarete, 1363 mit König Haakon VI. Magnusson von Norwegen verheiratet.
1376	Margarete setzt beim dänischen Reichsrat in Slagelse die Wahl ihres Sohnes *Olaf* zum
1376–1387	König von Dänemark durch, der 1380 nach dem Tod seines Vaters Haakon VI. auch König von Norwegen wird. *Union von Norwegen und Dänemark bis 1814.* 1387 stirbt Olaf als letzter vom Mannesstamm der Folkunger. Seine Mutter wird von den dänischen, dann von den norwegischen Ständen zur Königin gewählt.
1387/1389	**Margarete** regiert als Königin **von Dänemark und Norwegen,** seit 1389 auch als Königin
–1412	von **Schweden:** In Schweden Opposition gegen König Albrecht (von Mecklenburg (Schwerin).
1389	Er wird von Margaretes Feldherrn, dem Mecklenburger Heinrich Parow, bei Aasle unweit von Falköping geschlagen und gefangen genommen. Ganz Schweden fällt Margarete zu bis auf die Burg Stockholms, die sich mit Hilfe der seeräuberischen *Vitalienbrüder* jahrelang verteidigt (die Vitalienbrüder sind eine in Wismar und Rostock gebildete Genossenschaft von Kaperfahrern, so genannt, weil ihr nächster Zweck die Versorgung der Hauptstadt mit Viktualien war). – Kapitulation Stockholms 1398. Erst 1395 wird Albrecht freigelassen. Kräftige innere Regierung Margaretes in den drei Reichen gegen den Adel.
1389	Margarete verschafft ihrem Großneffen, Enkel ihrer Schwester Ingeborg, Erich der Pommer (* 1382, † 1459), die Nachfolge in Norwegen, 1396 in Schweden und Dänemark.

Skandinavien – Unionszeit 577

1397 **Kalmarer Union.** Die Reichsräte der drei Länder werden nach Kalmar berufen, der vier-
20. Juni zehnjährige Erich gekrönt. Vertragsentwurf (der im folgenden nicht voll eingehalten wird),
daß die drei Reiche nicht wieder getrennt werden und daß nach Erichs Tod unter seinen
Söhnen gewählt wird. Die einzelnen Reiche behalten ihre Rechte und Gesetze, auch die
königlichen Räte bleiben getrennt, aber im Kriegsfall ist gegenseitige Hilfe zu leisten.
Margaretes geschickte Politik weiß ernstere Reibungen mit dem schwedischen Adel zu vermeiden. Sie gewinnt die öffentliche Meinung und stützt sich dabei auf das Kloster Vadstena
mit seiner nationalen Tradition.
Des Herzogtums Schleswig, dessen dänische Nebenlinie 1375 ausgestorben ist, haben sich
die Grafen von Holstein bemächtigt.
Um freie Hand gegen Schweden zu haben, belehnt Margarete den Enkel Gerhards III. des
Großen, Gerhard von Holstein, mit Schleswig, so daß fortan beide Herzogtümer vereinigt
sind (1386).

1404 Nach seinem Tod kann sie große Teile des Landes als Pfand erwerben.

1412–1439 **König Erich der Pommer.**
Energisch und tüchtig, aber ohne das Geschick Margaretes.

1417 Kopenhagen, das bis dahin dem Bischof von Roskilde gehörte, nimmt er unter die Krone;
rasche Entwicklung zur Hauptstadt.
Langjähriger Krieg mit den Grafen von Holstein um Schleswig, in den auch die Hanse verwickelt wird. Erich versucht, den deutschen Kaufmann im Norden zurückzudrängen, begünstigt das Eindringen der Holländer und Engländer in die Ostsee, versucht seit etwa 1429
im Sund Zollerhebung von fremden Schiffen.

1427 Neuer Krieg um Schleswig und die hansische Machtstellung im Norden.

1431 Schleswig wird von Lübeck im Bunde mit Holstein genommen.

1435 Friede von Vordingborg (Seeland), Erich muß das Herzogtum Schleswig den Grafen überlassen, erkennt aber ihr Recht nicht förmlich an.
Seine die rechtliche Eigenstellung der einzelnen Länder mißachtende Politik (Bevorzugung
dänischer Beamter) zielt auf Verschmelzung der Reiche und eine absolute Herrschaft ab.
Besonders in Schweden kommt es zu heftiger Opposition. Die Bauern erheben sich gegen
die fremden Vögte. Ihr Führer wird 1434 *Engelbrecht Engelbrechtsson* (* um 1390,
† 1436) aus Dalarna, ein Bergmann, der sich bei seiner Erhebung auf das Bergbaugebiet
um den Siljansee und den Dalälv sowie auf die Bauern stützt; er bringt den größten Teil
des Landes mit Ausnahme einiger Burgen in seine Gewalt und zwingt den Reichstag von
Vadstena zur Absage an Erich.

1435 Engelbrecht wird auf dem Reichstag von Arboga zum Reichshauptmann gewählt, aber bereits 1436 ermordet.

1438 Nun wird der Adlige *Karl Knutsson Bonde* zum Reichsverweser gewählt, und schließlich
1439 setzt der dänische Reichstag Erich förmlich ab und wählt seinen Schwestersohn Christoph III. von Bayern zum König († 1448).

1441 Karl Knutsson tritt zurück, der schwedische Reichsrat schließt sich der dänischen Wahl an.
1442 Dann wird Christoph auch in Norwegen anerkannt.
Erich hält sich bis 1449 auf Gotland und stirbt 1459 in Pommern. Christoph regiert jedes
Land nach seinen eigenen Gesetzen und mit den einheimischen Räten. Neue Fassung des
Landrechts in „Christophs Landrecht".

1448 Christoph stirbt kinderlos.
In Dänemark und Norwegen folgt *Christian I. von Oldenburg* (1448–1481, * 1426,
† 1481), Schwestersohn Adolfs, Herzogs von Schleswig und Grafen von Holstein, der selbst
die Krone ablehnt.
Christian heiratet die Witwe seines Vorgängers, Dorothea von Brandenburg († 1496).

1450 Unionsvertrag von Bergen mit Norwegen verfügt eine ewige Vereinigung der Reiche
Dänemark und Norwegen mit gemeinsamer Königswahl, erkennt aber Norwegens Selbständigkeit an.
In Schweden wird Karl Knutsson Bonde zum König gewählt, der sich aber nur vorübergehend durchsetzen kann (1448–1457, 1464–1465, 1467–1470). Karl hat Gotland besetzt,
das jedoch durch Verrat an König Christian ausgeliefert wird. Jahrzehntelanger Streit um
1457 die Insel zwischen Dänemark und Schweden. Adel und Kirche in Schweden erklären sich
für Christian, der in Uppsala zum König von Schweden gekrönt wird.

1459 Nach dem Tod Adolfs, des letzten Schauenburgers, in Holstein wird, ohne Rücksicht auf
die in ihrer lippischen Heimat und Südholstein begüterte Linie der Schauenburger, Chri-
1460 stian von den Ständen zum *Herzog von Schleswig* und zum *Grafen von Holstein* gewählt,
unter voller Wahrung der Selbständigkeit der Lande.
Die Stände halten so die Vereinigung der beiden Herzogtümer aufrecht, da die Schauenburger der Pinneberger Linie kein Anrecht auf Schleswig besitzen. Seitdem *Personalunion
der Herzogtümer mit Dänemark, aber keine Realunion der Herzogtümer untereinander*
(beides bis 1863). Sie sollen, wie es im königlichen Privileg heißt, ewich tosamende ungede-

578   Mittelalter – Spätmittelalter

let bleiben. Die Stände sollen auch in Zukunft freies Wahlrecht unter den Kindern oder sonstigen Erben des Königs haben. (1474 Holstein mit Stormarn und Dithmarschen von Kaiser Friedrich III. zum Herzogtum erhoben.

(1468 tritt Christian die norwegischen Orkneys und Shetlandinseln als Mitgift seiner Tochter an Schottland ab: Ende der Westmeerherrschaft.)

1464   Aufstand in Schweden, die Herrschaft Christians hört auf. König Karl Knutsson kehrt zurück, innere Wirren und Parteikämpfe.

1465   Er wird wiederum vertrieben, seine dritte Regierungszeit kann nur noch den Schein einer
1467–1470   Königsgewalt herstellen, er stirbt im Jahre 1470.

1471   Sein zum Reichsverweser gewählter Schwestersohn *Sten Sture der Ältere* (* um 1440) bringt als Führer einer nationalen Sammlungsbewegung König Christian am Brunkeberg bei Stockholm eine Niederlage bei. (Danach bleibt Schweden 25 Jahre lang von den Dänen unbehelligt.) Ein Beschluß des schwedischen Reichsrates hebt die alte Bestimmung auf, daß die Hälfte der Bürgermeister und Räte in den Städten Deutsche sein sollen.
Friedenszeit, feste, maßvolle Regierung.

1477   In Uppsala wird die erste Universität des Nordens gegründet.

1481–1513   Christians Sohn *Johann* (* 1455, † 1513) als König von Dänemark und Norwegen.
Sein Bruder Friedrich erhält Anteil an den Herzogtümern.
Auch Schweden ist zur Anerkennung Johanns bereit, nachdem er wie in Norwegen durch
1483   den Rezeß von Halmstad die Rechte des Adels und des Reichstages erweitert hat.
Aber der Reichsverweser Sten Sture verhindert unter Vorwänden die Durchführung der Handfeste und damit Johanns Thronbesteigung. Er stützt sich vornehmlich auf Dalarna und die Bauern und gerät mit dem Adel in Konflikt. König Johann (Hans) verbündet sich mit Iwan III.: erstes dänisch-russisches Bündnis gegen Schweden.

1495   Die Russen belagern Viborg.

1497   Sten Sture wird vom einmarschierenden Dänenheer bei Retebro geschlagen, erkennt König Johann an und erhält Finnland zu Lehen, wohin er sich zurückzieht.

1500   Schlacht bei Hemmingstedt (bei Meldorf), völlige Niederlage der Dänen und Holsteiner unter König Johann durch die Dithmarscher (zwischen Eider und Elbe; sie bilden, früher zum Amtsbezirk der Grafen von Stade gehörig, eine Bauernrepublik unter dem Schutz des Erzstifts Bremen bis 1526).

1501   Darauf folgen neue Unruhen in Schweden, Sten Sture wird abermals zum Reichsverweser gewählt († 1503).
Die Dänen werden aus dem Lande vertrieben.

1504   Auf Sten Sture folgt sein Vetter *Svante Sture,* beraten von Bischof Hemming Gad von Linköping.

1512   Der Krieg mit Dänemark zieht sich hin bis Svante Stures Tod, dem sein Sohn *Sten Sture der Jüngere* (* um 1492) folgt.

1513–1523   *Christian II.* (* 1481, † 1559), Schwager Kaiser Karls V., versucht, die dänische Vorherrschaft in Schweden wiederherzustellen, den lübischen Handel im Ostseeraum zurückzudrängen und die Macht des Adels und der Geistlichkeit zu beschränken.

1520   Nach dem Sieg über den Reichsverweser Sten Sture den Jüngeren von Schweden läßt sich Christian II. in Stockholm als erblicher König krönen. Er liquidiert die Adelsopposition (Stockholmer Blutbad, daher sein Beiname „*Christian Tyrann*").

1521–1523   Aufstandsbewegung *Gustav Wasas* (* 1496 oder 1497), der mit lübischer Hilfe die dänischen Statthalter vertreibt.

1521   Seine Wahl zum Reichsverweser bedeutet das Ende der Union mit Dänemark.

1523   Gustav Wasa wird zum König gewählt. Christian II. von Dänemark und Norwegen wird gestürzt. – *(Forts. S. 706)*

Ost- und Südosteuropa (1308–1526)

Die folgenden politischen Entscheidungen dieser Epoche sind für den Gang der osteuropäischen Geschichte bestimmend:
Die *Entfremdung Rußlands vom Westen* durch die Mongolenherrschaft und die Ersetzung des Mosaiks der russischen Teilfürstentümer durch die Einheit des aufstrebenden zentralistischen *Moskauer Staates;* die Expansion Litauens und seine Vereinigung mit Polen im machtvollen *Jagiellonenreich,* dessen Schwäche infolge des Ausbaus der Adelsherrschaft auf Kosten der Krone und infolge der sich als unüberbrückbar erweisenden nationalen und konfessionellen Gegensätze das *Eindringen Moskaus in die europäische Politik* zwangsläufig nach sich zieht; die Ausweitung des *Osmanenreichs* über den Balkan und große Teile Südosteuropas, die das uneinige Europa und die zersplitterte Staatenwelt des Südostens nicht verhindern können.

Ost- und Südosteuropa − Böhmen   579

Gleichzeitig kommt der *Europäisierungsprozeß in Osteuropa* durch den Anschluß Litauens an die westliche Kultur zu einem gewissen *Abschluß*, während der Vorgang der Intensivierung durch Kolonisierung, Ausbreitung und Ausformung der Sozial- und Rechtsordnungen andauert und in dieser Periode eine besondere Höhe erlebt, ohne jedoch das Gefälle des zeitlichen Nacheinander und die besonderen ethnischen und historischen Voraussetzungen im Werden Europas verwischen zu können.

Böhmen
(Forts. v. S. 478)

Böhmen gewinnt im Spätmittelalter steigende Bedeutung für die deutsche und europäische Geschichte. Nach dem Aussterben des Přemyslidengeschlechts im Mannesstamm gelingt es zunächst weder dem deutschen König Albrecht I. (1298–1308), mit Hilfe seines Sohnes Rudolf (* 1282, † 1307; als Rudolf I. 1306–1307 König von Böhmen) Böhmen für seine Kaiserpolitik nutzbar zu machen, noch dem Schwiegersohn König Wenzels II. (* 1271, † 1305; 1278–1305 König von Böhmen), Heinrich von Kärnten (König von Böhmen 1307 bis 1310; † 1335), dem Gemahl von Wenzels älterer Tochter Anna (* 1290), in Böhmen die Ordnung wiederherzustellen.

1310 Erst die Wahl *Johanns von Luxemburg* (Johann der Blinde; * 1296, † 1346; König 1310–1346), des Sohnes Kaiser Heinrichs VII., und seine Vermählung mit der zweiten Tochter Wenzels II., Elisabeth (* 1292, † 1330), schaffen die Voraussetzungen für eine erneute innere Konsolidierung und die Fortsetzung der přemyslidischen Politik.

Unter Johann von Luxemburg bleibt die Herrschaft vorwiegend in den Händen des Adels. Im Bündnis mit dem Deutschen Orden setzt er die Politik Wenzels II. gegenüber Polen zu-
1335 nächst fort, verzichtet aber im Vertrag von Visegrád auf die Krone Polens, wofür seine Herrschaft über die schlesischen Fürstentümer durch König Kasimir III. den Großen von Polen anerkannt wird.

1333–1378 Johanns Sohn, der spätere König und Kaiser **Karl IV.** (* 1316, † 1378), der 1333 mit der Verwaltung Böhmens und Mährens betraut wird, führt das *„Goldene Zeitalter"* herauf:
1344, 1348 Erhebung des Bistums Prag zum Erzbistum, Gründung der Universität Prag.

Ausbau von Prag (Dom, Hradschin), das zur Hauptstadt des Reiches wird; Reform des Finanz- und Gerichtswesens; Pflege von Handel und Industrie, Kunst und Wissenschaft; Sicherung des Friedens durch kluge Diplomatie und Selbstbeschränkung; Erweiterung Böhmens, die von Johann 1327 bereits angebahnt war, durch Vereinigung mit Schlesien und der Lausitz (teilweise bereits 1319), Erwerb der Mark Brandenburg (1373). Karls politisches Hauptziel, die polnische und die ungarische Krone für sein Haus zu gewinnen, erreicht er jedoch nicht. Seine kirchlichen Reformbestrebungen bleiben ohne nachhaltige Erfolge beim Klerus, worauf die ersten *revolutionären Bewegungen* zur Erneuerung der Frömmigkeit und des asketischen Ideals durch Konrad von Waldhausen (* um 1326, † 1369) und Johann Militsch von Kremsier (Jan Milíč; * um 1325, † 1374) einsetzen, die bald auch nationale Färbungen annehmen (Tomáš Štítný; * 1331, † um 1401; neben Hus der erste tschechisch schreibende Theologe und Philosoph, den wir namentlich kennen). − Nach Karls Tod entwickelt sich Böhmen mehr und mehr zum Ständestaat, in dem sich das Wahlrecht der etwa 50 führenden Magnatenfamilien durchsetzt.

1373/1378 König *Wenzel IV.* von Böhmen und Schlesien (* 1361, † 1419; 1376–1400 deutscher
−1419 König), der 1382 seine Schwester Anna mit König Richard II. von England verheiratet, eine Verbindung, die für die geistigen Beziehungen zwischen England und Böhmen folgenreich wird, gerät in Konflikt mit dem böhmischen Adel, der ihn mehrfach seiner Freiheit beraubt, verliert an Macht und Ansehen und wird 1400 zum Verzicht auf die deutsche Königskrone gezwungen.

Unter Wenzel wird *Johannes (Jan) Hus* (* um 1370, † 1415), Professor der Theologie und Führer der nationalen Partei an der Universität Prag, zum Haupt der *Reformbewegung,* die sich für die Lehre des Realisten John Wiclif, der 1382 seines Amtes als Professor in Oxford enthoben wird, entscheidet, während die Mehrheit der Deutschen sich für Anhänger des Nominalismus Wilhelms von Ockham erklärt.

1409 Die Unterstützung der Tschechen durch Wenzel führt zum Auszug der deutschen Studenten und Professoren Prags nach Leipzig.
1412 In den wachsenden Spannungen wird Hus gebannt.
1415 Nach seiner Verurteilung und Verbrennung in Konstanz kommt es zu nationalreligiösen
1419–1434 Aufständen und den *Hussitenkriegen* der Tschechen (führender Taboritenfeldherr Jan Žižka (* um 1370, † 1424), die den deutschen König *Sigismund* (1410–1437; Kaiser 1433) als König von Böhmen (1419–1437) nicht anerkennen, im Zeichen der Forderung der vier Prager Artikel: Freie und ungehinderte Predigt der Heiligen Schrift; Abendmahl in beiden

580 Mittelalter – Spätmittelalter

Formen für Laien und Geistliche *(Utraquismus)*; apostolische Einfachheit; Bestrafung der Unmoral.
Das *Hussitentum* gewinnt in Böhmen eine starke Position gegenüber den Katholiken.

1433 Die Spaltung der Hussiten ermöglicht es, in den *Prager Kompaktaten* die gemäßigte Partei (Kalixtiner bzw. Utraquisten) für die Rückkehr in die alte Kirche zu gewinnen, während die radikalen *Taboriten* unter Prokop dem Großen (*um 1380, † 1434) den Kampf gegen Katholiken und Utraquisten fortsetzen,

1434 bei Lipany (nahe Český Brod) aber eine vernichtende Niederlage erleiden.
Auch der Prager Kompromiß wird von den Parteien nicht respektiert; die Auseinandersetzungen dauern an, in denen Böhmen sich zum konstitutionellen Ständestaat entwickelt.

1437–1439 Nach der kurzen Regierung *Albrechts von Österreich* (* 1397, † 1439; seit 1438 als Albrecht II. deutscher König), des Schwiegersohnes Sigismunds, kommt es zu Parteikämpfen während der Unmündigkeit von Albrechts Sohn Ladislaus Postumus (* 1440, † 1457; 1453 König von Böhmen), für den Kaiser Friedrich III. die Vormundschaft führt.

1452 *Georg von Podiebrad* ([Jiří z Poděbrad]; * 1420, † 1471) wird als Führer der Utraquisten Reichsverweser.

1458–1471 Nach Ladislaus' Tod wird er König von Böhmen.
Unter ihm entstehen die Unitas fratrum Bohemorum (Peter [Petr] Chelčický; * um 1390, † 1460): Christentum als wahre Friedensliebe und humanitäre Gesinnung) und der Plan eines christlichen Fürstenbundes (Antoine Marini 1462–1464) zur Erhaltung des Friedens mit Einsetzung eines Schiedsgerichts und Sanktionen gegen Friedensstörer.

1468/1469 Podiebrad erliegt, auch von päpstlicher Seite bekämpft, dem Angriff des Ungarnkönigs Matthias Corvinus, dessen Herrschaft über Mähren, Schlesien und Lausitz und dessen Recht auf Nachfolge auch in Böhmen er anerkennen muß.

1471–1516 Nach Georgs Tod wählen die böhmischen Stände den Jagiellonen *Vladislav II.* (* 1456, † 1516; Sohn König Kasimirs IV. von Polen) zum Herrscher, der – nach seiner Einigung mit Matthias von Ungarn im Frieden von Olmütz (1479) – nach Matthias' Tod vom ungarischen Adel auch die Stephanskrone erhält (bis 1516).
In den Reihen der *Böhmischen Brüder,* welche an die Ideen des Hussitismus anknüpfen, kommt es im 16. Jh. zur Anlehnung an die deutsche Reformation, bald überwiegt aber der Einfluß von Calvin. Die Sprache der *Kralitzer Bibel* (von Böhmischen Brüdern 1579–1593 herausgegeben) wurde bis Anfang des 19. Jh.s – teilweise sogar später – als vorbildliches Tschechisch angesehen und nachgeahmt.

1485 Es kommt zu einem Modus vivendi zwischen Katholiken und Utraquisten, der eine gewisse Entspannung auf religiösem Gebiet bringt (1512).

1500 Die Macht der Stände wächst fortgesetzt: Leibeigenschaft der Bauern und gesetzgebende
1508 Gewalt durch die Stände wird in der Landordnung festgelegt, die Kontrolle der königlichen Finanzen durch den Adel bestimmt.

1526 Die im Frieden zu Preßburg 1491 dem Haus Habsburg von Vladislav zugesicherte und in Wien 1515 bestätigte Erbfolge tritt nach dem Tod *Ludwigs II.* (* 1506, † 1526; König von Böhmen und Ungarn *1516–1526*) auf dem Schlachtfeld von *Mohács* ein.

Kultur im Spätmittelalter

Das geistige und künstlerische Antlitz Böhmens unter Karl IV. trägt übernational-abendländische Züge (Baumeister: Matthias von Arras, Peter Parler neben anderen deutschen, italienischen, französischen und einheimischen Künstlern: Karlstein mit Reliquienschätzen, Karlsbrücke, St. Georg-Reiterbild; Petrarcas Wirkung auf Karl IV. und Johann von Neumarkt), die ausstrahlen nach Nürnberg, Breslau, Krakau, Tangermünde sowie weiter nach Ost- und Südosteuropa und besonders durch den Frühhumanismus auf Polen und Ungarn einwirken. Für das deutsche Geistesleben ist die Ausbildung der neuhochdeutschen Schriftsprache durch die Kanzlei (um 1400 „Ackermann aus Böhmen" von Johann von Saaz) von entscheidender Bedeutung. Das Tschechische entfaltet sich in derselben Zeit zur gepflegtesten slawischen Schriftsprache (Alexandreis, Dalimil; religiös-philosophisches Schrifttum).

Polen
(Forts. v. S. 480)

Die Gefahr einer böhmischen Vorherrschaft durch das přemyslidische Königtum Wenzels II. (* 1271; seit 1300 König von Polen) wird durch seinen und seines Sohnes (Wenzel III., * 1289) Tod (1305 bzw. 1306) zwar beseitigt, zugleich aber die Einheit Polens erneut in Frage gestellt.

Ost- und Südosteuropa − Polen   **581**

1320	Dem Teilfürsten *Władysław I. Łokietek* (* 1260/1261, † 1333) gelingt es jedoch, mit Unterstützung der Kurie und Ungarns und durch kluge Ausnutzung des wachsenden Patriotismus des Adels *Klein- und Großpolen* zu einigen und sich krönen zu lassen, ohne die Erwerbung *Pommerellens* durch den *Deutschen Orden* (1308/1309), mit dem er in erbitterte Kämpfe gerät und gegen den er und sein Sohn an der Kurie prozessieren, und *Schlesiens* durch König Johann von *Böhmen* (1327/1331) verhindern zu können.

Auch Masowien bleibt außerhalb dieses Königtums; bei den masowischen Piasten setzt sich der böhmische Einfluß durch. Władysław stützt sich auf Ungarn (dessen König Karl Robert mit Władysławs Tochter Elisabeth seit 1320 verheiratet ist) und findet Unterstützung bei Litauen, während er nacheinander mit seinen mächtigen Nachbarn in Konflikt gerät: mit Brandenburg (Haus Wittelsbach) 1326–1329, mit Böhmen 1329–1331 und dem Deutschen Orden 1326–1332, an den er sogar Kujawien verliert.

1333–1370	Władysławs I. Sohn **Kasimir III., der Große** (* 1310, † 1370) schließt unter Vermittlung
1335	König Karl Roberts von Ungarn Frieden mit Böhmen im Vertrag von Visegrád und nach
1339	erfolgreichem Prozeß bei der Kurie auf Rückgabe Pommerellens, der aber politisch wirkungslos bleibt,
1343	mit dem Deutschen Orden im Vertrag von Kalisch (Verzicht auf Pommerellen).

Kasimir bricht das Bündnis seines Vaters mit Gedymin von Litauen und beginnt den Kampf mit *Litauen* um die Nachfolge in den Fürstentümern *Halicz (Halitsch)* und *Wolhynien*, deren letzter Fürst Bolesław Georg (1324–1340) vor seinem Tode Kasimir zu seinem Erben eingesetzt hat. Bis 1349 setzt er sich in Rotrußland (Halicz) und dann

bis 1366	auch im westlichen Teil Wolhyniens durch, die politisch und kulturell damit für Jh.e mit der westlichen Kulturwelt verbunden werden.
1351–1355	*Masowien* wird ein Lehen der Krone Polens (nach dem Aussterben der Piasten 1526 erfolgt die Eingliederung).

Durch diese kluge und weitsichtige Politik sowie durch seine Maßnahmen auf dem Gebiet der Verwaltung (Kodifikation des polnischen Rechts; Oberhof für das deutsche Recht in Krakau; Grundlagen für eine Zentralregierung), der Landeskultur (Förderung der Kolonisation zu deutschem Recht, Gründung neuer Städte und Dörfer, Hebung des Bauernstandes), der Wissenschaft und Bildung (Akademie Krakau 1364 als Grundlage der Jagiellonischen Universität von 1400) und auch durch die Pflege der internationalen Beziehungen (Krakauer Kongreß 1364 mit einem Plan für einen Kreuzzug) verschafft Kasimir Polen eine achtunggebietende Stellung und bereitet die Großmacht des Jagiellenreiches vor.

Mit Kasimir III. stirbt das Haus der Piasten auf dem polnischen Thron aus, und das Reich fällt, wie in den Verträgen mit dem Haus Anjou vorgesehen, an Kasimirs Neffen

1370–1382	König *Ludwig I.* von Ungarn, der Polen mit Hilfe seiner Mutter Elisabeth regiert, für
1374	Rotrußland vorübergehend Herzog Władysław von Oppeln zum Regenten einsetzt und unter dem der Adel seine ersten Privilegien erhält (1374 in Kaschau, Košice, Ostslowakei).

Der Gefahr, zum Nebenland Ungarns und zum Objekt der Hausmachtpolitik der Anjou herabzusinken, begegnet nach Ludwigs Tod die im Staat führende kleinpolnische Adelsschicht mit der Forderung nach einer Tochter Ludwigs als Herrscherin, die selbst im Lande regiert. Damit ist die polnisch-ungarische Union aufgehoben.

1382	Da die als Erbin Polens vorgesehene Maria († 1395) in Ungarn gekrönt wird, werden die Ansprüche des mit ihr verlobten Sigismund von Luxemburg, Sohn Kaiser Karls IV. und
1384	Markgraf von Brandenburg, übergangen und Marias jüngere Schwester *Hedwig* (Jadwiga; † 1399) als „König" von Polen in Krakau gekrönt.

Man zwingt sie, ihr Verlöbnis mit Wilhelm von Österreich aufzugeben, um durch die Ehe mit dem Großfürsten *Jagiełło (Jagailas) von Litauen* die Rivalität der beiden Mächte durch eine Personalunion zu beenden und durch die Christianisierung dieses letzten Bollwerks des Heidentums die Aufgabe des Deutschen Ordens mit einem Schlage auf friedlichem Weg zu lösen.

1385	Nach dem Versprechen Jagiełłos im *Vertrag von Krewo*, mit seinem Volk den katholischen Glauben anzunehmen und seine litauischen und „reussischen" Länder für immer mit der Krone Polens zu verbinden, folgt
1386	in Krakau Wahl und Taufe Jagiełłos, danach seine Heirat mit Hedwig und seine Krönung als **Władysław II. Jagiełło** (1386–1434; das Haus der **Jagiellonen bis 1572**) sowie
1387	die Einführung des *Christentums in Litauen* in Verbindung mit der Privilegierung des litauischen Adels nach polnischem Muster.

Grundzüge der Union

Die polnisch-litauische Union bedeutet einen Markstein in der Geschichte Osteuropas: Sie stellt weder eine Inkorporation Litauens in das Königreich Polen dar, noch bildet sie lediglich einen losen Zusammenschluß unter einem gemeinsamen Herrscher. Die Union ist ein Lehnsverhältnis des litauischen Reichsverbandes, der unmittelbar Jagiełło als Großfürsten untersteht und staatsrechtlich auch seine Selbständigkeit behält, sich zugleich aber zur Krone Polen (d. h. zu Władysław Jagiełło und Hedwig, beide als König) in Abhängigkeit befindet. Dieses komplizierte und rechtlich keineswegs geklärte Verhältnis der beiden Staatskörper wird trotz kurzer Unterbrechungen (1440, 1492) durch fünf weitere Unionen (1401, 1413, 1432, 1499, 1501) politisch immer enger gestaltet und schließlich 1569 in eine Realunion (Lubliner Union) umgewandelt. Nach dem Ende der litauischen Ostexpansion (Niederlage 1399 an der Worskla) und der Beilegung der inneren Gegensätze zwischen Władysław und seinem Vetter Witold (Wytautas), der 1401 als Großfürst von Litauen die Oberhoheit Władysławs anerkennt, erfolgt der gemeinsame Angriff gegen den Deutschen Orden, der durch die polnisch-litauische Verbindung seine Stellung im baltischen Raum bedroht sieht und seit 1382 die Landbrücke Samogitien besetzt hält.

Die Jagiellonendynastie auf ihrem Höhepunkt

| 1410 | *Schlacht bei Tannenberg;* der Deutsche Orden unterliegt und verliert im Ersten Thorner |
| 1411 | Frieden Samogitien. |

Der Zusammenhalt beider Teile der Union (bekräftigt durch Übereinkommen zwischen den Vertretern des litauischen und polnischen Adels, z. B. 1413 in Horodło am oberen Bug) wird nach dynastischen und territorialen Differenzen und nach einer vorübergehenden Vereinigung der Kronen Polens und Ungarns (1440–1444) unter Władysław III. (1434–1444) unter der Herrschaft Kasimirs IV. (1447–1492; * 1427, † 1492) erneuert:

1447	Wolhynien fällt an Litauen, Podolien an Polen (vermehrte und gleiche Privilegien in beiden Reichen: in Polen Erbrecht der Jagiellonen, in Litauen Wahlrecht des Adels).
1454/1456	Auschwitz (1454) und Zator (1456) kommen an die Krone Polens.
1454	Erneut bricht der Krieg zwischen dem Deutschen Orden und Polen aus, das von den preußischen Ständen (1440 Preußischer Bund) entscheidend unterstützt wird: der Adel benutzt den Krieg zur Erweiterung seiner Privilegien (1454 Statut von Nessau). Die Marienburg wird von den Polen genommen; der Hochmeister siedelt nach Königsberg über.

Im *Zweiten Thorner Frieden* erhält Kasimir IV. vom Deutschen Orden Pommerellen mit Danzig und Marienburg sowie das Ermland bei Wahrung der Autonomie und der deutschen Sprache (erst 1569 durch die Lubliner Union mit Polen staatsrechtlich vereinigt); der Hochmeister wird zu Heerfolge und Treueid verpflichtet.

Die Jagiellonenherrschaft im Zenit

Damit ist die jagiellonische Idee eines *Reiches von der Ostsee bis zum Schwarzen Meer* mit Einschluß des gesamten Dnjeprbassins wenigstens für kurze Zeit (die im Fürstentum Moldau gelegenen Schwarzmeerhäfen gehen 1484 an die Türken verloren) verwirklicht. Durch die 1454 geschlossene Ehe Kasimirs mit der Tochter Albrechts von Österreich (1438/1439 als Albrecht II. deutscher König), Elisabeth (* 1437, † 1505), ergeben sich Möglichkeiten für eine weitreichende dynastische Expansionspolitik: Zusammen mit dem von Vladislav II., dem ältesten Sohn Kasimirs, beherrschten Böhmen (seit 1471) und Ungarn (seit 1490) kontrolliert die jagiellonische Dynastie einen starken Block, dessen Größe zugleich mit dem ständigen Ausbau der Adelsmacht zur entscheidenden Schwäche wird, und zwar infolge der Vielzahl der Konfliktstoffe mit den aufkommenden *Rivalen: Moskau, Türken, Habsburg* und *Schweden*. Durch die Auseinandersetzung mit diesen Mächten ist die Geschichte Polen-Litauens in den folgenden Jh.n gekennzeichnet (1500 erstes Bündnis der Jagiellonen mit Frankreich und Venedig gegen Habsburg, das seinerseits mit Iwan III. von Moskau und dem Deutschen Orden gegen die Jagiellonen zusammengeht). Unter Kasimirs drittem Sohn, Johann Albrecht (1492–1501; * 1459, † 1501), erfolgt der Rückschlag in der Moldau, und es beginnt die Expansion der Moskauer Großfürsten gegen Litauen (seit 1492: Großfürst Alexander von Litauen [* 1461, † 1506; der vierte Sohn Kasimirs], von 1501–1506 zugleich König von Polen). *Senat* (Magnaten und Geistliche) und *Sejm* (niederer Adel) erhalten im 15. Jh. ihre endgültige Form. Auf den Reichstagen von 1493 und 1496 wird die Stellung der *Szlachta* auf Kosten der Bauern (Leibeigenschaft) und der Städte befestigt und 1505 die legislative Gewalt durch die Szlachta fixiert. Polen ist ein Ständestaat. Unter den beiden letzten Jagiellonen, Sigismund I. (* 1467, † 1548; „der Alte", fünfter Sohn Kasimirs IV.; 1506–1548) und seinem Sohn Sigismund II. August (* 1520, † 1572; 1548–1572), erlebt Polen sein „Goldenes Zeitalter", seine Blüte in Kunst, Wissenschaft und Literatur.

Die Kultur des „Goldenen Zeitalters"

Architektur und Malerei der gotischen Periode sind Ausdruck des von der deutschen Ostsiedlung mitgeprägten *Verwestlichungsprozesses* (St. Marien in Krakau 1320–1446 charakteristisches Beispiel der „Weichselgotik"; in der Wandmalerei des 14. Jh.s schon italienische Einflüsse: Gnesen, Thorn, Czchów; Mitte des 15. Jh.s Realismus der „Kraukauer Schule"; daneben byzantinisch-ruthenische Einflüsse: Sandomir [Sandomierz], Wiślica, Lublin, Buchmalerei). Seit Beginn des 16. Jh.s Eindringen der italienischen Renaissance *(Krakau,* Wawel 1502–1516, Franciscus Florentinus; Sigismundkapelle 1517–1533, Bartolomeo Berecci), Einfluß deutscher (Veit Stoß, Hans Dürer, Michael Lenz, Hans Süß von Kulmbach) und flämischer Künstler. Die Krakauer Universität (15. Jh.: 18 338 Studenten immatrikuliert) entwickelt sich zu einem Zentrum humanistischer Studien, besonders der Mathematik, Astronomie und Philosophie, auch für auswärtige Lehrer und Studenten (Nikolaus Kopernikus [eigentlich Koppernigk], Philipp Callimachus, Buonacorsi, Conrad Celtis). Die geistige Bildung der polnischen Oberschicht repräsentieren im 15. Jh.: der Jurist und Rektor der Krakauer Universität Paul Włodkowiz (* um 1370, † 1435), der Kanzler Zbigniew Oleśnicki (* um 1430, † 1493), der Historiker Jan Długosz (* 1415, † 1480) und der Staatsrechtler der nationalpolnischen Renaissance-Bewegung Jan Ostroróg (* um 1436, † 1501). – *(Forts. S. 710)*

Litauen
(Forts. v. S. 480)

1316–1341	Litauen, das bereits Mindowe (Mindaugas; † 1263) durch die Annexion der benachbarten russischen Territorien, die einen großen kulturellen Einfluß auf das heidnische Litauen ausüben, erweitert hat (Hauptstadt Nowogródek [Nowogrudok, Weißrußland]) wird unter *Gedymin* (Gediminas; * um 1275, † 1341) zu einer erstrangigen politischen und militärischen Macht (Anlage von Burgen und Städten, unter denen Wilna 1320 Residenz wird; Förderung der westlichen Kultureinflüsse), die die Befreiung der russischen Länder von der Mongolenherrschaft proklamiert:
	Nach dem Fürstentum Polock (Weißrußland) kommen die Gebiete um Witebsk und Minsk unter litauische Herrschaft, und Pleskau (russisch Pskow) sucht zeitweise Anlehnung und Schutz gegen Nowgorod. Widerstand findet Litauen in Smolensk, worüber es zum ersten
1335	Krieg mit Moskau kommt.
	Seit dem Bund mit Polen (1325 Eheverbindung der Tochter Gedymins, Aldona [Anna; † 1339] mit dem polnischen Thronerben Kasimir [1333–1370 König Kasimir III.]) wird Litauen ein gefährlicher Feind des Deutschen Ordens. Durch Ausbreitung des litauischen Einflusses nach Süden auf Wolhynien und Halitsch seit 1331 beginnt die Rivalität mit Polen um die Erbschaft (1340), die mit der Teilung dieses Fürstentums 1366 (bzw. 1377) endet.
1345–1377	Unter Gedymins Sohn *Olgierd* (* 1296, † 1377), der den Titel Großfürst führt und die
1362	Zielsetzungen im Osten übernimmt, werden Tschernigow, Nowgorod-Sewersk, Brjansk und (1362) Kiew, der größte Teil von Wolhynien und Smolensk angegliedert, während Olgierds Bruder Kejstut (* 1297, † 1382) Kriege gegen den auf der Höhe seiner Macht stehenden Deutschen Orden unter Winrich von Kniprode (1351–1382) führt, dessen Pläne, Litauen zu erobern, scheitern (140 Kriegszüge haben der Orden und Litauen zwischen 1345 und 1382 geführt). Versuche, im Bund mit Twer auch Moskaus Machtbereich in den
1368–1370	Sammlungs- und Einigungsprozeß der ostslawischen Tiefebene durch militärische Unter
1372	nehmungen einzubeziehen, schlagen fehl.

584 Mittelalter — Spätmittelalter

Litauen ist ein *vorwiegend ostslawisches Staatswesen,* in dem die orthodoxe Bevölkerung das heidnische Litauertum weit überragt und kulturell beherrscht.

1377–1434 **Jagiełło** (* um 1351, † 1434), Olgierds Sohn, ist mit seinem Oheim Keistut (1382 ermordet) und seinem Vetter Witold (* um 1352, † 1430) in schwere Kämpfe verwickelt.

1385 Er schließt den *Vertrag von Krewo* (bei Wilna) zur Begründung der Union mit Polen und vollzieht nach seiner Taufe und Ehe mit Hedwig (1386; seither als Władysław II. Jagiełło König von Polen) für sein Land den Anschluß an das Christentum lateinischer Prägung,

1387 worauf es zu Aufständen der heidnischen Kräfte unter *Witold* kommt, der schließlich 1392 als Großfürst von Litauen bestätigt wird; dafür erkennt er die polnische Oberhoheit an. Witold setzt die Politik Olgierds im Osten fort, erleidet aber eine vernichtende Niederlage

1399 an der Worskla (Ukraine) durch die Tataren. Seither gemeinsame Politik mit König Władysław II. Jagiełło: Kämpfe gegen den Deutschen Orden (Tannenberg 1410).

1425–1430 Höhepunkt von Witolds Macht, als er die Vormundschaft über seinen Enkel Wassili II. von Moskau ausübt, seinen Einfluß in der Goldenen Horde geltend macht und im Einverständnis mit Kaiser Sigismund (Fürstentag von Lublin 1429) für sich und Litauen nach der Königskrone strebt.

Der litauische Adel erhält die gleichen Rechte wie der polnische, wird weitgehend katholisch und gerät dadurch in steigenden Gegensatz zur russisch-orthodoxen Bevölkerung; der orthodox bleibende Teil des Adels wird von den Staatsämtern ausgeschlossen. Diese Konfliktstoffe bilden eine der wesentlichen Ursachen für die *Schwäche des Reichs* und für den *Aufstieg Moskaus.* Die Hoffnungen der litauischen Magnaten auf Wiederherstellung der vollen Selbständigkeit Litauens schlagen fehl.

1447 Es kommt erneut zur Personalunion mit Polen, nämlich unter Kasimir IV. (1440–1492), ohne daß das staatsrechtliche Verhältnis geklärt wird.

Aber das politische Übergewicht in der russischen Tiefebene geht nun, nachdem der Vertrag von 1449 noch das Gleichgewicht der Kräfte gezeigt hat, verloren, da Iwan III. von

1471–1478 Moskau zur Offensive übergeht: Groß-Nowgorod wieder Teil des Moskauer Staates.

1494 Es beginnt der Rückzug Litauens.

1514 Smolensk wird von Moskau erobert und die litauische Ostgrenze an Dnjepr und Sosch (linker Nebenfluß des oberen Dnjepr) zurückgedrängt.

1569 Die Unionen von Horodło 1413, Grodno 1432 und Mielnik 1501 bilden die Vorstufen für
1. Juli die staatsrechtliche Vereinigung Polens und Litauens in der *Union von Lublin.*

Rußland
(Forts. v. S. 482)

Rußland befindet sich im 14. Jh. im *Zustand der Auflösung.* Politisch beherrschen es nach der Mitte des 14. Jh.s drei Mächte: Die *Goldene Horde* im Wolgagebiet mit dem Nordosten des alten Kiewer Reiches; *Litauen* – seit der offensiven Ostpolitik Gedymins und Olgierds mit der Hauptmasse der alten Fürstentümer im Westen, im Süden und in der Mitte des Kiewer Rußlands (Kiew, Tschernigow, Smolensk, Polock, Wladimir-Wolynsk u. a.); *Polen* – seit Kasimirs Ostwendung mit Halitsch und dem westlichen Wolhynien. Daneben führt die Handelsrepublik Groß-Nowgorod im Nordwesten ihr politisches und kulturelles Eigendasein in enger wirtschaftlicher Verflechtung mit dem hansischen Wirtschaftsraum. Die Einheit Altrußlands der Kiewer Periode existiert nicht mehr und ist infolge der politischen, wirtschaftlichen und kulturellen Differenzierung der·im Entstehen begriffenen *Dreiheit der russischen Völker* gewichen: Die *Großrussen* auf dem Kolonialboden zwischen Oka und Wolga mit Wladimir als Zentrum; die *Weißrussen* zwischen Pripjet, Düna und oberem Dnjepr unter litauischer Herrschaft; die *Ukrainer* im Süden und Südwesten mit Kiew als Zentrum unter litauischer und polnischer Oberhoheit. Die Erinnerung an die Zusammengehörigkeit der Städte und Territorien unter den Rurikiden beginnt zu verblassen, denn es fehlt ein politisches Zentrum für die Wiederherstellung der russischen Einheit, deren Verwirklichung zunächst dem Großfürstentum Litauen durch die Angliederung der meisten Fürstentümer im Kampf gegen die Goldene Horde zu gelingen scheint.

ab 1300 Ein neues Machtzentrum bildet sich zunächst im Fürstentum *Wladimir-Susdal* (1300 siedelt der Metropolit von Kiew nach Wladimir an der Kljasma über, 1326 dann endgültig nach Moskau, wo die Mariä-Himmelfahrt-Kathedrale errichtet wird) und nach den siegreichen Kämpfen mit dem Fürstentum *Twer* (Hauptstadt das heutige Kalinin) im **Fürstentum Moskau** (seit 1263 unter Alexander Newskis [† 1263; Fürst von Nowgorod, seit 1252 Großfürst von Wladimir] jüngstem Sohn Daniel eigenes Fürstentum) unter *Iwan I. Kalita*

1325–1340 („Geldsack"; * 1304, † 1340) heraus.

Dank seiner Skrupellosigkeit erhält Iwan I. vom Chan der Goldenen Horde das Recht der

1328 Steuereintreibung und die *Großfürstenwürde* (ständig bei Moskau, außer 1359–1362)

Ost- und Südosteuropa − Rußland 585

übertragen; er veranlaßt die Übersiedlung des Metropoliten nach Moskau und beginnt durch die Ausweitung seines Fürstentums *„die Sammlung der russischen Erde"*.

1359–1389 Die dadurch eingeleitete Expansion reicht unter *Dimitri Iwanowitsch (Donskoi* genannt; * 1350, † 1389) bereits bis zur Wolga und umfaßt u. a. vorübergehend die Fürstentümer Twer, das in der Rivalität mit Moskau die Verbindung zum Großfürstentum Litauen sucht, und Rjasan.

Infolge des Zerfalls der Goldenen Horde wagt Dmitri − nach seiner siegreichen Abwehr der wiederholten Angriffe Olgierds von Litauen auf Moskau, das 1368 und 1370 der Belagerung widersteht − den offenen Bruch mit den Tataren, der die nationale Begeisterung

1380 steigert und auf dem *Kulikower Feld* (etwa 250 km südlich von Moskau) mit dem Sieg über Mamaj endet, der die Mongolenherrschaft zwar nicht beseitigt (Verwüstung Moskaus als

1382 Racheakt), aber schwer erschüttert und das Prestige Moskaus gewaltig hebt: Nischni Nowgorod (heute Gorki) wird angegliedert.

1393 Die Absplitterung neuer Chanate (Kasan und Krim), die sich untereinander befehden, und die inneren Schwierigkeiten des Litauischen Reiches sowie seine Niederlage an der Worskla

1399 durch die Tataren bringen Moskau eine Entlastung.

Es entsteht ein neuer Herrschaftsbegriff (mehrfach im 14. Jh. Primogeniturerbfolge), und nach dem Vorbild der Metropoliten nennen sich die Moskauer Großfürsten seit Iwan Kalita „Großfürsten von ganz Rußland". Der Sieg des Einheitsgedankens mit Primogenitur in den gefährlichen Rivalitätskämpfen der 1. Hälfte des 15. Jh.s, die Moskaus Macht für Jahrzehnte lähmen und die Übergewicht Litauens unter Witold zeigen, macht schließlich *Moskau zum unbestrittenen Mittelpunkt des Großrussischen Reiches* und nach dem „Ver-

1439 rat" von Byzanz in dessen mit der römischen Kirche geschlossener (kurzlebiger) Florentiner Union zum eigentlichen Hort der Orthodoxie.

1462–1505 *Iwan III. der Große* (* 1440, † 1505; Sohn Wassilis II. [* 1415; 1433–1462; 1446 geblendet]), der sich als erster im diplomatischen Verkehr *„Zar von ganz Rußland"* nennt und diesen Titel 1494 auch gegenüber Litauen durchsetzt, leistet den entscheidenden Ausbau: Aus einem System von Teilfürstentümern entsteht ein *nationaler Einheitsstaat*, mit einem neuen Beamtenadel im Dienst des Zaren. Das Reich wird um ein Vielfaches erweitert:

1463 Jaroslawl (an der Wolga) wird inkorporiert;

1478 danach fällt die Handelsrepublik Groß-Nowgorod, die vergeblich auf die Hilfe Kasimirs IV. von Polen-Litauen hofft (Wetscheglocke als Symbol der Freiheit nach Moskau geschafft, Deportation zahlreicher Familien, Verwaltung der Stadt durch vier moskowitische Statthalter);

dann wird 1485 Twer, 1489 Wiatka unterworfen.

Durch die Heirat Iwans mit der Nichte des letzten byzantinischen Kaisers, der nach Rom geflohenen Zoe (Sophie) Palaiologina, gewinnt Moskau 1472 den Anspruch, als Hort der Orthodoxie und als das „Dritte Rom" (erstmals formuliert 1510 vom Pskower [Pleskauer] Mönch Filofei; Kernstück einer Staats- und Reichsideologie, die Moskau nicht nur mit Byzanz, sondern auch mit Rom verknüpft und für das geistliche und politische Leben große Bedeutung gewinnt) zu gelten; Übernahme des Doppeladlers nach westlichem Vorbild in das Moskauer Staatssiegel.

1480 Moskau befreit sich ohne Schwertstreich von der Tributherrschaft der Tataren (Zerstörung der Goldenen Horde durch die Krimtataren 1502), die nur noch in Raubzügen (1521 und 1571) von der Krim aus Moskau bedrohen.

1492 Moskau beginnt seinen Vormarsch nach Westen durch seine nun nicht mehr abreißenden Kriege mit Litauen;

1494 das Kontor der Hanse in Nowgorod wird geschlossen und die Festung Iwangorod (an der Narwa) gegen den Deutschen Orden errichtet.

Das Großfürstentum Moskau

Das Großfürstentum Moskau übernimmt die Aufgabe der *Sammlung der orthodoxen russischen Territorien* und führt sie im Laufe der nächsten Jh.e konsequent durch: Der Zusammenstoß mit dem Jagiellonenreich, der Kampf um das Dominium maris Baltici und die Auseinandersetzung mit dem Osmanenreich sind die bestimmenden Faktoren der russischen Politik, die allmählich in das Spiel der europäischen Großmächte einzutreten beginnt. Das politische Schicksal spiegelt sich in der *künstlerischen und literarischen Überlieferung:* abgesehen von Nowgorod (Kirchen des 14. und 15. Jh.s) und der Heldendichtung (Leben Alexander Newskis; Sieg über Mamai) bringt erst der politische Aufstieg Moskaus eine Blüte der stark traditionell gebundenen Architektur (Entwicklung zum spezifisch russischen Kirchenbau: 1475–1479 Uspenski-Kathedrale in Moskau), Malerei (Theophan der Grieche [Feofan Grek], * um 1410) und Ikonenkunst (Andrei Rubljow [Rublev], † 1427?: Trinität); die Literatur wird weiterhin in der russischen Redaktion der kirchenslawischen Sprache geschrieben und bearbeitet v. a. religiöse Themen. − *(Forts. S. 685)*

586 Mittelalter — Spätmittelalter

Ungarn
(Forts. v. S. 483)

	Nach dem Aussterben der Arpaden folgen Jahre innerer Wirren, in denen die Magnaten faktisch die Herrschaft ausüben und die Königswahl innerhalb der weiblichen Linie der
1301–1305	Dynastie als ihr Privileg betrachten. Die Stephanskrone geht zunächst an *Wenzel III. von*
1305–1308	*Böhmen* (* 1289, † 1306) dann an *Otto III. von Niederbayern,* schließlich mit Hilfe von Papst Bonifaz VIII. (1294–1303) an das französische Haus Anjou.
1308–1382	Die Herrschaft der **Anjou** bedeutet die *Erneuerung der Zentralgewalt.*
1308–1342	*Karl Robert* (* 1288, *König* 1308–1342) und sein bedeutender Sohn *Ludwig I., der Große*
1342–1382	(* 1326, † 1382), schützen den niederen Adel gegen die Tyrannei der Magnaten, verleihen Privilegien an Bürgertum und Städte: Erneuerung des Bundes zwischen der Krone und den deutschen Städten.
1312	Sieg Karl Roberts über den Adel mit Hilfe der Zipser.
	Die Anjou führen die Regierung mit königlichen Beamten, vorwiegend Italienern.
	Die Residenz Visegrád (an der Donau in der Nähe des heutigen Budapest) wird zu einem Zentrum italienischer Kultur, später Buda (1872 mit Pest zu Budapest zusammengeschlossen). – Anfänglich erfolgreiche Außenpolitik: Siege über Serbien, Unterwerfung Bosniens (1328).
1320	Die Ehe Karl Roberts mit Władysławs I. Tochter Elisabeth (1320) begründet das Bündnis mit Polen, das dem Haus Anjou die Anwartschaft (1355) auf den polnischen Thron sichert, den Ludwig I. (1370) nach Kasimirs Tod gewinnt.
2. Hälfte 14. Jh.	Im Süden wird Ungarn seit der Mitte des 14. Jh.s, besonders nach dem Zusammenbruch des Serbenreichs nach dessen Herrscher Stephan Dušans Tod (1355) durch das *Vordringen der Türken* bedroht: Verselbständigung der nichtmagyarischen Reichsteile, Unabhängigkeit von Walachei und Moldau, Erneuerung des Königreichs Bosnien unter Stephan Tvrtko (1353–1391) und Entstehung eines Gürtels von serbischen und bulgarischen Fürstentümern, die Ungarn von Byzanz trennen und die eher bereit sind, Tribut an die Türken zu zahlen, als die Hegemonie Ungarns anzuerkennen. So scheitert auch die Reise des byzantinischen Kaisers Johannes V. an den ungarischen Hof 1366: die Hilfe für Byzanz bleibt aus. Pestjahre: 1347–1360, 1380/1381. – Eindringen des Frühhumanismus aus Italien und Böhmen. 1367 Universität in Fünfkirchen (Pécs), 1389 in Buda.
1382–1385	*Maria* (* 1371, † 1395), Tochter König Ludwigs, Königin (nochmals *1386–1387/1395*).
1385/1386	Nach einem kurzen Zwischenspiel Karls II. (III. von Neapel; * 1345, † 1386, König von
1387	Neapel seit 1381) kommt durch rasches Eingreifen der Gemahl der Maria von Ungarn, der
1387–1437	**Luxemburger** *Sigismund* (deutscher König seit 1410; * 1368, † 1437) auf den Thron, während die jüngere Tochter Ludwigs, Hedwig (* um 1374, † 1399; seit 1386 verheiratet mit Großfürst Jagiełło von Litauen), die Krone Polens seit 1384 trägt.
1396 25. Sept.	Treulosigkeit der Feudalherren verursacht die Niederlage des von Sigismund geführten Kreuzheeres bei *Nikopolis* (zwischen Donau und Balkangebirge) durch die Türken.
1401	Die Magnaten zwingen Sigismund zur Anerkennung ihrer Rechte, nachdem Vertreter der Städte 1397 zum ersten Mal auf einem Reichstag (in Temesvár [heute rumänisch Timişoara, im westlichsten Teil von Rumänien]) erschienen sind.
1405	Reichsstandschaft der Städte deutlich im Decretum minus Sigismunds.
	Intrigen der Kurie (Einsetzung des Ladislaus von Durazzo [seit 1386 König von Neapel] aus dem Haus Anjou zum König von Ungarn 1403) verhindern die Ausnutzung der vernichtenden Niederlage der Türken durch Timur Leng (1402 bei Angora [heute Ankara]), die Europa eine Atempause hätte geben können.
nach 1410	Nach der Wahl von Sigismund zum deutschen König (1410) liegt die Regierung Ungarns in den Händen seiner zweiten Gemahlin (seit 1408) Barbara von Cilli († 1451). Defensivmaßnahmen Sigismunds durch innere Reformen; Verlust Dalmatiens nach zwei Kriegen mit Venedig (etwa 1430). Ausbreitung des Feudalismus und Hussitentums (Aufstände 1433, 1436), Vordringen der Osmanen.
1421	Die Heirat der Tochter Sigismunds und Barbaras, Elisabeth (* 1409, † 1442), mit Herzog
1437	Albrecht (* 1397, † 1439; 1438 auch deutscher König) von Österreich macht das Haus **Habsburg** zum Erben der ungarischen, böhmischen und deutschen Krone.
1437–1439	Unter *Albrecht II.* sowie nach seinem plötzlichen Tod und der Erhebung von *Wladislaw I.* (Władysław III. von Polen; * 1424, † 1444), der im Kampf gegen die Türken bei *Warna* (an der heutigen bulgarischen Schwarzmeerküste) fällt, kommt es zu nationalen, antideutschen Ausbrüchen und *Bürgerkriegen* in der Nachfolgefrage des unmündigen Sohnes
1440/1444 bis 1457	Albrechts, *Ladislaus (V.) Postumus* (* 1440, † 1457; König seit 1440/1444), in denen der Reichsverweser, *Johann (János) Hunyádi* (* um 1408, † 1456), eine führende Rolle spielt.
1446	Vom Reichstag gewählt, hat er bis zu seinem Tode (1456) gegen Kaiser Friedrich III. (1440/1452–1493), der die westlichen Provinzen besetzt hält, und gegen die Osmanen zu
1456	kämpfen. Sieg über die Türken bei Belgrad.

Ost- und Südosteuropa – Ungarn – Walachei und Moldau   587

Nach Johann Hunyádis Tode herrscht sein Sohn **Matthias I. Corvinus** (* 1440 oder 1443, † 1490), der durch Schaffung eines Södnerheeres seine durch Kaiser Friedrich III. (1459 Gegenkönig) bedrohte Regierung von dem Lehnsaufgebot unabhängig macht,

1463   die Türken besiegt und die Herrschaft in *Böhmen (Krönung)* einschließlich Mährens,
1469   Schlesiens und der Lausitz gegen Böhmens König Georg von Podiebrad erringt, die er aber gegen die Ansprüche König Kasimirs IV. von Polen, des Gemahls der Elisabeth von Habsburg († 1505), der Tochter König Albrechts II. (1437–1439), verteidigen muß:

1471   Auf Betreiben Kasimirs wird sein Sohn als Vladislav II. (* 1456, † 1516) vom böhmischen Adel zum König von Böhmen erhoben.

1478   Erst im Vertrag von Brünn einigen sich beide dahingehend, daß Matthias die Herrschaft über Böhmen Vladislav überläßt, aber die Nebenländer sowie den Königstitel und damit die Anwartschaft auf Böhmen behält.

1485   Starke Abwehr gegen die Türken; Feindschaft mit Kaiser Friedrich III.; *Eroberung Wiens* und Verlegung der Residenz hierher.
Gleichzeitig große Kultur- und Wirtschaftsblüte durch Reformen, Gesetzgebung, Förderung des Handels und Pflege des Humanismus (1467 Akademie in Preßburg gegründet, Universität Buda erneuert; erste magyarische Texte der ungarischen Literatur).

1490   Tod des Matthias Corvinus löst Krieg um die ungarische Krone in der Jagiellonendynastie aus: Vladislav II. setzt sich mit Hilfe der ungarischen Magnaten und seiner böhmischen Truppen gegen seinen jüngeren Bruder Johann Albrecht (* 1459, † 1501), der von König Kasimir IV. von Polen und dem Woiwoden Stephan II. Báthory († 1493) von Siebenbürgen unterstützt wird, durch, vergleicht sich mit Matthias Corvinus' illegitimem Sohn Johann Corvin und behauptet sich gegen die Ansprüche des habsburgischen Thronfolgers, des späteren Kaisers Maximilian I.

1490–1516   *Wladislaw (Vladislav) II.* wird vom ungarischen Reichstag rechtmäßig gewählt und gekrönt.

1491   Im Frieden von Kaschau verzichtet Johann Albrecht auf die ungarische Krone und erhält Teile des böhmischen Nebenlandes Schlesien als Kompensation; er folgt seinem Vater auf dem polnischen Thron. Die von Matthias Corvinus annektierten Landschaften, Mähren, Schlesien und die Lausitz, fallen an die Krone Böhmen zurück. Kroatien wird von Maximilian erobert. Im Frieden von Preßburg (1491) erkennt Wladislaw für den Fall des Aussterbens seiner Linie das habsburgische Nachfolgerecht an.
Rascher Verfall des machtvollen Donaureichs unter dem schwachen Regiment des vom Adel beherrschten Wladislaw: Auflösung des stehenden Heeres; Beschränkung der Privilegien der deutschen Städte; Kämpfe zwischen Adelsfamilien und Städten vernichten den Wohlstand des Landes.

1514   *Bauernaufstände* werden durch Johann Zápolya (* 1487, † 1540; König seit 1526) unterdrückt und führen zur Schollenpflicht der Bauern.
Kodifikation des ungarischen Gewohnheitsrechts *(Tripartitum)* durch den Juristen Verböczy (Idee der Stephanskrone).

1515   Zwischen Wladislaw und Maximilian wird nach Eheverträgen zwischen ihren Kindern bzw. Enkeln der Erbvertrag von 1491 (Friede in Preßburg) bestätigt, der die Rechtsbasis für den Übergang der Länder der Stephanskrone und der Wenzelskrone an das Haus Habsburg bildet, der aber den ungarischen Ständen nicht vorgelegt worden ist.

1516–1526   Die Abneigung der Magnaten unter Wladislaws Sohn *Ludwig II.* (* 1506, † 1526; 1516–1526 auch König von Böhmen; verheiratet seit 1522 mit der Habsburgerin Maria [* 1505, † 1558, Tochter König Philipps I. von Kastilien]) lähmt Ungarns Kräfte völlig:

1526   *Niederlage und Tod Ludwigs* im Kampf gegen die *Türken* bei **Mohács** (Südungarn).
Buda und Pest werden von den Türken erobert und das Land verwüstet.

1527–1564   Gegen den Erben *Ferdinand von Österreich* (* 1503, † 1564, Kaiser seit 1556) erhebt sich ein *nationales Königtum unter Johann Zápolya* (1526–1540) mit Buda als Hauptstadt, von den Osmanen unterstützt.
Durch den Herrschaftsanspruch auf Ungarn und das anhaltende Expansionsstreben der Sultane wird das Haus *Habsburg* von nun an unlöslich in die Türkenfrage verstrickt. Ungarn bleibt für anderthalb Jh.e unter osmanischer Herrschaft. – *(Forts. S. 775)*

Walachei und Moldau

Die Gebiete von Walachei und Moldau mit romanischer bzw. re-romanisierter Bevölkerung stellen zu Beginn des 13. Jh.s Außenposten des ungarischen Reichs dar und treten erst nach ihrer Befreiung von der Mongolenherrschaft (1241–1345; Dragos Begründer des Fürstentums *Moldau*) im Kampf gegen die Türkengefahr hervor:

588 Mittelalter — Spätmittelalter

1369 Die *Walachei* sichert ihre Selbständigkeit gegenüber Ungarn.
Nach 1389 (endgültig 1411) wird die Walachei unter Fürst Mircea dem Großen (* 1386, † 1418) den Türken tributpflichtig, erzielt in Aufständen des 15. Jh.s vorübergehend Erfolge gegen die Osmanen, gerät aber unter dem grausamen Vlad Ţepes (Draculea; * 1430/1431, † 1476/1477; Fürst 1456–1462) in Konflikt mit Stephan dem Großen von Moldau; das Land versinkt durch Adelskriege in Ohnmacht und Zersplitterung.

1365 Das aus einer ungarischen Grenzmark entstandene Fürstentum *Moldau* kann die ungarische Herrschaft abschütteln. Es gerät vorübergehend gegen Ende des 14. Jh.s in den Ver-
1457–1504 band der litauischen Macht und gewinnt unter *Stephan dem Großen* (* 1433, † 1504) unter Anerkennung der polnischen Oberhoheit seine volle Unabhängigkeit von den Türken.

1475 Stephan vernichtet bei Racova ein türkisches Heer.
Er schließt ein Bündnis mit dem Türkmenen Usun Hasan gegen die Türken, muß sich aber eines Teilungsplans Polens und Ungarns erwehren und wendet sich 1490–1498 militärisch gegen Polen.
Nach diesen Enttäuschungen rät Stephan seinem Sohn Bogdan III., die *Tributherrschaft der Türken* anzunehmen (Abkommen 1504), die trotz einiger Aufstandsversuche unter Johann dem Schrecklichen 1572 und Michael dem Tapferen von der Walachei (* um 1550, † 1601; Fürst 1593–1601) bis 1878 bestehenbleibt. – *(Forts. S. 828)*

Bulgarien
(Forts. v. S. 484)

Bulgarien bleibt nach dem Verfall der Zentralgewalt seit der Mitte des 13. Jh.s politisch ohnmächtig. Die beiden kumanischen Dynastien der *Terter* (in Trnovo [bulgarisch Tarnowo, heute Weliko Tarnowo in Nordost-Bulgarien], 1280–1323) und der *Schischman* (in Widin [am bulgarischen Donauufer], 1323–1396) versuchen vergeblich, politische Handlungsfreiheit auf dem Balkan zu gewinnen.

1330 Durch die Niederlage des Zaren Michael Schischman (1324–1330) von Widin bei *Kjustendil* (Westbulgarien) verliert Bulgarien seine Selbständigkeit an Serbien, die führende Bal-
nach 1355 kanmacht unter Stephan Dušan (1331–1355), nach deren Zerfall der Prozeß der Bildung von Zwergstaaten auf dem Balkan sich fortsetzt, die der türkischen Invasion zum Opfer fallen: Bulgarien sucht Anlehnung an die Türken und verfeindet sich mit Serbien und Byzanz.

1386 Der letzte bulgarische Zar, Iwan III. (1371–1393), wird Vasall des Sultans Murad I.
Der serbische Widerstand und anfängliche Erfolge gegen die Türken 1388 ermutigen Ivan III. zur Verweigerung der Heerfolge, worauf ihn der Sultan unterwirft; nach der Schlacht auf dem Amselfeld (Kosovo; 1389) wird Bulgarien von den Türken angegriffen, Trnovo 1393 vernichtet und Vidin erobert.

1396 Bulgarien wird **türkische Provinz bis 1878.**
Unter der Türkenherrschaft kommt es zu Verwüstungen und Verödungen des Landes durch Flucht der Bevölkerung in die Berge und über die Donau, zum Eindringen des Islams und zur Ansiedlung von Türken. Gliederung des Landes in 5 Sandschaks, die von einem Generalgouverneur in Sofia verwaltet werden. Eine hohe Steuerlast liegt auf der christlichen Bevölkerung, deren Glaube toleriert wird; die Lage der Bauern verbessert sich; Kaufleute, Bergbau- und Militärsiedlungen werden privilegiert, der Handel wird durch Straßenbau gefördert. Aufstandsbewegungen unter habsburgischem Einfluß (1595 von Fürst Sigismund Báthory von Siebenbürgen und 1688) sind erfolglos; seit dem Ausgang des 17. Jh.s wird Habsburg von Rußland abgelöst in dem Ziel, die christlich-orthodoxen Balkanvölker zu schützen. – *(Forts. S. 828)*

Serbien
(Forts. v. S. 484)

Serbien erfährt die **größte Blüte seiner Macht** unter *Stephan Uroš III.* (1322–1331) und seinem Sohn:

1330 Sieg bei Kustendil (Kjustendil, damals Welbuschd; im Südwesten des heutigen Bulgarien) und Annexion Bulgariens begründen die serbische Vorrangstellung auf dem Balkan und schwächen die byzantinische Macht in Makedonien.
Nach Stephans III. Absetzung durch den serbischen Adel folgt ihm sein Sohn:

Ost- und Südosteuropa — Bulgarien — Serbien — Bosnien 589

1331–1355 **Stephan Dušan** (Stephan Dušan Uroš IV.; * um 1308, † 1355).
Er dehnt nach vorbereitenden Kriegen gegen Bosnien und Ungarn unter Ausnutzung der byzantinischen Wirren sein Reich bis Thessalien aus.

1346 Annahme des Titels *Imperator Rasciae et Romaniae* sowie Krönung in Skopje, Errichtung des Patriarchats Serbien und Kodifizierung des Rechts (1349).
Abschaffung der bis dahin geltenden Senioratsverfassung: an die Stelle des Župane treten vom Herrscher abhängige Beamte. Der Schwerpunkt dieses slawisch-griechischen Reichs liegt im griechischen Süden; der Norden wird von Dušans Sohn Uroš verwaltet; Aufbau nach byzantinischem Muster.

1354 Gesandtschaft an Papst Innozenz VI. und an Kaiser Karl IV., um unter Ausnutzung des byzantinisch-westlichen Gegensatzes in einem von Stephan vorgeschlagenen gemeinsamen Türkenkrieg zum „Kapitän" ernannt zu werden, bleibt erfolglos.
Serbo-byzantinische Kunst in Gračanica bei Priština in Serbien (Kreuzkirche 1321).

1355 Stephan Dušan stirbt vor Erreichung seines Ziels, der Kaiserkrone von Byzanz, und sein Reich zerfällt in eine Reihe von *Teilfürstentümern (Raška, Epirus, Zeta, Prilep [Stadt im heute jugoslawischen Teil Mazedoniens], Rudnik [südlich Belgrad]),* unter deren Dynasten

nach 1365 nach Stephan Uroš' V. Tod (1365), des letzten Nemanjiden, der Fürst *Lazar I. von Raška* (* um 1329, † 1389) hervorragt, der sich, in Verbindung mit Bosnien, Bulgarien und Byzanz, dem Vormarsch der Türken entgegenzustellen sucht.
Morava-Schule (Maler im Nordosten Serbiens) der serbischen Kunst, donauländische Einflüsse und Eklektizismus.

1371 Die Entscheidung über Serbiens Zukunft fällt nach dem Sieg der Türken an der *Maritza* (Mariza, heutige griechisch-türkische Grenze in Thrazien) in der vergeblichen Abwehr-

1389
15. Juni schlacht der südslawischen Völker auf dem **Amselfeld** (Kosovo, Becken im Dinarischen Gebirge, Serbien), die durch die Vernichtung des serbischen Adels einen nachhaltigen Eindruck beim serbischen Volk hinterläßt.
Das Land zwischen Donau, Save, Drina (rechter Nebenfluß der Save), und Timok (unterhalb des Eisernen Tors einmündender, rechter Nebenfluß der Donau) wird den Türken tributpflichtig.

1389–1427 Der Fürst *Stephan Lazarević* (ein Sohn Lazars I. von Raška und Freund Kaiser Sigismunds)
1427–1456 und sein Neffe, *Georg (Vuk) Branković* (* um 1375, † 1456), suchen Anlehnung an Byzanz, Ungarn und den Westen, ohne der Türkenmacht auf die Dauer widerstehen zu können, die nach dem

1444 osmanischen Sieg bei *Warna* (an der heutigen bulgarischen Schwarzmeerküste) und nach
10. Nov. dem Fehlschlag, Serbien dem Papst zu unterstellen (1457), ganz *Serbien* überrennt, Bos-
1459 nien 1463 und die Herzegowina (Hercegovina) 1483 besetzt.
Damit ist die Vorherrschaft der Türken auf dem Balkan vollendet. Lediglich *Montenegro* (bis 1528) und die *Republik Ragusa* (Dubrovnik, an der Küste Dalmatiens; 1205–1358 unter Venedig, danach bis 1526 unter Ungarn, mit großer Wirtschafts- und Kulturblüte bis zum 17. Jh.: „Südslawisches Athen") bleiben außerhalb der Türkenherrschaft, unter der Serbien bis zum Beginn des 19. Jh.s steht: Ausrottung des serbischen Adels; die nationale Idee bewahrt die Kirche.
Das goldene Zeitalter der **Kunst** spiegelt sich in der großen Zahl der aus dem 13. und 14. Jh. erhaltenen Kirchen (St. Lazar in Kuševac), Burgen, Ikonen und Freskomalereien sowie in der Dichtung (Epen um die Schlacht auf dem Amselfeld und den legendären Nationalhelden Marko Kraljević [* um 1335, † 1395], die bei allen Südslawen Verbreitung finden), wobei das dalmatinische Küstenland mit dem Zentrum Ragusa seit dem 14. Jh. unter dem Einfluß Venedigs und Italiens einen eigenen Stil entwickelt (Ivan Gundulić, * 1588, † 1638; einer der großen slawischen Dichter vor dem 18. Jh.). – *(Forts. S. 829)*

Bosnien

1180–1204 Bosnien wird nach vorübergehender Befreiung von der ungarischen Herrschaft unter *Kulin* im 13. Jh. das Ziel zweier vom Papst angeregter Kreuzzüge gegen die hier herrschende Sekte der Bogumilen, die trotz Kontrolle durch das katholische Ungarn ihren Einfluß nicht
1322–1353 verlieren und im 14. Jh. unter *Stephan II. Kotromanić* in unaufhörlichen Kriegen mit Ungarn, Kroatien, Serbien und Venedig die Grundlage für ein unabhängiges Staatswesen

1353–1391 unter **Stephan Tvrtko** legen, das schließlich auch den Südteil Dalmatiens umfaßt und zu einer Machtstellung auf dem Balkan in der Zeit des Verfalls von Serbien, Bulgarien und des Byzantinischen Reichs gelangt:

1376 „König der Serben und Bosniens";
1382 Abtretung Cattaros (Kotor, an der Adriaküste, heute zu Montenegro) durch Ungarn;

1390 „König Dalmatiens und Kroatiens".
Stephan Tvrtkos Versuch, die Südslawen zu einigen, schlägt jedoch fehl.
Nach dem Tode Stephan Tvrtkos erfolgt in Adelskämpfen ein rascher Zerfall, Kroatien und Dalmatien gehen an Ungarn verloren; in Kämpfen mit eigenem Adel und Nachbarmächten sinkt das Ansehen der Zentralgewalt völlig.

1436 Bosnien wird den Türken tributpflichtig.

1443–1461 *Stephan Tomaš* verfolgt die türkenfreundlichen Bogumilen und sieht sich nach dem Tod Johann Hunyádis von Ungarn (1456) der türkischen Gefahr schutzlos ausgeliefert.
Auch der Versuch, das Erbe des Vuk Branković (serbischer Herrscher 1427–1456) zu annektieren, schlägt fehl: Nach der Eroberung Serbiens durch die Türken (1459) wird Bos-

1461–1463 nien 1463 von den Osmanen angegriffen, *Stephan Tomašević* gefangen und hingerichtet.

1463 Bosnien wird türkisch (bis 1878).

1483 Das Gebiet der Herzegowina hält sich unter Stephan Vukčić und seinen Söhnen bis 1483,

1528 das Banat Jajce im Nordwesten unter Ungarn bis 1528.
Die fortwährenden Türkeneinfälle nach Dalmatien und Kroatien führen schließlich zur Ablösung der östlichen Gebiete Kroatiens, während die westlichen *Habsburg* verbleiben.

Griechenland und Albanien
(Forts. v. S. 485)

1204 Die Begründung des Lateinischen Kaiserreichs auf byzantinischem Boden bezeichnet für Griechenland den Beginn einer selbständigen Entwicklung unter der sog. **Frankenherrschaft.** Die byzantinische Tradition hält auf dem Balkan nur das *Despotat von Epeiros* nach 1204 noch aufrecht.
Von einer Seitenlinie des Kaiserhauses unter Michael I. Angelos (1204–1215) mit der

1224 Hauptstadt Arta (im südöstlichen Epeiros) gegründet, schaltet es unter Theodor I. (1215–1230) das Kreuzfahrerkönigreich Thessalonike aus und treibt seither vor allem eine makedonisch-thessalische Politik (1236 Trennung von Epeiros und Thessalien).
So können sich im Südosten und Süden dieser Staatsbildung die *Staaten der Kreuzfahrer* entwickeln: in Mittelgriechenland die Markgrafschaften Budonitsa (Mendenitsa), Salona (einst Amphissa), die Herrschaft Athen (Hauptstadt Theben), das Fürstentum Achaia oder Morea, durch Wilhelm von Champlitte von Norden, Gottfried I. von Villehardouin (seit 1210 Fürst von Achaia/Morea, † um 1228) von Südwesten her gegründet und daher lockerer mit dem Königreich Thessalonike verbunden als die Besitzungen des Otto de la Roche in Athen und die Lehen dreier lombardischer Adliger (daher Tertieri genannt, Dreiherren) aus Verona auf Euboia. Während Chios und Rhodos byzantinisch bleiben, kommen die Ägäisinseln als Herzogtum Archipelago (von Aigaion Pelagos, der byzantinischen Verwaltungsbezeichnung, Hauptort Naxos) an den Venezianer Markus I. (Marco I. Sanudo, 1207–1227), den Neffen des Dogen Dandolo.
Venedig selbst sichert sich außer Kreta als Stützpunkte für die Fahrt dorthin die Südwestspitze des Peloponnes (Modon, Koron) und Kythera (Lehen der Venieri), gibt dagegen Korfu 1214 an Epeiros preis. Kephallenia, Ithaka und Zante stehen schon seit 1194 unter den italienischen Pfalzgrafen aus dem Haus Orsini (bis 1323). Vom wichtigen Hafen Negroponte (Chalkis) aus gewinnt Venedig auch auf Euboia Einfluß (ab 1209). Kreta wird gegen den Widerstand des einheimischen Adels (Aufstände unter Führung der Kalerghi) zur Ansiedlung venezianischer Militärkolonisten verwandt, Anfang des 14. Jh.s durch Festungsbauten geschützt. Die Insel heißt fortan nach dem Sitz des Duca *Candia*.
Zwischen 1214 und 1259 entfaltet sich nach französischem Vorbild *fränkisches Lehenswesen* in den Hauptstädten Theben, Naxos, Andravida (Parlament der 12 Barone von Morea nach Assises de Romanie). Doch kommt es bald zu Fehden.
Ein Bündnis mit Michael II. von Epeiros gegen den Kaiser Michael VIII. von Nikaia führt

1259 zum *Untergang der fränkischen Ritterschaft* in der Schlacht im Tal von Pelagonia.
Während Epeiros sich unter Michael II. (1231–1271) rasch erholt, muß es staufische Hilfe unter König Manfred von Sizilien mit Verzicht auf Korfu und das albanische Küstenland um Durazzo erkaufen (schon 1254 als Königreich Albanien besetzt). Der seit Pelagonia gefangene Fürst Wilhelm von Achaia aus dem Hause Villehardouin (1246–1278) muß auf seine wichtigsten Peloponnesfestungen verzichten, um freizukommen. So entsteht als Kern neuer *byzantinischer Machtbildung auf der Peloponnes* die Herrschaft *Mistra* (mit Monemvasia).

1261 Seit dem Vertrag von Nymphaion wird auch *Genua* eine Levantemacht in der Ägäis.
Das wiedererstandene *Kaiserreich Byzanz* spielt schließlich alle Staaten gegeneinander aus:

1262–1278 Neuer Aufstieg der byzantinischen Macht in Griechenland.

Ost- und Südosteuropa — Griechenland und Albanien   591

1267 Der Übergang des staufischen Besitzes in Korfu und Albanien an Karl von Anjou (* 1226, † 1285; ab 1265 König von Sizilien) leitet die Einmischung der *Anjou* in Griechenland ein; als Franzose wird er Lehnsherr des Fürsten von Achaia.

1278 nach dem Aussterben der Villehardouin von Morea übernimmt Karl selbst die Regierung in Achaia-Morea, beansprucht auch die Lehnshoheit über Athen und Kephallenia (häufiger Wechsel der Vertreter des Königs).

seit 1279 Auch Epeiros sucht unter Nikephoros I. (1271–1296) bei den Anjou Halt gegen Byzanz, erst recht beim Angriff des (aus Thessalien entstandenen) Herzogtums Neopatras (einst

1295, 1301 Hypata) auf Epeiros. Achaia wird 1301 Sekundogenitur der Anjou (Philipps von Tarent, Johanns von Gravina, dann Roberts von Tarent).

Die Macht in Griechenland aber liegt in den Händen der Herzöge von Athen (Guido II. 1287–1309); gegen die Anjou wehrt sich nur das von allen Seiten umzingelte Despotat Epeiros unter Thomas I. (1296–1318). Die Kirchen in und bei seiner Hauptstadt Arta (um 1280) schlagen die Brücke zwischen Neapel und Serbien (Parigoritissa 1283/1296).

Die Inseln vor Kleinasiens Westküste kommen erst nach 1300 in abendländischen Besitz:

1304 Benedetto Zaccaria besetzt, schon seit 1275 Herr der Alaungruben von Foglia Vecchia (Phokaia), die bereits 1261 Genua zugesprochene Insel Chios.

1309 Auf Rhodos und den Nachbarinseln (sog. Dodekanes) richtet der *Johanniterorden* seine Herrschaft auf (befestigtes Ritterviertel in der Stadt Rhodos).

Seit 1306 *Niedergang der Frankenherrschaften auf dem Festland.*

1311 Einfall der *katalanischen Söldnerkompanie* unter selbstgewählten Führern (von Byzanz 1303 gegen die Osmanen zu Hilfe gerufen, begann die Kompanie bald mit Raubzügen): Nach dem Sieg am Kephissos in Boiotien 1311 werden Südthessalien und Mittelgriechenland (Neopatras, Athen) besetzt. Der abendländischen Restaurationspolitik Karls von Valois (* 1270, † 1325) und Philipps von Tarent im Geiste Karls von Anjou ist damit der Boden entzogen.

Gleichzeitig Vordringen der *Serben* durch Albanien nach dem Despotat Epeiros (Besetzung von Durazzo 1319–1322).

1333–1337 Der Angriff der Byzantiner auf das Despotat Epeiros ist erfolgreich, beseitigt aber zugleich ein Bollwerk gegen die Serben.

Makedonien, Thessalien, seit 1349 auch Epeiros werden serbisch und können auch gegen Einfälle des letzten Despoten Nikephoros II. 1356–1359 gehalten werden.

Mit Schwergewichtsverlagerung nach Jánnina im Norden entsteht das Despotat als serbische Sekundogenitur neu unter Thomas II. (1366–1384).

Die Gründung des *Katalanenstaates* (mit zahlreichen Burgwarten, Hauptstadt Lebadeia mit großer Festung) zieht Griechenland in den *Gegensatz von Anjou und Aragón* hinein; die Katalanen unterstellen sich Friedrich von Aragón (als Friedrich II. 1296–1337 König von Sizilien). Andererseits zwingt die Nähe des Katalanenstaates Venedig zur Verstärkung seiner Stellung auf Euboia. Mit Hilfe der Griechen von Mistra schlägt Ludwig von Burgund als Fürst von Achaia 1316 den katalanischen Angriff auf sein Land (unter Ferdinand von Aragón) zurück. Die Byzantiner sind hier die eigentlichen Gewinner; nachdem schon um 1300 die fränkischen Herrensitze großenteils gräzisiert worden sind (Gasmulen = Bastarde), ist nun auch außenpolitisch das Byzantinertum von *Mistra* als Despotat entscheidend, erst recht, als es Sekundogenitur des Kaiserhauses der Kantakuzenen wird.

seit 1348 Kephallenia löst unter Leonardo Tocco (1357 bis um 1375) die Verbindung mit Achaia (1324–1357). Auf den Inseln der Ägäis und in der Argolis bilden sich kleine Herrschaften.

1355 Die Insel Lesbos kommt von Byzanz an die genuesische Familie der Gattilusi (Ikaria 1362 an die der Arangio).

Von Chios, Samos, den Alaungruben von Foglia Vecchia und Foglia Nuova nimmt 1346 eine genuesische Handelskompanie (maona) Besitz; als Inhaberin der Mastixpacht (seit 1357) erwirbt sie die Gesellschaft (nicht Familie) Giustiniani 1362 und behält sie bis 1566.

Um 1370 *Krise der Frankenherrschaft:* Venezianisch-genuesischer Krieg in der Ägäis. Aufstand des

1373–1381 kretischen Adels gegen Venedig im Zeichen der Gräzisierung der Kolonisten (1380).

1380 Einfall der navarresischen Söldnerkompanie in Mittelgriechenland; die Katalanen werden auf Attika beschränkt.

1383 Usurpation des Herzogtums Naxos durch Francesco Crispo von Melos.

1386 Übernahme der Insel Korfu durch Venedig.

1388 Im Kampf gegen sie bemächtigt sich der Florentiner Nerio Acciaiuoli, seit 1385 Herr von Korinth, der Stadt und Burg Athen (1388–1394 als Nerio I. Herzog von Athen).

Sein Verwandter Esau macht sich nach der Ermordung von Thomas II. zum Herrn von Epeiros (Despotes seit 1387) und drängt die Albaner zurück, denen Thomas die westlichen und südlichen Teile von Epeiros zur Landnahme (in ersteren bis 1945) hat preisgeben müssen. Die weiterwandernden Albaner werden zur Wiederbevölkerung der verödeten Argolis und Attikas sowie Südeuboias verwendet (dort sprachlich z.T. noch heute erhalten). Begünstigung der Griechen durch die Florentiner, Entstehen einer *griechisch-italienischen*

592   Mittelalter − Spätmittelalter

Mischkultur in Attika-Korinth wie gleichzeitig auf Kreta. Ausweitung des byzantinischen Besitzes auf der Peloponnes unter den Palaiologen-Despoten von Mistra seit 1383. Einmischung *Venedigs* auf dem Festland: Erwerb von Argos und Nauplia durch Kauf 1388, Übernahme Athens aus Nerios Testament 1395, aber 1405 Einsetzung seines Sohnes Antonio. 1309 Tenos und Mykonos, 1401 Parga an der epeirotischen Küste, 1407 Lepanto (Naupaktos) venezianisch. Gegen neue albanische Besitznahme von Epeiros wenden sich die Pfalzgrafen von Kephallenia: Karl (Carlo I. Tocco, 1413−1429) erobert Epeiros, Venedig 1417 Navarino.

1390 Ganz Euboia wird venezianisch unter einem Bailo.

In *Albanien* schließen sich an das Königtum der Anjou Staatsbildungen der Stammesfürsten um Kroja und im Norden an (Geschlecht der Balša in Skutari [albanisch Shkodër] 1366−1421, stets im Kampf mit Serben und Bulgaren). Doch sind ihre Gegensätze zu stark, um einen wirklichen Staat zu schaffen. An der Küste wirkt der Einfluß der Anjou, dann der Byzantiner und der dalmatinischen Küstenstädte (vor allem Ragusa). Im 14. Jh. beginnt die Volkswanderung der Albaner nach Nordosten und Süden.

1393 *Erster Einfall der Türken* unter Evrenos Beg in Griechenland, seither ist Thessalien osma-
1397 nisch. Athen wird besetzt, Argos erstürmt.

1402 Bajezids Niederlage bei Ankara (Angora; gegen die Mongolen) rettet auch Griechenland. So wird Thessalonike 1403 wieder frei und unterstellt sich 1423 Venedig, wird jedoch 1430 von den Türken genommen. Kaiser Manuel II. von Byzanz stellt 1415 die Isthmossperrfestung (Hexamilion) wieder her. Kulturelle Blüte des Despotats von Mistra (der Humanist Georgios Gemistos Plethon [* um 1355, † 1452], Vollendung des Despotenpalastes von Mistra).

1414 Eroberung der Markgrafschaft Budonitsa durch die Türken.

In Familienstreitigkeiten verlieren die Tocchi 1430 Jánnina an die Türken; mit Karl (Carlo) II. (1429−1448) endet die Selbständigkeit von Epeiros.

1415−1430 In der Peloponnes beenden nicht die Türken, sondern die Palaiologen von Mistra die Herrschaft der Franken, d. h. seit 1382 der navarresischen „Statthalter" der Könige von Neapel.

1423 Nach dem Türkeneinfall unter Tura Chan bemächtigen sich die drei Palaiologenbrüder der ganzen Halbinsel und behaupten sie gegen albanische Erhebungen mit türkischer Hilfe.

1458 Mit dem Feldzug Mehmeds II. nach Griechenland *endet die Selbständigkeit christlicher Staaten* auf dem griechischen Festland mit Ausnahme der venezianischen Küstenplätze:

ab Argos wird 1463, Negroponte und Pteleon 1470, Lepanto 1499, Modon, Koron 1500,
1463/1470 Nauplia und das erst 1464 erworbene Monemvasia 1540 türkisch. Mit der Niederwerfung der Erhebung des *Skanderbeg* (* um 1405, † 1468; albanisch Skënderbeu, griechisch
1479 Georg Kastriotis, 1443−1448) endet die Freiheit Albaniens. Skanderbergs Anhänger werden von König Alfons V. dem Weisen von Neapel in Sizilien und Unteritalien angesiedelt. Antivari (Bar) bleibt bis 1571 der Hort der katholischen Nordalbaner (weiterhin in der Mirdita). Mehr als die Hälfte der Albaner nimmt unter türkischer Herrschaft (bis 1913) den islamischen Glauben an.

1480 Die *Johanniter* halten *Rhodos* auch trotz Belagerung (gewinnen 1481 Ikaria dazu) und räumen nach erneuter Einschließung 1522 die Insel erst am 1. Jan. 1523. Die Genuesen behaupten Lesbos bis 1462, Samos bis 1475, Chios bis 1558 bzw. 1566. Die Inselbesitzungen der *Venezianer* werden nicht länger gegen die Türken gehalten: Mykonos und die Nordsporaden bis 1537/1538, Andros bis 1514, Paros 1518−1520, 1531−1536.

1494−1500 Das Herzogtum Naxos wird zeitweilig von Venedig kontrolliert und hält sich noch bis zum
1511−1517 Jahr 1579.

Kephallenia und Zante sind seit 1482 venezianisch und bleiben es wie Korfu und Kythera bis 1797, Tenos bis 1715, ebensolang die kleinen Inseln vor der Nordküste von Kreta.

1538/1573 *Kreta* wird durch neue Festungsbauten (Candia 1538, Rethymno 1573) verstärkt und gewinnt mit der Entfaltung einer venezianisch-griechischen Mischkultur (auch Interesse für die Reste der Antike) Bedeutung für die Übermittlung byzantinischer Kunsttradition nach
1645/1669 dem Westen (El Greco, aus Fodele bei Candia); Aufnahme europäischen Barocks in Baukunst und Literatur (Klöster, Epos Erotokritos). Erst 1645 fällt die Insel in türkische Hand, 1669 ihre Hauptstadt Candia. − *(Forts. S. 830)*

Das Byzantinische Reich (1204−1453)

(Forts. v. S. 492)

Von der Katastrophe des Jahres 1204 kann sich Byzanz nie mehr erholen. Zur territorialen Zersplitterung in zeitweise drei griechische und ein lateinisches Kaiserreich, die über 1261 hinaus bleibt, tritt eine administrative im Innern. Trotz erstaunlicher Regenerationskraft sinkt Byzanz nach 1282 zu einem Kleinstaat ab, der – territorial immer kleiner, finanziell immer ärmer, militärisch immer schwächer – mit Serben und Osmanen um seine Existenz kämpft. Im 15. Jh. ist es ein Stadtstaat. Die Konkurrenz der Gegner, die strategische Lage, eigene Heiratspolitik, überlegene Diplomatie und vor allem ein ungebrochenes Prestige sichern lange das Überleben. Hoffnung auf westliche Hilfe, Kreuzzüge gegen die Türken und Unionsverhandlungen bleiben vergeblich. Im Innern erfolgt eine Rückbesinnung auf das griechische Erbe, mit antikisierenden Tendenzen. Die Zentralverwaltung löst sich auf, weil die Großgrundbesitzer die Funktion der Beamten übernehmen. Demgegenüber steigt die Kirche, vor allem das Mönchtum, das jetzt die Patriarchen stellt, auf, weil sie über die Reichsgrenzen hinweg eine Klammer mit der slawischen Welt darstellt. Zum politischen Niedergang stehen die kulturelle Leistung mit Rückbesinnung auf die Antike (palaiologische Renaissance) sowie die Wirkung auf Um- und Nachwelt in schroffem Gegensatz.

Die Zeit des Lateinischen Kaiserreichs (1204–1261)

An die Spitze des **Lateinischen Kaiserreichs** tritt gemäß venezianischem Willen *Balduin I.*
1204–1205 von Flandern (* 1171, † 1206).
Ihm fällt ein Viertel des Reiches mit Thrakien, Bithynien und ägäischen Inseln (Lesbos, Samos, Chios) zu, vom Rest geht die Hälfte zu freiem Eigen an Venedig, die andere Hälfte als Lehen an Kreuzritter. Der unterlegene Kaiserkandidat Bonifaz von Montferrat (* 1155, † 1207) lehnt den kleinasiatischen Anteil ab und errichtet das *Königreich Thessalonike* über Thrakien und Makedonien mit Vasallenfürstentümern in Griechenland, die nur mittelbar vom Kaiser abhängen. Venedig sichert sich die wichtigsten Inseln (Korfu, Kreta, Euboia), Hafenstädte auf der Peloponnes, an Hellespont und Marmarameer, Adrianopel und Teile Konstantinopels, so daß es wirtschaftlich und zur See das Lateinische Kaiserreich kontrolliert.
1204 Diese Aufteilung wird vertraglich bestätigt.
Okt. Erster lateinischer Patriarch wird der Venezianer Thomas Morosini. Die intolerante Unterwerfung der griechischen Kirche und der anfänglich kooperationsbereiten Aristokratie machen die neue Ordnung zur verhaßten Fremdherrschaft. Von Anfang an an akutem Menschenmangel, vor allem an waffenfähigen Leuten, leidend, können die Kreuzfahrer das Reich nur zum Teil erobern, erben aber äußere Feinde.
1205 Balduin I. erleidet bei *Adrianopel* eine vernichtende Niederlage gegen die Bulgaren und
14. April stirbt in der Gefangenschaft.
1206–1216 Balduins Bruder *Heinrich I.* (* 1174, † 1216) kann die Lage nochmals stabilisieren, muß aber einen Dualismus Kaiser–Podestà Venedigs in einem Kronrat (erstes institutionalisiertes feudales Parlament) anerkennen.
Das Reich überlebt unter schwachen, vom Adel abhängigen Kaisern nur dank der Konkur-
1228–1261 renz seiner Gegner bis 1261. *Balduin II.* († 1273) zieht sich mit dem Patriarchen nach Euboia zurück. Das Titularkaisertum wird politisches Handelsobjekt des Papsttums.
An der Peripherie des lateinischen Besitzes (Romania) entstehen drei, teilweise bewußt national geprägte Zentren des **Griechentums:** das schon Ende des 12. Jh.s gegründete Kaiserreich der Großkomnenen in *Trapezunt*, das Despotat *Epeiros* (Epirus) der Angeloi und in Kleinasien ein **Kaiserreich in Nikaia** (Nicaea) unter den Laskariden. Alle sehen sich als Fortsetzer der Reichstradition und streben nach Konstantinopel. Trapezunt scheidet aus diesem Kampf schon 1214 politisch aus. Im Vordergrund steht Nikaia unter dem altadligen
1205–1222 Schwiegersohn Alexios' III. († 1222), *Theodor Laskaris,* dessen Bruder 1204 als Konstantin (XI.) zum Kaiser ausgerufen worden ist. Theodor führt vorerst nur den Titel Despot.
1208 Theodor I. zum Kaiser gekrönt.
Nach der Niederlage der Lateiner bei Adrianopel (1205) kann sich Nikaia konsolidieren, Kleinasien gegen lokale Magnaten einigen, 1211 die Türken abwehren.
1214 Ein Friedensvertrag mit Heinrich I. legt die Grenzen fest. Den Lateinern bleibt nur der Nordwesten bis Adramyttion (in der Nähe des heutigen Edremit in der Troas).
Kluge Agrargesetzgebung und Siedlungspolitik sowie merkantilistische Handelsgesetze und Konzessionen an die Großgrundbesitzer führen eine wirtschaftliche Blüte herbei. Scharfe Rivalität zu Epeiros (Epirus) unter Michael I. Angelos (1204–1215) und Theodor (1215–1230),
1224 der nach der Eroberung von *Thessalonike* den *Kaisertitel* annimmt.
Durch Niederlage gegen die Bulgaren bei Klokotnica in Thrakien (1230) scheidet Epeiros (Epirus) aus und verzichtet 1242 auf den Kaisertitel.
1222–1254 **Kaiser Johannes III. Vatatzes** (* 1193, † 1254).
Nikaia erreicht den Höhepunkt seiner inneren und äußeren Machtstellung.
1225 In einem neuen Friedensvertrag liegt die Grenze zu den Lateinern bei Nikomedeia; die Inseln Lesbos, Chios, Samos fallen an Nikaia, ebenso Adrianopel, das aber zu Theodor von Epeiros übergeht. Heiratsbündnis mit Kaiser Friedrich II. gegen Konstantinopel und Papst.
1246 Johannes III. erobert Thessalonike.

594 Mittelalter – Spätmittelalter

1254–1258	Theodor II. versucht, gestützt auf Beamte niederer Herkunft, den Kampf gegen den Adel, dessen Ansiedlungsrechte beschränkt werden. Die Mongolengefahr (seit 1243) bindet vorübergehend die griechischen Kräfte.

Die spätbyzantinische Zeit (1259–1453)

1259–1282	**Kaiser Michael VIII. Palaiologos** (* 1224, † 1282). Ein Militär und Vertreter des Grundadels, setzt er sich nach dem Tode Theodors II. als Mitkaiser neben den unmündigen Johannes IV. Laskaris (1258–1261).
1259	Sein Bruder Johannes Palaiologos erringt im Tal von Pelagonia (Makedonien) einen entscheidenden Sieg über Epeiros (Epirus), die fränkischen Barone von Achaia und Manfred von Sizilien. Für die Rückeroberung Konstantinopels sucht Michael VIII. im Vertrag von Nymphaion
1261	die Hilfe Genuas und seiner Flotte, das die bisherige Stellung Venedigs im Osten bekommen soll (Alaungruben in Phokaia [Phokäa, heute Foca, Golf von Izmir], Galata-Quartier seit 1267).
1261 **25. Juli**	Doch Konstantinopel fällt überraschend vor der Durchführung des Vertrages. **Das byzantinische Kaiserreich ist wiederhergestellt.** Michael VIII. läßt sich in der Hagia Sophia erneut krönen, seinen Sohn Andronikos zum Mitkaiser ausrufen und Johannes IV. blenden. Damit Herrschaft der **Dynastie der Palaiologen** 1259/1261–1453. Von Laskaridenpartei und Kirche angefochten, kommt Michael den Adelsinteressen durch Erblichkeit der Pronoiagüter entgegen. Er versucht Byzanz nochmals zur Großmacht zu machen; Hauptziele: Beseitigung der lateinischen und griechischen Partikularstaaten, Abwehr Bulgariens und Serbiens, Verhinderung eines Kreuzzuges und einer Koalition Papsttum–Sizilien.
1264	Epeiros erkennt seine Oberhoheit an. Der 1259 gefangengenommene Fürst von Achaia, Wilhelm II. von Villehardouin († 1278), tritt 1261 Mistra und Monemvasia ab. Unionsverhandlungen mit dem Papsttum hintertreiben erfolgreich die Angriffspläne Siziliens und den Kreuzzug zur Wiederherstellung des Lateinischen Kaiserreichs. Auf dem **Konzil von Lyon** wird aufgrund eines persönlichen Glaubensbekenntnisses
1274 **6. Juli**	Michaels VIII. und seines Sohnes die **Union** mit Anerkennung des päpstlichen Primats verkündet. Sie führt zu schweren Konflikten in Konstantinopel. Die Unionsgegner unter Führung der Mönche *(Zeloten)* bestreiten dem Kaiser grundsätzlich Rechte in Glaubensfragen. Gegen neue Kreuzzugspläne Karls I. von Anjou (* 1226, † 1285; ab 1265 König von Sizi-
1281	lien) im Bund mit dem Titularkaiser Philipp, Venedig, Bulgarien, Epeiros (Epirus) und Thessalien im Vertrag von Orvieto und die Exkommunikation durch Papst Martin IV. (1281) bildet Michael VIII. eine Koalition mit Ungarn, Mamluken, Goldener Horde sowie
1282	Aragón und steht im Hintergrund der *Sizilianischen Vesper,* die Byzanz rettet und die europäische Machtkonstellation verändert. Venedig wendet sich wieder Byzanz zu.
1282–1328	**Kaiser Andronikos II.** (* 1260, † 1332). Die völlige Erschöpfung der Mittel zwingt zu drastischen Einschränkungen. Das Heer wird reduziert, die Flotte aufgelöst. Byzanz ist wirtschaftlich den italienischen Seemächten end-
1282	gültig ausgeliefert. Von der Union wendet sich Andronikos ab. – Schon während Michaels VIII. Westpolitik dehnen sich die Türken, von den Mongolen abgedrängt, weiter in Kleinasien aus, dessen weitgehender Verlust Landwirtschaft, Handwerk und Finanzkraft von Byzanz untergräbt. Die Steuereinnahmen erreichen nur noch ein Achtel des 12. Jh.s, das Hyperpyron sinkt auf 50%. Versuche, mit westlichen Söldnern wie der katalanischen Kompanie unter Roger de Flor (1303–1305) die Türken zurückzudrängen, scheitern. Die Katalanen lassen sich zuerst in Gallipoli, dann in Athen nieder. Auf dem Balkan erobert das aufstrebende Serbien Makedonien und Thessalien, die als
1299	Mitgift einer byzantinischen Prinzessin abgetreten werden.
1307	Bulgarien erhält Mesembria an der Schwarzmeerküste und Gebiete südlich des Balkangebirges. Erfolge nur in Achaia auf Kosten der Lateiner, später auch in Epeiros (Epirus), wo die
1318	Dynastie der Angeloi erlischt, während Thessalien an andere Bewerber fällt. Venedig verzichtet auf die 1204 gewonnenen Rechte in Konstantinopel und auf die Kreuzzugsidee zugunsten von Handelsprivilegien.
1328	Ein Bürgerkrieg zwingt den Kaiser zur Abdankung zugunsten seines Enkels.
1328–1341	Unter *Andronikos III.* wird das Gerichtswesen durch Einsetzung von besoldeten Richtern neu geordnet (ca. 1345 Rechtshandbuch des Konstantin Harmenopulos, *Hexabiblos,* das sich auch im slawischen Bereich durchsetzt und nach 1453, in Griechenland bis 1946, bleibt).

Byzantinisches Reich   *595*

Aus privaten Mitteln Flottenneubau. Weiteren Verlusten an die Serben steht der Gewinn von Chios 1329 (bis 1346), Thessalien 1333, Epeiros (Epirus) 1337 (bis 1349) gegenüber: *Ende der Sonderreiche auf dem Balkan.*

1341 *Johannes Kantakuzenos* usurpiert den Kaisertitel als Mitherrscher für *Johannes V. Palaiologos* (* 1332, † 1391). Jahrelanger Kampf des Grundadels gegen eine auf das Volk ge-

1341– stützte hauptstädtische Partei mit Eingreifen von Serben und Osmanen.
1347/1350 Mit den politischen Gegensätzen verbinden sich die soziale Bewegung der Zeloten in Thessalonike, die angeblich für die legitime Dynastie eintreten, und in verkehrter Frontstellung der Hesychasmusstreit (mystische Theologie der Gottesschau mit Zentrum auf dem Athos, Führer Gregorios Palamas).

1347 Der Sieg des Kantakuzenos, der zum Hauptkaiser auf 10 Jahre unter territorialer Reichs-
1350 teilung als Johannes VI. zum zweiten Mal gekrönt wird und die radikalisierten Zeloten niederwirft, ist zugleich der Sieg des Hesychasmus und das Ende der Latinophilie in Byzanz. Das Reich ist völlig ruiniert, der eigentliche Sieger Serbien, das Epeiros (Epirus) und Thessalien erobert. Die Pest von 1347/1348 dezimiert die Bevölkerung von Konstantinopel, das nachher noch 100 000, im 15. Jh. 50 000 Einwohner hat.

1354 Die Besitznahme von Gallipoli durch die Osmanen als erste Eroberung auf europäischem
1355 Boden und der vergebliche Versuch einer Dynastiegründung zwingen Johannes VI. zur Abdankung († 1383).

1355–1391 Während der Alleinherrschaft von *Johannes V.* zerfällt Byzanz administrativ und feudal durch das von Johannes VI. eingeführte System von Apanagen bzw. Despotaten (Thrakien, Morea/Mistra) zuerst für die Kantakuzenoi bis 1382, dann die Palaiologen. Die letzten Besitzungen in Kleinasien gehen verloren.

um 1370 Mit dem Fall von Adrianopel ist Byzanz durch die Osmanen eingekreist.
Türkengefahr und Kreuzzugspläne, jetzt zugunsten von Byzanz gegen die Türken, werden bestimmende Faktoren neben der *Unionsfrage.*

1376–1379 Gegensätze über die zu befolgende Politik spiegeln sich in den Usurpationen von *Androni-*
1390 *kos IV.* († 1385) und *Johannes VII.* (* um 1370, † 1408).
Johannes V. erklärt sich den Osmanen 1379 tributpflichtig, **Byzanz ist ein osmanischer**
1387 **Vasallenstaat.** Das Reichsgebiet schrumpft weiter, es fällt Thessalonike, nach dem osmani-
1389 schen Sieg auf dem Amselfeld scheint das Ende nahe.

1391–1425 **Kaiser Manuel II.** (* 1370, † 1425).
Manuel kann die Selbständigkeit des Reiches wahren, das fast nur noch aus Konstantinopel und Morea besteht, wo durch Reformen und Siedlungspolitik ein bedeutender Aufschwung einsetzt.

1393/1394 Die Osmanen unterwerfen die Hauptstadt einer Blockade.
1396 Hilfegesuche Manuels, die zum vergeblichen Kreuzzug von Nikopolis führen, und eine
1399–1402 Reise nach Italien, Frankreich und England bringen keine Wende, aber sie wecken das Interesse für griechische Kultur und Sprache.

1402 Die vernichtende Niederlage der Osmanen gegen Timur bei Ankara (Angora) gibt Byzanz nochmals 50 Jahre Frist. Athos und Thessalonike (bis 1430) zurückgewonnen.

1424 Sultan Murad zwingt Manuel II. zur Rückkehr zur Tributpflicht und belagert die Stadt.

1425–1448 Kaiser *Johannes VIII.* (* 1392, † 1448) unternimmt den letzten großen Unionsversuch auf
1439 dem *Konzil von Ferrara–Florenz.*

6. Juli Die *Union* wird abgelehnt, wo die Gegner die türkische Herrschaft der Unterwerfung unter Rom vorziehen. Rußland bricht mit Konstantinopel.

1444 Das Scheitern des Kreuzzuges von Warna besiegelt das Schicksal des neutral gebliebenen Byzanz.

1449–1453 Kaiser *Konstantin XI. (XII.) Dragases* (* 1403, † 1453).
1453 Durch entscheidenden Einsatz von Artillerie und Überführung der türkischen Flotte zu
29. Mai Land ins Goldene Horn gelingt die osmanische **Eroberung Konstantinopels.**

1460 Fall von Mistra als letztem byzantinischem Teilreich auf europäischem Boden.

Die Bedeutung des Falls von Byzanz

Der Fall von Byzanz führt durch die Auswanderung führender byzantinischer Gelehrter nach Italien (Florenz und Venedig) mit Handschriften antiker Autoren – wie zuvor schon die Unionsverhandlungen – zu intensiver Begegnung des Westens mit der griechischen Tradition. Entscheidende Impulse für die **Renaissance.** *Wie das römische Recht hat Byzanz durch Bildungskontinuität der Nachwelt die griechische Literatur bewahrt.*
Die griechische orthodoxe Kirche bleibt unter der Türkenherrschaft bestehen, der Patriarch von Konstantinopel Gennadios (Georgios Scholarios, * um 1405, † nach 1472) widerruft die Union und wird der offizielle Führer der orthodoxen Untertanen des Sultans. Politisch geht die Führerrolle in der Orthodoxie an das *Großfürstentum Moskau,* das das **„Dritte Rom"** sein will.

596   Mittelalter — Spätmittelalter

Christliche Besitzungen im Vorderen Orient bis 1573
(Forts. v. S. 494)

Das **Kaiserreich Trapezunt** (heute Trabzon, am Fuß des Pontischen Gebirges) an der Südküste des Schwarzen Meeres, seit 1214 auf den Yesil Irmak zurückgeworfen, gerät bald unter starken Druck; durch geschickte Heiratspolitik bewahrt es weitgehend Selbständigkeit
trotz Tributzahlungen, ebenso sein Griechentum mit hohen künstlerischen Leistungen
(Sophienkloster, Fresken in Hagios Sabbas und Hagia Sophia). Als Pufferstaat am Rande
der byzantinischen Welt vermittelt es mit Südrußland und mit Persien (von dort auch Wissenschaften wie Optik) Handel, an dem Genua (mit Kastell in Trapezunt) und später Venedig teilhaben wollen.

1297–1330	Blüte unter *Alexios II.,* dann Bürgerkriege.
1456	Nach dem Fall Konstantinopels Anerkennung der osmanischen Oberhoheit.
1461	Trapezunt wird als letztes griechisches Reich von den Osmanen erobert.

1226–1270   Das Königreich **Kleinarmenien** kommt mit *Hethum I.* an die Dynastie der Lampronatzi,
die sich gegen die Seldschuken an die Mongolen anlehnt und so den Hafen Ajas (Lajazzo)
in den Chinahandel einschaltet.
Der Niedergang der Kreuzfahrerstaaten steigert die Bedeutung als Handelsvermittler und
Nachschubhafen, Ausgangspunkt für Kreuzzüge, Mission und politische Bündnisversuche
mit den Mongolen.

1281, 1298   Niederlagen gegen die Mamluken, der Zusammenbruch der Kreuzfahrerstaaten und ein
1307   Mongoleneinfall, dem fast die ganze Führungsschicht zum Opfer fällt, leiten den Niedergang ein, den die innere Opposition gegen die kirchliche Union (seit 1198) verstärkt.
Tributpflicht an die Mamluken führt zu vergeblichen Hilferufen an den Westen. 1332 wird
Ajas zum ersten Mal, 1347 endgültig zerstört. Erbe der 1341 ausgestorbenen Dynastie
1342–1375   werden die Lusignans von Zypern. Die Mamluken erobern Kleinarmenien.
1393   Der letzte König Leo VI. stirbt, während die Lusignans Titularkönige bleiben.

1192–1489   Das Königreich **Zypern** unter den Lusignans (seit 1192) wird Mitte 13. Jh.s durch den Niedergang des Königreichs Jerusalem der führende Kreuzfahrerstaat.
1267–1284   *Hugo III.* vereinigt die Kronen von Zypern und Jerusalem, zieht sich aber nach Intrigen
1269   Karls von Anjou († 1285; als Karl I. ab 1265 König von Sizilien) und der Templer auf die
1276   Insel zurück.
1285–1324   *Heinrich II.* nimmt vergeblich am letzten Kampf um Akkon teil (1291).
bis 1309   Zypern ist der Zufluchtsort der Kreuzritter aus Syrien, zuerst auch Sitz der Johanniter und
bis 1311   der Templer, dann Ausgangspunkt für Spätkreuzzüge. Mit dem wichtigen Hafen Famagusta vermittelt Zypern Waren des Orients (Gewürze, Teppiche, Porzellan) und liefert selber
Olivenöl, Wein, Baumwolle und Zuckerrohr nach Europa.
1324–1359   Im 14. Jh. steigt Zypern in der Friedens- und Reformzeit *Hugos IV.* (Gönner Boccaccios)
1359–1369   und vor allem unter **Peter I.** zur europäischen Macht auf.
1369–1382   Schon unter *Peter II.* kämpfen Genua (mit Privilegien seit 1218) und Venedig (seit 1306)
um die Herrschaft.
1382   Famagusta (mit genuesischer Besatzung seit 1374) wird formell an Genua abgetreten, das
Zypern mit absolutem Handelsmonopol ausbeutet.
Der Aufstieg der Osmanen schwächt die Position der Insel zusätzlich. Seit 1342 bzw. 1393
führen die Lusignans auch die armenische Krone.
1398–1432   König *Janus* muß 1426 die Oberhoheit Ägyptens anerkennen.
1460–1473   Der letzte tatkräftige König *Jakob II.* läßt sich vom Mamlukensultan zum König einsetzen,
bricht die genuesische Vorherrschaft und sucht Ausgleich mit dem Griechentum.
1468   Die Heirat mit der venezianischen Patrizierin Caterina Cornaro (* 1454, † 1510; seit 1472
Königin von Zypern) bereitet den Übergang an Venedig vor.
1489–1571   Venezianische Herrschaft.
1571   Die ganze Insel wird von Sultan Selim II. erobert.
1573   Venedig tritt Zypern offiziell an die Pforte ab.

EUROPÄISCHE NEUZEIT

Die Bezeichnung für die auf das Mittelalter folgende große Epoche in der **Geschichte Europas** kommt im Humanismus auf und wird seit C. Cellarius (*1638, † 1707) als gültiger Periodisierungsbegriff verwendet. Obgleich solche Einteilungen immer umstritten bleiben, werden sie hier als eingebürgert und praktikabel verwendet. Konkret werden als Einschnitte verstanden vor allem die osmanische *Eroberung Konstantinopels* (1453; Ende des auf spätantiker Grundlage aufbauenden Byzantinischen Reichs, das dem Abendland bedeutende Traditionen vermittelt und dadurch dem Humanismus einen wesentlichen Impuls gibt), die europäische *„Entdeckung" Amerikas* (1492; Erweiterung des Weltbildes, Einschnitt in der Kolonialgeschichte) und vor allem der Beginn der *Reformation Martin Luthers* (1517; als geistige, auf soziale, politische und wirtschaftliche Bereiche übergreifende Umwälzung). Wichtige konstitutive Merkmale der europäischen Neuzeit wie die Zunahme der *Schriftlichkeit,* rapide ansteigend durch den Druck mit beweglichen Lettern ab etwa 1450, die wachsende wirtschaftliche und kulturelle Bedeutung des *Bürgertums,* der Aufbau von *Flächenstaaten* mit kontinuierlich tätigen, effektiven Herrschaftsapparaten oder die Entwicklung eines *europäischen Staatensystems* mit Bündnissen, Kriegen, Rivalitäten werden freilich bereits im Spätmittelalter deutlich. Kompromißhaft geht die neuere Forschung meist von einer *Übergangszeit in der zweiten Hälfte des 15. Jh.s* aus, während die Übertragung dieser Epochengrenze auf die außereuropäischen Völker und Kulturen eher zurücktritt. Ihnen wird eine eigenständigere Behandlung mit spezifischen Epochen zugestanden, bzw. die Veränderung jener Kulturen und Gesellschaften durch die europäische Ausbreitung setzt meist erheblich später, jedoch regional verschieden ein. Gegenüber der Frage nach dem Beginn der Neuzeit erhalten andere Epochengrenzen durch die neuere Forschung eine vermehrte Aufmerksamkeit. So wird die **Frühe Neuzeit** vom Ende des Mittelalters bis zum Vorabend der Französischen Revolution (1789) verstärkt als eigene Epoche gesehen, teilweise sogar mit dem Spätmittelalter zu einem Zeitabschnitt zusammengefaßt. Liegt in der Frühen Neuzeit gleichwohl ein Schwerpunkt der neuzeitlichen Abhebung vom Mittelalter, so erhält der durch die **Französische Revolution** eingeleitete Zeitraum (1789–1914) einen eigenen, gleichfalls heute stark betonten Charakter durch die politisch-industrielle Doppelrevolution, die in England schon im 17./18. Jh. beginnt und sich in ganz Europa auf dem Wege einer in den Einzelstaaten unterschiedlichen „Modernisierung" bis ins 20. Jh. fortsetzt. Hiervon hebt sich seinerseits das **Zeitalter der Weltkriege** (1914–1945) ab, in dem die Einbeziehung der ganzen Welt in die Probleme Europas den Kulminationspunkt überschreitet und Europa selbst in rapide wachsendem Maße durch die von außerhalb dieses Kontinents ausstrahlenden Kräfte erfaßt wird. Am Ende, 1945, wird man kaum noch von einer *europäischen* Neuzeit sprechen.

Frühe Neuzeit (etwa 1500 bis Ende des 18. Jh.s)

Allgemeine Entwicklungen

Die Frühe Neuzeit von 1500 bis zur Französischen Revolution 1789 ist eine Epoche mit einer *vorwiegend stabilen feudalen Grundstruktur,* auf der sich besonders deutlich im politischen, nicht so offenkundig im wirtschaftlichen Bereich zahlreiche Veränderungen abzeichnen, die sich meist als Weiterentwicklungen älterer Strukturen, oft auch mit echten Neuerungen verbunden, erweisen und deren Ineinander jene charakteristischen Formen sozio-kultureller Entwicklungen bilden, die wir als frühneuzeitlich bezeichnen.

Die Situation der Bevölkerung um und nach 1500

Geht man von der **Bevölkerungszahl** um 1500 aus, so läßt sich diese für Europa auf etwa 60 bis 70 Mio. schätzen; sie liegt somit nicht höher als 200 Jahre früher. Daß das Defizit allenfalls aufgeholt, aber kein eigentliches Wachstum zu verzeichnen ist, liegt vor allem an Seuchen, Pest, Kriegen und Hungersnöten, besonders der Großen Hungersnot des 14. Jh.s. Diese Geißeln der Menschheit bleiben auch noch lange nach 1500 trotz etwas steigender Bevölkerungszahl für die demographische Entwicklung Europas von entscheidender Bedeutung.

Chroniken, Curricula Vitae, Denkwürdigkeiten und sonstige biographische Aufzeichnungen des 16. und 17. Jh.s, aber auch medizinische Traktate sind voll von detaillierten Schilderungen und wiederholten Klagen über **Krankheiten** verschiedenster Art, von Roter Ruhr, Virusgrippen, Syphilis sowie anderen Pandemien und Epidemien, deren Charakter heute kaum noch feststellbar ist, die die Menschen aber in großer Zahl dahinrafften, oder von Leiden wie Epilepsie, Podagra, Nierenstein, Wassersucht etc., die die Lebenserwartung verringern. Gegen viele Krankheiten kennt man Hausmittel oft mehr abergläubischer als medizinischer Art; die Fürsten senden ihren Standesgenossen Amulette, die wahre Wunder vollbringen sollen.

Die niederen Schichten leiden zum großen Teil an permanenter Unterernährung, so daß die Reichen gewöhnlich älter werden als die Bedürftigen. Ungezählt sind auch die Klagen über hohe Preise, über die Verwüstung der bäuerlichen Felder infolge von Kriegseinwirkungen, über unerträgliche Abgaben an die Grundherren und über Kriegskontributionen, die bei allen nur denkbaren Gelegenheiten erhoben werden. All diese Mangelerscheinungen sind Ausdruck von **Subsistenzkrisen,** da der Zunahme der Bevölkerung sowohl im 16. wie (nach der großen Stagnation des 17.) noch stärker im 18. Jh. nur begrenzte Wachstumsmöglichkeiten der Erträge in der Landwirtschaft und der Güterproduktion gegenüberstehen.

Bevölkerungsentwicklung 1600-1800

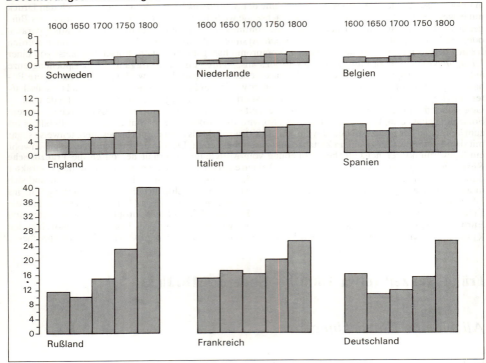

Der begrenzte Aufschwung von Landwirtschaft, Gewerbe und Handel

Dennoch setzt nach einem Jahrhundert der Stagnation bereits vor 1500 eine langsame *Zunahme der Bevölkerung* ein, bedingt durch das Zurückgehen der Krisenfaktoren, anders gesagt: durch eine Verbesserung in den Bereichen, die vorher das Sinken der Bevölkerungsquote mit bewirkten. Hier ist auch an ein Zurückgehen oder Verschwinden bestimmter Epidemien zu denken, aber der Hauptfaktor liegt in den Wandlungen, die sich in Landwirtschaft und Gewerbe vollziehen, die zwar nach Ländern verschieden, in der Grundstruktur in den Teilen Europas dennoch ähnlich sind.

Geht die *Getreideproduktion* vielerorts wegen des Arbeitskräftemangels und höherer Löhne für die Landarbeiter zurück, so werden anderswo, wie in der osteuropäischen Gutswirtschaft, zunehmend Überschüsse erwirtschaftet, die in die unterversorgten Gebiete ausgeführt werden können. Die *Viehzucht* wird intensiviert; mit ihr ist nicht nur ein höherer Fleischkonsum verbunden, sondern auch eine Bereicherung des Handels mit Häuten, Wolle und Butter. Die *Bodenkultur* wird qualitativ und quantitativ nach und nach verbessert, insofern man bis dahin ungenutzten Boden (wie Sümpfe und Moore) in die Nutzung einbezieht. Im Bereich von Garten- und Weinbau findet eine Veredlung statt, und nicht zuletzt werden in verstärktem Maße all jene Pflanzen (darunter Hanf und Flachs) angebaut, die einen Aufschwung der *Textilproduktion* ermöglichen.

Dennoch stehen im bäuerlichen Bereich einer Schicht mit deutlichem sozialem Aufstieg und materieller Verbesserung die Kleinbauern und Landarbeiter gegenüber, die die soziale Absicherung nicht schaffen und kümmerlich existieren. Dies erklärt die anhaltende *Abwanderung in die Städte,* denen es infolge des zu geringen Gewerbeaufschwungs an ausreichenden Arbeitsplätzen fehlt, so daß die vom Land Kommenden häufig Teil des städtischen *Proletariats* werden.

Der relative Aufschwung in den **Städten** ist ähnlich wie auf dem Lande in einer qualitativen, besonders aber quantitativen Veränderung der Produktion zu suchen. Die Herstellung von Textilien und Glaswaren in *Manufakturen* sowie die Gewinnung und Verarbeitung von Metallen erleben bereits vor und nach 1500 eine Blüte, und das um so mehr, als das *Verlagssystem* (eine meist kleingewerbliche Produktionsform, bei der die Arbeiter in ihren Wohnungen im Auftrag von „Verlegern" arbeiten) eine Steigerung der Produktion ermöglicht – jedenfalls verglichen mit dem herkömmlichen *Zunftwesen,* das dadurch in Rivalität mit der neuen Produktionsweise gerät und teilweise (deutlich in Frankreich, kaum in Deutschland) durch diese zurückgedrängt wird.

Mit dem Aufleben des Gewerbes erlebt auch der Handel eine Aufwärtsentwicklung, vor allem gefördert durch den **Überseehandel,** dem der Binnenhandel im Zuwachs bei weitem nachsteht. Die Handelszentren werden zahlreicher, die Praktiken der Kaufleute, namentlich der großen Handelsherren, differenzierter im Sinne des seit dem Mittelalter aufkommenden Frühkapitalismus, der mit den Namen der Bardi, Peruzzi, Medici, Fugger, Welser u. a. verbunden ist. Der Kaufmann, der zum Kaufherrn aufsteigt, erlangt eine gehobene soziale Stellung, die sich nicht selten in seiner Nobilitierung, mindestens im Bemühen darum, äußert. Die Hanse, immer noch von Bedeutung, verliert freilich ihre führende Position im Ostseehandel, erlebt in der zweiten Hälfte des 16. Jh.s aber noch einmal eine beachtliche Blüte.

Verflechtungen einer Handelsgesellschaft im 15./16. Jh.

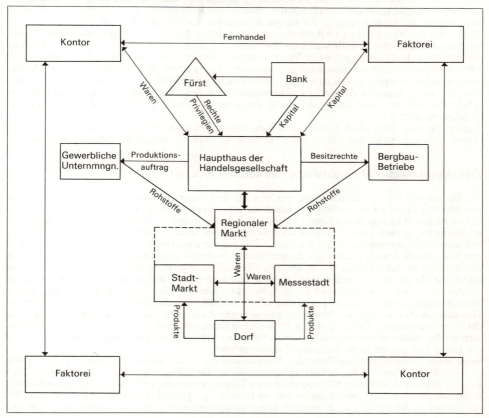

600   Neuzeit – Frühe Neuzeit

Staatliche Entwicklungen

Die Verhältnisse im Reich und die entstehenden Nationalstaaten Westeuropas

Im Reich kommt es im ausgehenden Mittelalter und in der Frühen Neuzeit zur Herausbildung moderner **Landesherrschaften,** die die Macht des Kaisertums zunehmend einschränken, sich aber ihrerseits mit den *Landständen* (Adel, Geistlichkeit und Städten) auseinandersetzen müssen, die mit dem ihnen verbliebenen Steuerbewilligungsrecht die Landesherrn schwer zu „molestieren" vermögen.

In Westeuropa beginnen sich an der Schwelle zur Frühen Neuzeit **Nationalstaaten** zu entwickeln. In ihnen gelingt der *Monarchie* mittels Ausbau des Steuersystems und der Heeresverfassung der direkte Zugriff auf die Untertanen, die ihrerseits (teils mit dem politisch egalisierten Adel) weniger ein gemeinsames Untertanenbewußtsein gegenüber der absoluten Monarchie und ihren Apparaten als ein solidarisches *Nationalgefühl* der politischen Selbständigkeit nach außen entwickeln. Dieser Monopolisierung der politischen Macht in der Krone entspricht die schwererkämpfte politische Ausschaltung der Stände. Dem *Adel* wird für den Verlust der politischen Zwischenstellung zwischen Krone und lokalen Gemeinden die soziale Privilegierung (Steuerfreiheit, Grund-, Gerichts-, Polizeihoheit) garantiert. Die sich hier anbahnende Entwicklung, bei der man zunächst an Spanien, Frankreich und England denkt, verläuft im einzelnen unterschiedlich, läßt jedoch allgemeine Züge erkennen. Sie beruht primär auf einer außenpolitischen Situation, welche die bisher partikularen Kräfte zusammenschmiedet und auf dem Hintergrund der gemeinsamen Aufgabe das Nationalgefühl weckt. Im gleichen Sinne wirken die Vergrößerung der territorialen Machtgrundlage, die Ersetzung mittelalterlicher Herrschaftsvorstellungen, die ihren Ausdruck in der Lehnspyramide fand, durch Herausbildung der einheitlichen Untertanenschaft unter der absoluten Monarchie oder auch die Wandlungen im Verhältnis von Staat und Kirche, wie z. B. die weitgehende Unterstellung des Klerus unter den Staat, wie sie in Frankreich nach der Pragmatischen Sanktion von Bourges (1438) durch das Konkordat König Franz' I. mit dem Heiligen Stuhl 1516 erreicht wird. Freilich darf man sich das Verhältnis zwischen nationalstaatlicher Zentralgewalt und dem noch von lehnsrechtlichen Denkweisen geprägten Zwischengewalten keineswegs reibungslos vorstellen. Die Partikulargewalten fügen sich der Krongewalt meist erst in einem langen Prozeß der Umgewöhnung, der zwar im Absolutismus weit fortschreitet, aber nie vollständig durchgeführt wird. Auf dem Wege der Schwächung der feudalen Kräfte haben die verschiedensten Faktoren eine Rolle gespielt, z. B. die schon im Spätmittelalter deutlich werdende Ersetzung der adligen Reiterheere durch Söldnerheere zu Fuß.

Während, aufs Ganze gesehen, im Reich der Absolutismus den Aufstieg des **Bürgertums** und die Entstehung eines bürgerlichen Selbstbewußtseins eher behindert, wird er namentlich in England, Frankreich und den Niederlanden stark gefördert. Von besonderer Wirkung in Westeuropa ist die Anlehnung der hochkommenden Schichten bäuerlicher und städtischer Herkunft an die Zentralgewalt, was nicht ausschließt, daß die Aufgestiegenen, haben sie ihr Ziel erreicht, ihre Aufnahme in den feudalen Stand betreiben, weil sie der feudalen Gesellschaft nicht nachstehen wollen. Eine Standeserhöhung bleibt das begehrte Ziel Vieler – auch das Studium und der teuer erworbene Doktortitel sind oft Mittel zur Standeserhöhung.

Auch in *Osteuropa* zeigen sich Ansätze zur Bildung nationaler Staaten, die jedoch nicht immer zur Realisierung gelangen. So bleiben z. B. in Polen–Litauen die Sonderinteressen des Adels dominierend.

Der Absolutismus als Staatsform der Frühen Neuzeit

Charakteristisch für die Herausbildung des neuzeitlichen Staates ist das energische, kontinuierliche Bemühen der Krone um *Ausweitung der staatlichen Kompetenzen,* der Intensivierung jeglicher Staatstätigkeit, bis hin zu entschiedenen Eingriffen in die Wirtschaftsprozesse, und der territorialen *Ausweitung des Herrschaftsgebiets.* Dem dienen vor allem die sich entwickelnden staatlichen Apparate der Zentralbehörden und Beamtenschaft sowie das Heer. Diese Faktoren entwickeln sich in den einzelnen Staaten durchaus verschieden und in unterschiedlichem Tempo, tendieren in jedem Fall jedoch zu einer Stärkung der Staatsmacht. An die Stelle des ständischen Elements im Mittelalter tritt zunehmend der *Untertan* als Objekt obrigkeitlicher Forderungen, zugleich aber auch ihrer Fürsorge, die so weit reicht, daß der Landesvater sich für das Seelenheil seiner Untertanen verantwortlich fühlt und mit entsprechenden Anordnungen in deren religiöses Leben eingreift. In den religiösen Bürgerkriegen des 16. Jh.s tritt der Herrscher als friedenssichernde Macht auf und bestimmt dafür die Form der Religionsausübung (oder der Tolerierung anderer Kulte). In diesen Phänomenen liegen praktische Ansatzpunkte für das Aufkommen des Absolutismus, der in einem langsamen Prozeß entsteht, nie zur Vollendung gelangt, doch in weiten Teilen Europas zur vorherrschenden Staatsform wird.

Seine *theoretische Begründung* findet der Absolutismus durch *Jean Bodin* (*1529 oder 1530, † 1596) und *Thomas Hobbes* (*1588, † 1679). In seinem Werk „De la République" (1576) stellt Bodin den Begriff der Souveränität in den Mittelpunkt; dessen Träger, der Monarch, besitzt die absolute und unteilbare Staatsgewalt, die an keinen Konsens anderer Gewaltträger gebunden ist. Mag auch die Souveränität des Herrschers absolut sein, sie ist dennoch keine Willkürherrschaft, weil sie vom göttlichen Recht und vom Naturrecht begrenzt ist. – Der Engländer Hobbes geht vom Urzustand der Menschen als „bellum omnium contra omnes" aus, dem die Menschen selbst durch einen Gesellschaftsvertrag ein Ende bereiten. Durch diesen Vertrag rufen sie den „Leviathan", nach Hobbes den Staat, ins Leben, an dessen Spitze der an keine andere Macht gebundene, mit unumschränkter Gewalt ausgerüstete Souverän steht. In seiner Hand liegen die gesetzgebende, die vollziehende und die rechtsprechende Gewalt; seine einzige Begrenzung findet er im Naturrecht, das seine Macht von Willkür trennt. Die Untertanen haben kein Widerstandsrecht gegen den Despoten, außer wenn der Souverän den Staatszweck, Friedensordnung und innere Sicherheit, nicht mehr erfüllen kann.

Unbeschadet verschiedenster Ausprägungen – man denke z. B. an den *aufgeklärten Absolutismus,* der sich moderner rationaler Herrschaftstechniken bedient und seinen unveränderten Machtanspruch unter dem Einfluß der Aufklärung neu legitimieren muß – sind für alle absolutistischen Staaten charakteristisch die Zentralisierung der Verwaltung, der Ausbau des möglichst mit Bürgerlichen (außer in Deutschland) besetzten Behördenapparats, die Erweiterung des stehenden Heeres, die Unterordnung der Kirche unter den Staat, die Entmachtung der Aristokratie (ohne ihr die gesellschaftlichen Privilegien zu nehmen), eine Intensivierung der Wirtschaft und eine Regierungsweise, die neben dem persönlichen Regiment des Monarchen bereits auf bürokratische Apparate angewiesen ist, auch wenn das Prinzip des Delegierens vom Autokraten nur sehr bedingt akzeptiert wird, so daß er die Regierungsgeschäfte zwar möglichst selbst in der Hand behalten will, aber damit an die Grenzen seiner Leistungsfähigkeit stößt.

Das absolutistische *Frankreich* wird zum Vorbild für Europa, aber inwieweit es sich jeweils nachahmen läßt, hängt von den Voraussetzungen der verschiedenen Länder ab – man denke nur an England und die vom House of Commons erfolgreich betriebene Opposition gegen königliche Alleinherrschaftsbestrebungen zur Sicherung des Mitspracherechts bei Steuererhebungen.

Dauer und Wandel wirtschaftlicher Strukturen

Der Merkantilismus

Der in Europa vom 16. bis 18. Jh. als Wirtschaftslehre vorwaltende Merkantilismus ist die *Wirtschaftsform des absolutistischen Staats* und dazu bestimmt, dessen enorme finanzielle Bedürfnisse zu decken. Dies sind die Mittel vor allem für Heer, Beamtenapparat, aber nicht zuletzt auch für das fürstliche Hofleben, in dessen Gepränge der absolute Herrscher sich und seinen Staat darstellt. Nach Ländern verschie-

Das merkantilistische System

602   Neuzeit – Frühe Neuzeit

den ausgebildet, so in Frankreich als Colbertinismus, in Deutschland als Kameralismus, ist das Merkantilsystem in jedem Falle auf Wirtschaftsexpansion ausgerichtet und geht von der Theorie aus, daß der
Reichtum eines Landes auf Geld, d. h. auf einer aktiven Handelsbilanz, beruht.
Um dieses Ziel zu erreichen, entwickelt der Staat ein ganzes Repertoire von *dirigistischen Maßnahmen,*
die dazu angetan sind, den Reichtum des eigenen Landes auf Kosten anderer Länder zu mehren: mono-
polartiger Besitz bzw. Erwerb von Rohstoffen, rigorose Abschließung gegen Konkurrenzimporte, Intensivierung des Exports und Aufhebung der Binnenzölle, Erschließung neuer Absatzmärkte, Ausbau von
Handelswegen, Investitionen in Manufakturen und Handelskompanien, Einrichtung neuer Industriezweige, besonders für Luxusgüter, u. a. m. Eine rigorose Verwirklichung der theoretischen Postulate
würde zu Wirtschaftsblockaden großen Umfanges führen, kommt aber nicht zustande, weil bei aller Ähnlichkeit in den einzelnen Ländern die dirigistischen Maßnahmen unterschiedlich ausgeprägt sind (so gibt
es die Spielarten des küstenländischen und des binnenländischen Merkantilismus) und weil das System
in den einzelnen Staaten immer wieder durchbrochen wird.
Trotz einzelner Erfolge, die der Merkantilismus vor allem zunächst in Frankreich erzielt, läßt sich kaum
verkennen, daß er leider von falschen Voraussetzungen ausgeht; so bewirken ständige Exportüberschüsse
eine Inflation und schadet die weitgehende Unterdrückung von Privatinitiativen auf die Dauer der Wirtschaft. Seine Wirkung auf die Entwicklung eines Besitz- und Wirtschaftsbürgertums ist sehr unterschiedlich: Während in Frankreich ein sozial starkes Bürgertum gegenüber einem schwächer werdenden absoluten Herrscher stark profitiert, kann sich in Deutschland ein Bürgertum kaum verselbständigen gegenüber
der staatswirtschaftlichen Initiative der Herrscher. Insgesamt sind die wirtschaftlichen Auswirkungen des
Merkantilismus eher negativ, so in Frankreich, wo das merkantilistische System wegen der wachsenden
finanziellen Bedürfnisse der Krone die zunehmende Verschuldung des Staatshaushalts bis hin zum
Staatsbankrott nicht aufhalten kann. Anderswo ist dem Merkantilismus mehr Erfolg für das Staatsbudget
beschieden, so in Brandenburg-Preußen mit seiner puritanisch geprägten Führung des Staatshaushalts.

Die Landwirtschaft

Von den ungünstigen Wirkungen merkantilistischer Wirtschaftspolitik sind überall die unteren Schichten
am meisten betroffen, in besonderem Maße die Bauern, weil der Aus- und Aufbau von Manufakturen
und „Industrien" die Landwirtschaft in den Hintergrund drängt und am stärksten leiden läßt. Ein hoher
Prozentsatz der Bevölkerung lebt noch auf dem Lande, viele davon als Lohn- oder Saisonarbeiter. Die
konkrete Situation ist in den einzelnen Staaten unterschiedlich. So können sich in *England* nur die Großbauern halten, sofern sie nicht von der Geldaristokratie aufgekauft werden. Die kleinen Bauern versuchen, trotz zahlreicher Verbote, in die Städte abzuwandern, um dort ihr Brot zu verdienen. Sonst sind
sie als Pächter oder Landarbeiter auf ihren ehemaligen Gütern angestellt und versuchen durch Heimarbeit im Verlagswesen ihre kargen Einkünfte aufzubessern. In *Frankreich* bietet der Weinanbau zwar
einen gewissen Nebenverdienst, doch resultieren aus den je nach Ernte und Nachfrage sprunghaft
schwankenden Preisen Arbeitslosigkeit und Hungersnöte, die sogar zu blutig unterdrückten Revolten
führen. Günstiger ist die Situation in der *niederländischen* Landwirtschaft, die nicht einem so hohen Steuerdruck und dem Aufkauf durch Kapitalisten ausgesetzt ist. In *Deutschland* verläuft die Entwicklung der
Agrarstruktur im 17./18. Jh. in West und Ost verschieden. Einerseits entwickelt sich die herkömmliche
Grundherrschaft weiter. Im Osten und Norden setzt sich mit der *Gutsherrschaft* eine neue Land-
wirtschaftsform durch. Während der Grundherr gewöhnlich sein Land verpachtet und eine Rente bezieht,
bewirtschaftet der Gutsherr seinen Besitz selbst und hält die Gutsuntertanen in strenger Abhängigkeit.
Die Landesherren entwickeln Ansätze zu einer *Bauernschutzpolitik,* die u. a. das „Bauernlegen" (vergeblich) verbieten. Weitere Maßnahmen sind Bodenmeliorationen, Anbau neuer Kulturpflanzen und die
Modernisierung der Landwirtschaftsbetriebe, wozu zahlreiche einschlägige Erfindungen der Zeit Anlaß
geben. Aus diesen und anderen Ansätzen entwickelt sich schließlich die Theorie des *Physiokratismus,*
der das Merkantilsystem in Praxis aber nur geringfügig variiert. Danach ist nicht das aus den Handels-
überschüssen gehortete Geld Maßstab des Wohlstandes, sondern die Produktivkraft der Bodenbewirt-
schaftung.

Religiöser, wissenschaftlicher und kultureller Wandel

Renaissance und Humanismus

Die kulturelle Situation im Europa des ausgehenden 15. Jh.s wird zunehmend geprägt durch die Strömungen von **Renaissance** und **Humanismus.** Diese stehen für einen Wandlungsprozeß, in dem das Individuum im Zusammenspiel von Wiederentdeckung der klassischen Antike und neuerer, künstlerischer wie
wissenschaftlicher Naturerfahrung sich aus der Gebundenheit des hierarchisch-christlichen Denkens des
Mittelalters zu lösen beginnt, seinen Eigenwert als irdische und historische Persönlichkeit erkennt und

Religiöser und kultureller Wandel – Renaissance und Humanismus   603

ihm Ausdruck verleiht. Ausgangspunkt dieser Entwicklung ist *Italien*; hier läßt sich seit dem 14. Jh. eine Bewegung beobachten – Petrarca (* 1304, † 1374) –, die sich im 15. Jh. verstärkt ausbildet, allmählich alle künstlerischen und kulturellen Bereiche durchdringt und nach und nach, wenn auch in unterschiedlicher Weise, sich in ganz Europa ausbreitet.

Die geistesgeschichtlich und ästhetisch ausgerichtete Geschichtsforschung des 19. Jh.s (Jules Michelet, 1855; Jacob Burckhardt, „Die Kultur der Renaissance", 1860) hat für diese für sie so vorbildhafte Entwicklung, die sie fast ausschließlich am italienischen Vorbild festmacht, den Begriff der **Renaissance** = *Wiedergeburt* geprägt. Gemeint ist seither nicht mehr nur die Wiederentdeckung der klassischen, römisch-griechischen Kunst und Literatur, die allgemeine Wiederbelebung des antiken Erbes und die Befreiung des Menschen aus der dunklen Enge der mittelalterlichen Glaubenswelt, sondern die Grundlegung des modernen Welt- und Menschenbildes schlechthin (Wilhelm Dilthey, 1914). Benennt und beschreibt der Begriff der Renaissance schon in seiner Beschränkung auf die Kunst nicht einen bestimmten Stil, sondern einen immer schon positiven, schöpferischen Akt, so wird dies in der Verallgemeinerung seiner Bedeutung auf die gesamte Epoche noch hervorgehoben: *die* Renaissance wird zum Ausdruck einer von der eigenen Gegenwart her nur als positiv zu beurteilenden Epoche des geschichtlichen Fortschritts, zur positiv besetzten *Umbruchsperiode,* zur Wiege der Moderne schlechthin. Das aber macht eine gegenwärtige Weiterverwendung des Renaissancebegriffs so schwierig. Für uns heute ist es wichtiger, die Einzigartigkeit und Außergewöhnlichkeit dieses Vorgangs, seinen Charakter als geschlossene und folgerichtige Bewegung und „momentanen" Akt in Frage zu stellen. Es gilt vielmehr den kulturellen Wandel der Frühneuzeit in seiner historischen Entwicklung zu begreifen und ihn vor dem Hintergrund und im Wechsel mit den *gesellschaftlichen, wirtschaftlichen und politischen Veränderungen* dieser Epoche zu bestimmen. Gerade die verstärkte Erfassung der Renaissance als *gesamteuropäische Erscheinung,* die Analyse der vielfältigen nationalen Ausprägungen erschweren eine typologische Bestimmung und eindeutige Festlegung. Hier gilt es immer mehr, die unterschiedlichen Bedingungen und Eigenheiten herauszuarbeiten. Darüber hinaus muß aber auch die Herausentwicklung des Renaissancedenkens aus dem Mittelalter berücksichtigt und die Kontinuität mittelalterlichen Gedankenguts betont werden. In gleicher Weise müssen so die immer wiederkehrenden Renaissanceansätze während des Mittelalters als auch die Fortdauer mittelalterlicher Phänomene in der Neuzeit gerade auch in kultureller Hinsicht beachtet werden.

Auch der *Begriff* des **Humanismus,** der fast immer in enger Verbindung, ja Analogie zur Renaissance genannt wird, so daß eine Unterscheidung und Trennung beider nur schwer sich treffen läßt, ist ein Kind des 19. Jh.s (Friedrich Immanuel Niethammer, 1808). Er wird zunächst als Bezeichnung für das Bildungsprogramm des klassizistisch ausgerichteten Bürgertums verstanden und bürgert sich erst allmählich als Begriff für die wiederum vorbildhafte wissenschaftliche Bewegung des 14. bis 16. Jh.s ein. Hier meint er die sich durchsetzende *philologisch-kritische Pflege und Auseinandersetzung mit den antiken Schriften,* zuerst der römisch-lateinischen, später der griechischen, aber auch der hebräischen (Johannes Reuchlin, * 1455, † 1522), die das gesamte wissenschaftliche und universitäre Leben Europas bestimmen. Diese neue *Ausrichtung an der Antike,* die in ungezählten Editionen klassischer Texte ihren Ausdruck findet (vgl. die Erfindung des Buchdrucks durch Johannes Gutenberg, ca. 1448), ist gekennzeichnet durch ein doppeltes Moment: zum einen bewirkt und fördert sie die Abkehr von der mittelalterlichen Scholastik; vor allem nördlich der Alpen wird das Studium der „bonae literae" zum Kampfbegriff gegen die kirchlich bestimmte Universität und ihre institutionalisierten Studiengänge von Theologie, Jurisprudenz und Medizin. Dies zeigen sowohl die *Gründungen humanistischer Universitäten,* die nach florentinischem Vorbild geschaffenen *Akademien* (vor allem durch Conrad Celtis, * 1459, † 1508) als auch die von Universität zu Universität ziehenden und ihr Programm lehrenden humanistischen *„vagierenden Poeten".* Zum anderen aber schützt und stützt das antike Vorbild kraft historischer Autorität die neue Bewegung als eine gemeinsame Forderung nach einem direkteren, irdischeren und menschlicheren Wissen und Ausdruck. Ergänzt und begleitet wird diese Aufarbeitung der Antike von einem *neuen Verhältnis des Menschen zur Natur,* wie dies schon in *Petrarcas Bergbesteigung* des Mont Ventoux (nordöstlich von Avignon) angelegt ist. Bei Petrarca verschmelzen Gipfelerlebnis und Lektüre der „Confessiones" des heiligen Augustinus zu einer neuen Selbsterfahrung: der Mensch erscheint als vollkommenster Teil der Natur als Schöpfung Gottes, ist aber auch Ausdruck einer neuen Religiosität.

Und dieses Bewußtsein prägt die künstlerischen Vorstellungen des **Renaissancehumanismus.** Das Zusammenspiel von technischen, mathematischen und naturwissenschaftlichen Erkenntnissen, von Nachahmung der Natur und Vorbildlichkeit der Antike findet seinen Ausdruck in Architektur, Plastik und Malerei: in der neuen *Klassizität der Bauwerke,* den von riesigen Kuppeln überwölbten antiken Zentralbauten, wie sie von den Florentinern Filippo Brunelleschi (* 1377, † 1446) und Leon Battista Alberti (* 1404, † 1472) entwickelt worden sind und die in der Peterskirche mit der Kuppel *Michelangelo Buonarroti* (* 1475, † 1564) einen Höhepunkt finden; in der den irdischen Raum betonenden Horizontalen entgegen der gen Himmel weisenden Vertikalen der Gotik und in der genauen Perspektivierung des Raumes und der Landschaft; in dem strengen Naturalismus der Plastik, dem Ergebnis genauer Anatomiestudien und der vollkommenen Schönheit der Menschendarstellung *Tizians* (* 1476/77 oder um 1490; † 1576) oder *Raffaels* (* 1483, † 1520); den Kulminationspunkt verkörpert *Leonardo da Vinci* (* 1452, † 1519), der als universaler bildender Künstler, Naturforscher und Dichter alle Tendenzen dieses Zeitalters in sich vereinigt.

604   Neuzeit – Frühe Neuzeit

Diese Tendenz läßt sich, wenn auch mit zeitlicher Verzögerung, ebenfalls in der Entwicklung der *Musik* des 16. Jh.s verfolgen. Neben der Spätblüte der Polyphonie durch Orlando di Lasso (* um 1532, † 1594) oder Giovanni Pierluigi Palestrina (* um 1525, † 1594) ist die Hauptströmung auf ein *neues Verhältnis von Musik und Sprache* gerichtet. In den Mittelpunkt rückt nicht nur die Frage nach der Verständlichkeit des Textes, der in der mehrstimmigen polyphonen Stimmführung völlig verdeckt wurde, sondern zunehmend, durch die Hervorhebung des solistischen und affektiven Moments, eine Individualisierung und Ausdrucksverstärkung. Dies gilt in gleicher Weise für die Behandlung der menschlichen (Solo-)Stimme, die Entwicklung der verschiedenen Rezitativarten, die die *Entstehung der Oper* vorbereiten und einleiten (Florenz 1597: „Daphne" von Jacopo Peri [* 1561, † 1633]), als auch für die Instrumentalmusik. Der Charakter dieser Renaissancekunstwerke, ihre Betonung von perspektivisch-proportional-technischer Stimmigkeit und schöner Vollkommenheit ist zugleich irdisch wie göttlich motiviert, ihre Tendenz ebenso christlich wie säkular. Denn die neue irdische Vollkommenheit, die danach strebt, sich in dieser Harmonie und Schönheit auszudrücken, sucht zugleich die Identifikation von Göttlichem und harmonisch Schönem. Aber sie versteht sich auch da, wo sie sich zweckhaft christlich rückbindet, als Ausdruck eigenständiger Ästhetik. Das Ästhetische gewinnt im Verlauf der Renaissance gerade in seiner natürlichen und historischen Legitimierung erstmals selbständigen Wert, und dies macht den Doppelcharakter auch der christlich-religiösen Kunstwerke aus. Ja, der ästhetische Eigenwert des Kunstwerks, das nicht nur nachgebildet, sondern *besser* gebildet ist, erhebt dieses über die Natur.

Die solchermaßen im Schnittpunkt von Antike, Natur und Wissenschaft entspringende und sich legitimierende Bestimmung des Individualismus, die Neubestimmung des Selbstwertgefühls des Menschen als eines irdischen, natürlichen und historischen Wesens, vollzieht sich aber nicht als unmittelbarer, losgelöster künstlerischer Akt. Sie kann nur verstanden werden vor dem Hintergrund einer sich verändernden Gesellschaft und neuen, sich allmählich durchsetzenden Eliten.

So ist der *Renaissancehumanismus Italiens* im 15. Jh. zugleich Ausdruck und Programm der politischen Macht der italienischen Städte. Die politischen Machtzentren und die sie Regierenden finden darin ihren künstlerischen wie ideologischen Ausdruck. Denn Renaissance und Humanismus sind auch, vor allem für Italien, nationale Bewegungen und historisch-ideologische Legitimation. Der philologisch-kritischen und der künstlerischen Befreiung entspricht die ethische und politisch-programmatische. Dies wird schon in den mächtigen Reiterstandbildern der oberitalienischen Städte deutlich; noch mehr in der Entlarvung der Konstantinischen Schenkung durch *Lorenzo Valla* (* 1405 oder 1407, † 1447) und vor allem im Werk **Niccolò Machiavellis** (* 1469, † 1527), das gleichsam die neugewonnene Selbständigkeit und Rationalität des historischen Individuums auf den Staat und seinen Repräsentanten überträgt. Nicht mehr Verantwortung vor Gott oder dem eigenen Gewissen, sondern die Verantwortung vor dem Staat, als dessen Schöpfer und Wahrer er erscheint, wird zum Maßstab des politischen Handelns des „Fürsten".

Diese Leitlinien sind auch für den *außeritalienischen Renaissancehumanismus* kennzeichnend, wenngleich er sich, vor allem nördlich der Alpen, modifiziert ausbildet und einen eigenen Charakter gewinnt. Über die frühen Vermittlungsstationen der Konzile von Konstanz (1414–1418) und Basel (1431–1449) und durch einen regen künstlerischen wie wissenschaftlichen Austausch, durch das Wirken von Italienern im Ausland (vor allem Enea Silvio de Piccolomini, * 1405, † 1464; seit 1458 Papst Pius II.) und Studienaufenthalte von Humanisten und Künstlern in Italien (z. B. Albrecht Dürer, * 1471, † 1528), setzen sich die Bewegungen von Renaissance und Humanismus in ganz Europa durch. Dort treffen sie nicht nur auf andere politische und gesellschaftliche Verhältnisse als in Italien, sondern auch auf eigenständige, aber z. T. vergleichbare künstlerische Strömungen, etwa die der niederländischen und französischen Malerei oder der deutschen spätgotischen Plastik. Überstrahlt wird der außeritalienische Humanismus von dem aus den Niederlanden stammenden Humanisten **Erasmus von Rotterdam** (* 1466/69, † 1536) und dem englischen Politiker und Humanisten **Thomas Morus** (* 1478, † 1535).

Daneben ist der politische Charakter des Humanismus vor allem in *Deutschland* sehr viel stärker: hier hat er einen deutlichen antirömischen, anti-päpstlichen und nationalen Akzent. Gerade die Schwäche des deutschen Kaisers wird von den Humanisten nicht nur erkannt und beklagt, sondern macht sie zu entschiedenen Propagandisten des Kaisers, vor allem Maximilians I. (1493–1519). Das gilt sowohl für die humanistisch gesinnten kaiserlichen Räte (z. B. Conrad Celtis) als auch für die städtischen Patrizier, die in Deutschland zur wichtigsten Trägerschicht werden, wie die Humanistenzentren *Nürnberg, Augsburg, Erfurt* und *Straßburg* deutlich zeigen. Da die Reichsstädte zwar insgesamt einen wirtschaftlichen Machtfaktor darstellen, aber politisch vielfach auf die Person und Funktion des Kaisers angewiesen sind, um der entstehenden fürstlichen Territorialmacht entgegentreten zu können, richtet sich ihre Hoffnung und Tätigkeit auf die Stärkung der kaiserlichen Position. Der aufkommenden Reformation stehen die meisten Humanisten fern, mit Ausnahme Ulrichs von Hutten (* 1488, † 1523), der schon zuvor die schärfste anti-römische, nationale und kaiserliche Propaganda betrieb.

Reformation und Gegenreformation

Die Begriffe **Reformation** und **Gegenreformation,** die sich als Bezeichnungen für den *religiösen* und *kirchlichen Wandlungsprozeß* im Europa der frühen Neuzeit eingebürgert haben, drücken nur undeutlich, ja verzerrend die Vielfalt und Komplexität der Ereignisse aus, die seit dem frühen 16. Jh. nicht nur

Religiöser und kultureller Wandel – Reformation und Gegenreformation   605

das *religiöse* und *kirchliche,* sondern darüber hinaus auch das *gesamte gesellschaftliche Leben* und *poli-tische Machtgefüge in Europa* verändern. Der Wandel ist so mannigfalt, daß aber auch jede andere Begriffsbildung ihm nicht gerecht würde. Dies gilt zunächst für die unterschiedlichen Phasen der einzelnen Reform(ations)bestrebungen von *Martin Luther* in *Deutschland* (seit 1517), *Ulrich Zwingli* in der *Schweiz* (seit 1522), *Johann Calvin* in *Genf* und *Westeuropa* (seit 1541), der Entstehung der *anglikanischen Kirche* (seit 1534) und des Puritanismus in England, dem *Reformkonzil von Trient* (1545–1563) oder der *Gründung neuer Orden,* vor allem dem der Jesuiten (seit 1540).

Alle diese Vorgänge sind gekennzeichnet durch ihren Doppelcharakter: sie beziehen sich nicht nur auf eine *Erneuerung* oder *Regenerierung des christlichen Glaubens* und seiner *religiösen Formen,* sondern betreffen in gleicher Weise die *Kirche als institutionelles Gefüge und politischen Machtfaktor.* Insofern müssen darüber hinaus die weitreichenden gesellschaftlichen und politischen Begleit- und Folgeerscheinungen berücksichtigt werden: die frühe Neuzeit ist auch eine Epoche der **Glaubens-** und **Religionskriege:** in Frankreich (1562–1598), in Deutschland (1618–1648) und England (1642–1649). Dies läßt rückblickend die universale Bedeutung und umfassende Funktion von Religion und Kirche, wie sie sich bis ins späte Mittelalter und den Beginn der frühen Neuzeit hinein entwickelt hat, erkennen: **Religion** und **Kirche** waren die **entscheidende kulturelle, gesellschaftliche** und **politische Klammer Europas** – eine Bedeutung, die sich nur langsam und allmählich abschwächt, bis sie im späten 18. Jh. sich verliert; ihre Entwicklung ist mit den Stichworten der *Konfessionalisierung, Nationalisierung* und *Regionalisierung* zu umreißen.

Demgegenüber bleibt festzuhalten, daß dieser Prozeß schon seit dem 14. Jh. in Gang gekommen ist. Der Wille zu Reformen und die Erkenntnis ihrer Notwendigkeit auf der einen Seite sind nicht plötzliche Erscheinungen des 16. Jh.s; auch die Epoche davor ist gekennzeichnet durch immer wieder unternommene Versuche, die Institution der Kirche einschließlich ihrer Glaubensinhalte zu reformieren. Sie scheitern jedoch allesamt. Auf der anderen Seite läßt sich auch die Tendenz der Nationalisierung schon lange Zeit beobachten, in England, Frankreich und vor allem in Spanien, dem Land, dem als besonders gefestigtem in dem innerkatholischen Regenerations- und Restaurationsprozeß der frühen Neuzeit eine dominierende Rolle zukommt. Alle diese Strömungen, die sich seit der Zeit des großen Abendländischen Schismas (1378–1417) verstärken, bleiben aber – mehr oder weniger – bis ins 16. Jh. ohne weiter reichende Konsequenzen. Denn ihnen steht ein immer stärker werdender *Konzentrations-* und *Zentralisationsprozeß des Papsttums* auch und gerade als weltlich-politischer Macht und der päpstlichen Kurie entgegen, dies um so mehr, als das Heilige Römische Reich Deutscher Nation nur noch einen immer weiter zerfallenden Torso darstellt. Die Epoche der Konzilien von Pisa (1409), Konstanz (1414–1418) und Basel (1431–1449), um nur die wichtigsten zu nennen, hat diese beginnende Divergenz klar aufscheinen lassen, und in der folgenden konzillosen Zeit verstärken sich diese Unterschiede noch. Die zunehmende *Italienisierung von Papsttum und Kurie* (d. h. die Ausbildung als italienische Nationalkirche) beschleunigt dieses Auseinanderstreben. So stellt die Gesamtkirche am Vorabend des sogenannten Reformationszeitalters zwar immer noch ein in sich geschlossenes und quasi weltumfassendes System und Herrschaftsinstrument dar – zusammengehalten von einer hoch entwickelten, streng hierarchischen Bürokratie, betraut mit vorwiegend fiskalischen Aufgaben, und ausgestattet mit einer autoritären Macht gerade auch in Hinblick auf Glaubensfragen –; doch sind, und dies zeigen die Entwicklungen und Ereignisse des 15. Jh.s, die nationalen und religiösen Risse, vor allem die sich durchsetzende Spaltung des mittelmeerischen Katholizismus italienischer Prägung und des nord- bzw. westeuropäischen Christentums nicht mehr zu übersehen. Hier sind die kühnsten reformerischen Forderungen laut geworden, von *John Wiclif* (* wohl um 1320, † 1384) in England bis zum Böhmen *Jan Hus* (* um 1370, † 1415); hier hat sich die neue Individualisierung und Verinnerlichung des Glaubens in Formen des Mystizismus und der Volksfrömmigkeit gegen die kultische Veräußerlichungs- und Verweltlichungsbewegung des Südens lange vorbereitet.

Dies alles erklärt zwar nicht, warum gerade der Thesenveröffentlichung Martin Luthers (1517) eine derart signalhafte Bedeutung zukommt, macht aber andere Momente der Gesamtentwicklung verständlich: vor allem, warum die verschiedenen Bewegungen des Protestantismus sich nur im Norden bzw. im Zentrum Europas auf Dauer durchgesetzt haben. Gerade weil hier – wenn man von der Sonderstellung Englands absieht – keine gesamtstaatliche Zentralgewalt sich ausgebildet hat und so eine katholische Nationalkirche zum integralen Bestandteil absolutistischer Königsmacht geworden ist, die diese aber wiederum vor einem allzu starken Zugriff Roms geschützt hat, können sich die Reformationen durchsetzen: nicht nur im religiösen, sondern auch und vor allem im konfessionell-politischen und regional-absolutistischen Sinne. Spätestens seit dem Augsburger Religionsfrieden von 1555 wird die Frage der Konfession zu einer entschieden politischen, zu einem wichtigen Moment des sich ausbildenden und konsolidierenden Absolutismus.

In **Deutschland** beginnt die Auseinandersetzung mit dem Auftreten **Martin Luthers.** Seine Kritik an den Mißständen der Kirche, als deren sichtbarstes Zeichen er zunächst den *Ablaßhandel* geißelt, führt innerhalb kurzer Zeit zu einer nationalen und volkstümlichen Bewegung. Vorbereitet durch den oben erwähnten Prozeß der Volksfrömmigkeit und Mystik, gestützt auf eine ausgeprägte nationale Aversion gegen Rom und begünstigt durch die Schwäche des Reiches – verstärkt durch das Interregnum nach dem Tod Maximilians I. (1517) und die Auseinandersetzungen um die Kaiserwahl Karls V. (1519) –, entsteht eine *breite Erhebung,* die durch Luthers drei Reformationsschriften von 1520 („An den christlichen Adel deutscher Nation, von des christlichen Standes Besserung", „Von der babylonischen Gefangenschaft der Kirche", „Von der Freiheit eines Christenmenschen") einen ersten Höhepunkt findet. Die in diesen Programmschriften zum Ausdruck kommenden Lehren Luthers, das *allgemeine Priestertum* der Gläubigen, die *Ablehnung der Sakramentenlehre* (vor allem der Transsubstantiation [der durch die Konsekration in der Messe geschehenen Verwandlung der Substanz des Brotes und Weines in die des Leibes und Blutes Christi] beim Abendmahl), die *alleinige Autorität der Heiligen Schrift* und die zentrale *Bedeutung der Predigt* innerhalb des Gottesdienstes lassen erkennen, daß es nicht mehr nur um eine Reform der alten Kirche gehen kann. Dies zeigen auch die Ereignisse des Reichtages von Worms (1521) deutlich auf. Damit ist in der Folgezeit eine Vielzahl von Einzelerhebungen und Einzelinteressen verbunden, die sich, ermutigt von Luthers Auftreten und zumeist seinen Namen benutzend, in der Folgezeit durchsetzen: vom *Reichsritteraufstand* (1523) bis zum *Bauernkrieg* (1524–1525), von den *Wittenberger Wirren* (1522) bis zu den radikalen Täufergemeinden der *Hutterischen Brüder* in Mähren und der *Wiedertäufer in Münster* (1534–1535). Gerade die letztgenannten Bewegungen lassen jedoch deutlich erkennen, daß durch die zunehmende Rückbindung des Luthertums an das deutsche Landesfürstentum und Luthers entschiedene Absage an eine politische Umwälzung dieses neuentstandene Luthertum zu einem stabilisierenden Faktor des Territorialfürstentums wird. Das zeigen auch die Ereignisse des Reichtages von Speyer (1529). Innerhalb weniger Jahre breitet sich das Luthertum vor allem im Norden, Osten und Süden Deutschlands, in Livland (1522), Schweden (1527), Finnland, Dänemark und Norwegen aus. Parallel zu den Ereignissen in Deutschland vollzieht sich die Reformation von **Ulrich Zwingli** in der **Schweiz,** die sich schon seit der Mitte des 15. Jh.s vom Reich zu lösen begonnen hat.

Die zweite Phase der Reformation ist verbunden mit dem Leben und Wirken des **Genfer Reformators Johannes Calvin.** In Frankreich geboren, ausgebildeter Jurist und als Anhänger der Reformation in die Schweiz geflohen, veröffentlicht er in Basel die erste Systematik einer evangelischen Glaubenslehre („Institutio religionis Christianae", 1536, danach noch mehrere Neuauflagen), deren wichtigster Bestandteil die Lehre von der *doppelten Prädestination,* der Vorausbestimmung des Menschen durch Gott zur ewigen Seligkeit oder zur ewigen Verdammnis, ist.

Seit 1541 verwirklicht Calvin in Genf sein *Modell einer christlichen Gemeinde:* gegründet auf einen systematischen Glauben und eine strenge *Kirchenzucht,* gleichzeitig aber in engem Kontakt und theoretischer wie praktischer Verquickung mit der politischen Stadtführung. Und das hier geschaffene Modell, getragen von der wechselseitigen Durchdringung von Religion und Politik (der christlichen Grundlegung der Politik und der Politisierung aller Kirchenfragen, was im Gegensatz zum Luthertum auch das Widerstandsrecht gegen die Obrigkeit aus Glaubensgründen vorsieht), erweist sich als durchsetzungsfähig und durchsetzungskräftig. In einer zweiten Reformationswelle breitet es sich im Westen Deutschlands, in Frankreich (1559), Schottland (1560) und den nördlichen Niederlanden (1566) aus.

In **England** dringen, nachdem sich Heinrich VIII. 1534 von Rom losgesagt und zum Oberhaupt einer englischen Kirche gemacht hat, die unterschiedlichsten reformatorischen – vor allem calvinistische – Gedanken ein und setzen sich sowohl in der **anglikanischen Staatskirche** (39 Artikel, 1563) als auch im *Puritanismus* und in der Bewegung der *Independenten* (Unabhängigen), wenn auch in unterschiedlicher und konkurrierender Weise durch – ein Gegensatz, der aber auch, wie sich im Bürgerkrieg in der Mitte des 17. Jh.s zeigt, wiederum im engen Zusammenhang mit dem politischen Machtkampf steht.

Der Begriff der **Gegenreformation,** der im 18. Jh. in der Pluralform der *Gegenreformationen* in die protestantisch-deutsche Geschichtsschreibung Eingang findet und zunächst nur die *gewaltsame Rekatholisierung* protestantisch gewordener Gebiete bezeichnet, erscheint in der zweiten Hälfte des 19. Jh.s als *allgemeiner Epochenbegriff* für die Zeit nach 1550. Vor allem von Leopold von Ranke und seinen Schülern, die ja duale Geschichtsmodelle bevorzugen, wird damit schon in der Begriffsbildung die gesamte

Wandlungs- und Wiederherstellungsprozeß der katholischen Kirche als Reaktion auf die Reformation, und zwar wie die zeitliche Abfolge zeigt, eindeutig auf die Reformation Martin Luthers bezogen und somit in ihrer Bedeutung reduziert. Der Begriff der Gegenreformation unterdrückt nicht nur die weiter zurückreichenden Reformbestrebungen innerhalb der katholischen Kirche, sondern auch die Bedeutung des Calvinismus. Sicherlich verstärken sich die katholischen Restaurations- und Regenerationsbestrebungen seit Beginn des 16. Jh.s, und richtig ist auch, daß sie von den Reformationen entscheidende Impulse empfangen, aber, und dies muß wiederholt werden: alle Prozesse entspringen und sind Ausdruck der gleichen historischen Wurzel und Bewegung.

Sichtbar wird der katholische Erneuerungsprozeß vor allem durch die Ergebnisse des **Reformkonzils von Trient** (1545–1563), das Entstehen neuer Kongregationen und Orden (Oratorium der Göttlichen Liebe in Rom, 1517–1527; Theatiner 1524; Kapuziner 1528; Ursulinen 1544; Oratorianer 1575 u. a.); besondere Bedeutung kommt hier der 1534 von *Ignatius von Loyola* (* 1491, † 1536) gegründeten und 1540 vom Papst bestätigten **„Gesellschaft Jesu"**, dem Jesuitenorden, zu. Geprägt ist dieser Prozeß aber auch durch die bewußte Unterordnung des Katholizismus unter die Autorität des Papstes und die Rückbindung der katholischen Kirche an die absolutistischen Staatsmächte.

Die höfisch-absolutistische Kultur

In der kulturellen Entwicklung des 17. und 18. Jh.s finden die sich in ganz Europa durchsetzenden gesellschaftlichen und politischen Tendenzen, die Ausbildung der *absolutistischen Staatsmächte* und die *Konfessionalisierung der Territorien* bestimmenden und eigenständigen Ausdruck. Dies gilt zunächst für die alle kulturellen Bereiche erfassende *Zentralisierung,* sowohl der Organisation von Wissenschaft und Ausbildung als auch der gesamten künstlerischen Produktion. Die weltlichen und kirchlichen Höfe, ob königlich, fürstlich oder bischöflich, werden ebenso zu dominierenden Trägern kultureller Aktivitäten wie das von Melanchthon bzw. dem Jesuitenorden geschaffene konfessionelle Unterrichtswesen. Daneben bestimmen diese Tendenzen aber auch den ästhetischen Charakter dieser Kultur: sie schlagen sich nieder in einem *monumentalen,* aus dem Renaissancehumanismus weiterentwickelten *diesseitigen Formbewußtsein,* das auf der einen Seite die notwendige *Repräsentationsfunktion* dieser Kultur verbürgt, andererseits aber den immer weiter fortschreitenden technischen und wissenschaftlichen Erkenntnissen Ausdruck verleiht. Sie ist in gleicher Weise Ausdruck des *absoluten Herrschaftsanspruchs der weltlichen und kirchlichen Mächte* als auch des sich seiner *welt- und naturbeherrschenden Rationalität* immer bewußter werdenden Individuums.

Im allgemeinen wird diese Epoche mit dem Begriff **Barock** bezeichnet. Diese ursprünglich abwertend gemeinte Stilbezeichnung (barock = schiefrund) für die Baukunst dieser Zeit wird wiederum am Ende des 19. Jh.s generalisiert und zum allgemeinen, nun positiven *Epochenbegriff.* Vorbereitet wird der Barock durch die Spätformen der italienischen Renaissance (vor allem durch den Manierismus), die sich in monumentalen Architekturkonzeptionen im Anschluß an Michelangelo am deutlichsten zeigen. Diese Architektur, die auch die Malerei und die Plastik in ein gigantisches Gesamtkunstwerk einbezieht, wird zum ästhetischen Ausgangspunkt des neuen Stils, der aber in seiner ästhetischen Programmatik dem Renaissancehumanismus verhaftet bleibt, d. h. dessen Tendenzen verstärkt und weiterentwickelt. Das gilt in verschiedener Weise für alle Bereiche der Kultur. Insgesamt bleibt auch der Barock geprägt von dem *Zusammenspiel von Klassizität,* ja strengem *Klassizismus* (der sich vor allem in *Frankreich* und den von ihm beeinflußten Territorien durchsetzt), einem immer *komplexer werdenden Formbewußtsein* bis hin zum *geometrischen Formalismus* (der besonders den *oberitalienischen und süddeutschen Barock* prägt) und einem *wissenschaftlichen* und *ästhetisch ausgerichteten Naturalismus* (letzterer besonders in der *flämisch-niederländischen Malerei* eines Rubens [* 1577, † 1640] oder Rembrandts [* 1606, † 1669]). Der ästhetische Eigenwert künstlerischer Erzeugnisse, der sich in der Renaissance in der natürlichen und historischen Legitimierung von Schönheit und Harmonie ausgebildet hat, wird nun verstärkt: die Kunst dieser Epoche ist immer, auch da wo sie sich als Ausdruck der Religion oder Religiosität versteht, geprägt von ihrer starken *Diesseitigkeit,* die sich in allen Kunstgattungen in einer das künstlerische Material selbst reflektierenden und an dieses rückgebundenen *Stofflichkeit* sowie in ihrem materiellen *Formbewußtsein* ausdrückt. Darüber hinaus gründet der säkulare Charakter in der *repräsentativen,* die universalen Machtansprüche von Staat und Kirche verbürgenden *Funktion* dieser Kunstwerke. All dies findet seinen Höhepunkt in der Umkehrung des Verhältnisses von Natur und Kunst, wie es die riesigen Parkanlagen und architektonischen Landschaftsentwürfe dieser Epoche beispielhaft zeigen: das Ästhetische – das vom Menschen Geschaffene – erhebt sich damit über das Vorbild der Natur, denn diese soll nun künstlerisch gekonnt vollendet werden. Diese Tendenz, die sich auch in anderen Kunstgattungen aufzeigen läßt, ist gleichsam die ästhetische Entsprechung eines sich alles unterwerfenden und zu eigen machenden Herrschafts- und Machtanspruchs des Individuums. Ihren Endpunkt findet diese Naturauffassung schließlich im Ästhetizismus des *Rokoko,* in dem die Natur zur ornamentalen Kulisse eines Schäferidylls herabsinkt.

Der neue Stil breitet sich nach und nach, wenn auch in verschiedenen nationalen bzw. regionalen Ausprägungen, über ganz Europa mit der sich überall konsolidierenden zentralistischen Staatsmacht und der eng damit verbundenen Konfessionalisierung aus. Schon im ausgehenden 16. Jh. hat dieser neue Typ zu

608 Neuzeit – Frühe Neuzeit

nationalen Kulturblüten geführt: zum einen im **England** Elisabeths I. (**William Shakespeare,** * 1564, † 1616) und zum anderen im **Spanien** Philipps II. *(El Greco,* * 1541, † 1614; *Lope de Vega,* * 1562, † 1635; *Cervantes,* * 1547, † 1616), wenn sie auch dort dem Renaissancehumanismus deutlicher verhaftet bleiben. Generell muß festgestellt werden, daß der „eigentliche" Barock sich nur in Italien und dem Gebiet des deutschen Reiches durchsetzt (über Österreich, Bayern und Süddeutschland bis nach Sachsen), während der Norden und Westen Deutschlands wie Europas stärker klassizistisch geprägt sind. Aber überall setzt sich der *Typ der Residenzkultur* durch. Ihr Kennzeichen ist zunächst die rege Bautätigkeit. Vor allem weil die alten Residenzen für den nun ständig wachsenden Verwaltungsapparat und die zunehmende höfische Repräsentation zu klein werden, entstehen überall neue Residenzen (Vorbild: Versailles); diese Entwicklung wird in *Deutschland* durch den nach den Zerstörungen des Dreißigjährigen Krieges notwendigen Wiederaufbau noch verstärkt. Und hier, meist außerhalb der alten Städte, entstehen die monumentalen und architektonischen Gesamtentwürfe. Zugleich aber ist die Residenz Mittelpunkt aller künstlerischen und wissenschaftlichen Tätigkeiten. Hier finden die seit dem Humanismus entstandenen und neu entstehenden *Akademien, Gelehrten Gesellschaften,* die groß angelegten *Bibliotheken* und *Kabinette* aller Art ebenso ihre Heimstatt wie die *Theater, Orchester und Opernensembles.*

Doch dieser *Doppelcharakter von formaler Repräsentation und repräsentativem Formalismus* ist auch innerhalb der einzelnen Kunstentwicklungen selbst festzustellen. So ist die **musikalische Entwicklung** dieser Epoche zum einen geprägt vom umfassenden Regelungs-, Formalisierungs- und Standardisierungsprozeß der musikalischen Grundvoraussetzungen: die modale Harmonik der Kirchentonarten wird ersetzt durch eine moderne *Funktionsharmonik des Dur-Moll-Systemes,* *Dreiklang-* und *Kadenzmodelle* werden entwickelt (Generalbaß), und vor allem wird die Stimmung festgelegt: hier die *Wohltemperierung der Tasteninstrumente* (durch Andreas Werckmeister, 1700). Diese Entwicklungen entsprechen sowohl den fortschreitenden Erkenntnissen und den grundlegenden Formalisierungsbestrebungen dieser Zeit als auch einem aus der humanistischen Tradition weiterentwickelten Verständnis vom menschlichen Individuum. Die erwähnten Neuerungen zeigen zum anderen die Entwicklungen *neuer repräsentativer Gattungen,* des Konzerts, der Passion, des Oratoriums und der Oper, die auch das gleichberechtigte Nebeneinander von geistlichem und weltlichem Barock unterstreichen. Entspringen sie zunächst dem gleichem Formbestreben der Zeit, was vor allem die kunstvolle Geometrie der Fuge zeigt, so führen sie aber die Dramatisierungstendenz, die Affektisierung und das hohe Darstellungsbewußtsein dieser Zeit weiter. Ob weltlicher oder geistlicher Inhalt, er wird aus dem gleichen Verständnis heraus musikalisch dramatisiert: die technische Formalisierung entspricht einer Standardisierung dramatischer Affekte. Hierbei muß auf die Nationalisierung der Traditionen abgehoben werden. So erlebt das *Oratorium* seine höchste Ausbildung in England durch *Georg Friedrich Händel* (* 1685, † 1759), die *Passion* in Deutschland durch *Heinrich Schütz* (* 1585, † 1672) und durch *Johann Sebastian Bach* (* 1685, † 1750), der darüber hinaus zum universalen Komponisten des Barock avanciert. Die *Oper* bildet sich vornehmlich in Italien aus (Florenz, Venedig, Neapel). In ihr verbinden sich alle auf das Individuum bezogenen musikalischen und dramatischen Vorstellungen ebenso wie der Repräsentationswille der Zeit; prägend sind *Claudio Monteverdi* (* 1567, † 1643) und *Alessandro Scarlatti* (* 1660, † 1725). Von Italien aus beginnt die Oper ihren Siegeszug durch ganz Europa, und die italienische Oper wird zur standardisierten Institution aller Höfe (vgl. die Tätigkeit des Italieners Jean-Baptiste Lully [* 1632, † 1687] am Hofe Ludwigs XIV.).

Entsprechende Entwicklungen lassen sich auch im Bereich der **Literatur** feststellen, obwohl hier die nationalen Unterschiede und die gattungsbezogene Aufspaltung eine generelle Darstellung der Entwicklungen erschweren. Zu beachten sind sowohl die eigenständigen Traditionen **Englands** (durch **William Shakespeare** und dessen Nachfolger) und **Spaniens** (durch **Cervantes** und **Calderón,** * 1600, † 1681), die Unterschiede *weltlicher* und *geistlicher Literatur* (das Jesuitendrama), wie die differenzierte Ausbildung von *Lyrik, Dramatik* und *Prosa.* Dennoch läßt sich überall die Tendenz zur Formalisierung und Standardisierung der literarischen Formen feststellen, wie die allgemein gebräuchlichen Formen des Sonetts oder des Versepos zeigen. Eine Ausnahme bildet die Entwicklung in **Frankreich.** Hier erreichen unter Ludwig XIV. literarische Theorie und Praxis ihren klassischen Höhepunkt, gerade in der Geschlossenheit klassizistischer Strenge, wie die Tätigkeit von *Nicolas Boileau* (* 1636, † 1711) und die Werke von *Pierre Corneille* (* 1606, † 1684) und *Jean-Baptiste Racine* (* 1639, † 1699) zeigen. Sie sind geprägt von der regelhaften Standardisierung aller dramatischen Mittel (etwa der Einheit von Ort, Zeit und Handlung); auf der anderen Seite findet in den Komödien von *Molière* (* 1622, † 1673) das Individuum mit all seinen Schwächen und Unzulänglichkeiten dramatische Gestalt. Diese Entwicklung führt dazu, daß die französische Theatertruppe zu einer ähnlichen Standardinstitution der Höfe (vor allem in Deutschland) wird wie die italienische Oper. Sie beeinflußt aber auch in starkem Maße die Entwicklung der deutschen *Regelpoetik (Martin Opitz,* * 1597, † 1639) und der deutschen Dramenproduktion.

Rationalismus und Aufklärung

Die im 18. Jh. in ganz Europa zum dominierenden kulturellen Faktor werdende **Aufklärung** ist Ergebnis und Höhepunkt eines jahrhundertelangen *Säkularisierungs-* und *Rationalisierungsprozesses.* Dieser Wandel, der seit dem 16. Jh. in allen kulturellen Entwicklungen und Tendenzen seinen mehr oder minder deutlichen Niederschlag findet, erfaßt die Gesamtheit der Menschen-, Welt- und Gottesvorstellungen.

Religiöser und kultureller Wandel – Rationalismus und Aufklärung   *609*

An seinem Ende steht das Programm der allumfassenden „Befreiung des Menschen aus seiner selbstverschuldeten Unmündigkeit" (Immanuel Kant,* 1724, † 1804; „Idee zu einer allgemeinen Geschichte in weltbürgerlicher Absicht", 1784). Der Mensch wird bestimmt als *natürliches* und *vernunftbegabtes Wesen,* das seiner selbst bewußt ist und auf die *grundsätzliche Erkenntnismöglichkeit* wie *Entwicklungsfähigkeit seiner Verhältnisse* vertraut. Das Individuum, die Gesellschaft und die Geschichte sind Gegenstand eines in pragmatischer Absicht unternommenen Raisonnements, das neben strenger philosophischer Reflexion innerhalb der Philosophie Bedeutung erlangt. Im Hinblick auf die *Pädagogik* ist Kant von dem *französischen* Kulturphilosophen Jean-Jacques Rousseau inspiriert. Das neue überlegene Gegenwarts- und Selbstbewußtsein, das Vertrauen auf den eigenen wie allgemeinen *Fortschritt* lassen den gesamten Geschichtsprozeß als vernünftig fortschreitenden und fortschreitend vernünftigen erscheinen, an dessen Ende **„Glückseligkeit"** sich in dieser Welt verwirklichen lasse. Damit wird der auf Offenbarung angelegten christlichen Religion der Boden entzogen.

Gleichzeitig aber zielt dieses Programm auf die *Legitimation des Staates* und dessen *Repräsentation.* Auch sie sollen auf die Grundlage des weiterentwickelten *Naturrechts* (begründet u. a. durch Hugo Grotius, * 1583, † 1645) gestellt und der allgemeinen Vernunft- und Fortschrittsprogrammatik verpflichtet werden. Der Angriff, vor allem des wirtschaftlich immer einflußreicher werdenden Dritten Standes, richtet sich im ausgehenden 18. Jh. gegen die Verschwendung des Hofes, die nur auf Geburt gegründete Vorherrschaft des Adels in allen gesellschaftlichen Bereichen und gegen die wirtschaftliche Verkrustung des Merkantilismus.

Dies findet seinen Ausdruck in den Vorstellungen der **Souveränität des Volkes** (John Milton, * 1608, † 1674, in der Weiterentwicklung der Staatssouveränität von Jean Bodin, * 1530, † 1596), in den Forderungen nach liberalem Freihandel und nach einer *Verfassung* des Staates zum einen nach der *konstitutionellen Monarchie* und der *Teilung der staatlichen Gewalten* nach englischem Vorbild (Montesquieu, * 1689, † 1755), zum anderen nach dem *demokratischen Gesellschaftsvertrag,* der allein die Verbindung des Allgemeinwillens und des Wohles aller garantiere (Jean-Jacques Rousseau, * 1712, † 1778). Politische Realität werden diese Forderungen in der Amerikanischen Unabhängigkeitserklärung (4. Juli 1776) und in den verschiedenen Phasen der Französischen Revolution. In **Deutschland** gehen die Forderungen nicht so weit; sie bleiben im wesentlichen beschränkt auf den *„guten Monarchen",* der nach dem Modell eines aufgeklärten Absolutismus, aufgrund seiner patriarchalischen Verantwortung und vernünftigen Einsicht, das Wohl des Staates und seiner Bürger garantiere.

Am Anfang dieser Entwicklung stehen im 16. Jh. neben der Wiederbelebung der klassischen Antike die revolutionären Erkenntnisse der **Naturwissenschaften,** vor allem der Physik. Die Forschungen von *Nikolaus Kopernikus* (* 1473, † 1543), *Johannes Kepler* (* 1571, † 1630) und *Galileo Galilei* (* 1564, † 1642), ihre Entdeckung, daß die Erde sich um die Sonne dreht, ihr Aufzeigen der Naturgesetze und damit ihre Begründung der *Erforschbarkeit der Natur,* setzen einen Prozeß in Gang, der auf alle Gebiete ausstrahlt.

Er enthebt – gegen den erbitterten Widerstand der Kirche – die Welt und damit auch den Menschen seiner religiös bestimmten Ausnahmestellung als Ebenbild Gottes und weist ihn in seine *Natürlichkeit* zurück. Gleichzeitig ist er aber unter den neuen Bedingungen in die Lage versetzt, sich rational über die Natur zu erheben, sich mit Hilfe seiner Fähigkeiten diese verfügbar zu machen. Die grundsätzliche Begründung der naturwissenschaftlichen, rationalen und empirischen Erkenntnis als auch ihrer *induktiven Methode* (*Francis Bacon,* * 1561, † 1626; *John Locke,* * 1632, † 1704) entzieht zwar der Kirche die offenbarende, auslegende Autorität, beläßt aber dem Menschen in seiner nun rational begründeten Ausnahmestellung. Und diese Dialektik der natürlichen und *rationalen Begründung des Menschen* wie seiner Fähigkeiten und seine gleichzeitige *Überhebung über die Natur* bleibt für die gesamte Entwicklung des modernen Denkens kennzeichnend.

Die Erkenntnisse der modernen **Medizin** fördern die Entstehung des individuellen Menschenbildes. Im 16. Jh.: die Erforschung der *menschlichen Anatomie* und der *Pathologie* (Andreas Vesalius, * 1514, † 1564; Girolamo Fracastoro, * um 1478, † 1553); im 17. Jh.: die des Blutkreislaufs (William Harvey, * 1578, † 1657). Parallel laufen die immer weiter fortschreitenden Erkenntnisse der Gesetzmäßigkeit der Natur, vor allem durch die überragenden Leistungen von **Isaac Newton** (* 1643, † 1727), der sowohl das *Gravitationsgesetz,* die *Natur des Lichts und der Elektrizität* entdeckt und gleichzeitig mit **Gottfried Wilhelm Leibniz** (* 1646, † 1716) die *Differentialrechnung* begründet.

Diese neuen Erkenntnisse finden ihren Niederschlag in einem neuen *mechanistischen Weltbild* und der *rationalen Selbstbegründung* der menschlichen Existenz. Der französische Philosoph und Naturwissenschaftler *René Descartes* (* 1596, † 1650) formuliert im Sinne einer philosophischen Wissenschaftstheorie dieses neue Welt- und Menschenbild. Unbezweifelbare Wahrheit liegt allein in der Selbstgewißheit des denkenden Ich – zusammengefaßt in dem Leitsatz „Cogito, ergo sum = ich denke, also bin ich" (Resultat eines methodisch durchgeführten Zweifels). In der Weiterentwicklung dieser Vorstellungen durch *Baruch de Spinoza* (* 1632, † 1677) wird Gott nicht mehr als über der Schöpfung thronende Persönlichkeit, sondern als das dieser Schöpfung immanente logische Gesetz bestimmt. Gott ist, wie *Gottfried Wilhelm Leibniz* (* 1646, † 1716) es ausdrückt, allgegenwärtig in dem vollendeten und konfliktfreien System seiner Schöpfung, einem System der **„prästabilierten Harmonie".**

Im 18. Jh. setzen sich vor allem in den west- und mitteleuropäischen Staaten die verschiedensten Ausprägungen von Rationalismus, Aufklärung, Empirismus und Materialismus durch: in **England** in der Nach-

610 Neuzeit – Frühe Neuzeit

folge John Lockes die Vertreter des *Idealismus* (George Berkeley, * 1685, † 1753), des *Skeptizismus* (David Hume, * 1711, † 1776) und des moralphilosophischen *Sensualismus* (Étienne-Bonnot de Condillac, * 1715, † 1780; Anthony Shaftesbury, * 1671, † 1713); in **Frankreich** die *Enzyklopädisten* (vor allem *Denis Diderot*, * 1713, † 1784), die in ihrem monumentalen Werk das gesamte Weltwissen zusammentragen wollen; daneben steht die Ausnahmepersönlichkeit **Voltaire** (* 1694, † 1778), der in seinen literarischen, philosophischen und geschichtlichen Werken sowohl als radikaler Aufklärer und Kritiker der Kirche als auch als skeptischer Humanist und Aristokrat dem mechanistischen Fortschrittsglauben vieler seiner Zeitgenossen entgegentritt. Darüber hinaus erreicht **Jean-Jacques Rousseau** (* 1712, † 1778) große Bedeutung. Neben seinen politischen Schriften begründen seine pädagogischen Romane, in denen er sein Programm der natürlichen Erziehung, der Erziehung zur Natur, darlegt, seinen Ruhm. In **Deutschland** wird die Aufklärung geprägt zum einen durch **Gotthold Ephraim Lessing** (* 1729, † 1781), der in seinen Dichtungen alle Tendenzen der Zeit zum Ausdruck bringt: in ihnen verbinden sich die Ideale religiöser wie gesellschaftlicher Toleranz und Humanität, die sich aber gleichzeitig gegen die Autorität eines dogmatischen Christentums richten, mit einem neuen bürgerlichen Selbstbewußtsein, das gerade in der höherwertigen Moralität des Bürgertums den moralischen Verfall des Adels anklagt. Zum anderen entwickelt **Immanuel Kant**, der bedeutendste Philosoph der Spätaufklärung, die Grundlage der neueren Philosophie. Sein Schaffen, das neben naturwissenschaftlichen Abhandlungen aufschlußreiche politische und geschichtsphilosophische Schriften umfaßt, wird überragt von drei Hauptwerken: „Kritik der reinen Vernunft", 1781; „Kritik der praktischen Vernunft", 1788; „Kritik der Urteilskraft", 1790. Kant versteht seine Philosophie als Transzendentalphilosophie. Diese fragt nach den Bedingungen der Möglichkeit menschlicher Erkenntnis.

Die säkulare Bedeutung der Aufklärung und des neuen bürgerlichen Selbstbewußtseins findet ihren Niederschlag in allen kulturellen Erscheinungen. Im 18. Jh. werden Kunst, Musik und Literatur zum Sprachrohr der verschiedenen Aufklärungsprogramme wie auch der gesellschaftspolitischen Forderungen des dritten Standes; zugleich wird dadurch die ihnen zugrunde liegende Ästhetik als funktionale, auf *Wirkung* hin angelegte, rückgebunden. So bringt die *europäische Literatur* einerseits die pädagogischen und didaktischen Vorstellungen dieser Zeit zum Ausdruck: hier stehen utopische und gesellschaftliche *Erziehungsromane* neben *Lehrgedichten* und *Fabeln*. Andererseits bringen die *bürgerlichen Trauerspiele* sowohl in England (George Lillo, * 1693, † 1739), Frankreich (Denis Diderot) und Deutschland (G. E. Lessing) die gesellschaftliche Kritik des Bürgertums zum Ausdruck. In ihnen setzen sie dem politischen und moralischen Verfall des Adels ihre eigene Moralität, die sowohl der Privatheit der bürgerlichen Familie als auch ihrem Arbeitsethos entspringt, gegenüber. Sie machen aber auch deutlich, daß die Kultur sich aus der absolutistischen Fesselung, ihrer zentralistischen Rückbindung an den Hof und den Adel gelöst hat und sich an ein anderes Publikum wendet. Dies zeigt in gleicher Weise die Entwicklung der **Musik** des 18. Jh.s. Von *Joseph Haydn* (* 1732, † 1809) über *Wolfgang Amadeus Mozart* (* 1756, † 1791) bis zu *Ludwig van Beethoven* (* 1770, † 1827) vollzieht sich ein Wandel, der sowohl die Ablösung des höfischen Musikers und Komponisten wie die Entstehung der *Symphonie* als der musikalischen Gattung des Bürgertums bedeutet.

Die internationalen europäischen Ereignisse vom 15. bis 18. Jh.

Entdeckungen und frühe Eroberungen

Für die Entstehung des modernen Weltsystems, der europäischen Expansion und der Europäisierung der Welt sind die großen Entdeckungen des 15./16. Jh.s und die daraus erwachsenden Eroberungen und Kolonialreiche überseeischer Gebiete von entscheidender Bedeutung.

Unter den ursächlichen **Voraussetzungen** sind vor allem vier hervorzuheben:

1. In der *Reconquista,* dem Kampf der christlichen Staaten der Pyrenäenhalbinsel zur Zurückdrängung der arabischen Herrschaft (722–1492), hat die mittelalterliche Kreuzzugsbewegung einen ihrer wenigen großen bleibenden Erfolge. Die Kreuzzugsmentalität lebt in der Rückeroberungsbewegung Spaniens von den Mauren noch bis zum Beginn der Neuzeit fort. Es wirken darin nebeneinander Glaubenskrieg gegen die verhaßten Araber wie echter Missionseifer; man übernimmt aber zugleich von den Mauren wissenschaftliche und technische Kenntnisse. Die feudale Gesellschaftsstruktur hat sich in Spanien durch die Reconquista in ihrer eigenen Ausprägung länger als in anderen europäischen Ländern erhalten, und der Adel gerät erst mit dem Ende der Reconquista (1492 Fall der letzten maurischen Besitzung Granada) in seine Krise der Legitimation und des standesgemäßen Einkommens. Solche krisenhaften Spannungen in den sich zentralisierenden und modernisierenden Königreichen *Spanien* und *Portugal* können in den expansiven *Entdeckungs-* und *Erschließungsaufgaben* weitgehend nach außen abgeleitet werden. – Der erste Sprung *Portugals* nach Afrika (*Ceuta* [an der marokkanischen Mittelmeerküste], 1415) und die Suche nach dem sagenhaften christlichen Königreich *Abessinien* sind sicher in der Kreuzzugstradition zu sehen.

Entdeckungen und frühe Eroberungen   611

2. Wirtschaftliche Bedürfnisse werden deutlich zum dominierenden Antrieb. Dabei liegt bei den Entdeckern und Eroberern ein unstillbarer Hunger nach Schätzen, aber auch nach Geltung vor. Die *Entdeckungspolitik der portugiesischen* und *spanischen Krone* zielt jedoch weiter: Die konsequente Monopolisierung des Orienthandels durch die Türken – besonders nach dem Fall Konstantinopels (1453) –, welche sich ihre Waren in Gold bezahlen lassen, zwingt die sich im 15. Jh. in einer Phase ökonomischer Expansion befindende europäische Gesellschaft zu einer oft verzweifelte Formen annehmenden *Suche nach neuen Zahlungsmittel und Produkten* (Gewürze vor allem und andere Luxusgüter wie Elfenbein, Edelhölzer und Duftstoffe). Zuerst bemüht man sich um alternative Zugänge zu den fernöstlichen Quellen der Orientprodukte und um das *Entdecken von Gold.* Man nimmt an, daß das aus Europa und anderen Gebieten jahrhundertelang abgeflossene Gold nicht in den Händen der arabischen Zwischenhändler geblieben ist, sondern im fernen ,,Indien" sich gesammelt hat. Umgeht man die von den Arabern beherrschten Handelsrouten, so kann man jene Orte im fernen Osten finden, wo sich die Schätze angehäuft haben. Diesem Ziel widmen sich zuerst mit wachsender Intensität die *Portugiesen,* indem sie Afrika südlich zu umschiffen suchen, was ihnen erst relativ spät (endgültig 1497) gelingt. Den *spanischen Anstrengungen,* auf der Westroute nach Indien zu gelangen, liegen grundsätzlich die gleichen ökonomischen Ziele und Erwartungen zugrunde. Allerdings haben sich die auf die indischen Goldschätze gesetzten Erwartungen nicht erfüllt. Offenbar hatten die Europäer – im Unterschied zu den Arabern – nicht vor, die Schätze und Produkte zu bezahlen bzw. einzutauschen, sondern man wollte diese ,,an sich nehmen".

3. Die *wissenschaftlichen und nautischen Fähigkeiten,* welche die großen Entdeckungsfahrten möglich machen, beruhen im wesentlichen auf antikem Wissensgut, das – zum Teil durch die Araber vermittelt – im Humanismus ,,wiederbelebt" und angewendet wird. Dies gilt besonders für die Annahme der *Kugelgestalt der Erde,* die einerseits über die Araber, andererseits über die humanistische Beschäftigung mit *Ptolemäus* (* wohl um 100, † nach 160) in Europa Geltung gewinnt. Bei der für die Westpassage entscheidenden Berechnung des Erdumfanges übernimmt *Kolumbus* die falsche Angabe des Ptolemaios von nur 28 350 Kilometern und schätzt deshalb den Westweg nach Indien mit 11 000 Kilometern (anstatt 21 000 Kilometern) viel zu gering ein. Noch bei seinem Tode 1506 ist Kolumbus der festen Überzeugung, den Weg nach Indien gefunden zu haben.

Für jede Hochseeschiffahrt ist die *astronomische Standortbestimmung* unerläßlich. Von den Arabern übernimmt man *verbesserte Meßgeräte* und entwickelt eigene *astronomische Tafeln.* Als erste führen die Portugiesen gegen 1480 die astronomische Navigation ein. Die schwierigen Strömungs- und Windverhältnisse vor der westafrikanischen Küste, die ein weites westliches Ausholen der Segelschiffe erforderlich machen, lassen eine reine Küstenschiffahrt nicht zu. Die Bestimmung der geographischen Breite wird mit den verbesserten Instrumenten und Hilfsmitteln annähernd zuverlässig möglich, doch die der Längengrade bereitet ohne genaue Chronometer (noch lange) größte Schwierigkeiten. Der (aus China kommende) *Kompaß* als wichtigstes Instrument zur Bestimmung der Himmelsrichtung ist bereits seit dem 12./13. Jh. in Europa bekannt. Die *Kartographie* ist besonders in der *Schule von Palma de Mallorca* entwickelt worden, doch ließ sich bei größeren Karten noch keine Winkeltreue erreichen. (Erst *Mercator,* * 1512, † 1594, löst 1567 das Problem der Projektion einer Kugeloberfläche auf eine Ebene.) Bei der Planung des Vorhabens des Kolumbus spielt die Karte des Florentiners *Toscanelli* (* 1397, † 1482) eine Rolle, wonach der Seeweg über den Atlantik kürzer sei als der portugiesische um Südafrika. Diese Nachricht nimmt Kolumbus als zusätzliche Bestätigung seiner eigenen (falschen) Berechnungen über die Westroute.

4. Das bemerkenswerteste und für den Erfolg der Entdeckungen entscheidende Moment ist die *genaue Planung und rationale Organisation der Entdeckungsfahrten* erst durch das portugiesische, dann durch das spanisch-kastilische Königshaus. Die ersten Jahrzehnte der Entdeckungen an der afrikanischen Westküste sind geprägt vom persönlichen Einsatz eines portugiesischen Prinzen, des Infanten **Heinrich des Seefahrers.** Nach der Teilnahme an der Eroberung von Ceuta (1415) treibt er mit Energie, persönlichem und finanziellem Einsatz und mit systematischer Zielstrebigkeit die Entdeckung Afrikas voran. Er sammelt in großem Stil alle Nachrichten über Afrika, den arabischen Herrschaftsbereich und den Orient, wertet diese aus und macht sie seinen Plänen nutzbar. Um die Navigation voranzubringen, läßt er die Meßinstrumente und -methoden verbessern; an *Kap São Vicente* (an der Südwestspitze Portugals) errichtet er eine *Sternwarte.* Er fördert die *Entwicklung im Schiffsbau* und läßt sogar einen hochseetüchtigen Schiffstyp entwickeln, die berühmte *Karavelle,* welche um die Mitte des 15. Jh.s in Gebrauch kommt. An seinem Hofe sammelt er einen Kreis von Fachleuten der Nautik und Kosmographie, der regelmäßig tagt. Für seine Pläne nutzt er die verfügbaren Finanzmittel des Christusordens (der ehemaligen Templer). Die Könige *Johann II.* (1481–1485) und *Emanuel I.* (1495–1521) übernehmen nach Heinrichs Tod dessen antreibende Leitungsfunktion und die von ihm entwickelten Methoden und erreichen in der Entdeckung und handelspolitischen Erschließung *Ostasiens* damit ihre großen Erfolge. – Die *Spanier* folgen in der Organisation ihrer Entdeckungsreisen dem portugiesischen Vorbild. Königin *Isabella I. von Kastilien* (1474–1504) übernimmt die Finanzierung der kolumbianischen Expedition. Um die neuen Erkenntnisse der astronomischen Navigation in der Hochseeschiffahrt praktisch auszunutzen, werden die Schiffe regelmäßig von ,,*Piloten*" geleitet. Die Ausbildung dieser Lotsen wird seit 1508 von einem neugeschaffenen Amt, dem *Piloto Mayor,* überwacht. Der erste Amtsinhaber ist der berühmte Florentiner *Amerigo Vespucci,* der in seinem ,,Mundus novus" (1502) die neuentdeckten Gebiete erstmals als Neuen Kontinent bezeichnet, den man dann Amerika nennt.

612   Neuzeit – Frühe Neuzeit

Insgesamt jedoch bleiben die Entdeckungsfahrten charakterisiert durch eine ganz erstaunliche Mischung von phantastischen geographischen Vorstellungen und märchenhaften Erwartungen sowie von kühl rechnender, zielstrebiger Organisation und hoher Modernität in Vorbereitung, Anlage und Auswertung jeder einzelnen Fahrt.

Das Zeitalter der portugiesischen Entdeckungen

14. Jh.	Wiederentdeckung der Kanarischen Inseln.
1415–1460	Prinz **Heinrich der Seefahrer** (* 1394, † 1460) fördert besonders intensiv die *portugiesischen Entdeckungsfahrten an der westafrikanischen Küste südwärts*. Als Beginn dieser Entwicklung gilt der Überfall auf *Ceuta* 1415.
1427–1431	Erkundung der Azoren.
1431	Im Vertrag von *Medina del Campo* (Stadt in der kastilischen Provinz Valladolid) Regelung der Ansprüche auf Nordafrika zwischen Portugal und Kastilien. Portugal ist bemüht, Kastilien möglichst aus seinen afrikanischen Besitzungen auszuschließen und die Neuentdeckungen zu monopolisieren.
1433	Nach wiederholten jahrelangen Bemühungen gelingt die *Umschiffung von Kap Bojador*.
1445	erreicht der im Auftrag des portugiesischen Königs fahrende *Dinis Diaz* Kap Verde und die Mündung des Senegal. Im Maße wachsender Ausbeute intensiviert sich der Schiffshandel (circa 25 Karavellen jährlich), und die staatlich geförderten Entdeckungen beschleunigen sich.
1448	Als erster dauernder Stützpunkt wird Fort Arguin (Westküste Afrikas) für den sich entwickelnden Handel, besonders mit Sklaven, errichtet.
1471/1472	*Fernão do Póo* (portugiesischer Seefahrer des 15. Jh.s) entdeckt die vor der Küste Kameruns gelegene, später nach ihm benannte Insel, bald danach wird der Äquator überschritten. Mit der Handelserschließung der Pfeffer-, Elfenbein-, Gold- und Sklavenküste – damit sind die Hauptgüter bezeichnet – erweisen sich die afrikanischen Neuentdeckungen als wirtschaftlich außerordentlich lohnend.
1479	*Vertrag von Alcaçovas:* die Kanarischen Inseln gehen an Spanien; ganz Westafrika, speziell Guinea, und die anderen Afrika vorgelagerten Inseln werden Portugal zugesprochen.
1482–1484	Unter Führung des im Auftrag der portugiesischen Krone fahrenden *Diogo Cão* († um 1486) wird die Kongomündung erreicht.
1485–1486	Auf einer zweiten Reise überwindet Diogo Cão Kap Cross und erreicht die große Walfischbai. An dieser Fahrt nimmt der Nürnberger Patrizier und Kosmograph *Martin Behaim* (* 1459, † 1506 oder 1507) teil, der den ältesten erhaltenen, praekolumbianischen Globus (1492) herstellt.
1487 Aug. –1488 Dez.	Durch einen heftigen Sturm weit nach Süden abgetrieben, umschifft *Bartolomeu Diaz* (* um 1450, † 1500), der im Auftrag des portugiesischen Königs fährt, unvermerkt die Südspitze Afrikas, welche er *Kap der Stürme* nennt. Diese wird dann von König Johann II. von Portugal in **Kap der Guten Hoffnung** umbenannt. Auf der nördlichen Fahrt erkundet Diaz einen Teil der südostafrikanischen Küste, wird aber auf der Höhe des großen Fischflusses von der Mannschaft zur Umkehr gezwungen.
1487/88	König Johann II. organisiert Expeditionen, die auf arabischen Handelsrouten zu Lande und zur See Indien und Äthiopien (wegen seiner sagenhaften Goldschätze berühmt) erreichen sollen. *Pedro de Covilhão* (* um 1450, † zwischen 1521 und 1527) erreicht als erster Indien und erforscht auf dem Rückweg Teile der afrikanischen Ostküste bis zum südlichsten Handelsstützpunkt der Araber in Sofala (Zambesi). Auf einer zweiten Reise kommt er nach Äthiopien, wo er bis zu seinem Tode bleibt. Seine Berichte regen weitere Bemühungen an, die Seeroute um Afrika in den Indischen Ozean zu erschließen.

Von Kolumbus bis zur ersten Weltumseglung

Durch das Eindringen der *Spanier* in das portugiesische Entdeckungsmonopol bei der Suche nach der *Indienroute* entsteht jene einmalige Dynamik, welche in weniger als drei Jahrzehnten zu den großen Entdeckungen der Neuen Welt und zur Weltumfahrung führt. Die Spanier verfolgen im wesentlichen die gleichen Ziele wie die Portugiesen: Sie suchen in Indien das Land, wo sich das in vielen Jh.en aus Europa abgeflossene Gold und die Rohstoffquellen der begehrten Orientwaren (Gewürze und viele Luxusgüter) befinden sollen. Neuartig ist am spanischen Vorgehen, daß die Spanier nicht mit den Portugiesen um die Afrikapassage konkurrieren, sondern – die Kugelgestalt der Erde voraussetzend – ihr Hauptaugenmerk auf die *Westpassage* richten, um die Reichtümer „Indiens" zu erreichen.

1492 **–1493**	**Erste Reise des Genuesen Christoph Kolumbus** (* 1451, † 1506), die er im Auftrag und mit finanzieller Unterstützung der Königin Isabella von Kastilien durchführt (3. Aug. 1492 – 15. März 1493).

Entdeckungen und frühe Eroberungen – Portugiesische Entdeckungen – Kolumbus

1492 12. Okt.	Nach 36tägiger Westfahrt erreicht Kolumbus die Insel Guanahani, eine der Bahamas, die er *San Salvador* nennt. Danach entdeckt er u. a. Kuba und Haiti, welche er für Inseln Japans hält.
1493	Papst Alexander VI. (1492–1503) bestätigt Spanien das ausschließliche Entdeckungsrecht jenseits einer Linie hundert Seemeilen westlich der Azoren.
1493 **25. Sept.** **–1496** **11. Juni**	**Zweite Reise des Kolumbus:** Mit 1500 Mann auf 17 Karavellen tritt Kolumbus diese Fahrt an, um die Entdeckungen in spanischen Besitz zu nehmen. Er gründet die erste feste Niederlassung *La Isabella* auf *Haiti* (dann von seinem Bruder nach S. Domingo verlegt). Weitere Erkundungen der Westindischen Inseln, besonders Kubas.
1494 *7. Juni*	Der *Vertrag von Tordesillas* (in der spanischen Provinz Valladolid) trennt die spanischen und portugiesischen Interessengebiete durch eine Nordsüdlinie, welche nun 370 Seemeilen westlich der Kapverdischen Inseln verläuft. Dadurch gerät Brasilien stärker in den portugiesischen Bereich. Auch dieser Vertrag ist noch von Papst Alexander VI. verkündet und besiegelt worden.
1497	Erste Reise des *Giovanni Caboto* aus Genua (* um 1455, † 1498 oder 1499) *im Auftrag der englischen Krone* von Bristol nach Neufundland (Cape Breton) auf der Suche nach der Insel Brasilia. Die Nichtrespektierung der spanisch-portugiesischen Demarkationslinie zeigt den begrenzten Wert einer Teilung der Neuen Welt in Interessensphären.
1498	Zweite Reise des Caboto mit seinem Sohn Sebastiano (* zwischen 1474 und 1483, † 1557). Sie erkunden die nordamerikanische Ostküste zwischen Sankt-Lorenz-Strom und der Hudson-Mündung. Caboto nimmt zwar das entdeckte Land für die englische Krone in Besitz, doch da weder das gesuchte Zedernholz noch irgendwelche Edelmetalle gefunden werden, fehlt vorerst das weitere Interesse in England an den neuen Gebieten.
1497–1499	Dem Portugiesen **Vasco da Gama** (* um 1467, † 1524) gelingt (im November 1497) erneut die **Afrika-Umseglung.** Er erkundet die ostafrikanische Küste nördlich bis Mombassa und Malindi und erreicht am 22. Mai 1498 mit Hilfe eines arabischen Lotsen *Calicut* in Indien. Im August 1498 tritt er die Rückfahrt über Malindi und das Kap der Guten Hoffnung an, welches er im März 1499 umschifft.
1498 **30. Mai** **–1500** **25. Nov.**	**Dritte Reise des Kolumbus:** Dabei erreicht er erstmals das *südamerikanische Festland* (1. August) nahe der Orinoko-Mündung. Nach einem Aufstand der Siedler gegen ihn in Española (heute Haiti) wird er von einem aus Spanien herbeigerufenen königlichen Richter gefangen nach Spanien zurückgebracht. Er wird zwar freigelassen, verliert aber seine Privilegien als Vizekönig. Die Verwaltung der Neuen Welt geht nun an die Krone.
1499/1500	Erste Reise des **Amerigo Vespucci** (* 1454, † 1512, Florentiner Agent der Medici-Bank in Sevilla) zusammen mit dem spanischen Konquistador *Alonso de Ojeda* († 1515 in Santo Domingo) zur Erkundung der nordöstlichen Küstengebiete Südamerikas, vor allem Venezuelas: er entdeckt die Amazonas-Mündung.
1500–1501	Der portugiesische Admiral *Pedro Alvares de Cabral* (* um 1467, † zwischen 1520/1526) erhält nach der Rückkehr Vasco da Gamas vom König die Leitung der Indienflotte übertragen und segelt mit 13 Karavellen von den Kapverdischen Inseln zuerst zur brasilianischen Küste, die er bei einem kurzen Aufenthalt (im April 1500) offiziell für Portugal als Terra de Vera Cruz in Besitz nimmt. Dann fährt er um die Südspitze Afrikas nach *Indien*, wo er Pfeffer und andere Gewürze lädt, die seine Flotte – ein Teil der Schiffe ist unterwegs verlorengegangen – nach Lissabon bringt. Mit dieser *Eröffnung des regulären portugiesischen Indienhandels* beginnt der rasche Aufstieg Lissabons zum Zentrum des Ostasienhandels.
1501–1502	Zweite Reise des *Amerigo Vespucci* – nun in portugiesischem Dienst – zur Erkundung der brasilianischen Küste zwischen Pernambuco und dem Rio de la Plata. In seinem Reisebericht vertritt Vespucci die Ansicht, es handle sich hierbei um eine Neue Welt, was den Geographen *Martin Waldseemüller* (* um 1470, † um 1528) in Anlehnung an Vespuccis Vornamen ,,Amerigo" zu dem Namen **,,America"** (1508) motiviert, der dann – zuerst nur für Südamerika – gebräuchlich wird.
1502 Mai– **1504 Nov.**	**Vierte Reise des Kolumbus** zur Entdeckung der mittelamerikanischen Ostküste von Honduras südwärts bis nach Panama.
1506 20. Mai	Kolumbus stirbt in Valladolid, fast vergessen, in der festen Überzeugung, Indien auf der Westroute entdeckt zu haben.
1519–1522	Mit fünf Karavellen unternimmt *Fernão de Magalhães* (spanisch Magallanes, * um 1480, † 1521), ein Portugiese in spanischen Diensten, mit dem Auftrag, die Molukken auf der Westroute zu erreichen, die **erste Weltumseglung.** Er erkundet die brasilianische Küste von Pernambuco südwärts und durchfährt die nach ihm benannte Wasserstraße zwischen Feuerland und dem südamerikanischen Festland. Auf der Nordwestfahrt durch das Mare Pacificum erreicht er die Philippinen. Dort wird er von Eingeborenen erschlagen. Eines der Schiffe, geführt von *Juan Sebastián Elcano* (* wohl um 1486, † 1526), setzt die Fahrt westwärts fort, berührt Borneo, die Molukken und Timor, umfährt Afrika südlich und erreicht schließlich mit 18 Überlebenden am 6. September 1522 den spanischen Ausgangshafen. *Mit dieser ersten Weltumseglung ist die Kugelgestalt der Erde praktisch demonstriert.*

614 Neuzeit – Frühe Neuzeit

Die Auswirkungen der Entdeckungen und Eroberungen

Die europäische Durchdringung immer größer werdender Gebiete in Übersee verursacht in oft dramatischer Weise eine *Zerstörung eingeborener kultureller und gesellschaftlicher Strukturen.* Auch die reine christliche Mission bedeutet mehr als nur die Beseitigung herkömmlicher (angeblich primitiver) Religionen, sondern ist ein wesentlicher Bestandteil der Kolonisierung, der für die Eingeborenen zuerst einmal einen Prozeß der Entwurzelung ihrer lebensbestimmenden Mentalitäten darstellt.

Als unmittelbare **Rückwirkungen auf Europa,** die relativ breite Kreise bald zu spüren bekommen, sind – neben den vielen *phantastischen Abenteuergeschichten* über die Neue Welt – die sich rasch in allen Gesellschaftsschichten ausbreitende *Syphilis* zu nennen, ferner die unaufhaltsam *steigenden Preise.* Fehlt bei diesen Vorgängen weitgehend das Bewußtsein für die Zusammenhänge, so rücken die eigentlich weitreichenden Wirkungen dieser europäischen Expansion und die daraus erwachsenden universalen Aufgaben erst langsam ins Bewußtsein der intellektuellen und politischen Eliten Europas: die *geographische Erfassung* und *verkehrsmäßige Erschließung* der nun als Weltkugel zu begreifenden Erde; die *politische und rechtliche Ordnung der Weltmeere und Kolonialreiche;* die *wirtschaftliche Organisation* dieses modernen *Welthandelssystems.*

Die rechtlichen Folgen: Die Wandlungen im überkommenen Weltbild und die Erfahrung, daß durch die Entdeckung so großer bewohnter Räume die Übereinstimmung von „Ökumene" (die gesamte bewohnte Welt) und Christenheit aufgehoben ist, wirft etliche Rechtsfragen auf. Der Anspruch auf die koloniale Besitznahme außereuropäischer Länder entstammt der Kreuzzugstradition, d. h. dem Missionsauftrag, die Heiden zu christianisieren. Dementsprechend werden in den bekannten Teilungsverträgen (Medina del Campo 1431, Alcaçovas 1479, Tordesillas 1494) den Vertragspartnern vom Papst Missionssphären als Kirchenlehen zugewiesen. Da mit der *vertraglichen Aufteilung der Neuen Welt* in eine *portugiesische* und eine *spanische Hemisphäre* zugleich eine *Monopolisierung von kolonialen Interessengebieten* gemeint ist, wodurch Dritte ausgeschlossen werden, wenden sich andere europäische Mächte, zuerst *Frankreich* (Franz I. seit 1532), dann auch *England* und die *Niederlande* dagegen, indem sie das **„Recht der tatsächlichen Besetzung"** (gegenüber dem der bloßen Entdeckung) behaupten. Gegenüber dem spanisch-portugiesischen Herrschaftsanspruch über die Meere fordern sie das **„freie Meer"** (und die **„freie Küste"**!). Klassisch formuliert dies der niederländische Jurist *Hugo Grotius* (* 1583, † 1645) in „Mare liberum", 1609. Doch nachdem die nachdrängenden Mächte in die begehrten „freien" Meere eingedrungen sind, suchen sie diese zu beherrschen und ihrerseits zu monopolisieren, wie die Niederländer dies in den ostasiatischen Gewässern tun. Im deutlichen Gegensatz zu den Beziehungen der europäischen Staaten untereinander bleiben die überseeischen Besitzungen weitgehend dem freien Spiel der Mächte ausgesetzt, und auf dem Weltmeer findet ein Kampf aller gegen alle statt. Internationale Verträge in Europa gelten nur sehr beschränkt in Übersee. Erst im Laufe des 17. Jh.s gebietet jedoch die *Ausbildung einer kolonialen Pentarchie* (Portugal, Spanien, Frankreich, England, Niederlande) die *Einbeziehung der Meere und überseeischen Kontinente in das europäische Völkerrecht,* und im 18. Jh. schließlich entwickelt sich die relative Parallelität von europäischen und überseeischen Konflikten und Verträgen.

Neben dem Problem der frühen Übertragung nationalstaatlicher Prinzipien des europäischen Völkerrechts auf die kolonialen Überseereiche steht die wichtige Auseinandersetzung um die *rechtliche Einbeziehung der verschiedenen Eingeborenenrassen in europäische Rechtsnormen.* Mit naturrechtlichen Argumenten kämpft *Bartolomé de Las Casas* (* 1474, † 1566) für eine *Rechtsgemeinschaft aller Menschen;* allerdings reicht seine Forderung nur bis zur Rechtsfähigkeit der Eingeborenen, speziell der Indianer, weil er ihnen wenigstens eine humane Behandlung angedeihen lassen will. Wesentlich erfolgreicher ist sein Gegenspieler auf der Disputation von 1550, *Juan Ginés de Sepúlveda* (* um 1490, † 1573), der die *Ungleichheit der Rassen vertritt,* womit er die herrschende Praxis rechtfertigt.

Die wirtschaftlichen Wirkungen: Die überseeischen Neuentdeckungen sind durch *drei atlantische Schiffsrouten* mit Europa verbunden, die von Spanien (Sevilla, Cadiz) nach Amerika, von Portugal (Lissabon) um Südafrika nach Ostindien – und durch das Schiffahrtsdreieck zwischen Portugal – Westafrika – Brasilien. Diese Fernhandelsrouten treten neben die klassischen Fernstraßen durch das Mittelmeer und die Ostsee, die insgesamt nicht an Bedeutung verlieren. Noch um 1600 liegen die Schwergewichte des Schiffsverkehrs eindeutig in den traditionellen Räumen des Mittelmeers, in der Nord-Ostsee und an der Atlantikküste. Erst im folgenden Jh. gewinnt der Überseeverkehr sein Übergewicht, woran die organisierten *privilegierten Handelsgesellschaften* (etwa die niederländische Ostindische Kompanie) wesentlichen Anteil haben. – An der Atlantikküste bilden sich neue Zentren, *Lissabon* (für Pfeffer) sowie *Sevilla* (Gold und Silber), und die großen Handelszentren profitieren kräftig vom wachsenden Überseehandel, vor allem *Antwerpen* (später von *Amsterdam* abgelöst), aber auch *London.* Diese Verlagerung der europäischen Handelsräume und Straßen nach Westen bedeutet aber noch nicht den Niedergang der mitteleuropäischen und italienischen Handels- und Finanzstädte. Besonders die italienischen Handelsstädte passen sich der neuen Situation geschickt an und verstärken ihre Präsenz auf allen westeuropäischen Märkten. Die Portugiesen können zwar den Pfefferhandel weitgehend auf Lissabon konzentrieren; die geringe Kraft des kleinen Landes (mit kaum 0,5 Mio. Einwohnern) reicht aber nicht aus, den arabischen Zwischenhandel im Indischen Ozean auf Dauer auszuschalten, so daß die alten Handelswege der Orientprodukte zum Mittelmeer und nach Italien im wesentlichen weiter genutzt werden können. So kann sich *Venedig* rasch wieder erholen, und *Genua,* der alte Finanzplatz, übernimmt nach dem Ausbruch des niederländischen Aufstandes (nach den 60er Jahren des 16. Jh.s) erneut den ersten Rang als europäischer Geldplatz. Die von den Italienern entwickelten Formen des Geschäfts- und Geldverkehrs setzen sich im 16. Jh. in ganz Europa durch. Auch wenn das begehrte Gold nicht im erhofften Maße gefunden wird, so erbringt der Überseehandel doch bald wachsenden Gewinn mit vielfältigen Produkten. Die Waren sind anfangs die bekannten *exotischen Luxusgüter:* neben Gewürzen auch Perlen, Seiden, Duftstoffe, Elfenbein, Edelhölzer usw. Für die Subsistenz breiter Verbraucherschichten kommen im Laufe des 16. Jh.s nach und nach *Massengüter* hinzu: Salz, Rohrzucker, Kakao, Kaffee, Farbholz, Indigo, Baumwolle, Fische, Häute; doch erst im 17./18. Jh. wachsen die Überseeflotten so stark an, daß sie den innereuropäischen Schiffahrtsströmen vergleichbare Warenmengen transportieren. In der Frühzeit üben auch verhältnismäßig geringe Mengen große Wirkung auf Markt und Preisgefüge aus.

Als besonders folgenschwer erweisen sich die bis zum Ende des 16. Jh.s wachsenden Mengen von zufließenden *Edelmetallen,* wenig Gold, aber viel mehr Silber. In Sevilla registriert die *Casa de la Contratación de las Indias* 1521–1560 86 t angelandetes Gold und 574 t Silber. Das ist ein Mehrfaches der europäischen Produktion. Da daneben die europäische Warenproduktion nicht mehr entsprechend steigt und der Binnenhandel nur unerheblich expandiert, dann stagniert, sich darüber hinaus die europäische Wirtschaft mehr und mehr auf Geldstandard einstellt, bewirkt die *ungewöhnliche Geldvermehrung* eine *langanhaltende Inflation,* die, von Spanien als Zentrum ausgehend, mehr oder weniger intensiv auf ganz Europa ausgreift. Während des 16. Jh.s inflationieren die Preise – voran die für Nahrungsmittel – um etwa das Fünffache. Diese für die Zeitgenossen ganz unverständliche, nicht enden wollende *Teuerung,* gelegentlich **„Preisrevolution"** genannt, traf primär die Mehrheit der von Geldrenten lebenden adligen Mittelschicht, aber auch die noch kleine Schicht der Lohnarbeiter, deren Löhne den Preisen nur ungenügend folgten. Erstmalig wurde der Zusammenhang zwischen überdimensionalem Edelmetallzufluß aus Übersee und abfließendem Kapital aus Spanien-Portugal in seiner inflatorischen Wirkung auf Frankreich von *Jean Bodin* (* 1529 oder 1530, † 1596) erkannt und beschrieben (1568).

Von einem ausgeglichenen Austausch der Waren, Ideen, Pflanzen und Tiere kann man kaum sprechen – dazu ist der Charakter *kolonialer Ausbeutung* viel zu offenkundig. Aus dem indianischen Amerika kommen nach Europa unter anderem: Mais, Kakao, Tabak, Vanille, Erdnüsse, Tomaten – und die Kartoffel. Besonders Kartoffeln und Mais bieten wichtige Ernährungsmöglichkeiten für die wachsende Bevölkerung zu Beginn der Industrialisierung. Andere Nahrungs- und Genußmittel erlangen erst auf dem Umweg über Amerika ihre spezifische Bedeutung – so Rohrzucker und Kaffee. Zwar vermitteln die Europäer den Amerikanern manche ihrer epidemischen Krankheiten, wie Pocken und Typhus, doch übernehmen sie auch solche der Indianer, so vor allem die Syphilis, welche sich rasch ausbreitet.

Die großen europäischen Kolonialreiche (einschl. Mutterland) in Mio. qkm

Die Entstehung des europäischen Staatensystems und seine Entwicklung von der Hegemonie zur Mächtebalance

Das Staatensystem im ausgehenden 15. Jh.

Das europäische Mächtesystem im letzten Drittel des 15. Jh.s ist bestimmt von der Suche nach neuen Prinzipien der Beziehungen der einzelnen Staaten zueinander. Nach dem *Scheitern der Versuche einer gemeinabendländischen Politik* (so auf den Reformkonzilen zu Konstanz, 1414–1418, und Basel, 1431–1449) tritt das universale Moment in den Beziehungen der europäischen Staaten zurück. Dafür

616   Neuzeit – Frühe Neuzeit

verstärken sich die territorialen und nationalen Kräfte: Während im *mittleren Teil Europas* nördlich und südlich der Alpen verschiedene *fürstliche* und *städtische Partikulargewalten* die zerfallene kaiserliche Macht auszufüllen suchen, entwickeln sich *im Westen* an Stärke zunehmende *nationale Monarchien,* welche das europäische Geschehen zu bestimmen beginnen.

Nachdem **England** im Hundertjährigen Krieg aus Frankreich herausgedrängt worden ist, vermag sich das Haus *Tudor* in den Wirren der Rosenkriege aus der Selbstzerstörung des konkurrierenden Hochadels in den Besitz der englischen Krone zu bringen. Fast absolutistisch regiert ab 1485 *Heinrich Tudor VII.* (* 1457, † 1509), dann sein Sohn *Heinrich VIII.* (1509–1547; * 1491, † 1547); unter ihnen grenzt sich England rechtlich, kirchlich und politisch deutlich vom Kontinent ab.

Auf der **Iberischen Halbinsel** entsteht mit der Vereinigung von Kastilien und Aragón unter *Isabella I.* (1474–1504, * 1451, † 1504) und *Ferdinand II.* (1479–1516; * 1452, † 1516), die seit 1469 miteinander verheiratet sind, ein machtvolles *spanisches Königreich.* Mit dem Ende der Reconquista verfolgen beide Teilreiche noch intensiver ihre traditionellen Außenpolitiken, Kastilien im Atlantik und in Übersee, Aragón im Mittelmeer, besonders in Süditalien.

Nach dem Hundertjährigen Krieg sucht der **französische König** nicht ohne Erfolg seine Macht nach innen und außen auszubauen und zu festigen, allerdings ohne die großen Magnaten ausschalten zu können. Besonders die bedeutenden Herzogtümer am Rande des Königreiches entziehen sich weitgehend seiner Macht. Dies gilt in ganz besonderem Maße für die **burgundischen Herzöge,** die sich ein eigenes, mächtiges Zwischenreich aufbauen, welches zeitweise eine zentrale Stellung in Europa erlangt.

Der Aufstieg des Hauses Österreich und das Weltreich Karls V. (1477–1556)

Das **habsburgische Weltreich,** das unter **Kaiser Karl V.** (1519–1555/56 ; * 1500, † 1558) seine größte Ausdehnung und Bedeutung erlangt, entsteht aus einer Reihe dynastischer Verbindungen, Heiraten, realisierten Erbschaften, in deren Zentrum das burgundische Erbe und die Verbindung Österreichs mit Spanien stehen.

Die **Herzöge von Burgund,** aus einer Nebenlinie der Valois, bauen seit dem 14. Jh. ein eigenes Reich auf, welches sich sogar aus dem französischen Lehensverband löst (1455). Es umfaßt schließlich neben dem Herzogtum *Bourgogne* und der *Freigrafschaft Burgund (Franche-Comté)* große *Teile der Niederlande* und die *Picardie* sowie *Luxemburg.* Mit *Flandern* und *Brabant* besitzen die Burgunderherzöge die reichsten Provinzen nördlich der Alpen. Ihre ehrgeizige Politik zielt auf die Verbindung dieser beiden Landkomplexe durch die *Gewinnung von Lothringen* und der drei strategisch wichtigen Bistümer *Toul, Metz* und *Verdun.* Im Süden suchen sie *Savoyen* an sich zu bringen, womit das Zwischenreich der Bedeutung des alten karolingischen Lotharingien nahekommen würde. Diese Politik der Herzöge *Philipps III. des Guten* (1419–1467; * 1396, † 1467) und *Karls des Kühnen* (1467–1477; * 1433, † 1477) scheitert schließlich vor allem am Widerstand der schweizerischen Eidgenossen, von deren im geschlossenen Truppenkörper operierendem Fußvolk Herzog Karl in den Schlachten bei *Grandson* am Südwestufer des Neuenburger Sees (2. März 1476) und *Murten,* westlich von Bern (22. April 1477), mit seinem Ritterheer militärisch geschlagen wird.

1477 **5. Jan.**	Karl der Kühne fällt in der **Schlacht bei Nancy,** womit das burgundische Erbe an die mit dem österreichischen Erzherzog Maximilian verlobte *Erbtochter Maria von Burgund* (* 1457, † 1482) übergeht.
21. April	**Heirat Maximilians mit Maria von Burgund.** Habsburg kann gegen die Ansprüche der französischen Krone das burgundische Erbe sichern, indem nach Marias Tod (1482) Burgund Maximilians minderjährigem Sohn **Philipp (dem Schönen;** * 1478, † 1506) übertragen wird (so im *Vertrag von Arras* mit Frankreich vom 23. Dez. 1482). Doch der Kampf um das burgundische Erbe bleibt einer der zentralen Konfliktstoffe im französisch-habsburgischen Gegensatz.
1493 *23. Mai*	**Vertrag von Senlis (nordöstlich von Paris):** Im Verlaufe des Kampfes um Burgund muß Maximilian der Abtretung der Bourgogne und Picardie an Frankreich zustimmen. Die übrigen Territorien des burgundischen Erbes bleiben jedoch habsburgisch.
1493–1519	Kaiser Maximilian kann zwar im deutschen Reich kaum bessere Machtpositionen gewinnen, besitzt aber neben seinen Erblanden (Österreich, Kärnten, Steiermark, Tirol, Vorderösterreich) in den reichen burgundischen Landen eine wesentlich gefestigtere Machtbasis.
1494–1516	**Der Kampf um Italien:** Die habsburgische Bedrohung veranlaßt Frankreich zum Angriff auf Italien. *Karl VIII.* (1483–1498; * 1470, † 1498) beansprucht das Königreich beider Sizilien als Erbe der Anjous, stößt damit aber direkt auf die Interessen Aragóns in Süditalien. Die französische Aktion ist diplomatisch gut vorbereitet und militärisch zunächst sehr erfolgreich; Karl faßt in Oberitalien Fuß und erobert Neapel, muß sich auf Druck einer im März 1495 gegründeten europäischen Liga (*Liga von Venedig*) aus Italien zurückziehen. Hauptkraft der antifranzösischen Liga unter päpstlicher Beteiligung ist Spanien-Aragón. Über den Kampf gegen das französische Vorgehen kommt es zu der folgenreichen Verbindung zwischen Österreich und Spanien.
1496	*Die Allianz Habsburg-Spanien wird durch eine doppelte Eheverbindung befestigt: Don*

Staatensystem von der Hegemonie zur Mächtebalance – Aufstieg Österreichs   617

Juan, Erbsohn der spanischen Könige, heiratet *Margarete von Burgund*, die Tochter Maximilians; er verstirbt schon 1497.

1497   Maximilians Sohn Herzog *Philipp von Burgund* heiratet *Johanna (die Wahnsinnige)*, die Tochter Ferdinands von Aragón und Isabellas von Kastilien; er stirbt 1506.

1499 Aug.   Karls VIII. Nachfolger Ludwig XII. (1498–1515; * 1462, † 1515) eröffnet die zweite Runde des französischen Versuchs, in Italien, nun vor allem in Mailand, Fuß zu fassen. Der Versuch, auch Neapel zu erobern, scheitert am massiven Widerstand Spaniens.

1505   Im *Vertrag von Blois* muß Frankreich die spanische Herrschaft in Süditalien (sie währt bis 1714) akzeptieren, erhält dafür gewissen Einfluß in Oberitalien (Mailand), und es kommt zu einer Regelung um das umstrittene Navarra. Schließlich muß aber Ludwig XII. 1512/13 seine sämtlichen italienischen Aspirationen aufgeben.

1515–1547   **Franz I.** (* 1494, † 1547). Er nimmt sofort die *expansive Italienpolitik* seiner Vorgänger voll auf und kann nach seinem Sieg über die Schweizer bei **Marignano** (südöstlich von Mailand, heute Melegnano) sich vorerst den Besitz von Mailand auch vertraglich gegenüber Spanien, Kaiser Maximilian und dem Papst sichern.

1515 13./14. Sept.

22. Juli   Auf dem *Wiener Fürstentag* bringt Maximilian einen *Heirats- und Erbvertrag* mit dem Jagiellonenkönig Vladislav (* 1456, † 1516) *von Böhmen* (seit 1471) *und Ungarn* (seit 1490) zustande. Es findet eine doppelte eheliche Absprache statt: *Ferdinand* (I.) heiratet (1521) die Tochter Vladislavs, *Anna* (* 1503, † 1547), und Ferdinands Schwester *Maria* von Ungarn (* 1505, † 1558) heiratet (1522) *Ludwig II.* (* 1506, † 1526), *König von Ungarn und Böhmen* (1516–1526). Im Unterschied zu der anderen ehelichen Doppelverbindung Habsburgs mit Spanien sind diese Heiraten mit dem Kalkül auf ein *Anerbe des Ungarnreiches* geschlossen.

Haus Habsburg 1485–1780

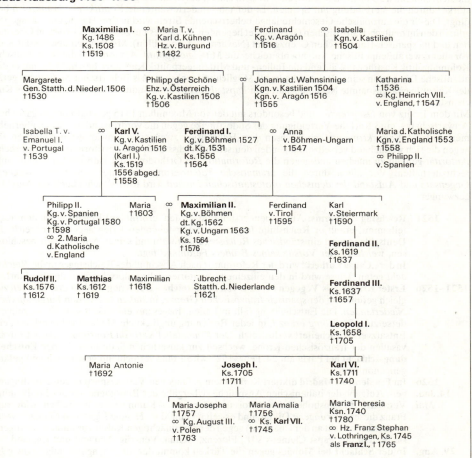

618 Neuzeit – Frühe Neuzeit

1516 23. Jan.	Der Tod Ferdinands von Aragón wirft die entscheidende Erbfolgefrage auf. Von den einmal in Aussicht gestandenen Nachfolgern für den spanischen Thron sind alle verstorben bis auf einen, *Karl*, den *Sohn Johannas der Wahnsinnigen* und *Enkel Kaiser Maximilians*.
Mai	**Karl I.** wird König der vereinigten Königreiche Kastilien und Aragón (Mitte Mai).
1519 *Juni*	Dieser spanische König wird – nach dem unerwartet plötzlichen Tod des sechzigjährigen Kaisers Maximilian (Jan. 1519) – in Konkurrenz zum französischen König Franz I. – in Frankfurt am Main von den Kurfürsten einstimmig *als Karl V. zum Römischen König und Kaiser gewählt.*

Person und Reich Karls V.

Der **Habsburgerkaiser Karl V.** (1519–1556) hat wie kein anderer die europäische Politik seiner Epoche geprägt. Geboren am 24. Febr. 1500 in Gent, wird er, noch unmündig, 1506 Herzog von Burgund und nominell König von Kastilien, 1516 (als Karl I.) regierender König der vereinigten spanischen Königreiche und 1519 deutscher König und Kaiser sowie Herr der österreichischen Erblande, die er 1521/1522 seinem Bruder Ferdinand überträgt. *Als letzter deutscher Kaiser läßt er sich 1530 in Bologna* (nicht in Rom) *vom Papst krönen.* Nach dem Scheitern seiner universalen Politik an der Übermacht der zahllosen Widerstände tritt Karl in mehreren Schritten 1555/56 zurück und lebt seit 1557 beim Kloser *San Jerónimo de Yuste* in Neukastilien, wo er am 21. Sept. 1558 stirbt.

Das Reich Karls V., in dem „die Sonne nicht untergeht", ist aus sehr unterschiedlichen Teilen zusammengeflossen: Der Kern seiner Herrschaft sind die *burgundischen Niederlande*. Dieses riesige Reich ist wesentlich ein dynastisches Gebilde mit den vielfältigsten Traditionen und Ansprüchen. Die Reichsteile spiegeln die widersprüchliche Fülle der Aufgaben wider, welche die Politik Karls V. beanspruchen und die sich schließlich als nicht zu bewältigen erweisen. Zuerst durch die burgundische Erbschaft, dann noch stärker durch die Verbindung mit Spanien, ist der jahrhundertewährende *Konflikt mit Frankreich* bedingt. Dieser die europäische Geschichte lange beherrschende Streit wird in drei Hauptzonen ausgetragen: in den im deutsch-französischen Grenzgebiet liegenden Teilen des burgundischen Erbes, in Oberitalien und im spanisch-französischen Grenzgebiet (Navarra und Roussillon). Mit *Spanien* übernimmt Karl vor allem zwei außenpolitische Aufgabenbereiche: die *Mittelmeerpolitik Aragóns* und die amerikanische Kolonialpolitik Kastiliens. Während die Italien- und Mittelmeerpolitik Karl stark beschäftigte, hat er die atlantische Dimension seines Reiches kaum als Möglichkeit realisiert. Als Beherrscher *Süditaliens* gerät der Karl in eine gespannte Nachbarschaft zum *Papst als Lehnsherrn* Süditaliens und als Herrn des Kirchenstaates.

Mit dem Besitz von *Österreich* – und besonders mit der von Maximilian 1515 geschaffenen ungarischen Anwartschaft – muß Karl die Verteidigung der Südostflanke gegen die vordringenden Türken übernehmen. Mit der *Kaiserkrone* endlich wachsen dem Habsburger zwei seiner schwierigsten Aufgaben zu: gegen die sich weitgehend verselbständigenden deutschen Reichsstände und Territorien seine *kaiserliche Autorität* geltend zu machen und gegen die *Reformation* die Orthodoxie der katholischen Kirche aufrechtzuerhalten. Vor allem durch die *dramatische Potenzierung von habsburgisch-französischem Gegensatz* und *Aufstand der deutschen protestantischen Fürsten* wird Karl V. schließlich zur Aufgabe gezwungen.

1521	**Reichstag zu Worms:** Auf seinem ersten (am 27. Jan. eröffneten) Reichstag, an dem Karl teilnimmt, erhält er Reichshilfe für seinen bevorstehenden Krieg gegen Frankreich. In Deutschland wird ein *ständisches Reichsregiment* während seiner Abwesenheit beschlossen, *welches unter Vorsitz seines Bruders Ferdinand tagt.* In der „**Causa Lutheri**" wird der Reformator nach Abschluß des Reichstages in die *Reichsacht* getan. Diese wird in den einzelnen Territorien sehr unterschiedlich durchgeführt.
1521–1526	**Erster Krieg Karls V. gegen Franz I. von Frankreich.** – Der Krieg wird an *drei Fronten* zugleich geführt: an der *spanisch-französischen Grenze*, in *Italien* und in den *burgundischen Niederlanden*. Die Entscheidung fällt in Italien. Insgesamt entwickelt sich die Auseinandersetzung für *König Franz I.* in jeder Beziehung unglücklich: Mailand geht verloren, ein Entsatzversuch scheitert verlustreich. Der *Konnetabel Karl von Bourbon*, einer der Großvasallen der französischen Krone, wechselt zur kaiserlichen Seite über. In der **Entscheidungsschlacht bei Pavia** am 24. Febr. 1525 wird Franz vernichtend geschlagen und gefangengenommen.
1526 **14. Jan.** *Mai*	Im **Frieden von Madrid** diktiert Karl seinem gefangenen Vertragspartner seine Bedingungen: Aufgabe der italienischen Ansprüche, Übergabe der Bourgogne vor der Freilassung, Verzicht auf Lehnshoheit über Artois und Flandern. – Kaum wieder in Freiheit, widerruft Franz dieses erzwungene Diktat, und es gelingt ihm, die „*Heilige Liga*" von Cognac (westfranzösische Stadt an der Charente) gegen den übermächtigen Kaiser zusammenzubringen; sie besteht aus Papst Clemens VII., Florenz, Genua, Venedig, Mailand und England.
29. Aug.	In der **Schlacht bei Mohács** gegen die Türken kommt der junge Ungarnkönig *Ludwig II.* um. Wie vertraglich vorgesehen, fallen über dessen Frau Maria Ungarn und Böhmen – samt

Staatensystem von der Hegemonie zur Mächtebalance – Aufstieg Österreichs   619

Schlesien und den beiden Lausitzen – an Österreich. Doch von Ungarn kann Ferdinand nur den kleineren westlichen Teil in Besitz nehmen. Zentralungarn ist im Besitz der Türken; Siebenbürgen wird osmanischer Vasallenstaat.

1526–1529 **Zweiter Krieg Karls V. gegen Franz I.** und die Hl. Liga von Cognac. Er verläuft für Frankreich nicht erfolgreicher als der erste Krieg. Der Einfluß Spaniens in Oberitalien wird nur noch gefestigter.

1527 Im Verlaufe des Krieges kommt es durch die kaiserlichen Landsknechte zum **Sacco di Roma,** einer Plünderung Roms, die die Zeitgenossen in ungeheuren Schrecken versetzt. Nachdem es mit dem Papst im **Frieden von Barcelona** (29. Juni 1529) zu einem Vergleich

1529 gekommen ist, wird mit Frankreich in Cambrai der sog. **„Damenfrieden"** – ausgehandelt
3. Aug. von Karls Tante Margarete und der Mutter Franz' I., Luise von Savoyen – geschlossen, der für Frankreich eher ein „Waffenstillstand" ist. Wichtigster Punkt des Vertrages ist, daß die Bourgogne vorerst weiter in französischem Besitz bleiben soll, womit die Teilung des burgundischen Erbes bestätigt wird. Frankreich verzichtet auf alle Ansprüche in Italien.

Herbst Erste Belagerung der Stadt Wien durch die Türken, die aber nach wenigen Wochen erfolglos, wohl wegen des frühen Wintereinbruchs, abgebrochen wird. – Seit 1523 hat die französische Krone mit den Türken Verbindungen wegen eines abgestimmten militärischen Vorgehens, um den Kaiser in einen Mehrfrontenkrieg zu verwickeln. Die türkischen Angriffe in Ungarn seit 1526 sind teilweise mit denen der Franzosen im Westen koordiniert.

1530 **Reichstag zu Augsburg:** Zum ersten Mal kann sich der Kaiser seit 1521 den akuten Fragen
Juni–Nov. im deutschen Reich zuwenden. Er will vor allem die zerfallene Glaubenseinheit wiederherstellen. Die „protestantischen" Reichsstände (so genannt seit ihrer Protestation auf dem Reichstag zu Speyer 1529) legen ihr Glaubensbekenntnis, die von Melanchthon verfaßte, sehr maßvolle **Confessio Augustana,** vor. Es kommt wegen der Härte der katholischen Seite (Legat Campeggio) zu keiner Annäherung, und es droht nun eine gewaltsame Behandlung der Glaubensfrage.

1531 Die Protestanten formieren sich im **Schmalkaldischen Bund** zu einer Verteidigungsgemein-
6. Febr. schaft gegen den Kaiser mit eigener Kasse und eigenen Truppen. Man sucht bald durch außenpolitische Beziehungen, vor allem zu Frankreich, Rückhalt und Unterstützung. Nach seiner Kaiserkrönung durch den Papst in Bologna im Februar 1530 läßt Karl, obwohl sein Sohn Philipp bereits 1527 geboren ist, seinen Bruder *Ferdinand* zum *Römischen König* wählen und krönen (Jan. 1531). Das geschieht aus der Reihe der Kurfürsten unter Protest Kursachsens. Gegen die damit ausgedrückte Anwartschaft Ferdinands auf die Kaiserkrone als Karls Nachfolger bildet sich eine *überkonfessionelle Opposition,* geführt durch die bayerischen Wittelsbacher, durch Kursachsen und Hessen. Diese findet internationale Unterstützung bei Frankreich und Dänemark.

1532 *Nürnberger Anstand:* Seit 1531 wird für Karl und Ferdinand die Lage im Reich deswegen erneut prekär, weil sich die *Türken* wieder mit einem großen Heer *auf dem Vormarsch in Richtung Wien* befinden. Aufgehalten werden sie durch den heldenhaften Widerstand der kleinen Stadt Güns in Westungarn. Da Karl und Ferdinand unbedingt auf Hilfsmittel und Truppen aus dem Reich angewiesen sind, andererseits aber nach Augsburg von den Schmalkaldenern bzw. von den dahinterstehenden Reichsständen und von der überkonfessionellen Opposition gegen Ferdinand kaum Unterstützung erwarten können, bleibt ihnen keine andere Wahl, als sich auf der *Nürnberger Reichsversammlung* zu einem *Stillhalteabkommen auf der Basis des Status quo* mit den protestantischen Reichsständen durchzuringen *(Nürnberger Religionsfriede).* Obendrein besteht auch noch die Gefahr einer aggressiven Allianz zwischen Frankreich und der Opposition im Reich. Diese „politische" Behandlung der Sache der Reformation durch den Kaiser veranlaßt die protestantischen Stände zur aktiven Hilfeleistung gegen die Türken. – Es kommt aber nicht zum entscheidenden Treffen, weil *Süleiman der Prächtige* (1520–1566; * um 1494, † 1566) wegen eines Krieges mit den Persern seinen Angriff abbrechen muß.

1533 Es kommt schließlich zu einem separaten Friedensabkommen zwischen Süleiman und Ferdinand, worin diesem die von Österreich besetzten Teile Ungarns – gegen Zahlung eines Tributes – bestätigt werden. Der akute Schwerpunkt der Auseinandersetzungen verlagert sich ins Mittelmeer, wo Karl V. aktiv sein kann, da er nicht Vertragspartner der friedenschließenden Parteien ist. Im türkischen Auftrag sucht 1534 der *Chaireddin Barbarossa* (* um 1467, † 1546, islamisierter Grieche aus Lesbos, türkischer Herrscher in Algier [seit 1518], bedeutender türkischer Admiral, operiert ab 1534 zusammen mit der französischen Flotte) die süditalienischen und sizilianischen Küsten heim, um Spanien die Kontrolle über die Straße von Sizilien zu entreißen.

1535 Karl V. erobert mit einer Flottenexpedition unter Leitung des Genuesen *Andrea Doria* (* 1466, † 1560) Tunis und Biserta. Das Ziel, die afrikanische Küste zu kontrollieren, um das westliche Mittelmeer vom türkischen Einfluß zu befreien, wird aber nur partiell erreicht. Da diese Politik des Kaisers – die Seewege zwischen Spanien und Italien zu sichern – mit den Interessen des sich durch neue Privilegien der Türken entwickelnden französischen

620   Neuzeit – Frühe Neuzeit

Orienthandels direkt kollidiert, wird Frankreich 1536 erneut aktiv. Es kommt im März 1536 zu einem formellen antihabsburgischen Bündnis zwischen dem „allerkatholischsten König" Franz I. und Süleiman, woraus sich eine direkte Zusammenarbeit beider Mächte besonders im Mittelmeerraum entwickelt.

1536–1538 **Dritter Krieg zwischen Frankreich und Habsburg.** Er entsteht wegen einer unklaren Nachfolge in Mailand nach dem Tode *Francesco Sforzas (Franz II., 1521–1535).* In diesem Krieg erreicht das Zusammenspiel von französischen und türkischen Aktionen im Mittelmeer und Italien einen recht hohen Grad. Nach einigen heftigen, aber nicht entscheidenden Kämpfen vermag Papst Paul III. (1534–1549; * 1468, † 1549) am 18. Juni 1538 in *Nizza* einen *Waffenstillstand* zu vermitteln.

1538 Im Mittelmeer bildet sich 1538 eine *Hl. Allianz* (der Papst, Karl V., Venedig, Genua); de-
Sept. ren genuesisch-venezianische Flotte wird aber bei Prevesa vor der ionischen Küste von Chaireddins überlegener türkischer Flotte zum Abdrehen gezwungen. Darauf scheidet Venedig aus der Allianz aus und schließt 1540 einen Separatfrieden. Karls Expedition gegen Algier im Oktober 1541 endet unglücklich und mit hohen Verlusten. *Insgesamt gelingt es Karl V. nicht, die osmanische Vorherrschaft über Nordafrika und das westliche Mittelmeer zu brechen.*

1541 Nach dem Tode des *J. Zápolya,* seit 1511 Fürst von Siebenbürgen (1526–1538 König von Ungarn; * 1487, † 1540), *scheitert Ferdinands Versuch, seinen Anspruch auf ganz Ungarn durchzusetzen.* Mit seinem Gegenfeldzug wirft Süleiman jeden Widerstand in Ungarn nieder. Die direkte türkische Verwaltung Ungarns wird verstärkt und die Dreiteilung für anderthalb Jh.e festgeschrieben. Dabei verbleibt Österreich nur ein etwa einhundert Kilometer breiter Streifen in Westungarn – und die Slowakei. Es muß dieser Teilung zustimmen und verspricht jährliche Tributzahlung.

1542–1544 **Vierter Krieg zwischen Franz I. und Karl V..** Er ist erneut veranlaßt durch das Bemühen Frankreichs, den spanischen Einfluß in Oberitalien einzuschränken. Als Karl in Mailand 1540 seinen Erbsohn Philipp zum Herzog einsetzt, nimmt Franz die Ermordung zweier französischer Agenten in Mailand zum Anlaß, den Krieg zu eröffnen. Er greift mit geringem Erfolg im Roussillon und in den Niederlanden an, wo sich der Herzog von Cleve mit Franz verbündet hat. Karl nimmt Wilhelm von Cleve das *Herzogtum Geldern* ab, welches er den Niederlanden **(Vertrag von Venlo,** 7. Sept. 1543) eingliedert.

1544 Der Kaiser dringt bis vor Paris vor und sucht im **Frieden von Crépy** eine großzügige Frie-
18. Sept. densregelung mit Franz I. zu finden, den er damit für seine universalen Ziele gewinnen will, vor allem für die Teilnahme am Konzil, den Kampf gegen die Türken und die Wiederherstellung der kirchlichen Einheit im Reich. Karl verzichtet auf die Bourgogne; Frankreich soll sich aus Savoyen zurückziehen (was dann aber nicht geschieht); nach Heirat des Herzogs von Orléans mit der Infantin Maria soll dieser Mailand erhalten (was wegen des baldigen Todes des Herzogs unterbleibt).

Das Ende dieses Krieges macht für den Kaiser wieder den Weg frei zur Verfolgung seiner grundsätzlichen Ziele, des *allgemeinen Konzils* und der *Herstellung der Glaubenseinheit.*

1545–1563 **Konzil von Trient:** Mit dem endlichen Zusammentreten des Konzils – und zwar in Italien, aber noch auf dem Boden des deutschen Reiches – wird ein lange verfolgtes Ziel kaiserlicher Politik Wirklichkeit. Es entspricht jedoch in zwei gravierenden Punkten nicht den Erwartungen des Kaisers: *Die Protestanten lehnen die Teilnahme ab,* und *die Reformfragen werden nicht vorrangig vor den dogmatischen* – der Abgrenzung gegen die Reformation dienenden – *Definitionen behandelt.*

Dessenungeachtet besitzt das Konzil für die Regeneration der katholischen Kirche eine überragende Bedeutung. Das Konzil tagt in *drei Sitzungsperioden,* die mit längeren, durch die europäische Politik bedingten Pausen stattfinden.

1545–1547 **Erste Konzilsperiode:** Im Vordergrund stehen wichtige *dogmatische Lehrentscheidungen,* darunter die Erklärung der Gleichrangigkeit von Tradition und Heiliger Schrift. Die Reformatoren sind in Trient nicht vertreten. Der französische Episkopat fehlt trotz der Zusagen von Crépy. Der Papst läßt schließlich (am 11. März 1547) das Konzil von der Mehrheit nach *Bologna* in den Kirchenstaat verlegen, wo es dem Einfluß des Kaisers entzogen, aber beschlußunfähig wird (1549 suspendiert Paul III. das Konzil).

1546–1547 **Schmalkaldischer Krieg:** Da der Weg der gütlichen Religionsgespräche, so noch 1540/1541 in Hagenau, Worms und Regensburg und auf den Reichstagen, keine Aussicht mehr bietet, sucht Karl V. die *diplomatische und militärische Zerschlagung des protestantischen Bündnisses.* Mit diplomatischen Verhandlungen zieht er die Wittelsbacher (durch Hoffnungen auf eine Kurwürde) aus der fürstlichen Opposition, sichert sich die Unterstützung des Papstes (mit Hilfstruppen), neutralisiert Brandenburg, lockt Moritz von Sachsen mit dem Versprechen der Kurwürde und isoliert den Bigamisten Philipp von Hessen wegen des Versuchs, seine Doppelehe zu legalisieren.

Der Kaiser beginnt den Krieg, den er formell nicht als Religionskrieg, sondern als Vollstreckung der Reichsacht an Hessen und Sachsen wegen ihres Überfalls auf Braunschweig

Staatensystem von der Hegemonie zur Mächtebalance – Aufstieg Österreichs   621

1547
24. April führt, gegen den sächsischen Kurfürsten Johann Friedrich, den er in der **Schlacht bei Mühl-berg a. d. Elbe** schlägt und gefangennehmen kann, und gegen Philipp von Hessen, der sich ihm ebenfalls bedingungslos (am 19. Juni 1547) gefangengeben muß. Damit ist das „land-friedensbrecherische" Bündnis der Protestanten zerschlagen.

1547
1. Sept.
–1548
30. Juni „Geharnischter Reichstag" zu Augsburg. Der siegreiche Kaiser sucht seinen beiden Zielen, *Einheit der Kirche* und *Reichsreform* (ständischer Reichsbund mit gestärkter monarchi-scher Spitze) näherzukommen. Gegen diese radikale Veränderung der historisch geworde-nen Reichsverfassung entsteht Widerstand bei allen Reichsständen, weil sie um ihre Liber-tät fürchten. Die Reformpläne des Kaisers werden durch Ausweichen, Gegenvorschläge und Verschleppen vereitelt. Zugestanden werden nur zwei Punkte, die *Bereitstellung eines finanziellen „Vorrates" für den Türkenkrieg* und die *Stärkung des kaiserlichen Einflusses auf das Reichskammergericht.* – In der **Glaubensfrage** geht Karl seinen eigenen Weg, da sich der Papst von dem siegreichen Kaiser sofort feindselig distanziert (Abzug der Hilfs-truppen und Verlegung des Konzils nach Bologna) und mit den Protestanten keine Lösung auf dem Verhandlungswege möglich ist. Aus eigener kaiserlicher Machtvollkommenheit läßt er von gemäßigten katholischen Theologen eine „kaiserliche Zwischenreligion" mit einigen den Protestanten entgegenkommenden, diesen wichtigen Punkten (unter anderem

1548
30. Juni der Laienkelch und die Priesterehe) ausarbeiten und als **Augsburger Interim** zum Reichs-gesetz erheben. Die Durchführung stößt auf massiven Widerstand; den Katholiken geht es zu weit, den Protestanten reicht es nicht aus. Für die katholischen Stände muß das Interium dispensiert, für die geistlichen Herrschaften eine komplizierte Sonderregelung des „geistli-chen Vorbehaltes" getroffen werden. Nur in den süddeutschen Städten wird das Interim wirklich durchgeführt. *Zentrum des Widerstandes ist Magdeburg.*

1551–1552 **Zweite Tagungsperiode des Trienter Konzils,** an dem auf kaiserliches Drängen nun auch protestantische Vertreter teilnehmen. Das Konzil tagt entgegen französischem Protest. Im Februar 1552 geht die Versammlung fluchtartig wegen der Fürstenrebellion in Deutschland auseinander.

1552 *Deutsche Fürstenrevolution:* Gegen den scheinbar übermächtig gewordenen Kaiser finden sich rasch alle oppositionellen Strömungen des Territorialismus und Protestantismus zu-sammen. Führer wird der jüngst vom Kaiser zum Kurfürsten erhobene *Moritz von Sachsen.* Mit großer Verstellungskunst und Vielseitigkeit bringt er die antikaiserlichen Kräfte zu-sammen, während er sich vom Kaiser die *Vollstreckung der Reichsacht an Magdeburg* übertragen läßt (Einzug als Reichsfeldherr in Magdeburg am 9. Sept. 1511). Er paktiert mit den deutschen Fürsten seit 1550 (Fürstenbund im Mai 1551) und koaliert mit König Heinrich II. von Frankreich (1547–1559; * 1519, † 1559), in den Verträgen von Lochau (in Kursachsen nahe Halle) (Okt. 1551) und Chambord (östlich von Blois) (Jan. 1552), dem er das *Reichsvikariat über die Bistümer Toul, Metz, Verdun und Cambrai* eigenmäch-tig zugesteht. Im März 1552 beginnt Moritz, zeitlich abgestimmt mit dem französischen Vorgehen gegen die vier eigenmächtig abgetretenen Städte, seine Operationen gegen den truppen- und wehrlosen Kaiser und erobert im Mai die kaiserliche Residenz *Innsbruck.* Karl ist bereits von Innsbruck nach Villach geflüchtet. Die Mehrheit der Reichsstände hält sich neutral zwischen den Kriegsfürsten und Habsburg. Ferdinand fällt die Aufgabe zu, im Reich die Verhältnisse zu regeln, während der Kaiser sich vergeblich darum bemüht, Frankreich die strategisch wichtigen Orte wieder abzuringen.

2. Aug. **Vertrag zu Passau:** Auf der Fürstenversammlung in Linz, dann ab Ende Mai in Passau, er-hebt Moritz die Forderungen: Aufhebung des Interims und einen dauernden Religionsfrie-den. Obendrein Abstellung der Gravamina und Beschwerden über das selbstherrliche Regiment des Kaisers. Der Kaiser leistet Widerstand, doch man einigt sich auf einen *Religi-onsfrieden bis zur endgültigen Regelung auf dem nächsten Reichstag. Das Interim wird aufgehoben und der gefangene Landgraf von Hessen freigelassen.*

1552–1556 *Krieg Karls V. gegen Frankreich um die besetzten Städte Toul, Metz und Verdun.* Karl be-gibt sich in die Niederlande, sammelt Truppen und beginnt noch im Herbst 1552 mit der *Belagerung von Metz.* Er muß diese jedoch im Januar 1553 als aussichtslos abbrechen. Während Heinrich II. die besetzten Städte zu halten vermag, sind seine gleichzeitigen Unternehmungen in Italien wenig erfolgreich: Er kann zwar Siena besetzen und mit Hilfe einer türkischen Flotte auf Korsika landen, doch im Frühjahr 1555 muß die französische Besatzung Sienas kapitulieren, und Karl kann mit Frankreich einen fünfjährigen *Waffen-stillstand in Vaucelles* am 5. Feb. 1556 aushandeln, der den Status quo bestätigt.

1555
25. Sept. **Augsburger Religionsfrieden:** Er kommt nach mühevollen Verhandlungen zwischen König Ferdinand und den Reichsständen zustande. Der Kaiser kann und will die vereinbarten Regelungen nicht mittragen. Die wesentlichen Bestimmungen sind nicht nur für das Reich von großer Bedeutung: *Die Protestanten, welche das Augsburger Bekenntnis (1530) aner-kennen, werden reichsrechtlich den Katholiken gleichgestellt.* Die Katholiken sollen mit ihnen in „ewigem Frieden" leben. Alle anderen Denominationen, namentlich *Calvinisten, Täufer u. a. Sekten, bleiben ausgeschlossen.* Nicht dem einzelnen Untertanen eines Territo-

622   Neuzeit – Frühe Neuzeit

riums, sondern nur den Reichsständen ist die Freiheit der Glaubenswahl **(ius reformandi)** zugestanden. Die Untertanen folgen dem Bekenntnisstand des Landesherrn (später formuliert als: **„cuius regio eius religio"**), wer dies aus Gewissensgründen nicht kann, darf unter gewissen Umständen das Emigrationsrecht **(ius emigrandi)** wahrnehmen. Diese Bestimmungen sichern die Einheit der entstehenden Landeskirchen in den Territorien. In den *gemischtkonfessionellen Reichsstädten* bleibt den Bürgern die Glaubensfreiheit zugebilligt. Für *geistliche Fürsten* wird mit dem **„geistlichen Vorbehalt"** verhindert, daß diese beim Glaubenswechsel ihr geistliches Fürstentum mitnehmen und dann als säkularisierte Herrschaft behalten können; sie müssen in einem solchen Falle ihr Amt niederlegen. – Mit dem Religionsfrieden wird eine neue *Reichsexekutionsordnung* dekretiert, welche den Kaiser weitgehend ausschließt und die Reichskreise verselbständigt.
Der Augsburger Reichsabschied wird zwar im Namen des Kaisers verkündet, von Karl V. jedoch nicht gebilligt.
Die zwingende Konsequenz dieser unvermeidlichen Entwicklung im Reich ist die **Abdankung Karls,** die er wegen der schwierigen politischen Lage in mehreren Schritten vollzieht.

1555	Übertragung der Niederlande auf seinen Sohn Philipp (II.) am 25. Okt.
1556 16. Jan.	Verzicht zugunsten Philipps auf seine Herrschaft in Spanien sowie auf die italienischen Besitzungen und die überseeischen Kolonien.
12. Sept.	Verzicht auf das Kaisertum zugunsten seines Bruders, König Ferdinand.

Vormacht Spaniens und europäische Glaubenskämpfe (1556–1660)

In diesem Saeculum des Überganges vom Mittelalter zur Neuzeit ist die europäische Politik noch stark von *konfessionellen Kräften,* aber schon ebenso deutlich von *machtpolitischen Interessenkonflikten* bestimmt. Besonders ausgeprägt ist die Gleichsetzung universaler und dynastischer Motive in der Politik *Philipps II. von Spanien.* Gegen Ende dieses weitgehend durch den von Spanien angeführten habsburgischen Mächteblock wie vom Kampf gegen dessen Übermacht bestimmten Jh.s ist die künftige Struktur des europäischen Staatensystems grundgelegt.

Die Hegemonie Spaniens und der Niedergang seiner Vormacht (1556–1609)

Die Art, wie Karl V. sein habsburgisches Weltreich teilt, ist entscheidend für die Veränderungen in der Mächtekonstellation wie für die relative Kontinuität der Konfliktzonen. Das *burgundische Erbe* erweist sich weiterhin als die eigentliche kritische Masse. Karl gibt die einträglichsten Provinzen in Italien und den Niederlanden seinem spanischen Erben und Sohn, Philipp. Die *Österreicher* behalten im Westen nur Vorderösterreich mit dem Elsaß.
Der *französisch-habsburgische Gegensatz* wirkt in aller Schärfe weiter. Abgesehen von diesem Konflikt, erbt Philipp den *Kampf mit den Türken im Mittelmeer* und mit den italienischen Besitzungen auch die schwierige *Nachbarschaft mit dem Papst.*
Nach der Verfestigung der konfessionellen Spaltung bis zur Mitte des 16. Jh.s rücken das **Reich** und seine Territorialherren vorerst in den Schatten der europäischen Politik. Nur **Österreich** mit dem Königreich Böhmen und Teilen Ungarns sowie seinen Interessen in Italien spielt als größtes Territorium im Südosten des Reiches im europäischen Zusammenhang eine Rolle. Das außenpolitisch passive Reich wird nach der Jahrhundertwende zunehmend zum Operationsfeld europäischer Politik anderer Mächte.

1556–1598	**Philipp II.,** König von Spanien. Seine Politik verfolgt drei Ziele: die Macht des Königreiches Spanien, die Größe der habsburgischen Dynastie und – vor allem – den Schutz der katholischen Kirche. Philipps vier Ehen zeigen die Hauptrichtungen seiner dynastischen Politik: *1. Maria von Portugal* († 1545). Diese 1543 geschlossene Heirat, aus der Don Carlos hervorgeht, führt 1580 zur Union Portugals mit Spanien. *2. Maria die Katholische* von England (Ehe: 1554–1558); nach dem Tod der Königin sucht Philipp die Verbindung mit England fortzusetzen; deshalb wirbt er – vergeblich – um deren Nachfolgerin, Elisabeth I. (* 1533, † 1603; 1558–1603). *3. Elisabeth von Valois,* Ehe: 1560–1568. Diese Heirat mit der Tochter des französischen Königs soll zu einem dauerhaften Ausgleich mit Frankreich führen. *4. Anna von Österreich,* Tochter Maximilians II., Ehe: 1570–1580.
1559 3. April	Friede von Cateau-Cambrésis. Philipp kann sich seine Herrschaft in Italien und den Besitz der burgundischen Territorien bestätigen lassen. Dieser Friede und die Ehe mit Elisabeth von Valois bekräftigen die spanische Hegemonie in der zweiten Hälfte des 16. Jh.s, zumal durch den plötzlichen Tod Heinrichs II., der nur unmündige Söhne hinterläßt, Frankreichs außenpolitischer Handlungsspielraum wesentlich eingeschränkt wird.
1559	Erste Synode der calvinistischen Gemeinden Frankreichs in Paris.
1562–1563	Dritte und abschließende Sitzungsperiode des Tridentinums. Wegen des Vordringens des Calvinismus in Frankreich nimmt nun auch der französische Episkopat aktiv teil. Pius IV. bestätigt Jan. 1564 die Konzilsbeschlüsse insgesamt.

Staatensystem von der Hegemonie zur Mächtebalance – Vormacht Spaniens 623

1562–1598 **Hugenottenkriege:** Die acht französischen Religionskriege des 16. Jh.s sind ebenso Glaubenskämpfe wie Momente der Krise der französischen Dynastie und des Hochadels. Die katholische Partei schart sich um das katholische Haus Lothringen *(Guise)*, die hugenottische um das Haus *Bourbon.* Zwischen beiden Parteien steht die Königinmutter *Katharina Medici*, die eine übergeordnete königliche Position der Patrioten aufzubauen sucht. Beide Religionsparteien finden Hilfe im Ausland: die Guise bei Philipp II. und dem Papst, die Hugenotten bei den calvinistischen Reichsständen, dann bei allen Gegnern der katholischen Vormacht Spanien (England und den Niederlanden). Die Hugenotten erreichen im *Edikt von Saint-Germain* (8. August 1570) bedingte Religionsfreiheit und mehrere Sicherheitsplätze.

Nach dem Herrscherwechsel von Karl V. zu dem als Fremdling empfundenen Spanier *Philipp II.*, der Unterstellung der *Niederlande* unter die spanische Zentralverwaltung und der Reorganisation der kirchlichen und politischen Verwaltung bildet sich eine Opposition gegen die spanische Fremdherrschaft. Die Abneigung richtet sich vor allem gegen den Kardinal *Antoine Perrenot de Granvelle* (* 1517, † 1586), der als Primas der Kirche und Vertre-
1564 ter des spanischen Zentralismus verhaßt ist. Der König muß ihn aus den Niederlanden abberufen.

Spanische Truppenstationierungen, Besteuerungen und vor allem die Mißachtung der alten Privilegien fördern die antispanische Stimmung und geben der vom Hochadel getragenen Opposition Unterstützung, die sich um Wilhelm I. von Oranien, den Grafen Lamoraal von Egmond und Philipp Graf von Horne sammelt. Die Opposition weitet sich auf breitere Schichten des Adels und der Städte aus und verbindet sich mit der wachsenden calvinistischen Bewegung.

1566 Erste Bilderstürme. Bittsteller eines Adelsbundes bei Margarete werden „Gueux" = Bettler genannt; diesen Titel übernehmen die *Geusen* als Parteinamen. Philipps rigorose Ant-
1568 wort ist die Entsendung Herzog Albas als Statthalter (bis 1573). Alba geht scharf vor. Oranien flüchtet; Egmond und Horne werden hingerichtet.

Die nördlichen Inseln werden die Operationsbasis der Watergeusen (Wassergeusen). Sie bekommen die wichtige Provinz Holland, dann auch Seeland in die Hand.

1571 **Seesieg bei Lepanto** (im Golf von Korinth) über die Türken durch Don Juan d'Austria
7. Okt. (* 1547, † 1578) mit einer Flotte der Heiligen Allianz. Lepanto leitet den Niedergang der türkischen Vorherrschaft im Mittelmeer ein.

1572 Bartholomäusnacht oder Pariser Bluthochzeit; grausame Verfolgungsjagd gegen Calvini-
23./24. sten in ganz Frankreich. Damit bricht die Widerstandskraft der Hugenotten aber nicht zu-
Aug. sammen.

1576 Genter Pazifikation: Vertrag zwischen den niederländischen Provinzen zwecks Vertreibung der spanischen Truppen.

1578–1592 Der Statthalter Alexander Farnese, Herzog von Parma (* 1545, † 1592), kann die Südprovinzen durch Zusicherung der Wiederherstellung ihrer alten Rechte für Spanien zu-
1579 rückgewinnen und gegen die Nordprovinzen in der *Union von Arras* vereinen. Darauf schließen sich die sieben nördlichen Provinzen zur *Union von Utrecht* zusammen, die sich (1581) für unabhängig erklärt.

1580–1640 *Vereinigung Portugals mit Spanien:* Eine Folge der Vereinigung der iberischen Königreiche mit ihren großen Kolonien ist eine Gewichtsverlagerung der Politik Philipps in den Atlantik und damit ein verstärkter Gegensatz zu England.

1584 Wilhelm von Oranien wird in Delft ermordet. Sein Sohn Moritz von Nassau-Oranien (* 1567, † 1625) folgt ihm im Amt eines erblichen Statthalters. Er kann militärische
1585 Erfolge Farneses nicht verhindern, so die spektakuläre Eroberung Antwerpens. Auch ein
Aug. von Elisabeth I. von England Ende 1585 entsandtes Expeditionsheer unter Robert Dudley Graf Leicester (* 1532[?], † 1588) richtet wenig gegen Farnese aus.

Daß sich die abgefallenen Provinzen dann ohne direkte englische Hilfe gegen Spanien behaupten, liegt vor allem an Spaniens Engagement im Krieg mit England und an Philipps Eingreifen in die französischen Religionskriege.

1585–1590 Achter Hugenottenkrieg oder *Krieg der drei Heinriche:* König Heinrich III. v. Frankreich (* 1551, † 1589; 1574–1589), Heinrich von Navarra (IV., Führer der Hugenotten), und Heinrich Guise (* 1550, † 1588), Führer der katholischen Partei. Philipp II. verbündet sich mit den Guise und zahlt hohe Subsidien; auf hugenottischer Seite kämpft ein deutsches Heer unter Pfalzgraf Johann Kasimir (* 1575, † 1592), das mit englischen Hilfsgeldern finanziert ist. Für die Nachfolgefrage entscheidend wird die Ermordung von Heinrich Guise Dez. 1588, den König Heinrich in Blois umbringen läßt, um sich aus der Abhängigkeit der Lothringer zu befreien. Als Heinrich III. im Aug. 1589 seinerseits von einem fanatischen Dominikaner niedergestochen wird, bestimmt er sterbend Heinrich von Navarra zu seinem Nachfolger. Um diese calvinistische Thronfolge zu verhindern, interveniert Philipp nun mit eigenem Heer. Aus dem Kampf um die Thronfolge wird so ein Krieg des spanischen Königs gegen alle seine Gegner in Europa.

624 Neuzeit – Frühe Neuzeit

1588 Niederlage der spanischen Armada: Die Gegensätze zwischen Spanien und der englischen Politik werden in den achtziger Jahren so grundsätzlich, daß Philipp sich zu einer Invasion der englischen Insel entschließt. – Die „unbesiegbare Armada", im Kanal von den engli-

Juli schen Flotte dreimal angegriffen, wobei sich die Artillerie der beweglicheren englischen Schiffe der Entertaktik der Spanier als überlegen erweist, und vor Calais durch einen Branderangriff aus der Formation geworfen, wird von englischen Schiffen in die Nordsee verfolgt. Geschlagen erleidet die spanische Flotte auf dem Rückweg um Schottland und Irland in den Herbststürmen weitere schwere Verluste. Diese Niederlage bedeutet nicht die Ablösung der spanischen Seemacht durch die englische. Der Wiederaufbau einer modernisierten Armada und die Sicherung der Überseerouten werden verstärkt durchgeführt. Doch der bleibende Verlust der Seeverbindung zu den Niederlanden und die psychologische Wirkung sind folgenschwer.

1590–1598 *Der Kampf um die französische Thronfolge:* Philipp von Spanien erhebt für seine Tochter aus seiner Ehe mit Elisabeth von Valois Erbansprüche und marschiert mit seinen Truppen in Frankreich ein.

1593 Heinrich IV. konvertiert in Saint-Denis zum katholischen Glauben. Da auch die Mehrheit
Aug. der Katholiken die Kandidatur des spanischen Königs ablehnt, wird aus dem Bürgerkrieg
1594 ein nationaler Krieg der Franzosen gegen den ausländischen Zugriff auf die französische
Febr. Krone.

1595 Heinrich erklärt Spanien formell den Krieg.

1596 Bündnis zwischen Heinrich IV. und Elisabeth I. Damit wird der Erhalt der nördlichen Niederlande als internationales Ziel der Gegner Spaniens proklamiert.

1598 *Edikt von Nantes.* Es sucht zwei Ziele miteinander in Einklang zu bringen: Frankreich
13. April bleibt eine katholische Monarchie; andererseits wird den 1,2 Mio. Hugenotten volle Gewissensfreiheit und in gewissen Grenzen Kultfreiheit gewährt. Ohne Einschränkungen werden die Hugenotten bürgerlich und rechtlich gleichgestellt. Sie erhalten in einem zusätzlichen Erlaß zahlreiche Sicherheitsplätze mit hugenottischen Garnisonen.

1598 Friede von Vervins: Separatfrieden zwischen Heinrich IV. von Frankreich und Philipp II. von Spanien; England und die Niederlande bleiben weiter im Krieg. Spanien räumt Frankreich, die Grenzen entsprechen dem Vertrag von Cateau-Cambrésis (1559). Philipp verzichtet auf alle Thronansprüche in Frankreich. Im Ergebnis bedeutet dies das Scheitern der spanischen Kriegsziele, nämlich der beabsichtigten Bindung Frankreichs an Spanien und der Ausrottung der Hugenotten.

1604 Spanien beendet den Krieg mit England und schließt 1609 einen *zwölfjährigen Waffenstillstand mit den abgefallenen Niederlanden.*

Das Zeitalter der europäischen Kriege (1608–1660)

Im **Römisch-deutschen Reich** organisieren sich die Protestanten unter Führung von Kur-
1608 pfalz (ohne Beteiligung von Kursachsen) zur *Union.* Dagegen verbünden sich unter Leitung
1609 Bayerns viele katholische Reichsstände zur *Liga.* Der erste auftretende Konfliktfall im Reich zeigt die begrenzte Bedeutung dieser konfessionellen Bündnisbildungen im Vergleich zu der außerordentlichen Wirkung internationaler Einflußnahmen auf Reichsangelegenheiten.

1609–1614 Im *Jülich-Clevischen Erbfolgestreit* steht eine Erbmasse zur Disposition, auf die sich wegen ihrer Größe und strategischen Bedeutung und wegen der Zugehörigkeit zu unterschiedlichen Konfessionen (Jülich und Berg sind katholisch, Mark und Ravensberg lutherisch und Cleve aufgrund erasmianischer Einflüsse gemischt konfessionell) ein lebhaftes Interesse richtet.

1609 Im Vertrag von Dortmund beschließen die Haupterben Johann Sigismund von Brandenburg (* 1572, † 1619; 1608–1619) und Wolfgang Wilhelm von Pfalz-Neuburg (* 1578, † 1653; 1614–1653) eine Gemeinschaftsregierung, der die Landstände zustimmen. – Kaiser Rudolf II. läßt Erzherzog Leopold (* 1586, † 1632) mit Truppen ins Land einmarschieren. Johann Sigismund und Wolfgang Wilhelm finden über die Union, der der Brandenburger beitritt, Unterstützung bei Frankreich, England und den Generalstaaten.

1610 Europa bewegt sich am Rande eines großen Krieges, der jedoch durch die Ermordung Heinrichs IV. verhindert wird.
Die „possedierenden" Fürsten nehmen einen *Konfessionswechsel* vor, der Brandenburger tritt (1613) zum Calvinismus über, der Neuburger zum Katholizismus. Jetzt unterstützen Spanien, der Kaiser und die Liga Wolfgang Wilhelm, während die Niederlande für Johann Sigismund eintreten.

1614 Vertrag von Xanten: er bringt eine Teilung der Erbmasse, von der Brandenburg Cleve,
12. Nov. Mark und Ravensberg, Pfalz-Neuburg Jülich und Berg erhält. Die Gefahr eines großen europäischen Krieges ist noch einmal für kurze Zeit gebannt.

Staatensystem von der Hegemonie zur Mächtebalance – Vormacht Spaniens   625

	Er beginnt jedoch in Böhmen als ein letzter Versuch des Adels der habsburgischen Kronländer, seine Privilegien gegen den bürokratischen Zentralismus und katholischen Konfessionalismus der österreichischen Regierung zu verteidigen, woraus schließlich der **Dreißigjährige Krieg** erwächst.
1618–1648	
1618–1623	*Böhmisch-pfälzischer Krieg:* Der kinderlose Kaiser Matthias läßt 1617 seinen Vetter Erzherzog Ferdinand in Böhmen zum König wählen. Ferdinand beginnt eine scharf zentralistische und antiprotestantische Politik mit gewaltsamen Rekatholisierungen.
1618	Beschwerden eines protestantischen Landtags werden schroff zurückgewiesen. Darauf kommt es zum offenen Aufstand:
23. Mai	Fenstersturz zu Prag. Für den kommenden Krieg suchen beide Seiten Unterstützung.
1619	Nach Matthias' Tod geben sich die Böhmen eine landständische Verfassung: sie erklären Ferdinand für abgesetzt und wählen als böhmischen König Kurfürst Friedrich V. von der Pfalz, Schwiegersohn König Jakobs I. von England. Da Ferdinand selbst kaum über Truppen verfügt, stellt Maximilian von Bayern die Truppen der Liga, 30 000 Mann unter Befehl Tillys, zur Verfügung. Weitere Subsidien stammen vom Papst und von Spanien. – Die Unterstützung für Friedrich von Böhmen ist dagegen enttäuschend: Jakob I. dringt auf Neutralität. Die Union ist auf englischen und französischen Druck hin zu keiner Hilfe bereit, und Moritz von Oranien kann nur einige Regimenter schicken. Lediglich Bethlen Gábor (* 1580, † 1629), seit 1613 Fürst von Siebenbürgen, unternimmt einen Entlastungsvorstoß gegen Wien, wird aber im Juni 1620 von Ferdinand abgefunden, worauf er sich zurückzieht.
1620 8. Nov.	Tillys und kaiserliche Truppen schlagen die böhmische Armee unter Christian von Anhalt vernichtend in der Schlacht am Weißen Berge. Der „Winterkönig" Friedrich flieht in die Niederlande, die Anführer des Aufruhrs werden hingerichtet, ihre Güter enteignet und neu ausgegeben. Hauptgewinner an dieser Umverteilung ist der böhmische Adlige Albrecht von Wallenstein. – Die Schlußphase des Krieges findet in der Pfalz statt: Der spanische General Ambrogio Spinola (* 1569, † 1630) operiert gegen die mit niederländischen Geldern finanzierte Armee des Grafen Mansfeld, der bei Wiesloch (nahe Heidelberg) einen Erfolg erringt. Tilly besiegt das Heer des Markgrafen von Baden und eine neue, durch niederländische, englische und dänische Hilfsgelder zusammengebrachte Armee unter Christian von Halberstadt bei Höchst und nimmt die Pfalz ein.
1621	
1622	
1621–1626	*Der Kampf um den freien Landweg in Graubünden:* Spaniens Kampf um den Landweg in die Niederlande (Mailand/heutiger Schweizer Kanton Graubünden/Rheintal) ist schon seit dem Verlust des freien Seeweges in der späteren Regierungszeit Philipps II. ein Zentralproblem der spanischen Politik, dies jetzt um so mehr, als der Waffenstillstand mit den niederländischen Nordprovinzen 1621 ablaufen wird. Das eigentlich kritische Wegstück von Mailand ins Rheintal stellt das die Alpenpässe kontrollierende Graubünden dar, speziell das Veltlintal. Hier bedrohen am ehesten französische, aber auch venezianische Sperren den Weg. Im Diktat von Mailand wird das Veltlin unter spanische Militärverwaltung gestellt. Damit ist die Aufmarschroute fest in spanischer Hand; im Vertrag von Monzon muß Habsburg 1626 die Zugehörigkeit des Veltlins zu Graubünden anerkennen, erhält jedoch freien Durchgang für seine Truppen.
1621–1628	*Spanischer Feldzug gegen die Niederlande:* Trotz des Todes Philipps III. im Jahr des Auslaufens des Waffenstillstandes (1621) wird von Spanien der Angriff auf die Niederlande eröffnet. Der Mißerfolg des mit großem finanziellen Einsatz geführten Krieges ist mit dem ungebrochenen Widerstandswillen der Niederländer und dem Zusammenwirken aller Gegner Habsburgs zu erklären.
1624–1642	*Kardinal Richelieu* Erster Minister des französischen Königs Ludwigs XIII. Sein Hauptziel ist die *Stärkung der Krone Frankreichs im Innern* mit Hilfe des Absolutismus, nach außen durch *Erringung der französischen Vorherrschaft in Europa*, vor allem durch Brechung der Macht des Hauses Habsburg. Seine Bündnisse mit den protestantischen Mächten hält er für von der Staatsräson gefordert. Richelieu sucht lange indirekt durch Subsidien den Kampf gegen Habsburg zu lenken, ehe er selbst direkt eingreift.
1625–1629	*Dänisch-niedersächsischer Krieg:*
1624	Bündnis der Generalstaaten mit England und Frankreich sowie mit König Christian von Dänemark, um den Krieg im Reich weiterzuführen.
1625 April	Wallenstein wird Generalissimus aller kaiserlichen Truppen. Er stellt dem Kaiser aus eigenen finanziellen Mitteln ein Heer von ca. 24 000 Mann zur Verfügung.
Sept. 1626	Wallenstein beginnt seinen Feldzug mit der Besetzung der protestantischen Bistümer Magdeburg und Halberstadt. An der Dessauer Elbbrücke hindert er den Vormarsch Mansfelds
25. April	nach Böhmen.
27. Aug.	Bei Lutter am Barenberge erleidet das Heer Christians durch Tilly eine Niederlage.
bis 1628	Wallensteins und Tillys Armeen vertreiben die Dänen aus Niedersachsen und verfolgen sie nach Jütland. Holstein, Mecklenburg und Pommern werden erobert.

1629 6. März	Restitutionsedikt Kaiser Ferdinands II.: Es ordnet die Rückgabe der seit dem Passauer Vertrag (von 1552) von den Protestanten eingezogenen geistlichen Güter an.
22. Mai	Friede von Lübeck zwischen Kaiser Ferdinand und König Christian, der seine Gebiete zurückerhält und verspricht, sich künftig aus allen Reichsangelegenheiten herauszuhalten. Da auch England die antihabsburgische Allianz nun verläßt, wenden sich Frankreich und die Niederlande dem schwedischen König Gustav Adolf zu. Das kommt den Zielen Gustav Adolfs entgegen, der Schweden zur Ostseevormacht erheben will. Auf den Besitz der östlichen Küsten hat er bereits erhebliche Mühen verwendet: Mit dem Frieden von Stolbowo (1617) bleibt Rußland weiterhin von der Ostsee abgeschnitten, Schweden kontrolliert den russischen Seehandel.
25. Sept.	Im Waffenstillstand von Altmark tritt Polen Livland und die Verwaltung der preußischen Seezölle an Schweden ab, welches nun auch Polens Küste beherrscht.
1628–1631	*Mantuanischer Erbfolgestreit:* Das Aussterben des Hauses Gonzaga (Ende 1627) bringt die Reichslehen Mantua und Montferrat an den Kaiser zurück, der den Nächstberechtigten, Herzog Karl von Nevers-Gonzaga (* 1580, † 1637), übergeht. Während spanische Truppen umgehend das strategisch wichtige Montferrat besetzen, bringt Karl von Nevers Mantua in seine Hand. Richelieu läßt vergeblich französische Truppen eingreifen.
1630	Mantua wird von den Spaniern erobert. Die Niederlage des Kaisers erreicht Richelieu jedoch mit Hilfe der Kurfürsten und Gustav Adolfs:
Juni–Aug.	Regensburger Kurfürstentag: Die ständische Opposition gegen den übermächtig gewordenen Kaiser organisiert sich ohne Unterschied der Konfession besonders im Kurfürstenkollegium und knüpft über Maximilian von Bayern Kontakte zu Richelieu, der die Kurfürsten in ihren Forderungen nach Entlassung Wallensteins und Aufhebung des Restitutionsediktes bestärkt. Ferdinand muß der Entlassung Wallensteins und der Unterstellung der reduzierten kaiserlichen Truppen unter das Kommando der Liga zustimmen.
1630–1635	*Schwedischer Krieg:* König Gustav Adolf landet in Pommern.
1631 23. Jan.	Im Vertrag von Bärwalde (bei Küstrin) sichert Frankreich den Schweden für den Feldzug gegen den Kaiser hohe Subsidien zu. Seine beiden „natürlichen" Verbündeten, die Kurfürsten von Sachsen und Brandenburg, die neutral bleiben wollen, zwingt Gustav Adolf zu Bündnisverträgen.
6. April	Vertrag von Chierasco (Cherasco in Piemont): Der Kaiser gesteht Karl von Nevers Mantua und Montferrat zu und räumt Graubünden, das von französischen Truppen besetzt wird.
17. Sept.	Bei Breitenfeld siegen die Schweden über die Armee Tillys; er zieht sich nach Ingolstadt zurück, um Bayern zu decken. Mitteldeutschland bleibt den Schweden überlassen.
1632 April	Bei Rain am Lech vernichtet Gustav Adolf die Armee Tillys, der tödlich verwundet wird, fällt in Bayern ein, erobert Augsburg und München. Der von Gustav Adolf konzipierte Entscheidungsfeldzug gegen Wien steht bevor. Kaiser Ferdinand beruft Wallenstein in sein zweites Generalat, das mit ungewöhnlichen Vollmachten ausgestattet ist. Wallenstein vertreibt die sächsische Armee aus Böhmen, bezieht ein befestigtes Lager bei Nürnberg und verweigert jede Entscheidungsschlacht. Erst als Wallenstein sein Winterlager bei Magdeburg aufschlägt, kommt es zum Kampf:
16. Nov.	Die Schlacht von Lützen verläuft unentschieden, doch der Schwedenkönig fällt. Die politische Führung übernimmt sein Kanzler Oxenstjerna, den Oberbefehl teilen sich Herzog Bernhard von Weimar (* 1604, † 1639) und Gustaf Graf Horn (* 1592, † 1657).
1633 April	Oxenstjerna bringt mit zahlreichen protestantischen Reichsständen den Heilbronner Bund zustande. Allerdings muß er Richelieu darin ein gleichberechtigtes Entscheidungsrecht einräumen. Wallenstein führt eigenwillige Verhandlungen mit Schweden hinter dem Rücken des Kaisers. Daher:
1634	Ächtung Wallensteins. In Eger wird er im Febr. von Offizieren seiner Armee ermordet. Oberbefehlshaber des kaiserlichen Heeres wird Matthias Graf Gallas (* 1584, † 1647; bis
6. Sept.	1645), dem bald darauf bei Nördlingen die Vernichtung der Armee Schwedens und seiner Verbündeten gelingt. – Hierauf Zerfall des Heilbronner Bundes.
1635	Im *Frieden zu Prag* zwischen dem Kaiser und Kursachsen (in der Folge treten fast alle Reichsstände bei) werden die Bekenntnisse auf dem Stand vor dem Restitutionsedikt fixiert, der Kaiser erhält den Oberbefehl über eine Reichsarmee gegen Schweden.
1635–1648	*Schwedisch-französischer Krieg:*
1635	Das sich abzeichnende Kriegsende widerspricht den Zielen Richelieus, der daher zur direkten, militärischen Kriegsteilnahme übergeht.
19. Mai	Französische Kriegserklärung an Spanien mit einer Offensive beantwortet. Gallas erobert Trier und rückt in Lothringen und die Franche-Comté ein.
18. Sept.	Kriegserklärung Frankreichs an Kaiser Ferdinand.
Okt.	Bernhard von Weimar stellt sein Heer in französische Dienste.
1636	Bei Wittstock an der Dosse (Prignitz) gelingt den Schweden ein Sieg gegen ein kaiserlich-sächsisches Heer.

Staatensystem von der Hegemonie zur Mächtebalance – Vormacht Spaniens   627

1637–1657	Kaiser *Ferdinand III.*
1637	Angriffe Frankreichs und der Generalstaaten gegen die spanischen Niederlande: Die Franzosen dringen ins Artois ein, die Holländer erobern Breda und einen breiten Streifen der südlichen Niederlande.
März	Ein Aufstand in Graubünden gegen die französische Besatzung zwingt die Franzosen zum Verlassen des Landes. Das Veltlin und die Alpenpässe geraten wieder unter spanische Kontrolle.
1640/1641	Auf dem Reichstag zu Regensburg besteht unter den Reichsständen Einmütigkeit, mit den ausländischen Mächten über einen Frieden zu verhandeln.
1642	Schwedischer Sieg bei Breitenfeld (nahe Leipzig).
1643	Sturz von Olivares als leitender spanischer Minister wegen der Erfolglosigkeit seiner Politik.
19. Mai	Schlacht von Rocroi (in den Ardennen): ein französisches Heer unter Louis II., Prinz von Condé (* 1621, † 1686), vernichtet die spanische Armee.
1644	Beginn der Friedensverhandlungen in Osnabrück und Münster.
1643–1645	*Schwedisch-dänischer Krieg* wegen des Versuchs der Dänen, Hamburg unter Kontrolle zu bringen, und wegen der hohen Sundzölle:
1645	Im Frieden von Brömsebro muß Dänemark die Durchfahrtzölle herabsetzen. Schwedische Schiffe erhalten Zollfreiheit. Schweden hat seine Führungsrolle im Norden auch gegen Dänemark bestätigt.
	Schwedische Offensive in Böhmen, Schlacht bei Jankau (südlich Prags), Vernichtung der kaiserlichen Armee.
	Operationen der französischen Armeen unter Henri de la Tour d'Auvergne, Vicomte de Turenne (* 1611, † 1675), und Condé führen zur Vernichtung des bayrischen Heeres (Allerheim bei Ulm, 3. Aug.).
1646–1648	Zangenangriffe der schwedischen und französischen Heere gegen Bayern.
1648	Vernichtung der letzten kaiserlichen und bayrischen Armeen bei Zusmarshausen (bei Ulm).

Gesamteuropäische Aspekte des Westfälischen Friedens von 1648

Das Friedenswerk macht die europäische Bedeutung der verschiedenen Kriege deutlich, welche als der „Dreißigjährige Krieg" bezeichnet werden.
Dauer, Intensität und Komplexität der Friedensverhandlungen erklären sich aus dem Bemühen, eine umfassende Lösung aller Streitfragen und Ansprüche der schwedisch-französischen Koalition mit den deutschen Reichsständen und dem Kaiser zu suchen.
Die Feste Breisach muß der französischen Politik der rechtsrheinischen Brückenköpfe zugestanden werden. Die Bistümer Toul, Metz und Verdun stehen schon seit 1552 unter französischer Schutzherrschaft. Die französischen Landforderungen an den Kaiser klingen bescheiden; ihr Wert liegt in der vagen, ausdehnbaren Beschreibung. – Das Ausscheiden der Schweizer Eidgenossen aus dem Reich hat mehr formalen Wert. – Die nördlichen Niederlande bekommen die volle Souveränität im Rahmen dieses internationalen Vertragswerkes garantiert (separat davon erhielten sie bereits am 30. Jan. 1648 ihre Unabhängigkeit von der spanischen Krone bestätigt). – Die Schweden erhalten die Flußmündungen von Oder, Elbe und Weser sowie die Bistümer Bremen und Verden und Vorpommern.
Das Schwergewicht der französischen Friedenskonzeption liegt vor allem in der dauerhaften europäischen Lösung der verfassungsrechtlichen und konfessionellen Probleme des Reichs.
Entscheidend wird die Vollendung der Selbständigkeit aller Reichsstände. Der derart verfassungsmäßig festgeschriebene und von den Garantiemächten Frankreich und Schweden überwachte Zustand ist die erste europäische Funktion des Friedenswerks. Die kaiserlichen Erblande sind zu dem südöstlichen Länderkomplex Österreich geworden, der aber doch in enger Beziehung zum Reich bleibt. Das Endziel, die Trennung des deutschen und spanischen Habsburger, ist auf diesem Wege nur teilweise zu erreichen, doch die Gemeinsamkeiten werden gemindert. Von großer Bedeutung ist die immense Stärkung des französischen Einflusses auf Mitteleuropa. Die Durchsetzung von Schwedens Vormachtstellung in Nordeuropa ist dank der französischen Unterstützung möglich gewesen. Die Austragung des spanischen Konfliktes bleibt für Frankreich die dringendste europäische Frage.

	Der von Richelieu 1635 an Spanien erklärte Krieg setzt sich nach dem Westfälischen Frieden noch lange fort.
1656	Als Antwort auf englische Flottenerfolge im Mittelmeer und in der Karibik erklärt Spanien England den Krieg.
1657	Frankreich schließt mit Lord-Protektor Cromwell einen Freundschaftsvertrag gegen Spanien.
	Nach Kaiser Ferdinands III. Tod († 1657) kann Richelieus Nachfolger Mazarin eine Unterstützung Spaniens durch die deutschen Habsburger verhindern: Er drängt die Kur-

628 Neuzeit – Frühe Neuzeit

fürsten, sich in der Wahlkapitulation von Leopold I. versprechen zu lassen, Spanien keinen Beistand zu leisten.

1658 Unter Führung von Kurmainz schließen sich mehrere deutsche Fürsten mit Schweden und Frankreich zum (Ersten) Rheinbund zusammen.

1659 Der Pyrenäenfrieden besiegelt das Ende der spanischen Vormachtstellung und bringt
7. Nov. Frankreich bedeutende Territorial- und Machtgewinne.

1655–1660 (Erster) *Nordischer Krieg:*
Er zeigt die Grenzen der schwedischen Macht und die Stärke des französischen Einflusses. Nach der Abdankung Königin Christines zugunsten ihres Vetters Karl Gustav von Pfalz-Zweibrücken regiert dieser als Karl X. Gustav Wasa. – Um Schwedens Stellung an der baltischen Küste auszubauen, greift er (1655) Polen an und siegt bei Warschau (1656). Daraufhin wird der Krieg zum Kampf einer Koalition aus Rußland, Österreich, den Generalstaaten und Dänemark zur Rettung Polens und Niederringung Schwedens. Die Schweden werden aus Polen verdrängt, Dänemark jedoch muß im Frieden von Roskilde (1658) auf seine südschwedischen Besitzungen verzichten.

1659 Schweden unterliegt auf der dänischen Insel Fünen dem von der holländischen Flotte herbeigeschafften Heer der Verbündeten.
Um Schwedens endgültige Niederlage zu verhindern, vermittelt Frankreich den

1660 Frieden von Oliva (bei Danzig): Schweden behält seine deutschen, Dänemark verliert seine südschwedischen Besitzungen. Polen entsagt allen Ansprüchen auf den schwedischen Thron. – Rußland erreicht auch in diesem Waffengang nicht den Zugang zur Ostsee. Es muß (im Frieden von Kardis 1661) seine Eroberungen in Estland und Livland herausgeben. Als Ergebnis dieser Kriege ist Schweden zu einer mittleren Macht herabgesunken. Dafür stark gewachsener Einfluß Frankreichs im Ostseeraum.

Die französische Hegemonie und die Entstehung des europäischen Mächtegleichgewichts (1661–1720)

Nach dem Tode Mazarins übernimmt Ludwig XIV. die Leitung der französischen Politik. Mit seiner höfischen Kultur wie in seinem staatlichen Ausbau wird das absolutistische Frankreich vorbildlich für das kontinentale Europa. Das Ziel der französischen Außenpolitik bleibt die Hegemonie Frankreichs, doch bringt Ludwig XIV. die französischen Ansprüche viel entschiedener zur Geltung. Der unverblümte Einsatz seiner Machtmittel bewirkt eine ausgeprägte *hegemoniale Phase Frankreichs (1661–1685),* wobei jedoch die ungehemmte Eroberungspolitik die *Gegenwehr Europas* rasch anwachsen läßt *(1685–1720).* Frankreich kann zwar auf dem Kontinent Spanien als Vormacht ablösen, doch auf den ehemals von Spanien-Portugal beherrschten Meeren und in den Kolonialreichen übernehmen die *Seemächte* die Führung. Im freien Meer konkurrieren mehrere Mächte, besonders seit 1650 *England* und die (unabhängigen) *Niederlande.* Cromwells Navigationsakte von 1651 erweist sich als ein vorzügliches Instrument, die Niederlande als bisher größte Handelsmacht vom englischen Seehandel weitgehend auszuschließen. Die durch diese Ausschließungspolitik ausgelösten englisch-niederländischen Kriege gehen im Ergebnis zugunsten Englands aus.
Auch als England in der Glorious Revolution (1688/1689) zur inneren Beruhigung kommt, kann sein Interesse nur ein spannungsreiches, doch kontrollierbares *Gleichgewicht der europäischen Mächte* sein, das auch den Sorgen und Bedürfnissen der durch Frankreich sich bedroht fühlenden mittleren und kleineren Mächte entgegenkommt. Während sich in der Folge das europäische Staatensystem nach diesem Prinzip organisiert, begründet England die Hegemonie Europas im Weltmaßstab über die anderen Kontinente.

1665–1667 *Englisch-Niederländischer Krieg:* Die Niederlande, unterstützt von Frankreich und Däne-
1667 mark, sind zwar auf See erfolgreich, stimmen aber im Frieden von Breda der Abtretung der Neu-Niederlande (mit Neu-Amsterdam [New York]) zu, um dagegen von England Surinam (und den ungehinderten Einfluß in Südostasien) zurückzuerhalten.

1667–1668 *Devolutionskrieg:* Mit Erbansprüchen auf Flandern und Brabant (nach dem flandrischen Erbbrauch des *droit de dévolution*) greift Frankreich nach dem Tode des spanischen Königs Philipp IV. an.

1668 Tripelallianz der Niederlande, Englands und Schwedens hält die französischen Heere auf
2. Mai und zwingt Ludwig XIV. zum Frieden von Aachen: Frankreich behält Lille und darf etliche Festungen in den spanischen Niederlanden besetzen.

1672–1678 *Niederländischer Krieg:* Die französischen Armeen überrennen das südliche Holland.
1672 Wilhelm III. von Oranien kommt an die Macht. Durch Öffnung der Schleusen kann das Kernstück Hollands um die Stadt Amsterdam verteidigt werden. Gegen diesen Angriff formiert sich eine europäische Allianz:
1673 Koalition mit dem Kaiser und Spanien gegen Frankreich.
1674 England schließt den zweiten Frieden von Westminster mit den Niederlanden. Erklärung des Reichskrieges (außer Bayern und Hannover) gegen Frankreich.

Staatensystem von der Hegemonie zur Mächtebalance – Französische Hegemonie *629*

1675	Brandenburgs Großer Kurfürst schlägt die Schweden bei Fehrbellin (nw. Berlins).
1676	Die französische Flotte unterstützt den antispanischen Aufstand in Sizilien.
	Die nur kurzfristig verdeckten Gegensätze zwischen den Koalitionspartnern geben Frankreich die Möglichkeit, mit den einzelnen Gegnern gesondert Frieden zu schließen:
1678–1679	In den *Friedensverträgen von Nimwegen* mit den Niederlanden, Spanien, dem Kaiser und Schweden sowie Dänemark werden die Niederlande wiederhergestellt, Spanien verliert die Franche-Comté und Teile Westflanderns und erhält einige der von Frankreich besetzten Festungen zurück. Der Kaiser überläßt Frankreich Freiburg i. Br.; dafür verzichtet Ludwig auf Philippsburg.
1679	Separatvertrag von Saint-Germain-en-Laye mit Brandenburg, wonach der Kurfürst praktisch alle Eroberungen in Pommern an Schweden zurückgeben muß. Er schließt daraufhin einen Subsidienvertrag mit Ludwig XIV.
ab 1679	*Reunionspolitik* Ludwigs XIV. erweitert das französische Territorium besonders im Elsaß und Lothringen.
1681	Straßburg wird im Handstreich besetzt.
1683–1699	Der *Türkenkrieg* verändert die Lage im Südosten grundlegend. Eine letzte Expansions-
1683	phase seit den sechziger Jahren führt die Türken bis vor Wien, wo sie von einem europäischen Entsatzheer unter dem Polenkönig Johann III. Sobieski geschlagen werden.
	Karl von Lothringen, Max II. Emanuel von Bayern, Ludwig Wilhelm I. von Baden und Prinz Eugen von Savoyen erobern Ungarn schrittweise zurück. Im Frieden von Karlowitz (1699) sichert sich Habsburg fast ganz Ungarn.
1685	Aufhebung des Edikts von Nantes, die Hugenotten verlieren ihre Kultfreiheit. Schock bei den protestantischen Staaten, mit denen Frankreich Bündnisse unterhält.
1688/1689	Glorious Revolution: Wilhelm von Oranien, dem Erbstatthalter der Niederlande, wird die englische Krone angetragen. Mit der Verbindung von England und den Niederlanden erhält die Allianz gegen Ludwigs Hegemoniepolitik eine entscheidende Stärkung.
1688–1697	*Pfälzischer Krieg:* Gegen Frankreichs Einfall in die Pfalz bildet sich in kurzer Zeit eine große europäische Koalition.
1692 Mai	Seeschlacht von La Hogue, Vernichtung der französischen Flotte, Übergang der Seeüberlegenheit an England.
	In den Kämpfen der folgenden Jahre können sich die französischen Heere zwar behaupten,
1697 20. Sept.	doch Ludwig XIV. muß in *Rijswijk* den ersten Verlustfrieden abschließen (Rückgabe aller Reunionsgewinne, außer im Elsaß; Lothringen restituiert): Erfolg in Richtung auf ein Gleichgewicht. Allerdings kann dieser Friede nicht zum Tragen kommen wegen des bevorstehenden spanischen Erbfalls.
1700–1720	*(Zweiter oder Großer) Nordischer Krieg:*
	König Karl XII. Wasa von Schweden sieht sich einer Koalition aus Dänemark, Polen, Sachsen und Rußland gegenüber, reagiert mit einem Blitzfeldzug gegen Dänemark und erzwingt
1700	den *Frieden von Travendal* (Traventhal). Dann schlägt er das die Stadt Narwa in Estland belagernde Russenheer und operiert in den folgenden Jahren gegen August den Starken in Polen und Sachsen.
1706	Karl rückt in Sachsen ein, schlägt August und zwingt ihn im Frieden von Altranstädt (bei Leipzig) zum Verzicht auf Polens Krone.
	Dann wendet er sich gegen Zar Peter I., der in der Zwischenzeit sein Heer reorganisiert
1709	hat. Nach Süden abgedrängt, wird Karls Heer bei Poltawa vernichtend geschlagen.
	Peter I. erobert Livland, Estland, Ingermanland, Karelien und Finnland, die Dänen Schleswig, Bremen und Verden, Brandenburg-Preußen besetzt Stettin.
bis 1716	Alle schwedischen Besitzungen außerhalb des Stammlandes gehen verloren.
1719/1720	Die Friedensschlüsse von Stockholm und Frederiksborg (bei Kopenhagen) entsprechen den Interessen Britanniens und dem Prinzip des Gleichgewichts: Hannover (dessen Kurfürst seit 1714 König Georg I. von Großbritannien ist) erhält die Herzogtümer Verden und Bremen, Dänemark die Zollhoheit im Sund und Teile Schleswigs, Brandenburg-Preußen Vorpommern, aber ohne Wismar und Rügen. Der französische Einfluß ist durch den britischen ersetzt. Im Osten des baltischen Raumes ist Rußland endgültig als neue Großmacht eingerückt.
1721	Im Frieden von Nystad mit Schweden gewinnt Rußland Ingermanland, Estland, Livland und Teile Kareliens. Damit ist Rußlands Zugang zur Ostsee auf Dauer gesichert. Die Ostsee wird künftig beherrscht durch den britisch-russischen Gegensatz.
1701–1714	**Spanischer Erbfolgekrieg:**
1700 1. Nov.	Tod des letzten spanischen Habsburgers Karl II. Da der vorgesehene Kandidat, der bayrische Kurprinz Joseph Ferdinand, gestorben ist (1699), verbleiben als berechtigte Erben der
1701	Sohn des Kaisers, Karl, und der Enkel Ludwigs XIV., Herzog Philipp von Anjou (*1683, †1746), der in Madrid einzieht.
7. Sept.	Dagegen bildet sich die Große Haager Allianz aus Großbritannien, dem Kaiser und den Generalstaaten, denen sich Preußen, das Reich und Savoyen anschließen.

630 Neuzeit – Frühe Neuzeit

1703	Erzherzog Karl landet in Spanien.
20. Sept.	Erste Schlacht bei Höchstädt an der Donau: Bayern und Franzosen siegen über die Kaiserlichen.
1704	England erobert Gibraltar und Menorca.
13. Aug.	Zweite Schlacht bei Höchstädt an der Donau: Marlborough und Prinz Eugen siegen über Franzosen und Bayern.
1706	Nach dem Sieg Herzog Marlboroughs über das französische Heer bei Ramillies (in Brabant) Rückeroberung der spanischen Niederlande.
7. Sept.	Schlacht bei Turin: Prinz Eugen erobert Norditalien zurück.
1708	Marlborough und Prinz Eugen vernichten bei Oudenaarde (Ostflandern) eine französische Armee.
1709	Bei Malplaquet (nordwestlich Maubeuge) Sieg Prinz Eugens und Marlboroughs über die französische Armee.
1710	In den britischen Unterhauswahlen stürzt das Whig-Ministerium; die Tories, welche die hochbesteuerte, kriegsmüde Landaristokratie repräsentieren, machen Frankreich ein Friedensangebot.
1711	Tod Kaiser Josephs I.; Erzherzog Karl wird zum Kaiser gewählt. Die Vereinigung Spaniens mit den kaiserlichen Erblanden ist nicht im Interesse der Allianz.
1713	*Friede von Utrecht* zwischen Frankreich, Großbritannien, den Generalstaaten, Savoyen,
11. Apr.	Preußen, Portugal: Der Bourbone Philipp V. bleibt spanischer König; Spanien behält alle Kolonien. Strenges Verbot jeder Personal- oder Realunion mit Frankreich. Die spanischen Besitzungen in Italien (Neapel, Sardinien, Mailand) und in den Niederlanden werden österreichisch. Sizilien geht an Savoyen. Die Generalstaaten erhalten sieben Grenzfestungen gegen Frankreich in den südlichen Niederlanden. Großbritannien behält Gibraltar und Menorca; von Frankreich bekommt es Neufundland, Neuschottland und die Hudsonbai. Spanien überläßt ihm einen Teil des Sklavenhandels.
1714	*Friede von Rastatt* mit dem Kaiser und *von Baden* (Schweiz) mit dem Reich: Bestätigung von Utrecht.
1715	Tod Ludwigs XIV.

Europäische Gleichgewichtspolitik und Kampf um die Weltmacht (1720–1783)

Zunächst erlebt Europa eine kurze Zeit der Kabinettspolitik, in welcher durch territoriale Kompensationen, Teilungen oder dynastische Umsetzungen Konvenienzen (= Übereinkünfte) erreicht werden sollen. Die Mächtekonstellation hat sich zuungunsten Frankreichs verändert. Die Gruppe der *europäischen Großmächte* besteht aus *Frankreich, Großbritannien,* dem Hause *Österreich* und *Rußland,* wobei Großbritannien (keineswegs unumstritten) führt. In den folgenden Kriegen erweist sich Preußen als neue Großmacht, Rußland baut seine Stellung aus. Parallel dazu spielt sich zwischen Großbritannien und Frankreich der Kampf um die Führungsrolle auf den Weltmeeren und um den Besitz der Kolonialreiche ab.

1713	Pragmatische Sanktion Kaiser Karls VI. zur Anerkennung seiner einzigen Erbtochter. Die Regelung sucht der Kaiser durch die Stände des Reichs und die europäischen Mächte anerkennen zu lassen.
1728	Kongreß von Soissons (an der Aisne): Karl VI. sagt gegen Anerkennung der Pragmatischen Sanktion zu, seine Erbtochter Maria Theresia nur mit einem Prinzen zu verheiraten, der das europäische Gleichgewicht nicht stört.
1733–1735	*Polnischer Thronfolgekrieg:* Frankreich favorisiert Stanislaus Leszczyński, Rußland und Österreich setzen Augusts des Starken Sohn Friedrich August von Sachsen durch. Hinter der polnischen Nachfolgefrage steht die der geplanten Heirat Maria Theresias mit dem lothringischen Herzog Franz Stephan.
1735	Wiener Vorfriede (endgültig 1738): Friedrich August II. von Sachsen auf dem polnischen Thron als August III. bestätigt, Stanislaus Leszczyński mit Lothringen abgefunden. Der Herzog von Lothringen wird mit der Toskana entschädigt und darf Maria Theresia heiraten. Das bisher österreichische Neapel-Sizilien geht erneut an Spanien zurück; dafür erhält Österreich Parma-Piacenza.
1740–1780	**Kaiserin Maria Theresia.**
1740–1748	**Österreichischer Erbfolgekrieg:**
1740–1742	*Erster Schlesischer Krieg:* Angriff König Friedrichs II. des Großen von Preußen (1740–1786) gegen Österreich.
1741	Antiösterreichische Geheimallianz von Nymphenburg (heute zu München), bestehend aus Frankreich, Bayern, Spanien, dann auch Sachsen und Preußen.
1742	Der bayrische Kurfürst Karl Albrecht läßt sich als Karl VII. zum Kaiser wählen. Maria Theresia schließt den Sonderfrieden von Breslau und Berlin mit Friedrich II., der Schlesien behält und die antiösterreichische Allianz verläßt.

Staatensystem von der Hegemonie zur Mächtebalance – Europäische Gleichgewichtspolitik *631*

1743 Sieg der „Pragmatischen Armee" bei Dettingen am Main.

1744–1745 Friedrich befürchtet ein österreichisches Übergewicht und eröffnet, nach erneutem Bündnis mit Bayern (Kaiser Karl VII.) und Frankreich, den *Zweiten Schlesischen Krieg.* Frankreich zieht sich hingegen zurück, Österreich kann mit Sachsen, Großbritannien und den Generalstaaten eine Allianz gegen Preußen abschließen.

1745 Kaiser Karl VII. stirbt, Maria Theresias Gatte wird als Franz I. zum Kaiser gewählt. Das veranlaßt Preußen, sich mit Österreich und Sachsen im *Frieden von Dresden* zu arrangieren. Bei Fontenoy (Hennegau) schlägt Moritz von Sachsen (Maréchal de Saxe, natürlicher Sohn Augusts des Starken, in französischen Diensten; * 1696, † 1750) die Seemächte, erobert die österreichischen Niederlande und dringt in Holland ein.

1746 Der Stuart-Prinz Karl Eduard (* 1720, † 1788) wird von Großbritannien bei Culloden (Schottland) geschlagen.

1748
18. Okt. *Aachener Friede:* Die in Übersee eroberten Plätze werden gegenseitig zurückgegeben. Preußen wird der Besitz Schlesiens bestätigt. Die Pragmatische Sanktion wird anerkannt. Parma-Piacenza geht von Österreich an Spanien.

Mit den Ergebnissen des Friedens von Dresden und Aachen kann sich Maria Theresia nicht abfinden, sondern sucht eine große Allianz zur „Teilung Preußens" zu schaffen.

1755–1763 Seit 1749 geraten Frankreich und Großbritannien in Nordamerika in direkten Konflikt. Der *French and Indian War* wird das amerikanische Pendant zum Siebenjährigen Krieg in Europa. Entsprechend kommt es auch in *Indien* zu militärischen Auseinandersetzungen.

1756
16. Jan. Umschlag der Bündnisse: Die Westminsterkonvention soll Großbritannien in Hannover gegen Frankreich stärken und Preußen Rückendeckung gegen Rußland geben. Darauf Bruch Rußlands mit Großbritannien und Frankreichs mit Preußen.

1757 Österreichs Staatskanzler Kaunitz kann Frankreich zu einer Offensivallianz gewinnen und mit Rußland einen Teilungsvertrag gegen Preußen abschließen.

1756–1763 **Siebenjähriger Krieg:** Er ist ein Doppelkrieg, der als *Dritter Schlesischer Krieg* (Schauplatz Deutschland) in Europa und als See- und Kolonialkrieg auf allen Meeren, in Amerika und Indien geführt wird. Während Preußens einziger starker Verbündeter, Großbritannien, ihm nur Subsidien zahlt, engagiert sich Frankreich zeitweise in hohem Maße im preußisch-österreichischen Konflikt und bewirkt so sein Unterliegen im Kolonialkrieg mit.

1756 Präventivschlag Friedrichs II. durch Einfall in Sachsen.

1757 Bereits im ersten Kriegsjahr gerät Preußen in eine strategisch kritische Lage (Niederlage bei Kolin). Die Russen siegen bei Großjägerndorf (östlich Königsberg), die französische Armee besetzt Hannover. Friedrich gelingen zwei Entlastungserfolge (Roßbach, Leuthen).

1757–1758 Erfolgreiche Konzentration der britischen Kräfte auf den *Seekrieg* und den *nordamerikanischen Kolonialkrieg.* Die französischen Atlantikhäfen werden durch die britische Flotte blockiert. Mit der Eroberung des Ohiogebiets verlagert sich der Kampf nach Kanada. In *Indien* hat sich Frankreich seit den vierziger Jahren als expansiv erwiesen. Bei Plassey (1757), nördlich von Kalkutta, werden die französischen Truppen aber geschlagen.

1758 Preußen muß die Last des kontinentalen Krieges allein weitertragen (Sieg von Zorndorf, Niederlage bei Hochkirch).

1759 Die für die Invasion der Insel zusammengezogene französische Flotte wird in zwei Seeschlachten von der britischen vernichtet. Damit ist Frankreich außerstande, neue Kräfte in Übersee einzusetzen: Britische Eroberung von Quebec (1760 ergeben sich die französischen Truppen in Nordamerika endgültig). – Herzog Ferdinand von Braunschweig vermag den französischen Vormarsch bei Minden aufzuhalten, Frankreich zieht sich weitgehend
12. Aug. aus dem deutschen Krieg zurück. Dagegen Friedrichs schwerste Niederlage bei Kunersdorf. Nur die Erschöpfung der Gegner bewahrt Preußen vor endgültiger Eroberung.

1761 Die Streichung der britischen Subsidien nach den großen Erfolgen in Nordamerika läßt Preußen völlig isoliert. – In Indien führt der britische Feldzug zur Ausschaltung der französischen Truppen.

1762 Der Tod der russischen Zarin Elisabeth bringt Preußen Entlastung, da ihr Nachfolger Peter III. im Sonderfrieden zu Petersburg alle Eroberungen aufgibt.

1763
10. Febr. Nach dem Vorfrieden von Fontainebleau (1762) schließen Großbritannien und Portugal mit Frankreich und Spanien den *Frieden von Paris:* Frankreich überläßt Großbritannien seine nordamerikanischen Besitzungen (Neuschottland, Kanada, Louisiana östlich des Mississippi). Spanien erhält von Frankreich Louisiana westlich des Mississippi als Kompensation für Florida, welches an Großbritannien abzutreten ist. Die indischen Besitzungen Frankreichs verbleiben (außer fünf Handelsplätzen) bei Großbritannien, das auch die afrikanischen Eroberungen (Senegambien) behält und nun die unbestritten *führende See- und Kolonialmacht* der Welt ist.

15. Febr. *Friede von Hubertusburg.* Bestätigung Preußens als Großmacht, Festschreibung des deutschen Dualismus.

1764 *Polnische Frage:* Der von Rußland und Preußen favorisierte Stanislaus Poniatowski wird zum (letzten) polnischen König gewählt.

632 Neuzeit – Frühe Neuzeit

	Der russische Einfluß zeigt sich, als Poniatowski mit Reformen beginnt. Die Nachbar-
1768–1772	mächte sind einer Modernisierung Polens abgeneigt. Es kommt zum Bürgerkrieg, worauf Rußland eingreift und den polnischen Widerstand niederwirft.
1768–1772	Im *Russisch-türkischen Krieg* erringt Rußland auf dem Balkan so große Erfolge, daß es 1769/1770 zu einer Annäherung Preußens und Österreichs und zu einem Vertrag zwischen Österreich und der Türkei kommt.

Es gelingt einer russischen Flotte, im östlichen Mittelmeer bei Tscheschme (Çeşme, gegenüber Chios) die türkische zu vernichten.

1772 Erste polnische Teilung. Rußland erhält Gebiete östlich von Düna und Dnjepr und verzichtet auf seine Eroberungen auf dem Balkan. Österreich annektiert Ostgalizien und Lodomerien (Rotrußland). Preußen gewinnt die wichtige Landverbindung: Westpreußen.

1774 Rußland gewinnt im Frieden von Kütschük Kainardsche (in Rumänien: Kertsch, an der
Juli Dnjeprmündung) den Zugang zum Schwarzen Meer, Große und Kleine Kabardei, Asow,
      freie Schiffahrt auf dem Schwarzen Meer und der Donau sowie die Durchfahrt durch die Meerengen. Für die Christen in den Donaufürstentümern bekräftigt Rußland seine Rolle als Schutzmacht.

1775–1783 Der *amerikanische Unabhängigkeitskampf* löst auch in Europa Kriege aus.

1777 Frankreich greift in den nordamerikanischen Krieg aktiv ein.

1779 Spanien tritt in den Krieg gegen Großbritannien.

1779–1782 Erfolglose, französische Invasionsversuche gegen Großbritannien.

1780 Bündnis der bewaffneten Seeneutralität (Rußland, Frankreich, Spanien, Portugal, Niederlande, Schweden, Dänemark, Österreich und Preußen). Ihr Grundsatz: Neutrale Flagge schützt feindliches Gut außer Bannware (= Kriegsgut), wird Seerecht.

1781 Eine französische Flotte riegelt die in Yorktown zu Lande eingekreisten britischen Truppen von See her ab und zwingt sie zur Kapitulation.

1783 Friede von Paris zwischen Großbritannien und den USA; Großbritannien erkennt die
3. Sept. Unabhängigkeit der Vereinigten Staaten an. Frankreich schließt in Versailles Friedensverträge mit Großbritannien und Spanien: Frankreich erhält die Insel Tobago (Antillen) und in Westafrika Senegambien, Spanien bekommt Florida zurück und behält Menorca.

Indem Großbritannien sich auf die Loslösung der nordamerikanischen Kolonien einstellt, kann es seine erschütterte Stellung im Atlantik wiederherstellen und den Handel mit den USA sichern. Als eigentlicher Verlierer geht Frankreich aus dem Krieg hervor: Es hat in Nordamerika keinerlei Gewinn aus seinem Einsatz ziehen können.

Die einzelstaatliche Entwicklung
von Ständestaaten zur absoluten Fürstenmacht

Heiliges Römisches Reich, Österreich und Brandenburg-Preußen (1493–1790/1792)
(Forts. v. S. 524)

Die Entwicklung im Reich bis zum Ende des Dreißigjährigen Krieges

1493–1519 König, ab 1508 **Kaiser Maximilian I.** (* 1459, † 1519).

 1493 Maximilian I., seit dem 9. April 1486 Erwählter Römischer König, übernimmt nach dem
 19. Aug. Tode seines Vaters Friedrich III. die Regierung im Reich und muß sich vor allem mit den seit 1486 wieder verstärkt verfolgten reichsständischen Reformbestrebungen auseinandersetzen. Führender Kopf dieser Bemühungen um eine Reform der Reichsverfassung ist *Berthold von Henneberg* (* 1441/42, † 1504), 1484–1504 Erzbischof und Kurfürst von Mainz.

 1495 Auf dem **Reichstag zu Worms** kommt es zu ersten grundlegenden Reformbeschlüssen: die Verkündung des „Ewigen Landfriedens", die Errichtung eines ständig tagenden Reichskammergerichts, die Erhebung des Gemeinen Pfennigs und die Formulierung einer „Handhabung Friedens und Rechts" schaffen die Voraussetzungen für die Ausbildung des Reiches als eines einheitlichen Friedens- und Rechtsraumes.

Die Wormser Reformbeschlüsse von 1495

Die zwischen König Maximilian I. und der Gesamtheit der Reichsstände geschlossenen Vereinbarungen betreffen die innere Verfassung des Reiches und schaffen eine neue Rechtsgrundlage. Mit dem Verbot jeglicher Fehde und Eigenhilfe werden aus rechtmäßigen Institutionen des Mittelalters (entstanden als Ersatz für fehlende staatliche Prozeßführung) Friedensbruchs- und Unrechtsdelikte. Das *Reichskammergericht* soll als höchste rechtliche Institution des Reiches über die Einhaltung des Landfriedens wachen und seine praktische Durchführung ermöglichen. Es stellt die erste von der Person des Kaisers gelöste Reichsbehörde dar mit einem von ihm ernannten Kammerrichter (später Präsidenten) an der Spitze, der Fürst, Graf oder Freiherr sein soll. Daneben besteht das Gericht aus 16 Beisitzern (Assessoren): sechs von den Kurfürsten, zwei von den Erblanden Österreich und Burgund, acht von den übrigen Reichsständen vorgeschlagen. Diese Zusammensetzung bedeutet eine Einschränkung der kaiserlichen Gerichtsgewalt und Rechtsprechung und Bindung an ständische Mitsprache. Im Reichskammergericht, das zunächst in Frankfurt am Main seinen festen Sitz erhält (später häufig wechselnd, u. a. in Nürnberg, Regensburg, Speyer, Esslingen, zuletzt ab 1693 in Wetzlar), ist ein Erfolg der ständischen Reichsreform am deutlichsten sichtbar.

Mangels eines eigenen Reichsbeamtentums scheitert die Reform auf dem Gebiet des Reichsfinanzwesens, Grundlage einer geordneten Reichsverwaltung. Zwar wird mit dem *„Gemeinen Pfennig"* (eine Verbindung zwischen Kopf- und Vermögenssteuer jedes Reichsangehörigen) von den Reichsständen gegen Maximilians Plan einer Besteuerung nach Matrikularbeiträgen, wonach jeder Reichsstand für Aufteilung und Einzug eines Fixums zuständig sein sollte, eine Reform der Reichssteuern beschlossen, jedoch kann diese dann nicht realisiert werden: die Territorien mit ihren Verwaltungsapparaten versagen sich, und auch der Versuch eines Einzugs über die lokalen Kirchenorganisationen (Pfarreien) ist erfolglos.

An den Widerständen Maximilians scheitert die Errichtung einer ständischen Reichsregierung. Ein Reichsregiment neben dem Kaiser soll Höhepunkt und Abschluß einer ständischen Reichsreform bilden, jedoch in der *„Handhabung Friedens und Rechts"* kann man sich in Form eines Vertrages zwischen König und Ständen nur auf die jährliche Einberufung eines Reichstages (Mindestdauer ein Monat) einigen, was sich nicht realisieren läßt. Trotz mancher Anfangsschwierigkeiten und bleibender Probleme zeigt sich aber gerade in Ausbau und Verfestigung der Reichstagsverfassung (z. T. schon vor dem Wormser Reformreichstag) insbesondere zwischen 1495 und 1498 ein dauerhafter Erfolg der Reichsreformbemühungen an der Wende vom 15. zum 16. Jahrhundert: Teilnahmerecht aller Reichsstände (geistliche und weltliche Kurfürsten und Reichsfürsten, Reichsprälaten, Reichsgrafen, Reichsstädte seit 1489 regelmäßig, aber keine Reichsritter); „Propositions"-Recht des Kaisers (stärkster Einfluß auf die Tagesordnung); Beratungen in drei Kurien (Kurfürstenrat, Reichsfürstenrat, Reichsstädterat) und in sich mehr und mehr bildenden Ausschüssen verschiedener Art; Reichstagsdirektorium beim Kurfürsten von Mainz als Erzkanzler des Reiches; vom Kaiser verkündete „Reichsabschiede" seit 1497, die in Form von Verträgen zwischen ihm und den Reichstagsberechtigten die Beschlüsse zusammenfassen.

634   Neuzeit – Frühe Neuzeit

1498   Mit der Erneuerung von Hofrat und Hofkanzlei will *Maximilian* die Reichsgeschäfte stärker an sich ziehen und den Einfluß des Kurfürsten von Mainz als Leiters der Reichshofkanzlei zurückdrängen. Er kann sich mit der Forderung nach einem königlichen Regiment nicht durchsetzen und muß zur selben Zeit militärischer Niederlagen in Italien (Italien-Politik und Kampf um „Gleichgewicht" europäischer Mächte ohne Rückendeckung des Reiches) den Reichsständen auf dem *Augsburger Reichstag* das *1. Reichsregiment* mit Sitz in Nürn-

1500   berg zugestehen, das u. a. auch seine Außenpolitik beaufsichtigen soll. Der sich schnell als zu schwach erweisende ständische Einungsgedanke, verbreitetes Desinteresse an einer Beteiligung an der Reichsregierung und zwei Jahre erfolgloser Tätigkeit auf allen Gebieten lösen das ständische Reichsregiment schon 1502 wieder auf.

1508   Maximilian I. nimmt mit päpstlicher Zustimmung im Dom von Trient den Titel eines Er-

6. Febr.   wählten Römischen Kaisers an, ohne je vom Papst zum Kaiser gekrönt zu werden. Seine Nachfolger nehmen unmittelbar nach der Aachener Königskrönung den Kaisertitel an.

1512   *Reichstag zu Köln.* Aus den analog zu den alten Hauptlanden des Reiches gebildeten sechs geographischen Wahlbezirken (Kreisen), aus denen 1500 ein Teil der Regimentsräte, ab 1507 Beisitzer des Reichskammergerichts gewählt werden sollen, entsteht in Kontinuität der mittelalterlichen Landfriedensbezirke und unter Einbeziehung der kurfürstlichen Lande und habsburgischen Erblande (aber Ausschluß von Böhmen und der Eidgenossenschaft) die *Einteilung des Reiches in zehn Reichskreise:* Österreichischer, Burgundischer, Kurrheinischer (vor allem die vier Kurfürsten am Rhein), Fränkischer, Bayerischer, Schwäbischer, Oberrheinischer, Obersächsischer (u. a. Kursachsen und Kurbrandenburg), Niederrheinisch-Westfälischer und Niedersächsischer Kreis. Diesen neben und über den Territorien sich erstreckenden, halb ständischen, halb aus der Reichsgewalt abgeleiteten genossenschaftlichen Korporationen wird die Wahrung des Landfriedens und die Verteidigung nach außen übertragen. Die Wahrnehmung ständiger Geschäfte gibt ihnen als Selbstverwaltungskörpern die Möglichkeit einer festen Entwicklung.

1517   Beginn der Reformation durch **Martin Luther** (* 1483, † 1546; 1505 Eintritt in das Kloster der Augustinereremiten in Erfurt, 1512 Dr. der Theologie und Professor für Bibelauslegung in Wittenberg). Zwischen 1511 und 1517 gelangt Luther, der selbst in den Traditionen der Scholastik und des Ockhamismus ausgebildet war, zu einer neuen Theologie, indem er die als Strafgerechtigkeit Gottes gedeutete „Gerechtigkeit Gottes" (Röm 1, 17) als Gnadengerechtigkeit versteht. Von diesem Ansatz aus kommt Luther zur Erkenntnis, daß die Rechtfertigung des Menschen vor Gott durch den Glauben allein geschieht. Damit werden für das mittelalterliche Leben fundamentale Vorstellungen erschüttert, wobei Luther das Neue zunächst nur als ein Gegensatz theologischer Schulrichtungen erscheint. – Mit der

Herbst   Versendung von *95 lateinischen Thesen* gegen den Mißbrauch des Ablasses (u. a. durch den Dominikaner und Ablaßprediger *Johann Tetzel*, * 1465, † 1519) an *Erzbischof Albrecht von Magdeburg* (zugleich Erzbischof und Kurfürst von Mainz, * 1490, † 1545) und andere hohe kirchliche Würdenträger betritt Luther zwar den Bereich der kirchlichen Öffentlichkeit, ohne jedoch damit zugleich den Boden der innertheologischen Diskussion zu verlassen (er lädt zu einer akademischen Disputation seiner Thesen ein, die indessen nicht in der von ihm gewünschten Form zustande kommt). – Als sie einige Zeit später, ins Deutsche übersetzt, von Freunden Luthers durch den Druck verbreitet werden, erregen sie großes Aufsehen, nicht zuletzt deshalb, weil im spätmittelalterlichen Ablaßwesen fromme Bedürfnisse der Gläubigen und das Geld- und Herrschaftsinteresse der Kirche wechselseitig Befriedigung finden. – Ob Luther seine 95 Thesen am 31. Okt. 1517 an die Wittenberger Schloßkirche, akademischem Brauch entsprechend, angeschlagen hat, ist heute umstritten und wahrscheinlich auf eine mißverstandene Überlieferung zurückzuführen.

1518   *Reichstag zu Augsburg.* – Als der Dominikanerorden in Rom Anklage gegen Luther wegen Ketzerei erhebt, kommt ein Ketzerprozeß gegen ihn in Gang. Vor dem Kardinallegaten Cajetan (* 1469, † 1534) verweigert Luther – weil er sich nicht widerlegt sieht – in Augsburg den Widerruf seiner Lehre und festigt seine negative Auffassung vom Papsttum. Beginn der Reformation in der Schweiz: **Ulrich (Huldrych) Zwingli** in Zürich (* 1484, † 1531) als reformerischer Humanist Schüler des *Erasmus von Rotterdam,* folgt Anregungen Luthers, führt aber die Trennung von der alten Kirche und eine reformatorische Neuordnung selbständig durch, für die er 1523 die Stadt Zürich gewinnt.

1519   Nach dem Tode Maximilians I. (12. Jan.) erbt sein Enkel *Karl* (* 1500, † 1558; seit 1516 König des vereinigten Spanien) die habsburgischen Erblande (Österreich, Steiermark, Kärnten, Krain, Tirol, Vorderösterreich am Oberrhein und die burgundischen Besitzungen). Bei seiner Wahl zum Römischen König und Kaiser in Frankfurt am Main (28. Juni) siegt Karl über seinen von Papst Leo X. (1513–1521) unterstützten französischen Rivalen, *Franz I.,* wobei weniger die vom augsburgischen Bankhaus Fugger verbürgten hohen Bestechungsgelder für die Kurfürsten als vielmehr deren Mißtrauen gegen Papst und französischen König ausschlaggebend sind. Eine von der römischen Kurie unterstützte Kandidatur des sächsischen Kurfürsten *Friedrichs III., des Weisen* (1486–1525, * 1463,

Einzelstaaten – Deutschland – Bis Ende des Dreißigjährigen Krieges   635

† 1525) scheitert an dessen Weigerung, so daß der Habsburger schließlich einstimmig (mit geheimem Vorbehalt des Kurfürsten von Brandenburg) gewählt wird. Der Wahl geht die Annahme einer *Wahlkapitulation* voraus (Vertrag, in dem der zu Wählende den Wählern für den Fall seiner Wahl bestimmte Versprechungen und Zugeständnisse macht), in der Karl auf die von den Kurfürsten vertretenen Interessen des Reiches (auch gegen die gewaltige Hausmacht des Habsburgers) verpflichtet wird und u. a. ein ständisches Reichsregiment zugestehen muß. Diese erste Wahlkapitulation eines Römischen Königs und Kaisers dient allen späteren bis zum Ende des Reiches als Vorbild, seit 1711 „Capitulatio perpetua", und gilt als eine Art Verfassungsurkunde (Reichsgrundgesetz).

1519–1556 Als **Kaiser Karl V.** vereinigt der Nachfolger Maximilians Gebiete unter seiner Macht, die an Umfang, Bevölkerung und Reichtum alles übertreffen, was jemals seit dem Reich der Karolinger von einer Hand regiert wurde. Karl fühlt sich weder als Spanier noch als Deutscher, sondern als Niederländer und Burgunder. Er steht noch in der Tradition des universalen mittelalterlichen Kaisertums, verstanden als weltliches und geistliches Amt. Sein bedeutendster Berater ist der Großkanzler (1518–1530) *Mercurino de Gattinara* (* 1465, † 1530) aus Piemont (Oberitalien).

1520 Nachdem Luther in einer akademischen Disputation mit dem Ingolstädter Theologen *Johannes Eck* (* 1484, † 1543), einem der theologischen Hauptgegner der Reformation, 1519 in Leipzig neben dem Papst auch allgemeine Konzile für irrtumsfähig erklärt hat, veröffentlicht er drei reformatorische Programmschriften von weitreichender Wirkung im Reich: 1. „An den christlichen Adel deutscher Nation von des christlichen Standes Besserung", 2. Das lateinisch abgefaßte Werk „De captivitate Babylonica ecclesiae" („Von der babylonischen Gefangenschaft der Kirche"), 3. „Von der Freiheit eines Christenmenschen". Trotz unterschiedlicher Thematik durchzieht sie die gleiche Forderung nach der wahren Kirche als Gemeinschaft der Gleichgestellten und Freien, nicht als der Gefangenen in einem perfekten Herrschaftssystem, in dem die kirchliche Hierarchie alle Wahrheit und alles Heil vermittelt.

10. Dez. Nach Ablauf der Widerrufsfrist für 41 von Rom als ketzerisch betrachtete Sätze verbrennt Luther die *Bannandrohungsbulle Exsurge Domine* („Erhebe dich, Herr!") vom 15. Juni.

1521 Reichstag zu Worms.

Der Wormser Reichstag von 1521 und seine Folgen

Trotz des seit dem 5. Januar rechtswirksamen Bannes wird Luther auf den Reichstag vor Kaiser und Reich geladen, auf dem er aber am 18. April in lateinischer Rede den Widerruf seiner Lehre verweigert. Seine Schriften dürften zu dieser Zeit in weit über einer halben Million Exemplaren verbreitet sein, eine außerordentlich große Zahl angesichts eines nur geringen Anteils Lesekundiger an der Gesamtbevölkerung. Obwohl das ihm zugesagte kaiserliche Geleit eingehalten wird, läßt *Kurfürst Friedrich der Weise* Luther auf seiner Rückreise von Worms auf die Wartburg in Sicherheit bringen. Hier überträgt er 1521/22 das Neue Testament aus der Vulgata und der griechisch-lateinischen Erasmusausgabe von 1519 ins Deutsche. Seine *Bibelübersetzung* wird die Grundlage für die neuhochdeutsche Schriftsprache.
Das auf dem Wormser Reichstag im Mai erlassene Reichsgesetz *(Wormser Edikt)* verhängt über Luther die Reichsacht (wer seiner habhaft wird, soll ihn dem Kaiser ausliefern) und ordnet die Vernichtung seiner Schriften an (wer sie liest, kauft, behält oder druckt, soll ebenfalls geächtet werden). – Karl V. muß den Reichsständen das in der Wahlkapitulation zugesagte ständische *2. (Nürnberger) Reichsregiment* gewähren, erreicht aber gegenüber jenem von 1500, daß es nur während seiner Abwesenheit vom Reich in Aktion treten darf. Außerdem steht ihm die Ernennung von zwei weiteren Mitgliedern zu, so daß das Übergewicht der Vertreter der Kurfürsten, der übrigen reichsständischen Gruppen und der Reichskreise nicht zu groß wird. Mit vielfach ernsthaften Reformversuchen (Exekutionsordnung zur Durchführung des Landfriedens auf Grundlage der Reichskreise, Reichsmünzordnung, Reichssteuerordnung, Grundlegung einer Reichswirtschaftspolitik, Reichskriegsverfassung) scheitert das 2. Reichsregiment am Widerstand der Territorialgewalten, wobei die konfessionspolitische Entwicklung bereits die Gegensätze verschärft, zudem eine Beilegung des Glaubensstreites unmöglich macht (Nürnberger Reichstage 1522, 1522/23, 1524). Der wichtigste Plan, das Reich zu einem einheitlichen Zollgebiet *(Reichszoll)* umzugestalten, scheitert an reichsstädtischen Interventionen beim Kaiser. Mit der Rückkehr Karls V. 1530 ins Reich hört das Regiment auch juristisch auf zu bestehen. – Erstmals in Worms liegen die von verschiedenen Reichsständen zusammengestellten Beschwerden der deutschen Nation gegen den Heiligen Stuhl in Rom *(gravamina)* vor, die auf den folgenden Reichstagen wiederholt zu umfangreichen Beschwerdekatalogen zusammengefaßt werden. – Verbindlich für die Zukunft bleibt die Wormser *Reichsmatrikel* als fast ausschließlich anzuwendendes Modell für die Erhebung von Reichssteuern.

1521/1522 In Erbverträgen von Worms und Brüssel überläßt Karl V. die habsburgischen Erblande seinem Bruder Ferdinand (* 1503, † 1564), Erzherzog von Österreich, den er auch während seiner Abwesenheit vom Reich als Statthalter dem Reichsregiment zuordnet.

636 Neuzeit – Frühe Neuzeit

Chronologische Übersicht
Außenpolitische Unternehmungen Karls V. im Kampf um die Vormachtstellung in Europa

1521–1526	Erster Krieg gegen Franz I. von Frankreich	1535	Feldzug in Nordafrika und Eroberung von Tunis
1525	Schlacht und Sieg bei Pavia	1536–1538	Dritter Krieg gegen Franz I.
1526	Friede von Madrid; Heilige Liga von Cognac	1538	Waffenstillstand von Nizza
1526–1529	Zweiter Krieg gegen Franz I.	1541	Expedition gegen Algier
1527	Sacco di Roma	1542–1544	Vierter Krieg gegen Franz I.
1529	„Damenfriede" von Cambrai	1544	Friede von Crépy (Crépy-en-Laonnais, heutiges Département Aisne)

1522–1523 Ritterkrieg.
Weniger aufgrund wirtschaftlichen Niedergangs als vielmehr wegen des Verlustes und schließlichen Fehlens sozialer Funktionen im Reich gerät *die Ritterschaft* seit Beginn des Jahrhunderts in eine kritische Lage. Als soziale Gruppe beginnt sie sich in landständischen Adel und Reichsritterschaft aufzuspalten, während Reichsgrafen und Herren (die Inhaber kleiner reichsunmittelbarer Herrschaftsgebiete) den auf den Reichstagen vertretenen Teil des niederen Adels bilden. Trotz sehr unterschiedlicher sozialer Stellung werden im niederen Adel zuerst standesspezifische Ausprägungen der reformatorischen Bewegung sichtbar. Unter Berufung auf sie sucht *Franz von Sickingen* (* 1481, † 1523) einen Ausweg aus der Situation der Ritter zwischen aufblühendem Bürgertum und sich im Landesfürstentum abschließenden hohen Adel in Überfällen auf Städte (Worms, Metz) und städtische Kaufleute und im landfriedensbrecherischen Krieg gegen ein geistliches Territorium (Kurfürstentum Trier). Mangels Zuzugs der Standesgenossen und gegen die Kraft des vereinigten Heeres von Kurtrier, Kurpfalz und der Landgrafschaft Hessen vermag sich Sickingen mit seinen Leuten nicht zu behaupten; tödlich verwundet stirbt er auf seiner Feste Landstuhl bei Kaiserslautern (7. Mai 1523). Wichtigster Propagandist der Ritter und humanistischer Ratgeber Sickingens ist *Ulrich von Hutten* (* 1488, † 1523), der – Luthers Anregung folgend – seine ätzende Kritik an den kirchlichen Mißständen teilweise in deutscher Sprache verbreitet und aufgrund der Niederlage nach Zürich flieht. Er stirbt auf der Insel Ufenau (Zürichsee).
Die schon früher einsetzende Trennung der Ritterschaft in landständischen Adel und Reichsritterschaft wird seit ca. 1540 zunehmend deutlicher.

1524–1525 Bauernkrieg.

Ursachen, Verlauf und Folgen des Bauernkrieges

Schon im 15. Jh. und zu Beginn des 16. Jh.s erhebt sich gelegentlich der „gemeine Mann" („Bundschuh", „Armer Konrad") und bringt seine Beschwerden und Forderungen vor, zumeist jedoch nur in lokalen oder regionalen Unruhen des deutschen Südens und Südwestens aus unterschiedlichen Anlässen und mit wechselnder Intensität und Zielsetzung. Im Kampf um das „alte Recht" wehrt er sich gegen landesherrliche Bemühungen, einen einheitlich regierten, geschlossenen Untertanenverband herzustellen, gegen gleichzeitige Steigerung von Abgaben und Dienstleistungen, gegen Willkür und Mißbräuche im Rechtswesen, gegen Einschränkungen bäuerlicher Autonomie, des Gemeinbesitzes und seiner Nutzung. Die reaktionären Grundstrukturen dieser Bauernunruhen wandeln sich zum Kampf um das „göttliche Recht" (als Formel erstmals bei Wiclif Ende des 14. Jh.s) und werden durch die reformatorische Bewegung am Maßstab des Evangeliums intensiviert, ohne daß am Anfang eine Elendssituation der größten sozialen Gruppe im Reich steht. Die Summe von Aufständen in Salzburg, Tirol, im Allgäu, in Schwaben, am Oberrhein, in Franken und Thüringen macht den *Bauernkrieg* aus, dessen vielfältige rechtliche, wirtschaftliche, soziale und kirchlich-reformatorische Forderungen in den „12 Artikeln der Bauernschaft in Schwaben" (ausgearbeitet von dem Memminger Kürschner *Sebastian Lotzer*, * um 1490, † nach 1525, und dem Prediger in der Reichsstadt Memmingen, *Christoph Schappeler*, * 1472, † 1551, veröffentlicht Mitte März 1525) zum grundlegenden Katalog zusammengefaßt werden, der im ganzen kein radikales Programm darstellt. Ihr großer Erfolg weitet die regionalen Aufstände zum Bauernkrieg aus, an dem auch Ritter und Bürger führend beteiligt sind (*Florian Geyer*, * um 1490, † 1525; *Götz von Berlichingen*, * 1480, † 1562; *Graf Wilhelm von Henneberg*, * 1480, † 1559; *Wendel Hipler*, * 1465, † 1526; *Friedrich Weigandt*, † nach 1525; *Michael Gaismair*, * um 1490, † 1532). Der thüringische Theologe **Thomas Müntzer** (* um 1490, † 1525) hat in Mitteldeutschland als die soziale Krise ausnützender religiöser Revolutionär mit chiliastisch-kommunistischen Vorstellungen große Erfolge. Er fordert (weit über Luther hinausgehend) größere eigene Aktivität zur Verwirklichung des Reiches Gottes auf Erden und die Beseiti-

Einzelstaaten – Deutschland – Bis Ende des Dreißigjährigen Krieges   637

gung sozialer Not, um frei zu sein für Bibelstudium und Empfang des Heils. Auf den Verfassungsumsturz in der Stadt Mühlhausen (Thüringen) folgt die *vernichtende Niederlage der Bauern bei Frankenhausen* am Südhang des Kyffhäusers (Thüringen, 15. Mai 1525) gegen das vereinigte Heer der Fürsten von Hessen, Sachsen und Braunschweig; Müntzer wird gefangengenommen und enthauptet.
Besorgt um die Reinerhaltung des Evangeliums und mäßigend auf den von ihm geachteten Bauernstand einredend, sucht Luther in dem großen Konflikt zu vermitteln. Als er jedoch erkennt, daß seine Lehre politisch mißverstanden wird, schreibt er im Mai 1525 hart und leidenschaftlich „Wider die räuberischen und mörderischen Rotten der Bauern" und fordert deren rücksichtslose Niederwerfung durch die Obrigkeiten. Sieger der Auseinandersetzungen sind die Fürsten, deren militärischer Erfolg ihre Stellung als Landesherren stärkt. Die Bauern verschwinden als reichspolitischer Faktor, spielen als soziale Gruppe aber in einzelnen Territorien gelegentlich auch weiterhin eine Rolle.

1525	In der Auseinandersetzung mit Erasmus antwortet Luther, der in dessen Schrift „De libero arbitrio diatribe" („Vom freien Willen", 1524) angegriffen wird, mit einer seiner wichtigsten theologischen Schriften: „De servo arbitrio" („Vom unfreien Willen"); sie führt einen Bruch mit dem Humanismus herbei.
	Einen ersten wichtigen Erfolg der Reformation stellt die Schaffung eines geschlossenen evangelischen Territoriums dar: außerhalb der Reichsgrenzen der Deutschordensstaat in Preußen unter **Hochmeister Albrecht von Brandenburg** (* 1490, † 1568), der sich zu Luther bekennt, mit dem er seit 1523 persönlich verbunden ist. Albrecht befolgt dessen
8. April	Rat zur Säkularisation und wird durch den Vertrag von Krakau weltlicher Herzog von Preußen unter Lehnshoheit des polnischen Königs. Davor wagten nur Freie Städte diesen Schritt zur geschlossenen Übernahme des Luthertums; Schwierigkeiten und Probleme gibt es auch in den Territorien evangelisch gesinnter Fürsten. – Die Bildung konfessioneller Bündnisse im Reich beginnt mit dem *Regensburger Konvent* (Juni 1524 von päpstlichen Legaten und Erzherzog Ferdinand einberufen) und den *Vereinigungen von Dessau* (Juli 1525: Herzog Georg von Sachsen, Kurfürsten Joachim von Brandenburg und Albrecht von Mainz, Herzöge Erich und Heinrich von Braunschweig) und *Torgau-Gotha* (Mai 1526: Landgraf Philipp von Hessen und Kurfürst Johann von Sachsen).
1526	Erster **Reichstag zu Speyer.** Während der Nürnberger Reichstag von 1523 vieldeutig beschloß, in Zukunft allein das Evangelium nach der Auslegung der Schriften zu lehren, 1524 ebendort den Reichsständen die Befolgung des Wormser Edikts „sovil inen muglich" anheimgestellt wurde, heißt es auf dem Speyerer Reichstag, jeder Stand solle sich bis zum bald erwarteten Konzil gegenüber seinen Untertanen so verhalten, „wie ein jeder solches gegen Gott und Kayserl. Majestät hoffet und vertraut zu verantworten"; es wird damit das Wormser Edikt weitgehend außer Kraft gesetzt.
1527	Der *Kurfürst Johann der Beständige von Sachsen* (1525–1532; * 1468, † 1532) führt in seinem Territorium eine Kirchen- und Schulvisitation durch (alte kirchenrechtliche Institution mit neuer Zielgebung: umfassende Überprüfung der kirchlichen Gegebenheiten an jedem Ort, des Wissensstandes von Pfarrern, Lehrern und Gläubigen, der sittlichen Zustände und der Besitzverhältnisse). Daraus erwächst in der Folgezeit das deutsche evangelische **Landeskirchentum,** das an die vorreformatorische kirchliche Landeshoheit anknüpft, die Luther nicht umgehen kann. Der *hessische Landgraf Philipp der Großmütige* (* 1504, † 1567) folgt in der Organisation der Kirche dem sächsischen Beispiel und gründet mit der Universität Marburg a. d. Lahn die *erste evangelische Hochschule* ohne päpstliches Privileg (ein kaiserliches Privileg folgt erst Jahrzehnte später). Das von *Philipp Melanchthon* (* 1497, † 1560), Professorenkollege Luthers in Wittenberg (erster evangelischer Dogmatiker), reorganisierte Universitätswesen und von ihm geschaffene evangelische Schulwesen, die landesfürstliche Gewalt, die mit der Einziehung von Kloster- und Kirchengut beginnt, und die Pfarrgeistlichkeit werden die Grundpfeiler des evangelischen Kirchenwesens. Die Entwicklung der Reformation zu einer *„Bildungsbewegung"* liegt im Interesse des sich formierenden „frühmodernen Staates" (Beamtenschaft).
1529	Zweiter **Reichstag zu Speyer.** Nachdem das Konzil nicht zusammengetreten ist, will Ferdinand als kaiserlicher Statthalter im Reich das Wormser Edikt wieder voll in Kraft setzen durch Aufhebung der für die Religionsfrage betreffenden Partien des Speyerer Reichsabschieds von 1526, was die „protestatio" (im April) evangelischer Reichsstände auslöst (Kurfürst Johann von Sachsen, die Reichsfürsten Georg der Fromme von Brandenburg-Ansbach [* 1484, † 1543], Ernst von Braunschweig-Lüneburg [* 1497, † 1546], Philipp von Hessen, Wolfgang von Anhalt, 14 Reichsstädte, unter ihnen Straßburg, Nürnberg, Ulm und Konstanz). Unter Berufung auf das Gewissen beziehen sie Stellung gegen ein Reichsgesetz und die Aufrechterhaltung geistlicher Obrigkeit und werden seither *Protestanten* genannt.
	Im September rücken die *Türken* als Herren Ungarns (1526 Sieg von Mohács, einer südungarischen Stadt an der Donau) bis vor Wien und belagern es. Ihr Angriff auf das Abendland bindet Kräfte, die der fortschreitenden Reformation möglicherweise Einhalt gebieten

638 Neuzeit – Frühe Neuzeit

könnten. – Im Oktober organisiert *Philipp von Hessen* in Marburg ein *Religionsgespräch zwischen Luther und Zwingli* und ihren engsten Beratern, in dem die theologischen Meinungsverschiedenheiten ausgeräumt werden sollen. Das gelingt zwar in 14 der sog. Marburger Artikel, in die das Gespräch zusammengefaßt wurde, scheitert aber im Artikel 15 über die Abendmahlsfrage, weil Luther auf einer Realpräsenz Christi im Abendmahl besteht, die Zwingli und seine Anhänger ablehnen. Die Spaltung des Protestantismus bleibt bestehen.

1530 Im Februar empfängt Karl V. als letzter Römischer König gemäß mittelalterlichen Herkommens vom Papst in Bologna, nicht mehr in Rom, die Kaiserkrone. Gleich nach seiner Rückkehr ins Reich findet der **Reichstag zu Augsburg** statt, an dessen Ende die unversöhnliche konfessionelle Konfrontation steht. Das Augsburgische Bekenntnis (CA = Confessio Augustana) wird ohne Beteiligung Luthers (er hält sich als Gebannter zu seinem Schutze auf der Feste Coburg auf) von Melanchthon in lateinischer und deutscher Sprache verfaßt, von protestantischen Reichsfürsten und -städten unterzeichnet und nach einer lateinischen Einführungsrede des alten kursächsischen Kanzlers Gregor Brück (1521–29; * 1483, † 1557) am 25. Juni dem Kaiser in deutscher Fassung von dem jungen kursächsischen *Kanzler Christian Beyer* vorgetragen. Unter Betonung der Gemeinsamkeiten mit der alten Kirche und der Gegnerschaft zum Schwärmertum werden die Differenzen oberflächlich zugedeckt, aber in den entscheidenden Punkten des neuen Glaubens (Rechtfertigungslehre, Predigtamt, Kirchenauffassung) doch klar zum Ausdruck gebracht. Eine katholische Gegenerklärung, hauptsächlich von *Johannes Eck* und *Johannes Cochläus* (* 1479, † 1552) bearbeitet, die „*Confutatio*", führt nicht zu der von Karl V. angestrebten Unterwerfung der Protestanten. Eine besondere Konfessionsschrift der südwestdeutschen Städte Straßburg, Konstanz, Lindau und Memmingen, die „*Confessio Tetrapolitana*", und ein eigenes Bekenntnis Zwinglis („*Ratio Fidei*") verdeutlichen die Zersplitterung des Protestantismus, aber auch die altgläubige Seite bietet kein geschlossenes Bild (aktive katholische Reichsstände, konziliater päpstlicher Legat Campeggio, devot-religiöser Kaiser in erasmisch-orientierter Umgebung). Der Reichsabschied ergeht in Abwesenheit der Protestanten, deren „*Apologie*" der Augustana (durch Melanchthon) als Widerlegung der „Confutatio" vom Kaiser nicht anerkannt wird; jeglicher Widerstand gegen das wiederbelebte Wormser Edikt wird zum Landfriedensbruch und damit zur Sache des reorganisierten Reichskammergerichts erklärt. Die Verlagerung des konfessionellen Streites in die reichsrechtliche Zuständigkeit vertieft die Kluft zwischen den Religionsparteien.

1531 Die *Wahl Erzherzog Ferdinands* von Österreich (seit 1526 König von Ungarn und seit 1527 König von Böhmen) *zum Römischen König* (5. Jan. in Köln, Krönung Aachen 11. Jan.) zu Lebzeiten des Kaisers (vivente imperatore), seit Karls V. Kaiserkrönung möglich, gemäß der Goldenen Bulle zumindest problematisch, ist auf dem Augsburger Reichstag vorbereitet worden und soll dessen Anwartschaft auf das Erbe im Kaisertum unterstreichen. Gegner einer Erblichkeit der habsburgischen Dynastie im Reich sind vor allem Bayern (alte Rivalität der Wittelsbacher gegen die erfolgreichen Habsburger), aber auch der Kurfürst von Sachsen, der an der Wahl nicht beteiligt ist, obwohl ein Ausschluß des „Ketzers" durch Karl V. am Widerstand der übrigen Kurfürsten scheitert.

23. Febr. Mehrere protestantische Reichsstände schließen am **Schmalkaldischen Bund** (Schmalkalden am Südhang des Thüringer Waldes) ein Verteidigungsbündnis unter Führung Kursachsens und vor allem Hessens gegen die kaiserliche Religionspolitik, das sich in den nächsten Jahren stark erweitert und Beziehungen zu auswärtigen Mächten anknüpft. – Im Oktober, nach Zwinglis Tod als Feldprediger in der *Schlacht bei Kappel* (westlich des Zürichsees), wo die evangelischen Eidgenossen eine schwere Niederlage erleiden und an Macht verlieren, entschärft sich der innerprotestantische Gegensatz. Wenig später erklären die oberdeutschen Städte Confessio Augustana und Confessio Tetrapolitana für übereinstimmend. – Im überkonfessionellen *Bund von Saalfeld* (Nordostfuß des Thüringer Waldes; Oktober) finden sich Kursachsen, Bayern und Hessen zum Boykott des neuen Königtums Ferdinands I. zusammen, dem bald Dänemark und Frankreich beitreten.

1532 Erster Erfolg des Schmalkaldischen Bundes ist der *Nürnberger „Anstand"* (eine Art befristeter Religionsfriede), den Karl V. angesichts der bewaffneten Macht der Protestanten und der Türkengefahr den protestantischen Reichsständen auf einer Reichsversammlung in Nürnberg gewähren muß. Ohne daß die katholischen Reichsstände auf dem gleichzeitig tagenden *Regensburger Reichstag* (zur Bereitstellung einer Türkenhilfe) zustimmen, wird den Protestanten vorläufig (bis zu einem Konzil oder Reichstag) der Sache nach freie Religionsausübung zugestanden („Religionsprozesse" vor dem Reichskammergericht sollen ausgesetzt werden). Die Protestanten leisten dafür Hilfe gegen die Türken. Erstmals wird der als Ketzerei öffentlich verurteilte und verbannte Protestantismus im Reich auf einer rechtlichen Basis geduldet. – Im *Regensburger Reichsabschied* (27. Juli) wird die „Constitutio Criminalis Carolina" („Kaiser Karls V. und des Heiligen Römischen Reiches Peinliche Gerichtsordnung") verkündet, die in der Reichsgesetzgebung die Bereiche des

Einzelstaaten – Deutschland – Bis Ende des Dreißigjährigen Krieges   639

Strafverfahrens und materiellen Strafrechts abdeckt und das erste deutsche Reichsstrafgesetzbuch darstellt.

1534   Am 2. Februar hört der 1488 gegründete Schwäbische Bund auf zu bestehen, im Mai erhält *Herzog Ulrich von Württemberg* (* 1487, † 1550) sein Territorium vor allem dank der Unterstützung Philipps von Hessen zurück, nachdem es 1519 habsburgischer Verwaltung unterstellt worden war. Entscheidender Sieg der Opposition im Reich gegen die Habsburger und Sieg fürstlicher Souveränität, der im Vertrag von Kaaden (29. Juni, in Westböhmen an der Eger) festgeschrieben wird. Ferdinand I. erreicht lediglich die Anerkennung seines Römischen Königtums durch die Protestanten, die auch Bayern im September nachvollzieht (Linzer Vertrag).

Das Täuferreich von Münster 1534/1535

Als religiöse Gruppe besonderer Art innerhalb der reformatorischen Bewegung formiert sich das Täufertum (Kennzeichen: Erwachsenentaufe; die irdische Ordnung ist nach der biblischen Weissagung zu gestalten; Wiederbelebung von Lebensformen aus der älteren Kirchengeschichte), das sich nach 1525 vor allem im Verbreitungsgebiet des Bauernkrieges in vielfältiger Weise ausbreitet und erst verhältnismäßig spät auch den niederdeutschen Raum erreicht.

Ins westfälische Münster bringt 1531 der einheimische Kaplan *Bernhard Rothmann* (*um 1495, † nach 1535) die reformatorische Lehre von einer Reise nach Straßburg mit. 1533 ergibt die Ratswahl eine lutherische Mehrheit. Während das Täufertum um 1534/35 in weiten Teilen des Reiches bereits unterdrückt oder ausgerottet ist (Täuferexekutionen auf der Grundlage eines alten Wiedertaufe-Verbots und detaillierter Bestimmungen der Reichsgesetzgebung von 1529/30), zeigen sich weite Kreise in Münster empfänglich für ein spezifisch niederländisches Täufertum, das sich in einem isolierten Gebiet des Reiches entwickelt hat und dessen Prophet der fränkische Kürschner *Melchior Hoffmann* aus Schwäbisch Hall (*um 1500, † 1543/44; seit 1523 Wanderprediger in Norddeutschland, Livland und Schweden, zuletzt in Straßburg, wo er eingekerkert wurde) ist. Seine von holländischen Anhängern, den Melchioriten, verbreitete Lehre (spekulative Bibeldeutung, Ankündigung des baldigen Weltendes) – Hoffmanns quietistische Endreichsvorstellungen werden jedoch nicht geteilt – wird von der Stadt wie in einem Rausch übernommen, nachdem der die Kindertaufe verwerfende und mit dem lutherischen Rat streitende Rothmann sich hat taufen lassen. Die Folge ist die Errichtung eines apokalyptischen „Gottesreiches" (Vision der heiligen Stadt) und eine weitere Radikalisierung der Bewegung unter dem Bäcker *Jan Matthijsz* (* zwischen 1490/1500, † 1534) und dem Schneider *Jan Bockelson* (* um 1509, † 1536) aus Leiden (Beseitigung des Privateigentums an Geld; Nahrungsmittel und Grundbesitz werden zum Eigentum der Gemeinschaft erklärt; Aufhebung aller Schulden; Vielweiberei und Zwangsehe). Bevölkerungsverluste infolge von blutigem Glaubensterror (es gibt nur noch Wiedergetaufte in der Stadt) und Abwanderung werden durch Zuzug von Täufern aus Holland, Friesland und vom Niederrhein ersetzt. Nach dem eindeutigen Erfolg der Täufer bei der Ratswahl im Februar 1534 läßt sich *Bockelson* im September 1534 zum „König von Zion" ausrufen. Reichs- und Kreisexekution gegen das landfriedensbrecherische Münster kommen nur zögernd zustande (Koblenzer und Wormser Versammlungen Dezember 1534 und April 1535). *Belagerungen Münsters* durch Kriegstruppen katholischer und evangelischer Reichsstände unter Führung seines *Bischofs Franz von Waldeck* (1532–1553; * 1491, † 1553; Bischofsweihe 1541) sind erst im Juni 1535 erfolgreich, als die Stadt durch Verrat fällt. Es folgen Hinrichtungen der Aufrührer, Bestrafung der Bürgerschaft, und gegen schwache Widerstände evangelischer Reichsfürsten kommt es zur Wiederherstellung des Katholizismus, der einen beträchtlichen Erfolg der Altkirchlichen darstellt, insofern sie erstmals eine verlorene Position zurückgewinnen. Das Täufertum, dessen Sozialstruktur keineswegs im Gegensatz zu derjenigen der Gesamtbevölkerung steht und nicht etwa ausschließlich von den untersten Schichten gekennzeichnet ist, tritt nach der Katastrophe von Münster nirgends mehr sozialrevolutionär in Erscheinung.

Seit 1536 sammelt sich um *Menno Simons* (* 1496, † 1561) eine Gruppe, die nach ihm benannten *Mennoniten,* die in schärfstem Gegensatz zu den himmlischen Propheten von Münster stehen.

1538   Bildung eines *Bundes katholischer Reichsstände* (Herzöge von Sachsen, Bayern, Braunschweig, Erzbischöfe von Magdeburg und Salzburg) in Nürnberg als Gegengewicht zum Schmalkaldischen Bund auf Initiative des Reichsvizekanzlers *Matthias Held* (1531–1540; † 1563) ohne rückhaltlose Unterstützung des Kaisers.

1539   Im *Frankfurter „Anstand",* der den Nürnberger unter Einbeziehung aller seit 1532 dazugekommenen Anhänger der Confessio Augustana verlängert, wird ein Religionsgespräch zwischen Theologen und Laien beider Konfessionen vereinbart. – In Nordwestdeutschland entsteht unter Mißachtung kaiserlicher Erbansprüche der größte Territorialkomplex (Cleve, Mark, Jülich, Berg, Ravensberg, Geldern) unter dem erasmisch gesinnten, zeitweise dem Protestantismus zuneigenden *Herzog Wilhelm V. von Cleve* (1539–1592), der habsburgischen Expansionsbestrebungen von den (dem Hause Österreich gehörenden) Niederlanden her im Wege steht.

640 Neuzeit – Frühe Neuzeit

1540 Angesichts eines neuen Türkenkrieges drängt Karl V. auf einen friedlichen Ausgleich im Glaubensstreit und fördert das in Hagenau begonnene und in Worms fortgesetzte *Religi-*
1541 *onsgespräch* während des *Regensburger Reichstages.* Trotz größter Verständigungsbereitschaft auf beiden Seiten (u. a. Melanchthon; Martin Bucer, * 1491, † 1551, aus Straßburg; Johann Gropper, * 1503, † 1559, als kurkölnischer Rat; Kardinal Gasparo Contarini, * 1483, † 1542, als päpstlicher Legat) und obwohl man einer Einigung in der zentralen Frage der Rechtfertigung sehr nahe kommt, können die Meinungsunterschiede in der Sakramentenfrage nicht überbrückt werden. Schließlich lehnen die Reichsstände beider Konfessionen, die römische Kurie und Luther die Gesprächsergebnisse insgesamt ab und markieren damit das vorläufige Ende theologischer Einigungsbemühungen zwischen den Konfessionen. Wegen der Türkengefahr gewährt der Kaiser nochmals die *Verlängerung des Nürnberger „Anstandes"* bis zum Ende eines Generalkonzils, einer Nationalversammlung oder eines Reichstages und verspricht den Protestanten u. a. eine Umbesetzung des Reichskammergerichts, da es wegen der „Religionsprozesse" immer wieder zu Unruhe kommt. Im *Geheimvertrag mit Philipp von Hessen* (13. Juni) wegen dessen Doppelehe (Straflosigkeit bei Unterordnung unter habsburgische Interessen; Versprechen des Kaisers, den Landgrafen der Religion wegen nicht mit Krieg zu überziehen) klingt erstmals der Krieg als Mittel kaiserlicher Politik gegen die Protestanten an.
Ein neues Zentrum des Protestantismus entsteht mit der Reformation in Genf durch den aus dem nordfranzösischen Noyon stammenden **Johann Calvin** (Jean Cauvin, * 1509, † 1564), die zweite überragende Gestalt der Reformationsgeschichte neben Luther. Calvin wendet sich unter Einfluß des Luthertums Anfang der dreißiger Jahre dem neuen Glauben zu (er selbst spricht später von einer „plötzlichen Bekehrung"), er publiziert 1536 in Basel seine Glaubenslehre („Institutio religionis Christianae"), die nichts anderes als ein Schlüssel zum rechten Verständnis der Bibel sein will, wirkt in Genf und Straßburg und organisiert 1541 in Genf (gegen heftigen Widerstand bis 1555) das Kirchenwesen auf der Grundlage des Gemeindeprinzips. Vor allem in der **Prädestinationslehre** unterscheidet sich Calvin grundlegend von Luther.

1542 *Der Reichstag zu Speyer* bewilligt noch einmal einen Gemeinen Pfennig zur Finanzierung der Türkenhilfe durch das Reich. Der Modus seiner Erhebung gibt den Reichskreisen neue Impulse und verstärkt ihre innere Konsolidierung; zugleich fördert er das Entstehen einer reichsritterschaftlichen Organisation. Die Türken beschäftigen nach ihrer Eroberung von Ofen (heute: Buda, Teil von Budapest; 1541) auch noch die nächsten Reichstage (Nürnberg 1542 und 1543, Speyer 1544) und halten sich nahe der Südostgrenze des Reiches bis zum Ende des 17. Jh.s. – Im „Braunschweiger Krieg" erobert der Schmalkaldische Bund mit dem Herzogtum Braunschweig-Wolfenbüttel die letzte Bastion des Katholizismus in Norddeutschland ohne Eingriff des Kaisers.

1542–1543 Mit der Eroberung des Herzogtums Geldern und der Grafschaft Zutphen festigt Karl V. seine Machtbasis am Niederrhein (Verlierer ist Herzog Wilhelm V. von Cleve). Im Venloer Vertrag vom 7. September 1543 wird die Einbeziehung dieser Gebiete in die niederländischen Erblande festgeschrieben und damit gleichzeitig der Protestantismus zurückgedrängt, der ansonsten aber jetzt auch in geistliche Fürstentümer einzubrechen beginnt (Naumburg, Merseburg). Reformationsversuche im Bistum Münster und Erzbistum Köln (1542–1547; Kurfürst Hermann von Wied, * 1477, † 1552; [1515–1547 Erzbischof von Köln] holt Bucer, zeitweise auch Melanchthon, an den Bonner Hof).

1545–1563 Konzil zu Trient (Concilium Tridentinum), zunächst auf Reichsboden. Die Protestanten beschließen auf dem Reichstag zu Worms (1545), der Zusammenkunft fernzubleiben.

1545–1547 *Erste Periode,* dann Verlegung ins päpstliche Bologna. Wichtigste Entscheidung ist die Gleichstellung von Heiliger Schrift und kirchlicher Tradition (Teilerfolg der Reformation, 8. April 1546).

1545 Eineinhalbjähriger Waffenstillstand Ferdinands I. mit dem türkischen Sultan: Verzicht auf eroberte Teile Ungarns und Tributverpflichtung.

1546 18. Februar: *Tod Luthers* in Eisleben. – Geschickte Vertragspolitik Karls V. mit *Herzog Wilhelm IV. von Bayern* (* 1493, † 1550) und dem protestantischen *Herzog Moritz von Sachsen* (* 1521, † 1553; 1541 Herzog, 1547 Kurfürst), zwei prominenten Mitgliedern des oppositionellen Reichsfürstenstandes. Gegen Neutralitätszusagen im bevorstehenden Krieg mit den Protestanten eröffnet der Kaiser den Wittelsbachern Aussichten auf eine Heiratsverbindung mit den Habsburgern und territoriale Erwerbungen, dem Wettiner solche auf die reichen Stifter Magdeburg und Halberstadt, beiden ferner eine vage Hoffnung auf eine Kurwürde (pfälzische bzw. ernestinisch-sächsische).
Nach einem Reichstag zu Regensburg, auf dem ein neuerliches Religionsgespräch scheitert,
1546–1547 bricht der **Schmalkaldische Krieg** aus. Karl V. führt den Krieg, den er als Exekution einer Reichsacht versteht, seit Juni 1546 vor allem gegen *Philipp von Hessen* und *Kurfürst Johann Friedrich von Sachsen* (1532–1547; * 1503, † 1554), Schwiegervater Philipps und Vetter Moritz' von Sachsen, der ab Oktober 1546 offen ins kaiserliche Lager wechselt, um

Einzelstaaten – Deutschland – Bis Ende des Dreißigjährigen Krieges 641

1547
24. Apr.
die sächsische Kur tatsächlich zu erwerben. Der Krieg verlagert sich von Süddeutschland, das die Schmalkaldener dem Kaiser samt den protestantischen Ständen und Städten überlassen, nach Sachsen, wo *Johann Friedrich* in der *Schlacht bei Mühlberg/Elbe* besiegt und gefangengenommen wird. Dasselbe Schicksal erleidet der sich ergebende Hesse in Halle (19. Juni). In der Wittenberger Kapitulation (19. Mai) muß der zum Tode verurteilte Sachse auf seine Kurwürde, die an Moritz von der Albertinischen Linie fällt, und die Kurlande, die an seine Söhne übergehen, verzichten, läßt sich aber nicht zwingen, die bisher ergangenen Konzilsbeschlüsse zu akzeptieren; das Todesurteil wird nicht vollstreckt. Beide Häupter der Schmalkaldener treten lange Haftstrafen an; ihr Bund verliert jegliche Macht.

1547–1548
Auf dem *Reichstag zu Augsburg* fallen die wichtigsten Entscheidungen durch den Sieger des vorangegangenen Krieges; mit seinem Hauptanliegen jedoch, der Schaffung eines Bundes aller Reichsstände, dazu Reichsritterschaft und möglicherweise landständischer Adel, unter habsburgischer Teilnahme und kaiserlicher Führung, kann sich Karl V. nicht durchsetzen, denn er hätte die Reichsverfassung von Grund auf verändert. Hauptverantwortlicher für diesen Mißerfolg ist der Herzog von Bayern in seinem Einsatz für *fürstliche Libertät* und gegen den dynastischen Rivalen. Immerhin erreicht Karl V. eine Reorganisation des Reichskammergerichts mit Stärkung des kaiserlichen Einflusses und die Anlegung eines finanziellen „Vorrats" für künftige Türkenkriege. Das *„Augsburger Interim"* ist die Konsequenz aus der kompromißlosen Ablehnung eines Ausgleichs mit den Protestanten seitens des Trienter Konzils und des Papstes, die die kaiserlichen Bemühungen stark enttäuschen. Das von gemäßigten Theologen beider Konfessionen erarbeitete, in konzilianter Form den katholischen Standpunkt beinhaltende Schriftstück soll wieder eine Lösung der Religionsfrage auf Reichsebene vorbereiten; es gesteht den Protestanten bis zur endgültigen Entscheidung des Konzils Priesterehe und Laienkelch zu. Die darin entworfene Ordnung, die für das Reich verbindlich sein und beruhigend wirken soll, löst aber auf beiden Seiten heftigsten Widerstand aus und bleibt weithin wirkungslos. Magdeburg wird zum neuen Zentrum des lutherischen Widerspruchs, das sich schon nach dem Schmalkaldischen Krieg behauptet hat und 1550/51 eine Exekution der von Karl V. verhängten Reichsacht abwehren kann, mit der der Kaiser den neuen protestantischen Kurfürsten von Sachsen, Moritz, beauftragt hat.

1548
15. Mai

1550–1551
Am Rande eines neuen *Reichstages zu Augsburg*, des letzten, an dem Karl V. persönlich teilnimmt, kommt es zum Vertragsabschluß über die *„spanische Sukzession"* (Regelung der Herrschaftsordnung in den Besitzungen des Hauses Habsburg vom 9. März 1551). Ferdinands I. mit seiner Wahl zum Römischen König entstandener Anspruch auf Kaisernachfolge bleibt bestehen, aber ihm soll nicht sein Sohn Maximilian, sondern Karls V. Sohn Philipp folgen. Ferdinand wird dadurch noch mehr an die Seite der Reichsstände gedrängt.

1551–1552
Zweite Periode des Trienter Konzils, das jetzt auch evangelische Reichsfürsten und -städte beschicken (Kursachsen, Kurbrandenburg, Württemberg, Straßburg), die sogar – durch Vermittlung des Kaisers und deutscher Bischöfe – Zugang zu einer Generalkongregation erhalten (24. Januar 1552), um ihre reformatorischen Vorstellungen vorzutragen.

1552
15. Jan.
Nach der Errichtung eines vielschichtigen Bündnissystems mit protestantischen Fürsten (seit 1550), u. a. im Zusammenhang mit der Belagerung Magdeburgs, schließt *Moritz von Sachsen* mit dem französischen König Heinrich II. den *Vertrag von Chambord* (Schloß im Loiretal) und schafft damit eine überkonfessionelle internationale Allianz gegen Karl V. Als Exponent der deutschen Fürstenopposition gegen absolutistische Neigungen des Kaisers führt Moritz ab März den *Fürstenkrieg,* in dem sich nichtprotestantische Reichsstände wie Bayern und die geistlichen Kurfürsten am Rhein neutral verhalten. Er zwingt den lange Zeit passiven Karl V. zur Flucht von Innsbruck nach Villach (Kärnten) und erreicht eine Suspension des Trienter Konzils.

2. Aug.
Im *Passauer Vertrag* einigen sich König Ferdinand (angesichts einer neuen Türkenbedrohung), die „Kriegsfürsten" und die Neutralen z. T. gegen den Kaiser auf die Entlassung Philipps von Hessen und Johann Friedrichs von Sachsen aus der Haft, auf die Aufhebung des Interims und die Verabschiedung eines dauernden Religionsfriedens zwischen beiden Konfessionen auf einem innerhalb eines halben Jahres zu veranstaltenden Reichstag für den Fall, daß es zu keinem theologischen Religionsausgleich kommt, und auf die Gewährung freier Religionsausübung der Protestanten bis zu diesem Reichstag.

1552–1553
Vergebliche Belagerung der Reichsstadt Metz durch Karl V., die der französische König gemäß dem Vertrag von Chambord eingenommen hatte, um den Kaiser an Truppenbewegungen aus den Niederlanden zu hindern. Heinrich II. behält die Städte Cambrai, Metz, Toul und Verdun als „Reichsvikar".

1553
9. Juli
Tod des Kurfürsten Moritz von Sachsen in der *Schlacht bei Sievershausen* (in Niedersachsen) gegen den Landfriedensbrecher Markgraf Albrecht Alcibiades von Brandenburg-Kulmbach (* 1522, † 1557) *(Markgrafenkrieg).*

1555
Reichstag zu Augsburg unter der Leitung Ferdinands I. (Karl V. lebt seit Februar 1553 in Brüssel. Er kehrt nicht mehr ins Reich zurück.)

642 Neuzeit – Frühe Neuzeit

Das Augsburger Friedenswerk von 1555

Ohne Durchführung des im Passauer Vertrag vorgesehenen erneuten Religionsgespräches kommt es am 25. September zum Abschluß des *Augsburger Religions- und Landfriedens*, mit dem auf Dauer das Nebeneinander von Katholiken und Anhängern der Confessio Augustana (bei ausdrücklichem Ausschluß anderer Bekenntnisse, vor allem der Reformierten) reichsrechtlich geregelt wird, wobei man die Hoffnung auf einen von Theologen herbeigeführten Religionsausgleich nicht aufgibt. Indem das Reich darauf verzichtet, die Konfessionseinheit wiederherzustellen, erleidet die mittelalterlich-universalistische Kaiser- und Reichsidee Karls V. ihre endgültige Niederlage. Der Religionsfriede von 1555 ist das Dokument des Einbaus der von Luther ausgelösten Reformationsbewegung und ihrer Ergebnisse in die Reichsverfassung. Im einzelnen verliert das Reich die Religionshoheit zugunsten der Territorien und nimmt damit die 1526 auf dem Speyerer Reichstag verfolgte Linie wieder auf. Eine Wahlfreiheit zwischen beiden zugelassenen Konfessionen wird aber nur den Reichsständen, dagegen nicht dem einzelnen Untertanen zugestanden, der die Religion seiner Obrigkeit annehmen muß *(ius reformandi)*, wenn er nicht von dem ihm eingeräumten Recht der Auswanderung Gebrauch machen will *(ius emigrandi)*. Voraussetzung für eine Auswanderungserlaubnis ist, daß der Untertan nicht Leibeigener ist und daß er eine Nachsteuer an den Landesherrn entrichtet. Die formelhafte Wendung („cuius regio, eius religio": Wem das Land gehört, der bestimmt auch die Religion) findet sich allerdings nicht im Religionsfrieden, sondern ist ein interpretierender Rechtssatz, in den einige Jahrzehnte später der staatskirchenrechtliche Grundsatz der Neuzeit gekleidet wird. Ein Nebeneinander beider Konfessionen wird nur in *den* Reichsstädten zugelassen, in denen bereits Parität herrscht. Die Forderung nach Freistellung bei der Wahl des Bekenntnisses auch für die Untertanen wirft theologische, reichsrechtliche und machtpolitische Fragen von größter Tragweite auf, greift an die Wurzeln der Reichsverfassung und scheitert deshalb am Widerstand Ferdinands und der katholischen Reichsstände. Hinsichtlich des Besitzes von Kirchengütern wird für protestantische Fürsten das Jahr 1552 maßgeblich, für Reichsstädte und geistliche Fürstentümer ergehen komplizierte Sonderregelungen. Eingeschränkt wird das ius reformandi durch den sog. *Geistlichen Vorbehalt (Reservatum ecclesiasticum):* danach verliert ein geistlicher Reichsfürst Rechte und Einkünfte, Land und Herrschaft, wenn er zum Protestantismus übertritt; eine Neuwahl durch Dom- bzw. Stiftskapitel muß einen katholischen Kandidaten zum Nachfolger bestimmen. Da dieser Vorbehalt die Säkularisation geistlicher Fürstentümer verhindern und ihren gegenwärtigen Besitzstand sichern soll, wird er von den protestantischen Reichsständen nicht akzeptiert. Gleichwohl fügt Ferdinand sie kraft königlicher Machtvollkommenheit in den Religionsfrieden ein und gesteht andererseits dem protestantischen landsässigen Adel, Ritterschaften, Städten und Gemeinden geistlicher Territorien, die schon lange der Confessio Augustana anhängen, in einem königlichen Erlaß (*Declaratio Ferdinandea*, 24. September) als Kompensation die Freiheit der Religionsausübung zu. Die übrigen Landstände unterliegen dem ius reformandi; die Reichsritter werden in der Wahl ihres Bekenntnisses den Reichsständen gleichgestellt.

Geistlicher Vorbehalt und Declaratio Ferdinandea machen in besonderer Weise den Kompromißcharakter des Religionsfriedens deutlich. An der Einschätzung ihrer reichsrechtlichen Verbindlichkeit entzünden sich in Zukunft schwere Auseinandersetzungen: zum einen wird der geistliche Vorbehalt, obwohl im Reichsabschied verankert, von den Protestanten nie anerkannt, zum anderen wird von seiten der Katholiken der Declaratio Ferdinandea eine reichsrechtliche Wirksamkeit abgesprochen, weil sie dem Abschied nicht einverleibt wurde. Daneben bergen wenig präzise Formulierungen genügend Konfliktstoff und tragen Keime vielfältiger Auslegungsstreitigkeiten in sich. – Wie der Religionsfrieden, so dient auch die *Reichsexekutionsordnung* der Errichtung und Sicherung eines allgemeinen Landfriedens auf Dauer. Sie bildet zugleich den Abschluß der mehr als ein halbes Jahrhundert andauernden Bemühungen um eine Reichsreform, bei denen sich der Kaiser weder im monarchischen noch im reichsständisch-bündischen Sinne hat durchsetzen können, und wird grundlegend für die Wahrung der inneren Ordnung des Reiches in den nächsten zweieinhalb Jahrhunderten. Indem den zehn *Reichskreisen* mit der Vollstreckung der reichskammergerichtlichen Urteile und der Aufstellung des Heeres die Sicherung des Landfriedens anvertraut wird, werden sie zu Exekutivorganen für das Reich und können für das gesamte Reichsgebiet integrierende Funktionen ausüben. Dabei tritt die Tendenz deutlicher hervor, die Stände unter Ausschluß des Kaisers, aber bei Einbindung in überterritoriale Institutionen zu Trägern der Reichsexekutive zu machen. Jeder Reichskreis für sich entwickelt seit den dreißiger Jahren verstärkt ein Eigenleben mit einem selbständigen Wirkungskreis, ohne die reichsständische Libertät zu gefährden. Wie die *Kreisobersten* (früher Kreishauptleute) keine Hoheitsrechte über die Kreisstände besitzen, so wird diesen auch bei der Ausgestaltung der inneren Verfassung der Kreise Rechnung getragen. Das Amt des Kreisobersten, der unmittelbar über Truppen zur Sicherung des Landfriedens verfügen kann, hat der vornehmste weltliche Reichsstand inne. Die wichtigste politische Stellung nehmen die *kreisausschreibenden Fürsten* (Kreisdirektoren) ein, je ein weltlicher und ein geistlicher Fürst in den sechs alten Kreisen, nur je ein Fürst in den vier seit 1512 bestehenden (Kurrheinischer, Obersächsischer, Burgundischer, Österreichischer Kreis). Zu ihren Aufgaben gehören Einberufung und Durchführung von *Kreistagen* (weitgehend nach dem Vorbild des Reichstages organisiert), die Verkündung von Reichsgesetzen und kaiserlichen Edikten durch Patente, die dann über die Kreisstände in den Territorien weiter publiziert werden, und die Vollstreckung von Reichskammergerichtsurteilen. Jeder zu einem Kreis gehörende Reichsstand be-

Einzelstaaten – Deutschland – Bis Ende des Dreißigjährigen Krieges *643*

sitzt die Kreisstandschaft und damit das Recht zur Teilnahme am Kreistag, wo er eine Stimme hat; entschieden wird nach einfacher Mehrheit. Der Kreistag behandelt aus seiner Mitte kommende Angelegenheiten (Gesetzgebung, Polizei, Verkehrswesen, Kreismilitär, Wirtschaft und Handel) und Aufgaben, die ihm vom Reich zugewiesen werden (Einziehung von Reichssteuern, Moderation von Reichsanschlägen, Besetzung von Beisitzerstellen am Reichskammergericht, Zollfragen, Aufsicht über das Münzwesen, Abstellung von Kreistruppen an das Reich). Für mehrere oder alle Kreise betreffende Angelegenheiten gibt es die Möglichkeit der Einberufung allgemeiner Kreistage mehrerer oder aller Kreise. Auf einem solchen *Reichskreistag* ist 1554 in Frankfurt am Main ein wichtiger Schritt zur Ausarbeitung dieser Reichsexekutionsordnung getan worden. Für die Beseitigung von Landfriedensbruch wird ein nach Dringlichkeit abgestuftes Verfahren vorgesehen, in dem der Kaiser keinen bestimmenden Einfluß ausüben kann. Ist ein betroffener Kreis allein nicht in der Lage, eine Gefahr abzuwenden, sollen bis zu fünf benachbarte Kreise bei der Hilfeleistung zusammenwirken; wenn auch sie keinen Erfolg haben, hat der Kurfürst von Mainz einen *Reichsdeputationstag* für alle Kreise auszuschreiben, an dem auch der Kaiser beteiligt werden soll. Damit wird in einem Ausschuß von Reichs- und Kreisständen eine Basis für den Zusammenschluß mehrerer Kreise zur Lösung gemeinsamer Aufgaben geschaffen, auf der später die *Kreisassoziationen* aufbauen. Nicht behoben wird 1555 der Mangel, daß die Kreiseinteilung nicht alle Reichsländer umfaßt. Böhmen mit seinen Nebenländern, Herrschaften wie Jever und Knyphausen, einzelne Reichsgrafen und die gesamte Reichsritterschaft werden den Kreisen nicht zugeordnet. Andererseits sind die Kreise keine in sich geschlossene Gebilde (Teile des Österreichischen liegen innerhalb des Schwäbischen Kreises) und gehören manche Reichsstände mehreren Kreisen an (z. B. Brandenburg, Braunschweig, Mainz), was ebenso erhebliche Probleme in sich birgt wie die unterschiedliche Zahl von Ständen in einzelnen Kreisen (fünf im Österreichischen, 95 im Schwäbischen) und ihr sehr verschiedenes politisches Gewicht (Brandenburg und Österreich einerseits, kleine Reichsgrafen und Reichsstädte andererseits). Insgesamt bilden die Reichskreise eine mittlere Instanz zwischen dem Reich und den Reichsständen, in der reichs-, kreis- und landständische Ebene eng miteinander verwoben sind, und stellen ein bedeutsames föderatives Element dar. Durch ihre Funktion als Friedenssicherer spielt sich in ihnen ein wesentliches Stück Reichsgeschichte ab.

1556 12. Sept.	*Karl V.* verzichtet auf die Kaiserwürde und zieht sich in die Nähe des westspanischen Klosters San Jerónimo de Yuste zurück, wo er am 21. September 1558 stirbt.
1556–1564	**Kaiser Ferdinand I.** Seine Proklamierung zum Erwählten Römischen Kaiser verzögert sich bis zum März 1558, da die Kurfürsten erst jetzt den bis dahin in der deutschen Geschichte einmaligen Vorgang des Thronverzichts durch einen amtierenden Kaiser akzeptieren und damit rechtskräftig werden lassen.
1556–1557	Reichstag zu Regensburg, auf dem noch einmal der Versuch eines religiösen Vergleichs zwischen den Konfessionen beschlossen wird, der aber im Wormser Religionsgespräch 1557 scheitert. – Auf den Reichstagen der Folgezeit sind die Reichsfürsten beider Konfessionen stets besonders auf die Bewahrung ihrer „Libertät" bedacht.
1559	*Reichsmünzordnung,* deren Durchführung den Reichskreisen übertragen wird. Die Zentralbehörden des Reiches am Sitz des Kaisers *(Reichshofkanzlei, Reichshofrat)* werden neu organisiert. In der Reichskanzlei erhält der Mainzer Kurerzkanzler des Reiches das Ernennungsrecht eines Reichsvizekanzlers für den Wiener bzw. Prager Behördensitz. Der Reichshofrat bekommt durch eine neue Ordnung die Möglichkeit, sich zu einer Konkurrenzinstitution zum Reichskammergericht zu entwickeln. Seine Besetzung erfolgt nur durch den Kaiser, wodurch sein Standpunkt hier gewahrt bleibt.
1562–1563	*Dritte Periode des Konzils von Trient,* in der die *Jesuiten,* die auch von *Ferdinand I.* zur Wiederherstellung des Katholizismus im Reich und in den habsburgischen Erblanden gerufen werden, maßgeblichen Einfluß gewinnen. Seit 1553 gibt es bereits ein Jesuitenkolleg in Wien. Vor allem der holländische *Jesuit Petrus Canisius* (* 1521, † 1597), 1547 und 1562 Konzilstheologe in Trient und Verfasser von drei bekannten Katechismen (darunter der Große Katechismus „Summa Doctrinae christiana", 1555), bahnt durch seinen Einfluß auf den Kaiser einer Erneuerung der alten Kirche den Weg.
1564–1576	**Kaiser Maximilian II.** (* 1527, † 1576), ist seit 24. Nov. 1562 bereits Römischer König. Er lehnt die Verkündung der Beschlüsse des Konzils von Trient zu einem Zeitpunkt ab, da das Reich einen Höhepunkt der Ausbreitung des Protestantismus erfährt (nach dem Urteil eines venezianischen Gesandten sind sieben Zehntel des Reiches lutherisch).
1566	*Reichstag zu Augsburg.* Kaiser und katholische Reichsstände nehmen die Trienter Konzilsdekrete offiziell an. Jesuiten werden in der Folgezeit verbreitet mit Seelsorge, Schul- und Hochschulunterricht betraut. Führender calvinistischer Reichsstand ist die Kurpfalz. – Der Kaiser erklärt die Reichsritterschaft zu einer festen Korporation zwar ohne Zulassung zu den Reichstagen, aber mit engen Verbindungen zum Kaiserhaus.
1570	**Reichstag zu Speyer.** An den starken territorialen Interessen der Reichsstände scheitert ein Plan des Kaisers, das Reichskriegswesen zu reformieren, sich zu unterstellen und Reichsangehörigen den Eintritt in fremde Kriegsdienste zu verbieten. Neben diesen Vorstellungen entwickelt der kaiserliche *Feldoberst Lazarus von Schwendi* (* 1522, † 1584), dessen

644   Neuzeit – Frühe Neuzeit

Gedanken den Reichstag beherrschen, in seinem „Diskurs und Bedenken über den Zustand des Heiligen Reiches" (1570) Pläne für eine gemäßigt-zentralistische Umgestaltung des Reiches. Als Anhänger der *Freistellungsbewegung*, die sich mit der Beseitigung des „reservatum ecclesiasticum" Gewissens- und Glaubensfreiheit zum Ziel setzt, legt er zugleich Reformvorschläge in den Bereichen Religionsfrage, Rechtswesen (Beschleunigung von Reichskammergerichtsverfahren und Ausbau des Mittels der Gütlichkeitsverfahren) und Kriegswesen (Einschränkung des Söldnerwesens) sowie Reichskreisverfassung (Kaiser als ständiger Oberbefehlshaber aller Kreise) vor.

1576   *Reichstag zu Regensburg.* Die Niederlage der Freistellungsbewegung verschärft zugleich die konfessionellen Spannungen im Reich. Ende aller Bemühungen um eine umfassende Reform der Reichsverfassung.

1576–1612   **Kaiser Rudolf II.** (* 1552, † 1612). Seine Regierungszeit ist beherrscht vom permanenten Streit um die Auslegung des Augsburger Religionsfriedens und bleibt auch von lokalen militärischen Auseinandersetzungen in dieser Frage nicht verschont. Die Tatsache, daß der Religionsfrieden nicht in allen Punkten eindeutig formuliert ist (Umfang des obrigkeitlichen Rechtes, das Bekenntnis der Untertanen zu bestimmen, Reformationsrecht der Reichsstädte, Verbindlichkeit der „Declaratio Ferdinandea" für katholisch-geistliche bzw. des „Geistlichen Vorbehalts" für protestantische Reichsstände, Säkularisierung landsässiger Stifte und Klöster), wirkt sich mehr und mehr in den Territorien aus, in denen weniger ausgleichsbereite Fürsten als um die Jahrhundertmitte regieren. Das Problem der Anerkennung des 1555 nicht berücksichtigten Calvinismus tritt stärker hervor.

1577   Die **Konkordienformel**, deren Haupturheber *Jakob Andreae* (* 1528, † 1590), Kanzler der Universität Tübingen, ist, schafft ein einheitliches Lehrbekenntnis der lutherischen Orthodoxie, dem sich die meisten lutherischen Territorien anschließen. – Auf einem Frankfurter Reichsdeputationstag wird eine bis zum Ende des Alten Reiches gültige **Reichspolizeiordnung** verabschiedet.

1582   Reichstag zu Augsburg, auf dem wie auf seinen Nachfolgern zu Regensburg 1594, 1597/98, 1603 und 1608 die Stände das Geschehen beherrschen und der Kaiser nur dann politisch an Einfluß gewinnt, wenn er sich für eine der vertretenen Richtungen entscheidet. Der evangelische Administrator des Erzstiftes Magdeburg kann Sitz und Stimme auf dem Reichstag nicht erringen und damit den Geistlichen Vorbehalt nicht durchbrechen.

1583   Der Versuch des Kölner Erzbischofs und Kurfürsten *Gebhard Truchseß von Waldburg* (1577–1583; * 1547, † 1601), sein Kurfürstentum evangelisch zu machen (erhebliche verfassungsrechtliche Konsequenzen für Mehrheit im Kurfürstenrat), löst den *Kölner Krieg* seitens des Domkapitels und Landtages aus und wird mit Absetzung seitens des Papstes und des Kaisers verfolgt. Unter weitgehender Zurückhaltung der Protestanten wird ein Nachfolger aus dem bayerischen Hause Wittelsbach gewählt und durchgesetzt, das bis 1761 mit Köln verbunden bleibt.

1583–1604   *Straßburger Kapitelstreit.* Neben Kämpfen u. a. um Paderborn und Osnabrück gewinnen die Straßburger Auseinandersetzungen um den Pfründenentzug bei vier exkommunizierten Kölner Prälaten (zugleich Straßburger Domherren) symptomatische Bedeutung für die konsequente Durchsetzung des Geistlichen Vorbehalts.

1588   Die reichsständische Visitationskommission für das Reichskammergericht, die sich zu einer Art Revisionsinstanz entwickelt hatte, hört auf zu bestehen, da die katholischen Reichsstände den magdeburgischen Administrator bei einem periodischen Wechsel der Mitglieder nicht als Vertreter akzeptieren.

1593–1609   Türkenkrieg, in dessen Verlauf sich die Lage der Stände in den habsburgischen Landen auf Kosten des Landesfürstentums bessert (1608: Preßburger Konföderation).

1600   *Zusammenbruch der Reichsjustiz.* Der 1594 vom Reichstag mit der Visitation des Reichskammergerichts beauftragte und 1597/98 von ihm zur Revisionsinstanz für Entscheidungen des Reichskammergerichts erhobene Reichsdeputationstag wird von Kurpfalz für unzuständig erklärt (nur Reichstage können über die verbindliche Auslegung des Religionsfriedens befinden) und von ihr, Kurbrandenburg und Braunschweig-Wolfenbüttel lahmgelegt; er tritt nicht mehr zusammen. Auslöser für diese Entwicklung ist der sogenannte Vierklosterstreit (Säkularisierung von vier landsässigen Klöstern durch protestantische Reichsstände, die das Reichskammergericht aufhebt, was wiederum von den Protestanten angefochten wird).

1603   Reichstag zu Regensburg. Nachdem der Reichstag 1594 eine Türkenhilfe gebilligt hatte, opponiert Kurpfalz jetzt dagegen und erhebt die Forderung, kein Reichsstand brauche mehr Steuern zu zahlen, als er für sich bewilligt habe. Dies bedeutet, daß das Majoritätsprinzip in Reichsfinanzbeschlüssen aufgehoben und ein neues Verfassungsprinzip aufgestellt wird. Die Handlungsunfähigkeit des Reichstages nimmt zu.

1606   *Verträge von Wien:* Der älteste lebende Bruder des Kaisers, Erzherzog Matthias (* 1557, † 1619), wird zum Chef des Hauses Habsburg erhoben und erhält von Rudolf II. auch die Vollmacht über Krieg und Frieden in den Erblanden.

Einzelstaaten – Deutschland – Bis Ende des Dreißigjährigen Krieges *645*

1608 **Reichstag zu Regensburg,** auf dem die Reichsacht gegen die Reichsstadt Donauwörth (1607) und ihre Vollstreckung (1608) durch Bayern für Zündstoff sorgen: Unterstützung einer dortigen katholischen Minderheit gegen die Protestanten, Entscheidung des Reichshofrates in einer Religionssache, Umgehung des Schwäbischen Reichskreises bei der Exekution. Die protestantischen Reichsstände fordern erneute Bestätigung des Augsburger Religionsfriedens und drohen Verweigerung der beantragten Türkenhilfe an. Die katholischen Reichsstände fordern die wechselseitige Herausgabe der seit 1555 vertragswidrig angeeigneten Besitzungen, u. a. die von den Protestanten besetzten norddeutschen Bistümer. Über diese Gegensätze kommt es zum Bruch: die Protestanten verlassen unter Führung von Kurpfalz den Reichstag, der sich ohne Reichsabschied auflöst.

Kurpfalz gründet mit anderen süddeutschen protestantischen Ständen (Württemberg, Baden-Durlach, Ansbach-Bayreuth) die zunächst auf zehn Jahre befristete **Union,** der sich bald Hessen-Kassel, Brandenburg, Pfalz-Zweibrücken und 17 oberdeutsche Reichsstädte anschließen, dagegen nicht Kursachsen.

1609 Die Reichsstadt Donauwörth kommt an Bayern. – Der Vormarsch des Protestantismus in Österreich wird gestoppt (Resolutionskapitulation). – Unter bayrischer Führung vereinigen sich mit Ausnahme von Österreich und Salzburg katholische Reichsstände zur **Liga,** die den defensiven Zweck hat, Landfrieden und katholische Religion zu verteidigen.

1609–1614 *Erbfolgestreit* um die Vereinigten Herzogtümer *Cleve-Jülich-Berg,* an dem neben Pfalz-Neuburg, Kurbrandenburg und dem Kaiser auch das benachbarte Ausland interessiert ist und in dem sich erstmals die beiden konfessionellen Schutzbünde gegenüberstehen, nachdem fast gleichzeitig der Brandenburger zum Calvinismus und der Pfälzer zum Katholizismus überwechseln.

1609 Rudolf II. erteilt durch seinen *Majestätsbrief* den böhmischen Ständen volle Religionsfrei-
9. Juli heit und ständische Privilegien, um seine Herrschaft in Böhmen zu retten, die er dann 1611 aber doch auch an seinen Bruder Matthias verliert.

1611 Erstmals fordern die Kurfürsten einen Kaiser angesichts seines Alters und seiner Krankheiten auf, einen Römischen König zu seinen Lebzeiten wählen zu lassen, und legen kraft eigener Autorität einen Wahltermin für Anfang Mai 1612 fest. Rudolf II. stirbt aber bereits am 20. Jan. 1612.

1612–1619 **Kaiser Matthias.** Seinem streng katholischen Vetter Erzherzog Ferdinand (* 1578, † 1637) sichert er gegen den Widerstand der protestantischen Stände die Nachfolge in Böhmen, Ungarn und dem Reich. Einflußreichster politischer Berater des Kaisers ist der Wiener Kardinal *Melchior Klesl* (* 1552, † 1630), ein glänzender Organisator und auf Ausgleich unter den Konfessionsparteien bedachter Politiker. Sein Versuch, 1613 den Reichstag wieder funktionsfähig zu machen, scheitert jedoch.

1614 Im *Vertrag von Xanten* kommen Jülich und Berg an Pfalz-Neuburg, Cleve und die Graf-
12. Nov. schaften Mark und Ravensberg sowie die Herrschaft Ravenstein an *Kurbrandenburg.* Wie das seit 1613 calvinistische Herrscherhaus der Hohenzollern gegenüber seinen alten lutherischen Territorien eine *tolerante Religionspolitik* entwickelte, so verfolgte er diese auch gegenüber den Neuerwerbungen.

1617 Oñate-Vertrag. Erzherzog Ferdinand sagt dem spanischen König Philipp III., der als Enkel Kaiser Maximilians II. Ansprüche geltend macht, in einem Geheimabkommen mit dem spanischen Gesandten in Prag, *Graf Oñate,* die Erfüllung spanischer Forderungen im Reich (habsburgische Lande im Elsaß und in der Ortenau) und in Italien zu.

1618 Das *Herzogtum Preußen* fällt nach dem Tode Herzog Albrecht Friedrichs durch Erbschaft *an die brandenburgische Hauptlinie des Hauses Hohenzollern.*

1618–1648 **Dreißigjähriger Krieg.** Was als lokale Revolte der mehrheitlich protestantischen Stände gegen die katholische Dynastie Habsburgs in Böhmen beginnt, endet als großer Krieg fast aller europäischen Völker im Reich. Die Ursachen für diese Ausweitung liegen einmal im unüberbrückbar gewordenen religiösen Gegeneinander nach der Glaubensspaltung und zum anderen in den ungelösten Problemen der Reichsverfassung. Inhaltlich werden die kriegerischen Auseinandersetzungen vom Ringen um die wahre Glaubenslehre geprägt, formal werden sie getragen vom Streben der Stände, ihre Macht und Souveränität im Reich zu mehren, das die Unterstützung ausländischer Staaten findet, weil es der Schwächung der Macht des Hauses Habsburg in Europa dient. Demgegenüber besteht seitens der habsburgischen Kaiser das Ziel, das Reich als religiöse und politische Einheit zu erhalten.

Phasen des Dreißigjährigen Krieges

1618–1623 Böhmisch-pfälzischer Krieg
1625–1629 Dänisch-niedersächsischer Krieg
1630–1635 Schwedischer Krieg
1635–1648 Schwedisch-französischer Krieg

646 Neuzeit – Frühe Neuzeit

1618 *23. Mai*	Ständischer *Aufstand in Prag* wegen Verletzung des Majestätsbriefes von 1609. „Prager Fenstersturz": die kaiserlichen Statthalter *Jaroslaw von Martinitz* (* 1582, † 1649) und *Wilhelm von Slavata* (* 1572, † 1652) werden aus einem Fenster im Hradschin gestürzt, aber nicht getötet. Konstituierung eines Landtages, der eine Regierung aus 30 Direktoren einsetzt und eine Armee aufstellt. Nach dem Tod Kaiser Matthias' (20. März 1619) bezeichnet *Georg Erasmus von Tschernembl* (* 1567, † 1626; Calvinist und Anhänger der politischen Theorie der Monarchomachen, oberösterreichischer Ständeführer) den Landtag als Organ der Volkssouveränität und billigt den Ständen eigenmächtiges Handeln zu. Die erbländischen Stände verweigern dem Nachfolger Matthias' die Huldigung.
1619 *31. Juli* 16. Aug. 22. Aug. 26./27. Aug.	*Konföderationsakte:* die Böhmen geben sich eine eigene ständische Verfassung und laden alle Länder der habsburgischen Herrschaft ein, sich ihnen anzuschließen. Verbindung mit den österreichischen Ständen. Absetzung des böhmischen Königs Ferdinand (seit 29. Juni 1617). Wahl des Führers der Union, des Kurfürsten *Friedrich V. von der Pfalz* (* 1596, † 1632), zum König von Böhmen. Indem er im Herbst in Prag gekrönt wird und dort seine Residenz nimmt, wird der innerhabsburgische Konflikt zu einer Reichsangelegenheit.
1619–1637	**Kaiser Ferdinand II.** (seit 28. Aug. 1619), bestimmende politische Gestalt des Absolutismus in seiner Epoche, gelingt die Wiederherstellung der monarchischen Zentralgewalt unter katholisch-konfessionellem Vorzeichen in den habsburgischen Ländern. Gegen Friedrich V. von der Pfalz verbündet er sich mit *Herzog Maximilian I. von Bayern* (* 1573, † 1651), dem Haupt der Liga; Bedingungen des Bayern: Erstattung der Kriegskosten und eventuellen Landverlusts, Übertragung der pfälzischen Kur auf die bayrische Linie des Hauses Wittelsbach.
1620 *8. Nov.*	In der *Schlacht am Weißen Berge* bei Prag wird das böhmische Heer unter *Christian von Anhalt* (* 1586, † 1630) geschlagen; Friedrich V. (*„Winterkönig"*) flüchtet, über ihn wird die Reichsacht verhängt, und er verliert die Kurwürde.
1621	Die politischen, religiösen und sozialen Folgen für Böhmen und Mähren sind weitreichend: die Anführer des Aufruhrs werden hingerichtet, die beteiligten Deutschen und Tschechen müssen das Land verlassen; etwa die Hälfte des adligen Grundbesitzes wird enteignet und zum großen Teil an landfremde Geschlechter verteilt. Mit der Ausweisung der protestantischen Pfarrer setzt die teilweise gewaltsame Rückführung Böhmens zum Katholizismus ein; dies veranlaßt 150 000 Protestanten zur Auswanderung. Die alte Ständeverfassung wird 1627 durch die *„Verneuerte Landesordnung"* im absolutistischen Sinne umgestaltet: Zwar bleiben Landtag und Steuerbewilligungsrecht bestehen, aber Justiz, Verwaltung und Gesetzgebung gehen an den König über, dessen Wahl nur formal fortbesteht; die böhmische Hofkanzlei wird nach Wien verlegt. Böhmen und seine Nebenländer werden den habsburgischen Erblanden fest einverleibt, in denen der absolutistische Staatsbildungsprozeß voranschreitet (unteilbare erbliche Gesamtmonarchie mit Primogenitur-Erbfolge laut Testament Ferdinands II. vom 10. Mai 1621). Im Reich löst sich die Union auf; nur einige evangelische Söldnerführer wie *Graf Ernst von Mansfeld* (* 1580, † 1626), *Bischof Christian von Halberstadt* (* 1599, † 1626) und *Markgraf Georg Friedrich von Baden-Durlach* (* 1573, † 1638) setzen den Kampf zur Verteidigung von Ober- und Kurpfalz fort, werden aber von spanisch-niederländischen Truppen und einem Heer der Liga unter *Johann von*
1623	*Tilly* (* 1559, † 1632) vertrieben. Herzog Maximilian I. von Bayern erhält die pfälzische Kurwürde und die Oberpfalz als Pfandbesitz.
1625	Der große Organisator und wohl hervorragendste Militär seiner Zeit, *Albrecht von Wallenstein* (Waldstein, * 1583, † 1634, aus protestantischer, tschechisch-böhmischer Adelsfamilie, seit 1606 katholisch, gelangt in kaiserlichen Diensten und durch Heirat einer begüterten Frau zu großem Vermögen und ausgedehntem Landbesitz), stellt dem Kaiser ein eigenes Söldnerheer zur Verfügung, das nach neuen Grundsätzen unterhalten wird. Wallenstein erhält den Oberbefehl über alle kaiserlichen Truppen im Reich und wird zum Dank für mehrfache tatkräftige Parteinahme (schon 1619 rettete er mährisches Kriegsvolk und die Kriegskasse nach Wien) zum Herzog von Friedland erhoben. Sein Angebot und die Verstärkung der Ligatruppen erfolgen angesichts der Aufstellung einer beachtlichen Streitmacht unter dem Obersten des Niedersächsischen Reichskreises, *König Christians IV.* von Dänemark (* 1577, † 1648; 1588–1648), in seiner Eigenschaft als Herzog von Holstein.
1626	*Sieg der Liga* unter Tilly bei Lutter am Barenberge in der Nähe von Salzgitter über Christian IV. und *Sieg Wallensteins* über Ernst von Mansfeld an der Elbbrücke bei Dessau, woraufhin die vereinigten Heere Tillys und Wallensteins Norddeutschland unterwerfen.
1628	Wallenstein wird vom Kaiser zum „General des Baltischen und Ozeanischen Meeres" und zum Herzog von Sagan ernannt; erfolglose Belagerung Stralsunds (von Dänemark und Schweden unterstützt).
1629 *6. März*	Kaiser Ferdinand II. auf dem Höhepunkt seiner Macht. Mit dem *Restitutionsedikt* wird die Rückgabe aller seit dem Passauer Vertrag von den Protestanten eingezogenen geistlichen

Einzelstaaten – Deutschland – Bis Ende des Dreißigjährigen Krieges 647

Güter verfügt und die „Declaratio Ferdinandea" für ungültig erklärt. Da dieses Edikt – obwohl reichsrechtlich umstritten – entscheidende Gewichtsverschiebungen zugunsten des Katholizismus im Reich einleitet, ruft es internationale Reaktionen hervor.

22. Mai Im *Frieden von Lübeck* verpflichtet sich Dänemark bei Rückerhalt seiner besetzten Gebiete zur Nichteinmischung in die deutschen Streitigkeiten.

1630 Auf dem *Kurfürstentag zu Regensburg,* auf dem der Kaiser seinen gleichnamigen Sohn zum Römischen König wählen lassen will, erzwingt *Maximilian I. von Bayern,* der im kaiserlichen Machtanstieg eine Gefahr für den Reichsfürstenstand sieht, die Entlassung Wallensteins. *Ferdinand II.* soll ferner Kriegführung und Außenpolitik der reichsständischen Kontrolle unterwerfen.

1631 Tillys Truppen erobern Magdeburg, werden aber bei Breitenfeld in der Nähe Leipzigs von schwedischen Truppen besiegt.

1632 Wallenstein tritt sein zweites Generalat „in absolutissima forma" an, nachdem der protestantische Schwedenkönig *Gustav II. Adolf* (* 1594, † 1632) bis Süddeutschland vorgedrungen und Tilly in der Schlacht bei Rain am Lech ums Leben gekommen ist.

6. Nov. Auf dem Marsch nach Norden kommt es bei Lützen unweit Breitenfeld zur unentschiedenen Schlacht zwischen Wallenstein und den Interventionsarmeen, in der Gustav II. Adolf fällt.

1633 Zusammenschluß der protestantischen Reichsstände im *Heilbronner Bund* unter Führung des schwedischen Reichskanzlers *Axel Oxenstjerna* (* 1583, † 1654).

1634 *Absetzung und Ächtung Wallensteins,* der sich mit weitreichenden Macht- und Friedensplänen hinter dem Rücken des Kaisers trägt; Ermordung in Eger (25. Febr.) in Ausführung kaiserlicher Befehle. Nach der Niederlage der protestantischen Truppen (unter Beteiligung schwedischer Kontingente) bei Nördlingen in Bayern löst sich der Heilbronner Bund auf.

1635 Frieden zu Prag zwischen dem Kaiser und Kursachsen. Konfessionspolitische Bestimmungen: Ausschluß des Calvinismus, Fixierung des katholischen und evangelischen Besitzstandes auf 40 Jahre nach dem Stand von 1627, kaiserlicher Verzicht auf Durchführung des Restitutionsediktes von 1629, paritätische Besetzung des Reichskammergerichts; territorialpolitische Bestimmungen: pfälzische Eroberungen bleiben bei Bayern, die Lausitzen und Magdeburg fallen an Kursachsen; verfassungsrechtliche Bestimmungen: die pfälzische Kurwürde bleibt bei Bayern, der Kaiser erhält den Oberbefehl über eine Reichsarmee zum gemeinsamen Kampf gegen die Schweden, wobei die Reichsstände auf ihr „ius armorum" und „ius foederis" verzichten. Fast alle Reichsstände schließen sich dem Frieden in der Folgezeit an. Die gestärkte Position des Kaisers zeigt sich bei der Römischen Königswahl seines Sohnes, Ferdinands III. (22. Dez. 1636). Die weitere internationale Ausdehnung der kriegerischen Handlungen verfolgt das Ziel der Schwächung des Hauses Habsburg.

1637–1657 Kaiser Ferdinand III. (* 1608, † 1657; 1625 ungarischer, 1627 böhmischer König).

1644 Die Eröffnung der *Friedensverhandlungen* von Kaiser und Reich mit Schweden in *Osnabrück* und mit Frankreich in *Münster* beendet den Krieg noch nicht. Die endgültigen Friedensberatungen beginnen 1645.

1648 Frieden von Münster und Osnabrück.

Der Westfälische Frieden von 1648

Das den Dreißigjährigen Krieg beendende *Friedenswerk* besteht aus *europäischen Friedensschlüssen zwischen Kaiser und Reichsständen* auf der einen und *Frankreich (Friede von Münster)* bzw. *Schweden (Friede von Osnabrück)* auf der anderen Seite, aus einem *revidierten Religionsfrieden für das Reich* und aus *umfassenden Regelungen der Verfassungsverhältnisse des Reiches,* die den Westfälischen Frieden zu einem der *wichtigsten Dokumente der frühneuzeitlichen Reichsverfassung* machen.

Für die *Mächtekonstellation in Europa* werden bedeutsam: 1. *Schwedens* Landgewinne Vorpommern mit Stettin und der Odermündung, Rügen, Wismar, Erzstift Bremen (ohne die Stadt) und Stift Verden (Elbe- und Wesermündung) und die mit den deutschen Besitzungen verbundene Reichsstandschaft, 2. *Frankreichs* Erwerbungen der habsburgischen Besitztitel im Elsaß (ohne Reichsstand zu werden), der Besitzbestätigung der lothringischen Bistümer Metz, Toul und Verdun und des Besatzungsrechts im rechtsrheinischen Philippsburg sowie der Gewinn von Breisach, 3. die *Erringung der vollen Souveränität der Eidgenossen und der Niederländer* und die damit verbundene *Ausscheiden der Schweiz und der nördlichen Niederlande aus dem Reichsverband* (die südlichen = Spanische Niederlande bleiben Glied des Reiches). 4. Indem *Schweden* und *Frankreich* über ihre Erwerbungen hinaus zu *Garantiemächten des gesamten Friedenswerkes* werden, wird das Ausmaß der ausländischen Einwirkungen auf das Reich als Völkerrechtsobjekt betont.

Grundlage für die Ordnung der konfessionellen Rechts- und Besitzverhältnisse wird der Augsburger Religionsfriede von 1555, der – den Erfahrungen des letzten Jh.s Rechnung tragend – präzisiert wird, um Auslegungsstreitigkeiten weitgehendst auszuschalten. *Indem die obersten Reichsinstitutionen in Zukunft paritätisch besetzt werden sollen, scheiden Kaiser und Reich als Schiedsinstanzen in Religions-*

648   Neuzeit – Frühe Neuzeit

angelegenheiten aus. Die Einführung nach Konfessionen unterschiedener Gremien auf den Reichstagen (*Corpus Evangelicorum* und *Corpus Catholicorum*) und deren getrennte Beratungen konfessioneller Probleme (*Itio in partes*) schließt Majorisierungen bei Streitigkeiten in Religionsfragen aus: nur die Übereinstimmung beider Corpora kann zu einem reichsrechtlich verbindlichen Beschluß führen. Als *Norm für den konfessionellen Besitz- und Bekenntnisstand* gelten die Zustände des Jahres *1624,* womit die Streitigkeiten über die Verbindlichkeit von Geistlichem Vorbehalt und Declaratio Ferdinandea beendet werden. Mit diesem „Normaljahr" wird zugleich das an *das Prinzip „Cuius regio, eius religio" ge-knüpfte Recht der Territorialherren, die Konfession in ihrem Land zu bestimmen, eingeschränkt,* denn es nimmt die endgültige Fixierung der konfessionellen Grenzen im Reich vor: *Religionswechsel der Obrigkeit müssen in Zukunft nicht mehr von den Untertanen nachvollzogen werden;* der Bekenntnisstand der Bevölkerung der einzelnen Territorien ist mit dem Jahre 1624 festgelegt (Ausnahme: habsburgischer Kaiser für seine Erblande, Bayern für die Oberpfalz). Neben einer Präzisierung des Augsburger Religionsfriedens enthält der Westfälische Frieden eine *Ausdehnung der Religionsbestimmungen auf die Reformierten,* die den Status einer *reichsrechtlich anerkannten Konfession* erwerben.

Wie die neuen Religionsbestimmungen die Verfassungsverhältnisse im Reich beeinflussen, so auch die *Gebietsabtretungen an Schweden und Frankreich.* Während die im Norden des Reiches von ihnen betroffenen Reichsterritorien Kurbrandenburg und Mecklenburg mit evangelischen Fürstbistümern entschädigt werden (Kurbrandenburg erhält Kammin, Halberstadt, Minden, dazu Hinterpommern und die Anwartschaft auf Magdeburg, Mecklenburg bekommt Ratzeburg und Schwerin), gehen Kaiser und Reich bei den Verlusten an Frankreich leer aus. Für die Rheinpfalz wird eine **achte Kurwürde** eingerichtet, nachdem Bayern die von ihr erworbene bestätigt worden ist; auch die Oberpfalz bleibt bei Bayern. – Für die Zukunft des Reiches noch sehr viel bedeutsamer wird das *völkerrechtlich gesicherte Alleinvertretungsrecht der Reichsstände.* Ihnen werden *Mitbestimmung in allen Reichsangelegenheiten* (Erlaß und Auslegung von Gesetzen, Erklärung eines Reichskrieges, Ausschreibung von Kriegssteuern, Werbung und Einquartierung von Soldaten, Anlage neuer Reichsbefestigungen, Besetzung bestehender Festungen des Reiches mit Soldaten innerhalb reichsständischer Territorien, Friedensschluß des Reiches, Bündnisse), *volle Landeshoheit* in geistlichen und weltlichen Angelegenheiten und das *Bündnisrecht untereinander und mit ausländischen Mächten* zuerkannt (*Ius foederum*), allerdings unter dem auf Drängen Bayerns mit Zustimmung aller Reichsstände gegen Frankreich und Schweden durchgesetzten Vorbehalt, daß sie ihre Verpflichtungen gegenüber Kaiser und Reich nicht verletzen und sich ihre Bündnisse nicht gegen Kaiser und Reich, Reichsfrieden und Vertragswerk von Münster und Osnabrück richten. In dem Maße, in dem alle modernen staatlichen Funktionen von der Genehmigung durch die Reichsstände abhängig gemacht werden, werden *Kaiser und Reich auf den Gebieten Außenpolitik und Wehrhoheit (Ius pacis ac belli) entscheidend eingeschränkt.* Alle Bemühungen, das Reich nach den vergeblichen Ansätzen von 1547 und 1635 doch noch zu einem konkurrenzfähigen modernen Staat umzubilden, werden durch diese reichsrechtlichen Festschreibungen unterbunden. Grundprobleme der Reichsverfassung wie die Königs- und Kaiserwahl, die Verfassung der Reichskreise, das Reichssteuerwesen und die Reichsgerichtsbarkeit bleiben im Westfälischen Frieden unerörtert und werden dem ersten Reichstag nach 1648 zur Beratung und Entscheidung zugewiesen, Während die „Entwicklungsverspätung" des Reiches in einem international garantierten Reichsgrundgesetz verfassungsrechtlich verankert wird, stärken dieselben Bestimmungen das Prinzip der „*teutschen Libertät*" und geben den Reichsterritorien die Chance, sich zu modernen Staaten zu entwickeln und als absolute Fürstenstaaten mit denen gleicher Ausgestaltung in Europa zu konkurrieren.

Folgen des Dreißigjährigen Krieges

Die *Kriegsauswirkungen* lassen sich bis heute nicht hinreichend vollständig beschreiben, *da sie sich in ihren Verheerungen nicht gleichmäßig über das Reich verteilen.* Neben großen, vom Krieg völlig verschonten Gebieten mit einer nahezu ungestörten Weiterentwicklung gibt es andere mit nicht selten mehrfach wiederholten Zerstörungen, Verlusten und Ausplünderungen. So eindeutig für die Mitte des 17. Jh.s ein *wirtschaftlicher Rückgang* im Reich festzustellen ist, so problematisch ist es freilich, ihn allein als Folge des über lange Zeiten immer wieder unterbrochenen Krieges von 1618 bis 1648 zu bezeichnen, denn allem Anschein nach tritt bereits an der Wende vom 16. zum 17. Jh. eine wirtschaftliche Stagnation ein, die eine rückläufige Entwicklung mit krisenhaften Zügen einleitet, für die in Kriegs- und unsicheren Friedenszeiten eine Beschleunigung anzunehmen ist. Auch hier liegt eine *unterschiedliche Betroffenheit* vor, unterschiedlich bezüglich der Regionen und der Bevölkerungsgruppen. Hinsichtlich der *Bevölkerungsverluste* ist in gleicher Weise wie bei den Zerstörungen und Verwüstungen zu differenzieren: Mecklenburg, Pommern, Brandenburg und Niederschlesien sind – auch von durchziehenden Armeen – mehr betroffen als Sachsen, Nordhessen und Bayern – die Pfalz, Böhmen und südwestdeutsche Gebiete stärker als Schleswig-Holstein und große Teile des Rheinlands, Westfalens und Niedersachsens. Insgesamt muß man von einem *Rückgang der Bevölkerung von bis zu 50% in ländlichen und bis zu 30% in städtischen Gebieten* ausgehen. Die Konsequenz ist eine starke *soziale Umschichtung* mit weitgehenden *Veränderungen der Wirtschaftsstruktur:* Verringerung landwirtschaftlicher Anbauflächen und des Viehbestandes, Rückgang von Handel und Gewerbe, Besitzumschichtungen infolge von Verschuldungen. Die kriegsbedingten positiven Auswirkungen auf das Wirtschaftsleben – für die Armeen benötigtes Geld und Gut fließt teilweise ins ausgepreßte Land zurück – vermögen das negative Gesamtbild kaum zu verändern. Ebensowenig lassen sich die *kulturellen Folgen des Krieges* verallgemeinern, denn in einer Residenz- oder Handelsstadt sind sie anders spürbar als in anderen Städten oder gar auf dem Land. Wie der Kriegsbeginn eingeleitete Baumaßnahmen und Universitätsgründungen (Rinteln [im Weserbergland] 1621, Salzburg 1622, Altdorf bei Nürnberg 1622) nicht verhindert, so löst der Frieden nicht sogleich neue aus. Schließlich lassen sich auch die *politischen Folgen* des Dreißigjährigen Krieges nicht allein auf die Ereignisse seines Zeitalters und die Bestimmungen des Westfälischen Friedens zurückführen. Die verfassungsrechtlichen Verankerungen der Entmachtung des Kaisers, der Aufsplitterung des Reiches in eine Vielzahl von souveränen (Territorial-)Staaten und der Libertät der Reichsstände, die es ihnen erlaubt, sich zu selbständigen Völkerrechtssubjekten zu entwickeln und zum Teil zu eigenständigen Mittel- oder Großmächten im europäischen Mächtesystem aufzusteigen, tragen zu einem großen Teil Entwicklungen und Realitäten Rechnung, die lange vor 1618 einsetzen und bis zum Ende des Reiches (1803/1806) bestehenbleiben. Aber auch das *Reich*, mehr Völkerrechtsobjekt als -subjekt, *behält eine gewisse politische Bedeutung*, indem es der Mehrzahl der für eine eigenständige politische Rolle zu schwachen Reichsstände Rückhalt und Schutz gewährt, als Rechtsverband auch von den Mittel- und Großmächten nicht verlassen und als Raum für verschiedene Assoziationsbestrebungen auf der Ebene der Reichskreise genutzt wird, ohne daß sich aus ihnen auf Dauer handlungsfähige politische Gebiete entwickeln, die etwa zu einer stärkeren Integration des Reiches führen. *Als noch so lockerer Rahmen für die deutsche Staatenvielfalt bleibt es* darüber hinaus *ein wesentlicher Bestandteil des europäischen Staatensystems.* Die Frage, wie stark mit dem Jahre 1648 eine *zusammenhängende Reichsgeschichte* zugunsten vieler *Territorialgeschichten* zurücktritt, deren Summe die deutsche Geschichte ausmacht, unterliegt einer ständigen Diskussion. Ihre Beantwortung hängt weitgehend von der unterschiedlichen Einschätzung der politischen Bedeutung des Reiches von der Mitte des 17. bis zum Beginn des 19. Jh.s ab.

Verzeichnis der im Dreißigjährigen Kriege zerstörten Ortschaften

	Schlösser	Städte	Dörfer
Pommern, Mecklenburg und Holstein	203	307	2041
Mark Brandenburg	48	60	5000
Meißen	96	155	1386
Schlesien	118	36	1025
Mähren	63	22	333
Böhmen	215	80	813
Österreich	51	23	313
Pfalz	109	106	807
Franken	44	26	313
Vogtland und Thüringen	68	41	409
Stift Merseburg, Halle, Magdeburg, Halberstadt, Hildesheim	217	103	1105
Braunschweig, Lüneburg und Stift Bremen	50	38	406
Stift Osnabrück, Minden, Paderborn, Fulda	213	304	1027
Westfalen	119	97	1019
Stift Köln, Metz, Trier	327	205	2033
Stift Würzburg	15	10	80
Limburg	20	16	200
Summe	1976	1629	18310

Der Aufstieg Brandenburg-Preußens und Österreichs zu europäischen Großmächten im 17. Jh.

1640–1688 **Friedrich Wilhelm von Brandenburg,** der **Große Kurfürst** (* 1620, † 1688), nutzt als erster die rechtlichen Möglichkeiten, die den Territorien mit Westfälischem Frieden, Jüngstem Reichsabschied (1654) und Wahlkapitulation Leopolds I., an der Brandenburg entscheidenden Anteil hat, gegeben sind, und schafft die Grundlage für den **Aufstieg Brandenburg-Preußens** durch *Errichtung eines stehenden Heeres, Zentralisation der Verwaltung und Einschränkung des traditionellen Steuerbewilligungsrechtes der Landstände.*

    1653 *Kurmärkischer Landtags-Rezeß,* der dem Adel nach dem Regiment des kurfürstlichen Ministers *Adam von Schwarzenberg* (seit 1636; * 1584, † 1641) zwar seine sozialen und wirtschaftlichen Privilegien wieder sichert und sogar erweitert, dem Kurfürsten aber zugleich langfristig Heeressteuern für sein seit 1644 im Aufbau befindliches stehendes Heer bewilligt, womit die Stände praktisch auf ihre Mitwirkung bei der zentralen politischen Willensbildung verzichten (letzter allgemeiner Landtag).

    Im Kampf zwischen Schweden und Polen um die Vormachtstellung an der Ostsee, in dessen
    1656 Verlauf sich die brandenburgische Armee erstmals in der *Schlacht um Warschau* (Juli) be-

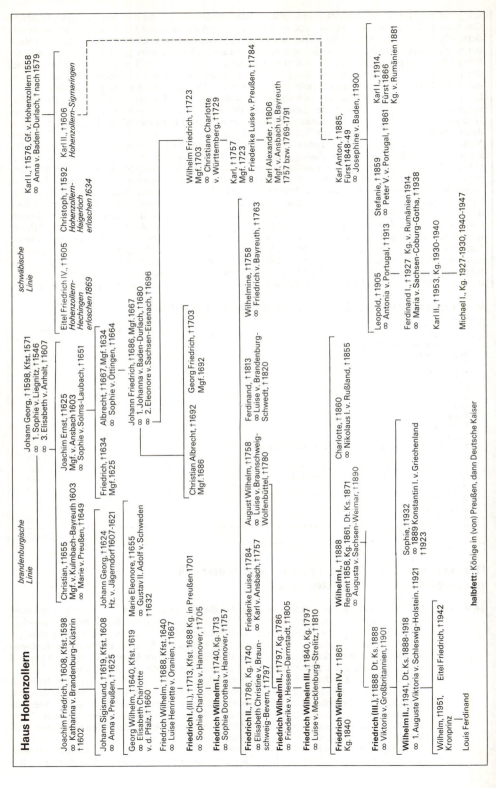

Einzelstaaten – Deutschland – Aufstieg Brandenburg-Preußens und Österreichs   651

1657 **Sept.**	währt, erlangt der Kurfürst nach den Landgewinnen im Westfälischen Frieden durch zwei-maligen Parteiwechsel im Vertrag von *Labiau* (Nov.; nordöstlich von Königsberg) von den *Schweden* und im Vertrag von **Wehlau** (östlich von Königsberg) von *Polen* die Anerken-nung seiner *Souveränität im Herzogtum Preußen.*
1660 **3. Mai**	Der **Frieden von Oliva** zwischen Schweden einerseits, Polen, Österreich und Kurbranden-burg andererseits bestätigt die Souveränität des Großen Kurfürsten im Herzogtum Preu-ßen, während Westpreußen in polnischem, Vorpommern in schwedischem Besitz bleiben.
1661–1663	Die *Anerkennung seiner Souveränität* und die *Huldigung durch die preußischen Stände,* die sich wegen vorheriger Nichtbefragung übergangen fühlen, erreicht der Große Kurfürst erst nach heftigen Auseinandersetzungen mit der Opposition des *Langen Landtags,* von dem er schließlich aber auch *Heeressteuern* bewilligt bekommt.

In dem Maße, in dem Kurbrandenburg in den nordosteuropäischen Raum strebt, wird **Österreich** seit den territorialen Bestimmungen des Westfälischen Friedens nach *Südosteu-ropa* gedrängt, verhält sich aber auch nach dem Regierungsantritt *Kaiser Leopolds I.* (1658; seit 1655 König von Ungarn, seit 1656 König von Böhmen) außenpolitisch eher zögernd, trotz Eingreifens in den Krieg zwischen Polen, Schweden und Kurbranden-burg. Erst das erneute Vordringen der Osmanen und die hegemonialen Bestrebungen Frankreichs veranlassen Österreich zu einer immer größere Dimensionen annehmenden Expansionspolitik.

1663–1664	**Türkenkrieg.**
1664 **1. Aug.**	Entscheidender Sieg des Grafen *Raimund Montecuccoli* (* 1609, † 1680) über die Türken bei *St. Gotthard-Mogersdorf* (Szentgotthárd) an der Raab mit Unterstützung des Reiches und der Rheinbundstaaten. Bei den *Waffenstillstandsverhandlungen von Vasvár (Eisen-burg)* macht Österreich zugunsten eines zwanzigjährigen Waffenstillstandes Zugeständ-nisse (u. a. bleibt die Festung *Neuhäusl* [Erczekuivar an der Neutra] türkisch), um die durch die religiöse Frage (konfessioneller Absolutismus Leopolds I.) belasteten Beziehungen zu Ungarn regeln zu können.
1665–1671	*Magnatenverschwörung* in Ungarn unter Führung des Palatins Franz Vesselényi († 1667), unterstützt vom französischen König Ludwig XIV.

Während die Reichstruppen im Elsaß nur zeitweise zu kleinen Erfolgen gegen Frankreich kommen, veranlaßt Ludwig XIV. die Schweden zum Einfall in Brandenburg, das seine Truppen aus dem Südwesten des Reiches abzieht.

1675 **28. Juni**	Der Große Kurfürst siegt *über die Schweden bei* **Fehrbellin** (nordwestlich von Potsdam) und erobert Schwedisch-Pommern.

Im Bündnis mit Dänemark beginnt Kurfürst Friedrich Wilhelm einen neuen nordischen Krieg mit dem Ziel, jede schwedische Herrschaft auf Reichsboden zu beenden.

1679 **29. Juni**	Im **Frieden von Saint-Germain-en-Laye** muß der Große Kurfürst auf Schwedisch-Vor-pommern wieder verzichten, da schon im Nimwegener Frieden (1678/79) die volle Wie-derherstellung des Friedens von 1648 vorgesehen war. Er gewinnt nur einen schmalen Landstreifen rechts der Oder und eine Beteiligung an hinterpommerschen Seezöllen. Auch Bremen und Verden bleiben in schwedischer Hand. Im wenig später geschlossenen Bündnis mit Frankreich zur Unterstützung von dessen Politik gegen das Reich wird eine wichtige *politische Neuorientierung Brandenburgs* deutlich; *Ziel ist der Erwerb Stettins und der Odermündung mit Hilfe Frankreichs;* dafür will der Große Kurfürst eine bourbonische Bewerbung um die Kaiserwürde unterstützen.

Trotz eines habsburgisch-ungarischen Ausgleichs kommt es in den siebziger Jahren des Jh.s immer wieder zu Zurücksetzungen und Verfolgungen der Protestanten in Ungarn, die Tö-köly zu einem Bündnis mit dem türkischen Sultan veranlassen. Der Ehrgeiz des *Kara Mustafa* (seit 1676 osmanischer Großwesir; * 1634/1635, † 1683) und die Lage in Ungarn stehen am Beginn neuer kriegerischer Auseinandersetzungen.

1683–1699	**Türkenkrieg.**
1683 **12. Sept.**	**Zweite Türkenbelagerung Wiens.** Der Entsatz der Stadt durch den Sieg der vereinigten kai-serlichen, bayrischen, sächsischen, polnischen und der Reichskreis-Truppen am *Kahlen-berg* unter dem Oberbefehl des Polenkönigs *Johann III. Sobieski* (1674–1696; * um 1629, † 1696) und der entscheidenden Führung des kaiserlichen Generalleutnants Herzog *Karl von Lothringen* (* 1643, † 1690) eröffnet den Angriffskrieg gegen die Osmanen.
1684	*Heilige Liga* zwischen Papst Innozenz XI. (1676–1689; * 1611, † 1689), Kaiser Leo-pold I., Polen und Venedig.
1685	Mit dem *Edikt von Potsdam* beantwortet der Große Kurfürst die von der Aufhebung des Ediktes von Nantes (1685) in Frankreich ausgelöste *Verfolgung der Hugenotten* und leitet seinen erneuten politischen Frontwechsel in Europa ein.
1686	Nach der Bereitstellung eines Kontingents von 8000 Brandenburgern tritt Friedrich Wil-helm durch einen *Geheimvertrag* auf die Seite des Kaisers und sichert ihm Hilfe gegenüber Ludwig XIV. zu. Für den Verzicht auf die schlesischen Herzogtümer Liegnitz, Brieg und Wohlau gewinnt er den Kreis *Schwiebus* (zwischen Neumark und Polen) nur scheinbar, da

652 Neuzeit – Frühe Neuzeit

Kurprinz Friedrich sich im Revers zu Potsdam ohne Wissen seines Vaters gegenüber Österreich zur Rückgabe dieses Landgewinns bei Regierungsantritt verpflichtet.

1687 Nach wechselndem Kriegsverlauf in Ungarn Sieg Karls von Lothringen und *Max Emanuels von Bayern* (* 1662, † 1726; als Maximilian II. Emanuel 1679–1726 bayrischer Kurfürst) über die Türken am Berge *Harsány* bei *Mohács* (12. Aug.), der den Habsburgern ganz Ungarn öffnet und die *Einnahme Siebenbürgens* ermöglicht. Bei den Verhandlungen mit Fürsten und Ständen Siebenbürgens behält *Michael I. Apafi* (1661–1690; * 1632, † 1690) aufgrund des Vertrages von Blasendorf (nordöstlich von Alba Julia) die Fürstenwürde auf Lebenszeit. Auf dem *Reichstag von Preßburg* müssen die ungarischen Stände auf ihren Widerstandsvorbehalt aus der Goldenen Bulle von 1222 verzichten, die Erblichkeit des ungarischen Königtums der Habsburger im Mannesstamm anerkennen, Leopolds Sohn Joseph zum König krönen und ihm das Recht auf Prüfung ihrer „hergekommenen Gewohnheiten" zugestehen. (Dem Arbeitsergebnis einer Hofdeputation [Juli 1688], die eine Verwaltungsreform im absolutistischen Sinne vorbereiten soll, das „*Einrichtungswerk des Königreichs Ungarn*", widersetzen sich die Stände erfolgreich.)

1688 Max Emanuel von Bayern, seit 1685 Schwiegersohn Leopolds I., beweist als kaiserlicher Oberkommandierender seine militärischen Fähigkeiten bei der *Einnahme Belgrads,* das aber 1690 wieder an die Türken verlorengeht. In der Folgezeit tritt Markgraf *Ludwig Wilhelm I. von Baden* (1677–1707; * 1655, † 1707), der **Türkenlouis,** als große Feldherrnbegabung hervor.

1697 Sieg des neuen Oberkommandierenden **Prinz Eugen von Savoyen** (* 1663, † 1736) bei **Zenta** (am Unterlauf der Theiß).

1699 **Friede von Karlowitz** (nordwestlich von Belgrad), in dem die habsburgische Herrschaft
26. Jan. über Ungarn, Siebenbürgen und große Teile Slawoniens und Kroatiens bestätigt wird. **Österreich ist** zur **Großmacht** emporgestiegen. – **Prinz Eugen,** von Ludwig XIV. abgewiesen, ist in kaiserlichem Dienst tätig. 1697 Oberbefehlshaber, von 1703 bis zum Tode Präsident des Hofkriegsrates, erwirbt er sich dank seiner militärischen und politischen Fähigkeiten außerordentliche Autorität.

Das Reich vom Westfälischen Frieden bis zur Französischen Revolution

Markiert das Jahr 1648 auch das Ende einer zusammenhängenden Reichsgeschichte, so leitet es dennoch nicht nur eine Zeit ein, in der das Reich lediglich eine Summe seiner größeren, mittleren und kleinen Territorien darstellt. Auch als *Völkerrechtssubjekt* bleibt es gleichwohl bestehen und behält vor allem für die mittleren und kleinen Reichsstände seine Bedeutung, nicht zuletzt als schützende Rechtsgemeinschaft durch das Reichskammergericht.

1649–1651 Auf dem *Nürnberger Exekutionstag* wird über die Ausführung der Bestimmungen des Friedensvertrages von 1648 gerungen, insbesondere die Räumung besetzter Reichsgebiete von ausländischen Truppen, die teilweise erreicht wird. Ausbreitungstendenzen Brandenburgs in Jülich – Cleve – Berg und seine Auseinandersetzungen mit Schweden um Hinterpommern sorgen für weitere Unruhe im Reich. Erst nach der Wahl *Ferdinands IV.* (* 1633, † 1654; seit 1646 König von Böhmen, 1647 von Ungarn) zum Römischen König, mit der *Ferdinand III.* den Habsburgern die Kaiserkrone weiterhin sichern will, kommt es zum:

1653–1654 *Regensburger Reichstag* zwecks Durchführung der Reichsverfassungs-Bestimmungen von 1648. Angesichts der Auseinandersetzungen um das schlesische Herzogtum *Jägerndorf* zwischen Brandenburg und dem Wiener Hof schließt Ferdinand III. aus Furcht vor einer Niederlage seiner Seite den Reichstag.

1654 Der Reichstagsabschied erlangt als **„Jüngster Reichsabschied"** (JRA, letzter Abschied
17. Mai eines Reichstages, danach nur noch *Reichsschlüsse* [Conclusa Imperii] des ab 1663 ständig tagenden, sog. „*Immerwährenden Reichstages*") Bedeutung für die Reichsverfassungsgeschichte, auch wenn er die ihm 1648 – um ihre Lösung dem Einfluß Frankreichs und Schwedens zu entziehen – zugewiesenen Grundfragen, etwa Kaiser- und Königswahl, Reichskreisverfassung, Reichssteuerwesen, Reichsgerichte, kaum beantwortet. Während sich eine Neuorganisation des *Reichskammergerichts* nicht durchsetzt (Überlastung, unregelmäßige Finanzierung, ungenügende personelle Ausstattung), ordnet der Kaiser seinen *Reichshofrat* ohne Beteiligung der Reichsstände aus eigener Machtvollkommenheit neu. Das *Corpus evangelicorum* wird unter sächsischer Direktion umgebildet; die zur Beratung und Lösung noch unerledigter Fragen vorgesehene Reichsdeputation soll paritätisch besetzt werden. Entscheidend für die Zukunft wird *Artikel 180 JRA,* der Untertanen und Landstände in den reichsständischen Territorien auf ihren Beitrag zur militärischen Organisation des Reiches (Kreishilfen) und Unterhaltung der Garnisonen und Festungen der Reichsstände verpflichtet. Damit wird die Errichtung *stehender Heere in den Territorien* ermöglicht, und zwar ohne besondere Bewilligung der dazu notwendigen Mittel. Auf seinen

Einzelstaaten – Deutschland – Westfälischer Frieden bis Französische Revolution 653

Antrag, Mehrheitsbeschlüsse bei Bewilligungen von Reichssteuern für alle Reichsglieder verbindlich zu machen, muß der Kaiser verzichten, womit sich die reichsfürstliche Libertät erneut durchsetzt. Die den Reichsständen zugebilligte Souveränität erhält jene Ausstattung, die diese zum Ausbau ihrer Territorien zu selbständigen Staaten brauchen, gleichzeitig wird sie Kaiser und Reich verweigert, denen sich auch kleinere und mittlere Reichsfürsten zu entziehen suchen. Gerade diese streben aus ihrem besonderen Sicherheitsverlangen heraus die Bildung von *Unionen* an, um ihre eigene Lage zu festigen. Die 1648 in Aussicht genommene *Redintegration der Reichskreise* (Reform der Kreisverfassung des Reiches zwecks Verbesserung von Wehrverfassung, Verwaltung und Polizeiwesen) beginnt mit unterschiedlicher Intensität, wobei die politische Geographie eine sehr wesentliche Rolle spielt. Über die Grenzen der einzelnen Reichskreise hinaus gehen verschiedene Bündnisse (Assoziationen). Während der Plan des Grafen *Georg Friedrich von Waldeck* (* 1620, † 1692) einer reichsfürstlichen Opposition unter Führung Brandenburgs gegen
1654 den Kaiser (*„großes Dessein"*) letztlich scheitert (15. Dez.), gewinnt die *Rheinische Allianz* größere Bedeutung, der nach Kurköln, Kurtrier, Pfalz-Neuburg, Bistum Münster 1655 Kurmainz beitritt.

1655 Durch den frühen Tod Ferdinands IV. (9. Juli 1654) müssen sich die Reichsstände auf einem *Frankfurter Reichsdeputationstag* mit der Frage der Kaiserwahl beschäftigen, die im Spannungsfeld reichsständischer Gegensätze und ausländischer Interessen (besonders
1657 Frankreichs) steht. Noch vor einer Klärung stirbt Kaiser Ferdinand III., dessen Tod ein ein-
2. April einviertel jähriges *Interregnum* einleitet, das die Zerrissenheit und Ohnmacht des Reiches in aller Deutlichkeit offenbart.
1658–1705 Kaiser Leopold I. (* 1640, † 1705). Seine Wahl erfolgt auf einem Kurfürstentag während eines neuen Krieges in Nordosteuropa (1655–1660), der auch die Interessen des Reiches berührt. In seiner *Wahlkapitulation* muß er allerdings auf Drängen Kurbrandenburgs den Territorialfürsten erhebliche Zugeständnisse machen, die eine Weiterentwicklung des frühmodernen Staates in den Territorien garantieren: u. a. wird den Landständen jede Disposition über Landessteuern entzogen, jedes Selbstversammlungsrecht genommen und die Anrufung von Reichsgerichten in diesen Punkten verboten. Hinsichtlich der französisch-spanischen Auseinandersetzungen muß sich Leopold I. zur Neutralität verpflichten.
1658 Die Unionsbestrebungen der in der Rheinischen Allianz zusammengeschlossenen Reichsfürsten werden von Frankreich unterstützt und führen zur Bildung eines gegen die Habsburger gerichteten (Ersten) **Rheinbundes** (Kurmainz, Kurköln, Pfalz-Neuburg, Hessen-Kassel, Braunschweig-Lüneburg, Schweden für Bremen-Verden, Bistum Münster [ab 1660], Kurtrier [ab 1662], Brandenburg [ab 1665]), der zugleich Instrument der französischen Politik im Reich sein soll.

Die antihabsburgische Opposition im Reich, verstärkt durch den Beitritt Sachsens und Bayerns, und die neuerliche Bedrohung Österreichs durch die Türken zwingen Leopold zur
1663–1664 Einberufung eines neuen *Reichstages nach Regensburg,* der sich zum **immerwährenden Gesandtenkongreß** entwickelt, auf dem die Reichsstände nicht mehr persönlich erscheinen. Erst sehr spät erreicht Leopold I. die Aufstellung einer *Reichsarmee,* von der sich aber die Kontingente der Rheinbundfürsten unter eigenem Kommando absondern. Als Mitglied des Rheinbundes entsendet Ludwig XIV. 6000 Franzosen zum Kampf gegen die Türken, ohne sein Bündnis mit der Pforte zu brechen.

Nach der Mitwirkung französischer Truppen bei der kurmainzischen Unterwerfung der Stadt Erfurt und der Schiedsrichterrolle Ludwigs XIV. im Streit zwischen Kurpfalz und sei-
1667 nen von Mainz geführten Nachbarn verstärkt sich *Frankreichs Einfluß auf das Reich* mit
1667–1668 dem Einmarsch in die zum Burgundischen Reichskreis gehörenden Niederlande weiter, mit dem der sog. **Devolutionskrieg** eröffnet wird. Die rheinischen Fürsten sichern den Franzosen zu, Truppen Dritter nicht durch ihre Territorien ziehen zu lassen, Brandenburg und Österreich bleiben neutral. Der Reichstag übt sich unter maßgeblicher Einflußnahme des Kurfürstenrates in Zurückhaltung. Innerhalb des Rheinbundes verschärfen sich die Gegensätze zwischen rheinischen Fürsten und seinen in einer *Braunschweiger Defensivallianz* zusammengeschlossenen nordwestdeutschen Mitgliedern.
1668 Auflösung des Rheinbundes.
1672–1678 *Eroberungskrieg Ludwigs XIV. von Frankreich gegen die nördlichen Niederlande.* Als er die Generalstaaten angreift, hat er zuvor in einer umfassenden diplomatischen Aktion bis auf Kurbrandenburg alle Staaten und Reichsstände zumindest für eine neutrale Haltung gewinnen können, um die Republik zu isolieren. – Die Verletzung der Reichsneutralität am Niederrhein führt zu Bündnissen Habsburgs mit Brandenburg und den nördlichen Niederlanden, aber nicht zum vollständigen Bruch zwischen Wien und Paris. Immerhin werden durch militärische Aktionen im Reich französische Truppen aus den Niederlanden abgezogen, und Ludwig XIV. schließlich ohne Entscheidung verläßt.
Das Interesse des französischen Königs gilt von nun an Lothringen, dem Elsaß, Trier und der Pfalz und führt auf Drängen des Kaisers, aber gegen den Willen Bayerns und Hanno-

654 Neuzeit – Frühe Neuzeit

1674 vers, zur *Kriegserklärung des Regensburger Reichstages an Frankreich*. Trotz der Wiederherstellung der 1672 von den Franzosen zerstörten *Straßburger Rheinbrücke*, einem Sieg
1675/1676 an der *Conzer Brücke* bei Trier (1675) und der Eroberung von *Philippsburg* (1676), Frankreichs rechtsrheinischem Vorposten seit 1648, gelingt den Reichstruppen kein durch-
1677 schlagender Erfolg. *Freiburg*, die Hauptstadt des österreichischen Breisgaus, fällt 1677 an
die Franzosen. Allgemeine Kriegsmüdigkeit der Reichsstände und deren zum Teil gegenüber
Frankreich geäußerte Sonderinteressen führen schließlich zum Frieden.

1679 **Frieden von Nimwegen** zwischen Frankreich und Kaiser und Reich (1678 schon zwischen
Frankreich und Spanien sowie Frankreich und den Generalstaaten), in dem die französische
Vormachtstellung bestätigt wird: Frankreich hat keine territorialen Verluste hinzunehmen
und tauscht lediglich das Besatzungsrecht in Philippsburg (südlich von Speyer) mit dem in
Freiburg im Breisgau.

1679–1684 Die **französische Reunionspolitik** verfolgt das Ziel, die angestrebte Grenze mit dem Reich
lückenlos zu schließen und Frankreich unangreifbar zu machen. Die sich auf mittelalterli-
ches Lehnsrecht stützenden Reunionen (Aneignung von Gebieten, die von den seit 1648
vom Reich an Frankreich abgetretenen Territorien früher einmal abhängig waren) erweisen sich als *Annexionen auf dem Rechtsweg*, von denen u. a. Mömpelgard (westlich von Basel),
Salm (südwestlich von Straßburg), Leiningen (Rheinpfalz), Saarbrücken, Zweibrücken,
Sponheim (Hunsrück), Veldenz (nordöstlich von Trier), Prüm (Eifel), Aremberg (Eifel),
Teile der Bistümer Trier und Speyer und das gesamte Elsaß erfaßt werden.

1681 *Das Reich verliert die Reichsstadt Straßburg*, die die französische Oberhoheit anerkennt.
Von der Kanalküste bis nach Freiburg im Breisgau entsteht damals ein neu angelegtes *Forti-
fikationssystem* (Festungsbauer: *Sébastien le Prestre de Vauban*, * 1633, † 1707). – Im
Reich wächst die Einsicht in die Notwendigkeit einer grundlegenden Militärreform. Der
Regensburger Reichstag beschließt eine *neue Reichskriegsverfassung*, nach der auch in
Friedenszeiten ein Heer von 40 000 Mann bestehen bleiben soll, dessen Aufstellung Sache
der Reichskreise ist. Der in *Hannover* 1692 als Kurfürst an die Macht gekommene Herzog
Ernst August von Braunschweig-Lüneburg-Calenberg (1679–1698; * 1629, † 1698) tritt
für ein Bündnis deutscher Fürsten mit dem Kaiser zur Abwehr französischer Übergriffe auf
das Reich ein. *Kurfürst Johann Georg III. von Sachsen* (1680–1691; * 1647, † 1691) und
Kurfürst Max Emanuel von Bayern ändern ihre französenfreundliche Politik. Die gegen
Frankreich gerichteten Bestrebungen des Grafen *Georg Friedrich von Waldeck* zielen auf
eine Zusammenfassung der Kräfte im Reich und führen zur *Frankfurter Assoziation* des
Oberrheinischen und des Fränkischen Reichskreises.

1682 In der **Laxenburger Allianz** verbindet sich die Frankfurter Assoziation mit dem Kaiser. –
Für Verständigung mit den Franzosen treten die vier rheinischen Kurfürsten, Münster und
vor allem Kurbrandenburg ein. Ausgleichsbemühungen zwischen Frankreich und einer
Reichsdeputation mit dem Ziel einer Begrenzung der Reunionen scheitern in Frankfurt am
Main an den Forderungen Ludwigs XIV.

Die Wiener Entscheidung für die Fortsetzung des neuen Türkenkrieges und die Erneue-
1684 rung des französisch-brandenburgischen Bündnisses führen zum *Regensburger Stillstand*,
in dem das Reich und Spanien (durch den Kaiser vertreten) den französischen Besitz aller
seit dem 1. Aug. 1681 reunierten Gebiete und der Stadt Straßburg und Luxemburgs vorläufig auf 20 Jahre anerkennen.

Während sich im Norden Brandenburg mit Schweden verständigt und damit den französischen Einfluß zurückdrängt, kommt es im Süden des Reiches in der sich schnell wieder auf-
1686 lösenden Augsburger Allianz zu einem gegen Frankreich gerichteten Zusammenschluß des
Kaisers mit Bayern, fränkischen und oberrheinischen Kreisständen, an der sich auch
Schweden, Spanien und später Kurmainz beteiligen. Sie bringt aber kaum mehr als eine
antifranzösische Stimmung im Reich zum Ausdruck, denn zu verschieden sind die politischen Interessen ihrer Mitglieder. Über das Kurfürstentum Köln sucht Ludwig XIV. seine
Position im Westen des Reiches zu stabilisieren.

1688–1697 Sogenannter **Pfälzischer Krieg** infolge des pfälzischen Erbstreites nach dem Aussterben des
Hauses Pfalz-Simmern im Mannesstamm (1685 starb Kurfürst Karl) und dem Herrschafts-
antritt des schon in Jülich und Berg regierenden habsburg-freundlichen, katholischen
Pfalz-Neuburgers Philipp Wilhelm. Ludwig XIV. beansprucht für seine Schwägerin *Lise-
lotte von Orléans* (Elisabeth Charlotte von der Pfalz) u. a. die Grafschaft Simmern und
Teile der Grafschaft Sponheim. Eigentlicher Gegner Frankreichs wird der englische König
Wilhelm von Oranien in einer Auseinandersetzung von europäischem Ausmaß.

1688 Zusammenschluß Brandenburgs, Sachsens, Hannovers, Hessen-Kassels im sog. *Magdeburger Konzert* nach der französischen Besetzung Kurkölns und der Eroberung Philipps-
burgs. – Entschluß des Kaisers zum Kampf im Westen trotz des gleichzeitigen Türkenkrieges *(Zweifrontenkrieg)*. – *Kriegserklärung des Regensburger Reichstages an Frankreich.* –
Verstärkung der antifranzösischen Stimmung im Reich angesichts der Gewalttaten und
großen Zerstörungen an Rhein und Mosel (besonders betroffen: Worms, Speyer, Mann-

Einzelstaaten – Deutschland – Westfälischer Frieden bis Französische Revolution **655**

1690 heim, Heidelberg). Diese Entwicklung begünstigt die *Wahl Josephs I. zum Römischen König* (Sohn Leopolds I.; seit 1687 König von Ungarn), bewirkt aber keine Überwindung der Interessengegensätze und Uneinigkeit der am Krieg beteiligten Reichsstände.

1692 Ein *Kurtraktat* führt zur Einrichtung einer **neunten Kurwürde.** *Herzog Ernst August von*
März *Braunschweig-Lüneburg-Calenberg* vergrößert sein Territorium, weist auf die Schwächung der Protestanten im Kurkolleg (seit Kurpfalz katholisch ist) hin und fordert für sich und sein Haus eine neue Kur. Erst nachdem der Welfe nach Ablehnung seines Wunsches durch den Kaiser ein Bündnis mit Frankreich eingeht, stimmt Leopold I. der neunten Kur zu und verpflichtet Hannover zur Unterstützung in allen Reichsangelegenheiten. – Diese Entwicklung und die Bemühungen Kursachsens um die Bildung einer dritten Partei zwischen Frankreich und eindeutig habsburgisch orientierten Reichsständen lähmen die Kriegführung am Rhein.

Im *Frankfurter Assoziationsrezeß* der sog. Vorderen Reichskreise wirkt sich die Wiederbe-
1697 lebung des Assoziationsgedankens nicht mehr aus. Der **Friede von Rijswijk** (südlich von Den Haag) vom 30. Okt. beendet jahrelange Friedensbemühungen zwischen den Kriegführenden. Zwar verzichtet Frankreich u. a. auf Freiburg, die Reunionen, die rechtsrheinischen Brückenköpfe, aber es erhält die endgültige Anerkennung seines Besitzes des Elsaß einschließlich Straßburgs. – *Kurfürst Friedrich August I. von Sachsen* (1694–1733; * 1670, † 1733) wird bei einer Doppelwahl *König August II. von Polen* (August der Starke; 1697–1706 und 1709–1733), nachdem er zum katholischen Glauben übergetreten ist. – Während die ausgreifenden Pläne des bayrischen *Kurfürsten Max II. Emanuel,* das spanische Erbe des Habsburgers Karls II. seinem Sohn zu sichern, am frühen Tod Joseph Ferdinands (* 1692, † 1699) scheitern, erreicht *Kurfürst Friedrich III. von Brandenburg* (* 1657, † 1713) ebenfalls eine Rangerhöhung (als äußere Anerkennung der vom Großen Kurfür-
1700 sten erreichten Macht) durch die Ernennung zum König Friedrich I. in Preußen (18. Jan. 1701 Krönung in Königsberg).

1701–1713 **König Friedrich I. in Preußen** (nicht *von* Preußen mit Rücksicht auf den polnischen Besitz Westpreußens). Der *Krontraktat vom 16. Nov. 1700* verpflichtet ihn zur politischen und militärischen Unterstützung des Kaisers, dessen Zustimmung man in Berlin anstrebt, obwohl das Königtum auf dem nicht zum Reich gehörenden Preußen gründet.

Kampf der um Österreich und England gruppierten *Haager Allianz* (7. Nov. 1701) gegen
1701–1714 Frankreich im **Spanischen Erbfolgekrieg.** Von den Reichsständen kann Ludwig XIV. nur Bayern und Kurköln auf seine Seite ziehen. Eine erneute *Assoziation der Vorderen*
1702 *Reichskreise* strebt zwar eine neutrale Haltung an, entscheidet sich im *Nördlinger Traktat* aber doch für den Anschluß an die Haager Allianz. Im Herbst erfolgt die *Reichskriegserklärung* an Frankreich. Eine einheitliche Kriegführung des Reiches kommt nicht zustande. – Die Neutralität Brandenburg-Preußens im gleichzeitigen **Nordischen Krieg** (1700–1721) verhindert eine Verknüpfung der Kriege im Westen und Osten Europas.

1704 *Prinz Eugens* und *Marlboroughs* (John Churchill) Sieg über Franzosen und Bayern bei *Höchstädt* an der Donau hat die Besetzung Bayerns durch die Kaiserlichen zur Folge.

1705–1711 **Kaiser Joseph I.** (* 1678, † 1711). Er setzt die Reichsacht-Erklärung gegen die wittelsbachischen Kurfürsten von Bayern und Köln durch, gerät aber in Gegensatz zu den größeren Reichsfürsten, als er sich um eine *Restauration des Kaisertums* bemüht.

1711–1740 **Kaiser Karl VI.,** Bruder Josephs I. (* 1685, † 1740). Seine Wahl (12. Okt. 1711) kann Ludwig XIV. wegen des Ausschlusses der wittelsbachischen Kurfürsten nicht verhindern.

1713 Karl VI. verkündet im Augenblick des **Friedens von Utrecht** (April 1713), an dem Kaiser
19. April und Reich nicht beteiligt sind, die **Pragmatische Sanktion** *(habsburgisches Erbfolgegesetz):* seine künftigen Kinder (auch Töchter) sollen den Vorrang vor den Töchtern seines verstorbenen Bruders Joseph haben. Da Karl nach dem frühen Tode eines Sohnes selbst nur Töchter besitzt, gilt deren älteste, Maria Theresia, als Erbin. Der Kaiser erreicht die Zustimmung der Erbländer, Ungarns und nach mühevollen Verhandlungen auch der europäischen Großmächte und des Reiches. Als Gegenleistung für die britische Garantie (1731) muß er den gesamten, 1722 mit der Gründung der Handelsgesellschaft in Ostende begonnenen *Ostindienhandel* einstellen.

1713–1740 **Friedrich Wilhelm I.,** König in Preußen (* 1688, † 1740). Als Sohn König Friedrichs I. wird er dessen Nachfolger und schafft durch strengste Sparsamkeit, größten Fleiß und persönliches Beispiel einen gut verwalteten, *absoluten Militär- und Beamtenstaat (Soldatenkönig).* Seine Untertanen nimmt er mit aller Härte in die Pflicht und erzieht sie zu unbedingter Subordination; außenpolitisch ist er aus Gewissensgründen friedfertig und kaum engagiert.

1714 Der **Friede von Rastatt** (7. März) zwischen dem Kaiser und Frankreich beendet die letzten Kampfhandlungen des Spanischen Erbfolgekrieges am Oberrhein. Im wesentlichen werden die Bestimmungen des Utrechter Friedens übernommen: zu den italienischen Erwerbungen kommen allerdings die spanischen Niederlande; die wittelsbachischen Kurfürsten werden restituiert. Der **Friede von Baden** (Schweiz) mit dem Reich (7. Sept.) bringt keine wesentlichen Veränderungen.

656   Neuzeit – Frühe Neuzeit

1716–1718   Türkenkrieg.
1717   Gewinn *Belgrads* durch Prinz Eugen.
1718   Mit dem **Frieden von Passarowitz** (südöstlich von Belgrad; 21. Juli) beginnt die teilweise deutsche Besiedlung des Banats, Nordserbiens mit Belgrad und der Kleinen Walachei. – Im Westen kommt es zur gegen Spanien gerichteten *Quadrupelallianz* (2. Aug.) zwischen dem Kaiser, Frankreich und Großbritannien. Die nördlichen Niederlande sollen das vierte Bundesmitglied sein, treten aber nie bei.
1719   Hannover erhält im Zuge der Beendigung des Nordischen Krieges im ersten *Frieden von Stockholm* die schwedischen Herzogtümer Bremen und Verden.
1720   Österreich bekommt Sizilien; der Herzog von Savoyen wird durch Sardinien (mit Königstitel) entschädigt. – Brandenburg-Preußen erhält im *zweiten Stockholmer Frieden* das lang erstrebte Vorpommern bis zur Peene und damit die Odermündung mit Stettin.
        Das *Reich als Ganzes* tritt politisch so gut wie gar nicht in Erscheinung und findet auf dem *Regensburger Reichstag* kaum zu Gemeinsamkeiten. Es kommt lediglich zum Erlaß einer
1731/32   *Zunftordnung* für das ganze Reich. Der Kaiser kann außerdem eine *Reichsgarantie für* seine *Pragmatische Sanktion* erreichen, der aber nicht alle Reichsstände zustimmen.
1733–1735   Polnischer Thronfolgekrieg. – Der Gegensatz zwischen Österreich und Frankreich in der *polnischen Thronfolgefrage* führt zum Krieg (teilweise auch als Reichskrieg geführt), in dem Österreich gegen Frankreich, Spanien und Sardinien fast ganz Italien militärisch verliert; die Franzosen besetzen u. a. Lothringen.
1735   *Vorfriede zu Wien* (endgültig 1738): Der 1702 auf Veranlassung Karls XII. von Schweden gewählte König *Stanislaus I. Leszczyński* (* 1677, † 1766; 1704–1709, 1733–1736) verzichtet auf die polnische Krone und wird durch Lothringen und Bar entschädigt, die nach seinem Tod an Frankreich fallen sollen. Herzog *Franz Stephan von Lothringen* (1736 mit der Tochter Karls VI., Maria Theresia, vermählt) wird für sein Stammland durch das Großherzogtum Toskana (nach dem Aussterben der dort regierenden Medici 1737) entschädigt. Österreich überläßt Neapel und Sizilien als Sekundogenitur den spanischen Bourbonen, die dafür Parma und Piacenza an Österreich abtreten. – Der eigentliche Gewinner ist *Rußland,* dessen Kandidat Friedrich August II. von Sachsen (* 1696, † 1763) als *August III.* König von Polen wird.
1736   Tod des Prinzen Eugen von Savoyen.
1736–1739   In den von Rußland begonnenen Krieg gegen die Türkei greift auch das mit ihm verbündete Österreich ein. Während der russische Oberkommandierende Burkhard Christoph Graf von *Münnich* (* 1683, † 1767) große Erfolge erzielt, die Moldau gewinnt und den Einzug der Zarin in Konstantinopel plant, werden die Österreicher geschlagen und unter französischer Vermittlung zum **Frieden von Belgrad** genötigt, dem auch Rußland beitritt: Öster-
1739   reich verliert Belgrad, Serbien, die Kleine Walachei und die Festung Orşova (am Eisernen Tor) an die Türken; das zerstörte Azow (im Mündungsgebiet des Don) und die Kabardeien (Kaukasus) sollen eine Barriere zwischen Rußland und der Türkei bilden. Das Prestige Österreichs ist schwer getroffen; Rußland wird seitdem sein Rivale auf dem Balkan.
1740–1786   Friedrich II. *der Große* (* 1712, † 1786), als Sohn Friedrich Wilhelms I. preußischer König. Strenge Erziehung; Vorliebe des Prinzen für französische Literatur und Musik, Abneigung gegen militärische Übungen, Jagden, das Tabakskollegium; der Vater hält ihn deshalb für untüchtig. Nachdem der Plan einer Vermählung Friedrichs mit einer Tochter Georgs II. von England gescheitert ist, Fluchtversuch 1730 unweit Mannheims während einer Reise mit dem König. Verhör in Wesel, Kriegsgericht; der Kronprinz kommt als Gefangener nach Küstrin (sein Freund *Hans Hermann von Katte,* * 1704, † 1730, wird hingerichtet), arbeitet dort in der Kriegs- und Domänenkammer. 1732 Aussöhnung mit dem Vater; der Prinz erhält die Führung eines in Neuruppin stehenden Regiments, heiratet 1733 *Elisabeth Christine von Braunschweig-Bevern,* lebt dann mit seinen Freunden auf Schloß Rheinsberg unweit Ruppins. *Bedeutendster und geistvollster Fürst des sog. aufgeklärten Absolutismus,* Feldherr und Staatsmann, bekennt sich als „premier serviteur de l'Etat" (erster Diener des Staates), „Philosoph" im Sinne des 18. Jh.s und der französischen Bildung, die ihm auch die antiken Vorbilder (Stoa) vermittelt. Verbindung mit *Voltaire* (* 1694, † 1778), der 1750–1753 in Sanssouci Friedrichs Gast ist.
        In Österreich folgt ihrem Vater Karl VI.
1740–1780   Maria Theresia (* 1717, † 1780), Königin von Ungarn (1741) und Böhmen (1743), Erzherzogin von Österreich, vermählt mit *Franz Stephan von Lothringen* (* 1708, † 1765), seit 1737 Großherzog von Toskana, Mitregent der österreichischen Erblande, 1745 *Kaiser Franz I. Stephan.* Maria Theresia, aufgewachsen unter wienerischen und italienischen Eindrücken, fromm katholisch, verbindet warmherzige Natürlichkeit und herrscherliche Würde.
1740–1748   Österreichischer Erbfolgekrieg um die Geltung der Pragmatischen Sanktion von 1713: Rechtmäßigkeit des Übergangs der habsburgischen Länder auf Maria Theresia. Erbansprüche erhebt u. a. *Kurfürst Karl Albrecht von Bayern* (* 1697, † 1745, seit 1726 Kurfürst

Einzelstaaten – Deutschland – Westfälischer Frieden bis Französische Revolution   657

von Bayern, 1742 zum Kaiser gewählt), der die Pragmatische Sanktion nicht anerkennt. Der Krieg wird ausgelöst durch den **Einmarsch Friedrichs II. des Großen, in Schlesien,** einen Schritt, der, diplomatisch nicht vorbereitet und mit Rechtsgründen nicht zu stützen, die preußische Politik auf Jahrzehnte hinaus bindet, neue Gegensätze entstehen läßt und in weltweite Auseinandersetzungen hineinführt.

1740–1742 **Erster Schlesischer Krieg:** Friedrich II. besetzt Schlesien, zieht in Breslau ein, schließt nach weiteren preußischen Erfolgen ein *Bündnis mit Frankreich,* das zusammen mit Bayern und Sachsen in den Krieg eingreift. Kurfürst Karl Albrecht von Bayern, nach der Erstürmung Prags mit Hilfe französischer und sächsischer Truppen (1741) König von Böhmen, wird

1742–1745 nach eineinvierteljähriger Thronvakanz als **Karl VII.** zum Römischen **Kaiser** gewählt. – Im
1742 **Frieden von Breslau** tritt Österreich Ober- und Niederschlesien und die Grafschaft Glatz an Preußen ab und gewinnt dadurch Kräfte zum Kampf gegen Bayern und Franzosen. Prag wieder besetzt, der Kurfürst und Kaiser Karl aus Bayern vertrieben. Großbritannien greift an der Seite Österreichs in den Krieg ein.

Die sog. Pragmatische Armee, aus Österreichern, Niederländern, Briten und deutschen
1743 Söldnern gebildet, besiegt die Franzosen bei *Dettingen* (auf dem rechten Mainufer zwischen Aschaffenburg und Hanau, 27. Juni).

1744 Neues Bündnis Friedrichs II. mit Frankreich. Als die Österreicher über den Rhein marschiert sind, rückt Friedrich in Böhmen ein (das er bald wieder räumen muß) und löst den **Zweiten Schlesischen Krieg** aus.

1745 Tod Kaiser Karls VII. (20. Jan.) – Sein Nachfolger in Bayern, *Maximilian III. Joseph* (1745–1777; * 1727, † 1777) verzichtet freiwillig auf die Kaiserkrone und schließt mit Österreich den *Frieden zu Füssen* (22. April). Er erhält seine Lande gegen Anerkennung der Pragmatischen Sanktion zurück und verspricht dem Gemahl Maria Theresias seine Wahlstimme. Friedrich schlägt die Österreicher bei *Hohenfriedberg* (in Niederschlesien am Nordrand des Waldenburger Berglandes; 4. Juni) und *Soor* (Nordböhmen). Im **Frieden von Dresden** (25. Dez.) wird Friedrich II. der Besitz von Schlesien bestätigt; dafür erkennt er den Gemahl Maria Theresias als Kaiser an.

1745–1765 **Kaiser Franz I.** Stephan (* 1708, † 1765).
1746 Österreichisch-russisches Bündnis. – Die Bemühungen des Kaisers um eine Stellungnahme des Reiches gegen Frankreich scheitern am Widerstand Preußens. – Der Österreichische Erbfolgekrieg hat durch den *kolonialpolitischen Gegensatz zwischen Frankreich und Großbritannien* einen neuen Schwerpunkt erhalten.

1748 **Friede von Aachen** zwischen Frankreich und den Seemächten, dem Österreich beitreten
18. Okt. muß: In den Kolonien Rückgabe der gegenseitigen Eroberungen, also keine Entscheidung. Österreich erhält die von den Franzosen eroberten Niederlande zurück, muß aber Parma und Piacenza für eine zweite Sekundogenitur der spanischen Bourbonen in Italien hergeben und einen Teil des Herzogtums Mailand an Sardinien abtreten. Die Pragmatische Sanktion von 1713 wird anerkannt, der preußische Besitz von Schlesien und Glatz bestätigt.

Wenzel Anton Graf von Kaunitz (* 1711, † 1794), 1748 österreichischer Bevollmächtigter auf dem Aachener Friedenskongreß, 1750–1753 Botschafter in Paris mit dem Ziel, ein
1753 Bündnis mit Frankreich zustande zu bringen; 1764 Fürst; wird österreichischer Staatskanzler und damit bedeutendster Politiker Wiens für mehr als drei Jahrzehnte.

1756/1757 Kaunitz erreicht trotz traditioneller Widerstände ein *Defensiv-* (1. Mai 1756), dann ein *Offensivbündnis* (1. Mai 1757) *zwischen Frankreich und Österreich* mit dem Ziel der Rückgewinnung Schlesiens (gegen Abgabe der österreichischen Niederlande an Frankreich) als Folge der *Westminsterkonvention* (16. Jan. 1756) zwischen Preußen und Großbritannien (Verpflichtung zu gemeinsamer Abwehr jedes Angriffs einer fremden Macht im Reich); grundlegende Veränderung der Bündnisse in Europa. Rußland, das Preußen durch einen Angriff schwächen will und mit Österreich seit 1746 verbündet ist, einigt sich mit diesem über die geplante Offensive. Friedrich II. von Preußen kommt dem Angriff seiner
1756 Gegner zuvor, indem er überraschend und ohne Kriegserklärung in Sachsen einrückt (29. Aug.).

1756–1763 **Siebenjähriger Krieg.** Er hat zwei Schwerpunkte: *1.* Kampf Preußens um Schlesien und um seine Existenz *(Dritter Schlesischer Krieg)* gegen Österreich, Rußland, Frankreich, Schweden und die Mehrzahl der Reichsfürsten (Anfang 1757 beschließt eine Reichstagsmehrheit auf Drängen Österreichs und Frankreichs eine *Reichsbewaffnung und Exekution gegen Preußen;* sie findet auch Unterstützung bei protestantischen Reichsständen); seit 1758 preußisch-britisches Subsidienbündnis; *2.* Kampf zwischen Großbritannien und Frankreich um die Kolonien.

1757 Sieg Friedrichs II. bei *Prag* über das Heer Karls von Lothringen (6. Mai); Niederlage bei *Kolin* (an der Elbe in Mittelböhm.) am 18. Juni durch den österreichischen Feldmarschall *Leopold Graf von Daun* (* 1705, † 1766); Siege bei *Roßbach* (südlich von Halle, westlich von Leipzig) über Franzosen und Reichsarmee und bei *Leuthen* (westlich von Breslau in Niederschlesien) über die Österreicher (5. Dez.).

658 Neuzeit – Frühe Neuzeit

1758	Auf den preußischen Sieg bei *Zorndorf* (nördlich von Küstrin) über die Russen (25. Aug.; Verdienst des auch am Sieg bei Roßbach wesentlich beteiligten Kavalleriegenerals *Friedrich Wilhelm von Seydlitz,* * 1721, † 1773) folgt die Niederlage bei *Hochkirch* (im Lausitzer Bergland) gegen die Österreicher unter Daun (14. Okt.). – Die Russen besetzen Ostpreußen, das der *Zarin Elisabeth* huldigt.
1759	Schwerste Niederlage Friedrichs II. bei **Kunersdorf** (östlich von Frankfurt/Oder) gegen die Österreicher unter dem aus Livland gebürtigen General *Ernst Gideon Freiherr von Laudon* (Loudon; * 1717, † 1790) und die Russen unter *Graf Peter Saltykow* (12. Aug.). Eine Reichsarmee erobert Dresden. Danach befindet sich der Preußenkönig nur noch in der
1760	Verteidigung, siegt aber bei *Liegnitz* (15. Aug.) und *Torgau* (3. Nov.), verliert die britischen Subsidien, kämpft mit letzten Kräften, verzichtet aber auf Schlesien nicht. Eine für Preußen günstige Wendung (*„Mirakel" des Hauses Brandenburg*) bringt der Thronwechsel in Rußland: nach dem Tod der Zarin Elisabeth (5. Jan.) schließt ihr Nachfolger *Peter III.* Frieden
1762	mit Preußen (5. Mai) unter Verzicht auf jeden Gewinn und geht dann sogar ein Bündnis ein (19. Juni), das freilich nicht von langer Dauer ist.
1763 **15. Febr.**	**Friede von Hubertusburg** (bei Leipzig) zwischen Österreich, Preußen und Sachsen (eine Beteiligung Großbritanniens, Frankreichs und Rußlands kann Friedrich II. nach den Entwicklungen des Jahres 1762 verhindern): Preußen behält Schlesien und Glatz und begründet damit erneut seine Stellung als Großmacht. Friedrich II. gibt die Zusage, Erzherzog Joseph zum römischen König zu wählen (27. März 1764).
1764	Russisch-preußisches Verteidigungsbündnis und Einigung über die Nachfolge auf dem polnischen Thron *(Stanislaus Poniatowski,* als Stanislaus II. August, 1764–1795 König, * 1732, † 1798).
1765–1790	**Kaiser Joseph II.** (* 1741, † 1790), in den österreichischen Ländern bis 1780 nur *Mitregent seiner Mutter Maria Theresia,* dann auch König von Böhmen und Ungarn, ein hochbegabter, unruhiger, selbstlos und hastig regierender Aufklärer von starrer Konsequenz; er sucht der kaiserlichen Politik im Reich neue Impulse zu geben u. a. durch Wiederherstellung alter kaiserlicher Rechte und Reaktivierung der Reichsgerichte, scheitert aber am Widerstand eines Teils der Reichsstände.
1769 Aug.	Im Zuge eines Überdenkens der Mächtekonstellation zwischen Rußland, Preußen und Österreich kommt es zur Begegnung zwischen Joseph II. (unter dem Decknamen Graf von Falckenstein) und Friedrich II. in *Neisse,* um *Zarin Katharina* unter Druck zu setzen.
1770 Sept.	Zweites Treffen zwischen Joseph II., begleitet von Staatskanzler Kaunitz, und Friedrich II. in *Mährisch-Neustadt* nach den großen Erfolgen der Russen über die Türken.
1772 **5. Aug.**	Vertrag zwischen Preußen, Österreich und Rußland auf Kosten Polens. **Erste Teilung Polens:** Preußen erwirbt Ermland und Westpreußen ohne Danzig und Thorn, Österreich erhält Galizien, Rußland nimmt sich das Gebiet östlich der Düna und des Dnjepr.
1775	Österreich erwirbt die *Bukowina* im Zuge der Bereinigung der Orientfrage.
1778–1779	**Bayerischer Erbfolgekrieg** infolge des Aussterbens der Wilhelminischen Linie der Wittelsbacher (Tod des Kurfürsten Maximilian III. Joseph am 30. Dez. 1777). Gemäß dem Westfälischen Frieden vereint *Kurfürst Karl Theodor* von der Pfalz (seit 1742 pfälzischer Kurfürst; * 1724, † 1799) nun bayrische und pfälzische Kur. – Der Versuch Josephs II., die österreichische Stellung im Reich durch den Erwerb Niederbayerns und der Oberpfalz zu
1779 13. Mai	stärken, wird von Friedrich II. mit diplomatischer Unterstützung Rußlands vereitelt. Der *Friede von Teschen* (Nordmähren), der Österreich das Innviertel zuspricht und Preußens Ansprüche auf Ansbach-Bayreuth und Sachsen anerkennt, wird von Rußland garantiert.
1780 29. Nov.	Mit dem *Tod Maria Theresias* kommt Kaiser *Joseph II.* in Österreich zur *Alleinregierung* und sucht durch aktive Politik Österreichs Machtstellung zu festigen und auszudehnen.
1785	Joseph II., der Katharinas weit ausgreifende Türkenpolitik unterstützt, findet den Beistand der Zarin für seinen Tauschplan (Erwerb Bayerns gegen Abtretung der Österreichischen Niederlande an den bayerischen Thronerben). Friedrich II. durchkreuzt (primär nicht um des Reiches willen) die österreichische Reichspolitik durch Gründung des deutschen **Fürstenbundes** als eines schon seit 1782 in Erwägung gezogenen Zusammenschlusses von Reichsständen zur Erneuerung und Stärkung von Ansehen und Kraft des Reiches (besonders aktiv die *Fürsten von Anhalt-Dessau, Baden, Zweibrücken und Herzog Karl August von Sachsen-Weimar* [1757–1828; * 1757, † 1828; bis 1775 unter der Regentschaft seiner Mutter Anna Amalia]). Keimzelle ist ein Drei-Kurfürsten-Bund zwischen Brandenburg-Preußen, Hannover und Sachsen zur Aufrechterhaltung des bestehenden Reichssystems, dem sich Kurmainz, Zweibrücken, Hessen-Kassel, Braunschweig, Sachsen-Gotha, Sachsen-Weimar, Anhalt-Dessau, Baden, Mecklenburg und Osnabrück anschließen.
1786	Tod Friedrichs des Großen. – Nachfolger wird sein Neffe:
1786–1797	**Friedrich Wilhelm II.** (* 1744, † 1797). Minister *Ewald Friedrich Graf von Hertzberg* (* 1725, † 1795) ist bis 1791 Leiter der preußischen Politik.
1787–1792	Österreich führt im Bund mit Rußland seinen letzten *Türkenkrieg:* Der greise Laudon erobert 1789 Belgrad. Preußen schließt 1790 ein Bündnis mit der Türkei. Im *Frieden von*

Einzelstaaten – Deutschland – Westfälischer Frieden bis Französische Revolution   659

Swischtow (Sistowa an der unteren Donau; 1791) gewinnt Österreich den Paß des Eisernen Tores (Orşova an der Donau). Friede von Iaşi (1792).

1790   Preußens Haltung zur Proklamation der Unabhängigkeit der *Vereinigten Belgischen Staaten* im *Berliner Vertrag* (9. Jan.), die Verhinderung der Wiedereinsetzung des vertriebenen Fürstbischofs von Lüttich durch preußische Truppen, die mit Kontingenten des Westfälischen Reichskreises gemäß einem Reichskammergerichtsbeschluß das Gegenteil bewirken sollten, und die Niederlage der Kreistruppen (ohne preußische Beteiligung) gegen die Aufständischen in Lüttich führen zu einer Reichskrise.

Tod Josephs II. – Da er kinderlos ist, wird sein Nachfolger

1790–1792   sein Bruder, Großherzog Leopold I. von Toskana (1765–1790), als **Kaiser Leopold II.** (* 1747, † 1792). In der kurzen Zeit seiner Regierung kann er eine Reihe wichtiger innen- und außenpolitischer Fragen lösen. Noch vor seiner einstimmigen Wahl zum Römischen Kaiser (30. Sept. 1790) trägt er durch seine Zustimmung zur *Konvention von Reichenbach* (im Eulengebirge/Niederschlesien) zum Ausgleich zwischen Österreich und Preußen bei (27. Juli): Österreich verzichtet auf Gebietserwerbungen von der Türkei, Preußen auf Vergrößerungspläne zu Lasten Polens. – Mit dem Ende des Fürstenbundes verliert Preußen an Einfluß im Reich.

Formen des einzelstaatlichen Absolutismus im Reich

Die absolute Monarchie findet im Heiligen Römischen Reich Deutscher Nation nach 1648 in der Vielzahl seiner souveränen Territorien unterschiedlicher Größe und Bedeutung im europäischen Mächtesystem mannigfaltige Ausprägungen. Sie werden vor allem an den innenpolitischen Wandlungen deutlich.

Brandenburg-Preußen:
Aufgrund der außenpolitischen Erfolge in der zweiten Hälfte des 17. Jh.s schafft *Kurfürst Friedrich Wilhelm* (der Große Kurfürst) nicht nur das Fundament für den Aufstieg seines Territoriums zu einer europäischen Großmacht, sondern vor allem auch die Voraussetzungen dafür, daß Brandenburg-Preußen von seinem inneren Aufbau her zum führenden Staat im Reich und dann auch in Europa wird. Entscheidend dafür sind die *weitgehende Ausschaltung der Stände* und die *Beschneidung ihres Steuerbewilligungsrechtes* (1653), die Gründung des Staates auf ein *starkes Heer,* in dem Friedrich Wilhelm den einzigen Weg sieht, den inneren europäischen Staaten ebenbürtig zu werden (seit 1644), und die *Einrichtung einer zentralen Verwaltung* mit einem allein dem Staatsinteresse dienenden *Beamtentum.* Damit wird der *Große Kurfürst* zum entscheidenden Wegbereiter des Absolutismus in Brandenburg-Preußen.

In dem Bestreben, die Grundsätze der Sparsamkeit, Einfachheit und Ordnung zu den obersten Maximen der Staatsverwaltung zu erheben, schafft *König Friedrich Wilhelm I.* 1722/23 das *Generalfinanz-, Kriegs- und Domänendirektorium* (= **Generaldirektorium**) durch die Zusammenlegung des Generalkriegskommissariats (seit 1660), das sich von einer Armeebehörde zum Träger merkantilistischer Wirtschaftspolitik entwickelt, und des Generalfinanzdirektoriums (seit 1713), entstanden aus der Geheimen Hofkammer. Das Generaldirektorium wird oberste Behörde für die gesamte innere Staatsverwaltung und Wirtschaftspolitik, dem die Kriegs- und Domänenkammern in den Provinzen untergeordnet sind; an seiner Spitze stehen in den vier *Provinzialdepartements,* die die frühere Selbständigkeit der verschiedenen Landesteile noch erkennen lassen, Dirigierende Minister und 18 bis 19 Geheime Finanzräte. Das Territorialprinzip bleibt mit dieser Einteilung in Provinzialdepartements zwar erhalten, aber jedes dieser Departements hat zugleich einen alle Provinzen umfassenden Aufgabenbereich *(Fachressorts für den Gesamtstaat).* Die Hauptsäule des brandenburgisch-preußischen Staates ist das *Heer,* in dessen Diensten auch Verwaltung und Wirtschaft stehen (durch Schutzzölle begünstigte Manufakturen für militärische Rüstung, strenge Steuerverwaltung, Anlage eines Staatsschatzes, Einrichtung einer Oberrechenkammer nach französischem Vorbild). Es beruht auf *Werbung* und *Rekrutierung* (Kantonreglement von 1733), nicht auf allgemeiner Wehrpflicht, und erreicht in Friedenszeiten eine Truppenstärke von 80 000 Mann (Verdoppelung unter Friedrich Wilhelm I.). *Im Staatshaushalt beansprucht der Militäretat in der Regel das Drei- bis Vierfache des Budgets der Zivilverwaltung.* Parallel zum äußerst leistungsfähigen *Beamtentum* entsteht ein preußisches *Offizierskorps,* das vornehmlich vom in seinen politischen Rechten eingeschränkten einheimischen Adel gebildet wird und ein starkes Selbstbewußtsein entwickelt. Seine Stellung als *erster Stand im Staat* unterstreicht der König dadurch, daß er seit 1725 selber ständig Uniform trägt.

Wozu die von Friedrich Wilhelm I. ausgeformte Regierungsweise und Verwaltungsorganisation fähig ist, zeigt das „*Retablissement Litauens*", jener systematische Wiederaufbau des durch die Pest entvölkerten Landes (1709/10) durch Bodenverbesserungen und Neubesiedlung. Bevölkerungspolitische wie religiöse Gründe (Anhänger des Hallenser Pietismus) veranlassen den König 1732 zur *Aufnahme von über 15 000 Salzburger Protestanten,* Vertriebene aus dem Land des Erzbischofs Leopold Anton Graf von Firmian (* 1679, † 1744; seit 1727 Fürsterzbischof von Salzburg).

Mit dem Regierungsantritt *Friedrichs II. des Großen* setzt sich die Tendenz zur *Schaffung von Fachdepartements* fort. Indem für die außenpolitischen Angelegenheiten mit dem *Kabinettsministerium* eine selbständige Institution entsteht, bleiben für den ursprünglich umfassend zuständigen Geheimen Rat nur

660 Neuzeit – Frühe Neuzeit

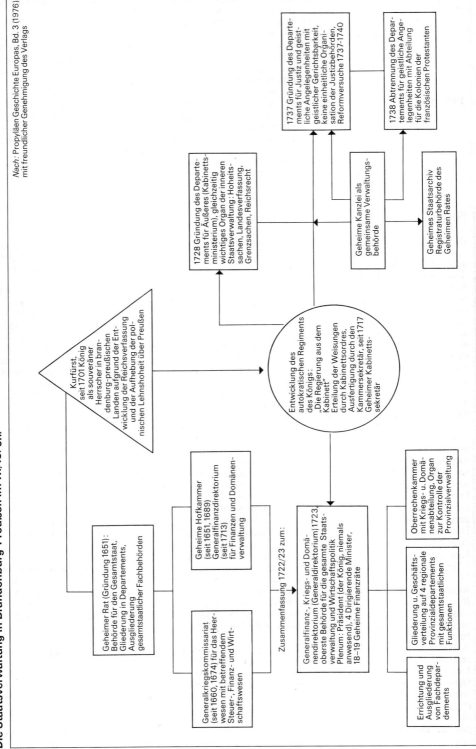

Die Staatsverwaltung in Brandenburg-Preußen im 17./18. Jh.

Einzelstaaten – Deutschland – Westfälischer Frieden bis Französische Revolution 661

noch die Zuständigkeitsbereiche Justizwesen und geistliche Angelegenheiten; er wird damit selbst zu einem Fachdepartement. Seine politischen Entscheidungen fällt der König alleine „aus dem Kabinett", von wo aus er sie überwacht. Durch sein strenges *persönliches Regiment* mittels schriftlicher Weisungen an die Minister und *Betonung von Über-/Unterordnungen* hält er die obersten Behörden des brandenburgisch-preußischen Staates zusammen und verwirklicht über sie den *Zentralismus als staatliche Organisationsform,* wodurch die Regierungsstellen in den Provinzen weitgehend bedeutungslos werden. Indem Friedrich II. auf dem von seinem Vater gelegten Fundament weiter baut, entwickelt er zugleich jene Regierungsweise, die man den **„aufgeklärten Absolutismus"** nennt. Er sucht die Errungenschaften im Zuge der Erhaltung, Festigung und Erweiterung des modernen Staates mit den Forderungen der Aufklärung zu verbinden und bemüht sich – nachdem Brandenburg-Preußens Machtstellung auf Kosten der personellen, finanziellen und wirtschaftlichen Kräfte in vielen Kriegen begründet ist – insbesondere um *Wohlstand und Bildung der Untertanen.* Dabei bleiben die alten Sozialstrukturen unangetastet: Gutsuntertänigkeit der Bauern (aber Bauernschutzpolitik gegen das Bauernlegen durch die Gutsherren und Milderung der Frondienste), bevorzugte Stellung des Adels als Träger der Staatsgesinnung in Heer und Verwaltung, Einsatz ehemaliger Unteroffiziere in unteren Verwaltungspositionen und in Volksschulen, Benachteiligung des Bürgertums infolge der Staatsaufsicht über die Städte. Zur größten Leistung Friedrichs des Großen wird die *innere Kolonisation,* bei der im ganzen preußischen Staatsgebiet ca. 900 Dörfer neu errichtet und fast 60 000 Siedlerstellen neu angelegt, insgesamt etwa 300 000 Menschen angesiedelt werden; zur inneren Kolonisation gehört die *Urbarmachung des Warthe-, des Oder- und des Netzebruchs,* der *Bau von Straßen und Kanälen.* Im Sinne des *Merkantilismus* werden die Industrialisierung des Landes vorangetrieben (Seidenindustrie, Leineweberei, Tuchherstellung, Montanindustrie, eigenes Departement für Berg- und Hüttenwesen im Generaldirektorium, Porzellan-, Glas- und andere Manufakturen) und Handel und Gewerbe gefördert (besondere Abteilungen innerhalb des Generaldirektoriums seit 1740, asiatische Handelskompagnie in Emden, Ausbau von Binnen- und Außenhandel, ab 1785 Handelsvertrag mit der neuen Union in Nordamerika), das Bankwesen durch die nach dem Erwerb Westpreußens entstandene Seehandelsgesellschaft belebt, aus der sich später die Preußische Staatsbank entwickelt, der verbrauchte Staatsschatz durch eine konsequente Steuerpolitik (Erhebung der Verbrauchssteuer, Akzise, durch Steuerpächter) und die Einrichtung von Monopolen (Tabak- und Kaffeemonopol) wieder aufgefüllt. Mit der Fortsetzung der von Justizminister *Samuel von Cocceji* (* 1679, † 1755) eingeleiteten *Rechtspflegereform* verzichtet der König in Preußen nicht nur auf die Kabinettsjustiz und regt die Errichtung einer *Gerichtsverfassung mit dreifachem Instanzenzug* an, sondern schafft mit dem Akt der Kodifikation eines einheitlichen Rechts für den brandenburgisch-preußischen Staat vor allem die Voraussetzung für die Entwicklung dieses Staates zu einem Rechtsstaat und grundsätzlicher Anerkennung unabhängiger Rechtsprechung. Aufgrund der entscheidenden Vorarbeiten in der Regierungszeit Friedrichs II. wird 1794 das **„Allgemeine Landrecht für die preußischen Staaten"** publiziert. Im Sinne des *Toleranzgedankens* setzt der König die traditionelle preußische Religions- und Kirchenpolitik fort (1747 Baugenehmigung für die katholische Hedwigskirche in Berlin, Aufnahme der in Süd- und Westeuropa ausgewiesenen Jesuiten nach dem päpstlichen Verbot des Ordens). – *Die Bildungspolitik dagegen gelangt über Anfänge nicht hinaus.*

Österreich:
Aus dem Geheimen Rat des 16. Jh.s entwickelt sich hier die Geheime Konferenz als eine engere Behörde, ab 1709 die *Ständige Konferenz.* Für Außenpolitik, Justizwesen und Verwaltung ist die seit 1655 kollegialisch organisierte österreichische Hofkanzlei zuständig, für das Finanzwesen die *Hofkammer,* für das Militärwesen der *Hofkriegsrat.* Alle diese Behörden bestehen jeweils getrennt für Österreich, Böhmen, Ungarn, später auch für die italienischen und niederländischen Gebiete. Erst zu Beginn des 18. Jh.s wachsen die Länder unter der Krone Habsburgs enger zusammen. Beim Kampf um die internationale Anerkennung der *Pragmatischen Sanktion* geht es für die Monarchie in Österreich um die Sicherung ihrer Einheit mit Hilfe eines Staatsgrundgesetzes.
Maria Theresia folgt bei der Umgestaltung und Modernisierung ihrer Länder ab 1746 den Grundlinien einer *Verwaltungsreform* (Zentralverwaltung; „Gubernien", sog. Repräsentationen und Kammern für die Bereiche Militär, Finanzen und Wirtschaft der Länder und die *Verpflichtung der Beamten auf die Königin,* nicht mehr auf die Stände; *Kreisämter* über den grundherrlichen Lokalverwaltungen mit Zuständigkeit staatlicher Behörden über Land und Stadt), die vor allem von *Graf Friedrich Wilhelm von Haugwitz* (aus der schlesischen Verwaltung kommend; * 1702, † 1765) zum Teil am Beispiel Preußens, aber auch aus den Lehren der österreichischen *Kameralisten* entwickelt wird, und macht aus den bis dahin getrennten Landesteilen ihrer Monarchie (ohne Ungarn und die südlichen Niederlande) einen *vereinheitlichten Beamtenstaat.* Als oberste Behörde für die politische und Finanzverwaltung der österreichischen Länder (einschließlich Böhmens) wird 1749 das *„Directorium in publicis et cameralibus"* (Vereinigung von österreichischer und böhmischer Hofkanzlei) geschaffen, und analog zur preußischen Entwicklung werden Generalkriegskommissariat und Kommerzienhofkommission in das Directorium einbezogen (unter Kaunitz wird die Finanzverwaltung dann allerdings wieder ausgegliedert). Die *Rechtspflege* wird durch Schaffung einer *„Obersten Justizstelle"* von der Verwaltung völlig getrennt (Ministerium und oberster Gerichtshof). Durch die Schaffung des *Staatsrates* im Jahre 1760 wird eine allen Hofstellen (Vereinigte Hofkanzlei, Staatskanzlei, Oberste Justizstelle, Hofkammer, Hofrechenkammer und Hofkriegsrat) übergeordnete, beratende Körperschaft eingerichtet, die für die *Koordinierung der Staats-*

Die Verfassungsstruktur des Reiches und die Staatsverwaltung in Österreich im 17./18. Jh.

Westfälischer Friede von 1648 als Reichsverfassungselement

Ungelöste konstitutionelle Grundfragen: Kaiserwahl, Kreisverfassung, Reichssteuerwesen, Reichsgerichtswesen

Reichstag zu Regensburg 1653/54: Keine gemeinsame Grundlage zum Ausbau des Reiches als moderner Staat, Beschlüsse zur steuerlichen Wehrhoheit der Stände und zum Reichsjustizwesen

Immerwährender Reichstag zu Regensburg seit 1663: Keine verfassungsrechtlich durchgreifenden Beschlüsse (Reichskriegsverfassung von 1681, damit Wiederbelebung der Kreisverfassung; Neuordnung des Zunftwesens von 1731)

Reich (Wahlkönigtum): Gesamtheit der im Reichstag vertretenen Reichsstände Zusammenhalt durch den Kaiser und König

Reichstag: Versammlung in 3 Kurien (Kurfürstenkolleg, Fürstenrat, Städtekollegium), in Religionsfragen Teilung in 2 Corpora (Corpus catholicorum, Corpus evangelicorum)

Partikularmacht: Mit Wirkung des Westfälischen Friedens für die Reichsstände Anerkennung der vollkommenen Landeshoheit als Territorialgewalten (Libertät der Reichsstände), Wehrsteuerhoheit. Unabhängigkeit in der Außen-, Innen-, Bündnis- und Religionspolitik (Bündnispolitik darf nicht gegen das Reich gerichtet sein)

Reichskammergericht: einzige Instanz für reichsunmittelbare Stände, höchste Berufungsinstanz im Reich, Besetzung durch Kaiser und Stände

Kaiser und König: Einschränkung der Funktionen durch Unabhängigkeit der Reichsstände

Zentralmacht: Mit Wirkung des Westfälischen Friedens praktisch Annullierung einer kaiserlichen Reichspolitik bis auf die Reservatrechte: Standeserhöhungen, Legitimierungen, Belehnung der Reichsvasallen, Bestätigung landständischer Verfassungen, Erteilung von Privilegien, Titeln, Wappen sowie Dispensen und Exemtionen von der Reichsgerichtsbarkeit

Reichskanzlei unt. d. Reichserzkanzler, dem Kurfürsten von Mainz

Ernennung und Entsendung des Reichsvizekanzlers

Möglichkeiten einer Reichspolitik ohne rechtliche Grundlage: Beeinflussung der Reichsstände durch starke „Hausmacht", Anwendung der Reservatrechte, Einwirkung bei Bischofswahlen

Reichshofrat, kaiserlicher Reichsgerichtshof mit Regierungsaufgaben (Reform 1654) in Konkurrenz zum Reichskammergericht

Österreichische Hofkanzlei (Ausgliederung aus der Reichskanzlei 1620, Neuorganisation 1654) Behörde für die Außenpolitik, die innere Verwaltung, das Rechtswesen, die Billigkeitsrechtspflege

Wiener Hofkammer

Hofkriegsrat

Regionalkanzleien

Hofkanzler

Kaiser und König als Herrscher in den habsburgischen Erblanden, Österreich-Böhmen nach dem monarchisch-absolutist. Prinzip

Geheimer Rat (Reform 1637, 1669) zur Beratung des Monarchen (Leiter: Obersthofmeister)

Engerer Rat

Geheime Konferenz (Ständige Konferenz seit 1709) Leiter: Obersthofmeister, Mitglieder: Hofkanzler, Reichsvizekanzler, Reichshofratspräsident, Oberstkämmerer, Hofkriegsratspräsident Aufgabenbereich: Außenpolitik, Reichs- u. Kriegssachen

Nach: Propyläen Geschichte Europas Bd. 3 (1976), mit freundlicher Genehmigung des Verlags verwaltung sorgen soll (1765 erneut reformiert). Im Zuge einer *Heeresreform* geht man zu einem dem preußischen Kantonalsystem vergleichbaren Rekrutierungssystem über, bei dem vor allem die Bauern geschützt werden (entscheidende Schritte in Richtung Bauernbefreiung; Ablösung der Fronden auf den Staatsgütern). Im Dienste dieser Reform stehen die *Militärakademie in Wiener Neustadt* und das *Theresianum in Wien.* Mit der sog. *Theresianischen Kataster* wird die Grundlage für eine auch den Adel und die Geistlichkeit einbeziehende *allgemeine direkte Besteuerung* geschaffen. Wie in Brandenburg-Preußen gehört die *innere Kolonisation (Besiedlung des Banats* und der Nachbarlandschaften mit Kolonisten verschiedenen Volkstums, unter ihnen viele südwestdeutsche Bauern; „Schwabenzüge") zu den größten Leistungen Österreichs. Das *Volksschulwesen* wird aufgebaut und erfährt Ergänzungen durch die *Errichtung einer Normalschule zur Ausbildung von Lehrern* in Wien (1770) und die Ausarbeitung einer *allgemeinen Schulordnung* (1774).

Der bedeutendste Wegbereiter des **„Josephinismus",** einer an den Namen Josephs II. geknüpften, aufgeklärt-katholischen, ganz auf den rationalen Nutzen gerichteten Staatsauffassung, ist der holländische Arzt *Gerard van Swieten* (* 1700, † 1772; 1745 nach Wien berufen), der Begründer der ersten Klinik in Wien und der „älteren Wiener medizinischen Schule". Schematischer als seine Mutter strebt *Joseph II.* mit seinen Reformen die *Schaffung des Einheitsstaates auch unter Einbeziehung von Ungarn und den südlichen Niederlanden* an. Mit unzähligen Verordnungen greift der Kaiser sehr weit in alle Lebensverhältnisse ein und erzielt zum Teil beachtliche Fortschritte; 1781 wird die *Leibeigenschaft aufgehoben* und ein *Toleranzpatent* (scharfer Gegensatz zu Maria Theresia seit 1777) erlassen. Joseph II. gründet viele *Wohlfahrtseinrichtungen,* reformiert die *Justiz* (klarer Instanzenzug von Orts- und Landgerichten über Appellationsgerichte zur Obersten Justizstelle, 1786 *erster Teil eines Allgemeinen Gesetzbuches,* 1787 gegenüber der *Nemesis Theresiana* von 1768 gemildertes *allgemeines Strafgesetzbuch,* 1788 *Kriminalgerichtsordnung),* erleichtert die Zensur, verbessert die Rechtsstellung der Juden. Im Zuge schroffer *Säkularisationsmaßnahmen* werden ca. 700 Klöster aufgehoben (1781–1782). Dafür, daß die Reformen Josephs II. oft übereilt, rücksichtslos und wenig durchdacht sind und wachsende Unzufriedenheit in der Bevölkerung erregen, ist die *bedingungslose Zentralisierungspolitik* ein Beispiel, in deren Zug 1784 Deutsch als alleinige Amtssprache auch in den südlichen Niederlanden und Ungarn eingeführt werden soll, wogegen sich erbitterter Widerstand erhebt. Gleich nach dem Tode Josephs II. (1790) muß sein Nachfolger *Leopold II.* viele Maßnahmen wieder rückgängig machen und in die Bahnen einer gemäßigteren Reformpolitik einlenken; die frühere ungarische Verfassung wird wiederhergestellt.

Heiliges Römisches Reich Deutscher Nation und kleinere Territorien:
Aufgrund seines „föderalistischen" Aufbaus bietet das Reich ein vielgestaltiges Bild, das hier nur in einigen Aspekten angedeutet ist. *Insgesamt gelangt der Absolutismus nur an wenigen Stellen über die Zentralisierung der Staatsgewalt und den Ausbau des Regierungs- und Verwaltungsapparates hinaus.*
In *Hannover,* dessen Kurfürst als König von Großbritannien in London weilt, erhält sich der Einfluß des Adels bei einem durch die „Sekretariokratie" unterstützten Ministerregiment. Auf Initiative des hervorragenden Staatsmannes *Gerlach Adolph von Münchhausen* (* 1688, † 1770) wird 1737 die Universität Göttingen eröffnet, die bald bedeutende Lehrer gewinnt, so den Schweizer Naturforscher und Dichter *Albrecht von Haller* (* 1708, † 1777), den Staatsrechtler *Johann Stephan Pütter* (* 1725, † 1807), den Historiker und Publizisten *August Ludwig von Schlözer* (* 1735, † 1809), der 1761–1769 in Rußland Begründer der russischen wissenschaftlichen Geschichtsforschung wird und als Professor in Göttingen vornehmlich durch seine „Staatsanzeigen" auf die Bildung der öffentlichen Meinung in Deutschland einwirkt, den Orientalisten *Johann David Michaelis* (* 1717, † 1791). – Eine Gönnerin von Kunst und Wissenschaft ist die „Große Landgräfin" *Karoline Henriette Christiane von Hessen-Darmstadt* (* 1721, † 1774). – Der Despot *Karl Eugen von Württemberg* (1744–1793, seit 1737 Herzog unter Vormundschaft; * 1728, † 1793), Schillers Landesherr, ist mit seiner eigensüchtigen Härte eine Ausnahme von der „Serenität". Ganz anders der kunstsinnige und an der Idee des Wohlfahrtsstaates orientierte Herzog *Karl August von Sachsen-Weimar* (* 1757, † 1828), der Freund seines Ministers Goethe. – Ein bedeutender Regent im Sinn aufgeklärter Reformpolitik ist Markgraf *Karl Friedrich von Baden* (* 1728, † 1811, regiert seit 1746), ein Schüler der Physiokraten, *der 1767 die Folter* und *1783 die Leibeigenschaft in Baden aufhebt* und wegen seiner musterhaften Verwaltung berühmt ist (nach Johann Gottfried Herder „der beste Fürst, der vielleicht in Deutschland lebt").

Auch das *katholische Deutschland* wird von den Aufklärungsideen ergriffen. Von Trier geht der **Febronianismus** aus, die 1763 in einer Schrift des dortigen Weihbischofs *Johann Nikolaus von Hontheim* (Pseudonym: Justinus Febronius, * 1701, † 1790) u. a. vertretene (später widerrufene) Forderung nach Zurückdrängung des päpstlichen Primates zugunsten einer größeren Selbständigkeit der Bischöfe jedes Landes. In *Bayern* (Ingolstadt) entsteht 1776 der *Illuminatenorden* als Geheimbund zur Verbreitung säkularisierter Humanitätsideale (von Kurfürst *Karl Theodor* 1784 verboten).
Eine Eigentümlichkeit Deutschlands bleiben im 18. Jh. die zahlreichen *geistlichen Territorien* mit einflußreichem Adel und z. T. aufgeklärten Regierungen. Einer der letzten Kurfürsten von Mainz und Kurerzkanzler, *Friedrich Karl Joseph von Erthal* (1774–1802; * 1719, † 1802), stellt 1784 die Universität Mainz wieder her und fördert das geistige und künstlerische Leben *(Johannes von Müller* [* 1752, † 1809], Geschichtsschreiber der Schweiz, 1786 nach Mainz berufen). Erthals Koadjutor und letzter Kurfürst von Mainz ist *Karl Theodor von Dalberg* (Kurfürst 1802–1813; * 1744, † 1817), der später an die Spitze des (Napoleonischen) Rheinbundes tritt.

Haus Habsburg-Lothringen

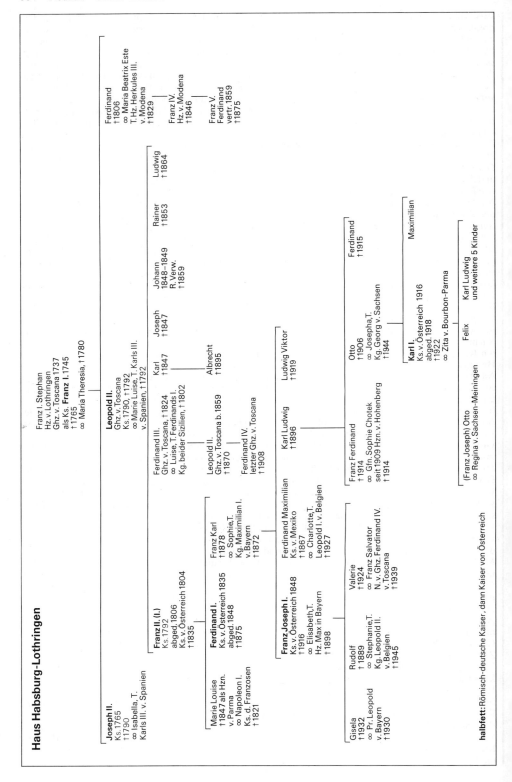

Einzelstaaten – Frankreich – Renaissancekönige und Hugenottenkriege   665

Ein eigenes Leben haben die zahlreichen *Reichsstädte* (vor allem Frankfurt am Main, Nürnberg, Augsburg), die landständischen *Residenzstädte* (Berlin, Potsdam, Dresden, Würzburg, Wien) als *geistige und künstlerische Mittelpunkte* und die *Zentren von Handel und Gewerbe* (Hamburg, Leipzig). Immer einflußreicher wird im Laufe des 18. Jh.s die Rolle, die das *Bürgertum* in Führungspositionen von Staat und Gesellschaft übernimmt. In der Phase der Auseinandersetzungen mit den Landständen bedienen sich die Fürsten bevorzugt *bürgerlicher Räte und Verwaltungsbeamter.* Im übrigen hat der Ausbau des absolutistischen Obrigkeits- und Wohlfahrtsstaates ebenso wie die ständige Erweiterung der Finanz- und Heeresverwaltung einen *wachsenden Bedarf an Personen mit fachlicher Qualifikation* zur Folge, der nur aus dem akademisch gebildeten Bürgertum gedeckt werden kann. Das Ergebnis dieses Prozesses der Staatsintensivierung ist die Bildung einer *bürgerlichen Staatsdienerschaft,* die vielfach den Charakter eines eigenen Standes annimmt und sich in der zweiten Hälfte des 18. Jh.s immer deutlicher als selbständiger sozialer Faktor artikuliert. Sie ist trotz des Mangels an ökonomischem Rückhalt das dynamische Element des deutschen Sozialgefüges auf dem Wege zur staatsbürgerlichen Gesellschaft des 19. Jh.s.
Zu den Mißständen des sozialen und politischen Lebens gehört der *„Soldatenhandel";* zahlreiche Landesfürsten schließen mit auswärtigen Mächten Subsidienverträge, durch die Kapital ins Land kommt, das z. T. in monumentalen Bauten und Stiftungen angelegt wird, während die ins Ausland vermieteten Truppen fremden Zwecken zugute kommen. Geklagt wird auch über eine *Zurücksetzung und Niederhaltung des Bürgerstandes,* aber die Unzufriedenheit findet nur in der Literatur Ausdruck. – *(Forts. S. 738, 769)*

Frankreich (1494–1789)
(Forts. v. S. 557)

Das Zeitalter der Renaissancekönige und der Hugenottenkriege

Hervorragendstes Kennzeichen des frühneuzeitlichen Frankreich ist die zunehmende *Stärke seines Königtums.* Gegen Ende des 15. Jh.s sind bereits etwa zwei Drittel des Staatsgebietes im unmittelbaren Besitz der Krone; durch *zielstrebige Familienpolitik der Valois und Orléans* kommen bis Mitte des 16. Jh.s das *Herzogtum Bretagne* und eine Reihe von *„Apanagen"* (die Ausstattung nachgeborener, meist männlicher Mitglieder regierender Fürstenhäuser mit Territorialbesitz und finanziellen Einkünften, um einen standesgemäßen Unterhalt zu ermöglichen) mit dem Königshaus verwandter Feudalherren hinzu. *Feudaladel* und *Stände* sind *weitgehend entmachtet;* die **Zentralgewalt** dehnt ihren Geltungsbereich mehr und mehr aus; insbesondere setzt sie ein *funktionierendes Steuersystem* durch. Die *katholische Kirche* wird stärker denn je von der monarchischen Gewalt beherrscht: Die Bischöfe werden faktisch von der Krone ernannt, die Kirche wird besteuert, die kirchliche Gerichtsbarkeit eingeschränkt („gallikanische Freiheiten", bestätigt im Konkordat von 1516). Die *Staatsfinanzen* sind zunächst durchaus gesund; die wirtschaftlich aufsteigenden bürgerlichen Kräfte sehen im Königtum einen Bundesgenossen gegen die Feudalherren.
Der gewaltige Machtzuwachs befähigt die französischen *Renaissancekönige* zu einer *kraftvollen Außenpolitik,* die vor kriegerischen Aktionen nicht zurückschreckt. Zunächst noch ohne festumrissene nationalstaatlich-territoriale Zielsetzung führt diese zur *Begründung des habsburgisch-französischen Gegensatzes* und damit zur *Herausbildung des internationalen Gleichgewichtssystems in Europa.*

1483–1498	**Karl VIII.** aus dem Hause Valois (* 1470, † 1498).
1494–1495	Mit dem Feldzug gegen die italienischen Stadtstaaten, der den Anspruch des Hauses Anjou auf *Neapel* geltend machen soll, beginnen die *Auseinandersetzungen zwischen den französischen Königen und Habsburg.* Nachdem Karl Neapel erobert hat, erfährt die Koalition italienischer Staaten entscheidende Unterstützung durch Spanien und Habsburg; die französischen Truppen müssen sich daraufhin überstürzt zurückziehen.
1498–1515	**Ludwig XII.** aus dem Hause Orléans (* 1462, † 1515).
	Der König erobert Mailand und Neapel, verliert letzteres aber nach der *Schlacht am Gari-*
1503	*gliano* (Unterlauf des mittelitalienischen Flusses Liri) an Ferdinand von Aragón und Mai-
1513	land nach der *Schlacht bei Novara* (westliche Poebene) an die Schweiz.
1515–1547	**Franz I.** aus dem Hause Orléans-Angoulême (* 1494, † 1547).
1515	Der König erobert mit einem Sieg über die Eidgenossen bei **Marignano** (südöstlich von Mailand) Mailand zurück.
1516	Konkordat mit Papst Leo X.
	Bei seinen Bemühungen, die Nachfolge Kaiser Maximilians I. im Reich anzutreten, *unter-*
1519	*liegt Franz I. seinem Gegenkandidaten Karl von Spanien* (Karl V.), dessen habsburgisch-spanisches Weltreich Frankreich von allen Seiten zu umklammern droht.
	Im Bündnis mit einigen deutschen protestantischen Landesherren, den Päpsten und den Türken führt Franz I. insgesamt *vier Kriege mit Karl V. um Italien,* die im **Frieden von**
1544	**Crépy** (Crépy-en-Laonnais, Nordfrankreich) mit einem vorläufigen Kompromiß abge-

666 Neuzeit – Frühe Neuzeit

schlossen werden. Territorial wird der Status quo aufgrund der Friedensschlüsse von Madrid (1526) und Cambrai (1529) im wesentlichen bestätigt. Der zweite Sohn Franz' I. soll eine Tochter Karls V. heiraten und dann Mailand erhalten (eine Verabredung, die nicht zustande kommt, weil Herzog Charles vor der Eheschließung stirbt).

1547–1559 Heinrich II. (* 1519, † 1559). Seit 1533 mit *Katharina von Medici* verheiratet.

Der Kampf gegen Karl V. bricht erneut aus, da die deutsche Fürstenopposition Heinrich II.
1552 im *Vertrag von Chambord* das Reichsvikariat über die Bistümer Toul, Metz und Verdun
15. Febr. überläßt.

1556 Nach dem Thronverzicht Karls und der Reichsteilung wird aus dem deutsch-französischen ein *spanisch-französischer Krieg.*

1559 **Frieden von Cateau-Cambrésis** (südöstlich von Cambrai) zwischen Heinrich II. von Frank-
3. April reich und Philipp II. von Spanien. Frankreich muß außer auf Artois, Flandern und die Franche-Comté auf Savoyen und Piemont, d. h. die Alpenpässe, verzichten, kann aber die 1552 erworbenen Bistümer behalten und *Calais* gegen eine Zahlung definitiv für die Krone sichern.

Staat und Kultur der Renaissance

In den wechselvollen Kämpfen bestätigt sich die *innere Stärke des Königtums* und die wachsende „*natio-nale*" *Interessenbindung der Feudalherren;* der Connétable Karl von Bourbon (* 1490, † 1527) findet keine Nachahmer, als er (1523) in das Lager Karls V. überwechselt. Die Feldzüge nach Italien beschleu-nigen das *Vordringen der italienischen Renaissance* nach Frankreich und führen zur Ausbildung einer erstmals national akzentuierten Kultur, die den Humanismus und Rationalismus des antiken Erbes mit Diesseitsfrömmigkeit, praktischem Moralismus und Interesse an der Staatseinheit verbindet. Den *Höhe-punkt des literarischen Patriotismus* bilden die „*Essais*" des Schriftstellers , Philosophen und Moralisten *Michel Eyquem de Montaigne* (* 1533, † 1592); daneben kennzeichnen die *humanistische Dichtung* von *François Rabelais* (* wohl um 1494, † 1553), *Clémerit Marot Pierre de Ronsard* (* 1524 oder 1525, † 1585) und *Joachim Du Bellay* (* um 1522, † 1560) sowie die *Architektur der Königsschlösser* an der Loire und in Paris (Louvre, Fontainebleau) die Epoche. Mäzenatentum und Prachtentfaltung Franz I. fördern diese Renaissancekultur beträchtlich, führen aber auch – zusammen mit den immer kostspieliger werdenden italienischen Unternehmungen – zu einem *Defizit im Staatshaushalt.* Zur Deckung der Finanzlücken läßt Franz die Unsitte der *Ämterkäuflichkeit* zur Regel werden; von da an beginnt die Kor-ruption die königliche Bürokratie zu zersetzen. Seit den vierziger Jahren wird das Reich zudem durch *blutige Protestantenverfolgungen* erschüttert.

1559–1589 Frankreich im Zeichen konfessioneller Auseinandersetzungen.
Auf König Heinrich II. folgen seine drei Söhne:
1559–1560 Franz II. (* 1544, † 1560).
1560–1574 Karl IX. (* 1550, † 1574).
1574–1589 Heinrich III. (* 1551, † 1589).
Während ihrer Regierungszeit spitzen sich die *Gegensätze zwischen katholischem und hugenottischem* (= *eidgenössischem*) *Volksteil* (die französischen Calvinisten werden seit etwa 1560 Hugenotten gen.) zu erbitterten Glaubenskriegen zu. Die Familien des *Hochadels* verbinden die religiösen Kontroversen mit ihrem *Kampf um Machtausweitung* auf Kosten der Krone, der durch die Silberinflation (infolge der überseeischen Entdeckungen) verarmte *Landadel nimmt zu Raubzügen Zuflucht,* die *städtischen Massen* kämpfen unter der Fahne des traditionellen Katholizismus gegen die Lasten des Renaissancekönigtums, *bürgerliche Hugenotten* suchen sich gegen die Feudalherren zu behaupten. Das in Lothringen beheima-tete Geschlecht der **Guise** führt die katholische, das der **Bourbonen** unter dem Prinzen *Ludwig I. von Condé* (* 1530, † 1569) die protestantische Partei an; das *Spanien* Philipps II. favorisiert die Katholiken, *England* die Protestanten. Das französische Königshaus steht zwischen den Parteien, versucht unter der Leitung der einflußreichen Königsmutter **Katharina von Medici** zu vermitteln, verliert jedoch zunehmend an Einfluß. An außenpolitische Ambitionen ist nicht mehr zu denken; Westeuropa wird jetzt von Spanien überragt.

1562 Seit dem *Überfall Herzog Franz von Guises* (* 1519, † 1563) auf eine gottesdienstliche
1. März Versammlung der Calvinisten in *Vassy* (Ostfrankreich) behaupten sich die Hugenotten in drei Kriegen gegen die Partei der Guisen.

1570 **Edikt von Saint-Germain-en-Laye** (westlich von Paris): Die Krone muß den Hugenotten
8. Aug. *bedingte Religionsfreiheit* und als Faustpfand für die getroffenen Abmachungen und Zufluchtsstätte *vier Städte* (die bedeutendste davon *La Rochelle*) auf zwei Jahre *zur Selbst-verwaltung* zugestehen.

Der Hugenottenführer Admiral *Coligny* (* 1519, † 1572) gewinnt zunehmenden Einfluß
1572 auf Karl IX.; als sich jedoch *Heinrich von Navarra* aus dem Hause der Bourbonen mit Mar-
23./24. garete, der Schwester des Königs, vermählt, veranstaltet die Guisenpartei mit Wissen
Aug. Katharinas die sog. **Bartholomäusnacht,** ein Blutbad unter den zur Hochzeit nach Paris ge-

Einzelstaaten – Frankreich – Renaissancekönige und Hugenottenkriege 667

strömten Protestanten. 3000–4000 Hugenotten werden ermordet, unter ihnen Coligny; in den Provinzen fallen weitere 12000–20000 den anschließenden Verfolgungen zum Opfer. Nach der *„Pariser Bluthochzeit"* werden die Kämpfe noch heftiger geführt. Im vierten

1572–1573 Hugenottenkrieg werden den Protestanten alle Sicherheitsplätze genommen; im fünften
ab 1575 Krieg können sie jedoch ihre Rechte entscheidend erweitern:
1576 Im *Edikt von Beaulieu* (heute Beaulieu-sur-Mer an der Côte d'Azur) erhalten sie neben
6. Mai einigen anderen Zugeständnissen acht Sicherheitsplätze, diesmal ohne eine zeitliche Befristung.
1576 Die radikalen Katholiken formieren sich in der **„Heiligen Liga"** zum Vernichtungskampf gegen den Protestantismus und gewinnen den schwachen König Heinrich III. für sich.
1585 Das *Edikt von Paris* hebt alle Rechte der Hugenotten wieder auf.

Seit dem Tode des letzten Königsbruders Franz von Alençon-Anjou (* 1566, † 1584) wird aus dem Bürgerkrieg auch ein *Kampf um die Krone:* die meisten Rechtstitel auf die Nachfolge des kinderlosen Heinrich III. besitzt *Heinrich von Navarra, der neue Führer der pro-*
1588 *testantischen Partei.* Die Katholiken betreiben nun die Absetzung Heinrichs III. zugunsten
12. Mai eines Guisen; ein *Aufstand der Pariser Massen* treibt ihn in die Flucht; während der Belage-
1589 rung von Paris durch das Bourbonenheer wird *Heinrich III.* von einem fanatisierten Domi-
2. Aug. nikaner *ermordet.*
1589–1792 **Das Haus Bourbon in Frankreich.**
1589–1610 Als **Heinrich IV.** (* 1553, † 1610) kann der König von Navarra (seit 1562) seine Rechte anfangs nur sehr schwer geltend machen, zumal sich die „Liga" mit Philipp II. von Spanien verbündet hat und der Hugenottenkrieg so mehr und mehr mit der Auseinandersetzung Spaniens mit England und den Niederlanden verschmilzt. Gegen den *Hegemonieanspruch Spaniens* wendet sich jedoch eine wachsende Zahl gemäßigter Katholiken (die sog. **Dritte Partei der „Politiker",** unter ihnen *Jean Bodin* [* 1530, † 1596], der die epochemachende Lehre vom Monarchen als Verkörperung der staatlichen Souveränität entwickelt), *die das nationale Interesse Frankreichs über die religiösen Integralismus stellen.* Mit ihrer Hilfe gelingt Heinrich IV. schließlich der Ausgleich.
1593 *König Heinrich konvertiert* unter dem Einfluß seines (calvinistisch bleibenden) Ministers
25. Juli *Maximilian de Béthune, Herzog von Sully* (* 1560, † 1641) zum *Katholizismus;* daraufhin
1594 öffnet ihm *Paris* freiwillig *die Tore;* der Widerstand der „Liga" in den Provinzen wird
22. März schrittweise gebrochen.
1597 Nach dem *Ende der Kämpfe* bestätigt das **Edikt von Nantes** die erkämpften Rechte der
1598 Protestanten: Eingeschränkte, aber gesicherte *Kultfreiheit, Zulassung zu allen Würden und*
13. April *Ämtern, konfessionell gemischte Kammern in den Parlamenten für Streitsachen zwischen Katholiken und Protestanten;* in einem zusätzlichen Erlaß erhalten sie etwa 150 *Sicherheitsplätze,* die von 1,2 Millionen Hugenotten, einem guten Zwölftel der Gesamtbevölkerung Frankreichs, bewohnt werden.

Von England und den Niederlanden unterstützt, schließt Heinrich IV. im gleichen Jahr den
Mai Krieg gegen Spanien erfolgreich ab: Im **Frieden von Vervins** (bei Laon) muß Spanien französische Gebietsgewinne in der Provence und im Rhonetal anerkennen und auf jede Einmischung in innerfranzösische Angelegenheiten verzichten.

Die Rekonstruktionspolitik Heinrichs IV.

Die Verluste der insgesamt acht Kriege sind groß, allein in der letzten Phase seit 1585 etwa eine Million Todesopfer, Hunger, Pest, eine Wolfsplage, Emigration von 16000 wirtschaftlich leistungsfähigen Hugenotten. Unter der Leitung des *Herzogs von Sully* setzt eine Phase nüchterner **Rekonstruktionspolitik** ein: Die zerrüttete *Finanzverwaltung* wird durch eiserne Spardisziplin und die Einführung regelmäßiger Rechenschaftsberichte der Beamten neu geordnet, die *Einnahmequellen des Staates* werden durch eine *Systematisierung des Systems der Ämterkäuflichkeit* wieder gesteigert; seit 1604 sind die Ämter faktisch erblich. Die *Landwirtschaft* wird durch Erschließung von Ödland wesentlich gefördert, *neue Straßen* entstehen. *Kanäle* werden projektiert, erste Ansätze zu einer merkantilistischen *Schutzzollpolitik* gemacht. Das im Handel dominierende und auch in der Kolonisierung der überseeischen Gebiete (insbesondere Kanada) führende *Bürgertum dringt,* von der Krone als politisch ungefährlich höchst gefördert, angesichts der finanziellen Krise des Grundadels *in die hohen* (und teuren) *Beamtenstellen ein;* als **noblesse de robe** vermischt es sich mit den alten Führungsschichten, nimmt dabei aber deren Bewußtseinshaltung an und konserviert damit die ständische Struktur Frankreichs über den wirtschaftlichen Niedergang der Feudalherren hinweg. Durch die *Verschmelzung der Güter der Bourbonen mit dem Krongut* wird die *Zentralisierung des Landes* entscheidend vorangetrieben.

Heinrich IV. sieht in dieser *Rekonstruktionspolitik* die Grundlage für eine neue Großmachtstellung Frankreichs auf dem Kontinent. Von Sullys *grand dessin* beeinflußt, das die völlige Umgestaltung Europas zu einer von Frankreich geführten **république chrétienne** vorsieht, sucht er als Protektor der protestantischen Fürsten Deutschlands den Kampf gegen Habsburg wiederaufzunehmen.

668   Neuzeit – Frühe Neuzeit

1610 **14. Mai**	Als sich **Heinrich** 1610 anschickt, aktiv in den Jülich-Clevischen Erbfolgestreit einzugreifen, wird er von dem katholischen Fanatiker *François Ravaillac* (* 1578, 1610 hingerichtet) **ermordet** – der Konflikt mit Habsburg ist noch einmal verschoben; zugleich wird den führenden Kräften des Landes deutlich, wie labil der die Konfessionsspaltung überwindende nationale Konsens noch ist: das in den Schriften des Staatslehrers und Philosophen Jean Bodin theoretisch vorbereitete und von Heinrich IV. in ersten Ansätzen praktizierte *Führungsmodell des königlichen Absolutismus* zur Herstellung des inneren Friedens gewinnt immer mehr Anhänger.

Das Zeitalter der großen Kardinäle

Unter der politischen Führung der Kardinäle **Richelieu** und **Mazarin** wird Frankreich zwischen dem zweiten und sechsten Jahrzehnt des 17. Jh.s endgültig zur absolutistisch regierten Großmacht: Das Land, dessen Territorium nun fast ganz der Krone gehört, wird nach letzten heftigen Widerstandsversuchen der Gegenkräfte vom König und seinem Beamtenapparat beherrscht; die Gefahr der habsburgischen Umklammerung wird beseitigt und so trotz verbleibender innerer Schwächen die Grundlage für eine Führungsrolle Frankreichs auf dem Kontinent gelegt.

1610–1643	**Ludwig XIII.** (*1601, †1643), Sohn Heinrichs IV. (aus seiner zweiten Ehe mit Maria von Medici [*1573, †1642]). Die Partei- und Religionsgegensätze brechen zunächst wieder auf. Als Regentin für den anfangs noch unmündigen Sohn entläßt Heinrichs IV. zweite Frau **Maria von Medici** Sully und orientiert sich wieder an der spanischen Vormacht.
1619	Maria gerät in Konflikt mit dem König, muß den Hof verlassen, söhnt sich aber schließlich im *Vertrag von Angoulême* (an der Charente) mit Ludwig aus.
1624–1642	Der Architekt der Vermittlung, Marias Protégé Armand Jean du Plessis, Herzog von **Richelieu** (* 1585, † 1642), ein machtbewußter Monarchist, seit 1622 Kardinal, intrigiert gegen das Kabinett Ludwigs, tritt auf Betreiben Marias selbst in das Kabinett ein und reißt alsbald die faktische *Leitung der Regierungsgeschäfte* an sich. Ohne große persönliche Sympathie vertraut sich Ludwig nun der Führung Richelieus an, dessen Politik auf eine konsequente Verwirklichung des absolutistischen Staatsgedankens zielt.

Richelieus Innenpolitik

1628	Die ersten Anstrengungen absolutistischer Politik *Richelieus* sind auf die **Beseitigung des hugenottischen „Staats im Staate"** gerichtet. Nach langer, vom König und seinem Minister persönlich geleiteter Belagerung erfolgt die Kapitulation von **La Rochelle**, dem wichtigsten der protestantischen Sicherheitsplätze.
1629	Im Gnadenedikt von Alès (Südfuß der Cevennen) und Gnadenedikt von Nîmes *werden den Hugenotten alle Sicherheitsplätze genommen, ihre religiösen, bürgerlichen und sozialen Rechte jedoch von der Krone bestätigt;* damit bleibt das Hugenottentum als religiöse Sondergruppe erhalten, hört aber auf, eine politisch eigenständige Gegenkraft im Staate zu sein.
1630 **11. Nov.**	Die infolge der Kämpfe in der Königsfamilie wieder mächtige *Adelsopposition* wird von Richelieu Schritt um Schritt in ihren Rechten *eingeschränkt.* Nachdem es ihm gelungen ist, sich einer Verschwörung dieser Gruppe mit der Königsmutter Maria zu entziehen *(journée des dupes),* kann er das Gewaltmonopol des modernen Staates gegen die überkommenen Feudalrechte durchsetzen: Das *Duell wird verboten,* die *Befestigungen der Adelsburgen* werden, soweit sie nicht in Grenznähe liegen, *geschleift.*
1632 **30. Okt.**	*Gaston von Orléans* (* 1608, † 1660), der Bruder des Königs, und *Heinrich Herzog von Montmorency* (* 1595, † 1632), der Gouverneur der Lanquedoc, organisieren 1632 einen *Aufstand gegen die Krone,* werden aber geschlagen. Seit der spektakulären **Hinrichtung Montmorencys** in Toulouse wagt die schwer getroffene Adelsopposition keinen offenen Aufstand mehr, obwohl es auch weiterhin nicht an Versuchen fehlt, Richelieu zu beseitigen.
1635	Zur Stärkung der Königsmacht betreibt *Richelieu* eine *systematische Kulturpolitik;* die in Paris gegründete **Académie française** zur Pflege der französischen Sprache wird vom Pariser Parlament erst nach hinhaltendem Widerstand 1637 genehmigt.
1641	Die *adligen Provinz-Gouverneure,* deren Ämter inzwischen erblich geworden sind, werden in ihren Machtbefugnissen durch königliche Gesandte (die *„Intendanten")* abgelöst (Titel und Einkünfte bleiben ihnen erhalten); *die Generalstände werden nicht mehr einberufen* (letztmalig 1614); das *Parlament von Paris* wird zunehmend bedrängt und *verliert das Recht auf Einspruch gegen königliche Edikte* – nur in Finanzangelegenheiten darf es noch in die Regierungsentscheidungen eingreifen.

Die Wirtschaftskrise des 17. Jh.s

Der Kampf Richelieus gegen die antizentralistischen Kräfte wird erschwert durch die **wirtschaftliche Dauerkrise,** die Frankreich trotz der Anstrengungen Sullys nicht überwindet. Mißernten, Seuchen, durch wirtschaftliche Pressionen erpreßte Rekrutierungen und die vielen inneren und äußeren Fehden lassen die *Rezession* bis in die Mitte des 17. Jh.s andauern. Seit den dreißiger Jahren stagniert das *Preisniveau,* in den vierziger Jahren fällt es sogar; die *Überproduktionskrise* vernichtet die Existenz vieler Bauern, Handwerker und Fabrikanten. Obwohl Richelieu die Steuerschraube im Interesse einer ehrgeizigen Außenpolitik aufs äußerste anspannt, sinken die Einnahmequellen des Staates: *Frankreichs fiskalische Leistungsfähigkeit geht zurück.*
Die *partielle Verelendung der Bauern und Handwerker* und die *brutalen Steuererhebungsmethoden* lösen *ab 1630 zahlreiche Revolten* aus, die sich mit den regionalen und feudalen Sonderinteressen gegen die königliche Zentralgewalt verbinden.

Außenpolitik 1626–1648

	Infolge der inneren Schwäche des Landes und dementsprechender Unzulänglichkeit der französischen Armee beginnt *Richelieus* **antihabsburgische Außenpolitik** mit diplomati-
1626	schen, nur sekundär militärisch abgesicherten Aktionen. Die von ihm entfesselte *„Veltlin-*
5. März	*Affäre"* endet im **Vertrag von Monzon** (Pyrenäen-Südrand) mit einem Erfolg Spaniens, das sein Durchzugsrecht durch dieses strategisch wichtige Graubündner Tal sichert.
1628–1631	Im *Mantuanischen Erbfolgestreit* operiert das französische Heer im savoyischen Westalpengebiet; zugleich sichert Richelieu in Geheimverhandlungen mit dem päpstlichen Vermittler, *Giulio Mazarini,* dem Herzog von Nevers gegen die Forderungen des Hauses Habsburg den Besitzanspruch auf Mantua und Monferrato (in Piemont) und erwirbt zudem von Savoyen die *Alpenpässe Pinerolo und Perosa* im **Vertrag von Turin** (1632); die spanischen Nebenlande in Italien können fortan von Frankreich überwacht werden.
	In den **Dreißigjährigen Krieg** greift Frankreich zunächst nur indirekt auf antihabsburgischer Seite ein:
1631	Richelieu gewährt Gustav II. Adolf von Schweden im Vertrag von Bärwalde finanzielle Unterstützung (die er wieder einstellt, als ihm der Schwedenkönig im deutschen Südwesten zu mächtig zu werden droht).
1633–1635	Richelieu stationiert Truppen in dem zum Reich gehörigen Herzogtum Lothringen.
	Als die Schweden nach der Schlacht bei Nördlingen (1634; im heute bayrischen Schwaben) bis fast an die Ostsee zurückweichen und mit den Kaiserlichen verbündete spanische Trup-
1635	pen Mittelrhein und Moseltal besetzen, dabei den Trierer Kurfürsten gefangennehmen, der
19. Mai	sich unter französischen Schutz gestellt hat, glaubt sich Richelieu zum *offenen Kriegseintritt* gezwungen, obwohl die französische Heeresorganisation noch keineswegs für eine Auseinandersetzung mit den spanischen Elitetruppen gerüstet ist. In der Tat dringen die spanischen und kaiserlichen Verbände bis nach Corbie westlich von Paris vor und lösen in der Hauptstadt eine *Revolte gegen den Kardinal* aus. Dieser denkt für einen Moment an Resignation, weiß dann aber durch kaltblütiges energisches Auftreten die Pariser Massen für sich zu gewinnen und *schlägt die Habsburger an der Spitze einer von ihm und dem König*
1636	*persönlich geführten Armee ins Rheintal zurück.*
	Die Idee des „nationalen" französischen Zentralstaats erfährt durch diesen dramatischen Erfolg beträchtlichen Auftrieb. *Richelieu erweitert das französische Heer,* unter Heinrich IV. 10000 Mann, von 60000 auf 150000 und beginnt nun mit einer *Offensive gegen*
1642	*Spanien und Österreich,* die bei seinem *Tode* noch andauert.
1643–1661	Unter Richelieus Nachfolger **Mazarin** (jenem Giulio Mazarini [* 1602, † 1661], der 1632 in päpstlichen Diensten mit dem Kardinal verhandelt hat, unterdessen aus Bewunderung für Richelieu als Nuntius nach Paris gekommen und dessen vertrauter Schüler geworden ist, *seit 1639 in französischen Diensten,* seit 1641 Kardinal, ohne je geistliche Weihen empfangen zu haben) erringen die französischen Truppen die entscheidenden Erfolge:
1643	*Sieg der französischen Reiterei* über das spanische Fußvolk bei *Rocroi* (Rocroy; französi-
1645	sche Ardennen), Feldzüge Turennes in Mitteldeutschland, gipfeld in der *Niederwerfung der Kaiserlichen bei Nördlingen.*
1647–1648	*Zangenangriff gegen Bayern* im Verein mit den Schweden. Diese Siege und eine geschickte
1648	Diplomatie ermöglichen Mazarin im **„Westfälischen Frieden"** von Münster und Osnabrück
24. Okt.	den *Triumph über Österreich:* Frankreich erzielt nicht nur beträchtliche Territorialgewinne – die österreichische Landgrafschaft Ober- und Niederelsaß, den Sundgau, die Landgrafschaft über zehn elsässische Reichsstädte, Breisach rechts des Rheins, die definitive Bestätigung der Bistümer Metz, Toul, Verdun – sondern auch eine *Schwächung der Stellung des Kaisers im Reich* und damit des Heiligen Römischen Reiches insgesamt, in dessen Verhältnisse es sich als Bürge der Reichsverfassung nun jederzeit formal einmischen kann.

670 Neuzeit – Frühe Neuzeit

Mazarin

1648–1653 **Aufstand der „Fronde":** Die Opfer der absolutistischen Zentralisierung sehen nach dem Tode Richelieus und Ludwig XIII. den Zeitpunkt gekommen, ihre frühere Macht zurückzuerobern. Trotz der außenpolitischen Erfolge ist die Situation dafür günstig: Für den bei Herrschaftsantritt 1643 fünfjährigen Thronfolger Ludwig XIV. führt die politisch isolierte *Königsmutter Anna* (* 1601, † 1666) aus habsburgisch-spanischem Hause die Regentschaft (von 1643–1661); ihr Leitender Minister *Mazarin* verfügt als Diplomat italienischer Herkunft ebensowenig über eine politische Hausmacht. *Das Pariser Parlament erobert seine Kompetenzen zurück,* verweigert die Registrierung besonders unpopulärer Sondersteuern für die Bevölkerung der Hauptstadt und erreicht es im Juli 1648, daß die Regentin den Intendanten als wichtigsten Trägern der absolutistischen Gewalt die Ausübung ihrer Funktionen untersagt. Als Mazarin den volkstümlichen Parlamentsrat *Pierre Broussel* (* 1575,

1648 † 1654) verhaften läßt, kommt es zum *offenen Aufstand der Pariser Massen gegen die*
27. Aug. *Regierung,* dem sog. **„Tag der Barrikaden".**
1649 *Die Königsfamilie flüchtet nach Saint-Germain,* wo sie sich bis zum September aufhält. Ein
Jan. großer Teil des Hochadels, an ihrer Spitze die königlichen Feldherren *Prinz Louis II. Condé* (* 1621, † 1686) und *Turenne* (* 1611, † 1675), *schließt sich dem Volksaufstand an* und gibt ihm eine feudalistische Ausrichtung. Nach wechselvollen Kämpfen in den Provinzen muß *Mazarin ins Exil* gehen (zum Kölner Erzbischof).
1651 Nach Ludwigs XIV. Regierungsantritt im September 1651 und infolge der Unfähigkeit Condés, Paris zu regieren, zerfällt die Fronde jedoch zusehends.
1652 Ludwig XIV. ruft Mazarin aus dem Exil zurück; obwohl Condé nun mit Spanien (das immer
Jan. noch mit Frankreich Krieg führt) ein förmliches Bündnis abschließt, kann *Mazarin* nach erbitterten Kämpfen
1653 *in Paris als Sieger einziehen. Dem Parlament wird* über die 1641 entzogenen Rechte hinaus
Jan. *auch das unter Richelieu noch verbliebene Bestätigungsrecht in Finanzangelegenheiten genommen; die Intendanten werden schrittweise wieder in ihre Rechte eingesetzt.* Die Machtstellung des absoluten Königtums ist nun stärker als je zuvor.
Der Krieg mit Spanien kann jetzt offensiv fortgesetzt werden.
1657 Mazarin schließt ein *Bündnis mit dem England Cromwells.*
Der Kardinal vereinbart nach vergeblicher Kandidatur Ludwigs XIV. für die deutsche Kaiserwürde mit mehreren deutschen Fürsten einen ersten, gegen habsburgische Machtan-
1658 sprüche gerichteten (auf drei Jahre befristeten) **Rheinbund.**
1659 Der **Pyrenäenfrieden** (geschlossen auf einer Insel des Grenzflusses Bidassoa in den Pyre-
7. Nov. näen) *mit Spanien bringt Frankreich weitere Territorial- und Machtgewinne:* Teile von Flandern, die Grafschaft Hennegau, Städte im Luxemburgischen, die Grafschaften des Artois, Besitztitel in Lothringen – also eine Vorverlegung der Nordostgrenze; weiter die Grafschaften Roussillon, Conflans und die nördliche Cerdagne – also eine südwestliche Expansion auf Kosten Spaniens, dazu ein *Heiratsvertrag zwischen Ludwig XIV. und der ältesten Tochter Philipps IV. von Spanien, Maria Theresia,* in dem die Infantin zwar auf alle Erbansprüche verzichten muß, freilich nur unter der Bedingung, daß eine hohe Mitgift gezahlt wird. Die Ehe wird 1660 geschlossen, ohne daß eine solche Zahlung erfolgt. Damit ist die habsburgische Gefahr auch von der spanischen Seite her eingedämmt; es wird fortan Ziel der französischen Politik, sich das spanische Erbe oder zumindest Teile davon anzueignen.

Das Zeitalter Ludwigs XIV.

Merkmale des Zeitalters

Politik

Seit der Niederwerfung der antimonarchischen Opposition und dem doppelten Triumph über Habsburg im Westfälischen und im Pyrenäen-Frieden ist Frankreich die stärkste Macht Europas. Unter **Ludwig XIV. (1643–1715;** * 1638, † 1715), der nach dem Tode Mazarins 1661 die Regierung selbst in die Hand nimmt und dem bisher abstrakten *Absolutismus* das Gepräge seiner zugleich herrschaftsbewußten und oberflächlichen Persönlichkeit gibt, wird der *entmachtete Adel in ein weitverzweigtes System gut dotierter Hofämter eingefügt* und so über seine *politische Einflußlosigkeit* hinweggetäuscht. Das *Parlament* verliert auch noch das *Remonstrationsrecht* (Einspruchsrecht), ist nur noch für die Rechtsprechung zuständig und kann nicht mehr verhindern, daß der König aus eigener Machtvollkommenheit neue Steuern erhebt. *Religiöses, kulturelles und wirtschaftliches Leben unterstehen mehr und mehr dem Einflußbereich des Staates;* trotz politischer Entmachtung bleibt der *Adel* jedoch *gesellschaftlich tonangebend.* Gesellschaftliches und politisches Leben konzentrieren sich auf den *Hofstaat des Königs,* der

Einzelstaaten – Frankreich – Zeitalter Ludwigs XIV. 671

an die 4000 Menschen umfaßt. *Prachtentfaltung, hierarchische Ordnung,* rigoros durchgeformte *Etikette* an der königlichen Residenz, zunächst vornehmlich die Schlösser von Marly (10 km von Versailles) und Trianon im Park von Versailles, dann ab 1682 das *neue Schloß von Versailles,* demonstrieren die herrscherliche Machtstellung, als deren Symbol überall das *Sonnen-Emblem* erscheint (**„Sonnenkönig"**). Ludwig XIV. verfügt über die bestorganisierte und zahlenstärkste *Armee* Europas (unter Kriegsminister *Louvois,* * 1641, † 1691), starke *Befestigungsanlagen* (erbaut von *Vauban,* * 1633, † 1707) und zunächst auch über die *größte Flotte der Welt.* Die königliche Intendantur in den Provinzen und die königlichen Magistrate in den Städten werden ausgebaut; auf dem Lande üben die adligen Grundherren *(seigneurs)* weiterhin Verwaltungs- und Polizeirechte aus. *Insgesamt ist die Position der Krone dominierend, jedoch nicht tatsächlich „absolut":* der Herrscher bleibt trotz umfassender Machtansprüche an die Mitwirkung der vielfältigen regionalen Zwischengewalten und an Grundwerte eines säkularisierten Katholizismus gebunden, aus dem er die Legitimation für seine Herrschaft ableitet.

Wirtschaftsleben

Ludwigs bedeutendster Mitarbeiter **Jean Baptiste Colbert** (* 1619, † 1683), vom persönlichen Verwalter Mazarins zum *Generalkontrolleur der Finanzen* aufgestiegen, *versucht die zerrütteten Staatsfinanzen* durch eine Vereinheitlichung der unübersichtlichen, teilweise widersprüchlichen und ungerechten Steuerbestimmungen *neu zu ordnen,* scheitert aber trotz einschneidender Maßnahmen und anfänglicher Erfolge am Widerstand zahlreicher Interessengruppen und regionaler Gegenkräfte sowie am Entschluß des Königs, das Land erneut in kriegerische Aktionen zu verwickeln. Erfolgreicher sind Colberts Bemühungen um eine *Vereinheitlichung der Zölle.* 1664 werden die nördlichen und mittleren Regionen des Landes zu einer Zolleinheit ohne Binnenzölle zusammengefaßt, während im übrigen Frankreich die Binnenzölle erhalten bleiben. Am meisten erreicht der Finanzkontrolleur mit einer *planmäßigen Wirtschaftsförderung:* Durch einen *Schutzzoll,* der das ganze Reich umgibt, *Übernahme auswärtiger Produktionsmethoden* und *Reglementierung der Herstellungsprozesse* sucht er den Export auf Kosten des Imports zu steigern, um dem Staat Geldmittel für seine Großmachtpolitik zu verschaffen (System des **Merkantilismus**). Im Zuge dieser Maßnahmen entsteht der *Canal du Midi* (Verbindung von Atlantik und Mittelmeer), wird das *Schiffahrtsvolumen vervielfacht und werden die Grundlagen für die französischen Großmanufakturen* geschaffen, die die erste ihrer Art in Europa sind; in ihren Schwerpunkten *Textilproduktion* sowie *Erzeugung von Luxusartikeln* bleiben sie bis ins 20. Jh. hinein führend. Die *Landwirtschaft* wird dagegen vernachlässigt, was später die Kritik der „Physiokraten" hervorruft.

Kolonialreich

Ergänzt werden die Maßnahmen zur Wirtschaftsförderung durch eine systematisch betriebene *Überseepolitik, die das französische Kolonialreich zum zweitgrößten der Welt* (nach dem spanischen) *werden läßt.* Träger der kolonialen Expansion sind seit der Zeit der Renaissancekönige von der Krone geförderte *bürgerliche Unternehmer* (1541 Gründung der ersten Kolonie *„Nouvelle France"* [Neufrankreich] bestehend aus Neufundland, Teilen von Labrador und der St. Lorenzbucht; 1560 französische Handelsniederlassung an der nordafrikanischen Küste; unter Heinrich IV. systematische Kolonisierung Kanadas), seit Richelieu große, mit besonderen Privilegien ausgestattete und daher vom Staat abhängige *Kolonialgesellschaften,* die die Ausdehnung der Kolonialgebiete mit politischer Zielrichtung gegen das spanische Weltreich vorantreiben (neben Kanada nun zahlreiche Antilleninseln, Stützpunkte am Senegal und auf Madagaskar). Colbert erläßt *strenge Bestimmungen zur Steigerung der wirtschaftlichen Erträge aus den Kolonien:* Diese dürfen nicht mit dem Mutterland konkurrieren oder Produkte an Drittländer liefern; der Handel muß von französischen Staatsbürgern wahrgenommen werden; zur wichtigsten Aufgabe der kolonialen Unternehmungen wird die Belieferung des Mutterlandes mit dort nicht erhältlichen Agrarprodukten und Rohstoffen *(„pacte colonial").* Mehr und mehr wird auch das Hinterland der Handelsniederlassungen erschlossen, Kolonisten werden systematisch angesiedelt. Im Zusammenhang mit den europäischen Kriegen Ludwigs XIV. ergibt sich daraus die Notwendigkeit, die neuen Territorien auch gegen militärische Eroberung abzusichern, und so entsteht die Idee eines auch politischen **empire d'outre-mer.** 1682 wird *Louisiana* (weit größer als der spätere amerikanische Bundesstaat) für die französische Krone in Besitz genommen, die vorhandenen Kolonien werden erweitert, eine Reihe von *Niederlassungen in Ostindien* zusätzlich gegründet. Colberts Kolonialreichspläne reichen noch bedeutend weiter, stoßen aber ebenfalls an die Grenze der inneren Leistungsfähigkeit des Landes und der Entscheidung Ludwigs XIV. für eine offensive und kostspielige Europapolitik.

Kunst und Wissenschaft

Sie lassen das Zeitalter Ludwigs XIV. zum *grand siècle der französischen Geschichte* werden. Von der Krone bewußt gefördert, tragen sie vielfach zur *Verherrlichung des absolutistischen Herrschergedankens* bei und begründen Frankreichs Rang als führende Kulturnation Europas, gelangen in ihrem universalistischen Moralismus aber oft auch darüber hinaus zu einer *Kritik der bestehenden gesellschaftlichen*

672 Neuzeit – Frühe Neuzeit

Zustände. Wegbereiter der *neuklassischen Literatur* Frankreichs sind der Philosoph und Mathematiker **René Descartes** (* 1596, † 1650; seit 1629 in den Niederlanden lebend), dessen *„Discours de la méthode"* 1637 die Grundlagen für rationalistisches und aufklärerisches Denken legt, sowie **Blaise Pascal** (* 1623, † 1662), wie Descartes ein hervorragender Mathematiker, daneben ein von verinnerlichter christlicher Frömmigkeit (Jansenismus) geprägter *Existenzphilosoph.* Am antiken Vorbild, besonders an Horaz' ..Ars poetica" orientierte ästhetische Regeln kodifiziert der Schriftsteller und Kunsttheoretiker *Nicolas Boileau-Despréaux* (* 1636, † 1711) in seiner *„Art poétique"* (1674). „Gebändigter" Stil und moralistische Weltsicht spiegeln sich in den *klassischen Tragödien* von **Pierre Corneille** (* 1606, † 1684) und **Jean-Baptiste Racine** (* 1639, † 1699), in den *Charakterkomödien* von Jean-Baptiste Poquelin, gen. **Molière** (* 1622, † 1673), in den eleganten *„Contes"* und satirischen *Tierfabeln* von **Jean de La Fontaine** (* 1621, † 1695), in den aphoristischen *„Maximen und Reflexionen"* („Réflexions ou sentences et maximes morales", 1665) des Fronde-Führers François VI. Duc de *La Rochefoucauld* (* 1613, † 1680) und in den *„Charakteren"* (1688) des artverwandten Jean de *La Bruyère* (* 1645, † 1696). **Jacques-Bénigne Bossuet** (* 1627, † 1704), *der führende katholische Theologe und Kanzelredner der Epoche,* definiert das kirchenpolitische Selbstverständnis des absolutistischen Staates in den vier Artikeln der *„Gallikanischen Freiheiten"* (1690 von Papst Alexander VIII. verworfen). Erzbischof **François Fénelon** (* 1651, † 1715) übt in einem *Fürstenspiegel Kritik am Absolutismus.* In der **Malerei** dominiert das antimythologische Vorbild *(Niclas Poussin,* * 1593 oder 1594, † 1665), in der **Architektur** große Staatsbauten *(Jules Hardouin Mansart* [* 1646, † 1708], erbaut 1661–1684 das *Schloß Versailles),* in der **Musik** die *klassische Oper* **(Jean-Baptiste Lully,** * 1632, † 1687; **Jean-Philippe Rameau,** * 1683, † 1764).

Auf der Grundlage der inneren und äußeren Erfolge der Krone *sucht Ludwig XIV. sein Reich* an der Ostgrenze, vom Ärmelkanal bis zum Mittelmeer, *territorial zu erweitern.* Bis 1688 kann er die Vormachtstellung Frankreichs auf dem Kontinent fortlaufend steigern; danach wird er in das europäische Gleichgewichtssystem zurückverwiesen; die übersteigerte Expansionspolitik schädigt die innere Substanz des Staates.

	Unter Berufung auf umstrittene Erbansprüche auf die spanischen Niederlande (nach dem
1667–1668	*sog. Devolutionsrecht;* daher **Devolutionskrieg)** greift Ludwig XIV. Spanien in Flandern und Burgund an, wird nach raschen Anfangserfolgen aufgehalten, da England und Holland
1668	ihren See- und Handelskrieg aufgeben und sich mit dem bisher mit Frankreich verbündeten
23. Jan.	Schweden zur *Tripelallianz* gegen das französische Vordringen verständigen.
2. Mai	Im *Frieden von Aachen* muß sich Frankreich mit dem Gewinn niederländischer Grenzfestungen, darunter Lille, zufriedengeben.
1670	Ludwig XIV. fällt in Lothringen ein, vertreibt dessen Herzog Karl IV. und hält das Land militärisch besetzt (bis 1697).
1672–1678	**Niederländischer Krieg.**
	Durch Bündnis und Subsidienverträge mit England, Schweden und deutschen Fürsten abgesichert, greift Ludwig die niederländischen Generalstaaten an. Diese geraten im ersten Kriegsjahr an den Rand der militärischen Niederlage; ein Volksaufstand bringt **Wil-**
1672	**helm III. von Oranien** (1672–1702; * 1650, † 1702) an die Macht, der zur Verteidigung des Landes die Deiche der Kernprovinz Holland öffnen läßt und eine *Koalition mit dem*
1673	*Reich, Brandenburg, Österreich und Spanien* zustande bringt.
	Ludwig gewinnt Schweden und Polen als Bundesgenossen. Das Ergebnis des Kräfteringens
1678–1679	ist der **Friede von Nimwegen:**
	Die Niederlande werden restituiert, müssen sich aber zu fortwährender Neutralität verpflichten, Spanien muß weitere Teile Westflanderns (unter anderem Cambrai) und die Franche-Comté an Frankreich abgeben, Lothringen bleibt faktisch unter französischer Herrschaft.
1679	Aus Enttäuschung über den *Frieden von Saint-Germain-en-Laye,* der Schweden die preußischen Eroberungen in Pommern größtenteils zurückgibt, schließt Friedrich Wilhelm von Brandenburg (der „Große Kurfürst") einen Subsidienvertrag mit Frankreich.
Seit 1679	Ludwig XIV. eignet sich Städte und Dörfer im Elsaß und in Lothringen gewaltsam an, die von französischen Sondergerichtshöfen (den sog. **Réunionskammern)** aufgrund zweifelhafter historischer Ansprüche der Krone zugesprochen werden (insgesamt etwa 600). 1681 wird *Straßburg annektiert,* 1684 *Luxemburg* und *Trier besetzt.* Durch den von Frankreich begünstigten Vorstoß der Türken gebunden, erkennen Kaiser und Reich im Regensburger
1684	Stillstand die Réunionen auf 20 Jahre an.
1685	Etwa zur gleichen Zeit intensiviert der französische König die seit seinem Regierungsantritt
18. Okt.	geübte *Drangsalierung der Hugenotten.* **Aufhebung des Edikts von Nantes** durch das sog. *Revokationsedikt von Fontainebleau:* Kultfreiheit, protestantische Erziehung und Auswanderung von Protestanten werden verboten. Nahezu der Hälfte der einen Million französischer Protestanten gelingt es dennoch zu fliehen (besonders nach den nördlichen Niederlanden, England, Brandenburg); *Frankreich verliert beträchtliche wirtschaftliche und intellektuell-moralische Kräfte.* Hugenottenverfolgungen, Réunionspolitik und Begünstigung der Türken nehmen die öffentliche Meinung in Europa gegen Frankreich ein.

Einzelstaaten – Frankreich – Zeitalter Ludwigs XIV. 673

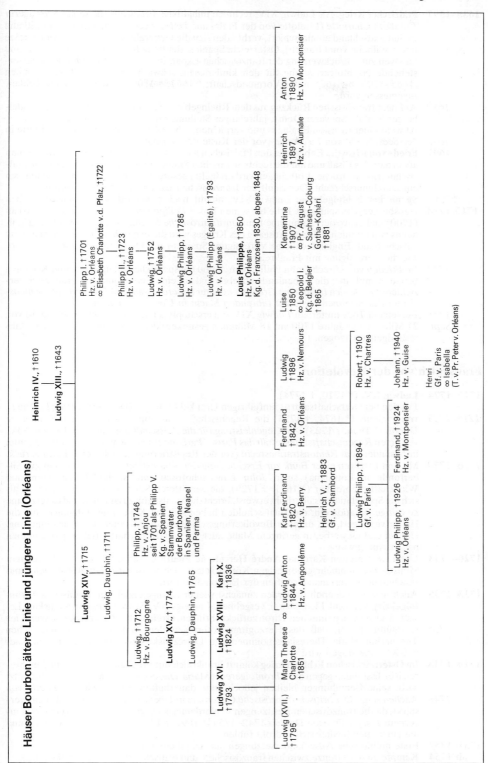

674   Neuzeit – Frühe Neuzeit

1688–1697   **Pfälzischer Krieg.** Als Ludwig XIV. rechtlich unhaltbare *Erbansprüche seiner Schwägerin Elisabeth Charlotte* (Liselotte von der Pfalz) *auf die Pfalz* gewaltsam durchsetzen will und in Süddeutschland einmarschiert, verbünden sich die Generalstaaten, England (jetzt beide unter Wilhelm von Oranien), Österreich, Spanien, deutsche Reichsfürsten, Schweden und Savoyen zur Zurückwerfung der französischen Expansion, der im Hinblick auf die bevorstehende Nachfolgeregelung für den kinderlosen, schwächlichen *Karl II.* von Spanien (1665–1700, bis 1675 unter Vormundschaft; * 1661, † 1700) besondere Gefährlichkeit zugemessen wird.

1689   Auf dem französischen Rückzug aus dem Rheingebiet „*Zerstörung der Pfalz*" (u. a. Heidelberger Schloß, Speyerer Dom); jahrelanger Stellungs- und Belagerungskrieg.

   Abwehr einer Invasion Englands und vernichtende Niederlage der französischen Flotte in
1692   der *Seeschlacht von La Hogue* (vor der Küste der Normandie).

1697   **Friede von Rijswijk.** Er beendet den Pfälzischen Krieg: Frankreich muß auf alle Réunionen außerhalb des Elsaß und auf die rechtsrheinischen Städte verzichten, ebenso auf seine pfälzischen Erbansprüche. Lothringen wird endgültig restituiert, allerdings behält Frankreich ein Durchmarschrecht. Der Zenit der französischen Expansion ist überschritten.

1701–   **Spanischer Erbfolgekrieg:** Ludwig XIV. nimmt nach dem Tod des letzten spanischen
1713/1714   Habsburgers das spanische Erbe für seinen Enkel *Philipp von Anjou* (* 1683, † 1746) an (1700) und provoziert damit eine neue *antifranzösische Koalition* unter der Führung Wilhelms von Oranien. Für den Ausgang des Krieges wird die *englische Gleichgewichtspolitik* entscheidend: England will eine Vereinigung Spaniens mit Österreich ebenso verhindern wie die Vereinigung mit Frankreich.

1713   Im *Frieden von Utrecht* kann Philipp von Anjou die spanischen Hauptlande und Kolonien behalten, muß aber die Nebenlande abgeben und auf eine Vereinigung mit Frankreich verzichten. *Frankreich bleibt eine Großmacht unter anderen, während England zum Schiedsrichter des Kontinents und zur führenden Macht in Übersee aufsteigt.*

1715   Bei seinem *Tode* hinterläßt *Ludwig XIV.* ein erschöpftes Land: Die Einwohnerzahl ist von
1. Sept.   21 Millionen im Jahre 1700 auf 18 Millionen gesunken; der Staatshaushalt ist um 18 Jahresbudgets überzogen.

Frankreich vor der Revolution

1715–1774   **Ludwig XV.** (* 1710, † 1774).

   Für den bei Herrschaftsantritt fünfjährigen Urenkel Ludwigs XIV. führt *Herzog Philipp II.*
1715–1723   *von Orléans* (* 1674, † 1723) die Regentschaft, unterstützt von Kardinal *Guillaume Dubois* (* 1656, † 1723). *Als Gegenleistung für die Ausschaltung eines* von Ludwig XIV. verfügten *Regentschaftsrates erhält das Pariser Parlament* seit Richelieu verlorene Rechte, insbesondere *das Remonstrationsrecht* (vor der Registrierung königlicher Edikte) *zurück.*

1716–1720   Mit den Erträgen einer *Bank zur Erschließung der Kolonialgebiete* (Spekulation auf Silberfunde in Louisiana) sucht *John Law,* schottisch-französischer Finanzmann und Wirtschaftstheoretiker (* 1671, † 1729), die zerrütteten Staatsfinanzen zu sanieren; als sich die Spekulation als überhöht erweist, bricht die Staatsbank zusammen, und es setzt eine *gewaltige Inflation* ein; die Staatsschulden haben sich auf Kosten der Gläubiger um die Hälfte verringert, die unteren Bevölkerungsschichten leiden unter der Preissteigerung. Handel und Gewerbe, in geringem Maße auch die Landwirtschaft, erleben jedoch einen neuen Aufschwung.

1726–1743   Unter dem greisen Kardinal **André Hercule de Fleury** (* 1653, † 1743) als Leitendem Minister des nunmehr großjährigen Königs setzen sich *wirtschaftlicher Aufschwung* und zunehmendes Auseinanderdriften der Einkommen fort.

1733–1735   Auch in der Außenpolitik werden zunächst wieder Erfolge erzielt: Im **Polnischen Thronfolgekrieg** versucht Fleury zwar vergeblich, Ludwigs XV. Schwiegervater Stanislaus Leszczyński auf den polnischen Thron zurückzubringen, erreicht aber im *Vorfrieden von Wien*
1735   (endgültig 1738), daß das Herzogtum Lothringen dem Gatten der österreichischen Thronerbin Maria Theresia genommen und Leszczyński sowie als dessen Erben Ludwig XV. übertragen wird.

1740–1748   Im **Österreichischen Erbfolgekrieg** kämpft Frankreich mit Preußen (zeitweise) und mehreren Reichsständen gegen das *Thronfolgerecht Maria Theresias,* die von England unterstützt wird; seine Bemühungen bleiben jedoch ohne dauerhaften Erfolg, wie der *Friede von*
1748   *Aachen* zeigt. *Der britisch-französische Gegensatz in Übersee dauert fort,* wird sogar verstärkt, da die französischen Besitzungen in Nordamerika und Vorderindien (Generalgouverneur *Joseph-François Dupleix* 1742–1754 [* 1697, † 1763] beträchtlich anwachsen und die englischen Siedler sich bedroht fühlen.

1751–1752   Erste militärische Auseinandersetzungen auf indischem Territorium.
ab 1754   Kämpfe an der Grenze zwischen französischem und britischem Gebiet in Nordamerika.

Einzelstaaten – Frankreich – Vor der Revolution   675

1756–1763 **Siebenjähriger Krieg:** Als sich Preußen und England über die Neutralität Norddeutschlands verständigen, geht Ludwig XV. auf das Bündniswerben des österreichischen Kanzlers
1756   *Wenzel Anton Graf Kaunitz* (* 1711, † 1794) ein. Der *Vertrag von Versailles* sieht Unter-
1. Mai stützung der österreichischen Pläne auf Rückgewinnung Schlesiens gegen die Zusage vor, die österreichischen Niederlande an Frankreich abtreten zu wollen. Während die durch Preußen ausgelösten Kämpfe in Mitteleuropa starke französische Kräfte binden, ohne daß sich der Status quo auf Dauer verändern läßt, erweisen sich die britischen Streitkräfte in Indien und Nordamerika als den französischen überlegen. *1759 wird der größte Teil der französischen Flotte vernichtet* und *Kanada von britischen Truppen erobert.*
1763   Im *Frieden von Paris* muß Frankreich auf den größten Teil seines Kolonialimperiums ver-
10. Febr. zichten, lediglich einige Inseln und Handelsplätze sowie die Westhälfte von Santo Domingo bleiben erhalten. Frankreich ist außenpolitisch so geschwächt, daß es 1772 die erste Teilung Polens ohne Gegenwehr hinnehmen muß.
Auch innenpolitisch *verliert die Krone an Ansehen:* Ludwig XV. diskreditiert sich unter dem Einfluß seiner Mätressen (insbesondere die *Marquise de Pompadour* 1745–1764 [* 1721, † 1764] und die *Gräfin Dubarry* 1769–1774 [* 1743, † 1793]) durch frivolen Lebensstil und nachlässige Handhabung der Regierungsgeschäfte.
1774–1792 **Ludwig XVI.** (* 1754, † 1793).
Der Enkel Ludwigs XV. besitzt nicht die nötige Energie, die unterdessen gewaltig angewachsenen Probleme in den Griff zu bekommen.

Die Krise der absolutistischen Herrschaft

Die Unfähigkeit der Monarchen zu einem Zeitpunkt, da eine Fülle unerledigter und neuer Probleme zusammentrifft, führt das bisher gerade wegen der Leistunsfähigkeit der Krone erfolgreiche absolutistische Regime in eine *Krise,* von der es sich nicht mehr erholt.
In der *Durchdringung des Staates durch die einheitliche königliche Gewalt* werden seit Ludwig XIV. *keine Fortschritte* mehr erzielt; was an archaischem Wirrwarr unterschiedlicher Rechtsgebiete, feudaler und moderner Kompetenzen, Privilegien und gegensätzlicher Verordnungen geblieben ist, bleibt erhalten; darüber hinaus nehmen die ständischen Parlamente den Kampf um die politische Macht wieder auf.
Weil der *Staatsapparat nicht modernisiert* wird, wachsen die *Mißstände im Steuersystem* ins Unermeßliche: Trotz aller Maßnahmen Laws zur Senkung der Staatsschuld gelingt es nicht, zu einem ausgeglichenen Budget zu kommen; infolge der Kriege nach dem Ende der Ära Fleury nimmt das Defizit wieder beträchtlich zu, ohne daß die Krone in der Lage ist, sich einen verläßlichen Überblick über ihre Einnahmen und Ausgaben zu verschaffen. *Adel und Klerus,* deren Spitzen immer noch zu den einkommensstärksten Gruppen des Landes zählen, *sind von der wichtigsten direkten Steuer,* der „*Taille*" (Einkommen- und Grundsteuer) *befreit,* während die wichtigste *indirekte Steuer,* die „*Gabelle*" (Salzsteuer), an Generalpächter mit hohen Gewinnen verpachtet ist und zudem in den einzelnen Territorien ganz unterschiedlich gehandhabt wird.
Beträchtlich verschärft wird die Steuer-Ungerechtigkeit durch Auseinanderdriften der Einkommen infolge des anhaltenden *wirtschaftlichen Aufschwungs,* den Frankreich unter den beiden Nachfolgern Ludwigs XIV. erlebt (ablesbar etwa an der *Vervierfachung des Außenhandels* zwischen 1715 und 1789). Zu seinen Ursachen zählen, sich zum Teil wechselseitig bedingend, erstens ein *beträchtliches Bevölkerungswachstum* (von etwa 18 Millionen im Jahre 1715 auf etwa 26 Millionen 1789), zweitens ein *Agrarboom,* drittens eine *moderne liberalkapitalistische Wirtschaftspolitik* in Gestalt extensiver Kapitalnutzung (Law), weiterer *Vereinheitlichung des französischen Wirtschaftsgebietes durch neue Verkehrswege* und *Binnenzollabbau* (Fleury), *Aufhebung merkantilistischer Regulierungen,* schrittweise Einführung der *Gewerbefreiheit, Freigabe des interregionalen Getreidehandels* (Necker), viertens eine zunehmende *Marktorientierung der Agrarproduktion,* fünftens (und zunächst ganz am Rande) seit den 60er Jahren des 18. Jh.s *erste Ansätze zur Industrialisierung* (Textilindustrie, Bergbau).
Der Aufschwung *stärkt die großbürgerlichen Kräfte* (Großhändler, Großkaufleute, Reeder, Verleger, vor allem Pächter und andere Inhaber der großen landwirtschaftlichen Betriebe) finanziell und quantitativ beträchtlich: die Perspektive auf einen Aufstieg in die adlige Herrenschicht mittels Ämterkauf (jetzt nicht seltener realisierbar als im 17. Jh.) genügt ihnen nicht mehr, zumal sich die wohlhabenden Adligen ihrer Erwerbsweise anpassen und objektiv gesehen die gleichen Agrar- und Handelskapitalisten-Funktionen wahrnehmen; sie fordern – zum Teil unterstützt von den bürgerlichen „Zwischenschichten" städtischer Honoratioren – eine *Aufhebung der politischen und gesellschaftlichen Privilegierung des Adels.*
Innerhalb der alten Herrenschicht behalten jedoch diejenigen Kräfte die Oberhand, die sich entweder nicht auf die neuen Produktionsbedingungen einzustellen wissen und darum um ihren Abstieg fürchten oder bereits für eine kapitalistische Existenz zu arm und um so mehr auf ihre Privilegien angewiesen sind oder alte Vorrechte und neuen Reichtum monopolisieren möchten.
Die *arbeitenden Schichten* partizipieren nur in sehr geringem Maße an dem Aufschwung; ihre Einkünfte können mit den steigenden Preisen kaum Schritt halten. Statt der nur noch wenig belastenden Frondienste, die ohnehin im Laufe des Jh.s schrittweise aufgehoben werden, empfindet die Masse der am

676 Neuzeit – Frühe Neuzeit

Rande des Existenzminimums laborierenden *bäuerlichen Kleinpächter* die Einkommensunterschiede zur Agrarkapitalistenschicht als gravierend, das gleiche gilt für die *landwirtschaftlichen Kleinproduzenten in den Städten.* Während des ganzen Jh.s hält die *Landflucht* an; in den Städten entsteht ein *Proletariat* aus deklassierten Handwerksmeistern, Gesellen ohne Aufstiegsmöglichkeiten und Manufakturarbeitern. *Kaufkraftschwund* und *Getreidepreisverfall* seit den 70er Jahren des 18. Jh.s sowie *Arbeitskräfteüberschuß* seit den 80er Jahren *verschärfen das Protestpotential,* das sich gegen die „Herren" richtet, zunächst aber auch in Fortsetzung der Koalitionen früherer Jh.e von den ständischen Parlamenten gegen die Krone mobilisiert werden kann.

Die vielfältige und in ihrer Zielsetzung vielfach gegensätzliche Oppositionsstimmung artikuliert sich in der **Staatskritik der Aufklärung** und wird von dieser mitgeformt. Charles de Secondat, Baron de La Bréde et de **Montesquieu** (* 1689, † 1755), Senatspräsident in Bordeau, fordert die **Gewaltenteilung** als Voraussetzung für politische Freiheit; **Voltaire** (François-Marie Arouet, * 1694, † 1778) kämpft gegen Vorurteile, kirchliche Unterdrückung und irrationalistische Traditionen; Denis **Diderot** (* 1713, † 1784) und Jean-Baptiste le Rond **d'Alembert** (* 1717, † 1783) bieten in der unter ihrer Leitung entstehenden 35bändigen **Enzyklopädie** nicht nur eine *Summe der aufklärerischen Kritik an Staat und Kirche,* sondern auch umfassende *Begründungen für die Prinzipien der Rechtsstaatlichkeit,* des *Naturrechts,* der *Freiheit* und der *Gleichberechtigung;* **Jean-Jacques Rousseau** (* 1712, † 1778) weitet die Staatskritik zu einer generellen Zivilisationskritik aus und entwickelt mit der **Idee des Gesellschaftsvertrages** als alleiniger Grundlage des Staates ein radikales, verabsolutiertes Demokratiemodell. Physiokratische Wirtschaftstheoretiker (insbesondere *François Quesnay* [* 1694, † 1774] und Victor de Riqueti, Marquis de **Mirabeau** [* 1715, † 1789]) *kritisieren den Merkantilismus* und fordern neben der Freiheit der Wirtschaft *Agrarreformen zur Steigerung der landwirtschaftlichen Produktion,* in der sie die Quelle allen Reichtums sehen. *Träger der immer intensiver werdenden Reformdiskussion* werden die *bürgerlichen Zwischenschichten,* die entsprechenden *mittleren und unteren Ränge des Klerus* und den *aufklärerischen Idealen verpflichtete Adlige,* denen eine Liberalisierung des Systems nach englischem Muster vorschwebt. Die erfolgreiche Beteiligung eines französischen Freiwilligenkorps unter dem *Marquis de Lafayette* (* 1757, † 1834) am amerikanischen Unabhängigkeitskrieg (1775–1783) verschafft der Idee der politischen Demokratie zusätzliche Breitenwirkung.

1770	Ludwig XV. versucht auf Anraten seines Kanzlers *René-Nicolas-Charles-Augustin de Maupeou* (* 1714, † 1792) *die Adelsopposition einzudämmen, indem er die Rechte des Pariser Parlaments auf rein beratende Funktionen beschränkt.* Als dessen Mitglieder daraufhin geschlossen zurücktreten, setzt Ludwig, ohne ihnen den zustehenden Kaufpreis ihrer Ämter zu erstatten, *neue königliche Gerichtshöfe* ein.
1774 Nov.	Der Versuch scheitert, als sein Nachfolger Ludwig XVI. die Parlamente, wenn auch mit eingeschränkten Rechten, restituiert.
1774-1776	Ludwigs XVI. erster Finanzminister **Anne-Robert-Jacques Turgot** (* 1727, † 1781) unternimmt weitreichende Schritte zur *Liberalisierung von Handel und Gewerbe;* sein Versuch, durch Schaffung einer gestuften Landschaftsvertretung die Steuerlast nach Gesichtspunkten der Leistungsfähigkeit umzuverteilen, scheitert am Widerstand der Parlamente, die seine Entlassung erzwingen.
1777–1781	Sein zweiter Nachfolger, der Bankier **Jacques Necker** (* 1732, † 1804), wagt nur noch Reformen, die das Sozialgefüge unangetastet lassen, nimmt zu *weiterer Staatsverschuldung*
1781	Zuflucht, *veröffentlicht den ersten öffentlichen Rechenschaftsbericht (Compte rendu),* der erhebliche Beunruhigung über die Ausgaben des Hofes auslöst, obwohl er das tatsächliche Ausmaß der Verschuldung noch verschleiert. Die um die Königin *Marie Antoinette* (* 1755, † 1793), eine Tochter Kaiserin Maria Theresias, organisierten reformfeindlichen Hofkreise bewerkstelligen auch seinen Sturz. Ein Erlaß des Kriegsministers *Philippe-Henri de Ségur* (* 1724, † 1801) macht den Eintritt in die Offizierslaufbahn vom Nachweis von vier Generationen adliger Vorfahren abhängig.
1783–1787	Nach Necker macht *Charles-Alexandre de Calonne* (* 1734, † 1802) wieder hemmungslos *neue Ausgaben,* in der Hoffnung, eine umfassende Steuerreform im Sinne Turgots doch noch durchbringen zu können.
1787	Um die Parlamentsopposition zu umgehen, läßt er den König eine *Notabelnversammlung* einberufen, die er über das ganze Ausmaß der Finanzkrise informiert; diese entscheidet jedoch nicht anders als die Parlamente: sie erzwingt Calonnes Entlassung.
1787–1788	*Étienne-Charles de Loménie de Brienne* (* 1727, † 1794) versucht nun als Generalkontrolleur der Finanzen, die Krise zu bewältigen, ohne die Interessen der Privilegierten anzutasten, natürlich vergeblich. Gegen dennoch ausgeschriebene neue Steuern rufen die Parlamente zum *Steuerboykott* auf; Gerichts- und Verwaltungsbehörden, Aristokraten, Kleriker und Stadtbürgerschaften schließen sich dem *Aufruhr* an. Schließlich gibt Ludwig XVI. dem Drängen der Parlamente auf eine *Bekanntmachung zur Einberufung der Generalstände* (zum Mai 1789) nach; eine Woche später erklärt die Staatskasse den Bankrott. Beide Seiten, ständische Opposition und Krone, hoffen den Machtkonflikt durch Einbeziehung „Dritten Standes" für sich entscheiden zu können. – *(Forts. S. 776)*
1788 8. Aug. 16. Aug.	

Einzelstaaten – Britische Inseln – Tudor-Dynastie   677

Die Britischen Inseln (1485–1789)
(Forts. v. S. 574)

Die englische Geschichte der Frühen Neuzeit umfaßt den Zeitraum von der Etablierung einer starken Krongewalt unter den Tudors im 16. Jh. bis zur Ausbildung eines politischen Systems in der Mitte des 18. Jh.s, das wiederum von einem hohen Maß politischer Stabilität geprägt ist und das im Zeichen der Errungenschaften der Glorreichen Revolution (1688) steht. Dazwischen liegt das 17. Jh. mit seinen politischen Umwälzungen, die zur Suprematie des Parlaments führen, und mit einer gesellschaftlichen und wirtschaftlichen Entwicklung, die die Stellung des hocharistokratischen Großgrundbesitzes und des mittleren grundbesitzenden Adels, der Gentry, konsolidiert sowie England im Zuge der ,,commercial revolution" auf den Weg einer überseeisch orientierten Welthandelsmacht bringt.

Tudor-Dynastie (1485–1603)

Nach den Rosenkriegen des 15. Jh.s gelingt es der *Tudor-Dynastie*, in England stabile politische Verhältnisse zu schaffen. Aufstandsversuche gegen das neue Herrscherhaus (1486–1487, 1491–1497) werden niedergeworfen. Durch die Ausschaltung der innenpolitischen Opposition und Einziehung zahlreicher Ländereien wird der König größter Grundherr in England und kann seine Herrschaft auf gesteigerte Kroneinnahmen und eine starke Hausmacht gründen. Bedeutsam für die Staatsverwaltung ist die sogenannte *Tudor-Revolution*, die eine maßgeblich von Thomas Cromwell, einem Vertrauten Heinrichs VIII., in den dreißiger Jahren des 16. Jh.s durchgeführte Straffung der staatlichen Behördenorganisation und des Rechtswesens bringt und damit ältere Tendenzen intensiviert. Die Verfassungswirklichkeit wird durch den Aufstieg des Unterhauses geprägt, mit dessen Hilfe die Trennung von Rom durchgeführt wird. Es bleibt aber vorerst ein Instrument in der Hand der Krone. Zum langfristig politisch ausschlaggebenden Faktor entwickelt sich der mittlere grundbesitzende Adel, die Gentry. Sie wird zur führenden sozialen Gruppe im Unterhaus. Hervorzuheben ist, daß innerhalb der besitzenden Schichten *(Hochadel, Gentry, städtisches Bürgertum)* ein vergleichsweise hohes Maß an sozialer Mobilität herrscht, die im Unterschied zur kontinentaleuropäischen Adelsgesellschaft das gesellschaftliche Gefüge Englands prägt und flexibel gestaltet. Grundlage politischer Macht ist der Landbesitz. In der Landwirtschaft setzt ein durch die nächsten Jahrhunderte sich fortsetzender Rationalisierungs- und Konzentrationsprozeß (Umwandlung von Acker- in Weideland, Einhegung der Allmende) ein, der frühe kapitalistische Produktionsmethoden auf dem Land begünstigt. Zugleich erwacht im Laufe des 16. Jh.s ein verstärktes Interesse am Außenhandel.

1485 22. Aug.	Schlacht bei Bosworth (nördlich von Leicester), Niederlage Richards III. gegen das Heer Heinrich Tudors.
1485–1509	**Heinrich VII.** – Noch auf dem Schlachtfeld wird Heinrich VII. (* 1457, † 1509) zum ersten Tudor-Herrscher erhoben.
7. Nov.	Heinrich VII. erklärt sich durch Parlamentsgesetz zum neuen rechtmäßigen König.
Nov./Dez.	*Navigationsakte* zum Schutz des englischen Handels.
1486 18. Jan.	Heinrich VII. heiratet *Elisabeth von York* (* 1466, † 1503): Versöhnungsversuch gegenüber den Yorkisten.
1490	Weitere *Navigationsakte*.
1495	Durch Parlamentsgesetz werden die Rosenkriege formell beendet: Amnestiezusicherung und Eigentumsgarantie für die Tudor-Gegner.
1496	*Magnus Intercursus:* Friedens- und Handelsabkommen mit den habsburgischen Niederlanden, das die für England wichtigen Handelsbeziehungen nach Holland regelt.
1509	Tod Heinrichs VII. (21. April), Nachfolger wird sein Sohn:
1509–1547	**Heinrich VIII.** (* 1491, † 1547).
1509 11. Juni	Heinrich VIII. heiratet mit päpstlicher Zustimmung *Katharina von Aragón* (* 1485, † 1536), eine Tochter Ferdinands II. von Aragonien, die Witwe von Heinrichs verstorbenem Bruder Arthur.
1515	*Thomas Wolsey* (* um 1474, † 1530), Erzbischof von York, wird Kardinal und Lordkanzler. Als leitender Minister steigt er zur beherrschenden Figur in der englischen Innen- und Außenpolitik auf und trägt entscheidend zur Stärkung der königlichen Zentralgewalt bei. Außenpolitisch verfolgt er im Bündnis mit Kaiser Karl V. einen antifranzösischen Kurs.
1521	Heinrich VIII. veröffentlicht eine Schrift gegen Martin Luther und erhält vom Papst den Titel ,,Defensor Fidei".
1527	Heinrich VIII. will sich von Katharina trennen, weil in dieser Ehe kein Sohn geboren wird und weil er Anne Boleyn heiraten möchte. Um sein Ziel zu erreichen, leitet Heinrich die Trennung von Rom ein, die ihm eine Lösung seines privaten Problems bringt: 1533 erklärt *Thomas Cranmer* (* 1489, † 1556), ein evangelischer Theologe, seit 1532 Erzbischof von Canterbury, zusammen mit einem geistlichen Tribunal die erste Ehe des Königs für ungültig.

678 Neuzeit – Frühe Neuzeit

1529 Sturz Wolseys. Lordkanzler bis 1532: *Sir Thomas More* (Thomas Morus; * 1478, † 1535) ein Freund des Erasmus und Verfasser der *„Utopia"*. Das sogenannte *Reformationsparlament* tritt zusammen. Es tagt bis 1536 und beschließt auf dem Gesetzesweg die Trennung von der römischen Kirche.

1530 Heinrich VIII. stellt – beraten von *Thomas Cromwell* (* um 1485, † 1540), der zum führenden Minister aufsteigt – den englischen Klerus unter Anklage, weil er gegen das *Statute of Praemunire* (von 1353) verstoßen habe, d. h. nicht den König als alleinige und oberste Appellationsinstanz anerkannt, sondern dem Papst diese Funktion zuerkannt habe.

1532 Das Parlament verbietet kirchliche Zahlungen an Rom und hebt die Eigenständigkeit kirchlicher Gerichtsbarkeit auf.

1533 Heinrich VIII. heiratet heimlich *Anne Boleyn (25. Jan.)*.

März *Act of Appeals* beseitigt endgültig die juristische Bindung der englischen Kirche an Rom und integriert sie in den englischen Staat. Damit wird die Reformation in England staatsrechtlich vollzogen.

7. Sept. Dem Königspaar wird eine Tochter geboren, die spätere Königin Elisabeth I.

1534 *Suprematsakte*. Dem König als Oberhaupt der englischen Kirche muß von Geistlichen und
Nov. Beamten als Anerkennung seiner vollen kirchlichen Oberhoheit der *Suprematseid* geleistet werden.

1535 Hinrichtung von Eidverweigerern, darunter Kardinal John Fisher und Sir Thomas More (Thomas Morus).

1536 Tod Katharinas von Aragón (8. Jan.).

19. Mai Hinrichtung Anne Boleyns wegen angeblichen Verrats.

30. Mai Dritte Ehe des Königs mit *Jane Seymour* (* 1509, † 1537). Beginn der bis 1539 dauernden Klosterauflösungen. Etwa zwei Drittel des der Krone anheimfallenden klösterlichen Grundbesitzes werden verkauft. Durch diese größte Besitzumwälzung der englischen Neuzeit erfolgt eine Stärkung der Gentry.

1537 Geburt des Thronfolgers, des späteren Königs *Eduard VI.*, und Tod der Königin im Wochenbett.

1539 Um steigender Unruhe in der Kirche vorzubeugen, werden die *„Sechs Artikel"* verabschiedet, die die wesentlichen Elemente der katholischen Dogmatik bestätigen. Die Reformation in England ist mehr ein politisch-staatlicher als theologischer Vorgang.

1540 In vierter Ehe heiratet Heinrich VIII. auf Betreiben Thomas Cromwells die protestantische
6. Jan. *Anna von Cleve* (* 1515, † 1557). Annullierung der Ehe (9. Juli).

23. Juli Hinrichtung Thomas Cromwells wegen angeblichen Häretikertums. Seine Gegner sind die konservativen Kräfte des Landes in Hochadel und Kirche.
Am gleichen Tag heiratet der König *Katharina Howard* (* um 1520, † 1542).
Heinrich VIII. nimmt mit Billigung des irischen Parlaments, das auch seinen Suprematsanspruch duldet, den Titel eines *Königs (statt Lord) von Irland* an, um Irland befrieden zu können.

1542 Hinrichtung der Königin Katharina Howard wegen Untreue.

1543 Letzte Eheschließung Heinrichs VIII., mit *Katharina Parr* (* 1512, † 1548).

1547 Tod Heinrichs VIII. – Durch die Kriegführung gegen Frankreich und die ständigen Kon-
28. Jan. flikte mit Schottland sind die Staatsfinanzen zerrüttet. Die finanzielle Unabhängigkeit der Krone ist durch vermehrten Verkauf von Kronländern hinfällig geworden.
Neuer König ist der neunjährige (* 1537) Sohn Heinrichs VIII.:

1547–1553 **Eduard VI.** – Das Land wird nacheinander von den Protektoren Eduard Seymour *Somer-set* (* um 1506, † 1552) und *Northumberland* (* 1502, † 1553) regiert, die den Protestan-
1549 tismus weiterentwickeln wollen. Einführung des von *Thomas Cranmer,* Erzbischofs von Canterbury, unter Einfluß der deutschen Reformatoren Bucer und Melanchthon verfaßten **Common Prayer Book.** Auf dieser Grundlage entwickelt sich die englische *Hochkirche* (High Church), die in der Lehre protestantisch, in der bischöflichen Verfassung und in der Form des Gottesdienstes katholisch ist.

1553 Tod Eduards VI., der testamentarisch Lady Jane Grey (* 1537, † 1554), eine Urenkelin
6. Juli Heinrichs VII., zur Königin bestimmt. Diese kann sich aber nicht halten und muß am 19. Juli der legitimen Thronfolgerin weichen.

1553–1558 **Maria Tudor,** auch „Maria die Katholische" (* 1516, † 1558), eine Tochter aus der ersten Ehe Heinrichs VIII. Es folgt der Versuch einer Rekatholisierung Englands mit grausamen Verfolgungen der Protestanten. Die Königin erhält den Beinamen „Bloody Mary" (Maria die Blutige).

1554 Heiratsvertrag zwischen Maria und Philipp, dem Sohn Karls V. und künftigen Philipp II. von Spanien. Dadurch gerät England in den Sog der antifranzösischen Politik Habsburgs.

1555 Gründung der Muscovy Company für den Rußlandhandel.

1556 Hinrichtung Thomas Cranmers.

1558 Tod Marias und Thronbesteigung der aus der Ehe Heinrichs VIII. mit Anne Boleyn stam-
17. Nov. menden Tochter:

Einzelstaaten – Britische Inseln – Tudor-Dynastie 679

Die Häuser Tudor und Stuart (England, Schottland)

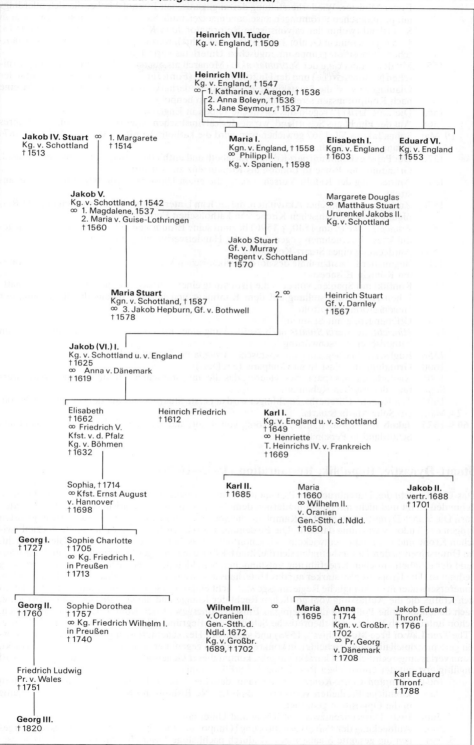

680 Neuzeit – Frühe Neuzeit

1558–1603 **Elisabeth I.** (* 1533, † 1603). *Lord Burghley* (* 1520, † 1598) wird für vier Jahrzehnte ihr Erster Minister. Wiederherstellung der anglikanischen Bischofskirche, die sich allerdings mit puritanischen Strömungen auseinandersetzen muß. Sie konzentrieren sich vor allem in Schottland (wohin der calvinistische Reformator *John Knox* [* um 1505 oder um 1513, † 1572] aus seinem Genfer Exil 1559 zurückkehrt), werden aber auch von einer puritanischen Oppositionsgruppe im englischen Unterhaus vertreten.

1559 Mit der Erneuerung der *Suprematsakte* (Monarch als oberster Kirchenherr der anglikanischen Nationalkirche) und der Uniformitätsakte (Forderung nach äußerer Konformität der Gläubigen) wird die Staatskirche gesetzlich wiederhergestellt. Die Königin betreibt eine nach Kompromissen strebende gemäßigte Kirchenpolitik.

1563 Die „*39 Artikel*" regeln das kirchliche Leben in England.

1568 Auf der Flucht aus Schottland, wo sie der calvinistischen Adelsopposition zugunsten ihres
19. Mai Sohns Jakobs VI. 1567 gewichen war, wird die katholische Maria Stuart (* 1542, † 1587) gefangengenommen.

1570 Der Papst exkommuniziert Königin Elisabeth und entbindet ihre Untertanen vom Treueid. Gründung der Börse in London als Konkurrenz zu Antwerpen.

1571 Aufdeckung der Ridolfi-Verschwörung, die einen Umsturz zugunsten Maria Stuarts anstrebt.

1576 Zunahme puritanischer Aktivitäten, die auch im Unterhaus artikuliert werden und auf Reinigung der anglikanischen Kirche von katholischen Formen drängen.

1577 *Francis Drake* (* um 1540, † 1596) beginnt seine Erdumseglung, teilweise ein staatlich geduldetes Unternehmen gegen spanische Handelsverbindungen in Übersee.

1583 Aufdeckung eines Stuart-Komplotts.

1584 Beginn der Inbesitznahme des nordamerikanischen Virginias, ben. nach der unverheirateten Königin Elisabeth I.

1585 Konflikt mit Spanien, von dem die Errichtung einer politisch-militärischen und wirtschaftlichen Hegemonialstellung auf dem Kontinent und darüber hinaus die Betreibung der Gegenreformation droht.

1587 Offener Krieg mit Spanien.
8. Febr. *Hinrichtung Maria Stuarts* nach Aufdeckung einer im Vorjahr stattgefundenen erneuten katholischen Verschwörung.

1588 Englischer Seesieg über die spanische *Armada* im Ärmelkanal.

1600 Gründung der East India Company (31. Dez.).

1601 Niederlage eines spanischen Heeres, das die aufständischen Iren unterstützt. Niederwer-
Sept. fung der irischen Rebellion.

1603 Tod Königin Elisabeths. Nachfolger wird der erste Stuart-König auf dem englischen Thron,
24. März ein Sohn Maria Stuarts.

1603–1625 **Jakob I.** (* 1566, † 1625; als König von Schottland *Jakob VI.*). Er regiert England und Schottland in Personalunion.

Stuart-Dynastie, Republik, Restauration (1603–1688)

Das 17. Jh. erlebt den Durchbruch des Parlamentarismus in England, der freilich immer noch ständisch gebunden bleibt und nicht mit einem modernen demokratischen Parlamentarismus verwechselt werden darf. Die Stuart-Dynastie unterliegt im Kampf um die Souveränität im Staat, der ein Erbe der ungelösten Fragen der Tudor-Verfassung darstellt. Die Beziehungen zwischen Krone und Parlament, speziell zwischen Krone und Unterhaus, entwickeln sich schon unter Elisabeth I. zu einem labilen Gleichgewicht. Im Unterschied zu den Tudors befinden sich die Stuart-Könige in ständiger Finanznot, die durch die während der elisabethanischen Kriegführung entstandenen Schulden und eine allgemeine Geldentwertung bedingt ist. Die Krone ist also stärker auf das Unterhaus angewiesen, das zusätzliche Mittel bereitstellen, andererseits aber in die königliche Regierungsgewalt nicht eingreifen soll. Im Unterhaus selbst formieren sich Kräfte, die die Auffassung vom göttlichen Recht der Könige und die königlichen Prärogativrechte, nach denen die hohe Politik in der alleinigen Entscheidungsgewalt des Königs liegt, in Frage stellen. Schon unter Jakob I., der auch theoretische Schriften zur Begründung seines Königtums verfaßt (u. a. „The True Law of Free Monarchies", 1598) und sich in der Herrscherauffassung von seinen Tudor-Vorgängern prinzipiell nicht unterscheidet, in konkreten Fragen gegenüber dem Parlament aber ungeschickt, wenn verfassungsrechtlich auch korrekt vorgeht, kommt dieser Gegensatz offen zum Ausbruch. Er wird endgültig erst mit der Glorreichen Revolution 1688/89 bereinigt.

1604 *Hampton-Court-Konferenz:* da man den die Bischofskirche angreifenden Puritanern
Jan. kirchliche Freiheiten verwehrt (Jakob I.: „No Bishops, no King"), werden sie endgültig in die Opposition gedrängt.

Juni Erste Differenzen zwischen König und Unterhaus.

1605 Aufdeckung der *Pulververschwörung* (Gunpowder Plot, katholischer Attentatsversuch ge-
5. Nov. gen die gesamte Staatsspitze). Dadurch nachhaltige Diskreditierung des Katholizismus.

Einzelstaaten – Britische Inseln – Stuart-Dynastie, Republik, Restauration   *681*

1608   Erste religiös motivierte größere Auswanderungen nach Nordamerika.
1618   *Sir Francis Bacon* (* 1561, † 1626) wird Lordkanzler und erweist sich als konsequenter Verteidiger der königlichen Prärogative.
1620   Das Auswandererschiff „Mayflower" segelt mit 120 Pilgervätern nach Neu-England.
1621   Anklage und Sturz Bacons durch das Parlament, das ihm Korruption vorwirft. Der Gegensatz zwischen Krone und Unterhaus verstärkt sich. Verhaftung einzelner Abgeordneter.
1624   Um Geld für die Kriegführung im Dreißigjährigen Krieg zu erhalten, macht der König dem Unterhaus weitreichende Zugeständnisse (u. a. Mitsprache bei Ämterbesetzungen und auf dem Gebiet der Außenpolitik).
1625   Tod Jakobs I. (27. März).
1625–1649   **Karl I.** (* 1600, † 1649), Jakobs I. Sohn, wird sein Nachfolger.
1628   **Petition of Right.** Der König ist wegen Finanzknappheit gezwungen, einer Petition des
7. Juni   Unterhauses durch seine Zustimmung Gesetzeskraft zu geben: Danach sind ohne Zustimmung des Parlaments Gelderhebungen jeglicher Art nicht möglich und dürfen Verhaftungen ohne Angabe des Grundes nicht vorgenommen werden **(Habeas Corpus).**
1629   Auflösung des Parlaments für die nächsten elf Jahre. Der König regiert mit Hilfe der zentralen Regierungsbehörden (*Earl of Strafford*, * 1593, † 1641; erster Minister) und der königlichen Gerichte und stützt sich auf die konservativen Elemente im hohen Klerus (*William Laud*, * 1573, † 1645, Erzbischof von Canterbury). Zur Deckung der Staatsausgaben greift er auf Zölle und Einfuhrabgaben zurück und weitet die Erhebung des *Schiffsgelds* (bisher nur von den Seestädten zu leistende Abgabe für die Kriegsmarine) ohne Genehmigung des Parlaments auf Binnenstädte aus.
1638   Zur Abwehr gegen die anglikanische Hochkirche bildet sich in Schottland ein Solemn League and Covenant.
1640   Um Geldmittel für einen Krieg gegen Schottland zu erhalten, wird ein Parlament einberu-
13. April   fen, das (wegen seiner Dauer von nur 22 Tagen) **Kurze Parlament.** Als das Unterhaus Geldbewilligungen von der vorherigen Abstellung aller Mißstände abhängig macht und in Glaubensfragen unnachgiebig bleibt, wird es aufgelöst.
20. Aug.   Oppositionskreise in London rufen die Schotten zu Hilfe.
3. Nov.   Erneuter Zusammentritt eines Parlaments, des **Langen Parlaments,** das formal bis 1660 besteht. *John Pym* (* 1584, † 1643) artikuliert im Unterhaus die Ziele der Opposition: Gleichstellung der Puritaner mit den Anglikanern, Herstellung des Gleichgewichts zwischen Krone und Parlament, Finanzkontrolle durch das Parlament, Abschaffung der königlichen Sondergerichte.
Nov./Dez.   Verhaftung Straffords und Anklage Lauds.
1641   Triennial Act, wonach das Parlament mindestens alle drei Jahre vom König einzuberufen
16. Febr.   ist.
12. Mai   Hinrichtung Straffords, dessen Todesurteil Karl unter Druck unterschrieben hat.
Juni   Aufhebung der königlichen Sondergerichte und Verbot von ungesetzlichen Steuerauflagen.
Okt.   Katholischer Aufstand in Irland mit blutigen Ausschreitungen unter den Protestanten in Ulster.
22. Nov.   Mit 159 zu 148 Stimmen verabschiedet die puritanische Mehrheit des Unterhauses knapp die *Grand Remonstrance*, ein Dokument, das die Souveränität beim Parlament verankert und die Bischofskirche auflöst. Als wichtig erweist sich, daß die City von London die Forderungen unterstützt.
1642   Ein Versuch des Königs, die radikalen Führer des Unterhauses verhaften zu lassen, miß-
4. Jan.   lingt.
10. Jan.   Flucht des Königs aus London.

Die Puritanische Revolution

Das Parlament spaltet sich. Zwei Drittel des Oberhauses und ein Drittel des Unterhauses stehen auf der Seite des Königs: die „*Kavaliere*" (die späteren *Tories*) haben ihre Basis bei der alten Grundbesitzeraristokratie. Dem steht die Partei der „*Rundköpfe*" (die späteren *Whigs*) gegenüber, deren Interesse im Überseehandel und in einer modernen Wirtschaft liegt. Grob gesagt stehen der Norden und Westen auf seiten des Königs, der Osten und Süden einschließlich Londons auf seiten des Parlaments. Damit sind die bevölkerungsreichsten und wohlhabendsten Gebiete Englands in der Hand des die puritanische Sache verfechtenden Parlaments. Während die Royalisten an der Bischofskirche festhalten wollen, sind ihre Gegner gespalten in eine Mehrheit des Parlaments, die den presbyterianischen Puritanismus durchsetzen will, und in die Independenten, die eine von aller Kirchenregierung unabhängige Gemeindeorganisation befürworten. Fragt man nach den tieferen Ursachen der **Puritanischen Revolution,** so sind mehrere Faktoren in Rechnung zu stellen. Der Konflikt entspringt sowohl verfassungsrechtlichen wie religiösen und gesellschaftlich-wirtschaftlichen Gegensätzen. Im Verlauf des Bürgerkriegs verselbständigen sich religiös-ideologische Triebkräfte, die das politische Handeln zunehmend bestimmen und eine klare gesell-

682   Neuzeit – Frühe Neuzeit

schaftliche Zuordnung der Bürgerkriegsparteien unmöglich erscheinen lassen. Das Grunderfordernis der Zeit formuliert unter dem Eindruck der innenpolitischen Wirren *Thomas Hobbes* (* 1588, † 1679. Hauptwerke: „De Cive", 1642; „Leviathan", 1651; „Behemoth", 1668, gedruckt 1679), der den Kampf aller gegen alle („Der Mensch ist des Menschen Wolf") im Interesse der Rechtssicherheit und einer ungestörten Entwicklung der bürgerlichen Marktgesellschaft durch die Grundlegung eines säkularisierten, über die ungeteilte Souveränität verfügenden Staats beenden will.

1642–1646	**Erster Bürgerkrieg.**
1644	Nach anfänglichen militärischen Mißerfolgen des Parlamentsheers baut Oliver Cromwell (* 1599, † 1658) eine disziplinierte Truppe auf, die *Ironsides* (Eisenseiten), und schlägt das königliche Heer im *Marston Moor* (Gebiet nordwestlich von York). Cromwell nutzt den Sieg zur Stärkung der Position der Independenten. Es kommt zu einem immer stärker werdenden Gegensatz zwischen Independenten und Presbyterianern.
1645 *14. Juni*	Vernichtende Niederlage der Royalisten bei *Naseby* (nördlich von Northampton), die die erste Phase des Bürgerkriegs praktisch beendet.
1647 23. Jan.	Auslieferung Karls I. an das Parlament, nachdem der König im April 1646 zu den Schotten geflohen ist, weil diese überwiegend presbyterianisch sind und Karl I. sich aus dem daraus resultierenden Gegensatz zum independistisch orientierten Parlamentsheer einen Vorteil verspricht.
Okt.	Die auf dem radikalen Flügel der Independenten stehenden *Levellers* („Gleichmacher") unter dem englischen Revolutionär *John Lilburne* (* 1614, † 1657) fordern u. a. mehr Demokratie, Aufhebung sozialer Schranken und religiöse Toleranz, stoßen damit bei der Armeeführung aber auf Widerstand.
1648	**Zweiter Bürgerkrieg.**
Jan.	Cromwell besetzt Edinburgh.
17.–18.	Entscheidender Sieg Cromwells bei *Preston* (Seehafen nordöstlich von Liverpool).
Aug.	Die Armee führt eine Säuberung des Parlaments durch, bei der die presbyterianischen
6./7. Dez.	Abgeordneten vertrieben werden. Übrig bleibt nach diesem Sieg des Independentismus ein **Rumpfparlament** von nur noch etwa 60 radikalen Mitgliedern.
1649 1. Jan.	Nachdem das Rumpfparlament die Anklage beschlossen hat, wird Karl I. wegen Tyrannei und Anzettelung eines Bürgerkrieges der Prozeß gemacht.
30. Jan.	**Hinrichtung Karls I.**
19. Mai	Die Armee proklamiert die von einem 41-köpfigen Staatsrat regierte **englische Republik.** England wird zu einem **„freien Commonwealth"** erklärt, „regiert durch die Repräsentanten des Volkes im Parlament, ohne König und Oberhaus".
Juni	Beginn einer Erhebung in Irland, die Cromwell bis Herbst niederwirft.
1650 April	Kriegerische Auseinandersetzung mit Schottland, wo Karl II. (* 1630, † 1685), Sohn Karls I., als legitimer König anerkannt wird. Sie dauert bis Sept. des folgenden Jahres.
Aug.	Cromwell gründet den merkantilistisch ausgerichteten *Volkswirtschaftsrat,* der die gesamte Innen- und Außenwirtschaft Englands lenkt und überwacht.
1651	*Navigationsakte* zur Unterbindung des holländischen Zwischenhandels (9. Okt.).
1652	Die Navigationsakte führt zum *ersten Seekrieg mit Holland.*
1653	Beseitigung des Rumpfparlaments (April).
	Zusammentritt eines *„Parlaments der Heiligen",* das von der Armee abhängig ist (4. Juli).
16. Dez.	Im Namen der Armee wird das *Instrument of Government* verkündet, eine geschriebene Verfassung, nach der Oliver Cromwell als Lord-Protektor Alleinherrscher wird.
1653–1658	**Oliver Cromwell Lord-Protektor.** – Neben ihm existieren ein Staatsrat und ein Parlament.
1654	Erstmaliger Zusammentritt des Parlaments, das Opposition übt und die Ablehnung des neuen Systems durch große Bevölkerungskreise erkennen läßt.
1655	Auflösung des Parlaments. Cromwell regiert als Militärdiktator (Jan.)
1657 *Mai*	Das wegen des Krieges mit Spanien aus Geldnot wieder einberufene Parlament macht Oliver Cromwell zum *Lord-Protektor auf Lebenszeit* mit dem Recht, seinen Nachfolger zu bestimmen. Gleichzeitig wird das militärische Element im Staatsrat zurückgedrängt.
1658	Isolierung Cromwells von praktisch allen politisch-gesellschaftlichen Gruppen. Attentatsversuche.
3. Sept.	Tod Cromwells. Nachfolger wird sein unfähiger Sohn:
1658–1659	**Richard Cromwell Lord-Protektor** (* 1626, † 1712).
1659	Gegensätze zwischen Armee und Parlament. Starke Tendenzen, das von Oliver Cromwell aufgelöste Rumpfparlament wieder einzuberufen, das schließlich zusammentritt (7. Mai).
24. Mai	Richard Cromwell legt sein Amt nieder.
Okt.–Dez.	Auseinandersetzungen zwischen Rumpfparlament und Armee, die aber nicht einheitliche Ziele verfolgt. General *George Monck* (* 1608, † 1670) optiert für eine gemäßigte Lösung.
1660	Es kommt zum Wiederzusammentritt des Langen Parlaments, wie es 1648 existiert hat.
21. Febr.	Damit wird das Parlament zum Träger der Kontinuität.
16. März	Selbstauflösung dieses Parlaments.

Die Gliederung des englischen Staates 1649 und 1653

25. April	Eröffnung eines neuen Parlaments *(Konventionsparlament)*, das royalistisch-presbyterianisch ausgerichtet ist.
29. Mai	Einzug Karls II. in London.
1660–1685	**Karl II.** – Restauration der Stuarts durch das Parlament. Starke Tendenz zur konstitutionellen Monarchie. Die streng staatskirchliche Gesetzgebung verschärft die religiösen Gegensätze. Viele der außerhalb der Staatskirche stehenden radikalprotestantischen *Puritaner* (die *Dissenters* bilden Mitte des 17. Jh.s rund ein Drittel der englischen Bevölkerung) wandern in die Kolonien aus. – Die Außenbeziehungen Englands werden durch den Gegensatz zu Holland (Seekriege 1665–1667, 1672–1674) geprägt.
1673	Das Parlament beschließt die **Testakte:** Wer ein ziviles oder militärisches Amt bekleiden will, muß den König als Oberhaupt der Kirche anerkennen und sich gegen die katholische Abendmahlslehre erklären.
1679	Das Parlament setzt Habeas-Corpus-Akte durch: Schutz der persönlichen Freiheit und Sicherung gegen willkürliche Verhaftung. Ein Verhafteter hat Anspruch darauf, unverzüglich dem Gericht vorgeführt zu werden.
1679–1681	*Exclusion Crisis:* Spaltung des Parlaments in zwei Lager, in Whigs und Tories. Die Whigs treten für protestantische Freiheiten und für einen naturrechtlich begründeten Gesellschaftsvertrag ein und wollen den Ausschluß (exclusion) von Jakob (* 1633, † 1701), dem katholischen Bruder Karls II., von der Thronfolge erreichen. Die Tories verkünden das Prinzip der Legitimität und verteidigen das göttliche Recht der Könige. Auf die Tories gestützt, kann sich Karl II. gegen whiggistische Strömungen und auch Staatsstreichversuche behaupten.
1685	Tod Karls II. und Nachfolge seines katholischen Bruders (6. Febr.).
1685–1688	**Jakob II.** (als König von Schottland *Jakob VII.*). – Sogleich setzen Rekatholisierungsversuche ein. Ämterbesetzung durch Katholiken.

1688	Nach mehreren Indulgenzerklärungen, mit denen Jakob II. die Test-Akte aufhebt, um
Juli	Katholiken den Zugang zu Ämtern zu ermöglichen, wird Wilhelm von Oranien (* 1650, † 1702), der mit Maria (* 1662, † 1694), der ältesten Tochter Jakobs II., verheiratet ist, von einflußreichen Mitgliedern des Oberhauses (sowohl Whigs wie Tories) ins Land gerufen.
15. Nov.	**Landung Wilhelms in England.**
22. Dez.	Flucht des Königs ins Exil nach Frankreich.
1689	Ein neu gewähltes Parlament setzt Jakob II. ab.
Jan.	**Declaration of Rights** durch das Parlament bringt konstitutionelle Beschränkung des
13. Febr.	Königtums. Thronbesteigung **Wilhelms III.** und seiner Frau **Maria II.** durch Parlamentsakte. Wilhelm III. verkörpert nicht nur das protestantisch-freiheitliche Element des englischen Verfassungslebens. Er steht auch im Zentrum der Koalition gegen die Hegemonialbestrebungen Ludwigs XIV. und tritt im Pfälzischen und Spanischen Erbfolgekrieg als Heerführer hervor.

Glorreiche Revolution und Haus Hannover (ab 1688/1689)

Die **Glorreiche Revolution** (Glorious revolution) von 1688/89 ist das Ergebnis eines souveränen Akts des ohne königliche Einberufung zustande gekommenen Konventionsparlaments. Das Königtum verliert weitgehend seinen charismatischen Charakter. Der Königstitel resultiert aus vertraglichem Konsens. Das göttliche Recht der Könige weicht der Etablierung der Souveränität beim Parlament, das die Nachfolgefrage regelt und die Krone wie ein gewöhnliches Staatsamt (mit den damit verbundenen Befugnissen) vergibt. Mit seinen „Two Treatises of Government" (1690) liefert *John Locke* (* 1632, † 1704), der Theoretiker des bürgerlich-liberalen Staatsgedankens, eine Beschreibung der neuen Lage, die auf einem „*Trust*" basiere, einer Treuhandschaft, die Krone und Parlament zum Nutzen des mit Widerstandsrechten ausgestatteten Volks ausüben. – In der Regierungspraxis, die die folgenden Jahrzehnte bestimmt, bleiben die königlichen Prärogativrechte allerdings erhalten: die Wahl der Minister und die hohe Politik, insbesondere die Außenpolitik, liegen weiterhin in der Entscheidungsgewalt der Krone. In der Verfassungstheorie wird der dadurch entstandenen Unklarheit, wo die Souveränität im Staat liegt, begegnet, indem man von einem System der „*Checks and Balances*" zwischen Krone, Lords und Commons ausgeht *(William Blackstone,* * 1723, † 1780; „Commentaries on the Laws of England", 1765–69). Die Souveränität befindet sich beim **„King in Parliament".**

Sozialgeschichtlich bedeutet dieser Vorgang die Vorherrschaft der großen grundbesitzenden Whig-Familien des Landes, die in der überwiegenden Zahl der Fälle die Wahlen zum Unterhaus kontrollieren. Sie sind freilich in enger Verbindung mit dem in Handel, Finanz und Gewerbe tätigen Bürgertum zu sehen. „Landed", „commercial" und „moneyed interest" bilden aufs Ganze gesehen eine Interessengemeinschaft. Die englische Wirtschaft beginnt, ungeachtet immer wieder zu verzeichnender Einbrüche, in eine Phase des Wachstums einzutreten, die es dem Staat ermöglicht, sich hoch zu verschulden. Die kostspielige Außenpolitik (Kriegführung Wilhelms III. gegen Frankreich, Spanischer Erbfolgekrieg, Kriege gegen Spanien und Frankreich zwischen 1739 und 1763) wird durch Erhöhung der Grundsteuer und öffentliche Anleihen finanziert, ohne daß die beständig ansteigende Staatsverschuldung die Staatsfinanzen, das Preisgefüge oder die gesamtwirtschaftliche Entwicklung negativ belastet. – Die Außenpolitik steht seit dem Frieden von Utrecht im Zeichen einer Politik des Gleichgewichts gegenüber dem europäischen Kontinent und im Zeichen der überseeischen Expansion, die ihren Höhepunkt im Siebenjährigen Krieg erreicht.

1689	**Bill of Rights:** die Deklaration vom Februar erhält Gesetzeskraft. Dadurch Fixierung der
23. Okt.	zentralen Regeln des englischen Verfassungslebens: keine Aufhebung von Gesetzen und keine Gelderhebungen ohne parlamentarische Zustimmung, Bekräftigung der parlamentarischen Freiheiten (u. a. freie Rede), Verbot eines stehenden Heeres, Ausschluß von
1690	Katholiken von der Thronfolge.
1. Juni	Sieg Wilhelms III. in der *Schlacht an der Boyne*, einem Fluß in Ostirland, wo Jakob II. zur Rückeroberung Englands mit französischer Hilfe ein Heer zusammengezogen hat.
1694	Ein Gesetz *(Triennial Act)* bestimmt, daß alle drei Jahre Neuwahlen zum Unterhaus stattfinden müssen. *Gründung der Bank von England.*
1695	Das Unterhaus schafft die Vorzensur für Druckschriften ab: Aufschwung der Publizistik und Ausweitung der politischen Öffentlichkeit ganz allgemein.
1701	**Act of Settlement:** Regelung der protestantischen Erbfolge; Festlegung, daß der Monarch Anglikaner sein muß. Angesichts der Kinderlosigkeit des Königspaars wird dadurch das *Haus Hannover* erbberechtigt, dessen Kurfürstin Sophie eine Enkelin von Jakob I. ist.
1702	Tod Wilhelms III. und Thronbesteigung seiner Nachfolgerin, **Königin Anna** (* 1665,
8. März	† 1714), einer Schwester Königin Marias II.
1703	Handelsvertrag mit Portugal, nach dem englischen Gesandten Methuen benannt, der England den portugiesischen und brasilianischen Markt öffnet.

Einzelstaaten – Britische Inseln – Glorreiche Revolution und Haus Hannover – Rußland   685

1707	Realunion mit Schottland und *erstes Parlament des Vereinigten Königreichs von Großbritannien*.
1710	Wahlsieg der Tories, denen die allgemeine Kriegsmüdigkeit zugute kommt und die auf schnelle Beendigung der kontinentalen Kriegführung im Spanischen Erfolgekrieg drängen.
1711	Gründung der South Sea Company.
1713	Beendigung des Spanischen Erbfolgekrieges (Vertrag von Utrecht) und handelspolitisch wichtiger Vertrag *(Asiento)* mit Spanien, der Großbritannien das Monopol des Sklavenhandels in den spanischen Kolonien und eine begrenzte Öffnung des spanischen Überseemarkts bringt.
1714	Tod der Königin Anna und Ende der von *Lord Bolingbroke* (* 1678, † 1751) betriebenen Tory-Politik, die entgegen der Rechtslage auf eine Restauration der Stuarts abzielt.
1714–1901	**Das Haus Hannover.**
1714–1727	**Georg I.** – Beginn einer jahrzehntelangen Vorherrschaft der Whigs in der englischen Innenpolitik unter Führung von **Sir Robert Walpole** (* 1676, † 1745), des ersten „Premierministers" (1715–1717; 1721–1742), der die Staatsschuld zu drosseln sucht, nach innenpolitischem Ausgleich strebt und eine unkriegerische Außenpolitik verfolgt.
1715	Gescheiterter Jakobitenaufstand in Schottland, der den Stuart-Prätendenten auf den Thron bringen soll.
1716	*Septennial Act:* Heraufsetzung der Parlamentsperiode auf sieben Jahre.
1720	Finanzskandal um die South Sea Company infolge von Spekulationen und übermäßigen Kurssteigerungen.
1727–1760	**Georg II.** (* 1683, † 1760), Sohn Georgs I.
1733	Walpole scheitert mit seinem Vorhaben, eine Akzisesteuer auf Wein und Tabak einzuführen, um die Grundsteuer senken zu können. Der Plan muß gegen den Widerstand einer heftig opponierenden Öffentlichkeit aufgegeben werden. Der Vorgang zeigt nachdrücklich, wie sich in der Öffentlichkeit artikulierende Interessen zum unüberwindlichen Hindernis für die Regierung werden können.
1739	Unter dem Druck einer in Parlament und Öffentlichkeit tätigen Opposition erklärt Großbritannien Spanien den Krieg wegen seit längerer Zeit anstehender handelspolitischer Gegensätze vor allem in der Karibik. Walpole versucht vergeblich, seine Friedenspolitik fortzusetzen, und muß eine deutliche Schmälerung seiner innenpolitischen Machtstellung hinnehmen. Die Kriegserklärung läßt nicht nur die aggressive Variante des britischen Merkantilismus zum Durchbruch kommen, sondern ist auch verfassungsgeschichtlich bedeutsam, weil sie plebiszitäre Züge in der Politik verstärkt.
1742	Rücktritt Walpoles. Es beginnt ein innenpolitischer Machtkampf zwischen verschiedenen Whig-Gruppierungen.
1745–1746	Letzter Jakobitenaufstand zur Wiederherstellung der Stuart-Dynastie scheitert.
1748	Im Frieden von Aachen, der den Österreichischen Erbfolgekrieg beendet, bleiben die Konflikte in Übersee ungelöst.
1756	*Beginn des Siebenjährigen Kriegs,* in dem Großbritannien durch die Niederlagen Frankreichs in Amerika und Indien zur führenden Welthandelsmacht aufsteigt. Die britische Politik steht unter der Führung **William Pitts des Älteren** (* 1708, † 1778; Secretary of State mit kurzer Unterbrechung 1756–1761), der zwar mit dem Herzog von Newcastle (* 1693, † 1768; Secretary of State 1724–1754, First Lord of the Treasury 1754–1756, 1757–1762) als einem der wichtigsten Repräsentanten der Whig-Aristokratie zusammenarbeitet, dessen innenpolitische Position sich jedoch im wesentlichen auf die Popularität seiner expansiven Außenpolitik stützt, von der der britische Überseehandel profitiert.
1760–1820	**Georg III.** (* 1738, † 1820). – Er will den Krieg – vor allem den Landkrieg in Europa – beenden und das königliche Prärogativrecht der Ministerernennung wieder stärker zur Geltung bringen. Dadurch ergibt sich ein Gegensatz sowohl zu den alten Whig-Familien wie zu William Pitt, der unabhängig von der Krone zu regieren versucht.
1775–1783	Nordamerikanischer Unabhängigkeitskrieg, in dem die Politik des Premiers Frederick Lord North (* 1733, † 1792; 1770–1782) scheitert. – William Pitt der Jüngere (* 1759, † 1806) wird erstmals Premierminister (1783–1801). – *(Forts. S. 795)*

Rußland (1505–1795/1796)
(Forts. v. S. 585)

1505–1533	**Wassili III. Iwanowitsch** (* 1479, † 1533) setzt die Politik Iwans III. fort. Er unterwirft
1514	1510 Pskow und erobert zum ersten Mal Smolensk. Der Mönch *Philotheos* (Filofei) in Pskow entwickelt nach 1510 die Idee, daß *Moskau* nach dem Fall Konstantinopels das **„Dritte Rom"** sei („und ein viertes wird es nicht geben").

686   Neuzeit – Frühe Neuzeit

Strukturelemente des Großfürstentums im 16. Jh.

Um eine wirksame Moskauer *Zentralverwaltung* zu schaffen, erscheint 1497 ein Gesetzbuch *(„Sudeb-nik")* und werden *„Prikase"* eingerichtet (Behörden mit gemischt sachlichen und territorialen Ressorts). Es bildet sich ein stark differenzierter, zahlreicher **Dienstadel,** dessen obere (hauptstädtische) Ränge *(„tschiny")* die Nachkommen der früheren Teilfürsten und der alten Moskauer Bojarenschaft innehaben und dessen mittlere und untere Schichten, auf die die Moskauer Herrscher ihre Macht hauptsächlich gründen, aus den Bojaren der Teilfürsten und der städtischen und bäuerlichen Bevölkerung rekrutiert werden. Auf der nach Herkunft und Dienstdauer verschiedenen, unter Iwan III. fixierten genealogischen Würde jeder Familie beruht deren Recht, in den Militär-, Hof- und Verwaltungsämtern nicht unter Vorgesetzten minderer Würde dienen zu müssen **(„mestnitschestwo"** = Stellenordnung). Der *steuerfreie Adel* leistet *Garnison- und Kriegsdienst* sowohl für seine erblichen *(„wottschina")* wie seine (zunächst persönlich verliehenen, dann gleichfalls erblichen) Dienstgüter *(„pomestje").* Die ursprünglich in freiem Vertrag arbeitenden, durch Verschuldung und staatliche Bindungsmaßnahmen endgültig im 18. Jh. *leibeigen werdenden Bauern* zahlen Steuern ebenso wie die persönlich freie, im 17. Jh. *geburtsständisch geschlossene Händler- und Handwerkerbevölkerung* der Städte.

1533–1584	**Iwan IV. Wassiljewitsch, gen. Grosny** („der Schreckliche", in korrekter Übersetzung eigentlich „der Furchtgebietende"; * 1530, † 1584).
1547	Der Sohn Wassilis wird zum **„Zaren und Selbstherrscher des ganzen großen Rußland"** gekrönt und beginnt seine selbständige Regierung (Berater: der Moskauer Metropolit *Makari* [* 1482, † 1564], der Priester *Silwestr* [† um 1566], Fürst Andrei Michailowitsch *Kurbski* [* um 1528, † 1583], Alexei Fjodorowitsch *Adaschew* [† 1561] aus niederem Adel) mit einer Serie von Reformen:

Es werden der *„semski sobor"* (beratende Landesversammlung aus Vertretern der Kirche und der adligen und städtischen „Ränge") eingerichtet sowie ein neuer *„sudebnik"* geschaffen (1550). Die Hundertkapitel beschließt Reformen, die die Kirche enger an die Autokratie binden. – In der *Lokalverwaltung* werden die bisher ernannten, mit Sporteln entschädigten *(„kormlenie"-*[=Nahrung] *System)* Beamten durch gewählte, zusammen mit ihren Gemeinden für Amtsführung und Steueraufkommen haftende ersetzt. Besoldete, stehende *Strelitzen-*(Schützen-)*Regimenter* ergänzen das Aufgebot des Dienstadels.

1552–1556	Eroberung der tatarischen Chanate **Kasan** und **Astrachan.** Russische Kolonisation und Mission.
1553	Die Engländer entdecken über das Weiße Meer den nördlichen Zugang zum Moskauer Reich und stellen eine wichtige Handelsverbindung mit Westeuropa her.

Entgegen den Warnungen seiner Berater wendet sich der Zar statt gegen den Krimchan mit einem Eroberungskrieg westwärts:

1558–1582	**Krieg um Livland.** *Narwa* und *Dorpat* werden erobert. Herzog Magnus von Holstein (* 1540, † 1580) läßt sich (1576) in Moskau als Vasall des Großfürsten zum „König von Livland" erheben. Reval und Riga bleiben unabhängig.
ab 1560	Iwan IV. verschärft den Konflikt mit der Hocharistokratie: Hinrichtungen und Güterkonfiskationen, vor allem unter den Bojaren. Silwestr und Adaschew werden gestürzt.
1564	Kurbski flieht nach Polen und führt eine publizistische Auseinandersetzung („Briefwechsel") mit dem Zaren.
1565–1572	Mit der **„opritschnina"** schafft Iwan IV. sich einen besonderen Machtapparat, der aus einer Art *Leibtruppe* und etwa der *Hälfte des Staatsgebietes* besteht. Der andere Reichsteil bleibt unter der normalen (bojarischen) Verwaltung *(„semschtschina").* Massenmorde und -umsiedlungen, Plünderungen und Gütereinziehungen treffen die ganze Bevölkerung. Die eingezogenen Güter erhält der Dienstadel. Mit dieser terroristischen Politik will Iwan IV. seine absolute Herrschaft v. a. gegen den Hochadel durchsetzen.
1571	Der Krimchan brennt Moskau nieder; wieder vorübergehend russische Tributpflicht.
1579/1581	In mehreren Feldzügen siegen Polen und Schweden.
1582	Mit Hilfe päpstlicher Friedensvermittlung (durch den Jesuiten *Antonio Possevino,* * 1533, † 1611) kommt es dann zum Frieden (zehnjähriger Waffenstillstand) von **Jam Zapolski** (südlich von Pskow) zwischen Polen und Rußland: Moskau verzichtet auf Livland und Polozk (an der Düna). Schweden erhält 1583 Estland und Ingermanland.

Beginn der Unterwerfung Sibiriens.

Folgen der Regierung Iwans IV.

Ausdehnung der Herrschaft und neue Siedlungsmöglichkeiten im Osten; Niedergang der Machtstellung im Westen, dennoch beginnende Anerkennung als europäische Macht; innere Zerrüttung des Reiches (u. a. durch starke Mobilisierung des Landbesitzes), soziale und wirtschaftliche Krise; erste Maßnahmen zur Fesselung des Bauern an den Boden.

Einzelstaaten – Rußland 687

1584–1598 Mit Iwans IV. schwachsinnigem Sohn **Fjodor I. Iwanowitsch** (seinen eigentlichen Thronfolger Iwan hat er 1581 getötet) erlischt der regierende Stamm der Rurikdynastie. Die Regentschaft führt Fjodors Schwager *Boris Godunow,* eine überlegene Persönlichkeit.

1589 Godunow erreicht mit der Errichtung des **Patriarchats Moskau** auch die *formelle kirchliche Unabhängigkeit von Konstantinopel.*

1591 Der letzte Sohn Iwans IV., *Dmitri,* kommt in Uglitsch (westlich von Jaroslawl) achtjährig unter nie ganz geklärten Umständen ums Leben.

1598–1605 **Boris Fjodorowitsch Godunow** (* um 1550/1551, † 1605) wird zum Zaren gewählt von einem geschickt beeinflußten *„semski sobor".* Er wirbt um den Dienstadel mit der faktischen Schollenbindung der Bauern, die mit ersten Unruhen reagieren. Nach seinem Tode kommt es zu schweren Wirren.

1605–1613 **Zeit der Wirren („smuta"):**

1605 Polnische Truppen besetzen Moskau im Namen eines **Falschen Dmitri.**

1609/1610 Nach dessen Sturz tritt ein zweiter Prätendent („vor [= Räuber] **von Tuschino")** auf, gegen den sich der Bojar Fürst **Wassili (IV.) Iwanowitsch Schuiski** (* 1552, † 1612), 1606 zum Zaren gewählt, mit schwedischer Hilfe (Vertrag von Viborg 1609, gegen Verzicht auf Livland) zunächst behaupten kann.

1609 Nachdem die Republik Polen und Sigismund III., der für sich oder seinen Sohn den Za-
1610 renthron beansprucht, offiziell in den Krieg eingetreten sind, wird Schuiski gestürzt. Von Nowgorod aus (1610 genommen) versuchen die Schweden, einen eigenen Kandidaten durchzusetzen.

1611 Smolensk geht an Polen verloren.

Zur sozialgeschichtlichen Bedeutung der „smuta"

Die eigentliche *Bedeutung dieser Kämpfe* liegt darin, daß zwei sozialpolitische Tendenzen vergeblich durchzudringen trachten: der Versuch, die politische Macht des Bojarentums wiederherzustellen, und der auf Wiedergewinnung der Freizügigkeit und Beseitigung des wirtschaftlichen Drucks gerichtete revolutionäre Radikalismus der Bauern. Führer des **Bauernaufstandes** ist der Läufling *Iwan Issajewitsch Bolotnikow* († 1608), der 1606/1607 (bis zu seiner Gefangennahme und Hinrichtung) als erster in Rußland einen sozialen Umsturz anstrebt. Ein Landesaufgebot *(„opoltschenie")* unter Führung des Kaufmanns *Kusma Minin* († 1616) und des Fürsten *Dmitri Poscharski* (* 1578, † 1642) kann 1612 Moskau zurückgewinnen und die Polen aus dem Landesinnern vertreiben.

1613–1645 **Zar Michael Fjodorowitsch** (* 1596, † 1645). Mit seiner Wahl durch einen „semski sobor" wird die nichtfürstliche, mit den Rurikiden verwandte Familie der **Romanows** die **neue Herrscherdynastie Rußlands.** Michaels Vater, Patriarch *Filaret* (Fjodor Nikititsch, * um 1554/1555, † 1633), ist 1618–1633 Mitregent. Es entfaltet sich die staatstragende *Djakenbürokratie* (djak = niedriggeborener Berufsbeamter).

1617 **Friede von Stolbowo:** Ingermanland und Ostkarelien an Schweden, Nowgorod wieder an Rußland.

1618 Waffenstillstand mit Polen, das Smolensk behält.

1645–1676 **Zar Alexei Michailowitsch** (* 1629, † 1676). – Die schon seit Iwan III. angebahnte Verbindung mit dem europäischen Westen verstärkt sich.

1649 Das **Uloschenie** kodifiziert im wesentlichen das geltende Recht, u. a. die Bindung der Bauern (*„krepostnoe prawo").* Bald darauf werden semski sobor und mestnitschestwo abgeschafft.

1653 Die Kirchenreform des Patriarchen **Nikon** (* 1605, † 1681) führt zur Spaltung **(raskol)** der orthodoxen Kirche: Die Altgläubigen werden verfolgt, ihr Führer Protopope Petrowitsch *Awwakum* (* um 1621) hingerichtet (1682).

1654 Die **Kosaken** in der **Ukraine** unter ihrem bedeutendsten Hetman, *Bogdan Chmelnizki* (* um 1595, † 1657), **unterstellen sich dem Moskauer Zaren.** Daraus entsteht ein langwieriger Krieg mit Polen, den der Zar durch einen Angriff auf Schweden (1656) erweitert: *(Erster) Nordischer Krieg (1655–1660).* Die livländischen Eroberungen (u. a. Dorpat) fallen 1661 im *Frieden von Kardis* (Livland) wieder an Schweden zurück.

1667 Waffenstillstand von *Andrusowo* zwischen Rußland und Polen: Smolensk, die linksufrige Ukraine mit Kiew an Rußland.

1667–1671 Der Aufstand des Donkosaken *Stepan Timofejewitsch Rasin,* gen. *Stenka Rasin* (* um 1630, 1671 hingerichtet), mit Teilnahme der Bauern im Wolga- und Uralgebiet, wird blutig niedergeschlagen.

1676–1682 **Zar Fjodor III. Alexejewitsch** (* 1661, † 1682).

1677–1681 Der erste russisch-türkische Krieg endet mit dem Waffenstillstand in *Bachtschissarai* (Krim): Dnjepr als Grenze anerkannt, Tributpflicht Moskaus erneuert, friedliche Bezie-

688   Neuzeit – Frühe Neuzeit

hungen vereinbart. Damit gewinnen die Türken Rückenfreiheit für den Vormarsch auf Wien (1683). Der türkisch-tatarische Druck bleibt für Moskau eine Gefahr.

Nach Fjodors Tod bringt ein Aufstand der Strelitzen *Sofia Alexejewna* (* 1657, † 1704), einer Tochter des Zaren Alexei aus erster Ehe (Maria Miloslawskaja), die Regentschaft (1682–1689) für die beiden minderjährigen Zaren, ihren schwachbegabten Bruder Ioan und ihren Halbbruder Peter. Maßgebend ist ihr westlich gebildeter Günstling Fürst *Wassili Wassiljewitsch Golizyn* (* 1643, † 1714).

1686
6. Mai
Der **Ewige Frieden** mit Polen bestätigt den Waffenstillstand von 1667. Bündnis: **Moskau tritt der „Heiligen Liga" zum Kampf gegen die Türken bei.** Vertragsgemäße Feldzüge Golizyns nach der Krim (1687, 1689) bleiben erfolglos.

1689
27. Aug.
Im Regierungsauftrag schließt *Fjodor Alexejewitsch Golowin* (* 1650, † 1706) in *Nertschinsk* den *ersten Staatsvertrag einer europäischen Macht mit China:* Die Russen verzichten auf das Stromgebiet des Amur, sichern sich dadurch den Besitz Ostasiens und gewinnen Bewegungsfreiheit für den russisch-chinesischen Handel.

1682/1689
–1725
Zar Peter I. Alexejewitsch, der Große (* 1672, † 1725).
Peters wachsender Gegensatz zu seiner Halbschwester führt zu deren Sturz und Verbannung ins Kloster (1689). Zunächst regieren für die Brüder (Ioan stirbt 1696) die mütterlichen Verwandten Peters *(Naryschkin).* Der Zar baut seine Spielregimenter (die späteren Garderegimenter) auf und beginnt mit Seefahrt und Schiffbau. Entgegen allem Herkommen verkehrt er in der Moskauer Ausländervorstadt, wo er u. a. den Genfer *Franz Lefort* (* 1656, † 1699) und den im Moskauer Dienst bewährten Schotten General *Patrick Gordon* (* 1635, † 1699) zu Vertrauten und Beratern gewinnt.

Nach einem erfolglosen Feldzug (1695) erobert Zar Peter im Krieg mit dem Osmanischen Reich die Festung **Asow** an der Mündung des Don.

1696

1697–1698
Erste Auslandsreise eines Moskauer Zaren: Peter begleitet unter einem Decknamen eine von Lefort und Golowin geführte russische Gesandtschaft über Riga und Kurland nach *Preußen, Holland, England* (wo er sich zum *Schiffsbauingenieur* ausbilden läßt) und nach *Wien.* Da Kaiser Leopold I. mit Rücksicht auf die spanische Erbfolgefrage mit der Pforte Frieden schließen will, scheitert eine gemeinsame Fortsetzung des Türkenkrieges.

1698
Peter trifft auf der Rückreise nach Moskau in *Rawa* (Rawa-Ruska) bei Lemberg mit August dem Starken zusammen, mit dem er sich über die Gegnerschaft zu Schweden verständigt. Nach seiner Rückkehr bricht Peter mit den altmoskauer Sitten und zwingt die Russen zum (kirchlich untersagten) Bartscheren. – Ein bereits niedergeworfener Aufstand der *Strelitzenregimenter* wird durch grausame Verhöre und Hunderte von Hinrichtungen gerächt.

1700
1. Jan.
Die byzantinische Zeitrechnung wird abgeschafft und der aus den protestantischen Ländern übernommene **Julianische Kalender** in Kraft gesetzt.

14. Juli
Friede mit der Pforte: Rußland gewinnt Asow. Der Krimchan darf von Moskau keinen Tribut mehr fordern.

1700–1720
(Zweiter oder Großer) Nordischer Krieg gegen Schweden.

Die Reformen Peters des Großen

Peter der Große, der Rußland den Zugang zur Ostsee erringt, verlegt während des Nordischen Krieges die Residenz von Moskau nach dem 1703 gegründeten **St. Petersburg** („Fenster nach Europa"; so der Dichter Alexandr Sergejewitsch Puschkin, * 1799, † 1837), das in holländisch-bürgerlichem Frühbarock mit großen Menschenverlusten auf Sumpfboden erbaut wird. Zahlreiche ausländische Baumeister wie *Domenico Trezzini* (* um 1670, † 1734), *Andreas Schlüter* (* um 1660, † 1714) und *Jean-Baptiste-Alexandre Leblond* (* 1679, † 1719) sind beteiligt. Mit allen Mitteln wird der Schwerpunkt des russischen Seehandels in die neue Hauptstadt verlegt.

Gegen den Widerstand des Altmoskowiter greift Peter durch *Reformen* tief in das russische Leben ein. Erfüllt von Leidenschaft für *Schiffbau* und *Seefahrt,* ist er persönlich Sachverständiger dafür geworden, der seine Kenntnisse in Holland und England vervollkommnet hat. Obgleich Rußland bis dahin über keinerlei Seeschiffe verfügt, gelingt der rasche Aufbau der **Ostseeflotte** (beim Ende der Regierung Peters 32 Linienschiffe, 16 Fregatten, große Galeerenflotte). Das **Heer,** schon vorher zum Teil modern geschult, wird durch Neuaushebungen ungefähr verfünffacht und – nach westeuropäischem Vorbild und mit deutschen Rangbezeichnungen – beschleunigt ausgebildet. Auch andere Reformen sind von den Bedürfnissen des Krieges bestimmt. Die *Dienstpflicht des Adels wird verschärft,* das Steueraufkommen durch *Einführung der Kopfsteuer* (anstelle der Besteuerung nach Höfen) erhöht. In vielen Zweigen der Wirtschaft beginnt eine eigene Produktion; natürliche Reichtümer werden erschlossen **(Bergbau),** zu den 13 älteren **Manufakturbetrieben** entstehen 178 neue, die z. T. sehr groß sind. Merkantilistische Anregungen wirken mit. **Kanalbauten** sollen die Wasserverbindung von der Ostsee zur Wolga herstellen, so der Kanal von Wyschni Wolotschek (fertiggestellt durch den russischen Kaufmann M. I. Serdjukow) und der Ladoga-Umgehungskanal (gebaut von dem deutschen, aus Oldenburg stammenden Ingenieur und General Burkhard Christoph Graf von Münnich, * 1683, † 1767). – Durch Einführung der **Einerbfolge** nach englischem Vorbild (1714) soll u. a. die Eigentätigkeit des Adels angeregt werden; dem gleichen Zweck dient auch die **Städtereform.** Die Leibeigenschaft der Bauern wird nicht gemildert, ja u. a. durch die Schaffung leibeigener Fabrikbauernschaften verschärft. Dadurch bleibt die alte Sozialstruktur im ganzen erhalten, obgleich die **Rangtabelle** (1722) in 14 Rangstufen neuen Dienstadel entstehen läßt, der auch Nichtadligen gewisse Aufstiegsmöglichkeiten bietet. Die *Zentralverwaltung* wird z. T. nach schwedischem Vorbild umgestaltet (neben dem 1711 gegründeten **Senat** werden 1717 fachliche Regierungskollegien geschaffen). Planmäßig werden Ausländer – darunter viele Deutsche – nach Rußland gezogen, zahlreiche fähige Russen im Ausland ausgebildet. Die neue Regierungsschicht ist ganz auf das Werk des Zaren eingestellt. Peter trifft dreimal mit Gottfried Wilhelm von Leibniz zusammen (1711, 1712, 1716). Mittelbar und unmittelbar werden Anregungen aus dem deutschen Protestantismus wirksam. Unter dem Einfluß der Frühaufklärung beginnt die **Säkularisierung.** Das *Patriarchat* wird nach dem Tod des Patriarchen Hadrian (1700) **nicht mehr besetzt.** Der geistig bedeutendste Mitarbeiter Peters, der aus der Ukraine stammende Bischof und spätere Erzbischof **Feofan Prokopowitsch** (* 1681, † 1736), früher Rektor der Kiewer theologischen Akademie, verfaßt im Auftrag des Zaren das **Geistliche Reglement,** ein Kirchengesetz (1721), das an die Stelle des Patriarchen ein geistliches Kollegium mit staatlichem Behördencharakter, den **Heiligen Synod,** setzt. *Klosterreformen* (besonders 1724) sollen den Eintritt in den Mönchsstand erschweren und die Klöster zu nutzbringender Arbeit anhalten. Viele *fachlich-weltliche Ausbildungsanstalten* treten ins Leben.

Peters dynastische *Heiratspolitik* begründet die Verbindung mit deutschen Fürstenhäusern: eine Nichte heiratet den Herzog von Kurland, eine andere den Herzog Leopold von Mecklenburg-Schwerin, der Sohn und Thronfolger Alexei die Schwägerin Kaiser Karls VI., Charlotte von Braunschweig-Wolfenbüttel, seine Tochter Anna den Herzog von Holstein-Gottorf. Der Sohn aus dieser Ehe ist der spätere Zar Peter III. Mehrere Mitarbeiter Peters erhalten *Adelstitel des Römischen Reiches,* so der ihm am nächsten stehende **Alexander Danilowitsch Menschikow** (* 1673, † 1729) im Jahre 1705 den Reichsfürstentitel. Seit 1706 verleiht der Zar verdienten Würdenträgern die dem alten Rußland fremden westeuropäischen Adelstitel *Baron* und *Graf.* Der erste russische Graf ist der Feldherr **Boris Petrowitsch Scheremetew** (* 1652, † 1719); die ersten russischen Barone sind die im Übersetzungsdienst emporgekommenen Diplomaten *Peter Pawlowitsch Schafirow* (* 1669, † 1739; später Vizekanzler, aus russisch gewordener jüdischer Familie) und *Heinrich J. Fr. Ostermann* (1686 in Bochum geborener Pfarrerssohn, † 1747).

1718	Peters willensschwacher und unbedeutender Sohn aus erster Ehe **Alexei Petrowitsch** (* 1690, † 1718) (dessen Gattin 1715 stirbt), ungeeignet als Fortsetzer seines Werkes, wird ohne eigenen Tatwillen Mittelpunkt aller Hoffnungen der Gegner des Zaren.
	Dem Verlangen des Vaters nach Wesensänderung kann er nicht entsprechen, flieht 1716 nach Österreich, wird in Tirol und Neapel verborgen gehalten, kehrt auf Versprechungen hin nach Rußland zurück, wo er wegen Gesinnungs- und Gedankensünden zum Tod verurteilt wird und wohl an den Folgen der Foltern stirbt.
1721 Okt.	Gleich nach dem Nystader Frieden nimmt Peter den **Kaisertitel** an, der von Preußen und den Generalstaaten sofort, von Schweden 1723, von Kaiser und England 1742, Frankreich und Spanien 1745, Polen 1764 anerkannt wird: nicht Erneuerung des byzantinischen, sondern **Errichtung eines neuzeitlich-russisch-europäischen Kaisertums.**
1722 Febr.	Peter erläßt eine *Thronfolgeordnung,* nach der dem regierenden Herrscher die Bestimmung des Nachfolgers zusteht, stirbt aber, bevor er einen Nachfolger bestimmt hat.
1722–1723	Nach mehrjähriger Vorbereitung Feldzug Peters gegen Persien, der zur Abtretung persischer Provinzen am Kaspischen Meer an Rußland führt (u. a. Derbent und Baku).
	Im Auftrag des Zaren Forschungsreisen in Sibirien (*D. G. Messerschmidt*) und 1741 Entdeckungsfahrt des Dänen *Vitus Bering* (* 1680, † 1741) von Kamtschatka aus durch die später nach ihm benannte Meerenge.

Ergebnisse der Regierung Peters des Großen

Peter verändert Rußland tiefgehend, ohne freilich die sozialgeschichtlichen Grundlagen wandeln zu können. Die Übernahme der westeuropäischen Technik, schon lange im Gange, wird von ihm beschleunigt; zugleich öffnet er den geistigen Kräften der Neuzeit die Tür, wodurch ein weit fortwirkender Zwiespalt im russischen Leben entsteht. Die Machtsteigerung bedeutet Annäherung an den Westen und steigenden Einfluß auf das politische Leben Mitteleuropas.

| 1725–1727 | Auf Peter I. folgt seine (von ihm 1724 zur Kaiserin gekrönte) Gattin **Katharina I. Alexejewna** (* 1684, † 1727), bäuerlich-litauischer Herkunft. Maßgebend ist hierbei Peters Jugendfreund und fähiger, aber bedenkenloser Mitarbeiter *A. D. Menschikow.* Die Außenpolitik wird im Sinne Peters vom Vizekanzler *Ostermann* geleitet. Nach Katharinas |
| 1727–1730 | Tod folgt ihr: **Peter II. Alexejewitsch** (* 1715, † 1730), Enkel Peters I., unter dem Einfluß einer Bojarengruppe. Menschikow wird nach Sibirien verbannt (1727), die Residenz nach Moskau zurückverlegt. |

690 Neuzeit – Frühe Neuzeit

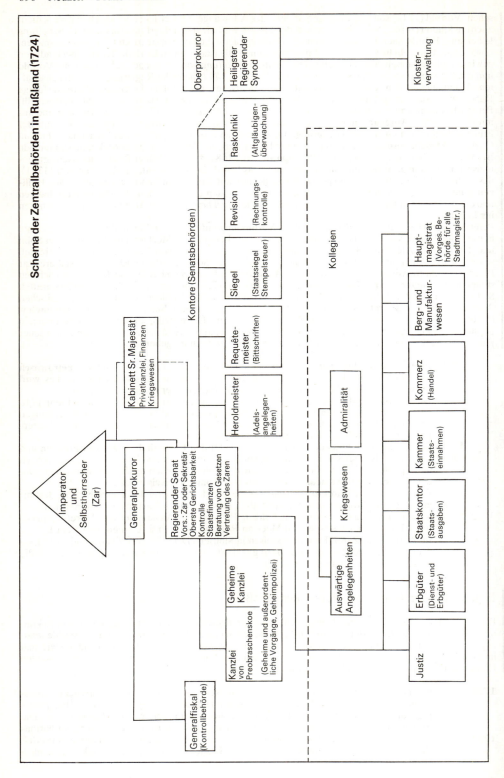

Einzelstaaten – Rußland   691

1730–1740 **Anna Iwanowna** (* 1693, † 1740), Witwe des Herzogs Friedrich Wilhelm von Kurland,
1730 Nichte Peters des Großen. Sie zerreißt beim Regierungsantritt die ihr von der oligarchi-
Dez. schen Bojarenpartei abgenötigte Wahlkapitulation und hebt die von Peter angeordnete
Einerbfolge auf.
Die Terrorherrschaft ihres Günstlings **Ernst Johann Biron** (Bühren; * 1690, † 1772) wird
zum Inbegriff selbstherrlicher (deutscher) Ausländerwirtschaft *(„Bironowschtschina")* in
Rußland. Im neugeschaffenen Ministerkabinett ist **Ostermann** die Seele der Regierung und
Leiter der Außenpolitik. Residenz wird wieder Petersburg.
1734 Englisch-russischer Handelsvertrag, der erste handelspolitische Spezialvertrag Rußlands.
1735–1739 Krieg Rußlands gegen die Pforte, geführt von **Münnich**, seit 1736 im Bund mit Österreich.
1737 Er erobert Otschakow (am Schwarzen Meer).
1739 Münnich schlägt die Türken bei Stawutschane (am Prut), besetzt die Moldau und stellt als
erster für Rußland einen militärischen *Plan zur Eroberung Konstantinopels* und zur Wiedererrichtung des griechischen Kaisertums auf.
Ostermanns Kriegsziel (1737): russisches Protektorat über Moldau und Walachei. Nach
österreichischem Sonderfrieden wird in Belgrad auf französischen Druck hin ein Kompro-
mißfrieden geschlossen.
1740–1741 **Zweimaliger Staatsstreich:** Nach Annas Tod stürzt Feldmarschall Münnich den noch von
der Kaiserin zum Regenten ernannten *Biron*, der nach Sibirien verbannt wird. Für den kleinen Zaren **Iwan VI. Antonowitsch** (1740–1741; * 1740, † 1764) aus dem Hause Braunschweig-Bevern führt die Regentschaft seine Mutter, *Anna Leopoldowna* (* 1718,
† 1746), die Tochter der Nichte Peters I. Mit Hilfe der Garderegimenter und des französischen Gesandten erfolgreicher Staatsstreich Elisabeth Petrownas, die den Thron besteigt.
1741–1762 **Kaiserin Elisabeth Petrowna** (* 1709, † 1762), die jüngere Tochter Peters des Großen.
Ostermann und Münnich werden nach Sibirien verbannt (Ostermann stirbt 1747, Münnich
und Biron werden 1762 begnadigt). Leitender Minister: *Graf Alexei Petrowitsch Bestuschew-Rjumin* (* 1693, † 1766; 1741 Vizekanzler, 1744–1758 Kanzler).
1741–1743 Schwedisch-russischer Krieg, endet im Frieden zu Åbo mit schwedischen Gebietsverlusten
in Finnland.
1746 Auf Betreiben Bestuschews schließt Rußland mit Österreich ein Verteidigungsbündnis auf
25 Jahre vornehmlich gegen Preußen. Bestuschew ist auch weiterhin aktiver Gegner Preußens und die stärkste Stütze der österreichischen Revanchepolitik. Dementsprechend
nimmt Rußland am Siebenjährigen Krieg zunächst gegen Preußen teil.
1755 In **Moskau** wird die **erste russische Universität** gestiftet. An der Akademie der Wissenschaften in Petersburg (gegründet 1725) wirkt **Michail Wassiljewitsch Lomonossow**
(* 1711, † 1765); studiert in Deutschland unter dem Einfluß von Christian von Wolff
(* 1679–1754), Chemiker und Physiker, Verfasser einer russischen Grammatik, von Oden
und Dramen („Vater der russischen Schriftsprache"), Träger eines neuen russischen
Selbstgefühls.
Nach Elisabeths Verfügung gelangt ihr Neffe Peter, Herzog von Holstein-Gottorf (* 1728),
auf den Thron.
1762–1917 **Haus Holstein-Gottorf** in Rußland.
1762 **Peter III. Fjodorowitsch** (* 1728, † 1762), Bewunderer Friedrichs des Großen, beendet
den Krieg mit Preußen, beginnt unvorsichtig ins Werk gesetzte Neuerungen. Trotz der dem
Adel gewährten Aufhebung des Dienstzwanges bleibt er unbeliebt. Nach sechsmonatiger
Herrschaft wird er durch eine Verschwörung entthront und ermordet.
1762–1796 **Katharina II. Alexejewna, die Große** (* 1729, † 1796; Prinzessin Sophie von Anhalt-
Zerbst, Witwe Peters III.).
Als Nichtrussin mit Hilfe der Garden durch einen Staatsstreich und dank des gewaltsamen
Todes ihres Gatten auf den Thron gelangt, ist sie stets auf ihre Anerkennung als legitime
Kaiserin bedacht. Erfüllt vom Ideengut der französischen Aufklärung, gewinnt sie Anhän-
ger durch Bevorzugung der Russen gegenüber den Ausländern und durch intellektuelle
Überlegenheit, pflegt Korrespondenz mit Voltaire, Diderot und anderen französischen
Aufklärern; geistvoll und moralisch bedenkenlos; verfolgt zugleich *Reformpläne* und die
Erhöhung der Machtstellung Rußlands. Ihre Außenpolitik ist imperialistisch vor allem in
Richtung auf Polen und das Osmanische Reich. Leitender Staatsmann 1763–1783: Graf
Nikita Iwanowitsch Panin (* 1718, † 1783).
1764 *Preußisch-russischer Beistandsvertrag.* In Polen erzwingt Rußland die Wahl Stanislaus
Poniatowskis zum König. Katharina gründet mit Bauern, die in verschiedenen Gegenden
Deutschlands angeworben werden, die *deutschen Wolgakolonien.*
1767–1768 Eine **gesetzgebende Kommission** aus rund 450 Vertretern aller Stände (außer den Leibei-
genen) berät über *Reformen* und wird veranlaßt, der Kaiserin zur nachträglichen Legiti-
mierung ihrer gewaltsamen Thronbesteigung den Titel *„die Große"* anzubieten. Aller
Theorie zum Trotz wird die bäuerliche Leibeigenschaft durch Ukase der Kaiserin verschärft
(Klagen gegen die Gutsbesitzer sind mit schweren Strafen bedroht). Die wirtschaftliche

692   Neuzeit – Frühe Neuzeit

Lage der Bauern ist unterschiedlich; durch selbstgegründete Textilmanufakturen können auch Leibeigene gegebenenfalls zu Kapitalbesitz gelangen (so das reiche Scheremetewsche Dorf Iwanowo im Gouvernement Wladimir).

1768–1774 **Russisch-türkischer Krieg,** begonnen von der Pforte, die in die polnischen Wirren eingreift. Große militärische Erfolge der Russen unter dem Oberbefehlshaber Graf *Pjotr Alexandrowitsch Rumjanzew* (* 1725, † 1796) seit 1770: die Moldau und die Walachei werden besetzt, zuletzt die Donau überschritten.

1770 Die russische Ostseeflotte vernichtet unter Mitwirkung schottisch-englischer Seeleute bei
Juli **Tscheschme** (Çeşme; gegenüber der Insel Chios) die türkische Flotte. *Schwerste türkische Niederlage zur See seit Lepanto* (1571).

1772 **Erste Teilung Polens;** Rußland erhält das Land östlich der Düna und des Dnjepr (Polnisch-Livland, Teile der Woiwodschaften Polock, Witebsk und Minsk, die ganze Woiwodschaft Mohilew).

1773–1774 Die allgemeine Unzufriedenheit und die Abneigung gegen die als ausländische Usurpatorin betrachtete Kaiserin bei den breiten Bevölkerungsschichten löst einen ausgedehnten Aufstand im Ural- und Wolgagebiet aus, an dem sich Kosaken, Fabrikarbeiter, Leibeigene und moslemische Völker beteiligen. Der Anführer, der Kosak *Jemeljan Iwanowitsch Pugatschow* (* um 1742, 1775 hingerichtet) gibt sich als der wunderbar gerettete Peter III. aus. Die Erhebung wird mit militärischen Mitteln niedergeworfen.

1774 Friede von **Kütschük Kainardsche** (bei Silistra an der unteren Donau) beendet den Türken-
21. Juli krieg. Rußland erhält an der Dnjeprmündung einen schmalen Zugang zum Schwarzen Meer, dazu die Straße von Kertsch, die Große und die Kleine Kabardei (Nordkaukasien) und freie Handelsschiffahrt auf den türkischen Gewässern. Rückgabe der russischen Eroberungen in Moldau und Walachei an die Pforte. Rußland erwirbt das Recht, zugunsten dieser Fürstentümer und der griechisch-orthodoxen Kirche gegenüber der Pforte Vorstellungen zu erheben, die diese zu beachten verspricht *(doppeltes Interventionsrecht).*

1779 Rußland greift durch die Garantie des Friedens von Teschen nachhaltig in das preußisch-österreichische Verhältnis ein.

1780 Zur Sicherung des Handelsverkehrs der Neutralen im nordamerikanischen Unabhängigkeitskrieg greift Katharina II. gegen die Methode der britischen Seekriegführung durch die Erklärung der **bewaffneten Seeneutralität** ein, deren Grundsätze für das Seekriegsrecht epochemachend werden.

1783 Die **Krim** in Rußland einverleibt. **Grigori Alexandrowitsch Potjomkin** (Potemkin), Günstling der Zarin 1774–1779; * 1739, † 1791), erschließt und kolonisiert die neu gewonnenen südrussischen Gebiete.

1787–1792 **Zweiter Türkenkrieg** und Bündnis Rußlands mit Österreich. Gleichzeitig Krieg mit Schweden 1788–1790. Rußland erhält im *Frieden zu Jassy* (Iaşi) das Küstenland am Schwarzen Meer bis zum Dnjestr.

1794 Gründung der Hafenstadt *Odessa,* um die sich der französische Emigrant *Herzog von Richelieu* (* 1766, † 1822), der in russische Dienste getreten ist, Verdienste erwirbt (später französischer Ministerpräsident).

1793 **Zweite Teilung Polens.** Rußland erwirbt den noch übrigen Teil von Litauen, Wolhynien und Podolien.

1794 Freiheitskampf der Polen unter *Tadeusz Kościuszko.* Der russische Feldherr *Alexander Wassiljewitsch Suworow* (* 1729, † 1800) erstürmt Praga, eine Vorstadt Warschaus, und zieht in Warschau ein.

1795 **Dritte Teilung Polens.** Rußland erwirbt den Rest der ostpolnischen Gebiete bis zum Bug und zum Njemen sowie das Herzogtum Kurland, dessen Herzog *Peter Biron* (1769–1795; * 1724, † 1800) abdankt. – *(Forts. S. 803)*

Italien (Ende 15. – Ende 18. Jh.)
(Forts. v. S. 530, 539)

Der Kampf um Italien (1494–1700)

Italien, führende Kulturnation Europas, politisch gesehen aber das am stärksten zerrissene Gebiet des Kontinents, erfährt zwar durch den Frieden von Lodi (1454) eine Konsolidierung in Form eines labilen Gleichgewichts zwischen den fünf größten Mächten des Landes (Mailand, Florenz, Kirchenstaat, Venedig und Neapel), bleibt aber mit seiner Fülle von Klein- und Kleinststaaten ein nur notdürftig überdeckter europäischer Krisenherd, in dem es immer wieder zu militärischen Auseinandersetzungen kommt. Dabei zeigt sich besonders deutlich, daß Frankreich und Habsburg-Spanien, die Mächte, die immer wieder Ansprüche auf Italien erheben, je nach Kräfteverhältnissen die Oberhand gewinnen, sie aber nicht zuletzt auch deshalb wieder verlieren, weil die inneritalienischen Staaten durch schnell wechselnde Bündnisse eine bleibende Vorherrschaft, wie sie schließlich Spanien erreicht, zu verhindern suchen.

1492	Geheimallianz Florenz–Neapel zur Eroberung Mailands veranlaßt Hilferuf Ludovico Sforzas an den französischen König.
1494	*Italienfeldzug Karls VIII. von Frankreich* zur Eroberung von Neapel, Einnahme Neapels.
1495	Abschluß einer Heiligen Liga zwischen dem Papst, König Maximilian, Mailand, Spanien und Venedig zur Rückeroberung Neapels. Karl muß sich nach Frankreich zurückziehen. Neapel behält seine Selbständigkeit nur noch dem Scheine nach; in Wirklichkeit üben Spanien und Venedig seither eine Art Schutzherrschaft über Süditalien aus.
1497–1507	*Auseinandersetzungen um Mailand und Neapel.* Ludwig XII. von Frankreich erhebt Anspruch auf Mailand.
1500	Der Kapitulation des Herzogs Ludovico Moro (* 1452, † 1508; 1494–1499) folgt die Annexion Mailands.
1501	Erneuter Angriff auf Neapel, vom Norden durch ein französisch-päpstliches Heer, vom Süden durch spanische Truppen.
1503	Sieg der Spanier am Garigliano (Mittelitalien).
1504	Im Waffenstillstand von Lyon erkennt Frankreich die Herrschaft Spaniens über Neapel an, behält dafür Kontrolle Mailands. Neapel wird als Vizekönigreich der spanischen Zentralgewalt unterstellt.
1508	*Liga von Cambrai* (Kaiser Maximilian und Ludwig XII. von Frankreich, denen sich u. a. der Papst anschließt). Das Bündnis ist gegen Venedig gerichtet, dessen Festlandsbesitz aufgeteilt werden soll.
1510	Papst Julius II. schließt wegen der drohenden Fremdherrschaft in Italien Frieden mit Venedig. Dann verbündet er sich mit Spanien, um die französische Herrschaft in Mailand zu stürzen. Von den Eidgenossen läßt er sich für fünf Jahre militärische Hilfe garantieren.
1512	Schlacht bei Ravenna. Blutige Niederlage des 1511 von Julius II. mit Venedig und Spanien gegen Frankreich gebildeten Heiligen Bundes. – Durch das Eingreifen der schweizerischen Truppen kommt die französische Herrschaft in Mailand, Genua und Florenz zum Erliegen.
1513	In der Schlacht von Novara zwingen die in Oberitalien zu Einfluß gelangten Eidgenossen die Franzosen zum Rückzug über die Alpen.
1515–1547	*König Franz I. von Frankreich.*
1515	Er setzt die Politik um Mailand fort. Schlacht von Marignano, in der die Eidgenossen durch ein französisch-venezianisches Heer geschlagen werden. Leo X. und die übrigen Verbündeten erkennen die französische Vorherrschaft in Oberitalien an. Italien besteht damals aus einem im Norden von Frankreich beherrschten Gebiet und dem spanisch bestimmten Süden. Dazwischen befindet sich eine Reihe nach wie vor selbständiger italienischer Staaten.
1521–1530	*Habsburgs Einflußnahme auf Italien.* Karl V. stellt die gesamte Herrschaftsverteilung in Italien in Frage und beansprucht von Frankreich die Herrschaft auch in Oberitalien.
1521	Päpstlich-kaiserliche Offensivallianz zur Vertreibung der Franzosen aus Mailand und Genua.
1525 24. Febr.	Die *Schlacht von Pavia,* entscheidet die Auseinandersetzungen um Mailand für Kaiser Karl V.
1526	Friede von Madrid (Jan.), den der gefangene Franz I. nach seiner Freilassung für nichtig erklärt.
Mai	Abschluß der *Heiligen Liga von Cognac* zwischen Frankreich, Venedig, Florenz, Mailand und Clemens VII. für Vertreibung der Spanier aus Neapel, freien Besitz Mailands für Francesco Sforza und die Freilassung der als Geiseln festgehaltenen beiden Söhne Franz' I.
1527	Eintreffen starker kaiserlicher Landsknechtsverbände in Oberitalien, die eigenmächtig nach Rom marschieren und die Stadt plündern *(Sacco di Roma).*
1528 April	Seeschlacht von Amalfi (am Golf von Salerno): vernichtende Niederlage einer spanischen Entsatzflotte durch französische und Genueser Seestreitkräfte. – Der Umschwung zugunsten Habsburgs erfolgt durch den Übertritt des genuesischen Flottenbefehlshabers Andrea Doria (* 1466, † 1560) in das Lager Karls V.
1529	Friede von Barcelona zwischen Karl V. und Clemens VII. (Juni).
Juli	*Friede von Cambrai* zwischen Franz I. und Karl V. Wiederholung des schon in Madrid geleisteten Verzichts auf alle Rechte in Italien durch die französische Krone.
1530	Glanzvolle Krönung Karls V. in Bologna durch Clemens VII.
1530–1549	Wiederaufleben der Auseinandersetzungen um Italien. Verschlechterung des Verhältnisses Kaiser–Papst; Wiederannäherung Clemens' VII. an Frankreich.
1535	Neuer Streit um Mailand nach dem Tod des erbenlosen Herzogs Francesco Sforza zwischen Frankreich und Habsburg. Nach habsburgischer Auffassung fällt Mailand als Reichslehen heim.
1538 Juni	Nach zahlreichen kriegerischen Auseinandersetzungen zehnjähriger Waffenstillstand von Nizza, der eine Anerkennung des Status quo in Italien bringt.

694   Neuzeit – Frühe Neuzeit

1542–1544   Erneuter Krieg zwischen dem Kaiser und Franz I. Die Kämpfe, vorwiegend auf außeritalie-
    1544   nischem Boden ausgetragen, führen nach wechselnden Erfolgen zum *Frieden von Crépy*,
    Sept.   der Frankreichs Verzicht auf Italien bestätigt.
1550–1555   Unter dem Pontifikat Julius' III. scheint Italien besonders fest mit dem Habsburgischen
    Universalreich verbunden. Der Hof Heinrichs II. von Frankreich (1547–1559) und Katha-
    rinas von Medici entwickelt sich zum Mittelpunkt der italienischen Opposition gegen die
    habsburgische Vormacht.
    Papst Paul IV. (1555–1559) schließt mit Frankreich ein Offensivbündnis ab, das ganz Ita-
    lien noch einmal in Bewegung bringt.
    Nach Abdankung Kaiser Karls V. stehen sich dessen Sohn Philipp II. von Spanien und
    Heinrich II. von Frankreich gegenüber, wobei die spanische Seite bei den kriegerischen
    Auseinandersetzungen erfolgreicher ist. Herzog Alba kann sogar Rom einnehmen.
1559   **Friede von Cateau-Cambrésis** zwischen Philipp II. und Heinrich II. Sein wichtigstes Ergeb-
April   nis besteht in der Erhaltung der Vielstaatlichkeit Italiens, das aber als Ganzes fest in spani-
    scher Hand ist. Frankreich scheidet vorerst aus der italienischen Politik aus.
    Bis zum Beginn des 18. Jh. tragen die italienischen Staaten zwar untereinander manche
    Streitigkeiten aus, spielen aber in der europäischen Politik in der Regel nur eine nachgeord-
    nete Rolle.
1628–1631   Mantuanischer Erbfolgestreit. Erfolgreicher Versuch des französischen Ministers Riche-
    lieu, für Frankreich in Oberitalien wieder eine Einflußzone zu schaffen.
    1659   *Pyrenäenfriede:* Parma und Modena in die französische Einflußzone einbezogen.

Hauptmerkmale der Kultur im 16. und 17. Jh.

An Gemeinsamkeiten der italienischen Staaten sind hier z. B. der beginnende wirtschaftliche Niedergang, die Wandlung der Gesellschaft in Richtung auf aristokratische Strukturen, Ansätze zur Ausbildung absolutistischer Herrschaftsformen, vor allem aber die Gemeinsamkeiten in der künstlerischen Entwicklung zu nennen.

Schon im 16. Jh. tritt Italien in der **Musik** eine führende Stellung an, die sich im 17. Jh. fortsetzt. An eigenen musikalischen Leistungen hat es einmal mit *Palestrina* (* um 1525, † 1594) und der *„Römischen Schule"* den Höhepunkt kirchlicher A-cappella-Polyphonie aufzuweisen, dann mit der *Venezianischen Schule* die Ansätze zum „konzertierten Stil", d. h. zur Komposition mit divergierenden, zum Teil mehrchörig disponierten Gruppen aus Singstimmen und Instrumenten, endlich bedeutende Vertreter des Madrigals und mit Jacopo Peri (* 1561, † 1633), Giulio Caccini (* um 1550, † 1618) und Claudio Monteverdi (* 1567, † 1643) die Anfänge der *Oper*. Im 17. Jh. konzentriert sich das Musikleben vor allem auf Oper und Instrumentalmusik. Der bedeutendste Vertreter der Opernmusik ist damals Alessandro Scarlatti (* 1660, † 1725). Die Höhepunkte der Instrumentalmusik reichen mit Arcangelo Corelli (* 1653, † 1713) und Antonio Vivaldi (* um 1678, † 1741) in das 18. Jh. hinein.

Die bedeutendsten **Dichter** des Cinquecento sind Ludovico Ariosto (* 1474, † 1533) und Torquato Tasso (* 1544, † 1595).

In der **bildenden Kunst** führt die Hochrenaissance in den ersten Jahrzehnten des Cinquecento zu Vereinfachung, Harmonisierung und klassischer Reife. Hauptvertreter dieser Epoche sind **Leonardo da Vinci** (* 1452, † 1519), Fra Bartolommeo (* 1472, † 1517) und Andrea del Sarto (* 1486, † 1531). Unter dem Schutz der Päpste bildet sich in Rom ein neues Kunstzentrum, mit **Raffael** (* 1483, † 1520) als bedeutendstem Vertreter. An Genialität steht ihm **Michelangelo** (* 1475, † 1564) am nächsten. – In den dreißiger Jahren des 16. Jh.s bahnt sich im Manierismus eine Wandlung zu innerlich erregter, oft übersteigerter Gestaltung an. Für die Malerei sei hier *Tintoretto* (* 1518, † 1594), für die Baukunst Andrea Palladio genannt (* 1508, † 1580), der schon die Voraussetzungen für die klassizistische Architektur der Folgezeit in Europa schafft. Kompliziert verschränkte Plastiken schaffen besonders *Benvenuto Cellini* (* 1500, † 1571) und Giovanni da Bologna (* um 1524, † 1608). – Auch der *Barock* (etwa seit 1600) hat seine Ursprünge in Italien. Unter Zufluß neuen antiken, vornehmlich hellenistischen Formgutes werden große repräsentative Aufgaben unter dem Zusammenwirken aller Künste bewältigt. Bedeutende Architekten nach und neben Gian Lorenzo Bernini (* 1598, † 1680) sind Francesco Borromini (* 1599, † 1667) und Guarino Guarini (* 1624, † 1683). – In der Malerei schaffen Michelangelo da Caravaggio (* 1573, † 1610) und Annibale Carracci (* 1560, † 1609) die Voraussetzungen für die Kunst von Guido Reni (* 1575, † 1642), Peter Paul Rubens (* 1577, † 1640), Rembrandt (* 1606, † 1669) und für die französische Klassik.

Das Papsttum im 16. und 17. Jh.

Die Päpste sind im 16. Jh. mit Erfolg bestrebt, den Kirchenstaat zu vergrößern, die Bedeutung ihrer Stellung zu erhöhen, die Folgen der Reformation zu überwinden, den Katholizismus zu festigen und seinen Einflußbereich nach Möglichkeit auszudehnen.

Einzelstaaten – Italien **695**

Alexander VI. aus dem Hause Borgia (* um 1430, † 1503; 1492–1503); Förderer von Kunst und Wissenschaft; mißbraucht sein Amt zur Versorgung seiner Kinder; sein Sohn *Cesare Borgia,* Herzog der Romagna, ist Vorbild des „Principe" von Machiavelli. – Pius III. (* 1439, † 1503; 1503); durch frühen Tod an Realisierung von Reformen gehindert. – *Julius II.* (* 1443, † 1513; 1503–1513); der bedeutendste Renaissancepapst; Begründer des neuzeitlichen Kirchenstaates. – Leo X. (* 1475, † 1521; 1513–1521); aus dem Hause Medici; der von ihm zum Bau der Peterskirche ausgeschriebene Ablaß gibt den äußeren Anlaß zur Reformation. – Hadrian VI. aus Utrecht (* 1459, † 1523; 1522–1523); Erzieher und Ratgeber des späteren Kaisers Karl V.; tritt für eine kirchliche Reform ein. – Clemens VII. aus dem Hause Medici (* 1478, † 1534; 1523–1534); er flieht während des Sacco di Roma in die Engelsburg; damals scheint das Ende des Kirchenstaates gekommen zu sein. – Paul III. (* 1468, † 1549; 1534–1549); ein Farnese; fördert trotz weltlicher Einstellung die Erneuerung der Kirche; bestätigt 1540 den Jesuitenorden und zentralisiert 1542 das Inquisitionswesen; beruft 1545 das *Trienter Konzil* ein. – Julius III. (* 1487, † 1555; 1550–1555); Sympathisant Habsburgs. – Marcellus II. (* 1501, † 1555; 1555); einer der Konzilspräsidenten in Trient. – Paul IV. (* 1476, † 1559; 1555–1559); betreibt eine antihabsburgische Politik; betätigt sich als Kirchenreformer, ist aber in ausgeprägten Nepotismus verstrickt. – Pius IV. (* 1499, † 1565; 1559–1565); beendet das Konzil von Trient. – Pius V. (* 1504, † 1572; 1566–1572); bannt Elisabeth von England; wirbt für einen Kreuzzug gegen die Türken. – Gregor XIII. (* 1502, † 1585; 1572–1585); Förderer der kirchlichen Reform; führt 1582 den Gregorianischen Kalender ein. – Sixtus V. (* 1521, † 1590; 1585–1590); geniale Persönlichkeit; stellt Sicherheit und Ordnung im Kirchenstaat wieder her. – Clemens VIII. (* 1536, † 1605; 1592–1605); ihm gelingt die Aussöhnung mit Frankreich. – Leo XI. (* 1535, † 1605; 1605); stirbt nach einem Pontifikat von wenig mehr als drei Wochen. – Paul V. (* 1522, † 1621; 1605–1621); aus dem Haus Borghese; unterstützt die Habsburger zu Beginn des Dreißigjährigen Krieges. – Gregor XV. (* 1554, † 1623; 1621–1623); gründet 1622 die *Congregatio de propaganda fide* – Urban VIII. (* 1568, † 1644; 1623–1644); Förderer von Künsten und Wissenschaften; neigt zum Nepotismus; unter seinem Pontifikat wird Galilei von der Inquisition gezwungen, sein Bekenntnis zum kopernikanischen Weltbild zu widerrufen. – Innozenz X. (* 1574, † 1655; 1644–1655); unter ihm Restaurierung der Lateranbasilika; verurteilt 1653 einige Sätze des C. Jansenius. – Alexander VII. (* 1599, † 1667; 1655–1667); erläßt u.a. Konstitutionen gegen den *Jansenismus;* beauftragt Bernini mit der Ausgestaltung des Petersplatzes. – Clemens IX. (* 1600, † 1669; 1667 bis 1669). Clemens X. (* 1590, † 1676; 1670–1676). – Innozenz XI. (* 1611, † 1689; 1676–1689); Vorkämpfer der Türkenabwehr; entschiedener Gegner Ludwigs XVI. – Alexander VIII. (* 1610, † 1691; 1689–1691); verurteilt eine Reihe von Sätzen des Jansenismus und die vier Gallikanischen Artikel. Neigt zum Nepotismus. – Innozenz XII. (* 1615, † 1700; 1691–1700); eifriger Reformer mit streng geistlicher Ausrichtung.

Die Päpste (1492–1799)

Alexander VI.	1492–1503	Paul V.	1605–1621
Pius III.	1503	Gregor XV.	1621–1623
Julius II.	1503–1513	Urban VIII.	1623–1644
Leo X.	1513–1521	Innozenz X.	1644–1655
Hadrian VI.	1522–1523	Alexander VII.	1655–1667
Clemens VII.	1523–1534	Clemens IX.	1667–1669
Paul III.	1534–1549	Clemens X.	1670–1676
Julius III.	1550–1555	Innozenz XI.	1676–1689
Marcellus II.	1555	Alexander VIII.	1689–1691
Paul IV.	1555–1559	Innozenz XII.	1691–1700
Pius IV.	1559–1565	Clemens XI.	1700–1721
Pius V.	1566–1572	Innozenz XIII.	1721–1724
Gregor XIII.	1572–1585	Benedikt XIII.	1724–1730
Sixtus V.	1585–1590	Clemens XII.	1730–1740
Urban VII.	1590	Benedikt XIV.	1740–1758
Gregor XIV.	1590–1591	Clemens XIII.	1758–1769
Innozenz IX.	1591	Clemens XIV.	1769–1774
Clemens VIII.	1592–1605	Pius VI.	1775–1799
Leo XI.	1605		

Italien (18. Jh.)

Der Spanische Erbfolgekrieg (1701–1714) sowie die Kriege um die Nachfolge in Polen (1733–1735) und in Österreich (1740–1748) beenden die spanische Vorherrschaft. Sie führen zu erheblichen territorialen Veränderungen, bei denen Österreich eine quasi-hegemoniale Stellung durchsetzt.

1701 Ein kaiserliches Heer beginnt unter dem Prinzen Eugen (* 1663, † 1736) in Italien den erfolgreichen Kampf gegen Franzosen und Spanier.

1703 Übertritt des Herzogs Viktor Amadeus II. von Savoyen (1675–1730; * 1666, † 1732) auf die kaiserliche Seite.

696 Neuzeit – Frühe Neuzeit

1706 Großer *österreichisch-savoyischer Sieg* über die Franzosen bei *Turin* (7. Sept.).
1707/1708 Österreichische Truppen besetzen Süditalien. Das Herzogtum Mantua (Reichslehen!) wird österreichisch (1708).
1713–1714 Die Friedensschlüsse von **Utrecht** (Abmachungen vom 13. Juli) und von **Rastatt** (1714, 6. März) bestimmen für Italien:
Österreich erhält das Herzogtum Mailand, die vormals spanischen Küstenorte in der Toskana, das Königreich Neapel und Sardinien. ⤶ Viktor Amadeus von Savoyen bekommt Monferrato (Gebiet in Piemont) sowie Sizilien mit der Königskrone.
1718 Seit dem *Frieden von Passarowitz,* der für den Südosten Europas die Hegemonie Österreichs konsolidiert, steht Venedig, welches Morea (Peloponnes) und Candia (auf Kreta) verliert, in dessen Schatten. Nachdem Großbritannien, Frankreich, Österreich und die Niederlande (Quadrupelallianz von London, 1718) einen spanischen Angriff auf Sardinien und Sizilien abgewehrt und österreichische Truppen die Spanier aus Sizilien vertrieben haben,
1720 erhält Österreich Sizilien im Austausch gegen das ärmere Sardinien.
1733–1735 Gegen die gegnerische Koalition im Polnischen Erbfolgekrieg (Frankreich, Spanien, Savoyen) verliert Österreich den größten Teil der italienischen Besitzungen (Niederlagen der Österreicher bei Bitonto [Apulien], 25. Mai 1734 und bei Parma, 29. Juni 1734).
1735 Im *Vorfrieden von Wien* mußte Kaiser Karl VI. Neapel und Sizilien den spanischen Bourbonen als Sekundogenitur abtreten, erhält aber Mailand zurück, dazu Parma und Piacenza. Piemont erhält Novara (westliche Poebene) und Tortona (am Nordrand des Ligurischen Apennins, bis dahin bei Mailand).
Der künftige Gemahl Maria Theresias, der Erbin der österreichischen Monarchie, Franz Stephan von Lothringen, tritt sein Stammland an den auf Polen verzichtenden König Stanislaus Leszczyński ab und soll dafür nach dem Tod des letzten Medici (1737) das Großherzogtum Toskana erhalten.
1740–1748 Der **Krieg um die österreichische Erbfolge** stellt diese Machtverteilung in Frage, wird aber mit einem Kompromiß beendet, der Österreichs Stellung konsolidiert und zugleich die Aussöhnung mit den Bourbonen und darüber hinaus ein dauerhaftes Gleichgewicht erreicht.
1748 Die im *Frieden von Aachen* verabredete Neuordnung hat bis zum Einmarsch Napoleon
18. Okt. Bonapartes Bestand und ist großenteils auf dem Wiener Kongreß wiederhergestellt worden: Österreich behält Mailand (von dem aber erneut Grenzstreifen an Savoyen gehen) und Mantua, dazu als Sekundogenitur die Toskana. Der seit 1735 in Neapel regierende Bourbone Karl (* 1716, † 1788; als Karl III. seit 1759 spanischer König) bleibt König von Neapel-Sizilien, sein Bruder Philipp erhält Parma und Piacenza.
1753 Ein Heirats- und Sukzessionsvertrag zwischen Österreich und Modena bestimmt die Heirat
11. Mai der Erbin von Modena mit einem Habsburger; infolge dieser Heirat (1771) wird Modena eine habsburgische „Tertiogenitur" (Haus Habsburg-Este).

Die Einzelstaaten im Zeitalter des aufgeklärten Absolutismus

Gleichgewicht und Friede ermöglichen eine Reformpolitik nach den Grundsätzen des aufgeklärten Absolutismus, die in den habsburgischen Staaten ihre größten Erfolge erzielt. Dabei kommt es zu einer fruchtbaren *Symbiose italienischer und österreichischer Aufklärung.* Der Wiener Hof beschäftigt zahlreiche Beamte, Wissenschaftler und Künstler aus Italien. Die Reformen bezwecken eine effiziente Verwaltungs-, Justiz- und Steuerorganisation, Zurückdrängung des gesellschaftlichen Einflusses der Kirche (meist ohne Eingriffe in die Glaubensverkündigung), dazu Wirtschaftsförderung.
Im Herzogtum **Mailand** werden unter Maria Theresia (1745–1780; * 1717, † 1780) eine große *Steuerreform* durchgeführt und ein *Kataster* geschaffen (Leitender Minister: *Carl Graf von Firmian* [* 1718, † 1782] aus dem Trentino, bedeutendster Mitarbeiter der Nationalökonom *Pompeo Neri* [* 1706, † 1776] aus der Toskana). Seit 1768 lehrt in Mailand der berühmte Jurist *Cesare Beccaria, Marchese de Bonesana* (* 1738, † 1794), der in seinem bahnbrechenden Hauptwerk „Dei delitti e delle pene" (1764) die *Umgestaltung des Strafrechts* im Sinne der Aufklärung und die *Abschaffung von Todesstrafe und Folter* fordert.
Joseph II. (1780–1790) zerstört durch seinen Zentralismus die Sympathien breiter Bevölkerungskreise für das Haus Habsburg.
Die **Toskana** wird unter Großherzog Peter Leopold (1765–1790), dann als Leopold II. Römisch-deutscher Kaiser (1790–1792; * 1747, † 1792) zum *Musterland des Reformismus,* der hier auch konsequent auf Wirtschaft und Kirchenpolitik übergreift: Einführung des *Freihandels,* umfangreiche Maßnahmen zugunsten der Bauern und überhaupt einer *ausgeglichenen Sozialstruktur von Stadt und Land; Pensionierung der Jesuiten* (1773), deren Besitz beschlagnahmt wird; Förderung von jansenistisch inspirierter Kirchenreform (Synode von Pistoia 1786).
In den bourbonischen Staaten **Neapel-Sizilien** und **Parma** wird der aufgeklärte Absolutismus in geringerem Ausmaß verwirklicht.

Einzelstaaten – Spanien 697

In *Neapel* (König Karl VII. 1735–1759; seitdem als Karl III. König von Spanien; ihm folgt 1759 sein Sohn König Ferdinand IV. [* 1751, † 1825]) ist Hauptvertreter der Aufklärung der Leitende Minister *Marchese Bernardo Tanucci* (bis 1776; * 1698, † 1783), in *Parma* der *Minister Guillaume du Tillot* (bis 1771). – In Neapel werden 1767 die *Jesuiten ausgewiesen*, 1788 wird das *päpstliche Oberlehensrecht über das Königreich abgeschafft*. Antonio Genovesi (1740–1769 Prof. in Neapel; * 1712, † 1769) verbreitet die Aufklärungsphilosophie.

Im **Kirchenstaat** bleibt es im wesentlichen bei der herkömmlichen Regierungsweise.
Unter den Päpsten des 18. Jh.s, die sämtlich in *defensiver Auseinandersetzung mit Staatskirchentum, Jansenismus und Episkopalismus* stehen, sind hervorzuheben *Benedikt XIV.* (1740–1758; * 1675, † 1758), ein bedeutender, auf Ausgleich mit den Ideen der Zeit bemühter Kanonist, und *Pius VI.* (1775–1799; * 1717, † 1799), der durch seine Reise nach Wien (1782) vergeblich das Staatskirchentum Josephs II. zu mäßigen sucht und nach anfänglicher Zurückhaltung entschiedener Gegner der Französischen Revolution wird. *Rom* wird seit der Jahrhundertmitte, v. a. durch den Kunstgelehrten *Winckelmann* (* 1717, † 1768) und dessen Gönner Kardinal Alessandro Albani (* 1692, † 1779) *Zentrum des klassizistischen Antikenstudiums.*
In **Savoyen-Sardinien** muß Karl Emanuel III. (1730–1773; * 1701, † 1773; seit 1730 als Karl Emanuel I. König von Sardinien) nach der Überbrückung des zuvor ausgenutzten Gegensatzes zwischen Habsburg und Bourbon auf weitere Expansion verzichten.
Die Republiken **Venedig** und **Genua** werden vom Reformismus nicht berührt, das *Patriziat behauptet seine Regierung.*
Nach weiterem Rückgang des Levantehandels blüht in *Venedig* die *Luxusindustrie* (Glas, Keramik, Email, Filigran, Seide). Die Stadt gilt als **„Hauptstadt des Rokoko",** den die Maler *Giovanni Battista Piazzetta* (* 1682, † 1754), *Giovanni Battista Tiepolo* (* 1696, † 1770), *Antonio Canaletto* (* 1697, † 1768) und *Francesco Guardi* (* 1712, † 1793) zur Vollendung bringen. *Carlo Goldoni* (* 1707, † 1793) schildert in zahlreichen Komödien das Leben der Stadt. In der **Musik** ist *Antonio Vivaldi* (* 1678, † 1741), der Schöpfer des Solokonzerts mit Orchester, von größter Wirkung, u. a. auf Johann Sebastian Bach (* 1685, † 1750).
Genua ist dem seit 1755 von *Pasquale Paoli* (* 1725, † 1807) geführten *Aufstand der Korsen* nicht gewachsen. 1768 wird Korsika an Frankreich verkauft, welches die Insel unterwirft. – *(Forts. S. 813)*

Spanien (1516–1788)
(Forts. v. S. 561, 562, 563)

1516 23. Jan. **1516–1556**	Mit dem Tode Ferdinands des Katholischen fällt die Thronfolge in allen Reichen der Krone Aragón und der Krone Kastilien an dessen regierungsunfähige Tochter Johanna (* 1479, † 1555) und an deren Sohn **Karl** (* 1500, † 1558) als Prinzregenten.
1517	Um Thronfolgewirren vorzubeugen, kommt Karl, Herzog von Burgund, aus den Niederlanden nach Spanien und wird von den kastilischen Cortes und danach von denen der Krone
1518	Aragón als für seine Mutter regierender König Karl I. anerkannt. Formal erhält er jedoch erst mit dem Tode Johannas († 1555) die alleinige Königsgewalt über die kastilischen und aragonischen Reiche.
1519	Nach der *Wahl Karls zum Kaiser* (Karl V., 1519–1556) wird die Wirtschaftskraft des spanischen Imperiums immer stärker zur wichtigsten Grundlage der universalistischen kaiserlichen Politik.
1520–1521	Gegen die Verletzung alter ständischer Rechte durch die Krone, gegen überhöhte finanzielle Forderungen und die Einsetzung von Ausländern in zentrale Hofämter, insgesamt gegen die Überfremdung der nationalen Interessen, richtet sich der Aufstand der städtischen *Comuneros* in Kastilien.
1521	In der Schlacht von Villalar wird das Heer der Aufständischen, deren Bewegung sich immer stärker zu einer sozialen Rebellion von Arm gegen Reich entwickelt hat, von königlichen Truppen vernichtend geschlagen. Zahlreiche Kriege gegen Frankreich und die moslemischen Herrschaftspositionen in Nordafrika bedrohen und lähmen die spanischen Seeverbindungen nach Italien. Die Außenpolitik des Kaisers, Europa angesichts der eigenen Interessen Frankreichs, der Protestanten, des Papsttums und der Moslems unter habsburgischer Hegemonie zu vereinigen und zu befrieden, scheitert. Die Kosten dieser Politik ruinieren die Finanzkraft Kastiliens im Gegensatz zu derjenigen der weithin geschonten aragonischen Reiche.
1556–1598	**Philipp II.** (* 1527, † 1598) erhält von seinem Vater in Brüssel die volle Regierungsgewalt über die Niederlande mit Burgund (1555) und über die Kronen von Kastilien und Aragón mit allen Nebenländern und Kolonien (1556).
1556 1558	Karl zieht sich, persönlich immer stärker zum Kastilier geworden, in die kastilische Klosterresidenz San Jerónimo de Yuste (Extremadura) zurück, wo er zwei Jahre später stirbt. Eine

698 Neuzeit – Frühe Neuzeit

dynastische Verbindung der spanischen Habsburger mit England findet mit dem Tode Maria Tudors (* 1516, seit 1553 Königin), der zweiten Gemahlin Philipps II., ein Ende.

1559 Im Rahmen einer Neuorientierung der Außenpolitik schließt Philipp II., um den seit 1556 dauernden Krieg gegen Frankreich zu beenden, den Frieden von *Cateau-Cambrésis* (südöstlich von Cambrai). Dabei kann er seine italienischen und niederländischen Besitzungen behaupten.

1571 Nach zielstrebig vorangetriebener Flottenrüstung erringt Spanien gemeinsam mit Venedig und dem Heiligen Stuhl als Verbündeten den Seesieg von *Lepanto* (am Golf von Korinth) über die Osmanen, durch den die moslemische Seeherrschaft im Mittelmeer gebrochen wird. Seither richtet sich die spanische Außenpolitik mit Schwergewicht im atlantischen Raum gegen England.

1580 Durch die *Annexion Portugals* und seiner Kolonien wird Spanien zur größten Kolonialmacht Europas.

1588 Der Plan einer spanischen Invasion in England, das seit 1585 die Aufständischen in den Niederlanden unterstützt, scheitert mit dem *Untergang der Armada* nach verlustreichem Kampf gegen die englische Flotte.

Die verstärkte spanische Flottenrüstung im Atlantikraum sichert zwar den Seeverkehr zu den hispano-amerikanischen Kolonien, die spanische Seeverbindung zu den Niederlanden bleibt jedoch abgeschnitten.

Registrierte königliche und private Gold- und Silbereinfuhren aus Amerika nach Spanien (Wert in 1000 Pesos zu je 450 Maravedis)

1590 Mit dem Ziel einer dynastischen Vereinigung Spaniens mit Frankreich interveniert Philipp II. in Frankreich, wenn auch ohne Erfolg, zugunsten der katholischen Partei gegen die Hugenotten.

Im Frieden von Vervins (Département Aisne) verzichtet Philipp II. 1598 auf alle Ansprüche im Hinblick auf den französischen Thron.

Außenpolitisch bleibt der seit den sechziger Jahren währende Unabhängigkeitskampf in den spanischen Niederlanden die stärkste militärische Belastung. Innenpolitisch ringt Spanien mit dem Regionalismus und der Integration der ethnischen Minderheiten. Die verschiedenen Königreiche Spaniens bleiben, von Ausnahmen abgesehen, nur durch die Person des Königs und die gemeinsame Außenpolitik miteinander verbunden.

1590–1592 Ansätze zur Kastilisierung von Aragón führen zum Aufstand dieses Reiches mit Zentrum in Zaragoza (Saragossa). Die verschärfte Zwangsintegration der kulturell arabisch verbliebenen *Morisken* (nach der Reconquista in Spanien zurückgebliebene Mauren) im Königreich Granada kulminiert in deren Rebellion (1568–1570), nach der Unterdrückung des Aufstands in der Zwangsverteilung auf verschiedene Provinzen Kastiliens (1570–1571) und schließlich, nach dem Scheitern der Integrationsbemühungen, in der Vertreibung der Morisken (1609–1614), insgesamt etwa 300 000 Menschen, aus ganz Spanien.

1598–1621 König Philipp III. (* 1578, † 1621).
Er überläßt seinem Günstling, dem Herzog von Lerma (* 1553, † 1625), entscheidenden Einfluß auf die Staatsgeschäfte.

1604 Aufgrund der materiellen Erschöpfung des Imperiums setzt Philipp III. die Friedenspolitik fort und schließt *Frieden mit England*, wobei jedoch die umstrittene Frage des spanischen Kolonial- und Handelsmonopols in Übersee offenbleibt.

1607 Es folgt ein Waffenstillstand mit den Niederlanden, der aber, nachdem Spanien die Souveränität der Generalstaaten nicht in einem formalen Frieden anerkennen will, auf zwölf Jahre begrenzt wird.
1609

Einzelstaaten – Spanien **699**

1621–1665 **König Philipp IV.** (* 1605, † 1665).
Er und sein allmächtiger Günstling Gaspar de Guzmán (* 1587, † 1645), Graf (später auch Herzog) von *Olivares,* bemühen sich, Spaniens abnehmende Weltgeltung mit militärischen Mitteln wiederherzustellen.

1621 Der Waffenstillstand mit den Niederlanden wird nicht verlängert.
Erste militärische Erfolge in den Niederlanden sind nicht von langer Dauer. Die Beteiligung spanischer Truppen am Dreißigjährigen Krieg in Deutschland und die Verteidigung der spanischen Herrschaft in Italien werden zu zusätzlichen Belastungen.

1635 Die *französische Kriegserklärung* an den Kaiser und an Spanien verlängert die spanischen Kampflinien von den Niederlanden und Deutschland über die Franche-Comté bis zu den Pyrenäen.

1640 Der *katalanische Aufstand* und die *Loslösung Portugals* auf der Halbinsel schwächen die äußere militärische Situation Spaniens.

1643 Der Herzog von Olivares wird gestürzt und allmählich von Luis de Haro (* 1598, † 1661) als neuem königlichen Günstling und erstem Sekretär ersetzt.

1648 Ein *spanisch-niederländischer Sonderfrieden* erkennt die Unabhängigkeit der General-staaten sowie deren Recht zur Gründung von Kolonien und zum Handel in Übersee an.
Nach dem Militärbündnis zwischen Frankreich und England (1657) muß Spanien entscheidende Niederlagen hinnehmen.

1659 Im *Pyrenäenfrieden* behauptet Spanien zwar seinen italienischen Besitzstand, muß jedoch südliche Teile der Niederlande sowie die Grafschaft Roussillon (spanisch Rosellón) und ein Teil der Grafschaft Cerdaña (französisch Cerdagne; Pyrenäengrenze) an Frankreich abtreten; eine vereinbarte Heirat zwischen beiden Herrscherhäusern eröffnet die Möglichkeit, daß das Erbe der spanischen Habsburger an die französischen Bourbonen fällt.
Seit der Zeit des Pyrenäenfriedens verliert Spanien nicht nur seine europäische Vormacht-stellung; es erfährt auch Rückschläge in seinen überseeischen Kolonien (1655–1660 Verlust Jamaikas an England).

1665–1700 **König Karl II.** (* 1661, † 1700), der letzte spanische Habsburger, der 1675 volljährig wird, regiert seitdem selbst, ist aber insgesamt ein unfähiger und erfolgloser König.

1668 Im Frieden von Aachen (Devolutionskrieg) muß Spanien verschiedene strategische Plätze in Flandern an Frankreich abtreten.

1678 Im Frieden von Nimwegen (Provinz Gelderland) nach dem Niederländischen Krieg fallen weitere flandrische Plätze und die Franche-Comté an Frankreich.

1697 Der Friedensschluß von Rijswijk (südlich von Den Haag) nach dem Pfälzischen Krieg nimmt nochmals Grenzberichtigungen zugunsten Frankreichs vor.

1700 Um die Einheit des spanischen Imperiums zu bewahren, setzt Karl II., kinderlos, in seinem Testament Philipp von Anjou (* 1683, † 1746), den Enkel König Ludwigs XIV. von Frankreich, zum Thronerben ein.

1700–1746 **König Philipp V.** wird 1702 in allen Teilen des Imperiums anerkannt.
Da Ludwig XIV. Philipps Ansprüche auf den französischen Thron gegen die Bestimmungen

1701–1714 des Testaments Karls II. bestätigt, kommt es zum *Spanischen Erbfolgekrieg.*

1713, 1714 In den Friedensschlüssen von Utrecht und Rastatt wird die spanische Monarchie aufgeteilt: Philipp V. erhält Spanien und die überseeischen Kolonien. Die spanischen Niederlande, Mailand, Neapel und Sardinien fallen an Österreich, Sizilien an Savoyen, Gibraltar und Menorca an England.
Spanien ist in Europa auf die Iberische Halbinsel zurückgeworfen. Nach vergeblichen Versuchen, die italienischen Besitzungen zurückzuerobern, verbündet sich Spanien mit Frank-

ab 1733 reich (erster, zweiter und dritter Bourbonischer Familienpakt 1733, 1743 und 1761). Im Rahmen der europäischen Kriege des Jahrhunderts erhält Spanien das Königreich Neapel und Sizilien (1734/1735) sowie (1748) die Herzogtümer Parma, Piacenza und Guastalla zurück.

1746–1759 **König Ferdinand VI.** (* 1713, † 1759). Er verfolgt außenpolitisch eine Neutralitätspolitik, läßt jedoch gleichzeitig zum Schutz des Überseereiches Heer und Flotte ausbauen.

1759–1788 **König Karl III.** (* 1716, † 1788).
Er setzt die bourbonische, antibritische Außenpolitik fort. Um die Überlegenheit Groß-britanniens aufzuholen, treibt Karl III. die Reform und Modernisierung von Staat, Wirt-

1762–1763 schaft und Gesellschaft voran. Spanien kann als Kriegspartei im Siebenjährigen Krieg und
1779–1783 im Amerikanischen Unabhängigkeitskrieg seinen kolonialen Besitzstand behaupten.

Bevölkerung, Wirtschaft und Kultur

Die *Bevölkerung* Spaniens steigt bis zum Ende des 16. Jh.s auf etwa 8,5 Mio. an, schrumpft bis zum Jahre 1717 auf rund 7,5 und wächst bis zum Ausgang des 18. Jh.s wieder auf etwa 10,5 Mio. Einwohner. Während im 17. und 18. Jh. die Bevölkerung auf der Meseta (der den spanischen Kernraum einnehmenden

700 Neuzeit – Frühe Neuzeit

Hochfläche von León, Extremadura, Alt- und Neukastilien) zurückgeht und dann stagniert, stagniert sie zunächst und wächst danach in den peripheren Regionen.
Spanien bleibt bis zum Ende des 18. Jh.s insgesamt ein verhältnismäßig zurückgebliebenes, typisch mediterranes *Agrarland*. Steigende soziale Kosten imperialer Politik und verheerende Epidemien entvölkerten die Agrarzonen der Meseta. Die durch die Entvölkerung und die koloniale Nachfrage bedingten Lohnsteigerungen sowie die städtischen Höchstpreisfixierungen für Lebensmittel machen die Landwirtschaft unrentabel. Diese Rahmenbedingungen verstärken die Konzentration des Bodeneigentums in der Hand von Klerus und Adel, also der weniger ökonomisch und mehr traditional orientierten Werteliten. Die extensive Viehzucht, insbesondere die Schafzucht, wird erst durch die Bevölkerungszunahme im 18. Jh. zugunsten der intensiveren Getreideproduktion zurückgedrängt.
Hohe Löhne und hohe Transportkosten machen in ähnlicher Weise in den Gewerbestädten der Meseta die *Industrie*, insbesondere die Textilindustrie, auf den amerikanischen Exportmärkten im Vergleich zu nordeuropäischen Produktionszentren konkurrenzunfähig. Angesichts eines schwachen, adligen Lebensstil nachahmenden Bürgertums beherrschen ausländische Kaufleute und Unternehmer den spanischen Außenhandel. Die sozialökonomischen Modernisierungsbemühungen des aufgeklärten Absolutismus im 18. Jh. sind auf der Meseta wenig erfolgreich; die peripheren Provinzen erleben dagegen in dieser Zeit einen industriellen Aufschwung.
In *Wissenschaft und Kunst* ist Spanien auf dem Höhepunkt und zur Zeit des Niedergangs seiner politischen Macht in Europa bahnbrechend. Die spanische Spätscholastik wird zur Grundlage des modernen Natur- und Völkerrechts. Die Literaturen und die bildenden Künste des spanischen *Siglo de Oro* („Goldenes Jh.") gelten in ihrer Gattung jeweils als eigenständige große Leistungen, die vom Naturalismus oder vom Geist der Gegenreformation geprägt sind. – *(Forts. S. 818)*

Portugal (1495–1777)
(Forts. v. S. 563)

1495–1521 **König Emanuel I.** (Manuel, * 1469, † 1521).
Er baut den königlichen Hof in Lissabon als administratives und politisches Zentrum des Landes aus. Die Macht des Adels, der zunehmend durch Ehrenämter an den Hof gebunden wird, nimmt weiter ab. Die Ständeversammlungen (Cortes) werden nur noch selten einberufen.

1521 Die zahlreichen Reformgesetze sind in der Manuelinischen Gesetzeskompilation (Ordenações Manuelinas) zusammengefaßt.
Die Expansion des *portugiesischen Kolonialreichs* um Afrika herum nach Indien und über die Atlantikinseln nach Brasilien macht Lissabon ein halbes Jh. lang zum bedeutendsten Exporthafen Europas. Afonso de Albuquerque (* um 1462, † 1515) gilt als der hervorragendste portugiesische Vizekönig (1509–1515) in Indien. Seit der Mitte des 16. Jh.s wird das portugiesische Monopol des afrikanischen Sklaven- und des asiatischen Gewürzhandels immer stärker von Franzosen und Engländern durchbrochen. Mehrere nordwestafrikanische Küstenstädte, unter Emanuel I. erobert, fallen unter seinem Sohn Johann III. wieder in moslemische Hand zurück.

1521–1557 **König Johann III.** (* 1502, † 1557).
Mit sinkenden Kolonialeinkünften, bankrotten Staatsfinanzen und abnehmender Bevölkerung stößt die überseeische Expansion Portugals an die Grenzen ihrer Möglichkeiten.
Auf Johann III. folgt sein minderjähriger Enkel.

1557–1578 **König Sebastian** (* 1554, † 1578).

1578 Er regiert seit 1568 selbst und sucht in romantischer Blindheit durch einen Marokkofeldzug Portugals Größe in Nordafrika wiederherzustellen. Die Expedition endet mit einer vernichtenden Niederlage, in der Sebastian und nahezu alle der rund 18 000 beteiligten Offiziere und Soldaten das Leben verlieren.

1578–1580 Mit dem Tode des Lissaboner Erzbischofs *Heinrich* (*1512, † 1580), der Sebastian nachfolgt, stirbt die Dynastie Avis aus.

1580 Als einer der Thronprätendenten annektiert König Philipp II. von Spanien Portugal (als portugiesischer König Philipp I.), ohne auf großen Widerstand zu stoßen.
Das Land bleibt jedoch weitgehend autonom und wird nur durch die Person des Königs und seine Ratgeber oder Stellvertreter und durch eine gemeinsame Außenpolitik mit Spanien vereinigt. Diese Form von Personalunion bleibt unter Philipp III. (II.) und Philipp IV. (III.) von Spanien bestehen.

1640 Die stärkere Unterordnung Portugals unter die imperiale Außenpolitik Spaniens durch Spaniens leitenden Sekretär Olivares führt zum Aufstand und zur *Loslösung* des Landes.

1640–1656 Herzog Johann von Bragança, der aus der Dynastie Avis stammt, wird als **Johann IV.** (* 1604, † 1656) zum König gekrönt.

Einzelstaaten – Portugal – Niederlande   **701**

1656–1706 Ihm folgen *Alfons VI.* (1656–1667; * 1643, † 1683) und *Peter II.* (1667/1683–1706, * 1648, † 1706) nach.

1661 Portugal erneuert den *Freundschafts-, Handels- und Militärpakt mit England* und schließt Frieden mit den Generalstaaten.

1663 Dabei muß es zugunsten Englands und der Generalstaaten wichtige koloniale Positionen in Ostasien aufgeben.

1668 Spanien erkennt nach mehreren militärischen Niederlagen im *Frieden von Lissabon* die Unabhängigkeit Portugals endgültig an.

Während des Spanischen Erbfolgekrieges (1701–1714) unterstützt Portugal an der Seite Großbritanniens die habsburgische Partei.

1703 Die kommerzielle Abhängigkeit von Großbritannien wird durch den nach dem englischen Gesandten benannten Methuen-Vertrag verstärkt.

Als typischer Repräsentant des monarchischen Absolutismus modernisiert **König**
1706–1750 **Johann V.** (* 1689, † 1750) die wirtschaftlichen, sozialen und kulturellen Verhältnisse sowie nicht zuletzt die Marine des kleinen Landes.

1750–1777 Unter **König Joseph I.** (* 1714, † 1777) ist Sebastião José de Carvalho e Melo, Marquis von *Pombal* (* 1699, † 1782), der führende aufklärerisch gesinnte Politiker. 1750 zum
1755 Minister des Auswärtigen und 1756 zum Premierminister ernannt, leitet er rational den
1. Nov. Wiederaufbau der durch *Erdbeben* zerstörten Hauptstadt *Lissabon.*
Pombal muß außenpolitisch zur Sicherheit gegenüber dem bourbonischen Spanien am Bündnis mit Großbritannien festhalten. Innenpolitisch sucht er durch eine konsequente Merkantilpolitik Handel und Gewerbe zu stärken. Er drängt den Einfluß des Adels und der Kirche im Staat zurück.

1759 Die Jesuiten werden ausgewiesen, ihr Vermögen wird konfisziert.
Eine scharfe Regierungspropaganda mit europäischer Wirkung rechtfertigt diese Maßnahme.

seit 1761 Im Auftrage Pombals reorganisiert Graf Wilhelm von Schaumburg-Lippe das portugiesische Heer.
Die Reformen Pombals im Erziehungswesen stoßen auf traditionale Barrieren.

1777 Nach dem Tode Josephs I. wird Pombal gestürzt.
Um 1700 beträgt die *Bevölkerung* Portugals rund 2 Mio. und 1768 2,4 Mio. Einwohner. Ähnlich wie in Kastilien hemmt der *Reichtum* aus den Kolonien auch in Portugal die Entfaltung der Landwirtschaft, der Industrie und des unternehmerischen Bürgertums. – *(Forts. S. 820)*

Niederlande (Nord- und Südprovinzen 1477–1782)

Die burgundisch-habsburgische Zeit (1477–1568)

Die Politik der *burgundischen Herzöge* beendet die Zersplitterung des Gebiets und zielt von Beginn an auf die Durchsetzung einer starken Zentralgewalt, die Unterwerfung des Adels und der Geistlichkeit sowie auf die Beschneidung des städtischen Partikularismus ab. Der territoriale Zusammenschluß gelingt nur zum Teil, da sich die nordöstlichen Territorien der burgundischen Herrschaft widersetzen. Die frühen Zentralisierungsmaßnahmen werden nach dem Tode Herzog *Karls des Kühnen* (* 1432, † 1477) unter dessen Tochter *Maria von Burgund* (* 1457, † 1482) beschnitten. Erst den Habsburgern unter Kaiser *Karl V.* (* 1500, † 1558) gelingt die Abrundung des Zusammenschlusses. Das in der **Pragmatischen Sanktion von 1549** festgelegte Erbfolgerecht faßt die Niederlande zu einem geschlossenen Territorium zusammen. Alle Territorien sind unter Beibehaltung ihrer eigenen Verwaltungsinstanzen der von den Burgundern eingerichteten und von den Habsburgern ausgebauten Brüsseler Zentralverwaltung unterworfen, mit einem Generalstatthalter an der Spitze, dem eine Reihe von Räten zur Seite stehen. Die einzelnen Territorien entsenden ihre Vertreter in die Generalstaaten. Spaniens König *Philipp II.* (* 1527, † 1598) versucht als Nachfolger Karls V. durch verschärfte Zentralisierung seine Macht zu erhöhen. Der politische Konflikt mit den um ihre Privilegien fürchtenden, in den Generalstaaten vertretenen Territorien vertieft sich noch durch die Ausbreitung des Calvinismus in den Niederlanden und die Opposition des zum großen Teil zum protestantischen Glauben übergetretenen eingesessenen niederen Adels. Dieser schließt sich im „Adelsbund" zusammen und tritt für Glaubensfreiheit ein. Die nicht aus politisch-religiösen (Unversöhnlichkeit Philipps), sondern auch aus wirtschaftlich-sozialen Gründen (Wirtschaftskrise in den Südprovinzen) ausbrechenden Unruhen versucht der vom König entsandte Generalstatthalter Herzog Alba (* 1507, † 1582) mit Waffengewalt zu unterdrücken. Er setzt ein Sondertribunal gegen die Aufständischen ein, das schärfste Urteile fällt und ausführt.

1477 **Das Große Privileg:** Maria von Burgund muß die Privilegien der Städte und Territorien garantieren.

702 Neuzeit – Frühe Neuzeit

1524–1543	Kaiser Karl V. bringt Friesland (1524), Flandern (1526), Utrecht und Overijssel (1528) Groningen und Drenthe (1536) sowie Gelderland (1543) in seinen Besitz.
1555	Karl V. überträgt seinem Sohn Philipp II. die Herrschaft über die Niederlande.
1559	Margarete II. von Parma (* 1522, † 1586) wird Generalstatthalterin in den Niederlanden.
1566	Der Adelsbund („gueux", „Geusen") reicht bei der Generalstatthalterin eine Bittschrift ein, in der er den Rückzug der spanischen Truppen und den Widerruf des Inquisitionsedikts fordert. Die religiösen Unruhen führen im gleichen Jahr zum Bildersturm.
1567	Alba kommt mit einem spanischen Heer in die Niederlande.
1568	Die aufständischen Grafen Egmond (* 1522) und Horne (* 1524) hingerichtet. Beginn des Widerstands der Geusen (Wasser- und Waldgeusen). Der vor der Ankunft Albas geflohene Prinz Wilhelm „der Schweiger" von Nassau-Oranien (* 1533, † 1584) fällt mit einem kleinen Heer ohne bleibenden Erfolg in die Niederlande ein.

Entstehung und Entwicklung der Republik der Vereinigten Niederlande bis zum Ende des Achtzigjährigen Krieges (1568–1648)

Im Jahre 1568 beginnt der achtzigjährige spanisch-niederländische Krieg, der erst mit dem Westfälischen Frieden 1648 beendet wird. In diese Periode fällt Gründung und Aufstieg der Republik, die in diesem Zeitraum den Grundstein für ihre Machtstellung im 17. Jh. legt. Die in der Union von Utrecht (1579) zusammengeführten **sieben Provinzen** schaffen sich mit dem Unionstext eine „Konstitution", deren wesentlicher Charakter ein ausgeprägter Partikularismus ist, dessen Möglichkeiten zu gemeinsamer Aktion vornehmlich durch die Provinz **Holland** bestimmt werden. Die einzelnen Provinzen behalten ihre Vertretungsgremien (Provinzialstände), aus denen sie Abgeordnete mit imperativem Mandat in die Generalstaaten der Union entsenden. Die politische Führung hat ein sog. *Ratspensionär*, den Holland stellt. Die Institution des *Statthalters* wird beibehalten und bleibt nach dem Tode Wilhelms (1584) in der Familie **Nassau-Oranien.** Die Oranier Moritz und Friedrich Heinrich übernehmen die militärische Führung. Der aus den Erfordernissen des Krieges und dem Partikularismus erwachsene Konflikt zwischen politischer und militärischer Führung führt, verstärkt durch religiöse Zwistigkeiten, 1619 zur Hinrichtung des Ratspensionärs. Das Amt des Statthalters nimmt im Krieg an Ansehen und Bedeutung zu und wird schließlich unter Friedrich Heinrich erblich.

Außenpolitisch wächst die Bedeutung der Republik. England bietet sich zu Anfang als Bündnispartner an. Die Einbeziehung in den Jülich-Clevischen Erbfolgestreit (1609–1614) unterstreicht den gewonnenen Einfluß, und schließlich nehmen die Niederlande im Rahmen des säkularen französisch-spanischen Gegensatzes zur Zeit Friedrich Heinrichs eine Schlüsselstellung im Zusammenspiel mit Frankreich ein. Als Seemacht nehmen sie früh den Kolonialhandel auf und schaffen sich Stützpunkte im ostindischen Archipel (Niederländisch-Indien) sowie in Latein- und Nordamerika (Gründung Neu-Amsterdams 1625).

1572	Einnahme Den Briels durch die Wassergeusen unter Lumey (1. April).
Juli	Zusammenkunft der Provinzen Holland und Zeeland in Dordrecht, auf der der gemeinsame Kampf gegen Spanien unter der Führung des als Statthalter anerkannten Wilhelm von Oranien beschlossen wird.
1576	*Genter Pazifikation.* Verkündung der Religionsfreiheit in allen Provinzen.
1579 23. Jan.	*Union von Utrecht.* Zusammenschluß der sieben nördlichen Provinzen als Kampfgemeinschaft, der die Grundlage der Republik bildet. – Im gleichen Jahr kehren die Südprovinzen Hennegau und Artois in der *Union von Arras* (niederländisch Atrecht) unter die Herrschaft Spaniens zurück. Damit sind im großen und ganzen die Grenzen der Nord-Süd-Trennung bis auf Nord-Brabant und Teile im Limburger Bereich festgelegt.
1581	**Lossagung vom spanischen König** (Akte van Afzwering). Nachdem Verhandlungen zur Souveränitätsübertragung auf den Herzog von Anjou gescheitert sind, bieten Holland und Zeeland Wilhelm von Oranien den Grafentitel an (1584)
1584	mit sehr begrenzten Befugnissen. Wilhelm von Oranien wird jedoch von Balthazar Gérard in Delft erschossen.
1585	Sein Sohn Moritz von Oranien (* 1567, † 1625) wird Statthalter von Holland und Zeeland. Nachdem der Versuch der Union, der Königin Elisabeth I. von England die Souveränität anzubieten, durch die glücklose Mission des als Generalstatthalter 1585 entsandten englischen Grafen Leicester (Robert Dudley) gescheitert ist (1587), übernimmt Moritz auch den Oberbefehl über die Flotte (1588) und die Landmacht (1589).
1602	*Gründung der Vereinigten Ostindischen Companie* (VOC).
1609–1621	Spanisch-niederländischer Waffenstillstand. König Philipp III. von Spanien erkennt die Selbständigkeit der Niederlande an.
1619	Hinrichtung Oldenbarnevelds (* 1547) nach Machtkonflikt mit Moritz von Oranien über Fragen der Religion. Der Konflikt, in dem auch der Völkerrechtsgelehrte Hugo Grotius (* 1583, † 1645) betroffen ist, festigt die Macht des Statthalters.

1625 Friedrich Heinrich (* 1584, † 1647) wird Statthalter und Oberbefehlshaber der See- und Landmacht. – Unter ihm wird die Statthalterschaft erblich. Die Hofhaltung des Oraniers gleicht der europäischer Fürsten.
1648 **Internationale Anerkennung der Republik** durch Spanien und im Westfälischen Frieden durch die daran beteiligten Mächte, darunter Kaiser und Reich.

Das „Goldene Jahrhundert" der Republik (1648–1713)

Die Republik steigt zu einer führenden **Handels- und Seemacht** auf. Mittels eines auf Kolonial- und Ostseehandel, Stapelmarkt und Seefracht-Monopol aufgebauten, bis dahin ungekannten Kapitalreichtums entwickelt sie sich zum *Geldgeber Europas.* Die *Vereinigte Ostindische Companie,* neben der seit 1621 auch die Westindische Companie tätig ist, bildet sich zu einem der einflußreichsten Wirtschaftskonsortien heran. Träger der Wirtschaftsmacht ist ein vor allem in Amsterdam tätiges *Regentenpatriziat,* das ein oligarchisches Regiment führt und weitgehend die Geschicke der Republik in dieser Periode bestimmt. Die starke Stellung der Regenten, die die Führungsmacht der Seeprovinzen Holland und Zeeland und innerhalb dieser Provinzen wiederum der großen Städte unterstreicht, führt nach dem Westfälischen Frieden (1648) zu scharfem *Konflikt mit der Statthalterschaft,* die sich auf den Adel und die Bevölkerung der Landprovinzen stützt. Die Auseinandersetzung zwischen Amsterdam und dem Statthalter Wilhelm II. über Truppenentlassungen führt dazu, daß nach dem plötzlichen Tod Wilhelms die Provinzen Holland, Zeeland, Utrecht und Overijssel keine Statthalter mehr benennen (1650, Grote Vergadering). Die statthalterlose Zeit dauert bis 1672.

Verfassung der Vereinigten Niederlande im 17. Jahrhundert

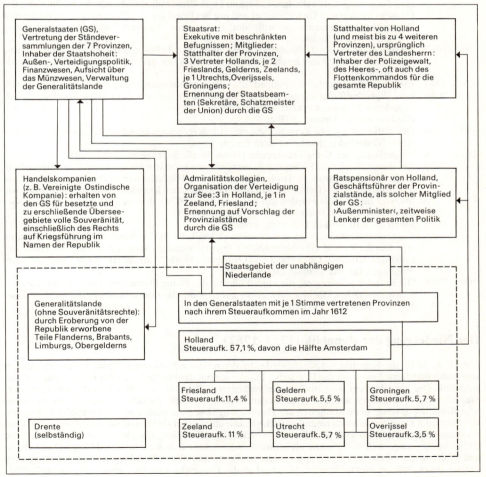

704 Neuzeit – Frühe Neuzeit

Wenngleich die innere Struktur keineswegs gefestigt ist, verstärken doch die wirtschaftliche Stellung, das damit verbundene Schiffahrtspotential und die geographische Lage des Landes die außenpolitische Position der Republik. Zunächst noch Gegner des Handelskonkurrenten England und im Nordischen Krieg (1700–1721) von Frankreich unterstützt, erreicht die Republik schon gegen Ende der statthalterlosen Zeit unter dem Ratspensionär *Johan de Witt*, erst recht aber unter dem Statthalter *Wilhelm III. von Oranien* die Stellung eines begehrten Koalitionspartners gegen den Expansionismus Ludwigs XIV. von Frankreich. Die durch den Krieg gegen Frankreich ohnehin schon verstärkte Macht des neuen Statthalters wächst noch mit seiner Übernahme der englischen Königskrone (1689), und durch diese Personalunion ist die englisch-niederländische Basis der weiteren Koalitionen gegen Ludwig XIV. gelegt. Konsequenzen der Kriege, zuletzt des Spanischen Erbfolgekriegs (1701–1713), den der Ratspensionär Anthonie Heinsius (* 1641, † 1720) nach dem Tode Wilhelms (1702) in der zweiten statthalterlosen Periode weiterführt, ist die völlige finanzielle Erschöpfung des Landes. Der Friede von Utrecht (1713) zeigt auch eine deutliche Schwächung der außenpolitischen Position, obgleich Frankreich von den südlichen Niederlanden ferngehalten und selbst ein Barriere- und Garnisonstraktat für dieses Territorium erreicht wird.

1652–1654	Erster Englisch-Niederländischer Krieg. Endet mit dem Frieden von Westminster. Die Engländer ziehen die von Cromwell ausgegebene Navigationsakte nicht zurück.
1653	Johan de Witt (* 1625, † 1672) wird Ratspensionär und bestimmt als Vertreter der Regentenpartei die Innen- und Außenpolitik.
	Durch enge Freundschaft mit führenden Familien seiner Zeit beherrscht er den holländischen Regierungsapparat.
1654 4. Mai	Seklusionsgesetz (Akte von Seclusie) von der holländischen Ständeversammlung angenommen (nicht von allen Städten). Es bestimmt, daß kein Vertreter des Hauses Oranien jemals wieder Statthalter oder Oberbefehlshaber des Landheeres werden soll, und geht auf eine Forderung des englischen Lordprotektors Cromwell zurück, der die Verbindung der Häuser Oranien und Stuart fürchtet und nur bei Erfüllung der Forderung den Frieden von Westminster unterzeichnen will, der den ersten Englisch-Niederländischen Krieg (1652–1654) abschließt.
1665–1667	Zweiter Englisch-Niederländischer Krieg, den Johan de Witt infolge seiner Schaukelpolitik zwischen Frankreich und England nicht vermeiden kann; endet mit dem Frieden von Breda (Nordbrabant).
1667 5. Aug.	*Ewiges Edikt.* Beschluß der holländischen Provinzialstände, nach dem die Statthalterschaft ganz abgeschafft und der militärische Oberbefehl für unvereinbar mit der Statthalterschaft in anderen Provinzen erklärt wird.
	Die Provinzen stimmen 1670 zu.
1667–1668	Devolutionskrieg. Die Republik und ihre Bundesgenossen können die Annexion der spanischen Niederlande durch Frankreich verhindern.
1672–1678	Niederländischer Krieg Frankreichs (Niederländisch-Französischer Krieg):
1672	Die Republik wird im Süden von Frankreich, im Osten von Münster und Köln angegriffen. England steht, obwohl in Triple-Allianz mit den Niederlanden verbunden, zunächst auf französischer Seite (Dritter Englisch-Niederländischer Krieg), schließt aber – ebenso wie Münster und Köln – Frieden mit der Republik (1674), dem der Friedensschluß der Niederlande mit Frankreich in Nimwegen (1678) folgt.
1672	Johan de Witt wird in Den Haag ermordet.
	Kurz zuvor ist Wilhelm III. von Oranien (* 1650, † 1702) von den holländischen Ständen zum Statthalter und Oberbefehlshaber ernannt worden. Nach der Wiedereroberung der Provinzen Utrechts, Gelderland und Overijssel erwirbt Wilhelm III. durch Regierungsverordnungen fast diktatoriale Gewalt.
1688–1713	Die Zeit der Koalitionen, die unter Führung des König Statthalters gegen Frankreich geschlossen werden. Die hier entwickelte außenpolitische Konstellation findet mit dem Frieden von Utrecht (1713) ihr Ende.

Der Niedergang der Republik (1713–1782)

Das 18. Jh. ist für die Republik wirtschaftlich das Jh. des *relativen Rückgangs*. Während Großbritannien sein Außenhandelsvolumen um das Dreifache, Frankreich um das Fünffache erhöhen kann, stagniert die Republik. Die Ursache liegt wesentlich in der veränderten Position des holländischen (Amsterdamer) *Stapelmarkts:* Wandlungen in der internationalen *Verkehrsstruktur,* die scharfe britische und französische *Konkurrenz* sowie neue Methoden der *Preisbildung* lassen die Bedeutung des Stapelmarkts absinken. Auch die Tatsache, daß sich niederländische Kaufleute nun auf Geld- und Kommissionshandel konzentrieren, begünstigt insgesamt noch die relativ rückläufige Bewegung. Gleichzeitig bleibt die technische Entwicklung zurück, weil die Industrie als verarbeitender Sektor vom Stapelmarkt abhängt. Da Fischerei und Walfang gleichfalls zurückgehen, setzt eine große strukturelle Arbeitslosigkeit ein bei steigenden Preisen durch hohe indirekte Steuern. Während so die Unterschichten Not leiden, die untere Mittelschicht gleichfalls die Konsequenzen des wirtschaftlichen Rückgangs spürt, profitiert lediglich die im Geld- und Kommissionshandel tätige kleine Schicht von ehemaligen Kaufleuten von dieser Entwicklung. Dies führt zu einer schweren Belastung der *innenpolitischen Situation,* die in erster Linie, wie schon im Jh. zuvor, geprägt ist vom Gegensatz zwischen den Anhängern Oraniens und der Regentenoligarchie, die sich immer mehr abkapselt. Die zweite statthalterlose Zeit endet, als 1747 im Zuge des Österreichischen Erbfolgekrieges französische Truppen das Grundgebiet der Republik betreten und Wilhelm IV. von Oranien zum Statthalter und Oberbefehlshaber des Heeres und der Flotte berufen wird, außerdem diese Ämter für erblich erklärt werden. Der Gegensatz zur kaufmännischen Aristokratie bleibt bestehen, er verschärft sich noch durch auftauchende demokratische Forderungen und spitzt sich während des Amerikanischen Unabhängigkeitskrieges zu, als sich die dynastischen Interessen der Oranier (Bindung an Großbritannien) und die Kaufmannsinteressen (Aufrechterhaltung des Schmuggelhandels) sowie die Sympathien breiter niederländischer Schichten für die amerikanischen Aufständischen gegenüberstehen. Der Statthalter wird zum Krieg gezwungen (Vierter Englisch-Niederländischer Krieg 1780–1784).

1747	Wilhelm IV., Prinz von Oranien, wird erblicher Statthalter sowie Oberbefehlshaber des Landheeres und der Flotte.
1780	Aufkommen der Patriotenbewegung, die zwischen 1785 und 1787 die Regierung der Provinzen Holland und Utrecht übernimmt.
	Der Statthalter zieht sich nach Nimwegen zurück.
1787 Sept.	Einfall des preußischen Heeres nach dem Zwischenfall von Goejanverwellesluis, wo die Frau des Statthalters, Wilhelmina, Schwester des preußischen Königs, von Patrioten auf dem Weg nach Den Haag aufgehalten wird.
	Die Folge ist eine Stärkung der Orangisten. Der Statthalter zieht wieder in Den Haag ein. Zahlreiche Patrioten flüchten nach Frankreich.
1788	Akte van Harmonie. Die Provinzen garantieren das bestehende Staatssystem, nachdem auch die Regentenoligarchie in Gegensatz zu den demokratischen Patrioten die Seite der Oranier gewählt hat. Großbritannien und Preußen garantieren die Akte.
1780–1784	Vierter Englisch-Niederländischer Krieg.
1782	Preisgabe der Barrierestädte. – *(Forts. S. 821)*

Die südlichen Niederlande (16.–18. Jh.)

In den südl. Provinzen bringt der Tod von Don Luis Requésens (*1528, †1576), Nachfolger Albas in der Generalstatthalterschaft, zwar mit der *Genter Pazifikation (1576)* einen Erfolg der aufständischen Provinzen, insofern Religionsfreiheit für das gesamte niederländische Gebiet verkündet wird, die Haltung der Calvinisten läßt allerdings die Übereinkunft scheitern. Die Katholiken (Malcontenten) sondern sich in der *Union von Arras (Atrecht; 1579)* ab. Dies bedeutet Rückkehr unter die spanische Herrschaft. Generalstatthalter Alexander Farnese (*1545, †1592), Herzog von Parma, gelingt es, ganz Flandern und Brabant, einschließlich Antwerpen (1585), für den spanischen König sicherzustellen. Die Übertragung der Souveränität der südlichen Provinzen 1601 auf die Tochter des spanischen Königs Isabella und deren Gemahl Erzherzog Albrecht von Österreich (*1559) ist von relativ geringer Dauer, da Albrecht 1621 kinderlos stirbt. Es gelingt dem Erzherzogs-Paar nicht, die nördlichen Niederlande zu unterwerfen und wieder dem katholischen Glauben zuzuführen. Das südniederländische Gebiet fällt nach dem Tode Albrechts erneut an Spanien. Bis zum Frieden von Münster (1648) sind die südlichen Provinzen strategisches Zentrum im spanisch-niederländisch-französischen Konflikt.
Albrecht und Isabella bemühen sich in ihrer Regierungszeit um den Wiederaufbau des darniederliegenden Gewerbes. Zu diesem Zweck fördern sie in umfangreichem Maße das Gildenwesen, unterwerfen Produktion und Handel scharfen Qualitätsbedingungen. Das in der Aufstandsphase zerrüttete Leinengewerbe wächst durch Wiederherstellung der Handelsbeziehungen zu Frankreich und England zu neuer Blüte heran.
Im späten 17. Jh. sind die Südprovinzen für die Republik und deren Bundesgenossen im wesentlichen ein gegen den *Expansionismus Ludwigs XIV.* zu verteidigendes, folglich heiß umkämpftes Territorium. Die Republik versucht durch eine Reihe von Barriere-Traktaten eine Verteidigungslinie gegen Frankreich aufzubauen. Wirtschaftlich ist in den Südprovinzen ein *Wiederaufstieg* festzustellen, der der Blüte der wirtschaftlichen Entwicklung in der Republik jedoch in keiner Weise entspricht. Antwerpen kann als Handelsstadt durch die Schließung der Schelde die alte Position nicht mehr erreichen. Einen Teil der alten Antwerpener Aktivitäten übernehmen die *flandrischen Küstenstädte,* die durch ein dichtes Kanalnetz mit dem Binnenland verbunden sind. Nach 1690 gehen Industrie und Gewerbe allgemein zurück. Es setzt eine Abwanderung der Bevölkerung aus Brüssel und Antwerpen aufs platte Land ein. Arbeitslosigkeit und Pauperismus breiten sich aus.
Auch im Spanischen Erbfolgekrieg (1701–1713) gehören die Südprovinzen zu den Hauptkriegsschauplätzen. Im Frieden von Utrecht (1713) werden sie den österreichischen Habsburgern zugesprochen und fortan als *Österreichische Niederlande* bezeichnet. Im Österreichischen Erbfolgekrieg von einer französischen Armee erobert (1745), verbleiben die Südprovinzen im Aachener Frieden (1748) gleichwohl beim Haus Österreich. – *(Forts. S. 822)*

706 Neuzeit – Frühe Neuzeit

Skandinavien (16.–18. Jh.)
(Forts. v. S. 578)

Einen Interessenausgleich zwischen den in der Kalmarer Union von 1397 vereinigten Reichsteilen Dänemark (mit Norwegen, Island, Grönland) und Schweden bringen die Oldenburger nicht zustande. Schweden löst sich aus der Union und wird in der Neuzeit zum erfolgreichen Rivalen Dänemarks im Kampf um das **Dominium maris baltici.** In den Herzogtümern entsteht durch dynastisch bedingte (im Ripener Vertrag verbotene) Landesteilungen der Gottorfer Staat, der bald nach Souveränität strebt, sich mit Schweden verbündet und zur ernsten Bedrohung Dänemarks wird (Umklammerung).

Schweden

1523–1654 **Das Haus Wasa.**
1523–1560 *Gustav I.* Wasa (* 1496 oder 1497, † 1560; seit 1544 erblicher König) muß sich gegen vielfache Widerstände im Inneren (Adelsgruppen, Landschaften, Bauern) durchsetzen.
    1527 Schrittweise Einführung der **Reformation:** der Reichstag von Västerås beschließt die Säkularisation des Kirchengutes (Verfünffachung des königlichen Grundbesitzes); es ergeht eine Kirchenordnung.
    1540 *Laurentius Petri* (* 1499, † 1573) wie sein Bruder Olaus (Olavus, * 1493?, † 1522), ehemaliger Student in Wittenberg, schwedischer Reformator und seit 1531 erster lutherischer
    1541 Erzbischof Schwedens, gibt eine *schwedische Bibelübersetzung* heraus.

Die Politik Gustavs I.

Die *Zentralverwaltung wird modernisiert:* Reichs- oder Regimentsrat (Verwaltungsspitze und höchstes Gericht), erweiterte Kanzlei (mit deutscher Abteilung für Außenpolitik), Kriegsrat, Kammerrat (mit getrennter Rent- und Rechenkammer). Die Lokalverwaltung wird dem Adel entzogen, alle Verwaltungsfunktionen gehen an nichtadlige Vögte über, die direkt der Zentralverwaltung unterstehen. Der König unterhält ein stehendes Heer und baut eine Kriegsflotte auf. Durch planmäßige Förderung nimmt die Wirtschaft Aufschwung, insbesondere die Metallgewinnung und zunehmend auch Metallverarbeitung (Kupfer, Eisen, vorübergehend Silber). Es entsteht der selbständige frühmoderne schwedische Staat.

1560–1568 *Erich XIV.* (* 1533, † 1577).
    Er beginnt die schwedische Expansionspolitik im Baltikum, wobei starke wirtschaftliche und fiskalische Interessen (Teilhabe am Rußlandhandel) mit im Spiel sind. Gegner im Kampf um die Ostseeherrschaft sind Rußland, Polen sowie Dänemark, das den Sund beherrscht.
    1561 Reval und die estländische Ritterschaft unterstellen sich schwedischem Schutz, damit wird Estland schwedischer Besitz.
1563–1570 *Der nordische Siebenjährige Krieg* gegen Dänemark um die Beherrschung des Baltikums endet ohne Gebietsveränderungen im Frieden von Stettin (1570).
1568–1592 *Johann III.* (* 1537, † 1592).
    Er kommt nach dynastischem Streit und durch Absetzung seines Bruders Erich (Reichstagsbeschluß 1569) auf den Thron. Seine *auf Versöhnung mit dem Katholizismus gerichtete Kirchenpolitik* (er ist mit der katholischen Jagellonin Katharina verheiratet) scheitert endgültig 1580.
1570–1583 Krieg mit Rußland, Schweden erwirbt Narwa, Iwangorod (am rechten Ufer der Narwa) und (bis 1595) Ingermanland, erlangt jedoch nicht die Kontrolle über die Eismeerküste.
1590–1595 Der erneute Krieg mit Rußland endet mit der Anerkennung des schwedischen Besitzes.
1592–1599 **Sigismund** (* 1566, † 1632).
    Er stammt aus der Ehe Johanns III. mit der Jagellonin Katharina, ist wie seine Mutter katholisch und seit 1587 *König von Polen.* Im Streit um die Regierungsführung wird er von Herzog Karl von Södermanland (seinem evangelischen Onkel), Reichsvorsteher seit 1594, vertrieben und durch Reichstagsbeschluß abgesetzt.
1600/1604 **Karl IX.** (* 1550, † 1611).
    –1611 Er regiert als „Erbfürst", bis ihm der Reichstag 1604 mit der **„Erb-Einung von Norrköping"** das erbliche Königtum überträgt. Er fördert Handel und Gewerbe, insbesondere die Metallverarbeitung mit Waffenherstellung, und legt neue Städte an (u.a. Göteborg 1607, zerstört 1611, Neuanlage 1619). Außenpolitisch setzt er den Kurs seiner Vorgänger fort.
1609–1617 Schweden greift in die russischen Wirren ein und erhält 1617 im *Frieden von Stolbowo* (Gebiet Leningrad) Ingermanland und Ostkarelien. Rußland ist damit von der Ostsee abgeschnitten.

Einzelstaaten – Skandinavien – Schweden   707

Neben dem hocharistokratischen Reichsrat hat sich seit Gustav I. Wasa der Reichstag als Repräsentativorgan des schwedischen Volkes entwickelt (vier Kurien: Adel, Geistlichkeit, Bürger, Bauern). Die Könige lassen den Reichstag in den zahlreichen wichtigen politischen und Glaubensfragen mitentscheiden und benutzen ihn als wirksames Gegengewicht zu Reichsrat und Hochadel. Am Ende des 16. Jh.s zieht der Reichstag das Steuerbewilligungsrecht an sich.

1611–1613 Die Außenpolitik Karls IX. führt unter Gustav Adolf zum **Kalmarkrieg** mit Dänemark. Die vom besiegten Schweden zu zahlende Kriegsentschädigung verstärkt die Verbindungen zu den Niederlanden (Kapitalbedarf, Exportsteigerung).

1611–1632 **Gustav II. Adolf** (* 1594, † 1632).
Der König erkennt bei Regierungsantritt die ständischen Mitbestimmungsrechte in der „*Königsversicherung*" an (ausgearbeitet vom 1612 zum Reichskanzler ernannten *Axel Oxenstierna*, * 1583, † 1654). Unter Leitung des Kanzlers wird die *Zentralverwaltung im hocharistokratischen Sinn modernisiert:* in Anknüpfung an die fünf hohen Reichsämter (Kanzler, Drost, Schatzmeister, Marschall, Admiral) entstehen kollegiale, von Reichsratsmitgliedern geleitete Zentralbehörden.

1617 *Die Heeresorganisation* wird reformiert und den finanziellen Möglichkeiten angepaßt: zehn Landschaften stellen und unterhalten je ein Regiment.

1624 Die *Landesuniversität Uppsala* wird neu dotiert und privilegiert. Sie soll nicht nur Theologen, sondern auch Beamte und Offiziere ausbilden. Im Fach Politik ist die Lehre von der „*Monarchia mixta*", der ständisch mitbestimmten Königsherrschaft, maßgebend.
Die Entwicklung der Metallverarbeitung greift weiter (1627 zieht der niederländische Waffenfabrikant Louis De Geer nach Schweden).
Von dieser Entwicklung profitiert in erster Linie der Adel (1626 im Ritterhaus zusammengeschlossen). Der erhöhte Bedarf an Beamten und Offizieren eröffnet Aufstiegschancen. Besoldungen und Belohnungen bestehen wegen Geldmangel oft aus Dotationen und Verpfändungen aus dem Krongut und vergrößern den adligen Grundbesitz, während der königliche schrumpft.
In *Gustav II. Adolf* verbinden sich *evangelische Frömmigkeit* und *persönliche Tapferkeit* mit *militärischem Geschick* und *politischem Ehrgeiz*. Er verwirklicht die schwedische Ostseeherrschaft und rettet den Protestantismus in Deutschland.

1621–1629 Zunächst werden im Krieg mit Polen (beendet 1629 durch den *Waffenstillstand von Altmark* [südöstlich von Marienburg]) Riga, Livland und Teile Preußens erobert. (Schweden erhebt bis 1635 ertragreiche Seezölle vor den preußischen Häfen Danzig, Elbing, Memel, Pillau.)
Gegen die zur Ostsee vordringende kaiserliche Macht (1628 Mecklenburg, Stralsund, 1629

1630 Preußen) greift *Gustav II. Adolf* in den Dreißigjährigen Krieg ein. Er landet auf der Insel Usedom in der Odermündung. Nach großen Erfolgen fällt er in der Schlacht bei Lützen

1632 (bei Leipzig). Mindestziele Schwedens sind die Sicherung der Augsburger Konfession und eine Satisfaktion in Form eines Landgebietes im Reich.

1632–1654 *Christine* (* 1626, † 1689; die weibliche Erbfolge ist seit 1590 in Schweden gültig); für sie regiert bis 1644 ein Vormundschaftsrat (Mitglieder: die Chefs der fünf Regierungskollegien) unter der Leitung des Kanzlers *Axel Oxenstjerna*. Rechtliche Grundlage ist die *Regierungs-Ordnung von 1634* („regeringsform", angeblich politisches Testament Gustavs II. Adolf, doch von keinem Nachfolger als Grundgesetz anerkannt). Die politische Stellung der Aristokratie verfestigt sich zum „Ratskonstitutionalismus", ihre wirtschaftliche Macht wächst durch fortgesetzte Dotationen aus dem Krongut. Schweden wird politisch, wirtschaftlich und kulturell fest in das europäische System integriert.

1648 Der *Westfälische Frieden* bringt Gebietsgewinne in Deutschland.

1654 *Königin Christine dankt* zugunsten ihres Vetters Karl Gustav von Pfalz-Zweibrücken *ab* und *konvertiert zum Katholizismus* († 1689 in Rom).

1654–1718 **Das Haus Pfalz-Zweibrücken.**

1654–1660 **Karl X. Gustav** (* 1622, † 1660). Er bringt das schwedische Reich zur größten Ausdehnung.

1655–1657 Karl führt im Bund mit Brandenburg glücklos Krieg in Polen: Rußland besetzt Livland, Brandenburg wechselt die Front, der Kaiser und Dänemark erklären den Krieg.

1657–1658 Unerwartet erfolgreich verläuft der *Feldzug gegen Dänemark*. Karl (verbündet mit Gottorf) überquert mit seinem vereisten Kleinen und Großen Belt und erzwingt im **Frieden von Roskilde** (1658) die Abtretung großer Landgebiete.
Während der kurz darauf von ihm erneuerten Kriegshandlungen stirbt der König. Schwe-

1660 den schließt **Frieden mit Polen in Oliva** (Verzicht der polnischen Wasa auf den schwedi-
1661 schen Thron), mit Dänemark in Kopenhagen (Ende des *[Ersten] Nordischen Kriegs [1655–1660]*) und mit Rußland in *Kardis* (Rückgabe der von Rußland eroberten Gebiete in Livland).

1660–1697 *Karl XI.* (* 1655, † 1697), mündig 1672; vorher regiert ein hocharistokratischer Vormundschaftsrat.

708 Neuzeit – Frühe Neuzeit

Der Reichstag tritt häufig zusammen; hier kommen wegen ungelöster Finanzprobleme Konflikte zwischen Ratsaristokratie, niederem Adel und nichtadligen Ständen zum Austrag. Der Adel hat durch Erwerb von Krongut 72% des schwedischen Grundbesitzes in die Hand bekommen (1560: 22%), damit die Basis der Staatsfinanzen geschmälert und fordert zum Ausgleich höhere Steuerleistungen (Kontribution) der anderen Stände. Diese verlangen umgekehrt die Einziehung des entfremdeten Krongutes *(Reduktion)* – wie bereits 1655 beschlossen, aber nicht durchgeführt. Der König geht zusammen mit den nichtadligen Ständen gegen den Adel vor: *der Reichstag 1680 beschließt die Reduktion* (es sinkt der adlige Anteil am Grundbesitz auf 33%; die von den adligen Gütern ausgehende Gefahr für den Bauernstand ist gebannt) und überläßt Karl XI. durch die „Ständeerklärungen" von 1680, 1682 und 1693 die absolute Regierung (mit Steuererhebungsrecht).
Der *Reichsrat wird entmachtet* (1682 „Königlicher Rat"), die Zentralverwaltung reorganisiert. Die *Staatsfinanzen* werden auf krisenfesten *Naturalhaushalt umgestellt* (Domänenstaat, nicht Steuerstaat wie 1661 in Dänemark). Diesem Muster folgt die Heeresreform („indelningsverk"): statt Besoldung erhalten Offiziere und Soldaten Bauernhöfe zur Nutzung angewiesen. Die Flotte wird verstärkt. Gegen die Reduktion regt sich in *Livland* Widerstand, angeführt von *Johann Reinhold von Patkul* (* 1660, 1707 hingerichtet). (Karl XI. hebt deshalb 1694 die Selbstverwaltung auf.)

1674–1679 Außenpolitisch bleibt Schweden Großmacht. Im Bund mit Frankreich führt es Krieg gegen
1675–1679 Brandenburg, darauf greift Dänemark auf der Gegenseite ein. Im Frieden von *St. Germain* (1679) erhält zwar Brandenburg Hinterpommern. Der *Friede von Lund* (nordöstlich von Malmö) aber bringt keine Gebietsveränderungen: die südschwedischen Provinzen sind auf Dauer gewonnen; hier hat bereits 1668 die zweite *Landesuniversität Lund* den Lehrbetrieb aufgenommen.

1697–1718 Karl XII. (* 1682, † 1718).
Er führt gegen eine übermächtige Koalition seiner Gegner seit 1700 den **(Zweiten oder Großen) Nordischen Krieg.** Militärisch begabt, doch ohne politischen Weitblick, bringt er sein Land in die tiefste Krise. Er fällt (möglicherweise ermordet) vor der Festung Frederikshald (südöstlich von Oslo) in Norwegen. *Die schwedische Großmachtstellung geht verloren,* besiegelt in den Friedensschlüssen 1719–1721.

1719–1720 Ulrike Eleonore (* 1688, † 1741; Schwester Karls XII.); sie dankt ab zugunsten ihres Ehemannes, Friedrichs von Hessen-Kassel.

1720–1751 Friedrich I. (* 1676, † 1751).

Merkmale der Freiheitszeit

Die Regierungs-Ordnungen von 1719 und 1720 ändern die Verfassung im ständischen Sinn (**„Freiheitszeit"** bis 1772). Der *Reichstag* (mit Gesetzgebungs- und Steuerbewilligungskompetenz) tritt alle drei Jahre zusammen und kontrolliert den regierenden Reichsrat (Ernennungsvorschläge, Absetzungsrecht, Protokollprüfung). Er entwickelt *parlamentarische Arbeitsweise* mit Ausschüssen und Parteien: **„Hüte"** (zunächst außenpolitisch an Frankreich orientiert, dann Adelspartei) und **„Mützen"** (rußlandfreundlich), kämpfen später gegen Adelsprivilegien. Die Verwaltungsorganisation des Absolutismus bleibt bestehen. – Während der Freiheitszeit erholt sich die Wirtschaft (unterbrochen von kriegsbedingten Krisen). *Manufakturen und Handel werden merkantilistisch gefördert* (Ostindische Kompanie 1738). *Agrarreformen* setzen ein: Pächter erwerben Eigentumsrecht an Höfen der Krone, Auflösung der Mehrfelderwirtschaft, Flurbereinigung („storskifte" 1757). Die Kultur wird reicher: in Uppsala wirken die Physiker und Astronom *Anders Celsius* (* 1701, † 1744), bekannt durch seine Thermometerskala, und der Botaniker *Carl von Linné* (* 1707, † 1778), der die *binäre Nomenklatur* einführt („Systema naturae", 1735). *Akademien* entstehen, 1739 für die Naturwissenschaften, 1786 die **Schwedische Akademie.**

1741–1743 Auf Betreiben der „Hüte" führt Schweden erfolglos *Krieg gegen Rußland* und muß im *Frieden von Åbo* (1743) das südfinnische Gebiet östlich der Kymmene abtreten. Auf russischen Druck wird Adolf Friedrich von Gottorf zum Nachfolger des kinderlosen Königs gewählt.

1751–1818 Das Haus Holstein-Gottorf.
1751–1771 Adolf Friedrich (* 1710, † 1771).
Er versucht vergeblich, die königliche Macht zu steigern (Staatsstreich 1756).
1757–1762 Schwedens Teilnahme am Siebenjährigen Krieg gegen Preußen endet im *Frieden von Hamburg* (1762) ohne Gebietsverluste.
1771–1792 Gustav III. (* 1746, † 1792).
1772 Der König führt mit Unterstützung des Adels einen Staatsstreich durch und beschränkt die Rechte des Reichstages (Regierungs-Ordnung 1772), der zwar das Steuerbewilligungs- und teils das Gesetzgebungsrecht behält, aber fortan nur vom König, der die Regierung führt, einberufen wird.

1789	*Gustav III.* setzt auf einem Reichstag mit der *„Vereinigungs- und Sicherheitsakte"* eine weitere Stärkung seiner Macht durch (Recht über Krieg und Frieden, Beseitigung des Reichsrates), gleichzeitig die *Abschaffung der meisten Adelsprivilegien* (Nichtadlige erhalten Zutritt zu den Ämtern, Recht auf Grunderwerb; Besserstellung der Bauern).
1788–1790	Im Krieg gegen Rußland operiert Schweden erfolgreich, doch bestätigt der Friede von Werela den Friedensvertrag von Åbo 1743.
1792	Adlige Gegner lassen Gustav III. auf einem Maskenball in der Oper ermorden.
1792–1809	*Gustav IV. Adolf* (* 1778, † 1837), bis 1796 unter Vormundschaftsregierung, wird im Zuge der napoleonischen Wirren abgesetzt. Nachfolger wird sein Onkel:
1809–1818	*Karl XIII.* (* 1748, † 1818). – *(Forts. S. 824, 825)*

Dänemark-Norwegen (mit Island und Grönland)

Dänemark ist bis 1660 ein *Wahlreich*. Der hocharistokratische Reichsrat wählt die Könige aus der regierenden Dynastie. In den Wahlkapitulationen („Handfesten") werden die politischen Rechte und Pflichten festgelegt, in zunehmendem Maß dem Adel wirtschaftliche Vorrechte gegenüber nichtadligen Ständen eingeräumt.

1523–1533	*Friedrich I.* (* 1471, † 1533), Schwiegervater Herzog Albrechts von Preußen, als Nachfolger seines vertriebenen Onkels (Christian II.) gewählt.
	Nach seinem Tod versucht Lübeck (unter seinem Bürgermeister *Jürgen Wullenwewer;* * um 1492, † 1537), Christian II. wieder auf den Thron zu bringen, wird aber in der *„Grafenfehde"* gemeinsam von Dänemark und Schweden besiegt.
1534–1559	**Christian III.** (* 1503, † 1559) muß nach der Wahl sein Königreich erobern.
1536	Er läßt durch Beschluß des Reichstags (Reichsrat, Adel, Bürger, Bauern) die **Reformation** einführen und das Kirchengut säkularisieren (Verdreifachung der Bruttoeinnahmen der
1537	Krone). – Kirchenordnung *(„Ordinatio ecclesiastica"),* an der der norddeutsche Reformator *Johannes Bugenhagen* (* 1485, † 1558) mitwirkt.

Reichsverwaltung unter Christian III.

Die Zentralverwaltung wird modernisiert. Der *Reichsrat* bleibt oberstes Gremium für Verwaltung und Rechtsprechung. Neben der *Dänischen Kanzlei* (zuständig für Innenpolitik und für Schweden) steht die aus den Herzogtümern stammende *Deutsche Kanzlei* (zuständig für die Herzogtümer und die Außenpolitik); aus ersterer gliedert sich die *Rentkammer als Leitende Finanzbehörde* aus. Der Reichsrat behält seinen Mitgliedern die hohen Reichsämter vor (Hofmeister, Kanzler, Marschall, Admiral). Die *Lokalverwaltung*, ebenfalls in adliger Hand, wird (besonders finanziell) wirksamer königlicher Kontrolle unterstellt. Christian III. hinterläßt einen wohlgeordneten Staat, hat aber mit der 1544 aus dynastischem Versorgungsinteresse durchgesetzten Teilung der Herzogtümer den Keim für spätere gefährliche Konflikte gelegt.

1559–1588	*Friedrich II.* (* 1534, † 1588) setzt die dynastische Politik fort und verschafft seinem Bruder *Magnus von Holstein* (* 1540, † 1580) 1560 Ösel und Kurland.
1570	Der Gegensatz zu Schweden wird im *nordischen Siebenjährigen Krieg* (1563–1570) gewaltsam ausgetragen. Der *Friede von Stettin* bringt keine Gebietsveränderungen. Zur Kriegsfinanzierung wird der Sundzoll drastisch erhöht (zum Schiffszoll kommt Lastzoll).
1588–1648	*Christian IV.* (* 1577, † 1648).
	Er fördert nach westeuropäischem Vorbild planmäßig die wirtschaftliche Entwicklung des Landes: gründet oder erneuert Städte (u. a. Kristianopel und Kristianstad in Südschweden, Christianshavn vor Kopenhagen, Glückstadt an der Unterelbe, Christiania – das alte Oslo –), fördert Handelskompanien (1616 Dänische Ostindische Kompanie). Er strebt nach dem **Dominium maris septentrionalis**, nimmt das vergessene *Grönland* wieder unter dänische Oberhoheit und läßt nach der Nord-West-Passage suchen.
1611–1613	*„Kalmarkrieg" gegen Schweden;* Dänemark siegt und setzt seine Ansprüche auf die Lappmark am Nordkap durch. Dagegen endet Christians IV. Beteiligung am Dreißigjährigen Krieg mit einer Niederlage (besiegelt im *Frieden von Lübeck 1629*). Schwedens Aufstieg zur Großmacht verdrängt Dänemark auf den zweiten Platz im Ostseeraum.
1643–1645	*Schwedisch-dänischer Krieg;* die Bistümer Bremen und Verden gehen Dänemark verloren.
1645	Im **Frieden von Brömsebro** (südwestlich von Kalmar) muß es Halland am Kattegat (auf 30 Jahre), die Inseln Gotland und Ösel sowie Jämtland und Härjedalen (in Norwegen) abtreten.
1648–1670	**Friedrich III.** (* 1609, † 1670) muß im *(Ersten) Nordischen Krieg (1655–1660)* weitere Gebietsverluste hinnehmen. Nach seiner Kriegserklärung 1657 besetzt Schweden mit Gottorfer Hilfe fast ganz Dänemark.

710 Neuzeit – Frühe Neuzeit

1658 Schweden erzwingt im **Frieden von Roskilde** (westlich von Kopenhagen) von Dänemark die Abtretung der Landschaften Schonen, Blekinge, Halland (endgültig), Bohuslän (am Skagerrak), Drontheim sowie der Inseln Bornholm und Hven.

1660 Der im gleichen Jahr von Schweden erneuerte Krieg endet im *Frieden von Kopenhagen* mit der Rückgabe des Bornholm und Drontheim an Dänemark.
Durch Beschluß des Reichstages (Bürger und Geistlichkeit gehen zusammen gegen Adel und Reichsrat vor) wird Dänemark **Erbmonarchie.**

1661 Die „Erb- und Alleinherrschafts-Akte" (in der Form eines Herrschaftsvertrages) überträgt dem König auch die „absolute Regierung".
Es folgen grundlegende *Reformen:* sechs neue, nach Ressorts gegliederte Kollegien leiten die Zentralverwaltung. Die Staatsfinanzen werden durch Verkauf von Krongut und eine Steuer auf Grundbesitz (auch adligen) saniert. Bürger erhalten Zugang zu allen Beamtenstellen. Die Wirtschaft wird gefördert: 1668 Dänische Westindische, 1674 Westindisch-Guineische Kompanie.

1665 **Lex Regia,** Grundgesetz Friedrichs III., das den absolutistischen Staat in Dänemark festschreibt. Dieses Gesetz, das bis 1849 gilt, ist das einzige seiner Art in Europa.

1670–1699 *Christian V.* (* 1646, † 1699) läßt das Dänische Recht *(„Danske Lov")* kodifizieren und 1683 in Kraft setzen.

1675–1679 Versuch Christians, die verlorenen Provinzen von Schweden zurückzuerobern, scheitert.

1699–1730 *Friedrich IV.* (* 1671, † 1730) nimmt am Zweiten Nordischen Krieg (1700–1721) teil.

1713 Er okkupiert den Gottorfer Staat und erhält im *Frieden von Frederiksborg* (auf Seeland)

1720 den Schleswiger Teil endgültig; dagegen wird der Gottorfer Besitz in Holstein zurückgegeben (künftig Großfürstentum Kiel).

1730–1746 *Christian VI.* (* 1699, † 1746).

1746–1766 *Friedrich V.* (* 1723, † 1766).

1766–1808 *Christian VII.* (* 1749, † 1808).
Unter diesen drei Königen erlebt Dänemark einen langen Frieden. Die Leitenden Minister *Johann Hartwig Ernst Graf Bernstorff* (1751–1770 dänischer Außenminister; * 1712, † 1772) und sein Neffe *Andreas Peter Graf Bernstorff* (1773–1780 Außenminister, 1784–1797 Ministerpräsident; * 1735, † 1797) vollenden die *Neutralitätspolitik.*
Unter Vermittlung *Caspar von Salderns,* holsteinischer Ratgeber am Petersburger Hof

1767 (* 1711, † 1786), kommt ein *Vergleich mit den Gottorfern* (inzwischen Zaren von Ruß-

1773 land) zustande, endgültig bestätigt im *Vertrag von Zarskoje Selo:* Großfürst Paul (der spätere Zar Paul I. Petrowitsch 1796–1801) überläßt Dänemark seine holsteinischen Gebiete, das im Austausch der jüngeren Gottorfer Linie (Fürstbischöfe von Lübeck-Eutin) die Grafschaften Oldenburg und Delmenhorst abtritt.
Seit der Jahrhundertmitte kommt eine grundlegende *gesellschaftliche Reform* in Gang: die Bauernbefreiung. Die Lösung ihrer Probleme (Gutswirtschaft, Schollenbindung, bäuerliche Lasten, Mehrfelderwirtschaft) wird in Fachzeitschriften erörtert, auf Privatgütern (auch der Bernstorffs) erprobt und dann schrittweise landesweit gesetzlich durchgeführt.

1788 Die **Aufhebung der Leibeigenschaft** vollendet das Reformwerk. Die außenpolitische Neutralität führt zu wirtschaftlicher Blüte; insbesondere der Kolonialhandel erlebt in der „*florisanten Periode"* großen Aufschwung. Erfolgreichster Unternehmer (gleichzeitig leitender Staatsbeamter) ist der in Pommern geborene, seit 1761 in Kopenhagen ansässige *Heinrich Carl Schimmelmann* (1762 geadelt; * 1724, † 1782). Doch setzt ein weiteres Reformgesetz dem freien Gewinnstreben in Übersee eine Grenze: 1792 ergeht ein *Sklavenhandelsverbot,* das erste in Europa. Dänemark ist ein Modell für äufgeklärten Absolutismus.

1770–1772 Johann Friedrich Struensee (deutscher Leibarzt des geisteskranken dänischen Königs Christian VII., Günstling der Königin; * 1737, 1772 hingerichtet) beschleunigt als Leitender Minister hektisch und rücksichtslos die Reformen. Dieses Zwischenspiel führt zu einer dänischen Reaktion unter Kabinettssekretär *Ove Høegh-Guldberg* (* 1731, † 1808). Die Reformarbeit wird verlangsamt. 1773 wird Dänisch alleingültige Amtssprache. Das Indigenatsgesetz von 1776 schließt Ausländer vom Staatsdienst aus. Die nationalen Konflikte des 19. Jh.s deuten sich an. – *(Forts. S. 824, 826, 827)*

Polen vom Beginn der Neuzeit bis zur Dritten Teilung (1505–1795)
(Forts. v. S. 583)

Polen-Litauen (seit 1386 in Personalunion) steht als führende Macht Ostmitteleuropas in Gegensatz zum Moskauer Reich, zu Schweden und zum Osmanischen Reich. Bei den nicht leibeigenen, aber an die Scholle gebundenen Bauern gibt es *Läuflinge* zu den ukrainischen Kosaken (Sicherung gegen osmanische

Einzelstaaten – Polen   711

Angriffe), aber keine Aufstände wie in Mittel- und Westeuropa oder Rußland. Die Entwicklung der *Städte,* der *Verwaltung* und des *Heerwesens* liegt im europäischen Vergleich zurück. Innerhalb des zahlreichen Adels **(Szlachta)** gibt es zwar gewaltige Unterschiede an ökonomischer und politischer Macht, jedoch stellt er im Rahmen des relativ modernen polnischen „Parlamentarismus" die eigentlichen, freien und gleichen **„Staatsbürger".** Er tritt in regionalen Landtagen und im **Reichstag (Sejm:** Adel in der *Landbotenstube;* Magnaten und hoher Klerus im *Senat)* zusammen.

1505 Seit der **Konstitution „Nihil novi" von Radom** (südlich von Warschau) *übernimmt der Reichstag,* vor allem die Landbotenstube, formell, in der Praxis erst allmählich, *allein die Legislative und wird damit zur neuen Zentrale des politischen Lebens.* Dem *König* bleiben u. a. *Exekutive* und *Heerführung.* Von dieser Umwandlung des Königreiches Polen in die **„Rzeczpospolita Polska"** (Adelsrepublik mit gewähltem und gekröntem Oberhaupt) an rechnet man die Neuzeit Polens.

1506–1548 **Sigismund I., der Alte** (* 1467, † 1548).

1515 Sigismund und sein Bruder König *Vladislav II.* von *Böhmen* (1471–1516) und *Ungarn* (1490–1516, als Ladislaus; * 1456, † 1516) verzichten zugunsten der Habsburger auf Erbansprüche in Ungarn und Böhmen. Kaiser Maximilian gibt die Unterstützung Moskaus und des Deutschen Ordens gegen Litauen auf und erkennt den Zweiten Thorner Frieden von 1466 an. Damit sind die Interessensphären zwischen Polen und dem Kaiser abgegrenzt.

1525 *Albrecht von Brandenburg* (* 1490, † 1568), letzter Hochmeister des Deutschen Ordens (1510/1511–1525), verwandelt den Ordensstaat in ein erbliches weltliches (evangelisches) Herrschaftsgebiet, das er als *Herzog in Preußen* vom polnischen König zu Lehen nimmt. Ein Jahr später kommt Masowien (Warschau) an Polen. Fortsetzung der Kriege mit Moskau.

Dank des starken Einflusses der Königin *Bona (Sforza)* wirkt die italienische Renaissance prägend auf Kultur und Wirtschaft in Polen ein. Sigismund bemüht sich um die *Stabilisierung der königlichen Macht mit Steuerplänen,* die scheitern, und der vom Adel widerstrebend akzeptierten *Wahl und Krönung seines einzigen Sohnes* zu seinen eigenen Lebzeiten.

1548–1572 **Sigismund II. August (gekrönt 1529/30,** * 1520, † 1572).

Da sich die livländische Konföderation unter dem russischen Angriff auflöst (1558), nimmt

1561 *Gotthard Kettler* (* 1517, † 1587), der letzte livländische Landmeister des Deutschen Ordens (1559–1561), das *Herzogtum Kurland vom polnischen König zu Lehen.* Dieser garantiert innere Autonomie, evangelische Konfession und deutschen Charakter. Livland nördlich der Düna wird polnische Provinz (1562), Estland unterstellt sich Schweden.

1569 **Union von Lublin** (Ostpolen). *Litauen* tritt die Wojwodschaften Wolhynien, Podlachien und Kiew an Polen ab, mit dem es staatsrechtlich vereinigt wird. Selbständig behält es Verwaltung, Finanzen, Heer und Recht. Das *Königliche Preußen* (Westpreußen) verliert alle Sonderrechte. Der größte, römisch-katholische Teil des Adels verschmilzt rechtlich und kulturell zur polnischen *„Adelsnation",* die auf die Wahrung ihrer **„Goldenen Freiheit"** bedacht ist.

Grundelemente der polnischen Reformation und Gegenreformation

Die polnische **Reformationsbewegung,** zu der sich vor allem das deutsche *Bürgertum,* die *Universität Königsberg* und der *Adel* bekennen, gliedert sich zu ihrer Blütezeit (nach 1548) mit den *Böhmischen Brüdern, Lutheranern* und *Calvinisten* in drei etwa gleich starke Richtungen. Dagegen führt *Stanislaus Hosius* (1551 Bischof von Ermland, 1561 Kardinal; * 1504, † 1579) mit den Jesuiten die *Gegenreformation* an, die sich dank der Hilfe der Könige und der begrenzten Einigungsfähigkeit der reformatorischen Bekenntnisse durchsetzt. Dennoch entsteht in der zweiten Hälfte des 16. Jh.s in Polen ein geistiges Klima, das als *„Zeitalter der Toleranz"* innerhalb Europas nur in Siebenbürgen Ebenbürtiges findet.

1573 *Heinrich von Valois* (* 1551, † 1589) wird zum König gewählt (als er 1574 nach dem Tode seines Bruders als Heinrich III. [1574–1589] den französischen Thron ohne Abdankung in Polen besteigt, gilt der polnische Thron nach einer gewissen Karenzzeit als vakant). Seine Wahlkapitulation in Polen, die sog. „Articuli Henriciani", bestätigen dem Adel freie Königswahl, Religionsfreiheit und Widerstandsrecht. Dadurch wird die Staatsmacht Polens im Gegensatz zu den Nachbarstaaten wesentlich geschwächt, zumal der Adel sich in wachsendem Maße zu *Konföderationen* zusammenschließt, um seine Ziele außerhalb des Reichstages, auch mit Gewalt, durchzusetzen.

1575–1586 **Stephan IV. Báthory** (* 1533, † 1586), Fürst von Siebenbürgen (seit 1571), setzt sich nach einer Doppelwahl gegen den Gegenkandidaten Kaiser Maximilian rasch durch.

1582 Friede von Jam Zapolski (südlich Pskow).

1587–1668 Die katholische Linie des **Hauses Wasa** stellt die Könige Polens.

1587–1632 **Sigismund III.** (* 1566, † 1632). Er kann seine schwedische Krone (1592–1599) nicht gegen den späteren König Karl IX. behaupten.

Die Häuser Jagiello und Wasa in Polen

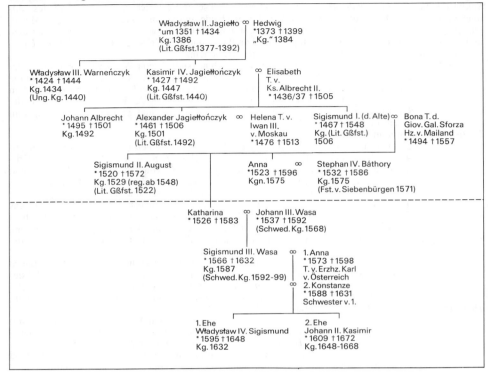

1596 **Union von Brest** (am Bug). Sigismund und sein Kanzler *Jan Zamoyski* (* 1542, † 1605; seit 1581 Krongroßkanzler) nutzen den Schwung der Gegenreformation und nationale Gegensätze innerhalb der orthodoxen Kirche aus, um deren polnisch-litauischen Zweig zum größten Teil unter Beibehaltung von Ritus und Recht unter die Oberhoheit des Papstes zu bringen. Wegen seiner damaligen Schwäche kann Moskau die Union nicht verhindern. Da aber die weiterbestehende orthodoxe Restkirche sich stärker an Moskau anlehnt, gewinnt dieses langfristig um so stärkeren Einfluß in Polen-Litauen.

Polen erzielt mit seinem Eingreifen in die russischen Wirren eine *zeitweilige Kandidatur für den Zarenthron* und die Rückgewinnung großer Gebiete im Osten. Im Kampf um die Ostseeküste räumt Schweden im *Waffenstillstand von Stuhmsdorf* (südlich von Marienburg; 1635) Preußen und behält den größten Teil Livlands.

1632–1648 **Władysław IV. Wasa** (* 1595, † 1648). In seiner Regierungszeit wird das vergleichsweise friedliche und tolerante *Polen* zum *Zufluchtsort schlesischer und böhmischer Protestanten*.

1648–1668 **Johann II. Kasimir** (* 1609, † 1672; dankt nach dem vergeblichen Versuch innerer Reformen und dem Tod seiner Gemahlin ab).

1652 **Liberum veto** (lateinisch = das freie „ich verbiete"). Erstmals wird ein Reichstag durch fehlende Einstimmigkeit „zerrissen". Diese fortan häufiger geübte Praxis verhindert, zusammen mit den Konföderationen, innere Reformen.

In der ersten Hälfte des 17. Jh.s beunruhigen die ungebundenen *„Zaporoger" Kosaken* (südlich der Dnjepr-Stromschnellen) den ukrainischen Raum zwischen Polen, Osmanischem und Moskauer Reich. In den großen, politisch und sozial motivierten Aufständen unter *Hetman Bogdan Chmelnizki* (* um 1595, † 1657) gehen sie gegen den polnischen Adel, den katholischen Klerus und gegen die Juden vor.

1654 Chmelnizki, der auf eine freie Ukraine hinwirkt, unterstellt sich dem Zaren im *Vertrag von Perejaslaw* (bei Kiew).

1655–1660 Daraus entsteht der *Erste Nordische Krieg* zwischen Polen, Schweden und Moskau unter Beteiligung Österreichs, der niederländischen Generalstaaten und Dänemarks. Polen wird zeitweise fast ganz von fremden Truppen erobert *(„Sintflut")*.

1657 *Verträge von Wehlau* (am Pregel) und *Bromberg:* Polen erkennt die Souveränität des Kurfürsten von Bandenburg im Herzogtum Preußen (Ostpreußen) an und gewinnt ihn wieder zum Verbündeten.

Einzelstaaten – Polen   713

1660 **Friede von Oliva:** Mit seinem endgültigen Verzicht auf Estland und Livland (an Schweden)
3. Mai und auf das Herzogtum Preußen (Bestätigung von Wehlau) sowie der Aufgabe aller
Ansprüche der polnischen Wasa auf die schwedische Krone endet Polens Streben nach
einer Rolle als Ostseemacht.

1667 **Waffenstillstand von Andrusowo** (im Gebiet um Smolensk): Smolensk, Sewerien, Tscher-
nigow (nordöstlich von Kiew) und die Ukraine östlich des Dnjepr (mit Kiew) kommen an
Rußland, die Zaporoger Kosaken unter russisch-polnische Oberhoheit. *Damit hört auch
Polens Überlegenheit als Großmacht gegenüber Rußland für immer auf.*

1669–1673 Der „Piast" Michael Korybut Wiśniowiecki (* 1640–1673), ein litauischer Magnat, wird
König.

1672 Polen verliert Podolien und Teile der Ukraine an das Osmanische Reich.

1674–1696 **Johann III. Sobieski** (* 1629, † 1696). Nach Erfolgen gegen die Osmanen neuer König, *befehligt die Befreiung Wiens von den Türken* und gründet mit dem Kaiser, dem Papst und
Venedig die *Heilige Liga.* Wegen des Widerstandes im Reichstag gelingt ihm weder die
Rückeroberung der an die Osmanen verlorenen Gebiete noch eine Festigung der Königsmacht.

1697–1733 **August II. der Starke,** König von Polen (als Friedrich August I. seit 1694 Kurfürst von
Sachsen; * 1670, † 1733). Der sächsische Kurfürst kann sich als kaiserlicher Kandidat mit
russischer Hilfe gegen den französischen Kandidaten durchsetzen. Er tritt zum Katholizismus über.

1699 Friede von Karlowitz (nordwestlich von Belgrad): Polen bekommt Podolien von den Türken zurück.

1700–1721 **(Zweiter oder Großer) Nordischer Krieg.** – In seiner Auseinandersetzung mit dem Adel
um seine für Polen und für den Adel ungünstige Politik ruft August II. den Zaren als bewaffneten Schiedsrichter an.

1716 Der Warschauer Pazifikationstraktat, der mit den alten Zuständen die Schwäche der Repu-
1717 blik sicherstellt, wird auf dem *Reichstag zu Grodno* in „stummer" Sitzung angenommen.
Die seither ständig auf polnischem Gebiet befindlichen russischen Truppen garantieren das
faktische Protektorat Rußlands über Polen.

1724 **Thorner Blutgericht:** Auseinandersetzungen zwischen Jesuitenschülern und evangelischen
Bürgern führen zu *scharfen Maßnahmen gegen die Evangelischen,* darunter auch zu einigen
Todesurteilen. Eine internationale Protestwelle läßt Polen nun als Hochburg der religiösen
Intoleranz erscheinen, obwohl diese tatsächlich nicht das Ausmaß wie im sonstigen Europa
erreicht.

1733 Stanislaus I. Leszczyński (* 1677, † 1766), Schwiegervater Ludwigs XV. von Frankreich
(* 1677, † 1766), von 1704–1709 schon einmal König von Polen, aber von August II. verdrängt, wird erneut (einstimmig) zum König gewählt. Der gegen ihn kandidierende sächsische Kurfürst Friedrich August II. gesteht Österreich die Anerkennung der Pragmatischen
Sanktion und Rußland die Verfügung über Kurland zu. Daraufhin erzwingen russische
Truppen seine Wahl als *August III.* (1733/1735–1763; * 1696, † 1763), die im **Polnischen
Thronfolgekrieg** (1733–1735) von Rußland, Österreich und Schweden gegen Frankreich
durchgesetzt wird. Stanislaus erhält Lothringen.
Unter dem nur repräsentierenden August III. herrschen die großen Magnatenfamilien, von
denen die *Czartoryski („Die Familie")* die Anlehnung an Rußland vertreten, während die
Potocki („Patrioten") sich nach Frankreich orientieren.

1764–1795 **Stanislaus II. August** (* 1732, † 1798) wird (letzter) König von Polen. Im Einvernehmen
mit Preußen setzt Katharina II. die Wahl ihres früheren Favoriten **Poniatowski** durch. Den
maßgebenden Einfluß hat Rußland, das im Eintreten für die „Dissidenten" (Nichtkatholi-
ken) und die Adelsfreiheit willkommene Vorwände für sein machtpolitisches Eingreifen
besitzt. Gegen die Reformpläne von Stanislaus II. (Einschränkung des Liberum veto) stellt
sich zur Wahrung der Verfassung die *Konföderation von Radom* (1767). Der von dem russischen Gesandten Repnin beherrschte Reichstag 1767/1768 stimmt einem „*Ewigen Vertrag"* mit Rußland zu (5. März 1768), der u. a. die territoriale Integrität beider Länder, die
Rechte der Dissidenten in Polen und die polnische Verfassung garantiert. Die Gegen-*Konföderation von Bar* (Podolien, am Rów; 1768), zu deren Gunsten das Osmanische Reich
Krieg mit Rußland beginnt, wird mit dessen Hilfe bis 1772 zerschlagen.

1772 **Erste Teilung Polens.** In *Rußland* sind schon vor Jahren als Alternative zur bevorzugten
Politik der mittelbaren Beherrschung ganz Polens Pläne zu einer Verschiebung der russischen Grenzen auf Kosten Polens erwogen worden. Im Sommer 1770 dehnt *Österreich* die
Besetzung ehemals an Polen verpfändeter Städte in der Zips auf benachbarte polnische
Gebiete aus. Die russischen Erfolge im Türkenkrieg veranlassen Österreich, mit der Pforte
1771 ein Bündnis zu schließen, das Rußland an der Gewinnung von Moldau und Walachei
hindern soll. Daraufhin verständigt sich Rußland im Januar 1772 mit *Preußen* über eine
teilweise Annexion Polens. Österreich tritt dem Abkommen auf Drängen Josephs II. gegen
den Widerstand Maria Theresias im August bei. Rußland erhält die Gebiete bis zur Düna

714 Neuzeit – Frühe Neuzeit

und zum Dnjepr, fast 110 000 qkm; Preußen – Westpreußen ohne Danzig und Thorn, das Bistum Ermland und den Netzedistrikt, rund 35 000 qkm; Österreich-Ostgalizien und Lodomerien (Rotrußland), rund 70 000 qkm. Polen verliert ein Drittel seines Gebiets und etwa die Hälfte seiner Bevölkerung.

Aus den vom König geförderten Reformplänen, in denen sich Ideen der *Aufklärung* mit patriotischem Widerstand gegen die Teilungsmächte verbinden, entsteht nach dem Reichstag von 1773 die **Edukationskommission,** „das erste Unterrichtsministerium Europas" (Verwendung der Güter des aufgehobenen Jesuitenordens für Zwecke der Volksbildung,

1791 1773–1791), nach dem „Vierjährigen Reichstag" (1788–1791) die **Mai-Konstitution:** der
3. Mai Thron wird im kursächsischen Haus erblich; das Liberum veto und das Konföderationsrecht werden abgeschafft; der Bürgerstand erhält Reichstagsvertretung und Zugang zu den Staatsämtern (die Leibeigenschaft wird beibehalten). Unter russischer Einwirkung bildet sich gegen die Konstitution die *Konföderation von Targowica* (südöstlich Schitomir). Einmarsch russischer Truppen. Der König muß der Konföderation beitreten und die von ihm beschworene Verfassung fallenlassen.

Während Österreich und Preußen in den ersten Koalitionskrieg gegen das revolutionäre Frankreich eintreten, schicken sich russische Truppen an, Polen zu besetzen, woraufhin auch preußische Truppen einrücken.

1793 Die beiden Mächte verständigen sich über die **Zweite Teilung Polens.** Rußland und Preußen zwingen Polen zur Abtretung weiterer Gebiete: der Rest von Litauen, die Hälfte von Wolhynien, Podolien u. a., rund 236 000 qkm, an Rußland; Danzig, Thorn, Gnesen, Posen, Kalisz ([Kalisch] an der Prosna) u. a., rund 55 000 qkm, an Preußen.

1794 Nationale Erhebung der Polen unter **Tadeusz Kościuszko** (* 1746, † 1817; er kehrt nach Teilnahme am amerikanischen Unabhängigkeitskrieg 1783 nach Polen zurück); sie wird von Russen und Preußen niedergeschlagen.

1795 **Dritte Teilung Polens.** Rußland und Österreich schließen den Teilungsvertrag, dem Preußen beitritt. Rußland erhält die übrigen ostpolnischen Gebiete und Kurland, 465 000 qkm; Österreich – Westgalizien mit Krakau sowie Sandomierz (südöstlich von Radom), Lublin, Radom u. a., 115 000 qkm; Preußen – Warschau, das Gebiet zwischen Weichsel, Bug und Njemen („Neuostpreußen"), einen Teil des Gebietes von Krakau, 145 000 qkm. Stanislaus II. August dankt ab. *Ende der alten polnischen „Rzeczpospolita".*

Die Eidgenossenschaft (16.–18. Jh.)
(Forts. v. S. 526)

Kirchliche Erneuerungsansätze und humanistische Tendenzen bereiten die Kirchenreformation vor, die mit **Huldrych (Ulrich) Zwingli** (* 1484, † 1531) in Zürich zu einem er-
1523 sten Durchbruch gelangt (Zürcher Disputationen).
Jan./Okt. Theologisch und politisch ist Zwingli konsequenter als Luther. Die meisten Stadtkantone folgen dem Zürcher Beispiel (Berner Disputation 1528) und bilden das „Christliche Burgrecht". Die fünf Orte der Innerschweiz (Luzern, Uri, Schwyz, Unterwalden und Zug) schließen mit Österreich die „Christliche Vereinigung".
1531 Die *Schlacht bei Kappel* (Tod Zwinglis) führt zum konfessionellen Landfrieden: sie über-
11. Okt. läßt die Glaubensentscheidung jedem Kanton, sichert aber eine katholische Hegemonie (wichtige Positionen in den Gemeinen Herrschaften).
1541–1564 Unter bernischem Schutz kann **Johannes Calvin** (* 1509, † 1564) in Genf seine Kirche aufbauen.
1566 Zwinglianer und Calvinisten schließen sich in der „*Confessio Helvetica posterior*" zu einer theologisch-kirchlichen Einheit zusammen. Die reformierte Schweiz bildet fortan einen Rückhalt für den Weltcalvinismus.

Die katholische Reform, getragen u. a. von dem Mailänder Erzbischof Carlo Borromeo (* 1538, † 1584), gipfelt äußerlich im konfessionellen Bündnis der katholischen Orte, dem „Goldenen Bund" (später auch „Borromäischer Bund" genannt).

Die konfessionelle Grenzziehung sollte bis ins 19. Jh. Bestand haben (katholische Schweiz: 2/5 der Gesamtbevölkerung, ländlich-alpines Gebiet; protestantische Schweiz: reichere landwirtschaftliche Gegend, Großzahl der Städte).

Trotz der konfessionellen Blockbildung ist der Wille zu gemeinsamer eidgenössischer Zusammenarbeit stärker; man verhält sich in den konfessionell-politischen Konflikten Europas neutral, was sich im „Defensionale" (einheitliche Heeresordnung) manifestiert.

1648 Im Westfälischen Frieden erreicht der schweizerische Staatsmann Johann Rudolf Wettstein
24. Okt. (* 1594, † 1666) die **völkerrechtliche Verankerung** der faktisch längst erlangten **Souveränität der Eidgenossenschaft.**

Innenpolitisch kommt es noch zweimal zu kriegerischen Auseinandersetzungen wegen konfessioneller Fragen:

1656 Der Sieg der Katholiken im Ersten Villmerger Krieg (im heutigen Kanton Aargau) bestätigt ihre Stellung; der protestantische Sieg im Zweiten Villmerger Krieg bringt im Vierten

1712 Landfrieden eine gleichmäßigere konfessionelle Ordnung (Parität) in den umstrittenen gemeinsamen Untertanengebieten.

Gesellschaft und Kultur im 18. Jh.

Wirtschaftliche und soziale Aspekte: Die *sozialen Auseinandersetzungen* zwischen Regierenden und Untertanen dauern an: 1653 der Schweizerische Bauernkrieg, im 18. Jh. verschiedene Unruhen in einzelnen Kantonen. Meist führen sie zu einer Stärkung der Obrigkeit.
Vermehrte *Industrialisierung* setzt ein, Entwicklung der Textilindustrie in den alten Zentren St. Gallen, Zürich und Basel; Neuenburg und Genf verlegen sich zudem auf Bijouterie- und Uhrenfabrikation. Sie führt zu einer Verschiebung im Sozialgefüge. Neben der führenden *Unternehmerschicht* entsteht der *Heimarbeiterstand,* der sich meist aus unterster ländlicher Stufe herausbildet. Die alten erstarrenden Gruppen des Patriziats und des Zunftgewerbes stoßen mit der neuen Schicht zusammen. In den Städten kommt es zu Spannungen, die sich durch das ganze 18. Jh. ziehen und vor allem in Genf scharfe Formen annehmen.
Aufklärung: Verhältnismäßig spät erfolgt die aufklärerische Neuausrichtung. Während die Strömung im reformierten Raum schon zu Beginn des 18. Jh.s beherrschend wird, erfaßt sie das katholische Gebiet erst in der zweiten Hälfte des Jh.s. Eine *Neuorientierung in der Theologie* erfolgt durch Jean-Frédéric Ostervald (* 1663, † 1747) und Samuel Werenfels (* 1657, † 1740), mit *Moralphilosophie* und *Pädagogik* befassen sich die Juristen Jean-Jacques Burlamaqui (* 1694, † 1748) und Emer de Vattel (* 1714, † 1767), der Literaturkritiker und Schriftsteller Johann Jakob Bodmer (* 1698, † 1783), der Philanthrop und Publizist Isaak Iselin (* 1728, † 1782), Jean-Jacques Rousseau (* 1712, † 1778) und der Pädagoge Johann Heinrich Pestalozzi (* 1746, † 1827). Der Aufbruch der mathematischen und naturwissenschaftlichen Forschung erfolgt mit der Gelehrtenfamilie Bernoulli (darunter Christoph Bernoulli, * 1782, † 1863; Daniel Bernoulli, * 1700, † 1782; Johann Bernoulli, * 1667, † 1748 und Nikolaus Bernoulli, * 1687, † 1759), Leonhard Euler (* 1707, † 1783), dem Naturforscher Johann Jakob Scheuchzer (* 1672, † 1733), dem Hochgebirgsforscher Horace Bénédict de Saussure (* 1740, † 1799) und dem Arzt, Naturforscher und Dichter Albrecht von Haller (* 1708, † 1777).
Mit der Gründung der *„Helvetischen Gesellschaft"* (1761) geht die Bewegung der Aufklärung in die Praxis über, Gedanken der Toleranz und der Gemeinnützigkeit zeigen erste konkrete Auswirkungen.
Eine Erneuerung des *schweizerischen Nationalbewußtseins* setzt sich durch. – *(Forts. S. 831)*

Von der Französischen Revolution bis zum Ersten Weltkrieg (1789–1914)

Grundzüge und Grundprobleme europäischer Geschichte im 19. Jh.

Das 19. Jh., genauer der Zeitabschnitt von der Französischen Revolution bis zum Ende des Ersten Weltkriegs, bringt in allen europäischen Staaten, wenn auch stark phasenverschoben, die Ablösung des *Ancien Régime* und eine tiefgreifende Wandlung der alteuropäischen Agrar- und Adelsgesellschaft. Am Ausgang der traditionalen und an der Schwelle der bis heute sich fortbildenden modernen Welt steht die *politisch-industrielle Doppelrevolution,* die in England bereits im 17. Jh. einsetzt (Parlamentarisierung des politischen Systems mit der Glorreichen Revolution 1688/1689, Industrialisierung seit der Mitte des 18. Jh.s) und sich in der Folgezeit bis ins 20. Jh. hinein in ganz Europa fortsetzt. Die *„Modernisierung"* der Staaten verläuft in recht unterschiedlichen Bahnen und wird entweder auf revolutionärem Weg (Frankreich) oder durch Reformen – seien sie liberaler (Großbritannien) oder konservativer (Preußen–Deutschland) Art – erreicht. Am Ende der damit skizzierten Entwicklung bildet sich – in manchen Fällen erst im 20. Jh. – der *bürokratisierte Massenstaat* heraus, in dem die Reste feudaler Strukturen abgebaut sind.

Grundzüge europäischer Sozial- und Wirtschaftsgeschichte im 19. Jh.

Wirtschaftliche Entwicklung

Die wirtschaftliche Entwicklung steht im Zeichen des Siegeszugs der **industriellen Revolution,** eines in mehreren Etappen verlaufenden wirtschaftlichen Wachstumsvorgangs, der zu einer bis dahin nicht gekannten Umwälzung der Lebens- und Produktionsbedingungen führt. *Von Großbritannien* in der zweiten Hälfte des 18. Jh.s *ausgehend,* erfaßt die Industrialisierung im ersten Drittel des 19. Jh.s Belgien, die Niederlande, Frankreich und die Schweiz, in der Mitte des Jh.s Deutschland und seit dem letzten Jahrhundertdrittel Schweden, Italien, Rußland und das übrige Europa. *Industrialisierung* heißt Umbruch im Bereich der Produktionsverfahren, der Technik, der Energiequellen, des Transportwesens, der Märkte, der Bevölkerungszahl und der Gesellschaftsstrukturen. „Die Industrielle Revolution verwandelt die Menschen von Bauern und Schafhirten in Betätiger von Maschinen, welche mit lebloser Energie angetrieben werden" (Carlo M. Cipolla).

Dampfmaschinenkapazitäten (in 1000 PS)

	1840	1850	1860	1870	1880	1888	1896
Großbritannien	620	1290	2450	4040	7600	9200	13700
Deutschland	40	260	850	2480	5120	6200	8080
Frankreich	90	270	1120	1850	3070	4520	5920
Österreich	20	100	330	800	1560	2150	2520
Belgien	40	70	160	350	610	810	1180
Rußland	20	70	200	920	1740	2240	3100
Italien	10	40	50	330	500	830	1520
Spanien	10	20	100	210	470	740	1180
Schweden	—	—	20	100	220	300	510
Niederlande	—	10	30	130	250	340	600
Europa	860	2240	5540	11570	22000	28630	40300

Eine ausreichende *Rohstoff- und Grundstoffbasis* sowie aufnahmebereite *Märkte* sind Voraussetzung für die Nutzbarmachung technischer Erfindungen, damit es zu einer industriellen Massenproduktion kommen kann. Das bedeutet zu Beginn der Industrialisierung **Mechanisierung der Textilproduktion** und Ausnutzung der Kohle zur *Erzeugung von Dampfkraft.* Die alten Produktions- und Verteilungsmethoden (Handwerk, Manufaktur, Verlagssystem) sind der maschinellen Fertigung und dem Fabriksystem unterlegen und hören auf bzw. werden sekundär. Zum Motor der wirtschaftlichen Entwicklung und zur Quelle wirtschaftlichen Wachstums wird die Industrieproduktion.

Baumwollspindeln in europäischen Industriestaaten (in 1000)

	1834	1852	1861	1867	1913
Großbritannien	10000	18000	31000	34000	55576
Frankreich	2500	4500	5500	6800	7400
Deutschland	626	900	2235	2000	10920
Schweiz	580	900	1350	1000	1389
Belgien	200	400	612	625	1469
Österreich-Ungarn	800	1400	1800	1500	4864

Roheisenproduktion (in 1000 t)

	1800	1850	1880	1900	1913
Großbritannien	190	2249	7900	9100	7500
Frankreich	60	406	1500	2700	5000
Deutschland	40	212	2700	8500	17000

Die Industrialisierung geht Hand in Hand mit einer *Liberalisierung der Wirtschaftspolitik*. Zunächst bleiben zwar die seit dem *Merkantilismus* üblichen Schutzzölle bestehen. Doch fallen in der Mitte des 19. Jh.s die wachstumshemmenden Handelsbeschränkungen fort, so daß sich der Warenstrom in wirtschaftlichen Großräumen national und international in einer *arbeitsteiligen Weltwirtschaft* frei entfalten kann (Deutscher Zollverein 1834, Abschaffung der Kornzölle und Durchsetzung des Freihandelsprinzips in Großbritannien 1846, britisch-französischer und preußisch-französischer Handelsvertrag 1860 bzw. 1862). Nach 1850 wird der freie Weltmarkt eine Realität. Nur Österreich-Ungarn und Rußland bleiben abseits. Daneben ist als Bedingung für die industriewirtschaftliche Entwicklung die seit Beginn des 19. Jh.s einsetzende Einführung der *Gewerbefreiheit* anzuführen.

Die Industrialisierung tritt in der Mitte des Jh.s in ein neues Stadium ein, in dem die *industrielle Technik*, die sich vorher meist auf empirischer Grundlage entwickelt hat, verwissenschaftlicht wird. Dies betrifft vor allem die Stahlherstellung, die zur Schlüsselindustrie in der zweiten Phase der Industrialisierung wird. Das *Zeitalter von Eisen und Stahl* manifestiert sich im *Bau der Eisenbahnen*, die das Transportwesen wegen der Schnelligkeit und der Preisgünstigkeit der Beförderung revolutionieren. Der Zugang zu Rohmaterialien wie auch Märkten wird zwar auch durch Verbesserungen im *Straßenbau* und durch die nach wie vor wichtigen *Wasserstraßen* (Kanalbauten; freie Schiffahrt auf Rhein, Elbe und Weser bis 1831, auf der Donau 1856; Entwicklung der Dampfschiffahrt seit 1807) erleichtert, doch bildet die Eisenbahn einen völlig neuen Durchbruch im Verkehrswesen. Darüber hinaus steigert der Eisenbahnbau in Europa die Nachfrage nach Grundstoffen (Eisen, Holz) und kurbelt die Metall- und Maschinenbauindustrie entscheidend an.

Das europäische Eisenbahnnetz 1850-1914

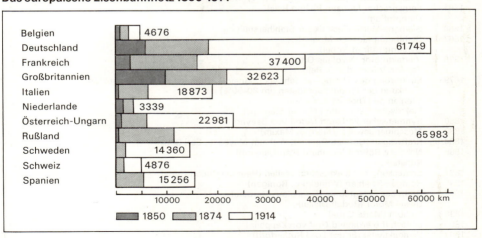

Begünstigt wird die Industrialisierung durch einen weiteren Faktor, der namentlich in Großbritannien von Anfang an gegeben ist: wie immer die in der Forschung umstrittene Bedeutung des *Faktors Kapital* für die Industrialisierung im einzelnen anzusetzen ist, es kann kein Zweifel an der Wichtigkeit des Investi-

718   Neuzeit – Französische Revolution bis Erster Weltkrieg

tionskapitals bestehen, das von *Kredit-, Investitions- und Hypothekenbanken* bereitgestellt wird, die in Belgien in den zwanziger Jahren, in Frankreich und Deutschland in den fünfziger Jahren neu gegründet werden.

Chronologische Übersicht

Wichtige technische Erfindungen und naturwissenschaftliche Entdeckungen

1709	Eisengewinnung durch Koks (Abraham Darby)
1712	Benutzung einer Dampfmaschine beim Bergbau (Abpumpen von Grubenwasser) in England (Thomas Newcomen)
1733	Fliegendes Weberschiffchen (John Kay)
1735	Gußstahl (Benjamin Huntsman)
1768	Spinnmaschine (Spinning Jenny) (James Hargreaves)
1769	Dampfmaschine mit erheblich weniger Kohleverbrauch (James Watt)
	Spinnmaschine (Richard Arkwright)
1779	Mule-Spinnmaschine (Samuel Crompton)
1780	Mechanisches Walzverfahren in der Eisenerzeugung (Henry Cort)
1783	Kattundruckmaschine
1784	Puddelverfahren für die Überführung von Roh- in Schmiedeeisen (Henry Cort)
1785	Mechanischer Webstuhl (Edmund Cartwright)
1790	Sodagewinnung durch Schwefelsäure und Salz (Nicolas Leblanc)
1793	Baumwollentkernungsmaschine
1799	Patentierung des Bleichpulvers (Charles Tennant)
1802	Dampfwagen für Straßenverkehr (Richard Trevithick)
1803	Lokomotive (Richard Trevithick)
1805	Netzstrickmaschine (J. M. Jacquard)
1807	Dampfschiff (Robert Fulton)
1809	Elektrischer Telegraph (Samuel Thomas Sömmering)
1812	Schnelldruckpresse (Friedrich Koenig)
1814	Lokomotive (George Stephenson)
1832/33	Benutzung des Elektromagnetismus für Fernverständigung (Karl Friedrich Gauß, Wilhelm Eduard Weber)
1833	Elektrolyse (Michael Faraday)
1834	Elektromotor (Moritz Hermann von Jacobi)
1835	Revolver (Samuel Colt)
1836	Zündnadelgewehr (Hinterlader) (Johann Nikolaus von Dreyse)
1837	Fotografie (Louis Daguerre)
	Schreibtelegraph (Samuel F. B. Morse)
1841	Kunstdünger (Justus von Liebig)
1844	Erste Telegraphenlinie Baltimore–Washington
1851	Erstes Unterseekabel Dover–Calais
1855	Gas-Bunsen-Brenner (Robert Wilhelm Bunsen)
1856	Konverter zur Erzeugung von Stahl (Sir Henry Bessemer)
1859	Spektralanalyse (Robert Kirchhoff, R. W. Bunsen)
1861	Fernsprecher (Johann Philipp Reis)
	Dampfpflug
1864	Siemens-Martin-Technik zur Stahlherstellung
1867	Stahlbeton (Joseph Monier)
	Dynamit (Alfred Nobel)
1876	Viertaktmotor (Nikolaus Otto)
	Telefon (Alexander G. Bell)
1879	Einführung des Thomas-Verfahrens (Sidney G. Thomas) zur Stahlherstellung (Senkung der Produktionskosten um 80–90%)
	Glühlampe (Thomas A. Edison)
	Elektrische Eisenbahn (Werner Siemens)
1880	Synthetischer Farbstoff (Adolf von Baeyer)
1883	Maschinengewehr (Hiram S. Maxim)
1884/85	Kraftwagen (Gottlieb Daimler, Wilhelm Maybach, Carl Benz)
1885	Nahtlose Röhren (Reinhard Mannesmann)
	Kunstseide
1887	Entdeckung der elektrischen Wellen (Heinrich Rudolf Hertz)
1895	Röntgen-Strahlen (Wilhelm C. Röntgen)
1897	Drahtlose Telegraphie (Guglielmo Marconi)
	Diesel-Motor (Rudolf Diesel)
1898	Radium (Marie Curie)
1900	Luftschiff (Ferdinand Graf von Zeppelin)
1903	Radioaktivität (Ernest Lord Rutherford)
	Motor-Flug (Orville und Wilbur Wright)
1907	Betonguß (Thomas A. Edison)
1909	Synthetischer Kautschuk (Fritz Hofmann)

Die Periode industriellen Wachstums und die Epoche des Freihandels gehen in den siebziger Jahren zu Ende, als mit dem 1873 einsetzenden Konjunktureinbruch die **„Große Depression"** beginnt. Das Wirtschaftswachstum verlangsamt sich, stagniert auch, doch bleiben größere Rückschläge aus. In den neunziger Jahren setzt eine bis zum Ersten Weltkrieg dauernde Erholung ein. Einschneidend für den Welthandel erweist sich der Entschluß der Industrieländer (mit Ausnahme Großbritanniens, der Niederlande und Dänemarks), *Schutzzölle* einzuführen, um die eigenen Volkswirtschaften durch staatliche Interventionen und protektionistische Maßnahmen im Konkurrenzsystem der Weltwirtschaft zu schützen. Diese Entwicklung setzt zuerst 1878 in Deutschland ein und prägt die folgenden Jahre der internationalen Handelsrivalität im *Zeitalter des Imperialismus.* Der freie Kapitalismus des liberalen Zeitalters wandelt sich zum *„organisierten Kapitalismus"* (Rudolf Hilferding; * 1877, † 1941; Theoretiker des Marxismus; Finanzsachverständiger der SPD, Reichsfinanzminister 1923 u. 1928/29). *Wirtschaftliche Konzentrationserscheinungen* wie Aktiengesellschaften, Konzerne, Trusts oder Kartelle führen besonders in Deutschland und den USA zu Einschränkungen im Wettbewerb.

Anteile an der Weltproduktion 1860–1900 [in %]

Jahr	Großbritannien	Frankreich	Deutschland	Rußland	USA
1860	36	12	16	4	17
1870	32	10	13	4	23
1880	28	9	13	3	28
1890	22	8	14	3	31
1900	18	7	16	6	31

Die verschärfte Konkurrenzsituation, in der sich die Großmächte in der **Phase der Hochindustrialisierung** im letzten Drittel des Jahrhunderts befinden, ist zusätzlich dadurch geprägt, daß Großbritannien als wirtschaftliche Führungsmacht von Deutschland und den USA einge- und überholt wird. Mit Abstand folgen in Europa Frankreich, Italien und Schweden. Im Fernen Osten etabliert sich Japan als Industriemacht. Als neue und *billigere Energiequellen* werden *Elektrizität* und *Erdöl* genutzt. Mit der Elektro- und der chemischen Industrie entwickeln sich neue Industriezweige (Herstellung synthetischer Farbstoffe, elektrische Geräte und Maschinen, Leitungssysteme), in denen Deutschland überragende Anteile am Weltmarkt erringt. Ferner sind die Entwicklung des Verbrennungsmotors und die Anfänge des Kraftfahrzeugbaus sowie des Flugzeugwesens zu erwähnen.

Gegenüber diesen Tendenzen, die das Jh. prägen, nimmt die **Landwirtschaft** an relativer Bedeutung ab. Vor dem Ersten Weltkrieg stellen Industrie und Bergbau den größten Teil aller Erwerbstätigen in Europa. Auf das ganze Jh. und den unterschiedlich stark industrialisierten Kontinent insgesamt bezogen, muß jedoch das nach wie vor gegebene erhebliche Gewicht des Agrarsektors betont werden. Entgegen den pessimistischen Prognosen des englischen Nationalökonomen Thomas Robert Malthus (* 1766, † 1834), der unter dem Eindruck der *Bevölkerungsexplosion* in England eine unausweichliche *Verelendung der Massen* voraussagt, weil die Bevölkerung in geometrischer Progression, der Bodenertrag aber nur in arithmetischer Reihe zunehme (Essay on the Principle of Population, 1798), gelingt es der Landwirtschaft, ihre Erträge durch verbesserte Anbaumethoden erheblich zu steigern. Unter Vernachlässigung der Viehhaltung und damit Rückgang der Fleischproduktion kommt es zu vermehrtem Anbau von Getreide, zur Überwindung der Dreifelderwirtschaft und zur Einführung der *Fruchtwechselwirtschaft* mit Anbau von Kartoffeln und Zuckerrüben, im letzten Drittel des Jh.s zur Einführung *landwirtschaftlicher Maschinen* und des *Kunstdüngers.* Die steigende Agarproduktion wird in der ersten Hälfte des Jh.s von der zahlenmäßig zunehmenden Bevölkerung sogleich wieder aufgebraucht. Kommt es zu Mißernten wie 1816/1817 oder 1846/1847, so bedeutet dies katastrophale Einbrüche, die steigende Lebensmittelpreise, aber auch Krankheit und Tod für Millionen Menschen in Europa bedeuten. In der Vorgeschichte der Revolutionsereignisse von 1848 sind dies nicht zu unterschätzende Faktoren. Armut oder Industrialisierung lautet Mitte des 19. Jh.s die unausweichliche Alternative.

Bevölkerung und gesellschaftliche Kräfte

Grundlegend ist die Tatsache, daß die europäische Bevölkerung seit der Mitte des 18. Jh.s explosionsartig zunimmt. Die Zunahme in der ersten Hälfte des 19. Jh.s beträgt 40%. Ansteigende Lebensmittelproduktion, bessere medizinische Versorgung und Hygiene, frühere Eheschließungen führen zu *steigenden Geburtenraten,* vor allem aber zu einem *Rückgang der Mortalität.* Die Bevölkerungszahl steigt auch noch in der zweiten Hälfte des Jh.s, als die Geburten wieder zurückgehen. Die größten Zuwachsraten sind in ländlichen Gebieten zu verzeichnen. Als Ventil für den Bevölkerungsdruck erweisen sich die expandierenden Industriegebiete und die Möglichkeit der Auswanderung.

Über Jahrzehnte hindurch ist eine steigende Tendenz zur *Verstädterung* zu beobachten, die in Großbritannien am stärksten ist, wo 1870 nur noch 35% der Bevölkerung auf dem Land leben (in Frankreich 67,5%, in Deutschland 64%). Bildung von Ballungsräumen und weiter Industrielandschaften.

Anteil Europas an der Entwicklung der Weltbevölkerung (in Mio.)

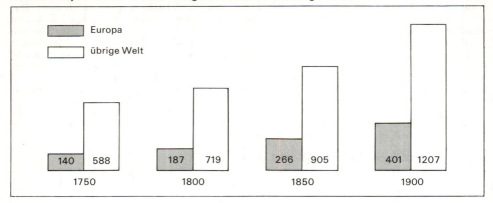

Verteilung der Gesamtbevölkerung zwischen Stadt und Land (in Prozenten)

Die **Bevölkerungsexplosion,** die in England ihren Anfang nimmt, geht der industriellen Revolution teils voraus, teils ist sie mit ihr verknüpft. Hand in Hand mit der Industrialisierung geht ein tiefgreifender *sozialer Wandlungsvorgang,* der die vorrevolutionäre, agrarisch bestimmte Adelsgesellschaft in eine **Industriegesellschaft** verwandelt. In den Ländern Mittel- und Osteuropas bleibt dem Adel jedoch weiterhin die politische Führungsposition erhalten. In Westeuropa dagegen drängt das Bürgertum erfolgreich auf Teilnahme am politischen System. Der *Übergang von der ständischen zur bürgerlichen Gesellschaft* verläuft in den Ländern Europas ebenso wie die Industrialisierung selbst phasenverschoben. Auf dem flachen Land wird die wirtschaftliche Position des adligen Großgrundbesitzes nach der Bauernbefreiung in vielen Fällen gestärkt. Bei Unrentabilität kleiner Bauernstellen entsteht eine sozial schwache Landarbeiterschaft.
Zu den gesamtgesellschaftlich ausschlaggebenden Schichten des Industriezeitalters werden das **Bürgertum** und die **Arbeiterschaft.** Nicht ausschließlich, aber vorrangig zum Träger der Industrialisierung wird das Bürgertum, das in Industrie, Handel und Finanz eine bürgerliche Oberschicht bildet, die entweder in das politische System integriert wird (Großbritannien), es dominiert (Frankreich) oder von ihm faktisch weitgehend ausgeschlossen bleibt und sich oft auf adlige Lebensformen und Wertvorstellungen fixiert (Preußen–Deutschland). Die *bürgerlichen Mittelschichten* untergliedern sich in den „*alten Mittelstand*" (selbständige Kleinunternehmer, Kaufleute, Handwerker, Gewerbetreibende) und den seit dem letzten Drittel des Jh.s an Bedeutung zunehmenden „*neuen Mittelstand*" (Angestellte und Beamte im Bereich der Verwaltung, bei Behörden und Unternehmen, der technischen Intelligenz und vor allem der Dienstleistungen). Während bürgerliche Schichten in der Frühphase der Industrialisierung oft mit den sozialen Unterschichten politisch zusammengehen und soziale Forderungen gegenüber dem *Machtmonopol des Adels* erheben, grenzen sie sich spätestens 1848 von den Zielen des „*vierten Standes*" der Arbeiterschaft ab. Die *Lage der Lohnarbeiterschaft* wird für die gesamte Epoche zur sozialen Frage. Zum Proletariat zählen nicht nur die seit jeher lohnabhängigen Arbeiter auf dem Land und in den Städten, sondern auch vorher unabhängige Handwerker, deren Existenz durch das arbeitsteilige *Fabriksystem* vernichtet wird. Die

Situation der Arbeiterschaft, deren Anteil an der Gesamtbevölkerung ständig wächst, während der der Selbständigen sinkt, ist zunächst von *Massenarmut (Pauperismus)*, schlechten Wohnverhältnissen, niedrigen Löhnen, langer Arbeitszeit und sozialer Unsicherheit bestimmt. *Kinder- und Frauenarbeit* sind die Regel, werden aber in den verschiedenen Industrieländern zu verschiedenen Zeitpunkten gesetzlich eingeschränkt. Andererseits bedeutet die Industrialisierung einen Ausweg aus dem Problem der Überbevölkerung durch wachsendes Arbeitsplatzangebot. Seit der Mitte des Jh.s beginnen die Löhne zu steigen; seit seinem Ende kommt es – zuerst in Deutschland – zu staatlicher Sozialgesetzgebung. Der von der Arbeiterbewegung geforderte Acht-Stunden-Tag wird aber erst nach dem Ersten Weltkrieg realisiert.

Kinderarbeitszeit in Deutschland um 1825

Kreis	Arbeitszeit (in Stunden)	Kreis	Arbeitszeit (in Stunden)
Iserlohn	14	Trier	8 – 14
Dortmund	10 – 15	Breslau	10 – 14
Hagen	10 – 12	Frankfurt / O.	7 – 16
Bochum	14,5	Erfurt	10 – 14
Düsseldorf	6 – 13	Magdeburg	9 – 14
Aachen	8 – 12	Potsdam	13 – 14
Koblenz	11 – 14	Berlin	7 – 12
Köln	11 – 14		

Grundzüge europäischer Geistes- und Politikgeschichte

Politische Theorien und Strömungen

Die Widersprüche des Jh.s schlagen sich im politischen Denken nieder, das die politischen, sozialen und ökonomischen Problemstellungen der Zeit von unterschiedlichen politischen Standorten und Interessenlagen her deutet und zu voneinander abweichenden Lösungsvorschlägen kommt.
Am vorrevolutionären Europa orientiert ist der **Konservatismus,** der im Zuge der Restauration nach dem *Wiener Kongreß* 1815 zur prägenden politischen Kraft wird. Von Revolutionsfurcht bestimmt, sucht der Konservatismus an historisch und organisch gewachsenen, als „gottgewollt" verstandenen Ordnungen festzuhalten, die zwar historisch wandelbar, aber an konstant bleibenden *Grundvorstellungen und Grundwerten* (monarchische Staatsform, Autorität, gestufte Gesellschaft, Familie, Besitz, antirationalistischer Affekt) ausgerichtet sind. In der Auseinandersetzung mit den Kräften der Veränderung gerät der Konservatismus in die Gefahr, zur *Reaktion* und zur *Reformunfähigkeit* zu erstarren. Daß dies nicht so sein muß, wird am Beispiel der englischen Entwicklung und des Konservatismus von *Edmund Burke* (* 1729, † 1797) deutlich, der die Wechselbeziehung von *„Erhaltungs- und Verbesserungsprinzip"* betont. Sein deutscher Übersetzer *Friedrich von Gentz* (* 1764, † 1832), der einflußreiche Berater *Fürst von Metternichs*, des Vorkämpfers der Restauration, wirkt dagegen unbeweglich und plädiert 1815 für „die Wiederherstellung dessen, was zwanzig Jahre voller Wirren zerstört hatten", für „die Wiedererrichtung des politischen Gebäudes aus den ungeheueren Trümmermassen, die ein schrecklicher Umsturz auf dem Boden Europas zurückgelassen hatte". Als Theoretiker einer autoritär-erstarrten Gesellschaft ist der Schweizer Staatstheoretiker *Karl Ludwig von Haller* (* 1768, † 1854) zu nennen, der mit seinem Hauptwerk „Die Restauration der Staatswissenschaft" (1816–1834) der auf den Wiener Kongreß folgenden Epoche ihren Namen gibt. Revolutionen stellen sich ihm als verabscheuungswürdiges Werk einer Verschwörerclique dar, nicht als Konsequenz wirtschaftlichen und gesellschaftlichen Wandels. Als zweiter bedeutender Systematiker des gegenrevolutionären Ideensystems ist der deutsche Staatsrechtler *Friedrich Julius Stahl* (* 1802, † 1861) zu nennen (Werke u. a.: Philosophie des Rechts nach geschichtlicher Ansicht, 1830–1837; Das monarchische Prinzip, 1845; Der christliche Staat, 1847; Die Revolution und die konstitutionelle Monarchie, 1848). Er entwickelt eine Rechts- und Staatslehre „auf der Grundlage christlicher Weltanschauung" und will das Prinzip der Legitimität gegen das revolutionäre *Prinzip der Volkssouveränität* behaupten, um die in seinen Augen 1848 erfolgte „Umwälzung der ewigen Gesetze menschlicher Ordnung" rückgängig machen zu können.
Der Konservatismus sieht sich zunächst zwei Strömungen gegenüber, die vorrevolutionäre Strukturen zu beseitigen suchen, dem Nationalismus und dem Liberalismus. Beide gehen oft Hand in Hand und verbinden sich bis 1848 auch gelegentlich mit sozialistischem Gedankengut.
Nationalismus wirkt mit seiner *Forderung nach Selbstbestimmung* bzw. *nationaler Einigung* nach dem Wiener Kongreß, der nationale Hoffnungen enttäuscht, als Sprengkraft für Vielvölkerstaaten wie Österreich-Ungarn, die Niederlande oder die Türkei bzw. Staaten, die wie Rußland oder Preußen starke nationale Minderheiten aufweisen. Ein durch die *Romantik* angekurbeltes Interesse für nationale Überliefe-

722 Neuzeit – Französische Revolution bis Erster Weltkrieg

rungen und historische Wurzeln verstärkt das *nationale Bewußtsein* in Deutschland, Italien, Belgien, Irland, Polen, Ungarn oder bei den Balkanvölkern. In diesen Ländern erhält der Nationalismus revolutionäre Qualität.

Für die Emanzipation des Individuums von absolutistisch-staatlicher Bevormundung kämpft der **Liberalismus,** abgeleitet von „los liberales", wie sich die Verfechter der spanischen Verfassung von 1812 nennen. In politischer Hinsicht drängt der Liberalismus auf *Konstitutionalisierung der politischen Systeme.* Die Staatsgewalt wird verfassungsrechtlich beschränkt und ist in erster Linie auf den *Schutz der persönlichen Freiheitsrechte* abgestellt. In *wirtschaftlicher Hinsicht* fordert der Liberalismus von *Adam Smith* (* 1723, † 1790) ausgehend den Abbau merkantilistischer Beschränkungen auf dem Binnenmarkt wie im Außenhandel (Gewerbe-, Handels-, Unternehmer-, Koalitions-, Wettbewerbsfreiheit) und ganz allgemein den Rückzug des Staates aus dem gesellschaftlichen und wirtschaftlichen Bereich *(laissez faire).* Zum *Träger liberaler Ideen* wird das *Besitz- und Bildungsbürgertum,* das das Machtmonopol des Adels erfolgreich in Frage stellt (Juli-Revolution 1830 in Frankreich, Wahlrechtsreform 1832 in Großbritannien). Zugleich entwickelt sich diese Verengung auf das gehobene Bürgertum, das zur Abgrenzung gegenüber der Arbeiterschaft tendiert und die zerstörerische Eigendynamik der Revolution fürchtet, zum zentralen Problem des Liberalismus, der das Ziel der Demokratisierung nur bedingt weiterverfolgt. Nur in Großbritannien, wo *John Stuart Mill* (* 1806, † 1873) das allgemeine Wahlrecht fordert, kommt es zu einem Zusammengehen von Liberaler Partei und Arbeiterbewegung, während die Liberalen auf dem Kontinent zumeist in eine Defensivposition gegenüber den Fragen des „vierten Stands" geraten.

Die Bedürfnisse und Interessen der Arbeiterschaft geraten seit der Mitte des Jh.s in einen immer stärker werdenden Gegensatz zum Bürgertum: sie beginnt sich von der anfänglich gegebenen politischen Führung durch bürgerliche Mittelschichten zu lösen. Der Gedanke der Revolution geht vom liberalen Bürgertum auf die sozialistische Arbeiterschaft über.

Aus dieser Gegenbewegung gegen den bourgeoisen Liberalismus entwickelt sich die zweite Hälfte des 19. Jh.s ganz wesentlich bestimmende Strömung des **Sozialismus.** Zwar gibt es auch innerhalb der Kirchen Tendenzen eines *christlichen Sozialismus,* doch ist dieser mit der Geschichtsmächtigkeit der *sozialistischen Arbeiterbewegung* und ihren Theorien nicht zu vergleichen.

Innerhalb des Sozialismus sind unterschiedlichste Denkansätze und Strategieüberlegungen auszumachen, die zwischen der Möglichkeit gradueller Reformen und revolutionärer Aktion schwanken. Dies gilt schon für die sog. „Frühsozialisten", die ganz allgemein soziale Mißstände beseitigen wollen und eine gerechte Eigentums- und Gesellschaftsordnung unter Einbeziehung der Arbeiterschaft anstreben. So will *Claude Henri de Saint-Simon* (* 1760, † 1825) die sozialen Spannungen des Industriezeitalters durch eine Sicherung des sozialen Friedens zwischen den sozialen Schichten erreichen, und zwar durch moralische Anstrengung und technokratische Steuerung der wirtschaftlichen und gesellschaftlichen Ordnung. Die starke Rolle des Staates betont ebenfalls *Louis Blanc* (* 1813, † 1882), der das Wettbewerbssystem durch eine nationale Wirtschaft, durch vom Staat einzurichtende Nationalwerkstätten und Gemeinschaftsfabriken überwinden will. *Louis-Auguste Blanqui* (* 1805, † 1881) dagegen ist ein Mann der revolutionären Aktion, der keine Gemeinsamkeiten zwischen den sozialen Schichten gelten lassen will („tödliches Duell zwischen Dividenden und Löhnen") und die revolutionäre Auseinandersetzung mit der Bourgeoisie sucht. Gegen Gewaltanwendung spricht sich *Pierre-Joseph Proudhon* (* 1809, † 1865) aus, der den kapitalistischen Geld- und Warenumlauf durch direkten, auf dem Prinzip der Gegenseitigkeit und Gleichwertigkeit *(Mutualismus)* beruhenden Austausch überwinden will. Ohne Arbeitsleistung oder durch Ausbeutung gewonnenes ‚Eigentum ist Diebstahl'. Proudhon wendet sich entschieden gegen staatliche wie kirchliche Autoritäten. Er verkörpert die *anarchistische Richtung* des Sozialismus und prägt den modernen Begriff des **Anarchismus.**

An die gedankliche Dichte und Vielfalt der französischen Frühsozialisten reichen englische und deutsche Frühsozialisten nicht heran. Hier sind zu nennen *Robert Owen* (* 1771, † 1858), der Gütergemeinschaften mit gemeinsamer Lebensführung, demokratischer Selbstverwaltung und sozialer Gleichheit fordert; *Wilhelm Weitling* (* 1808, † 1871), der als Ziel die „Gemeinschaft aller Erdengüter" angibt; *Moses Hess* (* 1812, † 1875), erster Theoretiker des deutschen **Kommunismus,** der das Privateigentum abschaffen will und Anarchie als herrschaftslose Ordnung eines kommunistischen Gemeinwesens erstrebt.

Gegenüber dem frühen oder „utopischen" Sozialismus versuchen **Karl Marx** (* 1818, † 1883) und **Friedrich Engels** (* 1820, † 1895) den *„wissenschaftlichen"* Sozialismus zu entwickeln. Während *Lorenz von Stein* (* 1815, † 1890; Der Sozialismus und Kommunismus des heutigen Frankreich, 1842) als bürgerlicher Theoretiker eine wissenschaftliche *Analyse des Klassenkampfes* (Gegensatz von Kapital und Arbeit) liefert und zum Schutz der bürgerlichen Gesellschaft staatliche Sozialreformen empfiehlt, stellen sich Marx und Engels, ebenfalls Theoretiker bürgerlicher Herkunft, auf die Seite der Lohnarbeiterschaft und sagen die Revolution und *Diktatur des Proletariats* voraus. Ihr prägender Einfluß auf die sich langsam formierende Arbeiterbewegung beginnt mit dem im Februar 1848 in London publizierten *„Kommunistischen Manifest".* Karl Marx veröffentlicht u. a. 1859 seine „Kritik der politischen Ökonomie" und 1867 den ersten Band seines Hauptwerks *„Das Kapital",* dessen zweiten und dritten Band 1885 und 1894 Friedrich Engels herausgibt.

Friedrich Engels, der wesentlich zur Ausbildung des Marxismus beiträgt, verfaßt u. a. 1845 „Die Lage der arbeitenden Klassen in England", 1880 „Die Entwicklung des Sozialismus von der Utopie zur Wissenschaft", 1884 „Der Ursprung der Familie, des Privateigentums und des Staates".

Grundzüge und Grundprobleme – Geistes- und Politikgeschichte 723

Hervorstechend an der *Marxschen Lehre* ist der Anspruch einer wissenschaftlichen Welterklärung. Der Geschichtsablauf vollziehe sich nach Gesetzen, die man wissenschaftlich erkennen könne. Seine reale Triebfeder seien ökonomische Strukturen, das Sein der sozialen und ökonomischen Verhältnisse („Unterbau"). Davon hängen das Bewußtsein, die Ideenwelt und politisch-staatliche Organisationsformen („ideologischer Überbau") ab. Der gegenwärtige Kampf des Proletariats gegen die Bourgeoisie sei der letzte in der Geschichte der Klassenkämpfe. In ihm werde das Proletariat mit dem Ziel der *klassenlosen Gesellschaft* im kommunistischen Endzustand die „Selbstentfremdung" des Menschen überwinden. Auf der Grundlage des *historischen Materialismus* werden als Entwicklungsphasen des Kapitalismus unterschieden bzw. vorhergesagt: Akkumulation des Kapitals, Kapitalkonzentration, Verelendung der Arbeiterschaft, Überproduktionskrisen, sich verschärfende innere Widersprüche des kapitalistischen Systems und sein unvermeidlicher Zusammenbruch, schließlich Revolution und Diktatur des Proletariats. Die Revolution erscheint sowohl als objektives Phänomen, zu dem es aufgrund der Strukturgesetze des Kapitalismus zwangsläufig kommt, wie auch als Aktion, die handelnd ins Werk gesetzt werden muß. Als Organisationsformen der lohnabhängigen Arbeiterschaft bilden sich seit der Mitte des Jh.s Gewerkschaften und politische Parteien auf nationaler Ebene. Die wichtigsten Formen der *Gewerkschaftsbewegung* sind die Freien (sozialistischen) Gewerkschaften, die liberalen Gewerkschaften und die christlichen Gewerkschaften.

1901 Beginn internationaler gewerkschaftlicher Zusammenarbeit.

1908 Internationaler christlicher Gewerkschaftsbund.

1913 Gründung des internationalen Gewerkschaftsbunds, einer losen Vereinigung der Freien Gewerkschaften.

Ebenfalls seit der Jahrhundertmitte bilden sich mit dem Ziel, die soziale Lage der Arbeiterschaft zu verbessern und politische Rechte zu erkämpfen, *sozialistische Parteien* sowie *politische Arbeiterorganisationen*, die eher christlich-konfessionell oder am liberalen Prinzip der Selbsthilfe orientiert sind. In der sozialistischen Arbeiterbewegung Europas sind deutlich der britische und der kontinentaleuropäische Typ zu unterscheiden. In Großbritannien herrscht Pragmatismus vor, der wenig Raum läßt für die Beschäftigung mit theoretisch-ideologischen Fragen. Man ist bereit, das gegebene politische System des Parlamentarismus zu akzeptieren und Veränderungen durch evolutionäre Reform anzustreben. Die kontinentale **Arbeiterbewegung** dagegen, die sich mit weniger liberalen Regierungsformen konfrontiert sieht, hebt auf die revolutionäre Umgestaltung von Staat und Gesellschaft ab. Sie bildet allerdings keine einheitliche Bewegung, sondern zerfällt, stark vereinfacht, in zwei Hauptflügel: in einen größeren, von Karl Marx wesentlich beeinflußten sozialdemokratischen Flügel, der unter zunächst taktisch verstandener Anerkennung des Parlamentarismus auf Gewinnung der Staatsmacht abzielt, und in einen syndikalistisch-anarchistischen, der primär die bürgerliche Gesellschaft und ihren Staat zersetzen will, sich für die direkte Aktion entscheidet und also den parlamentarischen Weg ablehnt (*Michail A. Bakunin,* * 1814, † 1876; *Georges Sorel,* * 1847, † 1922).

Seit der Jahrhundertwende kommt es innerhalb der europäischen, besonders aber der deutschen *Sozialdemokratie* zur sog. „*Revisionismusdebatte*". Im Anschluß an Überlegungen *Eduard Bernsteins* (* 1850, † 1932; „Revisionismus heißt Weiterbildung von Theorie und Praxis der Sozialdemokratie im evolutionistischen Sinn") gewinnt eine Richtung an Boden, die zentrale Punkte des orthodoxen Marxismus kritisiert, indem sie am zwangsläufigen Zusammenbruch des Kapitalismus und an der unvermeidlichen Polarisierung der kapitalistischen Gesellschaft zweifelt, schließlich Veränderungen nicht auf revolutionärem, sondern evolutionärem Weg im Rahmen von nationalen parlamentarischen Demokratien anstrebt. Zwar werden Resolutionen gegen die Revisionisten verabschiedet (Dresdner Parteikongreß der SPD 1903, Kongreß der II. Internationale 1904 in Amsterdam), doch ist der wachsende *Einfluß des Revisionismus* nicht aufzuhalten.

Im internationalen Rahmen kommt es am 28. September 1864 in London zur Gründung der Internationalen Arbeiter-Assoziation, kurz **I. Internationale** genannt, durch britische Gewerkschaftler, eine französische Arbeiterdelegation sowie deutsche und polnische Emigranten, darunter Karl Marx, der wesentlichen Anteil an der Programmformulierung hat. Die Parole des *Kommunistischen Manifests* „*Proletarier aller Länder, vereinigt Euch!*" wird ins Programm aufgenommen. Wesentlich stärker als der bürgerliche Liberalismus ist der *Sozialismus eine internationale Bewegung*. Vom europäischen Bürgertum wird die Internationale zum Schreckgespenst stilisiert, um die Ziele der Arbeiterbewegung propagandistisch wirkungsvoll bekämpfen zu können. Es handelt sich bei der Internationale jedoch keineswegs um einen gut organisierten Versuch einer Verschwörung mit dem Ziel der sozialistischen Umwälzung, sondern zunächst um eine lose Verbindung nationaler Gruppen der Arbeiterschaft, die um 1868 in den meisten europäischen Ländern und den USA Fuß faßt. Nach Artikel I der Statuten dient die Internationale „zur Herstellung eines Mittelpunkts der Verbindung und des planmäßigen Zusammenwirkens zwischen den in verschiedenen Ländern bestehenden Arbeitergesellschaften, welche dasselbe Ziel verfolgen, nämlich: den Schutz, den Fortschritt und die vollständige Emanzipation der Arbeiterklasse". Man geht davon aus, „daß die Emanzipation der Arbeiterklasse durch die Arbeiterklasse selbst erobert werden muß". Nach dem Scheitern des *Pariser Commune-Aufstands 1871* kommt es auf der *Konferenz der Internationale von Den Haag 1872* zu einer Auseinandersetzung zwischen dem unter Karl Marx stehenden Flügel und seinem persönlichen Gegner Michail Bakunin, der aus der Internationale ausgeschlossen wird. Während Bakunin eine prinzipiell gegen staatliche Autoritäten gerichtete Position einnimmt, plädiert Marx für die

724   Neuzeit – Französische Revolution bis Erster Weltkrieg

Umwandlung der Internationale in eine politische Partei zur Eroberung der Staatsmacht und Errichtung eines revolutionären Staats: „Diese Konstituierung des Proletariats als politische Partei ist unerläßlich, um den Triumph der sozialen Revolution und ihres höchsten Zieles, die Aufhebung der Klassen, zu sichern." Infolge der inneren Auseinandersetzungen zerfällt die Internationale, deren Generalrat von London nach New York verlegt wird. Die Auflösung erfolgt 1876.

Zur Wiederbelebung der Internationale kommt es mit der Gründung der **II. Internationale** im Juli 1889 in Paris. Sie verfügt wiederum nur über eine lose Organisation und tastet die Autonomie der nationalen Parteien nicht an. Vorrangig erscheint eine Koordination der sozialpolitischen Ziele in den großen Industrieländern. Gefordert wird der Acht-Stunden-Tag. Der 1. Mai soll mit Massendemonstrationen als Arbeiterfeiertag begangen werden. Die internationale Arbeit spielt sich auf regelmäßigen Kongressen ab. Hervorzuheben sind:

1891 Brüssel: grundsätzliche Fragen sollen nach Nationen entschieden werden.

1896 London: Ausschluß von Anarchisten.

1900 Paris: Internationales Sozialistisches Büro wird als Exekutivorgan mit Sitz in Brüssel geschaffen.

1904 Amsterdam: Niederlage der Revisionisten. Das mehrheitlich vertretene Prinzip des Klassenkampfes führt jedoch nicht zur Planung revolutionärer Aktionen, da man an den automatischen Zusammenbruch des Kapitalismus glaubt (Zusammenbruchstheorie). – Gründung der Interparlamentarischen Sozialistischen Kommission zur Koordinierung der Arbeit in den nationalen Parlamenten.

Die II. Internationale krankt an dem Gegensatz zwischen orthodoxen Marxisten, revolutionären Sozialisten und Revisionisten. Auch in der seit 1900 debattierten Kriegsfrage (Kampf gegen Militarismus und Krieg) offenbaren sich nationale Gegensätze. Über der Polarisierung „Sozialreform oder Revolution" (*Rosa Luxemburg;* * 1870, † 1919) verliert die Internationale ihre integrative Kraft, die 1914 mit Kriegsausbruch (*Bewilligung der Kriegskredite* durch deutsche und französische Sozialisten) endgültig verschwindet.

Politische Systeme

Die politischen Systeme des 19. Jh.s sind das Produkt der Auseinandersetzung mit den **Umwälzungen,** die in Gestalt der **politischen Revolutionen** (Amerikanische Revolution, Französische Revolution) und der **industriellen Revolution** seit dem Ende des 18. Jh.s die allgemeine Entwicklung in Europa bestimmen.

Die politischen Ordnungen der *vorrevolutionären Adelsgesellschaft* werden mit Tendenzen konfrontiert, die auf Veränderung drängen. Die politisch-sozialen Führungsschichten in den europäischen Nationalstaaten reagieren darauf entweder durch *Reformbereitschaft* oder durch Festhalten an bestehenden Herrschaftsformen. Die Geschichte Europas im 19. Jh. steht im Spannungsfeld von Beharrung und Wandel, *Legitimität und Revolution, Restauration und Reform, monarchischer Autorität und Volkssouveränität.*

In Großbritannien gelingt es, das politische System für alle sozialen Schichten schrittweise zu öffnen (Wahlrechtsreformen 1832, 1867 und 1884/1885). Durch die Anpassung des politischen Systems an die Bedingungen des Industriezeitalters und durch die immer wieder gezeigte Fähigkeit zur Reform werden revolutionäre Erschütterungen vermieden, obwohl die Konfliktlagen mit denen anderer Länder übereinstimmen. Der europäische Kontinent dagegen wird von verschiedenen Revolutionswellen heimgesucht, die verschiedene Aspekte der großen *Französischen Revolution* wieder aufnehmen und fortsetzen.

Nach dem Wiener Kongreß scheint sich zunächst im *Zeitalter der Restauration* die „Solidarität der Throne" zu behaupten und das Prinzip der Legitimität gegenüber der Revolution durchzusetzen, doch darf das Restaurationszeitalter nicht als einfache Wiederherstellung vorrevolutionärer Zustände mißverstanden werden. So werden die *preußischen Reformen* mit der Bauernbefreiung und Gewerbefreiheit nicht zurückgenommen. Aber auch die *politischen Verfassungen* in Europa wandeln sich. Nach dem Vorbild der französischen *Charte constitutionelle* vom 4. Juni 1814 beginnt sich auf dem Kontinent der Typus der **konstitutionellen Monarchie** durchzusetzen. Zwar wird das monarchische Prinzip aufrechterhalten und liegt die Souveränität weiterhin beim Monarchen, doch teilt dieser gemäß einer Verfassung die Macht mit anderen Staatsorganen, insbesondere mit einer meist aus zwei Kammern bestehenden Repräsentativversammlung, die das Steuerbewilligungsrecht hat und bei der Gesetzgebung mitwirkt, jedoch in der Regel zunächst kein förmliches Budgetrecht und keine Gesetzesinitiative besitzt. Ferner kennt die konstitutionelle Monarchie die Verankerung von Grundrechten und die prinzipielle staatsbürgerliche Gleichheit.

In Deutschland werden Verfassungen nach diesem Muster eingeführt in Nassau (1814), Sachsen-Weimar-Eisenach (1816), Bayern und Baden (1818), Württemberg (1819), Hessen-Darmstadt (1820). Bis 1841 folgen fast alle deutschen Staaten mit Ausnahme Österreichs, Preußens, Oldenburgs und Hessen-Homburgs. Hervorzuheben ist vor allem die Ablösung des Polizeistaats durch den Rechtsstaat, der die Freiheit des Individuums und sein Eigentum schützt. Diese Sicherung der bürgerlichen Rechtssphäre, die in Großbritannien endgültig schon seit der Glorreichen Revolution (Glorious Revolution) ein Element der staatlichen Ordnung darstellt, wird auch von den Verfechtern der Restauration nicht angezweifelt. *Die Staatsverwaltung wird an das Gesetz gebunden.* Der Philosoph *Georg Wilhelm Friedrich Hegel*

Grundzüge und Grundprobleme – Geistes- und Politikgeschichte   725

(* 1770, † 1831; Grundlinien der Philosophie des Rechts, 1821) fordert als Idealstaat den monarchischen *Rechtsstaat,* in dem die Rechte und Pflichten von Bürger wie Staat gesetzlich geregelt sind; was nichts über Regierungsform und Herrschaftssystem aussagt. Rechtsschutz zieht nicht notwendigerweise politische Freiheit nach sich, weswegen bei Hegel die Omnipotenz des Staates dem Individuum übergeordnet bleibt.

Im europäischen Rahmen hat die *„Solidarität"* der Throne, die in der Praxis Interventionsbereitschaft gegen nationalistisch und liberal motivierte Aufstände bedeutet, nach 1815 nicht lange Bestand. Großbritannien schert sehr schnell aus der Einheitsfront der Großmächte aus und bildet zusammen mit Frankreich das Lager der liberalen Westmächte, während Österreich, Preußen und Rußland die konservativen Ostmächte darstellen, denen als weitere Großmacht noch das Osmanische Reich zuzurechnen ist. Bis 1848 kommt es gegen diesen Machtblock häufig zu *Protestbewegungen, Aufständen und Revolutionen:*

1815–1817 Serbischer Aufstand gegen die osmanische Herrschaft.
1820 Revolution in Spanien, die 1823 niedergeschlagen wird. Revolution in Portugal.
1820 Aufstände in Italien, die in Neapel beginnen, 1821 auch Piemont ergreifen.
1821 Beginn des bis 1829 dauernden griechischen Unabhängigkeitskriegs.
28. Juli 1830 Revolution in Frankreich. Die Juli-Revolution wirkt als Initialzündung liberaler Bewegungen und erweist sich als Triebkraft für die Bildung weiterer konstitutioneller Regierungssysteme.
25. August 1830 Aufstand in Brüssel und Beginn des Abfalls Belgiens von den Niederlanden.
1830–1831 Unruhen in Braunschweig, Göttingen, Kurhessen, Sachsen.
1830–1831 Aufstand in Polen.
1830–1831 Unruhen in Mittelitalien greifen 1831 auf Modena, Parma, Bologna und die Emilia-Romagna über.
1832 Hambacher Fest.
1834 Gründung des „Jungen Europa" in Bern, einer gegen das monarchische Prinzip gerichteten internationalen Bewegung (Italien, Deutschland, Polen), die Aufstände vorbereitet, aber rasch scheitert.
1834–1839 Bürgerkrieg in Spanien, wo die europäischen Gegensätze zwischen konservativen und liberalen Mächten ausgetragen werden.
1846 Aufstand in Krakau.
1847 Anwachsen der liberal-konstitutionellen Bewegung in Italien: Gründung der Zeitschrift „Il Risorgimento" (wonach die Nationalbewegung ihren Namen erhielt) durch Cesare Balbo (* 1789, † 1835) und Camillo Cavour (* 1810, † 1861) in Piemont-Sardinien; Erhebung in Messina (1847) und Palermo (1848). Danach Einführung einer konstitutionellen Verfassung im Königreich Neapel-Sizilien.
1847 Sonderbundskrieg in der Schweiz zwischen liberalen und konservativ-katholischen Kantonen.
Februar 1848: Revolution in Paris. Von Baden ausgehende Unruhen in verschiedenen deutschen Staaten.
13.–15. März 1848: Aufstand in Wien, der Erhebungen in Italien, Böhmen und Ungarn nach sich zieht.
18. März 1848: Aufstand in Berlin.

Für kurze Zeit verschmelzen in der **Revolution von 1848** verschiedene Strömungen (konstitutionell-liberale, radikal-demokratische, sozialrevolutionäre, national-idealistische), die sich aber bald wieder trennen und dadurch die Stoßkraft der Revolution zunichte machen. Das Ende der revolutionären Bewegungen kommt 1849 mit der *Wiederherstellung der vorrevolutionären Ordnung in Österreich-Ungarn und Preußen.* Sowohl die Forderungen nach Einheit wie nach Freiheit bleiben unerfüllt. Bis auf Frankreich bringt die Revolution keinen Wandel in der Regierungsstruktur.
Die zweite Hälfte des Jh.s verläuft mit Ausnahme des *polnischen Aufstands 1863* und des *Aufstands der Commune in Paris 1871* ohne revolutionäre Erschütterungen. Die politischen Systeme sind von der *Verfestigung der Bürokratien* und von der Debatte um Liberalisierung der Regierungsform und Demokratisierung des Wahlrechts bestimmt. Die allgemeine Tendenz der *Weiterentwicklung konstitutioneller zu* **parlamentarischen Systemen** verläuft ohne einheitliches Muster. Insgesamt ist das Europa des ausgehenden 19. Jh.s, von Frankreich abgesehen, immer noch eine monarchisch geprägte Welt mit nach wie vor bedeutsamer Rolle der Krone, insbesondere in der Außenpolitik, aber auch in der Innenpolitik. Unübersehbar aber ist die Durchdringung von Staat und Gesellschaft. Politik ist nicht mehr Angelegenheit weniger Privilegierter, sondern wird mehr und mehr zum Objekt der sich ausbildenden **Massengesellschaft.** Der Staat hat nicht mehr das Monopol der politischen Artikulation und Aktion. Staatliche Entscheidungsträger haben sich mit der politischen Öffentlichkeit auseinanderzusetzen, die sich im Zeichen der technisierten Nachrichtenübermittlung und der expandierenden Presse als kontrollierende Öffentlichkeit ausbildet. Alle Bereiche der Gesellschaft werden durch Beseitigung spätfeudaler Zwischengewalten ins politisch-staatliche Leben integriert (Bauernbefreiung seit Anfang, Judenemanzipation seit Mitte des Jh.s). Die *Herstellung einer politischen Öffentlichkeit* und *allgemeinen Staatsbürgerschaft* zieht neue politische Organisationsformen nach sich (politische Parteien, Gewerkschaften, Verbände).
Neben den positiven Aspekten der Demokratisierung stellen sich die spezifischen Probleme der Massengesellschaft und der mit ihr einhergehenden Erscheinungen der emotionsgeprägten Agitation und politischen Propaganda. Politische Denker wie John Stuart Mill erkennen schon Mitte des 19. Jh.s die in ihren Augen gefährlichen Tendenzen, nämlich an die Stelle des staatlichen Absolutismus die *Herrschaft der Gesellschaft,* eine „mittelmäßige Herrschaft" (Mill), setzen zu wollen.

726 Neuzeit – Französische Revolution bis Erster Weltkrieg

Internationales System

Revolutionskriege und französisches Hegemonialstreben (1791–1815)

Das Zeitalter der Französischen Revolution und Napoleons bedeutet eine doppelte Herausforderung der internationalen Gesellschaft. Einmal wird ihre Homogenität durch den Sieg der Revolution in Frankreich gestört. Die Kräfte der Gegenrevolution, die ein Interventionsrecht zugunsten der Monarchie proklamieren, beschleunigen die Ausweitung der Revolution über die Grenzen Frankreichs hinaus. Außenpolitik und weltanschaulich-ideologische Fragen verquicken sich. Zum anderen stellt die französische Außenpolitik, die zudem eine Umwälzung des Kriegswesens (levée en masse) mit sich bringt, das seit dem Frieden von Utrecht (1713) ins europäische Staatensystem eingeführte Ordnungsprinzip des Gleichgewichts der Kräfte in Frage. Der doppelten Revolutionierung treten als Gegenkräfte die Großmächte Österreich, Preußen, Rußland und Großbritannien entgegen, die ihre spezifischen Interessenlagen (monarchischer Konservatismus, Handelsinteresse) zur Geltung bringen wollen.

1791 27. Aug.	*Pillnitzer Deklaration* (am rechten Elbufer; südöstlich von Dresden): von Kaiser Leopold II. von Österreich und König Friedrich Wilhelm II. von Preußen unter Mitwirkung der emigrierten Brüder des französischen Königs formulierte Erklärung, die eine Intervention in Frankreich zugunsten einer „den Rechten des Souveräns und den Interessen der Nation gleichmäßig angemessenen monarchischen Regierung" in Aussicht stellt.
1792 20. April	*Französische Kriegserklärung an Österreich*. Krieg wird zum Mittel, die Revolution zu sichern. Ideologische und militärstrategische Elemente überlagern sich bei der Formulierung der Kriegsziele: Durchsetzung der Errungenschaften der Revolution auch in anderen Ländern und Sicherung der „natürlichen Grenzen" Frankreichs im Alpen- und Rheingebiet. Beides führt zu Gegenaktionen der europäischen Mächte, die an der Erhaltung des Status quo interessiert sind.
1792–1797	**Erster Koalitionskrieg.** Zunächst Erfolge der Koalition (Österreich, Preußen).
1792 20. Sept.	Die *Kanonade von Valmy* (Dorf zwischen Reims und Verdun) bringt eine Wende zugunsten der französischen Truppen, die an den Rhein vordringen und Speyer, Worms und Mainz sowie ganz Belgien besetzen. Im Alpengebiet wird Savoyen annektiert.
1793 Febr.	Die Koalition wird durch den Beitritt Großbritanniens, Hollands, Spaniens, Sardiniens, Neapels, Portugals und des Römisch-deutschen Reichs verstärkt.
März	*Französische Niederlage bei Neerwinden* (Gemeinde in der Provinz Lüttich). Rückeroberung der österreichischen Niederlande. Störung des Außenhandels und der Getreideversorgung Frankreichs durch die britische Flotte.
1794–1795	Nach der „*levée en masse"* von 1793 gelingt dem französischen Revolutionsheer abermals ein Umschwung des Krieges.
1795	Nach *Besetzung der Niederlande* Gründung der *Batavischen Republik* (26. Jan.).
5. April	Sonderfriede von Basel zwischen Frankreich und Preußen. Frankreich bleibt im Besitz des linken Rheinufers. Preußen zieht sich aus dem Krieg zurück, um freie Hand gegen Polen zu haben, so daß Österreich die Hauptlast im Krieg gegen Frankreich trägt.
1796	Während die französischen Truppen in Süddeutschland geschlagen werden, muß Österreich in Italien gegen die von Napoléon Bonaparte (* 1769, † 1821) befehligte Revolutionsarmee Niederlagen hinnehmen.
1797	Die *militärischen Erfolge Napoleons* führen zur Bildung französischer Satellitenstaaten: der Cisalpinischen Republik (Mailand, Modena, Ferrara, Bologna, Emilia-Romagna) und der Ligurischen Republik (Genua).
17. Okt.	*Friede von Campo Formio* (italienisches Dorf bei Udine): Österreich tritt alle linksrheinischen Besitzungen (darunter Belgien) ab und erhält dafür Venedig.
1798	Weitere Erfolge Frankreichs führen in der Schweiz zur Bildung der *Helvetischen Republik*; in Italien zur Gefangenschaft des Papstes und Umwandlung des Kirchenstaats in eine unter französischer Führung stehende Republik.
1798–1799	Mit Spitze gegen Großbritannien trägt Napoléon Bonaparte den Krieg in den Mittelmeerraum. *Besetzung Maltas* und *Einnahme Kairos*, aber britischer *Seesieg bei Abukir* (Dorf nordöstlich von Alexandria). Dadurch wird das französische Heer von der Heimat abgeschnitten. Auch in Syrien bleibt Frankreich ohne militärischen Erfolg.
1799–1802	**Zweiter Koalitionskrieg.** Unter Führung Großbritanniens sind Rußland, Österreich, Portugal, Neapel und die Türkei gegen Frankreich verbündet. Preußen bleibt neutral.
1799	Frankreich erobert Neapel und gründet die *Parthenopäische Republik*. Es folgen wiederholte militärische Erfolge der Alliierten, so daß es zur Auflösung der italienischen Tochterrepubliken kommt.
Okt.	Rußland verläßt wegen der britischen Besetzung Maltas die Koalition.
1800	*Französische Siege bei*
14. Juni	*Marengo* (südöstlich von Turin) und
3. Dez.	*Hohenlinden* (Gemeinde östlich von München).

Grundzüge und Grundprobleme – Internationales System   727

1801	*Friede von Lunéville:* Bestätigung des Friedens von Campo Formio (9. Febr.).
April	Nach dem 1800 erneuerten *„bewaffneten Neutralitätsbündnis"* von 1780 zwischen Dänemark, Schweden, Rußland und Preußen zum Schutz des neutralen Handels kommt es zum militärischen Eingreifen Großbritanniens in der Ostsee.
1802	*Friede von Amiens* zwischen Großbritannien und Frankreich. Großbritannien gibt bis auf
27. März	Trinidad und Ceylon überseeische Eroberungen zurück. Frankreich verzichtet auf Ägypten. Der Friedensschluß konsolidiert die französische Außenpolitik auf dem Kontinent, wo es 1802 zur Neuordnung Italiens und 1803 in Deutschland zum *Reichsdeputationshauptschluß* kommt.
1804	Napoleon trifft Vorbereitungen zur Invasion in England, das eine neue Koalition (Großbritannien, Rußland, Österreich, Schweden, Neapel) gegen Frankreich organisiert. Spanien und die süddeutschen Staaten sind mit Frankreich verbündet, Preußen bleibt wiederum neutral.
1805	**Dritter Koalitionskrieg:**
17. Okt.	*Österreichische Niederlage bei Ulm;* daraufhin Besetzung Wiens.
21. Okt.	Britischer *Seesieg bei Trafalgar* (spanisches Kap, südlich von Cádiz) über die französisch-spanische Flotte.
2. Dez.	Sieg Napoleons gegen österreichische (Kaiser Franz I.) und russische (Zar Alexander I.) Truppen in der *Dreikaiserschlacht bei Austerlitz* (östlich von Brünn).
15. Dez.	Französisch-preußisches Bündnis im *Vertrag zu Schönbrunn.* Preußen soll das Kurfürstentum Hannover erhalten.
26. Dez.	*Frieden von Preßburg:* Österreich tritt Venetien an das Königreich Italien ab und Tirol, Vorarlberg, Eichstätt, Passau, Burgau, Brixen und Trient an Bayern, das außerdem die Freie Stadt Augsburg erhält. Bayern und Württemberg werden Königreiche. Österreich wird als Entschädigung Salzburg zugesprochen.
1806	Napoleon schafft sich mit dem **Rheinbund** ein Glacis ihm ergebener süddeutscher Staaten. 16 süddeutsche Fürsten verlassen den Verband des Heiligen Römischen Reiches Deutscher Nation. Bis 1811 werden weitere 20 deutsche Territorien Mitglieder des Rheinbunds. Preußen, mit Sachsen und Rußland verbündet, fordert ultimativ den Abzug französischer Truppen rechts des Rheins und die Auflösung des Rheinbunds. Diese Konfrontation führt zum **vierten Koalitionskrieg.**
14. Okt.	Preußische Niederlage in der *Doppelschlacht bei Jena und Auerstedt* (in Thüringen).
21. Nov.	Von Berlin aus verfügt Napoleon die *Kontinentalsperre gegen Großbritannien.* In allen Häfen des Kontinents soll die Einfuhr britischer Waren verhindert werden, um sowohl den Absatz britischer Fertigprodukte auf dem Kontinent als auch die Einfuhr von Getreide nach den britischen Inseln zu unterbinden und so die ökonomische Basis der britischen Großmachtstellung zu treffen. Tatsächlich kommt es in Frankreich und Deutschland zur Ausbildung eigenständiger Industriezweige.
Dez.	Bündnis Napoleons mit Kurfürst *Friedrich August III.* von Sachsen, der als König *Friedrich August I.* dem Rheinbund beitritt.
1807	In der *Schlacht bei Preußisch-Eylau* (südlich von Königsberg) kann Napoleon gegen russisch-preußische Truppen keine Entscheidung erzwingen (7./8. Febr.).
14. Juni	Napoleon siegt in der *Schlacht von Friedland* (südöstlich von Königsberg) über die Russen; Frankreich besetzt Königsberg.
7.–9. Juli	*Friede von Tilsit* (Stadt in Ostpreußen an der unteren Memel): Rußland erhält einen Teil von Neuostpreußen, erkennt Napoleons Brüder als Könige an und tritt der Kontinentalsperre bei. Preußen tritt seine Besitzungen westlich der Elbe ab und verliert die meisten nach 1772 von Polen gewonnenen Gebiete an das neugeschaffene Herzogtum Warschau unter König Friedrich August I. dem Gerechten von Sachsen (als Kurfürst: Friedrich August III., 1768–1827; * 1750, † 1827). Danzig wird Freie Stadt. Napoleon strebt enge Zusammenarbeit mit Zar Alexander I. (* 1777, † 1825) an. Europa soll in Interessensphären aufgeteilt und neu geordnet werden. Allerdings verhindert Napoleon die Festsetzung Rußlands in Konstantinopel.
Sept.	Im Kampf gegen die Kontinentalsperre erzwingt Großbritannien nach viertägiger *Beschießung Kopenhagens* die Auslieferung der dänischen Flotte und verhindert dadurch die Schließung der Ostsee. Dänemark verbündet sich mit Frankreich und Rußland und erklärt Großbritannien den Krieg.
1807/1808	Napoleon weitet den Krieg auf die Iberische Halbinsel aus.
1809	**Fünfter Koalitionskrieg** endet mit der Niederlage Österreichs.
14. Okt.	Im *Frieden von Schönbrunn* wird Österreich erheblich geschwächt und danach zusammen mit Preußen vertraglich dem napoleonischen Hegemonialsystem einverleibt.
1812	**Krieg Napoleons gegen Rußland,** das aus wirtschaftlichen Gründen die Kontinentalsperre
24. Juni	durchbrochen hat. Frankreich ist mit Preußen und Österreich verbündet.
7. Sept.	Französischer Sieg in der *Schlacht bei Borodino* (Dorf westlich von Moskau) und *Besetzung*
14. Sept.	*Moskaus.*

728 Neuzeit – Französische Revolution bis Erster Weltkrieg

19. Okt.	Infolge russischen Widerstands gegen einen Frieden *Rückzug der „Großen Armee"* Napoleons, die völlig aufgerieben wird.
30. Dez.	*Konvention von Tauroggen:* preußisch-russischer Neutralitätsvertrag.
1813	*Preußisch-russisches Bündnis* (28. Febr.).
16. März	*Preußische Kriegserklärung an Frankreich.*
Mai/Juni	Französische militärische Erfolge; Großbritannien tritt der Koalition bei.
12. Aug.	Österreich wird Mitglied der Koalition.
Aug./Sept.	Wechselnder Kriegsverlauf; französische Teilerfolge verhindern nicht den Niedergang der Stellung Frankreichs in der internationalen Politik.
16.–19. Okt.	*Völkerschlacht bei Leipzig* mit Niederlage Napoleons. Französischer Rückzug über den Rhein. Die napoleonische Hegemonialpolitik bricht zusammen. *Rheinbund löst sich auf.*
1814	Der Krieg geht auf französischem Boden weiter.
1. März	*Quadrupelallianz von Chaumont:* gegen Frankreich gerichtetes Bündnis zwischen Großbritannien, Österreich, Rußland und Preußen.
31. März	*Einzug der Verbündeten in Paris.*
6. April	*Abdankung Napoleons:* Exil auf Elba.
10. April	Nach dem Zusammenbruch des letzten militärischen Widerstands napoleontreuer Truppen kehren die Bourbonen nach Frankreich zurück.
30. Mai	*Erster Friede von Paris:* Frankreich wird im wesentlichen auf der Grundlage der Grenzen von 1792 als Großmacht bestätigt.
Nov.	Beginn des **Wiener Kongresses** zur Neuordnung des europäischen Staatensystems. Vertreten sind alle europäischen Staaten und Herrschaften mit Ausnahme der Türkei. Dem Wiener Kongreß fällt zunächst die Aufgabe zu, nach dem Scheitern der napoleonischen Hegemonialpolitik eine Ordnung des multipolaren Gleichgewichts wiederherzustellen und diese Ordnung durch eine gemeinsame Garantie der Großmächte zu sichern. Auch das besiegte Frankreich nimmt von Anfang an am Kongreß teil. Das Fünfergremium der Großmächte (Großbritannien, Österreich, Rußland, Preußen, Frankreich) ist die zentrale Instanz des Kongresses. Detailprobleme werden in insgesamt 13 Sonderkommissionen vorgeklärt, einer konferenztechnischen Neuerung in der Geschichte der neuzeitlichen Friedensschlüsse. Alle wichtigen Entscheidungen fallen in den Beratungen der Großmächte untereinander. Eine Vollversammlung des Kongresses tritt nie zusammen.
1815	
1. März	**Rückkehr Napoleons** nach Frankreich.
	In Belgien wird ein preußisches Heer unter Fürst *Gebhard Leberecht Blücher* (* 1742, † 1819) und ein deutsch-britisch-niederländisches Heer unter *Arthur Wellesley, Herzog von Wellington* (* 1769, † 1852), zusammengezogen.
25. März	Während des Wiener Kongresses wird eine *Viermächtekonvention* unterzeichnet (Großbritannien, Österreich, Rußland, Preußen), die den endgültigen Sturz Napoleons zum Ziel hat.
8. Juni	**Wiener Kongreßakte:** *Österreich* tritt Belgien an die Niederlande ab und überläßt den Breisgau sowie das benachbarte Gebiet an Baden und Württemberg. Es erhält zurück: Tirol, Vorarlberg, Kärnten, Krain, Triest, Galizien, Mailand, Venetien, Salzburg, das Innviertel.
	Preußen überläßt an Bayern: Ansbach und Bayreuth; an Hannover: Ostfriesland, Hildesheim, Goslar und Lingen; an Rußland: die polnischen Gebiete aus der dritten polnischen Teilung. Es erhält: Schwedisch-Pommern mit Rügen (von Dänemark im Austausch gegen Lauenburg), die Rheinprovinz (Kurtrier, Kurköln, Aachen, Jülich, Berg), eine Vergrößerung Westfalens und fast die Hälfte des Königreichs Sachsen.
	An *Bayern* kommen außer Ansbach und Bayreuth noch die Reichsstädte Augsburg und Nürnberg. Bayern, Sachsen und Württemberg bleiben Königreiche; hinzu kommt ebenfalls als Königreich das frühere Kurfürstentum Hannover.
	An die Stelle des früheren Heiligen Römischen Reiches Deutscher Nation tritt der *Deutsche Bund,* gebildet von 37 souveränen Fürsten und vier freien Städten.
	Mit *Rußland* wird der größte Teil des Herzogtums Warschau (Kongreßpolen) als *Königreich Polen* in Personalunion vereinigt. Krakau wird Freistaat unter gemeinsamem Schutz Österreichs, Rußlands und Preußens (1846 Österreich einverleibt).
	Großbritannien behält von den Erwerbungen der napoleonischen Zeit Malta (1800 besetzt), Helgoland (1807 besetzt), Ceylon (seit 1802 britisch), die Kapkolonie (1806 erobert). Über die Ionischen Inseln wird ein britisches Protektorat errichtet. Im britischen Interesse liegt auch die Sicherung gegen Frankreich durch die Neuordnung am unteren Rhein (Königreich der Niederlande, preußische Rheinprovinz).
	Holland und das bisher österreichische Belgien werden zum *Königreich der Niederlande* vereinigt. Hinzu kommt auch das Großherzogtum Luxemburg.
	Schweden wird in *Personalunion mit Norwegen* vereinigt. *Dänemark* wird mit Schwedisch-Pommern entschädigt, tauscht dies aber gegen Lauenburg an Preußen. Die 19 Kantone der *Schweiz* werden um drei weitere vermehrt (Genf, Wallis, Neuenburg). Das bis zur

napoleonischen Zeit zu Graubünden gehörende Veltlin bleibt bei der Lombardei. Am 20. Nov. 1815 unterzeichnen die fünf Großmächte eine Deklaration, in der sie die immerwährende Neutralität der Schweiz anerkennen und die Unverletzlichkeit ihres Territoriums in den neuen Grenzen garantieren. In *Spanien, Portugal, Sardinien* (durch Genua vergrößert) und in der *Toscana* werden die alten Dynastien wiederhergestellt; dies geschieht auch in Neapel, nachdem der zunächst noch als König anerkannte Murat sich nach der Rückkehr Napoleons von Elba für ihn und ein unabhängiges Italien erklärt hat und am 13. Okt. 1815 kriegsrechtlich erschossen worden ist. „König beider Sizilien" wird Ferdinand I. Der *Kirchenstaat* wird wiederhergestellt.

Italien ist lediglich ein „geographischer Begriff" (Metternich). Den bestimmenden Einfluß hat hier Österreich, das im neu geschaffenen *Lombardo-Venezianischen Königreich*, in den österreichischen Sekundogenituren Toscana und Modena und auch in dem Napoleons Gemahlin zugesprochenen Herzogtum Parma herrscht.

1815 **18. Juni**	Schlacht bei Belle-Alliance (**Waterloo**; 15 km südlich von Brüssel) mit gemeinsamem Sieg Blüchers und Wellingtons über Napoleon.
26. Sept.	*Heilige Allianz:* Zar Alexander I. von Rußland entwirft in Paris ein Manifest der Monarchen an die Völker und teilt den Entwurf zuerst Kaiser Franz I. von Österreich und König Friedrich Wilhelm III. von Preußen mit. Nach Umgestaltung des Textes durch Metternich, der das Dokument in konservativem Sinn überarbeitet und an Stelle der von Alexander I. vorgesehenen religiös-moralischen Aussagen restaurativ-konservative Ziele setzt, erfolgt die Unterzeichnung durch die drei Monarchen. Diesem Dokument treten bis auf den Papst und den osmanischen Sultan alle europäischen Monarchen bei. Der britische Prinzregent tritt nur persönlich bei.
20. Nov.	*Zweiter Frieden von Paris:* Frankreich tritt Philippeville und Marienbourg an die Niederlande, Saarlouis und Saarbrücken an Preußen, Landau an Österreich (weiter an Bayern), den Rest von Savoyen an Sardinien ab. Teile Nord- und Ostfrankreichs bleiben besetzt. Frankreich zahlt eine Kriegsentschädigung von 700 Mio. Franken und gibt die aus Deutschland und Italien geraubten Kunstschätze zurück. Am gleichen Tag **Quadrupelallianz** zwischen Großbritannien, Österreich, Rußland und Preußen zur Sicherung der *nachnapoleonischen Ordnung* vor Gefahren, die ihr durch eine Neubelebung der Revolution in Frankreich hätte drohen können. Im Mittelpunkt aber steht die Idee des europäischen Gleichgewichts und des Konzerts der Mächte Europas. Zum Zweck der Friedenswahrung sieht die Allianz regelmäßige Konsultationen der Großmächte vor. Die europäischen Angelegenheiten sollen von einer zu institutionalisierenden Konferenzdiplomatie geregelt werden.

Europäisches Mächtekonzert und multipolares Gleichgewicht nach dem Wiener Kongreß (1815–1890)

Betrachtet man die **Friedensregelung von 1815** zusammenfassend, so sind als wesentliche Merkmale der neuen Ordnung festzuhalten: 1. das *Prinzip des Mächtegleichgewichts* auf dem europäischen Kontinent, 2. die Bestätigung *Großbritanniens* als führender *See- und Welthandelsmacht,* 3. der Gedanke der *Legitimität* und das Gefühl der *Solidarität* der alten Mächte des vorrevolutionären Europa in der *Abwehr nationaler und liberaler Bewegungen.* Bis zum Ende des Jh.s gelingt es, Kriege zwischen Großmächten zu lokalisieren und damit die Grundstruktur des internationalen Systems zu erhalten. Die Kriege des 19. Jh.s resultieren aus der *Expansionspolitik* der Großmächte, aus verschiedenen nationalen Befreiungsbewegungen und aus den Einigungsbestrebungen in Italien und Deutschland. Entscheidend ist, daß die auftretenden zwischenstaatlichen Konflikte letztlich immer wieder auf der Grundlage der bestehenden internationalen Ordnung gelöst werden können. Erst 1914 ist die Grenze der Belastbarkeit für das internationale System erreicht, so daß Konflikte nicht mehr unter Kontrolle zu bringen sind und es zum allgemeinen Weltkrieg kommt. Das internationale System des 19. Jh.s ist zum *Macht- und Konfliktausgleich* in der Lage und kann sich als europäisches Konzert erhalten. Dies geschieht vor dem Hintergrund der *Industrialisierung* und des *wirtschaftlichen Wachstums* im Rahmen eines *freien Welthandels,* der sich Mitte des Jh.s durchsetzt. Die *liberale Weltwirtschaftsordnung* wird von London aus gelenkt. Großbritannien – „Werkstatt" und Finanzzentrum der Welt, Flotten- und Handelsvormacht – spielt eine Führungsrolle in der internationalen Politik. Es erweist sich als Stabilisator der im Zeichen Europas stehenden Weltpolitik.

1818	Frankreich nimmt am *Kongreß von Aachen* teil und kehrt damit in den Kreis der das internationale System bestimmenden Großmächte zurück. Die alliierten Besatzungstruppen werden vorzeitig aus Frankreich zurückgezogen. Damit hat sich in der europäischen Politik die Vorherrschaft der fünf Großmächte, die Pentarchie, etabliert.
15. Nov.	*Deklaration von Aachen,* mit der die europäische Solidaritätspolitik im Konzert der Mächte einen Höhepunkt erreicht und mit der die „Ruhe der Welt" (le repos du Monde) als friedenstiftendes Ziel der Zusammenarbeit der fünf Großmächte anvisiert wird.

730   Neuzeit – Französische Revolution bis Erster Weltkrieg

1820   Angesichts liberaler Bewegungen und revolutionärer Erschütterungen in Spanien, Portugal, Neapel-Sizilien und Piemont-Sardinien zerfällt die Solidarität der Mächte in einen *liberalen Westblock* (Großbritannien, Frankreich) und die *konservativen Ostmächte* (Österreich, Preußen, Rußland).

Okt./Nov.   Auf dem *Mächtekongreß von Troppau* (heute: Opava [ČSSR]; 1849–1918 Hauptstadt des Kronlandes Österreich-Schlesien) erklären sich die Ostmächte für das Interventionsprinzip.

19. Nov.   Gegen den Widerstand Frankreichs und Großbritanniens Unterzeichnung eines Protokolls, in dem die Ostmächte ihre Entschlossenheit erklären, Staaten, ,,welche eine durch Aufruhr bewirkte Regierungsveränderung erlitten haben", nötigenfalls mit Waffengewalt ,,in den Schoß der großen Allianz zurückzuführen".

1821   Ebenfalls gegen den Protest der Westmächte beschließt der *Kongreß von Laibach* (heute
Jan.–Mai   Ljubljana: Hauptstadt der jugoslawischen Republik Slowenien) bewaffnete Intervention in Italien.

1822   *Konreß von Verona,* wo ein Eingreifen zugunsten der Bourbonen in Spanien beschlossen
Okt.–Dez.   wird und Frankreich noch einmal in den Kreis der Interventionsmächte zurückkehrt. Großbritannien spricht sich dagegen aus.

1828/1829   Russisch-Türkischer Krieg, nachdem Rußland entgegen seiner bisherigen Praxis eine Unabhängigkeitsbewegung unterstützt hat, nämlich die griechische Unabhängigkeitsbewegung gegen die türkische Herrschaft.

1829   Im *Frieden von Adrianopel* (heute: Edirne; in der Türkei) erhält Rußland die Donaumündung. Damit wird die russische Expansionspolitik auf dem Balkan manifest, die von Niedergang des Osmanischen Reiches profitiert. Die dadurch aufgeworfene *,,orientalische Frage"* führt immer wieder zu Interventionen der europäischen Großmächte in diesem Raum, der zu einem der gefährlichen Krisenherde der internationalen Politik wird.

1830   Die französische **Juli-Revolution** zerstört definitiv das Prinzip der Legitimität als Grundlage der internationalen Politik. Auf der Basis liberaler Grundsätze bahnt sich eine britisch-französische Interessengemeinschaft *(Entente cordiale)* an.

1831   Die in London seit Nov. 1830 tagende *Konferenz der fünf Großmächte* erkennt die Unab-
20. Jan.   hängigkeit Belgiens an und verbürgt seine Neutralität.

1839–1841   *Orientalische Krise:* im Krieg zwischen der Türkei und dem die Unabhängigkeit anstrebenden Pascha von Ägypten tritt Frankreich für Ägypten ein, Großbritannien und Rußland stehen auf seiten der Türkei.

1840   *Erste Londoner Konvention* zwischen Großbritannien, Rußland, Österreich und Preußen,
15. Juli   die sich gegen Frankreich richtet und die in Frankreich Kriegsstimmung auslöst.

1841   *Zweite Londoner Konvention* (Meerengenvertrag). Durch ein Übereinkommen des Sul-
13. Juli   tans mit den fünf Großmächten werden die Dardanellen und der Bosporus für nichttürkische Kriegsschiffe in Friedenszeiten geschlossen.

1853   Ausbruch des *russisch-türkischen Krieges,* der sich zum **Krimkrieg** ausweitet, in den ver-
1. Nov.   schiedene europäische Mächte verwickelt sind und der erneut die Gefährdung der europäischen Friedensordnung durch die orientalische Frage deutlich werden läßt.

1854   *Britisch-französische Kriegserklärung* an Rußland. Großbritannien will aus handelspoliti-
28. März   schen und strategischen Gründen ein russisches Vordringen im Donauraum und an den Meerengen verhindern. In Frankreich braucht Kaiser Napoleon III. einen außenpolitischen Prestigeerfolg.

14. Juni   *Bündnis* des im Krieg neutralen *Österreichs mit der Türkei.*

Juli   Rußland räumt die Donaufürstentümer, die von Österreich und der Türkei besetzt werden.

Sept.   Landung französischer und britischer Truppen auf der Krim.

Okt.   Beginn der *Belagerung von Sewastopol* (im Südwesten der Halbinsel Krim) mit hohen Verlusten der Alliierten. Begründung der modernen Kriegskrankenpflege (Großfürstin Helene Pavlovna und Florence Nightingale; * 1820, † 1910).

2. Dez.   Bündnis Österreichs mit den Westmächten. Ohne in den Krieg einzutreten, bindet Österreich durch seine Haltung starke russische Kräfte. Preußen hält sich neutral.

1855   Sardinien schließt ein Bündnis mit den Westmächten und tritt in den Krieg gegen Rußland
26. Jan.   ein, um beim Friedensschluß die italienische Frage erörtern zu können.

8. Sept.   *Fall Sewastopols.*

28. Nov.   *Kars* (auf einem Plateau im armenischen Hochland), dem in Kleinasien eine Schlüsselstellung zukommt, wird von russischen Truppen erobert.

1856   Frieden von Paris: 1. *Rußland tritt die Donaumündungen* mit einem kleinen, am linken
30. März   Ufer der unteren Donau gelegenen Teil von Bessarabien an die Moldau *ab* und verliert dadurch die Kontrolle über die Donauschiffahrt, die für frei erklärt wird. 2. Rußland verzichtet auf den Anspruch besonderer Schutzherrschaft über die *Christen in der Türkei,* die unter den *Schutz der Großmächte* gestellt werden und deren Gleichstellung mit der islamischen Bevölkerung zugesichert wird. Ebenso verzichtet Rußland auf Schutzherrschaft über die Donaufürstentümer. 3. Das *Schwarze Meer* wird *neutralisiert.* Rußland darf im Schwarzen

Meer keine Kriegsschiffe unterhalten und keine Waffenplätze anlegen. 4. Die Westmächte geben *Sewastopol* nach der Zerstörung der Hafenbauten und Befestigungen *an Rußland* zurück. Rußland gibt Kars zurück. 5. Rußland darf auf den *Ålandinseln* (finnische Inselgruppe am Eingang zum Bottnischen Meerbusen) keine Befestigungen anlegen.
Mit dem Friedensschluß kommt die russische Expansionsbewegung vorerst zum Stehen. Weiterhin wird die *Türkei* als *Mitglied des europäischen Konzerts der Mächte* anerkannt und die orientalische Frage internationalisiert. Frankreich erreicht eine Stärkung seiner Position im europäischen Staatensystem.

1859	*Italienischer Einigungskrieg:* Krieg Sardiniens und Frankreichs gegen Österreich.
10. Nov.	*Frieden von Zürich:* Österreich tritt die Lombardei mit Ausnahme von Mantua und Peschiera del Garda an Frankreich ab. Napoleon III. übergibt sie Sardinien. Die während des Krieges vertriebenen Herrscher von Toscana und Modena sollen wieder eingesetzt, die abgefallenen päpstlichen Besitzungen wiederhergestellt werden, was aber durch die nationale Bewegung verhindert wird.
1860	Volksabstimmungen führen zum Anschluß von Toscana, Parma, Modena und der Emilia-Romagna an Sardinien. Savoyen und Nizza, wo ebenfalls Volksabstimmungen stattfinden, werden an Frankreich abgetreten.
1866	**Preußisch-italienisches Bündnis gegen Österreich (April).**
15. Juni	**Beginn des Krieges zwischen Österreich** einerseits und **Preußen und Italien** andererseits (bis 26. Juli).
3. Juli	*Schlacht von Königgrätz* (heute: Hradec Králové, Tschechoslowakei; Stadt in Ostböhmen) in der Nähe des Dorfes *Sadowa* bringt militärische Entscheidung zugunsten Preußens, das damit deutschen Dualismus für sich entscheidet und Führungsmacht in Deutschland wird.
23. Aug.	*Frieden von Prag* zwischen Preußen und Österreich, in dem Österreich der Auflösung des Deutschen Bundes zustimmt.
3. Okt.	*Frieden von Wien* zwischen Österreich und Italien: Österreich tritt Venetien ab.
1870	**Deutsch-Französischer Krieg:**
19. Juli	Nach der „*Emser Depesche*" (Telegramm des Vortragenden Rats von Abeken vom 13. Juli 1870 an den preußischen Ministerpräsidenten Bismarck) erfolgt *französische Kriegserklärung an Preußen.* Die übrigen europäischen Großmächte bleiben neutral.
1871 10. Mai	*Frieden von Frankfurt a. M.:* Elsaß-Lothringen fällt an das neugegründete *Deutsche Reich:* Frankreich zahlt 5 Mrd. Francs. Nach Italien gibt es jetzt mit dem Deutschen Reich einen weiteren neuen Faktor im internationalen System. Österreich und Frankreich müssen eine deutliche Schwächung ihrer Position hinnehmen. Dem *Deutschen Reich* fällt eine *Schlüsselrolle im europäischen Kräftefeld* zu. Bismarcks Außenpolitik zielt auf Isolierung Frankreichs bei gleichzeitiger deutscher Annäherung an Österreich und Rußland.
1873 Juni/Okt.	*Dreikaiserabkommen* (Konsultativpakt) zwischen Österreich, Rußland und dem Deutschen Reich.
1875 April/Mai	*Krieg-in-Sicht-Krise:* Beunruhigt durch französische Rüstungen, läßt Bismarck durch die Presse warnen. In der „Post" vom 8. April erscheint ein von Konstantin Rößler (* 1820, † 1896; Professor für Philosophie und Publizist für die preußische Regierung) verfaßter und von Bismarck gebilligter Artikel „Ist der Krieg in Sicht?" Aufgrund von Nachrichten über deutsche Präventivkriegspläne veranlaßt die französische Diplomatie Rußland und Großbritannien zu einem Friedensschritt in Berlin.
1877	**Russisch-Türkischer Krieg.** Nach wechselndem Kriegsverlauf russisches Vordringen bis in die Nähe von Konstantinopel, das nur mit Rücksicht auf die europäischen Großmächte nicht besetzt wird.
1878 3. März	*Frieden von San Stefano* (türkisch: Yesilköy; südwestlicher Vorort von Istanbul): Serbien, Montenegro und Rumänien sollen unabhängige Staaten werden; Bulgarien, mit Ostrumelien und Mazedonien bis ans Ägäische Meer ausgedehnt, soll zwei Jahre unter russischer Besetzung bleiben, dann autonomes und der Türkei tributpflichtiges Fürstentum werden. Rußland erhält in Asien Teile Armeniens mit Kars, Ardahan und Batum, in Europa den 1856 verlorenen Teil von Bessarabien, für den Rumänien mit der Dobrudscha (Gebiet zwischen der unteren Donau und dem Schwarzen Meer) entschädigt wird. Österreich-Ungarn erklärt Rußland für vertragsbrüchig und verständigt sich mit Großbritannien, das der Türkei gegen Abtretung der Insel Zypern Beistand verspricht. Die Kriegsgefahr wird gebannt durch die Einberufung eines Kongresses, zu dem sich Bismarck unter der Bedingung einer Einigung zwischen Großbritannien und Rußland bereit erklärt.
13. Juni– **13. Juli**	**Berliner Kongreß,** der den Frieden von San Stefano revidiert. *Rußland* behält den 1856 verlorenen Teil Bessarabiens bis zum Donaudelta sowie Kars, Ardahan und Batum als Freihafen. Völlig verändert wird *Bulgarien,* das als autonomes tributpflichtiges Fürstentum statt 164 000 nur 64 000 km², statt 4,5 Mio. nur 1,85 Mio. Einwohner umfassen soll. *Ostrumelien* wird eine von der Pforte abhängige Provinz mit Verwaltungsautonomie, *Mazedonien* wird an die Türkei zurückgegeben. Die russische Besetzung Bulgariens wird auf neun

Monate befristet. *Montenegro, Serbien* (mit geringen Gebietsgewinnen) und *Rumänien* werden unabhängig. *Griechenland* soll einen Teil von Epirus und Thessalien erhalten. *Österreich-Ungarn* besetzt *Bosnien* und die *Herzegowina*. In Rußland herrscht Enttäuschung über das Kongreßergebnis und Mißstimmung gegen Bismarck, der zwar alle russischen Forderungen unterstützt hat, zugleich aber entschlossen war, sich „nicht von Österreich abtreiben" zu lassen.

1879
7. Okt. Als es nach dem Berliner Kongreß zur Abkühlung der deutsch-russischen Beziehungen kommt, strebt Bismarck nach einer engeren Verbindung mit Österreich und legt mit dem **Zweibund** (Beistandspakt) die Grundlage für die bis zum Ersten Weltkrieg dauernde Mächtekonstellation in Mitteleuropa.

1881
18. Juni *Erneuerung des Dreikaiserabkommens* und *Neutralitätsabkommen zwischen dem Deutschen Reich, Österreich-Ungarn und Rußland:* im Falle des Angriffs einer vierten Macht auf einen der Vertragspartner sind die beiden anderen zu wohlwollender Neutralität verpflichtet.

1882
20. Mai *Dreibund zwischen dem Deutschen Reich, Österreich-Ungarn und Italien:* Defensivabkommen mit dem Ziel, Frankreich zu isolieren.

1887
18. Juni Als das Drei-Kaiser-Bündnis wegen russisch-österreichischer Spannungen auf dem Balkan nicht verlängert wird, findet Bismarcks Bündnispolitik ihren Abschluß mit dem sog. **„Rückversicherungsvertrag"**, einem drei Jahre geltenden (danach nicht mehr erneuerten) Neutralitätsabkommen zwischen dem Deutschen Reich und Rußland. Anerkennung der historischen Rechte Rußlands auf dem Balkan, insbesondere des maßgebenden Einflusses in Bulgarien. Zusatzprotokoll, in dem Deutschland sich zu moralischem und diplomatischem Beistand verpflichtet, falls Rußland Zugang zum Schwarzen Meer selbst zu verteidigen und „Schlüssel seines Reiches in der Hand zu behalten" für notwendig halten sollte.

12. Dez. *Orient-Dreibund* zwischen Österreich-Ungarn, Italien und Großbritannien, durch den der Besitzstand der Türkei gegen einen russischen Angriff gesichert werden soll.

Die Krise des internationalen Systems im Zeitalter des Imperialismus (1890–1914)

Fläche und Bevölkerung imperialistischer Staaten Europas

Land	Jahr	Mutterland Fläche in 1000 km²	Einwohner in Millionen	Abhängige Gebiete Fläche in 1000 km²	Einwohner in Millionen
Großbritannien	1881	314	34,5	22 136	257,3
	1899	314	38,1	27 781	347,4
	1909	314	45,1	29 557	349,1
Frankreich	1881	528	36,9	526	5,6
	1899	536	38,5	3 792	44,7
	1909	536	39,3	5 947	42,8
Deutsches Reich	1881	540	45,2	–	–
	1899	540	54,3	2 600	9,4
	1909	540	60,6	2 657	12,4

Die koloniale Aufteilung der Welt 1914

Seit den achtziger Jahren des 19. Jh.s beginnt eine Entwicklung, die die *internationale Ordnung* zusammenbrechen läßt. Das ohnehin schon auf Wettbewerb angelegte Staatensystem zerfällt im Zeitalter des Imperialismus unter den *Gegensätzen seiner Großmächte.* Der überseeisch-koloniale Spielraum, in den die Energien Europas abgeleitet werden konnten, ist zu Beginn des 20. Jh.s erschöpft. Afrika und Asien sind weitgehend aufgeteilt. Die westliche Hemisphäre bleibt den USA vorbehalten, die in der Karibik und in Mittelamerika expandieren und in Südamerika ihre wirtschaftliche Überlegenheit zur Geltung bringen. In Konkurrenz zu Europa und Japan dringen sie ferner im pazifischen Raum und in Südostasien vor.

Koloniale Expansion europäischer Staaten

	Großbritannien	Frankreich	Deutsches Reich	Andere Länder
1882	Ägypten	Guinea. Am Kongo		
1883		Bamako (Niger) als Beginn der Durchdringung Westafrikas. Annam (Vietnam).		
1884	Südost-Neuguinea Somaliland	Guinea Tonking	Togo, Kamerun Dt.-Südwestafrika Bismarckarchipel Kaiser-Wilhelm-Land	Merw (Rußland)
1885	Betschuanaland Nigeria (z. T. 1861)		Dt.-Ostafrika Marshallinseln	Massaua/Eritrea (Italien). Rio de Oro Protektorat (Spanien). Beginn der Erwerbung des Kongo (Belgien).
1886	Oberburma Kenia	Kambodscha		
1888		Somaliland		
1889	Rhodesien			Somaliland (Italien)
1890	Sansibar (Zanzibar)			Eritrea Kolonie (Italien)
1891	Zentralafrikanisches Protektorat (Njassaland)			
1892		Sudan, Dahomey		
1893		Elfenbeinküste Laos		
1894	Uganda			
1895		Verwaltungseinheit Frz.-Westafrika		Pamir (Rußland)
1896		Madagaskar Kolonie		
1898	Waihaiwei		Kiautschou	Port Arthur (Rußland)
1899	Sudan		Marianen, Karolinen, Palau-, Samoa-Inseln	
1900	Nigeria Protektorat	Protektorat des Tschad		Mandschurei (Rußland)
1902	Burenrepubliken			
1908				Kongo (Belgien)
1910	Südafrik. Union	–		
1912				Tripolis, Dodekanes (Italien)

Die Gründe für diese beispiellose *Expansionsbewegung Europas* und *der USA* sind im einzelnen umstritten. Man hat zwischen *politischen, wirtschaftlichen* und *innenpolitisch-gesellschaftlichen Antriebskräften* unterschieden, die durch eine missionarisch wirkende *imperialistische Gesinnung* verbrämt werden. Vieles spricht dafür, daß der Imperialismus Ende des 19. und Anfang des 20. Jh.s eine äußerste Zuspitzung des schon immer zwischen den souveränen Nationalstaaten bestehenden Konkurrenzverhältnisses ist. So gesehen ist Imperialismus eine letzte Möglichkeit, Annexionen in Europa vorerst zu vermeiden, wie sie beispielsweise am Ende des *Deutsch-Französischen Krieges* 1871 oder nach dem *Russisch-Türkischen Krieg* 1878 durchgesetzt werden. Imperialismus ist eine Extremform nationaler Gegensätze, die eine Verschärfung traditioneller zwischenstaatlicher Konflikte mit sich bringt. Vor allem drei Faktoren tragen dazu bei und lassen einen kriegerischen Konfliktaustrag beinahe unausweichlich werden. Einmal beginnen sich die Industriestaaten *wirtschaftlich voneinander abzukapseln*. Die Weltwirtschaft muß mit protektionistischen Maßnahmen in allen Ländern fertig werden. Zum anderen schlägt sich der Stand der Technik im *Wettrüsten der Großmächte* nieder, deren militärische Apparate wiederum auf die Politik zurückwirken. Und schließlich sind die *innenpolitisch-gesellschaftlichen Spannungen* vor allem in Deutschland, Österreich-Ungarn und Rußland in Rechnung zu stellen, wo starke Kräfte der alten Führungsschichten Reformen der politisch-sozialen Verfassung ihrer Länder verhindern und die inneren Gegensätze durch die Flucht ins außenpolitische Abenteuer zu überdecken versuchen.

Die *internationale Politik* wird stärker als zuvor von *Bündnisabsprachen* bestimmt. Während Bismarcks Bündnispolitik noch eine prinzipielle Offenheit nach allen Seiten angestrebt hat, verfestigt sich das internationale System seit der Jahrhundertwende zunehmend durch *Allianzverflechtungen* und *Blockbildungen*. Symptomatisch sind die Abkommen, die Großbritannien schließt und die seine traditionelle Politik der Bündnisfreiheit beenden. Diese Entwicklung hätte möglicherweise stabilisierend für das Staatensystem wirken können, wenn es zu einer definitiven Ausbildung von Blöcken gekommen wäre. Dies ist aber nicht der Fall, weil Italien aus dem Dreibund herausstrebt, besonders aber weil Großbritannien nur zögernd seine Politik der freien Hand aufgibt und es letztlich unsicher bleibt, wie London auf Veränderungen im internationalen Gefüge reagiert. Solche Veränderungen drohen in erster Linie von seiten des Deutschen Reiches, dessen wirtschaftliches und militärisches Potential an sich schon einen Wandel im internationalen Kräftefeld bewirkt. Als die deutsche Politik unter *Bernhard von Bülow* und *Alfred von Tirpitz* seit 1897 zur weltpolitischen Offensive ansetzt und die deutsche Flottenrüstung eine *Versteifung im deutsch-britischen Verhältnis* zur Folge hat, droht eine Revolutionierung der bestehenden internationalen Ordnung.

Europäische Bündnissysteme 1879-1912

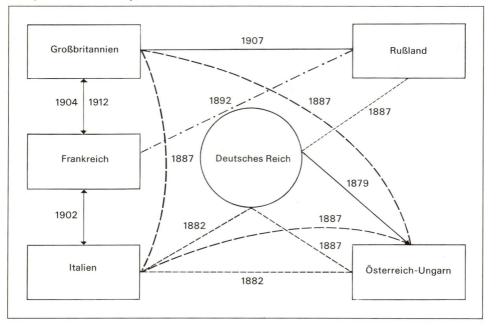

1885
26. Febr.   „Kongoakte" als Ergebnis der seit 15. Nov. 1884 in Berlin tagenden *Kongokonferenz:* Neutralität des Kongobeckens, freie Schiffahrt auf Kongo und Niger, freier Handel im Kongogebiet. Die Okkupationen an der afrikanischen Küste werden festgelegt und abge-

Grundzüge und Grundprobleme – Internationales System   735

grenzt. Ferner wird bestimmt, daß nur derjenige Staat Anspruch auf ein Gebiet erheben kann, der es auch tatsächlich in Besitz nimmt. Die Kongoakte wird richtungweisend für den nun einsetzenden *kolonialen Imperialismus*. Kolonialbesitz wird für die nächsten Jahre zum diplomatischen Faustpfand, das in der Politik des europäischen Mächteausgleichs eingesetzt werden kann. Es kommt zu einer Reihe von Verträgen über Grenzen und Einflußsphären. Doch ist innerhalb weniger Jahre dieser Spielraum erschöpft, da ganz Afrika unter den europäischen Staaten aufgeteilt ist.

1890 1. Juli	*Helgoland-Sansibar-Vertrag:* deutsch-britische Interessenabgrenzung in Afrika. Deutschland gibt die Schutzherrschaft über das Sultanat Sansibar (Zanzibar) auf und erhält das bisher britische Helgoland.
1892 17. Aug.	*Französisch-russische Militärkonvention:* wenn einer der beiden Vertragspartner von einer der Dreibundmächte angegriffen wird und Deutschland daran teilnimmt, ist der andere mit allen Kräften zum Kampf gegen Deutschland verpflichtet.
1894	*Französisch-russischer Zweibund* auf der Grundlage der inzwischen ratifizierten Militärkonvention von 1892.
1896 3. Jan.	Verschlechterung der deutsch-britischen Beziehungen infolge der *Krüger-Depesche* des Kaisers.
1898 Juli	*Faschoda-Krise:* britisch-französische Truppenberührung am Weißen Nil. Der Konflikt wird durch einen Kompromiß bereinigt. Großbritannien erhält das obere Niltal, Frankreich den westlichen Sudan. Britisch-deutsche Bündnissondierungen, die bis 1901 andauern, aber ohne Ergebnis bleiben.
30. Aug.	*Angolavertrag zwischen Großbritannien und Deutschland:* Einigung über die portugiesischen Kolonien in Afrika und auf den Sundainseln.
1899 21. März	*Sudanvertrag:* Abgrenzung der britischen und französischen Interessensphären in Zentralafrika.
18. Mai– 29. Juli	*Erste Haager Friedenskonferenz* mit 26 Teilnehmerstaaten, die auf Anregung Rußlands mit dem Ziel einer allgemeinen Abrüstung stattfindet, ohne daß es zu konkreten Vereinbarungen kommt. Verabschiedet werden Konventionen und Deklarationen über die Beilegung internationaler Streitigkeiten (Gründung des Haager Schiedsgerichtshofs) und über die Humanisierung der Kriegführung.
1902 30. Jan.	*Britisch-japanisches Bündnis* gegen die Ausdehnungsbestrebungen Rußlands in Ostasien und zur Aufrechterhaltung des Status quo in China und Korea.
1. Nov.	*Italienisch-französisches Neutralitätsabkommen*, mit dem zugleich der vorherrschende Einfluß Italiens in Tripolis und Frankreichs in Marokko anerkannt wird.
1904–1905	**Russisch-Japanischer Krieg** infolge von Interessengegensätzen in der Mandschurei.
1904 8. April	*Entente Cordiale* zwischen *Großbritannien und Frankreich:* kein formelles Bündnis, aber kolonialer Interessenausgleich. In Ägypten wird die britische, in Marokko die französische Vorherrschaft anerkannt.
1905 31. März	Besuch des deutschen Kaisers in Tanger (Hafen in Nordmarokko), um gegen die französische Durchdringung Marokkos Stellung zu beziehen, führt zur ersten Marokkokrise.
1905 5. Sept.	*Frieden von Portsmouth* (New Hampshire, USA): Rußland anerkennt Japans vorherrschende Interessen in Korea, tritt Port Arthur und den südlichen Teil von Sachalin an Japan ab und verpflichtet sich, die Mandschurei zu räumen. Die wichtigsten Auswirkungen auf die internationale Politik: Rußland wendet sich vom Fernen Osten ab, um auf dem Balkan wieder stärker aktiv zu werden. *Japan wird Vormacht im Fernen Osten* und tritt endgültig in den Kreis der Großmächte ein.
1906 Jan.– April 7. April	*Konferenz von Algeciras* (spanischer Hafen, westlich von Gibraltar), die für Marokko zwar das Prinzip einer Politik der offenen Tür bestätigt, gleichzeitig aber angesichts einer britisch-französisch-russisch-italienischen Front zur Isolierung Deutschlands führt *(Algeciras-Akte)*.

Rüstungsausgaben 1907–1914 (in Mio. Dollar)

Jahr	Großbritannien	Frankreich	Deutschland
1907–08	291,8	243,7	290,5
1913–14	385,0	277,2	352,7

1907 15. Juni– 18. Okt.	*Zweite Haager Friedenskonferenz* mit 44 Teilnehmerstaaten, bei der infolge der deutschen und österreichischen Widerstände das Abrüstungsproblem ausgeklammert bleibt. Haager Landkriegsordnung mit völkerrechtlich verbindlichen Bestimmungen über die Regeln der Landkriegsführung.
31. Aug.	*Britisch-russisches Abkommen über Persien* (Teilung in eine nördliche russische, eine südliche britische Einflußsphäre und in eine mittlere neutrale Zone), Afghanistan (Rußland

736 Neuzeit – Französische Revolution bis Erster Weltkrieg

verzichtet auf Einflußnahme), Tibet (besonderes Interesse Großbritanniens, im übrigen aber beiderseitige Zurückhaltung). Großbritannien erreicht damit die Sicherung der indischen Grenzen, Rußland erhofft sich Unterstützung in der Meerengenfrage.

1908
5. Okt.
Österreichisch-russische Übereinkunft, die die Meerengen für russische Kriegsschiffe öffnen soll und die Annexion von Bosnien und der Herzegowina durch Österreich-Ungarn vorsieht. Beides soll auf Kosten des Osmanischen Reiches geschehen, das die Selbständigkeitsbestrebungen auf dem Balkan infolge innerer Probleme nicht mehr unter Kontrolle bringen kann. Der Balkan wird zum gefährlichen Konfliktherd, in den die Großmächte direkt (Österreich-Ungarn, Rußland, Italien) oder indirekt (Deutsches Reich, Frankreich, Großbritannien) verwickelt sind.

1909
Britischer Widerstand gegen Meerengenpläne und Annexionskrise, in der Deutschland zugunsten Österreich-Ungarns tätig wird. Rußland tritt daraufhin hinter Serbien, das sich durch die Annexion in seinen eigenen außenpolitischen Plänen gestört sieht.
Deutsch-britische Kontakte, die bis 1912 andauern und das Ziel einer Begrenzung der Flottenrüstung verfolgen, bleiben ohne Ergebnis.

1911
1. Juli
Zweite Marokkokrise als Folge der französischen Besetzung von Fès (östlich von Rabat, Marokko) und der daraufhin erfolgten Entsendung des deutschen Kanonenbootes „Panther" nach Agadir (Panther-Sprung nach Agadir). Ein Ausgleich wird gefunden, indem Deutschland das französische Protektorat über Marokko anerkennt und selbst in Äquatorialafrika entschädigt wird. Folge: Festigung der britisch-französischen Entente.

Sept.
Nach *italienischer Annexion von Tripolis* und der *Cyrenaica* (Libyen) Krieg zwischen Italien und der Türkei. Angesichts der militärischen Schwäche des Osmanischen Reiches sehen sich die Balkanstaaten zu einer offensiven Politik ermutigt.

1912
12. März
Balkanbund zwischen Serbien und Bulgarien unter russischer Patronage: Angriffsbündnis gegen die Türkei und Defensivabkommen gegen Österreich-Ungarn zur Erhaltung des Status quo und gegen eine weitere Expansion Österreich-Ungarns. Im Mai erfolgt der Beitritt Griechenlands, im August Montenegros.

Juli
Französisch-russische Marinekonvention über die Zusammenarbeit der Seestreitkräfte.

17. Okt.
Kriegserklärung des Balkanbundes an die Türkei eröffnet den **Ersten Balkankrieg,** der einen schnellen militärischen Zusammenbruch der Türkei bringt.

18. Okt.
Frieden von Lausanne (am Nordufer des Genfer Sees, Schweiz): Tripolis und Cyrenaica werden autonom, kommen de facto aber an Italien.

Nov.
Gefahr eines europäischen Krieges infolge des *österreichisch-russischen Gegensatzes über Serbien.* Österreich-Ungarn will ein serbisches Vordringen verhindern und tritt für ein unabhängiges Albanien ein. Der deutschen und britischen Diplomatie gelingt ein Abbau der Gegensätze, die in der *Londoner Botschafterkonferenz* bereinigt werden.

22./23.
Nov.
Britisch-französischer Notenaustausch über die militärische Zusammenarbeit (Flotte und Heer) zur Abwehr eines etwaigen deutschen Hegemonialanspruchs. Kein formeller Bündnisvertrag, aber klare Bindung Großbritanniens, das für den Fall eines Krieges eindeutig zur Unterstützung des französischen Bündnispartners verpflichtet ist.

1913
30. Mai
Frieden von London: Abtretung aller türkischen Gebiete westlich der Enos-Midia-Linie (heute: Enez, türkischer Ort an der Ägäis in der Nähe der heutigen griechisch-türkischen Grenze; Midia, am Schwarzen Meer, europäische Türkei) und aller ägäischen Inseln. Der Friedensschluß überdeckt nur mühsam die nationalistischen Gegensätze der Balkanstaaten untereinander.

26. Juni
In den Auseinandersetzungen um die Kriegsbeute (vor allem Mazedonien) greift Bulgarien Serbien und Griechenland an und entfesselt den **Zweiten Balkankrieg.** Rumänien und auch die Türkei treten gegen Bulgarien in den Krieg ein, das vollständig geschlagen wird. Serbien geht als Hauptgewinner aus dem Konflikt hervor.

10. Aug.
Frieden von Bukarest: der Südteil der Dobrudscha mit Silistria kommt an Rumänien, Mazedonien größtenteils an Serbien, Adrianopel an die Türkei, Kreta, ein Teil Mazedoniens mit Saloniki und Kavala an Griechenland. Das *Fürstentum Albanien* (mit Skutari, Durazzo und Valona) wird *selbständig.* Serbien ist damit der angestrebte Zugang zur Adria versperrt. Der Balkan bleibt das „Pulverfaß" Europas. Sowohl Rußland wie Österreich-Ungarn versuchen, ihre Position auf dem Balkan durch ein System von Satellitenstaaten auszubauen. Dadurch droht der lokale Konflikt sich stets zu einer allgemeinen Konfrontation auszuweiten.

1914
Juni
Deutsch-britische Verständigung über den *Bau der Bagdad-Bahn* durch eine deutsche Gesellschaft, die auf den Bau der Endstrecke von Basra zum Persischen Golf verzichtet.

28. Juni
Ermordung des österreichischen Thronfolgerpaares in Sarajewo.

6. Juli
Das Deutsche Reich sichert Österreich-Ungarn unbedingte Bündnistreue zu.

20.–23.
Juli
Besuch der französischen Staatsführung in St. Petersburg (heute: Leningrad). Zusicherung der *französischen Bündnistreue.*

23. Juli
Auf 48 Stunden befristetes **Ultimatum Österreich-Ungarns an Serbien.** Darin wird gefordert: 1. Unterdrückung jeder Propaganda und aller Aktionen, die auf österreichisch-unga-

Flottenrüstung europäischer Mächte am Vorabend des Ersten Weltkriegs

1. Linienschiffe	fertig (nur neuere)	Tonnage	im Bau	Tonnage
Großbritannien	59	1013840	16	433840
Deutschland	33	537050	7	180600
Frankreich	21	345730	12	314800
Rußland	8	110200	8	184920
Italien	12	184660	6	165400
Österreich-Ungarn	15	181110	5	119370
2. Panzerkreuzer				
Großbritannien	43	604540	1	28960
Deutschland	13	185990	4	106400
Frankreich	19	200610	–	–
Rußland	6	64940	4	130000
Italien	9	76540	–	–
Österreich-Ungarn	2	13600	–	–
Davon *Großkampfschiffe* (Dreadnoughts)				
Großbritannien	29	621360	17	462800
Deutschland	17	380700	11	287000
Frankreich	10	203800	12	314800
Rußland	–	–	12	314920
Italien	4	87000	6	165400
Österreich-Ungarn	3	64110	5	119370

risches Staatsgebiet zielen, 2. gerichtliche Untersuchung gegen die Teilnehmer am Mordanschlag, soweit sie sich in Serbien befinden, unter Mitwirkung österreichischer Beamter.

25. Juli   Der russische Kronrat entscheidet, „Serbien zu unterstützen, auch wenn man dazu die Mobilmachung erklären und Kriegshandlungen beginnen müsse", falls österreichische Truppen die serbische Grenze überschreiten sollten. Die serbische Regierung sendet daraufhin eine nur halb entgegenkommende Antwort nach Wien. Abends *Abbruch der diplomatischen Beziehungen zwischen Österreich-Ungarn und Serbien.* Beide machen mobil.

26.–31. Juli   *Britische und deutsche Vermittlungsversuche* (Vorschlag einer Botschafterkonferenz und direkter Verhandlungen zwischen Rußland und Österreich-Ungarn) *scheitern.*

28. Juli   Österreich-Ungarn erklärt Serbien den Krieg.

29. Juli   *Teilmobilmachung in Rußland.*

30. Juli   *Russische Generalmobilmachung.*

31. Juli   *Generalmobilmachung in Österreich-Ungarn.* Die deutsche Regierung erklärt den „Zustand drohender Kriegsgefahr" und fordert Rußland ultimativ (12 Stunden) auf, die Mobilmachung zurückzunehmen, und Frankreich (18 Stunden), im Fall eines deutsch-russischen Krieges neutral zu bleiben.

1. Aug.   Nach Ausbleiben einer russischen Antwort erfolgt *in Deutschland die allgemeine Mobilmachung* und die **Kriegserklärung an Rußland.** Die französische Regierung ordnet die Mobilmachung an und erklärt, daß Frankreich „gemäß seinem Interesse" handeln werde.

3. Aug.   **Deutsche Kriegserklärung an Frankreich.** Deutscher Einmarsch in Belgien.

4. Aug.   Britisches Ultimatum an Deutschland, die belgische Neutralität zu respektieren, und Abbruch der diplomatischen Beziehungen, was einer Kriegserklärung gleichkommt.

Damit befinden sich bis auf Italien, das vorerst neutral bleibt, und die Türkei, die ihre bewaffnete Neutralität erklärt, alle Mächte im Krieg. Es folgen die Kriegserklärungen Serbiens an Deutschland (6. Aug.), Österreich-Ungarns an Rußland (6. Aug.), Frankreichs an Österreich-Ungarn (11. Aug.), Großbritanniens an Österreich-Ungarn (12. Aug.).

Der *Ausbruch des Ersten Weltkriegs* ist als *Zusammentreffen struktureller Faktoren* und der *bewußten Bereitschaft zum kriegerischen Risiko zu erklären.* Innenpolitische Spannungen, wirtschaftliche Gegensätze und Wettrüsten allein hätten nicht ausgereicht, wenn nicht in den politischen Führungen die Bereitschaft zum Krieg hinzugetreten wäre. Dies heißt freilich nicht, daß die deutsche Regierung etwa im Sommer 1914 planmäßig den allgemeinen Krieg herbeiführen will. Aber sie nimmt bewußt das Risiko einer kriegerischen Entwicklung in Kauf, deren Eigendynamik zum allgemeinen Krieg führt. Auch die russische Führung will zu diesem Zeitpunkt keinen Krieg, doch hat die systematische Vorbereitung Rußlands auf einen Krieg gegen Deutschland und Österreich-Ungarn im Frühjahr 1914 eingesetzt.

Die Einzelstaaten (1789–1914)

Deutschland, Preußen, Deutsches Reich (1789–1914)
(Forts. v. S. 665)

Im Zeitalter der Französischen Revolution und Napoleons (1789/92–1815)

Deutschland und die Revolution

Die Französische Revolution von 1789 übt eine starke Wirkung aus. Von der *deutschen Intelligenz* (z. B. die Dichter Wieland und Schiller, die Philosophen Kant und Fichte) wird sie in ihren freiheitlichen Prinzipien begrüßt, in ihren terroristischen Konsequenzen jedoch abgelehnt. Die zahlreichen in Deutschland ausbrechenden, aber meist lokal begründeten *Unruhen* gewinnen keinen Zusammenhang, und die – politisch sehr heterogenen – „deutschen Jakobiner" bleiben ohne breite Resonanz. (Die unter führender Beteiligung von Georg Forster [* 1754, † 1794] während der französischen Besetzung 1793 gegründete Mainzer Republik endet nach wenigen Wochen.) Ein Übergreifen der Revolution von Frankreich auf Deutschland wird u. a. durch *Unterschiede in der Sozialstruktur* verhindert, so durch die vergleichsweise geringere Zahl und schwächere Position des deutschen Bürgertums, den weniger gravierenden adlig-bäuerlichen Gegensatz. Durch die Reformbereitschaft des aufgeklärten Absolutismus sind Mißstände gemildert, der staatliche Einfluß auf die Intelligenz – häufig Beamte – ist stärker. Schließlich fehlt die Hauptstadt, welche den Brennpunkt einer revolutionären Entwicklung hätte abgeben können.

1792–1806	*Kaiser Franz II.* (* 1768, † 1835: als Franz I. 1804–1835 Kaiser von Österreich).
1792–1797	Im *Ersten Koalitionskrieg* (Frankreich gegen – u. a. – Österreich und – bis 1795 – Preußen) vermengt sich die Tendenz der Ausbreitung revolutionärer Ideen und Reformen durch Frankreich mit den militärischen Entscheidungsfragen der kriegführenden Mächte.
1793	Preußen erzwingt mit Rußland die Zweite Polnische Teilung.
1794	Inkrafttreten des *Allgemeinen Landrechts* für die preußischen Staaten (Gesamtrechtskodifikation, geschaffen u. a. von Johann Heinrich Casimir von Carmer [* 1721, † 1801] und Karl Gottlieb Svarez [* 1746, † 1798]); bestimmt vom Geist der Aufklärung (naturrechtlich begründete Zweckbestimmung von Staat und Gesellschaft), hat es die Errichtung von Rechtsstaat und Staatsbürgergesellschaft zum Ziel, bestätigt aber die altständische Gesellschafts- und Eigentumsordnung.
1795	Österreich und Preußen führen im Bund mit Rußland die Dritte Polnische Teilung durch (beide vergrößern sich außerhalb des Reichsgebiets 1793/1795 um 115000 bzw. 200000 qkm mit hauptsächlich polnischen Einwohnern). Im *Frieden von Basel* scheidet das im Osten festgelegte Preußen aus dem Krieg gegen Frankreich aus, Norddeutschland wird neutralisiert (und erhält damit eine kulturell bedeutsame zehnjährige Atempause).
1797	Der Friede von Campo Formio (bei Udine in Ost-Oberitalien) zwischen Frankreich und Österreich bestätigt die faktische Annexion des linksrheinischen Reichsgebiets durch Frankreich ohne die Grundlage eines Friedensvertrags mit dem Heiligen Römischen Reich.
1797/1798	Der Rastatter Gesandtenkongreß, auf dem eine Reichsdeputation prinzipiell der Abtretung des linken Rheinufers an Frankreich, der Entschädigung der hiervon betroffenen deutschen Fürsten und Säkularisation der geistlichen Herrschaften zustimmt, ergebnislos.
1797–1840	*König Friedrich Wilhelm III. von Preußen* (* 1770, † 1840).
1799–1802	Zweiter Koalitionskrieg unter Teilnahme Österreichs gegen Frankreich; Preußen neutral.
1801	Der *Friede von Lunéville* (Frankreich-Österreich) gilt auch für das Reich. De-jure-Abtretung des linken Rheinufers. Die dort „depossedierten" Fürsten sollen im rechtsrheinischen Reichsgebiet entschädigt werden.
1803	Vom Reichstag wird ein entsprechender Plan eines Reichstagsausschusses angenommen:

Der Reichsdeputationshauptschluß

Durch diesen werden die politischen und rechtlichen *Grundlagen des alten Reichs zerstört*. Zahlreiche Kleinstaaten (zusammen 112 Reichsstände rechts des Rheins) werden aufgehoben, indem fast sämtliche geistlichen Herrschaften säkularisiert (rechtsrheinisch allein rund 10000 km² mit über 3 Mio. Untertanen) und kleinere Territorien mediatisiert werden. Die geistlichen Gebiete, außer Mainz und den beiden geistlichen Ritterorden, sowie die Reichsstädte, außer Hamburg, Lübeck, Bremen, Frankfurt a. M., Nürnberg und Augsburg, dienen zur Ausführung der versprochenen Entschädigungen, wobei die Betroffenen z. T. das Mehrfache ihrer Verluste erhalten. Bildung von vier neuen Kurfürstentümern: Baden, Hessen-Kassel, Salzburg (bis 1805), Württemberg. Säkularisation und Mediatisierung zerstören die letz-

Einzelstaaten – Deutschland – Zeitalter der Revolution und Napoleons   *739*

ten Grundlagen kaiserlicher Macht im Reich (außerhalb des Hauses Österreich), geistliche Herrschaften, Reichsstädte sowie – de facto, nicht de iure – Reichsritterschaft, und stärken u. a. die mit Frankreich verbündeten deutschen Mittelstaaten.

Wichtigste Gebietsverluste und -entschädigungen im Reichsdeputationshauptschluß

	linksrheinische Verluste	rechtsrheinische Gewinne
	(in Tausend Einwohnern)	
Baden	25	237
Bayern	730	880
Preußen	127	558*
Württemberg	14	110

* Bistümer (Hochstifte) Hildesheim, Münster, Paderborn; Erfurt und das Eichsfeld (von Kurmainz); Abteien (Reichsstifte) Elten, Essen, Herford, Quedlinburg, Werden; Reichsstädte Goslar, Mühlhausen (Thüringen), Nordhausen.

1804   Als (vorweggenommene) Antwort auf die (bevorstehende) Kaiserkrönung Napoleons nimmt Kaiser Franz II. den Titel eines erblichen *Kaisers von Österreich* an.

1805   Nach der Niederlage in der Dreikaiserschlacht von Austerlitz (Dritter Koalitionskrieg: Österreich mit Verbündeten gegen Frankreich; Preußen wieder neutral) ist Österreich zum *Frieden von Preßburg* gezwungen und tritt Venetien an das Königreich Italien sowie Tirol, Vorarlberg, Eichstätt, Passau, Burgau, Brixen, Trient an Bayern ab, welches außerdem die Freie Stadt Augsburg erhält. Bayern und Württemberg werden Königreiche. Österreich erhält Salzburg als Entschädigung.

1806   Errichtung des **Rheinbundes:** 16 süd- und westdeutsche Fürsten treten aus dem Reich aus und gründen in Paris unter Napoleons Protektorat den Rheinbund (bis 1811 weitere 20). Fürstprimas ist 1810 der bisherige Kurerzkanzler Karl Theodor von Dalberg (* 1744, † 1817). Österreich, Preußen, Braunschweig, Kurhessen halten sich fern.
Kaiser Franz II. legt auf ein Ultimatum Napoleons hin die Römisch-deutsche Kaiserwürde nieder. Nun auch formales **Ende des Heiligen Römischen Reichs Deutscher Nation.**

1806/1807   Vierter Koalitionskrieg: Das fast völlig isoliert gegen Frankreich kämpfende Preußen erleidet nach der militärischen Katastrophe von Jena und Auerstedt den staatlichen Zusammenbruch und wird zur Mittelmacht herabgedrückt:

1807   *Friede von Tilsit:* Preußen auf Ost- und Westpreußen (ohne Danzig), Brandenburg (östlich
7.–9. Juli   der Elbe), Pommern und Schlesien beschränkt.

Deutschland unter napoleonischer Herrschaft

Bis 1812 ergibt sich eine *Vierteilung Deutschlands:* 1. An Frankreich abgetretene Gebiete links des Rheins, 1811 vergrößert durch die französische Annexion der deutschen Küstengebiete mit Bremen, Hamburg und Lübeck sowie Teile von Berg und Westfalen; 2. Rheinbundstaaten; 3. Preußen; 4. Österreich – beide im napoleonischen Machtbereich.
Neben Gegnerschaft weithin *Bewunderung für Kaiser Napoleon,* in dem man den Gestalter des Fortschritts in Gesellschaft und Politik sieht. – Die unmittelbare französische Einwirkung führt zur Rechtsvereinheitlichung und zur Einführung rechtsstaatlicher Prinzipien *(Code Napoléon),* was die Emanzipation des Bürgertums vorantreibt und weit ins 19. Jh. im Sinne einer Verstärkung reformorientierter Kräfte fortwirkt. Letzteres gilt auch von den *Rheinbundstaaten,* obwohl es dort nur z. T. zur dauerhaften Rezeption des Code Napoléon kommt (Badisches Landrecht von 1809, in Kraft bis 1900); doch werden die Adelsprivilegien großenteils beseitigt, und die Ersetzung der Auslese nach Geburt durch Qualifikationskriterien läßt den modernen Beamtentypus entstehen. Die Einführung von Verfassungen führt freilich nur zu einem Scheinkonstitutionalismus mit betont obrigkeitsstaatlichen Reformen. Die territoriale Arrondierung und bürokratische Zentralisierung des rheinbündischen Spätabsolutismus lassen mit einem Schlag zahlreiche territoriale Eigentümlichkeiten enden. Mächtigster Rheinbundstaat ist Bayern mit seinem Minister Maximilian von Montgelas (* 1759, † 1838; Minister 1799–1817), bedeutend sind außerdem König Friedrich von Württemberg (1797–1816, * 1754) und der badische Minister Sigismund von Reitzenstein (* 1766, † 1847; Minister 1809/1810, 1813–1818, 1832–1842).
Die durch das Allgemeine Landrecht von 1794 vorbereitete **preußischen Reformen** werden als „Revolution von oben" in Gang gesetzt durch den leitenden Minister *Reichsfreiherr Karl vom und zum Stein* (* 1757 zu Nassau, seit 1780 im preußischen Staatsdienst, 1804 Minister, † 1831) bis 1808 und fortgesetzt durch *Karl August Freiherr (1814 Fürst) von Hardenberg* (* 1750, 1790–1803 leitender Minister für Ansbach-Bayreuth, 1804–1806 preußischer Außenminister, † 1822), von 1810 ab: Aufhebung der persongebundenen Erbuntertänigkeit der Bauern durch das Edikt von 1807 sowie der bodengebundenen Grundherrschaft über die Vollbauern 1811/1816. Selbstverwaltung der Stadtbürger durch die Städteordnung von 1808. Reform der Ministerien und Verwaltungsbehörden, statt Kabinettsregierung und

Generaldirektorium ein einheitliches Staatsministerium (5 Fachminister: Äußeres, Inneres, Krieg, Finanzen, Justiz). Nach Steins auf Verlangen Napoleons erfolgter Entlassung (1808) Fortführung der Reformen: 1810 Einführung der Gewerbefreiheit, 1810–1812 Steuerreform, 1812 Edikt betreffend die bürgerlichen Verhältnisse der Juden (staatsbürgerliche Gleichstellung). – 1807–1814 umfassende *Heeresreform* durch Gerhard Johann David von Scharnhorst (* 1755, † 1813; ab 1807 Vorsitzender der Militärreorganisationskommission), August Neithardt von Gneisenau (* 1760, † 1831; in den Befreiungskriegen Generalquartiermeister Blüchers), Hermann von Boyen (* 1771, † 1848; 1814–1819 und 1841–1847 Kriegsminister), Karl von Clausewitz (* 1780, † 1831; Hauptwerk „Vom Kriege" [1832–1834]; Begründer der modernen Kriegslehre) u. a.: Im Wehrgesetz 1814 allgemeine Wehrpflicht; 1815 Landwehrordnung. – *Bildungsreform* unter Wilhelm von Humboldt (* 1767, † 1835; 1809/1810 Sektionschef für Kultus und Unterricht im Innenministerium): Ausbau der Volksschulen und der Lehrer-

Regierung und Verwaltung in Preußen seit 1807/1815

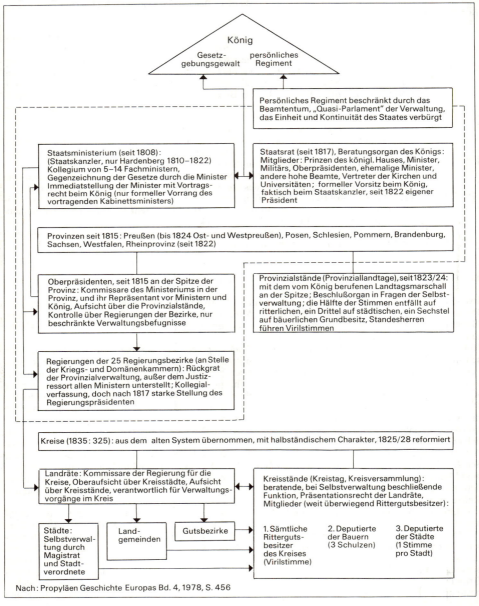

Nach: Propyläen Geschichte Europas Bd. 4, 1978, S. 456

Einzelstaaten – Deutschland – Zeitalter der Revolution und Napoleons   *741*

bildung, des Gymnasiums und Reform der Universität – 1810 Eröffnung der Universität Berlin, geprägt u. a. durch den Philosophen Johann Gottlieb Fichte (* 1762, † 1814), den Historiker Barthold Georg Niebuhr (* 1776, † 1831), den Juristen Friedrich Karl von Savigny (* 1779, † 1861), den Theologen Friedrich Daniel Schleiermacher (* 1768, † 1834), den Altphilologen Friedrich August Wolf (* 1759, † 1824), den Agronomen Albrecht Daniel Thaer (* 1752, † 1828). – Insgesamt legen die preußischen Reformen den Grund für den Wandel von absolutistisch regierten, vereinigten Ländern mit adligen Ständen zum staatsbürgerlichen Rechts- und Industriestaat, bleiben jedoch in wesentlichen Bestandteilen (Scheitern der preußischen „Nationalrepräsentation" als Schlußstein des Verfassungswerks) angesichts des Widerstands des ostelbischen Landadels (Regulierungsedikt von 1816) unvollendet.
Das Verharren in traditionellen Regierungs- und Verwaltungsstrukturen unter Verzicht auf die nachhaltige Nutzbarmachung patriotischer bzw. nationaler Tendenzen kennzeichnet die Politik *Österreichs,* dessen Verwaltungsexperimente (seit 1809 mit der Errichtung der Geheimen Staatskonferenz) die wachsenden Schwierigkeiten nicht bewältigen können (Staatsbankrott 1811). Das Allgemeine Bürgerliche Gesetzbuch von 1811 bringt gleichwohl soziale Fortschritte.

1807–1811	Staats- und Verwaltungsreformen in den Rheinbundstaaten, die z. T. neu gebildet (Königreich Westphalen, Großherzogtum Berg), z. T. erheblich vergrößert werden (Bayern, Württemberg, Baden).
1807	Nach französischem Vorbild Verfassung des Königreichs Westphalen.
1807–1815	Reform in Preußen.
1808	Französisch beeinflußte Verfassung des Königreichs Bayern.
1809	Krieg Österreichs gegen Frankreich als beabsichtigter Auftakt einer deutschen Erhebung gegen Napoleon, die nur in Ansätzen in Gang kommt: Aufstand der Tiroler (Andreas Hofer, * 1767, † 1810, in Mantua erschossen) gegen Bayern. In Norddeutschland Züge des Majors Ferdinand von Schill (* 1776, fällt 1809 in Stralsund) und Herzog Friedrich Wilhems von Braunschweig (* 1771, † 1815), der nach England entkommt, wo er seine „Schwarze Schar" zur „King's German legion" (Königlich Deutsche Legion) zusammenschließt, die in Spanien kämpft.
14. Okt.	*Friede von Schönbrunn* (in Wien): Österreich tritt ein Gebiet von ca. 110000 qkm ab, mit Salzburg und dem Innviertel (an Bayern), den sog. Illyrischen Provinzen (an Frankreich) und Westgalizien (an das Herzogtum Warschau), und wird dadurch zum Binnenstaat unter Verlust der Großmachtrolle.
1810	Napoleon verleibt (zusammen mit dem bisherigen Königreich Holland) Oldenburg, Ostfriesland und die Hansestädte dem Kaiserreich Frankreich ein.
1811	Österreichischer Staatsbankrott.
1812/1813	Denkschriften des Freiherrn vom Stein für eine bundesstaatliche Verfassung Deutschlands.
1813/1814	Die deutschen *Befreiungskriege* (Niederwerfung Napoleons), im wesentlichen durch reguläre Truppen geführt und entschieden, werden als „Volkskrieg" (so der Dichter Karl Theodor Körner; * 1791, † 1813) begriffen und üben in der Folgezeit eine starke Wirkung auf die deutsche Nationalbewegung aus.
1813	Die Kriegsereignisse bewirken die Auflösung des Rheinbundes.
1814	*Erster Pariser Friede.* Stellt im großen und ganzen die deutsch-französische Grenze von 1792 wieder her.
1814/1815	Wiener Kongreß der Staatsoberhäupter und Minister Europas zur Neuordnung Deutschlands und des europäischen Staatensystems.
1815	Deutsche Bundesakte.

Wiener Kongreß und Deutscher Bund

Hauptbestimmungen der Wiener **Kongreßakte** vom 8. Juni 1815: *Österreich* tritt Belgien an die Niederlande ab und überläßt den Breisgau sowie das benachbarte Gebiet an Baden und Württemberg; dagegen erhält es seine alten Gebiete zurück: Tirol, Vorarlberg, Kärnten, Krain, Triest, Galizien, Mailand, Venetien, Salzburg, Innviertel. – *Preußen* überläßt an Bayern: Ansbach und Bayreuth; an Hannover: Ostfriesland, Hildesheim, Goslar und Lingen; an Rußland: die polnischen Gebiete aus der dritten Teilung Polens; es erhält dafür: Schwedisch-Pommern mit Rügen (von Dänemark im Austausch gegen Lauenburg), die Rheinprovinz (Kurtrier, Kurköln, Aachen, Jülich und Berg), eine Vergrößerung Westfalens und fast die Hälfte des Königreichs Sachsen. An *Bayern* kommen außer Ansbach und Bayreuth noch die Reichsstädte Augsburg und Nürnberg. – Bayern, Sachsen und Württemberg bleiben Königreiche; hinzu kommt das frühere Kurfürstentum Hannover ebenfalls als Königreich. – Die Römisch-deutsche Kaiserwürde wird trotz Steins Bemühungen nicht wiederhergestellt.
An die Stelle des früheren Heiligen Römischen Reiches Deutscher Nation tritt der **Deutsche Bund** unter Österreichs Leitung, gebildet von 37 souveränen Fürsten und vier freien Städten. Grundgesetz ist die *Bundesakte* vom 8. Juni 1815 (ergänzt durch die *Wiener Schlußakte* von 1820). Die ersten 11 Artikel der Bundesakte werden in die Kongreßakte aufgenommen und dadurch unter den Schutz bzw. die Garan-

tie der Signatarmächte gestellt. Nach Metternichs Auffassung wird damit kein Interventionsrecht der Mächte begründet, doch nehmen verschiedene Mächte es in der Folgezeit in Anspruch, z. T. auf Betreiben einzelner Bundesglieder. Zweck des Bundes ist (Artikel 2): „Erhaltung der äußeren und inneren Sicherheit Deutschlands, die Unabhängigkeit und Unverletzbarkeit der einzelnen deutschen Staaten". Oberste Behörde ist der *Bundestag* in Frankfurt am Main, eine Versammlung von Gesandten der Bundesstaaten unter dem Vorsitz des österreichischen Gesandten. Das Bundesheer wird aus den Kontingenten der Einzelstaaten gebildet. Bundesfestungen sind Mainz, Luxemburg, Landau, Ulm und Rastatt. Die Gliedstaaten sind voll souverän nur gegenüber ihren Untertanen, nicht gegenüber dem Bund, aus dem sie nicht austreten dürfen und dessen Mehrheitsbeschlüsse für sie bindend sind. Rechtskraft erhalten allgemeine Rechtsordnungen nur durch einzelstaatliche Gesetzgebung. Artikel 13 der Bundesakte verspricht Verfassungseinrichtungen: „In allen Bundesstaaten wird eine landständische Verfassung stattfinden." *Österreich* und *Preußen* gehören nicht mit ihrem ganzen Gebiet dem Bund an, und zwar Österreich nicht mit seinen polnischen, ungarischen und italienischen Gebietsteilen (wohl aber mit Böhmen, Mähren, Krain, Triest, Tirol bis südlich von Trient, mithin mit sechs Mio. Slawen und fast einer halben Mio. Italienern); Preußen nicht mit den Provinzen Preußen (Ost- und Westpreußen) und Posen. Weitere Mitglieder des Deutschen Bundes sind u. a. der König von *Großbritannien* als König von Hannover, der König von *Dänemark* als Herzog von Holstein und Lauenburg, der König der *Niederlande* als Großherzog von Luxemburg.

Der Deutsche Bund von 1815

Der deutsche Vormärz (1815–1847)

Der durch die europäischen Mächte völker- und staatsrechtlich begründete **Deutsche Bund** fügt sich in das Gleichgewicht des europäischen Staatensystems ein und bewirkt – allein schon wegen der Verminderung seiner Staaten auf 41 – eine Modernisierung Deutschlands gegenüber dem alten Reich; doch steht er im Gegensatz zur allmählich stärker werdenden nationalen und liberal-konstitutionellen Bewegung. Daraus erwächst die Spannung der *deutschen Frage* der folgenden Jahrzehnte. Leitender Minister in Österreich, der Führungsmacht des Bundes, ist Fürst Clemens von **Metternich** (* 1773, † 1859, seit 1809 Minister des Auswärtigen, seit 1821 Staatskanzler, seit 1826 Vorsitzender der Ministerkonferenz für die inneren Angelegenheiten), der in seiner Innen- und Außenpolitik für die Erhaltung der 1815 für Europa und Deutschland gesetzten Ordnung wirkt. Er steht daher in unversöhnlichem Gegensatz zum Liberalismus und zu allen revolutionären Bewegungen *(„Metternichsches System")*. Bürgerlich-liberale Forderungen nach Verfassungs-, Rechts- (Schwurgerichte, Pressefreiheit) und Sozialreformen (Bauernbefreiung) werden kaum erfüllt, der *Deutsche Bund* konsequent zur Unterdrückung nationaler und liberaler Bewegungen eingesetzt. So erhält das *Bürgertum* nur sehr begrenzten politischen Einfluß, kann sich aber wirtschaftlich v. a. in Preußen (Gewerbefreiheit seit 1810) stark entfalten. Die *Industrialisierung* setzt nur zögernd, besonders in Sachsen und dem Rheinland, ein. Es gibt Hungerkrisen und, v. a. ab etwa 1830, Massenelend (Pauperismus). Formen modernen politischen Lebens (Wahlen, Parteien, Parlamentarismus) können sich nur ansatzweise in den *Verfassungsstaaten* im Rahmen des Frühkonstitutionalismus herausbilden. Die Entstehung eines Spannungsfeldes zwischen Staat und Gesellschaft ist die langwirkende Folge.

Der Frühkonstitutionalismus

Die Einführung von **Verfassungen** (schriftlichen Grundgesetzen) läßt konstitutionelle Monarchien z.T. nach dem Muster der französischen Charte von 1814 entstehen: Nassau 1814, Schwarzburg-Rudolstadt, Schaumburg-Lippe, Waldeck, *Sachsen-Weimar-Eisenach,* Sachsen-Hildburghausen 1816, *Bayern, Baden* (am ehesten den konstitutionellen Ideen entsprechend), Liechtenstein 1818, *Württemberg* 1819, Braunschweig, *Hessen-Darmstadt* 1820, Sachsen-Coburg 1821. Weitere Verfassungen folgen. Österreich widersteht bis 1848. In *Preußen* werden entgegen dem Verfassungsversprechen 1823 nur Provinzialstände eingeführt. – Die Verfassungen beschränken die *monarchische Gewalt* nur teilweise und dienen den Fürsten bzw. den (teilweise schon bürgerlich geprägten) Bürokratien v.a. der ehemaligen Rheinbundstaaten zur politischen und rechtlichen *Integration* der alten und der in napoleonischer Zeit hinzugekommenen Untertanen sowie zur Verbreiterung der gesellschaftlichen Basis des Staats. Die meist oktroyierten (vom Landesherrn erlassenen) Konstitutionen (in Württemberg kommt es 1819 zum Verfassungsvertrag zwischen König Wilhelm I. [1816–1864, * 1781] und dem Landtag) sehen *Grundrechtsgarantien, Wahlrecht* (an Geburts-, Vermögens- bzw. Steuerkriterien gebunden) sowie Mitwirkung des (meist in zwei Kammern gegliederten) *Parlaments* an der Gesetzgebung (v.a. Steuerbewilligungsrecht) vor, doch bleibt die Krone alleiniger Träger von Souveränität und Staatsgewalt (*„monarchisches Prinzip"*).

1814–1821	Übergang zahlreicher deutscher Klein- und Mittelstaaten zum Frühkonstitutionalismus.
1815	Gründung der Jenaischen *Burschenschaft* (Ur-Burschenschaft; Farben Schwarz-Rot-Gold), die alle deutschen Studenten als Vorbild für die angestrebte liberal-nationale politische Einigung Deutschlands zusammenfassen will.
	Entstehung entsprechender Burschenschaften in rascher Folge an fast allen Hochschulen; radikale Gruppierungen sind die Gießener „Schwarzen" und der von einem Mitglied dieser Vereinigung, Karl Follen (* 1796, † 1840), in Jena gegründete „Verein burschenschaftlicher Unbedingter".
1816	Eröffnung des Bundestages in Frankfurt a.M.
1817 18. Okt.	*Wartburgfest* der deutschen Burschenschaften zum Andenken an die Reformation und die Leipziger Schlacht. – König Friedrich Wilhelm III. von Preußen (1797–1840; * 1770) dekretiert die Preußische Union zwischen Lutheranern und Reformierten. – Schaffung des *preußischen Staatsrats,* in dem u.a. die Spitzen der Behörden vertreten sind („Beamtenparlament") als oberste Behörde Preußens.
1818	*Zollgesetz* schließt Preußen zum einheitlichen Wirtschaftsgebiet zusammen.
1819 März	Der unter dem Einfluß des Privatdozenten Karl Follen stehende Student Karl Ludwig Sand (* 1795, † 1820) ermordet in Mannheim den Lustspieldichter *August von Kotzebue* (* 1761), der als russischer Generalkonsul regelmäßig über deutsche Verhältnisse an den Zaren berichtet hat.
Juli	Mißglücktes Attentat auf den nassauischen Staatsrat Karl von Ibell.
Aug.	Auf Veranlassung Metternichs faßt eine deutsche Ministerkonferenz die später vom Bundestag bestätigten **Karlsbader Beschlüsse** des Deutschen Bundes (Karlsbad in der Nähe von Eger): Vorzensur für Zeitungen und alle Schriften unter 20 Druckbogen; Verbot der Burschenschaften; Entlassung „revolutionär" gesinnter Lehrkräfte; Überwachung der Universitäten. In Mainz wird eine *Zentraluntersuchungskommission* des Deutschen Bundes eingesetzt. – In Preußen wird Friedrich Ludwig Jahn verhaftet, Ernst Moritz Arndt 1820 vom Amt als Professor in Bonn suspendiert. Wirkung im Bundesgebiet: Verstärkung aller auf Erhaltung der Ruhe und überlieferten Ordnung gerichteten Bestrebungen.
1819	Rücktritt Boyens nach Revidierung des Landwehrgesetzes von 1815 (Selbständigkeit der Landwehr eingeschränkt). Nach einem Konflikt zwischen den beiden Verfassungsbefürwortern Wilhelm von Humboldt (Sturz 31. Dez.) und Staatskanzler Hardenberg wendet
1820	sich *Preußen faktisch von der Realisierung des Verfassungsversprechens ab* (formell 1821): auch Hardenberg wird entmachtet.
1820	Wiener Schlußakte des Deutschen Bundes bestätigt Souveränität auch der Klein- und Mittelstaaten, proklamiert das monarchische Prinzip (des Frühkonstitutionalismus).
1828	Der Gründung des gegen Preußen gerichteten Mitteldeutschen Handelsvereins (Sachsen, Hannover, Kurhessen, thüringische Kleinstaaten) folgt unter Führung der bedeutenden preußischen Finanzminister Friedrich von Motz (1825–1830, * 1775, † 1830) und Karl Georg Maaßen (1830–1834, * 1769, † 1834) der *Zollvertrag zwischen Preußen und Hessen-Darmstadt* (Kern des späteren Zollvereins). Im selben Jahr schließen Bayern und Württemberg einen Zollvereinsvertrag. – Die aufsehenerregende Schrift von Charles Sealsfield (Karl Postl aus Mähren; * 1793, † 1864) „Austria as it is" schildert Schwächen und Zerfall des österreichischen Kaiserstaats.
1830/1831	Nach der französischen Julirevolution Unruhen in mehreren deutschen Bundesstaaten (Braunschweig, Hannover, Sachsen, Kurhessen). Erregend wirkt auch der polnische Freiheitskampf.

744   Neuzeit – Französische Revolution bis Erster Weltkrieg

1831   Der Anschluß Kurhessens an das preußisch-hessische Zollsystem sprengt faktisch den Mitteldeutschen Handelsverein. Die deutschen Einigungshoffnungen beginnen sich auf Preußen zu richten, dessen Verwaltung als Vorbild wirkt (auch in Süddeutschland: Paul Achatius Pfizer [* 1801, † 1867], „Briefwechsel zweier Deutscher", Stuttgart 1831), obgleich im selben Jahr durch die revidierte Städteordnung eine Teilrücknahme der preußischen Reform von 1808 erfolgt.

1832   *Hambacher Fest:* Massenkundgebung des süddeutschen radikalen Liberalismus mit Teil-
27. Mai   nahme polnischer Flüchtlinge. Der Redakteur Johann Georg August Wirth (* 1798, † 1848) fordert die „vereinigten Freistaaten Deutschlands" und das „konföderierte republikanische Europa". – Sechs Artikel als Abwehrmaßnahme der Regierungen: Der Bundestag legt die deutschen Staaten auf das monarchische Prinzip fest, überwacht die Landtage und verbietet politische Vereine, Volksversammlungen und öffentliche Kundgebungen.

1833   Der **Deutsche Zollverein** schließt unter Führung Preußens die meisten deutschen Staaten mit Ausschluß Österreichs (und vorläufig des von Hannover geführten Steuervereins) wirtschaftlich zusammen.

1833   Der Frankfurter Wachensturm von Studenten und Handwerkern, gedacht als Signal für eine allgemeine Erhebung, wird Anlaß zur Verschärfung des Repressionssystems:

1834   Die Wiener Konferenzen beschließen weitere Einschränkungen rechtsstaatlicher, liberaler und landständischer Freiheiten (Sechzig Artikel).

1835   Erste deutsche Eisenbahn, von Nürnberg nach Fürth.

1835–1848   *Kaiser Ferdinand I. von Österreich* (* 1793, † 1875), der geistig behinderte Sohn von Franz I., überläßt die Regierung Metternich.

1836–1841   Kölner Kirchenstreit (Kölner Wirren) wegen der verschiedenen Grundsätze des Staates und der Kirche in bezug auf die Erziehung der Kinder aus konfessionellen Mischehen. Erzbischof Klemens August Freiherr von Droste zu Vischering (* 1773, † 1845) wird (1837; 1839 auch Erzbischof Martin von Dunin von Gnesen-Posen [* 1774, † 1842]) zu Festungshaft verurteilt. Erregung im deutschen Katholizismus, dessen Politisierung gefördert wird. Beilegung durch König Friedrich Wilhelm IV.

1837   Die Personalunion zwischen Hannover und Großbritannien löst sich infolge des verschiedenen Erbrechts: In Hannover kommt König Ernst August (* 1771, † 1851) auf den Thron. Ernst August hebt die 1833 gewährte Verfassung auf und ordnet Wahlen zur Ständeversammlung nach der Verfassung von 1819 an. Die „*Göttinger Sieben*" (die Göttinger Professoren Jakob und Wilhelm Grimm, Friedrich Christoph Dahlmann, Georg Gottfried Gervinus, Heinrich Ewald, Wilhelm Albrecht, Wilhelm Eduard Weber) verweigern die Teilnahme an der Wahl, protestieren und werden abgesetzt, J. Grimm, Dahlmann und Gervinus landesverwiesen. Starker Protest in ganz Deutschland.

1839   In Preußen wird die Arbeitszeit für Jugendliche in den Fabriken auf 10 Stunden beschränkt, Kinderarbeit verboten: Beginn der preußischen *Arbeitsschutzpolitik.*

1840–1861   *König Friedrich Wilhelm IV. von Preußen* (* 1795, † 1861), mit großen Erwartungen begrüßt, anfangs politisch entgegenkommend (Freilassung der Erzbischöfe, Rehabilitierung Arndts und Jahns), hochbegabter christlichdeutscher Romantiker.

1840   Kriegsstimmung im Zusammenhang mit der 1839 ausgebrochenen orientalischen Krise. Die französische Forderung nach der Rheingrenze ruft eine Verstärkung des deutschen *Nationalgefühls* hervor („Die Wacht am Rhein" und Nikolaus Beckers [* 1809, † 1845] Rheinlied – „Sie sollen ihn nicht haben…" – entstehen), das sich auch in den folgenden Jahren, verstärkt durch romantisches Geschichtsbewußtsein, äußert.

1842   Kölner Dombaufest zur Bekundung christlicher Glaubenseinheit.

1843   Feier des „Tausendjährigen Bestehens des Deutschen Reiches" (Vertrag von Verdun 843).

1844   *Weberaufstand in Schlesien* als extremes Anzeichen der durch die Anfänge der Industrialisierung hervorgerufenen Übergangskrise.
Die *Auswanderung* steigt an: 1834–1845 auf jährlich fast 20000, 1846–1855 auf jährlich 110000 im Durchschnitt (im Gebiet des späteren Deutschen Reichs). Die mechanisierte Industrialisierung beginnt, besonders wirksam im Maschinenbau.
Von den vierziger Jahren an taucht der Begriff **„Pauperismus"** als Bezeichnung der vorindustriellen Massenarmut auf, die durch starkes Bevölkerungswachstum (1816–1850 um etwa 50%) besonders in der unterbäuerlichen Schicht und Mangel an Arbeitsstellen entsteht. – Parallel zu diesen Entwicklungen rascher Ausbau des **Eisenbahnnetzes:**

1847   Mit Fertigstellung der Köln-Mindener Bahn gibt es eine direkte Eisenbahnverbindung von Berlin bis Antwerpen.
Der Eisenbahnbau wird einer der wichtigsten Faktoren des industriebestimmten Wirtschaftswachstums, das sich aber erst nach der Mitte des Jh.s entlastend gegenüber der ländlichen Übervölkerung, dem Preisverfall für Produkte des Heimgewerbes und der verbreiteten Stagnation der gewerblichen Wirtschaft allgemein auswirkt.

1845–1847   Infolge von Mißernten Wirtschafts- und Versorgungskrise, örtlich soziale Unruhen. Steigende politische Erregung. Nationale, konstitutionelle und soziale Forderungen werden laut; besonders wichtig dazu:

1846/1847 Germanistentage von Professoren in Frankfurt a. M. und Lübeck,

1847 Allgemeines deutsches Sängerfest in Lübeck (gesamtdeutsch-nationaler Enthusiasmus). Versammlung demokratischer Politiker in Offenburg (Baden), liberaler Parlamentarier in Heppenheim an der Bergstraße, Berufung des preußischen *Vereinigten Landtags,* dessen Zusammensetzung aus den Mitgliedern der Provinziallandtage und dessen geringe Befugnisse im liberalen Bürgertum Enttäuschung verursachen und der bald wieder aufgelöst wird. – In London entsteht der *Bund der Kommunisten* (Karl Marx [* 1818, † 1883], Friedrich Engels [* 1820, † 1895]) durch Zusammenschluß der deutschen Handwerkergesellen-Auslandsorganisationen (Auslandsvereine). – Hungerepidemie unter den Landarbeitern in Oberschlesien. – In Österreich wachsende Spannung durch die Entwicklung der *Nationalitätenbewegung,* besonders des magyarischen und tschechischen Nationalismus. Unter den Polen Posens kann die – nach Eindeutschungsversuchen in den dreißiger Jahren (Oberpräsident Eduard Heinrich von Flottwell; * 1786, † 1865) – entgegenkommendere Verwaltungspolitik Friedrich Wilhelms IV. die Entstehung und Ausbreitung eines bürgerlich-demokratischen Nationalbewußtseins nicht aufhalten (führend der Posener Arzt Karol Marcinkowski [* 1800, † 1846] und der nach ihm benannte Bildungsverein).

Die Revolution von 1848/1849

Sie wird oft als *„bürgerliche"* Revolution bezeichnet. Das trifft insofern zu, als die politische Programmatik des bürgerlichen Liberalismus vorherrschend ist. Doch handelt es sich tatsächlich um eine Revolution des Volkes aller Schichten, allerdings ohne einheitliche Führung und aufgesplittert in widersprüchliche Zielsetzungen. Träger der revolutionären Kämpfe sind vielfach die von der sozialen Frage des Vormärz in erster Linie betroffenen Gesellen und Facharbeiter. Das im Febr. 1848 erscheinende Kommunistische Manifest von Karl Marx bleibt fast ganz unbekannt. Die Führer der liberalen Opposition in den Abgeordnetenhäusern stellen sich an die Spitze der durch die Februarrevolution in Frankreich angestoßenen Bewegung, die in vielen deutschen Staaten auf eine sich bereits verschärfende politische Krise trifft.

1848 **Märzrevolution:** Eine badische Volksversammlung bei Mannheim (27. Febr.) fordert Pres-
Febr./ sefreiheit, Schwurgerichte, Vereinsfreiheit, Volksbewaffnung, ein deutsches Parlament.
März Ähnliche Versammlungen finden in Württemberg, Hessen-Darmstadt, Nassau und anderen Staaten statt. An mehreren Stellen Zusammenstöße der Aufständischen mit Regierungstruppen. Die Regierungen zeigen sich nachgiebig; der Bundestag in Frankfurt hebt die Zensur für Druckschriften auf, erklärt den alten deutschen Reichsadler zum Bundeswappen und Schwarz-Rot-Gold zu den deutschen Bundesfarben. Berufung von *„Märzministerien"* mit liberalem Einschlag in Bayern, Württemberg, Baden, Hessen-Darmstadt, Sachsen, Hannover und mehreren kleineren Staaten. Revolutionäre *Aktionszentren werden Wien, Berlin und Frankfurt* mit teils eigener, teils wechselseitig wirkender Entwicklung.

13.–15. Aufstand in Wien. *Metternich tritt zurück* und flieht nach England. Bürgerwehr und Stu-
März denten beginnen die Stadt zu beherrschen.

18. März Unruhen und Straßenkämpfe in Berlin.

19. März Die Truppen verlassen auf Befehl des Königs (dem sein Bruder Prinz Wilhelm [der spätere König und Kaiser Wilhelm I.] und der Kommandierende General nicht zustimmen) ihre Stellungen und marschieren aus der Stadt.
Bildung einer Bürgerwehr, die den Schutz des Schlosses und die Aufrechterhaltung der Ordnung in der Stadt übernimmt. Amnestie für alle politischen Vergehen.

20. März Infolge wiederholter Unruhen in München dankt, auch persönlich diskreditiert, *König Ludwig I.* (seit 1825; * 1786, † 1868) zugunsten seines Sohnes Maximilian II. (* 1811, † 1864) ab.

21. März Proklamation König Friedrich Wilhelms von Preußen „An mein Volk und an die deutsche Nation", worin er betont, daß er sich zur Rettung Deutschlands an die Spitze des Gesamtvaterlandes stelle.

28. März Gründung des Mainzer katholischen „Piusvereins für religiöse Freiheit" leitet die lebhafte katholische Vereinsbewegung 1848 ein.

29. März Liberales Ministerium Ludolf Camphausen (* 1803, † 1890) in Preußen. Berufung einer preußischen Nationalversammlung nach Berlin (am 22. Mai eröffnet).

31. März Mit Zustimmung des Bundestags tritt in Frankfurt am Main ein aus 574 Mitgliedern von Landtagen gebildetes *Vorparlament* zusammen (bis 3. April) und beschließt die Berufung einer Nationalversammlung zur Feststellung der deutschen Reichsverfassung.
Der vom Vorparlament gewählte Fünfzigerausschuß amtiert als gesamtdeutsche Übergangs-Institution (bis zum 18. Mai) und beschließt die Wahl einer deutschen Nationalversammlung; Durchführung nach (z. T. eingeschränktem) allgemeinem, gleichem Wahlrecht

746 Neuzeit – Französische Revolution bis Erster Weltkrieg

im Bundesgebiet, Schleswig und den nicht zum Deutschen Bund gehörenden preußischen Provinzen.

April Eine v. a. durch die Auflehnung der Bauern gegen großgrundbesitzende Standesherrn getragene *republikanische Erhebung in Baden* (Friedrich Hecker [* 1811, † 1881], Gustav von Struve [* 1805, † 1870], Georg Herwegh [* 1817, † 1875]) wird von Bundestruppen unter General Friedrich von Gagern (* 1794, † 1848) schnell unterdrückt.

12. April Der Bundestag beschließt, die Räumung Schleswigs von dänischen Truppen gewaltsam zu erzwingen, um Dänemark an der Annexion des Herzogtums zu hindern, und erkennt die provisorische schleswig-holsteinische Landesregierung in Kiel an. – Führung des Kriegs gegen Dänemark v. a. durch preußische Truppen.

3. April Der dem Bundestag beigeordnete *Siebzehnerausschuß* (17 von den Einzelstaaten ent-
– 8. Mai sandte Politiker) arbeitet eine erbkaiserlich-föderativ-konstitutionelle *Verfassung* mit Zweikammersystem, Grundrechtskatalog und Verfassungsgewähr aus, deren Grundmuster für die weitere deutsche Verfassungsgeschichte beispielgebend ist, obgleich die Verfassung nicht Realität wird.

25. April In der Verfassungsurkunde des Innenministers Franz Freiherr von Pillersdorf (* 1786, † 1862) für alle österreichischen Provinzen (also außer Ungarn) wird festgesetzt (§ 4): „Allen Volksstämmen ist die Unverletzlichkeit ihrer Nationalität und Sprache gewährleistet."

15. Mai Zweiter Aufstand Wien, der die Einberufung eines (gesamt-)österreichischen Reichstags erzwingt.

17. Mai Der regierungsunfähige Kaiser Ferdinand I. verläßt Wien und geht in das der Monarchie ergebene Innsbruck.

18. Mai *Deutsche Nationalversammlung (Parlament) in Frankfurt am Main (Paulskirche) eröffnet.*

Die Frankfurter Nationalversammlung

Von den für Österreich bestimmten Abgeordneten werden nur zwei Drittel gewählt, weil die tschechischen Wahlkreise Böhmens nicht mitwählen: Der tschechische Historiker František Palacký (* 1798, † 1876) lehnt die deutsche Einladung am 11. April in erster Linie mit dem Hinweis darauf ab, daß er kein Deutscher sei. Die Nationalversammlung von rund 585 Abgeordneten besteht überwiegend aus wirtschaftlich gesicherten Männern (meist Juristen, Verwaltungsbeamte, Professoren), die bereits herausgehobene Positionen im öffentlichen Leben bekleiden *(„Honoratiorenparlament")* und keiner bestimmten politischen Richtung rückhaltlos verpflichtet sind. Gleichwohl bildet sich eine *parteimäßige Struktur* von fortwirkender Bedeutung aus; die Fraktionen benennen sich noch nach Tagungslokalen, stellen aber eine Aufgliederung politischer Richtungen und Flügel dar. Den geistigen Schwerpunkt der Verfassungsarbeit bildet das rechte Zentrum. Zum Präsidenten wird der liberale hessen-darmstädtische Minister *Heinrich Freiherr von Gagern* (* 1799, † 1880) gewählt, der für die Grundlage des Verfassungswerks der Nationalversammlung die „Souveränität der Nation" erklärt. Zu den Abgeordneten gehören auch einzelne Tschechen aus Mähren, Italiener aus Südtirol (Trentino), ein Pole aus Posen. Ein Großteil der Arbeit wird in den Ausschüssen geleistet, deren wichtigster der Verfassungsausschuß ist.

Die berufsständische Zusammensetzung der Frankfurter Nationalversammlung

1. Geistige und freie Berufe		2. Staats- und Gemeindediener		3. Wirtschaftsstände	
a) Professoren an Universitäten und Gymnasien	94	a) Offiziere	18	a) Landwirte	46
b) Lehrer	30	b) Diplomaten	11	b) Kaufleute	35
c) Geistliche	39	c) Richter, Staatsanwälte	110	c) Fabrikanten	14
d) Advokaten	106	d) Höhere Verwaltungsbeamte	115	d) Handwerker	4
e) Ärzte	23	e) Bürgermeister	21		
f) Bibliothekare	3	f) Mittlere Beamte	37		
g) Verleger, Buchhändler	7				
h) Schriftsteller	20				
i) Sonst. Akademiker	35				
	357		312		99

Insgesamt:		Davon akademisch gebildet:	
1. Geistige und freie Berufe	357	1. Geistige und freie Berufe	rd. 300
2. Staats- und Gemeindediener	312	2. Staats- und Gemeindediener	rd. 250
3. Wirtschaftsstände	99	3. Berufslose (mindestens 20 von 44)	rd. 20
4. Ohne Berufsangabe	44		
	812		rd. 570

Die Fraktionen der Nationalversammlung

Hauptrichtung	Flügel der Hauptrichtung	Fraktion („Partei")	Politische Ziele	Bedeutende Mitglieder (in Auswahl; nicht repräsentativ für die Fraktionsstärke)
DEMOKRATISCHE LINKE	extreme Linke	Donnersberg	Großdeutsch-nationale Demokratie durch revolutionäre Aktion	Arnold Ruge (*1802, †1880)
DEMOKRATISCHE LINKE	gemäßigte Linke	Deutscher Hof	Parlamentarisch-demokratische Republik	Robert Blum (*1807, †1848), Johann von Itzstein (*1775, †1855)
DEMOKRATISCHE LINKE	gemäßigte Linke	Nürnberger Hof (Abspaltung vom Deutschen Hof im Oktober 1848)	Parlamentarisch-demokratische Republik	Wilhelm Löwe („Calbe") (*1814, †1886)
DEMOKRATISCHE LINKE	gemäßigte Linke	Westendhall (Abspaltung vom Deutschen und Württemberger Hof im Sept. 1848)	Kleindeutsches Erbkaisertum	Jakob Venedey (*1805, †1871) vom Deutschen Hof, Franz Raveaux (*1810, †1851) vom Württemberger Hof
LIBERALE MITTE	linkes Zentrum	Württemberger Hof	Mehrheitlich für großdeutsche Lösung	Friedrich Theodor von Vischer (*1807, †1887), Karl Mittermaier (*1787, †1867), Heinrich Simon (*1805, †1860), Arnold Duckwitz (*1802, †1881)
LIBERALE MITTE	linkes Zentrum	Augsburger Hof (Abspaltung vom Württemberger Hof im Dez. 1848)	Erbkaiserlich-kleindeutsche Lösung	Robert von Mohl (*1799, †1875), Gustav Rümelin (*1815, †1889)
LIBERALE MITTE	linkes Zentrum	Landsberg (Abspaltung von Kasino und Württemberger Hof)	Demokratische Monarchie, preußische Machtposition / Parlamentarische Monarchie	Sylvester Jordan (*1792, †1861) vom Württemberger Hof, Wilhelm Jordan (*1819, †1904) vom Deutschen Hof
LIBERALE MITTE	rechtes Zentrum	Kasino	Mehrheitlich für preußische Führung. Starke Zentralgewalt mit auf die Legislative beschränkter Volksvertretung	Ernst Moritz Arndt (*1769, †1860), Friedrich Christoph Dahlmann (*1785, †1860), Johann Gustav Droysen (*1808, †1884), Max Duncker (*1811, †1886), Jacob Grimm (*1785, †1863), Georg Waitz (*1813, †1886), Eduard Simson (*1810, †1899), Hermann von Beckerath (*1801, †1870), Friedrich Daniel Bassermann (*1811, †1855), Karl Mathy (*1806, †1868)
LIBERALE MITTE	rechtes Zentrum	Pariser Hof (Abspaltung vom Kasino)	Großdeutsche Lösung	Anton von Schmerling (*1805, †1893), Johann Heckscher (*1797, †1865), Karl Theodor Welcker (*1790, †1869)
KONSERVATIVE RECHTE	Protestanten, Konservative	Café Milani	Einzelstaatlich-monarchische Integrität im föderalistischen Rahmen	Max Grävell (*1781, †1860), Ernst Merck (*1811, †1863), Karl Ludwig von Bruck (*1798, †1860), Joseph Maria von Radowitz (*1797, †1853), Franz Joseph Buß (*1803, †1878)

748 Neuzeit – Französische Revolution bis Erster Weltkrieg

31. Mai Die Nationalversammlung beschließt auf Antrag der österreichischen Abgeordneten eine Schutzerklärung für die nichtdeutschen Minderheiten, laut der „den nicht deutsch redenden Volksstämmen Deutschlands [...] ihre volkstümliche Entwicklung" und die Gleichberechtigung ihrer Sprache in Kirche, Schule, innerer Verwaltung und Rechtspflege gewährleistet wird (später § 188 der Reichsverfassung von 1849).

1. Juni In Köln beginnt unter Leitung von Karl Marx und Mitarbeit von Friedrich Engels die radikal-republikanische „Neue Rheinische Zeitung" zu erscheinen (bis 19. Mai 1849).

2.–12. Juni Slawenkongreß in Prag, beschickt von den österreichischen Slawen und den Posener Polen (der einzige Russe ist der Anarchist Michail Alexandrowitsch Bakunin; * 1814, † 1876), beschließt unter Leitung Palackýs ein Manifest, das die Umformung des österreichischen Kaiserstaats „in einen Bund von gleichberechtigten Völkern" wünscht. Das Programm ist für die Erhaltung der Donaumonarchie (in der Palacký ein Gegengewicht gegen die Gefahr einer russischen Universalmonarchie sieht) und gegen die Vereinigung der Deutschösterreicher mit Deutschland.

13. Juni Erster Demokratenkongreß in Frankfurt a. M. beschließt Zentralisierung der demokratischen Vereine (Zentrale Berlin) und Parteiprogramm für das Ziel einer demokratisch-unitarischen deutschen Republik.

16. Juni Pfingstaufstand der tschechischen Radikalen in Prag, niedergeworfen von Alfred Fürst zu Windischgrätz (* 1787, † 1862).

29. Juni Auf Vorschlag ihres Präsidenten Gagern wählt die deutsche Nationalversammlung *Erzherzog Johann von Österreich* (* 1782, † 1859) zum *Reichsverweser;* der Bundestag überträgt ihm seine Vollmachten.

1. Juli Gründung der Neuen Preußischen Zeitung („Kreuzzeitung"; bis 1939) als Organ der konservativ-junkerlichen Gegenbewegung.

15. Juli Erzherzog Johann ernennt ein deutsches *Reichsministerium* (Ministerpräsident: bis Sept. 1848 Karl Fürst von Leiningen [* 1804, † 1856]); doch es zeigt sich bald, daß die neugeschaffene **Zentralgewalt** weder den Einzelstaaten noch dem Ausland gegenüber wirkliche Macht hat. – Beginn des Handwerker- und Gewerbekongresses in Frankfurt a. M., der (15. August) der Nationalversammlung den Entwurf einer allgemeinen deutschen Gewerbeordnung (gegen Gewerbefreiheit) zuleitet. (Bruch mit den nicht gleichberechtigt zugelassenen Gesellen.)

20. Juli Daher Beginn eines eigenen Gesellenkongresses, der sich zum Gesellen- und Arbeiterkongreß ausweitet.

22. Juli Konstituierender österreichischer Reichstag eröffnet.

12. Aug. Kaiser Ferdinand kehrt auf Wunsch des Reichstags nach Wien zurück.

18./19. Aug. „Junkerparlament" (Vereinigung der agrarisch-konservativen Opposition Preußens gegen die preußische Nationalversammlung); Ausgangspunkt zur Bildung einer konservativen Partei.

23. Aug. –3. Sept. Erster *Allgemeiner Deutscher Arbeiterkongreß* in Berlin unter Leitung von Stephan Born (* 1824, † 1898, Setzergeselle, Beziehung zu Marx und Engels) nach vorangegangener lebhafter Organisationstätigkeit (Arbeitervereine). Beschlossen werden Organisations- und Selbsthilfemaßnahmen, soziale und politische Forderungen (u. a. gewerkschaftliche Organisation von Lokalkomitees der Arbeiter mit Assoziationskassen, Gewährung des Wahlrechts an alle männlichen Einundzwanzigjährigen, Abschaffung der indirekten Steuern, Zehnstundentag, unentgeltlicher Volksschulunterricht ohne konfessionellen Religionsunterricht). (Born wird Vorsitzender des „Zentralkomitees der deutschen Arbeiterverbrüderung" mit dem Sitz in Leipzig und Redakteur des Korrespondenzblatts „Die Verbrüderung". Die Arbeiterorganisationen werden 1854 durch Beschluß des Bundestags aufgehoben.)

26. Aug. Unter britisch-russischem Druck schließt Preußen den *Waffenstillstand von Malmö* mit Dänemark (Räumung von Schleswig und Holstein, Absetzung der provisorischen deutschen schleswig-holsteinischen Regierung).

5. Sept. Die Frankfurter Nationalversammlung verwirft unter Führung des liberalkonstitutionellen Historikers Friedrich Christoph Dahlmann (* 1785, † 1860) mit einer linken Mehrheit den preußisch-dänischen Waffenstillstand; daraufhin Rücktritt des Reichsministeriums Leiningen.

7. Sept. Der österreichische Reichstag beschließt aufgrund eines (25. Juli) von dem Bauernsohn Hans Kudlich (* 1823, † 1917) gestellten Antrags die Aufhebung aller bäuerlichen Untertänigkeitsverhältnisse.

16. Sept. Die deutsche Nationalversammlung billigt Malmö, nachdem Dahlmanns Versuch einer Reichs-Regierungsbildung gescheitert ist; neuer Reichs-Ministerpräsident wird der bisherige Innenminister Anton von Schmerling (bis Dez. 1848; * 1805, † 1893).

18. Sept. In einem Volksaufstand werden die Abgeordneten Felix Fürst Lichnowsky (* 1814) und General Hans von Auerswald (* 1792) ermordet. Preußische und österreichische Truppen stellen die Ruhe wieder her.

Einzelstaaten – Deutschland – Revolution von 1848/1849   749

Die Autorität der deutschen Nationalversammlung ist schwer erschüttert durch ihre augenfällig gewordene Schwäche gegenüber der revolutionären Linken und den Staatsregierungen.

21.–25. Sept. *Zweiter badischer Aufstand* mit Ausrufung der deutschen Republik durch Struve in Lörrach (nahe Basel), niedergeschlagen von badischen Truppen bei Staufen (nahe Freiburg i. Br.).

3.–6. Okt. Erster Deutscher Katholikentag (Generalversammlung der Pius-Vereine).

6. Okt. Dritter allgemeiner Aufstand in Wien, Barrikadenkämpfe. Der Kriegsminister Theodor Graf Baillet von Latour (* 1780) wird ermordet, das Zeughaus geplündert. Kaiser Ferdinand begibt sich nach Olmütz (Nordmähren, heute Olomouc).

27. Okt. Die Frankfurter Nationalversammlung nimmt in erster Lesung einen Entwurf zu §§ 2/3 der Reichsverfassung an, laut dem (§ 2) kein Teil des Deutschen Reiches mit nichtdeutschen Ländern zu einem Staat vereinigt sein und (§ 3) zwischen einem deutschen und einem nichtdeutschen Land, die dasselbe Staatsoberhaupt haben, nur Personalunion bestehen darf. Damit ist *Österreich vor die Wahl gestellt,* entweder einer Auflösung seines Staatsverbands in eine Personalunion zuzustimmen oder dem neuen Deutschen Reich fernzubleiben.

26.–30. Zweiter deutscher Demokratenkongreß in Berlin ohne Ergebnis.

31. Okt. *Einnahme Wiens* nach achttägigen heftigen Kämpfen durch kaiserliche Truppen (Windischgrätz und Josef Jelačić, Ban von Kroatien [* 1801, † 1859]).

2. Nov. *Konservatives Ministerium* Friedrich Wilhelm Graf von Brandenburg (* 1792, † 1850) *in Preußen.*

9. Nov. Robert Blum (* 1807), Mitglied des Frankfurter Parlaments, (und viele andere) durch kaiserliche Truppen nach der Einnahme Wiens standrechtlich erschossen. – Die preußische Nationalversammlung in Berlin wird auf Befehl des Königs vertagt und zum 27. November in die Stadt Brandenburg berufen.

10. Nov. General Friedrich von Wrangel (* 1784, † 1877) rückt, ohne Widerstand zu finden, in Berlin ein.

21. Nov. *Felix Fürst zu Schwarzenberg* (* 1800, † 1852) übernimmt das kaiserliche Ministerium.

22. Nov. Der österreichische Reichstag, nach Kremsier (heute Kroměříž) in Mähren verlegt, wird wieder eröffnet.

27. Nov. Schwarzenbergs Programm ist die Absage an den Frankfurter Verfassungsentwurf: „Österreichs Fortbestand in staatlicher Einheit ist ein deutsches wie ein europäisches Bedürfnis."

2. Dez. Kaiser Ferdinand I. dankt ab; ihm folgt sein Neffe *Franz Joseph I.* (* 1830, † 1916). **Wiedererstarken der Donaumonarchie** durch das Zusammenwirken von Dynastie, Armee und Bürokratie.

5. Dez. Da die preußische Nationalversammlung in Brandenburg nicht in beschlußfähiger Zahl zustande kommt, befiehlt der König ihre Auflösung und die Verkündung **(Oktroyierung) einer preußischen Verfassung** (31. Jan. 1850 in Kraft).

15. Dez. Das Scheitern seines großdeutsch-österreichischen Programms zwingt Reichs-Ministerpräsident Schmerling zum Rücktritt.

18. Dez. Nachfolger (bis März/Mai 1849) wird der bisherige Präsident der Nationalversammlung, Heinrich von Gagern, der die kleindeutsch-erbkaiserliche Lösung anstrebt.
Der Konflikt um die **großdeutsche oder kleindeutsche Lösung** hat die bisherige Fraktionsgliederung des Paulskirchenparlaments weitgehend umgewandelt: Nun stehen die gemäßigt-konstitutionellen Fraktionen als Erbkaiserliche Partei, die als vorläufige Konzeption einen Bundesstaat ohne Österreich mit dem König von Preußen als Kaiser vertritt, gegen „großdeutsche" Österreicher, Süddeutsche und Republikaner, die Österreich an der Spitze Deutschlands erhalten wollen.

**1849
4. März** Der Reichstag von Kremsier wird aufgelöst und eine Verfassung für Österreich oktroyiert, die die Erhaltung des österreichischen Gesamtstaates voraussetzt (§ 5: „Alle Volksstämme sind gleichberechtigt, und jeder Volksstamm hat ein unverletzliches Recht auf Wahrung und Pflege seiner Nationalität und Sprache"). (Die Verfassung wird 1851 wieder aufgehoben, ohne tatsächlich in Kraft getreten zu sein.)

28. März In Frankfurt wird die *deutsche Reichsverfassung* nach langen Auseinandersetzungen vollendet. Die aus der Verbindung von unitarischen und föderativen, demokratischen und monarchischen Elementen entstandene Kompromißverfassung kann, obwohl sie nicht in Kraft tritt, die deutsche Verfassungsentwicklung (nicht zuletzt durch ausführliche und fortschrittliche Grundgesetzkodifikation) maßgeblich mitgestalten und ist nicht ohne Einfluß auf die Reichsverfassungen von 1867/1871 und 1919. – Kaiserwahl: Friedrich Wilhelm IV. von Preußen mit 290 Stimmen (bei 248 Enthaltungen) gewählt.

3. April Der König von Preußen erklärt einer Abordnung des Frankfurter Parlaments (Eduard Simson [* 1810, † 1899; 1867–1873 Reichstagspräsident]), die ihm angetragene Würde eines Kaisers der Deutschen nur mit Zustimmung aller deutschen Regierungen, d. h. der Fürsten, annehmen zu können.

Verfassungswerk der Frankfurter Nationalversammlung von 1849

14. April Bedingungslose Anerkennung der Reichsverfassung durch 28 Regierungen (alle deutschen Staaten außer Österreich, den Königreichen und einzelnen Kleinstaaten; am 24. April folgt Württemberg, Anfang Mai die provisorischen Regierungen Sachsens und der Rheinpfalz).
28. April Endgültige Ablehnung der Kaiserwahl durch Friedrich Wilhelm IV.
April/Mai In zahlreichen deutschen Staaten gibt es für die Annahme der Reichsverfassung eine breite parlamentarische und außerparlamentarische Bewegung, die sich an mehreren Brennpunkten zur **Mairevolution 1849 verdichtet:**
1.–17. Mai Die linksrheinische Pfalz erhebt sich gegen Bayern, das sich besonders energisch gegen die Frankfurter Reichspolitik wendet (konservative Regierung Ludwig von der Pfordten [*1811, †1880], März 1849–März 1859 und Dez. 1864–Dez. 1866), und bildet eine provisorische Regierung, die sich von Bayern lossagt.
3.–9. Mai Aufstand in Dresden, unterstützt durch andere sächsische Städte, führt nach der Flucht des Königs zur Bildung einer provisorischen Regierung mit den linken Frankfurter Abgeordneten Otto Heubner („Deutscher Hof"; *1812, †1893) und Samuel Erdmann Tzschirner („Donnersberg", *1812, †1870) sowie dem Gemäßigteren Karl Gotthelf Todt (*1803, †1852) an der Spitze. Die militärische Führung übernimmt der Arbeiterführer Stephan Born. Mit den Aufständischen solidarisieren sich u. a. der Hofbaumeister Gottfried Semper (Barrikadenbau; *1803, †1879) und der Hofkapellmeister Richard Wagner (*1813, †1883), die beide anschließend emigrieren.
5.–9. Mai In blutigem Barrikadenkampf wird der Aufstand mit preußischer Hilfe niedergeworfen. Zahlreiche Erschießungen und Zuchthausstrafen.
9.–15. Mai Einsetzen der preußischen **Unionspolitik:** Maßgeblich beraten von *Joseph Maria von Radowitz* (*1797, †1853; Sept.–Nov. 1850 Außenminister), will Friedrich Wilhelm IV. einen kleindeutschen, preußisch geführten, auf dynastischem Wege vereinbarten Bundesstaat verwirklichen, dem Österreich durch einen weiteren Bund angeschlossen werden soll.
10. Mai Rücktrittserklärung des Reichs-Ministerpräsidenten Gagern.
12.–16. Mai In Baden republikanischer Aufstand unter Beteiligung des Heeres und mit Bildung einer provisorischen Regierung Lorenz Brentano (*1813, †1891); zeitweiliger militärischer Oberbefehlshaber der polnische Revolutionsgeneral Ludwik Mierosławski (*1814, †1878). Großherzog Leopold (1830–1852; *1790) flieht.
  Neuwahlen in Baden mit durchgängigem Sieg der Linken.
16. Mai Großdeutsch-konservatives Reichsministerium mit Ministerpräsident Max Grävell (*1781, †1860), später Fürst August Sayn-Wittgenstein-Berleburg (bis Dez. 1849; *1788, †1874).
26./28. Mai Preußen, Sachsen, Hannover schließen das Dreikönigsbündnis und verabschieden die sog. *Erfurter Reichsverfassung* auf der Basis der preußischen Unionspolitik.

Einzelstaaten – Deutschland – Revolution von 1848/1849 751

30. Mai	Nach Abberufung der österreichischen (5. April), dann auch der preußischen (14. Mai) und anderer Abgeordneter durch die Regierungen aus der Frankfurter Nationalversammlung beschließt die linke Mehrheit die Verlegung nach Stuttgart („Rumpfparlament"), während die großdeutsch-gouvernementale Gruppe in Frankfurt bleibt. – *Dreiklassenwahlrecht in Preußen.*
6. Juni 18. Juni	Das *Rumpfparlament in Stuttgart* (etwa 100 Abgeordnete) wählt eine *provisorische Reichsregentschaft*, wird aber von der württembergischen Regierung gewaltsam aufgelöst.
Juni/Juli	Preußische und andere deutsche Bundestruppen (Oberbefehlshaber Prinz Wilhelm von Preußen [„Kartätschenprinz"], der spätere König und Kaiser Wilhelm I.) *besiegen die Aufständischen in der Pfalz und in Baden* und stellen die alte Ordnung wieder her, nicht ohne zahlreiche Todesurteile und Erschießungen. (Etwa 80 000 Badener [über 5% der Bevölkerung], darunter viele Teilnehmer am Aufstand wie Struve und Carl Schurz [* 1829, † 1906], emigrieren.)
25.–27. Juni	Eine Versammlung von 150 Mitgliedern der früheren Erbkaiserlichen Partei in Gotha stimmt mehrheitlich dem preußischen Unionsplan zu. Nach und nach Beitritt von 25 kleineren Staaten (Österreich und die Königreiche opponieren bzw. fallen ab) zur Union.
Aug.	Die endgültige Niederwerfung der Revolutionen in Ungarn und Italien befähigt Österreich zum Vorgehen gegen die preußische Unionspolitik.
Dez.	Erzherzog Johann legt die Würde des Reichsverwesers nieder.
1850	Inkrafttreten der (am 5. Dez. 1848) oktroyierten preußischen Verfassung (31. Jan.).

Die Verfassung Preußens von 1849/1850

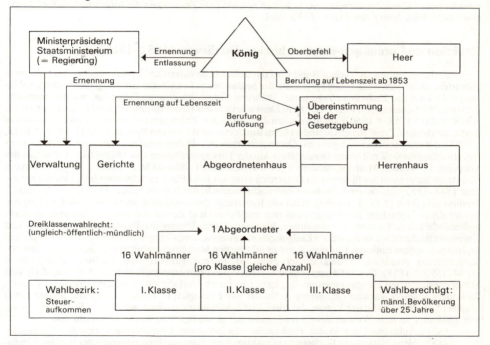

20. März –29. April	Das Erfurter Unions-Parlament (Abgeordnete fast zur Hälfte aus Preußen, darunter der spätere Ministerpräsident Bismarck) führt die Beratung und Beschließung der Verfassung der Deutschen Union nach den Wünschen des preußischen Königs durch.
Anf. Mai	Fürstenkongreß der Union in Berlin, der aber keine Einigung über das Inkraftsetzen des Unionsvertrags erzielt.
10. Mai	Den preußischen Unionsbestrebungen tritt Österreich (unter Schwarzenberg) entschlossen entgegen durch eine Konferenz der ihm anhängenden Staaten in Frankfurt a. M. und die
1. Sept.	*Wiedereröffnung des Frankfurter Bundestags* (ohne die nun nur noch 22 Unionsstaaten).
21. Sept. 25. Okt.	Eingreifen des Rumpf-Bundestags im Verfassungsstreit von Kurhessen sowie im erneuten Konflikt zwischen Dänemark und dem von Preußen unterstützten Holstein. *Akute Kriegsgefahr zwischen Österreich und Preußen.* Der Krieg wird auf russischen Druck durch preußisches Nachgeben vermieden:

752   Neuzeit – Französische Revolution bis Erster Weltkrieg

2. Nov.   Rücktritt des Außenministers Radowitz.
29. Nov.   **Olmützer Punktation** (Olmütz in Mähren) zwischen Österreich und Preußen, das auf das Eingreifen in Hessen verzichtet und seine deutsche Unionspolitik aufgibt.
1851   Es scheitert jedoch auch der Schwarzenbergsche Plan eines „Siebzigmillionenreichs" (Einbeziehung des gesamten Staatsgebiets der Donaumonarchie in einen reformierten Deutschen Bund).
Mai   Wiedereintritt der ehemaligen Unionsstaaten in den Bundestag. Damit ist der **Deutsche Bund** wiederhergestellt.

Zur Bewertung der deutschen Revolution von 1848/1849

Die bürgerlich-liberale Revolution scheitert an der **Doppelaufgabe einer Staats- und Verfassungsschöpfung** angesichts der zweifachen Frontstellung gegen demokratisch-sozialrevolutionäre Kräfte auf der einen, das Beharrungsvermögen der auf Dynastien, Bürokratien, Armeen und partikulare Tendenzen gestützten Einzelstaaten auf der anderen Seite. Die Wirkung besteht aber nicht nur in der Resignation des Bürgertums, das sich auf die Vereinbarung mit den herrschenden Gewalten verwiesen sieht, sondern z. B. in der *Klärung zentraler nationaler und Verfassungs-Fragen* (Rechtsstaat, Grundrechte, großdeutsch-kleindeutsch, Bundesstaatsprobleme) sowie – trotz des Rückschlages der Gegenrevolution – in der Förderung des gesellschaftlichen *Emanzipationsprozesses*. Österreich und Preußen – dieses nun unwiderruflich zum Verfassungsstaat geworden – befinden sich in deutlicher *Konkurrenz* um die Führung. Ein *Parteiensystem* mit dem in zwei Hauptrichtungen gespaltenen Liberalismus, den Anfängen einer konservativen und einer katholischen Partei sowie politischen Organisationen der Arbeiterbewegung ist auf gesamtdeutscher Ebene hervorgetreten. *In keiner wesentlichen Frage kann die folgende Ära der „Reaktion" tatsächlich hinter den März 1848 zurück.*

Reaktion und preußisch-österreichischer Dualismus (1851–1866)

Im wiederhergestellten Deutschen Bund wird das anfängliche österreichisch-preußische Einvernehmen alsbald durch den sich steigernden **Gegensatz der beiden deutschen Großmächte** abgelöst, in dessen Wirkungsfeld auch die *Zollvereinsfrage* gerät: Während Österreich eine großräumige, mitteleuropäische Zoll- und Wirtschaftsunion will (1849/1850 *Denkschriften des Handelsministers Karl Ludwig von Bruck* [1848–1851; * 1798, † 1860]), sucht Preußen den Deutschen Zollverein auf Hannover und Süddeutschland auszudehnen. Preußischer Gesandter beim Bundestag wird *Otto von Bismarck* (1851–1859; * 1815, † 1898), der die Gleichberechtigung mit Österreich erstrebt. – In den meisten Staaten *bürokratisch-konservative Innenpolitik* mit weitgehender Revision der Errungenschaften von 1848/1849, z. T. selbst des Vormärz: In Preußen Ministerpräsident Otto von Manteuffel 1850–1858 (* 1805, † 1882), in Bayern Ministerpräsident von der Pfordten. In *Österreich* erneuert Felix Fürst zu Schwarzenberg (Ministerpräsident 1848–1852) den österreichischen Großmachtanspruch; der Innenminister, 1849–1859 Alexander Freiherr von Bach (* 1813, † 1893), führt die Regierung absolutistisch-zentralistisch, auch in Ungarn, wo der deutschsprachige Beamtenzentralismus mit Polizei und Zensur auf passiven Widerstand stößt; bedeutende innere Reformen: Verwaltung, Finanzen, Durchführung der Bauernbefreiung, Schul- und Universitätsreform. – Die deutschen **Einigungsbestrebungen**, deren Träger in erster Linie das Bürgertum ist, finden seit dem Ende der fünfziger Jahre in zahlreichen Massenveranstaltungen (Schützen-, Turner-, Sängerfesten) Ausdruck. Protektor der Feste ist Herzog Ernst II. von Sachsen-Coburg-Gotha (1844–1893, * 1818). Der 1859 gegründete *Deutsche Nationalverein* stellt sich die Aufgabe, Ziele und Mittel der deutschen Einigungsbewegung „immer klarer im Volksbewußtsein hervortreten zu lassen". Zu seinem engeren Ausschuß gehören u. a. Rudolf von Bennigsen (* 1824, † 1902) und Johann (von) Miquel (* 1828, † 1901); der Verein, der rund 25 000 Mitglieder gewinnt, hält an der Reichsverfassung von 1849 und an dem Wunsch der Zugehörigkeit der deutschen Provinzen Österreichs fest.

1851   Aufhebung der in der Paulskirche beschlossenen Grundrechte durch den Bundestag.
1852   Neue Verfassung Kurhessens in reaktionärem Sinne mit Unterstützung des Bundes. – Preußen und Österreich vereinbaren mit den drei anderen Großmächten sowie Schweden und Dänemark das *Zweite Londoner Protokoll,* das das Erbfolgerecht weiblicher Linie für Dänemark, Schleswig und Holstein anerkennt. Dänemark sichert die Sonderstellung der beiden Herzogtümer zu.
1854   Hannover und die anderen Mitglieder des (norddeutschen) Steuervereins schließen sich dem Deutschen Zollverein an. Die preußische Erste Kammer wird durch Königliche Verordnung in das vom Adel dominierte Herrenhaus umgewandelt. – Österreichisch-russische Verstimmung sowie russisch-preußische Annäherung im Zuge des Krimkrieges.
1854/1860   Bemühungen mittelstaatlicher Regierungen um die Bildung einer dritten Kraft zwischen Österreich und Preußen (Triaspolitik), Konferenzen von Bamberg und Würzburg.
1857   In Preußen übernimmt *Prinz Wilhelm* (* 1797, † 1888), nachdem sein Bruder, König Friedrich Wilhelm IV., durch schwere geistige Erkrankung regierungsunfähig geworden ist,

Einzelstaaten – Deutschland – Reaktion und preußisch-österreichischer Dualismus 753

die Stellvertretung (1858 die Regentschaft). Innenpolitischer Kurswechsel durch Berufung liberaler Minister: Die *„Neue Ära"*.

1859 Gründung des Deutschen Nationalvereins in Frankfurt a. M. Der 100. Geburtstag Schillers veranlaßt in ganz Deutschland national-patriotische Gedenkfeiern. – Österreich verliert den Krieg gegen Frankreich und Sardinien, muß auf die Lombardei verzichten. Der von Hermann Schulze-Delitzsch (* 1808, † 1883) nach Weimar einberufene erste Genossenschaftstag gründet den Allgemeinen Verband der auf Selbsthilfe bestehenden deutschen Erwerbs- und Wirtschaftsgenossenschaften.

1860 Infolge der militärischen Niederlage Österreichs Aufgabe des zentralistisch-spätabsolutistischen Systems Schwarzenberg-Bach durch Konstitutionalisierung und Entgegenkommen gegenüber den Nationalitäten *(Oktoberdiplom)*.

1861 Februarpatent: Politik des Oktoberdiploms abgelöst durch ein deutsch-liberal gefärbtes Verfassungsexperiment (Zweikammerparlament [Reichsrat], dessen Abgeordnetenhaus aus indirekten Wahlen der Landtage gebildet wird) des Regierungschefs (1861–1865) Anton von Schmerling (* 1805, † 1893), der damit die Entwicklung Österreichs zur konstitutionellen Monarchie einleitet.

Nach dem Tod Friedrich Wilhelms IV. wird der Prinzregent König:

1861–1888 **Wilhelm I., König von Preußen** (ab 1871 zugleich Deutscher Kaiser; vermählt mit Prinzessin Augusta von Sachsen-Weimar [* 1811, † 1890], die politisch nicht ohne Einfluß ist).

1860 Als Machtausgleich für die von Wilhelm I. und Kriegsminister Albrecht von Roon (1859–1873; * 1803, † 1879) erstrebte Heeresverstärkung (verbunden mit Abdrängen der Landwehr in die Reserve und Wahrung des extrakonstitutionellen Charakters der Armee als Machtfaktor der Krone) werden vom Abgeordnetenhaus, das mit liberaler Mehrheit die von der Regierung vorgesehenen Ausgaben ablehnt, eine Verstärkung seines Budgetrechts und der Verzicht auf die dreijährige Dienstzeit verlangt.

1861 Die liberale Opposition schließt sich zur *Deutschen Fortschrittspartei* zusammen, die bei Neuwahlen die relative Mehrheit erhält.

1862–1866 *Verfassungskonflikt in Preußen.*

1862 Ausscheiden der liberalen Minister aus der Regierung. Der Landtag wird aufgelöst und mit verstärkter liberaler Mehrheit neugewählt. Kompromißvorschläge scheitern daran, daß Wilhelm I. an der dreijährigen Dienstzeit festhält. Die Abdankung des Königs wird durch die Ernennung **Otto von Bismarcks** (* 1815, † 1898) zum Ministerpräsidenten verhindert, der die Regierung auch gegen die parlamentarische Mehrheit führt und (vier Jahre lang) ohne verfassungsmäßig bewilligtes Budget regiert. – Gründung des Deutschen Reformvereins (Publizist Julius Fröbel [* 1805, † 1893]) in Frankfurt a. M. (gegen den Deutschen Nationalverein) mit großdeutschem Programm für die deutsche Einigung.

1863 Schmerling verfolgt eine aktive Deutschlandpolitik und legt hierzu einen großdeutschen Bundesreformplan (deutsches Parlament aus Delegierten der einzelstaatlichen Kammern) vor. Einladung zu dem von Kaiser Franz Joseph geleiteten Frankfurter Fürstentag. Die Mehrzahl der Fürsten wird für den Entwurf gewonnen, doch scheitert der Plan, weil König Wilhelm den Fürstentag auf Bismarcks Drängen nicht besucht und die Mittelstaaten nicht ohne Preußen abschließen wollen.

Preußen schließt mit Rußland die Alvenslebensche Konvention zu gegenseitiger Unterstützung bei der Niederwerfung des polnischen Aufstandes; das preußische Abgeordnetenhaus fordert dagegen absolute Neutralität.

Wiederbeginn der *Arbeiterbewegung:* Allgemeiner Deutscher Arbeiterverein unter Führung von Ferdinand Lassalle (* 1825, † 1864); Vereinstag deutscher Arbeitervereine in Tradition der (von 1850 ab verbotenen) „Arbeiterverbrüderung" von 1848, beeinflußt durch den linksliberalen Genossenschaftspolitiker Hermann Schulze-Delitzsch.

1864 *Krieg Österreichs und Preußens gegen Dänemark:* Christian IX. (* 1818, † 1906), König von Dänemark nach dem Tod König Friedrichs VII. († 1863), bestätigt eine Verfassung, die im Widerspruch zu den Vereinbarungen mit Preußen und Österreich (u. a. Londoner Protokoll 1852) die Einverleibung Schleswigs in Dänemark vorsieht. Österreich und Preußen fordern die Aufhebung dieser Verfassung und marschieren, als Dänemark ablehnt, in Schleswig ein. In Deutschland nationalbetonte Bewegung zugunsten des (seit dem Verzicht von Herzog Christian August umstrittenen) Erbrechts der Linie Schleswig-Holstein-Sonderburg-Augustenburg (Herzog Friedrich [VII.] [* 1829, † 1880]). Siege der deutschen Truppen.

18. April Die Preußen erstürmen die Düppeler Schanzen.

29. Juni Nach mehrwöchigem Waffenstillstand Übergang auf die Insel Alsen.

1. Aug. Nach Verhandlungen Vorfriede in Wien.

30. Okt. Friede von Wien: Dänemark tritt die Herzogtümer Schleswig, Holstein und Lauenburg an Österreich und Preußen ab.

1865 Bismarck, der auf eine Angliederung der Herzogtümer an Preußen hinarbeitet, bekämpft die Bewegung zugunsten des Augustenburgers in Schleswig-Holstein. Ein Ausgleich mit

754 Neuzeit – Französische Revolution bis Erster Weltkrieg

14. Aug.	Österreich (Außenminister Johann Bernhard Graf Rechberg 1859–1864; * 1806, † 1899) gelingt ihm im *Vertrag von Gastein* (heute Badgastein im österreichischen Bundesland Salzburg): die Ausübung der gemeinsamen Rechte in den Herzogtümern soll in Holstein Österreich, in Schleswig Preußen zustehen; Lauenburg kommt gegen Geldentschädigung an Preußen; Kiel soll Bundeshafen unter preußischem Oberbefehl werden. Die Verlängerung des Zollvereinsvertrags und der Handelsvertrag zwischen Österreich und dem Deutschen Zollverein bedeuten faktisch das *Scheitern der österreichischen Zollunionspolitik* von 1849/1850. – Etwa gleichzeitig mit der 1863 neu ansetzenden Arbeiterbewegung vollzieht sich der öffentlich sichtbare *Beginn der seit den vierziger Jahren sich vorbereitenden deutschen Frauenbewegung:* Eröffnung der ersten deutschen Frauenkonferenz in Leipzig. Dort Gründung des Allgemeinen Deutschen Frauenvereins. (Von da an lebhafte Frauenorganisationsbildungen. 1913 umfaßt der Bund deutscher Frauenvereine rd. eine halbe Mio. Mitglieder.)
1866	Spannungen in der schleswig-holsteinischen Frage werden von Bismarck benutzt, um *Preußen die Vormachtstellung in Deutschland mit kriegerischen Mitteln* zu verschaffen:
April	Befristetes geheimes Angriffsbündnis Preußens mit Italien gegen Österreich; Antrag Preußens beim Bundestag in Frankfurt auf Bundesreform durch ein deutsches Parlament aufgrund des allgemeinen Wahlrechts.
Juni	Nachdem Österreich erklärt hat, die Erbfolge in Holstein dem Bundesurteil zu unterwerfen (Verletzung des Gasteiner Vertrags von 1865), rücken preußische Truppen in Holstein ein. Außerdem beantragt Preußen Bundesreform mit Ausschluß Österreichs. – Österreich schließt einen Geheimvertrag mit Frankreich, das für die künftige Abtretung Venetiens an Frankreich sowie u. U. die Bildung eines „unabhängigen" Rheinstaats auf Kosten Preußens Neutralität verspricht. – Der Bundestag beschließt auf österreichisch-bayrischen Antrag die Mobilmachung eines Teils der Bundesarmee. Preußen erklärt die Bundesakte für gebrochen und tritt aus dem Bund aus. Sachsen, Kurhessen, Hannover lehnen Preußens Aufforderung, sich dem preußischen Reformvorschlag anzuschließen, ab.
15. Juni –26. Juli	**Krieg um die Vorherrschaft in Deutschland** („Deutscher Krieg"), zugleich österreichisch-italienischer Krieg. Preußen kämpft im Bund mit den kleineren norddeutschen Staaten (mit Preußen 18) gegen Österreich, Bayern, Württemberg, Sachsen, Hannover, Baden, Kurhessen, Hessen-Darmstadt, Nassau u. a. (insges. 13).
29. Juni	Die hannoveranische Armee wird bei Langensalza (im Thüringer Becken nahe der Unstrut) zur Kapitulation gezwungen.
3. Juli	Die militärische Entscheidung fällt in der Schlacht bei *Königgrätz* (Nordböhmen, heute Hradec Králové). Entgegen den französischen Erwartungen siegen die vereinigten preußischen Armeen (Chef des Generalstabs 1857–1888 Helmuth von Moltke [* 1800, † 1891]) über das österreichische Hauptheer (Ludwig August von Benedek [* 1804, † 1881]).
26. Juli	Gegen den Willen des Königs, mit Unterstützung des Kronprinzen (des späteren Kaisers Friedrich [* 1831, † 1888]) setzt Bismarck den Österreich entgegenkommenden Vorfrieden von Nikolsburg (Südmähren, heute Mikulov) durch, um Kompensationsforderungen des von Österreich zur Vermittlung angerufenen Kaisers Napoleon III. sowie die Einmischung Rußlands auszuschließen und Österreich künftig als Bundesgenossen zu gewinnen. Die französischen Forderungen nach deutschen Gebieten werden von Bismarck abgelehnt.
Aug.	Friedensschlüsse und (zunächst geheime) Schutz- und Trutzbündnisse Preußens mit den süddeutschen Staaten.
23. Aug.	*Friede von Prag* zwischen Preußen und Österreich; Österreich stimmt der Auflösung des Deutschen Bundes, den von Preußen beabsichtigten Annexionen (mit Ausnahme von Sachsen, dessen Integrität anerkannt wird) und der geplanten Neugestaltung Deutschlands ohne Österreich zu. Österreichs Rechte in Schleswig-Holstein gehen auf Preußen über. Keine Gebietsabtretungen Österreichs an Preußen; Kriegsentschädigung 20 Mio. Taler.
3. Sept.	Das preußische Abgeordnetenhaus nimmt mit 230 gegen 75 Stimmen die *Indemnitätsvorlage* an (staatsrechtliche Entlastung der Regierung für die 1862–1865 budgetlos geführte Verwaltung), durch die der Verfassungskonflikt beendet wird. Zu den *Folgen des Verfassungskonflikts,* dessen Streitfragen sich z. T. auf die Ebene des Norddeutschen Bundes bzw. Deutschen Reichs verlagern, gehört außer der Neugruppierung der Parteien (Abspaltung des rechten, für die Indemnität stimmenden Flügels der Fortschrittspartei, aus dem 1867 die Nationalliberale Partei entsteht) eine Stärkung obrigkeitsstaatlicher und sozialkonservativer Tendenzen.
20. Sept.	*Preußen annektiert Hannover, Kurhessen, Nassau und Frankfurt a. M.*
1866–1867	**Gründung des Norddeutschen Bundes** unter Führung Preußens (mit den annektierten Gebieten) mit den Bundesgenossen von 1866, Sachsen und den nördlich des Mains gelegenen Teilen des Großherzogtums Hessen.
1867 12. Febr.	Der konstituierende norddeutsche Reichstag wird aufgrund des allgemeinen, gleichen und direkten Wahlrechts gewählt (rechtsliberal-konservative Mehrheit). Sein erster Präsident ist Eduard Simson (* 1810, † 1899), der letzte Präsident der Frank-

Einzelstaaten – Deutschland – Deutsches Reich im Zeitalter Bismarcks   755

furter Nationalversammlung. Die *Verfassung des Norddeutschen Bundes* wird die Grundlage für die spätere Reichsverfassung. Bismarck wird Bundeskanzler.

1867   *Österreichisch-ungarischer Ausgleich* (Ministerpräsident bzw. Reichskanzler Friedrich
Ferdinand [Graf] von Beust [* 1809, † 1886]): Die Niederlage von 1866 und der Verlust
Venetiens haben zur Folge, daß Wien durch Zustimmung zum staatlichen Dualismus die
Forderungen der Magyaren befriedigen muß. Das Königreich Ungarn mit Nebenländern
erhält einen eigenen Reichstag sowie ein eigenes Ministerium und schließt mit Österreich
ein Zoll- und Handelsbündnis, das alle zehn Jahre erneuert werden soll. Zur Beschlußfassung über die gemeinsamen Angelegenheiten treten jährlich abwechselnd in Wien und
Budapest getrennt tagende Delegationen aus beiden Reichs-Parlamenten (je 60 Abgeordnete) zusammen. Gemeinsam bleiben der „österreichisch-ungarischen Monarchie" das
Heer (mit deutscher Kommandosprache), die auswärtige Politik und die Finanzen. Außenminister: Beust (bis 1871), Julius Graf Andrássy (1871–1879; * 1823, † 1890).

Das Deutsche Reich im Zeitalter Bismarcks (1867/1871–1890)

Die Reichsgründung (1867–1871)

Nach der Jahrhundertmitte wird Mitteleuropa in wachsendem Maße von der **industriellen Revolution** erfaßt, deren Schwerpunkte – v.a. das heutige rheinisch-westfälische Industriegebiet (Ruhrgebiet) – größtenteils in *Preußen*, dem Hegemonialstaat des Zollvereins, liegen, so daß dieses einen entscheidenden
Vorteil vor dem österreichischen Kaisertum im Ringen um die *Führung in Deutschland* besitzt. Dies und
der wirtschaftliche Aufstieg des 1849/1850 an seiner politischen Emanzipation gehinderten Bürgertums
bilden wesentliche Rahmenbedingungen für die sich nun anbahnende *Lösung der deutschen Frage:* Nach
dem Sieg von 1866 und der Gründung des *Norddeutschen Bundes* sucht Bismarck, die süddeutschen
Staaten möglichst eng an diesen zu binden. In diesem Zusammenhang stehen die Militärbündnisse und
die Neubildung des Zollvereins. Die *kleindeutsche Reichsgründung* gelingt schließlich mit Hilfe des
Deutsch-Französischen Krieges.

1867   Durch Zollbundesrat und Zollparlament wird der *Deutsche Zollverein* zu einem politischen
Zusammenschluß zwischen dem Norddeutschen Bund und den vier süddeutschen Staaten.

1868   Wahlen zum Zollparlament. Gründungsjahr der meisten deutschen Gewerkschaften
(Berufsvereine). Dabei Konkurrenz der beiden sozialdemokratischen Richtungen und der
liberalen Gewerkvereine. Der Allgemeine Deutsche Arbeiterkongreß in Berlin beschließt
die Gründung des Verbands Deutscher Arbeiterschaften.

1869   Gründung der marxistischen *Sozialdemokratischen Arbeiterpartei* in Eisenach unter Füh-
rung von August Bebel (* 1840, † 1913) und Wilhelm Liebknecht (* 1826, † 1900).
Zusammenschluß der Hirsch-Dunckerschen Gewerkvereine zum Verband der Deutschen
Gewerkvereine. – Gewerbeordnung des Norddeutschen Bundes (1871 auf das Deutsche
Reich ausgedehnt): einheitliche Gewerbefreiheit.

1870–1871 **Deutsch-Französischer Krieg.**

1870   Die von Bismarck geförderte *Kandidatur* des Erbprinzen Leopold von Hohenzollern-Sig-
6. Juli   maringen (* 1835, † 1905) *auf den spanischen Thron* veranlaßt die französische Regierung
zu einer drohenden Kammererklärung.

12. Juli   Infolge der französischen Erregung verzichtet der Vater des Prinzen, Fürst Karl Anton
(* 1811, † 1885), im Namen seines Sohnes auf die Kandidatur.

13. Juli   Die Regierung Napoleons III. läßt von König Wilhelm in Bad Ems (im ehemals nassau-
ischen Teil Hessens) die Erklärung fordern, daß er einer solchen Kandidatur niemals wieder
seine Zustimmung geben werde, was dieser zurückweist. Bismarck gibt die telegraphische
Mitteilung der Vorgänge mit verschärfender Kürzung bekannt *(„Emser Depesche")*.
Nach diesen beiderseitigen Provokationen:

19. Juli   *Kriegserklärung Frankreichs* an Preußen.
Die süddeutschen Staaten stellen sich – entgegen französischen Erwartungen – sofort an
die Seite des Norddeutschen Bundes. Alle Nachbarn Deutschlands bleiben neutral. Die
deutsche Heeresleitung (Chef des Generalstabs General von Moltke) ergreift mit drei
Armeen die Offensive.

4./6. Aug.   Deutsche Erfolge in den Grenzschlachten von Weißenburg (Unterelsaß, französisch Wis-
sembourg), Wörth (südwestlich von Weißenburg), Spichern (Lothringen, französisch
Spickeren).

16./18.   Kämpfe gegen die Armee des Marschalls François Achille Bazaine (* 1811, † 1888) bei
Vionville und Mars-la-Tour bzw. Gravelotte und Saint-Privat; Bazaine muß sich in die
Festung Metz zurückziehen (Kapitulation 27. Okt.)

2. Sept.   *Kapitulation* der Armee des Marschalls Marie Edme Graf von Mac-Mahon (* 1808,
† 1893) *bei Sedan* (an der Meuse nahe der belgisch-französischen Grenze); Kaiser Napoleon III. wird gefangengenommen.

4. Sept.	Sturz des französischen Kaisertums. Frankreich Republik.
19. Sept.	Belagerung von Paris beginnt.
Okt./Nov.	In Verhandlungen – besonders mit Bayern – erreicht Bismarck den Zusammenschluß der süddeutschen Staaten, die eine Stärkung des föderalen Elements und Reservatrechte durchsetzen, mit dem Norddeutschen Bund zum Deutschen Reich.
Nov.–Febr.	Erfolgreiche Operationen gegen republikanische Entsatzheere werden mit der Übergabe von Belfort (16. Febr. 1871) abgeschlossen.
1871 **18. Jan.**	König Wilhelm I. von Preußen wird im Spiegelsaal des Schlosses von Versailles zum **Deutschen Kaiser** ausgerufen.
26. Febr.	Vorfriede von Versailles: Frankreich tritt an Deutschland das Elsaß (ohne Belfort) und Lothringen mit Metz ab. Frankreich zahlt in drei Jahren fünf Mrd. Francs.
10. Mai	Der *Frieden von Frankfurt a. M.* bestätigt den Vorfrieden.

Das Bismarckreich

Durch die Entstehung des Deutschen Reiches werden die europäischen Machtverhältnisse in vielen Beziehungen verändert. Die Niederlage im Krieg, das Erlebnis des unglücklichen Kampfes auf dem eigenen Boden, der Aufstieg Deutschlands, der Verlust von Elsaß und Lothringen werden in Frankreich nicht verwunden. Das Revanchebedürfnis einerseits, das Sicherheitsverlangen andrerseits belasten seitdem die deutsch-französischen Beziehungen und die ganze europäische Politik. Der deutsche Nationalstaat entspricht in seiner „kleindeutschen" Gestalt dem Verlangen und den von Bismarck kunstvoll genutzten politischen Möglichkeiten der Zeit; Bismarck erklärt Deutschland für „saturiert", ohne daß die letzten Konsequenzen aus dem Nationalstaatsgedanken gezogen worden sind.

Das Deutsche Reich (1870: 40,8 Mio. Einwohner) ist ein **Bundesstaat;** Träger der Souveränität ist die Gesamtheit der Fürsten und Freien Städte, vertreten im Bundesrat, in dem Preußen nur 17 von 58 Stimmen stellt. Der König von Preußen ist erblicher Deutscher Kaiser, der u. a. den Oberbefehl über die deutsche Land- und Seemacht führt (über die bayrische Armee nur im Kriegsfall), den Reichstag beruft, eröffnet, schließt (aufgrund eines Bundesratsbeschlusses auch auflösen kann) und den Reichskanzler ernennt. Der *Reichskanzler* (in der Regel zugleich preußischer Ministerpräsident) führt den Vorsitz im Bundesrat, ist allein verantwortlich (jedoch nicht im Sinne parlamentarischer Verantwortung vor dem Reichstag) und der Vorgesetzte der Staatssekretäre (geschäftsführende Leiter der Reichsämter).

Die Staatsorgane des Deutschen Reiches von 1871

Einzelstaaten – Deutschland – Deutsches Reich im Zeitalter Bismarcks 757

Bismarck (seit 1865 Graf, seit 1871 Fürst) ist 1871–1890 Reichskanzler. Reichsminister oder eine Reichsregierung als Institution gibt es nicht. Elsaß-Lothringen wird ein besonderes Reichsland, das (seit 1879) von einem Statthalter regiert wird und (seit 1911) im Bundesrat vertreten ist. Die *hegemoniale Stellung Preußens,* das (nach den Annexionen von 1866) 62% der Bevölkerung und 65% der Fläche des Reichs (1910) umfaßt, ist in der Reichsverfassung mehrfach verankert und mit föderativen Regelungen verbunden. Der Zollverein und preußische Militärkonventionen mit den übrigen Staaten (außer Bayern) vervollständigen das Gefüge nach der wirtschafts- und militärpolitischen Seite.

Der *Reichstag* (397 Abgeordnete) geht aus allgemeinen, gleichen, direkten und geheimen Wahlen hervor, ist aber nur zusammen mit dem Bundesrat Träger der Reichsgesetzgebung. Zwischen allgemeinem Wahlrecht und begrenzten Befugnissen des Parlaments (zumal faktische Einflußlosigkeit in der Außenpolitik) besteht eine Spannung, die in Auseinandersetzungen um den Heeresetat (in Kontinuität zum preußischen Heereskonflikt) und um parlamentarische Einflußnahme auf die Reichspolitik sichtbar wird. Das Mehrheitswahlrecht mit seiner trotz Bevölkerungsverschiebungen (Verstädterung) seit 1867/1871 stets gleichbleibenden Wahlkreiseinteilung begünstigt regional konzentrierte Parteien (Konservative, Zentrum) und wirkt sich v. a. gegen die Sozialdemokratie aus.

Es besteht allgemeine Wehrpflicht. Der *Bereich der militärischen Kommandogewalt* des Monarchen ist nach wie vor der ministeriellen Verantwortlichkeit und dem parlamentarischen Einfluß entzogen. In *Preußen* wird das Abgeordnetenhaus weiter nach dem Dreiklassenwahlrecht gewählt. Krone, Adel, Heer und die nach 1879 (Robert von Puttkamer [* 1828, † 1900], Vizepräsident des Staatsministeriums und Innenminister 1881–1888, Kultusminister 1879–1881) besonders konservativ geprägte Bürokratie dominieren. Das Reich braucht das preußische Staatsministerium und die preußische Verwaltung als Ergänzung und Unterbau seiner Exekutive, folgt jedoch z. T. anderen Entwicklungstendenzen. Die Spannung zwischen der parlamentarisch unabhängigen, monarchisch bestimmten Amtsaristokratie einerseits, der Dynamik der aufkommenden industriellen Gesellschaft mit ihren Interessenverbänden und der negativ integrierten Arbeiterschaft andererseits bleibt außerdem nicht nur erhalten, sondern verschärft sich. Noch belastender ist anfangs, daß nationale Minderheiten, linksliberales Bürgertum und der Katholizismus sich ablehnend verhalten bzw. mit dem Staat in Konflikt geraten.

Die stärkste Reichstagspartei sind in den ersten Jahren nach der Reichsgründung die *Nationalliberalen,* die Partei des national gesinnten Industrie- und Bildungsbürgertums (Führer Rudolf von Bennigsen [* 1824, † 1902; Fraktionsvorsitzender bis 1883 und 1887–1898] und Johannes von Miquel [* 1828, † 1901]), die für den liberalen Rechtsstaat und Bismarcks Außenpolitik eintritt. Gouvernemental ist die liberal-konservative (freikonservative), agrarisch-industrielle *Deutsche Reichspartei* eingestellt, während die stärkere, meist preußischen Altkonservativen dem Reich kritisch gegenüberstehen. Die auf altkonservativer Basis 1876 entstandene *Deutschkonservative Partei* entwickelt sich zur agrarischen Interessenvertretung. In Gegensatz zur Regierung tritt mehr und mehr die linksliberale *Fortschrittspartei* (später Freisinnige) unter Führung des streng parlamentarischen Altliberalen Eugen Richter (* 1838, † 1906). Oppositionell sind die Polen und einige kleinere Gruppen (Welfen, Dänen), die 1874 durch die elsässischen Autonomisten verstärkt werden, sowie die langsam zunehmende Zahl der sozialdemokratischen Abgeordneten, seit dem Kulturkampf auch das *Zentrum,* die von Ludwig Windthorst (* 1812, † 1891) geführte politische Partei des Katholizismus. – Das *konstitutionelle System,* das die Übernahme der Regierungsverantwortung durch eine Parlamentsmehrheit und das Aufrücken der Parteiführer in Regierungsämter nicht vorsieht, dagegen dem von der Krone ernannten Leiter der Exekutive das Regieren mit wechselnden Mehrheiten ermöglicht, läßt die Parteien nicht in eine staatstragende Rolle hineinwachsen und verhindert das parlamentarische Einüben von pragmatischen Kompromissen und dauerhaften Koalitionen.

Besonders kennzeichnend für die politisch-gesellschaftliche Struktur sind die *Interessenverbände,* von denen einige (Centralverband Deutscher Industrieller, Vereinigung der Steuer- und Wirtschaftsreformer, beide 1876 gegründet) bereits im Kampf um den Schutzzoll Einfluß ausüben.

Bismarcks Zusammenarbeit mit den Liberalen (1871–1878)

Im Zeichen der liberalen Reichstagsmehrheit 1871–1877 wird das von Bismarck 1867 eingegangene *Bündnis mit dem bürgerlich-nationalen Liberalismus* fortgesetzt; zahlreiche Gesetze zur Rechtsvereinheitlichung. Gleichzeitig führt der Gegensatz zwischen den vom Zentrum und katholischen Kirchenführern vertretenen kirchenpolitischen Auffassungen und dem von Bismarck entwickelten Anspruch des Staates im Zusammenhang mit der durch das Unfehlbarkeitsdogma (1870, Erstes Vatikanisches Konzil) entstandenen Lage zum Konflikt (der Name **Kulturkampf** stammt aus einer Rede des liberalen Abgeordneten Rudolf Virchow [* 1821, † 1902] vom 17. Jan. 1873). Bismarck wird zu seiner Einstellung auch durch die Gegnerschaft zu der auf religiösen Kräften ruhenden, mit Welfen, Polen, Elsässern verbündeten Massenpartei bestimmt; verfassungspolitische Motive sowie soziale Gegensätze zwischen Katholiken und Protestanten treten hinzu. Der Liberalismus unterstützt und verbreitet den Kampf z. T. im Sinne der Kirchenfeindschaft. Wichtiger Mitarbeiter Bismarcks ist der preußische Kultusminister Adalbert Falk (1872–1879; * 1827, † 1900). Der bedeutendste parlamentarische Gegner Bismarcks im Kulturkampf ist der Zentrumsführer Windthorst.

758 Neuzeit – Französische Revolution bis Erster Weltkrieg

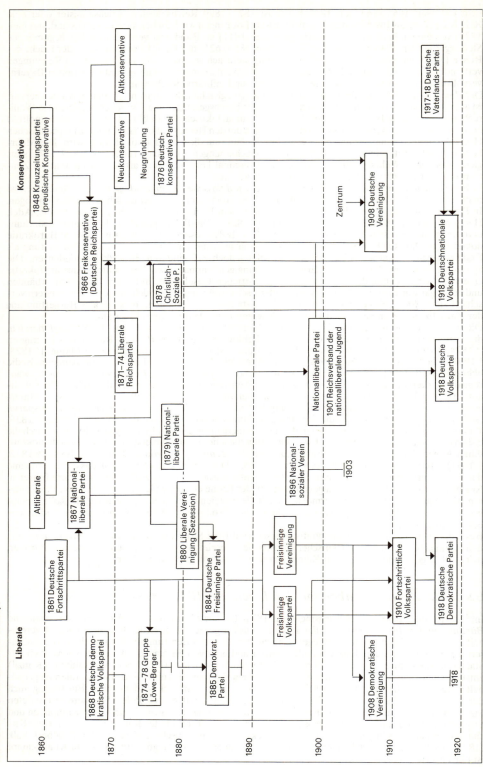

Einzelstaaten – Deutschland – Deutsches Reich im Zeitalter Bismarcks 759

760 Neuzeit – Französische Revolution bis Erster Weltkrieg

Ergebnisse der Reichstagswahlen von 1871 bis 1912

	1. Reichstag 1871, Wahlbeteiligung 50,7%		2. Reichstag 1874, Wahlbeteiligung 60,8%		3. Reichstag 1877, Wahlbeteiligung 60,3%		4. Reichstag 1878, Wahlbeteiligung 63,1%		5. Reichstag 1881, Wahlbeteiligung 56,1%	
	Mandate	Stimmenanteil v. H.	Mandate	Stimmenanteil v. H.	Mandate	Stimmenanteil v. H.	Mandate	Stimmenanteil v. H.	Mandate	Stimmenanteil v. H.
Konservative	57	14,1	22	6,9	40	9,7	59	13,0	50	16,3
Reichspartei (Freikonserv.)	37	8,9	33	7,2	38	7,9	57	13,6	28	7,4
Nationalliberale	125	30,1	155	29,7	128	27,2	99	23,1	47	14,7
Liberale	30	7,2	3	1,0	13	2,5	10	2,7	—	—
Liberale Vereinigung *	—	—	—	—	—	—	—	—	46	8,4
Deutsche Fortschrittspartei **	46	8,8	49	8,6	35	7,7	26	6,7	60	12,7
Deutsche Volkspartei	1	0,5	1	0,4	4	0,8	3	1,1	9	2,0
Zentrum	63	18,6	91	27,9	93	24,8	94	23,1	100	23,2
Welfen	7	1,6	4	1,8	4	1,6	10	1,7	10	1,7
Sozialdemokraten	2	3,2	9	6,8	12	9,1	9	7,6	12	6,1
Polen	13	4,5	14	3,8	14	4,0	14	3,6	18	3,8
Dänen	1	0,5	1	0,4	1	0,3	1	0,3	2	0,3
Elsaß-Lothringer	—	—	15	4,5	15	3,7	15	3,1	15	3,0
Antisemiten, Wirtschaftliche Vereinigung ***	—	—	—	—	—	—	—	—	—	—
Sonstige	—	2,0	—	0,9	—	0,5	—	0,3	—	0,3
insgesamt	382	—	397	—	397	—	397	—	397	—

* Ab 1893 Freisinnige Vereinigung.

** Ab 1884 nach der Fusion mit der Liberalen Vereinigung Deutsch-Freisinnige Partei, ab 1893, nach der Abspaltung der Freisinnigen Vereinigung, Freisinnige Volkspartei, ab 1910 nach dem Zusammenschluß der linksliberalen Gruppen Fortschrittliche Volkspartei.

6. Reichstag 1884, Wahlbeteiligung 60,3%		7. Reichstag 1887, Wahlbeteiligung 77,2%		8. Reichstag 1890, Wahlbeteiligung 71,2%		9. Reichstag 1893, Wahlbeteiligung 72,2%		10. Reichstag 1898, Wahlbeteiligung 67,7%		11. Reichstag 1903, Wahlbeteiligung 75,3%		12. Reichstag 1907, Wahlbeteiligung 84,3%		13. Reichstag 1912, Wahlbeteiligung 84,5%	
Mandate	Stimmenanteil v. H.	Mandate	Stimmenanteil v. H.	Mandate	Stimmenanteil v. H.	Mandate	Stimmenanteil v. H.	Mandate	Stimmenanteil v. H.	Mandate	Stimmenanteil v. H.	Mandate	Stimmenanteil v. H.	Mandate	Stimmenanteil v. H.
78	15,2	80	15,2	73	12,4	72	13,5	56	11,1	54	10,0	60	9,4	43	9,2
28	6,9	41	9,8	20	6,7	28	5,7	23	4,4	21	3,5	24	4,2	14	3,0
51	17,6	99	22,3	42	16,3	53	13,0	46	12,5	51	13,9	54	14,5	45	13,6
—	—	—	—	—	—	—	—	—	—	—	—	—	—	—	—
} 67	17,6	32	12,9	66	16,0	13	3,9	12	2,5	9	2,6	14	3,2	} 42	12,3
						24	8,7	29	7,2	21	5,7	28	6,5		
7	1,7	—	1,2	10	2,0	11	2,2	8	1,4	6	1,0	7	1,2		
99	22,6	98	20,1	106	18,6	96	19,1	102	18,8	100	19,8	105	19,4	91	16,4
11	1,7	4	1,5	11	1,6	7	1,3	9	1,4	6	1,0	1	0,7	5	0,7
24	9,7	11	10,1	35	19,8	44	23,3	56	27,2	81	31,7	43	28,9	110	34,8
16	3,6	13	2,8	16	3,4	19	3,0	14	3,1	16	3,7	20	4,0	18	3,6
1	0,3	1	0,2	1	0,2	1	0,2	1	0,2	1	0,2	1	0,1	1	0,1
15	2,9	15	3,1	10	1,4	8	1,5	10	1,4	9	1,1	7	1,0	9	1,3
—	—	1	0,2	5	0,7	16	3,5	13	3,3	11	2,6	16	3,9	13	2,9
—	0,2	2	0,6	2	1,0	5	1,7	18	4,5	11	3,5	17	3,0	6	2,0
397	—	397	—	397	—	397	—	397	—	397	—	397	—	397	—

*** Antisemiten traten bei den Reichstagswahlen von 1887 bis 1903 als Splittergruppen unter den Parteinamen Christlich-Soziale Partei, Deutsche Reformpartei, Deutsch-Soziale Reformpartei und Deutsch-Soziale Partei auf. Ab 1907 erscheint in dieser Rubrik auch die Wirtschaftliche Vereinigung, in der die Antisemiten als dominierende Gruppe aufgegangen sind.

762 Neuzeit – Französische Revolution bis Erster Weltkrieg

1871 Reichsmünzgesetz. Mark wird Währungseinheit. – Nach der Aufhebung der katholischen Abteilung im preußischen Kultusministerium (Juli) und dem im Dez. als Reichsgesetz erlassenen sog. *Kanzelparagraphen* (Zusatz zum Strafgesetzbuch, der den Mißbrauch des geistlichen Amts zur Gefährdung des öffentlichen Friedens mit Gefängnis bedroht) folgen:

1872 Preußisches *Schulaufsichtsgesetz* (die Schulinspektion wird verstaatlicht; katholische Ordensangehörige werden vom Lehrberuf an öffentlichen Schulen ausgeschlossen) und das reichsgesetzliche *Verbot des Jesuitenordens*.

1873 In den „Gründerjahren" nach dem Einströmen der Milliarden aus Frankreich kommt es zu einem ungesunden Aufschwung der kapitalistischen Wirtschaft, dem Zusammenbrüche und eine bis Ende der siebziger Jahre anhaltende **Wirtschaftskrise** folgen. Wachsender Gegensatz zwischen den Vertretern des Schutzzolls und des Freihandels mit Auswirkungen auf die Parteipolitik. – Reichseisenbahnamt als erste zentrale Behörde der inneren Verwaltung nach dem Reichskanzleramt gebildet. – *Dreikaiserabkommen* zwischen Österreich-Ungarn, Rußland und dem Deutschen Reich.

1874 Versuch einer staatlichen Kirchenaufsicht mit dem Mittel der (für beide Konfessionen geltenden) preußischen *„Maigesetze"* (nach Änderung der preußischen Verfassung) über Vorbildung und Anstellung der Geistlichen, über kirchliche Disziplinargewalt, u. a. mit Strafbestimmungen gegen Übertreter. Während das Zentrum (ca. 28%) bei der Reichstagswahl seine Wählerzahl verdoppelt (1873 schon bei der preußischen Landtagswahl), folgen das *Reichs-Verbannungsgesetz* (Expatriierungsgesetz) gegen den sich versteifenden passiven Widerstand des katholischen Klerus und das Gesetz über die obligatorische *Zivilehe* (1875 auf das ganze Reich ausgedehnt). Reichsgesetze über die Presse.

1875 Das *Sperr- oder Brotkorbgesetz* sperrt staatliche Zuschüsse an die katholische Kirche, das Klostergesetz hebt Ordensniederlassungen in Preußen (außer einigen Krankenpflegeorden) auf. – In den deutsch-französischen Beziehungen kommt es zu der auch auf Rußland und Großbritannien ausgeweiteten Krieg-in-Sicht-Krise. – Auf dem Kongreß in Gotha vereinigen sich der Allgemeine Deutsche Arbeiterverein (gegründet 1863, Lassalleaner) und die 1869 gegründete Sozialdemokratische Arbeiterpartei zur *Sozialistischen Arbeiterpartei Deutschlands* (seit 1890 Sozialdemokratische Partei Deutschlands). Das Gothaer Programm fordert – unter Betonung des internationalen Charakters der Arbeiterbewegung – u. a. wirksame Arbeiterschutzgesetze und die sozialistische Umgestaltung von Staat und Gesellschaft („erstrebt [...] mit allen gesetzlichen Mitteln den freien Staat und die sozialistische Gesellschaft").

1876 Alle preußischen Bischöfe sind verhaftet oder ausgewiesen, nahezu ein Viertel der katholischen Pfarrstellen vakant. – Durch Umwandlung der Preußischen Bank in die Reichsbank wird eine Zentralnotenbank geschaffen. – Gründung der preußisch-agrarisch orientierten *Deutschkonservativen Partei*, die die Altkonservativen reorganisiert und ein Bündnis von landwirtschaftlichen mit schwerindustriellen Interessen anstrebt. Beginn der Agitation des Centralverbands Deutscher Industrieller für den Schutzzoll.

1877 Bei der Reichstagswahl entfallen annähernd eine halbe Mio. Stimmen (ca. 9%) auf die Sozialdemokraten.

Schutzzoll, Konservatismus und Kampfpolitik Bismarcks (1878–1890)

1878 Bismarck leitet einen **innenpolitischen Kurswechsel** ein: Wendung vom wirtschaftspolitischen und allgemeinpolitischen Liberalismus zu Schutzzoll, Konservatismus, staatlicher Sozialpolitik, verbunden mit dem Kampf gegen die Sozialdemokratie und nicht zuletzt einer Verbesserung der Finanzsituation des Reiches, trotz des (bis 1887) gespannten Verhältnisses Bismarcks zu dem ihm wiederholt mehrheitlich widerstrebenden Reichstag. Um die Sozialisten, in denen Bismarck mit vielen Zeitgenossen eine Revolutionsgefahr sieht, zu bekämpfen, legt Bismarck, ein fehlgeschlagenes Attentat auf Wilhelm I. argumentativ nutzend, dem Reichstag ein Sondergesetz gegen die Sozialdemokratie vor, das zunächst an rechtsstaatlichen Bedenken der Reichstagsmehrheit scheitert; nach einem zweiten Attentat und Neuwahl des inzwischen aufgelösten Reichstags Annahme des **Sozialistengesetzes** (trotz fehlender Verbindung zwischen Attentätern und Sozialdemokraten), das u. a. ein Verbot sozialistischer Vereine, Versammlungen und Druckschriften und die Ausweisung von sozialdemokratischen Führern und Agenten vorsieht. – Der Berliner Hof- und Domprediger (1874–1890) Adolf Stoecker (* 1835, † 1909) gründet die evangelisch-konservative Christlich-soziale Arbeiterpartei, die eine staatliche Sozialpolitik fordert, aber kaum Anhang in der Arbeiterschaft findet. – Fortsetzung der Arbeiterschutzpolitik. – *Berliner Kongreß* unter Bismarcks Vorsitz zur Schlichtung des durch den russisch-türkischen Frieden von San Stefano entstandenen Gegensatzes zwischen Großbritannien und Österreich-Ungarn einerseits, Rußland andrerseits.

Einzelstaaten – Deutschland – Deutsches Reich im Zeitalter Bismarcks   763

1879 Eröffnung des Reichsgerichts in Leipzig. – Nachdem sich im Kulturkampf die Begrenztheit staatlicher Machtmittel und der Zusammenhalt des katholischen Kirchenvolks gezeigt haben, strebt Bismarck im Zeichen der konservativen Wende seiner Politik (ohne Zentrum keine Reichstagsmehrheit gegen die Liberalen) einen *Ausgleich* an, der durch die flexible Haltung Papst Leos XIII. (1878–1903) erleichtert wird. – Der Kanzler bricht öffentlich mit den Nationalliberalen. Die neue konservativ-katholische, agrarisch-industrielle („Bündnis zwischen Roggen und Eisen") Reichstagsmehrheit beschließt *Schutzzoll und Tabaksteuererhöhung,* deren Einnahmen dem Reich bis zu einer bestimmten Höhe (Franckensteinsche Klausel) zugute kommen, die Lebenshaltung der sozial Schwachen verteuern (Stärkung der Sozialdemokratie) und die Nationalliberale Partei langfristig schwächen. Ausschlaggebende Partei im Reichstag wird das Zentrum, die stärkste und stabilste Fraktion. – Reichskanzleramt nach Ausgliederung verschiedener Ressorts (als neuer Reichsämter) in „Reichsamt des Innern" umbenannt. – Geheimes Verteidigungsbündnis zwischen dem Deutschen Reich und Österreich-Ungarn **(Zweibund).**
1880 Erstes Milderungsgesetz zur *Beilegung des Kulturkampfs.*
1881 Geheimes Neutralitätsabkommen zwischen dem Deutschen Reich, Österreich-Ungarn und Rußland auf drei Jahre *(Dreikaiservertrag).* Bismarck versucht (Kaiserliche Botschaft), durch eine auf Versicherungsschutz zielende *Sozialgesetzgebung* die Arbeiterschaft für den monarchischen Staat zu gewinnen. Die konservativ-nationalliberale Niederlage bei den Wahlen beraubt den Kanzler jedoch der Hoffnung auf eine gouvernementale Mehrheit.
1882 Zweites Milderungsgesetz. Gründung der Evangelischen Arbeitervereine unter Einfluß von Adolf Stoecker. – Geheimer *Dreibundvertrag* (Verteidigungsbündnis) zwischen dem Deutschen Reich, Österreich-Ungarn und Italien.
1883 *Krankenversicherungsgesetz.* Drittes Milderungsgesetz.
1884 *Unfallversicherungsgesetz.* Vereinigung der Fortschrittspartei mit der Liberalen Vereinigung (1880 als linker Flügel von den Nationalliberalen abgespaltene sog. Sezession) zur Deutschen Freisinnigen Partei, deren führender Mann Eugen Richter wird.
1884/1885 Gründung deutscher „Schutzgebiete" **(Kolonien)** in Südwestafrika, Kamerun, Togo und Ostafrika, außerdem im Pazifik (Neuguinea, Bismarckarchipel, Marshallinseln).

Deutsche Kolonien (Stand 1913/1914)

	Fläche in 1000 km²	Einw. in 1000 Einge- borene	Weiße	Eisen- bahnen in km	Export in Mio. Mark	Import in Mio. Mark	Defizit Reichs- beitrag in Mio. Mark
in Afrika							
Togo	88	1031	0,4	325	9,9	11,4	–
Kamerun	504	3326	1,8	310	23,3	34,2	6,9
Deutsch-Südwestafrika	830	80	15	1960	39,0	32,5	38,5
Deutsch-Ostafrika	1020	7645	5	1250	31,4	50,3	40,9
in Asien und im Pazifischen Ozean							
Palau, Karolinen, Marianen, Marshallinseln	13,2	15	0,5	–	6,9	3,4	
Samoa	25,5	35	0,5	–	5,1	4,9	0,16[1]
Deutsch-Neuguinea und Bismarckarchipel	230	719	0,9	–	5,1	5,9	1,7
Kiautschou	0,56	192	4,4	435[2]	79,6	6,1	10,3

[1] erfaßt unter Deutsch-Neuguinea und Bismarckarchipel; [2] deutsche Schantungeisenbahn nach Tsinan

1885 Erhöhung der Landwirtschaftszölle.
1886 Erstes Friedensgesetz zur Beendigung des Kulturkampfes. Ansiedlungsgesetz für die Provinzen Posen und Westpreußen zur Stärkung des Deutschtums durch Siedlung auf angekauften Großgütern polnischer Besitzer; hat nicht die erwarteten Auswirkungen.
1887 Das Zweite Friedensgesetz *beendet abschließend den Kulturkampf,* aus dem im wesentlichen das Jesuitengesetz (bis 1917), der Kanzelparagraph (bis 1953), die staatliche Schulaufsicht und die Zivilehe Bestand haben. – Gründung der Deutschen Kolonialgesellschaft (Zusammenschluß der Gesellschaft für deutsche Kolonisation und des Deutschen Kolonialvereins) zur Agitation für koloniale Ausbreitung (1914: 40 000 Mitglieder). – Der im Zeichen der Heeresvorlage und einer von Regierungsseite mit dem letzten Ziel der nationalen Integration propagandistisch ausgenutzten Kriegsgefahr mit konservativ-nationalliberaler Mehrheit neugewählte „Kartell-Reichstag" stimmt dem Septennat zu (Festlegung der Heeresstärke auf sieben Jahre). – *Rückversicherungsvertrag:* Geheimes Neutralitätsabkommen zwischen Rußland und dem Deutschen Reich auf drei Jahre als Ersatz für den infolge russisch-österreichischer Spannungen nicht mehr erneuerten Dreikaiservertrag: Deutsche Anerkennung der historischen Rechte des Zarenreichs auf dem Balkan; in einem

764 Neuzeit – Französische Revolution bis Erster Weltkrieg

ganz geheimen Zusatzprotokoll verpflichtet sich Deutschland zu moralischem und diplomatischem Beistand, falls der russische Kaiser es für notwendig halten sollte, den Zugang zum Schwarzen Meer selbst zu verteidigen und „den Schlüssel seines Reichs in der Hand zu behalten".

Ende der achtziger Jahre nehmen die deutsch-französischen Spannungen zeitweilig zu; die deutsch-russischen Beziehungen verschlechtern sich laufend. Die Reichsbank schließt auf Bismarcks Veranlassung die russischen Wertpapiere von der Beleihung aus. Die Folge sind der Abfluß russischer Werte nach Amsterdam und Paris sowie die Verlagerung der russischen Staatsschuld auf den französischen Kapitalmarkt.

1888 Neue Heeresverstärkung. – Nach dem Tod Kaiser Wilhelms I. besteigt sein den Liberalen zuneigender, aber schwerkranker Sohn als **Kaiser Friedrich (III.)** (* 1831, vermählt mit Viktoria [* 1840, † 1901], der ältesten Tochter von Königin Viktoria von Großbritannien und Prinzgemahl Albert von Coburg, Gegnerin Bismarcks) den Thron, stirbt schon nach drei Monaten, so daß eine Generation übergangen wird. Ihm folgt sein Sohn als **Kaiser Wilhelm II.** (* 1859, † 1941).

1889 *Alters- und Invaliditätsversicherung.* Bergarbeiterstreik im Ruhrgebiet.

1890 Der neugewählte Reichstag hat eine Mehrheit von Gegnern Bismarcks; die *Sozialdemokratie* ist mit 1,5 Mio. Wählern (knapp 20%) erstmals stimmstärkste Partei.

20. März *Bismarcks Entlassung,* hauptsächlich wegen des persönlichen Gegensatzes zwischen dem alten Kanzler, der seine Machtstellung behaupten will, und dem nach dem „persönlichen Regiment" strebenden jungen Kaiser. Politische Probleme (Sozialpolitik, Sozialistengesetz, Bismarcks bis zu Staatsstreichüberlegungen gehendes Kampfprogramm gegen Reichstag und Sozialdemokratie) treten demgegenüber zurück.

Das Zeitalter Kaiser Wilhelms II. (1890–1914)

In der Phase der Hochindustrialisierung, im letzten Drittel des 19. Jh.s, vollzieht sich der **Übergang Deutschlands vom Agrar- zum Industriestaat,** im Jahr 1895 zieht der industrielle Anteil der Erwerbstätigen mit dem land- und forstwirtschaftlichen gleich. Die Zunahme des Pro-Kopf-Einkommens (Verdreifachung 1851–1913) ist in den beiden Jahrzehnten um die Jahrhundertwende am stärksten und wird zwischen Reichsgründung und Erstem Weltkrieg von einer Vervierfachung der Ausfuhr sowie einer Versechsfachung der Industrieproduktion begleitet. Damit ist der *Aufstieg in die Gruppe der drei größten Industrienationen* (neben USA und Großbritannien) gegeben, der primär auf dem Verbund von *Kohle und Eisen* (die deutsche Roheisen- und Stahlherstellung erreicht je etwa ein Viertel der Weltproduktion), bald aber auch auf der raschen Expansion von *Elektrizität und Chemie* als der „jungen" Industrien beruht. Die Zahl der Aktiengesellschaften, 1886 bereits 2143, steigt bis 1913 auf 5340 an, und noch rascher nimmt das Nationalkapital auf 16,1 Mrd. zu (4,9 Mrd. eingezahltes Kapital waren es 1886). Die wachsende Tendenz zur *Betriebsvergrößerung* (Steigerung der durchschnittlichen Beschäftigtenzahl je Betrieb 1871–1914 in Industrie und Handwerk um über 100%) verändert soziale Strukturen – augenfällig u. a. im Vordringen von Großunternehmen (einschl. Versandhäusern), Filialbetrieben und Konsumgenossenschaften gegen die kleinen Einzelhandelsgeschäfte, also gegen den „alten" Mittelstand. Großbetriebe, entstehend aus Vereinigung gleichartiger Werke (horizontale Konzentration) bzw. aus Zusammenlegung verschiedener Produktionsstufen (vertikale Konzentration), bedeuten außerdem eine Machtballung von (auch) politischer Relevanz. Dem *Ausbau des Verkehrswesens* (im Innern die Verdichtung des Eisenbahnnetzes, das fast vollständig in staatliche Hand, jedoch kaum die des Reichs, gerät) entspricht die – nach 1900 besonders starke – Expansion des Außenhandels von 7,3 (1891) auf 17,8 (1911) Mrd. Mark. Überseeische *Auslandsmärkte* werden übrigens hauptsächlich in den angelsächsisch beherrschten Gebieten Asiens, Afrikas und Amerikas gesucht, kaum in den für die deutsche Volkswirtschaft bedeutungslosen Kolonien (Schutzgebieten) des Reichs.

Die Berufszugehörigen nach Stellung im Beruf und »Berufsabteilungen« 1882–1907 (in Mio.)

	Selbständige in Mio.	in %	Mithelfende Familienangehörige in Mio.	in %	Lohnarbeiter in Mio.	in %	Angestellte in Mio.	in %
1882	5,19	32,0	10,71			66,1	0,31	1,9
1907	5,49	22,3	4,29	17,4	13,55	55,1	1,29	5,2

	Land- und Forstwirtschaft absolut	in %	Industrie und Bergbau absolut	in %	Handel und Verkehr absolut	in %	Sonstige absolut	in %
1882	19,2	42,5	16,1	35,5	4,5	10,0	5,4	11,9
1895	18,5	35,8	20,3	39,1	6,0	11,9	7,1	13,7
1907	17,7	28,6	26,4	42,8	8,3	13,4	9,4	15,2

Einzelstaaten – Deutschland – Zeitalter Kaiser Wilhelms II.   765

Industrieller Aufstieg und wirtschaftliche Konzentration vollziehen sich vor dem Hintergrund eines stürmischen *Bevölkerungswachstums* (1871–1910 um 58% auf 65 Mio.) und einer raschen *Verstädterung*: Der Anteil der Stadtbevölkerung steigt von 36% (1870) auf 60% (1910), die Zahl der Großstädte auf 48 (Berlins Einwohnerzahl steigt auf 2, mit Vororten 3,7 Mio.). Neben der großen Zahl der Lohnarbeiter beginnen die Angestellten aufzusteigen. Die *Arbeiterfrage* (organisierter Klassenkampf), das Mittelstandsproblem („alter", d.h. gewerblicher, und „neuer", d.h. Angestellten-Mittelstand) und die Besorgnisse der *Landwirtschaft* („Landflucht", Preisstützung, Betriebsgrößenstruktur) wirken sich in vielfältigen innenpolitischen Spannungen und Organisationsbildungen aus. Die unbestreitbaren Vorteile des industriellen Aufstiegs auch für breitere Schichten (Volksvermögen 1913 auf ca. 270–310 Mrd. geschätzt bei jährlichem Zuwachs von 3–4 Mrd., Sparkasseneinlagen 1880–1913 auf 16,8 Mrd. verzehnfacht, Abnahme des Bevölkerungsanteils unterhalb des steuerpflichtigen Mindesteinkommens von 70% [um 1890] auf 40% [1913]) können die *sozialen Gegensätze* freilich nur mildern, die sich v.a. in der Kluft zwischen Arbeiterschaft und Bürgertum zeigen. Zwar wird die (im Vergleich zu den Verhältnissen vor der Hochindustrialisierung) *relative* Verbesserung der Lebensbedingungen in der Industriearbeiterschaft begleitet von einer Hinwendung zur SPD, insbesondere aber der Gewerkschaften, zum pragmatischen Durchsetzen realisierbarer Forderungen, doch kann die staatliche Sozialpolitik – in dieser Zeit ein Vorbild für alle Industrienationen – keinen Ausgleich zwischen Arbeiterschaft und monarchischem Obrigkeitsstaat herbeiführen. Das Festhalten an vielfach als arbeiterfeindlich empfundenen Regelungen wie der Einschränkung des Koalitionsrechts und dem preußischen Dreiklassen-Wahlsystem trägt vielmehr zur Entfremdung bei, obgleich die Integrationsmittel des Kaiserreichs wie der Einfluß des Militärischen und das Nationalgefühl nicht nur auf Adel, Bauern- und Bürgertum wirken. Versuche, diese innenpolitisch-gesellschaftlichen Spannungen nach außen abzuleiten oder doch außenpolitisch zu überspielen, gehören zu den wesentlichen Merkmalen des Zeitalters des Imperialismus.

Löhne im Deutschen Reich 1871–1913

	Brutto-Geldlöhne	Lebens-haltung	Real-löhne		Brutto-Geldlöhne	Lebens-haltung	Real-löhne
1871	70	106	66	1895	100	100	100
1875	98	113	87	1900	118	106	111
1880	82	104	79	1910	147	124	119
1890	98	102	96	1913	163	130	125

Der Wandel in Wirtschaft und Gesellschaft bewirkt den fast ununterbrochenen Anstieg der *sozialdemokratischen Wählerstimmen* auf schließlich über ein Drittel, womit die SPD, trotz der Benachteiligung der großstädtischen Wähler durch die Wahlkreiseinteilung, schließlich die stärkste Reichstagsfraktion stellt. Diese Verschiebung wird möglich vor allem durch Rückgang der Nichtwähler von 49% (1871) auf 16% (1912) der Wahlberechtigten. Parallel steigt die Mitgliederzahl der sozialistisch orientierten Freien *Gewerkschaften* (1890: 100000, 1900: 690000, 1910: 2 Mio.), neben denen die linksliberalen Hirsch-Dunckerschen Gewerkvereine und die christliche Gewerkschaftsbewegung keine vergleichbare Bedeutung gewinnen können. Unter den für das wilhelminische Zeitalter typischen, politisch wirksamen *Interessenverbänden* ist der mit der Deutschkonservativen Partei verflochtene Bund der Landwirte (162000 Mitglieder im Gründungsjahr 1893, 330000 Mitglieder 1913) der einflußreichste, daneben u.a. der schon 1876 gegründete Centralverband Deutscher Industrieller, der Deutschnationale Handlungsgehilfenverband (Gründung 1893) und der 1909 gegründete Hansabund. Daneben stehen *Agitationsvereine* wie der Alldeutsche Verband (Gründung 1894), die 1887 entstandene Deutsche Kolonialgesellschaft und der 1898 ins Leben gerufene Deutsche Flottenverein.

Arbeiterorganisationen im Deutschen Reich 1912/14 (in Tausend)

SPD	Mitglieder	1912	970	davon 130 Frauen
		1914	1 085	davon 175 Frauen
	Wähler	1912	4 250	(Männer über 25 Jahre)
Gewerkschaften	Mitglieder	1913	2 530	Freie
			343	Christliche
			107	Liberale
			280	»Gelbe«
Konsum-genossenschaften	Mitglieder	1913	1 621	Zentralverband (sozialdemokratisch)
			143	Reichsverband (christlich)

Der tiefgreifende Wandel von Wirtschaft und Gesellschaft schafft wachsende Probleme für eine Politik, die auch unter Wilhelm II. bestimmt wird von den *Machteliten* des Hofs, der Armee und der Bürokratie, den agrarischen Führungsschichten v.a. Preußens mit seiner verfassungsmäßigen Sonderstellung und durch das oft getrübte Bündnis des Agrariertums mit der Schwerindustrie. Schwierigkeiten entstehen dabei nicht nur aus *Interessengegensätzen* zwischen Industrie und Landwirtschaft sowie der Heterogenität jeder Mehrheitsbildung im Reichstag, sondern auch aus der *Verfassungslage*, z.B. der fehlenden Finanzhoheit

766   Neuzeit – Französische Revolution bis Erster Weltkrieg

des Reichs und seinen unzureichenden Einnahmequellen im Vergleich zu den wachsenden Aufgaben und der Rüstung. Als besonders problematisch erweist sich, daß im Zentrum der Exekutive nicht mehr der in vielen Fragen kompetente, einflußreiche Reichsgründer die Fäden in der Hand hält, sondern daß sich z. T. widerstreitende Einflüsse und Zielsetzungen (Kaiser, Kanzler, Staatssekretäre, preußische Minister, militärische Stellen, Höflinge, außerhalb der Verantwortung stehende Ratgeber und Interessenverbände) überkreuzen und das – zumal in den auswärtigen Beziehungen – verhängnisvolle Schwanken der deutschen Politik dieser Zeit verursachen, welches die persönlichen Eingriffe des Monarchen noch verstärken; dieses *„persönliche Regiment"* Wilhelms II. wird zu einem Charakteristikum der Epoche.

Die soziale Zusammensetzung der höheren Beamtenschaft in Preußen

Eine in den Sitzungsprotokollen des Preußischen Abgeordnetenhauses vom 14. 1. 1911 abgedruckte offizielle Statistik. Kennzeichnend ist, daß der Anteil der Adligen in den leitenden Positionen der regionalen Verwaltung erheblich höher liegt als bei den Richtern und den höheren Beamten der zentralen Ministerien.

Stand: Ende 1910

| Dienststellung | Zahlen | Beruf der Eltern | | | | Alter (agrarischer) Adel | Neuer (Beamten- und Berufs-) Adel | Nichtadelig |
		Beamte und Offiziersfamilien	Freie wissenschaftliche Berufe, Rechtsanwälte, Professoren, Lehrer, Geistliche	Landwirte	Handel und Gewerbe			
Oberpräsidenten	12	7	—	5	—	7	4	1
Regierungspräsidenten	36	21	1	10	4	16	7	13
Oberpräsidialräte	12	4	2	5	1	6	—	6
Oberregierungsräte	141	60	18	33	30	27	5	109
Verwaltungsgerichtsdirektoren	36	17	9	5	5	2	—	34
Polizeipräsidenten	22	11	2	5	4	11	4	7
Regierungsräte	612	279	97	114	122	117	22	473
Regierungsassessoren	506	258	63	92	93	161	34	311
Landräte und Oberamtmänner	481	228	30	152	71	241	27	213
Summe 1858		885	222	421	330			
1. Staatsminister	11	—	—	—	—	5	2	4
2. Unterstaatssekretäre	9	—	—	—	—	2	—	7
3. Ministerialdirektoren	28	—	—	—	—	5	1	22
4. Senatspräsidenten beim O.-V.-G.	8	—	—	—	—	1	—	7
5. Vortragende Räte in den Ministerien, bei der Oberrechnungskammer und Staatsschuldenverwaltung	244	—	—	—	—	20	10	214
6. Oberverwaltungsgerichtsräte	45	—	—	—	—	4	—	41

1890–1894   Reichskanzler (bis 1892 auch preußischer Ministerpräsident) Leo Graf **Caprivi** (* 1831, † 1899), daneben als preußischer Finanzminister (1890–1901) der nationalliberale Politiker *Johannes von Miquel* (* 1828, † 1901), als preußischer Handelsminister (1890–1896) Hans Freiherr von Berlepsch (* 1843, † 1926), als Staatssekretär im Auswärtigen Amt (1890–1897) Adolf Freiherr Marschall von Bieberstein (* 1842, † 1912), außenpolitisch maßgebend (bis 1906) der vortragende Rat *Friedrich von Holstein* (* 1837, † 1909). Innenpolitisch **„Neuer Kurs"**: Versuch einer Heranziehung von Zentrum und Linksliberalen, eines sozialpolitischen Ausgleichs sowie einer den nationalen Wünschen der Polen in Posen entgegenkommenden Politik.

1890   Der Rückversicherungsvertrag wird nicht erneuert. Deutsch-britische Annäherung (Tauschvertrag Helgoland–Sansibar). – *Nichtverlängerung des Sozialistengesetzes.* Gründung der Generalkommission der Freien Gewerkschaften Deutschlands als Dachorganisation der sozialistisch orientierten Gewerkschaften (Vorsitzender bis 1919 Karl Legien [* 1861, † 1920]). Im Anschluß an die Beratungen der Ersten Internationalen Arbeiterschutzkonferenz in Berlin (März 1890):

1890/1891   *Arbeiterschutzgesetzgebung* (u. a. Einsetzung von Gewerbegerichten, Verbot der Kinderarbeit bis zur Vollendung der Schulpflicht, Begrenzung der Arbeitszeit von Jugendlichen

Einzelstaaten – Deutschland – Zeitalter Kaiser Wilhelms II. 767

unter 16 Jahren auf 10, von Frauen auf 11 Stunden täglich, Vorschriften zum Schutz von Leben und Gesundheit der Arbeiter, obligatorische Arbeitsordnungen).

1891 Erfurter Parteiprogramm der SPD mit vulgärmarxistischen Grundsätzen und praktischen Nahzielen. – *Einkommensteuergesetz* (progressive Einkommensteuer) zugunsten der niederen Einkommen und höherer Staatseinnahmen als Kernstück der preußischen Steuerreform.

1891–1893 *Handelsverträge* mit Österreich-Ungarn, Italien, Belgien, der Schweiz, Rumänien. Durch Senkung der Getreidezölle Ermäßigung des Brotpreises, durch Senkung der Einfuhrzölle für deutsche Industrieerzeugnisse Förderung der Exportindustrie.

1892 Nach Scheitern eines Schulgesetzentwurfs *Rücktritt Caprivis als preußischer Ministerpräsident;* der Nachfolger, Botho Graf zu Eulenburg (* 1831, † 1912), stützt sich ganz auf die Konservativen.

1893 Die Mehrbeschäftigung von Arbeitskräften aufgrund der Handelsverträge bewirkt einen schlagartigen Rückgang der Auswanderung auf 25 bis 30% des bisherigen Umfangs. (Seit 1896 übertrifft die Zahl der Einwanderer die der deutschen Auswanderer.) – *Bund der Landwirte* gegründet: Reaktion der Agrarinteressen auf die Handelsverträge (die auch den Bruch zwischen den Konservativen und Caprivi zur Folge haben): er wird zu einer der mächtigsten politischen Massenorganisationen in Deutschland. – Teilreform des Dreiklassenwahlrechts in Preußen. – Nach Auflösung des Reichstags (wegen Ablehnung einer Heeresverstärkung) neue Militärvorlage: weitere Verstärkung vom Reichstag angenommen.

1894 Gegen den Widerstand deutscher Agrarkreise und der Konservativen wird der deutsch-
März russische Handelsvertrag abgeschlossen und vom Reichstag angenommen.

1. Juli *Alldeutscher Verband* gegründet, hervorgegangen aus dem Allgemeinen Deutschen Verband (1891), verbindet Nationalismus mit völkischen und imperialistischen Zielsetzungen (bis zu 40000 Mitglieder; erst 1939 aufgelöst).
Nach Widerstand Caprivis gegen einen von Eulenburg befürworteten, vom Kaiser gegen die SPD ins Auge gefaßten Staatsstreichplan werden beide von Wilhelm II. entlassen.

1894–1900 Reichskanzler und preußischer Ministerpräsident Chlodwig Fürst zu **Hohenlohe-Schillingsfürst** (* 1819, † 1901). Versuch Wilhelms II. zur Praktizierung seines persönlichen Regiments. Innenpolitisch maßgebend Finanzminister Miquel.

1894 Deutscher Ostmarkenverein gegründet (nach den Gründern Adolf von Hansemann, Hermann Kennemann, Christof von Tiedemann „Hakatisten" genannt), tritt für deutsche Ansiedlung in den polnisch besiedelten Gebieten an der Ostgrenze ein.

1894/1895 Die gegen kritische, v. a. sozialdemokratische Äußerungen gerichtete sog. Umsturzvorlage wird vom Reichstag abgelehnt.

1895 Die Gewerkschaftsführung (Dachorganisation seit 1890) wird gegenüber der SPD selbständig (die 1906 [Mannheimer Parteitag] die Unabhängigkeit der Gewerkschaftsarbeit anerkennt). – Eröffnung des Kaiser-Wilhelm-Kanals (heute Nord-Ostsee-Kanal).

1896 Wilhelm II. beglückwünscht den Präsidenten der Südafrikanischen Republik (Transvaal), Paulus Krüger, zur erfolgreichen Abwehr des Jameson Raid (Krügerdepesche); in Großbritannien starke Verstimmung.

1898 Deutschland besetzt und erwirbt durch Pachtvertrag mit China auf 99 Jahre Kiautschou (Provinz Schantung). *Erstes Flottengesetz* vom Reichstag angenommen: Beginn des auf den Kaiser zurückgehenden, vom Staatssekretär im Reichsmarineamt (1897–1916) Alfred von Tirpitz (* 1849, † 1930) geplanten langfristigen **Ausbaus der Kriegsflotte** (zunächst 19 Linienschiffe). Der im selben Jahr mit Unterstützung des Reichsmarineamts gegründete *Deutsche Flottenverein* (schließlich über 1 Mio. Mitglieder) wirbt für Flottenverstärkung und imperialistische Politik. (Neben ihrer [militär-]politischen Zielsetzung wird die Marinerüstung wichtiges nationales Integrationsmittel und hat wirtschaftliche Bedeutung.) – Scheitern britisch-deutscher Bündnissondierungen.

1899 Erweiterung des Kolonialbesitzes im Pazifik: Das Deutsche Reich erwirbt von Spanien die Karolinen, die Marianen und die Palauinseln. Die Samoainseln werden zwischen Deutschland und den Vereinigten Staaten geteilt, nachdem Großbritannien auf seinen Anteil verzichtet hat. – Die deutsche Politik ist während des Burenkriegs streng neutral.
Eine Einschränkung des Koalitionsrechts, die ein Sonderstrafrecht für Arbeiter schaffen soll (sog. Zuchthausvorlage), kommt im Reichstag zu Fall. Innenpolitische Schwenkung:

1899–1907 *Ära Posadowsky:* Artur Graf von Posadowsky-Wehner (* 1845, † 1932; 1897–1907 Staatssekretär im Reichsamt des Innern) gibt die aktive Repressivpolitik gegen die Sozialdemokratie auf.

1900 Das *BGB (Bürgerliches Gesetzbuch)* (1896 verabschiedet) tritt am 1. Jan. in Kraft.

Juni *Zweites Flottengesetz:* 36 Linienschiffe einschließlich Reserven (Gleichstand mit der britischen Heimatflotte) angestrebt.

1900–1909 Reichskanzler Graf (1905 Fürst) Bernhard von **Bülow** (* 1849, † 1929; 1897–1900 Staatssekretär im Auswärtigen Amt) überläßt die Innenpolitik weitgehend Posadowsky.

1900–1903 *Ausbau der Sozialgesetzgebung* mit Zustimmung der SPD.

768   Neuzeit – Französische Revolution bis Erster Weltkrieg

1901   Gegen den deutschsprachigen Religionsunterricht in den Volksschulen der Provinz Posen (seit 1900 von der Regierung vorgeschrieben) erhebt sich eine polnische Protestbewegung. – Erneute deutsch-britische Bündnissondierungen scheitern an Forderungen Berlins (Absicherung durch das britische Parlament, vertragliche Einbeziehung Großbritanniens in den Dreibund).

1903   Erhöhung der Getreidezölle auf den Stand vor 1892. – Der Dresdner SPD-Parteitag lehnt den von Eduard Bernstein (* 1850, † 1932) verfochtenen *Revisionismus* (Reformpolitik auf der Basis des Bestehenden) trotz z. T. reformistischer Praxis ab.

1904   Aufhebung der Franckensteinschen Klausel von 1879 für Zölle (1906 auch für Reichsstempelabgaben) zur Verbesserung der Finanzlage des Reichs.

1905   Kaiser Wilhelm II. schließt mit Zar Nikolaus II. persönlich bei Björkö (finnische Insel im Bottnischen Meerbusen) ein Verteidigungsbündnis, von dem sich der Zar jedoch zurückzieht. – Der Ausbau des Mittellandkanals zum Binnenschiffahrtsweg vom Rhein über die Elbe zu den preußischen Ostprovinzen (an dem die Industrie interessiert ist) – zweimal (1899, 1901) am Widerstand der agrarischen Konservativen (Furcht vor billigem Getreideimport) gescheitert – wird, um ihnen entgegenzukommen, vom Reichstag unter Verzicht auf die Verbindung zwischen der Elbe und Hannover beschlossen.

1905/1906   Erste Marokkokrise. Beginn der deutsch-britischen Flottenrivalität.

1906–1909   Experiment des *Bülow-Blocks* (regierungsnahe Reichstagsmehrheit aus den konservativen und liberalen Parteien unter Ausschluß von Zentrum und SPD); Staatssekretär im Reichsamt des Innern (1907–1909) Bethmann Hollweg.

1906   Polnischer Schulstreik gegen den deutschsprachigen Religionsunterricht in Posen und Westpreußen. – *Flottengesetznovelle* bereitet Übergang zu dem (1905/1906 mit der britischen „Dreadnought" begonnenen) Bau von Großkampfschiffen vor: Offenes Wettrüsten mit Großbritannien beginnt. – Als erste direkte Reichssteuer wird die *Erbschaftssteuer* bewilligt, die aber (ebenso wie die Maßnahme von 1904) das Defizit im Reichsetat nicht ausgleichen kann. Wegen der Kolonialpolitik Bruch zwischen Bülow und dem Zentrum, Ende der Ära Posadowsky.

Die Reichsverschuldung bis 1908

	Die Ausgaben (ordentliche und außerordentliche)	Die Einnahmen	Somit Mehrausgaben
1900	1 688 878	1 475 159	213 719
1901	1 768 755	1 512 686	256 069
1902	1 764 334	1 829 913	− 65 579
1903	1 815 763	1 612 407	203 356
1904	1 872 120	1 687 820	184 300
1905	2 006 089	1 839 250	166 839
1906	2 186 575	1 888 069	298 506
1907	2 614 824	2 269 555	345 269
Voranschlag 1908	2 589 116	2 213 686	375 430
Summe der Mehrausgaben 1900 bis 1908	18 306 454	16 328 545	1 977 909

Die Gesamtdifferenz zwischen Bedarf und Deckung beläuft sich somit für die letzten neun Jahre auf rund zwei Milliarden Mark. [...] Die Folge dieses Mißverhältnisses ist die ständige starke Steigerung der Schuld, die im Verlaufe von nur dreißig Jahren auf mehr als 4¼ Milliarden Mark aufgelaufen ist. Die erste Schuldbegebung fand im Jahre 1877 statt, seitdem ist die begebene Schuld gewachsen:

im Jahre 1880	auf	267 786 500 M
„ „ 1885	„	444 000 000 M
„ „ 1890	„	1 317 797 700 M
„ „ 1895	„	2 125 255 100 M
„ „ 1900	„	2 395 650 000 M
„ „ 1905	„	3 543 500 000 M
„ „ 1908	„	4 253 500 000 M

1908   Reichsvereinsgesetz. – *Flottengesetznovelle* zur Beschleunigung des Rüstungstempos. – Die preußische Regierung läßt sich durch ein Gesetz ermächtigen, notfalls bis zu 70 000 ha polnischen Landbesitz zu enteignen (gegen angemessene Entschädigung, mit Ausschluß ererbten Besitzes) und an deutsche Siedler zu verkaufen. Dieses *Enteignungsgesetz*, von

Einzelstaaten – Österreich bzw. Österreich-Ungarn   769

dem nur wenig Gebrauch gemacht wird (1635 ha enteignet), löst, weil es nationales Ausnahmerecht schafft, scharfe Gegenreaktionen aus.

Daily-Telegraph-Affäre: Ein in der englischen Tageszeitung „Daily Telegraph" erschienenes Interview Wilhelms II. wird die Veranlassung dazu, daß im Reichstag und in der Presse Kritik am „persönlichen Regiment" des Kaisers geübt wird. Reichskanzler Bülow, der an der Veröffentlichung des Interviews wesentlich mitschuldig ist, verliert das Vertrauen des Kaisers; schwere Erschütterung des Ansehens der Monarchie. Stärkung von Parlamentarisierungstendenzen.

1909	Die preußische Wahlrechtsfrage und Bülows Vorlage zur Reichsfinanzreform führen zu seinem Sturz und zum Ende des Blocks. – Bosnische Annexionskrise.
1909–1917	Reichskanzler Theobald von **Bethmann Hollweg** (* 1856, † 1921).
1909	**Reichsfinanzreform** durch Reichstagsmehrheit von Konservativen und Zentrum (Besteuerung des mobilen Kapitals sowie neue bzw. höhere indirekte Steuern). Dagegen Gründung des Hansabundes für Gewerbe, Handel und Industrie (für liberale, antimonopolistische Wirtschafts- und Finanzpolitik).
1910	*Verfassungs- und Wahlgesetz für Elsaß-Lothringen,* das den deutschen Bundesstaaten verfassungsrechtlich gleichgestellt wird und für seine zweite Kammer das für den Reichstag geltende Wahlrecht erhält. – Die linksliberalen Parteien schließen sich in der Fortschrittlichen Volkspartei zusammen, die für Zusammenarbeit mit der SPD und allmähliche Parlamentarisierung eintritt.
1911	Zweite Marokkokrise.
1912	Als Ergebnis der Reichstagswahlen können die *Sozialdemokraten* ihre Abgeordnetenzahl
Jan.	mehr als verdoppeln und sind mandatsstärkste Partei (110 von 397).
	Flottennovelle (25 Großkampfschiffe aktiv, 16 in Reserve; Bauprogramm bis 1920).
1913	*Heeresverstärkung* (zwei neue Armeekorps). – Zu Nachfolgern des verstorbenen SPD-Vorsitzenden Bebel wählt der Jenaer Parteitag Hugo Haase (* 1863, † 1919) und Friedrich Ebert (* 1871, † 1925).
Nov./Dez.	*Zabern-Affäre:* Die rechtswidrige, durch ein Kriegsgerichtsurteil gedeckte Verhaftung von zivilen Demonstranten durch Militär in dem unterelsässischen Garnisonstädtchen Zabern (französisch Saverne) – Schädigung der Bemühungen um ein besseres Verhältnis zu den Elsässern – zeigt den Machtanspruch des Militärs auf und führt zu einem Mißbilligungsbeschluß des Reichstags.
1914	Deutsch-britisches Bagdadbahnabkommen. Juli-Krise, Ausbruch des **Ersten Weltkrieges**. – *(Forts. S. 917)*

Österreich bzw. Österreich-Ungarn (1804–1914)

Kaisertum Österreich (1804–1867)

1804	Franz II. (* 1768, † 1835; seit 1792 Herrscher in Österreich und Römisch-deutscher Kai
11. Aug.	ser) bildet die Länder der Habsburgermonarchie zu einem **Erbkaisertum Österreich** um und nimmt den Titel „Kaiser von Österreich" an (als solcher Franz I.).
1805	Österreich beteiligt sich am dritten Koalitionskrieg gegen Kaiser Napoleon, muß aber nach Napoleons Sieg im *Frieden von Preßburg* Venetien, Tirol und Vorderösterreich abtreten (und erhält dafür Salzburg).
1806	Als Konsequenz aus dem Zusammenbruch des Heiligen Römischen Reichs Deutscher
6. Aug.	Nation legt Franz I. *die Römisch-deutsche Kaiserkrone nieder.*
1809	Kriegserklärung Österreichs an Frankreich und Erhebung der Tiroler unter Andreas Hofer (* 1767; siegt mehrmals am Berg Isel bei Innsbruck, gerät nach dem Friedensschluß in französische Hände und wird 1810 auf Befehl Napoleons in Mantua standrechtlich erschossen).
21. Mai	Erzherzog Karl (* 1771, † 1847) schlägt Napoleon bei Aspern und Eßling (zwei Dörfer bei
–22. Mai	Wien) und besiegt ihn damit zum ersten Mal, wird aber von ihm bei Wagram (nordöstlich
5./6. Juli	von Wien) entscheidend geschlagen.
14. Okt.	Im *Frieden von Schönbrunn* (Schloß in Wien) tritt Österreich das Innviertel, Salzburg, Westgalizien und die Illyrischen Provinzen (u. a. Slowenien, Istrien, Dalmatien) ab. Es wird damit zum Binnenstaat.
	Wenige Tage vor dem Friedensschluß wird *Clemens von Metternich* (* 1773, † 1859) Außenminister, der fast 40 Jahre lang die Geschicke Österreichs und dann Europas maßgebend bestimmt.
1810	Der von ihm betriebenen Aussöhnung mit Frankreich dient die Heirat der ältesten Kaisertochter, Marie Louise (* 1791, † 1847), mit Napoleon.
1811	Verkündung des Staatsbankrotts, finanzieller Kriegslasten und Kriegsfolgen.

770   Neuzeit – Französische Revolution bis Erster Weltkrieg

1813   In den Befreiungskriegen schließt sich Österreich nach anfänglicher Zurückhaltung den Verbündeten gegen Napoleon an. Der österreichische Oberkommandierende Fürst Karl Philipp zu Schwarzenberg (* 1771, † 1820) wird Oberkommandierender aller verbündeten Truppen.

1814–1815   Nach der Besiegung Napoleons verzichtet Österreich auf dem **Wiener Kongreß** (auf dem Metternich als Präsident eine führende Rolle spielt) endgültig auf die südlichen Niederlande (das heutige Belgien) und Vorderösterreich (Breisgau etc.; außer Vorarlberg), erhält aber den übrigen verlorenen Besitz (einschließlich der Lombardei und Venetiens) zurück. Damit wird die Habsburgermonarchie ein territorial in sich abgeschlossener Staat, der weniger als bisher mit Deutschland verklammert und stärker nach Südosten orientiert ist („Donaumonarchie"). Der auf dem Kongreß geschaffene Deutsche Bund steht aber unter österreichischer Leitung.
    In der Folgezeit wirkt Metternich (seit 1821 Staatskanzler) in seiner Außen- und Innenpolitik für die Erhaltung der Grenzen sowie der monarchischen Ordnung in Europa. Er bekämpft deshalb alle liberalen, nationalen und sozialen Bewegungen.

ab 1830   Industrieller Aufschwung mit Anwachsen von Arbeiterschaft und Unternehmertum; soziale Probleme (Pauperismus) und Spannungen, in wachsendem Maße verschärft durch die Nationalitätenfrage.

1833   Wirtschaftlicher Zusammenschluß der meisten deutschen Staaten ohne Österreich im Deutschen Zollverein unter preußischer Führung.

1835   Nach dem Tod von Kaiser Franz I. folgt *Ferdinand I.* (* 1793, † 1875), der wegen Kränklichkeit und Geistesschwäche die Herrschaft ganz der Geheimen Staatskonferenz überläßt, die aufgrund innerer Gegensätze nicht angemessen auf die politisch-gesellschaftlichen Probleme reagiert.

1846   Einverleibung des Freistaates Krakau durch Österreich.

1848   Die große Teile Europas erfassende **Revolution** führt zu einer starken Erschütterung des österreichischen Staats.

März   *Aufstand in Wien* (13.–15.). Metternich tritt zurück und verläßt Österreich.

16. März   In Ungarn (wo hauptsächlich der magyarische Kleinadel Träger des erwachenden Nationalbewußtseins ist) fordert Lajos Kossuth (* 1802, † 1894) eine eigene ungarische Regierung.

18. März   Beginn der Erhebung der Italiener Österreichs gegen Wien, denen sich das Königreich Sardinien anschließt.

22. März   Unter Lajos Graf von Batthyánj (* 1806, † 1849) Bildung eines ungarischen Kabinetts, dem neben dem revolutionär-demokratischen Finanzminister Kossuth (eigentliches Haupt der Regierung) auch konservative Politiker angehören.
    Der Widerstand der slawischen Bevölkerung und der Nebenländer der Krone Ungarns (Kroatien, Siebenbürgen) gegen die magyarischen Ansprüche, ihre Forderung nach politischer Gleichberechtigung werden vom Wiener Hof unterstützt.

15. Mai   Erneuter Aufstand in Wien, der die Einberufung eines österreichischen Reichstags erzwingt (am 22. Juli eröffnet).

17. Mai   Kaiser Ferdinand geht nach Innsbruck. *Slawenkongreß in Prag,* beschließt unter Leitung
2.–12.   von František Palacký (* 1798, † 1876) ein Manifest, das die Umformung der Habsburger-
Juni   monarchie „in einen Bund von gleichberechtigten Völkern" wünscht.

16. Juni   Der Pfingstaufstand der tschechischen Radikalen wird von Alfred Fürst zu Windischgrätz (* 1787, † 1862) niedergeschlagen.

25. Juli   Der österreichische Oberbefehlshaber in Oberitalien Josef Wenzel Graf Radetzky (* 1766, † 1858) schlägt die Italiener bei Custozza (südöstlich vom Gardasee).

Aug.   Danach Abschluß eines Waffenstillstands mit Sardinien.

12. Aug.   Kaiser Ferdinand kehrt auf Wunsch des Reichstags nach Wien zurück.

6. Okt.   Dritter allgemeiner Aufstand in Wien, Barrikadenkämpfe. Kaiser Ferdinand begibt sich nach Olmütz (Nordmähren).

31. Okt.   *Einnahme Wiens* nach achttägigen heftigen Kämpfen durch kaiserliche Truppen. Windischgrätz verhängt das Standrecht.
    Die gefangengenommenen Führer des Aufstandes, darunter Robert Blum (* 1804, † 9. Nov.), Mitglied des Frankfurter Parlaments, werden erschossen.

21. Nov.   Felix Fürst zu Schwarzenberg (* 1800, † 1852) wird Ministerpräsident. Sein Programm (27. Nov.) ist eine Absage an den Frankfurter Verfassungsentwurf.

22. Nov.   Der nach Kremsier in Mähren verlegte Reichstag wird wieder eröffnet.

2. Dez.   Kaiser Ferdinand I. dankt ab. Ihm folgt sein Neffe *Franz Joseph I.* (* 1830, † 1916).
    Der ungarische Reichstag (den Ferdinand aufgelöst hat, der sich aber für unauflösbar erklärt hat) erkennt den Thronwechsel nicht an. Das führt zum ungarischen Freiheitskrieg, in dem mit wechselnden Erfolgen gekämpft wird.

1849   Der Reichstag von Kremsier wird aufgelöst und eine *Verfassung oktroyiert,* die die Erhal-
4. März   tung des österreichischen Gesamtstaats voraussetzt. (1851 wieder aufgehoben.)

Einzelstaaten – Österreich bzw. Österreich-Ungarn 771

21. März	Das Königreich Sardinien wird nach Kündigung des Waffenstillstands bei Mortara
23. März	(südwestlich von Pavia) und Novara (westlich von Mailand) von Radetzky vernichtend geschlagen.
14. April	Als Antwort auf die oktroyierte Verfassung erklärt der ungarische Reichstag das Haus Habsburg-Lothringen in Ungarn für abgesetzt und ruft die *Republik* aus.
Juni/Juli	Kossuth (seit Sept. 1848 Ministerpräsident) wird zum Reichsverweser gewählt. Mit russischer Hilfe gelingt den Österreichern die Niederschlagung des ungarischen Aufstands.
11. Aug.	Kossuth (der sich zum Diktator gemacht hat) dankt ab und geht in die Verbannung.
13. Aug.	Die ungarische Armee *kapituliert* bei Világos vor den Russen (bewußt nicht vor den Österreichern).
	Die Österreicher verhängen über die Aufständischen ein blutiges Strafgericht.
1850 29. Nov.	Nach der Niederwerfung der Revolution stellt Felix Fürst zu Schwarzenberg die Vormacht Österreichs im Deutschen Bund wieder her und zwingt Preußen im Vertrag von Olmütz zur Aufgabe seiner deutschen Unionspolitik.
1851/1852	*Silvesterpatent; Einrichtung einer neoabsolutistischen Regierungsweise.* Die reaktionäre Regierungspolitik der folgenden Jahre wird nach dem Tod Schwarzenbergs (1852) vom Kaiser selbst bestimmt. Innenminister ist 1849–1859 Alexander Freiherr von Bach (* 1813, † 1893), der Verfechter einer absolutistischen und zentralistischen Politik. Revision der meisten Errungenschaften von 1848/1849. Reformen im Sinne obrigkeitsstaatlicher Modernisierung und Wirtschaftsförderung, Wiedergewinnung der Großmachtposition, aber Verschärfung des Nationalitätenproblems.
1853–1856	Die österreichische Politik im Krimkrieg führt aber zur Zerstörung der Freundschaft mit Rußland und zur außenpolitischen Isolierung.
1859/1860	Nach der Niederlage im italienischen Einigungskrieg (Schlachten bei Magenta und Solferino, Juni 1859) verliert Österreich die Lombardei (Friede von Zürich, Nov. 1859) und muß das absolutistisch-zentralistische Herrschaftssystem aufgeben.
1860 21. Okt.	So wird das sog. *Oktoberdiplom*, eine der Autonomie der Kronländer Rechnung tragende Verfassung, erlassen.
1861 21. Febr.	Doch wird diese bald durch das *Februarpatent* ersetzt, eine zentralistisch-liberale Verfassung mit starker Betonung der Gemeindeautonomie. Auch dieses Verfassungsexperiment stößt in Ungarn auf Ablehnung. – Exponent des neuen Kurses Ministerpräsident (1860–1865) Anton Ritter von Schmerling (* 1805, † 1893).
1863	Der letzte Versuch, Österreichs Führung in Deutschland zu erhalten, scheitert auf dem zum Zweck einer Bundesreform von Kaiser Franz Joseph einberufenen Fürstentag in Frankfurt a. M. am Widerstand Preußens.
1866	Durch die *Niederlage im Deutschen Krieg* verliert Österreich Venetien an Italien und wird von einer Mitwirkung bei der Bildung des deutschen Nationalstaats ausgeschlossen. Seine Stellung als Großmacht kann Österreich aber behaupten.
1867	Die Niederlage führt auch zu einer Umgestaltung des Reiches in die Doppelmonarchie *Österreich-Ungarn* durch den sog. Ausgleich, dem die Bildung eines konstitutionellen ungarischen Ministeriums (Febr. 1867) vorausgeht.

Der österreichisch-ungarische Ausgleich

Die in Personalunion verbundenen beiden selbständigen, konstitutionellen Monarchien *Zisleithanien* (Österreich: „Die im Reichsrat vertretenen Königreiche und Länder") und *Transleithanien* (Ungarn: „Die Länder der ungarischen Krone") mit je einem eigenen Reichstag haben nur das Heer, die auswärtige Politik und die Finanzen gemeinsam (nur drei gemeinsame „kaiserliche und königliche" [k. u. k.] Ministerien). Zur Beschlußfassung über die gemeinsamen Angelegenheiten treten jährlich abwechselnd in Wien und Budapest getrennt tagende Delegationen aus beiden Reichsparlamenten zusammen (österreichischer Reichsrat, ungarischer Reichstag). Die Kosten der gemeinsamen Angelegenheiten werden auf beide Reichshälften verteilt nach einer (für Ungarn günstigen) Quote (70 : 30, dann 63,6 : 36,4), über die alle zehn Jahre neue Ausgleichsverhandlungen stattfinden. Jede der beiden Reichshälften hat für ihre eigenen Angelegenheiten („kaiserlich königlich" [k. k.] bzw. „königlich" [k.]) eine eigene Regierung mit Ressortministern. Der Ausgleich festigt zwar die Verfassungslage der Donaumonarchie, läßt aber bei Deutschen, Ungarn und Slawen eine zunehmende Unzufriedenheit und in der österreichischen Reichshälfte wachsende Instabilität zurück.

Österreich-Ungarn (1867–1914)

Auf der 1867 geschaffenen Grundlage besteht die Verfassung der Habsburger Monarchie bis zu ihrem Ende. Dabei wird es immer dringender, die vielfältigen Nationalitätenprobleme und die politisch-sozialen Fragen im Zusammenhang der Industrialisierung zumindest der westlichen Reichshälfte mit der Verfas-

772   Neuzeit – Französische Revolution bis Erster Weltkrieg

sung in Einklang zu bringen. Der Zusammenhalt der vielgestaltigen Doppelmonarchie beruht mehr und mehr vornehmlich auf der Person des Kaisers und Königs. **Franz Joseph I.** (* 1830, † 1916; *1848–1916),* in jüngeren Jahren nicht ohne Ungeduld, verkörpert die Monarchie in unermüdlicher Pflichttreue und strenger Gewissenhaftigkeit mit einer im Alter allmählich erstarrenden Würde. – Der österreichischen Reichshälfte bringt die *Dezemberverfassung* (1867) die endgültige Einführung des konstitutionellen Regierungssystems, verbunden mit liberalen Grundrechten. Zu dem Toleranz versprechenden Nationalitätengesetz in Ungarn (1868) im Widerspruch steht eine scharfe Magyarisierungspolitik. Der ungarisch-kroatische Ausgleich von 1868 mit dem autonomen Kroatien sichert im ungarischen Reichsteil die magyarische Vorherrschaft bei Verstärkung ungarisch-slawischer Spannungen.

Die Nationalitätenprobleme

Die wichtigsten Nationalitätenprobleme sind in **Ungarn:**
1. *Rumänische Frage in Siebenbürgen:* Vornehmlich bei den ca. 3,5 Millionen unter dem Magyarisierungsdruck stehenden Rumänen in Ungarn entwickelt sich das rumänische Nationalbewußtsein.
2. *Kroatischer Widerstand* gegen die Magyarisierungspolitik. An die Stelle des kroatisch-serbischen Gegensatzes tritt nach 1900 mehr und mehr eine jugoslawische Gemeinsamkeit gegen Ungarn.
3. Widerstand der langsam zu einem nationalen Solidaritätsbewußtsein zusammenwachsenden verschiedenen Gruppen von eingesessenen *Deutschen* (in der ungarischen Reichshälfte rund zwei Millionen) gegen die Entnationalisierungsbestrebungen.
In der **österreichischen** Reichshälfte sind am wichtigsten:
4. Die *böhmische Frage.* Der deutsch-tschechische Nationalitätenkampf erhält seine besondere Schärfe durch die Umprägung der Idee des „böhmischen Staatsrechts" ins Nationalstaatliche, durch das wirtschaftliche Empordrängen des tschechischen Bürgertums und durch das Festhalten der Wiener Regierung am Zentralismus. 1871 scheitert das tschechische Verlangen nach einem Ausgleich, der dem ungarischen entspricht. In den achtziger Jahren geht die böhmische Landtagsmehrheit an die Tschechen über. 1869 Teilung der Technischen Hochschule, 1882 der Universität Prag in eine deutsche und eine tschechische.
5. Die *italienischen Autonomiebestrebungen* und die auf die Vereinigung Südtirols und Triests mit Italien gerichtete Irredentalosung.
6. Der *polnisch-ruthenische Gegensatz* in Galizien.

1867–1870	Zentralistisch-liberal orientiertes *„Bürgerministerium"* mit dem Ziel des liberalen Verfas-
1867–1874	sungsstaats, dadurch *Kulturkampf* in der österreichischen Reichshälfte.
1868	Mit Hilfe der deutsch-liberalen Mehrheit im Reichsrat werden die österreichischen Maigesetze über Ehe, Schule und interkonfessionelle Fragen erlassen. Sie werden von Papst Pius IX. im Widerspruch zum Konkordat von 1855 gesehen.
1869	Verschärfend das Reichsvolksschulgesetz (interkonfessionelle, achtjährige staatliche Schule).
1870	In Zisleithanien scheitert das föderalistisch-konservative Kabinett des Grafen Karl von Hohenwart (* 1824, † 1899).
1871–1879	*Liberales* Kabinett des Fürsten Adolf *Auersperg* (* 1821, † 1885). Ende des Kulturkampfs; rechtsstaatliche Justizreform.
1873	Direktwahl des Reichsrats eingeführt unter hohem Zensus (nur 6% der Bevölkerung wahlberechtigt). – Eröffnung der Wiener Weltausstellung (1. Mai). Sie gibt Zeugnis vom wirtschaftlichen Aufschwung Österreich-Ungarns seit 1867, der mit dem Wiener Börsenkrach (9. Mai) endet.
	Außenpolitisch versucht Österreich-Ungarn (1867–1871 Außenminister Friedrich Ferdinand [Graf] von Beust [* 1809, † 1886]) von 1867 bis 1870 mehrmals durch Annäherung an Frankreich und Italien, Bismarcks Reichsgründung zu verhindern, scheitert aber am ungarischen Widerstand (Außenminister 1871–1879 Julius Graf Andrássy; * 1823, † 1890) und der russischen Drohung. Nach dem Fehlschlagen der Revanchepolitik gegen Preußen wird für Österreich-Ungarn das Verhältnis zu Rußland am wichtigsten, mit dem sich seine Balkaninteressen kreuzen.
1875–1890	Ungarischer Ministerpräsident *Kálmán (Koloman) Tisza* (* 1830, † 1902), Begründer
1877/1878	(1875) und Führer der ungarischen Liberalen Partei, energische Magyarisierungspolitik. Auf die Dreikaiserpolitik (seit 1873) folgt im Zusammenhang mit dem russisch-türkischen Frieden von San Stefano eine schwere Krise der Beziehungen zu Rußland, die durch den Berliner Kongreß insofern ihre Schärfe verliert, als sich die russische Mißstimmung seitdem vornehmlich gegen Deutschland richtet.
1878	Die bisher türkischen Provinzen Bosnien und Herzegowina werden gemäß Art. 25 des Berliner Kongreßvertrags von Österreich-Ungarn besetzt und in Verwaltung genommen. Seitdem strebt die Monarchie danach, die Okkupation in eine Annexion zu verwandeln.
1879	Folge der Okkupation: Rücktritt der Regierung Fürst Adolf Auersperg, da die Deutsch-Liberalen die Annexion ablehnen. Ende der deutsch-liberalen Ära.

Einzelstaaten – Österreich bzw. Österreich-Ungarn   773

1879–1893 Die österreichische Regierung des Grafen Eduard *Taaffe* (* 1833, † 1895) stützt sich auf den „*Eisernen Ring*" einer antiliberalen, polnisch-tschechischen Reichsratsmehrheit.

1879 Verteidigungsbündnis mit dem Deutschen Reich *(Zweibund)* gegen Rußland. Auf österreichisch-ungarischer Seite ist Graf Andrássy führend.

1881 Das Neutralitätsabkommen mit Deutschland und Rußland (Dreikaiservertrag) wird 1884 verlängert, verliert jedoch seine Grundlage, als der Gegensatz zu Rußland 1885 in der bulgarischen Krise wieder offenbar wird.

1882 Die Regierung Taaffe erweitert das Wahlrecht auf den gewerblichen Mittelstand. In Wien wird der *Dreibund* zwischen Österreich-Ungarn, dem Deutschen Reich und Italien unterzeichnet.

1883 Österreich-Ungarn schließt ein geheimes Verteidigungsbündnis mit Rumänien, dem Deutschland beitritt. In Zisleithanien Novellierung der Gewerbeordnung zwecks Milderung sozialer Spannungen.

1887 Österreich-Ungarn verbürgt im Orientdreibund zusammen mit Großbritannien und Italien den Besitzstand der Türkei gegen einen russischen Angriff.
Der Dreibundvertrag wird mit dem Zugeständnis verlängert, daß Österreich-Ungarn seinen Machtbereich auf dem Balkan nicht ohne vorherige Verständigung mit Italien ausdehnen wird.

1889 Der einzige Sohn des Kaisers, Kronprinz Erzherzog Rudolf (* 1858), verübt Selbstmord.

1890 Deutsch-tschechische Ausgleichsverhandlungen scheitern an den Jungtschechen.

1893 Sturz des Kabinetts des Grafen Taaffe beim Versuch, zum allgemeinen Wahlrecht überzugehen.

1896 Kronprinz ist (seit 1889) Bruder des Kaisers, Erzherzog Karl Ludwig, dann wird es dessen Sohn *Franz Ferdinand* (* 1863, † 1914), der infolge unebenbürtiger Heirat (Gräfin Sophie Chotek, * 1868, † 1914) 1900 zum Verzicht auf die Thronfolge etwaiger Kinder aus dieser Ehe gezwungen wird. Ungarn setzt bei dieser Gelegenheit die einseitige Kündbarkeit des österreichisch-ungarischen Rechtsverbandes durch.
Franz Ferdinand sammelt einen Kreis von Politikern verschiedener Nationalität um sich und entwickelt mit den Jahren ein politisches Programm, das die Sprengung des Dualismus und die Brechung der ungarischen Vorherrschaft durch den Trialismus vorsieht (Errichtung eines großkroatischen Staates, um die jugoslawische Frage im Gegensatz zu großserbischen Plänen im Rahmen der Donaumonarchie zu lösen).

1897 *Badeni-Krise:* Die Regierung des polnischen Grafen Kasimir Felix Badeni (* 1846, † 1909; Ministerpräsident Zisleithaniens seit 1895) erläßt am 5. April 1897 Sprachverordnungen für das Königreich Böhmen (Gleichberechtigung der tschechischen mit der deutschen Landessprache), die von der Mehrheit des Wiener Reichsrats getragen werden. Dagegen Obstruktion der deutschen Abgeordneten im Reichsrat sowie Demonstrationen und Ausschreitungen, besonders in Wien und Graz. Rücktritt Badenis.
Schwere Belastung des Verhältnisses zwischen Deutschen und Tschechen, fortdauernde Verhärtung des auf alle gesellschaftlichen Bereiche übergreifenden Nationalitätenkonflikts, Regieren mit dem Notstandsparagraphen durch die Spitzen der Bürokratie kennzeichnen von nun an die Situation im österreichischen Reichsteil.

1897–1910 Kommunale Reformen des Wiener Bürgermeisters Karl Lueger (* 1844, † 1910).

1898 Kaiserin Elisabeth (* 1837) in Genf von einem italienischen Anarchisten ermordet.

1899 Aufhebung der Sprachverordnungen Badenis. Nationalitätenprogramm der (1888/1889 gegründeten) *Sozialdemokratischen Partei* auf dem Gesamtparteitag in Brünn mit der Forderung, Österreich in einen „demokratischen Nationalitätenstaat" umzuwandeln.
Zusammenhang von Reichserhaltung und demokratisch-nationaler Reformpolitik propagiert durch den Parteiführer Viktor Adler (* 1852, † 1918) und Karl Renner (* 1870, † 1950) (die beide erst beim Zerfall Österreich-Ungarns die großdeutsche Lösung für Deutsch-Österreich vertreten).

1900–1904 Das österreichische Kabinett Ernest von *Koerber* (* 1850, † 1919) versucht vergeblich, die Nationalitäten Zisleithaniens durch ein weitgespanntes Wirtschaftsprogramm zu integrieren.

ab 1903 Graf *István (Stefan) Tisza* (* 1861, † 1918; ungarischer Ministerpräsident 1903–1905 und 1913–1917, Sohn Kálmán Tiszas) will die *nationalungarische Machtstellung* gegen die trialistischen Bestrebungen sichern. In wachsendem Maße werden die ungarische Magyarisierungspolitik und der Budapester Einfluß auf die österreichisch-ungarische Politik zum gesamtstaatlichen Desintegrationsfaktor und zur außenpolitischen Gefährdung der Donaumonarchie.

1905 *Mährischer Ausgleich:* Vorbildliche Regelung der Sprachen- und Nationalitätenfrage in Mähren: Deutsche und Tschechen wählen in den Landtag eine feststehende Zahl von Abgeordneten ihrer Nationalität in national getrennten Kurien. Die Gemeindevertretungen bestimmen selbst über ihre Amtssprache, müssen aber auch Eingaben, die in anderen Landessprachen abgefaßt sind, annehmen und unter bestimmten Voraussetzungen (wenn

774 Neuzeit – Französische Revolution bis Erster Weltkrieg

die Minderheit mindestens ein Fünftel der Einwohnerzahl ausmacht) in dieser Sprache erledigen. Die Schulverwaltung wird durchgehend national getrennt.
Regierung der Unabhängigkeitspartei in Ungarn.

1905–1910
1906–1908 Das österreichische Kabinett des Freiherrn Max Wladimir von *Beck* (* 1854, † 1943) beabsichtigt, durch eine Demokratisierung die neuen Massenparteien an den Staat heranzuführen und diesen so auf eine breitere Grundlage zu stellen.

1906 In der österreichischen Reichshälfte wird nach mehreren vorangegangenen Wahlrechtsreformen für die Wahlen in den Reichsrat das allgemeine, gleiche, direkte und geheime Wahlrecht eingeführt, während in Ungarn das Zensuswahlrecht, das die Herrschaft der magyarischen Herrenschicht sichert, fortbesteht.

1907 Erste Wahlen zum österreichischen Reichsrat nach dem neuen Wahlrecht verändern das parlamentarische Kräfteverhältnis zugunsten der volkstümlichen Massenparteien: 96 Abgeordnete für die antiliberale Christlich-soziale Reichspartei (nach 1880 von Karl Lueger gegründet; christlich, sozial, antiliberal und antisemitisch orientierte Partei des Kleinbürgertums), 87 Sozialdemokraten (davon 50 deutscher Nationalität), 90 Deutschnationale bzw. Deutschliberale.

1908 Nach Vereinbarung mit dem russischen Außenminister, dem der österreichisch-ungarische Außenminister Alois Freiherr von Aehrenthal (* 1854, † 1912) dafür eine Zustimmung zur Öffnung der Dardanellen für russische Kriegsschiffe verspricht, erklärt Österreich-Ungarn die Annexion von Bosnien und der Herzegowina, die ein Schritt zur Verwirklichung des Trialismus – d. h. der Einigung der Südslawen unter der Herrschaft der Donaumonarchie – sein soll.

1909 Da Rußland seine Meerengenpläne wegen britischen Einspruchs nicht durchsetzt, macht die rechtliche Anerkennung der Annexion seitens der Mächte Schwierigkeiten und wird in der *Annexionskrise* nur dank deutscher Unterstützung erreicht.

1908–1914 Sprachen- und Machtkampf zwischen Tschechen und Deutschen in Böhmen und im Wiener Reichsrat.
Führer der Jungtschechen ist Karl Kramář (* 1860, † 1937); sein Ziel: Föderalismus des Reiches zugunsten der tschechischen Dominanz in Böhmen und Mähren und deren Vereinigung mit der ungarischen Slowakei.

Nationale Gliederung der österreichisch-ungarischen Monarchie (Volkszählung 1910, in %)

	Deutsche	Magyaren	Tschechen (T) und Slowaken (S)	Polen	Ruthenen	Rumänen	Kroaten	Serben	Slowenen	Italiener	Serbokroaten (Bosniaken)
Gesamtmonarchie	23,9	20,2	12,6	10	7,9	6,4	5,3	3,8	2,6	2	1,2
Zisleithanien	35,6	–	slaw.: 60,71	–	–	–	–	–	–	–	–
Kronländer											
Niederösterreich	95	–	5 (T)	–	–	–	–	–	–	–	–
Oberösterreich	100	–	–	–	–	–	–	–	–	–	–
Salzburg	100	–	–	–	–	–	–	–	–	–	–
Steiermark	70,5	–	–	–	–	–	–	–	29,4	–	–
Kärnten	78,6	–	–	–	–	–	–	–	21,2	–	–
Tirol	57	–	–	–	–	–	–	–	–	42	–
Vorarlberg	100	–	–	–	–	–	–	–	–	–	–
Böhmen	36,8	–	63,2 (T)	–	–	–	–	–	–	–	–
Mähren	27,6	–	71,7 (T)	–	–	–	–	–	–	–	–
Schlesien	43,9	–	24,3 (T)	31,7	–	–	–	–	–	–	–
Galizien	1,1	–	–	58,6	40,2	–	–	–	–	–	–
Bukowina	21,4	1,3	–	–	38,4	34,4	–	–	–	–	–
Krain	5,3	–	–	–	–	–	–	–	94,4	–	–
Küstenland	3,7	–	–	–	–	–	–	–	32,6	43	20,7
Dalmatien	0,5	–	–	–	–	–	–	–	–	2,8	96,2
Transleithanien (in Klammern Angaben für 1900)	9,8 (11,1)	48,1 (45,4)	9,4 (S) (10,5)	–	2,3 (2,2)	14,1 (14,5)	8,8 (8,7)	5,8 (5,5)	–	–	–
Kronländer											
Ungarn	10,4 (11,9)	54,5 (51,4)	10,7 (S) (11,9)	–	2,5 (2,6)	16,1 (16,6)	1,1 –	2,5	–	–	–
Kroatien und Slawonien	5,1 (5,6)	4,1 (3,8)	–	–	–	–	62,5 (61,7)	24,6 (25,8)	–	–	–

Einzelstaaten – Österreich bzw. Österreich-Ungarn – Ungarn   775

1910   Sprachlicher Ausgleich in der Bukowina nach dem Muster Mährens.
1913   Scheitern des deutsch-tschechischen Ausgleichs, daher:
1914   Erneute tschechische Obstruktion im Reichsrat, der vertagt wird; Notstandsregierung in Zisleithanien.
– In Galizien wird die Vertretung der ruthenischen Minderheit im Landtag durch ein Wahlgesetz gesichert.
28. Juni   Der Thronfolger Erzherzog Franz Ferdinand, der Träger des trialistischen Reformprogramms, wird zusammen mit seiner Gemahlin in Sarajewo (Bosnien) von großserbischen Nationalisten ermordet.
23. Juli   Ultimatum an Serbien, fünf Tage später gefolgt von der Kriegserklärung. – *(Forts. S. 948)*

Ungarn (1867–1914)
(Forts. v. S. 587)

Der dualistische *Ausgleich von 1867* führt zu einem umwälzenden Strukturwandel der Habsburgermonarchie. Dabei vollzieht sich die Entwicklung in beiden Reichshälften in beinahe entgegengesetzten Bahnen. Die Richtung wird durch die unterschiedliche staatspolitische Vergangenheit bestimmt.
Das 1526 an das Haus Österreich gefallene, bis 1699 größtenteils unter osmanischer Herrschaft stehende Ungarn geriet mehrfach in Konflikt mit der Wiener Zentralisierungspolitik, doch stimmte der Landtag 1722/1723 der Pragmatischen Sanktion zu.
Für Ungarn bedeutet der Ausgleich den Sieg der Idee des *Einheitsstaates*. Die ungarische Führungsschicht verbindet diese in einer langen historischen Tradition stehende Idee mit dem Ideal des Nationalstaates westeuropäisch-französischer Prägung und mit einem doktrinären Liberalismus. Das *staatsrechtliche Verhältnis zu Österreich* gilt als die Lebensfrage der Nation. Im Budapester Parlament wird 50 Jahre hindurch in der Hauptsache um die Auslegung oder Weiterentwicklung des Ausgleichs gerungen. Die Anhänger und Gegner des Ausgleichs stehen sich in beständiger Polarität gegenüber. Die von den „Parteien des Ausgleichs" gestellten Regierungen besitzen fast 40 Jahre hindurch eine sichere Mehrheit. Sie müssen stets nach zwei Seiten agieren: Auf der einen Seite gilt es, den Ausgleich gegen die „nationale" Opposition zu verteidigen, und auf der anderen Seite müssen unter dem Druck der öffentlichen Meinung bei den alle zehn Jahre anstehenden Ausgleichsverhandlungen immer wieder „nationale Forderungen" gestellt werden. Die Oppositionsparteien wenden als schärfste Waffe die Obstruktion an, da sie keine Alternative zur Regierungspraktik bieten können.
1868   Gründung des Allgemeinen Arbeitervereins und Bildung der oppositionellen, an 1848 anknüpfenden Unabhängigkeitspartei.
Um den nationalen Souveränitätsanspruch zu befriedigen, wird eine kleine Heimatarmee, die Honvéd, aufgestellt.
1871   Demonstration in Pest für die Pariser Kommune.
1873   Börsenkrach, durch den das Ansehen der „Parteien von 1867" schwer erschüttert wird. Zur
1875   Meisterung der sich in der Folgezeit entwickelnden gefährlichen Situation vereinigt Graf Kálmán Tisza (* 1830, † 1902), der Hauptführer der gemäßigteren nationalen Opposition, seine Anhänger mit dem Rest der liberalen Reformpartei von Ferencz Deák (* 1803, † 1876) zur *Liberalen Partei,* die den Ausgleich bejaht.
Sie bleibt anschließend mehr als 30 Jahre an der Regierung, zunächst (bis 1890) mit Tisza als Ministerpräsident. Dieser versteht es, sich durchzusetzen, wendet dabei aber oft recht fragwürdige Mittel an (Einschränkung des Stimmrechts, gelenkte Wahlen, ungleichmäßige Festsetzung der Wahlkreise).
1895   Kongreß der ungarländischen Nationalitäten.
1896   Jahrtausendfeier der ungarischen Landnahme.
1903   Wegen militärischer Fragen Konflikt mit der Krone.
1905   Wegen der darauf folgenden Spannung läßt Ministerpräsident Graf István (Stefan) Tisza (* 1861, † 1918) das Parlament auflösen und Neuwahlen abhalten. Die Niederlage der bisher regierenden Liberalen Partei führt zu einer Staatskrise.
1906   Es kommt zu einer Koalition der Unabhängigkeitspartei und der ihr nahestehenden politischen Gruppen.
Jedoch, Franz Joseph I. lehnt den größten Teil des Regierungsprogramms ab und zwingt die Koalition, auf der Grundlage des Ausgleichs von 1867 zu regieren.
1910   Die Koalition erleidet bei den Wahlen eine schwere Niederlage. István Tisza, der die Liberale Partei aufgelöst hat, reorganisiert seine Anhänger in der *Nationalen Arbeiterpartei,* die die Regierung übernimmt.
Die Industriearbeiter, deren Zahl durch die Industrialisierung schnell zugenommen hat, demonstrieren mehrfach für das allgemeine Wahlrecht.
1912   Sie rufen schließlich den Generalstreik aus.
1913   Graf István Tisza wird erneut Ministerpräsident (bis 1917).
1914   Er lehnt nach der Ermordung des Thronfolgers Franz Ferdinand den Krieg gegen Serbien ab, muß sich aber der Entscheidung des Kronrats beugen. – *(Forts. S. 948)*

776 Neuzeit – Französische Revolution bis Erster Weltkrieg

Frankreich (1789–1914)
(Forts. v. S. 676)

Die Französische Revolution (1789–1799)

Nachdem sich das Königtum als unfähig erwiesen hat, den modernen Einheitsstaat auf Dauer gegen die feudale Vielfalt durchzusetzen und die aus der sozialen Umschichtung des 18. Jh.s entstandenen Probleme zu bewältigen, verliert es ab 1788 die Initiative. Träger des nun einsetzenden revolutionären Umbruchs sind erstens die *liberalen Reformkräfte* aus Adel, Großbürgertum und Bildungsbürgertum, zweitens das *Kleinbürgertum* und *unterbürgerliche Schichten* in den Städten, besonders in Paris, drittens die Masse der *bäuerlichen Kleinpächter* auf dem Land. Jede dieser drei Gruppen verfolgt durchaus eigenständige Zielsetzungen; ihr (im einzelnen bis heute umstrittenes) Ineinanderwirken bestimmt die Dynamik des Revolutionsverlaufs.

Den **liberalen Reformern,** die mit dem Bürgertum schlechthin keineswegs identisch sind, vielmehr die aufgeklärten Eliten aller drei Stände darstellen, geht es um eine umfassende Erneuerung des Landes auf allen innenpolitischen Gebieten, insbesondere in den Bereichen der Regierungsorganisation, der Administration, der Justiz, der Steuer- und Finanzpolitik sowie der Wirtschaftspolitik, mit dem Ziel, einen leistungsfähigen staatlichen Rahmen für die vornehmlich agrarkapitalistische Produktionsweise zu schaffen und den Zugang zur staatlichen Macht entsprechend der wirtschaftlichen Leistungsfähigkeit zu regeln. Am englischen Vorbild orientiert, hoffen sie zunächst, diese Reformen mit dem Königtum durchsetzen zu können; erst als die Krone mehr und mehr zum Gefangenen der Reformgegner wird, ringen sie sich – nicht ohne Fraktionskämpfe – zur republikanischen Lösung durch.

Der **Bauernbewegung,** die durch den Konflikt zwischen traditionellen und reformbereiten Eliten zwar ausgelöst, aber nicht von ihr bestimmt wird, geht es in Fortsetzung früherer Revolten um die Befreiung von den Domanial-, Seigneurial- und Feudallasten. Ihr Ideal ist die selbständige landwirtschaftliche Kleinproduzenten-Existenz; als dies erreicht ist, scheiden die Bauern aus dem revolutionären Prozeß aus und bilden fortan die konservativste Grundschicht des Landes.

Noch stärker als die Bauernbewegung ist der **Aufstand der kleinbürgerlichen Handwerker, Gesellen und städtischen Unterschichten** der Tradition der Massenrevolten früherer Jh.e verhaftet: Motor dieser Bewegung sind zunächst einmal akute Probleme der Versorgungslage, die die arbeitenden Schichten für demagogische Manipulationen anfällig machen (und zunächst durch die adlige Reaktion, dann durch konkurrierende Gruppen der um die Macht kämpfenden bürgerlichen Zwischenschichten genutzt werden); im Kern richtet sie sich gegen die Dynamisierung des Wirtschaftslebens, nicht zuletzt gegen die beginnende industriekapitalistische Produktion; ihr – objektiv nicht mehr erreichbares – Ideal ist eine Gesellschaft selbständiger Ein- oder Zweimann-Betriebe, und sie kämpfen daher für einen Staat, der dieses sozio-ökonomische Ideal garantiert und jeden Bürger entsprechend seiner sozialen Nützlichkeit unmittelbar am politischen Entscheidungsprozeß partizipieren läßt.

Die liberale Revolution (1788/1789–1792)

1788 Aug. *–1789* *April*	In Erwartung der für Mai 1789 einberufenen Generalstände, die die Finanzkrise des Staates lösen sollen, artikulieren die Gruppen ihre Ziele, während die Krone in Entscheidungslosigkeit verharrt. Eine Fülle von Reformbroschüren überflutet das Land, darunter von *Abbé Emmanuel-Joseph Sieyès* (*1748; †1838): „Was ist der Dritte Stand?" („Qu'est-ce que le Tiers État?").
1788 25. Sept.	Das *Parlament von Paris* fordert die Zusammensetzung der Generalstände nach dem Muster von 1614.
27. Dez.	Der wiederberufene Finanzminister (nun auch Premierminister) *Jacques Necker* (*1732; †1804) verfügt die *Verdoppelung der Abgeordnetenzahlen des Dritten Standes,* läßt jedoch offen, ob korporativ nach Ständen oder nach Köpfen abgestimmt werden soll. In nahezu 40 000 Denkschriften *(Cahiers de doléances),* nach Ständen getrennt abgefaßt, trägt die Bevölkerung ihre Forderungen vor.
1789 **5. Mai**	**Zusammentritt der Generalstände** in Versailles. Ludwig XVI. überläßt den Abstimmungsmodus der Entscheidung der Abgeordneten. Als nach sechs Wochen immer noch keine Einigung erzielt ist, erklärt sich der Dritte Stand unter dem Einfluß *Sieyès'* und des Grafen von *Mirabeau* (Honoré Gabriel de Riqueti: *1749, †1791 – Sohn des physiokratischen Theoretikers) zur **Nationalversammlung.** Eine
17. Juni	Reihe von Vertretern der privilegierten Stände, besonders aus dem niederen Klerus, schließen sich an. Als der König das mit Gewalt verhindern will, verpflichten sich die Abgeordneten des Dritten Standes und die Mandatsüberträger, erst nach Verabschiedung einer Verfassung auseinanderzugehen („*Ballhausschwur"*).
20. Juni	
23. Juni	Der König stellt sich offen auf die Seite der alten ständischen Ordnung.

	Steigende Lebensmittelknappheit, Gerüchte über die bevorstehende Auflösung der Natio-

11. Juli Steigende Lebensmittelknappheit, Gerüchte über die bevorstehende Auflösung der Nationalversammlung und die *Entlassung des populären Necker* führen zum Aufruhr in Paris; die Wahlmänner der Stadtbezirke nehmen als „Kommune" die Verwaltung der Stadt in die Hand; Volksmilizen (Nationalgarden) werden gebildet.

14. Juli **Volksmassen erstürmen** das (kaum belegte) alte Stadtgefängnis, die **Bastille**. Gleichartige **Aufstände** in den Städten und Ortschaften des Landes schließen sich an. Als der König das Geschehen nach außen hin billigt, beginnt der Adel zu emigrieren. Die *„Große Furcht"* vor einem Aristokraten-Komplott versetzt die bäuerliche Bevölkerung in der letzten Juli-Woche in Panik; es kommt zu einer Kette von Gewalttätigkeiten: Herrensitze werden geplündert oder zerstört; Archive, die die Feudallasten verzeichnen, vernichtet. Um den bürgerlichen Besitz zu retten, entschließen sich die Honoratioren der Nationalversammlung, über die beabsichtigte Steuergleichheit hinaus den Großgrundbesitz zu opfern.

4./5. August Das *Feudalsystem wird aufgehoben,* der Kirchenzehnte abgeschafft, die Abgeordneten der ersten beiden Stände verzichten auf alle Privilegien. In den folgenden Tagen beschließt die Versammlung die entschädigungslose Aufhebung der Frondienste, die Ablösbarkeit der übrigen Grundherrenrechte und der richterlichen Ämter durch Geldentschädigung, die Einführung des Gleichheitsgrundsatzes für die Steuerpflicht, die Zulassung zu den Ämtern und die Stellung vor Gericht.

26. August Eine *Erklärung der Menschen- und Bürgerrechte* wird verabschiedet (nach dem amerikanischen Vorbild von dem Amerikakämpfer Lafayette – Marie Joseph de Motier: * 1757; † 1834 – unter Mitwirkung des amerikanischen Gesandten Thomas Jefferson – * 1743, † 1826 – verfaßt).

5./6. Oktober Als sich der König weigert, die Erlasse des 4. August zu unterzeichnen, gelingt es radikalen Agitatoren (Georges Danton, Camille Desmoulins, Jean Paul Marat), die politisierten Pariser Massen unter dem Eindruck fortdauernder Brotknappheit und Arbeitslosigkeit zum *Zug nach Versailles* zu mobilisieren. Der König kapituliert vor der Forderung, nach Paris überzusiedeln, die Nationalversammlung schließt sich an, eine zweite Emigrationswelle des Adels folgt. In Paris steht nunmehr die Nationalversammlung unter dem Druck des städtischen Aufstands; der König ist (in den Tuilerien) de facto ein Gefangener der Revolution.

Die Notabeln-Monarchie

Die neue **Verfassung** geht von den Prinzipien der Volkssouveränität und der Gewaltenteilung aus; politische Mitwirkung wird jedoch durch ein Zensuswahlrecht an Vermögen und Bildung gebunden (4 Millionen durch Steueraufkommen, Beruf oder Gesinnung qualifizierte männliche Aktivbürger mit aktivem Wahlrecht, darüber bei höherem Steueraufkommen die Klasse der Wahlmänner und schließlich die Klasse der Wählbaren). *Die Reste feudaler Administration werden beseitigt,* Provinzen und Intendanturen durch 83 einheitlich strukturierte Departements ersetzt, eine unabhängige Gerichtsbarkeit und eine neue Armee, die Nationalgarde, geschaffen. Wirtschaftliche Vorrechte, Monopole, Gewerbeordnungen, Binnenzölle, Zünfte und Korporationen werden abgeschafft, Berufsassoziationen ohne Widerstand der kleinbürgerlich-städtischen Delegierten verboten (loi Le Chapelier 14.6.1791). Bezüglich der Landwirtschaft setzen die Großbauern die freie Preisbildung und die Freiheit der Bewirtschaftung durch; im Interesse der Masse der Kleinbauern bleiben jedoch Gemeinschaftsweide und Gemeindegüter für die Armen erhalten. Zur Deckung der Staatsschuld und zur Bekräftigung des Bündnisses zwischen Bauern und liberalen Eliten wird der *Kirchenbesitz zum Nationaleigentum* erklärt und in kleinen Parzellen verkauft (Dekret vom 2.11.1789), zugleich dient er als Pfand für eine massenhaft verbreitete staatliche Schatzanweisung (*Assignate,* ausgegeben 19.12.1789); damit wächst der Kreis der unmittelbar materiell am Gelingen der Revolution Interessierten beträchtlich.

Zwei Entwicklungen beeinträchtigen den Erfolg der liberalen Revolution und führen über sie hinaus: erstens schafft die staatliche Neuorganisation des Kirchenwesens einen *Konflikt mit der katholischen Tradition,* der den bereits entmachteten Kräften der alten Ordnung neuen Zulauf aus den strengläubigen bäuerlichen Gebieten verschafft. Die religiösen Orden werden aufgehoben, Mönchsgelübde für ungültig erklärt (Dekret vom 13.4.1790), neue Bistümer entsprechend den Departementsgrenzen geschaffen, die Geistlichen in den Status von wählbaren Staatsbeamten überführt (*Constitution civile du clergé* vom 12.7.1790) und bei Strafe zum Eid auf die neue Kirchenverfassung verpflichtet (27.11.1790). Die meisten Bischöfe und mehr als die Hälfte des niederen Klerus verweigern die Eidesleistung, zumal Papst Pius VI. im Frühjahr 1791 die Zivilkonstitution für ungültig erklärt. Zweitens leistet der König insgeheim erbitterten Widerstand gegen die Rolle des obersten Exekutivbeamten der Nation, die ihm die neue Verfassungsordnung diktiert; er nimmt damit dem Konzept der konstitutionellen Monarchie die notwendige Glaubwürdigkeit, schürt die Furcht vor der Konterrevolution und stärkt den Einfluß der radikalen Kräfte, die das Gleichheitsideal über die liberale Meritokratie hinaus verwirklicht sehen wollen. Vermittlungsversuche Mirabeaus und La Fayettes scheitern.

778   Neuzeit – Französische Revolution bis Erster Weltkrieg

1791 20.–25. Juni	*Ludwig XVI. versucht, außer Landes zu fliehen,* um einen Stimmungsumschwung zugunsten des Ancien Régime zu provozieren, wird aber in Varennes erkannt und nach Paris zurückgeführt.
17. Juli	Eine Petitionskampagne, die die Bestrafung des Königs fordert, endet mit einer zentralen *Kundgebung auf dem Marsfeld,* die von der Nationalgarde unter *La Fayette* zusammengeschossen wird. Damit sind die Liberalen zum ersten Mal gegen die städtischen Massen auf die Seite der Ordnung getreten; die Mehrheit der Abgeordneten tritt aus dem Jakobinerklub aus und trifft sich fortan im Kloster der *Feuillants.* Während die neue Ordnung definitiv etabliert wird – am 3. September tritt die Verfassung in Kraft –, sind die Träger der Revolution bereits gespalten. In der Legislative steht der großen Mehrheit liberaler, nun mehr bürgerlicher als adliger Abgeordneten (auf ihrem linken Flügel die politisch aktive Gruppe der **Girondisten** um Jacques Pierre *Brissot,* Pierre Victurnien *Vergniaud,* Jean Marie *Roland de la Platière,* mit Verbindungen zur Provinz und zum besitzbürgerlichen Mittelstand) eine kleine Gruppe radikaldemokratischer Advokaten und Journalisten mit Verbindungen zu den städtischen Massen gegenüber (um Maximilien de *Robespierre,* Georges *Danton,* Jean Paul *Marat,* wie die Girondisten noch im **Jakobinerklub**).
1792–1797	**Erster Koalitionskrieg.** Unter dem Eindruck des Krieges mit Österreich und Preußen gewinnen die radikalisierten Massen entscheidenden Einfluß. Obwohl Kaiser Leopold II., der Bruder der französischen Königin, als aufgeklärter Absolutist die Maßnahmen des monarchistischen Auslands zugunsten des französischen Königtums auf diplomatische Aktionen beschränken will und in der *Pillnitzer Deklaration* (27. August 1791) mit König Friedrich Wilhelm II. von Preußen jede Intervention von der Zustimmung der übrigen europäischen Herrscher abhängig macht, verbreitet sich in der Bevölkerung die Furcht vor einer Verschwörung des Königs mit den auswärtigen Mächten zur Konterrevolution. Die Girondisten predigen den Krieg als Mittel zur Revolutionierung ganz Europas, die Feuillants erhoffen sich von einem kurzen siegreichen Feldzug eine Stabilisierung im Innern, und auch der König arbeitet auf den Krieg hin – in der Hoffnung auf eine rasche Niederlage und anschließende Restituierung der alten Ordnung.
1792 20. April	Auf Vorschlag des Königs beschließt die Legislative die *Kriegserklärung an Österreich.* Die Nachricht von der Niederlage der französischen Truppen in den ersten Kämpfen bei Lille steigert die Furcht vor der konterrevolutionären Verschwörung; zusammen mit einer neuen Teuerung führt sie zum Aufstand der Massen gegen den König.
20. Juni	Ein erster *Marsch auf die Tuilerien* bleibt ergebnislos.
11. Juli	Als aber Preußen in den Krieg eintritt, die Legislative „*das Vaterland in Gefahr*" erklärt, und der Herzog Karl Wilhelm Ferdinand von Braunschweig als Oberbefehlshaber der Verbündeten die bedingungslose Unterwerfung unter die Autorität des Königs fordert, erstürmen die Pariser Massen die Tuilerien.
25. Juli	
10. Aug.	Sie erzwingen, unterstützt von gleichartigen Aufständen in den Provinzstädten, von der Nationalversammlung die **Suspendierung des Königtums;** der König wird mit seiner Familie von der Pariser Kommune im Temple gefangengesetzt; die Kommune terrorisiert die Stadt. Unter dem Druck der Straße schreibt die Legislative *Neuwahlen zu einem Nationalkonvent nach allgemeinem Wahlrecht* (mit Ausnahme der Dienstboten) aus.
2.–5. Sept.	Die erregten kleinbürgerlichen Massen greifen zur Volksjustiz, gipfelnd in den *Septembermorden,* in denen 1000–1500 Pariser Gefängnisinsassen getötet werden. Eine neue Emigrationswelle setzt ein (nun auch schon von Anhängern der konstitutionellen Monarchie wie La Fayette); die radikalen bürgerlichen Intellektuellen, die das Bündnis mit den Volksmassen weit weniger scheuen als die Notabeln-Elite, werden zu Schlüsselfiguren des revolutionären Prozesses.

Die Konventsherrschaft (1792–1794)

1792 20. Sept. 21. Sept.	Während mit der *Kanonade von Valmy* der Rückzug der preußischen Truppen beginnt (bald erobern die Revolutionstruppen Speyer, Worms, Mainz und besetzen ganz Belgien), **schafft der** am gleichen Tage zusammengetretene **Nationalkonvent** (Convention nationale) sogleich **das Königtum ab;** dem König wird wegen landesverräterischer Beziehungen zum Ausland der Prozeß gemacht. Infolge des vorangegangenen Terrors fehlen im Konvent die gemäßigten Kräfte; die Girondisten, die nun aus dem Jakobinerklub austreten, dominieren (genannt die „*Ebene*", nach den unteren Rängen des Konvents), geraten aber immer mehr unter den Druck der radikalen Jakobiner (genannt der „*Berg*", ca. 110 von 749 Abgeordneten). Jene wollen eine föderalistische Republik, diese die zentralistische Herrschaft der volonté générale.
1793 **17. Jan.**	**Ludwig XVI.** wird vom Konvent **zum Tode verurteilt** (am 21. Januar mit der Guillotine hingerichtet). Daraufhin treten England, Holland, Spanien, Sardinien, Neapel, Portugal, der Papst und das Römisch-deutsche Reich dem Bündnis gegen Frankreich bei.

Einzelstaaten – Frankreich – Französische Revolution 779

1. Febr.	Frankreich erklärt England und Holland den Krieg. Militärische Niederlagen (Verlust Belgiens), Überlaufen des von den Girondisten favorisierten Oberbefehlshabers Charles François Dumouriez (* 1739, † 1823) zu den Österreichern, Inflation, drohende Hungersnot infolge der englischen Blockade und vor allem ein *royalistischer Aufstand* in der Vendée (ausgelöst durch den Versuch des Konvents, massiv neue Truppen anzuwerben) führen im Frühjahr 1793 zu einer neuen Krisenstimmung unter den Pariser Massen, die von der Bergpartei zur **Schaffung von Ausnahmegesetzen** genutzt wird.
10. März	Ein *Revolutionstribunal* wird errichtet, die Güter der Emigranten verstaatlicht, ein Zwangskurs für die Assignaten und ein Höchstpreis für Getreide festgesetzt, schließlich der
6. April	*Wohlfahrtsausschuß* (Comité du salut public) als Exekutivorgan des Nationalkonvents geschaffen (zunächst unter dem Vorsitz von Danton).
2. Juni	Als die Girondisten die Provinz gegen die Hauptstadt mobilisieren, zwingt ein von den Führern der Pariser Stadtbezirke (den „enragés") vorbereiteter bewaffneter Aufstand den Konvent zur **Verhaftung von 29 Gironde-Führern.**

Die Terrorherrschaft des „Jahres II"

Nach der Beseitigung der Gironde-Führer kann sich die „Bergpartei" als provisorischer Schiedsrichter zwischen bürgerlichem Konvent und städtischen Revolutionären (nun Sans-culotten genannt) etablieren; die innere und äußere Bedrohung der Revolution führt sie zur Errichtung eines diktatorischen Kriegsregimes. Im Sommer 1793 ist das Elsaß in preußischer, Toulon in englischer Hand; Lyon und die Städte des Südwestens werden von Royalisten gehalten, die Departements der Bretagne und der Normandie von Girondisten, das Gebiet zwischen Sèvre und Loire vom Vendée-Aufstand. Danton, der auf einen Friedensschluß hinarbeitet, wird im Wohlfahrtsausschuß durch Robespierre abgelöst; der Ausschuß übernimmt, unterstützt durch einen allgemeinen Sicherheitsausschuß (Comité de sûreté générale), nach und nach die Funktionen einer provisorischen Revolutionsregierung (offiziell am 10. Oktober), die das Land weniger einheitlich als gewalttätig beherrscht. Von den Enragés und ihren Anhängern erneut belagert, stimmt der Konvent am 5. September *systematischen Terrormaßnahmen* zu (die sich allerdings zunächst gegen die Führer der Enragés selbst wenden): „Revolutionsausschüsse" können nun „Verdächtige" aufgrund vager Indizien verhaften, das Revolutionstribunal wird erweitert, das Verfahren radikal vereinfacht, die Zahl der Todesurteile steigt rapide (auf insgesamt etwa 17 000 bis Juli 1794). Gegen die liberalen Prinzipien der Bergpartei erzwingen die Sansculotten einen Lohn- und Preisstopp (*Maximum-Gesetz* vom 27. September, das häufig umgangen wird), eine Zwangsanleihe von den „Reichen", Requirierungen, Produktionskontrolle und die Gründung staatlicher Unternehmen; den Bauern wird die Abschaffung der verbliebenen grundherrlichen Rechte und der Erwerb verstaatlichter Emigrantengüter zugestanden. Bankwesen und Großhandel können jedoch im wesentlichen vor dem Zugriff des kleinbürgerlichen Zorns gerettet werden; die Ventôse-Dekrete (26. Februar, 3. und 13. März 1794) zur kostenlosen Verteilung des Grundbesitzes von 300 000 noch festzustellenden „Verdächtigen" werden nicht ausgeführt. Der Konvent führt einen **republikanischen Kalender** ein (24. Oktober 1792, Jahr I beginnend mit dem ersten Tag der Republik 22. September 1792); antiklerikale Gruppen unter der Führung des linken Flügels der Bergpartei, der *Hébertisten* (um Jacques-René Hébert), organisieren antireligiöse Maskenzüge, schließen Kirchen und führen republikanische Vernunft-Kulte ein. Ein ebenso demokratisches wie totalitäres Nationalbewußtsein entsteht, gefördert durch die Erfolge der Revolutionsarmee, die Lazare Nicolas Carnot nach der Einführung der allgemeinen militärischen Dienstpflicht (*Levée en masse*, 23. August) neu organisiert.
Diktatorischer Zwang, die Qualität des Revolutionsheeres und die Zerrissenheit der Gegenkräfte tragen dazu bei, daß sich das Regime behaupten kann. Vor Beginn des Winters hat sich die militärische Lage an der Nord- und Ostgrenze gefestigt; die Aufstände sind unter Kontrolle gebracht und wandeln sich zu Guerillakämpfen (chouannerie); im Frühjahr beginnen die Siegeszüge der Armee. Mit den Erfolgen schwindet allerdings auch die Legitimation des diktatorischen Regimes; nur geschickte Taktik und Verschärfung des Terrors können seinen Untergang hinauszögern.

1793 Nov.–Dez.	Um den Machtanspruch der radikalen Hébertisten einzudämmen, läßt Robespierre eine Kampagne Dantons und Desmoulins' gegen Entchristianisierung und Terror zu.
1794 Jan.	Robespierre seinerseits inszeniert danach eine Kampagne gegen Hébertisten und Dantonisten.
13. März	Mit Unterstützung Dantons erreicht er die *Verhaftung Héberts* und seiner Anhänger (am 24. März hingerichtet), läßt dann aber Danton, der einen baldigen Kompromißfrieden mit den europäischen Mächten anstrebt, vor dem Sicherheitsausschuß im Stich.
30. März	*Danton wird mit seinen Anhängern verhaftet* (guillotiniert am 5. April = 16. Germinal). Mit diesen beiden „Germinalprozessen" beginnt die eigentliche **Diktatur Robespierres.** Der organisierte Terror nimmt zu, die Volksbewegung geht zurück und läßt Robespierre von der Gnade des Konvents abhängig werden. Zur Rettung seiner Macht führt der Diktator den Kult des „Höchsten Wesens" ein (erstmals gefeiert am 8. Juni).

780 Neuzeit – Französische Revolution bis Erster Weltkrieg

10. Juni   Er läßt ein neues Terrorgesetz beschließen, das jeden Rechtsbeistand ausschließt und auch Konventsmitglieder ohne Zustimmung der Konventsmehrheit dem Revolutionstribunal ausliefert; in den folgenden sechs Wochen werden 1285 Todesurteile gefällt.

26. Juni   Der *Sieg der Revolutionstruppen* über *Österreich* bei Fleurus gibt Belgien an Frankreich zurück; die Expansion der Revolution beginnt.

27. Juli   (= **9. Thermidor**) **Sturz Robespierres:** Mitglieder beider Ausschüsse schmieden aus Furcht vor der eignen Verhaftung ein Komplott gegen den Diktator (am folgenden Tag mit 21 seiner Anhänger guillotiniert). Für eine Fortsetzung des Terrors findet sich, nachdem die Revolution nicht mehr bedroht ist, keine Basis mehr.

Die Thermidorianer und das Direktorium (1794–1799)

Das Erbe der Macht übernimmt die *bürgerliche Mehrheit des Konvents,* ehemalige Anhänger und Mitläufer des Terrors ebenso wie die Girondisten, mehr er- als getragen von jener Schicht aus Besitz und Bildung, deren Interessen an die Revolution gebunden sind: die Träger der liberalen Umwälzung von 1789 und mehr noch das Heer von kleinen Eignern, Bürgern, Bauern, Militärs und Beamten, die durch die Revolution zu Besitz oder Amt gelangt sind. Statt auf die Koalition mit der schwindenden städtischen Revolutionsbewegung stützt sich das Regime nun mehr und mehr auf die Armee und ihre Siege; die Expansion der Revolution wird so zu einer innenpolitischen Notwendigkeit. In Reaktion auf den Dirigismus und Puritanismus der Terrorherrschaft entfalten sich ein wirtschaftlicher Liberalismus und ein bürgerlich-mondäner, am aristokratischen Vorbild orientierter Lebensstil. Egalitäre Kräfte, die sich dieser Entwicklung entgegenstellen, werden vernichtet; die royalistische Reaktion dagegen nimmt immer bedrohlichere Formen an. Als Ausgleich zwischen bürgerlicher Republik (die nicht gelingt) und Royalismus (für den es keine hinreichende soziale Basis mehr gibt) bietet sich die Rückkehr zum Modell der konstitutionellen Monarchie von 1791 an; für das Amt des revolutionären Monarchen, an dem es der liberalen Revolution gefehlt hat, liefert die siegreiche Armee einen Ersatzkandidaten: *Bonaparte.*

1794 Sommer   Nach dem Sturz Robespierres kommt es zu Gewaltmaßnahmen gegen die militanten Jakobiner („weißer Terror").

8. Dez.   Die im Juni 1793 ausgeschlossenen Girondisten werden wieder in den Konvent aufgenommen, die Maximum-Gesetze abgeschafft.

24. Dez.

1795 **1. April**   Die *Zurückdrängung des radikalen Jakobinertums* und neues Elend infolge der schlechten Ernte von 1794 führen zum zweimaligen **Aufstand der Sansculotten** gegen den Konvent.

20.–23. Mai   Nach der Niederschlagung des zweiten Ansturms läßt der Konvent die Pariser Vorstädte systematisch entwaffnen.

22. Aug.   Die **Direktorialverfassung** entspricht dem Ideal der liberalbürgerlichen Republik – Gewaltenteilung, Zweikammersystem, Zensuswahlrecht nach Alter, Vermögen, Zivilstand, an der Spitze der Exekutive ein Präsidium von fünf Direktoren mit fünfjähriger Amtszeit, unter denen die Fachminister arbeiten – wird aber von den Thermidorianern selbst umgangen, als sie ihre Macht in Gefahr sehen: Ein sogenanntes „Zweidritteldekret" bestimmt, daß zwei Drittel der Konventsmitglieder in die neu zu wählenden beiden Kammern aufgenommen werden müssen.

5. Okt.   Gegen diese Bestimmung richtet sich, allerdings ohne Erfolg, ein *royalistischer Aufstand in Paris* (= 13. Vendémiaire).

31. Okt.   Fünf frühere Angehörige des Terrorregimes werden Direktoren: Paul François Jean Nicolas Graf von Barras, Reubell, Letourneur, Lazare Nicolas Graf Carnot, Louis-Marie Larevellière-Lépeaux. Die Wirtschafts- und Finanzkrise des Winters 1795/96 ermöglicht es François Noël *Babeuf* (* 1760; † 1797), die letzten verbliebenen Elemente des Hébertismus und Robespierrismus zu einer *Verschwörung* zu versammeln, die im Sinne des alten agrarischen Gleichheitsdenkens das Privateigentum an Land abschaffen will.

1796 10. Mai   Die Bewegung wird jedoch von Carnot mühelos niedergeschlagen, Babeuf am 27. Mai 1797 hingerichtet. Gegen die royalistisch gesonnene Parlamentsmehrheit, die die ersten regulären Wahlen vom Frühjahr 1797 erbracht haben, organisieren die Direktoren *Barras, Reubell* und *Larevellière-Lépeaux* mit Unterstützung republikanischer Generäle (insbesondere *Napoléon Bonapartes,* des späteren Kaisers) einen **Staatsstreich** (= 18. Fructidor) gegen die übrigen Regierungsmitglieder und das Parlament. Durch neuen Terror isolieren sich die Thermidorianer vom Bürgertum, ohne die Sansculotten zurückzugewinnen.

1797 **4. Sept.**

17. Okt.   Bonaparte erobert große Teile Ober- und Mittelitaliens und zwingt Österreich zum **Frieden von Campo Formio.** Kaiser Franz II. muß Belgien und die Lombardei abtreten und Frankreich die Annexion des linken Rheinufers zugestehen. Nach der Batavischen Republik in den Niederlanden (16. Mai 1795) werden mit der Ligurischen Republik in Genua (6. Juni 1797), der Helvetischen Republik in der Schweiz (9. Februar 1798), der Römischen Republik auf dem Territorium des Kirchenstaates (15. Februar 1798), schließlich der Parthenopäischen Republik um Neapel (23. Januar 1799) eine Reihe von *Satellitenstaaten* errichtet, in denen den Idealen der Revolution verpflichtete „Jakobiner" mit den

Einzelstaaten – Frankreich – Zeitalter Napoleons   781

Besatzern zusammenarbeiten, die Mehrheit der Bevölkerung jedoch unter dem Eindruck wachsender wirtschaftlicher Ausbeutung mit der Zeit von den „Befreiern" abrückt.

1798   Die Ausnahmemaßnahmen des Direktoriums und die *Manipulation der Teilwahlen vom*
11. Mai   *Frühjahr 1798* (Gesetz vom 22. Floréal) reichen nicht hin, die royalistische Reaktion einzudämmen; um ihr zuvorzukommen, arbeiten Generäle und traditionelle Liberale (Sieyès) auf ein zugleich strafferes und populäreres Regime hin.

1799   *Im Frühjahr wird Sieyès in das Direktorium gewählt,* am 18. Juni (= 30. Prairial) fast das gesamte bisherige Regierungspersonal ausgewechselt. Der Zusammenbruch der italienischen Tochterrepubliken im Sommer stärkt die Royalisten und Jakobiner weiter; um erstere auszuschalten, präsentiert Sieyès den populären Kriegshelden Bonaparte als „starken Mann" gegen die letzteren.

Bonaparte, der seit über einem Jahr mit wechselndem Erfolg in Ägypten und Syrien (gegen England) gekämpft hat und am 8. Oktober zurückkehrt, organisiert mit Sieyès, von Polizeiminister Joseph Fouché (Herzog von Otranto – * 1759, † 1820) und Außenminister Charles Maurice de Talleyrand (Herzog von Talleyrand-Périgord: * 1754, † 1838 – einem der
9. Nov.   wenigen eidwilligen Bischöfe von 1790) gedeckt, den **Staatsstreich vom 18. Brumaire:** Das Direktorium wird aufgelöst, eine Neuordnung der Verfassung beschlossen; **Bonaparte** tritt als **Erster von drei Konsuln** an die Spitze einer provisorischen Regierung, ohne sich auf die von Sieyès vorgelegte Verfassung festlegen zu lassen.

15. Dez.   Bonaparte erklärt die Revolution als auf ihre Grundsätze zurückgeführt und damit „beendet".

Das Zeitalter Napoleons (1799–1815)

In dem Korsen *Napoléon Bonaparte* (* 1769, † 1821) findet die liberal-bürgerliche, an Besitz und Bildung orientierte französische Führungsschicht die nationale Führungsgestalt, die es ermöglicht, die tiefen Spaltungen, die die Revolution im Lande hinterlassen hat und den Bestand ihrer Errungenschaften bedroht, wenn nicht zu überwinden, so doch abzumildern und zu überdecken. Sein Regime entspricht zwar keineswegs dem Ideal der Notabelnrepublik mit monarchischer Spitze, das seine Förderer im Auge haben (es stößt darum auch alsbald auf eine liberale Opposition), dämmt jedoch die Gegenkräfte ein und sichert wesentliche Interessen des Kartells aus großen und kleinen Besitzern. Napoleons Herrschaft basiert auf der Autorität, die er in der Armee und durch die Armee genießt, und auf plebiszitärer Zustimmung großer Bevölkerungsmassen, beides über einen modernen Nationalismus vermittelt, der sich als Erbe der Revolution präsentiert, jedoch die Frontstellung gegen die traditionellen (insbesondere religiösen) Werte des Ancien régime aufgibt; solange Napoleon politische und wirtschaftliche Stabilisierung garantiert, erträgt das Bürgertum den von ihm erzwungenen Verzicht auf politische Mitwirkungsrechte.

Die napoleonische Synthese

1799   Die **Konsulatsverfassung** gibt den formal-demokratischen Rahmen für Napoleons cäsari-
24. Dez.   stisches Regime: Allgemeines Wahlrecht, aber ein mehrfach filterndes indirektes Wahlverfahren, zwei gewählte Kammern, von denen die erste (Tribunat) nur beraten, die zweite nur ohne Debatte abstimmen darf, daneben Staatsrat und Senat, deren Mitglieder von der Regierung ernannt werden; an der Spitze der Exekutive ein Erster Konsul auf 10 Jahre, der neben allgemeinen Exekutivbefugnissen auch das Recht hat, seine beiden Mit-Konsuln zu berufen, Gesetze zu erlassen und Staatsverträge abzuschließen. In einer Volksabstimmung mit großer Mehrheit gebilligt, tritt sie noch vor Ende 1799 in Kraft; Napoleon beruft Jean Jacques Régis de Cambacérès (* 1753, † 1824) und Charles François Lebrun (* 1739, † 1824) zu seinen Mit-Konsuln, nachdem Sieyès resigniert hat.

1800   Die französischen **Siege** über die Österreicher **bei Marengo** und **Hohenlinden** stellen nicht
14. Juni/   nur Frankreichs Positionen in Italien und im Rheinland wieder her, sondern festigen auch
3. Dez.   Napoleons innere Machtstellung entscheidend. Die lokalen und regionalen Selbstverwaltungsorgane der Revolution werden aufgelöst und durch ein *zentralistisches Präfektensystem* ersetzt.

1801   Erstmals wird seit Beginn der Revolution wieder ein regulärer Staatshaushalt aufgestellt; die Staatseinnahmen steigen nicht zuletzt wegen der Kontributionen und Reparationen aus den besiegten Staaten. Die Spannungen zur katholischen Kirche werden durch ein *Konkordat* überwunden: Papst Pius VII. stimmt der beamtenrechtlichen Stellung des Klerus zu, verzichtet auf die Rückgabe der enteigneten Kirchengüter und erkennt damit die Umwälzungen der Revolution an; dafür sichert Napoleon die nötige gottesdienstliche Freiheit und die Rückgabe des Kirchenstaates zu.

1802   Durch eine *Amnestie,* verbunden mit der Rückgabe der noch nicht veräußerten Güter wer-
April   den die 140 000 rückkehrwilligen Emigranten zur Mitarbeit am neuen Staat eingeladen.

Die obersten Staatsorgane nach der französischen Verfassung von 1799

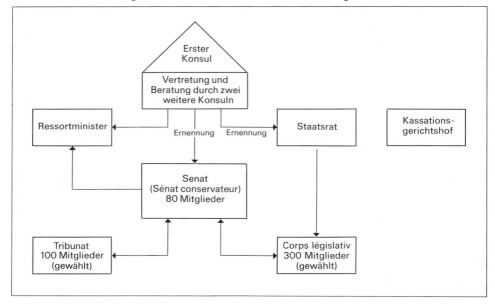

2. August	Napoleon läßt sich nach einem entsprechenden Plebiszit zum **Konsul auf Lebenszeit** ernennen.
1804	Nach einem *royalistischen Anschlag* schaltet er rivalisierende Generäle republikanischer Tendenz aus, läßt den (tatsächlich nicht beteiligten) bourbonischen Herzog von Enghien,
21. März	Louis Antoine Henri de Bourbon (* 1772, † 1804), ohne ordentliches Gerichtsverfahren erschießen und betreibt in Wiederaufnahme römischer und karolingischer Traditionen die Umwandlung seiner Herrschaft in ein erbliches Kaisertum.
6. Nov.	Eine erneute Volksabstimmung billigt die **Verfassungsänderung**.
2. Dez.	Von *Papst Pius VII.* gesalbt, krönt sich Napoleon in der Pariser Kathedrale Notre-Dame selbst zum **Kaiser der Franzosen (Napoleon I.)**. Damit ist Frankreich in der politischen Verfassung endgültig vom liberalen Modell abgerückt; in der sozialen Ordnung bleiben jedoch die Errungenschaften der Revolution erhalten, durch die Schaffung bzw. Kodifizierung eines egalitären, die individuelle Rechtssphäre und das Privateigentum schützenden
1804/1810	Rechtssystems: 1804 erscheint ein bürgerliches Gesetzbuch (**Code civile** oder Code Napoléon), 1806/08 ein Handelsgesetzbuch, eine Zivil- und eine Strafprozeßordnung, 1810 ein Strafgesetzbuch *(Code pénal)*.

Imperium über Europa

Wesentliche Elemente der französischen Ordnung werden nach Art des aufgeklärten Absolutismus auf die eroberten und in französische Protektorate umgewandelten Gebiete übertragen. Im Wechselspiel von geschickter Diplomatie (Außenminister Talleyrand, bis 1807) und schlagkräftigem Truppeneinsatz (1805: 250000 Mann, dazu bald Hilfskontingente aus den besiegten Gebieten, Versorgung durch Requirierung an Ort und Stelle, Oberkommando stets bei Napoleon) gelingt es dem Kaiser, die Hegemonie über den europäischen Kontinent zu erringen:

1805 Über die bisherigen Eroberungen und Tochterrepubliken hinaus werden *Genua* und die *Ligurische Republik* annektiert, *Venetien* mit der Cisalpinischen Republik zum *Königreich Italien* vereinigt.

1806 Das Königreich Neapel wird in einen Satellitenstaat umgewandelt, ein *Rheinbund deutscher Fürsten* gegründet, die sich dem französischen Protektorat unterstellen, eine Kontinentalsperre gegen englische Industrieprodukte errichtet.

1807 Nach der *Niederlage Preußens* (um mehr als die Hälfte seines Staatsgebietes reduziert) wird das Königreich Westphalen als Satellitenstaat (unter Napoleons Bruder Jérôme; * 1784, † 1860) und das Großherzogtum Warschau als Protektorat errichtet (1809 um Westgalizien vergrößert), *Portugal* besetzt.

Einzelstaaten – Frankreich – Zeitalter Napoleons 783

1808/1810 *Spanien* wird in ein Satellitenkönigtum umgewandelt und *Etrurien* annektiert, der *Kirchenstaat*, *Illyrien*, *Dalmatien*, der schweizerische Kanton *Wallis*, *Holland* (bisher Satellitenkönigreich) und die norddeutsche Küstenregion annektiert, der französische Marschall Jean Baptiste Jules *Bernadotte* (* 1763, † 1844) zum schwedischen Kronprinzen gewählt, die österreichische Kaisertochter *Marie Louise* (* 1791; † 1847) mit Napoleon vermählt.

Innere Krise und äußerer Zusammenbruch

Auf dem Höhepunkt seiner Macht sucht der Kaiser auch die Formen des Ancien régime in den Dienst seiner Herrscherstellung zu nehmen: Die neuen Satellitenländer werden zu **Monarchien** unter der Herrschaft seiner Brüder und Schwäger deklariert; er selbst verbindet seine Dynastie durch die Heirat mit der österreichischen Kaisertochter mit dem Altadel Europas; in Frankreich wird ein neuer, an die Person des Kaisers gebundener hierarchischer **Verdienstadel** geschaffen, der alte Adel wiederbelebt und ein kaiserlicher Hofstaat eingerichtet – Tendenzen, die bei den etablierten Kräften der europäischen Aristokratie und des französischen Bürgertums freilich nur auf Skepsis stoßen. Die Annexion des Kirchenstaates (wegen Mißachtung der Kontinentalsperre) belastet die Beziehungen zur katholischen Kirche erneut aufs schwerste. Die ständigen Kriege bringen die führenden Wirtschaftskreise gegen Napoleons Politik auf; die **Kontinentalsperre** führt zwar langfristig zu einer Beschleunigung der Industrialisierung des Kontinents, zunächst aber zu einer Beeinträchtigung von Handel, Industrie und Exporten. Die schlechte Ernte des Jahres 1811 führt zu einem Preisanstieg, der um so weniger verkraftet werden kann, als infolge der Kriegsanstrengungen die Staatsfinanzen wieder knapp werden. Es kommt zu **Hungerrevolten und Desertionen.** Diese Krisensymptome reichen jedoch noch nicht hin, Napoleons Herrschaft ernsthaft zu erschüttern; die cäsaristische Herrschaftstechnik erweist sich als überlegen.

1812 ab 19. Okt.	Als Napoleon im **Feldzug gegen Rußland** (um dieses in die Kontinentalsperre zurückzuzwingen) eine entscheidende Niederlage erfährt (*Schwächung der verbündeten Armee* beim weiträumigen Kriegszug gegen Moskau, auf dem Rückzug Auflösung im russischen Winter), verstärken sich die Auflösungserscheinungen.
22. Okt.	Ein erster *Aufstandsversuch General Malets* scheitert.
1813	Preußen (28. Februar) und Österreich (12. August) schließen sich der antinapoleonischen Front an.
16.–19. **Okt.**	In der **„Völkerschlacht" bei Leipzig** unterliegt die französische Armee den alliierten Truppen. Bis zum Jahresende bricht das gesamte außerfranzösische Imperium zusammen; in Frankreich werden die Steuern um 200% erhöht und die Beamtengehälter um 25% gekürzt.
1814 Jan.–März	Mit Mühe kann Napoleon dem Vormarsch der alliierten Truppen in Ostfrankreich (*Plateau von Langres*) Widerstand leisten.
31. März	Die Verbündeten marschieren in *Paris* ein.
1. April	Unter dem Schutz der Besatzung bildet *Talleyrand*, der seit seinem Ausscheiden aus der Regierung Napoleons (1807) Kontakte zu den jetzigen Gegnern, insbesondere zum russischen Zaren, unterhalten hat, eine *provisorische Regierung.*
2. April	Der Senat folgt der Politik Talleyrands und erklärt **Napoleon für abgesetzt,** da er die Verfassung verletzt habe.
6. April	Napoleon entsagt in Fontainebleau der Krone; die Alliierten weisen ihm die Insel *Elba* als souveränes Fürstentum und Exilsitz zu (wo er am 4. Mai eintrifft). In Übereinstimmung mit den Interessen der Alliierten verabschiedet der Senat am gleichen Tag eine von Talleyrand entworfene „Charte constitutionnelle", die den Grundzügen der Verfassung von 1791 entspricht, und beruft **Ludwig XVIII.** (* 1755, † 1824) aus dem Hause Bourbon, den Bruder des letzten französischen Königs, aus dem englischen Exil auf den Thron des konstitutionellen Monarchen.
30. Mai	Um den Bourbonen auf dem französischen Thron nicht als Komplizen eines Verzichtfriedens erscheinen zu lassen, verzichten die Alliierten im **Ersten Frieden von Paris** auf weitreichende Gebietskonzessionen und Reparationen. In allen Territorien, die am 1. Januar 1792 (d. h. vor Beginn der Koalitionskriege) zum Staatsgebiet Frankreichs gehörten, wird die französische Zivilverwaltung wieder eingeführt; zusätzlich werden die päpstlichen Enklaven Avignon und Venaissin, die württembergische Grafschaft Mömpelgard (Montbéliard), die Festung Landau, die Städte Saarlouis und Saarbrücken Frankreich zugeteilt.

Die Herrschaft der Hundert Tage

Ludwig XVIII., persönlich den aufklärerischen Idealen verpflichtet, bemüht sich um einen Ausgleich zwischen den Kräften des Ancien régime und dem Frankreich der Revolution und Napoleons, macht jedoch unter dem Eindruck seiner sakrosankten Stellung den Royalisten mehr Zugeständnisse, als die liberale Notabelnschicht um Talleyrand erwartet hat.

784   Neuzeit – Französische Revolution bis Erster Weltkrieg

1814   Sogleich nach Regierungsantritt lehnt er die vom Senat verabschiedete Verfassung ab und
4. Juni   ersetzt sie durch eine oktroyierte **„Charte constitutionnelle"**, die zwar die sozialen Errungenschaften und Besitzverhältnisse der Revolution sowie die Rechts- und Verwaltungsstruktur des Kaiserreichs konsolidiert, im übrigen aber die mittleren Schichten von politischer Mitwirkung fernhält und die Freiheiten einschränkt: Nach englischem Vorbild wird die Legislative aus einer *Pairs-* und einer *Deputiertenkammer* gebildet; letztere ist an einen hohen Zensus gebunden, verfügt über das Steuerbewilligungsrecht, aber nicht über die Gesetzgebungsinitiative; die Exekutive liegt beim König, der den Ministerpräsidenten bestimmt; seine Akte bedürfen ministerieller Gegenzeichnung.

Die Wiedereinführung des Lilienbanners statt der Trikolore läßt breite Schichten eine vollständige Restauration der vorrevolutionären Verhältnisse befürchten; insbesondere die kleinen und großen Besitzgewinner der Revolutionszeit beginnen, um ihre Erwerbungen zu fürchten, zumal die im Gefolge Ludwigs XVIII. zurückkehrenden Emigranten in ihrer Mehrzahl die Errungenschaften der Revolution demonstrativ negieren.

Obwohl der König mit Talleyrand, Fouché und den Marschällen Auguste Viesse de Marmont, Nicolas Jean Soult und Michel Ney führende Männer des napoleonischen Regimes an die Spitzen von Regierung und Armee beruft und die verhaßten militärischen Konskrip-
1815   tionen abschafft, macht sich so eine *wachsende Unzufriedenheit* breit. Wesentlich gefördert wird sie durch Einsparungen in der Verwaltung und die drastische Reduzierung der napoleonischen Armee (über 10 000 bewährte napoleonische Offiziere auf halben Sold gesetzt). Die wachsende Opposition gegen die Restauration und Gerüchte über eine bevorstehende Ausweisung aus Elba veranlassen **Napoleon, nach Frankreich zurückzukehren.**

1. März   Er landet mit wenigen Getreuen in Cannes; sein **Marsch auf Paris** wird zu einem Triumphzug. Marschall Ney, der den Kaiser aufhalten soll, schließt sich ihm bei Lyon an; Ludwig XVIII. flieht nach Gent.

13. März   Auf die Nachricht von der Rückkehr Napoleons nehmen die Alliierten den Krieg gegen Frankreich wieder auf.

20. März   **Napoleon** zieht **in Paris** ein.
Um seine Macht wiederherzustellen, sucht Napoleon nun das Bündnis mit den liberalen Kräften.

22. April   *Henry-Benjamin Constant de Rebecque* (* 1767, † 1830), jahrelang Wortführer der liberalen Opposition, arbeitet einen *„Acte additionnel"* zu den Verfassungen des Kaiserreiches aus, der die parlamentarischen Rechte erweitert, die Autonomie der Justiz bekräftigt und Kultus- und Pressefreiheit einführt, von Napoleon freilich nur als provisorisches Zugeständnis verstanden wird.

Noch bevor die österreichischen und russischen Truppen zurückgekehrt sind, siegen eine
18. Juni   britisch-niederländisch-deutsche Armee unter Arthur Wellesley Herzog von *Wellington* und eine preußische Armee unter Gebhard Leberecht Fürst *Blücher* von Wahlstatt bei **Waterloo** (Belle-Alliance, nahe Brüssel) über Napoleon.

22. Juni   Auf Betreiben Fouchés dankt Napoleon zum zweiten Mal ab und stellt sich den Engländern.

7. Juli   Die Verbündeten nehmen zum zweiten Mal Paris ein. **Napoleon** wird auf die Atlantikinsel **St. Helena** in die Verbannung gebracht. Ludwig XVIII. kehrt auf den Thron zurück.

20. Nov.   Im **Zweiten Frieden von Paris** muß Frankreich Philippeville und Marienbourg an die Niederlande, Saarlouis und Saarbrücken an Preußen, Landau an Österreich (weiter an Bayern), die 1814 verbliebenen Teile von Savoyen an Sardinien abtreten, Reparationen in Höhe von 700 Millionen Francs zahlen, die von Napoleon geraubten Kunstschätze zurückgeben und für einen Zeitraum von 3 bis 5 Jahren (bis zur Zahlung aller Entschädigungen) 150 000 Mann alliierter Besatzungstruppen in Nordostfrankreich dulden.

Das Frankreich der Notabeln (1815–1848)

Nach dem Scheitern der napoleonischen Synthese behauptet sich die *grundbesitzende Bourgeoisie*, erweitert um die nun ebenfalls agrarkapitalistisch tätigen Teile des alten Adels sowie die handels- und industriekapitalistisch tätigen Familien, endgültig als politisch führende Klasse des Landes. Während sich der Besitz der Masse kleiner Landwirte durch Erbteilung zunehmend aufsplittert, und diese zunehmend von Pacht- und Arbeitsverträgen mit den großen Grundbesitzern abhängig werden, schließt sich der Großgrundbesitz nach dem Zuzug emigrierter Adliger nach unten ab. Die Einkommensunterschiede auf dem Lande sind sehr groß; allein 1826 sind 28 % des Bodens im Besitze des einen (!) Prozents der Eigentümer, die mehr als 300 Francs Grundsteuer aufbringen und damit wahlberechtigt sind.

Die Industrialisierung des Landes schreitet nur langsam voran; nach 1830, als die Folgen des Staatsbankrotts von 1814, der Kriegsentschädigungen und der Überflutung mit englischen Produktionsüberschüssen (infolge der Kontinentalsperre) überwunden sind, steigert sich das Tempo. Eine Pionierrolle spielt nach wie vor die Textilindustrie (mit mechanischem Webstuhl); daneben entwickeln sich Bergbau, Eisenhütten, Eisenbahnen. Promotoren der Industrialisierung sind seit den dreißiger Jahren rasch wachsende

Einzelstaaten – Frankreich – Frankreich der Notabeln   785

Großbanken (Bankiersfamilien: Laffitte, Périer, Rothschild, Hottinger, Mallet, Delessert u.a.). 1825–1844 steigt die Industrieproduktion um 66%; der Anteil der Landwirtschaft am Nationalprodukt sinkt jedoch nur von 76% auf 73%; 80–75% der Bevölkerung bleiben Agrarbürger.

Das *Zensuswahlrecht* beschränkt die politische Mitwirkung auf die vermögensstarke Oberschicht (die „Notabeln"). Zunächst sind von 29 Millionen Franzosen etwa 100000 wahlberechtigt (darunter 60% Großgrundbesitzer); nach der Julirevolution 1830 erweitert sich der Kreis der Wahlberechtigten durch Senkung des Zensus auf 200000 bis 241000 von 35 Mio. Den Kern der Oberschicht bilden die durch besonders hohes Steueraufkommen qualifizierten wählbaren Bürger (ca. 18000). Aus ihnen rekrutiert sich die **Notabeln-Elite:** Durch Besitz und Bildung unabhängige Großbürger, meist Grundbesitzer oder Beamte, aber auch besonders einflußreiche Industrielle, die das Parlament beherrschen, zwischen Paris und ihrem Wahlkreis vermitteln und bei relativ schwach ausgeprägter staatlicher Organisation den Produktivkräften den größeren nationalen Rahmen erschließen. Innerhalb der Notabeln-Elite versucht zunächst der durch die auswärtige Intervention von 1814/15 begünstigte traditionelle Adel, die *politische Führungsstellung* zurückzuerobern (ohne das *soziale Gefüge* ernsthaft erschüttern zu können), bis ihn die Julirevolution 1830 ins politische Abseits drängt.

Die **Not der Unterschichten** (Hungersnöte, industrieller Pauperismus) artikuliert sich in Revolten und Streiks ohne langfristige Perspektiven; eine Arbeiterbewegung kommt infolge des langsamen, evolutionären Charakters der Industrialisierung kaum (zunächst nur über die traditionsreichen Handwerkerbünde, also außerhalb der neuen Industriezweige) zustande; die Masse der bäuerlichen Kleineigentümer bleibt sozial konservativ und politisch neutral, im Westen und Süden oft auch royalistisch gesonnen. Erst die *zunehmende Zentralisierung* des politischen und wirtschaftlichen Lebens infolge der Dynamisierung der Produktion stellt die politische Ordnung der Notabeln (deren Stärke in der Provinz liegt) zunehmend in Frage.

1814–1824	**Ludwig XVIII.** möchte nach Napoleons Herrschaft der Hundert Tage erneut einen Ausgleich zwischen dem alten und dem neuen Frankreich zustande bringen, kann aber nicht verhindern, daß die royalistische Reaktion nun schärfere Formen annimmt als zuvor.
1815 10. Juli	Mit dem ausdrücklichen Willen zur liberalen Kontinuität beruft Ludwig XVIII. das *Kabinett Talleyrand/Fouché*. Im Süden und zum Teil auch im Westen des Landes breitet sich jedoch eine Welle royalistischen *„Weißen Terrors"* gegen die seit der Revolution emporgestiegenen Machthaber aus; „Kollaborateure" der Hundert Tage werden bestraft (u.a. Exekution von Marschall Ney).
14.–22. Aug.	Aus den ersten Wahlen nach der neuen Charte geht eine mehrheitlich ultraroyalistisch gesonnene Zweite Kammer („la chambre introuvable") hervor. Die Ultras fordern die Aufhebung der Nationalgüter, des Code civil und des Konkordats.
24. Sept.	Sie erreichen die *Ablösung Talleyrands* durch *Armand-Emmanuel du Plessis, Herzog von Richelieu* (* 1766, † 1822), einen Nachfahren des Kardinals, gemäßigten Royalisten, seit 1789 in russischen Diensten; ferner die Rückerstattung der bisher noch nicht verkauften Kirchengüter und die Aufhebung der zivilen Ehescheidung.
1816 5. Sept.	Als sich die Kammer gegen die Budgetvorlage der Regierung sperrt, löst Ludwig XVIII. sie unter dem Druck der um ihre Reparationen besorgten Alliierten auf.
1816–1820	In der neuen Kammer herrscht eine *Mehrheit von gemäßigten Royalisten* (sog. Konstitutionellen). Von Teilwahl zu Teilwahl verringert sich die Zahl der Ultras um *Louis Gabriel Ambroise Vicomte de Bonald* und *François René Vicomte de Chateaubriand* und wächst die Zahl der Liberalen, die sich in einer Partei der „Unabhängigen" zu sammeln beginnen (um *Benjamin Constant, Pierre-Paul Royer-Collard, Maine de Biran*, eigentl. Marie François Pierre Gonthier de Biran). Zwischen beiden Gruppierungen, nun nach der Sitzordnung in der Kammer erstmals als Rechte und Linke bezeichnet, entwickeln sich heftige Prinzipienkämpfe. Die wirtschaftliche Stabilisierung macht rasche Fortschritte, so daß schon 1818 alle Reparationsschulden bezahlt sind.
1818 Okt.– Nov.	Auf dem *Kongreß von Aachen* wird Frankreich der Abzug der Besatzungstruppen zugestanden und trotz der Erneuerung der Quadrupelallianz gegen eine erneute Revolution in die „Heilige Allianz" aufgenommen. Die *Regierungen Dessoles/Decazes* (ab 29. Dezember 1818) und *Decazes* (ab 20. November 1819) setzen die konstitutionell-liberale Politik fort. Trotz ihrer Erfolge kommt es zu einer Reihe von Aufstands- und Putschversuchen.
1820 14. Febr.	Nach der *Ermordung des Herzogs Charles Fernand von Berry* (des einzigen Stammhalters der regierenden Dynastie) können die Ultras ihren Einfluß wieder verstärken.
21. Febr.	Elie Herzog von Decazes wird von Richelieu abgelöst; mit Hilfe der Konstitutionellen bringen die Ultras Ausnahmegesetze und ein neues Wahlgesetz durch.
Nov.	Entsprechend steigen in *Kammerwahlen* (4./13.) die ultraroyalistischen Stimmen an.
1821 14. Dez.	Richelieu muß dem zwischen Ultras und Gemäßigten stehenden Verwaltungsexperten Joseph Graf von *Villèle* weichen; dieser gerät selbst unter den Druck seiner ultraroyalistischen Kabinettskollegen, darunter (1822–1824) *Außenminister François René Vicomte de Chateaubriand* (* 1768, † 1848).
1822 Okt.– Dez.	Chateaubriand erreicht auf dem *Kongreß von Verona*, daß Frankreich mit der Intervention der Heiligen Allianz gegen die Revolution der Liberalen in Spanien beauftragt wird.

786   Neuzeit – Französische Revolution bis Erster Weltkrieg

1823   Französische Truppen schlagen die spanische Revolution nieder.

1824   In den Kammerwahlen reduziert sich der liberale Anteil auf ganze 19 Parlamentssitze (*„La*
26. Febr.–   *chambre retrouvée"*).

6. März   Ein „Septennalitätsgesetz" schafft die bisherigen jährlichen Teilwahlen zugunsten einer
siebenjährigen Legislaturperiode ab.

16. Sept.   Nach dem *Tod Ludwigs XVIII.* wird dessen bereits 67jähriger Bruder **Karl X.** (*1757,
1824–1830   †1836), der ganz unter dem Einfluß reaktionärer und ultramontaner Remigranten steht,
König (1824–1830). Beginn einer ultramontanen Gesetzgebung, die der liberalen Bewegung neuen Aufschwung verschafft. Publizisten und Historiker wie Adolphe Thiers und
François Guizot verherrlichen die Französische Revolution und fordern eine Parlamentarisierung der Verfassung.

1827   *Vorzeitige Neuwahlen* bringen den Liberalen 180 Sitze (17./24. Nov.).

1828   Karl X. beruft ein Kabinett der gemäßigten Rechten unter Jean Baptiste Gay Comte *de*
5. Jan.   *Martignac,* das vergeblich versucht, einen Ausgleich zwischen den Liberalen und dem
König zu schaffen. Eine Verwaltungsreform scheitert an der Wahlrechtsfrage.

1829   Um das Problem des Ausgleichs mit der liberalen Opposition wenig besorgt, löst der König
8. Aug.   daraufhin Martignac durch ein Kabinett politisch unerfahrener und äußerst unpopulärer
Ultras ab (Fürst Jules Armand von *Polignac,* La Bourdonnaye, Bourmont).

1830   *Die Kammer erklärt dem König mit einer Mehrheit von 221 gegen 181, die Regierung trage*
18. März   *den „Wünschen des Volkes" nicht Rechnung.*

16. Mai   Dieser antwortet mit erneuter Kammerauflösung und einer als Ablenkungsmanöver ge-
dachten militärischen Expedition nach Algerien.

5. Juli   Der außenpolitische Erfolg *(Eroberung Algiers)* zeitigt jedoch nicht die erhoffte Wirkung;
die Neuwahlen erhöhen die „oppositionelle" Mehrheit von 221 auf 274 Abgeordnete.

Die Julirevolution

1830   Karl X. löst die oppositionelle Kammer sogleich wieder auf, hebt die Pressefreiheit auf und
26. Juli   verfügt ein neues Wahlrecht, das die Zahl der Abgeordneten wesentlich verringert und
Gewerbe- und Fenstersteuer von der Berechnung des Zensus ausschließt, d. h. das Indu-
striebürgertum entrechtet („Juli-Ordonnanzen"). Die Opposition (führend jetzt Adolphe
Thiers – *1797, †1877 – im „National") sieht darin einen Staatsstreich und ist zum
Widerstand entschlossen.

27.–29.   Unabhängig von der liberalen Opposition liefern die Kleinbürger von Paris, durch eine
Juli   Überproduktionskrise und schlechte Ernten seit Mitte der zwanziger Jahre an den Rand
der wirtschaftlichen Existenz gedrängt, der königlichen Armee unter dem Eindruck der
Agitation jakobinischer Intellektueller und Studenten **Barrikadenkämpfe,** die mit der *Einnahme des Palais Bourbon* enden.
Die städtischen Revolutionäre wollen eine Republik unter der Präsidentschaft des Generals
La Fayette ausrufen, werden jedoch von der liberalen Kammermehrheit überfahren, die
unter dem Einfluß von Adolphe *Thiers,* Charles Maurice de *Talleyrand,* Jacques *Laffitte,*
Pierre Jean de *Béranger* eine konstitutionelle Monarchie unter dem liberal-großbürgerlich
orientierten Herzog *Louis Philippe von Orléans* (*1773, †1850 – aus der jüngeren Seitenlinie der Bourbonen) anstrebt.

30. Juli   Die Kammer beruft den **Herzog von Orléans** zum **Generalstatthalter des Königreichs.**

2. August   Karl X. dankt zugunsten seines Enkels ab, geht ins Exil nach England und beauftragt den
Generalstatthalter mit der Regentschaft.

3. Aug.   Die Kammer beschließt eine *Revision der Charte von 1814* (u. a. Aufhebung des königlichen Notstandsrechts, Gesetzesinitiativrecht für die Kammern, Verbot der Zensur).

9. Juli   Louis Philippe wird zum König gewählt und auf die revidierte Charte vereidigt, die Trikolore wird wieder Nationalflagge.

Louis Philippe (1830–1848)

Während die Regierungen der Heiligen Allianz Louis Philippe zunächst als „Barrikadenkönig" ablehnen,
bleibt im Innern unter den Notabeln umstritten, ob es sich bei der Julirevolution lediglich um eine Rückkehr zu den Prinzipien von 1814 und 1791 handele, die es zu konsolidieren gelte (so etwa Guillaume
Guizot, Salvandy und Casimir Périer, später *„Parti de l'ordre"* genannt), oder den Auftakt zu weiterer
Parlamentarisierung und Demokratisierung im Sinne der girondistischen Ideale (so *Thiers, Dupont de
l'Eure, Lafitte, Armand Carrel, „Parti du mouvement").* Die royalistischen Ultras, jetzt Legitimisten genannt, bleiben erbitterte Gegner des neuen Regimes; Pairs und hohe Funktionäre aus ihren Reihen verweigern den Eid auf Louis Philippe und erleichtern damit das Vordringen großbürgerlicher Notabeln in
die Führungspositionen von Verwaltung und Militär.

Gefährlicher als die ultraroyalistische und ultramontane Opposition, von der sich ein Teil aus dem politischen Leben zurückzieht, ist die Opposition der Republikaner, die sich um den Erfolg „ihrer" Revolution gebracht sieht, sich in zahlreichen, vom italienischen *Carbonaritum* beeinflußten Geheimgesellschaften organisiert, Verbindungen mit den in Paris versammelten radikaldemokratischen Exilanten aus dem übrigen Europa (insbesondere Polen) aufnimmt und durch das Anwachsen der städtischen Unterschichten infolge der *zunehmenden Industrialisierung* Zuwachs erhält *(Etienne-Vincent Arago, Godefroy Cavaignac, Garnier-Pagès, Alexandre Auguste Ledru-Rollin, die „Frühsozialisten", insbesondere Louis Blanc und Auguste Blanqui).* Ein vom „Parti du Mouvement" im Interesse der nationalen Versöhnung bewußt geförderter Napoleon-Kult führt zur Sammlung von Unzufriedenen aus allen Lagern in der Bonapartisten-Bewegung, die sich unter *Louis Napoléon Bonaparte* (* 1808, † 1873; später Kaiser Napoleon III.), einem Neffen des Kaisers, ebenfalls gegen das Regime richtet.

1830 2. Nov.	Das *Ministerium Laffitte* kommt den Forderungen der Republikaner halbherzig entgegen, unterstützt die revolutionären Bewegungen in Belgien, Italien und Polen, ohne zu intervenieren, und verliert damit die Unterstützung der Mitte, ohne die Linke zu gewinnen.
1831 13. März	Laffittes Nachfolger Casimir *Périer* (* 1777; † 1832) „säubert" die Administration und schränkt die Demonstrationsfreiheit ein.
20.–22. Nov.	Er läßt einen *Arbeiteraufstand in Lyon* niederschlagen und gewinnt die Anerkennung des Regimes durch das legitimistische Ausland. Der Kreis der Wahlberechtigten wird verdoppelt, die Erblichkeit der Pairswürde abgeschafft.
1832 16. Mai	Eine Choleraepidemie, der auch Périer zum Opfer fällt, steigert Aufruhr und Repression; in der Vendée entfacht die *Herzogin von Berry* eine legitimistische Bauernrevolte.
5.–6. Juni	In *Paris* kommt es erneut zu *Straßenkämpfen;* erst das Zögern La Fayettes und der parlamentarischen Opposition ermöglicht es der Juli-Monarchie, sich definitiv zu etablieren.
13. Okt.	Im Kabinett des Marschalls Nicolas Jean *Soult* (* 1769; † 1851) arbeiten die führenden Politiker des „Mouvement" (Thiers) und des „Ordre" zusammen (Victor Herzog von *Broglie* und Guillaume *Guizot*). Wirtschaftlicher Aufschwung und ein dem liberalen Individualismus verpflichtetes Elementarschulgesetz begünstigen die Stabilisierung des Regimes.
1834	*Republikanische Aufstandsversuche in Lyon und Paris* blutig niedergeschlagen (April).
21. Juni	Die Kammerwahlen nach dem neuen Zensus bescheren der Regierungs„koalition" eine breite, wenig konsistente Mehrheit: in den Grundsätzen des Notabelnsystems ist sie einig, läßt aber Spielraum für persönliche oder lokale Rivalitäten und materielle Interessen.
1834–1840	Die Folge sind *rasch wechselnde Kabinette* mit fast immer gleichem Personal, wiederholte langwierige Regierungskrisen, eine Politik, die im Wähler mit einseitigen materiellen Vorteilen bestickt, wachsende Einflußmöglichkeiten des Königs und damit langfristig ein Sieg des „Parti de l'ordre".
1835 28. Juli	Die republikanische Opposition isoliert sich in der Illegalität; ein mißlungenes *Attentat auf den König* führt zur Verschärfung der Strafbestimmungen gegen Aufruhr und zur Einschränkung der Pressefreiheit („Septembergesetze").
1836 30. Okt.	Ein *Aufstandsversuch Louis Napoleons* in Straßburg scheitert schon im Ansatz. In der Außenpolitik begründen Talleyrand (jetzt Botschafter in London) und Broglie eine erste *Entente cordiale mit England:* Intervention zugunsten der belgischen Unabhängigkeit sowie Unterstützung der Liberalen in den spanischen Karlistenkriegen und in Portugal. Französischer Widerstand gegen englische Freihandelsforderungen und englische Dominanz in der Interventionspolitik führen zu einer Annäherung an Österreich.
1836	Das Projekt einer Heirat der österreichischen Erzherzogin Therese mit dem Thronfolger (von Thiers betrieben) scheitert jedoch am Einspruch Metternichs.
1839–1841	In der *Orientkrise* steht Frankreich wieder vor einer geschlossenen legitimistischen Front Englands, Österreichs, Rußlands und Preußens: der von Frankreich protegierte ägyptische Herrscher *Mohammed Ali* (* 1769; † 1849) muß sich unter Druck der vier Mächte wieder der türkischen Oberhoheit fügen. In Frankreich führen nationale Erregung über diese diplomatische Niederlage (Forderung nach der Rheingrenze als Kompensation) und eine neue Welle republikanischer Unruhen und Streiks (dazu auch ein neuer Aufstandsversuch Louis Napoleons am 6. August 1840 in Boulogne) an den Rand des Krieges.
1840 20. Okt.	Erst als der König *Thiers* (jetzt zum zweitenmal Ministerpräsident) die Unterstützung für mehr demonstrativ als real gemeinte Truppenverstärkungen verweigert und dieser daraufhin abdankt, ebbt die Bewegung ab.
1840–1847	Der Rücktritt Thiers' bedeutet das Ende aller Versuche zu autonom-parlamentarischer Regierung. Guillaume *Guizot* (* 1787, † 1874), der starke Mann des nun folgenden *Kabinetts Soult,* versteht sich als Anwalt Louis Philippes.
1843 2. Sept.	Gegen die öffentliche Meinung setzt er eine oberflächliche Wiederannäherung an England durch *(Besuch der Königin Viktoria).* Forderungen nach Senkung des Wahlzensus begegnet er, durch eine neue Hochkonjunktur begünstigt, mit Appellen an den individuellen sozialen Aufstieg *(„enrichissez-vous").* Die ständige Notwendigkeit, zwischen den divergierenden Interessen und Fraktionen den kleinsten gemeinsamen Nenner zu suchen, führt zur Immobilität.

788   Neuzeit – Französische Revolution bis Erster Weltkrieg

1846 Aug.	. Entpolitisierung der Oberschicht, Zersplitterung der Opposition und einseitige Regierungsunterstützung für „ministerielle" Kandidaten lassen die Wahlen zu einem *Erfolg für Guizot* werden: die Regierungsmehrheit beträgt künftig 291 von 459 Stimmen. Dennoch setzt unmittelbar nach den Wahlen die *Krise des Regimes* ein: in der Außenpolitik führt Guizots Versuch, dem Königshaus die Anwartschaft auf den spanischen Thron zu si-
10. Okt.	chern (*„Spanische Heiraten"*), zum Bruch der Entente cordiale und zur Unterstützung der konterrevolutionären Politik Österreichs (Angliederung Krakaus, Unterstützung des konservativen Sonderbundes in der Schweiz), was heftige Kritik der nationalen und liberalen Kräfte auslöst. Schlechte Getreideernten und eine damit verbundene neue Überproduktionskrise (1846–1847) rufen soziale Unruhen und Unzufriedenheit der Geschäftswelt mit der Regierung hervor. Korruptionsskandale schüren die Erregung und lassen die herrschende Oberschicht an der Legitimität ihres Machtmonopols zweifeln.
1847 Juli– **1848** Febr.	Eine von Kräften des Mouvement eingeleitete „Kampagne der Bankette" mit Forderungen nach Senkung des Wahlzensus und Reform der politischen Sitten radikalisiert sich rasch, kann aber nicht genügenden politischen Druck erzeugen. Als Guizot (seit 1847 selbst Ministerpräsident) ein für den 22. Februar 1848 vorgesehenes Bankett verbietet, fügt sich die parlamentarische Linke. Die radikalen Republikaner organisieren jedoch Demonstrationen in Paris, die sich nach
23. Febr.	der Erschießung einiger Demonstranten zum **revolutionären Aufstand** ausweiten. Die Entlassung Guizots kann die Bewegung nicht mehr eindämmen, und als sich die Auf-
24. Febr.	ständischen dem königlichen Palast nähern, *dankt Louis Philippe ab; Dupont de l'Eure* und Alexandre-Auguste *Ledru-Rollin* (* 1807, † 1874) geben die Bildung einer „linken" provisorischen Regierung bekannt, die sich für die **Einführung der Republik** ausspricht. Ohne schon ernsthaft bedroht zu sein, haben die herrschenden Notabeln vor dem hauptstädtischen Kleinbürgertum und den nachdrängenden Unterschichten kapituliert.

Zweite Republik und Zweites Empire (1848–1870)

Nach der überraschenden Kapitulation der herrschenden Notabeln der Juli-Monarchie im Februar 1848 sind zunächst die *Republikaner* die Erben der Macht: Städtische Kleinbürger, Intellektuelle, Arbeiter, wenige demokratisch gesonnene Notabeln (Alexandre-Auguste *Ledru-Rollin, Garnier-Pagès*, Etienne-Vincent *Arago*) und Literaten *(Alphonse de Lamartine*, später auch *Victor Hugo)*. Vom Volkstumsbegriff der Romantik geprägt, hoffen sie auf eine nationale und soziale Republik und sind davon überzeugt, diese **republikanische Ordnung** – da im Interesse der überwiegenden Mehrheit des Volkes liegend – auf legalem Wege, also mit den Mitteln der parlamentarischen Demokratie erreichen zu können. Ihr Appell löst soziale Erhebungen in den Städten und auf dem Lande aus, weckt Erinnerungen an traditionelle Gemeinschaftsformen der ständischen Gesellschaft, gewinnt damit einen Teil der Bauern (vor allem des Zentrums und Südostfrankreichs) für die republikanische Bewegung und setzt unter den Arbeitern erstmals Energien zur Selbstorganisation frei, führt aber auch alsbald zu einer Kraftprobe zwischen bürgerlichem Republikanismus und Pariser Arbeitermassen. Das *Großbürgertum* befindet sich in einer Phase wirtschaftlicher und psychologischer Depression, gewinnt aber rasch an Macht zurück, als große Teile des bisher unterhalb der Machtelite verbliebenen Bürgertums und der bäuerlichen Kleinbesitzer von der Angst vor einer sozialen Revolution ergriffen werden und sich mit den Notabeln zu einer *„Partei der Ordnung"* zusammenschließen. Im Kampf um die geeignetste Form der Eindämmung der republikanischen Bewegung setzt sich der **Bonapartismus** durch: Seine plebiszitär-cäsaristische Herrschaftstechnik versteht es besser als der traditionelle *Notabeln-Liberalismus*, die Besitzängste der Bauern und die soziale Not der städtischen Unterschichten für eine **autoritäre Staatsform** in Dienst zu nehmen; eine neue, dynamischere Generation industrieller Unternehmer schließt sich ihm darum an. Nach Louis Philippe ermöglicht die **Herrschaft Napoleons III.** eine zweite Welle der Industrialisierung, nun unter stärkerer Zentralisierung des politischen Lebens.

1848 24. Febr.	Die *provisorische Regierung* besteht aus liberalen Republikanern (so Marie, Isaak Adolphe Crémieux, Etienne-Vincent Arago, Garnier-Pagès) und Sozialisten (*Louis Blanc*, Albert), zwischen ihnen in der Vermittlungs- und damit Führungsrolle Alphonse de *Lamartine* und Alexandre-Auguste *Ledru-Rollin*. De facto ein elfköpfiger Souverän, versucht sie, der Revolte gerecht zu werden, ohne die Reaktion der Ordnungskräfte zu provozieren.
25. Febr. 3. März	Sie verkündet ein allgemeines Recht auf Arbeit, hält aber an der Trikolore statt der roten Fahne fest, führt den Zehn- bzw. Elfstundentag und das allgemeine gleiche Wahlrecht (für Männer) ein. Arbeitslose werden in eine neue mobile Nationalgarde und in *Nationalwerkstätten* (nicht, wie die Arbeiter gefordert haben, Produktionskooperativen, die das Prinzip des Privateigentums bedrohen würden) integriert.
23. April	Die *Wahlen zur Nationalversammlung* bringen eine Mehrheit für die liberalen Republikaner (450 von 900 Sitzen, je 200 für die republikanische Linke und die Orleanisten, 50 für die Legitimisten).

Einzelstaaten – Frankreich – Zweite Republik und Zweites Empire   789

5. Mai	In der neuen fünfköpfigen Exekutivkommission sind die Sozialisten nicht mehr vertreten.
15. Mai	Eine *Massendemonstration der Sozialisten* (nun mehr und mehr unter der Führung von *Auguste Blanqui:* * 1805; † 1881), die bis in die Nationalversammlung vordringt, wird als Aufstandsversuch gedeutet und mit ersten Verhaftungen beantwortet.
23.–27. Juni	Als die Exekutivkommission die unproduktiven Nationalwerkstätten, mittlerweile Zentren der sozialistischen Agitation, auflöst, bricht in Paris ein spontaner **Arbeiteraufstand** los, der vom republikanischen Bürgertum mit Entschlossenheit zurückgeschlagen wird.
24. Juni	Die Nationalversammlung ernennt Kriegsminister *Eugène Cavaignac* (* 1802; † 1857 – Bruder des republikanischen Führers der dreißiger Jahre) zum Militärdiktator; blutige Straßenschlachten fordern über 3000 Tote; die Hauptakteure werden scharf verfolgt. Louis Blanc flüchtet aus Furcht vor einer Verhaftung nach London. Unter der Regierung Cavaignac geht die Republikanisierung in den Provinzen weiter, die Zugeständnisse an die Arbeiter werden jedoch zum Teil zurückgenommen (Zwölfstundentag).
4. Nov.	Die neue Verfassung spricht nur noch vage vom ,,Recht auf Unterstützung" und nennt ,,Familie", ,,Arbeit", ,,Eigentum", ,,öffentliche Ordnung" als Grundlagen der Republik; an der Spitze der Exekutive soll ein vom Volk direkt gewählter Präsident stehen (nach dem Willen der ,,Partei der Ordnung"), der aber nach vierjähriger Amtszeit nicht wiedergewählt werden kann (so das Zugeständnis an die engagierten Republikaner).
10. Dez.	In den *Präsidentschaftswahlen* siegt **Louis Napoléon Bonaparte,** von den Orleanisten (Thiers) unterstützt, mit 5,4 Millionen Stimmen überraschend über Cavaignac (1,4 Millionen) und Ledru-Rollin (0,4 Millionen).
20. Dez.	Sein erstes Kabinett unter *Odilon Barrot* (* 1791; † 1873) besteht aus liberalen Notabeln; Republikaner sind nicht mehr vertreten.
1849 13. Mai	Die Parlamentswahlen bestätigen den *Sieg der ,,Partei der Ordnung"* und rufen zugleich neue Ängste hervor: etwa 500 Sitze für die ,,Partei der Ordnung", knapp 100 für die liberalen Republikaner, aber 200 für die republikanische und sozialistische Linke (,,Montagnards").
Mai–Juli	Französische Truppen zerschlagen die *Römische Revolution* und führen Papst Pius IX. wieder in den Kirchenstaat zurück.
13. Juni	*Ledru-Rollins* Versuch, die Nationalversammlung durch eine *republikanische Massendemonstration* zum Abbruch dieser Expedition zu zwingen, schlägt fehl; der Führer der linken Republikaner muß ins Exil gehen.
1850 15. März	Eine konservative Schulgesetzgebung – Zulassung von Klerikern zum Lehramt ohne staatliche Prüfung, Auflösung des Universitätsmonopols für Sekundarschulen *(loi Falloux)* – setzt die katholische Kirche wieder in ihre traditionelle Rolle als Ordnungsmacht ein; der Laizismus wird zum Kernpunkt des republikanischen Programms.
31. Mai	Nach einer *Einschränkung des Wahlrechts* (Ausschluß aller nicht persönlich Steuerpflichtigen, Strafverfolgten und weniger als drei Jahre Ortsansässigen) fühlt sich die ,,Partei der Ordnung" vor einem Wahlsieg der Republikaner sicher; die Gegensätze zwischen den Ambitionen des Präsidenten und den Monarchisten treten nun stärker hervor. Louis Napoleon festigt seine Popularität durch häufige Provinzreisen und Armeebesuche.
1851 5. Jan. 19. Juli	Es gelingt ihm, den legitimistisch eingestellten Kommandeur der Pariser Nationalgarde, *General Nicolas Théodule Changarnier,* abzusetzen. Der Versuch aber, das Parlament mit der nötigen Dreiviertelmehrheit zu einer Verfassungsänderung zu bewegen, die seine Wiederwahl 1852 ermöglichen würde, scheitert. Daraufhin erklärt er sich für die Aufhebung des Wahlgesetzes vom Mai 1850, teilt damit die Republikaner und schwächt so die Front der Gegner eines Staatsstreichs entscheidend.
2. Dez.	**Staatsstreich Louis Napoleons:** Führende Orléanisten (Thiers), Legitimisten (Changarnier) und Republikaner (Cavaignac) werden verhaftet, die Nationalversammlung für aufgelöst erklärt und besetzt, eine neue Verfassung mit allgemeinem Wahlrecht und einem starken, auf zehn Jahre zu wählenden Präsidenten angekündigt.
3.–4. Dez.	Ein republikanischer Versuch, in Paris bewaffneten Widerstand zu leisten (der Verfassung entsprechend), findet nicht die nötige Massenunterstützung und scheitert an einer demonstrativen Schießaktion der überlegenen Armee; spontaner Widerstand in zahlreichen Departements des Zentrums und des Südens kann jedoch erst am 10. Dezember gebrochen werden. In einem Drittel der Departements herrscht Belagerungszustand, Sondergerichtshöfe leiten eine systematische Verfolgung von Regimegegnern ein (neben Gefängnis- und Todesstrafen Deportationen nach Guyana und Algerien, Verbannungen – so Hugo, Thiers, und Säuberungen – so Michelet).
20. Dez.	Louis Napoleon läßt den Staatsstreich durch ein *Referendum* ratifizieren: 7,4 Mio. Ja- gegen 0,6 Mio. Nein-Stimmen und 1,5 Mio. Enthaltungen. Nach weniger als einem Jahr hat sich die Herrschaft des ,,Prinz-Präsidenten" soweit stabilisiert, daß er durch ein neues Plebiszit die Wiedereinführung des Kaisertums beschließen lassen kann.
1852 2. Dez.	Am Jahrestag seines Staatsstreichs und der Kaiserkrönung seines berühmten Onkels besteigt er als **Napoleon III.** den Thron.

790   Neuzeit – Französische Revolution bis Erster Weltkrieg

Grundstrukturen des Zweiten Empires

Die **Verfassung** des neuen Kaiserreiches behält das allgemeine Wahlrecht bei und ergänzt es durch Plebiszite, schränkt aber die Rechte des Parlaments erheblich ein: der gesetzgebende „Corps législatif" ist auf 300 Mitglieder beschränkt, die nach dem Prinzip der Persönlichkeitswahl (keine Listen) delegiert werden, tagt nur drei Monate im Jahr, hat keinerlei Initiativrecht; die Gesetze werden vielmehr von einem vom Kaiser ernannten Staatsrat vorbereitet und von einem aus ebenfalls ernannten Persönlichkeiten und Amtsträgern (Kardinälen, Marschälle, Admirale) zusammengesetzten Senat kontrolliert; letzterer hat darüber hinaus die Möglichkeit, durch Senatskonsulte Verfassungsänderungen herbeizuführen. Die politischen Mitwirkungsrechte werden noch dadurch weiter eingeschränkt, daß die Regierung „offizielle" Wahlkandidaten aufstellt, und die nichtkonforme Presse mit Erscheinungsverbot bedroht wird. Stützen der Macht sind neben der Repressionsdrohung durch Militär und Verwaltung der direkte Appell an wenig aufgeklärte Wählermassen, die katholische Kirche, Erfolge in der Außenpolitik, die dem 1815 entstandenen nationalistischen Revisionismus Genüge tun, und materielle sowie politische Zugeständnisse an politisch relevante Gruppen. Da deren Interessen vielfach gegensätzlich sind, bleibt das Regime ständig von politischer Instabilität bedroht.
Wirtschaftspolitisch den Prinzipien des *Saint-Simonismus* verpflichtet, fördert das Regime die industrielle Entwicklung durch Schlüsselinitiativen (Förderung des Eisenbahnbaus, Bankenkonzentration, Investitionsförderung, Staatsaufträge, Verbesserung der Verkehrsverbindungen, auch für die Landwirtschaft) einerseits und sozialpolitische Befriedung andererseits (Arbeitsbeschaffungsprogramme, Selbsthilfeeinrichtungen unter staatlicher Aufsicht, Wohnungsbau). Am Zwölfstundentag wird festgehalten, autonome Arbeiterkoalitionen bleiben bis 1864 verboten, ein Streikrecht gibt es nicht.
In den Jahren des Kaiserreichs verdoppelt sich die **industrielle Produktion** nahezu, das Handelsvolumen verdreifacht sich. Die bisher vorherrschenden Einzelbanken werden mehr und mehr von Großgruppen abgelöst, der Kapitalbesitz durch Ausgabe von Aktien und staatlichen Anleihen über das bisherige Großbürgertum hinaus ausgeweitet (1852 Gründung des „Crédit mobilier", erste moderne Anlagebank, Gebr. Pereire). Die wachsende Prosperität ermöglicht den Kapitalexport; Frankreich wird zum Gläubiger- und Rentnerland. Nach der ersten globalen Wirtschaftskrise von 1857 ist der Rückstand gegenüber der Industrieentwicklung in England soweit aufgeholt, daß ein Freihandelsvertrag zwischen beiden Ländern möglich wird (Cobden-Vertrag 1860); 1864 folgt ein Freihandelsabkommen mit Preußen. Weltausstellungen 1855 und 1867 in Paris demonstrieren den neuen industriellen Reichtum. Die Modernisierung der Städte (besonders die Neugestaltung von Paris durch den Seine-Präfekten Georges-Eugène Haussmann 1853–1865) dient ebenso der Repräsentation wie der Beseitigung von Unruheherden und der Arbeitsbeschaffung.

Frankreich – Bruttosozialprodukt und Bruttoinvestitionen (Mio. Francs)

	B.S.P. in jeweiligen Preisen	B.S.P. in Preisen von 1905–13	B. Inv. in jeweiligen Preisen	B. Inv. in Preisen von 1905–13
1781–90	7700	6949	1299	1172
1803–12	9755	7324	2147	1612
1815–24	10503	8969	1724	1472
1825–34	12503	10977	2031	1783
1835–44	14894	12929	2630	2283
1845–54	17407	14628	3041	2555
1855–64	22824	17972	4675	3681
1865–74	26499	21199	5097	4078
1875–84	27235	23418	5401	4644
1885–94	27321	27541	5275	5318
1895–1904	29095	30788	6208	6569
1905–13	38035	38035	7972	7972

Der Aufstieg zur Industriemacht verstärkt das Interesse an **Kolonialbesitz:** Algerien wird unter französischen Siedlern zur Kornkammer Frankreichs; die Besitzungen im Senegal werden erweitert, neue Stützpunkte am Golf von Guinea, an der afrikanischen Ostküste und in Indochina (Protektorat über Annam) errichtet.
Höhepunkt der kapitalistischen Erschließung der Übersegebiete ist der **Bau des Sueskanals** (1859–1869) durch *Ferdinand de Lesseps* (* 1805; † 1894). Trotz der gewaltigen Industrialisierungswelle bleiben jedoch beträchtliche Teile vorindustrieller Produktionsweisen erhalten; Frankreich wird zu einem Land der gemischten Wirtschaftsformen, in dem die Industriebevölkerung noch in der Minderheit bleibt.

1852–1857   Die ersten Herrschaftsjahre Napoleons III. verlaufen relativ ruhig: Angehörige aller politischen Gruppen haben sich dem Regime (aus Überzeugung oder Resignation) angeschlos-

Einzelstaaten – Frankreich – Zweite Republik und Zweites Empire 791

sen oder angesichts der wachsenden Prosperität aus dem politischen Leben zurückgezogen. Der Herrscher betreibt eine *Politik des „juste milieu"*, die einen Ausgleich zwischen den Parteiungen herbeiführen soll; so wird etwa der Einfluß der Kirche im Schulwesen gefördert, ohne daß dem Drängen auf Verbot antiklerikaler Organe nachgegeben würde.

1853/1854
–1856 Erste außenpolitische Erfolge stärken Napoleons Stellung: Im *Krimkrieg* zwischen Rußland und der Türkei interveniert Frankreich mit England, Österreich und Sardinien auf der türkischen Seite, um sich in dem liberalen England einen Bundesgenossen gegen die konservativen Mächte zu sichern.

1856
Febr./
März Tatsächlich kann Frankreich auf dem *Pariser Friedenskongreß* als Führungsmacht auftreten, deren Stimme im Streit der ehemaligen antirevolutionären Viererallianz den Ausschlag gibt; konkrete Zugeständnisse bleiben allerdings aus. Die Bindung an Großbritannien und die italienische Einigungsbewegung (Sardinien-Piemont seit 1850/1852 unter Minister Camillo Benso Graf von Cavour; *1810, † 1861) rückt Napoleon III. innenpolitisch wieder näher an die Liberalen der Julimonarchie.

1857
Juni Vorgezogene *Wahlen* (21./22.) bestätigen die Popularität des Regimes (90%), lassen aber einen unvermutet starken republikanischen Widerstand in den Städten erkennen.

1858
14. Jan. Ein fehlgeschlagenes *Attentat* des revolutionären Italieners Felice *Orsini* auf das Kaiserpaar führt daraufhin zu scharfen Verfolgungsmaßnahmen gegen republikanische Kräfte (etwa 430 Verbannungen).

1859
4./24.
Juni Ende der fünfziger Jahre verschlechtert sich die Stellung des Regimes. Den *Krieg an der Seite Sardinien-Piemonts gegen Österreich* bricht Napoleon III. trotz der erfolgreichen Schlachten von Magenta und Solferino ab (preußische Interventionsgefahr, schlechter Truppenzustand, Widerstand der Konservativen), so daß Frankreich wohl Savoyen und Nizza, Piemont aber nur die Lombardei erhält und die italienischen Einigungskämpfe ohne französische Unterstützung fortführen muß. Obwohl der Kaiser die französischen Truppen im Kirchenstaat beläßt, sieht er sich wachsender Kritik von ultramontaner Seite ausgesetzt. Der *Freihandelsvertrag mit Großbritannien* ruft die Opposition der protektionistischen Mehrheit des orleanistischen Bürgertums auf den Plan. Unter der bürgerlichen Jugend, für die sich mit der Androhung der „roten Gefahr" nicht mehr die Erlebnisse von 1848 verbinden, breitet sich eine republikanische Oppositionsstimmung aus.

1859
16. Aug. Napoleon III. versucht dem Entstehen einer Oppositionsbewegung durch Zugeständnisse zuvorzukommen: er erläßt eine Generalamnestie für politisch Verfolgte.

1860
24. Nov. Verfügung über die Veröffentlichung der Senatsdebatten und die parlamentarische Diskussion der jährlichen kaiserlichen Adressen.

1861 Verstärkung der parlamentarischen Budgetkontrolle (31. Dez.).

1863
30./31.
Mai Die Parlamentswahlen werden zu einem halben Mißerfolg des Regimes: die Oppositionsstimmen verdreifachen sich; im „Corps législatif" sitzen künftig 15 „Unabhängige" (gemäßigte Opponenten von parlamentarischen Legitimisten bis zu Orleanisten, unter ihnen Thiers) und 17 Republikaner. Selbst innerhalb der Regierungsfraktion wird der Wunsch nach einem vorsichtigen Liberalismus laut („Dritte Partei", deren Grundsatz-Amendement 1866 45 Stimmen erhält).

1863 Außenpolitische Mißerfolge zehren am Prestige des Kaisers: Seine diplomatische *Intervention zugunsten der polnischen Aufständischen* (gegen die russische Herrschaft) bleibt erfolglos.

1866 Sein Versuch, *Mexiko* in einen französischen Vasallenstaat zu verwandeln (Expedition seit 1861) scheitert am Widerstand der Guerilleros und an einem amerikanischen Ultimatum. Seine Hoffnung, als Preis für die *Neutralität im preußisch-österreichischen Krieg* die bayerische Pfalz, Rheinhessen, Saarbrücken und Saarlouis zurückgewinnen zu können (Vertragsentwurf vom 5. August 1866), wird durch Bismarcks raschen Friedensschluß mit Österreich zunichte gemacht; auf die Forderung nach preußischer Einwilligung in die Annexion Belgiens als Gegenleistung für eine neutrale Haltung gegenüber der deutschen Einigung erhält er nur hinhaltende Antworten.

1867 Selbst der Erwerb der Festung *Luxemburg* vom holländischen König scheitert am Einspruch Preußens.

1867–1868 Größere Freiheiten für die Arbeiterbewegung werden von dieser ebensowenig honoriert wie weitere *Liberalisierungsdekrete* (Interpellationsrecht, Aufhebung der Genehmigungspflicht für Presseerzeugnisse und unpolitische Versammlungen) von der parlamentarischen Opposition.

1869
22./23.
Mai Die nächsten *Parlamentswahlen* stärken die Oppositionskräfte entscheidend: 25 Republikaner, 74 Liberale; aber auch die Mehrheit der Regierungsabgeordneten – 136 von 216 – ist für eine Parlamentarisierung.

8. Sept. Das **„Empire libéral":** Napoleon III. kommt den Liberalisierungsforderungen weitgehend entgegen. Ein Senatskonsult gewährt dem „Corps législatif" Gesetzesinitiativrecht und Budgetbewilligungsrecht nach Einzelpositionen; die Minister sind künftig dem Kaiser und der Kammer zugleich verantwortlich.

792   Neuzeit – Französische Revolution bis Erster Weltkrieg

1870 Vom Kaiser beauftragt, bildet der Oppositionspolitiker *Emile Ollivier* (* 1825; † 1913) ein
2. Jan. liberales Reformkabinett, das den Interessen der protektionistischen Geschäftswelt und der Konservativen stärker Rechnung trägt.
8. Mai Napoleon III. läßt die Verfassungsreformen durch ein *Referendum* billigen und kann damit trotz der Parlamentarisierung seine plebiszitäre Stellung noch einmal festigen (7,3 Mio. Ja-gegen 1,5 Mio. Neinstimmen und 2,0 Enthaltungen).
19. Juli Der Ausbruch des **Deutsch-Französischen Krieges,** Folge einer doppelten diplomatischen Offensive, in der es der französischen Regierung um die Verhinderung der deutschen Einheit auf Kosten der französischen Machtstellung geht, führt zum Sturz des Kaisertums.
1. Sept. Als Napoleon III. nach der **Niederlage bei Sedan** in deutsche Kriegsgefangenschaft gerät, bricht in Paris ein Arbeiteraufstand los (die liberale Regierung hat entschlossen gegen eine seit 1869 wachsende Streikbewegung gekämpft), der in das Parlament vordringt.
4. Sept. **Ausrufung der Republik** sowie Bildung einer provisorischen Regierung. Ohne den Kaiser und ohne Erfolg hat das in seinen Befugnissen ohnehin schon eingeschränkte Kaisertum keine Stütze mehr. Napoleon III. stirbt (1873) im Londoner Exil.

Die Dritte Republik (1870–1914)

Mit der deutschen Forderung nach Gebietsabtretungen konfrontiert, führt die Provisorische Regierung (republikanische Parlamentarier wie *Léon Gambetta* und *Jules Favre,* nur ein Verbindungsmann zur Arbeiterbewegung, der Journalist *Henri de Rochefort,* an der Spitze der populäre General *Louis Jules Trochu*) den Krieg weiter, ohne daß schon über die künftige Ordnung des Landes entschieden wäre.

1870 *Paris* wird von den deutschen Armeen *eingeschlossen.* Gambetta versucht vergeblich, die
19. Sept. Hauptstadt mit rasch aufgestellten neuen Truppen zu entsetzen.
1871 **Kapitulation von Paris.**
28. Jan. Da Bismarck auf einen Friedensvertrag mit einer legalen Regierung besteht, wird eine
13. Febr. **Nationalversammlung gewählt,** in der infolge des Sicherheitsbedürfnisses der Landbevölkerung die „Partei der Ordnung" wieder eine große Mehrheit aufweist.
Thiers, von der Versammlung zum „Chef der Exekutive" gewählt, handelt die Bedingun-
26. Febr. gen des **Präliminarfriedens von Versailles** aus: Abtretung von Elsaß und Lothringen, aber ohne Belfort, Reparationen in der beträchtlichen Höhe von 5 Mrd. Francs, Besetzung Ostfrankreichs bis zur Ableistung der Entschädigungssumme (endgültig vereinbart im *Frieden von Frankfurt* 10. Mai 1871).
Die Pariser Kommune: Der doppelte Schock der Niederlage und der Wahl einer monarchistischen Nationalversammlung löst unter den radikal-demokratisch-jakobinischen und sozialistischen Kräften der Hauptstadt erhebliche Unruhen aus, die noch gesteigert werden, als die Nationalversammlung aus Furcht vor Pressionen Versailles als Tagungsort wählt und die endgültige Entscheidung über die Staatsform ausdrücklich auf die Zeit nach dem Abzug der Besatzungstruppen verschiebt. Als Thiers die während der Belagerung gebildete mobile Nationalgarde auflösen will, werden zwei Generäle erschossen.
18. März Die Regierung flieht daraufhin nach Versailles und gibt den regierungstreuen Truppen den Befehl zum Abzug; ein großer Teil der wohlhabenden Bevölkerung folgt.
26. März *Wahlen zum Generalrat* des Seine-Departements, an denen von 470 000 Wahlberechtigten nur 230 000 teilnehmen, führen zu einer Stadtversammlung in revolutionärer Aufbruchstimmung, deren Charakter – Kommunalorgan oder nationale Gegenregierung – ungewiß bleibt. Die Abgeordneten der Kommune, meist Handwerker und Arbeiter, daneben Intellektuelle, eine heterogene Mischung aus Jakobinern, Blanquisten, Anhängern der Internationale, Proudhonisten und Anarchisten, beginnen mit einer Arbeiterschutzgesetzgebung, reorganisieren die von ihren Besitzern verlassenen Betriebe in Selbstverwaltungen und fordern die Gemeinden des Landes auf, sich ihrem Programm anzuschließen und so eine föderalistische Republik zu begründen. Die Ordnungskräfte der Nationalversammlung lassen Truppen unter *General Marie Edme Mac Mahon* (* 1808, † 1893) gegen die Hauptstadt vorrücken.
21.–28. Diese fällt nach fast zweimonatiger Belagerung und achttägigem Barrikadenkampf. Ein
Mai Viertel der Arbeiterbevölkerung ist Opfer der schweren Kämpfe; über 10 000 Strafurteile folgen.
Der Kampf zwischen Kommune und Nationalversammlung trennt die gemäßigten (Jules Ferry, Jules Favre, Jules Grévy) und *radikalen Republikaner* (Léon Gambetta) von den *Revolutionären* und gewinnt einen Teil der Ordnungskräfte (die gemäßigten Orleanisten um Thiers) für das Prinzip des allgemeinen Wahlrechts und der konservativen Republik; damit ist die Basis geschaffen, auf der sich die Dritte Republik etablieren kann. Zunächst dominieren freilich die *monarchistischen Kräfte:* Thiers, der als Präsident bis 1873 mit einer vorsichtigen Politik die traditionelle Notabeln-Elite wieder in ihre Rechte einsetzt und den

Einzelstaaten – Frankreich – Dritte Republik

	vorzeitigen Abzug der Besatzungstruppen erreicht, zieht sich dennoch die Gegnerschaft der monarchistischen Orleanisten (Herzog Albert de Broglie: * 1821; † 1901) zu.
1873 24. Mai	Nach einem Mißtrauensvotum (362:348 Stimmen) tritt er zurück; neuer Präsident wird der legitimistisch eingestellte General *Mac Mahon*, Ministerpräsident *Herzog von Broglie*. Legitimisten und Orleanisten einigen sich im Prinzip darauf, den Grafen *Henri de Chambord* (Henri Charles de Bourbon, Graf von Chambord, Herzog von Bordeaux, Enkel Karls X., * 1820, † 1883) als Thronprätendenten durchzusetzen.
27. Okt.	Als sich dieser weigert, die parlamentarische Regierungsform und die Trikolore zu akzeptieren, finden sich die Orleanisten allmählich mit dem Prinzip eines republikanischen Präsidenten ab.
1875 30. Jan.	Der Vorschlag, einen „*Präsidenten der Republik*" von Senat und Kammer wählen zu lassen (auf sieben Jahre), findet eine knappe Mehrheit (353:352 Stimmen). Als Kompromiß zwischen dem allgemeinen Wahlrechtsprinzip der Republikaner und dem Notabelnprinzip der Orleanisten wird neben der Deputiertenkammer ein Senat geschaffen, der unter Mitwirkung der Kommunen und Departements gewählt wird. Die Minister sind vor beiden Kammern verantwortlich; im Falle eines Mißtrauensvotums kann der Präsident jedoch auch die Kammer auflösen.
1876 5. März	Die Ambivalenz dieses Verfassungskompromisses zeigt sich sogleich nach den Wahlen. Dem legitimistischen Präsidenten Mac Mahon steht nun eine *republikanische Kammermehrheit* (360 von 510 Abgeordneten) gegenüber.
1877 18. Mai	*Entlassung* des gemäßigten republikanischen *Kabinetts Simon* durch Mac Mahon, der damit in die entscheidende Kraftprobe mit den Republikanern geht.
1879 30. Jan.	Vorzeitiger *Rücktritt Mac Mahons*; neuer Präsident wird der Republikaner *Jules Grévy* (* 1807, † 1891). – 1880 wird der „14. Juli" zum Nationalfeiertag erklärt.

Die obersten Organe der Dritten Französischen Republik

Grundstrukturen der Dritten Republik

Nun hat die republikanische Koalition aus dem neuen industriellen Großbürgertum und aufsteigendem Mittelbürgertum (den „neuen Schichten") endgültig über die Notabeln der konstitutionellen Monarchie gesiegt, auch wenn diese weiterhin große Teile der ökonomischen Macht behalten; weil sie sich als Garantin der Ordnung erweist, kann sie über die Republikaner der Zweiten Republik hinaus Anhänger unter den Bauern finden; und weil sie die jakobinische Tradition fortführt, kann sie – noch – einen großen Teil der Arbeiter bei sich halten.

Ökonomisch beruht dieser politische Machtwechsel auf dem **Vordringen des mittleren Bürgertums.** Die Bedeutung des ländlichen Großgrundbesitzes geht infolge einer strukturellen Agrarkrise seit Mitte der 70er Jahre zurück, die Industrialisierung und die Konzentration der Industriebetriebe schreiten nach wie vor nur langsam fort (Anteil der Landwirtschaft an der Gesamtproduktion um 1890 65,1% und vor 1914 immer noch 44,6%); beides ermöglicht den Bedeutungszuwachs der seit dem Zweiten Empire mehr und mehr Wertpapier-besitzenden bürgerlichen Mittelschichten.

794   Neuzeit – Französische Revolution bis Erster Weltkrieg

Ohne sich mit dem Industriekapital allzu eng zu verbinden, engagiert sich das breit gestreute **Bankkapital** vornehmlich im Kapitalexport-, Handels- und Immobiliengeschäft; die Bereitschaft zu riskanten Investitionen ist vergleichsweise gering. Die französische Wirtschaft verliert auf diese Weise an Krisenanfälligkeit, gerät aber auch gegenüber dynamischeren Industrienationen (Großbritannien, USA, Deutschland) ins Hintertreffen; Gesellschaft und Politik werden vom gleichen vorsichtig malthusianistischen Geist geprägt. Eine neue Welle imperialistischer Expansion soll die relative Schwäche der französischen Wirtschaft ausgleichen, kann aber, da sie vom Industriekapital nur wenig unterstützt wird, diese Funktion nicht erfüllen.

Preisentwicklung in Frankreich 1781–1913 *

1781–90	110,8	1855–64	127,0
1803–12	133,2	1865–74	125,0
1815–24	117,1	1875–84	116,3
1825–34	113,9	1885–94	99,2
1835–44	115,2	1895–1904	94,5
1845–54	119,0	1905–13	100

* Allgemeiner Französischer Preisindex, 1905–13 = 100

1879–1885   Unter der politischen Führung von *Jules Ferry* (* 1832; † 1893) in wechselnden Kabinetten Unterrichts- und Premierminister, sucht das republikanische Mittelbürgertum seine noch schwache Machtposition einmal durch den *Kampf gegen* das inzwischen dominierende *klerikale Schulwesen* (Autonomie und Ausweitung der Universitäten, laizistische Sekundarschule für Mädchen, schrittweises Verbot der Klerikertätigkeit an Elementarschulen, allgemeine Schulpflicht) und zum zweiten durch eine mit nationalem Prestigedenken motivierte, aber auch als Unterstützung für die Industriebourgeoisie gedachte Wiederaufnahme der *Kolonialexpansion* (1881 Protektorat über Tunesien, 1883 Beginn der Eroberung Tongkings, 1885 Bestätigung des Protektorats über Annam durch China, Kolonisierung Madagaskars) zu stabilisieren. Ferrys Kolonialpolitik stößt auf heftige Kritik nicht nur der Rechten, sondern auch der republikanischen Linken (Radikal-Sozialisten) um *Georges Clemenceau* (* 1841, † 1929). Ihr Programm: Konzentration auf Revisionspolitik in Europa, Überwindung des Verfassungskompromisses von 1875, soziale Reformen zugunsten der Arbeiter.

1885   Aus den Wahlen nach dem *Sturz Ferrys* gehen Monarchisten und Radikale gestärkt hervor;
30. März   eine dauerhafte Mehrheitsbildung wird unmöglich.

1886–1889   Enttäuschung über mangelnden sozialen Fortschritt, Instabilität der Regierungen und Ausgleichspolitik mit Deutschland lassen eine *antiparlamentarisch-nationalistische Bewegung* um den radikalen Kriegsminister *Georges Boulanger* (* 1837; † 1891) entstehen. Nur durch beherztes Vorgehen des republikanischen Innenministers *Constans* und den Widerstand der Provinz gegen die boulangistische Propaganda wird ein Staatsstreich verhindert. Erben des Boulangismus sind eine „integrale" autoritär-nationalistische Bewegung mit vorwiegend kleinbürgerlichem Anhang und die nun rasch wachsende *sozialistische Bewegung* (zunächst in einer Vielzahl von Gruppen, im Parlament *Alexandre Millerand, Jean Jaurès*). Auf katholischer Seite entsteht eine paternalistisch-reformistische christliche Sozialbewegung.

1892   Gegen den Widerstand des Klerus lädt eine *Enzyklika Papst Leos XIII.* die Katholiken zur
20. Febr.   *Mitarbeit in der Republik* ein.

1893   Die Wahlen reduzieren die Monarchisten auf einige fünfzig Abgeordnete, schaffen eine
3. Sept.   gleich starke sozialistische Fraktion und stärken die Republikaner durch den Zuzug der Katholiken. Auf die Boulangismus-Krise reagieren die Republikaner mit Arbeitsschutz-Vorschriften und einer offensiven Außenpolitik.

27. Dez./   Die **russisch-französische Militärkonvention** von 1892, geschlossen als Gegengewicht
1894 Jan.   gegen den *Dreibund*, wird rechtskräftig und beendet die Isolierung Frankreichs seit 1871.

1894–1898   Unter Außenminister *Gabriel Hanotaux* wird die nur von einer kleinen „kolonialen" Partei getragene Kolonialexpansion fortgesetzt: Sudan, Togo, Dahomey, Französisch-Kongo.

1898   Aus *Faschoda* am oberen Nil (Schnittpunkt zwischen britischer Nord-Süd- und französi-
Juli–Nov.   scher West-Ost-Expansion) zieht sich Frankreich jedoch auf britische Kriegsdrohung hin wieder zurück (Faschoda-Krise).

1898–1899   **Dreyfus-Affäre:** die Debatte um die Rehabilitation des 1894 zu Unrecht wegen Spionage verurteilten jüdischen Offiziers *Alfred Dreyfus*, ausgelöst durch einen offenen Brief von *Emile Zola* an den Präsidenten der Republik („J'accuse"), löst unter den kleinbürgerlichen Schichten eine Welle von Klerikalismus, Nationalismus und Antisemitismus aus, gewinnt republikanische Intellektuelle für die Sache des Sozialismus und Sozialisten für die Republik; ihr Ergebnis ist neben der Begnadigung (1899) und dem Freispruch (erst 1906) des Offiziers die Formierung von Parteien („Parti radical" 1901, „Parti socialiste" SFIO 1905) und Aktionskomitees (Freimaurerlogen, Menschenrechtsliga, laizistische Organisationen, Volksuniversitäten, der Gewerkschaftsdachverband CGT, die protofaschistische „Action française" unter Charles Maurras) über das bisherige Honoratiorensystem hinaus und die *Bildung eines Blocks aus Radikalsozialisten und Sozialisten,* der die bisherige, durch ihr Zögern in der Affäre diskreditierte republikanische Mehrheit ablöst.

1899–1906 Kabinett *Pierre Marie Waldeck-Rousseau* (1899–1902), gefolgt von *Émile Combes* (1902–1905) und *Maurice Rouvier* (1905–1906).

1902 Außenminister *Théophile Delcassé* verbessert die Beziehungen zu Italien *(Geheimvertrag*
1. Nov. *über Marokko und Tripolis).*

1904 Mit Großbritannien Pakt in der *Entente cordiale:* Interessenausgleich über Hinterindien
8. April und Nordafrika).

1905 Daraufhin Isolierung Deutschlands in der **Ersten Marokkokrise,** Ausdehnung der französischen Vormachtstellung in Marokko, das seit 1902 französischem Kapital offensteht. *Alexandre Millerand,* erster sozialistischer Minister (noch ohne Parteimandat), versucht vergeblich, ein generelles Schlichtungsverfahren für Arbeitskämpfe durchzusetzen; dagegen setzt der Block unter dem Druck der Sozialisten die Entklerikalisierung des Staates fort (staatliche Genehmigungspflicht für Orden, die restriktiv gehandhabt wird, Entzug der Unterrichtsbefugnis für nicht zugelassene Orden, Klosterschließungen bei Verstößen, Abbruch der diplomatischen Beziehungen zum Papst).

3. Juli Das *Gesetz über die Trennung von Kirche und Staat* unterbindet finanzielle Zuwendungen und das Mitwirkungsrecht des Staates. Wachsende Klassenspannungen zwischen bürgerlichen Radikalen und Sozialisten, verschärft durch eine neue Hochkonjunktur und die Zuspitzung der internationalen Lage, lassen den Block auseinanderbrechen.

1906–1909 Ministerpräsident *Georges Clemenceau* setzt, obwohl selbst von der Notwendigkeit neuer Sozialgesetze überzeugt, Truppen und Justiz gegen Streikbewegungen ein.

1909–1910 Ministerpräsident *Aristide Briand* (* 1862; † 1932), aus den Reihen der Sozialisten hervorgegangen, versucht eine Politik sozialen Ausgleichs, scheitert jedoch am Widerstand der Unternehmer.

1910 Die Niederschlagung eines *Eisenbahner-Generalstreiks* (10.–17.) trennt die Sozialisten
Okt. definitiv von der radikalen Regierungsmehrheit.

1911 Die **Zweite Marokkokrise,** ausgelöst durch fortdauernde deutsch-französische Handelsri-
4. Nov. valitäten in Marokko, endet zwar mit der *Anerkennung des französischen Protektorats* über das Land (gegen Abtretung französischer Kongogebiete an Deutschland), die wirtschaftlichen Gegensätze zum Deutschen Reich und die nationalistische Agitation dauern jedoch fort.

1913 Die Wahl *Raymond Poincarés* (* 1860; † 1934) zum Staatspräsidenten zeigt, daß die um
17. Jan. einen Ausgleich bemühten Kräfte (Jean *Jaurès*) in die Minderheit geraten sind.

19. Juli Die Debatte um die *Einführung der dreijährigen Militär-Dienstzeit* führt die Nationalisten der Rechten und der Linken zusammen.

1914 Die Oppositionskräfte sammeln sich um die *SFIO* – „Parti socialiste". Nach ihrem Wahlerfolg (102 statt bisher 70 Sitze) klingen die Spannungen zwischen Nationalisten und Pazifisten jedoch wieder ab.

31. Juli Ein nationalistischer Fanatiker ermordet Jaurès.

3. Aug. **Deutschland erklärt Frankreich den Krieg.** Unter Hintanstellung der Klassengegensätze bilden Regierungsmehrheit und Sozialisten die *„Union Sacrée"* zur Verteidigung der Republik. – *(Forts. S. 951)*

Großbritannien (1789–1914)
(Forts. v. S. 685)

Das Jahr 1789 bildet für die englische Geschichte nicht eigentlich eine Zäsur wie für Kontinentaleuropa. Mit größerer Berechtigung könnte man einen **Einschnitt in den sechziger Jahren des 18. Jh.s** suchen, als 1. die Bewegung einsetzt, die, von unterschiedlichsten politischen Kräften getragen, eine *Reform des Wahlrechts* fordert, und 2. die *erste Phase der industriellen Revolution* beginnt. Dieser Abschnitt wird begleitet von einer Festigung der *außenpolitischen Stellung* Großbritanniens und reicht bis zum Ende der dreißiger Jahre des 19. Jh.s. Danach setzt die Blütezeit als führende Handels-, Industrie- und Finanzmacht ein, die eine hegemoniale Rolle im Weltstaatensystem spielt. Zugleich wird das politische System in weiteren Reformen den Erfordernissen des Industriestaats angepaßt. An der Wende zum 20. Jh. und endgültig im Ersten Weltkrieg verliert Großbritannien seine Führungsposition. Die Geschichte des Landes steht fortan im Zeichen eines ständig zunehmenden *Machtverlusts* im internationalen System und einer Abfolge vor allem wirtschaftlicher, aber auch sozialer und politischer *Krisen.*

796 Neuzeit – Französische Revolution bis Erster Weltkrieg

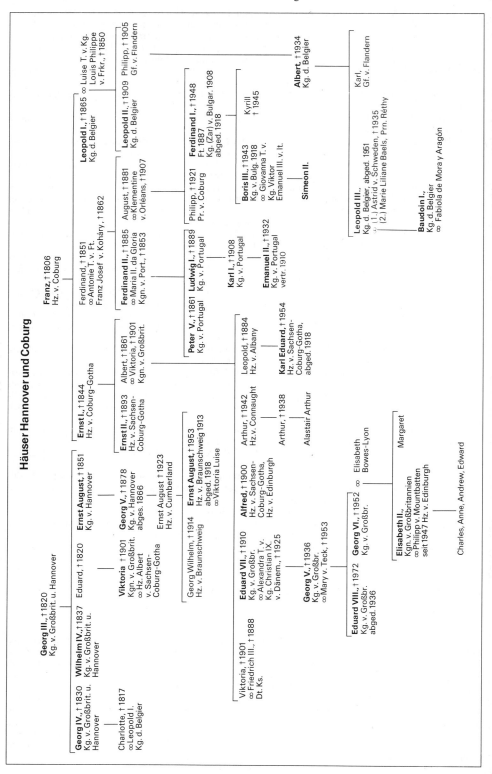

Industrialisierung und politisch-soziale Verfassung (1789–1836)

Grundstrukturen zu Beginn des 19. Jh.s

In allen Bereichen der britischen Wirtschaft kommt es seit der Mitte des 18. Jh.s zu tiefgreifenden Wandlungsprozessen, deren Ergebnis der *Durchbruch der Industrialisierung* ist. Aufgrund seiner politischen und gesellschaftlichen Bedingungen, seiner natürlichen Ressourcen und Ausgangslage wird Großbritannien zum **Modellfall der industriellen Revolution.** In diesem Prozeß der Modernisierung wird vor allen anderen westlichen Ländern ein deutlicher Vorsprung errungen. Die Entwicklung wird durch den Zusammenfall mehrerer Faktoren begünstigt. Zu konstatieren sind ein *Wandel in der Landwirtschaft* durch weitere Kommerzialisierung (zwischen 1760 und 1815 erläßt das Parlament über 3000 Gesetze, die sog. Enclosure Acts, zur Einhegung von Gemeindeland mit der Konsequenz, daß sich eine besitzlose, oft in die Städte abwandernde Landarbeiterschaft bildet) und eine Verbesserung der Anbaumethoden. Es kommt zu einer rapiden *Bevölkerungszunahme* mit hoher Bevölkerungsdichte in neuen städtischen Ballungsgebieten. Begleitet von *technischen Neuerungen* (Spinnmaschine, mechanischer Webstuhl, Dampfmaschine) und *Verbesserungen im Verkehrswesen* (Straßen-, Brücken-, Kanalbau, seit 1825 erste Eisenbahnlinien; Entwicklung von Dampfschiff, Lokomotive, Telegraphie) kommt es zu *neuen Produktionsmethoden* (Eisenverhüttung mittels Koks, Dampfantrieb, Arbeitsteilung, Übergang von der Hausindustrie zum Fabrikbetrieb in den Städten, Massenproduktion mit Kinder- und Frauenarbeit). Die erste Phase der industriellen Revolution (etwa 1760–1840) umfaßt vor allem in der Textilherstellung die Entwicklung zur *industriellen Massenproduktion.* Zur Schlüsselindustrie des wirtschaftlichen Wandels wird in dieser Phase der Industrialisierung die Baumwollproduktion. Der Import von Rohbaumwolle steigt 1775–1810 etwa um das Zwanzigfache.

Optimale *außenpolitische Bedingungen* sind dadurch gegeben, daß Großbritannien seit dem Ende des Siebenjährigen Kriegs (1763) führende Welthandelsmacht geworden ist. Nach den Napoleonischen Kriegen und dem Wiener Kongreß (1814/15) wird diese Position weiter ausgebaut. Die britische Rolle des Gleichgewichtshalters in Europa und die Konsolidierung der Hegemonialstellung in Übersee gehen Hand in Hand. Nach dem Amerikanischen Unabhängigkeitskrieg (1775–83) erfolgt der Ausbau des zweiten britischen Imperiums (Kanada, Indien, Australien, Ceylon, Südafrika).

Die Industrialisierung und die damit einhergehenden sozialen Veränderungen (Entstehung eines bürgerlichen Industrieunternehmertums und einer Industriearbeiterschaft) vollziehen sich innerhalb eines **politischen Systems,** das von vornehmlich agrarisch geprägten Interessen bestimmt ist. Nach wie vor liegt die politische Macht beim Landbesitz. Trotz rasch voranschreitender Industrialisierung bleibt es vorerst bei den vorindustriellen Herrschaftsstrukturen, die sich in England im Unterschied zu Kontinentaleuropa aber als flexibel und *reformfähig* erweisen. Die mit dem Siebenjährigen Krieg einsetzende Kritik am bestehenden politischen System und die Forderung nach Reform betrifft vor allem die *Zusammensetzung des Unterhauses.* Von seinen knapp 500 Sitzen ist zu Beginn des 19. Jh.s über die Hälfte hinsichtlich der Kandidatenaufstellung und der Wahl in fester Hand des Großgrundbesitzes. Der Wahlmodus ist seit dem 16. Jh. unverändert. Besonders das Wahlrecht der Boroughs (städtische Wahlkreise), die neben den ländlichen Grafschaften Abgeordnete ins Unterhaus entsenden, bedarf der Korrektur. Infolge von Bevölkerungsverschiebungen ist es zum Phänomen der Rotten Boroughs gekommen, die entvölkert, aber immer noch im Unterhaus repräsentiert sind. Große Städte wie Liverpool oder Manchester sind dagegen gar nicht vertreten.

Das Verlangen nach Reform des Wahlrechts fällt seit 1789 mit der **Auseinandersetzung über die Französische Revolution** zusammen: die Reaktion ist unterschiedlich, insgesamt aber ablehnend. Reformbewegung und politischer Radikalismus bleiben vorerst ohne ausreichende Massenbasis. Nicht zuletzt unter den Auswirkungen der Revolutionskriege setzt sich *Edmund Burkes* (* 1729, † 1797; führender Vertreter der Whigs im Unterhaus) konservative Position durch, die er 1790 in seinen „Reflections on the Revolution in France" niederlegt. Das Buch wird zur Grundlagenschrift des europäischen Konservatismus im 19. Jh. Demgegenüber bleibt *Thomas Paines* (* 1737, † 1809) 1791 veröffentlichte Schrift „Rights of Man" (Forderung u.a. nach allgemeinem Wahlrecht und sozial politischen Maßnahmen) zunächst auf den publizistischen Bereich beschränkt und schreckt mit seinem Radikalismus und seiner Areligiosität gemäßigte Kräfte ab. Zum eigentlichen theoretischen Kopf der sich letztlich durchsetzenden Reformbewegung und des Liberalismus in England wird *Jeremy Bentham* (* 1748, † 1832) mit seinem Utilitätsdenken („das größte Glück der größten Zahl") und seiner 1789 erschienenen „Introduction to the Principles of Morals and Legislation".

Neu im Zusammenhang mit der Forderung nach Erweiterung des Wahlrechts sind **Organisationen** teils religiös-sittlicher, teils politisch-sozialer Färbung, die außerhalb des Parlaments wirken und teilweise über eine Massenbasis verfügen. Ihre Agitation mit Hilfe von Publizistik, Petitionen und Demonstrationen in einem bis dahin nicht gekannten Ausmaß läßt sie zu einem Unruhefaktor in der Innenpolitik werden, dem die Regierung unter Leitung von *William Pitt dem Jüngeren* (* 1759, † 1806; 1783–1801, 1804–1806) reformunwillig begegnet. Die 1792 gegründete *London Corresponding Society* erfaßt sowohl bürgerliche Schichten wie die Arbeiterschaft, die sich von einer Parlamentsreform auch eine Lösung ihrer sozialen Probleme verspricht. Die *Methodistenbewegung* John Wesleys (* 1703, † 1791) verbindet religiöse Erneuerung mit sozialem Engagement und spricht dadurch die neue Industriearbeiterschaft an,

798   Neuzeit – Französische Revolution bis Erster Weltkrieg

der sie Wege zur Solidarisierung und Selbsthilfe aufzeigt. Die Methodisten sind aber ebensowenig sozial-revolutionär wie die innerhalb der Staatskirche bleibende *evangelikale Bewegung,* die unter William Wilberforce (* 1759, † 1833) neben anderen philanthropischen Zielen vor allem für die Abschaffung des Sklavenhandels eintritt. In den zwanziger und dreißiger Jahren entwickelt der *Philanthropismus* auch soziale Aktivitäten (Robert Owen, * 1771, † 1858). Die politisch am weitesten reichende Massenbewegung ist die *Katholische Assoziation,* die der irische Anwalt Daniel O'Connell (* 1775, † 1847) 1823 mit dem Ziel der Katholikenemanzipation gründet und die quasi staatliche Funktionen in Irland an sich zieht. Neben der Forderung nach politischen Reformen werden soziale Probleme der Arbeiterschaft in der seit 1802 von William Cobbett (* 1763, † 1835) herausgegebenen, weit verbreiteten Zeitschrift *Political Register* artikuliert. Die Arbeiterschaft beginnt sich in Gewerk- und Unterstützungsvereinen zu organisieren, die mit den staatlichen Instanzen kollidieren, welche die Löhne festsetzen. Die seit 1824 erlaubten *gewerkschaftlichen Organisationen* sind teilweise reine Arbeitervertretungen, teilweise auf ein Bündnis mit dem gleichfalls politisch unterprivilegierten Bürgertum abgestellt.

1792	Verordnung gegen „aufrührerische Zusammenkünfte und Druckschriften" (Mai).
1793 7. Mai	Das Unterhaus *lehnt eine Wahlrechtsreform ab* und setzt einen Ausschuß zur Verfolgung Verdächtiger ein.
1794 Mai	Parlamentsbeschluß über die *Aufhebung der Habeas-Corpus-Akte* für ein Jahr. Zahlreiche Verhaftungen der Gegner des Premiers William Pitt des Jüngeren.
1795	Unangemeldete Veranstaltungen von mehr als 50 Personen verboten (18. Dez.).
1798	Erneute Aufhebung der Habeas-Corpus-Akte mit Wirkung bis 1801.
1799/1800	*Verbot von politischen Vereinigungen und Gewerkschaften:* Unterdrückung von Reformbewegung und Ansätzen organisierter Arbeiterbewegung (Combination Acts).
1801 **1. Jan.**	Inkrafttreten der *Unionsakte, die Großbritannien und Irland vereinigt,* nachdem es zwischen den politisch und sozial benachteiligten Katholiken und den Protestanten trotz durchgeführter Teilreform und weiterer Reformversprechen (Wahlrecht, Katholikenemanzipation) zu unaufhebbaren Gegensätzen gekommen ist, die durch die Intervention des revolutionären Frankreich in Irland noch verstärkt worden sind. Irland ist im Parlament des **Vereinigten Königreichs von Großbritannien und Irland** mit 32 Oberhaus- und 100 Unterhausmitgliedern vertreten.
Febr.	*Rücktritt William Pitts des Jüngeren,* weil die Union in der Katholikenfrage entgegen den Versprechungen Pitts keinen Fortschritt bringt.
1807 25. März	Mit dem gesetzlichen *Verbot des Sklavenhandels* erzielt die seit 1790 agitierende Anti-Slavery Association einen ersten Erfolg.
1811	Beginn der *Ludditen-Unruhen* (genannt nach dem sagenhaften Ned Ludd), einer Maschinenstürmerbewegung, die in der Textilindustrie planmäßig Maschinen zerstört und sich hauptsächlich bis 1814, vereinzelt noch bis 1816 hinzieht.
1813	17 Arbeiterführer werden hingerichtet. Den Hintergrund bilden durch die Napoleonischen Kriege bedingte Außenhandelsprobleme, die zu einer *Absatzkrise der zugleich steigenden Industrieproduktion,* zu sozialer Not und Arbeitslosigkeit führen.
1815	Vom Landwirtschaft betreibenden Großgrundbesitz werden **Getreidezölle** durchgesetzt, um dem nach der Aufhebung der Kontinentalsperre eingetretenen Preissturz für Getreide entgegenzuwirken. Leidtragende dieser künstlich aufrechterhaltenen Teuerung sind breite Bevölkerungsschichten, deren Löhne stagnieren. Noch einmal behaupten damit die *grundbesitzenden Schichten* ihr Machtmonopol.
1816	Die *Aufhebung der 1799 eingeführten Einkommensteuer* bringt dem gewerblichen Mittelstand und dem Unternehmertum eine Entlastung und verhindert zugleich ein Bündnis der Mittelschichten mit der Arbeiterschaft.
1819 16. Aug. Dez.	Peterloo-Massaker (ironische Anlehnung an „Waterloo"): auf dem St.-Peters-Feld bei Manchester demonstrieren 60000 Arbeiter für eine Parlamentsreform. Als Truppen die Menge auflösen, gibt es 12 Tote. Die Regierung verfügt mit den sog. *Knebelgesetzen* (Six Acts) eine weitere Einschränkung der Presse- und Versammlungsfreiheit. Auf diesem Höhepunkt innenpolitischer Repression durch die Tories beginnt zugleich deren politischer Rückhalt im Land zu bröckeln.
Seit 1822	Eine Änderung vollzieht sich vor dem Hintergrund der Erschließung neuer *Überseemärkte* (Südamerika) durch eine sich im Aufschwung befindende Wirtschaft und im Rahmen einer von *liberalen Ideen getragenen Außenpolitik* (Außenminister George Canning 1822–1827; * 1770, † 1827), die – nicht zuletzt im Interesse der Erweiterung britischer Absatzmärkte – Freiheits- und Unabhängigkeitsbewegungen in Griechenland, Portugal und Südamerika unterstützt und sich damit von dem auf dem Wiener Kongreß (1815) formulierten Legitimitätsprinzip abwendet.
1824 21. Juni	*Lockerung der Knebelgesetze und Wiederzulassung von Gewerkschaften.* Die Arbeiterbewegung hält sich im Rahmen des bestehenden politischen Systems, dessen Parlamentarismus sie reformieren will. Der Wandel soll durch **Evolution,** nicht durch Revolution eintreten.

Einzelstaaten – Großbritannien – Industrialisierung und Verfassung   799

1825 Das Gesetz zur *Aufhebung sämtlicher lokaler Zölle* fördert den Binnenhandel.

1828 **Aufhebung der Testakte** von 1673. Emanzipation des protestantischen Dissent (nicht zur
9. Mai Kirche von England gehörende Protestanten). Die Katholikenemanzipation kommt ein
weiteres Stück voran, als O'Connell gegen den bisherigen Abgeordneten von Clare (West-
Juli irland), einen Großgrundbesitzer, gewählt und damit die feudale Bindung der Wähler an
den Grundherrn durchbrochen wird.

1829 *Catholic Emancipation Act:* Katholiken werden zu Parlament und öffentlichen Ämtern zu-
13. April gelassen. Jedoch verringert sich die Zahl der Wahlberechtigten in Irland drastisch, da diese
als Qualifikation eine Jahrespacht von 10 Pfund vorweisen müssen.
Gleichzeitig entwickelt eine verstärkte Organisation der **Arbeiterschaft** zusammen mit
bürgerlichen Kreisen. Der Bankier Thomas Attwood gründet in Birmingham zum Zweck
der Wahlrechtsreform die „Politische Union zum Schutz der öffentlichen Rechte". Paral-
lelgründungen in zahlreichen Städten.

1830 Tod König Georgs IV. Mit Wilhelm IV. (* 1765, † 1837) folgt ein der Reformbewegung
26. Juni nicht prinzipiell verschlossener Monarch auf den Thron.

Nov. Unterhauswahlen bringen eine Stärkung der Whigs. Regierungsbildung unter Lord Grey
(* 1764, † 1845), der die **Parlamentsreform** in Angriff nimmt.

1831 Francis Place gründet in London die radikaldemokratische Political National Union, die
Bürgertum und Arbeiterschaft mit dem Ziel der Parlamentsreform zusammenschließen
soll. Der immer stärker werdende Druck der Öffentlichkeit ist nicht mehr zu ignorieren.

Mai Neuwahlen bringen den Whigs eine Mehrheit von 140 Mandaten, doch scheitern die Reformen wiederholt am Widerstand des Oberhauses.

1832 Erneute Ablehnung der Reform durch das Oberhaus (14. April).
Öffentlicher Druck (Revolutionsdrohung). – Der Widerstand des Oberhauses wird durch
einen Peersschub überwunden.

4. Juni Das *Reformgesetz* wird angenommen. Seine wesentlichen Bestimmungen: Umverteilung
der Unterhaussitze von vorher überrepräsentierten Süden zu den neuen Industriezentren
Nord- und Mittelenglands; 56 Boroughs fallen weg, 30 verlieren einen Sitz, 22 neue werden
geschaffen; Neueinteilung der Wahlkreise auf Grafschaftsebene. Es bleibt beim *Zensuswahlrecht*. In den Boroughs sind Besitzer und Mieter von Häusern wahlberechtigt, deren
jährlicher Mindestertrag 10 Pfund beträgt. Auf dem Land ist das Wahlrecht an den Grundbesitz gebunden und entsprechend den Eigentums- und Pachtverhältnissen sehr unterschiedlich geregelt. Die Zahl der Wahlberechtigten verdoppelt sich im Vereinigten Königreich auf 1 Million Wähler (4,2 % der Bevölkerung). Hauptnutznießer sind die städtischen
Mittelschichten (commercial und financial interest), ohne daß die grundbesitzende alte politische Elite (landed interest) entscheidende Einbußen hinnehmen muß. Die Arbeiterschaft geht hingegen leer aus. Bewertung der Reform: *Öffnung des politischen Systems* für
bisher nicht an ihm partizipierende Schichten. Teilweise Anpassung an Bedingungen des
Industriezeitalters. Diese **Reformfähigkeit** bleibt auch weiterhin Merkmal der politisch-sozialen Eliten Großbritanniens.

1833 Die Einführung eines *Fabrikgesetzes* bringt Begrenzung der Arbeitszeit für Kinder und
Jugendliche und leitet eine Serie von Gesetzen zur Arbeitsverfassung ein. Im Bereich des
britischen Empire erfolgt die *Sklavenbefreiung* bei finanzieller Entschädigung englischer
Pflanzer in Westindien.

1834 Ein *Armengesetz*, das die bisherige Praxis der Lohnsubventionen aufhebt und Arbeitshäu-
14. Aug. ser einrichtet, wird zum Ausgangspunkt für die politische Mobilisierung der Arbeiterschaft.
Nov./Dez. Gegen die Unterhausmehrheit beruft der König Tory-Regierungen, zuerst unter dem Herzog von Wellington, dann unter Sir Robert Peel (* 1788, † 1850). Peel wendet sich in dem
nach seiner Geburtsstadt genannten Tamworth-Manifest direkt an die Wähler des Landes
und sucht die konservativen Elemente seiner Partei den Gegebenheiten nach der Reform
und den Bedingungen des Industriezeitalters anzupassen. Es gelingt ihm jedoch nicht,
durch diesen Appell an die Öffentlichkeit die Mehrheitsverhältnisse im Unterhaus zu korrigieren.

1835 Die Regierung verliert die Unterhauswahlen.
Jan. Der gesamte Vorgang unterstreicht die seit 1832 konsolidierte zentrale Stellung des **Unterhauses** als Verfassungsinstitution und die *vorrangige Rolle der Wählerschaft* in der Verfassungswirklichkeit bei gleichzeitigem Bedeutungsrückgang von Krone und Oberhaus.

9. Sept. Eine Städteordnung bringt als wichtige Ergänzung der Reform von 1832 die Demokratisierung des kommunalen Wahlrechts.

1836 Die Gründung der London Working Men's Association wird über London hinaus zum or-
Juni ganisatorischen Neuanfang der **Arbeiterbewegung.**

1837 Tod König Wilhelms IV. Mit der Thronbesteigung von *Königin Viktoria* (* 1819, † 1901)
20. Juni beginnt das nach ihr benannte Zeitalter, das in seinen Grundstrukturen über den Tod der
Königin hinaus bis zum Ersten Weltkrieg dauert. – Infolge unterschiedlichen Erbrechts *endet die Personalunion mit Hannover.*

800 Neuzeit – Französische Revolution bis Erster Weltkrieg

Das Viktorianische Zeitalter (1837–1914)

Die ersten Jahrzehnte des Viktorianischen Zeitalters zeichnen sich durch Prosperität und wissenschaftlichen Fortschritt aus. Nach der Wachstumskrise Ende der dreißiger/Anfang der vierziger Jahre erfolgt ein wirtschaftlicher Aufschwung. In der zweiten Phase der **industriellen Revolution** wird die Produktionsgüterindustrie ausschlaggebend. Großbritannien wird „*Werkstatt der Welt*". Verbesserungen in der Eisen- und Stahlindustrie lassen die Produktion hochschnellen. Das Transportwesen wird durch den Eisenbahnbau revolutioniert. Die Gesamtausfuhr steigt um mehr als das Vierfache. Die globale Überlegenheit Großbritanniens als Industrie-, Handels- und Finanzmacht führt folgerichtig zum *Freihandel*. Das liberale Weltbild manifestiert sich in John Stuart Mills (* 1806, † 1873) Schrift „On Liberty" (1859). In der Außenpolitik der führenden Wirtschaftsmacht wird *Friedenswahrung* zum nationalen Interesse. Von den Ausnahmen des Opiumkriegs gegen China (1840–42) und des Krimkriegs (1853–56) abgesehen, verfolgt Großbritannien vor dem Hintergrund seiner Flottenüberlegenheit eine unkriegerische Politik des multipolaren Gleichgewichts, der Bündnisfreiheit und der „splendid isolation", um so zur autonomen Durchsetzung seiner Wirtschaftsinteressen zu kommen.

Die Innenpolitik ist geprägt durch eine ausgedehnte *Gesetzgebung im Arbeits- und Sozialbereich* und in der Staatsverwaltung, ferner durch eine Ergänzung der „bürgerlichen" Reform von 1832 durch eine weitere *Ausdehnung des Wahlrechts*. Im bisher nur Adel und bürgerlichen Reichtum repräsentierenden Parlament ist gegen Mitte des Viktorianischen Zeitalters auch die Arbeiterschaft vertreten, nachdem es in den sechziger Jahren zu großen Demonstrationen für dieses Ziel gekommen ist. Damit wird die Reform fortgeschrieben und die Arbeiterschaft im politischen System integriert. Parallel sind die Anfänge eines *Zweiparteiensystems* erkennbar (Konservative Partei: 1832 Carlton Club, 1870 Conservative Central Office als Parteizentrale im modernen Sinn. Liberale Partei: 1836 Reform Club, 1861 Liberal Central Association).

Die **zweite Hälfte des Viktorianischen Zeitalters** (von den siebziger Jahren bis zum Ersten Weltkrieg) ist geprägt durch *wirtschaftliche Stagnation, imperialistische Außenpolitik und weitreichende innenpolitische Veränderungen*. Es bahnt sich der Grundwiderspruch zwischen weltpolitischem Engagement und relativem Machtverlust Großbritanniens an. Daneben machen sich innere Erschütterungen und politisch-soziale Wandlungen (Irlandproblem, Frauenbewegung, Streiks) bemerkbar. Das Land erlebt die Gleichzeitigkeit von innen- und außenpolitischen Krisenlagen.

Die Erweiterung der Wählerschaft hebt die bisherige autonome Stellung des Parlaments auf und fügt dem britischen Parlamentarismus Elemente einer plebiszitären *Massendemokratie* ein. Der in den großen politischen Parteien organisierte Wählerwille wird zur Legitimationsbasis der Regierungen. Als Parteiführer werden der konservative Benjamin Disraeli (* 1804, † 1881) und der liberale William Ewart Gladstone (* 1809, † 1898) zu Schlüsselfiguren der nationalen Politik. Konservative und Liberale nähern sich hinsichtlich ihrer sozialen Zusammensetzung immer mehr an. Beide Parteien suchen zu einer Einbeziehung der Arbeiterschaft zu kommen. Mit der von ihnen 1867 eingebrachten Wahlreform wollen die Konservativen die *Tory-Demokratie* mit Verankerung nicht nur bei der landbesitzenden Aristokratie, sondern auch bei Mittelstand und Arbeiterschaft realisieren. In der Folgezeit werden jedoch die *Liberalen*, die seit 1868 verschiedene innenpolitische Reformen durchsetzen, zur politischen Heimat der Arbeite

Großbritannien, Volkseinkommen und inländische Brutto- und Nettoanlageinvestitionen (Mio. Pfund)

	V. E. in jeweiligen Preisen	V. E. in Preisen von 1900	B. A. Inv. in jeweiligen Preisen	N. A. Inv. in jeweiligen Preisen	N. A. Inv. in Preisen von 1900
1855	636	508	—	—	—
1860	694	559	43	27	31
1865	822	662	82	56	61
1870	936	774	74	51	56
1875	1.113	912	114	83	81
1880	1.076	932	94	67	70
1885	1.115	1.115	79	49	57
1890	1.385	1.416	86	50	55
1895	1.447	1.587	93	62	77
1900	1.750	1.750	190	141	141
1905	1.776	1.757	173	123	136
1906	1.874	1.834	164	113	122
1907	1.966	1.883	150	100	105
1908	1.875	1.835	120	77	83
1909	1.907	1.846	121	75	81
1910	1.984	1.881	124	81	86
1911	2.076	1.947	120	78	84
1912	2.181	1.985	129	84	84
1913	2.265	2.021	157	105	100

Einzelstaaten – Großbritannien – Viktorianisches Zeitalter   801

treter (Lib-Labs), bevor die Arbeiterbewegung schließlich eine eigene politische Parteiorganisation aufbaut.
Die *wirtschaftliche Entwicklung* ist dadurch geprägt, daß Großbritannien seinen Vorsprung als „Werkstatt der Welt" und Handelsmacht verliert. Anders als seine Hauptkonkurrenten USA und Deutschland entwickelt das Land keine Wirtschaftskonzentration und kein modernes Industriemanagement. Signifikant sind Einbrüche im Außenhandel. Es wird weitgehend am Freihandel festgehalten. Parallel zu schlechten Ernten in den siebziger Jahren mit Druck auf die Getreidepreise durch billige Überseeimporte kommt es zu einer Verlangsamung der industriellen Produktion. In der Stahlerzeugung wird Großbritannien nach 1890 von den USA und Deutschland überholt. Der Anteil der britischen chemischen Industrie an der Weltproduktion beträgt vor dem Ersten Weltkrieg 11% (USA 34%, Deutschland 24%). Die Wachstumsraten der industriellen Produktion verringern sich. Die wirtschaftliche Stagnation ist *ein* Grund für die schon 1872 von Disraeli in seiner Kristallpalast-Rede geforderte *Politik des Imperialismus.* Veröffentlichungen wie die von Charles Dilke (* 1843, † 1911; The Greater Britain, 1868) und Robert Seeley (* 1834, † 1895; The Expansion of England, 1883) und die unter Mitwirkung von Cecil Rhodes (* 1853, † 1902) 1884 erfolgte Gründung der Imperial Federation League begleiten eine imperialistische Erwerbspolitik im Mittelmeerraum (1878 Zypern), in Afrika (seit den achtziger Jahren Verfolgung der Kap-Kairo-Linie gleichzeitig von Norden und Süden, ferner 1885 Nigeria), in Asien (seit 1876 Beludschistan, 1898 Weihaiwei) und im Pazifik (1884 Südost-Neuguinea). Die *Europapolitik* ist seit der Jahrhundertwende von der zunehmenden Tendenz gekennzeichnet, die Politik der Bündnisfreiheit aufzugeben. Die Politik der „splendid isolation" hat keine Entsprechung mehr in den finanziellen, wirtschaftlichen und militärischen Machtmitteln Großbritanniens.

8. Mai 1838   Veröffentlichung der People's Charter und Begründung der *Chartisten-Bewegung,* die primär politische Forderungen erhebt (gleiches und geheimes Wahlrecht für Männer über 21 Jahren). Die Massenbasis der Bewegung bilden die das Arbeitshaus fürchtenden Unterschichten. Bemerkenswert ist, daß man eine Verbesserung der Lage nicht außerhalb des bestehenden politischen Systems, sondern im Rahmen des Parlamentarismus sucht. Die Bewegung hat organisatorische Schwächen, ist uneins in der Zielsetzung und zerfällt Ende der vierziger Jahre mit dem allgemeinen Wirtschaftsaufschwung. Ihre Petitionen zur Wahlrechtsreform (1839: 1,3; 1842: 3,3; 1848: 2 Millionen Unterschriften) werden vom Unterhaus zurückgewiesen. – In Manchester gründet der Fabrikant Richard Cobden (* 1804, † 1865) einen Verein zur Durchsetzung des Freihandels (mit Parallelorganisationen in vielen Städten). Der **Manchester-Liberalismus** fordert freien Wettbewerb und Abschaffung der Zölle auf Rohstoffe und Getreide. Die Freihandelsbewegung gründet auf nationaler

1840   Ebene die *Anti Corn Law League* (mit Agitation inner- und außerhalb des Parlaments). Bedeutsam ist, daß Unternehmer- und Arbeiterschaft gleichgerichtete Interessen gegen die Getreidezollgesetze entwickeln.

1842   Wiedereinführung der 1816 aufgehobenen Einkommensteuer.

1845   Einsetzen einer drei Jahre dauernden *Hungersnot in Irland* (Kartoffelkrankheit). Durch Tod und Auswanderung reduziert sich die irische Bevölkerung von 6,5 auf 5,5 Millionen.

1846 Mai   Die *Abschaffung der Getreidezölle* durch das liberal-konservative Kabinett Sir Robert Peel bedeutet eine Weichenstellung zum Freihandel und den Sieg des industriellen Unternehmertums über die Landwirtschaft.
Die Tory-Partei spaltet sich in einen Flügel unter Peel und einen unter Benjamin Disraeli.

1847   Gesetzliche Einführung des 10-Stundentags in den Fabriken.

1848   Public Health Act zur Zentralisierung des Gesundheitswesens.

1849   Aufhebung der Navigationsakte von 1651.

1851   Mit der Gründung der Maschinenarbeitergewerkschaft wird die Bildung überregionaler *Berufsgewerkschaften* eingeleitet.

1860 23. Jan.   Ein Handelsvertrag (Cobden Vertrag) mit Frankreich liberalisiert die britisch-französischen Handelsbeziehungen.

1865 Juni   Colonial Law Validity Act bringt innen- und handelspolitische Autonomie für die weißen Siedlungskolonien, deren Gesetzgebung nur für den Fall der Unvereinbarkeit mit einem die Kolonien betreffenden Reichsgesetz eingeschränkt wird. Die **Kolonien** haben seit den dreißiger Jahren große *Einwanderungswellen* aus dem Mutterland erlebt (Kapkolonie, Kanada, Neuseeland, Australien). Die Idee der kolonialen Selbstverwaltung geht Hand in Hand mit einem besonders bei den Liberalen weit verbreiteten Desinteresse an einer aktiven, auf direkte politisch-militärische Herrschaft zielenden Kolonialpolitik. Neuerwerbungen in der ersten Hälfte des 19. Jh.s (Singapur 1819, Falkland-Inseln 1833, Aden 1839, Hongkong 1841) dienen vorrangig der Sicherung von imperialen Verbindungswegen und Überseemärkten (Kriege in China und Indien).

1865/1867   Aufstände in Irland, hinter denen der eine Lostrennung Irlands anstrebende, in Amerika gegründete Bund der Fenier steht.

1867 15. Aug.   Die zweite **Wahlrechtsreform,** die von Disraeli in der Absicht initiiert wird, radikaleren Reformbestrebungen den Wind aus den Segeln zu nehmen (Tory-Demokratie), bringt als wesentliche Bestimmung eine Ausdehnung des Borough-Wahlrechts: 1. auf die städtische

Arbeiterschaft, sofern sie (ohne Rücksicht auf den Mietwert) ein Haus bewohnt, 2. auf Inhaber von Wohnungen mit einer Jahresmiete von mindestens 10 Pfund. In den Grafschaften bleiben die Arbeiter weiterhin ohne Wahlrecht. Hier werden mehr Grundeigentümer und Pächter als bisher wahlberechtigt. Die Zahl der Wahlberechtigten steigt von 1,4 auf 2,5 Millionen.

1868 Die Einzelgewerkschaften schließen sich zur Dachorganisation des *Trades Union Congress* zusammen.

1869 *Trennung von Staat und Kirche in Irland* durch Abschaffung der Anglikanischen Kirche als Staatskirche, um zu einer Milderung der dortigen Konfliktsituation zu kommen.

1870 Denselben Zweck verfolgt ein Landgesetz, das für gekündigte Pächter eine Entschädigung vorsieht.

1872 Einführung der geheimen Abstimmung bei Wahlen (18. Juli).

1875 Disraeli erwirbt für Großbritannien mit 4 Millionen Pfund (kurzfristig bereitgestellt von Bankier Baron Lionel Nathan Rothschild) *Sueskanal-Aktien.*

1877 Königin Viktoria trägt seit 1. Jan. den Titel „Kaiserin von Indien".

1881 Das Unterhaus erläßt ein Zwangsgesetz, das die Exekutive in Irland zu vorbeugenden Ver-
Sept./Okt. haftungen berechtigt. Ein gleichzeitig verabschiedetes Landgesetz wird von Charles Stuart Parnell (* 1846, † 1890), irischer Unterhausabgeordneter (seit 1875) und Verfechter der Home Rule, zurückgewiesen. Vorausgegangen sind Aktionen der von Parnell gegründeten *Irischen Landliga* zum Schutz gekündigter Pächter.

1882 Wiederholte Anschläge in Irland gegen britische Regierungsvertreter.

1884 Dritte **Wahlrechtsreform,** die das Wahlrecht auch auf dem Land auf die Wohnungsinhaber
6. Dez. ausdehnt und damit der ländlichen Arbeiterschaft (soweit Haushaltsvorstand) die politische Mitbestimmung eröffnet, was die Zahl der Wahlberechtigten auf rund 5 Millionen erhöht.

1885 Bei Neueinteilung der Wahlkreise wird stärker auf die Relation von Bevölkerungszahl und
25. Juni Abgeordneten geachtet. Zur Regel wird der Ein-Mann-Wahlkreis (während früher die Wahlbezirke in der Regel zwei Abgeordnete entsandten).

1886 Die Home-Rule-Vorlage von Premierminister Gladstone für Irland scheitert im Unter-
8. Juni haus, da 93 „unionistische" Liberale unter Joseph Chamberlain (* 1836, † 1914) dagegen stimmen. Die nach Auflösung des Unterhauses abgehaltenen Wahlen bringen eine konservative Mehrheit. Die *Liberalen* sind in Gladstone-Anhänger und Unionisten *gespalten.*

1893 Ein vom Unterhaus des Parlaments verabschiedetes Home-Rule-Gesetz wird vom Ober-
8. Sept. haus abgelehnt.

1899 Ausbruch des **Burenkriegs.** Die fast dreijährigen kriegerischen Auseinandersetzungen be-
Okt. deuten für die Weltreichs- und Außenpolitik Großbritanniens eine Zäsur. Unter dem Eindruck der brutalen Kriegsführung kommt es im Unterhaus zu anti-imperialistischer Kritik. Der *Commonwealth-Gedanke* wird in einzelnen Stellungnahmen sichtbar und beginnt den traditionellen Imperialismus zurückzudrängen. Weltpolitisch sieht sich das Land in der

Die obersten Institutionen Großbritanniens um 1900

Einzelstaaten – Rußland   803

Defensive. Die Politik der „splendid isolation" zeigt angesichts eines im internationalen Vergleich eingetretenen relativen *Machtverlusts* deutliche Risse. Schon ein Jahr nach Kriegsausbruch ist in Regierungskreisen der Gedanke eines Bündnisses mit Deutschland geäußert worden.

1900
28. Febr.
Die bisherigen Interessenvertretungen und Organisationen der *Arbeiterbewegungen* (Gewerkschaften, die 1883 gegründete Fabian Society und die seit 1893 bestehende Independent Labour Party) bilden eine eigene Wahl- und Parteiorganisation der Arbeiterschaft (Labour Representation Committee), die ab 1906 **Labour Party** heißt.

1901
22. Jan.
Auf Königin Viktoria folgt ihr Sohn als *Eduard VII.* (* 1841, † 1910); er verzichtet auf Eingreifen in Regierungshandlungen.

1902
30. Jan.
Unter Aufgabe der traditionellen Politik der Bündnisfreiheit wird ein *Flottenbündnis mit Japan* geschlossen.

1904
Bündnis **(Entente cordiale)** mit Frankreich.

1905
8. April
Kostspieliges *Schlachtflottenprogramm* mit neuen Großkampfschiffen (Dreadnoughts) wird beschlossen.

Okt.
Beginn der bis zum Ersten Weltkrieg andauernden militanten *Suffragettenbewegung* unter Führung von Emmeline Pankhurst (geb. Goulden, * 1858, † 1928), die das Frauenstimmrecht fordert (Demonstrationen, Tumulte).

1906
Jan.
Die Wahlen bringen einen erdrutschartigen *Sieg der Liberalen*, die bei gleichzeitiger Drosselung der Flottenrüstung eine groß angelegte Sozialpolitik einleiten und das Land auf den *Weg zum sozialen Wohlfahrtsstaat* bringen.

1910
Tod König Eduards VII. (6. Mai), Nachfolger sein Sohn *Georg V.* (* 1865, † 1936).

Juli
Beginn der zwei Jahre andauernden *Streikwelle* (Gründe: Lohnfragen, politische Unzufriedenheit wegen der Unterrepräsentation im Parlament infolge des ungleichen Wahlrechts).

1911
18. Aug.
Das *Oberhaus*, das 1909 das Budget abgelehnt und damit einen Verfassungskonflikt hervorgerufen hat, verliert durch Parlamentsgesetz sein Vetorecht bei allen Finanzvorlagen und behält im übrigen nur ein aufschiebendes Veto.

1914
Mai
Nach zweimaliger Verabschiedung eines Home-Rule-Gesetzes durch das Unterhaus 1912/13 und jeweiligem Veto des Oberhauses wird das Gesetz endgültig und ohne weitere Vetomöglichkeit des Oberhauses verabschiedet, kann aber wegen Widerständen sowohl seitens des protestantischen Ulster wie seitens der 1905 gegründeten, radikalen irischen Sinn Fein-Bewegung (sinn fein = wir selbst) und angesichts eines drohenden Bürgerkriegs nicht in Kraft gesetzt werden. Mit Ausbruch des Ersten Weltkriegs wird das ganze Problem auf Eis gelegt. – *(Forts. S. 959)*

Rußland (1789–1914)
(Forts. v. S. 692)

Die Französische Revolution bleibt ohne direkte Wirkung auf das Russische Reich. Die Autokratie behauptet sich gegen jegliche Ansätze einer Liberalisierung bis in das 20. Jh. Verwaltung und Bildungswesen werden modernisiert, nicht aber demokratisiert; die Industrialisierung erreicht in den Jahrzehnten nach der *Bauernbefreiung* (1861) ihren Höhepunkt, auch wenn Rußland insgesamt ein Agrarstaat bleibt. *Reformen,* die die Autokratie in Frage stellen könnten, werden wie jegliche Opposition nach Möglichkeit unterdrückt, so daß sich politische, soziale und kulturelle *Befreiungsbewegungen* grundsätzlich in *Opposition zum herrschenden System* entwickeln müssen, das sich mehr und mehr auf einen an reaktionären Ordnungsmodellen orientierten großrussischen Nationalismus und die orthodoxe Staatskirche stützt, wenn es demokratische oder nationale Forderungen abzuwehren gilt. Die Intelligenz wendet sich nach den Napoleonischen Kriegen zum Teil dem „Westen" zu und rezipiert die Philosophie Hegels und Schellings. Die **„Westler"** entdecken vor allem den *französischen utopischen Sozialismus,* die **„Slawophilen"** grenzen sich gegenüber „dem Westen" ab. Ihre die russische Vergangenheit idealisierende Ideologie geht in der zweiten Jahrhunderthälfte in einen **expansiven Nationalismus** über. Die russische *Literatur* erreicht mit *Iwan Sergejewitsch Turgenjew* (* 1818, † 1883), *Fjodor Michajlowitsch Dostojewski* (* 1821, † 1881) und *Lew Nikolajewitsch Tolstoj* (* 1828, † 1910) im letzten Jahrhundertdrittel Weltgeltung. Die Intelligenz radikalisiert sich in *anarchistischen und nihilistischen Gruppen,* die ihre prinzipielle Ablehnung des Staates insbesondere in der Zeit der spektakulären Attentate zwischen 1877 und 1881 durch individuellen Terror Ausdruck verleihen. Die Bewegung der **Narodniki,** der „Volkstümler", scheitert mit ihrer idealisierenden Vorstellung vom „Volk", die 1902 noch im Programm der Sozialrevolutionäre fortwirken. Die 1898 gegründete **Sozialdemokratische Partei,** die als erste ein marxistisches Programm vertritt, schwächt sich in der Grundsatzdebatte um Massenpartei und elitäre Kaderpartei. Auch die zu Jahrhundertbeginn entstehenden, für einen demokratischen *Konstitutionalismus* eintretenden bürgerlichen Parteien stehen in entschiedenem Gegensatz zur zaristischen *Autokratie*.

804 Neuzeit – Französische Revolution bis Erster Weltkrieg

In den Napoleonischen Kriegen wechselt die Regierung mehrfach die Front. Sie verfolgt weiter eine expansionistische Politik: 1795 fällt das polnische Teilungsgebiet an Rußland, 1809 Finnland, 1812 Bessarabien; das Osmanische Reich, Zentralasien und, verstärkt nach der Niederlage im Krimkrieg (1856), der Ferne Osten bleiben die *territorialen Ziele,* bei denen die Konflikte mit Österreich-Ungarn, Großbritannien bzw. Japan bereits vorprogrammiert sind. Die nach dem *Russisch-Türkischen Krieg 1878* verfolgten Pläne einer Neuordnung des Balkans korrigiert der Berliner Kongreß. Die Annäherung an Österreich-Ungarn und das Deutsche Reich scheitert an der Balkanfrage; die Bindungen an Frankreich werden nach 1890 immer stärker. Die Niederlage im *Russisch-Japanischen Krieg* 1904/1905 führt nicht zuletzt zur *Revolution von 1905/1907,* die – allen Verfallserscheinungen zum Trotz – noch einmal mit militärischen Mitteln unterdrückt werden kann. Am 27. Juli 1914 macht das mit Serbien verbündete Rußland überstürzt mobil. Die russische Regierung opfert damit die dringend notwendige innere Stabilisierung außenpolitischen Zielen.

Der mit einem liberalen Reformprogramm angetretene Kaiser *Alexander I.* (1804–1825) bestimmt auf dem Wiener Kongreß maßgeblich die Neuordnung Europas und setzt mit der **Heiligen Allianz** 1815 das Legitimitätsprinzip als Grundlage restaurativ-antirevolutionärer Politik in Europa durch. Die christlich-mystisch bestimmte, an der Reaktion orientierte Politik seiner letzten Lebensjahre setzt, verunsichert durch den Aufstandsversuch der **„Dekabristen",** das bürokratische Polizeisystem *Nikolaus' I.* (1825–1855) fort, das im **Krimkrieg** scheitert. Es gelingt ihm nicht, die staatliche Administration einer langsam arbeitsteiliger werdenden Gesellschaft anzupassen, in der Ansätze einer Selbstverwaltung nie weit gediehen sind und in der eine zentralistische Bürokratie alles dominiert. Die von *Alexander II.* (1855–1881) veranlaßten **Reformen** lassen die Autokratie unangetastet und öffnen sie nicht im Sinne eines Konstitutionalismus. Die 1861 proklamierte **Bauernbefreiung** kann die Agrarfrage nicht lösen; ihre Folgen verschärfen die sozialen Gegensätze auf dem Lande. Nach der Ermordung seines Vaters unterstützt *Alexander III.* eine Politik der entschiedenen Reaktion und einer rücksichtslosen **Russifizierung,** die der wenig Autorität besitzende *Nikolaus II.* (1894–1917) fortführt, der 1905 mit einer revolutionären Bewegung konfrontiert wird. Das gewährte Parlament, die **Duma,** weicht bald einem *Scheinkonstitutionalismus,* der keine Gefahr für das zaristische Regime darzustellen scheint. Das mit der Industrialisierung in Moskau, St. Petersburg und im Donezbecken entstehende *Industrieproletariat* bildet die Basis für die sozialistischen Parteien, die in der *Revolution 1905/1907* ihre Ziele noch nicht durchsetzen können. Die durch einen massiven **großrussischen Nationalismus** ideologisch gestützte zaristische Autokratie verliert in den letzten Herrschaftsjahren immer mehr die sowieso schon geringe Unterstützung im bäuerlichen Volk und in der bürgerlichen Gesellschaft.

1790 Mai	*Alexander Nikolajewitsch Radischtschew* (* 1749, † 1802) veröffentlicht mit der *„Reise von Petersburg nach Moskau"* eine radikale Anklage gegen die Leibeigenschaft.
14. Aug.	Frieden von *Värälä* bestätigt den Status quo mit Schweden.
1792 9. Jan.	*Frieden von Jassy* beendet den Zweiten Türkenkrieg. Die Pforte in Konstantinopel bestätigt den Frieden von *Kütschük Kainardschi* (Dorf in der Dobrudscha südöstlich von Silistra) und den *Erwerb der Krim.*
1793 23. Jan.	Russisch-preußischer Geheimvertrag gegen Polen, „um den Geist der Rebellion und der gefährlichen Neuerung zu bekämpfen".
1. Okt.	**Zweite Teilung Polens,** Rußland besetzt Teile Litauens, Wolhyniens und Podoliens.
1794	Russische Truppen unterdrücken den polnischen Aufstand unter Tadeusz Kościuszko (* 1746, † 1817).
1795	Vertrag zwischen Rußland und Österreich über die **(dritte) Teilung Polens** (3. Jan.).
15. April	Annektion Kurlands.
24. Okt.	Preußen tritt dem Teilungsabkommen vom 3. Jan. bei; Rußland erhält außer Litauen ganz Wolhynien und Podolien.
1796 17. Nov.	*Tod Katharinas II.* (* 1729). Nachfolger wird ihr Sohn *Paul I.* (* 1754, † 1801). Sein politisches Handeln wird wesentlich aus dem Gegensatz zu seiner Mutter bestimmt. Er reduziert die Lokalbehörden und führt – entgegen der „Gnadenurkunde" von 1785 – die *Besteuerung des Adels* ein.
1797 16. April	Krönung Pauls I. Der Kaiser erläßt eine *Thronfolgeordnung,* die die Erblichkeit im Mannesstamm des Hauses Romanow festlegt.
1798/1799	Beitritt Rußlands zur *Zweiten Koalition gegen Frankreich.* Die russische Ostseeflotte operiert gemeinsam mit der Großbritanniens vor den Niederlanden, die Schwarzmeerflotte mit
1799	der türkischen im Mittelmeer; Alpenübergang der russischen Landstreitkräfte unter General *Alexander W. Suworow.*
Okt.	Ausscheiden aus der Koalition wegen Streitigkeiten mit Großbritannien um Malta.
1801	*Annektion Georgiens (18. Jan.).*
23./24. März	Mit Wissen seines Sohnes Alexander wird *Paul I. in einem Staatsstreich* von Gardeoffizieren *abgesetzt* und vermutlich umgebracht.
1801–1825	*Alexander I.* (* 1777, † 1825): Erzogen im Geiste der französischen Aufklärung durch den Schweizer *Frédéric Cézar de La Harpe* (* 1754, † 1838), tritt Alexander seine Herrschaft gegen das Mißtrauen des Adels an. Die in ihn gesetzten liberalen Hoffnungen, die zu erfüllen er sich zumindest im

Einzelstaaten – Rußland   805

ersten Jahrzehnt seiner Herrschaft bemüht, kann er nicht verwirklichen. 1807–1812 arbeitet *Michail Michailowitsch Speranskij* (* 1772, † 1839) an der Modernisierung des zentralen Staatsapparats mit dem Ziel, feste Rechtsgrundsätze in Verwaltung und Justiz durchzusetzen, muß jedoch der antifranzösischen Stimmung und den Intrigen adeliger Konkurrenten wegen weichen. Nach 1812 verfällt Alexander mehr und mehr mystisch-religiösen Einflüssen. Die von ihm als sentimentales Manifest christlicher Brüderlichkeit gefaßte **Heilige Allianz,** nicht ohne Sendungsbewußtsein auf dem·*Wiener Kongreß* verkündet, redigiert *Fürst Metternich* in ein antirevolutionäres politisches Manifest um. Im Inneren herrscht der verhaßte Höfling Alexei Andrejewitsch *Araktschejew* (* 1769, † 1834), dessen selbstherrliche Brutalität sprichwörtlich wird.

1802 20. Sept.	*Ministerialreform.* Die Kollegien werden durch Fachministerien, darunter das für Volksaufklärung ersetzt. Gründung von Universitäten.
1803 3. März	Ein Erlaß *(Ukas)* des Zaren stellt es Gutsbesitzern frei, Leibeigene durch Einzelverträge in den Stand freier Ackerbauern zu überführen, bleibt aber ohne Wirkung. Eine grundsätzliche Lösung der *Leibeigenenfrage* scheut Alexander wegen der Auswirkungen auf Staat und Gesellschaft. In *Estland* (1816), *Kurland* (1817) und *Livland* (1819) wird dagegen die *persönliche Bauernbefreiung* durchgeführt.
1805 11. April	Britisch-russische *Allianz gegen Napoleon,* wird durch den Beitritt Österreichs (9. Aug.) zur *Dritten Koalition.*
2. Dez.	Niederlage von Austerlitz.
1807 **7. Juli**	**Frieden von Tilsit:** Alexander vollzieht einen Allianzwechsel und erneuert das russisch-französische Bündnis.
1809 17. Sept.	Im *Frieden von Frederikshamn* verzichtet Schweden auf *Finnland,* das mit Karelien und Wyborg zum Großfürstentum mit eigener Verfassung und bedeutender Autonomie vereinigt wird, und die Ålandinseln.
1810	Der *Reichsrat* nimmt seine Tätigkeit auf. 1811 regelt ein Statut die einheitliche Organisation der Ministerien.
1812 **28. Mai**	*Frieden von Bukarest* nach sechsjährigem Russisch-Türkischem Krieg. Rußland erhält *Bessarabien* und *transkaukasische Gebiete.*
24./28. Juni	Napoleons Grande Armée überschreitet die Memel und erreicht Wilna (Juni). Beginn des **„Vaterländischen Krieges"** (Sommer–Herbst 1812).
7. Sept.	**Schlacht bei Borodino** (Dorf westlich von Moskau). Die einzige große Schlacht des Feldzuges ist für beide Seiten verlustreich und bringt keine Kriegsentscheidung.
14. Sept. 19. Okt.	*Napoleon rückt bis Moskau vor,* muß aber nach dem Brand der Stadt den Rückzug befehlen.
ab 26. Nov.	Verlustreicher Übergang der Grande Armée über die Beresina (bis 29.).
1813 24. Okt.	Im *Frieden von Gülistan* (südlich von Taschkent) erkennt Persien die *russische Einflußsphäre* im *Kaukasus* und am *Kaspischen Meer* an. Die islamischen Kaukasusvölker leisten bis 1864 Widerstand.
1814 31. März	*Einzug der siegreichen russischen Armee in Paris.* Für Alexander I. als *„Befreier Europas"* und die russische Intelligenz bestätigt sich das Bewußtsein der Zugehörigkeit zur europäischen Völkergemeinschaft.
1814/1815	**Wiener Kongreß:** Alexander erweist sich als führender Herrscher Europas. *Kongreßpolen* wird mit dem *Russischen Reich vereinigt,* erhält aber eine Konstitution, ein Parlament mit zwei Kammern, behält die eigene Verwaltung und ein eigenes Heer.
1815 **26. Sept.**	In der **„Heiligen Allianz"** sieht Alexander den außenpolitischen Ausdruck seiner *„heiligen Mission",* die die Autokratie im Innern Rußlands nicht berührt. In der Folge unterstützt er die *antirevolutionäre Interventionspolitik* der Kongresse von Aachen (1818) bis Verona (1822).
1818 27. März	Alexander I. eröffnet den *polnischen Sejm* (Reichstag) und kündet für Rußland Reformen an.
1818/1819	Er enttäuscht aber die in ihn gesetzten Hoffnungen durch eine verstärkt illiberale Politik.
1822	*Verbot sämtlicher Geheimgesellschaften.* Die in der Nachfolge des 1816 als „Bund der Rettung" gegründeten „Wohlfahrtsbundes" 1821 in der Ukraine entstandene „südliche Gesellschaft" und die „nördliche" in St. Petersburg mit republikanisch-zentralistischem bzw. konstitutionell föderalistischem Programm bestehen jedoch in der Illegalität weiterhin.
1824	Sturz *Alexander N. Golizyns* (* 1773, † 1844), der seit 1816 eine reaktionäre Bildungspolitik praktiziert, zugleich aber als Vorsitzender der 1814 gegründeten *Russischen Bibelgesellschaft* Exponent der mit orthodoxer Bigotterie verbundenen mystisch-religiösen Mode und des von ihr produzierten reaktionären Obskurantismus ist, durch den aktiven Widerstand der an der russischen Überlieferung orientierten orthodoxen Hierarchie (1826 Auflösung der Bibelgesellschaft).
1825 1. Dez.	Unerwarteter *Tod Alexanders I.* in Taganrog. Durch den geheimen Thronverzicht seines Bruders, des Großfürsten Konstantin (1822), bestehen zunächst Unklarheiten hinsichtlich der Nachfolge.

806 Neuzeit – Französische Revolution bis Erster Weltkrieg

1825–1855	*Nikolaus I.* (* 1796, † 1855): Die antireformerisch-reaktionäre Haltung seines durch die Vormacht der Bürokratie und die enge Verbindung mit der orthodoxen Kirche bestimmten
1825	Polizeiregimes wird durch den *Aufstand der „Dekabristen"* verstärkt, auch wenn dieser so-
26. Dez.	fort niedergeschlagen wird, da nur ca. 3000 Soldaten von den verschworenen Offizieren zur Eidesverweigerung veranlaßt werden. Die Führer der „nördlichen" und der „südlichen" Gesellschaft werden hingerichtet, die Mitglieder zur Zwangsarbeit in Sibirien verurteilt.
1826	*Krönungsmanifest Nikolaus' I.*, der die „allmähliche Vervollkommnung" der „vaterländi- schen Einrichtungen" von oben proklamiert. Die „Dritte Abteilung" der kaiserlichen Kanzlei wird als gefürchtete *Geheimpolizei* eingerichtet, die Meinungen und Gesinnungen nicht nur im Bildungswesen und der Publizistik überwacht.
7. Okt.	*Konvention von Akkerman* (heute: Bjelgorod-Dnjestrowski): Rußland fordert die Pforte auf, frühere Zugeständnisse für die Balkanvölker einzuhalten. Die *russisch-britische Verständigung* in der griechischen Frage führt zum gemeinsamen
1827	*Seesieg bei Navarino* über die türkisch-ägyptische Flotte (20. Okt.).
1828	Sieg im *Krieg mit Persien* (seit 1826) mit Gebietsgewinnen *(Frieden von Turkmantschaj).* Einschränkung des Gymnasialbesuchs auf Söhne von Adeligen und Beamten.
1828/1829	**Russisch-Türkischer Krieg.**
1829	Im *Frieden von Adrianopel* erwirbt Rußland fast das gesamte Donaudelta und Teile Arme-
14. Sept.	niens. Die 1828 besetzten *Donaufürstentümer* bleiben bis 1834 unter russischer Verwal- tung. Die freie *Durchfahrt durch den Bosporus* öffnet dem südrussischen Getreide neue Märkte.
1830	*Sammlung der Gesetze des Russischen Reiches* erscheint unter der Leitung *Speranskijs.*
29. Nov.	*Polnische Revolution:* Nach der Pariser Julirevolution erheben sich polnische Patrioten in Warschau gegen die russische Besatzungsmacht. Fürst *Adam Jerzy Czartoryski* (* 1770, † 1861) bildet eine von der Adelspartei getragene nationale Regierung.
1831	Der *Sejm* (Reichstag) *setzt die Dynastie Romanow* ab (15. Jan.). Der russische Oberbefehlshaber Hans *Graf von Diebitsch* siegt bei Ostrołęka.
26. Mai Juli	Sein Nachfolger Iwan Fjodorowitsch *Paskewitsch* (* 1782, † 1856) überschreitet die Weichsel.
Aug.	Die polnischen Radikalen stürzen die *Regierung Czartoryskis*, der von Paris aus die polni- sche Emigration führen wird.
8. Sept.	Paskewitsch erobert Warschau, die Verfassung wird aufgehoben, Polen als besetztes Gebiet verwaltet.
1832	Durch das *Organische Statut* wird das Königreich Polen dem russischen Reich inkorporiert, 1837 in Gouvernements eingeteilt und einer entschiedenen *Russifizierungspolitik* ausge- setzt.
1833 8. Juli	*Russisch-türkisches Defensivbündnis* von *Unkiar Skelessi*, in dem die Pforte sich zur Schließung der Meerengen im Kriegsfall verpflichtet, löst in Großbritannien eine Welle rußlandfeindlicher Publizistik aus.
18. Sept./ 15. Okt.	In den *Konventionen von Münchengrätz und Berlin* wird mit Österreich die nur einver- nehmliche Aufteilung der europäischen Türkei vereinbart und die Heilige Allianz erneuert.
1839–1841	**Orientalische Krise:** Rußland unterstützt mit Großbritannien den türkischen Sultan gegen das mit Frankreich verbündete Ägypten.
1841 13. Juli	In der *Meerengenkonvention* wird die Schließung der Dardanellen für nichttürkische Kriegsschiffe vereinbart.
1842	Die *„Verordnung über die verpflichteten Bauern"* bleibt ohne Wirkung (wie 1803).
1849 13. Aug.	*Intervention in Ungarn:* Sieg über die ungarische Revolutionsarmee bei Világos (nördlich des Maros).

Industrialisierung und Eisenbahnbau

In die dreißiger Jahre fallen die Anfänge einer *Industrialisierung*. Eine Großindustrie, die die entlegenen Regionen des Landes, aber bald auch die asiatischen Märkte mit ihren Erzeugnissen versorgt, entsteht erst nach 1861. Voraussetzung dafür ist die *Verbesserung des Transportwesens:* 1837 nimmt die Eisen‍bahn zwischen St. Petersburg und Zarskoje selo den Betrieb auf, die 1851 eröffnete Strecke zwischen St. Petersburg und Moskau ist die längste der Welt. Nach dem Krimkrieg wird der Eisenbahnbau auch aus militärischen Gründen verstärkt.

1853–1856	**Krimkrieg:** In dem anläßlich eines Streits um die heiligen Stätten in Jerusalem entstehenden Konflikt unterstützen *Großbritannien* und *Frankreich* die *Türkei* gegen Rußland.
1854 Okt.	Nach der französischen Landung auf der Krim wird die *Belagerung von Sewastopol* kriegs- entscheidend.
1855 2. März	Nach dem *Tod Nikolaus' I.* wird der Zusammenbruch des Regimes in einer militärischen und wirtschaftlichen Krise offensichtlich.

Einzelstaaten – Rußland **807**

1855 9. Sept.	*Alexander II.* (* 1818, † 1881) führt den Krimkrieg bis zur *Kapitulation von Sewastopol* weiter.
Nov.	In Asien erobert Rußland Kars im armenischen Hochland.
1856 **30. März**	Im **Frieden von Paris** muß Rußland Kars wieder freigeben, dazu die Donaumündung und Teile Bessarabiens an die Moldau abtreten und der Schutzherrschaft über die Christen im Osmanischen Reich entsagen. Das Schwarze Meer wird neutralisiert.

Innen- und außenpolitische Lage in der Mitte des 19. Jh.s

Rußland verliert seine europäische *Vormachtstellung an Frankreich,* zu dem es sich aber bemüht, gute Beziehungen zu unterhalten. Der Gegensatz zu *Großbritannien* hat sich vertieft, die Beziehungen zu *Österreich–Ungarn* sind schlechter geworden. Im Inneren hat die Niederlage die *Rückständigkeit von Verwaltung, Armee und Wirtschaft* verdeutlicht. Die *Leibeigenschaft,* ob in der Form des Leibzinses (obrok) oder des Frondienstes (barschtschina), hemmt jeden Fortschritt, so daß Alexander II., der „Zar-Befreier", die Reform verordnet, die die Diskussion von Slawophilen und Westlern beherrscht. *Alexander Herzens* (* 1812, † 1870) in London gedruckte Emigrationszeitschrift *„Die Glocke"* beeinflußt, in vielen Exemplaren eingeschmuggelt, die Meinung selbst der Hofkreise. Auszüge erhalten die Mitglieder der Komitees, die seit 1857 über die Bauernfrage beraten.

1855–1881	*Alexander II.* verfolgt zunächst Reformen, wenn auch unter dem Einfluß der hochadeligen Hofgesellschaft, die das Reich nach wie vor als ihre Domäne betrachtet, inkonsequent. Mit dem *polnischen Aufstand (1863)* nehmen die autokratisch-reaktionären Züge seiner Politik überhand.
1858	Der Mitte der vierziger Jahre begonnene *Ausbau Sibiriens* wird fortgeführt. Eine russische Expedition besetzt das linke Ufer des Amur, das mit dem Küstengebiet des Amur in Verträgen mit China 1858 und 1860 erworben wird.
1860	*Gründung von Wladiwostok* (Hafenstadt am Japanischen Meer).
1861 **3. März**	Das **Manifest über die Bauernbefreiung** löst zunächst Unruhen aus. 47 Mio. Bauern erhalten die persönliche Freiheit, bleiben aber an das Mir-System als Umverteilungsgenossenschaft mit kollektiv genutzter Feldflur und Haftung der Gemeinde gebunden und müssen zudem an den früheren Besitzer den Landwert übersteigende Ablösesummen leisten, obwohl die individuellen Landanteile zu gering bemessen sind, so daß die Masse verarmt und nur eine Minderheit eine ausreichende wirtschaftliche Basis findet. Die Agrarfrage wird nicht gelöst, an die Stelle der Leibeigenschaft tritt ein neues Problem: der Landhunger der bäuerlichen Massen.
1862–1866	Erfolgreiche *Verbesserung der Finanzverwaltung* nach westeuropäischem Vorbild.
1863 **22. Jan.**	**Polnischer Aufstand:** 1861 beginnt Graf *Alexander Wielopolski* (* 1803, † 1877) als Chef der polnischen Zivilverwaltung bei engem Anschluß an Rußland mit deren *Repolonisierung,* auch im Bildungswesen. Den polnischen Demokraten reichen diese Reformen nicht aus; nach vereinzelten Anschlägen proklamiert die revolutionäre Zentrale das von den Bauern bearbeitete Land zu deren Eigentum.
8. Febr.	Rußland versichert sich ungeachtet der Proteste Großbritanniens, Frankreichs und Österreichs in der *Alvenslebenschen Konvention* der preußischen Unterstützung.
1864 5. Aug.	Rußland muß den Aufstand länger als ein Jahr militärisch bekämpfen. Der polnische Diktator *Romuald Traugutt* (* 1826, † 1864) wird hingerichtet.
2. März	Die russische Verwaltung übereignet den Bauern in einer *Agrarreform* das Land, baut aber die Reste einer Autonomie ab und praktiziert in den siebziger Jahren die völlige *Russifizierung* von Verwaltung, Justiz und Unterrichtswesen. Die russische öffentliche Meinung wendet sich radikal gegen Polen.
13. Jan.	Einführung der *Selbstverwaltung* (Semstwo) für Gouvernements und Kreise zum Jahresbeginn. Trotz bürokratischer Hemmnisse entfaltet sich in den *Semstwos,* die überwiegend vom Provinzadel getragen werden, eine rege Aktivität: Volksbildung, Verkehrswege und soziale Fürsorge werden verbessert.
2. Dez.	Die *Justizreform* erhält Gesetzeskraft. Unabhängige Richter, Öffentlichkeit des Verfahrens und gemilderte Strafen werden eingeführt.
1864/1868	*Turkestan, Taschkent* und *Samarkand* werden erobert.
1865	Gesetz über die höhere Schule leitet deren Modernisierung ein. Nach dem *Universitätsgesetz* (1863, Einführung der Autonomie) und dem über die Volksschulen (1864) ist damit das gesamte Bildungswesen gesetzlich neu geregelt. Das *Presse- und Zensurgesetz* schreibt die bestehende Praxis fest.
1866 16. April	Erstes *Attentat auf Alexander II.* (durch *Dmitri V. Karakasow*). Als Reaktion beschneidet der Kaiser die Rechte der Semstwo und ernennt den Grafen *Dimitri Andrejewitsch Tolstoj* (* 1823, † 1889) zum Minister für Volksbildung, der bestrebt ist, sämtliche Reformen zurückzunehmen.

808 Neuzeit – Französische Revolution bis Erster Weltkrieg

1867	*2. Slawenkongreß* in Moskau unter Beteiligung tschechischer, südslawischer u.a. Vertreter offenbart *Zwiespalt in der polnischen Frage. Rußland verkauft Alaska* für 7,2 Mio. US-Dollar an die Vereinigten Staaten von Amerika.
1869	Der Dorpater Historiker *Carl Schirren* (* 1826, † 1910) protestiert mit seiner gegen Samarin gerichteten *„Livländischen Antwort"* gegen den Russifizierungsdruck in den Baltischen Provinzen.
1870	*Stadtreform.* Nach dem Vorbild der Semstwo erhalten die Städte eine von der Bürgerschaft zu tragende Selbstverwaltung. Im *Deutsch-Französischen Krieg* wohlwollende Neutralität gegenüber Preußen.
1871 13. März	Die Londoner Pontuskonferenz sanktioniert den russischen *Widerruf der Schwarzmeerklausel des Pariser Friedens von 1856.* Schulreform: Die Gymnasialbildung wird auf das formale Erlernen von Mathematik und klassischen Sprachen konzentriert.
1873	**„Verrückter Sommer":** Massenaufbruch der *„Narodniki"* (Volkstümler) „ins Volk". Ihre ideologischen Wurzeln liegen – wie bei Slawophilen und Westlern – im Glauben an das russische Volk und in der Idealisierung der Dorfgemeinde. Nach dem Scheitern der von moralischen Skrupeln freien Verschwörungstheorie *Sergej Gennadiewitsch Netschajews* (* 1847, † 1882) folgen die jungen Narodniki überwiegend den anarchistischen Thesen *Michail Aleksandrowitsch Bakunins* (* 1814, † 1876). Die spontane Aktion dieser intellektuellen Elite erweist sich als völliger Mißerfolg; die Bauern lassen sich weder für die *„Mir"* (Dorfgemeinschaft mit periodisch stattfindender Neuverteilung des Gemeindelandes) begeistern, noch für den Kampf gegen den Zaren gewinnen: Der Gutsbesitzer ist ihr Feind; sie wollen das Land nicht als Kollektiv-, sondern als Privateigentum.
22. Okt.	**Dreikaiserabkommen** zwischen Österreich, Rußland und dem Deutschen Reich. Franz Joseph und Alexander II. schließen am 6. Juni einen Konsultativpakt, dem Wilhelm I. am 22. Oktober beitritt.
1874	*Verbot von Gewerkschaften.* In der Folge bilden sich *illegale Arbeiterorganisationen.* Heeresreform. Der Kriegsminister Graf *Dmitrij Aleksejewitsch Miljutin* (* 1816, † 1912) setzt die Einführung der *allgemeinen Wehrpflicht* und die Herabsetzung der aktiven Dienstzeit durch.
1875–1876	*Aufstände in Bosnien,* der *Herzegowina* und in *Ostrumelien* veranlassen Serbien und Montenegro zum Krieg gegen das Osmanische Reich, an dem russische Freiwillige teilnehmen.
1876 18. Mai	Ein Ukas untersagt den Gebrauch des „kleinrussischen Dialekts", d.h. der ukrainischen Sprache in Druckschriften und auf dem Theater. Das österreichische Galizien wird zum politischen und kulturellen Zentrum der *Ukrainer* (Ruthenen).
8. Juli 1877 15. Jan.	Im *Abkommen von Reichstadt* und im *Geheimabkommen von Budapest* sichert Österreich Neutralität im Falle eines russisch-türkischen Krieges zu und erhält dafür die Zustimmung für eine Besetzung Bosniens und der Herzegowina.
1877 **24. April**	**Kriegserklärung gegen die Türkei.** Russische Truppen überschreiten die Donau, können aber *Plewna* trotz rumänischer Unterstützung nicht einnehmen.
10. Dez.	General *Graf Eduard Iwanowitsch Totleben* (* 1818, † 1884) zwingt die Festung zur Kapitulation. Die russischen Truppen rücken bis *Konstantinopel* vor, das nur aus Rücksichtnahme auf die anderen europäischen Mächte nicht eingenommen wird. In Asien *Eroberung von Kars* im armenischen Hochland (10. Nov. 1877).
1878 31. Jan.	Waffenstillstand: Alexander II. (* 1818, † 1881) steht unter immer stärkerem Einfluß des Außenministers *Nikolai Pawlowitsch Ignatjew* (* 1832, † 1908), der in nationalistischer Verblendung weder die eigenen noch die fremden Kräfte richtig einschätzt.
3. März	Der **Diktatfriede von San Stefano** beschwört die Gefahr des Konfliktes mit Großbritannien und Österreich herauf.
11. April	*Prozeß gegen Wera Iwanowna Sassulitsch* (* 1849, † 1919), die bei einem Attentatsversuch den Petersburger Stadtkommandanten General *Dimitrij Feodorowitsch Trepow* (* 1855, † 1906) verwundet hat. Motiv war die von Trepow rechtswidrig angeordnete Auspeitschung eines noch nicht rechtskräftig verurteilten politischen Gefangenen. Justizminister Graf *Konstantin Iwanowitsch Pahlen* (* 1830, † 1912) läßt, um ein Exempel zu statuieren, den Anschlag als kriminelles Verbrechen öffentlich aburteilen; das Gericht jedoch spricht die Angeklagte unter dem Beifall der Petersburger Gesellschaft frei. Spektakuläre Attentate (1877–1881), die in *„Nihilistenprozessen"* mit Verbannung und Todesstrafe geahndet werden, die die *Radikalisierung* noch verstärken.
1878 **13. Juni** **–13. Juli**	**Berliner Kongreß:** unter dem Druck Großbritanniens und Österreich-Ungarns werden durch Vermittlung des deutschen Reichskanzlers *Bismarck* die Friedensbedingungen von San Stefano revidiert: Die Erwerbungen Bessarabiens und in Asien werden bestätigt, die Türkei behält das territorial verkleinerte Bulgarien als autonomes tributpflichtiges Fürstentum sowie Mazedonien.
1879 Okt.	Die folgende Verstimmung zwischen Alexander II. und dem deutschen Kaiser führt zum deutschen *Zweibund* mit Österreich-Ungarn.

Einzelstaaten – Rußland   809

1881   *Alexander II. fällt einem Sprengstoffanschlag des „Volkswillens" zum Opfer.* Die Ermor-
13. März dung bedeutet praktisch das Ende der individuellen Terror verfolgenden Fraktion der
         Narodniki. Die zuvor gebilligten Reformen des Innenministers *Graf Michail Tarijelowitsch
         Loris-Melikow* (* 1825, † 1888) werden mit dem Attentat gegenstandslos.
1881–1894 *Alexander III.:* Er lehnt jede Reform ab und verstärkt, beeinflußt vom Oberprokurator des
         Heiligen Synod *Konstantin P. Pobedonoszew* (* 1827, † 1907), die Autokratie. Er verwei-
         gert die Bestätigung der baltischen Privilegien und forciert die *Russifizierung* in den nicht-
         russischen Gebieten. Die Agenten und Spitzel der politischen Polizei, der *Ochrana*, kon-
         trollieren verschärft Schulen, Universitäten, Presse und Justiz. Die öffentliche Meinung
         wird durch den autokratisch orientierten großrussischen Nationalismus *Michail N. Katkows*
         (* 1818, † 1887) bestimmt.
1881–1882 Zahlreiche *Pogrome;* die gegen Juden gerichteten Ausnahmebestimmungen werden ver-
         schärft.
1881   **Dreikaiservertrag:** geheimes Neutralitätsabkommen mit dem Deutschen Reich und Öster-
18. Juni reich-Ungarn (1884 verlängert).
1883   *Staatliche Bauernbank* soll bäuerlichen Landkauf finanzieren.
         In Genf gründet *Georgij W. Plechanow* (* 1856, † 1918) mit der *„Befreiung der Arbeit"*
         eine erste marxistische Gruppe, die sich entschieden mit dem *„Narodnitschestwo"* ausein-
         andersetzt.
1884   Autonomie der Universitäten aufgehoben.
März   Spannungen mit Großbritannien wegen der *Besetzung Merws* an der afghanischen Grenze,
         1885 durch britisches Entgegenkommen bei der Grenzregelung nach Kriegsgefahr been-
         det.
1885–1886 **Bulgarische Krise:**
1886   Fürst *Alexander von Bulgarien* wird durch von Rußland beeinflußte Offiziere abgesetzt,
20. Aug. die bulgarische Regierung setzt sich jedoch gegen Rußland durch.
1887   Wegen Spannungen mit Österreich *Nichtverlängerung des Dreikaiservertrages,* statt des-
18. Juni sen schließt Außenminister *Nikolaj Karlowitsch Giers* (* 1820, † 1895) mit Reichskanzler
         Bismarck den (dann von deutscher Seite 1890 nicht verlängerten) **„Rückversicherungsver-
         trag".**
13. März *Attentatsversuch auf Alexander III.* Die beteiligten Narodniki, darunter Lenins Bruder
         Alexander Uljanow (* 1866), werden hingerichtet.
1892   **Russisch-französische Militärkonvention** als Defensivbündnis gegen den Dreibund ge-
17. Aug. schlossen.
Aug.   *Sergej J. Witte* (* 1849, † 1915) Finanzminister (bis 1903; 1903–1906 Ministerpräsident).
         Durch *Schutzzölle* begünstigt er die vor allem durch französisches Kapital beschleunigte
         Industrialisierung, stabilisiert durch Einführung der *Goldwährung* den Rubelkurs und för-
         dert den 1891 begonnenen *Bau der Transsibirischen Eisenbahn.*
1894–1917 *Nikolaus II.* (* 1868, † 1918) unterliegt in der Politik dem Einfluß seiner hysterisch-bigot-
         ten Gemahlin *Alexandra von Hessen-Darmstadt.* Nachdem der 1904 geborene Thronfol-
         ger *Alexej* an der Bluterkrankheit leidet, gewinnt der sibirische Bauer *Grigorij J. Rasputin*
         (* 1871, † 1916) durch hypnotische Beeinflussung des subjektiven Krankheitsverlaufs
         wachsenden Einfluß auf die Entscheidungen des Hofes. Persönlich wenig durchsetzungsfä-
         hig, kann der Kaiser sich mit Hilfe *Sergej J. Wittes* und *Pjotr Arkadjewitsch Stolypins*
         (* 1862, † 1911; seit 1906 Innenminister und zugleich Ministerpräsident) gegen die konstitu-
         tionellen Forderungen der Revolution von 1905–1907 noch behaupten. 1890–1900 steigt die
         Zahl der in wenigen Zentren konzentrieren *Industriearbeiter* von 1,425 auf 2,373 Mio. Die
         Textilindustrie um *Łódź* ausgenommen, überwiegt der Metallbereich, der um 1900 mit einer
         Überproduktionskrise konfrontiert wird.
1895   *Julij Ossipowitsch Martow* (urspr. Zederbaum – * 1873, † 1923) und *Wladimir Iljitsch
Nov.   Uljanow (Lenin,* * 1870, † 1924) fassen im *„Kampfbund zur Befreiung der Arbeit"* die
         Petersburger marxistischen Gruppen in der *ersten sozialdemokratischen politischen Orga-
         nisation* zusammen.
20./21. Dez. Der Kampfbund wird aufgehoben.
1896   Die Führer des Kampfbundes, darunter *Lenin,* werden auf vier Jahre nach Sibirien ver-
Jan.   bannt.
Mai   Bei der Krönung des Zaren *Massenunglück auf dem Chodynkafeld* mit fast 3000 Toten.
Juni   Der zur Krönung in Moskau weilende chinesische Kanzler *Li Hung-Chang* schließt ein *ge-
         heimes Verteidigungsbündnis* gegen Japan und läßt den *Bau der sibirischen Eisenbahn
         durch die Mandschurei* zu.
9. Juni   *Russisch-japanischer Vertrag über Korea.*
         Unruhen in Finnland, Polen, dem Baltikum und der Ukraine gegen die Russifizierung,
         Streiks und Agrarunruhen im ganzen Reich.
1897   In Fortsetzung der 1882 begonnenen Arbeiterschutzgesetzgebung wird die tägliche
         Arbeitszeit gegen den Willen der Unternehmer auf 11,5 Stunden begrenzt.

810 Neuzeit – Französische Revolution bis Erster Weltkrieg

1898 13.–15. März	*Erster Parteitag der Sozialdemokratischen Arbeiterpartei* Rußlands in Minsk. Nach der Verhaftung des Zentralkomitees sammelt sich die Partei im Ausland. Nach dem Ende der Verbannung lebt *Lenin* (1900–1905) *in der Emigration* (London, München, Genf).
25. April	Russisch-japanischer Vertrag erkennt Vorrang der japanischen Interessen in Korea an. Rußland besetzt aufgrund eines Pachtvertrages mit China *Port Arthur.*
1899 März	Nikolaus II. hebt die finnische Verfassung auf. Ein oktroyiertes Wehrgesetz wird mit passivem Widerstand beantwortet, 1904 der Generalgouverneur *Nikolaj J. Bobrikow* (* 1839, † 1904) ermordet.
1901–1905	*Zunahme der Attentate,* denen u. a. der Innenminister *Wjatscheslaw Konstantinowitsch Plehwe* (* 1846, † 1904) sowie der Onkel und Schwager des Kaisers, Großfürst *Sergej* (* 1857, † 1905), zum Opfer fallen.
1902	Innenminister Plehwe beseitigt die Reste der Selbstverwaltung und versucht, die Arbeiterbewegung durch Agenten zu unterwandern. Die neugegründete *Partei der Sozialrevolutionäre* verbindet marxistische Gedankengänge mit der Tradition der Narodniki.
1903 30. Juli	*Zweiter Parteikongreß der Sozialdemokratischen Arbeiterpartei* in Brüssel und London. In der Organisationsfrage Spaltung in **Menschewiki** (Minderheitler) um *Julij O. Martow, Georgij Walentinowitsch Plechanow* (* 1856, † 1918) und *Leo Bronstein* (*Trotzki,* * 1879, † 1940), die verschiedene Formen der politischen Entwicklung zulassen wollen, und die **Bolschewiki** um *Lenin,* die die Diktatur des Proletariats durch eine Elitepartei durchsetzen wollen. Nach dem Auszug des Jüdischen Arbeiterbundes erhalten die Anhänger Lenins die Mehrheit (bolschinstwo). Nach erneuter Zusammenarbeit wird 1906 wird die endgültige Spaltung 1912 vollzogen. Die in Stuttgart von *Peter Bernhardowitsch Struwe* (* 1870, † 1944) herausgegebene radikal-demokratische Zeitschrift *„Befreiung"* hat großen Einfluß in Rußland. Die *„Befreier"* bilden eine politische Gruppe.
1904 Nov.	*Kongreß der Semstwovertreter,* Konstitutionalisten haben die Mehrheit. Die Führung des russischen Liberalismus geht auf die doktrinäre Intelligenz über.
1904–1905	**Russisch-Japanischer Krieg** wegen Interessengegensätzen in *Korea* und der *Mandschurei.*
1905	*Kapitulation von Port Arthur* (15. Jan.).
Mai	Die russische Ostseeflotte geht in der *Seeschlacht* von *Tsushima* (Insel in der Korea-Straße) zugrunde.
5. Sept.	Im *Frieden von Portsmouth* (USA) erkennt Rußland die Interessen Japans in Korea an, räumt die Mandschurei und tritt Port Arthur sowie Süd-Sachalin an Japan ab.

Die soziale und politische Struktur gegen Ende der Zarenherrschaft

Die *politische Struktur* des Russischen Reiches steht in einem eigentümlichen Gegensatz zwischen der *wachsenden Wirtschaftskraft,* der sich wandelnden *sozialen Struktur* und der *Autokratie,* der eine bürgerliche Basis fehlt. Die *Intelligenz* rekrutiert sich aus verschiedenen Ständen (Rasnotschinzy), hat aber innerhalb der fest durchgliederten, auf den Staat bezogenen „Gesellschaft" außerhalb der Semstwo keinen festen Ort. Ein *Mittelstand* aus Fachleuten und Unternehmern entsteht erst verspätet, die Masse der Bevölkerung sind *Bauern.* Die „Mitte" ist radikal-demokratisch, sie bestimmt wesentlich die *Erste und Zweite Duma,* da die Linksparteien nicht zur 1. Duma kandidieren. In den Westgebieten brechen die *nationalen Spannungen* in offenen Auseinandersetzungen auf.

1905 **22. Jan.**	**„Blutiger Sonntag":** Nachdem eine friedliche Demonstration vor dem Winterpalais in St. Petersburg von Militär zusammengeschossen wird, schlägt die Streikbewegung in *revolutionäre Unruhen* um, die sich mit Streiks, Kundgebungen und Attentaten über das gesamte Reich ausbreiten.
Juni	*Generalstreik* in Odessa.
24. Juli	Nikolaus II. schließt bei *Björkö* mit dem deutschen Kaiser *Wilhelm II.* ein Verteidigungsbündnis, das die russische Seite 1907 für gegenstandslos erklärt.
19. Aug.	*Alexander Grigorjewitsch Bulygin* (* 1851, † 1919) veröffentlicht als Innenminister den Entwurf für eine „Duma" als beratendes parlamentarisches Organ.
Herbst	Auf den *finnischen Nationalstreik* reagiert Nikolaus II. mit einem entgegenkommenden Manifest. In den baltischen Provinzen Ausschreitungen gegen die deutsche Herrenschicht (6. Nov.). Die sozialistisch organisierten Arbeiter rufen den *Generalstreik* aus und bilden unter Beteiligung von Bolschewiki, Menschewiki, Sozialrevolutionären und Parteilosen in
26. Okt.	St. Petersburg den ersten **Sowjet** (Rat).
Okt.	Gründungskongreß der *„Konstitutionellen Demokraten"* als Partei der nichtsozialistischen Intelligenz liberaler und radikal-demokratischer Richtung (Abkürzung KD, daher „*Kadetten"*).
30. Okt.	**Oktobermanifest,** von Ministerpräsident *Witte* ausgearbeitet, gewährt allen Untertanen die Rechte freier Bürger, sagt grundsätzlich das allgemeine Wahlrecht zu und verspricht, die Duma als Organ der Legislative einzusetzen.

Einzelstaaten – Rußland   811

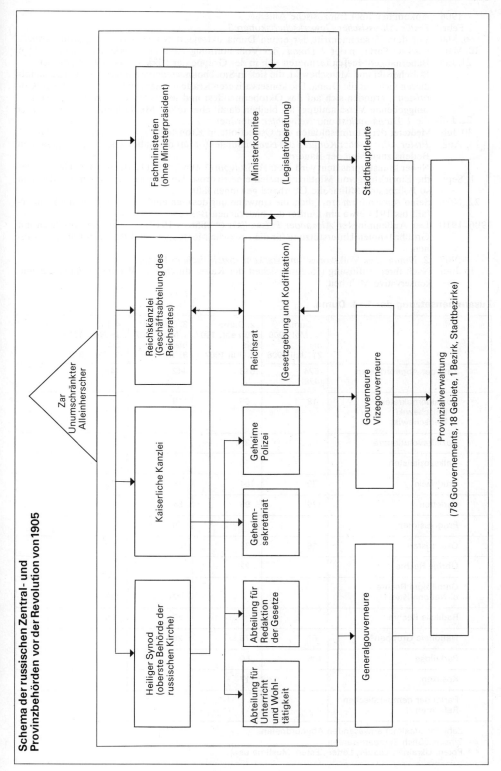

812 Neuzeit – Französische Revolution bis Erster Weltkrieg

1906	Abkommen über französische Anleihe.	
Febr.	*Erster Allrussischer Gewerkschaftskongreß.*	
6. Mai	Vor dem Zusammentritt der ersten Duma oktroyiert Nikolaus II. ein *„Grundgesetz".*	
10. Mai–	Stärkste Partei in der *1. Duma* „der Volkshoffnung" sind die *„Kadetten";* die radikalen	
21. Juli	Bauernabgeordneten formieren sich in der Gruppe der *„Trudowiki"* (Werktätigen). Bolschewiki und Menschewiki, die sich in Stockholm wiedervereinigen (bis 1912), kandidieren nicht für die Duma. Die konservativeren Kräfte der Semstwobewegung, die *„Oktobristen",* gründen sich auf das Oktobermanifest und lehnen eine *Konstituante* (verfassunggebende Versammlung) ab, bleiben damit aber in der Minderheit, so daß der Kaiser	
22. Juli	die *1. Duma auflöst* und *Neuwahlen* anordnet.	
30. Juli	Meuterei der Marinesoldaten der Ostseeflotte in Kronstadt und Sveaborg (bis 2. Aug.).	
13. Aug.	*Erster Allrussischer Kongreß des Bauernbundes* fordert die Nationalisierung des gesamten Bodens zugunsten der Bauern. Neuer Ministerpräsident wird *Pjotr A. Stolypin* (* 1862, † 1911), der mit dem Gesetz über	
1. Sept.	die Einrichtung von Militärtribunalen eine rigorose *Standgerichtsbarkeit* ermöglicht und so Polizei und Militär die Oberhand gewinnen läßt.	
22. Nov.	Seine *Agrarreform* ermöglicht die Umwandlung des Gemeinde- in Privateigentum und erfaßt bis 1914 etwa ein Fünftel des bäuerlichen Besitzes.	
1906–1910	Der Außenminister *Alexander P. Iswoljski* (* 1856, † 1919) versucht im Ausgleich mit Großbritannien Unterstützung für die russische Meerengen- und Balkanpolitik zu gewinnen.	
1907	*2. Duma* „des Volkszorns" *mit starkem sozialistischem Einfluß.*	
16. Juni	Nach ihrer Auflösung (15. Juni) sichert der Kaiser durch eine *Wahlrechtsänderung* eine konservative Mehrheit.	

Zusammensetzung der 1.–4. Duma

	1. Duma 10. Mai 1906 bis 21. Juli 1906	2. Duma 20. Febr. 1907 bis 2. Juli 1907	3. Duma 1. Nov. 1907 bis 9. Juni 1912	4. Duma 15. Nov. 1912 bis 6. Okt. 1913
Zahl der Abgeordneten	524 (478)[1]	518	442	442
Sozialdemokraten – Bolschewiki – Menschewiki	18	65	19	 7 7
Sozialrevolutionäre		37		
Volkssozialisten		16		
Trudowiki	79	104	14	10
Kadetten	179	98	54	59
Progressioten			28	48
Oktobristen	16	32	154[2]	98
Übrige Rechte		22		
Gemäßigte Rechte u. Nationalisten			97	120
Radikale Rechte			50	65
Nationale Gruppen[3]	63	76	26	21
Parteilose	105	50		
Kosaken		17		
Partei der demokratischen Reformen		1		

[1] Zahl der maximal anwesenden Abgeordneten.
[2] Einschließlich Sympathisanten.
[3] Polen, Ukrainer, Litauer, Letten, Esten, Muslime usw.

Einzelstaaten – Italien   *813*

31. Aug. Britisch-russische Verständigung über die Gebietsabgrenzung in Persien, Afghanistan und Tibet.

14. Nov. *3. Duma* der „Herren" oder der „Lakaien" mit *Mehrheit des konservativen bis reaktionären Landadels,* der gegenüber die liberale und sozialistische Opposition nur ein Viertel der Abgeordneten stellt. Zugleich reduziert das Wahlgesetz auch die Zahl der Nationalitätenvertreter. Dem Klub der polnischen Dumaabgeordneten steht bis 1909 der Nationaldemokrat *Roman Dmowski* (* 1864, † 1939) vor.

1908   Die Duma unterstützt den massiven Nationalismus der Außenpolitik *Alexander Iswoljskis,*
Okt.   der aber in der *bosnischen Annektionskrise* einen Mißerfolg erleidet, als er die mit dem österreichischen Außenminister *Alois Freiherr von Aehrenthal* abgesprochene Öffnung der Dardanellen für russische Kriegsschiffe aufgrund englischen Einspruchs nicht durchsetzen kann und seine Zustimmung zur österreichisch-ungarischen Annektion Bosniens zurücknimmt.

1909   Verstärkte Politik gegen die Autonomie Finnlands.

1911   Ministerpräsident *Pjotr Arkadjewitsch Stolypin* (* 1862, † 1911) zwingt den Kaiser durch
24. März Rücktrittsdrohung, ein von der Duma gebilligtes, vom Reichsrat aber abgelehntes tendenziell *antipolnisches Semstwogesetz* in Kraft zu setzen.

14. Sept. Stolypin fällt einem Attentat zum Opfer, sein Nachfolger wird (bis Januar 1914) der Finanzminister *Wladimir N. Kokowzow* (* 1853, † 1943).

1912   In Prag erheben die Bolschewiki den Anspruch, die einzigen Vertreter der Sozialdemokra-
Jan.   tischen Arbeiterpartei zu sein, und spalten diese damit endgültig. Das Zentralkomitee kooptiert *Josef Wissarionowitsch Dshugashwili* (*Stalin;* * 1879, † 1953).

Febr.   Der russische Gesandte in Belgrad, *Graf Nikolaus von Hartwig* (* 1855, † 1914), bereitet ein Bündnis zwischen Serbien und Bulgarien zur *Aufteilung der europäischen Türkei* vor, aus dem nach dem Beitritt Montenegros und Griechenlands der *1. Balkankrieg* (ab Okt.) entsteht.

Juli   *Französisch-russische Marinekonvention* über die Zusammenarbeit der Seestreitkräfte.

8. Juli   *Interessenausgleich mit Japan* in Geheimvertrag über die *Mongolei* und die *Mandschurei.*

28. Juli *4. Duma* tritt zusammen. Die oktobristische Mitte geht in die Opposition. Nach Stolypins Ermordung bleibt die Regierung ohne eigentliche Initiative. Den sozialen und nationalen Auflösungserscheinungen weiß die Regierung nur die brüchig gewordene Autokratie entgegenzusetzen.

1914   Russische *Rüstungsanleihe in Frankreich* zum Zweck der Vergrößerung des Heeres.

Juli   Besuch der französischen Führung, die ihre Bündnistreue zusichert.

25. Juli Der russische Kronrat beschließt in Krasnoje Selo, *„Serbien zu unterstützen, auch wenn man dazu die Mobilmachung erklären und Kriegshandlungen beginnen müsse".*

29./30.   Nikolaus II. zieht den Befehl zur **Generalmobilmachung** nach einem Telegramm Wil-
Juli   helms II. zurück, läßt sich aber doch von Außenminister *Sergjei Dimitrijewitsch Sasónow* (* 1861, † 1927) wieder umstimmen, da der Generalstab angeblich auf eine Teilmobilisierung nicht vorbereitet ist. Faktisch ist die Mobilmachung bereits im Gange. – *(Forts. S. 962, 991)*

Italien (1796–1914)
(Forts. v. S. 697)

Die französische Zeit (1796–1814)

Italien ist in das Hegemonialsystem des revolutionären und napoleonischen Frankreich einbezogen. *Napoléon Bonapartes Siege* vereinfachen Italiens politische Landkarte wesentlich und schaffen größere und zugleich *konstitutionell fortgeschrittene Staaten;* eine bürgerliche Rechts- und Sozialordnung wird eingeführt.

1796   *Feldzug Bonapartes* (Oberbefehlshaber der Italienarmee seit 2. März 1796) in Italien. Nach
März   Waffenstillstand Piemont (Abtretung von Savoyen und Nizza) und mehreren Siegen über die Österreicher (u. a. bei Lodi 10. Mai) Besetzung der Lombardei, Emilia und Romagna.

1797   Kapitulation der österreichischen Festung Mantua, seitdem französisches Vordringen nach
2. Febr. Venetien.

19. Febr. *Friede von Tolentino:* der Kirchenstaat tritt die Emilia-Romagna ab, Ablieferung vieler Kunstwerke.

18. April *Französisch-österreichischer Präliminarfriede in Leoben.*

Mai–Juli Zusammenfassung von Lombardei, Modena, Emilia und Romagna zur *Cisalpinischen Republik.* Errichtung der Ligurischen Republik (Genua). Satellitenstaaten mit Verfassungen nach französischem Vorbild.

814 Neuzeit – Französische Revolution bis Erster Weltkrieg

17. Okt. **Friede von Campo Formio:** Österreich erkennt die Cisalpinische Republik an und erhält als Entschädigung den größten Teil der Republik Venedig.

1798/1799 Französisches Ausgreifen in den Rest des Kirchenstaates und nach Neapel. *Verhaftung und Entfernung Pius' VI.* (* 1717, † 1799), Errichtung von Republiken in Rom (Febr. 1798) und Neapel (Jan. 1799).

1799 Russische und österreichische Truppen *(2. Koalition)* vertreiben die Franzosen. Zusammenbruch der Republiken und Wiederherstellung der alten Gewalten. Reaktion und Repression, besonders in Neapel.

1800 Kardinal Barnaba Chiaramonti (* 1742, † 1823) in Venedig zum Papst gewählt: *Pius VII.*

14. März Sein Staatssekretär: Kardinal *Ercole Consalvi* (* 1757, † 1824).

14. Juni *Sieg* des Ersten Konsuls *Bonaparte bei Marengo:* Oberitalien zurückerobert.

1801 **Friede von Lunéville:** Wiederherstellung der Cisalpinischen Republik (seit 1802 Italieni-
9. Febr. sche Republik, Bonaparte Präsident), Habsburg verliert auch die Toskana.

15. Juli *Konkordat* Pius' VII. mit Bonaparte: Papst und Staat beschließen gemeinsamen Wieder-aufbau der französischen Kirche.

1805 Umwandlung der Republik ins **Königreich Italien:** *Napoleon König,* sein Stiefsohn *Eugène*
März *Beauharnais,* Herzog von Leuchtenberg (* 1781, † 1824) *Vizekönig.*

26. Dez. *Friede von Preßburg* (nach Sieg über *3. Koalition):* Vereinigung Venetiens mit dem König-reich Italien.

Napoleons Bruder *Joseph Bonaparte* (* 1768, † 1844) *König von Neapel* (1808 folgt ihm Napoleons Schwager *Joachim Murat;* * 1767, † 1815).

1807/1808 Annexion der Toskana und des Kirchenstaats, die wie Piemont, Parma und Genua direkt mit Frankreich vereinigt werden.

1806/1810 Einführung der napoleonischen Codices.

1809 Verhaftung Pius' VII.

Soziale und politische Lage in der französischen Zeit

Hegemonie Napoleons über das ganze festländische Italien. Den alten Dynastien bleiben Sardinien und Sizilien unter britischem Schutz. Es formiert sich eine modernisierende *Elite aus Bürgern* und *Adligen,* die *Liberalisierung* des Regierungssystems mit *wirtschaftlichen Neuerungen* und *Emanzipation* des drit-ten Standes, gelegentlich auch mit der nationalen Idee zu verbinden sucht. – *Bürgerliche Besitzakkumu-lation.*
Polizeiregiment und Steuerdruck, Verweigerung politischer Partizipation und generelle Indienstnahme Italiens für französische Interessen erwecken aber auch *patriotische Gegenreaktionen,* denen *Ugo Fos-colo* (* 1778, † 1827), Italiens letzter großer klassizistischer Dichter, leidenschaftlichen Ausdruck gibt.

Die Restauration (ab 1814/1815)

1814 Der **Wiener Kongreß** beschließt Neuordnung im Sinne von Restauration, Legitimität und
Nov. Gleichgewicht und gibt *Österreich bestimmenden Einfluß:* Österreich erhält Lombardei
–1815 und Venetien (als *Lombardo-Venezianisches Königreich*), dazu wieder die Sekundogeni-
Juni turen in *Toskana* und *Modena.* Wiederhergestellt werden auch der *Kirchenstaat* und das *Königreich Neapel-Sizilien* (nunmehr *Königreich beider Sizilien). Piemont-Sardinien* wird um Ligurien mit Genua vergrößert. Napoleons Gattin, die Habsburgerin *Marie Louise* (* 1791, † 1847), erhält Parma. Die Regierungen der Toskana und Parmas bleiben re-formistisch; die Österreichs versucht einen patriarchalischen Mittelweg zwischen Restau-ration und aufgeklärter Reform „von oben" (Förderung von Wirtschaft, Verkehr, Schule). In Piemont und im Kirchenstaat werden alle *französischen Neuerungen* sofort, in Neapel nach einigem Zögern *abgeschafft.* – Unterdrückung liberaler und nationaler Aspirationen. Pius VII. und Kardinal Consalvi (die im Kirchenstaat zunächst noch Reformen durchfüh-ren) schließen zur Anpassung der Kirche an die veränderten politischen Verhältnisse Kon-kordate mit mehreren Staaten. Die darin ausgesprochene Anerkennung der Säkularisatio-nen schwächt das Eigengewicht der Landeskirchen, die Neuordnung durch den Papst stärkt dessen zentrale Regierungsgewalt, in deren Dienst sich der 1814 wiederhergestellte *Jesui-tenorden* stellt.

Risorgimento und Nationalstaatsbildung

Risorgimento (Wiederauferstehung) meint die Ideen und die politisch-soziale Bewegung, welche zum *Einheitsstaat* führen und dadurch den bis heute gewichtigsten Beitrag zur Wiedereingliederung Italiens ins moderne Europa leisten. Seine Träger gehören meist der neuen *großbürgerlich-adligen Oberschicht*

Einzelstaaten – Italien *815*

des Nordens an, der es auch um die *Schaffung eines einheitlichen Marktes* geht. Das Risorgimento beein-flußt die nationalstaatliche Umgestaltung Europas und ist zentrales Glied der *bürgerlichen Revolution.* Die den alten Autoritäten verbundenen, von der bürgerlichen Umgestaltung nicht profitierenden Unter-schichten stehen meist abseits. Erste Anstöße kommen von Geheimbünden, so den Carbonari, denen es aber an Einheitlichkeit der Führung und Zielsetzung fehlt.

1820 Juli	Nach dem spanischen Vorbild *Revolution in Neapel,* geführt von Offizieren um General Guglielmo Pepe (* 1783, † 1855). *König Ferdinand I.* (IV., * 1751, † 1825) bewilligt eine Verfassung nach spanischem Muster, erbittet aber insgeheim die Hilfe Österreichs, dessen Truppen mit Ermächtigung der anderen konservativen Regierungen (*Kongreß zu Laibach,* Februar 1821) im März 1821 intervenieren und die vorrevolutionäre Ordnung wiederher-stellen.
1821 März	*Revolution* auch *in Piemont. König Viktor Emanuel I.* (* 1759, † 1824) dankt zugunsten seines Bruders *Karl Felix* (* 1765, † 1831) ab, der mit Hilfe Österreichs schon im April die alte Ordnung wieder aufrichtet.

Vordergründige Stärkung der *Stellung Österreichs,* welches seitdem als *der Feind der na-tionalen Bewegung* betrachtet wird. Wesentliche Verschärfung der Innenpolitik in allen Staaten, die politische Emigration nimmt erstmals größere Ausmaße an. Die Führer der Opposition in der Lombardei, darunter Graf *Federigo Confalonieri* (* 1785, † 1846) und der romantische Dichter *Silvio Pellico* (* 1789, † 1854 – „Le mie prigioni", 1832) werden 1824 verurteilt und bis 1832 auf der Festung Spielberg bei Brünn gefangen gehalten.

Die *konservativ-traditionalistisch-klassizistische Ideologie und Publizistik* erleben, von den Regierungen gefördert, kurzen Aufschwung; aber die Mehrheit der Intellektuellen wendet sich von der bestehenden Ordnung ab. – Entstehung einer *romantisch-nationalen* und ge-mäßigt-liberalen Publizistik, die ihr Zentrum aus Mailand ins freiere Florenz verlegt. Starke patriotische Wirkungen haben die ersten Gedichte des großen Lyrikers *Giacomo Leopardi* (* 1798, † 1837) und noch mehr der 1826 in Mailand erschienene historische Roman „I promessi sposi" von *Alessandro Manzoni* (* 1785, † 1873).

1831 Febr. –März	Unter dem Eindruck der Julirevolution *Aufstände in Mittelitalien,* so in weiten Teilen des Kirchenstaats, wo Leo XII. (* 1760, † 1829; 1823–1829) repressiv regiert. Der neue Papst, der kirchlich wie politisch ebenso reaktionäre *Gregor XVI.* (* 1765, † 1846; 1831–1846) erbittet sofort die Hilfe Österreichs, welches die Aufstände niederwirft.

Durch die *Besetzung von Ancona* beteiligt sich an der Befriedung des Kirchenstaates auch Frankreich, welches damit erneut als Konkurrent Österreichs in Italien auftritt. Vergeblich raten die Großmächte dem Papst zu maßvollen politischen Reformen.

In seiner ersten *Enzyklika „Mirari Vos"* (1831) verurteilt Gregor XVI. jede Auflehnung gegen die legitime Obrigkeit und alle liberalen Tendenzen: Der *Konflikt zwischen konser-vativem Kirchentum* und *säkularisierendem Liberalismus (Kulturkampf)* kündigt sich an.

1832	Der 1831 ausgewiesene Advokat *Giuseppe Mazzini* (* 1805, † 1872) gründet in Marseille den Geheimbund „La giovine Italia" und 1834 in Bern „La giovine Europa" mit Gruppen aus italienischen, deutschen und polnischen Emigranten. In kühnen, teils utopischen Schriften begründet Mazzini den revolutionären, republikanisch-unitarischen Flügel des Risorgimento: Er fordert den Aufstand der Italiener als Initiative zum größeren Aufstand des jungen Europa der Völker gegen das alte Europa der Monarchen. In der Hoffnung auf Brüderlichkeit der Völker wird der *Nationalismus zur Ersatzreligion erhoben.*
1833	Erste Aufstände von Sympathisanten Mazzinis werden v.a. in Piemont grausam unter-drückt. Die evolutionäre Haltung der Oberschicht und breiter wirtschaftlicher Aufschwung
1842/1843	begünstigen den gemäßigten Liberalismus, dessen erster Führer, der Geistliche *Vincenzo Gioberti* (* 1801, † 1852), in seinem politischen Hauptwerk das *„neoguelfische" Programm* einer Föderation der italienischen Staaten unter Vorsitz des Papstes entwirft. – Andere ge-mäßigte Liberale („Moderati"), so Graf *Cesare Balbo* (* 1789, † 1853) und Marchese *Massimo Tapparelli d'Azeglio* (* 1798, † 1866), setzen ihre Hoffnungen auf die piemonte-sische als die einzige nationalitalienische Dynastie mit starkem Heer, von nationaler Eini-gung erwarten sie auch konstitutionelle Freiheiten.
1846	*Politische und administrative Reformen* des neuen Papstes Pius IX. (*Giovanni Maria Graf Mastai-Ferretti,* * 1792, † 1878) geben dem Neoguelfentum größten Auftrieb. Die Tos-kana und Piemont schließen sich seit 1847 der Reformpolitik an. *Balbo* und Graf *Camillo*
1847	*Cavour* gründen die Zeitschrift „Il Risorgimento", die der Bewegung den Namen gibt. Mazzinianer und Demokraten erheben radikale Forderungen, die durch wirtschaftliche Rückschläge (seit 1846) begünstigt werden.
1848 27. Jan.	Nach Aufstand in Palermo verspricht König *Ferdinand II.* (* 1810, † 1859) eine *Verfas-sung:* Kompromiß zwischen Krone, Adel und Bürgertum. Toskana und Piemont (8. Febr.) folgen: König *Karl Alberts* (* 1798, † 1849) monarchisch-repräsentatives „Statuto" hat die Revolution überdauert und ist 1861 die Verfassung Italiens geworden.
März	Nach Ausbruch der *Revolution in Wien* erfolgreiche *Aufstände in Venedig und Mailand,* welches die österreichische Armee nach fünftägigem Straßenkampf räumt.

816   Neuzeit – Französische Revolution bis Erster Weltkrieg

24. März   König *Karl Albert* von Piemont erklärt Österreich den Krieg und tritt damit *an die Spitze der nationalen Bewegung.*

25. Juli   Die österreichische Armee des 81jährigen Marschalls Joseph Wenzel Graf *Radetzky* (* 1766, † 1858) schlägt die Italiener bei Custozza, südöstlich vom Gardasee; Österreichs konservative Konsolidierung beginnt.

Aug.   Mailand zurückerobert, Piemont schließt Waffenstillstand.
Radikalisierung in der Toskana und im Kirchenstaat.

Nov.   Nach Ermordung des Ministerpräsidenten *Pellegrino Rossi* (*1787) flieht Pius IX. nach Gaeta. In Rom organisiert Giuseppe *Mazzini* die Republik.

1849   Karl Albert wagt Wiederaufnahme des Krieges, wird von Radetzky bei Novara (23. März,
März   westlich von Mailand) erneut besiegt und dankt ab zugunsten seines Sohnes *Viktor Emanuel II.* (* 1820, † 1878).

April   Österreichische Truppen besetzen die Toskana und den Norden des Kirchenstaates. Ein
–Juli   französisches Korps erobert Rom zurück (3. Juli).

Aug.   Auch Venedig kapituliert, Piemont schließt Frieden (7. August).

Der Modernisierungsprozeß unter Camillo Cavour

Die alten Herrschaften sind wiederhergestellt, aber die nationale Revolution hat unerwartete Kraft und Breitenwirkung bewiesen und einen Prozeß gesellschaftlicher Emanzipation eingeleitet. Die Niederlage führt zu Ernüchterung und „*Realpolitik*"; sie stärkt indirekt die „*Moderati*", denn der eigentliche *Verlierer ist der demokratische Radikalismus.*
In den fünfziger Jahren betreibt der liberale Realpolitiker *Camillo Benso Graf von Cavour* (* 1810, † 1861; 1850 Landwirtschafts-, 1851 auch Finanzminister, 1852 Ministerpräsident), dem die Bildung einer großen liberalen Partei („Historische Rechte") gelingt, die *Modernisierung Piemonts* und seine Angleichung ans liberale Westeuropa. Während in der Lombardei vorwiegend die Wirtschaft (Eisenbahnbau, Seidenindustrie, Besitzkonzentration) gefördert wird, geht es Cavour um die Synchronisierung von wirtschaftlichem, gesellschaftlichem und politischem Fortschritt, die Piemont zur Schaffung der italienischen Staatsnation befähigt hat. Freihandel, Eisenbahnbau und Bankgründungen, Abbau kirchlicher Privilegien und Übergang zum Parlamentarismus sind die wichtigsten Leistungen.
Die *Beteiligung am Krimkrieg* (1853–1856) ermöglicht es Cavour, die formelle Gleichberechtigung Piemonts mit den Großmächten zu erreichen und auf dem *Pariser Friedenskongreß (1856)* die italienische Frage zur Sprache zu bringen. Kaiser *Napoleon III.*, der die noch offenen nationalen Probleme im Sinne der französischen Großmacht zu lösen gedenkt, verspricht ihm 1858 (Geheimtreffen in Plombières) Frankreichs Hilfe in einem Krieg, der Österreich aus Italien vertreiben, Piemont ganz Oberitalien einbringen und die übrige Halbinsel in zwei bis drei Staaten zusammenfassen soll; Rom soll dem Papst verbleiben, Frankreich Savoyen und Nizza erhalten. Soziale Erschütterungen sollen unbedingt vermieden werden.

1859   Beginn des Krieges Piemonts und Frankreichs gegen Österreich (Mai).

Juni   Siege der Verbündeten bei Magenta (4. Juni, westlich von Mailand) und bei Solferino – San Martino in der Provinz Mantua, südlich vom Gardasee (24. Juni; blutige Massenschlacht, die einen Zeugen, *Henri Dunant* [* 1828, † 1910], erste *Initiativen zur Gründung des „Roten Kreuzes"* ergreifen läßt). Aufstandsbewegung in Mittelitalien, meist geführt von Mitgliedern der 1857 gegründeten „*Società nazionale*", ihr Ziel: Anschluß an Piemont.

12. Juli   Napoleon III. steckt zurück und schließt mit Österreich den *Vorfrieden von Villafranca.*

10. Nov.   Der *Friede von Zürich* folgt: Österreich tritt (nur) die Lombardei (mit Ausnahme der Festungen Mantua und Peschiera) an Napoleon ab, der sie an Piemont weitergibt; die durch den Aufstand vertriebenen Monarchen in Toskana, Modena und Parma sollen wieder eingesetzt, die Regierungsrechte des Papstes in der Emilia-Romagna wieder hergestellt werden.

1860   Die von Cavour insgeheim unterstützte Aufstandsbewegung in Mittelitalien verhindert die
Jan.   Ausführung der Züricher Restitutionsverpflichtungen; Cavour, der aus Protest gegen Villafranca zurückgetreten ist, wird erneut Ministerpräsident.

24. März   Piemont tritt Savoyen und Nizza an Frankreich ab. Dafür erklärt Napoleon III. sein Einverständnis mit dem Anschluß von Toskana, Modena, Parma, Emilia-Romagna an Piemont. Plebiszite legitimieren diesen Anschluß.

Mai   Der von Mazzini beeinflußte Freischarenführer *Giuseppe Garibaldi* (* 1807, † 1882) landet mit Freiwilligen *(„Zug der Tausend")* auf Sizilien, erobert zunächst die Insel, dann das unteritalienische Festland und am 7. Sept. Neapel, König Franz II. weicht in die Festung Gaeta zurück.

Sept.   Um die Eroberung Unteritaliens nicht der Linken zu überlassen und Komplikationen in Rom zu vermeiden, entsendet die Regierung Cavour Truppen in den Kirchenstaat und die Abruzzen.

Einzelstaaten – Italien   817

Okt./ *Plebiszite in Neapel,* in *Umbrien* und in den *Marken* entscheiden den Anschluß an Piemont,
Nov.   Garibaldi tritt zugunsten Viktor Emanuels von seiner Diktatur zurück.
1861   König Franz II. muß in Gaeta kapitulieren (Febr.).
14. März   *Viktor Emanuel II.* von Piemont nimmt auf Beschluß des neugewählten *ersten italienischen Parlaments* den Titel „König von Italien" an.
Mit Ausnahme von Venetien und dem Rest des Kirchenstaates um Rom (seit 1849 unter dem Schutz einer französischen Garnison) bildet Italien einen, *liberal-parlamentarisch regierten Staat.* Maßgebend ist (und bleibt bis zum Ersten Weltkrieg) die bürgerliche Oberschicht (rigoroses Zensuswahlrecht).
1861–1865   *Aufstände der „Briganten"* aus den von der neuen bürgerlichen Ordnung benachteiligten Unterschichten Süditaliens werden grausam unterdrückt.
1864   *Konvention mit Frankreich* zur vorläufigen Regelung der *„Römischen Frage":* Frankreich
15. Sept.   sagt Abzug seiner römischen Garnison binnen zweier Jahre zu – Italien garantiert den Rest des Kirchenstaats, die Hauptstadt wird nach Florenz verlegt.
8. Dez.   Pius IX. verurteilt in der *Enzyklika „Quanta cura"* und dem beigefügten „*Syllabus errorum"* politische und gesellschaftliche Prinzipien des Liberalismus. Der europäische Dimensionen annehmende *„Kulturkampf"* zwischen katholischer Kirche und säkularisierendem Liberalismus spitzt sich zu.
1866   *Geheimbündnis Italiens mit Preußen* (8. April).
Italien tritt an Preußens Seite in den Krieg gegen Österreich-Ungarn ein.
24. Juni   *Niederlage* gegen die Österreicher *bei Custozza* (südöstlich vom Gardasee) und in der *See-*
20. Juli   *schlacht bei Lissa* (Vis; Insel vor der dalmatinischen Küste).
3. Okt.   Durch preußische und französische Vermittlung erhält Italien aber im *Frieden von Wien* Venetien; Plebiszite bestätigen die Zession.
Infolge des Krieges Finanzkrise und Steuererhöhungen.
1867   Garibaldi versucht erfolglos, in den Kirchenstaat einzudringen (Gefecht bei Mentana),
Nov.   worauf die französische Garnison nach Rom zurückkehrt.
1869   Beginn des **1. Vatikanischen Konzils,** auf dem Pius IX. nach lebhafter Opposition (u. a. der
8. Dez.   meisten deutschen und österreichischen Bischöfe) das von der ultramontanen Bewegung
1870   seit langem geforderte *Dogma der päpstlichen Unfehlbarkeit* verkündet (wonach der Papst
18. Juli   unfehlbar ist, wenn er ex cathedra in Fragen der Glaubens- und Sittenlehre entscheidet).
Dies ist der Höhepunkt in der Entwicklung der päpstlichen Autoritätssteigerung und der ultramontanen Konzentration, der in den meisten Ländern kulturkämpferische Reaktionen hervorruft.
20. Sept.   Nach Abzug der französischen Garnison aus Rom (in den Krieg gegen Deutschland) besetzen italienische Truppen Rom.
2./9.   Die päpstliche Herrschaft wird gebrochen. Ein Plebiszit bestätigt den Anschluß. *Rom wird*
Okt.   *Hauptstadt* des nun völlig geeinten Italiens, aber die „Römische Frage" steht zwischen der Führungsschicht des Staates und den Katholiken Italiens.

Die Päpste (1800–1922)

Pius VII.	1800–1823	Pius IX.	1846–1878
Leo XII.	1823–1829	Leo XIII.	1878–1903
Pius VIII.	1829–1830	Pius X.	1903–1914
Gregor XVI.	1831–1846	Benedikt XV.	1914–1922

Die Entwicklung bis zum Ausbruch des Ersten Weltkriegs (1871–1914)

1871   Das *„Garantiegesetz"* sichert dem Papst freie Kirchenregierung und Dotation zu. Es wird
13. Mai   von Pius IX. nicht akzeptiert, der vielmehr den Katholiken die aktive Teilnahme an der italienischen Politik verbietet (*„Non expedit",* 1874).
1876   Die auf Stabilität bedachten Rechtsliberalen müssen die Regierung an die Linksliberalen
März   abtreten, die eine Reformpolitik höherer Staatsleistungen beginnen, daneben Industrialisierung, Rüstung und Kolonialpolitik forcieren.
1877   *Matteo Renato Imbriani-Poerio* (* 1843, † 1901) gründet die Vereinigung *„Italia irredenta"* (Das unerlöste Italien), welche unter Berufung auf Mazzini und das Nationalitätsprinzip den Anschluß des Trentino, Triests, Friauls und Istriens fordert und schnelle Verbreitung findet.
1878–1900   *König Humbert I.* (* 1844, † 1900)
1882   Nach der Besetzung von Tunis durch Frankreich wendet Italien sich an Deutschland und Österreich-Ungarn und schließt mit ihnen (zunächst auf fünf Jahre) den **Dreibund,** der auch die Monarchie stabilisieren soll. Ein von Italien angeregtes Zusatzprotokoll besagt, daß der Vertrag sich nicht gegen England richten darf.

818　Neuzeit – Französische Revolution bis Erster Weltkrieg

1882– 1884/1885	Mit dem Erwerb der Häfen Assab und Massaua am Roten Meer beginnt die *italienische Landnahme in Ostafrika*, vorerst in Eritrea; es folgen erste Handelsstützpunkte in Somalia.
1887	Bei der *Erneuerung des Dreibundes* sichert Österreich für Gebietsveränderungen auf dem Balkan Italien Kompensation zu.
1887–1891 1893–1896	Ministerpräsident *Francesco Crispi* (* 1819, † 1901) führt eine Politik des Autoritarismus, des Imperialismus und der inneren Reformen. Trotzdem heftige Klassengegensätze, Agrarkrise im Süden.
1889	*Eroberung äthiopischer Gebiete* und Versuch, ein Protektorat über das ganze Kaiserreich ʼ durchzusetzen (Vertrag von Uccialli).
1890	Konstituierung der *Kolonie Eritrea*.
1892	Gründung der sozialistischen Partei, die Crispi zu unterdrücken sucht.
1895/1896	Wiederaufnahme des Krieges in Äthiopien, in dem *Kaiser Menelik* (* 1844, † 1913) den Italienern bei Adua eine vernichtende Niederlage beibringt (1. März 1896). Crispi muß zurücktreten.
1878–1903	Papst *Leo XIII.* (*Gioacchino* Graf *Pecci*, * 1810, † 1903) bemüht sich um Verständigung der Kirche mit den Staaten (u. a. Beilegung des deutschen Kulturkampfes) und mit der modernen Kultur, um aktive Mitwirkung der Kirche bei der Lösung der neuen sozialen Probleme; den Anspruch auf den Kirchenstaat hält er aufrecht.
1891 15. Mai	Die *Sozialenzyklika „Rerum Novarum"*, die zum Programm der katholischen Bewegung wird, plädiert für eine christliche Lösung der Arbeiterfrage; sie verwirft den Sozialismus, aber auch die kapitalistische Praxis.
1900 29. Juli	Die *Ermordung König Humberts I.* bedeutet den Höhepunkt einer Periode der Unruhen und der Repression.
1900–1946	*König Viktor Emanuel III.* (* 1869, † 1947):
1900 14. Dez.	Aufgrund der Enttäuschungen in Afrika sucht Italien erneute Annäherung an Frankreich und schließt zunächst ein Abkommen, welches Marokko als französisches, Tripolis als italienisches Einflußgebiet anerkennt.
1902 1. Nov.	Es folgt ein geheimes Neutralitätsabkommen mit Frankreich. Infolgedessen unterstützt Italien auf der *Konferenz von Algeciras* (anläßlich der 1. Marokkokrise von 1905/1906) Frankreich.
1903–1914	Papst *Pius X.* (*Giuseppe Sarto,* * 1835, † 1914) regiert autoritär und verurteilt die ihm als „modernistisch" erscheinenden Strömungen *(Enzyklika „Pascendi dominici gregis" 1907)*, führt aber viele praktische Reformen durch. Das *„Non expedit"* wird gelockert, der Eintritt der Katholiken ins politische Leben Italiens eingeleitet.
1903–1905 1906–1909 1911–1914	Ministerpräsident *Giovanni Giolitti* (* 1842, † 1928) führt eine Politik sozialen Ausgleichs, welche die Opposition in den liberalen Staat integrieren soll. 1912 wird das fast allgemeine Wahlrecht eingeführt. Hochindustrialisierung des Nordens.
1909 24. Okt.	*Abkommen von Racconigi* (südlich von Turin): Italien und Rußland stimmen ihre Balkan- und Mittelmeerinteressen ab.
1910 Dez.	*Erster Kongreß* der „*Associazione Nazionalista Italiana"*, die 1923 in der faschistischen Partei aufgegangen ist. Die Nationalisten bedienen sich des Irredentismus, fordern Expansionspolitik und werden von der Großindustrie unterstützt. Viele junge Intellektuelle neigen zu Nationalismus und Imperialismus.
1911	Italien annektiert Tripolis und die Cyrenaica.
1911–1912	Daraus entsteht der *italienisch-türkische Krieg*, in dem die Italiener auch Rhodos und die Inseln des Dodekanes besetzen.
1912 18. Okt.	*Friede von Lausanne:* Der Sultan verzichtet auf Tripolis und die Cyrenaica. – Keine Einigung über die besetzten Inseln, die Italien nicht herausgibt.
1914 März	Giolitti muß zurücktreten, seine Integrationspolitik wird abgebrochen. Nachfolger wird der rechtsliberale, mit dem Nationalismus sympathisierende *Antonio Salandra* (* 1853, † 1931).
3. Aug.	Bei Ausbruch des Weltkrieges erklärt Italien zunächst seine Neutralität. – *(Forts. S. 972, 977)*

Spanien (1789–1914)
(Forts. v. S. 700)

Im 18. Jh. dringen die Ideen der französischen Aufklärung in Spanien ein, wirken jedoch nur auf einige wenige Bereiche, vor allem auf die Wirtschaft. Die wichtigste Veränderung ist die Stärkung der Stellung des wohlhabenden Bürgertums in den Küstengebieten und den größeren Städten des Inneren. Der *aufgeklärte Absolutismus unter Karl IV.* (1788–1808) verliert gegen Ende des 18. Jh.s an Einfluß. Unter der ideologischen Bedrohung durch die Französische Revolution schließen sich *Monarchie und Kirche* – nach

Einzelstaaten – Spanien **819**

erheblichen Auseinandersetzungen im 18. Jh. – erneut zu einem *Zweckbündnis* zusammen. Reformistische Tendenzen werden unterdrückt.

1808 Unter dem Vorwand der Besetzung Portugals durch die Briten und im Einvernehmen mit Karl IV. (* 1748, † 1819) und dem Günstling der Königin, *Manuel de Godoy,* dringt ein französisches Heer in Spanien ein und besetzt das Land. Nach der erzwungenen Abdankung Karls IV. *(Meuterei von Aranjuez)* zugunsten seines Sohnes *Ferdinand VII.* (* 1784, † 1833) zwingt Napoleon in Bayonne Vater und Sohn zur Thronentsagung. *König von Spanien* wird *Napoleons Bruder Joseph* Bonaparte (* 1768, † 1844).

1808 **Allgemeiner Volksaufstand** gegen die französische Besetzung (2. Mai).

1808–1814 Er leitet den **Unabhängigkeitskrieg** ein, der von einem englischen Heer unter Sir *Arthur Wellesley* (* 1769, † 1852), dem späteren Herzog von Wellington, unterstützt wird.

1812 In Cádiz treten die *Cortes,* die alten Reichsstände, zusammen und arbeiten eine **Verfassung**
18./19. aus. Nach ihr sollen die Grundsätze der Französischen Revolution verwirklicht werden:
März *Volkssouveränität, konstitutionelle Monarchie* mit Gewaltenteilung, Garantie der Grundfreiheiten. Der Schwerpunkt der Macht liegt bei der Volksvertretung. Der Katholizismus wird als Staatsreligion anerkannt. Die Verfassung von Cádiz bleibt das Werk einer fortschrittlichen Minderheit.

1811–1825 *Alle spanischen Kolonien* – mit Ausnahme von Kuba, Puerto Rico und den Philippinen – gewinnen ihre *Unabhängigkeit.*

1814–1833 Als König *Ferdinand VII.* nach der Niederlage Napoleons auf den Thron zurückkehrt, hebt er die Verfassung auf, führt die Inquisition wieder ein, ruft die Jesuiten zurück und löst die Cortes auf. Mit Unterstützung der *Servilen* regiert er gegen den Widerstand der *Liberalen* absolutistisch (1814–1820).

1820 Gegen die absolute Herrschaft Ferdinands erheben sich die Liberalen unter dem Offizier *Rafael de Riego y Núñez* (* 1784, † 1823). Als die Revolution gegen den König das ganze Land umfaßt, leistet dieser wieder den Eid auf die Verfassung (1820–1823: *konstitutionelle*
1823 *Epoche),* ruft jedoch die Heilige Allianz zu Hilfe, die eine französische Armee („Die Hunderttausend Söhne des Heiligen Ludwig") entsendet und die liberale Bewegung niederwirft. Danach läßt der König die Liberalen grausam verfolgen und regiert erneut absolutistisch (1823–1833).

1834–1839 Nach Ferdinands Tod erheben die Regentin *Maria Christina* (* 1806, † 1878) für die minderjährige Tochter Isabel und sein Bruder *Don Carlos* (* 1788, † 1855) Ansprüche auf den Thron. Der Thronstreit löst eine Reihe von Bürgerkriegen, die sog. *Karlistenkriege,* aus, durch die das Land in *carlistas* (Schwerpunkte: Baskenland, Navarra, Aragonien, Katalonien) und *cristinos* gespalten wird; der erste Krieg endet mit dem *Kompromiß von Vergara.*

1837 Zur Finanzierung des Krieges greift Minister Juan *Alvarez Mendizábal* (* 1790, † 1853) zu dem Mittel der Veräußerung der Kirchengüter *(desamortización),* die vom Adel und vom aufstrebenden Großbürgertum aufgekauft werden. Die im gleichen Jahr erlassene relativ *liberale Verfassung* kann durch ständige Revolten und Militärputsche *(Pronunciamientos)* kaum Anwendung finden. In der zweiten Hälfte des Jh.s häufen sich die Aufstände des ländlichen Proletariats.

1843–1868 *Isabella II.* (* 1830, † 1904) muß mit den Liberalen regieren, teils mit den *moderados* (Narváez), teils mit den *progresistas* (Espartero). Zwischen diesen beiden Gruppen steht die gemäßigte *Unión liberal* (O'Donnell).

1845 Eine *neue Verfassung* gibt der Krone weitere Befugnisse und beschränkt die Rechte des Parlaments.

1851 Das *Konkordat* bestätigt die Ausnahmestellung der katholischen Kirche in Spanien.

1859/1865 Außenpolitisch sind der Krieg in Marokko (1859), der „Krieg des Pazifik" (1861), der Krieg in Mexiko (1861) und der Krieg mit Chile und Perú (1865) *patriotisch-propagandistische Feldzüge,* die allerdings erhebliche militärische Mängel offenbaren.

1868 Unter der Führung von *Prim, Serrano* und *Topete* weitet sich ein militärischer Aufstand
Sept. gegen Isabella II. zu einer landesweiten Revolution aus.

1869 Nach der Absetzung der Königin übernimmt General *Francisco Serrano y Dominguez* (* 1810, † 1885) die *Regentschaft.*

1871–1873 Nach der fehlgeschlagenen Kandidatur des Prinzen Leopold von Hohenzollern-Sigmaringen wählen die Cortes den Herzog *Amadeo d'Aosta* (* 1845, † 1890), Sohn Viktor Emanuels II. von Italien, zum *König Amadeus I.*

1873–1874 Nach dessen Abdankung wird Spanien **Republik** (vier Präsidenten in einem Jahr). Angesichts der innenpolitisch chaotischen Situation bereitet General Pavía durch Staatsstreich der Republik ein Ende und leitet die *Restauration* ein.

1875–1885 Isabellas Sohn *Alfons XII.* (* 1857, † 1885) regiert mit der Verfassung von 1876 (konstitutionelle Monarchie, Zweikammersystem).

1885–1902 Nach Alfons' Tod übt die Königinwitwe *Maria Christina* bis zur Volljährigkeit Alfons' XIII. die Regentschaft aus. Gemäß dem *Pacto del Pardo* regieren abwechselnd die Konservative *Cánovas del Castillo* und der Liberale *Sagasta.*

820 Neuzeit – Französische Revolution bis Erster Weltkrieg

1898   Im **Krieg mit den USA** verliert Spanien die letzten überseeischen Kolonien *Kuba, Puerto Rico* und die *Philippinen.* Die militärische Niederlage bekundet zugleich den Bankrott des politischen Regimes der Restauration. Kritik an der Restaurationszeit übt die geistige Bewegung der *Generation von 1898.*

1902–1931   Während der Regierungszeit *Alfons' XIII.* (* 1886, † 1941) kommt es im Zusammenhang mit dem Feldzug gegen die Rif-Kabylen in Marokko zu schwerwiegenden innenpolitischen
1909   Auseinandersetzungen (*„Tragische Woche"* in Barcelona).
Die Vereinheitlichung von Recht und Verwaltung in der Restaurationszeit stößt auf den Widerstand des *baskischen* und *katalanischen Regionalismus.* Katalanische Autonomiebestrebungen bewegen sich auf einen politischen Separatismus hin.

1913   Katalonien erhält die Selbstverwaltung *(Mancomunitat).*
Mit der fortschreitenden Industrialisierung, vor allem in den Küstengebieten, bildet sich eine zahlreichere Arbeiterschaft heraus, die in Kastilien und im Baskenland sich mehr dem *marxistischen Sozialismus* und in Katalonien mehr dem *anarchistischen Syndikalismus* anschließt. Einen günstigen Nährboden findet der Anarchismus auch im ländlichen Proletariat Andalusiens. – *(Forts. S. 977)*

Portugal (1789–1914)
(Forts. v. S. 701)

Als Bundesgenosse Großbritanniens wird Portugal, das der französ. Kontinentalsperre nicht beigetreten ist, in die napoleonischen Kriege verwickelt. Das Land wird von einem
1807   französischen Heer unter *Andoche Junot* (* 1771, † 1813) besetzt, die königliche Familie muß vor der Besatzungsarmee nach Brasilien fliehen.
In Abwesenheit König *Johanns VI.* (* 1769, † 1826; 1816–1826), der für seine geisteskranke Mutter Maria I. 1792 die Leitung der Staatsgeschäfte (1807–1821 von Brasilien
1821   aus) übernommen hat, beschließen die Cortes eine *liberale Verfassung,* die der König nach seiner Rückkehr bestätigt.
1822   **Brasilien** erklärt seine **Unabhängigkeit.**
Johanns jüngerer Sohn *Dom Miguel de Bragança* (* 1802, † 1866) erzwingt mit Unterstüt-
1823   zung der absolutistisch-klerikalen Partei die Aufhebung der Verfassung. König *Peter IV.* (*1798, †1834; als *Peter I.* Kaiser von Brasilien: 1822–1831) entsagt dem Thron zugunsten
1826   seiner Tochter *Maria II. da Gloria* (*1819, †1853; Königin 1834–1853) und bestimmt sei-
1827   nen Bruder Dom Miguel zum Regenten.
1828   Dieser hebt durch *Staatsstreich* die Verfassung auf und läßt sich zum König ausrufen; sein Bruder *Peter* und die Liberalen können seine reaktionäre Herrschaft brechen und ihn zum
1834   Verlassen des Landes zwingen.
Maria II. da Gloria besteigt den Thron; sie heiratet *Ferdinand von Sachsen-Coburg-*
1836   *Koháry* (* 1816, † 1885), der Stammvater des neuen Hauses Sachsen-Coburg-Braganza wird.
1839   Nach inneren Wirren und revolutionären Aufständen erlangt *Antonio Bernardo da Costa*
1846   *Cabral* (* 1803, † 1889) diktatorische Gewalt, muß aber den liberalen Führern *Terceira, Saldanha* und *Palmela* weichen.
1853–1861   Unter *Peter V.* (* 1837, † 1861) wird die dringende Sanierung der Staatsfinanzen in Angriff genommen.
1861–1889   In der Regierungszeit seines Bruders Ludwig (Luis) I. (* 1838, † 1889) werden die Reformen (Verwaltung, Gesetzgebung, Finanzen) fortgesetzt; Liberale und Konservative *(Progressistas* und *Regeneradores)* wechseln sich in der Regierung ab.
1889–1908   Unter König *Karl I.* wird der afrikanische Kolonialbesitz ausgedehnt; zugleich verschlechtert sich die finanzielle Lage des Landes zusehends (Staatsbankrott 1891).
1907   Da die Stellung der Monarchie immer unsicherer wird, errichtet Ministerpräsident *João Fernando Pinto Franco* (* 1855, † 1929; 1906–1908) zur Stützung der Krone eine *Diktatur.*
1908   König *Karl I.* (* 1863, † 1908) und der Thronfolger fallen einem *Attentat* zum Opfer.
1. Febr.   Nachfolger auf dem Thron wird *Emanuel II.* (* 1889, † 1932; 1908–1910), der durch eine
1910   **Revolution** gestürzt wird (4. Okt.).
5. Okt.   *Teófilo Braga* (* 1843, † 1924) bildet die erste Regierung der **Republik.**
1911   Die Abschaffung der Monarchie wird von den Cortes verkündet.
20. April   Die neue Republik ist antiklerikalistisch eingestellt und verkündet die *Trennung von Staat und Kirche.*
Innenpolitische Krisen erschüttern in den folgenden Jahren die Stabilität des Landes.
– *(Forts. S. 980)*

Einzelstaaten – Portugal – Niederlande, Belgien, Luxemburg   *821*

Niederlande, Belgien, Luxemburg (1789–1914)

Nördliche Niederlande bis zum Ende der Herrschaft Napoleons (1789–1813)
(Forts. v. S. 705)

Unter dem Einfluß der Aufklärung gewinnen jene demokratischen Ideen an Boden, die ihren organisatorischen Ausdruck in der Bewegung der „Patrioten" finden und zunächst gegen das Haus Oranien gerichtet sind. Die Regenten schließen sich den „Patrioten" an. Es kann nicht ausbleiben, daß es zwischen der Oligarchie und dem demokratischen Flügel zu scharfen Gegensätzen kommt. Die innenpolitischen Auseinandersetzungen werden durch den Einfall der Franzosen 1795 beendet. – Außenpolitisch sinkt die Republik im späten 18. Jh. zur Bedeutungslosigkeit herab. Mit dem Einfall Frankreichs wird die Batavische Republik gegründet, in der die ehemaligen „Patrioten" die Verwaltung übernehmen.

  1793   Kriegserklärung Frankreichs an die Republik.
  1795   Gründung der Batavischen Republik.
  1806   Umwandlung der Republik in das Königreich Holland unter Kaiser Napoleons I. Bruder Ludwig (* 1778, † 1846).
  1810   Abdankung Ludwigs wegen der für Holland negativen Auswirkungen der Kontinentalsperre; Einverleibung des Königreichs Holland in das französische Kaiserreich.
           Die Einführung des französischen Rechts und Verwaltungssystems wirkt bis weit ins 19. Jh. fort.

Königreich der Niederlande (1813/1815–1914)

Belgische Frage und monarchische Regierung (1813/1815–1848)

Das Königreich wird geprägt durch Auseinandersetzungen um die Verfassung, in denen der Liberale Thorbecke (* 1798, † 1872) die vornehmlichste Rolle spielt. Es erweist sich im übrigen, daß der am Konferenztisch festgelegte Zusammenschluß der ehemaligen Republik mit den südlichen (ehemals österreichischen) Niederlanden eine Fiktion bleibt. Wenngleich die hohe wirtschaftliche Aktivität des Königs insbesondere den Süden des Landes industriell fördert, stößt die Einigungspolitik auf erheblichen Widerstand. Die Sprachen- und Kirchenpolitik sowie die im Süden stärker verankerten liberalen Ideen lassen die Politik des Königs schließlich scheitern. So findet die Verordnung, das Niederländische zur offiziellen Landessprache in den flämischen Provinzen zu erheben, keine Zustimmung bei dem französisch gesinnten Teil des flämischen Bürgertums. Die konservativen Kräfte des Südens widersetzen sich dem Versuch, die Kirche unter die Aufsicht des Staats zu bringen. Die Folge ist ein Zusammenschluß (Union) der belgischen Liberalen und Katholiken, der die Revolution und die Trennung Belgiens von den Niederlanden einleitet. Im Norden führt der Kampf gegen das Grundgesetz von 1815, das ein Zweikammersystem errichtet und eine starke Position des Monarchen garantiert, 1848 unter dem Eindruck der Revolutionen in Europa zum Erfolg, insofern die volle Ministerverantwortlichkeit in die Verfassung aufgenommen wird. Die Generalstaaten (Kammern) erhalten das Recht auf Verfassungsänderung und auf Mitsprache in Kolonialfragen. Die Zweite Kammer geht aus direkten Wahlen hervor, die Erste Kammer aus Abgeordneten der Provinzialstände; Zensuswahlrecht.

  1813   Wilhelm VI. (* 1772, † 1843), Prinz von Oranien, nimmt den Titel Souveräner Fürst an.
  1814   Vertrag von Chaumont zwischen den gegen Napoleon verbündeten Großmächten; Beschluß, die nördlichen und südlichen Niederlande zu vereinen.
  1815   Der Souveräne Fürst nimmt als *Wilhelm I.* den Titel **König der Niederlande** an (16. März).
  24. Aug.   Das neue Grundgesetz wird verkündet. In der Zweiten Kammer sollen die nördlichen und südlichen Niederlande trotz Bevölkerungsmehrheit des Südens gleich stark vertreten sein.
  1816   Die Niederlande erhalten den größten Teil der Kolonien zurück.
  1828   Bildung der Union aus Liberalen und Katholiken in Belgien.
  1830   Revolution in Brüssel unter dem Einfluß der französischen Julirevolution.
  1839   Endgültige Lostrennung Belgiens (Londoner Protokoll der europäischen Großmächte).
  1840   Verfassungsrevision. Abdankung Wilhelms I.
  1840–1849   Sein Sohn *Wilhelm II.* (* 1792, † 1849) besteigt den Thron.
  1848   Verfassungsänderung im Sinne stärkerer Parlamentsbefugnisse.

Verfassungskrise, Wahlrechtsbewegung und sozialer Wandel (1848–1914)

Erst die Verfassungskrise bringt in Vollendung der Bestrebungen von 1848 das Übergewicht des Parlaments. An die Stelle der Verfassungsbewegung tritt wenig später die von anderen sozialen Kräften getragene Wahlrechtsbewegung in diesem Land, das gegenüber anderen westeuropäischen Staaten wirtschaftlich zurückliegt. Vor allem der industrielle Sektor kommt nicht zur Entwicklung, da das Handelskapital

822   Neuzeit – Französische Revolution bis Erster Weltkrieg

sich nicht zur Investition in technische Neuerungen entschließen kann und die Banken eher auf Kapital-export gerichtet sind. Der Kampf um die staatliche Unterstützung der Konfessionsschulen weist auf eine Eigenart der niederländischen Politik und Gesellschaft hin: die Konfessionalisierung. Die in der zweiten Hälfte des 19. Jh.s aufkommenden konfessionellen Parteien (Katholiken = RKSP, Protestanten = ARP, CHU) unterstreichen das ebenso wie die schon vorher einsetzenden innerkirchlichen Zwistigkeiten. Die konfessionellen Parteien drängen die ehemalige Vormachtstellung der Liberalen zurück. Gegen die kon-fessionelle Koalition kann sich auch die Sociaal-Democratische Arbeiderspartij (SDAP, seit 1894) nicht durchsetzen. – In der Außenpolitik verfolgt das Königreich einen neutralen Kurs.

1849–1890	König *Wilhelm III.* (*1817, †1890).
1849–1853	Erste Ministerpräsidentschaft des Liberalen Thorbecke.
1862–1866	Thorbecke wieder Ministerpräsident.
1866–1868	Der Verfassungskonflikt mit dem König endet mit einer Schwerpunktverlagerung zugun-sten des Parlaments.
1871–1872	Thorbecke erneut Ministerpräsident.
	Auf den Verfassungskonflikt folgen Kämpfe um Konfessionsschule, Wahlrecht und Sozial-gesetzgebung; dies begünstigt das Aufkommen konfessioneller Parteien.
1887, 1896	Erweiterung des Wahlrechts.
1888–1891	Kampf der konfessionellen Parteien um Wahlrechtserweiterung und Sozialgesetzgebung.
1890–1948	Wilhelms Tochter Königin *Wilhelmina* (*1880, †1962), deren Stellung bis 1898 ihre Mut-ter Emma von Waldeck (*1858, †1934) als Regentin wahrnimmt.
1890	Ende der Personalunion mit Luxemburg.
1899	Erste Haager Friedenskonferenz auf Vorschlag des russischen Zaren und auf Einladung von Königin Wilhelmina. Gründung des Haager Schiedsgerichts.
1907	Zweite Haager Friedenskonferenz (Ergebnis beider Konferenzen: die Haager Landkriegs-ordnung). – *(Forts. S. 981)*

Südliche Niederlande bis zur Revolution in Brüssel (1789–1830)
(Forts. v. S. 705)

Die österreichischen Herrscher Kaiserin Maria Theresia (*1717, †1780) und, in ihrer Nachfolge, Kaiser Joseph II. (*1741, †1790), betreiben eine Politik der Zentralisierung und des Absolutismus, nicht immer unter Berücksichtigung der Traditionen dieses Territoriums. Diese Politik in weltlichen und religiösen Belangen ist eine der Ursachen der Brabantischen Revolution (1789), die jedoch wegen des stark ausge-prägten Partikularismus nicht lange anhält. Kirchenverfolgung und Konskriptionen führen 1798 zu Auf-ständen gegen die neue, nunmehr französische Herrschaft. Mit dem Konsulat Napoléon Bonapartes (1799–1804) beginnt die Industrialisierung.

1789	Brabantische Revolution: Die Generalstaaten (Ständeversammlung) der österreichischen Niederlande rufen die Unabhängigkeit der „Vereinigten Niederlande" aus. Sie schaffen einen „Staatenbund" von fast souveränen Provinzen.
1790	Die österreichische Restauration setzt sich mit Waffengewalt durch.
	In den Koalitions- und Napoleonischen Kriegen wird das Land immer wieder zum Schlachtfeld:
1792	Erster Einfall der Franzosen. Sie besetzen nach der Schlacht bei Jemappes (in der belgi-schen Provinz Hennegau) das gesamte Gebiet.
1793	Schlacht von Neerwinden (in der belgischen Provinz Lüttich), die mit einer Niederlage der Franzosen endet.
1794	Schlacht bei Fleurus (nordöstlich von Charleroi), Niederlage der Österreicher.
1795	Einverleibung in die französische Republik (1. Okt.). Fortwirkung des französischen Rechts und Verwaltungssystems bis tief ins 19. Jh.
1798	Aufstände (Bauernkrieg, Klüppelkrieg).
1814/1815	Durch Beschlüsse der gegen Napoleon verbündeten Großmächte werden die Süd- mit den Nordprovinzen vereinigt.
1828	Union der Liberalen und Katholiken aus Protest gegen die (nord-) niederländische Herr-schaft.
1830	*Revolution in Brüssel* gegen das niederländische Königtum Wilhelms I.; Proklamation der
ab 25. Aug.	Unabhängigkeit Belgiens.

Belgien (1831–1913/1914)

Die Belgier geben sich nach der Revolution eine Verfassung, die in den folgenden beiden Jahrzehnten von den Liberalen Europas als vorbildlich angesehen wird. Zwar bleibt die die Revolution tragende Union von Katholiken und Liberalen bis 1847 noch bestehen, gleichwohl zeigen sich unmittelbar nach dem Erfolg von 1830 die ersten Risse. Dazu tritt die Entwicklung eines neuen Gegensatzes: den Konser-

Einzelstaaten – Niederlande, Belgien, Luxemburg   823

vativen stehen die Demokraten gegenüber. Sie rekrutieren ihre Anhänger aus beiden Gruppen der alten Union. König Leopold I. regiert mit den Konservativen. Die Liberalen der Union finden ihre Anhänger vornehmlich in den großen Städten, die Katholiken ihre Wähler auf dem Lande.
Nach 1848 setzt sich ein Antiklerikalismus durch, der das politische Leben in den kommenden Jahrzehnten mitbestimmt. Das äußert sich zum erstenmal in den großen Demonstrationen gegen das sog. Klostergesetz, nach dem Privaten, insbesondere auch der Geistlichkeit, das Recht zuerkannt werden soll, karitative Einrichtungen zu verwalten (1857); das zeigt sich auch in der Schulgesetzgebung (1879), in der festgelegt wird, daß alle Gemeinden mindestens eine Schule haben müssen, in der die Religion kein Pflichtfach ist. Die Lehrer solcher Schulen werden in den staatlichen Lehrerbildungsanstalten ausgebildet. Die Katholiken breiten auf eigene Kosten ihr eigenes Schulsystem aus. Der Episkopat verbietet den Besuch der öffentlichen Schulen. In diesem Schulstreit werden entsprechend den wechselnden Kabinettsmehrheiten immer wieder andere Lösungen angeboten.
In dieser Periode entsteht auch die Flämische Bewegung, die 1830 unter dem Kleinbürgertum heranwächst und ab 1848 eine bedeutende Rolle in der belgischen Innenpolitik zu spielen beginnt. Aufgrund ihrer demokratischen Ausgangsbasis ist sie zunächst mit der radikal-liberalen Strömung verbunden, die seit den sechziger Jahren innerhalb der Liberalen Partei ganz entschieden auf Demokratisierung drängt, zum Teil sogar einen Ausgangspunkt der sozialistischen Bewegung bildet. Zugleich hat die Flämische Bewegung jedoch enge Beziehungen zur Geistlichkeit und damit zur Katholischen Partei. Die Flämische Bewegung entsteht als Ergebnis des Kampfes um die Stellung der flämischen Sprache in der belgischen Gesellschaft: Die mit der Brüsseler Revolution eingeführte Sprachenfreiheit droht durch das auf französische Sprache und Kultur ausgerichtete Großbürgertum über das Zensuswahlsystem zu einer Monopolstellung des Französischen zu führen. Hiergegen wendet sich die Flämische Bewegung, die sich bald am ehesten durch die Katholiken vertreten fühlt. Die Sprachengesetze ab 1873 bringen eine Verstärkung der Position des Flämischen.
Außenpolitisch führt Belgien streng die Politik der auf der Londoner Konferenz garantierten Neutralität durch. Wirtschaftlich zählt es mit seiner vergleichsweise frühen Industrialisierung zu den industriellen Großmächten des Kontinents. Die Periode 1830–1913 zeichnet sich durch einen starken Anstieg des Bruttosozialprodukts aus. Die industrielle Produktion steigt im gleichen Zeitraum um das Zwölffache. Der Produktionsanstieg übertrifft das Bevölkerungswachstum, so daß ein erheblicher Anstieg des Wohlstandes festzustellen ist, wenngleich sich dieser Anstieg nicht sofort in allen Schichten durchsetzt. Der Kohlebergbau kann den Verlust des nordniederländischen Markts durch Gewinnung des nordfranzösischen ausgleichen. Die Umstellung der Eisenerzeugung von Holz- auf Koksöfen begünstigt das Wachstum. Dies alles vollzieht sich auf dem Hintergrund der seit 1861 durchgeführten Freihandelspolitik, die noch durch die Ablösung des Scheldezolls (1863) und den Ausbau der Infrastruktur gefördert wird. Trotz der allgemein positiven Tendenz gerät die Wirtschaft mehrfach in starke Krisen, die bei Zunahme der Industriearbeiterschaft zu sozialen Spannungen und Konfrontationen führen. Krisenanfälliger noch ist die Landwirtschaft, während sich der Außenhandel nach anfänglichem Stillstand zu hoher Blüte entwickelt.

1831 **20. Jan.**	Die Londoner Konferenz der fünf Großmächte erkennt die belgische **Unabhängigkeit** an und stipuliert die garantierte **Neutralität** des Landes.
1831–1865	Leopold von Sachsen-Coburg-Gotha (*1790, †1865) als *Leopold I.* König der Belgier.
1834	Inbetriebnahme der ersten Eisenbahnlinie. (Das Netz wird nach und nach zum – heute – dichtesten der Erde ausgebaut.)
1839 *19. April*	Das *Londoner Protokoll* der Großmächte bestätigt den niederländisch-belgischen Vertrag vom 16. Febr. Der größere Teil Luxemburgs wird mit Belgien vereinigt.
1848	Erste Erweiterung des Zensuswahlrechts.
1855–1857	Unter Pierre De Decker (*1812, †1891) letztes Kabinett der katholisch-liberalen Union; es scheitert an der liberalen Opposition gegen das Klostergesetz.
1857–1860	Erste, lokale Gründungen der belgischen Arbeiterbewegung.
1861	Beginn der Freihandelspolitik.
1865–1909	*Leopold II.*, König der Belgier (*1835, †1909).
ab 1873	Erste Sprachgesetze verbessern die Position des Flämischen.
1878	Gesetz de Laet (betreffend die Sprache in Rechtsprechung, Erziehungswesen und Verwaltung) zugunsten des Flämischen.
1879	Das liberale Schulgesetz des Kabinetts Hubert Frère-Orban (*1812, †1896; Ministerpräsident 1868–1870 und 1878–1884) hat den Schulstreit mit dem Katholizismus zur Folge.
1885	Leopold II. wird nach der Berliner Kongokonferenz Souverän des „unabhängigen" *Kongostaats.*
1886	Großer Streik in Wallonien.
1892	Einführung des allgemeinen Wahlrechts für Männer über 25 Jahre als Mehrstimmrecht mit maximal drei Stimmen je Wahlberechtigtem. Das neue Wahlrecht verstärkt die flämische Position und drängt die Liberalen zurück.
1898	Das Flämische wird als offizielle Landessprache anerkannt (bis dahin nur die französischsprachigen Gesetzestexte rechtsverbindlich).
seit 1903	Verstärkter Kampf um die Flamisierung der Universität von Gent.

824 Neuzeit – Französische Revolution bis Erster Weltkrieg

1908 Leopold II. tritt den Kongostaat als Kolonie an den belgischen Staat ab.

1909–1934 König *Albert* (* 1875, † 1934).

1913 Das Kabinett Charles Graf Broqueville (katholisch-konservativ; * 1860, † 1940; Ministerpräsident 1911–1918, 1932–1934) führt angesichts der zunehmenden Spannungen in Europa die allgemeine Wehrpflicht ein. – *(Forts. S. 982)*

Luxemburg (1815–1914)

1815 Auf dem Wiener Kongreß wird das **Großherzogtum Luxemburg** (in den Grenzen des heutigen Großherzogtums und der gleichnamigen belgischen Provinz) *in Personalunion mit den Niederlanden, aber als Glied des Deutschen Bundes* geschaffen. Die Hauptstadt Luxemburg wird Bundesfestung mit preußischer Besatzung.

1830 Nach der Revolution in Brüssel wird der größere, wallonische, *westliche Teil des Landes dem unabhängig werdenden Belgien* zugesprochen.

1839 Bestätigung der Regelung von 1830 und der Unabhängigkeit des Großherzogtums.

1841 Oktroyierung einer landständischen Verfassung.

1842 Beitritt zum Deutschen Zollverein.

1848 Verkündung einer liberalen, stark an die belgische angelehnten Verfassung.

1856 Die liberale Verfassung wird durch eine konservative ersetzt.

1866 Nach Auflösung des Deutschen Bundes bewirkt der französische Kaiser Napoleon III. durch seinen Wunsch, das Großherzogtum dem König der Niederlande abzukaufen, eine internationale Krise.

1867 Londoner Vertrag: Luxemburg neutralisiert, Abzug der preußischen Truppen.

1868 Parlamentarische, noch heute gültige Verfassung.

1890 Das niederländische Königshaus erlischt im Mannesstamm, in Luxemburg folgt die *walramische Linie des Hauses Nassau.*

1890–1905 Großherzog Adolf (* 1817, † 1905; 1839–1866 letzter Herzog von Nassau).

1905–1912 Großherzog Wilhelm IV. (* 1852, † 1912).

1912–1919 Großherzogin Marie Adelheid (* 1894, † 1924). – *(Forts. S. 983)*

Skandinavische Staaten (1780/1789–1914)
(Forts. v. S. 710)

Staat und Verfassung –
vom Absolutismus zum konstitutionell-parlamentarischen Staat

Gegen Ende des 18. Jh.s besteht in beiden skandinavischen Reichen (*Dänemark-Norwegen* unter *Christian VII.* 1766–1808, *Schweden* unter *Gustav III.* 1771–1792 und *Gustav IV. Adolf* 1792–1809) **absolutistische Staats- und Regierungsform**, z. T. mit aufgeklärten Zügen, und merkantilistisches Wirtschaftssystem. Anzeichen beginnender Lockerung sind in Dänemark liberale Maßnahmen in der *Ära Struensee* (1770–1772; anschließend Rückkehr zum Merkantilismus bis 1798). In Schweden werden durch die *Vereinigungs- und Sicherheitsakte* von 1789 viele Adelsprivilegien aufgehoben. Zu Beginn des 19. Jh.s setzt sich auch unter dem Einfluß der Französischen Revolution und der Napoleonischen Kriege die **konstitutionelle Monarchie** schrittweise durch.

In **Dänemark** kommt es mit der Einführung gewählter Landstände 1834 zu einem ersten Schritt in Richtung auf provinzielle Selbstverwaltung. Schleswig und Holstein verstehen sich als selbständige Herzogtümer in Personalunion mit der dänischen Krone. Unter *Christian VIII.* (1839–1848) Ansätze kommunaler Selbstverwaltung mit weitgehender wirtschaftlicher Autonomie für viele reiche Handelsstädte.

Für **Schweden** (seit 1814 mit **Norwegen** in Personalunion) bedeutet die unter dem Einfluß englischer und französischer Ideen entstehende Diskussion der Repräsentationsfrage *(representationsfrågan)* seit den 1830er Jahren die allmähliche Umwandlung in ein System mit ständischer Vertretung neuer Prägung. Nach Rückschlägen unter *Oskar I.* (1844–1858) und *Karl XV.* (1859–1872) erfolgt 1865/1866 die Einführung des Zweikammersystems und Ablösung des Vierständereichstags durch Änderung der seit 1809 bestehenden Verfassung.

Das Zeitalter der Französischen Revolution und Napoleons (bis 1815)

1780 ‚Bewaffnetes Neutralitätsbündnis' (vaebnet neutralitetsforbund) zwischen Dänemark–Norwegen, Schweden und Rußland. Es wird – 1800 erneuert – von den Briten als Bedrohung angesehen.

Einzelstaaten – Skandinavien – Norwegen und Schweden   825

1801
2. April
Um die *Kontinentalsperre* aufrechtzuerhalten, kämpft eine britische Flotte siegreich gegen die dänische im Öresund vor Kopenhagen. Dänemark kündigt daraufhin das Bündnis. Es hält zu Napoleon. Der *Friede von Tilsit* (1807) bedroht Schwedens Neutralität; Rußland erstrebt den Besitz Finnlands, Schweden dagegen erhofft den Erwerb Norwegens.

1807
Sept.
Eine *britische Flotte* bombardiert und *besetzt Kopenhagen;* Dänemark muß das Bündnis mit Frankreich teuer bezahlen (Kriegserklärung an Großbritannien).

Nach dem Umschwung und der *Niederlage Napoleons* bei Leipzig (1813) will Dänemark in die Koalition gegen Frankreich eintreten; Schweden fordert dafür offen die Abtretung Norwegens. *Jean Baptiste Bernadotte* (* 1763, † 1844; als *Karl XIV. Johann* König von Schweden 1818–1844) zieht als schwedischer Feldherr direkt von Leipzig gegen Dänemark.

1814
Im **Frieden von Kiel** muß Dänemark den norwegischen Reichsteil freigeben. Es ist durch die Kriegsfolgen völlig verschuldet: *Staatsbankrott* zugegeben von *Friedrich VI.* (* 1768, † 1839; 1784/1808–1839).

Eine starke Bewegung in **Norwegen** drängt auf **Unabhängigkeit;** in Eidsvoll wird eine Verfassung ausgearbeitet (Mai 1814), die wenige Monate in Kraft ist. Prinz *Christian Frederik von Dänemark*(–Oldenburg; später als *Christian VIII.* König von Dänemark, * 1786, † 1848; 1839–1848) nimmt die Krone an, verzichtet aber nach wenigen Monaten.

1815
In Verwirklichung der Vorstellungen des Kieler Friedens kommt **Norwegen** in die **Personalunion mit Schweden;** es hat begrenzte Autonomie gemäß der Reichsakte von 1815 und behält ein eigenes *Parlament (storting).* Die Außenpolitik bestimmt Schweden. – *(Forts. S. 983)*

Norwegen und Schweden in der Personalunion (1814–1905/1914)

Schweden
(Forts. v. S. 709)

1848
In Schweden Einführung liberaler Reformen nach der Thronbesteigung Oskars I. (1844–1858; * 1799, † 1859); später (ab 1852) Übergang zu konservativer Regierung. Seit 1857 regiert der Kronprinz Karl (ab 1859 König als *Karl XV.;* * 1826, † 1872) zunächst streng konservativ. Umbildung der Struktur des schwedischen Staatsrats.

1850
Die *Industrialisierung Schwedens* beginnt etwa um die Mitte des Jh.s. Sie hängt zusammen mit dem großen Nutzholzbedarf in Westeuropa nach der durch die industrielle Revolution bedingten Bevölkerungsvermehrung; er kann durch Norwegen nicht mehr gedeckt werden. Großbritannien führt zudem zu dieser Zeit für seine Holzeinfuhr den Freihandel ein.

1852
In Schweden kommt die neue Dampfsäge in Gebrauch, die den Prozeß der Holzverarbeitung und die Verfahren des Holztransports grundlegend verändert. Aufschwung des Holzhandels und führender Holzfirmen, aber zugleich auch der Eisenausfuhr.

1855
25. Nov.
Während des Krimkriegs schließt Oskar I. für Schweden und Norwegen mit Großbritannien und Frankreich einen Vertrag ab, der gegen mögliche russische Übergriffe gerichtet ist **(Novembertraktat).**

1858
Stahlherstellung nach dem Bessemer-Verfahren. Entwicklung des Verkehrswesens und vor allem der Schiffahrt (Dampfschiffe seit etwa 1880).

Seit 1860
Eisenbahnbau durch Staat (‚Stammbahnen‘) und Private. Entstehung eines modernen Bankwesens (Bankhaus Wallenberg seit 1856).

Trotz der wirtschaftlichen Veränderungen seit den fünfziger Jahren vermehrte Auswanderung nach den USA.

1864
Verwirklichung der Gewerbefreiheit und freihändlerischer Wirtschaftskurs unter dem Finanzminister Freiherr *Johan August Gripenstedt* (* 1813, † 1874).

1865
Parlamentsreform führt zur Abschaffung des alten Vierständereichstags; Übergang zum *Zweikammersystem* (1866). In der Zweiten Kammer tritt als neue Kraft die *Landwirtepartei (lantmannaparti)* auf, die für die Abschaffung traditioneller Belastungen des Bodens eintritt. Sie verhindert die Durchführung einer notwendig gewordenen Wehrreform.

Wegen einer schweren Krise in der schwedischen Landwirtschaft, die seit Ende der siebziger Jahre durch überhöhte billige Einfuhren hervorgerufen wird und die Getreidepreise drückt, erhebt sich die Forderung nach Schutzzöllen. *Arvid Graf Posse* (* 1820, † 1901; Landwirtepartei) wird ‚Staatsminister‘ (Ministerpräsident). Mitte der achtziger Jahre wird die *Zollfrage (tullfrågan)* zum beherrschenden Problem der Politik.

1886
Bildung einer Schutzzollpartei aus Landwirtschaft und Industrie. Die Regierung *Oskar Robert Themptander* (* 1844, † 1897) hält zunächst an der freihändlerischen Linie fest; sie setzt sich aber im folgenden Jahr nur durch, weil Oskar II. von seinem Recht der Reichstagsauflösung Gebrauch macht. Aber 1887 muß die freihändlerische Regierung demissionieren.

826 Neuzeit – Französische Revolution bis Erster Weltkrieg

1887 Mit Ende der achtziger Jahre wächst in Schweden in großem Stil (nach dem Bau neuer Eisenbahnlinien) als wichtiger Wirtschaftszweig die Erzausfuhr an; sie steigt bis 1913 auf 6 440 000 Tonnen in einem Jahr. Hauptabnehmer ist Deutschland.

In derselben Zeit entwickelt sich die Metallindustrie, vor allem die Maschinenindustrie, sprunghaft (1896 bis 1900 von 43 auf 84 Mio. Kronen). Die Technisierung (Elektrifizierung) und Industrialisierung erfaßt weite Bereiche. Zunahme von Aktiengesellschaften: 1896 bis 1905 von 24% auf 35% Anteil an der Industrie. Modernisierung des Geschäftslebens.

Der Dichter *Viktor Rydberg* (* 1828, † 1895) wird zum Sänger des industriellen Zeitalters (‚Neue-Grotte-Lied‘) und zugleich zum Warner vor möglichen tragischen Entwicklungen. Die *wirtschaftliche Krise* führt in diesem Jahrzehnt zu einer vermehrten Auswanderung vor allem in die Vereinigten Staaten (Wisconsin, Minnesota). Schutzzollpolitik unter der neuen Regierung Dietrich Gillis Freiherr von Bildt (* 1820, † 1894), in die (seit 1892) auch die Industrie einbezogen wird.

1889 Als Folge der verstärkten Industrialisierung Schwedens *Arbeiterschutzgesetzgebung;* Begründung der Sozialdemokratischen Partei. *Hjalmar Branting* (* 1860, † 1925) wird 1897 als erster Sozialdemokrat in den Reichstag gewählt. Im folgenden Jahr Zusammenschluß der Gewerkschaften in der LO *(Landsorganisation);* als Antwort darauf entsteht der schwedische Arbeitgeberverband (1902). Beginn von harten sozialen Auseinandersetzungen und Tarifkonflikten.

1895 Der schwedische Chemiker *Alfred Nobel* (* 1833, † 1896), Erfinder des Dynamits, stiftet den jährlichen Nobelpreis, mit einem Kapital von 31 Mio. Kronen, für Physik, Chemie, Medizin und als Literatur- und Friedenspreis (Statuten vom 29. Juni 1900).

1907 *Gustav V. Adolf* wird König von Schweden (* 1858, † 1950; 1907–1950); er ist vermählt mit *Victoria von Baden* († 1930), der Enkelin des deutschen Kaisers Wilhelm I.

1908 Ein Vertrag in St. Petersburg zwischen Rußland, Deutschland, Dänemark und Schweden legt die *Erhaltung des Status quo in der Ostsee* fest; ergänzt durch Nordseeabkommen in Berlin.

1909 *Einführung des allgemeinen Wahlrechts* für die Zweite Kammer und des Verhältniswahlsystems für beide Kammern unter der konservativen Regierung *Arvid Lindman* (* 1862, † 1936).

1912 Vereinbarung über *Neutralitätsregeln* zwischen den drei nordischen Staaten.

Auseinandersetzungen über die Verteidigungsfrage zwischen Gustav V. und dem liberalen Ministerium *Karl Albert Staaff* (* 1860, † 1915; Ministerpräsident 1905/1906, 1911–1914).

1913 Organisation eines Systems der Altersversicherung.

1914 Bauernzug nach Stockholm führt zum Rücktritt des Kabinetts Staaff (2. Febr.). – *(Forts. S. 984)*

Norwegen
(Forts. v. S. 710)

In Norwegen richtet sich nach der Herstellung der Union mit Schweden das Interesse auf die innere Politik: Entwicklung des Landes unter der Unionsverfassung und Ausbau der wirtschaftlichen Möglichkeiten.

Die *Bewegung des Skandinavismus,* in Dänemark und Schweden entstanden, ergreift auch in Norwegen die akademische Jugend. Der *Gedanke eines Zusammenschlusses der nordi-*

1848 *schen Mächte* gewinnt Nahrung, als die schleswig-holsteinische Frage seit 1846 den Fortbestand der Union der Herzogtümer mit Dänemark fraglich macht. Im Frühjahr 1848 Bildung einer von Dänemark unabhängigen *schleswig-holsteinischen provisorischen Regierung,* die *vom Deutschen Bund* anerkannt wird. Als die Bundesexekution wirksam wird und preußisch-deutsche Truppen durch Holstein vormarschieren, veranlaßt Oskar I. unter dem Einfluß des Skandinavismus die Aufstellung eines schwedisch-norwegischen Hilfskorps in Schonen und auf Fünen.

1849 Die *Aufhebung der britischen Navigationsakte* aus dem 17. Jh. öffnet norwegischen Frachtschiffen den Weg in den Welthandel und zu britischen Häfen. Das führt zum Ausbau einer starken Handelsflotte in der 2. Hälfte des 19. Jh.s (um 1860: 4893 Schiffe mit 25 500 Mann; 1877: 8064 Seeschiffe mit etwa 1,5 Mio. BRT, das ist eine der größten Handelsflotten der Welt).

Die beginnende *Industrialisierung* des Landes führt schon 1848 zur Begründung einer zunächst schwachen *sozialistischen Bewegung.*

1852 Bei der vorläufigen *Lösung der Schleswig-Holstein-Frage* durch das *Londoner Protokoll* (‚London-Traktat‘) stehen Norwegen und Schweden auf der Seite Dänemarks.

1864 Auch während des *preußisch-dänischen Konflikts* um Schleswig-Holstein erwachen in Norwegen und Schweden wieder starke Sympathien zugunsten des nordischen Nachbarn

Einzelstaaten – Skandinavien – Dänemark   *827*

(Skandinavismus). Es kommt aber aus politischen Rücksichten zu keinem entschiedenen Eingreifen.

1882 Starke Auswanderung nach Amerika im Zusammenhang mit Wirtschaftskrisen seit der Mitte der ersten Hälfte des Jahrhunderts, verstärkt seit den sechziger Jahren. Höhepunkt die Auswanderung von 29 000 Norwegern in einem Jahr nach Wisconsin, Illinois, Iowa, Minnesota, Dakota. Die Auswanderer bewahren zum Teil noch lange ihre Sprache und Eigenart.

1887 Gründung des *,norwegischen Arbeitervereins' (Arbeiderforening)* 1874 in Christiania aus bürgerlichen Linken, aber auch schon Marxisten. Nach Überwindung der Wirtschaftskrise der siebziger und frühen achtziger Jahre erfolgt die Gründung einer *norwegischen Arbeiterpartei* (Führer: Knudsen, Jeppesen), die sich der 1889 gegründeten Internationale anschließt.

1898 Durchsetzung des allgemeinen Stimmrechts ermöglicht verstärkte sozialistische Wahl-
1903 agitation. Einzug der Arbeiterpartei in den Storting mit 5 Abgeordneten.

Soziale Gesetzgebung seit 1892: Einschränkung der Kinderarbeit, Arbeiterunfallversicherung, Vorsorge für Seeleute. Einrichtung der Arbeiterbedarfs- und Wohnungsbank; arbeiterfreundliche Politik der linken Regierungen.

1905 Die **Auflösung der schwedisch-norwegischen Union** erfolgt nach langen Jahren hitziger
7. Juni/ Diskussion (Staatsratsfrage) durch Stortingbeschluß und Volksabstimmung in Norwegen
13. Aug. und den Verzicht des Königs Oskar II. (* 1829, † 1907; 1892–1907) auf die norwegische Krone.

25. Nov. Prinz Karl (2. Sohn König Friedrichs VIII. von Dänemark) wird als *Haakon VII.* König von Norwegen (* 1872, † 1957; 1905–1957; während des 2. Weltkriegs im Exil in England, Rückkehr 1945). Thronfolger ist sein Sohn Olav (* 1903, † 1991).

1907 Deutschland, Frankreich, Großbritannien und Rußland übernehmen vertraglich die
2. Nov. Garantie für Norwegens Integrität *(Abkommen in Christiania/Oslo). – (Forts. S. 984)*

Dänemark vom Kieler Frieden bis zum Ersten Weltkrieg (1814–1914)
(Forts. v. S. 710)

Die *Regierung Friedrichs VI.* (1808–1839), der schon als Kronprinz für seinen kranken Vater regiert, zeigt stark der Vergangenheit verhaftete Züge. Dänemarks wirtschaftliche und politische Reorganisation vollzieht sich deshalb nur langsam. Auch auf geistigem Gebiet und in der Dichtung ist die Vergangenheit stark *(Romantik, Nationalismus).* Führend sind hier *A. O. Oehlenschläger* (* 1779, † 1850) und der Theologe und Pädagoge *N. F. S. Grundtvig* (* 1773, † 1872); letzterer Begründer eines national geprägten Volksbildungswesens. Von deutscher philosophischer Tradition beeinflußt ist *Henrik Steffens* (* 1773, † 1845) und der Hegels Philosophie reflektierende christliche Denker *Søren Kierkegaard* (* 1813, † 1855). *Hans Christian Andersen* (* 1805, † 1875) gestaltet in spätromantischem Geist eine Märchenwelt, die weit über die Grenzen Dänemarks hinaus Aufnahme findet.

1849 Vereinzelte liberale Ansätze führen unter *Friedrich VII.* (* 1808, † 1863; 1848–1863, Sohn Christians VIII.) zur Verkündigung des *„Juni-Grundgesetzes'* (juni-grundloven), der **ersten Verfassung** Dänemarks.

In der *Schleswig-Holstein-Frage* steht Dänemark vor der Gefahr einer weiteren Dezimierung des Staatsgebiets. Es erfährt dabei aber auch gesamtskandinavische Solidarität *(Skandinavismus* als geistige und politische Bewegung).

1852 Auch durch die ,Bekanntmachung' (kungørelse) von 1852, die eigene *Verfassungen für*
18. Jan. *Schleswig und Holstein* und eine *dänische ,Gesamtstaatsverfassung'* vorsieht (oktroyiert 1854), ist die Personalunions-Frage nicht zu lösen. Die schleswig-holsteinischen Stände lehnen auch die (liberalere) Verfassung von 1855 ab.

1862 Eine erneute Staatskrise droht; der Erlaß der *,Novemberverfassung'* vermag ihr nicht abzuhelfen. Im folgenden *Krieg gegen Preußen und Österreich* (1863–1864) verliert Dänemark die Gewalt über die Herzogtümer.

1863–1906 König *Christian IX.* (Glücksburg; *1818, †1906).

1866 Eine Verfassungsreform führt zur Abschaffung des Reichsrats und Einführung des Zweikammersystems (allgemeines Wahlrecht erst 1915).

In der *Volksvertretung (folketing)* bilden sich liberale Mehrheiten *(venstre);* es wird trotzdem konservativ regiert. Erstes Ministerium der Linken *(Johann Heinrich Deuntzer,* * 1845, † 1918; 1901) wird deshalb als Systemwechsel (systemskifte) empfunden. Erst im 20. Jh. hat Dänemark ein parlamentarisches Regierungssystem.

1903 **Island,** das 1814 bei Dänemark bleibt, erhält wegen starker nationaler Bestrebungen schließlich eine **autonome Verfassung,** 1904 einen ersten landsmännischen Minister.

1906–1912 *Friedrich VIII.* (* 1843, † 1912): Durchsetzung des Frauenstimmrechtes bei Kommunalwahl (1908) und Folketingwahl (1913).

1912–1947 *Christian X.* (* 1870, † 1947): Neues Grundgesetz Dänemarks 1915. – *(Forts. S. 985)*

828 Neuzeit – Französische Revolution bis Erster Weltkrieg

Balkanstaaten (1789/1804–1914)

Rumänien
(Forts. v. S. 588)

Die gegenüber der Türkei *tributpflichtigen Wahlfürsten (Gospodare)* der *Moldau* und der *Walachei* sind auf Druck der Pforte in Konstantinopel seit dem 18. Jh. keine einheimischen Fürsten mehr, sondern griechischer Herkunft. Daneben fordert Rußland ein Einfluß- und Interventionsrecht in den Fürstentümern.

1812 Im *Frieden von Bukarest*, der den russisch-türkischen Krieg beendet, wird *Bessarabien* von der Moldau abgetrennt und kommt *zu Rußland.*

1828–1834 *Russische Verwaltung* der Fürstentümer.

1829 Der *Frieden von Adrianopel* garantiert die Autonomie und überläßt den Bischöfen und dem Bojarenadel die Wahl der Gospodare. Unter russischer Aufsicht wird das *Organische Reglement* ausgearbeitet: Modernisierung der Verwaltung, bojarische *Allgemeine Versammlung.*

1848 Eine *Revolution* mit liberalen Zielen in der Walachei wird durch russische Truppen *niedergeworfen.*

1856 Infolge des Krimkriegs tritt Rußland die *Donaumündungen* und Südbessarabien an die Moldau ab.

1858 Die *Pariser Konvention der Mächte* beschließt die administrative Vereinigung der Fürstentümer (zwei Gospodare, Parlamente und Verwaltungen mit gemeinsamer Zentralkommission).

1859 Der moldauische Bojare *Alexander Cuza* (* 1820, † 1873) wird zum gemeinsamen Fürsten gewählt. Die autokephale rumänische Kirche wird proklamiert.

1862 Nach Anerkennung der Personalunion durch die Mächte *Proklamation des einheitlichen Staates Rumänien.* Verstaatlichung der umfangreichen Klostergüter.

1864 Alexander Cuza beseitigt Fronen und Abgaben der Bauern und überläßt ihnen einen Teil des Herrenlandes. Grundlegende Gesetzeskodifikationen.

1866 Ein *Militärputsch* zwingt Cuza zur Abdankung. Durch Volksabstimmung wird auf Empfehlung *Napoleons III.* Karl von Hohenzollern-Sigmaringen als *Carol (Karl) I.* (*1839, † 1914) zum Fürsten gewählt. Die Verfassung sieht zwei Kammern und ein Vetorecht des Fürsten vor. Die konservative Regierung stützt sich gegen die innere Opposition auf Österreich-Ungarn und verzichtet dafür auf Unterstützung der rumänischen Nationalbewegung in Siebenbürgen.

1878 Die Nationalversammlung erklärt die **Unabhängigkeit** vom Osmanischen Reich, die vom
22. Mai Berliner Kongreß anerkannt wird. Carol I. wird 1881 zum König ausgerufen.

1883 Verteidigungsbündnis zwischen Rumänien, Österreich-Ungarn und dem Deutschen Reich. Seit dem Verlust Bessarabiens an Rußland 1878 folgt die rumänische Außenpolitik einem antirussischen Kurs.

1914 Neutralitätserklärung Rumäniens. – *(Forts. S. 999)*

Bulgarien
(Forts. v. S. 588)

1870 Der Kampf für die *Unabhängigkeit von der griechisch-orthodoxen Kirche* führt zu einem vom Sultan dekretierten *Bulgarischen Exarchat.*

1871 Zur Straffung der gegen die türkische Herrschaft gerichteten *Nationalbewegung* wird ein „*Provisorisches Revolutionskomitee*" gegründet, das eine demokratische Republik anstrebt.

1875 Eine von den Aufständischen einberufene *Nationalversammlung* beschließt eine liberale
1876 Verfassung. Aufstände im ganzen Land werden niedergeworfen. Die „*Türkengreuel*" erregen die europäische Öffentlichkeit.

1877 Beginn der bis 1879 dauernden *russischen Besetzung.*

1877/1878 Russisch-türkischer Krieg, Friede von San Stefano.

1878 Nach dem *Beschluß des Berliner Kongresses* wird Bulgarien *autonomes,* dem Sultan tributpflichtiges *Fürstentum.*

1879 Die in Berlin vorgesehene *Notabelnversammlung* entscheidet sich gegen russische Wünsche für eine *liberale Verfassung.* Es gibt eine konservative und eine liberale Partei. Die Sobrane (Nationalversammlung) wählt *Alexander von Battenberg* (* 1857, † 1893; Haus Hessen-Darmstadt) zum Fürsten, der das wirtschaftlich unentwickelte Land mit russischen Beratern regiert.

1885 Fürst *Alexander I.* vereinigt gegen russischen Willen Ostrumelien mit Bulgarien.

1886 Sturz des Fürsten durch eine rußlandfreundliche Militärrevolte.

Einzelstaaten – Balkanstaaten – Rumänien–Bulgarien–Serbien   *829*

1887   Ferdinand von Sachsen-Coburg-Gotha-Koháry (* 1861, † 1948) wird als *Ferdinand I.* zum Nachfolger gewählt. Bei wachsender Auslandsverschuldung und häufigen Regierungskrisen erfolgen Ausbau des Landes (Verwaltung, Bildung, Eisenbahn, Industrieförderung) und Modernisierung des Heeres.
1908   Ferdinand I. erklärt sich zum Zaren des **unabhängigen Königreichs Bulgarien.**
1912–1913   **Balkankriege.** – *(Forts. S. 1001)*

Serbien
(Forts. v. S. 589)

1804   Aufstand gegen das Osmanische Reich. Die *serbische Unabhängigkeitsbewegung* im *Paschalik Belgrad* entwickelt sich unmittelbar aus den dörflichen Autonomien und städtischen Zünften. Sie wird geführt von *Knezen* (Dorfschulzen), Händlern und Priestern und entspringt aus der vom Sultan gebilligten Unterstützung des Paschas gegen die rebellierenden Janitscharen von Belgrad, als die siegreichen Serben sich weigern, die Waffen niederzulegen. Sie stehen unter der Führung von *Kara Georg Petrović,* genannt *Karadjordje* („Schwarzer Georg“; * 1768, † 1817).

1805   Neben der beherrschenden Stellung Karadjordjes gibt es eine *Verfassung mit Senat* und *Skupština* (jährlicher Landtag mit Geistlichen, Kaufleuten und Bauern).

1812   Nach Anerkennung der serbischen Autonomie besetzt die Türkei das Land abermals.
1815–1817   Aufstand unter *Knez Miloš Obrenović* (* 1780, † 1860).

1816   Vertrag mit der Pforte in Konstantinopel sieht selbständige Steuereintreibung und *türkisch-serbische Doppelverwaltung* vor.

1817   *Miloš Obrenović* läßt Karadjordje ermorden, wird zum erblichen Oberknez gewählt und von der Pforte anerkannt. Durch Loyalität gegenüber der Pforte und Anlehnung an Rußland baut er seine Stellung zu faktisch unbegrenzter Herrschaft aus.

1830   Im Gefolge des *Friedens von Adrianopel* garantiert die Pforte die serbische Autonomie und erkennt die Erblichkeit der Obrenović an.

1832   Das *Konkordat mit dem griechischen Patriarchen* verdrängt die Griechen aus der serbischen Hierarchie.

1843   *Michael III. Obrenović* (* 1823, † 1863), der nach der Abdankung von Miloš und der kurzen Regierung *Milans III.* (* 1819, † 1839) seit 1839 regiert, wird von der Skupština abgesetzt, die *Alexander Karadjordjević* (* 1806, † 1885), den Sohn Karadjordjes, wählt.

1858   Nach rapidem Bevölkerungsanstieg tritt eine Verarmung der Bauern ein. Ihre materielle Unzufriedenheit trifft mit liberalen Ideen zusammen. Alexander Karadjordjević wird abgesetzt.

1860   Neuerliche, autoritär geführte Regierung des 1843 verdrängten Michael III. Obrenović, der eine Außenpolitik im Sinn der demokratisch-jugoslawischen Bewegung mit dem Ziel des staatlichen Zusammenschlusses aller Serben und Kroaten verfolgt.

1867   Die Türken räumen die letzten Festungen.

1869   Einführung einer *liberalen Verfassung.* Die Parteien (Konservative, Liberale, seit 1881 auch die bäuerlich-demokratische Radikale Partei) können sich aber gegen den Fürsten
1868–1889   *Milan IV. Obrenović* (* 1854, † 1901) nicht durchsetzen, der mit Hilfe von Polizeimaßnahmen und willkürlichen Ministerwechseln regiert und sich gegen die innere Opposition auf Österreich stützt, von dem Serbien wirtschaftlich abhängig ist.

1878   Die im *Vertrag von San Stefano* zugesicherte **Unabhängigkeit** wird vom Berliner Kongreß bestätigt.

1882   *Milan IV. proklamiert als Milan I. das serbische Königtum.*

1903   Eine Offiziersverschwörung beseitigt den seit 1889 regierenden *Alexander I.,* den Sohn Milans IV. Die Skupština wählt *Peter I. Karadjordjević* (* 1844, † 1921), den Sohn Alexander Karadjordjevićs, zum König. Er regiert als erster nach parlamentarischen Mehrheiten („radikale“ Kabinette unter Leitung von *Nikola Pašić* – * 1846, † 1926), gewinnt die Handlungsfreiheit gegenüber Österreich zurück und begünstigt die wachsende südslawische Bewegung (Jugoslawismus).

1906   Österreich-Ungarn eröffnet mit einer Importsperre den *Handelskrieg gegen Serbien,* das aber seine lebenswichtigen Viehexporte (83 % der Ausfuhr) über Saloniki umleiten und mit französischer Hilfe eine eigene Industrie zur Verwertung landwirtschaftlicher Produkte aufbauen kann.

1908   Verschlechterung der Beziehungen zu Österreich-Ungarn, das *Bosnien* und die *Herzegowina* annektiert.

1912–1913   **Balkankriege.**
1914   **Ermordung des österreichischen Thronfolgerpaars in Sarajewo** durch den serbischen
28. Juni   Nationalisten *Gavrilo Princip* im Auftrag des Geheimbunds der *„Schwarzen Hand“,* einer Vereinigung großserbisch-südslawischer Nationalisten. – *(Forts S. 1002)*

830 Neuzeit – Französische Revolution bis Erster Weltkrieg

Montenegro

1782–1830 *Petar I.* Petrović Njegoš (* 1747, † 1830), der Heilige, versucht in dem nur unter formeller Hoheit der Türkei stehenden Land eine Einigung der Bergstämme durch Einführung eines Gesetzbuchs und Militärrechts sowie durch Kompetenzerweiterung des obersten Gerichts zu erreichen.

1860–1918 *Nikolaus I.* (Nikola; * 1841, † 1921) verbessert die Staatsverwaltung und führt eine gegen die Türkei gerichtete Außenpolitik.

    1878 Anerkennung der **Unabhängigkeit** des Landes durch den Berliner Kongreß.

    1910 Nikola nimmt den Königstitel an.

1912–1913 **Balkankriege.** – *(Forts. S. 1002)*

Griechenland
(Forts. v. S. 592)

    1800 Gründung der *Republik der Sieben vereinigten Inseln,* des ersten unabhängigen griechischen Staats der Neuzeit, der die bis 1797 zu Venedig gehörenden *Ionischen Inseln* umfaßt und der 1815 unter britischen Schutz kommt.

    1814 Mit dem Ziel, die Herrschaft der Türken zu beseitigen, bilden sich Geheimbünde, die von griechischen Kaufleuten getragen und von der griechisch-orthodoxen Kirche unterstützt werden.

1821–1829 **Unabhängigkeitskrieg:** Infolge der führenden Stellung der Griechen auf der ganzen Balkanhalbinsel bedeutet die griechische Erhebung mehr als einen Befreiungsversuch Griechenlands. Sie rührt an die Grundlagen des Osmanischen Reiches, weil sie das innere Gefüge des Vielvölkerreichs und zugleich seine Stellung im Mittelmeerraum in Frage stellt. In ganz Europa wird die Unabhängigkeitsbewegung unterstützt (glühender Verfechter: Lord *George G. N. Byron* – * 1788, † 1824). Zahlreiche Freiwillige gehen nach Griechenland. In der *philhellenischen Bewegung* bildet sich ein mächtiger Faktor der europäischen öffentlichen Meinung. Am Interessengegensatz zwischen Österreich und Rußland in der griechischen Frage zerbricht die Heilige Allianz. Die britische Neutralitätspolitik bringt den Aufständischen Vorteile, verhindert aber vorerst zusammen mit Österreich ein russisches Eingreifen zugunsten der Griechen.

    1821 Eine griechische Erhebung unter Fürst *Alexandros Ypsilanti* (* 1792, † 1828) wird niedergeworfen.

    1822 **Verkündung der Unabhängigkeit** des hellenischen Volkes und eines **Verfassungsgesetzes**
  1. Jan. (Volkssouveränität) auf dem *Nationalkongreß von Epidauros.* Türkischerseits setzen Repressionen ein.

    1827 In der *Seeschlacht bei Navarino* (griechisch: Pylos, Hafenstadt in Messenien) unterliegt die türkisch-ägyptische Flotte einer britisch-französisch-russischen. Großbritannien, Frankreich und Rußland erklären sich zugunsten der griechischen Autonomie.
Johann Anton Graf Kapodistrias (* 1776, † 1831) wird zum griechischen Regenten gewählt und beginnt mit dem Aufbau einer Verwaltung.

    1830 Nachdem in dem den russisch-türkischen Krieg beendenden *Frieden von Adrianopel* von
  3. Febr. 1829 die *Türkei* bereits die *griechische Unabhängigkeit* anerkannt hat, tun dies im Londoner Protokoll auch Großbritannien, Frankreich und Rußland. Weiterhin unter türkischer Herrschaft bleiben Epeiros, Thessalien, Samos, Chios und Kreta.

    1831 *Kapodistrias* wird wegen Verletzung der Verfassung und wegen autoritärer Regierung im Bürgerkrieg *ermordet.*

    1832 Die Nationalversammlung wählt den *Wittelsbacher Otto* (* 1815, † 1867), den Sohn Ludwigs I. von Bayern, zum *König der Hellenen.* Otto I. regiert ohne Parlament.

    1844 Einführung einer *parlamentarischen Verfassung,* nachdem im Vorjahr eine Militärrevolte die Einberufung einer Nationalversammlung erzwungen hat.

    1862 Angesichts innerer Schwierigkeiten (Opposition gegen das persönliche Regiment des
  Okt. Königs, schlechte wirtschaftliche Lage, Nachfolgeprobleme durch Kinderlosigkeit des Königspaares) zwingt eine *Militärrevolte* Otto I. zur Abdankung.

    1863 *Georg I.* (dänischer Prinz Wilhelm aus dem Haus Glücksburg; * 1845, † 1913) wird zum König gewählt. Großbritannien übergibt die *Ionischen Inseln an Griechenland.*

  28. Nov. *Neue demokratische Verfassung.*

    1866 Aufstand gegen türkische Herrschaft in Kreta mißlingt.

    1881 Griechenland erhält von der Türkei gemäß der Beschlüsse des *Berliner Kongresses* Thessalien und einen Teil von Epeiros.

1896–1897 Erhebung in Kreta und *Krieg mit der Türkei.* Trotz der griechischen Niederlage erhält *Kreta* auf Druck der europäischen Großmächte eine *selbständige Verwaltung unter türkischer Oberhoheit.*

Einzelstaaten – Montenegro–Griechenland–Schweiz   831

1908   *Kreta* wird *mit Griechenland vereinigt.*
1913   Nach der Ermordung König Georgs folgt sein Sohn *Konstantin I.* (* 1868, † 1923).
1912–1913   **Balkankriege:** Griechenland erhält endgültig Kreta, fast ganz Epeiros, einen Teil Mazedoniens mit Saloniki und Kavala, Insel Thasos und die Inseln vor der kleinasiatischen Küste.
– *(Forts. S. 1005)*

Schweiz (1798–1914)
(Forts. S. 715)

Staatskrise (1798–1848)

Die *Französische Revolution* bleibt nicht ohne Auswirkungen auf das eng mit Frankreich verbundene Land. Seit 1792 hält man eine *strikte Neutralitätspolitik* ein und kann sie bis 1798 durchführen. In diesem Jahr wird die Schweiz besetzt – eine innere *Revolution der Patrioten* wird durch eine äußere Hilfsaktion unterstützt.

1798   Mit dem *Einmarsch der Franzosen* in Bern bricht der kurze Widerstand einzelner Kantone
5. März   zusammen.
Als **„Helvetische Republik"** gliedert der französische General Napoléon Bonaparte (ab 1799 Erster Konsul Frankreichs) die Schweiz in sein System ein.

12. April   Die von *Peter Ochs* (* 1752, † 1821) entworfene Verfassung bringt eine völlige *Zentralisation:* die Kantone (territoriale Veränderungen) sind reine Verwaltungsbezirke, unterteilt in Distrikte, diese in Gemeinden. *Strenge Gewaltenteilung* (zweikammrige Legislative: Großer Rat, Senat; Exekutive: 5 Direktoren; Judikative: Oberster Gerichtshof) und repräsentative Demokratie kennzeichnen das System. Persönlichkeitsrechte sind gewährleistet. Die helvetische Regierung versucht Neuerungen durchzuführen, scheitert aber (2. Koalitionskrieg, wachsende Opposition).

1803   Mit dem Jahr 1800 beginnt die Reihe von Staatsstreichen (Unitarier gegen Foederalisten),
19. Febr.   die Napoleon durch die Mediationsverfassung beendet.
1803–1813   Die alte Schweiz wird zum großen Teil restauriert: die alten 13 Kantone und Graubünden werden zu Konzessionen an ehemalige Untertanengebiete verpflichtet; es entstehen die neuen Kantone St. Gallen, Aargau, Thurgau, Tessin und Waadt, die sich moderne Verfassungen geben. Die **„Schweizerische Eidgenossenschaft",** die nach wie vor stark an Frankreich gebunden ist (Soldtruppen), wird föderalistisch organisiert und durch die Tagsatzung geleitet. Innenpolitisch ist die Epoche ruhig, trotz der wachsenden Wirtschaftskrise, die durch die Kriegswirtschaft Frankreichs hervorgerufen ist.

1813   Nach dem *Rückzug der Franzosen* erklärt die Tagsatzung die bewaffnete Neutralität, die
Nov.   sie 1815 gegen die Alliierten nicht durchsetzen kann.
1815   Die **immerwährende Neutralität** der Schweiz und die Unverletzlichkeit des Gebietes garantieren die Mächte im *Wiener Kongreß.* Genf, Wallis und Neuenburg kehren nach ihrer Zugehörigkeit zu Frankreich in den Bund zurück, der größte Teil des Bistums Basel wird Bern als Entschädigung für den Verlust der Waadt und des Aargaus eingegliedert *(Juraproblem).* Das Veltlin (1512–1797 bei Graubünden) und Mülhausen (1466–1798 schweizerisch) bleiben abgetrennt.
1815   Die neue Verfassung, der **„Bundesvertrag",** betont vermehrt die kantonale Eigenständig-
7. Aug.   keit und Restauration.
Außenpolitisch steht die Schweiz im System Metternichs (1817 Beitritt zur Heiligen Allianz) und wird zu einer repressiven Flüchtlingspolitik gezwungen.
1830/1831   In der Mehrheit der Kantone kommt die liberale Bewegung an die Macht *(„Regeneration"* 1830–1848), die Freiheit in Verfassung und Wirtschaft postuliert. Dazu tritt die Forderung nach Überwindung des Föderalismus, der die Schweiz wirtschaftlich konkurrenzunfähig macht. Stärkere Industrialisierung (neu Maschinenindustrie) und veränderte Landwirtschaft (Ablösung der Feudallasten) führen zu sozialem Umbruch (Pauperismus) und zur Radikalisierung der politischen Gegensätze. Zum wirtschaftlich-politischen tritt der konfessionelle Konflikt (Jesuitenfrage).

1845   Sieben katholisch-konservative Kantone schließen eine Schutzvereinigung *(„Sonder-*
11. Dez.   *bund")* zur Wahrung ihrer Souveränitäts- und Religionsrechte.
1847   **Sonderbundskrieg:**
Mai   Die Mehrheit der Kantone (liberal-antiklerikal, industriell) beschließt die *Auflösung des*
4.–29.   *Sonderbundes,* die schließlich nur militärisch erfolgen kann (General Guillaume-Henri
Nov.   Dufour * 1787, † 1875).
1848   Der *Sieg dieser Mehrheit* ermöglicht die Ausarbeitung einer **neuen Bundesverfassung,** die
12. Sept.   in ihren Grundzügen noch heute Gültigkeit hat.

832 Neuzeit – Französische Revolution bis Erster Weltkrieg

Bundesstaat (seit 1848)

Das wichtigste Element der neuen Verfassung ist die Gewichtsverlegung der *Entscheidungsgewalt auf den Bund.* Die *Kantone* sind wohl noch *souverän,* doch nur *im Rahmen der übergeordneten Bundeskompetenzen.* (Außenpolitik, Post- und Telegraphenwesen, Maße und Gewichte, Möglichkeit allgemeiner Gesetzgebung). Als *Exekutive* steht eine Kollegialbehörde von 7 Mitgliedern, der **Bundesrat.** Die *Legislative* ist ein zweikammriges Parlament, die **Bundesversammlung** (Nationalrat als prozentuale Vertretung der Bevölkerung, Ständerat als Zweierdelegation der Kantone). Das **Bundesgericht** (nicht ständig) als *oberste richterliche Instanz* wird wie der Bundesrat von der Legislative gewählt. Bestimmte Grundrechte werden verpflichtend. Das demokratische Element liegt in der Möglichkeit der Bürger, den Nationalrat zu wählen und in der Initiative (50 000 Bürger können Änderung der Verfassung verlangen), sowie im obligatorischen Referendum (jede einzelne Verfassungsänderung unterliegt der Volksabstimmung).

1856/1857	Die Sonderbundskantone fügen sich mit Mühe in den Bund ein. Eine nationale Begeisterung im ganzen Land läßt der *Neuenburgerhandel* aufkommen (Konflikt um alte, preußische Herrschaftsrechte in Neuenburg).
1860	Der Erfolg kann im *Savoyerhandel* nicht wiederholt werden (Versuch, Nordsavoyen für Schweiz zu gewinnen).
1864 Aug.	Die Neutralitätspolitik wird weiter eingehalten und führt zu einer humanitären Außenpolitik (*Gründung des Roten Kreuzes in Genf,* internationale Organisationen nehmen Sitz in der Schweiz).
	Da in verschiedenen Kantonen die Volksrechte größer sind als auf Bundesebene, kommt es in den sechziger Jahren zu einer demokratischen Bewegung, die von der repräsentativen zur direkten Demokratie überzugehen verlangt.
1874 19. April	Die *revidierte Bundesverfassung* wird nach einem gescheiterten Anlauf angenommen (neu: Ausdehnung der Bundeskompetenzen, ständiges Bundesgericht, fakultatives Referendum; 1891 Partialinitiative). Die Divergenzen zwischen Zentralisten und Föderalisten bleiben bestehen.
1882	Politisch dominiert seit 1848 die freisinnige (*liberal-demokratische) Partei,* die Konservativen finden sich in ihrer Oppositionsrolle nur mühsam zurecht (v. a. ehemalige Sonderbundskantone). Erst zur Zeit des Kulturkampfes treten sie stärker hervor (katholische Presse), und es gelingt ihnen, allzu weitgehende Vereinheitlichungen mit Hilfe sprachlicher Minoritäten zu verhindern (z. B. im Erziehungswesen).
1888 Okt.	Mit der fortschreitenden Industrialisierung (neu Chemie und Nahrungsmittel) in größeren Teilen des Mittellandes steigt die soziale Problematik. Die erste Arbeiterbewegung, der *„Grütliverein"* (seit 1838), wird durch die internationaler ausgerichtete Sozialdemokratie, die sich schließlich als Partei formieren kann, überholt. Immer mehr wirtschaftliche Gruppierungen schließen sich (ab 1870) in Verbänden zusammen und gewinnen größeren politischen Einfluß.
1891 Dez.	Der *Freisinn* öffnet sich unter diesen Bedingungen. Einerseits kommt ein fortschrittliches *eidgenössisches Fabrikgesetz* zustande (1877), andererseits überläßt er den *Katholisch-Konservativen* einen Bundesratssitz (*„freiwilliger Proporz"*).
ab 1898	Zentralisation und Vereinheitlichung werden in limitiertem Rahmen vorangetrieben: Schaffung eines *eidgenössischen Zivil- und Strafrechts* (Einführung erst 1907 bzw. 1938/42).
1901	Gesetz über den Rückkauf der großen Privatbahnen und Gründung der staatlichen Schweizerischen Bundesbahnen.
1907	Gesetz über die Militärorganisation. – *(Forts. S. 1007)*

Das Zeitalter der Weltkriege (1914–1945)

Übernationale Entwicklung

Die Jahre 1914 und 1945 bezeichnen Anfang und Ende des Zeitalters der Weltkriege. Bei Beginn des Ersten Weltkriegs handelt es sich vorwiegend um eine Fortsetzung des alten Kampfes innerhalb des überlieferten *europäischen Staatensystems*. Im Jahre 1917 wird die *Ausweitung zum* gegenwärtigen *Weltgegensatz* in den Anfängen sichtbar: **Kriegseintritt der USA** und **bolschewistische Revolution.** Während dem Bolschewismus in den Wirren des Bürgerkriegs sowohl vom Deutschen Reich wie von den Ententemächten die „Atempause" gewährt wird, die seine stürmische Entwicklung in Rußland ermöglicht, entscheidet der Einsatz der Vereinigten Staaten von Amerika den Krieg gegen Deutschland. Nach dem Scheitern der Idee von US-Präsident *Woodrow Wilson* vom „*Gerechtigkeitsfrieden*" ziehen sich die USA freilich wieder von Europa zurück. Dieses wird in den Versailler Friedensverträgen unter der Vorherrschaft Frankreichs und Großbritanniens neu geordnet. Doch ist diese Ordnung brüchig infolge der Einengung des deutschen Volkes, welches das *Selbstbestimmungsrecht* nicht im gewünschten Ausmaß erhält, und infolge der Aufteilung Ostmitteleuropas in labile *Nationaldemokratien* mit starken nationalen Minderheiten. Die Sprengkräfte sind auf die Dauer stärker als die gleichfalls in der Neuordnung von 1919 angelegten Möglichkeiten zu einer ruhigen, ausgleichenden Revisionspolitik. Während sich die Bolschewisten innenpolitisch durchsetzen und Rußland sich zur gewaltigen Industriemacht entwickelt, krankt Europa an den Gegensätzen, die im Jahre 1919 nicht beseitigt, sondern vervielfacht werden. Verfassungspolitisch ist dies begleitet von einer allgemeinen „*Krise der Demokratie*", wirtschaftspolitisch von einem Zurückbleiben des Potentials der europäischen Staaten gegenüber der Entwicklung der großen Weltmächte. Der heraufkommende *Gegensatz* zwischen dem weltrevolutionären *bolschewistischen Rußland* einerseits, den *Vereinigten Staaten von Amerika* und *Westeuropa* andererseits wird in den dreißiger Jahren überdeckt durch die Expansionspolitik der im Gegensatz zu den anderen großen Völkern eingeengten bzw. sich eingeengt fühlenden *Deutschen, Italienern* und *Japanern.* In Italien und Deutschland werden zudem im **Faschismus** und **Nationalsozialismus** neue politische Ideologien und Herrschaftsformen entwickelt, in denen die „Krise der Demokratie" überwunden und die militante Abwehr gegen den Bolschewismus ausgedrückt sein soll. Ihre Politik scheint in den dreißiger Jahren zum Erfolg zu gelangen, sie scheitern jedoch durch die Maßlosigkeit ihrer politischen Ziele, durch den destruktiven Ausschließlichkeitscharakter ihrer „*politischen Religion*" sowie durch die Verantwortungslosigkeit, mit der das Spiel mit dem Krieg getrieben und das internationale Vertrauen zerstört wird.
Die *Sowjetunion* zieht aus dieser politischen Entwicklung Gewinn, da bereits vor 1939 deutlich wird, daß das Gewicht der Sowjetunion in einem kommenden Krieg entscheidend sein muß. Sie kann sich daher von der Außenseiterstellung in den Mittelpunkt der Weltpolitik hineinschieben.
Der Zweite Weltkrieg verändert die Landkarte Europas völlig und verwandelt auch die Afrikas und Asiens. Innerhalb dieser so umgestalteten Welt sind die Machtverhältnisse gründlich verschoben. Die bereits gesunkene Bedeutung Europas schwindet noch mehr; das entscheidende Wort in der Weltpolitik sprechen seither die in Amerika und Asien bestimmenden Weltmächte.

Der Erste Weltkrieg (1914–1918)

Vorgeschichte des Krieges

Ursachen: Das alte *europäische Staatensystem* wird vor 1914 zum *Weltstaatensystem*. Zu den europäischen Hauptmächten Großbritannien, Frankreich, Deutsches Reich, Russisches Reich treten die Vereinigten Staaten von Amerika und Japan. Außerdem kommt Österreich-Ungarn und Italien im Staatensystem große Bedeutung zu. Die traditionelle, stets auf den *Krieg als letztes Mittel* gerichtete Politik der großen Mächte hat sich im weltpolitischen Zusammenhang zum **Imperialismus** gesteigert, der sich in fortgesetzten wirtschafts- und militärpolitischen Konflikten ausdrückt. Kriegsgefährlich sind in erster Linie die deutsch-britische Flottenrivalität, Frankreichs Ziel, Elsaß-Lothringen zurückzugewinnen, und Rußlands Drang nach den Meerengen. **Nationalistische Propaganda** ergreift in allen Staaten, besonders heftig in Deutschland, weite, vorwiegend mittelständische Volksmassen. Zündstoff enthalten besonders die nationalen Bewegungen der kleinen Völker in Ostmitteleuropa. Die Verbindung dieser meist *slawischen Nationalismen* mit dem russisch geführten *Panslawismus* und (seit 1905) *Neoslawismus* wirkt sprengend gegenüber den bestehenden monarchischen, übernationalen Reichen. Sie werden gesteigert durch das nur durch einen Krieg zu erreichende Ziel der Zertrümmerung Österreich-Ungarns.
Der Automatismus und die Schwerkraft der starren europäischen Bündnissysteme und der militärischen Operationspläne wirken, als der Krieg in der Julikrise 1914 droht, teils lähmend, teils kriegstreibend auf die politischen Führungen.

Eintritt wichtiger Staaten in den Ersten Weltkrieg, die Kriegserklärungen 1914-1917

1914	1915	1916	1917
28. Juli Österreich-Ungarn an Serbien	23. Mai Italien an Österreich-Ungarn	9. März Deutsches Reich an Portugal	6. April USA an Deutsches Reich
1. Aug. Deutsches Reich an Rußland	14. Okt. Bulgarien an Serbien	27. Aug. Rumänien an Österreich-Ungarn	14. Aug. China an Deutsches Reich
3. Aug. Deutsches Reich an Frankreich	15.-20. Okt. Alliierte an Bulgarien	28. Aug. Deutsches Reich an Rumänien*	7. Dez. USA an Österreich-Ungarn
4. Aug. Kriegszustand: Deutsches Reich- Belgien		28. Aug. Italien an Deutsches Reich	
4. Aug. Großbritannien an Deutsches Reich		25. Nov. Griechenland an Deutsches Reich	
6. Aug. Österreich-Ungarn an Rußland		* Kurz darauf Kriegserklärungen der Türkei und Bulgariens an Rumänien	
6. Aug. Serbien an Deutsches Reich			
7. Aug. Montenegro an Österreich-Ungarn			
11. Aug. Montenegro an Deutsches Reich			
11. Aug. Frankreich an Österreich-Ungarn			
12. Aug. Großbritannien an Österreich-Ungarn			
23. Aug. Japan an Deutsches Reich			
2.-5. Nov. Rußland, Großbritan. Frankreich an Türkei			

Gliederungsübersicht

1914	Kriegserklärungen und Mobilmachungen
1914	Der Bewegungskrieg im Westen
1914–1915	Die Kampfhandlungen im Osten
1915–1916	Der Stellungskrieg im Westen
1915–1917	Der Krieg im Osten
1914–1916	Die Nebenkriegsschauplätze
1915	Der Krieg auf dem Balkan
1915–1916	Italienischer Kriegsschauplatz
1914–1918	Der Krieg zur See
	Nordsee (1916)
	Ostsee (1917–1918)
	Mittelmeer und Atlantik (1914)
	Unterseebootkrieg (1914–1918)
1914–1918	Der Luftkrieg
1914–1918	Der Krieg in den deutschen Kolonien
	Afrika (1914–1918)
	Der Kampf um Tsingtau (1914)
	Ozeanien (1914)
1916–1917	Das allgemeine Kriegsgeschehen
1916–1917	Friedensbemühungen und Kriegseintritt der Vereinigten Staaten von Amerika
1917–1918	Die russische Revolution und die Friedensschlüsse von Brest-Litowsk und Bukarest
1918	Der Entscheidungskampf im Westen
1918	Zusammenbruch der Mittelmächte

Kriegserklärungen und Mobilmachungen

1914 Ermordung des österreichisch-ungarischen Thronfolgerpaares in Sarajewo (28. Juni).

23. Juli Überreichung eines auf 48 Stunden befristeten Ultimatums Österreich-Ungarns an Serbien mit der Forderung, alle gegen die Donaumonarchie gerichteten Aktionen zu unterbinden.

28. Juli *Österreich-Ungarn* erklärt *Serbien* den Krieg.

1. Aug. Kriegserklärung des *Deutschen Reiches* an *Rußland* und Befehl zur allgemeinen Mobilmachung in Deutschland. Allgemeine Mobilmachung in *Frankreich*.

2. Aug. Im Zuge der deutschen Mobilmachung *Besetzung Luxemburgs*, um die luxemburgischen Eisenbahnen zu sichern.
Abends Überreichung eines *deutschen Ultimatums in Brüssel*, in der die belgische Regierung aufgefordert wird, als neutrale Macht den Durchmarsch der deutschen Truppen zuzulassen.

3. Aug. Ablehnende belgische Antwortnote. Darauf erfolgt der *deutsche Einmarsch in Belgien*. Nachmittags *Kriegserklärung des Deutschen Reiches an Frankreich*.

4. Aug. Die Verletzung der belgischen Neutralität durch das Deutsche Reich gibt *Großbritannien* den Anlaß zum *Kriegseintritt*. Britisches Ultimatum, Abbruch der diplomatischen Beziehungen gleichbedeutend mit Kriegserklärung an Deutschland.
Abbruch der diplomatischen Beziehungen zwischen Belgien und dem Deutschen Reich: Kriegszustand.

Der Bewegungskrieg im Westen 1914

Der **deutsche Aufmarsch** und Operationsplan geht auf eine Denkschrift des preußischen Generalfeldmarschalls *Alfred Graf von Schlieffen* (* 1833, † 1913) vom Jahr 1905 zurück (sog. *„Testament des Grafen Schlieffen"*), die auf der Voraussetzung eines Einfrontenkrieges im Westen aufbaut. Der Grundgedanke des **Schlieffenplans** beruht auf folgenden Überlegungen: Schwerpunktbildung zur raschen Offensive im Westen, mit schwachen Kräften defensiv im Osten, im Westen große Schwenkung mit starkem rechtem Flügel durch Belgien, Umfassung und operative Überholung, Einschließung und Vernichtung des gegen die Moselfestungen, den Jura und die Schweizer Grenze gedrängten Gegners.
Der französische Aufmarschplan (Operationsplan XVII) ist gleichfalls offensiv gedacht: er sieht eine Vorwärtsstrategie in Lothringen vor (Offensivvorstoß mit zwei Armeen beidseits von Metz–Diedenhofen, mit zwei weiteren Armeen nordöstlich in das Ardennengelände – die 5. Armee unter Verstärkung der britischen Expeditionsstreitmacht sowie der belgischen Armee als Flankendeckung bis zur Maas).
Den planmäßigen Aufmarsch leitet General *Joseph Jacques-Césaire Joffre* (* 1852, † 1921).

836 Neuzeit – Zeitalter der Weltkriege

Truppenstärken im Ersten Weltkrieg

Mittelmächte	gesamte Truppenstärke (in Mio)	Feldheere bei Kriegsbeginn (in Mio.)
Deutschland	11,0	2,3
Österreich-Ungarn	7,8	1,4
Türkei	2,8	—
Bulgarien	1,2	—
gesamt:	**22,8**	**3,7**

Ententemächte	gesamte Truppenstärke	Feldheere bei Kriegsbeginn
Frankreich	8,5	1,8
Rußland	12,0	3,4
Großbritannien	9,0	0,4
Italien	5,5	—
USA	4,8	—
Rumänien	0,75	—
Serbien	0,7	0,2
gesamt:	**41,25**	**5,8**

1914
17. Aug. Der deutsche Aufmarsch wird planmäßig mit sieben Armeen unter Führung des deutschen Generalstabschefs (Chef der Obersten Heeresleitung – OHL), Generaloberst *Helmuth von Moltke* (* 1848, † 1916), beendet.

20. Aug. Einzug der deutschen Truppen in Brüssel. Der schnelle Vormarsch der ersten, zweiten und dritten deutschen Armee auf dem rechten Flügel in südlicher Richtung schließt sich an.

22.–28. Aug. In großen Grenzschlachten wird die französische Offensive gestoppt; keine operativen Entscheidungen. Deutscher Sieg bei Neufchâteau (Belgien; 22./23. Aug.) und Überschreiten der Maas, die Festung Longwy wird gewonnen (26. Aug.), Montmédy genommen (28. Aug.)

30. Aug. –5. Sept. Die deutschen Truppen dringen bis an und über die Marne vor. Paris ist durch den deutschen Angriffsflügel mit der Front nach Süden bedroht.

3. Sept. Die französische Regierung flüchtet nach Bordeaux. General Joffre ordnet den Rückzug der französischen Streitkräfte hinter die Marne an. Die deutsche Verfolgung wird nicht zur operativen Überholung gesteigert. Die Angriffskraft der drei deutschen Armeen des rechten Flügels ist geschwächt durch die Anstrengungen des Vormarschs und die Abgabe von vier Korps, die zur Beobachtung Antwerpens und zur Belagerung von Maubeuge (nahe der belgischen Grenze an der Sambre) benötigt werden. General Joffre bildet eilig eine sechste Armee, die der – entgegen dem Schlieffenplan – nördlich von Paris nach Südosten einschwenkenden deutschen ersten Armee in der rechten, offenen Flanke steht.

5.–12. Sept. **Schlacht an der Marne:** General Joffre gibt den Befehl zum großen Gegenangriff auf der ganzen Front zwischen Verdun (an der Maas) und Paris. Der deutsche Vormarsch wird zum Stehen gebracht. Besonders kritisch wird die Lage am rechten deutschen Flügel (erste und zweite Armee unter Generaloberst *Alexander Kluck* (* 1846, † 1934) und Generalfeldmarschall *Karl von Bülow* (* 1846, † 1921). Der deutsche Generalstabschef *von Moltke*, krank und ohne genügenden Kontakt mit der Front, beurteilt die Lage pessimistisch und gibt den Rückzugsbefehl.

10.–12. Sept. Rückzug der deutschen Truppen hinter die Aisne. Der Feind folgt zunächst zögernd und drängt dann heftig nach, ohne zum operativen Erfolg zu gelangen.

14. Sept. Generaloberst von Moltke wird durch den preußischen Kriegsminister, Generalleutnant *Erich von Falkenhayn* (* 1861, † 1922), als Chef der Obersten Heeresleitung abgelöst.

Sept. –Nov. Wechselnde verlustreiche Kämpfe. Ganz Belgien bis zum Yserkanal in deutscher Hand. Im Ringen um die offene Heeresflanke, im sog. Wettlauf zum Meer, gelingt es den Deutschen nicht, die Kanalhäfen zu gewinnen und damit die wichtigen Nachschubhäfen der britischen Expeditionsarmee, Dünkirchen (nahe der belgischen Grenze) und Boulogne-sur-Mer (an der Kanalküste), zu erreichen.
Die Front erstarrt auf der ganzen Linie. Der Krieg wird zum **Stellungskrieg.** Der deutsche Operationsplan ist gescheitert. Damit entsteht auf beiden Seiten die bis 1918 nicht mehr gelöste Aufgabe, aus der festen Front wieder zum schlachtenentscheidenden Bewegungskrieg zu kommen. Die großen *Einbruchs- und Materialschlachten* geben von da an dem Krieg im Westen das Gesicht. Die *Frontlinie* verläuft von der Kanalküste bei Nieuport (britisch) westlich an Péronne an der Somme (deutsch) vorbei, nördlich von Soissons an der Aisne und Reims durch den Argonnerwald, bricht bei Verdun um, das französisch bleibt, um dann durch die Vogesen und den Sundgau die Schweizer Grenze zu erreichen.
Das besetzte *Belgien* wird unter deutsche *Militärverwaltung* gestellt.

Die Kampfhandlungen im Osten 1914–1915

Aus der strategischen Lage im Osten und den Aufmarschplänen ergeben sich zwei Schwerpunktbildungen: die *Hauptfront Galizien* und die *Nebenfront Ostpreußen*. Die Tiefe zwischen diesen beiden Flanken ist nur schwach besetzt und spielt zunächst militärisch keine Rolle. Auf deutscher Seite steht im Osten nur die achte Armee, deren Aufmarsch, mit Schwerpunkt in Ostpreußen, am 10. Aug. beendet ist. Mit stärkeren Kräften (vier Armeen) marschieren die österreichisch-ungarischen Truppen unter ihrem Generalstabschef, Franz Freiherr *Conrad von Hötzendorf* (* 1852, † 1925), in Galizien auf, um ihre Offensive vorzubereiten.

Die russischen Truppen stehen unter Führung von Großfürst *Nikolaj Nikolajewitsch* (* 1856, † 1929) mit zwei Armeen (Ost- und Südflügel, und zwar vom Njemen her unter *Paul von Rennenkampff* [* 1854, † 1918] und vom Narew her unter General *Alexander Wassiljewitsch Samsonow* [* 1859, † 1914]) gegen Ostpreußen und mit fünf Armeen gegen Galizien. Damit ist – entgegen den Wünschen der Franzosen – der Schwerpunkt an die Front gegen Österreich-Ungarn gelegt. Die russischen Streitkräfte sind den Streitkräften der Mittelmächte zahlenmäßig etwa um das Doppelte überlegen.

1914 19.–22. Aug.	Nach russischem Vormarsch und deutschem Rückzug in Ostpreußen (größter Teil der Provinz fällt in russische Hand) wird Generaloberst *Paul von Beneckendorff und von Hindenburg* (* 1847, † 1934) Oberbefehlshaber (Chef des Generalstabs: Generalmajor *Erich Ludendorff* [* 1865, † 1937]).
26.–30. Aug.	**Schlacht bei Tannenberg** (ostpreußisches Dorf – Masurengebiet). Die russische Narew-Armee im Raum Hohenstein-Gilgenburg-Ortelsburg wird von den deutschen Truppen eingeschlossen und größtenteils vernichtet (93000 Gefangene): die große *Umfassungsschlacht* gelingt mit zahlenmäßig unterlegenen Kräften.
6.–15. Sept.	*Schlacht an den Masurischen Seen.* Die russische Njemen-Armee muß unter schweren Verlusten Ostpreußen räumen. Durch rechtzeitigen Rückzug entgeht sie der Vernichtung.
26. Aug. –12. Sept.	*Schlachten bei Lemberg* (ukrain. Lviv, russ. Lwow): Russischer Sieg erzwingt den Rückzug der österreichisch-ungarischen Truppen aus Ostgalizien.
28. Sept.	Beginn des *Vormarsches* deutscher und österreichisch-ungarischer Truppen *in Südpolen*.
Okt./Dez.	Nach wechselvollen Kämpfen kommt es zur Festigung einer *Stellungsfront in Polen*.
1915 Febr.	*Winterschlacht in Masuren:* die russische 10. Armee wird geschlagen (über 100000 Gefangene).

Der Stellungskrieg im Westen 1915–1916

Trotz mehrfacher großer *Durchbruchsversuche der Franzosen und Briten* im Herbst 1915 wird die deutsche Stellungsfront im wesentlichen nicht erschüttert.

Sowohl der französische Oberbefehlshaber Joseph Joffre wie der deutsche Generalstabschef (Chef der Obersten Heeresleitung) Erich von Falkenhayn planen 1916 die *Kriegsentscheidung im Westen:* Joffre bereitet eine große *Offensive an der Somme* vor, Falkenhayn lehnt die Pläne der Generale Hindenburg und Ludendorff, im Osten mit starken Kräften den entscheidenden Sieg und damit den Frieden zu erzwingen, ab. Falkenhayn sucht die Entscheidung auf dem französischen Kriegsschauplatz, wobei er den *U-Boot-Krieg* in seine Überlegungen mit einbezieht. Er will durch einen *Massivangriff auf* die Festung *Verdun*, den Eckpfeiler der französischen Front, der Sommeroffensive der Franzosen zuvorkommen und durch eine langdauernde „*Materialschlacht*" den Gegner „ausbluten" lassen.

1916 **21. Febr.** –Juli	**„Verdun-Offensive":** ein Teil der Festungswerke wird eingenommen (*Erstürmung des* Forts Douaumont am 25. Febr.), Verdun selbst bleibt aber in französischer Hand. Sowohl die französischen als auch die deutschen Verluste sind verheerend (mit über 350000 Gefallenen liegen die französischen Verlustziffern etwas höher als die deutschen). Infolge der Schlacht um Verdun können die Franzosen nur mit wesentlich geringeren Kräften als geplant
24. Juni/	in die Somme-Offensive eintreten, die hauptsächlich von den Briten getragen wird.
1. Juli –26. Nov.	**Schlacht an der Somme:** das Ergebnis der mit großer Überlegenheit an Material und Truppen (104 Divisionen) vorgetragenen Offensive ist lediglich ein Eindrücken der deutschen Front in 40 km Breite und etwa 12 km Tiefe, ohne daß der Durchbruch gelingt. Beim Abschluß der *monatelangen Materialschlacht* betragen die Verluste der Deutschen über 400000, die der Franzosen fast 200000, die der Briten über 400000 Mann.
29. Aug.	Im Zusammenhang mit der Lage an der Ostfront und der Kriegserklärung Rumäniens wird Generalfeldmarschall von Hindenburg zum Chef des Generalstabes des Feldheeres und Generalleutnant Ludendorff zum ersten Generalquartiermeister ernannt (dritte Oberste Heeresleitung); der Rücktritt von General Falkenhayn, der zur neunten Armee nach Rumänien versetzt wird, ist auf den Mißerfolg bei Verdun und auf die Somme-Krise zurückzuführen.
24. Okt. –16. Dez.	Erfolgreiche *französische Angriffe bei Verdun* führen zur *Rückeroberung der verlorenen Festungswerke.* Die großen Materialschlachten bleiben ohne operative Entscheidung, führen aber zu beiderseitiger Erschöpfung.

838 Neuzeit – Zeitalter der Weltkriege

26. Dez. Infolge des Scheiterns der Somme-Offensive wird General Joffre durch General *Georges Robert Nivelle* (* 1858, † 1924) als Oberbefehlshaber der französischen Streitkräfte ersetzt.

Der Kampf um Verdun (1916)
Chronologisches Verlaufsschema

21. Febr.	Beginn des deutschen Angriffs
24. Febr.	Deutscher Angriff erreicht nordöstliche Festungswerke
25. Febr.	Fort Douaumont in deutscher Hand / Zwischenwerk Hardaumont in dt. Hand
2. März	Dorf Douaumont in deutscher Hand
7. März	Höhe 304 größtenteils in dt. Hand

Franzosen auf dem Fort Douaumont — **22. Mai**

23. Mai	Angriff auf Fort Douaumont abgeschlagen
2. Juni	Fort Vaux in deutscher Hand
23. Juni	Erstürmung der Festungen Thiaumont und Fleury

Franzosen erobern Thiaumont und Douaumont zurück — **24. Okt.**

2. Nov.	Deutsche räumen und sprengen das Fort Vaux

Erfolgreiche französische Offensive auf dem Ostufer der Marne — **15./16. Dez.**

360000 Franzosen	Verluste:	335000 Deutsche

Der Krieg im Osten vom Frühjahr 1915 bis zum Frühjahr 1917

1915
1.–3. Mai **Durchbruchsschlacht von Gorlice-Tarnow** (Galizien, südöstlich von Krakau). Die westgalizische Front der Russen wird unter Führung des Generalobersten *August von Mackensen* (* 1849, † 1945) durchstoßen.

3.–5. Mai Eiliger *Rückzug der Russen* und Übergang der verbündeten deutschen und österreichisch-ungarischen Truppen über den Dunajec.
Der überraschende Durchbruchserfolg kann operativ ausgenutzt werden und leitet damit die Reihe der aufeinanderfolgenden erfolgreichen Angriffe der Mittelmächte an der Ostfront ein.

Mai–Okt. Die *Offensive der Mittelmächte* bringt großen Raumgewinn (Litauen, Kurland, Polen erobert; Galizien mit Lemberg zurückerobert), führt aber wegen Kräftemangels und z. T. erfolgreicher russischer Gegenangriffe nicht zu operativen Umfassungen und zur Vernichtung des Gegners. Die *neue Stellungsfront* verläuft in südnördlicher Richtung von der Bukowina (Czernowitz österreichisch) durch Ostgalizien und Wolhynien (Tarnopol russisch, Dubno österreichisch) über Pinsk (deutsch), Baranowitschi (deutsch), Smorgon (russisch), Dünaburg ([Dwinsk] russisch), dünaabwärts zum Rigaer Meerbusen (Riga mit Brückenkopf russisch).

25. Aug. General *Hans Hartwig von Beseler* (* 1850, † 1921) wird Generalgouverneur des unter deutscher Verwaltung stehenden nördlichen „Kongreßpolen". Statthalter im südlichen Polen wird der österreichische Feldzeugmeister *Karl von Kuk* (* 1853, † 1935). Litauen und Kurland unter deutscher Militärverwaltung des Oberbefehlshabers Ost.

1916 Sommer	Großangelegte russische Offensive **(Brussilow-Offensive)** gegen die Ostfront der Mittelmächte unter General *Alexej Brussilow* (* 1853, † 1926): gegen Verbände der k.u.k. Armee in der Bukowina bedeutender Schlachtensieg (über 200000 Gefangene).
1917 März	Bis zur russischen „Februarrevolution" und der Abdankung des Zaren bleibt die Front im Osten im wesentlichen unverändert.

Die Nebenkriegsschauplätze bis August 1916

1914 2.–5. Nov.	Das *Osmanische Reich* tritt an der Seite der Mittelmächte in den Krieg ein (Okt). Nach *türkisch-russischen Seekämpfen* auf dem Schwarzen Meer folgen Kriegserklärungen Rußlands, Frankreichs und Großbritanniens an die Türkei. *Annexion Zyperns* durch Großbritannien.
1915 **19. Febr.** **– 6. Jan.** **1916**	**See- und Landkämpfe** um die **Dardanellen:** britische und französische Streitkräfte versuchen vergeblich, nach strategischen Plänen des britischen Marineministers *W. Churchill,* die *Meerengen bei Gallipoli* (türkisch: Gelibolu) zu nehmen, werden aber unter großen Verlusten von türkischen und deutschen Verbänden, die nach deutschen Generalstabsplänen operieren, zur Räumung gezwungen. Damit bleibt Rußland eine direkte Verbindung mit seinen westlichen Verbündeten versperrt, zumal die Ostseeausgänge von der deutschen Flotte kontrolliert werden.
1916 Jan.–Juli	Beginn des russischen Vordringens im Kaukasus und in Armenien: ganz *Armenien* gerät *in russische Hand.*
29. April	Eine *britische Offensive in Mesopotamien* wird durch türkische Gegenwehr vereitelt: Kapitulation der britisch-indischen Truppen. Wechselvolle *Kämpfe finden am Sueskanal statt,* bis die Briten endgültig das Ostufer besetzen können.

Der Krieg auf dem Balkan

1915 6. Okt.	Um die Verbindung zur Türkei herzustellen, beginnen die Mittelmächte die *Offensive gegen Serbien.*
9. Okt.	Belgrad wird erstürmt.
14. Okt.	*Bulgarien,* das Mazedonien gewinnen will und am 6. Sept. einen Bündnisvertrag mit Deutschland abgeschlossen hat, *erklärt Serbien den Krieg.* Ganz *Serbien* wird von deut-
Okt.-Dez.	schen, österreichisch-ungarischen und bulgarischen Truppen *erobert; Montenegro kapituliert* (25. Jan. 1916): die *Italiener* werden *aus Albanien vertrieben.* Den Franzosen und Engländern gelingt es, nach verlustreichem Rückzug an der *griechisch-mazedonischen Grenze* nördlich von Saloniki eine Stellungsfront zu halten. *Griechenland* protestiert gegen die Verletzung seiner Neutralität (Landung der Alliierten Anfang Oktober in Saloniki und Einbeziehung griechischen Staatsgebiets in das Operationsgebiet). Es befindet sich faktisch in der Hand der Alliierten, die Griechenland zum Kriegseintritt drängen.
1916 6.–22. Juni	„*Pacific blockade" Griechenlands* durch die Entente, deren Ultimatum vom 21. Juni die Demobilisierung der griechischen Armee sowie Verfassungs- und Regierungsumbildung fordert.

Italien

Italiens Bündnisverpflichtungen bestehen seit dem *Dreibundvertrag von 1882* einmal gegenüber den Mittelmächten und zum anderen durch den *italienisch-französischen Geheimvertrag von 1902* auch zu den Ententemächten. In den innenpolitischen Auseinandersetzungen um ein Für und Wider der Neutralität Italiens können sich die Befürworter einer *Intervention gegenüber Österreich-Ungarn* (weitgehende Gebietsversprechungen durch die Ententemächte) durchsetzen. Auf die Bemühungen des deutschen Reichskanzlers Bethmann Hollweg, durch österreichische Zugeständnisse im Trentino-Gebiet Italien von einem Kriegseintritt abzuhalten, reagiert Wien zu spät.

1915	*Kriegserklärung Italiens* an Österreich-Ungarn (23. Mai). Kriegserklärung an das Deutsche Reich erst am 28. Aug. 1916. Die kriegerischen Auseinandersetzungen werden in drei Gebieten ausgetragen: 1. die Isonzolinie (Isonzo, Fluß im italienisch-jugoslawischen Grenzgebiet), 2. die Kärntner Grenzlinie, 3. die Tiroler Grenzlinie.
1915/1916	In fünf **Isonzoschlachten** versuchen die Italiener vergeblich die Einnahme des Brückenkopfes von Görz (am Eintritt des Isonzo in die Friaulische Ebene) und den Durchbruch durch die österreichisch-ungarische Front (Juni 1915 – März 1916).

840   Neuzeit – Zeitalter der Weltkriege

Der Krieg zur See

Der Seekrieg ist von ausschlaggebender Bedeutung. Die trotz der *deutschen U-Boot-Kriegführung* durchgehaltene **britische Blockade** gegen Deutschland ist kriegsentscheidend.

Nordsee

Bei Kriegsausbruch liegt der Schwerpunkt des kommenden Seekriegs in der Nordsee (deutsch-britisches Kräfteverhältnis in der Nordsee 1 : 1,8). Großbritannien hat sich unter dem Einfluß des Marineministers Winston Churchill seit 1911 zur Fernblockade entschlossen (zwischen den Shetland-Inseln und Norwegen) und ist nicht genötigt, die Entscheidung durch die Schlacht zu suchen. Auf deutscher Seite erwartet man eine enge Blockade. Entgegen der Auffassung des Großadmirals *Alfred von Tirpitz* (* 1849, † 1930), des Staatssekretärs des Reichsmarineamts, entschließt man sich nicht zum Schlachteinsatz der Hochseeflotte, statt dessen erfolgt der *Befehl zum „Kleinkrieg"* durch Minen- und U-Booteinsatz mit dem ·Ziel, ein für Deutschland besseres Kräfteverhältnis zu erreichen, um dann die Entscheidungsschlacht mit der Hochseeflotte zu suchen.

1916 **Seeschlacht vor dem Skagerrak.** Die britische „Grand Fleet" (mit 37 Großkampfschiffen)
31. Mai unter Admiral *John Rushworth Jellicoe* (* 1859, † 1935) trifft mit der deutschen Hochsee-
– 1. Juni flotte (21 Großkampfschiffe) unter Vizeadmiral *Reinhard Scheer* (* 1863, † 1928) zusammen. Der Kampf wird nicht bis zur Entscheidung durchgeführt. Gleichwohl wird die Schlacht ein Erfolg der deutschen Flotte, die mit unterlegenen Kräften den Briten einen Verlust von 115 000 t gegenüber nur 61 000 t eigener Einbuße zufügt.

Ostsee

1917 Die deutsche Hochseeflotte unterstützt die Einnahme der baltischen Inseln *Ösel, Moon und Dagö (14.–20. Okt.).*
1918 Vorbereitende Unternehmungen gegen die *Älandinseln* (finnische Inselgruppe am Eingang zum Bottnischen Meerbusen).
3.–4. *Deutsches Landungsunternehmen* mit Unterstützung starker Flotteneinheiten in *Hangö*
April *(Finnland). Einnahme (11.–12. April) von Helsinki* (Helsingfors).

Überseeische Gewässer

1914 Die deutschen *Kreuzer* „*Goeben*" und „*Breslau*" brechen nach Konstantinopel durch.
11. Aug. Die Schiffe werden von der Türkei erworben, behalten aber ihre deutsche Besatzung.
28. Okt. Beginn des Seekriegs im Schwarzen Meer zwischen Türkei und Rußland.
1. Nov. *Seeschlacht bei Coronel* (chilenische Hafenstadt): das deutsche ostasiatische Kreuzergeschwader unter Vizeadmiral *Maximilian Graf Spee* (*1861, † 1914) vernichtet ein britisches Geschwader.
9. Nov. Der *Kreuzer* „*Emden*" wird, nachdem er erfolgreich im Handelskrieg eingesetzt worden ist (Aufbringung bzw. Versenkung von 23 Handelsschiffen) im Indischen Ozean bei Sumatra durch den australischen *Kreuzer* „*Sydney*" versenkt.
8. Dez. *Seeschlacht bei den Falklandinseln* (Inselgruppe im Südatlantik, östlich der Magellanstraße): Vernichtung des Kreuzergeschwaders unter Graf Spee (Kreuzer „*Scharnhorst*", „*Gneisenau*", „*Leipzig*" und „*Nürnberg*"; Kreuzer „*Dresden*" kann entkommen, wird aber im März 1915 versenkt) durch britischen Verband moderner Großkampfschiffe.

Unterseebootkrieg

1914 Die Bedeutung der U-Boot-Waffe wird allgemein sichtbar, als das Unterseeboot „U 9"
22. Sept. unter dem Kommando von Kapitänleutnant *Otto Weddigen* vor der niederländischen Küste drei (alte) britische Kreuzer versenkt. Die Steigerung des deutschen U-Boot-Krieges gegen Handelsschiffe des Kriegsgegners ist eine Antwort auf die britische Fernblockade (Sperrung des Kanals und der Nordsee zwischen Norwegen und Schottland für deutsche Schiffe) und der Versuch, das vom Seetransport abhängige Großbritannien seinerseits empfindlich zu treffen.
2. Nov. Mitteilung Großbritanniens an alle nichtkriegführenden Staaten, daß die Nordsee als Kriegsgebiet zu betrachten sei (Verminung!).
1915 Die deutsche Reichsleitung kündigt an, die Gewässer rings um Großbritannien seien als
4. Febr. Kriegsgebiet zu bezeichnen.

Übernationale Entwicklung – Erster Weltkrieg 841

22. Febr.	Der *uneingeschränkte* U-Boot-Krieg (Torpedierung von Handelsschiffen kriegführender und neutraler Staaten innerhalb der erklärten Seekriegsgewässer) wird befohlen.
7. Mai	Deutsches U-Boot versenkt den britischen *Passagierdampfer „Lusitania"*, der auch Kriegsmaterial und Munition geladen hat (vor dem Auslaufen in New York erfolgt Warnung des deutschen Botschafters). Unter den 1198 umgekommenen Personen sind auch 139 US-Staatsbürger, was eine *scharfe Protestnote der USA* zur Folge hat.
13. Mai	Nach weiterem *scharfem Notenwechsel* (die USA erheben auch in London gegen die britische Praxis einer Hungerblockade Einspruch!) erfolgt (wegen Kriegsdrohung der USA) eine *Einschränkung des deutschen U-Boot-Kriegs* durch den Befehl, neutrale Schiffe und feindliche Passagierdampfer zu schonen.
1916 29. Febr.	Erneut Beginn des *verschärften deutschen U-Boot-Kriegs* (eigenmächtiges Vorgehen der Admiralität entgegen der politischen Führung von Reichskanzler Bethmann Hollweg) gegen bewaffnete Handelsschiffe: mit Geschützen bestückte Handelsschiffe sollen wie Kriegsschiffe behandelt werden.
6. März	Kaiser Wilhelm II. schließt sich der Meinung Bethmann Hollwegs an und lehnt gegen das Votum von General Falkenhayn und Admiral Tirpitz den uneingeschränkten U-Boot-Krieg (auch gegen neutrale Schiffe, ohne vorherige Warnung) ab.
17. März	Das daraufhin erfolgte *Entlassungsgesuch von Admiral Tirpitz* wird angenommen.
4. Mai	*Deutsche Note an die USA,* in der eine Rückkehr zu den völkerrechtlichen Regeln des Kreuzerkrieges zugesagt wird, falls auch Großbritannien sich zur Einhaltung des Völkerrechts verpflichte, da man sich sonst „die volle Freiheit der Entschließung vorbehalten" müsse (bis zum Beginn des Jahres 1917 hat der U-Boot-Krieg infolge dieser Einschränkung nur geringe Bedeutung).
1917 1. Febr.	*Rückkehr zum uneingeschränkten U-Boot-Krieg* nach dem unbefriedigenden Ausgang der Seeschlacht vor dem Skagerrak vom Mai/Juni 1916 (gegen die politische Führung ist die Admiralität der Ansicht, dadurch Großbritannien innerhalb von sechs Monaten in die Knie zwingen zu können).
1. Febr. −31. Dez.	6 141 000 BRT Schiffsraum der Alliierten werden versenkt (dazu 1,127 Mio. BRT der Neutralen). Die Folge des uneingeschränkten U-Boot-Kriegs ist der Kriegseintritt der USA, ein Umstand, vor dem Reichskanzler Bethmann Hollweg mehrmals öffentlich gewarnt hat.
1918	Trotz anhaltender Versenkungsziffern von monatlich über 600 000 BRT tritt der durchschlagende Erfolg des U-Boot-Kriegs nicht ein: *keine ernsthafte Störung des Nachschubs aus den USA* nach Europa.

Der Luftkrieg

Zum ersten Mal werden in einem Krieg *Luftstreitkräfte* eingesetzt, sie sind aber für das allgemeine Kriegsgeschehen noch *ohne größere Bedeutung*. In erster Linie werden sie für *Aufklärungsoperationen* eingesetzt. Ihre Entwicklung bis zum Kriegsende eröffnet jedoch die Aussicht auf grundlegende Wandlungen in der gesamten zukünftigen Kriegführung.

1914 Herbst	Mit dem Übergang zum Stellungskrieg tritt die *Nahaufklärung* (Lichtbild und Artillerieerkundung) in den Vordergrund, wozu sich fliegendes Material hervorragend einsetzen läßt.
Dez.	Erste Funkanlage in einem deutschen Flugzeug.
1915/1916	Nächtliche Angriffsfahrten mit *Zeppelin-Luftschiffen* gegen militärische Ziele in Paris, London, Südengland und im Osten.
1916	Kampfgeschwadereinsätze bei Verdun und an der Somme auf beiden Seiten.
März **1918**	Nach erheblichen deutschen Anstrengungen für die Luftaufrüstung gegen die alliierte Überlegenheit wird der *Höhepunkt der Kraftanspannung* der deutschen Luftstreitkräfte erreicht: 1338 Flugzeuge, etwa ein Drittel sämtlicher Fliegerverbände und die Hälfte der Jagd- und Bomberkräfte sind für den Angriff zusammengezogen. Seitdem keine weitere Steigerung. Seit dem Sommer zunehmende deutsche Unterlegenheit. *Bombenangriffe der Alliierten auf Front- und Grenzgebiete Westdeutschlands.*

Der Krieg in den deutschen Kolonien

Afrika

Die *schwachen deutschen Streitkräfte* in den *deutschen Kolonien* sind auf einen Krieg nicht vorbereitet, so daß die Besitzungen nach kurzer Zeit mit Ausnahme *Deutsch-Ostafrikas,* dessen Schutztruppe sich unter dem Kommando von Generalmajor *Paul von Lettow-Vorbeck* (* 1870, † 1964) bis zum Waffenstillstand 1918 behaupten kann, verlorengehen (1914 gehen *Togo* und *Kamerun* verloren; 1915 erfolgt die deutsche Kapitulation in *Deutsch-Südwestafrika*).

842 Neuzeit – Zeitalter der Weltkriege

1914 Sieg der deutschen Afrika-Truppe unter General von Lettow-Vorbeck *bei Tanga* (Ostafrika; heute in Tansania) über ein britisch-indisches Expeditionskorps (2.–5. Nov.).

1916 Konzentrischer Aufmarsch überlegener britischer Truppen (Inder, Südafrikaner, dazu Portugiesen) gegen Deutsch-Ostafrika.

4. Sept. Daressalam (Ostafrika) *in britischer Hand.* Der deutschen Streitmacht gelingt die Loslösung vom Feind; in strapazenreichen Märschen kann die operative Handlungsfreiheit erhalten bleiben.

1917 Sieg der Deutschen unter Lettow-Vorbeck *bei Mahiwa. Einmarsch in Portugiesisch-Ostafrika* unter erfolgreichen Operationen bis fast an den Sambesi (15.–18. Okt.).

1918 **Waffenstillstand:** der deutschen Schutztruppe (155 Weiße, rd. 1200 Askaris, 3000 Träger)
14. Nov. ist es gelungen, 120 000 Mann alliierter Truppen im Kampf zu binden.

Der Kampf um Tsingtau

1914 Nach Ablauf des japanischen Ultimatums zur Übergabe der Festung Tsingtau (chinesische
23. Aug. Provinz Shantung) erfolgt die *Kriegserklärung Japans* an das Deutsche Reich.

28. Sept. *Beschießung von Tsingtau* durch japanische Großkampfschiffe sowie durch japanische
–Okt. Artillerie.

7. Nov. *Kapitulation der deutschen Besatzung.*

Ozeanien

1914 *Deutsch-Neuguinea* wird von *australischen,* die *Samoainseln* von *neuseeländischen Truppen* besetzt (Aug.–Okt.).

Sept. Die *Marschallinseln* und *Marianen, die Palauinseln* und *Karolinen* werden von den *Japa-*
–Okt. *nern in Besitz genommen.*

Politische Geschichte des Krieges bis Sommer 1916

Die wichtigsten politischen Probleme der ersten Kriegsjahre sind:
1. die Lösung der Frage des *Verhältnisses von Kriegführung und Politik* im Koalitionskrieg, 2. die *innenpolitischen Auseinandersetzungen* in den einzelnen Staaten, 3. die *Bemühungen um den Frieden* und die *Kriegsziele.*
Die Frage einer koordinierten politischen und militärischen Führung ist bei beiden Koalitionen unvollkommen gelöst. Auf seiten der Entente ist die Verbindung zwischen dem Westen und Rußland aus äußeren und inneren Gründen schwierig. Im *Vertrag zu London vom 5. Sept. 1914* verpflichten sich Großbritannien, Frankreich und Rußland, keine Sonderfrieden zu schließen. *Japan* tritt dem Vertrag am 19. Okt. 1915 bei. Die notwendige militärische Kooperation wird zwischen Herbst 1915 und Sommer 1917 durch *interalliierte Konferenzen* hergestellt: hervorzuheben ist die *Konferenz von Chantilly* (französische Stadt im Departement Oise, nördlich von Paris; *vom 6.–8. Dez. 1915),* in der der Beschluß korrespondierender Offensiven und der Räumung der Dardanellen gefaßt wird.
Auf seiten der *Mittelmächte* ist die Einheitlichkeit dadurch belastet, daß die *beiden Monarchen* als *„oberste Kriegsherren"* de facto ausfallen, daß damit den auseinanderfallenden Ressorts der politischen und militärischen Leitung die verbindende Spitze fehlt, daß die Generalstabchefs beider Monarchien zunehmend in Gegensatz zueinander geraten und daß *Außenpolitik und Kriegsziele* beider Monarchien *sich vielfach widersprechen.*
Die Reise des US-Oberst *Edward M. House* (*1856, † 1938) vom Febr.-März 1915 im Auftrag von US-Präsident *Woodrow Wilson* nach London, Berlin und Paris bleibt ohne Erfolg: seine unzulängliche Friedensvermittlung scheitert. Friedensversuche sind bis Ende 1916 noch nicht von Bedeutung.

Das Geschehen vom Frühjahr/Sommer 1916 bis Ende 1917

1916 Beginn der österreichisch-ungarischen *Offensive zwischen Etsch und Brenta* gegen Italien.
14. Mai Anfangserfolge: die Festungen *Asiago* und *Arsiero* können erobert werden.

16. Mai Das *Sykes-Picot-Abkommen* legt die „Einflußzonen und Territorialerwerbungen" der Entente in der Türkei fest, d. h. de facto Aufteilungsplan.

Juni Wegen der einsetzenden *Brussilow-Offensive* im Osten muß der österreichisch-ungarische Angriff am italienischen Kriegsschauplatz abgebrochen werden: die besetzten italienischen Festungen werden wieder geräumt.

6.–9. Aug. *Erneute Schlacht am Isonzo: Görz* wird von den Italienern *eingenommen.*
Im Hochsommer 1916 ist an allen Fronten das Gesetz des Handelns den Mittelmächten

Übernationale Entwicklung – Erster Weltkrieg   843

verlorengegangen. Es bleibt nur ein „*System von Aushilfen*" (General Falkenhayn). Diese Lage ist der Hintergrund für den **Kriegseintritt Rumäniens,** das seit langem durch hohe Versprechungen (Siebenbürgen, Bukowina, Banat) der Entente dazu gedrängt worden ist.

27. Aug. König *Ferdinand I.* von Rumänien erklärt Österreich-Ungarn den Krieg. In den folgenden Tagen Kriegserklärungen Deutschlands, der Türkei und Bulgariens an Rumänien.

28. Aug. *Siegreicher Feldzug* deutscher, bulgarischer und türkischer Truppen unter Generalfeld-
– 9. Dez. marschall von Mackensen *durch die Dobrudscha* (zwischen der unteren Donau und dem Schwarzen Meer).

26.–29. Nach Beginn der *Operationen* der Armee des Generals von Falkenhayn *in Siebenbürgen*
Sept. werden die Rumänen in der *Schlacht bei Hermannstadt* (rumänisch: Sibiu) entscheidend geschlagen.

5. Nov. Der *polnische Staat* wird durch gemeinsame Erklärung von Kaiser Wilhelm II. und Kaiser Franz Josef I. *proklamiert.* Kurz darauf bildet sich ein polnischer Staatsrat in Warschau. Die Exekutive bleibt jedoch in Händen des deutschen Generalgouverneurs in Warschau und des österreichisch-ungarischen in Lublin (im Südosten Polens).

23.–27. Deutsche und bulgarische Truppen unter Generalfeldmarschall von Mackensen über-
Nov. schreiten die Donau und vereinigen sich mit der Armee von Falkenhayn.

1.–5. Dez. *Entscheidungsschlacht am Arges.* Letzter rumänischer Widerstand durch rasche Verfolgung gebrochen.

6. Dez. *Einzug der Sieger in Bukarest.* Der größte Teil Rumäniens – damit auch die wichtigen Erdölfelder – sind in der Hand der Mittelmächte; die Moldau bleibt allerdings rumänisch.

1917 *Vordringen der Briten* vom Persischen Golf *gegen Bagdad*, das genommen wird. Die Ver-
11. März bindung zwischen der Front der Briten und der Russen wird hergestellt. Nach Abzug der Russen infolge der Revolution *besetzen die Briten Teheran und ganz Persien.*

April–Mai *Französisch-britische Durchbruchsoffensive an der deutschen Westfront* (Verlauf: von Westen bei Arras über die Aisne bis zur Champagne) scheitert. Im französischen Heer ausgedehnte Meutereien.

15. Mai *General Henri Philippe Pétain* (* 1856, † 1951) neuer französischer Oberbefehlshaber, stellt die Ordnung wieder her. Verhaftungen sozialistischer und pazifistischer Agitatoren.

Mai/Dez. Wiederholte erfolglose *britische Offensiven in Flandern.*

12. Juni *Abdankung von König Konstantin I. von Griechenland* aufgrund französisch-britischen Drucks (Ultimatum und militärisches Vorgehen in Thessalien und auf dem Isthmus von Korinth).

27. Juni *Griechenland tritt* nach Bildung einer neuen Regierung unter Eleutherios Venizelos dem Bund *der Entente bei* (Einsatz griechischer Truppen erst 1918).

24.–27. *Durchbruch* der Truppen der Mittelmächte *zwischen Flitsch und Tolmein* am oberen
Okt. Isonzo: *Zusammenbruch der italienischen Front.* Vordringen der Verbündeten auf der ganzen Linie. Mit Hilfe britisch-französischer Hilfstruppen kann die *Piave-Linie* (Fluß Piave entspringt am Südfuß der Karnischen Alpen und fließt nordöstlich von Venedig in das Adriatische Meer) behauptet werden (300 000 italienische Gefangene; Massendesertionen und Demoralisierung im italienischen Heer).

Anfang Nov. erfolgreiche *britische Offensive* von der Sueskanalfront *nach Palästina.*

8. Dez. *Jerusalem* wird von den Türken *geräumt.*

Friedensbemühungen und Kriegseintritt der Vereinigten Staaten von Amerika

Der Wille des amerikanischen Präsidenten *Woodrow Wilson,* einen allgemeinen Frieden zu vermitteln, trifft mit Friedensabsichten des deutschen Reichskanzlers *Bethmann Hollweg* während der zweiten Hälfte des Jahres 1916 zusammen. Wilsons Aktion wird durch die Präsidentenwahl in den USA vorübergehend gehemmt. Nach der Wiederwahl Wilsons im Nov. 1916 ist der Weg wieder frei. Die deutsche und amerikanische Initiative gehen nun nebeneinander her und hemmen sich in ihrer Wirkung.

1916 *Tod Kaiser Franz Josephs I.;* Nachfolger wird sein Großneffe *Karl* (Gemahlin *Zita von*
21. Nov. *Bourbon-Parma* [* 1892, † 1989]). Das neue Kaiserpaar erwägt Sonderfriedenspolitik der Doppel-Monarchie. *Ottokar Graf Czernin* vertritt als Außenminister diese neue Linie.

12. Dez. **Friedensdeklaration der deutschen Reichsleitung:** die USA werden aufgefordert, die Ententemächte zu informieren, daß Deutschland zu Friedensverhandlungen bereit sei. Bestimmte Vorschläge zur Friedenslösung werden in Aussicht gestellt, aber noch nicht ausgesprochen. Die Entente lehnt ab (Premierminister Lloyd George kann sich mit seiner im Sept. 1916 ausgegebenen „Knock-out"-Parole im Kabinett durchsetzen; aber auch ein zur Verständigung mit dem Gegner bereiter Politiker wie Sir Edward Grey erklärt, der Krieg könne nicht eher aufhören, bis der preußische Militarismus ausgemerzt sei; der französische Ministerpräsident Aristide Briand schließlich hält allein das Wort Friede schon für frevelhaft angesichts der Bedrohung der Freiheit).

844 Neuzeit – Zeitalter der Weltkriege

21. Dez.	*Note Wilsons* an die kriegführenden Mächte und an die Neutralen, um „einen Meinungsaustausch über ihre Friedensbedingungen und Forderungen anzuregen".
26. Dez.	Die *Antwort der Mittelmächte ist zustimmend* und enthält den Vorschlag, eine *Friedenskonferenz* einzuberufen.
1917 9. Jan.	Im *deutschen Hauptquartier* zu Pleß (in Oberschlesien; südlich Kattowitz) wird der unbeschränkte U-Boot-Krieg beschlossen. Der Kaiser schließt sich der Obersten Heeres- und Marineleitung gegen den Willen des Reichskanzlers Bethmann Hollweg, der auf den sicheren Kriegseintritt der Vereinigten Staaten von Amerika hinweist, an: die Militärs wollen dies in Kauf nehmen, da sie durch den U-Boot-Einsatz mit der Niederlage Großbritanniens innerhalb von sechs Monaten rechnen. Eine andere Möglichkeit zum Sieg wird nicht mehr gesehen. Es ist die „*letzte Karte*".
10. Jan.	Die Antwort der *Entente* auf den Vorschlag einer Friedenskonferenz ist nach diplomatischer Intervention der USA unter bestimmten Bedingungen zustimmend. Damit geben die Ententemächte zum ersten Mal offiziell und im Zusammenhang ihre *Kriegsziele* bekannt: Wiederherstellung der Eigenständigkeit Belgiens, Serbiens und Montenegros, Räumung aller besetzten Gebiete mit „Reparationen", Neuordnung Europas nach dem Nationalitätenprinzip, Befreiung der Italiener, Südslawen, Rumänien und Tschechoslowaken von fremder Oberherrschaft, Verdrängung der osmanisch-türkischen Herrschaft aus Europa, Autonomie Polens innerhalb des Russischen Reiches, Sicherungen für den künftigen Frieden innerhalb neuer Ordnung. Wilson sucht diese weitgehenden Bedingungen abzuschwächen und die Mittelmächte zur Veröffentlichung ihrer Bedingungen zu veranlassen.
22. Jan.	Rede von US-Präsident Wilson vor dem Senat in Washington: „*Frieden ohne Sieg*".
31. Jan.	*Deutsche Note an die USA* kündigt den *unbeschränkten U-Boot-Krieg* zum 1. Febr. an mit dem Hinweis auf Großbritanniens völkerrechtswidrige Blockade.
3. Febr.	*Abbruch der diplomatischen Beziehungen* zwischen den *USA und dem Deutschen Reich*. Auf einen Appell der USA hin folgt diesem Schritt die Mehrzahl der lateinamerikanischen Staaten sowie China.
16. Febr.	*Geheimvertrag zwischen Großbritannien und Japan,* das die deutschen Südseeinseln nördlich des Äquators, Tsingtau und die Halbinsel Shantung zugesichert erhält.
Febr.–Mai	Diplomatische Friedensversuche des k.u.k. Außenministers, *Graf Czernin,* bleiben ohne Erfolg. Czernin erklärt Deutschland gegenüber, daß Österreich-Ungarn nicht länger als bis zum Herbst durchhalten könne, erkennt den Anspruch Frankreichs auf Elsaß-Lothringen an, will Italien Welschtirol zugestehen, Polen an Deutschland freigeben und Rumänien der Doppelmonarchie angliedern. Im ganzen ein Programm im Geiste alter Kabinettspolitik.
11. März	Abschluß eines *russisch-französischen Notenaustausches:* Rußland erhält freie Hand für seine Grenzziehung im Westen, Frankreich für seine Ostpolitik, d.h. Besetzung von Elsaß-Lothringen, des Saargebiets und Bildung eines Pufferstaates.
2. April	Nachdem die öffentliche Meinung in den USA immer stärker zum Krieg gedrängt und der britische Geheimdienst eine deutsche Note (sog. Zimmermann-Depesche) entziffert hat, in der Mexiko von Deutschland ein Bündnis angeboten wird (Angebot der Abtretung von Texas, Neu Mexiko und Arizona an Mexiko), erfolgt die *Botschaft Präsident Wilsons an den Senat,* Deutschland den Krieg zu erklären.
6. April	**Kriegserklärung der USA** an das Deutsche Reich (an Österreich-Ungarn erst am 7. Dez.).
19.–21. April	*Britisch-französisch-italienische Konferenz* in Saint-Jean-de-Maurienne (östlich von Grenoble). Die Italiener verweigern jede Kürzung ihrer ihnen 1915 garantierten Territorialansprüche, die genau fixiert werden (dabei die Brennergrenze).
19. Juli	Friedensresolution des Deutschen Reichstags (Mehrheit aus SPD, Zentrum, Fortschritt) fordert erfolglos einen Frieden der Verständigung und Versöhnung.
1. Aug.	Eine *Friedensnote Papst Benedikts XV.* an die kriegführenden Mächte bleibt ohne Erfolg.

Die russische Revolution und die Friedensschlüsse von Brest-Litowsk und Bukarest

Die *Gründe für den Sieg der russischen Revolution* sind die für das Zarenreich *verheerenden Kriegsfolgen* (über drei Mio. Tote, Inflation, Preissteigerungen z.T. bis 700%, die Streiks und Unruhen hervorrufen), die *ungelöste Verfassungsfrage* (Scheinkonstitutionalismus), die innere Brüchigkeit der *Führungsschicht*, die durch Parteiungen und Intrigen gespalten ist, die Anstoß erregende *Kamarilla um die Zarin,* die *linksrevolutionäre Haltung der russischen „Intelligenz",* die *agrarrevolutionäre Bereitschaft* der Kleinbauern im übervölkerten Dorf (Scheitern der Stolypinschen Agrarreform von 1906/1910) und die weit fortgeschrittene *Organisation der Industriearbeiterschaft* durch die *sozialistischen Parteien.*

1917 8. März	Beginn von *Streiks und Unruhen in Petersburg* (Petrograd – heute Leningrad) infolge katastrophaler Lebensmittelknappheit. Da die Petrograder Truppen zu den aufständischen Sozialisten übergehen, ist die Revolution in der Hauptstadt entschieden. Der *Arbeiterrat (Sowjet)* hat die Macht in Händen, ist aber nicht fähig, die Regierung zu übernehmen.

Übernationale Entwicklung – Erster Weltkrieg 845

12. März *Bildung einer provisorischen Regierung* aus dem Dumakomitee des „Progressiven Blocks"
und der Sozialrevolutionäre. Leitung: *Fürst Georgi J. Lwow.*

15. März *Zar Nikolaus II.* dankt ab und wird gefangengesetzt. Er wird (17. Juli 1918) mit seiner
Familie erschossen.

16. April Ankunft *Wladimir Iljitsch (Uljanow) Lenins* und anderer Führer der *Bolschewisten* in
Petrograd (die Rückkehr aus dem Schweizer Exil erfolgt durch die tätige Mithilfe der deutschen Behörden).

17. April Rede Lenins über die Aufgaben des Proletariats in der gegenwärtigen Revolution *(„Aprilthesen"):* Beendigung des Krieges, Republik der Arbeiterräte, Nationalisierung des gesamten Bodens, Kontrolle über die Produktion und Verteilung durch die Räte (Sowjets).

Mitte Mai *Umbildung der Regierung:* der Sozialrevolutionär *Alexander Fiodorowitsch Kerenski* wird
Kriegsminister. Er versucht noch einmal den Kampfgeist der Fronttruppen zu entfachen.
Einsatz von Rednern der II. Internationale, besonders aus Frankreich *(Albert Thomas),*
an der russischen Front.

30. Juni *Russische Offensive* (Kerenski hält trotz der Formel eines Friedens ohne Annexionen und
–11. Juli Kontributionen konsequent an Kriegsteilnahme fest) unter General *Brussilow,* die nach
Anfangserfolgen in Galizien scheitert.

20. Juli Rücktritt des Ministerpräsidenten Lwow (Scheitern der Agrarreform): Kerenski wird
Ministerpräsident.

1.–5. *Schlacht um Riga* (Livland, heute Lettland): Riga wird von den Deutschen genommen
Sept. (3. Sept.).

13. Sept. Erringung der *absoluten Mehrheit für die Bolschewisten* im Petrograder Sowjet.

16. Sept. Ausrufung der Republik. Diktatur Kerenskis.

18. Sept. Bolschewistische Mehrheit im Moskauer Sowjet.

12.–20. Im Zusammenwirken von deutschen Marine- und Landstreitkräften werden die Inseln
Okt. Ösel, Dagö und Moon erobert.

6./7. Nov. **Putsch der Bolschewisten in Petrograd** erfolgreich, da das Militär auf der Seite der Aufständischen steht. Kerenski entkommt und geht später ins Ausland.

7. Nov. *II. Allrussischer Sowjetkongreß* in Petrograd: knappe Mehrheit der Bolschewisten im
Bündnis mit den abgespaltenen linken Sozialrevolutionären (390 der insgesamt 649 Delegierten). Rechte Sozialrevolutionäre und Menschewisten verlassen den Kongreß. – Aufruf
der Bolschewisten an die Bürger Rußlands.

8. Nov. Bildung einer bolschewistischen *Regierung der Volkskommissare.* Regierungsdekret über
den Frieden enthält *Aufforderung zu Waffenstillstand und Friedensschluß* an alle Kriegführenden, verbunden mit der Idee der *proletarischen Weltrevolution.*
Dekret über den Grund und Boden bestimmt die entschädigungslose *Enteignung des
Großgrundbesitzes.*
Gleichzeitig und kurz darauf greift die bolschewistische Revolution auf andere Städte und
dann auch auf das Land über.

25. Nov. Die *Wahlen zur Konstituierenden Nationalversammlung,* die noch von der Kerenski-
Regierung ausgeschrieben worden sind, ergeben, bei 41,7 Mio. abgegebenen Stimmen,
9,8 Mio. für die Bolschewisten und 22 Mio. für die Sozialrevolutionäre (Masse der Bauern!), während sich der Rest auf bürgerliche Gruppen und Menschewisten verteilt.

28. Nov. *Vorschlag zum Waffenstillstand* an alle Kriegführenden durch *Leo Trotzki,* Volkskommis-
sar des Äußeren. Während die Entente ablehnt, erklären sich die Mittelmächte bereit.

15. Dez. **Abschluß des Waffenstillstandes** zwischen dem Deutschen Reich und Rußland.

22. Dez. Beginn der *Friedensverhandlungen in Brest-Litowsk* (am Bug und am Ausgang des
Dnjepr-Bug-Kanals). Die Mittelmächte sind ohne einheitlich vorbereitetes Programm. Die
neue bolschewistische Regierung unterbreitet: Verzicht auf Annexionen, alsbaldige Räumung der besetzten Gebiete, Selbstbestimmungsrecht der Völker, Verzicht auf Kriegsentschädigungen.

1918 Die *neugewählte Volksvertretung* wird am Tag nach ihrem ersten Zusammentreten durch
19. Jan. bolschewistische Truppen *gesprengt.* Lenin hat sich gegen die parlamentarische und für
die *Räterepublik* entschieden.

9. Febr. *Separat-Friede* des Deutschen Reichs, Österreich-Ungarns und der Türkei *mit der
Ukraine.* Ein ukrainischer Staat wird anerkannt, der als Gegenleistung für günstige Grenzziehung im Westen (Cholmer Land) und Zusage ukrainischer Autonomie in Ostgalizien
umfangreiche Getreidelieferungen an die Mittelmächte verspricht.

10. Febr. Erklärung Trotzkis, Rußland sehe den Kriegszustand als beendet an und werde demobilisieren, ohne die deutschen Friedensbedingungen anzunehmen.
Abbruch der Verhandlungen.

18. Febr. *Wiederbeginn des Krieges.* Deutscher Vormarsch. Die Sowjetregierung kapituliert.

3. März Abschluß des **Friedens von Brest-Litowsk** (zwischen Deutschland, Österreich-Ungarn,
Türkei, Bulgarien und Sowjetrußland). Darin verzichtet Sowjetrußland auf seine Hoheitsrechte in Polen, Litauen, Kurland, deren künftige Verhältnisse vom Deutschen Reich im

846 Neuzeit – Zeitalter der Weltkriege

Einvernehmen mit den dortigen Völkern nach dem Selbstbestimmungsrecht gelöst werden sollen. Estland und Livland bleiben vorläufig von deutscher Polizeimacht besetzt. Sie werden durch Ergänzungsvertrag vom 27. Aug. 1918 vollständig aus dem russischen Staatsverband entlassen. Die Ukraine und Finnland werden von den Sowjets als selbständige Staaten anerkannt. Sowjetrußland soll demobilisieren; die Mittelmächte verpflichten sich zur Räumung der besetzten Gebiete nach allgemeinem Friedensschluß. Weißruthenien bleibt unter sowjetischer Herrschaft. Reparationen werden von den Mittelmächten nicht gefordert. Lenin, ein Gegner der Trotzki-Initiative vom 10. Febr., setzt die Annahme des Friedensvertrages durch („Atempause").

7. März Finnland schließt mit dem Deutschen Reich einen *Sonderfrieden*.

7. Mai **Friedensvertrag von Bukarest** zwischen den Mittelmächten und Rumänien, das die Dobrudscha an Bulgarien abtreten muß und den Deutschen Rechte in der Ausnutzung der Ölquellen einräumt.

Der Entscheidungskampf im Westen 1918

Infolge der Entlastung durch den Frieden von Brest-Litowsk kann die deutsche Oberste Heeresleitung, den Plan einer *Offensive im Westen* fassen, auf welche sie die Hoffnung für eine Schlacht- und Kriegsentscheidung setzt. Im Frühjahr ist die Stärke des deutschen Westheeres mit fast 200 Divisionen und etwa 3,5 Mio. Mann derjenigen der Alliierten etwa gleich. Die deutsche Seite sieht sich zu schnellem Handeln gezwungen, damit die nach Europa entsandten *US-Truppen* nicht das Kräfteverhältnis endgültig zuungunsten der Mittelmächte verschieben.

1918
21. März
–6. April Erste *deutsche Offensive in der Picardie* zwischen Arras und La Fère mit dem Ziel, die Briten von den Franzosen zu trennen, erstere ans Meer zu drängen und auszuschalten. Nach Anfangserfolgen der durchbrechenden deutschen Truppen sind zwei der drei angreifenden Armeen bald erschöpft. Die Front der Briten kann nach starken Verlusten (90000 Gefangene) wieder geschlossen werden. Weitere deutsche Angriffe bleiben erfolglos.

18. Juli Beginn der *alliierten Gegenoffensive* unter dem gemeinsamen Oberbefehlshaber General *Ferdinand Foch* (* 1851, † 1929). Entscheidend für die Erfolge der Alliierten von diesem Wendepunkt des Jahres 1918 an sind neben der zunehmenden deutschen Erschöpfung das schnell wachsende Übergewicht an Truppen und Material infolge des Eintreffens der US-Amerikaner und der Masseneinsatz von (zunächst nur britischen) Tanks (Panzer).

8.–11.
Aug. **Schlacht bei Amiens** (an der Somme): tiefer Einbruch der Briten mit 450 Tanks beiderseits der Straße Amiens–Saint-Quentin am 8. Aug.: der *„schwarze Tag des deutschen Heeres"* (General Ludendorff). Seitdem pausenlose Angriffe der Alliierten gegen die deutsche Front zwischen Aisne und Flandern.

Sept. Rückverlegung der deutschen Front in die „Siegfriedstellung" (Kampflinie von Arras über Saint-Quentin bis Reims).

Sept.
–Nov. In Abwehrschlachten muß die deutsche Verteidigungsfront zurückgenommen und verkürzt werden, wird aber insgesamt gehalten.

Wilsons Friedenspolitik

US-Präsident Wilson nimmt im Laufe des Jahres 1918 mehrfach zu den *Bedingungen und Grundsätzen eines allgemeinen Friedens* programmatisch Stellung, die als Grundlage der Friedensverhandlungen gemeint sind.

Am 8. Jan. 1918 hält Präsident Wilson im Zusammenhang mit der in Brest-Litowsk erörterten Friedensfrage eine Rede. Darin gibt er **14 Punkte** bekannt, die als Richtlinien für den Weltfrieden dienen sollen: 1. Öffentlichkeit aller internationalen Vereinbarungen, 2. Freiheit der Meere, 3. Freiheit des Welthandels, 4. Rüstungsbeschränkung, 5. Internationale Regelung der Kolonialfragen, 6. Räumung und Freiheit Rußlands, 7. Räumung und Wiederherstellung Belgiens, 8. Räumung allen französischen Gebiets und Abtretung Elsaß-Lothringens an Frankreich, 9. Berichtigung der italienischen Grenzen nach dem nationalen Prinzip, 10. Freiheit zu autonomer Entwicklung der Völker Österreich-Ungarns (nicht identisch mit Zerschlagung Österreich-Ungarns), 11. Räumung Rumäniens, Serbiens und Montenegros, internationale Garantien für die Balkanstaaten, 12. nationale Autonomie der nichttürkischen Völker des Osmanischen Reiches, Öffnung und internationale Garantie der Meerengen (Bosporus und Dardanellen), 13. Bildung eines unabhängigen polnischen Staates mit Zusicherung eines freien und sicheren Zugangs zum Meer auf einem Gebiet, das von unbestreitbar polnischer Bevölkerung bewohnt ist, 14. Gründung eines Völkerbundes.

In weiteren Reden entwickelt Wilson diese Grundsätze weiter (zuletzt am 27. Sept. 1918); sie gipfeln in den Begriffen einer „*Herrschaft des Rechts"* und einer „*unparteiischen Gerechtigkeit"* im Völkerleben, wofür eine „*Friedensorganisation"* in der „*general and common family of the League of Nations"* mit demokratischen Verfassungen geschaffen werden soll.

Staatsverschuldung und Inflation im Ersten Weltkrieg (Staatshaushalte 1914–1918)

		1914	1915	1916	1917	1918	1914–1918
Deutsches Reich	Ausgaben	8,8	25,8	27,8	52,2	44,4	159,0
(Mrd. Mark)	Einnahmen	2,5	1,8	2,1	8,0	7,4	21,8
	Defizit	6,3	24,0	25,7	44,2	37,0	137,2
Frankreich	Ausgaben	10,4	22,1	36,8	44,7	56,6	170,6
(Mrd. Francs)	Einnahmen	4,2	4,1	4,9	6,2	6,8	26,2
	Defizit	6,2	18,0	31,9	38,5	49,9	144,4
Großbritannien	Ausgaben	560	1560	2200	2700	2580	9500
(Mio. Pfund)	Einnahmen	230	340	570	710	890	2730
	Defizit	330	1220	1630	1990	1690	6860

Zusammenbruch der Mittelmächte

Bulgarien

1918
15.–24. Sept. Erfolgreiche *Durchbruchsoffensive* der Briten, Franzosen, Griechen, Serben und Italiener in Mazedonien. Auflösung und Zusammenbruch der bulgarischen Armee; dadurch wird Bulgarien alliiertes Operationsgebiet.

30. Sept. **Abschluß eines Waffenstillstands** mit den Alliierten: Bulgarien muß demobilisieren und alle ehemals serbischen und griechischen Gebiete räumen.

4. Okt. *Zar Ferdinand I.* von Bulgarien dankt zugunsten von Kronprinz Boris ab.

Türkei

1918
18./19. Sept. Beginn der *Palästinaschlacht:* die türkische Front (gehalten von türkischen Truppen, die von deutschen Einheiten unterstützt werden) wird bei Jaffa von britischen Streitkräften durchbrochen.

Sept./ Okt. *Vorrücken der britischen Truppen* bis nach Aleppo (Haleb in Syrien), Damaskus und Beirut unter General *Edmund Allenby* (* 1861, † 1936) mit Unterstützung arabischer Einheiten (Oberst *Thomas Edward Lawrence* [* 1888, † 1935]). Das deutsche Asienkorps kann sich bis nach Anatolien durchkämpfen.

14./15. Türkisches Kabinett entsendet Waffenstillstandsnote an US-Präsident Wilson.

30. Okt. **Waffenstillstand zu Mudros** (auf der Insel Lemnos): die Türkei muß die Meerengen öffnen, alle Kriegsschiffe ausliefern, ihr Staatsgebiet für alliierte Operationen freigeben und sich von den Mittelmächten lösen.

Österreich-Ungarn

1918
15.–24. Juni *Offensive der Österreicher* auf dem Plateau der Sieben Gemeinden und am unteren Piave (Golf von Venedig) scheitert. Rückzug der Österreicher aus dem Mündungsgebiet des Piave. Seitdem steigert sich die Demoralisation der Truppe, besonders der nichtdeutschsprachigen Teile der Armee.

14. Aug. *Kaiser Karl* und der neue Außenminister (seit 16. April) *Stefan Graf Burián von Rajecz* im deutschen Hauptquartier in Spa (Belgien, südlich von Lüttich): keine Einigung über das taktische Vorgehen in der Friedensfrage. Österreich-Ungarn drängt auf rasche Friedensinitiative und geht immer mehr einen eigenen Weg.

14. Sept. Note Österreich-Ungarns mit Anregung einer allgemeinen Friedenskonferenz wird von US-Präsident Wilson abgelehnt.

4. Okt. Österreich-Ungarn tritt dem deutschen Waffenstillstandsangebot bei.

17. Okt. *Manifest Kaiser Karls an die Völker der Monarchie* mit dem Versprechen, die österreichische Reichshälfte föderativ umzugestalten, kommt zu spät und treibt die Ungarn zur Abspaltung, deren Parlament die Selbständigkeit Ungarns, das nur noch durch Personalunion mit Österreich verbunden sei, erklärt.

20. Okt. *Antwort Präsident Wilsons* auf das österreichisch-ungarische Waffenstillstandsangebot vom 4. Okt.: die Selbständigkeitswünsche der Völker der Monarchie müßten anerkannt werden. Damit erklären die USA die *Auflösung Österreich-Ungarns zur Bedingung von Waffenruhe.*

21. Okt. Eröffnung der deutsch-österreichischen Nationalversammlung in Wien. Revolution in Wien.

848   Neuzeit – Zeitalter der Weltkriege

24. Okt. *Beginn von Angriffen der Italiener und der Alliierten:* Durchbruch italienischer Truppen am unteren Piave, nachdem die dort stehenden ungarischen abgerückt sind. Die *Italiener besetzen Triest* (3. Nov.) und *Fiume* (5. Nov.).
27. Okt. *Österreichisches Waffenstillstandsangebot* unter den geforderten Bedingungen.
28. Okt. *Proklamation der* unabhängigen *Tschechoslowakei* in Prag.
29. Okt. Die *Jugoslawen* erklären in Agram (kroatisch: Zagreb) das staatsrechtliche Verhältnis der jugoslawischen Gebiete der Monarchie mit Österreich-Ungarn für gelöst.
1. Nov. Bildung einer *selbständigen ungarischen Regierung* unter *Graf Michael Károlyi.*
3. Nov. **Abschluß des Waffenstillstandes** zwischen Österreich-Ungarn und den Alliierten. Bedingungen: Demobilisierung, Räumung des Gebiets von Südtirol, Tarvis (italienisch: Tarvisio, an der österreichischen Grenze) und Idria (westlich von Laibach [Ljubljana]). Die reichsdeutschen Truppen müssen innerhalb 15 Tagen Österreich-Ungarn verlassen haben. Der Kriegshafen Pola wird an die Alliierten übergeben.
3.–4. Nov. *Massengefangennahme* nach Waffenstillstand der bis zuletzt die Front haltenden österreichischen Truppen vorwiegend deutscher Nationalität *durch die Italiener.*
11. Nov. Kaiser Karl „verzichtet auf jeden Anteil an den Regierungsgeschäften".

Gesamtverluste im Ersten Weltkrieg

	Gefallene	Verwundete	Gefangene
Deutschland	1 808 000	4 247 000	618 000
Frankreich	1 385 000	3 044 000*	446 000
Großbritannien	947 000	2 122 000	192 000
Italien	460 000	947 000	530 000
Österreich-Ungarn	1 200 000	3 620 000	2 200 000
Rußland	1 700 000	4 950 000	2 500 000
Türkei	325 000	400 000	
USA	115 000	206 000	4 500

* 1,1 Mio. anerkannte Kriegsinvaliden

Deutsches Reich

1918 Konferenz im *deutschen Hauptquartier in Spa* (Belgien): die Oberste Heeresleitung erklärt
14. Aug. die Fortführung des Krieges als aussichtslos; Friedensvermittlung durch die Königin der Niederlande wird vorgesehen.
29. Sept. Generale Hindenburg und Ludendorff fordern ein sofortiges Waffenstillstandsangebot;
30. Sept. Entlassung von Reichskanzler *Georg Graf Hertling.*
3. Okt. *Prinz Max von Baden* wird zum Reichskanzler ernannt; er bildet eine Regierung, in der die Mehrheitsparteien (Sozialdemokraten, Links- und Nationalliberale, Zentrum) durch Staatssekretäre ohne Geschäftsbereich vertreten sind.
3.–4. *Waffenstillstandsangebot der deutschen Regierung* an US-Präsident Wilson auf der
Okt. Grundlage des 14-Punkte-Programms. Es folgt ein Notenwechsel, bei dem deutlich wird, daß es sich nur um eine widerspruchslose Annahme der Bedingungen handeln würde. Dazu wird die von Präsident Wilson nur indirekt ausgesprochene Forderung einer Abdankung Kaiser Wilhelms lanciert. Trotz hoffnungsloser militärischer Lage versucht die Oberste Heeresleitung daraufhin die Fortführung des militärischen Widerstandes zu erreichen.
26. Okt. Nach der *Entlassung General Ludendorffs* und dem österreichischen Waffenstillstandsgesuch (27. Okt.) scheidet diese Möglichkeit aber endgültig aus.
28. Okt. Beginn der *Meuterei auf der deutschen Hochseeflotte,* die dadurch am Auslaufen gehindert werden soll.
3. Nov. Ein **Aufstand der Matrosen in Kiel** greift auf andere Städte über. In den folgenden Tagen Ausbreitung der Revolution über viele große Städte des Reichs. Bildung von *Arbeiter- und Soldatenräten.*
5. Nov. Letzte Note Präsident Wilsons: die deutsche Waffenstillstandskommission wird von General Foch empfangen werden.
7. Nov. **Revolution in München.**
9. Nov. **Revolution in Berlin:** Prinz Max von Baden gibt „de facto" die *Thronentsagung Kaiser Wilhelms II.* (unterzeichnet erst am 28. Nov. 1918) sowie des Kronprinzen bekannt und tritt zurück. *Philipp Scheidemann* (SPD) *ruft die Republik aus.* Übertragung der Regierungsgeschäfte an den Vorsitzenden der SPD, *Friedrich Ebert.*
8.–11. *Waffenstillstandsverhandlungen* General Fochs mit der deutschen Waffenstillstandskom-
Nov. mission unter Führung von *Matthias Erzberger.* Die deutschen Unterhändler können nur unwichtige Änderungen an den harten Bedingungen erreichen.

11. Nov. In Compiègne (nordfranzösische Stadt an der Mündung der Aisne in die Oise) Abschluß des **Waffenstillstandes.**
Hauptbedingungen: Räumung der besetzten Gebiete Frankreichs, Belgiens, Luxemburgs sowie Elsaß-Lothringens innerhalb von 15 Tagen. Abgabe großer Mengen von Kriegsmaterial und von Verkehrsmitteln; Räumung des linken Rheinufers, das von den Alliierten besetzt werden soll, einschließlich dreier Brückenköpfe von Mainz, Koblenz, Köln; Bildung einer neutralen Zone von 10 km Breite rechts des Rheins; unverzügliche Rückbeförderung der Kriegsgefangenen ohne Recht auf Gegenseitigkeit; Verzicht auf die Friedensverträge von Brest-Litowsk und Bukarest; Zurückführung aller deutschen Truppen im Osten und Südosten hinter die Grenzen von 1914; die deutschen Truppen sollen jedoch auf ehemals russischem Staatsgebiet noch stehenbleiben, bis die Abberufung günstig erscheine (russische Revolution!); Ablieferung aller U-Boote, Abrüstung und Kontrolle der deutschen Hochseeflotte; Ablieferung von 2000 Jagd- und Bombenflugzeugen. Dauer des Waffenstillstandes zunächst 36 Tage.

Internationale Entwicklung zwischen den Weltkriegen (1918/1919–1939)

Die Zeit zwischen 1919 und 1939 ist sowohl als *Nachgeschichte des Ersten* wie auch als *Vorgeschichte des Zweiten Weltkrieges* anzusehen. In der Mitte (1929–1933) liegt die *Epoche der Weltwirtschaftskrise,* eine der entscheidenden Ursachen für die auf den Zweiten Weltkrieg hintreibende Entwicklung.
Die Zeit nach 1919 ist im allgemeinen durch folgende Tendenzen bestimmt:
1. Die Versuche, Garantien gegen die Gefährdung der Sicherheit und der *neugesetzten Nachkriegsordnung* zu gewinnen. Im Zusammenhang damit stehen die außenpolitischen Bestrebungen, durch Konferenzen und Bündnissysteme die Pariser Friedensverträge aufrechtzuerhalten, auszubauen oder durch neue Verträge zu revidieren. Die Innenpolitik der Staaten ist von den Versuchen gekennzeichnet, die *Abwehr gegen revolutionäre Bewegungen* aufzunehmen oder nach revolutionären Erschütterungen neue Lebenssicherung in neuen Verfassungen zu gewinnen. Als geistige Haltung entspricht dem das Streben, nach Entbehrungen und Verlusten möglichst schnell die Sicherheit des bürgerlichen Lebens wiederzugewinnen.
2. Die *Entwicklung der Technik* und die *Fortsetzung der Industrialisierung,* die stärker als vor dem Kriege den Lebensstil der Menschen bestimmt und große Gebiete ergreift, die vor 1914 noch kaum industrialisiert sind (wichtigstes Beispiel: Rußland). Die Veränderung der Lebensweise durch verstärkten Einsatz technischer Mittel bewirkt zugleich eine neue Stufe der Rationalisierung auf fast allen Gebieten (z. B. Landwirtschaft, Industrie, Handel, „neue Sachlichkeit" in der Kunst, persönliche Lebensgestaltung und Verhaltensweisen, deutlicher Geburtenrückgang). Auf politisch-gesellschaftlichem Gebiet entsprechen dem eine erhöhte Notwendigkeit und Fähigkeit zur Organisation und zu *zentralisierter Führung von Massen* – in Propaganda, Wahlkämpfen, Wirtschaftskämpfen der demokratischen USA ebenso sichtbar wie in der Organisation ganzer Völker durch eine zur Totalität strebende Integration von Staaten des *faschistisch-nationalsozialistischen* oder *bolschewistisch-kommunistischen Herrschaftstyps.*
3. Die *revolutionären Ereignisse* am Ende des Ersten Weltkrieges wirken in vielerlei Gestalt auf die aus der Sicherheit geworfenen Völker nicht nur Europas, sondern auch Asiens, Afrikas und Lateinamerikas. Die Revolution hat die politisch-gesellschaftliche Ordnung der *jahrhundertealten Monarchien* (Deutschland, Österreich-Ungarn, Rußland, Osmanisches Reich, China) beseitigt und gefährdet nicht minder die *bürgerlich-liberale Demokratie,* besonders dort, wo sie sich, selbst anfällig und gefährdet, in der Krise befindet, so in Frankreich, Italien, Spanien und Deutschland sowie in den ostmitteleuropäischen Staaten, in denen die soziale Basis für eine Demokratie nach westlichem Vorbild nur unvollkommen vorhanden ist.
4. Die im Politischen *sichtbare Krise* wird in Wissenschaft und Kunst der Zeit, vor allem in der Theologie und Philosophie, deutlich. Hier wird die Überlieferung geistiger Selbstsicherheit und Fortschrittsgläubigkeit revidiert, so etwa in der *Existenzphilosophie* oder in der *dialektischen Theologie.* Während der Säkularisierungsprozeß der Massen fortschreitet und durch die totalitären politischen Systeme beschleunigt wird, ist die Erneuerung der Religion, von verschiedensten Richtungen her, im besonderen aber ein neues Verständnis für die Bewährung christlichen Glaubens, Kennzeichen der Jahre zwischen den Weltkriegen.
Die *internationalen Beziehungen* sind bestimmt durch:
Kampf um Stabilisierung oder Revision der Pariser Friedensverträge;
Zurückziehen der Politik der USA, der Dominions des British Commonwealth of Nations und Japans von den europäischen Fragen;
Festigung und Ausbau der kommunistischen Herrschaft in der Sowjetunion und das Prinzip der Weltrevolution als ständig drohender politischer Faktor (Komintern);
Japans Expansion in Ostasien;

Bildung des faschistischen Italien und des nationalsozialistischen Deutschland und deren expansive Außenpolitik;
zahlreiche Konfliktstoffe, die sich aus den Grenzziehungen und den nationalen Gegensätzen vor allem in Ostmitteleuropa und in den mit ihrer Emanzipation beginnenden kolonialen oder halbkolonialen Ländern Asiens und Afrikas ergeben.

Politische Systeme im Weltmaßstab der Bevölkerung

Kontroll- und Steuerungssysteme im totalitären Kommunismus

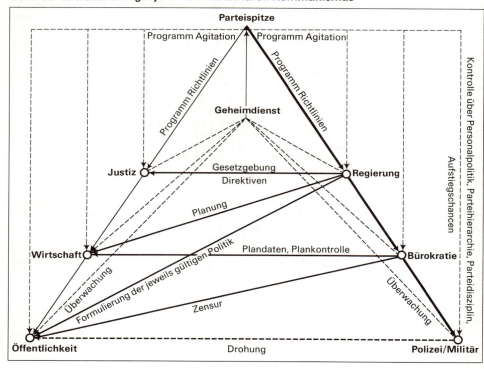

Internationale Nachkriegsordnung und Ereignisse bis zum Ausbruch der Weltwirtschaftskrise 1929

Die Friedensverträge (1919/1920)

Nach Abschluß und Inkrafttreten der Waffenstillstandsvereinbarungen von 1918 werden die Vorbereitungen zu einer allgemeinen Friedenskonferenz aufgenommen. Sie wird nicht zur Weltfriedenskonferenz, weil Sowjetrußland ausgeschlossen ist. Auch die Besiegten sind nicht als Teilnehmer und Verhandlungspartner zugelassen.

1918 2.–3. Dez. Geheimkonferenz zwischen dem britischen Premier *David Lloyd George* und dem französischen Ministerpräsidenten *Georges Clemenceau.* Der Plan für die Friedenskonferenz wird festgelegt, die Interessen abgesteckt.

1919 18. Jan. **Eröffnung der Friedenskonferenz** im Spiegelsaal des Schlosses zu **Versailles** mit 70 Delegierten aus 27 Siegerstaaten.

Bei den monatelangen nachfolgenden Verhandlungen sind die Sitzungen des Obersten Rats der „großen Zehn", der Vertreter der fünf Hauptmächte *(USA, Großbritannien, Frankreich, Italien, Japan),* von größerer Bedeutung als die Vollversammlungen. Der Oberste Rat wird alsbald ersetzt durch den Viererrat, die „großen Vier" (US-Präsident *Woodrow Wilson,* britischer Premier *David Lloyd George,* französischer Ministerpräsident *Georges Clemenceau,* italienischer Ministerpräsident *Vittorio Emanuele Orlando*), schließlich (ohne Orlando) die „großen Drei".

2.–6. März Gründungskongreß der *III. Internationale (Komintern)* in Moskau. Ihre Gründung wird von Lenin bezeichnet als die „Vorstufe der internationalen Republik der Sowjets, des Weltsieges des Kommunismus".

29. April Die **Verfassung des Völkerbundes** wird in der Vollversammlung der Pariser Friedenskonferenz angenommen (Teil I mit 26 Artikeln in allen Friedensverträgen).

Der Völkerbund

Der Völkerbund, dem die USA später nicht beitraten, soll eine Organisation des Friedens und der Sicherheit für das neue, in den Friedensverträgen festgesetzte politische System sein. Die Mitglieder werden zu gegenseitiger Hilfe bei Friedensverletzungen verpflichtet. Sie erkennen bei Streitigkeiten den Schiedsspruch des *Haager Ständigen Internationalen*

852 Neuzeit – Zeitalter der Weltkriege

Gerichtshofes an. Sanktionen kann mit Zweidrittelmehrheit auch die Völkerbundsversammlung oder der Völkerbundsrat verhängen. Arbeitsgesetzgebung (Internationales Arbeitsamt), Gesundheitswesen und internationale Verwaltung (ehemals deutsche Kolonien, Saargebiet für 15 Jahre, Freie Stadt Danzig) gehören zur Zuständigkeit eines ständigen Sekretariats. Dieses registriert alle Verträge, die zwischen Mitgliedern geschlossen werden. Erster Generalsekretär: *Sir Eric Drummond* (* 1876, † 1951). Der Völkerbundsrat besteht aus den Vertretern der Großmächte und aus vier jeweils von der Vollversammlung gewählten Mächtevertretern. Der Völkerbund beginnt seine Tätigkeit Anfang 1920 in Genf.

Das Völkerrecht nach dem Ersten Weltkrieg

Die Gründung des Völkerbundes ist trotz seiner nur begrenzten Wirkungskraft und schließlich seines Scheiterns ein Markstein in der Geschichte des Völkerrechts. Bis 1914 sind die Staaten – in der Tradition des europäischen Staatensystems – Völkerrechtssubjekte der Völkerrechtsgemeinschaft, insoweit bestimmte Regeln ihrer Beziehungen, vor allem Abschluß und Einhaltung von internationalen Verträgen, von ihnen anerkannt werden. Sie sind aber dabei voll souveräne Staaten, die bei inneren Angelegenheiten nicht durch internationale oder gar übernationale Bindungen in ihrer Souveränität eingeschränkt werden, abgesehen von Verpflichtungen, die sie durch freiwillig geschlossene Verträge mit anderen Staaten (z. B. Handelsbestimmungen oder Bündnisverpflichtungen) eingehen. Der Krieg ist als letztes Mittel der Politik anerkannt. Er ist völkerrechtlich nicht geächtet, jedoch in seinen Mitteln eingeschränkt, z. B. Rechtsschutz der Zivilbevölkerung *(Haager Friedenskonferenzen von 1899 und 1907).*
Im Ersten Weltkrieg wird der alte Gedanke eines *allgemeinen Weltfriedens,* in dem der Krieg ausgeschlossen sein soll, politisch wirksam, besonders im *Friedensprogramm des amerikanischen Präsidenten Woodrow Wilson,* der damit den Kriegseintritt der Vereinigten Staaten rechtfertigt. Der Völkerbund wird gegründet mit dem Hauptziel eines allgemeinen Friedens und internationaler Sicherheit. Aus relativen Kriegsverboten in der *Völkerbundsatzung* (Art. 10, 12, 13, 15) wird das *allgemeine Verbot des Angriffskrieges* als Mittel der Politik im *Briand-Kellogg-Pakt* von 1928. Die neubegriffene „kollektive Sicherheit" soll durch „*Sanktionen*" (Art. 16 Völkerbundsatzung), zu der die Mitglieder des Völkerbundes verpflichtet sind, erzwungen werden können. Dieser Artikel wird nur einmal, 1935, gegen Italien relativ erfolglos angewandt.
Wenn auch die Ansätze der zwanziger Jahre zu einer Weltfriedensordnung auf internationaler Ebene und damit zu einem neuen Völkerrecht durch die Angriffs- und Expansionskriege der dreißiger Jahre zunichte gemacht werden, so geben sie doch mit begrenztem Erfolg dem Völkerrecht und den internationalen Beziehungen bis zur Gegenwart, besonders seit Gründung der Organisation der Vereinten Nationen (UNO), neue Impulse.

Nationale Minderheiten und Minderheitenrecht nach 1919

Die modernen *Nationalbewegungen* seit dem 19. Jh. führen früher oder später in der Regel zu der Forderung, daß eine Nation ihren Staat *(Nationalstaat)* ausbauen und gewinnen müsse (italienische und deutsche Nationalstaatsbildung). Im Maße wie Nation und Staat identifiziert werden und der Nationalismus wächst, entstehen *Nationalitätenfragen,* die im Grundproblem gipfeln, ob Volksgruppen, die nicht der Mehrheitsnation angehören (z. B. Polen im Deutschen Reich von 1871), national assimiliert oder in ihrer nationalen Eigenart anerkannt und rechtlich geschützt werden sollen. Nach dem *Ende der übernationalen Reiche* (Österreich-Ungarn, Russisches Reich, Osmanisches Reich) vervielfältigen sich die Nationalitätenfragen, da nun viele neue Nationalstaaten entstehen, die in Wirklichkeit *Nationalitätenstaaten* sind, bei denen innere Spannungen durch die Konflikte zwischen der jeweiligen ethnischen Mehrheit und den nationalen Minderheiten angelegt sind. Da das Prinzip des von US-Präsident Wilson besonders geforderten *Selbstbestimmungsrechts der Völker* angesichts der nationalen Gemengelage in Ostmitteleuropa nicht für alle Nationalitäten gleichmäßig gerecht durchgesetzt werden kann oder soll, wird die Notlösung eines rechtlichen Minderheitenschutzes unabweisbar. Zwar wird ein allgemeiner Rechtsgrundsatz dieser Art nicht in die Völkerbundsatzung einbezogen, doch wird der *Minderheitenschutz z. T. in die Friedensverträge aufgenommen* und durch besondere *Minderheitenschutzverträge* rechtskräftig, so z. B. das deutsch-polnische Oberschlesienabkommen von 1922. In diesen Verträgen geht es um die Garantie staatsbürgerlicher Gleichstellung sowie um Freiheit der Sprache, der Religionsausübung, der kulturellen Einrichtungen, besonders der Schulen mit Unterricht in der jeweiligen Muttersprache.
Zuständig für die Behandlung von Klagen nationaler Minderheiten gegen ihre Staaten aufgrund der Verträge wird der *Völkerbundsrat.* Kontrolle und (begrenzte) Durchsetzung des Minderheitenschutzes werden damit zu einer wichtigen Aufgabe des Völkerbundes. Die Behandlung der Minderheiten-Beschwerden in Genf ist allerdings schleppend und großenteils unwirksam. Sie unterliegt daher zunehmend der Kritik.

Übernationale Entwicklung – Zwischen den Weltkriegen   853

Der Friedensvertrag von Versailles

1919
7. Mai   Übergabe der Friedensbedingungen an die am 29. April eingetroffenen deutschen Vertreter. Außenminister *Ulrich Graf von Brockdorff-Rantzau*, der Führer der deutschen Delegation, versucht in mehreren Noten Milderungen zu erreichen. Zu mündlicher Verhandlung wird er nicht zugelassen.

16. Juni   Mantelnote der Siegermächte mit den endgültigen Friedensbedingungen, die gegenüber der ersten Fassung nur wenig geändert sind. Die wichtigste Milderung betrifft die *Volksabstimmung in Oberschlesien* anstelle der bedingungslosen Abtretung.

20. Juni   Nach Regierungswechsel (Rücktritt der *Koalitionsregierung Scheidemann* und Berufung einer neuen Regierung unter Reichskanzler *Gustav Bauer*, in der nur Sozialdemokraten und Zentrumsleute vertreten sind) in Berlin und *Abstimmung in der deutschen National-*
23. Juni   *versammlung*, die sich mit 237 gegen 138 Stimmen der Deutschen Demokratischen Partei, der Deutschen Volkspartei und der Deutschnationalen Volkspartei unter Protest zur Annahme des Friedensvertrages entschließt.

28. Juni   **Unterzeichnung des Friedensvertrages** in Versailles durch den neuen deutschen Außenminister *Hermann Müller* und Verkehrsminister *Johannes Bell*.

Die Bestimmungen des Versailler Friedensvertrages

Der „*Clemenceau-Frieden*" wird weitgehend von den Franzosen durchgesetzt, wenn er auch in wesentlichen Bestimmungen infolge des Widerstands von US-Präsident Wilson und Premier Lloyd George abgeschwächt werden kann (vor allem in der Forderung der Abtretung von Gebieten westlich des Rheins).
Teil I enthält – wie in allen andern Friedensverträgen – die *Völkerbundssatzung*.
Teil II und III betreffen die *neuen Grenzen*, die *politischen Klauseln* (Ausbeutung der Gruben), die *Saar* und die *Volksabstimmungen*. Ohne Abstimmung werden abgetreten: Elsaß-Lothringen, fast ganz Posen und Westpreußen (Polen und Freie Stadt Danzig), Memelgebiet, Hultschiner Ländchen (Tschechoslowakei). Abstimmungen sollen stattfinden in: Nordschleswig, Regierungsbezirk Marienwerder und Allenstein, in Eupen-Malmédy und Oberschlesien. Im Saarbecken verzichtet Deutschland auf das Eigentum an den Kohlengruben zugunsten Frankreichs mit Möglichkeit des Rückkaufsrechts. Nach 15 Jahren soll Abstimmung im Saargebiet stattfinden. Deutschland erkennt die Unabhängigkeit Österreichs als „unabänderlich" an; Änderung nur „mit Zustimmung des Rats des Völkerbundes". Besetzung des linksrheinischen Gebiets mit drei Brückenköpfen in drei Zonen mit der Möglichkeit der Räumung nach 5, 10 und 15 Jahren.
Teil IV bezieht sich auf die *deutschen Rechte* und *Interessen im Ausland*. Das Reich verzichtet auf alle überseeischen Besitzungen.
Die *militärischen Bestimmungen* in Teil **IV und V** setzen fest: Auslieferung fast des gesamten Kriegsmaterials. Auflösung des Großen Generalstabs. Aufhebung der allgemeinen Wehrpflicht. Auflösung des deutschen Heeres. Festsetzung einer Höchstgrenze für Zahl und Stärke der Einheiten sowie für Bewaffnung des neuen Berufsheeres von 100 000 Mann Land- und 15 000 Mann Marinetruppen mit 4000 Offizieren (Dienstzeit 12 Jahre, Offiziere 25 Jahre). Alle Festungen und befestigten Plätze bis zu 50 km ostwärts des Rheins werden geschleift. Interalliierte, auf Deutschlands Kosten zu unterhaltende Kommissionen überwachen die Abrüstung und den erlaubten Rüstungsstand Deutschlands.
Teil VI enthält *Vorschriften über die Kriegsgefangenen und die Grabstätten*.
Teil VII bringt *Strafbestimmungen*: Wilhelm II. wird unter Anklage gestellt „wegen schwerster Verletzung der internationalen Moral und der Heiligkeit der Verträge". Ein besonderer Gerichtshof soll gebildet werden. Die deutsche Regierung soll alle „Kriegsverbrecher" ausliefern.
Teil VIII behandelt die *Wiedergutmachungen (Reparationen)*. Der einleitende *Artikel 231* erklärt, „daß Deutschland und seine Verbündeten als Urheber aller Verluste und aller Schäden verantwortlich sind, welche die alliierten und assoziierten Regierungen und ihre Angehörigen infolge des ihnen durch den Angriff Deutschlands und seiner Verbündeten aufgezwungenen Krieges erlitten haben" *(Kriegsschuldparagraph)*. Mit dieser einseitigen Feststellung der Kriegsschuld der Mittelmächte, insbesondere Deutschlands, werden alle Reparationen begründet. Die Gesamtschuld des Deutschen Reichs soll von einer besonderen Reparationskommission festgelegt und innerhalb von 30 Jahren, beginnend mit dem 1. Mai 1921, abgelöst werden. Alle Handelsschiffe über 1600 BRT und die Hälfte aller Handelsschiffe von 1000–1600 BRT sowie z. T. Fischereifahrzeuge und die Flußschiffahrtsflotte sollen abgeliefert werden. Ebenso große Mengen von Maschinen, Fabrikeinrichtungen, Baumaterialien usw.; jährliche Kohlelieferungen für eine Zeitdauer von 10 Jahren, ebenso Lieferungen von Benzol, Steinkohlenteer, schwefelsaurem Ammoniak drei Jahre lang. Ablieferung von Farbstoffen, Lokomotiven, Eisenbahnwagen, Lastkraftwagen, landwirtschaftlichen Maschinen. Übergabe der deutschen Unterseekabel.
Teil IX enthält *finanzielle Bestimmungen*.
Teil X regelt *wirtschaftliche Bestimmungen*: Volle Meistbegünstigung der Signatarstaaten im Handelsverkehr auf 5 Jahre. Die Zollordnung der besetzten Gebiete wird von den Alliierten bestimmt. Aufhebung aller Handelsverträge. Ferner muß Deutschland eine Reihe von Verträgen anerkennen, die von den Alliierten in Zukunft ohne Mitwirkung Deutschlands geschlossen werden, außerdem auch die Kriegsent-

854   Neuzeit – Zeitalter der Weltkriege

schädigung (Wiederherstellung, Wiedergutmachung), die die Alliierten späterhin der Sowjetunion zusprechen.

Teil XI bestimmt für die Luftschiffe der Alliierten Freiheit des Überfliegens und der Landung auf deutschem Hoheitsgebiet.

Teil XII über Häfen, Wasserstraßen und Eisenbahnen, erklärt Elbe, Memel, Oder, Donau und Rhein für international, bestimmt freie Durchfahrt für alle Nationen durch den Nord-Ostsee-Kanal, Freihäfen für die Tschechoslowakei in Hamburg und Stettin.

Teil XIII befaßt sich mit der *Organisation der Arbeitsbedingungen im Sinne des Völkerbunds.*

Teil XIV behandelt die *Sicherheiten für die Ausführung des Vertrages.* Bestimmungen über die Räumungsfristen des besetzten Gebiets, die bis zu 15 Jahre betragen.

Teil XV enthält *Verschiedenes:* Deutschland verpflichtet sich u. a., mit allen Bestimmungen einverstanden zu sein, die bezüglich der Gebiete der ehemaligen österreischisch-ungarischen Monarchie, Bulgariens und der Türkei getroffen werden.

Der Friedensvertrag von Saint-Germain-en-Laye

Österreich und Ungarn werden von den Siegermächten als Rechtsnachfolger der Donaumonarchie und damit als Anstifter des Krieges angesehen, die Tschechen, Jugoslawen und siebenbürgischen Rumänen dagegen zu den Siegern gerechnet.

1919   Überreichung der Friedensbedingungen für Deutsch-Österreich (2. Juni).

2. Sept.   Der endgültige Wortlaut der Friedensbedingungen in Saint-Germain-en-Laye (Stadt westlich von Paris, an der Seine) überreicht. Wichtige Milderung: In Kärnten soll eine Abstimmung stattfinden.

Die Siegermächte fordern Abänderung des Artikels 61 der deutschen Reichsverfassung, der den Anschluß Deutsch-Österreichs an das Deutsche Reich vorsieht.

10. Sept.   **Unterzeichnung des Friedensvertrages** zwischen Deutsch-Österreich und den Siegerstaaten in Saint-Germain-en-Laye.

Die Hauptbedingungen des Friedensvertrages

1. Die Trennung Ungarns von Österreich wird aufrechterhalten. 2. Südtirol bis zum Brenner mit knapp 0,25 Mio. deutschsprachiger Einwohner fällt an Italien, das außerdem durch das Küstenland mit Triest, Istrien, Teile von Kärnten und Krain, Dalmatien und dalmatinische Inseln vergrößert wird (außer Fiume). 3. Anerkennung der selbständigen Staaten Tschechoslowakei, Polen, Ungarn und Jugoslawien durch Österreich mit den sich daraus ergebenden Abtretungen. 4. Dem neuen Bundesstaat „Österreich" wird der Name „Deutsch-Österreich" sowie der durch die Wiener Nationalversammlung beschlossene Anschluß an das Deutsche Reich untersagt. 5. Die Artikel über Völkerbund, Vertretung der Interessen im Ausland, Wiedergutmachung, Kriegsverbrecher, Abrüstung, Luftschiffahrt, Häfen, Wasserstraßen usw. entsprechen (ebenso wie im Vertrag mit Ungarn) der Friedensurkunde von Versailles. Das Heer wird auf 30 000 Mann beschränkt.

Bei Abschluß der Verträge von Versailles (Art. 245/246) und Saint-Germain (Art. 193, 196) erfolgen nicht mehr die zum letzten Mal in den Napoleonischen Kriegen üblichen Einziehungen wertvollen Kunstgutes als Beute, sondern nur beschränkte und mit anderen Motiven begründete Auslieferungen (z. B. die in Berlin befindlichen Flügel des Genter Altars als Entschädigung für die verbrannte Bibliothek in Löwen).

Der Friedensvertrag von Neuilly

1919   **Unterzeichnung des Friedensvertrags** durch Bulgarien in Neuilly-sur-Seine (Stadt am
27. Nov.   Nordwestrand von Paris) aufgrund der am 18. Sept. übergebenen Bedingungen. Bulgarien behält im Norden die Grenzen von 1913 (Silistria bleibt bei Rumänien). Abtretung thrakischer Gebiete. Strumitza (Mazedonien) fällt an Jugoslawien, das Küstengebiet am Ägäischen Meer bis zur Maritza an Griechenland, doch bulgarischer Zugang zum Hafen Dedeagatsch (Alexandropolis). Heeresbeschränkung auf 20 000 Mann. Kriegsentschädigungen und Kohlelieferungen.

Der Frieden von Trianon

1920   **Unterzeichnung des Friedensvertrags** von Trianon (zwei Lustschlösser im Park von Ver-
4. Juni   sailles). Ungarn tritt ab: die Slowakei an die Tschechoslowakei, Westungarn (Burgenland) an Österreich, Kroatien-Slawonien an Jugoslawien, das Banat an Jugoslawien und Rumänien, Siebenbürgen an Rumänien. Heer: 35 000 Mann.

Der Friedensvertrag von Sèvres

1919	Griechen besetzen Smyrna (Izmir) im Einvernehmen mit den Siegermächten (15. Mai).
23. Juli	Zusammentreten des Türkischen Nationalkongresses unter Führung *Mustafa Kemals (Atatürk)*, der die Unverletzlichkeit des türkischen Anatolien fordert und zur nationalen Verteidigung aufruft.
1920	Mustafa Kemal eröffnet die Nationalversammlung in Ankara (23. April).
10. Aug.	**Unterzeichnung des Friedensvertrages** von Sèvres (französische Stadt im südwestlichen Vorortbereich von Paris) durch die türkische Regierung. Der Friedensvertrag wird von den Nationalisten unter Mustafa Kemal nicht anerkannt.

Die Hauptbedingungen des Friedensvertrags

1. Internationale Kontrolle und Verwaltung der Meerengen. 2. Wiederherstellung der Kapitulationen zur Rechtssicherheit der Ausländer in der Türkei, 3. Finanz- und Militärkontrolle, Heeresbeschränkung auf 50000 Mann, internationale Kontrolle über Häfen, Flußschiffahrt und Eisenbahnen, Reparationen, 4. Abtretungen: a) an Griechenland Thrakien mit Gallipoli, die Ägäischen Inseln, Smyrna (nach 5 Jahren Plebiszit), b) an Frankreich Syrien und Kilikien, an Großbritannien Irak und Palästina, dazu die Schutzherrschaft über Arabien (Königreich Hedschas), an Italien den Dodekanes und Rhodos, 5. Türkisch-Armenien wird selbständiger Staat, 6. Zypern und Ägypten bleiben unter britischer, Tripolitanien unter italienischer Herrschaft. Der Türkei bleibt demnach Konstantinopel (Istanbul) mit Hinterland bis zur Catalcalinie und Anatolien (etwa 10 Mio. Einwohner).

Grenzkonflikte nach und während der Friedensregelung

Die Pariser Friedensverträge haben nicht den *„Gerechtigkeitsfrieden"* im Sinne Wilsons gebracht. Vom Tage ihrer Unterzeichnung an ist daher als notwendiges Ziel der Politik vorgezeichnet: für die Sieger, vor allem das am meisten interessierte Frankreich, *Stabilisierung und Sicherung,* für den Besiegten, in erster Linie das Deutsche Reich, *Revision.*

In einem Defensivvertrag (28. Juni 1919) zwischen Frankreich, Großbritannien und den USA wird gegenseitige Bündnispflicht im Falle eines deutschen Angriffs auf Frankreich vereinbart. Die USA ratifizieren diesen Vertrag ebensowenig wie den Vertrag von Versailles und entziehen sich damit weiterer Verantwortung für das politische System von Versailles.

Folgende Grenzfragen führen unmittelbar nach oder schon während der Friedensregelung zu Konflikten:

Fiume (kroatisch: Rijeka/Jugoslawien): Auf der Friedenskonferenz werden italienische Ansprüche auf Fiume nicht berücksichtigt. Nach Schaffung eines Freistaates Fiume versucht der italienische Freischarenführer Gabriele D'Annunzio vergeblich, die Frage durch Putsch im italienischen Sinne zu lösen. Im Vertrag von Rapallo vom 12. Nov. 1920 wird Fiume Freie Stadt. Doch verzichtet Jugoslawien endgültig im Vertrag von Rom vom 27. Jan. 1924 auf die Stadt zugunsten Italiens.

Kärnten: Nach Einbruch jugoslawischer, vor allem serbischer Truppen in die Steiermark und in Kärnten erbitterte Kämpfe mit Heimatwehren. Am 13. Jan. 1919 Abschluß eines Waffenstillstands. US-Kommission in Kärnten. Ende April erneutes militärisches Vorgehen der Jugoslawen. Die Friedensregelung sieht Abstimmung im strittigen Gebiet Kärntens vor, das bis zur Abstimmung unter jugoslawischer Besatzung bleibt. Durch das Votum vom 10. Okt. 1920 bleibt das Gebiet bei Österreich.

Das **Burgenland** mit vorwiegend deutschsprachiger Bevölkerung auf ungarischem Staatsgebiet wird im Friedensvertrag von Saint-Germain Österreich zugesprochen. Im Aug. 1921 Putsch magyarischer Freischärler, die das Land besetzt halten. Durch italienische Vermittlung kommt der Vorschlag einer Abstimmung für das Gebiet um Ödenburg (ungarisch: Sopron) und Umgebung zustande, die der österreichische Regierung annimmt. Die Abstimmung am 14. Dez. 1921 ergibt einen knappen Sieg für Ungarn, so daß entgegen den Friedensbestimmungen Ödenburg an Ungarn zurückgegeben werden muß.

Oberschlesien: Eine Volksabstimmung soll über die Zugehörigkeit des Landes entscheiden. Das zur Abstimmung bestimmte Gebiet ist seit Ende Febr. 1920 von alliierten Truppen besetzt. Wachsende Unruhe. Die Abstimmung vom 20. März 1921 in Oberschlesien ergibt eine Mehrheit von 60% für ein Verbleiben beim Deutschen Reich. Trotzdem spricht im Okt. 1921 der Oberste Rat der Alliierten den Teil des Industriereviers mit Pleß, Myslowitz, Kattowitz, Königshütte, Tarnowitz, Rybnik und Lublinitz Polen zu. Mehrfach Kämpfe polnischer Freischaren mit deutschen Freikorps.

Teschen (polnisch: Cieszyn; an der Olsa): Das Industriegebiet wird im Jan. 1919 von der Tschechoslowakei besetzt. Zusammenstöße zwischen Polen und Tschechoslowaken sind die Folge. Nachdem der Plan einer Volksabstimmung aufgegeben wird, fügt sich die Tschechoslowakei auf Druck Frankreichs einem Spruch des Botschafterrats, durch den die Stadt Teschen geteilt wird und der kleinere, wirtschaftlich wertvollere Teil an Polen fällt.

Memel (litauisch: Klajpeda): Das Memelgebiet (Ostpreußen nördlich der Memel) erhält am 4. Okt. 1920 einen eigenen Staatsrat mit französischem Präfekten. Am 10. Jan. 1923 Einfall litauischer Freischaren, die das Memelgebiet besetzen. Die Botschafterkonferenz fügt sich dem vollzogenen Gewaltakt. 1924

856 Neuzeit – Zeitalter der Weltkriege

übertragen die vier Hauptmächte im Memelabkommen des Völkerbundes alle ihre Rechte aus dem Versailler Vertrag an Litauen. Dem Memelland wird durch das Memelstatut Autonomie unter litauischer Staatshoheit zugesichert. Die Wahlen zum Memelländer Landtag ergeben stets hohe deutsche Wahlsiege. **Wilna** (litauisch: Wilnjus; an der Mündung der Wilejka in die Wilija): Die Stadt wird von den Litauern als historische Hauptstadt beansprucht, obgleich sie überwiegend polnisch besiedelt ist. Am 9. Okt. 1920 wird Wilna von polnischen Freischaren besetzt. Eine Volksabstimmung vom 8. Jan. 1922 entscheidet für Polen. Am 8. April wird die Stadt Wilna mit umliegendem Gebiet Polen einverleibt. Litauen protestiert und erkennt diesen Akt nie an.

Die internationalen Ereignisse 1920–1929

1920 Eine Reihe von *Konferenzen* der europäischen Siegermächte zur Friedensregelung behandelt insbesondere die Frage der *deutschen „Reparationen"*:
in *San Remo* (an der Riviera di Ponente, Ligurien) (18.–26. April);
in *Hythe* (westlich von Dover) und *Boulogne-sur-Mer* (20.–22. Juli);
in *Spa* (Belgien) (erstmals deutsche Vertreter zugelassen): 5.–16. Juli.

19. Juli *Zweiter Weltkongreß* der *Kommunistischen Internationale (Komintern)*. Diese erhält ihre
–7. Aug. Statuten. Ziel: Aufbau von kommunistischen Parteien nach sowjetischem Vorbild und Lenkung dieser Parteien durch Moskau.

14. Aug. Vertrag zwischen der Tschechoslowakei und Jugoslawien leitet die **„Kleine" Entente** ein, die gegen ungarische Revisionspolitik und gegen Versuche habsburgischer Wiederherstellung gerichtet ist. Im April und Juni 1921 folgen die Verträge zwischen der Tschechoslowakei und Rumänien und zwischen Rumänien und Jugoslawien.

Aug. Konferenz zur Reparationsfrage zwischen dem britischem Premier *Lloyd George,* dem
–Sept. französischen Ministerpräsidenten *Alexandre Millerand* und dem italienischen Ministerpräsidenten *Giovanni Giolitti.*

24. Sept. Finanzkonferenz des Völkerbundes in Brüssel (bis 8. Okt.).

15. Nov. Erster Zusammentritt der **Völkerbundsversammlung** in Genf. Die USA haben den Eintritt
–18. Dez. abgelehnt. Argentinien scheidet wieder aus. Österreich und Bulgarien als Mitglieder aufgenommen. Die Vollversammlung beschließt die Einrichtung des *Internationalen Gerichtshofes* und bestätigt die Mandate über die deutschen Kolonien.

Dez. Sachverständigenkonferenz zur Reparationsfrage in Brüssel.

1921 *Konferenz in Paris.* Ohne Zuziehung Deutschlands wird festgesetzt: eine Entschädigung
24.–29. von 269 Mrd. Goldmark, zahlbar in 42 Jahresraten (eine unveränderliche feste Haupt-
Jan. summe von 226 Mrd. und eine veränderliche Nebensumme von 43 Mrd. Goldmark). Ferner eine 42jährige Abgabe von der deutschen Ausfuhr in Höhe von je 12% des Wertes (jährlich etwa 1–2 Mrd. Goldmark).

19. Febr./ Das *Bündnis- und Vertragssystem der Entente* wird *nach Ostmitteleuropa* durch den
3. März Abschluß von Bündnissen zwischen Polen und Frankreich und zwischen Polen und Rumänien ausgedehnt (am 25. Jan. 1924 folgt der Abschluß eines ähnlichen Vertrages zwischen Frankreich und der Tschechoslowakei).

21. Febr. *Konferenz in London:* Deutsche Gegenvorschläge in der Reparationsfrage werden als in-
–14. März diskutabel abgelehnt. Der britische Premier Lloyd George betont die Kriegsschuld Deutschlands als Grundlage der Vertragsbedingungen. Nach ergebnisloser Sonderkonferenz des deutschen Außenministers Simons mit den Vertretern der Entente werden die Verhandlungen mit Deutschland am 7. März abgebrochen.

8. März Als Strafmaßnahme werden „Sanktionen" im Ruhrgebiet eingeleitet: *Besetzung von Düsseldorf, Duisburg, später auch Mühlheim und Oberhausen.* Verlegung der Zollinie an die Grenze des besetzten Gebiets.

27. April *Festsetzung der deutschen Reparationssumme* von insgesamt 132 Mrd. Goldmark durch die Reparationskommission (nicht gerechnet die Zurückerstattungen gemäß Art. 238 und 232, Abs. 3).

5. Mai *Londoner Ultimatum der Alliierten:* 1. Schnelle Entwaffnung; 2. Einzelheiten der Zahlungsfestlegung der 132 Mrd. Goldmark in 37 Jahren. Jährliche Zahlungen für den Zinsen- und Amortisationsdienst um 2 Mrd. Goldmark sowie eine 26%ige Ausfuhrabgabe. Zahlung einer Goldmilliarde sofort (innerhalb von 25 Tagen); 3. unverzügliche Aburteilung der „Kriegsverbrecher"; 4. im Falle der Nichterfüllung wird Besetzung des Ruhrgebiets für den 12. Mai angedroht.

11. Mai Das Deutsche Reich nimmt nach einer Abstimmung im Reichstagsplenum das Ultimatum an. Trotzdem werden die Sanktionen (Zollgrenze und zusätzliche Besetzungen) nicht aufgehoben.

24.–25. *Friedensverträge der Vereinigten Staaten von Amerika mit dem Deutschen Reich und*
Aug. *Österreich.*

6.–7. Okt. *Wiesbadener Abkommen* der Minister für Wiederaufbau von Frankreich (Louis Loucheur)

Übernationale Entwicklung – Zwischen den Weltkriegen   857

und Deutschland (Walther Rathenau) über die Realisierung der Reparationszahlungen und Herabsetzung der Kohlelieferungen.

1921 *Washingtoner Konferenz* (Abrüstung). Ergebnis: 1. Flottenabkommen der fünf Mächte
12. Nov. USA, Großbritannien, Japan, Frankreich, Italien untersagt Neubauten großer Kriegs-
–1922 schiffe, setzt das Stärkeverhältnis auf 5:5:3:1,75:1,75 fest und führt weitere Beschrän-
6. Febr. kungen der Rüstung und Seebefestigungen ein. 2. Viermächteabkommen (Pazifikabkom-
men) zwischen USA, Großbritannien, Japan und Frankreich garantiert den Besitzstand im Pazifik und hebt das Bündnis zwischen Großbritannien und Japan (1902) auf. 3. Neun-mächteabkommen über die Unabhängigkeit Chinas und den Grundsatz der „offenen Tür" in China. 4. Im Shantung-Vertrag gibt Japan die Provinz Shantung und den darin gelegenen Flottenstützpunkt Kiautschou an China zurück.

1922 *Konferenz von Cannes* (am Golf von Napoule) beschließt Einberufung einer Welt-
6.–13. Jan. wirtschaftskonferenz nach Genua.
28. Febr. *Ägypten* wird zum *unabhängigen Königreich* erklärt.
10. April *Konferenz von Genua* soll Regelung internationaler Wirtschafts- und Reparationspro-
–19. Mai bleme bringen. Anwesend sind Vertreter von 28 europäischen Staaten, Japan und den eng-lischen Dominions. Die USA und die Türkei fehlen. Der sowjetische Außenminister Geor-gi Wassiljewitsch Tschitscherin sucht die internationale Anerkennung Sowjetrußlands und die Erörterung der Abrüstung in das Programm der Konferenz zu bringen. Schroffe Ableh-nung durch den ehemaligen französischen Ministerpräsidenten und Vorsitzenden der Reparationskommission Jean Louis Barthou (* 1862, † 1934). Die Hauptarbeiten der Konferenz werden in die Ausschüsse verlegt, um Deutschland und Sowjetrußland mög-lichst weitgehend auszuschließen. Die Konferenz wird ergebnislos abgebrochen, da Sowjet-rußland sich weigert, russische Vorkriegsschulden anzuerkennen.

16. April Abschluß und Veröffentlichung des **deutsch-sowjetischen Sondervertrags von Rapallo** auf der Grundlage gegenseitiger Gleichberechtigung. Aufnahme von diplomatischen Bezie-hungen. Alle Ansprüche aus der Zeit des Krieges zwischen Deutschland und dem früheren Rußland gelten als erledigt. Damit hat Sowjetrußland auf die Ansprüche aus Art. 116 des Versailler Vertrages verzichtet. Der Drehpunkt der aufsehenerregenden diplomatischen Aktion ist der Art. 116, mit dessen Hilfe Frankreich die russischen Vorkriegsschulden auf
15. Juni das Deutsche Reich hat abwälzen wollen.
–20. Juli Die *Haager Konferenz* bringt kein Ergebnis.
Inzwischen macht die fortlaufende Entwertung der Reichsmark einen Transfer der deut-schen Reparationsschulden in der geforderten Höhe vollends unmöglich. Daher mehrfach Gesuche der deutschen Regierung um ein Moratorium, wogegen Frankreich mit der Forde-rung auf Finanzkontrolle und mit „Retorsionen" antwortet. Die Verknüpfung der Repara-tionen mit der allgemeinen internationalen Verschuldung, bei der vor allem die USA der große Gläubiger der Ententestaaten sind, wird in einer britischen Note *Arthur James Bal-fours* versucht, aber von den USA abgelehnt.

7.–14. *Konferenz in London*. Der französische Ministerpräsident und Außenminister *Raymond*
Aug. *Poincaré* fordert von Deutschland als Gegenleistung für ein Moratorium „produktive Pfän-der", darunter Gewinnbeteiligung an der deutschen chemischen Industrie. Großbritannien widersetzt sich den französischen Forderungen. Das Moratorium kommt daraufhin nicht zustande.

10. Okt. *Waffenstillstand und Vorkonferenz von Mudanya* (nördlich von Bursa am Marmara-Meer, Türkei). Der Ausgang des griechisch-türkischen Krieges bedeutet für Lloyd George den Zusammenbruch seiner Orientpolitik.

28. Okt. **„Marsch auf Rom".** Beginn der faschistischen Machtergreifung in Italien. Über Italien hin-ausgehend, werden „*Faschismus*" und „*Antifaschismus*" zu internationalen Tendenzen.

Faschismus

Faschismus, italienisch *fascismo*, von lateinisch *fascis* („*Rutenbündel*"). In der Französischen Revolution und im italienischen Risorgimento ist dies das Symbol revolutionärer Bewegungen verschiedener Rich-tungen. *Benito Mussolini* nimmt es 1919 auf für seine Kampfbünde *(fasci di combattimento)*. „Faschis-mus" wird damit zur Bezeichnung dieser politischen Bewegung und des Herrschaftssystems in Italien von 1922 bis 1945. Alsbald wird *Faschismus* über Italien hinaus zum *idealtypischen Begriff eines politischen Systems*, das beansprucht, die Schwächen oder Gefahren der parlamentarischen Liberal- oder Sozialde-mokratie einerseits, des Kommunismus andererseits zu überwinden. Mussolini hat den Faschismus selbst als eine „*democrazia totalitaria*" bezeichnet: das durchorganisierte Volk soll total durch ein den Staat und die (Einheits-)Partei zusammenfassendes Herrschaftssystem in Form einer Pyramide erfaßt werden, an deren Spitze der *Führer des Faschismus* und der *Staatschef in einer Person* stehen soll (**„Führerprin-zip").** Der Lenkung von oben sollen aktive Dienstbereitschaft und Zustimmung von unten entsprechen. Der Faschismus ist betont nationalistisch, antiliberal, antisozialistisch, antipluralistisch-parlamentarisch,

858 Neuzeit – Zeitalter der Weltkriege

rücksichtslos gegen individuelle Grundrechte, wenn politische „Notwendigkeit", und expansionistisch völkerrechtsverletzend, wenn der nationale Egoismus *(sacro egoismo)* es erfordern. Das idealtypische Bild des faschistischen Herrschaftssystems wird nirgends in der Wirklichkeit voll erreicht. Die Disziplin der Führerpyramide wird de facto durch fortgesetzte Machtkämpfe von Amtsträgern, Kompetenzwirrwarr und Grenzen der Integration des Staates durch die Partei beeinträchtigt. Auch die Kirchen können in den faschistischen Regimen nicht „gleichgeschaltet" werden.
Ähnliche antidemokratische und antikommunistische Bewegungen wie in Italien werden in anderen Nationen schon in den dreißiger Jahren vielfach als „faschistisch" bezeichnet, so besonders der **deutsche Nationalsozialismus,** die **spanische Falange,** die **ungarischen Pfeilkreuzler,** die **eiserne Garde in Rumänien,** die **kroatische Ustaša,** aber auch erfolglose faschistische Bewegungen in Großbritannien und Frankreich. Obwohl viele „faschistische" Gemeinsamkeiten und personell-organisatorische Verbindungen vorhanden sind, kommt es zu keiner „faschistischen Internationale".
Theorien über Entstehungsbedingungen, Trägerschaft und Strukturtypologie des Faschismus bzw. der über Italien hinausgehenden Faschismen werden seit 1922 vielfältig entwickelt, besonders von marxistischer Seite, die den Faschismus als Folge des kapitalistischen Systems begreift. Daß besonders mittelständisch-kleinbürgerlich-bäuerliche Massen anfällig für „Faschismus" gewesen sind, wird oft bemerkt.

1922 5. Nov. –5. Dez.	*IV. Weltkongreß der Komintern* bestätigt Änderung der weltrevolutionären Strategie im Sinne der *„Einheitsfront",* d.h. Zusammengehen (auch Regierungskoalitionen) mit sozialistischen bzw. sozialdemokratischen Parteien und Gewerkschaften.
1922 20. Nov. –1923 24. Juli	**Friedenskonferenz in Lausanne.** Sie wird zunächst abgebrochen (4.–23. April) wegen der Differenzen in der Mosulfrage (das Gebiet um die Stadt am Tigris ist nach dem Ersten Weltkrieg von Großbritannien besetzt worden, wird danach zum Streitobjekt zwischen Irak und Türkei: 1925 vom Völkerbund dem Irak zugesprochen) und der Kapitulationen. Erst nach erneutem Zusammentreten Ergebnis: 1. Bildung eines Balkanblocks aus Rumänien, Jugoslawien, Griechenland und Bulgarien, das bisher zur Türkei gehalten hat. 2. Abschluß des Orientfriedens zwischen Großbritannien, Frankreich, Türkei, Griechenland, Bulgarien, Sowjetunion und Italien. Der Frieden von Sèvres vom 10. Aug. 1920 ist damit revidiert. Großbritannien erneuert seine alten freundschaftlichen Beziehungen zur Türkei. Die entfestigten Meerengen bleiben der Türkei. Handelsschiffe haben freie Durchfahrt.
9.–11. Dez.	*Zweite Londoner Konferenz.* Neue deutsche Vorschläge (u.a. Bewilligung eines internationalen Bankkredits) bleiben unberücksichtigt. Die Konferenz ist erfolglos. Die Briten und Amerikaner widersetzen sich der französischen Rheinpolitik. Ministerpräsident Poincaré drängt auf Verschärfung, um einen Vorwand zur Besetzung des Ruhrgebiets zu gewinnen. Die italienische Politik (seit 30. Okt. 1922 faschistische Regierung) schließt sich Frankreich an.
1923 9. Jan.	In der Sitzung der Reparationskommission wird festgestellt (gegen die Stimme Großbritanniens), daß Deutschland vorsätzlich seine Kohlelieferungen vernachlässigt habe. Damit hat Frankreich freie Hand.
10. Jan.	*Französisch-belgische Note an das Deutsche Reich:* infolge des deutschen Versäumnisses müsse eine Ingenieurkommission zur Kontrolle des Kohlensyndikats ins Ruhrgebiet geschickt werden, zu deren Schutz Besatzungstruppen notwendig seien.
11. Jan.	Statt dessen **Einmarsch der Franzosen** (fünf Divisionen mit zwei Generalkommandos und zahlreichen schweren Waffen) in Essen. Nach und nach folgt die **Besetzung** des ganzen **Ruhrgebiets.** Beginn des Ruhrkampfes. Großbritannien verhält sich abwartend. Die USA ziehen ihre Besatzungstruppen aus dem Rheingebiet zurück.
13. Jan.	Reichskanzler *Wilhelm Cuno* verkündet im Reichstag den *„passiven Widerstand".* Die Kohlelieferungen werden eingestellt. Verhaftungswelle im Ruhrgebiet. Eisenbahnbeamte verweigern die Arbeit auf den von Franzosen besetzten Bahnstrecken. Die Gewerkschaften unterstützen den passiven Widerstand. Zechen liegen still. Blutige Zusammenstöße zwischen der Bevölkerung und den Besatzungstruppen. Hilfsaktion im Reich für die Ruhrbevölkerung. Deutsche Versuche, im Mai und Juni mit Frankreich zu Verhandlungen zu kommen, werden von Großbritannien unterstützt, scheitern aber. Während *Inflation* und *Wirtschaftskrise* in Deutschland weiter fortschreiten, ist der passive Widerstand nicht durchzuhalten. Nach Rücktritt Wilhelm Cunos (12. August) erklärt sich
26. Sept.	der neue Reichskanzler *Gustav Stresemann* zum Einlenken bereit: Aufruf der Reichsregierung *„An das deutsche Volk".* Der passive Widerstand muß aus innenpolitischen und finanziellen Gründen abgebrochen werden. Notwendigkeit, mit Frankreich zur Verständigung zu kommen. Zunächst jedoch keine Änderung der französischen Rhein-Ruhr-Politik (endgültige Räumung des Ruhrgebiets erfolgt erst Ende Aug. 1925).
21. Okt.	Die Franzosen lassen in Aachen durch deutsche Separatisten die *„Rheinische Republik"* ausrufen. Der Versuch scheitert schnell am Widerstand der Bevölkerung sowie an der Ablehnung Großbritanniens.
24. Okt.	Der Beauftragte der Rheinlandkommission für die Pfalz verkündet in Speyer die Errichtung eines *„autonomen Pfalzstaates".* Die bewaffneten Separatisten können sich vorüber-

Übernationale Entwicklung – Zwischen den Weltkriegen *859*

gehend durchsetzen, da sie von der Besatzungsmacht gestützt werden. Die Ergebnisse einer britischen Untersuchungskommission und der Widerstand der Bevölkerung lassen jedoch diesen Versuch scheitern. Die *deutsche Inflation* (verbunden mit neuen inneren Unruhen) erreicht ihren Höhepunkt. Auch der Franc fällt. Die internationale Finanzkrise drängt zur Lösung.

30. Nov. Die vom britischen Premier *Stanley Baldwin* angeregte Konferenz der Reparationskommission zur Regelung der Reparationsfrage mit Beteiligung der USA beschließt die Bildung von zwei Sachverständigenausschüssen zur Untersuchung der deutschen Währungsstabilisierung und zur Rückleitung des ins Ausland geflüchteten deutschen Kapitals.

Die USA sind daran interessiert, die europäischen Gegensätze zu mildern und zur Regelung der internationalen Zahlungsprobleme, im besonderen auch der deutschen Reparationen,
6. Dez. zu kommen. In diesem Sinne Botschaft des neuen US-Präsidenten *Calvin Coolidge* an den Kongreß.

1924 Zusammentritt des Internationalen Sachverständigenausschusses zur deutschen Finanzsi-
14. Jan. cherung, Währungsstabilisierung und Ordnung des Staatshaushaltes unter Vorsitz des amerikanischen Finanzfachmanns *Charles Gates Dawes* (* 1865, † 1951) in Paris.

22. Jan. Der Regierungswechsel in Großbritannien von der konservativen Regierung Baldwin zum Kabinett des Führers der Labourparty, *James Ramsay MacDonald*, wirkt im Sinne einer gewissen Entspannung gegenüber Deutschland.

9. April Die Berichte der Finanzausschüsse werden dem Vorsitzenden der Reparationskommission, dem französischen Justizminister *Louis Barthou*, zugestellt. Das Ergebnis des Arbeiten des ersten Ausschusses ist der **Dawesplan,** der unter dem Schlagwort *„Business, not politics"* die Rückzahlung der europäischen Schulden an die USA durch sichere Grundlagen der deutschen Zahlungsfähigkeit für die Reparationsschulden sicherstellen will. Die Wiedergesundung der deutschen Volkswirtschaft wird also anerkannt. Strafmaßnahmen wie die Ruhrbesetzung werden abgelehnt.

Die Bestimmungen des Dawesplans

1. Die **Reparationsquellen:** a) die Industrie übernimmt 5 Mrd. Goldmark Obligationen, die als erste Hypothek eingetragen werden. Die Reparationszahlungen bestehen in deren jährlicher Verzinsung (5 %) und Tilgung (1 %). Hierfür wird die Bank für deutsche Industrieobligationen AG geschaffen;
b) die deutschen Eisenbahnen werden in eine Aktiengesellschaft mit einem Kapital von 15 Mrd. Goldmark umgewandelt; als erste Hypothek werden 11 Mrd. Goldmark Reparations-Schuldverschreibungen auf die deutschen Eisenbahnen eingetragen, die mit 5 % zu verzinsen und mit 1 % jährlich zu tilgen sind; Überwachung der Gesellschaft durch ausländischen Eisenbahnkommissar;
c) die Einnahmen des Reiches aus bestimmten Zöllen und indirekten Steuern werden als Sicherheit für die Reparationszahlungen an die Internationale Reparationskommission verpfändet;
d) Umgestaltung der Reichsbank zu der von der Regierung unabhängigen deutschen Notenbank in Berlin.
2. **Deutsche Belastung:**
bis 1927/1928 sind jährlich 1–1,75 Mrd. Mark zu zahlen; am 1. Sept. 1928 beginnt das Normaljahr mit 2,5 Mrd. Mark; über die endgültige Höhe und Dauer der deutschen Kriegsentschädigung wird nichts angegeben; nur die Verzinsung und Tilgung der Reichsbahnobligationen mit 660 Mio. Mark und der Industrieobligationen mit 300 Mio. Mark werden auf 37 Jahre begrenzt.
3. **Festlegung von Sanktionen** bei Nichterfüllung.

1924 Um die deutsche Mark bei Rückkehr zur Goldwährung zu stabilisieren, schlägt der Reparations-Ausschuß vor, Deutschland eine *Anleihe von 800 Mio. Goldmark* zu gewähren.
16. April Die deutsche Regierung nimmt den Dawesplan an.
16. Juli **Londoner Konferenz** nimmt den Dawesplan im ganzen an. Anschließend erfolgt eine Ein-
–16. Aug. ladung an die deutsche Regierung. Reichskanzler *Wilhelm Marx*, Außenminister *Gustav Stresemann* und Finanzminister *Hans Luther* nach London. Das **Londoner Abkommen** wird gemäß dem Dawesplan abgeschlossen.
29. Aug. Der deutsche Reichstag stimmt nach langem Widerstreben der Deutschnationalen zu.
1. Sept. Der *Dawesplan wird in Kraft gesetzt.*
2. Okt. Das *„Genfer Protokoll für die friedliche Regelung internationaler Streitigkeiten"* ist das Ergebnis langer Beratungen über Abrüstung und Sicherheitspolitik auf der Tagung des Völkerbundes in Genf. Die britischen Dominions widersetzen sich dem Protokoll, weil sie von ihrer günstigen geographischen Lage her nicht geneigt sind, sich in internationale Streitigkeiten verwickeln zu lassen. Die neue konservative Regierung Baldwin in England unterzeichnet daher das Protokoll nicht. Es bleibt wirkungslos.

1925 Deutsche Protestnote wegen Nichträumung der Kölner Zone durch die französischen
6. Jan. Besatzungstruppen.

860 Neuzeit – Zeitalter der Weltkriege

9. Febr.	Die Reichsregierung macht den Vorschlag eines Sicherheitsvertrages betreffs der West-grenze. Diese deutsche „*Friedensoffensive*" wird vor allem von Großbritannien aufgenommen, während Frankreich zögert.
4. Juni	Die *Entwaffnungsnote der Botschafterkonferenz* an das Deutsche Reich wird in Berlin überreicht: Verletzungen der Friedensvertragsbestimmungen werden aufgezählt, weitergehende Entwaffnung wird gefordert; die Kölner Zone werde geräumt werden, wenn Deutschland den noch nicht erfüllten Verpflichtungen nachkommen werde.
16. Juni	*Französische Antwortnote* auf den *deutschen Sicherheitsvorschlag* vom 9. Febr. Darin wird ein deutsch-polnischer Schiedsvertrag vorgeschlagen. Polen soll also in ein Sicherheits-paktsystem mit hineingenommen werden.
Juli	Beginn der Räumung des Ruhrgebiets.
24. Aug.	Antwort des französischen Ministerpräsidenten Aristide Briand auf die deutsche Antwort-note vom 20. Juli: In ihr wird 1. Unverletzlichkeit der bestehenden Verträge, 2. Eintritt Deutschlands in den Völkerbund ohne Vorbehalte und Vorrechte, 3. Abschluß des Garan-tiepakts ohne Preisgabe französischer Rechte bei der Besetzung des linken Rheinufers ge-fordert.
5.–16. Okt.	**Konferenz von Locarno** (am Lago Maggiore, Schweiz; Teilnehmerstaaten: Deutsches Reich, Großbritannien, Frankreich, Belgien, Italien, Polen, Tschechoslowakei): Der Ver-trag von Locarno umfaßt: 1. Sicherheits-, Rhein- oder Westpakt zwischen Deutschland, Belgien, Frankreich, Groß-britannien und Italien. Die Unverletzlichkeit der Grenzen zwischen Deutschland einerseits, Belgien und Frankreich andererseits wird garantiert. Deutschland verzichtet also endgültig auf Elsaß-Lothringen. Die Rheingrenze wird entmilitarisiert. 2. Schiedsabkommen zwischen Deutschland und Belgien sowie zwischen Deutschland und Frankreich. 3. Schiedsvertrag zwischen Deutschland und Polen sowie zwischen Deutschland und der Tschechoslowakei. Deutschland verpflichtet sich, keine Änderungen der polnischen Gren-zen mit Gewalt zu versuchen, und erkennt Frankreichs Defensivverträge mit Polen und der Tschechoslowakei an. Der Eintritt Deutschlands in den Völkerbund wird für März 1926 geplant. Für das Rhein-gebiet sollen sich Erleichterungen aus dem Vertrag von Locarno ergeben, besonders die Zusage der Räumung der Kölner Zone. Der Vertrag von Locarno bedeutet einen wichtigen Schritt auf dem Wege europäischer Friedenssicherung und ist geeignet, eine politische Verständigung zwischen Frankreich und Deutschland einzuleiten. Der „*Geist von Locarno*" gibt zu großen Hoffnungen Anlaß und wird gleichzeitig von nationalistischer Seite scharf kritisiert.
1926 13. Jan.	Der *Irak* wird von Großbritannien als *unabhängiger Staat* anerkannt. Das britische Mandat bleibt in Kraft. Einrichtung neuer britischer Luftbasen im Irak.
März	Tagung des Völkerbundsrates in Genf. Deutschlands Eintritt wird bis zum Herbst verscho-ben infolge französischer Verschleppungstaktik und Rangstreitigkeiten, wie dem Anspruch Brasiliens auf einen ständigen Sitz. Auch die Einberufung der vorbereitenden Kommission für die Abrüstungskonferenz wird vertagt.
18.–26. Mai	Erste Tagung der vorbereitenden Kommission für die *Abrüstungskonferenz*, die in den fol-genden Jahren vielfach tagt, ohne wesentliche Ergebnisse zu bringen.
5. Juni	*Mosulvertrag:* Der Streit Großbritanniens mit der Türkei seit der Friedenskonferenz von Lausanne (20. Nov. 1922–24. Juli 1923) um Mosul (am Tigris, Irak) und seine Ölquellen zugunsten Großbritanniens beendet. Das Erdölgebiet wird an das britische Mandatsgebiet Irak abgetreten.
8. Sept.	Das **Deutsche Reich** wird einstimmig **in den Völkerbund aufgenommen** und erhält einen ständigen Ratssitz.
12. Dez.	In Genf wird vereinbart, daß die Interalliierte Militärkommission am 31. Jan. 1927 aus Deutschland zurückgezogen werden soll. Die Kontrolle der deutschen Rüstungen geht auf den Investigationsausschuß des Völkerbundes über.
1927	**Weltwirtschaftskonferenz in Genf** (4.–23. Mai).
Juni–Juli	*Dreimächtekonferenz zur Seeabrüstung* in Genf zwischen Großbritannien, USA und Japan ergebnislos.
1928 13. April	Der US-Staatssekretär *Frank Billings Kellogg* (* 1856, † 1937) unterbreitet den Signatar-mächten des Locarnovertrags vom Okt. 1925 einen Plan zur Ächtung des Krieges, der von *Aristide Briand* aufgenommen und weitergeführt wird.
17. Juli –1. Sept.	*VI. Weltkongreß der Komintern*, ohne oppositionelle Gruppen. „*Programm der Kommu-nistischen Internationale*": neue Generallinie der ultralinken Taktik, d. h. Kampf in erster Linie gegen die „sozialfaschistischen" Sozialdemokraten (Folgen für die spätere Machter-greifung Adolf Hitlers in Deutschland).
27. Aug.	Der **Kelloggpakt,** der den Verzicht auf den Krieg als Werkzeug internationaler Politik aus-spricht, wird von Vertretern von 15 Nationen (darunter Gustav Stresemann für Deutsch-

Übernationale Entwicklung – Zwischen den Weltkriegen   861

land) unterzeichnet. Bis Ende 1929 geben 54 Staaten ihre Unterschrift unter den „Kriegsächtungspakt".

Sept.   Auf der *Tagung des Völkerbundsrats* Einigung über folgende Punkte: 1. Verhandlungen über die Frage einer vorzeitigen Räumung des französisch besetzten Rheinlandes sollen angesetzt werden. 2. Es wird als notwendig anerkannt, das Reparationsproblem neu und endgültig zu regeln. 3. Eine Feststellungs- und Vergleichskommission soll gebildet werden.

1929
9. Febr.   **Litwinow-Protokoll** (benannt nach dem sowjetischen Außenpolitiker Maksim Maksimowitsch Litwinow [* 1876, † 1951]): ein Nichtangriffspaktsystem zwischen der Sowjetunion, Rumänien, Polen, Lettland und Estland.

11. Febr.   *Konferenz in Paris zur Revision des Dawesabkommens* über die deutschen Reparations
–7. Juni   verpflichtungen. Vertreten sind: Belgien, Deutschland, Großbritannien, Frankreich, Italien, Japan unter dem Vorsitz des amerikanischen Wirtschaftsfachmanns *Owen D. Young* (* 1874, † 1962).

März   Auf der Tagung des Völkerbundrats Rede Stresemanns über die Frage des Schutzes der Minderheiten.

Der Youngplan

Das Ergebnis der Pariser Verhandlungen, in denen wiederum die Gegensätze zwischen den Alliierten selbst überbrückt werden müssen, ist der Youngplan. Die Höhe und Zahl der Annuitäten (Jahresleistungen) und der Modus der Transferierung werden festgesetzt. Gegenüber dem Dawesplan werden die deutschen Zahlungsverpflichtungen herabgesetzt. Höhe und Fristen der Zahlungen werden mitbestimmt von der 22,8 Mrd. Mark zu 5,5 % betragenden Schuld der Alliierten an die USA. Die *deutsche Reparationsschuld* wird für die ersten 37 Jahre auf 30,95 Mrd., für die Gesamtzeit des Youngplans von 59 Jahren, also bis 1988, auf 34,5 Mrd. Mark festgesetzt. Die Annuitäten sollen in den ersten 37 Jahren allmählich von 1,7 auf 2,1 Mrd. Mark steigen. Für die letzten 22 Jahre werden Beträge angesetzt, die den jeweils fälligen Kriegsschuldenzahlungen der Alliierten an die USA entsprechen sollen. Von den Annuitäten sind 600 Mio. Mark im Durchschnitt bedingungslos und ohne Schutz für den deutschen Handel unter allen Umständen von Deutschland zu bezahlen. Sie sind transferungeschützt und unaufschiebbar. In dieser Transferverpflichtung unter eigener Verantwortung ohne die Transferklausel des Dawesplans liegt ein gefährliches Risiko für das Deutsche Reich. Bei außergewöhnlichem Notstand soll die Möglichkeit bestehen, die Übertragung des geschützten und aufschiebbaren Teils der Jahresrate (gut zwei Drittel der Leistung) bis zu zwei Jahre aufzuschieben. Da das Reich die volle Verantwortung für den Transfer übernehmen soll, fallen die Reparationskommission und das fremde Kontrollsystem in Zukunft fort. *Deutschland erlangt damit seine wirtschaftliche und finanzielle Souveränität wieder.* Zur Verwaltung der deutschen Leistungen als Treuhänderin wird die *Bank für Internationalen Zahlungsausgleich (BIZ)* mit Sitz in Basel geschaffen. Die Zahlung der festgesetzten Annuitäten gilt als eine endgültige Erfüllung aller noch als unbeglichen gebliebenen Verpflichtungen des Deutschen Reiches. Der Youngplan soll also im Gegensatz zum Dawesplan die endgültige Lösung der Reparationsfrage bringen. Nur für den Fall eines Schuldennachlasses der USA gegenüber seinen europäischen Schuldnern soll eine Ermäßigung der deutschen Schuldenlast möglich sein.

1929
6.–31.   *Erste Haager Konferenz:* Beratung über den Youngplan mit erheblichen Differenzen, auch
Aug.   wieder zwischen Großbritannien und Frankreich. Deutschland erreicht für die Annahme des Youngplans die Räumung des ganzen Rheinlands vor der Versailler Frist (2. und 3. Zone bis spätestens 30. Juni 1930).

5. Sept.   Auf der Völkerbundsversammlung legt Aristide Briand den *Plan der „Vereinigten Staaten von Europa"* vor (Zoll- und Wirtschaftsunion). Höhepunkt der Bestrebungen zu einem europäischen Zusammenschluß, die propagandistisch durch die *„Paneuropa"-Bewegung* des Grafen *Richard von Coudenhove-Kalergi* (* 1894, † 1972) verbreitet werden und politisch vor allem von Aristide Briand und Gustav Stresemann, freilich in unterschiedlicher Zielrichtung, vertreten werden.

25. Okt.   Der **Schwarze Freitag** an der Börse von New York leitet die große Weltwirtschaftskrise ein.

Allgemeine Entwicklung von der Weltwirtschaftskrise bis zum Ausbruch des Zweiten Weltkrieges 1929–1939

Die Weltwirtschaftskrise

Die Weltwirtschaftskrise der Jahre 1929 bis 1933 (z. T. darüber hinaus) hat eine weit größere *Epochenbedeutung* als die großen Konjunkturkrisen des 19. Jh.s, weil mit ihr die Weltwirtschaft der europäischamerikanischen Mächte mit (wenig eingeschränktem) Freihandel und Automatismus der Goldwährung

endgültig zu Ende geht. Ihre Ursachen sind vielfältig und im einzelnen in ihrer Bedeutung umstritten. Die Weltwirtschaftskrise ist sowohl eine (übliche, wenn auch besonders starke) **Konjunkturkrise** wie eine **Strukturkrise** der durch den Ersten Weltkrieg verzerrten oder gestörten Weltwirtschaft.
Nachdem um 1925 (Währungsstabilisierungen, besonders des britischen Pfundes mit Rückkehr zur Goldwährung, Reparationsregelung durch den Dawesplan) die Kriegsfolgen für die Nationalwirtschaften und den Welthandel großenteils überwunden zu sein scheinen, kommt es zwischen 1925 und 1929 zu einem Konjunkturaufschwung, der freilich von einer weltweiten **Agrarkrise** (besonders in den USA und in Deutschland) begleitet wird. Nach dem Index der Weltagrarpreise (1923/1925 = 100) fallen diese bis Ende 1929 auf rd. 70, bis 1932 auf 24,4, während die Lagerbestände bis zur gleichen Zeit auf 260 stiegen. Der „Schwarze Freitag" (25. Okt. 1929) an der New Yorker Börse leitet eine (nur vorübergehend aufgehaltene) *Kette von Kurseinbrüchen* ein. Eine starke monetäre Expansion in den USA ist vorhergegangen. Sie führt im Zusammenhang mit dem Reparations- und Kriegsschuldenkapitalzufluß nach den USA zu erheblichem Kapitalrückfluß von den USA nach Deutschland mit starker Zinsdifferenz (hohe Zinsen in Deutschland, niedrige in den USA). So wird nach dem Okt. 1929 die *USA-Finanzkrise* nach Deutschland und Europa übertragen. Von 1930 an wirkt sich eine, z. T. finanzpolitisch bewußt verstärkte *Deflationsspirale* katastrophal aus: Preis- und Lohnabfall, Kreditverknappungen, Produktionsrückgang, sprunghafte Erhöhung der Arbeitslosigkeit, Rückgang des Welthandels, nationalwirtschaftliche Maßnahmen der Wirtschaftspolitik ohne ausreichende internationale Zusammenarbeit, Devisenbewirtschaftung, Autarkiebestrebungen. Der im 19. Jh. im allgemeinen selbständig funktionierende weltwirtschaftliche Ausgleich wird durch eine Vielzahl von Bestrebungen nationalstaatlicher Konjunkturpolitik zerrissen, so z. B. Gegensatz zwischen der britischen Pfundabwertung mit Abgehen vom Goldstandard (Sept. 1931) und der zyklisch konformen, die Krise verstärkenden Deflationspolitik der deutschen Regierung unter Reichskanzler Heinrich Brüning in Deutschland.
Die **politischen Wirkungen** der Weltwirtschaftskrise sind erheblich: z. B. in Deutschland Aufstieg des *Nationalsozialismus*, in den USA Sieg *Franklin D. Roosevelts* bei den Präsidentenwahlen und Ablösung der innenpolitischen Herrschaft der Republikanischen Partei, in Großbritannien nationales Konzentrationskabinett *James Ramsay Macdonald*.
1932/1933 beginnt die Konjunkturkrise zu Ende zu gehen, doch die weltwirtschaftliche Strukturkrise bleibt bestehen.

Weltwirtschaftskrise

| 1930 Jan. | **Zweite Haager Konferenz** (3.–20. Jan.) zur endgültigen Regelung der Reparationsfrage (Haager Schlußakte). Der *Youngplan* (der „Neue Plan") wird *angenommen*. |
| 21. Jan. –22. April | *Flottenkonferenz in London* zwischen USA, Großbritannien, Japan, Frankreich, Italien, erschwert durch neue französische und italienische Ansprüche. Ergebnis: 1. Fünfmächtevertrag: Verzicht auf den Bau neuer Panzerschiffe bis 1936, Beschränkungen für U-Boote. 2. Dreimächtevertrag (Großbritannien, USA, Japan) über Kreuzer, Zerstörer und U-Boote. Festsetzung der Tonnageziffern für die einzelnen Schiffstypen und der Gesamttonnage. Klausel, wonach jedes beteiligte Land zu zusätzlichen Rüstungen schreiten darf, wenn eine außerhalb des Paktes stehende Macht durch übermäßige Rüstungen das Gleichgewicht zur See stört. |

Übernationale Entwicklung – Zwischen den Weltkriegen 863

Febr. –März	*Zollfriedenskonferenz in Genf* soll das 1927 begonnene Werk der Weltwirtschaftskonferenz fortführen. Annahme eines Abkommens: Handelsverträge sollen bis zu einer bestimmten Zeit nicht gekündigt werden. Schutzzölle sollen zunächst weder erhöht noch neu eingeführt werden. Das Abkommen wird auf der Konferenz in Genf im März 1931 fallengelassen.
17. Mai	Der französische Außenminister *Aristide Briand* läßt den Völkerbundsstaaten ein *„Memorandum über die Organisation eines Systems eines europäischen Staatenbundes"* überreichen. Das Projekt hat keinen Erfolg, da es zu stark politisch belastet ist. *„Paneuropa"* scheitert vor allem am Widerspruch Großbritanniens und ist seit Ausbruch der Weltwirtschaftskrise und ihren politischen Folgen (Nationalsozialismus!) nicht mehr zu verwirklichen.
1931 11. Mai	Der Zusammenbruch der *Österreichischen Credit-Anstalt* wirkt alarmierend auf Wirtschaft und Politik in ganz Europa. In Deutschland folgt die *Darmstädter und Nationalbank* (13. Juli), wo der **allgemeine Bankkrach** durch eine zeitweilige Auszahlungssperre und andere Maßnahmen verhindert wird. Die Finanzkrise wird allgemein.
20. Juni	*Herbert Hoover*, Präsident der USA, schlägt angesichts dieser Lage ein *Moratorium* für alle internationalen Zahlungsverpflichtungen auf ein Jahr vor (*Hoover-Feierjahr;* am 6. Juli verkündet). Der Vorschlag wird von allen beteiligten Staaten angenommen, nur Frankreich hat Vorbehalte.
19. Aug.	Der Sachverständigenausschuß stellt fest, daß Deutschland nicht in der Lage sein werde, nach Ablauf des Hooverjahres die Reparationszahlungen wiederaufzunehmen.
18. Sept.	*Japan besetzt Mukden* und andere Plätze in der *Mandschurei* (China). Der langjährige Kriegszustand zwischen Japan und China beginnt.
21. Sept.	Die Bank von England sieht sich gezwungen, vom Goldstandard abzugehen, d. h. Aufgeben der liberalen Währungspolitik. Folge: statt stabiler Wechselkurse bei schwankendem Preisniveau schwankende Wechselkurse und autonom bestimmtes Preisniveau. Dem Beispiel Englands folgen die Länder mit Pfundwährung: Indien, Ägypten, Palästina, Irland, Australien, Neuseeland, Südafrika; ferner die skandinavischen Staaten, Portugal, Estland, später Japan und die Tschechoslowakei. So entsteht der „Sterlingblock".
10. Dez.	Der Völkerbundsrat beschließt, eine Kommission aus Vertretern der USA, Großbritanniens, Deutschlands, Frankreichs und Italiens unter Vorsitz des Briten *Victor Earl Lytton* zur Untersuchung des japanisch-chinesischen Konflikts zu bilden.
1932 2. Febr.	Eröffnung der (erfolglosen) *internationalen Abrüstungskonferenz in Genf:* Frankreich schlägt eine internationale Armee beim Völkerbund vor und verlangt Sicherheitsgarantien vor Abrüstung. Die USA machen konkrete Abrüstungsvorschläge. Deutschland fordert „nach der eigenen Entwaffnung die allgemeine Abrüstung".
18. Febr.	Die besetzte *Mandschurei* wird von Japan als *selbständiger,* aber unter japanischem Protektorat stehender *Staat* erklärt *(Mandschukuo).*
6.–8. April	*Konferenz über die Donaufragen in London* (Großbritannien, Frankreich, Italien, Deutschland). Ablehnung des französischen Plans, der eine Zusammenfassung des Donauraums ohne Deutschland und Italien beabsichtigt.
16. Juni **–9. Juli**	**Konferenz in Lausanne:** unter Vorsitz des britischen Premiers Macdonald Abkommen, welches das Reparationsproblem beendet. **Ablösung der deutschen Reparationsschuld** durch eine einmalige Abfindungssumme von 3 Mrd. Reichsmark. Daneben bleiben freilich noch Restzahlungen sowie der Dienst für die Dawes- und Younganleihe. Das Abkommen wird nicht ratifiziert, da es von einem befriedigenden Abkommen der verschuldeten Mächte mit dem Gläubigerland USA abhängig gemacht wird. Doch tritt es faktisch in Kraft. Das Ende der Reparationen ist gekommen. Die deutsche Regierung veröffentlicht im Jan. 1932 zur Vorbereitung der Lausanner Konferenz eine Aufstellung, wonach insgesamt 53 155 Mio. Goldmark bzw. Reichsmark bezahlt worden sind (einschließlich aller Sachleistungen). Der Vorschlag eines deutsch-französischen Konsultativpakts wird von Großbritannien vereitelt.
4. Sept.	Der *Lyttonbericht* (Beschluß des Völkerbundrates vom 10. Dez.) über den japanisch-chinesischen Konflikt stellt die *Unrechtmäßigkeit des japanischen Vorgehens* fest, schlägt jedoch gleichwohl vor, die Mandschurei in ein autonomes Gebiet unter chinesischer Staatshoheit, aber unter japanischer Kontrolle zu verwandeln. Die *„besonderen Rechte und Interessen Japans"* werden anerkannt.
11. Dez.	*Konferenz der Großmächte in Lausanne:* Deutschlands Rüstungsgleichberechtigung wird grundsätzlich anerkannt.
1933 **30. Jan.**	**Adolf Hitler deutscher Reichskanzler** (sog. *nationalsozialistische „Machtergreifung").* Nach rascher Durchsetzung der nationalsozialistischen Herrschaft im Deutschen Reich wird die Geschichte Europas zunächst durch die rücksichtslose Revisions-, später durch die Expansionspolitik Deutschlands bestimmt.
2. Febr. – 14. Okt.	*Zweite internationale Abrüstungskonferenz.* Das Projekt des britischen Premiers MacDonald – Einschränkung der Landheerstärken; Deutschland sollen 200 000 Mann zugestan-

864 Neuzeit – Zeitalter der Weltkriege

	den werden – scheitert, so daß die Konferenz im Juni unterbrochen wird. Wiederzusammentritt im Oktober.
25. Febr.	Annahme des Lyttonberichts durch den Völkerbund. Japan lehnt ab.
27. März	*Japan erklärt seinen Austritt aus dem Völkerbund.* Dieser Ausgang einer erfolglosen Völkerbundspolitik gegen einen „Aggressor" bedeutet einen ernsten Schlag gegen die politische Weltordnung von 1919.
März	Statt der ergebnislosen Versuche der Abrüstungskonferenz schlägt der italienische Staatsführer Benito Mussolini einen Viererpakt zwischen Großbritannien, Frankreich, Deutschland und Italien vor, in dem eine Politik der Zusammenarbeit und des Friedens (mit Möglichkeit von Revisionen der Friedensverträge) auf der Basis der Gleichberechtigung (Rüstungsgleichberechtigung Deutschlands) vorgesehen ist.
2. Juni −27. Juni	Scheitern der Internationalen Wirtschaftskonferenz in London und damit des Vorhabens eines internationalen Währungsabkommens hauptsächlich durch den Widerstand von US-Präsident Franklin Delano Roosevelt.
15. Juli	In abgeschwächter Form wird der **Viererpakt** abgeschlossen. Bei betonter Anerkennung des Völkerbundes, des Locarno- und des Kelloggpaktes wird damit der Versuch unternommen, die Politik Europas auf eine neue Grundlage zu stellen.
2. Sept.	*Nichtangriffspakt* und *Freundschaftsvertrag zwischen Italien und der Sowjetunion.* Ergebnis der Initiative Mussolinis, der hierdurch größere Freiheit gegenüber dem Westen zu gewinnen sucht.
14. Okt.	Deutschland verläßt die Abrüstungskonferenz, da in einem neuen Plan, den der britische Außenminister *John Simon* vorlegt, der vorgesehene Rüstungsausgleich auf vier Jahre verschoben werden soll.
14. Okt.	Das *Deutsche Reich erklärt seinen Austritt aus dem Völkerbund.* Trotzdem gehen die Verhandlungen über die Rüstung weiter. Nach Anerkennung der deutschen Gleichberechtigung ist eine begrenzte deutsche Aufrüstung konsequent. Großbritannien und Italien vertreten diese Auffassung, während Frankreich ablehnt.
16. Nov.	*Aufnahme der diplomatischen Beziehungen zwischen den Vereinigten Staaten von Amerika und der Sowjetunion.*
18. Dez.	*Deutsches Memorandum zur Rüstungsfrage:* Forderung auf Gleichberechtigung. Vorschlag der Umwandlung der Reichswehr in ein kurz dienendes Heer von 300 000 Mann, Einzelvorschläge zur allgemeinen Rüstungsbeschränkung.
1934 26. Jan.	*Nichtangriffspakt und Freundschaftsvertrag zwischen dem Deutschen Reich* und *Polen* geschlossen.
9. Febr.	*Abschluß des Balkanpakts* zwischen der Türkei, Griechenland, Rumänien und Jugoslawien (ohne Bulgarien). Beistandspakt und Empfehlung, die Außenpolitik in Übereinstimmung zu bringen.
17. März	*Römische Wirtschaftsprotokolle* zwischen Italien, Österreich und Ungarn.
17. April	Französische Note an Großbritannien, die das Deutsche Reich beschuldigt, durch Erhöhung der militärischen Ausgaben den Versailler Vertrag gebrochen zu haben. Die Verhandlungsgrundlage sei nicht mehr gegeben.
	Die sich aus dem deutschen Austritt aus dem Völkerbund und der französischen Ablehnung deutscher Gleichberechtigung ergebende Spannung führt zu neuen politischen Gruppierungen. Bedeutung fällt der Sowjetunion zu, die aus dem Zerfall des europäischen Staatensystems Vorteil ziehen kann. Eine Annäherung Frankreichs an die Sowjetunion, die sich schon seit 1932 vorbereitet hat, liegt nahe.
27. Juni	Der französische Außenminister *Louis Barthou* veröffentlicht den Vorschlag eines Ostpaktes, der einen kollektiven Nichtangriffspakt für die Oststaaten mit französischer Garantie und Anlehnung an den Völkerbund vorsieht (*„Ost-Locarno"*). Die deutsche Regierung lehnt einen Beitritt ab.
18. Sept.	*Die Sowjetunion tritt dem Völkerbund bei.* Die gemeinsame Stellung gegen die Außenpolitik Hitlers beschleunigt die Herstellung guter Beziehungen zwischen der Sowjetunion und den westlichen Mächten.
9. Okt.	Außenminister Barthou, die treibende Kraft zu einem französischen Ostpaktsystem und einem Zusammengehen mit der Sowjetunion, und der jugoslawische König Alexander werden in Marseille ermordet; verantwortlich ist die kroatische Ustaša-Bewegung.
1935 7. Jan.	Aussprache *Pierre Lavals,* des Nachfolgers Barthous, mit Staatschef Mussolini in Rom führt zu einem Abkommen über Kolonialkompensation in Nordafrika und zum Plan einer Garantie der österreichisch-italienischen Grenzen. Geheimbesprechung über Abessinien (Äthiopien). Italien ist damit in die Antirevisionsfront Frankreichs eingereiht.
6. März	Die französische Regierung kündigt Wiedereinführung der zweijährigen Militär-Dienstzeit an.
7. März	Erneuerung des französisch-belgischen Militärabkommens von 1921.
16. März	*Deutschland* sagt sich von den Rüstungsbeschränkungen des Versailler Vertrags los und führt die *allgemeine Wehrpflicht* ein.

Übernationale Entwicklung – Zwischen den Weltkriegen   865

11./14. April	Zusammentritt der *Konferenz in Stresa* (am Südwest-Ufer des Lago Maggiore) zwischen Großbritannien, Frankreich, Italien. Einvernehmen, „sich mit allen geeigneten Mitteln jeder einseitigen Aufkündigung von Verträgen zu widersetzen". Doch bleibt die „*Stresafront*" beim Deklamatorischen.
17. April	Verurteilung des deutschen Vertragsbruchs durch den Völkerbund.
2. Mai	*Französisch-sowjetischer Beistandspakt* auf fünf Jahre für solche Fälle geschlossen, in denen eine der vertragschließenden Parteien „einer Drohung oder Angriffsgefahr durch einen europäischen Staat ausgesetzt ist".
16. Mai	*Beistandspakt zwischen der Sowjetunion und der Tschechoslowakei.* Darin die bedeutsame Klausel, daß Hilfeleistung nur im Falle eines militärischen Beistandes durch Frankreich erfolgen solle.
21. Mai	Reichstagsrede Adolf Hitlers mit dem „*Friedensprogramm*" von 13 Punkten. Vor allem Vorschlag des Abschlusses zweiseitiger Nichtangriffsverträge (im Gegensatz zum französischen Paktsystem kollektiver Sicherheit).
18. Juni	*Deutsch-britisches Flottenabkommen:* Großbritannien erklärt sich im Gegensatz zur „Stresafront" mit der deutschen Seeaufrüstung bis zu 35 % der britischen Kriegsflotte einverstanden. Empörung in Frankreich. Erfolg der deutschen Revisionspolitik, die hier eindeutig von Großbritannien gestützt wird.
25. Juli −20. Aug.	*VII. Weltkongreß der Komintern:* Schwenkung von der ultralinken zur *antifaschistischen* „*Volksfront*"-*Taktik.* Stützung der sowjetischen Außenpolitik durch die neue Linie der Komintern.
Sept.	Beginn der **Abessinienkrise.**
3. Okt.	Die Italiener fallen in Abessinien (Äthiopien) mit Truppen ein.
11. Okt.	Völkerbund beschließt *Sanktionen gegen Italien;* diese betreffen Waffenembargo, Kredit- und Rohstoffsperre, doch werden sie nicht von allen Ländern strikt durchgehalten. Vor allem Frankreich, aber auch Großbritannien lassen Italien de facto freie Hand. Deutschland unterstützt Italien mit Rohstofflieferungen. Der abessinische Feldzug wird nicht unterbrochen.
1936 15. Jan.	Auf der *Londoner Flottenkonferenz* fordert Japan erfolglos die gleiche Flottenstärke wie Großbritannien und die USA und verläßt die Konferenz. Damit ist der Weg für das Wettrüsten zur See freigegeben.
7. März	**Deutsche Truppen besetzen** das entmilitarisierte **Rheinland.** Vorwand ist die Ratifizierung des französisch-sowjetischen Bündnisses im Widerspruch zum Locarnovertrag, der durch den neuen Überraschungsschlag Hitlers gleichfalls verletzt wird. Auch diesmal kaum Widerstand der Ententemächte.
25. März	*Flottenabkommen zwischen Großbritannien, den USA und Frankreich.* Die Mächte verpflichten sich zur gegenseitigen Unterrichtung über ihren Flottenneubau.
10. April	Note der Türkei an die beteiligten Mächte mit dem Vorschlag einer Revision der Lausanner Meerengenkonvention.
22. Juni −20. Juli	Nach Zustimmung der Mächte *Konferenz zur Meerengenfrage in Montreux.* Diplomatisches Zusammenspiel der Türkei mit Großbritannien im Gegensatz zur Sowjetunion. Neue Meerengenkonvention: Wiederherstellung der vollen türkischen Souveränität über die Meerengen einschließlich des Befestigungsrechts. Freie Durchfahrt für Handelsschiffe. Durchfahrt für Kriegsschiffe anderer Mächte unter erschwerenden Bedingungen.
4. Juli	Nachdem Italien die *Eroberung Abessiniens vollendet* hat, billigt der Völkerbund die Einstellung der Sanktionen. Wie in der mandschurischen Frage scheitert die Völkerbundspolitik auch hier.
18. Juli	Beginn des **Bürgerkrieges in Spanien.** Offizierspusche in Spanisch-Marokko und an mehreren Stellen Spaniens gegen die „*Volksfront*"-*Regierung.* Der Aufstand der Armee (Führung General *Francisco Franco*) wird durch eine schnell einsetzende militärische Hilfe von Deutschland (Unternehmen Condor) und Italien unterstützt. Auf der anderen Seite steht hinter der Volksfront-Regierung die Sowjetunion. Großbritannien verfolgt eine Politik des „non-intervention".
25. Okt.	*Deutsch-italienischer Vertrag* begründet die **„Achse Berlin-Rom".** Das Deutsche Reich erkennt die Annexion Abessiniens durch Italien an; beide Mächte vereinbaren einheitliches Vorgehen in der spanischen Frage und erkennen die Regierung Franco an. Abgrenzung der wirtschaftlichen Interessensphären in Südosteuropa.
14. Nov.	Das Deutsche Reich kündigt die Versailler Bestimmungen über die deutschen Wasserstraßen auf.
25. Nov.	**Antikominternpakt** zwischen *Deutschland und Japan:* beiderseitige Unterrichtung über die Tätigkeit der kommunistischen Internationale. Aktives Einschreiten gegen die Tätigkeit der Komintern vorgesehen. Große Propagandawirkung.
1937 25. März	*Nichtangriffspakt zwischen Italien und Jugoslawien* auf fünf Jahre beseitigt die seit den Friedensverträgen gespannte Lage zwischen den beiden Staaten und soll einen Keil in die Kleine Entente treiben.

866 Neuzeit – Zeitalter der Weltkriege

7. Juli Der *Zwischenfall an der Marco-Polo-Brücke* (südwestlich von Peking) eröffnet (ohne Kriegserklärung) wieder den **japanisch-chinesischen Krieg**, in dem der Widerstand der Chinesen unter der *Nanking-Regierung Chiang Kai-shek* unerwartet hartnäckig wird. (Im Herbst Bildung einer Einheitsfront der Nanking-Regierung mit der Kommunistischen Partei Chinas [KPCh].)

21. Aug. *Nichtangriffspakt zwischen der Sowjetunion und China.*

10.–14. Sept. *Konferenz von Nyon* (am Nordwest-Ufer des Genfer Sees). Teilnehmer, Mittel- und Schwarzmeermächte (außer Italien), beschließen Maßnahmen zur Bekämpfung des „Piratentums" im Mittelmeer, d.h. vor allem des Kampfes italienischer U-Boote gegen sowjetische Schiffe mit Zufuhr für Volksfront-Spanien.

5. Okt. Rede des US-Präsidenten Roosevelt mit scharfer Absage an die Fortsetzung der Neutralitätspolitik. Der Aggressor Japan müsse einer Quarantäne unterworfen werden (Quarantänerede).

3. Nov. Zusammentritt einer Konferenz in Brüssel, die feststellt, daß Japan den Neunmächtevertrag verletzt habe.

6. Nov. Beitritt Italiens zum Antikominternpakt.

19. Nov. *Lord Halifax* (Edward Frederick L. Wood), Lordsiegelbewahrer und Mitglied des britischen Kabinetts, bei Reichskanzler Hitler, um die deutschen Forderungen und die Möglichkeiten deutsch-britischer Politik zu sondieren. Das Ergebnis ist gegenseitige Verstimmung.

1.–17. Dez. Reise des französischen Außenministers *Yvon Delbos* zu den französischen Alliierten in Ostmitteleuropa ohne befriedigendes Ergebnis. Das französische Paktsystem im Osten ist entwertet. Besonders Polen und Jugoslawien durch die Verträge von 1934 und 1937 mit Deutschland und Italien der „Achse" angenähert.

11. Dez. *Italien tritt aus dem Völkerbund aus.*

**1938
12. März** **Einmarsch deutscher Truppen in Österreich** nach vorausgegangenem Ultimatum und Rücktritt des österreichischen Bundeskanzlers *Kurt Schuschnigg*. Übernahme der Regierung durch *Arthur Seyß-Inquart*.

13. März Der **Anschluß Österreichs** an das Deutsche Reich ist vollzogen (durch Volksabstimmung vom 10. April nachträglich bestätigt). Da die Mächte anderweitig festgelegt sind und insbesondere die britische Politik unter Premier *A. Neville Chamberlain* an einem Ausgleich mit Deutschland interessiert ist, wird der Anschluß allgemein als vollzogene Tatsache hingenommen.

16.–19. März *Polnisch-litauischer Konflikt.* Polen nutzt die durch die Österreichfrage günstige Situation aus und stellt ein Ultimatum an Litauen, die Beziehungen zu Polen aufzunehmen und die Wilnagrenze anzuerkennen. Litauen nimmt an.

16. April *Britisch-italienisches Abkommen.* Großbritannien ist an einer Entspannung im Mittelmeer interessiert, Italien an einer Annäherung an Großbritannien als Gegengewicht gegen die seit dem Anschluß Österreichs vermehrte Macht Hitlers. Während Großbritannien der italienische Herrschaft in Abessinien anerkennt, verpflichtet sich Italien im Gegenzug, die italienischen Freiwilligen aus Spanien nach dem (unmittelbar bevorstehenden) Ende des spanischen Krieges zurückzuziehen. Ferner Regelung aller strittigen Fragen im Nahen Osten.

24. April Die *Sudetendeutsche Partei Konrad Henleins* fordert die autonome Selbstverwaltung der sudetendeutschen Gebiete.

28. April *Konferenz zwischen dem französischen Ministerpräsidenten Édouard Daladier und dem britischen Premier Chamberlain in London* beschließt, daß in Prag und Berlin auf Einlenken hingewirkt werden soll: Der tschechoslowakische Staatspräsident *Edvard Beneš* soll Henleins Forderung der Autonomie annehmen.
Konrad Henlein in London (13.–14. Mai).

3.–9. Mai Besuch des „Führer und Reichskanzler" Hitler mit großem Gefolge in Rom. Demonstrativ wird in Feiern und Paraden die Einheit der „Achse" zur Schau gestellt. Doch weicht Staatschef Mussolini dem Abschluß eines Bündnisses aus. Hitler spricht feierlich den Verzicht auf Südtirol aus. *Papst Pius XI.* verläßt während des Besuchs Rom.
Seit Ende April beginnt sich die **sudetendeutsche Frage** zuzuspitzen. Ähnlich wie beim Anschluß Österreichs verbinden sich hier alte Forderungen aus dem Selbstbestimmungsrecht der Völker, die 1918/1919 erhoben, aber nicht verwirklicht worden sind, mit der rücksichtslosen nationalsozialistischen Außenpolitik.

20. Mai Mobilmachung der Tschechoslowakei aus Anlaß deutscher Truppenkonzentrationen.

30. Mai Hitlers Weisung an die Wehrmacht enthält sein Ziel: „*Es ist mein unabänderlicher Entschluß, die Tschechoslowakei in absehbarer Zeit durch eine militärische Aktion zu zerschlagen.*"

19.–21. Juli Der Besuch des britischen Königspaares in Paris unterstreicht demonstrativ die britisch-französische Freundschaft.

21.–23. Aug. *Konferenz der Kleinen Entente.* Ungarns Recht zur Wiederaufrüstung wird anerkannt. Nichtangriffspakte sind vorgesehen. Im Sept. spitzt sich, getrieben von Hitler, die sudeten-

Übernationale Entwicklung – Zwischen den Weltkriegen 867

deutsche Krise zu. Hitler veranlaßt Henlein zur Verschärfung seiner Politik, um zu provozieren. Hitlers These: *„England blufft".*

16. Sept. *Besprechung des britischen Premierministers Chamberlain mit Hitler in Berchtesgaden.* Chamberlain ist bereit, der Tschechoslowakei die Abtretung der sudetendeutschen Gebiete nahezulegen.

19. Sept. Der französische Ministerpräsident *Daladier* und Außenminister *Georges Bonnet* in London. Großbritannien und Frankreich wünschen die friedliche Beilegung des Konflikts durch Annahme des Prinzips der Selbstbestimmung für die Sudetendeutschen.

22.–24. Sept. *Besprechungen Chamberlains mit Hitler in Godesberg.* Hitler verlangt mehr als das Zugeständnis des Selbstbestimmungsrechts für die Sudetendeutschen und bezieht *polnische und ungarische Territorialforderungen* mit ein. Chamberlain will nicht über die Grundlage der Berchtesgadener Besprechung hinausgehen. Hitler fordert die Übergabe der sudetendeutschen Gebiete durch die Tschechen für den 26. Sept., dann für den 1. Okt., an das Deutsche Reich.

24. Sept. Die deutschen Forderungen werden abends in London dem tschechoslowakischen Gesandten überreicht.

25. Sept. Die Tschechoslowakei lehnt die deutschen Forderungen ab.

26. Sept. *Sir Horace Wilson,* der außenpolitische Berater Chamberlains, fährt nach Berlin. Vorschlag direkter Verhandlungen zwischen Deutschland und der Tschechoslowakei unter britischer Vermittlung.
Abends *Rede Hitlers im Berliner Sportpalast:* die Abtrennung des Sudetenlandes sei die letzte Revisionsforderung. Hitler ist zum Einmarsch ins Sudetenland entschlossen.

28. Sept. Die britische Regierung bittet den italienischen Staatschef Mussolini um Vermittlung. Hitler nimmt Mussolinis Vermittlungsvorschlag an, die nicht erheblichen Differenzpunkte auf einer Viererkonferenz in München zur Lösung zu bringen.

29. Sept. **Konferenz in München** (Teilnehmer sind die Staats- und Regierungschefs des Deutschen Reichs, Italiens, Frankreichs und Großbritanniens sowie Minister und Diplomaten): die Tschechoslowakei soll die deutsch besiedelten Randgebiete Böhmens, Mährens und Schlesiens vom 1.–10. Okt. räumen und an das Deutsche Reich abtreten. Die ungarischen und polnischen Ansprüche sollen später geregelt werden. Die Resttschechoslowakei soll die Garantie der Großmächte gegen unprovozierten Angriff erhalten. Anschließend unterzeichnen Hitler und Chamberlain eine deutsch-britische Nichtangriffserklärung.
Damit haben Großbritannien und Frankreich den deutschen Forderungen nachgegeben. Der Frieden ist gerettet. Dies wird in allen europäischen Staaten als Erleichterung empfunden. Die Möglichkeit einer neuen Stabilisierung der europäischen Ordnung besteht, sofern die Politik Hitlers wirklich seinen Beteuerungen gemäß territorial befriedigt ist. Diese Erwartung erweist sich als falsch.

1. Okt. **Beginn des Einmarsches deutscher Truppen in die sudetendeutschen Gebiete.**

2. Okt. Polnische Truppen besetzen das Olsagebiet (tschechoslowakisch-polnisches Grenzgebiet; Teschen, polnisch: Cieszyn).

21. Okt. Hitlers interne Weisung, die *„Erledigung der Resttschechei"* militärisch vorzubereiten.
Durch die *Beendigung der Sudetenkrise* ist das deutsche und italienische Übergewicht bei den kleinen Staaten des Ostens erheblich gewachsen. Dem entspricht der Erste *Wiener*

2. Nov. *Schiedsspruch der Achsenmächte,* dem sich die Tschechoslowakei und Ungarn unterwerfen. Er befriedigt die ungarischen Revisionswünsche gegenüber der Slowakei nicht vollständig. Ungarische Truppen besetzen kurz darauf die von der Tschechoslowakei abgetretenen Gebiete.

9. Nov. Die nationalsozialistischen Ausschreitungen gegen Juden in Deutschland, von Reichspropagandaminister *Josef Goebbels* inszeniert als vorschützende Antwort auf die Ermordung eines Mitgliedes der Deutschen Botschaft in Paris, *Ernst vom Rath,* durch den Juden *Heinrich Grünspan,* wirken aufs neue international alarmierend, insbesondere in den USA (*„Reichskristallnacht"*).

26. Nov. Bekräftigung des Nichtangriffspakts zwischen Polen und der Sowjetunion. Polen, das in der tschechoslowakischen Frage mit Deutschland zusammengespielt hat, versucht, sich gegen Deutschland eine Rückendeckung im Osten zu verschaffen, nachdem es die deutsche Anfrage betreffs Rückkehr Danzigs zum Reich und einer exterritorialen Verbindung durch den „Korridor" (24. Okt. und 19. Nov.) abgelehnt hat.

30. Nov. Antifranzösische Propaganda in der italienischen Kammer und Presse (Forderung nach Abtretung von Korsika und Tunis) führt zu ernster italienisch-französischer Spannung.

6. Dez. *Deutsch-französische Nichtangriffserklärung in Paris.*
Entgegen diesen Ausläufern der Politik des Münchener Abkommens bereiten sich jedoch neue Konflikte vor. In mehreren Ländern steigern sich die Maßnahmen zur Kriegsvorbereitung, obwohl die offizielle Diplomatie noch den Anschein erweckt, an der Ausgleichspolitik festhalten zu wollen.

22. Dez. Italien kündigt das *Laval-Mussolini-Abkommen* vom 7. Jan. 1935.

868 Neuzeit – Zeitalter der Weltkriege

1939 Großbritannien und Frankreich erkennen Franco-Spanien an (27. Febr.).

12. März Hitler entschließt sich zur Zerschlagung der Tschechoslowakei, wozu der Ausbruch eines Konflikts zwischen der Prager Regierung und den Slowaken den Vorwand gibt.

13. März Die Führer der Slowaken, *Jozef Tiso* (* 1887, † 1947) und *Ferdinand D'určanský* (* 1906), in Berlin. Sie wollen die Unabhängigkeit der Slowakei proklamieren.

14. März Unabhängigkeitserklärungen der Slowakei und der Karpathen-Ukraine. Ungarn beginnt mit Besetzung der Karpathen-Ukraine.

15. März Der tschechoslowakische Staatspräsident *Emil Hácha,* der um eine Unterredung mit Hitler gebeten hat, und der Außenminister *František Chvalkovský* unterzeichnen unter Druck den Vertrag über die Schaffung des Reichsprotektorats Böhmen und Mähren. Einmarsch der deutschen Truppen in die Tschechoslowakei. Die tschechischen Truppen werden ohne Widerstand entwaffnet.

16. März Hitler läßt in Prag einen **„Erlaß über das Protektorat Böhmen und Mähren"** verkünden. Die beiden Länder werden dem Deutschen Reich eingegliedert und erhalten als Staat beschränkter Souveränität mit eigenem Staatsoberhaupt Autonomie in Verwaltung, Rechtsprechung und Kultur. In Prag soll als Vertreter des Reichs ein Reichsprotektor residieren (Frh. von Neurath), während das Protektorat in Berlin durch einen Gesandten vertreten sein soll.

Die Slowakei stellt sich unter den Schutz des Reichs, worauf ein Vertrag in Berlin geschlossen wird (23. März), in dem dieser Schutz durch militärische und außenpolitische Einbeziehung der Slowakei realisiert wird. Die Slowakei führt alsbald ein Volksgruppenrecht ein.

Auch diesmal ist die überraschende Aktion Hitlers geglückt, ohne daß außer diplomatischen Protesten ernsthafter Widerstand erfolgt. Ist jedoch die Angliederung des Sudetenlandes nach der Logik des Selbstbestimmungsrechts der Völker und im Einvernehmen mit den europäischen Großmächten vollzogen, so gilt dies für die Gewaltaktion vom März 1939 nicht mehr. Diese widerspricht zudem Hitlers Versprechungen vom Sept. 1938. Das internationale Vertrauen ist damit endgültig zerstört. Die Gefahr für den Ausbruch eines europäischen Krieges ist in bedrohliche Nähe gerückt. Premier Chamberlain kündigt in seiner Birmingham-Rede das Ende der „appeasement policy" an.

21. März *Deutsches Angebot an Polen:* Wiederholung des schon am 24. Okt., 19. Nov. 1938, 5./6. Jan. 1939 Polen übergebenen Vorschlags: Rückgabe Danzigs, exterritoriale Auto- und Eisenbahn durch den Korridor, langfristige Garantie der deutsch-polnischen Grenze. Das Angebot erfolgt in dem psychologisch ungünstigen Moment der Vertrauenskrise. (23. März polnische Teilmobilmachung im Korridor.) Polen lehnt (am 26. März) ab.

23. März *Einmarsch deutscher Truppen ins Memelgebiet* aufgrund eines Abkommens mit Litauen. Die Wiedervereinigung des Memelgebiets mit dem Deutschen Reich wird durch Reichsgesetz verkündet.

23. März *Deutsch-rumänisches Handelsabkommen* führt zu weitgehender Einfügung Rumäniens in ein deutsch geführtes mitteleuropäisches Wirtschaftssystem (Bedeutung des rumänischen Öls).

28. März Kurz nach Beendigung des Bürgerkriegs tritt Spanien dem Antikominternpakt bei.

31. März Premierminister Chamberlain gibt die *britisch-französische Garantieerklärung für Polen* ab.

7. April *Italien besetzt Albanien* als Kompensation für die neuen deutschen Erwerbungen. König Zogu flieht nach Griechenland.

12. April Die albanische Nationalversammlung bietet in Tirana König *Viktor Emanuel* die Krone Albaniens an.

13. April Ausdehnung der britisch-französischen Garantie auf Rumänien und Griechenland.

15. April Botschaft von US-Präsident Roosevelt an Hitler und Mussolini mit der Aufforderung, sich weiterer Überfälle zu enthalten, und mit dem Vorschlag zu einer internationalen Konferenz. Mussolini und Hitler (Reichstagsrede vom 28. April) antworten ablehnend. In der Reichstagsrede werden außerdem das deutsch-britische Flottenabkommen und der deutsch-polnische Nichtangriffspakt aufgekündigt. Hitler fordert die Nachbarstaaten zum Abschluß von Nichtangriffspakten auf.

17. April Die *Sowjetunion* leitet durch ihren Botschafter in Berlin die *Annäherung an Deutschland* ein. Sie setzt das Doppelspiel monatelang fort. Das Gewicht der Sowjetunion steigt angesichts des drohenden Krieges.

18. April Die Sowjetunion bietet in Verhandlungen mit Großbritannien in Moskau einen *britisch-französisch-sowjetischen Dreibund,* unter Umständen mit Einschluß Polens, an. Das Bündnis kommt jedoch trotz langwieriger Verhandlungen nicht zustande.

26. April *Großbritannien* führt die *allgemeine Wehrpflicht* ein.

3. Mai Die Entlassung Litwinows als Außenminister der Sowjetunion deutet auf das Scheitern der sowjetischen Bündnisverhandlungen mit den Westmächten hin. Litwinows Nachfolger, *Wjatscheslaw M. Molotow,* schwenkt auf eine politische Linie mit Deutschland ein.

12. Mai *Britisch-türkische Beistandserklärung,* der sich auch Frankreich anschließt.

Übernationale Entwicklung – Zwischen den Weltkriegen 869

22. Mai Abschluß eines Militärbündnisses zwischen Italien und dem Deutschen Reich (**„Stahlpakt"**).

31. Mai Deutschland schließt Nichtangriffspakte mit Estland, Lettland und Dänemark. Schweden,
–7. Juni Norwegen und Finnland haben vorher abgelehnt.

Ende Juli Die *deutsch-sowjetischen Wirtschaftsverhandlungen* kommen in Gang. Von nun an gelingt es Hitler allmählich, die Briten zu überspielen, da die sowjetische Führung glaubt, ihre Interessen im Zusammengehen mit Deutschland besser als an der Seite der Westmächte verwirklichen zu können.

24. Juli *Beistandsvertrag zwischen Frankreich, Großbritannien und der Sowjetunion.* Er tritt jedoch nicht in Kraft, weil die sich anschließenden Verhandlungen über eine Militärkonvention nicht zur Einigung führen, vor allem wegen der Frage des Durchmarschrechts der Sowjetunion durch Polen und Rumänien.

23. Aug. Reichsaußenminister *Joachim von Ribbentrop* in Moskau.
Abschluß des deutsch-sowjetischen Nichtangriffspaktes. Darin ein geheimes Zusatzprotokoll: Deutschland erklärt, daß Estland, Lettland, Finnland, Bessarabien und Polen östlich der Flüsse Pissa, Narew, Weichsel, San außerhalb seiner Interessensphäre liegen. Die Sowjetunion erklärt ihrerseits ihr Desinteressement an dem polnischen Gebiet westlich dieser Linie sowie an Litauen. Alle Balkanfragen sollen nur nach gemeinsamer Verständigung geregelt werden.
Der japanische Botschafter in Berlin, *Hiroshi Oshima*, legt im Namen seiner Regierung Protest gegen den Vertrag unter Berufung auf den Antikominternpakt ein.
Brief Chamberlains an Hitler warnt vor einem Krieg und erklärt, daß Großbritannien seiner Bündnispflicht gegenüber Polen nachkommen werde. Beginn der *Mobilmachung in Großbritannien.*

25. Aug. **Britisch-polnischer Bündnisvertrag** zum Zweck der gegenseitigen Beistandsleistung unterzeichnet.
Hitler fordert vom britischen Botschafter in Berlin, *Neville Henderson,* freie Hand gegenüber Polen, erklärt die deutsche Westgrenze als endgültig und bietet Garantien für Großbritannien. Mussolini teilt Hitler mit, daß Italien nicht kriegsbereit sei und daher nicht in einen Krieg eintreten könne. Aufgrund dieser Mitteilung und der Meldung vom Abschluß des britisch-polnischen Bündnisses widerruft Hitler den für den 26. Aug. gegebenen Vormarschbefehl gegen Polen.

26. Aug. Brief des französischen Ministerpräsidenten Daladier an Hitler, in dem die französische Verständigungsbereitschaft betont und gleichzeitig darauf hingewiesen wird, daß Frankreich seine Verpflichtung gemäß dem Bündnis mit Polen einhalten werde.

28. Aug. Botschafter Henderson bei Hitler: Großbritannien bietet seine Vermittlung für direkte deutsch-polnische Verhandlungen an. Während die unmittelbaren Kriegsvorbereitungen in allen beteiligten Staaten vorangehen, entspannt sich die Lage vorübergehend infolge des britischen Schritts.

29. Aug. In seiner Antwort hält Hitler die Forderungen auf Danzig, den Korridor und Sicherheit für die deutsche Minderheit in Polen aufrecht, erklärt sich zu direkten Verhandlungen bereit und bittet Henderson zu vermitteln, daß ein bevollmächtigter Vertreter Polens am 30. Aug. in Berlin erscheinen soll. Diese Fristsetzung wird von Henderson als ultimativ bezeichnet.

30. Aug. Als bis Mitternacht kein polnischer Unterhändler eingetroffen ist, bezeichnet Außenminister Ribbentrop Botschafter Henderson gegenüber die deutschen Vorschläge, die Ribbentrop vorliest, ohne den Text Henderson zu überlassen, als erledigt. – In *Polen Mobilmachung.*

31. Aug. Reichsminister *Hermann Göring,* tags zuvor zum Vorsitzenden des Reichsverteidigungsrates ernannt, schaltet sich ein und läßt durch seinen schwedischen Kontaktmann *Birger Dahlerus,* entgegen Hitlers Befehl, den Wortlaut der deutschen Vorschläge Botschafter Henderson übermitteln. Dieser veranlaßt Dahlerus, die Vorschläge sofort dem polnischen Botschafter in Berlin, *Josef Lipski,* mitzuteilen. Lipski erklärt jedoch, „nicht daran interessiert zu sein, mit Deutschland auf dieser Basis zu verhandeln", teilt aber Außenminister Ribbentrop mit, daß die polnische Regierung dem Vorschlag zu direkten Verhandlungen nachkommen werde. Ribbentrop übergibt jedoch die deutschen Vorschläge nicht. Lipski bittet nicht, sie ihm zu überlassen.
Mittags gibt Hitler erneut den Befehl zum militärischen Angriff.
Der Vermittlungsvorschlag Mussolinis (internationale Konferenz) wird nicht mehr berücksichtigt. – Die als überholt erklärten 16 deutschen Vorschläge betreffs Regelung der Danzig- und Korridorfragen werden durch Rundfunk bekanntgegeben.

1. Sept. **Beginn des deutschen Angriffs auf Polen.** Großbritannien und Frankreich stellen aufgrund ihrer Bündnisverpflichtungen die Kriegserklärung an das Deutsche Reich in Aussicht, falls die deutschen Truppen nicht sofort zurückgezogen würden.

2. Sept. Italienischer Konferenzvorschlag ohne Erfolg.

3. Sept. **Großbritannien** und **Frankreich erklären** dem Deutschen Reich **den Krieg.**

870   Neuzeit – Zeitalter der Weltkriege

Der Zweite Weltkrieg (1939–1945)

Ursachen und Vorgeschichte des Krieges

Die **Weltwirtschaftskrise** (1929–1933) hat die nach dem Ersten Weltkrieg 1919/1920 errichtete **globale Ordnung** tiefgreifend erschüttert. Die daraus resultierende Einschränkung der internationalen Handlungsfähigkeit der diese Ordnung garantierenden Mächte *USA, Großbritannien* und *Frankreich* bietet den 1914/1918 besiegten oder im Siege zu kurz gekommenen Mächten *Deutschland, Italien* und *Japan* die Chance, eine Neuverteilung der **Hauptrohstoffzentren** und **-absatzgebiete** anzustreben (Schaffung von autarken, strategisch weit absicherbaren ‚Großräumen‘ auf dem europäischen Kontinent, im Mittelmeerraum und in Ostasien). Der im Kern *machtpolitisch, ökonomisch und militärstrategisch* fundierte **Konflikt** zwischen den etablierten Mächten und den „have-nots“ wird überlagert von *gesellschaftspolitisch-ideologischen* Kampffronten (Ringen zwischen *liberal-demokratischen, faschistisch-nationalsozialistischen* und *sozialistisch-kommunistischen Kräften*), in deren Rahmen auch die 1919/1920 aus Mitteleuropa abgedrängte und isolierte *Sowjetunion* von 1934 an (Aufnahme in den Völkerbund) eine zunehmend bedeutendere Rolle spielt. Sie ist unter Führung *Josef Stalins* bestrebt, den erwarteten kriegerischen Zusammenstoß der beiden „imperialistischen“ Mächtegruppen zu fördern und selbst in einer Position der „Hinterhand“ zu verharren, um erst in einer späteren Phase ihr entscheidendes „Gewicht“ in die Waagschale zu legen.

Ohne Absprache untereinander, aber die Erfolge der jeweils anderen nutzend, entwickelt sich die Expansion der drei *„have-nots“* zu einer Gefährdung der globalen Positionen Großbritanniens und Frankreichs sowie – in längerfristiger Perspektive – auch der USA, die ihr in den zwanziger Jahren globales Engagement seit der Weltwirtschaftskrise beträchtlich eingeschränkt haben. Versuche *Adolf Hitlers,* mit Großbritannien, seinem „Programm“ entsprechend, zu einem Arrangement zu gelangen, das ihm „freie Hand“ zur Eroberung des europäischen Kontinents böte, scheitern an der Haltung der britischen Regierung *(Neville Chamberlain),* die wohl im Rahmen eines *„General Settlement“* zu Revisionen in Mitteleuropa zu deutschen Gunsten, nicht aber zu einer Aufgabe des ganzen Kontinents bereit ist.

Nach Beginn des *japanisch-chinesischen Krieges* (Juli 1937), in dessen Verlauf (bis zum Frühjahr 1939) ganz Nord- und Mittelchina sowie der größte Teil der Küstenprovinzen Südchinas von Japan erobert werden, ohne daß die Westmächte militärisch eingreifen, beschleunigt Hitler – auch in Ausnutzung des die Lähmung der außenpolitischen Handlungsfreiheit der Westmächte in Europa demonstrierenden *Spanischen Bürgerkrieges* (seit Juli 1936) – die Abwicklung seines Expansions-„Programms“. Zwar gelingt der *„Anschluß“* Österreichs (März 1938) und die *Einbeziehung der Tschechoslowakei* in das *„Großdeutsche Reich“* (in zwei Etappen: Gewinnung der sudetendeutschen Gebiete aufgrund des *Münchener Abkommens,* Sept. 1938, und Errichtung des *Protektorats Böhmen* und *Mähren,* März 1939), doch scheitert das Bemühen, *Polen* durch begrenzt scheinende Forderungen (*Danzig,* exterritoriale Bahn- und Straßenverbindung durch den ‚Korridor‘ nach Ostpreußen) in ein Satellitenverhältnis zum Deutschen Reich zu bringen. Am 31. März 1939 garantiert Großbritannien die „Unabhängigkeit“ Polens. Frankreich zieht am selben Tag mit einer Garantieerklärung nach. Daraufhin läßt Hitler militärische Vorbereitungen für eine *Eroberung Polens* im Herbst 1939 einleiten.

Die Anstrengungen Großbritanniens und Frankreichs, die Sowjetunion für eine Militärallianz gegen Deutschland zu gewinnen, scheitern an der Forderung Stalins, die Baltischen Staaten in das angestrebte Sicherheitssystem (d. h. faktisch in den sowjetischen Machtbereich) einzubeziehen und Polen zu einer Zustimmung für sowjetische ‚Hilfe‘ bei einem deutschen Angriff zu veranlassen. Während der Abschluß des „Stahlpakts“ Deutschland – Italien ohne Bedeutung für die internationale Konstellation bleibt, weil *Benito Mussolini* Italien erst nach 1942 als kriegsfähig erklärt, und eine *deutsche Allianz mit Japan* nicht zustande kommt, weil die japanische Führung nur ein Bündnis mit anti-sowjetischer, nicht aber anti-britischer Stoßrichtung akzeptiert, somit das von deutscher Seite seit Ende 1937 anvisierte „weltpolitische Dreieck Berlin-Rom-Tokyo“ als Militärbündnis nicht erreicht wird, gelingt unter Aufteilung Ostmitteleuropas in eine deutsche und eine sowjetische Interessensphäre (bei der Polen auf der Linie Narew-Weichsel-San geteilt wird) am 23. Aug. 1939 der *Abschluß* eines *Nichtangriffspaktes* zwischen dem *Deutschen Reich* und der *Sowjetunion* und damit die Abwendung eines Zweifrontenkrieges wie 1914. Die Erwartung Hitlers, daß nunmehr auch Großbritannien und Frankreich die Eroberung Polens hinnehmen werden, erweist sich jedoch als trügerisch. Am 25. Aug. 1939 schließen *Großbritannien* und *Polen* einen *Beistandsvertrag.* Hitler zieht daraufhin zwar den schon für den 26. Aug. erteilten Angriffsbefehl zurück und sucht durch diplomatische Aktivitäten in den nächsten Tagen doch noch Großbritannien zum Abseitsbleiben zu veranlassen. Obwohl diese ergebnislos bleiben, gibt Hitler, nachdem Polen am 30. Aug. die Mobilmachung erklärt hat (nach der bereits am 26. Aug. erfolgten getarnten deutschen) und zu keinen direkten Verhandlungen mit ihm bereit ist, am 31. Aug. mittags erneut den *Befehl zum Angriff* – für den 1. Sept. 1939 4.45 Uhr – und nimmt damit das Risiko der Kriegserklärung durch Großbritannien und Frankreich auf sich, obwohl Deutschland für einen längeren europäischen Krieg noch nicht zureichend gerüstet ist.

Großbritannien und Frankreich stellen am 3. Sept. ultimativ die Forderung, daß die deutschen Truppen hinter die Reichsgrenze zurückgezogen werden, und erklären nach Ablauf der gestellten Frist den Krieg.

Übernationale Entwicklung – Zweiter Weltkrieg *871*

Der Kriegsverlauf

Gliederungsübersicht

Europäischer Krieg (Sept. 1939 – Juni 1941)

1939	Die Eroberung Polens (1. Sept. – 1. Nov.)
1939–1940	Politik und Kriegführung während der „drôle de guerre" (28. Sept. 1939 bis 28. März 1940)
1940	Besetzung Dänemarks und Norwegens durch deutsche Truppen (9. April bis 10. Juni)
1940	Der deutsche Westfeldzug (10. Mai – 4. Juli)
1940	Die Wendung des europäischen Krieges von West nach Ost (Juni – Dez.)
1940–1941	Der Krieg auf dem Balkan, in Afrika und im Nahen Osten (Sept. 1940 – Juli 1941)
1940–1941	Vorbereitungen des deutschen Angriffs auf die Sowjetunion (18. Dez. 1940 bis 21. Juni 1941)
1941	Situation im Westkrieg (10./11. Mai – 17. Juni)

Ausweitung zum Weltkrieg durch ‚Zusammenwachsen' des europäischen und des ostasiatischen Krieges (Juni–Dez. 1941)

1941	Der Ostkrieg bis zur Wende vor Moskau (22. Juni – 6. Dez.)
1941	Der europäisch-atlantische Westkrieg (Juli – Dez.)
1941	Die weltpolitische Entwicklung (Juni – Dez.)

Übergang der Initiative auf die Mächte der „Anti-Hitler-Koalition" (Dez. 1941 – Herbst 1942)

1941–1942	Der Ostkrieg (Dez. 1941 – Nov. 1942)
1942	„Hitlers Europa"
1942	Der europäisch-atlantische Westkrieg (Jan.–Dez.)
1941–1942	Der ostasiatische und pazifische Krieg (Dez. 1941 – Dez. 1942)
1942	Probleme der „Dreierpakt"-Mächte
1941–1942	Die „Anti-Hitler-Koalition" (Dez. 1941 – Dez. 1942)

Ansturm der „Anti-Hitler-Koalition" auf die ‚Festungen' Europa und Ostasien (Herbst 1942–Sommer 1944)

1943–1944	Die „Anti-Hitler-Koalition" (Jan. 1943 – Juli 1944)
1942–1944	Der Ostkrieg (Dez. 1942 – Juni 1944)
1943–1944	„Hitlers Europa" (Jan. 1943 – Juni 1944)
1943–1944	Der europäisch-atlantische Westkrieg (Jan. 1943 – Juni 1944)
1943–1944	Der ostasiatisch-pazifische Krieg (Jan. 1943 – Juli 1944)

Endkampf und Kapitulation Deutschlands und Japans (Sommer 1944 – Sept. 1945)

1944–1945	Die „Anti-Hitler-Koalition" (Aug. 1944 – April 1945)
1944–1945	Der europäisch-atlantische Westkrieg (Juni 1944 – Mai 1945)
	Der westliche Kriegsschauplatz
	See- und Luftkrieg in Europa und im Atlantik
	Die Geschehnisse des Luftkrieges über Deutschland in der Endphase
	Der italienische Kriegsschauplatz
	Griechenland/Jugoslawien
	Der nördliche Kriegsschauplatz
1944–1945	Der Ostkrieg (Juni 1944 – Mai 1945)
1945	Das Ende des Krieges in Europa (Mai–Aug.)
1944–1945	Der ostasiatisch-pazifische Krieg (Juli 1944 – Sept. 1945)

Obenstehende Großgliederung des Kriegsverlaufs ergibt sich aus der Abfolge von „Blitzfeldzügen", mit denen Hitler die kontinentaleuropäischen Gegner nacheinander aus dem Feld zu schlagen erstrebte, aus der Ausstrahlung der darauf beruhenden großen Anfangserfolge auf die Expansionspolitik der anderen „havenots", Italien und Japan, und aus der zunächst infolge der divergierenden Interessen gehemmten, seit 1941 aber zur totalen Niederwerfung der „Aggressoren" entschlossenen „Antwort" der „herausgeforderten" Gegenmächte der „Anti-Hitler-Koalition".

Europäischer Krieg (September 1939 – Juni 1941)

Die Eroberung Polens

1939
1. Sept.
4.45 Uhr
Der deutsche Angriff, dem sich der „Schutzstaat" Slowakei am 5. Sept. anschließt, beginnt. Zwei Heeresgruppen mit starken Panzerkräften, massiv unterstützt durch die Luftwaffe, stoßen zangenartig von Ostpreußen und Schlesien aus mit dem Ziel vor, die Masse des polnischen Heeres im großen Weichselbogen einzuschließen.

10 Uhr Hitler motiviert den Angriff in einer *Reichstagserklärung* mit polnischen Übergriffen auf das Reichsgebiet, u. a. einen (deutscherseits gestellten) Überfall auf den Rundfunksender Gleiwitz (Oberschlesien). Er erklärt die *„Freie Stadt Danzig"* als in das Deutsche Reich eingegliedert.

2. Sept. Mussolini strebt vergeblich eine Vermittlung mit dem Ziel eines zweiten „München" an und erklärt *Italien* als *„nichtkriegführend".*

3. Sept. Nach Ablauf eines Ultimatums, die deutschen Truppen aus Polen zurückzuziehen, **erklären Großbritannien** (11 Uhr) **und Frankreich** (17 Uhr) **dem Deutschen Reich den Krieg.**
Da die Franzosen trotz Zusage an Polen, am 15. Kriegstage gegen Deutschland offensiv werden zu wollen, passiv bleiben und Großbritannien sich auf Flugblattaktionen beschränkt, erschöpft sich der Westkrieg während des deutschen Feldzuges gegen Polen in Spähtruppunternehmen vor dem Westwall (Beginn des *„Komischen Krieges" – drôle de guerre),* obwohl das deutsche Heer zur Abwehr einer Großoffensive im Westen in dieser Zeit unfähig ist. Großbritannien erklärt wie 1914 eine Blockade gegen Deutschland, die jedoch infolge der sich intensivierenden Wirtschaftsbeziehungen zur Sowjetunion und der über ihr Territorium weiter möglichen Verbindung mit Ostasien keine vergleichbare Wirkung zeitigt.

17. Sept. Nachdem die polnische Regierung auf rumänisches Territorium übergetreten ist (wo sie interniert wird), läßt die Sowjetregierung die **Rote Armee nach Ostpolen einrücken.** Die deutschen Truppen ziehen sich auf die am 23. Aug. vereinbarte Linie (Narew – Weichsel – San) zurück.

18. Sept. Die *Schlacht im großen Weichselbogen* (an der Bzura) endet mit der Waffenstreckung der stärksten polnischen Armee (170 000 Gefangene).

27. Sept. Die seit zehn Tagen eingeschlossene polnische Hauptstadt *Warschau kapituliert* nach deutschen Luftangriffen.

28. Sept. In Moskau unterzeichnen die beiden Außenminister *Wjatscheslaw M. Molotow* und *Joachim von Ribbentrop* einen deutsch-sowjetischen Grenz- und Freundschaftsvertrag, der in einem geheimen Zusatzabkommen die Demarkationslinie zwischen der deutschen und sowjetischen Interessensphäre von der Weichsel an den Bug verlegt und dafür ganz Litauen (außer einem südwestlichen Zipfel) als Teil der sowjetischen Sphäre anerkennt.

6. Okt. Der letzte polnische Widerstand erlischt; damit ist die *Eroberung Polens abgeschlossen.* In deutscher Hand befinden sich 694 000, in sowjetischer 217 000 polnische Kriegsgefangene. Die deutschen Verluste betragen 10 572 Tote, die sowjetischen belaufen sich auf 737 Tote. In einer Reichstagsrede richtet Hitler ein „Friedensangebot" an die Westmächte auf der Basis der Anerkennung der vollzogenen Eroberung und Teilung Polens. Es wird von Frankreich und Großbritannien (12. Okt.) abgelehnt.

8. Okt. In einem Erlaß gliedert Hitler über Westpreußen und Posen hinaus polnische Gebiete (u. a. Lodz, Ciechanow, Suwalki) an das *„Großdeutsche Reich"* ein.

25. Okt. Rest-Polen (zwischen den „Eingegliederten Ostgebieten" und der sowjetischen Interessensphäre) wird als **„Generalgouvernement** für die besetzten polnischen Gebiete" (unter *Hans Frank* als „Generalgouverneur" mit Sitz in Krakau) zu einer Art „Nebenland" des Reiches. Während die „Eingegliederten Ostgebiete" durch Vertreibung der Polen und Ansiedlung von Deutschen aus den Baltischen Staaten, Wolhynien, Bessarabien u. a. „germanisiert" werden, beginnt im Winter 1939/1940 die physische *Ausrottung der polnischen Führungsschicht* im „Generalgouvernement". Diese Maßnahmen werden mit der in der deutschen Propaganda um das Zehnfache erhöhten Zahl von Opfern (ca. 7000) an Volksdeutschen durch polnische Ausschreitungen im Aug. und Sept. 1939 (3. Sept. „Bromberger Blutsonntag") zu rechtfertigen gesucht. Die *Juden* werden in *Groß-Ghettos* in den größten Städten des Generalgouvernements sowie in Lodz konzentriert.

1. Nov. Nach Pseudo-Plebisziten werden die westukrainischen Gebiete Polens der Ukrainischen Sowjetrepublik, am 2. Nov. (mit Ausnahme des Litauen überwiesenen Gebietes um Wilna) Nordostpolen der Bjelorussischen Sowjetrepublik eingegliedert. Auf Enteignungen folgen vom Winter 1939/1940 Deportationen der zu „*Volksfeinden*" deklarierten Polen. Die physische Vernichtung eines Teils von ihnen sowie des Gros der in sowjetische Gefangenschaft geratenen polnischen Offiziere schließt sich an (April 1943 Entdeckung von über 4100 Leichen bei Katyn durch deutsche Soldaten).

Eintritt des Kriegszustands mit Deutschland

1939	1940	1941	1942	1943	1944	1945
Polen 1. Sept.	Norwegen 9. April	Jugoslawien 6. April	Panama 19. Jan.	Irak 16. Jan.	Liberia 27. Jan.	Ecuador 2. Febr.
Großbritannien 3. Sept.	Dänemark[1] 9. April	Griechenland 6. April	Mexiko 22. Mai	Bolivien 7. April	San Marino 21. Aug.	Paraguay 8. Febr.
Australien 3. Sept.	Niederlande 10. Mai	UdSSR 22. Juni	Brasilien 25. Aug.	Iran 9. Sept.	Rumänien[5] 25. Aug.	Peru 12. Febr.
Indien 3. Sept.	Belgien 10. Mai	China (Chungking-Regierung) 9. Dez.	Äthiopien[4] 1. Dez.	Italien (Badoglio-Regierung) 13. Okt.	Bulgarien 8. Sept.	Uruguay 15. Febr.
Neuseeland 3. Sept.	Luxemburg 10. Mai	Frankreich (De Gaulle-Komitee) 9. Dez.		Kolumbien 27. Nov.	Ungarn (Gegenregierung) 31. Dez.	Venezuela 16. Febr.
Frankreich 3. Sept.		USA[2] 11. Dez.				Ägypten 26. Febr.
Südafrikanische Union 6. Sept.		Kuba 11. Dez.				Syrien 26. Febr.
Kanada 10. Sept.		Dominikanische Republik 11. Dez.				Libanon 27. Febr.
		Guatemala 11. Dez.				Saudi-arabien 28. Febr.
		Nicaragua 11. Dez.				Türkei 1. März
		Haiti 11. Dez.				Finnland[6] 3. März
		Honduras 12. Dez.				Argentinien 27. März
		El Salvador 12. Dez.				
		Tschechoslowakei[3] 17. Dez.				

[1] einen Tag lang

[2] durch deutsche Kriegserklärung

[3] Exilregierung; rückwirkend ab 15. März 1939

[4] durch die seit Mai 1941 wieder im Lande befindliche Regierung

[5] nach Sturz Antonescus

[6] rückwirkend ab 15. Sept. 1944

Politik und Kriegführung während der „drôle de guerre"

1939
28. Sept. *Estland* räumt der Sowjetunion militärische Stützpunkte auf seinem Territorium ein; *Lettland* und *Litauen* folgen am 5. bzw. 10. Okt.

9. Okt. Hitler begründet in einer Denkschrift seinen Entschluß, zum frühestmöglichen Zeitpunkt gegen Frankreich offensiv zu werden, damit, daß die Zeit gegen Deutschland arbeite. Der auf den 12. Nov. 1939 festgelegte Angriff wird vom 7. Nov. an fortlaufend (insgesamt 29mal), schließlich bis zum 10. Mai 1940, verschoben.

11. Okt. Beginn von (ergebnislosen) Verhandlungen zwischen der Sowjetunion und Finnland über eine Rückverlegung der Grenze auf der Karelischen Landenge und Einräumung von Stützpunkten für die Rote Armee und Flotte in Finnland.

14. Okt. Versenkung des britischen Schlachtschiffes „Royal Oak" durch „U 47" (Kapitänleutnant Prien) in der Bucht von Scapa Flow: erster spektakulärer Erfolg des deutschen Seekrieges gegen Großbritannien.

19. Okt. Die *Türkei* schließt mit *Großbritannien und Frankreich* einen *Beistandspakt.*

3. Nov. Der amerikanische Kongreß ändert das bisher rigorose Neutralitätsgesetz durch die Wiedereinführung der „cash-and carry"-Klausel faktisch zugunsten der europäischen Westmächte ab, nachdem am 2. Okt. auf einer panamerikanischen Konferenz in Panama in einem 300 sm umspannenden Sicherheitsgürtel östlich des amerikanischen Doppelkontinents alle Kriegshandlungen untersagt worden sind.

7. Nov. Die Königin der Niederlande *Wilhelmina* und der König der Belgier *Leopold III.* bemühen sich vergeblich um eine Friedensvermittlung, desgleichen am 13. Nov. König *Carol II.* von Rumänien.

8. Nov. Ein **Attentat auf Hitler** in München durch den Einzelgänger Elser schlägt fehl, ein von der Widerstandsbewegung geplantes Attentat (Erich Kordt) wird daher unausführbar. Kontaktbemühungen im Laufe des Winters 1939/1940 der *Widerstandsgruppe* um *Generaloberst Ludwig Beck* und den ehemaligen Oberbürgermeister von Leipzig *Carl-Friedrich Goerdeler*, um Großbritannien zum Stillhalten während des angestrebten Umsturzes zu bewegen, führen, da kein Versuch unternommen wird, zu verstärktem Mißtrauen auf britischer Seite.

30. Nov. Sowjetische Streitkräfte des Leningrader Militärbezirks greifen Finnland auf breiter Front vom Eismeer bis zur Karelischen Landenge an: **Beginn des sowjetisch-finnischen Winterkrieges.**

2. Dez. Die Sowjetunion schließt mit der von ihr in der eroberten finnischen Grenzstadt Terijoki installierten kommunistischen Gegenregierung Finnlands unter dem Komintern-Funktionär *Otto Wilhelmowitsch Kuusinen* einen „*Beistandspakt*". Da die sowjetische Offensive ins Stocken gerät und in Helsinki unter *Risto Ryti* eine alle politischen Kräfte des Landes zusammenfassende Koalitionsregierung gebildet werden kann, bleibt dies ohne weitreichende Bedeutung.

13. Dez. *Seegefecht an der Rio-de-la-Plata-Mündung* (gemeinsame Mündungstrichter von Paraná und Uruguay), bei dem das deutsche Panzerschiff „Graf Spee" beschädigt wird. Es muß sich am 17. Dez. vor *Montevideo* (Uruguay) selbst versenken.

14. Dez. Hitler empfängt in Berlin den Führer der norwegischen Partei „Nasjonal Samling" *Vidkun Quisling*, der ihn auf die Gefährdung der norwegischen Neutralität durch Großbritannien hinweist. Hitler befiehlt daraufhin die Ausarbeitung einer „Studie Nord": Der Völkerbund erklärt die Sowjetunion als Aggressor im Kriege gegen Finnland und schließt sie aus der Liga der Nationen aus.

16. Dez. Der britische Marineminister *Winston Churchill*, der schon am 19. Sept. eine Denkschrift über die Unterbindung deutscher Erztransporte aus Nordschweden ausgearbeitet hat, legt dem Kabinett ein weiteres Memorandum hierzu vor.

1940
10. Jan. Notlandung eines deutschen Flugzeuges bei Mechelen (Belgien), bei der Fragmente deutscher Unterlagen in belgische Hand fallen, aus denen hervorgeht, daß die vorbereitete deutsche Westoffensive über niederländisches und belgisches Gebiet geführt werden soll. Hitler erläßt daraufhin den *„Grundsätzlichen Befehl Nr. 1"* über Geheimhaltung, der auch den höchsten militärischen Führern die Möglichkeit zu umfassender Urteilsbildung nehmen soll.

15. Jan. Die belgische Regierung lehnt die Forderung der Alliierten ab, ihnen bei einem deutschen Angriff eine Durchmarscherlaubnis über belgisches Territorium zu erteilen.

5. Febr. Der alliierte Kriegsrat beschließt, zur Unterstützung Finnlands und zur Unterbrechung der deutschen Erzzufuhr aus Nordschweden ein Expeditionskorps nach Narvik zu entsenden.

11. Febr. *Deutsch-sowjetisches Wirtschaftsabkommen* sichert umfangreiche Erdöl-, Edelmetall- und Getreidelieferungen für Deutschland.

1. März Hitler unterzeichnet die Weisung zur Vorbereitung einer deutschen Besetzung Dänemarks und Norwegens.

2. März Hitler empfängt den auf einer Rundreise durch die europäischen Hauptstädte befindlichen

Übernationale Entwicklung – Zweiter Weltkrieg   875

amerikanischen Unterstaatssekretär *Sumner Welles,* der im Auftrage Präsident *Franklin D. Roosevelts* die Chancen für eine Friedensregelung erkunden soll.

10. März *Mussolini* erklärt dem deutschen Außenminister *Ribbentrop* bei einem Besuch in Rom seine Bereitschaft, Italien in absehbarer Zeit an der Seite Deutschlands in den Krieg zu führen.

12. März Nachdem der finnische Feldmarschall *Karl Gustav Freiherr von Mannerheim* (* 1867, † 1951) am 7. März für eine Beendigung des Krieges plädiert und die Rote Armee am 11. März Wiborg erobert hat, unterzeichnet – für die Alliierten überraschend – in Moskau eine finnische Regierungsdelegation einen Waffenstillstands- und Friedensvertrag: Finnland tritt die *Karelische Landenge* mit *Wiborg,* einige karelische Gebietsstreifen in Mittel- und Nordfinnland sowie den finnischen Teil der Fischerhalbinsel am Eismeer an die Sowjetunion ab. *Hangö* wird an die UdSSR „verpachtet". Die finnische Wehrmacht hat im Winterkrieg ca. 25 000 Tote, die Sowjetunion (nach eigenen Angaben) fast 40 000 verloren.

18. März Treffen Hitler–Mussolini am Brenner beendet die infolge der italienischen „Nichtkriegführung" eingetretenen Spannungen zwischen den „Achsen"-Partnern.

20. März Nach dem Rücktritt Edouard *Daladiers* bildet *Paul Reynaud* eine neue französische Regierung, die die Kriegführung intensivieren will.

28. März Der alliierte Kriegsrat beschließt, Anfang April die norwegischen Gewässer zu verminen und Stützpunkte in Norwegen zu besetzen. Außerdem sollen zwecks Unterbrechung der Öllieferungen aus Rumänien und der Sowjetunion an Deutschland Maßnahmen vorbereitet werden (Störung der Donauschiffart; Luftangriffe von Syrien aus auf Baku, Vorstoß der französischen „Orient-Armee" von Syrien aus ins sowjetische Kaukasusgebiet). Die bis Ende April 1940 vorangetriebenen Vorbereitungen werden nach Beginn der deutschen Westoffensive (10. Mai 1940) aufgegeben.

Besetzung Dänemarks und Norwegens durch deutsche Truppen

1940 Die Alliierten verschieben (5. April) ihre Aktion gegen Norwegen auf den 8. April.

7. April Gemäß der von Hitler am 2. April festgelegten Terminplanung laufen die ersten deutschen Flottenverbände mit Heerestruppen an Bord nach Dänemark und Norwegen aus. Das britisch-französische Expeditionskorps wird eingeschifft.

8. April Britische Kriegsschiffe verminen die norwegischen Gewässer.

9. April Beginn des Unternehmens **„Weserübung"** zur **Besetzung Dänemarks** und **Norwegens**
5.00 Uhr durch deutsche Truppen: *Dänemark* fügt sich unter Protest der Aktion: *König Christian X.* und die dänische Regierung fungieren unter der deutschen Besatzungsmacht weiter.
In *Norwegen* sind etwa gleichzeitig in allen größeren Häfen von Oslo über Bergen und Drontheim bis Narvik deutsche Truppen an Land gesetzt worden. Die norwegischen Streitkräfte leisten Widerstand. Verhandlungen zwischen dem deutschen Gesandten in Oslo und der norwegischen Regierung scheitern an Hitlers Forderung, Quisling zum neuen Ministerpräsidenten einzusetzen. *König und Regierung rufen zum Widerstand auf.* Die deutsche Flotte erleidet schwere Verluste (am 9./10. April: einen Schweren, zwei Leichte Kreuzer; zehn Zerstörer, darunter acht vor Narvik). Die deutschen Landbrückenköpfe können gehalten und in den folgenden Wochen ausgeweitet werden.

14. April Die alliierten Landungen setzen – verspätet – ein, zunächst bei Narvik, am 15. April bei Namsos, am 18. April bei Andalsnes. Durch diese wird Drontheim von beiden Seiten bedroht.

16. April Britische Truppen besetzen mit Zustimmung des dänischen Gouverneurs die Färöer-Inseln.

24. April Hitler ernennt Gauleiter *Josef Terboven* zum „Reichskommissar für Norwegen" und errichtet eine deutsche Zivilverwaltung.

2. Mai Nachdem deutsche Truppen, von Oslo und Drontheim vorstoßend, sich vereinigt haben, räumen die Briten Namsos und Andalsnes.

28. Mai Die alliierten Streitkräfte dringen nach vierzehntägigen Kämpfen in die Stadt Narvik ein, doch kann sich die deutsche Kampfgruppe *(General Eduard Dietl)* an der Erzbahn halten.

7. Juni Die norwegische Regierung läßt sich als Exilregierung in London nieder.

10. Juni Nachdem sich die alliierten Truppen im Raum Narvik wieder eingeschifft haben und Narvik am 8. Juni wieder von der „Gruppe Dietl" besetzt ist, *kapituliert* auf Weisung *König Haakons* der *Befehlshaber der norwegischen Streitkräfte* in Nordnorwegen. Nordnorwegen wird bis zum Nordkap und zur finnischen Grenze bei Kirkenes von deutschen Truppen besetzt. Die deutschen Verluste bei dem damit abgeschlossenen Unternehmen „Weserübung" betragen über 1300 Tote und 2300 Vermißte. Die Verluste der deutschen Kriegsmarine wirken sich auf die Erwägungen hinsichtlich einer Invasion der britischen Inseln aus.

876 Neuzeit – Zeitalter der Weltkriege

Der deutsche Westfeldzug 1940

1940 Die über ein halbes Jahr andauernde ‚Pause' für das aus Polen an die deutsche Westgrenze verlegte Gros des deutschen Heeres hat eine weitaus bessere Ausstattung und Ausrüstung erlaubt, als es bei einem Angriffsbeginn im Herbst 1939 der Fall gewesen wäre, gegen den sich daher auch eine Opposition unter den Befehlshabern gestellt hat. Der Operationsplan ist im Winter 1939/1940 unter dem Einfluß der Vorschläge des Generals *Erich von Manstein* (* 1887, † 1973) von der ursprünglichen vagen Anlehnung an den *Schlieffenplan* weg derart umgestaltet worden, daß nunmehr der Hauptstoß aus der Mitte der Front über die Ardennen und die Maas hinweg bis zur Somme-Mündung vorgesehen ist, durch den die starke französisch-britische Nordgruppe in Flandern eingeschlossen wird. Erst danach soll über einen Vorstoß aus Paris und hinter die Maginot-Linie die Entscheidung in Frankreich gesucht werden.

10. Mai
5.35 Uhr Von der Nordsee bis zur Südgrenze Luxemburgs beginnt mit zwei deutschen Heeresgruppen mit Schwerpunkt (Panzerkräfte, Luftwaffe) bei der südlicheren, unter Verletzung der Neutralität der Niederlande, Belgiens und Luxemburgs die lang erwartete, von Hitler immer wieder hinausgeschobene **Westoffensive** mit dem Ziel, Frankreich zur Waffenstreckung zu zwingen, ein Arrangement mit Großbritannien zu erreichen und danach die Wendung nach Osten, gegen die Sowjetunion, zu vollziehen.
Auf die Nachricht vom Beginn der deutschen Offensive rücken Teile der französisch-britischen Nordgruppe nach Belgien ein und gehen damit in die deutsche Falle.

10. Mai Die durch das gescheiterte Norwegen-Unternehmen in eine Krise geratene britische *Regierung Chamberlain* tritt zurück. Unter dem bisherigen Marineminister *Winston Churchill* wird ein Kriegskoalitionskabinett gebildet, in dem der Führer der Labour Party, *Clement Richard Attlee*, stellvertretender Ministerpräsident wird. Es beschließt am 11. Mai die Eröffnung eines (in seinen Wirkungen zunächst begrenzt bleibenden) Bombenkrieges gegen das deutsche Hinterland. Die niederländischen Inseln Curaçao und Aruba werden von britischen Truppen besetzt, um ein Übergreifen der deutschen Okkupation auf die westliche Hemisphäre auszuschließen. Auch *Island* wird *von britischen Truppen besetzt*, um die lebenswichtigen Atlantik-Routen abzuschirmen.

14. Mai
21.30 Uhr Nach deutschen Luftlandungen im Zentrum der Niederlande und einer (trotz laufender Kapitulationsverhandlungen nicht mehr angehaltenen) *Bombardierung Rotterdams* (über 900 Tote) wird der Kampf in den **Niederlanden** eingestellt (Unterzeichnung der militärischen **Kapitulation** am 15. Mai, 11.45 Uhr). Königin Wilhelmina und die niederländische Regierung haben sich am 13. Mai nach London ins Exil begeben. Am 18. Mai wird *Arthur Seyß-Inquart ,,Reichskommissar für die Niederlande"*; deutsche Zivilverwaltung.

17. Mai Brüssel wird kampflos von deutschen Truppen besetzt.

19. Mai Die über die Maas bei Sedan gesetzte deutsche *Panzergruppe von Kleist* (Befehlshaber: General Ewald von Kleist * 1881, † 1954) erreicht Abbéville und die Somme-Mündung. Damit sind sämtliche nördlich dieses *,,Sichelschnittes"* befindlichen alliierten Kräfte von den Landverbindungen abgeschnitten. Die Panzergruppe von Kleist setzt ihren Vormarsch an der Kanalküste nach Norden fort.

24. Mai Hitler hält ihn am La-Bassée-Kanal an, um die Panzer für die zweite Etappe des Frankreich-Feldzuges zu schonen.

26. Mai Auf Weisung des britischen Kriegsministers *Anthony Eden* löst sich das britische Expeditionskorps aus der alliierten Front und zieht sich auf Dünkirchen zurück, wo am 27. Mai die Einschiffung beginnt, durch deutsche Luftangriffe gestört, aber nicht unterbunden.

28. Mai
10.00 Uhr **König Leopold III. kapituliert** mit der belgischen Armee und begibt sich in deutsche Kriegsgefangenschaft. Die belgische Regierung erklärt sich als Exilregierung und führt an der Seite der Alliierten den Krieg weiter.

4. Juni Die *Evakuierung des britischen Expeditionskorps aus Dünkirchen* (Unternehmen ,,Dynamo") ist abgeschlossen: über 338000 Mann, darunter 123000 Franzosen, sind abtransportiert worden. Die deutschen Truppen nehmen Dünkirchen ein. Damit ist der ‚Kessel' nördlich der Somme-Linie beseitigt: insgesamt 1,2 Mio. französischer, britischer, belgischer und niederländischer Soldaten befindet sich in deutscher Kriegsgefangenschaft.

5. Juni
5.00 Uhr Die zweite Phase des deutschen Westfeldzuges beginnt mit dem deutschen Vorstoß über die improvisierte Weygand-Linie (benannt nach dem neuen französischen Oberbefehlshaber) südlich der Somme in Richtung auf die untere Seine, der sich am 9. Juni ein zweiter Stoß hinter den Rücken der Maginot-Linie mit Richtung auf die Schweizer Grenze anschließt.

10. Juni Mussolini verkündet den **Kriegseintritt Italiens,** verzichtet jedoch auf jegliche Offensivoperation infolge der unzureichenden Kriegsbereitschaft Italiens.

12. Juni Spanien, bislang neutral, erklärt sich als *,,nichtkriegführend"*; Franco läßt am 14. Juni die internationale Zone von Tanger besetzen und läßt Hitler am 16. Juni außerordentlich hohe Bedingungen für einen spanischen Kriegseintritt übermitteln.

13. Juni Präsident Roosevelt erklärt sich zur materiellen Unterstützung Frankreichs bereit, lehnt jedoch einen von Ministerpräsident *Paul Reynaud* geforderten sofortigen Kriegseintritt der USA ab.

14. Juni Paris wird kampflos von deutschen Truppen **besetzt.**

16. Juni Die Mehrheit der (seit dem 14. Juni in Bordeaux befindlichen) französischen Regierung lehnt den Plan der britischen Regierung, eine „Union" zwischen Großbritannien und Frankreich zu bilden (eine Staatsangehörigkeit, eine Regierung, eine Wehrmacht), ab und spricht sich für ein Waffenstillstandsersuchen aus. Reynaud tritt zurück; *Marschall Philippe*

17. Juni *Pétain* (* 1856, † 1951) bildet eine *neue Regierung* und läßt in der Nacht vom 16./17. Juni ein Waffenstillstandsgesuch an Hitler hinausgehen.

Die über Verdun vorstoßende *Panzergruppe Guderian* (Befehlshaber: Generaloberst Heinz Guderian [* 1888, † 1954]) erreicht die Schweizer Grenze. Damit ist die Masse des französischen Heeres in Lothringen und in der Maginot-Linie eingeschlossen.

18. Juni Hitler und Mussolini treffen sich in München zu einer Aussprache über die Waffenstillstandsbedingungen gegenüber Frankreich. – General *Charles de Gaulle* (Unterstaatssekretär im französischen Kriegsministerium) erklärt sich in London zum *„Führer der Freien Franzosen"* und fordert – bei zunächst nur geringem Echo – zur *Fortsetzung des militärischen Widerstandes* an der Seite Großbritanniens auf.

21. Juni Obwohl die Regierung Pétain am 20. Juni auch Italien um Waffenstillstand gebeten hat, eröffnen die Italiener an der Alpenfront eine Offensive, die nur wenige Kilometer vorankommt. Deutsche Truppen stoßen über Lyon von Westen auf die Alpen zu.

22. Juni Im Wald von *Compiègne* wird ein **deutsch-französischer Waffenstillstand** unterzeichnet. Er sieht die Besetzung Frankreichs nördlich der Linie Genf–Tours sowie der französischen Atlantikküste bis zur spanischen Grenze vor, beläßt jedoch die (zu demobilisierende) Flotte sowie das Kolonialreich in der Hand der französischen Regierung. Eine kleine Luftwaffe und ein 100000-Mann-Freiwilligenheer werden ebenfalls zugestanden.

24. Juni Italienisch-französischer Waffenstillstand unterzeichnet. Er schafft entmilitarisierte Zonen auf französischem Territorium in den Alpen und in Tunesien, sieht aber keine Besetzung französischer Gebiete außerhalb des eroberten Grenzstreifens in den Alpen vor.

25. Juni In **Frankreich** tritt **Waffenruhe** ein; die deutschen Truppen ziehen sich auf die Demarka-
1.35 Uhr tionslinie zurück bzw. rücken im Südwesten auf diese Linie vor. Die deutschen Verluste im Westfeldzug betragen rd. 27000 Tote und über 18000 Vermißte, die französischen rd. 92000 Tote, 1,9 Mio. französische Soldaten in deutscher Kriegsgefangenschaft.

28. Juni Großbritannien erkennt das von General de Gaulle gegründete *„Nationalkomitee des*
30. Juni *Freien Frankreich"* an. Deutsche Truppen besetzen die britischen Kanalinseln *Jersey, Guernsey* und *Alderney.*

Belgien und die französischen Departements Nord und Pas-de-Calais werden dem deutschen „Militärbefehlshaber Belgien und Nordfrankreich" (*General Alexander Ernst Freiherr von Falkenhausen* [* 1878, † 1966]) und das übrige besetzte Frankreich dem „Militärbefehlshaber Frankreich" *General Otto von Stülpnagel* (* 1878, † 1948) unterstellt.

1. Juli Die **französische Regierung Pétain** errichtet **in Vichy** ihren Sitz.

3. Juli Churchill läßt das vor Oran liegende französische Flottengeschwader in einem Überfall durch das britische Gibraltar-Geschwader vernichten (über 1100 Tote), um einen befürchteten deutschen Zugriff zu verhindern und gegenüber den USA die Entschlossenheit seiner Regierung zu demonstrieren, den Kampf auch ohne kontinentalen Verbündeten fortzusetzen.

4. Juli Die Regierung Pétain bricht die diplomatischen Beziehungen zu Großbritannien ab.

Die Wendung des europäischen Krieges von West nach Ost
(Juni 1940 – Dezember 1940)

1940 Nach einem sowjetischen Ultimatum *besetzt die Rote Armee Litauen* (einschließlich des
15. Juni als deutsches Interessengebiet eingeräumten Südwestzipfels) und löscht dessen Souveränität aus. Am 17. Juni folgt die Besetzung *Lettlands* und *Estlands.* Am 6. Aug. sind alle drei Baltischen Staaten zu Sowjetrepubliken innerhalb der UdSSR geworden.

26. Juni Die Sowjetunion fordert von Rumänien ultimativ die *Abtretung Bessarabiens* und der *Nordbukowina* (bis zum 1. Juli von der Roten Armee besetzt).

1. Juli Stalin empfängt in Moskau den neuen britischen Botschafter Cripps, der ihm eine Botschaft Churchills übermittelt, in der die Sowjetunion zur Wendung gegen Deutschland aufgefordert wird. Stalin lehnt ab.

2. Juli König *Karl II.* von Rumänien bittet um die Garantie der rumänischen Grenzen durch Deutschland und um die Entsendung einer deutschen Militärmission nach Rumänien.

16. Juli Hitler erläßt eine Weisung zur Vorbereitung einer Landung auf der britischen Insel, „wenn nötig" *(Unternehmen „Seelöwe").*

878 Neuzeit – Zeitalter der Weltkriege

19. Juli In einer Reichstagsrede richtet Hitler einen letzten „Friedensappell" an Großbritannien (am 22. Juli abgelehnt). Präsident Roosevelt unterzeichnet die „Two Ocean Navy Expansion Act", die den Bau einer amerikanischen Zwei-Ozean-Großflotte bis 1945 vorsieht (zu dieser Zeit ist die US-Flotte im Pazifik konzentriert, während der Schutz des Atlantiks der britischen Flotte obliegt).

31. Juli Hitler erklärt den Spitzen von OKW (Oberkommando der Wehrmacht) und OKH (Oberkommando des Heeres) seinen *Entschluß,* im Frühjahr 1941 einen etwa fünfmonatigen *Feldzug gegen die Sowjetunion* zur Eroberung des ökonomisch bedeutendsten Teils des europäischen Rußlands zu führen. Die Heeresstärke soll zu diesem Zweck auf 180 Divisionen erhöht werden (Schwerpunkt: Panzerproduktion).

Deutsche Panzer- und Flugzeugproduktion

Panzer (in 1000 t)			Flugzeuge (in Stück)		
	1940	37		1940	10 250
	1941	83		1941	11 030
	1942	140		1942	14 700
	1943	369		1943	25 220
	1944	622		1944	37 950

13. Aug. Ein verschärfter *deutscher Luftkrieg gegen Großbritannien* wird mit dem Ziel eingeleitet, die Luftherrschaft als Voraussetzung für eine erfolgreiche Invasion zu erringen.

17. Aug. Das Gebiet um die britischen Inseln wird vom OKW zum „Operationsgebiet" für die „totale Blockade" Großbritanniens erklärt. Die Möglichkeiten eines Erfolgs des U-Boot-Krieges bleiben wegen der geringen Zahl der einsatzbereiten deutschen U-Boote vorerst weiter sehr beschränkt.
Ein deutsch-finnisches Transitabkommen erlaubt, den Nachschub für die deutschen Streitkräfte in Nordnorwegen über finnisches Territorium zu leiten. Es ist Ausdruck der Wendung im deutsch-finnischen Verhältnis.

30. Aug. Im *Zweiten Wiener Schiedsspruch* wird von Deutschland und Italien die Abtretung Nordsiebenbürgens und des Szekler-Zipfels von Rumänien an Ungarn erzwungen. *Deutschland und Italien garantieren* – ohne Konsultation der Sowjetregierung, die die Entscheidung als gegen ihre Interessen gerichtet betrachtet – die *rumänischen Grenzen* (nach der Überlassung der Süd-Dobrudscha an Bulgarien im Vertrag von Craiova am 7. Sept. 1940). Am 2. Sept. entschließt sich Hitler zur Entsendung einer deutschen Militärmission nach Rumänien.

2. Sept. Zwischen *Großbritannien* und den *USA* wird ein *Tauschvertrag* abgeschlossen: 50 ältere

4. Sept. US-Zerstörer gegen die Einräumung von Stützpunkten auf den Bahamas, auf Jamaika, Antigua, Santa Lucia und Trinidad sowie in Britisch-Guayana für die USA.
König Carol ernennt *General Ion Antonescu* zum Ministerpräsidenten (Staatsführer) Rumäniens und dankt am 6. Sept. zugunsten seines Sohnes *Michael* ab. Antonescu sucht engste Anlehnung an Deutschland.

7. Sept. Im Zuge einer erneuten Verschärfung des Luftkrieges gegen Großbritannien – propagandistisch als „Antwort" auf die relativ schwachen britischen Luftangriffe auf Berlin seit der Nacht vom 25./26. Aug. bezeichnet – werden *schwere deutsche Luftangriffe gegen London* geführt: 65 Tage lang ununterbrochen Nachtangriffe gegen London.

Deutsche Bombenabwürfe auf Großbritannien (in Tonnen)

1940	36 800 t	1943	2 298 t	
1941	21 860 t	1944	9 151 t	(einschl. V-Waffen)
1942	3 260 t	1945	761 t	(einschl. V-Waffen)

15. Sept. Der „Battle-of-Britain"-Tag, an dem es zu ausgedehnten Luftschlachten über Südostengland kommt, zeigt, daß die britische Abwehr ungebrochen ist: 56 deutsche und 26 britische Flugzeuge werden an diesem Tag abgeschossen.

17. Sept. Hitler verschiebt das für den 21. Sept. vorgesehene Unternehmen „Seelöwe" „bis auf weiteres"; die Vorbereitungen sollen als Täuschungsmanöver fortgesetzt werden.

25. Sept. Ein Landungsversuch gaullistischer Streitkräfte bei Dakar mit Unterstützung der britischen Flotte wird abgewehrt. Damit ist der Versuch, einen besonders wichtigen Teil des französischen Kolonialreichs (Westafrika) zum Abfall von der Vichy-Regierung zu veranlassen, gescheitert.

27. Sept. In Berlin wird ein **„Dreimächtepakt" Deutschland – Italien – Japan** unterzeichnet: Durch die Drohung mit einem Zwei-Ozean-Krieg soll ein Eingreifen der USA in den europäischen oder in den ostasiatischen Krieg verhindert werden. Die Beziehungen zur Sowjetunion sol-

Übernationale Entwicklung – Zweiter Weltkrieg   *879*

len unberührt bleiben; in der Zielvorstellung Japans und Deutschlands soll diese bei der Neuaufteilung der Erde in ‚Großräume' (Europa/Afrika, Ostasien, westliche Hemisphäre) durch Eröffnung einer Expansionsmöglichkeit in Richtung Indischer Ozean gewonnen werden.

4. Okt. Hitler und Mussolini treffen sich am Brenner, um die Möglichkeiten eines Interessenausgleichs mit Spanien und Vichy-Frankreich zu erörtern und diese in einen „Kontinentalblock" von „Madrid bis Yokohama" einzufügen.

12. Okt. Die ersten Teile der deutschen Wehrmachtmission treffen in Rumänien ein.

22. Okt. Hitler trifft in Montoire-sur-le-Loir (nahe Tours) den stellvertretenden französischen Ministerpräsidenten *Pierre Laval*, den Exponenten einer „*Collaboration*" mit Deutschland innerhalb der Vichy-Regierung.

23. Okt. Hitler scheitert bei seinen Bemühungen, in einer Begegnung in Hendaye *General Franco* zu einem Eintritt Spaniens in den Krieg zu bewegen.

24. Okt. Ein Treffen Hitlers mit Marschall Pétain in Montoire-sur-le-Loir gibt der „Collaborations"-Politik Lavals vorübergehend Auftrieb, bis die am 11. Nov. beginnende Ausweisung von 100 000 Lothringern ins unbesetzte Frankreich diesen Ansatz zerstört.

28. Okt. Beginn eines **italienischen Angriffs auf Griechenland,** mit dem Mussolini endlich Kriegser-
5.30 Uhr folge erringen will. Hitlers Besuch in Florenz kommt zu spät, um ihn davon zurückzuhalten.

3. Nov. Beginn der griechischen Gegenoffensive gegen die von Albanien aus vorgedrungenen Italiener, die bis Anfang Dez. 1940 fortgeführt und in deren Verlauf etwa ein Drittel Albaniens von den Griechen erobert wird. Erste *britische Einheiten landen* in der Nähe von *Athen*, nachdem schon am 29. Okt. *Kreta von britischen Kräften* besetzt worden ist.

4. Nov. Hitler, der britische Luftangriffe von Griechenland aus auf das rumänische Erdölgebiet befürchtet, beschließt, im Frühjahr 1941 einen Entlastungsangriff von Rumänien über Bulgarien nach Griechenland zu führen.

5. Nov. *Präsident Roosevelt* wird zum *dritten Mal zum Präsidenten* der USA gewählt.

10. Nov. Nach der Einnahme von Libreville (Gabun) ist ganz Französisch-Äquatorialafrika in der Hand der „freifranzösischen" Kräfte de Gaulles.

11. Nov. Die italienische Flotte in Tarent wird von britischen Torpedoflugzeugen angegriffen: drei Schlachtschiffe fallen langfristig aus.

12./13. Der **Besuch** des sowjetischen Regierungschefs und Außenkommissars **Wjatscheslaw M.**
Nov. **Molotow in Berlin** (Unterredungen mit Hitler und Ribbentrop) endet ergebnislos: Molotow fordert die Überlassung Finnlands und Bulgariens in die sowjetische Einflußsphäre, die Aufhebung der deutschen Garantie für Rumänien und Stützpunkte an den türkischen Meerengen als Preis für einen Beitritt der Sowjetunion zum „Dreimächtepakt".

14./15. Ein *schwerer deutscher Luftangriff* zerstört das Zentrum von *Coventry* in England
Nov. (554 Tote).

20. Nov. Ungarn tritt dem „Dreimächtepakt" bei; am 23. Nov. folgt Rumänien, am 24. Nov. die Slowakei.

5. Dez. Die britische und die Vichy-Regierung einigen sich in einem Geheimabkommen darauf, den Status quo im französischen Kolonialreich nicht weiter zu verändern.

7. Dez. *General Franco lehnt* einen *Kriegseintritt Spaniens* endgültig *ab:* Hitler verzichtet daraufhin auf die bereits vorbereitete Eroberung Gibraltars.

13. Dez. Pétain entläßt Pierre Laval; damit endet die erste Phase der „Collaboration". Wichtigster Minister in Vichy ist nunmehr *Admiral François Darlan*, der im Febr. 1941 stellvertretender Ministerpräsident und Außenminister wird.

18. Dez. Hitler unterzeichnet die **„Weisung Nr. 21 (Fall Barbarossa)",** die die deutsche Wehrmacht darauf vorbereitet, „auch vor Beendigung des Krieges gegen England die UdSSR in einem schnellen Feldzug niederzuwerfen". Als Abschluß der Vorbereitungen ist der 15. Mai 1941 angegeben.

29. Dez. Nachdem Churchill Präsident Roosevelt am 8. Dez. die katastrophale finanzielle Situation Großbritanniens dargelegt hat, das bald nicht mehr in der Lage sei, die Lieferungen aus den USA zu bezahlen, fordert Roosevelt vom amerikanischen Kongreß Konsequenzen aus der Tatsache, daß die USA das „Arsenal der Demokratie" sein müßten.

Rüstungsproduktion der Großmächte

	1939	1940	1941	1943	
USA	0,6	1,5	4,5	37,5	
Großbritannien	1,0	3,5	6,5	11,1	
Sowjetunion	3,3	5,0	8,5	13,9	in Milliarden Dollar; Preise von 1944
Deutschland	3,4	6,0	6,0	13,8	
Japan	–	1,0	2,0	4,5	

Der Krieg auf dem Balkan, in Afrika und im Nahen Osten
(September 1940 – Juli 1941)

1940
13. Sept. Von Libyen aus eröffnen die Italiener eine Offensive, die jedoch schon am 16. Sept. nach der Einnahme von Sidi Barrani (90 km von der libysch-ägyptischen Grenze an der Küste gelegen) endet.

28. Okt. Beginn des **italienischen Angriffs auf Griechenland.**

21. Nov. Die griechische Gegenoffensive erreicht mit der Einnahme von Koritza einen ersten Höhepunkt.

9. Dez. General Wavell beginnt mit seiner Nilarmee eine **Gegenoffensive** in **Nordafrika.** Im ersten Anlauf überrennen die Briten die italienischen Kräfte in Ägypten und nehmen 38 000 Mann gefangen. Nach der Einnahme von Sollum (17. Dez.) dringen sie nach Libyen hinein vor.

1941
19. Jan. Beginn einer *britischen Offensive gegen Eritrea*, die am 3. Febr. vor Keren vorerst zum Stehen gebracht werden kann.

19./20. Jan. Beim Treffen Hitler–Mussolini auf dem Berghof oberhalb von Berchtesgaden wird das *Ende* des im Juni 1940 von Mussolini verkündeten „*Parallelkrieges*" Italiens besiegelt. Italien muß sich nunmehr der deutschen Strategie unterordnen.

21. Jan. Die Festung *Tobruk* in Italienisch-Nordafrika wird von den Briten erobert.

6. Febr. *Benghasi*, die Hauptstadt der Cyrenaika, fällt. Die britische Nilarmee dringt bis zum 8. Febr. bis *El-Agheila* an der Großen Syrte vor. Seit dem 9. Dez. 1940 sind 140 000 Italiener in britische Gefangenschaft geraten.

10. Febr. Von Kenia aus beginnt eine britische Offensive gegen *Italienisch-Somaliland*. Am 25. Febr. fällt die Hauptstadt *Mogadiscio* (Mogadischu). Die britisch-südafrikanischen Kräfte stoßen daraufhin in Richtung auf die Bahnlinie *Dschibuti – Addis Abeba* vor.

11. Febr. Die ersten Teile des „*Deutschen Afrika-Korps*" (*General Erwin Rommel* [* 1891, † 1944]) treffen in Tripolis ein.

1. März *Bulgarien* tritt dem „*Dreimächtepakt*" bei und läßt am 2. März deutsche Truppen einmarschieren.

4. März Stärkere britische Kräfte landen in Griechenland (bis 24. April insgesamt 58 000 Mann).

16. März Britische Truppen landen von Aden aus in Berbera und erobern das im Aug. 1940 von den Italienern besetzte Britisch-Somaliland zurück.

24. März Das „Deutsche Afrika-Korps" erobert El-Agheila (Golf von Sidra, Libyen).

25. März *Jugoslawien* tritt dem „*Dreimächtepakt*" bei.

27. März In einem *Staatsstreich in Belgrad* wird die Regierung des Prinzen *Paul*, die den Paktbeitritt zu verantworten hat, gestürzt: der 17jährige König *Peter II.* für volljährig erklärt und beruft eine neue Regierung unter dem *Luftwaffengeneral Duschan Simović*. Hitler beschließt, Jugoslawien „militärisch und als Staatsgebilde zu zerschlagen".
Die Briten erobern Keren in Eritrea und setzen ihren Vormarsch zur Eroberung Italienisch-Ostafrikas fort (1. April Einnahme von Asmara).

30. März General Rommel setzt in der *Cyrenaika* zur *Gegenoffensive* an und erobert bis zum 13. April mit Ausnahme der Festung Tobruk, die eingeschlossen wird, die gesamte Cyrenaika einschließlich der ägyptischen Grenzstadt Sollum zurück.

1. April Durch einen Staatsstreich in Bagdad kommt die anti-britische und „achsen"-freundliche Regierung *Raschid Ali al-Gailani* ans Ruder.

3. April Der ungarische Ministerpräsident *Graf Pál Teleki* verübt Selbstmord aus Protest gegen den deutschen Druck, der Ungarn zur Teilnahme am Krieg gegen Jugoslawien veranlassen will.

5./6. April In Moskau wird ein sowjetisch-jugoslawischer Freundschaftsvertrag unterzeichnet.

6. April **Beginn des deutschen Angriffs auf Jugoslawien** und **Griechenland** von „Österreich",
5.15 Uhr Ungarn, Rumänien und Bulgarien aus. Italien und (am 11. April) Ungarn schließen sich an. Belgrad wird fünfmal heftig bombardiert.
Britische Truppen erobern *Addis Abeba*, die Hauptstadt Italienisch-Ostafrikas.

9. April *Saloniki* fällt in deutsche Hand. Die griechische Ostmazedonien-Armee kapituliert.

10. April Mit deutscher Unterstützung wird in dem gerade eroberten Agram ein „*Unabhängiger Staat Kroatien*" proklamiert, dessen Führung der aus dem italienischen Exil zurückkehrende Führer der rechtsradikalen Ustascha-Bewegung *Ante Pavelić* übernimmt. Kroatien muß an Italien den größten Teil der dalmatischen Küste abtreten, erhält jedoch Bosnien und die Herzegowina.

12. April Belgrad von deutschen Truppen eingenommen.

17. April Die *jugoslawische Wehrmacht kapituliert:* 344 000 jugoslawische Kriegsgefangene in deutscher Hand. König Peter und die Regierung Simović begeben sich nach London ins Exil. – Jugoslawien wird von Deutschland und Italien in Besatzungszonen aufgeteilt. Ungarn und Bulgarien erhalten größere Teile zur Besetzung zugewiesen, Bulgarien auch griechische Territorien.

Übernationale Entwicklung – Zweiter Weltkrieg **881**

21. April Die *griechische Heeresführung kapituliert* vor der deutschen Wehrmacht (am 23. April unter Teilnahme italienischer Vertreter wiederholt).

27. April *Athen* wird von deutschen Truppen *besetzt.* Die Briten räumen Griechenland und ziehen sich auf Kreta zurück. In Athen wird eine griechische Regierung *(General Georgios Tsolakoglu)* unter der deutschen Besatzungsmacht gebildet. 223 000 griechische und 22 000 britische Kriegsgefangene sind in deutsche Hand geraten. Deutsche Verluste während des Balkanfeldzuges: 2600 Tote, 3100 Vermißte.

2. Mai Mit einem Luftangriff britischer Kräfte gegen die um den britischen Stützpunkt Habbaniya zusammengezogene irakische Armee beginnt ein *militärischer Konflikt zwischen Großbritannien und dem Irak,* in den Hitler wegen des Vorrangs seines Ostkriegsplanes nur mit schwachen Luftwaffenverbänden eingreift (über Syrien).

10. Mai Der jugoslawische Generalstabsoberst *Draža Mihajlović* beginnt mit seinen serbisch-nationalistischen königstreuen *Tschetniks* in Südwestserbien einen *Aufstand gegen die deutsche Besatzungsmacht.*

18. Mai Die italienischen Hauptkräfte (unter dem Herzog von Aosta) kapitulieren am Amba Alagi in Abessinien. Damit ist der größte Teil Italienisch-Ostafrikas in britischer Hand (nur Gondar hält sich noch bis zum 28. Nov. 1941).

20. Mai **Deutsche Luftlandung** auf der Insel **Kreta,** das in 12tägigen verlustreichen Kämpfen erobert wird: 6580 Tote und Vermißte.

24. Mai König *Georg II.* und seine Regierung begeben sich ins Exil.

30. Mai Nach der *Eroberung Bagdads* durch die Briten begibt sich die *irakische Regierung Gailani* nach Iran ins Exil.

1. Juni Ganz Kreta befindet sich in deutscher und italienischer Hand.

8. Juni **Britische und gaullistische Truppen rücken** von Palästina und vom Irak aus **nach Syrien ein.** Die Truppen der Vichy-Regierung (General Henri F. Dentz) leisten hartnäckigen Widerstand.

18. Juni In Ankara wird ein *deutsch-türkischer Freundschaftsvertrag* abgeschlossen.

4. Juli Die **KP Jugoslawiens** *(Generalsekretär Josip Broz-Tito)* beschließt den **„bewaffneten Aufstand"** gegen die „faschistische" Besetzung Jugoslawiens. Damit stehen den Besatzungsmächten, die am 9. Juli das staatsrechtliche Ende Jugoslawiens proklamieren, zwei konkurrierende Widerstandsbewegungen gegenüber, die nach anfänglicher Kooperation vom 2. Nov. 1941 an sich auch untereinander bekämpfen.

14. Juli General Dentz muß einem Waffenstillstand zustimmen, der Syrien den Briten und Gaullisten überläßt, jedoch den Vichy-Soldaten die Rückkehr ins unbesetzte Frankreich gestattet. Damit ist die vorübergehend bedrohte Nahostposition wieder fest in britischer Hand.

Die weltpolitische Entwicklung: Japan, die USA und die Sowjetunion (Juni 1940 – Juni 1941)

1940
20. Juni Frankreich überläßt Japan die Kontrolle seiner Grenze von Indochina nach China und schneidet damit *Chiang Kai-shek* eine wichtige Nachschublinie ab.

18. Juli Großbritannien schließt die Burma-Straße für drei Monate und erschwert damit weiter die Situation der nationalchinesischen Regierung in *Chungking.*

22. Juli Nach dem Rücktritt der neutralistisch orientierten *Regierung Yonai,* die in den vorausgehenden Wochen in Auswirkung der deutschen Erfolge in Europa schon das Verhältnis zu Deutschland zu verbessern trachtete, übernimmt *Fürst Fumimaro Konoye* erneut die *Regierung Japans. Yosuke Matsuoka* wird Außenminister. Die neue Regierung strebt eine Wiederaufnahme der Bündnisverhandlungen mit Deutschland an, die im Aug. 1939 abgebrochen sind, und ist jetzt zu einer antiwestlichen Stoßrichtung des Bündnisses bereit.

22. Sept. Vichy-Frankreich räumt Japan Militärstützpunkte in Nord-Indochina ein.

27. Sept. Unterzeichnung des **„Dreimächtepaktes".** Die USA reagieren darauf mit einer Einschränkung ihrer Handelsbeziehungen mit Japan.

18. Okt. Großbritannien öffnet wieder die Burma-Straße für den Nachschub nach China.

1941
6. Jan. In einer Kongreßbotschaft verkündet Präsident Roosevelt die *„vier Freiheiten"* als *Leitvorstellung der amerikanischen Politik.*

29. Jan. In Washington beginnen geheime amerikanisch-britische Generalstabsbesprechungen über eine gemeinsame Kriegführung im Falle eines Kriegseintritts der USA.

11. März Das amerikanische *Pacht- und Leihgesetz* (Lend-Lease-Act), das den Präsidenten ermächtigt, alle Staaten mit Waffen und Ausrüstung zu unterstützen, deren Verteidigung im Interesse der USA liege, tritt in Kraft. Es kommt zunächst überwiegend Großbritannien und – mit Abstand – China zugute, nach Nov. 1941 auch der Sowjetunion.

27. März Als Ergebnis der zweimonatigen *amerikanisch-britischen Stabsbesprechungen* in Washington wird die Konzeption *„Germany first"* in einem Zwei-Ozean-Krieg gegen Deutschland und Japan festgelegt.

882 Neue Zeit – Zeitalter der Weltkriege

27. März – 5. April Der japanische Außenminister Yosuke Matsuoka besucht im Zuge einer Europareise Hitler und Ribbentrop. Mit ihm wird ein japanischer Vorstoß gegen Singapore erörtert, nicht hingegen der inzwischen von Mitte Mai auf Mitte Juni verschobene Angriff Deutschlands auf die Sowjetunion.

13. April Matsuoka schließt mit Molotow in Moskau einen *Neutralitätsvertrag Japan – Sowjetunion.*

16. April Es beginnen *amerikanisch-japanische Geheimverhandlungen* mit dem Ziel eines Modus vivendi in Ostasien und im Pazifik, die die japanische Regierung dem deutschen Bundesgenossen in ihrem substantiellen Kern geheimhält.

26. April Die USA dehnen ihre Großbritannien begünstigenden Neutralitätspatrouillen im Atlantik bis auf die Linien 26° West und 20° Süd aus.

6. Mai *Josef Stalin,* bisher ‚nur‘ Generalsekretär der KPdSU, übernimmt anstelle Molotows den *Vorsitz im Rat der Volkskommissare der UdSSR* und wird damit Regierungschef. Molotow bleibt Außenkommissar.

3. Juni Hitler deutet dem japanischen Botschafter *Hiroshi Oshima* gegenüber den bevorstehenden Krieg mit der Sowjetunion an und stellt Japan die Beteiligung daran frei.

14. Juni Roosevelt erläßt eine Verordnung, die das „Einfrieren" deutscher Guthaben in den USA ermöglicht, und fordert am 16. Juni die Schließung aller deutschen Konsulate in den USA.

21. Juni In den Geheimverhandlungen mit Japan stellt US-Außenminister *Cordell Hull* unannehmbare Bedingungen: Wiederherstellung der „Offenen Tür" in China und Aufgabe der „Automatik" des „Dreimächtepakts".

Vorbereitungen des deutschen Angriffs auf die Sowjetunion

1940 Hitler erläßt die „Weisung Nr. 21 (Fall Barbarossa)" (18. Dez.).

1941 Das OKH schließt die Aufmarschanweisung für „Barbarossa" ab (31. Jan.).

17. Febr. Für die Zeit nach „Barbarossa" soll ein deutscher Aufmarsch in Afghanistan zur Bedrohung Britisch-Indiens vorbereitet werden.

30. März In einer Rede vor über 200 Befehlshabern der Wehrmacht kündigt Hitler eine radikale Kriegführung ohne Beispiel (rassenideologischen Vernichtungskrieg) und ohne Bindung an die kriegsrechtlichen Normen an.

10. Mai Der „Stellvertreter des Führers" *Rudolf Heß* fliegt – auf eigene Initiative oder im Einvernehmen mit Hitler? – *nach Großbritannien* mit dem Ziel, vor Beginn des deutschen Angriffs auf die Sowjetunion ein Arrangement mit der britischen Regierung zustande zu bringen, um die erstrebte Rückenfreiheit Deutschlands im Westen zu erreichen. Er wird nach Verhören durch britische Regierungsmitglieder zum Kriegsgefangenen erklärt. – Als Nachfolger von Heß, den Hitler als geisteskrank bezeichnet, wird *Martin Bormann „Leiter der Parteikanzlei".*

13. Mai Ein Erlaß Hitlers über die Kriegsgerichtsbarkeit im Gebiet „Barbarossa" sichert Straffreiheit für ein brutales Vorgehen gegen die sowjetische Zivilbevölkerung zu.

6. Juni Das OKW erläßt „Richtlinien für die Behandlung politischer Kommissare" *(„Kommissarbefehl"),* die eine „Liquidierung" der Kommissare nach der Gefangennahme vorsehen.

12. Juni Aus einigen pro-deutschen Gesten der Sowjetregierung zieht die britische Regierung den Schluß, daß ein neues deutsch-sowjetisches Arrangement bevorsteht. Sie läßt Vorbereitungen für Luftangriffe auf das Erdölzentrum Baku von Flugplätzen bei Mosul im Nordirak aus treffen.

12. Juni Hitler empfängt den rumänischen Staatsführer *Antonescu* in München und vereinbart mit ihm das Mitwirken Rumäniens am Ostkrieg vom ersten Tage an.

21. Juni Hinter den drei an der Ostgrenze aufmarschierten Heeresgruppen sind vier *„Einsatzgruppen"* der *Sicherheitspolizei* und des *Sicherheitsdienstes – SD* (insgesamt ca. 3000 Mann) zusammengezogen, die auf dem eroberten sowjetischen Territorium „Sonderaufgaben" zu erfüllen haben, deren wichtigste die *systematische Tötung aller Juden* („Ostjudentum" in Hitlers Ideologie als „Reservoir des Bolschewismus" fixiert) ist. Militärischer Sieg im Osten und rassenideologischer Krieg sollen am gleichen Tage beginnen.

Situation im Westkrieg (Mai/Juni 1941)

1941 10./11. Mai Nach einem letzten schweren Luftangriff auf London mit über 500 deutschen Flugzeugen (rd. 2000 Brände; über 1200 Tote) wird das Gros der deutschen Luftwaffe (61 %) nach Osten verlegt.

24. Mai Bei einem Unternehmen im Atlantik vernichtet das deutsche *Schlachtschiff „Bismarck"* das größte britische Kriegsschiff, den *Schlachtkreuzer „Hood",* wird aber selbst am 27. Mai von überlegenen britischen Streitkräften versenkt. Damit kommt der Einsatz deutscher Überwasserschiffe im Atlantik faktisch zum Erliegen; nur noch Vorstöße ins Nordmeer und

Übernationale Entwicklung – Zweiter Weltkrieg   *883*

ins Eismeer zur Störung der Verbindungswege zu den sowjetischen Polarhäfen werden in der Folgezeit unternommen. Der Erfolg im U-Boot-Krieg hält sich, von der relativ geringen Zahl (durchschnittlich 30 Boote in See) abgesehen, auch wegen der Einschränkungen, die Hitler in Blickrichtung auf die USA erläßt, deren Kriegseintritt er unbedingt bis zum Abschluß des Unternehmens „Barbarossa" hinauszögern möchte, in Grenzen.

28. Mai   In Paris wird ein deutsch-französisches Protokoll unterzeichnet, das eine Unterstützung der deutschen Kriegführung in Libyen und Einrichtung von Stützpunkten an der nordwestafrikanischen Küste bis Dakar vorsieht. (Die Vichy-Regierung zieht sich davon am 14. Juli wieder zurück, da Hitler nicht zu einem Präliminarfrieden mit Frankreich bereit ist.)

11. Juni   Der Entwurf einer „*Weisung Nr. 32*" sieht für die deutsche Strategie nach dem Sieg über die Sowjetunion weitausgreifende Operationen über Bulgarien und die Türkei, von Libyen aus und evtl. von Transkaukasien gegen die britische Nahoststellung sowie nach der Eroberung Gibraltars den Aufbau einer Bastion in Nordwestafrika sowie die Besetzung der portugiesischen und spanischen Atlantik-Inseln vor.

17. Juni   Nach Abwehr eines britischen Angriffs an der libysch-ägyptischen Grenze herrscht auf dem nordafrikanischen Kriegsschauplatz bis zum 18. Nov. 1941 Kampfpause.

Ausweitung zum Weltkrieg durch ‚Zusammenwachsen' des europäischen und des ostasiatischen Krieges (Juni 1941 – Dezember 1941)

Der Ostkrieg bis zur Wende vor Moskau (22. Juni 1941 – 5. Dezember 1941)

1941
22. Juni
3.15 Uhr   Auf Befehl Hitlers tritt das deutsche Ostheer von der Ostsee bis zu den Karpathen, unterstützt durch die Luftwaffe, zum **Überraschungsangriff auf die Sowjetunion** an: insgesamt *152 Divisionen, 3 050 000 Mann,* d. h. drei Viertel des Feldheeres. Ziel ist es, möglichst in Kesselschlachten westlich von *Düna* und *Dnjepr* die Rote Armee zu zerschlagen und danach den größten Teil des europäischen Rußlands bis zur Linie *Archangelsk – Wolga – Astrachan* in Besitz zu nehmen. Nach Abzug der deutschen Kampftruppen – im Aug./ Sept. – sollen 54 Divisionen als Besatzungskräfte im Osten bleiben, die in Vorstößen über den Ural Verbindung mit der von Osten anrückenden japanischen Armee aufnehmen sollen. Das eroberte Gebiet soll in vier „*Reichskommissariaten*" (Ostland, Ukraine, Moskowien, Kaukasien; faktisch dann nur die beiden ersten eingerichtet) deutscher Zivilverwaltung unterstellt werden. Die *Rote Armee,* die mit *2,5 Mio. Mann* an der Westgrenze, mit *2,2 Mio. Mann* im Fernen Osten und im Kaukasus (gegen die potentiellen Gegner Japan und Großbritannien) aufmarschiert ist, wird vom deutschen Angriff weitgehend überrascht, da Stalin alle britischen und amerikanischen Warnungen vor einem deutschen Angriff als Provokation betrachtet und auch die Informationen seines Spions Richard Sorge in Tokyo nicht ernst genommen hat bzw. bis zuletzt bemüht bleibt, sich mit Hitler auf einer neuen Basis zu arrangieren. Die deutsche Luftwaffe fliegt massive Einsätze gegen sowjetische Flugplätze und zerstört bereits am ersten Tag über 1200 sowjetische Flugzeuge. Die Rote Luftwaffe fällt in den ersten zwei Jahren des Ostkrieges weitgehend aus. Stalin befiehlt das Halten aller Stellungen, auch an vorgeschobenen Frontbögen, und wirft im Laufe der nächsten Wochen einen großen Teil der nun erst mobilisierten Reserven (über 10 Mio. Mann) in die Schlachten an der sowjetischen Westfront. Die meisten Industrieanlagen in den bedrohten Gebieten können improvisiert nach Osten verlagert werden.

22. Juni   *Rumänien* und *Italien* schließen sich dem *Ostkrieg* an, Rumänien mit dem Gros seiner Armee; Italien entsendet ein Expeditionskorps.
Churchill begrüßt trotz seiner antikommunistischen Grundeinstellung die Sowjetunion als Verbündeten.

23. Juni   Die *Slowakei* schließt sich dem deutschen Angriff an; Ungarn bricht die diplomatischen Beziehungen zur Sowjetunion ab.

26. Juni   *Finnland,* in dessen Norden deutsche Truppen mit dem Ziel aufmarschiert sind, nach Murmansk vorzustoßen (am 7. Sept. 1941 endgültig an der Liza-Linie gescheitert), tritt als „*Waffengefährte*", nicht Bundesgenosse *an der Seite Deutschlands* in den Krieg mit der Begründung ein, die Sowjetunion habe mit Luftangriffen den Krieg faktisch eröffnet. Ziel ist die Wiedergewinnung der im Moskauer Frieden vom 12. März 1940 abgetretenen Gebiete.

27. Juni   Auch *Ungarn* tritt nach angeblichen sowjetischen Luftangriffen in den Krieg gegen die Sowjetunion ein.

29. Juni   Das *Zentralkomitee der KPdSU* erklärt den Abwehrkampf gegen die deutsche Invasion zum **„Großen Vaterländischen Krieg der Sowjetunion".**

3. Juli   *Stalin,* der am 1. Juli den Vorsitz über das Verteidigungskomitee der UdSSR übernommen hat, ruft die Bevölkerung zum *Partisanenkampf* hinter der Front auf.

884 Neuzeit – Zeitalter der Weltkriege

Der Chef des Generalstabes des deutschen Heeres, Generaloberst *Franz Halder* (* 1884, † 1972), ist der Überzeugung, daß der Feldzug gegen die Sowjetunion bereits innerhalb der ersten 14 Tage gewonnen worden ist.

8. Juli   Hitler verkündet seinen Entschluß, Moskau und Leningrad dem Erdboden gleichmachen zu wollen.

9. Juli   Die erste große Kesselschlacht (bei Białystok und Minsk) ist abgeschlossen: fast 330 000 sowjetische Kriegsgefangene.

12. Juli   Die *Sowjetunion* und *Großbritannien* schließen ein *Abkommen* über gegenseitige Hilfeleistung und gegen einen Separatfrieden eines Partners.

16. Juli   Hitler bezeichnet vor den Spitzenvertretern von Partei, Staat und Wehrmacht die Aufteilung und Ausbeutung des eroberten Rußlands als deutsches Kriegsziel im Osten. *Alfred Rosenberg* wird Reichsminister für die besetzten Ostgebiete. Nach der Besetzung von Smolensk verhält die Mitte der deutschen Angriffsfront, während der Vormarsch im Norden, in den baltischen Ländern und in der Ukraine bis Anfang Aug. 1941 zügig weitergeht.

5. Aug.   In der dreiwöchigen Kesselschlacht von Smolensk sind wiederum 310 000 sowjetische Kriegsgefangene zu verzeichnen.

25. Aug.   *Sowjetische und britische Truppen marschieren in den neutralen Iran ein,* dessen Streitkräfte am 28. Aug. den Kampf einstellen müssen. Der *Schah Resa Pahlewi* dankt unter dem Druck der Alliierten am 16. Sept. zugunsten seines Sohnes *Mohammed Resa* ab. Iran wird neben dem Pazifik und der Murmansk-Archangelsk-Route im hohen Norden zur Hauptverbindungsroute für die alliierten Hilfslieferungen für die Sowjetunion. Das Land wird in eine südliche, britische und eine nördliche, sowjetische Zone aufgeteilt. Die Landesmitte bleibt „neutral".

8. Sept.   Mit der Einnahme von Schlüsselburg am Ladoga-See ist *Leningrad von allen Landverbindungen abgeschnürt.* Hitler hält den Angriff der Heeresgruppe Nord auf Leningrad an und befiehlt die Aushungerung der Millionenstadt, die nur über den Ladoga-See notdürftig versorgt werden kann.

19. Sept.   *Kiew* wird von deutschen Truppen *erobert.*

26. Sept.   Die *große Kesselschlacht ostwärts von Kiew,* die Hitler vor Fortsetzung des Vormarsches in Richtung Moskau den Heeresgruppen Süd und Mitte befohlen hat, endet mit der Gefangennahme von 665 000 sowjetischen Soldaten.

2. Okt.   Die Heeresgruppe Mitte tritt aus dem Raum ostwärts Smolensk bis Orel wieder zum **Angriff auf Moskau** an (Unternehmen „Taifun").

3. Okt.   Hitler erklärt bei der Eröffnung des Winterhilfswerks, daß die Sowjetunion geschlagen sei und „sich nie mehr erheben" werde. Er verbietet am 7. Okt. die Annahme der Kapitulation Moskaus.

16. Okt.   *Die Sowjetregierung* (außer Stalin selbst) und das diplomatische Korps verlassen Moskau und siedeln nach *Kujbyschew* an der Wolga über.

19. Okt.   Stalin läßt in Moskau den Belagerungszustand ausrufen.

20. Okt.   Die *Doppelschlacht bei Wjasma und Brjansk* endet wieder mit der Gefangennahme von 673 000 sowjetischen Soldaten.

16. Nov.   Nach der Einnahme von Kertsch ist die ganze Halbinsel Krim mit Ausnahme der Festung Sewastopol in deutscher Hand.

21. Nov.   Die Heeresgruppe Süd erobert *Rostow am Don,* muß es jedoch am 28. Nov. 1941 wieder aufgeben und sich auf die Mius-Linie zurückziehen.

23. Nov.   Die nach dem Ende der Schlammperiode am 15. Nov. wieder aufgenommene deutsche Offensive auf Moskau erreicht Klin (nordwestlich Moskau) und am 28. Nov. den Wolga-Moskwa-Kanal.

30. Nov.   Stalin billigt den Entwurf seines *Generalstabschefs B. Schaposchnikow* für eine sowjetische Gegenoffensive im Raume Moskau.

1. Dez.   Der Oberbefehlshaber der Heeresgruppe Mitte, *Feldmarschall Fedor von Bock* (* 1880, † 1945) meldet den Zeitpunkt als „sehr nahe gerückt, an dem die Kraft der Truppe völlig erschöpft ist".

5. Dez.   Die **sowjetische Gegenoffensive** beginnt bei der „Kalininfront". Ihr schließt sich am 6. Dez. die „Westfront" (*Armeegeneral Georgi K. Schukow* [* 1896, † 1974]) an. Damit ist das **Unternehmen „Barbarossa"** als **gescheitert** anzusehen. Das auf einen Winterkrieg unvorbereitete deutsche Ostheer ist in eine schwere Krise geraten.

Bilanz des Ostkrieges 1941

Insgesamt sind 3,35 Mio. sowjetische Soldaten in deutsche Kriegsgefangenschaft geraten (im weiteren Verlauf des Krieges nochmals 2,4 Mio.). Von ihnen haben – Folge der rassenideologischen Vernichtungskrieges, aber auch organisatorischer Unzulänglichkeit – mindestens 2,53 Mio. die deutsche Gefangenschaft nicht überlebt. Von den „Einsatzgruppen" der Sicherheitspolizei und des SD wurden 1941 hinter der deutschen Front über eine halbe Mio. getötet.

Übernationale Entwicklung – Zweiter Weltkrieg   885

Die zahlenmäßige Überlegenheit der Roten Armee hat trotz aller Erfolge in den Kesselschlachten 1941 nicht gebrochen werden können. Im Dez. 1941 schätzt der deutsche Heeresgeneralstab die Stärke der Roten Armee höher ein als bei Beginn des Angriffs am 22. Juni 1941.
Die deutsche Wehrmacht hat im Ostkrieg bis zum 1. Dez. 1941 insgesamt über 162 000 Tote und über 33 000 Vermißte verloren.

Der europäisch-atlantische Westkrieg (Juni 1941 – Dezember 1941)

1941 7. Juli	*Amerikanische Truppen landen auf Island,* das seit dem 25. März 1941 in das erweiterte Operationsgebiet deutscher U-Boote um die Britischen Inseln einbezogen worden ist.
11. Sept.	Präsident Roosevelt verkündet nach einem Zwischenfall im Atlantik den sog. „Schießbefehl" (shoot-on-sight-order) gegen deutsche Schiffe, die sich in Gebiete wagten, deren Schutz für die Verteidigung der USA als notwendig betrachtet würde.
13. Nov.	Der amerikanische Kongreß ändert das Neutralitätsgesetz: amerikanischen Handelsschiffen wird das Befahren der Kriegszone gestattet; sie werden bewaffnet.
18. Nov.	Nach monatelanger Kampfpause *britische Offensive in Nordafrika* gegen die deutsch-italienischen Truppen. Die seit April 1941 eingeschlossene Festung Tobruk, gegen die für den 23. Nov. ein deutscher Angriff geplant worden ist, wird entsetzt. Die Panzergruppe Afrika (Generaloberst Rommel) zieht sich aus der Cyrenaika bis zur Marsa-el-Brega-Stellung zurück, aus der heraus sie am 21. Jan. 1942 wieder zum Gegenangriff antritt.

Die weltpolitische Entwicklung (Juni 1941 – Dezember 1941)

1941 2. Juli	Die seit Beginn des deutsch-sowjetischen Krieges permanent tagenden japanischen Führungsgremien, von Ribbentrop zur Entscheidung für eine Teilnahme Japans am Kriege gegen die Sowjetunion gedrängt, beschließen gegen den isolierten Außenminister Matsuoka, der die Wendung gegen die Sowjetunion befürwortet, die japanische Expansion nach Süden fortzusetzen und zunächst Süd-Indochina zu besetzen, dabei „notfalls" auch den Krieg gegen die USA und Großbritannien in Kauf zu nehmen. Ein (vorzubereitender) Angriff von der Mandschurei aus gegen Sowjet-Fernost soll nur bei einem sich abzeichnenden Zusammenbruch der Sowjetunion geführt werden.
14. Juli	Hitler, der durch eine Weisung die deutsche Rüstung schwerpunktmäßig auf Luftwaffe und Marine im Blick auf den kommenden Westkrieg umstellt, macht dem japanischen Botschafter Oshima gegenüber das Angebot eines umfassenden Offensivbündnisses zur „Vernichtung" der Sowjetunion und der USA.
15. Juli	Im Zuge einer Neubildung des japanischen Kabinetts unter Konoye wird *Außenminister Matsuoka „ausgebootet";* Nachfolger wird *Admiral a. D. Soemu Toyoda.* Die Verhandlungen mit den USA über einen ‚Modus vivendi' sollen fortgesetzt werden.
18. Juli	Stalin fordert von Großbritannien die Errichtung einer „Zweiten Front" im Westen oder im Norden Europas.
25. Juli	Die *Japaner rücken in Süd-Indochina* ein, am 29. Juli kommt ein Abkommen mit dem französischen Generalgouverneur über die Einräumung von Stützpunkten für die Japaner zustande.
30./31. Juli	Der Vertraute Roosevelts, *Harry Hopkins,* verhandelt in Moskau mit Stalin über die Möglichkeiten materieller Hilfe für die Sowjetunion.
1. Aug.	Als Reaktion auf die Besetzung Süd-Indochinas *verkünden die USA ein Öl-Embargo gegen alle Aggressoren.* Damit wird *Japan an einem Lebensnerv getroffen.* Vorausgegangen war am 26. Juli die Sperrung der japanischen Guthaben in den USA. Großbritannien und die Niederlande schließen sich diesen Maßnahmen an.
14. Aug.	Roosevelt und Churchill, die sich vom 9.–12. Aug. auf Kriegsschiffen in der Argentia-Bucht (Neufundland) getroffen haben, verkünden die *„Atlantik-Charta":* Ablehnung aller territorialen Veränderungen ohne freie Zustimmung der betroffenen Völker; Recht aller Völker, „sich diejenige Regierungsform zu wählen, unter der sie leben wollen"; gegen Hitler-Deutschland und Japan, aber – wie es scheint – auch gegen die Annexionen der Sowjetunion gerichtet.
14. Aug.	Die polnische Exilregierung in London, mit der die Sowjetunion am 30. Juli diplomatische Beziehungen aufgenommen hat, schließt mit dieser ein Abkommen über die Freilassung polnischer Kriegsgefangener von 1939 und die Bildung einer polnischen Armee (*General Władysław Anders* [* 1892, † 1970]) in der Sowjetunion, die später auf westlichen Kriegsschauplätzen gegen Deutschland kämpfen soll.
6. Sept.	Der japanische Kronrat beschließt die Eröffnung des Krieges gegen die USA und Großbritannien, wenn die Geheimverhandlungen mit den USA nicht bis zum 10. Okt. zu einem befriedigenden Abschluß gebracht werden können.

886 Neuzeit – Zeitalter der Weltkriege

18. Okt. Nach dem Rücktritt des Kabinetts Konoye bildet der bisherige Kriegsminister *General Hideki Tojo* eine *neue japanische Regierung,* in der der frühere Botschafter in Berlin und Moskau *Shigenori Togo Außenminister* wird. Kaiser Hirohito hebt den Beschluß vom 6. Sept. vorerst auf und läßt die Geheimverhandlungen mit den Vereinigten Staaten von Amerika fortführen.

20. Okt. In den Rahmen der Kriegsvorbereitungen Japans wird ein Überraschungsangriff auf die amerikanische Flotte in Pearl Harbor für den Fall eines Scheiterns der Verhandlungen mit den USA eingefügt.

25. Nov. Präsident Roosevelt entschließt sich zum *Abbruch der Verhandlungen mit Japan* und läßt am 26. Nov. durch Außenminister *Cordell Hull* eine für Japan unannehmbare „10-Punkte-Note" übergeben.

28. Nov. In Unkenntnis des Standes der amerikanisch-japanischen Verhandlungen sagt Außenminister Ribbentrop dem japanischen Botschafter Oshima auf eine Sondierung hin deutsche militärische Unterstützung im Falle eines Krieges Japans mit den Vereinigten Staaten von Amerika zu.

1. Dez. Der *japanische Kronrat entscheidet sich* endgültig für einen *Krieg gegen die USA, Großbritannien* und die *Niederlande.*

5. Dez. Hitler sagt den Japanern Hilfe im Kriegsfalle zu und billigt den Abschluß eines von Japan vorgeschlagenen militärischen Beistandspaktes, der einen Separatfrieden eines Partners ausschließt.

6. Dez. Auf Druck der Sowjetunion erklärt Großbritannien Finnland, Ungarn und Rumänien den Krieg.

7. Dez. **Japan eröffnet den Pazifik-Krieg** mit einem **Überfall** auf die amerikanische Flotte **in Pearl Harbor** (bei dem 19 schwere amerikanische Kriegsschiffe außer Gefecht gesetzt werden, darunter fünf Schlachtschiffe – die US-Flugzeugträger befanden sich auf See) und mit einer Offensive gegen die südostasiatischen Besitzungen der USA, Großbritanniens und der Niederlande. Thailand wird von Indochina aus besetzt und als Satellit zur Kriegserklärung an die USA gezwungen.
Der japanische Grundkriegsplan vom 5. Nov. 1941 sieht vor, in einer ersten Etappe *Britisch-Malaya,* die *Philippinen, Hongkong, Guam* und *Wake* und in einer zweiten Etappe *Burma* und *Niederländisch-Indien* zu erobern, danach in die strategische Defensive überzugehen und in einem Ermattungs- und Abnutzungskrieg am Rande des eroberten Riesenraums die USA und Großbritannien zur Anerkennung des japanisch beherrschten ost- und südostasiatischen „Großraums" zu bewegen.

9. Dez. *China (Chiang Kai-shek) erklärt Deutschland den Krieg.*

11. Dez. **Hitler erklärt den USA den Krieg,** ohne dazu vertragsrechtlich verpflichtet zu sein, da der „Dreimächtepakt" nur eine militärische Beistandspflicht für den Fall eines Angriffs der USA auf einen Paktpartner vorgesehen hat.
Auch *Mussolini erklärt den USA den Krieg. Deutschland, Italien und Japan schließen ein Abkommen* über gemeinsame Kriegführung und verpflichten sich, keinen Sonderfrieden mit den USA oder Großbritannien abzuschließen.

Stärke der deutschen Wehrmacht (einschl. Waffen-SS)

1939	3,085 Mio. Mann		im Vergleich:
1940	6,050 Mio. Mann		Stärke des US-Heeres
1941	7,234 Mio. Mann	1941	1,460 Mio. Mann
1942	8,310 Mio. Mann	1942	3,074 Mio. Mann
1943	9,480 Mio. Mann	1943	6,993 Mio. Mann
1944	9,420 Mio. Mann	1944	7,992 Mio. Mann
1945	7,590 Mio. Mann	1945	8,266 Mio. Mann
		(1. Mai)	

Kriegsmateriallieferungen Großbritanniens und der USA an die Sowjetunion (in Tonnen)

	Persischer Golf	Pazifik	Nordatlantik	Schwarzes Meer	Sowjet. Arktis	Gesamt
1941	13502	193299	153977	—	—	360778
1942	705259	734020	949711	—	64107	2453097
1943	1606979	2388577	681043	—	117946	4794545
1944	1788864	2848181	1452775	—	127802	6217622
1945	44513	2079320	726725	680723	142538	3673819
Summe	4159117	8243397	3964231	680723	452393	17499861
Prozent	23,8%	47,1%	22,7%	3,9%	2,5%	100%

Übergang zum Weltkrieg

Da die Sowjetunion die Fortdauer der Gültigkeit des sowjetisch-japanischen Neutralitätsvertrages vom 13. April 1941 bestätigt, hat der nun aus dem Zusammenwachsen von europäischem und japanisch-chinesischem Krieg entstandene Weltkrieg zwar einen globalen Charakter, doch stehen sich nicht zwei Mächtegruppen geschlossen gegenüber. Die nun zustande gekommene **„Anti-Hitler-Koalition"** Großbritannien – USA – Sowjetunion bezieht sich nur auf den europäischen Krieg; im Pazifik kämpfen die **USA und Großbritannien ohne die Sowjetunion gegen Japan.** Sie führen demnach einen Zwei-Ozeankrieg gewaltigen räumlichen Ausmaßes, während die Sowjetunion nur an einer großen Landfront – allerdings um ihre Existenz – kämpft.

Übergang der Initiative auf die Mächte der „Anti-Hitler-Koalition" (Dezember 1941 – Herbst 1942)

Der Ostkrieg (Dezember 1941 – November 1942)

1941
16. Dez. Hitler fordert die Soldaten der deutschen Ostfront zum „fanatischen Widerstand" auf und verbietet angesichts der massiv vorgetragenen sowjetischen Offensive, vor allem in der Mitte der Front, im Raume um Moskau, jede operative Rückzugsbewegung. Auch wegen der äußerst strengen Winterkälte, auf die das deutsche Ostheer völlig unzureichend vorbereitet ist, droht wiederholt ein Zusammenbruch. Sowjetische Offensive zielt darauf ab, die Heeresgruppe Mitte zwischen Smolensk und Wjasma einzukesseln und zu vernichten.

19. Dez. Nach der Entlassung des *Feldmarschalls Walther von Brauchitsch* (* 1881, † 1948) macht sich *Hitler* selbst zum *Oberbefehlshaber des deutschen Heeres*. Er führt an der Ostfront mit dem Generalstab des Heeres (zunächst weiter: Generaloberst Halder), während er die westlichen Kriegsschauplätze mit dem Wehrmachtführungsstab (General Alfred Jodl; [* 1890, † 1946]) zu steuern sucht.

1942
9. Jan. Eine *sowjetische Offensive an der Naht zwischen den Heeresgruppen Nord und Mitte* stößt von den Waldai-Höhen bis in den Raum nördlich Smolensk vor.

10. Jan. Hitler verlegt den Schwerpunkt der deutschen Rüstung wieder auf das Heer zurück (Weisung vom 14. Juli 1941).

Die deutschen Heeresgliederungen 1932–1944

	1932	1935	1936	1937	1938	1939			1940 10.5.	1941 22.6.	davon in							Gesamt		
						Osten	Westen	Reserve	Gesamt	Gesamt	Osten	Finnland	Norweg. Dänem.	Südosten	Westen	Afrika	Heimat	1942	1943	1944
Inf.-Div.	7	24	36	32	35	40,3	42,3	4	129	151	99	1	8+1	5,3	38	—	1	—	—	—
Inf.-Div. mot.	—	—	—	4	4	4,6	—	—	4,6	10	10,6	—	—	—	—	—	—	—	—	—
le. Inf.-Div. mot.	—	—	—	—	4	4	—	—	4	5	4	—	—	—	—	—	—	—	—	—
le. Inf.-Brig. mot.	—	—	—	1	—	—	—	—	—	—	—	—	—	—	—	—	—	—	—	—
Pz.-Div.	—	3	3	3	5	7	—	—	10	21	19	—	—	—	—	2	—	—	—	—
Geb.-Brig.	—	1	1	1	—	—	—	—	—	—	—	—	—	—	—	—	—	—	—	—
Geb.-Div.	—	—	—	—	3	3	—	—	3	6	2	2	—	2	—	—	—	—	—	—
Kav.-Div.	3	2	—	—	—	1	—	—	1	1	1	—	—	—	—	—	—	—	—	—
Kav.-Brig.	—	1	1	1	1	—	—	—	—	—	—	—	—	—	—	—	—	—	—	—
SS-Div. mot.	—	—	—	—	—	—	—	—	3,3	5	3,5	1	—	—	—	—	—	—	—	—
SS-Pol. Div.	—	—	—	—	—	—	—	—	—	1	1	—	—	—	—	—	—	—	—	—
Sicherungs-Div.	—	—	—	—	—	—	—	—	9	9	9	—	—	—	—	—	—	—	—	—
Insgesamt	10	31	41	42	52	60	42,3	4	160	209	149	4	8+1	7,3	38	2	1	186	206	228

15. Jan. Er gibt nach langem Zögern sein Einverständnis zum Rückzug der Heeresgruppe Mitte aus unhaltbar gewordenen Positionen auf die „Winterstellung" westlich von Moskau.

18. Jan. Eine *sowjetische Offensive im Südabschnitt* der Ostfront durchbricht die deutschen Stellungen am Donez südlich von Charkow und erzielt eine tiefe Einbuchtung in die deutsche Front. Im Bereich der Heeresgruppe Nord wird im Raume von Demjansk eine deutsche Kräftegruppe (ca. 95 000 Mann) eingeschlossen, die sich, durch die Luftwaffe versorgt, im Kessel bis zum Entsatz am 28. April 1942 halten kann.

23. Febr. Stalin erklärt in einem Befehl an die Rote Armee: *„Die Hitler kommen und gehen, das deutsche Volk, der deutsche Staat bleibt."*

888 Neuzeit – Zeitalter der Weltkriege

2. März Die *sowjetische Offensive in der Mitte der Front* erreicht mit der Eroberung von Juchnow faktisch ihren Abschluß. Es ist nicht gelungen, die Heeresgruppe Mitte vollständig einzuschließen und eine Entscheidung im großen zu erzwingen. Doch ist das deutsche Ostheer durch die Ausfälle (auch durch Erfrierungen) so geschwächt, daß eine Wiederaufnahme der Offensive an der gesamten Front vom Ladoga-See bis zur Halbinsel Krim nach Abklingen der Frühjahrsschlammperiode, die mehrere Wochen lang Operationen ausschließt, nicht möglich ist. Der *Partisanenkrieg hinter der deutschen Front,* der im Herbst 1941 im größeren Stil eingesetzt hat, weitet sich – Folge der brutalen deutschen Besatzungspolitik und der Praktiken von Sicherheitspolizei und SD – immer mehr aus und bindet starke deutsche Kräfte im Hinterland.

5. April Hitler legt in der *„Weisung Nr. 41"* die Ziele und Operationsphasen für die deutsche Sommeroffensive 1942 fest: zunächst soll die Südfront bis zum Don vorgeschoben und die Landbrücke zur Wolga bei Stalingrad in die Hand genommen, anschließend dann der Kaukasusraum bis zur türkischen und iranischen Grenze (Erdölzentren) erobert werden. Außerdem soll Leningrad genommen und die Landverbindung mit den Finnen hergestellt werden. Zur Abstützung der wesentlich verlängerten Südfront sollen Ungarn, Italiener und Rumänen in stärkerem Maße als 1941 eingesetzt werden.

8. Mai An der *südlichen Ostfront* beginnen *kleinere deutsche Offensiven:* zur Wiedergewinnung der im Dez. 1941 verlorengegangenen Halbinsel Kertsch (bis 18. Mai) und zur Eroberung der Festung Sewastopol (7. Juni – 4. Juli); zur Gewinnung besserer Ausgangsbasen für die große Sommeroffensive Vorausgehen einer Kesselschlacht südlich Charkows, die sich aus einer am 9. Mai begonnenen fehlgeschlagenen sowjetischen Offensive entwickelt (Abschluß: 28. Mai; 239 000 sowjetische Gefangene – letzte gelungene deutsche Kesseloperation), und weitere Teilschläge am mittleren Donez (bis Mitte Juni 1942).

19. Juni Bei der Notlandung eines deutschen Generalstabsoffiziers fallen den Sowjets Befehle und Karten über die erste Phase der deutschen Sommeroffensive in die Hand.

28. Juni *Die große deutsche Sommeroffensive beginnt im Raum östlich von Kursk und Charkow.*
2.15 Uhr Sie führt am 3. Juli zur Einnahme von Woronesch und am 23. Juli zur Eroberung von Rostow am unteren Don, doch bleibt die Gefangenenzahl gering, da die Rote Armee – im Gegensatz zu 1941 – einen strategischen Rückzug hinter den Don, die Wolga bei Stalingrad, auf den westlichen und mittleren Kaukasus einleitet.

12. Juli Die „Heeresgruppe Nord" schließt die Ausräumung des im Winter 1941/1942 entstandenen „Wolchow-Kessels" südöstlich von Leningrad ab.
Dabei fällt *General Andrej Wlassow* (* 1901, † 1946), Befehlshaber der Zweiten sowjetischen Stoßarmee, als *Kriegsgefangener* in deutsche Hand. Er erklärt sich bereit, an der Seite der deutschen Wehrmacht mit – aus sowjetischen Kriegsgefangenen und Überläufern zu bildenden – russischen Verbänden für eine Befreiung Rußlands von der Herrschaft Stalins zu kämpfen. Hitler lehnt das Angebot ab (bis Sept. 1944) und gestattet nur den Einsatz ehemaliger sowjetischer Soldaten in kleinen Freiwilligenverbänden und als „Hilfswillige" im Rahmen deutscher Einheiten. Trotzdem erreicht die Stärke der Osttruppen und Hilfswilligen bis Mitte 1943 die Zahl von über einer halben Mio.

23. Juli Hitler ändert den Operationsplan so ab, daß statt des vorgesehenen Nacheinanders nunmehr gleichzeitig ein deutscher Vorstoß gegen das Wolga-Knie bei Stalingrad und ins Kaukasusgebiet sowie die Eroberung Leningrads vorgesehen sind.

30. Juli Rote Armee beginnt Entlastungsoffensive an der mittleren Front, die – mit wechselnden Schwerpunkten geführt – keinen operativen Erfolg zeitigt, aber deutsche Kräfte bindet.

6. Aug. Deutsche Verbände erobern das am Nordwestrand des Kaukasus gelegene Ölgebiet von Maikop, dessen Anlagen unbrauchbar gemacht worden sind.

19. Aug. Der Oberbefehlshaber der 6. deutschen Armee, *General Friedrich Paulus* (* 1890, † 1957), gibt *den Befehl zum Angriff auf Stalingrad,* das durch deutsche Vorstöße bis zur Wolga nördlich und südlich der Stadt umklammert wird. Am 25. Aug. wird vom sowjetischen Oberkommando der Belagerungszustand für die Stadt erklärt.

27. Aug. Eine sowjetische Offensive südlich von Schlüsselburg bindet die für die Eroberung Leningrads (Angriffsbeginn für den 14. Sept. vorgesehen) bereitgestellten deutschen Kräfte, so daß die Absicht, die Stadt zu nehmen und dem Erdboden gleichzumachen, aufgegeben werden muß.

9. Sept. *Führungskrise im deutschen Oberkommando:* Hitler entläßt den Oberbefehlshaber der in den Kaukasus vorgedrungenen (21. Aug.: Hissung der deutschen Flagge auf dem Elbrus), aber vor Erreichen der wichtigsten Erdölzentren im Raume westlich Grosnij liegengebliebenen Heeresgruppe A, *Feldmarschall Wilhelm List* (* 1880, † 1971), und übernimmt (bis 22. Nov.) selbst deren Führung, ohne den Vormarsch in Richtung Grosnij und Baku wieder in Gang bringen zu können. Die ins Auge gefaßte Entlassung auch von *Wilhelm Keitel* (Chef OKW [* 1882, † 1946]) und *Alfred Jodl* (Chef des Wehrmachtführungsstabes) unterbleibt schließlich, doch wird der Chef des Generalstabes des Heeres, *Franz Halder,* am 24. Sept. durch *General Kurt Zeitzler* ersetzt.

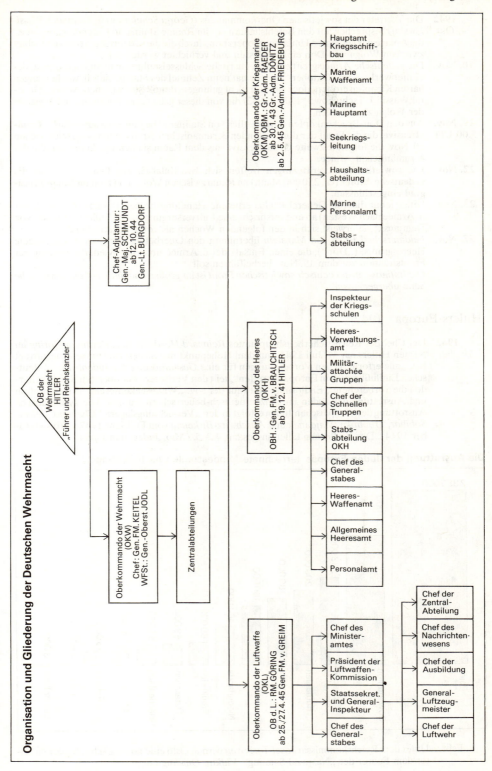

890 Neuzeit – Zeitalter der Weltkriege

1942 4. Okt.	Die Vertreter der sowjetischen Oberkommandos *(Georgi Schukow* und *Alexander Wassilewskij)* besprechen mit den Befehlshabern der im Raume Stalingrad haltenden „Fronten" die Anlage der geplanten Umfassungsoperation, durch die die 6. deutsche Armee im Gebiet zwischen Wolga und Don eingeschlossen und vernichtet werden soll.
10. Nov.	Die *6. deutsche Armee* greift einige gegnerische Schlüsselstellungen in Stalingrad (u. a. das Hüttenwerk „Roter Oktober") an. Sie hat neun Zehntel des Stadtgebiets in wochenlangen harten Kämpfen erobert, doch ist es ihr nicht gelungen, der 62. sowjetischen Armee (General Wassili J. Tschuikow; * 1900, † 1982) die von dieser gehaltenen Positionen am Westufer der Wolga zu entreißen.
19. Nov. 5.00 Uhr	Aus den Don-Brückenköpfen nordwestlich von Stalingrad beginnt eine **sowjetische Großoffensive**, die die Front der dort haltenden 3. rumänischen Armee ebenso zerreißt wie am 20. Nov. die folgende zweite Großoffensive aus dem Raum südlich von Stalingrad die der 4. rumänischen Armee.
22. Nov.	Die **sowjetischen Angriffszangen** treffen sich bei Kalatsch am Don. Damit ist **die 6. deutsche Armee** (ca. 250 000 Mann) im Raum zwischen Wolga und Don **im Raum Stalingrad eingeschlossen.**
23. Nov.	Hitler lehnt die von General Paulus erbetene Handlungsfreiheit (zwecks Ausbruch der 6. Armee nach Westen) ab und verspricht eine Luftversorgung wie im Falle des Kessels von Demjansk; sie erweist sich in den folgenden Wochen als völlig unzureichend.
27. Nov.	*Feldmarschall Erich von Manstein* übernimmt den Oberbefehl über eine neu gebildete Heeresgruppe („Don"), die einen Entsatz der 6. Armee und eine Wiederherstellung der Frontsituation vor dem 19. Nov. herbeiführen soll. *Die Initiative an der deutsch-sowjetischen Front ist im großen endgültig auf die sowjetische Seite übergegangen.*

„Hitlers Europa" 1942

1942 20. Jan.	Der Chef des Reichssicherheitshauptamtes *Reinhard Heydrich*, den *Hermann Göring* im Namen Hitlers am 31. Juli 1941 (auf dem Höhepunkt der Siegeserwartungen) beauftragt hat, „alle erforderlichen Vorbereitungen für eine *Gesamtlösung der Judenfrage* im deutschen Einflußbereich in Europa zu treffen", teilt den Vertretern der obersten Reichsbehörden die vorbereitete „Endlösung" mit (auf der sog. **„Wannseekonferenz"**): Deportation und Ausrottung der Juden im ganzen deutsch-beherrschten Europa. Die systematische Ausrottung der europäischen Juden erfolgt in den „Vernichtungslagern" *Chelmno, Belzec, Sobibor, Treblinka, Majdanek* und *Auschwitz-Birkenau* vom Frühjahr 1942 an (bis Oktober 1944). Der **Endlösung** fallen insgesamt *4,2–5,7 Mio. Juden zum Opfer.*

Die Ausrottung der Juden Europas (errechnete Mindestzahlen nach Reitlinger)

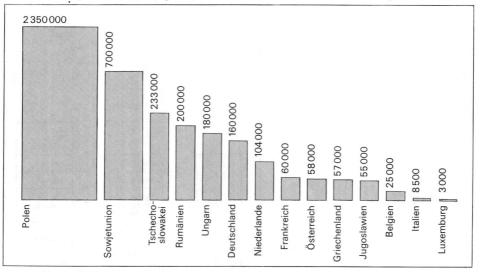

1. Febr.	Unter dem Reichskommissar *Josef Terboven* wird in Oslo eine norwegische Regierung unter dem Führer der „Nasjonal Samling" *Vidkun Quisling* eingesetzt.

Übernationale Entwicklung – Zweiter Weltkrieg   *891*

8. Febr.   Nach dem Tode des Reichsministers für Bewaffnung und Munition *Fritz Todt* wird *Albert Speer* sein Nachfolger. Unter seiner Leitung (seit 2. Sept. 1943: Reichsminister für Rüstung und Kriegsproduktion) wird die Rüstungsproduktion in Deutschland enorm gesteigert, ohne daß ihr relativer Abfall gegenüber der Rüstungsproduktion der Gegenmächte zu verhindern ist.

21. März   Hitler ernennt den Gauleiter von Thüringen *Fritz Sauckel* zum „Generalbevollmächtigten für den Arbeitseinsatz". Aus den deutsch-besetzten Gebieten werden teils durch Werbung, vor allem aber unter Zwang insgesamt 7,5 Mio. Menschen als sog. „Fremdarbeiter" – zusätzlich zu den rd. 30 Mio. deutschen zivilen Arbeitskräften – im Verlauf des Krieges in der deutschen Kriegswirtschaft „eingesetzt".

26. April   Hitler läßt sich vom Reichstag (in dessen letzter Sitzung überhaupt) Vollmachten als „*Oberster Gerichtsherr*" erteilen.

12. Mai   Erste genaue datierbare Massenvernichtung durch Gas in Auschwitz-Birkenau: 1500 Juden sind das Opfer.

27. Mai   Auf den Chef des Reichssicherheitshauptamtes und stellvertretenden Reichsprotektor in Böhmen und Mähren *Reinhard Heydrich* wird in Prag ein Attentat verübt. Er erliegt seinen Verletzungen am 4. Juni.

10. Juni   Zur Vergeltung für das Attentat auf Heydrich wird das tschechische Dorf *Lidice* dem Erdboden gleichgemacht. Alle männlichen Einwohner werden getötet.

12. Juni   Himmler billigt den schon im Juli 1941 im Entwurf erstellten „*Generalplan Ost*", der in Etappen eine Aussiedlung von 30 Mio. Tschechen, Polen, Ukrainern und Weißruthenen nach Sibirien vorsieht, um eine „Germanisierung" in die Wege zu leiten. Wegen des Kriegsverlaufs unterbleibt – von Ansätzen in Galizien abgesehen – eine Realisierung dieses Vorhabens.

22. Juli   Der Abtransport der insgesamt rd. 350 000 Juden aus dem Warschauer Groß-Ghetto ins Vernichtungslager Treblinka beginnt.

18. Okt.   Hitler erläßt den sog. „*Kommandobefehl*": bei „Kommando"-Unternehmen gestellte Gegner in Uniform oder Zivil sind „bis auf den letzten Mann niederzumachen".

27. Dez.   Das sog. „Smolensker Komitee" unter General Wlassow wird gegründet; doch erhält Wlassow keine größeren Wirkungsmöglichkeiten.

Widerstandsbewegungen

Im Laufe des Jahres 1942 nehmen die Aktivitäten der Widerstandsbewegungen im deutsch-besetzten Europa erheblich zu, besonders in dem seit dem 11. Nov. total besetzten Frankreich, in Polen (14. Febr.: Zusammenfassung zur „Heimatarmee"), in Jugoslawien und in Griechenland sowie in den besetzten sowjetischen Gebieten. Versuche der deutschen Besatzungsmacht, durch Vergeltungsaktionen die Partisanen und ihren Rückhalt in der Bevölkerung zu treffen, steigern nur die Härte des „Untergrundkampfes".

Der europäisch-atlantische Westkrieg (Januar–Dezember 1942)

1942   Nachdem mit dem Kriegseintritt der USA die auf Hitlers Weisungen zurückgehenden

11. Jan.   Hemmnisse für die U-Boot-Kriegsführung im Atlantik entfallen sind, wird der *U-Boot-Krieg* sprunghaft intensiviert und räumlich ausgedehnt. Beim ersten Auftreten vor der amerikanischen Ostküste erringen die U-Boote besonders große Erfolge. Die „Schlacht im Atlantik" nähert sich seit Aug. 1942, mit den Gruppenoperationen gegen die von den USA nach Großbritannien laufenden Konvois, ihrem Höhepunkt.

21. Jan.   Der Abzug eines großen Teils der britischen Mittelmeerflotte in den Indischen Ozean, um dort eine Abwehrposition gegenüber den in Südostasien vordringenden Japanern aufzubauen, erleichtert die Situation der deutsch-italienischen Kräfte in Nordafrika. Die Gegenoffensive der *Panzergruppe Afrika (Generaloberst Erwin Rommel)* gewinnt daher rasch an Boden. Sie erreicht am 7. Febr. den Raum von *El-Gazala* westlich von Tobruk.

26. Jan.   Die ersten US-Truppen für Europa treffen in Nordirland ein.

12. Febr.   Die seit Monaten in Brest festliegenden deutschen Seestreitkräfte (Schlachtschiffe „*Scharnhorst*", „*Gneisenau*", Kreuzer „*Prinz Eugen*") brechen durch den Kanal in die Nordsee durch. Hitler verlegt das Gros der deutschen Überwasserflotte nach Nordnorwegen.

28./29. März   Das britische „*Bomber-Command*" (unter General Harris) führt das erste **Flächenbombardement** auf eine deutsche Großstadt, *Lübeck*, durch: Zerstörung der Innenstadt; 320 Tote.

18. April   Marschall Pétain ernennt *Pierre Laval*, der als Exponent der „Collaboration" gilt, zum Ministerpräsidenten der Vichy-Regierung. Admiral *François Darlan* (* 1881, † 1942) wird Oberbefehlshaber der französischen Streitkräfte. Die USA, die weiter diplomatische Beziehungen zur Regierung Pétain unterhalten, berufen ihren Botschafter aus Vichy ab.

892 Neuzeit – Zeitalter der Weltkriege

24.–27. In vier aufeinanderfolgenden Angriffen des „Bomber Command" auf Rostock wird die
April Altstadt zerstört; 204 Tote. – Die deutsche Luftwaffe im Westen fliegt Vergeltungsangriffe,
u. a. gegen Bath, Exeter und Canterbury (sog. „Baedecker"-Angriffe), die wegen der geringen Zahl verfügbarer deutscher Flugzeuge nur wie ‚Nadelstiche' wirken und die britischen Flächenbombardements („Terrorangriffe") nicht zu unterbinden vermögen.

29./30. Hitler und Mussolini vereinbaren, Ende Mai in Nordafrika zur Offensive überzugehen,
April nach der Einnahme von Tobruk zunächst Malta durch Luftlandetruppen zu erobern und
dann weiter nach Ägypten vorzustoßen.

26. Mai Die **deutsch-italienische Offensive** aus der El-Gazala-Stellung **in Nordafrika** beginnt. Sie
bleibt zunächst vor dem Wüstenfort Bir Hacheim liegen.

30./31. Erster *1000-Bomber-Angriff* der Briten *auf Köln* fordert 474 Tote und über 5000 Ver-
Mai letzte.

10. Juni Nach der Einnahme von Bir Hacheim kommt die deutsch-italienische Offensive in Nordafrika in Fluß.

21. Juni Im Überraschungsangriff wird Tobruk genommen.

30. Juni Ohne Rücksicht auf die ursprüngliche Planung stößt Rommel mit seinen Kräften nach
Ägypten vor und erreicht El-Alamein (100 km westlich von Alexandria).
Mangels Kräften ist ein weiterer sofortiger Vorstoß bis Kairo, wie von Rommel beabsichtigt, nicht möglich. Alle Versuche in der Folgezeit, wieder zum Bewegungskrieg überzugehen, scheitern (letzter Versuch am 2. Sept. abgebrochen).

13. Aug. *General Bernard Law Montgomery* (* 1887, † 1976) wird Oberbefehlshaber der 8. britischen Armee in Ägypten.

19. Aug. Britisch-kanadische Verbände unternehmen einen bewaffneten Überfall gegen Dieppe.
Das als „Test" für die Stärke der deutschen Westverteidigung anzusehende Unternehmen
endet verlustreich für die Angreifer. Hitler befiehlt einen verstärkten, schwerpunktmäßig
um die Häfen gelegten Aufbau der Verteidigung (*„Atlantik-Wall"*) zur Abwehr einer
Invasion.

22. Sept. Das zwischen Roosevelt und Churchill vereinbarte Großunternehmen einer Landung in
Französisch-Nordwestafrika wird von dem zum Oberbefehlshaber hierfür ernannten amerikanischen *General Dwight D. Eisenhower* auf den 7. Nov. festgelegt.

23. Okt. Die britische 8. Armee (General Montgomery) eröffnet mit weit überlegenen Kräften eine
21.40 Uhr **Großoffensive gegen die deutsch-italienische Panzerarmee Afrika** in der El-Alamein-Stel-
lung. Sie setzt am 2. Nov. zum Durchbruch an. Gegen Hitlers Befehl „Halten um jeden
Preis" leitet Rommel am 4. Nov. einen weiträumigen Rückzug ein, der erst in der Marsa-
el-Brega-Stellung am 22. Nov. vorübergehend zum Stillstand kommt.

7./8. Für die deutsche Führung überraschend landen **amerikanisch-britische Invasionsstreit-**
Nov. **kräfte in Marokko und Algerien.** *Marschall Pétain,* der die diplomatischen Beziehungen
zu den USA abbrechen läßt, protestiert gegen diese alliierte Landung und befiehlt den französischen Truppen, Widerstand zu leisten. An der marokkanischen Küste und bei Oran
setzt sich die französische Marine auch zur Wehr. Dagegen gibt *Admiral François Darlan,*
der sich zufällig in Algier aufhält, am Abend des 8. Nov. den Befehl, in Algier-Stadt den
Widerstand einzustellen.

9. Nov. Erste deutsche Alarmeinheiten werden auf dem Luftwege nach Tunesien überführt. Die
französische Regierung beugt sich dem deutschen Druck und stimmt zu, daß *in Tunesien
ein deutsch-italienischer Brückenkopf* errichtet wird.

10. Nov. Auf Grund einer Geheimverbindung zwischen Pétain und Darlan (der öffentlich von Pétain
desavouiert wird) stimmt dieser einem *allgemeinen Waffenstillstand in Nordwestafrika* zu.
Am 13. Nov. wird Darlan von Eisenhower als De-facto-Oberhaupt des französischen Staates in Nordafrika anerkannt. Ihm unterstellt sich auch Westafrika, so daß die Vichy-Regierung ihren afrikanischen Kolonialbesitz verloren hat. De Gaulle, über die alliierte Invasion
nicht informiert, protestiert bei Churchill gegen seine Ausschaltung.

11. Nov. Das bisher **unbesetzte Frankreich wird von der deutschen Wehrmacht besetzt.** Italien be-
7.00 Uhr setzt Korsika und die Provence bis zur Rhône mit Ausnahme des Kriegshafens Toulon, in
dem sich die französische Kriegsflotte befindet und der von der Besetzung ausgespart
bleibt. Pétain protestiert gegen den Bruch des deutsch-französischen Waffenstillstandes
vom 22. Juni 1940.

17. Nov. Erste Kampfberührung zwischen den von Algerien aus nach Tunesien vorgedrungenen alliierten und den deutschen Truppen 50 km westlich von Bizerta. Am 27. Nov. besetzen britische Vorausabteilungen den Flugplatz Djedeida zwischen Bizerta und Tunis. Mit der
Rückeroberung dieses Platzes durch die Deutschen am 1. Dez. ist der alliierte Versuch gescheitert, vor dem Aufbau einer stärkeren deutschen Stellung auch Tunesien in ihre Hand
zu bekommen. Am 9. Dez. übernimmt *Generaloberst Hans-Jürgen von Arnim* die in Tunesien neu gebildete 5. Panzerarmee. Es bildet sich eine Front halbwegs zwischen der alge-
risch-tunesischen Grenze und Bizerta/Tunis.

27. Nov. Um einen befürchteten Übergang der französischen Flotte zu den Alliierten zu verhindern,

Übernationale Entwicklung – Zweiter Weltkrieg   893

läßt Hitler *Toulon* in einer Überraschungsaktion *besetzen*. Der französische Befehlshaber läßt die Kriegsflotte Frankreichs sich selbst versenken (61 Schiffe mit 225 000 t). Die französische Luftwaffe und das Waffenstillstandsheer werden aufgelöst.

12. Dez. Die Armee Rommel zieht sich nach einem Angriff der 8. britischen Armee von der Marsa-el-Brega-Stellung zur Buerat-Stellung an der Großen Syrte zurück.

24. Dez. *Admiral Darlan* wird in Algier von einem fanatischen Parteigänger de Gaulles *ermordet.* Sein Nachfolger als De-facto-Staatschef wird *General Henri-Honoré Giraud* (* 1879, † 1949), der im April 1942 aus deutscher Kriegsgefangenschaft geflohen ist und seit Beginn der Invasion Nordwestafrikas nominell als Oberbefehlshaber der französischen Truppen in Nordwestafrika fungiert hat.

Der ostasiatische und pazifische Krieg (Dezember 1941 – Dezember 1942)

1941 Die *Japaner* landen *im Norden von Britisch-Malaya* und beginnen den Vormarsch nach
8. Dez. Süden in Richtung Singapore. Ein dagegen eingesetzter britischer Flottenverband von der japanischen Marine-Luftwaffe erfaßt; sie versenkt am 10. Dez. die Schlachtschiffe „Prince of Wales" und „Repulse", den Kern der britischen Ostasienflotte. Andere japanische Kräfte landen auf *Luzón*, der nördlichsten Philippinen-Insel, sowie auf den *Gilbert-Inseln.*

10. Dez. Die amerikanische Insel *Guam* wird von den Japanern erobert; nach längeren Kämpfen folgt am 23. Dez. die Insel *Wake.*

22. Dez. Die Japaner landen auf der südlichsten Philippinen-Insel Mindanao.

27. Dez. *Hongkong* kapituliert vor den Japanern.

1942 Die Japaner erobern *Manila* (Philippinen). Die amerikanischen Verteidiger von Luzón
2. Jan. ziehen sich auf die Halbinsel Bataan und die Felseninsel Corregidor in der Manila-Bucht zurück.

11. Jan. Der japanische Angriff mit dem Ziel der *Eroberung von Niederländisch-Indien beginnt* mit Landungen auf der Ölinsel Tarakan und auf Celebes.

16. Jan. Von Thailand aus beginnen die Japaner eine Offensive zur Eroberung *Burmas.*

25. Jan. Japanische Landungen auf Neu-Guinea bedrohen Australien, das eine totale Mobilmachung anordnet.

7. Febr. Der Kampf um die Festung *Singapur* beginnt. Die japanische 25. Armee *(General Hobun Yamashita)* drängt die Briten bis auf die Stadt selbst zurück.

15. Febr. Der britische *General Arthur E. Percival kapituliert* mit rd. 70 000 Mann.

20. Febr. Die Japaner landen auf *Timor* und erobern auch den portugiesischen Teil der Insel, den die Alliierten am 18. Dez. 1941 besetzt haben.

7. März *Rangun*, die Hauptstadt Burmas, ist von den Japanern *erobert.*

8. März Die *niederländischen Streitkräfte kapitulieren auf Java.* Damit ist ganz Indonesien in japanischer Hand.

23. März Die Andamanen-Inseln im Indischen Ozean werden von den Japanern besetzt.

23. März Der britische Lordsiegelbewahrer *Sir Stafford Cripps* bemüht sich in Delhi vergeblich in
–12. April Verhandlungen mit Mohandas Karamchand (Mahatma) Gandhi und Jawaharlal (Pandit) Nehru um eine Lösung des Indien-Problems, damit die Gefahr eines Aufstandes in Indien bei weiterem Vordringen der Japaner abgewendet wird.

1.–9. Eine japanische Flottenoperation im Seegebiet um Ceylon führt zu starken Luftangriffen
April auf britische Stützpunkte, doch entgeht die britische Eastern Fleet knapp der Vernichtung. Der Schwerpunkt der japanischen Operationen verlagert sich danach in den Pazifik.

9. April US-Verteidiger der Halbinsel Bataan ziehen sich auf die Insel Corregidor zurück.

18. April 16 von einem Flugzeugträger gestartete amerikanische Bomber führen einen überraschenden *Luftangriff auf Tokyo* aus. Obwohl der Angriff nur geringen Schaden verursacht, bestimmt er doch die japanische Führung, über den ursprünglichen Operationsplan hinaus die Eroberung der Midway-Insel im Zentralpazifik anzustreben, um einen weiträumigeren Schutz der japanischen Hauptinseln südöstlich von ihnen zu gewinnen.

29. April Im Zuge ihres Vormarsches in Burma *durchschneiden die Japaner die Burma-Straße*, die bisherige Hauptnachschublinie für *Chiang Kai-shek*. Eine alliierte Luftbrücke von Assam nach Chungking wird als notdürftiger Ersatz eingerichtet.

4.–8. Die „Seeschlacht im Korallenmeer" ist zwar ein taktischer Erfolg der Japaner, doch geben
Mai diese ihre Absicht auf, bei Port Moresby im Süden von Neu-Guinea zu landen. Somit kann ein Vorfeld nördlich von Australien von den Alliierten gehalten werden.

5.–8. Um einen zusätzlichen Stützpunkt im Indischen Ozean zu gewinnen, landen die *Briten im*
Mai *Norden Madagaskars* und besetzen den Hafen von Diego Suarez gegen französischen Widerstand (von Sept. bis Nov. 1942 folgt gegen französischen Widerstand die vollständige Besetzung der Insel).

6. Mai Die Felseninsel *Corregidor* wird von den Japanern *erobert*. Damit sind die Philippinen ganz

894 Neuzeit – Zeitalter der Weltkriege

in japanischer Hand. *General Douglas MacArthur* (* 1880, † 1964), der alliierte Oberbefehlshaber im Südwestpazifik (seit 17. März 1942), ist bestrebt, von Australien aus eine frühestmögliche Rückeroberung vorzubereiten.

3.–7. Juni **See-Luft-Schlacht bei Midway:** die Japaner verlieren vier ihrer besten Flugzeugträger, die Amerikaner einen. Die Japaner müssen die Absicht, auf der Midway-Insel zu landen, aufgeben.

Die Überlegenheit der Japaner im See-Luft-Krieg ist gebrochen, die Wende im Pazifik-Krieg eingetreten. Die fundamentale Bedeutung dieser Schlacht wird der japanischen Nation ebenso wie den „Dreierpakt"-Partnern gegenüber geheimgehalten.

7. Juni Die Japaner besetzen die Aleuten-Inseln Attu und Kiska.

24. Juni Eine am 7. Juni begonnene japanische Offensive in China zur Eroberung von Flugplätzen, die für den Absprung amerikanischer Bomber gegen das japanische Mutterland in Betracht kommen, ist abgeschlossen.

7. Aug. Die **Amerikaner landen auf** der japanisch-besetzten Salomonen-Insel **Guadalcanar.** Damit beginnt ein viermonatiges Ringen mit einer Kette von See-Luft-Schlachten, bei dem die Amerikaner schwere Verluste erleiden. Da die Kräfte der Verteidiger schließlich zusammenschmelzen, beschließt die japanische Führung am 31. Dez., die Insel zu räumen.

8. Aug. Der „*Allindische Kongreß*" in Delhi fordert die Briten zum sofortigen Verlassen des Landes auf. *Mahatma Gandhi* und *Jawaharlal (,,Pandit") Nehru* werden daraufhin verhaftet, was zum Ausbruch schwerer Unruhen führt, die erst im Nov. 1942 abklingen. Infolge der verlorenen Midway-Schlacht sind die Japaner nicht in der Lage, die Krise der britischen Herrschaft in Indien auszunutzen.

17. Dez. Die Briten versuchen, von Indien aus nach Burma vorzustoßen, scheitern aber beim Versuch, die Insel Akyab einzunehmen. Die Offensive bleibt stecken.

29. Dez. Das von den Briten seit Juli 1940 blockierte Französisch-Somaliland (Dschibuti) schließt sich de Gaulle an. Damit ist der Zugang zum Roten Meer in alliierter Hand.

Probleme der „Dreierpakt"-Mächte 1942

1942 18. Jan. In einem *deutsch-italienisch-japanischen Militärabkommen* werden die Operationszonen abgesteckt. Trennungslinie ist der 70. Längengrad Ost, der Madagaskar in den deutschen, den größten Teil Indiens in den japanischen Operationsbereich verweist. Dessenungeachtet sind Madagaskar, Indien und Portugiesisch-Timor Streitobjekte zwischen Deutschland und Japan.

29./30. April Bei dem Treffen Hitler – Mussolini in Schloß Kleßheim (bei Salzburg) wird das Problem einer „Indien- und Arabien-Erklärung" der „Dreierpakt"-Staaten erörtert, doch das Mißtrauen gegenüber den japanischen Absichten läßt das Projekt nicht Realität werden.

29. Mai Hitler empfängt den indischen Nationalistenführer *Subhas Chandra Bose,* der kurz vor Beginn des deutschen Angriffs auf die Sowjetunion über Afghanistan – Moskau nach Deutschland gelangt ist und von Berlin aus eine anti-britische Propagandakampagne leitet. Bose drängt, seitdem die Japaner Burma erobert haben, in den japanischen Machtbereich zu gelangen, doch zögert Hitler die Abreise hinaus. Erst im Juni 1943 gelangt Bose mit einem U-Boot in das japanisch besetzte Singapore.

3. Juli Die deutsche und die italienische Regierung veröffentlichen eine „Ägypten-Erklärung", die die Basis für das Verhältnis zu dem als „unabhängig" und „souverän" bezeichneten Land nach der in Kürze erwarteten Besetzung Kairos darstellen soll.

15. Juli Hitler empfängt den ehemaligen irakischen Ministerpräsidenten *Raschid Ali al-Gailani,* der sich nach seiner Flucht aus dem Irak über Iran in den deutschen Machtbereich begeben hat. In Konkurrenz zu dem ebenfalls nach Europa ausgewichenen „Großmufti" von Jerusalem *Husseini* sucht Gailani propagandistisch im Sinne der „Achse" in den arabischen Raum hineinzuwirken.

2. Sept. Nachdem Außenminister Ribbentrop im Frühjahr 1942 erneut vergeblich versucht hat, Japan zu einem Angriff auf die Sowjetunion zu veranlassen, schlägt der japanische Botschafter *Hiroshi Oshima* im Namen seiner Regierung einen deutsch-sowjetischen Separatfrieden vor, den Japan vermitteln würde. Diesem ersten Vorstoß folgen bis zum Herbst 1944 weitere, die alle auf die Ablehnung der deutschen Seite stoßen.

1. Dez. Mussolini rät Hitler, den Ostkrieg „auf die eine oder andere Weise abzuschließen".

14. Dez. Bei Kontakten in Stockholm erreicht den deutschen Gesprächspartner über einen Mittelsmann das Angebot Stalins an Hitler, einen Separatfrieden auf der Basis der Grenze von 1939 abzuschließen. (Im April, Juni und Sept. 1943 folgen weitere Offerten mit wechselnder Basis, die alle von Hitler von vornherein abgelehnt werden.)

18. Dez. Hitler lehnt die ihm von *Graf Ciano* (Galeazzo Graf Ciano di Cortellazzo) überbrachte Anregung Mussolinis ab, einen Frieden mit Stalin ähnlich dem Brest-Litowsk-Frieden abzuschließen.

Übernationale Entwicklung – Zweiter Weltkrieg   895

Die „Anti-Hitler-Koalition" (Dezember 1941 – Dezember 1942)

1941
16.–20.
Dez.
Nachdem Stalin am 8. Nov. bereits in einem Brief an Churchill festgestellt hat, daß keine Vereinbarung über Kriegsziele und Pläne für die Friedensregelung zwischen der Sowjetunion und Großbritannien bestehe, legt er während eines Besuches von Außenminister *Anthony Eden* die sowjetischen Ziele dar: Anerkennung der sowjetischen Grenzen vom 22. Juni 1941, Zustimmung zur Annexion von Petsamo und der Einrichtung sowjetischer Stützpunkte in Rumänien; Abtretung Ostpreußens an Polen und von Tilsit an die Sowjetunion; Aufteilung Deutschlands.

1942
1. Jan.
Die Vertreter von 26 Nationen, darunter auch der Sowjetunion, unterzeichnen in Washington den **Pakt der „Vereinten Nationen".** Sie bekennen sich zu den Prinzipien der „Atlantik-Charta" und verpflichten sich, keinen Separatfrieden mit Deutschland oder Japan abzuschließen.

14. Jan. Das am 22. Dez. 1941 begonnene Treffen Roosevelts und Churchills (*„Arcadia"-Konferenz*) wird mit der Vereinbarung abgeschlossen, an der am 27. März 1941 beschlossenen Konzeption *„Germany first"* festzuhalten und zunächst alle Anstrengungen auf den europäischen Kriegsschauplatz zu konzentrieren. Im Pazifik soll vorerst strategisch defensiv operiert werden. Ein amerikanisch-britischer militärischer Führungsstab (*„Combined Chiefs of Staff"*) mit Sitz in Washington wird gebildet, der bis zu seiner Auflösung 1945 die Grundzüge der westalliierten Strategie festlegt.

26. Mai Obwohl Churchill bereit wäre, die sowjetischen Annexionsforderungen zu akzeptieren, lehnt die britische Regierung wegen der Weigerung Roosevelts sie schließlich doch ab. Außenkommissar Molotow unterzeichnet daher, weil ein sowjetisches Interesse am Bündnis besteht, einen auf 20 Jahre angelegten *britisch-sowjetischen Bündnisvertrag*, der ausdrücklich Annexionen und Einmischung in die inneren Angelegenheiten anderer Staaten verwirft.

29. Mai
– 1. Juni
Bei einem Besuch in Washington gewinnt Molotow aus Äußerungen Roosevelts den Eindruck, als stehe eine amerikanische Landung in Frankreich im Jahre 1942 bevor. Da sie nicht erfolgt, verschlechtert sich das Verhältnis zwischen der Sowjetunion und den Westalliierten in der Folgezeit beträchtlich.

18.–26.
Juni
Roosevelt und Churchill konferieren in Washington über Probleme der Zweiten Front und die in den USA im Gange befindliche Nuklearforschung. Es wird am 25. Juli endgültig entschieden, im Spätherbst 1942 nicht in Frankreich, sondern in Französisch-Nordwestafrika zu landen.

12.–16.
Aug.
Churchill teilt Stalin während eines Besuches in Moskau die Entscheidung über die Invasionsabsichten der Westalliierten in Nordwestafrika mit.

19. Okt. Ein „Prawda"-Artikel zum Fall Rudolf Heß ist Symptom für das Mißtrauen zwischen den Partnern der „Anti-Hitler-Koalition".

14. Dez. Während der Schlacht um Stalingrad streckt Stalin einen ersten Friedensfühler zu Hitler aus.

Ansturm der „Anti-Hitler-Koalition" auf die ‚Festungen' Europa und Ostasien (Herbst 1942 – Sommer 1944)

Die „Anti-Hitler-Koalition" (Januar 1943 – Juli 1944)

1943
24. Jan.
Im Rahmen der vom 14.–26. Jan. in **Casablanca** tagenden **Konferenz zwischen Roosevelt und Churchill** (mit ihren militärischen Stäben) verkünden sie die Formel von der *„bedingungslosen Kapitulation"* (*Unconditional Surrender*), zu der Deutschland, Italien und Japan gezwungen werden sollen. Sie schließen damit Waffenstillstand auch mit einer Nach-Hitler-Regierung in Deutschland aus. Gefordert wird nicht nur eine militärische, sondern auch eine staatlich-politische Kapitulation. – Der Versuch, eine Aussöhnung zwischen *General de Gaulle* und *General Giraud* herbeizuführen, führt nur zu einer oberflächlichen, schnell wieder von de Gaulle gelösten Vereinbarung zwischen den rivalisierenden Repräsentanten Frankreichs im alliierten Lager. Im militärischen Bereich wird die Fortsetzung der Mittelmeerstrategie mit den Etappen – Eroberung Tunesiens, Landung auf Sizilien – festgelegt. Der Kampf gegen die U-Boot-Gefahr und der Bombenkrieg gegen Deutschland sollen erheblich intensiviert werden.

30./31.
Jan.
Churchill und der türkische Staatspräsident *Ismet Inönü* treffen sich in Adana. Es gelingt nicht, die Türkei zu einem Bruch mit Deutschland zu veranlassen; vielmehr sucht diese angesichts des sowjetischen Vormarsches nach Westen einen Block der Neutralen mit den Donau- und Balkanstaaten zu formieren, gegen den sich die deutsche Führung nach Festigung der deutschen Position im Süden der Ostfront im März 1943 erfolgreich wendet.

896   Neuzeit – Zeitalter der Weltkriege

1. März In Moskau wird eine *„Union polnischer Patrioten"* als Kern einer künftigen kommunistischen Regierung Polens gegründet (am 8. Mai 1943 bekanntgegeben).

13. April Im Walde von *Katyn* (Nähe Smolensk) werden von deutschen Soldaten *Massengräber polnischer Offiziere* entdeckt (über 4100), die vor der deutschen Besetzung des Gebiets angelegt sind (im Frühjahr 1940: Mordaktion der sowjetischen NKWD).

26. April Nachdem sich die *exil-polnische Regierung* für eine internationale Untersuchung der Gräber bei Katyn ausgesprochen und damit zu erkennen gegeben hat, daß sie die sowjetische Version nicht glaubt, daß die Toten Opfer der Deutschen seien, bricht die Sowjetunion die diplomatischen Beziehungen zu ihr ab.

8. Mai Auf einer *Konferenz in Hotsprings* (Virginia/USA) bereiten die USA eine Organisation für
– 3. Juni Lebensmittel und Landwirtschaft vor, die später von den „Vereinten Nationen" als eines ihrer Organe anerkannt wird.

15. Mai Die *„Kommunistische Internationale"* (Komintern) in Moskau wird *aufgelöst.* Diese Entscheidung Stalins ist unter internationalen Aspekten (Blick auf die westlichen Alliierten) wie unter innenpolitischen Aspekten (Appelle an den russischen Patriotismus im „Großen Vaterländischen Krieg") zu sehen.

4. Juli Der Ministerpräsident der polnischen Exilregierung General *Władysław Sikorski stürzt* unter mysteriösen Umständen bei Gibraltar *tödlich* ab. Sein Nachfolger wird der Führer der Bauernpartei, *Stanisław Mikołajczyk.*

12./13. Juli In Krasnograd bei Moskau wird von deutschen kommunistischen Emigranten und bei Stalingrad gefangengenommenen Offizieren das „Nationalkomitee Freies Deutschland" gegründet. Es soll, anknüpfend an Tauroggen- (30. Dez. 1812) und an Rapallo- (16. April 1922) Erinnerungen, an der Front und in der Heimat eine national-deutsche Anti-Hitler-Bewegung entfachen und ein künftiges deutsch-russisches Bündnis als Ziel propagieren. Der am 11./12. Sept. gegründete „Bund Deutscher Offiziere" unterstützt diese Aktivitäten, die insgesamt keine größere Bedeutung gewinnen, da sie an der deutschen Front ohne Resonanz bleiben.

30. Juli De Gaulle, der sich in der innerfranzösischen Auseinandersetzung in Algier durchgesetzt hat, bildet ein regierungsähnliches Komitee.

3. Aug. Zwischen alliierten Vertretern und Emissären der seit dem 25. Juli am Ruder befindlichen italienischen *Regierung Badoglio* wird in Lissabon der erste Kontakt aufgenommen.

14.–24. Aug. *Konferenz Roosevelts und Churchills in Quebec:* statt einer weiteren Intensivierung des Krieges im Mittelmeerraum nach dem zu erwartenden Ausfall Italiens wird beschlossen, im Mai 1944 von der britischen Insel aus zur Invasion Frankreichs zu schreiten. Dies wird Stalin am 26. Aug. mitgeteilt.

3. Sept. In Cassibile (Sizilien) wird ein zunächst geheimgehaltener Waffenstillstand zwischen den USA, Großbritannien und Italien abgeschlossen (am 8. Sept. von General Eisenhower bekanntgegeben).

19.–30. Okt. Die *Konferenz der Außenminister Molotow, Eden und Hull in Moskau* führt zu einer engeren Kooperation zwischen den Hauptmächten der „Anti-Hitler-Koalition". Es wird eine *„Europäische Beratende Kommission"* (European Advisory Commission) mit Sitz in London gegründet, die den drei Regierungen Vorschläge für die mit der Beendigung des Krieges in Europa im Zusammenhang stehenden Probleme vorlegen soll (vor allem Regelung der Nachkriegsverhältnisse in Deutschland). Es werden die Wiederherstellung Österreichs in den Grenzen von 1937, die Verurteilung deutscher Kriegsverbrecher und eine Viermächtevereinbarung (mit China) über die Zusammenarbeit der Alliierten nach dem Kriege vereinbart.

9. Nov. In Washington wird von Vertretern von 44 alliierten Nationen die Organisation *UNRRA* (United Nations Relief and Rehabilitation Administration) geschaffen, die in den „befreiten" Gebieten die Wirtschaft wieder in Gang setzen soll.

22.–26. Nov. *Konferenz in Kairo zwischen Roosevelt, Churchill und Chiang Kai-shek:* Neben militärischen Operationen wird die Rückgabe Formosas (Taiwans) und der Pescadoren-Inseln von Japan an China vereinbart; Korea soll ein unabhängiger Staat werden.

28. Nov. – 1. Dez. **Konferenz der „Großen Drei" (Roosevelt, Stalin, Churchill) in Teheran:** Abgesehen von der Bestätigung, daß die westalliierte Invasion in Frankreich im Mai 1944 stattfinden soll, werden vereinbart: Festlegung der sowjetisch-polnischen Grenze auf der Curzon-Linie; das Gebiet Białystok fällt an Polen zurück, die Sowjetunion erhält dafür das nördliche Ostpreußen mit Königsberg. Churchill und Stalin betrachten die Oder als neue polnische Westgrenze. Deutschland soll aufgeteilt werden (Churchill: Zweiteilung in Nord und Süd, wobei der Süden mit Österreich und Ungarn zu einer „Donaukonföderation" zusammengeschlossen werden soll. Roosevelt: Bildung von fünf „autonomen" Staaten. Stalin: für Zerstückelung ohne Festlegung im einzelnen). *Josip Broz Tito* soll als selbständiger alliierter Befehlshaber in Jugoslawien anerkannt werden, d.h., die Westalliierten lassen *Draža Mihajlović* fallen. Roosevelt und Churchill beharren auf der Freiheit Finnlands; Stalin lehnt eine Wiederholung von Wahlen in den Baltischen Ländern ab. Eine „Deklaration der drei

Übernationale Entwicklung – Zweiter Weltkrieg   897

Mächte über Iran" wiederholt die Zusicherung, dessen Unabhängigkeit, Integrität und Souveränität zu wahren.

2.–6. *Treffen Roosevelts und Churchills mit dem türkischen Staatspräsidenten Ismet Inönü* in
Dez.   Kairo: Dieser lehnt einen Kriegseintritt der Türkei gegen militärische Unterstützung ab.

12. Dez.   Der Präsident der Tschechoslowakei (im Exil) *Edvard Beneš schließt in Moskau mit der UdSSR einen Freundschafts- und Beistandspakt* und manifestiert damit die Ostorientierung der Tschechoslowakei in der Nachkriegszeit.

1944   In der „Europäischen Beratenden Kommission" in London legt der Vertreter Großbritan-
15. Jan.   niens den *Entwurf einer Aufteilung Deutschlands in Besatzungszonen* vor, in dem die *Ost-West-Demarkationslinie* auf der Höhe Lübeck-Helmstedt-Eisenach-Hof vorgesehen ist. Die Sowjetunion stimmt am 18. Febr. zu, nachdem statt der britischerseits vorgeschlagenen gemischten Besatzungsverbände in allen Zonen (bei Federführung jeweils einer Macht in einer Zone) integrale Zonen vorgesehen werden. Präsident Roosevelt, der ursprünglich eine andere, für die Westmächte günstigere Zonenaufteilung anvisiert hat, stimmt im April 1944 zu.

13. März   Die sowjetische Regierung erkennt die *Regierung Badoglio* in Italien an, dem die westlichen Alliierten den Status einer „mitkriegführenden" Macht zugestanden haben, nachdem es am 13. Okt. 1943 Deutschland den Krieg erklärt hat.

5. Mai   Die britische Regierung schlägt der sowjetischen eine Aufteilung Südosteuropas in *„Operationszonen"* vor: *Rumänien* soll sowjetische, *Griechenland* britische „Operationszone" werden. In den Verhandlungen wird die Absprache auf *Jugoslawien,* das zur britischen, und *Bulgarien,* das zur sowjetischen „Operationszone" gehören soll, ausgeweitet. Roosevelt stimmt am 12. Juni der Absprache zu.

8. Mai   Die tschechoslowakische Regierung im Exil schließt mit der Sowjetunion ein Abkommen über die „Befreiung" ihres Landes durch die Rote Armee.

1.–22.   *Konferenz* von Vertretern von 44 Regierungen der „Vereinten Nationen" *in Bretton*
Juli   *Woods* über Währungs-, Zahlungs- und Handelsfragen der Nachkriegszeit. Ein internationaler Geldfonds von 10 Mrd. US-Dollar wird eingerichtet.

25. Juli   Die „Europäische Beratende Kommission" in London hat den Entwurf einer Urkunde für die „politische Kapitulation" Deutschlands fertiggestellt.

25. Juli   Das am 22. Juli in der soeben von der Roten Armee eroberten Stadt Chełm westlich des Bug gegründete „Polnische Komitee der Nationalen Befreiung" (aus Kommunisten und prosowjetischen Vertretern) siedelt nach Lublin über (*„Lublin-Komitee"*). Am 26. Juli wird dieses „Komitee' von der Sowjetunion als einzige Repräsentation Polens anerkannt.

Der Ostkrieg (Dezember 1942 – Juni 1944)

1942   Aus der improvisierten neuen Front südlich des Don nordöstlich von Rostow beginnt ein
12. Dez.   deutscher Entsatzvorstoß mit dem Ziel, die Verbindung mit der eingekesselten deutschen 6. Armee im Raum Stalingrad wiederherzustellen. Die Angriffsgruppe kämpft sich bis zum 21. Dez. bis auf 48 km an den Einschließungsring heran, kommt dann jedoch infolge Erschöpfung der Kräfte nicht mehr weiter. Hitler erteilt nicht den Befehl zum Ausbruch aus dem Kessel. Damit ist das Schicksal der 6. Armee besiegelt.

16. Dez.   Am mittleren Don beginnt eine neue *sowjetische Offensive gegen die italienische 8. Armee,* die zerschlagen wird. Der deutsche Entsatzvorstoß in Richtung Stalingrad wird durch diesen auf Rostow zielenden Angriff in der Flanke bedroht.

1943   Eine *dritte sowjetische Offensive* am oberen Don *zertrümmert die 2. ungarische Armee.*
12. Jan.   Damit ist die gesamte südliche Ostfront auf das schwerste bedroht. Die Heeresgruppe A zieht sich aus dem Kaukasus auf Rostow und in den sog. Kubanbrückenkopf zurück.

18. Jan.   Nach der Rückeroberung von Schlüsselburg besteht eine schmale Landverbindung der Roten Armee zu dem eingeschlossenen Leningrad.

23. Jan.   Hitler verbietet der 6. Armee die Kapitulation, obwohl deren Kräfte seit der am 10. Jan. begonnenen systematischen Zerschlagung des Kessels durch konzentrische Angriffe von sechs sowjetischen Armeen dahinschmelzen.

31. Jan.   Der soeben zum Feldmarschall ernannte *Generaloberst Friedrich Paulus kapituliert mit der Südgruppe in Stalingrad.*

2. Febr.   Mit der Kapitulation des Nordkessels ist das **Ringen um Stalingrad beendet.** Von den rd. 250 000 Mann, die sich anfangs im Kessel befanden, sind 34 000 Mann ausgeflogen worden. 130 000 geraten (nach sowjetischen Angaben) in sowjetische Gefangenschaft. Nach 1945 kehren ca. 6000 von ihnen zurück. Stalin gibt am 7. Nov. 1943 an, daß 146 000 Gefallene gesammelt und verbrannt worden sind.

6. März   Nachdem die Rote Armee im Vorstoß nach Westen Rostow, Charkow und Kursk genommen hat und auf den Dnjepr vorrückt, beginnt *westlich Charkow ein deutscher Gegenstoß,* der die sowjetische Offensive zum Stehen bringt. Charkow wird am 14. März zurücker-

898   Neuzeit – Zeitalter der Weltkriege

obert, doch gelingt es nicht, einen breiten sowjetischen Frontbogen mit Kursk als Mittelpunkt zum Einsturz zu bringen, so daß die in der eintretenden Schlammperiode wieder verfestigte Front diese Ausbuchtung behält.

5. Juli Um die Initiative im Osten wenigstens an einer Stelle zurückzugewinnen, beginnt auf Befehl Hitlers *die Operation „Zitadelle"* von Orel und von Charkow aus mit dem Ziel, die sowjetischen Kräfte im Kursker Bogen einzuschließen und zu vernichten. Die Sowjets treten nördlich Orel zum Gegenstoß an. Da insgesamt das Unternehmen „Zitadelle" als gescheitert anzusehen ist (im Süden konnte nur 18, im Norden 10 km Gelände gewonnen werden), bricht Hitler am 13. Juli – auch im Blick auf die am 10. Juli geglückte alliierte Landung in Sizilien, die eine Verlegung von Kräften nach Italien erforderlich macht – die Operation ab.

17. Juli Am Donez beginnend, weitet sich die nun einsetzende **sowjetische Generaloffensive** Zug um Zug auf den gesamten Raum zwischen dem Asowschen Meer und dem oberen Dnjepr aus. Der von Hitler am 12. Aug. improvisiert befohlene „Ostwall" („Pantherstellung": Narwa – Pleskau – Witebsk – Dnjepr – Asowsches Meer) wird im Bereich des Dnjepr bereits im Herbst 1943 überwunden. Am 6. Nov. fällt Kiew; am 4. Jan. 1944 überschreitet die Rote Armee die alte polnische Grenze (vor dem 1. Sept. 1939) in Wolhynien.

1944 Eine sowjetische Großoffensive drängt die deutsche Heeresgruppe Nord von Leningrad bis
14. Jan. zum Peipus-See zurück. Die neue Front von Narwa über Pleskau – Witebsk bis zu den Pripjetsümpfen hält dann bis zur Pause der Frühjahrsschlammperiode.

4. März Eine *sowjetische Großoffensive im Süden* drängt die deutschen Armeen ganz aus der Ukraine hinaus und erreicht Mitte April die Linie Dnjestr – nördlich Jassy – Karpathen, hat also bereits einen Teil Rumäniens überflutet. Nördlich der Karpathen kommt die Offensive in Ostgalizien zum Stehen. Von Mitte April 1944 herrscht an der gesamten Ostfront ‚Ruhe' mit Ausnahme der Halbinsel Krim, die vom 9. April bis 12. Mai von der Roten Armee rückerobert wird (ein relativ großer Teil der deutschen und rumänischen Truppen kann noch über See nach Rumänien zurückgeführt werden).

9. Juni Drei Tage nach Eröffnung der westalliierten Invasion in Frankreich, während an der Ostfront von Narwa bis zur Dnjestr-Mündung noch „Ruhe" herrscht, beginnt die *Rote Armee* auf der Karelischen Landenge eine *Offensive gegen die Finnen*. Sie erobert am 20. Juni Wiborg, kommt dann jedoch infolge deutscher Waffenunterstützung für die Finnen etwa auf der Höhe der Grenze vom 12. März 1940 zum Stillstand. Die deutsche Unterstützung wird Finnland erst gewährt, nachdem Staatspräsident Ryti am 22. Juni Außenminister Ribbentrop gegenüber die Verpflichtung abgegeben hat, keinen Sonderfrieden mit der Sowjetunion abzuschließen (über den bereits im Frühjahr 1944 mehrere Wochen lang vergeblich verhandelt worden ist).

„Hitlers Europa" (Januar 1943 – Juni 1944)

1943 *Marschall Ion Antonescu* wird von Hitler im Hauptquartier „Wolfsschanze" empfangen.
10. Jan. Die seit der Katastrophe der beiden rumänischen Armeen im Raum Stalingrad schwelende Vertrauenskrise wird oberflächlich bereinigt, doch sucht Antonescu in Kontaktaufnahme mit den Westmächten – vergeblich – nach einem Ausweg für Rumänien, das diesem eine Kapitulation vor der Sowjetunion erspart. Gleiches versucht im Auftrage des Reichsverwesers *Nikolaus Horthy von Nagybánya* Ministerpräsident *Miklos von Kallay* für Ungarn.

3. Febr. *Marschall Karl Gustav von Mannerheim* erklärt die Notwendigkeit für Finnland, bei der ersten möglichen Gelegenheit aus dem Krieg auszuscheiden.

18. Febr. *Reichspropagandaminister Joseph Goebbels* ruft in einer Rede im Berliner Sportpalast zum ‚totalen Krieg' auf.
In München wird ein Flugblatt der *Geschwister Hans und Sophie Scholl* verbreitet („Wiederherstellung der Ehre – Kampf gegen die Partei").

13. März Eine in Hitlers Flugzeug gelegte Zeitbombe versagt – ein für den 21. März im Berliner Zeughaus geplantes Attentat gegen ihn erweist sich als unausführbar.

19. April **Aufstand im Warschauer Ghetto:** Nachdem über 300000 der rd. 350000 Juden des Ghet-
–19. Mai tos ins Vernichtungslager Treblinka transportiert sind, kommt es beim Versuch der völligen Auflösung des Ghettos zum Aufstand der Verzweifelten. SS- und Polizeiverbänden unter SS-Brigadeführer Jürgen Stroop gelingt es erst in einem einmonatigen Kampf, den Widerstand zu brechen. Zahl der jüdischen Opfer: über 56000.

11. Juni Himmler befiehlt die ‚Liquidierung' sämtlicher polnischer, am 21. Juni auch sämtlicher Ghettos in den besetzten sowjetischen Gebieten.

19. Juli Zusammentreffen Hitler – Mussolini in Feltre bei Belluno bleibt ohne Ergebnis im Blick auf die krisenhafte Entwicklung in Italien nach der alliierten Landung in Sizilien (10. Juli).

25. Juli Nachdem der „Große Faschistische Rat" Mussolini aufgefordert hat, König Viktor Emanuel III. den ihm am 10. Juni 1940 übertragenen Oberbefehl über die italienische Wehr-

Übernationale Entwicklung – Zweiter Weltkrieg 899

macht zurückzugeben, bietet *Mussolini* dem König den *Rücktritt* an. Dieser läßt ihn verhaften und ernennt Marschall *Pietro Badoglio* zum neuen Ministerpräsidenten, der erklärt, den Krieg an der Seite Deutschlands fortsetzen zu wollen. Das faschistische System in ganz Italien bricht ohne nennenswerten Widerstand seiner Funktionsträger in sich zusammen. Hitler wittert Verrat und leitet Vorbereitungen ein, um einen „Abfall" Italiens vom „Achsen"-Bündnis aufzufangen.

28. Aug. Der plötzliche Tod des Königs *Boris III.* schwächt die deutsche Position in *Bulgarien,* das sich im Krieg gegen die Sowjetunion neutral verhält, jedoch auf Grund der „Dreierpakt"-Verpflichtungen am 13. Dez. 1941 Großbritannien und den USA den Krieg erklärt hat.

29. Aug. Der deutsche Militärbefehlshaber erklärt in Dänemark den Ausnahmezustand. Die dänische Regierung tritt zurück, das Heer wird entwaffnet, die dänische Kriegsflotte versenkt sich selbst. Streiks und Sabotageaktionen breiten sich aus. Die dänische Widerstandsbewegung bildet einen „Freiheitsrat".

8. Sept. Bei Bekanntwerden des am 3. Sept. abgeschlossenen Waffenstillstands der Regierung Badoglio mit den Alliierten setzen *in Italien* und in den italienisch besetzten Gebieten in Frankreich und in Südosteuropa *deutsche Gegenmaßnahmen* ein.

9. Sept. Im deutschen Machtbereich wird eine *italienisch-faschistische Gegenregierung* gebildet. Der „Unabhängige Staat Kroatien" schließt sich die im Mai 1941 an Italien abgetretenen dalmatinischen Gebiete an.
Zwischen Ungarn und Großbritannien werden geheime Absprachen getroffen, die einen Waffenstillstand vorsehen, sobald alliierte Truppen die Grenzen Ungarns erreichen.

12. Sept. Eine *deutsche Fallschirmjäger-Einheit befreit* den auf dem Gran-Sasso-Massiv in den Abruzzen gefangengehaltenen *Mussolini.*

15. Sept. *Mussolini* tritt an die Spitze der *faschistischen Gegenregierung,* die unter deutscher Oberaufsicht (Reichsbevollmächtigter: Botschafter Rahn, Höchster SS- und Polizeiführer: SS-Obergruppenführer Karl Wolff) die Verwaltung Nord- und Mittelitaliens übernimmt. Sitz der „republikanisch-faschistischen Regierung" wird Salò am Garda-See.

8. Okt. Franco fordert die Rückkehr der im Juni 1941 zur Teilnahme am Kampf gegen die Sowjetunion an die deutsche Ostfront entsandten „Blauen Division". Sie wird einige Wochen später vom OKW freigegeben.

16.–25. Unter deutschem „Schutz" tagt in Tirana eine albanische Nationalversammlung, die die
Okt. Unabhängigkeit des Landes von Italien beschließt.

9. Dez. *Heinrich Himmler* sucht einen Geheimkontakt zu den USA über Schweden. Die Verbindung kommt jedoch nicht zustande.

1944 *Marschall Antonescu* versichert Hitler in Kleßheim seiner Bündnistreue. Daraufhin werden die Planungen für eine deutsche Besetzung Rumäniens eingestellt (26.–28. Febr.).

17. März In Kairo beginnen geheime Waffenstillstandsverhandlungen von Vertretern der rumänischen Oppositionsparteien mit Vertretern der drei alliierten Hauptmächte.

19. März Nachdem Reichsverweser Horthy am 18. März in Kleßheim (bei Salzburg) unter Druck der *Besetzung Ungarns durch deutsche Truppen* zugestimmt hat, beginnt der Einmarsch. Ministerpräsident *Kallay,* der die Kontakte zu Großbritannien unterhalten hat, begibt sich in die türkische Gesandtschaft in Budapest. *Neuer Ministerpräsident* wird am 23. Aug. der bisherige Gesandte in Berlin *Döme Sztójay.*

24./25. Hitler läßt 50 britische Offiziere aus dem Kriegsgefangenenlager Sagan, die geflohen und
März wiederergriffen sind, zur Abschreckung vor weiteren Fluchtversuchen erschießen.

15. Mai Durch das „*Sonderkommando Eichmann*" werden aus dem besetzten Ungarn 380 000 *un-*
–27. Juni *garische Juden* deportiert, zum größten Teil *nach Auschwitz,* wo mindestens 250 000 vergast werden.

10. Juni Als Vergeltung für Überfälle der französischen Résistance wird von Einheiten der SS-Division „Das Reich" das französische Dorf *Oradour-sur-Glane* zerstört. Die gesamte Einwohnerschaft wird getötet.

Der europäisch-atlantische Westkrieg (Januar 1943 – Juni 1944)

1943 Der Sieg über die deutschen U-Boote wird auf der *Konferenz von Casablanca* an die Spitze
21. Jan. der Prioritätenliste der alliierten Kriegführung gesetzt.

27. Jan. Die 8. USAAF (United States Army Air Forces) führt von Großbritannien aus ihren ersten Tages-Fliegerangriff auf Reichsgebiet aus. Ziel: Wilhelmshaven. Von nun an ‚Arbeitsteilung' in der Luftoffensive: Tagesangriffe durch die amerikanischen, Nachtangriffe durch die britischen Bomberverbände; dazu Tagesangriffe der schnellen britischen „Moskitos".

31. Jan. Der Befehlshaber der deutschen U-Boote, *Admiral Karl Dönitz* (* 1891, † 1980), wird als Nachfolger *Erich Raeders* (* 1876, † 1960) Oberbefehlshaber der Kriegsmarine.

1.–28. Deutsche U-Boote versenken im Atlantik, im Nordmeer, im Mittelmeer und im Indischen
Febr. Ozean insgesamt 380 000 BRT alliierten Handelsschiffsraums (im Jan. 1943: 218 000). Im

900 Neuzeit – Zeitalter der Weltkriege

März 1943 steigt die Ziffer auf 590 234 BRT, im April 1943 liegt sie bei 276 000 BRT, im Mai 1943 bei 225 000 BRT, dann sinkt sie rapide ab.

Schiffsraumbilanz des Handelskrieges

	Verlust an deutschen U-Booten	Versenkte alliierte Tonnage in BRT	Britische und amerikanische Neubauten	Bilanz
1939	(4 Mon.) 9	810 000 BRT	332 000 BRT	− 478 000 BRT
1940	22	4 407 000 BRT	1 219 000 BRT	− 3 188 000 BRT
1941	35	4 398 000 BRT	1 984 000 BRT	− 2 414 000 BRT
1942	85	8 245 000 BRT	7 182 000 BRT	− 1 063 000 BRT
1943	237	3 611 000 BRT	14 585 000 BRT	+ 10 974 000 BRT
1944	241	1 422 000 BRT	13 349 000 BRT	+ 11 927 000 BRT
1945	(4 Mon.) 153	458 000 BRT	3 834 000 BRT	+ 3 376 000 BRT
	insgesamt: 782	23 351 000 BRT	42 485 000 BRT	+ 19 134 000 BRT

11. Febr. Schüler deutscher höherer Schulen (ab 15 Jahren) werden als „Luftwaffenhelfer" zum Dienst bei der Flugabwehr einberufen.

14. Febr. In Tunesien beginnt eine deutsche Angriffsoperation mit dem Ziel, durch einen Vorstoß über den Kasserine-Paß nach Ostalgerien den Aufmarsch der Alliierten durcheinanderzubringen. Generalfeldmarschall Rommel bricht am 24. Febr. das Unternehmen nach Anfangserfolgen ab.

23. Febr. Nachdem die Panzerarmee Afrika am 23. Jan. Tripolis und damit Italienisch-Nordafrika aufgegeben hat, werden die nunmehr in Tunesien zusammengerückten deutsch-italienischen Kräfte zur „Heeresgruppe Afrika" organisatorisch zusammengefaßt. *Rommel*, der das längerfristige Halten des „Brückenkopfs Tunesien" bezweifelt, wird am 9. März von Hitler *abberufen* (Nachfolger: *Generaloberst Hans-Jürgen von Arnim):*

19. März Angesichts einer Großoffensive der 8. britischen Armee zieht sich die italienische 1. Armee aus der Mareth-Linie in Südtunesien nach Norden zurück.

7. April Die britische 8. und die amerikanischen Truppen schließen einen engen Ring um die „Heeresgruppe Afrika" im Nordteil Tunesiens.

5. Mai Der *Endkampf um den „Brückenkopf Tunesien"* beginnt. Bizerta und Tunis fallen.

13. Mai **Die Reste der „Heeresgruppe Afrika" kapitulieren.**
Damit ist der Kampf in Nordafrika beendet. 130 000 deutsche und fast 120 000 italienische Soldaten sind in britische und amerikanische Kriegsgefangenschaft geraten.

24. Mai **Großadmiral Karl Dönitz bricht** nach mehreren schweren Mißerfolgen (43 deutsche U-Boote im Mai 1943 verloren, davon 21 bei der Bekämpfung von Geleitzügen im Nordatlantik) **die „Schlacht im Atlantik" ab.** Damit ist die **entscheidende Wende im U-Boot-Krieg** eingetreten. Sie ist wesentlich durch die britische Funkaufklärung und die gelungene Entschlüsselung des deutschen Funkverkehrs („Ultra") herbeigeführt worden.

11. Juni Die Insel Pantelleria zwischen Tunesien und Sizilien kapituliert, ohne daß die italienische Besatzung die Widerstandsmöglichkeiten ausgenutzt hat. Am 12. Juni folgt Lampedusa.

10. Juli Unter dem Oberbefehl *General Dwight D. Eisenhowers* landen **britische und amerikanische Streitkräfte im Südosten Siziliens.** Die italienische Verteidigung bricht schnell zusammen. Augusta und Syrakus kapitulieren. Am 16. Juli werden die auf der Insel befindlichen deutschen Truppen unter einheitlicher Führung zusammengefaßt und im Nordostteil der Insel gegenüber der Straße von Messina konzentriert.

19. Juli Ein erster *alliierter Luftangriff auf die Stadt Rom* fordert 166 Tote unter der Zivilbevölkerung.

24.–30. Juli Im Zuge der in Casablanca beschlossenen und am 10. Juni systematisch eingeleiteten alliierten Luftgroßoffensive gegen die deutschen Städte wird in der Operation „Gomorrha" *Hamburg schwerstens getroffen:* 30 000 Tote; 277 000 Wohngebäude zerstört, 24 Krankenhäuser, 277 Schulen, 58 Kirchen. Im Hafen sind 180 000 BRT Handels- und Hafenfahrzeuge versenkt worden.

1. Aug. Von Nordafrika aus greifen amerikanische Bomber das rumänische Erdölgebiet von Ploesti an. Der Angriff zeitigt nur wenig Wirkung und wird erst am 5. April 1944 wiederholt. Deutsche Truppen marschieren über den Brenner nach Norditalien ein und beziehen Positionen, von denen aus sie rasch gegen die italienischen Kräfte vorgehen können.

17. Aug. Die letzten *deutschen Truppen verlassen* im Zuge eines planmäßigen Rückzuges über die Straße von Messina *Sizilien.*

3. Sept. Zwei *britische Divisionen landen* an der „Stiefel"-Spitze Italiens *in Calabrien* und folgen den sich nach Norden zurückziehenden deutschen Kräften.

8. Sept. Mit Bekanntwerden des am 3. Sept. abgeschlossenen Waffenstillstandes zwischen der

Übernationale Entwicklung – Zweiter Weltkrieg   *901*

Regierung Badoglio und den Westalliierten laufen die deutschen Gegenmaßnahmen (Fall „Achse") an: *Besetzung Roms durch deutsche Truppen* (10. Sept.); Entwaffnung und Gefangennahme oder Entlassung der Soldaten der italienischen Armeen im Mutterland, in Südostfrankreich, in Jugoslawien, Albanien und Griechenland. In Jugoslawien und Griechenland können die Widerstands- und Partisanenbewegungen große Mengen an Waffen und Munition erbeuten und sich in Räumen festsetzen, die bisher von den Italienern gehalten worden sind. – Die Regierung Badoglio kann in das von den Alliierten in den folgenden Tagen von Tarent aus eroberte Gebiet ausweichen (Regierungssitz: Bari).

9. Sept.   **Die 5. amerikanische Armee landet in Salerno.** Den daraufhin in diesen Raum verlegten deutschen Kräften gelingt es zwar nicht, die Amerikaner wieder ins Meer zu werfen, doch verzögern sie die Entfaltung der alliierten Invasionsarmeen und ermöglichen den Aufbau einer deutschen Verteidigung nördlich von Neapel – viel weiter südlich als ursprünglich geplant (ein Rückzug bis zur Linie Pisa – Florenz – Rimini ist für den Fall einer kühn ausgreifenden alliierten Strategie in Italien vorgesehen gewesen).
Die italienische Schlachtflotte, die den Bestimmungen des Waffenstillstandes gemäß von La Spezia nach Malta ausgelaufen ist, wird von der deutschen Luftwaffe angegriffen, die das Schlachtschiff „Roma" versenkt. Am 10. Sept. erreicht der italienische Verband Malta.

14.–16. Sept.   Britische Truppen nehmen die bisher italienisch besetzten Inseln Leros und Samos in der Ägäis.

20. Sept.   Die letzten deutschen Truppen haben *Sardinien geräumt.*

22. Sept.   Britische Klein-U-Boote beschädigen das im Alta-Fjord in Nordnorwegen liegende Schlachtschiff „Tirpitz" schwer. Die Reparaturen dauern bis Mai 1944.

5. Okt.   *Korsika,* auf dem gaullistische Kräfte gelandet sind, wird von den deutschen Truppen *aufgegeben.*

12. Okt.   Portugal räumt der westlichen Alliierten Stützpunkte auf den Azoren ein, bleibt jedoch neutral.

14. Okt.   Amerikanischer Luftangriff auf Schweinfurt führt zu hohen Verlusten für die Angreifer

22. Okt.   (Herbstkrise der amerikanischen Tagesangriffe). In Süditalien wird die 15. USAAF zur Führung des strategischen Luftkrieges gegen Deutschland nun auch von Süden sowie gegen Ziele in Südosteuropa gebildet.

3. Nov.   Hitlers „*Weisung Nr. 51*" (die letzte strategische Weisung, die er erteilt) sieht eine Verstärkung der deutschen Kräfte im Westen zur Abwehr einer alliierten Invasion in Frankreich vor.

12. Nov.   Mit einer *Landung auf Leros* wird die Rückeroberung der von den Briten besetzten Ägäischen Inseln eingeleitet. Sie ist am 22. Nov. mit der Kapitulation von Samos abgeschlossen.

18. Nov.   Es beginnt eine *Serie von fünf Großangriffen britischer Bomber auf Berlin*, die bis zum 3. Dez. über 8600 t Bomben abwerfen, 2700 Zivilisten töten und 250 000 Menschen obdachlos machen.

24. Dez.   General *Eisenhower*, bisher Oberbefehlshaber der alliierten Streitkräfte im westlichen Mittelmeer und in Italien, wird zum *Oberbefehlshaber* der in Vorbereitung befindlichen *alliierten Invasion in Frankreich* ernannt.

26. Dez.   Das deutsche Schlachtschiff „Scharnhorst" wird bei einem Angriffsversuch auf einen alliierten Geleitzug im Nordmeer von britischen Streitkräften versenkt.

1944   *Generalfeldmarschall Erwin Rommel* übernimmt als Oberbefehlshaber der Heeres-
1. Jan.   gruppe B (unter dem Oberbefehlshaber West, *Feldmarschall Gerd von Rundstedt* [* 1875, † 1953]) das Kommando über alle deutschen Streitkräfte im Westen nördlich der Loire und damit im voraussichtlichen Invasionsraum.

21./22. Jan.   Zum ersten Mal seit Mai 1941 greifen starke deutsche Luftwaffenverbände London an. Die Angriffsserie („Little Blitz") hält bis zum 27. April 1944 an.

22. Jan.   Ein *amerikanisches Korps* landet überraschend in *Anzio* und *Nettuno* südlich von Rom, nutzt jedoch die Chance eines schnellen Zugriffs auf Rom nicht. Die in den folgenden Wochen um den Landekopf zusammengezogenen deutschen Kräfte können diesen in mehreren Versuchen wohl eindrücken, aber nicht beseitigen. So bleibt neben der inzwischen bis auf die Linie Monte Cassino – Ortona nach Norden zurückgedrängten deutschen Hauptfront eine zweite Front in Italien bestehen.

15. Febr.   Das nicht in die deutsche Verteidigungsstellung einbezogene *Kloster Monte Cassino* wird durch alliierte Bomber und Artillerie *vernichtet.*

11. März   Die irische Regierung lehnt die Forderung der Alliierten ab, die diplomatischen Vertreter der „Achsen"-Mächte auszuweisen.

17. März   Die 15. USAAF greift Wien an.

5. April   Nach einem vorausgegangenen Luftangriff auf Bukarest (4. April) beginnt eine *alliierte Luftoffensive gegen das rumänische Erdölgebiet von Ploeşti*, auch gegen Ölraffinerien und Hydrierwerke bei Wien, Budapest und in Oberschlesien.

21. April   Unter alliiertem Druck stellt die Türkei die Chrom-Erzlieferungen nach Deutschland ein.

902 Neuzeit – Zeitalter der Weltkriege

5. Mai   Spanien schließt auf Druck der Alliierten das deutsche Generalkonsulat in Tanger und schränkt die Wolfram-Lieferungen nach Deutschland ein.

12. Mai   Beginn einer *alliierten Luftoffensive zur systematischen Zerschlagung der Werke zur synthetischen Treibstoffherstellung in Deutschland,* vor allem gegen Merseburg, Tröglitz, Böhlen, Pölitz, Brüx. Die deutsche Treibstofferzeugung ist entscheidend getroffen. In 5 „Hydrier-Denkschriften" macht Speer Hitler auf die katastrophalen Konsequenzen für die Kriegführung Deutschlands aufmerksam (zwischen dem 30. Juni 1944 und dem 19. Jan. 1945). *An der italienischen Hauptfront beginnt eine alliierte Großoffensive.*

23. Mai   Auch aus dem Landekopf Anzio-Nettuno treten die Amerikaner zum Angriff an. Nachdem am 25. Mai zwischen beiden alliierten Fronten die Verbindung hergestellt ist, beginnt ein *allgemeiner deutscher Rückzug von der Adria bis zum Tyrrhenischen Meer.*

1.–5. Juni   Unter Verzicht auf größere Angriffe auf das Reichsgebiet konzentriert sich die alliierte Luftwaffe auf die systematische Zerschlagung der Verkehrsverbindungen und der Küstenanlagen in Frankreich und Belgien.

2. Juni   Die neue bulgarische Regierung Bagrjanoff beginnt in Istanbul geheime Waffenstillstandsverhandlungen mit den Westalliierten.

4. Juni   *Die Alliierten ziehen* in das zur „Freien Stadt" erklärte *Rom ein.*

6. Juni 6.30 Uhr   Nachdem bereits in den Nachtstunden Luftlandetruppen abgesetzt worden sind, beginnt von See aus die **alliierte Invasion im Westen an der Normandie-Küste** zwischen der Orne-Mündung bei Caen und Cherbourg. Schon am ersten Tag werden acht alliierte Divisionen gelandet. Da die deutschen Reserven wegen der absoluten alliierten Luftherrschaft nur verstreut herangeführt werden und nicht geschlossen zum Angriff auf die Landeköpfe antreten können (auch massive Wirkung der Schiffsartillerie der Invasionsflotte), ist die von Feldmarschall Rommel entwickelte Konzeption, den Gegner am ersten entscheidenden Tage ins Meer zurückzuwerfen, nicht zu verwirklichen. Schon am Abend des ersten Tages steht fest, daß die Invasion gelungen ist. In den nächsten Tagen vereinigen sich die einzelnen Landeköpfe. Es bildet sich eine geschlossene Front heraus, die zunächst noch keinen größeren Hafen auf alliierter Seite beläßt (künstliche Häfen und Pipe-Lines als Rückhalt).

Der ostasiatisch-pazifische Krieg (Januar 1943 – Juli 1944)

1943 9. Jan.   Die von Japan in Nanking als Gegenregierung zur Regierung Chiang Kai-sheks in Chungking am 20. März 1940 ins Leben gerufene *chinesische „Nationalregierung" unter Wang Ching-wei* erklärt den USA und Großbritannien den Krieg.

20. Jan.   Japan schließt mit Deutschland ein Wirtschaftsabkommen, das – mangels Landverbindung – nur durch die Lieferung von Kautschuk und anderen Rohstoffen aus Südostasien über Handels-U-Boote und Blockade-Brecher eine gewisse Bedeutung erhält.

8. Febr.   Die letzten Japaner haben die seit dem 7. Aug. 1942 umkämpfte Salomonen-Insel *Guadalcanar* geräumt.

18. April   Der Oberbefehlshaber der japanischen Flotte, *Admiral Isoruku Yamamoto,* wird über dem Südpazifik abgeschossen.

21. April   *Mamoru Shigemitsu* wird neuer japanischer Außenminister im *Kabinett Tojo.* Er intensiviert den Kontakt zur Sowjetunion und verstärkt die Anstrengungen, einen deutsch-sowjetischen Separatfrieden zu vermitteln. Vor allem bereitet er eine Wendung in der japanischen Politik gegenüber den besetzten Gebieten vor: statt brutaler Besatzungspolitik Werbung um die asiatischen Nationen im Rahmen einer von Japan geführten *„Großostasiatischen Wohlstandssphäre"* (Parole: „Asien den Asiaten").

30. Juni   Mit Landungen amerikanischer Streitkräfte auf Neuguinea und Rendova (Salomonen) beginnt eine *alliierte Großoffensive im südlichen Pazifik,* die durch zähes Festhalten der Japaner an ihren Stellungen, äußerst verlustreiche Landkämpfe auf den jeweiligen Inseln, die im Zuge des sog. „Inselspringens" angegriffen werden, und See-Luft-Schlachten im Raum dieser Inseln gekennzeichnet sind.

28. Juli   Die Japaner haben die Aleuten-Insel Kiska geräumt, so daß die amerikanische Invasion ins Leere stößt.

1. Aug.   Das von den Japanern besetzte *Burma* erklärt seine *Unabhängigkeit* (Regierungschef: Ba Maw) und erklärt den USA und Großbritannien den Krieg.

30. Sept.   Die japanische Hauptverteidigungslinie wird auf die Marianen und West-Karolinen zurückverlegt.

14. Okt.   Die *Philippinen* erklären ihre *Unabhängigkeit* (Präsident: José Laurel).

21. Okt.   In Singapore wird von Subhas Chandra Bose (der den deutschen Machtbereich mit U-Boot am 7. Febr. 1943 verlassen und über Singapore Mitte Juni 1943 in Tokyo eingetroffen ist) eine *„Regierung Freies Indien" proklamiert.* Ihr wird von Japan die Verwaltung der besetzten Andamanen- und Nikobaren-Inseln übertragen, die völkerrechtlich zu Britisch-Indien gehören.

Übernationale Entwicklung – Zweiter Weltkrieg   903

28. Okt.	Ein Versuch der Amerikaner, durch einen Handstreich auf Choiseul (Salomonen) das „Inselspringen" zu beschleunigen, scheitert. So kehren sie zum systematischen, langsamen Vorantasten zurück.
30. Okt.	Japan schließt mit der „Nanking-Regierung" einen Freundschaftsvertrag, in dem es auf alle Sonderrechte in China auf Grund der Boxer-Protokolle verzichtet.
1.–3. Nov.	In Tokyo findet eine „Großostasienkonferenz" statt, auf der Tojo und Shigemitsu den Regierungschefs Mandschukuos, „Nanking-Chinas", Burmas, der Philippinen, Thailands und des „Freien Indien" gegenüber ihre Politik „Asien den Asiaten" zu demonstrieren bemüht sind.
20.–25. Nov.	US-Truppen landen auf den Gilbert-Inseln Tarawa und Makin, die von den Japanern hartnäckig verteidigt werden.
1944 31. Jan.	Zwei US-Divisionen landen auf der Insel Kwajalein (Marshallinseln): beiderseits sehr hohe Verluste.
4. Febr.	Von West-Burma aus beginnt eine *japanische Offensive* nach Westen mit dem Ziel, in den östlichen Teil Indiens vorzustoßen. Geplant sind die Einnahme des Hafens von Chittagong und die Eroberung von Imphal und Dimapur in Assam. Die *Mitwirkung der indischen „Nationalarmee" Subhas Chandra Boses* soll eine Erhebung der Inder gegen die britische Herrschaft einleiten. Am 8. März kann zwar Imphal eingeschlossen werden, doch kommt danach der Vormarsch ins Stocken. Am 6. April setzt ein britischer Gegenstoß von Arakan aus der japanischen Offensive, die ohne politische Auswirkung in Indien geblieben ist, ein definitives Ende.
17. April	Es beginnt eine *große japanische Offensive in Südchina* mit dem Ziel, die dort inzwischen errichteten neuen US-Flugbasen zu erobern und eine Landverbindung von Hankow nach Kanton und von dort nach Indochina herzustellen.
17. Mai	US-Truppen landen auf Wakde und auf Biak (Neuguinea).
12.–15. Juni	Ein US-Korps landet auf der Marianen-Insel Saipan, von der aus nach Fertigstellung von Flugbasen Luftangriffe auf das japanische Mutterland möglich sind.
18. Juni	Von Flugplätzen in China greifen erstmals amerikanische Geschwader („Superfestungen") die japanischen Hauptinseln an.
18. Juli	*Die japanische Regierung Tojo tritt zurück.* Neuer Regierungschef wird *General a. D. Kuniaka Koiso,* stellvertretender Ministerpräsident *Admiral Mitsumasa Yonai,* der Vorgänger Konoyes 1940. Außenminister bleibt *Mamoru Shigemitsu.*
21. Juli	US-Truppen landen auf Guam (Marianen-Inseln).
24. Juli	Die kaiserliche Konferenz in Tokyo legt als neue Verteidigungszone Japans die Linie Philippinen – Formosa – Ryukyu-Inseln – Mutterland – Kurilen fest.

Endkampf und Kapitulation Deutschlands und Japans
(Sommer 1944 – September 1945)

Die „Anti-Hitler-Koalition" (August 1944 – April 1945)

1944 1. Aug.	Der *Aufstand der national-polnischen „Heimatarmee" (General Tadeusz Bór-Komorowski)* in Warschau versetzt die „Anti-Hitler-Koalition" in eine kritische Situation. Die (wie es schien) im stürmischen Vormarsch auf Warschau befindliche, tatsächlich bereits durch einen deutschen Gegenstoß aufgehaltene Rote Armee unternimmt keinen Versuch, den Polen zu Hilfe zu kommen, die von der deutschen Wehrmacht hart bedrängt und am 2. Okt. zur Kapitulation gezwungen werden. Stalin verbietet den westalliierten Flugzeugen, die Nachschub heranfliegen, die Landung auf sowjetischen Flugplätzen östlich von Warschau.
2. Aug.	Die *Türkei* bricht die diplomatischen Beziehungen zu Deutschland ab.
21. Aug. – 7. Okt.	Die *Konferenz* von Vertretern der USA, Großbritannien, der Sowjetunion und China *in Dumbarton Oaks* (USA) empfiehlt, den Völkerbund durch eine neue internationale Organisation, die „Vereinten Nationen", zu ersetzen, und arbeitet Vorschläge für ihre Organisation aus.
11.–16. Sept.	*Konferenz zwischen Roosevelt und Churchill in Quebec:* der revidierte *Morgenthau-Plan* (Entwurf des amerikanischen Finanzministers Henry Morgenthau jr., das um die Ostgebiete verkleinerte Deutschland zu einem Agrarland zurückzuverwandeln und aufzuteilen) wird von ihnen angenommen. Doch zieht Roosevelt nach Protesten von Außenminister Cordell Hull und Kriegsminister Henry L. Stimson sowie Kritik in der amerikanischen Öffentlichkeit seine Unterschrift am 22. Sept. wieder zurück.
12. Sept.	Die *„Europäische Beratende Kommission"* in London stellt das sog. **1. „Zonenprotokoll"** fertig. Es sieht die Aufteilung Deutschlands in *drei Besatzungszonen und ein besonderes Gebiet Groß-Berlin* (Grenzen von 1920) vor.

904   Neuzeit – Zeitalter der Weltkriege

In Moskau wird das *Waffenstillstandsabkommen mit Rumänien* von den Repräsentanten der Sowjetunion, der USA und Großbritanniens unterzeichnet: Rumänien nimmt mit seiner Armee am Kampf gegen Deutschland teil.

19. Sept. Unterzeichnung des *Waffenstillstandsabkommens mit Finnland* in Moskau: nur die Sowjetunion und Großbritannien sind Vertragspartner, da die USA nicht Krieg gegen Finnland geführt hat. Weil die Deutschen nicht bis zum 15. Sept. Finnland geräumt haben, muß sich die finnische Regierung verpflichten, militärisch an der Vertreibung der deutschen Lappland-Armee mitzuwirken. In Vorwegnahme des Friedensvertrages wird die Abtretung des Gebietes von Petsamo und die Verpachtung des Territoriums von Porkkala-Udd bei Helsinki an die Sowjetunion (anstelle von Hangö, das Finnland zurückgeben wird) erzwungen, außerdem die Zahlung von 300 Mio. US-Dollar Reparationen.

9.–18. Okt. *Konferenz zwischen Stalin und Churchill in Moskau* (mit dem amerikanischen Botschafter Harriman als Beobachter): Statt der im Mai/Juni 1944 vereinbarten Operationszonen werden „*Einflußsphären*" *in Südosteuropa* abgesteckt: Rumänien soll 90%, Bulgarien 80% sowjetischem „Einfluß" unterworfen werden, Griechenland 90% britischem. In Ungarn und in Jugoslawien soll der britische und der sowjetische „Einfluß" je 50% betragen (im Falle Ungarns kurz danach auf 80% zugunsten des sowjetischen „Einflusses" modifiziert). Der zu den Verhandlungen hinzugezogene Ministerpräsident der polnischen Exilregierung Mikołajczyk lehnt die von Stalin geforderte, von Churchill schon akzeptierte Curzon-Linie als künftige polnisch-sowjetische Grenze ebenso ab wie die von dem ebenfalls hinzugezogenen Präsidenten des „Lublin-Komitees" verlangte Bildung einer gemeinsamen Regierung mit einem Übergewicht der pro-kommunistischen Minister.

15. Okt. Nachdem in Moskau ein geheimer Präliminarwaffenstillstand zwischen der Sowjetunion und Ungarn unterzeichnet ist, proklamiert *Reichsverweser Horthy* über den Budapester Rundfunk den *Waffenstillstand,* wird jedoch durch einen von deutscher Seite unterstützten Staatsstreich der „*Pfeilkreuzler*" unter *Ferencz Szálasi* zur Zurücknahme des Feuereinstellungsbefehls gezwungen. Er wird in Deutschland interniert, während das am 16. Okt. installierte Szálasi-Regime den Krieg an der deutschen Seite weiterführt.

23. Okt. Die Regierung de Gaulles, die der General nach der „Befreiung" von Paris (25. Aug.) gebildet hat, wird von den USA, Großbritannien und der Sowjetunion als „Provisorische französische Regierung" anerkannt.

28. Okt. In Moskau wird von den Vertretern der Sowjetunion, der USA und Großbritanniens der *Waffenstillstand mit Bulgarien* unterzeichnet, nachdem Stalin dem von Churchill geforderten Rückzug der bulgarischen Truppen aus dem besetzten Griechisch-Thrazien zugestimmt hatte (das nach einer Vereinbarung zwischen dem sowjetischen Oberkommando und der pro-sowjetischen Regierung Georgiew zunächst von bulgarischen und sowjetischen Truppen gemeinsam besetzt bleiben sollte). Bulgarien verpflichtet sich, an der Seite der Roten Armee am Krieg gegen Deutschland weiter teilzunehmen.

7. Nov. Roosevelt wird zum vierten Mal zum Präsidenten der USA gewählt.

10. Nov. Die Sowjetunion, die USA und Großbritannien erkennen das von *Enver Hoxha (Hodscha)* installierte *kommunistische Regime* als Regierung *Albaniens* an.

14. Nov. In der „Europäischen Beratenden Kommission" in London werden das 2. Zonenprotokoll, das die Zuweisung Nordwestdeutschlands an Großbritannien und Süddeutschlands einschließlich Hessens sowie Bremens an die USA vorsieht, und das „Kontrollabkommen" für Deutschland, das einen „Alliierten Kontrollrat", bestehend aus den Militärbefehlshabern der Besatzungszonen, als oberste Instanz der Besatzungsmächte in Deutschland in seinen Funktionen umschreibt, unterzeichnet.

3. Dez. In *Athen* erhebt sich die kommunistisch beherrschte Widerstandsorganisation *ELAS gegen die Regierung.* Ihr Versuch, am 6. Dez. die Regierungsgebäude zu besetzen, wird mit Unterstützung der britischen Truppen unter General Scobie abgewehrt. Obwohl die USA und die „linke" Öffentlichkeit im Westen das Vorgehen kritisieren, drängen die britischen Truppen auf Befehl Churchills die Aufständischen nach dem Norden des Landes zurück. (Die Sowjetunion verhält sich, die Absprache über die „Einflußsphären" respektierend, passiv.) Am 11. Jan. 1945 wird ein Waffenstillstand zwischen der griechischen Regierung und der ELAS abgeschlossen, der jedoch nur eine Zwischenetappe im griechischen Bürgerkrieg einleitet.

7. Dez. Im von der Roten Armee besetzten Debrecen wird eine *ungarische Gegenregierung* unter *General Bela Miklós-Dalnóki* (im wesentlichen aus Linksliberalen und wenigen Kommunisten bestehend) eingesetzt.

10. Dez. *General de Gaulle* und sein Außenminister *Georges Bidault* (*1899, †1983) unterzeichnen in Moskau einen gegen Deutschland gerichteten *sowjetisch-französischen Bündnisvertrag* mit 20 Jahren Geltungsdauer. Stalin lehnt die von de Gaulle geforderte Anerkennung der Rhein-Linie als deutsch-französische Grenze ab, de Gaulle die von Stalin geforderte Anerkennung des „Lubliner Komitees". Er stimmt aber der Oder-Neiße-Linie als polnischer Westgrenze zu.

Übernationale Entwicklung – Zweiter Weltkrieg   *905*

15. Dez. Churchill bekennt sich in einer Unterhausrede zur Westverschiebung der polnischen Grenzen auf Kosten Deutschlands und zur Totalaustreibung der Deutschen aus den betreffenden Gebieten.

17. Dez. Der Nachfolger Mikołajczyks als Chef der polnischen Exilregierung in London, der Sozialist *Tomasz Arciszewski*, erklärt sich für eine Ausdehnung Polens nach Westen, doch ohne Einbeziehung von Breslau und Stettin in die an Polen abzutretenden Gebiete.

1945 Die *Bemühungen der Sowjetunion*, von den USA *einen 6-Mrd.-US-Dollar-Kredit* zu gün-
3. Jan. stigen Bedingungen (Laufzeit 30 Jahre, 2,5% Zinsen) zum Wiederaufbau der zerstörten Industriegebiete des Landes zu erhalten, *zerschlagen sich endgültig.* Damit wird deutlich, daß die Kooperationspolitik Roosevelts in den USA selbst an ihre Grenzen gestoßen ist.

5. Jan. Das zur „provisorischen Regierung" Polens umgebildete „*Lubliner Komitee*" wird *von der Sowjetunion* als einzige Repräsentanz Polens *anerkannt.* Es siedelt nach der Einnahme Warschaus durch die Rote Armee (17. Jan.) in die polnische Hauptstadt über.

20. Jan. In Moskau wird ein *Waffenstillstand mit der ungarischen Gegenregierung* (in Debrecen) abgeschlossen.

4.–11. **Konferenz der „Großen Drei" (Stalin, Roosevelt, Churchill) in Jalta (Krimkonferenz):** Es
Febr. kommt zu einem Kompromiß über die zu gründenden „*Vereinten Nationen*" (UN); die Großmächte erhalten ein absolutes Vetorecht; die Ukrainische und die Weißruthenische Sowjetrepublik werden zu ordentlichen Mitgliedern der UN, so daß die UdSSR mit drei Stimmen vertreten ist, alle übrigen Staaten nur mit einer. In der *Polenfrage* wird die Curzon-Linie mit einigen kleineren Abweichungen zugunsten Polens endgültig als polnische Ostgrenze anerkannt, eine weite Verschiebung Polens nach Westen („beachtlicher territorialer Zuwachs") in Aussicht genommen. Nach Aufnahme einiger „demokratischer Führer" aus dem Ausland soll die Provisorische Regierung Polens allgemein anerkannt werden (d. h. die Exilregierung wird dann von den Westmächten fallengelassen).
In der *Deutschlandfrage* wird die Hinzuziehung Frankreichs als vierte Besatzungsmacht mit eigener Zone (auf Kosten der amerikanischen und britischen Zone) vereinbart. Die *Reparationsfrage* bleibt ungelöst, die von Stalin geforderte Gesamthöhe (20 Mrd. US-Dollar, davon die Hälfte für die Sowjetunion) soll als eine von mehreren Möglichkeiten von der in Moskau zusammentretenden Reparationskommission diskutiert werden.
Für *Jugoslawien* wird die von *Josip Broz (Tito)* und dem jugoslawischen Ministerpräsidenten im Exil *Ivan Šubašić* schon vereinbarte Verschmelzung beider Regierungen begrüßt.
In einer „*Erklärung über das befreite Europa*" wird allen Völkern das Recht zugestanden, „demokratische Einrichtungen nach freier Wahl zu schaffen". So bald wie möglich sollen „frei gewählte und dem Willen des Volkes entsprechende Regierungen" eingesetzt werden.
Hinsichtlich *Ostasiens* gibt Stalin die Zusicherung, zwei oder drei Monate nach der deutschen Kapitulation in den Krieg gegen Japan einzutreten. In einem *Geheimabkommen* vom 11. Febr. erkennen die Westmächte die Wiederherstellung der Rechte Rußlands gegenüber *China* aus der Zeit vor dem russisch-japanischen Krieg von 1904/1905 (Häfen und Eisenbahnen in der Mandschurei) an. Roosevelt verpflichtet sich, die Zustimmung *Chiang Kaisheks* zu dieser die Souveränität Chinas empfindlich einschränkenden Vereinbarung herbeizuführen. Danach soll ein Freundschafts- und Bündnisvertrag zwischen der UdSSR und China geschlossen werden.

1. März Die Türkei erklärt dem Deutschen Reich den Krieg (im letztmöglichen Moment, um noch in die UN aufgenommen zu werden).

6. März In *Rumänien* erzwingt die Sowjetunion von König Michael *ultimativ* die Entlassung der Regierung und die *Berufung eines kommunistisch-beherrschten Kabinetts.*

14. März Die Provisorische Regierung Polens errichtet in den deutschen Ostgebieten vier Woiwodschaften und nimmt damit die Entscheidung eines Friedensvertrages vorweg.

19. März Die Sowjetunion kündigt den sowjetisch-türkischen Freundschafts- und Neutralitätspakt von 1925. Am 7. Juni fordert Außenminister Molotow für den Abschluß eines neuen Freundschaftsvertrages die Abtretung von Stützpunkten an den Dardanellen und von Kars und Ardahan in Armenien.

27. März 16 führende Mitglieder der national-polnischen Untergrundbewegung werden von den Sowjets verhaftet und am 21. Juni wegen „zersetzender Tätigkeit im Rücken der Roten Armee" zu hohen Freiheitsstrafen verurteilt.

11. April Freundschaftspakt der Sowjetunion mit Jugoslawien unter Tito.

12. April Nach dem **plötzlichen Tode Roosevelts** wird **Harry S. Truman Präsident der USA.**

21. April Freundschafts- und Beistandspakt zwischen der Sowjetunion und der Provisorischen Regierung Polens.

25. April In San Francisco beginnt die **Gründungskonferenz der „Vereinten Nationen".**

26. Juni **Unterzeichnung der Gründungsurkunde der „United Nations Organization" (UNO)** durch die Vertreter von 51 Nationen. Die Unterschrift Polens, dessen Provisorische Regierung zur Zeit der Konferenz von den Westmächten nicht anerkannt ist, wird am 15. Okt. 1945 nachvollzogen.

906 Neuzeit – Zeitalter der Weltkriege

Der europäisch-atlantische Westkrieg (Juni 1944 – Mai 1945)

Der westliche Kriegsschauplatz (Juni 1944 – Mai 1945)

1944
12. Juni Bis zu diesem Tage sind bereits 326 000 Mann alliierter Truppen in der Normandie gelandet (bis zum 29. Juli 1,566 Mio. Mann).
Deutscherseits beginnt der *Abschuß von unbemannten Flugkörpern* (propagandistisch als „Vergeltungswaffe" *V 1* bezeichnet) gegen den Großraum London. Eine größere Wirkung geht von diesem in wechselnder Stärke bis zum Verlust der Abschußrampen in Nordfrankreich am 1. Sept. geführten Einsatz nicht aus (bis dahin 8000 V 1 abgeschossen, danach von der Nordsee aus noch weitere 1200; ferner auf Antwerpen und andere Städte im Westen im Winter 1944/1945 nochmals 8000).

30. Juni *Cherbourg* wird *von den Alliierten erobert.* Die Front verläuft nun vom Fuße der Halbinsel Cotentin bis in den Raum östlich von Caen. Die materialmäßige Übermacht drückt die Verteidiger systematisch weiter zurück.

17. Juli *Generalfeldmarschall Rommel* wird durch Fliegerangriff *schwer verletzt;* sein Nachfolger als Oberbefehlshaber der „Heeresgruppe B" wird *Günther von Kluge* (* 1882, † 1944), der seit dem 3. Juli bereits als Nachfolger Rundstedts als Oberbefehlshaber West die Verantwortung für den ganzen westlichen Kriegsschauplatz trägt.

31. Juli Der **Durchbruch der Amerikaner** durch den Westteil der deutschen Front **bei Avranches** leitet zum Bewegungskrieg über. Hitler befiehlt das Halten von „Festungen" an der Küste und einen Gegenangriff gegen Avranches, der scheitert und infolge des Vorstoßes der Amerikaner in den Rücken der bisherigen Front zum Kessel von Falaise führt. Aus diesem kann ein Teil der deutschen Truppen noch ausbrechen, doch ist Frankreich verloren. *Feldmarschall Walter Model* (* 1891, † 1945), Nachfolger *von Kluges,* der am 18. Aug. Selbstmord verübt, bleibt nur, den Rückzug der Trümmer des Westheeres auf eine improvisierte neue Front: belgisch-niederländische Grenze – Westwall bis Trier – westlich Elsaß-Lothringens, nicht zur Katastrophe werden zu lassen.

15. Aug. Amerikanisch-französische *Landung an der Südküste Frankreichs* zwischen Cannes und Toulon: die Invasoren stoßen bei nur hinhaltendem deutschem Widerstand schnell zur französisch-italienischen Alpengrenze und Rhône-aufwärts in Richtung Lyon–Dijon vor. Die Landung in Südfrankreich erweist sich als strategisch überflüssig; Churchill hat sich mit seinem Alternativplan nicht durchsetzen können, mit starken Kräften von der italienischen Front aus über Laibach (Ljubljana) nach Wien vorzustoßen.

17. Aug. *Marschall Pétain* und *Pierre Laval,* letzterer hat in Paris seine Demission erklärt, werden von Hitler gezwungen, von Vichy zunächst nach *Belfort* und später nach *Sigmaringen* überzusiedeln, um die ‚legale' französische Regierung im deutschen Machtbereich zu halten.

25. Aug. **Die Amerikaner und De-Gaulle-Truppen rücken in Paris ein,** dessen Zerstörung Hitler vergeblich befohlen hat (Weigerung des Stadtkommandanten *Dietrich von Choltitz,* diesen Befehl auszuführen).

3. Sept. Die *Briten besetzen Brüssel.* Der König der Belgier, Leopold III., ist schon bei Invasionsbeginn nach Deutschland gebracht worden.

4. Sept. Mit der *Einnahme von Antwerpen,* des ersten unzerstörten Hafens, scheint der Rest des deutschen Westheeres, der sich noch zwischen der Seine- und der Somme-Mündung im Rückzug befindet, von der Verbindung nach Deutschland abgeschnitten. Doch stoßen die Alliierten nicht über Antwerpen hinaus nach Norden vor, so daß der Rückzug über Walcheren und die Maas-Mündung überraschend doch gelingt. Die Folge ist, daß der Zugang zu Antwerpen für die Alliierten bis Nov. 1944 gesperrt bleibt.

8. Sept. Von beweglichen Abschußrampen beginnt der *Einsatz von Raketengeschossen* („*V 2*") *gegen London* (auch gegen Antwerpen). Anders als bei der „V 1" besteht keine Abwehrmöglichkeit, so daß die psychische Belastung der Zivilbevölkerung durch den Einsatz dieser neuen Waffe beträchtlich ist, ohne daß es gelingt, die britische Widerstandskraft zu zermürben. (Bis zum 27. März 1945 werden insgesamt 1115 „V 2" gegen London abgeschossen, weitere 2050 gegen Antwerpen, Brüssel und Lüttich bis 2. April 1945).

17. Sept. Um das Verlangsamen und Ausrinnen der alliierten Offensive zu verhindern und nach Möglichkeit doch noch 1944 die Entscheidung herbeizuführen, läßt der britische Oberbefehlshaber *Feldmarschall Bernard Montgomery* starke *Luftlandetruppen* im Raume von *Arnheim und Nimwegen* hinter der deutschen Front absetzen mit dem Ziel, die Rheinbrücken in Besitz zu nehmen und über sie hinweg einen Vorstoß in die Norddeutsche Tiefebene zu ermöglichen. Das Unternehmen schlägt bei Arnheim fehl; die Luftlandetruppen werden aufgerieben. Lediglich ein schmaler „Schlauch" von der niederländisch-belgischen Grenze bis Nimwegen kann gehalten werden, so daß sich die Front an der deutschen Westgrenze bis zum Reichswald verlängert.

21. Okt. Nach schweren Kämpfen geht *Aachen als erste deutsche Großstadt verloren.* In äußerst verlustreichen Kämpfen dringen die Amerikaner bis zur Rur-Linie (Rur: Nebenfluß der

Übernationale Entwicklung – Zweiter Weltkrieg   907

Maas) bei Düren vor, bleiben dort aber im Nov. stecken. Der mehrfach versuchte Durchbruch durch die deutsche Front gelingt nicht. Auch im Süden, in Lothringen und im Elsaß, bleibt es bei Teilerfolgen für die Alliierten.

22./23. Nov. *Metz* und *Straßburg* fallen in alliierte Hand, doch vor der deutsch-französischen Grenze und in einem größeren Brückenkopf im Oberelsaß halten sich die deutschen Kräfte, so daß die improvisierte Westfront mit einigen „Einbuchtungen" bei Beginn des Winters als stabilisiert betrachtet werden kann.

16. Dez. 5.30 Uhr Hitler, der seit Ende Juli den Gedanken verfolgt hat, durch einen starken Gegenschlag die Westalliierten militärisch durcheinanderzubringen und nach Möglichkeit Großbritannien friedensreif zu machen, ist der Initiator der an diesem Tage beginnenden **Ardennenoffensive** im Raume zwischen Monschau und Echternach, für die unter Entblößung aller anderen Fronten, auch der Ostfront, die letzten deutschen Reserven zusammengezogen sind. Die Überraschung gelingt. Doch Hitlers allzu weit gestecktes Ziel: Antwerpen und die Einschließung der Heeresgruppe Montgomery in den südlichen Niederlanden und im nördlichen Belgien, ist unerreichbar. Nicht einmal die erste Etappe, die Gewinnung von Übergängen über die Maas, kann erreicht werden. Die deutschen Kräfte bleiben vor Malmédy, im Raume von Bastogne, das nicht genommen werden kann, und im nördlichen Luxemburg stecken, nachdem bei Aufklaren des Wetters die alliierte Luftüberlegenheit voll zur Geltung kommt.

22. Dez. Das *Scheitern des Unternehmens* ist nicht mehr zu übersehen.

31. Dez. Hitler befiehlt einen *zweiten Offensivstoß* im Westen: von Norden und Süden gegen Straßburg, das infolge einer Intervention de Gaulles bei General Eisenhower nicht, wie schon erwogen, von den Amerikanern geräumt wird. Die Krise auf seiten der Westalliierten ist beim Jahreswechsel bereits überwunden. Allerdings sind sie bei Beginn der sowjetischen Großoffensive am 12. Jan. 1945 nicht in der Lage, ihrerseits sofort zur Offensive im Westen überzugehen.

1945 8. Febr. Eine *britisch-kanadische Offensive* beginnt südöstlich von Nimwegen. Sie kommt gegen hartnäckigen deutschen Widerstand, im Reichswald und südlich davon, nur schrittweise voran.

23. Febr. Nachdem durch Überfluten der Rur die alliierte Großoffensive hinausgezögert, aber nicht verhindert werden kann, setzt sie nun mit voller Wucht ein und führt rasch zum Einsturz der deutschen Verteidigungspositionen links des Rheins.

7. März Den US-Truppen fällt die unzerstörte *Rheinbrücke bei Remagen* in die Hand; sie errichten einen – bald ausgeweiteten – Brückenkopf auf der rechtsrheinischen Seite. Von hier aus und von einem am 24. März bei *Wesel* gewonnenen weiteren großen Brückenkopf stoßen sie zangenartig um das Ruhrgebiet und das Bergische Land herum vor.

1. April Hier wird die stärkste deutsche Kräftegruppe im Westen, die *„Heeresgruppe B"* unter Feldmarschall Model, eingeschlossen.

18. April Mit ihren letzten Teilen wird sie zur Übergabe gezwungen. An diesem Tage haben die US-Truppen, in der Mitte Deutschlands nach Osten vorstoßend, bereits die *Elbe* und die *Mulde* erreicht und Brückenköpfe über sie gebildet. Magdeburg ist seit dem 18. April, Leipzig seit dem 19. April in ihrer Hand.

25. April **Die Amerikaner treffen mit der Roten Armee bei Torgau an der Elbe zusammen.** Damit ist das noch von den Deutschen gehaltene Gebiet in zwei Teile zerschnitten, den Nord- und den Südraum.

Nordraum:

26. April Die Briten, die ins Emsland und in die Lüneburger Heide vorgedrungen sind, nehmen Bremen.

2. Mai Die über die untere Elbe nach Osten vorstoßenden Briten nehmen *Lübeck,* die Amerikaner *Schwerin* und *Wismar* und verlegen damit der Roten Armee den Weg nach Schleswig-Holstein. Am 3. Mai rücken die Briten in das zur „Offenen Stadt" erklärte *Hamburg* ein.

5. Mai Die seit 19. April durch den britischen Vorstoß von Arnheim bis Groningen und zur Ijssel-See von ihren Verbindungen abgeschnittene „Festung Holland" (Generaloberst Blaskowitz) *kapituliert* im Zuge der am 4. Mai im Hauptquartier Montgomerys in der Lüneburger Heide unterzeichneten Teilkapitulation.

Südraum:

30. April *München* wird von den Amerikanern besetzt, die einen hartnäckigen deutschen Widerstand in der sog. *„Alpenfestung"* befürchten und daher mit stärkeren Kräften im Südraum als in Mitteldeutschland operieren.

3. Mai Die über Nordtirol in die Alpen hinein vorstoßenden Amerikaner treffen am *Brenner* auf die von Oberitalien herankommenden eigenen Kräfte. Im Osten haben sie die *Linie Karlsbad–Budweis–Linz* erreicht, verzichten jedoch auf den von der tschechischen Aufstandsbewegung in Prag erwarteten Stoß auf die Hauptstadt. Die *Franzosen,* die am 22. April *Stuttgart* erobert haben und bis zum Bodensee vorgedrungen sind, stoßen nach Vorarlberg hinein weiter.

908 Neuzeit – Zeitalter der Weltkriege

Im Augenblick der allgemeinen Kapitulation sind noch die „Festungen" Dünkirchen, Kanal-Inseln (Jersey, Guernsey, Alderney), Lorient, St. Nazaire und La Rochelle in deutscher Hand. Ihre Übergabe erfolgt am 10. Mai.

See- und Luftkrieg in Europa und im Atlantik (Juni 1944 – Mai 1945)

1944 Bei der Invasion in der Normandie ist die alliierte Überlegenheit zur Luft und auf See so überwältigend, daß der opferreiche Einsatz der schwachen deutschen Kräfte dagegen nichts Wesentliches auszurichten vermag. Die U-Boot-Stützpunkte am Atlantik gehen verloren; der U-Boot-Krieg wird von Norwegen aus fortgesetzt.

8. Sept. Mit der *Kriegserklärung Bulgariens* an Deutschland verlieren die seit jeher schwachen, aber insgesamt, zuletzt (April/Mai 1944) bei der Rückführung deutscher Truppen von der Krim, erfolgreichen leichten deutschen Seestreitkräfte im Schwarzen Meer ihre letzten Basen. Die Schiffe versenken sich selbst.

12. Nov. Schwere britische Bomber versenken im Tromsö-Fjord das deutsche Schlachtschiff „Tirpitz".

23. Nov. Nachdem deutsche Seestreitkräfte schon bei der Räumung Süd-Finnlands und Estlands (Sept. 1944) mitgewirkt haben, ist es ihnen gelungen, von der lange gehaltenen Halbinsel Sworbe (Ösel) fast 20 000 Soldaten und Flüchtlinge zu evakuieren.

1945 Im großen Stil wird die deutsche Kriegsmarine bei den Räumungstransporten aus den Ostseebrückenköpfen eingesetzt, die nach der Einnahme des größten Teils der deutschen Ostgebiete durch die Rote Armee im Zuge der sowjetischen Großoffensive (vom 12. Jan. 1945 an) infolge der Feuerunterstützung durch die noch verbliebenen deutschen Seestreitkräfte (Schwere Kreuzer „Prinz Eugen", „Scheer", „Lützow") mehrere Wochen lang gehalten werden können.

23. Jan. Von der deutschen Kriegsmarine werden nach *Schleswig-Holstein* und *Dänemark* von Pil-
–9. Mai lau, Danzig-Gotenhafen(Gdingen)-Hela, Kolberg und den von der Heeresgruppe Kurland gehaltenen Häfen Libau und Windau insgesamt *2 002 602 Flüchtlinge, Verwundete und Soldaten evakuiert.* Auf dem Seetransport treten Verluste von etwa 14 000 Menschen ein, davon die meisten durch die Torpedierung der großen Schiffe „Gustloff", „Steuben" und „Goya" durch sowjetische U-Boote.

9. April Durch britischen Luftangriff auf Kiel werden die Schweren Kreuzer „Scheer" und „Hipper" vernichtet, am 16. April bei Swinemünde der Schwere Kreuzer „Lützow".

5.–9. Mai Bei der letzten Evakuierungsfahrt von Hela nach Dänemark werden noch 43 000 Menschen nach Westen transportiert.

Die Geschehnisse des Luftkrieges über Deutschland in der Endphase

1944 In drei Nächten greifen über 600 Bomber der britischen *Royal Air Force* (RAF) *Stuttgart*
24.–29. an und verwüsten große Teile der Innenstadt: über 100 000 Obdachlose, fast 900 Tote
Juli unter der Zivilbevölkerung.

Aug. Zwei schwere britische Luftangriffe auf *Königsberg* (26./27.; 29./30. Aug.) vernichten weitgehend die Innenstadt.

18./19. Bei einem britischen Luftangriff auf *Gotenhafen* (Gdingen) werden zahlreiche Kriegs- und
Dez. Handelsschiffe versenkt.

24. Dez. Die alliierte Luftwaffe fliegt 6000 Einsätze gegen die deutschen Kräfte im Raum der Ardennenoffensive. Von ihrem Beginn am 16. Dez. an sind bereits 1088 deutsche Flugzeuge vernichtet worden.

Deutsche Flugzeugverluste (in Stück)

1. 9. 1939 – 9. 5. 1940	937 Stück		1. 7. 1942 – 31. 12. 1942	5 240 Stück
10. 5. 1940 – 1. 7. 1940	1 239 Stück		1. 1. 1943 – 31. 12. 1943	17 495 Stück
1. 7. 1940 – 1. 4. 1941	4 085 Stück		1. 1. 1944 – 30. 5. 1944	11 658 Stück
1. 4. 1941 – 28. 6. 1941	2 160 Stück		1. 6. 1944 – 31. 12. 1944	20 622 Stück
29. 6. 1941 – 30. 6. 1942	8 529 Stück			

Insgesamt: 1. 9. 1939 – 31. 12. 1944	71 965 Stück

1945 In einem Überraschungsschlag greifen über 1000 deutsche Flugzeuge alliierte Flugplätze
1. Jan. in den südlichen Niederlanden, in Belgien und Nordfrankreich an. 479 alliierte und 277 deutsche Flugzeuge werden zerstört oder abgeschossen (bei den deutschen zwei Drittel durch die eigene Flak, die keine Kenntnis von dem Unternehmen hatte). Damit sind die letzten deutschen Fliegerreserven verbraucht. Die deutsche Luftwaffe ist zu keiner größeren Aktion mehr fähig.

Übernationale Entwicklung – Zweiter Weltkrieg **909**

3. Febr.
Bei einem besonders schweren amerikanischen *Luftangriff auf Berlin* werden 2264 Tonnen Bomben abgeworfen: rd. 22 000 Tote unter der Zivilbevölkerung.

13./14. Febr.
Zwei schwere britische und ein amerikanischer *Luftangriff auf Dresden,* das voll von Flüchtlingen aus Schlesien ist, verwüsten die Innenstadt. Die Zahl der Opfer, die bis zu 200 000 geschätzt wurde, beträgt ca. 35 000.

14./15. April
Nachdem Hildesheim, Halberstadt und Würzburg bereits in ihren historischen Stadtkernen zerstört sind, trifft ein schwerer britischer Angriff *Potsdam:* rd. 5000 Tote unter der Zivilbevölkerung.

April
Letzter westalliierter Luftangriff auf Berlin (18./19.).

2./3. Mai
Mit einem *Angriff auf den Kieler Hafen* schließt das britische Bomberkommando den strategischen Luftkrieg gegen Deutschland ab.

Alliierte Bombenabwürfe auf deutsches Reichsgebiet und deutsch besetzte Gebiete (in Tonnen)

1940	14 600 t	1943	226 500 t
1941	35 500 t	1944	1 188 580 t
1942	53 755 t	1945	477 000 t

Der italienische Kriegsschauplatz (Juli 1944 – Mai 1945)

1944 4. Aug.
Nachdem die Alliierten Rom besetzt haben (4. Juni), ziehen sich die deutschen Kräfte in Etappen auf die „Grüne Linie" (südöstlich La Spezia – Apennin – nördlich Rimini) zurück. Die Räumung von Florenz schließt den Rückzug ab.
Im Bereich des unter der deutschen Militärmacht etablierten „republikanisch-faschistischen" Regimes Mussolinis in Norditalien entwickelt sich eine umfangreiche Partisanenaktivität der italienischen *„Resistenza",* die allerdings keine strategische Bedeutung gewinnt. Die deutsche Front kann im Zuge der alliierten Offensive nur an der Adria ein größeres Stück zurückgedrückt werden (5. Dez. Preisgabe von Ravenna).

1945 9. April
Die *alliierte Großoffensive* von Meer zu Meer beginnt. Sie erzielt am 19. April den Durchbruch auf Bologna.

27. April
US-Truppen erobern Genua. Am 28. April wird *Mussolini* bei Dongo von italienischen Partisanen gefangengenommen und *erschossen.*

29. April
Im alliierten Hauptquartier in Caserta wird die – schon seit Anfang März in Verhandlungen in der Schweiz vorbereitete – *Kapitulation der deutschen Streitkräfte in Italien unterzeichnet.* Sie tritt am 2. Mai 14 Uhr in Kraft.

2. Mai
Teile der 8. britischen Armee dringen in *Triest* ein und nehmen die Übergabe der deutschen Besatzung entgegen. Da jugoslawische Partisanen schon am 30. April Vororte von Triest erreicht haben, entwickelt sich ein *Konflikt zwischen Tito und den Westalliierten,* der erst mit dem Rückzug der jugoslawischen Partisanen aus Südkärnten (25. Mai), das zur britischen Besatzungszone Österreichs gehört, und nach der Festlegung einer Demarkationslinie in der Venezia Giulia und in Istrien (21. Juni), der zufolge Triest und Pola von den Briten zu besetzen sind, abklingt.

Griechenland/Jugoslawien (August 1944 – Mai 1945)

1944 25. Aug.
Nach dem Frontwechsel Rumäniens befiehlt Hitler eine „Auflockerung" der Besetzung Südosteuropas und eine Verlegung des Schwerpunkts der deutschen Verteidigung an die Drina-Linie in Mittel-Jugoslawien. Die ägäischen Inseln sollen geräumt werden. Das Tempo der sowjetischen Offensive in Rumänien und Bulgarien führt zur Beschleunigung des *Rückzuges aus Griechenland.*

21. Sept.
Die Peloponnes ist von den deutschen Truppen geräumt. Die Aufgabe der Inseln verläuft reibungslos, bis die Briten, die sich zunächst passiv verhalten, die Flugplätze in Griechenland angreifen. So bleiben schließlich deutsche Besatzungen auf Leros, Kos, Rhodos und West-Kreta u. a. zurück und halten sich dort bis zur allgemeinen Kapitulation.

13. Okt.
Britische Truppen rücken *in* das von den Deutschen geräumte und zur „freien Stadt" erklärte *Athen* ein.

2. Nov.
Nachdem am 31. Okt. Saloniki aufgegeben wird, haben sich die deutschen Truppen hinter die Nordgrenze Griechenlands zurückgezogen. Der Rückzug der „Heeresgruppe E" (Generaloberst Alexander Löhr) nimmt Züge der Anabasis an, da sich die deutschen Verbände, an der Flanke von der Roten Armee in Bulgarien und Nordost-Jugoslawien – am 20. Okt. ist Belgrad von sowjetischen und Tito-jugoslawischen Truppen eingenommen worden – bedroht, durch das von den Tito-Partisanen durchsetzte Gebiet in Mazedonien und Montenegro auf die Drina-Linie durchschlagen müssen. Die aus Albanien abgezogenen deutschen Truppen finden am 18. Dez. Anschluß an die „Heeresgruppe E".

910   Neuzeit – Zeitalter der Weltkriege

1945 Der über 1500 km geführte Rückzug findet an der Drina-Linie sein vorläufiges Ende
(13. Jan.).
6. April Nach der Aufgabe von Sarajewo zieht sich die „Heeresgruppe E" langsam aus Kroatien
auf die Südgrenze Österreichs zurück. Im Augenblick der allgemeinen Kapitulation steht
das Gros der Kampfverbände noch auf jugoslawischem Boden und fällt in jugoslawische
Kriegsgefangenschaft.
8. Mai Tito-Partisanen besetzen Agram.
15. Mai Die Masse des kroatischen Heeres, das sich der britischen 8. Armee ergeben hat, wird von
dieser an die Partisanenarmee Titos ausgeliefert. Auf dem Marsch von Bleiburg nach Marburg an der Drau werden 30 000, in der Umgebung Marburgs weitere 50 000 kroatische
Soldaten, ferner 30 000 Zivilisten umgebracht. Auch die auf deutscher Seite kämpfenden
serbischen und slowenischen Hilfskräfte werden ausgeliefert und von Partisanen getötet.
25. Mai Klagenfurt und Südkärnten werden von den Tito-Partisanen geräumt. Die *Briten besetzen
ganz Kärnten.*

Der nördliche Kriegsschauplatz (Oktober 1944 – Mai 1945)

1944 Im Zuge ihrer Offensive gegen die deutsche Lappland-Armee (ab 7. Okt.) erobert die *Rote
Armee* nach dem finnischen Petsamo (15. Okt.) die norwegische Grenzstadt *Kirkenes.* Sie
folgt der sich zurückziehenden deutschen Armee bis zum *Tana-Fjord.* Die deutschen Truppen gehen in Etappen weiter bis zum *Lyngen-Fjord* zurück, wo sie bis zur allgemeinen
Kapitulation stehenbleiben.
1945 An der norwegisch-schwedisch-finnischen Drei-Länder-Ecke räumen die deutschen Trup-
25. April pen den letzten Zipfel finnischen Territoriums. Damit ist der deutsch-finnische Krieg, der
von Finnland am 3. März rückwirkend zum 15. Sept. 1944 erklärt worden ist, beendet.
4. Mai Die im Hauptquartier Montgomerys in der Lüneburger Heide abgeschlossene Teilkapitulation schließt Dänemark mit ein. Hier – wie in Norwegen nach der allgemeinen Kapitulation – werden die deutschen Truppen in britische Gefangenschaft überführt.
11. Mai Sowjetische Truppen besetzen Bornholm.

Der Ostkrieg (Juni 1944 – Mai 1945)

1944 Am Jahrestag des deutschen Angriffs gegen die Sowjetunion 1941 beginnt eine *sowjetische*
22. Juni *Großoffensive gegen die deutsche „Heeresgruppe Mitte",* die einen nach Osten vorsprin-
genden großen Frontbogen zwischen Witebsk und Bobruisk hält. Sie führt in wenigen
Tagen zu einer Katastrophe, die Stalingrad weit in den Schatten stellt.
8. Juli Nach der Einnahme von Minsk (3. Juli) haben die sowjetischen Truppen die Reste der
4. deutschen Armee in einem Kessel südöstlich der Stadt zur Aufgabe des Kampfes gezwungen. Damit sind seit Offensivbeginn 28 deutsche Divisionen zerschlagen und rd.
350 000 Mann gefallen oder in sowjetische Kriegsgefangenschaft geraten. Ein Riesenloch
ist in die deutsche Front geschlagen, durch das die *Rote Armee in Richtung Ostpreußen
und Weichselbogen* bei Warschau vordringt.
13. Juli Eine zweite *sowjetische Großoffensive in Galizien* gegen die deutsche „Heeresgruppe
Nordukraine" dringt über Lemberg auf die obere Weichsel vor.
20. Juli Im Führerhauptquartier „Wolfsschanze" bei Rastenburg (Ostpreußen) scheitert das
Attentat des Obersten i. G. Claus Schenk Graf von Stauffenberg (* 1907, † 1944) **auf Hitler.**
29. Juli Vordringende sowjetische Truppen erreichen die Rigaer Bucht bei Tukkum. Damit ist die
„Heeresgruppe Nord" in Estland und im nördlichen Lettland von den Landverbindungen
abgeschnitten.
Die in Galizien vordringenden *sowjetischen Kräfte überschreiten bei Baranow die Weichsel* und errichten auf dem westlichen Ufer einen Brückenkopf, den sie in den nächsten
Wochen zu einer Absprungsbasis für künftige Operationen ausbauen.
3. Aug. Südöstlich von Warschau (in dem sich am 1. Aug. die polnische „Heimatarmee" gegen die
deutsche Besatzung erhoben hat) wird die sowjetische Offensive durch einen deutschen
Gegenstoß aufgehalten. Auch an der ostpreußischen Grenze kommt die sowjetische Offensive vorläufig zum Halten.
20. Aug. *Sowjetische Großoffensive* an der *rumänisch-deutschen Front* in der Moldau und in Bessarabien: Die neue 6. deutsche Armee wird südwestlich von Kischinew eingeschlossen und
aufgerieben. Durch das in die Front geschlagene Loch dringt die Rote Armee ins Zentrum
Rumäniens vor.
23. Aug. *König Michael* läßt den Staatsführer *Marschall Antonescu* verhaften, proklamiert die *Einstellung des Kampfes gegen die Sowjetunion* und erklärt nach einem deutschen Luftangriff
auf Bukarest an Deutschland am 25. Aug. den Krieg.

Übernationale Entwicklung – Zweiter Weltkrieg   911

31. Aug. Nachdem sie am Vortage das *Erdölgebiet von Ploeşti* besetzt haben, ziehen *sowjetische Truppen in Bukarest* ein. Am 6. Sept. erreichen sie das Eiserne Tor. Um das ungarische Nord-Siebenbürgen entwickeln sich mehrere Wochen dauernde Kämpfe.

5. Sept. *Die Sowjetunion erklärt Bulgarien den Krieg:* Die Rote Armee marschiert über die Donau und von der Dobrudscha aus in Bulgarien ein. In der Nacht zum 9. Sept. schiebt ein kommunistisch gesteuerter Staatsstreich in Sofia die am 2. Sept. gebildete pro-westliche Regierung Murawjew beiseite, die am 8. Sept. durch eine Kriegserklärung an Deutschland dem Dilemma für Bulgarien, vollkommen isoliert zu werden, zu entgehen gehofft hat. Am 19. Sept. ist *Sofia in sowjetischer Hand.*

19. Sept. *Finnland,* das bereits am 4. Sept. den Kampf gegen die Sowjetunion eingestellt hat, verpflichtet sich zur Teilnahme an der Vertreibung der deutschen Lappland-Armee aus Nordfinnland. Diese zieht sich unter Zerstörung der Städte und Unterkünfte auf die norwegische Grenze zurück.

13. Okt. Die „Heeresgruppe Nord" räumt *Riga* und zieht sich über Tukkum, das am 21. Aug. von deutschen Truppen zurückerobert worden ist, nach *Kurland* zurück. Dort ist die Heeresgruppe weiter von der Landverbindung mit Ostpreußen abgeschnitten, die durch einen sowjetischen Vorstoß zur Memel-Mündung und nach Polangen am 10. Okt. wieder, dieses Mal aber endgültig, abgerissen ist. In sechs Kurland-Schlachten im Winter 1944/1945 gelingt es der Roten Armee nicht, die Kurland-Armeen zu zertrümmern.

15. Okt. Ein am 29. Aug. in der *Mittel-Slowakei* begonnener *Aufstand* wird von der deutschen Wehrmacht *niedergekämpft*, nachdem die Rote Armee nicht über den Dukla-Paß in die Slowakei eindringen kann.

Die Waffenstillstands-Proklamation des ungarischen Reichsverwesers Horthy bleibt militärisch folgenlos, da die Ungarische Armee weiter an der Seite der deutschen Wehrmacht an den sich in das ungarische Tiefebene verlagernden Kämpfen teilnimmt.

16. Okt. *Sowjetische Offensive gegen Ostpreußen* wird nach Anfangserfolgen abgeschlagen. In Nemmersdorf südlich Gumbinnen werden bei der Rückgewinnung Greueltaten der sowjetischen Eroberer an der deutschen Zivilbevölkerung entdeckt. Die Front verläuft nach Abklingen der Kämpfe (5. Nov. Rückeroberung von Goldap) bereits auf deutschem Boden.

8. Dez. Beginn einer sowjetischen Großoffensive in Ungarn zwecks *Einschließung von Budapest* (die am 24. Dez. erzwungen ist). Die Stadt hält sich bis zum 11. Febr. 1945.

1945
12. Jan. Vom Baranow-Brückenkopf aus beginnt eine **Großoffensive gegen** die von allen Reserven (wegen der Ardennenschlacht im Westen) entblößte **deutsche Ostfront,** die sich in wenigen Tagen auf den gesamten Raum zwischen der Memel und den Karpathen ausdehnt. Sie wird

Jan. für die Bewohner der deutschen Ostgebiete zur Katastrophe. Sie versuchen, sich in Trecks
–März nach Westen durchzuschlagen oder die Ostseebrückenköpfe zu erreichen, von denen aus die deutsche Kriegsmarine eine großangelegte Rettungsaktion durchführt. Für diejenigen, die von der Roten Armee eingeholt oder überrollt werden, bedeutet dies in den meisten Fällen Verschleppung, Vergewaltigung oder Tod.

Durch den Vorstoß der Roten Armee aus dem Raum nördlich Warschau zum Frischen Haff bei Elbing wird *Ostpreußen abgeschnürt.* Die 4. Armee wird im Raume Heiligenbeil zusammengedrängt und bis zum 29. März aufgerieben. *Königsberg,* das seit dem 30. Jan. vom

April Samland abgeschnitten ist, Mitte Febr. aber noch einmal entsetzt werden, *kapituliert am 9. April.* Im Samland wird Pillau bis zum 25. April gehalten. Im Augenblick der allgemeinen Kapitulation hält sich die „Armee Ostpreußen" noch an der Weichselmündung, auf der Frischen Nehrung sowie auf der Halbinsel Hela. *Danzig* ist bereits am 30. März von der Roten Armee erobert worden.

Am schnellsten hat sich die sowjetische Großoffensive in der Mitte der Front entfaltet. *Warschau* wird am 17. Jan. *erobert.* Am 30. Jan. hat die Rote Armee schon bei Küstrin einen Brückenkopf über die Oder gewonnen und bedroht unmittelbar Berlin.

Das *oberschlesische Industriegebiet* ist Ende Januar unzerstört in sowjetische Hand gefallen. Am 15. Febr. ist *Breslau* von allen Seiten umzingelt. Es kann bis zum 6. Mai gehalten werden. Die Front kommt erst am Rande der Sudeten und im Bereich der Lausitzer Neiße und der Oder vorübergehend zum Stehen. In Hinterpommern hat der Kampf um *Kolberg* (bis 18. März) die Sowjets kurze Zeit aufgehalten.

6. März Mit der aus der Ardennenschlacht abgezogenen 6. SS-Panzerarmee führt Hitler die *letzte deutsche Offensive in Ungarn;* Ziel ist die Sicherung des ungarischen Erdölgebiets und die Wiedergewinnung der Donaulinie. Der Angriff scheitert nach wenigen Tagen.

16. März Die Rote Armee tritt in Ungarn zum *Gegenangriff* an und durchbricht die deutsche Front am 25. März. Am 4. April ist ganz Ungarn in ihrer Hand.

13. April Die **Rote Armee erobert Wien** und dringt danach bis St. Pölten vor. Sie besetzt das Burgenland und in den Tagen der allgemeinen Kapitulation die Steiermark (Graz am 8. Mai). (Am 27. April bildet der ehemalige Bundeskanzler Karl Renner im sowjetisch besetzten Wien eine österreichische Regierung, die vorerst [bis 7. Juli] von den Westmächten nicht anerkannt wird.)

912 Neuzeit – Zeitalter der Weltkriege

16. April Die **Rote Armee** beginnt an der Lausitzer Neiße und an der mittleren Oder den **Großangriff auf Berlin.**

22. April Hitler entscheidet sich in Berlin zu bleiben.

25. April Bei Ketzin westlich von Berlin treffen die Zangenarme der beiden sowjetischen Offensivkeile um Berlin zusammen. Damit ist die von schwachen Wehrmachtseinheiten, „Volkssturm" und Hitlerjungen verteidigte Reichshauptstadt von allen Landverbindungen abgeschnitten.

28. April Die *12. deutsche Armee (General Walther Wenck;* * 1900, † 1982) stößt von Belzig aus zum Entsatz auf Berlin vor, muß aber nach der Gewinnung von Ferch den Angriff abbrechen. Zu ihr können sich jedoch Teile der südlich Frankfurt/Oder eingeschlossenen *9. deutschen Armee* durchschlagen. Danach tritt die 12. Armee den Rückzug auf die Elbe in Richtung auf den amerikanischen Machtbereich an.

30. April **Selbstmord Hitlers** im Bunker der Reichskanzlei in Berlin (ca. 15.30 Uhr).

2. Mai **Kapitulation der Verteidiger von Berlin** vor der Roten Armee. Die sog. *„Gruppe Ulbricht"* (kommunistische Funktionäre) kehrt aus der Moskauer Emigration zurück und beginnt mit dem *Aufbau eines kommunistisch beherrschten Verwaltungsapparats in Berlin.* – Die Rote Armee besetzt *Rostock.*

5.–9. Mai In Prag *Aufstand tschechischer Nationalisten* gegen die deutsche Besatzungsmacht, der von SS-Verbänden und einer Division der im Okt. 1944 gegründeten „Wlassow-Armee" zunächst niedergeschlagen wird. Doch gehen die Wlassow-Truppen schließlich zu den Tschechen über.

7. Mai Die Rote Armee erreicht die Linie Wismar – Schwerin – Wittenberge und trifft dort auf

8. Mai die Amerikaner (7. Mai). Am 8. Mai rückt sie in Dresden ein.

10. Mai **Prag wird von der Roten Armee besetzt.**

Verluste der deutschen Wehrmacht

Kriegsjahr	Tote	Vermißte/Kriegsgefangene
1939/1940	88 353	5 420
1940/1941	160 171	14 228
1941/1942	485 000	65 844
1942/1943	464 524	389 967
1943/1944	573 238	974 249
bis 30. 11. 1944	139 713	264 346
Summe:	1 911 300	1 714 054

Einschließlich der aus der Wehrmacht Entlassenen
Summe aller Ausfälle bis 30. 11. 1944: 4 774 148

Das Ende des Krieges in Europa (Mai – August 1945)

1945 Großadmiral *Karl Dönitz* erhält in Plön (Schleswig-Holstein) die Nachricht vom Tode Hit-
1. Mai lers und übernimmt die Nachfolge als *Staatsoberhaupt* (Reichspräsident). Er verlegt am 2. Mai sein Hauptquartier nach Flensburg und beruft eine geschäftsführende Reichsregierung mit dem bisherigen Reichsfinanzminister *Lutz Graf Schwerin von Krosigk* als „Leitendem Minister" und Außenminister. Er entläßt Joachim von Ribbentrop und Heinrich Himmler, die sich im März/April vergeblich um Waffenstillstand mit den Westmächten bemüht haben. Ziel Dönitz' ist es, auf dem Wege über Teilkapitulationen Zeit zu gewinnen, um einem möglichst großen Teil des deutschen Ostheeres und der Flüchtlinge den Weg in den britisch-amerikanischen Machtbereich offenzuhalten. Er billigt nachträglich die am 29. April abgeschlossene und am 2. Mai bekanntgegebene deutsche Kapitulation in Italien.

4. Mai In seinem Auftrag unterzeichnet *Admiral Hans-Georg von Friedeburg* (* 1895, † 1945) im Hauptquartier des britischen Oberbefehlshabers Feldmarschall Montgomery die *Kapitulation aller deutschen Streitkräfte in den Niederlanden, in Nordwestdeutschland* (einschließlich der Inseln) und in *Dänemark.* Montgomery erklärt sich mündlich mit dem Übertritt der in Mecklenburg gegen die Rote Armee kämpfenden deutschen Truppen in britische Kriegsgefangenschaft einverstanden. In Haar bei München kapituliert die *„Heeresgruppe G".*

7. Mai *Generaloberst Alfred Jodl* unterzeichnet im Hauptquartier des westalliierten Oberbefehls-
2.41 Uhr habers General Eisenhower in Reims die **deutsche Gesamtkapitulation.** Es wird nur eine zweitägige Frist zum Rückzug der Truppen der deutschen Ostfront in den westlichen Machtbereich zugestanden.

9. Mai Im sowjetischen Hauptquartier **in Berlin-Karlshorst** wird von *Generalfeldmarschall Wil-
0.16 Uhr helm Keitel* (Chef des Oberkommandos der Wehrmacht), *Admiral von Friedeburg* (Ober-

Übernationale Entwicklung – Zweiter Weltkrieg 913

befehlshaber der Kriegsmarine) und *Generaloberst Hans-Jürgen Stumpff* ([* 1889, † 1968], stellv. OB der Luftwaffe; Nachfolger des am 23. April von Hitler aller Ämter entkleideten Hermann Göring ist Ritter von Greim) die **Unterzeichnung der Kapitulation wiederholt.** Seit 0.01 Uhr schweigen die Waffen, jede Truppenbewegung ist untersagt. In den letzten Tagen sind noch 1,85 Mio. Mann (d.h. über die Hälfte) des deutschen Ostheeres in den westlichen Machtbereich gelangt.

Im Bereich Böhmen und Mähren wird ein Teil von ihnen, auch die „Wlassow-Division", nachträglich von den Amerikanern der Roten Armee übergeben. Stalin wendet sich in einer Rundfunkansprache anläßlich des Sieges gegen eine Zerstückelung Deutschlands, die auf der Jalta-Konferenz von den „Großen Drei" beschlossen worden ist, von der sich jedoch Ende März schon die Sowjets und die britische Regierung distanziert haben.

23. Mai Die *Regierung Dönitz* in Flensburg-Mürwik, der eine Enklave überlassen worden ist und die bisher mit einer alliierten Kontrollkommission zusammengearbeitet hat, wird auf Weisung General Eisenhowers *verhaftet* und in die Kriegsgefangenschaft geführt. Damit ist de facto die de jure noch bestehende und bis dahin als solche von den Alliierten anerkannte deutsche Zentralregierung beseitigt.

5. Juni Die vier Hauptsiegermächte erklären mit der **Berliner Deklaration** ihrer Militärbefehlshaber die *Übernahme der obersten Regierungsgewalt in Deutschland* und setzen das am 14. Nov. 1944 vereinbarte Kontrollabkommen in Kraft.

29. Juni Die nach Prag zurückgekehrte Regierung unter *Edvard Beneš* tritt die Karpathen-Ukraine an die Sowjetunion ab, mit der die Tschechoslowakei damit eine gemeinsame Grenze gewinnt.

1.–4. Juli Briten und Amerikaner ziehen sich von der erreichten Linie Wismar – Wittenberge – Leipzig – Mulde auf die im 1. Zonenabkommen vom 12. Sept. 1944 vereinbarte *Demarkationslinie zwischen Ost und West* (Lübeck – Helmstedt – Eisenach – Hof) zurück. Die Westalliierten rücken in die von der Roten Armee geräumten *Berliner Westsektoren* ein.

5. Juli Die USA und Großbritannien erkennen die um einige Exilpolitiker (*Stanisław Mikołajczyk* stellvertretender Ministerpräsident) erweiterte Warschauer Regierung als „Regierung der nationalen Einheit" Polens völkerrechtlich an und lassen damit die *Exilregierung* von *Thomas Arciszewski* fallen.

17. Juli **Potsdamer Konferenz** der „*Großen Drei*" (Truman für die USA, Churchill – ab 29. Juli
–2. Aug. infolge des Wahlsieges der Labour Party Clement Attlee – für Großbritannien und Stalin für die UdSSR).

26. Juli Die „*Großen Drei*" senden einen ultimativen Appell an die *japanische Regierung* zur bedingungslosen Kapitulation. Die unbefriedigende Antwort löst die Forderung nach baldigem Kriegseintritt der Sowjetunion aus, wie in Jalta vereinbart.

Die Ergebnisse der Potsdamer Konferenz

Der Inhalt der Gespräche ist in einem Protokoll zusammengefaßt, von dem ein größerer Teil am 2. Aug. im *Kommuniqué* (unzutreffend oft als „*Potsdamer Abkommen*" bezeichnet) veröffentlicht wird. Im Mittelpunkt steht das Deutschland-Problem, bei dem vielfach Formelkompromisse angeboten werden. Das Scheitern der Konferenz kann durch das von Stalin am 30. Juli angenommene *Vorschlags-„Paket"* des (am 1. Juli von Präsident Truman berufenen neuen) amerikanischen Außenministers James F. Byrnes verhindert werden.

Es verknüpft die Anerkennung der Regierungen der *sowjetischen Satellitenstaaten* (unter bestimmten Bedingungen) mit der deutsch-polnischen Grenzfrage und dem Reparationsproblem. Deutschland soll während der Besatzungszeit als wirtschaftliche Einheit betrachtet werden, doch bringt die Regelung der Reparationsfrage faktisch die **Teilung Deutschlands** in zwei unterschiedliche Wirtschaftsgebiete mit sich. Da die USA und Großbritannien die Festlegung auf Gesamtziffern ablehnen, wird vereinbart, die *Reparationen* aus der laufenden Produktion der jeweiligen **Besatzungszonen** zu entnehmen, außerdem aus den deutschen Auslandsguthaben im jeweiligen Machtbereich. Jedoch sollen auch 15 % der Industrieausrüstungen der Westzonen gegen Lebensmittel aus der sowjetischen Zone und 10 % der für die Friedenswirtschaft „unnötigen" industriellen Ausrüstung ohne Gegenleistung aus den Westzonen an die Sowjetunion übergeben werden.

Das Gebiet *Nordostpreußen* mit Königsberg soll bei der „bevorstehenden Friedensreglung" der Sowjetunion abgetreten werden. Die übrigen *deutschen Ostgebiete* bis zur Oder und Lausitzer Neiße werden der Verwaltung des polnischen Staates unterstellt und aus der sowjetischen Besatzungszone ausgegliedert. Dies soll „bis zur endgültigen Festlegung der Westgrenze Polens" im Friedensvertrag mit Deutschland gelten.

Artikel XIII sieht die „Überführung der deutschen Bevölkerung oder von Bestandteilen derselben, die in Polen, der Tschechoslowakei und Ungarn zurückgeblieben sind", „in ordnungsgemäßer und humaner Weise" in deutsche Gebiete vor. Mit „Polen" sind, wie aus den Verhandlungen hervorgeht, auch die deutschen Ostgebiete gemeint.

Eine deutsche Zentralregierung ist vorerst nicht vorgesehen, wohl aber die Einrichtung von „Staatsse-

914   Neuzeit – Zeitalter der Weltkriege

kretariaten" für „Finanzwesen, Transportwesen, Verkehrswesen, Außenhandel und Industrie" ‚unterhalb' des Alliierten Kontrollrats.
Dem Friedensvertrag mit Deutschland soll der Abschluß von Friedensverträgen mit den ehemaligen europäischen Verbündeten Deutschlands vorausgehen, die auf der für Sept. 1945 vorgesehenen Fünfmächte-Außenministerkonferenz in London beraten werden sollen.

Der ostasiatisch-pazifische Krieg (Juli 1944 – September 1945)

1944 24. Juli	Die Amerikaner landen auf Tinian (Marianen). Sie bauen die eroberten Inseln dieser Gruppe als Flugbasen für Angriffe auf das japanische Mutterland aus.
3. Aug.	Nationalchinesische Truppen unter Führung des Chiang Kai-shek als Generalstabschef zur Verfügung gestellten amerikanischen *Generals Joseph W. Stillwell* erobern die Stadt Myitkyina in Nordburma. Ziel ist die Wiedereröffnung einer Landverbindung zu China über Nordburma – Assam.
8. Aug.	Im Zuge ihrer *großen Offensive im Süden Chinas* erobern die Japaner die Flugbasis Henyang, die die Amerikaner zu Angriffen auf die japanischen Hauptinseln benutzt haben.
18. Okt.	Präsident Roosevelt beruft *General Stillwell* aus China zurück.
19. Okt.	*General Douglas MacArthur* leitet mit einer Landung amerikanischer Truppen auf der Insel Leyte die *Rückeroberung der Philippinen* ein.
22.–25. Okt.	Unter Einsatz ihrer gesamten Flotte versuchen die Japaner, die amerikanische Landungsflotte vor Leyte zu vernichten. Der Ausgang dieser „*Seeschlacht bei den Philippinen*", in der die Japaner drei Schlachtschiffe und vier Flugzeugträger, die USA nur einen Flugzeugträger verlieren, markiert das *Ende Japans als Seemacht.* Die Rückeroberung der Philippinen ist zwar noch zu verzögern, aber nicht mehr zu verhindern. Damit aber wird die Verbindung zu den japanischen Positionen in Indonesien und in der Inselwelt des Südpazifik langfristig unhaltbar.
11. Nov.	Die Japaner haben die letzten großen Flugbasen der Amerikaner in Südchina erobert und eine Landverbindung mit Indochina hergestellt.
24. Nov.	Die *amerikanische Luftoffensive* gegen das japanische Mutterland von Saipan aus beginnt. Tokyo wird an diesem Tage und am 26. Nov. angegriffen.
1945 3. Jan.	Die Rückeroberung Burmas durch die Briten wird mit der Besetzung von Akyab eingeleitet.
28. Jan.	Ein *erster alliierter Transport* erreicht über die *neue Burma-Straße* (Assam-Straße) „Nationalchina".
4. Febr.	*Manila* wird von US-Streitkräften *besetzt.*
17. Febr.	Nach der Besetzung der *Bataan-Halbinsel* und der Felseninsel *Corregidor* (durch Fallschirmjägerabsprung) haben die Amerikaner die gesamte Manila-Bucht in ihrer Hand.
19. Febr.	Die *Amerikaner* landen *auf Iwojima* (Bonin-Inseln) und erobern es bis zum 16. März unter schweren Opfern.
25. Febr.	Von Saipan aus fliegen US-Geschwader einen *Brandbombenangriff auf Tokyo,* bei dem 28000 Gebäude zerstört werden.
9. März	Nach einem Ultimatum entwaffnen die Japaner die französischen Truppen in Indochina. Am 11. März hebt die japanische Regierung die französischen Protektorate und Kolonialstatute für Indochina auf. Dem früheren Kaiser von Annam Bao Dai wird die Pseudo-Herrschaft über Vietnam übertragen.
9./10. März	280 US-Bomber führen von den Marianen aus einen *Großangriff auf Tokyo:* ein Viertel aller Gebäude wird zerstört, fast 84000 Tote und 40000 Verwundete sind die Opfer.
1. April	Die *Amerikaner* landen *auf Okinawa* (Ryukyu-Inseln), unterstützt von einer gewaltigen Armada. Der Versuch der Japaner, durch einen Selbstopferungsangriff ihrer Rest-Flotte die Landung zu zerschlagen, endet am 7. April mit der Versenkung der letzten großen Kriegsschiffe Japans, darunter des Superschlachtschiffes „Yamato". Der Widerstand der Japaner auf Okinawa bricht am 21. Juni zusammen. Die USA haben mit Okinawa eine Flugbasis nur 500 km von der südlichen Hauptinsel Kyuschu entfernt gewonnen.
5. April	Die **Sowjetunion kündigt den sowjetisch-japanischen Neutralitätsvertrag** vom 13. April 1941 (völkerrechtlich wirksam erst am 13. April 1946!). Die japanische *Regierung Koiso* tritt zurück. *Admiral a. D. Kantaro Suzuki* bildet ein neues Kabinett, in dem wieder *Shigenori Togo* Außenminister wird.
3. Mai	Die Briten erobern *Rangun,* die Hauptstadt Burmas.
6. Mai	Japan betrachtet alle mit Deutschland abgeschlossenen Verträge aufgrund der Kapitulationsbereitschaft der Regierung Dönitz als von dieser gebrochen und bekundet seine Entschlossenheit, allein weiterzukämpfen.
16. Juli	In New Mexico (USA) gelingt die **Erprobung der Atomwaffe.**
21. Juli	Außenminister Togo bekundet in einer Botschaft an die Sowjetregierung die Bereitschaft Japans zur Kapitulation unter der Bedingung des Fortbestandes der Monarchie. Die Ant-

wort der japanischen Regierung auf den am 26. Juli abgesandten ultimativen Appell zur bedingungslosen Kapitulation wird von den „Großen Drei" in Potsdam als unzureichend erklärt.

6. Aug. **Abwurf der ersten amerikanischen Atombombe auf Hiroshima:** 80% der Stadt werden vernichtet, über 90 000 Menschen getötet, fast 40 000 verletzt (mit langfristigen Nachwirkungen).

8. Aug. Die **Sowjetunion erklärt Japan den Krieg** und beginnt eine Offensive zur Eroberung der Mandschurei, Koreas und der Kurilen.

9. Aug. **Abwurf einer zweiten amerikanischen Atombombe auf Nagasaki:** über 40 000 Tote und 60 000 Verwundete.

10. Aug. *Kaiser Hirohito* veranlaßt die Absendung eines **Kapitulationsangebots an die Alliierten** (Vorbehalt hinsichtlich der Rechte des Kaisers).

11. Aug. Die chinesischen Kommunisten unter Mao Tse-tung schließen sich in Nordchina mit zwei Armeen der sowjetischen Offensive an. Sie nähern sich Nanking und Shanghai.

14. Aug. Die japanische Regierung akzeptiert die alliierte Antwort, in der die Einsetzung einer alliierten Militärregierung in Japan angekündigt wird: für die Durchführung der Potsdamer Beschlüsse soll der japanische Kaiser verantwortlich sein. Nach dem Rücktritt des *Kabinetts Suzuki* beruft *Kaiser Hirohito* eine neue Regierung unter dem Prinzen *Naruhiko Higashikuni* mit *Mamoru Shigemitsu* als Außenminister.

14. Aug. In Moskau wird ein *Freundschafts- und Bündnisvertrag* zwischen der *Sowjetunion* und der *chinesischen Regierung Chiang Kai-shek* unterzeichnet, in dem China die in der Geheimabsprache zwischen den „Großen Drei" getroffenen Zwangsauflagen („gemeinsame Benutzung" der Häfen Port Arthur und Dairen, Beteiligung der Sowjetunion an den Eisenbahnen in der Mandschurei) akzeptieren muß.

15. Aug. Siegestag der Alliierten über Japan („VJ-Day").

18. Aug. Stalin lehnt eine Forderung Präsident Trumans ab, den USA eine zentral gelegene Kurilen-Insel zu überlassen.
Subhas Chandra Bose, der indische Nationalistenführer, stürzt bei Taipeh (Formosa) tödlich ab.

20. Aug. Der Führer der „Viet-Minh"-Partisanen in Indochina *Ho Chi Minh* erklärt in Hanoi die *Machtübernahme der Kommunisten.*

21. Aug. Die Japaner kapitulieren in der Mandschurei vor der Roten Armee.

25. Aug. Truppen Chiang Kai-sheks rücken in die Hauptstadt der Chinesischen Republik *Nanking* ein, drei Tage später in *Shanghai.*

2. Sept. Die Vertreter Japans (Außenminister *Shigemitsu,* Generalstabschef *General Yoshijiro*
10.30 Uhr *Umezu*) unterzeichnen auf dem amerikanischen *Schlachtschiff „Missouri"* in der Tokyo-Bucht die **„bedingungslose Kapitulation" Japans.** Die Gegenzeichnung erfolgt durch *General MacArthur.* Die japanischen Hauptinseln sollen von den USA besetzt werden. Die japanische Kapitulation in Korea südlich des 38. Breitengrades soll von den USA, nördlich davon von der Sowjetunion entgegengenommen werden. In Indonesien, Singapore und im südlichen Indochina (südlich des 16. Breitengrades) soll die Übergabe an die Briten, im nördlichen Indochina an Chiang Kai-shek erfolgen.

2. Sept. Ho Chi Minh proklamiert die Unabhängigkeit der *„Demokratischen Republik Vietnam".*

8. Sept. Offizieller Einzug der Amerikaner mit General MacArthur an der Spitze *in Tokyo.*

9. Sept. Die japanische China-Armee (rd. 1 Mio. Mann) kapituliert in Nanking vor Chiang Kai-shek.

10. Okt. *Chiang Kai-shek* und *Mao Tse-tung,* die sich am 28. Aug. in Chungking, dem provisorischen Sitz der Regierung Chiang Kai-shek, getroffen haben, vereinbaren ein *Stillhalteabkommen.*

24. Okt. Die Entwaffnung der Japaner wird offiziell für abgeschlossen erklärt.

Bilanz des Zweiten Weltkrieges

Der Versuch der drei „have-nots" Deutschland, Italien und Japan, die Spannungen zwischen den etablierten Großmächten untereinander sowie zwischen ihnen und der Sowjetunion ausnutzend, die 1919/1920 errichtete Weltordnung umzustürzen und die Erde in (auf ihre Interessen ausgerichtete) autarke, strategisch gesicherte „Großräume" aufzuteilen, ist im Verlaufe des Krieges nicht nur gescheitert, sondern hat im Gegenschlag nach der Verwüstung großer Teile des europäischen Kontinents und des ostasiatisch-pazifischen Raumes in einem äußerst opferreichen Ringen zur politischen Katastrophe für die „have-nots" selbst geführt, im Falle Deutschlands infolge des rassenideologischen Vernichtungskrieges mit der *Ausrottung der europäischen Juden* darüber hinaus auch zu einer moralischen Katastrophe. **Japan** und **Italien** scheiden als Großmächte aus, können jedoch ihre nationale Einheit wahren. **Deutschland** hingegen, das von Frankreich und Großbritannien – wie die Anfangsphase des Krieges gezeigt hat – nicht in die Schranken gewiesen werden konnte, hat nur durch das Zusammenwirken der **Sowjetunion**

916 Neuzeit – Zeitalter der Weltkriege

und der **USA** in einem „widernatürlichen" Bündnis total besiegt werden können und ist infolge des Zusammentreffens der beiden fundamental divergierenden Gesellschaftssysteme der beiden im Kriegsverlauf zu „Supermächten" aufgestiegenen ‚Flügelmächte' im Zentrum Deutschlands faktisch geteilt worden. Die Rivalität dieser beiden „Supermächte" – **Großbritannien** und **Frankreich** fallen ihnen gegenüber weit zurück – ist schon im Verlauf des Krieges mehrfach deutlich zutage getreten, so daß der zu Ende gehende Zweite Weltkrieg unmittelbar in den **kalten Krieg** der beiden „**Supermächte**" um Europa und Ostasien (wo zunächst die USA als überlegene Siegermacht wirken) sowie in Südostasien in die Auseinandersetzung zwischen den von den Japanern seit 1943 geförderten nationalistischen Bewegungen und den zurückkehrenden Kolonialmächten übergeht.

Menschenverluste

Deutschland:	5,25 Millionen, davon 500 000 Zivilisten
Sowjetunion:	20,6 Millionen, davon 7 Millionen Zivilisten
	(offizielle Angaben der Sowjetunion)
USA:	259 000
Großbritannien:	386 000, davon 62 000 Zivilisten
Frankreich:	810 000, davon 470 000 Zivilisten
Polen:	4,52 Millionen, davon 4,2 Millionen Zivilisten; ferner 1,5 Millionen in den von der Sowjetunion 1939 annektierten polnischen [Ostgebieten
Italien:	330 000
Rumänien:	378 000
Ungarn:	420 000, davon 280 000 Zivilisten
Jugoslawien:	1,69 Millionen, davon 1 280 000 Zivilisten
Finnland:	84 000
Norwegen:	10 000
Dänemark:	1 400
Bulgarien:	20 000
Griechenland:	160 000, davon 140 000 Zivilisten
Belgien:	88 000, davon 76 000 Zivilisten
Niederlande:	210 000, davon 198 000 Zivilisten
Japan:	1,8 Millionen, davon 600 000 Zivilisten
China:	unbekannt
Gesamtverluste:	rund 55 Millionen Tote

Die Einzelstaaten (1914–1945)

Deutschland (1914–1945)
(Forts. v. S. 769)

Deutschland im Ersten Weltkrieg (1914–1918)

Der Krieg, in dessen letztem Jahr etwa 8 von 16,7 Mio. männlichen Deutschen zwischen 15 und 60 Jahren im Dienst der Streitkräfte stehen (insgesamt über 2 Mio. gefallen), greift tief in die Entwicklung ein. Wirtschaftlich ergibt sich eine *Stärkung kriegswichtiger Industriezweige* (Metall-, Maschinen-, Elektro-, chemische Industrie), im Arbeitsleben eine vermehrte *Heranziehung von Frauen und Jugendlichen,* was die Stärkung von Emanzipationstendenzen zur Folge hat. Die Mobilisierung und Organisation aller Kräfte im Dienste der Kriegführung verschafft dem Staat einen steigenden Einfluß auf die Wirtschaft (*„Kriegssozialismus"*); Gründung von Reichswirtschaftsamt und Reichsarbeitsamt. Zur Deckung der *Kriegskosten* ist das Reich wegen der Schwächen seiner Finanzverfassung mehr noch als andere kriegführende Staaten auf das Mittel der Anleihe verwiesen (insgesamt 9 Kriegsanleihen mit 96,93 Mrd. Mark, die aber nur etwa 60% der Kriegskosten erbringen) – erst 1916 wird der Weg der Einführung neuer Steuern beschritten.

Die Verflechtung von in die Kriegswirtschaft einbezogene Betrieben besetzter Gebiete mit deutschen Firmen wird zum neuen Verbindungselement von Wirtschaftsinteresse und Kriegszielpolitik. Die Anspannung der Arbeitskräfte läßt die Bedeutung der Arbeiterbewegung wachsen, mit der sich die Arbeitgeber zu arrangieren beginnen. *Soziale Veränderungen* sind noch stärker bei den mittelständischen Gruppen sichtbar, wo eine (auch im Vergleich zu anderen Teilen der Gesellschaft) erhebliche Verarmung festzustellen ist. Die *Parteipolitik* wird von den beiden Alternativen Verständigungsfrieden (von der Linken gefordert) und Siegfrieden (Ziel der Rechten und lange auch der Mitte) sowie schließlich von der Zusammenarbeit der überwiegenden Reichstagsmehrheit (ohne Konservative) im Interfraktionellen Ausschuß bestimmt. Gegenüber der Kooperation der Reichstagsmehrheit und der Annäherung der SPD an den Staat bilden sich radikale Parteien auf der Linken (USPD) und der Rechten (Vaterlandspartei). So unsicher die *Parlamentarisierung* des Reichs am Vorabend des Kriegs noch scheint, so unausweichlich wird sie in seinem Verlauf: Die Verfassung des Deutschen Reichs erweist sich gegenüber den außerordentlichen Belastungen weniger gewachsen als die großen Demokratien des Westens.

1914 **4. Aug.**	Im Reichstag werden die **Kriegskredite** von allen Parteien einschließlich der Sozialdemokraten bewilligt.
1915	Der innenpolitische „Burgfriede" wird gehalten, wenngleich die linke Opposition in der SPD wächst und die Diskussion um eine verfassungspolitische „Neuorientierung" beginnt.
1916 **29. Aug.**	Abspaltung einer linken sozialdemokratischen Fraktion im Reichstag (24. März). Die Übernahme der **Obersten Heeresleitung** durch Generalfeldmarschall Paul von *Hindenburg* (* 1847, † 1934) und *General Erich Ludendorff (3. OHL)* leitet die Zeit des maßgebenden Einflusses Ludendorffs in den entscheidenden Fragen der Politik ein: *Hindenburg-Programm:* Maßnahmen zur Zusammenfassung aller Kräfte des Wirtschafts- und Arbeitspotentials, Kriegsamt für die zentrale Leitung der Kriegswirtschaft unter General Wilhelm Groener (* 1867, † 1939).
5. Dez.	**Vaterländisches Hilfsdienstgesetz** vom Reichstag angenommen: Verpflichtet die nicht eingezogenen Männer vom 17.–60. Lebensjahr zum Dienst in der Rüstungsindustrie und in kriegswichtigen Einrichtungen; mit der Begründung obligatorischer Arbeiter- und Angestelltenausschüsse in den Betrieben sowie paritätischer Schlichtungsausschüsse wird der Weg zur Mitbestimmung der Arbeitnehmer und zur Erweiterung des gewerkschaftlichen Einflusses beschritten. Die *Gewinnung von Stickstoff aus der Luft* (Haber-Bosch-Verfahren; Leunawerk [Leuna an der Saale bei Merseburg]) seit 1916/1917 macht die deutsche Kriegswirtschaft in der Schießpulver- und Sprengstoffproduktion von der Salpetereinfuhr unabhängig.
1917	Dagegen *Verschärfung der innenpolitischen Spannung* in der ersten Hälfte des Jahres 1917. Der harte Winter, die knapp werdende Ernährung, die russische Revolution, die Kriegserklärung der USA wirken lähmend, zumal die versprochene Neuorientierung unterbleibt.
7. April	Die „Osterbotschaft" Wilhelms II. als König von Preußen kündigt die Aufhebung des Dreiklassenwahlrechts an.
9.–11. April	Spaltung der SPD auf der Gothaer Konferenz. Gründung der *Unabhängigen Sozialdemokratischen Partei Deutschlands* (USPD, Vorsitzender Hugo Haase; * 1863, † 1919), die offen den Kampf gegen die Fortführung des Krieges aufnimmt. Große Streiks in Berlin, Leipzig und anderen Städten (Mitte April).
6. Juli	Der Zentrumsabgeordnete Matthias Erzberger (* 1875, † 1921) fordert im Hauptausschuß des Reichstags eine Friedensresolution mit dem Programm des annexionslosen Friedens, da keine Aussicht auf den Sieg bestehe und dieser auch durch den U-Boot-Krieg nicht er-

918   Neuzeit – Zeitalter der Weltkriege

zwungen werden könne. (Von diesem Tage an treffen sich führende Abgeordnete der SPD, des Zentrums, der Fortschrittspartei und zeitweise auch der Nationalliberalen zu informellen politischen Koordinationsbesprechungen im sog. Interfraktionellen Ausschuß. Damit wird die *Parlamentarisierung der Reichsverfassung* vorbereitet.)

14. Juli   *Reichskanzler Bethmann Hollweg wird entlassen* nach Rücktrittsdrohung von Hindenburg und Ludendorff, die seine gescheiterten innen- und außenpolitischen Verständigungsversuche ablehnen.
Sein Nachfolger Georg *Michaelis* (gleichzeitig preußischer Ministerpräsident, * 1857, † 1936) vermag weder eine konstruktive Zusammenarbeit mit der Reichstagsmehrheit noch eine gegenüber der Heeresleitung eigenständige Politik zu bewerkstelligen.

19. Juli   *Friedensresolution* der Reichstagsmehrheit im Sinne der Rede Erzbergers vom 6. Juli.
Die innere Entwicklung wird hinfort bestimmt durch den Gegensatz zwischen einer fortschreitenden Parlamentarisierungstendenz und dem beherrschenden politischen Einfluß der Heeresleitung (Ludendorff).

2. Sept.   Wolfgang Kapp (* 1858, † 1922) gründet die rechtsradikale *Deutsche Vaterlands-Partei* zur Förderung der Siegfriedensbestrebungen; Unterstützung durch die Alldeutschen sowie durch Konservative und Liberale (Auflösung 10. Dez. 1918).

1. Nov.   Der bisherige bayrische Ministerpräsident Georg Graf *Hertling* (* 1843, † 1919) vom rechten Flügel des Zentrums wird Reichskanzler und preußischer Ministerpräsident, vermag aber trotz Einbeziehung führender Parlamentarier (Vizekanzler Friedrich von Payer, Fortschritt [* 1847, † 1931], u.a.) in Staatssekretärs- und Ministerstellen keinen eigenen Kurs gegen Ludendorff durchzusetzen.

1918
28. Jan.   Beginn eines mehrere Tage andauernden, erfolglosen Massenstreiks in Berlin und anderen großen Städten.

14. Aug.   Auf einer Konferenz im Kaiserlichen Hauptquartier erklärt die Oberste Heeresleitung erstmals offen die *Fortführung des Krieges für aussichtslos.*

29. Sept.   Hindenburg und Ludendorff fordern ultimativ die Erneuerung der politischen Leitung mit parteipolitischer Anbindung und ein sofortiges Waffenstillstandsangebot.

30. Sept.   Reichskanzler Hertling entlassen.

3. Okt.   *Prinz Max von Baden* (* 1867, † 1929), der das Ersuchen der Obersten Heeresleitung um sofortigen Waffenstillstand unterzeichnet, wird zum Reichskanzler und preußischen Ministerpräsidenten ernannt.
Die Mehrheitsparteien treten durch Staatssekretäre ohne Portefeuille in die Regierungsverantwortung ein.

24.–28. Okt.   *Verfassungsreform* von Reichstag, Bundesrat und Kaiser angenommen: Der Reichskanzler bedarf jetzt des Vertrauens des Reichstags; Kriegserklärung und Friedensschluß nur noch mit Zustimmung von Reichstag und Bundesrat.

26. Okt.   *Entlassung Ludendorffs,* Nachfolger Groener.

28. Okt.   Beginn der *Meuterei auf der deutschen Hochseeflotte,* die dadurch an einem letzten, in der Zielsetzung umstrittenen Auslaufen gehindert werden soll.

3./4. Nov.   Matrosenaufstand in Kiel.

6. Nov.   Übergreifen der Bewegung auf Hamburg, Bremen, Lübeck.

7. Nov.   Revolution in München. Sturz der Wittelsbacher, Freistaat Bayern proklamiert: Regierung der Arbeiter-, Bauern- und Soldatenräte unter Kurt Eisner (USPD, * 1867, † 1919).

8. Nov.   Reichskanzler Max von Baden verkündet eigenmächtig unter Druck der Massen die

9. Nov.   Abdankung des Kaisers. Philipp Scheidemann (SPD; * 1865, † 1939) ruft die **Deutsche Republik** aus, um der radikalen Linken zuvorzukommen. Prinz Max überträgt dem SPD-Vorsitzenden Friedrich Ebert (* 1871, † 1925) die Wahrnehmung der Geschäfte des Reichskanzlers. Vom Großberliner Arbeiter- und Soldatenrat legitimierter *Rat der Volksbeauftragten* aus je drei SPD- (darunter Ebert und Scheidemann) und USPD- (darunter Haase) Mitgliedern.

10. Nov.   Flucht Wilhelms II. in die neutralen Niederlande.

11. Nov.   *Waffenstillstand von Compiègne* (an der Oise nordöstlich von Paris) nach Verhandlungen unter Erzbergers Führung.

12. Nov.   Im „Aufruf des Rats der Volksbeauftragten an das deutsche Volk" stellt dieser sich als „die aus der Revolution hervorgegangene Regierung" vor. Sie werde „das sozialistische Programm verwirklichen". Dagegen sieht sich der ebenfalls auf der Versammlung der Berliner Arbeiter- und Soldatenräte gewählte „Vollzugsrat" dieser Räte als das übergeordnete revolutionäre Organ an. Dahinter steht die Absicht einer Räteverfassung für Deutschland, während Ebert das Ziel einer parlamentarischen Demokratie verfolgt. – Die Provisorische Nationalversammlung von *Deutschösterreich erklärt den Anschluß an Deutschland.*

14. Nov.   Ernennung der Fachminister beim Rat der Volksbeauftragten, darunter auch mehrere Nichtsozialisten.
Als **Gegengewichte gegen eine weitertreibende sozialistische Revolution** wirken: Die von Anbeginn enge Verbindung zwischen Ebert und der Obersten Heeresleitung (Hindenburg

und Groener) zwecks geordneter Auflösung des Heeres und Aufrechterhaltung von Ruhe und Ordnung und das sog. *Stinnes-Legien-Abkommen:*

15. Nov. Gründung der Zentralarbeitsgemeinschaft zwischen Arbeitgebern und Arbeitnehmern (Gewerkschaften) im Sinne einer Tarifpartnerschaft auf neuen sozialpolitischen Grundlagen (z. B. kollektiver Arbeitsvertrag, Achtstundentag).

25. Nov. Konferenzen von Regierungsvertretern der Bundesstaaten, in denen sich überall der revolutionäre Umschwung (Ende der Monarchien) zeigt: für Aufrechterhaltung der Reichseinheit und Wahlen zur Nationalversammlung.

28. Nov. Abdankung Kaiser Wilhelms II.

29. Nov. Beschluß des Rats der Volksbeauftragten auf der Basis der Regierungs-Konferenzen vom 25. Nov.

16.–20. Dez. *Deutscher Rätekongreß in Berlin.* Die auf der Basis von Betrieben und einzelnen Truppenteilen mehr oder minder spontan entstandenen, insgesamt sehr heterogenen, gleichwohl zu Trägern der Revolution gewordenen Arbeiter- und Soldatenräte, die an sich alle exekutiven, legislativen und jurisdiktionellen Befugnisse beanspruchen (sich aber allenfalls auf die Leitung und Kontrolle der vorhandenen Institutionen beschränken), sind mehrheitlich SPD-orientiert. Der Kongreß lehnt das Rätesystem als politische Organisationsform des Reichs ab und beschließt Wahlen zur Nationalversammlung am 19. Jan. 1919.

24. Dez. Unruhen und Kämpfe um das Berliner Schloß.

29. Dez. Die USPD tritt aus dem Rat der Volksbeauftragten aus.

ab 30. Dez. Gründungsparteitag (bis 1. Jan. 1919) der *Revolutionären Kommunistischen Arbeiterpartei (später KPD)* in Berlin; führend u. a. Karl Liebknecht (* 1871, † 1919) und Rosa Luxemburg (* 1870, † 1919).

Die Weimarer Republik (1919–1933)

In der Novemberrevolution, die im Februar 1919 verebbt, verhindern die Mehrheitssozialisten (SPD) unter *Friedrich Eberts* Führung im Zusammengehen mit Heeresleitung (Wilhelm Groener) und Verwaltungsspitzen die gesellschaftliche Umwälzung und setzen die Errichtung des **liberaldemokratischen Verfassungsstaats** durch. In ihm bleiben die Wirtschafts- und Agrarverfassung (Großgrundbesitz) unangetastet, infolge der Parlamentarisierung werden die alten, in den Spitzen weiterhin adligen Führungseliten verdrängt, halten sich aber großenteils im Heer und im diplomatischen Dienst. Das abschreckende Beispiel der bolschewistischen Oktoberrevolution, ein weitverbreitetes Bedürfnis nach Ruhe und Ordnung, die relative Stabilität wichtiger Stützen der alten Ordnung und die Notwendigkeit, überwältigende aktuelle Probleme vor allem der Ernährung zu lösen, verfehlen ihre Wirkung nicht, zumal sich die vorrangige Frage nach einem vertretbaren Friedensschluß rasch als unlösbar erweist: Der **Versailler Vertrag** wird nicht nur wegen seiner Bestimmungen an sich zur Hypothek der jungen Republik, sondern weil er verbunden ist mit der Anerkennung der Kriegsschuld und der Verweigerung der internationalen Gleichberechtigung. Die mangelnde Bereitschaft der Rechten und des Militärs, die von der Koalitionsregierung der SPD und des Zentrums mangels jeder Alternative eingegangene Annahme des Vertrags zu respektieren und die militärische Niederlage als unkorrigierbar anzuerkennen, hilft, die Republik zu diskreditieren. Die u. a. von Hindenburg und Ludendorff frühzeitig wider ihr besseres Wissen verbreitete *Dolchstoßlegende,* die Revolution sei der unbesiegten Frontarmee in den Rücken gefallen, findet angesichts der Diskrepanz zwischen Nationalstolz, Kriegspropaganda und militärischen Erfolgen auf der einen, dem raschen Zusammenbrechen der Front auf der anderen Seite weithin Glauben und vergiftet die Atmosphäre nachhaltig.

Unter den **finanziellen Kriegsfolgen** sind die von den Siegern auferlegten *Reparationen* als im Ergebnis weniger wirksam zu veranschlagen als die von der Kriegsfinanzierung durch Anleihen verursachte *Entwertung des Geldes,* die sich nach Kriegsende durch das Vordringen von lange zurückgestauter Kaufkraft bei noch zu geringer Güterproduktion erheblich beschleunigt. Kriegsfolgelasten aller Art (z. B. Versorgung von Kriegsopfern, Hinterbliebenen, entlassenen Berufssoldaten) führen zur Überlastung des Etats, der, um den Staatsbankrott zu vermeiden, in die weitere Kreditierung, in diesem Falle also in die Beschleunigung der Inflation ausweicht. V. a. *mittelständische Gruppen* (wie kleine Selbständige) werden stark geschädigt und wenden sich – in erster Linie auf Kosten der Parteien der bürgerlichen Mitte – bald von der Republik ab. Dagegen können sich sowohl die unteren Lohnstufen der Arbeitnehmer als auch das wirtschaftende Unternehmertum verbessern, doch werden erstere hart von der bei Kriegsende erstmals im deutschen Industriestaat auftretenden *Massenarbeitslosigkeit* getroffen (Anfang 1919 noch über 1 Mio.). Diese finanziellen, wirtschaftlichen und sozialen Kriegsfolgen hängen ebensowenig wie die außenpolitischen mit der Entstehung des demokratischen Staats zusammen, werden ihm jedoch nicht nur von ehemaligen politisch-gesellschaftlichen Machtträgern des Kaiserreichs, sondern auch von weiten Bevölkerungskreisen angelastet.

Auch der kaiserliche *Autoritätsverlust,* nur zeitweilig ausgeglichen durch das Ansehen der Heeresleitung, hinterläßt ein Defizit, das den demokratischen Neuansatz auf Dauer belastet. Diese und andere Kriegsfolgen erweisen sich als *Dauerprobleme,* deren Folgen die Republik bis zu ihrem Ende begleiten.

Aufbau und Institutionen der Weimarer Republik

Verfassung, Strukturen und Probleme der Weimarer Republik

Nach der **Verfassung** ist das Deutsche Reich eine demokratische Republik mit starker Stellung des Reichspräsidenten, dessen Ausnahmegewalt (Notverordnungsrecht nach Artikel 48, wenn „die öffentliche Sicherheit und Ordnung erheblich gestört oder gefährdet wird") sich als zweischneidig erweist. Der auf eine starke Zentralgewalt abzielende Entwurf des linksliberalen Staatsrechtlers und Reichsinnenministers (1918/1919) Hugo Preuß (* 1860, † 1925) ist angesichts der normativen Kraft des ohne verfassungspolitisch einschneidende territoriale Veränderung fortbestehenden Länder nur in erheblich veränderter Fassung maßgebend. *Gefährlichere Mängel* bestehen im Reich-Länder-Verhältnis (Dauerproblem der Reichsreform, Fortbestehen der meisten Kleinstaaten, Sonderrolle Bayerns, Finanzreform) sowie in der mangelhaften Klärung der Verantwortung im Dreieck Reichspräsident – Reichsregierung – Reichstag, die es den **Parteien** erschwert, in eine dauerhafte Regierungsverantwortung mit einzutreten: Das Rollenverständnis der Parteien wird ebenso wie die Grundstruktur des Parteiensystems in gewandelter Form aus dem *Konstitutionalismus des Kaiserreichs* übernommen. Es bleibt bei kurzfristigen Einigungsformeln und prekären Mehrheiten. Der Übergang vom Mehrheits- auf das eingeschränkte *Verhältniswahlrecht* (16 Großwahlkreise) beseitigt die regionale Bindung der Parteien nicht, schwächt sie lediglich ab, erleichtert aber kleinen und kleinsten Gruppen noch stärker die parlamentarische Repräsentation (ohne freilich als Hauptursache der *Parteienzersplitterung* gelten zu können, die sich gegenüber der Kaiserzeit nur graduell verstärkt).
So gelingt es – besonders nach der Wahlniederlage 1920 – gerade der stärksten Partei der Republik, der **SPD** (1,02 Mio. Mitglieder 1929, vorwiegend Arbeiter), immer weniger, das Reich durch Beteiligung an der Exekutive mitzugestalten, obgleich die Sozialdemokraten maßgebliche Repräsentanten der Weimarer Republik stellen wie den Reichspräsidenten *Ebert*, die Regierungschefs *Scheidemann, Bauer* und *Müller* (1920 und 1928–1930), den Wehrminister (1919/1920) *Noske*, den Justizminister (1921/1922, 1923) Gustav *Radbruch* (* 1878, † 1949), den Finanzminister (1923, 1928/1929) Rudolf *Hilferding* (* 1877, † 1941); die Partei bleibt im Reichstag fünf Jahre lang in der Opposition, versucht jedoch den modellhaften Ausbau **Preußens** in fast ununterbrochen 1919–1932 dauernder Koalition mit dem Zentrum: Mit fast fünf Achteln der Bevölkerung und mehr als drei Fünfteln der Fläche stellt das größte Land einen bemerkenswerten Stabilitätsfaktor dar, sehen sich die Republikfeinde von rechts lange Zeit auf eine Außenseiterrolle beschränkt. Die preußische Sozialdemokratie wird durch Politiker wie Ministerpräsident (1920/1921 und 1921–1925 sowie 1925–1932) Otto *Braun* (* 1872, † 1955) und Innenminister (1920–1921 und 1921–1926 sowie 1930–1932) Karl *Severing* (* 1875, † 1952; 1928–1930 Reichsinnenminister) charakterisiert.

Die Reichsregierungen der Weimarer Republik

Regierungs-bildung am	Tage	Reichskanzler
13.2. 1919	130 Tage	Philipp Scheidemann, SPD
21.6.	277	Gustav Bauer, SPD
27.3. 1920	76	Hermann Müller, SPD
25.6.	313	Konstantin Fehrenbach, Zentrum
10.5. 1921	165	Joseph Wirth, Zentrum
26.10.	384	Joseph Wirth, Zentrum
22.11.1922	263	Wilhelm Cuno, parteilos
13.8. 1923	51	Gustav Stresemann, DVP
6.10.	48	Gustav Stresemann, DVP
30.11.	177	Wilhelm Marx, Zentrum
3.6. 1924	195	Wilhelm Marx, Zentrum
15.1. 1925	223	Hans Luther, parteilos
20.1. 1926	111	Hans Luther, parteilos
16.5.	215	Wilhelm Marx, Zentrum
29.1. 1927	498	Wilhelm Marx, Zentrum
28.6. 1928	637	Hermann Müller, SPD
30.3. 1930	556	Heinrich Brüning, Zentrum
9.10.1931	233	Heinrich Brüning, Zentrum
1.6. 1932	170	Franz von Papen, bis 3.6. Zentrum
3.12.	55	Kurt von Schleicher, parteilos
30.1. 1933		Machtergreifung durch Adolf Hitler

Das **Zentrum** ist die eigentliche Regierungspartei der Weimarer Zeit: bis 1932 an allen Kabinetten des Reichs wie auch Preußens beteiligt, stellt die katholische Partei neben dem bereits 1921 ermordeten Minister *Erzberger* die Reichskanzler *Fehrenbach* (1920/1921), *Wirth* (1921/1922), *Marx* (1923/1924 und 1926–1928) und *Brüning* (1930–1932) in den verschiedensten politischen Kombinationen, sich gegen Ende der Republik stark nach rechts öffnend; die schichtenübergreifende soziale Integrationspartei kann mit Hilfe ihrer unangefochtenen Position im katholischen Kirchenvolk taktische Beweglichkeit mit innerer Stabilität verbinden.

Demgegenüber vollzieht sich der Niedergang der **liberalen Parteien** im Zusammenhang mit dem schwindenden Einfluß der bürgerlichen Honoratiorenschichten und der politischen Enttäuschung im gewerblichen und neuen Mittelstand. Zunächst trifft dies die liberaldemokratische DDP *(Deutsche Demokratische Partei,* 16. Nov. 1918 Zusammenschluß von Fortschritt und linkem Flügel der Nationalliberalen), die bedeutenden Anteil am Zustandekommen der Verfassung hat *(Preuß)* und bis 1932, zuletzt als Deutsche Staatspartei, an fast allen Reichsregierungen beteiligt ist (1922 Reichsaußenminister *Rathenau,* 1920–1928 Reichswehrminister Otto *Geßler* [* 1875, † 1955]). Etwas länger hält sich die von Banken, Schwer- und Exportindustrie unterstützte, von Rechts-Nationalliberalen im Dez. 1918 gegründete DVP *(Deutsche Volkspartei),* die in Gustav *Stresemann* bis Okt. 1928 über einen herausragenden Parteivorsitzenden verfügt, sich aber nicht geschlossen und vorbehaltlos zur Republik bekennt. Ähnliches gilt auch für die BVP *(Bayerische Volkspartei,* Nov. 1918 vom Zentrum abgespalten), die, konservativ mit monarchistischer Tendenz, sich ausschließlich auf **Bayern** beschränkt, aber durch stabile Wählerschaft (Reichspräsidentenwahl 1925) und Teilnahme an Koalitionsregierungen 1922–1932 auch auf Reichsebene nicht ohne Einfluß ist. In Bayern selbst stellt die BVP während der Weimarer Zeit stets die stärkste Fraktion (SPD bis 1932 dort an zweiter Stelle, dann NSDAP); unter ihrem Ministerpräsidenten Heinrich *Held* (1924–1933; * 1868, † 1938) findet Bayern zu beträchtlicher politischer Stabilität, wenn auch angesichts eines konservativ durchwirkten, extremen Föderalismus („Ordnungszelle Bayern") Konflikte mit dem Reich nicht ausbleiben.

Die Parteien im Reichstag 1919–1938

Unter den **Gegnern der demokratischen Republik** ist vor dem Aufstieg der Nationalsozialisten am stärksten die DNVP (*Deutschnationale Volkspartei,* gegründet 22. Nov. 1918 als Zusammenschluß der Rechten, insbesondere der Konservativen und der Vaterlandspartei mit Unterstützung alldeutscher Kreise), die autoritäre, monarchistische und nationalistische Ziele mit industriellen und großagrarischen Interessen verbindet; sie nimmt während der wirtschaftlichen Erholungsphase an Koalitionsregierungen teil, radikalisiert sich jedoch von 1928 an unter der Führung des alldeutschen Großverlegers Alfred *Hugenberg* (* 1865, † 1951). Noch weiter rechts stehende, deutschvölkische Gruppen erringen nur vorübergehend eine begrenzte Bedeutung, bis im Gefolge der Weltwirtschaftskrise der Aufstieg der NSDAP einsetzt. Dagegen besteht als Hauptträger der Linksopposition gegen die liberaldemokratische Republik schon von deren Beginn an die USPD (*Unabhängige Sozialdemokratische Partei Deutschlands,* April 1917 als linksradikale SPD-Absplitterung gegründet) als Massenpartei (zuletzt 893 000 Mitglieder), die sich im Oktober 1920 spaltet und später teils mit der SPD, teils mit der Ende 1918 gegründeten KPD *(Kommunistische Partei Deutschlands)* vereinigt; diese wird erst durch diesen Zusammenschluß ihrerseits zur Massenpartei (360 000 Mitglieder im Okt. 1932); unter der Führung Ernst *Thälmanns* (1925–1933; * 1886, † 1944) auf stalinistischem Kurs, sieht die KPD während der Zeit der Republik den Hauptfeind in der SPD, die sich somit nach links und rechts zu verteidigen hat.

Die Mitgliederzahlen der Arbeitergewerkschaften (in Mio. jeweils am Jahresende):

	Freie Gewerkschaften	Christliche Gewerkschaften	Hirsch-Dunckersche Gewerkschaften
1919	5,48	0,86	0,19
1922	7,89	1,05	0,23
1929	4,91	0,67	0,17

Angesichts der Schwächen in der Parteienstruktur, der mangelnden Stetigkeit der Reichspolitik kommt den **Massenorganisationen** besondere Bedeutung zu. Von den *Gewerkschaften* sind die Freien (sozialistischen), die (1933) 65,9% der gewerkschaftlich organisierten Arbeiter, Angestellten und Beamten stellen (Christliche Gewerkschaften 18,5%, liberale Hirsch-Dunckersche Gewerbevereine 8,3%), SPD-orientiert, während das Zentrum sich außer auf die Christlichen Gewerkschaften (Vorsitzender 1919–1929 der Zentrumspolitiker Adam Stegerwald; * 1874, † 1945) auch auf *katholische Organisationen* wie den

Einzelstaaten – Deutschland – Weimarer Republik   *923*

Volksverein für das katholische Deutschland (bereits 1890 unter Beteiligung Windthorsts gegründet, 1928 in die Katholische Aktion eingegliedert) stützen kann. Wesentlich für die Deutschnationalen ist der *Reichslandbund* (1921 unter Einschluß des Bundes der Landwirte gegründet), mit über 5 Mio. Mitgliedern von sehr großer Breitenwirkung, der sich immer weiter nach rechts entwickelt.

Gleichfalls parteipolitisch wirksam sind halbmilitärische **Wehrverbände,** die das öffentliche Leben in besonderer Weise durch häufig gewaltsame, gegen Ende bürgerkriegsähnliche Auseinandersetzungen mitprägen. Der vom Anspruch her überparteiliche, tatsächlich nationalkonservative *Stahlhelm* (Bund der Frontsoldaten, Gründung Nov. 1918, 400 000–500 000 Mitglieder 1930) steht den Rechtsparteien nahe und geht 1929 zur offenen Bekämpfung der Republik über, steht damit gegen das republiktreue, vorwiegend sozialdemokratische *Reichsbanner Schwarz-Rot-Gold* (1924 gegründet, bis zu 3 Mio. Mitglieder), aber auch gegen den *Roten Frontkämpferbund* (Gründung 1924, über 110 000 im Jahr 1927, 1929 verboten) der KPD. Währenddessen läßt die Bedeutung der (insgesamt über 100) *Freikorps* bereits nach, welche, seit Ende 1918 nach der Auflösung der kaiserlichen Armee aus Freiwilligen gebildet und von Januar 1919 an vorwiegend zur Bekämpfung linksgerichteter Aufstandsbewegungen eingesetzt, in der Mehrheit antirepublikanisch orientiert sind. Die Freikorps gehen großenteils in der **Reichswehr** auf; sie ist gemäß dem Versailler Vertrag auf ein 100 000-Mann-Heer (Marine 15 000) von langdienenden Berufssoldaten begrenzt, befindet sich in starker personeller Kontinuität zur Kaiserzeit und versteht in Distanz zum demokratisch verfaßten Staat ihre Rolle als die des potentiellen Schiedsrichters in der Staatskrise.

Die Krisenjahre (1919–1923)

In den ersten Jahren nach dem Sturz des Kaiserreichs gilt es, der Republik eine Verfassung zu geben und sie mit Leben zu erfüllen, Reichseinheit und Republik gegen Extremismus, Separatismus und außenpolitische Gefahren zu verteidigen sowie nicht zuletzt die schweren wirtschaftlichen, sozialen, finanziellen Probleme – vor allem die Inflation – zu bewältigen.

1919 6.–15. Jan.	Von Kommunisten, USPD und revolutionären Obleuten der Metallarbeiter in Gang gesetzter *Spartakusaufstand;* Generalstreik, Unruhen, Straßenkämpfe in Berlin. Unter Oberbefehl des Volksbeauftragten Gustav Noske (SPD; * 1868, † 1946) stellen Truppen die Ordnung wieder her. Die dabei gefangengenommenen USPD-Führer Karl *Liebknecht* und Rosa *Luxemburg* werden von Freikorpsoffizieren *ermordet* (15. Jan.).
19. Jan.	Wahlen zur **Nationalversammlung,** Dreiviertelmehrheit für die Parteien, die die parlamentarisch-demokratische Republik anstreben (SPD, DDP, Zentrum).
11. Febr.	Zusammentritt der Nationalversammlung in Weimar, Friedrich *Ebert* zum vorläufigen *Reichspräsidenten* gewählt.
13. Febr.	Koalitionsregierung SPD–DDP–Zentrum unter Ministerpräsident *Scheidemann* (SPD).
März/April	Wiederholt Unruhen, besonders im Ruhrgebiet und in Bayern.
6./7. April	Räterepublik Bayern in München durch Arbeiter-, Bauern- und Soldatenräte ausgerufen.
ab 1. Mai	Blutige Niederwerfung der Räterepublik in München durch Freikorps.
20. Juni	Rücktritt der Regierung Scheidemann, die sich nicht über die Haltung zu den endgültigen Friedensbedingungen der Siegermächte (Mantelnote vom 16.) einigen kann.
21. Juni	Neue SPD-Zentrum-Koalitionsregierung Gustav *Bauer* (SPD; * 1870, † 1944). Die Deutsche Demokratische Partei scheidet aus der Regierung aus, weil sie auf die Ablehnung des Friedensvertrags besteht.
23. Juni	Die Nationalversammlung ermächtigt die Reichsregierung mit der Mehrheit der USPD, der SPD und des Zentrums zur Unterzeichnung des Friedensvertrags.
28. Juni	Vertragsunterzeichnung in **Versailles** (bei Paris) durch Außenminister Hermann Müller.
11. Aug.	Die von der Nationalversammlung beschlossene **Reichsverfassung** wird vom Reichspräsidenten unterzeichnet. Im Vordergrund stehende Probleme sind zunächst die von den Siegermächten geforderte Auslieferung der „Kriegsverbrecher" (die Angelegenheit verläuft praktisch im Sande), die Entwaffnung des Heeres, der Freikorps und der Baltikumtruppen im Gefolge des Friedensvertrags, Auseinandersetzungen um Sozialisierungsmaßnahmen, Streiks, Geldentwertung, anhaltend schlechte Ernährungslage.
Aug.	Von außen unterstützter Polenaufstand in Oberschlesien von deutschen Truppen niedergeschlagen.
Sept.	Reichsgesetz über die Reichsfinanzverwaltung (Grundlage für den Aufbau einheitlicher Finanzämter im Reich) als Beginn der **Erzbergerschen Reichsfinanzreform** (Vizekanzler und Finanzminister Erzberger im Kabinett Bauer).
8. Okt.	Attentat auf den USPD-Vorsitzenden Haase († 17. Nov.).
13. Dez./ 30. März 1920	Fortsetzung der Finanzreform durch die Reichsabgabenordnung und das Landessteuergesetz (1923 ersetzt durch das Finanzausgleichsgesetz): *Die Finanzhoheit wird beim Reich zentralisiert,* dem jetzt auch alle direkten Steuern (v. a. Einkommen- und Vermögensteuer) zugewiesen sind, zuungunsten der Länder- und Gemeinde-Steuerhoheit. Die ange-

924   Neuzeit – Zeitalter der Weltkriege

strebte Konsolidierung der Reichsfinanzen wird jedoch durch die sich beschleunigende Inflation (vorerst) zunichte gemacht.

1920   *Inkrafttreten des Versailler Vertrags.* Die abzutretenden Gebiete werden geräumt. Beginn
10. Jan.   der Repatriierung der Gefangenen, der Heimkehr der Deutschen aus den ehemaligen Kolonien, von Abwanderung und Ausweisungen aus den abgetretenen Gebieten.

13. Jan.   Die große Demonstration der USPD und der KPD vor dem Reichstag (gegen das Betriebsrätegesetz) wird durch Maschinengewehrfeuer (42 Tote) auseinandergetrieben.

19. Jan.   Beginn des von Erzberger gegen den deutschnationalen ehemaligen Bankier und Staatssekretär (1915/1916 im Reichsschatzamt, 1916/1917 im Reichsamt des Innern) Karl *Helfferich* (* 1872, † 1924) angestrengten Beleidigungsprozesses, in dem die Agitation der Rechten gegen Erzberger als „Erfüllungspolitiker" und als Architekt der Finanzreform gipfelt, welche die großen Vermögen stärker belasten soll.

4. Febr.   *Betriebsrätegesetz* in Kraft: Aufbauend auf den seit 1891 bestehenden Arbeiterausschüssen und dem Hilfsdienstgesetz von 1916, wird die Wahl von Betriebsräten durch alle Betriebsangehörigen mit Zuständigkeit für soziale Fragen festgelegt.

10. Febr.   Abstimmung in der ersten Zone in Nordschleswig mit 75% Stimmenmehrheit für Dänemark. Der südliche, deutsch besiedelte Teil dieser Zone, in dem deutsch gestimmt wird (Apenrade, Tondern), ist damit majorisiert worden.

12. März   *Erzberger* verliert den Beleidigungsprozeß gegen Helfferich und *tritt als Reichsfinanzminister zurück.*

13.–17.   **Kapp-Lüttwitz-Putsch:** Versuch des Alldeutschen Wolfgang Kapp (* 1858, † 1922) und
März   des Generals Walter von Lüttwitz (* 1859, † 1942), mit Hilfe der von Lüttwitz befehligten *Marinebrigade Ehrhardt* (1919 gegen die Räterepublik in München eingesetztes Freikorps) die Regierungsgewalt in die Hand zu bekommen. Besetzung der Regierungsgebäude in Berlin, Flucht der Regierung nach Stuttgart. Der Putsch scheitert am passiven Widerstand der Ministerialbürokratie und am Generalstreik der Gewerkschaften.
Zur gleichen Zeit neues Aufflackern der Revolution in Sachsen.
Der Konflikt zwischen Ebert, Noske, dem Chef der Heeresleitung, General Walter Reinhardt (* 1872, † 1930), und dem Chef des Truppenamts, General Hans von *Seeckt* (* 1866, † 1936), um das von Reinhardt befürwortete, von Seeckt mit Erfolg abgelehnte Eingreifen der **Reichswehr** gegen die Putschisten endet damit, daß Seeckt von Ebert an Reinhardts Stelle berufen wird, der mit Noske (22. März) zurücktritt: Die Reichswehr verharrt gegenüber den Republikfeinden von rechts in einer neutralen Stellung und verweigert die Identifikation mit dem demokratischen Staat.

14. März   Abstimmung in der zweiten, südlichen Zone in Schleswig mit 80% Stimmenmehrheit für Deutschland.

15. März–   *Kommunistische Aufruhrbewegung im Ruhrgebiet:* Hereinstoßende Freikorps fast überall
10. Mai   von der „Roten Armee" zurückgedrängt.

27. März   Umbildung der Reichsregierung unter dem neuen *Reichskanzler Hermann Müller* (SPD; * 1876, † 1931); Wehrminister Noske durch den Liberalen Geßler ersetzt. Weiter „Weimarer Koalition" von Zentrum, DDP, SPD.

2. April   Nach Ultimatum Einmarsch von Reichswehr im Ruhrgebiet, die nach schweren Kämpfen die Ruhe wiederherstellt.

6. April   Frankreich besetzt als Reaktion auf die Kämpfe im Ruhrgebiet Frankfurt am Main, Darmstadt und kleinere Städte.

30. April   Das Land *Thüringen* durch Reichsgesetz geschaffen.

1. Mai   Eugenio Pacelli zum (ersten) Nuntius beim Deutschen Reich ernannt (bis 1929; * 1876, † 1958; 1939–1958 Papst Pius XII.).

6. Juni   **Reichstagswahlen** entscheiden gegen die „Weimarer Koalition", die statt ihrer Dreiviertelmehrheit nur noch knapp die Hälfte der Mandate erhält und die Mehrheit nie wieder erringt, während sich die USPD vervierfacht und sich die Rechtsparteien DNVP und DVP verdoppeln.

25. Juni   Die mittelbare Folge ist die Bildung einer Regierung ohne SPD, aber mit DVP sowie DDP unter dem *Kanzler Konstantin Fehrenbach* (Zentrum; * 1852, † 1926).
Langfristig wird die *Instabilität der Regierungsbildung* festgeschrieben, da weder eine tragfähige Mehrheit der Opposition noch eine von den gemäßigten Parteien ausgehende homogene Majorität möglich ist.

11. Juli   Volksabstimmung in den Bezirken Allenstein (Ostpreußen; 98%) und Marienwerder (Westpreußen; 92% für Deutschland), die beim Deutschen Reich verbleiben.

Aug.   Von außen unterstützter polnischer Putsch gegen die deutsche Sicherheitspolizei in Oberschlesien.

20. Sept.   Abtretung von Eupen und Malmedy (südlich von Aachen) an Belgien durch den Völkerbund entschieden, nachdem anstelle einer Volksabstimmung die öffentliche Eintragung in Listen keine Mehrheit für Deutschland ergeben hat (trotz 82,5% deutscher Einwohnerschaft).

Einzelstaaten – Deutschland – Weimarer Republik   925

16. Okt.	*Spaltung der USPD* auf dem Parteitag in Halle. Die Mehrheit ist für die III. (kommunistische) Internationale, die Minderheit für die parlamentarische Demokratie.
Dez.	Zusammenschluß des linken USPD-Flügels mit der KPD.
1921	Alliierte Besetzung von Düsseldorf und Duisburg als Sanktionsmaßnahme gegen die
8. März	deutsche Ablehnung eines ultimativ geforderten Zahlungsmodus für die Reparationen.
Ende	Kommunistischer Aufruhr in Mitteldeutschland und Hamburg auf Weisung der Internatio-
März	nale. Vorwiegend von Schutzpolizei niedergeworfen.
20. März	Abstimmung in Oberschlesien ergibt eine Mehrheit von 60% für Deutschland.
23. März	Wehrgesetz als gesetzliche Grundlage der Reichswehr.
2. Mai	Der polnische Politiker und ehemalige polnische Autonomist im Deutschen Reich Woyciech Korfanty (* 1873, † 1939) beginnt mit einem Freikorpseinfall in **Oberschlesien,** der von der französischen Besatzungsmacht toleriert wird. Erfolgreicher Widerstand des mit Duldung der britischen Besatzungsmacht aufgebauten deutschen Selbstschutzes.
4. Mai	Rücktritt der Regierung Fehrenbach, die die Verantwortung für die Erfüllung der alliierten Zahlungsforderung vom 27. April nicht übernehmen will.
10. Mai	Bildung eines neuen *Reichskabinetts* der Weimarer Koalition unter *Josef Wirth* (Zentrum; * 1879, † 1956).
11. Mai	Die neue Regierung nimmt das alliierte Zahlungsultimatum unter Druck an.
25. Aug.	Unterzeichnung des Friedensvertrags zwischen den USA und dem Deutschen Reich.
26. Aug.	*Ermordung Erzbergers* durch Angehörige einer rechtsradikalen Geheimorganisation.
29. Aug.	Infolgedessen Verhängung des Ausnahmezustandes durch den Reichspräsidenten. Deswegen *Konflikt zwischen* **Bayern** *und dem Reich.* Starke, extrem nationalistische Agitation in München, u. a. durch die NSDAP (deren Vorsitzender seit dem 29. Juli Adolf Hitler ist).
Sept.	Görlitzer Programm der SPD in der Tradition des (noch 1903 abgelehnten) Revisionismus.
12. Okt.	Genfer Schiedsspruch des Völkerbundsrats spricht einen mehrheitlich polnisch besiedelten Teil des oberschlesischen Industriereviers (später sog. *Ost-Oberschlesien*) Polen zu.
26. Okt.	Kabinett Wirth umgebildet.
1922	Vertrag von Rapallo mit der UdSSR. Gegenseitige Gleichberechtigung, Wiederaufnahme
16. April	der diplomatischen Beziehungen, Verzicht auf Ansprüche aus der Zeit des Krieges.
24. Juni	Tödliches Attentat auf den Reichsaußenminister Walter *Rathenau* (* 1867; DDP), einen der hervorragendsten Politiker der Republik, das Opfer der Rechtsradikalen wird, die den Republikaner, Juden und „Erfüllungspolitiker" treffen wollen. Am gleichen Tag *Verordnung des Reichspräsidenten zum Schutz der Republik;* desgleichen Einsetzung eines außerordentlichen Staatsgerichtshofs.
18. Juli	Der Reichstag nimmt das Reichsgesetz zum Schutz der Republik an (**Republikschutzgesetz,** Erlaß 21. Juli, 1927 verlängert, 1930 durch das Zweite Republikschutzgesetz ersetzt, 1932 dieses außer Kraft). *Bayern* sieht darin einen Eingriff in die Hoheitsrechte der Länder und erläßt eine eigene Notverordnung zum Schutz der Verfassung.
Aug.	Beginn des schnellen Verfalls der Reichswährung **(Inflation).**
Ende Aug.	Der Konflikt mit Bayern wird erst nach langen Verhandlungen und Angliederung eines süddeutschen Senats an den Staatsgerichtshof beseitigt.
14. Nov.	Im Zusammenhang mit den Reparationsverhandlungen Rücktritt der Regierung Wirth.
22. Nov.	Bildung der „Regierung der Wirtschaft" unter dem parteilosen Wilhelm *Cuno* (* 1876, † 1933), Generaldirektor der Hamburg-Amerika-Linie: Bürgerliches Minderheitskabinett (DDP, Zentrum, DVP, BVP) unter Einschluß parteiloser Fachminister. Die verbreitete Hoffnung, daß Männer „mit diskontfähiger Unterschrift" Erfolg in der Reparationsfrage haben und die drohende Ruhrbesetzung abwenden könnten, stellt sich freilich als verfehlt heraus.
1923	Einfall litauischer Freischaren ins Memelland (10. Jan.).
11. Jan.	Besetzung des Ruhrgebiets durch die Franzosen, **Beginn des Ruhrkampfes.**
13. Jan.	Verkündung des passiven Widerstands durch den Reichskanzler: Arbeitsverweigerung mit gewerkschaftlicher Unterstützung, dagegen hartes Durchgreifen der Franzosen. Während Inflation und Wirtschaftskrise in Deutschland fortschreiten, ist der passive Widerstand nicht durchzuhalten, weil die hierdurch hochgetriebenen finanziellen Verpflichtungen des Reichs dessen Leistungsfähigkeit übersteigen und dieses daher zu *vermehrter Banknotenemission* übergeht, so daß der Geldumlauf sich rasch vermehrt und der *Markwert ins Bodenlose sinkt.* Die durch die Geldentwertung bewirkte Beseitigung von Geldschulden, der Verlust an Werten und die Vernichtung sozialer Existenzen bedeuten eine *Umverteilung,* die die sozialen Auswirkungen der Novemberrevolution weit überragt und schwere Schädigungen verursacht, ohne jedoch (etwa im Mittelstand) ausschließlich negativ zu wirken.
12. Aug.	Der Ruhrkampf ist nicht länger durchzuhalten. Die Regierung Cuno tritt zurück.
13. Aug.	Gustav *Stresemann* (DVP; * 1878, † 1929) bildet ein erstes Kabinett der großen Koalition (DVP, Zentrum, DDP, SPD).

926 Neuzeit – Zeitalter der Weltkriege

Die neue Regierung muß den Ruhrkampf abbrechen, die Währung stabilisieren und die Verfassung des Reichs gegen die Bedrohungen von rechts und links schützen. Die Krise in Wirtschaft und Politik treibt ihrem Höhepunkt zu.

26. Sept. Die nationalistische Welle während des Ruhrkampfs und separatistische Erscheinungen in der bayrischen Pfalz lassen die Regierung in München auf die Beendigung des passiven Widerstands im Ruhrgebiet mit der Verhängung des **Ausnahmezustands in Bayern** reagieren; der Regierungskommissar von Oberbayern, Gustav von Kahr (* 1862, † 1934), wird zwecks Aufrechterhaltung der öffentlichen Ordnung zum Generalstaatskommissar bestellt und ihm die gesamte vollziehende Gewalt übertragen, wobei ihm die Befugnis erteilt wird, die Hilfe der Reichswehr in Anspruch zu nehmen.

27. Sept. Der Reichspräsident verhängt als Gegenmaßnahme den Ausnahmezustand für das Reichsgebiet. Die vollziehende Gewalt liegt beim Reichswehrminister Otto Geßler, d. h. faktisch bei General Hans von Seeckt, dem Chef der Heeresleitung.

6. Okt. Umbildung des Kabinetts Stresemann.

13. Okt. Das *Ermächtigungsgesetz* wird vom Reichstag angenommen. Die Reichsregierung kann auf dem Verordnungsweg wirtschaftliche, finanzielle und soziale Maßnahmen treffen, wobei sogar von Grundrechten abgewichen werden darf. Befristet bis spätestens 31. März 1924.

16. Okt. Verkündung des Beschlusses über die Errichtung der *Deutschen Rentenbank.* Damit soll die Inflation beseitigt werden.

22. Okt. Im Zuge der Inflation wird ein Dollarstand von 40 Mrd. Mark erreicht (Jan. 1923 um 18000 Mark).

Mitte bis *Unruhen im Freistaat Sachsen:* Regierung der „republikanisch-proletarischen Verteidi-
Ende Okt. gung" (SPD und KPD) zur Abwehr der „großkapitalistischen Militärdiktatur" (Anlaß: Verbot der kommunistischen Presse durch den örtlichen Militärbefehlshaber aufgrund des Ausnahmezustands). Offene Auflehnung der sächsischen Regierung, die nach Einmarsch der Reichswehr in die größeren Orte Sachsens und Einsetzen eines Reichskommissars (29. Okt.) zurücktreten muß.

Okt./Nov. In Thüringen ähnlicher Konflikt wie in Sachsen.

ab 19. Okt. Konflikt zwischen Bayern und dem Reich (bis 18. Febr. 1924): Generalstaatskommissar von Kahr weigert sich, den „Völkischen Beobachter" (Organ der NSDAP) zu verbieten, der den Chef der Heeresleitung scharf angegriffen hat. Daraufhin wird das Blatt von Reichs wegen verboten. Der bayrische Wehrkreiskommandeur, General Otto von Lossow, führt das Zeitungsverbot nicht durch, wird darauf seines Postens enthoben, aber von Kahr wieder eingesetzt. Der bayrische Teil der Reichswehr wird von der bayrischen Staatsregierung „bis zur Wiederherstellung des Einvernehmens zwischen Bayern und dem Reich" feierlich in Pflicht genommen. Damit de facto zwei sich gegenseitig nicht anerkennende Regierungen. *Die Reichseinheit ist gefährdet, das künftige Verhalten der Reichswehr fraglich.*

21. Okt. Ausrufung der *Rheinischen Republik* in Aachen mit französischer Unterstützung. Das Unternehmen bricht angesichts des Widerstands der Bevölkerung zusammen.

22.–24. Blutige Straßenkämpfe zwischen Kommunisten und Polizei in Hamburg verschärfen die
Okt. Krisenstimmung.

3. Nov. Infolge der Ereignisse in Bayern und Sachsen Austritt der sozialdemokratischen Minister aus der Reichsregierung. Höhepunkt der allgemeinen Verwirrung. Gerüchte von bevorstehender Rechtsdiktatur. Kahr schwankt, ob er gegen Berlin marschieren soll. Völkische und Nationalsozialisten wollen ihn dazu drängen.

8./9. Nov. **Hitler-Putsch** in München: In der Nacht zum 9. Nov. erklärt Hitler die Regierungen des Reichs und Bayerns für abgesetzt und sich selbst zum Reichskanzler. Trotz Ludendorffs Teilnahme erfüllt sich die Hoffnung auf Polizei und Reichswehr nicht. Kahr und Lossow ersticken den Putsch im Keim, der Demonstrationszug der Putschisten wird vor der Feldherrnhalle durch Maschinengewehrfeuer der Polizei zerstreut. (Hitler wird verhaftet und später zu Festungshaft verurteilt.) – Auf die Nachricht vom Münchener Putsch hin wird die vollziehende Gewalt im Reich dem Chef der Heeresleitung, *General von Seeckt,* formell übertragen (bis Ende Febr. 1924).

15. Nov. Neue Währungsordnung und **Ende der Inflation.** Durch eine z. T. fiktive Deckung aus Schulden der Landwirtschaft und Industrie an das Reich wird die Rentenbank mit 3,2 Mrd. Rentenmark gegründet. Eine Rentenmark gleich 1 Billion Papiermark. Es gelingt in den folgenden Monaten, wieder zu einem ausgeglichenen Reichshaushalt zu kommen. An der Vorbereitung der Stabilisierung sind vor allem Helfferich (DNVP) und Hilferding (SPD) beteiligt. Die praktische Durchsetzung ist, neben Hjalmar Schacht (seit 12. Nov. Reichswährungskommissar, 1923–1930 Reichsbankpräsident; * 1877, † 1970), v. a. das Verdienst des Reichsfinanzministers (1923/1924) Hans Luther (1925/1926 Reichskanzler).

23. Nov. Seeckt erläßt ein Verbot der nationalsozialistischen und der kommunistischen Partei. – Rücktritt des Kabinetts Stresemann, *Ausscheiden der SPD aus der Reichsregierung* (für vier Jahre).

Einzelstaaten – Deutschland – Weimarer Republik   927

30. Nov.   Der Zentrumsführer Wilhelm *Marx* (* 1863, † 1946) bildet eine bürgerliche Minderheitsregierung (Zentrum, DDP, DVP, BVP), in der *Stresemann Außenminister* wird (bis 1929 ohne Unterbrechung).

Die Konsolidierung (1924–1928)

Die Regierung Stresemann hat während ihres kurzen Bestehens die gefährliche Krise gemeistert. Es folgt eine *Zeit des ruhigeren Aufbaus und der Stabilisierung der Republik* innen- wie außenpolitisch, doch werden die innenpolitischen Belastungen aus den Anfangsjahren der Republik übernommen und können nicht voll überwunden werden. Die Inflation hat zur *Verarmung, v. a. in den Mittelschichten* (Vernichtung von Sparkapital) und zur *Stärkung von Radikalisierungstendenzen* geführt. Die Aufwertung bleibt eine der ungelösten Forderungen der Jahre nach 1923. Kehrseite der Exportsteigerung, von der die Großbanken und die einschlägigen Industrien profitieren, sind die nur geringe Erhöhung der Reallöhne, der anhaltende Kapitalmangel und die wachsende Abhängigkeit vom internationalen Kapitalverkehr. Die *Kredite des Auslands übertreffen die Reparationsleistung* des Reichs (1924–1931 20,5 zu 10,8 Mrd. RM), die Zinslast wächst. Zu einer breitangelegten, erheblichen Verbesserung des Lebensstandards kommt es nicht, die Arbeitslosenzahl ist meist recht hoch (bis zwei Mio. 1925/1926). Die *wirtschaftliche Konzentration* verschärft sich, es entstehen weitere Großkonzerne (1925 I. G. Farbenindustrie A.G., 1926 Vereinigte Stahlwerke). Bis 1925 folgt noch eine *Anpassungskrise* mit zahlreichen Firmenzusammenbrüchen, am bekanntesten die Auflösung des 2888 Firmen umfassenden Stinnes-Konzerns nach dem Tod des Gründers Hugo Stinnes (* 1870, † 1924). Die wirtschaftliche Beruhigung reicht jedoch mit der Zeit aus, den radikalen Flügelparteien einen Teil ihrer Anhängerschaft zu entziehen.

1924 18. Febr.	Der im Okt. 1923 begonnene Konflikt zwischen München und Berlin wird nach Rücktritt Kahrs und Lossows beigelegt.
	Der *Dawesplan* zur Regelung des Reparationenproblems vom 9. April soll helfen, die deutsche Zahlungsfähigkeit wiederherzustellen, legt die finanziellen Grundlagen für die Reparationen fest und regelt die Zahlungsweise in festen Raten (und die Sanktionen für Nichteinhaltung der Termine), jedoch nicht die endgültige Höhe und Dauer der Zahlungen. Die Auseinandersetzungen hierüber beeinflussen die deutsche Innenpolitik wesentlich.
4. Mai	*Reichstagswahlen.* Gewinne der Kommunisten, der Deutsch-Völkischen Freiheitspartei und der Deutschnationalen auf Kosten von SPD, DDP, DVP.
3. Juni	Umbildung des Kabinetts Marx.
29. Aug.	Bei den Abstimmungen im Reichstag über die Dawesgesetze wird infolge Spaltung der Deutschnationalen die Zweidrittelmehrheit erreicht.
11. Okt.	*Einführung der Reichsmark.*
7. Dez.	*Reichstagswahlen* nach vorzeitiger Auflösung. Starke Verluste der Kommunisten und Völkischen v. a. zugunsten der SPD u. a. gemäßigter Parteien als Erfolg der Überwindung der Staatskrise.
15. Dez.	Rücktritt der Regierung Marx.
1925 15. Jan.	Der parteilose Hans *Luther* (* 1879, † 1962) bildet eine Koalitionsregierung vom Zentrum bis zu den Deutschnationalen, die zum erstenmal Regierungspartei werden.
28. Febr.	Tod des Reichspräsidenten Ebert.
29. März	Reichspräsidentenwahl: Karl Jarres (DVP; * 1874, † 1951), der gemeinsame Kandidat von DVP und DNVP, erhält vor dem Sozialdemokraten Otto Braun und fünf weiteren Kandidaten die relative, jedoch nicht die notwendige absolute Mehrheit.
26. April	Generalfeldmarschall von **Hindenburg** (* 1847, † 1934) mit 14,7 Mio. Stimmen als Kandidat der Rechtsparteien (zu denen sich hier auch die BVP gesellt) vor Marx mit 13,8 Mio. als Kandidat der „Weimarer Koalition" und Ernst Thälmann (KPD) mit 1,9 Mio. zum Reichspräsidenten gewählt.
ab 14. Juli	Alliierte Räumung des Ruhrgebiets (bis 1. Aug.).
Juli/Aug.	Ausweisung der deutschen Optanten durch die polnische Regierung (rd. 20000 Vertriebene). Die Reichsregierung antwortet mit Ausweisungsbefehl für die polnischen Optanten. (Insgesamt sind bis 1925 über eine halbe Mio. Deutsche aus den an Polen abgetretenen Teilen der preußischen Provinzen Schlesien, Posen und Westpreußen ausgewandert oder vertrieben worden.)
25. Aug.	Räumung der „Sanktionsstädte" Düsseldorf und Duisburg durch die Franzosen.
12. Okt.	Unterzeichnung des deutsch-russischen Handelsvertrags.
	Die Konferenz von Locarno (am Lago Maggiore) endet mit einem Vertrag Deutschlands mit Belgien, Großbritannien, Frankreich, Italien, Polen und der Tschechoslowakei, der die Unverletzlichkeit der deutschen Westgrenze, die Entmilitarisierung des Rheinlandes und einen deutsch-polnischen Gewaltverzicht enthält.
15./16. Okt.	Meinungsverschiedenheiten um den Vertrag von Locarno führen zur Regierungskrise, da die Deutschnationalen unter dem von nun an zunehmenden Einfluß Alfred *Hugenbergs* (Scherl GmbH) gegen die Annahme des Vertrags stimmen:

Die Reichspräsidentenwahlen 1925 und 1932

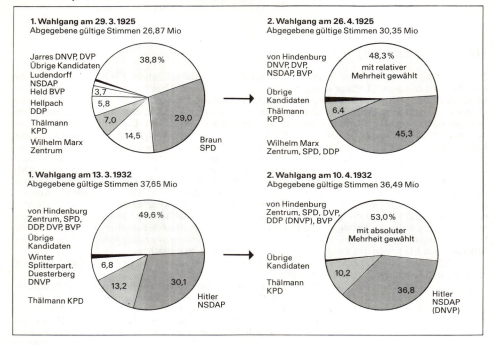

25. Okt.	Austritt der deutschnationalen Minister aus dem Reichskabinett.
1. Dez.	Unterzeichnung des Vertrags von Locarno. Räumung der Kölner Zone von britischen Truppen (bis 31. Jan. 1926).
5. Dez.	Rücktritt des Reichskanzlers Luther und des Rumpfkabinetts.
1926 20. Jan.	Zweite Regierung des parteilosen Hans *Luther,* Minderheitskabinett der Mitte (DDP, Zentrum, DVP, BVP).
24. April	Freundschafts- und Neutralitätsvertrag mit der Sowjetunion.
5. Mai	*Flaggenverordnung* des Reichspräsidenten: Die deutschen Gesandtschaften und Konsulate im Ausland sollen neben der Reichsflagge (Schwarz-Rot-Gold) auch die Handelsflagge (Schwarz-Weiß-Rot) zeigen. Hierauf scharfe Angriffe in der Presse und im Reichstag, der die Haltung des Reichskanzlers mißbilligt.
12. Mai	Daher Rücktritt Luthers.
16. Mai	Marx erneut Kanzler. Die übrigen Minister bleiben. Die Verordnung bleibt in Kraft.
20. Juni	Volksentscheid aufgrund eines von den Sozialdemokraten und Kommunisten durchgebrachten Volksbegehrens auf entschädigungslose Enteignung der Fürsten erreicht die hohe Zahl von 14,5 Mio. Stimmen, reicht aber nicht zur nötigen Mehrheit von rd. 20 Mio. aus.
8. Sept.	Aufnahme Deutschlands in den *Völkerbund.*
6. Okt.	*Rücktritt des Chefs der Heeresleitung Seeckt* wegen der Teilnahme eines von ihm eingeladenen Hohenzollernprinzen am Reichswehrmanöver. Nachfolger Wilhelm Heye (bis 1930; * 1869, † 1946).
16. Dez.	Rede Scheidemanns im Reichstag gegen die Reichswehr-Kooperation mit der Roten Armee.
17. Dez.	Daraufhin erfolgreiches sozialdomokratisches Mißtrauensvotum.
1927	Bildung einer neuen Regierung *Marx* (ohne DDP) mit Einschluß der Deutschnationalen.
29. Jan.	Damit Ende der „stillen Koalition" der Mitte mit der tolerierenden SPD.
16. Juli	Gesetz zur *Zwangsversicherung gegen Arbeitslosigkeit* über die Reichsanstalt für Arbeitsvermittlung und Arbeitslosenversicherung.
Sept.	Deutschland tritt dem Ständigen Internationalen Schiedsgerichtshof im Haag bei.
1928 Jan.	Konferenz der Länderminister zum Zweck der Vereinheitlichung der Verwaltung. Die Pläne zur Reichsreform sind jedoch gegen die partikularen Länderinteressen nicht zu verwirklichen.
14. Jan.	Reichswehrminister Geßler reicht seinen Abschied ein.
19. Jan.	Nachfolger wird Hindenburgs Generalquartiermeister von 1918, General Wilhelm *Groener* (bis 1932; * 1867, † 1939).

20. Mai	*Reichstagswahlen.* Niederlage der Regierungsparteien. Gewinne der SPD und KPD, auf die zusammen 42% aller Mandate entfallen.

20. Mai *Reichstagswahlen.* Niederlage der Regierungsparteien. Gewinne der SPD und KPD, auf die zusammen 42% aller Mandate entfallen.

28. Juni Entsprechend dem Wahlergebnis neue Regierung Hermann *Müller* (SPD) mit großer Koalition (SPD, DDP, Zentrum, DVP, BVP).

22. Okt. *Hugenberg* als Vertreter einer scharfen, nationalistischen Oppositionspolitik (gegen Gustav Stresemanns Außenpolitik) zum Parteivorsitzenden der Deutschnationalen gewählt.

Wirtschaftskrise und Zerfall der Republik (1929–1933)

Die Jahre der Wirtschaftskonjunktur gehen zu Ende. Sie sind für Deutschland infolge hoher Kapitalzufuhr, vor allem aus den USA, möglich gewesen: 1929 beträgt die deutsche *Auslandsverschuldung* 25 Mrd. RM (davon 12 Mrd. kurzfristig) gegen rd. 10 Mrd. deutsche Auslandsguthaben. Im Winter 1928/1929 Anzeichen einer neuen Krise. Die *Erwerbslosenziffer* steigt auf über 2 Mio. Empfindliche Fehlbeträge im Reichshaushalt. Im Zusammenhang mit der beginnenden Krise neuer Aufschwung der bisher bedeutungslosen *Nationalsozialisten.* Die Deutschnationalen und der Stahlhelm gehen zum offenen *Kampf gegen die Republik* über. Das Zentrum öffnet sich nach rechts (Fraktions- und Parteivorsitzender seit 1928/1929 Ludwig Kaas; * 1881, † 1952).

Daten zur wirtschaftlichen Entwicklung 1928/1929 – 1937

	1928	1929	1932	1933	1934	1935	1936	1937
1. Bruttosozialprodukt (Mrd. RM)	—	89,0	58,0	59,0	67,0	74,0	83,0	93,0
2. davon Rüstungsausgaben (%)	—	1,0	1,0	3,0	6,0	8,0	13,0	13,0
3. davon Konsum (%)	—	72,0	81,0	78,0	75,0	72,0	65,0	64,0
4. Beschäftigung (Mill.; Jahresdurchschnitt)	—	18,4	12,9	13,4	15,5	16,4	17,6	18,9
5. Durchschnittliche Arbeitszeit in der Industrie (wöchentlich)	—	46,04	41,47	42,94	44,56	44,44	45,56	46,06
6. Löhne und Gehälter insgesamt (Mrd. RM)	44,9	—	27,4	27,7	31,2	35,4	37,7	41,5
7. Vermögens- u. Unternehmereinkommen + unverteilte Gewinne insgesamt (Mrd. RM)	25,6	—	15,6	16,7	19,4	22,1	25,2	28,6
8. Durchschnittliche Stundenverdienste in der Industrie (Arbeiter). Index 1932 = 100	—	132,7	100,0	96,9	99,3	100,8	102,5	104,6
9. Wochenverdienste (Arbeiter) Index 1932 = 100	—	149,4	100,0	102,2	109,7	112,3	116,6	120,6
10. Lebenshaltungsindex (amtlich) 1932 = 100	—	127,7	100,0	97,8	100,4	102,0	103,2	103,7
11. Gewerbliche Gütererzeugung insgesamt: Index 1928 = 100	—	100,9	58,7	65,5	83,3	95,8	106,7	116,7
12. Produktionsgüter Index 1928 = 100	—	103,2	45,7	53,7	—	99,4	112,9	126,0
13. Verbrauchsgüter Index 1928 = 100	—	98,5	78,1	82,9	—	91,0	97,5	102,8

Das System der Präsidialkabinette (ab 1930)

Die übliche parlamentarische Regierungsbildung kann nicht mehr versucht werden. Brünings Minderheitsregierung bleibt. Der Übergang zur Phase der Präsidialkabinette (bis 1933) beginnt mit der *„parlamentarisch tolerierten Präsidialregierung"*, d. h. einer Regierung mit der Autorität des Reichspräsidenten unter parlamentarischer Duldung durch die nicht an der Regierung beteiligte SPD – Kontakte mit der NSDAP im Okt. 1930 bleiben ergebnislos – sowie mit Unterstützung der *Reichswehr* (General Kurt von *Schleicher*, seit 1929 Chef des neuerrichteten Ministeramts im Reichswehrministerium, 1932 Reichswehrminister, 1932/1933 Reichskanzler), und führt zu wachsender Abhängigkeit des Reichskanzlers von dem seit dem Sommer 1931 eine Annäherung an die Deutschnationalen (die mit den Nationalsozialisten verbündet sind) fordernden *Reichspräsidenten.* Brüning verfolgt das Ziel einer *Verfassungsrevision:* funktionsfähiger Parlamentarismus mit Monarchie nach britischem Vorbild. Er nutzt die Wirtschaftskrise, um die Streichung der Reparationen zu erreichen, und meint, sie mit Spar- und Deflationspolitik bis zum erwarteten Aufschwung der Wirtschaft durchstehen zu können. Doch die Maßnahmen führen kurzfristig zur Verstärkung des Konjunkturrückgangs und zu verstärkter Arbeitslosigkeit. Das wirkt sich politisch verhängnisvoll aus. *Hitler* ist der Nutznießer, indem er durch eine ununterbrochene Propagandawelle immer neue Massen des Bürgertums und der Arbeitslosen gewinnt.

930   Neuzeit – Zeitalter der Weltkriege

1929   Am 1. Mai kommunistische Unruhen in Berlin mit Todesopfern.

Juni   Der Youngplan zur endgültigen Regelung der Reparationsfrage beendet die internationale Finanzkontrolle, legt Zahlungsraten und Laufzeit fest.

3. Okt.   Reichsaußenminister *Stresemann stirbt,* der bis zu seinem Tod wesentlichen Anteil an der konstruktiven Haltung der DVP zur Republik hat.

Das *Volksbegehren* der „nationalen Einheitsfront" Hugenbergs und Hitlers (die Volkskonservativen spalten sich von den Deutschnationalen ab) *gegen den Youngplan* erreicht mit 4,1 Mio. Eintragungen gerade die erforderliche Mindestziffer.

21. Dez.   Rücktritt des Finanzministers Hilferding (SPD) auf Drängen des Reichsbankpräsidenten Schacht.

22. Dez.   Der Volksentscheid über den Youngplan bringt nur 5,8 Mio. Stimmen und bleibt damit erfolglos, doch kommt die Kampagne der nationalsozialistischen Parteipropaganda zugute.

Ende 1929   Kassendefizit des Reiches 1,7 Mrd. RM.

Die schwierige Finanzlage führt zu einem scharfen Memorandum des Reichsbankpräsidenten gegen den von Schacht zuvor befürworteten Youngplan.

1930   Rücktritt Schachts, der der Rechten publizistisch zugute kommt. Nachfolger Luther (bis
7. März   März 1933). Schwere Belastung der bereits brüchigen Regierungskoalition.

13. März   Reichsgesetz zum Youngplan.

27. März   **Sturz der Regierung Müller** über die Frage einer Beitragserhöhung der Arbeitslosenversicherung. SPD und DVP sind unter dem Druck der Freien Gewerkschaften einerseits, der Arbeitgeberverbände andererseits angesichts der zunehmenden Wirtschaftskrise nicht mehr in einer Koalition zusammenzuhalten.

30. März   Heinrich *Brüning* (Zentrum; * 1885, † 1970) bildet sein Minderheitskabinett mit einer Koalition vom Zentrum bis zu den Volkskonservativen. *Die Sozialdemokraten ausgeschaltet.* Von vornherein klarer Wille Brünings, die Regierung nicht parlamentarisch zu gefährden, sondern die verfassungsmäßigen Möglichkeiten des Reichspräsidenten *(Kombination von Notverordnungs- und Auflösungsrecht)* auszunutzen, um mit Hilfe einer starken Exekutive durchgreifende wirtschafts- und finanzpolitische Maßnahmen zu treffen.

30. Juni   Rheinlandräumung der Alliierten.

16. Juli   Erste große Notverordnung des Reichspräsidenten aufgrund von Art. 48 der Reichsverfassung zur „Sicherung von Wirtschaft und Finanzen".

Als der Reichstag einen sozialdemokratischen Antrag auf Aufhebung der Notverordnung
18. Juli   annimmt, wird er aufgelöst.

14. Sept.   **Reichstagswahlen.** Verluste der Deutschnationalen und der bürgerlichen Mittelparteien, Gewinne der Kommunisten, sensationeller Anstieg der NSDAP von 12 auf 107 Mandate.

1. Dez.   Notverordnung Brünings setzt die deflationistische Wirtschaftspolitik fort: Kürzung der Beamtengehälter und Erhöhung der Beiträge zur Arbeitslosenversicherung. Der Haushalt kann jedoch nicht ausgeglichen werden.

Ende Dez.   4,4 Mio. Arbeitslose.

1931   Während des ganzen Jahres *zunehmende Radikalisierung des innenpolitischen Kampfes,* v. a. durch die Nationalsozialisten:

9. Febr.   Auszug der „nationalen Opposition" (NSDAP, DNVP) aus dem Reichstag.

20. März   Die Regierung veröffentlicht den deutsch-österreichischen Zollunionsplan.

Proteste und wirtschaftliche Druckmaßnahmen Frankreichs und der Kleinen Entente.

11. Mai   *Zusammenbruch der Österreichischen Credit-Anstalt* mit schweren Auswirkungen auf die Darmstädter und Nationalbank (eine der vier deutschen Großbanken):

13. Juli   Bankkrach.

14. Juli   *Schließung der Banken, Sparkassen und Börsen.*

Aug.   *Notverordnung* mit Vollmachten an die Länder, auch unabhängig von der jeweiligen Landtagsmehrheit für den Haushaltsausgleich zu sorgen; die Funktionsfähigkeit der parlamentarischen Demokratie unter den Bedingungen der Staats- und Wirtschaftskrise wird damit sichtbar in Frage gestellt. Viele Länderregierungen amtieren nur noch geschäftsführend.

9. Aug.   Mißglückter Volksentscheid in Preußen über die Auflösung des Landtags.

Wiederaufnahme und Erleichterungen des Geld- und Zahlungsverkehrs.

Senkung des (zuvor schrittweise auf 15 % erhöhten) Diskontsatzes auf 10 %.

3. Sept.   Infolge französischen Drucks auf Österreich muß auf den Zollzusammenschluß verzichtet werden.

5. Sept.   Der Haager Gerichtshof verkündet die Unzulässigkeit des Zollunionsplans.

6. Okt.   Notverordnung zur Sicherung von Wirtschaft und Finanzen.

11. Okt.   Tagung der Nationalsozialisten, der Deutschnationalen und des Stahlhelms in Bad Harzburg. Bildung der *Harzburger Front* zur Neuformierung der nationalistischen Opposition.

16. Dez.   Bildung der *Eisernen Front* (SPD, Gewerkschaften, Arbeitersportverbände, Reichsbanner Schwarz-Rot-Gold). Damit versucht die Sozialdemokratie, Anschluß an die üblich werdenden Gewaltmethoden des inneren Kampfes zu gewinnen, um die Republik zu verteidigen.

8. Dez.	Erneute Notverordnung zur Sicherung von Wirtschaft und Finanzen.
10. Dez.	Der Reichskommissar für Preisüberwachung (Leipziger Oberbürgermeister Carl Friedrich Goerdeler; * 1884, † 1945) beginnt seine Tätigkeit. Lohn- und Gehaltskürzungen.
Ende Dez.	5,66 Mio. Arbeitslose. Höhepunkt der Konkursziffer im Jahr 1931. Schwere Krise der Landwirtschaft trotz agrarpolitischer Stützungsmaßnahmen.
1932	Fortsetzung der Krise. *Die Arbeitslosenziffer übersteigt die 6-Mio.-Grenze* und fällt auch in den konjunkturell günstigeren Monaten nicht unter 5 Mio.
23. Jan.	Durch das Kreditabkommen werden die kurzfristigen Auslandsschulden um ein Jahr verlängert, z. T. mit Aussicht auf langfristige Umwandlungen.
13. März	Erster Wahlgang der *Reichspräsidentenwahl:* Hindenburg (diesmal unterstützt durch die demokratisch-republikanischen Parteien) 18,7 Mio., Hitler (NSDAP) 11,3 Mio., Thälmann (KPD) 5,0 Mio., der 2. Stahlhelm-Bundesführer Theodor Duesterberg (unterstützt von seiner Organisation und der DNVP; * 1875, † 1950) 2,6 Mio.
10. April	Zweiter Wahlgang: Hindenburg (jetzt auch von Duesterberg unterstützt) 19,4 Mio., Hitler 13,4 Mio., Thälmann 3,7 Mio., *Hindenburg wiedergewählt.* Die Wahl ist eine klare Entscheidung des Volkes für die Republik und gegen Hitler, jedoch ist der Reichspräsident über Brüning verärgert, der ihn zur Kandidatur mit Unterstützung der Sozialdemokraten gegen die Rechte veranlaßt hat.
13. April	Die Notverordnung „zur Sicherung der Staatsautorität" verbietet die Wehrorganisationen der NSDAP (SA und SS).
24. April	Die Landtagswahlen in Preußen, Bayern, Württemberg, Anhalt und Hamburg bringen ein starkes Anwachsen der NSDAP. Innenpolitische *Krise in Preußen:* Nicht die (seit 1925 ununterbrochen bestehende) Weimarer Koalition des Ministerpräsidenten Braun (SPD) hat von jetzt an die Mehrheit, sondern Nationalsozialisten und Kommunisten, die aber keine Regierung bilden können, so daß das Kabinett Braun geschäftsführend im Amt bleibt.
9.–12. Mai	Tumultuarische Reichstagssitzung. Brünings letzte Kanzlerrede („100 Meter vor dem Ziel").
12. Mai	Reichswehrminister Groener tritt zurück (bleibt Innenminister). Die Reichstagsmehrheit toleriert Brüning weiterhin.
30. Mai	*Brüning tritt mit seinem Kabinett zurück,* nicht weil seine Regierung nicht mehr durchzuhalten ist, sondern als Opfer von (zuletzt großagrarischen: Osthilfeprojekt der Regierung) Intrigen, vor allem Schleichers entschiedenem Willen, die Wendung nach rechts zu vollziehen, möglichst unter Einbeziehung der NSDAP.
1. Juni	Gemäß der These, nicht einen „Damm gegen die Naziflut" zu halten, sondern diese Flut zu „kanalisieren", bildet der von Schleicher vorgeschobene Franz von *Papen* (3. Juni Austritt aus der Zentrumspartei; * 1879, † 1969) ein schnell zusammengestelltes „Kabinett der nationalen Konzentration" ohne parlamentarische Mehrheit. Schleicher selbst wird Wehrminister. – Papens Wirtschaftspolitik wird begünstigt durch das Ende der Reparationen (Ergebnis von Brünings Anstrengungen).
4. Juni	Papen löst den Reichstag auf.
14. Juni	*Aufhebung des Verbots von SA und SS;* Gegenleistung Hitlers: Tolerierung der Regierung. Notverordnung mit einschneidenden Vorschriften über die Sozialversicherung, Einführung der Salzsteuer, Kürzung der Arbeitslosen-, Krisen- und Wohlfahrtsunterstützung.
17. Juli	Altonaer Blutsonntag als erster Höhepunkt bürgerkriegsähnlicher Auseinandersetzungen nach Wiederzulassung der SA, die zielstrebig Straßenkämpfe mit Kommunisten provoziert.
20. Juli	*„Preußenputsch":* Durch Notverordnung und mit Hilfe des militärischen Ausnahmezustandes wird die geschäftsführende Regierung Braun ihres Amtes enthoben, der sozialdemokratische Einfluß beseitigt. Papen Reichskommissar für Preußen. Die preußische Regierungsgewalt geht in die Hände des Essener Oberbürgermeisters Franz Bracht (* 1877, † 1933) über als Stellvertreter Papens.
31. Juli	*Reichstagswahlen.* Behauptung (z. T. mit Verlusten) der Kommunisten, der Sozialdemokraten, des Zentrums, der Deutschnationalen und der Bayerischen Volkspartei. Die liberalen und kleineren bürgerlichen Parteien verlieren zugunsten der Nationalsozialisten, die mit Hilfe einer Wahlbeteiligung von 83 % und der neu hinzugekommenen Jungwähler 230 von 608 Mandaten (37,8 %) erreichen und die stärkste Fraktion stellen (Reichstagspräsident Hermann Göring; * 1893, † 1946).
13. Aug.	Hitler und Papen bei Hindenburg. Hitler lehnt den Vizekanzlerposten ab.
28. Aug.	Papens wirtschaftspolitischer Zwölfmonatsplan: Freiwilliger Arbeitsdienst, Betonung der Privatinitiative in der Wirtschaft, Steuergutscheine für Unternehmer bei Neueinstellung von Arbeitnehmern.
30. Aug.	Zusammentritt des neuen Reichstags.

932 Neuzeit – Zeitalter der Weltkriege

4. Sept.	Notverordnung auf der Basis des Programms vom 28. Aug. mit Bestimmungen gegen das Tarifrecht.
12. Sept.	Auflösung des Reichstags, der die Aufhebung der Notverordnung vom 4. Sept. verlangt.
6. Nov.	*Reichstagswahlen.* Rückgang der NSDAP auf 196 Mandate (von insgesamt 584) (33,5%). Gewinne der Deutschnationalen und der Kommunisten.
3.–7. Nov.	Streik bei den Berliner Verkehrsbetrieben mit faktischem Zusammengehen von Nationalsozialisten und Kommunisten.
17. Nov.	Rücktritt des Kabinetts Papen. Ergebnislose Verhandlungen mit Hitler und Prälat Ludwig Kaas (Zentrum) um die Regierungsbildung.
3. Dez.	General Kurt von *Schleicher* (* 1882, † 1934) wird Reichskanzler. Schleicher plant, durch Verbindung mit Gregor Strasser (* 1892, † 1934), dem Reichsorganisationsleiter der NSDAP, die *Spaltung der Nationalsozialisten* sowie nach Neuwahlen eine Regierung auf breiter Basis einschließlich Strassers zustande zu bringen, und sucht vergeblich, eine „Front der Gewerkschaften" zu seiner Stütze zu machen. – Schwere Krise der NSDAP, die tatsächlich vor der Gefahr der Spaltung steht. Doch gelingt es Hitler mit Hilfe von Goebbels, Strasser zu isolieren, und Schleichers Plan fällt zusammen.
11. Dez.	Anerkennung der deutschen Rüstungsgleichberechtigung in einem System allgemeiner Sicherheitsgarantie.
1933 4. Jan.	Papen und Hitler treffen sich im Haus des Bankiers Kurt von Schroeder (* 1889, † 1966) in Köln. Beginn des offenen Zerwürfnisses zwischen Papen und Schleicher.
15. Jan.	Nationalsozialistischer Wahlerfolg in Lippe durch Konzentration des gesamten Propagandaapparats.
28. Jan.	Schleicher tritt als Reichskanzler zurück, nachdem Hindenburg seine befristete Diktatur als letzte Möglichkeit, die Ernennung Hitlers als Reichskanzler zu vermeiden, ablehnt.

Die nationalsozialistische Herrschaft (1933–1945)

Durch die noch von Brüning eingeleitete Lösung des Reparationsproblems, die gleichfalls vor 1933 geschaffenen Ansätze zur Kreditausweitung des Staats und die weltweite Erholung von der Wirtschaftskrise (New Deal in den USA ab 1933) wird eine **expansive Wirtschaftspolitik** erleichtert, deren finanzpolitisches Mittel eine *zunehmende öffentliche Verschuldung* und deren wirtschaftspolitische Voraussetzung eine wachsende **staatliche Verfügung über die gesamte Wirtschaft** sind. Die hierzu erforderliche *Zusammenfassung exekutiver Zuständigkeiten* beginnt schon 1933 mit der zeitweiligen gemeinsamen Leitung der preußischen Ministerien für Landwirtschaft, Wirtschaft und Arbeit durch Reichswirtschaftsminister Hugenberg und setzt sich 1934–1937 dadurch fort, daß Reichsbankpräsident Schacht nicht nur Wirtschaftsminister des Reichs und Preußens, sondern auch Generalbevollmächtigter für die Wirtschaft ist; sein kurzzeitiger Nachfolger (1937/1938) in beiden Ministerämtern wird Göring als Beauftragter für den Vierjahresplan (seit 1936); auch unter Walter Funk (1938–1945, * 1890, † 1960) werden beide Ministerien von einer Hand geleitet; daneben werden aber schon 1933/1935 Reichskommissare für einzelne Aufgabenbereiche ernannt.
Die *vollständige Lenkung der Wirtschaft* erreicht erst in der zweiten Hälfte des Kriegs Minister Speer; gleichzeitig verliert der 1936 zur Erreichung der Autarkie des Reiches, der „Kriegsfähigkeit" der Wirtschaft und der „Einsatzfähigkeit" der Wehrmacht binnen vier Jahren proklamierte, aber schon im Sommer 1938 durch wirtschaftspolitische Schwerpunktbildung durchlöcherte *Vierjahresplan* (Verlängerung 1940) jede Bedeutung. Die gesamte Wirtschaft wird von 1934 ab durch die *Reichswirtschaftskammer* (mit fachlicher und regionaler Untergliederung) organisatorisch zusammengefaßt. Die staatliche *Rohstoff- und Devisenzuweisung* an die Firmen innerhalb des Vierjahresplans führt freilich zu wirksamer Wirtschaftslenkung, die im Krieg durch Ausgabe von Lebensmittelkarten und Warenbezugsscheinen, durch Steuerung von Arbeitskräften und Arbeitsmarkt erheblich verstärkt wird.
Eigentumsrecht und privatwirtschaftliches Unternehmertum bleiben im Prinzip trotzdem erhalten, doch vollziehen sich im Zuge der „Arisierung" jüdischen Besitzes (ab 1938) wirtschaftliche Konzentrationen, die dem Großbesitz zugute kommen. Nach anfänglichen Maßnahmen zur Behebung der Arbeitslosigkeit und dem Beginn des Autobahnbaus 1933 (bis 1939: 2100 km) wird 1934 die infolge von Staatsaufträgen in Gang gesetzte **Aufrüstung** zunehmend zum Motor des wirtschaftlichen Wiederaufstiegs, der sich in erster Linie in den Produktions- und Investitionsgüterindustrien einschließlich der Baubranche (Monumentalbauten!) auswirkt. Schon 1936 übersteigt der Index der Industrieproduktion den vor der Weltwirtschaftskrise erreichten Stand, übertrifft die Rohstahlproduktion sogar ihre Höhe vor dem Ersten Weltkrieg und beläuft sich auf 22% der Weltproduktion. Mit der Vervierfachung der metallverarbeitenden Produktion 1932–1939, aber einem geringeren Zuwachs in anderen, z. B. Konsumgüterindustrien (Textilindustrie 1938 unter dem Stand von 1928), zeigen sich zielbedingte *Ungleichgewichte*. Da aber in fast allen Industriezweigen die Beschäftigtenzahl in den Friedensjahren steigt (1932–1939 von annähernd acht auf mehr als 16 Mio.), wird noch vor Kriegsausbruch die *Vollbeschäftigung* erreicht.

Die Verbesserung der materiellen Situation des einzelnen hält sich gleichwohl in engen Grenzen: Noch 1936 verfügen nur 11% der Bevölkerung über ein Jahreseinkommen von über 3000 RM, und die unterste Einkommensgruppe (bis 1200 RM im Jahr) umfaßt 54% der Deutschen (einschließlich Rentner, ohne Arbeitslose). Der Lohnindex wird auf real (1938) 107,5 geschätzt (1933 = 92,5; 1936 = 100).

Produktion wichtiger Grundstoffe 1928–1939

	1928	1935	1938	1939
Steinkohlenförderung	150 871 000 t	151 908 000 t (einschl. Saargebiet)	186 186 000 t	187 956 000 t
Braunkohlenförderung	165 185 000 t	147 005 000 t	194 985 000 t	212 109 000 t
Erdölförderung	92 000 t	427 000 t	609 000 t (einschl. Österreich)	885 000 t
Eisenerzförderung	6 475 000 t	6 044 000 t	12 351 000 t	14 710 000 t
Benzine aller Art (aus Mineralöl)	241 000 t	877 800 t (1936)	1 494 000 t (einschl. Österreich)	
Treibstofferzeugung der Hydrier-Synthesewerke	—	—	766 000 t	1 049 600 t
Kunstkautschukerzeugung	—	—	5 200 t	22 400 t

Der *Krieg* selbst bringt neben dem Anwachsen des Rüstungsgeräts von 7% (1939) über 22% (1942) auf 40% (1944) der industriellen Nettoproduktion (Konsumgüter parallel 31–25–22) einen Rüstungsanteil von über 50% bei mehreren Branchen (Eisen, Stahl, Blech- und Metallwaren, Fahrzeuge, Schiffe; Feinmechanik und Optik 70%, Luftfahrt 100%) mit Wandlungen, z. T. Schwankungen im Anteil bestimmter Rüstungsgüter. Die Produktionssteigerungen sind jedoch zu letztlich entscheidenden Teilen (Steinkohle, Eisenerz, Nichteisenmetalle, Erdöl) auf Gebietsausweitungen bzw. Eroberungen von 1938 ab zurückzuführen, was 1944/1945 mit dem raschen Zurückweichen der Front eine dann durch die Schäden des Luftkriegs beschleunigte, schnelle Abwärtsentwicklung in den *wirtschaftlichen Zusammenbruch* hinein mitverursacht.

Kohleförderung unter deutscher Herrschaft im Kohlewirtschaftsjahr 1943/1944 (in Steinkohleneinheiten)

Vorkriegsdeutschland	249,1 Millionen t = 57,3%
Angegliederte Gebiete	98,5 Millionen t = 22,6%
Besetzte Gebiete	84,7 Millionen t = 19,5%
Einfuhr	2,4 Millionen t = 0,6%
Summe	434,7 Millionen t = 100%

Die hierin deutlich werdende Rolle des Staats in Ankurbelung und Lenkung des wirtschaftlichen Wiederaufstiegs bedingt eine *Ausweitung der Reichsausgaben* ab 1933/1934 bis 1935/1936 bereits um mehr als die Hälfte, bis 1938/1939 auf das Vierfache (31,8 Mrd. RM), wovon im Durchschnitt der Jahre 1933–1938 mehr als die Hälfte auf Rüstungsausgaben entfällt. Dies ist nur leistbar durch eine Zunahme der **öffentlichen Verschuldung**, die mit wachsenden staatlichen Eingriffen in Kreditwesen (1934 Kreditwesengesetz: Öffentliche *Kontrolle der Kreditinstitute*) und Geldverkehr (Verschärfung der 1931 eingerichteten *Devisenbewirtschaftung*) Hand in Hand geht und schon bis 1939 den Anteil der kreditfinanzierten Staatsausgaben auf ein Fünftel hochtreibt. Da die traditionellen Mittel der Kreditschöpfung nicht ausreichen, bewirkt Schacht die Gründung der Metallurgischen Forschungs-G.m.b.H. durch die Rüstungsfirmen Krupp, Siemens, Rheinmetall und Deutsche Werke mit Engagement von Reichswehrministerium und Reichsbank; von dieser „*Mefo*" ausgestellte, vom Reich garantierte, von der Reichsbank diskontierte, jahrelang prolongierte Wechsel dienen dem Staat als Zahlungsmittel für Rüstungszwecke in großem Umfang: 1935 sind es 2,4 Mrd., 1936 schon 4,9 und 1938 gar 12 Mrd. RM – dann werden statt der Wechsel Schatzanweisungen ausgegeben.

Die überragende Rolle des Staats in der Wirtschaft – nicht nur als Auftraggeber – erlaubt den Firmen keine Alternative, doch läßt die nun überbordende Staatsverschuldung, finanzwirtschaftlich gesehen, bereits vor 1939 nur noch die freilich schon immer geplante **kriegerische Expansion als Ausweg** offen vor der Alternative von Staatsbankrott oder weitestgehender Verminderung der Einkommen. Auf den Kriegsausbruch wird – statt Kriegsanleihen – durch einen „Kriegsbeitrag" der Länder und Gemeinden sowie durch Steuererhöhungen reagiert; die Einnahmen des Reichs steigen auf 96,2 Mrd. RM (1943/1944), ohne dem Hochschnellen der unmittelbaren Kriegsausgaben von 32,3 (1939/1940) über 75,6 (1941/1942) auf 128,4 Mrd. (1944/1945) folgen zu können. Insgesamt beträgt die Verschuldung am Ende des Kriegs ca. 390 Mrd. (einschl. Mefo-Wechsel) und summieren sich die reinen Kriegsausgaben auf ca. 510 Mrd. RM: Die schon nach dem Ersten Weltkrieg eingetretene *Währungskatastrophe* zu Lasten der Geldvermögen steht damit erneut bevor.

934 Neuzeit – Zeitalter der Weltkriege

Zentrale Strukturen des Herrschaftssystems

Die *Nationalsozialistische Deutsche Arbeiterpartei (NSDAP)* geht auf die am 5. Jan. 1919 von Anton Drexler (* 1884, † 1942) und Karl Harrer (* 1890, † 1928) in München gegründete Deutsche Arbeiterpartei (DAP) zurück, deren bestimmende Figur 1919/1920 **Adolf Hitler** wird (Mitverfasser des 25-Punkte-Programms vom 24. Febr. 1920). Der vom Glauben an die *„arische Herrenrasse"* und die *„jüdische Weltgefahr"* maßgeblich beeinflußte Propagandaredner, seit Juli 1921 Parteivorsitzender mit diktatorischen Vollmachten, nutzt die in der Niederlage 1918 entstandenen Enttäuschungen und Ängste („Novemberverbrecher", „Erfüllungspolitik") zielstrebig aus. Nach dem Scheitern seines Putsches vom 9. Nov. 1923 (Parteiverbot) zu fünf Jahren Festungshaft verurteilt, verfaßt er die 1925/1926 erstmals erscheinende Rechenschafts- und Programmschrift *„Mein Kampf"* (Auflage bis Jan. 1933 etwa 300000, 1943: 9,8 Mio.), die als politische Ziele den *rassereinen Führerstaat* und die *Eroberung von Lebensraum im Osten* proklamiert. Die am 27. Febr. 1925 neugegründete NSDAP steigt als militante, straff gegliederte Organisation mit (1928) 100000 (Anfang 1933: 1400000, 1935: 2,5 Mio., 1945: 8,5 Mio.) Mitgliedern zum Bundesgenossen (Youngplankampagne 1929), dann Koalitionspartner (1933) der antirepublikanischen Rechten auf. Erklärungen für den nationalsozialistischen Aufstieg sind neben straffer Führung und Aufbau des *Führermythos* (Gruß „Heil Hitler" seit 1923/1924) in einer vielfach als orientierungslos empfundenen Krisenzeit eine (angesichts tiefgreifender sozialer und parteipolitischer Konflikte besonders wirksame) Volksgemeinschaftsideologie, perfekte *Propaganda* (Reichspropagandaleiter seit 1929 *Joseph Goebbels*, Parteiorgan „Völkischer Beobachter" seit 1920), militärisch-mitreißendes Auftreten (Anklang an das „Fronterlebnis" und die Tradition des Kaiserreichs), demonstrativ-gewaltsames Durchsetzen (SA-Terror) gegen den innenpolitischen Gegner und nicht zuletzt der wirkungsvolle Appell an antimarxistische und antikapitalistische Einstellungen im sozial bedrohten, großenteils wirtschaftlich geschädigten *(Klein-)Bürgertum* (vor 1933 das Hauptreservoir der Partei; die Arbeiter bleiben trotz des Parteinamens relativ schwach vertreten). Entscheidend werden schließlich das erfolgreiche Ausnutzen der **Weltwirtschaftskrise**, die die Regierungen der Republik schwach und uneinig erscheinen läßt und für welche die NS-Propaganda leicht faßliche Erklärungsmuster (in Gestalt von Feindbildern wie Siegermächten, Juden, Marxismus) bereithält, sowie breite *antidemokratische Grundstimmungen* und die Bündnisbereitschaft der konservativen Kräfte z. T. einschließlich *Reichswehr* und der publizistischen Unterstützung durch den *Hugenberg-Konzern*. Demgegenüber ist die 1930 erheblich werdende finanzielle Förderung aus der Großindustrie nur zusätzlich zu beurteilen.

Die Sozialstruktur der NSDAP-Mitgliedschaft im Vergleich mit der deutschen Bevölkerung

Soziale Stellung	Bevölkerung 1933[a)]		NSDAP-Mitglieder 1935[b)] in %
	Männliche Erwerbspersonen in %	Erwerbspersonen insgesamt[c)] in %	
Arbeiter	55,1	46,3	32,1
Angestellte	11,8	12,5	20,6
Selbständige außerhalb der Landwirtschaft	11,9	9,7	20,2
Beamte	6,5	4,6	13,0
Bauern = Selbständige und Mithelfende in der Landwirtschaft	14,0	20,7	10,7
Sonstige = Hausangestellte und Mithelfende außerhalb der Landwirtschaft	0,6	6,2	3,4
Insgesamt	99,9	100,0	100,0

a) Berechnet nach: Stat. Jahrbuch 55 (1936), S. 26 und 53 (1934), S. 16, Tabelle 16c.
b) NSDAP-Parteistatistik, Bd. II, S. 157.
c) Die Prozentangaben für die Bevölkerung weichen in der NSDAP-Parteistatistik (Bd. II, S. 157) geringfügig von den hier berechneten Werten ab: Der Angestelltenanteil wird dort mit 12,4 %, der Selbständigenanteil mit 9,6 % und der Beamtenanteil mit 4,8 % angegeben.

Im Zuge der „Machtergreifung" vollzieht sich 1933/1934 durch Umbesetzungen und Personalunionen von der kommunalen bis hin zur Reichsebene eine **wechselseitige Durchdringung von Partei- und Staatsapparat:** Der „Stellvertreter des Führers", Rudolf Heß (* 1894, † 1987), wird Reichsminister. Er wirkt ab 1934 in der Tätigkeit aller Ministerien mit. Nach Heß' Ausscheiden 1941 erhält Martin Bormann, der Leiter der Parteikanzlei, einen vergleichbaren Einfluß. Generell bleibt aber ein **Nebeneinander von Par-**

tei und Staat erhalten, das, durch vielfache Kompetenzüberschneidungen und persönliche Rivalitäten noch im Krieg die Herrschaftseffektivität, ja den totalitären Charakter des Regimes einschränkend, Hitler die Rolle des obersten Schiedsrichters sichert und zugleich die Partei weitgehend auf propagierende, ideologisierende und den einzelnen „Volksgenossen" kontrollierende Funktionen begrenzt.

Der Aufbau des „Führerstaates"

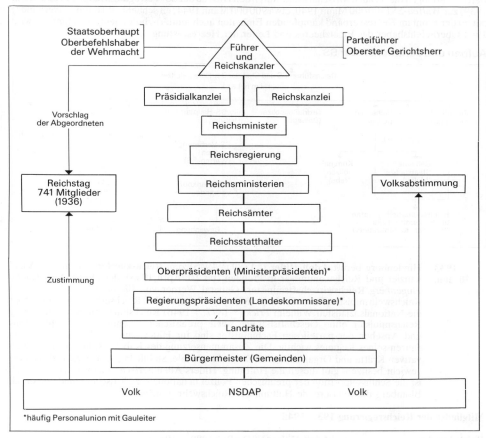

*häufig Personalunion mit Gauleiter

Einen starken Bedeutungsverlust muß die mitgliederstärkste Parteigliederung (Mitgliederzahl 1931: 77 000, 1933 zunächst etwa 700 000, dann rasch zunehmend), die 1920 gegründete **SA** (Sturmabteilung, „Braunhemden"), hinnehmen, die, seit 1930 Hitler als Oberstem SA-Führer direkt unterstellt und in der Krisenzeit der Weimarer Republik sowie 1933 Hauptträgerin des Straßenterrors, danach weitgehend funktionslos und 1934 mit der Ermordung ihres Stabschefs (seit 1931) Röhm entmachtet wird. Die gleichzeitig zur selbständigen Parteigliederung erhobenen, 1925 in der SA zum persönlichen Schutz der leitenden Funktionäre gebildeten, schwarz uniformierten **SS** (Schutzstaffeln), von ihrem Reichsführer (seit 1929) Heinrich *Himmler* (* 1900, † 1945) zur Parteipolizei mit (Anfang 1933) 50 000 Mitgliedern ausgebaut, werden durch wechselseitige Verflechtung mit den *staatlichen Sicherheitsorganen* (Himmler: 1933 kommissarischer Polizeipräsident von München und Politischer Polizeikommandeur für Bayern, 1936 Staatssekretär im Reichsinnenministerium sowie „Reichsführer SS und Chef der Deutschen Polizei", 1943 Reichsinnenminister und Generalbevollmächtigter für die Reichsverwaltung), die in wachsendem Maße von den SS kontrolliert werden, letztlich zum *wichtigsten, den Rechtsstaat in weiten Bereichen aufhebenden Unterdrückungsinstrument*. Hierzu dient neben den Waffen-SS-*Totenkopfverbänden* (Ende 1938: 8500 Mann) zur Bewachung der schon im März 1933 schnell improvisierten, von 1938/1939 an in großem Maßstab ausgebauten Konzentrationslager der 1931 gegründete *SD* (Sicherheitsdienst des Reichsführers SS) unter *Heydrich* (Partei-Nachrichtendienst, ab 1936 offizieller Nachrichtendienst des Reichs; Spionage und Bespitzelung im In- und Ausland), der 1939 mit der Sicherheitspolizei (Sipo; 1936 als Teil der SS gebildete Organisation für Kriminalpolizei und Politische Polizei [Geheime Staatspolizei = Gestapo]) im *Reichssicherheitshauptamt* zusammengeschlossen wird. SS- und Polizei-Einsatzgruppen ermorden Millionen von Juden, Partisanen, Oppositionellen während des Zweiten Weltkrieges. Das Heydrich, ab 1943 *Ernst Kaltenbrunner* (* 1903, † 1946) unterstehende Reichssicherheitshauptamt gibt die Leitung der Konzentrationslager 1942 an das *Wirtschafts- und Verwaltungshauptamt der SS (Pohl)* ab. Himmler leitet seit Okt. 1939 als Reichskommissar für die Festigung deutschen Volkstums die rücksichtslosen Umsiedlungs- und Germanisierungsmaßnahmen in Ost- und Südosteuropa und wird der oberste Organisator des *Völkermords an den Juden Europas*. Durch Ausbeutung der KZ-Häftlinge und eigene Betriebe erlangen die SS auch *wirtschaftliche,* durch den Ausbau der SS-Verfügungstruppe (18 000 Mann 1939) zur *Waffen-SS* (100 000 Mann 1940, etwa 900 000 Mann 1944; einschließlich Totenkopfverbände) mit an der Front im Heeresverband kämpfenden Einheiten auch militärische Bedeutung; Himmler wird 1944 Oberbefehlshaber des Ersatzheeres und Leiter der Heeresrüstung.

Aufbau und Funktionen der SS

1933
30. Jan.
Hindenburg beruft **Adolf Hitler** (* 1889, † 1945) zum **Reichskanzler;** *Papen* wird Vizekanzler und Reichskommissar in Preußen (bis 10. April 1933), der DNVP-Vorsitzende *Hugenberg* Reichswirtschaftsminister, General Werner von *Blomberg* (* 1878, † 1946) Reichswehrminister, Franz *Seldte* (* 1882, † 1947; Stahlhelm) Reichsarbeitsminister, ferner die Nationalsozialisten Wilhelm *Frick* (* 1877, † 1946) Reichsinnenminister und *Göring* Reichsminister ohne Geschäftsbereich sowie preußischer Innenminister. Sachkenntnis und Ansehen der parteilosen Fachminister sind für Hitler hauptsächlich in den ersten Jahren seines Regimes wichtig. Die Zusammensetzung des Kabinetts, in der die konservativen Kräfte und Organisationen (Deutschnationale, Stahlhelm, Reichswehr) das Übergewicht besitzen, gibt diesen die Hoffnung, Hitlers Alleinherrschaft zu verhindern. Doch ist die Schlüsselposition der preußischen Polizei in nationalsozialistischer Hand und durch Blomberg die tolerierende Haltung der Reichswehr gesichert.

Mitglieder der Reichsregierung 1933–1945

Reichskanzler	*Adolf Hitler* (NSDAP; * 1889, † 1945)
Vizekanzler	30. Jan. 1933 – 7. Aug. 1934: *Franz von Papen* (1. März – Juni 1933; bis 1932 Zentrum; * 1879, † 1969); seit 7. Aug. 1934: unbesetzt
Auswärtiges	30. Jan. 1933 – 4. Febr. 1938: *Konstantin Frhr. von Neurath* (parteilos; * 1873, † 1956); 4. Febr. 1938 – 30. April 1945: *Joachim von Ribbentrop* (NSDAP; * 1893, † 1946)
Inneres	30. Jan. 1933 – 24. Aug. 1943: *Wilhelm Frick* (NSDAP; * 1877, † 1946); 24. Aug. 1943 – 30. April 1945: *Heinrich Himmler* (NSDAP; * 1900, † 1945)
Finanzen	*Johann Ludwig Graf Schwerin von Krosigk* (parteilos; * 1887, † 1977)
Wirtschaft	30. Jan. – 29. Juni 1933: *Alfred Hugenberg* (DNVP; * 1865, † 1951); 29. Juni 1933 – 3. Aug. 1934: *Kurt Schmitt* (parteilos; * 1886, † 1950); 3. Aug. 1934 – 30. Jan. 1935: (beurlaubt) *Kurt Schmitt;* 3. Aug. 1934 bis 26. Nov. 1937: *Hjalmar Schacht* (ursprünglich DDP; * 1877, † 1970); 26. Nov. 1937 – 15. Jan. 1938: *Hermann (Wilhelm) Göring* (NSDAP; * 1893, † 1946); 4. Febr. 1938 – 3. April 1945: *Walter Funk* (NSDAP; * 1890, † 1960)
Arbeit	*Franz Seldte* (Stahlhelm; seit 27. April 1933: NSDAP; * 1882, † 1947)
Justiz	3. Febr. 1933 – 29. Jan. 1941: *Franz Gürtner* (bis Ende Juni 1933; DNVP; * 1881, † 1941); Febr. 1941 – 24. Aug. 1942: (beauftragt) *Franz Schlegelberger* (parteilos; * 1876, † 1970); 24. Aug. 1942 – 30. April 1945: *Otto Georg Thierack* (NSDAP; * 1889, † 1946)

Einzelstaaten – Deutschland – NS Herrschaft 937

Wehr (seit 21. Mai 1935: Krieg)	30. Jan. 1933 – 4. Febr. 1938: *Werner von Blomberg* (parteilos; * 1878, † 1946); seit 4. Febr. 1938: aufgehoben
Chef des OKW	4. Febr. 1938 – 30. April 1945: *Wilhelm Keitel* (* 1882, † 1946)
Post	30. Jan. 1933 – 2. Febr. 1937: *Paul Frhr. Eltz von Rübenach* (parteilos: * 1875, † 1943); 2. Feb. 1937 – 30. April 1945: *Wilhelm Ohnesorge* (NSDAP; * 1872, † 1962)
Verkehr	30. Jan. 1933 – 2. Febr. 1937: *Paul Freiherr Eltz von Rübenach* (parteilos); 2. Febr. 1937 – 30. April 1945: *Julius Dorpmüller* (NSDAP; * 1869, † 1945)
Ernährung	30. Jan. – 29. Juni 1933: *Alfred Hugenberg* (DNVP); 29. Juni 1933 bis 23. Mai 1942: *(Richard) Walter Darré* (NSDAP; * 1895, † 1953); 23. Mai 1942 – 6. April 1944: (beauftragt) *Herbert Backe* (NSDAP; * 1896, † 1947); 6. April 1944 – 30. April 1945: (Minister) *Herbert Backe*
Volksaufklärung und Propaganda	13. März 1933: neu geschaffen; bis 30. April 1945: *(Paul) Josef Goebbels* (NSDAP; * 1897, † 1945)
Luftfahrt	28. April 1933: neu geschaffen; bis 23. April 1945: *Hermann Göring* (NSDAP; s. oben)
Wissenschaft, Erziehung und Volksbildung	1. Mai 1934: neu geschaffen; bis 30. April 1945: *Bernhard Rust* (NSDAP; * 1883, † 1945)
Forsten	3. Juli 1934: neu geschaffen; bis 23. April 1945: *Hermann Göring* (NSDAP; s. oben)
Kirchen	18. Juli 1935: neu geschaffen; bis 13. Dez. 1941: *Hanns Kerrl* (NSDAP; * 1887, † 1941); 14. Dez. 1941 – 30. April 1945: unbesetzt
Oberbefehlshaber des Heeres (mit Kabinettsrang)	20. April 1936 – 5. Febr. 1938: *Werner Frhr. von Fritsch* (* 1880, † 1939); 5. Febr. 1938 – 19. Dez. 1941: *Walther von Brauchitsch* (* 1881, † 1948); 19. Dez. 1941 – 30. April 1945: *Adolf Hitler*
Oberbefehlshaber der Kriegsmarine	20. April 1936 – 30. Jan. 1943: *Erich Raeder* (parteilos; * 1876, † 1960); 30. Jan. 1943 – 30. April 1945: *Karl Dönitz* (parteilos; * 1891, † 1980)
Oberbefehlshaber der Luftwaffe	7. März 1935 – 23. April 1945: *Hermann Göring* (s. oben); 23. bis 30. April 1945: *Robert Ritter von Greim* (* 1892, † 1945)
Ohne Geschäftsbereich	(Die Bezeichnung „ohne Geschäftsbereich" entfällt ab 4. Febr. 1938); 30. Jan. – 28. April 1933: *Hermann Göring;* 1. Dez. 1933 – 30. Juni 1934: *Ernst Röhm* (NSDAP; * 1887, † 1934); 1. Dez. 1933 – 10. Mai 1941: *Rudolf Heß* (NSDAP; * 1894, † 1987); 16.6.1934 – 18.7.1935: *Hanns Kerrl* (s. o.); 19. Dez. 1934 – 30. April 1945: *Hans Frank* (NSDAP; * 1900, † 1946); 26. Nov. 1937 – 23. Juli 1944 (vorläufig amtsenthoben 22. Jan. 1943): *Hjalmar Schacht* (s. o.); 1. Dez. 1937 bis 30. April 1945: (Staatsminister und Chef der Präsidialkanzlei des Führers und Reichskanzlers) *Otto Meißner* (NSDAP; * 1880, † 1953); 5. Febr. 1938 – 30. April 1945: (Vorsitzender des Geheimen Kabinettrats) *Konstantin Frhr. von Neurath* (s. o.); 1. Mai 1939 – 30. April 1945: *Arthur Seyß-Inquart* (NSDAP; * 1892, † 1946)
Bewaffnung und Munition (ab 2. Sept. 1943: Rüstung und Kriegsproduktion)	17. März 1940 – 8. Febr. 1942: *Fritz Todt* (* 1891, † 1942); 8. Febr. 1942 bis 30. April 1945: *Alber Speer* (* 1905, † 1981).
Besetzte Ostgebiete	17. Juli 1941 – 30. April 1945: *Alfred Rosenberg* (NSDAP; * 1893, † 1946)
Böhmen und Mähren (Sitz Prag)	20. Aug. 1943: neu errichtet; bis 30. April 1945: *Karl Hermann Frank* (NSDAP; * 1898, † 1946)
Reichskommissar für den Arbeitsdienst	30. Jan. 1933 – 6. Juli 1934: *Franz Seldte* (Stahlhelm; seit 27. April 1933: NSDAP; s. oben); 6. Juli 1934 – 30. April 1945: *Konstantin Hierl* (NSDAP; * 1875, † 1955)
Reichskommissar für die Gleichschaltung der Justiz	25. April 1933 – 19. Dez. 1934: *Hans Frank* (NSDAP; s. oben)
Reichskommissar für den Sport	27. April 1933 – 25. März 1943: *Hans von Tschammer und Osten* (NSDAP; * 1887, † 1943); Okt. 1944 – 30. April 1945: (kommissarisch; ehrenamtlich) *Karl Ritter von Halt* (* 1891, † 1964)
Reichskommissar für das Siedlungswesen	April 1933 – 6. Dez. 1934: *Gottfried Feder* (NSDAP; * 1883, † 1941); 6. Dez. 1934: Aufgaben vom Reichsarbeitsministerium übernommen
Reichskommissar für Milch- und Fettwirtschaft	Ab 4. Aug. 1933: *Bernd Frhr. von Kanne* (* 1884) (ab 5. Nov. 1934 auch: Durchführung der Marktordnung)
Reichskommissar für Rohstoffwirtschaft	30. Juni 1934 – 21. Jan. 1937: *Jean Puppe* (* 1882, † 1941)

938   Neuzeit – Zeitalter der Weltkriege

Reichskommissar für die Preisbildung	5. Nov. 1933 – 1. Juli 1935: *Carl-Friedrich Goerdeler* (bis 1931 DNVP; * 1884, † 1945); ab 29. Okt. 1936: *Josef Wagner* (NSDAP; * 1899, † 1944?); nach 1944: *Hans Fischböck* (* 1895, † 1967)
Reichskommissar für Luftfahrt	30. Jan. – 28. April. 1933: *Hermann Göring* (NSDAP; s. oben)
Reichskommissar für Arbeitsbeschaffung	30. Jan. – 30. März 1933: *Günter Gereke* (Landvolk; * 1893); ab 25. März 1933: (beauftragt) *Friedrich Syrup* (parteilos; * 1881)
Reichskommissar für den gewerblichen Mittelstand	Ab 22. März 1933: *Erich Wienbeck* (DNVP; * 1876, † 1949)
Reichskommissar für das Kraftfahrwesen, im Reichswehrministerium	*Karl Eduard Herzog von Sachsen-Coburg-Gotha* (Stahlhelm; seit April 1933: NSDAP; * 1884, † 1954)
Reichskommissar für die Rückgliederung des Saargebiets	11. Febr. 1935 – 31. März 1941: *Josef Bürckel* (NSDAP; * 1895, † 1944)
Reichskommissar für die Wiedervereinigung Österreichs mit dem Deutschen Reich	23. April 1938 – 31. März 1940: *Josef Bürckel* (NSDAP)
Reichskommissar für Sudetendeutschland	1. Okt. 1938 – 1. Mai 1939: *Konrad Henlein* (NSDAP; * 1898, † 1945)
Reichskommissar für die besetzten norwegischen Gebiete	24. April 1940 – 30. April 1945: *Josef Terboven* (NSDAP; * 1898, † 1945)
Reichskommissar für die niederländischen Gebiete	19. Mai 1940 – 30. April 1945: *Arthur Seyß-Inquart* (NSDAP; s. oben)
Staatssekretär und Chef der Reichskanzlei	(ab 26. Nov. 1937 Minister): *Hans Heinrich Lammers* (NSDAP; * 1879, † 1962)
Reichspressechef	30. Jan. 1933 – 15. Jan. 1938: *Walter Funk* (NSDAP; s. oben); 15. Jan. 1938 – 30. April 1945: *Otto Dietrich* (NSDAP; * 1897, † 1952)

Die Reichsstatthalter 1933–1945

ANHALT UND BRAUNSCHWEIG: 6. Mai 1933 – 23. Okt. 1935: *Wilhelm (Friedrich) Loeper* (* 1883, † 1935); 29. Nov. 1935 – 19. April 1937: (beauftragt) *Fritz Sauckel* (* 1894, † 1946); 19. April 1937 – April 1945: *Rudolf Jordan* (* 1902)

BADEN: 6. Mai 1933 – April 1945: *Robert Wagner* (früher: Backfisch) (* 1895, † 1946)

BAYERN: 10. April 1933 – 29. April 1945: *Franz Ritter von Epp* (* 1868, † 1946)

DANZIG-WESTPREUSSEN: 1. Sept. 1939 – März 1945: *Albert Forster* (* 1902, † 1948?)

HAMBURG: 16. Mai 1933 – 3. Mai 1945: *Karl Kaufmann* (* 1900, † 1969)

HESSEN: 6. Mai 1933 – Ende März 1945: *Jakob Sprenger* (* 1884, † 1945)

KÄRNTEN: 1940 – 27. Nov. 1941: (stellv.) *Franz Kutschera* (* 1909); 27. Nov. 1941 – April 1945: *Friedrich Rainer* (* 1903, † 1947)

LIPPE UND SCHAUMBURG-LIPPE: 16. Mai 1933 – 4. April 1945: *Alfred Meyer* (* 1891, † 1945)

MECKLENBURG UND LÜBECK: 27. Mai 1933 – 1. Mai 1945: *Friedrich Hildebrandt* (* 1898, † 1948)

NIEDERDONAU: 2. April 1940 – April 1945: *Hugo Jury* (* 1887, † 1945)

OBERDONAU: 12. April 1940 – Mai 1945: *August Eigruber* (* 1907, † 1947)

OLDENBURG UND BREMEN: 6. Mai 1933 – 15. Mai 1942: *Karl Röver* (* 1889, † 1942); 27. Mai 1942 bis April 1945: *Paul Wegener* (* 1908)

ÖSTERREICH: 14. März 1938 – 30. April 1939: *Arthur Seyß-Inquart* (s. oben)

PREUSSEN: April 1933 – 30. April 1945: *Adolf Hitler* (s. oben); 30. Jan. 1935 – 24. April 1945: (mit der Ausübung der Geschäfte beauftragt) *Hermann Göring* (s. oben)

SACHSEN: 6. Mai 1933 – Mai 1945: *Martin Mutschmann* (* 1879, † 1947)

SALZBURG: 15. März 1940 – 27. Nov. 1941: *Friedrich Rainer* (s. Kärnten); 27. Nov. 1941 – Anf. Mai 1945: *Gustav Adolf Scheel* (* 1907)

STEIERMARK: 12. April 1940 – Mai 1945: *Siegfried Uiberreither* (* 1908)

SUDETENLAND: 1. Mai 1939 – Mai 1945: *Konrad Henlein* (* 1898, † 1945)

THÜRINGEN: 6. Mai 1933 – April 1945: *Fritz Sauckel* (s. Anhalt und Braunschweig)

TIROL: 12. April 1940 – Mai 1945: *Franz Hofer* (* 1902)

WARTHEGAU: 23. Okt. 1939 – Jan. 1945: *Artur Greiser* (* 1897, † 1946)

WESTMARK: 31. März 1941 – 28. Sept. 1944: *Josef Bürckel* (* 1895, † 1944); 29. Sept. 1944 – März 1945: (stellv.) *Willi Stoehr* (* 1903)

WIEN: 12. April – 7. Aug. 1940: *Josef Bürckel* (s. oben); 8. Aug. 1940 – April 1945: *Baldur von Schirach* (* 1907, † 1974)

WÜRTTEMBERG: 6. Mai 1933 – April 1945: *Wilhelm Murr* (* 1888, † 1945)

Einzelstaaten – Deutschland – NS-Herrschaft   *939*

1. Febr.   Auflösung des Reichstags.
Versuch, aus dem Regierungswechsel eine „Revolution" zu machen und die deutschnationalen Koalitionspartner zu überspielen. Göring beginnt in Preußen mit seinen Amtsenthebungen. Die skrupellose Ausnutzung legaler und scheinlegaler Mittel, deren ständige Ausdehnung und die Schaffung neuer Instrumente verbinden sich mit Gewaltaktionen der SA zur Eroberung einer Vielzahl staatlicher Positionen und zur Unterdrückung und Einschüchterung von Gegnern, die z.T. zu emigrieren beginnen.

11. Febr.   Der preußischen Polizei wird eine Hilfspolizei (v.a. aus SA und SS) an die Seite gestellt.

17. Febr.   Görings „Schießerlaß" ermuntert die Polizei zum Schußwaffengebrauch.

27. Febr.   Reichstagsbrand in Berlin. Die Brandlegung (Nationalsozialisten – SA-Führer, Göring?) ist umstritten. Rasche politische Ausnutzung:
Der Brand wird den Kommunisten zur Last gelegt. Verbot der kommunistischen, in Preußen auch fast der ganzen sozialdemokratischen Presse. *Verhaftungswelle,* vor allem gegen kommunistische Funktionäre.

28. Febr.   Die *„Verordnung des Reichspräsidenten zum Schutz von Volk und Staat"* setzt wichtige Grundrechte außer Kraft und leitet damit (bis zum Ende der NS-Herrschaft gültig) den Abbau der rechtsstaatlichen Grundlagen ein; außerdem Handhabe zur Beseitigung nicht genehmer Länderregierungen.
Zahlreiche, z.T. nur angebliche politische Gegner werden in „Schutzhaft" genommen, die ersten **Konzentrationslager (KZ)** eingerichtet. – Nicht nur wegen des faktischen Verbots der KPD finden somit die anberaumten Reichstagswahlen nicht mehr unter den Bedingungen freier Wahlen statt.

5. März   *Reichstagswahlen.* Absolute, nicht relative Behauptung der Sozialdemokraten, des Zentrums, der Bayerischen Volkspartei und der Deutschnationalen (letztere in der „Kampffront Schwarz-Weiß-Rot" mit dem Stahlhelm). Anstieg der Nationalsozialisten auf 288 von 648 Sitzen (44%) auf Kosten der Reste der kleinen bürgerlichen Parteien, der Kommunisten und vor allem mit Hilfe der bisherigen Nichtwähler und der Jungwähler (Wahlbeteiligung 89%). Zusammen mit der Kampffront Schwarz-Weiß-Rot erreichen die Nationalsozialisten eine knappe absolute Mehrheit von 52%. Diese Zahlen stellen einen Ausdruck der großen wirtschaftlichen und politischen Krise in ihrem Höchststadium und der Massenpsychose der „nationalen Revolution" dar, *der sich jedoch 56% der Wähler auch zu diesem Zeitpunkt entziehen können.*

5.–10. März   Absetzung aller noch nicht nationalsozialistisch geführten Länderregierungen und Einsetzung von „Reichskommissaren". *„Gleichschaltung"* durch Zusammenwirken von (verdeckter) Lenkung aus Berlin und organisiertem Terror einer manipulierten „Revolution von unten".

13. März   Joseph *Goebbels* (* 1897, † 1945) Reichsminister für Volksaufklärung und Propaganda.

21. März   Der *„Tag von Potsdam":* Feier in der Garnisonskirche, in der, durch Hindenburg und Hitler personifiziert, die Verbindung des Gegensatzpaares „Preußen"–„Nationalsozialismus" vollzogen werden soll. Volkspsychologischer Erfolg.

24. März   „Gesetz zur Behebung der Not von Volk und Reich" (**Ermächtigungsgesetz**): Gesetze können von der Reichsregierung, außerhalb des in der Verfassung vorgesehenen Verfahrens und von der Verfassung abweichend, erlassen werden; befristet auf vier Jahre. Das Gesetz wird am **23. März** von NSDAP, DNVP, Zentrum und den kleineren Parteien (bei Ausschluß der Kommunisten) *gegen die Stimmen allein der SPD angenommen.*

31. März   Erstes Gesetz „zur *Gleichstellung der Länder* mit dem Reich": Die Länderparlamente werden ohne Wahl nach dem Verhältnis der Reichstagswahl neu gebildet, die Länderregierungen können Gesetze in Abweichung von den Verfassungen erlassen.

1. April   Organisierung des Boykotts jüdischer Geschäfte durch Joseph Goebbels und Robert Ley als *Beginn der Verdrängung der Juden* aus Wirkungsbereichen und Berufen aller Art.

7. April   Zweites Gesetz zur *Gleichschaltung der Länder:* Einsetzung von Reichsstatthaltern. – Das *Gesetz „zur Wiederherstellung des Berufsbeamtentums"* schließt alle „Nichtarier" aus und leitet Auswechselungen aus politischen Gründen ein.

2. Mai   Am Tage nach der ersten nationalsozialistischen Maifeier Besetzung der Gewerkschaftshäuser, *Aufhebung der Gewerkschaften.*

10. Mai   Bildung der *„Deutschen Arbeitsfront"* als faktische Zwangsvereinigung von Arbeitern, Angestellten und Unternehmern (1936 etwa 20 Mio. Mitglieder), der NSDAP angeschlossen und Robert Ley (* 1890, † 1945) unterstellt.

1. Juni   Erstes Gesetz zur Verminderung der Arbeitslosigkeit (Erstes Reinhardt-Programm).

Juni/Juli   **Selbstauflösung** aller noch bestehenden bürgerlichen Parteien (Zentrum: 5. Juli) unter Druck.

22. Juni   **Verbot der SPD**, deren Parteiführer teils verhaftet werden, teils emigrieren.
Die Exil-SPD [„SoPaDe"] befindet sich 1933–1937 in Prag, 1938–1940 in Paris, 1941 bis 1945 in London.

27. Juni   Selbstauflösung der DNVP.

29. Juni	Austritt Hugenbergs aus dem Kabinett.
14. Juli	Gesetz gegen die Neubildung von Parteien. *Die NSDAP ist von nun an die einzige Partei im Deutschen Reich.*
20. Juli	Der Abschluß des *Konkordats* zwischen dem Deutschen Reich und der Kurie übt eine große Wirkung auf den Katholizismus Deutschlands und der Welt aus. Hoffnungen werden erweckt, die später im Kirchenkampf zerstört werden.
13. Sept.	Zusammenfassung aller in der Landwirtschaft Tätigen im „*Reichsnährstand*" wird eingeleitet (Reichsbauernführer bis 1942: Reichsminister für Ernährung und Landwirtschaft Walter Darré; * 1895, † 1953);
21. Sept.	Zweites Gesetz zur Verminderung der Arbeitslosigkeit (Zweites Reinhardt-Programm); die „Arbeitsschlacht" wird eröffnet.
22. Sept.	*Reichskulturkammergesetz:* Reichskulturkammer als berufsständische Zusammenfassung der im kulturellen Raum Tätigen; Präsident Reichsminister Goebbels.
23. Sept.	Baubeginn der militärstrategischen Reichsautobahn.
27. Sept.	Wehrkreispfarrer *Ludwig Müller* (NS-Glaubensbewegung Deutsche Christen; * 1883, † 1945) wird auf der Nationalsynode in Wittenberg zum Reichsbischof der Deutschen Evangelischen Kirche (gegen den am 26. Mai bereits von den Vertretern der Landeskirchen in Loccum gewählten Pastor *Friedrich von Bodelschwingh* [Bethel; * 1877, † 1946]) gewählt. Dagegen richtet sich Protest des neuen Pfarrernotbundes (etwa 2000 Pastoren, leitend *Martin Niemöller;* * 1892, † 1984). Beginn des **Kirchenkampfes** in der evangelischen Kirche zwischen den offiziell geförderten Deutschen Christen und der im Entstehen begriffenen Bekennenden Kirche.
29. Sept.	Das *Reichserbhofgesetz* setzt für alle Bauernhöfe von etwa 7,5–125 ha die Eigenschaft als „Erbhof" fest, der ungeteilt auf den ältesten Sohn im Erbfall übergeht, unveräußerlich und unbelastbar ist. – Die nationalsozialistische Agrarpolitik geht auf Erzeugungssteigerung und Sicherung des Bauerntums („Blut und Boden") aus, schont den Großgrundbesitz und fördert in bescheidenem Maße die innere Kolonisation.
4. Okt.	Das *Schriftleitergesetz* führt (zusammen mit dem Reichskulturkammergesetz vom 22. Sept.) die kulturelle und geistige „Gleichschaltung" weiter.
14. Okt.	Austritt des Reichs aus dem Völkerbund.
12. Nov.	(Manipulierte) Reichstagswahlen, verbunden mit der Frage, ob die Politik, die zum Austritt aus dem Völkerbund geführt hat, gebilligt werde; von 92% der abgegebenen Stimmen wird die Einheitsliste der NSDAP „gewählt".

Parteienauflösung 1933

Einzelstaaten – Deutschland – NS-Herrschaft   *941*

Die Stabilisierung der NS-Herrschaft

Der *Reichstag* besitzt hinfort nur noch dekorative Bedeutung als Hintergrund für Führerreden zu wichtigen Anlässen. Mit dieser Reichstagswahl ist ein gewisser Abschluß der Entwicklung zum **Führerstaat** mit totalitärem Anspruch erreicht, wodurch die Weimarer Verfassung nicht formell aufgehoben, jedoch faktisch überwunden ist (Ermächtigungsgesetz in der Folge mehrfach erneuert). In der NSDAP und ihren Gliederungen ist der „Führerwille" scheinbar absolut organisiert und die cäsaristische Verbindung von „Führer" und „Masse" hergestellt. Die durch geschickte Finanzierung (Reichsbankpräsident Schacht 1933–1939) und öffentliche Arbeitsbeschaffung bei beginnendem allgemeinem Konjunkturaufschwung festzustellende *Verbesserung der Wirtschaftslage* läßt 1933 die Arbeitslosenziffer von sechs auf vier Mio. (noch ohne Auswirkung der Aufrüstung) sinken und trägt zur Stabilisierung des Regimes bei.

Dez.	Benzinvertrag zwischen dem Reich und der I.G. Farben: Beginn des Aufbaus einer deutschen Mineralölindustrie für wehrwirtschaftliche Zwecke.
1934 20. Jan.	Das *Gesetz „zur Ordnung der nationalen Arbeit"* schafft mit der „Betriebsgemeinschaft" und dem „Treuhänder der Arbeit" die Grundlagen des nationalsozialistischen Arbeitsrechts. Sozialpolitische und weltanschauliche Überwachung der Betriebe durch die Deutsche Arbeitsfront bei Wahrung unternehmerischer Freiheit in betrieblichen Fragen.
26. Jan.	Nichtangriffspakt mit Polen.
30. Jan.	*Gesetz „über den Neuaufbau des Reiches".* Die Volksvertretungen der Länder werden aufgehoben. Die Hoheitsrechte der Länder gehen auf das Reich über.
14. Febr.	Aufhebung des Reichsrats.
20. April	Ernennung Heinrich Himmlers zum Chef des Geheimen Staatspolizeiamts in Preußen (Entstehung der *Gestapo* seit Frühjahr 1933).
30./31. Mai	Reichs-Bekenntnissynode in Barmen-Gemarke (Bekennende Kirche), Verabschiedung der Barmer Theologischen Erklärung gegen die Lehren der Deutschen Christen.
14./15. Juni	Erstes Treffen Hitlers und des italienischen faschistischen Diktators Benito Mussolini in Venedig.
17. Juni	Rede Papens (verfaßt von dem jungkonservativen Schrifsteller Edgar Jung; * 1894, † 1934) in Marburg mit scharfer offener Kritik an der nationalsozialistischen Politik.

Die Röhm-Affäre (30. Juni – 2. Juli 1934)

Das Drängen des SA-Stabschefs (seit Jan. 1931) Ernst Röhm (* 1887) nach einer *„zweiten Revolution"* (staatliche Befugnisse für das Millionenheer der SA, das sich auf lange Sicht die Reichswehr integrieren soll) und konservativ-oppositionelle Regungen werden von Hitler mit Unterstützung der Reichswehrführung beantwortet: Unter dem Vorwand einer angeblichen Verschwörung werden Röhm, zahlreiche hohe SA-Führer, Gregor Strasser, Schleicher, Jung, Kahr u. a. (insgesamt etwa 85 Opfer) in einer schlagartig durchgeführten *Mordaktion* mit Hilfe der Geheimen Staatspolizei und der SS ohne gerichtliche Urteile umgebracht. Veranlassung bei Hitler durch Göring, Himmler und die Reichswehr (Generale von Blomberg und Walter von Reichenau [1933–1935 Chef des Ministeramts im Reichswehrministerium; * 1884, † 1942]).

3. Juli	*Nachträgliche Legalisierung der Morde* durch ein Gesetz über Maßnahmen der Staatsnotwehr.
20. Juli	Die SS wird aus der Unterordnung unter die SA gelöst und unmittelbar Hitler unterstellt.
2. Aug.	Tod Hindenburgs. Gesetz „über das Oberhaupt des Deutschen Reichs": Das Amt des Reichspräsidenten wird mit dem des Reichskanzlers vereinigt. Die Befugnisse des Reichspräsidenten gehen auf den *„Führer und Reichskanzler Adolf Hitler"* über. Der Titel „Reichspräsident" soll nach Hitlers Willen in Zukunft entfallen. Sofort Vereidigung der Wehrmacht auf Hitler.
19. Aug.	„Volksbefragung" zum Gesetz vom 2. August; 84 % der Stimmberechtigten stimmen zu.
24. Okt.	Verordnung über die *Deutsche Arbeitsfront.*
5. Dez.	Gesetz über das Kreditwesen: Die Großbanken unterstehen der Führung des Reichsbankpräsidenten.
1935 13. Jan.	Abstimmung im *Saargebiet.* 91 % für Rückgliederung an das Deutsche Reich, 9 % für Aufrechterhaltung des gegebenen Zustandes, 0,4 % für Frankreich.
17. Jan.	Der Völkerbundsrat beschließt die Rückgabe des Saargebiets an Deutschland.
16. März	Gesetz „für den Aufbau der Wehrmacht", Wiedereinführung der *allgemeinen Wehrpflicht.*
April	Betriebsratswahlen mit vielen Mißerfolgen der NS-Einheitsliste, weshalb das Ergebnis nicht bekanntgemacht wird.
18. Juni	Flottenabkommen mit Großbritannien, das sich mit einer Stärke der deutschen Kriegsmarine von bis zu 35 % der britischen einverstanden erklärt: Erfolg von Hitlers Politik der Revision der Ergebnisse des Ersten Weltkrieges.

942   Neuzeit – Zeitalter der Weltkriege

Sept.	Reichsparteitag mit den antisemitischen „*Nürnberger Gesetzen*":
15. Sept.	Im „Gesetz zum Schutz des deutschen Blutes und der deutschen Ehre" werden Ehen mit Juden verboten. Der Nachweis „arischer" Abstammung ist hinfort Vorbedingung für jede öffentliche Anstellung. *Fortschreitende Ausschaltung und Ausnahmerechtsstellung der Juden.* Bis zum Herbst 1938 wandern rund 170 000 Juden – $^{1}/_{3}$ ihrer Gesamtzahl – aus Deutschland aus.
	Unterstützung Italiens während des (am 3. Okt. begonnenen) abessinischen Feldzugs.
1936	Das Deutsche Reich kündigt den Locarnovertrag und stellt durch vertragswidrige Beset-
7. März	zung der entmilitarisierten Zone des Rheinlandes die militärische Souveränität wieder her.
29. März	Manipulierte Billigung der Politik Hitlers mit 99 % Ja-Stimmen.
11. Juli	Abkommen mit Österreich; Wiederherstellung freundschaftlicher Beziehungen. Voraussetzung zur Bildung der „Achse Berlin–Rom".
1. Aug.	Eröffnung der XI. Olympischen Sommerspiele in Berlin.
24. Aug.	Einführung der zweijährigen Militärdienstzeit.
8.–14. Sept.	Reichsparteitag in Nürnberg mit antibolschewistischer Tendenz. Verkündung des *Vierjahresplans* im Zusammenhang mit der *Aufrüstung*.
18. Okt.	Göring wird mit der Durchführung des Vierjahresplans betraut.
25. Okt.	Deutsch-italienischer Vertrag („Achse"); einheitliches Vorgehen in der spanischen Frage, Anerkennung der Regierung Francisco Franco vereinbart.
14. Nov.	Die Hoheit über die deutschen Ströme wiederhergestellt.
18. Nov.	Anerkennung der Regierung General Francos in Spanien.
25. Nov.	Antikominternpakt mit Japan.
1937	Verlängerung des Ermächtigungsgesetzes um vier Jahre (30. Jan.).
14. März	Papst Pius XI. nimmt durch die Enzyklika „Mit brennender Sorge" scharf gegen die nationalsozialistische Kirchenpolitik Stellung.
Sept.	„Triumphaler" Besuch Mussolinis in Deutschland (25.–28.).
26. Nov.	Schacht wird auf eigenes Drängen als Reichswirtschaftsminister entlassen (zunächst durch Göring, dann durch Funk ersetzt).
5. Nov.	Hitler gibt den Oberbefehlshabern und Außenminister Konstantin von *Neurath* (* 1873, † 1956) den Entschluß bekannt, die angeblichen Raumprobleme auf dem Wege der Gewalt zu lösen; Nahziele: Österreich und die Tschechoslowakei (festgehalten in der sog. *Hoßbach-Niederschrift*).

Die Fritsch-Krise vom Febr. 1938

Nach der Besprechung vom 5. Nov. 1937, in der Neurath, Blomberg und Fritsch Bedenken vorbringen, zunächst Rücktrittsgesuch Neuraths. 5. Febr. 1938 *Entlassung des Reichskriegsministers von Blomberg* (vorgeschobener Anlaß: unstandesgemäße Eheschließung) und des Oberbefehlshabers des Heeres, *Generaloberst von Fritsch* (Intrige Himmlers und Görings: Fritsch durch gedungene Belastungszeugen fälschlich der Homosexualität beschuldigt). Kein Reichskriegsminister wird mehr ernannt, Fritsch durch Generaloberst von Brauchitsch ersetzt. Bildung eines *Oberkommandos der Wehrmacht (OKW)* unter General Wilhelm Keitel, der sich Hitler vollständig fügt. Reichsaußenminister von Neurath wird durch den Hitler ergebenen *Joachim von Ribbentrop* ersetzt. Damit wird ein stärkerer Einfluß der Partei auch auf das Auswärtige Amt angestrebt.

1938	Einmarsch in Österreich nach vorausgegangenem Ultimatum und erzwungenem Rücktritt
12. März	des Bundeskanzlers Kurt *Schuschnigg* (* 1897, † 1977). Übernahme der Regierung durch den Nationalsozialisten Arthur *Seyß-Inquart* (* 1892, † 1946).
13. März	**Anschluß Österreichs an das Deutsche Reich.**
Mai	Besuch Hitlers mit großem Gefolge in Rom (3.–9.).
30. Mai	Hitlers Weisung an die Wehrmacht kündigt Zerschlagung der Tschechoslowakei an.
27. Aug.	Rücktritt des Chefs des Generalstabs des Heeres, *Generaloberst Beck,* der nach der Entlassung Fritschs und in der Entwicklung, die zum Krieg treibt, sein Bleiben nicht mehr verantworten kann. Nachfolger wird General Franz Halder (bis 1942; * 1884, † 1972).
Sept.	**Sudetenkrise:** Hitler veranlaßt den sudetendeutschen Führer Konrad Henlein (* 1898, † 1945) zur Verschärfung seiner Politik der überhöhten Forderungen gegenüber der Regierung in Prag und fordert die Abtretung der sudetendeutschen Gebiete an das Deutsche Reich. – In der zweiten Septemberhälfte wird eine *Erhebung maßgebender hoher Offiziere des Heeres* (Halder) vorbereitet, aber wegen Hitlers außenpolitischen Erfolgen nicht ausgeführt: Nach Besprechungen Hitlers mit dem britischen Premierminister Arthur Neville Chamberlain (* 1869, † 1940) in Berchtesgaden (16. Sept.) und Godesberg (22.–24. Sept.) bittet dieser (28. Sept.) Mussolini um Vermittlung.
29. Sept.	*Münchner Konferenz* von Hitler, Mussolini, Chamberlain und Édouard Daladier (französischer Ministerpräsident) beschließt Abtretung der sudetendeutschen Gebiete.

Einzelstaaten – Deutschland – NS-Herrschaft   943

1. Okt.	Beginn des Einmarsches in das Sudetenland.
9./10. Nov.	**Reichskristallnacht:** Goebbels organisiert „spontane" Ausschreitungen gegen die Juden. 91 Morde, Zerstörung bzw. schwere Beschädigung von jüdischen Wohnungen und über 7000 Geschäften sowie fast allen Synagogen im Reich, insbesondere durch SA und aufgehetzte Jugendliche.
	Kurz darauf Beschlagnahme alles jüdischen Eigentums, den deutschen Juden auferlegte Sondersteuer (1 Mrd. Reichsmark), etwa 30 000 Verhaftungen von Juden. Endgültige Ausschaltung der Juden aus dem Wirtschaftsleben.
1939 20. Jan.	Entlassung Schachts als Reichsbankpräsident, da er gegen die Finanzpolitik Einspruch erhebt.
15. März	Staatspräsident und Außenminister der Tschechoslowakei stimmen in Berlin unter Druck der Schaffung des *Reichsprotektorats Böhmen-Mähren* zu. Deutscher Einmarsch in die Rest-Tschechoslowakei.
16. März	Der Bruch von Hitlers Versprechungen, die 1938 vereinbarten Grenzen zu respektieren, führt zum Ende der britischen „appeasement policy" und bedeutet unmittelbare Kriegsgefahr bei einer Fortsetzung der Revisionsforderungen. Bildung des Reichsprotektorats Böhmen-Mähren.
21. März	Die Reichsregierung fordert von *Polen* u.a. die Rückgabe Danzigs.
31. März	Britisch-französische Garantieerklärung für Polen.
28. April	In einer Reichstagsrede lehnt Hitler die Aufforderung US-Präsident Franklin D. Roosevelts (* 1882, † 1945), sich weiterer Gewaltaktionen zu enthalten, ab und kündigt das deutsch-britische Flottenabkommen sowie den deutsch-polnischen Nichtangriffspakt.
23. Aug.	*Deutsch-sowjetischer Nichtangriffspakt* (Hitler-Stalin-Pakt); Verständigung über die Zukunft Ost-Mitteleuropas, das in Interessensphären (zur deutschen gehört der größte Teil Polens) eingeteilt wird.
26. Aug.	Die Rationierung der Lebensmittel tritt in Kraft (Ausgabe von Lebensmittelkarten).
29. Aug.	In seiner Antwort auf einen britischen Vermittlungsversuch hält Hitler an seinen Forderungen auf Danzig, eine Landverbindung mit Ostpreußen und Garantien für die deutsche Minderheit in Polen ultimativ fest.
30. Aug.	Ein aus den Ministern Göring, Heß, Frick, Funk, Lammers und dem Chef OKW, Generaloberst Keitel, gebildeter Ministerrat für die Reichsverteidigung gewinnt bei der Führung der Geschäfte ebensowenig Bedeutung wie die von Frick bekleidete Stellung eines Generalbevollmächtigten für die Reichsverwaltung (GBV).
1. Sept.	**Beginn des Krieges durch den deutschen Angriff auf Polen;** Rede Hitlers vor dem Reichstag, in der er seine Nachfolge regelt.
3. Sept.	Britisch-französische Kriegserklärung.

Die oberste Führung im Kriege

Adolf Hitler, seit 30. Jan. 1933 Reichskanzler, seit 2. Aug. 1934 auch Staatsoberhaupt, übernimmt am 4. Febr. 1938 den *persönlichen Oberbefehl über die Wehrmacht.* Er bestimmt am 1. Sept. 1939 für den Fall seines Todes als Nachfolger Göring, dann Heß. Falls keiner von ihnen mehr am Leben ist, soll der Nachfolger von einem „Senat" gewählt werden. Doch wird das als Grundlage erforderliche Gesetz nicht erlassen. Das Reichskabinett kommt seit 1937 nicht mehr zu einer Sitzung zusammen. Im Gegensatz zu den militärischen Stellen, bei denen im Laufe des Krieges ein immer schnellerer Wechsel eintritt, behält Hitler im zivilen Sektor die einmal Ernannten möglichst lange bei; für dringende Aufgaben ernennt er immer wieder Sonderbeauftragte, unter denen der im März 1942 für den Arbeitseinsatz ernannte Generalbevollmächtigte, Gauleiter Fritz Sauckel (* 1894, † 1946), der wichtigste wird. So entstehen *viele Hitler unmittelbar unterstellte und unter sich nicht ausreichend abgegrenzte Behörden,* was im Effekt einen Verwaltungswirrwarr entstehen läßt. Auch werden die Verantwortlichen immer seltener zum Vortrag zugelassen, da sich Hitler vom Sommer 1941 an fast ausschließlich der militärischen Führung hingibt.

6. Okt.	In einer Rede vor dem Reichstag entwickelt Hitler seine Gedanken über eine Beendigung des Krieges und eine europäische Neuordnung, die auf der Auslöschung Polens beruhen soll und Ostmitteleuropa ausschließlich zur deutschen und sowjetischen Interessensphäre macht. (Sie werden am 12. Oktober vom britischen Premier Chamberlain abgelehnt.)
8. Okt.	Rückgliederung der 1920 Polen zugesprochenen Gebiete, bei der über die Grenze von vor 1920 hinausgegriffen wird.
12. Okt.	Ernennung von *Hans Frank* (* 1900, † 1946) zum Generalgouverneur der besetzten polnischen Gebiete.
Okt.	Mit Hilfe einer auf den 1. Sept. 1939 zurückdatierten *Euthanasie-Verordnung* wird die Vernichtung der unheilbar Geisteskranken eingeleitet. Die Aktion wird vor der Öffentlichkeit weitgehend verschleiert. – Verträge über Rücksiedlung der Volksdeutschen mit den baltischen Staaten und über Südtirol mit Italien.

944 Neuzeit – Zeitalter der Weltkriege

3. Nov.	Es folgt ein entsprechender Vertrag mit der UdSSR.
7. Nov.	Ergebnisloser niederländisch-belgischer Friedensschritt.
8. Nov.	Scheitern eines von dem Einzelgänger Georg Elser unternommenen *Attentats gegen Hitler* mittels einer Bombe mit Zeitzünder im Münchener Bürgerbräukeller.
13. Nov.	Rumänischer Friedensschritt.
1940	Josef Terboven wird zum Reichskommissar für Norwegen ernannt (24. April).
18. Mai	Rückgliederung der 1920 an Belgien abgetretenen Gebiete von Eupen-Malmedy und Moresnet.
19. Mai	Seyß-Inquart wird zum Reichskommissar für die Niederlande ernannt.
19. Juli	Hitlers dritte Kriegsrede vor dem Reichstag, die sich mit einem vagen Friedensappell an Großbritannien wendet.
22. Juli	Außenminister Lord Halifax antwortet über den Rundfunk ablehnend.
2. Aug.	Die militärische Verwaltung in den westlichen Grenzgebieten geht an Zivilbehörden über, die sich Hitler unmittelbar unterstellt: Elsaß (Gauleiter Robert Wagner-Baden), Lothringen (Gauleiter Josef Bürckel) und Luxemburg (Gauleiter Gustav Simon); Luxemburg wird 1942 einverleibt. Das „Generalgouvernement für die besetzten polnischen Gebiete" (fortan nur **„Generalgouvernement"**) wird dem Reich entsprechend angegliedert.
5. Sept.	Abkommen mit der UdSSR über die Rücksiedlung der Volksdeutschen aus Bessarabien und der Nordbukowina.
22. Okt.	Entsprechende Abkommen mit Rumänien betr. Südbokuwina und Norddobrudscha.

Flucht und Vertreibung aus den deutschen Ostgebieten und den von Volksdeutschen bewohnten Ländern (Zahlen in Tausend)
(deutsche Staatsangehörige und Volksdeutsche im Vergleich zur Zahl der Vertriebenen)

Gebiet	Deutsche Staatsangehörige bzw. Volksdeutsche 1939	1944/1945	Gesamtzahl der Vertriebenen 1950
südliches Ostpreußen	1314	1370	1234
östliches Pommern	1884	1956	1430
östliches Brandenburg	642	657	395
Schlesien	4577	4751	3197
gesamte dt. Ostgebiete (ohne nördliches Ostpreußen)	*8417*	*8734*	*6256*
Danzig	380	395	291
Polen (ohne polnische Ostgebiete)	1236	1263	618
gesamter heutiger polnischer Bereich	*10033*	*10392*	*7165*
Estland	23	24 ⎫	
Lettland	64	75 ⎬	92
Litauen	52	54 ⎭	
Memelland	118	129	78
nördliches Ostpreußen	1154	1209	725
polnische Ostgebiete	135	138	70
Transkarpatien	13	13	3
nördliche Bukowina	44	45	37
Bessarabien	93	95	79
Sowjetunion	1427	1500	62
gesamter heutiger sowjetischer Bereich	*3123*	*3282*	*1146*
Tschechoslowakei	3464	3620	2997
Ungarn	623	633	213
Jugoslawien	537	550	297
Rumänien	660	689	137
übrige Balkanstaaten	6	6	3
insgesamt	*18446*	*19172*	*11958*

Die volksdeutschen Umsiedler

Insgesamt werden bis 1944 umgesiedelt *770000 Volksdeutsche,* davon aus Est- und Lettland 77000, aus Litauen 51000, aus dem östlichen Warthegau, Galizien und dem Narewgebiet 136000, aus dem östlichen Generalgouvernement 33000, aus Bessarabien 93000, aus der Nordbukowina 44000, aus der Südbukowina 52000, aus der Dobrudscha 15000, aus dem rumänischen Staatsgebiet vor dem Ersten Weltkrieg

Einzelstaaten – Deutschland – NS-Herrschaft 945

10000, aus Gottschee (Kočevje, deutsch besiedeltes Gebiet in Slowenien) und Laibach 15000, aus Bosnien 18000, schließlich aus Rußland rund 220000. Von diesen werden 450000 wieder angesiedelt, und zwar im Wartheland 245000, in Danzig-Westpreußen 57000, in den zusätzlich annektierten Teilen Ostpreußens 8000, in den entsprechenden Oberschlesiens 38000.

1941 16. Juli	Hitler legt in seinem Hauptquartier bei Rastenburg (Ostpreußen) mit Göring, Keitel, Lammers, Rosenberg und dem Leiter der Parteikanzlei Martin Bormann (* 1900, † 1945) die *deutschen Ziele im Osten* fest: Aufteilung der UdSSR in vier Reichskommissariate und Eingliederung größerer Teile (u. a. der Krim) in das „Großdeutsche Reich".
17. Juli	Rosenberg wird an die Spitze eines neuen Reichsministeriums für die besetzten Ostgebiete gestellt.
3. Okt.	Hitler kündigt eine neue Offensive an der Ostfront an, die am 2. Okt. gegen Moskau begonnen hat, aber nicht das Ende des Unternehmens „Barbarossa" bringt, obwohl Reichspressechef Otto Dietrich (9. Okt.) verkündet, daß der Feldzug im Osten entschieden sei. Daher *Rückschlag in der allgemeinen Stimmung,* die durch die Nachrichten über die unzureichende Winterbekleidung des Ostheeres und die von Goebbels überstürzt eingeleitete Sammlung von wärmenden Kleidungsstücken noch verschlechtert wird. (Zuversicht stellt sich erst wieder ein, als im Frühjahr 1942 an der Ostfront abermals Erfolge erzielt werden.)
25. Nov.	Die Universität Straßburg wird als Reichsuniversität wieder ins Leben gerufen (die französische ist evakuiert nach Clermont-Ferrand).
19. Dez.	*Hitler* übernimmt anstelle von Generalfeldmarschall Walther von Brauchitsch (* 1881, † 1948) den *Oberbefehl über das Heer.*

Gewaltsame Unterdrückungsmaßnahmen; Ausrottung der Juden („Endlösung")

Die dem *Reichssicherheitshauptamt* (RSHA) (*Reinhard Heydrich;* * 1904, † 1942), ab 1942 dem *Wirtschafts- und Verwaltungshauptamt* (WVHA) der SS (*Oswald Pohl;* * 1892, † 1951) unter Himmler unterstehenden, der ordentlichen Gerichtsbarkeit entzogenen **Konzentrationslager** (KZ), bereits 1933 eingerichtet, nehmen im Laufe des Krieges an Zahl (insgesamt 394 Männer- und 17 Frauenlager; Haupt- und Nebenlager zusammengezählt) und Umfang gewaltig zu (Dachau seit März 1933; nordwestlich von München), Buchenwald (bei Weimar), Oranienburg („Sachsenhausen", nördlich von Berlin), Auschwitz (westlich von Krakau, 1940 eingerichtet), Flossenbürg (Oberpfalz) u. a.: 1939 im ganzen Reich 20000 Häftlinge, davon über die Hälfte Kriminelle; am 1. Aug. 1944: *524277 In- und Ausländer.* In die Lager werden politische Gegner, Kriminelle und „Asoziale" überführt. Es wird üblich, politisch Unliebsame nach Freisprüchen durch die ordentlichen Gerichte oder nach Abbüßung kürzerer Gefängnisstrafen in den KZ festzuhalten. Dies trifft auch Geistliche beider Konfessionen, Angehörige religiöser Sekten, Homosexuelle u. a.
Ab Febr. 1942 werden die KZ auch in den Dienst der *Wehrwirtschaft* gestellt (Aufbau von Fabriken in und bei den KZ). Um die Produktionsleistung zu heben, werden Fremdarbeiter in sie eingeliefert, auch Gefängnisinsassen der besetzten Länder. Da auch politisch Verdächtige nichtdeutscher Länder (u. a. norwegische Pastoren und Studenten) dort gefangengehalten werden, sind schließlich in den KZ alle Nationen und alle sozialen Gruppen vertreten. Um die Wirkung des Terrors zu erhöhen und jegliche Kritik zu unterbinden, wird um die KZ ein Gürtel des Schweigens gezogen, durch den nur unklare Nachrichten nach außen dringen und der auch vielen amtlichen Stellen den Einblick verwehrt. – *Die Geschichte der KZ ist eine einzige Geschichte menschlichen Leidens.* Insassen werden mit Hilfe von Ärzten zur Durchführung *medizinischer Experimente* mißbraucht und gehen dabei zugrunde. Die Versuche, die KZ, an die die Front heranrückt, vor Eintreffen der Gegner zu evakuieren, führen zur Überbelegung der anderen Lager und damit zu Zuständen, in denen Unzählbare zugrunde gehen. Daher finden die Alliierten im Zuge ihres Vorrückens eine Lage, die noch schlimmer ist, als der schärfste Gegner des Regimes sie erwartet hat.
Besondere Lager **(„Vernichtungslager")** dienen dazu, den schon vor Beginn des Krieges eingeleiteten Kampf gegen die Juden gesteigert zu Ende zu führen. Geleitet wird er vom Sonderreferat des SS-Obersturmbannführers *Adolf Eichmann* (* 1906, † 1962), der Himmler untersteht, aber im Rahmen der von Hitler erteilten Weisungen handelt. Im Okt. 1939 beginnt eine Aussiedlung in den durch den Polenfeldzug geöffneten Raum um Lublin (Ostpolen). Mit Beginn des Rußlandfeldzugs (22. Juni 1941) wird durch die *Einsatzgruppen* des SS-Sicherheitsdienstes (SD) die **Ausrottung der Juden** in den eroberten sowjetischen Gebieten eingeleitet (ca. 1,4 Mio. Opfer). Ende Juli 1941 wird diese „Endlösung" auf alle im deutschen Macht- und Einflußbereich liegenden Gebiete West-, Mittel-, Süd- und Südosteuropas ausgedehnt. Bis 31. Okt. 1941 werden allein 537000 Juden aus dem Reich, 30000 aus dem „Protektorat" in die Lager im Osten abtransportiert. Dieser Aktion widersetzen sich nur Italien, ab Ende 1942 Rumänien, bis März 1944 auch Ungarn erfolgreich. Ein Teil der Juden wird zur Zwangsarbeit gebracht, eine „Auslese" bleibt im Lager Theresienstadt (Böhmen; Terezín). Die große Mehrheit wird in einer Vernichtungsaktion in bestimmten Lagern *(Auschwitz-Birkenau, Maidanek* [Ostpolen], *Treblinka* [Mittelpolen, am

946 Neuzeit – Zeitalter der Weltkriege

Bug], *Sobibor* [Ostpolen] und *Chelmno* [Culm; nahe der unteren Weichsel]) mit Hilfe von Gaskammern umgebracht, so daß schließlich Millionen getötet sind (Gesamtzahl mit **4,2–5,7 Mio.** hauptsächlich nicht-deutschen Juden errechnet; Juden lebten in Deutschland 1925: 564 379; davon nach jüdischer Berechnung 1933–1951 ausgewandert: 295 000; bei Kriegsende noch lebend: 15 000; Abgang durch natürlichen Tod usw.: 65 000; also deutsche Juden ermordet: mindestens 190 000).

Da die verbliebenen 60 000 Bewohner des **Warschauer Gettos** sich nach dem Abtransport von 300 000 Juden in das Vernichtungslager Treblinka dem Räumungsbefehl Himmlers widersetzen, wird die Räumung durch eine „Polizeiaktion" (19. April – 16. Mai 1943) in heftigen Häuserkämpfen erzwungen; dabei werden fast alle Juden umgebracht.

Die Vernichtungsaktion, die auch die *Zigeuner* erfaßt, wendet sich ferner von 1940 an (begonnen mit *Kinder-Euthanasie*, die schon 1939 durch Verordnung, also noch nicht durch ein Gesetz eingeleitet war) gegen die *Geisteskranken*, die mit der Begründung, es handle sich um die „Vernichtung unwerten Lebens", umgebracht werden; durch öffentliche Proteste der hohen Geistlichkeit ab Aug. 1941 wesentlich eingeschränkt.

1942 20. Jan.	In der *„Wannseekonferenz"* wird von Heydrich den Staatssekretären der wichtigsten Reichsministerien mitgeteilt, die „Endlösung der Judenfrage" solle durch Aussiedlung in den Osten und andere Maßnahmen durchgeführt werden.
8. Febr.	Anstelle des tödlich verunglückten Fritz Todt (* 1891, Minister seit 1940) wird Albert Speer (* 1905, † 1981) Reichsminister für Munitionsbeschaffung.
21. März	Um Arbeitskräfte aus den besetzten Gebieten zu gewinnen, erhält Gauleiter Sauckel als Generalbevollmächtigter für den Arbeitseinsatz (GBA) weitgehende Vollmachten (mit deren Hilfe er *7,5 Mio. Fremdarbeiter* in die deutsche Wehrwirtschaft eingliedert).
22. April	Um die immer größer werdenden Spannungen in der Wirtschaft zu beheben, setzt Göring (im Rahmen des Vierjahresplans von 1936) eine „Zentrale Planung" in Kraft.
26. April	Hitler verlangt vom Reichstag Vollmacht, daß er nach eigenem Gutdünken als Oberster Gerichtsherr entscheiden und strafen kann, wenn das „Wohl des Volkes" es verlange.
20. Aug.	An die Stelle des (am 29. Jan. 1941 gestorbenen) Reichsjustizministers Franz Gürtner tritt der bisherige Vorsitzende des Volksgerichtshofs Otto Georg Thierack, der das Justizwesen vollends der Parteiwillkür ausliefert. Dessen Nachfolge übernimmt der ehemalige Rechtsanwalt *Roland Freisler* (* 1893, † 1945).
30. Aug.	Gauleiter Simon (Koblenz–Trier), dem die Verwaltung Luxemburgs übertragen worden ist, verkündet die Einverleibung Luxemburgs in das Reich und den Beginn von Einziehungen. – Ein Generalstreik wird mit Gewalt gebrochen.
1. Okt.	Das nördliche, bisher zu Jugoslawien gehörige Slowenien (April 1941 besetzt, seit 17. April 1941 deutsche Zivilverwaltung), wird dem Reich einverleibt.
1943	Nach der am 2. Febr. zu Ende gehenden Katastrophe von Stalingrad, für die eine dreitägige Trauer angeordnet wird, fällt die Stimmung noch tiefer als im Vorwinter und führt in militärischen Kreisen zur *Vorbereitung eines Attentats*. Die Pläne scheitern jedoch alle, z. T. schon in der Vorbereitung. Zudem verschließt die auf der Konferenz von Casablanca (14.–26. Jan.) von US-Präsident Roosevelt erhobene Forderung der bedingungslosen Übergabe die Hoffnung, daß ein ohne Hitler abgeschlossener Waffenstillstand zu besseren Bedingungen führen könne.
12./13. Juli	Unter den in Stalingrad Gefangenen bildet sich, angeleitet und gefördert von der UdSSR, ein Nationalkomitee Freies Deutschland in Krasnogorsk (bei Moskau), das die Kampfkraft des deutschen Ostheeres auszuhöhlen sucht und unter den Kriegsgefangenen wirbt.
ab 24. Juli	Zerstörung großer Teile von Hamburg (bis 3. Aug.). Berlin, das seit langem, aber bisher noch nicht empfindlich angegriffen worden ist, droht nun das gleiche Schicksal.
6. Aug.	Goebbels verkündet, daß die Berliner Bevölkerung (soweit angängig) evakuiert werden soll. – *Alle Maßnahmen gegen den sich verschärfenden Bombenkrieg erweisen sich jedoch als unzulänglich.*

Der 20. Juli 1944 und seine Folgen

20. Juli: Eine von Oberst i. G. *Claus Graf Schenk von Stauffenberg* (* 1907, † 1944) in das Führerhauptquartier gebrachte Bombe tötet mehrere Anwesende, verletzt Hitler jedoch nur leicht, der gleich anschließend den zu Besuch eintreffenden Mussolini empfängt. Stauffenberg kann nach Berlin zurückfliegen, wo die dem Befehlshaber des Ersatzheeres (Generaloberst Fritz Fromm; * 1888, † 1945) unterstehenden Verbände nur teilweise in Marsch gesetzt worden sind, um die Übernahme der Regierung zu sichern. Goebbels bewirkt jedoch, daß der mit der Besetzung der Wilhelmstraße beauftragte Major Ernst Remer sich gegen die Widerstandsbewegung entscheidet. Die militärischen Dienststellen in Berlin (Bendlerstraße) werden von Hitler-Anhängern besetzt, worauf Fromm General *Friedrich Olbricht* (* 1888), Stauffenberg, Albrecht Mertz von Quirnheim und Werner von Haeften (* 1908) standrechtlich

Einzelstaaten – Deutschland – NS-Herrschaft 947

erschießen läßt. Keitel verhindert telefonisch das Übergreifen der Bewegung auf die Generalkommandos und die besetzten Gebiete (nur in Paris, General Carl Heinrich von Stülpnagel [* 1886, † 1944] und in Wien kommt es zu vorübergehender Verhaftung von Angehörigen der SS-Dienststellen), und Hitler macht durch eine Ansprache über den Rundfunk dem Gerücht, er sei getötet, ein Ende. Um Mitternacht ist der Aufstand niedergeschlagen.

Ziel der – ihrer politischen Herkunft nach sehr heterogenen – Verschwörer ist es, dem nationalsozialistischen Terror-Regime ein Ende zu bereiten, den Rechtsstaat in Deutschland wiederherzustellen und eine Regierung mit Generaloberst *Ludwig Beck* (* 1880, † 1944) als Staatsoberhaupt ans Ruder zu bringen, mit der die Kriegsgegner zu verhandeln bereit sind (doch gehen diese auf die dem 20. Juli vorhergehenden Sondierungen nicht ein). Himmler, der zum Oberbefehlshaber des Ersatzheeres ernannt wird (Fromm anschließend verhaftet, später erschossen), läßt alle Verdächtigen und deren Angehörige festsetzen. *Zahl der im Zusammenhang mit dem 20. Juli Verhafteten: rund 7000.* Die Zahl der Hingerichteten: etwa 200. Es ergibt sich, daß der Kreis der unmittelbaren und mittelbaren Mitwisser viel größer ist und alle Richtungen, selbst leitende Parteimänner (Polizeipräsident Wolf Heinrich Graf von Helldorf [* 1896, † 1944], SS-Obergruppenführer Arthur Nebe), umfaßt und auch ein Regierungsprogramm vorbereitet ist. In die vorausgehenden Attentatsversuche wird jedoch nur teilweise hineingeleuchtet.

Der *Volksgerichtshof unter Roland Freisler* verhängt in einer Reihe von Schau- und Nebenprozessen zahlreiche Todesurteile, die durch Strang und Beil vollzogen werden (u. a. Generalfeldmarschall *Erwin von Witzleben* [* 1881, † 1944], die Generale Paul von Hase, Helmut Stieff [* 1901, † 1944] und viele andere Offiziere; Beamte: Staatssekretär a. D. Erwin Planck, die Botschafter Ulrich von Hassell [* 1881, † 1944] und Friedrich Werner Graf von der Schulenburg [* 1875, † 1944], Gesandter Kiep, Legationsrat Adam von Trott zu Solz [* 1909, † 1944] und andere; Politiker: der als Regierungschef vorgesehene frühere Preiskommissar unter Hitler, *Carl Goerdeler* [* 1904, † 1945], der frühere preußische Finanzminister *Johannes Popitz* [* 1884, † 1945], die Sozialdemokraten *Wilhelm Leuschner* [* 1890, † 1945] und *Julius Leber* [* 1891, † 1945], eine Reihe Gewerkschaftsführer, Geistliche beider Konfessionen, z. B. Pater *Alfred Delp* [* 1907, † 1945] und *Dietrich Bonhoeffer* [* 1906, † 1945] sowie eine Anzahl Mitglieder des christlich-konservativen, von Graf Helmuth James von Moltke [* 1907, † 1945] geleiteten *Kreisauer Kreises*). Durch Selbstmord entziehen sich dem Gericht u. a. die Generalfeldmarschälle *Günther von Kluge* (18. Aug. 1944; * 1882) und *Erwin Rommel* (14. Okt. 1944; * 1891), vor die Alternative „Gift oder Anklage" gestellt, Generaloberst Ludwig Beck, die Generale Eduard Wagner (* 1894, † 1944), Hans Henning von Tresckow (* 1901, † 1944) und Erich Fellgiebel (* 1886, † 1944).

Die Aburteilungen ziehen sich vom 7. Aug. 1944 bis April 1945 hin. Noch in den letzten Wochen werden Gefangene umgebracht, u. a. Admiral Wilhelm Canaris (* 1887) und General Hans Oster (* 1888); andere entgehen dem Tod, weil ihre Prozesse noch nicht abgeschlossen sind (u. a. die ehemaligen Minister Andreas Hermes [Zentrumspartei] und Schacht, Generaloberst Franz Halder [* 1884, † 1972], General d. Inf. Alexander von Falkenhausen [* 1878, † 1966]). Freisler wird am 3. Febr. 1945 durch Bomben getötet. Durch Diffamierung der Verschwörer als „reaktionäre Clique" (Reden von Goebbels, Himmler [3. Aug.] und Ley) wird die Öffentlichkeit über Wesen und Ausmaß des Widerstands getäuscht.

1944 25. Sept.	Alle waffenfähigen Männer zwischen 16 und 60 Jahren werden zum *„Deutschen Volkssturm"* aufgerufen, dessen Aufbau und Leitung den Gauleitern übertragen wird. Er wird militärisch Himmler als dem Oberbefehlshaber des Ersatzheeres, im übrigen Bormann unterstellt. Ohne ausreichende Ausbildung und Ausrüstung werden diese Truppen in den Kampf geworfen, nachdem die deutschen Vorkriegsgrenzen jetzt im Osten und Westen vom Gegner erreicht sind. Daran schließen sich weitere Versuche an, die letzten Kräfte und Mittel zu mobilisieren.
1945 Jan.	Ein „Volksopfer" für Wehrmacht und Volkssturm bringt noch beträchtliche Bestände an Kleidung zusammen (30. Jan. letzte Rundfunkrede Hitlers).
12. Febr.	Die deutschen *Frauen und Mädchen* werden zum Hilfsdienst für den Volkssturm aufgerufen, nachdem schon (seit Jan. 1943) Jungen (in der Endphase auch Mädchen) in den Luftwaffenhelfer-Einheiten Flakgeschütze bedienen.
5. März	Der Jahrgang 1929 wird eingezogen.
19. März	Hitler befiehlt, alle für den Feind nutzbaren Industrie- und Versorgungsanlagen beim Zurückgehen zu zerstören (*„Nero-Befehl"*; durch das Eingreifen Speers und des Feldmarschalls Kesselring [* 1885, † 1960] nicht zur Auswirkung gelangt und Anfang April durch den Erlaß von Ausführungsbestimmungen unwirksam gemacht).
2. April	Schließlich wird das Bestehen einer den Widerstand hinter den feindlichen Linien fortsetzenden Organisation „Werwolf" bekanntgegeben, die sich praktisch nicht auswirkt, jedoch die Gegner zu harten Abwehrmaßnahmen veranlaßt.
30. April	*Selbstmord Hitlers* in Berlin; Großadmiral Dönitz testamentarischer Nachfolger.
7./9. Mai	**Gesamtkapitulation der Wehrmacht.**
23. Mai	Die Alliierten lösen die von Dönitz ernannte letzte, geschäftsführende Reichsregierung des bisherigen Finanzministers, nunmehrigen Außenministers Graf Schwerin von Krosigk auf. – *(Forts. S. 1289)*

948   Neuzeit – Zeitalter der Weltkriege

Vom Deutschen Reich abgetrennte Länder (1918/1919–1939/1945)

Saargebiet

seit 1919   Das Saargebiet wird durch eine Kommission verwaltet, die dem Völkerbundsrat verantwortlich ist. Die Kohlenfelder sind zu vollem Eigentum an Frankreich abgetreten. Sie sind von Frankreich zurückzukaufen, falls die Volksabstimmung für Deutschland entscheidet.

1925   Das Saargebiet wird in *Zollunion mit Frankreich* vereinigt (10. Jan.).
Bei den Wahlen zum Landesrat und den Kommunen stets Siege der deutschen Parteien. Der Versuch der Franzosen, eine separatistische Bewegung für den Status quo zu schaffen, scheitert.

1935   **Volksabstimmung** (91 % für Wiederanschluß an Deutschland).
13. Jan.   Anschließend Rückgabe an das Deutsche Reich.

Freie Stadt Danzig

1919   Bildung des Freistaats ohne Volksabstimmung. *Danzig polnisches Zollgebiet, von Polen nach außen vertreten. Kontrolle und Verfassungsaufsicht des Völkerbundsrats.*
Vielfach Streitigkeiten mit Polen, so 1925 um die Grenzlinie für den Postverkehr im Danziger Hafen oder um die Westerplatte (vor der Hafeneinfahrt), die von Polen für die Anlage eines Munitionsdepots beschlagnahmt worden ist.

seit 1929   Der Danziger Hafen beginnt unter der Konkurrenz des nahen, von Polen neu ausgebauten Hafens Gdingen (Gdynia) zu leiden. Um diese Frage scharfe Differenzen.

1931   Entscheidung des Haager Gerichtshofs für Danzig. Polen ist verpflichtet, den Danziger Hafen auszunutzen.

1933   *Landung polnischer Truppen auf der Westerplatte,* die auf Druck der Mächte wieder zu
6. März   rückgenommen werden.

28. Mai   Wahlen zum Volkstag mit absoluter Mehrheit für die NSDAP (39 von 72 Abgeordneten). Bildung einer *nationalsozialistischen Regierung unter Senatspräsident Hermann Rauschning* (* 1887, † 1982).

1934   Ausgleich der Streitpunkte mit Polen durch unmittelbare Verhandlungen (Auswirkung des deutsch-polnischen Pakts).

28. Nov.   Rücktritt Rauschnings, der als Gegner Hitlers emigriert.

1935   Zollkrieg mit Polen.

1936   Auseinandersetzung mit dem Völkerbundsrat wegen der verfassungswidrigen nationalsozialistischen Gleichschaltungspolitik, die weiter fortschreitet.

1939   Der Völkerbundskommissar für Danzig, Carl Jacob Burckhardt (* 1891, † 1974), verläßt
1. Sept.   die Stadt.

1945   Danzig kommt nach Besetzung durch sowjetische Truppen unter polnische Verwaltung.

Memelgebiet

Seit 1919   Trotz der eindeutig deutschen Mehrheit bei allen Wahlen zum Landtag und der Rechtsstellung des Memelstatus immer wieder litauische Übergriffe und Konflikte zwischen dem litauischen Gouverneur und dem Landtag, vor allem um die Personalbesetzung des memelländischen Direktoriums und um die Schulfrage.

1934   Höhepunkt der Spannung.

1939   Aufgrund eines Abkommens mit Litauen Einmarsch der deutschen Truppen ins Memelge
23. März   biet.

1945   Das Land wird Teil der Litauischen SSR im Rahmen der UdSSR.

Österreich-Ungarn (1914–1918)
(Forts. v. S. 775)

Die *Kriegführung* wird gehemmt durch a) die dualistische Verfassung (magyarische Sonderwünsche); b) die geringere Ausschöpfung der Wehrkraft als bei den übrigen Großmächten; c) die Vielsprachigkeit im Heer (25 % deutsch, 17 % magyarisch, 58 % andere, darunter 17 % tschechisch). Um so höher ist die Leistung des k. u. k. Heeres im Weltkrieg zu beurteilen. – *Innenpolitisch* streng obrigkeitliche Regierung mit Hilfe des § 14 (Notverordnungsparagraph) und des Ausnahmezustandes. – In *Ungarn* Fortbestehen

Einzelstaaten – Österreich-Ungarn – Österreich   949

der parlamentarischen Regierungsform unter der tatsächlichen Herrschaft des bedeutenden Ministerpräsidenten *Graf István Tisza* (* 1861, † 1918).

1916 Der österreichische Ministerpräsident *Karl Reichsgraf von Stürgkh* (* 1859) *ermordet.*
21. Okt. Nachfolger Ernst von Koerber (* 1850, † 1919).
21. Nov. *Kaiser Franz Joseph I. stirbt* (* 1830, regiert seit 1848); Nachfolger sein Großneffe *Karl I.* (1916–1918; * 1887, † 1922).
14. Dez. Rücktritt des Ministeriums Koerber.
Heinrich Graf von Clam-Martinitz (* 1863, † 1962) bildet ein neues Kabinett, Graf Czernin (* 1872, † 1932) wird Außenminister.
1917 Einberufung des Abgeordnetenhauses in Wien nach dreijähriger Pause.
30. April *Versuch einer Versöhnungspolitik mit dem Ziel eines Sonderfriedens mit der Entente.* Hoffnung Karls I., die Monarchie vor dem Zerfall retten zu können. Pläne einer Föderation mit nationalen Autonomien.
23. Mai Das ungarische Ministerium *Graf Tisza tritt zurück.*
Juni–Aug. Ministerium Moritz Graf Esterházy (Ungarn) (* 1881, † 1960).
Aug. Ministerium Alexander Wekerle (Ungarn; bis Okt. 1918) (* 1848, † 1921).
Juni Ministerium Graf von Clam-Martinitz in Österreich tritt zurück.
Nachfolgekabinett unter Ernst von Seidler (* 1862, † 1931) bis Juli 1918.
1918 Der österreichische Außenminister Graf Czernin wird ersetzt durch Graf Stefan Burián
April (* 1851, † 1922), der bis 25. Okt. 1918 im Amt bleibt.
10. April *Nationalitätenkongreß von Völkern der Doppelmonarchie in Rom.* Tschechen, Südslawen, Rumänen und Polen fordern das Selbstbestimmungsrecht.
30. Juni Italien und Frankreich erkennen die **Selbständigkeit der Tschechoslowakei** an. Großbritannien folgt diesem Schritt am 13. August, die USA am 3. September. – *(Forts. S. 993, 996, 1002)*

Österreich (1918–1938/1945)

1918 Zweite Sitzung der deutsch-österreichischen provisorischen Nationalversammlung. Note
30. Okt. an Präsident Wilson, in der die **Gründung Deutsch-Österreichs** aufgrund des Selbstbestimmungsrechts mitgeteilt wird.
12. Nov. Nach dem Regierungsverzicht Kaiser Karls (11. Nov.) nimmt die deutsch-österreichische Nationalversammlung einstimmig das Gesetz über die Staatsform Deutsch-Österreichs an mit der Festsetzung: *„Deutsch-Österreich ist ein Bestandteil der Deutschen Republik."*
13. Nov. Die Deutschen in Böhmen und Mähren erklären gleichfalls den Anschluß.
22. Nov. Gesetz über Umfang, Grenzen und Beziehungen des Staatsgebietes von Deutsch-Österreich: Danach umfaßt Deutsch-Österreich (als Teil des Deutschen Reiches) aufgrund des Selbstbestimmungsrechts „das geschlossene Siedlungsgebiet der Deutschen innerhalb der bisher im Reichsrat vertretenen Königreiche und Länder", d. h. die Alpenländer, Österreich und die deutschbesiedelten Gebiete von Böhmen, Mähren und Schlesien.
1919 Wahlen zum konstituierenden Parlament. Sozialdemokraten 72, Christlich-Soziale 61,
16. Febr. Großdeutsche 26 Sitze.
14. März Das Parlament nimmt eine Verfassung an und erklärt Deutsch-Österreich als Bestandteil des Deutschen Reiches.
Karl Renner (* 1870, † 1950; Sozialist) wird Staatskanzler. Regierungskoalition von Sozialdemokraten und Christlich-Sozialen. Nach den Wahlen werden die seit 1918 bestehenden Arbeiterräte politisch aktiv.
1. März Konferenz der Arbeiterräte.
Die revolutionäre Bewegung wächst nach dem Ausrufen der Räterepubliken in Budapest (21. März) und München (5. April).
17. April Kommunistischer Putsch in Wien scheitert.
Unruhen bis zum Sommer.
Österreich, dem durch den Friedensvertrag von St. Germain das Selbstbestimmungsrecht verweigert und *die Führung des Namens „Deutsch-Österreich" verboten wird,* ist auch aus wirtschaftlichen Gründen eine besonders problematische Schöpfung der Friedensverträge, die durch mehrfache hohe Auslandskredite gestützt werden muß.
1920 Abstimmung in Kärnten (10. Okt.).
10. Nov. Die neue Verfassung *(Bundesstaat)* tritt in Kraft.
Das Parlament steht im Schwerpunkt der Verfassung. Es fehlen die Gegengewichte starker Präsidentenstellung und „unmittelbarer Demokratie".
Dez. *Michael Hainisch* (* 1858, † 1940) wird zum Bundespräsidenten gewählt.
Koalitionsregierung mit Bundeskanzler *Michael Mayr.*

950 Neuzeit – Zeitalter der Weltkriege

1921	Abstimmung in Tirol. 98,8% für den Anschluß an das Deutsche Reich (24. April).
29. Mai	Abstimmung in Salzburg. 99,3% für den Anschluß an das Reich.
	Weitere Abstimmungen werden verhindert. Frankreich droht mit Einstellung der eingeleiteten Hilfsaktion. Lebensmittelnot.
21. Juni	*Johann Schober* (* 1874, † 1932) bildet eine Regierung aus Christlich-Sozialen und Großdeutschen.
1922	Neue Regierung (31. Mai) des Prälaten *Ignaz Seipel* (christlich-sozial; * 1876, † 1932).
4. Okt.	Genfer Protokolle: Internationale Kredite an Österreich unter Garantie des Völkerbunds (Finanzkontrollkommission). Die Unabhängigkeit Österreichs wird garantiert.
	Scharfe Opposition der Sozialdemokraten gegen die Annahme. Renner (SPÖ) erklärt den Anschluß an den Staat, „zu dem wir der Natur der Dinge nach gehören", als einzige Lösung.
1923	Durch Mehreinnahmen und Ausgabensenkung (von 250000 Beamten 100000 entlassen) Beginn finanzieller Gesundung.
20. Okt.	Christlich-sozialer Wahlsieg.
1924	Der Antrag, die Finanzkontrolle zu beenden, wird vom Völkerbund abgelehnt.
Nov.	Rücktritt des Kabinetts Seipel.
	Neue Regierung *Rudolf Ramek* (* 1881, † 1941) auf der bisherigen Grundlage (Christlich-Soziale und Großdeutsche).
Dez.	Wiederwahl des Bundespräsidenten Hainisch.
1926	Aufhebung der Finanzkontrolle. Neue Regierung *Seipel*.
1927	*Sozialistischer Aufruhr und Generalstreik in Wien.*
15. Juli	Der Justizpalast wird in Brand gesteckt. Die Bundesregierung stellt die Ordnung schnell wieder her. Damit ist die innerpolitische Spannung offen zum Ausdruck gekommen. In den folgenden Jahren bestimmen zunehmend Wehrverbände die Innenpolitik. Die *Heimwehren* erwachsen aus teils christlich-sozialer, teils faschistischer Ideologie; der *Republikanische Schutzbund* aus den Sozialisten. Beide schon 1923 gegründet.
1928	*Wilhelm Miklas* (* 1872, † 1956) zum Bundespräsidenten gewählt (5. Dez.).
1929	Verschärfung der *innerpolitischen Krise*. Mehrfach Unruhen und drohender Ausbruch eines Bürgerkriegs. Trotzdem gelingt es nach *Rücktritt Seipels*, die Verfassungsreform durchzubringen. Dadurch ist die Parlamentsrepublik in eine *Präsidentschaftsrepublik* umgewandelt mit ähnlich starker Stellung des Präsidenten wie in der Weimarer Verfassung.
1930	Bundeskanzler *J. Schober* setzt mit Hilfe Italiens auf der Haager Konferenz durch, daß die
Jan.	österreichischen Reparationsverpflichtungen fast völlig aufgehoben werden.
6. Febr.	Abschluß des Freundschaftsvertrags mit Italien.
	Die faschistischen Einflüsse verstärken sich auch innenpolitisch.
9. Nov.	Wahlen ergeben 72 Sozialisten gegen 66 Christlich-Soziale, die weiterhin mit der bürgerlichen Koalition die Regierung mit Kanzler- und Ministerwechsel führen.
1931	Freundschaftsvertrag mit Ungarn (26. Jan.).
19. März	Plan einer Zollunion mit Deutschland.
11. Mai	Der *Bankkrach bei der Österreichischen Credit-Anstalt* offenbart die hoffnungslose Finanzlage.
	Erste Hilfe durch einen englischen Kredit. Die neue Regierung *Karl Buresch* (* 1878, † 1936) soll ein Sanierungsprogramm versuchen. Drastische Einschränkungsmaßnahmen und neue Auslandskredite.
13. Sept.	Ein Heimwehrputsch in der Steiermark scheitert.
9. Okt.	Wiederwahl von Miklas zum Bundespräsidenten.
	Französische Pläne (Tardieu) zu einer Einbeziehung Österreichs in einen wirtschaftlich und politisch neu geordneten Donauraum unter französischer Führung im Herbst 1931 und Frühjahr 1932 ohne Erfolg.
1932	Landtagswahlen in Niederösterreich, Salzburg, Kärnten, Steiermark, Wien bringen erstmals starke Erfolge der *Nationalsozialisten*.
24. April	
20. Mai	Neues Kabinett unter **Engelbert Dollfuß** (christlich-sozial; * 1892, † 1934) auf unsicherer parlamentarischer Basis.
15. Juli	Lausanner Protokoll: Völkerbundsanleihe von 300 Millionen Schilling, verbunden mit der Verpflichtung für Österreich, bis 1952 keine wirtschaftliche oder politische Union mit dem Deutschen Reich einzugehen. – Trotz der nationalen Erregung in Österreich Annahme.
1933	Um dem Anwachsen der nationalsozialistischen Bewegung zu begegnen, führt Dollfuß
Anfang	einen *Staatsstreich* durch.
März	Aufhebung der parlamentarischen Verfassung. Einführung einer berufsständischen Verfassung. Seit dem 7. März regiert Dollfuß mit Hilfe des „Kriegswirtschaftlichen Ermächtigungsgesetzes" vom 24. Juli 1917. *Austrofaschistische Diktatur.*
30. März	Auflösung des Republikanischen Schutzbundes.
20. Mai	Dollfuß gründet die „*Vaterländische Front*" als ständestaatlich orientierte, die politischen Parteien ersetzende „Sammelbewegung".
26. Mai	Betätigungsverbot für die Kommunistische Partei.

Unruhen der Nationalsozialisten in den nächsten Monaten.

19. Juni Verbot der Nationalsozialistischen Partei.
Dollfuß führt seine Politik in Anlehnung an Italien durch.

1934 Blutige Straßenkämpfe in Wien und anderen Städten zwischen „Republikanischem
Febr. Schutzbund" und Regierung (11.–16. Febr.).
Anschließend Verbot der Sozialisten und aller anderen Parteien außer der „Vaterländischen Front".

17. März Abschluß der „Römischen Protokolle": Politische und wirtschaftliche Zusammenarbeit zwischen Italien, Österreich und Ungarn.

30. April Bundesverfassung nach faschistischem Vorbild von dem an sich beschlußunfähigen Nationalrat angenommen.

1. Mai Unterzeichnung des Konkordats (vom 5. Juni 1933).

25. Juli *Nationalsozialistischer Putsch:* Dollfuß ermordet.
Aufstand in Steiermark und Kärnten. Das Eingreifen des Deutschen Reichs zugunsten der Nationalsozialisten wird verhindert, da *Italien an der Grenze Truppen zusammenzieht.* Die Aufstände•werden niedergeschlagen.

30. Juli Der bisherige Unterrichtsminister *Kurt Schuschnigg* (* 1897, † 1977) wird Bundeskanzler. Er setzt die Linie Dollfuß fort.
Ernst Rüdiger Starhemberg (* 1899, † 1956; Vizekanzler seit 1. Mai 1934) übernimmt
1936 die Führung der „Vaterländischen Front".

1. April Einführung der allgemeinen Wehrpflicht.

14. Mai Rücktritt Fürst Starhembergs als Vizekanzler und Führer der „Vaterländischen Front", die Schuschnigg selbst übernimmt.

11. Juli Ein Abkommen mit dem Deutschen Reich beendet vorübergehend die Spannung.

10. Okt. Auflösung der Heimwehr und politische Ausschaltung ihrer Anhänger.

1937 Steigerung der Habsburger Restaurationsbestrebungen, denen Schuschnigg geneigt scheint.
Dies führt zu neuen Spannungen mit den Nationalsozialisten und dem Deutschen Reich. Bei einem Treffen mit Mussolini in Venedig ergibt sich für Schuschnigg, daß Österreich von Italien keine Hilfe gegen den Nationalsozialismus zu erwarten hat. Infolgedessen sucht Schuschnigg Anschluß bei der Kleinen Entente.

1938 Schuschnigg bei Hitler in Berchtesgaden. Unter Druck sagt er eine Amnestie für die Natio-
12. Febr. nalsozialisten in Österreich und die Hereinnahme der Nationalsozialisten in die Regierung zu.

18. Febr. Daher *Seyß-Inquart* (* 1892, † 1946; Nationalsozialist) Innenminister.

1. März Beginn nationalsozialistischer Unruhen, unter anderem in Graz. Die Lage spitzt sich zu.

9. März In letzter Stunde will Schuschnigg eine Volksabstimmung „für ein freies und deutsches, unabhängiges und soziales, für ein christliches und einiges Österreich" organisieren.

11. März Ultimatum des Deutschen Reichs.

12. März Einmarsch der reichsdeutschen Truppen.

13. März Der Anschluß Österreichs an das Deutsche Reich wird proklamiert.

1945 Nach Besetzung durch die Rote Armee wird Österreich vorläufig in Besatzungszonen geteilt. – *(Forts. S. 1350)*

Frankreich (1914–1945)
(Forts. v. S. 795)

Nach vorübergehender Bedrohung durch die militante Rechte (Dreyfus-Affäre von 1889–1899) und die sozialistische Linke (Streikbewegungen bis 1910) hat sich die *republikanische Ordnung Frankreichs* stabilisiert. *Industrielle und agrarische Gesellschaft* haben sich gegenseitig durchdrungen: die mangelnde Dynamik des malthusianistischen Industriebürgertums bewahrt die Bauern und Kleinbürger vor dem wirtschaftlichen Niedergang; Schulsystem und öffentlicher Dienst eröffnen ihnen Aufstiegsmöglichkeiten ins mittlere Bürgertum; dieses wiederum kann über die Beteiligung am Finanzkapital ins Großbürgertum aufsteigen. Alle diese Gruppen arbeiten eng zusammen, sind an einer Änderung des Status quo wenig interessiert und wünschen darum einen relativ *schwachen Staat,* wie er mit der *Dritten Republik* verwirklicht ist: die politische Beteiligung ist gering, es fehlt an Transmissionsriemen (Verbänden, Parteien, Assoziationen) zwischen dem einzelnen und dem Staat; die Regierungen intervenieren nur, wenn der Status quo gefährdet ist; Entscheidungsprozesse sind langsam. Eine Ausnahme bilden die *Organisationsformen der Arbeiterklasse,* die dieser breiten Interessenkoalition nicht angehört und – da zahlenmäßig immer noch geringer als in vollindustrialisierten Ländern – in eine Ghettosituation gerät. Ideologisch bleibt die Arbeiterbewegung freilich innerhalb des Konsensbereichs der radikalen Republik, während eine Minorität der *bürgerlich-bäuerlichen Koalition* – Erben der monarchistischen Traditionen – außer-

952 Neuzeit – Zeitalter der Weltkriege

halb dieses Bereichs bleiben. Dies macht es notwendig, das Land vom Zentrum her, in wechselnden Koalitionen von der gemäßigten Rechten bis zur gemäßigten Linken zu regieren; die Radikalen als Repräsentanten des Zentrums können somit ohne große Abhängigkeit von ihren Wählern und ohne Sorge um den Verlust ihrer Macht die politische Szene beherrschen.

Im Ersten Weltkrieg wird der *ideologische Konsensbereich* auch auf die Rechte ausgedehnt, der soziale jedoch nicht auf die *Arbeiterbewegung*, was deren *Radikalisierung* zur Folge hat. Nach dem Kriege leidet das Bürgertum unter den wirtschaftlichen Kriegsfolgen, die den politischen Gewinn mehr als wettmachen; die *republikanische Synthese* bleibt jedoch noch *stabil*. Erst die *Weltwirtschaftskrise* von 1929–1933 offenbart ihre Schwächen, den Mangel an internationaler Konkurrenzfähigkeit, an Entscheidungsfähigkeit und an Integrationsfähigkeit neuer Klassen, und bereitet ihren Untergang vor. Während des Zweiten Weltkrieges versuchen die seit der Krise der dreißiger Jahre zahlreichen Kritiker des Systems der Dritten Republik von politisch entgegengesetzten Positionen her – *„Vichy-Regime"* und *„Résistance"* – das Land an die Bedingungen des modernen Industriezeitalters anzupassen.

Frankreich im Ersten Weltkrieg (1914–1918)

1914 4. Aug.	Beginn der *„Union sacrée"*: das Parlament erteilt der Regierung *einstimmig außerordentliche Vollmachten* für die Kriegführung. Sozialisten wie *Marcel Sembat* (* 1862, † 1922) und *Jules Guesde* (* 1845, † 1922) treten in die Regierung ein. Tatsächlich liegen die wichtigen Entscheidungen bei Generalstabschef *Joseph Jacques-Césaire Joffre* (* 1852, † 1921).
5.–12. Sept.	In der *Schlacht an der Marne* wird der deutsche Vormarsch zum Stehen gebracht; der Krieg auf französischem Boden wird zum *Stellungskrieg*.
1915	Im Frühjahr beginnt sich das Land auf einen längerfristigen Krieg einzustellen.
20. Mai	Der Sozialist *Albert Thomas* (* 1878, † 1932) wird *Staatssekretär für die Kriegsproduktion*. Er unternimmt neue Anstrengungen, die Sozialpartnerschaft zwischen Arbeitern und Unternehmern zu institutionalisieren, kann aber einseitige Kriegsgewinne und Inflation nicht verhindern. Die seit Jahren diskutierte Einführung der Einkommensteuer wird auch jetzt nicht durchgesetzt (erst gegen Ende des Krieges); statt dessen verschuldet sich der Staat durch breit gestreute Schatzanweisungen und Auslandsanleihen (besonders in den USA).
1916	Der *deutsche Angriff bei Verdun* (Febr.–Juli) und die *französische Offensive an der Somme* (Juni–Nov.) kosten Frankreich eine halbe Mio. Tote, ohne Entscheidungen zu erbringen. In der Frage der Kriegsziele machen sich Staatspräsident (1913–1920) *Raymond Poincaré* und Ministerpräsident (1915–1917) *Aristide Briand* (* 1862, † 1932) die Forderungen nach Annexion des Rheinlands und der Saar zu eigen.
1917 2.–20. Mai	Ein schlecht vorbereiteter französischer Angriff in der Champagne führt zu ausgedehnten *Truppenmeutereien*, die erst durch die Ernennung von General *Philippe Pétain* (* 1856, † 1951) zum Befehlshaber der Nordarmee beendet werden können. Unter dem Eindruck der allgemeinen Verschlechterung der militärischen Lage und der russischen Februarrevolution (1917) wächst unter Sozialisten und Gewerkschaftlern die Gegnerschaft zur „Union sacrée".
7. Sept.	Nachdem ihnen die Teilnahme an der internationalen sozialistischen Konferenz in Stockholm verweigert wird, *scheiden die Sozialisten aus der Regierung aus*.
16. Nov.	*Georges Clemenceau* (* 1841, † 1929), populärer Kritiker der bisherigen Führungsschwächen und Gegner des sozialistischen Pafizismus, bildet ein Kabinett (2. Kabinett: 1917–1920) „über den Parteien" und erkämpft sich starke Vollmachten.
1918	Die Autorität der Zivilregierung über die Militärs wird wiederhergestellt, eine *Streikwelle* eingedämmt (März–April).
18. Juli	Nach *fünf deutschen Offensiven* (März–Juli) beginnt die entscheidende *Gegenoffensive der Alliierten* unter dem gemeinsamen Oberbefehl von General *Ferdinand Foch* (* 1851, † 1929): schrittweise Zurückdrängung der deutschen Front.
11. Nov.	Pétains Plan einer Offensive in Lothringen (um den französischen Friedensforderungen gegenüber den Alliierten Nachdruck zu verleihen) wird durch den **Abschluß des Waffenstillstands** zwischen Frankreich und dem Deutschen Reich überholt.

Kriegsfolgen und Stabilisierung (1918–1930)

Der Krieg kostet Frankreich außerordentliche Verluste an Menschenleben und Material: 1 310 000 Tote oder Vermißte (mehr als 10 % der männlichen Aktivbevölkerung), materielle Verluste im Werte von etwa 55 Mrd. Francs des Jahres 1913, d. h. der gesamte Zuwachs des Nationalprodukts in den elf letzten Vorkriegsjahren. Steuererhöhungspläne zum Ausgleich der Staatsverschuldung scheitern jedoch; in der Öffentlichkeit verbreitet sich die Vorstellung, daß „Deutschland alles zahlen wird".

Einzelstaaten – Frankreich   953

Von Annexionisten (Forderung nach Abtretung des linken Rheinufers) und sozialistischen Pazifisten (Forderung nach kollektiver Sicherheitsorganisation unter deutscher Beteiligung) heftig kritisiert, fordert Ministerpräsident Clemenceau auf der **Friedenskonferenz von Versailles** (18. Jan.–28. Juni 1919) über die Rückgabe von Elsaß-Lothringen hinaus hohe Reparationen, ständige militärische Besetzung des Rheinlandes, Annexion des Saargebietes, ein um Oberschlesien und Westpreußen vergrößertes Polen, eine internationale Armee für den Völkerbund, muß jedoch in all diesen Punkten Abstriche machen (Reparationshöhe nicht festgelegt, Rheinland nur auf fünfzehn Jahre besetzt, Saargebiet unter Völkerbundsmandat, Volksabstimmung in Oberschlesien, keine Völkerbundsarmee); trotz des Machtgewinns bleibt Frankreichs Sicherheit ungewiß. Ein Teil der französischen Öffentlichkeit (hauptsächlich Sozialisten) arbeitet darum auf einen Ausgleich mit Deutschland hin, der eine Milderung der Friedensbedingungen einschließt (Aristide Briand; Louis Loucheur, *1872, †1931; François Seydoux, *1905, †1981), der andere – zunächst dominierende – Teil unter Führung von Poincaré dagegen auf eine extensive Auslegung der Vertragsbestimmungen, die Frankreichs augenblickliche Überlegenheit über Deutschland möglichst lange sichert.

1919	Kriegslasten, Inflation und das Beispiel der russischen Oktoberrevolution von 1917 führen zu einem Anstieg und einer Radikalisierung der organisierten Arbeiterbewegung (Confédération Générale du Travail von 700 000 auf 1 Mio. Mitglieder, Section Française de l'Internationale Ouvrière – SFIO – Sozialistische Partei Frankreichs von 36 000 auf 133 000). Aus Furcht vor einer bolschewistischen Revolution bildet sich ein **„Nationaler**
16. Nov.	**Block"** von *Konservativen* bis *Radikalen,* der in den Wahlen einen überwältigenden Sieg erringt: 417 Sitze gegen nur 100 der nichtsozialistischen Linken *(Édouard Herriot,* * 1872, † 1957) und 68 der Sozialisten (Sitzverlust trotz Stimmengewinn infolge der Weigerung, erneut Wahlbündnisse einzugehen).
1920 18. Jan.	Clemenceau, dem diktatorische Neigungen nachgesagt werden, unterliegt bei der Kandidatur für das Amt des Staatspräsidenten und tritt daraufhin als Ministerpräsident zurück.
19. Jan.	Nachfolger (bis 23. Nov.) wird *Alexandre Millerand* (* 1859, † 1943).
1920–1924	*Regierungen des Nationalen Blocks,* deren Politik den Interessen der Geschäftswelt entgegenkommt, die alten klerikal-laizistischen Spannungen entschärft und lediglich in der Frage der Deutschlandpolitik gespalten bleibt.
1920 Mai	Die von den Wahlen enttäuschte Gewerkschaftsbasis erzwingt einen *Generalstreik,* der jedoch ebenfalls scheitert, zumal die Regierung, um die Unruhe abzufangen, den Achtstundentag eingeführt hat.
20.–26. Dez.	Doppelt enttäuscht und in der Erwartung einer baldigen Revolution schließt sich die Mehrheit der Sozialisten auf dem *Parteitag von Tours* der Kommunistischen Internationale an. In den folgenden Jahren wird die *Kommunistische Partei* rasch bolschewistisch; die neuen Kader bekämpfen die Sozialisten oft erbitterter als die Rechten. Die Minderheit von Tours *(Léon Blum,* * 1872, † 1950) führt die Tradition der Sozialistischen Partei fort und gewinnt in der Opposition zum Nationalen Block rasch neuen Zulauf, besonders aus den verarmten Mittelschichten (1924 wieder 110 000 Mitglieder).
1921 16. Jan.	*Kabinett* (6. Mal: 1921–1922) *Briand:* angesichts der Schwierigkeiten, Reparationslieferungen von Deutschland zu bekommen, ist *Aristide Briand* um den Preis eines britischen Garantiepaks zu Zugeständnissen in der Reparationsfrage bereit *(Konferenz von Cannes),* stößt jedoch auf den Widerstand der Blockmehrheit und tritt zurück.
1922 18. Jan.	Sein *Nachfolger* (2. Kabinett: 1922–1924) *Raymond Poincaré* (* 1860, † 1934) verweigert jedes Zugeständnis in der Reparations- und Abrüstungsfrage *(Konferenz von Genua).*
1923 **11. Jan.**	Poincaré läßt das **Ruhrgebiet** besetzen, um Briten und Amerikaner (die für eine Stundung der Reparationen eintreten, ohne ihrerseits von der Begleichung der französischen Kriegsschulden abzusehen) zu neuen Verhandlungen im Interesse Frankreichs zu zwingen und dem „kalten Wirtschaftskrieg" der deutschen Stahlindustrie gegen die französische Konkurrenz ein Ende zu setzen.
1924 9. April	In der Tat gestehen ihm die Alliierten im *Dawes-Plan* kontrollierte Reparationslieferungen nach Maßgabe der deutschen Prosperität zu. Andererseits verschärft die Ruhrbesetzung die deutsche Inflation und löst, durch die Spekulation der französischen Finanzwelt verstärkt, eine *Inflationswelle* in Frankreich aus (der Gegenwert für einen Dollar fällt von 11 Francs 1921 auf 28 Francs im März 1924), die die Erfolge der Poincaréschen Stabilisierungspolitik im Innern (Einkommensteuer, indirekte Steuern, Sparhaushalt) zunichte macht.
11. Mai	Bei den Parlamentswahlen erringt daraufhin das **„Linkskartell"** aus *Radikalsozialisten und Sozialisten* einen knappen Sieg. Als Außenminister der von den Sozialisten parlamentarisch unterstützten *Regierung Édouard Herriot* unternimmt Aristide Briand vergebliche Versuche zur Stärkung der kollektiven Sicherheit (Genfer Protokoll, das nach der Wahlniederlage der britischen Labour-Party nicht ratifiziert wird).
1925 **16. Okt.**	Erfolgreiche Initiativen *Briands* und *Gustav Stresemanns* (Reichsaußenminister 1923–1929) führen zu einem deutsch-französischen Ausgleich: Garantie der deutschen Westgrenze im **Vertragspaket von Locarno.** Innenpolitisch scheitert Ministerpräsident Herriot am Widerstand der Geschäftswelt gegen

954 Neuzeit – Zeitalter der Weltkriege

die sozialistischen Forderungen nach Kapitalbesteuerung (Finanzknappheit durch Nichter-neuerung der Schatzanweisungen, neue Inflationswelle durch Spekulation). Nach dem *Rücktritt Herriots* (10. April 1925) wird auch den folgenden Regierungen die finanzielle Unterstützung verweigert.

1926
23. Juli Erst als *Poincaré* (4. Mai: 1926–1928) wieder ein Kabinett auf der Grundlage des *Nationalen Blocks* bildet, kehren sich die Kapitalbewegungen um. Von der Geschäftswelt unter-stützt, kann Poincaré mit beträchtlichen Erhöhungen indirekter und direkter Steuern (da-bei aber Senkung der Einkommensteuer!) die *Stabilität der Währung wiederherstellen* und den Etat ausbalancieren. Der durch den Krieg erlittene Substanzverlust ist damit einiger-maßen gleichmäßig auf alle Bevölkerungsgruppen verteilt, freilich um den Preis einer Miß-achtung des Wählerwillens und der Aufrechterhaltung der bestehenden sozialen Ungleich-heit. *Aristide Briand, weiterhin Außenminister,* setzt die Politik des Ausgleichs mit Deutschland fort, nunmehr von einer Mehrheit der öffentlichen Meinung getragen.

30. Sept. Auf Initiative des luxemburgischen Industriellen *Emil Mayrisch* (* 1862, † 1928) entsteht ein deutsch-französisch-belgisch-luxemburgisches *Stahlkartell,* das dem „kalten Stahl-krieg" ein Ende setzt.

1928
6. Febr. Infolge der Präferenz der amerikanischen Kreditgeber für Deutschland (nicht zuletzt eine Folge der ungeregelten französischen Kriegsschulden) wird das Mißtrauen gegenüber dem deutschen Nachbarn zwar zeitweise wieder stärker, kann aber durch den Abschluß des *Briand-Kellogg-Kriegsächtungspakts* noch einmal eingedämmt werden.

22./29.
April Infolge der inneren und äußeren Stabilisierung kann der Nationale Block bei den Wahlen Gewinne erzielen; die Mehrheit der Radikalen schließt sich nun *Poincaré* an, der daraufhin ein *Kabinett der „Nationalen Union"* (5. Mai: 1928–1929) von *André Tardieu* (* 1876, † 1945) bis *Édouard Herriot* zu bilden in der Lage ist.

25. Juni Derart abgesichert, kann Poincaré es wagen, die Stabilisierungspolitik mit einer *Abwertung des Franc* abzuschließen.

16. Sept. Es ist ihm ferner möglich, in Verhandlungen um eine vorzeitige Räumung des Rheinlandes als Preis für eine definitive Reparationsregelung einzuwilligen (am 7. Juni 1929 mit dem *Young-Plan* erfolgreich abgeschlossen; daraufhin Rheinlandräumung am 30. Juni 1930).

1929
16. Juli Nach dem *Rücktritt Poincarés* aus Krankheitsgründen treten die Gegensätze innerhalb der Nationalen Union stärker hervor.

22. Okt. *Briands elftes Kabinett* (seit 29. Juli) scheitert am Mißtrauen der Rechten gegen seine Aus-gleichspolitik.

1930
4. Dez. *Tardieus* erstes Kabinett seit 2. Nov. 1929 scheitert am Widerstand des Senats gegen dessen Entparlamentarisierungspläne.

1932
10. Febr. *Pierre Laval* (* 1883, † 1945) gelingt der Versuch nicht, die Radikalsozialisten durch eine Wahlrechtsänderung definitiv an den Nationalen Block zu binden. Dennoch scheint die Stabilität fortzudauern: Frankreich wird von der Weltwirtschaftskrise zunächst kaum be-troffen: im Gegenteil steigen infolge der kurz zuvor getroffenen Abwertung die Exporte und infolge der Währungsstabilisierung der Zustrom auswärtigen Geldes; die Arbeitslosig-keit ist beseitigt und der Konsumanteil am Nationalprodukt folglich vergleichsweise groß.

Die Krise der dreißiger Jahre (1930–1936)

Ab Ende 1930 führen zunehmende Zahlungsunfähigkeit der europäischen Nachbarn, Ausbleiben der Reparationen (Hoover-Moratorium) und Abwertung des britischen Pfundes zu einer Krise des französi-schen Exports, die wiederum eine Krise der Industrieproduktion auslöst (Produktionssenkung 1931 um 17,5%, in der Stahlindustrie um 29%). Ohne daß die Krise die gleichen dramatischen Ausmaße annimmt wie in den vollindustrialisierten Ländern, *brechen daraufhin die sozialen Grundlagen der republikani-schen Synthese nach und nach zusammen:* eine Kapitalflucht aus Furcht vor der Krise verursacht den Zusammenbruch zahlreicher Kleinbanken; in Industrie und Handel müssen die Kleinbetriebe schließen und sind die größeren zur Konzentration gezwungen; unter den Arbeitern breitet sich erneut Arbeitslo-sigkeit aus (1935 etwa 2 von 12,5 Mio. Lohnempfängern); ein allgemeiner Kaufkraftverlust um 15% führt zum Preisverfall für Produkte der Landwirtschaft und des gewerblichen Mittelstandes. Unterneh-mer und freie Berufe leiden in der Regel wenig unter der Krise, sehen aber mit Sorgen in die Zukunft; lediglich das zur Konzentration fähige Großkapital erzielt Gewinne.

Von den Regierungen nur langsam und mit unzulänglichen Maßnahmen (Agrarprotektionismus, Auf-rechterhaltung der Geldwertstabilität durch Deflationspolitik) bekämpft, dauert die Krise, nachdem sie 1932 ihren Höhepunkt bereits überschritten hat, bis 1938. Politisch löst sie zunächst einmal eine *Kritik an den Schwächen des Parlamentarismus,* an *Individualismus* und *Protektionismus* aus, die, sowohl auf der extremen Rechten als auch auf der Linken des politischen Spektrums (und mit vielfachen Übergän-gen) angesiedelt, langfristig Alternativen zum auseinanderbrechenden System der Dritten Republik an-bietet: *autoritäre Neo-Sozialisten* (Montagnon; Adrien Marquet [* 1885, † 1955]; Marcel Déat, * 1894, † 1955, 1933 aus der Sozialistischen Partei ausgeschlossen), *technokratische Planwirtschaftler* (André

Einzelstaaten – Frankreich   955

Philip, * 1902, † 1970, CGT-Funktionäre), *christliche Personalisten* (Emmanuel Mounier, * 1905,
† 1950), *korporative Syndikalisten* (Robert Aron, * 1905), *integrale Nationalisten* (Pierre Drieu la
Rochelle, * 1893, † 1945). Darüber hinaus aktiviert die Krise die aus der Tradition des Bonapartismus
und Boulangismus hervorgegangenen militanten *Gruppen der extremen Rechten* – die *„Action française"* (Charles Maurras, * 1868, † 1952; Léon Daudet, * 1867, † 1942, Jacques Bainville, * 1879,
† 1936), die *„Jeunesses patriotes"* (Pierre Taittinger) und als einzige Massenbewegung (150 000 Mitglieder) die *„Ligue de Croix-de-Feux"* (Colonel de la Rocque) – und ruft damit den Widerstand der
Linken gegen die faschistische Gefahr hervor.

1932 Die ersten *Wahlen* nach dem Einsetzen der Wirtschaftskrise werden zu einer *Niederlage*
8. Mai *für André Tardieu,* der nach dem Sturz Lavals (2. Kabinett: 13. Jan.–16. Febr. 1932) wieder die Leitung der Regierungsgeschäfte übernommen hat (3. Kabinett: seit 20. Febr.).
Radikale und Sozialisten verzeichnen große Gewinne (zusammen 335 Sitze gegen 230 des
Blocks).

4. Juni *Herriot bildet ein Kabinett (3. Mal) aus Radikalen und Zentrum,* das auf die parlamentarische Unterstützung der Sozialisten angewiesen ist.

14. Dez. Als die USA ein Moratorium der französischen Kriegsschulden verweigern (entsprechend
dem Deutschland auf der Konferenz von Lausanne gewährten dreijährigen Moratorium für
die Reparationszahlungen), bindet Herriot die Existenz seines Kabinetts an die pünktliche
Zahlung der Schuldenrate und wird folglich gestürzt.

1932/1933 Die folgenden *Kabinette Joseph Paul-Boncour* (* 1873, † 1972), *Edouard Daladier*
(* 1884, † 1970) und *Albert Sarraut* (* 1872, † 1962) stürzen über Sparmaßnahmen, mit
denen sie den Staatshaushalt sanieren möchten. Streiks, Straßenkämpfe zwischen Ligen
und Kommunisten und Finanzskandale häufen sich. Ein Skandal um den betrügerischen
Finanzier *Alexandre Stavisky,* in den radikale Abgeordnete verwickelt sind, wird von der
Rechten zur Agitation gegen die Regierungsmehrheit genutzt.

1934 Ministerpräsident (2. Mal: seit 27. Nov. 1933) *Camille Chautemps* (* 1885, † 1963), wie
27. Jan. seine vier Vorgänger auf die Linksmehrheit der Wahlen von 1932 gestützt, wird zum *Rücktritt* gezwungen. Eine Welle von Demonstrationen der extremen Rechten folgt.

Als das neue Kabinett Daladier (2. Mal: 30. Jan.–7. Febr. 1934) den wegen einseitiger
Begünstigung der Rechten ins Zwielicht geratenen Polizeipräfekten *Jean Chiappe* (* 1878,
6. Febr. † 1940) ablöst, veranstalten die Ligen einen **Marsch auf das Palais Bourbon** (Sitz der Kam-
mer); gleichzeitig demonstriert der kommunistische Soldatenbund für die Verhaftung
Chiappes. In Tumulten mit der Polizei werden 17 Demonstranten erschossen, über 2000
verletzt; die Erstürmung des Palais Bourbon wird nur dadurch verhindert, daß Colonel de
La Roque im letzten Moment den Rückzug befiehlt. Der Vorwurf der Rechtspresse, eine
„Regierung der Mörder" zu bilden, demoralisiert die Radikalen.

7. Febr. Daladier muß zurücktreten.
9. Febr. Unter dem Vorsitz des ehemaligen Staatspräsidenten (1924–1931) *Gaston Doumergue*
(* 1863, † 1937) wird ein *Kabinett der „Nationalen Einigung"* gebildet, in dem *André Tardieu* wieder die führende Rolle übernimmt. Damit ist die durch die Wahlen von 1932 ange-
tastete *Macht der Rechten wiederhergestellt.* Die Anhänger der Sozialisten und Kommunisten, bisher durch den kommunistischen Kampf gegen die sozialistischen *„Sozialfaschisten"*
voneinander isoliert, sehen in dem Sturm der Ligen den Versuch eines faschistischen
Staatsstreichs und drängen ihre Parteiführungen zur gemeinsamen Verteidigung.

12. Febr. Erfolgreicher eintägiger *Generalstreik,* zu dem beide Seiten unabhängig voneinander aufgerufen haben.

27. Juli Nach entsprechenden Revirements der *Komintern* (Aufstieg von *Maurice Thorez,* * 1900,
† 1964) schließen Sozialisten und Kommunisten einen „Aktionspakt gegen den Faschismus".

Auch unter den Regierungen der Rechten dauern Finanz- und Staatskrise fort. Tardieus
Projekt einer Stärkung der Rechte des Präsidenten und Einschränkung der Parlaments-
8. Nov. rechte scheitert am Widerspruch der Radikalen: *Doumergue und mit ihm Tardieu müssen
zurücktreten.*

1934 Während Tardieu nun die außerparlamentarische Agitation schürt, versucht der Zentrist
9. Nov. *Pierre-Étienne Flandin* (* 1889, † 1958) die Deflationspolitik fortzusetzen, wird aber ge-
–1935 stürzt, als er außerordentliche Vollmachten zur Abwehr einer internationalen Bankoffen-
30. Mai sive gegen den Franc verlangt.

1935 Sein Nachfolger *Pierre Laval* (die Regierung unter Fernand Bouisson –* 1874, † 1959 –
5. Juni ist nur vom 1.–4. Juni im Amt) erhält die erbetenen Vollmachten und macht mit einer rigorosen Deflationspolitik (Senkung aller Staatsausgaben und Preise für staatliche Dienstleistungen um 10%) den eben beginnenden Wirtschaftsaufschwung wieder zunichte. Wachsende soziale Unruhen sind die Folge, ebenso eine neue Agitationswelle der Ligen und
wachsende Resignation vor dem Aufstieg des nationalsozialistischen Deutschland, dem
man infolge der Finanzkrise keine rüstungsintensive Offensivpolitik mehr entgegensetzen
kann.

956 Neuzeit – Zeitalter der Weltkriege

Nach dem Abschluß des *französisch-sowjetischen Beistandspakts (2. Mai 1935)* wechseln die französischen Kommunisten vom Antimilitarismus zu einem militanten Nationalismus; die Abkehr vom selbstgewählten Isolationismus und die soziale Krise ermöglichen ihnen eine Verdoppelung ihrer Mitgliedszahlen (auf 200000) und die Gewinnung der Sozialisten

14. Juli und Radikalsozialisten für das **Volksfrontbündnis.**

1936 Auf eine Massendemonstration der drei Parteien zusammen mit den Gewerkschaften und
12. Jan. antifaschistischen Aktionskomitees folgt die Erarbeitung eines gemeinsamen *Wahlprogramms:* Auflösung der Ligen, Reform der Banque de France, Nationalisierung der Rüstungsindustrie, Kaufkraftschöpfung nach Art des amerikanischen New Deal, aber keine grundlegenden Sozialreformen (aufgrund des Widerstands der Radikalen wie der Kommunisten). Die Radikalen, nun unter dem Druck ihres von der Deflation besonders betroffenen kleinbürgerlichen Anhangs, scheiden aus der Regierung Laval aus und zwingen diesen damit zum Rücktritt.

24. Jan. Bis zu den Wahlen führt *Albert Sarraut* (* 1872, † 1962) ein Übergangskabinett ohne die
–4. Juni Rechte, das von den Sozialisten stillschweigend geduldet wird.

Die Regierungen der Volksfront (1936–1938)

1936 Bei den *Wahlen* siegt das **Volksfrontbündnis** mit 376:222 Sitzen weniger spektakulär als
26. April, erwartet. Die Sozialisten bleiben stärkste Partei (147 Sitze), die Radikalen verlieren ein
3. Mai Drittel (106 Sitze), die Kommunisten treten erstmals als starke politische Kraft im Parlament auf (von 11 auf 72 Sitze). Der Sieg löst eine von großer Euphorie der Arbeiter und ebensolcher Furcht der Rechten begleitete *Streikwelle* aus, die Produktion und Handel nahezu zum Erliegen bringt.

4. Juni Das *Kabinett Blum* wird aus Sozialisten und Radikalen gebildet: die Kommunisten haben sich auf Moskauer Direktive hin auf die parlamentarische Unterstützung beschränkt, um der von der Rechten geschürten Kommunistenfurcht den Wind aus den Segeln zu nehmen.

7. Juni Die Regierung Blum vermittelt sogleich die *Matignon-Verträge* zwischen sozialistischer Gewerkschaft (CGT) und Arbeitgebervertretern: Lohnerhöhungen zwischen 7 und 15%, Tarifvertragsordnung, Anerkennung der gewerkschaftlichen Betriebsräte.
Wenige Tage später folgen die gesetzliche Einführung der Vierzigstundenwoche und des fünfzehntägigen Jahresurlaubs, bald darauf die im Jan. beschlossenen Maßnahmen. Durch staatliche Getreidemarktregulierung steigt das Einkommen der Bauern. Obwohl die kommunistische Parteiführung zur Wiederaufnahme der Arbeit aufruft, geht die Streikbewegung nur langsam zurück. Dies, die Schaffung von Produktionsengpässen durch Senkung der Arbeitszeit qualifizierter Arbeiter und vor allem der passive Widerstand der Unternehmer wie die Kapitalflucht ins Ausland verhindern, daß die Kaufkraftschöpfung zu einem Produktionsaufschwung führt; eine neue Ausweitung des Haushaltsdefizits und eine neue Inflationswelle sind die Folge. Die militärische Aufrüstung (angesichts Hitlers Bruch mit dem Versailler System) verschärfen *Defizit und Inflation.* Von der Stärke der sozialen Bewegung überrascht, machen sich die Kommunisten die Forderungen nach weiterer Umverteilung zu eigen (und stärken damit ihren Einfluß unter der rasch wachsenden sozialistischen Gewerkschaftsorganisation CGT).

1. Aug. Ebenso attackieren die Kommunisten Blums Politik der *Nicht-Intervention im Spanischen Bürgerkrieg,* für die sich dieser auf britischen Druck hin entschieden hat, um einen Angriff der faschistischen Mächte auf ein isoliertes Frankreich zu verhindern.

28. Sept. Die *Abwertung des Franc* um 25–35%, durch den rapiden Schwund der Goldreserven erzwungen, führt zwar zu einem leichten Wiederanstieg der Produktion, ermöglicht aber auch den Währungsspekulanten beträchtliche Gewinne und ist zu gering, um das Handelsbilanzdefizit zu reduzieren.

1937 Als eine neue Kapitalflucht einsetzt, sieht sich Blum genötigt, eine *„Pause" des Volksfront-*
13. Febr. *programms* zu verkünden: Zurückstellung weiterer sozialpolitischer Maßnahmen (Altersversorgung, Arbeitslosenunterstützung, laufende Lohnerhöhung), Rückkehr zur Orthodoxie des ausgeglichenen Budgets und Berufung traditioneller Bankiers zu „Beratern" der Regierung. Diese „Kapitulation" raubt der Regierung die in der Arbeiterbewegung verbliebene Unterstützung, ohne ihr das Vertrauen der Geschäftswelt zurückzugewinnen; die Angriffe der Rechten nehmen vielmehr an Schärfe zu (antisemitische Hetze gegen den Juden Blum).

16. März Nach einer kommunistischen Demonstration gegen eine Veranstaltung der Ligen (jetzt als „Parti social français" organisiert) in *Clichy,* bei der *fünf Demonstranten getötet* werden, beschleunigt sich die Krise: Generalstreik der CGT gegen die Regierung, neue Kapitalflucht, Produktionsrückgang, Verschärfung der Arbeitslosigkeit.

21. Juni *Blum fordert außerordentliche Vollmachten zur Behebung der Finanzkrise und tritt, als der Senat diese verweigert, zurück.*

Einzelstaaten – Frankreich   957

22. Juni Nach dem Scheitern des „Experiment Blum" bildet der Radikale *Camille Chautemps* (* 1885, † 1963) ein **zweites Volksfrontkabinett,** dessen Akzente deutlich nach rechts verlagert sind: Den Kommunisten, die nun zum Regierungseintritt bereit sind, werden Ministerämter verweigert; statt des Sozialisten *Vincent Auriol* (* 1884, † 1966) übernimmt der Radikale *Georges Bonnet* (* 1889, † 1973) das Finanzministerium. Die neue Regierung erhält die erbetenen finanzpolitischen Vollmachten, kehrt zu deflationistischen Maßnahmen zurück, kann aber eine ständige weitere Verschlechterung der Wirtschaftslage nicht verhindern. Der „Parti social français" erhält starken Zulauf (800 000 Mitglieder); rechtsextreme Terroristen verüben Attentate.

Dez. Eine neue massive Streikwelle setzt ein.

1938
15. Jan. Als sich Chautemps der kommunistischen Unterstützung entledigen will, *demissionieren die Sozialisten* und zwingen ihn damit zum Rücktritt.

18. Jan. Chautemps bildet ein neues Kabinett (4. Mal) ohne sozialistische Minister, wird aber weiterhin von Sozialisten und Kommunisten unterstützt, die eine Rückkehr der Radikalen zur Koalition mit den Rechten nicht zulassen wollen. Chautemps versucht, sich durch außerordentliche Vollmachten für eine Austeritätspolitik von der Abhängigkeit zu den Linken zu befreien; daraufhin verweigern die Sozialisten ihre Zustimmung.

10. März Chautemps tritt erneut zurück.

13. März *Léon Blum* versucht nun, angesichts des drohenden Staatsbankrotts und der wachsenden nationalsozialistischen Gefahr (Anschluß Österreichs an das Deutsche Reich am 12./13. März) ein Kabinett (2. Mal) der nationalen Union von den Kommunisten bis zu den Konservativen zu bilden, muß sich aber, da sich die Mehrheit der Rechten verweigert, mit einer **Neuauflage des Volksfrontkabinetts von 1936** begnügen.
Ohne große Illusionen fordert Blum Vollmachten für ein Produktionsförderungsprogramm mit Kapital- und Geldmarktkontrolle.
Als der Senat ihm diese Maßnahmen verweigert, muß das zweite Kabinett Blum zurücktreten.

Auf dem Weg zur Niederlage (1938–1940)

1938
12. April Im *dritten Kabinett Daladier* sind die Sozialisten nicht mehr vertreten, dagegen eine Reihe von Gegnern der Volksfront *(Paul Reynaud,* * 1878, † 1966); Sozialisten und Kommunisten halten aber zunächst weiterhin an ihrer Regierungsunterstützung fest. Daladier ist jedoch bestrebt, ohne die Volksfrontmehrheit zu regieren. Er kündigt den Abbau der Sozialgesetzgebung an.

29. Sept. Daladier stimmt im **Münchner Abkommen** dem Druck der deutschen Führung auf Abtretung der sudetendeutschen Gebiete der Tschechoslowakei zu. Beides stößt auf heftige Opposition der Kommunisten.

11. Nov. Die Radikalen erklären daraufhin ihren *Austritt aus dem Volksfrontbündnis.*
Auf eine Mehrheit aus Zentrum und Rechten gestützt („Nationaler Block"), leitet Daladier mit Dekreten zum Abbau der Vierzigstundenwoche und Reduzierung des Überstundenlohns eine deflationäre Sanierungspolitik ein; Reynaud zum *Finanzminister* berufen.

30. Nov. Ein von der sozialistischen Gewerkschaft (CGT) mit Unterstützung der Kommunisten ausgerufener *Generalstreik* scheitert, nachdem die Regierung Truppen zur Wiederherstellung der Ordnung eingesetzt hat.
Mit Ausnahme der Kommunisten, die eine offensive Bündnispolitik unter Einschluß der Sowjetunion fordern, sind alle Parteien in der Frage der *Haltung gegenüber der nationalsozialistischen Expansionspolitik* gespalten. Bei der Rechten überwiegt die Neigung zur Appeasementpolitik (Beschwichtigungspolitik gegenüber Hitler), bei den Sozialisten zunächst die Zustimmung zum Münchner Abkommen, dann die Forderung nach Eindämmung von Hitlers Expansionspolitik mit Hilfe der Sowjetunion. Zwischen beiden entschließen sich Daladier und *Georges Bonnet,* nunmehr *Außenminister,* zunächst zur Forcierung der Aufrüstung und dann, nach der Zerschlagung der „Rest-Tschechei" (März 1939), zu einer Eindämmungspolitik ohne Bemühen um sowjetisches Engagement, die folglich von der britischen Politik abhängig bleibt.

1939
31. März Frankreich schließt sich der britischen Garantieerklärung für die territoriale Integrität Polens an.

13. April Daraufhin kündigt Daladier den *automatischen Beistand Frankreichs für Griechenland, Rumänien und Polen* im Falle eines deutschen oder italienischen Angriffs an.

1. Sept. Bis zuletzt auf ein Einlenken Hitlers in der polnischen Frage hoffend, verlangt die Regierung Daladier ultimativ den Rückzug der deutschen Truppen aus Polen.

2. Sept. Die Kammer verabschiedet einstimmig (auch mit den Stimmen der Kommunisten) *Kriegskredite.*

3. Sept. **Frankreich erklärt** zusammen mit Großbritannien dem Deutschen Reich **den Krieg.**

958   Neuzeit – Zeitalter der Weltkriege

26. Sept. Die *Kommunistische Partei* wird wegen ihres Eintretens für den deutsch-sowjetischen Nichtangriffs-Pakt *verboten;* die kommunistischen Abgeordneten mit den Stimmen aller übrigen Fraktionen unter Strafverfolgung gestellt.

1940 Im Frühjahr wächst die Bereitschaft zu aktiver Kriegführung; Daladier, der vor einer Intervention im sowjetisch-finnischen Winterkrieg gezögert hat, tritt nach einer Stimmenthaltung der Kammermehrheit in der Vertrauensfrage zurück.

21. März Nachfolger wird *Paul Reynaud,* der zu offensiver Kriegführung entschlossen ist, dafür aber nur knapp die Hälfte der Kammerstimmen (darunter die meisten Linken) erhält.

10. Mai Der **deutsche Angriff** an der Westfront ist unerwartet erfolgreich.

18. Mai Um das Vertrauen in die französische Führung wiederherzustellen, beruft Reynaud neben
19. Mai Parlamentariern der Rechten Marschall *Philippe Pétain* als stellvertretenden Ministerpräsidenten in das Kabinett sowie General *Maxime Weygand* (* 1867, † 1965; Mitarbeiter Fochs) zum Oberbefehlshaber.

5. Juni Nach der deutschen Einnahme Dünkirchens wird das *Kabinett um unpolitische Fachleute erweitert* (unter ihnen als Unterstaatssekretär im Kriegsministerium der spätere General *Charles de Gaulle*; * 1890, † 1970).

14. Juni Bevor die deutschen Truppen Paris besetzen, flieht die Regierung durch die Touraine nach Bordeaux.

17. Juni Reynaud ist für die Fortsetzung des Kampfes, bleibt aber in der Minderheit und tritt zurück. Neuer **Regierungschef** wird **Pétain** (von Staatspräsident *Albert Lebrun,* * 1871, † 1950,
18. Juni berufen), der sogleich um Waffenstillstand nachsucht. Kaum beachtet, ruft *Charles de Gaulle* über Radio London zur Fortsetzung des Kampfes auf.

22. Juni **Abschluß des Waffenstillstands:** Frankreich wird nördlich und westlich der Linie Genf, Dôle, Tours, Mont-de-Marsan, spanische Grenze besetzt; Elsaß-Lothringen und die Departements Nord und Pas-de-Calais werden vom Staatsgebiet abgetrennt; die unbesetzten Landesteile bleiben in der Verwaltung der französischen Regierung.

28. Juni Die britische Regierung erkennt das von de Gaulle gebildete „*Nationalkomitee der Freien Franzosen*" an und läßt das vor *Oran* (heute: Algerien) liegende französische Geschwader
3. Juli zerstören (um es nicht in die Hände der Deutschen fallen zu lassen); daraufhin bricht Pétain die diplomatischen Beziehungen zu Großbritannien ab.

Das Regime von Vichy und die Résistance (1940–1944)

1940 In Vichy (Nordrand des Zentralmassivs), wohin die Regierung (1. Juli) umgezogen ist,
10. Juli übertragen Senat und Abgeordnetenkammer auf Betreiben von *Pierre Laval* (* 1883, † 1945) mit 569 gegen 80 Stimmen *Marschall Pétain die Vollmachten* zur Erarbeitung einer *neuen Verfassung.*

17. Juli Pétain wird „*Chef des französischen Staates*" mit nahezu absoluten Vollmachten, Laval sein Stellvertreter und Nachfolger.

24. Okt. Laval, der einen engen Anschluß Frankreichs an Deutschland wünscht, arrangiert ein *Treffen Pétains mit Hitler.*

13. Dez. Da aber Pétain den Friedensvertrag mit Deutschland nicht mit dem von Hitler geforderten Preis des Kriegseintritts auf deutscher Seite bezahlen will, entläßt er Laval und stellt ihn unter Hausarrest. Neuer Außenminister wird *Pierre-Étienne Flandin* (* 1889, † 1958), der auf einen unabhängigeren Kurs gegenüber Deutschland bedacht ist.

1941 Nachdem die Deutschen seinen Rücktritt erzwungen haben, wird Admiral *François Darlan*
9. Febr. (* 1881, † 1942) als Vizepräsident, Außen-, Innen- und Marineminister zur beherrschenden Figur des Regimes.
Opportunisten, die traditionelle Rechte und eine Vielzahl technokratischer und korporativer Reformer unterstützen Pétains *Politik der „nationalen Revolution":* Abschaffung des Parlaments, Aufhebung aller Mandate, die aus dem allgemeinen Wahlrecht hervorgegangen sind, *Auflösung der Gewerkschaften* und *Arbeitgeberverbände* zugunsten korporativer Berufsverbände, dirigistische Wirtschaftslenkung durch „Organisationskomitees" der Unternehmerschaft. Anfangs von der großen Mehrheit der Bevölkerung resignierend unterstützt, verliert das Regime („Etat français") mit zunehmender deutscher Repression und Verschlechterung der deutschen Kriegslage an Anhang. –

1942 In *Riom* (nördlich von Clermont-Ferrand) wird ein *Prozeß gegen die „Hauptverantwortli-*
19. Febr. *chen für die Niederlage"* (u. a. Léon Blum) eröffnet, der jedoch wegen des negativen Propagandaeffekts wieder abgebrochen werden muß.

19. April Pierre Laval kehrt zurück und übernimmt als Ministerpräsident die tatsächliche *Leitung des Regimes.* Französische Arbeitskräfte (über 170 000) werden im Deutschen Reich eingesetzt, eine allgemeine Arbeitspflicht verkündet.

8. Nov. **Amerikanische und britische Truppen** unter General Dwight D. Eisenhower **landen an der nordafrikanischen Küste.**

Einzelstaaten – Großbritannien *959*

11. Nov.	Da die Truppen des Vichy-Regimes kaum Widerstand leisten, läßt Hitler auch die *Südzone Frankreichs besetzen.* In Algier schließt Admiral *Darlan* einen Waffenstillstand mit den USA und erklärt sich zum Staatschef in Nordafrika. Darlan wird von einem Gegner des Vichy-Regimes ermordet.
24. Dez.	Im *Kampf gegen General Henri-Honoré Giraud* (*1879, †1949), der vom Vichy-orientierten Kolonialrat in Algier mit der Leitung der Zivil- und Militärverwaltung beauftragt und von der amerikanischen Regierung gefördert wird, setzt General de Gaulle die *innerfranzösische Résistance* zur Stärkung seiner Legitimität ein.
1943 **27. Mai**	*Jean Moulin*, Repräsentant de Gaulles in Frankreich, vereint die auf Anfänge seit 1940 zurückgehenden, seit Mitte 1941 rasch anwachsenden *Widerstandsorganisationen der Linken* (Combat, Franc-Tireur, Libération u. a.) und *der Rechten* (insbesondere die Organisation Civile et Militaire) zusammen mit Vertretern der republikanischen Parteien in einem **„nationalen Widerstandsrat"** (*„Conseil National de la Résistance"*).
3. Juni	De Gaulle kann daraufhin die Bildung eines von ihm und Giraud gemeinsam präsidierten *„Komitees für die nationale Befreiung"* in *Algier* durchsetzen. Nach Moulins Ermordung wird *Georges Bidault* Präsident der *Résistance*.
17. Sept.	Die Schaffung einer *Konsultativen Versammlung* verstärkt die Präsenz republikanischer Vichy-Gegner in Algier.
1. Okt.	*Giraud muß zurücktreten.* Der innerfranzösische Widerstandskampf verschärft sich.
1944 1. Febr.	Die paramilitärischen Verbände werden in den *„Forces Françaises de l'Intérieur"* zusammengefaßt; die Widerstandsgruppen werden zu Massenorganisationen, in denen die Kommunisten eine hervorragende Rolle spielen.
4. April	Die Vertreter der *Kommunisten* akzeptieren die wiederholte Aufforderung de Gaulles, in das Befreiungskomitee einzutreten.
3. Juni	Angesichts der bevorstehenden Invasion der Alliierten deklariert sich das Befreiungskomitee zur *„Provisorischen Regierung der französischen Republik"*.
6. Juni **15. Aug.**	Die Operationen der Alliierten nach der **Landung in der Normandie** und in **Südfrankreich** werden von Verbänden des „Freien Frankreich" und der Résistance unterstützt.
19. Aug.	Als die alliierten Truppen die Seine beiderseits von Paris erreichen, beginnt die Résistance den *Aufstand in der Hauptstadt*.
25. Aug.	**General de Gaulle zieht in Paris ein.**
9. Sept.	Nachdem die alliierten Truppen die Westgrenze des Deutschen Reiches erreicht haben, bildet de Gaulle die *Provisorische Regierung* durch Hinzuziehung repräsentativer Vertreter der innerfranzösischen Résistance um (von den Alliierten am 23. Oktober anerkannt) und beginnt mit der Reorganisation des Landes. In der *Résistance* findet Frankreich zu einem neuen Grundkonsens: ein General, der von der äußersten, vorrepublikanischen Rechten kommt, formiert mit sozialistisch und kommunistisch inspirierten Widerstandsgruppen ein demokratisches Regime, das von der großen Mehrheit der Bevölkerung getragen wird. Die „blockierte" Gesellschaft der Dritten Republik ist zerstört, die Kluft zur Arbeiterklasse weit geringer geworden; über die neuen Kräfteverhältnisse ist freilich noch nicht entschieden. – *(Forts. S. 1307)*

Großbritannien (1914–1945)

(Forts. v. S. 803)

1914 **4. Aug.**	Der **Eintritt in den Krieg** wird vom Unterhaus gebilligt, ausgenommen der pazifistische Flügel der Labour Party unter Führung von Ramsay MacDonald (*1866, †1937). Der Krieg bringt bisher unbekannte *staatliche Eingriffe in Wirtschaft und Gesellschaft* mit sich (Produktionslenkung, Handelsregelungen, Verbrauchsbeschränkungen, allgemeine Wehrpflicht, Arbeitsverpflichtungen, Einschränkung des Streikrechts).
1915	Bildung einer *nationalen Koalitionsregierung* unter Einschluß der Labour Party (26. Mai).
1916 24. April	*Osteraufstand* der Sinn Fein-Bewegung in Dublin mit Ausrufung der Irischen Republik wird unterdrückt.
7. Dez.	Umbildung und Straffung des Kabinetts. David Lloyd George (*1863, †1945) wird Premierminister eines *Kriegskabinetts mit weitgehenden Vollmachten*.
1917	Der bisher deutsche Name des Königshauses wird in „Haus Windsor" geändert (17. Juli).
2. Nov.	Außenminister Arthur James Balfour (*1848, †1930) stellt den Juden ein „national home" in Palästina in Aussicht.
1918 9. Mai	Nach einer von Lloyd George gestellten Vertrauensfrage stimmen 106 Liberale unter Herbert H. Asquith (*1852, †1928) gegen die Regierung. Die dadurch entstandene *Spaltung der Liberalen* leitet deren politischen Niedergang ein.

960 Neuzeit – Zeitalter der Weltkriege

Für alle Männer mit vollendetem 21. und Frauen mit vollendetem 30. Lebensjahr unter bestimmten Besitzvoraussetzungen wird das Wahlrecht eingeführt. Dadurch *Vermehrung der Wahlberechtigten* um 2 Mio. Männer und 6 Mio. Frauen auf insgesamt 21,3 Mio.

14. Dez. Die liberalkonservative Regierung wird im Dezember von der Wählerschaft klar bestätigt. Deutlicher Wahlsieger sind die *Konservativen*, die damit für die nächsten beiden Jahrzehnte ihre führende Stellung in der britischen Politik begründen. Die Labour Party ist nicht mehr in der Regierung vertreten und übernimmt (zunächst als Oppositionspartei) im Zweiparteiensystem die frühere Rolle der Liberalen, die innerhalb kurzer Zeit zu einer kleinen Partei zusammenschrumpfen. Die in *Irland* gewählten Abgeordneten gehören überwiegend der Sinn Fein-Bewegung an, gehen nicht nach Westminster und gründen in Dublin ein eigenes, revolutionäres Parlament. Eamon de Valera bildet eine illegale Regierung. Die irische republikanische Befreiungsarmee beginnt den bewaffneten Kampf gegen britische Ordnungskräfte.

Probleme der Zwischenkriegszeit

Nach dem Ersten Weltkrieg (1 Million Tote; 2,5 Millionen Verwundete) verschärfen sich die schon in der zweiten Hälfte des Viktorianischen Zeitalters aufgetretenen Probleme. Der **Machtverlust** in der Welt als Wirtschafts- und Militärmacht nimmt weiter zu. Bis 1926 erlebt das Land eine Serie von *Streiks. Verluste im Außenhandel* können zum Teil auf den Empire-Märkten wettgemacht werden. Die alten Industrien (Kohle, Eisen und Stahl, Schiffsbau, Textilien) weisen ein erhebliches **Modernisierungsdefizit** und dauernde *Arbeitslosigkeit* auf. In der Chemie-, Elektro- und Motorenindustrie ist dagegen eine Aufwärtsentwicklung zu verzeichnen. Als entscheidend erweist sich, daß Modernisierung und Ausbau der britischen Wirtschaft bei gleichzeitig durchzuführenden sozialen Reformen und staatlichen Anstrengungen in verschiedenen gesellschaftlichen Bereichen und die Erhaltung der immer noch bestehenden britischen Weltstellung von der *Wahrung des Friedens* abhängig sind. Großbritannien ist nicht in der Lage, gleichzeitig die Kosten für inneren Strukturwandel *und* Rüstung aufzubringen. Zugleich ist das Weltreich – durch größere *Eigenständigkeit der Dominions* (seit der Reichskonferenz 1907 gebräuchliche Bezeichnung) und beginnende *Unabhängigkeitsbewegungen in den abhängigen Kolonialgebieten* (vor allem Indien) einem Wandlungsprozeß ausgesetzt – mit einer ständigen strategischen **Überbeanspruchung** konfrontiert. Als einzige Großmacht ist Großbritannien in der Zwischenkriegszeit *in allen großen Krisenherden* verwickelt, die seit 1931 den Gang der Weltpolitik bestimmen (Ferner Osten mit der Expansion Japans in China, Ausgreifen Italiens im Mittelmeerraum und Veränderungen des Status quo in Europa durch Deutschland). Aus alldem resultiert der Zwang zur Friedenswahrung, die *Politik des Appeasement.* Sie ist keineswegs nur eine Erscheinung der Deutschlandpolitik Ende der dreißiger Jahre, sondern hat weltpolitischen Zuschnitt und wird schon während der Friedenskonferenz 1919 konzipiert. Krieg gilt als *allerletzter* Ausweg zur Verteidigung eigener Interessen, weil Krieg notwendigerweise zu weiteren Machteinbußen führen muß.

1919	Verstärkte *sozialpolitische Maßnahmen* der Regierung durch Wohnungsbauförderung und Verbesserung der Arbeitslosenversicherung. Gleichzeitig ausgedehnte Streiks und Arbeitslosigkeit: „Blutiger Sonntag" in Dublin (21. Nov.).
1920 **23. Dez.**	Gesetz zur **Teilung Irlands** in Nord- und Südirland mit Parlamenten in beiden Teilen (Government of Ireland Act) wird von Dublin abgelehnt.
1921 6. Dez.	Unter der Bezeichnung *Irischer Freistaat* erhält der größere Teil Irlands nach Verhandlungen mit dem kompromißbereiten Flügel der Sinn Fein-Bewegung *Dominionstatus*. Nordirland bleibt abgetrennt.
1921/1922	Washingtoner Flottenkonferenz. Großbritannien büßt auch formell seine im Ersten Weltkrieg an die USA verlorene traditionelle Flottenüberlegenheit ein (13. Nov. 1921–6. Febr. 1922).
1922	Nach Auseinanderfallen der Kriegskoalition *Wahlsieg der Konservativen* (15. Nov.).
1923 6. Dez.	Wegen der den früheren Programmaussagen der Konservativen widersprechenden, jetzt aber geplanten Schutzzollpolitik erneute Wahlen mit konservativen Verlusten.
1924 22. Jan.	Die Labour Party bildet erstmals die Regierung (Minderheitskabinett MacDonald), scheitert aber noch im selben Jahr angesichts der parlamentarischen Mehrheitsverhältnisse.
29. Okt.	Neuwahlen bringen Rückkehr der Konservativen in die Regierung (Kabinett Stanley Baldwin; * 1867, † 1947) und eine entscheidende Reduzierung der Liberalen.
1925 28. April	Schatzkanzler Winston S. Churchill (* 1874, † 1965) kündigt im Parlament die Rückkehr zum 1914 aufgegebenen Goldstandard der Währung an. Damit Überbewertung des Pfundes mit daraus resultierenden Exportschwierigkeiten.
1926 3.–12. Mai	Streik der Bergarbeiter wegen drohender Lohnkürzungen weitet sich zu einem neuntägigen *Generalstreik* aus, dem die gut vorbereitete Regierung erfolgreich begegnet und der mit einer Niederlage der Arbeiterbewegung endet.

Einzelstaaten – Großbritannien **961**

19. Okt.–	Eine Reichskonferenz definiert den *Dominionstatus* (Balfour-Formel), wonach die Domi-
18. Nov.	nions „autonome Gemeinschaften innerhalb des britischen Empire, gleich im Status, in kei-
	ner Weise einander in inneren und äußeren Angelegenheiten untergeordnet", aber „doch
	durch eine gemeinsame Bindung an die Krone vereinigt und als Mitglieder des **British**
	Commonwealth of Nations frei assoziiert" sind.
1927	Abbruch der 1924 von der Labour-Regierung aufgenommenen diplomatischen Beziehun-
27. Mai	gen zur Sowjetunion wegen Spionage- und Propagandavorwürfen.
28. Juni	Ein Streikgesetz verbietet Sympathie- und Generalstreiks.
1928	Mit der rechtlichen Gleichstellung von Frauen und Männern erhalten auch Frauen mit
. Juli	Vollendung des 21. Lebensjahrs das Wahlrecht.
1929	Die *Labour Party* wird nach Unterhauswahlen erstmals stärkste Partei, ist in ihrer Regie-
Mai	rungstätigkeit aber auf die Tolerierung durch die Liberalen angewiesen.
Juni	Premierminister wird abermals Ramsay MacDonald (bis Juni 1935).
3. Okt.	Wiederaufnahme der Beziehungen zur Sowjetunion (im Interesse der Exportindustrie).
1931	Das in der allgemeinen **Wirtschafts- und Finanzkrise** über die Frage der Arbeitslosenunter-
24./25.	stützung (3 Millionen Arbeitslose) gespaltene Labour-Kabinett macht einem National
Aug.	Gouvernment (Allparteienregierung) Platz, in dem die Konservativen die Mehrheit besit-
	zen. Die nicht koalitionsbereiten Labour-Politiker und Liberalen gehen in die Opposition.
	Dadurch kommt es zu Parteispaltungen.
21. Sept.	Abkehr vom Goldstandard.
27. Okt.	Klarer Wahlsieg der Koalition, die bis 1940 bestehenbleibt.
11. Dez.	Das *Statut von Westminster* bringt die staatsrechtliche Bestätigung der 1926 gefundenen
	Formel für den Dominionstatus.
1932	Aufgabe der bisherigen Handelspolitik durch Einführung von Importzöllen (29. Febr.).
Aug.	Reichskonferenz von Ottawa: Schaffung von Zollpräferenzen im Empire.
1934	Beginn der *Wiederaufrüstung* bei gleichzeitiger Politik der Friedenswahrung.
1935	Deutsch-Britisches Flottenabkommen, das aus britischer Sicht den Auftakt zu weiteren
18. Juni	Rüstungsbegrenzungsabkommen bedeuten soll.
1936	Tod König Georgs V. (20. Jan.).
10. Dez.	Thronverzicht seines Sohnes *Eduards VIII.* (*1894, †1972 als Herzog von Windsor), der
	eine vor der Scheidung stehende Amerikanerin heiraten will und dadurch in Gegensatz zu
	Premierminister (seit Juni 1935) Baldwin und einer breiten Öffentlichkeit gerät. König
	wird sein Bruder *Georg VI.* (*1895, †1952).
1937	Neville Chamberlain (Konservativer; *1869, †1940) wird Premierminister und setzt in
28. Mai	Übereinstimmung mit der öffentlichen Meinung konsequent die Politik von *Aufrüstung*
	und gleichzeitiger Entspannung in Europa und der Welt fort. Krieg scheidet angesichts
	einer neuerlichen wirtschaftlichen Rezession und eines drohenden Dreifrontenkriegs
	(Deutschland, Italien und Japan als Gegner) auch im machtpolitischen Sinne als vernünf-
	tige Möglichkeit der Politik aus.
1938	Das nicht kriegsbereite Land begrüßt in seiner überwiegenden Mehrheit nach der Sudeten-
Okt.	krise die Aufrechterhaltung des Friedens.
1939	Einführung der *allgemeinen Wehrpflicht*: In der unmittelbaren Vorgeschichte des Zweiten
26. April	Weltkriegs nimmt die britische Kriegsbereitschaft zu, ohne den alles überragenden Gedan-
	ken einer unkriegerischen Lösung aus den Augen zu verlieren.
1./3. Sept.	Ultimatum und **Kriegserklärung** an Deutschland.
1940	Bildung einer Koalitionsregierung unter Einschluß der Labour Party mit dem Konservati-
10. Mai	ven *Winston S. Churchill* als Premierminister und dem Labour-Politiker Clement Attlee
	(*1883, †1967) als Stellvertreter in der Regierung. Außerordentliche Vollmachten.
1941	Dienstpflicht für die 20- bis 30jährigen (ab 1942: 18- bis 50jährigen) Frauen (Dez.).
1942	Angesichts militärischer Mißerfolge auf fast allen Kriegsschauplätzen kommt es zu einer
Juni–Aug.	Führungskrise, in der Stafford Cripps (Labour) als Alternative zu Churchill erscheint.
	Churchills Stellung stabilisiert sich aber mit Besserung der Kriegslage Ende Oktober.
1. Dez.	Vorlage des Beveridge-Reports, eines umfassenden Programms zur Durchsetzung des
	Wohlfahrtsstaats durch Reformen und staatliche Lenkungsmaßnahmen (Familie, Renten,
	Gesundheitswesen. Beschäftigungspolitik, Wohnungsbau, Bildung und Erziehung).
1945	Nach Beendigung des Krieges bringen die Unterhauswahlen die erste klare *Mehrheit für*
Juli	*die Labour Party.* Im Wahlkampf geht es vorrangig um Wege zur Gestaltung einer zu-
	kunftsorientierten Sozial- und Wirtschaftspolitik. Der Kriegserfolg allein reicht für Chur-
	chill und die Konservativen nicht aus zum Wahlsieg. Attlees Erfolg gründet sich auf einen
	nationalen Konsens, der weniger in doktrinärem Sozialismus, sondern in pragmatischer
	Reformbereitschaft besteht. Reformpläne müssen allerdings in Einklang gebracht werden
	mit der **schwierigen Finanz- und Wirtschaftslage.** Das britische Volksvermögen hat um
	7,5 Mrd. Pfund abgenommen. Die Staatsverschuldung beträgt 3,35 Mrd. Pfund. Die
	Kriegswirtschaft, deren Mobilisierungsgrad in Großbritannien im Vergleich zu anderen
	Ländern am höchsten gewesen ist, kann nur langsam abgebaut werden. – *(Forts. S. 1312)*

962 Neuzeit – Zeitalter der Weltkriege

Irland (1922–1945)

1922 **Der mit London ausgehandelte Vertrag über den Dominion-Status** wird vom irischen Par-
8. Jan. lament, dem „Dail Eireann" (Versammlung von Irland), mit 64 zu 57 Stimmen ratifiziert.
6. Dez. *Inkrafttreten der irischen Verfassung.* König Georg V. von Großbritannien proklamiert
den **Irischen Freistaat.**
1922–1923 **Bürgerkrieg** zwischen dem gemäßigten und dem radikalen Flügel der *Sinn Fein-Bewegung*
(Spaltung in Vertragsgegner – *Fianna Fáil-* und in Vertragsanhänger – *Fine Gael*). Die
Radikalen (Fianna Fáil) unter *Eamon de Valera* (* 1882, † 1975) wollen die Unabhängigkeit für ganz Irland, also einschließlich Ulster, Ministerpräsident *William Thomas Cosgrave*
(* 1880, † 1965) tritt für Ausgleich mit Großbritannien ein, also Anerkennung des Status
quo.
1932 *Eamon de Valera Ministerpräsident:* seine Regierung betreibt die Loslösung vom Com-
März monwealth und die Wiedervereinigung mit Nordirland (Ulster), führt hohe Schutzzölle ein
und beginnt einen wirtschaftlich ruinösen Zollkrieg mit Großbritannien.
1933 Formierung verschiedener Gegenströmungen zur Politik der Regierung (faschistische
„Blauhemden", Irische Einheitspartei).
Febr. Handelsvertrag mit Großbritannien, ergänzt durch einen weiteren Vertrag 1938, der zu
1936 einer relativen Entspannung zwischen Dublin und London führt.
29. Dez. *Neue irische Verfassung.* Der Staat trägt die Bezeichnung **Eire** und löst sich de facto, wenn
1937 auch nicht formell aus dem Commonwealth. (Irland als souveräner, demokratischer Staat
bezeichnet; Schaffung eines Präsidentenamtes.) Als Staatsgebiet wird „die ganze Insel" bezeichnet; der Geltungsbereich der Gesetze jedoch auf die 26 unabhängigen Grafschaften
beschränkt.
17. Juni Wahlen bringen Sieg de Valeras, der im neuen Verfassungssystem wieder Ministerpräsident
1938 wird.
1939–1945 Im *Zweiten Weltkrieg* bleibt *Irland neutral,* Nordirland ist als Teil Großbritanniens am
Krieg beteiligt.
1945 Neuwahlen bestätigen die Regierung de Valera (30. Mai). – *(Forts. S. 1318)*

Rußland/Sowjetunion (1914–1945)
(Forts. v. S. 813)

Die militärischen Niederlagen im Ersten Weltkrieg zerrütten das zaristische Herrschaftssystem vollends.
In der *Februarrevolution von 1917* übernimmt zwar die *Provisorische Regierung* die Macht, muß diese
aber mit den *Arbeiter- und Soldatenräten* (Sowjets) in einer eigentümlichen Form der Doppelherrschaft
teilen. Sie scheitert, weil sie den aussichtslosen Krieg gegen den Willen der Bevölkerung weiterführt, die
Dynamik der agrarischen Revolution mit dem Landhunger der Bauern unterschätzt und die Lösung der
Nationalitätenfrage vertagt. Die bolschewistische Politik des Friedens um jeden Preis, der Landverteilung
an die Bauern, die fast drei Viertel der Bevölkerung von 165 Mio. ausmachen, und der Selbstbestimmung
der Nationalitäten geht dagegen nach der *Oktoberrevolution* auf die Forderungen der Mehrheit der
Bevölkerung ein, ohne sie allerdings, längerfristig gesehen, zu erfüllen.
Der in der Phase des *Kriegskommunismus* unternommene Versuch, Produktion und Verteilung von
Industrie- und Agrarprodukten im sozialistischen Sinne zu verändern, scheitert, weil der *Bürgerkrieg* und
der Zerfall des Staatsgebietes in eigenständige Teile den Wirtschaftsorganismus des Landes zerstören.
Die *„proletarische Naturalwirtschaft"* weitet sich mit dem Ausbau des Systems unentgeltlicher Versor-
gung aus. Verstaatlichung von Produktion und Distribution, Ablieferungspflicht, Inflation und
Wirtschaftsblockade führen zu Versorgungskrise und Hungersnot. Massenunzufriedenheit gefährdet die
Macht der Sowjets, die *Lenin* durch die Ausschaltung der Opposition zu erhalten sucht. Die *Neue
Ökonomische Politik* beschränkt 1921–1927 den staatlichen Zugriff auf Industrie, Verkehrs-, Bank- und
Kreditwesen sowie den Außenhandel und löst durch die teilweise Wiederherstellung des Binnenmarktes
und im Rückgriff auf privatwirtschaftliche Formen die akute Notlage, die dem wirtschaftlichen Wieder-
aufbau weicht. Die Durchsetzung der forcierten Industrialisierung in der *Planwirtschaft* 1928 zieht die
Zwangskollektivierung der Landwirtschaft nach sich. Stalins *„Revolution von oben"* verändert die gesellschaftliche Struktur stärker als die Oktoberrevolution des Jahres 1917.
Die unter weltrevolutionären Vorzeichen begonnene Außenpolitik weicht bald einer Zweigleisigkeit von
Kommunistischer Internationale, die immer mehr für die Ziele der UdSSR in Anspruch genommen wird,
und konventioneller Außenpolitik, die allmählich die internationale Anerkennung erreicht. Die Bildung
der *UdSSR (Union der Sozialistischen Sowjetrepubliken)* Ende 1922 zeigt die Tendenz zur territorialen
Wiederherstellung des russischen Imperiums, die bis 1945 zu verfolgen ist. *Stalins* Ende 1924 formulierte
Theorie des „Sozialismus in einem Lande" sichert diese Politik ideologisch ab. Das von Lenin 1921 pro-

Einzelstaaten – Irland – Rußland – Revolutionsphase 963

klamierte Prinzip der monolithischen Oppositionslosigkeit wird 1931/1932 auf Philosophie, Literatur und Kunst übertragen, die in der *„NEP-Periode"* (Neue-Ökonomische-Politik-Periode) beschränkte Experimentierfreiheit besessen haben. Die Beseitigung aller „Widersprüche" und der Austausch der Funktionärs- und Offizierselite in den „Säuberungen" der dreißiger Jahre vervollkommnen das stalinistische Instrumentarium totalitärer Machtausübung. Der Ausschaltung der bürgerlichen, der nichtbolschewistischen sozialistischen und der bolschewistischen innerparteilichen Opposition folgt in der *„Stalin-Verfassung"* 1936 die verfassungsmäßige Anerkennung der staatsbestimmenden Funktion der Einheitspartei. Der *„Sowjetpatriotismus"* mobilisiert insbesondere in den Kriegsjahren 1941–1945 alle nationalen Gefühle zugunsten des stalinistischen Regimes, das den revolutionären Schwung mehr und mehr durch bürokratische Monotonie ersetzt hat.

Die Revolutionsphase (1914–1918)

1914	Eintritt in den Ersten Weltkrieg.
1. Aug.	St. Petersburg in *Petrograd* (seit 1924 Leningrad) umbenannt.
26. Aug. –15. Sept.	Nach Anfangserfolgen müssen sich die russischen Truppen nach der *Niederlage bei Tannenberg und an den Masurischen Seen* aus Ostpreußen zurückziehen.
1915 Mai–Okt.	In der deutschen Gegenoffensive gehen Polen, Litauen, Kurland und westrussische Gebiete verloren. Die nationale Einmütigkeit des Kriegsbeginns verliert sich in der *Verschärfung der sozialen und wirtschaftlichen Gegensätze* bis zur Unerträglichkeit.
1916 Juni–Aug.	Administration und militärische Versorgung brechen zusammen. Die erste **Brussilow-Offensive** bringt Geländegewinne in Wolhynien und Galizien, die hohen Verluste demoralisieren die Truppen jedoch weiter.
30. Dez.	Ermordung des angeblichen „Wundermönchs" und einflußreichen Günstlings der Zarin, Grigori Rasputin (* 1872), in der Hoffnung, die Monarchie dadurch retten zu können. Revolutionäre Unruhen wegen der Kriegsdauer und der Ernährungslage.
1917 8. März	Der Frauendemonstration zum sozialistischen Frauentag schließen sich Arbeiter der Putilow-Werke in Petrograd an.
10. März	*Zar Nikolaus II.* befiehlt, gegen die sich ausbreitenden Unruhen und die Fraternisierungen mit gegnerischen Truppen mit allen Mitteln vorzugehen. Die Truppe gehorcht zunächst dem Schießbefehl, so daß der Kaiser den Appell des Duma-Präsidenten *M. V. Rodzianko,* ein der Duma verantwortliches Ministerium zu berufen, keiner Antwort würdigt.
12. März	In der Nacht zum 27. Febr. (alter russischer Kalender) verbündet sich die Petrograder Garnison mit den Arbeitern: **Februarrevolution.** Die Parteien des Progressiven Blocks, Menschewiki und Trudowiki, bilden ein *Provisorisches Dumakomitee* zur „Wiederherstellung der staatlichen und öffentlichen Ordnung", zugleich formiert sich das *Provisorische Exekutivkomitee des Petrograder Sowjet der Arbeiter- und Soldatendeputierten.*
14. März	*Befehl Nr. 1* des Provisorischen Exekutivkomitees dekretiert die Bildung von Soldatenkomitees mit Verfügungsgewalt über die Waffen in allen Truppenteilen.
15. März	Die Sowjets beteiligen sich nicht an der – Justizminister (Febr.–Mai 1917) *Alexander Kerenski* (* 1881, † 1970) ausgenommen – bürgerlichen **Provisorischen Regierung** des Fürsten *Georgi Jewgeniewitsch Lwow* (* 1861, † 1925), weil die sozialistischen Parteien, ausgenommen *Bolschewiki* und *linke Sozialrevolutionäre,* in der Februarrevolution die bürgerliche Revolution sehen, die vor einer sozialistischen stattfinden müsse. *Doppelherrschaft von Sowjets und Provisorischer Regierung.*
15./16. März	**Nikolaus II. tritt** zugunsten seines Bruders *Michael* **zurück,** der auf den Thron verzichtet.
16. April	*Wladimir Iljitsch Uljanow,* genannt *Lenin* (* 1873, † 1924), kehrt auf deutsche Veranlassung aus seinem Schweizer Exil nach Petrograd zurück.
17. April	In den *Aprilthesen* fordert Lenin die Bekämpfung der Provisorischen Regierung und die Machtübernahme durch die Sowjets. Die Provisorische Regierung kann keine funktionierende Ordnung aufbauen. Den Semstwos (ständische Selbstverwaltung) und den Stadtdumen treten allenorts Sowjets gegenüber.
18. Mai	Sechs Menschewisten und Sozialrevolutionäre treten in die Regierung ein.
16. Juni	Sie werden deshalb auf dem **1. Allrussischen Sowjetkongreß** (105 Bolschewiki, 285 gemäßigte Sozialrevolutionäre, 248 Menschewiki) von Lenin und den Bolschewiki kritisiert.
30. Juni	Eine von Kerenski befohlene erneute Offensive, die *Kerenski-Offensive*, führt zum endgültigen militärischen Zusammenbruch.
16. Juli	*Juliputsch:* Arbeiter- und Bauerndemonstrationen in Petrograd fordern *„Alle Macht den Sowjets".* Das bolschewistische Zentralkomitee übernimmt nur zögernd die Leitung der Unruhen, die andere Parteien nicht unterstützen und die das Militär niederschlägt. *Leo Dawidowitsch Trotzki* (* 1879, † 1940; eigentlich Leib Bronstein) und *Leo Borisowitsch Kamenjew* (* 1883, † 1936) werden verhaftet.

964   Neuzeit – Zeitalter der Weltkriege

24. Juli Lenin flieht nach Finnland.
21. Juli *Kerenski Ministerpräsident* (nach Rücktritt Lwows).
Aug. Bei den Wahlen zum Petrograder Sowjet *Stimmengewinne der Bolschewiki* (33% gegenüber 37% der Sozialrevolutionäre). Die allgemeine Desorganisation verschlechtert die Versorgungslage und steigert die Ungeduld der Bevölkerung: Befehlsverweigerungen der Soldaten, Bauern eignen sich Land an.
Kerenski beruft die „*Staatskonferenz*" aus 2000 Vertretern aller Parteien, ausgenommen die Bolschewiki.
9. Sept. *Kornilowputsch:* der Oberbefehlshaber der Armee *L. G. Kornilow* putscht nach seiner Absetzung gegen die Provisorische Regierung.
14. Sept. Kerenski setzt sich durch und erklärt **Rußland** zur **Republik.** Der folgende Linksruck bringt den Bolschewisten im Petrograder und im Moskauer Sowjet die Mehrheit.
23. Okt. Nach seiner Rückkehr setzt Lenin im Zentralkomitee gegen *Grigorij Jewsejewitsch Sinowjew* (* 1883, † 1936) und *Leo B. Kamenjew* den Beschluß zur Machtergreifung durch bewaffneten Aufstand durch.
25. Okt. Zentrale des Aufstands wird das auf Antrag der Menschewisten zur Abwehr der Gegenrevolution und eines deutschen Angriffs gebildete *Militärrevolutionäre Komitee* der Sowjets.
4. Nov. Das Komitee, von *Trotzki* organisiert, übernimmt am 22. Okt. (alter russischer Kalender) die *militärische Befehlsgewalt in Petrograd;* Provisorische Regierung als „Instrument der Gegenrevolution" bezeichnet.
6. Nov. Am Morgen des 24. Okt. läßt Kerenski die Druckerei des „Arbeiterweg" und die Newa-Brücken besetzen, bolschewistische Truppen und Rote Garden (Arbeitermilizen) nehmen in der folgenden Nacht alle wichtigen Punkte der Stadt ein.
7. Nov. **Oktoberrevolution:** nach dem *Angriff auf das Winterpalais,* bei dem die Angreifer die einzigen sechs Toten der Revolution zu beklagen haben, wird die *Provisorische Regierung verhaftet.* Das Militärrevolutionäre Komitee übernimmt in Petrograd die Staatsgewalt.
Am Abend verlassen rechte Sozialrevolutionäre, Menschewisten und Bundisten den für diesen Tag einberufenen *2. Allrussischen Sowjetkongreß.*
Die zunächst nur in Petrograd übernommene Macht geht formal auf den Sowjetkongreß über, der die Machtübernahme durch lokale Sowjets einleiten und sichern soll und sofort
8. Nov. dem „*Dekret über den Frieden*", das „sofortigen Frieden ohne Annexionen und Kontributionen" anbietet, dem „*Dekret über den Grund und Boden*", das die entschädigungslose Enteignung der Gutsbesitzer anordnet und die Verfügung über das Land den Kreis-Landkomitees und den Bezirkssowjets der Bauerndeputierten überträgt, und der *Bildung einer provisorischen Arbeiter- und Bauernregierung,* des **„Rats der Volkskommissare",** zustimmt. Dessen *Vorsitz* übernimmt *Lenin, Trotzki* übernimmt das *Kommissariat für Äußeres, Josef Stalin* (* 1879, † 1953; eigentlich Josif Dschugaschwili) das für *Nationalitätenfragen.* (Nach dem Rücktritt der beteiligten Sozialrevolutionäre aus Protest gegen den Frieden von Brest Litowsk sind im März 1918 nur noch die Bolschewisten vertreten.)
15. Nov. „*Deklaration über die Rechte der Völker Rußlands*" proklamiert Selbstbestimmung einschließlich des Rechts auf selbständige Staatsbildung. Gründung der Transkaukasischen Föderation. [Zunächst erklären *Georgien* (22. Nov.) und der *Estnische Volkstag* (28. Nov.) die Unabhängigkeit, nach dem Waffenstillstand von Brest-Litowsk folgen *Finnland* (6. Dez.), die *Ukraine* (22. Jan. 1918), die *Baltischen Ritterschaften* (28. Jan.), *Estland* (24. Febr.), *Weißrußland* (25. März), *Armenien* (26. Mai) und *Aserbeidschan* (28. Mai), von denen aber nur Finnland und die baltischen Staaten ihre Selbständigkeit bis 1939 bewahren können.]
8. Dez. *Wahlen zur verfassunggebenden Versammlung* ergeben 23,5% der Stimmen für die Bolschewisten, 62% für die anderen sozialistischen, 13% für die bürgerlichen Parteien.
Gründung der *Geheimpolizei Tscheka.*
15. Dez. *Waffenstillstand von Brest-Litowsk.*
22. Dez. Beginn russisch-deutscher Friedensverhandlungen.
1918 *Verfassunggebende Versammlung eröffnet;* als sie sich weigert, die „Sowjetmacht" vorbehaltlos anzuerkennen, läßt Lenin sie gewaltsam auflösen.
18. Jan.
25. Jan. Der Dritte Sowjetkongreß gründet an ihrer Stelle die „*russische Sowjetrepublik*" als „*Föderation nationaler Sowjetrepubliken*".
22. Jan. *Unabhängigkeitserklärung der Ukraine.*
9. Febr. Die Ukraine schließt einen Separatfrieden („Brotfrieden") mit den Mittelmächten. Nach der Besetzung begünstigen die deutschen Truppen die Regierung *Pavel P. Skoropadskys* (* 1873, † 1945), die im Nov. ein Direktorium unter dem Sozialisten *Simon Petljura* (* 1879, † 1926) ablöst. Nach der *Besetzung Kiews* proklamieren die Bolschewiki die *Ukraine zur Sowjetrepublik* (8. April 1919).
14. Febr. Einführung des Gregorianischen Kalenders.
3. März **Frieden von Brest-Litowsk** mit den Mittelmächten: Sowjetrußland verzichtet auf seine Hoheit in Polen, Litauen und Kurland sowie durch einen *Ergänzungsvertrag* vom 27. Aug.

Einzelstaaten – Rußland/Sowjetunion – Bürgerkrieg-Neue Ökonomische Politik   965

15. März auf Estland und Livland und erkennt die Selbständigkeit Finnlands und der Ukraine an. Lenin, der zunächst die Verhandlungstaktik Trotzkis ablehnt (Erklärung Trotzkis vom 10. Febr., Rußland sehe den Krieg als beendet an und werde demobilisieren, ohne die deutschen Friedensbedingungen anzunehmen), setzt die *Ratifizierung des Friedensvertrags durch den Vierten Sowjetkongreß* durch (Nichtigkeitserklärung am 13. Nov. 1918 nach dem deutschen Zusammenbruch). Der *Regierungssitz* wird in das weniger gefährdete *Moskau* verlegt.

25. März *Weißrussische (Weißruthenische) Volksrepublik* in Minsk proklamiert, von der deutschen Besatzungsmacht aber nicht anerkannt. Die am 1. Jan. 1919 gegründete *Weißrussische Sowjetrepublik*, im Februar 1920 mit Litauen vereinigt („LitBel"), schließt am 16. Jan. 1921 ein Bündnis mit der Sowjetrepublik.

April *Trotzki* wird *Verteidigungskommissar* und schafft mit der *Roten Armee* die Voraussetzung für den *Sieg im Bürgerkrieg.*

Bürgerkrieg und Beginn der Neuen Ökonomischen Politik (1918–1924)

Obwohl die Bolschewiki noch Ende 1917 eine Minderheit darstellen, stößt ihre Machtergreifung zunächst auf keinen politisch motivierten Widerstand. Erst im Frühjahr 1918 entwickeln sich bewaffnete Auseinandersetzungen: Die *Kosaken* gehen zum Widerstand über, als bolschewistische Einheiten Ende Febr. 1918 die im Januar gebildete *Don-Republik* auflösen, zugleich entzieht der deutsche Vormarsch den Süden der Kontrolle des Rats der Volkskommissare; Entwaffnungsversuche und Verzögerungen des Rücktransports erbittern die 40 000 Mann zählende *tschechische Legion;* die Nichtanerkennung der russischen Staatsschulden und die Enteignung von Industriebetrieben veranlassen britische und französische Truppen zur Landung in Murmansk und Archangelsk (*Alliierte Intervention,* Juni 1918 – Okt. 1919). Die *gegenrevolutionären Kräfte* vereinigen sich in den „weißen" Armeen, deren Konkurrenz oder zumindest Nichtkoordination und politisches Versagen zur militärischen Katastrophe führen. Die Kriegsschauplätze sind: *Sibirien* und das *Ural-Wolga-Gebiet* (japanische Landung in Wladiwostok, Admiral Alexander Wassiljewitsch Koltschak [* 1873, † 1920] sammelt Truppen in Sibirien, Zusammenschluß mit der tschechischen Legion", Einnahme Kasans [8. Aug.], Koltschak erklärt sich zum „Reichsverweser von ganz Rußland" [Nov.], seit Jan. 1919 Gegenoffensive der Roten Armee, Fernost-Republik fällt nach Abzug der Japaner [Okt. 1922] an die Sowjetmacht), Südrußland und untere Wolga (Freiwilligenarmee unter General *Kornilow,* unter *Anton Iwanowitsch Denikin* [* 1872, † 1947] 1919 Erfolge im Kaukasus und in der Ukraine, unter *Peter Nikolajewitsch von Wrangel* [* 1878, † 1928] im Nov. 1920 Rückzug über die Krim in die Emigration), *Weißrußland* und *Baltikum* (Unabhängigkeitsbewegungen im Herbst 1919, Vormarsch von General *Nikolaj Nikolajewitsch Judenitsch* [* 1862, † 1933] auf Petrograd). Herrscht in Moskau die radikale Linke, so repräsentieren die „Weißen" die extreme Rechte, die demokratische Mitte steht zwischen diesen Extremen.

In den bis 1921 dauernden Jahren des **Kriegskommunismus** sinkt die Industrieproduktion auf ein Siebtel des Vorkriegsstandes, die Bauern reagieren auf die im April 1918 verordnete Ablieferungspflicht mit der Drosselung der Produktion. Der *Oberste Volkswirtschaftsrat* und das *Volkskommissariat für Versorgung* können die Ernährungskrise des Winters 1921/1922 nicht verhindern.

1918 März	Umbenennung der Sozialdemokratischen Arbeiterpartei Rußlands (Bolschewiki) in *Kommunistische Partei Rußlands* (Bolschewiki); abgekürzt *KPR* (b).
April	Nationalisierung des Außenhandels.
14. Juni	Auschluß der gemäßigten *Sozialrevolutionäre* und der *Menschewisten* aus den Sowjets.
6. Juli	Politischer Selbstmord der linken Sozialrevolutionäre durch Putschversuch, bei dem der deutsche Botschafter Graf Mirbach ermordet wird.
10. Juli	Der *Fünfte Allrussische Sowjetkongreß* nimmt die *Verfassung der Russischen Sozialistischen Föderativen Sowjetrepublik (RSFSR)* an, die das Rätesystem festschreibt.
16. Juli	*Nikolaus II.* und die Zarenfamilie in Jekaterinburg (Swerdlowsk) hingerichtet.
Aug.	Krise des Bürgerkriegs *(Vorrücken Admiral Koltschaks).*
1919	*Erster Kongreß der Kommunistischen Internationale* **(Komintern)** in Moskau (2. März).
18.–23. März	Achter Parteitag der KPR: Politisches Büro (Politbüro) als zentrale politische Führungsinstanz (mit *wachsendem Einfluß Lenins*), Organisationsbüro und Sekretariat werden eingerichtet.
Okt.	Zweite Krise des Bürgerkriegs (durch militärische Erfolge von General *Denikin*).
26. Dez.	Dekret über die *Beseitigung des Analphabetentums.*
1920	*Vertrag von Dorpat* (2. Febr.) erkennt die Selbständigkeit Estlands an.
März–Okt.	**Russisch-polnischer Krieg.** Der mit dem unabhängigen Ukraine verbündete polnische Staats- und Heerführer *Josef Piłsudski* stößt mit seinen Truppen bis Kiew vor.
7. Mai/ 14. Aug.	Der Gegenstoß der Roten Armee wird mit Hilfe des französischen Generals *Maxime Weygand* (* 1867, † 1965) vor Warschau aufgehalten („Wunder an der Weichsel").
12. Juli	Anerkennung der Selbständigkeit Litauens und Lettlands (11. Aug.).

966 Neuzeit – Zeitalter der Weltkriege

Juli/Aug.	*Zweiter Kominternkongreß:* Lenins „21 Punkte" verpflichten die kommunistischen Parteien auf das sowjetrussische Vorbild.
12. Okt.	Polnisch-russischer Waffenstillstand.
14. Okt.	Frieden von Dorpat mit Finnland.
1921 22. Jan.	Kürzung der Brotzuteilung in den Städten um ein Drittel, Schließung der 64 größten Petrograder Industriewerke wegen Brennstoffmangels.
24. Febr.	Verhängung des Standrechts gegen die Streikwelle in Petrograd; Zunahme des „Grünen Anarchismus" bei den Bauern.
22. Febr.	Einrichtung der *Staatlichen Plankommission* (Gosplan).
25. Febr.	*Georgien* nach Intervention *Sowjetrepublik.*
28. Febr.	**Aufstand von Kronstadt** (Kronschtadt): aus Sympathie mit streikenden Arbeitern fordern 16000 Matrosen der Kriegsmarine geheime Neuwahl der Sowjets, freie Agitation, Wiederherstellung der Grundfreiheiten für „Arbeiter, Bauern, Anarchisten und linkssozialistische Parteien" und die Wiederherstellung der in der Revolution errungenen Freiheiten.
7. März	Lenin ordnet den Angriff auf Kronstadt an, das nach hartem Kampf erobert wird (18. März).
8.–16. März	Als Konsequenz setzt Lenin auf dem *Zehnten Parteitag der KPR* in der Resolution über *„die Einheit der Partei"* das Verbot der Fraktionsbildung durch. Die beschlossene **Neue Ökonomische Politik (NEP)** löst die Versorgungskrise, die in der Hungersnot 1921–1922 ihren Höhepunkt erreicht.
16. März	Nach Verträgen mit dem Iran und Afghanistan Friedensvertrag mit der Türkei. Handelsvertrag mit Großbritannien.
18. März	*Friede von Riga* mit Polen legt die Westgrenze ca. 250 km östlich der Curzon-Linie fest.
6. Mai	Deutsch-sowjetischer Handelsvertrag.
16. Sept.	*Wiedereinführung des Stücklohns* in der Industrie. Die Gewerkschaften sind der Partei untergeordnet und haben ihre Kontrollfunktion verloren.
1922 Febr.	Umbenennung der Tscheka in GPU (Staatliche Politische Verwaltung), seit 1934 NKWD, 1944 MWD, 1953 KGB.
3. April	*Josef Stalin* wird *Generalsekretär der Partei.* Bis Mai 1924 läßt er 16000 Posten neu besetzen, nach „Säuberungen" in der Partei werden zu den verbliebenen 472000 Mitgliedern 316000 Kandidaten als „Leninaufgebot" aufgenommen.
16. April	Im Rahmen der *Konferenz von Genua,* der ersten internationalen Konferenz mit sowjetischer Beteiligung, schließt Außenminister *Georgi Wasiljewitsch Tschitscherin* (* 1872, † 1936) den **Vertrag von Rapallo** mit dem Deutschen Reich.
Sommer	Nach dem *Verbot von Menschewisten und Sozialrevolutionären* (1921) Schauprozesse.
10. Nov.	Angliederung der *Fernöstlichen Republik.*
Dez.	*Erster Allunions-Sowjetkongreß.*
30. Dez.	Staatsvertrag der Ukrainischen, Weißrussischen und der Transkaukasischen Sowjetrepublik mit der Russischen Sozialistischen Föderativen Sowjetrepublik zur Bildung der **Union der Sozialistischen Sowjet-Republiken (UdSSR).**
1923	*Verfassung der UdSSR in Kraft (6. Juli).*
1924	*Tod Lenins (21. Jan.).*
31. Jan.	Der Zweite Allunions-Sowjetkongreß ratifiziert die Verfassung. Formal ist das föderative Prinzip bestimmend, inhaltlich das zentralistische.

Aufstieg Stalins zur Alleinherrschaft (1924–1929)

Bereits seitdem 1922 die Krankheit Lenins offensichtlich wird, sind Machtkämpfe in der Partei im Gange. In dem im Juni 1924 nach dem 13. Parteikongreß gewählten Politbüro, der wichtigsten politischen Machtinstanz, ist *Leo Kamenjew,* der Parteisekretär von Moskau, Nachfolger Lenins im Vorsitz, *Grigori J. Sinowjew,* Parteisekretär von Leningrad und Vorsitzender der Komintern, sein Vertreter. Ihm gehören u. a. der Nachfolger Lenins als Vorsitzender des Rates der Volkskommissare *Alexej Iwanowitsch Rykow* (* 1881, † 1938) und *Leo Dawidowitsch Trotzki* als Verteidigungskommissar sowie *Nikolai Bucharin* (* 1888, † 1938) und der Führer der Gewerkschaften *Tomski* an, dazu *Josef Stalin* in keineswegs führender Position. Unter Berufung auf „leninistische" Prinzipien schaltet Stalin zunächst Trotzki und die *Anhänger der „permanenten Revolution"* sowie die *Gegner der Neuen Ökonomischen Politik* (Sinowjew, Kamenjew) aus, nach dieser „linken" Opposition geht er mit deren Argumenten gegen die „rechten" Befürworter einer *Fortführung der Neuen Ökonomischen Politik* (Bucharin, Rykow, Tomski) vor. In den *„Säuberungen" der Jahre 1936–1938,* die Stalin und seine engsten Mitarbeiter zu verantworten haben, werden die Revolutionäre und Funktionäre der ersten nachrevolutionären Jahre hingerichtet, dazu die Rote Armee „gesäubert". Stalin führt die unter Lenin begonnene Politik der *Ausschaltung jeglicher Opposition* weiter; indem er die Führungselite durch ihm ergebene „Apparatschiks" ersetzt, schafft er einen Machtapparat, der seine Alleinherrschaft ermöglicht, die an die Stelle des Prinzips der kollektiven Führung tritt. Seine Theorie der Möglichkeit des **Sozialismus in einem Lande** (Trotzki vertritt dagegen die Theorie, daß die Revolution in Rußland nur dann gesichert sei, wenn vor allem in den europäischen Industriestaaten die Revolution sich durchsetzen könne) verändert die Zielrichtung der sowjetischen Außenpolitik, die die *Komintern* weniger als *Instrument der Weltrevolution* als der Durchsetzung politischer Ziele der UdSSR begreift. Die Politik der kollektiven Sicherheit führt zur internationalen Anerkennung. Die Anpassung der Ideologie an die politischen Notwendigkeiten setzt Stalin, der das Führungskollektiv bis 1929 ausgeschaltet hat, durch eine rigorose *Kontrolle der innerparteilichen Ideologiediskussion* durch. Zugleich wird der relativ pluralistische Charakter von Kultur und Gesellschaft der Neuen-Ökonomischen-Politik-Periode seit 1929 unterdrückt zugunsten der (letztlich von Stalin definierten) *„Parteilichkeit"*.

Aufbau der KPdSU (B) in den Jahren nach der Oktoberrevolution

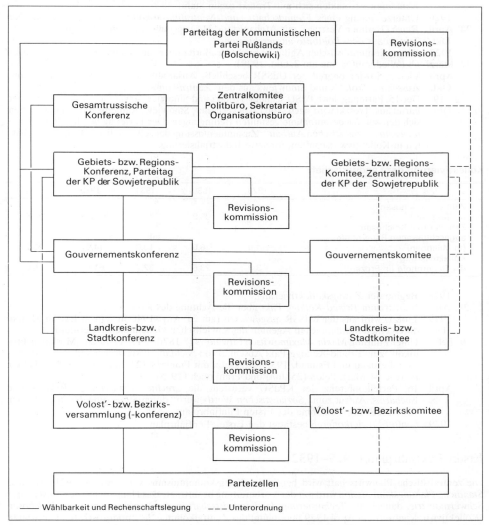

Datum	Ereignis
1924	Petrograd in *Leningrad* umbenannt (26. Jan.).
1. Febr. –28. Okt.	*Völkerrechtliche Anerkennung* durch Großbritannien, Italien (7. Febr.), Österreich (25. Febr.), Griechenland (8. März), Norwegen (10. März), Schweden (18. März), China (31. Mai), Dänemark (18. Juni), Mexiko (4. Aug.) und Frankreich (28. Okt.).
5. Febr.	Dekret über die *Währungsstabilisierung* hält die Inflation auf.
1925	Abschaffung der Politischen Kommissare in der Roten Armee.
17. Jan.	*Trotzki tritt*, von Stalin gezwungen, als Kriegskommissar *zurück*.
20. Jan.	Diplomatische Anerkennung und Rückgabe der Insel Sachalin durch Japan.

968 Neuzeit – Zeitalter der Weltkriege

März	Gründung des Gottlosenverbandes (Selbstbezeichnung der kommunistischen Freidenker- bewegung mit atheistischer Zielrichtung).
März – April	14. Parteikonferenz der KPR. Generalsekretär Stalin vertritt These vom *Sozialismus in einem Land.*
Juni	Zentralkomitee betont Recht der Partei auf Kulturüberwachung.
12. Okt.	Handelsabkommen mit dem Deutschen Reich.
17.–31. Dez.	14. Parteitag der Kommunistischen Partei der Sowjetunion (KPdSU) mit großer **Industria- lisierungsdebatte** führt zu entscheidender Auseinandersetzung mit der *Gruppe um Sino- wjew* (sog. „linke Opposition"), der von *Sergej Kirow* als Parteisekretär von Leningrad ab- gelöst wird. Stalin setzt den Ausbau der Staatsindustrie mit Sozialisierung gleich, der Parteitag legt erstmals Kontrollziffern für die Wirtschaftsentwicklung fest. *Sinowjew* und *Kamenjew* verbünden sich mit *Trotzki* gegen Stalin.
1926 24. April	Unterzeichnung eines *Freundschafts- und Neutralitätsabkommens mit dem Deutschen Reich* (Berliner Vertrag), mit Afghanistan (31. Aug.) und Litauen (28. Sept.).
Okt.	*Trotzki aus dem Politbüro ausgeschlossen.*
1927 27. März	Wegen kommunistischer Agitation bricht Großbritannien die diplomatischen Beziehungen ab (Wiederaufnahme am 3. Okt. 1929).
April	Vierter Sowjetkongreß der UdSSR beschließt Ausarbeitung des *Ersten Fünfjahrplans.*
Okt.	*Ausschluß Trotzkis* und *Sinowjews aus dem Zentralkomitee.*
2.–19. Dez.	Der 15. Parteitag der KPdSU schließt Trotzki und Sinowjew sowie ihre Anhänger aus der Partei aus. Trotzki wird nach Alma Ata verbannt, Sinowjew, Kamenjew u. a. unterwerfen sich den zur Wiederaufnahme gestellten Bedingungen. Der Parteitag beschließt *Maßnah- men zum „sozialistischen Aufbau":* Zusammenfassung der selbständigen Bauernwirtschaf- ten in Kollektivwirtschaften, forcierte Industrialisierung.

Kollektivierung der Landwirtschaft

	1929	1930	1931	1932	1933
Zahl der Kolchosen (in Tausend)	57,0	85,9	211,1	211,05	224,5
Zahl der den Kolchosen angeschlossenen Bauernhöfe (in Millionen)	1,0	6,0	13,0	14,9	15,2
Kollektivierung der Bauernhöfe (in Prozent)	3,9	23,6	52,7	61,5	65,0

1928	Beginn der *Zwangskollektivierung.*
29. Aug.	Beitritt zum *Briand-Kellogg-Pakt* über die Ächtung des Krieges.
1929 Jan.	*Trotzki* wird aus der UdSSR *ausgewiesen* (am 21. Aug. 1940 in seinem Exil in Mexiko durch einen mutmaßlichen Agenten des sowjetischen Geheimdienstes ermordet).
9. Febr.	Unter Führung *Maxim Maximowitsch Litwinows* (* 1876, † 1951) durch „Moskauer Pro- tokoll" zum Briand-Kellogg-Pakt Abschluß von *Nichtangriffsverträgen* mit Polen, Rumä- nien, Lettland und Estland, 1932 fortgesetzt mit Finnland (21. Jan.), Lettland (5. Febr.), Estland (4. Mai), Polen (25. Juli) und Frankreich (29. Nov.).
April	16. Parteikonferenz der KPdSU verurteilt die *„rechte Abweichung"* Rykows und Bucharins. Aufruf zum *„Sozialistischen Wettbewerb"* durch Steigerung der individuellen Arbeitsleistung. Annahme des Ersten Fünfjahrplans.
1929	*Fünfter Sowjetkongreß* bestätigt den Ersten Fünfjahrplan.

Erster Fünfjahrplan (1929–1932)

Die zentralistische Planwirtschaft wird bereits im Kriegskommunismus versucht, die 1921 gebildete *Staatliche Planungskommission* wird mit der Vorbereitung beauftragt. Das Hauptziel ist der *Ausbau der Schwerindustrie,* danach die *Technisierung der Landwirtschaft* in zwangsweise gebildeten *Kolchosen* (Kollektivwirtschaften). Im April 1929 übernimmt das Zentralkomitee die optimistische Planvariante und datiert den Beginn des Plans auf Okt. 1928 zurück. Ausbau des Verkehrswesens, die Erschließung von Bodenschätzen und Energiequellen und die Gründung neuer Industriewerke werden durch die *„Stoßarbeiterbrigaden",* Druck und Propaganda forciert. Die brutal durchgeführte Kollektivierung stößt auf solchen Widerstand, daß Stalin Anfang 1930 die „Exzesse" kritisieren muß, doch auch die *Hungers- not 1932–1933* nicht vermeiden kann. Die Planzahlen werden in der Schwer- und Grundstoffindustrie erheblich übererfüllt, bleiben aber in der Konsumgüterproduktion und insbesondere im Agrarbereich hinter dem Plansatz zurück. Im Dezember 1932 erklärt Stalin den Fünfjahrplan für abgeschlossen. Die Industrialisierung führt durch die neue, *„dritte" Klasse der technischen Intelligenz* zu einer veränder- ten Sozialstruktur.

Einzelstaaten – Sowjetunion – Ära Stalin 969

**Verteilung der Berufstätigen (ohne Studierende und Militärpersonen) auf die Wirtschafts-
bereiche** (in % zur Gesamtzahl der Berufstätigen)

	1913	1928	1937	1940	1950	1958	1960	1965	1968
Industrie und Bauwirtschaft	9	8	24	23	27	31	32	35	36
Land- und Fortwirtschaft (einschließ-lich der individuellen Nebenwirt-schaften)	75	80	56	54	48	42	39	32	29
Verkehr, Post- und Fernmeldewesen	2	2	5	5	5	7	7	8	8
Handel, Gaststätten, Erfassung und materiell-technische Versorgung	9	3	4	5	5	5	6	6	7
Volksbildung, Gesundheitswesen, Wissenschaft und Kunst	1	2	5	6	8	10	11	14	15
Staatsverwaltung, Verwaltung der genossenschaftlichen und gesell-schaftlichen Organisationen, Kredit- und Versicherungseinrichtungen	4	5	3	3	3	2	2	2	2
sonstige Zweige der Volkswirtschaft (Wohnungs- und Kommunalwirt-schaft)	0	0	3	4	4	3	3	3	3

1929 Erster Unionskongreß (5.–10. Dez.) der Stoßarbeiterbrigaden ruft zur Erfüllung des Fünfjahrplans in vier Jahren auf.
21. Dez. Stalins 50. Geburtstag: Stalin läßt sich als Alleinherrscher feiern, *Beginn des Personenkults.*
22. Dez. Protokoll von Chabarowsk (Hauptstadt der gleichnamigen Region; an der Mündung des
Ussuri in den Amur gelegen) stellt nach chinesischem Überfall auf die Mandschurei-Eisen-
bahn (10.–11. Juli) den Status quo wieder her. *Verschärfung der Kollektivierung*, Enteignung und Massendeportation der *Kulaken*, der wirtschaftlich starken Bauernschicht.

Die Ära Stalin bis zum Ende des Zweiten Weltkriegs (1929–1945)

1929–1930 *Produktions- und Ablieferungskrise.* Die ukrainische und weißrussische Intelligenz „nationaler Abweichung" wird liquidiert.
1930 Beschluß des Zentralkomitees, die „Verzerrungen der Parteilinie in der Kollektiv-
11. März wirtschaftsbewegung" zu bekämpfen; Verlangsamung und Rücknahme von Maßnahmen.
1. Mai Eröffnung der Turkestan-Sibirischen Eisenbahn (Turksib).
14. Aug. Allgemeine *Grundschulpflicht* eingeführt.

Die Beseitigung des Analphabetentums

		Nach der Volkszählung von	
	1897	1926	1939
		(in %)	
Zahl der Lese- und Schreibkundigen	24	51,5	81,2
davon Männer	35,8	66,5	90,8
davon Frauen	12,4	37,1	72,6
lese- und schreibkundige Stadtbewohner	52,3	76,3	89,5
lese- und schreibkundige Dorfbewohner	19,6	45,2	76,8
davon Frauen	8,6	30,0	66,6

Dez. *Wjatscheslaw Michailowitsch Molotow* (* 1890) Vorsitzender des Rates der Volkskommissare.
1931 Stalin fordert *Steigerung des Industrialisierungstempos* durch Einsatz der Technik und die
4. Febr. Ausbildung technischer Spezialisten.
1932 Bildung von *Zwangsverbänden für Schriftsteller und Künstler*. Die *Doktrin des Sozialisti-*
23. April *schen Realismus* vertritt *Andrej Aleksandrowitsch Schdanow* (* 1892, † 1948) auf dem
Ersten Schriftstellerkongreß (Aug. 1934).
2. Sept. Nichtangriffs- und Freundschaftspakt mit Italien und (29. Nov.) Frankreich.
12. Dez. Nach dem japanischen Einfall in die Mandschurei (Febr.) Abkommen mit China.
1933 Verlängerung des deutsch-sowjetischen Handelsvertrages von 1926 (29. Mai).
28. Juli Diplomatische Beziehungen mit Spanien und (16. Nov.) den USA.
2. Sept. Nichtangriffsvertrag mit Italien.
1934 Der 17. Parteitag der (Jan./Febr.) bestätigt den *Zweiten Fünfjahrplan (1933–1937).*
16. März Verordnung über den Unterricht in staatsbürgerlicher Geschichte schreibt „Sowjetpatriotismus" vor.

970   Neuzeit – Zeitalter der Weltkriege

16. April	Stiftung des Ehrentitels „Held der Sowjetunion".
8. Juni	Das Gesetz „Über den Verrat an der Heimat" ruft alle Sowjetbürger zum „Patriotismus" auf.
9. Juni	Diplomatische Anerkennung durch Rumänien und die Tschechoslowakei.
18. Sept.	Die **Aufnahme in den Völkerbund** bedeutet die volle Einbeziehung in das System der kollektiven Sicherheit. Intensivierung der Beziehungen zu den Demokratien des Westens.
1. Dez.	*Ermordung Sergej Kirows.*
1935/1936	In den folgenden großen **Schauprozessen** *Liquidierung der „trotzkistischen" Opposition*
1935	*Sinowjews und Kamenjews.*
22. Jan.	Abkommen mit Japan.
9. April	*Handelsabkommen mit Deutschland.*
2./16. Mai	Beistandsverträge mit Frankreich und der Tschechoslowakei.
25. Juli	*7. Kongreß des Kominform* beschließt gemeinsamen Kampf mit den westlichen Demokra-
−20. Aug.	tien gegen das nationalsozialistische Deutschland: **Volksfronttaktik.**
30./31. Aug.	Der Hauer *Alexej Stachanow* (* 1905, † 1977) überbietet angeblich die Tagesnorm um das Vierzehnfache. Die *Stachanowbewegung* propagiert die individuelle Leistungssteigerung zur Planübererfüllung.
22. Sept.	*Einführung von Diensträngen* in die Rote Armee.
1936	Erklärung der Nichteinmischung in den Spanischen Bürgerkrieg. Verschärfung der deutsch-russischen Beziehungen.
25. Nov. −5. Dez.	Achter Sowjetkongreß der UdSSR: Annahme der neuen, **„demokratischen" Verfassung der UdSSR** („Stalin-Verfassung"), die die Führungsrolle der KPdSU verankert.
1937 Jan.	Fortsetzung der *Säuberungen* im *„Prozeß der 17"* gegen *Karl Radek* (* 1885, † 1939? – früher Sobelsohn) u. a.
Mai	Wiedereinführung der Politischen Kommissare in der Roten Armee, auf die die „Säuberungen" ausgeweitet werden.
17. Juni	Marschall *Michail Nikolajewitsch Tuchatschewski* (* 1893, † 1937), der zusammen mit Trotzki wesentlichen Anteil am Aufbau der Roten Armee hat, und andere Armeeführer werden durch ein Sondergericht zum Tode verurteilt und hingerichtet. Die Beseitigung der Führungsschicht verlangsamt den Aufbau der Roten Armee.
21. Aug.	Nach Zusammenstößen an der mandschurisch-sowjetischen Grenze Beistandspakt mit China gegen Japan. Entsendung von Freiwilligenbrigaden nach Spanien.
1938 März	Nach *„Schauprozeß der 21"* Hinrichtung Bucharins, Rykows und anderer „innerer Feinde" aus führenden Parteipositionen.
17. März	Verurteilung der deutschen Annexion Österreichs.
12. Aug.	Nach Zuspitzung der militärischen Auseinandersetzungen mit Japan Waffenstillstand.
Sept.	In der Sudetenkrise nimmt die UdSSR eine entschiedene Haltung gegen die deutsche Politik ein, kann aber aufgrund der Politik Großbritanniens und Frankreichs nicht eingreifen.
Nov.	*„Kurzer Kurs der Geschichte der KPdSU"* schreibt *stalinistische Dogmen als philosophische Generallinie der Partei* fest.
Dez.	*Lawrenti Pawlowitsch Berija* (* 1899, † 1953) Chef des sowjetischen Geheimdienstes NKWD.
27. Dez.	Stiftung des Ehrentitels „Held der sozialistischen Arbeit".
1939 10.−21. März	18. Parteitag der KPdSU nimmt *Dritten Fünfjahrplan (1938–1942)* an. 54 % der Delegierten gehören der „neuen Intelligenz" an. Stalins Rede, die Sowjetunion werde sich nicht in einen Konflikt hineinziehen lassen, deutet *Umorientierung der Außenpolitik* an.
April −Aug.	Verhandlungen mit Großbritannien (Angebot eines britisch-französisch-sowjetischen Dreibunds) scheitern.
3. Mai	*Wjatscheslaw M. Molotow* (* 1890, † 1986) löst *Maxim M. Litwinow* als *Außenminister* ab. Abkehr von der Politik der kollektiven Sicherheit.
11. Mai	Überfall Japans auf die Mongolische Volksrepublik.
15. Sept.	Die militärische Auseinandersetzung mit der UdSSR endet mit Waffenstillstand.
11.−23. Aug.	Die *Verhandlungen mit Großbritannien und Frankreich* scheitern an der Weigerung Polens, für die im Kriegsfall zugestandene Besetzung der baltischen Staaten der Roten Armee ein unbeschränktes Durchmarschrecht zu gewähren.
19. Aug./ 23. Aug.	Abschluß eines *deutsch-sowjetischen Handelsabkommens* und eines **Nichtangriffspakts** durch Reichsaußenminister *Ribbentrop* und Außenminister *Molotow* in Moskau. Ein Geheimabkommen sieht die **Aufteilung Polens** und Ostmitteleuropas vor.
17. Sept.	*Einmarsch sowjetischer Truppen nach Polen* bis zur im deutsch-sowjetischen Nichtangriffspakt vereinbarten Demarkationslinie.
1./2. Nov.	Die annektierten Gebiete werden mit der Weißrussischen bzw. Ukrainischen Sozialistischen Sowjetrepublik (SSR) vereinigt.
27.−28. Sept.	Außenminister Ribbentrop vereinbart in Moskau *Neuabgrenzung der Interessensphären*. Der *Vertrag von Moskau* gibt der UdSSR hinsichtlich des Baltikums freie Hand.
28. Sept.	*Estland* muß der UdSSR im Beistands- und Handelsabkommen Stützpunkte einräumen.

Einzelstaaten – Sowjetunion – Ära Stalin   971

5./10. Okt.	Gleichlautende Verträge mit *Lettland* und *Litauen* folgen, nur *Finnland* geht auf die sowjetischen Forderungen nicht ein.
3. Nov.	Deutsch-sowjetischer Vertrag über Umsiedlungen in den neuen Interessengebieten.
30. Nov.	Der Angriff der Roten Armee führt zum **Winterkrieg mit Finnland,** der den *Ausschluß der UdSSR aus dem Völkerbund* (14. Dez.) zur Folge hat.
1940	*Wirtschaftsabkommen mit dem Deutschen Reich* sichert der UdSSR Industrieprodukte,
10. Febr.	dem Deutschen Reich Rohstoffe und Getreide.
12. März	**Frieden mit Finnland.** Die abgetretenen Teile werden mit der Karelofinnischen Autonomen Republik zur *Karelofinnischen Sozialistischen Sowjetrepublik* vereinigt.
Frühjahr	*Erschießung* von mehr als 4000 *polnischen Offizieren in Katyn.*
4.–17. Juni	Aufgrund sowjetischer Ultimaten lassen Estland, Lettland und Litauen die Besetzung weiterer Stützpunkte durch die Rote Armee zu und bilden ihre Regierungen um.
26. Juni	Übergang vom sechs- bzw. siebenstündigen Arbeitstag zum Achtstundentag, um die Verteidigungskraft der UdSSR zu stärken.
27. Juni	Nach Ultimatum Räumung der *Nordbukowina* und *Bessarabiens* durch Rumänien Umsiedlung der Deutschen. *Bildung der Moldauischen* Sozialistischen Sowjetrepublik (2. Aug.).
13. Juli	Britischer Vorschlag an die Sowjetunion zum Frontwechsel an deutsche Botschaft weitergeleitet.
21. Juli	*Bildung der Lettischen, Litauischen und Estnischen* Sozialistischen Sowjetrepublik. Nach der Aufnahme in die UdSSR *Vertrag über die Umsiedlung der Baltendeutschen* (10. Jan. 1941).
31. Juli	Hitler ist zum Angriff auf die UdSSR entschlossen.
13. Aug.	Abschaffung der Politischen Kommissare in der Roten Armee.
3. Sept.	Protest gegen die Rumänen gewährte deutsche Garantie.
2. Okt.	Erlaß über die Schaffung staatlicher Arbeitsreserven. Aufhebung der Schulgeldfreiheit für höhere Schulen.
12.–13. Nov.	Hitler lehnt Molotows in Berlin vorgetragene Forderungen nach Stützpunkten an den Dardanellen, in Bulgarien und Finnland ab.
25. Nov.	Die UdSSR lehnt den Beitritt zum Dreimächtepakt ab. Verstärkung der Divisionen an der sowjetischen Westgrenze.
18. Dez.	Hitler gibt die Weisung für den Fall eines Angriffs auf die UdSSR vor dem Ende des Krieges mit Großbritannien *(„Fall Barbarossa").*
1941	*Deutsch-sowjetisches Wirtschaftsabkommen* (10. Jan.).
2. März	Sowjetischer Protest gegen den Beitritt Bulgariens zum Dreimächtepakt.
5. April	Freundschafts- und Nichtangriffsvertrag mit Jugoslawien.
13. April	Neutralitätsabkommen mit Japan.
6. Mai	*Stalin,* bisher nur Erster Sekretär der KPdSU, übernimmt den *Vorsitz des Rats der Volkskommissare.*
22. Juni	**Deutscher Überfall auf die UdSSR.**
22./26. Juni	*Kriegserklärungen Rumäniens, Italiens, der Slowakei, Finnlands und Ungarns* an die UdSSR. Das Verhältnis zu Japan ist vom deutschen Angriff nicht betroffen.
30. Juni	Bildung des *Staatlichen Verteidigungskomitees* unter Vorsitz Stalins, der den Oberbefehl übernimmt. In Lemberg wird eine *ukrainische Nationalregierung* gebildet, von der deutschen Besatzung aber an der Tätigkeit gehindert.
12. Juli/ 2. Aug.	**Beistandsabkommen mit Großbritannien** gegen Deutschland, mit den USA sowie den Exilregierungen der Tschechoslowakei, Jugoslawiens und Polens.
16. Juli	Wiedereinführung der Politischen Kommissare in der Roten Armee.
10. Okt.	Neugliederung des Oberbefehls.
16. Okt.	Wegen der Bedrohung Moskaus Regierung nach Kuybischew (Samara) an der Wolga verlegt.
8. Dez.	Stalin bleibt in Moskau, bis der Angriff zurückgeschlagen ist.
1942 26. Mai	Ein *Sowjetisch-britischer Bündnisvertrag* wird abgeschlossen (gekündigt erst am 7. Mai 1955).
9. Okt.	Trennung zwischen militärischer und politischer Kommandogewalt aufgehoben. Abschaffung der Politischen Kommissare in Armee und Flotte.
Nov.	**Kampf um Stalingrad** (bis 2. Febr. 1943).
1943	*Stalin* vom Obersten Sowjet *zum Marschall ernannt* (7. März).
15. Mai	*Auflösung der Komintern* und weitere äußerliche Angleichung an die westlichen Alliierten nach Krise der Beziehungen.
21. Aug.	Verordnung über *„Sofortmaßnahmen zur Wiederherstellung der Wirtschaft".*
4. Sept.	Stalin empfängt Vertreter der *russisch-orthodoxen Kirche* und erklärt sich mit der Wahl eines Patriarchen von Moskau einverstanden.
12. Dez.	Vertrag über wechselseitige Hilfe nach dem Kriege mit der tschechischen Exilregierung.

972   Neuzeit – Zeitalter der Weltkriege

1944	Ende der 900 Tage andauernden Blockade Leningrads (28. Jan.).
	Ernennung eines Verteidigungskommissars und Außenministers für jede Sowjetrepublik, um mehr Stimmen in der UNO zu erhalten.
4. Juli	Nach der *Frühjahrsoffensive* (3. März bis 15. Mai) überschreitet die Rote Armee die alte polnische Grenze im Mittelabschnitt.
21. Aug.	Die *Konferenz von Dumbarton Oaks* (USA) billigt der Ukraine und Weißrußland eine
–28. Sept.	eigene Vertretung zu.
Aug./	Waffenstillstand mit Rumänien (23. Aug.), Finnland (4. Sept.) und nach Kriegserklärung
Sept.	am 5. Sept. mit Bulgarien (9. Sept.).
10. Dez.	Bündnis- und Beistandspakt mit Frankreich (bis 7. Mai 1955).
1945	**Konferenz von Jalta** (4.–11. Febr.).
11. April	Vertrag mit Jugoslawien über die Zusammenarbeit nach dem Kriege (gekündigt am 28. Sept. 1948).
21. April	Vertrag mit Polen (1965 um 20 Jahre verlängert).
9. Mai	**Deutsche Kapitulation** in Berlin-Karlshorst. – *(Forts. S. 1371)*

Italien (1914–1944/1945)
(Forts. v. S. 813)

1900–1946	König Viktor Emanuel III. (* 1869, † 1947).
1914	Nach dem Ausbruch des Weltkriegs erklärt Italien seine *Neutralität*.
3. Aug.	In den folgenden Monaten fordert Italien als Kompensationen für die österreichischen Balkanansprüche das Trentino, Görz (Gorizia, am Isonzo), Gradiska (Gradisca d'Isonzo), Istrien mit Triest, Inseln in Dalmatien und Stützpunkte in Albanien. Die Mittelmächte taktieren hinhaltend.
1915	Sie bieten wesentliche Konzessionen erst im April 1915 an, nachdem die ebenfalls mit Ita-
April	lien verhandelnden Ententemächte dessen Forderungen akzeptiert und Erweiterungen seines Kolonialbesitzes zugesagt haben.
26. April	Auf dieser Basis wird in London ein *Geheimvertrag* zwischen Großbritannien, Frankreich, Rußland und Italien geschlossen, in dem dieses sich zum *Kriegseintritt* verpflichtet.
	Heftige Auseinandersetzungen, mit denen die Kriegstreiber, an der Spitze der vom Sozialismus abrückende Benito Mussolini (* 1883, † 1945) und der Dichter Gabriele d'Annunzio (* 1863, † 1938), die neutralistische Kammermehrheit um Giovanni Giolitti unter Druck setzen. Der mit den Interventionisten sympathisierende Antonio Salandra (* 1853, † 1931) tritt zurück und wird unter dem Druck der Straße wiederberufen.
23. Mai	*Kriegserklärung* an Österreich-Ungarn.
1916	Kriegserklärung an Deutschland (28. Aug.).
1917	In insgesamt 11 Isonzoschlachten (seit Juni 1915) erzielen die Italiener bei z. T. schweren
Sept.	Verlusten lediglich Geländegewinne ohne Durchbruch.
1918	Nach faktischer Auflösung Österreich-Ungarns (Okt.):
3. Nov.	Waffenstillstand.

Kriegsfolgen für Italien – Die Grundlegung der faschistischen Herrschaft

Die schließliche Teilnahme Italiens am Sieg der Entente ist mit ca. 600 000 Gefallenen, wirtschaftlichem und finanziellem Bankrott und überbordendem Nationalismus *zu teuer bezahlt*. Auf der Friedenskonferenz werden Italiens Ansprüche nur unvollkommen erfüllt, das ressentimentgeladene Schlagwort vom „verstümmelten Sieg" *(vittoria mutilata)* geht um. Aus der latenten wird die akute *Systemkrise,* der die liberale Führungsschicht nicht gewachsen ist; sie versteht die neuen Massenbewegungen nicht zu integrieren. *Radikale Bewegungen* erstarken. Der Niedergang des liberalen Systems und der Aufstieg des Faschismus (von lat. „fascis": Rutenbündel, Amtssymbol der antik-römischen Magistrate) bedingen sich gegenseitig. Der Faschismus verspricht den Bürgern Schutz vor der „roten Revolution" und den aufsteigenden Mittelschichten die volle Partizipation.

1919–1921	Die Ministerpräsidenten Francesco Saverio Nitti (* 1868, † 1953) und (erneut) Giovanni Giolitti setzen zwischen Rechts und Links nur wenige Reformen durch und finden keine stabilen Mehrheiten.
1919	Jan.: Gründung der katholischen Volkspartei unter Luigi Sturzo (* 1871, † 1959).
März	Gründung der ersten Kampfverbände *Mussolinis*.
Sept.	Gabriele d'Annunzio erobert mit nationalistischen Freischärlern die Stadt Fiume (Rijeka, an der Küste Dalmatiens).

Nov.	Parlamentswahlen. Sozialisten (156 Abgeordnete) und Katholiken (100 Abgeordnete) sind die stärksten Parteien in der Kammer (insgesamt 508 Abgeordnete). Die Faschisten gewinnen kein Mandat.
1920	Zahlreiche Streiks in Industrie und Landwirtschaft.
Aug.	Abkommen mit Albanien (Abzug der Italiener) und Griechenland (Zusage der Abtretung des Dodekanes).
12. Nov.	Vertrag von Rapallo (südlich von Genua) mit Jugoslawien. Fiume wird Freistaat. Grenzregelung in Istrien und Dalmatien.
1921	Auf dem Kongreß der Sozialisten in Livorno (Jan.) Abspaltung der Kommunisten.
15. Mai	Parlamentswahlen. Mandatsgewinne der Liberalen, Demokraten und Katholiken, Verluste der Sozialisten.
	Mit Hilfe Giolittis, der die Faschisten zu „konstitutionalisieren" sucht, erhalten diese 35 (von 535) Mandate.
1920–1922	Nach Mussolinis Rechtswendung wird der *Faschismus Massenbewegung,* aufgrund der sozialen Krise und des staatlichen Machtvakuums nach Giolittis Rücktritt (27. Juni 1921) gewinnt er zunehmend bürgerliche und agrarische Anhänger. Mit Billigung der alten Eliten (so Armee, Bürokratie) bekämpfen seine „squadre" die Linken.
1921	Mussolini erzwingt die Umwandlung der Bewegung zur Partei (Nov.).
1922	Italien kündigt das Abkommen vom Aug. 1920 mit Griechenland und gibt den Dodekanes
Okt.	nicht heraus.
	Faschistischer **Marsch auf Rom,** vor dem die Regierung (seit 25. Febr.) Luigi Facta (* 1861,
28. Okt.	† 1930) zurückweicht.
	Der König beruft zum Ministerpräsidenten Mussolini, so daß dessen Machtübernahme teils revolutionär, teils legal ist. Mussolini kommt den Vertretern des „alten Staates" weit entgegen, nimmt in sein Kabinett auch Nationalisten, Rechtsliberale und Katholiken auf; sein Programm addiert nationalistische Postulate.
25. Nov.	Mussolini betont die Staatsautorität und erhält außerordentliche, auf ein Jahr befristete *Vollmachten* zur Sanierung des Staates, besonders der Finanzen.
Dez.	Gründung des Faschistischen Großrats und der Miliz: Beginn der Institutionalisierung der faschistischen Regierung.
1923	Die Nationalisten gehen in der faschistischen Partei auf (März).
Juli	Beginn der rücksichtslosen Italianisierung Südtirols: das Italienische wird Amts- und Schulsprache, 1925 Gerichtssprache. 1927 werden deutsche Parteien und Vereine aufgelöst.
Aug. –Sept.	Nach Ermordung italienischer Offiziere bei Grenzabsteckung auf griechischem Boden besetzen die Italiener Korfu, müssen es aber auf Druck des Völkerbunds, vor allem Großbritanniens, wieder räumen.
14. Nov.	*Neues Wahlgesetz:* Die Partei mit relativer Mehrheit von 25% der Stimmen soll zwei Drittel der Mandate erhalten.
1924	*Parlamentswahlen:* Die Faschisten erhalten 65% der Stimmen, 356 Mandate, die anderen
6. Apr.	Parteien insgesamt 147 Mandate.
10. Juni	Der sozialistische Abgeordnete Giacomo *Matteotti* (* 1885), der die faschistischen Übergriffe im Wahlkampf angeprangert hatte, wird von einem faschistischen Kommando entführt und *ermordet.* Der Mord führt in die schwerste *Krise des Faschismus,* die für seine „totalitäre" Umgestaltung entscheidend geworden ist.
15. Juni	Die Mehrheit der nichtfaschistischen Abgeordneten zieht sich aus der Kammer auf den Aventin zurück; sie fordert Aufklärung des Mordes, Auflösung der Miliz und Beendigung der Gewaltmethoden.
	Mussolini kann nur langsam und mit Hilfe der Radikalen in seiner Partei seine Stellung wieder festigen und führt dann den Gegenschlag aus:
1925	In einer Kammerrede übernimmt er die Verantwortung für alle Aktionen der Faschisten
3. Jan.	und kündigt die *Unterdrückung der Opposition* an: Antifaschistische Organisationen werden aufgelöst, ihre Führer verhaftet, ihre Zeitungen unterdrückt.
Nov.	Nach dem Versuch eines Attentats auf Mussolini werden Freimaurerei und sozialistische Partei aufgelöst.
Dez.	Treffen Mussolinis mit dem britischen Außenminister A. Chamberlain in Rapallo. Vorbereitung eines Abkommens über Abessinien (Äthiopien), das in wirtschaftliche Interessenzonen aufgeteilt wird.
24. Dez.	Gesetz über die Befugnisse des Regierungschefs (Capo del Governo), die ihn mit *fast unbeschränkter Führungsgewalt* ausstatten.
1926	Gesetz über die Befugnisse der italienischen Regierung, *Dekrete mit Gesetzeskraft* zu er-
31. Jan.	lassen.
3. Apr.	Gesetz über die kollektiven Arbeitsbeziehungen. Die Tarifautonomie wird beseitigt, ein staatlich-faschistisches Monopol für die Arbeitsverträge errichtet. Streik und Aussperrung werden verboten, Berufsverbände (confederazioni) der Arbeitgeber wie der Arbeitnehmer

974   Neuzeit – Zeitalter der Weltkriege

angeordnet, Arbeitgeber und Arbeitnehmer derselben Sparte in je einer „corporazione" zusammengefaßt.

6. Apr.   Gesetz über die Präfekten, welches deren Stellung stärkt, auch gegenüber der Partei.
3. Sept.   In den Gemeinden tritt an die Stelle des gewählten Bürgermeisters der ernannte podestà.

Die Stabilisierung der faschistischen Herrschaft

Mit diesen Gesetzen sind *staatliche und faschistische Hierarchie zusammengefaßt*, die Arbeiterschaft ist in diese Hierarchie integriert. Damit besteht eine faschistische Verfassungsgesetzgebung, die die fortgeltende liberale Verfassung aushöhlt. Zugleich leitet Mussolini damit, nachdem die Opposition nicht mehr gefährlich ist, zu einer *Normalisierung* über, die den *Konsens alter Eliten* festigt. Die Partei (besonders der radikale Flügel um den 1924–1926 als Generalsekretär amtierenden Roberto Farinacci [* 1892, † 1945]) wird zurückgedrängt; nicht sie regiert fortan, sondern die (faschistisch durchsetzte) Bürokratie. Wichtige Mitarbeiter des „Duce" Mussolini sind die (früher nationalistischen) Minister Alfredo Rocco (* 1875, † 1935) und Luigi Federzoni (* 1878, † 1967).

25. Nov.   Das Gesetz zum Schutz des Staates bringt die polizeistaatliche Absicherung des neuen Systems (u. a. Wiedereinführung der Todesstrafe).
           Den oppositionellen Abgeordneten wird das Mandat aberkannt, Italien ist *Einparteienstaat*.
           Freundschaftsverträge mit Spanien (7. Aug.) mit Rumänien (15. Sept.) und mit Albanien (27. Nov.).
1927   Freundschaftsvertrag mit Ungarn (5. April).
21. Apr.   Carta del lavoro: sozialpolitisches Programm gemäß dem Gesetz vom 3. April 1926.
22. Nov.   Defensivbündnis mit Albanien, welches de facto italienisches Protektorat wird.
1928   *Neues Wahlgesetz:* Die künftig nur mehr 400 Abgeordneten werden vom Faschistischen
12. Mai   Großrat aus den Vorschlägen der „confederazioni" ausgewählt und auf eine Einheitsliste gesetzt, welche die Wähler nur insgesamt annehmen oder ablehnen können.
9. Dez.   Gesetz über die Konstitutionalisierung des Großrats, welches aus dem obersten Parteiorgan ein Staatsorgan (Staatsrat) macht.
           Freundschaftsverträge mit der Türkei, Griechenland und Abessinien (Äthiopien).
1929   Den Höhepunkt in der Politik der konsensstiftenden Kompromisse mit den alten Eliten bil-
11. Febr. den die *Lateranverträge* mit dem Hl. Stuhl: Im Hauptvertrag anerkennt der italienische Staat die Souveränität und die Regierungsgewalt des Papstes über den „Staat der Vatikanstadt", der Hl. Stuhl erklärt die Römische Frage für beigelegt. – Die Finanzkonvention sagt dem Hl. Stuhl als Ersatz für den alten Kirchenstaat eine hohe Entschädigung zu. – Das Konkordat bestätigt die katholische Religion als privilegierte Staatsreligion, garantiert ihr die Freiheit der Seelsorge wie des Religionsunterrichts und verleiht der kirchlich geschlossenen Ehe zivilrechtliche Wirkung. Das staatliche Eherecht wird dem kanonischen Recht angeglichen.
24. März   Die erste Kammerwahl nach dem neuen Wahlgesetz erbringt plebiszitäre Zustimmung.
21. Apr.   Bildung des Nationalen Rats der Korporationen, der ein beratendes Zentralorgan für die Ordnung der Beziehungen von Kapital und Arbeit ist.

Die Außenpolitik des „ausschlaggebenden Gewichts"

Mussolini tritt auf als Schöpfer und Garant einer *cäsaristisch begründeten und ständisch gegliederten Staatsordnung*, und als solcher wird er von der Mehrheit der Italiener anerkannt. Auch im Ausland erreicht sein Prestige den Höhepunkt. Aus gesicherter Position beginnen Mussolini und Außenminister Dino Grandi (* 1895, † 1988) eine Außenpolitik des „ausschlaggebenden Gewichts" zwischen den Westmächten und dem nach 1933 wiederaufrüstenden Deutschland.

1930   Auf der Londoner Flottenkonferenz treten französisch-italienische Spannungen um Ton-
Jan.-Apr. nageprobleme (Unzufriedenheit beider Mächte mit den Schiffsbaubegrenzungen des Washingtoner Abkommens von 1921/1922) und Mittelmeerfragen auf.
           Neues italienisches Kriegsschiffbauprogramm.
6. Febr.   Freundschaftsvertrag mit Österreich.
1930/1931 *Erfolgreiche Bekämpfung der Wirtschaftskrise* durch gelenkte Produktionssteigerung und Produktionskostensenkung, Intensivierung der Landwirtschaft und Zollerhöhungen, zudem durch Eingliederung gefährdeter Unternehmen in staatliche Holding-Gesellschaften.
1934   Gesetz zur Errichtung der 22 endgültigen, alle Wirtschaftszweige umfassenden Korpora-
15. Jan.   tionen, die aber auch nur beratende Funktionen haben.
17. März   *Römische Protokolle* mit Österreich und Ungarn, in denen Mussolini die beiden Donau-

staaten v. a. wirtschaftlich an Italien bindet, gegen französische Donaupläne und deutsche Expansionsabsichten.

14./15. Juni Erstes Treffen Mussolinis mit Adolf Hitler in Venedig, bei dem der Duce zurückhaltend bleibt.

25. Juli Beim (fehlgeschlagenen) nationalsozialistischen Putsch in Wien tritt Italien als Garant der österreichischen Unabhängigkeit auf und kann dafür Gegenleistungen der Westmächte erwarten.

1935
7. Jan. Abkommen mit Frankreich über Kolonialkompensation in Nordafrika: Die günstige Situation nutzt Mussolini zum *Aufmarsch gegen Abessinien* (Äthiopien) aus. Abessinische Beschwerde beim Völkerbund.

3. Okt. Beginn des italienischen Einfalls in Abessinien.

9. Dez. Die britisch-französischen Versuche zur Beilegung des Konflikts gipfeln im *Hoare-Laval-Plan* (benannt nach dem damaligen britischen Außenminister, Sir *Samuel Hoare* [* 1880, † 1959] und dem damaligen französischen Ministerpräsidenten *Pierre Laval*), der von der Opposition in Großbritannien und Frankreich als „Verrat am Völkerbund" bezeichnet wird. Er wird nach Rücktritt Hoares (19. Dez.) fallengelassen. Die Sanktionen verhindern Italiens Vorgehen nicht, da sie nicht konsequent durchgeführt werden.

1936
9. Mai Italien erklärt die *Annexion Abessiniens*. König Viktor Emanuel nimmt den Titel „*Kaiser von Äthiopien*" an. Folge des Abessinienkrieges ist wegen deutscher Wirtschaftshilfe eine Annäherung Mussolinis an Hitler.

Juli Im Spanischen Bürgerkrieg ist der Einsatz italienischer Freiwilliger von vornherein erheblich (schließlich 50000–75000).

5. Okt. Abwertung der Lira als Folge der Haushaltsbelastung durch den Abessinien- und den Spanienkrieg.

25. Okt. Vereinbarung mit dem Deutschen Reich: Begründung der „*Achse" Berlin–Rom*.

1937 *Abkommen mit Großbritannien* (2. Jan.): Erhaltung des Status quo im Mittelmeer.

März Reise Mussolinis nach Libyen. Erklärung der italienischen Freundschaft für die Moslems als Versuch eines neuen Kampfmittels gegen Großbritannien.

25. März *Nichtangriffspakt mit Jugoslawien.*

25. Sept. *Mussolini* trifft zu einem Staatsbesuch *in Berlin* ein: „triumphaler" Empfang.

11. Dez. Italien tritt aus dem Völkerbund aus.

1938 Zum Anschluß Österreichs an das Deutsche Reich (13. März) und in der Sudetenkrise (Sept.) nimmt Mussolini eindeutig Stellung im Sinne der Politik der „Achse" Berlin–Rom, wenngleich er am Ausgleich interessiert ist (Konferenz in München vom Sept.).

17. Nov. Nach dem Vorbild der NS-Rassegesetze ergeht ein antisemitisches Gesetzesdekret.

1939
19. Jan. Bildung der *Kammer der Fasci* und der *Korporationen*. Zusammenfassung von Partei, Staat und Korporationen in einer repräsentativen Spitzenorganisation. Dadurch wird die Deputiertenkammer überflüssig.

22. Mai Weitere Steigerung enger deutsch-italienischer Beziehungen („Stahlpakt"), obwohl Mussolini Italien erst nach 1942 für einen europäischen Krieg als zureichend gerüstet sieht.

23. Juni Abkommen mit Deutschland über die *Aussiedlung der deutschen Bevölkerung in Südtirol* (am 21. Dez.), ergänz durch ein Abkommen über die Deutschsprachigen in den angrenzenden Provinzen (nur zum geringen Teil durchgeführt).

2. Sept. Der von Mussolini unternommene Vermittlungsversuch vor Ausbruch des Zweiten Weltkrieges scheitert. Italien bleibt daraufhin zunächst „nichtkriegführend".

1940
10. Juni *Italien* erklärt Frankreich und Großbritannien den Krieg und *tritt* (11. Juni) *in den Krieg im Westen ein.* Das entspricht ebenso wie die anfängliche „Nichtkriegführung" nicht Hitlers Absichten. Mussolini übernimmt den Oberbefehl. Italienische Truppen greifen (ab 19. Juni) die französischen Alpenbefestigungen an, die aber diesem Druck erst nachgeben, als sie durch deutsche Verbände im Rücken umfaßt sind.

18. Juni Besprechung zwischen Hitler und Mussolini in München über französische Bitte um Waffenstillstand, der (20. Juni) ein gleiches Ansuchen an Italien folgt.

24. Juni *Italienisch-französischer Waffenstillstand* in der Nähe Rom, darauf (25. Juni) Einstellung der Kampfhandlungen.

27. Sept. *Dreimächtepakt in Berlin,* unterzeichnet von Deutschland, Italien und Japan: die Beteiligten werden zu gemeinsamem Kampf gegen jede sich in den Krieg einmischende Macht verpflichtet. Die Stellung zur UdSSR soll unberührt bleiben.

28. Okt. Ultimatum an Griechenland und nach dessen Ablehnung Beginn des für Italien unglücklich verlaufenden italienisch-griechischen Krieges, der erst durch den deutschen Balkanfeldzug eine andere Wendung nimmt.

6. Dez. Anstelle von Marschall *Pietro Badoglio* (* 1871, † 1956) wird infolge des Rückschlags auf dem Balkan Marschall Graf *Ugo Cavallero* (* 1880, † 1943) Chef des Generalstabes der Wehrmacht (den Oberbefehl hat Mussolini inne).

1941 *Verlust von Abessinien* und Rückschlag in Nordafrika, aufgefangen durch das deutsche Afrika-Korps unter General Rommel.

976   Neuzeit – Zeitalter der Weltkriege

6. April	Nach Beginn des deutschen Balkanfeldzugs beteiligt sich Italien an der *Besetzung Kroatiens, Dalmatiens* und der *griechischen Inseln* (11. April Laibach, 18. April Cetinje und Cattaro, 27. April Korfu).
18. Mai	*Vertrag mit der neuen kroatischen Regierung* des von Italien in seiner Emigrantenzeit geförderten „Poglavnik" *Ante Pavelić:* Italien läßt sich bisher jugoslawische Gebiete und Inseln zusprechen; der Herzog *Aimone von Spoleto* (* 1900, † 1948), ein Vetter des Königs, wird als *König von Kroatien in Aussicht genommen.* Die Verwirklichung dieses Planes wird von der infolge der Abtretungen noch gesteigerten Feindschaft der Kroaten gegen Italien durchkreuzt.
	Da die deutschen Kräfte wegen des Ostfeldzugs wieder aus Griechenland abgezogen werden müssen, werden Militärverwaltung und Besetzung Italien überlassen; das gibt der Feindschaft der Griechen gegen Italien neuen Auftrieb. Am Ostfeldzug beteiligt sich Italien durch Entsendung einer Reihe von Divisionen, die im Dezember 1942 am Don in die Katastrophe der deutschen Südfront einbezogen werden.
1943 31. Jan.	Generaloberst *Vittorio Ambrosio* (* 1870, † 1958) tritt anstelle Cavalleros an die Spitze des italienischen Generalstabes der Wehrmacht.
	General *Mario Roatta* (* 1887, † 1968) Chef des Generalstabes des Heeres (1. Juni).
	Dadurch verstärkt sich die Spannung zwischen der militärischen Führung Deutschlands und Italiens, die durch Gegensätze auf dem Balkan und in Nordafrika bedingt ist.
6. Febr.	*Mussolini* bildet das Kabinett um und *übernimmt* anstelle seines Schwiegersohns, Graf Ciano, selbst das *Außenministerium.*
13. Mai	Kapitulation der deutschen und italienischen Kräfte in Tunesien.
10. Juli	Nach Einnahme der Inseln Pantelleria und Lampedusa *Landung der Alliierten auf Sizilien.*
17. Juli	In einer Botschaft an das italienische Volk rufen US-Präsident Roosevelt und der britische Premier Churchill zur Erhebung gegen das faschistische Regime auf.
24. Juli	Der Große Faschistische Rat tritt zusammen und bittet den König mit 19 gegen 7 Stimmen, den bisher von Mussolini innegehabten Oberbefehl in seine Hand zu nehmen.
25. Juli	*Mussolini* begibt sich zum König, erklärt ihm seinen Rücktritt und wird beim Verlassen des Palastes *verhaftet.*
26. Juli	Der *König beauftragt* Marschall *Badoglio mit der Regierungsbildung,* der ein Kabinett ohne faschistische Mitglieder bildet und die Faschistische Partei auflöst. Die Wahl einer neuen Volksvertretung vier Monate nach Beendigung der Feindseligkeiten wird zugesagt. Badoglio erklärt, den Widerstand an der Seite der Deutschen fortsetzen zu wollen, doch rechnet Hitler von vornherein mit einem Ausscheiden Italiens. Es werden deshalb weitere deutsche Verbände nach Italien entsandt und die schon vorhandenen so umgruppiert, daß sie einen Umschwung aufzufangen vermögen.
3. Sept.	Nach in Lissabon (3. Aug.) eingeleiteten Verhandlungen unterzeichnen Bevollmächtigte Badoglios in Cassibile (Sizilien) einen zunächst noch *geheimen Waffenstillstand,* der formal US-Präsident Roosevelts Forderung der bedingungslosen Übergabe entspricht, Italien jedoch gewisse Rechte läßt.
	Briten landen *in Kalabrien,* US-Truppen (9. Sept.) *bei Salerno.*
8. Sept.	Auf die von US-General *Dwight D. Eisenhower* nachmittags vollzogene **Bekanntgabe des Waffenstillstandes** laufen die *deutschen Gegenmaßnahmen* an, die zur *Besetzung Roms* und zur Entwaffnung, Gefangennahme oder Entlassung der italienischen Kräfte in Südfrankreich, Italien und auf dem Balkan führen. Dem König, dem Kronprinzen und Badoglio gelingt die Flucht ins alliierte Lager.
12. Sept.	*Mussolini,* der von Rom nach der Insel Maddalena und dann auf den Gran Sasso in den Abruzzen gebracht worden ist, wird *von den Deutschen befreit und nach Deutschland geflogen.*
	Mussolini tritt an die Spitze der (9. Sept.) gebildeten Gegenregierung und schwenkt auf einen republikanisch-sozialistischen Kurs um. Er veranlaßt (12. Febr. 1944) ein Sozialisierungsgesetz. Ehemalige Faschistenführer, die am 24. Juli im Großen Rat gegen Mussolini stimmten, werden zum Tode verurteilt (8. bis 10. Jan. 1944) und erschossen (darunter Mussolinis Schwiegersohn Graf *Galeazzo Ciano* und Marschall *Emilio de Bono* [* 1886, † 1944]).
	Die Alliierten setzen die „Badoglio-Divisionen" ein, die inzwischen wieder kampfverwendungsfähig gemacht worden sind. An die Spitze des Generalstabes tritt der in Tunis gefangengenommene Marschall *Giovanni Messe* (* 1883, † 1968).
1944 28./29. Jan.	Verschiedene Widerstandsgruppen (darunter Kommunisten und Sozialisten, aber auch linksliberale und katholische Kräfte), die sich zu einem *Komitee der nationalen Befreiung* (Comitato di Liberazione Nazionale – *CLN)* zusammengeschlossen haben, tagen in Bari: sie wenden sich gegen den König und den von den Alliierten unterstützten Badoglio. Doch setzt sich der im April aus Moskau zurückkehrende Kommunist *Palmiro Togliatti* (* 1893, † 1964) dafür ein, daß die innenpolitischen Fragen zurückgestellt werden.
15. April	Neubildung des *Kabinetts Badoglio,* dem jetzt neben Togliatti auch der Philosoph *Bene-*

Einzelstaaten – Papsttum/Vatikanstaat – Spanien 977

detto Croce (* 1866, † 1952) angehört und dessen Außenministerium der aus der Emigration zurückgekehrte Graf *Carlo Sforza* (* 1872, † 1952) übernimmt.

9. Juni Nach der Einnahme Roms durch die Alliierten (4. Juni) ernennt König Viktor Emanuel III. seinen Sohn *Umberto* (* 1904, † 1983) zum *Generalstatthalter des Königreichs.* Gleichzeitig tritt Badoglio zugunsten eines *Koalitionsministeriums* unter *Ivanoe Bonomi* (* 1873, † 1951) zurück, in dem Togliatti seinen Platz behält.

11. Dez. Der Austritt der Sozialisten macht eine *Umbildung der Regierung Bonomi* erforderlich, wobei der den Alliierten nicht genehme Sforza ausscheidet und Togliatti zum stellvertretenden Ministerpräsidenten aufsteigt.

1945 Die Funktionen der (11. Nov. 1943) eingesetzten Alliierten Kommission werden auf im
24. Febr. wesentlichen beratende Tätigkeiten beschränkt (Ende 1945 ganz abgebaut); jedoch gilt Italien noch nicht als alliiertes, sondern nur als mit-kriegführendes Land, wird daher auch nicht in die Vereinten Nationen aufgenommen.

5. April Die einsetzende *Generaloffensive der Alliierten* führt zum *Zusammenbruch der deutschen Front.*

28. April *Mussolini,* der versucht, auf Schweizer Gebiet überzutreten, wird *von kommunistischen Partisanen* mit seiner Geliebten (Clara Petacci) *erschossen.*

29. April Unterzeichnung einer *Sonderkapitulation der deutschen Heeresgruppe C* (Südwest) in Caserta. – *(Forts. S. 1319)*

Papsttum/Vatikanstaat (1914–1944)
(Forts. v. S. 818)

1914–1922 Papst *Benedikt XV.* (Giacomo Della Chiesa, * 1854) mildert innerkirchliche Gegensätze und tritt 1914/1915 für Begrenzung des Krieges (Neutralität Italiens) ein.
1917 Er ergreift eine große Friedensinitiative.
nach 1918 Der Papst wendet sich gegen eine Aufteilung Europas in Sieger und Besiegte.
1920 Friedensenzyklika „Pacem Dei munus" (23. Mai).
1922–1939 Papst *Pius XI.* (Achille Ratti, * 1857) fördert Mission, Katholische Aktion und Wissenschaft; versucht, durch große Enzykliken die Werte christlicher Gesellschaftsordnung zu erhalten und schließt zur Anpassung an die durch den Weltkrieg veränderte Lage zahlreiche Konkordate.
1929 Lateranverträge (11. Febr.): „Staat der Vatikanstadt" durch Vertrag mit Italien.
1939–1958 Pius XII. (Eugenio Pacelli, * 1876).
1939–1945 Strikte Neutralität im Zweiten Weltkrieg.
1944 Besetzung Roms durch die Alliierten (4. Juni). – *(Forts. S. 1349)*

Spanien (1914–1944)
(Forts. v. S. 820)

1914 Zu Beginn des Ersten Weltkriegs erklärt Spanien seine *Neutralität,* aus der die Wirtschaft des Landes großen Nutzen zieht.
1917 Trotz der günstigen Wirtschaftskonjunktur führen die Zuspitzung der militärischen Lage in Marokko und die zunehmenden sozialen Probleme über einen Generalstreik zur *Staatskrise.*
1918 Antonio Maura (* 1853, † 1925) bildet zwar ein „Kabinett der nationalen Regierung"; dieses hat aber nur kurzen Bestand und wird von noch kurzlebigeren Kabinetten abgelöst.
1923 Als zu den ungelösten innenpolitischen Problemen noch militärische Niederlagen in
13. Sept. Marokko kommen, putscht der Generalkapitän von Katalonien, *Miguel Primo de Rivera*
1923–1930 (* 1870, † 1930), und errichtet eine **Diktatur,** die vorerst auf keine öffentlich hervortretende Opposition stößt.
1925 Primo de Rivera bildet ein Militärdirektorium, das später in ein ziviles Kabinett umgebildet
2. Dez. wird.
Der Diktator setzt die Verfassung außer Kraft, löst das Parlament auf und verbietet die politischen Parteien; zugleich läßt er eine Einheitspartei, die *Unión Patriótica,* gründen.
1925–1927 Der größte Erfolg der Diktatur ist, in Zusammenarbeit mit Frankreich, die Beendigung des *Marokkokrieges.* Die Regierung ist auf vielen Gebieten außerordentlich aktiv: sie entfaltet eine ausgedehnte Gesetzgebungstätigkeit, beginnt mit einer Agrarreform, leitet eine soziale Reformpolitik ein, vergibt öffentliche Arbeitsaufträge. Allmählich jedoch verliert

978 Neuzeit – Zeitalter der Weltkriege

Primo de Rivera jegliche Unterstützung: wegen Zensurmaßnahmen und einer reaktionären Kulturpolitik die der Intellektuellen (Universitäten), wegen Beeinträchtigung ihrer Privilegien die der alten Aristokratie, wegen bestimmter Sozialgesetze die der Bank- und Geschäftswelt, wegen einer Heeresreform die des Militärs, wegen der Aufhebung der Mancomunitat die der Katalanen. Schließlich verliert er auch das Vertrauen des Königs.

1930
28. Jan. Als zu diesen Schwierigkeiten noch die *Weltwirtschaftskrise* kommt, tritt Primo de Rivera zurück.

30. Jan. Nachfolger als Ministerpräsident wird General Dámaso Berenguer (* 1873, † 1953). Nach dem Ende der Diktatur werden die politischen Parteien wieder aktiv. Im *Pakt von San Sebastián* (Nordspanien) schließen sich verschiedene bürgerliche und sozialistische Parteien mit dem Ziel zusammen, die Monarchie zu stürzen. Auch viele Liberale und Intellektuelle (u. a. José Ortega y Gasset [* 1883, † 1955], Gregorio Marañón [* 1887, † 1960], Ramón Pérez de Ayala [* 1881, † 1962]) sprechen sich für die Republik aus.

1931
12. April Bei den Gemeindewahlen siegen auf dem Land die monarchistischen, in den größeren Städten jedoch die prorepublikanischen Parteien.

14. Apr. Daraufhin wird in verschiedenen Städten die **Republik** ausgerufen. König (seit 1886/1902) Alfons XIII. (* 1886, † 1941) verläßt Spanien, ohne auf seine Thronrechte zu verzichten. *Niceto Alcalá Zamora* (* 1877, † 1949) bildet eine provisorische Regierung aus republikanischen und sozialistischen Mitgliedern des Revolutionskomitees.

1931–1936 Hauptprobleme der *Zweiten Republik* sind die Regionalismusfrage, die Agrarreform, die Stellung der Kirche und das Militär.

10./11. Mai Bereits wenige Wochen nach Ausrufung der Republik kommt es zu antiklerikalen Ausschreitungen. Kirchen und Klöster werden in Brand gesteckt.

28. Juni Bei den *Wahlen* zur Verfassunggebenden Versammlung erringen Republikaner und Sozialisten eine überwältigende Mehrheit.
Alcalá Zamora bildet ein republikanisch-sozialistisches Koalitionskabinett.

9. Dez. Die republikanische *Verfassung* ist liberal-fortschrittlich; sie garantiert das Privateigentum, die Grundrechte und -freiheiten, die Gleichberechtigung aller Spanier. Staat und Kirche werden getrennt.

10. Dez. Nachdem Manuel Azaña (* 1880, † 1940) das Amt des Ministerpräsidenten (bis 1933) übernommen hat, wird Alcalá Zamora zum Präsidenten der Republik gewählt (bis 1936).

1931–1933 In den ersten zwei Jahren der Republik *(bienio de reformas)* versucht die Regierung, die Hauptprobleme des Landes zu lösen.

1932
15. Sept. Nach eingehenden Beratungen wird ein *Autonomiestatut* für Katalonien verabschiedet, das der Region eine Regierung (Generalitat), ein Parlament, Kulturhoheit und eigenes Budget zubilligt.
Gleichzeitig versucht das *Agrarreformgesetz,* die jahrhundertealten sozialen Probleme durch Neuverteilung des Grundbesitzes und Ansiedlung von Kleinbauern zu lösen. Das Verhältnis zwischen Staat und Kirche wird angesichts des Laizismus des Staates und der Entkonfessionalisierung des gesellschaftlichen Bereichs zusehends gespannter. Als Azaña die dringend notwendige Reform des Militärwesens einleitet, schafft er eine weitere oppositionelle, republikfeindliche Gruppe, die sich in der UME (Unión Militar Española) zusammenschließt.

1933 Starke Kräfte der Arbeiterschaft, vor allem die in der anarcho-syndikalistischen Gewerkschaft CNT organisierten, führen zahlreiche Aufstände gegen die Republik durch.

8. Jan. *Die Radikalisierung auf der Linken ruft eine Gegenbewegung auf der Rechten hervor:* Ledesma Ramos gründet die faschistisch beeinflußten Juntas de Ofensiva Nacional-Sindicalista (JONS).

29. Okt. Die antiparlamentarische, antimarxistische und antiliberale Falange Española (FE) wird von José Antonio Primo de Rivera (* 1903, † 1936) gegründet.

19. Nov. Bei den *Parlamentswahlen* siegen die vereinigten Rechtsparteien.

1934–1936 Es beginnen die „zwei schwarzen Jahre" der Republik *(bienio negro).*

1934
3. Okt. Neuer Regierungschef wird der Radikale Alejandro Lerroux (* 1866, † 1949), der ein Jahr später eine Koalitionsregierung mit der weiter rechts stehenden, 1932 entstandenen, katholischen CEDA (Confederación Española de Derechas Autónomas) von José María Gil Robles Quiñones (* 1898, † 1980) bildet.
Die begonnenen Reformen der ersten zwei Jahre werden zum großen Teil rückgängig gemacht.

Okt. Die Antwort der Linken sind *Generalstreik und Bergarbeiteraufstand in Asturien,* wo vorübergehend eine Räterepublik ausgerufen wird. In Barcelona proklamiert Lluis Companys (* 1883, † 1940) die Unabhängigkeit Kataloniens. Beide Aufstandsversuche werden blutig niedergeschlagen, Katalonien verliert die Autonomie.

1936 Als Folge zunehmender innenpolitischer Schwierigkeiten löst der Präsident die Cortes auf.

16. Febr. Die Linksparteien schließen sich zum Wahlblock der Volksfront *(Frente Popular)* zusammen und gewinnen deutlich die *Parlamentswahlen.*

Einzelstaaten – Spanien 979

10. Mai	Präsident der Republik wird Manuel Azaña (bis 1939).
	In den folgenden Monaten wird das Land von Unruhen erschüttert, Generalstreiks lähmen die Wirtschaft, politische Morde häufen sich. Das Land ist in zwei Lager gespalten.
13. Juli	Die Ermordung des monarchistischen Abgeordneten José Calvo Sotelo (* 1893) wird zum
17./18. Juli	Anlaß des von der Rechten seit Monaten vorbereiteten *Militärputsches,* der sich zu einem
1936–1939	**Bürgerkrieg** ausweitet.
	Führer der Revolte, die in Marokko beginnt, sind die Generäle Sanjurjo, Mola, Franco (* 1892, † 1975), Queipo de Llano u. a.
24. Juli	Unter Führung von General Cabanellas entsteht in Burgos (Altkastilien) eine Junta.
4. Sept.	In Madrid wird eine *Volksfrontregierung* unter Francisco Largo Caballero (* 1869, † 1946), unter Einschluß der Kommunisten, gebildet.
	Im republikanischen Herrschaftsgebiet greift eine soziale Revolution unter Führung der Anarchisten und Linkssozialisten um sich, die sich gegen den bürgerlichen Staat und das kapitalistische Wirtschaftssystem richtet.
1. Okt.	Im Lager der Aufständischen wird *Francisco Franco* in Burgos zum „Generalissimus" und Chef der nationalspanischen Regierung (caudillo) erklärt.
6. Nov.	Die Erreichung des Hauptziels der Rebellen, die Eroberung Madrids, scheitert am entschlossenen Widerstand der Bevölkerung und an deren Unterstützung durch die Internationalen Brigaden.
	Bedeutend wichtiger als die Unterstützung der Republik durch die UdSSR, zu einem geringen Teil auch durch andere Staaten, ist die Hilfe Deutschlands (vor allem *Legion Condor*), Italiens und Portugals für Franco, ohne die der Aufstand zusammengebrochen wäre. Die Westmächte (Frankreich/Großbritannien) erklären ihre Neutralität und bilden in London ein „Nichteinmischungs-Komitee", dem alle Großmächte beitreten.
18. Nov.	Deutschland und Italien erkennen das Francoregime diplomatisch an.
	Das republikanische Lager ist in sich gespalten und geschwächt, während Franco in seinem Herrschaftsbereich an die straffe Zentralisierung aller Kräfte geht.
1937	Er schließt die Falange und die Traditionalisten zu einer *Einheitspartei (FET y de las JONS)*
19. Apr.	unter seiner Führung zusammen.
26. Apr.	Deutsche Flieger zerstören Guernica (Guernica y Luno, nordöstlich von Bilbao), die „heilige Stadt" der Basken.
18. Mai	Die republikanische Regierung, die inzwischen nach Valencia (an der Mittelmeerküste) umgesiedelt ist, wird umgebildet. Neuer Regierungschef wird der Sozialist Juan Negrín (* 1887, † 1956).
1. Juli	Die spanischen Bischöfe beziehen fast geschlossen Partei für die Aufständischen.
	Die Kriegsfronten verhärten sich zusehends.
1939	Nach wechselvollen, materialreichen Kämpfen mit z. T. hohen Menschenverlusten bedeu-
1. April	tet der militärische Sieg der Aufständischen das *Ende des Bürgerkrieges.*
	Francos Regierung ist bereits vor Beendigung der Kampfhandlungen von den Westmächten diplomatisch anerkannt worden. Die Zahl der im Krieg und durch Terror Getöteten beläuft sich wahrscheinlich auf über eine halbe Million.

Grundlegung des Franco-Regimes

Das franquistische System leitet seine Legitimation aus dem Bürgerkrieg und dem traditionalen Katholizismus her; Gewaltenteilung wird, ebenso wie das allgemeine Wahlrecht, abgelehnt. Die Massenmedien sind strenger Zensur unterworfen. Außerhalb der Verfassungsinstitutionen werden keine politischen Zusammenschlüsse oder freie Gewerkschaften geduldet. Das Regime stützt sich sicherheitspolitisch auf die Armee. Bei der Gestaltung des **„Neuen Staates" (Nuevo Estado)** spielen die konservativ-katholische und militärische Tradition ebenso eine Rolle wie die Ideologie der Falange. Der Staat hat keine kodifizierte Verfassung, sondern Verfassungsgrundgesetze *(leyes fundamentales)*. Das Regime entwickelt sich von der Militärdiktatur des Bürgerkrieges, die stark faschistisch geprägt ist, zum zentralistisch-autoritären Ständestaat.

Die provisorische Organisation des neuen spanischen Staates erfolgt durch die Schaffung der *Junta Técnica del Estado* (1. Okt. 1936). Durch das Gesetz zur Organisation der spanischen Zentralverwaltung (30. Jan. 1938) werden die Ministerien eingerichtet. Die Grundsätze der neuen Wirtschafts- und Sozialpolitik sind in der „Charta der Arbeit", in dem *Fuero del Trabajo* (9. März 1938, als Gesetz am 26. Juli 1947 verkündet), niedergelegt, das sich gegen Kapitalismus und Marxismus wendet und nach den Forderungen der Falange alle Zweige der Wirtschaft in vertikalen Syndikaten zusammenfaßt.

Das „Gesetz über die Bildung der spanischen Cortes", die *Ley de creación de las Cortes* (17. Juli 1942), regelt Zusammensetzung und Funktion der berufsständischen Kammer, die kein vom Volk gewähltes Parlament ist. Die Cortes haben als Hauptaufgabe die „Vorbereitung und Ausarbeitung der Gesetze"; diese müssen vom Staatschef gebilligt werden, d. h., die Cortes sind vor allem eine beratende Versammlung.

Das „Grundgesetz der Spanier", *Fuero de los Españoles* (17. Juli 1945), garantiert bestimmte Grundrechte, deren Anerkennung allerdings die Wahrung der Grundprinzipien des Staates voraussetzt. Politische Betätigung wird an die Institutionen Familie, Gemeinde und Syndikat gebunden. Das Gesetz enthält viele autoritäre Züge (z.B. Pflicht zur Treue dem Staatschef gegenüber). Zur Legitimation des „demokratischen" Charakters des Regimes wird ein „Gesetz über den Volksentscheid", *Ley del referendum* (22. Oktober 1945), erlassen; allerdings steht nur dem Staatschef das Recht zu, Gesetzentwürfe dem Volksentscheid zu unterwerfen, wodurch die akklamatorische Funktion des Gesetzes deutlich wird. – Mit dem durch Volksentscheid gebilligten „Gesetz über die Nachfolge in der Staatsführung", der *Ley de sucesión en la jefatura del Estado* (26. Juli 1947), gelangt die institutionelle Grundlegung des politischen Systems des neuen Staates zum Abschluß. Spanien wird zum *Königreich* erklärt; die Staatsführung wird Franco übertragen, dem allein das Recht zusteht, seinen königlichen Nachfolger zu bestimmen.

Die obersten Institutionen Spaniens unter Generalissimus Franco

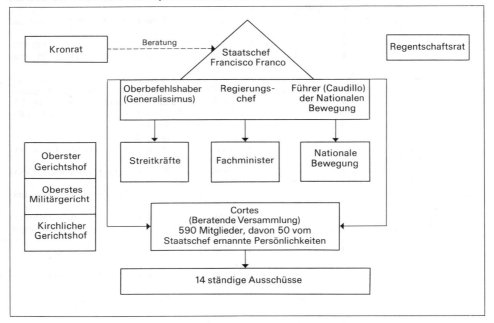

1939		Obwohl Franco noch vor Beendigung des Bürgerkrieges dem Antikominternpakt beigetreten ist, erklärt er zu Beginn des Zweiten Weltkriegs seine *Neutralität*.
1940		Später bezeichnet Franco Spanien als „nichtkriegführende Nation" (13. Juni).
	23. Okt.	Bei einer Zusammenkunft zwischen Hitler und Franco in Hendaye an der spanisch-französischen Grenze lehnt Franco den von Hitler gewünschten Kriegseintritt Spaniens ab; Hitler ist nicht bereit, die bewußt hohen Forderungen Francos zu erfüllen.
1941		Allerdings entsendet Spanien eine „Kampftruppe gegen den Bolschewismus" an die Ostfront (*Blaue Division* unter Führung von General Agustín Muñoz Grandes [* 1896, † 1970]).
	22. Juni	
1942		Spanien schließt mit Portugal den „Iberischen Pakt", in dem sich die Rückkehr zu einer prowestlichen Neutralitätspolitik andeutet.
	20. Dez.	Im weiteren Kriegsverlauf kühlen die Beziehungen zu Deutschland ab, die Wirtschaftsbeziehungen zu den Alliierten werden verbessert.
1944		Schließlich wird die „Blaue Division" zurückgezogen (6. März). – *(Forts. S. 1325)*

Portugal (1914–1945)
(Forts. v. S. 820)

Die Republik kann keine feste Regierungsgewalt herstellen. Von 1911 bis 1926 erlebt das Land unter acht Präsidenten 44 Regierungen sowie 20 Revolutionen und Staatsstreiche.

1916   Portugal, das zuerst neutral geblieben ist, wird als Verbündeter Großbritanniens von Ministerpräsident (1913–1914, 1915–1916, 1916–1917) Alfonso da Costa (* 1871, † 1937) in den *Ersten Weltkrieg* geführt.

1917 Nach einem Militäraufstand übernimmt Sidonio Pais (* 1872) die Regierung, wird aber schon ein Jahr später ermordet.

1926
28. Mai Der Zusammenbruch der republikanischen Politik führt zu einem (weiteren) *Militäraufstand* unter Führung des Generals Gomes da Costa (* 1863, † 1929), der das Parlament auflöst und die Verfassung suspendiert.

Unterstützt wird der Putsch vom Klerus, den Großgrundbesitzern und der Armee. Die Diktatur muß vor allem die Finanzen sanieren.

9. Juli General António Carmona (* 1869, † 1951) übernimmt die Macht.

1928 Er läßt sich zum Präsidenten wählen (und übt dieses Amt bis 1951 aus).

Finanzminister in der neuen Regierung wird *António de Oliveira Salazar* (* 1889, † 1970). Diesem gelingt mit fast unumschränkten Vollmachten die Sanierung der Finanzen.

1930 Die Gründung der allein zugelassenen faschistischen „Nationalen Union" *(União Nacional)* weist auf den angestrebten neuen Staatstypus *(Estado Novo)* hin. Mehrere Aufstände (1927, 1930, 1931) werden unterdrückt.

1932
5. Juli *Salazar* wird *Ministerpräsident* und bleibt mehrere Jahrzehnte die beherrschende politische Persönlichkeit in Portugal.

1933
19. März Die neue *Verfassung* gibt der diktatorialen Regierungsform ihre staatsrechtliche Begründung.

Portugal wird nach faschistischem Vorbild zum korporativistischen Ständestaat. Im Parlament ist nur die nationale Einheitsbewegung vertreten; daneben gibt es eine Ständekammer (Cámara Corporativa).

11. April Salazar festigt die Beziehungen des Mutterlandes zu seinem überseeischen Imperium. Durch den *Acto Colonial* verlieren die Überseebesitzungen ihren offiziellen Charakter als Kolonien. (Nach dem Zweiten Weltkrieg [1951] zu Überseeischen Gebieten erklärt.)

1936–1939 Während des Spanischen Bürgerkrieges dient Portugal, das offiziell „neutral" ist, als Basis der Franco-freundlichen Interventionsstaaten; seit 1937 pflegt das Land wieder gute Beziehungen zu Großbritannien.

1939 Spanien und Portugal schließen einen Freundschafts- und Nichtangriffsvertrag (17. März).

1940 Das Konkordat mit dem Heiligen Stuhl hält die Trennung von Staat und Kirche aufrecht, erkennt aber die Rechtspersönlichkeit der Kirche an und garantiert ihre freie Betätigung.

1939–1945
1943 Im Zweiten Weltkrieg bleibt Portugal *neutral,* gewährt jedoch Großbritannien und den USA Stützpunkte auf den Azoren.

In dieser Zeit arbeitet Salazar an der inneren Konsolidierung seines Regierungssystems. – *(Forts. S. 1327)*

Niederlande (1914–1945)
(Forts. v. S. 822)

1914–1918 Die Niederlande, im *Ersten Weltkrieg* neutral, halten auch weiterhin ihre *Neutralität* durch.

1920 Ablehnung der wiederholten Aufforderung, den ehemaligen Kaiser Wilhelm II. auszuliefern.

1926–1927 Kommunistischer Aufstand in Java nach harten Kämpfen niedergeschlagen.

1931 *Wirtschaftskrise.* Schutzzollpolitik für die Landwirtschaft.

1933
April Bildung eines Krisenkabinetts durch Ministerpräsident (1925–1926 und 1933–1939) *Hendrikus Colijn* (* 1869, † 1944), das die Finanzkrise und radikale Bewegungen von rechts und links bekämpfen soll.

1934 Die Regierung Colijn setzt mit Erfolg ihre Maßnahmen fort. Keine Guldenentwertung. Arbeitsbeschaffung.

Innenpolitisch jedoch Anwachsen der nationalsozialistischen Bewegung. Gespannte Lage in *Niederländisch-Indien,* das vom Kommunismus einerseits, möglicher japanischer Expansion andererseits bedroht ist.

1936 Aufrüstung in den Niederlanden und ihren Kolonien.

1939 Hendrikus Colijn tritt zurück (27. Juli).

9. Aug. Neues Kabinett Jan de Geer (* 1870, † 1960), in dem auch die Römisch-Katholische Staatspartei und die Sozialdemokraten vertreten sind.

Bis zum Kriegsausbruch und nach Kriegsbeginn Festhalten an der Neutralitätspolitik.

1940
13. Mai Nach *Beginn des deutschen Angriffs* siedelt Königin *Wilhelmina* mit der Regierung nach London über. Die Regierung führt von Großbritannien aus die Geschäfte weiter.

19. Mai Als *Reichskommissar* für die Niederlande wird *Arthur Seyß-Inquart* eingesetzt, der sich auf ein aus niederländischen Staatssekretären gebildetes Gremium stützt.

982 Neuzeit – Zeitalter der Weltkriege

1941	Die Exilregierung erklärt Japan den Krieg (8. Dez.).
1942	Die Japaner erobern Niederländisch-Indien, fördern Selbständigkeitsbestrebungen.
1944	Zur Verbesserung der Verteidigungsmöglichkeiten in den Niederlanden werden von der deutschen Wehrmacht fortschreitend Landflächen durch Öffnen der Schleusen unter Wasser gesetzt.
5. Sept.	Die Niederlande, Belgien und Luxemburg einigen sich auf eine *Zollunion (BENELUX)*.
17. Sept.	*Luftlandung der Alliierten bei Arnheim*. Der Landeraum bei Arnheim wird von den Deutschen abgeriegelt, aber der von Nimwegen zur neuen Front gebildete Schlauch kann nicht mehr beseitigt werden. In der Erwartung baldiger Befreiung treten die niederländischen Eisenbahner in den Streik, der bis Kriegsende aufrechterhalten wird und die (durch den Verlust der zum Kampfgebiet gewordenen Südprovinzen) gefährdete Versorgung des verbliebenen Teils der Niederlande noch mehr erschwert.
1945 April	Durch den Vorstoß der Briten in Richtung Ostfriesland ist *Holland*, das noch von deutschen Truppen besetzt bleibt, vom übrigen deutschen Kampfraum abgetrennt. Es wird *zur „Festung" erklärt*.
5. Mai	Die *deutsche Kapitulation* im britischen Hauptquartier schließt die in der „Festung Holland" noch Widerstand leistenden deutschen Truppen mit ein. Diese werden entwaffnet und auf Reichsgebiet überführt.
23. Mai	Das *niederländische Exilkabinett* tritt *im Haag* zusammen.
18. Juni	Die Königin kehrt in die Niederlande zurück. – *(Forts. S. 1330)*

Belgien (1914 – 1945)
(Forts. v. S. 824)

1914 Nov.	Nach dem deutschen Einmarsch in Belgien (3. Aug.) wird dieses bis zum Herbst fast ganz erobert und anschließend unter Militärverwaltung gestellt.
1918	Erst nach der alliierten Julioffensive beginnt der Rückzug der Deutschen.
	Nach der *schweren Schädigung durch den Krieg* schnell Wiedergesundung. Belgiens *Neutralität* wird durch den Vertrag von Versailles und formell durch Abkommen zwischen Belgien, Frankreich, Großbritannien und den Niederlanden *aufgehoben*. Regierung abwechselnd gebildet von Katholiken und Sozialisten. Innenpolitische Belastung durch die *flämische Frage.*
1920	Militärkonvention mit Frankreich (7. Sept.).
1922	Gesetz betreffs Gleichberechtigung der flämischen mit der französischen Sprache (1. Jan.).
1926 Juli	*Finanzkrise*. Abwertung und Stabilisierung des belgischen Franc. Einführung der Belga (= 5 bfrs).
1930	Einführung der flämischen Sprache an der Universität Gent (flämische Universität aus dem Ersten Weltkrieg).
1932 19. Juli	Konvention zwischen Belgien, den Niederlanden und Luxemburg über den schrittweisen Abbau der Zollschranken.
Sept.	Außerordentliche Vollmachten für die Regierung zur Bekämpfung der Finanzkrise.
1933	Beginn eines umfangreichen Befestigungsbauprogramms.
1934 17. Febr.	König (seit 1909) Albert I. (* 1875) tödlich verunglückt. Nachfolger (1934–1944 und 1950–1951) *Leopold III.* (*1901, † 1983).
12. Juli	Verbot politischer Wehrverbände.
1935 26. März	Kabinett *Paul van Zeeland* (* 1893, † 1973) als Regierung der „nationalen Konzentration".
	Die Regierung erhält Ermächtigung auf ein Jahr, wertet den Franc ab und versucht, die zerrüttete Finanzlage zu sanieren.
1936	Sozialreformprogramm der Regierung Zeeland. Parlamentswahlen bringen erstmals Erfolge der faschistischen „Rexisten".
14. Okt.	*Kündigung des Militärbündnisses mit Frankreich.* Die Zusammenarbeit der Generalstäbe bleibt jedoch bestehen.
Dez.	Eine Wehrvorlage mit Erhöhung der Dienstzeit wird angenommen.
1937	Deutsche Note „garantiert" Unverletzlichkeit Belgiens (13. Okt.).
25. Okt.	Rücktritt der Regierung Paul van Zeeland.
	Seitdem mehrfach Regierungswechsel, da die Mehrheitsverhältnisse schwierig sind.
1939 18. April	Nach Wahlen mit Gewinnen der Liberalen und Katholiken Regierungsbildung durch Hubert Pierlot (* 1883, † 1963) mit diesen Parteien.
	Bei Kriegsausbruch mobilisiert Belgien, bleibt aber neutral.
1940 5. Jan.	Umbildung des Kabinetts Pierlot; *militärische Maßnahmen* in Erwartung eines deutschen Angriffs (12. Jan.).

Einzelstaaten – Belgien – Luxemburg – Skandinavien 983

10. Mai	*Deutscher Angriff* auf Belgien.
28. Mai	König *Leopold III. kapituliert*, bleibt als Oberbefehlshaber beim Heer. Er erhält Schloß Laeken in Brüssel als Aufenthaltsort zugewiesen, muß sich jedoch aller Regierungshandlungen enthalten. Ganz Belgien wird unter *deutsche Militärverwaltung* (unter General v. Falkenhausen) gestellt.
31. Mai	Das nach Limoges geflüchtete Rumpfparlament bestätigt einen gegen den König gerichteten Beschluß des Kabinetts Pierlot.
Juni	Die Exilregierung führt von London aus die Geschäfte weiter. Im Belgien finden die Deutschen einen Gefolgsmann in *Léon Degrelle,* der seiner ursprünglich belgisch-christlichen, dann wallonischen Partei eine faschistisch-autoritäre Richtung gibt und am Kampf an der deutschen Ostfront teilnimmt. In Flandern tritt neben die *nationale flämische Bewegung* (VNV) unter *DeClerq* die „*Deutsch-flämische Arbeitsgemeinschaft" (De Vlag),* die vom Reichssicherheitshauptamt gefördert wird und die VNV bekämpft. Die Widerstandsbewegung spaltet sich in eine rechts- und in eine linksgerichtete Gruppe. Ihre Auswirkung bleibt ebenso wie in den Niederlanden bis zum Heranrücken der Alliierten begrenzt.
1941	Belgische Exilregierung erklärt Japan den Krieg (20. Dez.).
1944 18. Juli	Befehl zur Umwandlung der Militärverwaltung Belgien-Nordfrankreich in eine *Zivilverwaltung* unter einem *Reichskommissar* (Gauleiter *Josef Grohé*), die sich wegen des Zusammenbruchs der deutschen Front in Frankreich nicht mehr auswirkt.
3. Sept.	*Britische Panzertruppen* rücken *in Brüssel* ein.
5. Sept. 8. Sept.	Zusammen mit den Niederlanden und Luxemburg Gründung einer *Zollunion (BENELUX).*
20. Sept.	Die *Exilregierung* trifft *in Brüssel* ein. Senat und Kammer bestimmen anstelle des Königs dessen Bruder, den Grafen *Karl von Flandern* (* 1903, † 1983), zum *Regenten. – (Forts. S. 1332)*

Luxemburg (1914–1945)
(Forts. v. S. 824)

1914–1918	Luxemburg während des Ersten Weltkriegs deutsch besetzt.
1919	Großherzogin Charlotte (* 1896, † 1985) tritt die Regierung an.
1921 22. Dez.	Nach *Lösung der Wirtschaftsunion mit dem Deutschen Reich* durch die Friedensverträge und nach dem Verzicht Frankreichs auf Eingliederung Abschluß einer Zoll- und Handelsunion mit Belgien auf 50 Jahre. Übergang der Eisenbahn in belgische Verwaltung.
1925	Abzug der französischen Militärbesatzung.
1940	Das neutrale Luxemburg wird beim Westfeldzug (Beginn 10. Mai) von deutschen Truppen überfallartig besetzt und später dem Gau Koblenz-Trier zugeteilt.
1942	Annexion Luxemburgs (30. Aug.).
1944	Einigung auf eine Zollunion mit Belgien und den Niederlanden (5. Sept.)
1945	Erste Wahlen nach dem Krieg (21. Okt.) – *(Forts. S. 1335)*

Skandinavische Staaten (1914–1945)
(Forts. v. S. 825)

Die skandinavischen Staaten *Norwegen, Dänemark* und *Schweden* stehen außerhalb der imperialistischen Bestrebungen der europäischen und außereuropäischen Großmächte in den Jahren vor dem Ersten Weltkrieg. Sie sind mit der Lösung eigener sozialer Probleme beschäftigt. Am Rande der Bündnissysteme stehend, führen sie eine Außenpolitik, die vorwiegend von wirtschaftlichen Interessen bestimmt ist. In Schweden entwickeln sich starke Sympathien für das wilhelminische Deutschland und umgekehrt. Auch im kulturellen Bereich ist der deutsche Einfluß seit der Jahrhundertwende sehr ausgeprägt, während wirtschaftlich vor allem Norwegen und Dänemark auch auf Großbritannien ausgerichtet sind.
Nach Ausbruch des Ersten Weltkrieges bestätigen die Monarchen der drei nordischen Staaten im Dez. 1914 bei einem Treffen in Malmö auf Initiative König Gustavs V. Adolf von Schweden (* 1858, † 1950; 1907–1950), daß sie sich von den europäischen Auseinandersetzungen fernhalten wollen (Neutralitätspolitik).
Finnland, das bis 1917 zu Rußland und zuvor zu Schweden gehört, nimmt eine Sonderstellung ein und wird nicht in die Zusammenarbeit der skandinavischen Staaten einbezogen.

984   Neuzeit – Zeitalter der Weltkriege

Schweden
(Forts. v. S. 826)

1919   Einführung des allgemeinen Wahlrechts für die Erste Kammer; Frauenwahlrecht für die Zweite Kammer.

1920   *Sozialdemokraten* werden zur *stärksten Partei:* Regierungen unter *Hjalmar Branting* (* 1860, † 1925) 1920–1923; 1924–1925 (seit 1936 mit kurzer Unterbrechung bis nach Ende des Zweiten Weltkriegs sozialdemokratische Regierungsverantwortung mit *Per Albin Hansson;* * 1885, † 1946).
Fortsetzung der *Friedens- und Neutralitätspolitik* bis in den Zweiten Weltkrieg. Nach Bewältigung der Wirtschaftskrise in den dreißiger Jahren wirtschaftlicher Aufschwung Schwedens und kulturelle Annäherung an Großbritannien.

1921   Die *Ålandsinseln,* auf die Schweden Anspruch erhebt, werden vom Völkerbund *Finnland*
24. Juni   *zugesprochen.*

1923–1924   Kabinett unter Führung des Konservativen *Ernst Trygger* (* 1857, † 1943).

1926–1928   Erstes Kabinett des Freisinnigen *Karl Gustav Ekman* (* 1872, † 1945) – zum zweiten Mal in der Regierungsverantwortung 1930–1932.

1928–1930   Konservative Regierung des Ministerpräsidenten *Arvid Lindman* (* 1862, † 1936).

1931   Beginn der *wirtschaftlichen Depression* auch in Schweden. Zur Krise der Landwirtschaft kommt die der Industrie (Schweden gibt nach britischem Vorbild die Goldbasis für seine Währung auf).

1932   Der Selbstmord des Finanzmannes und schwedischen ‚Zündholzkönigs' *Ivar Kreuger* führt
6. Aug.   zum Rücktritt des *Zweiten Kabinetts Karl Gustav Ekman* (seit 1930); Unruhen und Demonstrationen fordern Unterstützung der Arbeitslosen und Schutzmaßnahmen für die Landwirtschaft.

24. Sept.   Das neue Kabinett von *Per Albin Hansson* verkündet ein umfassendes Programm zur Bekämpfung der Krise.

1935   Schweden schließt sich den Sanktionen des Völkerbunds gegen Italien wegen des Angriffs auf Abessinien/Äthiopien an.

1936   Das schwedische Parlament nimmt eine neue *Wehrvorlage* an, die eine technische Modernisierung der verschiedenen Waffengattungen vorsieht (keine Veränderung der Dienstzeit).

1938   Nach dem deutschen Einmarsch in Österreich (März 1938) erklärt sich Ministerpräsident Hansson für eine weitere Verstärkung der Landesverteidigung.
Außenminister *Richard Sandler* (* 1884, † 1964) erklärt, daß Schweden eine rein *neutrale Politik* betreiben wolle. Plan zur schwedisch-finnischen Zusammenarbeit für die *Verteidigung der Neutralität der Ålandsinseln.*

1939   Treffen der drei nordischen Außenminister (ohne Finnland) in Stockholm: Gegen das
9. Mai   Votum Dänemarks lehnen Schweden und Norwegen (später auch Finnland) anschließend das deutsche Angebot zum Abschluß von Nichtangriffspakten mit dem Deutschen Reich
1939–1945   ab.
Schweden bleibt während des Zweiten Weltkriegs neutral. – *(Forts. S. 1357)*

Norwegen
(Forts. v. S. 827)

Norwegen entwickelt in den ersten Jahrzehnten seit der Entstehung der Selbständigkeit im Jahre 1905 ein starkes Eigengefühl, ohne doch den Zusammenhang mit den skandinavischen Nachbarstaaten zu verlieren (dynastische Verbindung mit Dänemark). Das Hauptinteresse liegt in der Fortentwicklung einer tragfähigen norwegischen Wirtschaft und Industrie.

1914–1918   Die Fortsetzung der Neutralitätspolitik während des Ersten Weltkrieges ist beeinträchtigt durch die starke *wirtschaftliche Abhängigkeit von Großbritannien* und den Wunsch, durch Einsatz der Handelsflotte im Krieg wirtschaftliche Vorteile zu sichern.

1919   Festlegung des *Verhältniswahlrechts* zum Storting (Volksvertretung).

1920   Norwegische Souveränität über Spitzbergen international anerkannt.

1921   Trennung der Kommunisten von den Sozialdemokraten.

1921–1935   Wiederholte Regierungen der *bürgerlichen Linken (Venstre):* ihr politischer Führer *Johann Ludwig Mowinckel* (* 1870, † 1943) wiederholt Regierungschef: 1924–1926; 1928–1931; 1933–1935.

1922   Norwegens *Arbeiterpartei* verläßt die Internationale; nach dem Zusammenschluß mit den Sozialdemokraten wird sie seit 1927 die *stärkste Partei* im Storting.

1935–1945   Regierungsverantwortung der Arbeiterpartei (wie schon 1928).

1935   Kabinettsbildung unter Führung von *Johann Ludwig Nygårdsvold* (* 1879, † 1952), seit
19. März   7. Juni 1940 als Exilregierung in London.

Einzelstaaten – Skandinavien – Schweden – Norwegen – Dänemark   985

Innen- und Außenpolitik bis zur deutschen Besetzung

Hauptprobleme der **Innenpolitik** sind die *Überwindung der Wirtschaftskrise* der zwanziger und beginnenden dreißiger Jahre, *Förderung des Landbaus* und *Verbesserung der Sozialversicherung*. Auseinandersetzung mit der konservativen Bauernpartei und vereinzelten rechtsnationalen, antikommunistischen und antidemokratischen Gruppierungen *(Nationale Sammlungspartei* unter *Vidkun Quisling).*
Norwegen hält trotz andersgerichteter Strömungen an der **Neutralitätspolitik** fest und versagt sich auch aktiver Mitwirkung an Völkerbunds-Aktivitäten. Es ist für eine kriegerische Auseinandersetzung wenig gerüstet.

1939	Norwegen lehnt den Abschluß eines Nichtangriffspakts mit Deutschland ab (Mai).
2. Sept.	Deutschland sichert die Wahrung der norwegischen Integrität zu, sofern diese nicht durch eine dritte Macht verletzt wird.
1940	Nach der **Landung deutscher Truppen** an verschiedenen Stellen Norwegens Besetzung des
9. April	Landes trotz teilweise hartnäckigen Widerstands. Flucht von *König Haakon VII.* (* 1872, † 1957) nach London.
15. April	Bildung eines Verwaltungsrats unter *Vidkun Quisling* (* 1887, † 1945), der vorübergehend eine nationale norwegische Regierung zu bilden versucht.
1940–1945	Unter der Kontrolle des Reichskommissars *Josef Terboven* kommt es zu harten Maßnahmen gegen die wirkungsvoll agierende Widerstandsbewegung.
1942	Vidkun Quisling bildet ein *„nationales Ministerium'*, das eng mit der deutschen Besat-
1. Febr.	zungsmacht zusammenarbeitet.
1944	Räumung Norwegens durch die deutschen Truppen.
1945	Nach der deutschen Kapitulation *Rückkehr der Exilregierung und des Königs aus London.*
9. Mai	In der neugebildeten Koalitionsregierung unter *Einar Gerhardsen* (* 1897, † 1987) absolute Mehrheit der Arbeiterpartei.
	Norwegische Truppen nehmen an der Besetzung Westdeutschlands teil. – *(Forts. S. 1336)*

Dänemark mit Island und Grönland
(Forts. v. S. 827)

1915	*Verfassungsänderung:* Mitglieder beider Kammern des Parlaments werden nach allgemei-
5. Juni	nem Wahlrecht (Frauen- und Verhältniswahlrecht) gewählt.
1917	Verkauf nach vorangegangener Volksabstimmung der dänisch-westindischen Besitzungen (*Virgin Islands;* deutsch: Jungferninseln) mit dem Flottenhafen *St. Thomas* an die USA.
1918	**Island** wird durch **„Unionsakte"** als **selbständiger Staat** in Personalunion mit Dänemark
30. Nov.	anerkannt. Es bestehen weiterhin enge wirtschaftliche Bindungen.
1920	*Südschleswig-Frage:* Dänemark wünscht den Anschluß von ganz Schleswig, akzeptiert aber
Febr./	eine *Volksabstimmung* in Übereinstimmung mit der Völkerbundssatzung. Die Grenzzie-
März	hung erfolgt längs der sogenannten *Clausenlinie* südlich Tonderns und nördlich von Flensburg.
1924	*Thorvald Stauning* (* 1873, † 1942), seit 1910 Parteiführer der Sozialdemokraten, bildet
23. April	ein Kabinett.
1926	Bildung einer *Venstre-Regierung* (bürgerliche Linke) unter *Thomas Madsen-Mygdal*
14. Dez.	(* 1876, † 1943) mit liberaler Zielsetzung und steuerpolitischen Zugeständnissen („Anpassungs-Periode").
1929	Beim Versuch, Rüstungsausgaben einzuschränken, stürzt die Regierung (25. April).
30. April	Nachfolger (bis 1940) wird erneut Thorvald Stauning im Bündnis der Sozialdemokraten mit der Radikalen Venstre unter Außenminister *Peter R. Munch* (* 1870, † 1948).
1931	Durch *Besetzung der ostgrönländischen Küste* treibt *Norwegen* den langjährigen Konflikt
10. Juli	mit Dänemark wegen der Rechte auf diesen Teil Grönlands auf die Spitze. Der Haager Gerichtshof entscheidet (April 1933) gegen Norwegen.
1933	Der *„Kanslergade-Vergleich"* versucht durch Verhinderung von Arbeitskämpfen der
Jan.	Wirtschaftskrise entgegenzusteuern (Anstieg der Arbeitslosenquote bis 1933 auf 40%).
April	Handelsvertrag mit Großbritannien zur Sanierung der landwirtschaftlichen Exporte.
1939	Dänemark schließt unter starkem deutschem Druck einen vom nationalsozialistischen
31. Mai	Deutschland vorgeschlagenen Nichtangriffspakt mit der dänischen Regierung ab.
1940	Nach der **kampflosen Besetzung Dänemarks** durch deutsche Truppen (gleichzeitig mit
9. April	Norwegen) bleibt die *dänische Regierung unter Thorvald Stauning* (bis 1942) unter Protesten *im Amt.* König *Christian X.* verläßt das Land nicht. Der deutsche Gesandte wird „Reichsbevollmächtigter", mit dem die dänische Regierung zusammenarbeiten muß.
12. April	Britische Truppen besetzen die dänischen *Färöer-Inseln,* lassen jedoch die eigene Verwaltung bestehen und erweitern deren Kompetenz, was die Selbständigkeit (Forderung nach Unabhängigkeit – *selfstyre*) der Inselgruppe nach 1945 gegenüber Dänemark festigt.

986   Neuzeit – Zeitalter der Weltkriege

Mai   *Island* wird durch britische Truppen besetzt, anschließend (seit Juli 1941) von den USA
          zum Stützpunkt ausgebaut.
1941   *Grönland* ist von Dänemark abgeschnitten: der dänische Gesandte in Washington schließt
          eigenmächtig einen Vertrag mit den USA, der diesen die Errichtung von Marine- und Luft-
          basen auf Grönland zugesteht *(Kauffmann-Traktat)*.
Febr.   In London entsteht der „*Dänische Rat*" als eine Art Exilregierung.
Nov.   Die Regierung Stauning tritt dem *Antikominternpakt* bei.
1942   Nach dem Tod Staunings bildet *Vilhelm Buhl* (* 1881, † 1954) eine neue Regierung (bis
3. Mai   10. Nov.); danach Regierung Scavenius.
1943   Nach Sabotageakten der Gruppe „Freies Dänemark" und Streiks kommt es zu einer Wende
29. Aug. der deutschen Besatzungspolitik: Verhängung des Ausnahmezustands, daraufhin Rücktritt
          der Regierung unter *Erik Scavenius* (* 1877, † 1962), die nicht mehr zur Zusammenarbeit
          bereit ist. Die Regierungsgewalt übernimmt de facto der deutsche Reichsbevollmächtigte.
          Das dänische Heer wird aufgelöst; die Flotte versenkt sich selbst.
1944 Einen Höhepunkt des deutschen Besatzungsterrors stellt die Erschießung des Pfarrers und
4. Jan. Dichters *Kaj Munk* (* 1898, † 1944) dar. Empörung darüber in weiten Teilen des Landes.
17. Juni **Island** erklärt sich zur **Republik;** vorangegangen sind eine Volksbefragung und die Erklä-
          rung der völligen staatlichen Unabhängigkeit von Dänemark unter Auflösung der Perso-
          nalunion. Erster Staatspräsident wird *Sveinn Björnsson* (* 1881, † 1952).
1945   In den letzten Kriegsmonaten strömen viele Flüchtlinge und Reste der deutschen Wehr-
          macht nach Dänemark (Jütland). Die Insel *Bornholm* wird vorübergehend (bis April 1946)
          von russischen Truppen besetzt. An der Besetzung Westdeutschlands sind auch dänische
          Truppen beteiligt. – *(Forts. S. 1335, 1337)*

Finnland (1917–1945)

1917 Die Februarrevolution in Rußland gibt Finnland die Gelegenheit, vermehrt auf die staat-
März   liche Selbständigkeit hinzuarbeiten *(Anerkennung der Autonomie 31. März)*.
          Die finnische Regierung anerkennt zunächst die russische Regierung unter Kerenski; aber
Juni   die zur Mehrheit im Parlament gelangten Sozialdemokraten (103 von 200 Sitzen) setzen
          das sog. ‚*Gewaltengesetz*' durch: der *Landtag* wird danach *Träger der ‚höchsten Gewalt*'
          in Finnland, überläßt aber der russischen Regierung, deren Militär noch im Lande sitzt,
          Außenpolitik und Heerwesen.
          Die *russische Regierung* akzeptiert das ‚Gewaltengesetz' nicht, sondern setzt die *Auflösung
          des finnischen Parlaments* durch (bürgerliche Mehrheit; innere Notsituation). Zwischen
          den sozialistischen Roten Garden und dem bürgerlichen Schutzkorps, der Weißen Garde,
          kommt es zu bewaffneten Auseinandersetzungen.
15. Nov. Nach der bolschewistischen Revolution in Rußland (7. Nov.) *Generalstreik* der finnischen
          Gewerkschaften. Der Landtag beschließt die ‚vorläufige' Übernahme der höchsten Gewalt
          ohne Einschränkungen. Es kommt zur Bildung einer rein bürgerlichen *Regierung* unter *Per
          Evind von Svinhufvud* (* 1861, † 1944): Sozialdemokraten sind durch die Vorgänge beim
          Generalstreik kompromittiert.
6. Dez. Nachdem eine *Verfassung für ein unabhängiges Finnland* im Landtag eingebracht ist
          (4. Dez.), folgt die formlose Erklärung der **Unabhängigkeit Finnlands** im Parlament.
1918   Den *Befreiungskrieg* gegen die im Lande stationierten russischen Truppen (etwa 40 000
          Mann) führt der Generalleutnant *Karl Gustav Emil Freiherr von Mannerheim* (* 1867,
          † 1951) (Oberbefehlshaber seit 27. Jan. 1918).
          Aufstand in Helsinki und Bildung eines rußlandfreundlichen kommunistischen „Volks-
          rats": dagegen passiver Widerstand. Es kommt zum Bürgerkrieg und blutigen Auseinan-
          dersetzungen zwischen „Weißen" und „Roten".
April   Deutsches Hilfskorps Mannerheim erobert *Tampere* (Prov. Häme), den Stützpunkt der
          Roten. Landung regulärer deutscher Truppen (General *Rüdiger Graf von der Goltz*).
16. Mai Siegesparade in der Hauptstadt als *Besiegelung der Unabhängigkeit*.
          Mitglieder des „Volksrats" fliehen nach Rußland; etwa 70 000 Mann der Roten Garde ge-
          fangengenommen.
27. Mai Unter der *Reichsverweserschaft Svinhufvuds* Bildung einer bürgerlich-monarchistischen
          Regierung unter *Juho Kusti Paasikivi* (* 1870, † 1956). Der Versuch, einen deutschen
          Prinzen zur Begründung einer finnischen Monarchie zu gewinnen, scheitert. Kaiser Wil-
          helm II. (für Prinz Oskar von Hohenzollern) und Prinz Friedrich Karl von Hessen verwei-
          gern die Zustimmung.
          Separatistische Bewegung in Ostkarelien tritt für die Vereinigung mit Finnland ein.
12. Dez. Nach Abzug der Deutschen wird *Mannerheim Reichsverweser* (bis Juni 1919).

Einzelstaaten – Finnland   *987*

1919	*Parlamentswahlen* im März bringen Zuwachs der Sozialdemokraten.
17. Juni	Die *republikanische Verfassung* wird von Reichsverweser Mannerheim unterzeichnet. Die Exekutive liegt beim Präsidenten; der Staatsrat wird von verantwortlichen Ministern gebildet.
25. Juli	Erster finnischer Staatspräsident wird *Karl Juho Ståhlberg* (* 1865, † 1952).
1920	Unterzeichnung des **Friedensvertrags** mit **Sowjet-Rußland** in Dorpat durch eine finnische
14. Okt.	Delegation unter Ministerpräsident Paasikivi. Ostkarelien bleibt russisch unter Zusage der Autonomie; Finnland erhält mit Petsamo einen Korridor zum Eismeer.
Dez.	Finnland tritt dem Völkerbund bei.
1921	*Aufstand in Ostkarelien* bei Einführung des Sowjetsystems.
24. Juni	Finnland behauptet die *Ålandsinseln* trotz dem Wunsch der Bevölkerung, sich an Schweden anzuschließen (Bestätigung durch den Völkerbund). Neutralisierung der Inseln und Befestigungsverbot.
1921–1925	*Politik der nationalen Einheit:* neben den Sozialdemokraten *(Suomen sosiaalidemokraattinen puolue)* stehen die Nationale Fortschrittspartei *(Kansallinen Edistyspuolue),* die rechtsgerichtete Nationale Sammlungspartei *(Kansallinen Kokoomus)* und die *schwedische Partei (Svenska folkpartiet).* Arbeiterschutzgesetzgebung; Gesetz über sechsjährige Schulpflicht (1921).
1922	**Gesetz zur Bodenreform** (Lex Kallio): Möglichkeit zum Landerwerb für Unbegüterte rich-
25. Nov.	tet sich gegen Großgrundbesitz in schwedischer Hand: Die finnische *kommunistische Partei*
1924	(sie wurde im August 1918 in Rußland begründet) wird durch die Regierung unter *Kyösti Kallio* (* 1873, † 1940) *verboten,* die kommunistischen Reichstagsmitglieder werden verhaftet.
1925	Staatspräsident wird der Rechtsagrarier *Lauri Christian Relander* (* 1883, † 1942) (ein
1. März	Mitte-Rechts-Bündnis führt zu einer rechtsgerichteten Innenpolitik).
1926	Bildung einer sozialdemokratischen Minderheitsregierung unter *Väinö Tanner* (* 1881);
13. Dez.	sie stürzt über der Zollfrage.
1930	Anwachsende Diskussion um Sondergesetze gegen kommunistische Tätigkeit. Eine antikommunistische Bauernbewegung *Lapua-Bewegung; schwedisch: Lappo-Bewegung)* gewinnt Einfluß auf die Innenpolitik.
4. Juli	Der frühere Reichsverweser Svinhufvud bildet ein neues Kabinett. Die *Regierung Svinhuf-*
Sept.	*vud* verabschiedet unter dem Druck der Lapua-Bewegung (Marsch der 12 000 auf Helsinki) *antikommunistische Notverordnungen.*
1./2. Okt.	Bei Neuwahlen Zweidrittelmehrheit für die Regierung gegen die Sozialisten.
1931	*Pehr Evind Svinhufvud* wird *Präsident der Republik;* Freiherr von *Mannerheim* zum *Vor-*
1. März	*sitzenden des Verteidigungsrats* ernannt.
1932	Die *Lapua-Bewegung* wird nach einem Putsch erstmals *aufgelöst;* sie besteht im Unter-
März	grund weiter als nationale Sammlungsbewegung und taucht 1933 wieder auf (Verbot 1934).
1933	Bei Wahlen Sieg der Sozialdemokraten.
	Begründung der antidemokratischen, antikommunistischen ‚Vaterländischen Volkspartei' *(Isänmaallinen Kansanliike – IKL),* die nationalsozialistisch beeinflußt ist. Sie gewinnt bei den Wahlen nur wenig Boden.
1934	Finnland nimmt erstmals an einem Ministertreffen skandinavischer Staaten teil. In der Folge (spätestens 1936) Diskussion um die Bildung eines Blocks der skandinavischen und baltischen Staaten gegen die Bedrohung durch die nationalsozialistische Politik im Sinne des Völkerbunds. Eine Einigung kommt nicht zustande.
	Aufflackern des *Sprachenkampfes* zwischen *finnischen und schwedischen Volksgruppen.* Die seit den zwanziger Jahren bestehende finnisch-nationalistische Akademische Kareliengesellschaft *(Akateeminen Karjalan Seura)* gewinnt Einfluß innerhalb der akademischen Jugend.
1937	*Finnisch* wird durch Reichsgesetz *Unterrichtssprache* der Universität Helsinki; das Schwedische wird erneut zurückgedrängt, bleibt aber noch immer die Sprache der gebildeten Schicht.
Febr.	Bei den Präsidentenwahlen wird *Kyösti Kallio* (Agrarier) gewählt.
12. März	Koalitionsregierung unter *Aimo Cajander* (* 1879, † 1943) mit Fortschrittspartei, Agrariern und Sozialdemokraten.
1938	Ein Beschaffungsprogramm für die Armee sucht Finnlands Verteidigungsbereitschaft zu stärken; es kommt für eine wirksame Kriegsvorbereitung zu spät.
Nov.	Auflösung der Nationalen Sammlungspartei.
	Finnland versucht außenpolitisch eine Annäherung an Großbritannien, aber auch an Deutschland; es erklärt sich jedoch in den wesentlichen außenpolitischen Fragen mit seinen skandinavischen Nachbarn solidarisch.
1939	Finnland lehnt das deutsche Angebot eines Nichtangriffspaktes trotz des bestehenden
Mai	freundschaftlichen Verhältnisses zu Deutschland ab.

988   Neuzeit – Zeitalter der Weltkriege

Das geheime Zusatzprotokoll des *deutsch-sowjetischen Nichtangriffspakts* vom Aug. 1939 enthält folgende Abmachung: Deutschland erklärt Estland, Lettland und Finnland als außerhalb seiner Interessensphäre liegend, läßt also in diesem Bereich der sowjetischen Politik freie Hand.

2. Juni Eine angestrebte *Befestigung der Ålandsinseln* gegen das Völkerbundsverbot (Gesetz nach Einigung mit Schweden) kommt wegen russischen Protestes nicht zustande.

1939
27. Nov. Nach Ablehnung sowjetrussischer Forderungen (Überlassung von Stützpunkten) durch Finnland *kündigt die UdSSR* den am 21. Jan. 1922 abgeschlossenen *Nichtangriffspakt* mit Finnland.

30. Nov. Beginn des **sowjetischen Angriffs auf Finnland („Winterkrieg").** Dänemark, Norwegen leisten v. a. humanitäre Hilfe; Schweden stellt Material und Kredite zur Verfügung, sendet Freiwilligenkorps, weigert sich aber, zusammen mit Großbritannien und Frankreich selbst ein bewaffnetes Eingreifen zu planen (Festhalten an strikter Neutralität). Finnland führt mit Energie und letztem Einsatz einen ungleichen, teilweise aber sogar erfolgreichen Kampf.

7. Dez. Die *UdSSR* schließt einen *Beistands-* und *Freundschaftspakt* mit der am 2. Dez. begründeten finnisch-kommunistischen Gegenregierung unter *Otto Wilhelmowitsch Kuusinen* (* 1881, † 1964), die aber ohne Einfluß bleibt; am 1. Dez. hat Ministerpräsident *Risto Ryti* (* 1889, † 1956) eine Regierung gebildet (Außenminister Väinö Tanner), die eine Zusammenfassung der rechtsnationalen Kräfte darstellt.

14. Dez. Auf Finnlands Appell an den Völkerbund hin empfiehlt dieser seinen Mitgliedern, Finnland zu unterstützen. Ausschluß der UdSSR aus dem Völkerbund.

1939/1940 Im finnisch-sowjetischen Winterkrieg gelingt es nicht, die ‚Mannerheim-Linie' zu halten. Noch ehe britisch-französische Kräfte eingreifen können, kommt es zum Abschluß des

1940 **Friedens von Moskau:** Finnland tritt die karelische Landenge mit Viborg (Viipuri) und
12. März Teile von Ostkarelien ab; es verpachtet für 30 Jahre die Halbinsel Hangö (Hanko) an die UdSSR (Marinestützpunkt) und räumt ihr Transitrechte im Gebiet von Petsamo (an der Barentssee) ein.

18. Juni Finnland erläßt ein Gesetz zur Umsiedlung der 160000 vor allem karelischen Flüchtlinge. Sie werden planmäßig im übrigen Finnland angesiedelt und sind heute weitgehend integriert.

15. Okt. In einem weiteren Vertrag mit der UdSSR verpflichtet sich Finnland, die Ålandsinseln, die seit Juni 1921 finnisch sind, aber unter Befestigungsverbot des Völkerbunds stehen und Autonomie gegenüber Finnland besitzen (schwedisches Interesse), weiterhin nicht zu befestigen.

19. Dez. *Risto Ryti* wird anstelle des erkrankten Kyösti Kallio *zum Präsidenten der Republik gewählt* (Wiederwahl am 15. Febr. 1943).

1941
26. Juni Als der deutsche Angriff gegen die UdSSR anläuft (22. Juni 1941), beteiligt sich auch Finnland unter dem Oberbefehl Marschall Mannerheims, des späteren Staatspräsidenten, am Ostfeldzug.

29. Aug. Einnahme des 1940 abgetretenen *Viborg* (Viipuri), Finnland achtet aber – aus politischen Gründen – die alte finnisch-sowjetische Grenze. Dagegen dringt die finnische Armee durch Ostkarelien bis zum Svir und zum Onegasee vor. Der Verkehr über den Weißmeer-Ostsee-Kanal wird unterbunden.

25. Nov. *Finnland* tritt dem *Antikominternpakt* bei.

4. Dez. Hangö (Hanko) wird eingenommen.

7. Dez. Die im Vertrag von Moskau abgetretenen und inzwischen *zurückeroberten Gebiete* werden *in das finnische Staatsgebiet rückgegliedert.*

1943 Im Verlauf des Jahres verstärkt sich die Tendenz, aus dem Krieg auszuscheiden; durch die Anwesenheit der deutschen Truppen wird dieses Vorhaben aber erschwert.

1944 Die *finnische Front auf der karelischen Landenge droht infolge einer sowjetischen Offensive im Juni zusammenzubrechen.*

22.–27. Juni Staatspräsident Ryti verpflichtet sich gegen ein Hilfsversprechen von Reichsaußenminister Ribbentrop, keinen Separatfrieden abzuschließen.

1. Aug. Ryti muß deswegen abdanken.

Aug./ Sept. An seiner Stelle erreicht Marschall Mannerheim den Rückzug der deutschen Truppen sowie einen Waffenstillstand mit der UdSSR:

19. Sept. **Waffenstillstand von Moskau,** der später im Friedensvertrag von Paris (12. Febr. 47) bestätigt wird: Hauptbedingungen sind Abtretung derselben Territorien wie schon 1940 (Westkarelien mit Viborg, Halbinsel Hangö), außerdem des Gebiets von Petsamo; Zugeständnis eines russischen Stützpunktes in Porkkala; Reparationslieferungen im Wert von 300 Mio. Dollar im Verlauf von sechs Jahren.

17. Nov. Juho Kusti Paasikivi bildet zum zweiten Mal (erstes Mal im Mai 1918) eine Regierung.

1945 Nunmehr erfolgt die *Kriegserklärung an das Deutsche Reich* (3. März) mit Rückwirkung vom 19. Sept. 1944. – *(Forts. S. 1358)*

Einzelstaaten – Baltische Staaten – Estland – Lettland *989*

Baltische Staaten (1917–1945)

Die drei baltischen Nationalstaaten – *Litauen, Lettland, Estland* – verdanken ihre Existenz den Bestimmungen des *Friedens von Brest-Litowsk* vom März 1918 zwischen dem Deutschen Reich und Sowjetrußland sowie dem *deutsch-sowjetischen Ergänzungsvertrag* vom Aug. 1918. Die deutsche Politik verfolgt den Plan einer Zusammenfassung der drei Gebiete Estland, Livland, Kurland und bildet Anfang Nov. 1918 einen Regentschaftsrat aus den Landesräten mit deutsch-baltischen, lettischen und estnischen Vertretern.

Estland

1918	Proklamation der **Unabhängigkeit Estlands** nach der Besetzung durch deutsche Truppen.
24. Febr.	Provisorische Regierung unter *Konstantin Päts* (* 1874, † 1943?).
1919	Nach deutschem Abzug Kämpfe mit bolschewistischen Truppen (Dez. 1918/Jan. 1919).
1919	Mit britischer und finnischer Hilfe werden die *Bolschewisten zurückgeschlagen.*
10. Okt.	Bodenreformgesetz enteignet die deutsch-baltischen Gutsherren.
1920	Im *Vertrag von Dorpat* wird Estland von Sowjet-Rußland anerkannt. Die Voraussetzungen
2. Febr.	und Entwicklungstendenzen zwischen den Kriegen sind denjenigen in Lettland ähnlich.
15. Juni	Verfassung Estlands als *demokratische Republik.*
1924	*Bolschewistischer Putsch in Reval* niedergeschlagen (1. Dez.).
	Die Abwehr gegen den Bolschewismus bleibt innenpolitisch bestimmend. In den folgenden Jahren Ausbreitung des estnischen Freiheitskämpferbundes, der auf Verfassungsreform im faschistischen Sinne drängt.
1933	Volksentscheid bringt **Verfassungsänderung** mit starker Stellung des Präsidenten (Okt.).
1934	Konstantin Päts (Landwirtepartei) kommt den „Freiheitskämpfern" zuvor: **Staatsstreich**
12. März	mit Hilfe von General *Laidoner.*
1934/1935	Rücksichtslose *Ausschaltung der „Freiheitskämpferbewegung"* durch Verbot und Verhaftungen. Päts, gestützt auf die estnische Bauernschaft, kehrt zur *„gelenkten Demokratie"* zurück, ohne seine Herrschaft zu gefährden.
1936	Durch einen Volksentscheid läßt sich Päts seinen Kurs bestätigen (Febr.).
1937	*Neue Verfassung:* Demokratie mit zwei Kammern; der Präsident ist mit starker Vollmacht
3. Sept.	ausgestattet.
1938	Konstantin *Päts* wird *zum Staatspräsidenten gewählt* (bis Juli 1940 im Amt).
1939	*Nichtangriffspakt mit Deutschland* (analog Lettland).
1940	*Johannes Jakowlewitsch Vares* († 1946) wird nach sowjetischer Besetzung als Ministerprä-
21. Juni	sident eingesetzt; unter seiner Regierung wird Estland zur **Sozialistischen Sowjetrepublik** erklärt.
1941–1944	Estland unter deutscher Besatzung: *Hjalmar Mäe* als Erster Landesdirektor eingesetzt.
1944	Estland wird wieder dem sowjetischen Staatsverband eingegliedert (3. Okt.).

Lettland

1918	Proklamation einer **unabhängigen Republik** Lettland: In Lettland ist die politische Ent-
11. Nov.	wicklung glücklicher als in Litauen, da ernste Konflikte um Grenzfragen fehlen und die Emanzipation des Bürgertums schon weiter gediehen ist.
1919	Einfall bolschewistischer Truppen (Jan.), die Riga nehmen und das Land besetzen.
April	Beginn der Kämpfe zwischen deutschen, baltendeutschen und lettischen Truppen gegen die bolschewistischen Kräfte.
22. Mai	*Riga* von deutschen und verbündeten Truppen *zurückerobert.*
30. Juni	Vorläufige Verfassung für die Republik Lettland.
1920	Im **Friedensvertrag von Riga** Anerkennung des unabhängigen Staates Lettland durch So-
11. Aug.	wjetrußland.
24. Sept.	*Bodenreformgesetz* ähnlich dem in Estland.
1922	**Annahme der** endgültigen **Verfassung.**
15. Febr.	Sozialdemokratischer Wahlsieg. Entsprechende Regierung. Die deutschbaltische Füh-
9. Okt.	rungsschicht des Landes, geschwächt durch Bodenreform und Emigration, bleibt politisch ausgeschaltet.
1928	Regierungsbildung durch konservative Kräfte (Bauernbund): Ministerpräsident wird *Peter*
1930	*Juraševski* (* 1872, † 1945), *Albert Kviesis* (* 1881, † 1944), Führer des Bauernbundes,
9. April	wird zum *Staatspräsidenten* gewählt.
1931	Enteignung des deutschen Doms in Riga. Verschärfung des gespannten Verhältnisses zur
Sept.	deutschen Minderheit.

990   Neuzeit – Zeitalter der Weltkriege

1932   Abschluß eines *Nichtangriffspakts mit der Sowjetunion.*
1934   Staatsstreich des Ministerpräsidenten *Karl Ulmanis* (* 1877, † 1942?), des Führers des
16. Mai   Bauernbundes. Aufhebung der Verfassung. Ende der parlamentarisch-demokratischen
   Regierungsform einer auf Bauernbund und Militär gestützten autoritär-na-
   tionalistischen Diktatur unter Berücksichtigung faschistischer Elemente.
12. Sept.   Die enge Zusammenarbeit mit Estland (Bündnis vom 1. Nov. 1923) und Litauen wird als
   „**Baltische Entente**" ausgebaut.
1936   Ulmanis zum Staatspräsidenten ernannt, zugleich – der diktatorischen Verfassung ent-
9. April   sprechend – Ministerpräsident (bis 20. Juli 1940).
1939   *Nichtangriffspakt mit dem Deutschen Reich.* Die lettische Außenpolitik in den Jahren vor
7. Juni   Kriegsausbruch versucht, durch gute Beziehungen nach allen Richtungen Neutralität und
   Unabhängigkeit zu wahren.
5. Okt.   Abschluß eines *Beistandspaktes mit der Sowjetunion:* Einräumung von Stützpunkten.
30. Okt.   Abschluß eines deutsch-lettischen Vertrages, der die *Umsiedlung von Baltendeutschen* in
   das Reichsgebiet vorsieht.
1940   Nach Annahme sowjetischen Ultimatums Errichtung einer neuen Regierung unter *August*
22. Juni   *Martynowitsch Kirchenstein* (* 1872, † 1963) unter sowjetischer Besatzung.
Juli/Aug.   Anschluß der drei baltischen Staaten – Estland, Lettland, Litauen – als *Sozialistische So-*
   wjetrepubliken an die UdSSR.
1941–1944   Lettland unter *deutscher Besatzung.*
1944   Nach Abzug deutscher Truppen aus Riga: Wiederherstellung des 1940 geschaffenen
13. Okt.   Zustands einer Sozialistischen Sowjetrepublik.

Litauen

1917   Der litauische Landesrat in Wilna proklamiert einen **unabhängigen litauischen Staat** unter
11. Dez.   dem Schutz des Deutschen Reichs.
1918   Nach Unabhängigkeitserklärung (16. Febr.) erfolgt *Anerkennung durch das Deutsche*
23. März   *Reich.*
Juni   *Herzog Wilhelm von Urach* (* 1864, † 1928 – Seitenlinie des württembergischen Königshauses) wird zum König von Litauen gewählt.
2. Nov.   Litauen erklärt sich zum Freistaat mit provisorischer demokratischer Verfassung.
5./11.   *Augustin Voldemaras* (* 1883, † 1944) bildet die erste litauische republikanische Regie-
Nov.   rung.
   Nach Abzug der Deutschen Einrücken der Bolschewiken, die am 5. Jan. 1919 Wilna nehmen (im April von den Polen erobert).
8. Dez.   Grenzziehung durch die Alliierten nach der **Curzon-Linie** (Vorschlag des britischen
   Außenministers *George Curzon).* Wilna kommt zu Litauen.
1920   **Friedensvertrag von Moskau** zwischen Litauen und Sowjetrußland: Litauens Selbststän-
12. Juli   digkeit einschließlich der Stadt Wilna wird anerkannt.
7. Okt.   *Vertrag von Suwalki:* Polen und Litauen erkennen die Grenze vom 8. Dez. 1919 an. Polnische Besetzung Wilnas.
1922   Eine *Bodenreform* (29. März) schaltet die alte polnische Herrenschicht aus.
1. Aug.   Annahme der Verfassung *(demokratische Republik).*
1923   *Besetzung des Memelgebiets* – Ostpreußen nördlich der Memel (17. Mai).
1924   Memelstatut: die vier Hauptmächte der Alliierten (USA, Großbritannien, Frankreich, Italien) übertragen ihre Rechte aus dem Versailler Friedensvertrag an Litauen; das *Memelge-*
   biet erhält *Autonomiestatus* unter litauischer Oberhoheit.
Dez.   Militärputsch: *Anton Smetona* (* 1874, † 1944) wird *Staatspräsident, Voldemaras* Mini-
1926   *sterpräsident.* Aufhebung der Verfassung. Einparteiherrschaft der Tautininkai (Nationalisten) unter der Militärdiktatur Smetona-Voldemaras.
1929   Ministerpräsident *Voldemaras gestürzt* (19. Sept.).
23. Sept.   Bildung eines Kabinetts unter *Josef Tubelis* (* 1882, † 1939).
1935   Kriegsgericht in Kaunas fällt vier Todesurteile gegen deutsche Memelländer: deutsch-li-
26. März   tauische Spannung wegen des Memelgebiets auf dem Höhepunkt.
1936–1938   Politische Entwicklung im faschistischen Sinn (gelenkte Einparteiwahlen).
1938   *Polnisch-litauischer Konflikt:* polnisches Ultimatum, Beziehungen zu Polen aufzunehmen
März   und die Wilna-Grenze anzuerkennen; Litauen akzeptiert.
1939   *Rückgabe des Memellandes* an das Deutsche Reich: Einmarsch deutscher Truppen in das
23. März   Gebiet nach deutsch-litauischem Abkommen.
28. Sept.   Im Ergänzungsvertrag zum *deutsch-sowjetischen Beistandspakt* vom 23. Aug. 1939 wird
10. Okt.   Litauen der UdSSR als Interessengebiet zugesprochen. Abschluß eines *Beistandspakts*
   zwischen Litauen und der UdSSR, der Stützpunkte eingeräumt werden. Die Sowjetunion
   tritt das nach der Aufteilung Polens ihr zugefallene Wilna-Gebiet an Litauen ab.

Einzelstaaten – Baltische Staaten – Litauen – Polen   *991*

1940 4.–17. Juni	Annahme des *sowjetischen Ultimatums:* Einräumung weiterer Stützpunkte sowie Umbildung der Regierung: neuer Ministerpräsident wird der Kommunist *Justus Ignowitsch Paleckis* (* 1889).
Juli/Aug.	Anschluß der drei baltischen Staaten als **Sozialistische Sowjetrepubliken** an die UdSSR.
1941	Besetzung der baltischen Sowjetrepubliken durch die deutsche Wehrmacht (Juni/Juli).
1941–1944	Landeseigene Verwaltung (Generalrat) unter deutschem Reichskommissariat: Führung hat *Peter Kubiliunas* (* 1894, 1945 verschollen) inne.
1944 Juli	Durch den Vormarsch der Roten Armee wird Litauen wieder Sozialistische Sowjetrepublik.

Polen (1914–1945)
(Forts. v. S. 813)

Der Ausbruch des Krieges zwischen Rußland und den Mittelmächten eröffnet der staatslosen polnischen Nation die Aussicht auf Unabhängigkeit. *Josef Piłsudski* (* 1867, † 1935) verfolgt dieses Ziel durch Einsatz polnischer Legionäre auf österreichisch-ungarischer Seite gegen Rußland, *Roman Dmowski* (* 1864, † 1939) dagegen durch Anlehnung an Rußland und die Westmächte. Die drei kriegführenden Teilungsmächte spielen die *polnische Frage* jeweils gegeneinander aus. Doch sind Deutsche und Russen dabei politisch gehemmt. Die habsburgische Politik strebt dagegen die Angliederung Polens an ihren Vielvölkerstaat an *(„austropolnische Lösung")*.

1916 **5. Nov.**	**Proklamation eines polnischen Staats** durch die Mittelmächte Deutschland und Österreich-Ungarn. *Bildung eines polnischen Staatsrats* in Warschau.
1917 2. Juli	Josef Piłsudski, Organisator und Führer der polnischen Legionen, tritt aus dem Staatsrat aus, da die weitergehenden polnischen Forderungen nach mehr Unabhängigkeit gegenüber den deutschen und österreichisch-ungarischen Exekutivorganen (Generalgouverneure) nicht erfüllt werden. Er wird von den Deutschen gefangengesetzt und bleibt bis Anfang Nov. 1918 in Magdeburg in Haft.
15. Aug.	In Lausanne wird das *„Polnische Nationalkomitee"* mit Sitz in Paris unter Leitung Roman Dmowskis gegründet.
12. Sept.	Durch kaiserliches „Patent betreffend die Staatsgewalt im Königreich Polen" wird ein Regentschaftsrat als *polnische Regierung unter deutscher Kontrolle* geschaffen.
1918 14. Nov.	Der Regentschaftsrat tritt zurück und überträgt *Piłsudski* die Staatsgewalt. Piłsudski, in diktatorischer Stellung, bildet eine provisorische Regierung unter Ministerpräsident *Andreas Moraczewski* (* 1870, † 1944).
23. Nov.	Polen erobert Lemberg im Kampf gegen die Ukrainer.
Dez.	Einnahme der Stadt Posen (27.–28.).
1919 8. Dez.	Bildung der Koalitionsregierung (Jan.) unter *Ignaz Johann Paderewski* (* 1860, † 1941). Festlegung der **Curzon-Linie** (polnische Ostgrenze, die der britische Außenminister *George Curzon* für die Beilegung des sowjetisch-polnischen Konflikts vorschlägt: sie verläuft von der Bahnlinie Dünaburg–Wilna – Grodno nach Brest, von dort längs des Bug bis über Krylów, quer durch Galizien über Rawa Ruska nach Przemyśl und weiter nach Süden) durch die Alliierten.
1920 März-Okt.	**Russisch-polnischer Krieg** endet, nach großer Gefahr, für die Polen unter Piłsudski erfolgreich: Vorstoß der Polen bis Kiew. Der Gegenvorstoß der Roten Armee kann mit Hilfe des französischen Generals Maxime Weygand (* 1867, † 1965) vor Warschau aufgehalten werden („Wunder an der Weichsel").
9. Okt.	*Besetzung des Wilnagebiets* durch polnische Truppen.
1921 18. März	Annahme einer Verfassung nach französischem Vorbild (17. März). Der **Friedensvertrag von Riga** setzt die polnische Ostgrenze fest, die über die Curzon-Linie hinausgeht, aber nicht die Grenze von 1772 erreicht. Die polnische Politik zwischen den Weltkriegen ist bestimmt durch die Notwendigkeit der Sicherung gegen das Deutsche Reich und gegen die Sowjetunion, durch den Minderheitenkampf, vor allem gegen Deutsche und Ukrainer, schließlich durch die bis 1939 ungelöst gebliebene Verfassungsfrage. Durch die Grenzziehung im Osten werden dem polnischen Staat rund 6 Mio. Ukrainer und rund 2 Mio. Weißruthenen einverleibt. Die Sicherung des Staates erfolgt durch die *Bündnisse mit Frankreich und Rumänien*.
1922 17. März	*Polnische Freundschaftsverträge mit Lettland, Estland, Finnland* zum Schutz gegen Sowjetrußland.
5. Nov.	*Sejmwahlen* (Wahlen zur Volksvertretung – Parlament) mit Erfolg der Nationaldemokraten.
9. Dez.	Piłsudski tritt zurück.
16. Dez.	*Gabriel Narutowicz* (* 1865), sein Nachfolger als Präsident, wird ermordet.

992   Neuzeit – Zeitalter der Weltkriege

20. Dez.   *Stanisław Wojciechowski* (* 1869, † 1953) Staatspräsident. Belagerungszustand. Ein ukrainischer Aufstand in Ostgalizien wird unterdrückt.
1923   *Wirtschafts- und Finanzkrise.* Es fehlt eine staatliche Integration gegenüber den auseinanderstrebenden politischen und sozialen Gruppen.
20. Dez.   Bildung eines Ministeriums von Fachleuten durch *Władysław Grabski* (* 1874, † 1938). Stabilisierung der Währung und der politischen Führung.
1925   *Rücktritt Grabskis – Nachfolger ist Alexander Graf Skrzynski* (* 1882, † 1932): aufs neue
13. Nov.   Schwäche der Regierungsgewalt.
28. Dez.   *Gesetz zur Bodenreform,* das besonders gegen den deutschen Großgrundbesitz angewandt wird. Insgesamt bleibt die Lösung der Agrarfrage in Polen schwierig (Übervölkerung des Dorfes durch die realteilenden Kleinbauern).
1926   **Militärputsch Piłsudskis** (12.–14.). Die Regierung **Mai** von *Vinzenz Witos* (* 1874, † 1945) – seit 10. Mai im Amt – wird zum Rücktritt gezwungen.
15. Mai   Staatspräsident *Stanisław Wojciechowski* legt sein Amt nieder. Piłsudski lehnt die Wahl zum Präsidenten ab.
1. Juni   *Ignaz Mościcki* (* 1867, † 1946) wird *Staatspräsident.*
2. Aug.   *Verfassungsrevision im autoritären Sinne.*
2. Okt.   Piłsudski Ministerpräsident (bis Juni 1928). Piłsudski regiert diktatorisch, auch nach seinem Rücktritt als Ministerpräsident.
1927   *Auflösung des Sejms* und Verhaftung zahlreicher Abgeordneter der Opposition. Die Wah-
28. Nov.   len sind für die Opposition jedoch erfolgreich.
1929   Verschärfung des Gegensatzes zwischen dem Sejm und Piłsudski.
1930   Die Führer der Opposition gefangengesetzt. Harte „Pazifikationen" gegen Ukrainer in Ostgalizien.
25. Aug.   Piłsudski wieder Ministerpräsident.
17. Nov.   Sejmwahlen unter Terror bringen Sieg des Regierungsblocks Piłsudskis.
28. Nov.   Piłsudski tritt aus Gesundheitsrücksichten zurück. Nachfolger als Ministerpräsident Oberst *Walery Sławek* (* 1879, † 1939).
1931   Im Laufe des Jahres steigende Wirtschaftskrise. Sparmaßnahmen, Zollerhöhungen und Einfuhrverbote.
1932   Ermächtigungsgesetz auf drei Jahre (9. März).
25. Juli   *Nichtangriffspakt mit Rußland.*
2. Nov.   Oberst *Josef Beck* (* 1894, † 1944) wird Außenminister.
1933   Eröffnung der Kohlenbahn von Ostoberschlesien nach dem neuen polnischen Hafen Gdin-
1. März   gen.
8. Mai   *Ignaz Mościcki als Staatspräsident wiedergewählt.*
26. Jan.   *Pakt mit dem Deutschen Reich.* Anschließend wirtschaftliche Abkommen zwischen Polen
1934   und Deutschland. Der Ausgleich mit Deutschland erweitert die Möglichkeiten der polnischen Außenpolitik.
23. April   *Annahme einer neuen Verfassung.* Aufhebung des parlamentarisch-demokratischen
1935   Systems nun auch de jure. Machterhöhung des Präsidenten. Schlagwort der *„gelenkten Demokratie".* Faktisch ist Polen weder eine Demokratie noch ein totalitärer Staat nach faschistischem oder nationalsozialistischem Vorbild. Zu beidem fehlt die Integration. *„Autoritäre"* Regierung ohne wirkliche Autorität. Die Masse der Bauern und Arbeiter steht abseits, das nationaldemokratische Bürgertum in innerer Opposition. Die Herrschaft Piłsudskis ist auf die Macht der Armee gegründet.
12. Mai   Tod Piłsudskis. Nachfolger in der Führung der Armee und damit faktisch des Staates wird General (später Marschall) *Eduard Rydz-Śmigły* (* 1886, † 1941).
8. Sept.   *Sejmwahlen* mit geringer Wahlbeteiligung ergeben Mehrheit des Regierungsblocks.
1936   General *Rydz-Śmigły* wird vom Staatspräsidenten zur leitenden Persönlichkeit des ganzen
15. Juli   Staates *(Generalstabschef und „Staatsführer")* erklärt.
1937   Gründung eines *„Lagers der nationalen Einigung":* erfolgloser Versuch, die Regierung
2. März   durch eine breite Organisation im Volk zu stützen.
1938   *Polnisches Ultimatum an Litauen,* Beziehungen zu Polen aufzunehmen und die Wilna-
17. März   Grenze anzuerkennen; Litauen akzeptiert.
2. Okt.   Polnische Truppen besetzen das Olsagebiet (Teschen – polnisch Cieszyn).
1939   Unterzeichnung eines *britisch-polnischen Beistandspakts,* was Hitler dazu veranlaßt, sei-
25. Aug.   nen für den 26. Aug. erteilten Angriffsbefehl zurückzuziehen.
30. Aug.   Nach gescheiterten Verhandlungen in Berlin erfolgt die Mobilmachung der polnischen Armee.
1. Sept.   **Beginn des deutschen Angriffs auf Polen.**
17. Sept.   *Einmarsch sowjetischer Truppen in Ostpolen* entsprechend den deutsch-sowjetischen Vereinbarungen des Beistandspaktes vom 25. Aug.
27. Sept.   *Warschau kapituliert.*
30. Sept.   Präsident Mościcki tritt zugunsten von *Ladislaus Raczkiewicz* (1885, † 1947), der sich

Einzelstaaten – Tschechoslowakei 993

	bereits im Exil befindet, zurück. *Władysław Sikorski* (* 1881, † 1943) bildet eine Exilregierung mit Sitz in Paris, dann in London.
Sept./Okt.	Dem deutschen Staatsgebiet werden die Gebiete Danzig–Westpreußen, Warthegau und die Regierungsbezirke Zichenau und Kattowitz eingegliedert.
26. Okt.	Aus dem in deutscher Hand befindlichen Restpolen wird ein **Generalgouvernement** unter *Hans Frank* (* 1900, † 1946) mit Sitz in Krakau gebildet. Durchführung umfangreicher *Terrormaßnahmen* besonders *gegen die polnische Intelligenz und die katholische Geistlichkeit.*
1941	Der *deutsche Angriff auf die Sowjetunion* führt zur **Besetzung Ostpolens** (1939 von der
22. Juni	Sowjetunion besetzt). Mit Beginn des *„Ostfeldzuges"* wird durch Einsatzgruppen des deutschen SD und von SS-Kommandos die **„Endlösung"** der sog. **Judenfrage** eingeleitet (Befehl vom 31. Juli 1941): Errichtung der Vernichtungslager *Auschwitz, Maidanek, Treblinka, Sobibor* u. a., wo mit Hilfe von Gaskammern Mio. Juden ermordet werden.
4. Dez.	Ministerpräsident Sikorski, Chef der Exilregierung, schließt in Moskau einen Freundschafts- und Beistandspakt.
1942	Die Exilregierung ernennt einen Nationalrat und einen Sejm; polnische Untergrundstreit-
3. Febr.	kräfte zur „Heimatarmee" zusammengefaßt.
1943	Entdeckung von *Massengräbern* von Tausenden von den Sowjets erschossenen polnischen
13. April	Militärs *bei Katyn* (westlich von Smolensk), was die polnische Exilregierung veranlaßt, eine Untersuchung durch das Rote Kreuz zu fordern.
19. April	*Kampf um das Warschauer Getto:* die verbliebenen 60 000 jüdischen Bewohner (nachdem
– 16. Mai	300 000 in das Vernichtungslager abtransportiert worden sind) widersetzen sich dem Räumungsbefehl, worauf die Räumung in erbitterten Kämpfen erzwungen wird.
26. April	Die Sowjetunion bricht die Beziehungen zur Exilregierung ab.
Mai	Bildung der *„Union polnischer Patrioten in der Sowjetunion".*
13. Juli	Nachdem Ministerpräsident Sikorski bei einem Flugzeugabsturz ums Leben gekommen ist, bildet *Stanislaus Mikolajczyk* (* 1901, † 1966) eine neue Exilregierung.
Nov./Dez.	Auf der *Konferenz in Teheran* gestehen die Westmächte Polen eine Grenze zur Sowjetunion zu, die der sog. *Curzon-Linie* entsprechen soll. (Polen soll dafür mit deutschen Gebietsteilen bis zur Oder-Neiße-Linie entschädigt werden.)
1944	*Gründung des kommunistischen Landesnationalrats* in Warschau (1. Jan.).
Juli	Ankündigung der Sowjetunion, das vom Landesnationalrat eingesetzte „Polnische Komitee für die Nationale Befreiung" (sog. **Lubliner Komitee**) unter *Eduard Osobka-Morawski* (* 1909) anzuerkennen.
3.–10. Aug.	Auf Stalins Aufforderung verhandelt Ministerpräsident Mikolajczyk mit dem Komitee in Moskau.
24. Nov.	Mikolajzcyk tritt zurück, Nachfolger: *Thomas Arciszewski* (* 1877, † 1955).
1945	Lubliner Komitee erklärt sich zur **„Provisorischen Regierung"**; Exilregierung protestiert
1. Jan.	vergeblich. – *(Forts. S. 1396)*

Tschechoslowakei (1914–1939/1945)
(Forts. v. S. 949)

Der neue Staat umfaßt 46% Tschechen, 13% Slowaken, 28% Deutsche, 8% Magyaren, 3% Ukrainer, ferner Polen und Juden.

	Die Tschechoslowakei wird von den alliierten Mächten einzeln anerkannt.
1918	Vertrag von Pittsburgh zwischen Thomas G. Masaryk (* 1850, † 1937) und den Vertretern
30. Mai	der Slowaken in den USA sichert den Slowaken Autonomie innerhalb des tschechoslowakischen Staates zu.
14. Okt.	Der Tschechoslowakische Nationalrat in Paris bildet eine Regierung mit *Thomas G. Masaryk* als Präsidenten und *Edvard Beneš* (* 1884, † 1948) als Außenminister, der eine ententefreundliche Linie vertritt.
28. Okt.	In Prag wird **die Tschechoslowakische Republik** ausgerufen.
	Die Regierung Masaryk-Beneš wird anerkannt.
	In den folgenden Tagen schließt sich der *Slowakische Nationalrat* an. Die *Karpathen-Ukrainer* (bisher ungarisches Staatsgebiet) erklären gegen das Versprechen der Autonomie, das ihnen ebensowenig wie den Slowaken erfüllt wird, ihren Anschluß an die Tschechoslowakei. Die *Deutschen* Nordböhmens, Nordmährens und Österreich-Schlesiens erklären sich als „Provinzen" des „Staates Deutsch-Österreich". Doch werden ihre Gebiete nach militärischer Besetzung rasch unter tschechische Verwaltung genommen.
14. Nov.	Die Nationalversammlung in Prag bestätigt die Republik und die Präsidentschaft Masaryks. Vorläufige Verfassung.

994 Neuzeit – Zeitalter der Weltktiege

1919 4. März	Generalstreik und Massendemonstrationen in Deutsch-Böhmen und Deutsch-Mähren gegen das Verbot der Teilnahme an den Wahlen zur Nationalversammlung Deutsch-Österreichs. Das Eingreifen tschechischen Militärs führt zu zahlreichen Todesopfern, besonders in Eger (Cheb, Nordböhmen), Kaaden (Kadaň, Westböhmen) und Sternberg (Šternberk, Nordmähren).
16. April	Das Gesetz zur Bodenreform begründet die Enteignung des Großgrundbesitzes für bäuerliche Siedlung.
10. Sept.	Der Minderheitenschutzvertrag zwischen der Tschechoslowakei und den alliierten und assoziierten Hauptmächten bietet die Rechtsgrundlage für die nationalen Minderheiten.
1920/1921	Sicherung des Staates durch ein umfangreiches *Bündnissystem* (Frankreich, Polen; kleine Entente mit Jugoslawien und Rumänien).
1920 10. Jan.	Die Gründung der romfreien, reformistisch-katholischen tschechoslowakischen Kirche (800000 Mitglieder) schwächt den Katholizismus.
29. Febr.	Die vorläufige Verfassung wird durch die endgültige Verfassung nach französischem Vorbild ersetzt.
18. April	Parlamentswahlen (*Vielparteiensystem:* Die stärkste Partei sind bis 1925 die Sozialdemokraten, dann die Agrarier. Die Regierungen sind Koalitionsregierungen bürgerlich-demokratischer Art, meist unter Einschluß der Sozialisten).
1924	Neuer Freundschafts- und Bündnisvertrag mit Frankreich (25. Jan.).
1925	Hus-Gedenkfeier in Prag.
6. Juli	Der Hus-Tag wird zum Staatsfeiertag erhoben. Abbruch der diplomatischen Beziehungen zum Vatikan infolge der romfeindlichen neuhussitischen Bewegung und der Differenzen in der Frage des Verhältnisses von Staat und Kirche. (Die Frage im Dezember 1927 durch Kompromiß gelöst.)
1927	Masaryk wieder zum Staatspräsidenten gewählt (27. Mai).
1929 Mai	Der Slowakenführer Adalbert Tuka (* 1880, † 1946) wegen „militärischen Verrats und Vorbereitung eines Komplotts gegen die Republik" in Preßburg zu 15 Jahren Zuchthaus verurteilt. Erbitterung in der Slowakei.
1931 März	Entschiedene Stellung der Tschechoslowakei gegen den reichsdeutsch-österreichischen Zollunionsplan.
Sommer	Die *Wirtschafts- und Finanzkrise* ergreift auch die Tschechoslowakei. Pläne zu regionalen Zusammenschlüssen im Donauraum bleiben ohne Ergebnis (so die Anregung eines Zollbundes mit Österreich und Jugoslawien).
1932	Französische Anleihe von 600 Millionen Francs zugesichert.
März	Beneš betont, daß sein Land den französischen Donauplan von Ministerpräsident Tardieu billige. Die Mitarbeit aber hänge von der Beteiligung Deutschlands und Italiens ab. Der Tardieuplan scheitert damit.
1933	Erneuerung der *Kleinen Entente* (16. Febr.). Starkes Herüberwirken der nationalsozialistischen Bewegung in die von der Wirtschaftskrise hart getroffenen sudetendeutschen Gebiete.
1. Okt.	Bildung der *Sudetendeutschen Heimatfront,* die die Sammlung aller Sudetendeutschen anstrebt, unter Führung von Konrad Henlein (* 1898, † 1945).
4. Okt.	Selbstauflösung der sudetendeutschen Nationalsozialistischen Partei kurz vor ihrem drohenden Verbot.
1934 26. April	Der französische Außenminister Barthou (* 1862, † 1934) in Prag, um die französisch-tschechischen Beziehungen gegenüber dem faschistischen Ausgreifen in den Donauraum zu intensivieren (Römische Protokolle).
24. Mai	Wiederwahl Masaryks zum Staatspräsidenten.
Nov.	Studentenunruhen in Prag, als der Rektor der deutschen Prager Universität die Universitätsinsignien an die tschechische Prager Universität ausliefern muß.
1935 30. April	Änderung des Namens der Sudetendeutschen Heimatfront in Sudetendeutsche Partei (nach Verbot des Namens am 29. April).
16. Mai	*Militärbündnis der ČSR mit der Sowjetunion.*
19. Mai	Bei den Wahlen Erfolg der Sudetendeutschen Partei (zwei Drittel aller deutschen Stimmen). Keine Rückwirkung auf die Bildung der Regierungskoalition.
1935	Neue Regierung Milan Hodža (* 1878, † 1944; Agrarier; Slowake).
9. Nov.	Rücktritt des fünfundachtzigjährigen Präsidenten Masaryk.
18. Dez.	*Edvard Beneš* zum Staatspräsidenten gewählt.
1936 29. Febr.	Der Historiker Kamill Krofta (* 1876, † 1945) wird Nachfolger von Beneš als Außenminister. Damit ist Beneš' Linie der Unnachgiebigkeit gegenüber den sudetendeutschen Forderungen endgültig festgelegt.

Einzelstaaten – Tschechoslowakei **995**

1937	*Verschärfung des innenpolitischen Kampfes mit der Sudetendeutschen Partei.*
25. Febr.	Auf der Tagung der Partei in Aussig (Ústí nad Labem, an der Elbe) fordert Henlein die Sicherstellung der Rechte der Deutschen.
16. Okt.	Zusammenstöße in Teplitz (Teplice, Nordwestböhmen).
	Konrad Henlein protestiert gegen die Verbotspolitik und fordert volle Autonomie für die 3,5 Mio. Deutschen.
1938	Henlein verstärkt seine Propaganda. Die übrigen deutschen Parteien außer den Sozialdemokraten schließen sich der Sudetendeutschen Partei an. Ministerpräsident Hodža kündigt die Ausarbeitung eines Minderheitenstatuts an.
24. April	Karlsbader Programm (Karlsbad, tschechisch Karlovy Vary; in Westböhmen, an der Eger) Henleins in 8 Punkten: Gleichberechtigung, Autonomie, Wiedergutmachung, freies Bekenntnis zum deutschen Volkstum und zur „deutschen Weltanschauung". (Dies soll Hitlers Forderung entsprechen: „Von den Tschechen immer so viel fordern, daß wir nicht zufriedengestellt werden können".)
	In diesen Tagen *erste außenpolitische Krise.* Mobilisierung in der Tschechoslowakei.
Mai	Bei den Gemeindewahlen erhält die Sudetendeutsche Partei ca. 92% aller deutschen Stimmen.
Sommer	Trotz vielfacher Verhandlungen verschärft sich die Spannung, die Henlein bewußt steigert mit dem Ziel des Anschlusses an das Deutsche Reich. Tschechische Zugeständnisse genügen nicht mehr.
3. Aug.	Der britische Vermittler Walter Runciman (* 1870, † 1949) trifft in Prag ein.
	Seine Vermittlungsaktion zieht sich lange hin und ist erfolglos. Es kommt zur *Sudetenkrise.*
12. Sept.	Rücktritt der Regierung Hodža.
	Neue Regierung durch General Johann Syrový (* 1888, † 1971). Rücktritt Kroftas als Außenminister. Sein Nachfolger, František Chvalkovský (* 1875, † vor 1945), schaltet die Außenpolitik in engem Anschluß an das Deutsche Reich um.
29. Sept.	*Münchner Abkommen* der vier Großmächte (Deutsches Reich, Italien, Frankreich, Großbritannien): Abtretung der deutschbesiedelten Randgebiete.
1. Okt.	Beginn des deutschen Truppeneinmarschs in die sudetendeutschen Gebiete.
5. Okt.	Rücktritt von Präsident Beneš, der nach den USA emigriert.
6. Okt.	*Autonomie für die Slowakei.* Ministerpräsident Jozef Tiso (* 1887, † 1947).
8. Okt.	Autonomie für die Karpathen-Ukraine.
30. Nov.	Emil Hácha (* 1872, † 1945), Präsident des Oberverwaltungsgerichts der Tschechoslowakischen Republik, wird zum Staatspräsidenten gewählt.
	Rudolf Beran (* 1887, † 1954; Agrarier), Gegner von Beneš, wird Ministerpräsident.
1939 März	**Ende der ersten Tschechoslowakischen Republik** durch Angliederung an das Deutsche Reich als *Protektorat Böhmen und Mähren.*
	Das Protektorat ist dem *Reichsprotektor Konstantin Freiherr von Neurath* unterstellt. Staatspräsident *Emil Hácha* führt als Vorsitzender eines Ausschusses von 50 nationalen Treuhändern ein politisches Schattendasein. Antideutsche Kundgebungen bieten den Anlaß zur Schließung der Universitäten und zur Verhaftung von Professoren und vielen Studenten.
5. Sept.	Die verselbständigte *Slowakei* beteiligt sich am *Krieg gegen Polen* (als Gegenleistung erhält sie die 1920 und 1938 an Polen abgetretenen Grenzgebiete).
18. Sept.	Die UdSSR erkennt die Slowakei als selbständigen Staat an.
26. Okt.	Prälat *Jozef Tiso* wird zum *slowakischen Staatspräsidenten* gewählt.
29. Okt.	Ministerpräsident der *slowakischen Regierung* wird *Vojtěch Tuka* (* 1880, † 1946), Außen- und Innenminister (bis 29. Juli 1940) *Ferdinand Durčanský* (* 1906).
1940	Die *Slowakei* tritt dem *Dreimächtepakt* bei und beteiligt sich (seit 24. Juni 1941) auf deutscher Seite am Krieg gegen die Sowjetunion.
24. Nov.	
1941	Freiherr von Neurath „geht in Urlaub"; die Führung seiner Geschäfte übernimmt als stellvertretender *Reichsprotektor Reinhard Heydrich*, der die in der Arbeiterschaft entstandene Unruhe bricht.
27. Sept.	
1942	Die *tschechische Regierung* wird durch Aufnahme von Parteigängern Deutschlands *umgebildet.*
19. Jan.	
26. Mai	*Attentat gegen Heydrich*, an dessen Folgen dieser stirbt. In einem Teil Böhmens wird das Kriegsrecht erklärt, der Premierminister *Alois Eliáš* (* 1890, † 1942) verhaftet (19. Juni in Berlin zum Tode verurteilt, begnadigt, in ein Sanatorium eingeliefert, 1942 erschossen).
10. Juni	*Lidice* (östlich von Kladno in Mittelböhmen), wird dem Erdboden gleichgemacht (alle männlichen Einwohner getötet), weil einer der Attentäter sich dort vorübergehend verborgen hat. An Heydrichs Stelle tritt der General der Polizei *Kurt Daluege* (* 1897, † 1946), an die Neuraths im August 1943 der bisherige Reichsinnenminister *Wilhelm Frick.*
1943	*Karl Hermann Frank* (* 1898, † 1946) wird zum Staatsminister in Böhmen und Mähren ernannt. Er leitet eine Politik der Gleichschaltung ein, die die Erbitterung unter den Tschechen steigert.

996 Neuzeit – Zeitalter der Weltkriege

Die Exilregierung

Die von dem am 5. Okt. 1938 zurückgetretenen Staatspräsidenten *Edvard Beneš* in London eingerichtete *Exilregierung* wird am 23. Juli 1940 vorläufig, am 18. Juli 1941 endgültig von Großbritannien als Provisorische Regierung anerkannt. Ihr werden am 23. Juli 1940 von Großbritannien diplomatische Rechte zugesprochen. Sie schließt nach *Eröffnung des deutschen Angriffs auf die Sowjetunion* am 18. Juli 1941 mit der UdSSR ein *Hilfsabkommen gegen Deutschland*. Am 31. Juli wird sie auch von den USA anerkannt. Im Juni 1942 besucht Beneš die Regierung der UdSSR, die die abgeänderten Grenzen von 1938 und 1939 als für sie nicht rechtskräftig bezeichnet. Die USA und (ab 1942) Großbritannien teilen diesen Standpunkt. Die von Beneš 1941/1942 verfolgten Pläne einer Konföderation mit Polen gibt er nach der Kriegswende im Osten zugunsten einer engen *Anlehnung an die UdSSR* auf und schließt in Moskau am 12. Dez. 1943 *mit der UdSSR* (anknüpfend an den am 16. Mai 1935 abgeschlossenen Hilfeleistungsvertrag) einen *Freundschafts- und Beistandspakt*, der die Zusammenarbeit nach dem Kriege regelt und am 8. Mai 1944 durch ein *Abkommen über die Besetzung der Tschechoslowakei* ergänzt wird. Im Sept. 1944 meldet der Außenminister der Exilregierung, *Hubert Ripka* (* 1895, † 1958), bei der britischen Regierung die Forderung auf die Westgrenze vor dem Münchener Abkommen von 1938 und die *Austreibung der Sudetendeutschen* bis auf einen Rest von 800 000 an. *US-Präsident Roosevelt* hat Beneš dazu bereits am 12. Mai 1943 seine *Zustimmung erteilt;* die sowjetische Zustimmung erfolgt am 6. Juni 1943.

1944 18. Aug.	Die *Rote Armee* überschreitet in der Nähe des Dukla-Passes (Waldkarpaten) die *tschechoslowakische Grenze.*
29. Aug.	In Erwartung des deutschen Rückzugs flackert im *Industriegebiet von Neusohl* (slowakisch: Banská Bystrica) ein *Aufstand* auf, den ein slowakischer Nationalrat leitet und der von sowjetischen Fallschirmspringern unterstützt wird. Zu ihm entsendet die Exilregierung im Flugzeug eine Delegation. Doch wird dieser Aufstand von deutschen Truppen bis Anfang Okt. 1944 niedergeworfen.
1945 30. Jan.	Die *tschechoslowakische Exilregierung* bricht die Beziehungen zur polnischen ab, erkennt als erster Staat nach der UdSSR die *Provisorische Polnische Regierung* in Lublin an und schwenkt damit in das von der Sowjetunion geführte Lager ein.
18.–20. März	*Beneš* begibt sich *nach Moskau*, um Einzelheiten der Wiederaufrichtung der Tschechoslowakei zu besprechen.
Mai	*US-Truppen besetzen* den *westlichen Teil der Tschechoslowakei* bis zur Linie Karlsbad–Pilsen–Budweis.
5.–9. Mai	In Prag *Aufstand der Bevölkerung*, durch den sich die Deutschen nach Westen durchzuschlagen suchen, wobei sie sowohl auf Angriffe der Bevölkerung und dann zum Gegner übergehende *Wlassow-Verbände* („Freiwilligen-Verbände" unter dem Befehl des ehemaligen sowjetischen Generals Andrej Andrejewitsch Wlassow) als auch auf die von Sachsen aus nach Böhmen vordringenden Sowjettruppen stoßen. Beginn der *Austreibung der sudetendeutschen Bevölkerung* (rund 2,3 Mio. Flüchtlinge).
10. Mai	Zusammentritt des *ersten Nachkriegskabinetts in Prag.*
25. Mai	*Rückkehr von Beneš.* Die Slowakei, die seit Anfang April 1945 von der Roten Armee eingenommen ist, wird der Prager Regierung unterstellt. Der slowakische *Staatspräsident Tiso*, von den Amerikanern gefangengenommen, wird im Oktober mit drei Ministern an die Prager Behörden ausgeliefert und (18. April 1947) *gehängt*.
29. Juni	Durch einen in Moskau von Ministerpräsident *Zdeněk Fierlinger* (* 1891, † 1976) unterzeichneten Vertrag wird, aufgrund eines Angebots von Beneš, die *Karpathen-Ukraine an die Sowjetunion abgetreten*.
30. Juli	*Jan Masaryk* kehrt aus dem Exil in Großbritannien zurück und *übernimmt das Außenministerium. – (Forts. S. 1400)*

Ungarn (1918–1945)
(Forts. v. S. 949)

Die Restauration der Habsburger wird durch den Obersten Rat der Alliierten verhindert. Ungarns Politik zwischen den Kriegen ist bestimmt durch den Kampf um die Revision des Friedens von Trianon, die Habsburger-Restaurationsbestrebungen und die Aufrechterhaltung einer überlieferten feudalen Herrschaftsordnung ohne Bodenreform. Im März und Okt. versucht König Karl vergeblich die Rückkehr nach Ungarn, um den Thron wiederzugewinnen. Das zweite Mal wird er gefangengenommen und muß ins Exil nach Madeira († 1922). Auf Druck der Entente wird ein Gesetz angenommen, wonach kein Mitglied des habsburgischen Hauses je wieder auf den ungarischen Königsthron zurückkehren darf.

Einzelstaaten – Ungarn 997

1918
16. Nov. Nach der ungarischen Revolution, der Bildung der Regierung Michael Graf Károlyi (* 1875, † 1955) und der Abdankung Kaiser (König) Karls **Proklamation der Ungarischen Republik.**

1919
21. März Graf Károlyi, der im Januar zum Präsidenten gewählt worden ist, tritt zurück aus Protest gegen die Entscheidung der Alliierten, Siebenbürgen an Rumänien zu geben.

Bildung einer Regierung aus Sozialisten und Kommunisten, die alsbald von der *Rätediktatur* Béla Khuns (* 1885 oder 1886?, † 1937 oder 1939?) abgelöst wird.

28. März Kriegserklärung Ungarns an die Tschechoslowakei mit der Absicht, die Slowakei zurückzuerobern.

10. April Beginn der Invasion der Rumänen, die (4. Aug.–14. Nov.) Budapest besetzt halten.

1. Aug. Béla Khun flieht aus Budapest.

1920
1. März Miklós (Nikolaus) Horthy (* 1868, † 1957), Oberbefehlshaber der ungarischen Truppen, wird zum Staatsoberhaupt und Reichsverweser gewählt.

23. März Er proklamiert *Ungarn als Monarchie mit vakantem Thron.*

4. Juni *Friedensvertrag von Trianon* (Schloß im Park von Versailles): Ungarn verliert nun auch de jure das Banat, Siebenbürgen, Kroatien, den Hauptteil der Batschka, die Woiwodina, die Slowakei, Zips, die Karpathen-Ukraine und das Burgenland (außer Ödenburg [Sopron]).

1921
14. April Kabinett des Grafen *Stefan Bethlen* (* 1874, † 1947), der bis ins Jahr 1931 im Amt bleibt.

1922
2. Juni Wahlen zur Nationalversammlung. Unter wirksamer Beeinflussung Mehrheit für die Regierung. Damit sind die Voraussetzungen zum Fortleben der restaurativen Politik Bethlens gegeben.

18. Sept. Ungarn zum Völkerbund zugelassen.

1923/1924 Sturz der ungarischen Währung. Hilfe durch eine Völkerbundsanleihe nach dem Beispiel Österreichs. Finanzkontrolle durch den Völkerbund, die 1926 aufgehoben wird.

1926 Einrichtung eines Oberhauses (11. Nov.), das die ländliche Aristokratie repräsentiert.

1927
5. April Freundschafts- und Schiedsvertrag mit Italien. Damit Steigerung der ungarischen Revisionsforderung.

1929 Ein Freundschafts- und Schiedsvertrag mit Polen ist ein weiterer Schritt zur Überwindung der ungarischen Isolierung.

1930, Jan. Auf der Haager Konferenz Regelung der Reparationsschuld Ungarns.

Juni Kundgebungen gegen die Friedensbedingungen des Vertrages von Trianon, nachdem die Haager Abmachung angenommen worden ist.

1931 Auch in Ungarn schwere Finanzkrise.

Aug. Anleihe Frankreichs mit der Bedingung, daß die Revisionspropaganda eingestellt wird. Infolge der Krise Rücktritt der Regierung Bethlen. Neue Regierung Graf Julius Károlyi (* 1871, † 1947).

1932 Reserve gegenüber den französischen Donauplänen. Statt dessen außenpolitisch weiterhin Anlehnung an Italien.

30. Sept. Nach Rücktritt der Regierung Károlyi Bildung der Regierung durch Julius Vitéz Gömbös (* 1886, † 1936; Rechtsradikaler und Antisemit), der, inneren Reformen nicht abgeneigt, antihabsburgisch eingestellt ist.

1933 Gömbös, stark beeindruckt von der *nationalsozialistischen Herrschaft* in Deutschland, aktiviert die ungarische Außenpolitik auf zahlreichen Reisen nach Berlin, Wien, Rom, Sofia, Ankara.

1934 Römische Wirtschaftsprotokolle (17. März) zwischen Italien, Österreich und Ungarn. Innenpolitische Spannungen führen zur Umbildung der Regierung Gömbös (4. März).

1935 Bei den Neuwahlen setzt sich Gömbös gegen den noch immer starken Einfluß Bethlens in der Einheitspartei durch. Wichtigste Oppositionspartei ist die Bauernpartei (Kleinlandwirtepartei) von Tibor von Eckhardt (Vorsitzender seit 1932; * 1888, † 1972) mit dem Programm einer Boden- und Wahlreform.

1936 Tod von Gömbös.

6. Okt. Regierungsneubildung durch Koloman Darányi (* 1886, † 1939). Unter der neuen Regierung allmählich, besonders im Laufe des Jahres 1937, Verschlechterung der Beziehungen zum Deutschen Reich. Gemeinsame Politik mit Österreich.

1937
März Verhaftung von Férenc Szálasi (* 1897, † 1946) und anderen Führern der ungarischen Nationalsozialisten, die mit der Parole der Bodenreform innenpolitisch gefährlich werden.

Okt. Aus verschiedenen Gruppen *Bildung der Ungarischen Nationalsozialistischen Partei* unter Führung Szálasis, die Annäherung an den Reichsverweser Horthy sucht.

1938 Erneute Verhaftung Szálasis und anderer nationalsozialistischer Führer (Febr.). Doch bringt der Anschluß Österreichs eine Verstärkung des deutschen Einflusses auf Ungarn.

13. Mai Neue Regierung durch *Béla von Imrédy* (* 1891, † 1946) gebildet. Innenpolitik: Förderung der ländlichen Siedlung, Beschränkung der Juden im Wirtschaftsleben.

998 Neuzeit – Zeitalter der Weltkriege

Aug.	Staatsbesuch Horthys in Deutschland mit Betonung guter deutsch-ungarischer Beziehungen.
4.–11. Nov.	Nach dem Wiener Schiedsspruch Einmarsch ungarischer Truppen in die von der Slowakei abgetretenen Gebiete.
	Die Ungarn sehen damit ihre Forderungen jedoch noch nicht erfüllt.
1938/1939	Daher im Winter 1938/39 wiederholt Grenzzwischenfälle.
1939	Gesetz über die allgemeine Wehrpflicht (27. Jan.).
15. Febr.	Rücktritt der Regierung Imrédy.
24. Febr.	Die neue Regierung Paul Graf Teleki (* 1879, † 1941) tritt dem Antikominternpakt bei.
13. März	Beginn des Einmarsches ungarischer Truppen in die Karpathen-Ukraine.
	Kämpfe mit den Ukrainern.
11. April	Austritt Ungarns aus dem Völkerbund.
3. Mai	Scharfe Anti-Juden-Gesetzgebung.
28. Mai	Regierungssieg bei den Wahlen. Jedoch starker Anstieg der Nationalsozialisten.
Ende Juli	Zwischenfälle an der rumänischen Grenze erhöhen die allgemeine Spannung.
1940	Da die infolge der ungarischen Revisionswünsche bestehende Spannung zu Rumänien zu
30. Aug.	einem Krieg zu führen droht, fällen der deutsche Außenminister von Ribbentrop und sein italienischer Amtskollege, Graf Ciano, den *zweiten Wiener Schiedsspruch* (der erste: 2. Nov. 1938), der Ungarn in Siebenbürgen von den 1920 verlorenen Gebieten 11 927 qkm mit 1 Mio. Bewohnern zurückgibt. Rumänien erhält dafür eine Garantie für die nunmehrigen Grenzen.
20. Nov.	*Beitritt zum Dreimächtepakt.*
12. Dez.	*Ungarisch-jugoslawischer Freundschaftsvertrag.*
1941	Tod des Außenministers *Graf István Csáky* (* 1894, † 1941), auf den der bisherige
27. Jan.	Gesandte in Bukarest *László von Bárdossy* (* 1890, † 1946) folgt (4. Febr.).
2. April	Selbstmord des Ministerpräsidenten Graf Teleki, dessen Nachfolge von Bárdossy antritt.
11. April	*Ungarn erklärt den Vertrag mit Jugoslawien durch Luftangriffe (7. April) für gebrochen und beteiligt sich am deutschen Einmarsch in Jugoslawien.* Es erhält den Winkel zwischen Drau und Mur, das Baranyadreieck sowie die Batschka (Bácska, westlich der Theiß). Das Gebiet östlich des Flusses (Westbanat) wird mit Rücksicht auf Rumänien einer deutschen Militärverwaltung unterstellt, geheim aber Ungarn für später zugesagt.
23. Juni	Abbruch der diplomatischen Beziehungen zur UdSSR.
26. Juni	Angeblich sowjetischer Luftangriff (bis heute Herkunft der Flugzeuge unaufgeklärt) auf Kaschau (ung. Kassa, heute: Košice, Slowakei) und Munkács; daraufhin (am 27. Juni) *Kriegserklärung an die UdSSR.* Drei ungarische Divisionen nehmen am Vormarsch in die Ukraine hinein teil.
6. Dez.	Großbritannien erklärt Ungarn, Ungarn erklärt den USA den Krieg (12. Dez.).
1942	Auf den erkrankten Ministerpräsidenten und Außenminister von Bárdossy folgt *Miklós*
10. März	*von Kállay* (* 1887, † 1967), der im Auftrage des Reichsverwesers Verbindung zu den westlichen Alliierten sucht.
1943	Die an der Donfront eingesetzte ungarische zweite Armee erleidet schwere Verluste und
Jan.	wird aus der Front gezogen. Fortan werden ungarische Einheiten nur noch in rückwärtigem Gebiet bei der Partisanenbekämpfung eingesetzt. Innere Schwierigkeiten vergrößern die Not der Regierung, die bei der deutschen Führung in den Verdacht gerät, den „Abfall" vorzubereiten.
4. Mai	Das *Parlament* wird *unbefristet vertagt.*
1944	*Besetzung Ungarns durch deutsche Verbände* („Fall Margarete I") nach einer Aussprache
19. März	Hitlers in Kleßheim (bei Salzburg) mit dem Reichsverweser von Horthy, der unter Druck in eine Umbildung der Regierung einwilligt: Kabinett unter *Döme Sztójay* (* 1883, † 1946). An die Stelle des Gesandten tritt ein „Bevollmächtigter des Großdeutschen Reiches". Daraufhin verstärkt Ungarn auf deutsche Veranlassung wieder seine militärischen Anstrengungen.
23. Aug.	Nach dem Ausscheiden Rumäniens aus dem Bündnis mit Deutschland steht den Sowjettruppen der Weg nach Ungarn offen.
23. Aug.	General *Géza Lakatos* (* 1890, † 1967) bildet eine neue Regierung.
11. Okt.	Nachdem die *Rote Armee in Ungarn eingedrungen* ist, schließt Reichsverweser von Horthy in Moskau einen Präliminarwaffenstillstand und erklärt (15. Okt.) in einer Rundfunkproklamation, daß er die UdSSR um Waffenstillstand gebeten habe.
16. Okt.	*Horthy* widerruft unter deutschem Druck (Einsatz des Sonderkommandos Skorzeny gegen die Budapester Burg), *tritt zurück* und wird durch den Führer der Pfeilkreuzler, *Férenc Szálasi,* als „Staatsführer" ersetzt, der auch das Amt des Ministerpräsidenten übernimmt. Er kann sich nur mit deutscher Hilfe halten.
3. Dez.	Der Oberbefehlshaber der 1. Armee, Generaloberst *Béla Miklós von Dálnoki* (* 1890, † 1948), der in das sowjetische Lager übergegangen ist, bildet *in Debrecen* eine *Gegenregierung.* – (*Forts. S. 1403*)

Einzelstaaten – Rumänien *999*

Rumänien (1914–1944)
(Forts. v. S. 828)

1914	Rumänien erklärt seine Neutralität (4. Aug.).
10. Okt.	Tod König Karls (Carols) I.
	Nachfolger Ferdinand I. (* 1865, † 1927).
1916	Sein Minister Ionel Brătianu (* 1864, † 1927) bestimmt ihn zum *Anschluß an die Entente.*
Sept.	Nach rumänischen Niederlagen bei Kronstadt (Brașov, 7.–9.) und Hermannstadt (Sibiu, 26.–29.):
Nov.	Eroberung der Walachei durch die Mittelmächte.
6. Dez.	Einzug der Sieger in der Hauptstadt Bukarest.
	Der größte Teil Rumäniens bleibt bis zum Ende des Ersten Weltkrieges in der Hand der Mittelmächte.
1918	Frieden von Bukarest zwischen den Mittelmächten und Rumänien (7. Mai).
	Anschluß Bessarabiens.
1919	Einverleibung Siebenbürgens.
1919/1920	*Vergrößerung Rumäniens durch die Friedensschlüsse (Pariser Vorortverträge) von Saint-Germain-en-Laye, Trianon und Neuilly.*
	Das auf das Doppelte vergrößerte Rumänien steht nach 1919 vor *schwierigen Aufgaben:* die Angleichung zwischen dem Altreich sowie dem kulturell und sozial mitteleuropäisch strukturierten Siebenbürgen, die Agrarfrage, die vielfachen Minderheitenprobleme, die *außenpolitisch belastenden Grenzfragen* (Siebenbürgen, Bessarabien, Bukowina, Dobrudscha). Außenpolitisch Sicherung durch Kleine Entente und Bündnis mit Polen. Innenpolitisch bis etwa 1927 *Oligarchie der liberalen Führer,* einer dünnen Oberschicht von Beamten und Kapitalisten, Professoren und Generälen, die die Innenpolitik in Gegensatz zur Siebenbürgischen Nationalpartei und zur Nationalen Bauernpartei (Nationalzaranisten unter Führung des Siebenbürger Rumänen Iuliu Maniu [* 1873, † 1951]) vorwiegend bestimmt.
1920	Großbritannien, Frankreich, Italien und Japan erkennen den Besitz Bessarabiens für
28. Okt.	Rumänien an (von Rußland nicht anerkannt).
1921	Kleine Entente mit der ČSR (April) und Jugoslawien (Juni); Bündnis mit Polen (3. März).
1923	*Neue Verfassung verabschiedet.* Einführung des gleichen Wahlrechts (vorher Dreiklassen-
März	wahlrecht).
1924	Balkanbund mit Jugoslawien, Griechenland, Bulgarien.
April	Die Konferenz mit Rußland wegen der Bessarabienfrage bleibt ohne Ergebnis, da Rumänien eine Volksabstimmung verweigert.
1926	Bündnis- und Freundschaftsverträge mit Polen, Frankreich, Italien.
1927	Tod König Ferdinands I.
20. Juli	Da Prinz Carol (* 1893, † 1953) auf die Thronfolge verzichtet hat (Eheskandal mit Mme. Lupescu), folgt Michael I. (bis 1930 und 1940–1947; * 1921; unter Vormundschaft).
24. Nov.	*Tod Ionel Brătianus,* des Führers der Liberalen und Gründers von Groß-Rumänien.
1928	Parteitag der *Nationalzaranisten,* 200 000 Bauern marschieren auf. Sie fordern Demokrati-
6. Mai	sierung der Verfassung und Berücksichtigung der bäuerlichen Interessen.
9. Nov.	Maniu wird Ministerpräsident.
Dez.	Bei den Wahlen große Mehrheit der Bauernpartei Manius, da zum erstenmal unbeeinflußte, freie Wahlen.
	Die neue Regierung vermag in der sich verschärfenden Agrarkrise die Bauern nicht zu befriedigen. Das Ziel der „Bauerndemokratie" mißlingt.
1930	Der frühere Kronprinz Carol wird von der Nationalversammlung als *Karl (Carol) II.* zum
6. Juni	König von Rumänien ausgerufen.
	Carol beginnt alsbald mit einem persönlichen Regiment. Maniu wird ausgeschaltet.
6. Okt.	Maniu tritt zurück.
1931	Regierung Nikolae Iorga (* 1871, † 1940) ab 18. April.
1. Juni	In den wie früher gelenkten Wahlen Niederlage der Nationalzaranisten.
	Die Wiederkehr der alten Oligarchie scheint gesichert.
1932	Doch am 31. Mai erfolgt der Rücktritt Iorgas.
6. Juni	Neues Kabinett unter dem siebenbürgischen Bauernführer (1926–1933 Vorsitzender der Nationalen Bauernpartei) Alexandru Vaida-Voivod (* 1872, † 1950).
19. Okt.	Er wird abgelöst durch Maniu nach Wahlen, die der Bauernpartei wieder den Sieg gebracht haben.
1933	Die rumänische *Finanzkrise und Auslandsverschuldung* führen zur Finanzkontrolle des
Jan.	Völkerbunds auf vier Jahre.
	Während des ganzen Jahres, in dem sich mehrere Regierungen gegenseitig ablösen, herrscht eine innenpolitische Hochspannung.
Febr.	Verhängung des Belagerungszustandes.

1000   Neuzeit – Zeitalter der Weltkriege

Die (als „Legion Erzengel Michael" 1927 gegründete) Eiserne Garde (so seit 1930 der Name dieser christlich-mystischen, nationalistischen, antisemitischen Bewegung) unter Corneliu Zelea Codreanu (* 1899, † 1938) wird (9. Dez.) aufgelöst.

Der innenpolitischen Entscheidung des Königs gegen den Faschismus entsprechen die Abwendung von Italien und die Hinwendung zu Frankreich.

16. Febr.	Erneuerung der Kleinen Entente.

Nichtangriffspakt mit der Sowjetunion; damit ist de facto die bessarabische Frage zurückgestellt.

Diese Linie der Außenpolitik, die bis 1939 einheitlich verläuft, ist das Werk *Nicolae Titulescus* (* 1883, † 1941), der seit 1932 Außenminister ist.

1934   3. Jan.: Regierung des Liberalen *Gheorghe Tătărescu* (bis 1937; * 1886, † 1957).

9. Febr.   *Balkanpakt* zwischen der Türkei, Griechenland, Rumänien und Jugoslawien. Gegenseitige

9. Juni   Garantie der Grenzen durch Rumänien, Polen und die Sowjetunion. Verzicht der Sowjetunion auf Bessarabien.

Innenpolitisch setzt sich der König mit den Liberalen (Tătărescu) durch.

1936   Auf Druck der Opposition wird Titulescu als Außenminister entlassen (29. Aug.).

1937   Nach Wahlen mit überraschender Niederlage für die Regierung wird *Octavian Goga*

Dez.   (* 1880, † 1938; Nationalchristliche Partei, antisemitisch) Ministerpräsident.

1938   Kabinett der „Konzentration" ab 11. Febr. unter dem Patriarchen *Myron Cristea* (* 1868, † 1939). *Die Verfassung wird aufgehoben. Verbot aller Parteien.*

24. Febr.   Der Staatsstreich des Königs wird durch ein manipuliertes Plebiszit gutgeheißen. „Autoritäre" Regierung ohne Autorität, Unterdrückung der (seit 1935 unter geändertem Namen auftretenden, früheren) Eisernen Garde.

30. Nov.   Ihr Führer Codreanu wird ermordet.

1939   *Der deutsche Einfluß wächst.*

23. März   Abschluß eines Abkommens mit dem Deutschen Reich über Erweiterung des deutsch-rumänischen Warenaustausches.

Rumänien schließt sich wirtschaftlich eng an Deutschland an.

24. Aug.   In der Krise um Polen erklärt Rumänien seine Neutralität.

26. Aug.   Ein der ungarischen Regierung vorgeschlagener Nichtangriffspakt wird von dieser abgelehnt.

21. Sept.   Ermordung des Ministerpräsidenten (seit 6. März) *Armand Călinescu* (* 1893, † 1939) durch Angehörige der „Eisernen Garde".

24. Nov.   *Kabinett unter Gheorghe Tătărescu* weiter mit *Grigore Gafencu* (* 1892, † 1957) als Außenminister.

1940   Angesichts des deutschen Sieges im Westen sucht König Carol *Anschluß an die Achsen-*

29. Mai   *mächte* (Gafencu ersetzt durch *Ion Gigurtu* [* 1886]). Gegen deutsche Waffen liefert Rumänien Öl.

26. Juni   Die *UdSSR* verlangt in einem *Ultimatum* die Abtretung der Nordbukowina sowie Bessarabiens (die seit 1918 rumänisch sind). Die rumänische Regierung nimmt dieses auf deutschen Rat an.

Durch die Annexion Bessarabiens und der Nordbukowina rückt die Sowjetunion nahe an das rumänische Erdölgebiet heran, das für die deutsche Kriegswirtschaft von entscheidender Bedeutung ist. Nun erhebt auch Ungarn Ansprüche auf die 1920 im Vertrag von Trianon abgetretenen Gebiete. Da ein Krieg droht, mischen sich Deutschland und Italien ein.

2. Juli   Bitte König Carols um eine *Garantie der Grenzen Rumäniens durch Deutschland* und Entsendung einer deutschen Heeresmission (1. Juli Kündigung der britisch-französischen Garantie vom 13. April 1939).

4. Juli   Neues *Kabinett unter Ion Gigurtu,* das (11. Juli) den Austritt Rumäniens aus dem Völkerbund verkündet.

30. Aug.   Der *Zweite Wiener Schiedsspruch* nimmt Rumänien den nördlichen Teil Siebenbürgens, garantiert aber die nunmehrigen Staatsgrenzen. Ausbruch einer Staatskrise.

4. Sept.   König Carol gibt dem ehemaligen Generalstabschef *Ion Antonescu* (* 1882, † 1946) – in der Folge (Aug. 1941) Marschall – Vollmacht und ernennt ihn zum *Staatsführer.*

6. Sept.   Antonescu zwingt den König zur *Abdankung zugunsten seines Sohnes Michael* (* 1921). Carol begibt sich ins Ausland.

7. Sept.   Rumänien muß aufgrund von Verhandlungen an Bulgarien die Süddobrudscha abtreten (die vor 1913 und 1916 bis 1920 Bulgarien gehört hat).

22. Nov.   Deutsch-rumänischer Umsiedlungsvertrag für Südbukowina und Norddobrudscha.

23. Nov.   *Beitritt Rumäniens zum Dreimächtepakt* gleichzeitig mit Ungarn und der Slowakei.

27. Nov.   *Gewaltaktion der „Eisernen Garde",* der 64 Gegner, darunter der ehemalige Ministerpräsident *Nikolae Iorga,* zum Opfer fallen.

1941   Ein *Putsch der „Eisernen Garde"* wird von Antonescu *niedergeschlagen.* Sie wird daraufhin

21.–23.   hin aus dem politischen Leben ausgeschaltet, ihr nach Deutschland entkommener Führer

Jan.   *Horia Sima* zum Tode verurteilt.

Einzelstaaten – Bulgarien   *1001*

15. Febr.	Der (am 14. Sept. eingerichtete) Legionärstaat wird durch Dekret beseitigt.
22. Juni	Rumänien beteiligt sich am deutschen Ostfeldzug. Antonescu übernimmt den Oberbefehl über die rumänisch-deutsche Armeegruppe, die Bessarabien zurückerobert und (am 16. Okt.) Odessa einnimmt. Teile der Südukraine werden rumänisches Verwaltungsgebiet. Das Gebiet zwischen Dnjestr und südlichem Bug wird als Transnistrien Rumänien angegliedert.
25. Nov.	Beitritt Rumäniens zum Antikominternpakt.
6. Dez.	Großbritannien erklärt Rumänien, Rumänien den USA den Krieg (12. Dez.).
1944	Sowjettruppen dringen durch die Moldau in südwestlicher Richtung in das Kerngebiet
20. Aug.	Rumäniens ein.
23. Aug.	König Michael beruft *Marschall Antonescu* zu sich, überrascht ihn durch seine *Entlassung,* läßt ihn gefangennehmen (als „Kriegsverbrecher" erschossen 1. Juni 1946) und befiehlt Einstellung des Kampfes.
	Constantin Sănatescu (* 1884, † 1947) bildet ein *neues Kabinett,* das aufgrund seit März eingeleiteter Verhandlungen in Kairo auf einen Sonderwaffenstillstand dringt.
25. Aug.	Ein deutscher Luftangriff auf Bukarest führt zur *Kriegserklärung an Deutschland.* Die durch den Umschwung überraschten deutschen Dienststellen in Bukarest geraten in Gefangenschaft; der deutsche Gesandte begeht Selbstmord.
Ende Aug.	Sowjetische Truppen haben die Hauptstadt und das Erdölgebiet von Ploiești besetzt und dringen in die breit aufgerissene Frontlücke vor.
2. Sept.	Die 1938 suspendierte Verfassung von 1923 wird wieder in Kraft gesetzt.
12. Sept.	Unterzeichnung eines *Waffenstillstandsvertrags* in Moskau. – *(Forts. S. 1405)*

Bulgarien (1915–1945)
(Forts. v. S. 829)

1915	Eintritt in den Ersten Weltkrieg an der Seite der Mittelmächte durch Kriegserklärung an
14. Okt.	Serbien.
Okt.–Dez.	Teilnahme an der Eroberung Serbiens.
1916	Teilnahme an der Eroberung Rumäniens.
1918	Nach alliierter Offensive (Sept.) Waffenstillstand (30. Sept.).
	Die Lage Bulgariens seit 1919 ist bestimmt durch die Einbußen infolge des (am 27. Nov. 1919 mit den Alliierten abgeschlossenen) *Friedens von Neuilly* (Neuilly-sur-Seine am Nordwestrand von Paris), durch eine teils offene, teils latente *Bauernrevolution* der aus älterer, gebundener Agrarverfassung (Zadruga) entlassenen und mobilisierten Bauern sowie durch die bulgarischen Ansprüche auf das bulgarisch-serbische Mischgebiet Mazedoniens, das jetzt zu Jugoslawien gehört.
1918	Nach der Thronentsagung Ferdinands I. (3. Okt.) Zar (1918–1943) Boris III. (* 1894, † 1943).
1919	Nach dem Wahlsieg der Bauernpartei (17. Aug.) wird deren Führer *Alexandar Stambulijski* (* 1878, † 1923) Ministerpräsident.
	Als Gegner des Kriegseintritts ist er im Ersten Weltkrieg verhaftet gewesen. Agrarrevolutionäre Tendenzen mit Neigung zum Kommunismus.
1923	Balkanbund mit Jugoslawien, Rumänien, Griechenland in Lausanne (am Genfer See).
9. Juni	*Offiziersputsch* gegen Stambulijski.
10. Juni	Bildung der Regierung *Alexandar Zankow* (* 1879, † 1959).
15. Juni	Stambulijski wird erschossen.
1924	*Staatssicherheitsgesetz.* Auflösung der Kommunistischen Partei und der Bauernpartei. Belagerungszustand.
1925	Bombenanschlag auf die in der Sophienkathedrale versammelten Minister, Abgeordneten,
16. April	Offiziere. Über 200 Tote.
1926	4. Jan.: Regierung Andreas Ljapčev (* 1866, † 1933; Mazedonier).
	Weiterhin Ausschaltung der Bauernpartei.
1927	Wahlsieg der Regierungspartei (29. Mai).
	Der zunehmende Bandenkrieg, der von Bulgarien nach Mazedonien hinübergetragen wird, kann von der Regierung nicht wirksam verhindert werden.
1931	Der trotz der Wahlbeeinflussung überraschend hohe Wahlsieg der Bauernpartei im Juni veranlaßt den Zaren zum innenpolitischen Frontwechsel. Regierung Alexandar Malinow (* 1867, † 1938) mit Unterstützung der Bauernpartei.
1932	Ende der Reparationszahlungen.
1934	*Offiziersputsch* (19. Mai) führt zur diktatorischen Regierung Kimon Georgiew (* 1882, † 1969) für ein Jahr.

1002 Neuzeit – Zeitalter der Weltkriege

Unterdrückung der Mazedonischen Organisation, die der Freundschaft mit Jugoslawien im Wege steht.

1935 Scheitern der Offiziersregierung. Wechsel von Regierungen; Intrigen, Putschversuche.

1937 Freundschaftsvertrag mit Jugoslawien.

1937–1939 Zar Boris III. hält bei mehrfachem Regierungswechsel seine innenpolitische Linie durch, die einen Mittelweg zwischen Demokratie und uneingeschränkter Diktatur darstellt, läßt sogar freie Wahlen und Parlamentszusammentritt zu (1938). Am autoritären Regiment wird dadurch nichts geändert.

1940 *Rücktritt* des Kabinetts *Georgi Kjoseiwanow* (* 1884, † 1960), das sich um gute Beziehun-
15. Febr. gen zu Deutschland, Jugoslawien und zur Türkei bemüht hat; *Bogdan Filow* (* 1883, † 1945) bildet ein *neues Kabinett*.

7. Sept. Rumänien tritt an Bulgarien die Süddobrudscha ab.

1941 *Bulgarien* tritt dem *Dreimächtepakt* bei: mit Einwilligung der Regierung marschieren
1. März deutsche Truppen in Bulgarien gegen Griechenland auf (ab 2. März).

6. April Beginn des deutschen Balkanfeldzugs. Bulgarien rückt nach Abschluß des Kampfes in Mazedonien ein und erhält es (18. Mai) zur Besetzung zugewiesen. Außerdem besetzt es Nordostgriechenland und erhält auch noch Griechisch-Thrazien bis kurz vor Saloniki zuge-teilt. Jedoch lehnt es Bulgarien ab, der Sowjetunion den Krieg zu erklären, und bleibt trotz allem Drängen deutscherseits bei diesem Entschluß, tritt allerdings am 25. Nov. dem Anti-kominternpakt bei.

13. Dez. Kriegserklärung an Großbritannien und die USA.

1943 König *Boris III.* stirbt. Für seinen noch minderjährigen Sohn, König *Simeon II.* (* 1937),
28. Aug. übernimmt ein *Regentschaftsrat,* zusammengesetzt aus dem Bruder von König Boris III., *Prinz Kyrill* (* 1895, † 1945), *Bogdan Filow* und General *Nikolaus Michow* (* 1891), die Regierung.

1944 Nach dem Ausscheiden Rumäniens aus der Front gegen die Sowjetunion (23. Aug. 1944)
1. Sept. erreicht die Rote Armee die Donau bei Giurgiu.

2. Sept. Ein *neues Kabinett* unter *Konstantin Murawjew* (* 1893) mit demokratisch-westlicher Einstellung wird gebildet, das den Antikominternpakt kündigt (4. Sept.).

5. Sept. Sowjetunion erklärt Bulgarien den Krieg.

8. Sept. Die Regierung versucht den Übergang auf die Gegenseite durch eine Kriegserklärung an Deutschland zu bewerkstelligen, wird jedoch bereits am folgenden Tag durch eine *pro-sowjetisch orientierte Regierung* unter *Kimon Georgiew* verdrängt. Sowjetische Truppen besetzen das Land. Nur ein Teil der in Bulgarien stehenden deutschen Truppen und Dienst-stellen kann sich nach Serbien durchschlagen.

11. Okt. Bulgarien verzichtet auf seine Erwerbungen in Griechenland und Mazedonien.

28. Okt. Unterzeichnung eines *Waffenstillstands* in Moskau mit der Sowjetunion, Großbritannien und den USA. – *(Forts. S. 1407)*

Jugoslawien (1914–1941/1944)
(Forts. v. S. 829, 830, 949)

Die Politik zur Vorbereitung des jugoslawischen Staates ist während des Ersten Weltkriegs belastet vom Gegensatz zwischen der großserbischen Richtung (Nikola Pašić; * 1846, † 1926) und dem kroatischen Jugoslawismus in Paris (Ante Trumbić, * 1864, † 1938).

1917 Einigung beider Richtungen in der *Erklärung von Korfu* auf das Ziel eines südslawischen
20. Juli Nationalstaates unter der serbischen Dynastie. Doch ist damit der Gegensatz nicht besei-tigt.

Nachdem die Vereinigung der Slowenen, Kroaten und Serben der österreichisch-ungari-
1918 schen Monarchie mit den Serben im Königreich Serbien und in Montenegro beendet ist,
1. Dez. wird das **Königreich der Serben, Kroaten und Slowenen** proklamiert.

Der neue Staat hat mit großen *innen- und außenpolitischen Schwierigkeiten* zu kämpfen: die kroatische Selbständigkeitsbewegung unter Führung der Kroatischen Bauernpartei der Brüder Radić (Stjepan Radić; * 1871, † 1928), die Konflikte mit Italien wegen Fiumes (Rijeka; die vorher ungarische Hafenstadt an der Küste Dalmatiens, seit 1920 Freistaat, kommt 1924 an Italien) und Dalmatiens, mit Rumänien wegen des Banats.

1920/1921 *Kleine Entente* mit der Tschechoslowakei (14. Aug. 1920) und Rumänien (Juni 1921).

1921 Die neue *Verfassung* wird in Abwesenheit der Kroatischen Bauernpartei angenommen.
28. Juni Sie schafft einen zentralistischen Einheitsstaat, während die Kroaten unter Führung von S. Radić eine föderalistische Lösung fordern. Serbische Regierung N. Pašić (1921–1924 und 1924–1926). Die Kroaten in Opposition. Verbot der Kommunistischen Partei nach Bombenattentaten.

Einzelstaaten – Jugoslawien *1003*

16. Aug. Tod König Peters I. (* 1844).
Nachfolger Alexander I. (* 1888, † 1934).

1923 Balkanbund mit Rumänien, Griechenland, Bulgarien, abgeschlossen in Lausanne (am Genfer See).
Beginn parlamentarischer Mitarbeit der bisher abwesenden Kroatischen Bauernpartei.

Dez. Verhaftung von S. Radić.

1925 Radić erkennt die Verfassung an und wird aus der Haft entlassen.

Nov. Er tritt als Erziehungsminister ins Kabinett ein (Juli).
Wiederholte Regierungskrisen.

1926 Radić scheidet endgültig aus dem Kabinett aus (1. April).

1927 Bündnis mit Frankreich (11. Nov.).

1928 Radić wird in der Skupština (Parlament) in Belgrad von einem serbischen (montenegrini-
20. Juni schen) Abgeordneten tödlich verwundet.
Die Kroaten verlassen das Parlament.
Verschärfung des Gegensatzes zu Italien. Kriegsstimmung.

1. Aug. Die Kroaten eröffnen einen *separatistischen Landtag* in Agram. Die Einheit des Königreichs ist gefährdet.

1929 *Staatsstreich* König Alexanders, um die Staatseinheit zu retten. Aufhebung der Skupština,
5. Jan. der Pressefreiheit, des Versammlungsrechts. Seitdem serbische Militärdiktatur.

Juni Beginn des jahrelangen Bandengrenzkrieges in Mazedonien. Dadurch Verschärfung der
jugoslawisch-bulgarischen Spannung.

3. Okt. Neueinteilung des Staates in neun Banate mit Verwischung historischer Grenzen. Der
Name des Königreichs hinfort **Jugoslawien.**

1931 Der König erklärt die Diktatur für aufgehoben.

3. Sept. *Neue zentralistische Verfassung* mit Zweikammersystem und Wahlrecht mit offener
Stimmabgabe, das der stärksten Partei Zweidrittelmehrheit gibt.

9. Nov. Demgemäß Wahlsieg der Regierung mit Einheitsliste.

1932/1933 Unruhen der kroatischen Bauern (Ustaši). Rücksichtslose Unterdrückung, Morde, Verhaftungen, Verbannung der Führer.

1934 *Balkanpakt* mit der Türkei, Griechenland und Rumänien (9. Febr.).

9. Okt. Ermordung König Alexanders (mit dem französischen Außenminister Barthou) in Marseille.
Anschließend drohender Konflikt mit Ungarn. Nachfolger Alexanders ist sein minderjähriger Sohn *Peter II.* (* 1923, † 1970).

1935 In den Wahlen vom 5. Mai Sieg der Regierung.
Wieder Parlamentsboykott durch die Kroaten. Wandel der Außenpolitik. *Annäherung an
Deutschland,* das der beste Kunde und Lieferant wird. Dadurch Verbesserung der infolge
der Weltwirtschaftskrise noch immer angespannten Wirtschaftslage.

1937 Der Freundschaftsvertrag mit Bulgarien hebt die langjährige Spannung zwischen den bei-
24. Jan. den Staaten auf.

25. März Nichtangriffspakt mit Italien.

1937/1938 Neues Erstarken der kroatischen Opposition, die bei den Wahlen im Nov. 1938 in Kroatien
große Erfolge hat, während insgesamt die Regierung siegt.

1939 Umbildung der Regierung unter Zuziehung von fünf kroatischen Ministern (26. Aug.).
Föderalistische Reform und kroatische Autonomie werden zugesagt. So steht nach 20jähri-
gem Kampf die kroatische Frage vor einer aussichtsreichen Lösung. Die Ausführung wird
mit Rücksicht auf den Kriegsausbruch vertagt.

1940 Letzte Tagung der Balkanentente in Belgrad (2.–4. Febr.).

12. Dez. Unterzeichnung eines Freundschaftsvertrags mit Ungarn.

1941 *Beitritt zum Dreimächtepakt* (25. März).

27. März *Militärputsch:* König *Peter II.* (* 1923), für volljährig erklärt, übernimmt die Regierung
und bildet ein Kabinett unter General *Dušan Simović* (* 1882, † 1962). Die bisherigen
Minister werden verhaftet; *Prinzregent Paul* (* 1893, † 1976) begibt sich nach Griechenland;
in Belgrad wird gegen die Achsenmächte demonstriert.

3. April Der deutsche Gesandte verläßt Belgrad.

5. April Unterzeichnung eines *Freundschafts- und Nichtangriffspaktes* zwischen Jugoslawien und
der UdSSR.

6. April Beginn des deutschen Balkanfeldzugs mit einem *Luftangriff auf Belgrad.*

17. April *Kapitulation* des jugoslawischen Oberkommandos. König Peter und die Regierung werden
mit britischen Flugzeugen nach Athen gebracht und bilden in London eine Exilregierung
(von Aug. 1943 bis 19. März 1944 in Kairo).

8. Juli Deutschland und Italien proklamieren das Ende des jugoslawischen Staates.

5. Aug. Die UdSSR, die (9. Mai) die Beziehungen zur jugoslawischen Regierung abgebrochen hat,
erkennt nach Beginn des deutschen Angriffs den am 5. April abgeschlossenen Pakt erneut
an.

Unter deutscher und italienischer Besatzung

An die Spitze von *Kroatien,* das sich am 10. April 1941 *zum unabhängigen Staat erklärt,* tritt der an der Ermordung von König Alexander beteiligte, in Italien lebende *Ante Pavelić* (* 1889, † 1959) als *„Poglavnik"* („neben dem König"), der sich auf die *nationalistische Bewegung „Ustaši" (Ustascha)* stützt und sich aus ihr eine Spezialtruppe bildet, mit der er autoritär regiert und den Nationalitätenkampf aufnimmt. Greueltaten gegen die auf kroatischem Boden lebenden orthodoxen Serben, die Pravoslawen, verschlechtern das Verhältnis zum östlichen Nachbarn.

An Deutschland werden die Untersteiermark und Teile von Krain angegliedert, an Ungarn der Winkel zwischen Drau und Mur und die 1918 an Jugoslawien abgetretenen Teile der Baranya und der Batschka, an Italien das Gebiet von Laibach (Ljubljana) und der größte Teil von Dalmatien, die Adria-Inseln bis auf vier, die Bucht von Cattaro (Boka Kotorska; Golf von Kotor); große Teile Bosniens werden italienische Besatzungszone, Montenegro wird italienisches Protektorat, so daß der neue Staat fast ganz von der Adria abgedrängt wird. Zum kroatischen König wird, als *Tomislav II.,* in Rom am 18. Mai der Herzog *Aimone von Spoleto* (* 1900, † 1948), ein Vetter des Königs von Italien, proklamiert; doch betritt er angesichts der sich wegen dieser Abtretungen gegen Italien richtenden Stimmung das Land nicht. In Cetinje (Montenegro) beschließt eine *konstituierende Nationalversammlung* am 12. Juli 1941 die Wiederherstellung Montenegros als selbständige Monarchie (nicht verwirklicht).

Kroatien tritt am 15. Juni 1941 dem Dreimächtepakt, am 25. Nov. 1941 dem Antikominternpakt bei. Pavelić bildet am 11. Okt. 1941 die Regierung um und macht am 27. Okt. 1941 den Staatsrat unmittelbar von sich abhängig.

Nach der Kapitulation Italiens (8. Sept. 1943) schließt sich Kroatien die 1941 an Italien abgetretenen Gebiete wieder an. In *Serbien* (ohne das Bulgarien überlassene Mazedonien) wird eine *deutsche Militärverwaltung* eingerichtet. Eine unter ihr am 30. Aug. 1941 gebildete, von dem früheren Kriegsminister General *Milan Nedić* (* 1882, † 1946) geleitete *serbische Regierung* erlangt nur geringe Autorität, da ihr unzureichende Kompetenzen eingeräumt werden und ihr zwei unter sich verfeindete Partisanenbewegungen das Wasser abgraben.

Nach *Einnahme des Balkans organisiert* in Westserbien der General *Draža Mihajlović* (* 1893, † 1946) nach dem Muster früherer serbischer Bandenkämpfer die *„Četnici"* (Tschetniks) mit monarchisch-zentralistischer, daher gegen die kroatische Selbständigkeit eingestellter Gesinnung. Er verabredet im Herbst 1941 gemeinsames Handeln mit dem aus Kroatien stammenden Generalsekretär der kommunistischen Partei, *Josip Broz „Tito"* (* 1892, † 1980), der jedoch eigene Ziele verfolgt, Rückhalt an der UdSSR hat und daher zum Feind der Četnici wird. Durch *Ernennung von Mihajlović zum Kriegsminister* versucht die Exilregierung, Einfluß auf diese Entwicklung zu gewinnen, kommt dadurch aber in einen sich schnell verschärfenden Gegensatz zu Tito.

Die *deutsche Wehrmacht* muß zur *Bekämpfung dieser Widerstandsbewegungen* eine steigende Anzahl von Verbänden einsetzen und versucht, ihrer durch Einkesselungen Herr zu werden (Winter 1942 drei große Unternehmungen, Mai 1943 eine vierte gegen den montenegrinisch-bosnischen Grenzraum, im Okt./Dez. eine fünfte gegen das Papuk-Gebirge in Slawonien). Die Kapitulation Italiens führt zu einer Verschärfung des Kampfes, da die Deutschen jetzt Jugoslawien und Griechenland faktisch allein besetzen müssen, Teile der Italiener zu den Partisanen übergehen und diese ihre Ausrüstung durch italienische sowie alliierte Lieferungen verbessern. Die vorübergehend von den Partisanen besetzten Inseln können alle bis auf Vis (Lissa) zurückgewonnen werden, aber die Versorgung von außen läßt sich nicht unterbingen. Der am 18. Sept. 1943 von Hitler empfangene General Nedić ist zu weiterer Zusammenarbeit bereit, doch gibt ihm Hitler aus Argwohn weiter keinen Spielraum. Der von den Aufständischen erbarmungslos geführte Kampf wird mit einer *Verschärfung der Repressalien* beantwortet. Nach der Konferenz in Teheran (Nov. 1943) läßt *Großbritannien* Mihajlović, der der Inaktivität und des Zusammenarbeitens mit den Deutschen beschuldigt wird, fallen und *unterstützt Tito,* dem weiter von der UdSSR geholfen wird. Dieser beruft im November eine *„Antifaschistischen Rat für die nationale Befreiung"* ein, bildet ein regierungsähnliches *„Volksbefreiungskomitee"* macht sich zu dessen Vorsitzenden sowie zum *Marschall der „Nationalen Befreiungsarmee"* und verbietet dem König und der Exilregierung die Rückkehr, bevor das Volk über seine Zukunft entschieden habe. König Peter, der am 19. März 1944 Prinzessin Alexandra von Griechenland heiratet, verzichtet unter Druck Großbritanniens auf die Rückkehr und entsendet den Ministerpräsidenten *Ivan Šubašić* (* 1892, † 1955) zu Verhandlungen nach Vis (16. Juni), die zu einem Abkommen über die Zusammenarbeit führen.

1944 25. Mai	Ein *Überfall auf das Hauptquartier Titos* (Unternehmen „Rösselsprung") durch deutsche Luftlandetruppen führt fast zu seiner Gefangennahme und behindert längere Zeit die Aktionsfähigkeit seiner Bewegung.
12. Sept.	*König Peter überträgt* offiziell *Tito die Führung des Widerstandes.*
20. Okt.	Nach der *Besetzung von Belgrad* durch die *Rote Armee* richtet Tito, der sich inzwischen in Moskau mit der Sowjetunion über die gemeinsamen Operationen verständigt hat, die *neue Regierung* ein.
1. Nov.	Ein Abkommen zwischen Tito und dem Ministerpräsidenten der Exilregierung Šubašić, der anschließend in Moskau die Zustimmung der UdSSR einholt (daraufhin am 1. Dez. unter-

Einzelstaaten – Albanien – Griechenland   1005

zeichnet), regelt die weitere Zusammenarbeit bis zur Abhaltung von Wahlen. Danach werden in Serbien, Kroatien, Mazedonien und Montenegro „Volksregierungen" gebildet. – *(Forts. S. 1408)*

Albanien (1912/1914–1939/1944)

1912	Proklamation der Unabhängigkeit Albaniens am 28. Nov.
1914 März	Der neugewählte Fürst („Mbret"), Wilhelm Prinz zu Wied (* 1876, † 1945), wird in Durazzo (Durrës) mit Jubel empfangen, muß jedoch Albanien infolge eines Aufstandes (Sept.) verlassen.
	Bald darauf besetzen die Italiener Valona (Vlora/Vlorë) und die den Hafen beherrschende Insel Saseno (Sazan; 1918–1945 in italienischem Besitz).
1914–1918	Im *Ersten Weltkrieg* kämpfen die albanischen Stämme teils gegen Serbien und die Entente, teils, wie Es ad Pascha (* 1863, † 1920; 1914 Innen- und Kriegsminister, anschließend bis 1916 Staatspräsident), für diese. Italien, Montenegro, Serbien, Griechenland besetzen Teile des Fürstentums; Besitzergreifung durch die Italiener.
seit 1919	Die Grenzen und der Bestand Albaniens sind stets gefährdet durch die *Ansprüche und Übergriffe Italiens, Jugoslawiens und Griechenlands.*
1919	**Albanien wird (2. Aug.) als selbständiger Staat anerkannt** (Vertrag von Tirana [Tiranë]).
1920	Albanien gewinnt nach Vertreibung der Italiener seine Unabhängigkeit auch faktisch zurück.
1921 9. Nov.	Die Botschafterkonferenz setzt für Albanien die Grenzen von 1913 mit geringen Änderungen fest.
	Innere Kämpfe, bei denen sich schließlich *Achmed Zogu* (* 1895, † 1961) mit Unterstützung Jugoslawiens durchsetzt.
1925	**Albanien Republik.** Präsident Achmed Zogu. Errichtung eines autoritär-nationalistischen Regimes ohne faschistische Ideologie und ohne Staatspartei.
1926	Vertrag von Tirana (27. Nov.) mit Italien.
1927	Zweiter (albanisch-italienischer) Vertrag von Tirana mit Defensivbündnis vom 22. Nov. Seitdem wird Albanien faktisch ein italienisches Protektorat.
1928	Achmed Zogu nimmt den **Königstitel** an (1. Sept.).
1932–1934	Versuche, sich von der italienischen Vorherrschaft unabhängig zu machen, werden durch eine italienische Flottendemonstration vor Durazzo beendet.
1939	Italienische Truppen besetzen Albanien (7. April). König Zogu flieht ins Ausland.
12. April	Die Nationalversammlung beschließt die **Personalunion mit Italien.**
1940 28. Okt.	Von Albanien aus greift Italien Griechenland an, wird aber im Verlauf der Kämpfe (bis April 1941) auf albanisches Gebiet zurückgedrängt (Nov. 1940).
1941 April –Mai	Nach Abschluß des Balkanfeldzugs wird *Albanien* in die *deutsch-italienische Verteidigung eingegliedert* und um Teile der Vardar- und Zeta-Banschaft Jugoslawiens (am Fluß Vardar und in der Zeta-Ebene) vergrößert.
1943 16.–25. Okt.	Nach der Kapitulation Italiens (8. Sept. 1943) und dem *Einmarsch deutscher Truppen* tagt in Tirana eine *Nationalversammlung*, die dem Haus Savoyen die Krone abspricht und einen Regentschaftsrat einsetzt.
1944 13. Juli	Deutschland nimmt diplomatische Beziehungen zu der neuen Regierung auf, der jedoch innere Festigkeit und Rückhalt im Lande abgehen.
10. Nov.	Die nach dem Abzug der deutschen Truppen in Tirana gebildete *kommunistische Regierung* des Partisanen-Obersten *Enver Hoxha* (Hodscha, * 1908, † 1985) wird von der UdSSR, Großbritannien und den USA als Regierung Albaniens anerkannt. – *(Forts. S. 1411)*

Griechenland (1913/1915–1945)
(Forts. v. S. 831)

1913–1917	*Konstantin I.* König von Griechenland (* 1868, † 1923).
1915 Febr.	Der Ministerpräsident (1910–1915, 1917–1920, 1924, 1928–1932, 1933) *Eleutherios Venizelos* (* 1864, † 1936) tritt aufgrund des Bündnisvertrags von 1913 vor dem Zweiten Balkankrieg für Serbien ein und veranlaßt gegen den Willen des Königs und der Mehrheit des griechischen Volkes die Briten und Franzosen zur *Landung und Festsetzung in Saloniki.* Venizelos wird daraufhin vom König entlassen.

1006 Neuzeit – Zeitalter der Weltkriege

	Der König will die Neutralität seines Landes aufrechterhalten, obwohl ihm die Entente, nach dem Eintritt Bulgariens in den Krieg gegen Serbien (Oktober 1915), bulgarische und türkische Gebiete samt der Insel Zypern anbietet.
1916	Die Franzosen bemächtigen sich im Jan. der Insel Korfu.
März	Ein Erlaß König Konstantins erklärt Nordepirus (Südalbanien) für endgültig mit Griechenland vereinigt.
	Zunehmender Druck der Entente auf Griechenland.
Aug. –Sept.	*Aufstand in Saloniki.* Revolution auf Kreta und Korfu. Venizelos tritt an die Spitze der Insel Kreta, dann auch an die der „vorläufigen Regierung" in Saloniki, die Bulgarien und dessen Verbündeten den Krieg erklärt.
13. Sept.	Der größere Teil des in Thessalien stehenden 4. griechischen Armeekorps (etwa 6000 Mann) geht, um dem König die Treue zu halten, zu den Deutschen über und wird nach Görlitz (in der Oberlausitz) gebracht.
1. Dez.	Französische Truppen besetzen Piräus (Hafen Athens).
	Kämpfe zwischen Franzosen und Griechen in Athen.
1917 12. Juni	Célestin Charles Jonnart (* 1857, † 1927), der Oberkommissar der „Schutzmächte" Griechenlands, erzwingt die *Abdankung König Konstantins* und den Thronverzicht des Kronprinzen Georg (* 1890, † 1947). *Alexander* (* 1893, † 1920), Konstantins zweiter Sohn, wird König von Griechenland (1917–1920).
	Venizelos bildet ein neues Ministerium.
Ende Juni	Die griechische Regierung bricht ihre diplomatischen Beziehungen zu den Mittelmächten ab.
1919	Auf der *Friedenskonferenz zu Paris* erhält Griechenland Südalbanien und Epirus, ebenso das bis dahin bulgarische Südthrazien, im (zwischen der Türkei und den Alliierten abgeschlossenen) **Frieden von Sèvres** (im südwestlichen Vorortbereich von Paris) die europäische Türkei bis zur Catalcalinie (etwa 40 km vor Istanbul; Edirne [Adrianopel] zu Griechenland) und in Kleinasien das schon 1919 besetzte Smyrna (İzmir; jedoch nur mit kleinem Hinterland, der Hafen ist internationalisiert).
1920 **10. Aug.**	
	Dazu kommen im selben Jahr infolge eines Vertrags mit Italien alle ägäischen Inseln außer Rhodos. – Die türkische Regierung in Ankara besteht jedoch auf Rückgabe Smyrnas.
1920	Tod König Alexanders (25. Okt.).
	Niederlage der Regierung Venizelos in den Wahlen, Wiedereinsetzung König Konstantins nach Volksabstimmung.
1920–1922	Der **griechisch-türkische Krieg** führt zur Niederlage der Griechen.
1922	Die Türken erobern durch ihre Gegenoffensive Smyrna (Sept.). Bedrängnis der Griechen, da die türkischen Kemalisten von Frankreich gestützt werden und in Griechenland revolutionäre Unruhen ausbrechen. Die Venizelisten gewinnen die Oberhand.
28. Sept.	Abdankung König Konstantins.
1922–1923	König Georg II. (* 1890, † 1947; Konstantins erster Sohn).
1923 24. Juli	*Friedensvertrag von Lausanne* (am Genfer See; griechischer Verzicht auf das türkische Festland).
	Balkanbund mit Jugoslawien, Bulgarien, Rumänien.
	In den folgenden Jahren Bevölkerungsaustausch zwischen Griechenland und der Türkei. Massenumsiedlung von über eineinhalb Mio. Griechen auf griechisches Staatsgebiet.
Dez.	Abdankung König Georgs II.
1924	Venizelos wird am 11. Jan. erneut Premierminister.
	Er setzt sich vergeblich für den König ein und verläßt im Febr. Griechenland.
25. März	Die **Republik** wird proklamiert und am 13. April durch Plebiszit bestätigt.
1928	Mai: Rückkehr von Venizelos, der Ministerpräsident wird.
	Seitdem eine gewisse innen- und außenpolitische Stabilisierung.
1930 30. Okt.	Der *Vertrag von Ankara* mit der Türkei beinhaltet die Beendigung aller griechisch-türkischen Differenzen.
1932	Bei den Wahlen vom 25. Sept. Niederlage der Venizelisten.
	Die Royalisten gewinnen zunehmend Einfluß.
31. Okt.	Rücktritt von Venizelos.
	In der Folgezeit Konflikte zwischen Venizelisten und Royalisten mit häufigem Regierungswechsel.
1935	Nach einer gescheiterten Revolution flieht Venizelos ins Ausland.
März	Starke Bewegung für die Monarchie.
12. Okt.	Sturz der Regierung. Die **Monarchie** ausgerufen.
Nov.	Gelenkte Volksabstimmung für die Monarchie. Rückkehr König Georgs II.
1936 4. Aug.	General Ioannis Metaxas (* 1871, † 1941), seit April Ministerpräsident, führt durch Staatsstreich die *Diktatur* ein.
	Stabilisierung, Arbeitsbeschaffung und Aufrüstung. Außenpolitisch Betonung der Neutralität.

Einzelstaaten – Schweiz   1007

1939	Nach der Besetzung Albaniens durch Italien garantieren Großbritannien und Frankreich
13. April	die griechische Unabhängigkeit.
1940	Beginn des *Angriffs Italiens auf Griechenland* (28. Okt.), der sich zuungunsten Italiens entwickelt.
1941	Tod des Ministerpräsidenten General *Ioannis Metaxas*. Das *neue Kabinett* bildet *Alexan-*
29. Jan.	*der Korisis* (* 1885, † 1941).
6. April	Beginn des Balkanfeldzugs, der (21. April) zur *Kapitulation des griechischen Heeres* und zur Vertreibung der Briten vom Festland sowie aus Kreta führt.
	König Georg II. und seine Regierung begeben sich erst nach Kreta, dann nach Alexandria, schließlich nach London.
1. Mai	General *Georgios Tsolakoglu* (* 1887, † 1948) bildet in Athen eine *neue Regierung* unter deutscher Besatzung.
Juli	Nach Abzug der für den Ostfeldzug benötigten deutschen Verbände wird *Griechenland italienischer Militärverwaltung* unterstellt (deutsche Reservatbereiche um Athen und Saloniki).
18. Aug.	*Aufhebung des Kriegszustandes.* Die neue Regierung wird wiederholt umgebildet. Da die Seeverbindung unterbrochen ist und so die Einfuhr von Lebensmitteln ausfällt, entsteht eine Hungersnot, die durch Sendungen des Roten Kreuzes nur zum Teil behoben werden kann. Eine Inflation verschlimmert die Lage.
1942/1943	Geführt und versorgt durch die britische (ab 1944 alliierte) Militärkommission, bekämpfen die (anfangs getarnte) kommunistische „Griechische Befreiungsfront" (EAM) mit den Kampfverbänden der „Griechischen Volksbefreiungsarmee" (ELAS) sowie die antikommunistisch eingestellte „Griechisch-Demokratische Nationalarmee" (EDES) die Besatzungstruppen. Die antikommunistischen Widerstandsgruppen bleiben jedoch schwach und werden von ELAS vernichtet. Nur die in Epirus (Epeiros) stehende Gruppe von *General Zervas* (EDES) hält sich; sie nimmt mit den deutschen Truppen Verbindung auf. Die (ab Sept. 1943) allein in Griechenland befindlichen deutschen Besatzungsstreitkräfte beschränken sich auf die Verteidigung der Städte und Verbindungslinien, deren Unterbrechung sie durch Vergeltungsmaßnahmen gegenüber der Zivilbevölkerung zu verhindern suchen.
1944	Griechische Verbände, die die Alliierten in Ägypten aufstellen, meutern (April).
17. Mai	Griechische Parteiführer treffen sich im Libanon (Beirut) und verkünden eine *Nationalcharta,* um die Gegensätze zu überbrücken. Es kommt nur eine Koalitionsregierung unter *Georgios (Andreas) Papandreou* (* 1888, † 1968) ohne EAM zustande. König Georg erklärt sich bereit, sich einem Plebiszit zu unterwerfen.
18. Aug.	EAM und die Kommunistische Partei erklären ihre Zustimmung zur Regierungsbeteiligung.
24. Sept.	Durch das *Abkommen von Caserta* (nördlich von Neapel) unterstellen sich alle Guerillaverbände der Regierung, die den Befehl dem Oberbefehlshaber der britischen Streitkräfte in Griechenland überträgt.
2. Nov.	Abschluß der *Räumung Griechenlands; Landungen der Briten* (ab 15. Okt.) gemäß dem Abkommen der drei alliierten Großmächte über die Operationen im Südosten (Mai/Juni 1944). Die Exilregierung übernimmt die Geschäfte; doch zerbricht die Einigkeit der Parteien: EAM tritt aus der Regierung aus (1. Dez.). Da die das Land beherrschenden ELAS-Verbände auch Athen zu besetzen drohen, kommt es zum Kampf mit den britischen Truppen.
31. Dez.	Der noch in London gebliebene König Georg überträgt die *Regentschaft* dem *Erzbischof Damaskinos* (* 1891, † 1949) von Athen.
1945	Die Kämpfe zwischen Briten und Kommunisten werden durch einen *Waffenstillstand*
12. Febr.	(11. Jan.) und durch ein Abkommen zwischen Regierung und EAM beendet. Jedoch herrscht die Regierung mit britischer Hilfe nur in den Städten. – *(Forts. S. 1338)*

Schweiz (1914–1940/1945)
(Forts. v. S. 832)

1914	Mobilisierung der Armee.
Aug.	Verteidigungsbereitschaft zur Wahrung der *Neutralität.* Diese wird im *Ersten Weltkrieg 1914–1918* durchgehalten. Doch tritt am Anfang eine Spannung zwischen deutscher und romanischer Schweiz hervor *(„Graben").*
1918	Gegen Ende des Krieges überwiegen soziale Spannungen (Teuerung, Einfluß der Konferenzen von Zimmerwald im Kanton Bern, 5.–8. Sept. 1915, und Kiental im Kanton Bern, 24.–30. April [Treffen europäischer Linkssozialisten]).

1008 Neuzeit – Zeitalter der Weltkriege

11.–14. Nov.	Den von der Sozialdemokratie geführten Landesstreik beantwortet der Bundesrat mit einem Truppenaufgebot (Angst vor sozialistischer Revolution). Einzelne soziale Forderungen des „Oltener Komitees" (Olten im Kanton Solothurn), der Streikleitung, können in den folgenden Jahren verwirklicht werden.
1919	Genf wird im April zum *Sitz des Völkerbundes* bestimmt.
Okt.	Obwohl in den Nationalratswahlen nach der Einführung des Proporzes der Freisinn die Mehrheit verliert, verstärkt sich die bürgerliche Position durch die Zusammenarbeit der Freisinnigen mit den Katholisch-Konservativen (zwei Bundesräte) in ihrer Frontstellung gegen die Sozialisten. Diese Haltung dauert bis Mitte der dreißiger Jahre an.
	Außenpolitisch ist die Zwischenkriegszeit geprägt durch Bundesrat *Giuseppe Motta* (* 1871, † 1940; 1920–1940 Leiter des politischen Departements).
1920 13. Febr.	In der Londoner Erklärung bekräftigt der Völkerbundsrat die Neutralität der Schweiz als Vorbedingung für ihren Beitritt zum Völkerbund. Damit wird die Beteiligung der Schweiz an militärischen, nicht jedoch wirtschaftlichen Sanktionen des Völkerbundes ausgeschlossen: sog. „differenzielle Neutralität".
16. Mai	Nach Annahme durch den Nationalrat und Ständerat sowie durch ein Referendum (nach einem emotional geführten Abstimmungskampf) wird die Schweiz *Mitglied des Völkerbundes.*
1932–1933	Infolge der **Wirtschaftskrise** Einschränkungen der Arbeitszeit und Kürzung der Gehälter. Gelegentliche Unruhen. Bankenzusammenbrüche.
	Die „nationale Erneuerungsbewegung", die „Persönlichkeit" und „Autorität" ins Zentrum rückt, gewinnt an Boden.
1936 4. Febr.	Ermordung des Leiters der Reichsdeutschen Wilhelm Gustloff durch den Juden David Frankfurter.
	Darauf Verstärkung der ohnehin erheblichen *Spannung zwischen der Schweiz und dem Deutschen Reich* in Diplomatie und Öffentlichkeit.
Sept.	Die Abwertung des Franken um 30% im Anschluß an die französischen Währungsmaßnahmen wirkt sich wirtschaftlich günstig aus.
	Unter dem Eindruck der faschistischen Bedrohung (*Frontistenbewegung* in der Schweiz) schließen sich die meisten Gruppierungen in der „*geistigen Landesverteidigung*" zusammen; die Frontstellung zwischen Bürgerblock und Sozialdemokratie, die während der Wirtschaftskrise in einem Fall blutige Ausmaße angenommen hat (Genf 1932), baut sich ab:
1937 19. Juli	Arbeitgeber und Arbeitnehmer der Metallindustrie schließen ein Abkommen, das soziale Konflikte Schiedsgerichten unterwirft.
	Andere Wirtschaftszweige folgen.
1938 20. Febr.	Eine Volksabstimmung entscheidet mit großer Mehrheit für das Rätoromanische als vierte Nationalsprache.
29. April	Bundespräsident Motta übersendet dem Völkerbundsekretariat eine Denkschrift, in der auf Grund der veränderten Lage in Europa erklärt wird, daß die Schweiz von der „differenziellen" zur „integralen" Neutralität zurückkehren müsse.
	Vorher hat Motta dieses Zieles wegen bereits bei einzelnen Mächten, besonders Frankreich und Großbritannien, sondiert.
14. Mai	Der Völkerbundsrat stimmt dem Ansinnen der Schweiz zu.
	Diese ist damit von allen Sanktionsverpflichtungen entbunden, bleibt aber Mitglied des Völkerbundes.
1939	Mit der allgemeinen Mobilmachung wird der Zustand der *bewaffneten Neutralität* im *Zweiten Weltkrieg 1939–1945* erreicht.
1940	Die Armee wird nach dem Fall Frankreichs ins *Alpenréduit* konzentriert (General Guisan, * 1874, † 1960). Die wirtschaftlich prekäre Lage versucht man mit Mehranbau zu meistern,
bis 1945	mehrere Wirtschaftsabkommen sichern die nötigen Zufuhren. Der *politische und wirtschaftliche Druck* auf die ganz umschlossene Schweiz führt zu Restriktionen des Asylrechts und der Pressearbeit. – *(Forts. S. 1354)*

DIE AUSSEREUROPÄISCHE WELT VON IHREN ANFÄNGEN BIS ZUM ENDE DES ZWEITEN WELTKRIEGES

In den drei großen Kontinenten jenseits der Grenzen Europas bilden sich schon früh eigene Kulturen heraus, welche zu Grundlagen eigenständiger historischer Entwicklungen werden, die eine gesonderte Behandlung verlangen. In Abwendung von einem früher einseitig angewandten, europazentrischen Weltbild erscheint es überdies nicht mehr als sinnvoll, die traditionelle Gliederung in „Alte", „Mittlere" und „Neuere" Geschichte auf die Historie Asiens, Afrikas und Amerikas zu übertragen. Diese bzw. die geschichtlichen Großräume, in die wir sie einteilen, kennen vielmehr spezifische Epochengrenzen, die sich als praktikabel erwiesen haben. Eine solche historische Betrachtungsweise wird nicht nur der reichhaltigen Geschichte, sondern auch der aus ihr entstandenen Gegenwart dieser Länder, Völker und Kulturen eher gerecht.

Freilich sind insoweit Einschränkungen zu machen, als Nordafrika und der Vordere Orient mit dem historisch entwickelten Europa noch im Altertum zusammengehören, also unter dieser Rubrik erscheinen. Die große Masse des übrigen Asien (unterteilt in Zentral-, Ost-, Südost- und Südasien) jedoch wird vom Ausgang der Vorgeschichte an für sich behandelt, gefolgt von der islamisch-arabischen Welt, die, sich über weite Teile von Asien und Afrika erstreckend, chronologisch im wesentlichen an das Altertum anschließt. Afrika südlich der Sahara, Amerika sowie das lange Zeit isolierte Australien (mit Neuseeland und Ozeanien) schließen sich mit ihren Sonderentwicklungen an. Erst das 20. Jh. mit seinem Übergang zur Globalgeschichte läßt – durch Zusammenfassung und Aufteilung gewohnter Zusammenhänge – neue Ordnungen in weltweitem Maßstab entstehen, nach denen sich die Darstellung richten muß. Den Einschnitt hierfür bildet das Jahr 1945, in dem der chronologische Strang an anderer Stelle wiederaufgenommen wird.

Asien

Der größte, reich gegliederte Kontinent ist keine geschichtliche Einheit. Vielmehr verbinden ihn viele historische Gemeinsamkeiten mit *Europa,* die es erforderlich machen, sowohl den Alten Orient als auch Vorderasien zur Zeit des Hellenismus und des Römerreichs gemeinsam mit Europa und Nordafrika im Rahmen des *Altertums* zu behandeln. In der Epoche des europäischen Mittelalters schafft der Islam nach seiner raschen Ausbreitung über Vorderasien und Nordafrika sowie Teile Europas und Zentralasiens die weiträumige, im Kern noch heute bestehende Einheit der *arabisch-islamischen Welt,* die gleichfalls nicht unter der Überschrift „Asien" dargestellt werden kann. Dieses läßt sich im übrigen in die Großräume *Zentralasien, Ostasien, Südostasien* und *Südasien* aufteilen, die hier in geographischer Folge erscheinen.

Zentralasien

Der *Waldgürtel der Taiga* im Norden, die auf annähernd 6500 km fast ununterbrochenen *Gebirgsketten* von Elburs, Köpet Dagh, Hindukusch, Karakorum, Kunlun und Nanschan im Süden umschließen zwischen dem Kaspischen Meer und den Wäldern der Mandschurei sowie der Großen Chinesischen Mauer weite Räume, denen jeder Abfluß zum Meer hin fehlt. Mit diesem zentralasiatischen Großraum in engem Zusammenhang stehen die Hochländer von *Tibet* (das, als im weiteren Sinne historisch zu Zentralasien gehörig, hier mitbehandelt wird) und *Iran.* Das **westliche Zentralasien** – Westturkestan (Russisch-Turkestan), das nördliche Afghanistan und das nördliche Randgebiet von Iran – gliedert sich in die historischen Landschaften *Chorasan* (zwischen dem Hochland von Iran und dem Amu-Darja [antik: Oxus]), *Choresmien* (am Amu-Darja-Unterlauf südlich des Aral-Sees), *Transoxanien* (zwischen den Mittelläufen von Amu-Darja und Syr-Darja [antik: Jaxartes]), *Baktrien* (am Oberlauf des Amu-Darja), *Sogdiane* (zwischen den Oberläufen von Amu-Darja und Syr-Darja) sowie *Ferghana* (etwa am Syr-Darja-Oberlauf) und unterliegt seit dem (europäischen) Mittelalter dem Einfluß des Islam. Das hiervon durch die Gebirgszüge des Pamir und des westlichen Tienschan geschiedene **östliche Zentralasien** umfaßt v. a. die *Mongolei* (heute Innere Mongolei und Mongolische Volksrepublik) und *Ostturkestan* (Chinesisch-Turkestan, heute Sinkiang), dem Tibet eng benachbart ist, und wird von der chinesischen, später der tibetisch-buddhistischen Kultur beeinflußt.

1010 Außereuropäische Welt bis 1945 – Asien

In dem durch weite Steppen-, Wüsten- und Gebirgsräume sowie Binnenseen charakterisierten, niederschlagsarmen, dünn besiedelten Land entwickeln sich die gegensätzlichen Lebensformen des *Ackerbauern* (an Flüssen und in Oasen) und des **Hirtennomaden,** der, beweglich und autark, aber vom Wohlergehen seiner Viehherden abhängig, kriegerische Gewohnheiten entfaltet, sich die Güter der seßhaften Völker und der benachbarten Kulturländer teils gewaltsam, in der Regel aber durch *Handel* aneignet; bei diesem geht es um nomadische Eigenerzeugnisse und um Zwischenhandel, doch ist von besonderer Bedeutung der von Nomadenfürsten gegen Bezahlung ausgeübte Handelsschutz; er kommt dem Fernhandel zugute, durch den Zentralasien als Vermittler zwischen Nord-, Ost-, Süd- und Vorderasien/Europa wirkt: Auf den *Seidenstraßen* werden Seide und Geld nach Westen, Glas, Silber, Luxuswaren nach Osten gebracht, buddhistische, jüdische und islamische Einflüsse erreichen China auf diesem Wege (die Langsamkeit der Transportmittel – u. a. Kamele, die sich beladen etwa mit Fußgängergeschwindigkeit vorwärtsbewegen – führt freilich zu enormer Reisedauer). Wichtigste Partner der Nomaden sind Chinesen und Iranier, vom 18./19. Jh. ab die Russen.

Die *Gesellschaftsordnung* der zentralasiatischen Hirtennomaden ist trotz häufigem Wandel stets stark differenziert mit Herausbildung von Führerschaft auf allen Ebenen (ständige Notwendigkeit der Gefahrenabwehr!), aber aristokratischen Institutionen bis hin zur Ausprägung einer Art „Steppenfeudalismus" (David Bivar, Zentralasien, 1966). Da die Nomaden bestenfalls bruchstückhafte eigene Überlieferung hinterlassen haben, ist die *Geschichtsschreibung* meist auf die Berichte aus den benachbarten Hochkulturen (u. a. China, Indien, Iran) angewiesen, die von den Kriegszügen betroffen sind bzw. Handelskontakte aufrechterhalten. Dies, die wechselnden Aufenthaltsorte der Nomaden und ihre leichte Angleichung an benachbarte Kulturen bzw. Stämme erschwert die Identifikation von Namen mit bestimmten Nomadengruppen. Aufgrund ihrer Lebens- und Kampfweise sowie ihrer *Bewaffnung* (Bogen und lange [Haken-] Lanze) den seßhaften Kriegern überlegen, können die Nomaden immer wieder in *weitausgreifenden Feldzügen* ihre Nachbarn überrennen und *großräumige, kaum aber langlebige Reiche* gründen (Hunnen, Dschingis-Chan, Goldene Horde, Mongolendynastie in China, Timur). Die Einführung der *Artillerie*, die in Zentralasien seit dem 16. Jh. verwendet wird, durch China und Rußland setzt der militärischen Überlegenheit der Nomadenvölker dann aber rasch ein Ende – und damit auch der dynamischen Rolle dieses Raumes in der Geschichte Eurasiens. Etwa gleichzeitig verliert Zentralasien mit der Öffnung des Seewegs Europa–Indien–Ostasien auch seine Bedeutung für den Fernhandel.

West-Zentralasien bis zum Aufstieg der Türken (ca. 1000 v. – 560 n. Chr.)

seit ca. 1000 v. Chr.	Nomadisierende iranische Völker sind archäologisch nachweisbar. Ihre Identifikation mit den in antiken, u. a. griechischen („Historien" des Geschichtsschreibers Herodot; * nach 490, † nach 430) Schriftquellen genannten Völkern ist schwierig und z. T. strittig.
6. Jh.	Unter Kyros II. (559–529) kommen Baktrien und Sogdiane sowie der Großteil von Choresmien und Transoxanien an das *Perserreich.*
529	Kyros fällt im Kampf gegen die (jenseits des Jaxartes anzunehmenden) Massageten, doch die perische Herrschaft bleibt nicht nur erhalten, sondern wird von Kambyses II. (529–522) bis weit über den Jaxartes hinaus ausgedehnt.
329–327	*Alexander der Große* erobert Baktrien, Sogdiane und Teile von Ferghana; in fruchtbaren Tälern der beiden letztgenannten Landschaften gibt es zu dieser Zeit hochentwickelte Kulturen mit Gartenbau. Baktrien wird hellenisiert und gewinnt in den Diadochenkämpfen nach Alexanders Tod (323) an Selbständigkeit.
um 239	In das nach den iranischen Parthern benannte *Parthien* südöstlich des Kaspischen Meeres dringen die gleichfalls iranischen Parner von Nordosten her unter Arsakes I. ein (Begründer des Großreichs der Arsakiden, das sich bis zum Ende des 2. Jh.s nach Westen bis zum Euphrat, nach Osten bis zum heutigen Indien und China ausdehnt und erst 224 n. Chr. den Sasaniden erliegt).
um 250 –130	*Gräko-baktrisches Reich* (Kern Baktrien), das später als *Gräko-indisches Reich* bis zum Indus bzw. zum Golf von Oman reicht und zeitweilig den Pandschab mit einbezieht.
um 130	Teile des iranischen Nomadenvolks der Saken (von den Griechen als *Skythen* bezeichnet) und mit ihnen die ebenfalls indogermanischen Tocharer (in chinesischen Quellen: *Yüetschi;* von den Hsiung-nu nach Westen gedrängt), überrennen, aus Turan (Tiefland von Turan zwischen Syr-Darja und Hochland von Iran) kommend, Baktrien und lassen sich teilweise dort, teilweise im östlichen Hochland von Iran nieder. Andere Teile der Saken (Skythen) fallen von Nordwesten nach Indien (Pandschab) ein und gründen dort die sog. *Indo-skythischen Reiche.*
1. Jh. n. Chr.	Eroberung der Indo-skythischen Reiche durch die *Kuschanas*, die über die Tocharer herrschen und ein ausgedehntes Reich bis nach Nordindien hinein (Gangesebene) errichten.

Zentralasien – bis 13. Jh. *1011*

1. Jh. n. Chr.	Die iranischen, nomadischen Alanen aus Ostasien haben das Tiefland von Turan weitgehend inne.
1./2. Jh.	Kulturelle Blüte des Kuschana-Reiches, das mit der römischen Welt, China und Indien Handel treibt und Kontakte zwischen diesen Kulturkreisen vermittelt.
um 227	Ardaschir, Gründer der (persischen) Sasaniden-Dynastie, erobert die Kernländer des Kuschana-Reichs (Baktrien, Kabul-Tal).
ab 350	Aus dem Tiefland von Turan, wo sie sich gegen die Alanen durchsetzen, fallen die *Hunnen* über die östlichen Gebiete des Sasaniden-Reichs her und erobern Baktrien (ihre Westwanderung trifft nach 370 in Südrußland auf die Ostgoten).
um 400	Die *Hephthaliten* (sog. Weiße Hunnen, [möglicherweise europide] Nomaden) dringen in Sogdiane und Baktrien ein.
nach 470	Die Hunnen dehnen nach dem Ende des von ihnen zerstörten Gupta-Reichs zeitweilig ihre Herrschaft weit über Indien aus.
um 560	Ein Bündnis der Sasaniden mit den neu im westlichen Zentralasien auftretenden Türken schlägt die Hephthaliten entscheidend, ihr Reich wird entlang dem Oxus unter die Sieger aufgeteilt.

Die Hsiung-nu und die Hunnen (3. Jh. v. – 4. Jh. n. Chr.)

3. Jh. **v. Chr.**	Die vielleicht aus der Mandschurei stammenden, mongoliden **Hsiung-nu** nomadisieren in der Mongolei als Reiter- und Viehzüchternomaden.
209–174	Reichsbildung der Hsiung-nu unter Mao Tun.
2./1. Jh.	Häufige Kämpfe gegen die Chinesen, die schließlich die Oberhand gewinnen und die stark geschwächten Hsiung-nu nach Norden abdrängen.
101	China greift vorübergehend bis zum Tarimbecken aus.
um 72/71	Zerfall der Hsiung-nu-Macht.
48 n. Chr.	Die südliche Restgruppe der Hsiung-nu kommt unter chinesische Oberherrschaft.
nach 153	Neue Reichsbildung dieser Gruppe im eroberten Nordchina (Reste der Hsiung-nu bis zum 7. Jh.). Andere Teile der Hsiung-nu, die sich zeitweise, zusammen mit den später in Sogdiane und Baktrien eingedrungenen Hephthaliten, nach Westen zurückziehen, sollen nach älterer, heute z. T. bestrittener Auffassung identisch sein mit den Jh.e später an den Grenzen der Alten Welt auftretenden **Hunnen.** Die von einem Doppelkönigtum regierten Hunnen gliedern sich in relativ kleine, autonome Wander- und Wirtschaftsgruppen; dadurch und durch die Herausbildung eines starken persönlichen Herrschertums können sie sich leicht andere Gruppen – mehr oder minder vorübergehend – an sich binden (z. B. Hephthaliten, Alanen, germanische Stämme bzw. Stammesteile). Der zusammengesetzte Reflexbogen als neuartige, wirksame Fernwaffe festigt die militärische Überlegenheit über die in Europa anzutreffenden Gegner.
ab 350	Angriffe der Hunnen aus dem Tiefland von Turan gegen das Sasanidenreich (Baktrien).
375	Ein unter *Attila* und Bleda stehender Teil der Hunnen schlägt die Ostgoten (König Ermanarich fällt) in Südrußland. Das weit über Ost- und Mitteleuropa ausgreifende Hunnenreich mit dem Zentrum an der mittleren Donau erliegt schließlich dem vereinigten Widerstand von Germanenstämmen und Weströmischem Reich:
451	Hunnische Niederlage auf den *Katalaunischen Feldern*.
453	Tod Attilas.
um 455	Zerfall der hunnischen Macht.

Zentralasien vom Ende des Hunnenreichs bis zum Aufstieg der Mongolen (6.–13. Jh.)

3.–1. Jh. v. Chr.	Ausdehnung der *Hsiung-nu* vom östl. Zentralasien aus. Der Zusammenhang der Hsiung-nu mit den Hunnen ist erwägenswert (aber kaum direkt nachweisbar), obwohl diese auf ihrer langen Wanderung auch andere Volksbestandteile in sich aufnehmen. Nach ihnen spielen im östlichen Zentralasien die Schuan-schuan eine Rolle, die ein ausgedehntes nomadisches Reich gründen, in dem chinesische Kultureinflüsse bedeutsam sind.
552	Ihr Reich erliegt den **Türken,** deren Name (wohl eigentlich Dynastiename; „Kraft") nun erstmals in der Geschichte auftritt.

1012 Außereuropäische Welt bis 1945 – Asien

Nach dem frühen Tod des Reichsgründers Bumyn Kaghan tritt, alter Steppenüberlieferung gemäß, eine Zweiteilung des Reichs ein, dessen Gesamtausdehnung sich etwa von Transoxanien bis zur Wüste Gobi erstreckt.

um 560   Die Türken verbünden sich mit den Sasaniden in Persien und vernichten gemeinsam mit ihnen den Staat der *Hephthaliten* oder *Weißen Hunnen* (Name und Nationalität sind noch nicht wirklich geklärt), die Persien eineinhalb Jahrhunderte lang vom Osten gefährlich bedrohen. (Reste der Hephthaliten halten sich bis ins 9./10. Jh. und gehen dann im ostiranischen Volkstum auf.)

552   Das **Kök-türkische Reich** beherrscht Zentralasien, in sich zwiegespalten und durch Bürger-
– 630/657   kriege erschüttert. Ansätze zu einer Zusammenarbeit mit Byzanz (568) weichen bald kriegerischen Auseinandersetzungen. Die Byzantiner umgehen die durch den türkischen Vorstoß unterbrochenen Handelswege durch Zentralasien (Seidenstraßen) mittels verstärkten Handelsverkehrs über Arabien und Indien.

630/657   Die Osthälfte des Türkischen Reichs erliegt dem Vordringen der unter der Dynastie T'ang (seit 618) neu erstarkten Chinesen. Weite Kreise der Türken lehnen aber die städtisch verfeinerte Kultur der Chinesen ab.

680   Ein erheblicher Teil des Volkes zieht sich aus den chinesischen Randgebieten nach Norden in den Raum des heutigen Changaigebirges (damals Ötükän = „Mütterchengebirge"; im Innern der heutigen Mongolischen Volksrepublik) zurück und bildet unter dem „Weisen" Tonjukuk als leitendem Minister das bewußt nomadisch geprägte *Zweite Kök-türkische Reich*, in dem freilich die Chinesen u. a. durch Ehen chinesischer Prinzessinnen mit einigen Chanen – kulturell und auch politisch Einfluß behalten.
Dieses Reich dehnt seine Macht zeitweise bis an den Oxus (Amu-Darja) hin aus; doch erweisen sich einige seiner Gliedstämme immer wieder als unbotmäßig.

um 700   Durch eine Reihe von Felsinschriften in der Nähe des Flusses Orchon (Mongolei) in der „türkischen Runenschrift", die dem türkischen Lautbestand besser angepaßt ist als alle seither für das Türkische verwendeten Alphabete einschließlich des lateinischen, besitzen wir eingehende Kenntnis vom *Leben dieses Reiches* in seiner eigenen Sicht. Religiös glauben die Türken damals an einen obersten Himmelsgott, dem andere überirdische Wesen zugeordnet sind, darunter eine Gottheit für kleine Kinder, sowie an die Existenz einer Seele. Das nach dem Feudalsystem gegliederte Volk, das dem Herrscher absolute Treue schuldet, darf dafür auch mit dessen Fürsorge für hoch und niedrig rechnen. Der patriarchalisch geordnete Haushalt kann durch Einheirat und die „Adoption" von Waisen, wohl auch Gefangene, erweitert werden. Chinesischer Kultureinfluß ist weniger erkennbar; der Buddhismus spielt keine Rolle.

705–715   Von Westen her erobern die **moslemischen Araber** Transoxanien und Choresmien.

745   Durch ein Zusammenwirken zwischen Chinesen, den damals an der Selenga wohnenden Uiguren und unbotmäßigen Stämmen kommt das Zweite Kök-türkische Reich zu Fall.

745–840   An seine Stelle tritt im Osten das Großreich der **Uiguren.**
Nach dem Fall des Zweiten Kök-türkischen Reichs stoßen chinesische Truppen auch nach dem westlichen Zentralasien bis in den Raum von Samarkand vor und dringen damit in den arabisch-islamischen Machtbereich ein.

751   Es kommt im Gebiet des Flusses Talas (entspringt im Tienschan) zu der entscheidenden Schlacht: Islamische Truppen besiegen die chinesischen Streitkräfte und entscheiden damit die künftige **Zugehörigkeit West-Zentralasiens zum islamischen**, nicht zum chinesisch-buddhistischen Kulturkreis. Die Chinesen müssen sich aus Zentralasien zurückziehen.

762   Die führende Schicht des Uiguren-Reichs läßt sich für den Manichäismus gewinnen.

781   Auch die Errichtung einer nestorianischen Metropolitie wird erlaubt.
Daneben besitzt der Buddhismus steigenden Einfluß, da die Uiguren stets in enger Verbindung mit China stehen, wo sie wegen innerer Wirren zeitweise auch politischen Einfluß besitzen und ihre Produkte, auch Pferde, unter Zwangskurs gegen Seide und andere chinesische Waren eintauschen.
Der Kalif Harun ar-Raschid arbeitet zeitweilig mit den *Tibetern* gegen die Chinesen zu-

798   sammen, geht aber schließlich auf die Seite Chinas über.

822   Zwischen China und Tibet kommt ein Erschöpfungsfriede zustande, der das Tarimbecken einstweilen bei Tibet beläßt.
Das Uigurenreich zerbricht allmählich an inneren Intrigen, wohl auch religiösen Spannungen, doch halten sich zwei *uigurische Reststaaten:* einer um das Turfanbecken zwischen dem Hoch-Altai und dem Tienschan mit sehr verfeinerter städtischer Kultur und dem Nebeneinander mehrerer Religionen, unter denen der Buddhismus laufend an Gewicht gewinnt. Der andere Reststaat – die „Gelben Uiguren" – besteht in der chinesischen Provinz Kansu (wo er freilich 1036 den Tanguten erliegt, denen die Uiguren allerdings ihren Buddhismus vererben).

840   An die Stelle des Uigurenreichs tritt im Osten Zentralasiens das Reich der **Kirgisen,** deren Zentrum im Norden (zwischen dem Changaigebirge und dem Hoch-Altai bzw. im Tien-

schan) von chinesischer Kultur nicht erreicht wird und auch militärisch keiner Bedrohung von Süden her ausgesetzt ist.
Die Kirgisen können sich bis zur Mongolenzeit (13. Jh.) halten. Die unter den Uiguren reiche kulturelle Entwicklung des östlichen Zentralasiens mit ihrem chinesischen Einfluß geht rasch zurück. Die Kirgisen hinterlassen keine schriftlichen Denkmäler; sie sind weitgehend Nomaden. Der Manichäismus verliert seinen Halt an der bisherigen Dynastie und geht in den nächsten Jh.n unter.

seit 916 Südlich der Kirgisen setzen sich im Osten Zentralasiens die **Chitai** durch, die nach dem Untergang der Dynastie Tang wesentliche Teile Nordchinas besetzen und dort die Dynastie Liao begründen. (Nach ihnen wird China im Mittelalter in Europa „Cathay" genannt; im Russischen hat sich der Name Kitai bis heute erhalten.)

seit 969/1016 Durch die Machtstellung der Seldschuken im islamischen Bereich nach Süden hin abgeschirmt, können sich türkische Stämme nördlich des Aralsees und südlich des Ural-Gebirges nach Osteuropa hin vorschieben und dort, nach dem Zusammenbruch des Chasarenreichs, nomadisch bestimmte Staatswesen begründen: 969 die Petschenegen, 1054 die Oghusen (die Torki der Russen), 1067 die Kumanen (= Kyptschak). Sie machen dem russischen Staat Jh.e hindurch schwer zu schaffen und bereiten dadurch den mongolischen Vorstoß des 13. Jh.s vor.

1125 Das Reich der Chitai (Dynastie Liao) erliegt den von Norden nachdrängenden *Dschürtschen*, die ihre Erben in Nordchina werden (Dynastie der Altan-Chane, chinesisch Kin; beides „Gold"; danach unsere Bezeichnung „China").
Ein Teil der Chitai wandert daraufhin nach Zentralasien ab und gründet das Reich der

1133–1211 **Kara-Chitai,** das sich unter Führung Je-lü Ta-schis († 1143) über die beiden karachanidischen Teilreiche ausbreitet und den Raum südlich des Balchaschsees (das Siebenstromland) sowie das Tschu-Tal für sich beansprucht (viele Bodenfunde).

1141 Der Seldschukensultan Sandschar erleidet nördlich Samarkands eine entscheidende Niederlage durch die Kara-Chitai.
Dieser Sieg eines nichtmoslemischen (im wesentlichen buddhistischen) Volkes im Nordosten des islamischen Siedlungsgebietes, also „im Rücken des Islam", läßt bei den Abendländern anscheinend die Sage vom *„Priester Johannes"* entstehen, dessen Name offenbar eine Entstellung von Je-lü Ta-schis Titel Gür-Chan (= oberster Chan) ist. Der Priester Johannes soll, so hofft man, im Zusammenhang mit den Kreuzfahrern den Islam endlich vernichten und dem christlichen Glauben zum Sieg verhelfen (später überträgt sich die Legende zeitweilig auf den äthiopischen Herrscher). Der Staat der Kara-Chitai bleibt dauernd dem Buddhismus verhaftet und läßt (anders als der Islam) wiederholt auch Frauen als Herrscherinnen zu. Er wird wenig in kriegerische Verwicklungen hineingezogen (schwach organisiertes Heer) und gewährt weithin Religionsfreiheit.

1212 Als der den Kara-Chitai unterstellte Herrscher der westlichen Karachaniden den Mord an chwarismischen Moslems in Samarkand organisiert, wird dadurch dem Chwarismschah Mohammed II. das Zeichen zum Eingreifen gegeben. Gleichzeitig gelingt es einem ursprünglich wohl nestorianischen, dann buddhistischen Prinzen aus dem mongolischen Stamme Naiman („Acht", gemeint ist „Acht Clans"), Kütschlüg, den letzten Kara-Chitai-Herrscher zu entthronen und mit der Hand von dessen Tochter die Macht zu übernehmen.

Die Mongolen

Temudschin (* 1155 oder 1167; † 1227), Sproß einer wenig bedeutsamen mongolischen Kleinfürstenfamilie, setzt sich durch vielerlei Bündnisse und mancherlei Kämpfe als oberster Herr der mongolischen Stämme an *Onon* und *Kerulen* (im Nordosten der heutigen

bis 1205

1206 Mongolischen Volksrepublik) durch und wird unter dem Titel **Dschingis-Chan** (= Ozeangleicher Chan?) auf einer Volksversammlung (Kuriltai) zum obersten Herrscher der Mongolen ausgerufen. Er schafft ein schlagkräftiges Heer, faßt bisheriges und eigengeprägtes sowie entlehntes Recht im *Gesetzbuch der Jasa* zusammen und unternimmt persönlich oder

seit 1205 durch seine vier Söhne bzw. durch Unterfeldherren weite, planvolle Eroberungszüge in die Nachbarländer.

1211–1216 Zunächst gelingt die Beseitigung des Staates der *Dschürtschen* in Nordchina, das Dschingis-Chan selbst übernimmt.

1209 Freiwillige Unterwerfung der *Uiguren* um Turfan.
Andere Völkerschaften folgen Dschingis-Chans Heeren, kommen an die Grenze des Machtbereichs des im östlichen Iran und in *Choresmien* (im islamisch gewordenen westlichen Zentralasien) herrschenden *Chwarismschah*. Der Versuch einer Abgrenzung der gegenseitigen Interessen mißlingt.

1014 Außereuropäische Welt bis 1945 – Asien

1219/1220 1220/1221	Dschingis-Chan dringt in das islamische Siedlungsgebiet ein, erobert *Transoxanien* erstaunlich schnell, wo in äußerst blutigen Kämpfen weite Teile der Bevölkerung und viele Denkmäler der islamischen Kultur zugrunde gehen.
1220	Gründung der mongolischen Hauptstadt *Karakorum* am oberen Orchon (im Norden der heutigen Mongolischen Volksrepublik). Anschließend werden die Täler des Hindukusch und Nordiran besetzt.
1223	Die Russen erleiden mit ihren kumanischen Verbündeten eine entscheidende *Niederlage an der Kalka* (nördlich des heutigen Schdanow [am Asowschen Meer]).
1227	Dschingis-Chan, der inzwischen nach Osten zurückgekehrt ist, stirbt bei der Belagerung der tangutischen Hauptstadt. Der *Staat der Tanguten* (etwa im Süden der heutigen Mongolischen Volksrepublik) nimmt nach über zweihundertjährigem Bestehen ein Ende.
1229–1241	*Ögädäi* (Ogotai; † 1241), ein Sohn Dschingis-Chans, beherrscht von Karakorum aus als *Großchan* das Mongolische Reich. Aufbau einer Regierungs-Zentralstelle und eines Postrelaissystems. Neben Ögädäi waltet sein Bruder *Tschagatai* († 1241) als Wahrer der mongolischen Tradition (Jasa).
1236–1242	Die *Mongolen erobern* zur Zeit Ögädäis den *größten Teil Rußlands.*
1240–1502	**Das Reich der Goldenen Horde** beherrscht weite Teile des osteuropäischen Raumes. Die russische Macht wird dadurch an einer Einmischung in Mitteleuropa und im Vorderen Orient gehindert und auf sich selbst beschränkt. So erscheint die Goldene Horde dem Islam und auch dem Papsttum teilweise als Partner möglicher Bündnisverhandlungen (vgl. die Kontakte zwischen den in Persien und Mesopotamien herrschenden Ilchanen und den Päpsten sowie den Königen von England und Frankreich).
1241	Die Mongolen stoßen nach Schlesien *(Schlacht bei Liegnitz [Wahlstatt])* und Ungarn vor, ziehen sich aber nach dem Tod des Großchans Ögädäi wieder nach Osten zurück.
1251–1259	*Großchan Möngkä* (Mangu; * 1209, † 1259), Enkel Dschingis-Chans. Er sammelt die Kräfte des Reichs nach einem zehnjährigen Interregnum, empfängt mehrere Gesandtschaften aus dem Abendland von den Päpsten und *König Ludwig IX. von Frankreich* (1253/1254 Franziskaner Wilhelm von Rubruk; * um 1210, † um 1270) und wahrt religiöse Toleranz. Möngkä beauftragt seinen Bruder Hülägü (* um 1217, † 1265) mit der Eroberung Persiens und Vorderasiens:
1258	Vernichtung des Abbasidenkalifats.
1259–1294	Der **Großchan Kubilai (Kublai Chan**; * 1215, † 1294), ein Bruder Möngkäs, setzt sich als Kaiser Nordchinas (Residenz das heutige Peking) und Vertreter eines an städtischer Kultur ausgerichteten Mongolentums gegenüber einem weiteren Bruder und Nebenbuhler, *Aryk Bögä* († 1266), als nomadisch orientiertem Gegenchan, durch. Die Mongolen greifen nach Korea, Hinterindien und Indonesien aus.
1274/1281	Vergebliche Angriffsversuche auf Japan. Kubilai erobert auch Südchina, wo die Dynastie Sung beseitigt wird.
1280–1294	*Kaiser von (ganz) China (Shih Tsu).*
1280–1368	*Mongolen-(Yüan-)Dynastie in ganz China.* In Zentralasien geraten die Nachfahren Ögädäis und Tschagatais wiederholt in kriegerische Verwicklungen miteinander, in die auch die Großchane (= chinesische Kaiser), die Ilchane Persiens und die Chane der Goldenen Horde eingreifen. Dabei spielt der Gegensatz zwischen bäuerlich-städtischer und nomadischer Kultur sowie zwischen heidnischer und islamischer Weltanschauung eine Rolle.
1309	Die Nachfahren Ögädäis werden endgültig ausgeschaltet. Nur die Linie Tschagatais behauptet sich.
14. Jh.	Es tritt eine *Trennung* zwischen dem (seit 1347) von Adelsfamilien beherrschten *westlichen Zentralasien* und den von Chanen zentralistisch gelenkten *Ostgebieten* (Mogholistan genannt; Hauptstadt Almalyk am Ili [Zufluß des Balchasch-Sees]) ein. Der sunnitische Islam gewinnt zusehends an Bedeutung und wirkt im Sinne einer städtisch-agrarischen Wirtschaftsform.
1360–1405	**Timur Leng** (Timur der Lahme, bei den Europäern Tamerlan; * 1336, † 1405) setzt sich gegenüber den Nachfahren Tschagatais durch, die nominell im Amt belassen werden. Er wählt *Samarkand* in Transoxanien zur Hauptstadt, schmückt es vielfach unter Einsatz hierhin deportierter Handwerker und Künstler mit prächtigen Bauten aus und macht die Stadt überdies zu einem Mittelpunkt islamischer Geisteskultur.
seit 1379	Von Samarkand aus greift Timur – anscheinend ohne konkrete machtpolitische Zielsetzung – in greuelvollen Zerstörungskriegen weit in den islamischen Raum hinein aus: Timur gelingt es nicht, sich Mogholistan untertan zu machen.
1383–1387	*Eroberung Irans.*
1389	Vorstöße nach Ostturkestan, in das Gebiet der Goldenen Horde (1391/1395),
1393	nach Indien bis Delhi (1395/1398), Vorderasien: Einnahme von Bagdad. (Irak, Syrien, Kleinasien):
1402	*Sieg über die Osmanen* bei Angora (Ankara).

Zentralasien – West- und Ostturkestan   1015

1405–1507   Nach Timurs Tod bleibt seinen Nachfahren, den *Timuriden,* im wesentlichen Persien und
Transoxanien. Einer ihrer Wesire, *Ali Schir Nawai* (1441–1502), erweist sich bei allem
Interesse an der persischen Kultur als Förderer der innerasiatisch-türkischen Schriftsprache, des sogenannten Tschagataischen, das er in seinen Werken verwendet und das durch
ihn und *Baburs* (Gründer der Großmongul-Dynastie in Indien; * 1483, † 1530) Denkwürdigkeiten auf Jahrhunderte hinaus Geltung als Schriftsprache Innerasien erhält.
Um das westliche Mittelasien streiten sich während dieser Zeit die *Tschargataiden* Mogho-
listans mit dem neu formierten Stammesverband der *Özbeken,* der sich unter der Leitung
der Dynastie der *Schaibaniden* an das nördliche Ufer des Jaxartes (Syr-Darja) vorschiebt
und von dorther auch auf die Timuriden Druck ausübt.

   ‾ 1507   Die Timuriden fallen endgültig dem vereinten Druck der Schaibaniden und der persischen
Safawiden(-Dynastie) zum Opfer.

   1510   Schaibaniden werden durch den siegreichen Vorstoß der Safawiden aus Nordostpersien
verdrängt und auf Tansoxanien beschränkt, wo sie noch ein Jh. lang Bedeutung haben.

   1512   Der letzte Timuridensproß Babur wird nach Kabul abgedrängt.

1525/1526   Er gründet von dort aus das *Reich der Großmoguln* in Nordindien.

   1578   Der tibetische *Dalai-Lama Bsod-nams-rgya-mtsho* bekehrt den Mongolenfürsten *Altan
Chan* zum Lamaismus.

   1586   Gründung des ersten Klosters in der Mongolei.
Übersetzung des buddhistischen Kanons aus dem Tibetischen ins Mongolische (Kand-
schur). Die mongolische Form des Buddhismus beeinflußt nun Gesellschaft und Selbstverständnis der einstigen Welteroberer.

1690–1696   Dazu hemmt die Ausbreitung der Macht der Mandschu (1644–1911 chinesische Kaiserdy-
nastie) die politische Aktivität der Mongolen.

   1696   Die *Mongolei* wird ein *Bestandteil des Chinesischen Reiches.*

   1912   Mit der Ausrufung der Chinesischen Republik Abfall der Mongolei von China und starke
Anlehnung an Rußland.

   1913   Rußland erkennt zwar förmlich die Oberhoheit Chinas über die Mongolei an, praktisch
wird aber der russische Einfluß größer als der chinesische.

1918/1919   Während des Ersten Weltkriegs nützt China die Schwäche Rußlands aus und besetzt die
Äußere Mongolei.
Unabhängigkeitsbewegung unter Suhe Bator (* 1893, † 1923).

   Anfang   Die Äußere Mongolei wird von der „weißen" Armee besetzt, die den verbündeten Mongo-
   1921   len und Sowjets unterliegt. Die *Innere Mongolei* bleibt unter chinesischer Herrschaft.

10. Juli   *Die Äußere Mongolei erklärt ihre Unabhängigkeit* und schließt im Nov. einen Freundschaftsvertrag mit der RSFSR.

   1924   **Proklamation der Mongolischen Volksrepublik (26. Nov.).** Starke, politische, wirtschaftliche und kulturelle Bindungen an die UdSSR; Verstaatlichungspolitik.

1924–1952   Ministerpräsident (bis 1930 auch Staatsoberhaupt) ist Marschall Ch. Choybalsan (* 1895,
† 1952).

1937–1939   Politische „Säuberungs"-Maßnahmen; Entmachtung der lamaistischen Kirche.

1937–1945   Teile der Inneren Mongolei sind unter japanischem Einfluß als Innermongolische Föderation autonom.

   1940   Y. Tsedenbal (Zedenbal; * 1916) wird Generalsekretär (bis 1954; seit 1958 Erster Sekretär des ZK) der kommunistischen Mongolischen Revolutionären Volkspartei. – *(Forts. S.
1408)*

West- und Ostturkestan (16.–20. Jh.)

Durch die Bildung des *Safawidischen Reichs* in Iran und des *Staats der Großmoguln* in Indien zu Beginn
des 16. Jh.s werden den z. T. nomadischen Kräften jenseits des Oxus (Amu-Darja) in den folgenden Jahren Vorstöße nach Süden und ein Übergreifen auf das Hochland von Iran verwehrt. Auch der sich herausbildende religiöse Gegensatz zwischen dem nunmehr geschlossenen schiitischen Iran und dem weiterhin
sunnitischen Transoxanien läßt alte kulturelle und geistige Verbindungen abreißen. Gleichzeitig veröden
durch die nun voll entwickelte Überseeschiffahrt die alten Seidenstraßen quer durch Zentralasien; dessen
wirtschaftliche Bedeutung wird immer geringer, seine Verbindungen nach Osten und Westen reißen
weithin ab. Zentralasien wird zum Randgebiet der Weltgeschichte, dessen Schicksal nur noch lokale
Bedeutung besitzt. Durch die südliche und südöstliche Ausdehnung bedeutender türkischer Volksstämme wird das Land weithin neuen Herren untertan, die dort bis zum heutigen Tag wohnen. Das Persische weicht, außer bei den Tadschiken, überall dem Türkischen.

   15. Jh.   Der türkische Neustamm der *Özbeken* (bei den Russen Usbeken genannt) schiebt sich etwa
vom Südrand des Ural zum Nordufer des Jaxartes (Syr-Darja) vor.

1016 Außereuropäische Welt bis 1945 – Asien

1507	Im Ausgreifen nach Süden zerstört *Chan Mohammad Schaibani* den letzten bedeutenden Staat der Timuriden in Herat (Nordwest-Afghanistan). Er wird aber durch die aufkom-
1510	mende Macht der *Safawiden* (Dynastie in Persien) zurückgedrängt und fällt in der *Schlacht bei Merw* (beim heutigen Mary in der Turkmenischen SSR).
1512	Der *Timuride Babur* wird aus Samarkand nach Kabul vertrieben.
seit 1512	Das *Chanat Chiwa* südlich des Aralsees widersteht den Özbeken und wird ebenso wie Buchara zum Hort eines konservativ-sunnitischen Islams mit einem feudalistisch gegliederten Herrschaftssystem.
1561–1598	Der özbekische Chan *Abd Allah* gewinnt (anfänglich als Regent für seinen Vater) noch einmal bedeutende Macht und bedroht Persien von Norden her, bis *Schah Abbas* den Feinden entschlossen entgegentritt.
seit 1710	Nach Abd Allahs Tod zerfällt das Özbekische Reich. Aus den Trümmern bilden sich mehrere Chanate und Emirate, z. T. auch unabhängige Städte, mit rasch wechselnden Grenzen und häufig miteinander verfeindet. Bedeutung besitzen im westlichen Turkestan nur das Chanat Buchara; kulturell und wirtschaftlich sinkt das frühere özbekische Gebiet rasch ab. Bedeutung gewinnt der Handel mit Sklaven, die häufig geraubte Perser sind.

Kasachen, Kirgisen, Kalmücken

16./17. Jh.	Von den Özbeken, die sich hier dem Islam und der persischen Kultur erschließen, spalten sich nach Norden hin die *Kasachen* („Flüchtlinge") ab (mit den slawischen Kosaken nicht zu verwechseln). Sie gewinnen allmählich den weiten Raum südöstlich des Ural.
	Die „echten" *Kirgisen* besetzen von Nordosten her das Siebenstromland südlich des Balchasch-Sees bis hin zum Issyk Köl.
	Von Osten dringen verschiedentlich die mongolischen buddhistischen *Kalmücken* nach Westturkestan vor und vermehren die Unruhe und Unsicherheit dieses Gebiets.

Russen in Zentralasien

seit 1582	Eindringen der Russen in Sibirien.
Ende 17. Jh.	Die Russen knüpfen die ersten Verbindungen (Handel) zu den Türkvölkern Mittelasiens an.
1717/1734	Die Russen erreichen die freiwillige Unterordnung mehrerer Kasachen-Horden.
19. Jh.	Die Zaren setzen zum unmittelbaren Angriff auf Mittelasien an. Sie erobern weite Gebiete:
1868	*Samarkand, 1876 Chokand* und das *Ferghanatal, 1884 Merw.*
	Das Zarenreich legt gegenüber Persien und Afghanistan sowie im Pamirgebiet die Staatsgrenze fest, die zwischen der UdSSR und diesen Staaten bis zum heutigen Tag gilt.
1924	Die Chanate Buchara (seit 1868) und Chiwa (seit 1873), als suzeräne Staaten der Zaren ohne wirkliche Handlungsfreiheit geduldet, werden nach Vertreibung ihrer Herrscher (1920) der *Usbekischen Sozialistischen Sowjetrepublik* (in der UdSSR) einverleibt. – Im selben Jahr Aufteilung der *Turkestanischen Sozialistischen Sowjetrepublik* in die *Türkmenische* und die spätere *Tadschikische Sozialistische Sowjetrepublik.*
1925/1936	Gründung der *Kasachischen Sozialistischen Sowjetrepublik.*
1926/1936	Gründung der *Kirgisischen Sozialistischen Sowjetrepublik.*
1979	Russischer Einmarsch in *Afghanistan* (ab 27. Dez.).

Tibet

um 600 n. Chr.	Der erste König *Gnam-ri slon-btsan*, in Sui-Quellen „*Herr der 100 000 Krieger*" genannt, eint mehrere *Ch'iang-Stämme* an der chinesischen Grenze.
632–650	Sein Sohn *Slon-brtsan-sgam-po* dehnt das Reich nach Nepal und Westtibet aus. Vorstöße nach Nordindien (**Einführung des Buddhismus** und Schaffung einer Schrift nach indischem Vorbild) und China (Kaiser T'ai-tsung gewährt ihm eine chinesische Prinzessin als Frau). Er ist der erste „religiöse König". Ständige Bedrohung der chinesischen Grenze und Versuche, die Fernhandelsstraßen Innerasiens zu kontrollieren.
710	Erneute Heiratsallianz mit China.
755–797	Unter dem zweiten „religiösen König" *Khri-slon-lde-brtsan* militärischer Höhepunkt.
763	Plünderung der chinesischen Hauptstadt *Ch'ang-an* und Tribute von China. Förderung des Buddhismus, der an politischem Einfluß gewinnt.
um 840	Verfall des Königtums.

Zentralasien – Tibet – Ostasien – China 1017

889 Generäle setzen sich als regionale Machthaber ein. Vorübergehend Rückgang des Buddhismus, der auf den Adel beschränkt bleibt, doch unter dem Einfluß missionierender Mönche aus Indien erneut aufblüht. Rege Gelehrsamkeit: Übersetzungen durch *Rin-chen bzang-po* († 1055), religiöse Erneuerung durch den Einsiedler *Mi-la ras-pa* († 1123).

1073 Gründung des Klosters von *Sa-skya*. Entstehung des **Lamaismus** als Verbindung des Buddhismus mit bodenständigen Formen der Bon-Religion.
Die *Tanguten* gründen im Ordos-Bogen das sehr stark tibetisch beeinflußte *Hsi-hsia-Reich* (990–1227) und beherrschen den innerasiatischen Handel.

1227 *Dschingis-Chan* vernichtet die Hsi-hsia.

1280–1367 Unter der Herrschaft der mongolischen **Yüan-Dynastie** werden die zahlreichen Kleinstaaten Tibets in 13 Verwaltungseinheiten reorganisiert. Der Kaiser setzt die Äbte des Sa-skya-Klosters als Vizekönige ein; zwischen ihnen besteht eine persönliche *Patron-Priester-Beziehung (yon-mchod)*.

um 1350 Mit dem Zusammenbruch der Yüan beendet *Byang-chub rgyal-mtshan* die Sa-skya-Vor-
–1642 herrschaft und restauriert eine von China **unabhängige Monarchie.**

1400–1600 Ausbildung und Aufblühen der reich geschmückten **tibetischen Klosterkultur** unter befruchtenden indischen, nepalesischen, chinesischen und mongolischen Einflüssen.

1409 *Tsong-kha-pa* († 1419) gründet ein Kloster in Dga'-ldan mit strenger Mönchsdisziplin. Von seinen Schülern wird die Lehre als *Dge-lugs-pa-(„Gelbmützen"-)Orden* rasch verbreitet (Prinzip der Reinkarnationsnachfolge). In den Unruhen um die weltliche oder geistliche Vorherrschaft werden die Gelbmützen zum wichtigsten politischen Faktor.

1578 Ihr dritter Führer *Bsod-nams-rgya-mtsho* erhält von seinem Patron *Altan*, Chan der mongolischen Tumet, den Titel **Dalai** („Meeresweiter") **Lama,** der seinen beiden Vorgängern nachträglich verliehen wird. Die Mongolen nehmen die Gelbmützenlehre an. Mit Hilfe Gushi Chans von den mongolischen Khoschot wird unter dem fünften Dalai Lama († 1682) ganz Tibet von den Gelbmützen missioniert.

1642 Die religiöse und politische Macht wird in der Hand des Dalai Lama vereint. *Lhasa* wird Hauptstadt.

1653 Der Dalai Lama besucht als unabhängiger Herrscher den Ch'ing-Hof.

1707 Beginn der Kapuzinermission in Lhasa (1707–1745). Eingreifen der Dsungaren in Nach-
1717–1720 folgestreitigkeiten; sie werden von den Mandschuren aus Tibet vertrieben. Formale chinesische Repräsentation in Lhasa mit voller innerer Autonomie Tibets.

seit 1727 Die Chinesen bauen den in der religiösen Hierarchie an zweiter Stelle stehenden **Pantschen Lama** als politisches Gegengewicht zum Dalai Lama auf.

1774 Versuch der Briten, Tibet von Indien aus wirtschaftlich zu öffnen.

1792 Aus Nepal einfallende Gurkhas werden von den Chinesen vertrieben.

seit 1792 Tibet ist *für Ausländer gänzlich geschlossen.*

1890/1893 Nach zwei vergeblichen Versuchen Großbritanniens, Tibet botmäßig zu machen, marschiert Oberst Younghusband in Tibet ein (1903).

1904 Im *Vertrag von Lhasa,* der durch ein Zusatzabkommen (1907) auch für China verbindlich wird, legt Großbritannien die tibetische Grenze fest und beansprucht Handelsprivilegien.

1912–1950 Mit der Ausrufung der chinesischen Republik im Februar 1912 wird zwar *Tibet zur Provinz erklärt,* doch bleibt das Land de facto unabhängig.

1914 Britisch-tibetisch-chinesisches **Abkommen von Simla** (das von China nicht ratifiziert wird):
3. Juli Tibet bleibt bei *weitgehender Autonomie* unter chinesischer Oberhoheit, Peking hat das Recht, einen hohen Würdenträger mit 300 Mann Eskorte nach Lhasa zu entsenden. Großbritannien verzichtet auf alle Gebietsansprüche.
Die Eigenständigkeit Tibets endet mit der *Eroberung* des Landes durch *kommunistisch-chinesische Truppen* (1950/1951). – *(Forts. S. 1415)*

Ostasien

China (Anfänge bis 1945)

Der chinesische Geschichtsraum ist durch *relative Abgeschlossenheit* nach außen sowie *landschaftliche Vielgestaltigkeit* und *klimatologische Unterschiede* im Inneren gekennzeichnet. Im Südwesten bedeckt tropische und subtropische Vegetation unwegsame Mittelgebirgszüge mit tief eingeschnittenen Tälern, nach Westen erheben sich extrem hohe Gebirgsketten (Himalaya, Kunlun, Tienshan, Altai), die von Hochplateaus (Tibet) und Wüstenbecken (Gobi) durchbrochen werden und in die Steppen- und Waldgebiete des Nordens und Nordostens übergehen. Mit Ausnahme der gebirgigen Halbinseln Liaotung und

1018 Außereuropäische Welt bis 1945 – Asien

Shantung besteht die flache Küste nördlich der Yangtsemündung aus Schwemmland, dagegen ist der südliche Küstenabschnitt steil, tief ins Land eingeschnitten und von zahlreichen vorgelagerten Inseln geprägt. Diese natürlichen Grenzen umschließen das eigentliche historische Siedlungsgebiet der Chinesen, das **„Innere China"** oder die **„Achtzehn Provinzen"** der späteren Kaiserzeit. Es hat vornehmlich Mittelgebirgscharakter (nur etwa 10% des gesamten Territoriums liegen unter 500 m) und gliedert sich durch die West-Ost-Linie Chinlinggebirge, Huaifluß und Huaimündung in zwei Produktionslandschaften. Im subtropischen Süden (Yangtsetal und südchinesisches Bergland) mit seinen Roterde- und Rotsandsteinböden überwiegt Naßfeldbau (Reis). Der gemäßigte Norden (Huanghoebene und das von ihm entwässerte Bergland) ist der ursprüngliche Lebensraum der frühgeschichtlichen Chinesen; seine fruchtbaren Lößböden erlauben den Trockenfeldbau von Hirse, Gerste und Weizen.

In diesem Raum leben bereits vor 500 000 Jahren Menschen (Fundstätte *Chou-k'ou-tien* bei Peking, der *„Peking-Mensch"*), und aus späterer Zeit (etwa 25 000 bis 20 000 v. Chr.) sind paläolithische Siedlungsschichten im Ordos-Bogen nachweisbar. Doch erst mit Beginn des 3. Jt.s treten Gruppen auf *(Yang-shao-* und *Lung-shan-Kultur)*, die in wesentlichen ethnischen und kulturellen Merkmalen als unmittelbare Vorläufer der historischen Chinesen gelten.

Unter der Shang- und Chou-Dynastie dehnt sich der Siedlungsbereich der ackerbautreibenden Chinesen von der mittleren Huanghoebene nach allen Richtungen aus, bis er um Christi Geburt das „Innere China" (mit Ausnahme einiger Gebiete im Süden) umfaßt. Diese *kolonisatorische Durchdringung* ist geprägt von der Auseinandersetzung mit *„barbarischen"* Stämmen – also Stämmen von anderer Lebensweise –, die integriert oder in langwierigen Kämpfen in die für Ackerbau ungeeigneten Steppen- und Berggebiete abgedrängt werden.

Die Mitte des 1. Jt.s v. Chr. ist die **„klassische" Blüte** der chinesischen geistigen Kultur: die damals formulierten Werte und gesellschaftlichen Normen bleiben in großen Teilen bis zum Ende der Kaiserzeit gültig.

Chronologische Übersicht

ca. 2000–1500 v. Chr.	Hsia-Dynastie (legendär)
ca. 1700–1025	Shang (Yin)-Dynastie
ca. 1025– 256	Chou-Dynastie
	Westliche Chou (ca. 1025–771)
	Östliche Chou (771–256)
221– 207	Ch'in-Dynastie (1. Reichseinigung)
202 v. Chr.–220 n. Chr.	Han-Dynastie
	Westliche Han (202 v. Chr.–9 n. Chr.)
	Hsin-Dynastie (9–23)
	Östliche Han (25–220)
220– 280	Drei Reiche (1. Reichsteilung)
	Wei (220–264)
	Shu-Han (221–263)
	Wu (222–280)
265– 420	Chin-Dynastie (2. Reichseinigung)
	Westliche Chin (265–316)
	Östliche Chin (317–420)
420– 589	Südliche und Nördliche Dynastien (2. Reichsteilung)
581/9–618	Sui-Dynastie (3. Reichseinigung)
618– 906	T'ang-Dynastie
907– 960	Fünf Dynastien (3. Reichsteilung)
960–1279	Sung-Dynastie (4. Reichseinigung)
	Nördliche Sung (960–1126)
	Hsi-hsia (Tanguten, Tibeter, 990–1227)
	Liao-Dynastie (Kitan, 907/1066–1125)
	Chin-Dynastie (Dschürtschen, 1115–1234)
	Südliche Sung (1127–1279)
1280–1368	Yüan-Dynastie (Mongolen)
1368–1644	Ming-Dynastie
1644–1912	Ch'ing-Dynastie (Mandschu)
1912–1927	Republik China (Peking)
1927–1949	Republik China (Nanking)
seit 1949	Volksrepublik China / Republik China (Taiwan)

Die **historisierenden Mythen,** die vom Ende der *Chou-Zeit* überliefert sind, lassen die chinesische Geschichte mit einer Reihe legendärer *Kulturheroen* (um 2500 v. Chr. traditionell) beginnen, auf die Erfindungen wesentlicher Kulturgüter und Gesellschaftsinstitutionen zurückgehen: *Fu Hsi* (Jagd, Schrift), *Shen Nung* (Ackerbau, Pflug, Märkte), *Huang-ti*

Ostasien – China *1019*

(Boote, Feuerbohrer), der „Flüssebändiger" *Yü* ist der Begründer der ersten, *legendären Hsia-Dynastie* (2205–1766 traditionell).

Ausgrabungen lassen zwei unterschiedliche spätneolithische Bauernkulturen erkennen, die

um 2500 –2000 nach ihren Hauptfundorten benannt sind: Die **Yang-shao-Kultur** (Honan, Shansi, Shensi, Kansu), mit größeren Dörfern, Jäger, Viehzüchter und Bauern, daneben geübte Zimmerer und Weber, hoch entwickelte, bunt bemalte Keramik mit großer Variationsbreite.

Ende 3. Jt. Die **Lung-shan-Kultur** (Honan, Shantung, Kiangsu, Anhui) mit schwarzer, einfarbiger Keramik, für deren Spätzeit auch Schaf- und Rinderzucht belegt sind.

Beginn 2. Jt. In ihrem Überlagerungsbereich (Nordost-Honan) bildet sich eine *Übergangskultur* (Hsiao-t'un) mit vorherrschend grauer Keramik, die unmittelbar in die Hochkultur der

ca. 1700 bis 1025 **Shang-Dynastie** überleitet. Kennzeichnend: Eine *Stadtkultur* mit wechselnden Hauptstädten, relativ kleiner Herrschaftsbereich mit starker Ausstrahlung (bis in das Yangtsetal, die Küste, Hopei und Shensi). Klassengesellschaft mit feudalistischen Zügen: Brudererbfolge der Könige, bedeutender Kriegsadel (ausgeprägte Kultur von Bronzewaffen und -rüstungen), spezialisiertes Handwerkertum (glasierte, weiße Keramik, hochentwickelte Steinschnitzereien in Jade, Marmor und Bein, Palastanlagen aus Holz, Bronzeindustrie).

In der zweiten Hälfte der Dynastie (traditionell 1401–1122) – nach der Hauptstadt auch **Yin-Dynastie** genannt – erlebt diese Kultur ihre Blütezeit. Mittels Hackbau und mit primitiven Pflügen wird Hirse (weniger Weizen und Reis) angebaut, an Haustieren kommen Ziegen und Geflügel hinzu.

Verehrung der *„obersten Gottheit" Shang-ti* und von Naturgottheiten, reiche Grabkultur mit Menschen und Tieren als Begleitopfer, auf Orakelknochen erscheint die ausgebildete chinesische **Zeichenschrift,** Mondkalender. In der Kunst vornehmlich Jagd- und Tiermotive.

um 1025 Die Shang werden von den **Chou** gestürzt, einem Vasallenstamm, der im Shensibecken siedelt und deutliche Einflüsse der umliegenden Hirtenstämme zeigt. König Wen, der „Markgraf des Westens", erobert den Großteil des Shang-Territoriums, sein Sohn König Wu schlägt den letzten Shang-Herrscher in der Ebene von Mu. Er legitimiert seinen Treubruch mit der Verworfenheit der Shang, deren **„himmlischer Auftrag"** deshalb den Chou übertragen wird. (Diese Begründung gilt paradigmatisch für alle Dynastiewechsel der Folgezeit.)

um **1025** –**771** Die ersten Jahrhunderte der **Westlichen Chou-Zeit** sind stabil: Starke Hausmacht durch Familienbelehnungen, vor allem im Süden werden neue Gebiete durch die Expansion chinesischer Bauern erschlossen. Ständige *Barbareneinfälle* im Norden reiben die Chou-Macht auf.

771 Nach der Brandschatzung der Hauptstadt muß diese nach Osten verlegt werden.

771–256 **Östliche Chou-Zeit.** Nur mehr *nominelle Herrschaft* der Chou, die sich auf die königliche Domäne im Umkreis von Loyang beschränkt und deren Überleben dem prekären Gleichgewicht der erstarkten ehemaligen Lehnsstaaten geschuldet ist, die sich gegenseitig neutralisieren.

722–481 **„Frühling- und Herbst-Periode"** (Ch'un-ch'iu). Unter dem Druck des Südstaates *Ch'u,* der sich seit dem 8. Jh. den Titel „König" (wang) anmaßt, und durch Barbareneinfälle im Nor-

681 den schließen die „Mittelstaaten" eine Allianz mit dem Herrscher des mächtigen Oststaates *Ch'i, Herzog Huan,* der *Hegemon* (pa) wird. *Erstarken der Randstaaten,* die nach außen expandieren können und traditionelle feudalistische Strukturen zugunsten effizienter Verwaltungsorganisation aufgeben.

Die ursprünglich über 1000 Kleinstaaten und Lehen werden von den großen Nachbarn annektiert, bis nur mehr sieben Großstaaten übrigbleiben.

453–221 Deren heftige Kämpfe und Allianzsysteme bestimmen die **„Periode der Streitenden Reiche"** (Chan-kuo). Allmählicher Übergang von Bronze- zu *Eisengeräten* und vom Brandrodungsbau zur intensiven Bodennutzung durch *Mehrfachfelderwirtschaft,* Entwicklung anpassungsfähiger Getreidesorten (Reis, Weizen), Entwässerungs- und Bewässerungstechnik, Aufschwung des Transport- und Handelswesens zur Versorgung der Städte.

Die geistige Blüte der Chou-Zeit

In den politischen Wirren seit dem 7. Jh. bildet sich eine neue intellektuelle Elite heraus, die sich aus den gebildeten, jedoch verarmten Söhnen des Adels und der Großwürdenträger rekrutiert. Diese Wanderphilosophen der *„Hundert Schulen"* wetteifern darin, den Herrschern gesellschaftliche, wirtschaftliche und militärische Reformmodelle anzubieten, die die Machtstellung ihres Staates gegenüber anderen stärken soll. **Konfuzius** (chin.: K'ung-fu-tse: † 479) will die in Verfall geratene Ethik des Feudaladels nach dem Idealbild der Vergangenheit wiederherstellen: Traditionelle Riten und verbindliche sittliche Normen sollen die Beziehungen zwischen Herrscher und Untertan und in der Familie regeln. Während der Chou-Zeit bleiben die Lehren des Konfuzius und seines bekanntesten Nachfolgers *Menzius* („Der Mensch ist von Natur aus gut") politisch wirkungslos.

1020   Außereuropäische Welt bis 1945 – Asien

Die **taoistische Schule** sucht die Harmonie mit der Natur durch das *Tao* (der „Weg"). *Chuang-tzu* (etwa 4. Jh.) und *Lao-tzu* (Lao-tse: etwa 3. Jh.) verkünden die Abwendung von der Zivilisation und ihrer Künstlichkeit und fordern die Rückkehr zur ursprünglichen Natürlichkeit durch das „Nicht-Eingreifen" (wu wei).

Die **Mohisten,** nach *Mo Ti* († 381), predigen die allumfassende Liebe unter den Menschen, die sie durch militärische Aufrüstung zu erreichen suchen, da sich dann kein Staat mehr Vorteile aus einem Angriff auf andere erhoffen kann. Die Erfolge der Mohisten sind ebenso kurzfristig wie die anderer Schulen (Strategen, Logiker, Rhetoriker, Agronomisten, Hedonisten).

Den größten Einfluß während der Periode der Streitenden Reiche gewinnt die Schule der **Legalisten** (fa-chia, „Rechtsschule"). Ihre Hauptvertreter *Shang Yang* (4. Jh. v. Chr.) sowie *Han Fei-tzu* († 233 v. Chr.) sind erfolgreiche Minister im Staat *Ch'in*, der als Sieger aus dieser Zeit hervorgeht. Die Legalisten fordern die *absolute Machtstellung des Herrschers,* unterwerfen das gesamte Volk festgelegten und kodifizierten Rechtsnormen („Lohn und Strafe"), zerschlagen die alten Familienstrukturen, um die Bevölkerung mobiler zu machen, führen neue, organisatorische *Verwaltungseinheiten* ein, die direkt der Zentrale unterstehen. Um den Staat autark zu machen, propagieren sie die Landwirtschaft und beseitigen unproduktive Gewerbe.

246–210	König *Cheng* von *Ch'in* erobert die sechs rivalisierenden Staaten und vereint zum ersten Mal alles, was „unter dem Himmel" ist:
221	**1. Reichseinigung.**
221–207	Er gründet die **Ch'in-Dynastie** und nennt sich Ch'in Shih Huang-ti, der „*Erste Erhabene und Göttliche von Ch'in".* Reformen unter Mithilfe seines Ministers *Li Ssu,* einem Schüler Han Fei-tzus: das Reich wird in 36 Distrikte mit militärischer und ziviler Führung geteilt. Auflösung der Feudalorganisation, Vereinheitlichung der Gesetze, Schrift, Gewichte, Maße und Spurbreiten der Wagen, dichtes Straßen- und Kanalnetz, bestehende Mauerabschnitte werden zur **„Großen Mauer"** zusammengefaßt, um die Nordgrenze zu sichern. Unter Ch'in Shih Huang-tis Sohn Erh-shih Huang-ti († 207) kommt es zu regionalen Aufständen der alten Feudalherren.
206–202	In den Kämpfen ist der von Bauern abstammende *Liu Pang* (kanonisiert als Kao-tsu: 202–195) siegreich, der die **Han-Dynastie (202 v. Chr.–220 n. Chr.)** gründet. Abschaffung der verhaßten Ch'in-Gesetze, Belehnung von Familienangehörigen und treuen Gefolgsleuten. Die *Refeudalisierung* schwächt die zentrale Machtstellung der Nachfolger Kaiser
154	Kao-tsus. Erst durch die Entmachtung der „Sieben Königreiche" wird diese endgültig gebannt.
141–87	Beginn der energischen Regierung von *Kaiser Wu:* institutionelle und organisatorische Neuordnung des Reiches, Ansätze eines staatlich gelenkten Berufsbeamtentums. Die ressortmäßig gegliederte *Zentralverwaltung* bestellt und kontrolliert die lokalen Behörden. Das Land ist in Kommandaturen und Präfekturen aufgeteilt. Gründung der staatlichen Akademie (124). Der *Konfuzianismus wird Staatsideologie:* Tung Chung-shu († 105) formt die Lehre des Konfuzius in ein kosmologisches System mit starken prognostischen und spekulativen Zügen um, das die Beziehung zwischen Herrscher und Natur regelt („Staatskult"). Kraftvolle militärische Expansion aus wirtschaftlichen und politischen Gründen (Gewinnung neuer Anbaugebiete, Grenzsicherung).
138	Annexion von Fukien.
128–108	Eroberung von Teilen der Mandschurei und Koreas. Die größte Gefahr für China droht im Nordwesten von den *Hsiung-nu,* die seit der Herrschaft Mao Tuns (209–174) ein Bündnis von Steppenvölkern zwischen Baikal und Balchasch anführen.
126	Nach der Rückkehr des Gesandten *Chang Ch'ien,* der Ferghana und Baktrien erreicht hat, beginnt eine diplomatische und militärische Offensive nach Innerasien, um Verbündete gegen die Hsiung-nu zu gewinnen und den wirtschaftlich bedeutenden Fernhandel (*„Seidenstraßen")* zu kontrollieren. Um die kostspieligen Feldzüge zu finanzieren, monopolisiert der Staat ertragreiche Produktionszweige: Salz und Eisen (119), Münzprägung (112), zeitweise auch den Vertrieb von Wein und die Nutzung von Marschen und Bergen.
115	Beginn der zweiten Mission Chang Ch'iens in das Ilital, nach Ferghana und Sogdien.
111	Eine chinesische Armee erreicht Kanton.
108	In Nordkorea werden Präfekturen eingerichtet.
104–101	Zwei Feldzüge nach Ferghana bringen das Tarimbecken unter chinesische Herrschaft und schwächen die Macht der Hsiung-nu, deren Reich allmählich zerfällt.
um 100 v. Chr.	*Größte Ausdehnung des Han-Reiches.* Die großen Belastungen der Bauern durch die Kriege (Steuern, Wehrdienst) sowie Geldentwertung und Ämterkauf führen in den letzten Jahren der Regierung Kaiser Wus zur *wirtschaftlichen Krise.* Unter den schwachen Nachfolgern Kaiser Wus gewinnen die *Familien der Kaiserinnen* immer mehr Einfluß.

Dynastienfolge in China

1022 Außereuropäische Welt bis 1945 – Asien

9 n. Chr. Nach kurzer Regentschaft übernimmt *Wang Mang,* der Onkel des Kaisers, die Macht und
9–23 proklamiert die **Hsin-Dynastie.** Wirtschaftliche Reformen nach dem imaginären Muster
der Chou: Währungsreform, Ausgleichsämter für Zeiten guter und schlechter Ernten,
staatliche Kreditinstitute. Durch Landbegrenzungsgesetze zieht er sich die Feindschaft der
Großgrundbesitzer zu.
23 Naturkatastrophen und Bauernaufstände (die „Roten Augenbrauen") führen zum Sturz
Wang Mangs.
25 Mit *Liu Hsiu* († 57), einem Nachkommen der Han, wird die alte Dynastie restauriert: **Öst-**
25–220 **liche** (oder Spätere) **Han-Dynastie.** Nach kurzer Konsolidierung der Zentralmacht Fraktionskämpfe zwischen den „Großen Familien" (Großgrundbesitzer, Kaiserinnenklane) und
den Hofeunuchen.
184 Extrem hohe Abgaben an die Grundherrn lösen Bauernaufstände aus (die taoistisch inspirierten „*Gelben Turbane*").
220 Niederschlagung der Unruhen durch Militärführer, welche die Macht übernehmen.
220–280 **1. Reichsteilung:** Zerfall in drei wirtschaftlich geschlossene Regionalblöcke, die *Drei
Reiche* – Wei (220–264), Shu-Han (221–263) und Wu (222–280).
264 Der *Ssu-ma-Klan* usurpiert die Macht in Wei. Er ruft die (Westliche) **Chin-Dynastie** aus,
265–316 die für kurze Zeit das Reich eint:
2. Reichseinigung. Doch die Macht der Aristokratenfamilien mit ihren riesigen Ländereien
und Privatarmeen ist auch durch Steuerreformen nicht einzudämmen und lähmt die politische Autorität des Kaisers. Zusätzlich schwächen Naturkatastrophen und Aufstände mes-
sianischer Sekten die militärische Abwehrkraft.
311/316 Mit der Eroberung der beiden Hauptstädte des Nordens *Loyang* und *Ch'ang-an* durch die
wiedererstarkten Hsiung-nu beginnt die **2. Reichsteilung:**
317–589 „Periode der Südlichen und Nördlichen Dynastien".
Im Norden lösen sich in rascher Folge barbarische Dynastien ab (304–439: die „*Sechzehn
Reiche*"), von denen nur die *Toba-Wei,* ein Hsien-pi-Stamm, einen ausgedehnten und sta-
386–550 bilen Staat errichten können. Im Süden behaupten sich die „*Sechs Dynastien*" unter chinesischen Herrscherfamilien.

Die Gesellschaft während der 2. Reichsteilung

Die zahlenmäßig schwachen Barbarenstämme, die in Schüben den Norden erobern und kurzlebige Dynastien errichten, stützen sich auf die vorhandene chinesische Verwaltungsstruktur. Sie übernehmen nach
kurzer Zeit chinesische Lebensweise und Sitten und werden das Opfer der nachdrängenden, „*reinen*"
Barbaren. Durch die Kontinuität der chinesischen Verwaltung bleibt die Bevölkerung des Nordens relativ
homogen.
Der seit dem 2. Jh. aus Indien eindringende *Mahayana-Buddhismus* etabliert sich zeitweise als staatlich
geförderte, vorherrschende Religion: Höhepunkt unter *Kaiser Wu der Liang* (502–549). In der Emigration des Südens herrscht ein äußerst fruchtbares intellektuelles Klima: Philosophische Schulen der
Chou-Zeit leben wieder auf, vor allem der individualistische *Neo-Taoismus,* reiche Übersetzertätigkeit
unter Einfluß des Buddhismus. Die wirtschaftliche und geistige Macht der *Klöster* (als Großgrundbesitzer
und kulturelle Zentren) sowie ihr religiöses Privileg (Steuerfreiheit) führen zu Spannungen zwischen
„Kirche" und Staat und mehrfach zu *Buddhistenverfolgungen.*

Der von Chinesen und Barbaren abstammende Militärführer *Yang Chien* (* 541, † 604)
eint den gesamten Norden und sichert durch politische Intrigen und den Ausbau der Großen Mauer die Grenze gegen die T'u-ch'üeh *(Türk-Völker).*
581–618 Er gründet die **Sui-Dynastie.**
589 Nach der raschen Eroberung des Südens **3. Reichseinigung.** Institutionelle Reformen
(Gesetzeskodex, staatliche Beamtenprüfungen, Zensorat), sparsame Regierung und
Errichtung von Militärkolonien an den Grenzen konsolidieren die Zentralmacht.
605/610 Unter seinem Sohn *Kaiser Yang* Vollendung des *Kaiserkanals,* der Hangchou mit Peking
verbindet. Militärische Offensiven gegen Korea und die Türken. Belastungen durch Kriege
618 und Zwangsarbeiten schüren *Unruhen.*
618–906 Nach der Ermordung des Kaisers ruft Li Yüan (posthum Kaiser Kao-tsu) die **T'ang-Dynastie** aus.
626–649 Unter seinem Sohn *T'ai-tsung* Fortsetzung der Expansion nach Innerasien, die die sozialen
Spannungen im Innern neutralisieren hilft. Ausbau han-zeitlicher Verwaltungsformen, die
die Macht des Kaisers stärken sollen: Aufsplitterung der Kompetenzen, Kontrolle der
Behörden durch unabhängiges Zensorat. Ideologisch zuverlässige und homogene Beamtenschaft, die sich aus den konfuzianischen Staatsprüfungen rekrutiert (Übergang von der
aristokratischen zur bürokratischen Elite, die alle Gebildeten erfaßt). Dichtes Netz von
Verkehrswegen (Straßen, Kanäle, Poststationen) im ganzen Reich.

| | Ostasien – China | 1023 |

690	*Kaiserin Wu* (* 625 † 705) setzt ihre schwächlichen Söhne ab und proklamiert die **einzige**	
690–705	**Frauendynastie** der chinesischen Geschichte, die **Chou.**	
712–756	Unter Kaiser *Hsüan-tsung* zivilisatorischer Höhepunkt der T'ang: über den Fernhandel fruchtbare Kontakte mit fremdländischen Einflüssen (Indien, Persien, Arabien), religiöse Toleranz (Buddhismus, Islam, Nestorianismus), Blüte der Dichtkunst (Li Po, Tu Fu), Schauspielschulen, Gelehrtenakademien.	
755–757	Eine Revolte des türkischen Militärführers *An Lu-shan* erschüttert die Macht des Kaisers, die nur mit fremden Hilfstruppen wiederhergestellt werden kann: Überlagerung der zivilen durch militärische Verwaltung. Versuche gleichmäßiger Landverteilung enden in Korruption und führen zur Entstehung privilegierter Latifundien.	
758/793	Wiedereinführung der *Staatsmonopole* auf Salz (758), Alkohol (782) und Tee (793). *Grundbesteuerung* und *Säkularisierung* der reichen buddhistischen Klöster treffen zwar den Adel und die „Kirche" empfindlich, doch sind die erblich gewordenen Militärbefehlshaber und nicht die schwache Zentralregierung Nutznießer der Entwicklung.	
875–884	In den Wirren um den *Volksaufstand unter Huang Ch'ao* bleibt General *Chu Wen* († 912)	
907–960	siegreich. Dessen Spätere Liang-Dynastie leitet die Reihe der „Fünf Dynastien" im Norden	
902–979	ein. Im Süden wechseln in rascher Folge unbedeutende Kleinstaaten (die *„Zehn Reiche"*)	
902–979	einander ab: **3. Reichsteilung.**	
960–1279	**Die Sung-Dynastie**	
	Auf einem Feldzug gegen die mongolischen Kitan in der Südmandschurei proklamiert der General *Chao K'uang-yin* (Kaiser T'ai-tsu 960–976) die *(Nördliche) Sung-Dynastie:*	
960–1126	**4. Reichseinigung.** *T'ai-tsu* beschneidet sofort die Macht der regionalen Militärmachthaber und unterstellt das Heer der Zivilverwaltung, er konzentriert die Zentralverwaltung, mehrere Kanzler fungieren als Berater.	
990–1227	Andauernde militärische Konflikte mit den tibetischen Stämmen im Nordwesten *(Hsihsia-*	
907–1125	*Dynastie)* und den Kitan (seit 1066 *Liao-Dynastie* genannt) im Nordosten.	
1068–1076	Reformen durch *Wang An-shih* zur Wiederherstellung der Steuer- und Arbeitsgerechtigkeit: Kontrolle des Handels und der Landbesitzfluktuation, Funktionalisierung der Beamtenausbildung auf die Praxis. *Rücknahme der Reformen* durch konservative Konfuzianer (Ssu-ma Kuang).	
seit 1076	*Regelmäßige Beamtenprüfungen* alle drei Jahre in drei Stufen (Provinz, Hauptstadt, Palast). Fraktionierung der Beamten („Parteien").	

Die Sung-Zeit

Die **wirtschaftliche Entwicklung** der Sung-Zeit ist dem damaligen europäischen Stand überlegen. Vom 8. bis zum 12. Jh. steigt die **Bevölkerungszahl** auf weit über *50 Mio.* Neue Reissorten mit zwei Ernten im Jahr setzen sich durch, Aufschwung in der Eisen- und Kupferverhüttung, **technische Neuerungen** in Navigation (Kompaß) und Schiffsbau, Ausbau des Kanalnetzes zwischen Huangho und Yangtse. Finanzkräftige Kaufleute sorgen für den regen *Fernhandel* von Luxusgütern (über Innerasien und die südchinesischen Häfen), die von einem schnell wachsenden *Stadtbürgertum* und den reichen Landbesitzern konsumiert werden. Die Handelsabgaben bringen dem Staat mehr Einnahmen als die Bodensteuer. Durchsetzung des *Papiergeldes* und Ausbildung des *Bank- und Kreditwesens.* Eine weitere Durchsetzung frühindustrieller Ansätze wird jedoch durch die finanzielle Belastung der Mongolenkriege (Steuerflucht der Großgrundbesitzer, Geldentwertung) und die Ausbeutung Chinas unter den Yüan (Mongolen) verhindert. Stabilisierung der Finanzen unter *Chia Ssu-tao* (* 1213, † 1275) durch Enteignung der Großgrundbesitzer (gegen Steuergutscheine, Beamtenpatente und Geld) verschärft die Spannungen und schwächt die Zentralmacht.

Bevölkerungsentwicklung Chinas (nach jeweiligem offiziellem Zensus)

Jahr	Zahl der Haushalte	Kopfzahl
2	12 233 062	59 594 978
140	9 698 630	49 150 220
742/755	8 958 334	51 035 543
1292	11 633 281	53 654 337
1393	10 652 789	60 545 812
1662	19 137 652	—
1711	24 621 324	—
1741	—	143 411 599
1775	—	264 561 355
1850	—	ca. 430 000 000

1024 Außereuropäische Welt bis 1945 – Asien

Temudschin (* 1155 oder 1167, † 1227), seit 1206 Dschingis-Chan, der die Mongolen in einer Stammeskonföderation eint, beseitigt die Herrschaft der Dschürtschen in Nordchina (1211–1216) und erobert Peking (1215).

1227/1234 Vernichtung der Hsi-hsia und der Chin.

1271/1280 **Kublai Chan** (1259–1294) proklamiert die **Yüan-Dynastie** („Uranfang", der erste Dyna-
1280–1368 stiename in China, der nicht auf einer geographischen Bezeichnung oder einem Sippenna-
men beruht).

1274/1281 Zwei Invasionen Japans schlagen fehl.
Das Weltreich ermöglicht rege Kommunikation mit dem Ausland (*Marco Polo* * 1254, † 1324; – in Kublais Diensten), große religiöse und ethnische Toleranz, in China entsteht Literatur in Volkssprache, Industrialisierung des Handwerks, Porzellanmanufakturen, die für den Export arbeiten.

1276–1279 Eroberung des Reststaates der Südlichen Sung: ganz China ist *Teil des mongolischen Welt-reichs*. Die zahlenmäßig sehr schwachen Mongolen errichten eine *Militärdiktatur* über China. Aufteilung des Volkes in vier Gruppen: Mongolen, Fremde, die in mongolischen Diensten stehen, Nordchinesen und an unterster Stelle die Südchinesen (als Nachfolger der Sung). Die Spitzen der übernommenen chinesischen Verwaltung werden von Mongolen und Nicht-Chinesen besetzt (Spannungen mit den chinesischen Beamten).

ca. 1350 Die durchgängige Einführung von ungedecktem Papiergeld läßt den Handel zusammen-brechen, innere Zwiste der mongolischen Klane und Aufstände der unterdrückten Chine-sen führen zum Erfolg des ehemaligen buddhistischen Novizen *Chu Yüan-chang* (* 1328, † 1398), der mit Unterstützung der Bauern und der traditionellen Bildungselite die Mon-
1368–1644 golen von Süden her vertreibt und die **Ming** (die „Helle") als **letzte nationale Dynastie** Chi-nas gründet.

1368–1398 Chu Yüan-chang zieht als Kaiser *T'ai-tsu* alle Regierungsgeschäfte an sich, absoluter Herr-scher mit „despotischen" Zügen (totale protokollarische Unterordnung der Beamten). Das „Innere Kabinett", Militär und Zensorat haben nur beratende Funktion. Die dreifach ge-teilte Provinzverwaltung (eigentliche Verwaltung, Militär und Rechtsbehörde) ist unmittel-bar dem Pendant im Zentrum verbunden. Beamte dürfen nicht in der Heimatprovinz Posten bekleiden. Landverteilungen und Maßnahmen zur Steuergerechtigkeit für die Bauern; Neu-besiedlungsprojekte und Arbeitskolonien für die Besitzlosen.

1403–1424 Unter *Ch'eng-tsu* weitere *Stärkung der Zentralmacht*; stellt Eunuchen für bestimmte poli-tische Aufgaben ein. *Ausbau der Flotte* und des Überseehandels.

1405–1433 Unter dem Eunuchen *Cheng Ho* See-Expedition nach *Afrika*. Reiche Importe („Tribute") an Kupfer, Elfenbein und Nutzhölzern. Konfuzianische Opposition und eine Reihe schwa-cher Herrscher lassen Seehandel und Flotte verfallen.

um 1550 Ansteigen *japanischer Piraterie* an der Südküste, Cliquenwirtschaft unter den Beamten, Bürokratisierung und Günstlingswesen der Eunuchen am Hof.
Verfestigung der konfuzianischen Orthodoxie (Akademien), dagegen *„intuitionistische"* Philosophie *Wang Yang-mings* (* 1472, † 1528).

1557 Portugiesen in *Macao*.

1593–1598 Ein aufwendiger Kriegszug nach Korea, Palastintrigen und die extreme Verschwendungs-sucht am Hof lähmen die Zentralmacht.

Ende *Wirtschaftliche Prosperität* des Ming-Reiches: Entstehen eines städtischen Proletariats und
16. Jh. Kleinbürgertums, Kapitalakkumulation bei Banken und Großhändlern, Seiden- und Baumwollspinnereien, Großproduktion von Keramik, landwirtschaftlichen Maschinen, Bodenverbesserung, Bewässerung, neue Nutzpflanzen (Süßkartoffel, Erdnüsse, Tabak, Mais).

nach 1600 Mit den europäischen Seefahrern beginnt die *christliche China-Mission*.

1601–1610 Der Jesuit *Matteo Ricci* (* 1552, † 1610) lebt in Peking.

um 1630 Hungersnöte führen zu Volksaufständen im Norden.

In der Mandschurei eint *Nurhaci* (* 1559, † 1626) mehrere *tungusische Stämme* (Nachfah-ren der Dschürtschen und etabliert mit Hilfe chinesischer Berater einen starken Staat, der in Militäreinheiten („*Banner*') organisiert ist. 1616 Ausrufung zum Chan, Allianz mit den Mongolen und Expansionspolitik gegen China, die unter seinem Sohn *Abahai* (1626–1643) erfolgreich fortgesetzt wird.

Chronologische Übersicht: Ch'ing (Mandschu)-Kaiser

1644 – 1661	Shun-chih	1821 – 1850	Tao-kuang
1662 – 1722	K'ang-hsi	1851 – 1861	Hsien-feng
1723 – 1735	Yung-cheng	1862 – 1874	T'ung-chih
1736 – 1795	Ch'ien-lung	1875 – 1908	Kuang-hsü
1796 – 1820	Chia-ch'ing	1909 – 1911	Hsüan-t'ung

Ostasien – China *1025*

1635 Einführung der Selbstbezeichnung **Mandschu.**
1636/1644 Proklamation der **Ta-Ch'ing-Dynastie** – die „Große Klare" – **(bis 1912)**.
1644 Nach dem Selbstmord des letzten Ming-Herrschers etablieren die um die Nachfolge rivalisierenden Bandenführer *Li Tzu-ch'eng* († 1645) und *Chang Hsien-chung* († 1647) Teilstaaten von kurzer Dauer. Die Mandschuren profitieren von den Volksaufständen und spielen deren Führer geschickt gegeneinander aus.
1644–1661 Unter der Regentschaft seines Onkels *Dorgon* († 1650) wird *Fu-lin* unter der Regierungsdevise *Shun-chih* Kaiser. Die von den Ming enttäuschte Oberschicht Nordchinas fügt sich rasch der Macht der Mandschuren, die ihre Privilegien sichern, und läßt die Führer der Volksaufstände fallen. *Ming-Loyalisten* ziehen sich in den Süden zurück, wo sie regional noch längere Zeit Widerstand leisten.
1645 Mandschurische Kleidung und Haartracht (Zopf) wird allen Chinesen vorgeschrieben, Verbot der Zwischenheirat.
1662 Die Mandschuren beherrschen das Festland. Der Emporkömmling *Koxinga* († 1662) vertreibt die Holländer aus Taiwan und knüpft mit den Engländern Handelsbeziehungen.
1683 *Taiwan* wird dem Reich einverleibt. Der Süden bleibt während der gesamten Ch'ing-Herrschaft ein potentieller Unruheherd, Ausgangspunkt *nationalistischer Geheimgesellschaften*. Reaktion des Hofes ist die gezielte Benachteiligung des Südens (geringe Beamtenquoten, Vernachlässigung der Flotte). Drei lange regierende Kaiser, die nach ihren Regierungsdevisen *K'ang-hsi* (1662–1722), *Yung-cheng* (1723–1735) und *Ch'ien-lung* (1736–1795) genannt werden, konsolidieren die mandschurische Herrschaft und führen das Ch'ing-Reich zu seiner politischen und wirtschaftlichen Blüte.
1689 Im russisch-chinesischen Vertrag von *Nertschinsk* – dem ersten zwischen China und einer
7. Sept. europäischen Macht – wird der vorläufige Grenzverlauf geregelt, nachdem die Ostexpansion der Russen auf chinesischen Widerstand im Amurgebiet gestoßen ist.
Im ergänzenden Abkommen von *Kiachta* (21. Oktober 1727) wird die Grenze längs Amur und Argun (etwa der heutigen entsprechend) festgelegt. Rußland darf in Peking eine Faktorei und eine Kirche unterhalten.
Der westmongolische Stamm der *Dsungaren* versucht ein *lamaistisches Großreich* zu errichten: Unter dem ehemaligen Lama *Galdan* († 1697) erobern sie Ostturkestan (1678/79) und fallen in die Äußere Mongolei ein (1686).
1696 Überlegener Sieg chinesisch-mandschurischer Truppen über die Dsungaren.
1720 Vertreibung der Dsungaren aus Tibet, die nach Thronwirren Lhasa und andere wichtige Orte erobert haben (1717/1718).
1751 *Tibet wird chinesisches Protektorat.*
1756/57 Endgültige Niederwerfung der Dsungaren und Massakrierung ihres Adels. Im Tarimbekken, den „Neuen Grenzgebieten" (Sinkiang), chinesischer Militärgouverneur eingesetzt.
1790 Sieg über die in Tibet eingefallenen nepalesischen *Gurkhas*, Südhänge des Himalaya werden tributpflichtig. Größte Ausdehnung des chinesischen Vielvölkerstaates.

„Aufgeklärter Absolutismus" und Höhepunkt der Ch'ing-Macht (17./18. Jh.)

Wie alle Fremddynastien stehen die Mandschuren vor der doppelten Aufgabe, mit einem zahlenmäßig kleinen Volk die etablierte Verwaltung eines Riesenreiches zu übernehmen, ohne ihre ethnische Identität und privilegierte Stellung aufzugeben. Trotz der strikten sozialen und ethnischen Trennung beider Völker unterwirft sich die mandschurische Oberschicht vollkommen dem chinesisch-konfuzianischen Bildungsideal, das sie in seiner konservativen Form hochhält. Für die chinesische Grundbesitzer- und Beamtenklasse („Gentry") werden die *Eroberer* zu den *wahren Sachwaltern der konfuzianischen Tradition*.
Die Verwaltung ist nach dem Muster der Ming organisiert, jedoch sind alle höheren Ämter mit Chinesen und Nicht-Chinesen (Mandschuren, Mongolen) doppelt besetzt. Provinzen sind Gouverneuren, mehrere Provinzen einem Generalgouverneur, *„Vizekönig"*, unterstellt.
Der K'ang-hsi-Herrscher stärkt die Zentralmacht durch die gnadenlose Unterdrückung der rebellierenden Ming-Loyalisten, sein Sohn (Yung-cheng) institutionalisiert die absolute Macht des Kaisers: 1729 ersetzt er das schwerfällige *„Innere Kabinett"* durch den Staatsrat als informelles Beratungsorgan. Er unterbindet den Einfluß kaiserlicher Verwandter und schließt Eunuchen von höheren Ämtern aus. Scharfe Kontrolle der Beamten und ein ausgeklügelter Informationsdienst in der Bevölkerung (pao-chia): *Polizeistaat*. Reorganisation der Gesetzgebung, Vereinfachung des Finanzwesens durch eine effiziente Einheitssteuer (wahlweise Geld oder Naturalien). Beamtengehälter werden erhöht, um willkürliche Zusatzforderungen zu verhindern.
Allgemeiner wirtschaftlicher Wohlstand. Überseehandel bleibt auf Kanton beschränkt (Co-hong, *„offizielle Gilde"* von 9 chinesischen Kaufleuten). Er macht nur ein Sechstel des stark angewachsenen Binnenhandels aus (Reis, Obst, Tabak, Indigofera, Salz).
In den *Staatsprüfungen* wird ein *wirklichkeitsfremdes*, neokonfuzianisches *Wissen* abverlangt. Unter kaiserlicher Ägide Edition von bibliographischen und enzyklopädischen Sammelwerken. Dagegen treiben

antitraditionalistische, unabhängige Gelehrte historische Studien, die das konfuzianische Weltbild zu erschüttern beginnen. **Meisterwerke** der offiziell ignorierten umgangssprachlichen *Romanliteratur*.

Anfangs stehen die *katholischen Missionare* wegen ihrer wissenschaftlichen Kenntnisse in kaiserlicher Gunst: *Adam Schall* aus Köln († 1666) ist Leiter des Astronomischen Büros in Peking. Eifersüchteleien der Orden und Mißgunst der Konfuzianer führen aber zum Niedergang der Mission, der durch den *Ritenstreit* 1705 besiegelt wird: Der Papst untersagt den Jesuiten die pragmatische Duldung konfuzianischer Bräuche.

Die Ch'ing-Verwaltung

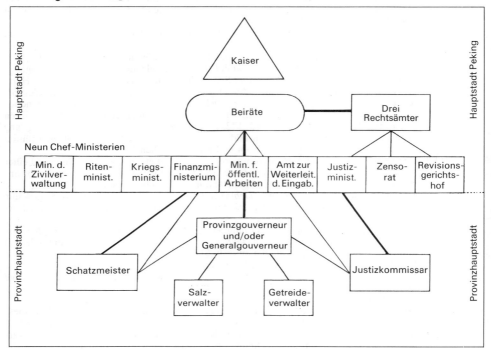

1795–1803	Mit dem Ende des Jh.s ist der Zenit der Ch'ing-Dynastie überschritten: Der mandschurische Banneroffizier *Ho-shen* († 1799) erringt die Gunst des alternden Ch'ien-lung-Kaisers (um 1780) und bereichert sich in astronomischen Ausmaßen. Symptom des wirtschaftlichen und militärischen Verfalls. Rücknahme der Steuergesetze unter dem Druck der Gentry. Korruption, Willkür und die Unfähigkeit der Beamten, die enorm anwachsende Bevölkerung zu versorgen, führen zu Unruhen im Inneren: Feldzug gegen die Geheimsekte „*Weißer Lotus*".
1793/1816	Von außen drängen die Engländer immer stärker auf den chinesischen Markt und vermehren die Unzufriedenheit der Bevölkerung. Zwei diplomatische Missionen Lord *Macartneys* (1793) und Lord *Amhersts* (1816) um Erleichterung des Handels bleiben ergebnislos.
seit 1816	Dank der großen *Tee-Exporte* ist die chinesische Handelsbilanz zunächst aktiv. Mit der massiven Ausweitung des Opiumexports nach China durch die Ostindische Kompanie Abfließen des Silbergeldes. Opiumsucht im Volk und Korruption der Beamten.
1839	Der kaiserliche Kommissar *Lin Tse-hsü* erzwingt die Vernichtung der englischen Opiumvorräte in Kanton und den Abzug der Engländer.
1840–1842	**Opiumkrieg:** Eine kleine englische Flotte erobert Küstenstützpunkte bis Shanghai.
1842 29. Aug.	Kapitulationsbereitschaft einflußreicher Hofkreise ermöglicht den *Vertrag von Nanking*: Kriegsentschädigung, Öffnung von fünf Vertragshäfen, Abschaffung des Handelsmonopols der chinesischen Kaufleute (Co-hong) und *Abtretung von Hongkong*.
1843	Im *Zusatzvertrag von Hu-men* erzwingen die Briten die *Meistbegünstigungsklausel*, Beginn der ‚ungleichen' Verträge.
1844	Durch weitere Abkommen mit den USA und Frankreich verliert China seine Zollautonomie und muß extraterritoriale Zugeständnisse machen.

China wird von ausländischen Waren überschwemmt, wachsende Fremdenfeindlichkeit und Verweigerung der Zusammenarbeit. Zunehmende Aktivität von *Geheimgesellschaf-*

ten in Südchina, die im erfolglosen Examenskandidaten *Hung Hsiu-ch'üan* (* 1813, † 1864) einen charismatischen Führer finden. Seine Lehre aus antimandschurischen, religiösen (besonders christlichen) und sozialrevolutionären Elementen zieht Randgruppen und unterdrückte Minderheiten an.

1851 Ein Jahr nach Ausbruch des von Hung geführten **T'ai-p'ing-Aufstandes** (1850–1864) gründet er selbst das *„Himmlische Reich des allgemeinen Friedens"*, in dem Privateigentum abgeschafft, Land nur zur Nutzung vergeben wird und Frauen mit Männern gleichberechtigt sind.

1853–1856 Die T'ai-p'ing kontrollieren den Großteil Süd- und Südostchinas. Der Hof in Peking ist machtlos, doch bauen chinesische Großgrundbesitzer Milizen auf, die die zerstrittenen Aufständischen in die Defensive drängen.

1853–1868 Rebellion des *Nien-Bundes* (Honan, Anhui).

1854–1872 Aufstand der *Miao-Minderheit* in Kueichou. Heftige *Mohammedanerkriege* in Yünnan (1855–1873), Shensi und Kansu (1862–1878) und in Turkestan (1866–1877) unter dem Uigurenführer Yakub Beg, die von *Tso Tsung-t'ang* niedergeschlagen werden.

1858 Frankreich und Großbritannien nutzen die Schwäche der Zentralregierung und erzwingen
Juni den *Vertrag von Tientsin:* Akkreditierung von Gesandten in Peking, Öffnung von weiteren Häfen, Freizügigkeit für westliche Kaufleute und Missionare.

1860 Ratifizierung des Vertrages nach militärischer Strafexpedition und *Zerstörung des Sommerpalastes* in Peking: Tientsin wird Freihafen, Kowloon an England abgetreten, *Opiumhandel legalisiert*, Zollerleichterungen, Öffnung chinesischer Binnengewässer für fremde Schiffe. Rußland erhält durch die Verträge von *Aigun* (1858) und *Peking* (1860) das Gebiet zwischen Ussuri und Pazifik. *Gründung von Wladiwostok.*

1864 Die Führer der Huai-Armee, *Tseng Kuo-fan* und *Li Hung-chang*, vernichten mit Unterstützung der Engländer die T'ai-p'ing. Bekräftigung des Bündnisses zwischen mandschurischer Regierung und chinesischer Oberschicht, steigender Einfluß regionaler Militärmachthaber (Modell der späteren „Warlords"). Zu gleicher Zeit brechen in anderen Teilen des Reiches Aufstände aus, die jedoch keine gemeinsame Front mit den T'ai-p'ing bilden.

Die T'ung-chih-Restauration (1862–1874)

Als Regent für den minderjährigen T'ung-chih-Kaiser verfolgt *Prinz Kung* eine *Politik der Konzilianz*. 1861 Gründung eines *„Außenministeriums"* (tsung-li ya-men) in Peking. Während die konservative konfuzianische Beamtenschaft Agrarreformen betreibt (Neulanderschließung in der Mongolei und Sinkiang, Bewässerungskontrolle), beginnen die siegreichen Generäle Tseng, Tso und Li durch den Import westlicher Technologie eine für vordringlich erachtete *Rüstungsindustrie* aufzubauen: Kanonen- und Munitionsfabriken, Werften. Daneben werden Kohlengruben, Hüttenwerke, Baumwollspinnereien und Textilwerke errichtet.

Die *Versuche der „Selbststärkung"* bleiben jedoch stecken: die überstürzte Industrialisierung scheitert an mangelnden Arbeitskräften und Fachkenntnissen sowie am fehlenden chinesischen Kapital (Übernahme der Werke durch westliche Firmen). Da die Modernisierungsbestrebungen der T'ung-chih-Ära von *Konservativen* getragen werden, werden zwar neue Fächer gelehrt, das Prüfungswesen reorganisiert und die Korruption eingedämmt, doch an den traditionellen Vorrechten der konfuzianisch gebildeten, technisch inkompetenten (und wissenschaftsfeindlichen) Beamtenschaft, die das Haupthindernis darstellen, wird nicht gerüttelt.

China wird zu einem *halbkolonialen* Staat, der von der Küste und den Grenzen her sowie längs der Flüsse in *westliche Einflußsphären* aufgeteilt wird. Die totale Kolonisierung wird durch die Konkurrenz dieser Mächte untereinander verhindert und erübrigt sich, solange die chinesische *Regierung als willfährige Marionette* die fremden Interessen durchsetzt. Es ist China unmöglich, dem aufgezwungenen ökonomischen Druck zu entgehen, da es fast die Hälfte seiner Staatseinnahmen Importen verdankt. Bis 1893 wird hauptsächlich *Opium* eingeführt, danach *Baumwollstoffe*. Durch ausländische Konkurrenz große *Exporteinbußen:* Seide aus Japan, Indien und Japan brechen das Teemonopol. Rasche Geldentwertung.

Chinesische Exporte im Zeitalter des Imperialismus

Jahr	Gesamt-wert in Hongkong-Tael*	Gesamt-wert in %	Tee %	Seide %	Öl-saat %	Boh-nen %	Felle/Leder %	Baum-wolle %	Wolle %	Kohle %	andere Artikel %
1868	6 182 000	100	53,8	39,7	—	1,0	—	0,9	—	—	4,6
1880	7 788 400	100	45,9	38,0	0,1	0,2	0,5	0,2	0,4	—	14,7
1890	8 714 400	100	30,6	33,9	0,6	0,4	1,4	3,4	1,6	—	18,1
1900	15 899 700	100	16,0	30,4	2,5	1,9	4,3	6,2	1,9	—	36,8
1905	22 788 800	100	11,2	30,1	3,4	3,0	6,6	5,3	3,7	—	36,7
1913	40 330 600	100	8,4	25,3	7,8	5,8	6,0	4,1	2,4	1,6	38,6

* zu 0,75 Hongkong-Dollar (um 1880-1913)

1028 Außereuropäische Welt bis 1945 – Asien

Chinesische Importe im Zeitalter des Imperialismus

Jahr	Gesamtwert in Hongkong-Tael*	Gesamt-wert in %	Opium %	Baum-woll-waren %	Baum-woll-garn %	Ge-treide %	Zuk-ker %	Tabak %	Kohle %	Petro-leum %	Erze, Me-talle %	Ma-schinen Fahrz. %	andere Artikel %
1868	6 328 200	100	33,1	29,0	2,5	0,8	0,8	—	2,1	—	4,8	—	26,9
1880	7 929 300	100	39,3	24,9	4,6	0,1	0,4	—	1,2	—	5,5	—	24,0
1890	12 709 300	100	19,5	20,2	15,3	9,6	0,9	—	1,6	3,2	5,7	0,3	23,7
1900	21 107 000	100	14,8	21,5	14,3	7,0	3,0	0,5	3,1	6,6	4,7	0,7	23,8
1905	44 710 100	100	7,7	25,6	15,0	2,9	5,1	1,4	1,6	4,5	10,4	3,0	22,8
1913	57 016 300	100	7,4	19,3	12,7	5,2	6,4	2,9	1,7	4,5	5,3	2,2	32,4

* zu 0,75 Hongkong-Dollar (um 1880-1913)

1874/1879 *Übergreifen imperialistischer Mächte* auf Staaten, die von China als tributpflichtig betrachtet werden. Annam wird französisches Protektorat (1883), Japan „öffnet" Korea (1876) und annektiert die Ryukyu-Inseln (Okinawa, 1879).

1882 Im *Frieden von St. Petersburg* Rückgabe des Ili-Gebietes an China.

1884 Franzosen zerstören die chinesische Flotte und die mit ihrer Hilfe erbauten Werften von Fuchou; Burma wird britisches Protektorat (1886), Macao wird portugiesisch (1887).

1894/95 Trotz *Militärreformen* (Akademie von Tientsin und [seit 1888] Aufbau der Pei-yang-Flotte durch Li Hung-chang nach westlichem Vorbild) vernichtende und demütigende *Niederlage* im **chinesisch-japanischen Krieg.**

1895 *Friede von Shimonoseki:* Taiwan, die Inselgruppe der Peskadoren in der Formosastraße und Liaotung (das später an Rußland verpachtet wird) an Japan abgetreten, Korea unabhängig, Öffnung weiterer Häfen.

1897 *Deutsche Truppen* besetzen *Tsingtau* (Dez.).

1898
6. März *Kiautschou* (Kiaochow, Provinz Shantung) muß an das Deutsche Reich verpachtet werden. Im gleichen Jahr erhält Rußland *Port Arthur* (Lü-shun) und Taljen (Dairen) sowie Bahnbaurechte in der Mandschurei. *Wai-hai-wei* (Shantung) wird britisch, *Kuang-chou-wan* (Kuangtung) französisch.
K'ang Yu-wei (* 1858, † 1927), Liang Ch'i-ch'ao (* 1873, † 1929) und T'an Ssu-t'ung (* 1865, † 1898) propagieren *Reformen nach japanischem Vorbild.* K'angs Neuinterpretation des Konfuzianismus integriert geistige Strömungen des Ostens und Westens (Darwinismus) zu einer weltumspannenden Utopie, die nationale und soziale Schranken überwinden soll.

1898
11. Juni Nach bescheidenen Reformansätzen durch den aufgeschlossenen *Kuang-hsü-Herrscher*
–21. Sept. (1875–1908) endet die *„Reform der 100 Tage"* im *Staatsstreich* der *Kaiserinwitwe Tz'u-hsi* (* 1835, † 1908) und des starken Mannes *Yüan Shih-k'ai* (* 1859, † 1916). K'ang und Liang fliehen, T'an wird hingerichtet, Kaiser Kuang-hsü bis zu seinem Tode gefangengehalten.
In Nordchina bilden sich Banden von Bauern, die durch Industrialisierung und Naturkatastrophen verarmten, Mitgliedern des abgesunkenen Mittelstandes und entlassenen Soldaten, die in den sozial privilegierten Fremden und ihren technischen Errungenschaften die unmittelbare Ursache ihres Elends erkennen.

1899
Sept./Nov. Die USA erklären einseitig die *„Politik der Offenen Tür"*, die allen Staaten die gleichen Handelschancen in China garantiert.

1900 **I-ho-ch'üan-Aufstand** („Faustkämpfer für Recht und Einigkeit", vom Westen als „Boxer" ironisiert), der sich mit Duldung der Hofclique um Tz'u-hsi rasch ausbreitet.

19. Juni *Ermordung des deutschen Gesandten* von Ketteler und Belagerung des Gesandtschaftsviertels von Peking.

21. Juni Offizielle **Kriegserklärung Chinas** an die Westmächte. **Gemeinsames Expeditionskorps** von England, Frankreich, Rußland, den USA, Italien.

16. Aug. Deutschland und Japan erobern Peking.

1901
7. Sept. **Boxerprotokoll:** Hohe Kriegsentschädigung, Sühnegesandtschaften, Verbot der Waffeneinfuhr und fremdenfeindlicher Aktionen.

1904/1905 **Russisch-japanischer Krieg,** der weitgehend auf chinesischem Boden ausgetragen wird. Mandschurei in russische und japanische Zone geteilt.

1905 *Abschaffung des alten Prüfungssystems* vom 7. Jh. und Aufhebung des Heiratsverbots zwischen Mandschuren und Chinesen.

1908
Nov. Nach dem Tod von Kuang-hsü (wahrscheinlich von Tz'u-hsi ermordet, die einen Tag später stirbt) wird der dreijährige P'u-i mit der Regierungsdevise *Hsüan-t'ung* (1909–1911) der
1909 letzte Kaiser von China. Um wenigstens die Loyalität des Heeres zu sichern, entläßt sein für ihn regierender Vater, *Prinz Ch'un,* sofort den Oberbefehlshaber *Yüan Shih-k'ai.*
Seit der Jahrhundertwende studieren immer mehr Chinesen im Ausland (vor allem Japan) und agitieren gegen die Ch'ing-Herrschaft. Der aus einer kantonesischen Bauernfamilie

Ostasien – China *1029*

stammende **Sun Yat-sen** (*1866, †1925) wird 1879–1883 auf Hawaii anglikanisch erzogen, studiert (bis 1892) Medizin in Hongkong und organisiert (seit 1895) in Südchina mit Unterstützung der Auslandschinesen Aufstände der *Geheimgesellschaften* gegen die Mandschuren. Zusammenfassung mehrerer politischer Gruppen zum *„Einheitsbund"* (T'ung-meng-hui) in Tokio (20. August 1905). Sun ist der unbestrittene Führer. Sein politisches Ziel ist es, nach der Revolution in einem Drei-Stufen-Programm (3 Jahre Militärregierung, 6 Jahre provisorische Verfassung) die *parlamentarische Demokratie* einzurichten. Gleichheitsideal, das den bestehenden Besitz erhält, jedoch dem Staat den künftigen Wertzuwachs zuteilt. Lehre von den *Drei Volksprinzipien* (Nationalismus, republikanische Verfassung und Sozialismus in Gestalt einer Agrarreform). Anhänger Suns organisieren mehrere örtlich begrenzte Revolten in allen Teilen des Reiches.

1911 **10. Okt.**	Nach einem Garnisonsputsch in *Wu-ch'ang* am Yangtse kommt es zur Revolution gegen die kaiserliche Regierung.
29. Dez.	Nachdem der wiederberufene *Yüan Shih-k'ai* zwischen der Regierung und den Aufständischen vermittelt hat, wird *Sun Yat-sen* zum provisorischen *Präsidenten proklamiert.* **Gründung der Republik China.**
1912 12. Febr.	Nach der Abdankung des Kaisers tritt Sun freiwillig zurück, um einen Bürgerkrieg abzuwenden.
10. März	Dadurch ist der Weg für die **Präsidentschaft Yüans** frei.
12. Aug.	Sun gründet die **Kuomintang** (KMT: „Nationalchinesische Volkspartei").
1913 Jan.	Aus den ersten Wahlen geht die KMT als Siegerin hervor und widersetzt sich den Alleinherrschaftsansprüchen Yüans.
April	Ein *Fünf-Mächte-Konsortium* (England, Frankreich, Deutschland, Rußland, Japan) gewährt Yüan unter Umgehung des Parlaments eine stattliche „Reorganisationsanleihe", die dieser zur Stärkung seiner innenpolitischen Macht (Finanzierung des Militärs) verwendet. Gleichzeitig entledigt er sich führender Reformpolitiker: Ermordung *Sung Chiao-jens* am 23. März 1913 und Flucht Suns nach Japan.
Juli	Mit der Absetzung der KMT-Provinzgouverneure löst Yüan die *„Zweite Revolution"* aus: Mehrere Provinzen, die sich unabhängig erklären, werden binnen zwei Monaten von Yüans
4. Nov.	Armee geschlagen. Illegalisierung der KMT.
1914 10. Jan.	Nach der Auflösung des Parlaments per Dekret regiert *Yüan* als *Militärdiktator* und strebt die Wiedererrichtung der Monarchie an.
23. Aug.	*Japan* erklärt dem Deutschen Reich den Krieg und *besetzt die deutschen Pachtgebiete* auf Shantung (Tsingtau fällt am 7. November 1914).
1915 18. Jan.	Die *„21 Forderungen"* Japans, die auf die Übernahme aller deutschen Rechte und Investitionen hinauslaufen, werden im wesentlichen von Yüan angenommen und führen zu antijapanischen Protestaktionen.
1916 6. Juni	Nach dem *Tod Yüan Shih-k'ais* politische Desintegration: regionale Militärcliquen herrschen mit ihren Privatarmeen.
1917 **14. Aug.**	**Kriegserklärung Chinas** an die Mittelmächte. Suns Versuch, von Kanton aus eine Regierung aufzubauen, scheitert. Die 1915 von *Ch'en T'u-hsiu* (*1879, † 1942) gegründete Zeitschrift Hsin ch'ing nien *(„Neue Jugend")* wird zum Forum der jungen Intellektuellen, welche die Übernahme westlicher Zivilisation und Technologie fordern. Das schnell wachsende *Industrieproletariat* (zwischen 1915 und 1922 Verdoppelung auf zwei Mio.; 200 000 Chinesen arbeiten während des Weltkrieges in Europa) ist zur Hälfte in Unternehmen beschäftigt, die in ausländischer Hand sind: Arbeitskämpfe werden zu „nationalen" Auseinandersetzungen.
1919 **4. Mai**	*Blutige Studentendemonstration* in Peking: Als im geheimen Einverständnis zwischen den Großmächten die ehemaligen deutschen Rechte in China auf Japan übergehen sollen, bricht ein nationaler Entrüstungssturm los, der im ganzen Land in Streiks und Boykotts japanischer Waren kulminiert. Die **„Vierte-Mai-Bewegung"** ist die erste Nationalbewegung Chinas. Als kulturelle Erneuerung bekämpft sie die konfuzianische Tradition (Einführung der Umgangssprache als Schriftsprache) und fördert durch das gestärkte Nationalbewußtsein die Aufnahme neuer Ideen (Dewey, Tagore und Bertrand Russell werden begeistert empfangen). Viele Intellektuelle wenden sich dem Marxismus zu; enttäuscht vom Verrat Japans und der Westmächte sehen sie im Weg der *Sowjetunion*, die 1918/1919 von sich aus auf alle Vorrechte aus den „ungleichen Verträgen" verzichtet, die einzige Möglichkeit, China von imperialistischer Abhängigkeit zu befreien.
1921 **Juli**	In Shanghai wird die **Kommunistische Partei Chinas** (KPCh) in Anwesenheit von 13 Delegierten sowie des Komintern-Beauftragten *G. Maring* (Henricus Sneevliet) gegründet. Die Mitglieder der Partei rekrutieren sich weitgehend aus marxistischen Studienzirkeln, die nach der *Bewegung vom 4. Mai* in vielen Städten entstanden sind. Zu den geistigen Führern der Partei zählen die Professoren *Li Ta-chao* und *Ch'en Tu-hsiu* (erster Generalsekretär der Partei).

1030 Außereuropäische Welt bis 1945 – Asien

1922 Aug.	Die KPCh erklärt sich unter Druck der *Komintern* nach einer anfänglich radikal-revolutionären Phase zu einem Bündnis mit der KMT *Sun Yat-sens* bereit. Die Kommunistische Partei bleibt zwar bestehen, doch treten ihre Mitglieder einzeln der KMT bei und bilden in ihr einen *„inneren Block"*. Diese Allianz gehen die Kommunisten in der Hoffnung ein, die guten Kontakte der KMT zur Arbeiterschaft nutzen und die Partei Suns im Laufe der Zeit unterwandern zu können. Dagegen ist der von den Westmächten und seinen bisherigen Verbündeten enttäuschte Sun Yat-sen vor allem an materieller Unterstützung durch die Sowjetunion interessiert.
1923 26. Jan.	In einem *Gemeinsamen Manifest* vereinbaren Sun Yat-sen und der sowjetische Gesandte *Adolf A. Joffe* die Zusammenarbeit von KMT und Sowjetunion beim Aufbau einer schlagkräftigen Armee sowie einer straff organisierten Partei in China. Durch geschickte Mobilisierung der chinesischen Bevölkerung gegen die imperialistischen Mächte wächst die Mitgliederzahl der KPCh rasch an und damit auch der Einfluß der Kommunisten in der KMT. Die kommunistische Massenbasis bildet vornehmlich die städtische Arbeiterschaft, aber auch der Einfluß auf die *Bauernbewegungen* kann erweitert werden, deren Bedeutung vor allem einer der Gründer der KPCh hervorhebt: **Mao Tse-tung** (* 1893, † 1976). Die kommunistische Bewegung gefährdet somit nicht nur die Interessen des *Großbürgertums,* auf dessen Unterstützung die KMT sich angewiesen glaubt, sondern rüttelt auch an der Vormachtstellung der *ländlichen Gentry,* die einen beträchtlichen Teil des Offizierskorps der KMT-Armeen stellt. Die Widersprüche sind unlösbar; dennoch bleiben die Kommunisten unter dem Druck Stalins und der Komintern im Bündnis.
1925 12. März	*Sun Yat-sen stirbt.* Im Verlauf der nun ausbrechenden Nachfolgekämpfe spaltet sich die KMT in einen rechten und linken Flügel.
20. März	**Chiang Kai-shek** (* 1887, † 1975) steigt nach einem Militärputsch zu einem der wichtigsten Führer in der KMT auf.
1. Juli	In Kanton wird von der KMT die **„Nationalregierung der Republik China"** errichtet.
1926 Juli	Beginn des beinahe zwei Jahre dauernden *Nordfeldzugs* gegen die Militär-Machthaber. Obwohl die Kommunisten der KMT wichtige Hilfe leisten, verschärft Chiang Kai-shek seine antikommunistischen Aktionen.
1927 März	Auch zwischen dem linken Flügel der KMT, der in Wuhan/Hupei eine Regierung bildet, und den Kommunisten wachsen die Spannungen. Den Höhepunkt der Kommunistenverfolgung bildet ein blutiges Massaker, das Chiang Kai-shek in Shanghai und Nanking unter
12. April	ihnen und in den von ihnen kontrollierten Arbeiterorganisationen anrichtet.
15. Juli	Der linke Flügel der KMT bricht mit den Kommunisten, schließt sie aus der Regierung aus und verfügt ihre Bekämpfung, nachdem Stalin zur Aufstellung eigener kommunistischer,
26. Juli	bewaffneter Verbände sowie zur kommunistischen Machtübernahme aufgefordert hat. Nach erfolglosen militärischen Aufständen sammeln *Chu Teh* und Mao Tse-tung die Reste der kommunistischen Verbände zunächst in *Chingkanshan* (Provinz Hunan), schließlich errichten sie im Grenzgebiet von West-Kiangsi und West-Fukien ein *„Sowjetgebiet"*; weitere Gründungen kommunistischer Stützpunktgebiete folgen.
1928 Febr.	Die verschiedenen Flügel der KMT einigen sich wieder und wählen in Nanking eine neue Nationalregierung. Chiang Kai-shek wird Vorsitzender des Zentralen Exekutivkomitees und Oberbefehlshaber der Armee.
8. Juni	Erfolgreicher Abschluß des Nordfeldzuges bald nach dem *Einmarsch von Chiangs Truppen in Peking.*
1931 18. Sept.	*Japanische Truppen* fallen in die Mandschurei ein. Dadurch sowie durch Flügelkämpfe innerhalb der KMT und Aktionen der de facto selbständig gebliebenen Militärmachthaber wird der wirtschaftliche Aufbau behindert.
7. Nov.	Der erste Nationale Sowjetkongreß ruft in Juichin (Provinz Kiangsi) die **Chinesische Sowjetrepublik** aus; in dieser Zeit haben die Kommunisten schon die ersten Angriffe der KMT erfolgreich abgeschlagen.
1932 **18. Febr.**	Unter japanischer Aufsicht erhält die Mandschurei unter dem Namen **Mandschukuo** die Unabhängigkeit.
1934	Nachdem es Chiang Kai-shek gelungen ist, die Autorität der von ihm geführten Regierung gegen die oppositionellen Militärmachthaber zu stärken, kann er in dem großangelegten *5. Vernichtungsfeldzug* mit seinen Truppen die Kiangsi-Sowjets zerschlagen. Nur mit Mühe gelingt den Kommunisten die Flucht.
27. Okt.	Beginn des **Langen Marsches** der Roten Armee in den Nordwesten Chinas, der im Herbst des darauffolgenden Jahres erreicht wird.
1935	Auf der *Tsunyi-Konferenz* setzt sich Mao Tse-tung in der KPCh durch (6.–8. Jan.).
1936 12.–25. Dez.	Chiang Kai-shek wird in Sian (Provinz Shensi) durch eigene Truppen, die für eine Intensivierung des Widerstandes gegen Japan eintreten, inhaftiert, was die mögliche Vernichtung der Kommunisten verhindert.
1937 7. Juli	Feuergefecht zwischen chinesischen und japanischen Einheiten (*Zwischenfall an der Marco-Polo-Brücke*) löst eine umfassende japanische Offensive und damit den Krieg aus.

Besetzung weiter Teile Chinas, daher erneut Zweckbündnis zwischen Chiang Kai-shek und den Kommunisten.

13. Dez. Nach der Einnahme ihrer Hauptstadt *Nanking* durch die Japaner weicht die chinesische Regierung zunächst nach *Hankow* und im darauffolgenden Sommer nach Chungking aus. Damit kontrolliert sie nur noch den Westen und Südwesten Chinas. Die Kommunisten dagegen mobilisieren in den von Japan besetzten Gebieten den Widerstand der Bevölkerung.

Die innere Lage Chinas am Ende des Zweiten Weltkrieges

In der KPCh hat sich seit Beginn des Langen Marsches (Tsunyi-Konferenz vom Januar 1935) Mao Tsetung durchgesetzt. Eine kompromißlose Haltung gegenüber Japan und eine ebenso pragmatische wie effektive Politik in den von ihnen beherrschten oder kontrollierten Gebieten verschafft den Kommunisten die Sympathie breiter Bevölkerungsteile und ihren Armeen großen Zulauf.

Entgegen dieser Entwicklung findet die *wirtschaftliche Konsolidierungspolitik* der KMT mit dem Ausbruch des Krieges gegen Japan und dem Verlust großer Teile Chinas ein jähes Ende. Trotz beträchtlicher Erfolge auf Einzelgebieten (Erziehung, Verkehrswesen, Finanzpolitik) gelingt kein wirklicher entwicklungspolitischer Durchbruch. Während das Ausbleiben einer durchgreifenden Landreform die Hoffnungen zerstört, die die Bauern in die KMT gesetzt haben, treiben politische Repression und die Rückkehr zu einer am *Konfuzianismus* orientierten *Gesellschaftsauffassung* die städtische Intelligenz in die Entfremdung von der Regierung. Weiteres Vertrauen kosten die zögernde Politik gegenüber Japan, innerparteiliche *Fraktionskämpfe,* administrative Inkompetenz und eine seit Anfang der vierziger Jahre zunehmende *Korruption.*

Obwohl Chiang Kai-shek die drohende Gefahr erkennt, die sich aus der Konsolidierung der Kommunisten für die Zeit nach dem Krieg gegen Japan ergibt, kann er trotz militärischer Gegenmaßnahmen und einer Blockade der von ihnen besetzten Gebiete nicht verhindern, daß sich ihre Position ständig verbessert. Im Frühjahr 1945 verfügt die *KPCh* über *1,2 Mio. Mitglieder* und kontrolliert eine Bevölkerung von fast hundert Mio. Zudem kann sie mit einer Armee von über einer Mio. Soldaten und über zwei Mio. dörflicher Milizen mit Gelassenheit das Ende des Krieges abwarten. – *(Forts. S. 1349, 1412)*

Korea (Anfänge bis 1945)

Durch ihre geographische Lage ist die Halbinsel Korea seit vorgeschichtlicher Zeit (Besiedlung Japans) Landbrücke zwischen dem Festland und den japanischen Inseln. Korea fungiert als Vermittler von verschiedenen Kultureinflüssen, ist aber als ständig Schauplatz kriegerischer Auseinandersetzungen zwischen kontinentalen und maritimen Mächten. In diesem Spannungsfeld entwickelt das Land seine eigenständige Kultur, die auf die benachbarten Reiche ausstrahlt. Die natürliche Kargheit der größtenteils gebirgigen Halbinsel erlaubt nur in den Flußbeckenlandschaften Ackerbaumöglichkeiten (Reis, Hirse, Weizen) und an den Küsten Fischfang.

Gesicherte *paläolithische Fundstätten* sind aus Kulp'o-ri (Provinz Hamgyong) und Ch'ung-ch'ong (Provinz Sokch'ang-ni) bekannt.

um 3000 v. Chr. An den Küsten und längs der Flüsse können *neolithische* Schichten mit charakteristischer Kammstrichkeramik nachgewiesen werden. Funde aus dem Spätneolithikum belegen Dorfsiedlungen (strohgedeckte Erdhöhlen mit zentraler Feuerstelle) und Ackerbau (Steinsicheln).

8. Jh. Mit dem Aufkommen von *Bronze* (landwirtschaftliche Geräte und Waffen) werden Siedlungen, deren Häuser sich leicht über das Bodenniveau erheben, an Berghängen angelegt; *Reisanbau* und Errichtung von *Dolmengrabstätten* für die Vornehmen. Es bilden sich mehrere kleine *Stammesstaaten* heraus.

In den **Mythen** wird vom Himmelssohn *Hwanung* berichtet, der auf die Erde herabsteigt und ein Mädchen, das in einen Bären verwandelt wird, heiratet. Ihr Sohn, der Himmels-

4. Jh. enkel *Tangun,* gründet *Choson,* das sich zu einer *Stammeskonföderation am Taedong- und Liaofluß* (im Nordwesten Koreas) entwickelt. Die Träger dieser Kultur kennen *Eisen,* Pferde und Kriegswagen, ihre Holzhäuser sind mit einem Bodenheizungssystem (ondol) ausgestattet.

um 194 *Wiman,* möglicherweise ein abtrünniger Chinese (Wei Man), wird König von Choson.

108 v. Chr. Unter seinem Enkel *Uko* erobert der chinesische Kaiser *Wu* das Reich (Chao-sien, chinesisch das „Land der Morgenfrische") und errichtet vier (seit 82 v. Chr. zwei) Präfekturen mit *Lo-lang* als kulturellem Zentrum (nahe P'yongyang).

1.–3. Jh. n. Chr. Auf der Halbinsel selbst bilden sich in langwierigen Stammeskämpfen drei starke, unabhängige Staaten, die **Drei Reiche:** *Koguryo* (seit 37 v. Chr. traditionell) im nördlichen Teil

313–668 (zwischen Yalu- und Hanfluß), *Silla* (seit 57 v. Chr. traditionell) im Südosten am Naktong-

1032   Außereuropäische Welt bis 1945 – Asien

fluß und *Paechke* (seit 18 v. Chr. traditionell) im Südwesten am Kum- und Somilinfluß. In allen drei Staaten herrschen gefestigte *Monarchien* (in Silla Wahlkönigtum) mit straffer *militärischer Organisation* und *gestaffelter Aristokratie*, die sich aus Nachfahren der früheren Stammeshäuptlinge zusammensetzt. Solche Männer von „wahrem Gebein" (chin'gol) stellen in Silla die Mitglieder des mächtigen Staatsrates Hwabaek. Die Staaten sind in Verwaltungseinheiten aufgeteilt, die von Burgen aus regiert werden. Gesandte aus den Hauptstädten treiben die Steuern ein und kontrollieren die Frondienste.

Unter dem Einfluß Chinas *kulturelle Blüte:* Übernahme der chinesischen Schrift und des *Konfuzianismus*, Gründung von Akademien, Abfassung von Reichsgeschichten; der *Buddhismus* wird in Koguryo (372), Paechke (384) und Silla (524) offiziell eingeführt.

Während Koguryo mit China und Silla mit Japan immer wieder militärische Konflikte austragen, betreibt Paechke vor allem Handel, schickt koreanische Handwerker nach Japan und vermittelt auf diesem Weg die chinesische Schrift und den Buddhismus.

612–614 Nach drei erfolglosen Feldzügen des Kaisers Yang der Sui-Dynastie erkennen die Drei
621 Reiche unter der folgenden T'ang-Dynastie die *chinesische Oberhoheit* an.
660 Mit Unterstützung Chinas unterwirft *Silla* zunächst Paechke.
668 Es unterwirft auch Koguryo und herrscht für mehr als zwei Jahrhunderte allein über Korea.
668—935 Obgleich in enger kultureller Verbindung mit China, bleibt Silla de facto unabhängig und kann seinen Machtbereich bis zum Taetong- und Yalufluß ausdehnen. Die Sillakönige herrschen absolut, die Befugnisse des Hwabaek sind gering. Der Buddhismus ist die allgemein vorherrschende Religion (753 Erbauung der Höhlentempel von Sokkuram).
692 Durch Vereinfachung chinesischer Zeichen wird die erste *eigenständige koreanische Schrift* „idu" geschaffen.
8. Jh. Nachfolgestreitigkeiten am Hof und häufige Überfälle von japanischen und chinesischen Piraten schwächen die Zentralmacht und lassen regionale Magnaten an Einfluß gewinnen.
892/901 Silla zerfällt in die **Späteren Drei Reiche:** das *Spätere Paechke* (seit 892), das *Spätere Koguryo* (seit 901), die beide von Provinzherren errichtet werden, und *Silla*.

Im Kampf mit diesen kurzlebigen Nachfolgedynastien siegt *Wang Kon*, Begründer des
918 **Königreichs Koryo** (daher die Bezeichnung Korea), der die Halbinsel wieder eint.
935–1392 Er proklamiert die **Wang-Dynastie.**

Die herrschende Klasse Koryos besteht aus den ehemaligen Sillaaristokraten und den Provinzführern, aus deren Reihen die Mitglieder der administrativen Versammlung (Samsong) und des königlichen Sekretariats (Chungchuwon) gewählt werden, die gemeinsam den Obersten Staatsrat bilden. Buddhismus bleibt die offiziell geförderte Religion, während der Konfuzianismus zur politisch-ethischen Weltanschauung der Aristokraten wird.

1100–1400 Blüte der *buddhistisch geprägten Architektur und Skulptur*, technische Vollendung in der *Keramik*, die den Chinesen als unvergleichlich erscheint. Entwicklung des *Buchdrucks* mit beweglichen Lettern (1234).

Die diskriminierende Unterordnung der militärischen unter die zivile Verwaltung führt
1170 zum *Staatsstreich des Generals Ch'oe Ch'ung-hon*, der ein 60 Jahre dauerndes Militärregime seiner Familie begründet. Einschränkung der Königsmacht und Unterdrückung des Buddhismus, der sich in abgelegenen Gegenden in Form der *Choge-jung-Lehre* erneuert, die zur Hauptströmung des koreanischen Buddhismus wird.

Während der Herrschaft der Wang-Könige kommt es an der mandschurischen Grenze immer wieder zu Kämpfen mit Steppenvölkern, vornehmlich den Kitan (Liao-Dynastie) und den Dschurdschen (Chin-Dynastie).

seit 1231 Gegen die Einfälle der übermächtigen *Mongolen* führen die Militärdiktatoren der Ch'oe-Familie einen langen Abwehrkampf, bis sie von einer Zivilregierung entmachtet werden.
1259 Friedenspakt mit den Mongolen. Auch unter ihrer Herrschaft bleibt die relative Unabhängigkeit Koreas erhalten.
1274/1281 Zwei Versuche *Kublai-Chans* scheitern, Japan mit einer von Koreanern erbauten Flotte zu erobern.
1369 Koryo unterwirft sich der neuen chinesischen Dynastie der *Ming*.
14. Jh. Gegen Ende des Koryo-Reiches entsteht eine neue *intellektuelle Elite* von *neokonfuzianisch* beeinflußten Gelehrtenbeamten, deren Ansprüche auf Grundbesitz von den Aristokraten abgewiesen werden, die von den Einkünften ihrer Latifundien in der Hauptstadt leben. Mit Unterstützung des *Generals Yi Sung-gye* setzen diese Gelehrten eine Landreform durch, wonach der Boden gemäß dem Beamtenrang zugeteilt wird.
1392–1910 Yi zwingt den schwachen letzten Koryo-König zur Abdankung und begründet die **Yi-Dynastie** mit der Hauptstadt Hanyang (nahe Seoul). Der korrupt gewordene Buddhismus wird zurückgedrängt und in Anlehnung an China wird der Konfuzianismus stark gefördert.
1434 Die ersten Yi-Könige erweitern ihren Machtbereich bis zum Yalufluß und führen die koreanische Kultur zu außerordentlicher Blüte.
1443 Aufschwung der Literatur unter dem Einfluß der eigenständigen *koreanischen Buchstabenschrift Han'gul*, die unter König *Sejong dem Großen* (1419–1450) geschaffen wird.

Ostasien – Korea   1033

1456–1468	König *Sejo* stärkt und zentralisiert die Ziviladministration, die von der Hauptstadt aus die Beamten der acht Verwaltungseinheiten des Reiches bestellt und kontrolliert.
	Zwei erfolglose *japanische Invasionsversuche* unter Hideyoshi Toyotomi. Zunächst vernichtet Yi Su-shin die japanische Flotte.
1592	Eine spätere Besetzung des südlichen Koreas wird mit dem Tod Hideyoshis abgebrochen
1597/1598	und läßt das Land total verwüstet zurück.
1609	Friedensvertrag mit Japan und *Öffnung des Hafens Pusan.*
seit ca.	Nach mehreren Einfällen der **Mandschuren** wird Korea zur bedingungslosen Unterwerfung
1591	gezwungen.
1637	Anerkennung des Vasallenstatus gegenüber China.
1640–1880	Abschließung des Landes nach außen.
17. Jh.	Aufschwung der Landwirtschaft (Naßreisbau, Bewässerung) und des Handels (Anbau von Ginseng und Tabak). Die konfuzianischen Gelehrten wenden sich von der traditionellen, theoretischen Philosophie ab und beschäftigen sich mit aktuellen, gesellschaftlichen Problemen: *Silhak,* „Schule der praktischen Wissenschaft".
1660–1880	Die Gelehrten spalten sich in *vier Parteien,* die in teilweise blutigen Kämpfen (Höhepunkt 1694–1722) die Zivilverwaltung bis zum Ende des 19. Jh.s lähmen. Einige Gelehrte bekeh-
1801/1866	ren sich zum *Katholizismus* (*Sohak,* „Westliche Lehre"), der sich trotz Verfolgungen (1801, 1839, 1866) langsam ausbreitet.
	Die unfähige und korrupte Regierung ruft innere Unruhe hervor, es entstehen Sekten, die bodenständige, religiöse Wurzeln mit sozialrevolutionären Zielen verbinden (*Tonghak,* „Östliche Lehre").
1876	*Japan* erzwingt militärisch die *„Öffnung"* von drei koreanischen Häfen.
1882–1884	Unter dem Druck der Ch'ing-Regierung weitere *Handelsverträge* mit anderen *westlichen Mächten.* Die Einführung westlicher Waren und Technologien belastet vornehmlich die Bauern, die immer stärker der *Tonghak-Bewegung* zuströmen.
1894	Ein Aufstand dieser Bewegung schließlich bedroht die Regierung. Die zu Hilfe gerufenen chinesischen Truppen stoßen auf die *japanische Interventionsarmee.*
1894/1895	*Chinesisch-japanischer Krieg* um den Besitz Koreas endet mit vernichtender Niederlage Chinas.
1895	Im **Frieden von Shimonoseki** muß China die „Unabhängigkeit" Koreas anerkennen. Unter *japanischer Hegemonie* werden Reformen nach westlichem Muster durchgeführt (Ernennung eines Kabinetts, Abschaffung der Staatsprüfungen). Steigende Spannungen zwischen Japan und Rußland, die ihre Einflußsphären in Korea und der Mandschurei ausweiten.
1896	Nach der Ermordung der antijapanisch eingestellten *Königin Min* fliehen König und Kronprinz für ein Jahr in die russische Gesandtschaft.
1897	Mit Unterstützung einer Volksbewegung zur Wiederherstellung der koreanischen Souveränität kehrt der König in den Palast zurück und proklamiert Korea zum **Kaiserreich Tae Han.**
1904/1905	Im *russisch-japanischen Krieg* besetzt Japan Seoul und erzwingt die Annullierung der den Russen gewährten Konzessionen.
	Der Besitz Koreas ermöglicht Japan die Offensive in der Mandschurei und die Flottenoperationen gegen die russische Seestreitkräfte.
1905	Im *Frieden von Portsmouth* erkennt Rußland Korea als *japanisches Interessengebiet* an.
Sept.	Korea wird japanisches Protektorat.
1910	Nach der erzwungenen Abdankung des Kaisers wird Korea unter der Bezeichnung **Chosen**
22. Aug.	**japanisches Generalgouvernement.** Die kolonisatorische Unterdrückung der koreanischen Kultur und die wirtschaftliche Ausbeutung führt zur Auswanderung vieler Koreaner in die Mandschurei, nach China, Hawaii, aber auch (als billige Arbeitskräfte) nach Japan. Konzentrierung der agrarischen Entwicklung im Süden und des industriellen Aufbaus im Norden.
1919	Nach dem Tod des vorletzten Kaisers kommt es im ganzen Land zu *antijapanischen Prote-*
Jan.	*sten.*
1. März	Erklärung der Unabhängigkeit *(„Bewegung des 1. März").* Nach der blutigen Niederschlagung der Demonstrationen wird an den Schulen zum Teil wieder die koreanische Sprache erlaubt, und es dürfen sich Koreaner an der Regierung beteiligen.
April	Eine *Exilregierung* unter Mitwirkung *Syngman Rhees* (* 1875, † 1965) wird in Shanghai gegründet.
1920–1930	Japan bestimmt Korea zum Reisanbaugebiet, um die durch die einseitige Industrialisierung gefährdete Versorgung mit Reis zu sichern.
seit 1930	Korea dient als Aufmarschgebiet für die japanischen Eroberungen auf dem Festland.
1939	Mit der Einverleibung Koreas als Provinz wird die bisherige Japanisierungspolitik verstärkt fortgesetzt.
1943/1945	In den *Konferenzen von Kairo* und *Potsdam* garantieren die Alliierten die Unabhängigkeit Koreas. – *(Forts. S. 1347)*

Japan (Anfänge bis 1945)

Durch tektonische Erschütterungen hervorgerufen, bilden die **japanischen Inseln** einen *Gebirgsbogen,* dessen Gipfel aus dem Meer hervorragen. Bei der *Halbinsel Korea* und bei der *Insel Sachalin* ist er dem asiatischen Festland nahe, an seinen äußeren Enden mit zwei Inselketten, den *Kurilen* und den *Ryukyu-Inseln,* mit diesem verbunden. Weite Landstriche liegen innerhalb tektonischer Bruchzonen, so daß auch heute noch starker *Vulkanismus* zu verzeichnen ist, der darauf hindeutet, daß die Gebirgsbildung noch nicht beendet ist. Folge davon sind eine Reihe tätiger Vulkane, zum Teil erhebliche *Erdbeben* auch submariner Art, die hohe Flutwellen hervorrufen, schließlich das Vorhandensein von mehr als 10 000 *heißen Quellen.* Seinen geologischen Grundbedingungen entsprechend besteht die japanische Landschaft zum überwiegenden Teil aus Gebirgen und Hügelländern, so daß nicht einmal ein Fünftel der Gesamtfläche landwirtschaftlich genutzt werden kann. In der Hauptsache werden Reis, Tee und Obst angebaut. Die in frühgeschichtlicher Zeit von den Chinesen übernommene *Seidenraupenzucht* hat durch die Synthetikfaser an Bedeutung verloren. Hauptnahrungsmittel ist der *Fisch.* Japan ist hinter Peru die zweitgrößte Fischfangnation der Welt. Eine beträchtliche Rolle spielt die Perlenfischerei bzw. mehr und mehr die Züchtung von *Austernperlen.*

Die Japaner sind ein *Mischvolk,* dessen protojapanische, kontinentale und maritime Elemente schon lange zu einer ethnischen Einheit verschmolzen sind.

Aus der *vorgeschichtlichen Epoche* stammen neolithische Bodenfunde (Schmuckgegenstände, Stein-, Muschel- und Knochenwerkzeuge), die man nach den ebenfalls gefundenen Keramikformen in eine ältere Phase, die **Jomon-Kultur** (Schnurabdruck), und in eine jüngere, die **Yayoi-Kultur,** einteilt.

Die japanischen Mythen stellen die Entstehung der japanischen Inseln als *aus dem Meer geboren und mit der Waffe geschaffen* dar. Als Schöpfer Japans gelten die Gottheiten der altjapanischen Naturreligion *(Schintoismus).* Ahnin des Kaiserhauses ist die Sonnengöttin *Amaterasu.*

1. Jh. v. Chr.	Die älteste Geschichte beginnt mit der Gründung des in seinen Anfängen stark sagenhaften **Yamato-Reichs** (nach der mythologischen Darstellung im Jahr 660 v. Chr.).
seit 1. Jh. n. Chr.	*Expansion nach Korea* mit der Folge, daß sich einige kleinere Staaten im Südwesten der Halbinsel den Japanern unterwerfen oder mit ihnen verbündet sind. Hauptgegner der Japaner ist das koreanische Reich *Silla* (japanisch: Schiragi). Der koreanische Staat *Paechke* entsendet nach Japan Handwerker. Wichtigste Folge dieser Beziehungen ist, daß über die Landbrücke die festländische *chinesische Kultur* nach Yamato vermittelt wird.
3. Jh.	Die staatliche Einheit Japans beginnt mit der allmählichen *Ausbreitung des Yamato-Reichs.* Die Sozialordnung der Frühzeit beruht auf den losen *Geschlechterverbänden* der **uji,** deren Sippenhäupter als Nachkommen der Schinto-Gottheiten gelten und priesterliche wie weltliche Herrschaftsfunktionen ausüben. Neben den Geschlechterverbänden stehen die aus Halbfreien bestehenden *Bauern-* und *Handwerkerverbände* der **be,** die der Gewalt der einzelnen Sippen unterstellt sind. Die Zahl der *Haussklaven* (yatsuko) dürfte 5% der Bevölkerung nicht überstiegen haben. Den Sippenhäuptern des **Yamato-Clans** gelingt es durch eine geschickte Eroberungs- und Bündnispolitik allmählich, eine hegemoniale Vormachtstellung vor den anderen Geschlechterverbänden zu erringen. Als angebliche Nachkommen der Sonnengöttin *Amaterasu,* der höchsten Schinto-Gottheit, beanspruchen sie die **Kaiserwürde.**
5. Jh.	Die angestrebte Zentralisierung der Verwaltung wird durch das Einströmen **chinesischer Kultur und Schrift** über die koreanische Halbinsel gefördert. Als wichtigste Vermittler treten *buddhistische Missionare* auf.
538	Der König des koreanischen Staates Kudara schickt dem japanischen Kaiserhof eine Buddha-Statue und buddhistische Schriften. Ein Teil des Hochadels tritt zum Buddhismus über.
594	*Kronprinz Schotoku* (* 574, † 622) erhebt den **Buddhismus** zur **Staatsreligion.** Der Kronprinz, der (593–622) die Regentschaft für seine Tante, Kaiserin *Suiko,* ausübt, setzt sich energisch für die Übernahme der Festlandskultur, die Errichtung eines zentralistischen Beamtenstaats nach chinesischem Muster ein und fördert die buddhistische Mission.
604	Die Proklamation der sogenannten **17-Artikel-Verfassung** zielt auf die Umwandlung der altjapanischen Sippengesellschaft in einen monarchischen Vasallenstaat unter Führung der Herrscher von Yamato, die den **Kaisertitel Tenno** annehmen. Durch die Einführung vom Kaiser verliehener Beamtenränge und die Schaffung eines vom Kaiserhaus abhängigen Hofadels soll die erbliche Macht der Sippenoberhäupter gebrochen werden.
607	Kronprinz Schotoku gründet den buddhistischen Horyuji bei Nara, den ältesten erhaltenen Tempel Japans.
622	Nach dem Tode des Kronprinzen Schotoku kommt der Prozeß der Umwandlung der Stammesgesellschaft in einen monarchisch-absoluten Zentralstaat zunächst zum Stillstand. Insbesondere die nach dem Kaiserhaus mächtigste Sippe, die **Soga,** die ihre Machtstellung bedroht sehen, leisten heftigen Widerstand gegen jede Verwaltungsreform.

645 12. Juni	Durch den erzwungenen Thronverzicht der Kaiserin *Kogyoku* und durch eine Verschwörung der anderen Sippenoberhäupter gegen die Soga kommt deren Bruder, Kaiser *Kotoku,* auf den Thron.
646 **22. Jan.**	Kaiser Kotoku leitet durch die **Taika-Reform** einen weiteren Schritt der Modernisierung ein. Der Privatbesitz an Land und Hörigen wird aufgehoben und zugunsten des Kaisers eingezogen, der ihn als Lehen vergibt. An die Stelle der erblichen Posten der Geschlechteroberhäupter treten Beamtenstellen, die vom Kaiser besetzt und deren Inhaber durch Lehen besoldet werden. Zur Vorbereitung einer Neuordnung des Steuerwesens werden Register für regelmäßige Volkszählungen angelegt.
701	Mit dem **Taiho-Kodex** erhält Japan die erste kodifizierte Sammlung der Strafgesetze und des Verwaltungsrechts. Die Reformpläne werden allerdings in der Praxis nur unvollkommen durchgeführt. Da die höheren Beamtenposten mit Angehörigen der alten Oberschicht der *uji-Verfassung* besetzt werden und da ein großer Teil der Beamtenlehen und einige Beamtenposten schnell erblich werden, ist der Keim zu einer späteren feudalistischen Entwicklung gelegt.
708	Erste japanische *Münzprägung* unter Kaiserin *Gemmei.*

Nara-Zeit (710–784)

710	Mit der Gründung der ersten **festen Hauptstadt in Heijo,** dem heutigen Nara, beginnt eine Blütezeit der Literatur, Baukunst, Skulptur und Malerei, die Nara-Zeit. Das älteste japanische Geschichtswerk *Kojiki* versucht, durch eine Systematisierung der alten Stammesmythen und Göttergenealogien den Suprematsanspruch des Kaiserhauses zu legitimieren. Dabei wird das Datum der Reichsgründung unter dem sagenhaften Urahnen des Kaiserhauses *Jimmu* auf das Jahr 660 v. Chr. zurückverlegt.
720	Das *Nihongi,* die erste der offiziellen „Reichsgeschichten", folgt dem Vorbild chinesischer Kaiserannalen.
760	Das *Manyoshu,* die erste Anthologie japanischer Dichtung, enthält über 4000 Gedichte. Die Bautätigkeit in der Hauptstadt wird durch großzügige Stiftungen an buddhistische Klöster gefördert, die so zu beachtlichem Wohlstand und politischer Macht gelangen. Die größeren Klöster unterhalten eigene stehende Heere und geraten in Rivalität mit dem Kaiserhof.
781–806	In der Regierungszeit des Kaisers *Kammu* (* 737, † 806) werden Schulen für den Hofadel gegründet, es werden Ansätze zu einer Reform der Landwirtschaft gemacht, die Kolonisierung Nordjapans hält an. Zugleich steigt die Verschuldung der Bauern an Lokalaristokratie und buddhistische Klöster, deren Macht ständig zunimmt.
784 27. Dez.	Kaiser Kammu beginnt mit dem Bau der neuen *Hauptstadt Heian* in der Nähe des Dorfes Uda, des heutigen Kyoto, nachdem er die Hauptstadt zunächst nach Nagaoka verlegt hat, um dem allzu starken Einfluß der großen Klöster in Nara zu entgehen.

Heian-Zeit (794–1185)

794	**Heian** wird **kaiserlicher Regierungssitz** (18. Nov.) Die nach der neuen Hauptstadt benannte Heian-Zeit, die die *Blüteperiode der aristokratischen Kultur* Japans darstellt, ist gekennzeichnet durch den Aufstieg der Familie **Fujiwara** zur Macht. Grundlage der Fujiwara-Verwaltung ist der erbliche Anspruch des Sippenoberhaupts auf den Titel eines kaiserlichen Regenten sowie das ausschließliche Recht der Sippe, Gemahlinnen für das Kaiserhaus stellen zu dürfen.
858 15. Dez.	Als nach dem Tode des Kaisers *Montoku* diesem sein neunjähriger Sohn *Seiwa* auf den Thron folgt, wird der Großvater des jungen Kaisers, *Yoshifusa Fujiwara,* mit der Regentschaft betraut. Damit geht die Regentschaft für einen Kaiser das erstemal an einen Adligen, der nicht selbst Angehöriger des Kaiserhauses ist.
864	Trotz der eingetretenen Großjährigkeit des Kaisers behält Yoshifusa das Regentenamt bei.
872 7. Okt.	Nach Yoshifusas Tod wird *Mototsune Fujiwara* Sippenoberhaupt, der die Regentschaft für Kaiser *Yozei* übernimmt.
880	Mototsune legt sich den Titel eines Regenten auf Lebenszeit *(kampaku)* zu (13. Dez.).
884 5. März	Aus eigener Machtvollkommenheit setzt Mototsune den Kaiser ab, um dessen Großonkel *Koko* zum Kaiser zu machen, für den er weiterhin die Regentschaft führt.
995–1027	Den Gipfel ihrer Macht erreichen die Fujiwara mit *Michinaga Fujiwara* (* 966, † 1028), der nach über dreißigjähriger politischer Tätigkeit vier Kaiser unter seine Schwiegersöhne und drei Kaiser unter seine Enkel zählen kann. Eine Maßnahme gegen die Regentschaft der Fujiwara und des Hofadels findet das Kaiserhaus in der Institution der Ex-Kaiser, die nach Abdankung eine von der Person des Kaisers gelöste Machtbasis aufbauen können.

1036   Außereuropäische Welt bis 1945 – Asien

1087 3. Jan.	*Shirakawa* dankt als erster Kaiser zugunsten seines Sohnes *Horikawa* ab, um unabhängig vom Hofadel Familien- und Verwaltungsangelegenheiten des Kaiserhauses regeln zu können. In der späten Heian-Zeit können sich die Ex-Kaiser mit dem emporstrebenden Kriegeradel der Provinzen gegen den Hofadel der Hauptstadt verbünden.

Kultur und Gesellschaft der Heian-Zeit

Infolge des seit der Mitte des neunten Jahrhunderts unterbrochenen Verkehrs mit China beginnt eine eigenständige Weiterentwicklung der japanischen Kultur, die sich besonders in der **Architektur,** dem sogenannten *Yamato-Stil* der **Malerei** und der **Literatur** ausdrückt. Durch die Verwendung einer in Japan entwickelten *Silbenschrift* anstelle der umständlichen chinesischen Schriftzeichen gewinnt die japanische Literatur an Breitenwirkung. Zu den wichtigsten Literaturwerken der Heian-Zeit gehören die im kaiserlichen Auftrag kompilierte *Gedichtsammlung Kokinshu,* das *Reisetagebuch aus Tosa* des *Ki no Tsurayuki,* der *Roman vom Prinzen Genji der Murasaki Shikibu* und das *Kopfkissenbuch der Sei Shonagon.* Durch die Konzentration von steuerfreiem Landbesitz in den frisch gerodeten Gebieten sowie die Stärkung des Militärs in den Grenzmarken bildet sich neben dem **Hof- und Beamtenadel** (kuge) ein eigener militärischer **Provinzadel** (buke). Die beiden mächtigsten Familien sind die *Taira* und die *Minamoto,* beide von Nebenlinien des Kaiserhauses abstammend.

1156	Als im **Hogen-Aufstand** der Konflikt zwischen dem regierenden Kaiser *Go-Shirakawa* und dem Ex-Kaiser Sutoku mit Waffengewalt ausgetragen wird, erringt *Kiyomori Taira* (* 1118, † 1181) im Auftrag von Go-Shirakawa den Sieg über die mit Sutoku verbündeten Minamoto.
1160	Eine Verschwörung der verbliebenen Kräfte der Minamoto scheitert, und Kiyomori Taira beginnt die Vormachtstellung seiner Sippe durch die Ansammlung von Lehen, die Übernahme hoher Regierungsämter und Einheirat in die kaiserliche Familie auszubauen. Damit wird er zum ersten Vertreter des Militäradels der Provinzen, der die bis dahin dem Hofadel vorbehaltenen Positionen in der Zentralregierung übernehmen kann.
1180 19. Mai	Als Kiyomori seinen zweijährigen Enkel *Antoku* zum Kaiser krönen läßt, führt ein erneuter Aufstand unter Führung eines kaiserlichen Prinzen und des *Yoritomo Minamoto* (* 1147, † 1199) zu einer Empörungsbewegung des Provinzadels, die in den fünfjährigen **Gempei-Krieg** (1180–1185) zwischen den Sippen Minamoto und Taira einmündet. Yoritomos Vetter *Yoshinaka* vertreibt nach anfänglichen Mißerfolgen die Taira aus Kyoto.
1185 25. April	In der *Seeschlacht von Dannoura* (nahe Schimonoseki) schlägt Yoshinakos Bruder Yoshitsune das Heer der Taira vernichtend. Der Kaiser ertrinkt während der Schlacht, die Anführer der Taira-Sippe werden von den siegreichen Minamoto hingerichtet. *Yoritomo Minamoto* durchbricht das Muster, nach dem die jeweils siegreichen Sippenoberhäupter bisher die Legitimation ihres Sieges durch die Übernahme hoher Hofämter angestrebt haben. Statt dessen errichtet er außerhalb der Hauptstadt in Kamakura die sogenannte *Zeltlagerregierung (Bakufu),* ein vom Verwaltungsapparat des Hofes getrenntes militärisches Hauptquartier, von dem aus er die tatsächliche Regierung über Japan ausübt, während der kaiserlichen Adelsverwaltung in der Hauptstadt alle bisherigen Titel aber keinerlei echte Macht verbleiben. Mit dem Übergang der politischen Macht vom Hofadel zum Schwertadel beginnt die Feudalzeit Japans.

Kamakura-Zeit (1185–1338)

Im Laufe der Bürgerkriege des elften Jh.s haben sich die als Verwalter für den Hofadel auf dessen Provinzgütern tätigen Krieger **(Samurai)** weitgehend selbständige Rechte angemaßt. Mit dem Machtzuwachs der Familie Minamoto nach ihrem Sieg über die Taira stellen sich zahlreiche Mitglieder dieser neuen Kriegerschicht unter den Schutz der Sieger. Dadurch entsteht ein kompliziertes System von Lehen und Afterlehen, dessen innerer Aufbau zugleich durch die weitgehende Unabhängigkeit des Kriegeradels in den Nord- und Ostmarken von der Zentralregierung in den Kernprovinzen gekennzeichnet ist.

1192 **21. Aug.**	*Yoritomo* läßt sich vom Kaiser den – in der Familie Minamoto erblichen – Titel eines **Kronfeldherren (Schogun)** verleihen.
1198	In einer Reihe von Feldzügen im Norden Japans gelingt es Yoritomo, die Macht der Familie Fujiwara zu brechen.
1199 9. Febr.	Nach dem Tode des Yoritomo geht das Amt des Schogun an seinen ältesten Sohn *Yoriie* über. Dessen Mutter ernennt einen Staatsrat, an dessen Spitze ihr Vater *Tokimasa Hojo* steht und der die Regentschaft ausübt.
1203 13. Okt.	Tokimasa verbannt Yoriie, läßt dessen jüngeren Bruder *Sanetomo* zum Schogun ernennen und nimmt selbst den Titel eines Regenten *(shikken)* an.

Ostasien – Japan   1037

1219
13. Febr.
Mit der Ermordung Sanetomos stirbt die Familie Minamoto in der Hauptlinie aus. Das *Amt des Regenten für den Schogun* wird in der Familie *Hojo* erblich.
Es entsteht eine Regierung nach dem Prinzip der *dreifachen Stellvertretung:* Ein **Regent** aus dem *Hause Hojo* übt die Macht für einen **Schatten-Schogun** aus der *Familie Fujiwara* oder dem Kaiserhaus aus, der selbst als **Stellvertreter des Kaisers** gilt. Der Kaiser als Nachkomme der obersten Schinto-Gottheit ist über die Ausübung weltlicher Macht erhaben und greift nicht in die Staatsgeschäfte ein.

1232   Das Feudalrecht des Ritterstandes wird im **Joei-Kodex** schriftlich fixiert.

1268–1284   Unter der Regentschaft des *Tokimune Hojo* kommt es zu Auseinandersetzungen mit dem mongolischen Weltreich. Provoziert durch die Tätigkeit japanischer Seeräuber vor der koreanischen Küste, verlangt *Kublai Chan* die Unterwerfung Japans, die verweigert wird.

1274   Erster Invasionsversuch mongolisch-chinesischer Flotten.

1281   Auch der zweite Landungsversuch scheitert am Widerstand des japanischen Ritterheeres. In beiden Fällen kommt den Verteidigern ein plötzlich einsetzender Sturm, der „**Götterwind" (kamikaze),** zu Hilfe, der der Invasionsflotte schwere Schäden zufügt. Die Schogunatsregierung kommt jedoch in Schwierigkeiten, da es nach dem Verteidigungskrieg keine Beute gibt, aus der das Heer entlohnt werden kann.

1318–1339   Die Spannungen verschärfen sich mit dem Restaurationsversuch des Kaisers *Go-Daigo*, der die Vorherrschaft der Schogunatsregierung nicht anerkennen will.

1333   Ein ehemaliger Lehensmann der Familie Hojo, *Takauji Ashikaga* (* 1305, † 1358), der auf die kaiserliche Seite übergelaufen ist, besetzt die Hauptstadt und zwingt den letzten Hojo-Regenten, *Takatoki Hojo,* zum Selbstmord.

1334–1336   In der **Kemmu-Restauration** versucht Go-Daigo das Prinzip der unmittelbaren Herrschaft des Kaisers wieder einzuführen.

1338
7. Sept.
Daraufhin lehnt sich jedoch *Takauji Ashikaga* gegen ihn auf, setzt den Kaiser ab und läßt sich von dem neu eingesetzten Kaiser *Komyo* selbst zum Schogun ernennen. Da aber Go-Daigo die Absetzung nicht anerkennt und unter Mitnahme der Kroninsignien nach Yoshino (Provinz Yamato) flieht, kommt es zur Spaltung zwischen der Nord- und der Süd-Dynastie, die erst nach über sechzig Jahren durch eine Kompromißformel aufgehoben werden kann.

Muromachi-Zeit (1338–1573)

In der nach dem Stammsitz der Familie **Ashikaga** in Kyoto benannten Muromachi-Zeit sind Kaiserhof und Regierungssitz des Schogunats in einer Stadt vereint.

1369–1395   Unter der energischen Herrschaft des dritten Schoguns *Yoshimitsu Ashikaga* wird (1392) eine Kompromißformel für den Erbfolgestreit im Kaiserhaus ausgearbeitet.

1449–1474   Unter ihm und unter dem achten Schogun *Yoshimasa Ashikaga* erlebt die Hauptstadt zunächst eine kulturelle Blüte. Auch die Handels- und Kulturbeziehungen zu China werden intensiviert. Jedoch erstreckt sich die Macht der Ashikaga-Schogune nur noch über die Zentralprovinzen.

1467–1477   In den **Onin-Kämpfen** greifen die Streitigkeiten unter den Lehensherren der Außenprovinzen auf die Hauptstadt über, die nahezu vollständig zerstört wird. Es beginnt eine nahezu hundertjährige Bürgerkriegszeit, in der größere Machtkonzentration nur noch bei einzelnen Adelshäusern der äußeren Provinzen und den großen Klöstern vorhanden ist.

1543   Die Landung portugiesischer Kaufleute im Süden des Landes führt zur Einführung *europäischer Feuerwaffen.*

1560   Diese werden erstmals in der **Schlacht von Okehazama** eingesetzt (**12. Juni**).

1549
15. Aug.
Mit der Landung des Jesuitenmissionars *Francisco de Xavier* (* 1506, † 1552) beginnt die **Christianisierung Japans,** die besonders bei den Feudalherren der Südprovinzen beachtliche Erfolge aufweisen kann.

1568   Zu den Förderern des Christentums, dessen Anhänger gegen die mächtigen buddhistischen Sekten ausgespielt werden sollen, gehört auch *Nobunaga Oda* (* 1534, † 1582), Lehensherr von Owari, der die Hauptstadt erobert.

1571   Dieser setzt *Yoshiaki Ashikaga* als letzten seines Geschlechts zum Schogun ein. Er läßt die *Klöster* auf dem *Hiei-Berg* verbrennen und vernichtet die Mönchsarmeen.

1573
17. Aug.
Mit der Abdankung des letzten Schoguns aus dem Hause Ashikaga geht die Muromachi-Zeit zu Ende.

Zwischenperiode der Reichseinigung (1573–1603)

In der Zwischenperiode der Reichseinigung steht das Amt des Schoguns vakant.

1576–1579   Nobunaga Oda erbaut die *Burg von Azuchi* am Biwa-See, die erste japanische Burg, die gegen Feuerwaffen befestigt ist.

1038   Außereuropäische Welt bis 1945 – Asien

1582	Nach dem Tode des Nobunaga tritt sein Feldherr *Hideyoshi Toyotomi* (* 1536, † 1598) seine Nachfolge an, der sich vom Kaiserhaus die Titel eines *Regenten und Großkanzlers* verleihen läßt.
1585–1589	Seine *Landvermessung* und *Bodenreform* bringt eine landwirtschaftliche Ertragssteigerung und erhöht das Steueraufkommen. Zugleich wird die **Ständeordnung** durch strenge Scheidung zwischen waffenfähigen Samurai und den nicht waffenfähigen Schichten der Bauern, Handwerker und Kaufleute neu kodifiziert.
1592/1593	Einem von Hideyoshi geplanten Feldzug gegen China widersetzt sich Korea, das den japanischen Truppen den Durchmarsch verweigert.
1593	Eine japanische Armee von 200 000 Mann Stärke besetzt Korea, wird aber von den Chinesen zum Rückzug an die Südküste gezwungen. Mit der Ankunft spanischer Franziskanermissionare, die bald in Streit mit den portugiesischen Jesuiten geraten, verschlechtert sich die Lage der einheimischen Christen.
1596	Als der Kapitän eines gestrandeten spanischen Schiffes versucht, die japanischen Behörden mit dem Hinweis auf die Macht des Königs von Spanien einzuschüchtern und die Missionare als dessen Vortruppen bezeichnet, kommt es zu ersten Christenverfolgungen.
1598	Zweiter Koreafeldzug wird beim Tode Hideyoshis ergebnislos abgebrochen (18. Sept.).
1600 **21. Okt.**	Als Nachfolger des Hideyoshi Toyotomi vollendet dessen mächtigster Vasall *Ieyasu Tokugawa* (* 1542, † 1616), der seine letzten Rivalen in der **Schlacht von Sekigahara** am Biwa-See besiegt, das Werk der Einigung Japans.

Tokugawa-Zeit (1603–1867)

1603 **24. März**	Mit der Verleihung der **erblichen Würde** eines **Kronfeldherrn** (Schogun) an Ieyasu Tokugawa und der *Verlegung des Regierungssitzes nach Edo*, dem heutigen Tokyo, beginnt die Tokugawa-Zeit. Sie ist gekennzeichnet durch die Herausbildung eines *Verwaltungs- und Polizeistaats*, strenge Abschließung der Stände gegeneinander und strikte Trennung zwischen Militär *(buke)* und Hofadel *(kuge)*.
1605 2. Juni	Obwohl Ieyasu zugunsten seines Sohnes *Hidetada* (* 1579, † 1632) abdankt, übt er bis zu seinem Tode die Regierungsgewalt weiter aus.
1605	Ieyasu lädt auf Anraten seines als Schiffbrüchiger nach Japan gelangten englischen Beraters *Will Adams* die Niederländer zur Aufnahme von Handelsbeziehungen ein.
1609	Die *Holländisch-Ostindische Kompanie* eröffnet eine Faktorei in Hirado in Westjapan.
1613	Die *Britische Ostindien-Kompanie* folgt diesem Beispiel.
1615	Nach der Erstürmung der Burg von Osaka ist die **Alleinherrschaft der Familie Tokugawa** unbestritten. Das Herrschaftssystem wird unter dem dritten Schogun, *Iemitsu Tokugawa* (* 1604; 1623–1651), ausgebildet: Einteilung der Adelsgeschlechter in Familien, die mit den Tokugawa verwandt sind, „erbliche Vasallen", die ihnen schon vor der Schlacht von Sekigahara Gefolgschaft geleistet haben, und die „äußeren Lehensherren". Lehen in den strategisch wichtigen Gebieten des Reichszentrums bleiben den Familienangehörigen und erblichen Vasallen vorbehalten. Die äußeren Lehensherren erhalten Besitzungen in den westlichen und östlichen Provinzen, müssen aber jedes zweite Jahr in Edo verbringen und Geiseln in der Hauptstadt lassen, wenn sie sich auf ihren Besitztümern aufhalten. Die Befugnisse des Kaisers bleiben auf kultische und zeremonielle Aufgaben beschränkt.
1623	Die Engländer schließen ihre Faktorei in Hirado wegen mangelnder Rentabilität.
1624	Die Regierung verweigert den Spaniern die Erlaubnis zum Handel mit Japan.
1636	Verbot von Auslandsreisen japanischer Staatsbürger.
1637/1638	Nach der Niederwerfung eines Aufstands der Christen von Kyushu in Shimabara (östlich von Nagasaki) wird das Christentum verboten.
1639	*Verschärfung der Gesetze zur Landesabsperrung:* Japaner dürfen weder ihre Heimat verlassen noch aus dem Ausland dorthin zurückkehren; der Bau hochseetüchtiger Schiffe wird unterbunden; lediglich chinesische und holländische Schiffe dürfen Japan anlaufen.
1641	Den Niederländern wird die künstliche Insel Deshima im Hafen von Nagasaki als Sitz zugewiesen.
1720	Das *Verbot* der Einfuhr *ausländischer Bücher* wird dahingehend *gemildert,* daß nur Bücher christlichen Inhalts als verboten gelten. In der Folgezeit verstärkt sich das Drängen der Europäer und Amerikaner auf Wiedereröffnung des Landes. Insbesondere geht es um die Errichtung von Kohle- und Rettungsstationen für Schiffbrüchige.
1804	Ein russischer Unterhändler wird abgewiesen;
1837	ein amerikanisches Schiff wird von den japanischen Küstenbatterien beschossen;
1844	ein Schreiben des Königs der Niederlande an den Schogun bleibt unbeantwortet.
1853 **8. Juni**	*Kommodore Matthew Calbraith Perry* (* 1794, † 1858) landet mit vier amerikanischen Kanonenbooten in der Bucht von Edo, um ein **Schreiben des Präsidenten der USA** zu über-

Ostasien – Japan **1039**

geben, in dem die gastliche Aufnahme Schiffbrüchiger, die Bereitstellung von Proviant, Wasser und Kohle für fremde Schiffe und die Öffnung eines japanischen Hafens für den Handel mit Amerika verlangt werden.

22. Aug. Eine russische Kriegsflotte mit gleichartigen Forderungen im Hafen von Nagasaki.

1854 Kommodore Perry kommt mit zehn Schiffen zurück, um sich eine Antwort der Regierung
13. Febr. zu holen.

31. März Im **Vertrag von Kanagawa** gelingt es ihm, die geforderten Konzessionen der Schogunats-Regierung zu erreichen.

1854/1861 Es folgen Verträge mit Großbritannien (1854), Rußland (1855), den Niederlanden (1856), Frankreich und Preußen (1861).

1856 Als erster diplomatischer Vertreter der USA nimmt *Townsend Harris* seinen Amtssitz in Shimoda, den er bereits im kommenden Jahr in die Hauptstadt verlegen darf.

1859 In Edo etablieren sich auch eine britische und eine französische Vertretung.

1863/1865 Nach fremdenfeindlichen Zwischenfällen in den Häfen kommt es zur *Beschießung von Kagoshima* (1863) durch ein britisches Geschwader, zur Beschießung des Forts von Shimonoseki (1864) durch eine britisch-niederländisch-französisch-amerikanische Flotte und schließlich zu einer gemeinsamen Flottendemonstration der Westmächte in der Bucht von Edo (1865). Daraufhin werden die vom Schogunat mit den ausländischen Mächten geschlossenen Verträge vom Kaiserhof ratifiziert.

1867 Der 15. Schogun *Yoshinobu Tokugawa* (* 1837, † 1913) bietet dem Kaiser seinen Rück-
9. Nov. tritt an.

1868 Der junge Kaiser *Mutsuhito* (* 1852, † 1912) übernimmt unter dem Regierungsnamen
3. Jan. **Meiji Tenno** selbst die Herrschaft. Damit ist das Schogunatssystem nach 700 Jahren abgeschafft, und die Modernisierung des Landes beginnt.

Meiji-Zeit (1868–1912)

Die Meiji-Zeit steht im Zeichen eines **Reform-** und **Modernisierungsprozesses,** zu dem die Abschaffung des Feudalsystems, die Rücknahme der Lehen, die Zentralisierung der Verwaltung durch Errichtung eines Präfekturalsystems und der allmähliche Übergang zum konstitutionellen Regierungssystem gehören.

1869 Der Kaiser verlegt den Hof von Kyoto nach Edo, das den neuen Namen **Tokyo** (östliche Hauptstadt) erhält. Zu den einzelnen Reformen gehören die Revision der Rechtskodizes, eine Währungsreform, die Modernisierung des Militärs unter französischer und preußischer Unterstützung, die *Übernahme des westlichen Kalenders*, die Einführung der allgemeinen Schulpflicht, die Errichtung eines modernen Post- und Kommunikationssystems und die Gründung von Eisenbahnlinien.
Nach dem Rückfall der Lehen an den Kaiser werden die Lehensherren als kaiserliche Beamte mit der Verwaltung der neu geschaffenen Präfekturen und Distrikte beauftragt.

1872 Die *erste Eisenbahnlinie* wird mit Hilfe britischer Ingenieure von Tokyo nach Yokohama verlegt. Mit der Gründung der – im nächsten Jahr wieder aufgelösten – *Patriotischen Partei* erhält Japan die **erste politische Partei.**

1875 In einem *Abkommen mit Rußland* erkennt Japan die russischen Rechte auf Sachalin und Rußland den japanischen Besitzanspruch auf den Kurilen an.

1876 Ein auf die Abschaffung des Samuraistandes und die Aufhebung der Samuraipensionen folgender *Aufstand in Satsuma* wird von der reorganisierten kaiserlichen Armee niedergeschlagen.

1877/1879 Japan besetzt die Bonin- und Ryukyu-Inseln.

1881 Als erste politische Parteien bilden sich die *Liberale Partei* (Jiyuto) und die *Konstitutionelle Fortschrittspartei* (Rikken Kaishinto), die sich jedoch noch vor Einberufung des ersten Parlaments selbst wieder auflösen.

1885 Das **erste moderne Kabinett** unter dem Vorsitz von *Fürst Hirobumi Ito* (* 1841, † 1909)
22. Dez. *als Premierminister* wird gebildet.

1889 Nach längeren Debatten tritt die **Reichsverfassung** in Kraft: Japan wird zur erblichen Mon-
11. Febr. archie, der Kaiser als „heiliges und unverletzliches" Staatsoberhaupt ist Oberkommandierender des Heeres und der Flotte, übt mit Zustimmung des Reichstags die gesetzgebende und mit der Zustimmung seiner Minister die exekutive Gewalt aus. Das aus Herrenhaus und gewähltem Unterhaus bestehende Parlament kann keine effektive Kontrolle über die Regierung ausüben, da die Minister nur dem Kaiser verantwortlich sind.

1890 Bei den **ersten Parlamentswahlen** erringen die Liberale Partei (Jiyuto) mit 130 und die
1. Juli Reformpartei (Kaishinto) mit 41 von 300 Sitzen die absolute Mehrheit. Die Regierung des Generals *Aritomo Yamagata* (* 1838, † 1922) kann sich nur auf die 79 Abgeordneten der *Gesellschaft für Große Errungenschaften* (Taiseikai), die fünf Sitze der *Nationalliberalen Partei* (Kokumin jiyuto) sowie einige der 45 unabhängigen Abgeordneten stützen.

1040 Außereuropäische Welt bis 1945 – Asien

1894 1. Aug.	Der Streit mit China um die Oberhoheit auf der koreanischen Halbinsel führt zum **chinesisch-japanischen Krieg**. Die japanische Armee ist außerordentlich erfolgreich und kann Seoul und Pyöngyang besetzen. Nach der Landung der japanischen Flotte auf der Schantung-Halbinsel muß die chinesische Flotte kapitulieren.
1895 17. Apr.	Im **Frieden von Shimonoseki** tritt China Formosa (Taiwan) und die Inselgruppe der Pescadoren ab, zahlt eine Kriegsentschädigung und erkennt die Unabhängigkeit Koreas an.
1898 21. Juni	Die Liberale Partei und die Reformpartei schließen sich zur *Verfassungspartei* (Kenseito) zusammen.
30. Juni	Nach dem Rücktritt des dritten Kabinetts Ito bildet die Verfassungspartei die erste Parteienregierung.
1899	Japan erreicht die Revision der Verträge mit den Westmächten und die Aufhebung der Exterritorialitätsrechte.
1900 Sept.	Die Verfassungspartei reorganisiert sich unter dem Vorsitz Fürst Itos als *Konstitutionelle Partei* (Seiyukai); in dieser Form bleibt sie bis 1940 bestehen.
1900–1901	Bei der Niederwerfung des Boxeraufstandes in China nimmt Japan auf der Seite der Großmächte teil.
1902 30. Jan.	Ein *Bündnisvertrag mit Großbritannien* richtet sich gegen russische Bestrebungen im ostasiatischen Raum und verpflichtet zur Aufrechterhaltung des Status quo in China und Korea. Eine Einigung mit Rußland über die Abgrenzung jeweiliger Einflußsphären in Korea und der Mandschurei kommt nicht zustande.
1904 9. Febr.	Japan bricht die Verhandlungen mit Rußland ab (5. Febr.). Zwei Tage vor der offiziellen Kriegserklärung beginnt Japan mit einem Überraschungsangriff auf die russische Flotte in *Port Arthur* den **russisch-japanischen Krieg**. Japanische Truppen blockieren Port Arthur, besetzen ganz Korea und marschieren in der *Mandschurei* gegen die russischen Stellungen vor.
26. Aug. –3. Sept.	Die russische Feldarmee wird in der *Schlacht bei Liao-yang* gegen Mukden zurückgetrieben.
1905	Erstürmung von Port Arthur (2. Jan.).
27. Febr. –7. März	Die freigewordene japanische Armee rückt von Port Arthur ab und nimmt an der Entscheidungsschlacht von Mukden teil.
27./28. Mai	Mit der Vernichtung der aus Europa herbeigeholten baltischen Flotte in der *Seeschlacht von Tsushima* ist der japanische Sieg gesichert.
5. Sept.	Im **Frieden von Portsmouth** verpflichtet sich Rußland zur Räumung der Mandschurei, tritt Südsachalin an Japan ab, überträgt die Pachtverträge für die Liao-tung-Halbinsel mit Dairen und Port Arthur an Japan und erkennt die japanische Hegemonie in Korea an.
1906	Fürst *Hirobumi Ito* wird japanischer *Generalresident des Protektorats Korea* (1. Febr.).
1909	Ermordung des Fürsten auf einer Reise in der Mandschurei (26. Okt.).
1910 22. Aug.	Hirobumi Itos Ermordung dient als Vorwand für die **Annexion Koreas** durch das japanische Kaiserreich.

Taisho-Zeit (1912–1926)

1912 30. Juli	Nach dem Tode des Meiji-Tenno besteigt sein Sohn *Yoshihito* (* 1879, † 1926) unter dem Titel *Taisho Tenno* den Thron, übt jedoch keine Amtsgeschäfte aus.
1913	Durch die Reorganisation der ehemaligen Fortschrittspartei als Gesellschaft der Gleichgesinnten (Doshikai), später *Demokratische Partei* (Minseito), wird das Zweiparteiensystem der Vorkriegszeit vollendet.
1914 14. Aug.	Am **Ersten Weltkrieg** nimmt Japan gemäß den Bestimmungen des Bündnisvertrages auf der Seite *Großbritanniens* teil. Zu Beginn des Krieges fordert Japan in einem Ultimatum gemäß den Bestimmungen des Bündnisvertrages mit Großbritannien die Zurückziehung aller deutschen Flottenverbände aus chinesischen Gewässern und die Rückgabe des deutschen Schutzgebiets *Kiautschou* (Provinz Shantung) an China.
23. Aug.	Als das Ultimatum unbeantwortet bleibt, erklärt Japan dem Deutschen Reich den Krieg.
7. Nov.	Japan erobert den deutschen Stützpunkt *Tsing-tao* (Tsingtau) in Shantung. Außerdem besetzt Japan die *deutschen Südseekolonien* auf den Marianen, den Karolinen, den Salomonen und den Marshallinseln, entsendet aber keine Truppen nach Europa.
1915 5. Mai	Japan richtet an das neutrale China seine „**Einundzwanzig Forderungen**" (18. Jan.). Die praktisch auf ein Protektorat Japans über China hinauslaufenden Forderungen werden von der chinesischen Regierung weitgehend akzeptiert.
1917	Chinas Hoffnung, durch den Kriegseintritt gegen Deutschland seine Rechte in Shantung wiederzuerhalten, erfüllt sich nicht, da Japan durch Geheimverträge mit Rußland und Großbritannien abgesichert ist.
1918 29. Sept.	Nach dem Rücktritt des Premierministers *Seiki Terauchi* (* 1849, † 1919) bildet der Parteivorsitzende der Konstitutionellen Partei *Takashi Hara* (* 1865, † 1921) das *erste Einpar-*

Ostasien – Japan 1041

teienkabinett. Von da an ist der Anspruch des Führers der Mehrheitspartei im Reichstag auf Regierungsbildung anerkannt.

1919 In der *ersten Wahlrechtsreform* erhalten alle männlichen Steuerzahler über 25 Jahren das Wahlrecht zum Unterhaus.

28. Juni Im **Friedensvertrag von Versailles** wird **Japan** zur **Mandatarmacht** der ehemals deutschen Pazifikinseln nördlich des Äquators bestimmt und übernimmt die ehemals deutschen Rechte in China mit der Auflage der späteren Rückgabe von Kiautschou an China.

1921 Auf der Washingtoner Konferenz verzichtet Japan auf einen Teil seiner „Einundzwanzig
12. Nov. Forderungen" von 1915, gibt Kiautschou an China zurück, behält aber seine Rechte auf
–1922 der Kwantunghalbinsel und in der östlichen Mongolei, insbesondere die Eisenbahnrechte.

6. Febr. Das britisch-japanische Bündnis wird durch ein **Viermächteabkommen** zwischen Japan, den USA, Großbritannien und Frankreich ersetzt. Im Flottenabkommen verpflichtet sich Japan zu Rüstungsbeschränkungen. Durch das **Neunmächteabkommen** verpflichtet es sich zur Anerkennung der Unabhängigkeit Chinas und einer „Politik der offenen Tür".

1921 *Kronprinz Hirohito* (* 1901) wird zum Regenten ernannt, als der schwer erkrankte Kaiser die Regierungsgeschäfte nicht mehr ausüben kann. Die innenpolitische Szene ist von den Auseinandersetzungen um die Entwicklung des parlamentarischen Systems und Wahlrechtsreformen bestimmt. Die Regierung, die unter dem Einfluß von Militärkreisen steht, hat das politische Übergewicht über das Parlament. Zwischen den beiden großen bürgerlichen Parteien zeichnet sich ein Machtgleichgewicht ab.

1925 Die *Kommunistische Partei* wird in der Illegalität gegründet. Im neuen Wahlgesetz wird
5. Mai die Steuerqualifikation aufgehoben und damit das allgemeine gleiche Wahlrecht für Männer über 25 Jahre eingeführt.

Showa-Zeit (seit 1926)

1926 Mit dem Tode des Kaisers Taisho übernimmt Prinzregent Hirohito (* 1901, † 1989) unter
25. Dez. dem Titel *Showa-Tenno* den Kaiserthron.

1930 Die Unterzeichnung des Londoner Flottenabkommens durch die gemäßigte Regierung
22. April *Hamaguchi* führt zu einer Welle nationalistischer Proteste.

1931 Ermordung (25. Aug.) von Premier Osachi Hamaguchi (* 1870, † 1931).

18. Sept. Radikalistische Militärkreise inszenieren den **Mandschurischen Zwischenfall,** der Japan den Vorwand zur Besetzung von Mukden und der gesamten Mandschurei sowie wenig später der Loslösung der Mandschurei von China gibt.

1932 **Proklamation** des unabhängigen Staates **Mandschukuo,** der jedoch faktisch japanisches
18. Febr. Protektorat ist. Damit beginnt eine Periode der japanischen Expansion auf dem chinesischen Festland.

Innenpolitisch führt die instabile Lage zu einer *nationalistischen Radikalisierung,* die sich in einer Häufung politischer Attentate äußert.

15. Mai Mit der Ermordung des Ministerpräsidenten *Tsuyoshi Inukai* (* 1855, † 1932) im Gefolge eines Militärputsches geht die Ära der Parteiregierungen zu Ende.

1933 In China gehen die Feindseligkeiten nach dem Angriff auf Shanghai in die *Besetzung der*
Febr. *Provinz Jehol* über.

16. Febr. Mißbilligende Erklärung des Völkerbundes.

27. März *Austritt Japans* aus dem *Völkerbund.*

31. Mai Auch nach einem Waffenstillstand mit China versucht Japan seinen Einfluß auf dem Festland zu vergrößern.

1934 Mit der Proklamation des letzten chinesischen Kaisers zum **Kaiser von Mandschukuo** gerät
1. März dieser Staat, der zunächst nur von Japan und El Salvador, später auch von den Achsenmächten, anerkannt wird, in vollständige Abhängigkeit von Japan.

1936 Ein von jüngeren Offizierskreisen getragener **Militärputsch in Tokyo** kann zwar niederge-
26. Febr. schlagen und 17 führende Offiziere zum Selbstmord verurteilt werden, aber die Armee wird gleichzeitig zur einzigen politischen Ordnungsmacht im Lande.

25. Nov. Bei der Unterzeichnung des Antikominternpakts mit Deutschland findet außenpolitisch die *Annäherung an die Achsenmächte* ihren demonstrativen Ausdruck.

1937 Ein **Feuerwechsel** zwischen japanischen und chinesischen Truppen an der **Marco-Polo-**
7. Juli **Brücke** leitet den **japanisch-chinesischen Krieg** (bis 9. Sept. 1945) ein.

5. Okt. Proteste des Völkerbundes gegen das japanische Vorgehen bleiben unbeachtet.

1938 Ministerpräsident Fürst *Fumimaro Konoye* (* 1891, † 1945) erläßt das Gesetz über die
5. Mai Generalmobilmachung, in dem neben Rohstoffkontingentierung und staatlicher Arbeitsmarktkontrolle auch die Pressefreiheit aufgehoben wird.

22. Dez. Proklamation der „Neuen Ordnung Ostasiens", in der die japanische Vorherrschaft gesichert werden soll. Infolge der Übergriffe japanischer Truppen in China verschlechtern sich die Beziehungen zu den Vereinigten Staaten.

1042 Außereuropäische Welt bis 1945 – Asien

1939 26. Juli	Mit der Kündigung des amerikanisch-japanischen Handelsvertrags wird Japan von der Einfuhr kriegswichtiger Rohstoffe abgeschnitten.
1940 30. März	Die Einsetzung einer japanfreundlichen Gegenregierung in Nanking unter Führung von *Wang Ching-wei* beantworten die USA durch verstärkte Hilfeleistungen an die Regierung *Chiang Kai-shek.* Mit dem Ausbruch des **Zweiten Weltkriegs** in Europa und der Niederlage Frankreichs und der Niederlande werden die französischen und niederländischen Besitzungen im pazifischen Raum zu Hauptzielen der japanischen Expansionsbestrebungen.
Juli	In einer Regierungserklärung spricht Ministerpräsident Konoye von einer „*göttlichen Mission*" Japans, die „Neue Ordnung Ostasiens" auch auf Indochina und die Südsee auszudehnen.
12. Juni 22. Sept.	Japan schließt einen *Bündnisvertrag mit Thailand* und beginnt mit Zustimmung der französischen Regierung des *Marschalls Pétain* mit der *Besetzung* strategisch wichtiger Punkte in *Indochina.* Innenpolitisch geht dem außenpolitischen Expansionismus eine Wiederbelebung der Idee des Gottkaisertums und eine Abwertung der parlamentarischen Demokratie parallel.
27. Sept.	Die politischen Parteien werden zur Selbstauflösung gezwungen und durch die einheitliche Massenorganisation der „*Vereinigung zur Förderung der Tenno-Herrschaft*" (Taisei yokusankai) ersetzt.
27. Sept.	Der **Dreimächtepakt** zwischen Japan, Deutschland und Italien verpflichtet die vertragschließenden Staaten auf die Dauer von zehn Jahren zur gegenseitigen Hilfeleistung im Falle des Kriegseintritts einer neuen Großmacht, läßt jedoch das Verhältnis zur Sowjetunion unberührt. Als Ziel des Pakts gilt die Herstellung einer „neuen Ordnung" in Asien und Europa.
1941 **13. April**	Außenminister *Yosuke Matsuoka* (* 1880, † 1946) schließt einen vierjährigen **Nichtangriffspakt mit der Sowjetunion,** als Japan von den deutschen Plänen gegen die Sowjetunion erfährt. Allerdings wird von sowjetischer Seite 1945 dieser Pakt gekündigt. Die Bemühungen Matsuokas um Verbesserung der Beziehungen zu den USA bleiben dagegen erfolglos. Die USA verlangen den Verzicht Japans auf seine Eroberungen auf dem Festland. Verhängung eines Ölembargos durch die USA.
28. Aug.	Ein letzter Versuch Konoyes, durch eine Einladung an Präsident *Franklin D. Roosevelt* zu einer Besprechung auf hoher See die Ausweitung des Krieges zu vermeiden, scheitert.
16. Okt.	Als Konoye daraufhin vom Amt des Ministerpräsidenten zurücktritt, gelangt mit seinem Nachfolger *General Hideki Tojo* (* 1884, † 1948) die ultranationalistische Militärfraktion an die Macht.
7. Dez.	Mit dem japanischen **Überraschungsangriff auf** den amerikanischen Flottenstützpunkt **Pearl Harbor,** bei dem die USA fünf Schlachtschiffe, 120 Flugzeuge und 2400 Mann verlieren, beginnt der **Pazifische Krieg.**
Dez.	Japanische Truppen überrennen die *Philippinen* und besetzen *Hongkong* (27. Dez.) und *Singapur* (15. Febr. 1942).
1942 16. Jan.	Japan marschiert mit thailändischer Unterstützung in *Burma* ein. Um die Jahresmitte 1942 beherrscht Japan im pazifischen und asiatischen Raum ein Herrschaftsgebiet mit mehr als 450 Mio. Einwohnern. Japanische Truppen stehen auf Neuguinea für den Angriff auf Australien bereit. Mit dem Frühjahr 1942 beginnen die *amerikanischen Gegenangriffe.*
5. Juni	In der **Seeschlacht von Midway** verliert die japanische Marine vier ihrer besten Flugzeugträger.
7. Aug.	Die erste amerikanische Marinedivision landet mit Amphibienfahrzeugen auf *Guadalcanar,* der größten Insel der Salomonen.
1943 **8. Febr.**	Nach monatelangen Kämpfen zwingen die US-Truppen die Japaner zur **Räumung der Insel Guadalcanal.**
1.–3. Nov.	Auf der *Konferenz von Tokyo* wird unter der Teilnahme von Delegierten aus Mandschukuo, Thailand, Burma, den Philippinen, Indien und China (Nanking) der Plan einer „*Großostasiatischen Wohlstandssphäre*" ausgearbeitet. Die Hegemonialmacht tritt hier als Vorkämpfer der südostasiatischen Länder gegen den europäischen Kolonialismus auf. Insgesamt geht die japanische Politik in den besetzten Gebieten auf eine Förderung der einheimischen Unabhängigkeitsbestrebungen gegen die europäischen Kolonialherren aus. Da sich die japanische Besatzung aber durch unpopuläre Verwaltungsmaßnahmen verhaßt macht, richten sich die nationalen Befreiungsbewegungen zugleich gegen die japanische Vorherrschaft.
Dez.	Mit dem *Einmarsch britischer Truppen in Burma* wendet sich die Kriegslage endgültig zuungunsten Japans, das nunmehr einen Verteidigungskrieg führen muß.
1944 **15. Juni**	Nach der *amerikanischen Landung auf den Marianen* und dem Zusammenbruch des japanischen Gegenstoßes in der **Flugzeugträgerschlacht bei Saipan** ist das Kriegskabinett Tojo zum Rücktritt gezwungen.

22. Juli	Nachfolger General Tojos als Ministerpräsident wird *Admiral Kantaro Suzuki* (* 1867, † 1948).
1945 19. Febr. 1. April	Mit der amerikanischen *Landung auf Iwojima* nach über fünfzigtägiger Bombardierung und der *Eroberung von Okinawa* beginnt der Angriff der Alliierten auf das japanische Mutterland. Die Einnahme der beiden Inseln kostet über 60 000 Tote.
7. April	Beginn der Todesfahrt des japanischen Superschlachtschiffs *Yamato,* die nichts mehr an der Lage zu ändern vermag. Die nach dem „Göttersturm" der Mongolenkriege benannte *Kamikaze-Taktik* der Selbstmordflüge japanischer Piloten auf alliierte Schlachtschiffe fordert über 2000 Opfer. Bei Luftangriffen amerikanischer Bomber auf japanische Großstädte werden Nagaoka, Kobe, Osaka und Tokyo in Brand geworfen.
26. Juli	Japan lehnt die in der *Potsdamer Deklaration* geforderte bedingungslose Kapitulation trotz der hoffnungslosen Lage ab, da unter anderem auch die Abdankung des Tenno gefordert wird.
6. Aug.	Daraufhin erfolgt durch die USA der **Abwurf einer Atombombe auf Hiroshima,** der über 90 000 Tote fordert.
8. Aug.	**Kriegserklärung der Sowjetunion an Japan** (schon 1943 von Stalin und Roosevelt in Teheran verabredet), der der Einmarsch sowjetischer Truppen in die Mandschurei folgt.
9. Aug.	**Zweiter Atombombenabwurf auf Nagasaki,** der den japanischen Widerstandswillen bricht.
15. Aug.	Kaiser Hirohito verkündet, nachdem man sich über die Beibehaltung des Kaisertums geeinigt hat, die Kapitulationsbereitschaft Japans. Etwa 200 000 Japaner, unter ihnen Fürst Konoye, begehen Selbstmord.
2. Sept.	Mit der **Unterzeichnung der Kapitulationsurkunde** an Bord des amerikanischen *Schlachtschiffs Missouri* geht die Regierungsgewalt in Japan praktisch auf den alliierten Oberkommandierenden *General Douglas MacArthur* über.
9. Sept.	Im **Waffenstillstand von Nanking** kapitulieren auch die japanischen Chinaarmeen. – *(Forts. S. 1341)*

Südostasien

Hinterindien und der Malaiische Archipel, also heute die Staaten *Burma, Thailand, Laos, Vietnam, Kambodscha, Singapur* und *Malaysia* sowie *Indonesien,* die *Philippinen* und das Sultanat (Protektorat) *Brunei,* bilden einen ethnisch und kulturell, historisch und politisch vielgestaltigen Raum. Menschliche Überreste sind seit dem Mittelpleistozän faßbar: Das *Altpaläolithikum* ist durch den **Homo erectus** (Java) bzw. durch Steinwerkzeuge (sog. Chopping-tools und Faustkeile der Acheuléen-Art) vertreten. Im *Jungpaläolithikum* wird von Neuguinea aus (Landbrücke durch Absinken des Meeresspiegels) Australien besiedelt. Schon in die Übergangszeit zum Neolithikum gehören menschliche Skelettreste (Wadjak, Mitteljava) und Kulturerzeugnisse aus Java sowie die hinterindische Hoa-binh-Kultur (Abschlagbeile; namengebender Fundort westlich von Hanoi). Wohl erst im 3. Jt. wird zunächst Hinterindien von der *Neolithisierung* (Ausbreitung von Landwirtschaft und voller Seßhaftigkeit) erfaßt: Frühneolithische Bacson-Kultur, gefolgt von der Dong-khoi-Kultur (beide Nordvietnam); neolithische Kulturen mit reich ausgebildeter Töpferei auf der Halbinsel Malakka. Hinterindische Kulturerscheinungen sind auch im Neolithikum Indonesiens festzustellen, das in dieser Zeit von den *weddiden* und *palämongoliden* Homosapiens-Gruppen besiedelt wird, auf welche die heutige Bevölkerung Indonesiens in ihrer überwiegenden Mehrzahl zurückgeht. Erst um 500 v. Chr. wird das Neolithikum in Hinterindien von der *Bronzezeit* abgelöst (Fundplätze Samrongsen in Kambodscha, Sa-huynh [Urnengräber mit Körperbestattung] und Oc-eo in Südvietnam). Übergang von der Bronze- zur Eisenzeit erfaßt die **Dongson-Kultur** (2. Hälfte 1. Jt. v. Chr. bis 1. Jh. n. Chr.; namengebender Fundort in Nordvietnam; Bronzewaffen und Bronzetrommeln), die südchinesische und sogar europäische Einflüsse verarbeitet, weite Teile des östlichen Hinterdiens und strahlt bis nach Indonesien aus, das aber bald unter wachsende kulturelle Einwirkungen aus Indien gerät.

In den ersten Jh.n nach der Zeitenwende verbreiten indische Händler, Mönche und Priester ihre heimatliche Kultur über weite Gebiete Südostasiens. Das Königreich **Funan** im Mekong-Delta, dessen Macht bis an die Straße von Malakka reicht und das etwa von 200 bis 550 n. Chr. rege wirtschaftliche und politische Beziehungen mit Indien und China unterhält, entwickelt sich zum südostasiatischen Zentrum des *Hinduismus* und *Buddhismus.* Die Geschichte des Reichs von Funan endet in der zweiten Hälfte des 6. Jh.s mit der Rebellion des Vasallen *Bhavavarman* von **Chen-la,** der das **Khmer-Königtum** begründet; das Herrscherhaus von Funan existiert wahrscheinlich in der javanischen **Sailendra-Dynastie** weiter. Der Untergang Funans begünstigt den Aufstieg des Reiches **Sri Vijaya** auf Sumatra, das nun die Kontrolle über den meistbefahrenen Seeweg der Region, die Malakkastraße, übernehmen kann. Zwischen Java, Sumatra, Chen-la und **Champa** (Königreich an der Küste nördlich des Mekong-Deltas) bestehen enge Verbindungen, die durch ein mit zahlreichen indischen Lehnwörtern durchsetztes *Malaiisch als lingua*

1044 Außereuropäische Welt bis 1945 – Asien

franca gefördert werden. Die Herrscher konkurrieren im Bau von Tempelanlagen und Palästen nach indischen Vorbildern; Architektur und Bildhauerei überwinden dabei sehr bald das Stadium der bloßen Nachahmung und entfalten eine Fülle lokaler Stilarten. Während im Reich der Sailendra und in Sri Vijaya der Buddhismus dominiert, steht in Chen-la und Champa der Siva-Kult im Mittelpunkt des religiösen Lebens, überall aber vermischen sich die beiden Glaubensbekenntnisse und integrieren magische und animistische Vorstellungen ihres Einflußgebiets. Die Herrscher beschäftigen aus Indien eingewanderte Brahmanen als Ratgeber in Fragen der Staatsorganisation und des Zeremoniells. Der König wird als Inkarnation einer Gottheit oder als künftiger Buddha beschrieben, sein Reich als Mittelpunkt der Welt dargestellt. Zur Verherrlichung des Gottkönigtums entstehen gewaltige Bauwerke: sakrale Monumente wie der Borobodur und Städte wie Angkor. Der *Borobodur*, ein terrassenförmig angelegter Stupa (Reliquienhügel) von beispiellosen Ausmaßen, entsteht um 750 im Auftrag der Sailendra in Zentraljava. Die Khmer-Könige, beginnend mit *Jayavarman II.* (802–849), schaffen mit ihrer Hauptstadt *Angkor* ein Kunstwerk, dessen Vollendung mehr als dreihundert Jahre in Anspruch nimmt.
Eine Ausnahmestellung unter den südostasiatischen Staaten kommt **Vietnam** zu, das sich zwar auch zum Buddhismus bekennt, über Jh.e aber als chinesisches Protektorat (111 v. Chr.–939 n. Chr.) konfuzianischen und taoistischen Einflüssen ausgesetzt ist. Nach einer Zeit der Anarchie, die durch die Schwäche Chinas und die Fehden vietnamesischer Grundherren bestimmt ist, einigt 968 *Dinh-Bo-Linh* das Land unter seiner Herrschaft.
Die *Ly-Dynastie* (1009–1225) zentralisiert das Staatswesen nach chinesischem Muster und beginnt unter *Ly-Thanh-Tong* (1054–1072), der sich Kaiser von **Dai-Viet** nennt, mit der schrittweisen Annexion des Nachbarstaates Champa.
Im 9. und 10. Jh. wandern die *Burmesen* aus den nordöstlichen Randgebieten von Tibet und die *Thai* aus Yünnan in ihre heutigen Siedlungsgebiete ein. Sie treffen hier auf das Volk der *Mon*, das sie im Laufe der Zeit weitgehend assimilieren. Das Vorbild der hochentwickelten indisierten Mon-Gesellschaft prägt die Kultur der Burmesen und Thai dauerhaft.

1044–1077	König *Anawrahta* gründet das erste burmesische Reich. Er unterwirft den Mon-König von Thaton (1057) und erobert das Irawaddi-Delta. Aus den besiegten Gebieten holt er sich die Baumeister und Handwerker für die Errichtung seiner Hauptstadt *Pagan*.
1273	Die Könige von Pagan behaupten eine machtvolle Stellung, bis *Narathihapate* (1254–1286) sich weigert, an das vom Mongolen beherrschte China Tribut zu entrichten und eine Gesandtschaft Kublai Chans hinrichten läßt.
1277–1287	Vier chinesische Strafexpeditionen verwüsten das Reich und führen zum Fall von Pagan. Die Thais errichten (seit 1253) eine Reihe von Kleinstaaten in Nord- und Mittelsiam.
1292	Bedeutung erlangt das von einem früheren Vasallen der Khmer oberhalb der Menam-Flußgabelung begründete *Sukothai*, das erstmals auf einer Inschrift aus der Zeit des Königs Ramkhamhaeng erwähnt wird. Die Thai entwickeln die von den Mon und Khmer gelernten Fertigkeiten weiter. Die in Bronze gegossenen Buddhastatuen im Sukhothai-Stil gehören zu den vollkommensten Erzeugnissen der südostasiatischen Kunst.
1350	*Ramthibodi I.* (1350–1369) vereinigt die Gebiete von Lavo und U Thong am Unterlauf des Menam zum Königreich **Ayuthya** und bringt Sukothai in seine Abhängigkeit.
1351	Ramthibodi I. dringt nach Kambodscha vor und plündert Angkor, das durch die exzessive Bautätigkeit seiner Könige wirtschaftlich ruiniert ist und seine politische und kulturelle Vormachtstellung an Ayuthya abgeben muß. Arabische, persische und indische Händler bekehren die Malaien zum Islam. Auf der Malaiischen Halbinsel nimmt der Herrscher von **Malakka** (Malaiische Halbinsel) unter dem
1414	Namen *Megat Iskandar Shah* den Islam an. Malakka entwickelt sich zur ersten islamischen Großmacht des Malaiischen Archipels. Es tritt an die Stelle des Hindu-Königreichs *Majapahit* auf Java, das im Laufe des 15. Jh.s zerfällt. Der Islam verbreitet sich in dieser Zeit über die ganze Inselwelt bis zu den Philippinen; der Buddhismus wird völlig aus diesem Raum verdrängt, der Hinduismus kann sich nur noch auf den benachbarten Sundainseln Bali und Lombok halten.
1511	Mit der *Eroberung von Malakka* durch die *Portugiesen* beginnt der *europäische Kolonialismus*, nämlich endlich nach innen fährt durch die Inselwelt eine in Südostasien Geltung zu erlangen. Der Besitz von Malakka sichert den Portugiesen die Kontrolle über die Hauptroute nach China und den Gewürzhandel mit den *Molukken*. Auch die *Spanier* suchen nun einen Teil des Südostasienhandels unter ihren Einfluß zu bekommen: Während seiner Weltumsegelung landet *Fernhão de Magalhães* auf der Insel Cebu
1521 16. März	und begründet die 378 Jahre dauernde spanische Herrschaft über die *Philippinen*.
nach 1595	Die portugiesische Dominanz im Malaiischen Archipel ist dagegen nur kurzfristig: Die *Niederländer* nämlich errichten nach einer ersten Erkundungsfahrt durch die Inselwelt eine Reihe von Niederlassungen. Daß die Portugiesen durch ihren religiösen Fanatismus bei den islamischen Malaien verhaßt sind, erleichtert den Niederländern ihre Expansion.
1641	Im Bündnis mit dem Sultan von Johore können die Niederländer die portugiesische Konkurrenz aus Malakka vertreiben. In dieser Zeit versuchen die Europäer auch in Indochina Fuß zu fassen; sie haben es hier aber mit wachsamen Regierungen zu tun, die den westlichen Einfluß in Schranken halten.

Südostasien *1045*

1662 In Dai-Viet, das (seit 1620) zwischen den Fürstenhäusern der *Nguyen* im Süden und der *Trinh* im Norden geteilt ist, während den Kaisern der Le-Dynastie nur formale Rechte verbleiben, erlassen die Trinh ein Edikt gegen die *französische Missionstätigkeit.*
In Kambodscha können sich eine Zeitlang spanische Abenteurer festsetzen, die den Khmer-Königen zu einem Bündnis mit Spanien verhelfen sollen; diese Allianz kommt jedoch nicht zustande.

1690 Kambodscha wird von den Nguyen besetzt und bleibt bis zur Errichtung des französischen Protektorats (1863) ein Streitobjekt zwischen den Vietnamesen und den Thais.
Während die Thais über Kambodscha die Oberherrschaft anstreben, haben sie selbst Mühe, ihre Souveränität gegen die Burmesen zu verteidigen, die (seit 1549) immer wieder in Siam

1767 einfallen und schließlich die Hauptstadt Ayuthya zerstören.

1786 Mit der Erwerbung der an der Straße von Malakka gelegenen Insel Penang beginnen sich die *Briten in Malaya* dauerhaft festzusetzen.

1795 Die politischen Umwälzungen in Europa (Gründung der Batavischen Republik) geben den Briten Gelegenheit, die Niederländer aus Malakka zu vertreiben und (1811–1815) auch vorübergehend Java zu okkupieren.

1819 Nach der Rückgabe Javas an die Niederländer gründen die Briten den Freihafen *Singapur,* der sich dank seiner strategisch günstigen Lage zu einem *Knotenpunkt des britischen Weltreichs* entwickelt. Von Indien aus gelingt es den Briten, weiter nach Südostasien vorzudringen.

1824–1826 Aus einem Streit über die territorialen Ansprüche auf Assam entsteht der erste *britisch-burmesische Krieg,* in dem Großbritannien im Bündnis mit Siam den Sieg davonträgt. Burma muß Assam, Manipur, Arakan und Tenasserim an die Briten abtreten.

1825–1830 Der Versuch der Niederlande, aus ihren unrentabel gewordenen indonesischen Besitzungen wieder hohe Profite zu erwirtschaften, führt zu einer wachsenden Verarmung der Bevölkerung: Die Javaner erheben sich unter Führung des Fürsten *Dipo Negoro* gegen die Kolonialherren; 200 000 Javaner und 8000 Europäer fallen im Kämpfen zum Opfer.
Die Niederländer führen das „Cultuurstelsel" (Kultursystem) ein: jedes Dorf muß ein Fünftel seines Bodens mit für den Export geeigneten Früchten (Indigo, Zucker, Pfeffer, Kaffee, Tee, Tabak) bebauen. Der Ernteertrag wird mit der Grundsteuer verrechnet. Innerhalb von einer Dekade steigen dadurch die jährlichen Exporterlöse aus dem Archipel von 12,8 auf 74 Mio. Gulden.
Die vietnamesische Regierung wehrt sich erbittert gegen europäische Forderungen nach Sonderrechten in ihrem Hoheitsgebiet. Sie erkennt in der steigenden Zahl der christlichen Proselyten, die unter dem Einfluß französischer Missionare stehen, eine Gefahr für ihre Souveränität.

1833 Mit Unterstützung von christlichen Gruppen zetteln unzufriedene Offiziere in den südlichen Provinzen einen Aufstand gegen die Zentralgewalt an. Dazu rufen sie die Thais zu Hilfe, die Vietnam die Vorherrschaft in Kambodscha streitig machen. Die Truppen des Kaisers *Minh-Mang* (1820–1841) können die Rebellen und ihre siamesischen Verbündeten vernichtend schlagen.

1834 Kambodscha wird als Provinz Tran-tay-thanh dem vietnamesischen Staatsgebiet angegliedert. Die christliche Mission muß ihre Aktivitäten vorübergehend ganz einstellen.

1834–1841 Die Khmer empören sich gegen die vietnamesischen Eroberer und verwickeln sie in einen siebenjährigen *Dschungelkrieg,* der schließlich mit dem Rückzug der Besatzer und der *Wiedererrichtung des Königreichs Kambodscha* endet.

1845 Nun versuchen die Thais sich Kambodscha zu unterwerfen: Sie stoßen bis Phnom Penh vor, werden dann aber zurückgedrängt. Schließlich erklärt sich der Khmer-König zum Vasallen der Herrscher von Siam und Vietnam. Siam erhält die kambodschanischen Territorien Battambang und Siem Reap vertraglich zugesprochen.

1851 Mit dem Regierungsantritt des Königs *Mongkut (Rama IV.;* * 1804; 1851–1868) öffnet sich Siam dem Westen. Der König propagiert eine Reform der Verwaltung und des Militärwesens nach europäischem Muster.

1852 Burma muß, den Briten ohnmächtig ausgeliefert, sein noch verbliebenes Küstengebiet abtreten.

1855
18. April Siam schließt ein *Handelsabkommen mit Großbritannien* ab; Verträge mit den USA, Frankreich, den Niederlanden, Preußen und anderen Staaten folgen. Die Ausweitung des Handels zieht Hunderttausende von chinesischen Einwanderern an, die sich vor allem in Bangkok niederlassen.

1858
1. Sept. Mit der Erklärung, die christliche Mission zu schützen, durchbricht *Frankreich* die Isolation *Vietnams.* Ein französisches Geschwader erobert den Hafen von Tourane *(Da-nang),* ohne jedoch sein Ziel, die flußaufwärts gelegene Kaiserstadt Hue, zu erreichen. In einer besser vorbereiteten Aktion gelingt es den Franzosen, sich festzusetzen: während in Tonking einer ihrer Agenten mit Unterstützung der christlichen Gemeinde einen Aufstand entfesselt, greift ihre Marine das Mekong-Delta an.

1046 Außereuropäische Welt bis 1945 – Asien

1862 5. Juni	Vietnam wird zum Abschluß des *Vertrags von Saigon* gezwungen, in dem es Frankreich das östliche Cochinchina überläßt und sich zur Zahlung von vier Mio. Francs verpflichtet.
1863 11. Aug.	Frankreich diktiert dem Khmer-König *Norodom I.* (1859–1904) ein *Protektoratsabkommen.* Siam, das Norodom als seinen Vasallen betrachtet, protestiert mit britischer Unterstützung gegen dieses Abkommen.
1867 15. Juli	Siam willigt schließlich ein, das Vasallenverhältnis aufzukündigen, als die Franzosen siamesische Ansprüche auf Battambang und Siem Reap anerkennen.
1882 25. April	Frankreich, das mit Großbritannien um den Zugang zur chinesischen Provinz Yünnan konkurriert, fällt in Tongking ein, um sich diesen verschaffen und darüber hinaus den Rohstoffreichtum Nordvietnams ausbeuten zu können.
1883 Aug.	Frankreich zwingt den Kaiser in Hue das *französische Protektorat über Annam* anzunehmen.
1885	Unter Berufung auf das Protektorat erhebt Frankreich in Bangkok Einspruch gegen die Annexion der laotischen Königreiche Luang Prabang, Vientiane und Champassak. Siam soll diese Territorien an Vietnam abtreten.
1885/1886	*Großbritannien erobert,* ebenfalls mit dem Blick auf Yünnan, *ganz Burma* und gliedert es als Provinz in sein indisches Imperium ein (1. Jan. 1886). Den burmesischen Widerstand gegen die Okkupanten erstickt die Kolonialmacht durch Vernichtungsfeldzüge, die von Massenexekutionen und der Ausrottung ganzer Dörfer begleitet sind. Weil ihre Haupteinnahmequelle der Reisexport ist, fördert die Kolonialverwaltung einseitig den Reisanbau; eine inflationäre Preisentwicklung und die zunehmende Verschuldung der Bauern bei indischen Geldverleihern und chinesischen Händlern ist die Folge.
1888	Sultanat *Brunei* auf Borneo wird britisches Protektorat.
1893 13. Juli – 5. Aug.	Um den Ansprüchen auf Laos Nachdruck zu verleihen, blockieren französische Kanonenboote den Hafen von Bangkok; die Thais, die vergeblich auf eine britische Intervention zu ihren Gunsten hoffen, müssen nachgeben.
3. Okt.	Im *Vertrag von Hongkong* verzichten die Thais auf alle Gebiete am linken Mekong-Ufer.
1896	Auf den Philippinen schließt sich eine Gruppe um den Schriftsteller *José Protasio Rizal* (* 1861, † 1896) zur *Liga Filipina* zusammen und fordert von der spanischen Kolonialregierung soziale Reformen.
1896 30. Dez.	Die Verhaftung und Hinrichtung Rizals provoziert eine nationalistische Protestbewegung, die in einen Befreiungskrieg mündet.
1898 12. Juni	Mit Hilfe der USA, die sich im Krieg gegen Spanien befinden, können die Nationalisten die Besatzungstruppen besiegen. Die Philippinen erklären sich nun für unabhängig.
13. Dez.	Entgegen ihren ursprünglichen Versprechungen erkennen die *USA* die Unabhängigkeitserklärung nicht an, sondern lassen sich im *Friedensvertrag mit Spanien* ihre kolonialen Ansprüche auf das Archipel bestätigen.
1908	Von Java aus gelingt es den Niederländern, ihre Macht nach und nach über ganz Indonesien auszudehnen: Mit der nach einem über dreißigjährigen Krieg abgeschlossenen Unterwerfung von Atjeh sind sie Herren über die gesamte Insulinde.
1909	Die Briten arrondieren ihr Kolonialgebiet auf der malaiischen Halbinsel, indem sie Siam nötigen, ihnen die Herrschaft über die Sultanate Kedah, Perlis, Kelantan und Trengganu zu überlassen. Malaya ist vor allem wegen seiner Zinnvorkommen von wirtschaftlicher Bedeutung. Da die einheimische Bevölkerung es ablehnt, in den Minen zu arbeiten, begünstigt die Kolonialverwaltung die Einwanderung von Chinesen. Inder werden besonders für die Arbeit auf den Gummiplantagen rekrutiert. Als Ergebnis der durch die Kolonialmacht vorangetriebenen wirtschaftlichen Umwälzungen entsteht in Indonesien wie auch in den anderen Staaten Südostasiens eine einheimische bürgerliche, nationalistisch gesinnte Gesellschaftsschicht.
1912	Mit der Gründung der *Sarekat Islam* (Islamische Vereinigung) wird der Nationalismus in Indonesien zu einer Massenbewegung.
1914	Unter dem Einfluß niederländischer Sozialisten konstituiert sich in Indonesien eine sozialdemokratische Partei.
1920 23. Mai	Die sozialdemokratische Partei schließt sich nach dem Ersten Weltkrieg unter dem Namen *Perserikatan Kommunist di India* (PKI) der Komintern an.
1926 12. Nov.	In falscher Einschätzung des Kräfteverhältnisses ruft die PKI zum revolutionären Befreiungskrieg auf; die Erhebung scheitert nach wenigen Wochen an der Überlegenheit der Kolonialarmee.
1927 4. Juni	Nach der Zerschlagung der PKI übernimmt die von *Achmed Sukarno* (* 1901, † 1970) gegründete *Partai Nasional Indonesia* im Kampf gegen die Niederländer die Führung.
1929	In Annam, Cochinchina und Tongking konstituieren sich kommunistische Parteien. *Ho-Chi-Minh* (eigentlich: Nguyen-Ai-Quoc; * 1894, † 1969) erreicht den Zusammenschluß der drei Organisationen in der *Kommunistischen Partei Indochinas.* Im selben Jahr entstehen auch in Malaya und auf den Philippinen kommunistische Parteien.

1932 24. Juni	Versorgungsschwierigkeiten im Gefolge der Weltwirtschaftskrise und eine allgemeine Unzufriedenheit der siamesischen Mittelschicht über ihre geringen Aufstiegschancen und die Bevorzugung von Adligen und ausländischen Beratern in Verwaltung und Militär kulminieren in einem *Offiziersputsch.*
10. Dez.	*Siam* erhält eine *Verfassung;* die Rechte des Königs werden eingeschränkt. Die Masse der Bevölkerung bleibt jedoch von den Veränderungen unberührt.
1935 15. Nov.	*Die Philippinen* erhalten von den USA die *Teilautonomie;* Außenpolitik und Verteidigung verbleiben unter Kontrolle eines US-Hochkommissars.
1937 1. April	Einen ersten Erfolg im Kampf gegen die Kolonialmacht kann in *Burma* die nationalistische Studentenbewegung der *Thakin* unter Führung von *Aung San* (* 1916, † 1947) verzeichnen, als die Briten Burma aus ihrem indischen Imperium herauslösen und dem Land die *Teilautonomie* gewähren; einem burmesischen Ministerpräsidenten steht ein britischer Gouverneur zur Seite.
1938	In Siam übernimmt eine Militärjunta unter *Phibun Songkhram* (* 1897, † 1964) die Regierung (26. Dez.).
1939 23. Juni	Phibun führt den Namen *Thailand* ein, um den Herrschaftsanspruch seines Regimes über alle Thai-Völker der indochinesischen Halbinsel zu manifestieren.
1941 9. Mai	Mit japanischer Unterstützung erreicht Phibun im *Vertrag von Tokyo* die Rückgabe der 1893 an Frankreich verlorenen Gebiete. Japan nutzt die Schwäche des besiegten Frankreich, um sich in Vietnam festzusetzen.
Mai	Mit dem Ziel, den japanischen Imperialismus und den französischen Kolonialismus zu zerschlagen, schließen sich Kommunisten und bürgerliche Nationalisten zur *Liga für die Unabhängigkeit Vietnams (Viet-minh)* zusammen.
8. Dez.	Die *japanische Offensive* bringt, beginnend mit dem *Angriff auf die Philippinen,* in wenigen Monaten das koloniale System in ganz Südostasien zum Einsturz. Einige nationale Befreiungsbewegungen begrüßen zunächst die Ankunft der Japaner, so die burmesischen Thakin unter Aung San, die mit einem Freiwilligenheer die japanische Kriegführung unterstützen.
1943	Mit japanischer Billigung erklären die Thakin die *Unabhängigkeit Burmas* (1. Aug.).
Sept.	Auf den *Philippinen* kollaborieren rechtsgerichtete Nationalisten mit Japan und rufen unter dessen Schutz eine *unabhängige Republik* aus, während die *Antijapanische Volksarmee* (Huk) im Widerstand gegen die Besatzungsmacht kommunistische Basisgebiete errichtet.
Okt.	In Indonesien rekrutieren die Anhänger Sukarnos einheimische Militäreinheiten, die von Japanern ausgebildet werden. Auf der malaiischen Halbinsel ist die anti-kolonialistische Bewegung in der autochthonen Bevölkerung erst schwach entwickelt. Die *Malaiische antijapanische Volksarmee,* die von ihren Dschungelstützpunkten aus einen Partisanenkrieg führt, setzt sich hauptsächlich aus Chinesen zusammen. Ihr Ziel ist die Vertreibung der Japaner und Briten und die Schaffung einer Republik, in der alle Rassen gleichberechtigt leben. – *(Forts. S. 1427, 1431, 1432, 1564)*

Südasien

Südasien wird vom *Arabischen Meer,* dem *Golf von Bengalen* und dem Gebirgsmassiv des *Himalaya* eingegrenzt; der Großraum umfaßt die Gebiete der heutigen Staaten **Indien, Pakistan, Bangla Desch** und **Sri Lanka** (Ceylon). Die *indische Kultur* hat aber weit über diese Grenzen hinaus, vor allem durch den sich ausbreitenden **Buddhismus,** nach Südost- und Ostasien sowie im Nordwesten bis in das Gebiet der Sowjetunion ausgestrahlt.

Das **Klima** wird vom *Monsun* (Juni bis September) geprägt, wobei starke Gegensätze zu verzeichnen sind: entweder bedrohen zu starke Regenfälle, die zu verheerenden Überschwemmungen führen, oder aber zu geringe Niederschläge die ernährungswirtschaftliche Grundlage großer Landstriche.

In den nach allen Richtungen abgeschirmten Raum des Subkontinents bewegen sich immer wieder Ströme von **Einwanderern** aus dem Nordwesten, vor allem über den *Khaiber-Paß,* und geben dem Verlauf der indischen Geschichte neue Wendungen.

Da sich im südasiatischen Kulturraum mit Ausnahme Ceylons in vorislamischer Zeit keine Geschichtsschreibung entwickelt, was vermutlich in der bewegten politischen Geschichte, die für die Herausbildung eines Geschichtsbewußtseins wenig förderlich ist, begründet liegt, muß die historische Darstellung für weite Zeiträume fast ausschließlich auf Erkenntnisse der Archäologie, Epigraphik und Numismatik zurückgreifen. Gelegentliche und beiläufige Erwähnungen historischer Persönlichkeiten oder Ereignisse in religiösen Texten oder in der erzählenden Literatur und die Berichte von griechischen Gesandten (*Megasthenes* im späten 4. Jh. v. Chr.) oder von buddhistischen Pilgern aus China (*Fa-hsien* im 4. Jh. n. Chr. oder *Hsüan-tsang* im 7. Jh. n. Chr.) helfen das fragmentarische Bild zu vervollständigen. Die chronologische Zuordnung, vor allem in Südindien, bleibt aber dennoch bis etwa um 1000 n. Chr. unsicher. Erst die islamische Geschichtsschreibung schafft die Voraussetzungen für eine gesicherte Chronologie.

1048 Außereuropäische Welt bis 1945 – Asien

Indien von den Anfängen bis zur islamischen Herrschaft

2500–1500 v. Chr.   Mit der Ausgrabung der beiden Großstädte *Harappa* (1921) und *Mohendscho-Daro* (1922) und ihrer Erforschung durch J. Marshall, E. J. H. Mackay und M. Wheeler wurde eine Hochkultur im Nordwesten Indiens entdeckt, deren Blüte zwischen der Mitte des dritten und zweiten Jt.s v. Chr. liegt. Da sich die Fundstätten zunächst auf das Indus-Gebiet beschränkten, spricht man meist von der *Indus-Kultur*. Heute beginnt sich dagegen der Name **Harappa-Kultur** durchzusetzen, da inzwischen über 70 Fundorte auf einem Gebiet, das sich im Osten von Cambay (Lothal) und im Westen bis an den Oxus (heute: Amu Darja – Fluß an der sowjetisch-afghanischen Grenze) erstreckt, bekannt sind.

Da die vor allem auf den etwa 1200 in Speckstein geschnittenen *Siegeln* mit einer Fläche von 2x3 cm bezeugte Indusschrift noch nicht entziffert werden konnte, fehlen jegliche schriftliche Zeugnisse zur Deutung der Harappa-Kultur. Über den *inneren Aufbau des Staates* ist nichts bekannt. Auffällig ist das Fehlen von Palastanlagen in den sorgfältig geplanten Großstädten Harappa und Mohendscho-Daro. Auf einem Hügel über der Stadt liegt eine Zitadelle, in deren Schutz vor äußeren Feinden wie vor der eigenen Stadtbevölkerung vielleicht ein Priesterkollegium die Geschicke des Reiches lenkt. Umfangreiche *Getreidespeicher* und eine vorzügliche *Kanalisation* deuten auf eine straff geführte Verwaltung. Ob Harappa und Mohendscho-Daro Hauptstädte zweier Reiche oder vielmehr eines Staates sind, bleibt unsicher.

Funde von Siegeln und anderen Gegenständen aus der Harappa-Kultur im alten Vorderen Orient deuten auf weitverzweigte *Handelsbeziehungen*.

um 1400   Die Entstehung wie das Ende der Harappa-Kultur liegen im Dunkel. Aus dem Grundriß der Städte in der Spätzeit läßt sich ein allmählicher, über Jh.e andauernder Verfall ablesen. Es bleibt daher sehr unsicher, wie weit die über die Pässe des Nordwestens nach Indien **einwandernden Arier** noch Reste der Harappa-Kultur vorfinden. Eine vielfach angenommene, gewaltsame Zerstörung der Stadt Mohendscho-Daro durch arische Einwanderer ist höchst unwahrscheinlich, da zwischen dem Auftreten der den Ariern zuzuschreibenden grauen Tonware (*„painted grey ware"*) und der roten der Harappa-Kultur (*„painted red ware"*) eine Lücke besteht.

Die *Arier* bringen die **indogermanischen Sprachen** nach Indien. Bei ihrem Eindringen in das Land von Nordwesten her sind sie in ständige Kämpfe mit der dunkelhäutigen Urbevölkerung verwickelt, die sie zurückdrängen und mit der sie sich auch im Laufe der Zeit vermischen. Ob diese Urbevölkerung Träger *drawidischer Sprachen* und Kultur sind, läßt sich nicht nachweisen. Die Geschichte der archäologisch nur schwer faßbaren Arier läßt sich aus ihren religiösen Schriften nur in Umrissen wiedergewinnen.

1400–1000   Die arischen Inder können zunächst das Gebiet des *Pandschab* erobern. Hier entsteht die älteste Literatur in *Sanskrit*, die *Weden* (Sanskrit: veda – „Wissen"). Der älteste Weda, der Rig-Weda – *„das in Versen bestehende Wissen"* –, zeigt uns eine lebensfrohe, dem diesseitigen Leben zugewandte Gesellschaft, die nach dem Tode auf Vereinigung mit ihren Vorfahren hofft. Der Reichtum der in kleinen Gruppen ohne größere, feste Siedlungen unter der Führung eines gewählten *Radscha* – „König" – durchs Land nach Osten ziehenden Arier besteht im Besitz von Rindern, die sie durch Raub gewinnen. Dabei unterstützt sie der gewaltige Kriegsgott *Indra*, an den zahlreiche Lieder des Rig-Weda, die bei der Bewirtung der Götter zum Opfermahl vorgetragen werden, gerichtet sind. Daneben stehen als Beschützer ethischer Werte *Waruna*, der Gott der Wahrheit, und *Mitra*, der Gott des Vertrages. In den späten Teilen des Rig-Weda werden bereits neben denen des Pandschab die Flüsse *Jamuna* und *Ganges* erwähnt.

1000–600   Die Arier dringen über das Zweistromland (*„Doab"*) von Ganges und Jamuna hinaus nach Osten vor. In dieser Zeit entstehen die jüngeren wedischen Texte, die sich, wie *Brahmanas* und *Upanischaden,* mit der Deutung des Opferwesens und philosophischen Betrachtungen über die Einheit von Individualseele und Allseele (Sanskrit: *Atman/Brahman*) befassen oder Hilfswissenschaften zur Wedaerklärung, wie Grammatik, Phonetik, Metrik, Mathematik usw., enthalten. In diesem Zeitraum vollzieht sich ein nicht mehr in jeder einzelnen Entwicklungsstufe greifbarer Wandel in Religion und sozialer Struktur. Eine tief pessimistische Lebensauffassung greift um sich, die die Seele in einen endlosen, leidvollen Kreislauf von Wiedergeburten (*Samsara*) verstrickt sieht, der sie durch menschliche wie tierische Existenzen führt. Diesen Kreislauf zu beenden bleibt von nun an Erlösungsziel aller indischen Hochreligionen.

Die Gesellschaft beginnt allmählich in *vier Klassen* (Sanskrit: *Warna*) zu zerfallen, an deren Spitze die Priester (*Brahmanen*) stehen; dann folgen die Krieger (*Kschatrija*), die Bauern und Handwerker (*Waischja*) und schließlich die Knechte (*Schudra*). Dieses System bildet den theoretischen Hintergrund des tatsächlichen **Systems der Kasten** (Sanskrit: *dschati,* d. h. einer im allgemeinen durch bestimmte Heiratsordnungen, Speisevorschriften und mit-

Südasien – Indien bis zur islamischen Herrschaft   *1049*

unter auch durch den gemeinsamen Beruf zusammengehaltenen Gruppe). Durch die Entstehung immer neuer Untergruppierungen existieren *heute etwa 3000 Kasten*.

Aus dieser Zeit sind kaum mehr als die Namen einzelner Könige, die ihre Herrschaft nun auf ihre Söhne vererben, und die sich im Verlauf der spätwedischen Zeit herausbildenden *16 Königreiche in Nordindien* bekannt. Auch die im Epos *Mahabharata* geschilderten Kämpfe zwischen zwei verwandten, jedoch verfeindeten Geschlechtern fallen in diese Zeit. Obwohl sich die im Mahabharata erwähnten Städte archäologisch nachweisen lassen, bleibt das historische Geschehen unsicher.

Aus dem *Dekhan* und aus *Südindien* gibt es außer den nicht immer klar deutbaren archäologischen Funden keine historischen Nachrichten.

6. Jh.   Die wedische Periode endet mit dem Auftreten des **Buddha,** der ersten historischen Persönlichkeit, die wir aus Indien kennen. Im Osten Indiens entstehen in einer Zeit des geistigen Umbruchs eine Reihe von *religiösen Reformbewegungen*, von denen sich nur **Buddhismus** und **Dschinismus** zu weitverbreiteten Religionen entwickeln. Die zahlreichen anderen Richtungen, wie etwa die *Adschiwikas*, deren Gründer Maskarin Goschala ein streng deterministisches System lehrt, sind nur aus der Polemik ihrer Gegner bekannt.

Die Lehren des Buddhismus und Dschinismus

Der *Buddha*, dessen weltlicher Name *Siddhartha Gautama Schakja* lautet, verläßt den Palast seines Vaters in Kapilawastu und gelangt nach Jahren des Suchens und der Askese in Bodh Gaya unter dem Feigenbaum zur Erleuchtung, die aus dem Kreislauf der Wiedergeburt herausführt. Im Gazellenhain bei Benares, im heutigen Sarnath, verkündet der Buddha die *„vier edlen Wahrheiten"* vom Leiden, von der Entstehung des Leidens, von der Aufhebung des Leidens und vom Weg der zur Aufhebung des Leidens führt. Zur Erreichung dieses Heilsziels lehnt er strenge Askese ebenso wie luxuriöses Leben ab und empfiehlt einen *„mittleren Weg"*. Im älteren Buddhismus des „kleinen Fahrzeugs" *(Hinajana*, heute meist *Therawada*, „Lehre der Älteren", genannt) gelangt der einzelne durch asketische Lebensweise zur erlösenden, zum *Nirwana* führenden Erkenntnis. Etwa im 1. Jh. n. Chr. beginnt die Entwicklung einer neuen Richtung, des „großen Fahrzeugs" *(Mahajana)*, in der Heilsziel zunächst der Bodhisattwa, das Wesen auf dem Weg zur Erlösung, ist, der durch sein religiöses Verdienst andere ebenfalls zur Erlösung führt, bevor er auch für sich das Nirwana anstrebt. Der Mahajana-Buddhismus breitet sich nach Zentral- und Ostasien aus, während der Hinajana-Buddhismus heute noch in Ceylon und Südostasien lebendig ist. Im Gegensatz zum Buddhismus hat der etwa gleichzeitig entstandene, von *Wardhamana Mahawira* († um 470), der auch den Titel Dschina, „Sieger", führt, verkündete *Dschinismus* niemals über die Grenzen Indiens hinaus gewirkt. Er lehrt eine strenge Askese zur Überwindung der Wiedergeburten.

Buddhismus und Dschinismus stützen sich auf einen Orden von Mönchen und Nonnen. In der Organisation des buddhistischen Ordens kann man vermutlich ein Spiegelbild der Verfassung einiger kleinerer *Adelsrepubliken im Osten Indiens* erkennen. Buddha selbst stammt aus einer solchen Republik; diese Regierungsform geht jedoch bereits zur Zeit des Buddha unter.

um 480   Mit dem **Todesjahr des Buddha** gewinnen wir das erste Datum in der indischen Geschichte. Aus buddhistischen und dschinistischen religiösen Schriften kennen wir die Namen von Königen wie *Bimbisara* (um 540–490) und seines Sohnes *Adschataschatru* (um 490–460), die unter den zahlreichen Kleinstaaten von *Radschagriha* (heute: Rajgir) und später *Pataliputra* (heute: Patna) aus die Macht von *Magadha* (heute: Bihar) begründen. Weitere Machtzentren entstehen in *Kosambi* und *Udschain*.

460–360   Wenig bekannt ist über die Vorläufer der Maurja-Dynastie, die *Schischunaga-Könige* und
360–322   die neun *Nanda-Könige,* die über ein Reich unbekannter Größe von Magadha aus herrschen.

327–325   Im Zuge seiner Eroberung des persischen Großreiches, das die indischen Provinzen *Gandhara* und *Sind* vermutlich bereits unter Kyros (558–530) erworben hat, dringt *Alexander d. Gr.* nach Indien ein.

326   Während Alexander *Taxila* durch Verhandlungen mit den einheimischen Fürsten gewinnen kann, muß er den erbitterten Widerstand des indischen Königs *Poros* in einer Schlacht am Hydaspes (heute Jhelum) überwinden, bevor ihn seine Truppen am *Hyphasis* (heute: Beas) zur Umkehr zwingen.

um 322–   Der Usurpator *Tschandragupta Maurja* entreißt dem letzten Nanda-König in Magadha die
300   Macht und legt damit die Grundlage für das **erste Großreich** auf indischem Boden, das von Pataliputra (heute: Patna) aus verwaltet wird. Daß bei dem Aufbau des Reiches das persische Reich als Vorbild dient, bleibt eine ansprechende Vermutung.

305   Tschandragupta, der sich gegen Ende seines Lebens als frommer Dschaina-Mönch aus der Welt zurückgezogen haben soll, gelingt es, einen Angriff des syrischen Diadochen *Seleukos I. Nikator,* der Alexanders Idee von der Eroberung Indiens zu verwirklichen sucht, zurückzuschlagen.

1050   Außereuropäische Welt bis 1945 – Asien

300–235   Sein Nachfolger *Bindusara* (um 300–270) erweitert das Reich, das unter *Aschoka* (um 270–235), nach der Eroberung von Kalinga (heute: Orissa), ganz Indien bis auf den äußersten Süden umfaßt und dadurch seinen Höhepunkt erreicht. Die Verwaltung des weitläufigen Herrschaftsgebietes erfolgt durch Vizekönige von vier Provinzhauptstädten aus, was bereits den Zerfall der Reichseinheit in sich birgt.

Über Aschokas Wirken berichten die ältesten indischen Inschriften, die, in Säulen und Felsen eingemeißelt, weit über das Reichsgebiet verstreut sind. Aus ihnen erfahren wir über Aschokas Bemühen um einen politischen Ausgleich durch Toleranz gegenüber den verschiedenen religiösen Strömungen wie Dschainas und Adschiwikas, während er zugleich den *Buddhismus* durch eine *Mission außerhalb Indiens* fördert und so den Weg für seine Entwicklung zur Weltreligion bereitet.

um 184   Die Maurja-Dynastie endet nach einer Periode des Zerfalls des Reiches mit der Ermordung *Brihadrathas* durch *Puschjamitra Schunga.*

um 184   Mit dem Ende der Maurja-Dynastie zerfällt Indien in eine größere Zahl kleinerer Einzel-
–72   staaten. Über die *Schungas,* die von Widischa (heute: Bhilsa) aus über Teile Nordindiens herrschen, sind kaum mehr als Listen von Königen bekannt.

2./1. Jh.   Nach dem Ausweis von Münzfunden gibt es eine Reihe lokaler Dynastien, unter denen die *Mitra-Könige von Mathura* und von anderen nordindischen Städten herausragen. Ihre politische Beziehung zu den Schungas bleibt undeutlich.

Aus der Maurja- und Schunga-Zeit haben sich die ältesten Steinplastiken und Bauwerke (buddhistische Stupas in Bharhut und Santschi) erhalten.

um 100   In Südindien entsteht das Reich der *Andhra- oder Schatawahana-Dynastie.*

Die griechischen Reiche

Als Folge des Alexanderzuges entstehen im indo-iranischen Grenzgebiet eine Reihe von griechischen Reichen. Etwa im heutigen Afghanistan bildet sich, getragen von den Statthal-
um 250   tern der Seleukiden, in den östlichen Provinzen das hellenistische **gräko-baktrische Reich.**
–130   Nach der Schwächung des Seleukiden-Reiches durch den *Frieden von Apameia* gewinnen
nach 188   die griechischen Herrscher politische Bewegungsfreiheit, um ihre Macht nach Indien hinein auszudehnen. Als bedeutendste Herrscher dürfen *Demetrios II.* und *Menander* (beide 2. Jh. v. Chr.) gelten. Im einzelnen bleibt vieles in der Abfolge der Herrscher, deren Namen oft nur von Münzen bekannt sind, und in ihrer geographischen Zuordnung unsicher.
1. Jh.   Im Verlauf des Jh.s bricht die griechische Herrschaft im Nordwesten Indiens endgültig un-
v. Chr.   ter dem Druck der *Skythen,* die die Inder Schaka nennen, zusammen.

Die Entwicklung in Indien nach der Zeitenwende

25–45   Die aus Zentralasien stammenden, von den Parthern aus Ost-Iran verdrängten **Schakas**
n. Chr.   (Skythen) gründen für kurze Zeit ein Reich im Nordwesten, das unter *Gondophernes* seinen Höhepunkt erreicht, bevor es durch die Kuschanas zerstört wird. Als Statthalter *(Kschatrapas)* der Kuschanas können sich die Schakas als Kleinkönige (bis 2. Jh. n. Chr.) eine gewisse Selbständigkeit bewahren.

In den letzten beiden Jh.n v. Chr. dringen aus Zentralasien die *Yüe-tschi* nach Baktrien und erobern, vom Anführer der Kuschanas, Kudschula Kadphises, geeint, das *indo-skythische Reich* der Schakas. Das von den **Kuschanas** beherrschte Gebiet umfaßt neben Teilen Irans, Afghanistans und Chinesisch-Turkestans auch den Nordwesten Indiens und die nord-
2. Hälfte   indische Ebene bis hin zum Ganges. Unter *Kanischka* erreichen die Kuschanas den
1. Jh.   Gipfel ihrer Macht.

Unter den Kuschana-Herrschern beginnt in Indien das **Zeitalter der klassischen Kultur.** Bedeutende Kunstschulen entstehen in *Mathura* und in *Gandhara.* In der *gräko-buddhistischen Kunst* Gandharas verschmelzen indische mit hellenistischen und iranischen Elementen. Sie vermittelt westliche Kunsttradition weitgehend im Gefolge des Buddhismus nach Chinesisch-Turkestan (reiche Funde aus der 2. Hälfte des 1. Jt.s n. Chr. in Turfan und Kutscha) und nach Ostasien. In Indien selbst setzt mit dem Schaffen des buddhistischen Dichters *Aschwaghoscha* (1. Jh. n. Chr.) die *klassische Sanskritliteratur* ein.

Obwohl Kanischka als ein bedeutender Förderer des Buddhismus gilt, stehen die Kuschana-Herrscher vor allem nach Ausweis ihrer Münzsymbolik auch anderen Religionen, wie Hinduismus, der Lehre des Zarathustra und der hellenistischen Religion, tolerant gegenüber.

3. Jh.   Welche Ursachen zum Untergang des Kuschana-Reiches führen, ist nicht gesichert. Ihre Macht beginnt (Anfang 3. Jh.) unter dem Druck der in Iran erstarkenden *Sasaniden* zu schwinden.

Südasien – Indien unter islamischer Herrschaft   1051

4. Jh.	Mit Beginn des neuen Jh.s kommt es in Nordindien erneut zur Bildung eines Großreiches von Pataliputra (heute: Patna) aus.
um 320 –330	*Tschandragupta* begründet durch geschickte Heiratspolitik die **Gupta-Dynastie** (um 320–500).
um 320 –375	Die machtpolitische Grundlage der Dynastie beruht auf den Eroberungen *Samudraguptas*. Seine in Nordindien erfolgreiche Militärpolitik scheitert im Süden nach einer Niederlage im Kampf mit dem Pallawa-Herrscher *Wischnugopa von Kantschi*. Südgrenze des Gupta-Reiches bleibt etwa der Fluß Narmada.
um 380 –415	Unter *Samudragupta II.* gelingt der Vorstoß zu den Häfen am Arabischen Meer, der den Zugang zum Westhandel für das Reich eröffnet. Aus dem Bericht des (399–414) in Indien weilenden buddhistischen Pilgers *Fa-hsien* lernen wir diese Zeit als die friedlichste unter den Guptas kennen.
415–470	*Kumaragupta* (415–455) und *Skandagupta* (455–470) geraten in wachsende Bedrängnis durch die Hunnen, unter deren Ansturm das Reich zerbricht.
480–500	Der letzte bedeutende Gupta-Herrscher, *Budhagupta,* gebietet nur noch über ein von Kämpfen zerrissenes Reich. Danach herrschen einzelne Zweige der Gupta-Familie (bis in das 7. Jh.) über kleinere Gebiete in verschiedenen Teilen Nordindiens.
	Unter den Guptas erreichen *bildende Kunst, Wissenschaft* und *Sanskritliteratur* ihren **klassischen Höhepunkt**. Am Hofe Tschandraguptas II. oder Skandaguptas hat vermutlich der größte Sanskritdichter, *Kalidasa,* gewirkt. Zugleich beginnt der Hinduismus den Buddhismus allmählich zu verdrängen, bis er um 1200 in Indien erlischt.
um 528	Den *Hunnen* gelingt eine kurzlebige Reichsgründung in Nordindien unter ihren Führern *Toramana* und *Mihirakula,* bevor sie, wohl durch *Jaschodharman,* endgültig zurückgedrängt werden. Durch die Hunnen wird ein bedeutender Teil der Gandhara-Kunst zerstört.
606–647	In der Folge des Hunnensturmes kommt es vor der Islamisierung zu keiner dauerhaften, ganz Nordindien fest vereinigenden Großreichbildung mehr. Für kurze Zeit gelingt es *Harschawardhana Schiladitja* aus Sthanischwara (heute: Thaneswar) ein Reich etwa in den Grenzen des von den Guptas beherrschten Gebietes zu erobern, das jedoch nach seinem Tode schnell zerfällt. Hauptstadt und in den folgenden Jh.n umkämpftes Zentrum der Macht wird *Kanjakubdscha* (heute: Kanaudsch). Harschas Versuch, nach Südindien vorzudringen, scheitert an dem Widerstand des Tschalukja-Königs *Pulakeschin II.* (609–642). Der buddhistische Pilger *Hsüan-tsang* aus China, der (629–645) Indien bereist, schildert Harscha als letzten großen Förderer des Buddhismus.
712	Die Araber gewinnen die Provinzen Sind und Multan.
um 730	Etwa 100 Jahre nach Harscha einigt *Jaschowarman* von *Kanaudsch* aus große Teile Indiens. Danach wird das Geschehen der nordindischen Politik durch die im Westen Indiens, im heutigen Radschasthan beheimateten *Radschputen-Familien* bestimmt. Unter ihnen üben
8.–10. Jh.	die **Gurdschara-Pratiharas** von Kanaudsch die Macht aus. Ihnen gelingt es, die Araber aus Indien abzudrängen. Auf die Gurdschara-Pratiharas folgen zahlreiche Lokalfürsten, unter ihnen die *Tschahamanas* (auch: *Tschauhans*) im Gebiet des heutigen Delhi.
	Im Osten Indiens, in Bengalen, herrschen die buddhistischen Dynastien der *Palas* (8.–12. Jh.) und der *Senas* (12./13. Jh.); im Westen, in Gudscharat, entsteht unter den *Maitrakas* von Walabhi (5.–8. Jh.) und unter den *Solankis* (Tschaulukjas) (10.–12. Jh.) ein dschinistisch ausgerichteter Staat.
1001/1027	Nachdem das Vordringen des Islam über die gewonnenen Provinzen Sind und Multan hinaus am Widerstand des Gurdschara-Pratihara-Reiches scheitert, kommt es zu zahlreichen Raubzügen des türkischen Herrschers aus der Dynastie der Ghasnawiden *Mahmud von Ghasna* (998–1030), die ihn bis tief nach Indien hineinführen. Obwohl sich noch kein islamisches Reich bildet, bereiten die Einfälle Mahmuds die Herrschaft des Islam vor. Durch die Plünderungen der Schatzkammern von Tempeln und Palästen gehen gewaltige Reichtümer in Indien verloren und schwächen die Finanzkraft der nordindischen Fürsten entscheidend. Durch den Niedergang der Macht Ghasnas bedingt, verzögert sich die Einrichtung einer dauerhaften islamischen Herrschaft in Indien.

Indien unter islamischer Herrschaft

1191	Einer Konföderation von nordindischen Königen unter der Führung von *Prithwi Radsch Tschahamana* (Tschauhan) gelingt es, ein islamisches Heer unter dem Afghanen *Mohammed von Ghor* bei *Taraori* (Tarain) zurückzuschlagen.
1192	Dem erneuten Ansturm der Moslems unter Mohammed von Ghor unterliegen die Hindus in der *zweiten Schlacht bei Taraori*. Mohammed setzt *Kutb-ud-Din Aibak* als Statthalter in Delhi ein; die Periode islamischer Vorherrschaft im Norden Indiens beginnt.

1052 Außereuropäische Welt bis 1945 – Asien

Die kulturellen und religiösen Einflüsse des Islam

Mit dem Eindringen des Islam wird die indische Kultur um ein neues Element bereichert, obwohl sich, anders als in den übrigen vom Islam eroberten Ländern, die islamische Religion in Indien nicht durchsetzen kann. Der Islam, dem die sozialen Schranken des Kastensystems der Hindus fremd sind, gewinnt Neubekehrte vor allem aus den unteren Kasten.

In der Kunst entstehen auf indischem Boden neue Formen durch eine Vermischung islamischer und hinduistischer Elemente, was sich zunächst besonders an der Baukunst ablesen läßt. In der Literatur beginnen die neuindischen Sprachen das Sanskrit als Literatursprache zurückzudrängen, während Persisch Amtssprache des Sultanats wird. Mit dem Einbruch des Islam beginnt in Indien die Geschichtsschreibung, die den Verlauf der Ereignisse jedoch einseitig aus moslemischer Sicht darstellt.

	Während Kutb-ud-Din Aibak die islamische Herrschaft im Gebiet von Delhi zu sichern sucht, stößt sein General *Mohammed Ibn Bachtijar* nach Bihar und Bengalen vor, versetzt durch die Zerstörung von Klöstern dem Buddhismus den Todesstoß und stürzt den letzten Sena-König in den ersten Jahren des 13. Jh.s, bevor er bei einer erfolglosen Expedition gegen Nepal mit seinem Heere untergeht.
1206	Mit dem Tode Mohammeds von Ghor erklärt sich Kutb-ud-Din Aibak († 1211) unabhän-
1206–1290	gig und begründet so die *erste Dynastie im Sultanat von Delhi,* die **Sklaven-Dynastie,** deren Name besagt, daß stets ein Sklave des jeweils vorangegangenen Herrschers auf den Thron gelangt.
	Die ersten Sultane sind bemüht, den immer wieder aufflammenden Widerstand der Hindus zu brechen. Von einzelnen Festungen aus beherrschen sie das Land, wobei sich ihre Verwaltung vielfach auf das Eintreiben möglichst hoher Steuern beschränkt. Dabei wird der Beamtenapparat der hinduistischen Herrscher zunächst übernommen.
1211–1240	Aibaks Nachfolger *Iletmisch* (auch: Iltutmisch) (1211–1236) baut das Reich weiter aus, seine Tochter *Rassija* (1236–1240), die einzige Frau auf dem Thron von Delhi, wird von dem *Generalkollegium der „Vierzig"* abgesetzt.
1266–1287	Gegen deren Macht kann sich erst *Balban* durchsetzen und den Herrschaftsanspruch des Sultans wiederherstellen.
1290	Die Sklaven-Dynastie, der es bis dahin gelingt, sich mit einer zahlenmäßig den Hindus weit unterlegenen Militärmacht durch taktische Überlegenheit und straffe Führung in Indien zu behaupten, endet.
1290–1318	Unter der **Childschi-Dynastie** festigt sich die islamische Herrschaft in Nordindien, zugleich beginnen Militärexpeditionen der Moslems nach Südindien, die (1310) den General von *Ala-ud-Din Childschi* (1296–1316), *Malik Kafur,* bis in das Gebiet um die Stadt Madurai führen.
1320–1398	Unter der **Tughluk-Dynastie** beginnt der Zerfall des Sultanats durch verfehlte innenpolitische Maßnahmen des zweiten Herrschers, *Mohammed Bin Tughluk* (1325–1351). Eine fehlgeschlagene Steuerreform, der Versuch, durch ein kontrolliertes Preissystem die Gesetze des Marktes außer Kraft zu setzen, und Währungsmanipulationen führen zu einer Zerrüttung der Reichsfinanzen. Ausbrechende Unruhen und Aufstände werden blutig niedergehalten.
1351–1388	Unter *Firos Schah Tughluk* kommt es noch einmal zu einer gewissen Erholung des Sultanats, das jedoch mit dem Verlust Bengalens und des Dekhans erhebliche Gebietseinbußen hinnehmen muß.
1398	Auf Firos Schah Tughluk folgt eine Reihe unbedeutender Herrscher, so daß das Sultanat keine Kraft mehr findet, den Mongolen unter *Timur Leng* ernsthaften Widerstand entgegenzusetzen, die Delhi einnehmen und verwüsten.
1451–1526	Nach einer Periode der Anarchie gelingt es den **Lodi-Herrschern** noch einmal, die Macht des Sultanats in bescheidenem Umfang wiederherzustellen und gegen die *Scharki-Sultane* von *Dschaunpur* (1394–1479) und das *Reich von Malwa* (1401–1531) erfolgreich vorzugehen.
	Als unter *Ibrahim Lodi* (1517–1526) innere Streitigkeiten aufbrechen, suchen seine Feinde Hilfe bei dem *Timuriden Babur* (1483–1530) in Kabul.
1526	Babur schlägt Ibrahim Lodi in der *ersten Schlacht bei Panipat* und ebnet so den Weg für die **Gründung des Mogul-Reiches.**
	Damit findet die erste Phase der islamischen Beherrschung Indiens ihr Ende. Sie ist durch blutige Gegensätze zwischen Hindus und Moslems gekennzeichnet. Zerstörung von Tempeln der Hindus, auf deren Trümmer die ersten Moscheen entstehen, und Zwangsbekehrungen zum Islam verhindern zunächst eine Durchdringung beider Kulturen und Religionen, um deren Versöhnung sich Reformer wie der Weber *Kabir* (1440–1518) oder der Gründer der *Sikh-Religion, Guru Nanak* (1469–1538), zu bemühen beginnen. Erst unter den Mogul-Kaisern wird die religiöse Toleranz zu einem wichtigen Instrument der Innenpolitik.

Südindien von den Anfängen bis zur islamischen Herrschaft

Die Herkunft der *drawidisch sprechenden Bevölkerung* Südindiens liegt im Dunkel. Ob drawidische Sprachinseln in Nordindien darauf hinweisen, daß die arischen Einwanderer die Drawiden in den Süden abgedrängt haben, bleibt unklar. Heute wird das drawidische Sprachgebiet durch die Südgrenze der Bundesstaaten Maharashtra und Orissa gebildet. Auf den Aschoka-Inschriften (3. Jh. v. Chr.) begegnen zum erstenmal die Namen von drei bedeutenden südindischen Herrscherhäusern: *Tschola, Tschera* und *Pandja*. Genauere Nachrichten über den Süden setzen erst mit der Zeitwende ein.

seit ca. 100 v. Chr. Nach dem Zerfall des Maurja-Reiches beginnt sich von Pratischthana (heute: Paithan) aus die Herrschaft der **Andhras** (auch: **Schatawahanas**) zu festigen. Sie setzen sich gegen die *Kschatrapas* im Westen Indiens durch und gründen ihre wirtschaftliche Stärke nach dem Gewinn von Häfen am Arabischen Meer auf den Handel mit dem Mittelmeerraum. Unter den Schatawahanas blüht die mittelindische (Prakrit-)Literatur; in *Amarawati* entstehen bedeutende buddhistische Bauwerke.

um 220 n. Chr. Das Reich der Schatawahanas löst sich in eine Reihe kleinerer Fürstentümer auf, von denen die *Ikschwakus* (3. Jh.) durch die buddhistischen Baudenkmäler von *Nagardschunakonda* besonders gut bekannt sind.

um 250– um 500 Nachfolger der Schatawahanas werden die **Wakatakas**, die den gesamten Dekhan beherrschen und das Vordringen der Guptas, denen sie durch Heirat verbunden sind, in den Süden verhindern. Etwa zur gleichen Zeit erlischt sowohl die Macht der Guptas als auch die der Wakatakas, ohne daß Gründe erkennbar sind.

6. Jh. Im Westen des Dekhans und an der Südostküste entstehen die beiden in ständige Fehden miteinander verwickelten Dynastien der **Tschalukjas** und **Pallawas.**

566–597 *Pulakeschin I.* verläßt die Tschalukja-Hauptstadt *Aihole* und macht *Watapi* (heute: Badami) zu seinem Regierungssitz.

608–642 Den Höhepunkt ihrer Macht erreichen die Tschalukjas unter *Pulakeschin II.,* der einen Angriff Harschawardhanas von Kanaudsch zurückschlagen kann. Wenig erfolgreich ist er bei dem Versuch, die Pallawas niederzuringen.

642 *Narasimhawarman I. Mahamalla Pallawa* erobert Badami.

um 750 –975 Für ein Jh. erholen sich die Tschalukjas von diesem Rückschlag, bis sie die Macht im Dekhan an die **Raschtrakutas** abgeben müssen, die von Manjakheta (heute: Malked) aus regieren. Danach herrschen nochmals zwei Zweige der Tschalukja-Familien im Dekhan: die *westlichen Tschalukjas* von *Kaljani* (10.–12. Jh.) und die *östlichen Tschalukjas* von *Wengi* (10./11. Jh.) aus.

Zur Zeit der ersten Tschalukja-Dynastie entstehen die ersten freistehenden Tempelbauten in Südindien in Aihole, Badami und Pattadakal. In Adschanta und Ellora werden buddhistische, dschinistische und hinduistische Bauwerke geschaffen.

Ende 6. Jh. Die **Pallawas,** deren Geschichte sich bis in das 3. Jh. n. Chr. zurückverfolgen läßt, beginnen von Kantschi aus den Süden Indiens zu erobern und zeitweise auch gegenüber den Tschalukjas eine Vormachtstellung einzunehmen. Bis in die Mitte des 8. Jh.s können sie ihre Macht behaupten. Unter den Pallawas greift die indische Kultur nach Ceylon, Südostasien und Indonesien aus. Wichtigster Handelshafen ist Kadal Mallai (Mamallapuram), in dem sich zugleich bedeutende Bauten als Zeugen der Pallawa-Kunst erhalten haben.

985–1012 Der Fall der Pallawas ist mit dem Aufstieg der **Tscholas von Uraiyur** verbunden. Unter *Radscharadscha I.* besiegen die Tscholas die Pandjas von Madurai und die Tscheras in Kerala, stoßen bis nach Orissa vor und gewinnen den Norden Ceylons.

1012–1042 Sein Nachfolger *Radschendra I.* gewinnt Bengalen, dringt nach Burma und Sumatra vor.

12. Jh. Die Macht der Tscholas erreicht ihren Zenit, zerfällt jedoch rasch unter weniger fähigen Herrschern. Zugleich werden die **Pandjas** allmählich zur führenden Macht des äußersten Südens, während im Nordabschnitt des westlichen Dekhans von Deogir (Daulatabad) aus die **Jadawa-Dynastie** (1191–1318) und im Südabschnitt die **Hoysalas** (1173–1327) von Dorasamudra (heute: Halebid) aus herrschen.

1310 Die Militärexpedition *Malik Kafurs* zerstört die Reiche der Jadawas, Hoysalas und Pandjas. Seit der Pallawa-Dynastie und vor allem unter den Tscholas wird in Südindien der *Schiwaismus* die vorherrschende Religion. Der Buddhismus geht unter und der Dschinismus wird zurückgedrängt. Da der äußerste Süden nie von der islamischen Herrschaft durchdrungen wird, erhält sich hier die hinduistische Kultur frei von fremden Einflüssen, reiner als im Norden.

um 1350 –1565 Auf den Trümmern der vernichteten hinduistischen Reiche im Dekhan und im Süden erbauen dann die *Brüder Bukka* und *Harihara* das **letzte hinduistische Großreich** in Indien, das nach seiner Hauptstadt **Widschajanagara** (heute: Hampi) benannt ist. Schon bald gerät es in kriegerische Verwicklungen mit dem islamischen Reich der *Bahmanis* von Gulbarga (1347–1527), die schließlich zur Auflösung der Macht der Bahmanis führen.

1054 Außereuropäische Welt bis 1945 – Asien

seit 1490 An seiner Stelle beginnen sich **fünf Dekhan-Sultanate** von Ahmednagar, Berar, Bidar, Bidschapur und Golconda herauszubilden.
1552–1565 Als sich der letzte König von Widschajanagara, *Sadaschiwaraja* ungeschickt in die inneren Streitigkeiten der Dekhan-Sultanate einmischt, bilden diese eine Konföderation gegen die
1565 Hindus von Widschajanagara, besiegen Sadaschiwaraja in der *Schlacht bei Talikota* vernichtend und zerstören seine Hauptstadt. Mit dem Untergang von Widschajanagara spielen hinduistische Herrscher in Indien für zwei Jh.e keine entscheidende Rolle mehr.

Die europäischen Handelskompanien in Indien

Seit der *Entdeckung des Seeweges* nach Indien um das „Kap der Guten Hoffnung" und nach der Landung *Vasco da Gamas* (20. Mai 1498) in Calicut (Kalikat; Kozhikode) entstehen an den Küsten Indiens europäische Handelsniederlassungen. Zunächst beeinflussen jedoch die Europäer das Geschehen in Indien kaum. Erst der Zerfall der Staatsmacht in Indien im 18. Jh. ermöglicht ein nachhaltiges Eingreifen in die inneren Angelegenheiten, bis schließlich die britische Kolonialherrschaft das gesamte Land unterwirft. Im Gegensatz zu allen früheren Eroberern setzen sich die Europäer vom Meer her im Land fest; sie sind die ersten, die sich mit der einheimischen Bevölkerung nicht vermischen.
Als *erste europäische Handelsmacht* bauen die **Portugiesen** ihre Handelsbeziehungen zu südindischen Häfen aus. Der erste portugiesische Vizekönig *Francisco d'Almeida* (1505–1509) zerschlägt 1509 die vereinigten Flotten von Ägypten und Gudscharat vor Diu und begründet so die portugiesische Seemacht im Indischen Ozean. Sein Nachfolger *Affonso d'Albuquerque* (1509–1515) erobert 1510 *Goa,* das zusammen mit *Diu* (erobert 1509) und *Daman* (portugiesisch: Damão – erobert 1559) Hauptstützpunkt wird. Territoriale Gewinne streben die allein am Handel und an der Bekehrung der islamischen Bevölkerung zum Christentum interessierten Portugiesen nicht an.
Trotz ihrer geringen Zahl und trotz ihrer vergleichsweise schmalen Basis in Europa können die Portugiesen durch ihre überlegene Technik in Schiffsbau und Seefahrt zunächst ihre Vormachtstellung gegenüber anderen europäischen Nationen im 16. Jh. in dem bis nach China und Japan sich erstreckenden Handelsreich behaupten. Seit Ende des 16. Jh.s führen jedoch Krisen des portugiesischen Staates, der Untergang des Reiches von *Widschajanagara* und das Erstarken der Seemächte *England* und *Niederlande* zu einem unaufhaltsamen **Niedergang des portugiesischen Kolonialbesitzes.** Die Nachfolge treten verschiedene *ostindische Handelsgesellschaften* an.
1602 wird die *Vereinigte Ostindienkompanie der Niederlande* mit ihrem Hauptsitz in Batavia gegründet. Stützpunkte entstehen in Surat und Masulipatam.
Die 1616 gegründete *dänische Ostindienkompanie* errichtet Niederlassungen in Tranquebar (1620) und Serampore (1755), die beide 1845 in britischen Besitz übergehen.
1664 wird die *französische Ostindienkompanie* ins Leben gerufen, die von Pondicherry (1674) und Chandernagore (1688) aus Handel treibt.
Die englische *Königin Elisabeth I.* verleiht am 31. Dezember 1600 der **Ostindienkompanie** die Gründungsurkunde. 1613 wird Surat der Hauptstützpunkt der Briten in Indien. Durch das Wirken des Diplomaten *Sir Thomas Roe* am Hofe des Mogulkaisers (1615–1618) können die Engländer wichtige Privilegien erringen. Erste englische Stadtgründung ist 1639 Fort St. George, das spätere *Madras;* 1661 gewinnt die englische Krone Bombay als Mitgift *Katharinas von Braganza,* der Gemahlin *Karls II. von England,* das ab 1688 an die Ostindienkompanie verpachtet wird; *Kalkutta* wird 1690 gegründet.
Aus den teilweise erbitterten Auseinandersetzungen zwischen Portugiesen, Briten und Niederländern um die Vorherrschaft in Indien gehen die Briten als Sieger hervor: sie gewinnen im Laufe des 18. Jh.s deutlich die Oberhand.

Das Reich der Großmoguln

1526–1530 In den vier Jahren nach der *ersten Schlacht bei Panipat* (zwischen Ibrahim Lodi und dem Mongolen Babur) gelingt es dem *Timuriden Babur* († 1530) nicht, seine Herrschaft über Nordindien zu festigen.
1530–1556 Sein Sohn *Humajun* wird trotz militärischer Erfolge nach Persien abgedrängt (1544).
1555 Erst mit persischer Hilfe kann er aus dem Exil zurückkehren und Delhi wiedergewinnen. Mächtigster Widersacher Humajuns ist *Scher Schah Sur,* der (seit 1530) im Osten Indiens seine Macht zu festigen beginnt.
1540–1545 Von Bengalen aus gewinnt und beherrscht Scher Schah Zentral- und Nordwest-Indien. Durch innere Reformen baut er einen zentral geführten, straff verwalteten Staat auf und bereitet damit der unter Akbar entstehenden Mogul-Verwaltung den Weg.
1556–1605 *Akbar* muß sich zunächst gegen verschiedene Thronprätendenten durchsetzen.
1556 In der *zweiten Schlacht bei Panipat* besiegt Akbars Heer den Usurpator und Hindu *Hemu.*

Er gewinnt so die Vormacht in Nordindien, das im Verlauf der nächsten zwanzig Jahre unterworfen wird (1567–1576 Radschputana, 1572/1573 Gudscharat, 1574–1576 Bengalen).

1586/1595 Akbar gewinnt (1586) Kaschmir, (1590) Sind, (1592) Orissa, (1594) Belutschistan und (1595) Kandahar. Von besonderer Bedeutung ist der Besitz von Gudscharat, der dem Mogul-Reich den Zugang zu den Handelshäfen am Arabischen Meer sichert. Von 1590 an versucht Akbar den Süden zu gewinnen.

Die Herrschaft Akbars

Unter Akbar, der im Innern die von Scher Schah Sur begonnenen Reformen, vor allem des Beamtenapparates, fortsetzt, beginnt eine *Religionspolitik,* die durch Toleranz einen Ausgleich zwischen Moslems und Hindus zu erreichen sucht. 1579 wird die *Kopfsteuer* (dschisja) für Hindus abgeschafft. Durch die Heirat von Radschputen-Prinzessinnen bindet Akbar die kriegerischen Hindus in Radschasthan an den Thron. Der Versuch, eine Hindus und Moslems versöhnende, von Akbar begründete Religion, den *Din-Ilahi,* einzuführen, scheitert jedoch (1582). Akbar, der selbst weder lesen noch schreiben kann, fördert Kunst und Wissenschaft.

1605 Nach Akbars Tod führt sein Sohn *Dschahangir* (1605–1627) die begonnene Politik fort.
1628–1658 Unter *Schahdschahan* gelangt das Mogul-Reich zu seiner höchsten Blüte. Obwohl Kandahar (in einer Hochebene des südlichen Afghanistan) verlorengeht, dehnt sich das Reich nach Süden aus: Ahmednagar fällt (1637).
1632–1653 Die Förderung der Kunst am Mogul-Hof erreicht besonders in der Miniaturmalerei einen Höhepunkt. Das *Tadsch Mahal,* als Grab für Schahdschahans Frau *Mumtas Mahal* († 1631), entsteht. Zugleich beginnt aber die Entfaltung glänzender Hofhaltung die Finanzkraft des Reichs zu schwächen.
1656 Während einer Erkrankung Schahdschahans bricht der Erbfolgekrieg aus, in dem sich *Aurangseb* gegen seine Brüder durchsetzen kann.
1659–1707 Seine Regierungszeit ist vor allem in der zweiten Hälfte durch einen verzweifelten Kampf um die Erhaltung des Reiches gekennzeichnet. Im Innern brechen die Gegensätze zwischen Hindus und Moslems, gefördert durch eine rigoros *proislamische Religionspolitik* Aurangsebs, erneut auf. Zahlreiche, nur mit Mühe unterdrückte Rebellionen zeigen die innere Schwäche des Staates.
1686/1687 Im Dekhan kann Aurangseb die Annexion der Sultanate von *Bidschapur* (1686) und *Golconda* (1687) durchsetzen.
1691 Das Mogul-Reich erlangt durch den Gewinn von Tandschore (Thandschavur, am Hauptarm des Kaweri-Deltas) seine größte Ausdehnung nach Süden. Zugleich erwächst ihm jedoch in den *Marathen* ein gefährlicher und mächtiger Feind, den Aurangseb zunächst unterschätzt. Sie zwingen ihn, seine Hauptstadt Agra zu verlassen und von Aurangabad aus die Regierungsgeschäfte zu führen.
1707–1748 Unter Aurangsebs Nachfolgern *Bahadur Schah* (1707–1712), *Farruchsijar* (1713–1719) und *Mohammed Schah* (1719–1748) zerfällt das Mogul-Reich.
1708 Teile Radschputanas gehen verloren.
1724 *Asaf Dschah* zieht sich von seinem Amt als Wesir Mohammed Schahs zurück und gründet die **Nizami-Dynastie** in *Haiderabad* im Dekhan (1724–1948).
1739 Die innere Schwäche des Reiches führt zu der Invasion von *Nadir Schah* aus Persien, der Delhi plündert und der den in der Mogul-Zeit erworbenen Wohlstand der Stadt vernichtet.
1757 Eine zweite Plünderung Delhis durch den Perser *Ahmed Schah Durrani* findet statt. Damit ist die Kraft des Mogul-Reiches endgültig gebrochen.
1857 Der letzte Herrscher *Bahadur Schah* († 1862) wird von den Briten abgesetzt.

Die Marathen

Seit der Mitte des 17. Jh.s beginnt der Aufstieg der *Marathen,* der letzten indischen Großmacht vor der Periode der britischen Herrschaft. Ihren Aufstieg begründet der Bandenführer *Schiwadschi.*
1627–1680 Schiwadschi kann sich (1646) in einem Fort bei Puna festsetzen. Nach der Einnahme weiterer Festungen mit Hilfe einer disziplinierten, beweglichen Armee kann er seinen Einfluß in Maharaschtra ausdehnen.
1659 Er kann durch Verrat ein gegen ihn entsandtes Heer des Moguls *Aurangseb* vernichten. Alle weiteren Versuche, seine Macht zu brechen, schlagen fehl. Schiwadschi, der sich als

1056   Außereuropäische Welt bis 1945 – Asien

Hindu von den religiösen Reformern *Ramdas* (1608–1681) und *Tukaram* (1608–1649) beraten läßt, gilt den Hindus als Vorkämpfer gegen den Islam.

nach 1680   Innere Streitigkeiten nach Schiwadschis Tode verhelfen dem Mogul-Reich zu vorübergehenden Erfolgen gegen seinen Sohn *Sambhadschi* († 1689). Obwohl sein Enkel *Schahu* († 1749) sich auf dem Thron hält, muß er die Macht an seinen ersten Minister, den *Peschwa,* abtreten.

1726–1740   Der zweite Peschwa *Badschi Rao* führt eine Heeres- und Verwaltungsreform durch und gewinnt die Kontrolle über Malwa, Gudscharat und Zentralindien.

1740–1761   Sein Nachfolger *Baladschi Badschi Rao* macht sich nach dem Tode Schahus zum Herrscher in Puna. Unter Baladschi erreicht die Macht der Marathen, die der Mogul-Kaiser um militärische Hilfe in schwierigen Situationen bitten muß, ihren Höhepunkt.

1761   Der Plan, ein Marathen-Reich anstelle des Mogul-Reiches zu errichten, scheitert jedoch in der *dritten Schlacht bei Panipat* (in Harijana), die unter großen Verlusten gegen den Perser Ahmed Schah Durrani verlorengeht.

Zugleich ist die Vormacht des Peschwa unter den Marathen erschüttert. Neben dem Peschwa in Puna treten die Familien der *Holkar von Indore,* der *Bhonsle von Nagpur,* der *Gaikwar von Baroda* und der *Sindhia von Gwalior.* Gegen Ende des Jh.s werden die Marathen in Kriege untereinander und gegen die Engländer verwickelt. Keiner der indischen Kleinstaaten findet die Kraft, eine überregionale Macht zu entfalten.

Der Aufstieg der europäischen Mächte in Indien

Rechtsgrundlage der europäischen Handelsniederlassungen in Indien sind die von den Mogul-Kaisern verliehenen Privilegien. Mit dem Niedergang der Macht in Delhi sehen sich Briten und Franzosen immer häufiger vor die Notwendigkeit gestellt, ihre Rechtsansprüche aus eigener Kraft gegenüber lokalen Machthabern durchzusetzen. Zugleich werden die im 18. Jh. in Europa zwischen *Großbritannien* und *Frankreich* aufbrechenden Gegensätze auch nach Indien übertragen.

Erster Krieg in der Karnatik (1746–1748):
In der *Folge des Österreichischen Erbfolgekrieges* (1740–1748) erscheint eine französische

1746   Flotte vor Madras und nimmt die Stadt ein. Der Versuch eines indischen Herrschers, des *Nawab von Arcot* (Nawab: Statthalter des Mogul-Herrschers, die im 18. Jh. nur noch nominell die Oberhoheit Delhis anerkennen), Madras für sich zu gewinnen, scheitert an dem *französischen Sieg in der Schlacht bei Adyar.* Dieses Treffen zeigt zum erstenmal die Überlegenheit kleiner, aber disziplinierter europäischer Verbände über indische Heerhaufen.

1748   Mit dem *Frieden von Aachen* wird Madras an die Engländer zurückgegeben und der Status quo ante wiederhergestellt, so daß dieser erste Krieg in der Karnatik (in den heutigen Bundesstaaten Karnataka und Tamilnad, Südindien) keine Entscheidung herbeiführt. Zum ersten Mal greifen jedoch während dieses Krieges die europäischen Mächte in die indische Politik ein.

Zweiter Krieg in der Karnatik (1751–1754):
Verwicklungen bei Thronfolgestreitigkeiten nach dem Tode des *Nisam von Haiderabad* († 1748) und des *Nawab von Arcot* († 1749) führen zum zweiten Krieg zwischen Engländern und Franzosen in der Karnatik. Durch militärische Erfolge *Robert Clives* (* 1725; † 1774) gelangt Arcot unter britischen Einfluß, während die Franzosen in Haiderabad ihre Stellung behaupten können.

Dritter Krieg in der Karnatik (1756–1763):
1756   Als *Folge des Siebenjährigen Krieges* bricht der dritte Krieg aus, der auch auf Bengalen
1760   übergreift. In der *Schlacht bei Wandiwash* erringen die Briten den entscheidenden Sieg.
1761   Großbritannien nimmt Pondicherry ein.
1763   Im *Frieden von Paris* erhalten die Franzosen zwar ihre Besitzungen zurück (Chandernagore, Karikal, Mahé, Pondicherry), jedoch mit der Auflage, sie als unbefestigte Handelsstützpunkte zu verwalten. Damit sind die *Franzosen aus der indischen Politik ausgeschaltet.*

Die Entwicklung in Bengalen

Mitte des 18. Jh.s entzünden sich in Bengalen Gegensätze zwischen dem Nawab und der englischen Kompanie.

1756   Kalkutta wird von indischen Truppen besetzt, jedoch von Clive zurückerobert.
1757   Mehr durch List und Bestechung als auf dem Schlachtfeld gewinnt Clive das *Scharmützel*
23. Juni   *bei Plassey* (nördl. von Kalkutta), das die Briten zu Herren von Bengalen macht.

Südasien – Aufstieg der europäischen Mächte in Indien   1057

1764   Streitigkeiten mit dem nur noch nominell regierenden Nawab von Bengalen enden in der
23. Okt. *Schlacht von Buxar,* in deren Folge der britischen Ostindien-Kompanie vom Mogul-Kaiser
          die „*Diwani*", d. h. die Finanzhoheit, in *Bihar, Bengalen* und *Orissa* verliehen wird,
          während die Rechtshoheit bei dem nun jedoch ganz von den Briten abhängigen Nawab
          verbleibt.
          In diesem *System der „Doppelherrschaft"* (Dual Government) wird *Robert Clive erster
          Gouverneur in Bengalen* (1765–1767).
1772–1785 Mit dem Auftrag, die Mißstände in der Ostindien-Kompanie, die vor allem auf dem priva-
          ten Handel ihrer schlecht bezahlten Angestellten beruhen, abzustellen, wird Warren
          Hastings (* 1732, † 1818) als Nachfolger als Gouverneur. In seine Amtszeit fallen wich-
          tige innere Reformen der Ostindien-Kompanie. Die „Doppelregierung" wird beseitigt, und
          die Kompanie wird formell „Nawab" von Bengalen.
1773   Durch den vom britischen Parlament verabschiedeten *Regulating Act* wird das Amt eines
          General-Gouverneurs in Kalkutta geschaffen, der an der Spitze der drei Präsidentenschaf-
          ten *Bombay, Madras* und *Bengalen* steht; außerdem wird eine Kontrolle der Kompanie
          durch das Parlament in London eingeleitet.
1784   Die Kontrollbefugnis wird im *India Act* (des britischen Premierministers William Pitt,
          des Jüngeren), der vor allem einen weiteren Gebietserwerb in Indien durch die Kompanie
          zu verhindern sucht, erweitert.

Die Entwicklung im übrigen Indien

          In der 2. Hälfte des 18. Jh.s sieht sich die Ostindien-Kompanie gezwungen, ihren Besitz-
          stand in Nordindien gegen die *Marathen* zu verteidigen, als durch Eingreifen der Briten
1775–1782 in innere Auseinandersetzungen der Marathen der **erste Marathen-Krieg** entbrennt, in dem
          die Briten zunächst hart bedrängt werden, dann aber durch die geschickte Diplomatie von
          Warren Hastings im *Frieden von Salbai* (1782) ihren territorialen Besitz wahren und erwei-
          tern können.
          Der Frieden ermöglicht eine Konzentration der britischen Kräfte auf *Maisur* (heute: Kar-
          nataka in Südindien), wo (1761) der islamische Usurpator *Haidar Ali* (* 1722, † 1782) die
          hinduistische Dynastie gestürzt und die Macht an sich gerissen hat. Im **ersten Maisur-Krieg
          (1767–1769)** rückt er bis nach Madras vor und zwingt den Engländern ein Militär-
          hilfeabkommen gegen die Marathen auf.
1780–1784 Als die Engländer diesen Vertrag nicht einhalten, kommt es zum **zweiten Maisur-Krieg,**
          den Haidar Alis Sohn *Tipu Sultan* im *Frieden von Mangalore* (an der Malabarküste)
          unentschieden beendet.
1786–1793 Unter Warren Hastings Nachfolger, dem Marquess *Charles Cornwallis* (* 1738, † 1805),
1790–1792 wird Tipu im **dritten Maisur-Krieg** geschlagen.
1799   Der kurze **vierte Krieg** endet mit Tipus Tod und der Restitution der Hindu-Dynastie von
          Maisur.
          Unter Charles Cornwallis als General-Gouverneur wird eine *Justizreform* und durch die
          „*dauernde Grundsteuerveranlagung*" (Permanent Settlement) von 1793, in der die Steuer-
          pächter (Samindar) zu Grundeigentümern gemacht werden, eine Reform des Grundbe-
          sitzes durchgeführt.
1793–1798 Die Amtszeit des Nachfolgers von Cornwallis, *Sir John Shore,* ist durch eine ängstliche Neu-
          tralität gegenüber den indischen Fürsten im Sinne von Pitts *India Act* (von 1784) gekenn-
          zeichnet.
1798–1805 General-Gouverneur *Richard Colley Wellesley* (Earl of Mornington; * 1760, † 1842) wird
          in die letzte große Auseinandersetzung mit den Marathen verwickelt. Mit dem Tod von
          Nana Fadnawis († 1800), dem letzten bedeutenden Staatsmann der Marathen und ersten
          Minister des Peschwa in Puna (südöstlich von Bombay), zerbricht die innere Einheit end-
          gültig.
1802   Als der Sindhia von Gwalior und der Holkar von Indore bei Puna den Peschwa besiegen,
          begibt sich dieser in den Schutz der Briten und schließt den *Vertrag von Bassein,* der zur
          Stationierung britischer Truppen in seinem Gebiet führt.
1803–1805 Diese Entwicklung löst den **zweiten Marathen-Krieg** aus, in dessen Verlauf die Engländer
          (1803) Delhi einnehmen und die in sich uneinigen Marathen-Herrscher einzeln schlagen
          können.
1805   Unbedeutende Rückschläge gegen Ende des Krieges führen zur Abberufung von Wellesley
          und zum Friedensschluß, ohne daß die Marathen-Frage (im Sinne Großbritanniens)
          gelöst ist.
1817–1819 Erst in einem **dritten Marathen-Krieg** werden die Marathen jedoch endgültig besiegt
          und durch Verträge an die britische Krone gebunden (Einziehung großer Teile ihrer
          Territorien).

1058 Außereuropäische Welt bis 1945 – Asien

Die Zeit der britischen Vorherrschaft

1813–1823 Unter dem General-Gouverneur *Francis Rawdon, Marquess of Hastings* (* 1754, † 1826)
 1816 wird nach Abschluß des **Gurkha-Krieges** (1814–1816) im *Vertrag von Sagauli* das Verhältnis zu *Nepal* geregelt: das Land tritt im Osten Sikkim und zwei Provinzen im Westen ab, behält aber sonst seine Unabhängigkeit. Damit ist **Großbritannien die Vormacht in Indien.**
 1842 *Sir Charles Napier* annektiert das Land *Sind* (Sindh; Provinz im südöstlichen Westpakistan).
 1849 Nach zwei Kriegen (1845/1846 und 1848/1849) und nach dem Tode des großen Sikh-Herrschers *Randschit Singh* (1799–1839) wird der *Pandschab* annektiert.

Die Periode der „Pax Britannica"

Mit dem Beginn der Friedensperiode zu Beginn des 19. Jh.s wenden sich die Briten *inneren Reformen* zu. In der Amtszeit (1828–1835) des General-Gouverneurs *Lord William Cavendish-Bentinck* (* 1774, † 1839) wird 1829 die Sitte der *Witwenverbrennung* (Sati) *verboten* und die *Thags*, die Reisende überfallen, um ihrer Göttin Kali blutige Menschenopfer zu bringen, werden unterdrückt.
Während die Ostindien-Kompanie bis ins ausgehende 18. Jh. das traditionelle indische *Erziehungssystem* nicht antastet und gegen christliche Mission ein bis 1813 bestehendes Verbot erläßt, kommt es zu Beginn des 19. Jh.s zum Streit zwischen den Befürwortern einer Beibehaltung dieser Politik, den „*Orientalisten*", und den „*Anglisten*", die unter der Wortführung des Historikers *Thomas Babington Macaulay* ein westliches Erziehungssystem für Indien fordern. Letztere setzen sich 1835 mit der *Einführung des Englischen* an Stelle des Persischen *als Verwaltungssprache* durch.
Der zunehmende Einfluß westlicher Kultur und Technik durch die Einführung des Telegraphen (1854) und der Eisenbahn (1853) in der Amtszeit (1848–1856) des General-Gouverneurs *James Andrew Broun-Ramsay, Earl of Dalhousie* (* 1812, † 1860), seine Einmischung in die inneren Angelegenheiten und schließlich die Annexion indischer Fürstenstaaten führen zu einer wachsenden Unruhe im Lande, die sich nach einer als ungerecht empfundenen *Landreform* im 1856 Britisch-Indien angegliederten *Oudh* entlädt. Die Zentren des **indischen Aufstandes (Indian Mutiny)** von 1857/1858 sind Meerut, Delhi, Lucknow und Kanpur, während der Süden und der Nordwesten ruhig bleiben. Da der Aufstand einer allgemeinen Unzufriedenheit entspringt und seine Ziele verschwommen bleiben, gelingt es den Briten mit Hilfe der loyalen *Sikhs* aus dem Pandschab und der nepalesischen *Gurkha-Truppen* die nicht unter einheitlichem Befehl stehenden Inder in blutigen Kämpfen zu schlagen.
Unmittelbare Folge des Aufstandes ist ein neues Indiengesetz *(India Act of 1858)* zur Reorganisation der Verwaltung. Die *Britische Ostindien-Kompanie*, die bereits 1833 ihre Handelsprivilegien aufgeben muß und nur noch unter parlamentarischer Kontrolle Indien verwaltet, wird *aufgelöst*. In London wird ein *Indienministerium* eingerichtet. Ein meist *Vizekönig* genannter *General-Gouverneur*, dem 1861 ein gesetzgebender Rat (Legislative Council) zur Seite gestellt wird, vertritt die britische Krone. *Damit endet* 1858 auch *formal* das nur noch dem Namen nach bestehende *Mogul-Reich*. *Königin Viktoria* nimmt 1876 den Titel „*Kaiser von Indien*" (Kaisar-i-Hind) an.
Mit der endgültigen Festigung der britischen Herrschaft über Indien ist neben der Siedlungs- oder Ausbeutungs- der neue *Typ einer Verwaltungskolonie* entstanden, in der die entscheidende Position in der Beamtenschaft, des *Indian Civil Service*, Briten vorbehalten bleibt, die sich seit 1855 in einer schwierigen Prüfung qualifizieren müssen. Der mit der „Pax Britannica" einsetzende Reformeifer der Briten kommt mit dem Aufstand von 1857 zum Erliegen. Mißtrauen auf beiden Seiten führt zu einer Beschränkung auf eine reine Verwaltung des Landes, wobei Eingriffe in die indische Innenpolitik vermieden werden. Zugleich beginnt jedoch unter dem Einfluß des britischen Liberalismus Anfang des 19. Jh.s eine von westlich gebildeten Indern getragene Bewegung mit dem Ziel einer politischen Erneuerung. Diese vor allem von Bengalen ausgehenden Bestrebungen gipfeln in der Gründung des **„Indian National Congress"** am 28. Dez. 1885 in Puna. Von dem pensionierten Beamten des Indian Civil Service, *Allan Octavian Hume* (* 1829, † 1912), mit Billigung des von 1884–1888 amtierenden Vizekönigs *Frederick Temple, Lord Dufferin* (* 1826, † 1902) einberufen, wendet sich der Kongreß zunächst nur gegen Formen „unbritischer Herrschaft" in Indien. Mit streng konstitutionellen Mitteln strebt er die Beseitigung von Mißständen an, so die Diskriminierung der Inder vor den Gerichten durch das *Ilbert-Gesetz* von 1883 oder die Sitte der Kinderheirat. Die beiden bedeutenden Führer des Kongresses sind der gemäßigt auftretende *Gopal Krischna Gokale* (* 1866, † 1915) und der extrem orientierte *Bal Gangadhar Tilak* (* 1857, † 1920).
Die indische Innenpolitik des ausgehenden 19. Jh.s ist gekennzeichnet durch ein wachsendes Selbstbewußtsein der Inder und eine Rückbesinnung auf die eigene Kultur, gefördert durch die Gründung der *Theosophischen Gesellschaft* (1875) und des *Arjasamadsch* sowie durch das Auftreten *Vivekanandas* (* 1863, † 1902), eines Schülers des bengalischen Dorfheiligen *Ramakrischna* (* 1836, † 1886), im „Parlament der Religionen" 1893 in Chicago. Zugleich kommt es zur Gründung einer indischen Textil-

Südasien – Zeit der britischen Vorherrschaft – Entwicklung von 1914–1945 *1059*

und Schwerindustrie durch *Jamshedij Tata* (* 1839, † 1904), welche die Briten jedoch zur Freihaltung des indischen Marktes für britische Waren nicht fördern.
Die Außenpolitik wird von der wachsenden *Furcht eines russischen Vorstoßes* nach Indien geleitet. Als Abwehrmaßnahmen dienen diplomatische Vorstöße in Zentralasien und die *Ausdehnung des britischen Einflusses auf Afghanistan* in drei Kriegen (1838–1842, 1878–1880, 1919). Ebenfalls nach drei Kriegen (1824–1826, 1852, 1885/1886) wird *Burma annektiert* und bleibt bis zum Jahr 1937 ein Teil von Britisch-Indien.

Die im Zuge der *Reformpolitik* des Vizekönigs *George, Lord Curzon* (* 1859, † 1925; Amtszeit 1898–1905) durchgeführte, verwaltungstechnisch vernünftige *Teilung Bengalens* (1905) führt zu beträchtlicher Unruhe. Im Kampf gegen die „Zerreißung der bengalischen Nation" bildet sich die *Swadeschi-Bewegung*, die durch die Aufforderung zum Tragen einheimischer und zum Verbrennen importierter Textilien auf die schwierige Lage der indischen Textilindustrie hinweist und so zugleich ein augenfälliges Symbol für die vom radikalen Flügel des Kongresses geforderte Unabhängigkeit, *Swaradsch*, d. h. die „*Selbstregierung*" durch die Inder, findet.

Befürwortet wird die Teilung Bengalens von seiten der Moslems, die so eine Provinz mit überwiegend islamischer Bevölkerung gewinnen. Sie fühlen sich von dem durch Hindus geleiteten Kongreß nicht vertreten und gründen die *Moslem-Liga* (All India Muslim League), die vor allem auf eine getrennte Repräsentation der Moslems durch garantierte Sitze in gewählten Körperschaften drängt.

1906

1909 Dieses Ziel erreicht die Moslem-Liga in einer Verfassungsreform: durch die *Morley-Minto-Reform* (benannt nach dem Staatssekretär *John, Lord Morley* und den Vizekönig *Gilbert John Elliot, Lord Minto*) versucht die britische Regierung den Gemäßigten im Kongreß entgegenzukommen, indem der (seit 1892) gewählte Teil der Mitglieder in den gesetzgebenden Räten erheblich vermehrt wird.

1911 Bei der *Krönung König Georgs V.* in Delhi zum *Kaiser von Indien* wird die Teilung Bengalens zur Enttäuschung der Moslem-Liga, die auch nicht durch die Verlegung der Hauptstadt aus Kalkutta in die alte moslemische Hauptstadt Delhi aufgefangen wird, rückgängig gemacht.

1916 Diese Entfremdung zwischen der Moslem-Liga und den Briten führt zu einer Annäherung an den Kongreß, mit dem sich die Liga vorübergehend im *Lucknow Pakt* zu einer Interessengemeinschaft zusammenschließt.

Die Entwicklung von 1914–1945

Während des *Ersten Weltkrieges* kämpfen indische Truppen loyal auf der Seite der Briten. Zugleich gehen jedoch in Indien die Bestrebungen auf eine Unabhängigkeit hin weiter, etwa durch die Gründung der kurzlebigen *Home Rule League* 1916 durch *B. G. Tilak* und *A. Besant* (* 1847, † 1933). Zudem erhofft man sich in Indien als Ausgleich für die gewaltigen Kriegslasten mit dem Friedensschluß die Gewährung eines größeren politischen Freiraums.
Von 1918 bis zur Unabhängigkeit 1947 wird daher die Innenpolitik von Britisch-Indien durch das Ringen um Verfassungsreformen bestimmt. Außenpolitische Probleme treten bis zum Beginn des Zweiten Weltkrieges in den Hintergrund.
Als eine der bedeutendsten Persönlichkeiten der indischen Geschichte überhaupt darf **Mohandas Karamchand Gandhi** (* 1869, † 1948) gelten, dessen Wirken das indische Streben nach politischer Unabhängigkeit seit dem Ersten Weltkrieg maßgeblich beeinflußt. Gandhi, dem 1915 der Beiname **Mahatma**, „große Seele", verliehen wird, beginnt seine *gewaltlosen Kampfmethoden* des „bürgerlichen Ungehorsams" (Civil Disobedience) durch bewußtes Übertreten von Gesetzen sowie der „*Nichtzusammenarbeit*" (Non-Cooperation) bei der Verteidigung und Ausweitung von Rechten für Inder in Südafrika zu entwickeln. Seine theoretische Grundlage ist dabei das „*Festhalten an der Wahrheit*" (Satjagraha), das unbeirrbare Eintreten für das als wahr Erkannte, wodurch Gandhi seine Gegner zur Einsicht zwingen will. Gandhi kehrt im Januar 1915 nach Indien zurück und setzt sich zunächst energisch für die Unterstützung Großbritanniens durch Indien im Ersten Weltkrieg ein.

1917
20. Aug. Der Indienminister *Edward Montagu* (1917–1922) kündigt eine neue, die *Morley-Minto Reformen* von 1909 fortführende *Verfassung für Indien* vor dem Unterhaus in London an.

1918
8. Juli Zusammen mit dem Vizekönig (1916–1921) Frederick John Napier, Lord Chelmsford (* 1868, † 1933) legt er einen Bericht vor.

1919
23. Dez. Dieser Bericht dient als Grundlage für den **„Government of India Act";** die neue Verfassung trennt die Verantwortlichkeiten der Zentralregierung, die weiterhin keiner demokratischen Kontrolle unterliegt und vor allem für Außenpolitik, Verteidigung und Strafrecht zuständig ist, von denen der Provinzregierungen. Hier wird die „*Doppelherrschaft*" (Diarchie) eingeführt: die „*vorbehaltlosen Ressorts*" (reserved subjects), wie Polizei und

1060 Außereuropäische Welt bis 1945 – Asien

Finanzen, werden vom Gouverneur und seinem Exekutivrat aus zwei Indern und zwei Briten verwaltet, während die *„übertragenen Ressorts"* (transferred subjects), wie das Erziehungswesen, indischen Ministern anvertraut werden, die den nach einem komplizierten Schlüssel gewählten *Gesetzgebenden Räten* der Provinzen verantwortlich sind.

6. Febr. Das Gesetzeswerk tritt zunächst nicht in Kraft, da die Regierung aus Furcht vor subversiven Tätigkeiten durch die *„Rowlatt-Gesetze"* (Pressezensur, Präventivhaft und Schnellgerichte gegen politische Täter) eine Fortsetzung des Kriegsrechtes durchsetzt.

6.–18. Gegen die Rowlatt-Gesetze unternimmt Mahatma Gandhi einen *„Satjagraha-Feldzug",*
April den er abbricht, als es zu Gewalttätigkeiten kommt.

13. April Am folgenschwersten sind die Ereignisse im Pandschab, als auf eine verbotene Versammlung im Jallianwala-Park in Amritsar ohne Warnung das Feuer eröffnet wird (etwa 400 Menschen getötet und über 1000 verletzt: *Blutbad von Amritsar*).

1920 Der Bericht der *Hunter-Kommission* wird veröffentlicht, der nicht in der von Indien ge-
28. Mai wünschten Eindeutigkeit die Ereignisse von Amritsar verurteilt. Der Indische Nationalkongreß beschließt daraufhin, die am 1. Januar 1921 in Kraft getretene Verfassung von 1919 zu boykottieren.

Unter der Führung Gandhis beginnt der National-Kongreß einen *Feldzug* der Nichtzusam-
1922 menarbeit und des bürgerlichen Ungehorsams (Civil Disobedience), der jedoch nach der
5. Febr. Ermordung von 22 Polizisten in dem Dorfe Chauri Chaura (Uttarpradesh) abgebrochen wird. Damit endet diese Bewegung, ohne daß das von Gandhi angestrebte Ziel des *„Swaradsch"* (Selbstherrschaft) innerhalb eines Jahres erreicht wird.

1922–1924 Mahatma Gandhi ist in Haft.

Innerhalb des Kongresses kommt es zu einer Spaltung. Unter der Führung der Liberalen *Chitta Ranjan Das* (* 1870, † 1925) und *Motilal Nehru* (* 1861, † 1931) wird innerhalb des Kongresses die *Swaradsch-Partei* gegründet, die gegenüber den „Non-Changers", die an der Politik Gandhis festhalten, als „Changer" (Veränderer) eine Mitarbeit innerhalb der Verfassung von 1919 fordern, um sie von innen zu behindern. Bei den Wahlen von 1923 erringt die Swaradsch-Partei einen großen Erfolg. Sie kann jedoch auf die Dauer ihre Ziele nicht erreichen, da sie von der Obstruktion zwangsläufig zur Mitarbeit an der Regierung geführt wird. Sie verfällt langsam nach dem Tode von C. R. Das.

1924 Eine Kommission zur *Überprüfung der Verfassung* von 1919 legt einen geteilten Bericht
Dez. vor. Die indische Minderheit spricht sich geschlossen gegen das Prinzip der Diarchie aus.

1928 Eine *zweite*, von J. Simon geleitete *Kommission* bereist Indien zur Ausarbeitung von Vorschlägen, um die Verfassung von 1919 weiterzuführen (veröffentlicht am 7. Juni 1930). Da sie nur aus Briten besteht, stößt sie auf scharfe Ablehnung des National-Kongresses, der eine *Gegenkommission unter Motilal Nehru* einsetzt. Sie beschließt ein Ultimatum an die britische Regierung mit der Aufforderung, den *Dominion-Status* in Jahresfrist zu gewähren, was sich die Jahresversammlung des National-Kongresses in Kalkutta zu eigen macht.

22. Dez. Die Annahme eines gleichzeitig vorgelegten Verfassungsentwurfs durch eine Konferenz aller Parteien in Kalkutta scheitert am Einspruch der Moslem-Liga.

1929 Einlenkende Erklärung des Vizekönigs (1926–1931) Lord Irwin, die den Dominion-Status
31. Okt. in Aussicht stellt und eine Round-Table-Konferenz aller Beteiligten über Probleme der künftigen Verfassung vorschlägt.

29. Dez. Da die Regierung in London die Erklärung von Lord Irwin weitgehend zurücknimmt, fordert der National-Kongreß in Lahore die *volle Unabhängigkeit* (Purnaswaradsch). Als diese Forderungen nicht erfüllt werden, überträgt der National-Kongreß Mahatma Gandhi die Organisation einer *Kampagne des zivilen Ungehorsams*. Gandhi wählt die *Salzgesetzgebung von 1836*, die durch hohe Besteuerung die Salzgewinnung in Indien zum Erliegen gebracht hat, als Ziel der Bewegung.

1930 Im „Salzmarsch" geht Gandhi von Aschram bei Ahmedabad/Gudscharat mit ausgewähl-
12. März ten Gefährten ans Meer nach Dandi, bricht durch Auflesen einiger Salzkristalle das Salz-
–16. April monopol und wird verhaftet. Die Bewegung breitet sich über Indien aus und führt auch mitunter zu terroristischen Aktivitäten.

Der Vizekönig Lord Irwin hält durch exekutive Maßnahmen, vor allem aber durch Verhandlungen mit Gandhi, die Situation unter Kontrolle.

1931 Im *Gandhi-Irwin-Pakt* wird vereinbart, die Bewegung zu unterbrechen; als Gegenleistung
5. März werden alle politischen Gefangenen auf freien Fuß gesetzt.

7. Sept. Gandhi reist nach England, um als einziger Vertreter des National-Kongresses an der
–1. Dez. *zweiten Round-Table-Konferenz* teilzunehmen, nachdem die erste (12. November bis 19. Januar 1931) ohne Beteiligung des National-Kongresses getagt hat. Die Konferenz scheitert an der Unlösbarkeit der Probleme bei der Ausarbeitung eines Wahlverfahrens für die Parlamente. Es wird kein Weg gefunden, den Minderheiten, wie Moslems oder kastenlosen Hindus, durch garantierte Sitze ausreichenden Schutz gegen eine Majorisierung durch die erdrückende Hindu-Mehrheit zu sichern. Gandhi kehrt mit leeren Händen zurück.

Südasien – Entwicklung von 1914–1945   *1061*

1932 16. Aug.	Daher fällt der britische Premierminister *Ramsey MacDonald* einseitig einen Schieds-spruch über den Schutz religiöser Minderheiten *(Communal Award)*, der auch die Hindus bei Wahlen in Kastenhindus und Kastenlose spaltet.
24. Sept.	Diese Regelung wird nach der Androhung Gandhis, bis zum Tode zu fasten, im Puna-Pakt zurückgenommen, während die getrennten Wahllisten für Moslems bleiben. Nach Er-reichen dieses Zieles zieht sich Gandhi aus der Politik zurück und wendet sich sozialen Fragen zu.
17. Nov. – 24. Dez.	Nach einer *dritten Round-Table-Konferenz,* die nur über Berichte der von der zweiten Konferenz eingesetzten Kommission berät, veröffentlicht die britische Regierung ein Weißbuch (März 1933), in dem die Grundlage für die Verfassung von 1935 gelegt wird.
1935 **4. Aug.**	Eine **neue Verfassung** wird **erlassen.** Sie sieht eine Föderation zwischen den Provinzen von Britisch-Indien und den durch Einzelverträge der Britischen Krone verbundenen Fürsten-staaten vor. Der föderative Teil tritt jedoch nicht in Kraft, da die indischen Fürsten den Zutritt zur Föderation verweigern. In den Provinzen wird die Diarchie abgeschafft; sie wer-den von indischen Ministern regiert, die einem gewählten Parlament verantwortlich sind.
1937 **1. Jan.**	Dieser Teil der **Verfassung tritt in Kraft.** Zugleich scheidet **Burma** aus dem Verband von Britisch-Indien aus und wird eine eigene Kronkolonie. Bei den *ersten Wahlen* nach der neuen Verfassung gewinnt der National-Kongreß in sechs Provinzen eine deutliche Mehrheit, während die Moslem-Liga auch in den vorwiegend islamischen Provinzen in der Minderheit bleibt. Indische Minister sammeln bis zum Aus-bruch des Zweiten Weltkrieges in den Provinzkabinetten wichtige Regierungserfahrungen.
1939 27. Okt. – 17. Nov.	Als beim Ausbruch des Weltkrieges der Vizekönig *Lord Linlithgow* (1936–1943) ohne vorherige Konsultation von National-Kongreß und Moslem-Liga Indien zum kriegführen-den Land erklärt, treten die dem National-Kongreß angehörenden Minister zurück.
1940 März	Da die Moslem-Liga auch weiterhin mit den Briten zusammenarbeitet, vertieft sich der Spalt zwischen ihr und dem National-Kongreß, vor allem nachdem die Moslem-Liga die Forderung nach einem eigenen islamischen *Staat Pakistan* zu ihrem offiziellen Programm erhebt.
8. Aug.	Nach Verhandlungen mit dem National-Kongreß und der Moslem-Liga zur Entspannung der innenpolitischen Lage verspricht der Vizekönig Lord Linlithgow im *„August-Angebot"* den Dominion-Status für Indien.
17. Okt.	Der Kongreß lehnt das Angebot ab, da es keinen Zeitplan enthält, und beantwortet es mit einem *Feldzug des „bürgerlichen Ungehorsams",* der durch Massenverhaftungen unter-drückt wird.
17. Dez.	Der National-Kongreß bricht den Feldzug ab.
1941 23. Dez.	Auf der *Konferenz von Bardoli* trifft der National-Kongreß unter dem Eindruck der rasch in Südostasien vorrückenden japanischen Truppen Vorbereitungen für den Fall einer japa-nischen Invasion in Indien.
1942 23. März – 12. April	Das britische Kabinett entsendet vor allem unter dem Druck der Alliierten eine Gesandt-schaft unter Sir Stafford Cripps *(„Cripps Mission"),* die, ohne ein befriedigendes Angebot zu unterbreiten, mit allen politischen Führern Indiens Gespräche führt.
8. Aug.	Das Scheitern der „Cripps Mission" beantwortet der National-Kongreß mit der *„Quit India"-(„Verlaßt Indien"-)Bewegung,* die die sofortige Unabhängigkeit fordert, damit Indien aus eigener Kraft seine von den aus Burma hereindrängenden Japanern bedrohten Grenzen verteidigen könne.
9. Aug.	Die darauf vorbereitete Regierung von Britisch-Indien verhaftet in schnellem Zugriff die führenden Persönlichkeiten des National-Kongresses. Dadurch bricht die Bewegung sofort zusammen. Weil der National-Kongreß bis zum Kriegsende an der indischen Innenpolitik nicht mehr mitwirkt, werden die Moslem-Liga und andere kleinere, oft religiös bestimmte Gruppierungen gestärkt. – *(Forts. S. 1551, 1564)*

Islamisch-arabische Welt

Die Entstehung des Islams

Die *Arabische Halbinsel,* Ausgangspunkt verschiedener Vorstöße semitischer Völker nach Norden und Westen und in ihren Randgebieten dauernd kulturellen Einflüssen aus überseeischen Nachbarstaaten offen, wird im 7. Jh. kurzfristig einer der Mittelpunkte des Weltgeschehens und gleichzeitig Ursprungsland der zahlenstärksten und folgenreichsten, aber auch letzten *semitischen Auswanderungswelle.* Von einer **neuen Religion** und damit einer neuen Weltsicht ausgehend, gelingt es den Arabern, ihr Volkstum über bisher ungeahnte Weiten auszubreiten, ohne dadurch ihre Identität zu verlieren. Ihr Vorstoß spaltet die bisher durch die Trennung in östliches und westliches Christentum gegliederten Anrainer des Mittelmeers zusätzlich. Dem christlichen Norden und Westen tritt ein islamischer Süden und Osten gegenüber, wobei allerdings Spanien jahrhundertelang weithin der islamischen Oberhoheit untersteht. Der islamische Vorstoß bewirkt zwar eine weitgehende Abwanderung der griechisch und lateinisch sprechenden Bevölkerung aus seinem Herrschaftsbereich, beläßt aber im übrigen der semitischen, koptischen, berberischen, persischen Bevölkerung ihren Lebensraum, weithin auch ihre religiöse Überzeugung und ihre kulturelle Überlieferung. Das neue Reich vereinigt auch manche bisher (etwa zwischen dem Oströmischen und dem Sasanidisch-Persischen Reich) getrennte Gebiete. Dadurch wachsen Kulturströme viel leichter als bisher zusammen, befruchten den regen arabischen Geist und werden zur Grundlage einer ungewöhnlichen Kulturblüte.

um 570	**Mohammed** (Mohámmed = der Gepriesene), Sohn des *Abd Allah,* in *Mekka* aus einem verarmten Zweig der Familie der *Koraisch* geboren und früh verwaist, wächst bei einem Oheim in bescheidenen Verhältnissen auf und wird Kaufmann.
595	Durch die Heirat mit einer reichen Witwe, *Chadidscha* (* um 555, † um 619), kommt er in behagliche Verhältnisse, lernt auf Reisen Teile Arabiens und wohl auch Syriens kennen und kann vermutlich auch lesen und (etwas) schreiben.
seit 610	Mit zunehmendem Alter mehr und mehr von religiösen Skrupeln ergriffen und in wachsender Angst vor dem Weltende und Gottesgericht, glaubt er durch Vermittlung des Erzengels Gabriel unmittelbare Offenbarungen Gottes zu erhalten, die ihn zum Propheten seiner Nation und zum Verkünder einer neuen Religion berufen. Doch findet er lange Zeit nur wenige, meist sozial niedrig stehende Anhänger, darunter freilich Chadidscha und sein Vetter *Ali,* erst später einige Einflußreiche, darunter die drei ersten Kalifen.
622 Ende Sept.	Nach schweren Auseinandersetzungen muß er seine Heimatstadt verlassen und nach Medina übersiedeln. Die *Hedschra* bedeutet die Entstehung des islamischen Staates in einer Stadt, deren arabische Bewohner ihn als Schlichter innerer Streitigkeiten berufen haben. Hier wird Mohammed mehr und mehr zum Staatsmann mit einem großen Harem, in diesem seine spätere Lieblingsfrau *Aischa.* In seine Offenbarungen mischen sich nun Weisungen für sein politisches Verhalten, ja sogar zur Beilegung von Auseinandersetzungen im Harem; er geht daran, seine Heimatstadt einzukreisen.
624	Dabei erleidet er nach dem *Sieg bei Badr* die Niederlage am Berg *Ohod* (625).
627	Er kann aber eine *Belagerung Medinas* durch die Mekkaner überstehen, die dortigen jüdischen Stämme vertreiben oder ausrotten, mehrere Beduinenstämme als Bundesgenossen gegen Mekka gewinnen.
630	Mohammed besetzt seine Heimatstadt Mekka fast ohne Gewalt und reinigt die *Kaaba* (Ka'ba) von „heidnischen" Zutaten: die irdische Krönung seines Lebenswerkes.
632 8. Juni	Der Prophet Mohammed stirbt in Medina, wo er auch begraben liegt; er hinterläßt keinen Sohn.

Die Lehre Mohammeds

Mohammed, zuletzt gleichermaßen religiöser und politischer Führer, hat, nach Schilderungen der Endzeit und des Gerichts in glühenden Farben, in seine Offenbarungen mehr und mehr auch Verordnungen über das religiöse Leben, Prophetengeschichten als mahnende Beispiele und allerlei andere Erzählungen eingeflochten. Die zeitlich letzten Offenbarungen betreffen weithin staatspolitische und sozialethische Fragen in oft langatmiger Diktion. Sie werden – vielleicht nicht ganz lückenlos – von seinem Sekretär aufgezeichnet, aber erst etwa 650 in 114 „Suren" fallender Länge mit insgesamt 6236 Versen (ajat; eigentlich „Wunderbeweise") gesammelt (die Zählung und damit die Gesamtzahl der Verse schwankt etwas). Die Sammlung bildet seither als **„Koran"** (Koran = Rezitationsstück) das ewige, unveränderliche Wort Gottes an das „Siegel der Propheten" und durch ihn an die gesamte Menschheit. Der Koran, im mekkanischen Dialekt des Arabischen – Mohammeds Muttersprache – unter Anklängen an die ältere „Dichtersprache" niedergelegt, darf zu kultischen Zwecken nicht übersetzt werden und hat bis heute eine

Entstehung des Islams *1063*

ungemein nachhaltige Wirkung auf die Muslime (Moslems) ausgeübt. Er lehrt einen *absoluten Monotheismus* mit Verwerfung der Dreifaltigkeit, Vergeltung der Taten des Menschen im Jüngsten Gericht, neigt der Vorherbestimmung des menschlichen Schicksals zu, regelt viele Gebiete des Lebens (kultische Fragen, Ehe-, Erbrecht, wirtschaftliche Fragen), legt die *religiösen Pflichten* fest (Glaube an Gott und Mohammed als – rein menschlichen – Propheten; Fasten untertags im Monat Ramadan; Almosen; mehrmaliges tägliches Gebet; Wallfahrt nach Mekka, wenn gesundheitlich und finanziell möglich) und gilt auch stilistisch als unübertrefflich. Der Koran wird vom *Bericht* (Hadith) über das normative Reden und *Handeln des Propheten* Mohammed *(Sunna)* ergänzt. Dieser *Hadith* wird während der ersten drei Jahrhunderte des Islams in umfangreichen Sammlungen kodifiziert (der „Korrekte" von al-Buchari [*810, †870] und fünf Werke ähnlich großer Bedeutung) und seither ebenso wie der Koran häufig kommentiert und später durch Analogieschluß (Kijas) und Übereinstimmung der Gemeinde (in Wirklichkeit: der Gelehrten; Idschma) ergänzt.

Der **Heilige Krieg** (Dschihad) zur Ausbreitung des islamischen Staatsgebietes (nicht zur gewaltsamen Durchsetzung des Islams bei „Ungläubigen"!) kann hingegen von einem Teil der waffenfähigen Männer stellvertretend für die Gesamtgemeinde durchgeführt werden.

632–634 Nach Mohammeds unerwartet frühem Tod in Medina wird Aischas Vater, der überlegene und besonnene *Abu Bekr* (*um 573), zum ersten Stellvertreter (= Chalifa; danach *Kalif*) des Propheten bestimmt. Ihm gelingt es, die Gemeinde gegenüber einer um sich greifenden Abfallbewegung zusammenzuhalten und prophetische Nebenbuhler zu überwinden.

634–644 So hat *Omar I.* in zielbewußten, weit ausgreifenden Feldzügen das Gebiet der islamischen Herrschaft (das Kalifat) auf die gesamte Arabische Halbinsel, Palästina (638 Jerusalem) und Syrien, das Zweistromland, große Teile Persiens sowie auf Ägypten ausgedehnt. Überall werden die Militärkommandanten gleichzeitig Statthalter. Omar I. wird zum eigentlichen Schöpfer des islamischen Weltreichs. Als erster trägt er auch den Titel *Herrscher der Gläubigen* (Amir al-Muminin).

644–656 Nachdem er von einem christlichen Perser aus Privatrache ermordet worden ist, zeigen sich unter *Othman*, einem Schwiegersohn Mohammeds, ausgedehnte Zerfallserscheinungen. Die Statthalter der neuen Provinzen handeln weithin selbständig, im Innern mischt sich der Hader einzelner Gruppen mit der beginnenden Herausbildung der islamischen Konfessionen. Der fromme Kalif, dem man die Redaktion des Korans (um 653) verdankt, wird von aufständischen Landsleuten in Medina ermordet.

656–661 *Ali* (*um 602), Vetter und (durch *Fatima,* *607, †632) Schwiegersohn Mohammeds, kann sich nicht allgemein durchsetzen. Syrien, unter dem Statthalter *Moawija,* einem Verwandten Othmans, tritt für Blutrache an dessen Mördern ein.

656 Alis Truppen bleiben in der *Kamelschlacht* (der Aischa [†678] von einem Kamel aus zu-
Dez. sieht) siegreich.

657 Bei *Siffin* am mittleren Euphrat (südöstlich von Edessa) kann Ali der syrischen Truppen
Juli Moawijas nicht Herr werden. Seine Anhänger spalten sich: Der Partei Alis (Schiat 'Ali, kurz *Schia* genannt) stehen die Sezessionisten *(Charidschiten)* gegenüber, die Ali sein Nachgeben bei Siffin vorhalten und blutig niedergeworfen werden müssen. Inzwischen setzt ein Schiedsgericht Ali (und nominell auch Moawija) ab. Ali wird auf das südliche Zweistromland beschränkt.

661 Ermordung Alis durch einen Charidschiten.

Die Konfessionen des Islams

Mit dem Tod Alis ist der Islam – 29 Jahre nach dem Tod seines Gründers – in *3 Konfessionen* gespalten, die sich bis zum heutigen Tag erhalten haben. Die **Charidschiten**, fanatische Gegner aller übrigen Gruppen und Träger der Überzeugung, daß jeder Kalif werden könne, wenn er nur der Frömmste sei (aber gerade über diese Frage in zahlreiche Untergruppen zersplalten), bilden als beduinisch-arabisches Element etwa 200 Jahre lang im Osten des Kalifats und bei den Berbern eine sehr ernste Gefahr, verschwinden aber dann durch Niederlagen und inneren Zerfall fast völlig; heute befinden sich Reste in Oman, auf einigen Inseln und Oasen des Maghrebs.

Ihnen stehen in schroffem Gegensatz die **Schiiten** gegenüber, Vertreter der Überzeugung, daß die Leitung der Gemeinde durch „Imame" Ali und seinen Nachfahren aus der Ehe mit Fatima, den Sajjids und Scherifen, gebühre. Bei dieser Gemeinschaft machen sich in späteren Jahrhunderten manche nichtarabische, vor allem persische religiöse Auffassungen geltend, besonders die Lehre von einem unverlierbaren göttlichen Charisma. Da Alis Nachfahren sehr zahlreich sind, kommt es auch hier zu vielerlei Spaltungen, die die Kraft der Schiiten wesentlich schwächen, bis zum heutigen Tag andauern und den Einfluß der Schiiten lange Zeit hindurch verhältnismäßig einschränken.

In der Mitte steht die große Masse der Leute der prophetischen „Überlieferung (= Sunna) und der Gemeinschaft", die **Sunniten**, die das Kalifat zwar den nächsten Verwandten des Propheten in männlicher Linie vorbehalten möchten, aber innerhalb dieses Kreises wenigstens theoretisch auf freier Wahl beste-

1064   Außereuropäische Welt bis 1945 – Islamisch-arabische Welt

hen und auch die Verwandtschaft mit dem Propheten nicht als unabdingbar ansehen. Doch stammt die zweite Kalifendynastie der Abbasiden von einem Oheim des Propheten ab. Die Sunniten haben stets die überwiegende Mehrzahl der Muslime dargestellt; heute mindestens 92%. In ihrem Rahmen beginnt schon früh eine lebhafte theologische Auseinandersetzung, die um die Frage des freien Willens oder der Vorherbestimmung, das Verhältnis des ewigen Gottes zu seinen Attributen, insbesondere zum Koran, um eine menschenähnliche oder rein geistige Auffassung von Gottes Wesen kreist und sich zum Teil in sehr subtile Spekulationen verliert.

um 651   Die erste islamische Ausbreitungswelle verläuft sich, nachdem sie bis in die Cyrenaica, an die ostiranischen Gebirge und an den Oxus vorgedrungen ist. Kleinasien bleibt in byzantinischer Hand.

Das Kalifenreich

Die Zeit der Omajjaden (661–750)

Die Omajjaden

661 — 680	Moawija I.
680 — 683	Jasid I.
683 — 684?	Moawija II.
684 — 685	Merwan I.
685 — 705	Abdalmalik ibn Merwan
705 — 715	Walid I.
715 — 717	Suleiman ibn Abdalmalik
717 — 720	Omar II. ibn Abdal Asis
720 — 724	Jasid II.
724 — 743	Hischam ibn Abdalmalik
743 — 744	Walid II.
744	Jasid III.
744 — 745	Ibrahim ibn al-Walid ibn Abdalmalik
745 — 750	Marwan ibn Mohammed ibn Marwan

661–680   Der erste Kalif aus der neuen Dynastie der Omajjaden, *Moawija I.*, mit der Residenz in Damaskus, versteht es, das Reich mit straffer Hand, aber doch im Rahmen der altererbten *Oligarchie der Stammesältesten* (Scheiche) und angesehener Persönlichkeiten zu regieren. Unter ihm herrscht eine kurze Periode der inneren Ruhe und damit der Stabilisierung, die freilich unter seinen Nachfolgern rasch zu Ende geht.

674/678   Nach Kleinasien hinein unternehmen die Moslems fast jährlich Vorstöße. Von *Kyzikos* aus wird *Konstantinopel belagert.*

679   Byzanz entschließt sich in einem Friedensschluß (erneuert 697) zur Tributzahlung.

680
10. Okt.   Den *Schiiten* gibt der Schlachtentod des Prophetenenkels *Husain*, der die Leitung der Gemeinde beansprucht, bei Kerbela im Kampf gegen omajjadische Truppen ihr Passionsmotiv, das diese Konfession seither zusätzlich von der Sunna abhebt. Dieses Ereignis wühlt weite Kreise – die freilich Husain in entscheidender Stunde meist im Stich gelassen haben – tief auf und untergräbt im Lauf der nächsten Jahrzehnte das Ansehen der Omajjaden im-

bis 692   mer mehr. Die Herrschaft der Omajjaden wird durch *Bürgerkriege* erschüttert. Darauf folgt eine neue Periode innerer Ruhe, in der die wichtige *Provinz Irak* mit dem davon administrativ abhängigen *Persien* durch den Statthalter *al-Haddschadsch ibn Jusuf* († 714) verwaltet wird. Die Militärkolonien in *Kufa* und *Basra* bilden sich bald auch zu kulturellen Mittelpunkten heraus (zwischen beiden liegt *Wasit* = „Die Mittlere").

seit 696   Es erfolgt die allmähliche Einführung der arabischen Verwaltungs- und Kanzleisprache und ihre Verwendung in Urkunden und auf Münzen. Das Griechische im Westen und das Persische im Osten verschwinden binnen einer Generation aus der Verwaltung. Doch stehen sich (Gold-)Dinar im Westen, im ehemals byzantinischen Währungsgebiet, und (Silber-)Dirhem (von Drachme) im ehemals sasanidischen Osten noch Jh.e hindurch gegenüber. Das Wertverhältnis der beiden Metalle pendelt jahrhundertelang etwa um 12 : 1.

seit 693   *Armenien* (bis 885) untersteht unmittelbar der islamischen Oberherrschaft.

705–715   Unter *Walid I.* kann die zweite große Ausdehnungswelle des Islams organisiert werden, die über Nordafrika hinweg – wo Karthago (697) aus byzantinischer in arabische Hand über-

Kalifenreich – Zeit der Omajjaden – Zeit der Abbasiden   *1065*

711 geht – nach Spanien vorstößt (Vernichtung des Westgotenreichs) und im gleichen Jahr vom Südosten Irans aus das Industal um Multan erreicht.
In Syrien festigt sich die Stellung der Omajjaden, in deren Kanzlei häufig Christen arbeiten (so als junger Mann der spätere Kirchenvater *Johannes Damascenus*). Ein äußeres Zeichen der Konsolidierung ist die Umwandlung der Johanneskirche in Damaskus in eine Moschee.
Von *Kutaiba ibn Muslim* werden auch Transoxanien mit Buchara und Samarkand sowie Choresmien (südlich des Aralsees) unterworfen.

717/718 Eine Belagerung Konstantinopels scheitert trotz der Stärke der seit Jahrzehnten ausgebauten arabischen Flotte, die die Ägäis weithin beherrscht und Zypern, bald auch Kreta bedroht.

726/740 Kleinasien wird durch jährliche Einfälle heimgesucht.

732 Die Eroberung des Frankenreichs mißlingt *(Niederlage bei Tours und Poitiers)*, doch bleiben Teile der Provence sowie einzelne Festungen für Jahrzehnte in arabischer Hand.
Die auf dem Vorrang des Arabertums beruhende Herrschaft der Omajjaden, vielen Gläubigen zu weltlich eingestellt, stößt in frommen Zirkeln auf wachsenden Widerstand, besonders in Mekka und Medina, auch bei Schiiten und Anhängern der Auffassung, daß die

seit 744 Herrschaft den Verwandten des Propheten gebühre. Unter diesem Schlagwort arbeiten jahrzehntelang zwei Strömungen zusammen, denen es unter *Abu Muslim* gelingt, das Kalifat der Omajjaden zu stürzen.

Die Zeit der Abbasiden (750–1258)

Die Abbasiden

749 — 754	Abul Abbas as-Saffah
754 — 775	al-Mansur ibn Mohammed
775 — 785	al-Mahdi ibn al-Mansur
785 — 786	al-Hadi ibn al-Mahdi
786 — 809	Harun ar-Raschid ibn al-Mahdi
809 — 813	al-Amin ibn Harun ar-Raschid
813 — 833	al-Mamun ibn Harun ar-Raschid
833 — 842	al-Mutasim ibn Harun ar-Raschid
842 — 847	al-Wathik ibn al-Mutasim
847 — 861	al-Mutawakkil ibn al-Mutasim
861 — 862	al-Mustansir ibn al-Mutawakkil
862 — 866	al-Mustain ibn Mohammed ibn al-Mutasim
866 — 869	al-Mutass ibn al-Mutawakkil
869 — 870	al-Muhtadi ibn al-Wathik
870 — 892	al-Mutamid ibn al-Mutawakkil
892 — 902	al-Mutadid ibn al-Muwaffak
902 — 908	al-Muktafi ibn al-Mutadid
908 — 932	al-Muktadir ibn al-Mutadid
932 — 934	al-Kahir ibn al-Mutadid
934 — 940	ar-Radi ibn al-Muktadir
940 — 944	al-Muttaki ibn al-Muktadir
944 — 946	al-Mustakfi ibn al-Muktafi
946 — 974	al-Muti ibn al-Muktadir
974 — 991	at-Tai ibn al-Muti
991 — 1031	al-Kadir ibn Ishak ibn al-Muktadir
1031 — 1075	al-Kaim ibn al-Kadir
1075 — 1094	al-Muktadi ibn Mohammed ibn al-Kaim
1094 — 1118	al-Mustashir ibn al-Muktadi
1118 — 1135	al-Mustarschid ibn al-Mustashir
1135 — 1136	ar-Raschid ibn al-Mustarschid
1136 — 1160	al-Muktafi ibn al-Mustashir
1160 — 1170	al-Mustandschid ibn al-Muktafi
1170 — 1180	al-Mustadi ibn al-Mustandschid
1180 — 1225	an-Nasir ibn al-Mustadi
1225 — 1226	as-Sahir ibn an-Nasir
1226 — 1242	al-Mustansir ibn as-Sahir
1242 — 1258	al-Mustasim ibn as-Sahir

1066   Außereuropäische Welt bis 1945 – Islamisch-arabische Welt

749/750   Die Dynastie der Abbasiden kommt zur Herrschaft, von *Abbas*, einem Oheim des Propheten, abstammend. Den Schiiten ist damit endgültig der Weg zur Macht versperrt.

756   Die Omajjaden werden blutig verfolgt, doch gelingt es dem Prinzen *Abd ar-Rahman I.*, dem „Falken der Koraisch", in *Córdoba* (Spanien) ein eigenes „Emirat" zu gründen: der erste vom Kalifat unabhängige islamische Staat, der sich alsbald blühend entwickelt und *Spanien* weithin mit arabischem und islamischem Wesen durchdringt.

762   Die Abbasiden erheben unter *al-Mansur* (754–775) das Dörfchen *Bagdad* (persisch „Gottesgabe") zu ihrer *Residenz* und damit das Zweistromland zum Mittelpunkt des Kalifenreiches. Hier entsteht nun, vom nahen Persien nachhaltig beeinflußt und auch von vielen hierher gekommenen Persern getragen, die islamische Kultur mit ihren bedeutsamen Leistungen in Philologie, Literatur, Geschichtsschreibung, Erdkunde, Naturwissenschaften, Medizin und Technik: in ihrer Prägung nicht mehr rein arabisch, aber doch noch lange von der arabischen Sprache getragen, die sich gegenüber älteren semitischen Idiomen und gegenüber dem Koptischen mehr und mehr als Umgangssprache durchsetzt, aber das im Gebirgsland besser geschützte Persische bestehen läßt.

775–785   Unter *al-Mahdi* wird das abbasidische Kalifat als Despotie fest etabliert und kann gegenüber allen religiösen Sonderbestrebungen behauptet werden.

786–809   Unter der iranischen Wesirsdynastie der *Barmakiden* (bis 803) erreicht das Kalifat unter **Harun ar-Raschid,** dessen Weisheit und Glanz in Tausendundeiner Nacht widergespiegelt

813–833   werden, seinen politisch und kulturell höchsten Rang, den sein Sohn *al-Mamun* noch bewahren kann.

Islamische Kunst und Kultur zur Kalifenzeit

Die *spätantik-hellenistische Wissenschaft,* durch meist christliche (oft nestorianische) Syrer aus dem Griechischen oder Syrischen ins Arabische übertragen, befruchtet den islamischen Geist in der fühlbarsten Weise. Überdies strömen in Bagdad alle Reichtümer Asiens zusammen: Neben den einheimischen Erzeugnissen vermittelt der Handel die Produkte Indiens und selbst Chinas (Porzellan, Seide). Von Nordpersien aus beherrschen die Araber weithin den Handel zu den Normannen in Rußland und Schweden sowie den Slawen Osteuropas. Ostislamische Silbermünzen gelangen in unübersehbarer Menge bis nach Schweden, Dänemark, Norddeutschland und in einzelnen Stücken bis nach England und Island (oft nach dem Gewicht bewertet: „Hacksilber").
Durch *al-Kindi* († nach 870), *ar-Razi* († 923 oder 932), *al-Farabi* († 950), *Avicenna* (* 980, † 1037) und viele andere (der Abstammung nach oft Perser) entsteht eine *islamische Philosophie,* die sich in mannigfacher Weise mit der Theologie auseinandersetzt, für die Fragen der Offenbarung, der Ewigkeit des Korans sowie das Problem des freien Willens im Gegensatz zwischen *Mutasiliten* und *Orthodoxen* zu langen und heftigen Erörterungen führen. Daneben entwickelt sich im Zweistromland und in Persien eine immer stärker anschwellende mystische Bewegung, der *Sufismus,* die zur Verinnerlichung des bisher stark gesetzlichen Islams, zur Pflege des individuellen Gebetslebens, zur Hochachtung der Askese, auch zur Mission des Islams unter Andersgläubigen wesentlich beiträgt und ihm ungezählte Scharen bisheriger Christen, Manichäer, Zoroastrier – weniger Juden – zuführt. – Die Kunst, durch das sakrale Bilderverbot eingeschränkt, entwickelt eine großartige Bautätigkeit und eine reiche Ornamentik (Arabesken) sowie eine bewundernswerte Schriftkunst.

9./10. Jh.   Neben der Ausgliederung Spaniens (756) erfolgt die Loslösung weiterer Gebiete von der Zentralgewalt: im Westen die *Aghlabiden* (800–909) in Tunesien und Tripolitanien, später im Niltal die *Tuluniden* (868–906) und *Ichschididen* (935–969). Im Osten beherrschen die *Tahiriden* (821–873) und die *Samaniden* (873–999) Nordostpersien und Transoxanien (mit den Residenzen Nischapur und Samarkand). Sie bilden unabhängige Staaten, die aber die Oberhoheit des Kalifen formell anerkennen.

Regionale Entwicklungen bis zum 11. Jh.

Durch die allgemeine Anerkennung der Kalifenoberhoheit wird die *islamische Oikumene* (al-Mamlaka al-islāmija) nicht gesprengt. Die Freizügigkeit für Kaufleute, Gelehrte und andere bleibt gewahrt und trägt nachhaltig zur Herausbildung des islamischen Gemeinschaftsgefühls bei, das seitdem zum Kern des islamischen Selbstgefühls wird. Erst 847 erweist sich die sunnitische Orthodoxie als siegreich im Kampf der Lehrmeinungen und wird von den Kalifen offiziell vertreten.
Außenpolitisch ändert sich die Lage wenig. Die Grenze gegen Byzanz und Kaukasien, in Innerasien gegen die Türken, in Nubien, weiter in Nordafrika gegen die Berberstämme der Sahara bleibt trotz vieler einzelner Vorstöße fast völlig stabil. Freilich kommt es (besonders von Kreta aus) verschiedentlich zu Seegefechten mit Byzanz:
910/932   910 um Zypern; 911 Sieg bei Samos; 932 Niederlage bei *Lemnos.*

Kalifenreich – Zeit der Abbasiden   *1067*

Die *religionspolitischen Auseinandersetzungen*, fast ausschließlich auf das Zweistromland und Iran beschränkt, während die Bewohner anderer Gebiete sich damals theologisch kaum hervortun, synkretistische Sekten (Papak 817–837), *soziale Unruhen*, die im langwierigen Aufstand der Sandsch (Negersklaven im Sumpfgebiet des südlichen Zweistromlandes, Ende des 9. Jahrhunderts) ihren Höhepunkt erreichen, und der *Verfall der arabischen Militärorganisation* zwingen die Kalifen seit der Mitte des 9. Jh.s, in immer stärkerem Maße *türkische Sklaven als Soldaten* einzustellen, die sich rasch zu einer Prätorianergarde zusammenschließen. Die Türken nehmen die sunnitische Form des Islams an, bereiten aber den Kalifen, die 838–883 in *Samarra* (120 km nördlich von Bagdad) residieren, als Prätorianer mannigfache Schwierigkeiten.

Das eröffnet *neuen Lokaldynastien* (den *Saffariden* in Fars und Nachbargebieten, 867–901, ferner vielen kleinen Dynastien im nördlichen Iran, in Aserbaidschan und sonst) die Möglichkeit, sich durchzusetzen. Sie reiben sich freilich oft in gegenseitigen Kämpfen auf.

Gleichzeitig verstärkt sich die extrem *schiitische Richtung* der Ismailiten, von der ein Zweig, die *Karmaten*, seit etwa 890 den südlichen Irak sehr nachhaltig in Unruhe versetzt, während eine andere, auch dogmatisch verschiedene Spielart, die *Fatimiden* (nach Mohammeds Tochter Fatima genannt), sich 909 im heutigen Algerien und Tunesien gegen die *Aghlabiden* durchsetzt. Sie schaltet hier die *charidschitische Richtung* aus, bedrängt die Sunniten schwer und erobert 969 nach wiederholten Anläufen *Ägypten*, wo 973 *Kairo* (die Stadt des Planeten „Mars") als neue Landeshauptstadt entsteht. Die hier gegründete *Ashar-Hochschule* ist ein Mittelpunkt ismailitischer Propaganda.

Die neue Dynastie (969–1171), deren Oberhaupt sich – nach dem Vorbild der Kalifen von Córdoba (seit 929) – ebenfalls Kalif nennt, ist vom Niltal aus eine schwere Bedrohung des abbasidischen Kalifats, das unter der ebenfalls schiitischen, aber anderskonfessionellen (saiditischen) Hausmeierdynastie der *Bujiden* (945–1055) steht (Amir al-umara = oberster Emir). Die Bujiden besetzen auch Teile Persiens; ihr kraftvollster Repräsentant ist *Adud ad-Daula* († 983). Unter ihm breitet sich die *ismailitische Propaganda* vor allem im persischen Raum immer stärker aus und unterhöhlt die Grundlagen des Kalifats. Anfang des 11. Jh.s scheint diese Konfession Aussicht zu haben, sich wenigstens im Osten des Islams durchzusetzen. Die Kalifen, von den Bujiden in engen Schranken gehalten, sind nicht in der Lage einzugreifen; die *Samaniden* sind ebenfalls in inneren Streitigkeiten zerfallen. Der *Grenzkampf gegen Byzanz* wird vor allem von Lokaldynastien im Norden getragen, unter denen die *Hamdaniden* hervorragen.

Die Fatimiden (909/969–1171)

909
969   Als Verfechter der extrem-schiitischen Geheimlehre setzen sich die Fatimiden gegen die *Aghlabiden* in Nordafrika durch. Nach mehreren Anläufen können sie *Ägypten* erobern.

953–996   Ihre ersten Herrscher (*al-Muiss*, 953–975, und sein Sohn *al-Asis*, 975–996) sind kraftvolle Persönlichkeiten, denen freilich die Bekehrung der sunnitischen Ägypter zu ihrem ismailitischen Glauben auch nicht gelingt. Sie müssen deshalb die Minderheiten (Kopten, Armenier, Juden) als deren Gegengewicht rücksichtsvoll behandeln.
Das Land steigt zu wirtschaftlicher Blüte auf, findet aber nicht den Anschluß an die Entwicklung der islamischen Wissenschaften wegen der Sonderkonfession seiner Herrscher.

996–1021   Unter dem zum Schluß wahnsinnigen Kalifen *al-Hakim* brechen innere Unruhen aus; mehrfach wird versucht, die Kopten gewaltsam zum Islam zu bekehren (später Rückkehr auf Wunsch erlaubt). Doch eben dieser Kalif findet in ismailitischen Kreisen Syriens glühende Verehrer, die in ihm eine Inkarnation Gottes sehen und ihn zum Mittelpunkt ihrer Religion machen: die *Drusen* (so nach ihrem Stifter *ad-Darasi* [† 1019] genannt), die sich im Libanongebirge – während des europäischen Mittelalters weithin unbeachtet – als besondere Gemeinden erhalten und im 19./20. Jahrhundert verschiedentlich blutig in die Geschichte dieses Raumes eingreifen.

1036–1094   Das fatimidische Reich sinkt unter der langen Regierung des *al-Mustansir* noch mehr herab; Syrien und Palästina gehen an die Seldschuken verloren (Anlaß zu den Kreuzzügen). Die kulturelle Entwicklung (prächtige Moscheebauten, umfangreiche Bibliotheken) reißt ab; die Wirtschaft verfällt unter den Eingriffen des Staates; der Kampf gegen die Kreuzfahrer wird von anderen Kräften, nämlich den *Seldschuken*, geführt.

um 1100   Ein Streit um die Erbberechtigung zweier Prinzen spaltet die Ismailiten (seit etwa 1100 bis auf den heutigen Tag); die daraus hervorgegangenen *Assassinen* sind mit den Fatimiden verfeindet.

1171   Schließlich beseitigt der wohl aus kurdischer Familie stammende **Saladin** die bedeutungslos gewordene Dynastie, stellt das sunnitische Bekenntnis als Staatsreligion wieder her und begründet die *Dynastie der Aijubiden*.

1172–1187   Siegeszug der Aijubiden, nachdem das sunnitische Bekenntnis als Staatsreligion wiederhergestellt ist, in Syrien: Tripolis (1172), Damaskus (1174), Aleppo (1183), Mosul (1185/1186) und Jerusalem (1187) werden erobert.
Die letzten Herrscher der Aijubiden müssen bereits Sklaven aus dem Schwarzmeergebiet als Söldner einsetzen: die Mamluken.

1068   Außereuropäische Welt bis 1945 – Islamisch-arabische Welt

Die Ghasnaviden (999–1040)

999   Das *samanidische Staatswesen* wird zwischen einem Türkvolk, den *Karluken*, unter der Dynastie der Ilig-Chane (auch Karachaniden) nördlich des *Oxus* (heute: Amu-Darjá – Fluß an der sowjetisch-afghanischen Grenze) und der ebenfalls türkischen Dynastie der *Ghasnaviden* südlich dieses Stromes aufgeteilt.

998–1030   *Mahmud von Ghasna* (südwestlich von Kabul; * 970), einer der eindrucksvollsten Herrscher des Islams, unterwirft im Kampf mit den Bujiden das östliche und mittlere Persien und außerdem in 17 Feldzügen den *Pandschab* (Industal mit Nebenflüssen), der seitdem fest dem islamischen Machtbereich eingegliedert ist und wo sich der sunnitische Islam gegen die *Karmaten* in *Multan* und gegen andere siegreich durchsetzt.

Mahmud beweist Anteilnahme an der Entwicklung der persischen Dichtkunst. Er belohnt den Nationaldichter der Perser, *Firdausi* (*um 934, †1020), spärlich für sein „*Königsbuch*" (Schahnamä). Daneben steht der Mathematiker, Naturforscher, Chronologe und Ethnograph *al-Biruni* (* 973, † 1048/1050), wohl der umfassendste Gelehrte des islamischen Mittelalters, der als erster Muslim eine brauchbare Landeskunde Indiens schreibt, für deren Abfassung er eigens Sanskrit lernt.

1040   Mahmuds Sohn *Masud I.* (1030–1041) scheint schon die Bujiden ganz auszuschalten, als er bei Dandanakan (südlich des Flusses Amu-Darja; in der Nähe von Merw) die Entscheidungsschlacht gegen die Seldschuken verliert, deren Streitmacht nun der Weg auf die iranische Hochfläche offensteht. Damit dringen erstmals Türken in das Zentrum des Kalifenreiches vor.

Das Karlukenreich (999 – Mitte des 11. Jh.s)

999   Nach dem *Untergang der Samaniden* dehnt sich das Karlukenreich bis an den Oxus aus und behält diese Linie im wesentlichen bis ins 13. Jh. bei. Hier setzt sich nun eine sunnitisch-islamische Kultur durch, in der neben dem Persischen mehr und mehr das Türkische gesprochen wird.

Dadurch wird das Land zu *(West-)Turkestan* (Land der Türken). In *Buchara* und *Samarkand* hält sich bei den Kaufleuten, die vielfach Nachfahren des alten iranischen Volkes der *Sogdier* sind (in dieser Sprache heißen sie „*Sarten*"), das Iranische noch auf Jh.e hinaus. In der Theologie spielt das Arabische weiterhin die führende Rolle. Turkestan wird eines der Zentren islamischer Geisteskultur und Lebensauffassung. Ihre Denkmäler haben sich zum Teil bis in die Gegenwart erhalten.

1047   Der Karlukenstaat spaltet sich in eine westliche und eine (weniger faßbare) östliche Hälfte, deren Mittelpunkt das Tarimbecken ist; dessen bisher indogermanisch sprechende Bevölkerung wird nun sprachlich türkisiert. Deshalb heißt das Land seither auch *(Ost-)Turkestan*. Hier tritt Türkisch (nach Orchon-Inschriften) im Fürstenspiegel *Kutadghu Bilig* (Glückbringendes Wissen) – 1069/1070 in Kaschgar verfaßt – erstmals literarisch auf.

1073   In Bagdad erscheint von einem Prinzen der Karachaniden-Dynastie, *Mahmud al-Kaschgari*, ein türkisches Wörterbuch mit sachlichen Erläuterungen in arabischer Sprache: beide sind noch heute die wichtigsten Hilfsmittel für unsere Kenntnis des frühen Türkischen.

Die Seldschuken (10. Jh. – Ende 11. Jh.)

seit 960   Für das Bestehen des Kalifenreiches erweist es sich als Glück, daß gerade der *sunnitische Islam* unter den Türken jenseits des transoxanischen Grenze Raum gewonnen und sich in friedlicher Form rasch unter ihnen ausgebreitet hat. Er bildet die Grundlage des *Stammesverbands der Seldschuken,* die sich hier zusammenschließen.

etwa 1025   Die Seldschuken stoßen – schon als Muslime – über den Oxus hinweg in das Kalifenreich
–1030   vor.

1039–1092   Die Sultane *Togrylbeg* (1039–1063), sein Neffe *Alp Arslan* (1063–1072) und dessen Sohn *Melikschah* (1072–1092) etablieren unter Leitung des Ministers Nisam al-Mulk († 1092) das **Großseldschukische Reich.**

1040   Die Seldschuken besiegen bei *Dandanakan* den Ghasnavidenherrscher *Masud I.* (Mas'ūd); dadurch steht ihnen der Weg in das Zentrum des Kalifenreiches offen.

1041–1186   Unter einem Nebenzweig herrschen die Seldschuken in *Kirman.*

1055/1076   Den Türken fällt *Bagdad* in die Hand (1055), *Jerusalem* wird erobert (1071). Nach der
1071   Schlacht bei *Malazgirt* (Mantzikert – nördlich des Vansees) bricht die byzantinische Verteidigung in Kleinasien zusammen; *Damaskus* wird eingenommen (1076).

1097/1098   In Kleinasien entsteht der bald kulturell bedeutende **Staat der Rum-Seldschuken,** dem anfänglich fast ganz Kleinasien zufällt (Residenz *Nikaia*-Isnik), der aber dann durch die

Kalifenreich – Zeit der Abbasiden *1069*

Kreuzfahrer auf das Innere Kleinasiens zurückgedrängt wird (Residenzen *Kaiseraia* – Kayseri und *Ikonion* – Konya).

Das *Großseldschukische Reich* unterdrückt die *ismailitische Unterwühlung* mit eiserner Hand. Auch andere schiitische Richtungen treten nun ganz zurück. Die Seldschuken schränken den *fatimidischen Einfluß* ein, weisen Lokaldynastien in Syrien und Mosul (wie die *Hamdaniden*; 890–1030), Förderer des letzten klassisch-arabischen Dichters *al-Mutanabbi* (* 915, † 965) sowie die Herrscher im nördlichen Irak, wie die *Okailiden* in Mosul (991–1096) und die *Artukiden* (1085–1409), in ihre Schranken.

1099–1291 Durch die einschneidenden seldschukischen Maßnahmen gegenüber christlichen Jerusalempilgern werden letztlich die **Kreuzzüge** ausgelöst, die zur Inbesitznahme einzelner Küstenstützpunkte (ferner Jerusalems bis 1187 und 1229–1244) führen, aber nur für die nächsten Nachbarn bedrohlich werden. Das Kalifat selbst und die östlichen Provinzen, ebenso Ägypten und Maghreb werden durch die *Kreuzfahrerstaaten* nicht erschüttert.

Die *Seldschuken* erweisen sich sehr rasch als gelehrige *Schüler der Perser*. Sie übernehmen deren Kultur, weithin auch deren Sprache, und verschaffen der persischen Kultur eine weite Geltung über den nationalen Bereich hinaus. Die Perser erlangen seitdem innerhalb des Islams eine den Arabern ebenbürtige Bedeutung; auch die türkische und die indisch-islamische Kultur werden bis in die jüngste Vergangenheit hinein aufs nachhaltigste von den Persern beeinflußt. Doch setzt sich in Kleinasien gegenüber dem Griechischen das *Türkische als Umgangssprache* durch. Es wird aber erst seit 14. Jh. zur Schriftsprache, während in Innerasien schon im 11. Jh. bedeutende türkische Literaturdenkmäler bestehen.

Nach 1092 Die Seldschuken bekriegen sich untereinander im Westen: im Zweistromland und in Syrien, in Kriegen einzelner Prinzen. Zum Verfall ihrer Macht tragen auch die ismailitischen *Assassinen* bei, deren Oberhaupt sich am Ausgang des 11. Jh.s im Bergland von Alamut (nordwestlich Teherans) festsetzt und durch Sendlinge, denen im Hanf-(Haschisch-)Rausch das Paradies vorgegaukelt wird, zahlreiche Mordtaten unter anderskonfessionellen Moslems, aber auch Kreuzfahrern, ausführen läßt. Dadurch werden hier wie dort viele führende Persönlichkeiten (z. B. Nisam al-Mulk 1092) ausgeschaltet. Der ,,Alte vom Berge" wirkt in Syrien im gleichen Sinn.

1098–1157 Hingegen gelingt es dem Seldschuken *Sandschar*, im Nordosten Persiens *(Chorasan)* einen kraftvollen Staat zusammenzuhalten. Die in Transoxanien zurückgebliebenen Türkstämme werden (bis 1153) an weiteren Einfällen in Iran gehindert; dem sunnitischen Bekenntnis wird maßgebende Geltung und der iranischen Kultur und Dichtung Lebensraum verschafft (Omar-i Chajjam, † 1131).

1067 Im Zweistromland wird als Gegengewicht gegen die damals ismailitische Ashar in Kairo die *Nisamija* eröffnet, an der *al-Ghassali* (* um 1058, † 1111) lehrt, ein gebürtiger Perser, der größte sunnitische Theologe, der das Anliegen der gemäßigten Mystik (des Sufismus) in den orthodoxen Islam eingliedert und diesem damit sein nach längeren Kämpfen durchgesetztes, bis heute gültiges Gepräge verleiht. Seither erstarrt die islamisch-sunnitische Theologie zusehends im Traditionalismus (Taklid). Unter dem Eindruck der *antiwestlichen Stimmung* der Kreuzfahrerzeit verkümmert das spätantike Erbe in Philosophie und Naturwissenschaften; der Hochflug des islamischen Geisteslebens ist damit abgebrochen.

1194 Die seldschukische Dynastie in Iran wird ausgeschaltet.

Die Entwicklung bis zum Ende des Kalifenreiches

Anfang 11. Jh. In *Nordafrika* lösen sich die *Siriden* von den Fatimiden und kehren zum sunnitischen Islam zurück.

um 1051 Die von den Fatimiden gegen sie gesandten arabischen Beduinenstämme der *Hilal* und *Sulaim* richten eine grauenhafte Verwüstung im *Maghreb* an und zerstören die Grundlagen der Macht dortiger Lokaldynastien, die sich freilich in Resten (bis 1152/1156) halten.

seit ca. 1060 Die *Almoraviden*, eine puristisch-orthodoxe Richtung des Islams, werden die treibende Kraft in Nordafrika.

1086 Sie greifen nach Spanien über, wo sie die islamischen Staaten nach dem *Fall Toledos* (1085) vor der Ausschaltung durch die Kastilier schützen.

seit 1146/1147 Die Almoraviden, bald zur Bedeutungslosigkeit herabgesunken, werden von den religiös noch rigoroseren *Almohaden* abgelöst, die sich in Spanien (bis 1225) und im Maghreb (bis 1269) halten können, aber auf der Iberischen Halbinsel von den Christen (im 13. Jh.) weit zurückgedrängt werden. Seitdem besteht dort nur das *Königreich Granada* (bis 1492).

1194 Über die zerfallende seldschukische Macht hinweg erlangen die Herrscher von *Choresmien* (Chwarismschahs) zusehends Bedeutung.

Neben den *Ghasnaviden*, die (bis 1187) das heutige Afghanistan und den Pandschab beherrschen, bemächtigen sie sich der Kerngebiete Irans, aus denen sie auch die (im mittleren Afghanistan beheimatete) kurzlebige *Dynastie der Ghoriden* (1150–1206), trotz ihrer

1070   Außereuropäische Welt bis 1945 – Islamisch-arabische Welt

Schreckensherrschaft und einiger militärischer Niederlagen, nicht vertreiben kann. Auch sie sind Sunniten. Daher auf dem Kalifat nicht so starker Druck, insbesondere nachdem *Sengiden* in Syrien (1127–1174) und *Fatimiden* in Ägypten (1171) durch sunnitische *Aijubiden* verdrängt wurden, die hier wie dort das Erbe der frühen Dynastie antreten.

1169–1193   Die Kreuzfahrer werden von dieser breiten Basis aus durch den *Aijubidenherrscher Saladin* mehr und mehr ausgeschaltet. Aber auch die Aijubiden zersplittern sich nach dessen Tod, ohne freilich sofort jegliche Bedeutung zu verlieren.

1218–1238   Während der Regierung von *Al-Malik al-Kamil* wird in einem Vertrag Jerusalem an *Kaiser Friedrich II.* abgetreten (1229). Al-Kamils Nachkommen bleiben noch (bis 1250) im Besitz des Niltals. Andere Zweiglinien halten sich zum Teil noch länger in Syrien.

1217/1218   Der Herrscher von Choresmien *Mohammed II.* steht im Begriff, gegen den tatkräftigen Kalifen *an-Nasir* (1180–1225) von Persien aus auf Bagdad zu marschieren. Dieser Kalif hat sich unter Führung des bedeutenden Theologen *Umar as-Suhrawardi* († 1234) zu einem Ausgleich zwischen Sunna und Schia bereit gefunden und in der *Futuwwa* einen Orden von Anhängern geschaffen. Mohammed II. sieht sich jedoch genötigt, gegen die Mongolen zu ziehen, die seine Nordostgrenze überrennen und über den Jaxartes vordringen. Undiplomatisches Verhalten, fehlendes Selbstvertrauen und die Neigung seiner türkischen Söldner, zu den Mongolen überzulaufen, lassen seine Macht rasch zusammenbrechen. Transoxanien fällt den Scharen *Dschingis-Chans* in die Hände und wird verwüstet.

1220   Mohammed II. stirbt auf der Flucht. Damit wird die iranische Hochfläche – anders als zur Zeit der Seldschuken – von einem nichtislamischen innerasiatischen Volk überschwemmt.

bis 1223   Die nördlichen Gebiete Irans werden dem *Mongolischen Reich* einverleibt, während der Süden vorläufig frei und auch das Kalifat noch verschont bleiben. Mohammeds II. Sohn *Dschelal ad-Din Mängübirdi* scheitert mit seinen Bestrebungen, die Mongolen zu verdrängen; er wird (1231) von einem Straßenräuber ermordet.

1255–1258   Dschingis-Chans Enkel *Hülägü* überrennt das gesamte iranische Hochland, wo freilich weiterhin suzeräne Lokaldynastien erhalten bleiben, und rottet die Assassinen aus.

1258   Die Mongolen bringen das **abbasidische Kalifat zum Erlöschen.** Es fällt seither als äußeres
10. Febr.   Symbol für die Einheit des Islams weg, da ein abbasidisches Ersatzkalifat in Ägypten (1261–1517) außer in Nordindien kaum anderswo Anerkennung findet.

Seit 1260   Den Mongolen treten in den *Mamluken* Ägyptens ebenbürtige Kräfte entgegen, die durch ihren Sieg bei *Ain Dschalut* (Goliathsquell, nördlich von Jerusalem) ihre Selbständigkeit behaupten können.

Die türkischen Reiche Vorderasiens

Die Mamluken

Die Mamluken, meist *Sklaven* türkischer und kaukasischer Herkunft, die am Nil als Soldaten Verwendung finden, lösen die Herrschaft der *Aijubiden* in **Ägypten** ab. **Syrien** gehört (seit dem 13. Jh.) zum mamlukischen Staat. Das Mamlukenreich mit dem *Mittelpunkt Kairo* erweist sich als kräftiger Hort des *sunnitischen* Islams und spielt vor dem Aufkommen der Osmanen in Politik und Kultur die führende Rolle im Vorderen Orient.
Die ägyptische Dynastie der Mamluken unterteilt sich in die nach ihren Garnisonen benannten **Bahriten** und **Burdschiten.**

1250–1382   Die *bahritischen Mamluken* bilden eine über mehrere Generationen hinaus erbliche Dynastie mit weiten Handelsbeziehungen im Mittelmeer, im Sudan und über den Indischen Ozean hinweg. Die Abendländer, besonders die italienischen Republiken, wissen sich in vielerlei Verhandlungen meist gut mit den Mamluken zu stellen.

1260–1277   Einige von ihnen, so *Baibars I.,* erweisen sich als äußerst kraftvolle Herrscher, die, an die Reitertechnik der Mongolen gewöhnt, diesen gegenüber Syrien dauernd behaupten und dadurch den arabischen Islam in Afrika vor einer Unterjochung durch die ungläubigen Mongolen bewahren.

1289/1291   Die letzten Kreuzfahrerburgen in Tripoli und Akkon erliegen den Mamluken.

Zentren arabisch-islamischer Kultur

Das Zentrum der arabisch-islamischen Kultur verlagert sich seither nach Ägypten und in den Maghreb. Die Ashar in Kairo gewinnt als sunnitische theologische Hochschule (seit 1250) weites Ansehen; in diesen Ländern blühen nun neben der Theologie auch Geschichtsschreibung, Geographie, Rechtsprechung und

Türkische Reiche Vorderasiens – Mamluken – Mongolen 1071

Medizin. Auch Nordafrika und Spanien wachsen an geistiger Bedeutung. Im Maghreb finden aus Spanien vertriebene Muslime Unterkunft. Der Weltreisende Ibn Battuta aus Tanger (* 1304, † 1369) kommt bis an die Wolga, nach Indien, Indonesien, China und Timbuktu. Der Geschichtsdenker Ibn Haldun aus Tunis (* 1332, † 1406) lehrt den Einfluß sozialer Faktoren auf die Entwicklung der Menschheit (und wird damit, seit 1858 von Europa wiederentdeckt, zu einem Begründer der Soziologie).

1382–1517 Die burdschitischen Mamluken (nach ihrer Kaserne beim „Turm" – burdsch), eine Reihenfolge energischer Generale – meist nicht miteinander verwandt –, setzen sich nach dem Tod ihres jeweiligen Vorgängers rasch gegen die schwächeren Erben durch. Unter diesen oft gewalttätigen Sultanen ragen Barkuk („Aprikose" 1382–1399), Bars Bei (1422–1438) und Kait Bei (1468–1496) heraus. Ihre Bestätigung durch die von ihnen geduldeten abbasidischen (Schein-)Kalifen ist eine reine Formsache. Viele Baudenkmäler (Moscheen, Grabmäler, Festungsanlagen) sind in ihrem einprägsamen Stil bis zum heutigen Tag erhalten. Die Versuche der Herrscher, den Handel in ihren Händen zu monopolisieren und die Italiener möglichst auszuschließen, dann auch der Angriff der Portugiesen vom Rücken her (nach der Umsegelung des Kaps der Guten Hoffnung 1497) erschüttern die Stellung der Mamluken mehr und mehr.

1516/1517 Der osmanische Sultan Selim I. (1512–1520) unterwirft in einem raschen Siegeszug Syrien, Palästina und das Niltal.

1534 Sein Nachfolger Süleiman II. (1520–1566) erobert auch Bagdad und verleibt die arabischen Gebiete dem osmanischen Staat für Jahrhunderte ein, ohne daß sich an der beherrschenden Stellung der Mamluken als Kaste in Ägypten während dieser Zeit bis um 1800 allzuviel ändert.

Die Mongolenherrschaft

1256–1353 Die mongolischen **Ilchane** beherrschen **Persien** und das **Zweistromland.** Sie sind anfänglich Buddhisten, werden dann aber (seit 1295) zu Muslimen und rücken damit in den Rang einer nationalen Dynastie Irans. Als Feinde der Muslime (besonders der Sunniten), als deren Führungsmacht ihnen die Mamluken wiederholt entgegentreten, knüpfen sie lebhafte Beziehungen zu abendländischen Mächten, den Päpsten sowie den Königen von Frankreich und England, an; Beziehungen, die den Christen zur Unterstützung der letzten Kreuzfahrerburgen an der syrischen Küste wichtig sind und ihnen gleichzeitig durch die Berichte von Mönchen wie Giovanni da Piano del Carpine (* um 1200, † 1252?) und Wilhelm von Rubruk (Ruysbroeck, * um 1210, † um 1270) nachhaltige Kenntnis von Wesen und Auffassungen der Mongolen verschaffen.

1295–1304 Der Reformer Ghasan (Ilchan) lebt zu kurz, um die Beruhigung des Landes zu neuer Machtposition ausbauen zu können. Kämpfe mit mongolischen Paralleldynastien in Innerasien und im Wolgabecken stören ebenso wie innere Unruhen die Stabilität des Landes.

seit 1335 Einleitung einer Reihe von Bürgerkriegen in Iran und im Zweistromland, in denen das Land schließlich in einzelne Provinzen mit besonderen Dynastien zerfällt:
die **Ilkaniden** oder Dschelairiden (1336–1410) im Zweistromland, weiter die schiitischen Sarbadare („Galgenvögel") in Chorassan (bis 1387) sowie die **Musaffariden** (1318–1393) in Jasd und Fars sowie in angrenzenden Gebieten. Unter ihnen lebt Hafis (eigentlich: Schems ed-Din Mohammed; * um 1326, † um 1390) in der Rosenstadt Schiras, der bedeutendste lyrische Dichter der Perser. Im heutigen Afghanistan (Mittelpunkt Herat) behaupten sich die **Kartiden** den Mongolen gegenüber von Anfang an fast unabhängig; sie können sich (bis 1393) halten.

1360–1405 Während Timur Leng in Kleinasien (Angora/Ankara 1402), in der Goldenen Horde (1391/1395) und in Indien (Wegnahme Delhis 1398) nur in kurzen, aber blutigen Vorstößen eingreift, kann er sich Transoxanien, Iran und das Zweistromland länger unterstellen: Schädelpyramiden, verbrannte Städte, insbesondere auch zerstörte Kirchen zeichnen seinen Weg. Nur in seiner Hauptstadt Samarkand schafft er unter Heranziehung von weither deportierter Handwerker und Künstler wissenschaftliche Einrichtungen sowie Bauwerke von bleibendem Wert. Die Anarchie in Persien, der er durch seine Kriegszüge ein Ende bereitet, bricht nach seinem Tod in gemilderter Form wieder aus, indem sich Söhne und Enkel um die Nachfolge streiten, die sich aber verhältnismäßig rasch sein Erbe unter sich teilen.
Von seinen unmittelbaren Erben erlangen Schah Roch (1407–1447) und später Husain Baikara (1469–1506) vor allem kulturelle Bedeutung.

1405–1507 Die **Timuriden,** eine im Gegensatz zu ihrem Ahnherrn wenig kriegerische Dynastie, lassen sich die Pflege der persischen Dichtung (Dschami, * 1414, † 1492), die Geschichtsschrei-

1072 Außereuropäische Welt bis 1945 – Islamisch-arabische Welt

bung, die Astronomie und andere Wissenschaften nachhaltig angelegen sein; so wird ihr Andenken bis heute in der Bevölkerung bewahrt. Doch stellt sich ihrer Anhänglichkeit zum *sunnitischen Bekenntnis* die starke Agitation einer nun erst zu wirklicher Bedeutung gelangenden *schiitischen Gruppe,* der sogenannten **Zwölfer-Schiiten,** entgegen, für die ihr zwölfter Imam (873) in Samarra in die Verborgenheit eingegangen ist, von wo er am Ende der Zeiten wiederkehren und alle Menschen zur Schia bekehren wird. Von *Ardabil* aus betreiben sie eine nachhaltige Werbung, während die Timuriden gleichzeitig von jenseits des *Oxus* durch vorrückende **Özbeken** unter der Dynastie der *Schaibaniden* bedroht werden. Angesichts dieser Sachlage kann sich der junge Leiter der zwölfer-schiitischen Gemeinschaft von Ardabil, der sogenannten „*Roten Mützen*" (türkisch Kysylbasch), *Ismail I.,* ohne allzu große Schwierigkeiten durchsetzen.

1502–1524 Er schaltet nach dem Zusammenbruch der Timuriden von Herat (1507) auch die dort ein-
1510 gebrochenen Schaibaniden aus: Iran ist unter der Dynastie der **Safawiden** geeint, die sich alsbald die gewaltsame Durchsetzung der *Zwölfer-Schia* als *Staatsreligion* angelegen sein lassen, während Iran bisher ein zu etwa zwei Drittel sunnitisches Land ist. Durch diese Hinwendung zur schiitischen Konfession bekommt das Persertum eine besondere Note, die es von seinen Nachbarn abhebt und es zu einer festgefügten Nation zusammenwachsen läßt, deren kultureller Einfluß auf die weiterhin sunnitischen Nachbarn freilich abnimmt. Inzwischen setzt sich der letzte Sproß der Timuriden, *Babur,* von Kabul aus in Nordindien

1525/1526 durch und begründet das **Reich** der **Großmoguln** („Großen Mongolen"), einen vom sunnitischen Islam und von persischer Kultur geprägten Staat.

Die Türkmenen

1410 Im Zweistromland setzt sich nach dem Zusammenbruch der Dynastie der *Ilkaniden* eine türkische Dynastie durch, die schiitischen **„Schwarzen Hammel"** (Kara Kojunlu) unter *Kara Jusuf* (seit 1390 um Mossul).

1412 Dieser Dynastie fallen auch die *Artukiden* zum Opfer.

1420 Nach Kara Jusufs Tod können sich die „Schwarzen Hammel", unter seinen beiden Söhnen in vielerlei Kämpfe verwickelt, im Zweistromland und im westlichen und südlichen Iran noch eine Generation behaupten.

1466 Dieses Gebiet fällt *Usun Hasan* (dem langen Hasen), dem Führer einer anderen, sunnitischen, türkmenischen Horde, der **„Weißen Hammel",** zu. Er setzt sich gegen die *Timuriden* und die türkischen Fürsten in Anatolien sowie gegen die *Mamluken* in Syrien rasch durch, beherrscht neben dem Zweistromland weite Teile Irans und knüpft Beziehungen bis nach Venedig an, das damals mit den Osmanen in Krieg liegt.

1478 Usun Hasan, durch Niederlagen seitens der Osmanen geschwächt, stirbt vor einer erneuten Festigung seiner Macht. Seitdem politisch ohne überörtliche Bedeutung, erliegt der Staat
1509–1515 der Türkmenen den in das Zweistromland vorrückenden osmanischen Türken.

Die Rum-Seldschuken

seit 1098 In Anatolien erleiden die Rum-Seldschuken unter der Einwirkung der durchmarschierenden *Kreuzfahrer* bedeutende Gebietsverluste, so daß fast alle Randgebiete Kleinasiens wieder den *Byzantinern* gehören.

1156–1236 Im Landesinnern jedoch entwickelt sich um ihre Residenz *Konya* ihr Staat unter einer Reihe ausgezeichneter Herrscher (*Kylydsch Arslan,* 1156–1192; *Kai Kawus I.,* 1210–1219; *Kaikobad I.,* 1219–1236) zu hoher Blüte. Mehr und mehr nehmen auch die bisher gräzisierten Ureinwohner des Landes den Islam und das Türkische als ihre Umgangssprache an, auch wenn das Persische als Kultursprache weiterhin bedeutsam bleibt. Der mystische Epiker *Dschelal ed-Din Rumi* (* 1207, † 1273; aus Balch in Chorasan) bedient sich ihrer für seine noch heute hochgeschätzten Werke.

1243 Der rum-seldschukische Staat reibt sich schließlich in vielen Erbschaftsstreitigkeiten und Bürgerkriegen auf und gerät unter die Oberherrschaft der mongolischen Ilchane.

1276/1277 Aus der Mongolenherrschaft kann ihn auch das Eingreifen des Mamlukenherrschers *Baibars I.* nicht lösen.

um 1307 Das Verlöschen der Rum-Seldschuken läßt eine Reihe kleiner türkischer Dynastien entstehen, mit begrenzter Macht, zum Teil auch seetüchtig, vor allem aber als Zentren der Kultur von Bedeutung.

Die Osmanen

Gegen die Rum-Seldschuken setzt sich ganz allmählich das *Haus der Osmanen* durch, das – ursprünglich im nordwestlichen Kleinasien mit der Residenz *Brussa* (Bursa) ansässig – sein Augenmerk vor allem auf die Grenzkämpfe mit den Byzantinern richtet und deshalb lange von der Ideologie dieser *Grenzkämpfer* (Ghasis – Kämpfer im Heiligen Krieg) mit ihren zum Teil schiitischen Neigungen geprägt wird. Damals entstehen auch viele **Derwischorden:** *Mewlewis, Nakschbendis, Kubrawis* und andere, die das Bild des türkischen Staates auf Jh.e hinaus mitprägen.

Dynastie der Osmanen I

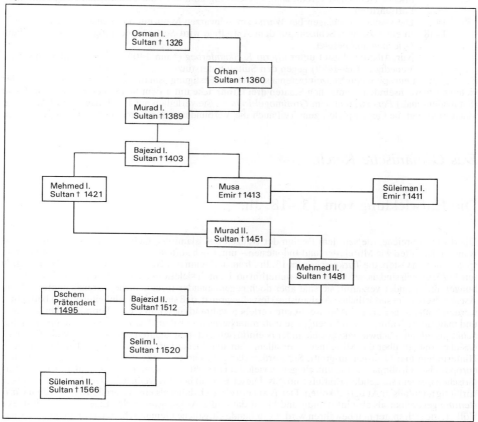

1299 *Osman* († 1326) macht sich zum *Sultan* mit der Residenz Brussa.
1354 Die türkischen Truppen überschreiten die Meerengen, unterstützt von Kriegern, die in zunehmendem Maß durch die *Knabenlese* (Dewschirme) aus griechischen und später auch slawischen Kindern gewonnen werden und als **Janitscharen** jahrhundertelang die Kerntruppen des Reichs (vor allem Infanterie) bilden.
um 1370 *Murad I.* (1359–1389) schlägt seine Residenz in *Adrianopel* (Edirne) auf und erweitert seine Macht auf dem Balkan.
1379 Byzanz wird osmanischer Vasall.
1389 Er wird nach siegreicher Schlacht auf dem *Amselfeld* (Kosovo polje – Becken der Sitnica im Dinarischen Gebirge/Jugoslawien) von einem Serben ermordet.
1393 Sein Sohn *Bajezid I.* (1389–1402) kann Bulgarien unterwerfen.
1402 Als er im Begriff steht, Griechenland zu besetzen, wird er bei Angora (Ankara) von den Mongolen unter *Timur Leng* geschlagen und als Gefangener abgeführt († 1403).
1413–1421 Das Osmanische Reich scheint in Kämpfen von Prätendenten völlig zu zerbrechen, als es *Mehmed I.* gelingt, sich in Kleinasien und Teilen der Balkanhalbinsel wieder durchzusetzen.

1074   Außereuropäische Welt bis 1945 – Islamisch-arabische Welt

1416   Ein Kampf mit *Venedig* mit der Niederlage in der *Seeschlacht bei Gallipoli* läßt ihm aber nicht die Möglichkeit, sich gegen Byzanz zu wenden.

1421–1451   Auch sein Sohn *Murad II.* verschafft sich zuerst zunehmende Freiheit im Rücken in Anatolien, wo ihm eine Reihe kleiner Fürstentümer zufallen.

1453   Erst *Mehmed II.* (1451–1481) kann das jahrhundertealte Ziel muslimischer Wünsche,
29. Mai   **Byzanz,** nach sorgfältigen Vorbereitungen und einer sechswöchigen Belagerung **erobern.** Das alte Byzanz (Konstantinopel, Stambul, Istanbul) wird alsbald zur das Land weithin beherrschenden natürlichen Hauptstadt der Türkei und zum Mittelpunkt des nunmehr mächtigsten islamischen Reiches, damit auch zu einem Zentrum geistigen Lebens bis in die Gegenwart hinein.
Freilich dauert es noch Jahrzehnte (bis 1502), bis die alten *Emirate Anatoliens* unter osmanischer Herrschaft vereint sind. Gleichzeitig kommt es auf dem Balkan zu bedeutsamen Fortschritten.

1444   Die Osmanen schlagen bei *Warna* am Schwarzen Meer ein polnisches Heer.

1448   In einer zweiten Schlacht auf dem Amselfeld wird *Serbien* endgültig unterworfen, dann *Griechenland* besetzt.
Nur *Albanien* leistet unter *Gjergj K. Skanderbeg* (* um 1405, † 1468) Widerstand, von Venedig (1463–1479) gegen den Sultan unterstützt.

Zu Beginn der europäischen Neuzeit treten also nach der Festigung osmanischer Macht an die Stelle der vielen rasch wechselnden islamischen Staaten **drei Großreiche** unter dem *Sultan der Türkei*, dem *Sophi* (Safawidenschah) *Persiens* und dem *Großmogul Indiens.* Sie verleihen auf Jh.e hinaus dem Islam neue Macht und sind die Gegenspieler, zum Teil auch die Verbündeten der Europäer bis ins 18. Jh. hinein.

Das Osmanische Reich

Die Entwicklung vom 15.–18. Jh.

Die drei Großreiche, die seit dem Beginn der Neuzeit das islamische Gebiet – mit Ausnahme einiger Randlandschaften wie Mittelasien und Indonesien – unter sich aufteilen, festigen sich zuerst im Westen, später auch im Osten: die *Türkei* schon im 15. Jh., *Iran* zu Beginn des 16. Jh.s, das *Reich der Großmoguln* seit 1525. Gewiß sind diese Staaten auch weiterhin noch durch vielerlei freundliche oder feindliche Beziehungen miteinander verzahnt, sie sind aber doch gegeneinander trotz mancher Grenzkämpfe (z. B. in Aserbeidschan, im südöstlichen Afghanistan) fest abgegrenzt, daß sie auch als Einheiten in sich betrachtet werden können, ja müssen. Alle diese Staaten erleben während dieser Jh.e eine Periode hoher geistiger und materieller Kultur, deren Erzeugnisse trotz mancherlei durch den Gegensatz zwischen *Sunniten* und *Schiiten* bedingter Schwierigkeiten einander beeinflussen. All diese Staaten treten ins Blickfeld Europas, das eben damals über das Mittelmeer, vor allem aber um Afrika herum in den Indischen Ozean, nach Hinterindien und Ostasien ausgreift. Sie werden damit in immer stärkerem Ausmaß zu Partnern der europäischen Großmächte und unterliegen in vielerlei Hinsicht, vor allem in der Technik (auch der militärischen), einem steigenden Einfluß Europas. Dieser Einfluß berührt freilich das Denken dieser Völker vorläufig allenfalls in Äußerlichkeiten. Der *Islam* erweist sich dabei als einzige große Religion dem *Christentum* gegenüber als absolut immun und bleibt damit die Ausgangsbasis der Eigenständigkeit dieser Völker, die sich später neu bewähren wird. Bestehende christliche Gemeinschaften (vor allem im Osmanischen Reich), daneben auch *Juden,* hier wie in Persien, werden dem Staat aufgrund des „*Millet-Systems*" als selbständige Gemeinschaften mit innerer Autonomie auch in bürgerlichen Rechtssachen eingegliedert und können dabei ihrerseits ihre religiöse und nationale Substanz – bei manchen Verlusten durch Übertritte – wahren. So leben die christlichen Völker der Türkei in diesen Jahrhunderten praktisch nur in ihren Kirchen weiter, während sie im übrigen weithin geschichtslos sind. Daneben dürfen auch die Einflüsse, die – wie im Mittelalter – aus dem Osten nach Europa kommen, nicht übersehen werden. Sie betreffen nunmehr vor allem die Literatur, die Schönen Künste und die Musik („türkische Musik"). Dabei sind die Länder, die keine unmittelbaren Nachbarn der Europäer sind und daher mit ihnen nicht in kriegerischer Auseinandersetzung stehen, wie die Perser und Inder, aber auch die Ostasiaten (Chinoiserie in der Kunst des 18. Jahrhunderts; China als Idealstaat der „Vernunft"), wesentlich stärker beteiligt als die Türkei und die dieser unterstehenden arabischen Gebiete, da man über dem Waffenlärm des Tages nicht zu einer ruhigen Betrachtung seines Gegenübers kommt: wenn auch das Interesse an ihm, etwa in sprachlicher und historischer Hinsicht, schon im 17. Jh. lebhaft einsetzt und damit einer wissenschaftlichen Orientkunde den Weg ebnet.

1430/1462   Die Türkei oder (amtlich:) das **Osmanische Reich** ist schon lange weit nach Südosteuropa hinein vorgestoßen, bevor das letzte muslimische „Maurische Reich" in Spanien (1492) fällt. Schon lange vor der Eroberung Konstantinopels (Byzanz) (1453) (erste Verwendung

Osmanisches Reich – Entwicklung 15.–18 Jh. 1075

von Kanonen durch die Türken) stoßen die osmanischen Truppen nach Thessalonike (heute: Saloniki) (1430), an die ungarische Grenze (1438), ans Schwarze Meer (Schlacht bei Warna 1444) und nach Serbien (1448) vor. Dem Fall der Stadt am Bosporus folgt derjenige der letzten christlichen Gebiete auf der Peloponnes (um 1460) und um Trapezunt 1461 (am SO-Ufer des Schwarzen Meeres; heute Trabzon). Gar manche griechische Familie wächst nun in das Türkentum hinein, erhält zum Teil ausgedehnte Lehen in Rumelien und kommt zu einer führenden Rolle im Staat, eine Entwicklung, die vielen byzantinischen Staatstraditionen den Weg ins türkische Volk ebnet. Vor allem in Kleinasien rundet sich der Osmanische Staat damals ab.

1468   Mit *Karaman* fällt der bedeutendste türkische Kleinstaat Anatoliens in die Hand der Osmanen. Nach der Abwehr von Angriffen *Usun Hasans* dringt osmanischer Einfluß bis an die Grenze des oberen Zweistromlandes vor.

1475   Der Chan der Krim, *Mengli Girai I.* (1466–1515), unterstellt sich freiwillig dem Sultan. Seine berittenen und daher sehr beweglichen Truppen bilden seitdem einen wichtigen Bestandteil des osmanischen Heeres und machen der seßhaften Bauernbevölkerung, vor allem Podoliens, Wolhyniens, Siebenbürgens und Ungarns, in den nächsten Jahrhunderten immer wieder sehr zu schaffen. Lediglich Skanderbeg in Albanien leistet, von Venedig unterstützt, bis zu seinem Tod (1468) erfolgreichen Widerstand.

1481–1512   *Bajezid II.* (Bajasid), Sohn Mehmeds II., gönnt dem Reich eine Ruhepause und geht militärisch fast ausnahmslos nur dann vor, wenn er angegriffen wird. Das mag zum Teil eine Folge der Flucht seines Bruders *Dschem* zu den Abendländern sein, die ihn als Prätendenten ausspielen.

1495   Dschem wird im Auftrag des Sultans in Neapel vergiftet. Seitdem ist (bis zum Ausgang des 16. Jh.s) der *Prinzenmord* nach dem Antritt eines neuen Sultans üblich. Der aufrichtig fromme Herrscher steht den Gedankengängen der Derwischorden (besonders der Chalvetijje) sowie den unterschiedlichen religiösen Strömungen in seinem Reich duldsam gegenüber und bringt damit seinen Staat in Gefahr, sich anläßlich der Gründung des schiitischen Staates der *Safawiden* (seit 1502) aufzulösen.

1512–1520   *Selim I., Javus* (der Grausame), Sohn Bajezids, tritt hingegen den vielerlei schiitischen Neigungen, die sich in Kleinasien zeigen, mit brutaler Energie entgegen, unterdrückt Revolten und veranlaßt viele den *Schiiten* zuneigende Untertanen zum Abzug nach Iran. Im Zusammenhang damit kommt es zu beträchtlichen Bevölkerungsumschichtungen, die die Türkisierung und Islamisierung des Landes wesentlich fördern. Durch die Festlegung der *sunnitischen Form* des Islams als der **Staatsreligion** des Türkischen Reichs wird auch die Ideologie der Grenzkämpfer (Ghasis), vieler Derwischorden und der Zünfte beschränkt und weithin unterdrückt, da bei ihnen allen eine starke Neigung zu Ali, dem Heros der Schiiten, festzustellen ist. Der *Bektaschi-Orden* wahrt durch seine geistige Verbindung mit den *Janitscharen* seine führende Stellung. Die übrigen Orden haben seitdem vor allem theologische und karitative Aufgaben. Doch machen gelegentliche Aufstände der Theologiestudenten (Softas) dem Staat zu schaffen.

Grundstrukturen der osmanischen Gesellschaft im 16./17. Jh.

Im 16. Jh. wird die Türkei ein religiös einheitlich sunnitischer, vom **Scheich ül-Islam** überwachter und vom **Großwesir** sowie den neben ihm stehenden Ministern (= Wesire) rational verwalteter, **zentralistischer Staat.** In ihm spielt neben den Beamten das Heer eine führende Rolle. Das reguläre Heer (die Spahis/Sipahis) beruht auf dem Lehnssystem (Timar); daneben große Latifundien (Siamet). Ferner bilden im 16. und 17. Jh. die **Janitscharen,** aus der Knabenlese (Dewschirme) hervorgegangen und also ohne Verwandte unter der türkischen Bevölkerung, die Infanterie. Sie entarten im 17. Jh. zu Prätorianern. Gar mancher Angehörige der unterworfenen Völker ist auf diesem Wege in die höchsten Staatsstellungen eingerückt und hat dem Osmanischen Reich wesentliche Dienste geleistet. Einige bisher führende Familien griechischen Ursprungs treten nun rasch in den Hintergrund.

In der ersten Hälfte des 16. Jh.s verdankt die Türkei Sultan Süleiman II. die Regelung des **Finanzwesens,** das auf den Steuern, den Kopfgeldern der Nichtmuslime, Tributen und Beute beruht, weiter den Aufbau der inneren Organisation, ein umfassendes **Gesetzeswerk** (deshalb bei den Türken Kanuni, „Gesetzgeber", genannt), eine straffe Organisation des Heeres, aber auch eine Weiterführung der großartigen Bautätigkeit, die schon seine Vorväter auszeichnet (Baumeister Sinan; * 1489, † 1578). Der Handel liegt im Innern weitgehend in Händen von Griechen und Armeniern, nach außen wird er von Italienern aus den Handelsrepubliken am Mittelmeer getragen.

Zu Beginn des 17. Jh.s verfällt das innere Gefüge des Staates. Die Janitscharen rekrutieren sich seit dieser Zeit in zunehmendem Maße aus der einheimischen Bevölkerung und werden mehr und mehr zu Herren über das Sultanat, dessen Inhaber sie verschiedentlich gewaltsam beseitigen. Neben den Sultanen selbst spielt deren jeweilige Mutter auch politisch eine bedeutsame Rolle. Die einzelnen Landschaften Anatoliens beginnen sich unter „*Talfürsten*" (Dere Beis) bzw. unter ihren Großlehnsträgern zu verselbständigen.

Der Wert des Silbergelds fällt, als sich die Masseneinfuhr aus Amerika seit etwa 1560 auch bei den Türken geltend macht, und vermindert dadurch den Reichtum aus der Zeit Süleimans II. (Einfuhr von Tabak und Kaffee, die immer beliebter werden). Erst unter Murad IV. im zweiten Jahrhundertviertel ist eine deutliche Konsolidierung der inneren Verhältnisse zu verzeichnen.

Struktur der osmanischen Gesellschaft im 16./17. Jh.

devlet: Organisierungssystem der Gesellschaft als Staatswesen
mukata : Instrumentarium im Bereich der Verwaltung zur Übertragung herrscherlicher Vollmachten auf die Untertanen
kanun ve adet: System der Gesetze und Gebräuche als Autoritätsgrundlage
hadd: Statusbestimmung für den einzelnen

Zu den Christen gehören folgende Gruppen:
Nestorianer, Jakobiten, Kopten, Orthodoxe (Griechen, Slawen, Rumänen, Araber), Armenier, Maroniten

1514 Selim I. wird der eigentliche *Begründer des Osmanischen Großreichs*, indem er allen safawidischen und schiitischen Einmischungsversuchen durch seinen Sieg bei *Tschaldyrán* ein Ende setzt, dadurch *Täbris* und weite Teile *Aserbaidschans* gewinnt (die mit einigen Unterbrechungen bis 1603 in türkischer Hand bleiben).

1516/1517 Einnahme von *Syrien* und *Ägypten*. Die *Mamluken*, die noch keine Artillerie besitzen, erweisen sich ihm gegenüber als hoffnungslos unterlegen.
In den nun folgenden Jahrzehnten werden auch die beiden heiligen Städte *Mekka* und *Medina*, der Jemen und weiter die Staaten Nordafrikas (= Maghreb) bis nach Marokko hin, das sich (1580) dem Sultan formell unterstellt, dem Türkischen Reich in lockerer Form angegliedert. Indem (1534) auch Bagdad in seinen Besitz gelangt, sind fast alle arabisch sprechenden Gebiete in seiner Hand. Die arabischen Länder spielen seither bis ins 20. Jahrhundert keine selbständige politische Rolle mehr und leben praktisch ebenso geschichtslos dahin wie die Balkanvölker.
Der Anspruch der Sultane auf den Titel *Kalif* (Chalif; arab.: chalifa/Nachfolger), den sie (seit 1460) in steigendem Maß führen, wird ihnen nach der Gefangennahme des letzten ab-

1517 basidischen Scheinkalifen in Kairo praktisch kaum streitig gemacht. Erst 1924 schafft die türkische Republik das Kalifat ab.

Osmanisches Reich – Entwicklung 15.–18. Jh. 1077

Dynastie der Osmanen II

1520–1566	Süleiman II., Selims Sohn, bei den Europäern „der Prächtige" genannt, ist durch die Eroberungen nach Osten und Süden hin gut abgeschirmt und kann sein Augenmerk einmal der inneren Festigung des Staates, dann einem weiteren Vorstoß nach Mitteleuropa widmen.
1521/1526	Türkische Heere rücken auf dem Balkan vor (1521). Sie nehmen Belgrad, entreißen den Johannitern Rhodos (1522/23) und vernichten das Ungarische Reich bei *Mohács* an der Donau (1526).
1529	Zum ersten Mal **Belagerung von Wien,** dessen Bewahrung vor den Türken den Lauf der seitherigen Geschichte bestimmt. Die türkische Flotte, vom griechischen Renegaten Cheir üd-Din Barbarossa und seinem Helfer Torgut (Dragut) organisiert und auf die materiellen und technischen Hilfsmittel Nordafrikas gestützt, besitzt die Herrschaft über das Mittelmeer.
1535	*Franz I.* von Frankreich entschließt sich, von habsburgischen Ländern umklammert, zu einem militärischen Zusammengehen mit dem Sultan, das auf Jahrhunderte hinaus das politische Bild Europas bestimmen wird.
1541	Ein Gegenschlag Kaiser *Karls V.* nach Algier scheitert. Mit Ausnahme seines West- und Nordsaumes gehört Ungarn (seit 1541) unmittelbar zum Osmanischen Reich. An der Grenze zum habsburgischen Besitz kommt es immer wieder zu Scharmützeln. Die Grenzbevölkerung in der Krain, der Steiermark und Mähren hat unter gelegentlichen Vorstößen der Türken zu leiden (Anlaß zur allmählichen Organisation der „österreichischen Militärgrenze").
1566	Süleiman II. stirbt auf einem Feldzug in Ungarn während der Belagerung der Festung *Szigeth* (Verteidiger Graf Nikolaus Zrinyi; Drama von Theodor Körner). Damit überschreitet die osmanische Macht ihren Höhepunkt, auch wenn sie sich noch 150 Jahre lang auf imponierender Höhe hält.
1566–1595	Selim II., Sohn Süleimans (1566–1574), und ebenso dessen Sohn *Murad III.* (1574–1595) sind wenig bedeutende Persönlichkeiten, dem Wein ergeben und vielfach in Haremsintrigen verstrickt. Da sie aber das Staatsruder dem Großwesir *Mehmed Sokolly Pascha* (einem geborenen Kroaten) überlassen (1579 ermordet), bleibt die Kampfkraft des Staates weiterhin erhalten.
1570/1571	Es gelingt sogar die Wegnahme Zyperns, der letzten Bastion des Westens vor der anatolischen und syrischen Küste, wo während der nächsten 50 Jahre zahlreiche türkische Siedler angesetzt werden (die Vorfahren der heutigen türkischen Bewohner).
1571 7. Okt.	Freilich erfolgt schon wenige Monate später der **Seesieg** einer abendländischen Flotte unter Leitung von *Don Juan d'Austria* bei **Lepanto** (gr.: Naupaktos – am Eingang des Golfs von

Korinth), der zwar nicht wirklich ausgenützt wird, aber wenigstens im westlichen Mittelmeer den Spaniern die führende Stellung sichert.

1579–1590 Ein **Krieg gegen Persien** bringt den Türken Landgewinn in Kaukasien mit Tiflis und Täbris.

1580/1612 Die Türkei nimmt zu England (1580) und den Niederlanden (1603/1612) Beziehungen auf, die wesentlich auf dem Handel aufbauen und dem Osmanischen Reich im Lauf der Jh.e vielerlei politische Vorteile bringen.

1595–1622 Unter den Regierungen *Mehmeds III.* (1595–1603), *Ahmeds I.* (1603–1617) und *Osmans II.* (1618–1622), die auf die seit 150 Jahren üblich gewordene gewaltsame Beseitigung ihrer Brüder als möglicher Prätendenten verzichten, sie aber oft in einem „goldenen Käfig" gefangengehalten, beansprucht (nach dem Frieden mit Kaiser Rudolf II. in Zsitva torok 1606) der Osten das Hauptaugenmerk. Zwar gelingt es den Habsburgern nicht, durch Verhandlungen mit den persischen Safawiden den Türken, die auf ein Offensivbündnis des Sultans mit Frankreich abzielen, Widerpart zu bieten, aber der persische Herrscher *Abbas I.* ist stark genug, auch so den Türken gegenüberzutreten.

1603 Aserbaidschan fällt den Persern in die Hände.

1621 Ein Vorstoß Polens gegen die Türken kann durch den Sieg bei *Chotin* aufgefangen werden.

1623 Abbas I. kann Bagdad erobern (das allerdings 1638 wieder türkisch wird).

1623–1640 Murad IV. versucht, durch die Zurückdrängung der Janitscharen und die Organisierung neuer Truppenteile das innere Gleichgewicht wiederherzustellen. Aufstände in Anatolien und Syrien (1599, 1603, 1623–1628) sowie bei den Kurden, endlich Selbständigkeitsbestrebungen unter den Drusen in Syrien, deren Fürst mit Toscana zusammenzuarbeiten versucht, werden unterdrückt. Doch kann der Einfluß der „Lateiner" angesichts des Freundschaftsverhältnisses mit Frankreich, das hier als Schutzmacht auftritt, nicht wirklich eingedämmt werden und wächst während der folgenden Jahrhunderte stetig. Erhebungen in Rumelien und Bulgarien (1595 und 1688) bleiben erfolglos. Das mag zur Verbreitung des sunnitischen Islams unter den Balkanvölkern beigetragen haben. Die Mehrheit der Albaner sowie der Bosnier, beachtliche Teile der Bulgaren (die Pomaken), aber kaum Rumänen, Serben und Griechen, schließen sich unter der türkischen Herrschaft dem Islam an.

Dynastie der Osmanen III

1640–1648 *Ibrahim*, ein Bruder Murads IV., ist ein unglaublicher Verschwender.

1648–1687 Sein Sohn *Mehmed IV.*, minderjährig auf den Thron gekommen, wäre kaum in der Lage, das Steuer herumzureißen, wenn nicht die (albanische) Wesirsfamilie der *Köprülü* (1656–1661 Mehmed, dann bis 1676 Ahmed) das Reich einer neuen Periode innerer Stabilität und äußerer Macht entgegenführte.

Osmanisches Reich – Entwicklung 15.–18. Jh.   *1079*

1656 Bedeutender Seesieg der Venezianer bei den Dardanellen.
1664 Kaiserlichen Truppen, denen diesmal der französische König Ludwig XIV. beisteht, gelingt bei St. Gotthard an der Raab ein wichtiger Erfolg, der für das Osmanische Reich jedoch nicht bedrohlich wird *(Friede von Eisenburg).* Im Gegenteil, das Türkische Reich kann in dieser Zeit seine größte Ausdehnung überhaupt erringen. (Sie spiegelt sich im Reisebuch *Ewlija Tschelebis* wider. Daneben künden Geschichtsschreiber wie *Sad ed Din, Petschewi, Naima, Raschid* und viele andere von den Taten ihrer Landsleute).
1669 Nach zwanzigjährigem Ringen gelingt es den Türken, Kreta zu erobern.
1672 Polen muß nach einem türkischen Sieg bei Kamieniec Podolski im *Frieden von Buczacz* Podolien und die Oberherrschaft über die Ukraine an die Sultane abtreten.
1682–1699 Der **große Koalitionskrieg** des Kaisers *Leopold I.* und vieler deutscher Reichsfürsten, der Polen unter *Johann III. Sobieski* und (seit 1696) auch der Russen unter Zar *Peter d. Gr.* bringt die entscheidende Wende.
1683 Die **zweite Belagerung Wiens** endet mit einem türkischen Mißerfolg *(Sieg am Kahlenberg).* In raschem Nachstoß dringen kaiserliche Heere unter Kurfürst *Max Emanuel von Bayern,* Herzog *Karl V. von Lothringen,* dem Markgrafen *Ludwig Wilhelm von Baden-Baden* (dem „Türkenlouis"), später unter dem Prinzen *Eugen von Savoyen,* der zur Verkörperung des Sieges über den Halbmond werden sollte, in Ungarn vor.
1686 *Ofen* (Buda, heute Stadtteil von Budapest) wird genommen.
1687 Die Venezianer besetzen Teile der Peloponnes, wobei der Parthenon in Athen – damals Pulvermagazin – schwer beschädigt wird. Mehmed IV. wird daraufhin abgesetzt († 1692).
1687–1691 Auch unter seinem Bruder *Süleiman III.* geht der abendländische Siegeszug vorerst weiter.
1689 Die kaiserlichen Heere erringen tief in Serbien, bei Nisch, einen großen Erfolg.
1690 Sie verlieren aber Belgrad wieder, als *Mustafa Köprülü* Großwesir wird (1689–1691).
1691–1703 Unter *Ahmed II.* (1691–1695) und dessen Neffen *Mustafa II.* (1695–1703), der vom letzten Wesir aus der Familie Köprülü (Husein, 1697–1702) beraten wird, wendet sich das Blatt erneut zuungunsten der Türken.
1691 Die Schlacht bei *Salankamen* gebietet dem türkischen Gegenstoß Einhalt.
1697 Die Niederlage bei *Senta* (Zenta, Stadt an der Theiß) zwingt dem Sultan Friedensverhandlungen auf.
1699 Im *Frieden von Karlowitz* (in Serbien) verliert er Ungarn (außer Temeswar im heutigen rumänischen Banat), Siebenbürgen, Slawonien und Kroatien an Österreich, Podolien an Polen, einen Großteil der Peloponnes und Teile Dalmatiens an Venedig.
1700 Im *Frieden von Konstantinopel* muß Asow (im Mündungsdelta des Don) Rußland überlassen und diesem damit ein erster Stützpunkt am Schwarzen Meer gewährt werden.
1703–1730 *Ahmed III.* wird vielfach in die Streitigkeiten der Großmächte verstrickt, nachdem er (1709–1714) dem schwedischen König *Karl XII.* Asyl in seinem Reich (in Demotika) gewährt hat.
Durch eine Zusicherung des Hospodars der Moldau (seit dem 14. Jh. Titel der Fürsten der Moldau und der Walachei), *Demetrios Kantemir,* verlockt, fällt Peter d. Gr. in die Türkei
1711 ein, muß am Prut kapitulieren, kommt jedoch (Bestechung eines Wesirs?) wieder frei. Seitdem nehmen an der Hohen Pforte die griechischen Phanarioten (Fanarioten; nach Fanar, Stadtteil Konstantinopels) (bis 1821) – als verläßlicher denn die Hospodare der Donaufürstentümer – eine führende Stellung, besonders die von „Pfortendolmetschen", ein.
1716 Bei Peterwardein (heute: Stadtteil von Neusatz/Jugoslawien) erleiden die Türken durch die Österreicher und Venezianer eine schwere Niederlage; sie verlieren Belgrad.
1718 Der **Friede von Passarowitz** (heute: Požarevac/Jugoslawien) läßt zum letzten Mal den Kaiser als Vormacht im Kampf wider den Halbmond erscheinen. Der Friede bringt ihm neben dem Banat von Temeswar auch die Kleine Walachei und den Nordsaum Serbiens ein und bezeichnet damit den weitesten Vorstoß der Habsburger Monarchie gegenüber der Türkei. Die Peloponnes freilich geht den Venezianern verloren.
Auch von den Wirren, die den Untergang der Safawiden in Persien begleiten und die Peter d. Gr. eine Ausweitung seines Reiches bis Gilan (am SW-Rand des Kaspischen Meeres) bringen, werden die Türken beunruhigt. Doch bleiben letztlich Teile Kaukasiens und Westirans zeitweilig ihnen überlassen.
Die vielfältigen Niederlagen und die davon ausgehende moralische Schwächung wenden das Interesse der Türken von der Politik weit ab. Das Land erlebt in der *„Tulpenzeit"* seine Barockperiode.
1727 Unter allerlei technischen Fortschritten soll die Einführung der Drucktechnik genannt werden.
1730 Gärende Unruhen suchen nach einem Ventil: der Sultan wird durch eine *Revolution* unter *Patrona Chalil* gestürzt.
1730–1754 *Mahmud I.,* Neffe Ahmeds III., wird Nachfolger; über Jahre hinaus üben die Janitscharen im Reich eine Willkürherrschaft, doch dehnt sich das Osmanische Reich bis zu einem gewissen Grad wieder aus.

1080   Außereuropäische Welt bis 1945 – Islamisch-arabische Welt

1736–1739   Der Krieg mit Österreich und Rußland erweist die Türkei als den Habsburgern ebenbürtig,
1739   die im *Frieden von Belgrad* Nordserbien mit eben dieser Stadt und die Kleine Walachei für immer verlieren, während die Russen Asow zurückgewinnen, das freilich entfestigt werden muß. Die vermittelnden Franzosen treten als führende Bundesgenossen der Türkei hervor und werden offiziell als Beschützer der (lateinischen) Christen anerkannt. Mit dem Vordringen des türkmenischen Eroberers *Nadir* in Persien kommt es – vor allem wegen religiöser Dispute – zu einem langwierigen, letztlich aber für beide Seiten erfolglosen Ringen, das mit Nadirs Ermordung abbricht.

1754–1773   Unter *Osman III.*, Bruder Mahmuds (1754–1757), und *Mustafa III.*, einem Sohn Ahmeds III. (1757–1773), folgenschwerer politischer Machtumschwung, der anstelle des römisch-deutschen Kaisers den russischen Zaren zum Vorkämpfer gegen die Osmanen werden läßt. Seitdem ist die Türkei bis in die Gegenwart vor allem von Norden her bedroht.
            Ein Bündnis mit *Friedrich II.* von Preußen, das unter dem Eindruck seiner Notlage im
1761   Lager von Bunzelwitz zustande kommt, besitzt politisch wenig Bedeutung, bringt aber erstmals Beziehungen zu der neu aufstrebenden Macht in Norddeutschland, die schließlich zum Bündnis im Ersten Weltkrieg und damit zu einer nachhaltigen geistigen Verbundenheit beider Völker führt.

1768–1774   Russische Heere dringen in die Moldau und in Transkaukasien ein.
1770   Sie vernichten die türkische Flotte in der Bucht von Tscheschme (gegenüber von Chios) mit einer von der Ostsee herbeieilenden Flotte. Trotz einiger türkischer Erfolge (1773) läßt der Frieden von Kütschük Kainardscha den Nordrand des Schwarzen Meeres und die
1774   Schirmherrschaft über die Krim in russische Hände übergehen, die schon 1783 dem Russischen Reich einverleibt wird.
            Damals gelingt es den Türken erstmals, ihren Sultan den Europäern als Kalifen und damit als Schirmherrn aller Muslime vorzustellen: eine dem Islam nicht gemäße Idee, die aber während des 19. Jh.s eine wesentliche Rolle spielt und das Band zwischen den moslemischen Gläubigen in abgetrennten Landstrichen und Konstantinopel deutlich festigt.
            Damit ist unter *Abd ül-Hamid I.* (1773–1789) Rußland zur Vormacht am Schwarzen Meer geworden; die Ausschaltung Polens durch die drei Teilungen und die Besiedlung der Ukraine unter dem zaristischen Staatsmann *Grigori A. Potemkin* (Patjomkin) macht die Stellung des Zaren im Norden unangreifbar. Die Russen erscheinen den orthodoxen Balkanslawen mehr und mehr als die künftigen Befreier von der türkischen Oberherrschaft; in der Moldau und in der Walachei, bald auch im Heiligen Land, gelten sie deshalb als die offizielle Schutzmacht ihrer Glaubensbrüder.

1775/1784   Einige Grenzgebiete müssen ohne Kampf den Nachbarn überlassen werden, so (1775) das Buchenland (Bukowina) an Habsburg, (1783/1784) die Krim, (1784) das Schutzrecht über Georgien an die Zaren, die nun auch von Kaukasien her eine Bedrohung bilden.

1787–1792   Österreicher und Russen kämpfen zum letzten Mal gemeinsam gegen die Türken.
            Für die Österreicher bedeutet der Krieg trotz der zeitweiligen Besetzung Belgrads unter
1791   *Ernst G. Freiherr von Laudon* (1789) im *Frieden von Swischtow* den Verlust von Moldau und Walachei ohne Orschowa an die Türken.
1792   Hingegen wird im *Frieden von Jassy* (heute Rumänien) der Dnjestr zur Grenze zwischen dem Zaren und Sultan *Selim III.* (1789–1807) bestimmt. Die Krim wird endgültig aufgegeben; die wichtige Festung Otschakow bleibt seither in russischer Hand.

1798–1800   Das französische Vorgehen in Ägypten führt zum Bruch zwischen beiden bisher traditionell befreundeten Mächten, läßt England auch politisch ins Blickfeld der Türken treten und bringt damit eine weitgehende Umkehrung der bisherigen politischen Gruppierung mit sich, die für das 19. Jh. kennzeichnend wird.

Das Osmanische Reich im 19. und 20. Jh.

Wie für den Nahen Osten überhaupt, so bedeutet die *napoleonische Expedition* nach Ägypten auch für das Türkentum den Beginn einer neuen Epoche, obwohl hier europäische Anschauungen und technische Einflüsse – anders als bei den Arabern und Persern – auch in den vorausgehenden Jahrhunderten schon bedeutsam sind. Den militärischen Reformen zu Beginn des Jh.s folgen weitere auf zivilem Gebiet nur unter dem Druck der Großmächte, von denen die Türken mehr und mehr abhängig werden, während Westeuropa dem Sultan Rußland gegenüber in steigendem Maß Schutz bietet. Die Durchführung dieser Änderungen wird durch das wachsende Nationalgefühl der *Araber* und der *Balkanvölker* erschwert, da die Türken fühlen, daß sie mit den ihnen auferlegten Reformen auch einem Zerfall ihres Staates Vorschub leisten. Um dem zu wehren, verschreibt sich der Sultan im ausgehenden 19. und beginnenden 20. Jh. einer *reaktionären Politik*, die in der Tat auf Jahrzehnte hinaus den Besitzstand wahrt, aber in der *jungtürkischen Revolution* zusammenbricht: mit der Folge alsbaldiger neuer Gebietsverluste und tiefer innerer

Osmanisches Reich – 19. und 20. Jh. 1081

Erschütterungen, die bis über den Ersten Weltkrieg hinaus andauern. – Die Berührung mit europäischen Mächten verschafft auch deren Kultur einen wachsenden Einfluß. Während des 19. Jh.s erweist sich dabei vor allem *Frankreich als Vorbild* der Türken, besonders auf literarischem und pädagogischem Gebiet. Nur militärisch und wirtschaftlich setzt sich um die Jahrhundertwende der *deutsche Einfluß* stärker durch.

1798–1801   *Napoleons* Vorstoß nach Ägypten treibt Sultan *Selim III.* (1789–1807) zeitweilig auf Englands Seite; doch erlangt Frankreich rasch wieder seinen traditionellen diplomatischen Einfluß an der Pforte, so daß die Türkei während der napoleonischen Feldzüge nicht in die Kämpfe eingreift.

1806–1812   Doch verliert der Sultan nach einem schleppend durchgeführten *Krieg mit Rußland* im *Frieden von Bukarest* (28. Mai 1812) Bessarabien, erreicht aber die Räumung der besetzten Donaufürstentümer.

1807   Nach der Ermordung Selims III. durch die Janitscharen und einer mißlungenen Revolution
April   unter dem Großwesir *Mustafa Bairaktar* („Fahnenträger") versteht es Sultan *Mahmud II.,* Sohn Abd ül-Hamids I. (1808–1839), seine Autorität im Innern behutsam zu festigen. Aussöhnung mit England.

1809   In Anatolien wird die Herrschaft fast unabhängiger Lokalfürsten, der *„Dere Beis"* („Talfürsten"), in Thessalien das Regiment *Ali Paschas* von Jánnina gebrochen.

1821–1829   Im Zusammenhang mit dem **griechischen Befreiungskrieg** erfolgt eine Reform des Heeres.
1826   Die *Janitscharen* werden ausgeschaltet und die Dienstpflicht der Spahis (Sipāhīs) aufgeho-
16. Juni   ben.

Trotz dieser Reformen und trotz des Eingreifens ägyptischer Truppen erhält angesichts des Kriegseintritts der Westmächte und Rußlands das südliche Griechenland im **Frieden von**
1829   **Adrianopel** (Edirne) seine Unabhängigkeit. Rußland gewinnt das Donaudelta und Arme-
14. Sept.   nien, doch können noch weiter gehende Ansprüche mit Hilfe der britischen Diplomatie zurückgewiesen werden.

Ägyptens Statthalter *Mohammed Ali* glaubt sich angesichts seiner Verdienste während des griechischen Freiheitskrieges zu einer Entlohnung durch Syrien berechtigt. Doch wird ihm dieses Gebiet zusammen mit der Verwaltung Kilikiens (neben Kreta) erst nach einem Feldzug (1831/32) im Frieden von Kütahya überlassen.

1833   Um Hilfe gegen ihn zu gewinnen, entschließt sich der Sultan zum *Schutzvertrag von Hunkâr Iskelesi* mit dem Zaren. Die Dardanellen werden zugunsten Rußlands für fremde Kriegsschiffe gesperrt.

1835   Eine englische Aktenveröffentlichung beweist daraufhin die Absichten des Zaren auf den Besitz Konstantinopels.

1839–1861   Sultan *Abd ül-Medschid I.,* ein Sohn Mahmuds II., weiß sich mit tüchtigen Ministern zu umgeben, unter denen *Mustafa Mehmed Reschid Pascha* (1846–1858 Großwesir mit fünfmaliger Unterbrechung) hervorragt.

Die Reformpolitik unter Abd ül-Medschid I.

Im **Hatt-i Scherif** („erhabenen Schreiben") von *Gülhane* („Rosenhaus"; einem Palast in Konstantinopel) vom 3. November 1839 verspricht der Sultan Abschaffung der *Steuerpacht, Steuerreformen* sowie allgemeine *Rechtssicherheit* und leitet damit die **Zeitspanne der „Reformen"** (Tansimat) ein. Recht, Verwaltung und Bildung sollen nach europäischem Muster ausgebaut werden. In der Tat erfährt besonders das *Schulwesen* in den folgenden Jahrzehnten wesentliche Verbesserungen, auch mit ausländischer Hilfe: neben Militär-, Medizin- und Verwaltungsschulen gewinnen das *„Galata-Sarai"* (seit 1869; mit französischer Unterrichtssprache) und das *„Robert-College"* (seit 1863; mit englischer Unterrichtssprache) nachhaltige Bedeutung. Aus deren Zöglingen bildet sich der Kern einer türkischen Mittelschicht mit betont nationaler und islamischer Grundhaltung heraus, die einen Nationalstaat europäischen Musters erstrebt. – Daneben können die nationalen und religiösen Minderheiten ein fast unabhängiges Erziehungswesen in ihren jeweiligen Nationalsprachen entwickeln.

Das **Hatt-i Humajun** (Kaiserliche Schreiben) vom 18. Februar 1856 verspricht weitere Reformen, darunter die *Gleichstellung aller Nationalitäten* und *Religionen* auch im Staatsdienst. *Religionsfreiheit* und Verbesserungen im Steuer- und Gerichtswesen sowie *Abschaffung der Folter*. Freilich widerspricht ein Teil dieser Reformpolitik, besonders die Gleichstellung der Religionen, der islamischen Staatsauffassung und stößt deshalb bei den Türken auf Widerstand: sie fühlen einen Zusammenbruch des Osmanischen Reiches voraus, wenn sie hier nachgeben. Damit hängen 1860 die *Greueltaten der Drusen* im Libanon zusammen, die gegen die *Maroniten* und andere Christen verübt und nur mühsam unterdrückt werden. Aber auch die Christen und Juden legen keinen Wert darauf, in der osmanischen Armee zu dienen, und zahlen dafür lieber den Ablösungsbetrag.

1839   Kurz nach der Machtübernahme muß sich Sultan Abd ül-Medschid eines neuen Verstoßes
24. Juni   des ägyptischen Statthalters *Mohammed Ali* erwehren: nach Alis *Sieg bei Nisib* geht die türkische Flotte zu ihm über.

1082 Außereuropäische Welt bis 1945 – Islamisch-arabische Welt

1840 15. Juli	Während Ägypten unter Mohammed Ali bei Frankreich Unterstützung findet, stärkt eine Quadrupelallianz von England, Rußland, Österreich und Preußen dem Sultan den Rücken, so daß er durch einen Vertrag die 1833 verlorenen Gebiete zurückgewinnt.
1841	Im Dardanellenvertrag wird nichttürkischen Schiffen die Durchfahrt durch die Meerengen verboten.
1853–1856	Das Drängen Rußlands auf den Besitz der Dardanellen, gepaart mit dem Wunsch, den Balkanvölkern bei ihrem Streben nach Loslösung von der Hohen Pforte zu helfen und überhaupt die Orthodoxen in der Türkei zu vertreten, führt zum **Krimkrieg,** in dem die Türkei mit Unterstützung Großbritanniens, Frankreichs und Sardiniens siegreich bleibt.
1856 **30. März**	Im **Pariser Frieden** erhält die Türkei ihre Unabhängigkeit verbürgt. Das Schwarze Meer wird für neutral erklärt und den Anrainern (also auch Rußland) das Halten einer Kriegsflotte dort untersagt (1871 durch den Londoner Vertrag aufgehoben); die Dardanellen werden für russische Kriegsschiffe gesperrt.
1861–1876 *1876–1909*	Die nationalen und religiösen Spannungen im Innern und die Schwierigkeiten nach außen (vor allem mit Rußland) halten unter *Abd ül-Asis,* einem Bruder Abd ül-Medschids I., an. Nach seiner Ermordung und einer kurzen Zwischenregierung *Murads V.* (30. Mai–31. Aug. 1876), eines Sohnes Abd ül-Medschids I., muß dessen Bruder, Sultan *Abd ül-Hamid II.,* während eines Aufstandes in Bosnien und der Herzegowina die Regierung übernehmen.
1876 23. Dez.	Die (seit etwa 1865 bestehenden) „Jungtürken" erzwingen nach Studentenkundgebungen und aufgrund einer allgemeinen Unzufriedenheit die Einführung einer **Verfassung,** als deren geistiger Vater der Großwesir (19. Dez. 1876–5. Febr. 1877) *Midhat Pascha* gelten darf. Der Islam wird als Staatsreligion anerkannt, die anderen Religionen werden geduldet, die Verwaltung dezentralisiert; Einführung eines Zweikammersystems. Gleichzeitig entwickelt sich die türkische Presse immer mehr.
1877–1878	Die Unruhen auf der Balkanhalbinsel weiten sich zu einem **Krieg mit Rußland** aus, an dem sich verschiedene Balkanvölker beteiligen.
1878 **13. Juli**	Der Frieden von San Stefano (jetzt Yesilköy) (3. März 1878) wird durch den **Berliner Vertrag** revidiert. Die Staaten Serbien, Montenegro, Rumänien werden endgültig unabhängig; Bulgarien wird ein abhängiges Fürstentum, dem sich (1885) Ostrumelien anschließt. Teile Thessaliens kommen (1881) an Griechenland. Österreich-Ungarn übernimmt die Verwaltung Bosniens und der Herzegowina sowie des Sandschaks (Bezeichnung für einzelne Verwaltungsprovinzen) Novipazar. Im Kaukasus gehen Batum, Kars und Ardahan an Rußland verloren. England besetzt Zypern unter formeller Anerkennung der türkischen Oberhoheit (1914 annektiert).
	Die allgemeine Ermüdung nach dem verlorenen Krieg ermöglicht dem Sultan die *Aufhebung der Verfassung* und die *Auflösung des Parlaments;* Midhat Pascha wird nach Arabien verbannt (dort 1884 gestorben).
1881	Im Gefolge eines Staatsbankrotts (1875/76) muß die Türkei in eine internationale Steuerverwaltung („Dette publique") einwilligen, durch die europäische Wirtschaftsverbände wesentliche Vorteile erlangen. Die Staatsschuld wächst.
1881	*Tunesien* geht an Frankreich verloren.
1882	*Ägypten* (als Protektorat) wird an Großbritannien abgetreten.
	Im übrigen wird während der autokratischen Herrschaft des Sultans der Bestand des Reiches gewahrt. Die Unterdrückung liberaler Tendenzen im Zeichen erst des „Panislamismus", dann des „Osmanismus" schaltet gleichzeitig nationales Denken und damit einen Ansatzpunkt für eine weitere Aufsplitterung der Türkei auf Jahrzehnte hin aus. Verschiedene *christliche Unruhen* bei den *Armeniern* (1894–1896) und in *Syrien* werden – z. T. sehr blutig – niedergeschlagen.
1897	Ein **Krieg gegen Griechenland** geht siegreich aus, bringt aber für die seit langem unruhige Insel *Kreta* innere Selbstverwaltung (1898–1906 Prinz Georg von Griechenland als Oberkommissar) unter türkischer Oberhoheit.
	Eine Aufteilung der Türkei wird – vor allem durch deutsche Einsprache – verhindert. Das gibt dem Deutschen Reich die Möglichkeit, sich wirtschaftlich und militärisch mehr und mehr für die Türkei zu interessieren; Kaiser *Wilhelm II.* besucht das Land (1889 und 1898). Ein Handelsvertrag wird abgeschlossen (1890). Der Bau der *Anatolischen* und der *Bagdadbahn* macht aber vor allem Großbritannien argwöhnisch und wird eine der Hauptursachen für den Ersten Weltkrieg. Freilich versteht es Deutschland, die Sympathien der Türken für sich zu gewinnen. Der gemeinsame, vielfach siegreiche Kampf während des Ersten Weltkriegs gibt den Türken das Gefühl völliger Gleichberechtigung mit dem Westen und fördert ihre Anhänglichkeit nachhaltig.
1902/1903	Ein *Aufstand in Mazedonien* führt zur „Punktation von Mürzsteg" (in der Steiermark) zwischen Österreich-Ungarn und Rußland; die versprochenen Verwaltungsreformen in Makedonien kommen aber nicht wirklich zustande.
1908	Die **jungtürkische Revolution** unter Leitung des „Ausschusses für Einheit und Fortschritt"

Türkei (Republik) *1083*

(1891 in Genf gegründet; türkisches Zentrum in Saloniki) erzwingt die Wiederinkraftsetzung der Verfassung von 1876 und das Zusammentreten des Parlaments. Doch gehen gleichzeitig Bosnien und die Herzegowina an Österreich-Ungarn verloren; Bulgarien wird unabhängiges Königreich.

1909 Unter dem Eindruck dieser Ereignisse ersetzen die Jungtürken, deren führende Politiker *Enver Pascha* und *Tal'at Pascha* sind, Sultan Abd ül-Hamid II. († 1918) durch dessen Bruder *Mehmed V. Reschad* (1909–1918), der gegenüber den Jungtürken kaum selbständigen Einfluß besitzt. Die innere Schwäche der Türkei benützen einige Nachbarstaaten zur Wegnahme weiterer Gebietsteile.

1911/12 Die Italiener erobern Tripolis und die Cyrenaica (sie kommen freilich vorläufig über die Küste nicht hinaus) und besetzen (einstweilen als „Pfand") den Dodekanes (der 1947 an Griechenland übergeht).

1912 Albanien löst sich von der Türkei.

1912/13 Die Balkanstaaten gewinnen im **Ersten Balkankrieg** alles bisher türkische Gebiet in Europa bis zur Linie Enos–Midic. Doch werden die Bulgaren im **Zweiten Balkankrieg** hinter die Maritza zurückgedrängt, so daß Adrianopel (Edirne) in türkischer Hand bleibt.

Um der Gefahr einer völligen Auflösung zu begegnen, bemüht sich die Türkei unter deutscher Leitung (General Otto Liman von Sanders Pascha) erfolgreich um eine Heeresreform. Die Flotte wird unter dem englischen Admiral Limpas erneuert.

1914 Enver Pascha wird Kriegsminister.

1914–1918 Er ist der leitende Staatsmann während des **Ersten Weltkriegs**, in dem die Türkei als Bundesgenosse Deutschlands, Österreich-Ungarns und Bulgariens der Entente schwere Niederlagen (Dardanellen; Kut el-Amara) beibringt.

Erst das letzte Kriegsjahr läßt die türkischen und deutschen Truppen zurückweichen.

1918 Doch kann im Zusammenhang mit der russischen Revolution Aserbaidschan mit Baku be-
16. Sept. setzt werden.

Der Krieg bringt eine Hochflut des Nationalgefühls in der Prägung des „Turanismus", der alle Türkvölker, z.T. einschließlich der Ungarn, umfaßt und noch lange nachwirkt.

1918 Sultan *Mehmed VI.* Wahid ed-Din, seines Bruders Mehmed V. Nachfolger, muß in den
30. Okt. **Waffenstillstand von Mudros** einwilligen, der praktisch das Ende des Osmanischen Reichs bedeutet.

Arabische Gebiete des Osmanischen Reiches

Syrien Palästina Jordanien	Irak	Arabische Halbinsel, Jemen	Ägypten	Cyrenaica und Tripolitanien	Tunesien	Algerien
1516: osmanisch 1918/1921: französisch-britisches Mandat	1539–1623: 1639–1917/ 1918: osmanisch 1920: britisches Mandat, 1930: selbständig	seit 1517 nominell osmanisch, Oberherrschaft wechselnd, nach 1917/1918: unabhängig: Kuwait, Golf-Emirate, Oman, Aden mit Hadramaut (Südjemen), Jemen (Nordjemen unter einem Imam), Saudi-Arabien seit 1932	1517: osmanisch 1806: suzerän 1882: britisch besetzt 1914: von der Türkei gelöst 1922: Königreich	1557: osmanisch 1714: selbständig 1911/1912: italienisch 1951: volle Unabhängigkeit	1574: unter osmanischer Oberherrschaft 1705: beschränkt selbständig 1881: von Frankreich besetzt. Protektorat	1574: unter osmanischer Oberherrschaft 1710: beschränkt selbständig nach 1830: von Frankreich besetzt/annektiert

Türkei (Republik)

1919 Die *alliierte Kontrolle* über Istanbul, die geplante Aufteilung weiterer Teile Anatoliens unter den Alliierten und die *Demobilisierung* der osmanischen Armee wecken in den nichtbesetzten Gebieten Anatoliens nationalen Widerstand der Türken.

15. Mai Dieser verstärkt sich, als *griechische Truppen* mit der Landung in *Izmir* (ehemals Smyrna) eine Invasion in Westanatolien beginnen.

Es gelingt **Mustafa Kemal Pascha** (genannt Kemal Atatürk; * 1881, † 1938) aufgrund seines Prestiges als erfolgreichster General des letzten Krieges, den *nationalen Widerstand*

1084 Außereuropäische Welt bis 1945 – Islamisch-arabische Welt

auf zwei Nationalkongressen in *Erzurum* (23. Juli – 7. August) und *Sivas* (4.–11. September) zu organisieren.

11. Sept. Im **Nationalpakt,** der Grundsatzerklärung der nationalen Bewegung, wird die Unabhängigkeit aller türkischen Gebiete Anatoliens und Thrakiens als Grundbedingung einer Friedensregelung formuliert. Das Selbstbestimmungsrecht wird für alle Völker des Osmanischen Reiches gefordert, auf eine Herrschaft über die nichttürkischen Provinzen des Reiches dabei ausdrücklich verzichtet. Obwohl der „Schutz des Sultanats und des Kalifats" ein Hauptziel der Bewegung bleibt, bildet Mustafa Kemal mit einem gewählten „Repräsentativkomitee" de facto eine Gegenregierung. Als vordringlichste Aufgabe organisiert er den **Unabhängigkeitskrieg** gegen die Griechen im Westen, gegen Armenien, das Teile Ostanatoliens annektiert hat, und gegen die französische Besetzung Kilikiens.

1920 Der Sultan lenkt gegenüber der Nationalbewegung ein und läßt ein neues Parlament wäh-
28. Jan. len, das den Nationalpakt verabschiedet. Als darauf Istanbul unter britische Militärverwaltung gestellt wird (16. März) und das Parlament sich vertagt, ruft Mustafa Kemal zur Wahl einer neuen, mit besonderen Vollmachten ausgestatteten Versammlung auf.

23. April Die **Große Nationalversammlung** tritt in Ankara zusammen, erklärt sich wenig später zum Träger aller Souveränität, bis der Sultan aus den Händen der Alliierten befreit sein wird, und setzt eine neue Regierung unter Mustafa Kemal ein. Diese erhält ihre erste völkerrechtliche Anerkennung, als Frankreich sich in einem Waffenstillstandsabkommen (30. Mai) zur Räumung Kilikiens bereit erklärt.

18. Juli Mit einem Eid den Nationalpakt lehnt die Große Nationalversammlung die Bedingungen ab, die die Alliierten dem Osmanischen Reich im *Friedensvertrag von Sèvres* (10. Juni) zu diktieren versuchen.

10. Aug. Die Delegierten des Sultans unterzeichnen dennoch den Vertrag, der in seinen auf die Türkei bezogenen Teilen jedoch nicht wirksam werden kann, so daß England und Frankreich schon bald in Revisionsverhandlungen mit Delegationen des Sultans wie der Regierung in Ankara eintreten.

1920–1922 Fast kampflos haben griechische Truppen (im Sommer 1920) große Teile Westanatoliens und Thrakiens besetzt. Die Schlacht am Sakarya-Fluß (24. Aug.–16. Sept. 1921) bringt dann die Wende im *griechisch-türkischen Krieg.* Vor den türkischen Truppen ziehen sich die Griechen schließlich in ungeregelter Flucht zurück. Mit der *Evakuierung von Izmir* (9.–11. Sept. 1922) gehen 3000 Jahre griechischer Siedlung im westlichen Kleinasien zu Ende.

1922 Als die Alliierten zur Friedenskonferenz neben der Regierung in Ankara auch die Regie-
1. Nov. rung des Sultans einladen wollen, erklärt die Große Nationalversammlung die Institution des Sultanats für erloschen. Anstelle des aus Istanbul geflohenen *Mehmed VI.* wählt sie kurz darauf den Thronfolger *Abd ül-Medschid II.* zum Kalifen – einem aller Herrschaftsfunktionen beraubten Oberhaupt der Muslime.

1923 Im **Friedensvertrag von Lausanne** erkennen die Alliierten die *Unabhängigkeit und Souve-
24. Juli ränität der neuen Türkei* an. Die fremden Truppen werden auch aus Istanbul zurückgezogen; die Kapitulationen, die ausländischen Mächten weitgehende Vorrechte eingeräumt haben, werden aufgehoben. Nur in der Frage der Souveränität über die Meerengen kann sich die Türkei nicht voll durchsetzen. Die Türkei verzichtet auf die nichttürkischen Teile des ehemaligen Osmanischen Reiches.

29. Okt. Mit der **Ausrufung der Republik** und der Wahl Mustafa Kemals zum Staatspräsidenten (ab 1934 mit dem Beinamen **Atatürk,** „Vater der Türken") wird der endgültige Bruch mit der Tradition des Osmanischen Reiches vollzogen.

Die kemalistischen Reformen

Als unangefochtener Führer der Türkischen Republik kann Kemal Atatürk in den folgenden Jahren tiefgreifende Reformen durchführen, mit denen er die Türkei in einen *modernen Nationalstaat* nach westlichem Muster umwandeln will. Die Reformen folgen den **sechs Prinzipien des Kemalismus,** die in der Verfassung der Türkei vom 20. April 1924 niedergelegt werden und bis in die Gegenwart den Bezugsrahmen der türkischen Politik bilden: Nationalismus, Säkularismus (bzw. Laizismus) und Modernismus als Prinzipien des Handelns sowie Republikanismus, Populismus und Etatismus als Prinzipien der Organisation. Am deutlichsten wird der Bruch mit der Vergangenheit bei dem Versuch, die Einheit von religiöser und politischer Ordnung aufzulösen und schrittweise einen **laizistischen Staat** aufzubauen. Der islamischen Geistlichkeit werden die Grundlagen ihrer gesellschaftlichen Macht entzogen: Auf die Abschaffung des Kalifats (3. März 1924) folgen die Schließung der Koranschulen (Medressen), die Abschaffung der für Familien- und Erbrecht zuständigen Scheriatsgerichtshöfe und die Auflösung der religiösen Orden und Klöster. Der Besitz religiöser Stiftungen wird staatlicher Kontrolle unterstellt. Die islamische Kleiderordnung wird aufgehoben, das Tragen des Fez verboten und der Schleier verpönt. Eine neue Gesetzgebung löst das islamische Recht ab und übernimmt weitgehend Vorschriften aus dem Schweizer Zivil-,

Ostarabischer Raum – Türkische Provinzen bis zum Friedensvertrag von Lausanne   *1085*

italienischen Straf- und deutschen Handelsrecht. Schließlich wird der Passus, der den Islam zur Staatsreligion erklärt, aus der Verfassung gestrichen (10. April 1928).
Nationalistische Sprach- und Geschichtstheorien sollen Stolz auf die türkische Rasse und Geschichte wecken. Neben einem säkularen Erziehungswesen werden Volksbildungsinstitutionen geschaffen. Ein Jahr nach der Einführung der lateinischen Schrift (1. November 1928) werden Arabisch und Persisch aus den Lehrplänen der Schulen gestrichen. Die Türkei soll sich ganz am Leitbild des **Modernismus** orientieren, der durch revolutionäre Aktion zu verwirklichen sei. Auf die soziale Befreiung der Frau legt Atatürk besonderen Nachdruck: die Berufswelt wird ihr geöffnet, sie erhält Wahlrecht.
Populismus als Ausdruck des vom Volk ausgeübten Souveränität und **Republikanismus** als Regierungsform sind die politischen Prinzipien der neuen Türkei. Atatürk behält allerdings die Fäden der Politik in seiner Hand und duldet nur vorübergehend andere politische Organisationen neben seiner Republikanischen Volkspartei.
Der „Wirtschaftspakt" (4. März 1923) bildet den Ausgangspunkt einer Industrialisierungspolitik, die den großen Vorsprung Europas möglichst rasch aufholen soll. Das Prinzip des **Etatismus** steht für die staatliche Lenkung der Wirtschaft. In bewußter Abschottung gegen direkte Einflüsse des Westens entsteht ein Staatskapitalismus. Die Türkei unter Kemal Atatürk erhält eine moderne Arbeits- und Sozialgesetzgebung.

1925	Eine *Revolte der Kurden* in Südost-Anatolien wird niedergeschlagen, die Integration der Kurden in die Türkei durch Umsiedlungen nach Westen (1927) forciert.
1930 **30. Okt.**	Der **Ausgleich mit Griechenland** wird mit einem Freundschaftsvertrag besiegelt, dem später ein Vertrag über politische Zusammenarbeit (14. September 1933, erweitert 27. April 1938) folgt.
1936 20. Juli	Auf der *Konferenz von Montreux* gelingt es der Türkei, die volle Souveränität über die Meerengen wiederzugewinnen.
1938 **10. Nov.**	Nach dem **Tod Atatürks** wird der nach ihm bekannteste General des Unabhängigkeitskrieges und langjährige Ministerpräsident *Ismet Inönü* Staatspräsident.
1939–1945	Im *Zweiten Weltkrieg* bleibt die Türkei neutral, nähert sich aber aufgrund langer freundschaftlicher Beziehungen zur Sowjetunion und zu Großbritannien zunehmend den Alliierten. – *(Forts. S. 1339)*

Der ostarabische Raum im 19./20. Jh. vor 1945

In den arabischen Provinzen der Türkei beginnt sich im ausgehenden 19. Jh. ein *Nationalismus der Araber* zu regen. Ihre Hoffnung auf einen unabhängigen arabischen Staat scheitert zwar nach dem Ersten Weltkrieg an den Großmachtinteressen Frankreichs und Großbritanniens. Aus den nationalistischen Anfängen geht jedoch eine auf Überwindung der Zersplitterung in Einzelstaaten gerichtete **pan-arabische Bewegung** hervor, die trotz der Vielfalt ihrer Ausprägungen um die Mitte des 20. Jh.s zu einer beherrschenden politischen Kraft in der arabischen Welt wird. Gleichzeitig entsteht um die Jahrhundertwende der **politische Zionismus**, eine jüdische Nationalbewegung, die ihr Ziel, in Palästina einen jüdischen Staat aufzubauen, gegen alle Widerstände verwirklichen kann. Aus dem Gegensatz der beiden Nationalismen entwickelt sich der *Palästina-Konflikt*, der sich mit der Gründung des Staates Israel zum **arabisch-israelischen Konflikt** ausweitet.

Die arabischen Provinzen der Türkei bis zum Friedensvertrag von Lausanne

Arabischer Nationalismus und politischer Zionismus

Reformen, die dem Zerfall des Osmanischen Reiches durch Angleichung an das politisch, militärisch und wirtschaftlich überlegene Europa begegnen sollen, wandeln das Reich im 19. Jh. in einen *säkularen Territorialstaat*. Mit Maßnahmen wie der rechtlichen Gleichstellung nicht-muslimischer Gemeinschaften gibt das Reich seinen Zweck auf, durch die Anwendung des islamischen Rechts die Gemeinschaft der Muslime zu repräsentieren. Da die politische Ordnung nicht mehr aus dem Islam begründet wird, kann der Herrschaftsanspruch über Völker, die sich als Nationen zu verstehen beginnen, auch gegenüber Muslimen nicht mehr überzeugend vertreten werden. Die Vorstellung von einer sich selbst bestimmenden Nation kann auf die muslimischen Teile des Reiches übergreifen.
Die Berührung mit den politischen Ideen Europas führt im späten 19. Jh. unter gebildeten Arabern, besonders libanesischen Christen, zu einer romantischen Rückbesinnung auf die arabische Geschichte und

1086 Außereuropäische Welt bis 1945 – Islamisch-arabische Welt

Kultur. Das geistige *„Erwachen der Araber"* verbindet sich in Syrien mit Bemühungen um eine Wieder-belebung des Islams, der ohne die arabische Sprache des Korans nicht denkbar ist und eine Sonderstellung der Araber rechtfertigt. Wurde zunächst nach einem Gegengewicht gegen den Despotismus des osmani-schen Sultans gesucht (Forderung *al-Kawakibis* nach einem arabischen Kalifat), beginnen sich die Bestrebungen um eine arabische Wiedergeburt gegen das Reich zu richten, als die Jungtürken die Auflö-sungsprozesse im Reich durch Zentralisierung und Türkifizierung aufzuhalten versuchen. Es bilden sich Geheimgesellschaften, die die Autonomie Syriens – gemeint ist das geographische Syrien einschließlich des Libanon und Palästinas – anstreben. Die meisten wollen weiter an der Einheit des Reiches fest (Dezentralisierungspartei im Exil; 1913 Arabischer Kongreß in Paris); doch wächst die Zahl derjenigen, die die Selbstverwirklichung der arabischen Nation in einem *unabhängigen arabischen Staat* erträumen. Bei Ausbruch des Ersten Weltkrieges ist die Zahl der arabischen Nationalisten noch begrenzt, das Miß-trauen zwischen Arabern und Jungtürken jedoch kaum noch überbrückbar.

In Palästina bahnt sich um die Jahrhundertwende ein Konflikt des arabischen Nationalismus mit einer anderen Nationalbewegung, dem politischen Zionismus, an:

Aus der Erfahrung, daß Assimilation die „Judenfrage" in Europa nicht hat lösen können, entsteht im späten 19. Jh. der Zionismus als eine politische Bewegung von Juden, die durch die *Gründung eines jüdi-schen Staates* das Problem des neuen Antisemitismus überwinden wollen, den romantischer Nationalis-mus und beginnender Rassismus ausgelöst haben. Obwohl der politische Zionismus ein Nationalismus ist wie die, die ihn hervorgerufen haben, hat er einmaligen Charakter, weil er die in der Welt verstreuten Juden als Volk im säkularen Sinn versteht, das am Ort zukünftiger nationaler Existenz zusammenzufüh-ren ist. Außerdem schafft die besondere Rolle der Gemeinschaft in der rabbinischen Tradition und die vor allem in Osteuropa lebendig gebliebene messianische Erwartung einer Rückkehr in das Land der Väter eine so innige Verbindung des Nationalismus mit der Religion, daß Palästina als „historische Hei-mat" bald als einzig möglicher Ort für den zu schaffenden Staat erscheint.

Pogrome in Rußland seit 1881 lösen eine Auswanderungsbewegung nach Palästina aus, wo erste jüdische landwirtschaftliche Siedlungen entstehen. Verschiedene zionistische Strömungen kommen auf dem 1897 von *Theodor Herzl* einberufenen *ersten Zionistenkongreß* in Basel zusammen. Im **Baseler Programm** beschließen sie das Ziel des Zionismus, für das jüdische Volk *„eine öffentlich-rechtlich gesicherte Heim-stätte in Palästina"* zu schaffen. Versuche, vom osmanischen Sultan die Genehmigung für die Kolonisie-rung Palästinas zu bekommen, scheitern. Alternative Kolonisationsgebiete (Sinai, Uganda) werden auf späteren Zionistenkongressen abgelehnt. Trotz großer Schwierigkeiten mit der türkischen Verwaltung verstärkt sich die Einwanderung von Juden in Palästina. 1909 wird Tel Aviv als erste jüdische Stadt ge-gründet; 1911 entstehen die ersten Kollektivsiedlungen *(Kibbuzim)*; 1914 leben in 59 landwirtschaftli-chen Kolonien 12000 Juden.

Obwohl der Anteil der Juden an der Bevölkerung von etwa einer halben Million um die Jahrhundert-wende weniger als 10% beträgt und bis zum Ersten Weltkrieg kaum darüber ansteigt, löst die Einwande-rung bereits Unruhe unter den Arabern aus. Vereinzelt wird ein langfristiger Konflikt zwischen Arabern und Juden vorausgesehen; auch wird bereits die Forderung laut, die Araber sollten sich dem Zionismus mit Gewalt entgegenstellen. Noch bevor arabische Nationalisten und politische Zionisten eine Chance zur Verwirklichung ihrer Ziele haben, wird der Konflikt zweier Nationalismen sichtbar, die sich gegensei-tig ausschließen, weil sie ihre Erfüllung auf demselben Territorium suchen.

Chronologische Übersicht

```
1916  Aufstand der Araber – Hussein König der arabischen Länder
1917  Balfour-Deklaration
1920  Faisal König von Syrien
      Konferenz von San Remo beschließt Mandate:
      Frankreich erhält Syrien, Großbritannien Mesopotamien und Palästina
      Frankreich vertreibt Faisal
      Groß-Libanon von Syrien abgetrennt
1921  Transjordanien von Palästina abgetrennt
      Faisal I., König des Irak
1922  Völkerbund beschließt Palästina-Mandat
1923  Transjordanien selbständiges Emirat
1924  Ibn Saud vertreibt König Hussein
1925  Mosulgebiet kommt zum Irak
1930  Irak unabhängig
1932  Königreich Saudi-Arabien
1936  Arabischer Aufstand in Palästina
1937  Peel-Kommission empfiehlt Teilung Palästinas
1939  England beschränkt jüdische Einwanderung
1941  Syrien und Libanon unabhängig
1945  Gründung der Arabischen Liga
```

Ostarabischer Raum – Türkische Provinzen bis zum Friedensvertrag von Lausanne   1087

1914	Nach dem Kriegseintritt der Türkei werden scharfe Maßnahmen gegen arabische Nationalisten ergriffen; arabische Truppeneinheiten werden in andere Teile des Reiches verlegt. Zahlreiche Juden, insbesondere Zionisten, werden ausgewiesen oder interniert. Dennoch ergibt sich für beide Nationalbewegungen im Lauf des Krieges eine günstige neue Situation, weil Großbritannien sich jedmöglicher Unterstützung zu versichern sucht.
1915–1916	In der **Hussein-MacMahon-Korrespondenz** verspricht die britische Regierung dem *Scherifen Hussein* von Mekka für eine Kriegsbeteiligung der Araber auf der Seite der Entente die Anerkennung eines unabhängigen arabischen Staates, der auch das geographische Syrien und Mesopotamien umfassen soll. Nur hinsichtlich Südmesopotamiens und der syrischen Küstenregion macht England Vorbehalte.
1916 **16. Mai**	In einer geheimen Übereinkunft **(Sykes-Picot-Abkommen)** grenzen Großbritannien und Frankreich ihre Interessensphären im Gebiet des zukünftigen arabischen Staates ab und legen damit den Grund für die spätere Aufteilung der Region. Britische Interessen in Südmesopotamien und französische Ansprüche auf Syrien werden berücksichtigt; das von Frankreich beanspruchte Palästina soll jedoch internationaler Verwaltung unterstellt werden.
5. Juni	Husseins Sohn *Faisal* erklärt die Unabhängigkeit der Araber: der „Aufstand in der Wüste" beginnt. Nach ersten militärischen Erfolgen gegen die Türken nimmt Hussein den Titel „König der arabischen Länder" an (2. Nov.).
1917 **2. Nov.**	Im Bemühen um die Unterstützung der Zionisten und insbesondere der amerikanischen Juden für die Sache der Alliierten gibt die britische Regierung eine Sympathieerklärung ab, die von Außenminister Arthur J. Balfour dem Zionistenführer Lord Rothschild übermittelt wird **(Balfour-Deklaration)**: Die britische Regierung unterstützt „die Schaffung einer *nationalen Heimstätte in Palästina für das jüdische Volk*", wobei allerdings die Rechte bestehender nichtjüdischer Gemeinschaften nicht beeinträchtigt werden sollen.
1918 Jan.–Juni	Die Araber erfahren in den nächsten Wochen fast gleichzeitig von der Balfour-Deklaration und dem Sykes-Picot-Abkommen, das die Bolschewiken mit anderen zaristischen Geheimdokumenten veröffentlichen. Zweifel der Araber werden durch mehrere Erklärungen zerstreut, in denen die britische Regierung sich erneut zur „vollständigen und souveränen Unabhängigkeit der Araber" und zu einer Nachkriegsregelung nach dem Prinzip der Zustimmung der Regierten bekennt.
1. Okt.	Bei der britisch-arabischen Offensive in Syrien erobern arabische Truppen Damaskus und andere Städte. Faisal errichtet ein provisorisches Regime im arabisch besetzten Syrien, während Frankreich mit britischer Zustimmung den Libanon besetzt und damit die syrischen Nationalisten hinter Faisal eint.
30. Okt.	Nach dem Waffenstillstand von Mudros verbreiten Frankreich und Großbritannien in Syrien und Mesopotamien eine gemeinsame Erklärung, in der sie die Errichtung freigewählter nationaler Regierungen als ihr Ziel bezeichnen.
1919 3. Jan.	In Paris unterzeichnen Faisal und *Chaim Weizmann*, der Führer der zionistischen Delegation zur Friedenskonferenz, eine Übereinkunft, die die engstmögliche Zusammenarbeit bei der Entwicklung des Arabischen Staates und Palästinas zum Ziel hat; die Gültigkeit der *Faisal-Weizmann-Übereinkunft* wird allerdings von der Bedingung abhängig gemacht, daß die Araber ihre Unabhängigkeit erlangen.
20. März	Als Frankreich bei der Friedenskonferenz ganz Syrien beansprucht, schlägt der amerikanische Präsident die Entsendung einer inter-alliierten Kommission vor, die die Wünsche der Bevölkerung erkunden soll. Frankreich und daraufhin Großbritannien und Italien boykottieren die Kommission.
2. Juli	Nur die amerikanischen Mitglieder besuchen Syrien, wo nach Teilwahlen der *Allgemeine Syrische Kongreß* zusammentritt und die sofortige Unabhängigkeit Syriens (einschließlich des Libanons und Palästinas) fordert.
28. Aug.	Im *Bericht der King-Crane-Kommission* wird der Friedenskonferenz empfohlen, die Einheit Syriens unter Einschluß Palästinas zu wahren, das „extreme zionistische Programm einer unbeschränkten Einwanderung von Juden nach Palästina ernsthaft zu modifizieren" und das Mandat für Syrien keinesfalls Frankreich zu übertragen. Der Bericht wird nicht zur Kenntnis genommen, da England Frankreich nachgeben will. Faisal kann in London und Paris die arabischen Wünsche nicht durchsetzen.
Dez.	Vertreter der Zionistischen Organisation haben mit der britischen Delegation zur Friedenskonferenz einen Mandatsentwurf für Palästina ausgehandelt, der zionistischen Vorstellungen weitgehend entgegenkommt.
1920 **7. März**	Gerüchte über die Friedenspläne der Alliierten lösen Unruhen in Syrien aus. Der Allgemeine Syrische Kongreß erklärt die Unabhängigkeit Syriens (einschließlich Libanons und Palästinas) und wählt Faisal zum König des *Vereinigten Königreiches von Syrien*. Sein Vater Hussein bleibt König des Hedschas.
19.–26. **April**	Auf der **Konferenz von San Remo** einigen sich die Alliierten über die Aufteilung der arabischen Provinzen der Türkei: *Frankreich* soll ein *Mandat für Syrien* (einschließlich Libanon)

1088   Außereuropäische Welt bis 1945 – Islamisch-arabische Welt

und *Großbritannien* für *Mesopotamien* (Irak) erhalten. *Palästina* wird *Mandat des Völkerbundes,* der es Großbritannien übertragen soll.

Juli   Frankreich vertreibt Faisal mit Waffengewalt aus Syrien. Über Palästina geht Faisal ins Exil (1921 setzen die Engländer ihn im Irak als König ein). – Das Ende des Traums von einem unabhängigen arabischen Reich nimmt die arabischen Nationalisten auch gegen Großbritannien ein, weil es Frankreich nachgegeben hat. In Mesopotamien ziehen sich schwere anti-britische Unruhen bis ins nächste Jahr hin. In Palästina beginnen sich die Araber gegen die Durchführung des zionistischen Programms zu organisieren.

1921   Ihren Forderungen kommt die britische Regierung auf der *Konferenz von Kairo* mit dem
März   Beschluß entgegen, den Geltungsbereich der Balfour-Deklaration auf Palästina westlich des Jordans einzuschränken. Das abgetrennte Gebiet wird Faisals jüngerem Bruder *Emir Abdallah* zur Verwaltung übergeben und später zum selbständigen **Emirat Transjordanien** unter britischer Mandatsverwaltung erklärt (25. März 1923).

1922   Der Völkerbund billigt die Mandate. Das **Palästina-Mandat** macht dem Mandatar zur Auf-
24. Juli   lage, die Balfour-Deklaration zu erfüllen.

1923   Im *Friedensvertrag von Lausanne* gibt die Türkei alle Ansprüche auf die arabischen Pro-
24. Juli   vinzen des ehemaligen Osmanischen Reiches auf. Damit werden die Regelungen von San Remo rechtsgültig. Das Palästina-Mandat tritt mit der Übernahme durch Großbritannien in Kraft (29. Sept.).

Palästina

1918   Obwohl die Juden bei Kriegsende nur noch 8 % der Bevölkerung ausmachen und über nur
2 % des Bodens verfügen, stellen die Zionisten Palästinas, ermutigt durch die Balfour-
18. Dez.   Deklaration, weitgehende Forderungen („Erez Israel" als Landesbezeichnung, jüdische Flagge, Hebräisch als Amtssprache), die von der Zionistischen Organisation nicht übernommen werden, aber die Araber beunruhigen. Diese vertrauen zunächst den britischen Versprechungen, deren Umfang den Zionisten unbekannt ist. Unvereinbare Erwartungen belasten Verständigungsversuche.

1920   Trotz erster Gewaltakte seitens der Araber (Oster-Unruhen) glaubt die britische Regie-
24. April   rung an die Durchführbarkeit der Balfour-Deklaration und läßt sich in San Remo das *Mandat für Palästina* erteilen.

1. Juli   Die britische Militärverwaltung wird in eine Zivilverwaltung unter einem britischen Hochkommissar umgewandelt.

Die Bestimmungen des Palästina-Mandats; jüdische Einwanderung

Das Palästina-Mandat (vom Völkerbund verabschiedet am 24. Juli 1922; in Kraft am 29. September 1923) verpflichtet Großbritannien als Mandatar, die Errichtung der nationalen Heimstätte für das jüdische Volk zu fördern, zugleich aber dafür zu sorgen, „daß nichts getan werden soll, was die bürgerlichen und religiösen Rechte bestehender nichtjüdischer Gemeinschaften in Palästina beeinträchtigen könnte" (Präambel; Art. 2 und 6). An dieser *doppelten Verpflichtung* muß Großbritannien scheitern: Die Araber lehnen das Mandat als rechtlich nichtige Machenschaft der Großmächte ab, die ihr Selbstbestimmungsrecht verletzt. Sie fürchten, die Zionisten wollten einen jüdischen Staat errichten, und werten bald jede Veränderung des Status quo zugunsten der Juden als Beeinträchtigung ihrer Rechte. Den Juden erscheinen dagegen viele Regelungen, die arabische Interessen berücksichtigen, als Maßnahmen einer pro-arabischen Mandatsverwaltung, die sich ihrer Verpflichtung entzieht, die nationale Heimstätte aufzubauen. Die Juden leben überwiegend getrennt von den Arabern in landwirtschaftlichen Siedlungen und eigenen Stadtvierteln. Sie bauen eine parallele Wirtschafts- und später auch Verwaltungsstruktur auf. Die 1922 gegründete *Jewish Agency for Palestine* vertritt die jüdischen Interessen gegenüber dem Mandatar und steuert die Einwanderung, die aber enttäuschend niedrig bleibt: nur 80 000 Juden wandern bis 1929 ein; der Bevölkerungsanteil der Juden steigt auf 15 %. Auch der Landkauf bringt bis 1930 weniger als 5 % des Bodens in jüdischen Besitz (darunter aber 14 % des überhaupt kultivierbaren Bodens). Dennoch gibt es immer wieder gewaltsame Reaktionen der arabischen Bevölkerung, besonders heftig in den Jahren 1921 und 1929.

1932–1933   Als unmittelbare Konsequenz der nationalsozialistischen Machtergreifung in Deutschland steigen die Einwanderungszahlen sprunghaft von knapp 4000 (1931) auf über 60 000 (1935) an, was erhebliche Unruhe unter den Arabern auslöst.

1936   Die Araber versuchen mit einem Generalstreik einen totalen Einwanderungsstop, ein Verbot des Landverkaufs an Juden und die Wahl einer palästinensischen Volksvertretung

Ostarabischer Raum – Palästina – Syrien und Libanon – Irak   1089

	durchzusetzen. Der Streik geht nach einigen Monaten in einen bewaffneten *arabischen Aufstand* über, der bis 1939 immer wieder aufflammt.
1937 7. Juli	Eine britische Untersuchungskommission empfiehlt die *Teilung Palästinas* (Bericht der *Peel-Kommission),* was von Arabern und Juden abgelehnt wird.
1939 17. Mai	Das britische *Weißbuch über Palästina* begrenzt die Einwanderung auf 75 000 Juden in den nächsten fünf Jahren, macht sie danach von der Zustimmung der Araber abhängig; Landkauf wird erschwert. Zionisten lehnen Weißbuch als mit dem Mandat unvereinbar ab.
1942 11. Mai	Angesichts der Judenverfolgungen des „Dritten Reichs" drängen die Zionistenführer auf Öffnung Palästinas für unbeschränkte Einwanderung und fordern im **Biltmore-Programm,** daß Palästina zu einem *jüdischen Staat* (Jewish Commonwealth) gemacht wird. Da die britische Verwaltung die Politik des Weißbuches vertritt, beginnt noch während des Krieges die illegale Einwanderung von Juden, die der Verfolgung entkommen sind. Als der alliierte Sieg sicher ist, setzen Terroraktionen jüdischer Untergrundorganisationen ein. – *(Forts. S. 1452, 1454)*

Syrien und Libanon

1920 Sept.	Frankreich versucht die Widerstände in seinem Mandatsgebiet mit einer *Politik der Teilung* zu überwinden. Kurz nach der militärischen Besetzung Syriens wird der Libanon erweitert und als *eigenständiger Staat Groß-Libanon* ausgegliedert. Im Libanon stützt sich Frankreich auf die christlichen Maroniten, zu denen seit dem 19. Jh. enge politische und kulturelle Verbindungen bestehen. Während sich der Libanon die nächsten Jahre friedlich entwickelt, hat Frankreich im übrigen Syrien Schwierigkeiten mit den Nationalisten, die einen unabhängigen Staat unter Einschluß der abgetrennten Alawiten- und Drusendistrikte sowie der dem Libanon zugeschlagenen Gebiete fordern.
1925–1926	Ein *Drusenaufstand* weitet sich in einen allgemeinen syrischen Aufstand aus und greift auf den Südlibanon über. Frankreich schlägt den Aufstand brutal nieder, ist danach jedoch bereit, *mehr Selbstverwaltung* zuzugestehen. Eine libanesische Verfassung (1926) erweist sich als nicht praktikabel und wird 1932 aufgehoben. Die verfassunggebende Versammlung in Syrien löst Frankreich auf und oktroyiert eine Verfassung (1930). Frankreich löst dann das gemäß dieser Verfassung (1932) gewählte Parlament nach dem Scheitern von Verhandlungen über einen französisch-syrischen Vertrag auf (1934).
1936 9. Sept.	Nach jahrelangen Verhandlungen wird im *Französisch-Syrischen* und *Französisch-Libanesischen Vertrag* beiden Ländern die Unabhängigkeit nach drei Jahren zugesagt; Frankreichs militärische Präsenz soll reduziert werden. Unruhen in Syrien wegen türkischer Ansprüche auf den Sandschak von Alexandrette verzögern die Ratifizierung der Verträge, die schließlich von der französischen Nationalversammlung abgelehnt wird (1938).
1939 23. Juni	Gegen syrische Proteste tritt Frankreich den Sandschak von Alexandrette an die Türkei ab.
1941 8. Juni	Am Tag des Einmarsches britischer und freifranzösischer Truppen im Vichy-treuen Syrien verspricht de Gaulles Beauftragter, General Georges *Catroux,* Syrien und Libanon Unabhängigkeit.
27. Sept.	Catroux proklamiert in Damaskus die **Unabhängigkeit der Republik Syrien.** Auch die **Republik Libanon** wird als unabhängiger und souveräner Staat proklamiert (November). Beide bleiben de facto weiter französisch, was zu heftigen Auseinandersetzungen führt.
1943	Nach Parlamentswahlen in Syrien (August) und im Libanon (September) werden nationale Regierungen gebildet, die zur Herstellung der vollen Souveränität drängen.
1944	Erst auf Druck Großbritanniens und der USA unterstellen die Franzosen schrittweise die Verwaltung syrischer und libanesischer Kontrolle. – *(Forts. S. 1458, 1460)*

Irak

1920–1921 **1921** **23. Aug.**	Die Enttäuschung darüber, daß der gesamtarabische Staat nicht verwirklicht wird, löst schwere Unruhen aus. London will darum dem Irak Eigenständigkeit zugestehen und setzt **Faisal** als **König** (1921–1922) ein.
1922 10. Okt.	Gegen nationalistische Opposition wird im Anglo-Irakischen Vertrag das Mandatsverhältnis bestätigt.
1924	Eine Verfassunggebende Versammlung erarbeitet ein *Grundgesetz,* das den Irak zur *konstitutionellen Monarchie* macht.

1090   Außereuropäische Welt bis 1945 – Islamisch-arabische Welt

1926 Auf Empfehlung des Völkerbundes erhält der Irak im *Mosulvertrag* das ölreiche Kurden-
5. Juni gebiet um Mosul, das zur britischen Interessensphäre gehörte (Sykes-Picot-Abkommen)
und dessen Zukunft auch im Friedensvertrag mit der Türkei offengelassen worden ist. Die
Iraq Petroleum Co. (mit je Viertelbeteiligung zweier britischer, einer amerikanischen und
einer französischen Gesellschaft) erwirbt die Konzessionen für die Ölsuche.

1930 Durch das *Anglo-Irakische Bündnisabkommen* wird der **Irak unabhängig**, bleibt jedoch
30. Juni außenpolitisch und militärisch an Großbritannien gebunden, das zwei Luftwaffenstützpunkte erhält.

1932 Mit dem Beitritt zum Völkerbund erlischt das Mandat (3. Okt.).

Die **Entwicklung des Iraks** wird von Spannungen zwischen sunnitischen und schiitischen Muslimen,
Autonomieforderungen der Kurden und anderen Minoritätenproblemen (1933 Assyrer-Massaker) belastet. Das politische Leben dominieren Faktionen und Cliquen. Die landwirtschaftliche Entwicklung und
der Aufbau einer Infrastruktur und von öffentlichen Diensten gestaltet sich schwierig. Große Ölfelder
werden entdeckt (Kirkuk 1929), doch der Ölexport erreicht erst nach dem Zweiten Weltkrieg wirtschaftlich lohnenden Umfang. Mit der Notwendigkeit von Reformen begründet die Armee einen Staatsstreich
(1936) und danach immer neue Interventionen in die Politik.

1941 Ein militärischer Staatsstreich bringt eine achsenfreundliche Regierung unter *Raschid Ali*
1. April *al-Gailani* an die Macht.

30./31. Britische Truppen vertreiben Gailani und setzen den Regenten wieder ein, der für den min-
Mai derjährigen König *Faisal II.* (1939–1958) die Regierung führt. *(Forts. S. 1467)*

Die Arabische Halbinsel

Die *türkische Herrschaft* ist im 19. Jh. in weiten Teilen der Arabischen Halbinsel nur nominell. So kann
Großbritannien zur Sicherung des Seeweges nach Indien *Aden* erwerben (1839; ab 1935 Kronkolonie)
und mit den Emiraten am Persischen Golf (1853: „*Vertragsküste*"), den Sultanaten im Hinterland von
Aden und in *Hadramaut* (1882–1914) und mit dem Emir von *Kuwait* (1899) Protektoratsverträge sowie
mit dem Sultan von *Maskat* einen Freundschaftsvertrag (1891; erneuert 1939 und 1951) abschließen.
Der Vertragsküste und Kuwait gewährt Großbritannien 1892 bzw. 1909 innere Autonomie, vertritt sie
aber außenpolitisch.
Im Inneren der Arabischen Halbinsel haben sich verschiedene lokale Herrscherdynastien behaupten
können. Der Familie von *Abdallah Ibn Saud,* der 1814–1818 den Wahhabitenaufstand führt, gelingt
der Wiederaufstieg, als **Abdal Asis Ibn Saud** nach 1902 den *Nedschd* und das übrige Zentralarabien (bis
1921) erobert und mit der Ansiedlung von Beduinen-Bruderschaften (Ichwan) die Tradition der puritanischen Reformbewegung des Wahhabismus wiederbelebt.

1914–1945 Mit dem Zusammenbruch des Osmanischen Reiches im Ersten Weltkrieg werden auch
die letzten von den Türken direkt beherrschten Gebiete *Hedschas* (1916 *Hussein* „König
1918 der arabischen Länder"), *Asir* und **Jemen unabhängig.**
König Hussein, dessen Familie der Haschimiden mit dem Propheten verwandt ist und seit
dem 11. Jh. das Scherifenamt von Mekka bekleidet, verliert mit seinen Nachkriegsforde-
rungen die Sympathien Großbritanniens. Durch die Friedensregelung nur noch König des
1924 Hedschas, nimmt Hussein den vakant gewordenen *Kalifentitel* an. Da niemand ihn aner-
5. März kennt, erklärt Ibn Saud ihn zum Verräter.

1926 In wenigen Monaten erobert Ibn Saud den Hedschas, vertreibt Hussein und proklamiert
8. Jan. sich selbst zum *König des Hedschas.*

Okt. Nach Auseinandersetzungen mit dem Jemen wird der Scheich von *Asir* dem König Ibn
Saud unterstellt.

1927 Im *Vertrag von Dschidda* erkennt Ibn Saud die Söhne seines Rivalen Hussein als König
des Irak und Emir von Transjordanien an und legt die Nordgrenzen seines Reiches fest,
1932 das den Namen **Königreich Saudi-Arabien** erhält.

1934 Nach einem kurzen Krieg mit dem Jemen wird die gemeinsame Grenze in zweiseitigen
Verhandlungen festgelegt.

Ibn Saud setzt die Ansiedlung der Beduinen fort und unterdrückt deren traditionelle Unbotmäßigkeit.
Das Land wird westlicher Technik geöffnet, bleibt aber eine *islamisch-konservative,* von der Familienolig-
archie der Sauds beherrschte *Monarchie* („Wir wollen Europas Gaben, nicht seinen Geist"). Als Hüter
der Heiligen Stätten genießt Ibn Saud hohes Ansehen in der islamischen Welt. Der Rückgang der Pilger-
einnahmen in den dreißiger Jahren und besonders im Zweiten Weltkrieg stürzt das Land in eine
Wirtschaftskrise, die erst allmählich überwunden wird, als die 1933 begonnene *Ölsuche* zur Entdeckung
reicher Vorkommen führt (1940 Abkaik-Feld). – *(Forts. S. 1469, 1471, 1472, 1473)*

Ostarabischer Raum – Arabische Halbinsel – Ägypten 1091

Ägypten (Neuzeit bis 1945)

Die Bemühungen der europäischen Mächte, vor allem Frankreichs und Rußlands, um das *Protektorat über die Christen* und den Einfluß an den heiligen Stätten bringen den Arabern, die seit Beginn des 16. Jhs. der türkischen Herrschaft unterstehen, mancherlei Verbindungen mit dem Abendland und fördern damit ihre geistige Distanz zu den Türken. So kann sich hier unter *westlichem Einfluß* das anfänglich schwache und durch den mit den Türken gemeinsamen sunnitischen Islam überdeckte *Nationalgefühl* entwickeln. Die Araber beginnen den Abstand von den Türken immer deutlicher zu fühlen, ohne freilich politisch in der Lage zu sein, sich zu neuer Selbständigkeit zu erheben. So muß die Hilfe dazu von außen kommen: zuerst in Ägypten, später dann auch in den übrigen Teilen der arabischen Welt, wobei sich freilich weithin zuerst ein Kolonial- und Protektoratsverhältnis, nicht etwa der unmittelbare Übergang in die Unabhängigkeit ergibt. Diese Entwicklung hat später das Verhältnis zu den früheren „Schutzmächten" mehr oder minder nachhaltig getrübt.

1517–1798 In Ägypten dauert die unmittelbare **türkische Herrschaft** über das Niltal an, die, zusammen mit der Verlegung der Handelswege um das Kap der Guten Hoffnung und nach Amerika, das Niltal zu einer fast geschichtslosen Epoche verurteilt. Neben den türkischen Gouverneuren setzt sich die Aristokratie der im Land bleibenden *Mamluken* immer mehr durch. Die Vertreter des Sultans sind am Schluß nur noch Schattenfiguren.

1768–1773 Ein Aufstand unter Führung *Ali Beis* während des russisch-türkischen Krieges löst Unruhen aus.

1786 Der Sultan begegnet den Aufständen erstmals seit der Eroberung mit der Entsendung einer Armee, ohne die Rädelsführer fassen zu können.

1798 Der *Einfall Napoleons* bereitet der nur noch unwillig ertragenen türkischen Oberherrschaft praktisch, wenn auch nicht theoretisch, ein Ende.

1798–1801 Der Ausgangspunkt für die Verselbständigung der arabischen Welt wird Napoleons ägyptische Expedition, auch wenn sie politisch ein Fehlschlag ist. Doch kann sich nun die Oligarchie der Mamluken oder Beis (wie man sie damals nennt) nicht mehr durchsetzen.

1806 Der albanische Offizier *Mohammed Ali* (türkische Namensform: Mehmed Ali) wird türkischerseits zum **Pascha von Ägypten** ernannt.

1811 Nach der Ausschaltung der Mamluken durch Mord festigt er seine politische Macht, bringt weite Ländereien durch Beschlagnahme an den Staat zurück und eignet sich viele davon persönlich an. Er schafft eine geordnete Verwaltung, baut Landstraßen, errichtet ein eigenes Heer und eine Flotte, reformiert das Gesundheitswesen, behindert aber die Entwicklung des Landes durch Einführung eines Handelsmonopols und hohe Ausfuhrzölle.

1811–1833 Durch die Unterdrückung der Wahhabiten (islam. Gemeinschaft, die Rückorientierung an Koran und Sunna anstrebt) in Arabien (1811–1813) und durch die Hilfe bei der Unterwerfung Griechenlands (seit 1825) – jeweils durch seinen Stiefsohn *Ibrahim* – um die Pforte verdient sowie durch die Gewinnung der Landschaften *Nubien, Sennar* und *Kordofan* am oberen Nil (1820–1822) gestärkt, strebt Mohammed Ali nach Unabhängigkeit von der Türkei.

1833 Nach einem kriegerischen Vorstoß in Syrien erhält er im *Vertrag von Kütahya* (Phrygien) die Verwaltung dieses Raumes.

1839/1840 Trotz seines Sieges (1839) bei *Nisib* (Wilajet Aleppo) gegen die Osmanen muß der Pascha unter dem Druck einer Quadrupelallianz von Großbritannien, Rußland, Preußen und Österreich diese wieder aufgeben und sich mit Erblichkeit seiner Statthalterwürde begnügen, da ihn Frankreich im Stich läßt.

1848–1854 Sein Enkel *Abbas I.* sucht sich der Mitarbeit von Europäern im Lande zu entledigen, kann sich aber einer vollen Unterstellung unter die Pforte – auch durch Entsendung von 15000 Mann in den *Krimkrieg* – entziehen.

1854–1863 *Said Pascha*, Sohn Mohammed Alis, schafft die Sklaverei (wenigstens theoretisch) vollständig ab, befreit die Fellachen von staatlichen Auflagen, ordnet das Finanzwesen und baut die erste Eisenbahn.

1863–1879 *Ismail*, sein Neffe, (seit 1867) mit dem Titel *Khedive* (Chedive – arabisch-persisch: Herrchen), gerät durch den *Bau des Sueskanals* (Leitung *Ferdinand de Lesseps)* in große finanzielle Schwierigkeiten.

1869 Die Eröffnungsfeierlichkeiten erhöhen sein Ansehen, doch kommt es zu allerlei Auseinandersetzungen mit der Pforte.

1873 Erst nach einem Wechsel des Großwesirs unter Vermittlung Großbritanniens und Frankreichs können die Differenzen durch einen *Ferman* (Verwaltungserlaß) des Sultans behoben werden, der direkte Erbfolge für Ismails Kinder, innere Selbständigkeit bei Anerkennung der türkischen staatlichen und militärischen Oberhoheit vorsieht, aber zur Zahlung von umgerechnet jährlich 3 Mio. Mark Tribut an die Pforte verpflichtet.

Die ruinöse Steuer- und Finanzwirtschaft des Khediven, die hohen Ausgaben für einen unglücklichen Krieg gegen Äthiopien sowie der Verkauf seines Anteils an den Sueskanal-

1875–1877

1092   Außereuropäische Welt bis 1945 – Islamisch-arabische Welt

aktien an Großbritannien (für 4 Mill. £) führen zur Einrichtung einer von Ausländern geschaffenen Staatsschuldenverwaltung. Infolge verschiedener Konflikte mit der Pforte wird Ismail schließlich vom Sultan abgesetzt († 1895 in Konstantinopel).

1879–1892 *Taufik,* sein Sohn, unternimmt den Versuch, die Finanzen endgültig zu regulieren.

1881/1882 Er wird aber durch eine Militärrevolte zur Berufung eines nationalistischen Ministeriums unter *Orabi Pascha* als Kriegsminister genötigt.

1882 Eine englische Flotte bombardiert Alexandria und besetzt das Land (Niederlage der Ägyp
11./12. Juli ter bei et-Tell el-Kebir); Frankreichs Einfluß wird ausgeschaltet.

Während Ägypten rasch besetzt wird, erhebt sich im Sudan der Aufstand des *Mahdi* (ara
1885 bisch: der von Gott Geleitete). Ihm werden das von General Charles George *Gordon* ver
26. Jan. teidigte *Chartum* (Khartum – heute Hauptstadt des Sudan), später auch andere Teile des Landes untertan.

1892–1914 *Abbas II. Hilmi,* Taufiks Sohn, versucht den Briten gegenüber eine selbständige Politik, kann sich aber gegen den britischen Generalkonsul *Evelyn Baring, Earl Cromer* (1883–1907) als dem wahren Herrscher Ägyptens nicht durchsetzen. Dieser tut viel für die innere Konsolidierung des Landes, die Förderung der Landwirtschaft, den Schutz der Kleinbauern, die Durchsetzung des Baumwollanbaus und für den Bau des Staudamms von Assuan (Baubeginn 1899, vollendet 1902).

1898 Der Sudan wird von Feldmarschall Horatio Herbert *Kitchener* durch den Sieg bei *Omdurman* (am Nil gegenüber von Khartum) wieder unterworfen und (nominell) als britisch-ägyptisches *Kondominium* eingerichtet.

1904 Nach dem Zusammenstoß in *Faschoda* (seit 1905 Kodok – am Weißen Nil) (1898) überläßt Frankreich Ägypten und den Sudan dem britischen Einfluß.

Die geistige Situation zu Beginn des 20. Jh.s

Während dieser Periode wächst das ägyptische und islamische Selbstbewußtsein durch eine Neubesinnung der islamischen Theologen, unter denen *Dschamal ad-Din al-Afghani* (* 1839, † 1897) und *Mohammed Abduh* (* 1849, † 1905) weit über Ägypten hinaus Bedeutung gewinnen. Ihr Aufruf zu einer Neubesinnung der Muslime, einer Angleichung des Glaubensgutes an moderne Ideen (daher „Modernisten" genannt) und eine Aktivierung des religiösen Lebens einschließlich des Erziehungswesens wirkt in gewandelter Form bis heute nach. Das Verhältnis der Reformer zur Türkei als dem damals politisch führenden islamischen Staat ist unterschiedlich. Europäische Ideen wie *Liberalismus* und *Nationalismus,* auch Freigeisterei, finden in den zum Teil entwurzelten, zahlenmäßig freilich geringen oberen und mittleren Schichten bedeutsamen Widerhall.

1913 Einsetzung eines *gesetzgebenden Rates,* der in Steuerfragen zeitweilig wirkliche Entscheidungsgewalt besitzt.

1914 Ägypten wird **britisches Protektorat,** nachdem die Türkei an Deutschlands Seite in den
19. Dez. Krieg eingetreten ist.

1914–1917 An die Stelle des türkenfreundlichen Chediven Abbas II. tritt *Hussein Kamil,* sein Oheim, als „*Sultan von Ägypten*", der aber angesichts der Lage zu einer rein passiven Rolle verurteilt ist.

1915/1916 Der Vorstoß der Türken und Deutschen an den Sueskanal wird von den Briten aufgefangen.

1917–1922 *Fuad I.,* Hussein Kamils Bruder, kann sich bei seinen Bestrebungen nach äußerer Unabhängigkeit auf die mächtige *Wafd-Partei* stützen, die entsteht, als Großbritannien die Ent
1919 sendung einer ägyptischen Abordnung (Wafd) zur Friedenskonferenz von Versailles ablehnt. Unruhen in ganz Ägypten („Revolution von 1919"). Der Führer der Wafd *Saad Saghlul* (* 1860, † 1927) wird zur beherrschenden politischen Figur.

1922 Dem nationalistischen Druck nachgebend, erklärt Großbritannien einseitig die **Unabhän**
28. Febr. **gigkeit Ägyptens,** behält sich jedoch die Sicherung des Sueskanals, die Landesverteidigung und den Schutz der ausländischen Interessen vor. Der Sultan akzeptiert die formale Unabhängigkeit und nimmt den Titel *König Fuad I.* (1922–1936; * 1868, † 1936) an.

1923 Mit einer neuen Verfassung wird Ägypten **konstitutionelle Monarchie.** Bei den Parla
19. April mentswahlen im gleichen Jahr gewinnt die nationalistische *Wafd-Partei,* die beherrschende Partei der nächsten 30 Jahre. Mit der Einführung des Parlamentarismus beginnen Parteienauseinandersetzungen: Zwar wollen alle Parteien die volle Souveränität Ägyptens erkämpfen, da sie innenpolitisch aber gegensätzliche Gruppeninteressen vertreten und es immer wieder zu Machtrivalitäten zwischen Wafd und König kommt, führen Gespräche mit der britischen Regierung lange zu keinem Ergebnis.

1924 Als der englische Generalgouverneur des Sudan und Sirdar der ägyptischen Armee Sir Lee
19. Sept. Stack ermordet wird, schließt Großbritannien Ägypten von der Verwaltung des Kondominiums im Sudan aus.

Maghreb – Algerien *1093*

1936 26. Aug.	Nationalistische Unruhen und die Bildung einer nationalen Koalitionsregierung bewegen Großbritannien zum Einlenken: Im *Anglo-ägyptischen Vertrag* erklärt es die militärische Besetzung Ägyptens für beendet, erhält aber das Recht, für 20 Jahre Truppen in der Sueskanalzone zu stationieren. Im Kriegsfall ist Großbritannien zur Hilfe verpflichtet; Ägypten muß sein ganzes Gebiet einschließlich aller militärischen Einrichtungen zur Verfügung stellen. Das Kondominium im Sudan wird wiederhergestellt.
1937	Ägypten tritt dem Völkerbund bei (8. März). Im Abkommen von Montreux (8. Mai) werden die Kapitulationen aufgehoben, die Ausländern Exterritorialität und andere Vorrechte in Ägypten eingeräumt hatten.
1939 1942 4. Febr.	Mit Beginn des Zweiten Weltkrieges wird Ägypten aufgrund seiner Bündnisverpflichtungen de facto wieder britisches Protektorat, obwohl es den Achsenmächten nicht den Krieg erklärt. Die Grenzen ägyptischer Souveränität zeigen sich, als der britische Botschafter den Palast von Panzern umstellen läßt und König *Faruk* (1936–1952, † 1965) zwingt, eine pro-britische Regierung einzusetzen. Ägypten wird Schauplatz von Kriegshandlungen (deutscher Vorstoß bis el-Alamein); die ägyptische Armee wird jedoch nur zu Hilfsleistungen (u. a. Küstenschutz) eingesetzt. Die Mehrheit der Offiziere ist seit dem 4. Februar 1942 anti-britisch. – *(Forts. S. 1476)*

Der Maghreb (Neuzeit bis 1945):
Algerien, Marokko, Tunesien, Tripolitanien/Libyen

Im Anschluß an die Eroberung Ägyptens durch die Türken 1517 dehnt sich deren – vielfach freilich nur nominelle und mittelbare – Macht rasch westwärts aus; doch bleiben überall örtliche Fürsten und Scheichs maßgebend. Die Cyrenaika als nominelles Zubehör des Niltals gehört den Türken seit 1521; Tripolitanien, wo die Hafsiden (13. Jh. bis 1510) von den Spaniern, 1530 von den Johannitern abgelöst werden, erkennt 1551 die Oberhoheit des Sultans an, ebenso Tunesien 1574, während Algerien schon seit 1556 durch die türkischen Korsaren dem Sultan unterstellt wird. Selbst Marokko nimmt Beziehungen zu ihnen auf, wenn sich hier auch die (vom Propheten Mohammed abstammende) *Dynastie der Scherifen* 1554 hält: zuerst die *Linie Saad* bis 1658; dann seit 1664 die *Linie Filal*. Dabei bleibt eine Reihe von Küstenplätzen (z. T. bis heute) in spanischer und portugiesischer Hand. Seit dem Ende des 17. Jh.s beginnen französische und spanische Angriffe auf eine Reihe von Küstenplätzen, während die Raubschiffe der „Barbaresken" 1667 sogar bis Island vorstoßen.
Im 18. Jh. hört die osmanische Oberherrschaft praktisch auf: Tunesien ist seit 1705, Algerien seit 1710 und Tripolitanien seit 1714 unter einheimischen Fürsten so gut wie selbständig. Die Küste um Oran ist längere Zeit, zuletzt 1732–1791, in spanischen Händen.
Eine entscheidende Wende bringt erst das Eingreifen der nördlichen Anrainer des Mittelmeers im 19. Jh., eingeleitet durch Frankreichs Vorstoß in Algerien seit 1830.
Der weitgehende Verfall staatlicher Autorität in ausgedehnten Teilen dieses Raumes hat eine starke Entwicklung des *Piratentums* zur Folge. Die Flottillen der „Barbaresken" bilden im 17. und 18. Jh. eine Bedrohung der europäischen Mittelmeerschiffahrt und eine Belästigung von dessen Anrainern, um so mehr, als Gefangene immer wieder als Sklaven verkauft werden. Das erstarkte Europa ist nicht mehr gewillt, diesem Treiben untätig zuzusehen. Doch bedeutet das Ausgreifen vom nördlichen auf das südliche Ufer des Mittelmeers nicht nur eine koloniale Ausdehnung, sondern auch eine nicht unbedeutende Siedlungsbewegung von Romanen in den Maghreb. Die Siedler (colons) erschließen das Land vor allem landwirtschaftlich und verkehrstechnisch. Die einheimischen Araber und Berber verdanken ihrem technischen Können sehr viel. Die gehobenen Schichten, daneben die Juden, gleichen sich Frankreich sprachlich und im Lebensstil (nicht in der Religion) stark an und können französische Bürger werden, wenn sie auf ihr einheimisches islamisches Recht verzichten. Davon machen vor allem die Juden geschlossen Gebrauch.

Algerien

1830–1847	Die *Eroberung* Algeriens durch *Frankreich* im Kampf gegen *Abd al-Kader* treibt einen Keil in die einheitliche islamische Länderkette und wird für Nordafrika praktisch zum Beginn der Neuzeit. Das Land wird von Franzosen, auch Italienern und Spaniern, erschlossen und zu einem bedeutenden Lieferanten von Getreide und Wein. Die Eingeborenen fügen sich der französischen Herrschaft nur widerwillig.
1870/1871	Während des Deutsch-Französischen Krieges gerät fast das ganze Land (außer einigen Großstädten) in die Hand von Rebellen. Der Ausbau der großen Verkehrsverbindungen,

1094 Außereuropäische Welt bis 1945 – Islamisch-arabische Welt

schließlich auch quer durch die Sahara, zusammen mit starken Garnisonen, auch für Fremdenlegionäre, bringt das Land zur Ruhe, das sich auch während des Ersten Weltkriegs nicht gegen Frankreich erhebt.

Nach dem Ersten Weltkrieg entstehen *Nationalbewegungen* verschiedener Richtungen, die zunächst die Verwirklichung der vollen Bürgerrechte für die Muslime anstreben. Die von *Ferhat Abbas* geführte Föderation der französisch gebildeten Muslime (Fédération des Elus Musulmans, gegründet 1930) fordert die Integration mit Frankreich auf der Basis völliger Gleichberechtigung.

1938 Als der Plan der Volksfrontregierung *Léon Blums*, etwa 30 000 Algeriern die Bürgerrechte zu gewähren, im französischen Parlament scheitert, beginnen die Nationalisten vom Konzept der Assimilation abzurücken und Autonomie anzustreben.

1943 Nach der Besetzung Algeriens durch die Alliierten fordern 55 Nationalisten im **Manifest des algerischen Volkes** eine autonome Republik Algerien im Verbund mit Frankreich. Zwar wird Ferhat Abbas unter Hausarrest gestellt, doch gewährt *de Gaulle* 50 000 Muslimen bürgerliche Rechte, was von Abbas' Partei der „Freunde des Manifests und der Freiheit" als unzureichend abgelehnt wird. – *(Forts. S. 1483)*

Marokko

Unter der scherifischen Dynastie (Zweig Filal) wahrt das Land seine Unabhängigkeit; mit Spanien führt es (1859/1860) einen Krieg. Erst zu Beginn des 20. Jh.s gerät es in den Interessenkonflikt zwischen Frankreich und Deutschland.

1906 Die *erste Marokkokonferenz* in Algeciras schließt deutsche Ansprüche praktisch aus und erlaubt Frankreich die Besetzung von Teilen des Landes (1907 wird somit Casablanca okkupiert).

1909 Krieg der Spanier gegen die Rif-Kabylen.

1911 Durch ein *deutsch-französisches Abkommen* wird der Konflikt zwischen beiden Ländern
4. Nov. beigelegt.

1912 Durch den **Protektoratsvertrag von Fes** verliert Marokko seine Souveränität an Frankreich
30. März und durch ein französisch-spanisches Abkommen, daß Französisch-Marokko vom spani-
27. Nov. schen „Marruecos Español" abgrenzt, an Spanien. Formal unterstehen beide Zonen wie auch die Hafenstadt Tanger, die 1923 internationalen Status erhält, der Souveränität des Sultans, der in der französischen Zone residiert und in die spanische einen Vertreter (Chalifa) entsendet. In Marschall *Louis Hubert Lyautey* erhält Marokko einen tatkräftigen Generalresidenten (1912–1925), der das Land mit fester Hand durch den Ersten Weltkrieg führt und dem das Land wesentlich die wirtschaftliche Erschließung verdankt.

1921–1926 Ein *Aufstand der Rif-Kabylen* unter *Abd el-Krim* in der spanischen Zone kann erst, als er auf die französische Zone übergreift, von Spanien und Frankreich gemeinsam niedergeschlagen werden. Unabhängigkeitskämpfe anderer Stämme im Süden des Mittleren Atlas dauern bis 1934 an.

Frankreich versucht, den traditionellen Gegensatz zwischen der Zentralregierung (Scherifisches Reich) und den nur durch Feudalbeziehungen vom Sultan abhängigen Berberstämmen mit ihrer alten Sozialstruktur zu nutzen, um die Berber aus ihrer Verbundenheit mit der arabischen Welt zu lösen.

1927–1961 Sultan *Mohammed V. ben Jusuf* (1956 König) muß sich der französischen Berberpolitik beugen.

1930 Mohammed V. erläßt das *Berber-Dekret*, das – in Widerspruch zum islamischen Recht – die Zuständigkeit der örtlichen Berbergerichte, die nach Gewohnheitsrecht urteilen, anerkennt.

1934 Nationalistische Strömungen beginnen sich bemerkbar zu machen. Ein *„Marokkanisches Aktionskomitee"* fordert in einem Reformplan Begrenzungen des Protektoratsverhältnisses, bessere Erziehungs- und Berufschancen und die Einführung repräsentativer Institutionen.

1937 Die Forderungen werden von den Franzosen ignoriert und das Komitee aufgelöst. Trotz französischer Repression verstärken sich die Kundgebungen des marokkanischen Nationa-
Okt. lismus: Der *„Nationale Pakt"* von Rabat wird gewaltsam unterdrückt.

1939–1945 Im Zweiten Weltkrieg stellt sich der Sultan auf die Seite Frankreichs und später der Freien Franzosen. Er hofft, nach dem Krieg die Unabhängigkeit zu erlangen, und findet dabei die Unterstützung der *„Partei der Unabhängigkeit" (Istiklal)*, zu der sich verschiedene Nationalbewegungen vereinigen (1943/1944).

1944–1946 Wegen angeblicher Kollaboration mit Deutschland werden die meisten Istiklal-Führer von Frankreich interniert. – *(Forts. S. 1486)*

Maghreb – Marokko – Tunesien – Tripolitanien/Libyen   *1095*

Tunesien

nach 1847	Engere Anlehnung an Frankreich.
1861	Das Land erhält eine **Verfassung.**
1871	Die Hohe Pforte erkennt die Autonomie an. Dadurch werden in Italien Hoffnungen auf ein Protektorat geweckt, das sich auf die vielen dort ansässigen Italiener stützen soll.
1881	Die **Besetzung** des Landes durch **Frankreich,** die da und dort mit militärischen Mitteln durchgesetzt werden muß, führt zu einer tiefgreifenden Verstimmung in Italien, das daraufhin mit Deutschland und Österreich den Dreibund schließt. Die einheimische Dynastie bleibt erhalten, so daß die Franzosen einen legalen Partner für Verhandlungen mit den Einheimischen haben.
12. Mai	Im *Vertrag von Bardo* akzeptiert Tunesien, dessen *Bei* (Führer des einheimischen Herrschergeschlechts) die nominelle Herrschaft behält, das französische Protektorat.
1883 8. Juni	Der Bei muß sich im *Vertrag von al-Marsa* verpflichten, alle von Frankreich vorgeschlagenen Reformen durchzuführen. Ein Dekret unterwirft schließlich alle Verfügungen des Beis der Zustimmung des französischen Generalresidenten (1884).
1907	Aus der muslimisch-theologischen Erneuerungsbewegung gehen die ersten nationalistischen Gruppierungen Nordafrikas hervor: Beeinflußt von der Jungtürkischen Bewegung bildet sich die *Jungtunesische Partei.*
1920 1923	Die nach dem Ersten Weltkrieg gegründete Verfassungs-Partei *(Destour)* fordert erstmals Autonomie und eine Verfassung. Frankreich geht auf die Forderungen nicht ein, sondern bietet lediglich die Einbürgerung einer begrenzten Zahl von Tunesiern an.
1934 2. März	Im Verlauf der Debatte um die beste Taktik gegen Frankreichs Naturalisierungsdekret spaltet sich von der Destour eine Gruppe um den Juristen *Habib Bourguiba* ab und gründet die *Néo-Destour,* die die volle Unabhängigkeit Tunesiens fordert. Dem Néo-Destour gelingt es bald, eine Massenbasis zu finden. Auf die repressiven Maßnahmen des französischen Generalresidenten reagiert Bourguiba mit einer flexiblen Politik.
1936	Sein Versuch, der Volksfrontregierung Léon Blums Konzessionen abzuringen, scheitert.
1937 1938	Als Frankreich die Partei verbietet, organisiert sie Protestdemonstrationen und im folgenden Jahr einen Generalstreik. Die Führungsgruppe der Néo-Destour wird verhaftet; Bourguiba kehrt erst 1943 aus der Haft in Frankreich nach Tunis zurück.
1942–1943	Im Zweiten Weltkrieg wird Tunesien vorübergehend von den Achsenmächten besetzt. Der neue Bei *Mohammed VII. el-Moncef* vertritt den Standpunkt der Nationalisten.
1943 14. Mai	Er wird deswegen nach dem Einmarsch der Alliierten unter der Beschuldigung der Kollaboration mit den Deutschen abgesetzt. Durch diese Verletzung des Protektoratsvertrages macht Frankreich Moncef Bei zum Märtyrer und verstärkt die Agitation der Nationalisten. – *(Forts. S. 1481)*

Tripolitanien/Libyen

	Tripolitanien gehört weiterhin nominell zum Osmanischen Reich, ist aber staatlich nur wenig organisiert.
1912	Nur der damals neu gegründete Orden der *Senussi* vermag den Italienern wesentlich Widerstand zu leisten, als diese das Land während der Balkankriege besetzen.
	Während des Ersten Weltkriegs unterstützen die Türkei und Deutschland die Senussi und andere Gruppen mit Waffen. Mehrere Aktionen gegen Italiener und Briten lassen Italien nur im Besitz der Küstenplätze. Nach dem Krieg bemühen sich Vertreter Tripolitaniens, eine unabhängige Republik zu gründen, zumindest verwaltungsmäßige Unabhängigkeit von Rom zu erlangen.
1921	In Sirte kommen die Führer Tripolitaniens mit *Mohammed Idris el-Senussi* überein, Libyens Rechte zu erkämpfen, und wählen ihn zum Emir von ganz Libyen.
1922–1925	Die Verhandlungen in Rom scheitern jedoch, und nach der Machtübernahme der Faschisten wird Tripolitanien unterworfen.
1925–1931	In der Cyrenaica dagegen organisiert *Omar el-Muchtar* für Emir Mohammed Idris den Widerstand, den die Italiener erst endgültig brechen können, nachdem sie die Oasen im Süden besetzt und Omar Muchtar von allem Nachschub abgeschnitten haben. Die besetzten Gebiete werden seit Anfang der zwanziger Jahre von den Italienern mit dem Ziel kolonisiert, Lebensraum für Italiens überschüssige Landbevölkerung zu schaffen.
1942/43	Nach der Kapitulation der Truppen der Achsenmächte werden in der Cyrenaica und Tripolitanien eine britische und in Fessan eine französische Militärverwaltung errichtet. – *(Forts. S. 1479)*

1096　Außereuropäische Welt bis 1945 – Islamisch-arabische Welt

Persien *(Neuzeit bis 1945)*

1502–1736　Die **Dynastie der Safawiden,** aus dem zwölfer-schiitischen Geschlecht von Ordensoberen in Ardabil hervorgegangen, das seinen Ursprung später auf den Propheten Mohammed zurückführt, einigt das Siedlungsgebiet der Iraner, dazu das türkische Aserbaidschan und zeitweise selbst den Irak, im Zeichen dieser Konfession und schmilzt damit die durch lange Bürgerkriege und Fremdherrschaften innerlich zerrissene persische Nation zu einer Einheit zusammen, die sich seitdem wirklich als eigenständiges Volk fühlt. Indem die Dynastie das persische Hochland und einige Randgebiete für Jahrhunderte staatlich zusammengefaßt und sich in Sprache und Nationalgefühl mehr und mehr iranisiert, wird dieses ursprünglich türkische Herrscherhaus zum Begründer des modernen persischen Nationalstaates, der sich gegen alle Bedrohungen aus Westen, Nordosten, teilweise auch Südosten bis zum heutigen Tag behauptet hat.

1502–1524　*Schah Ismail I.*, mit 17 Jahren Gründer der Dynastie, gewinnt in mehreren Feldzügen an der Spitze seiner durch eine zwölfzipflige (als Symbol der 12 Imame gemeint) rote Mütze (danach Kysylbasch = roter Kopf genannt) gekennzeichneten Anhänger, vielfach aus Anatolien und Syrien zugewanderte Türken, Persien mit Chorassan (Khorasan, iranische Provinz im Nordosten).

1510　Dort wird der Özbekenherrscher Mohammed als Erbe der Timuriden ausgeschaltet.

1514　Im Westen setzt ihm die Schlacht bei Tschaldyrán den Osmanen gegenüber Schranken. Ordnung der Staatsverwaltung unter einem Wakil (= Reichsverweser), der später den Titel Wesir erhält. Die Geistlichkeit wird unter Leitung eines Sadr (= Vorsteher, eigentlich „Brust") zusammengefaßt und die Zwölfer-Schia mit Gewalt durchgesetzt; viele Sunniten fliehen nach Innerasien, in die Türkei oder zu den Großmoguln. Doch bleibt der Osten des Reichs (das heutige Afghanistan), Transoxanien und das Volk der Kurden fast geschlossen sunnitisch.

1524–1576　*Tachmasp I.*, Ismails Sohn, verlegt die Hauptstadt (um 1529) nach Kaswin. Er fördert die Verbindungen zum Reich der Habsburger als dem westlichen Widerpart der Osmanen.

1534　Er verliert Bagdad (an die Osmanen), mit denen es (1555) nach langwierigen Kämpfen zum Frieden von Amasia kommt.
Da sein Vater den Timuriden Babur unterstützt hat, ist das Verhältnis zu den Großmoguln im Südosten trotz konfessioneller Verschiedenheit meist freundlich.

1541–1555　Der dortige Herrscher Humajun findet Zuflucht am persischen Hof.

1588–1629　Nach einer Zeit der Wirren und der Kämpfe mit den Özbeken erreicht die Dynastie unter *Abbas I. d. Gr.*, Enkel von Tachmasp, den Gipfelpunkt ihrer Macht. Energisch und zielbewußt, aber auch grausam, gilt dieser Schah seinen Landsleuten bis heute als Herrscherideal. Er bricht die Macht der vielfach türkischen Stammesverbände, auf die sich seine Ahnen gestützt haben, organisiert in der Gemeinschaft der „Schah-seven" (türkisch: „den Schah Liebende") eine (nach dem Vorbild der Janitscharen) neuartige Truppe, in der auch das iranische Element stärker zur Geltung kommt.

1598　Im Kampf mit den Özbeken wird die nordöstliche Provinz Chorassan endgültig für Iran gesichert.

1603　Nach wechselvollem Kampf wird eine günstige, Aserbaidschan einschließende Grenzregelung mit den Osmanen erreicht: auf einer Linie, die von da an bis heute fast unverändert gilt.

1622　Abbas kann Kandahar nehmen.

1623　Dagegen erweist sich die Eroberung Bagdads als nur vorübergehend (bis 1638).
Die Zerstörung der portugiesischen Kolonie (seit 1515) Ormuz (Hormus) im Persischen Golf und deren Ersatz durch den Festlandshafen *Bändär Abbas* eröffnet dem persischen Handel im Indischen Ozean außerordentliche Möglichkeiten. Mit Europa und den Großmoguln werden viele Botschafter ausgetauscht, doch kommt ein militärisches Zusammengehen nicht zustande; die neue Residenz (seit 1598) *Isfahan* wird glänzend ausgebaut und ist noch heute Persiens Kunstmetropole. Das Militär wird, kurzfristig auch mit Hilfe eines englischen Offiziers, neu organisiert und die Artillerie verstärkt, doch gilt die Vorliebe der Perser auch später noch der Kavallerie.
Da Abbas die meisten seiner Söhne als mögliche Nebenbuhler umgebracht hat, folgt ihm

1629–1642　sein Enkel *Safi I.*

1642–1666　Der rasche Verfall des Staates wird unter ihm und seinem Sohn *Abbas II.* noch einmal aufgehalten. Das Reich iranisiert sich zusehends und erlebt eine Periode des kulturellen Aufschwungs, von dem viele Bauten zeugen. Damals findet auch ein lebhafter Gesandtschaftsverkehr statt; zahlreiche wissenschaftlich bedeutsame Reisebeschreibungen von Europäern aus dieser Zeit sind noch vorhanden.

1666–1722　Unter Safi II (1666–1694), der sich später Soleiman nennt, und unter dessen Sohn Hosain (1694–1722) verfällt der Staat rasch. Der Sunna feindliche Maßnahmen reizen die Osma-

Persien/Iran – Neuzeit   1097

nen und lösen im überwiegend sunnitischen Osten bei den afghanischen Stämmen Widerstand aus.

1722   Zusammenbruch des Safawidenstaats, der in einzelne Gaue zu zerfallen droht.
1723–1733 Die Osmanen nützen die Lage zu militärischen Unternehmungen aus.
1724   Den Russen wird der Weg nach *Gilan* geöffnet (1726 wieder geräumt).
1736–1747 Aus diesen Wirren erhebt sich *Nadir* (aus Chorassan), der das Staatsgebiet gegen die Osmanen und Transoxanien verteidigt, (1738) nach Indien vorstößt, sich aber durch den Versuch, die Sunna im Land einzuführen, viele Schwierigkeiten bereitet, ohne doch die Osmanen zufriedenstellen zu können. Schließlich wird er ermordet.
       Während der nun folgenden Zeit neuer Wirren setzen sich in den einzelnen Gauen verschiedene Herrscher durch:
1750–1779 *Karim Chan Sänd* (mit der Hauptstadt Schiras) ist der weitaus bedeutendste von ihnen, ein Förderer von Kunst und Wissenschaft, dessen Andenken im Volk noch heute gesegnet ist.
um   Folgenschwer wird die Durchsetzung *Ahmed Schah Durranis* in Kandahar: **Afghanistan**
1750–1773 löst sich aus dem Verband des Iranischen Reichs und wird ein **selbständiger Staat,** dem bis Ende des 18. Jahrhunderts auch Chorassan eingegliedert ist.
1794–1797 Mit der erneuten Einigung Persiens unter *Agha Mohammed Schah* beginnt die **Dynastie der Kadscharen.**

Persien (Iran) im 19./20. Jh. bis 1945

Persien erlebt im 19. Jahrhundert eine bedeutsame religiöse Krise und gerät mehr und mehr in den Bannkreis europäischer geistiger Strömungen und technischer Errungenschaften, die die führende Schicht allmählich aus den überkommenen Denkformen lösen. Weniger unmittelbar von außenpolitischen Krisen betroffen als die Türkei, gelangt das Land unter der neuen Dynastie der Kadscharen noch zu keiner wirklichen Blüte.

1794–1797 *Agha Mohammed Schah,* aus dem türkischen Stamm der Kadscharen, einer bewährten Stütze der Safawiden, kann das Iranische Reich durch eine Reihe von Feldzügen ungefähr im Umfang der Safawidenzeit wieder einigen. Nur Afghanistan im Osten bleibt selbständig und kann sich auch (außer 1837–1863) im Besitz Herats sowie (bis 1853/1862) Sistans behaupten.
1797–1834 Sein Neffe und Nachfolger *Fath Ali* versucht, das persische Aufsichtsrecht über Georgien zu wahren.
1813   Er gerät dabei zweimal in Krieg mit Rußland. Im Frieden von Golistan (in der Provinz Schirwan) verliert der Schah Därbänd, Baku und Schirwan.
1828   Im **Frieden von Turkmantschaj** (in Aserbaidschan) verliert er alle Gebiete bis an den Aras sowie den Raum um Lenkoran, so daß hier die **heute noch gültige Grenze** errichtet wird. Gegenüber dem französischen Einfluß während der Zeit Napoleons hat sich inzwischen England als beherrschende Macht durchgesetzt.
1834–1848 *Mohammed,* ein Enkel Fath Alis, hat sich vor allem mit dem Stifter einer der aus der „Schia" hervorgegangenen neuen religiösen Lehre auseinanderzusetzen, *Mirsa Ali,* der sich als „Bab" (= „Eingangspforte zum Paradies") bezeichnet und schließlich 1850 erschossen wird. Die neue Religion, der **Babismus,** zerfällt seitdem in zwei Richtungen, von der der allgemein menschlich und humanitär ausgerichtete **Behaismus** recht weite Verbreitung erlangt: Sitz des Oberhauptes seit 1868 in *Akkon,* später Haifa in Palästina. Aber auch in Persien selbst dauert trotz vieler und oft blutiger Verfolgungsmaßnahmen des Staates der Behaismus bis zum heutigen Tage fort (Schätzungen seiner Anhängerzahl schwanken außerordentlich).
1848–1896 Nasir od-Din Schah, Sohn Mohammeds, ist zwar emsig um sein Land bemüht und gibt sich aufgeklärt, doch eröffnet sich europäischer Aktivität, trotz dreimaliger Reisen des Herrschers nach Europa, kein wirkliches Feld in Iran.
1863   Im Zug eines kriegerischen Vorstoßes aus Afghanistan geht *Herat* verloren. Die Grenze im Osten wird erst zu Beginn des 20. Jahrhunderts abschließend geregelt.
       Das Herandrängen der Russen vom Norden kann durch Verträge und Überlassung einer Reihe von Grenzgebieten im südlichen Vorfeld des *Oxus* aufgehalten werden.
       Die Wirtschaftskraft des Landes wird durch die Vergabe zahlreicher Monopole und Schürfrechte an Ausländer, besonders Engländer und Russen, sehr geschwächt und in Unordnung gebracht. Das Volk beginnt um 1890 sich dagegen aufzulehnen; Raucherstreik zur Abwendung des Tabakmonopols. Gleichzeitig dringen englische liberale Ideen immer wieder in das Land ein. Ihnen stehen die auf eine Selbstbestimmung der Muslime gerichteten Ideen des bedeutenden Reformators Dschamal od-Din al-Afghani gegenüber, der zeitweilig in Persien lebt.

1098   Außereuropäische Welt bis 1945 – Islamisch-arabische Welt

1896–1909	Mosaffar od-Din (1896–1907), Sohn des ermordeten Nasir od-Din Schah, und *Mohammed Ali* (1907–1909; † 1925) sind zu schwach, um den raschen Verfall des Landes in politischer, militärischer, wirtschaftlicher und moralischer Hinsicht aufzuhalten.
1900–1903	Der Einfluß Rußlands beginnt den englischen – besonders durch die Gewährung mehrerer großer Anleihen und die Stellung einer Kosakenbrigade – zurückzudrängen, als die Niederlage gegen Japan (1905) den Zaren veranlaßt, nach einem Ausgleich mit England zu suchen.
1906 **30. Dez.**	Inzwischen unterzeichnet der Schah, von seinem über Persiens passive Rolle unmutigen Volk gedrängt, die von einem gewählten Parlament entworfene **Verfassung**. Sie gilt – theoretisch ununterbrochen – bis zum Ende der Monarchie und stärkte das Selbstbewußtsein des Volkes.
1907 31. Aug.	Trotzdem kann der *russisch-englische Teilungsvertrag* nicht verhindert werden, der den Russen ein Einflußgebiet im Norden, den Briten im Südosten zuweist, aber doch wenigstens die Russen vom Persischen Golf und der indischen Grenze fernhält.
1909–1925	*Ahmed Schah* († 1930 in Paris). Die allgemeine Empörung der Iraner über diesen Teilungsvertrag vermag nicht über ihre faktische Ohnmacht hinwegzutäuschen. Der Einsatz des amerikanischen Finanzberaters *Morgan Shuster* zeigt auch den wirtschaftlichen Zusammenbruch des Staates an; freilich muß dieser Berater unter Rußlands Druck bald weichen. Die (seit 1901) begonnene Verteilung von Ölkonzessionen auf iranischem Gebiet hat bis dahin noch keine Förderung in einem Ausmaß zur Folge, das den Staatshaushalt entlasten würde. Während des Ersten Weltkriegs ist das wehrlose Land dem Einmarsch russischer, türkischer und englischer Truppen ausgesetzt; auch deutsche Kommandos suchen eigene Interessen zu wahren. Bei Kriegsende verschärft eine Hungersnot die chaotische innere Situation. Unruhen und Aufstände, meist mit separatistischen Zielen, ziehen sich bis Mitte der zwanziger Jahre hin.
1919 9. Aug.	Großbritannien versucht, die militärische Kontrolle über weite Teile des Landes auf den politischen Bereich auszudehnen, und erreicht die Unterzeichnung eines *Protektoratsvertrages*, in dem Persien britische Militär-, Verwaltungs- und Finanzhilfe akzeptiert. Das persische Parlament verweigert die Ratifizierung; die USA und Frankreich üben Druck auf Großbritannien aus, das seine Truppen schließlich abzieht.
1920 Juni 1920–1921	Truppen der Bolschewiken verfolgen weißrussische Truppen bis Gilan. Die separatistischen Bewegungen in Gilan und Aserbeidschan rufen die *Persische Sozialistische Sowjet-Republik* aus. Die von den Bolschewiken zerschlagene, von den Briten aber wiederaufgebaute Kosakenbrigade schlägt die Unabhängigkeitsbewegung nieder.
1921 **21. Febr.**	*Resa Chan*, vom einfachen Soldaten zum höchsten persischen Offizier der Kosakenbrigade aufgestiegen, wird nach einem **Staatsstreich** Kriegsminister und Oberbefehlshaber der Armee.
26. Febr.	Er erklärt den Anglo-Persischen Vertrag für nichtig und schließt mit der *Russischen Sowjetrepublik* (RSFSR) einen *Vertrag*, in dem die Bolschewiken die russisch-persische Grenze von 1881 anerkennen und auf alle Rechte aus den ungleichen Verträgen verzichten.
1923	Resa Chan zieht allmählich alle Macht an sich. Als Ministerpräsident (28. Okt.) baut er eine starke Zentralregierung und eine schlagkräftige Armee auf, die mehrere Aufstände unterdrückt (1921 Chorassan, 1924 Bachtiaren und Luren).
1925 **31. Okt.**	Ein Dynastiewechsel bestätigt die wahren Machtverhältnisse: Das Parlament setzt den seit 1923 außer Landes weilenden *Ahmed Schah* ab und beendet die Herrschaft der *Kadscharen*. Resa wird als *Resa Schah* (1925–1941; † 1944) Begründer der neuen **Dynastie Pahlevi** (12. Dez. 1925 – 1. April 1979).

Die Regierung des Resa Schah

Resa Schah herrscht als aufgeklärter Despot, der jede Opposition brutal unterdrückt. Der Aufbau einer starken, zentral geführten Armee, ab 1926 mit *allgemeiner Wehrpflicht*, läßt eine privilegierte Offiziersschicht entstehen. Reformen im Agrarsektor begünstigen den Großgrundbesitz. Resa Schah wird durch die Konfiskation der Besitztümer seiner Gegner zum größten Grundbesitzer Persiens. Zugleich ist Resa Schah aber der *Erneuerer seines Landes:* Eine *funktionsfähige Verwaltung* wird aufgebaut, das Finanzwesen mit britischer Hilfe nach 1922 reformiert. Staatliche Monopole, vor allem das Zucker- und Teemonopol (1925) und das Außenhandelsmonopol (1931), stellen Mittel für den Ausbau der Infrastruktur (1927–1938 Bau der Transiranischen Eisenbahn) und einer staatlich gelenkten verarbeitenden Industrie bereit. Die *Ölproduktion* gewinnt mit der Entdeckung reicher Felder (1928 Gach Saran, 1938 Agha Jari) wachsende Bedeutung. *Wirtschafts-, Straf-* und *Zivilrecht* werden nach europäischen Vorbildern unter Wahrung islamischer Elemente umgestaltet (1925–1928), ein *Sozialrecht* aufgebaut (ab 1936). Persien erhält ein *säkulares Bildungswesen;* 1935 die Universität Teheran eröffnet. Mit dem Eintritt ins Berufsle-

Afghanistan 1099

ben beginnt die Emanzipation der Frauen; 1936 wird ihnen der Schleier (Schador) gesetzlich verboten und, wie schon seit 1929 den Männern, westliche Kleidung vorgeschrieben. Ein iranischer Nationalismus betont die prä-islamische Vergangenheit. Wachsender Einfluß von Deutschen veranlaßt den Schah, Persien 1934 offiziell in **Iran** umzubenennen, um den arischen Ursprung zu betonen.

1928	Die Abschaffung der Kapitulationen beendet die rechtliche Sonderstellung der Ausländer.
1932	Der Iran widerruft die 1901 an W.K.d'Arcy erteilte und 1909 von der Anglo-Persian Oil
26. Nov.	Co. (ab 1935: Anglo-Iranian Oil Co.) übernommene *Ölkonzession.*
1933	Nach Vermittlung des Völkerbundes wird ein neues Abkommen getroffen, das das Konzes-
29. Mai	sionsgebiet verkleinert und Irans Ertragsanteile erhöht.
1941	Im Zweiten Weltkrieg bleibt Iran neutral. Nach dem deutschen Überfall auf die Sowjetunion besetzen jedoch britische und russische Truppen das Land (August). Resa Schah muß
16. Sept.	zugunsten seines Sohnes *Mohammed Resa Schah* (1941–1979) abdanken und wird deportiert.
1942	Im *Bündnisvertrag mit Großbritannien* und der *Sowjetunion* wird die *Souveränität* Irans
Jan.	anerkannt. Dennoch bleiben die nördlichen Landesteile unter sowjetischer Kontrolle, während im übrigen Land amerikanische Berater vor allem in Armee und Polizei wachsenden Einfluß nehmen. – *(Forts. S. 1490)*

Afghanistan (Unabhängigkeit bis 1945)

1747–1773	Afghanistan, schon während des europäischen Mittelalters häufig unter Lokaldynastien fast unabhängig vom übrigen Iran, im 16.–18. Jh. zwischen dem Staat der Safawiden und dem der Großmoguln aufgeteilt, gewinnt im Anschluß an Nadir Schahs Herrschaft unter *Ahmed Schah Durrani* (* um 1724, † 1773 aus dem bis dahin meist Abdali genannten Stamm) mit der Hauptstadt Kandahar endgültig staatliche Selbständigkeit.
1773–1793	Sein Sohn *Timur* verlegt den Regierungssitz nach Kabul. Nach seinem Tod geht die Oberherrschaft über Chorassan an die persischen Kadscharen verloren. In einer Periode der staatlichen Aufsplitterung und des Machtverfalls beginnt die britische Einflußnahme auf das Land, mit dem 1809 von Indien aus eine Art Schutzvertrag zustande kommt.
1838–1842	Im **ersten afghanisch-britischen Krieg** scheitert unter schweren beiderseitigen Verlusten der britische Versuch, das Land an Britisch-Indien anzugliedern.
1839–1863	Vielmehr führen die Kämpfe zur staatlichen Einigung unter *Dost Mohammed,* der das Gebiet durch Balch, die Landschaft Badachschan (beides 1855) und Herat (1863) abrundet.
1863/1878	Unter *Scher Ali* gerät Afghanistan mehr und mehr in das russisch-britische Spannungsfeld.
1876	Belutschistan gerät unter britische Oberhoheit.
1878–1881	Durch den **zweiten afghanisch-britischen Krieg** kommt *Abd ar-Rachman* als Emir von
1880–1901	Kabul zur Macht, der geschickt zwischen den beiden herandrängenden Großmächten zu lavieren versteht.
1895	Die Grenze gegen Rußland am Oxus und im Pamir wird endgültig festgelegt.
1901–1919	Unter der Regierung seines Sohnes *Habibullah* wird Afghanistan von Rußland als außerhalb seines Interessenbereichs liegend anerkannt; es kann während des Ersten Weltkriegs neutral bleiben. Deutsche Versuche, das Land für die Mittelmächte zu gewinnen, scheitern. *Amanullah* (1919–1929), seinem ermordeten Vater folgend, kann durch den **dritten afgha-**
1919	**nisch-britischen Krieg** die **volle Unabhängigkeit** des Landes durchsetzen.
1921	Durch einen Vertrag mit der Sowjetunion erlangt Afghanistan gleichlautende Bürgschaften.
1925	Amanullah König geworden, ist der erste Herrscher, der nach dem Ersten Weltkrieg (1928) Deutschland einen offiziellen Staatsbesuch abstattet. Im gleichen Jahr wird die iranische Paschtu-Sprache neben dem Persischen Staatssprache, doch bleibt diese die herrschende Kultursprache.
1929	Ein Aufstand von religiösen Führern und von Stammesfürsten zwingt König Amanullah zur Abdankung und bringt in Kabul einen Banditen an die Macht. Dessen Terrorherrschaft beenden vier Brüder aus einem Seitenzweig der Familie Amanullahs.
1929–1933	Einer der vier wird zum König bestimmt: *Nadir Schah* beginnt, das Land zu befrieden, wird jedoch schon bald ermordet.
1933–1973	Seine drei Brüder bestimmen seinen Sohn *Mohammed Sahir Schah* zum Nachfolger, mit dem sie die nächsten 20 Jahre die Regierung gemeinsam führen. Obwohl im Grunde progressiv eingestellt, kommen sie mit ihren Entwicklungsbemühungen gegen den Widerstand der Stämme nur langsam voran. – *(Forts. S. 1494)*

Afrika südlich der Sahara

Die Geschichte Afrikas südlich der Sahara entfaltet bis ins 19. Jh. hinein eine im wesentlichen eigenständige Dynamik, die zwar immer wieder auch von außen her Impulse empfängt, aber eben doch weitgehend auf *eigenen Traditionen* aufbaut. Gliedert man die afrikanischen Kulturen unter dem *ethnologischen Gesichtspunkt* der Wirtschaftstypen in Wildbeuter der Steppe und des Waldes, Hirtennomaden, Savannenbauern und Waldlandbauern, so zeigt sich nur ganz unzureichend die tatsächlich bis in die jüngste Zeit hinein vorhandene kulturelle Vielfalt. Die mehr als *tausend Sprachen* gehören mehreren selbständigen Sprachfamilien an; soziale Strukturen, religiöse Gedankensysteme und künstlerische Äußerungen weisen eine starke Variationsbreite von Formen auf.

Die historischen Vorgänge, die zu dieser Vielfalt geführt haben, sind in steigendem Maße Gegenstand der Forschung der letzten Jahrzehnte. Da schriftliche Quellen für ältere Zeiten und für viele Gebiete bis in die jüngste Zeit hinein fehlen oder nur sporadisch vorliegen, muß die Forschung auf andere Quellen zurückgreifen. Prähistorische Forschung, historische Geographie, historische Haustier- und Nutzpflanzenforschung, vergleichende Sprachforschung, ethnologische Studien zur Verbreitung von Kulturelementen und nicht zuletzt die Auswertung mündlich überlieferter Traditionen eröffnen weite Untersuchungsfelder, ergänzen einander und haben bereits eine Fülle von Resultaten erbracht, die deutliche, übergreifende Konturen erkennen lassen. Freilich bedingt die Situation der überwiegenden *Schriftlosigkeit der Quellen*, daß bestimmte Aspekte der Geschichte, insbesondere die reine Ereignisgeschichte, bzw. das Wirken einzelner Personen oft nicht oder nur in wenigen Äußerungen erfaßt werden können. Für die Chronologie ergibt sich aus dieser Forschungslage, daß zumeist nur ungefähre Daten geliefert werden können.

Es sind neun historische Bewegungen, die zusammengenommen die heutige Situation der Menschen Afrikas und ihrer Kulturen entscheidend, d. h. langfristig und weiträumig, geprägt haben. Diese Komponenten historischer Entwicklung haben ihren Ursprung teilweise im Afrika südlich der Sahara selbst, teilweise handelt es sich um formende Kräfte, die Afrika von außen beeinflussen.

Gesamtafrikanische Entwicklung bis Ende 19. Jh.

Frühe biologisch-genetische und kulturelle Differenzierungen

In den Jahrtausenden des Jungpaläolithikums und des Mesolithikums haben sich südlich der Sahara regionalspezifische Rasseformen der Gattung *Homo sapiens sapiens* herausgebildet, die das äußere Erscheinungsbild der Afrikaner bis heute kennzeichnen: in den Savannenländern des Sudan die **Negriden,** in den Savannen- und Grasländern Ost- und Südafrikas die **Khoisaniden** und im zentralen Regenwaldgebiet die **Bambutiden**; an der Sahara und besonders im Nordosten (Ostsudan, Osthorn) befinden sich alte Kontaktzonen zu den Europiden in Gestalt der **Äthiopiden.**

Obwohl es in der Wirtschaftsform keine gravierenden Unterschiede gibt, da alle Afrikaner seinerzeit Wildbeuter sind, kommt es doch zu grundlegenden Differenzierungen. Abgesehen von der Herausbildung lokaler (Stein-)Gerätekulturen, wird die Herausbildung von *Sprachfamilien* deutlich. Im nördlichen Savannengürtel liegen die Ursprungszentren selbständiger Sprachfamilien, und zwar der **Niger-Kongo-Sprachfamilie,** der **nilo-saharischen Familie** und vielleicht noch weiterer, zu denen bisher nicht klassifizierte Sprachen gehören könnten; auf Kontakte mit dem Norden weist das gegenwärtige Vorhandensein der **tschadischen** (Nordnigeria) und **kuschitischen** Sprachen (Osthorn) hin, die zusammen mit dem Altägyptischen, den berberischen und semitischen Sprachen die **afro-asiatische Sprachfamilie** bilden. In den östlichen und südlichen Savannen- und Grasländern Afrikas liegt das Entstehungsgebiet der **Klick-Sprachfamilie.** Über frühe sprachliche Verhältnisse im zentralen Regenwald sind keine Aussagen möglich, da die heutigen Nachkommen prähistorischer Bevölkerungen – die wildbeuterischen **Pygmäen** – jeweils Sprachen von Feldbauernnachbarn verwenden und nur durch gewisse durchgehende Besonderheiten der Aussprache erkennen lassen, daß ehemals eine eigene Sprache grundsätzlich vorhanden gewesen ist.

Das Aufkommen von Ackerbau und Viehhaltung

Ackerbau und Viehhaltung finden durch Kontakte mit *Ägypten* (ab 4500 v. Chr.) Eingang in *Nubien*. In günstigen Gebieten der Sahara entwickeln sich *hirtennomadische Kulturen* (ab 2500) mit vorwiegender Rinderhaltung. Nach und nach setzt sich in einem breiten Streifen quer durch den Sudan bis zum Osthorn der Feldbau durch. Angebaut werden vorwiegend in diesem Gebiet selbstgezüchtete Pflanzen: Perl-Hirse, Getreidearten (Sorghum, Eleusine, Tef, Ensete), Yamsarten, Bambara-Erdnuß, mehrere Hülsenfrüchte, Ölpalme, afrikanischer Reis. Damit sind die Grundlagen für die späteren afrikanischen Feldbauern- und Hirtenkulturen geschaffen, und es ist anzunehmen, daß gleichzeitig auch Vorformen weitverbreiteter sozialer Institutionen, Sitten und Glaubensvorstellungen aufgekommen sind.

Gesamtafrikanische Entwicklung bis Ende 19. Jh. *1101*

Hochkultureinfluß von Ägypten und Südarabien

Schon in prähistorischen Zeiten bestehen sporadische Beziehungen zwischen Ägypten und Nubien, während der langen Geschichte der ägyptischen Hochkultur (ab 2600 v. Chr.) lassen sich solche permanent nachweisen. Da Nubien nach Süden zu niemals isoliert ist, sind damit auch Wege der hochkulturellen Beeinflussung ins Innere Afrikas eröffnet. Im 1. Jt. v. Chr. erfolgt dann eine Verbreiterung der Einflußbasis besonders durch die *Einwanderung südarabischer Gruppen* ins äthiopische Hochland; gleichzeitig muß auch mit Beziehungen zwischen dem Mittelmeerraum und dem Sudan über die Sahara gerechnet werden. Auf diesem Wege ist wahrscheinlich die Kenntnis der *Eisengewinnung* nach Süden gelangt.

Die Ausbreitung der Bantu

Aus der Niger-Kongo-Sprachfamilie differenziert sich (ab 1000 v. Chr.) das Proto-Bantu heraus (nächste verwandte Sprachen finden sich heute in Nigeria und Kamerun, die wahrscheinlich dem Entstehungszentrum naheliegen); seine Träger breiten sich nördlich der Regenwaldzone aus. Es handelt sich um eine *Savannenbauernkultur,* in der neben dem Feldbau auch Kleinviehhaltung und Fischerei von Bedeutung sind.
Die Bantu-sprechenden Savannenbauern, die in der Folgezeit auch Eisengewinnung und -verarbeitung kennen, dringen (ab 500 v. Chr.) über das Zwischenseengebiet nach Ost-, Zentral- und Südafrika zunächst in die Savannen-, dann in die Waldgebiete ein; die nördliche Waldregion wird z. T. unmittelbar vom Norden her besetzt. Damit ist die Grundlage für die bis heute die südliche Hälfte Afrikas dominierenden Kulturen von Bantu-Feldbauern gelegt.

Die Ankunft von Indonesiern und die Verbreitung südasiatischer Kulturpflanzen

Indonesische Seefahrer gelangen (1. Jh. n. Chr.) an die Küste Ostafrikas und besiedeln **Madagaskar** und die Inselgruppe der **Comoren.** Wahrscheinlich durch sie (oder über Handelsverbindungen nach Indien) gelangen südostasiatische Anbaupflanzen (Bananen und Taro, die eßbaren Knollen der Kolokasie) auf das afrikanische Festland, finden dort eine weite Verbreitung und erleichtern die Besiedelung der Regenwaldzone, wo noch heute einige Gebiete überwiegend derartige Pflanzen als Nahrungsgrundlage aufweisen.

Die Entstehung afrikanischer Staaten

Während die frühen Feldbauernkulturen und Hirtenkulturen von *unzentralisierten* oder *schwach zentralisierten Gesellschaften* getragen werden, bilden sich zu unterschiedlichen Zeitpunkten (im 1. Jt. n. Chr. oder noch später) auf dieser Grundlage in verschiedenen Regionen des Kontinents **Staaten** heraus. Es lassen sich bestimmte Staatengruppen unterscheiden, in denen nach einer ersten Staatsgründung im Sinne einer Kettenreaktion weitere ähnliche Gebilde entstehen (Nubien, Äthiopien, Nigeria-Guinea, Obernigergebiet, Zwischenseengebiet, Luba-Lunda-Region, Rhodesien, Südafrika). Auch die einzelnen Staatengruppen sind – Ähnlichkeiten in der Ämterstruktur und in der Staatssymbolik zeigen dies – nicht immer völlig ohne Beeinflussung von Nachbarregionen entstanden. Hervorzuheben ist jedoch, daß die Prozesse der Staatsbildung nicht alle Regionen Afrikas erfassen; in vielen Gebieten behaupten sich Ethnien mit unzentralisierter Gesellschaftsstruktur.

Islamische Kultureinflüsse

Die Beziehungen, die zwischen Ägypten, der Mittelmeerwelt sowie dem Vorderen Orient und Afrika südlich der Sahara im Altertum angeknüpft werden, brechen nie mehr ab. Entsprechend dem Wandel in jenen Regionen ändert sich jedoch der Charakter der Kultureinflüsse: *antike* und *frühchristlich-byzantinische Impulse* erreichen Nubien und Äthiopien, vor allem aber gewinnt der **Islam** für weite Teile Afrikas Bedeutung.
Mit der Eroberung ganz Nordafrikas durch die Araber (ab 8. Jh.) erreichen islamische Kultureinflüsse den Sudan. Die Übernahme des Islam durch Herrscher *sudanesischer Staaten* sowie die Einwanderung *arabischer Beduinengruppen* haben zur Folge, daß weite Gebiete des Sudan auf Dauer stark islamisch-arabisch geprägt werden. Ebenso bewirkt die Übernahme des Handels im Roten Meer und auf dem indischen Ozean durch moslemische Südaraber vom Persischen Golf, daß auch die sich bildenden Stadtstaaten an der Ostküste bis hinab nach Mozambik (Moçambique) eine islamische Kultur erhalten. Das Hinterland wird davon allerdings – mit Ausnahme von Hirtenethnien des Osthorns (Somali, Galla, Afar) – nicht mehr unmittelbar erfaßt.

Interne Wanderungen im 2. Jt. n. Chr.

Wenn auch die langsame Besiedlung der südlichen Hälfte Afrikas durch Bantu-sprechende Feldbauern die ausgedehnteste und folgenreichste Wanderung in Afrika ist, so gibt es doch auch weiterhin zahlreiche Bevölkerungsbewegungen in allen Teilen Afrikas, die für historische Entwicklungen von Bedeutung sind.

1102 Außereuropäische Welt bis 1945 − Afrika südlich der Sahara

Sie reichen von Prozessen friedlicher Durchdringung durch kleinere Gruppen bis zu kriegerischen Landnahmen. Besonders *Hirtenethnien* bilden solche mobilen Elemente. Feststellbar sind z. B. Wanderungen nilotischer **Luo** vom Bar-el-Ghasal bis nach Westkenya, Wanderungen der **Südniloten** (z. B. Maasai) aus dem Sudan bis nach Tanzania (Tansania), Wanderungen der **Ngoni** von Südafrika bis Tanzania, Wanderungen der **Ful** (Fulbe) von Senegal bis Kamerun. In einigen Fällen erringen Hirten, die in bestehende Staaten eingewandert sind, die politische Führung oder generell einen gehobenen sozialen Status in einer differenzierten Gesellschaft (z. B. die Hima und Tutsi in einigen Staaten des Zwischenseengebietes, die Ful in weiten Teilen des Sudan). Aber auch Landnahmen in bisher wenig besiedelten Gebieten (z. B. Waldländer) durch Feldbauern sowie Verdrängungen und Überlagerungen in alten Feldbaugebieten lassen sich in allen Teilen Afrikas − in staatlich organisierten wie unzentralisierten Gesellschaften − feststellen.

Europäische Einflüsse und Kolonisation (15.−19. Jh.)

Im Gefolge der **portugiesischen Entdeckungsreisen** des 15. Jh.s werden von den seefahrenden europäischen Mächten (neben Portugal treten im 17. Jh. besonders die Niederlande, Großbritannien und Frankreich) Stützpunkte als Zwischenstationen auf dem Wege nach Süd- und Ostasien und als Handelsposten für Beziehungen mit dem Landesinneren angelegt. Flächenmäßig ausgedehnte Kolonien werden allerdings nur ausnahmsweise gegründet (Angola, Kapland). Da der Handel im wesentlichen auf die **Ausfuhr von Sklaven** angelegt ist, orientieren sich die einheimischen politischen Kräfte im weiteren Umkreis der Küste daran. Kriege werden daher oft mit dem Ziel des Gewinns von Sklaven geführt, ein Teil der Bevölkerung der Unterlegenen wird entführt, und diejenigen Mächte, die den Sklavenhandel unter Kontrolle bringen können, erstarken (Asante, Dahomey, Benin). Europäische *Handelsprodukte*, wie Metalle, Feuerwaffen, Stoffe u. a. Gebrauchsartikel, werden gängige Bestandteile der küstennahen Kulturen, und aus Amerika eingeführte Kulturpflanzen, wie Kassava, Süßkartoffeln, Mais und Tabak, finden infolge der vielfältigen interethnischen Kontakte bis weit ins Innere Afrikas Eingang in den Feldbau. Versuche der *Missionierung* und damit zusammenhängender, weiterreichender kultureller Beeinflussungen von portugiesischer Seite scheitern nach Anfangserfolgen überall (Kongo, Benin, Mutapa, Äthiopien).
Europäische Kolonisation. Während schon in der ersten Hälfte des 19. Jh.s einige Gebiete ihre Unabhängigkeit (Ostsudan unter ägyptischer Herrschaft, Ausweitung weißer Herrschaft in Südafrika durch die Gründung von Burenstaaten nach dem Großen Treck und britische Annexionen, Erweiterung des französsischen Territoriums in Senegal) verlieren, bleiben noch weite Gebiete zunächst autonom. Die Handelsnetze erfahren eine gewisse Umstrukturierung: während in arabisch beeinflußten Gebieten (Ostafrika, Ostsudan) der Sklavenhandel stark zunimmt, wird er außerhalb davon nach und nach zurückgedrängt, bis um 1860 auch der letzte heimliche Menschenhandel unterbunden ist. Statt dessen nimmt der Handel mit Naturprodukten zu. Viele Regionen im Inneren machen erstmalig Bekanntschaft mit Europäern durch Forschungsreisende; vielerorts dringen Missionare über die Grenzen der europäischen Niederlassungen hinaus vor, können erste Erfolge erzielen und z. T. auch politischen Einfluß erlangen. Erst die Aktivitäten König Leopolds II. von Belgien (ab 1883) am Kongo und deutsche Besitzergreifungen 1884–1885 lösen jene Kettenreaktion aus, die nach der Kongo-Konferenz (15. Nov. 1884 − 26. Febr. 1885) zur restlosen Aufteilung in Interessensphären, zu nachfolgenden Besetzungen und kleineren Grenzkorrekturen durch die europäischen Kolonialmächte führt. *Widerstände* von nicht zu Protektoratsverträgen bereiten einheimische Staaten oder von nicht bzw. wenig zentralisierten Ethnien werden gebrochen, ebenso werden spätere Aufstände, die es in fast allen Kolonien gibt, gewaltsam niedergeschlagen.
Die kolonialen *Grenzziehungen* ignorieren weitgehend bis dahin bestehende politische und kulturelle Einheiten und begründen statt dessen Einheiten, die ihren Zusammenhalt jeweils aus dem einheitlichen Verwaltungssystem und der Machtstruktur der Kolonialnation beziehen. Die vorgefundenen einheimisch-politischen Institutionen werden entweder völlig durch neugeschaffene der Kolonialverwaltung ersetzt oder aber, stark umgeformt, zu deren Organen gemacht. *Europäischen Siedlern und Unternehmern* werden mehr oder weniger große Privilegien zur Ausnutzung der natürlichen Reichtümer und zur Anwerbung Einheimischer als Arbeitskräfte eingeräumt; *Missionsgesellschaften* aller christlichen Religionsgemeinschaften dürfen ihre Glaubenslehren verkünden bzw. Schulen und Krankenhäuser errichten; koloniale Hilfsgruppen, wie die *Inder* in Ostafrika, gewinnen − bis zum Kleinhandel − Einfluß im Wirtschaftsleben. Die einheimischen Bevölkerungen sind damit politisch unfrei, rechtlich unterprivilegiert und von den Aktivitäten der verschiedenen kolonialen Instanzen abhängig. Durch diese Situation werden die einheimischen Kulturen mehr oder weniger stark umgeformt. Während in den Bereichen des Sprachlichen, der Denkgewohnheiten, der Verwandtschaftsinstitutionen und der täglichen sozialen Bräuche weiterhin stark an die eigenen Traditionen angeknüpft wird, erfahren einheimische Religion, Kunst und politische Kultur einen Niedergang. Insgesamt erhält alles Einheimische den Charakter einer Unterschichtkultur. Da eine Mitwirkung an den kolonialen Institutionen nur durch Anpassung und Aneignung von Sprache und Kenntnissen der Kolonialherren möglich ist, finden die christlichen Kirchen in vielen Gegenden großen Anklang. Häufige Annahme des Christentums und die Akzeptierung der Schulbildung für die Kinder sind die Folge. Dadurch entsteht − je nach der Politik der verschiedenen Kolonialmächte − eine neue einheimische Elite, die auf unterer und mittlerer Ebene in die Kolonialinsti

Regionale Entwicklungen vor der Kolonialzeit – Östlicher Sudan   1103

tutionen hineinwächst und in vielen Aspekten europäische Werte und Kenntnisse internalisiert. Aus ihr rekrutiert sich später die politische Führungsschicht der unabhängigen Staaten. Gelegentlich haben innerhalb einzelner Kolonien bestimmte Ethnien ein Übergewicht bei der Entstehung dieser Bildungselite (Ibo in Nigeria, Ganda in Uganda) und werden damit gegenüber anderen Gruppen zu einer kolonialen Hilfsmacht.

Im Bereich der Religion macht sich zuerst wieder eine gewisse Eigendynamik der afrikanischen Gesellschaft bemerkbar; schon bald nach dem Zweiten Weltkrieg entstehen in Südafrika und Westafrika unabhängige, einheimische Kirchen mit z.T. *synkretistischem Gedankengut*, amerikanische Sekten mit Tendenzen zu regionaler Autonomie finden Anklang, und die großen Missionen gehen zu einer Afrikanisierung ihres Personals und zur Begründung einheimischer Kirchentraditionen über.

Die Afrikaner werden mehr oder weniger in das internationale Wirtschaftssystem einbezogen, da durch den Zwang zur Steuerzahlung und den entstehenden Bedarf an Industrieprodukten jeder zum Geldverdienst in gewissem Maße genötigt ist: als Wanderarbeiter verdingen sich viele in den neu entstehenden Industriezentren (Urbanisierung) oder auf Plantagen, andere bauen landwirtschaftliche Exportgüter auf eigenem Boden (Kaffee, Baumwolle, Kakao) an. Selbstversorgung und Geldwirtschaft, Leben am Heimatort und an fernen (oft jenseits der kolonialen Grenzen gelegenen) Arbeitsplätzen bestimmen in unterschiedlichem Maß das Leben des einzelnen.

Die Kolonialzeit bewirkt also insgesamt zahlreiche radikale Brüche mit der Vergangenheit und baut soziale Spannungsfelder auf; dennoch bleiben auch die früheren Komponenten historischer Gestaltung während der Kolonialzeit wirksam und bilden damit zusammen mit dem kolonialen Erbe die Grundlage für eine historische Kontinuität bis in die Epoche der selbständigen Staaten hinein.

Regionale Entwicklungen und Ereignisse bis zum Beginn der Kolonialzeit

Der östliche Sudan

Der östliche Sudan ist landschaftlich vielgestaltig. Er umfaßt *Wüstenregionen der Sahara* im Norden ebenso wie *Trockensavannen* und *Feuchtsavannen;* der *Nil* mit seinen Zuflüssen sorgt für Gebiete mit alljährlichen großflächigen Überschwemmungen und damit u.a. für die Fruchtbarkeit des Tals unmittelbar am Fluß in Nubien. Während Nubien seit alters Städte und staatliche Institutionen kennt und stets enge Kontakte zu Ägypten und weiterhin zur Mittelmeerwelt und zum Orient gehabt hat, beherbergen die übrigen Gebiete bis in die neueste Zeit hinein größtenteils *unzentralisierte Ethnien* von Feldbauern und Hirten (je nach den Vorzügen der landschaftlichen Gegebenheiten). Für die Gruppen östlich des Nils wird man auch für frühere Zeiten eher eine Zuordnung zur *kuschitischen Sprachgruppe,* für diejenigen westlich des Nils und im Süden zur *nilo-saharischen Sprachfamilie* annehmen müssen. Einerseits bilden diese Ethnien immer wieder einen Störfaktor in der Geschichte des Niltals durch räuberische Einfälle oder friedliche Einwanderungen, andererseits geraten sie gelegentlich in politische Abhängigkeit von einer Staatsgewalt oder sind Ziel von Sklavenexpeditionen.

Nubien und das östliche Trockengebiet

ab 2600 v. Chr.	Teile Nubiens unterliegen Raubzügen der Ägypter (zur Gewinnung von Sklaven, Rindern, Ziegen und Schafen) oder sind in Zeiten eines erstarkten ägyptischen Königtums Ägypten als *Tributärgebiete* angegliedert: die Ägypter beuten Goldbergwerke aus, beziehen Naturprodukte, haben einen Teil des Weges zum Roten Meer unter Kontrolle und verfügen über ein Reservoir an nubischen Söldnern für ihre Armee. In den ägyptisch beherrschten Gebieten werden *festungsartige Städte* errichtet, von denen aus das Land verwaltet wird; die lokalen politischen Institutionen werden nach Art einer „indirect rule" (indirekten Herrschaft) in die Verwaltung einbezogen. Es gibt häufig Aufstände, und in Zeiten innerer Wirren in Ägypten gewinnt Nubien die politische Unabhängigkeit.
9. Jh.	Herausbildung eines einheitlichen **Staates Kusch** in Nubien mit der Hauptstadt **Napata,** dessen Herrscher zeitweilig (712–664) als äthiopische Dynastie auch Ägypten beherrschen. Religion (Amun-Kult), Schrift, Architektur, Verwaltungsstruktur sind ägyptisch geprägt.
um 600 v. Chr.	Nach Niederlagen gegen die Perser wird die Hauptstadt nach Meroë verlegt. In den folgenden Jh.n bildet sich die **meroitische Kultur** heraus. Neue architektonische Formen werden entwickelt, in der Religion treten einheimische Götter in den Vordergrund, die (bisher unklassifizierte) meroitische Sprache wird zur Schriftsprache erhoben, eine eigene Alphabetschrift wird eingeführt. Der Handelsverkehr zwischen der Mittelmeerwelt und dem Roten

1104 Außereuropäische Welt bis 1945 – Afrika südlich der Sahara

Meer sowie nach Aksum (Axum) in Äthiopien führt durch Kusch und bestimmt die kulturellen Kontakte nach auswärts. Kriegerische Auseinandersetzungen mit Ptolemaiern, Römern und Nomadengruppen stören zeitweilig den Handel. Unter den Nomadenstämmen sind besonders die *Blemmyer* hervorzuheben, die zwischen Nil und Rotem Meer leben und die durch die *Übernahme des Kamels* (wahrscheinlich kurz nach der Zeitenwende) auch militärisch besonders beweglich geworden sind. Im 3. Jh. richten sie sowohl in Kusch wie im römischen Ägypten viel Schaden an.

4. Jh. n. Chr. Der Staat Kusch zerfällt, nachdem um 350 die Hauptstadt Meroë durch den ersten König von Aksum, Ezana, zerstört wird. *Nubische Gruppen* aus dem Westen setzen sich im Niltal fest, darunter die von den Römern als Grenzsiedler herbeigerufenen *Nobatier* (Nobaden). Die nubische Sprache verdrängt in der Folgezeit das Meroitische.

6. Jh. Von Norden nach Süden konsolidieren sich die nubischen Staaten *Nobatia, Makuria* und *Alodia* (Alwa). In diesem Raum setzt sich das *monophysitische Christentum* als Religion durch. Über die Kirche finden byzantinische Kulturelemente Eingang in Nubien: Griechisch, Koptisch und Nubisch werden als Schriftsprachen verwendet.
Die christlichen nubischen Staaten sind einem beständigen politischen und kulturellen Druck der islamischen Welt im Norden ausgesetzt.

641 Zum ersten Mal findet ein Angriff eines arabischen Heeres statt.

651 Ein Vertrag zwischen dem arabischen Heerführer *Amr bin al-As* und *Kalidura* von Nubien (hervorgegangen aus Nobatia und Makuria) wird geschlossen. Damit werden die Beziehungen zwischen Ägypten und Nubien (bis etwa 1270) stabilisiert.

10. Jh. *Einwanderung von Moslems* aus Ägypten ins nördliche Nubien und die friedliche *Islamisierung* von Teilen der Bevölkerung des südlichen Nubiens. Etwa gleichzeitig setzt eine Islamisierung der kuschitischen Beja (Nachkommen der Blemmyer) ein, deren auf dem Kamelhirtentum basierende Kultur mit matrilinearer Sozialstruktur sonst wenig verändert wird.

seit 13. Jh. Dauernde ägyptische Eingriffe schwächen die christlichen Staaten; die Einwanderung arabischer Hirtennomaden (Duheyna u. a.) in den Sudan läßt islamische Kräfte auch an der westlichen Grenze entstehen.

14. Jh. Der nubische Staat zerfällt. Im Zusammenhang mit der Einwanderung arabischer Stämme und ihrer Vermischung mit den Einheimischen wird Nubien weitgehend islamisiert.

um 1500 Der islamische Staat der **Funj** mit der Hauptstadt **Sennar** entsteht. Das bis dahin noch

1504 christliche *Alodia* wird von Sennar aus erobert und ebenfalls islamisiert. Das islamisierte Nubien ist, politisch gesehen, ein Zankapfel zwischen dem zeitweilig seine Macht bis Dar Fur und zum Roten Meer ausweitenden Königreich der Funj und Ägypten.

1699 Sennar hat etwa 100000 Einwohner; es kontrolliert die Handelswege zum Roten Meer (Suakin) und hat damit Anschluß an den Überseehandel nach Indien (Export von Goldstaub, Tabak, Zibet, Elfenbein, Sklaven, Pferden, Kamelen, Tamarindenfrüchten).

18. Jh. Die Macht von Sennar zerfällt, in Nubien entstehen zahlreiche kleine Herrschaften.

1820–1822 Das Niltal und Sennar werden von Ägypten aus unterworfen. Nubien mit *Khartum* als Zentrum wird das Kerngebiet islamischer Kultur im ägyptischen Sudan.

1881–1898 Im **Sudan** bildet sich der unabhängige **Staat der Mahdisten.**

1881 *Muhammad Ahmad bin Abdallah,* ein Derwisch aus Dongola, ruft als Nachfolger des Propheten Mohammed *(Mahdi)* im Namen des wahren Glaubens zum Aufstand gegen die ägyptische Herrschaft auf. Die Erhebung ist zugleich als nationale Bewegung der Nubier zu verstehen. Der Mahdi gewinnt schnell Anhänger in Nubien und kann die ägyptischen Streitkräfte zurückdrängen.

1885 Nach einer langen Belagerung erobert er Khartum; der Verteidiger *Gordon Pascha* fällt. Khartum 26. Jan. wird zerstört, *Omdurman* wird die Hauptstadt des Mahdi-Staates.
Nach dem Tode des Mahdi (1885) übernimmt *Abdallahi bin Muhammed* als *Khalifa* (Kalif) die Führung und kann zunächst die Ägypter aus dem gesamten Sudan verdrängen und seine Macht festigen.

1898 Besiegung der mahdistischen Truppen durch die anglo-ägyptische Armee.

1899 Dadurch und durch den Tod des Khalifa wird die gesamte Region in den Anglo-Ägyptischen Sudan eingegliedert und damit praktisch britische Kolonie. Das **Niltalgebiet** mit der **Hauptstadt Khartum** wird wiederum politisches und kulturelles **Zentrum des östlichen Sudan.**

1904 Infolge der Faschoda-Krise von 1898 (erzwungener Rückzug der Franzosen durch die Briten nach der französischen Besetzung von Faschoda am oberen Nil) muß Frankreich die britische Oberhoheit über Ägypten und Sudan anerkennen.

1922 Großbritannien behält auch nach der Unabhängigkeit Ägyptens ein Mitspracherecht für die innere Entwicklung im Sudan.

1936 Sudan als anglo-ägytisches Kondominium bestätigt.
Die politisch wirksamen Kräfte im Sudan drängen teils auf Anschluß an Ägypten, teils streben sie einen souveränen sudanesischen Staat an. – *(Forts. S. 1475)*

Regionale Entwicklungen vor der Kolonialzeit – Östlicher Sudan   1105

Die Westregionen (Dar Fur, Wadai, Kordofan)

Die Länder westlich des nubischen Nils bilden ein altes Zentrum von Gruppen mit nilo-saharischen Sprachen, die seit Jt.n dort als Feldbauern (in den Bergländern) oder Hirtennomaden (in der Ebene) leben.

500–1200 n. Chr.
Entlang der West-Ost-Handelsroute zwischen dem Tchadsee (Tschadsee) und Nubien entstehen politische Zentren, deren Herrscher von den sonst weitgehend autonomen Feldbauern und Hirten in näherem oder weiterem Umkreis Tribute erheben. Solche Staaten sind Dar Fur und Wadai. Das staatstragende Volk ist jeweils eine der einheimischen Ethnien, materielle Grundlage ist die Kontrolle des Handels. Die Form der staatlichen Institutionen lehnt sich wahrscheinlich an Vorbilder im Niltal an. Die Erbfolge in den Herrscherhäusern ist matrilinear.

14. Jh.
Arabische Nomaden (Duheyna u. a.) dringen von Nordafrika aus in den Sudan ein, besetzen insbesondere die Steppen- und Savannengebiete der Ebenen und assimilieren die Vorbevölkerung. Während sie im Norden weitgehend Kamelnomaden bleiben, gehen sie weiter südlich zu Rinderzucht und Ackerbau über.

15. Jh.
Die *Tundjer*, eine arabische Gruppe, gewinnen unter Abd-el-Kerim Tundjer die Macht in *Dar Fur*, das nun ein islamischer Staat wird. Auch in *Wadai* können die Tundjer die Herrschaft an sich bringen.

16. Jh.
Erst unter dem Abbasidenabkömmling *Abd-el-Kerim*, der die Macht in *Wadai* an sich reißt, setzt dort die Islamisierung ein. Weiter westlich entsteht ein Staat unter der Führung einer *Bulala* genannten ethnischen Einheit, in *Bagirmi* tritt ein Mann namens *Birmi-Besse* als Staatsgründer auf, der bei der Thronbesteigung den Islam annimmt. Der Islam und arabische Kulturelemente sind durch die Verbreitung der arabischen Nomaden und die Islamisierung der Staatszentren in der betrachteten Region weithin dominierend, daneben aber können sich zahlreiche, bis vor kurzem nicht-zentralisierte Ethnien in den Bergländern von *Kordofan, Dar Fur, Wadai* und *Bagirmi* halten, die überwiegend Feldbauern sind; sie bewahren nicht nur ihre nilo-saharischen Sprachen, sondern auch sonst viele nichtislamische kulturelle Eigenheiten. Die Bergländer sind Rückzugsgebiete für die immer wieder in den Ebenen angegriffenen alten Landbewohner.

1873–1883
Dar Fur wird (1873) von ägyptischen Truppen angegriffen; König *Grahim* fällt 1874, das gesamte Land und die Hauptstadt *El Fasher* werden besetzt. Dar Fur wird damit ägyptische Provinz; allerdings kann der ägyptischen Macht nur teilweise Geltung verschafft werden.

1881–1898
Der *Mahdi* aus dem Sudan setzt sich (1881–1883) in Kordofan fest und benutzt das Gebiet, als militärisches Aufmarschgebiet gegen Khartum.

1883
Der Mahdi erobert auch *Dar Fur.*

1898–1899
Mit der Besiegung der mahdistischen Truppen werden *Dar Fur* und *Kordofan* der anglo-ägyptischen, *Wadai* und *Bagirmi* gleichzeitig der französischen Kolonialherrschaft unterworfen. Der überwiegend islamische Charakter der Region bleibt erhalten. Während der Saharahandel eher abnimmt, hat die Region nach wie vor Bedeutung als Durchgangsgebiet für die Mekkapilger aus Westafrika. – *(Forts. S. 1475)*

Das Obernilgebiet

Das Obernilgebiet ist ein Gebiet von *Grasländern* und *Feuchtsavannen*, das von vielen Flüssen durchzogen wird und das während der Regenzeit weithin überschwemmt wird. Hier liegt ein altes Zentrum von Gruppen mit *nilo-saharischen Sprachen*, und zwar speziell der nilotischen und diesen nahestehenden Sprachen. Auch hier ist schon früh vorwiegend mit Feldbau in den feuchteren und mit Hirtentum in den trockeneren Gegenden zu rechnen.

ab 1200 n. Chr.
Die Ausbreitung der **nilotischen Luo** von einem Kerngebiet nahe dem heutigen Atwotgebiet beginnt. Während sich Teile der Luo ins Bahr-el-Ghazal-Gebiet und andere nach Uganda und Kenya wenden, setzen sich einige Gruppen im Bereich des Sobat-Flusses (Anuak) und am benachbarten Nilufer fest (Schilluk).

ab 1500
Letztere begründen das sakrale Königtum der *Schilluk* mit dem Hauptort Faschoda (Fashoda).
Die Ausbreitung der stark auf die Rinderhaltung konzentrierten westnilotischen *Dinka* und *Nuer* aus einer Kernregion am Westufer des Nil über weite Teile des Bahr-el-Ghazal- und Obernilgebietes setzt ein.

19. Jh.
Die Schilluk und die vielen schwach oder nicht zentralisierten Ethnien dieser Region müssen sich der seit der Machtergreifung Ägyptens im nördlichen Sudan zunehmenden Angriffen *nubischer Sklavenhändler* erwehren.
In der zweiten Hälfte des Jh.s werden überall in diesem Gebiet Stützpunkte der ägyptischen Verwaltung errichtet.

1871
Errichtung der ägyptischen Äquatorialprovinz.

1106 Außereuropäische Welt bis 1945 – Afrika südlich der Sahara

1885–1898 Nachdem die *Mahdisten* Teile des Obernilgebietes erobert haben und (1890) die Äquatorialprovinz von Emin Pascha aufgegeben wird, werden alle Gebiete nach und nach (z. T. erst im 20. Jh.) von der **anglo-ägyptischen Verwaltung** unterworfen. Während sich die Verwaltung im wesentlichen darauf beschränkt, die Gebiete der Region zu befrieden, geht der hauptsächliche Anstoß zum Kulturwandel im Verlauf des 20. Jh.s von Missionaren aus; die christlich-europäischen Neuerungen stehen im Gegensatz zur islamischen Kultur des Nordsudan bzw. verstärken die schon vorher bestehenden großen kulturellen Unterschiede. – *(Forts. S. 1475)*

Das zentralafrikanische Feuchtsavannengebiet

Diese westlich an das Obernilgebiet anschließende Region weist ebenfalls noch einige Ethnien mit nilosaharischen Sprachen auf, darunter die weit im Westen am Ufer des Chari wohnenden *Sara-Gruppen*, die also wahrscheinlich zu einem bisher nicht feststellbaren Zeitpunkt aus dem Obernilgebiet zugewandert sind. Weiterhin aber findet sich dort ein breiter, sich vom Tchadsee bis fast zum Nil erstreckender Streifen von Ethnien mit Sprachen der *Kongo-Niger-Familie*, genauer der Ost-Adamawa-Unterfamilie (die Banda, Gbaya, Azande u.a.), deren Vorfahren in der Frühzeit aus Zentralkamerun abgewandert sein müssen. Bis in die neueste Zeit hinein handelt es sich bei den meisten Bewohnern der zentralafrikanischen Feuchtsavanne um unzentralisierte Gesellschaften.

16. Jh. Am oberen Ubangi begründen die nilo-saharischen *Mangbetu* einen Staat.

ab 17. Jh. Die *Azande* begründen ein System miteinander verbündeter, kleiner Häuptlingstümer, das sich im Verlauf des folgenden Jh.e ständig in südlicher und östlicher Richtung ausbreitet. Die militärisch überlegenen Azande unterwerfen fremde Ethnien, setzen jeweils einen Prinzen ihres Herkunftsgebietes als Häuptling ein und bilden selbst eine privilegierte Aristokratenschicht. Die Unterworfenen werden kulturell assimiliert. Die Azande und Mangbetu zeichnen sich durch künstlerisch besonders formvollendete materielle Gebrauchsgegenstände aus.

19. Jh. Die Bewohner der Region sind den Raubzügen nubischer Sklavenhändler ausgesetzt, bis die ägyptische Verwaltung auf die Stützpunkte der Sklavenhändler ausgedehnt wird.

1886–1898 Teile der Region geraten in den Einflußbereich des *Mahdisten-Staates* und unterliegen erneut den nun von dort ausgehenden Sklavenzügen.

Ende des Jh.s teilen die anglo-ägyptische, die französische und die kongostaatliche **Kolonialmacht** die gesamte Region unter sich auf (Faschoda-Krise 1898, Sudanvertrag 1899), so daß die einzelnen Gebiete den jeweiligen spezifischen Akkulturationseinflüssen unterworfen sind. Die einheimischen politischen Institutionen werden überall weitgehend abgeschafft und Missionare erhalten Wirkungsmöglichkeiten. Unter wirtschaftlichen Gesichtspunkten ist die Region wegen der Verkehrslage für die Kolonialmächte eher von marginaler Bedeutung; daher werden die einheimischen dörflichen Sozialstrukturen relativ wenig beeinflußt. – *(Forts. S. 1132, 1133, 1475)*

Das Osthorn

Das Osthorn Afrikas hat durch seine Küsten eine *strategisch günstige Position* für die *Kontrolle der Handelsstraßen* zwischen der Mittelmeerwelt und Indien, zwischen Afrika und Südarabien; tatsächlich haben die Küstengebiete deswegen wohl schon seit frühen Zeiten Bedeutung. Die Hochländer hingegen bieten wegen ihrer Unzugänglichkeit eher Möglichkeiten zu kulturellen Eigenentwicklungen, wie die Bewahrung der christlich geprägten *äthiopischen Kultur* eindrucksvoll bis in die Gegenwart hinein beweist.

Die Küstenländer und östlichen Hochebenen

ab 2400 v. Chr. Die Ägypter beziehen aus einem Land namens *Punt* Weihrauch und Myrrhen; die wahrscheinlichste Lokalisierung dieses mit Ägypten in Handelsverbindung stehenden Landes ist die heutige *Somaliküste*.

1495 Von einer Handelsexpedition, die von der Königin *Hatschepsut* ausgerüstet wird, existieren einige Angaben über das Land und seine Bewohner. Danach gibt es dort eine hellhäutige Führungsschicht (Südaraber?) mit einem Häuptling und eine dunkelfarbige, äthiopide Bevölkerung. Die Leute sind seßhaft, wie bei einem Handelsstützpunkt zu erwarten, verfügen über Pfahlbauten und halten Rinder, Esel und Hunde als Haustiere. Die Ägypter beziehen von dort vor allem Gold und Felle.

Regionale Entwicklungen vor der Kolonialzeit – Osthorn **1107**

1.–6. Jh. n. Chr.	An der Somaliküste befinden sich kleine Marktorte, deren äußerster *Opone* (Ras Hafun) südlich von Kap Guardafui ist; die Orte sind keiner Zentralmacht unterworfen, sondern haben jeweils ihre eigenen Häuptlinge. Als Landesprodukte (z. T. aus dem Landesinneren stammend) werden Weihrauch, Zimt, Schildpatt, Heilmittel und auch Sklaven ins Mittelmeergebiet und nach Indien verschickt, während Nahrungsmittel und Stoffe eingeführt werden.
8. Jh.	In einer chinesischen Quelle (Autor *Tuan-ch'eng-shih*) wird ein Land *Po-pa-li* beschrieben, das wahrscheinlich die östliche Somaliküste ist; die Bewohner werden mit den typischen Merkmalen ostafrikanischer Hirtennomaden dargestellt. Grundsätzlich siedeln zu dieser Zeit im größten Teil der östlichen Hochebenen nomadische *Galla*, während die kulturell ähnlichen *Somali* nur in der Spitze des Horns wohnen. In der Folgezeit wird die Kultur, speziell der Somali, durch die Verschmelzung mit Arabern und eine damit zusammenhängende Islamisierung sowie durch den Übergang zum Kamelhirtentum umgeformt.
ab 9. Jh.	Küstenorte werden islamisch.
seit 12. Jh.	Die *Somali*, deren politische Führung auf Clanälteste verteilt ist, erweitern ihr Territorium immer weiter nach Westen und Süden (bis ins 19. Jh.), wobei sie insbesondere Galla-Gruppen verdrängen oder assimilieren.
13. Jh.	Das *Sultanat Ifat* entsteht, das andere islamische Herrschaften beseitigt.
1320–1422	Zahlreiche Kämpfe finden zwischen Ifat und Äthiopien statt, in denen zumeist Ifat unterliegt.
1415	Sultan *Saad-al-Din II.* fällt bei der Eroberung von Zeila durch die Äthiopier.
1416	Begründung eines neuen islamischen Staates, des *Sultanates Adal* mit der *Hauptstadt Dakar*. Es übernimmt die Führungsrolle im Kampf der Moslems gegen Äthiopien.
1520	Die Hauptstadt wird nach *Harar* ins Landesinnere verlegt.
1525–1543	Unter dem Heerführer *Ahmed ibn Ibrahim el Ghasi*, genannt *Gran*, gewinnt Adal die Kontrolle über fast ganz Äthiopien, wird aber nach dessen Tod (1543) auf sein ursprüngliches Territorium zurückgeworfen.
16./17. Jh.	*Galla-Hirtenkrieger*, die von den Somali von Osten her aus ihren Wohnsitzen verdrängt werden, dringen in das Hochland von Äthiopien ein und im Süden bis zum Tana-Fluß (Kenya) vor; sie bekämpfen zeitweilig das *Sultanat Harar* (Nachfolger von Adal). Die islamischen Gebiete zerfallen in eine Anzahl unabhängiger Herrschaften.
Ende 19. Jh.	Die islamischen Kleinstaaten und nichtzentralisierten Ethnien (Somali, Afar u. a.) fallen unter italienische, britische und französische **Kolonialherrschaft** oder werden von Äthiopien unterworfen. Die überlieferte Sozialstruktur der Hirtennomaden, die orientalische Prägung der städtischen Kultur und die Dominanz des Islam bleiben weitgehend erhalten, da die Region für die Kolonialmächte überwiegend von strategischer, kaum aber von wirtschaftlicher Bedeutung ist. – *(Forts. S. 1144)*

Äthiopien

Als Bewohner der nördlichen und zentralen Hochländer, die später den Kern Äthiopiens bilden, müssen für das frühe Altertum Feldbauern mit *kuschitischen Sprachen,* wie sie noch heute durch die *Agau* im zentralen Hochland repräsentiert sind, angenommen werden.

1. Hälfte 1. Jt. v. Chr.	*Südarabische Gruppen* dringen (wahrscheinlich über die Straße von Bab-el-Mandeb) ins Osthorn ein und setzen sich im nördlichen Hochland fest. Sie bringen Elemente der südarabischen Hochkultur mit.
1. Jh. v. 1. Jh. n. Chr.	Begründung des *Staates von Aksum* (Axum) mit dem Zentrum im heutigen Tigre. Aksum kontrolliert bereits den Hafen *Adulis* am Roten Meer und greift in das politische Geschehen in Südarabien ein.
3. Jh.	Kriegerische Auseinandersetzungen mit dem meroitischen Staat. Dies zeigt, daß der Staat von Aksum eine weiträumige Kontrolle aller Handelswege zwischen Ägypten und dem Golf von Aden anstrebt und darauf seine Macht aufbaut; sein Hafen Adulis ist auch der Ausfuhrhafen für Elfenbein aus dem Sudan.
330–360	Aksum erreicht unter *König Ezana* einen Höhepunkt seiner Macht. Ezana zerstört *Meroë*, die Hauptstadt von Kusch. Unter seiner Herrschaft missioniert *Frumentios* in Aksum; auch Ezana selbst tritt zum Christentum über und erhebt es zur Staatsreligion. Frumentios wird vom Patriarchen von Alexandria zum ersten *Abuna* (Vorsteher) der *äthiopischen Kirche* geweiht. Damit ist die entscheidende, spezifisch *monophysitisch-koptische* Prägung des äthiopischen Christentums vollzogen. Kirchensprache wird das Geez, die seinerzeit herrschende Staatssprache; die Literatur wird in der äthiopischen Schrift, die von einer südarabischen Schrift abgeleitet ist, verfaßt. Die kirchliche Kunst knüpft an spätantike Traditionen an.
525–572	Aksum beherrscht auch Teile Südarabiens, das es dann an die Perser verliert. Es besteht ein starker Kulturaustausch zwischen Aksum und Südarabien. In Südarabien wird das

1108   Außereuropäische Welt bis 1945 – Afrika südlich der Sahara

Christentum gestärkt; in Aksum finden wahrscheinlich zu dieser Zeit Vertreter des in Südarabien stark verbreiteten *Judentums* Eingang; bis heute bekennen sich in Äthiopien die *Kayla* bzw. *Falascha* zum Judentum.

ab 7. Jh.   Da die Verkehrswege am Roten Meer islamischen Mächten zufallen, wird Aksum vom Handel am Roten Meer verdrängt, und die unmittelbare Verbindung zu christlichen Ländern am Mittelmeer (Byzanz) wird unterbunden. Damit ist Aksum wesentlich auf die Entwicklung der eigenen Traditionen angewiesen. Außenpolitisch richten sich die Kräfte mehr auf die Eroberung weiterer Gebiete im zentralen Hochland (Amhara, Godjam, Schoa).

10. Jh.   Der Staat von Aksum zerfällt, und die Hauptstadt wird von Bergstämmen unter einer Königin Judith zerstört.

11. Jh.   Die *Dynastie* der *Zagwe* gelangt zur Macht. Unter König *Lalibela* aus dieser Dynastie setzt
1190–1225   eine Stärkung der Zentralgewalt ein. Er verlegt die Hauptstadt nach *Lasta* (heute: Lalibela), das er großzügig ausbauen und mit bedeutenden Kirchenbauten schmücken läßt.

1270–1285   *Jekuno Amlak* aus Schoa begründet die sog. *salomonische Dynastie.* Es wird eine Staatsideologie geschaffen, welche den Herrschaftsanspruch mit der Abkunft von einem Sohn Salomos und der Königin von Saba begründet und eine Identifizierung des Äthiopiens der Antike (das in Wirklichkeit den Staat Kusch im heutigen Nubien bezeichnet) mit der eigenen Geschichtslegende vornimmt. Von nun an kann man vom Staat Äthiopien im Hochland von Habesch sprechen.

1312–1342   *Amda Sion* festigt die innere Geschlossenheit des äthiopischen Staates und kämpft erfolgreich gegen die Moslems. In der Folgezeit, in der Äthiopien seine staatliche Integrität und sein Territorium im allgemeinen bewahren und sich gegen die Moslems, insbesondere das Sultanat Adal am Golf von Aden, behaupten kann, setzt eine Blüte kirchlicher Kunst, Architektur und Literatur ein. Der Staat setzt sich aus halbautonomen Ländern zusammen, die verwaltungsmäßig noch weiter untergliedert sind. Ein System von Abgaben und Dienstleistungen, besonders in Kriegszeiten, ermöglicht das Funktionieren der Hierarchie. Es hängt von jeweiligen spezifischen Konstellationen ab, ob die politische Macht mehr bei dem Kaiser oder mehr bei den Königen der Länder liegt.

15. Jh.   Versuche nehmen zu, Kontakt zum christlichen Abendland aufzunehmen (Gesandtschaften 1402 nach Venedig, 1424 nach Aragón, 1441 zum Papst, seinerzeit Eugen IV.).

1434–1468   *Zara Jakob* bemüht sich um eine Reform der äthiopischen Kirche, besonders aber um die Herstellung der kirchlichen Einheit durch die Auflösung zahlreicher Sekten. Er stimmt dem Plan einer kirchlichen Union mit der römischen Kirche zu und trifft mit Papst Nikolaus V. entsprechende Vereinbarungen; es handelt sich dabei um eine lose Assoziierung, da die koptische Kirche Äthiopiens auf institutioneller und dogmatischer Eigenständigkeit besteht. Verbindungen zu Europa werden in der Folgezeit über Portugiesen angeknüpft.

1493–1520   *Pedro de Covilhão* (* um 1450, † um 1527) hält sich als portugiesischer Gesandter in Äthiopien auf.

1488–1559   Unter den Herrschern *Lebna Dengel* (1488–1540) und *Claudius* (1540–1559) flammen die Kämpfe mit den Moslems von Adal wieder auf; auf seiten von Adal kämpfen Türken, auf seiten Äthiopiens (ab 1541) Portugiesen als schlagkräftige, mit Feuerwaffen ausgerüstete Hilfstruppen.

1516   Zunächst wird Adal besiegt.

1527–1543   Der Feldherr *Ahmed ibn Ibrahim el Ghasi, genannt Gran,* kann sodann mit Hilfe schlagkräftiger Truppen, die aus Afar- und Somali-Hirtenkriegern bestehen, in zahlreichen Feldzügen fast ganz Äthiopien erobern. Das Land wird verwüstet, und insbesondere Zeugnisse des Christentums (Kirchenbauten, Literatur) werden vernichtet.

1543   In der *Schlacht am Tanasee* können die äthiopischen Truppen unter maßgeblicher Beteiligung von Portugiesen die Moslems besiegen; Ahmed Gran fällt. Damit kann sich Äthiopien erneut als christlicher Staat konstituieren, nachdem vorher die Bevölkerung z. T. zwangsislamisiert worden ist.

16./17. Jh.   Äthiopien führt immer wieder Abwehrkämpfe gegen die aus dem Südosten ins Hochland eindringenden Galla-Hirtenkrieger. Äthiopien muß den Galla große Teile des zentralen Hochlandes überlassen. Die Galla können allerdings zum überwiegenden Teil politisch und oft auch kulturell integriert werden.
Die Kontaktaufnahmen mit Portugal beinhalten auch kirchliche Integrationsversuche von katholisch-portugiesischer Seite. Der äthiopische Kaiser *Claudius* weist in einer Streitschrift, dem „Bekenntnis des Claudius", die Ansprüche Roms zurück. Die *Jesuitenmission* (lange Zeit unter der geschickten Leitung von *Pedro Paez*) ist 1557–1632 im Lande tätig, und es gelingt ihr, die Kaiser *Dengel* (1603–1607) und *Susenyos* (1607–1632) zum Katholizismus zu bekehren. In Bürgerkriegen erheben sich die Anhänger der koptischen Kirche, Kaiser *Fasilidas* (1632–1667) vertreibt die Jesuiten und kehrt zur koptischen Tradition zurück.

1682–1706   Kaiser *Jasus* (der Große) organisiert die staatliche Verwaltung neu und kann damit nach den Bürgerkriegen und Kriegen der vorangehenden Zeit Äthiopiens Macht festigen.

Regionale Entwicklungen vor der Kolonialzeit – Westlicher und zentraler Sudan   *1109*

18./19. Jh. Die äthiopische Zentralgewalt hat lange Zeit nur geringe Bedeutung; Angehörige verschiedener Linien der salomonischen Dynastie, die in den Provinzen ihre lokale Hausmacht haben, und andere Führer lösen sich als Kaiser ab; die tatsächliche politische Macht aber liegt bei den Fürsten der *weitgehend autonomen Provinzen.*
Die erneute Einigung des Landes erfolgt unter einem Emporkömmling. Einem Mann namens *Kasa*, Sohn eines Dorfhäuptlings, gelingt der Aufstieg vom Bandenführer über das Provinzfürstenamt von Godjam und Begemdir zum Kaiser: *Theodor II.* (* um 1820).

1855–1868 Theodor II. unterwirft große Teile Äthiopiens, kämpft gegen die Moslems und bemüht sich um kirchliche Reformen. Willkürakte gegen die Untertanen rufen häufig Aufstände hervor. Die Gefangennahme britischer Diplomaten führt dazu, daß Großbritannien ein Expeditionskorps nach Äthiopien entsendet.

1868 Äthiopien wird von den Briten bei *Magdala* besiegt, Theodor II. fällt (14. April).

1872–1889 Unter dem folgenden Kaiser *Johannes IV.* (* um 1832, † 1889) spielen wesentlich Auseinandersetzungen mit den Nachbarn, den Galla, Ägypten und den Mahdisten, eine Rolle.

1899–1911 Unter *Menelik II.* (* 1844, † 1913) finden die entscheidenden Auseinandersetzungen mit den imperialistischen Mächten statt.

1896 Menelik besiegt die **italienischen Truppen** bei Adua und wehrt damit die Unterwerfung unter fremde Kolonialherrschaft ab. Gleichzeitig errichtet Menelik durch weitreichende Eroberungen von Nachbarländern (Kaffa, Harar u. a.) selbst ein Imperium. Damit ist für Jahrzehnte festgelegt, daß die einheimische, stark hierarchisch gegliederte Sozialstruktur mit einer amharischen, privilegierten Elite von Kriegern und Beamten und großem Einfluß der koptischen Kirche weitgehend bestehenbleibt und auf die eroberten Territorien ausgedehnt wird; westliche Einflüsse gewinnen nur begrenzte Bedeutung. – *(Forts. S. 1144)*
1. März

Die südlichen Bergländer

Die südlichen Bergländer sind seit alters Siedlungsgebiet von Feldbauern mit *kuschitischen Sprachen.* Dort hat sich eine Form sehr intensiven Feldbaues mit Verwendung von Anbauterrassen herausgebildet. Ein Teil der Bewohner hat bis in die Gegenwart unzentralisierte politisch-soziale Organisationsformen bewahrt (Ethnien, die zu der Gimirra-Gruppe, der Burji-Sidamo-Gruppe oder der Konso-Gruppe gehören); das Vorhandensein von Altersklassenordnungen weist auf zeitweilig engere Kontakte mit den südlich benachbarten Hirtenkulturen hin.

nach 1000 Wohl unter äthiopischem Einfluß entwickeln sich im südlichen Hochland zahlreiche
n. Chr. kleinere Staaten, unter denen *Kaffa, Janjero* und *Wollamo* die bekanntesten sind. Es sind Staaten mit einem sakralen Herrschertum und einer komplexen territorialen Gliederung.

um 1350 Aus Gebieten am oberen blauen Nil wandern Gruppen ein, die den Staat *Kaffa* begründen.

16. Jh. *Janjero* ist der führende Staat eines Bündnissystems. Zeitweilig gewinnt in einigen Staaten die koptische Kirche Einfluß.

19. Jh. Die westlichen Staaten werden auf Grund von Missionstätigkeit aus dem Sudan islamisch. Kaffa ist jetzt die Führungsmacht unter den östlichen Staaten der Region. Ende des Jh.s werden Kaffa und alle anderen Staaten von Äthiopien unterworfen. Abgesehen von der Beseitigung der einheimischen politischen Instanzen, werden die einheimischen Kulturen unter äthiopischer Herrschaft nur geringfügigem Wandel unterworfen. – *(Forts. S. 1144)*

Westlicher und zentraler Sudan

Die Länder der *westafrikanischen Feuchtsavannen* und der *Sahelzone* bilden seit vorgeschichtlichen Zeiten, als die Bewohner zum Feldbau übergehen, eine großräumige *kulturelle Einheit.* Im 1. Jt. n. Chr. entstehen nach und nach überall Staaten mit einander ähnlichen Institutionen eines sakralen Königtums; um die erste Jahrtausendwende gewinnt der *Islam* zunächst in den wichtigsten Zentren, später im gesamten Raum eine *prägende Funktion.* Die Kontakte durch die Ost-West-Handelsstraßen einerseits und die gemeinsame geographische Lage sowohl nach Norden zu den Hochkulturen der Mittelmeerwelt wie nach Süden zu den rohstoffreichen Guinealändern andererseits sind Ursachen für diese Gemeinsamkeit.

Die Tchadseeregion (Kanem, Borno u. a.)

Die Gebiete um den Tchadsee bilden verkehrsmäßig seit alters einen Knotenpunkt der Handelswege in Ost-West- und Nord-Süd-Richtung. An dieser Stelle bildet sich früh ein Staat, dessen staatstragende Bevölkerung die nilo-saharische Sprachen sprechenden *Kanembu* und *Kanuri* sind.

1110 Außereuropäische Welt bis 1945 – Afrika südlich der Sahara

800 n. Chr. *Dugu,* ein Zuwanderer aus dem Osten (Nilgebiet), begründet den *Staat Kanem;* seine Nachkommen beherrschen als Saifi-Dynastie für etwa 1000 Jahre Kanem bzw. *Borno.*

1085–1097 Übertritt des Königs *Umme Jilmi* zum Islam. Kanem erhält kulturelle Anregungen aus vielen Richtungen; seine städtische Kultur wird aber grundsätzlich eines der Zentren des Islam im Sudan. Die politische Macht des Königs von Kanem erstreckt sich – abgesehen von der Bevölkerung unmittelbar am Tchadsee – wesentlich auf die Kontrolle der Karawanenstraßen; zahlreiche nichtislamische, unzentralisierte Ethnien in der weiteren Umgebung sind autonom, aber in Zeiten der Stärke Kanems Ziel von Sklavenjagden oder zahlen Tribut.

1210–1224 Unter *Dunama Dibbalemi* erreicht Kanem einen Höhepunkt seiner Machtentfaltung; die Karawanenwege bis zum Nil im Osten, zum Niger im Westen und bis Murzuk im Fessan (Zentralsahara) werden kontrolliert. Danach schwächen innere Wirren den Staat.

1394–1398 Unter *Mai Omar* wird das Zentrum des Staates wegen der Angriffe der Bulala und Araber im Osten auf die Südseite des Tchadsees verlegt; fortan heißt der Staat nach dieser Landschaft Borno. Im 15. und 16. Jh. gelingt es, die ehemalige Machtstellung wiederzugewinnen.

1580–1617 Unter *Idris Alooma* sind nicht nur die Karawanenwege unter Kontrolle, sondern es werden auch Gebiete der Hausa (Kano) und Nordkamerun erobert. In der Folge wird die Autorität der Herrscher geschwächt; innere Wirren, das Herrschaftsgebiet verkleinert sich.

1876–1898 *Rabih,* ein arabischer Sklavenhändler, begründet einen Staat rund um den Tchadsee, dem er auch Borno einverleibt.

1900
22. April Nach der **Besiegung Rabihs** bei *Kousseri* durch französische Truppen wird das Tchadseebecken unter Frankreich (Kanem), Großbritannien (Borno) und Deutschland (Adamawa) aufgeteilt.
Als verkehrsmäßig entlegene Gebiete sind die Tchadseeländer unter der **Kolonialherrschaft** relativ geringfügigen Akkulturationsprozessen unterworfen. – *(Forts. S. 1130, 1131, 1132)*

Nordnigeria (Hausa u. a.)

500 v. Chr. –300 n. Chr. Am *Benue-Fluß* blüht die *Nok-Kultur,* eine Feldbauernkultur, welche die Eisenproduktion kennt und Kunstwerke aus Ton hervorbringt. Diese Plastiken lassen z. T. die Deutung einer höfischen Lebensweise zu, was auf die frühe Existenz von Staaten hinweisen würde. Diese wären somit *Vorläufer der Hausa-Staaten* im Norden, der *Yoruba-(Joruba-)Staaten* im Süden und derjenigen unmittelbar im Benue-Gebiet selbst *(Nupe, Djukun).*

10. Jh. Begründung einer Reihe von Staaten der Hausa (Kano, Zaria, Katsina, Gobir u. a.). Es sind kleinere, aber sehr langlebige, wohlorganisierte Gebilde mit städtischen Zentren. Auch weiter im Süden am Benue entstehen Staaten, unter denen Nupe und Djukun die bedeutendsten sind. Diese können sich sowohl gegenüber den Hausa-Staaten wie gegenüber den Yoruba und anderen Mächten, mit denen es im Laufe der Jh.e zu Auseinandersetzungen kommt, erfolgreich behaupten. Der Islam kann hier bis ins 19. Jh. hinein nicht Fuß fassen, so daß die Traditionen des sudanischen sakralen Herrschertums in ihrer ursprünglichen Form erhalten bleiben.

1350–1500 Die Hausaherrscher und die führenden städtischen Schichten nehmen den Islam an.

16./19. Jh. Die Hausa gewinnen als Fernhändler Bedeutung in ganz Westafrika; ihre Sprache wird weithin Verkehrssprache. Politischer Einfluß ist damit nicht verbunden. Die Hausastaaten werden vielmehr immer wieder Opfer der Angriffe benachbarter Großstaaten, denen sie als Tributärgebiete zeitweilig angeschlossen werden (im 16. Jh. an das im Westen erstarkte *Kebbi* oder im Osten an *Borno).*

1804–1807 Alle Hausastaaten werden von den *Ful* unter *Usuman dan Fodio* unterworfen.

1817 Bei der Reichsteilung nach seinem Tod werden die Hausastaaten überwiegend dem Sultanat Sokoto zugeschlagen.

nach 1900 Ganz **Nordnigeria wird britisch;** das Sultanat Sokoto und die zugeordneten Hausastaaten bleiben unter Modifikation ihrer Struktur im Rahmen Nigerias erhalten. Unter diesem Regime der indirekten Herrschaft entwickelt sich die Sozialstruktur des 20. Jh.s weitgehend im Rahmen der islamisch-sudanischen Traditionen. – *(Forts. S. 1130)*

Das Obervoltagebiet (Mossi u. a.)

um 1000 n. Chr. Herausbildung einer Zentralgewalt in *Mamprusi* (im heutigen Nordghana). Durch Prinzen der Dynastie von Mamprusi werden in der Nachbarschaft weitere Staaten und Häuptlingstümer begründet; *Mossi-Yatenga* und *Mossi-Wagadugu,* im Nigerbogen gelegen, sind in der Folgezeit die bedeutendsten Staaten der Region. Sie behaupten sich erfolgreich gegen die Großstaaten am Niger, welche die stärkste Bedrohung darstellen; dies gelingt ihnen u. a. durch die Übernahme der auch sonst im Sudan sich verbreitenden Panzerreiterei (wohl im

Regionale Entwicklungen vor der Kolonialzeit – Östlicher und zentraler Sudan   1111

12. oder 13. Jh.). In den südlichen Randgebieten der Region gewinnen die Abkömmlinge der Dynastie von Mamprusi nur begrenzte Machtpositionen bzw. versehen überwiegend rituelle Funktionen, wie z. B. bei den *Tallensi*. Viele Ethnien, besonders in den Bergländern von Nordtogo, bleiben bis in die neuere Zeit unzentralisierte Gesellschaften.

18. Jh.   In den Mossi-Staaten findet der Islam Eingang, ohne jedoch die religiös-politische Leitfunktion zu gewinnen, die er in den meisten übrigen sudanischen Staaten seit langem hat.

1891–1896   Die **Mossi-Staaten** werden **französisch,** die *übrigen Gebiete* der Region *britische* oder *deutsche* **Kolonialgebiete.** Die einheimischen politischen Institutionen werden meist nach Prinzipien der indirekten Herrschaft (wie von den Franzosen ausnahmsweise auch die Mossi-Staaten) in die Kolonialverwaltung integriert. Die sozio-ökonomischen Strukturen verändern sich wenig; Geld wird in der Kolonialzeit wesentlich durch saisonale Wanderarbeit an der Guinea-Küste verdient; Obervolta und Nordghana bilden das größte Reservoir für Wanderarbeit in Westafrika. – *(Forts. S. 1126)*

Die Senegal-Niger-Region (Ghana-Mali-Segu, Songrai-Timbuktu u. a.)

Die Region ist ein altes Siedlungsgebiet von Feldbauern. Zwei Zentren staatlicher Macht, die miteinander immer wieder um die Vorherrschaft im westlichen Sudan konkurrieren, bilden sich heraus: Das Gebiet der *Mandingo-Ethnien* zwischen Niger und Senegal und das Niger-Knie im Bereich der *Songrai.* Nur im Westen, nördlich des Senegal, bildet sich die *Hirtenkultur der Ful* heraus. Diese Entwicklung ist insofern von großer Bedeutung, als die Ful nach 1000 n. Chr. weite Teile des Sudan bis Bagirmi als Rinderhirten durchziehen, sich neben den einheimischen Feldbauern ansiedeln und mit diesen in Austauschbeziehungen treten. Ful werden auch in den Städten ansässig, sind oft im Dienste von Fürsten Krieger und treten zum Islam über; aus dem Kreise dieser städtischen Ful gehen seit dem 15. Jh. in vielen Regionen des Sudan politische Führer hervor, die die Macht in bestehenden Staaten an sich reißen, neue Staaten gründen und ihre Territorien unter dem Vorwand eines heiligen Krieges auszudehnen suchen (Fuuta Tooro in Senegal, Fuuta Jaalo in Guinea, Maasina am oberen Niger, Sokoto und Ilorin in Nigeria, Adamawa in Kamerun).

um 300 n. Chr.   Dort, wo sich die Handelsstraßen von Nordafrika zur Guineaküste und vom Atlantik zum Tchadsee und Nil kreuzen, wird – angeblich durch fremde Einwanderer mit König Kavamanga (Kayamaga) – unter den Mandingo-Ethnien der *Staat Ghana* begründet.

7. Jh.   Einwanderer aus Nordafrika setzen sich unter den *Songrai* am oberen Niger fest und begründen eine Herrschaft in *Kukia.* Damit tritt neben Ghana ein weiteres Machtzentrum.

um 790   *Kaya Maghan Cisse* aus der einheimischen Ethnie der *Soninke* begründet in Ghana die *Dynastie der Cisse Tunkara* (Cisse Tunkara). Unter dieser Dynastie werden in der Folgezeit der Handel mit Gold von der Guineaküste und der Handel mit Salz aus der Sahara fest kontrolliert, und – ähnlich wie in Kanem am Tchadsee – werden die Handelsstraßen möglichst weit unter Kontrolle des Staates gebracht; hier bis zum Senegal, am Niger bis in die Nähe des späteren Timbuktu und bis in die Sahara hinein. Das Einflußgebiet erstreckt sich also von der Hauptstadt Kumbi Saleh mehrere hundert Kilometer weit in alle Richtungen.

1010–1011   *Dia Kossoi* von Songrai verlegt die Hauptstadt von Kukia nach Gao und tritt zum Islam über. Damit ist ein erster Ausstrahlungspunkt des Islam im westlichen Sudan entstanden.

1050–1100   Angelockt vom Reichtum Ghanas, beginnen die *Almoraviden,* eine islamische Berbergruppe aus Mauretanien, einen Heiligen Krieg gegen Ghana.

1054   Sie dringen von Norden her bis zum Senegal vor und erobern die Stadt Audaghost (Aodaghast).
1076   *Abu Bakr* erobert auch die Hauptstadt Kumbi Saleh.
Ghana wird als Tributärstaat der Almoraviden zwangsweise islamisiert. Zwar ziehen sich die Almoraviden, die Marokko zu ihrem Zentrum gemacht haben, um 1100 wieder zurück, aber als Folge entsteht für lange Zeit ein weiteres islamisches Ausstrahlungsgebiet. Durch die Kämpfe mit den Almoraviden ist die Zentralmacht von Ghana so geschwächt, daß zunächst die Provinzen abfallen und dann die politische Führung auf andere Mandingoethnien übergeht.

um 1100   Der Sahara-Handel gerät in die Hand der *Tuareg-Nomaden,* die als *Stützpunkt* am Niger *Timbuktu* begründen. Timbuktu ist fortan eine der bedeutenden Städte des Sudan.

1200–1235   Die *Soso* (Sosso) unter Sumanguru errichten einen neuen Staat; das auch territorial geschrumpfte Ghana wird besiegt und damit Tributärstaat der Soso.

1235–1255   *Sunjaata Keita* ist zweiter Herrscher der *Malinke.* Er besiegt (1235) die Soso, erobert (1240) Kumbi Saleh und unterwirft weitere Gebiete im Westen. Damit ist der **Großstaat Mali** als eigentlicher Nachfolger von Ghana geschaffen. Wiederum wird der Handel großräumig kontrolliert und führt zu großem Reichtum. Da die Herrscher von Mali Moslems sind, werden die Verbreitung des Islam im Lande und die Pflege islamischer Gelehrsamkeit, besonders in den Städten *Timbuktu* und *Jenné* am Niger, gefördert. Das Staatsterritorium wird bis zum Atlantik und zum mittleren Niger durch Eroberungen ausgeweitet.

1307–1332   Unter *Kankan Mansa Musa* erreicht Mali den Höhepunkt seiner Machtentfaltung.

1112 Außereuropäische Welt bis 1945 – Afrika südlich der Sahara

1324	Der König demonstriert selbst durch eine Pilgerfahrt nach Mekka die enge Zugehörigkeit zur islamischen Welt und streicht gleichzeitig durch die mitgeführten Reichtümer die Bedeutung seines Landes heraus.
1325	Mit der Eroberung von *Gao* wird auch der Songrai-Staat unterworfen; Mali erreicht damit seine größte territoriale Ausdehnung.
14./16. Jh.	Nach dem Tode Kankan Mansa Musas verliert Mali bereits einige Territorien. Während andere Staaten erstarken, verliert Mali (um 1500) seinen Großmachtstatus und kann sich nur noch als unbedeutender Bestandteil des politischen Gefüges im westlichen Sudan einige Zeit behaupten. Neue politische Kräfte sind die (um 1400) begründeten Fulstaaten *Fuuta Jaalo* (Senegal) und *Maasina* (nordwestlich des Niger). Am Niger kann sich Songrai befreien und die Vorherrschaft gegenüber Mali gewinnen. *Ali Kilen*, der Begründer der *Sonni-Dynastie*, befreit (1335) die Stadt Gao. *Sonni Ali* (1464–1492) erobert Timbuktu und Jenné, der Usurpator *Askia Muhammad* (1493–1529) noch weitere Gebiete. Der letztgenannte Herrscher festigt den Songrai-Staat durch die Schaffung einer neuen Verwaltungsstruktur und eines stehenden Heeres.
1585–1612	Sultan *Mulai Ahmed al-Mansur* von *Marokko* führt einen Eroberungskrieg gegen Songrai.
1591	Er läßt die Salzlager von *Taghaza* (Terhazza) in der Sahara besetzen.
1599	Die marokkanischen Truppen unter dem Spanier *Judar Pascha* erobern Timbuktu und Gao.
1612	Die marokkanischen Truppen ziehen sich zurück.
17./19. Jh.	Im westlichen Sudan bestehen folgende größere Staaten: die Ful-Staaten *Fuuta Tooro* (Senegal) und *Fuuta Jaalo* (Guinea), im Mandingogebiet die von den Bambara begründeten Staaten *Kaarta* und *Segu* als Nachfolger von Mali, am Niger der Fulstaat *Maasina* und der Staat des nominell von Marokko abhängigen *Pascha von Timbuktu*. Wichtigste Handelszentren am Niger bleiben die Städte Jenné, Timbuktu und Gao; ihre Bedeutung als Zentren islamischer Gelehrsamkeit geht jedoch stark zurück, weil die staatliche Förderung ausbleibt – weder der Pascha von Timbuktu noch Segu, das Timbuktu erobert (1670), verfügen über ausreichende Mittel. Die *Tuareg*, Nomaden der Sahara, können immer wieder ins Nigergebiet einbrechen und zeitweilig Städte erobern. Grundsätzlich gibt es, zumeist in unzugänglichen Berggebieten, auch unzentralisierte Ethnien in der Region, die niemals feste Bestandteile von Staaten sind; eine solche Ethnie sind z. B. die Dogon im Nigerbogen. In der 2. Hälfte des 19. Jh.s kommt es noch einmal zu großräumigen Reichsbildungen, die jedoch nur ephemere Gebilde sind.
1848–1884	Von *Fuuta Jaalo* (Futa Djalon) aus errichtet Umar Taal *(El Hadsch Omar* * 1797; † 1861) ein Reich, das von Senegal bis Timbuktu reicht. Nach seiner Ermordung bricht das Reich wieder zusammen.
1870–1897	Weiter südlich zwischen oberem Senegal und dem Volta-Fluß errichtet *Samori Ture* (Samory Tomé) ein Reich von ähnlicher Größe wie dasjenige von Umar Taal. Nachdem die Franzosen schon (ab 1830) weite Gebiete am Senegal zur Kolonie gemacht haben, unterwerfen sie bis Ende des Jh.s alle Gebiete der Region. Sie stoßen dabei auch mit Umar Taal und Samori zusammen. Nachdem Umar Taal als Gegner ausgeschaltet ist und die Länder seines Reiches (Segu, Timbuktu usw.) eine leichte Beute der Franzosen werden, konzentrieren sich die französischen Angriffe auf Samori.
1891	Samori Ture muß einen „Freundschafts- und Grenzberichtigungsvertrag" abschließen.
1898 **29. Sept.**	Er wird gefangengenommen, sein Reich wird **französisches Kolonialgebiet.** Gleichzeitig dehnen auch Portugiesen (Port.-Guinea) und Briten (Gambia) ihre Gebiete über ihre alten Stützpunkte an der Westküste hinaus ins Hinterland aus. Die weitgehend islamische Prägung der Region bleibt auch während der französischen Kolonialzeit erhalten. Da die frühere Rolle als Handelszentrum zwischen den Guinealändern und Nordafrika fast völlig entfällt und es an kolonialen Exportprodukten mangelt, wird die Region wirtschaftlich bedeutungslos. Die Küste mit ihren Häfen (Dakar, Bathurst, Bissau) und Erdnußanbaugebieten, die stärksten europäischen Kultureinflüssen unterliegt, gewinnt dagegen an Bedeutung. – *(Forts. S. 1126, 1127)*

Die Guinealänder

Bei den Guinealändern handelt es sich um Gebiete der *Regenwaldzone* und um Übergangsgebiete zur *Feuchtsavanne*. Feldbau, der in älteren Zeiten, in einigen Gebieten bis zur Gegenwart, besonders auf Yams ausgerichtet ist, bildet die wirtschaftliche Grundlage. Impulse durch Einwanderungen, kulturelle Kontakte und Handelsbeziehungen sind immer wieder von Gebieten im Sudan ausgegangen, wobei die Mandingoländer im Westen und Nigeria im Osten die Zentren sind. Seit der *Ankunft* der *Portugiesen* im 15. Jh. ist eine wirtschaftliche und kulturelle *Umorientierung auf die Küste* hin zu beobachten.

Regionale Entwicklungen vor der Kolonialzeit – Guinealänder   *1113*

Ostnigeria (Ibo, Efik u.a.)

Ostnigeria und die angrenzenden Gebiete von Kamerun bilden ein Übergangsgebiet zur Kongowaldregion; dies zeigt sich schon darin, daß hier *Bantu-Ethnien* und ihnen sprachliche nahestehende Gruppen in größerer Zahl siedeln. Überhaupt muß angenommen werden, daß hier oder etwas nördlicher um etwa 1000 v. Chr. die Wanderbewegungen der Bantu-Sprechenden, durch die in der Folgezeit die südliche Hälfte Afrikas besiedelt wird, ihren Ausgang genommen haben. Bis in neuere Zeit siedeln in der Region größtenteils Ethnien mit unzentralisierter Organisation; oft sind Dorfgemeinschaften, die von einem Rat regiert werden, autonome politische Einheiten.

16. Jh.   Der einsetzende portugiesische *Sklavenhandel* gibt in Teilen der Region den Anstoß zu Veränderungen im politischen und wirtschaftlichen Gefüge. Einige ehemalige Fischerdörfer am Nigerdelta entwickeln sich zu Städten, die Zentren kleiner Staaten bilden *(Alt-Calabar, Neu-Calabar, Bonny)*. Die politische Führung liegt bei einer Oligarchie von Großhändlern, deren Oberhaupt gelegentlich eine monarchische Stellung erreicht (Bonny); diese Großhändler haben den Sklavenhandel zwischen dem Inneren des Landes und der Küste in der Hand.

Im Landesinneren bei den *Aro-Ibo* kontrolliert eine religiöse Institution, das Orakel von *Aro Chukvu*, in weiten Gebieten die Sklavenjagdexpeditionen und den Handel.

18. Jh.   Im Grasland von Kamerun errichten Einwanderer eine Anzahl von Staaten nach dem Vorbild der Institutionen von Westnigeria *(Bali, Tikar, Bamum)*.

19. Jh.   Nach der Unterbindung des Sklavenhandels durch die Briten stellt sich das Exportgeschäft auf den Handel mit Palmöl um. Die Briten versuchen, durch indirekten Einfluß (gemischte Gerichtshöfe) oder direkte Intervention (Absetzung des Königs von Bonny 1854) die Kontrolle über diesen Handel zu gewinnen.

1872–1887   *König Jaja* von *Opobo* versucht nach anfänglicher Kooperation, dem britischen Einfluß Widerstand zu leisten; er wird von den Briten abgesetzt und deportiert.

1884–1893   Nach der *deutschen Besitzergreifung* von *Duala* (1884) wird die gesamte Region der britischen oder deutschen **Kolonialherrschaft** unterworfen. Die Staaten des Graslandes von Kamerun können unter Regelungen der indirekten Herrschaft von Deutschen und Franzosen noch einige Zeit einheimische Traditionen weiterentwickeln.

1888–1933   Insbesondere *Njoya von Bamum*, Erfinder einer eigenen Schrift, fördert einheimische Traditionen an seinem Hof in Fumban. Ostnigeria, besonders das Ibo-Gebiet, wird in der Kolonialzeit in besonderem Maße westlich akkulturiert. Ibo werden als Verwaltungsbeamte in anderen Teilen des Landes zu einer kolonialen Hilfsgruppe. – *(Forts. S. 1130, 1131)*

Westnigeria

6. Jh.   Im Gebiet von *Ife* Gründung einer Siedlung, die zum *Zentrum sudanischer Staatskultur*
n. Chr.   wird. Es muß angenommen werden, daß sich dieser Prozeß im engen Kontakt zu den Staatsbildungen im nördlichen Nigeria vollzieht.

11. Jh.   *Ife* ist das *Zentrum eines Yoruba-Staates*. Dort wird eine höfische Kunst entwickelt, deren Werke sich durch realistische Menschendarstellungen auszeichnen. Ife ist der Ausgangspunkt für die Gründung einer Reihe von Yoruba-Staaten sowie für Staaten der *Edo (Benin)* und *Igala (Idah)*. Die staatliche Macht beruht überall auf einem komplexen Apparat von Hof- und Verwaltungsämtern, die zumeist erblich sind und an deren Spitze der König als sakraler Herrscher steht. Das Zentrum eines jeden Staates bildet eine Stadt, in der ein erheblicher Teil der Bevölkerung wohnt. Als politische Machtzentren bilden sich *Bündnisse der Yoruba-Staaten* und *Benins* heraus, denen später *Dahomey* zur Seite tritt.

Yoruba-Staaten

13./16. Jh.   Ife verliert nach und nach seine Vormachtstellung unter den Yoruba-Staaten an *Oyo*, bleibt aber kulturelles Zentrum. Der Herrscher wird formal als Oberhaupt aller Yoruba anerkannt.

17./18. Jh.   Die Yoruba-Staaten, allen voran Oyo, beteiligen sich maßgeblich am europäischen Sklavenhandel an der Küste. Häufig Kriege mit dem Konkurrenten Dahomey.

1811   Nach internen Auseinandersetzungen zwischen den Yoruba-Staaten reißen die *Ful* die Macht an sich und zerstören Oyo. Der Islam gewinnt Anhänger auch unter den Yoruba.
In der Folgezeit verlagert sich das Schwergewicht der Yoruba von der Savanne in die Waldregion, wo die Städte *Ibadan* und *Abeokuta* (begründet 1830) in den Vordergrund treten. Der Handel mit Palmöl und Baumwolle löst den Sklavenhandel ab. Britische Konsuln in Lagos (ab 1852) beeinflussen das Geschehen im südlichen Yoruba-Gebiet maßgeblich.

1114   Außereuropäische Welt bis 1945 – Afrika südlich der Sahara

1860–1865   Im *Ijebu-Krieg* um die Beherrschung der Handelsstraßen bekämpfen sich u. a. Abeokuta und Ibadan, während die Briten (1861) den König von Lagos absetzen und sein Land zur britischen Kolonie erklären.

Benin

um 900   Der Staat Benin wird begründet.

1176   *Oranmiyan* ist der Begründer einer neuen Dynastie. Unter ihr entwickelt sich die charakteristische Hofkunst von Benin (Bronze- und Elfenbeinarbeiten).

um   *König Ewuare* (Eware), der durch Reisen in anderen Ländern Westafrikas viele Erfahrun-
1430–1460   gen sammelt, festigt den Staat durch eine Verwaltungsorganisation, durch Straßen- und Befestigungsbauten nach innen und vergrößert ihn durch Eroberungen nach außen.

1486   *João Alfonso d'Aveiro* besucht Benin und leitet Kontakte mit Portugal ein. Missionare können für einige Jahrzehnte ihre Tätigkeit in Benin unter *König Esigie* (1504–1550) entfalten; *König Orhogbua* (1450–1478) wird Christ. Unter seinen Nachfolgern kann sich jedoch das Christentum nicht halten.

16./18. Jh.   Benin wird ein Zentrum des Sklavenfanges und -handels; es kontrolliert den Handelsweg nach Lagos.
Benin ist ein Zentrum afrikanischer Hofkunst. Die Bronzegußkunst, für die das Rohmaterial überwiegend aus Europa importiert wird, wird besonders gepflegt.

19. Jh.   Mit dem Rückgang des Sklavenhandels erlebt Benin einen wirtschaftlichen und politischen Niedergang.

Dahomey (Dahome)

16. Jh.   Westlich des Yoruba-Gebietes entstehen, wahrscheinlich durch den Einfluß von dort, kleinere Staaten.

1625   *König Takudunu* erobert die Stadt *Abomey* und begründet den Staat *Dahomey*.

1708–1728   Der Herrscher *Agaja* unterwirft kleinere Staaten, darunter den wichtigen Hafen *Whydah*.

1728–1747   Dahomey wird ständig von den Yoruba bekriegt und kann sich nur mit Mühe behaupten.

18. Jh.   Dahomey gewinnt die militärische Übermacht im Kampf mit seinen Nachbarn und wird da-
2. Hälfte   mit zu einem Zentrum des Sklavenfangs und -handels.

19. Jh.   Auch als die Briten den Sklavenhandel zu unterbinden trachten, bleibt Dahomey noch längere Zeit aktiv; sonst tritt auch hier der Handel mit Palmöl in den Vordergrund.

1893/1897   Alle Gebiete der Region werden der britischen oder französischen **Kolonialherrschaft** unterworfen: die *Briten* annektieren (1893) die *Yoruba-Staaten* und erobern (1897) *Benin*, die *Franzosen* unterwerfen nach langen Kämpfen (1894) *Dahomey*. Einheimische politische Institutionen werden z. T. in das Kolonialsystem einbezogen; eigenständige Traditionen werden trotz starker Verwestlichung in einigen Aspekten (Schulbildung) in diesen alten städtischen Kulturen in hohem Maße fortgeführt. – *(Forts. S. 1126, 1130)*

Die Goldküste

1. Jt.   An der Goldküste siedeln aus östlichen Gebieten (südliches Nigeria) stammende unzen-
n. Chr.   tralisierte Feldbauerngruppen mit *Kwa-Sprachen* als Vorfahren der späteren Akan-Ethnien. Es entstehen Handelsverbindungen zum Sudan (Reich Ghana), wo das Gold des Südens begehrt ist.

13. Jh.   Einwanderer aus dem Mandingo-Gebiet treffen an der Goldküste ein und begründen im *Akan-Gebiet* nach und nach eine große Zahl von Staaten, unter denen in den folgenden Jh.n *Bono Mansu* als der bedeutendste gilt.

1482   Begründung einer portugiesischen Festung in Elmina. Damit beginnt sich der Handel – bald steht der Handel mit Sklaven im Vordergrund – auf europäische Stationen zu konzentrieren.

16. Jh.   Abermals treffen Einwanderer aus Nordwesten ein; sie begründen den Staat *Gonja* in Nordghana. Außerdem finden sich Angehörige der *Ga* und *Ewe*, aus Westnigeria kommend, an der Küste ein. Sie übernehmen weitgehend die Institutionen der Akan-Nachbarn und begründen ebenfalls kleine Staaten.

um 1600   *Denkyera* wird der führende Staat der Akan (bis 1699).

1697–1730   *Osei Tutu*, König von Asante, einem kleinen Akan-Staat, gelingt es, Denkyera zu besiegen (1699). Das nunmehr erstarkte *Asante* (Ashanti) mit der neugegründeten Hauptstadt *Kumasi* wird das Haupt eines Staatenbundes, dessen einigendes Symbol der *„Goldene*

Regionale Entwicklungen vor der Kolonialzeit – Guinealänder 1115

Schemel" ist. Die Staaten des Bundes sind ebenso wie andere Akan-Staaten als eine Hierarchie erblicher Ämter mit dem König an der Spitze aufgebaut; in eroberten Territorien werden jedoch Verwaltungsbeamte des Königs von Asante eingesetzt. Der Bund kontrolliert den Sklavenhandel im Binnenland. Im Zusammenhang mit den Kriegen um den Aufbau der Hegemonie von Asante wandern viele Akan nach Westen aus; sie errichten unter den *Agni* eine Reihe von Staaten, unter denen der von der Königin *Aura Poku* begründete *Staat der Baule* (Elfenbeinküste) der bedeutendste ist.

18. Jh. Während Asante seine Macht im Landesinneren voll entfalten kann, wahren die Küstenstaaten *(Accra, Akwapim, Fante)* ihre Selbständigkeit und ihren Profitanteil am Sklavenhandel durch Bündnisse mit den hierher ausgreifenden, gegeneinander konkurrierenden europäischen Mächten.

1816 Nachdem Asante Fante unterworfen hat, sieht sich ersteres direkt mit den Briten konfrontiert.

1824 Als Verhandlungen über friedliche Beziehungen scheitern, bricht der erste Krieg mit Asante aus; in der Folgezeit kommt es immer wieder zu Streitigkeiten mit wechselndem Ausgang zwischen den Briten und Asante.

1896 Asante wird von den Briten unterworfen, der *Asantehene* (König) abgesetzt und der Staatenbund aufgelöst.

Nach der Abschaffung des Sklavenhandels an der Goldküste wird der Handel mit den europäischen Stützpunkten auf Naturprodukte, wie Palmöl und Baumwolle, umgestellt. Mehrere Missionsgesellschaften christlicher Kirchen errichten Missionen in den selbständigen Staaten.

Alle Gebiete der Region werden, zumeist durch aufgezwungene Protektoratsverträge mit den einheimischen Fürsten, manchmal durch Unterwerfung wie im Fall Asante, unter britische, deutsche oder französische **Kolonialherrschaft** gezwungen (1884–1897). Die einheimischen politischen Institutionen bleiben im Rahmen einer „indirekten Herrschaft", also in ihren Funktionen stark modifiziert, zumeist bestehen, und selbst der Asante-(Ashanti-)Staat wird 1926 nach Wiedereinsetzung des Asantehene neu begründet. Durch die Einführung des Kakaoanbaues gewinnen die Bauern eine günstige Einkommensgrundlage. Bei großer Verbreitung europäischer Schulbildung bleiben einheimische Kultureinflüsse in hohem Maße erhalten. Wanderarbeiter aus nördlichen Gebieten bilden eine Arbeiterschicht in den Städten. – *(Forts. S. 1127)*

Westguinea-Länder

Von Gambia bis zur Elfenbeinküste erstreckt sich (einschließlich der Bissagos-Inseln) bis tief ins Hinterland ein großes Regenwaldgebiet. Dieses ist seit alters der Siedlungsraum vieler Feldbauernethnien mit einem politischen System, in dem der Häuptling die Macht mit den Bünden *(Männerbund Poro, Frauenbund Bundu)* teilt. Die Verteilung von Sprachgruppen und die historischen Überlieferungen zeigen, daß immer wieder Gruppen aus östlicher und nördlicher Richtung in die Region eingewandert sind; die einheimischen Traditionen bleiben aber kulturprägend. Mit den Bünden hängt eine großartige Entwicklung der Holzplastik, besonders der Masken, zusammen.

15./16. Jh. Die Portugiesen begründen Stationen an der Küste und schließen damit besonders die nordwestlichen Gebiete der Region, wo Flüsse das Innere zugänglich machen, an das Sklavenhandelsnetz an.

18. Jh. Auch nachdem Briten und Franzosen den Portugiesen zur Seite getreten sind, bleibt aber der europäische Einfluß und die Bedeutung des Sklavenhandels wesentlich begrenzter als weiter östlich. Die dezentralisierten politischen Systeme der Einheimischen und die schwierigen Umweltverhältnisse (fehlende Häfen) stehen dem Aufbau eines Handels- und Verkehrsnetzes entgegen.

1793 Zum erstenmal verdingen sich *Kru* von der Pfefferküste (später *Liberia*) in Sierra Leone als Arbeitskräfte; sie begründen damit die *Kru-Tradition,* in den Häfen Westafrikas die Hafenarbeiter zu stellen.

um 1808 Befreite Sklaven erhalten eigene Siedlungen im Küstengebiet (bis 1840).

1808 Von den Briten werden die bei der Kontrolle von Sklavenschiffen befreiten Sklaven bei *Freetown* in *Sierra Leone* angesiedelt; bei ihnen werden Missionare tätig, so daß frühzeitig eine Akkulturation stattfindet.

1822 Die Ansiedlung befreiter Sklaven aus den USA durch die *„American Colonization Society"* an der Pfefferküste beginnt. Wie hier unter amerikanischer Oberhoheit entsteht auch unter den Briten in Sierra Leone an der Küste eine Kreolenbevölkerung, die sich durch ihre christlich-europäisch orientierte Kultur scharf von der in der Nähe ansässigen, einheimischen Bevölkerung abhebt.

1847 Nachdem die amerikanischen Kolonien zu dem **unabhängigen Staat Liberia** zusammenge-
26. Juli schlossen worden sind, finden schwere Auseinandersetzungen mit benachbarten einheimi-

1116 Außereuropäische Welt bis 1945 – Afrika südlich der Sahara

1847–1897 schen Ethnien statt, die unterworfen und nach Kolonialprinzipien in den Staat einbezogen werden. Es bildet sich, ebenso wie in Sierra Leone, eine soziale Schichtung bei den das politische und wirtschaftliche Leben des Staates beherrschenden Kreolen, den Nachkommen der Einwanderer, und den Angehörigen der einheimischen Ethnien heraus, die auch im 20. Jh. bestehenbleibt.

1884–1897 Alle noch unabhängigen Ethnien der Region werden der *britischen (Sierra Leone), französischen (Guinea, Elfenbeinküste), portugiesischen (Portugiesisch-Guinea)* **Kolonialherrschaft** oder *Liberia* unterworfen. Die einheimischen politischen Institutionen werden weitgehend in die jeweilige Verwaltung integriert; auch die Geheimgesellschaften behalten eine gewisse Bedeutung. Während von Norden her der Islam an Boden gewinnt, kommen die Ethnien an der Küste unter den starken Einfluß von christlichen Missionen. Die bestehende einheimische Subsistenzwirtschaft wird nur geringfügig modifiziert. – *(Forts. S. 1126, 1127, 1129)*

Innerostafrika

Innerostafrika ist der landschaftlich vielgestaltigste Teil Afrikas; er umfaßt sowohl trockene Hochflächen wie Feuchtsavannen und Berggebiete. Auch die kulturelle Vielfalt ist besonders groß. Um 1000 v. Chr. dringen wahrscheinlich kuschitische Hirten (archäologisch greifbar als *„stone-bowl-culture"* in Kenya) in das bis dahin von Wildbeutern bewohnte Ostafrika vor. Um 500 v. Chr. beginnt die Einwanderung von *feldbautreibenden Bantugruppen* über das Zwischenseengebiet in die übrigen Teile Ostafrikas und darüber hinaus weitere Regionen der südlichen Hälfte Afrikas.

Zwischenseengebiet

1. Jt. n. Chr.	Neben die feldbautreibenden *Bantu* treten zu einem bisher nicht genau feststellbaren Zeitpunkt Rinderhirten unbekannter Herkunft als Bewohner speziell der Grasländer (Westuganda, Nordtanzania). Sie nehmen die Bantu-Sprachen an, bilden aber weiterhin eine besondere soziale Kategorie *(Hima, Tutsi).*
um 1000	Herausbildung des Staates *Kitara* im westlichen Uganda unter Herrschern der *Dynastie der Batembuzi.*
Um 1300	Machtergreifung der *Bachwezi,* einer Hirtengruppe, in Kitara. Das politische Zentrum liegt bei *Biggo* in Westuganda, wo sich große Wallanlagen eines Palastbezirks und eines riesigen Viehkrals erhalten haben. Weite Teile Ugandas befinden sich in einem losen Abhängigkeitsverhältnis zu Kitara.
1400–1600	Einwanderung von *Luo-Gruppen* (Lwoo) aus dem Südsudan ins nördliche Uganda, wo sie weite Gebiete besetzen (später sind es die Ethnien der *Acholi, Lango, Alur*) und bis nach Ostuganda und Kenya (die *Jopadhola* und *Jaluo)* vordringen.
um 1450	In Kitara wird die Dynastie der Bachwezi durch die *Dynastie der Babito,* die Luo-Zuwanderer sind, abgelöst. In der Folgezeit zerfällt der lose Verband des Kitara-Reiches; Provinzen und Tributärgebiete, in denen sich schon früher einheimische Machtzentren herausgebildet haben, verselbständigen sich; als Kernland verbleibt der Babito-Dynastie lediglich *Bunyoro.*
	Selbständige Staaten aus dem früheren Kitara-Verband sind nun: *Buganda, Nkore* und viele kleinere Staaten im Westen wie im Südosten Ugandas. Außerhalb des Kitara-Gebietes bilden sich zahlreiche Staaten weiter südlich in den Bergländern *(Mpororo, Rwanda, Bugesera, Burundi* u. a.) und in den Grasländern des nördlichen Tanzania *(Buha, Karagwe, Kyamtwara* u. a.).
	Mit Ausnahme von Bunyoro, Buganda und den Staaten von Busoga bilden die Hirten *(Hima, Tutsi)* eine privilegierte Schicht mit feudalistischen Rechten gegenüber der Masse der Feldbauern und stellen auch zumeist die Herrscherdynastie. Neben diesen Staaten behaupten sich bantusprachige und nilotische, nicht oder wenig zentralisierte Ethnien (*Bakiga* und *Baamba* in Westuganda sowie *Bagishu* in Ostuganda, *Baluyia* in Westkenya als Bantusprecher; die nilotischen Luo-Gruppen in Norduganda und Westkenya).
um 1700	Die zentralnilotischen *Iteso* wandern aus nördlichen Steppengebieten bis zum *Kyoga-See* und zum Mount Elgon und setzen sich dort fest; diese Bewegung bringt die letzte größere Verschiebung im ethnischen Gefüge der Region.
	Unter den zahlreichen Staaten des Zwischenseengebietes zeigen besonders *Buganda* und *Rwanda* Tendenzen zu immer größerer Stärkung der Macht des Herrschers (*Kabaka* in Buganda und *Mwami* in Rwanda) und zu territorialer Ausweitung auf Kosten der Nachbarn.

Regionale Entwicklungen vor der Kolonialzeit – Innerostafrika   *1117*

Buganda

um 1580 Nach ersten Eroberungsversuchen von Randterritorien von *Bunyoro* wird *Kabaka* (König)
Nakibinge von den Banyoro vernichtend geschlagen; er fällt in der Entscheidungsschlacht.
Damit ist Buganda zunächst auf ein kleines Gebiet am Victoria-See reduziert. In der Folge-
zeit gelingt es den Herrschern, immer mehr Tributärstaaten Bunyoros zu annektieren.
Gleichzeitig wird eine komplizierte Hierarchie nichterblicher Ämter zur territorialen Ver-
waltung und zur Versehung von Hofdiensten aufgebaut, die vom Herrscher abhängig ist.

um 1700 Die erste große territoriale Ausdehnung findet unter *Mawanda* statt. Unter *Junju* (Ende
18. Jh.) wird Bunyoro zur Abtretung des reichen Gebietes *Buddu* gezwungen, und kleinere
Staaten im Westen bzw. im nördlichen Tanzania werden Tributärstaaten Bugandas.

1857–1884 Unter *Mutesa I.* hat Buganda einen Höhepunkt seiner Macht erreicht. Mutesa I. empfängt
europäische Reisende (John Hanning Speke 1862, Sir Henry Morton Stanley 1875); er
zieht arabische Kaufleute und europäische Missionare (1877 die anglikanische Church
Missionary Society, 1879 die katholischen Weißen Väter) an seinen Hof.

1884–1898 Unter *König Mwanga II.* gewinnen die von den drei Missionsgruppen (die arabischen
Händler wirken für den Islam) bekehrten jüngeren Amtsträger immer mehr Einfluß.

1890 Die entstehenden Wirren erleichtern es Lugard, einen Protektoratsvertrag zugunsten der
Imperial British East Africa Company mit dem König abzuschließen.

Rwanda (Ruanda)

14. Jh. Im westlichen Hochland des Zwischenseengebietes bestehen einige Häuptlingstümer, z.T.
aus dem Kreise der Feldbauern *(Hutu)*, z.T. aus der Gruppe der Hirten *(Tutsi)*. Einige entwickeln in der Folgezeit komplexe staatliche Institutionen. *Ndahiro Ruyange* begründet
Buganza, aus dem sich der *Staat Rwanda* entwickelt.

16. Jh. In Abwehrkämpfen gegen die *Armee von Bunyoro* bauen die Hochlandstaaten eine neue
Militärorganisation auf und stärken ihre Zentralgewalt, welche die Form eines sakralen
Königtums annimmt. Wichtige Staaten in diesem Gebiet sind: *Buganza* (Rwanda), *Nduga,
Bugesera, Gisaka, Mubari, Ndorwa, Burundi.*

18. Jh. König *Rujugira* von Rwanda begründet (um 1750) die Institution eines Militärbefehlshabers an den Grenzen und richtet ständige Krieger-Garnisonen ein. Rwanda erringt damit
die militärische Überlegenheit über die Nachbarstaaten; schon Rujugira erobert einige
Nachbargebiete; von seinen Nachfolgern werden dann die meisten Nachbarstaaten (Bugesera, Mubari) und Hutu-Häuptlingstümer nahe dem Kivu-See annektiert; nur Burundi, das
eine ähnliche Entwicklung aufweist, kann sich im Süden behaupten.

19. Jh. Zu Beginn des Jh.s unter *Gahangiro* wird eine komplexe Territorialverwaltung errichtet;
konkurrierende Hierarchien der Häuptlinge des Bodens und des Viehs, neben denen noch
die Militärbefehlshaber stehen, ermöglichen dem König die Ausübung einer fast unbeschränkten Herrschaft; die *erblichen Räte (Abiiru)* haben überwiegend rituelle Funktionen. Amtsträger werden überwiegend aus der Gruppe der Tutsi genommen; die Tutsi bilden eine Schicht von Kriegern und Amtsträgern, denen die Masse der Hutu-Bauern auf
Grund von Klientel-Vereinbarungen (ubuhake) unterworfen ist. In den Randprovinzen
sind Klientelverhältnisse und Verwaltungshierarchien weniger ausgeprägt als im zentralen
Rwanda. Rwanda betreibt gegenüber fremden Einflüssen eine Politik der Isolation; arabische Händler und europäische Reisende erhalten keinen Zutritt zum Land.

1890–1905 Nach und nach werden alle Gebiete der Region der britischen, deutschen oder kongostaat-
lichen Kolonialherrschaft unterworfen, zumeist durch Vertragsabschluß mit den staatlichen
Machthabern (1890, 1894 und 1900 mit Buganda, 1899 mit Rwanda und Burundi) oder
durch militärische Unterwerfung (1892–1899 Bunyoro). Die *Staaten* bleiben allgemein
nach Prinzipien der *„indirekten Herrschaft"* bestehen, wobei die Strukturen in Uganda zumeist stark in Richtung auf einen Beamtenstaat umgeformt werden, in Rwanda und
Burundi hingegen in die innere Verwaltung weniger eingegriffen wird; die unzentralisierten
Ethnien erhalten im *britischen Machtbereich* eine Struktur, die den Königreichen angeglichen wird und in ihren oberen Amtsrängen zunächst mit Baganda besetzt wird. Während
das südliche Uganda stärksten Akkulturationseinflüssen unterworfen ist (dort breiten sich
Christentum und Schulbildung bereits in den neunziger Jahren rasch aus; der Anbau von
Baumwolle und Kaffee seit der Jahrhundertwende ermöglicht den Bauern Geldeinkom-
men), ist der Wandel in Rwanda und Burundi unter der die überlieferte Sozialordnung be-
wahrenden Machtstruktur gering. Allerdings führt das große Bevölkerungswachstum in
Verbindung mit Landmangel ab 1925 in den Hochlandstaaten dazu, daß ein erheblicher
Teil der Bevölkerung als Wanderarbeiter bei den Bauern des südlichen Uganda Geldverdienst suchen muß. – *(Forts. S. 1142, 1143)*

1118   Außereuropäische Welt bis 1945 – Afrika südlich der Sahara

Die Länder am ostafrikanischen Grabenbruch

Vom südöstlichen Sudan erstreckt sich – überwiegend im Bereich des ostafrikanischen Grabenbruchs – ein Streifen *trockener Grasländer* bis ins zentrale *Tanzania* hinein. Dieses ist seit Jt.n ein Land überwiegenden *Rinderhirtentums,* wenn sich auch bis heute die *Hadza* (Tindiga) als Nachfahren noch älterer Wildbeutergruppen am *Eyasi*-See in Zentraltanzania als Wildbeuter gehalten haben. Es läßt sich eine generelle Wanderungsrichtung aufeinanderfolgender Einwanderungswellen von Hirten aus Richtung Südsudan feststellen. Die älteren Verbreitungen und Wanderungen lassen sich bisher überwiegend durch linguistische Untersuchungen rekonstruieren.

bis 1000 n. Chr.	Im nördlichen Kenya um den Turkana-(Rudolph-)See finden sich zentralnilotische Gruppen (Vorfahren der *Turkana* und *Maasai*), im westlichen Hochland von Kenya Gruppen mit südnilotischen *Kalenjin*-Sprachen. Hier bildet sich die für ostafrikanische Hirten bis in die neueste Zeit hinein typische *Altersklassenorganisation* heraus, wodurch eine politische Koordination größerer Teile dieser sonst unzentralisierten Ethnien erreicht und eine gegenüber anderen überlegene militärische Schlagkraft ermöglicht wird. Zur selben Zeit haben die *südnilotischen Tatoga* bereits Gebiete im nördlichen Tanzania erreicht, während der größere Teil des Grabenbruchs in Kenya und Tanzania noch von südkuschitisch sprechenden Gruppen (den Vorfahren der heutigen *Iraku, Mbulu* usw.) eingenommen wird. In Zentraltanzania führt der Kontakt dieser Leute mit bantusprachigen Feldbauern zur Herausbildung von Feldbauernkulturen mit starker Hirtenkomponente (Vorfahren der *Nyaturu, Gogo, Hehe*); die *Bantusprache* setzt sich dort durch.
300–1600	Bei *Engaruka* im nördlichen Tansania befindet sich eine Enklave von Feldbauern, die ihre Felder z. T. künstlich bewässern. Die einzigen Feldbauern, die in der Nähe – und zwar auch in der Trockenzone – bis heute Bewässerungsfeldbau betreiben, sind die bantusprechenden *Sonjo*; es ist daher zu vermuten, daß Engaruka eine verwandte Bevölkerung gehabt hat.
um 1700	Die *Südwanderung der Maasai* im ostafrikanischen Graben bis in das zentrale Tanzania beginnt; sie assimilieren fast alle der ihnen kulturell ähnlichen Vorbewohner oder vertreiben sie; nur in Nordtanzania halten sich kleine Gruppen wie die *Hadza* und *Sandawe* (klicksprachig), die *Iraku* und Verwandte (südkuschitisch-sprachig) und die *Tatoga* (südnilotisch-sprachig). Mit benachbarten Bantu-Ethnien betreiben die *Maasai* gelegentlich Handel, oft aber machen sie sie auch zum Ziel kriegerischer Aktionen zum Zwecke des Viehraubes.
Ende 19. Jh.	Alle Ethnien dieser Region werden nach und nach, oft nach schweren Kämpfen, der deutschen oder britischen **Kolonialherrschaft** unterworfen. Die meisten von ihnen behaupten trotz Eingrenzungen ihrer Wanderareale und weiterer, von der Verwaltung auferlegter Restriktionen grundsätzlich bis in die Gegenwart die hirtennomadische Lebensweise und andere kulturelle Traditionen. – *(Forts. S. 1142, 1143)*

Die westlichen Hochebenen von Tanzania und ihre Randgebiete

Zwischen dem ostafrikanischen und dem zentralafrikanischen Grabenbruch finden sich weite Trockenwaldregionen; nur in Randgebieten, wie im Bergland am Nyasa-See, findet sich eine dichtere Vegetation. Die Region ist frühes Siedlungsgebiet von Bantu-Feldbauern, über deren Geschichte im 1. Jt. n. Chr. indessen keine Einzelheiten bekannt sind.

1400–1700	Für alle Teile der Region (Usukuma, Unyamwezi, Ukimbu, Gebiet der heutigen *Nyakyusa* u. a.) läßt sich spätestens für diese Zeit die Herausbildung von Häuptlingsschaften aufweisen, die jeweils Gruppen mit Häuptlingslinien aus derselben Dynastie bilden. Die Erbfolge für das Häuptlingsamt, mit dem neben politischen auch rituelle und wirtschaftliche Funktionen verbunden sind, ist in den meisten Gebieten matrilinear, bei den Nyakyusa patrilinear.
um 1600	In Zusammenhang mit der Kontrolle einer Handelsstraße, auf der Elfenbein aus dem Inneren Afrikas an die Ostküste gelangt, bildet sich unter den Nyakyusa am Nyasa-See ein Staat mit Elementen eines sakralen Königtums heraus. Von *Unyamwezi* aus wird der Handel mit der Küste aufgenommen; er wird zunächst von Einheimischen betrieben.
seit ca. 1840	Der Handel wird immer mehr von Arabern übernommen, deren Hauptanliegen der Sklavenhandel ist.
um 1844 um 1850	Arabische Kaufleute gründen (um 1844) eine Station in *Tabora,* (um 1850) in *Ujiji* am Tanganyika-See.
1871–1884	In Reaktion auf die Aktivitäten der Araber kommt es zu Koalitionen von Häuptlingstümern unter *Mirambo* in Teilen von Unzyamwezi und unter *Nyungu ya Mawe* in Ukimbu.
ab 1889	Alle Gebiete der Region werden der deutschen Kolonialherrschaft unterworfen. Unter *deutscher* und *britischer* **Kolonialherrschaft** werden die meisten Gebiete nach Prinzipien

Regionale Entwicklungen vor der Kolonialzeit – Küstenregion Ostafrikas   1119

der indirekten Herrschaft verwaltet und den Missionen zugänglich gemacht. Der Anbau von Exportgütern wird speziell in Usukuma (Baumwolle) und Bunyakyusa (Kaffee) begünstigt; die anderen Gebiete bieten wegen des trockenen Klimas und ungeeigneten Bodens dazu geringe Möglichkeiten. – *(Forts. S. 1142)*

Die östlichen Hochländer

Zwischen dem schmalen Küstensaum und dem ostafrikanischen Grabenbruch erstrecken sich bewaldete Bergländer und mit Trockenwald bestandene Hochflächen. Es handelt sich um alte Siedlungsgebiete von *Bantu-Feldbauern,* über deren Geschichte im 1. Jt. n. Chr. bisher jedoch keine Einzelheiten bekannt sind.

seit 9. Jh.   Die arabischen Quellen weisen auf die Bantu, die sie *Zanj* nennen, im Norden bis in das Hinterland von Mogadischu. Es muß jedoch damit gerechnet werden, daß die einfacher zu bearbeitenden offenen Gebiete eher (also damals bereits) als die fruchtbareren, aber dicht bewaldeten Bergländer besiedelt worden sind. Die langsame Nord-Süd-Bewegung der *Kikuyu* in Kenya ist ein solcher Fall des Eindringens in Waldländer.

ab 1450   Zusammen mit anderen Gruppen verlassen ihre Vorfahren Gebiete am oberen *Tana-Fluß;* um 1600 befinden sie sich in der Gegend des heutigen *Muranga*, um 1800 auch in der Nähe des heutigen *Nairobi.*

16. Jh.   *Galla-Hirten* (die *Borana*) wandern aus dem äthiopischen Hochland – gedrängt von nachfolgenden *Somali* – ins östliche Kenya; sie geraten in der Folgezeit häufig in kriegerische Verwicklungen mit den umwohnenden Bantu-Ethnien. Bantu-Gruppen im Hinterland von Mogadischu werden von Somali assimiliert, die jedoch dort ihrerseits die seßhafte Lebensweise der Vorbewohner annehmen.

18. Jh.   Während der größere Teil der Bantu-Ethnien dieser Region in Kenya (Kikuyu, Kamba) und Tanzania (Chagga, Luguru) mit Altenräten und Häuptlingstümern eine nicht oder wenig zentralisierte Organisationsform bis in neuere Zeit bewahrt, entstehen bei den *Sambaa* und *Pare* kleine Staaten.

19. Jh.   Im östlichen Tanzania treten lokale Machthaber auf, die ihren Einfluß durch den Kontakt mit durchziehenden arabischen Karawanen (Erhebung von Zöllen) aufbauen und festigen können.

1835–1881   Die *Ngoni,* eine aus Südafrika stammende Gruppe der *Zulu,* verheeren weite Gebiete Ostafrikas und siedeln sich endlich nach einer Niederlage gegen die Hehe östlich des Nyasa-Sees an; dort bilden sie zwei Staaten nach dem *Zulu-Modell.* Einen großen Teil der Bevölkerung stellen assimilierte Angehörige einheimischer Ethnien.

1884–1890   Alle Gebiete dieser Region werden der *deutschen* oder *britischen* **Kolonialherrschaft** unterworfen. In der Folgezeit sind die Bewohner intensivem Kulturkontakt ausgesetzt und werden zu einem großen Teil christlich. Einige Ethnien dieser Region können im 20. Jh. auf Grund der eher und weiter verbreiteten Schulbildung in besonderem Maße Zugang zur Verwaltung gewinnen (Kikuyu in Kenya, Chagga in gewissem Ausmaß in Tanzania). – *(Forts. S. 1142, 1143)*

Die Küstenregion Ostafrikas

Die Küstenregion Ostafrikas und die vorgelagerten Inseln sind bereits seit Jt.n eine Kontaktzone zwischen Einheimischen und Fremden, bzw. Madagaskar und andere entferntere Inseln sind zunächst unbewohnt und später nur marginal mit dem Geschehen auf dem Festland verbunden.

Die Küstenregion im engeren Sinne

In vorchristlicher Zeit sind Wildbeutergruppen bis an die Küste Ostafrikas anzutreffen, die Handelspartner von Kaufleuten aus Südarabien waren. Entsprechend der angenommenen Chronologie von Nachbarregionen für die Einwanderung von Bantu-Feldbauern ist damit zu rechnen, daß erste Bantugruppen schon in den letzten Jh.n v. Chr. auch die Küste erreichen.

1. Jh. n. Chr.   Nach dem „*Periplus Erithraei*", einem griechischen Segelhandbuch über den Verkehr im Indischen Ozean, gibt es an der Ostküste, die *Azania* heißt, Handelsstützpunkte südarabischer Kaufleute, deren südlichster, *Rhapta*, im Bereich einer Flußmündung (Rufiji?) liegt. Man erwirbt hier Elfenbein, Rhinozeroshorn, Schildpatt und Kokosnußöl, während den Einheimischen (die nicht näher beschrieben werden) besonders Eisengeräte und Glaswaren verkauft werden. Ostafrika ist also grundsätzlich an das Handelsnetz rund um den Indi-

1120   Außereuropäische Welt bis 1945 – Afrika südlich der Sahara

schen Ozean angeschlossen. Es werden auch Piraten erwähnt, die an der Küste Häuptlings-
schaften errichtet haben – dies ist möglicherweise ein Hinweis auf indonesische Seefahrer.

5. Jh.   Rhapta hat sich zu einer Stadt entwickelt. Für die folgenden Jh.e fehlen definitive Nachrichten über Ostafrika, was im wesentlichen heißt, daß die Beziehungen zur Mittelmeerwelt
unterbrochen sind.

8./10. Jh.   Die gesamte Ostküste von *Mogadischu* bis *Sofala* wird nunmehr von Negriden bewohnt,
wobei es sich offensichtlich um Bantu-sprechende Feldbauern handelt; sie werden zusammenfassend als *Zanj* bezeichnet. In einer nicht näher bezeichneten Region gibt es auch
einen Herrscher der Zanj. Während sonst die Zanj als nicht-islamisch beschrieben werden,
gibt es in einem Ort *Kanbalu* (auf *Zanzibar* oder *Pemba*) einen Moslemfürsten und eine
Moslembevölkerung. Der Überseehandel liegt jetzt in der Hand von Kaufleuten vom Persischen Golf (Oman, Persien).

10./11. Jh.   Zwischen Mogadischu und Sofala entsteht eine Kette von Städten (wobei einige wahrscheinlich schon eher begründet werden), die moslemische Fürsten und eine islamische
Kultur haben. Die Bewohner sind Südaraber und Swahili. Elfenbein, Gold (aus Rhodesien)
und Sklaven sind Ausfuhrgüter nach Vorderasien, Indien und China. Der Reisende *Ibn
Battuta* gelangt 1331 u. a. auch nach Kilwa; er hält diesen Ort für eine der schönsten und
bestangelegten Städte der damaligen Welt.

16. Jh.   Die gesamte Küste gerät nach und nach unter *portugiesische Herrschaft* (Sofala 1505, Zanzibar 1503, Mombasa 1505) und ist damit bis auf weiteres in die Kolonialwelt einbezogen,
in die im 17. Jh. noch einmal die *Araber von Oman* und im 19. Jh. *Großbritannien* und
Deutschland eintreten.

1570–1587   Die *Zimba*, eine kriegerische Gruppe aus dem südlichen Afrika, ziehen an der Küste entlang, verwüsten weite Gebiete des Hinterlandes und greifen auch Städte an.

1587   Sie zerstören *Kilwa;* im selben Jahr werden sie von den *Segeju* bei *Malindi* geschlagen.
Die islamische Prägung der Kultur der Swahili, der einheimischen Bevölkerung, bleibt jedoch während der langfristigen Dominanz auswärtiger Mächte weitgehend erhalten. Der
enge Kontakt mit Ethnien aus dem Hinterland, von wo die Küstengebiete immer wieder
Zuzug erhalten (z. T. als Sklaven, z. T. als Zugewanderte), führt im allgemeinen zur Assimilation der Fremden, nicht hingegen zu grundlegenden Veränderungen des Charakters der
Swahili-Kultur. – *(Forts. S. 1142, 1143)*

Madagaskar und seine Nachbarinseln

1. Jt.   Falls die im „Periplus Erithraei" erwähnten Piraten an der Ostküste Afrikas *Indonesier*
n. Chr.   sind, wird man die *Besiedelung Madagaskars* und der *Comoren* durch indonesische Seefahrer schon für diese Zeit annehmen können. Es kann nicht sehr viel später gewesen sein,
weil die in Frage kommende Herkunftsregion Indonesiens vom 2.–5. Jh. erheblich hindui-
siert wird (Java, Sumatra, Borneo), aber bei den Madegassen keinerlei Traditionen festgestellt werden können, die als hinduistisch gelten. Jedenfalls bilden indonesische Traditionen
die Grundlage von Sprache und sonstiger Kultur in Madagaskar. In den feuchteren zentralen und nördlichen Gebieten entwickeln sich Feldbauernkulturen, die besonders auf dem
Anbau von Reis basieren, in den trockeneren südlichen und westlichen Gebieten dominiert
das Rinderhirtentum. In einigen Gebieten entwickelt sich eine soziale Schichtung in Aristokraten und Gemeine; fast überall bilden sich Häuptlingstümer.

ab 815   Erste nachweisbare *Einwanderung von Arabern* nach Madagaskar. Auch weiterhin gelangen Araber nach Madagaskar (z. B. im 12. Jh.), die zur Islamisierung einiger madegassi-
scher Ethnien im Norden und Osten, aber auch zur Anlage arabisch beherrschter Handelszentren an den Küsten führen. Auch auf den Comoren setzen sich Araber zu einem nicht
präzise feststellbaren Zeitpunkt fest und regen dort die Entstehung islamischer Herrschaften an. Madagaskar und die Comoren sind dadurch an das Afrika, Vorder-, Süd- und Ostasien verknüpfende Handelsnetz des Indischen Ozeans angeschlossen.

11./18. Jh.   Durch den Kauf von Sklaven, aber auch durch Raubzüge an den Küsten des Festlandes gelangen insbesondere *Negride* (ursprünglich *Bantu-Sprachige*) nach Madagaskar und auf die
Comoren; sie werden dort in die Bevölkerung integriert, so daß sich diese dem äußeren
Erscheinungsbild nach erheblich der Festlandsbevölkerung angleicht; nur die aristokratischen Gruppen bewahren den indonesischen Typus. Dies ändert aber nichts daran, daß die
kulturelle Gestaltung überwiegend an die *indonesische Grundkultur* anknüpft. Ende des
18. Jh.s sind es besonders die *Betsimisamaraka* an der Ostküste Madagaskars, die bei
Kriegszügen zu den Comoren (Komoren) und zum afrikanischen Festland Sklavenjagden
durchführen.

16./19. Jh.   Die innere Entwicklung Madagaskars weist als Neuerung die Konstituierung starker Zen-
tralgewalten, also von erblichen Königen an der Spitze staatlicher Institutionen, in verschiedenen Landesteilen auf, z. B. bei den Betsimisamaraka im Osten, bei den *Mahafaly*

und *Antandroy* im Süden, den *Sakalava* im Westen und den *Merina* im zentralen Hochland. Unter diesen Staaten erweist sich derjenige der Merina als der mächtigste.

um 1550 König *Rolambo,* Herrscher eines *Hova-Staates,* begründet nach der Eroberung anderer Hova-Staaten und weiterer Nachbargebiete den Staat Merina.

1787–1810 Unter König *Andrianampoimerina* wird Merina durch den Aufbau eines schlagkräftigen Heeres, mit dessen Hilfe Eroberungen durchgeführt werden und allgemein die Vorherrschaft auf der Insel errungen wird, und nach innen wird Merina durch neue staatliche Institutionen gestärkt.

Die von Portugiesen, später von Holländern, Briten und Franzosen versuchte Begründung von Handelsstützpunkten ist allgemein wenig folgenreich, da diese meist nach kurzer Zeit wieder aufgegeben werden. Die Politik der Merina-Herrscher wechselt zwischen der Aufnahme europäischer Berater und Missionare einerseits und ihrer Ablehnung und Vertreibung andererseits.

1834–1897 Nachdem die Comoren (1834 bzw. 1841) von Franzosen okkupiert worden sind, werden in einem Krieg (1894–1896) der Merina-Staat, der durch innere Wirren geschwächt ist, und die übrigen Gebiete Madagaskars von den Franzosen unterworfen; mit der Absetzung der Merina-Königin *Ranavalana III.* (1897) ist die Annexion abgeschlossen. Die Ablösung der einheimischen politischen Institutionen durch die **französische Verwaltung** und eine starke Christianisierung sind die wesentlichen Ergebnisse der **Kolonialherrschaft,** während sonst in der Sozialstruktur und innerhalb der Kultur der indonesische Charakter gewahrt bleibt. – *(Forts. S. 1142)*

Die zentralafrikanischen Waldländer

Die *Regenwaldzone* erstreckt sich in einem breiten Streifen vom Atlantischen Ozean bis an den zentralafrikanischen Graben. Hier hat sich in Anpassung an die natürliche Umwelt die *pygmoide Rasse* herausgebildet.

2200 v. Chr. In Ägypten kennt man Pygmäen, die als „Gottestänzer" auf Handelswegen aus ihrer Heimat nach Ägypten gebracht werden.

1. Jt. n. Chr. *Bantu-sprachige Feldbauern* dringen, vorwiegend aus nördlichen Richtungen kommend, von den Rändern her in die Regenwaldzone ein; die Verwendung asiatischer Kulturpflanzen (Banane, Taro) erleichtert die Umstellung der ehemaligen Savannenbauern auf die Waldumgebung. Es bildet sich eine relativ einheitliche Kultur der Feldbauern in der Waldzone heraus. Politisch bleiben sie bis in die Gegenwart zumeist in winzige Einheiten patrilinearer (im Südwesten matrilinearer) Abstammungsgruppen oder kleine Häuptlingstümer aufgespalten.

16. Jh. Nur bei den *Bolya* am Stanley-Pool entsteht ein Staat mit einem König an der Spitze; dessen Macht wird allerdings dadurch eingeschränkt, daß alle lokalen Ämter ebenfalls erblich sind.

18. Jh. Die *Pangwe* aus Nordkamerun beginnen, in den Regenwald von Kamerun einzudringen, und besetzen nach und nach weite Gebiete im Westen. Dies ist nur ein Fall unter vielen, nämlich daß Gruppen aus der Savanne in den Wald eindringen (so z. B. im Norden auch viele Gruppen mit ostsudanischen und nilo-saharischen Sprachen) und Vorbewohner politisch assimilieren, sich ihnen aber kulturell angleichen. Die Pygmäen gehen lose Assoziationen mit Feldbauerngruppen ein und modifizieren ihre Wildbeuterkultur; sie übernehmen die Sprache ihrer Feldbauernnachbarn.

19. Jh. Unter den Fischern am mittleren Kongo bauen die *Bangala* ein Handelsnetz mit Beziehungen zum Tio-Königreich auf; *Lingala* entwickelt sich zur *Verkehrssprache.* In der Mitte des Jh.s dringen arabische Sklavenjäger aus Ostafrika in die Waldregion ein und richten mit Hilfe einheimischer Truppen, den *Manjema,* in zahlreichen Sklavenkriegen große Verheerungen an. *Nyangwe* und *Kasongo* am oberen Kongo (am Waldrand) sind die Zentren des arabischen Sklavenhandels.

1874–1891 Der Sklavenhändler *Tippu Tip* beherrscht die östlichen Waldländer, und zwar 1890–1891 als Gouverneur des Kongo-Staates.

bis 1900 Die zentralen und östlichen Gebiete werden vom Kongo-Staat des belgischen Königs, *Leopolds II.,* die westlichen von *Franzosen, Deutschen* und *Spaniern* okkupiert. Besonders die Ethnien im Bereich des Kongo-Staates sind um die Jahrhundertwende Zwangsmaßnahmen privater und staatlicher Unternehmungen zur Ausbeutung der natürlichen Reichtümer des Waldes (Kautschuk) unterworfen. Während Christianisierungsbestrebungen hier in der Folgezeit z. T. sehr aktiv sind (militantes Vorgehen gegen einheimische Glaubensformen), wird durch administrative Maßnahmen die Schulbildung auf elementare Kenntnisse beschränkt; noch mehr als in den meisten anderen Regionen Afrikas wird die Bevölkerung in die Rolle eines Arbeitskräftereservoirs gedrängt. – *(Forts. S. 1132, 1133)*

1122 Außereuropäische Welt bis 1945 – Afrika südlich der Sahara

Das Mittelbantugebiet

Quer durch Mittelafrika erstreckt sich von *Moçambique* (Mozambik) bis *Angola* ein breiter Streifen von *Hochebenen,* die zumeist *Trockenwald* oder *Trockensavannen,* in Richtung auf die Regenwaldzone *Feuchtsavannen* tragen.
Das gesamte Gebiet wird von *Bantu-Feldbauern* besiedelt (1.–9. Jh. n. Chr.), wenn auch bis heute in vielen Gegenden pygmoide Wildbeutergruppen oder Jägerkasten als Nachkommen der Vorbewohner erhalten bleiben. Der Anbau ist fast überall ein extensiver *Brandrodungsfeldbau.* Während zahlreiche Ethnien in den trockeneren Gebieten bis in neuere Zeiten nicht oder schwach zentralisiert bleiben, entstehen insbesondere im Bereich der Feuchtsavannen *zahlreiche Staaten.* Fast überall bildet sich eine matrilineare Abstammungs- und Erbregelung heraus.

Die Angola-Zambezi-Region

	In den Trockensavannen des zentralen Angola bis zur Küste von Moçambique und dem südlichen Tanzania erstreckt sich ein Gebiet mit kulturell relativ ähnlichen Ethnien, die politisch in winzige autonome matrilineare Deszendenzgruppen oder kleine Häuptlingstümer (z. B. bei den *Ambwela* und *Luchazi* in Angola, den *Tonga* und *Cewa* in Zambia, den *Yao* und *Makua* in Moçambique [Mozambik]) zerfallen, und zwar bis in die Kolonialzeit hinein.
17. Jh.	An zwei Stellen bilden sich in dieser Region dennoch Staaten heraus. In dem fruchtbaren oberen Zambezi-Tal entsteht der Staat der *Lozi (Rotse, Luyi),* dem viele Ethnien angeschlossen sind. Die staatstragende Ethnie, die Lozi, die eine Aristokratie bilden und die Herrscherdynastie stellen, sind wahrscheinlich aus dem Lunda-Gebiet eingewandert. Weiterhin gründen Einwanderer unbekannter östlicher Herkunft am Westufer des Nyasa-Sees ein *Herrschaftsgebiet Malawi,* das seine Macht auf die Kontrolle einer Handelsstraße zur Ostküste stützt. Die politischen Entwicklungen um die *Zulu* in Südafrika haben auch ihre Auswirkungen auf die Angola-Zambezi-Region, und zwar in besonderem Maße auf die erwähnten Staaten.
1835–1846	Die *Ngoni,* eine abgespaltene *Zulu-Gruppe,* dringen über den Zambezi und verheeren weite Strecken Zentralafrikas. Der *Malawi-Staat* wird zerstört; in der Nähe des Nyasa-Sees siedelt sich ein Teil der Ngoni ständig an.
1836–1864	Die *Kololo,* eine vor den Zulu und anderen Nachbarn geflohene *Sotho-Gruppe,* erobern unter Sebetwane den Lozi-Staat, wo sie sich als eine Aristokratie etablieren und selbst den Herrscher stellen. Als sie in einem Aufstand der Einheimischen vernichtet werden (1864), bleiben wesentliche Aspekte ihrer Kultur, so die Sotho-Sprache, bewahrt.
1885–1917	Die alte *Lozi-Dynastie* kann sich erneut etablieren. Nach heftigen Thronwirren gewinnt König *Lewanika* die Herrschaft und kann dem Staat eine stabile Struktur verleihen; er fördert die Tätigkeit von Missionaren.
1891	Lewanika schließt einen *Protektoratsvertrag* mit der *„British South Africa Company"* ab, durch welchen der Lozi-Staat viele Autonomierechte unter der britischen Herrschaft bewahren kann.
bis 1900	Alle Gebiete der Region werden der *portugiesischen* oder *britischen* **Kolonialherrschaft** unterworfen. Die Bewohner dieser Region sind in ihren Heimatgebieten relativ geringen Akkulturationseinflüssen ausgesetzt; am ehesten noch sind Missionsaktivitäten wirksam, wie z. B. in Nyasaland (Malawi). Sie bilden jedoch ein Reservoir von Wanderarbeitern, die im Kupfergürtel und in Südafrika Bekanntschaft mit städtischer und industrieller Kultur machen. – *(Forts. S. 1135, 1136)*

Die Luba- und Lunda-Staaten in Zentralafrika

um 1500	*Nkongolo* begründet am oberen Kongo einen *Staat der Luba,* der ebenso wie drei etwa gleichzeitig entstandene benachbarte kleinere Staaten jahrhundertelang bestehenbleibt. Alle Ämter im Staat werden vom König besetzt, und zwar nur mit Angehörigen aus der königlichen Familie.
um 1600	*Cibinda-Ilunga,* ein Angehöriger der Luba-Dynastie, *begründet* den *zentralen Lunda-Staat* und nimmt den Titel *Mwaant Yaav* (d. h. König) an. Durch Eroberung werden vom Lunda-Staat des Mwaant Yaav zahlreiche Nachbargebiete inkorporiert; die entfernteren Gebiete verbleiben unter ihren bisherigen Häuptlingen als Tributärgebiete weitgehend autonom.
17. Jh.	Abwandernde Lunda-Gruppen errichten nach dem Vorbild des Staates des Mwaant Yaav in weitem Umkreis weitere Staaten, deren Bevölkerung lundaisiert wird: *Kasanje* in Westangola, mehrere Staaten am *Kwango-Fluß,* der *Bemba-Staat* in Nordzambia.

Regionale Entwicklungen vor der Kolonialzeit – Mittelbantugebiet   1123

um 1700	*Nganda Bolonda* wird Gouverneur der östlichen Lunda-Gebiete am *Luapula* mit dem Titel *Mwata Kazembe* (d. h. Statthalter). Nachdem sein Sohn *Kaniembo* vom Mwaant Yaav als selbständiger Herrscher anerkannt ist, entwickelt sich hier in der Folgezeit der mächtigste der Lunda-Staaten.
etwa 1850 – 1900	Die Luba- und Lunda-Staaten werden auf allen Seiten von Eindringlingen, die auf Grund ihrer Ausrüstung mit Feuerwaffen militärisch überlegen sind, bedrängt und müssen starke territoriale Einbußen hinnehmen. Im Westen dringen viele kleine Gruppen mit Feuerwaffen ausgerüsteter *Chokwe*, eine Jäger- und Händlergruppe, in Lunda-Gebiete ein, reißen in einzelnen Lokalgruppen die Macht an sich und mißachten den Machtanspruch des jeweiligen Lundaherrschers; d. h., weite Gebiete werden politisch in kleine Chokwe-Häuptlingstümer aufgelöst.
ab 1869	Im Osten errichtet *Msiri*, ein Mann aus Unyamwezi (Tansania), mit Hilfe von Landsleuten eine eigene Herrschaft und kann weite Gebiete von Lunda-Kazembe an sich reißen. Im Nordosten der Luba-Staaten verbreiten arabische Sklavenhändler aus Zanzibar Unruhe. Ende des Jh.s werden die meisten Gebiete vom Kongostaat, andere von Portugal und Großbritannien annektiert. In der **Kolonialzeit** werden die einheimischen politischen Strukturen fast völlig beseitigt, und die Akkulturation ist besonders intensiv, weil hier die Industrien des *Kupfergürtels von Katanga* und *Nordrhodesien* (Zambia) entstehen. – *(Forts. S. 1133, 1136)*

Oberes Kassaigebiet

um 1600	In diesem Grenzgebiet zum Regenwald finden Einwanderungen aus Nordwesten statt. Die Neuankömmlinge begründen Herrschaften, die die politischen Systeme der *Kuba* (Bushong) und *Lele* entstehen lassen.
um 1700	Bei den Kuba ergreift *Shangobolongongo,* ein Usurpator, die Macht, baut die staatlichen Institutionen aus und führt viele Neuerungen ein. Der Kubastaat, in dem die Macht des Herrschers mit derjenigen lokaler Würdenträger geteilt wird, erhält damit für Jh.e seine wesentliche Gestaltung. Bei den Lele hingegen hat das Herrscheramt rein rituelle Funktionen; die Macht liegt dort bei den Altenräten der Lokalgruppen. In diesem Gebiet – besonders bei den Kuba – liegt ein Zentrum afrikanischer Plastik und Holzschnitzkunst.
Ende 19. Jh.	Beide Ethnien werden *in den Kongostaat integriert.* Wenn auch die sozialen Strukturen in vielen Aspekten vorkoloniale Verhältnisse fortsetzen, bewirkt die Beseitigung der früheren politischen Institutionen eine kulturelle Verarmung, ähnlich wie in den Luba- und Lunda-Ländern, da die gesamte Hofkunst und das Zeremonialwesen verschwinden. – *(Forts. S. 1133)*

Die westlichen Staaten

Anf. 2. Jt. n. C.	In der Gegend von Stanley-Pool bilden sich solche staatliche Institutionen heraus, die in der Folge in einer Reihe von Staaten der westlichen Hochländer zur Geltung kommen.
14. Jh.	*Wene* begründet den *Staat Kongo*, in dem zahlreiche Häuptlingstümer und die bereits existierenden Staaten *Mpangu* und *Mbata* aufgehen. Gleichzeitig existieren die Staaten *Loango* und *Tio*, weitere werden in der Folgezeit in Nachbargebieten begründet. In Kongo wie in seinen Nachbarstaaten wird das Land mit Hilfe einer Hierarchie vom König eingesetzter territorialer Würdenträger regiert; nur auf Dorfebene gibt es die Ältesten der matrilinearen Abstammungsgruppen als Dorfhäuptlinge.
ab ca. 1480	*Nzinga Nkuwu* ist König in Kongo (bis 1508).
1482	Diogo Cão erreicht Kongo und leitet diplomatische Beziehungen zwischen Portugal und Kongo ein. – Katholische Missionare werden ins Land gebracht.
1491	Der König läßt sich taufen und nimmt den Namen João I. an.
1508–1545	Unter *Affonso I.* sind die Beziehungen zu Portugal besonders eng. Portugiesische Missionare und Handwerker kommen nach Kongo; während ihre Aktivitäten vom König gewünscht und gefördert werden – eine Christianisierung findet in erheblichem Maße statt –, entstehen Spannungen infolge von Willkürhandlungen portugiesischer Sklavenhändler, deren Interessen immer mehr auch bei den portugiesischen Diplomaten durchschlagen. Die Beziehungen zwischen dem christlichen Kongo und Portugal sind daher auch in der Folgezeit eher gespannt, z. T. kommt es zu kriegerischen Auseinandersetzungen.
um 1560 – 1620	Die *Jaga*, eine aus Zentralafrika eindringende Kriegerschar, die sich durch Assimilation Unterworfener rasch vergrößert, verwüsten weite Gebiete (1568 Zerstörung von San Salvador, Hauptstadt des Kongo), bis sie in Teilen der Region ansässig werden.
16./17. Jh.	Das *Königreich Ndongo* südlich von Kongo liegt fast ständig im Krieg mit den Portugiesen, die vom Hafen Luanda aus operieren.

1124   Außereuropäische Welt bis 1945 – Afrika südlich der Sahara

1653 Der größte Teil des Reiches muß an die Portugiesen abgetreten werden, die die **Kolonie Angola,** deren Organisation weitgehend der des Königreiches entspricht, errichten.

1685–1710 In Kongo gibt es permanent heftige Thronwirren. Die Folge davon ist, daß am Ende der König nur noch dem Anspruch nach Herrscher über ein größeres Gebiet ist, während de facto das Königreich in zahlreiche autonome Häuptlingstümer zerfällt. Das Christentum verschwindet völlig; von der kulturellen Beeinflussung durch Portugal bleibt kaum etwas.

19. Jh. Am gesamten unteren Kongofluß entwickelt sich ein stammesübergreifendes Handelssystem, das vom Königreich Tio nur teilweise kontrolliert wird und durch welches Landesprodukte aus dem Inneren gegen europäische Güter ausgetauscht werden.

bis 1900 Die gesamte Region wird vom 1885 begründeten Kongostaat Leopolds II. von Belgien, von Portugal oder Frankreich unterworfen. In Fortsetzung von Tendenzen des 19. Jh.s verlagert sich das politische und wirtschaftliche Schwergewicht der Region von den Hochebenen ganz an den Unterlauf des Kongo (Boma, Léopoldville, Brazzaville) und an die Küste (Luanda, Cabinda). – *(Forts. S. 1133, 1135)*

Die südwestlichen Hochländer

In den südwestlichen Hochländern bildet sich eine Bantu-Kultur heraus, in der neben dem Feldbau auch die Rinderhaltung wirtschaftlich von Bedeutung ist.

Anfang 16. Jh. Die *Jaga,* die in vorangehenden Jahrzehnten als Krieger die Staaten im Norden verheert haben, begründen in dieser Region eine *Reihe von Staaten,* unter denen *Bihé* der bekannteste ist. Teile der Bevölkerung von Bihé wollen sich der Herrschaft nicht unterstellen und wandern in die trockenen Küstenregionen ab. Dort werden sie zu reinen Hirtennomaden (die *Kuvale, Himba, Chimba*); ein Teil wandert weiter nach Süden und setzt sich dort als *Herero* fest.

19. Jh. Die *Ovimbundu* reißen den Zwischenhandel mit Sklaven vom Inneren zu den portugiesischen Siedlungen an der Küste an sich (erst um 1850 wird dieser Handel eingestellt). Ende des Jh.s wird fast die gesamte Region der portugiesischen, der äußerste Süden *(Ovambo, Herero)* der deutschen Kolonialherrschaft unterworfen. Nachdem die **Kolonialherrschaft** hier z. T. mit brutalen Gewaltmaßnahmen durchgesetzt wird (militärische Unterjochung der Ovimbundu-Staaten 1890–1902 durch Portugal, Vernichtungskrieg der Deutschen gegen die aufständischen Herero 1904–1905), ergeben sich hier besonders schwerwiegende Verfallserscheinungen der sozialen Institutionen, da die Reduzierung der einheimischen politischen Strukturen mit wirtschaftlichem Niedergang verbunden ist (Verlust der Rolle als Händler bei den Ovimbundu, Verlust der Rinderherden bei den Herero, Verlust der Rechte an großen Landgebieten, die europäischen Siedlern zugeteilt werden). – *(Forts. S. 1135, 1137)*

Südafrika

Die Länder südlich der Flüsse *Zambezi, Cubango* und *Cunene* sind überwiegend *Trockengebiete,* also Trockensavannen und Dornbuschsavannen. Nur die *östlichen Gebirgsgebiete* und Küstenregionen sind z. T. besser *beregnet* und haben im *Kapland* z. T. eine mediterrane Flora hervorgebracht. Entsprechend der geographischen Lage und natürlichen Ausstattung haben sich hier am längsten altafrikanische Wildbeutergruppen halten können; eine Besiedlung durch Feldbauern erfolgt relativ spät und nur in Teilräumen.

Rhodesien (Zimbabwe)

ab 1. Jh. n. Chr. *Bantu-Feldbauern* dringen in Gebiete zwischen Zambezi und Limpopo ein. Die Region bildet nunmehr den Ausgangspunkt für Wanderungen der Südostbantu weiter nach Südafrika hinein.

um 1100 Der Bau von Steinmauern in *Zimbabwe* beginnt.

um 1350 –1450 *Zimbabwe* genießt seine erste Blütezeit als Hauptstadt eines Staates unter der *Torwa-Dynastie.* Es bestehen Handelsverbindungen zwischen dem rhodesischen Hochland und arabischen Küstensiedlungen (Sofala). Aus Rhodesien kommt Gold, die Araber liefern Handwerksprodukte. Allgemein findet eine gewisse kulturelle Beeinflussung von arabischer Seite bis in das Hochland statt.

15./18. Jh. Im zentralen Rhodesien ist der *Mwene-Mutapa-Staat* neben das weiterhin bestehende *Torwa* als bedeutender Staat getreten. Der Staat des Mwene Mutapa erringt zeitweilig die

Regionale Entwicklungen vor der Kolonialzeit – Südafrika   **1125**

Vormachtstellung. Steinbauten nach dem Vorbild von Zimbabwe werden auch in diesem Staat (in kleinerem Ausmaß) errichtet. Bei *Inyanga* werden ausgedehnte Terrassen- und Bewässerungsanlagen eingerichtet. Mit der Eroberung Sofalas durch die Portugiesen (1505) bricht der direkte Handel mit den Arabern ab; Handelsverbindungen zu diesen werden in der Folge über Malawi am Nyasa-See angeknüpft. Grundsätzlich aber treten an die Stelle der Araber die Portugiesen als Handelspartner, die auch beständig um feste diplomatische Beziehungen bemüht sind.

17. Jh.   Den Portugiesen gelingt es zeitweilig, auf die Thronbesetzung Einfluß zu gewinnen und getaufte Katholiken ins Amt des Mwene Mutapa zu bringen.

17./19. Jh.   Die *Changamire,* die bereits seit dem 15. Jh. im Nordwesten einem kleinen Staat vorstehen, erobern (Ende des 17. Jh.s) große Teile des Mwene-Mutapa-Staates sowie den Torwa-Staat (Zimbabwe). Es entsteht damit ein *Staat der sog. Rozwi,* unter dem Zimbabwe eine zweite Blütezeit erreicht.

18. Jh.   Ein zweiter *Rozwi-Staat* entsteht unter *Cihunduro* im Westen; die Hauptstadt ist *Kami,* wo große Bauten errichtet werden.

ab 1823   Von Süden her dringen Zulu-sprachige Gruppen als Folge der Shaka-Kriege ein. Die Rozwi-Staaten werden von ihnen zerschlagen. Es gibt fortan in dem ehemaligen Staatsterritorium nur noch eine Vielzahl von Häuptlingstümern.

1835   Die meisten der Eindringlinge ziehen als Ngoni weiter nach Ostafrika.

1838–1870   Weitere siedeln sich unter *Mzilikazi* bei *Bulawayo* an und assimilieren als *Ndebele (Matabele)* die einheimische Bevölkerung.

1870–1893   Unter *Lobengula* erfolgt die Auseinandersetzung der Ndebele mit den wirtschaftlichen und politischen Interessen des britischen Südafrika.

1888   Lobengula akzeptiert das britische Protektorat und tritt die Bergbaurechte (Gold) an *Sir Cecil Rhodes* ab.

1893   Er versucht einen Aufstand, der scheitert.

Ende des Jh.s werden auch alle anderen Gebiete der Region entweder der *britischen* oder (das Tiefland im Osten) der *portugiesischen* **Kolonialmacht** unterworfen. Im britischen Gebiet (Süd-Rhodesien) entwickelt sich rasch eine europäische Bergbauindustrie, und später finden sich Siedler ein, so daß hier für die Einheimischen die Probleme einer durch die privilegierte europäische Siedlerminderheit dominierten Gesellschaft in den Vordergrund treten. – *(Forts. S. 1136)*

Das Südostbantu-Gebiet

10. Jh. n. Chr.   Nach al-Masudi leben südlich von *Sofala* deutlich von den *Zanj* (= Bantu) unterschiedene Gruppen, die *Waq-Waq,* womit am ehesten *Klick-sprachige Khoi (Hottentotten)* gemeint sind. Vielleicht sind aber zu dieser Zeit auch schon vereinzelte Bantu-Feldbauern anwesend, da in neuere Zeit hinein Bantu-sprachige Restgruppen gibt, die vor den heute ansässigen Ethnien bereits anwesend gewesen sein sollen (*Alt-Sotho, Kgalagadi* u. a.).

1100–1300   Gruppen mit *Tswana-Sotho-Sprachen* dringen im Landesinneren bis zum Vaalfluß, Gruppen mit *Nguni-Sprachen* an der Küste bis über den Keifluß, Gruppen mit *Tsonga-Sprachen* in die Küstenebene von Süd-Moçambique vor.

um 1650   Die östlichen Bergländer werden von Sotho-Gruppen besiedelt. Damit sind weitgehend alle Gebiete von Bantusprachen besiedelt, die auch noch um 1800 ihre Territorien bilden. Die Südostbantu sind Feldbauern mit ausgeprägter Rinderhaltung. Politisch zerfallen sie in zahlreiche kleine Häuptlingstümer.

um 1730   Die *Venda* dringen über den Limpopo und bringen damit die rhodesische Königskultur ins nördliche Transvaal; sie zerfallen in eine Reihe von Kleinstaaten.

um 1800   In den Küstenregionen gibt es Tendenzen zu größerer politischer Zentralisierung, so bei den *Swazi* und in Natal, wo *Dingiswayo* von den *Mthethwa* mehrere Gruppen beherrscht.

1818   Nach dessen Tod reißt *Shaka,* der *Häuptling der Ifenilenja,* die Führung an sich.

1820–1828   Shaka reorganisiert die politische Organisation in seinem Machtgebiet, dessen Bewohner von nun an unter dem Namen *Zulu* bekannt sind. Die Bevölkerung wird in Altersklassen gegliedert; das Rückgrat der Macht bildet die Kriegerklasse. Die Krieger sind straff geführten Regimentern zugeordnet; sie dürfen erst nach dem Austritt aus der Kriegerklasse heiraten. Diese jungen Männer bilden ein dauernd einsatzbereites stehendes Heer, das Shaka nach einer neuen Kampftechnik (Verwendung des Stoßspeers) drillt. Dermaßen gerüstet, gelingt es Shaka, die militärische Übermacht über alle Nachbarn zu erringen; sie werden entweder vernichtet oder unterworfen und dann assimiliert.

Mitte 19. Jh.   Diese Entwicklungen führen nicht nur dazu, daß nach seinem Tode (1828 von seinen Brüdern ermordet) der straff geführte *Zulu-Staat* weiterbesteht, sondern daß Teilgruppen, die sich wegen interner Differenzen abspalten, in verschiedensten Ländern ähnliche Staaten begründen (*Ndebele* in Rhodesien/Zimbabwe, *Kololo* in Zambia, *Ngoni* in Ostafrika).

1126   Außereuropäische Welt bis 1945 – Afrika südlich der Sahara

Weiterhin entstehen ähnliche Staaten in der Abwehr der Zulu, so der Sotho-Staat unter *Moshweshwe* (1820–1870). Die vielen Kriege führen aber auch zur Entvölkerung weiter Landstriche, insbesondere in Natal und auf der Hochebene zwischen Oranje- und Vaalfluß; damit ist eine wesentliche Voraussetzung für die dortige Festsetzung der aus dem Kapland nach Norden treckenden Buren geschaffen.

1838–1856 Zahlreiche Ethnien in Natal und auf der zentralen Hochebene (Veld) werden, oft nach heftigen Kämpfen, von den *Buren* unterworfen.

1840–1895 Einige Ethnien können, z. T. mit diplomatischer Unterstützung von Missionaren, unter geschickter politischer Führung die *Gegensätze von Briten und Buren* ausnutzen, um ihre Unabhängigkeit zumindest zeitweilig noch zu wahren und dann durch den Abschluß von Protektoratsverträgen gewisse Autonomierechte zu behalten (die südlichen Sotho unter Moshweshwe 1870 und die Ngwato unter Khama 1870 mit Großbritannien, die Swazi unter Mbandzeni 1884–1885 mit Transvaal).

Ende   Weitere Territorien westlich und östlich der Burenstaaten werden, z. T. erst nach starkem
19. Jh. Widerstand (so z. B. die Zulu und Xhosa), von den **Briten unterworfen.** Damit wird die Grundlage dafür gelegt, daß das Gros der Südostbantu in den Staatsverband der (1910 begründeten) **Südafrikanischen Union** und in den besonderen dort gesetzlich verankerten extremen minderen Rechtsstatus der schwarzen Bevölkerung gerät. In Reservaten läßt man, ähnlich wie in den britischen Protektoraten, einheimische Autoritäten als Bestandteile der Verwaltungsstruktur in begrenztem Maße bestehen. Akkulturationsvorgänge sind bei den Südostbantu besonders tiefgreifend, da ein großer Teil durch Wanderarbeit oder feste Ansiedlung auf Farmen und in Städten in sehr engen Kontakt zu Europäern und europäisch geprägten Institutionen kommt. – *(Forts. S. 1138)*

Das Kapland, die zentralen und westlichen Gebiete

Die Trockengebiete Südafrikas sind das Refugium der Klick-sprachigen Khoisaniden. Bis in neueste Zeit haben sich Teilgruppen unter ihnen als Wildbeuter, die San („Buschmänner"), halten können.

1. Jt.   Erste vordringende *negride Bantu* werden kulturell und sprachlich assimiliert; die *Berg-*
n. Chr. *dama*, eine Wildbeuter- und Kleinviehhirtengruppe in den Bergen Namibias (Südwestafrikas), gehen wahrscheinlich auf solche Einwanderungen zurück. Ein Teil der *Klick-sprachigen*, die später als Khoi bzw. Nama *(„Hottentotten")* bezeichnet werden, geht (Kontakte zu nördlicheren Gebieten) zur Rinderhaltung mit typischer Hirtennomadenkultur über.

17. Jh. Die Khoi bzw. Nama bewohnen das Kapland und Teile des südwestlichen Afrika (Namibia); sie haben erste Kontakte mit den holländischen Siedlern um Kapstadt (6. April 1652 erste Ansiedlung begründet).

18./19. Jh. Die holländischen Siedler okkupieren nach und nach die Gebiete der Khoi im Kapland; sie werden entweder in dienender Position in die Siedlergesellschaft integriert und gehen unter Verlust ihrer eigenen Kultur in der Schicht der „Farbigen" („Coloured") auf oder sie ziehen – schon eine *Mischbevölkerung* bildend – als *Griqua* nach Norden und bilden (1803 und 1813) jenseits des Oranjeflusses autonome Einheiten.

1871–1885 Alle Trockengebiete mit Khoi- bzw. Nama- und San-Bevölkerung werden entweder der britischen oder deutschen **Kolonialverwaltung** unterworfen (1871–74 wird *Griqualand,* 1884–85 *Bechuanaland* und die *Walfischbucht* von den *Briten,* 1884 *Südwestafrika* von *Deutschland* okkupiert). Während die Khoi bzw. Nama, die schon früher stark burisch beeinflußt sind, eine weitgehend europäische Kultur haben, bewahrt ein Teil der San sein Wildbeuterdasein auch in der Kolonialzeit; andere San geraten in ein Dienstbotenverhältnis zu den ansässigen Nachbarethnien. – *(Forts. S. 1138)*

Die europäische Kolonialzeit (bis 1945)

Senegal
(Forts. v. S. 1112)

1864 *Proklamation der französischen Kolonie* Senegal.

1865   Eroberung von Saalum und Jollof durch den Marabut Ma Ba von Baddibu aus, der die Franzosen in der Schlacht von Pathebadiane (Nov. 1865) schlägt, beim Angriff auf das Siin-Reich jedoch fällt (1867).

1866–1875 Franzosen versuchen Gambia von Großbritannien zu erhalten, das den Zugang zur Casamance (Südteil Senegals) blockiert.

Kolonialzeit – Senegal – Sierra Leone   1127

1871–1887   St. Louis (1871), Gorée (1872), Rufisque (1880) und Dakar (1887) erhalten volles französisches Kommunalrecht.

1882   Abtrennung des **Guinea**-Gebietes (Rivières du Sud), bis 1891 noch Senegal unterstellt.

1883–1887   Nach seiner Vertreibung (16. Jan. 1883) geht der aufständische Kajor-Herrscher Lat Joor (Dior) zum Guerilla-Kampf über und wird von den Franzosen geschlagen (1886), die mit der Niederlage des Sarakole-Marabut Mamadu Lamin (8. Dez. 1887) Zugang zum oberen Gambia-Fluß und zur Casamance erhalten.

1890   Mit der Unterwerfung des Volkes der Buurba-Jollof unter Alburi Njai (Ali Bouri) wird der bewaffnete Widerstand im Senegal weitgehend gebrochen.

1895   Senegal wird Verwaltungssitz des Generalgouvernements für Französisch-Westafrika, zu
15. Juni   dem auch **Soudan** (Französisch-Sudan, Territorium seit 1892, heute *Mali*), **Dahomey** (französische Kolonie seit 1892, heute *Benin*) und die **Elfenbeinküste** (französische Kolonie seit 1893) gehören, und nach Abtrennung des **Mauretanien**-Gebietes (1903) Teil der Föderation Französisch-Westafrika (18. Okt. 1904; Sitz: Dakar), zu der als eigenständige Kolonien auch 1922 **Niger** und 1936 Französisch-Togo *(Togoland bzw.* **Togo** *1884/ 1885–1914/1919 deutsches Protektorat)* kommen.

1914   Blaise Diagne (* 1872, † 1934) wird erster Schwarzafrikaner im französischen Parlament (Abgeordneter bis 1934) und erreicht die Bestätigung des französischen Bürgerrechts für die vier „alten Gemeinden" (1915/1916).

1920   Im neuerrichteten *Kolonialrat* wird die führende Stellung der Franzosen bzw. Kreolen aus
4. Dez.   St. Louis endgültig beseitigt; französische Staatsbürger Senegals (ca. 90% sind Afrikaner) erhalten die eine Hälfte, Vertreter der Chefferie (eingesetzte „traditionelle" Herrscher) die andere Hälfte (ab 1925: 40%) der wählbaren Sitze; sämtliche parlamentarischen Gremien Senegals werden seitdem von Afrikanern beherrscht.

1935   Amadou Lamine-Guèye (* 1891, † 1968) gründet die Parti Socialiste Sénégalais (PSS), die mit der neugegründeten senegalesischen Sektion der französischen SFIO (Section Française de L'Internationale Ouvrière) zusammengeht (1938), zunächst jedoch den Charakter einer lockeren Vereinigung behält. *– (Forts. S. 1489, 1495, 1497, 1499, 1502, 1503, 1507, 1508, 1509)*

Sierra Leone
(Forts. v. S. 1116)

1787   Auf Betreiben der britischen Antisklavereibewegung (Abolitionisten) siedeln sich 430
9. Mai   ehemalige Sklaven und 60 mittellose Engländerinnen in der „Freiheits-Provinz" an der Küste Sierra Leones an (22. Aug. 1788); die vom Abolitionisten Granville Sharp geprägte Siedlung hält sich nur mühsam, die Kontrolle wird per Charta an die Sierra Leone Company übertragen (1791).

1792   1190 befreite Sklaven aus Nova Scotia/Kanada (dort angesiedelte britische Verbündete im
Febr./März   amerikanischen Unabhängigkeitskrieg) und 119 Engländer kommen ins Land; Freetown wird gegründet, 64 der noch verbliebenen ersten Siedler werden hierher umgesiedelt.

1799   Aufstand der Nova-Scotia-Zuwanderer wegen Beschneidung der Mitbestimmungsrechte.

1800   Die Ankunft von 550 „Maroons" (entlaufene Ashantisklaven, die sich in den Bergen
30. Sept.   Jamaikas ergeben mußten und nach Nova Scotia umgesiedelt wurden) und einer Abteilung des britischen Royal African Corps ist ausschlaggebend für die Niederwerfung des Aufstandes.

1808   Nachdem der Krieg gegen die Völker der Temne und Bullom (1801–1807) die Sierra
1. Jan.   Leone Company ruiniert hat, wird Sierra Leone zur *britischen Kolonie* erklärt.

1808–1849   Das Sklavenhandelsverbot wird durch Einsatz eines in Freetown stationierten britischen Marinegeschwaders vor der westafrikanischen Küste durchzusetzen versucht. Bis 1863 werden etwa 50 000 befreite Sklaven in Dörfern in der Nähe von Freetown angesiedelt, betreut von der Church Missionary Society (seit 1806 im Land: Beginn der britischen Missionstätigkeit in Westafrika) und den Methodisten (seit 1811).

1814   Gründung der Christlichen Institution (ab 1827: Fourah Bay College) zur Ausbildung von afrikanischen Lehrern und Missionaren (auch für Nigeria und Goldküste).

1821   *Gambia* (bis 1843) und die *Goldküste* (bis 1850) kommen unter die Administration Sierra
3. Juli   Leones, die zur Sicherung der Handelsinteressen ihren Einfluß auf das Hinterland ausdehnt; die Temne geraten zunehmend in Abhängigkeit von der Kolonie.

1853   Die allmähliche Formierung der heterogenen Einwandererschaft zu einer Gesellschaft („Kreolen") mit engerem Zusammenhalt wird durch die rechtliche Gleichstellung der befreiten Sklaven mit den frühen Einwanderern anerkannt; die Kreolen („Sierra Leonians") verteilen sich (seit 1839) über die westafrikanische Küste, als Missionare, Lehrer, Handwerker und Händler beeinflussen sie das Geschehen in den jeweiligen Gebieten stark.

seit 1861   Die Expansion der Kreolen-Bevölkerung ins Hinterland der Sierra-Leone-Kolonie wird

1128 Außereuropäische Welt bis 1945 – Afrika südlich der Sahara

Die europäischen Kolonialreiche in Afrika südlich der Sahara

	Land	Protek-torat	Kolonie-Status	Treu-hand-gebiet	heutiger Staat (unabhängig seit:)
Britische Kolonien	Gambia	1816	1843/1888		Gambia (1965)
Britisch-Westafrika	Sierra Leone	1788	1808		Sierra Leone (1961)
	Goldküste	1821/1843	1874/1901		Ghana (1957)
	West-Togo			1919/22	Ghana (1957)
	Nigeria	1861/1885	1886/1900		Nigeria (1960)
	Brit.-Kamerun			1919/22	Kamerun bzw. Nigeria (1960)
Britisch-Zentralafrika	Nordrhodesien	1891			Zambia (1964)
	Nyasaland	1889/1891			Malawi (1965)
	Südrhodesien	1891	1923		Zimbabwe*
Britisch-Südafrika	Bechuanaland	1885	1895**		Botswana (1966)
	Basutoland	1868	1884		Lesotho (1966)
	Swaziland	1890/1903			Swaziland (1968)
	Kapkolonie	1806/1814	1853/1872		Südafrikanische Rep. (1910)
	Natal	1843	1856		Südafrikanische Rep. (1910)
	Oranjefreistaat	1848–1852	1900/1907		Südafrikanische Rep. (1910)
	Transvaal	1877–1881	1900/1906		Südafrikanische Rep. (1910)
Britisch-Ostafrika	Uganda	1894			Uganda (1962)
	Kenya	1895	1920		Kenya (1963)
	Tanganyika			1919/20	Tanzania*** (1961)
	Zanzibar/Pemba	1890			Tanzania*** (1963 als Zanzibar)
	Mauritius				Mauritius (1968)
	Seychellen	1814	1903		Seychellen (1976)
	Brit. Somaliland	1884/1887			Somalia (1960)
	Sudan +		1899/1936		Sudan (1956)
Französische Kolonien	Mauretanien	1903	1920		Mauretanien (1960)
Französisch-Westafrika	Senegal	1783/1817	1864		Senegal (1960)
	Franz.-Guinea	1881/1888	1893		Guinea (1958)
	Elfenbeinküste	1845/1889	1893		Elfenbeinküste (1960)
	Ost-Togo			1919/22	Togo (1960)
	Dahomey	1863/1882	1892		Benin (1960)
	Franz.-Sudan	1883/1892	1920		Mali (1960)
	Obervolta	1897	1919		Obervolta (1960)
	Niger	1900	1922		Niger (1960)
Französisch-Äquatorialafrika	Tchad	1900	1920		Tchad (1960)
	Ubangi-Chari	1894	1911/1920		Zentralafrik. Rep. (1960)
	Franz.-Kamerun			1919/22	Kamerun (1960)
	Gabon	1839	1854		Gabon (1960)
	Franz.-Kongo	1882	1910		VR Congo (1960)
Französisch-Ostafrika-Besitzungen	Madagaskar	1885/1895	1896		Madagaskar (1960)
	Comoren	1843/1886	1912		Comoren (1975)
	Réunion	1767	1793		
	Franz.-Somaliland	1862/1888	1896		Djibuti (1977)
Belgische Kolonien	Belgisch-Kongo	1881/1885	1908		Zaïre (1960)
	Ruanda-Urundi			1919/22	Rwanda (1962)
				1919/22	Burundi (1962)
Deutsche Kolonien	Togo	1884	1905		Togo (1960), Ghana (1957)
	Kamerun	1884			Kamerun, Nigeria (1960)
	Dt.-Südwestafrika	1884	1893		Namibia
	Dt.-Ostafrika	1885	1891		Tanzania*** (1961)
Portugiesische Kolonien	Port.-Guinea	1466	1879		Guinea-Bissau (1974)
	Kapverden	1495	1822		Kapverden (1975)
	São Tomé/Principe	1522/1753	1835		São Tomé/Principe (1975)
	Angola	1570/1571	1885		Angola (1975)
	Moçambique	1507/1558	1752/1891		Mozambik (1975)
Spanische Kolonien	Rio Muni	1877/1885			Äquatorial-Guinea (1968)
	Fernando Póo	1778/1885			Äquatorial-Guinea (1968)
	Annobón	1778/1885			Äquatorial-Guinea (1968)
Italienische Kolonien	Eritrea	1885 ++	1890		Äthiopien
	Abessinien	1935–1942	1936		Äthiopien
	Ital.-Somaliland	1889	1905	1949	Somalia (1960)

* einseitige Unabhängigkeitserklärung 1965;   ** südlicher Teil, kommt zur Kapkolonie;   *** Tanzania 1964 als Vereinigte Republik von Tanganyika und Zanzibar;   + anglo-ägyptisches Kondominium;   ++ Italienische Landung in Massaua.

Kolonialzeit – Liberia   *1129*

mit der Annexion einiger größerer Gebiete intensiviert; zahlreiche Erhebungen der betroffenen Bevölkerung in der Folge.

1863 Errichtung (21. Juli) eines *Exekutiv-* und eines *Legislativrates* (Freetown: 2 Mitgl.).

1866 Die Goldküste und Lagos (bis 1874) sowie Gambia (bis 1888) werden Sierra Leone unter-
19. Febr. stellt (später selbständige Kolonien **Goldküste, Nigeria, Gambia**).

1882–1883 Vertrag mit den Mende (1879) und Annexion der Küstengebiete der Gallina und Krim.

1893 Bei Expeditionen gegen Samori Ture Zusammenstoß britischer und französischer Truppen
23. Dez. bei Waiima.

1895 Baubeginn der ersten Eisenbahnlinie Westafrikas (Freetown–Songo, Eröffnung 1. Mai 1899) und Gründung der ersten Gewerkschaft in Sierra Leone.

1896 Proklamation eines *Protektorates über das Hinterland* der Sierra-Leone-Kolonie (31. Aug.).

1898 Nach Übergriffen bei der Eintreibung einer neu eingeführten Hüttensteuer (nur für das Protektorat) Aufstand im größten Teil des Protektorats, besonders unter den Mende und im Norden unter dem Loko-Herrscher Bai Bureh; blutige Niederschlagung, Hinrichtung von 96 „Rebellen".

1906 Trotz Gründung der Bo-Regierungsschule für Söhne von Chiefs des Protektorats (Politik des Ausgleichs) wird kein wirkliches Gegengewicht gegen den Führungsanspruch der Kreolen geschaffen; zunehmende Polarisierung zwischen Kolonie und Protektorat.

1919 Ausschreitungen gegen syrische Händler und Eisenbahnarbeiterstreiks (erneut 1926).

1920 Gründung der *Sierra-Leone-Sektion* des *National Congress of British West Africa* als erster
20. März politischer Organisation, zu der die *Young People's Progressive Union* hinzukommt (1929).

1924 *Neue Verfassung:* Wahl von drei Mitgliedern (Oberschicht Freetown) des Legislativrates,
16. Jan. drei Sitze für traditionelle Herrscher aus dem Protektorat.

1930–1933 Unruhen im Protektorat, Rebellion in Kambia („Haidara-Krieg" 1931).

1938 Gründung der Sierra Leone Youth League als Zweigverband der West African Youth League (2. Mai).

1939–1942 Bei Arbeiterstreiks verbündet sich die Kreolen-Elite mit der Kolonialregierung.

1943 Nominierung von zwei Afrikanern zum Exekutivrat. – *(Forts. S. 1496, 1498, 1500)*

Liberia
(Forts. v. S. 1116)

1818 Die American Colonization Society (ACS) beginnt mit Unterstützung der US-Regierung
12. März mit Landkäufen an der westafrikanischen Küste, um dort Afro-Amerikaner anzusiedeln.

1820 Ankunft der ersten Siedler auf den Schiffen „Elizabeth" und „Nautilus" (1821).

1822 Erste Kolonisten aus Freetown/Sierra Leone landen am Kap Mesurado (7. Jan.).
1. Dez. Schlacht um Fort Hill: die Existenz der Kolonie wird mit der Abwehr von Angriffen der ansässigen Afrikaner gerettet.

1824 Die Kolonie wird Liberia, die Hauptstadt Monrovia genannt; regiert wird sie von einem
20. Febr. von der USA-Regierung ernannten, durch die ACS vorgeschlagenen Gouverneur.

1839 Die ACS akzeptiert eine Verfassung, die den Zusammenschluß von sieben Siedlungsgebie-
5. Jan. ten zum „Commonwealth of Liberia" ermöglicht, dem sich die Siedlung der Mississippi-Gesellschaft in Sinoe anschließt (1841).

1847 **Unabhängigkeitserklärung** der Republik Liberia; nach Vorbild der Vereinigten Staaten
26. Juli von Amerika ausgerichtete Verfassung.
1. Sept. Die *Verfassung* wird in einem Referendum (308 Wahlberechtigte) *angenommen.*

1848 *J. J. Roberts* (seit 1841 erster farbiger Gouverneur) wird *erster Präsident;* Liberia wird von
3. Jan. den meisten europäischen Staaten anerkannt (USA erst 1862). Die Führungspositionen nimmt eine Oberschicht von in den USA freigeborenen Afro-Amerikanern und Mulatten („Americo-Liberianer", 1847 ca. 6000, 1861 ca. 19000) ein, die ein starkes Status- und Suprematiedenken gegenüber der bäuerlichen Siedlerbevölkerung und vor allem gegenüber den einheimischen Afrikanern entwickelt und das 1822 begonnene Kolonialsystem fortsetzt (Einsetzung traditioneller Herrscher der ansässigen afrikanischen Bevölkerung und Politik der „indirekten Herrschaft").

1857 Die vom Volk der Grebo bedrängte unabhängige Kolonie Maryland (Gründung 1834,
3. März Unabhängigkeit 30. Jan. 1853) wird Liberia angegliedert.

1869 Spaltung der bisher regierenden *True Liberian Party* (Republikanische Partei) vor dem Hintergrund eines latenten sozial-„rassischen" Konfliktes der hellhäutigen Oberschicht mit den von ihnen diskriminierten dunkelhäutigen Americo-Liberianern und den in die Siedlergesellschaft stärker integrierten Congo (von Sklavenschiffen befreite Afrikaner aus Kongo, Dahomey und Nigeria).

Mai Die neugegründete *True Whig Party* (TWP) stellt mit *E. J. Roye* den ersten Präsidenten,

1130 Außereuropäische Welt bis 1945 – Afrika südlich der Sahara

der nicht Mischling ist, er wird jedoch im Zusammenhang mit Verhandlungen über eine britische Anleihe des Amtes enthoben (26. Okt. 1871) und kurz darauf ermordet.

1872 Eine aus Republikanern gebildete Junta ernennt zwar Vizepräsident *Smith* (TWP) zum Präsidenten, sichert sich jedoch zunächst die eigentliche Herrschaft über das Land (bis 1883).

1884 Der von beiden Parteien nominierte *H. R. W. Johnson* wird der erste in Liberia geborene
Jan. Präsident; er bekennt sich nach der Wahl zur TWP, die sich damit endgültig die Suprematie im politischen System sichert und seitdem in allen Wahlen sämtliche Sitze gewinnt.

1904 Die ursprünglich ansässigen Afrikaner erhalten das Bürgerrecht, und auch das Wahlrecht (1907), falls sie Hüttensteuer bezahlen.

1915–1919 Aufstände der Kru und Gola gegen die Americo-Liberianer; letzter Kru-Aufstand 1932.

1926 Die Vergabe einer Konzession (4000 km²) für den Anbau von Kautschuk an die Firestone
2. Okt. Company macht Liberia ökonomisch von den USA abhängig; eine US-Anleihe ruiniert die Finanzen Liberias (Einstellung der Zinszahlungen 1932, Regelung in einem Finanzabkommen 1935).

1930 Die Aufdeckung der „*Sklavenaffäre*" (Verschickung von Liberianern als Zwangsarbeiter
3. Dez. nach der spanischen Kolonie Fernando Poó) führt zu einer tiefgreifenden politischen Krise und zum Rücktritt des Präsidenten King und des Vizepräsidenten; die Internationalisierung des Skandals (Anklage vor dem Völkerbund, der eine Untersuchungskommission einsetzt) führt zu erheblichem außenpolitischem Prestigeverlust und einer beträchtlichen Schwächung der TWP (massive Anschuldigungen durch die Opposition), die die Wahlen (1931) nur knapp gewinnt.

1935 *Verfassungsänderung:* Amtsperiode des Präsidenten auf acht Jahre verlängert (Mai).

1944 Kriegseintritt auf seiten der USA, mit denen ein Stützpunktabkommen besteht (seit
27. Jan. 31. März 1942); der Hafen Free Port wird ausgebaut, der Flughafen Robertsfield angelegt.
– *(Forts. S. 1499)*

Nigeria
(Forts. v. S. 1113, 1114)

1844 Nachdem sich mehrere hundert Yoruba-Rückwanderer („befreite Afrikaner") in Abeokuta im Egba-Reich angesiedelt haben (1839–1842, insbesondere aus Sierra Leone, Brasilien und Kuba), beginnt von dort die Missionierung durch die Church Missionary Society unter Samuel Crowther (1864: erster afrikanischer Bischof der Nigerterritorien); Herausbildung einer neuen Führungsschicht an der Küste infolge der Zusammenarbeit mit den Europäern.

1849 Ernennung eines britischen Konsuls für die Biafra-Bucht (östlicher Teil der Küste); Versuch zur Unterbindung des Sklavenhandels (Verdrängung der Portugiesen) im Oil-Rivers-Gebiet und in Lagos, das die Briten (1851) besetzen (Einsetzung eines Konsuls 1852).

1861 Annexion von *Lagos* als *britische Kronkolonie;* während die restliche Benin-Bucht dem
6. Aug. Konsul für die Biafra-Bucht unterstellt wird (1867), kommt die Kronkolonie Lagos unter die Verwaltung Sierra Leones (1866–1874) und schließlich der Goldküstenkolonie (1874–1886).

1879 *George Goldie* vereinigt die britischen Handelsgesellschaften am Niger (vor allem Palmölhandel) zur *United Africa Co.* (seit 1885: *Royal Niger Co.*), die Verträge mit dem Emir von Gwandu und dem Sultan von Sokoto abschließt (1885).

1885 *Biafra- und Benin-Bucht* werden zum britischen *Oil-Rivers-Protektorat* zusammengefaßt
5. Juni (nach Ausdehnung ins Hinterland 1893 in Nigerküsten-Protektorat umbenannt).

1886 Lagos wird wieder eigenständige Kronkolonie, die umliegenden Gebiete werden zum
13. Jan. Lagos-Protektorat (1893).

12. Juli Königliche Charta für die Royal Niger Co. für den unteren Niger und Benuë (Vorposten in Lokoja, Hauptsitz in Asaba); mit Errichtung einer Verwaltung dehnt sie ihre Jurisdiktion nach Norden aus.

1887 Erklärung eines Protektorats über die Territorien, mit denen die Royal Niger Co. Verträge abgeschlossen hat.

1888 Im Vertrag mit dem Oyo-Reich kommen die Yoruba unter britisches Protektorat.

1894 Nach dem „Wettlauf um Nikki" Vertrag mit Frankreich über das Borgu-Reich (10. Nov.).

1897 Niederschlagung eines Aufstandes im Ful-Emirat Ilorin durch die Royal Niger Co. (16. Febr.).

18. Febr. Nach der Ermordung des Generalkonsuls (4. Jan. 1897) erobern die Briten gegen heftigen Widerstand das Benin-Reich und zerstören Benin.
Die Royal Niger Co. unterwirft das Ful-Emirat Nupe und läßt dessen südlichen Teil indirekt verwalten (Vorform der späteren indirekten Herrschaft).

Kolonialzeit – Nigeria – Kamerun   1131

1899   Angesichts der von ihr heraufbeschworenen Gefahr eines Konflikts mit Frankreich wird
9. Aug.   der Royal Niger Co. die Charta gegen Entschädigung entzogen und ihr südlich von Idah
liegendes Gebiet dem britischen Nigerküsten-Protektorat einverleibt, das in *Südnigeria-
Protektorat* umbenannt wird (1. Jan. 1900). Die nördlichen Gebiete der Royal Niger Co.
werden zum *Nordnigeria-Protektorat* erklärt.
1901   Unterwerfung des Kontagora-Emirats; Einnahme der Hauptstadt des Adamawa-Reiches.
1903   Die Briten beenden die Unterwerfung Nordnigerias mit der Einnahme von Kano (Febr.)
und durch den Sieg (April) bei Burmi über den Sultan von Sokoto, der getötet wird.
1906   Mit der Eingliederung von Lagos (Kolonie und Protektorat) entsteht das Gebiet „Kolonie
1. Mai   und Protektorat von Südnigeria" (mit Benin).
1914   Süd- und Nordnigeria zu *Nigeria (Kolonie und Protektorat)* zusammengeschlossen
(1. Jan.).
1914–1919   Die systematische Praktizierung der „indirekten Herrschaft" wird begonnen und damit die
unterschiedliche Entwicklung des Nord- und Südteils angelegt; im Norden werden die
Moslem-Emirate (Hausa/Ful, Kanuri) weitgehend im Status quo belassen, doch sind die
Emire direkt von den Briten abhängig; christliche Missionstätigkeit wird nicht erlaubt (bis
auf den „Middle Belt", dem südlichen Rand des Nordens).
1922   Das britische Mandatsgebiet (seit 1916/1919 britische, nordwestliche Gebietsteile des bisherigen deutschen Schutzgebiets) *Kamerun* wird als Teil Nigerias verwaltet (20. Juli).
21. Nov.   *Neue Verfassung:* Der Gouverneur behält die direkte Legislativgewalt für Nordnigeria, der
Südnigeria-Legislativrat erhält vier wählbare afrikanische Mitglieder; die *Nigerian National Democratic Party* (NNDP, auf Lagos beschränkt) unter *Herbert Macauly* hält bis 1933
die drei Sitze für Lagos; sie widmet sich vornehmlich lokalen Themen.
1925   Gründung der West African Students Union in London.
1934   Gründung des *Lagos Youth Mouvement* (ab 1936: *Nigerian Youth Mouvement*, NYM;
Rekrutierung aus Yoruba- und Ibo-Arbeitern in Lagos), das die erste nationale Partei
Nigerias wird; mit *Nnamdi Azikiwe* und seinem Ibo-Anhang gewinnt die NYM die Lagos-
Sitze gegen die NNDP.
1939   Teilung Südnigerias in Ost- und Westregion; die wesentlich nach ethnischen Gesichtspunkten vorgenommene *Dreigliederung Nigerias* bleibt bis 1963 bestehen; dominierende Gruppen: *Ibo* (Ost-), *Yoruba* (West-) und *Hausa* (Nordregion). – *(Forts. S. 1505, 1513)*

Kamerun
(Forts. v. S. 1114)

1884   Duala-Herrscher (Bell, Akwa) schließen nach Vorarbeiten Hamburger Firmen einen Ver-
Juli   trag mit dem deutschen Generalkonsul Nachtigal: Kamerun deutsches Protektorat.
1885   Das Gebiet um den Kamerun-Berg und Victoria wird von den Briten abgetreten
(29. Apr.).
1887   Ein deutsches Expeditionskorps erreicht Jaunde (Yaoundé), das ab 1894 zum Ausgangspunkt für die Unterwerfung des Nordens und Ostens wird.
1892/1893   Durch Unterwerfung der Bakoko und Mabea wird der Weg ins Hinterland frei, durch
Unterwerfung der Bulu, Jaunde, Bane etc. (1894–1898) wird die Verbindung Kribi-Jaunde
hergestellt und das Zwischenhandelsmonopol der Duala gebrochen.
1894   Nach einer Strafexpedition gegen die Bakweri wird Buea am Kamerunberg angelegt
Dez.   (1901–1909 Hauptstadt, sonst: Duala) und mit der Plantagenwirtschaft begonnen.
ab 1898   Pflanzungsgesellschaften erhalten riesige Landkonzessionen (z. B. Süd-Kamerun Gesellschaft 81 000 km², Nordwest-Kamerun Gesellschaft 80 000 km²), Versuche zur Besetzung
dieser Ländereien stoßen auf heftigen Widerstand zahlreicher Völker (bis 1910).
1901   Blutiger Kriegszug gegen das durch Grenzabkommen mit Frankreich und Großbritannien
(1893/1894) auf die Gebiete von drei Kolonialmächten aufgeteilte Adamawa-Reich: nach
Niederwerfung der Teilreiche Tibati (1899–1901) sowie Ngaundere wird der Emir von
Yola bei Garua besiegt (19. Nov.). Der Norden wird unter weitgehender Beibehaltung der
traditionellen Strukturen der Ful-Reiche indirekt verwaltet, Missionsstationen und Schulen
werden nicht eingerichtet, eine kolonialwirtschaftliche Entwicklung wird kaum eingeleitet;
in der Folge Entstehung eines wirtschaftlichen und bildungsmäßigen Nord/Süd-Gefälles.
1907–1914   Eindämmung des Einflusses der Konzessionsgesellschaften, Aufschwung des Plantagen-
systems (u. a. Kautschuk, Kakao, Tabak), Zwangsrekrutierung von Plantagenarbeitern; um
sich Trägerdiensten zu entziehen, wandern etwa 10 000 Njems in französisches Gebiet ab.
1911   Deutsch-französischer *Marokko-Vertrag:* Erweiterung des Gebietes um mehr als die
4. Nov.   Hälfte durch Abtretung großer Teile der französischen Kolonien im Osten und Süden
(„Neukamerun", ca. 283 000 km²), deren effektive Besetzung durch die Deutschen bis
1914 nicht abgeschlossen ist; zugleich kommt der 1894 Kamerun zugesprochene „Entenschnabel" (ca. 12 000 km²) im Nordosten an den französischen Tchad.

1132   Außereuropäische Welt bis 1945 – Afrika südlich der Sahara

1914	*Erklärung des Kriegszustandes* in Kamerun; französische Truppen aus Ubangi-Chari
5. Aug.	(7. Aug.) und britische aus Nigeria (25. Aug.) dringen mit Unterstützung der Duala ins Land vor; Duala fällt (27. Sept.).
1916	Nach dem Rückzug der deutschen Truppen ins spanische Gebiet nach Rio Muni (14. Febr.)
20. Febr.	enden die Kämpfe (Fall von Mora).
4. März	*Französisch-britischer Aufteilungsvertrag:* Neukamerun kommt wieder an Frankreich, dem auch ca. 80% des restlichen Gebiets zugestanden werden, während Großbritannien zwei nicht zusammenhängende Gebietsteile im Nordwesten erhält.
1919	Für diese Gebiete werden Großbritannien und Frankreich als jeweilige Mandatsmächte
17. Mai	von den Alliierten Siegermächten eingesetzt und übernehmen sie dann als B-Mandate des Völkerbundes (20. Juli 1922).
1933	Die erste wesentliche soziale und kulturelle Vereinigung von Afrikanern wird mit der *Jeunesse Camerounaise* gegründet. Sie nimmt mit französischer Förderung (Sympathiewerbung angesichts deutscher Propaganda für eine Rückgabe der Kolonien) an Bedeutung zu, als sie sich in Jeunesse Camerounaise Française (Jeucafra) umbenennt (1938) und für eine enge Verbindung mit Frankreich eintritt.
1940	Landung französischer Truppen in Duala; Kamerun wird dem Freien Frankreich General
27. Aug.	de Gaulles angeschlossen und dem Generalgouvernement von Französisch-Äquatorialafrika unterstellt. – *(Forts. S. 1505, 1513)*

Mittelkongo (Französisch-Kongo, heute: Volksrepublik Congo)
(Forts. v. S. 1121)

1880	Der Franzose *Pierre de Brazza* (* 1852, † 1905) stößt auf seiner zweiten Expedition von
10. Sept.	Gabun aus über den Lefini zum Kongo (Zaïre) vor und schließt in Stanley Pool einen *Protektoratsvertrag* mit dem Herrscher (Makoko) des Tio (Teke)-Reiches, das den Zwischenhandel am Zaïre vom Teke-Plateau aus kontrolliert. Auf einem kurz darauf abgetretenen Landstück entsteht das spätere *Brazzaville*.
1882	Der Vertrag wird vom französischen Parlament ratifiziert und bildet die Grundlage für die
21. Nov.	französische Expansion ins Hinterland Äquatorialafrikas durch den Zugriff auf den schiffbaren Teil des mittleren Kongo.
1883	Serie von Vertragsabschlüssen an der Loango-Küste durch de Brazza und Errichtung zahlreicher Posten, u. a. in Pointe-Noire (März–Juni).
1884–1885	Auf der *Berliner Kongo-Konferenz* verliert Frankreich den Zugang zur Kongo-Mündung, die Südgrenze (Cabinda) wird mit Portugal ausgehandelt (17. Mai 1885), zugleich setzt mit der Errichtung des ersten Postens am Ubangi-Fluß (Nkoundja) die Nord-Expansion ein.
1887	Ubangi und Kongo werden als Grenze zum belgischen Einflußgebiet festgelegt (27. April).
1899	Konzessionsgesellschaften (für Kautschuk- und Elfenbeinerwerb) erhalten riesige Ländereien (insgesamt etwa 95% des Landes) für 30 Jahre; ihre Zwangsmaßnahmen und Übergriffe führen zur Aussendung einer Untersuchungskommission (1905) und zur Reduzierung der Landkonzessionen auf etwa 1% des Landes (1910/1911).
1910	Die bis zur Abtrennung der neu eroberten nördlichen Gebiete (1894, Oberbangui bzw.
15. Jan.	**Ubangi-Chari,** zeitweilig mit **Tchad** [1900 französisches Militärterritorium, 1920 eigenständige Kolonie als Teil von Französisch-Äquatorialafrika] zusammen verwaltet; heute *Zentralafrikanische Republik*) vom Generalkommissar von Französisch-Kongo (Äquatorialafrika) mitverwaltete, dann aber – außer 1903–1906 – einem Untergouverneur unterstellte und seit 1903 *Mittelkongo* genannte *Kolonie* wird Teil der Föderation **Französisch-Äquatorialafrika** (Sitz: Brazzaville), zu der außer den drei genannten auch **Gabon** (Gabun; französische Kolonie seit 1854) gehört.
1911	*Marokko-Vertrag:* der Nordteil Mittelkongos wird an Kamerun abgetreten, die direkte
4. Nov.	Verbindung zu Ubangi-Chari unterbrochen; die Gebiete kommen im Ersten Weltkrieg wieder zurück.
1922–1934	Bau der Eisenbahn Pointe-Noire/Brazzaville (einzige Bahn in Französisch-Äquatorialafrika); etwa 18 000 Afrikaner kommen dabei um.
1925–1941	Unterstellung Mittelkongos unter Generalgouverneur Französisch-Äquatorialafrikas.
1926	Seit Anfang der zwanziger Jahre von Belgisch-Kongo her übergreifende *sozio-religiöse Protestbewegungen* gegen fremde Herrschaft und Religion („Kimbanguismus", Rückkehr zu afrikanischen Ursprüngen) erhalten in Mittelkongo vor allem durch die Gründung der *Amicale des originaires de l'AEF* (Französisch-Äquatorialafrika) unter A. Matswa, in der Vertreter der traditionellen und der westlich gebildeten Führungsschicht zusammenarbeiten, eine nationalistische Ausprägung.
1930	Nach seinem Aufruf zur Beseitigung der Unterprivilegierung (1928) wird Matswa verhaftet; er wird vor allem unter den Lari-Kongo zum Symbol des Protestes gegen die Kolonialmacht; Streiks und Widerstandsaktionen in der Folge.

Kolonialzeit – Mittelkongo – Belgisch-Kongo   *1133*

1940   Mittelkongo schließt sich Tchad in der Unterstützung des Freien Frankreichs (General
Aug.   de Gaulle) an und wird zu einer wichtigen Basis im Krieg.
1944   Brazzaville-Konferenz (30. Jan.–8. Febr.) mit General de Gaulle und den Administratoren
der französischen Afrika-Gebiete; größere afrikanische Beteiligung bei eigenen Angelegenheiten anvisiert. – *(Forts. S. 1510, 1512, 1515, 1516)*

Belgisch-Kongo (heute: Zaïre)
(Forts. v. S. 1121, 1122, 1123, 1124)

1876   Auf der Internationalen Geographischen Konferenz in Brüssel wird die vom belgischen
Sept.   König Leopold II. (1865–1909) dominierte Internationale Afrika-Association gegründet.
1876/1877   Henry Morton Stanley (* 1841, † 1904) durchquert von Zanzibar aus (Abreise 17. Nov.
1874) Afrika von Osten nach Westen, vom Nyangwe am Kongo (heute Zaïre) entlang, dessen genauen Verlauf er als erster Europäer feststellt; über das spätere Stanley Falls und
Stanley Pool kommt Stanley nach 999 Tagen bei Boma zur Kongo-Mündung (9. Aug. 1877).
1878   Nachdem Stanley seine „Entdeckungen" Leopold II. angeboten hat, gründet dieser das
25. Nov.   *Comité d'Etudes du Haut-Congo* (1882 unbenannt in Association Internationale du
Congo, AIC).
1879   Einer von Leopold II. ausgesandten Expedition schließt sich der in seine Dienste getretene
Stanley an.
1880–1884   Im Verlaufe der Erforschung des Kongo-Flusses schließt Stanley etwa 400 Verträge ab und
errichtet 40 Posten, vor allem am unteren Kongo um Léopoldville (1881), aber auch am
Fluß entlang bis Stanley Falls (1883).
1884   Die Flagge des *Kongo-Freistaates* wird von den USA (April) und dem Deutschen Reich
(Nov.) anerkannt.
1884/1885   Nachdem französisches Vordringen die portugiesische Annexion von Cabinda und der um-
liegenden Gebiete nördlich des Kongo (1883–1885) veranlaßt hat, wird auf der *Berliner
Kongo-Konferenz* (15. Nov. 1884 – 26. Febr. 1885) allen Nationen freier Zugang und
„Nichtdiskriminierung" im Handel für das Gebiet des „Kongobeckens" zugesichert (breiter Streifen von der West- bis zur Ostküste Afrikas, mit dem heutigen Staatsgebiet von
Zaïre als Kernstück), die freie Schiffahrt auf Kongo und Niger festgelegt und die bisherigen
Besitzungen an der afrikanischen Küste festgesetzt und abgegrenzt werden (weitere Gebiets-
ansprüche werden mit dem Nachweis tatsächlicher Okkupation gekoppelt); außerdem
werden die Ansprüche der AIC über das Gebiet (in groben Zügen) des heutigen Zaïre als
Kongo-Freistaat anerkannt.
1885   Nach offizieller belgischer Autorisierung (23. April) zur Souveränitätsausübung über die-
1. Juli   ses Gebiet erklärt Leopold II. sich zum Eigentümer; er erläßt eine Verfassung für den
Kongo-Freistaat (30. Okt.) und richtet dafür ein eigenes Kabinett sowie eine Streitmacht
(„Force publique" 1888) ein; die Hauptstadt wird von Vivi nach Boma verlegt (1886).
1887   Der aus Zanzibar stammende Elfenbein- und Sklavenhändler Tippu Tib, der in Allianz mit
Febr.   dem Songye-Volk und den Swahili-Händlern („Araber") aus Nyangwe (größter Sklavenmarkt des zentralen Afrika) einen riesigen Herrschaftsbereich kontrolliert (Kernstück zwischen den Flüssen Lomani und Lualaba; Sitz in Kasongo), wird vom Kongo-Freistaat als
Gouverneur des Ostteils eingesetzt (er zieht sich 1892 nach Zanzibar zurück).
1887   In Musumba schließt eine portugiesische Expedition mit dem Lunda-Herrscher Mutianvua
einen Vertrag, durch den der Kasai-Fluß später zur Grenze mit Angola wird.
1889   Der *Kongo-Freistaat* erklärt alles unbesetzte Land zum *Kronland*, das zusammen mit
Hoheitsfunktionen an private Konzessionsgesellschaften vergeben wird (Katanga 1891;
Anversoise und A.B.I.R. im Nordwesten 1892; Kwango und Kasai im Südwesten sowie
Grands-Lacs im Nordosten 1897), an denen Leopold II. z. T. mit 50% beteiligt ist.
1891   Elfenbein und Kautschuk werden Staatsmonopol, für die Bevölkerung wird Zwangsarbeit
21. Sept.   verordnet (6. Okt.), weitgehende Zerstörung des Handels- und Sozialstrukturen durch
hemmungslos vorangetriebene Raubwirtschaft, blutige Terrormaßnahmen der Belgier.
20. Dez.   Ermordung des Yeke-Herrschers Msiri durch einen Angestellten des Kongo-Freistaates;
in der Folge zerfällt sein Garaganza-Reich (Katanga; Hauptstadt Bunkeya).
1892–1894   Zusammenbruch der Allianz zwischen Belgiern und „Arabern"; die Belgier werden von
einer Armee (ca. 10 000 Mann) unter Sefu geschlagen, doch kann die Force Publique dann
Nyangwe und Stanley Falls besetzen; Verwüstung weiter Landstriche während dieser
Kämpfe.
1896   Etwa 10% des Bodens in der Mitte des Kongo-Freistaates werden zur Krondomäne erklärt
(seit 1901: Fondation de la Couronne); Finanzierung öffentlicher Arbeiten in Belgien aus
ihren Überschüssen.
1898   Fertigstellung der ersten Eisenbahn von Matadi nach Léopoldville; während des Baus (seit
1890) sind etwa 50 000 Träger zwangsrekrutiert worden.

1134   Außereuropäische Welt bis 1945 – Afrika südlich der Sahara

1900 19. Juni	Der Südteil des Kongo-Freistaates wird der privaten Gesellschaft Comité Special du Katanga unterstellt, die ausschließliche politische und administrative Vollmachten erhält und eigenes Militär unterhält; der Kontakt zur Hauptstadt Boma ist minimal.
1904	*Kampagnen gegen die „Kongo-Greuel",* vor allem in Großbritannien (Congo Reform Association) und den USA, erhalten durch einen Bericht des britischen Konsuls in Boma (R. Casement) Auftrieb.
1906/1908	Der Bericht einer internationalen Untersuchungskommission (1905) hat Einfluß auf die belgische Öffentlichkeit, so daß *Leopold II.* angesichts einer Krise der Kautschukpreise *den Kongo-Freistaat an Belgien abtritt* (vom Parlament bestätigt: 18. Okt. 1908; endgültige Annexion: 15. Nov. 1908). Die Finanzen werden von denen Belgiens getrennt, das den Besitz der Fondation de la Couronne an Gebäuden und Land in Belgien übernimmt (ca. 60 Mio. Francs; belgische Kredite und Gehaltszahlungen für den Kongo-Freistaat bis dahin ca. 40 Mio. Francs). Zugleich verfügt die neue Verfassung (Charte coloniale) ein Verbot politischer Betätigung in Belgisch-Kongo, Mitglieder des Rates der Regierung in Léopold-ville werden bis 1957 ernannt, nicht gewählt.
1910–1912	Versuche, die schlimmsten Auswüchse des bisherigen Systems abzuschwächen, sind wenig erfolgreich: trotz Verbots der Zwangsarbeit (2. Mai 1910) wird diese durch hohe, nur in Geld abzuleistende Steuerzahlungen praktisch beibehalten; die Auflösung der von Leopold II. vergebenen Landkonzessionen (22. März 1912) ändert wenig an der Dominanz europäischer Unternehmen mit umfangreichen Bodenkonzessionen und monopolistischen Rechten. Die bisher durch Raubwirtschaft und Dezimierung der Bevölkerung behinderte wirtschaftliche Entwicklung wird forciert, vor allem durch die von der belgischen Société Générale (50% Staatsanteil, enge Verflechtung wirtschaftlicher und politischer Ziele) kontrollierte Union Minière du Haut-Katanga, die mit dem Abbau der riesigen Kupfererzlager in Katanga beginnt (1906/1909).
1910	Die Eisenbahn von Südafrika/Rhodesien erreicht Katanga, das vom Kongo übernommen wird, aber einen Sonderstatus unter einem Vize-Generalgouverneur erhält.
1916	Die Force Publique unterstützt die britische Offensive in Deutsch-Ostafrika und besetzt **Ruanda-Urundi** (Juni 1916), das Belgien in einer Übereinkunft mit Großbritannien zur Verwaltung übertragen erhält (30. Mai 1919); das Mandatsgebiet wird (21. Aug. 1925) Belgisch-Kongo administrativ angegliedert (heute *Rwanda* und *Burundi*).
1920	Sprunghafter Anstieg der Zahl der afrikanischen Lohnarbeiter von 47 000 (1917) auf 125 000 (1939: 530 000) durch eine günstige wirtschaftliche Entwicklung; Kupfer (1923: drittgrößtes Abbaugebiet der Welt), Kohle, Zinn sowie später Kobalt, Wolfram, Uran und Diamanten (in Kasai) machen den Kongo zu einem der begehrtesten Rohstofflieferanten: in *Katanga* entsteht unter Führung der *Union Minière* eines der größten *Industriegebiete* Afrikas.
1925	Beginn der später auch von anderen Unternehmen eingeführten „stabilisierten Arbeitskräftepolitik" durch die Union Minière: Abkehr vom Prinzip der Wanderarbeit, Ansiedlung der Arbeiter mit ihren Familien am Arbeitsplatz und Bereitstellung gewisser sozialer Dienstleistungen; in der Folge entstehen Bevölkerungsballungsgebiete (bis 1945: etwa 15% der Bevölkerung) mit starker Überfremdung in den nicht-weißen Stadtgebieten und den industriellen Zentren (Arbeiterlager).
1926 11. Febr.	Das Aufkommen prophetischer Bewegungen (u. a. „Kimbanguismus" um 1921 und „Kitwala-Kult" um 1925) mit Lehren, die das Aufstandsrecht der Unterdrückten aus der Bibel ableiten, führen zum Verbot aller afrikanischen – auch religiösen – Organisationen.
1926	Léopoldville (später Kinshasa) wird Hauptstadt statt Boma.
1926/1933	Die 1910 begonnenen, dann (1918–1924) vorangetriebenen *Reformen im Bereich lokaler Administration* führen durch Reduzierung der Zahl der „Chefferien" (1917: 6095; 1935: 2496; 1958: 343) zur administrativen Straffung, zugleich auch zur Machtanhäufung der von der Kolonialverwaltung häufig willkürlich eingesetzten „traditionellen" lokalen Herrscher (eingeschränkte Funktionen im Bereich lokaler Selbstverwaltung). Diese „indirekte Herrschaft" scheitert an der belgischen *Paternalismus-Politik,* die den Afrikanern einen tatsächlichen Zugang zu administrativen und politischen Funktionen fast unmöglich macht; gestützt wird die Paternalismuspolitik durch eine sehr enge Kooperation und Verflechtung zwischen Kolonialverwaltung, privaten Wirtschaftsunternehmen (z. B. Union Minière, Forminière etc.) und den seit dem Konkordat mit dem Vatikan (1906; Vorzugsstellung belgischer Missionen, dafür 200 ha Land pro Missionsstation) außergewöhnlich privilegierten Kirchen, die ihr Erziehungswesen auf die Ausbildung von Hilfskräften für untergeordnete Produktions- und Dienstleistungsaufgaben beschränken.
1928	Die Société Générale absorbiert die Banque d'Outre-Mer und kontrolliert damit 70% des im Kongo investierten Kapitals.
1931	Die Eisenbahn von Benguela/Angola bis Katanga wird eröffnet.
1933	Im Zuge einer Zentralisierung der Administration Einrichtung von sechs statt vier Provinzen; auch *Katanga wird Provinz,* allerdings gegen den Widerstand der dort ansässigen

Kolonialzeit – Angola   1135

Europäer (langjährige Forderungen nach direkter Unterstellung unter die belgische Regierung, 1931 Sezessionspläne), die eine Einbuße ihrer Vorherrschaft befürchten.

seit 1933   Durch die zwangsweisen Afrikanersiedlungen („paysonnats indigènes", Kontrolle des Wanderfeldbaus) mit Residenzpflicht der Bewohner (bis 1958 ca. 200 000) schafft sich die Kolonialmacht ein weiteres Überwachungsinstrument; der Druck auf die Landbevölkerung führt zu vermehrter Abwanderung in die Städte.

1941–1944   Aufstände, Streiks und Meuterei der Force Publique während des Krieges; in der Folge Versuche der Kolonialverwaltung, die Opposition durch Gewährung kleinerer Privilegien zu beschwichtigen. – (Forts. S. 1517, 1521, 1522)

Angola
(Forts. v. S. 1122, 1124)

1836   Die Abschaffung des Sklavenhandels wird in Angola ignoriert und erst durch Aktionen Großbritanniens (ab 1845) allmählich durchgesetzt.

1836–1861   Phase der portugiesischen Expansion: neue Presídios in Duque de Bragança (1838), Moçâmedes (1840) und auf dem Huila-Plateau, zugleich Errichtung von Kaffee- und Zuckerplantagen und Öffnung der Angola-Häfen für Händler anderer Nationen (1844). Die Expansion löst Zusammenstöße mit den Dembos (1842–1844) und dem Kasanje-Reich (1848–1852) aus: nach zwei Jahrhunderten wird das Zwischenhändlermonopol des Cassange-Marktes durchbrochen.

1849/1850   Beginn der Besiedlung des Südens mit 300 portugiesischen Siedlern aus Brasilien.

1855/1856   Portugiesische Besetzung von Ambriz und Bembe; die durch die Expansion ausgelösten Rebellionen verstärken sich durch die Anweisung der Portugiesen, daß Abgaben der Afrikaner nicht mehr in Sklaven, sondern in Geld und Handelsgütern bezahlt werden müssen.

1858   Die Sklaverei wird abgeschafft, jedoch eine Übergangsregelung für 20 Jahre gewährt.

1860   Nach der Ermordung eines von den Portugiesen nicht berücksichtigten Kongo-Thronprätendenten stößt eine portugiesische Expedition auf starken Widerstand im Kongo-Reich; die portugiesische Kontrolle nördlich und östlich von Ambriz geht verloren, das Kasanje-Reich löst sich wieder von der portugiesischen Oberherrschaft (1863).

1883–1885   Französisches Vordringen veranlaßt die portugiesische Annexion von Cabinda und den umliegenden Gebieten nördlich des Kongo-Flusses.

1884   Ein portugiesisch-britischer Vertrag bestätigt die Annexion und räumt den Briten Sonder-
26. Febr.   rechte für den Kongo ein. Er stößt auf Protest von Händlern, Missionaren sowie einigen europäischen Regierungen und wird Anlaß für die Abhaltung der Berliner Kongo-Konferenz (1884–1885), auf der die portugiesische Herrschaft lediglich über Angola und die Cabinda-Enklave anerkannt wird.

1890–1903   Mit der portugiesischen Unterwerfung der Ovimbundu-Reiche Beginn der militärischen Eroberung des Inlandes.

1891   Versuche, eine territoriale Verbindung zwischen Angola und Moçambique herzustellen,
Juni   werden nach einem britischen Ultimatum in einem britisch-portugiesischen Vertrag endgültig blockiert.

1898   Ein Geheimvertrag Großbritanniens mit dem Deutschen Reich sieht die Aufteilung Ango-
30. Aug.   las im Falle portugiesischen Unvermögens zur Rückzahlung eines deutschen Kredits vor, doch sichert sich Großbritannien zu Beginn des Burenkrieges in Südafrika die portugiesische Unterstützung durch ein Schutzangebot im sog. Windsor-Geheimvertrag (15. Okt. 1899).

1899   Verstärkung der Zwangsarbeit (seit 1878) für Afrikaner; alles Land wird Staatsbesitz,
9. Nov.   außer wenn es Privatbesitz ist (1901; Ausschluß von Afrikanern wegen ihres kollektiven Landrechts).

1915   Eine portugiesische Streitmacht unterwirft die Kwanhama-Ambo, von denen viele mit ihrem Herrscher Mandume nach Südwestafrika fliehen; damit ist auch der südliche Teil des Huila-Plateaus unter portugiesischer Kontrolle.

1917   Nach Unruhen (Amboim- und Seles-Region) und einem Protestmarsch demobilisierter afrikanischer Soldaten Verhaftung zahlreicher „Assimilados" (portugiesisch gebildete Afrikaner, oft Mulatten).

1922   Verbot der 1912/1913 aus Sozialklubs der Mulatten hervorgegangenen Liga Angolana (erste Partei für afrikanische Interessenvertretung) sowie der Parallelorganisation Gremio Africano.

1929   Gründung der Nachfolgeorganisation Liga Nacional Africana; eine Welle von Deportationen (1928–1930) führt zu einem Exodus von Assimilados.

1926–1930   Unter der Regierung Salazar in Portugal wird die seit 1914 schrittweise begonnene Delegierung von Zuständigkeiten an lokale Gremien der Kolonien rückgängig gemacht. – (Forts. S. 1524)

1136 Außereuropäische Welt bis 1945 – Afrika südlich der Sahara

Südrhodesien (heute: Zimbabwe-Rhodesien)
(Forts. v. S. 1125)

um 1839	Die während der Mfecane-Kriege aus dem südlichen Afrika abgewanderten Ndebele unter Mzilikazi besetzen das Rozvi-Reich und siedeln im Gebiet von Bulawayo.
1887 30. Juli	Mzilikazis Nachfolger Lobengula schließt einen Vertrag mit dem vom Transvaal ausgesandten P. Grobler; dieses Ausgreifen der Transvaal-Buren nach Norden veranlaßt die Briten zum Eingreifen im Gebiet nördlich des Limpopo.
1888 30. Okt.	Lobengula gewährt eine Schürfrechte-Konzession an C. Rudd, auf deren Grundlage C. Rhodes' British South Africa Company (BSACo.) eine Charta der britischen Krone erhält (29. Okt. 1889).
1890 10. Sept.	180 Siedler-Pioniere und 500 BSACo.-Polizisten kommen aus der Kapkolonie ins Gebiet der Shona („Mashonaland") und errichten Fort Salisbury. BSACo.-Truppen besetzen Manicaland (6. Nov.; Verteibung der Portugiesen), Umtali wird Sitz der BSACo.
1891 April	Das Gebiet nördlich Transvaals wird zum *britischen Einflußgebiet* erklärt, das der *BSACo.* zugestandene Territorium unter britischen Schutz gestellt.
1893 Nov.	Nach einem von BSACo.-Truppen provozierten Zusammenstoß (Juli) Krieg der Ndebele gegen die BSACo., deren Truppen Bulawayo besetzen und zum Verwaltungssitz des besetzten „Matabeleland" machen; Lobengula flieht und stirbt.
1895 2. Mai	Nach Einrichtung der ersten Ndebele-Reservate (1894) werden Mashonaland und Matabeleland als *Rhodesien* einem gemeinsamen Administrator mit Sitz in Salisbury unterstellt.
29. Dez.	Nach dem mißglückten Einfall des Rhodesien-Administrators mit 500 BSACo.-Polizisten in Transvaal (*„Jameson Raid"*) wird dem neuen BSACo.-Administrator ein britischer Residierender Kommissar mit Kontrolle über die BSACo.-Polizei beigegeben.
1896–1897	Aufstand der Ndebele (März–Okt. 1896) und eines großen Teils der Shona (Juni 1896–Nov. 1897) im Chimurenga-Befreiungskrieg.
1898	Um den Einfluß der BSACo. einzudämmen, wird den ca. 13000 Europäern Rhodesiens ein starkes Mitspracherecht im neuerrichteten Legislativrat gewährt; die Polizeitruppen werden einem britischen Generalkommandanten unterstellt; die lokale Verwaltung wird eingesetzten „traditionellen" Herrschern („Chiefs") überantwortet.
1898–1911	Einführung von die Afrikaner diskriminierenden Gesetzen: Einschränkung der Bewegungsfreiheit, Regulierung der Beschäftigung ungelernter Arbeiter, des Aufenthalts von Afrikanern in den Städten sowie der Rekrutierung von afrikanischen Arbeitskräften.
1907	Wegen ihrer wachsenden Bedeutung erhalten die gewählten Europäer die Mehrheit im Legislativrat.
1918	Entscheidung des Londoner Privy Council: das Land in *Rhodesien* wird zum *Kronbesitz* erklärt; bis dahin sind die Afrikaner auf 22 % des Landes zurückgedrängt und ca. 64 % in Reservate abgedrängt worden, weitere 20 % sind Pächter auf europäischem Land.
1923 1. Sept.	Nachdem in einem Referendum 59 % der Europäer für Selbstregierung, 41 % für die Union mit Südafrika gestimmt haben (27. Okt. 1922), wird Rhodesien formell als *britische Kronkolonie* annektiert; die BSACo. wird entschädigt, behält aber bis 1933 die Rechte an den Bodenschätzen.
1. Okt.	Mit Inkrafttreten der neuen Verfassung wird Rhodesien *selbstregierende Kolonie* unter einem Premier und mit einem Gouverneur als Repräsentant der britischen Krone; die ihr vorbehaltenen direkten Interventionsrechte für alle die Afrikaner betreffenden Angelegenheiten werden nie angewendet.
1930/1931	Das *Landverteilungsgesetz* verfügt die Aufteilung des Landes in ein europäisches Gebiet (52 % des Bodens sowie alle städtischen Gebiete inklusive der afrikanischen „town-ships" und aller Bodenschätze für etwa 52000 Weiße) und ein afrikanisches Gebiet (48 % des Bodens für etwa 1,2 Mio. Afrikaner; davon 8 % zum Landkauf durch Afrikaner) sowie die „Rassen"trennung in allen sozialen und kulturellen Bereichen (u. a. Schulen und Kirchen); außerdem werden Maßnahmen eingeführt, die jegliche afrikanische Konkurrenz in landwirtschaftlichen Produkten ausschalten.
1936	Umfassendes Paßgesetzsystem für Afrikaner nach südafrikanischem Muster. – *(Forts. S. 1526, 1527, 1528)*

Moçambique (heute: Mozambik)
(Forts. v. S. 1122)

1752	Portugiesisch-Ostafrika wird von Goa abgetrennt und eigenständige Kolonie. Abkommen mit den Oman-Arabern: Kap Delgado wird Grenze des jeweiligen Einflußbereiches.
1781	Die Delagoa-Bucht wird Österreich abgenommen und entwickelt sich zum wichtigsten portugiesischen Sklavenhandelszentrum bis zum Eindringen der Ngoni unter Zwangendaba (1821/1823).

Kolonialzeit – Südrhodesien – Moçambique – Deutsch-Südwestafrika   1137

1831–1834 Ngoni unter Soshangane zerstören das Fort in der Delagoa-Bucht und errichten – als Gaza bekannt – ihre Herrschaft im Gebiet von Portugiesisch-Ostafrika bis zum Zambezi (Tributzahlungen von den portugiesischen Ansiedlungen).

1869 Nachdem Gazaland von Mzila nominell den Portugiesen unterstellt worden ist (1862), schließt Portugal einen Vertrag mit Transvaal (Grenzfestlegung).

1875 Portugiesische und britische Ansprüche auf die Delagoa-Bucht im „MacMahon Award" zugunsten Portugals entschieden, das das Gebiet südlich von Lourenço Marques erhält.

1885–1886 Portugiesisches Ausgreifen von Zumbo aus im Gebiet des heutigen Zambia.

1890 Nach einem britischen Ultimatum (Jan.) werden die portugiesischen Expeditionen aus dem
20. Aug. von Großbritannien beanspruchten Gebiet des heutigen Malawi zurückgezogen.

1891 Britisch-portugiesisches Abkommen: Regelung der Grenzen (Gazaland kommt zu Portu-
11. Juni giesisch-Ostafrika), die portugiesischen Pläne für eine Verbindung mit Angola müssen aufgegeben werden.

Monopol über Handel und Bergbau für drei große Konzessionsgesellschaften, die das Inland kolonialwirtschaftlich zu erschließen beginnen und Bedingungen zur Besiedlung durch Europäer schaffen; das Prazo-System kommt zum Erliegen.

1895–1896 Unterwerfung der Gaza-Ngoni unter Gungunhane und Niederschlagung eines Aufstandes der Makua.

1897–1898 Lourenço Marques wird Hauptstadt anstelle von Moçambique.

1898 Britisch-deutscher Geheimvertrag (Angola-Vertrag); Aufteilung Moçambiques im Falle
30. Aug. portugiesischen Unvermögens zur Rückzahlung eines deutschen Kredits.

1899 Großbritannien sichert sich zu Beginn des Burenkrieges in Südafrika die portugiesische
15. Okt. Unterstützung durch ein Schutzangebot im sog. Windsor-Geheimvertrag.

9. Nov. Verstärkung der Zwangsarbeit (seit 1878) für Afrikaner; alles Land wird Staatsbesitz, außer wenn es Privatbesitz ist (Ausschluß von Afrikanern wegen kollektiven Landnutzungsrechts).

1919 Nach Ende des Ersten Weltkrieges kommt das Kionga-Dreieck (Deutsch-Ostafrika) an Moçambique.

1926–1930 Unter der Regierung Salazar in Portugal wird die seit 1914 begonnene Delegierung von Zuständigkeiten an lokale Gremien der Kolonien rückgängig gemacht und die Zwangsarbeit legalisiert.

1929 Gründung des Gremio Africano in Moçambique, aus dem sich die Associão Africana (Ziel: Unabhängigkeit) entwickelt: ein radikalerer Flügel spaltet sich als Instituto Negrófilo ab (später in Centro Associativo dos Negros de Moçambique – CANM – umbenannt).

1942 Manica-Sofala-Provinz der Kolonialverwaltung unterstellt (bisher Moçambique-Gesellschaft). – (Forts. S. 1531)

Deutsch-Südwestafrika (heute: Namibia)
(Forts. v. S. 1124, 1126)

1878 Walfisch-Bucht und ein Gebiet von 24 km im Umkreis werden von Großbritannien annek-
12. März tiert und der Kapkolonie administrativ unterstellt (1884).

1880 Der Oranje-Fluß wird von Großbritannien als Nordwestgrenze der Kapkolonie bekräftigt.

1884 Der vom Bremer Kaufmann Adolf Lüderitz (* 1834, † 1886) erbetene (1882) deutsche
24. April Schutz für seine in Angra Pequena geplante Niederlassung (Landerwerb Mai/Okt. 1883) wird für das Gebiet vom Oranje bis zum 26. Breitengrad gewährt.

Protektoratserklärung über Angra Pequena (Lüderitzbucht), schließlich auch über den
7. Aug. Rest der Küste bis Kap Frio (außer Walfisch-Bucht) und über das Nama-Land.

28. Okt. Erstes rechtskräftiges „Schutzabkommen" zwischen Deutschem Reich und Bethanie-Nama.

1885 Berseba-Nama unter deutschem Protektorat (28. Juli); Verträge mit Nama, Rehobothern, Herero (Sept./Okt.).

1886 Übertragung der Gebiete an die Deutsche Kolonialgesellschaft für Deutsch-Südwestafrika.

1890 Helgoland-Zanzibar-Vertrag (Juli): Südwestafrika erhält den „Caprivi-Zipfel".

1893 Angesichts einer drohenden Herero-Nama-Allianz überfallartiger Vernichtungsangriff
12. April deutscher Truppen gegen die als Hauptgegner angenommenen Nama unter Hendrik Witbooi, die sich ergeben und sich mit einem neuen Vertrag einverstanden erklären müssen (9. Sept. 1894).

1897 Eine Rinderpest vernichtet mindestens 60% des Viehbestandes der Afrikaner und entzieht vor allem den Herero (ca. 95% Verluste) die wirtschaftliche Basis.

1904 Beginn (12. Jan.) des Herero-Kriegs: etwa 100 Deutsche werden überraschend getötet.
19. Mai Nach Erklärung des Kriegszustands Militärherrschaft unter General Lothar von Trotha.
1. Aug. Die Herero werden in der Waterbergschlacht geschlagen und in die fast wasserlose Omaheke-Wüste abgedrängt, wo die meisten umkommen (deutsche Vernichtungsstrategie).

1138   Außereuropäische Welt bis 1945 – Afrika südlich der Sahara

3. Okt.   Um der drohenden Unterwerfung und Auflösung zu entgehen, treten die Nama in den Krieg ein.
1905   Trotz der nach Trothas Abberufung erklärten Waffenruhe Weiterführung des Nama-Guerillakampfes. Bis zur Aufhebung des Kriegszustands (31. März 1907) sind mindestens 75 000 Herero und Nama umgekommen (75–80 % der Herero und 35–50 % der Nama).
1905–1907   Das Land samt Vieh der Herero und Nama wird enteignet, durch ein System gesetzlicher Maßnahmen (Mischehenverbot, Verbot von Landerwerb und Viehhaltung durch Afrikaner, Einführung von Kontraktarbeit und Paßpflicht) wird die Dominanz der weißen Siedler gesichert und der Zusammenhalt der einheimischen Völker zerstört.
1906   Der deutsche Reichstag lehnt die Verlängerung der Lüderitzbucht-Bahn und die Kosten-
13. Dez.   bewilligung für die Schutztruppe ab: sog. „Hottentotten" (alter Name für die Nama) – Neuwahlen des Reichstags in der Folge.
1914–1915   Während des Ersten Weltkriegs wird *Deutsch-Südwestafrika durch Südafrika besetzt.*
1919   Nach Annahme des Mandatssystems (30. Jan.) werden die Mandatarstaaten durch die Siegermächte benannt, die *Regierungsgewalt* über Südwestafrika (SWA) geht an den Generalgouverneur der *Südafrikanischen Union* über; ehemalige deutsche Beamte und Soldaten werden ausgewiesen, die meisten anderen Deutschen (ca. 57 % der Weißen) bleiben.
1920   Offizielle *Übertragung des Völkerbunds-Mandats* an Südafrika (im britischen Auftrag);
17. Dez.   der Mandatsvertrag (C-Mandat) ermöglicht eine Behandlung von SWA als integraler Bestandteil Südafrikas.
1922/1924   Niederwerfung von Aufständen der Bondelzwarts-Nama und der Rehobother.
1925   SWA wird getrennt von Südafrika verwaltet; die neugebildete Legislativversammlung (Siedler-Selbstverwaltung) erhält keine Befugnisse über die afrikanische Bevölkerung, die vom Generalgouverneur Südafrikas direkt an den SWA-Administrator übertragen werden (1928). – *(Forts. S. 1532)*

Südafrikanische Union (Kapkolonie, Natal, Oranje-Freistaat, Transvaal; heute: Republik Südafrika)

(Forts. v. S. 1126)

Kapkolonie (1652–1899)

1652   Im Auftrag der Holländisch Ostindischen Kompanie landet J. van Riebeeck in der Tafelbucht und gründet Kapstadt als Proviantstation für die Indien-Schiffahrt.
1658–1678   Die Siedler sind zunächst auf die Bevölkerung der Khoikhoi („Hottentotten") und San („Buschmänner") angewiesen, mit denen es jedoch bald zu kriegerischen Auseinandersetzungen kommt.
1680–1707   Einwanderung niederländischer, deutscher und französischer Siedler, die zu *„Buren"* (niederländisch: boeren – freie Bürger) werden; die *San* und *Khoikhoi* werden vertrieben, vernichtet oder als Arbeitskräfte zwangsintegriert; Herausbildung einer sklavenhaltenden Farmer- und Händlergesellschaft.
    Mit der Kompanie-Herrschaft unzufriedene Buren ziehen als halbnomadische Viehzüchter ins Landesinnere und nehmen das wertvollere Land in Besitz; sie stoßen dabei über den
1760   Oranje-Fluß vor und treffen im Nordosten auf das *Xhosa-Volk* (von den Buren *„Kaffern"* genannt), das fast ein Jahrhundert lang in neun größeren, für beide Seiten verlustreichen Kriegen („Kaffern-Kriege") Widerstand gegen burische Landnahme leistet.
1795   Burische Rebellion gegen die Kompanie und Proklamation freier *Buren-Republiken* (Swellendam, Graaff-Reinet), die sich den Niederlanden unterstellen.
1795–1802   Die *britische Besetzung des Kaps* (erster Versuch 1781–1784 durch französische Truppen verhindert) zwingt die „Batavischen Republiken" der Buren zur Kapitulation.
1806   Zweite britische Besetzung der Kapkolonie (formelle Abtretung 13. Aug. 1814).
1807–1834   Die *britische Kolonialverwaltung* leitet rechtliche und politische Reformen ein: Einführung eines Paßsystems für die Khoikhoi (1809), zugleich Aufhebung der Zwangsarbeit; staatliche Förderung der Einwanderung von etwa 5000 Briten.
1825–1828   Einführung des britischen Währungs-, Verwaltungs- und Gerichtssystems sowie der Amtssprache Englisch und rechtliche Gleichstellung freier Nicht-Weißer mit Weißen.
1833/1834   Die Abschaffung der Sklaverei entzieht großen Teilen der burischen Bevölkerung die Lebensgrundlage.
1835–1841   Etwa 6000 Buren *(„Voortrekker")* verlassen im *Großen Trek* die Kapkolonie in Richtung Norden. Teilung des Haupttreks nach Überquerung des Oranje-Flusses: einige Züge führen weiter nördlich, andere östlich nach Natal: nach dem Scheitern ihres dortigen Siedlungsversuches (Widerstand der Zulu; britische Besetzung der Küste) zieht ein großer Teil von ihnen weiter ins Gebiet zwischen Oranje und Vaal *(Oranje-Freistaat)* und schließlich

Kolonialzeit – Südafrikanische Union   *1139*

zwischen Vaal und Limpopo *(Transvaal-Republiken)*. Sie können sich in den neuen Gebieten ausbreiten, da die dort ansässige afrikanische Bevölkerung z. T. in der Folge der Expansions- und Unterwerfungskriege *(„Mfecane")* des Zulu-Militärreiches unter Shaka geschwächt worden ist; die durch den Mfecane (1822–1828) hervorgerufenen Abwanderungen aus dem Zulu-Gebiet lösen in einer Art Kettenreaktion Wanderungsbewegungen im ganzen südöstlichen Afrika aus.

1853   Repräsantive Selbstregierung für die Kapkolonie (1. Juli).

1857   Die Xhosa werden durch freiwillige Vieh-Massenschlachtungen im Zusammenhang mit Widerstandsaufrufen von Propheten endgültig geschwächt, „Kaffraria" wird als erstes größeres afrikanisches Siedlungsgebiet der Kapkolonie angegliedert (1865).

1872   Verantwortliche Selbstregierung für die Kapkolonie unter einem Premier (Okt.).

1879–1886   Nach Niederschlagung des letzten Aufstandes der Xhosa (9. „Kaffernkrieg" 1877–1878) annektiert die Kapkolonie die meisten der zwischen Kaffraria und Natal liegenden Gebiete.

1894/1895   Mit der Annexion des Mpondo-Gebietes (Pondoland) wird die Landverbindung zwischen Kapkolonie und Natal hergestellt; die Angliederung der 1885 annektierten britischen Kronkolonie Bechuanaland beschließt die territoriale Expansion der Kapkolonie.

Natal *(1853–1899)*

1837/1838   Natal, wo bereits einige Briten an der Küste siedeln (seit 1824), wird von Voortrekkern unter P. Retief erreicht, der mit 70 Gefolgsleuten von den Zulu ermordet wird; ihr Vergeltungsfeldzug unter A. Pretorius führt zur Niederlage der Zulu am Blutfluß.

1843   Die meisten Buren ziehen nach Westen weiter, als die Briten Natal annektieren und Rassengleichheit proklamieren (im Widerspruch dazu Errichtung von Reservaten für die Zulu ab 1846: Grundstein für eine „Rassen"trennungspolitik).

1856   Natal wird Kronkolonie mit repräsentativer Selbstregierung und von der Kapkolonie abge-
12. Juli   trennt (Provinz seit 1845); wegen des Zahlenverhältnisses zwischen weißer und nicht-weißer Bevölkerung (ca. 1:19) werden Afrikaner praktisch vom Wahlrecht ausgeschlossen.

1879   Der Forderung nach Auflösung seines Heeres widersetzt sich der Zulu-Herrscher Cetshwayo
21. Jan.   mit einem Massaker an britischen Truppen (1600 Tote) bei Isandhlawana (28. Aug.); nach seiner Gefangennahme wird sein Land einem britischen Residenten unterstellt.

1886/1887   Zululand wird annektiert und der Verwaltung Natals unterstellt (Teil des Versuches, den Burenrepubliken den Weg zur Küste abzuschneiden).

1893   Natal erhält verantwortliche Selbstregierung; Nicht-Weiße werden fast völlig vom Wahlrecht ausgeschlossen; dies trifft vor allem Inder, deren Einwanderung unterbunden wird.

1897   Tongaland (1895 annektiert) wird Zululand, dieses Natal angeschlossen (1. Dez.).

Oranje-Freistaat *(1837–1899)*

1837   Lockerer Zusammenschluß der Voortrekker in einer gemeinsamen Regierung in Winburg (mit einem Bürgerrat, der 1840–1842 der Republik Natalia unterstellt ist).

1848   Erklärung der britischen „Oranjefluß-Souveränität" (Gebiet zwischen Oranje und Vaal)
3. Febr.   gegen den Willen der Buren, die jedoch nach zwei britischen Niederlagen (1851/1852) gegen Sotho-Truppen unter Moshweshwe (heutiges Lesotho) aufgegeben wird.

1854   Statt dessen wird von den ca. 15000 Buren der Oranje-Freistaat gegründet, alle nicht-
23. Febr.   weißen Einwohner werden vom Bürgerrecht ausgeschlossen; 3000 Griqua unter Adam Kok wandern mit britischer Unterstützung nach Osten (1861–1863, Ost-Griqualand).

1866   Nach dem Senekal- und dem Seqiti-Krieg (1858 bzw. 1865) zwischen Buren und Moshwe-
3. Apr.   shwe Abtretung großer Teile des Sotho-Landes an die Buren, die sich jedoch nach der britischen Annexion Basutolands (12. März 1868) auf das Gebiet westlich des Caledon zurückziehen müssen.

1869   Die Entdeckung von Diamanten (1868) in Kimberley führt zum Konflikt mit der britischen Kolonialregierung in der Kapkolonie, die das umstrittene Gebiet als West-Griqualand annektiert (1871) und nach Zahlung einer Kompensation an den Oranje-Freistaat schließlich der Kapkolonie angliedert (1880).

Transvaal/Südafrikanische Republik *(1835–1899)*

1835–1837   Voortrekker-Gruppen stoßen über den Vaal vor, schlagen die Ndebele unter ihrem Herrscher Mzilikazi (1837) und drängen sie nach Nordwesten ab.

1838–1844   Zwischen Vaal und Limpopo („Transvaal") bilden sich *Burenrepubliken* (Potchefstrom, Zoutpansberg, Utrecht, Lydenburg).

1140 Außereuropäische Welt bis 1945 – Afrika südlich der Sahara

1852 Britische Anerkennung der Unabhängigkeit dieser Gebiete (Sandfluß-Konvention).

1858–1860 Annäherung der Burenrepubliken, die sich zur *Südafrikanischen Republik* (im folgenden *Transvaal* genannt) unter Präsident *Marthinus Pretorius* (* 1818, † 1901) mit der Hauptstadt Pretoria zusammenschließen. Die Verfassung (3. Apr. 1860) bestimmt, daß es weder im Staat noch in der Kirche Gleichheit zwischen Weißen und Nichtweißen geben darf.

1877 *Transvaal wird ohne Gegenwehr von Großbritannien annektiert* (12. April).

1880 Nach gemeinsamem Sieg der Briten und Buren über die Pedi-Sotho (Nov. 1879) führt die
13. Okt. Unzufriedenheit über die britische Herrschaft zur *Ausrufung einer unabhängigen Transvaal-Republik* und zum Krieg gegen die Briten, die bei Majuba Hill (27. Febr. 1881) geschlagen werden.

1881 *Konvention von Pretoria:* Unter Beibehaltung der „Suzeränität" erkennen die Briten die
3. Aug. Selbstregierung Transvaals an (Präsident 1883–1900: Paulus Krüger [* 1825, † 1904]) und verzichten in der Konvention von London (27. Febr. 1884) auf jede Einmischung in die Politik Transvaals.

1886 Beginn des Goldbergbaus am Witwatersrand (Johannesburg), der sich zum größten Goldbergbaugebiet der Welt entwickelt; Zuzug von Tausenden, Entstehung des größten industriellen Ballungsgebietes Afrikas. Da angesichts des enormen wirtschaftlichen Aufschwungs die britischen Kolonien (Kapkolonie, Natal) vom Reichtum und Verkehrsaufkommen Transvaals abhängig zu werden beginnen, unterstützt Großbritannien die wirtschaftliche und territoriale Expansion der Kapkolonie und versucht, Transvaal in eine Föderation sowie eine Zoll- und Eisenbahnunion zu zwingen und zugleich durch Gebietsannexionen an der Ostküste vom Zugang zum Meer abzuhalten.

1889 Der British South Africa Co. (BSACo.) von Cecil Rhodes (1890–1896 Premier der Kapko-
29.Okt. lonie) wird durch Gewährung einer königlichen Charta die Sicherung des Gebietes nördlich Transvaals (Entstehung der Kolonien Süd- und Nordrhodesien) und westlich davon (Verpflichtung zum Bau der Eisenbahn Kimberley–Bulawayo, 1894–1897) übertragen.

1895 Auf Drängen von Cecil Rhodes und mit Billigung des britischen Kolonialministers kommt
29. Dez. es zur *Jameson Raid:* 500 BSACo.-Polizisten fallen von Bechuanaland im Transvaal ein, müssen sich jedoch wegen Ausbleibens der erwarteten Unterstützung durch die „Uitlander" (nicht-burische weiße Einwanderer) ergeben (2. Jan. 1896).

1896 Ein Gratulationstelegramm des deutschen Kaisers an den Transvaal-Präsidenten *(„Krü-*
3. Jan. *ger-Depesche")* sorgt für erhebliche Verstimmung in Großbritannien.
6. Jan. Rhodes tritt von seinem Posten als Premier der Kapkolonie zurück. In der Folge weitere Polarisierung innerhalb der weißen Gesellschaft in Südafrika und Zusammenrücken der Burenrepubliken durch den Abschluß eines Offensiv- und Defensivpaktes.

Südafrika (1899–1945)

1899 Fehlschlag von Einigungsversuchen zwischen Paulus Krüger (Transvaal-Präsident) und
März–Juni dem britischen Hochkommissar, Sir Alfred Milner (* 1854, † 1925). Großbritannien besteht auf vollem Stimmrecht für britische Einwanderer, was vermutlich die Annexion Transvaals durch Mehrheitsentscheidung der Uitlander ermöglicht hätte. Unter Fehleinschätzung des Widerstandswillens der Transvaal-Buren sowie des tatsächlichen Ausmaßes der angenommenen Bedrohung der britischen Suprematie im südlichen Afrika treibt vor allem Milner den Konflikt auf die Spitze.

11. Okt. Nach einem Ultimatum Krügers (9. Okt.), dem sich der (1837/1854 von Buren gegründete) *Oranje-Freistaat* anschließt, beginnt der **Burenkrieg** („Zweiter Freiheitskrieg"), etwa 88000 Buren stehen 450000 Mann britischer Truppen gegenüber.

1900 Nach der *britischen Annexion des Oranje-Freistaates* und Transvaals (25. Okt.) gehen die
24. Mai Buren zum *Guerillakampf* über, die Briten reagieren mit der Taktik der verbrannten Erde und Einrichtung von Internierungslagern für Frauen und Kinder; von etwa 200000 Inhaftierten sterben etwa 25000; außerdem fallen fast 6000 burische und 22000 britische Soldaten.

1902 *Frieden von Vereeniging:* die Burenrepubliken werden britische Kronkolonien; Zusage
31. Mai baldiger innerer Autonomie und Nichteinmischung in die Frage des Afrikaner-Wahlrechts.
1906, 1907 Selbstregierung für Transvaal (6. Dez. 1906) und Oranje-Freistaat (5. Juni 1907).

1910 Gründung der **Südafrikanischen Union** *(Kapkolonie, Natal, Oranje-Freistaat, Transvaal)*
31. Mai mit Regierungssitz in Pretoria, Parlament in Kapstadt und Oberstem Gerichtshof in Bloemfontein; sie untersteht einem britischen Generalgouverneur, der als „Hochkommissar in und für Südafrika" (Personalunion bis 1931) zugleich für die „Hochkommissariatsgebiete" *Basutoland* (1868 als britisches Protektorat aus dem Gebiet der Sotho gebildet; heute *Lesotho*), *Swaziland* (seit 1903 unter britischer Administration) und *Bechuanaland* (Betschuanaland, seit 1885 britisches Protektorat; heute *Botswana*) zuständig ist. Die Einigung von Buren und Briten wird auf Kosten der Nicht-Weißen erzielt: das in den vier Teil-

Kolonialzeit – Südafrikanische Union   1141

staaten bisher jeweils geltende Wahlrecht wird beibehalten, das liberalere Wahlrecht der Kapkolonie wird dabei ausdrücklich abgesichert.

15. Sept. Bei den ersten *Wahlen* setzt sich die *South African Party* gegen die *Unionist Party* durch, *Louis Botha* (* 1862, † 1919) wird Premier (bis 1919).
Der Gegensatz zwischen Botha (Versöhnungskonzeption: Verschmelzung der englischsprachigen und burischen Bevölkerung) und *James Barry Munnick Hertzog* (* 1866, † 1942) („Zwei-Strom-These": parallele Entwicklung der beiden Bevölkerungsgruppen bis zur Gleichberechtigung der Buren) führt jedoch zu Hertzogs Austritt aus der Regierung (1912) und seiner Gründung der *Nasionale Party* (1914).

1911–1914 *Erste Welle rassendiskriminierender Gesetze:* das „Mines and Works"-Gesetz (1911) beschränkt Nicht-Weiße auf ungelernte Arbeit (1926 durch das „Colour Bar"-Gesetz ergänzt); das „Native Labour Regulation"-Gesetz regelt den Zufluß von Wanderarbeitern für Bergwerke und macht Kontraktbruch (Streik) zum kriminellen Vergehen; das „Natives Land"-Gesetz stellt mit dem Verbot des Bodenerwerbs durch Afrikaner außerhalb der Reservate (7,5% des Landes) die erste Maßnahme einer territorialen Rassentrennung dar (gilt zunächst nicht für die Kapprovinz); das „Riotous Assemblies"-Gesetz (1914) ermöglicht die gewaltsame Verhinderung von politischen Versammlungen und Streiks.

1912 Gründung des African National Congress (ANC), der bis zum Ende der fünfziger Jahre zur wichtigsten Stütze des afrikanischen Nationalismus wird.

1913–1914 Nachdem *Mahatma Gandhi* den passiven Widerstand unter den Transvaal-Indern organisiert hat (1907–1908), führt er den *Marsch der Inder von Natal zum Transvaal* an und erreicht in der *Smuts-Gandhi-Übereinkunft* einige Konzessionen, die die Inderfrage in Südafrika zunächst entschärfen.

1920 Wahlen: Nasionale Party stärkste Partei; *Jan Christiaan Smuts* ([* 1870, † 1950] Premier
10. März seit Bothas Tod am 3. Sept. 1919) regiert weiter mit einer Koalition. Seine Unionisten schließen sich der South African Party an, die die nächste Wahl gewinnt (Febr. 1921).

1922 „Rand-Revolte": weiße Arbeiter versuchen, eine Ausweitung der Beschäftigung Nicht-Weißer zu verhindern; die Streiks werden durch Militär (u. a. Bombardierung durch Flugzeuge) unterdrückt (Jan.–März).

1923 Einführung von nach Rassen getrennten Wohngebieten und Unterbindung des Zuzugs von Afrikanern in städtische Gebiete durch das „Urban Areas"-Gesetz; zur Kontrolle der eingeschränkten Bewegungsfreiheit werden die Afrikaner außerhalb des Kaplandes einem einheitlichen Paßwesen unterstellt (Verschärfung 1930).

1924 Wahlsieg der Nasionale Party, *J. B. M. Hertzog* wird *Premier* (30. Juni).

1924–1933 In Koalition mit der (weißen) *Labour Party* unter F. Creswell gelingt es Premier Hertzog, die *Selbständigkeit Südafrikas* innerhalb des British Commonwealth auszuweiten (1931: souveränes Königreich mit vollem Legislativrecht, Abtrennung des Hochkommissarspostens von dem des Generalgouverneurs); er setzt die Gleichberechtigung von Englisch und Afrikaans (zweite Amtssprache 1925) sowie einen wirtschaftlichen Nationalismus gegen integratorische Tendenzen im Commonwealth durch und forciert die Herausbildung der „*civilized labour policy*" (Sicherung der Arbeitsplätze für Weiße, Integration des weißen Landproletariats in die modernen Wirtschaftssektoren) auf Kosten der nichtweißen Arbeitskräfte mit der Einführung des Prinzips der ökonomischen Rassenschranke.

1927 Unmoral-Gesetz: Geschlechtsverkehr zwischen Weißen und Afrikanern unter Strafe.

1931 Gewährung des allgemeinen, gleichen und direkten Wahlrechts für die weiße Bevölkerung: die weiße Wählerschaft wird mehr als verdoppelt und damit das Wahlrecht für Farbige (d. h. „Mischlinge") im Kapland zur Bedeutungslosigkeit reduziert.

1933 Vor dem Hintergrund der weltweiten Wirtschaftskrise kommt es zur *Großen Koalition* zwi-
30. März schen Hertzog und Smuts, deren Parteien sich zur *United Party* zusammenschließen, während sich die extremen Nationalisten unter *Daniel François Malan* (* 1874, † 1959) als „*Gesäuberte Nationale Partei*" neu formieren (5. Juni 1934).

1936 Hertzogs Rassentrennungspolitik verhilft der „nördlichen" (burischen) Tradition durch Verabschiedung einiger die Rechte Nicht-Weißer einschränkender Gesetze zum entscheidenden Sieg über die „südliche" (Kap-liberale) Tradition: das „Representation of Natives"-Gesetz entzieht rund 11 000 Afrikanern das direkte Wahlrecht im Kapland (sie können nur noch drei weiße Abgeordnete, die restlichen Afrikaner in der Union vier weiße Senatoren entsenden), die Erweiterung des „Native Service Contract"-Gesetzes von 1932 auf die ganze Union erlaubt weißen Farmern, afrikanische Pächter in Tageslohn zu nehmen oder in Reservate abzuschieben; Afrikaner im Kapland verlieren im „Natives Trust and Land"-Gesetz die Möglichkeit zum Landkauf in „weißen" Gebieten; zugleich werden Gelder für die Ausweitung der viel zu kleinen Reservate (etwa 13% des Landes) bereitgestellt.

1939 Hertzogs Versuch, die Union im Zweiten Weltkrieg für neutral zu erklären, wird von Kabi-
4.–5. Sept. nett und Parlament abgelehnt; *Jan Christiaan Smuts* bildet eine *Koalitionsregierung*, die dem Deutschen Reich den Krieg erklärt (rund 345 000 südafrikanische Freiwillige nehmen an den Kämpfen auf vielen Kriegsschauplätzen teil) – *(Forts. S. 1535, 1537, 1538).*

1142 Außereuropäische Welt bis 1945 – Afrika südlich der Sahara

Madagaskar
(Forts. v. S. 1121)

1885 17. Dez.	Nach anhaltenden Auseinandersetzungen mit dem Merina-Reich interveniert Frankreich militärisch (1883) und errichtet ein sog. Phantom-Protektorat im Vertrag mit dem Merina-Reich; im Norden wird die Kolonie Diego Suarez als Brückenkopf für künftige französische Interessen errichtet (1886).
1895 *1. Okt.*	*Frankreich* beginnt mit der militärischen Eroberung der Insel (Nov. 1894), die nach Einnahme von Tamatave (Dez. 1894) und Tananarive (30. Sept. 1895) zum *Protektorat* erklärt wird.
1896 *6. Aug.*	Madagaskar wird zur *französischen Kolonie* erklärt; Sainte-Marie, Nosy Bé und Diego Suarez werden ihr angegliedert, die Inseln im Mozambik-Kanal (Tromelin, Les Glorieuses, Juan de Nova, Europa und Bassa da India) werden ihr verwaltungsmäßig unterstellt.
1897 28. Febr.	Wegen anhaltenden Widerstands wird die Merina-Herrscherin Ranavalona III. (1883–1897) abgesetzt und das Merina-Reich mitsamt seiner Verwaltungsstruktur gewaltsam aufgelöst.
1904	Mit der Unterwerfung der Völker im Süden und Südosten wird die Eroberung Madagaskars abgeschlossen.
1914 23. Febr.	Die 1912 mit *Mayotte* (1843 französisch) zur Kolonie zusammengeschlossenen **Comoren** (seit 1886/1887 französisches Protektorat) werden Madagaskar verwaltungsmäßig unterstellt. – *(Forts. S. 1545, 1547)*

Deutsch-Ostafrika – Tanganyika (heute: Tanzania)
(Forts. v. S. 1117, 1118, 1119, 1120)

1884 Nov./Dez.	Vertragsabschlüsse durch Carl Peters auf dem Festland gegenüber Zanzibar, für die er einen Schutzbrief des Deutschen Reiches erhält (27. Febr. 1885).
1886 1. Nov.	Großbritannien und das Deutsche Reich einigen sich auf die Abgrenzung ihrer jeweiligen Einflußbereiche auf dem Festland, wobei der Einflußbereich des Sultans von Zanzibar von ihnen willkürlich auf einen 16 km breiten Küstenstreifen beschränkt wird.
1887 *29. März*	Die von Carl Peters gegründete *Deutsch-Ostafrikanische Gesellschaft* (DOAG) erhält einen *Schutzbrief des Deutschen Reiches* und bekommt vom Sultan von Zanzibar die Küste vom Umba- bis zum Rovuma-Fluß zur Verwaltung übertragen (30. Juli).
1888 17. Aug.	Die Durchsetzung des damit gewährten Rechts auf Zollerhebung führt zum Widerstand der ansässigen Bevölkerung unter Abushiri und Bwana Heri. Der Aufstand breitet sich an der gesamten Küste aus und greift auch ins Landesinnere über.
1890 14. Juni	Nach massiven militärischen Operationen wird der Aufstand niedergeschlagen (Mai). Vertrag zwischen Großbritannien und dem Deutschen Reich: endgültige Aufteilung der bisher vom Sultan von Zanzibar beanspruchten Gebiete.
1. Juli	Im *Helgoland-Zanzibar-Vertrag* sichert Großbritannien als künftige Protektoratsmacht (ab 4. Nov.) über Zanzibar Unterstützung für die Aufgabe der Zanzibar-Souveränitätsrechte über den Küstenstreifen im deutschen Gebiet (gegen Entschädigung) zu.
1891 *1. Jan.*	Das Deutsche Reich schließt einen Vertrag (20. Nov. 1891) mit der gescheiterten DOAG und übernimmt selbst die *Verwaltung Deutsch-Ostafrikas*; die Hauptstadt wird von Bagamoyo nach Dar es Salaam verlegt.
1891–1898	Militärische Eroberung des Landesinnern gegen erbitterten Widerstand der Hehe (1891–1898), der Nyamwezi (1892/1893), der Chagga und zahlreicher anderer Völker.
1905 Juli	Zwangsanbau von Baumwolle löst nördlich von Kilwa den Maji-Maji-Aufstand aus, der innerhalb kürzester Zeit außer den Hehe alle Völker des südlichen Teils Deutsch-Ostafrikas einbezieht und erst nach Einsatz massivster militärischer Mittel und der Taktik der verbrannten Erde unterdrückt werden kann (1907); Widerstand der Ngoni noch bis 1908. Schätzung der Todesopfer (einschließlich der Folgewirkungen) schwankt zwischen 75 000 und 250 000.
1906–1912	„*Reformpolitik*": Afrikanern wird mehr Spielraum zum Anbau von Exportverkaufsfrüchten zugestanden und damit der Grundstein für eine kolonialwirtschaftliche Entwicklung von den Gebieten im Norden (Kilimanjaro, Victoriasee) gelegt.
1914	Erklärung des Kriegszustandes (5. Aug.).
1916 *15. März*	Beginn einer *britischen Offensive* unter dem südafrikanischen General Smuts mit Unterstützung indischer, rhodesischer und belgischer Truppen; die deutschen Truppen unter General v. Lettow-Vorbeck ziehen durch den Südteil des Landes nach Moçambique (Mozambik) und ergeben sich schließlich in Nordrhodesien (25. Nov. 1918). Der Krieg fordert auf afrikanischer Seite zwischen 100 000 und 750 000 Tote (einschließlich der Opfer der durch die Verwüstung des Landes ausbrechenden Hungersnöte und einer großen Grippe-Epidemie).

Kolonialzeit – Madagaskar – Deutsch-Ostafrika – Kenya 1143

1919   Deutsch-Ostafrika wird von den alliierten Siegermächten Großbritannien als B-Mandat
7. Mai   übertragen, **Ruanda-Urundi** (heute Rwanda und Burundi) an Belgien abgetreten
         (30. Mai), das Kionga-Dreieck an Portugiesisch-Ostafrika (Moçambique). Mit der Bestäti-
         gung durch den Völkerbund tritt das Mandat über das „Tanganyika Territorium" endgültig
         in Kraft (Juli 1922).
1923–1926 Großbritannien versucht mit einer Politik der „indirekten Herrschaft" die traditionellen
         Autoritäten – deren ursprüngliche Funktionen in der Regel längst untergraben worden
         sind – wieder zu stärken. Die Bevorzugung europäischer Siedler wird eingeschränkt, die
         Landzuteilung an Europäer und Inder, die nicht mit den Interessen der Afrikaner kolli-
         dieren soll, jedoch fortgesetzt.
1929   Gründung der African Association, die sich zum Vorläufer der Nationalbewegung entwik-
         kelt, der sich sehr unterschiedliche Organisationen als Zweigstellen anschließen. – (Forts.
         S. 1538)

Kenya (Kenja)
(Forts. v. S. 1118, 1119, 1120)

1885   Vertragsabschlüsse der deutschen Brüder Denhardt (Clemens [* 1852, † 1929] und Gustav
April   [* 1856, † 1917]) im Witu-Gebiet, für das vom Deutschen Reich eine Art Protektoratssta-
         tus zugebilligt wird.
1886   Das Gebiet südlich davon bis zum Umba-Fluß wird britisches Einflußgebiet (Vertrag mit
1. Nov.   dem Deutschen Reich), für das die Imperial British East Africa Co. (IBEACo.) eine Charta
         der britischen Krone erhält (3. Sept. 1888); das darin eingeschlossene Uganda-Gebiet ist
         der eigentliche Anziehungspunkt.
1890   Durch deutsches Expansionsstreben (Benadir-Protektorat nördlich von Witu: Okt. 1889)
1. Juli   verursachte Konflikte werden im Helgoland-Zanzibar-Vertrag beigelegt; Aufgabe deut-
         scher Ansprüche auf Witu und Benadir.
1895   Das Gebiet der finanziell ruinierten IBEACo. wird von Großbritannien als Ostafrika-Pro-
1. Juli   tektorat übernommen, der Küstenstreifen bleibt unter Oberherrschaft des Sultans von
         Zanzibar (bis 1963 jährliche Pacht), wird jedoch als Bestandteil des Protektorats mitver-
         waltet.
1895–1899 Erhebungen der Luo und Luyia, langanhaltender Widerstand der Nandi (1895–1906).
1902   Die Ostprovinz Ugandas wird dem Ostafrika-Protektorat angegliedert, das damit das ge-
1. April samte äußerst fruchtbare Hochland erhält, womit der Grundstock zur Entwicklung einer
         Siedlerkolonie gelegt wird.
1903–1908 Den verstärkt ins „weiße Hochland" kommenden europäischen Siedlern (starkes südafri-
         kanisches Element) werden beträchtliche Zugeständnisse gemacht; das Land eines großen
         Teils der Afrikaner wird enteignet (Landgesetz 1902, Abdrängung in Reservate). In der
         Folge Zwangsumsiedlungen der Maasai (1904, 1911) sowie Erhebungen der Kikuyu und
         Embu (1904–1907) und Gusii (1907, 1914).
1904   Nach der Verlegung des Verwaltungssitzes von Zanzibar nach Mombasa (Nov. 1902)
Juni   Beendigung der Personalunion zwischen Zanzibar-Generalkonsul und Kommissar des
         Ostafrika-Protektorats und Verlegung der Hauptstadt nach Nairobi (1907).
1915   Die Landrechte der Weißen werden von 99 auf 999 Jahre verlängert und die ihnen zah-
         lenmäßig weit überlegenen Inder vom Zugang zum Hochland ausgeschlossen.
1920   Umwandlung in die Kronkolonie Kenya, der Küstenstreifen bleibt Protektorat (23. Juli).
9. Aug.   Die Gewährung des Wahlrechts auch für indische Repräsentanten im Legislativrat löst eine
         schwere Krise aus (Frage getrennter oder gemeinsamer Wählerlisten), in deren Verlauf die
         auf „Rassen"-trennung beharrenden Europäer Putsch- und Sezessionspläne vorbereiten
         (1921/1922).
1922   Aufgrund verstärkten Drucks (u. a. Paßsystem nach südafrikanischem Vorbild) auf die
16. März Afrikaner zunehmende politische Mobilisierung (seit 1919) vor allem unter den besonders
         betroffenen Kikuyu; nach Verhaftung eines ihrer Anführer (Harry Thuku) werden zwi-
         schen 27 und 150 Afrikaner von Polizei und Siedlern erschossen.
1923   Endgültige Festlegung von getrennten Wählerlisten und der Reservierung der Hochlande
25. Juli für Europäer, zugleich Zurückweisung der Selbstregierungsabsichten der Kenya-Siedler.
1925   Das östlich des Juba-Flusses gelegene Gebiet kommt an Italienisch-Somaliland.
1925   Gründung der Kikuyu Central Association (KCA); sie wird zum wichtigsten politischen
         Instrument der Afrikaner in der Zwischenkriegszeit (u. a. Bildung unabhängiger Kikuyu-
         Schulen und -Kirchen) und entsendet Jomo Kenyatta (* 1897?, † 1978) als Repräsentan-
         ten nach London (1929/1930–1946).
1940   Nach Organisierung eines Streiks in Mombasa (Juli 1939) werden die KCA und mit ihr ko-
28. Mai   operierende Organisationen der Kamba und Taita wegen angeblicher Subversion verboten.
         – (Forts. S. 1541)

1144 Außereuropäische Welt bis 1945 – Afrika südlich der Sahara

Somaliland (heute: Somalia und Dschibuti)
(Forts. v. S. 1107)

1827 Die *britische East India Company* schließt mit Somalihäuptlingen zur Sicherung des Seewegs nach Indien Verträge über Hafenrechte an der Somaliküste (Golf von Aden).

1862 *Frankreich* erwirbt vom Volk der Danakil das Gebiet von *Obock* (nordöstlich von Dschibuti) samt Hinterland im Nordosten der Afar- und Issarküste.

1884–1887 Von Aden aus besetzen die Briten Zeila (Hafen am Golf von Aden) und Berbera. *Großbritannien übernimmt* mit Ausnahme des Osthorns *das gesamte Küstengebiet* und sichert sich durch Schutzverträge mit den Somalistämmen den Einfluß über das Hinterland.

1888 Frankreich und Großbritannien legen die Grenze ihrer Besitzungen in Somaliland fest.

1889 *Italien* errichtet an der Benadirküste (Gebiet um Mogadischu und Merca) und in der Migiurtinia (Osthorn) ein Protektorat; die italienischen Besitzungen werden von Großbritannien anerkannt (24. März 1891).

1894 In einem *britisch-italienischen Vertrag* werden die Grenzen zwischen **Britisch-Somaliland** und **Italienisch-Somaliland** festgelegt (5. Mai).

1896 Frankreich schließt die erworbenen Gebiete an der Afar- und Issarküste (heute: Dschibuti) zur Kolonie **Französisch-Somaliland** (Côte Française des Somalis) mit dem Verwaltungssitz Dschibuti zusammen.

1897 Frankreich sichert Äthiopien vertraglich zu, Dschibuti als äthiopischen Ausfuhrhafen benutzen zu können (Eisenbahnbau von Addis Abeba nach Dschibuti 1917 fertiggestellt).

1899–1920 *„Heiliger Krieg"* des Emirs *Muhammad Abdallah bin Hassan* gegen die Briten im Hinterland des Protektorats; nach schweren Kämpfen gelingt den Briten die Ausschaltung des Emirs und damit die endgültige Sicherung ihrer Herrschaft.

1905 Italien übernimmt nach Abschluß eines Vertrages mit dem Sultan von Zanzibar die direkten Rechte über sein Protektoratsgebiet und erhebt dieses zur Kolonie (19. März).

1908 Äthiopien und Italien regeln die Grenzfragen in der gemeinsamen Interessensphäre, wobei
16. Mai das fast ausschließlich von Somalis bewohnte Ogaden-Gebiet, das 1897 von Großbritannien abgetreten worden ist, als äthiopische Provinz anerkannt wird.

1925 Mit der Abtretung des Juba-Landes (bis dahin zum Protektorat Kenya gehörig) durch Großbritannien kommen die italienischen Erwerbungen in Somaliland zum Abschluß. – *(Forts. S. 1543, 1544)*

Äthiopien
(Forts. v. S. 1109)

1890 Die *italienische Besitzung* **Eritrea** wird Kolonie.

1896 Im *Frieden von Addis Abeba* wird der italienisch-äthiopische Krieg offiziell beendet; Ita-
1. März lien muß damit vorerst auf sein Ziel verzichten, durch die Einbeziehung Äthiopiens seine afrikanischen Territorien (Eritrea und Italienisch-Somaliland) zu einem geschlossenen ostafrikanischen Kolonialreich auszubauen.

1897 Großbritannien sichert Äthiopien das *Ogadengebiet* mit Ausnahme einiger Reserved Areas, durch die die Transitwege nach Britisch-Somaliland kontrolliert werden, vertraglich zu (Italien bestätigt den Gebietserwerb im Grenzabkommen von 1908).

1899 Im Vertrag von Ucciali (2. Mai) legen Äthiopien und Italien die Grenze im Gebiet von Tigre und Eritrea fest.

1906 Garantieerklärung für die Unabhängigkeit Äthiopiens durch Großbritannien, Frankreich
4. Juli und Italien, durch welche die drei europäischen Mächte jedoch gleichzeitig ihre Einflußsphäre festlegen.

1916 Nach *Meneliks II.* Tod (1913), in einer Zeit heftiger Unruhen, wird dessen Tochter *Zauditu* zur Kaiserin gekrönt.

1930 Nachfolger der verstorbenen Kaiserin ist der Neffe Meneliks und eigentliche bisherige
2. April Regent, *Ras Tafari Makonnen* (* 1892, † 1975), der als *Haile Selassie I.* zum Negus Negesti (König der Könige) gekrönt wird.

1935 Ohne vorherige Kriegserklärung marschieren italienische Truppen in Äthiopien ein und
3. Okt. können trotz heftiger Gegenwehr das gesamte Land besetzen.

1936 Nach der offiziellen Annexion wird Äthiopien gemeinsam mit Eritrea und Italienisch-Somaliland zur Großkolonie *Italienisch-Ostafrika* vereinigt.

1941 Im 2. Weltkrieg wird die italienische Afrikakolonie von britischen Truppen besetzt: Kapitulation der italienischen Hauptkräfte in Äthiopien bei Amba Alagi (18. Mai).

1942 Der aus seinem Londoner Exil zurückgekehrte Kaiser Haile Selassie unterzeichnet mit
31. Jan. Großbritannien einen Vertrag, der seinem Land die Unabhängigkeit und britischen Beistand zusichert (Benutzungsrechte der Eisenbahn Addis Abeba–Dschibuti für Großbritannien). – *(Forts. S. 1544)*

Amerika

Vorgeschichte und Indianerkulturen

Innerhalb der *Wisconsin-Eiszeit*, die mit der europäischen *Würm-Eiszeit* zeitgleich ist, findet in der letzten Kaltphase (zwischen **25 000** und **8000 v. Chr.**) mit sehr hoher Wahrscheinlichkeit die Haupteinwanderung von Menschen mongoloider Rasse aus Nordostasien über eine damals bestehende Landbrücke nach Nordamerika statt. Zwischen einem großen östlichen und einem kleineren westlichen Gletschergebiet können die Einwanderer bis ca. 18 000 v. Chr. nach Süden ziehen und sich ungehindert bis nach Südamerika ausbreiten. Dann schließt sich hinter ihnen die kanadische Eisbarriere; erst ab **8000 v. Chr.** tauen die Gletscher ab und geben den Weg nach Süden wieder frei. Aus der Zeit der Nordsperre stammen die ersten relativ gut datierten Funde von Artefakten. Es sind grob gearbeitete Faustkeile, Schaber und Bohrer (nach Art der Moustérien-Technik im Mittelpaläolithikum), die gewisse Übereinstimmungen mit den Grobschaberindustrien Ost- und Südostasiens zeigen. Die ältesten Funde Amerikas – *Friesenhahn Cave* und *Lewisville* (Texas); *Santa Rosa Island* (Kalifornien); *Old Crow* (Yukon Territory); *Tlapacoya* und *Hueyatlaco* (Mexiko); *Ayacucho* (Peru) – gehören typologisch zu diesem amerikanischen Grobschaberoder Vorgeschoßspitzen-Komplex (auf 20 000 bis 25 000 Jahre geschätzt, noch höhere Angaben sind umstritten).

Wesentlich jünger sind viele Tausende von großen, meist grob zugehauenen Geschoßspitzen, die gelegentlich mit tierischen Skelettresten der eiszeitlichen Megafauna vergesellschaftet angetroffen wurden. Die meisten stammen aus einer Zeit ab **10 000 v. Chr.** Sie sind Zeugnisse einer endpleistozänen Großwildjagdkultur. Die ältesten steinernen Geschoßspitzentypen sind die *Sandia-* und *Clovis-Spitzen.* Man hat Clovis-Spitzen zusammen mit Mammutresten gefunden und z. B. die Funde von *Lehner* (Arizona) und *Dent* (Colorado) zwischen **10 000** und **9200** datieren können. Die Clovis-Spitzen unterscheiden sich von altweltlichen paläolithischen Spitzen vor allem durch eine mehr oder weniger stark ausgeprägte beidseitige Mittelkehlung oder Kannelierung. Ab **9000** werden die Clovis-Spitzen von kleineren und feiner gearbeiteten Projektilen abgelöst, den *Folsom-Spitzen;* man hat diese mit Resten des pleistozänen Bisons angetroffen. Aus dieser Zeit stammt auch ein menschliches Skelett (*„Midland Man"*) aus *Scharbauer* (Texas). Menschliche Skelettreste aus Kalifornien (*„Los Angeles Man"* u. a.) sind vermutlich noch älter. Die steinernen Geschoßspitzen der jüngsten paläo-indianischen Periode (ca. **8000** bis **5000**) unterscheiden sich von den Folsom-Spitzen erheblich: die Auskehlung kommt nicht mehr vor; sie sind oft sehr sorgfältig und immer mit Druckretusche gearbeitet, gelegentlich auch gestielt.

Das Ende der Eiszeit bringt außer einem erheblichen *Klimawandel* auch bedeutende *Vegetationsveränderungen.* Es wird wärmer und trockener, die eiszeitliche Tierwelt stirbt aus. Der Mensch muß sich den neuen Verhältnissen anpassen. Die großen Geschoßspitzen werden von kleineren Projektilen ersetzt, Mörser und Reibsteine geben Hinweise auf die zunehmende Bedeutung der pflanzlichen Nahrung. Man nennt diese Epoche in Nordamerika das *„Archaikum".* In den ariden Gebieten des Westens bildet sich die *„Desert Culture"* als die charakteristische *archaische Steppensammlerkultur* heraus. Im großen östlichen Waldland entstehen spezialisierte Lokalkulturen von Muschelsammlern (an der südlichen atlantischen Küste und den Flußläufen des Südostens), Jägern und Fischern (an den Großen Seen und an der nördlichen atlantischen Küste) und Wildpflanzensammlern (im Mittelwesten).

Eine letzte größere Einwanderung findet um **6000 v. Chr.** statt. Die neuen Einwanderer sind *Mongolide,* unterscheiden sich also rassisch von den *proto-mongoliden Indianiden.* Das Artefaktmaterial dieser maritimen Jäger von Seesäugetieren (Robben, Walen) wird von einer Mikroklingenindustrie (ähnlich der jungpaläolithischen Gravettien-Art in Europa) charakterisiert. Aus diesen *Epi-Gravettien-Kulturen* entsteht Jt.e später unter neolithischen Kultureinflüssen aus Sibirien die *Proto-Eskimo-Kultur.*

Nordamerika

Nordamerika läßt sich in mehrere Kulturräume gliedern, denen der ethnographische Zustand aus der Zeit der Entdeckung zugrunde liegt und die auch die Verhältnisse in der archäologisch erschlossenen Zeit ab etwa dem letzten Jt. v. Chr. widerspiegeln: Osten, Plains- und Präriegebiet, Südwesten, Großes Becken und Kalifornien, Nordwestküste, Subarktis, Arktis.

Während sich in Mesoamerika und in Peru bereits im 4. Jt. v. Chr. die ersten Vorformen der späteren Hochkulturen zu entwickeln beginnen (Pflanzendomestikation, feste Siedlungen, Töpferei), verharrt Nordamerika zunächst noch im Stadium der frühen nachpleistozänen Jäger- und Sammlerkultur. Erst ab etwa **1000** beginnen sich im östlichen Waldland – und ab ca. **300** auch im Südwesten – Entwicklungen abzuzeichnen, die – auf teilweise *mesoamerikanische Kultureinflüsse* zurückgehend – auch die nordamerikanischen Indianerkulturen bis an die Schwelle zur Hochkultur führen.

1146   Außereuropäische Welt bis 1945 – Amerika

Der Osten

Im östlichen Waldland, in den Tälern des Mississippi und seiner wichtigsten Nebenflüsse, entstehen aus einem spezialisierten Sammlertum mit halb-domestizierten einheimischen Pflanzen (Sonnenblume, Gänsefuß, Iva-Arten) die ersten früh-formativen Kulturen der sogenannten *Waldland-Periode.* Die archäologisch bekannteste Kultur ist die *Adena-Kultur* des Ohio-Tales; eine andere, weniger gut erforschte ist die *Tchefuncte-Kultur* im Mississippi-Delta. Die letztgenannte scheint auf den *Poverty Point-Komplex* mit seinen großen Erdpyramiden im nördlichen Louisiana zurückzugehen, die um **1200** datiert werden.

Wesentliche Merkmale der Kulturen der frühen Waldlandzeit sind der Grabhügelbau, der Anbau von Pflanzen, feste Siedlungen, entwickelte Töpferei, Steinschliff und andere Techniken. Zu den häufigsten Grabbeigaben der Adena-Kultur zählen polierte Steinobjekte (gorgets), die als Hals- oder Brustschmuck getragen werden. Schon etwas früher (ab **2500**) tritt an der südatlantischen Küste von Georgia und Florida die älteste Keramik Nordamerikas auf, eine mit Pflanzenfasern gemagerte Töpferei.

Die Adena-Kultur scheint jedoch völlig unabhängig von dieser südöstlichen Entwicklung entstanden zu sein, denn es lassen sich der Totenkult, die Verwendung von Kupfer, der Anbau von halbdomestizierten Pflanzen u. a. m. aus lokalen spätarchaischen Komplexen ableiten.

Der Adena-Kultur folgt in der Mittelwaldland-Periode (ab **200**) die *Hopewell-Kultur,* die wohl besser als Kultkomplex bezeichnet werden sollte. Die Mounds (Erdhügel) mit Bestattungen nehmen immer größere Ausmaße an; häufig treten große, geometrisch oder theriomorph gestaltete Erdwallanlagen hinzu, die den sakralen Bezirk umschließen. Charakteristische Formen des Hopewell-Kultes (reiche Grabbeigaben aus weither eingehandelten Materialien) finden sich von den Großen Seen bis zum Tennessee River und von den Prärien bis zur mittelatlantischen Küste.

Auf die Hopewell-Kultur, die um **400 n. Chr.** abbricht, setzt im mittleren und unteren Mississippi-Tal, mit nur geringer Expansionswirkung nach Norden, die *Spät-Waldland-Periode* ein, die von der *Mittel-Mississippi-Kultur* charakterisiert wird. Zahlreiche Kulturelemente deuten auf mesoamerikanische Einflüsse, die jedoch keine bestimmte Kultur in Mexiko erkennen läßt. In der Keramik, in dem Bau von Erdpyramiden (auf denen Tempel stehen) und im religiös-kultischen Bereich zeigen sich die mesoamerikanischen Kulturelemente besonders deutlich. Die *Cahokia-Mound-Gruppe* bei St. Louis hat mit dem *Monks Mound* von 330x240 m Grundfläche und einer angenommenen Höhe von 33 m die *größte Pyramide Nordamerikas.* Der südliche Totenkult (südöstlicher Zeremonialkomplex), der ab 1100 n. Chr. die *Mississippi-Kultur* bestimmt, äußert sich vor allem in der Ikonographie bei Muschelgravierungen, bemalter und skulptierter Keramik, getriebenen Kupferplatten und bemalten Textilien. Zentren dieses Kultes sind die Zeremonialstätten von *Etowah* (Georgia), *Moundville* (Nord-Alabama), *Kolomoki* (Südwest-Georgia) und *Spiro* (Oklahoma). In der Spät-Waldland-Periode bildet der Anbau von domestizierten tropischen Pflanzen, vor allem Mais und Kürbis, später auch Bohnenarten, die Grundlage für eine stark zunehmende und expandierende Bevölkerung.

Im östlichen Waldland leben an der atlantischen Küste sowie im Mittelwesten *Algonkin-Stämme,* an den östlichen Großen Seen siedeln *Irokesen.* Fünf, später sechs, irokesische Stämme schließen sich zur *Irokesen-Liga* zusammen: *Mohawk, Onondaga, Oneida, Cayuga, Seneca, Tuscarora.* Alle Indianer des östlichen Waldlandes sind intensive Bodenbauer. Sie leben in festen Dörfern mit Großhäusern, die in Klane und Stämme organisiert sind. Die irokesische Liga wird von Sachems geleitet, die von bestimmten matrilinearen Klanen der Stämme gewählt werden. Geheimbünde sind vor allem für Krankenheilungen zuständig. Die meisten Algonkin-Stämme der Küste *(Delawaren, Mohikaner, Wappinger, Powhatan* u. a.) werden von den weißen Siedlern verdrängt und ausgerottet.

Im südöstlichen Waldland, südlich des Tennessee River, leben die volkreichen Stämme der *Cherokee, Creek, Choctaw, Chickasaw,* in Florida der aus Creek und entflohenen Negersklaven entstandene Stamm der *Seminolen.* Alle Stämme sind intensive Bodenbauer, die in großen Dörfern leben. Es gibt Kriegs- und Friedenshäuptlinge. Bei den *Natchez* und *Chitimacha* im unteren Mississippi-Tal gibt es sakrale Häuptlinge, die einer obersten Adelsschicht angehören. Alle Stämme werden, bis auf wenige Reste, um **1832** aus ihrer Heimat vertrieben und im heutigen Oklahoma angesiedelt.

In den Prärien leben zahlreiche *Sioux-* und Caddo-sprechende Stämme *(Santee-Dakota, Omaha, Osage, Iowa [Sioux]* und *Arikara, Pawnee [Caddo]).* Sie leben als Bodenbauer in den Flußtälern; auf der offenen Prärie jagen sie Bisons. Nach der Übernahme von Pferden durch die Weißen im **17. Jh.** schließen sie sich zu größeren Jagdeinheiten zusammen, die im Sommer gemeinsam den Bisonherden nachziehen. Die Dörfer bestehen aus festen Erdhäusern. Es gibt ein erbliches Häuptlingtum und zahlreiche Männer- und Geheimbünde (Krankenheilungsbünde).

Auf den Plains, wo in voreuropäischer Zeit ein Bodenbau nicht möglich ist, leben einst nur wenige Indianergruppen. Erst nach der Übernahme des Pferdes wandern zahlreiche Stämme aus den Prärien und den Waldländern des Mittelwestens auf die Plains hinauf. Sie stellen ihr Leben völlig um und werden nomadische Bisonjäger. Sie leben in Lederzelten (Tipis) und entwickeln eine kriegerische Reiterkultur, die mit der Ausrottung des Bisons durch die nach Westen vordringenden weißen Siedler (um **1880**) zusammenbricht. Alle Prärie- und Plains-Stämme werden nach letzten verzweifelten Kämpfen in Reservate eingewiesen. Die heutigen Überlebenden fristen hier ein armseliges Dasein, weil die Lebensbedingungen sehr schlecht sind. Militante indianische Tätigkeiten gehen vor allem von diesen Indianern aus.

Der Südwesten

Im Südwesten Nordamerikas, mit dem Zentrum in den heutigen Staaten Arizona und New Mexico, beginnt die formative Entwicklung um **300 v. Chr.** mit der *Hohokam-Tradition.* Sie tritt in *Zentral-Arizona* voll ausgebildet auf, so daß die (umstrittene) These vertreten wird, die früheste Periode der Hohokam-Tradition leite sich direkt aus Mesoamerika her; wahrscheinlicher ist wohl eine Stimulus-Diffusion. Die Hohokam-Tradition basiert auf einem intensiven Bodenbau (Mais, Bohnen, Kürbis), hochwertiger Keramik, Zeremonialarchitektur (kleine Erdpyramiden, kultische Ballspielplätze), Steinschlifftechnik usw. Sie beeinflußt die *Anasazi-Tradition* des südlichen Colorado-Plateaus, die sich durch ihre charakteristische Wohnwabenarchitektur, einer anderen Keramik, anderen Bestattungssitten usw. allerdings deutlich von der Hohokam-Tradition abhebt. Die ältere Periode der Anasazi-Tradition bezeichnet man als *Basketmaker-Kultur.* Andere Lokalkulturen entstehen unter dem Einfluß dieser beiden bedeutenden Traditionen: *Mogollon* im östlichen Zentral-Arizona, *Patayan* im unteren Colorado-Tal.
Die Hohokam-Tradition entwickelt sich weiter. Im Fundort *Snaketown* (bei Phoenix, Arizona) lassen sich mehrere Phasen erkennen. Die *Klassische Phase* **(1100–1400)** wird von einer Überlagerung durch die nach Süden expandierende Anasazi-Tradition geprägt (Fundort: *Casa Grande).* Die historischen *Pima* und *Papago* Zentral-Arizonas sind die Nachkommen der Hohokam.
Die Anasazi-Tradition erreicht im Nordosten Arizonas (zwischen **1100** und **1300**) in der *Pueblo-III-Periode* ihren Höhepunkt. Überall entstehen die Großsiedlungen, die heute noch als Ruinen zu sehen sind: im *Mesa-Verde-Gebiet* von Südwest-Colorado die *Cliffdwellings,* im *Chaco Canyon* die riesigen terrassenförmig zurückgesetzten vierstöckigen Wohnkomplexe, unter denen *Pueblo Bonito* mit mehr als 1200 Räumen der größte ist. Nach einer anhaltenden Dürre **(1276–1299,** durch Baumringe datiert) und mit den ersten Einfällen von athapaskischen Jägern und Sammlern aus dem Plainsgebiet werden die meisten Großsiedlungen aufgegeben. Die Anasazi-Tradition lebt noch in der heutigen Kultur der Pueblo-Indianer fort.
Im Südwesten lebt auch noch im 20. Jh. die Mehrzahl der Indianer Nordamerikas. Neben seßhaften Bodenbauern *(Pueblo-Indianer* [Hopi, Zuni, Tano, Keres], *Pima, Papago, Yuma)* gibt es darunter Jäger und Sammler, darunter die ab **1300** hier eingewanderten *Athapasken (Navajo, Apache).* Sie werden erst gegen Ende des 19. Jh.s unterjocht und in Reservate eingewiesen. Die Pueblo-Indianer leben heute noch in ihren alten Siedlungen und haben ihre traditionelle Kultur weitgehend bewahrt: Erbliches Häuptlingtum, Klanwesen, Regenmagie, Geheimbünde. Die Navajo haben die Schaf- und Pferdezucht übernommen und leben bis zur großen Viehreduktion in den dreißiger Jahren des 20. Jh.s überwiegend als Viehzüchter. Heute gibt es über 100 000 Navajo, die zum größten Teil in der großen Navajo-Reservation von Nordost-Arizona leben.

Nordmexiko

Die ausgedehnte Siedlung von *Casas Grandes* im nördlichen *Chihuahua* ist seit dem **10. Jh n. Chr.** ein bedeutender Handelsknotenpunkt zwischen Südwesten und dem zentralmexikanischen Hochland. Nach der Eroberung *Tulas,* der toltekischen Hauptstadt, wird Casas Grandes verlassen.

Der Westen

Im *Großen Becken,* zwischen Sierra Madre und Rocky Mountains sowie in Kalifornien haben sich die spät-archaischen Sammlerkulturen (an der südkalifornischen Küste entsteht ab **2000 v. Chr.** eine *Küstenfischer-Kultur,* die in der *Canaliño-Kultur* [ab Zeitenwende] ihren Höhepunkt erfährt) bis zur Ankunft der Europäer im wesentlichen erhalten. So zeigt das Fundinventar der *Danger Cave* (wie auch anderer Höhlen) am Großen Salzsee über fast 10 000 Jahre hinweg nahezu unveränderte Formen und Techniken. **Die kalifornischen Indianer,** die zahlreichen verschiedenen Sprachfamilien angehören, sind intensive Sammler (Eicheln) sowie Fischer und Jäger. An der südkalifornischen Küste hat sich eine *Küstenfischerkultur* entwickelt *(Chumash).* Die meisten Kalifornier leben in großen Dörfern und sind in Stämme organisiert. Nach dem Goldrausch von **1848** werden viele Indianer getötet und aus ihrer Heimat vertrieben.

Der Nordwesten

An der Nordwestküste, zwischen Südalaska und der Mündung des Columbia River, entsteht aus einer *Molluskensammlerkultur* bereits um **7000 v. Chr.** eine sich immer stärker spezialisierende *Küstenfischer-Kultur,* aus der die historische *Nordwestküstenkultur* hervorgeht.
Die Küstenfischer gehören verschiedenen *Sprachfamilien* an. Von Nord nach Süd sind die wichtigsten: *Tlingit, Haida, Tsimshian, Kwakiutl, Nootka, Küsten-Salish* (mit zahlreichen Stämmen). Der große Fischreichtum der Küstengewässer bietet ein Leben im Überfluß. Der Holzreichtum (Zedern) ermöglicht eine reiche materielle Kulturausstattung: große Plankenhäuser, Einbäume mit aufgesetzten Planken,

1148   Außereuropäische Welt bis 1945 – Amerika

Wappenpfähle mit Darstellung von Ahnentieren („Totempfähle"), Zederbastdecken usw. Ein eigener Kunststil entsteht.
Die Gesellschaft ist hierarchisch gegliedert. Jeder einzelne hat eine feste Position im Gefüge des Dorfes. Bei der Übernahme von Ämtern und gesellschaftlichen Positionen sowie bei anderen Anlässen werden Verdienstfeste (Potlatche) gefeiert. Dabei werden viele, zu diesem Zweck akkumulierte Güter vernichtet (Fischöl, Zederbastdecken, Kupferplatten, Sklaven), um soziales Prestige zu gewinnen. Im Winter spielen die Geheimbünde anstelle der Klane und Moieties eine erhebliche Rolle. Schamanistische Praktiken sind weit verbreitet.

Die Subarktis

Die kanadische Taiga wird im Westen von *athapaskischen* (Kutchin, Chipewyan usw.), im Osten von *Algonkin-Gruppen* (Cree, Naskapi) bewohnt, die vor allem Jäger und Fischer sind. Die *Ojibwa* (= Chippewa) an den westlichen Großen Seen leben dagegen überwiegend vom Wildreis, der in seichten Ufergewässern und kleinen Seen in großen Mengen wächst.

Die Arktis

In Westalaska entwickelt sich aus der arktischen Kleingerät-Tradition des *amerikanischen Epi-Gravettien* die *Proto-Eskimo-Kultur* ab **1000 v. Chr.** mit mehreren Varianten, die sich zeitlich und z. T. auch räumlich überlappen: die *Choris-Norton-Ipiutak-Tradition,* die durch die große Siedlung *Ipiutak* (**1. Hälfte des 1. Jt.s n. Chr.**) mit zahlreichen Walroßelfenbeinschnitzereien im skythisch-sibirischen Tierstil von Bedeutung ist, die nördlich-maritime Tradition des Beringmeergebietes und die *Dorset-Tradition* der Zentral- und Ost-Arktis. Ab **1100 n. Chr.** verbreitet sich die *Thule-Kultur* fast über die gesamte arktische Küste; sie trägt zur großen Homogenität der historischen Eskimo-Kultur bei.
In ihrer traditionellen Kultur sind die Eskimo (Eigenname: *Inuit*) Robbenjäger, Walfänger und Küstenfischer; im Binnenland, vor allem an der westlichen Hudsonbai, leben sie von der Karibujagd. Sie bewohnen kleine Siedlungen, es gibt keine Stammesorganisation. Die Eskimo haben eine dem arktischen Milieu hervorragend angepaßte materielle Kultur entwickelt: Tranlampe, Kajak, Iglu, Anorak, Kufenschlitten usw. Ihre Glaubensvorstellungen sind von schamanistischen Praktiken weitgehend bestimmt. In Südalaska sind starke Einflüsse der indianischen Nordwestküstenkultur zu finden: Maskenwesen, Häuptlingtum, hierarchische Gesellschaftsordnung.

Mesoamerika

Unter *Mesoamerika* versteht man einen durch *gemeinsame Geschichte und Kultur* verbundenen Raum, der *Zentral- und Süd-Mexiko, Guatemala, Belize* und die *westlichen Teile von Honduras* und *El Salvador* umfaßt. Die Nordgrenze bildet die Linie Rio Panuco – Rio Lerma – Rio Sinaloa, die Südgrenze die Flüsse Rio Jiboa und Rio Uloa. Südlich und östlich schließt sich bis zur Meseta Central von Costa Rica der Kulturraum Zentralamerika an, der weniger einheitlich im kulturellen Sinne ist. In ihm lassen sich zunehmend Einflüsse aus Mesoamerika feststellen.
Die mittelamerikanische Landbrücke muß als Leitlinie für die indianische Besiedlung Amerikas angesehen werden. Durch die starken vulkanischen Aktivitäten in diesem Raum sind frühe Funde selten. Ersten Nachweis für eine menschliche Anwesenheit (um **22 000 v. Chr.**) geben die Funde von *Tlapacoya* (Hochtal von Mexiko) und *Hueyatlaco* (Puebla, Zentralmexiko). Für die nächsten 12 000 Jahre sind die Bewohner Meso- und Zentralamerikas nomadische Jäger und Sammler, die gelegentlich auch eiszeitliches Großwild (u. a. Elefantenarten) jagen. Ihre materielle Ausstattung ist einfach. Vor allem fehlen noch Projektilspitzen aus Stein. Ob und wann sich regionale Differenzierungen herausbilden ist ebensowenig geklärt wie die Frage räumlich beschränkter Schweifgebiete und das Eintreffen neuer Einwanderungswellen aus dem Norden bzw. ihr Abwandern nach dem Süden.
Eine bedeutende technologische Neuerung erfolgt gegen Ende der Eiszeit (um **10 000**), als *steinerne Projektilspitzen* unter den Geräten auftauchen. Ihre typische Kannelierung deutet auf eine Herkunft aus Nordamerika hin. Möglicherweise spiegeln sie eine neue Wanderbewegung wider, deren Ausläufer sich nach Süden bis Panama verfolgen lassen.
Weiter verbreitet sind lorbeerblattförmige Projektilspitzen, die nur kurze Zeit später in Erscheinung treten (um **9500**) und eine weite Verbreitung, bis nach Südamerika, erfahren. Man bringt die kannelierten Spitzen oft mit Großwildjägern in Zusammenhang, die Lorbeerblattspitzen dagegen mit Kleinwildjagd und intensivem Sammeln. In dieser sehr groben Zweiteilung deutet sich wahrscheinlich die allmähliche Erwärmung und das teilweise durch den Menschen verursachte Aussterben der eiszeitlichen Tierarten an.

Indianerkulturen – Mesoamerika   *1149*

Von überragender Bedeutung für die *frühe Geschichte Mesoamerikas* ist die im *Tehuacan-Tal* (Puebla) ausgegrabene *Abfolge*, die von ca. 10000 v. Chr. bis zur Eroberung durch die Spanier 1521 reicht. Da sie teilweise aus trockenen Höhlen stammt, haben sich in ihr auch Gegenstände aus sonst vergänglichem Material und vor allem Pflanzenreste erhalten. Sicherlich ist die Abfolge nur ein Ausschnitt der mesoamerikanischen Geschichte, die sich in anderen Gegenden unterschiedlich entwickelt haben kann, u. a. auch durch zeitliche Verzögerungen. Trotzdem kann sie in Ermangelung anderer gesicherter Abfolgen als Modell für die frühe Zeit in Zentral-Mexiko, wenn nicht gar für ganz Mesoamerika gelten.
Während der *Ajuereado-Zeit* (um **10000**) spielt im Tehuacan-Tal die Jagd auf Kleinwild augenscheinlich eine überragende Rolle. Alt-Pferde und eiszeitliche Antilopenarten dienen nur zu Beginn dieser Periode als Nahrung. Die Bedeutung pflanzlicher Sammelprodukte ist unklar. Man lebt in Kleinfamilien, die sehr mobil sind und von Lager zu Lager ziehen, wobei Höhlen als Wohnplätze bevorzugt werden. Ihre materielle Kultur ist, soweit bekannt, noch sehr einfach.
Die Pflanzennahrung dürfte in der *El-Riego-Zeit* (um **7200**) ein Übergewicht gewonnen haben. Darauf deuten Mörser, Stößel und Reibplatten hin, die nun erstmalig in Erscheinung treten. Die Flechttechnik für Körbe, Decken und Netze ist bereits gut ausgebildet. Wahrscheinlich zur Ausnutzung bestimmter Nahrungsquellen schließen sich die Kleinfamilien jahreszeitlich zu größeren Verbänden (Großfamilien?) zusammen. Man lebt nicht mehr ausschließlich in Höhlen, sondern benutzt nun auch Lagerstätten in offenem Gelände. Andeutungen eines rituellen Kannibalismus und sorgfältige Bestattung der Toten zusammen mit Geräten und Nahrungsmitteln geben Hinweise auf religiöse Vorstellungen.
Gegen Ende der El-Riego-Zeit (um **6000**) beginnt ein bedeutender Umschwung: Pflanzen werden nicht mehr ausschließlich gesammelt, sondern auch angebaut. Erste Kulturpflanzen sind hier Avocados, Chili-pfeffer und Kürbisse.
Diese Tendenz setzt sich in der *Coxcatlan-Zeit* (um **5200**) fort, in der Bohnen, Flaschenkürbisse, weitere Kürbisse, Amaranth, Zapotes und endlich, gegen Ende der Phase (um **3500**) der für die amerikanische Entwicklung so wichtige Mais hinzutreten. Ob sie alle im Tehuacan-Tal oder seiner näheren Umgebung domestiziert werden oder aber aus größeren Entfernungen eingeführt, ist noch nicht geklärt. Durch die Anlage von Feldern und Gärten muß sich zwangsläufig auch die Siedlungsform ändern. Die meist in offenem Gelände liegenden größeren Siedlungen werden immer länger benutzt. Die jahreszeitliche Auflösung wird allerdings noch nicht ganz abgebaut.
Bestehen die Lager bisher augenscheinlich nur aus Buschhütten, so lassen sich mit Beginn der *Abejas-Zeit* (um **3400**) echte Dörfer mit Grubenhäusern nachweisen, die nun dauernd bewohnt werden. Eine weitere Neuerung sind Gefäße und Schüsseln aus Stein, die zum Kochen der Nahrung dienen. Diese wird nun bereits zu 30% im Pflanzenbau gewonnen.
Wichtigste Neuerung während der *Purron-Zeit* (um **2300**) im Tehuacan-Tal sind rohe Tongefäße, die in ihrer Form die Steingefäße der vorhergehenden Phase nachahmen. Sie sind allerdings nicht die ältesten bisher bekannten Tongefäße Mesoamerikas. Diese stammen vielmehr aus *Puerto Marquez* (Guerrero) an der pazifischen Küste Mexikos (um **2400**). Ob die Idee der Keramikherstellung in Mesoamerika selbständig entstanden ist oder auf Einflüsse aus Südamerika zurückgeht, die möglicherweise auf dem Seewege nach hier gelangen, ist heute ein umstrittenes Problem der amerikanischen Archäologie.
Aus den skizzierten Anfängen im Tehuacan-Tal und sicherlich auch an anderen Orten hat sich um **1500 v. Chr.** eine *Basiskultur* entwickelt, die weitgehend die Grundlage für alle späteren Kulturen bildet. Dorfähnliche Dauersiedlungen, Pflanzenbau, Keramik, Kult einer Muttergöttin, die sich in weiblichen Tonfiguren manifestiert und die Benutzung des glasartigen Obsidian zu Instrumenten und Werkzeugen sind ebenso Kennzeichen der Kulturen dieser Zeit wie das Fehlen jeglicher staatlicher Organisation, wenigstens einer, die über die Dorfgemeinschaft hinausgreift. Diese Kultur, sofern man sie als eine Einheit betrachten will, läßt sich heute in Zentral- und Süd-Mexiko ebenso nachweisen wie in den Tiefländern der karibischen und pazifischen Küste. Im späteren *Mayagebiet* treten ihre ersten Anzeichen um **2000 v. Chr.** im nördlichen Belize auf *(Swasey-Phase).* Sie sind mit bisher undatierten Funden im *nördlichen Yucatan* verwandt, das damit ebenfalls diese Basiskultur besessen haben muß. Dagegen ist ihre Anwesenheit im guatemaltekischen Hochland und in Zentralamerika im Augenblick noch umstritten. Hier wie in vielen anderen Räumen sind noch Gruppen vorhanden, die jetzt und für geraume Zeit in der Zukunft ihren Lebensunterhalt durch Jagen und Sammeln erwerben. Wichtig ist auch, daß sich bei den seßhaften Kulturen bereits starke Unterschiede zeigen, meist auf ökologischen Gegebenheiten basierend. Während im Landesinneren, besonders im Hochlande, der Mais-Bohnen-Kürbis-Komplex die Basis der Wirtschaft bildet, sind die Siedlungen der Küstenzonen weitgehend vom Fischen und dem Sammeln von Mollusken abhängig. Mais scheint kaum eine Rolle zu spielen, dafür aber Maniok, eine Knollenpflanze, die möglicherweise zuerst in Südamerika domestiziert wird. Typisch für diese Kulturen, für die die *Ocos-Phase* der pazifischen Küste Guatemalas charakteristisch ist, ist auch die starke mechanische Verzierung der Keramik, vielleicht wieder ein südamerikanischer Einfluß.
Einen ersten Höhepunkt der Entwicklung in Mesoamerika stellt die **„Olmekische Kultur"** in *Süd-Vera-cruz* und *Nord-Tabasco* an der karibischen Küste Mexikos dar. Das Datum ihrer Entstehung wird verschieden angegeben, je nachdem man unkorrigierte Radiocarbon-Daten (RT) verwendet oder jene, die auf Grund der erkannten Schwankungen des natürlichen C14-Gehaltes der Luft (Suess-Effekt) korrigiert werden (ST = sideric time). In diesem Falle beträgt der Unterschied rd. 300 Jahre (RT = **1095 v. Chr.**, ST = **1400 v. Chr.**). Da einerseits für die frühen Kulturen RT-Zeiten benutzt werden, andererseits viele

1150 Außereuropäische Welt bis 1945 – Amerika

Daten nicht auf ST umgerechnet sind, werden im folgenden weiter RT-Daten benutzt werden. Man muß dabei im Auge behalten, daß die wahrscheinlich richtigeren ST-Daten früher liegen und erst ab etwa 100 n. Chr. mit den RT-Daten übereinstimmen.

Die *Vorläufer der Olmekischen Kultur* sind, wie die Keramik ausweist, eng mit *Ocos* und ähnlichen Kulturen der *südlichen pazifischen Küste* verwandt, möglicherweise von dort eingewandert oder beeinflußt. Wie aus diesen einfachen Pflanzerkulturen sich ein organisiertes Gemeinwesen, das man bereits als Staat bezeichnen kann, entwickelt, ist noch ungeklärt. Auf jeden Fall entsteht um **1100 v. Chr.** in *San Lorenzo* eine Siedlung, die den Rahmen eines Dorfes sprengt. Das liegt weniger an der Größe (man schätzt eine Dauerbevölkerung von etwa 1000 Menschen) als vielmehr an dem Vorhandensein eines religiös-zeremoniellen Kernes. Er besteht aus einem von Menschen veränderten Hügel, auf dessen Oberfläche u. a. kleine Pyramiden errichtet sind. Sie sind um Plätze geordnet, das erste bekannte Auftreten einer „*plaza*", eines *Zeremonialplatzes*, der typisch für alle späteren Städte Mesoamerikas werden soll. Auch steinerne Großskulpturen erscheinen hier zum ersten Male.

Um **900 v. Chr.** wird San Lorenzo verlassen, verschiebt sich das Zentrum der Olmeken auf eine Insel im Sumpfgelände des Tonala-Flusses von Tabasco.

Das hier entstehende Zentrum mit einer an Aschenvulkane erinnernden, kannelierten Pyramide, zahlreichen anderen Zeremonialbauten um rechteckige Plätze gelagert sowie viele Großskulpturen besteht bis **400 v. Chr.** Da die Anlagen weitgehend die vorhandene Landfläche ausnutzten, ist *La Venta* voraussichtlich weniger eine echte Siedlung als vielmehr ein Pilgerzentrum, zu dem Menschen aus weiten Teilen Meso- und Zentralamerikas kommen. Durch die charakteristischen Kleinskulpturen aus Stein, besonders Jade, und Ton lassen sich die Beziehungen der Olmeken zu anderen Gegenden und Völkern gut verfolgen. Allerdings gehen die Meinungen über die Natur dieser Beziehungen stark auseinander. Sie reichen von der Errichtung eines weitgespannten Reiches über Missionierung zu einer neuen Religion, in der ein mit Jaguarzügen ausgestatteter Regengott die Hauptrolle spielt, bis zu einfachen Handelsverbindungen und Handelsniederlassungen in fremden Gebieten. Die wahrscheinlichste Erklärung ist, daß nur das *eigentliche Kerngebiet* an der *Golfküste Mexikos* einen Staat mit einer voraussichtlich priesterlichen Elitegruppe ist. In allen anderen Gegenden, die von *Nord-Costa-Rica* bis in das *Hochtal von Mexiko* reichen, wobei Schwerpunkte im letztgenannten Raum *(Tlatilco, Tlapacoya)*, dem *Morelos-Becken (Las Bocas, Chalcatzingo)*, dem *Tal von Oaxaca*, der pazifischen Küste im Grenzgebiet von Guatemala und Mexiko und im *Chalchuapa-Tal* von *El Salvador* vorhanden sind, dürfte eine Mischung von Handel und Missionierung eine Rolle spielen. Dabei könnte der Handel, durch den man Rohstoffe gegen Fertigprodukte eintauscht, der Wegbereiter für die Ausbreitung der Religion sein, d. h., man errichtet zunächst Handelsstationen und missioniert erst, nachdem sie voll funktionsfähig sind. Die Missionierung ebenso wie mögliche Pilgerfahrten nach La Venta regen das Bedürfnis nach religiösen Paraphernalien wie Götterfiguren usw. an, stärkt also den Handel und den Einfluß der olmekischen Elite. Diese bringt augenscheinlich nicht nur in der Kunst bedeutende Leistungen hervor, sondern auch in der Wissenschaft. Der bis zur Eroberung gültige *260tägige Ritualkalender* dürfte auf sie ebenso zurückgehen wie die Anfänge einer Schrift. Wodurch dieses weitgespannte Handelsimperium schließlich gegen **400 v. Chr.** zerbricht, läßt sich nicht übersehen. Vielleicht strömen neue Gruppen in die Gebiete ein, gibt es Völkerverschiebungen, die die alten Handelswege unterbrechen und das mittlerweile ganz auf Rohstoffzufuhr eingestellte Kernland verkümmern lassen. *Nachfahren der Olmekischen Kultur* lassen sich an der Golfküste bis in die ersten nachchristlichen Jh.e nachweisen. Sie zeigen damit, daß der Untergang sich langsam und nicht gewalttätig vollzieht. Einzelne Elemente der Olmekischen Kultur haben sich jedoch weit verbreitet und beeinflussen oft maßgeblich die weiteren Entwicklungen. Ob man allerdings von einer „Mutterkultur" reden kann, aus der alles Spätere abzuleiten ist, muß bezweifelt werden.

Die 600 Jahre, die auf das Ende der olmekischen Blütezeit folgen, sind durch zahlreiche regionale Entwicklungen gekennzeichnet. Ihnen fehlt, sieht man von einem gemeinsamen **„olmekischen Erbe",** das auch nicht überall vorhanden ist, ab, die Einheitlichkeit bzw. der Zusammenhang der vorhergehenden Epoche. Während sich einerseits bei vielen Einheiten große technologische und soziale Fortschritte feststellen lassen, verharren andere auf einem Niveau, das weit zurückbleibt. Das trifft vor allem für *West-Mexiko* zu, in das kaum olmekische Einflüsse gelangt sind. Die zahllosen Kulturen, in die sich sicher dieser Raum aufsplittert, bleiben auf dem Stand einfacher Dorfgemeinschaften, ohne größere Zusammenschlüsse. Die schon ab **1300 v. Chr.** erkennbare Sitte, Tote in Schachtgräbern zusammen mit großen Grabfiguren aus Ton beizusetzen, bleibt z. B. bis etwa **250 n. Chr.,** dem Beginn der nächsten Epoche, bestehen.

Ab **400 v. Chr.** läßt sich auch in Mesoamerika eine beginnende Zweiteilung zwischen Nord und Süd feststellen, die bis in die Conquista-Zeit erhalten bleiben soll. Allerdings gibt es, wie auch in späteren Zeiten, fließende Übergänge. Kernpunkte der beiden Regionen, in die sich Mesoamerika spaltet, ohne allerdings eine verbindende Klammer zu verlieren, sind das **Hochtal von Mexiko** und der **Maya-Raum,** dessen *Schwerpunkt* zunächst die *pazifische Küste* und das *Hochland von Guatemala*, später die *Tiefländer des Petén* und *Yucatan* sind.

Bereits in der Blütezeit der olmekischen Kultur muß der *Isthmus von Tehuantepec* eine wichtige Handelsstraße sein. An ihrem einen Ende, am Golf von Mexiko, liegt das olmekische Kernland, in dem nun, nach der Aufgabe La Ventas, zwei andere Orte, *Cerro de las Mesas* und *Tres Zapotes* am Fuße der Tuxtla-Berge, die Führungsrolle übernehmen, ohne jedoch an Größe und Bedeutung ihre Vorgänger zu erreichen. Sie sind nur noch Hauptorte einer regionalen Kultur, die allmählich immer schwächer wird und schließlich ganz verschwindet: daß die alten Verbindungen nie ganz abreißen, besonders in dem als „*Trans-Isthmischen Block*" bezeichneten Gebiet, zeigen Übereinstimmungen in Keramik und Steinskulptur, wobei letztere sich deutlich von den olmekischen Vorläufern ableiten lassen.

Noch deutlicher ist dieses bei dem am anderen Ende des Blockes in der reichen Kakaozone der pazifischen Küstenebene gelegenen *Izapa* (an der mexikanisch-guatemaltekischen Grenze). Seine Anfänge reichen bis **1500 v. Chr.** zurück, aber erst nach **400 v. Chr.** erreicht Izapa seine bedeutende Größe, ausgedrückt in zahllosen Pyramiden und Zeremonialplätzen und nicht weniger als 244 steinernen Monumenten, oft mit Reliefskulpturen versehen. Der hier vorherrschende olmekoide Stil wird heute „*Izapa-Stil*" genannt. Er läßt sich im ganzen Transisthmischen Block nachweisen. Wie weit man in ihm einen Vorläufer des späteren Maya-Stiles erkennen kann, ist noch umstritten. Das ist bei dem etwas südlicher gelegenen *Abaj Takalik*, das erst in den letzten Jahren intensiv untersucht wurde, weniger der Fall. Seine Skulpturen, besonders an den Stelen, die wie in Izapa und später bei den Maya oft zusammen mit Altären auftreten, zeigen deutliche Übereinstimmungen mit der späteren Mayaskulptur der Tiefländer. Andere wichtige Orte des Blockes jener Zeit sind *Chiapa de Corzo im Grijalva-Tal* (Chiapas) und *Kaminaljuyu* am Rande der Stadt Guatemala. Wie die vorhergenannten Zentren müssen sie Mittelpunkte kleinerer Herrschaftsbereiche gewesen sein, gekennzeichnet durch Pyramiden und reiche Steinskulpturen. Letztere fehlen in der Chalchuapa-Zone des westlichen El Salvador, das aber sonst an die olmekoide Kultur des Blockes angeschlossen werden kann.

Es wird teilweise angenommen, daß im ganzen Transisthmischen Block *Maya-Dialekte* gesprochen wurden und daß auch die Olmeken dieser Sprachgruppe zuzuordnen sind. Das läßt sich natürlich kaum nachweisen, aber neben der regionalen Verteilung spricht ein weiterer Umstand dafür: Die ältesten bisher bekannten Daten des sog. **„Long Count"**, des späteren **Maya-Kalender,** finden sich gerade hier: Die *Tuxtla-Statuette*: **98 v. Chr.**, *Chiapa de Corzo Stela 2*: **36 v. Chr.**, *Tres Zapotes Stela C*: **32 v. Chr.**, *Abaj Takalik Stela 5*: **126 n. Chr.**, *Stela 2*: **1. Jh. v. Chr.** Gerade Stela 5 von Abaj Takalik zeigt nicht nur ein Datum, sondern weist auch in Aufbau und Ausgestaltung alle Elemente auf, die später für den Maya-Stil charakteristisch sind. Da zudem im Transisthmischen Block immer wieder Monumente mit Glyphen auftauchen, die Vorläufer der *Maya-Schrift* sein können, scheint hier die Wiege dieses Aspektes der Maya-Kultur zu liegen.

In gewisser Weise gehört auch das Maya-Gebiet im Petén und Yucatan in diesen Block, allerdings nur peripher. Beginnend mit der schon erwähnten *Swasey-Phase* im nördlichen Belize um **2000 v. Chr.** tauchen vor allem entlang der Flüsse während der folgenden Jh.e kleine Siedlungen auf, deren Bewohner augenscheinlich Brandrodungsbau betreiben. Diese zunächst sehr langsame Entwicklung wandelt sich aus bisher ungeklärten Gründen um **550 v. Chr.** in eine rapide Expansion, wobei zu bemerken ist, daß zumindest in der materiellen Kultur, soweit sie erfaßbar ist, eine weitgehende Einheitlichkeit besteht *(Mamom Ceramic Sphere).* In dieser Zeit werden auch, vor allem im *nördlichen Belize*, die **ersten Pyramiden** errichtet.

Der nächste Einschnitt erfolgt während der (generalisierten) **Chicanel-Zeit** zwischen **300 v. Chr.** und **150 n. Chr.** Die anfänglich nur unbedeutenden Pyramiden werden größer, bilden Gruppen um Plätze, und auf ihnen werden Tempel aus Stein errichtet, die mit Stuck verkleidet und teilweise mit Bemalung versehen sind. Der Malereistil erinnert bereits an spätere Maya-Malereien. Daneben treten nun Bauten, die sicherlich keine Tempel sind, sondern als Behausungen einer Elitegruppe dienen, die auch unter den Bestattungen deutlich in Erscheinung tritt. Ihre Toten zeichnen sich nicht nur durch Körpergröße und Hinweise auf eine bessere Ernährung aus, sondern auch durch reiche Beigaben, oft aus exotischem, d. h. importiertem Material. Sie werden in Grabkammern unter Pyramiden oder Plattformen beigesetzt, ein erster Hinweis auf dynastische Verehrung verstorbener Herrscher. Das für die Maya typische „falsche Gewölbe" läßt sich um die Zeitwende zuerst an diesen Grabgewölben nachweisen. Der Stufe der Maya-Kultur, die um **150 n. Chr.** existiert, fehlen, soweit man es erkennen kann, nur noch drei Komplexe ihrer „klassischen" Ausprägung: Schrift und Kalender sowie die Steinmonumente.

Die Entwicklung im Hochtal von Mexiko und den anschließenden Gebieten verläuft ähnlich wie im Maya-Raum, wenn auch die Basis eine andere ist.

Die starken *olmekischen Einflüsse*, die sich u. a. in *Tlatilco* und *Tlapacoya* manifestieren, haben bereits zu einer frühen Zeit zur Herausbildung einer Elite und zu größeren Zusammenschlüssen geführt. Daneben mögen auch ökologische Gegebenheiten eine Rolle gespielt haben, die besonders im südlichen Teil des Hochtales mit seiner großen Bevölkerungsdichte Bewässerungsanlagen erforderlich machen. Hier entsteht um **400 v. Chr.** eine Stadt, *Cuicuilco*, von ca. 20 ha Grundfläche, mit einer großen, von Steinen ummantelten Rundpyramide im Mittelpunkt und ausgedehnten Bewässerungsanlagen. Sie beherrscht wahrscheinlich das südliche Hochtal. Der Nordteil dagegen beherbergt eine größere Anzahl kleinerer Herrschaften.

Die kontinuierliche Entwicklung im südlichen Hochtal von Mexiko wird jäh durch eine Naturkatastrophe unterbrochen, die das bisherige Gewicht in Zentral-Mexiko verändert: Um **150 v. Chr.** bricht der *Xitli-Vulkan* am Rande des Hochbeckens aus und überflutet weite Teile mit einer dichten Lavadecke, die auch das aufstrebende Cuicuilco unter sich begräbt. Sicherlich ist es keine Katastrophe wie im römischen Pompeji: Den Bewohnern bleibt genügend Zeit zu fliehen. Die ihrem Lebensunterhalt dienenden Ländereien sind jedoch vernichtet und für lange Zeit nicht mehr brauchbar. Sie müssen also auswandern. Die Masse

1152   Außereuropäische Welt bis 1945 – Amerika

scheint sich in das nördliche Hochtal und dort vor allem in ein bisher nur wenig besiedeltes Seitental zu begeben. Der kleine Ort, den sie vorfinden, **Teotihuacan,** unterscheidet sich in nichts von anderen Siedlungen. Seine Einwohnerzahl wird für diese Zeit auf 2000 Personen geschätzt. Warum die Menschen gerade hierher flüchten, ist unbekannt. Vielleicht werden sie von dem nahegelegenen Obsidian-Vorkommen angezogen, jenes vulkanischen Glases, das damals und bis zur Conquista für Instrumente vielfach die Rolle des Metalls innehat. Es hat augenscheinlich einen großen Handelswert: Obsidian aus Teotihuacan findet sich bis in das Mayagebiet verbreitet. Daraus ergibt sich, daß die Beherrschung des Vorkommens auch für die spätere Rolle Teotihuacans von Bedeutung sein dürfte.

Gleich aus welchen Gründen viele Flüchtlinge nach Teotihuacan ziehen, die Folge ist auf jeden Fall ein rapides Anwachsen der Bevölkerung, die man um **100 n. Chr.** bereits auf 60 000 Menschen schätzt. Um diese Zeit werden auch die beiden *großen Pyramiden* (Sonnenpyramide, Mondpyramide) errichtet, wobei die Sonnenpyramide ein gewaltiger Bau mit einem Rauminhalt von 1,1 Mio. Kubikmetern ist. Etwa 100 Mio. Arbeitsstunden müssen zu ihrer Errichtung mindestens veranschlagt werden.

Um 200 n. Chr. scheint man einen Bebauungsplan für die Stadt zu erstellen, bei dem sich die Straßen rechtwinklig kreuzen. Mittelpunkt der nun etwa 20 Quadratkilometer bedeckenden Stadt ist die Kreuzung der beiden Nord-Süd und Ost-West ausgerichteten Hauptachsen. Hier liegt sowohl das *Verwaltungszentrum (Ciudadela)* mit einem wichtigen *Tempel des Hauptgottes Tlaloc* als auch der Hauptmarkt. Der nördliche Arm des Zentralkreuzes scheint die wichtigsten Bauten zu verbinden. An ihm liegen die beiden großen *Pyramiden, Tempel* und *Paläste.* Die übrigen Gevierte werden durch weitere Paläste oder durch Mehrfamilienhäuser ausgefüllt. Dabei ist die Entscheidung, ob es sich um Paläste oder Tempel handelt, noch umstritten und richtet sich oft nach der Interpretation der Gesellschaftsordnung.

Kernteil der Paläste ist ein Innenhof, an drei Seiten von Gebäuden auf niedrigen Terrassen umschlossen. Die einräumigen Gebäude besitzen gegen den Innenhof zu eine von Pfeilern getragene Vorhalle. Diese sind ebenso wie die Innenräume oft mit Wandgemälden verziert, für die Teotihuacan bekannt ist. Sie stellen meist mythologische und religiöse Themen dar. Weiter zum Palast gehören zahlreiche Nebengebäude, teilweise wieder um kleine Höfe herum angelegt. Alle haben die für Teotihuacan typischen Flachdächer, von denen das Regenwasser mit Hilfe von Wasserspeiern und Abflußrohren in ein Kanalisationssystem geleitet wird.

Eine Entwicklung besonderer Art sind die einstöckigen Mehrfamilienhäuser, von denen jedes, wie auch die Paläste, ein Straßengeviert einnehmen. Sie bestehen aus zahlreichen Räumen (die Zahl schwankt zwischen 50 und 200, mit 100 als Schnitt), Vorhöfen und Gängen. Jede Familie scheint eine abgeschlossene Wohnung aus mehreren Räumen zu besitzen, die sich um die Innenhöfe gruppieren. Interessant ist, daß die Bewohner, deren Durchschnittszahl man auf 100 schätzt, augenscheinlich innerhalb eines solchen Komplexes alle der gleichen Tätigkeit nachgehen. Damit entsprechen diese Mehrfamilienhäuser den mittelalterlichen Handwerksgassen Europas. Ob darüber hinaus verwandtschaftliche Beziehungen unter den Bewohnern bestehen oder ob es zunftartige Zusammenschlüsse gibt, läßt sich bisher noch nicht feststellen.

Wie alle Großstädte besitzt auch Teotihuacan, zumindest in seiner Spätzeit, Slumprobleme. Ausgrabungen in den Randbezirken zeigen, daß dort die Mehrfamilienhäuser kleinere Räume haben und aus schlechterem Material erbaut sind als im Stadtkern. Noch weiter am Rande gibt es eine Zone, deren Bewohner nicht in festen Bauten, sondern in Hütten mit Flechtwänden, die mit Lehm beworfen sind, hausen, Hütten, die damals wie heute der armen Landbevölkerung als Unterkunft dienen. Man kann annehmen, daß die hier Lebenden Menschen sind, die von der Großstadt angelockt ihre Dörfer verlassen haben, um in Teotihuacan ihr Glück zu versuchen, so wie es auch heute noch in Lateinamerika geschieht. Endlich muß noch erwähnt werden, daß es auch ein Viertel gibt, in dem Gesandtschaften und/oder fremde Kaufleute wohnen.

Es unterstreicht die Bedeutung, die Teotihuacan damals, zwischen **300** und **650 n. Chr.** besitzt, als seine Einwohnerzahl etwa 150 000 Menschen zählt. Wie bei den Olmeken ist der Charakter des *Einflußbereiches von Teotihuacan* sehr umstritten. Während die einen nur ein Handelsimperium annehmen, sind andere Forscher der Meinung, daß es sich um einen echten Staat handelt. Sicher ist, daß das *Hochtal von Mexiko ganz unter Teotihuacan-Herrschaft* steht. Keine Stadt von Bedeutung ist damals in diesem Gebiet vorhanden; selbst die Einwohnerzahl der Dörfer scheint abzunehmen: Der Magnet Teotihuacan zieht sie an. Auch die weitere Umgebung, die heutigen Staaten Puebla und Morelos dürften Teotihuacan weitgehend botmäßig sein. So scheint z. B. die nächste Stadt, *Cholula (Puebla),* als Verwaltungszentrum von Teotihuacanos gegründet zu sein. Das *Valle de Toluca* (Mexico) und die Umgebung von *Tula (Hidalgo)* könnten ebenfalls zum direkten Herrschaftsbereich von Teotihuacan gehören. Fraglicher ist es mit den in dieser Zeit blühenden Siedlungen im Norden, in *Zacatecas* und *Durango (Chalchihuites-Kultur).* Zweifellos sind starke Teotihuacan-Einflüsse vorhanden, ob es aber zu einer politischen Integration kommt, ob es Satellitenstaaten sind oder ob es sich nur um starke kulturelle Einflüsse verbunden mit handelspolitischer Ausnutzung wichtiger Rohstoffe handelt, ist ungeklärt. Daß die Bindung stark ist, zeigt die Tatsache, daß mit dem Ende von Teotihuacan auch hier ein Rückschlag einsetzt und die weit vorgeschobene Nordgrenze mesoamerikanischer Kultur wieder zurückgenommen werden muß. Die Einflüsse, die von Teotihuacan auf Westmexiko ausgehen, sind relativ gering. Wie bereits in der vorhergehenden Zeit gehen die dortigen Kulturen ihre eigenen Wege und nehmen nur marginal an der allgemeinen mesoamerikanischen Entwicklung teil.

Verworren ist die Lage im Süden und Osten des Kerngebietes. Einerseits lassen sich starke Einflüsse aus Zentral-Mexiko nachweisen, andererseits werden sie so weit umgewandelt, daß man geneigt ist, eine weitgehende politische Selbständigkeit anzunehmen. Ein Beispiel dafür ist das *Hochtal von Oaxaca* und sein Zentrum **Monte Alban.** Dieser Ort hat sich seit etwa **400 v. Ch.** auf einem terrassierten Höhenrükken in strategisch beherrschender Lage entwickelt. Zunächst nur einer von mehreren Kleinstaaten im Tal von Oaxaca wächst es ab etwa **200 v. Chr.** zum alles beherrschenden Zentrum dieser geographischen Einheit und gleichzeitig zu einer bedeutenden Stadt, deren Tempel und Paläste auf dem künstlich abgeflachten Höhenkamm liegen. Wie in Teotihuacan sind rebusartige Zeichen als *„Schrift“*, Zahlen und die *260 bzw. 365tägigen Kalender* vorhanden, in einer speziellen, von Zentralmexiko verschiedenen Ausprägung. Träger des Staates sind die **Zapoteken,** die auch heute noch in diesem Raume leben. Zwischen **200** und **500 n. Chr.** (Monte Alban IIIa) läßt sich ein starker Teotihuacan-Einfluß in Keramik und Architektur nachweisen. Man gestaltet jedoch den Stil nach eigenem Geschmack um und ahmt ihn nicht nach, wie in anderen Gegenden. Daraus und aus der Tatsache, daß es in der Stadt Teotihuacan augenscheinlich eine Gesandtschaft aus Oaxaca gibt, die u. a. ihre Toten im einheimischen Stil in Grabgewölben bestattet, glaubt man schließen zu können, daß das *zapotekische Reich unabhängig* bleibt, jedoch *mit Teotihuacan verbündet* ist. Ob ihm dabei die Rolle eines modernen Satellitenstaates zukommt oder eigene Politik betrieben werden kann, ist eine noch offene Frage. Gewiß ist die Sicherung der Verbindungen zu den südlichen Kolonien mit Durchzugsrecht für Handelskarawanen und Militäreinheiten damals wie auch in aztekischer Zeit von großer Bedeutung. Aus dem gleichen Grunde ist auch eine Teilbeherrschung des Tieflandes am Golf von Mexiko notwendig. Hier gibt es Anzeichen für teotihuacanische Gründungen in *Tajin* (Veracruz) und *Matacapan* (Tabasco).

Der Weg nach Süden ist für Teotihuacan so wichtig, weil augenscheinlich in *Kaminaljuyu* am Rande der heutigen Stadt Guatemala eine Kolonie existiert, die politisch ein Teil des Teotihuacan-Reiches ist. Im Gegensatz zu Monte Alban wird hier der Stil der Hauptstadt oft genau kopiert, gibt es nicht nur eine aus Teotihuacan stammende Oberschicht, sondern auch Handwerker, die entweder von dort kommen oder dort gelernt haben. Kaminaljuyu ist zwischen **300** und **500 n. Chr.** eine bedeutende Stadt mit etwa 15 000 Einwohnern und einem Zentrum, dessen Architektur völlig zentralmexikanisch ist.

Es erhebt sich die Frage, warum die Teotihuacanos Kaminaljuyu erobern oder besetzen, denn das direkt beherrschte Gebiet scheint nicht groß zu sein: Es dürfte kaum über das Tal von Guatemala hinausreichen. Die Lösung der Frage liegt in der *strategischen Lage des Ortes,* vor allem bezüglich des Handels. Von hier aus gibt es Verbindungen zu den Tiefländern am Pazifischen Ozean und der atlantischen Seite mit ihren reichen und begehrten Rohstoffquellen. Daneben können Obsidianvorkommen im Hochland von Guatemala eine Rolle spielen. Hauptreichtum der pazifischen Küstenzone ist der Kakao. Das führt schon in olmekischer Zeit zu Handelsniederlassungen. Jetzt liegt es an Teotihuacan, diese begehrte Zone auszubeuten. Daß es hier großen Einfluß ausübt, geht aus den aufgefundenen Hinterlassenschaften hervor. Sie legen z. B. in *Bilbao* eine Siedlung an, die von Teotihuacan und dem von ihm beherrschten *Tajin* (Veracruz) gegründet wird. Zwischen Kaminaljuyu und der Küste werden zur Sicherung des Handelsweges Siedlungen gegründet, z. B. am *Lago de Amatitlan.*

Komplizierter sind die Beziehungen nach dem eigentlichen **Maya-Gebiet des Petén.** Hier konsolidiert sich seit etwa **250 n. Chr.** die Kultur in ihrer späteren Ausprägung: Schrift und Kalender lassen sich nun ebenso wie Stelen aus Stein nachweisen. Das älteste bisher bekannte Steinmonument, die *Stela 29 von Tikal,* datiert **292 n. Chr.** Politisch scheint es eine Reihe von Stadtstaaten zu geben, jeder unter einer eigenen Dynastie, bei der (meist) der Sohn auf den Vater folgt, wie die historischen Texte auf den zu ihren Ehren errichteten Monumenten ausweisen. Gewisse größere Zentren wie *Palenque* oder *Tikal* können eine gewisse Vormachtstellung halten und kleinere Zentren beherrschen, ohne daß jedoch eine Großmacht nach zentralmexikanischem Muster entsteht. Es scheint Bündnisse zu geben, die oft auf dynastischen Verbindungen beruhen.

Hier tritt also den Teotihuacanos eine Gruppe von Staaten gegenüber, deren Kultur der ihrigen mindestens gleichwertig ist. Die eventuell vorhandene militärische Überlegenheit, die Teotihuacan besitzt, ist sicherlich durch die langen Verbindungswege ausgeglichen, trotz der Kolonie in Kaminaljuyu. Trotzdem ist ein Teotihuacan-Einfluß auch im Petén spürbar, vor allem unter der Elite. Gerade die seit wenigen Jahren erkannten Genealogien auf den Monumenten machen dies deutlich. So scheint in dem bedeutenden Ort Tikal um **380 n. Chr.** ein Fremder in die herrschende Dynastie einzuheiraten (nachdem er die Herrschaft erobert hat?), der aus Kaminaljuyu stammt. Sein Grab enthält neben geopferten Sklaven zahlreiche Beigaben zentralmexikanischer Herkunft. Diese Verbindung geht auch unter seinem Sohn und Nachfolger nicht verloren, auf dessen Stele z. B. als Nebenfiguren Menschen in typischer Teotihuacan-Rüstung (Gesandte? Krieger einer Leibwache?) erscheinen. In dem am *Rio Bec* (Campeche) gelegenen kleinen Ort *Becan* wurden um **400 n. Chr.** große Verteidigungsanlagen errichtet, die ihn zu einer uneinnehmbaren Festung machen. Funde aus der gleichen Zeit lassen auf die Anwesenheit von Teotihuacanos schließen, die hier einen Stützpunkt zu besitzen scheinen. Andere Orte dagegen, vor allem im heutigen Belize, scheinen ohne Teotihuacan-Einflüsse zu bleiben, möglicherweise eine Folge des Bevölkerungszuwachses, der hier um **100 n. Chr.** einsetzt. Es sind Flüchtlinge aus *Chalchuapa* (El Salvador), die durch große Vulkanausbrüche von dort vertrieben werden.

Der *Einfluß Teotihuacans im Mayagebiet* dauert keine 100 Jahre. Danach kommt es zu einer Rückbesinnung auf die alten Werte, möglicherweise verbunden mit politischen Unruhen, denn gerade für das **6. Jh.**

1154 Außereuropäische Welt bis 1945 – Amerika

fließen die historischen Quellen nur spärlich. Danach **(7. Jh.)** setzt ein erneutes Aufblühen der Städte ein: Immer mehr Städte werden gegründet, immer mehr Monumente für die Dynastien errichtet. Das Gebiet weitet sich aus, neue Machtzentren wie *Copan* (Honduras) oder *Yaxchilan* am Usumacinta entstehen. Kunst, Kultur und Wissenschaft blühen und prägen das Bild, das man heute von der **Maya-Kultur** besitzt.

Maya-Kalender und -Schrift

Zu den größten intellektuellen Leistungen im voreuropäischen Amerika gehören der von den Maya benutzte *Kalender,* die damit zusammenhängende *Mathematik* und *Astronomie* sowie die von den Maya benutzte *Schrift.*

Der Kalender besteht aus mehreren Systemen, die parallel zueinander benutzt werden und zusammen eine außergewöhnliche Präzision ermöglichen. Der älteste und einfachste Teil ist ein *260tägiger Ritualkalender.* In ihm laufen eine Serie von 13 Zahlen und 20 Zeichen nebeneinander. Da 13 und 20 keinen gemeinsamen Nenner haben, treffen die gleiche Zahl und das gleiche Zeichen erst nach 260 Tagen wieder zusammen. Dieser Kalender dient vor allem augurischen Zwecken.

Ein *zweiter Kalender* beruht auf einem „vagen" Sonnenjahr *von 365 Tagen.* Er ist in 18 Monate zu 20 Tagen sowie einen Monat von 5 Tagen eingeteilt. Beide Kalender laufen parallel zueinander. Da der kleinste gemeinsame Nenner 18 980 ist, treffen der gleiche Tag des Ritualjahres und des Sonnenjahres erst nach *52 Sonnenjahren* wieder zusammen. Diese Einheit wird eine „*Kalenderrunde"* genannt. Beide Einheiten sind weit in Mesoamerika verbreitet und scheinen in der olmekischen oder frühen post-olmekischen Zeit entstanden zu sein.

Ein solcher Kalender bedeutet jedoch, daß die gleichen Daten alle 52 Jahre wieder auftauchen. Für die astronomisch und historisch interessierten Maya ist dies völlig unbefriedigend. Dadurch, daß sie oder ihre Vorgänger spätestens im 2. Jh. v. Chr. die Stellung der Zahl und die Null erfinden – lange bevor dieses System in der Alten Welt bekannt ist –, ist es ihnen möglich, von einem (sicherlich fiktiven) Fixpunkt aus zu rechnen. Dieser Punkt liegt, nach unserem Kalender, im Jahre 3113 v. Chr. Für die Maya heißt dieses Datum, in moderner Umschrift 13.0.0.0.0. 4Ahau 8Cumhu. Der nächste Tag ist (1).0.0.0.0.1 5Imix 9Cumhu. Um die Fixierung eines Tages im Maya-Kalender, den sog. „*Long Count"*, zu erklären, muß ein Beispiel für seine Berechnung gegeben werden. Bei dem Maya-Datum 9.12.10.5.12. 4Eb 10Yax (= 30. Aug. 682 n. Chr.) würden sich die Einheiten, im Maya-Stil von oben nach unten geschrieben, wie folgt ergeben:

```
 9 (baktun)  =   9×400×360 = 1 296 000 (Tage)
12 (katun)   = 12×  20×360 =    86 400 (Tage)
10 (tun)     = 10×   1×360 =     3 600 (Tage)
 5 (uinal)   =         5× 20 =       100 (Tage)
12 (kin)     =        12×  1 =        12 (Tage)
             zusammen        1 386 112  Tage
```

Dieser Tag fällt im Ritualkalender auf einen Tag 5Eb, im Sonnenkalender auf den 11. Tag des Monates Yax. Man kann mit dieser Methode genau wie bei unserem Kalender ein Datum unverwechselbar festlegen.

Wie aus der obigen Tabelle zu ersehen ist, rechnen die Maya in einem *Vigesimalsystem,* das bei der Datenberechnung an der dritten Stelle (tun) durchbrochen wird, um eine Annäherung an das Sonnenjahr zu gewinnen. Bei den rein mathematischen Rechnungen dagegen lautet diese Einheit 400, die nächste 8000 usw. Die höchste bisher bekannte Einheit der Maya ist 25 600 000 000! Es ist den Maya wohl bewußt, daß ihr Jahr mit 365 Tagen zu kurz ist. Daher werden auch andere Himmelskörper wie Mond und Venus beobachtet und die Berechnungen in die Daten eingefügt bzw. an sie angehängt *(Secondary Series).* Durch *Korrekturen des Sonnenjahres* erreichen sie Abweichungen, die oft geringer als die des Gregorianischen Kalenders sind. Bei dem Venuskalender entsteht im Laufe von 481 Jahren gegenüber dem wahren „Venus-Umlauf" eine Differenz von dem Bruchteil (0,08) eines Tages. Sie sind auch in der Lage, Sonnenfinsternisse für lange Zeiträume vorauszuberechnen.

Die Maya sind auch die einzigen Bewohner der Neuen Welt, die eine *echte Schrift,* wenn auch nicht ganz in unserem Sinne, besitzen. Die „Glyphen" genannten Zeichen sind oft aus mehreren Teilen zusammengesetzt, wobei ein oder zwei Elemente größer als die anderen sind (Hauptzeichen). Geschrieben wird von oben nach unten und von links nach rechts, wobei zunächst die ersten beiden senkrechten Spalten abwechselnd von oben nach unten gelesen werden, dann die nächsten beiden usw. Die Schrift wird in Reliefform oder eingeritzt auf Steinmonumenten, Fassaden, Schmuckstücken, Knochen, Holz usw. verwendet, gemalt auf Wänden, Tongefäßen und Büchern (Codices), von denen sich leider nur drei sehr späte erhalten haben. Abweichungen in den Glyphenformen sind sowohl nach der Art der Schreibung als auch in zeitlicher Hinsicht vorhanden. Die meisten der heute bekannten rund 900 Glyphen sind noch nicht entziffert. Bekannte Glyphen beziehen sich auf Zahlen, kalendarische und astronomische Einheiten, Namen von Göttern, Städten und Herrschern sowie auf Geburt, Inthronisation, Tod u. ä. Ereignisse. Lesen, d. h. sie wörtlich in die ursprüngliche Sprache übersetzen, kann man sie nicht.

Im Hochland vollziehen sich **um 650** große Veränderungen. Das *Teotihuacan-Reich* hat sich *aufgelöst*. Die Gründe dafür sind nicht klar. Zwar gibt es in der Stadt um diese Zeit eine Brandschicht, ob diese aber auf Eroberung hindeutet und ob diese Eroberung auf das *Eindringen der Otomí* aus dem Norden zurückzuführen ist, bleibt umstritten. Auf jeden Fall kommt das ganze *politische Gefüge* in Bewegung, nicht nur in *Zentral-Mexiko*, sondern auch in weit entfernten Bereichen, so im *Hochland von Guatemala*, sowie in *Nicaragua* und *Costa Rica*, wo um **900** mexikanische Gruppen, die *Chorotega*, auftauchen, letzte Ausläufer der in Zentral-Mexiko ausgelösten Veränderungen. Auf den Trümmern des Teotihuacan-Reiches entstehen *Diadochenstaaten* kleineren Umfanges, gegründet augenscheinlich von sehr heterogenen Gruppen. Wie sie sich genau zusammensetzen und wie sie entstehen, ist wiederum ungeklärt. Möglicherweise sind es „arbeitslose Soldaten" und ihr Anhang, die ähnlich den „Freien Kompanien" des **14. Jh.s** im Lande herumziehen und entweder bereits bestehende Orte erobern oder neue Siedlungen gründen. *Cholula* z. B. wird von einer Gruppe eingenommen, die man **„Olmeca"** nennt, aus der *Mixteca Baja* in Oaxaca stammt und mixtekische, *Nahua*- und *Chocho-Popoloca*-Teile vereinigt. Sie machen den wichtigen Handelsknotenpunkt zwischen Hochtal und Golfküste zu einem bedeutenden Machtzentrum. Ein anderer wichtiger Teilstaat hat seinen Kern in *Xochicalco* (Morelos). Auf einem Hügel gelegen, ist es von Wehranlagen umgeben, die auf Konfliktsituationen hindeuten. Neben Elementen aus Teotihuacan und dem Tal von Oaxaca lassen sich hier auch Einflüsse aus dem Mayagebiet nachweisen. Diese sind in dem neuentdeckten *Cacaxtla* (Tlaxcala) noch deutlicher, vor allem in den großartigen Wandgemälden, die äußerst blutige Kämpfe zwischen Gruppen zeigen, deren Embleme Adler und Jaguar sind. Das Hochtal wird nun wieder stärker besiedelt. In *Azcapotzalco* entsteht ein Zentrum, das wenigstens andeutungsweise das Teotihuacan-Erbe weiterführt.

In weiter entfernten Gebieten des ehemaligen Reiches setzen sich meist einheimische Kulturen durch. An der mittleren Golfküste übernimmt nun *Tajin* (Veracruz) eine führende Rolle und wird das Zentrum eines eigenen Staates. Weiter südlich dagegen scheint es an der Küste keine größeren politischen Einheiten in dieser spät-klassischen Zeit zu geben.

Auch im *Valle de Oaxaca* kommt es **um 700** zu Veränderungen, die jedoch nicht so einschneidend sind wie in anderen Gebieten. Monte Alban wird zu jenem Zeitpunkt aufgegeben, wahrscheinlich als Folge von Einbrüchen der **Mixteken** in das Tal von Oaxaca und der exponierten Lage der Stadt, deren Wasserversorgung sehr prekär ist. Die Mixteken gründen bereits in der vorhergehenden Zeit nördlich des Valle de Oaxaca Kleinstaaten. Von hier aus dringen sie immer wieder in das Tal von Oaxaca ein, dessen nördliche Hälfte sie allmählich beherrschen. Hauptorte der **Zapoteken** liegen nun im südlichen Teil: *Lambityeco*, wahrscheinlich zunächst Nachfolger von Monte Alban, das nur noch als Grabstätte der Elite dient, später das befestigte und besser zu verteidigende *Yagul* sowie *Mitla*.

Länger als alle anderen Gruppen bleiben die **Mayastaaten** von den Unruhen verschont. Gerade zwischen **600** und **800** erreichen viele Städte ihren Höhepunkt an Größe und Pracht, werden riesige *Pyramiden* und zahlreiche *Stelen* zu Ehren der Herrscher errichtet. **Tikal**, einer der bedeutendsten Orte und wahrscheinlich Hauptstadt eines größeren Herrschaftsbereichs, scheint **um 800** mehr als 10 000 Einwohner zu haben, die sich auf eine Fläche von 16 Quadratkilometer verteilen. Die Hausgruppen sind unregelmäßig über das gebrochene Gelände verstreut, eine enge Besiedlung wie in Teotihuacan fehlt und ist aus topographischen Gründen auch nicht möglich. In der Mitte des Ortes liegen die Tempel und Paläste, akropolisartig als *Verwaltungszentrum* zusammengefaßt. Umgeben ist Tikal von einer Mauer, Hinweis auf die kriegerischen Auseinandersetzungen der damaligen Zeit.

Dieser blühende Ort liegt **um 850** verlassen da. Wie konnte es dazu kommen? Augenscheinlich handelt es sich nicht um einen einzelnen Faktor, sondern um das Zusammenklingen mehrerer. Überbevölkerung und Auslaugen des intensiv bebauten, an sich nicht sehr fruchtbaren Bodens scheinen Hauptursachen zu sein. Darauf deutet auch das Verlassen gerade der ältesten Siedlungen zu Beginn des Niederganges hin. Epidemien und chronische Unterernährung, verstärkt vielleicht durch jahrelange Mißernten, sind weitere Faktoren, ferner das Unvermögen der Elite, Abhilfe zu schaffen. Gerade diese Gruppe scheint als erste die Orte zu verlassen, ob freiwillig oder gezwungen, bleibt dahingestellt. Endlich kommt noch Druck von außen, Folge der Wirren in Zentral-Mexiko, hinzu. Kurz **nach 800** treten in *Yucatan* Gruppen unter Führung der **Itza-Familie** auf, wahrscheinlich Maya-sprechende *Chontal aus Tabasco*, die jedoch stark mexikanisiert sind. Sie lassen sich in **Chichen Itza** nieder und beginnen, auch andere Orte niederzuwerfen. Ihre Feldzüge führten sie bis *Seibal im Petén*, das **ab 830** von einem Fürsten nördlicher Abkunft beherrscht wird. Das benachbarte *Altar de Sacrificios* fällt **um 910** in die Hände einer anderen Chontal-Gruppe. Es ist bezeichnend, daß diese beiden Orte zu den letzten großen Petén-Siedlungen zählen und erst **gegen 950** verlassen werden, später als fast alle anderen Orte.

Tolteken, Chichimeken, Tepaneken

um 830 n. Chr.	Wie im Maya-Gebiet setzen im 9. Jh. auch in anderen Gegenden allmählich historische Nachrichten ein, oft noch in mythologischem Gewand. Das trifft auch für die *Tolteken* zu, die aus dem Norden in das Hochtal gelangen und zunächst in *Ixtapalapa* siedeln. Bald schon kommen sie in Konflikt mit dem mächtigen *Cholula*.
um 960	Die Tolteken verlegen unter dem legendären *Quetzalcoatl Topiltzin* ihre Hauptstadt nach

1156 Außereuropäische Welt bis 1945 – Amerika

Tula (Hidalgo), nördlich des Hochtales. Während die größten Teile des Valle de Mexico ebenso wie Puebla unter der Herrschaft Cholulas bleiben, bauen die Tolteken ihr Reich an den nördlichen Randzonen auf. Das mittlere Veracruz scheint ebenfalls in ihren Herrschaftsbereich zu fallen. Darauf deuten befestigte Orte wie *Tuzapan* und *Teayo* hin, die deutlich zentralmexikanisch ausgerichtet sind.

987 Dynastische Auseinandersetzungen in der Hauptstadt mit ethnischen und religiösen Hintergründen haben den *Auszug Quetzalcoatls* und seiner Anhänger zur Folge. Sie erreichen über die Golfküstenländer die Küste von Yucatan, zusammen mit einer neuen Welle von *Chontal-Maya* aus Tabasco. Unter Führung der *Itza-Dynastie* werden die noch blühenden Städte in Yucatan bald unterworfen, ihr als *Puuc* bezeichneter Maya-Stil verschwindet. Dafür dominiert nun *Chichen Itza*, dessen Bauten jenen in Tula sehr ähnlich sind. In der gleichzeitigen Skulptur dagegen lassen sich viele Hinweise auf die alte Maya-Tradition finden, wenn auch die Themen weitgehend toltekisch sind. Der *Kult der Federschlange,* des Symbols Quetzalcoatls, der hier *Kukulkan* heißt, spielt eine Rolle, ebenso des *Regengottes Tlaloc,* dem ein natürlicher Brunnen (Cenote) geweiht ist. Durch ihn wird Chichen Itza für viele Jh.e zu der *bedeutendsten Pilgerstätte Yucatans.*

1187 Zweihundert Jahre besteht das Reich von Chichen Itza, bis es dem Druck der umwohnenden Maya erliegt. Die Itza und ein Teil ihrer Gefolgsleute wandern nach Süden aus und gründen am See von *Petén Itza* ein neues Reich, das als letztes (erst 1697) von den Spaniern erobert wird. Die *neue Herrschaft* in Yucatan geht von *Mayapan* aus. Eine gewisse Rückbesinnung auf die alten Werte findet statt, ohne daß die frühere Größe, sowohl politisch als auch in Kunst und Wissenschaft, erreicht wird.

1156 In *Zentral-Mexiko* findet das Toltekische Reich ebenfalls ein Ende. Tula wird verlassen, wahrscheinlich unter dem Ansturm „barbarischer" Gruppen, die durch längere Dürreperioden aus den marginalen Siedlungsgebieten des ariden Nord-Mexiko vertrieben werden. Damit endete eine Epoche relativer Ruhe, die für die späteren aztekischen Geschichtsschreiber als *„Goldenes Zeitalter"* gilt. Viele Erfindungen werden den Tolteken zugeschrieben, die zwar in dieser Zeit entstehen, jedoch nicht von ihnen stammen.
Ein Beispiel ist die Metallverarbeitung, die sich zuerst (um 900) bei den *Tarasken in Jalisco* (Zentralmexico) nachweisen läßt. Die Kenntnisse gelangten aller Wahrscheinlichkeit nach auf dem Seewege aus dem heutigen Ecuador und Panama an die Westküste Mexikos. Auf welchem Wege die *Mixteken* in Oaxaca um 1000 diese Kenntnisse erhalten, ist unklar. Sie werden die berühmtesten Goldschmiede des alten Mexiko, wie sie überhaupt die hervorragenden Kunsthandwerker jener Zeit sind, deren polychrome Keramik von keiner anderen übertroffen wird und die die Kunst der Bilderschriftbücher auf einen ungeahnten Höhepunkt bringen.
Wie der Zusammenbruch Teotihuacans löst auch das *Ende des Toltekenreiches* große Wanderbewegungen in Mesoamerika aus. Gruppen aus dem Hochland strömen u. a. in die Golfküstentiefländer und verändern zusammen mit den bereits vorhandenen toltekischen Einflüssen das Bild der dortigen Kulturen, die nun ein stark zentralmexikanisches Gepräge bekommen. Andere Gruppen dringen in das guatemaltekische Hochland vor, unterwerfen die einheimischen Mayagruppen oder heiraten in deren Elite ein und formen Staaten zentralmexikanischen Musters, die bis in die Conquista-Zeit bestehen. Andere Wanderbewegungen bringen Nahuasprecher nach El Salvador (Pipil) und Nicaragua (Nicarao) und führen zu einer Mexikanisierung der dortigen Bevölkerung.

1156 Die Tolteken ziehen sich unter ihrem Herrscher *Huemac* zunächst nach *Chapultepec* im Hochtal von Mexiko zurück.

1162 Mit dem Tod von Huemac geht auch dieser toltekische Staat unter.
Im Hochtal beginnt ein erbitterter Kampf um die Hegemonie. *Colhuacan,* dessen Dynastie augenscheinlich toltekisch ist, erlangt zunächst eine Führungsrolle, doch die immer neuen Nahua-Gruppen, die aus dem Norden in das Hochtal einsickern und die man zusammenfassend als *Chichimeken* bezeichnet, lassen die Staaten nicht zur Ruhe kommen.

1230 Die zu ihnen gehörenden *Tepaneken* erobern die Teotihuacan-Nachfolgestadt *Azcapotzalco.*

1240 Andere Chichimeken erobern *Tenayuca.*

1260 Die *Acolhua* gründen *Coatlinchan* und *Tezcoco.*

1350 Den Acolhua gelingt es, für kurze Zeit *Colhuacan* in der Vorherrschaft abzulösen.
Die neuaufstrebende Macht im Hochtal sind aber die Tepaneken, vor allem nachdem *Tezozomoc* den Thron bestiegen hat.

1343

1418 Durch geschickte Bündnispolitik, aber auch durch militärische Stärke gewinnt er immer mehr Macht hinzu und kann schließlich auch *Tezcoco* erobern.

1423 Als Tezozomoc stirbt, sind die Tepaneken auf dem besten Wege das ganze Hochtal zu unterwerfen und damit die Schlüsselposition für eine zentralmexikanische Reichsgründung in die Hand zu bekommen. Sein Nachfolger *Maxtla* verspielt diese Chance, indem er die bisher verbündeten *Azteken* zu seinen Gegnern macht.

Indianerkulturen – Südamerika 1157

Das Reich der Azteken

1193 Die Azteken kommen in das Hochland. Ihre Heimat scheint das nordwestliche Mexiko zu sein.

1256 Die Azteken siedeln als Untertanen *Colhuacans* am *Chapultepec*.

1325 Zunächst als Hilfstruppen mit diesem Staat verbunden, kommt es zu Zerwürfnissen, die die *Gründung Tenochtitlans* (an der Stelle des heutigen Mexico City) auf Inseln im See von Texcoco zur Folge haben.

1376 Obwohl die Herrscherfamilie, die mit *Acamapichtli* beginnt, aus Colhuacan stammt, tragen die Azteken als *Hilfstruppen der Tepaneken* nicht unerheblich zu deren Aufstieg und dem Niedergang Colhuacans bei.

1427 Die Ermordung des vierten Herrschers, *Chimalpopoca,* durch Maxtla macht dieser Beziehung ein Ende.

1427–1440 Sein Nachfolger *Itzcoatl* verbündet sich mit dem Texcoco-Herrscher *Netzahualcoyotl* (1418–1472).

1430 Zusammen erobern sie *Azcapotzalco* und machen die Vorherrschaft der Tepaneken zunichte, schließen aber mit der neuen Tepaneken-Hauptstadt Tlacolula ein Bündnis (Dreibund), durch das die Eroberung des Hochtales nahezu vollendet wird. Daneben werden Teile von Puebla und Guerrero unterworfen.

1440–1469 Unter *Moctezuma I. Ilhuicamina* († 1469) wächst das nominal dem Dreibund gehörige Reich ständig. Die letzten Bastionen im Hochtal, vor allem Chalco werden besiegt, weitere Teile von Guerrero erobert. Wichtiger ist die Neutralisierung Cholulas durch ein Zwangsbündnis und die *Unterwerfung der Totonaken* an der mittleren Golfküste. Dagegen mißlingt es, auch die *Tlaxcalteken,* die eine wichtige Position auf dem Wege zur Küste einnehmen, zu besiegen. Sie bleiben immer frei und tragen nicht unerheblich zum Untergang des aztekischen Reiches bei.

1469–1483 *Axayacatl,* Enkel des vorhergehenden Herrschers, konsolidiert die Eroberungen und gewinnt neue Gebiete im Westen hinzu, scheitert aber bei dem Versuch, die *Tarasken* in Michoacan zu unterwerfen. Wichtig ist die Eingliederung der ebenfalls von Azteken bewohnten Nachbarstadt Tlatelolco in die Hauptstadt.

1483–1486 Sein Bruder *Tizoc* († 1486) hat mit vielen Rebellionen zu kämpfen, die nur mit Mühe unterdrückt werden.

1481–1502 Erst unter dem dritten Bruder *Ahuitzotl* († 1502) dehnt sich das Reich erneut aus. Am Pazifik werden weite Teile von Guerrero und Oaxaca, Tehuantepec und die Kakaoprovinz Soconusco an der guatemaltekischen Grenze besetzt, am Golf weite Gebiete im südlichen Veracruz. Im Inneren kommt man dagegen nur langsam voran, da der Widerstand der Mixteken und des wiedererstarkten Zapoteken-Reiches bedeutend ist.

1502–1520 Oft sind es nur einzelne kleine Gebiete oder Stützpunkte, die *Moctezuma II. Xocoyotzin* (* 1467, † 1520) in Oaxaca hinzufügen kann. Wie alle seine Vorgänger regiert er absolut von der *Hauptstadt Tenochtitlan* aus, die damals etwa 250000 Einwohner hat.

1520 Moctezuma wird entweder durch die eigenen Leute getötet oder von den Spaniern ermor-
29. Juni det. Sein Nachfolger *Cuitlahuac* regiert nur wenige Monate, ehe er an Pocken, die durch die Spanier eingeschleppt werden, stirbt.

1520–1521 Ihm folgt als *letzter aztekischer Herrscher* sein Vetter *Cuauhtemoc,* der nach erbitterter
1521 Verteidigung mit den Resten seiner Macht, ausgehungert und ohne Trinkwasser, in
13. Aug. Tenochtitlan kapitulieren muß.

1525 Cuauhtemoc wird auf Geheiß von *Hernán Cortés* in den Urwäldern des Petén wegen an-
28. Febr. geblicher Verschwörung aufgehängt.

Südamerika

Gebiet des heutigen Kolumbien

Bis jetzt sind die Küsten des Karibischen Meeres und des Pazifik am besten erforscht, in den Anden nur begrenzte Gebiete. Das Tiefland im Osten ist noch unbekannt. Vorläufig ist mit Hilfe von C 14-Daten und aus dem Vergleich mit den Kulturen Venezuelas, Panamas und Ecuadors eine Gliederung der Zeit bis ca. 400 n.Chr. in drei große Abschnitte möglich, von denen *Periode I* (bis **3000 v.Chr.**), *Periode II* (**3000–1000 v. Chr.**) und *Periode III* (**1000 v. Chr.–500 n. Chr.**) zeitlich ungefähr dem Altertum Europas und Vorderasiens entsprechen. Im Unterschied zu Periode I haben Periode II und III regionalen Charakter, lassen eine fortlaufende kulturelle Entwicklung erkennen, haben aber ihren Schwerpunkt im Norden. Der erste Zeitabschnitt ist nur in Oberflächenfunden von Steinwerkzeugen belegt, die nicht absolut datiert werden können. Die Träger dieser Kultur sind umherziehende Jäger.

1158 Außereuropäische Welt bis 1945 – Amerika

Bisher liegen nur Funde aus dem Norden, dem Gebiet zwischen *Rio Sinú* und *Rio Magdalena* vor. Der älteste Fundplatz ist *Puerto Hormiga,* der mit seiner C 14-Datierung ca. **2900 v. Chr.** den ältesten Keramikkomplex Südamerikas bildet. Ihre höchste Entwicklung findet die Keramik in *Malambo* (ca. **1200 v. Chr.**), wo Ähnlichkeiten mit der Keramik Venezuelas die ersten Kontakte zwischen den beiden Kulturgruppen vermuten lassen. Die Bevölkerung beginnt in Dörfern seßhaft zu werden und lebt sowohl vom Bodenbau (Maniok) als auch von Jagd und Fischfang.

Die wichtigste Kulturphase der Periode III im Norden repräsentiert *Momil,* dessen Wirtschafts- und Sozialformen denen von Malambo noch weitgehend entsprechen. Zahlreiche anthropomorphe Statuetten lassen auf religiöse Vorstellungen schließen. Charakteristika der Momilphase breiten sich nach Osten aus und werden zur Grundlage des sogenannten *First Painted Horizon* (Loma und Horno). Erster indirekter Nachweis von Maisanbau.

In den Anden sind für die Zeit zwischen Periode I und der *Kultur von San Agustín* (am Oberlauf des Rio Magdalena) keine Funde nachweisbar. Die früheste C 14-Datierung für San Agustín ist ca. **600 v. Chr.,** es endet um **500 n. Chr.** Die Kultur ist in Südkolumbien (Cauca und Huila) verbreitet. Ihre Träger, die Arbeitsteilung in Berufen und eine soziale Schichtung kennen, sammeln sich nach Osten aus um religiöse Zentren, deren größtes San Agustín ist. Nahrungsgrundlage ist der Bodenbau. Der religiöse Kult wird in einem differenzierten Zeremoniell ausgeübt. Typisch sind Monumentalbauten aus Stein (Tempel, Gräber, unterirdische Galerien, skulptierte Grabplatten und Sarkophage im Megalithstil, aber keine Wohnbauten); bis zu 4 m hohe Steinstatuen stellen wohl Götter, Dämonen und Heroen dar; an Quellen und Bächen finden sich Menschengesichter und Wassertiere aus dem Felsen gehauen.

Während zu den anderen gleichzeitigen Kulturen Kolumbiens keine Verbindung hergestellt werden kann, spiegeln sich deutlich *peruanische* (Chavín und Recuay) und *mesoamerikanische* (Chorotega und Maya) *Einflüsse.*

Wohl gleichzeitig mit dem letzten Abschnitt der San-Agustín-Kultur (ca. **400 n. Chr.**) sind die Funde des *Tierradentro-Komplexes* (Cauca) zu setzen, und zwar aufgrund der großen Ähnlichkeit von Keramik und Steinbildhauerei.

Die Zeit vom 6. Jh. bis zur Ankunft der Spanier kann in zwei Abschnitte geteilt werden: *Periode IV* **(500–1000)** und *Periode V* **(1000–1500).** Charakteristisch ist in *Nordkolumbien* die Entwicklung zu kultureller Gleichartigkeit, verbunden mit größerer Bevölkerungsdichte. Neu sind runde Hausfundamente aus Stein und Gebäude auf Erhöhungen; Terrassen für den Feldbau.

Einige Gebiete bleiben auf ihrer früheren Entwicklungsstufe stehen, so um *Cienaga Grande de Santa Marta,* wo sich die indianische Bevölkerung noch bei Ankunft der Spanier von Fischen und Schalentieren ernährt.

Um 1000 wird der *Second Painted Horizon* angesetzt: *Coco* und *Portacelli* in Nordostkolumbien. Portacelli hat Verwandtschaft mit *Coclé* und *Chiriquí* (Panama), ebenso mit *Tierra de los Indios* (Westvenezuela).

Im Unterschied zur vorangegangenen Zeit entwickeln sich zwischen **1000** und **1500** landschaftlich differenzierte Kulturen: an den Abhängen der Sierra Nevada de Santa Marta die *Tairona-Kultur,* an den Unterläufen von Sinú und San Jorge River der *Betancí-Viloria-Komplex.* Beide können zeitlich nicht fixiert werden.

Tairona, dessen Einfluß ein großes Gebiet erfaßt, beeindruckt in den städtischen Zentren durch seine Architektur- und Ingenieurleistungen: Terrassen für Hausbau und Feldbau, Steinfußböden, Treppenaufgänge zu den Terrassen und Hauseingängen, mit Steinplatten belegte Straßen, steinerne Brücken, Bewässerungskanäle, Säulenhallen, Stelen, Gräber, die mit großen Platten bedeckt sind. Die Metallverarbeitung ist gut entwickelt, typisch ist schwarze, unbemalte Keramik. – Arbeitsteilung, soziale Schichtung, theokratische Regierung und Handel sind weitere Merkmale der in dieser Zeit erreichten Kulturhöhe.

Der *Betancí-Viloria-Komplex* hat als besonderes Kennzeichen eine hochentwickelte Gold- und Tumbaga-Verarbeitung. Die typische Siedlungsform sind ausgedehnte Dörfer am Rand von Flüssen und Lagunen.

Zahlreiche Informationen können spanischen Chroniken entnommen werden. Nach ihren Angaben sind zu Anfang des **16. Jh.s** in ganz Nordkolumbien vergiftete Pfeile, Trophäenköpfe, Sklavenjagd, Kriegstänze, Kannibalismus verbreitet. Sie erwähnen, ebenfalls für das gesamte Gebiet, Gegenstände aus Gold, Kupfer und Muscheln sowie Einfriedungen zum Schutz der Häuser.

Im *Andengebiet* scheint die Heimat der in zahlreiche Sprachfamilien zerfallenden **Chibcha** gelegen zu haben, deren Stämme während der Klassischen und Nachklassischen Periode in zahlreichen Wanderzügen Teile des Nordens Südamerikas und Teile Mittelamerikas besiedeln. Ihre Zivilisation gehört deshalb sehr unterschiedlichen Stufen an, von einfachen Formen bis zur Hochkultur.

Den Übergang zur Hochkultur vollziehen zwischen **1100 und 1500** die auf der Hochebene von Bogotá lebenden Chibcha, die sich selbst *Muisca* nennen (deshalb die oft verwendete Bezeichnung Muisca-Kultur). Sie besitzen größere Städte und wohlgeordnete Gemeinwesen. Ihrer Mythenwelt entstammt die Legende vom Fürsten von Guatavita, der, mit Goldstaub bepudert, ein rituelles Bad im See nimmt und deshalb el Dorado genannt wird.

Politisch zerfallen die Muisca in mehrere Kleinstaaten, die bei Ankunft der Spanier untereinander um die Hegemonie kämpfen.

Indianerkulturen – Südamerika   *1159*

Gebiet des heutigen Venezuela

In großen Zügen entsprechen die Kulturgebiete der geographischen Gliederung des Landes: Flußsystem des *Orinoco, Anden,* Gebiet um den *Valencia-See.*
Die präkeramischen Funde (*El Jobo, Staat Falcón;* vor **5000 v. Chr.**) entsprechen nordamerikanischen (Lerma) und südamerikanischen (Ayampitín, Intihuasi).
Zweite präkeramische Epoche (ca. **5000–1000**): Nach den Jägern erscheinen im Osten und Westen der karibischen Küste Schalentiersammler (C 14-Datierungen zwischen 2200 und 1100 v. Chr.), die zusätzlich vom Fischfang, dem Sammeln von Wildfrüchten und der Jagd leben. Die Artefakte sind aus Knochen und Stein, später aus Muscheln.
Ohne Übergang wird das Präkeramikum um **1000 v. Chr.** bis **350 n. Chr.** von Kulturen mit gut gearbeiteter Keramik abgelöst. Die ältesten Fundstellen liegen am Unterlauf des Orinoco *(Saladero).* Anbau von Maniok, Beginn sozialer Schichtung und von Arbeitsteilung. Etwas später um **900** bildet sich am Mittel- und Unterlauf die nach dem Fundplatz Barrancas benannte Kultur aus, die, wahrscheinlich von Neueinwanderern getragen, sehr geschlossen ist und starken Einfluß auch auf die letzte Phase von Saladero ausübt.
Um Christi Geburt breitet sich die *Saladero-Kultur* an die Ostküste von Venezuela aus *(El Mayal),* deren Nahrungsgrundlage Fischfang und Bodenbau bilden, eine Wirtschaftsform, die bis zur Conquista beibehalten wird. Selbst auf den Antillen läßt sich, anhand der Keramikfunde, noch der Einfluß von Saladero und Barrancas feststellen.
Im Andengebiet, im Tal von Quibor, ist die *Tocuyano-Phase* (um **200 v. Chr.**) die erste Kultur mit Keramik und Feldbau (Kartoffeln?). Ihre Formen sind über ganz Westvenezuela einschließlich der Küste verbreitet, wo auch Einflüsse des sogenannten First Painted Horizon zu erkennen sind. Die geringe Zahl der Funde macht genauere Aussagen über eine zeitliche Abfolge unmöglich.
In den Llanos von Apure und Guarico am mittleren Orinoco erscheint um **400 n. Chr.** die *Arauquín-Kultur.* Ihre Keramik ist plastisch verziert. Erdhügel aus dem Gebiet von Apure lassen auf eine soziale Ordnung, wie sie die Voraussetzung für Gemeinschaftsleistungen ist, schließen. – Zur Zeit der spanischen Eroberung bauen die Bewohner dieser Gegend laut Angabe spanischer Chroniken Mais, bewohnen große Gemeinschaftshäuser, stellen Schmelztiegel für das Gießen von Gold her, das für den Handel mit anderen Stämmen benützt wird, halten aber keinen Nahrungsvorrat.
Die *Barrancas-Kultur* um **600** an der Mündung des Orinoco geht über in die *Los-Barrancos-Kultur,* die einige Wesenszüge von Arauquín übernimmt. Kurz vor der spanischen Eroberung nimmt dieses Gebiet zahlreiche Einflüsse von außen auf, erlebt jedoch keinen kulturellen Höhepunkt.
Für *Westvenezuela* ist bemalte Keramik weiterhin charakteristisch. Die *Betijoque-Phase* (**350–1150**) hat Weiß-auf-Rot-Malerei; bemalte Statuetten mit flachen Köpfen und Kaffeebohnenaugen.
Gleichzeitig verläuft an der Nordwestküste des Maracaibo-Sees die *La-Pitia-Phase* mit bemalter Keramik. Verschiedene Begräbnissitten lassen auf religiöse Vorstellungen schließen. Auffallend sind Ähnlichkeiten mit Nordwestkolumbien.
Der Halbinsel La Cabrera entlang und am Ufer des Valencia-Sees entsteht aus Einflüssen von Barrancas und Westvenezuela die *La-Cabrera-Phase.* Die aufgrund häufiger Fundplätze sicher zahlreiche Bevölkerung lebt von Bodenbau, Jagd und Fischfang.
Das Gebiet um den Valencia-See, das schon immer zahlreiche Einflüsse aufnahm, zeigt zu Beginn dieser Periode (**1150–1500**) in der Keramik eine enge Verwandtschaft mit der Arauquín-Kultur, die damit vielleicht den Anstoß gibt für die *Valencia-Phase,* eine der vielseitigsten Kulturen von Venezuela. Die Keramik hat ausschließlich plastisches Dekor: Vögel, Frösche, Säugetiere; typisch sind u. a. weibliche Statuetten mit rechteckigen Köpfen. Bemerkenswert sind große Wohnhügel, die sich über ein weites Gebiet am Valencia-See erstrecken; es ist jedoch nicht sicher, ob sie alle gleichzeitig bewohnt sind. Trotz offensichtlicher Bevölkerungszunahme und einer gewissen Organisation, wie sie Gemeinschaftsarbeit voraussetzt, scheint ein Überfluß an Wildfrüchten und Wildtieren größere Fortschritte in der Bodenkultivierung zu verhindern.
Kurz vor Beginn der historischen Zeit erscheinen in *Westvenezuela* Kulturen mit Keramik, die mit geometrischen Mustern bemalt ist. Wohnhügel, wie sie schon früher am Valencia-See zu finden sind, kommen jetzt auch hier vor. Der Bodenbau wird intensiviert (Terrassenbau, Bewässerung). Zahlreiche Höhlen in den Bergen werden wohl für kultische Zwecke benutzt (zeremonielle Keramik, sitzende oder stehende Tonstatuetten). Allgemein hat die Keramik dieser Phase in Westvenezuela stilistische Verwandtschaft mit Coclé in Panama und besonders mit dem Second Painted Horizon in Kolumbien.

Gebiet des heutigen Ecuador

Es lassen sich *vier Perioden* unterscheiden: *Präkeramikum* bis um **2800 v. Chr.**; *Formative Zeit* ca. **2800–500 v. Chr.**; *Zeit der Regionalkulturen* **500 v. Chr.–500 n. Chr.**; *Integration* **500–1500**.
Die günstigen klimatischen Bedingungen Ecuadors werden früh von Jägern, Fischern und Sammlern genutzt, von denen jedoch nur noch wenige Relikte vorhanden sind, da die Fundplätze an der Küste stark ausgewaschen sind.

1160 Außereuropäische Welt bis 1945 – Amerika

Um **3000 v. Chr.** wird die Kunst der Töpferei nach Ecuador gebracht, nicht im Land selbst erfunden, da sie in der *Valdivia-Kultur* bereits sehr gut entwickelt ist. Die Träger der Kultur sind relativ seßhaft, leben vom Sammeln wilder Pflanzen und Muscheln. Kennzeichnend sind kleine Steinstatuetten, denen z. T. stilisierte Gesichtszüge, Arme und Beine eingraviert sind, später weibliche Tonstatuetten.

Zwischen **2000** und **1500** wandern an derselben Stelle primitive Sammler zu (*Machalilla-Kultur;* mit einer sehr dünnwandigen Keramik).

Die dritte Einwanderungsgruppe **(1500 v. Chr.?)** kommt aus dem Süden Mesoamerikas. Während die Valdivia-Kultur erlischt, bleiben Einzelzüge von Machalilla in der *Chorrera-Kultur* (am Rio Guayas) erhalten, die sich im Guayasbecken, nach Norden bis in die heutige Provinz Manabí und ins südliche Hochland (Einfluß auf den Chavín-Horizont?) ausbreitet. Vermutlich Übernahme des Maisanbaus.

Um **500** setzt die regionale Differenzierung ein, die sich jedoch nur in *Bahía* zu einer Hochkultur entwickelt. Die Wohnsiedlungen, gekennzeichnet durch Erdhügel mit Staubecken für Frischwasser, sind größer. Davon getrennt sind religiöse Zentren, wie die Insel La Plata, auf der Tausende von Statuetten gefunden wurden. Die große Ähnlichkeit der Keramik mit den Erzeugnissen der Südküste Perus und Mesoamerikas läßt direkten Kontakt auf dem Seeweg vermuten. Einzelne Charakteristika der Chorrera-Kultur bleiben erkennbar. Erste Verwendung von Metall (Gold, Kupfer); Handel, Schiffahrt.

Um **200 v. Chr.** übernimmt Bahía (von Asien?) einen neuen Komplex ritueller Geräte (Hausmodelle, naturalistische sitzende Statuetten).

An der Küste wird archäologisch für die Zeit der sogenannten Integration (ca. **500–1500** n. Chr.) ein Kulturkomplex besonders gut faßbar: die *Milagro-Kultur,* die von der Grenze mit Peru bis in die Gegend von Quevedo verbreitet ist. Die Gebäude ihrer großen städtischen Zentren sind auf künstlichen Hügeln errichtet. Sehr unterschiedliche Grabbeigaben (neben Keramik am häufigsten Kupferschmuck, in Form von Ketten, Glocken, Ohrringen, Nasenringen, und Kupferwerkzeuge, wie Pinzetten, Beile, Nadeln, Messer; seltener sind Silber und Gold) lassen auf soziale Schichtung schließen. Von Gegenständen aus leicht verderblichem Material, Textilien und Holz, sind nur ganz geringe Reste erhalten.

Die *Manteña-Kultur,* an der Küste von Bahía de Caraquéz bis zur Insel Puná, hat große Städte, Terrassen für den Bodenbau. Statuetten kommen noch vor, obwohl sie weniger zahlreich werden.

Der *Chibchastamm* kommt ca. **700–800** der Cara seiner Überlieferung zufolge auf dem Seeweg mit Flößen von Mittelamerika in die Bucht von Guayaquil.

Um 1000 gründet dieser Stamm unter der *Schyri-Dynastie* einen allmählich den größten Teil des Hochlandes umfassenden Staat. Der Inka *Huayna Capac* unterwirft ihn und heiratet die Schyri-Prinzessin *Paccha. Atahualpa,* der letzte Inka, ist ihr Sohn.

Von der ecuadorianischen Küste aus, wo sich keine archäologischen Beweise für eine Herrschaft der Inka entdecken lassen, findet während der Nachklassischen Periode auf dem Seeweg Handelsverkehr mit Mittelamerika (wahrscheinlich sogar bis zur Westküste Mexikos) statt.

Zentralandine Kulturen im heutigen Peru und Bolivien

An der Küste Perus beginnt um **4000 v. Chr.** der Anbau von Bohnen, Kürbis, Baumwolle.

Die *Huaca-Prieta-Kultur* (ca. **2500;** Hauptfundort im Chicama-Tal an der Nordküste Perus) hat in den ältesten Schichten der Wohnhügel noch keine Keramik. Ihre Träger, die von Feldbau, Jagd und Fischfang leben, errichten halb unterirdische Wohnbauten, die kleine zur Küste und zu Lagunen orientierte Siedlungen bilden. Das Steingerät ist sehr primitiv, dagegen sind kunstvolle Produkte aus organischem Material erhalten (Baumwollgewebe, Körbe, Netze). Schon hier beginnt der typisch peruanische Kunststil (Vögel, Schlangen). Um **1400** beginnt der Maisanbau.

An der Nordküste Perus entwickelt sich um **1200** die *erste Hochkultur Südamerikas.* Sie wird nach dem gut erforschten religiösen Mittelpunkt *Chavín de Huántar* im Tal des Mozna (Nebenfluß des Marañon) als *Chavín-Kultur* bezeichnet oder richtiger als Chavín-Horizont, da das einigende Band der gemeinsame Kult zu sein scheint, während kulturelle Einzelzüge stark differenziert sind. Ein politischer Zusammenschluß läßt sich nicht nachweisen. Im Mittelpunkt des Kultes steht der Jaguar mit Schlangen als Attributen.

Die Siedlungen werden zum Teil von der Küste weg weiter ins Landesinnere verlegt. Angebaut werden Mais, Maniok, Kürbis und Baumwolle, Haustiere sind Hund und Lama (?). Es wurden Tempelpyramiden und große Bewässerungsanlagen freigelegt, die auf eine zahlreiche Bevölkerung schließen lassen. Beginn der Metallverarbeitung (Gold-Kupfer-Legierung – Tumbaga).

Die größte Ausdehnung umfaßt etwa das heutige Peru. Das Ende kündigt sich an, indem regionale Züge stärker hervortreten, auch dem Kult die Einheitlichkeit verlorengeht, bis er erlischt (um **400 v. Chr.**). Im Virútal (Nordküste Perus) entsteht um **1100** die *Guañape-Kultur* mit Lehmbauten und einer einfachen roten und schwarzen Keramik.

Eine regional nachweisbare Hochkultur, die sich um **700** dem Einfluß des Chavín-Horizontes entzieht, ist im Süden die *Paracas-Kultur* (um **1100–200** nach der Halbinsel Paracas bei der Stadt Pisco). In der Nekropole von Paracas wurden zahlreiche altperuanische Textilien gefunden (Totentücher mit den Mumien). Auf ihnen aufgemalt oder eingestickt sind mythische anthropomorphe und theriomorphe Wesen.

Etwa gleichzeitig blühen weiter nördlich die *Salinar-* und die *Gallinazo-Kultur,* etwas später entsteht im Hochtal des Santa die *Recuay-Kultur.*

In Nordperu entsteht um **200 v. Chr.** die *Hochkultur der Moche* als Nachfolgerin der Salinar-Kultur mit Einflüssen von Gallinazo. Von den Tälern der Flüsse Moche, Virú und Chicama werden große Teile des Küstengebietes mit Hilfe sorgfältig angelegter Bewässerungssysteme fruchtbar gemacht. Dem Zusammenwachsen des Kulturlandes entspricht politisch die Errichtung einer Oberherrschaft über die einzelnen dicht besiedelten Taloasen. Es werden Tempelpyramiden in Lehmziegelbauweise errichtet, wie in Moche *Huaca del Sol* und *Huaca de la Luna.*

Der gut entwickelte Bodenbau kennt bereits alle für die indianischen Hochkulturen typischen Nutzpflanzen. Verarbeitung von Gold, Silber und Kupfer, auch als Legierung (die Gold-Kupfer-Legierung Tumbaga ist in den indianischen Kulturen sehr verbreitet). Hochentwickelte Keramik, deren Bilder über Leben und Glauben der ethnisch nicht einheitlichen Träger der Moche-Kultur Auskunft geben, ebenso die Porträtköpfe der Töpferkunst, Realistische Darstellung von Szenen aus dem Alltagsleben, Jagd, Krieg und Mythologie. Hierarchisch gegliederte Gesellschaft mit Priestern, Kriegern, Bauern, Fischern und Sklaven (Kriegsgefangene). In der religiösen Welt stehen Vorstellungen von einem Mondgott und Dämonen im Vordergrund. Die Moche-Kultur wird um **600 n. Chr.** von den Trägern der *Huari-Kultur,* der peruanischen Variante der Tiahuanaco-Kultur, aus dem Hochland erobert.

Aus der *Paracas-Kultur* der Südküste Perus entsteht die *Nazca-Kultur* mit ihrer großartigen polychromen Keramik. Auf ihr werden in einer frühen Phase **(100 v. Chr. – 300 n. Chr.)** stilisierte Tiere und Pflanzen dargestellt, hauptsächlich jedoch katzenartige Gottheiten und Dämonen. Die sorgfältigen Begräbnissitten deuten vielleicht auf einen Ahnenkult. Eine große Rolle im religiösen Kult spielen Trophäenköpfe. Im ersten Drittel des ersten Jt.s werden die sogenannten „Scharrbilder" angelegt, mehrere hundert Meter lange Linien, die im Umriß geometrische oder figürliche Formen bilden und wohl astronomischen (d. h. religiösen) Zwecken gedient haben.

Eine letzte Phase der Nazca-Kultur **(300–600)** zeigt offenbar eine beginnende Erschöpfung ihrer Lebenskraft im Verblassen der Farben und in der Auflösung der Zeichnung auf der bemalten Keramik. Um **600** tritt die *Tiahuanaco-Kultur* an die Stelle der Nazca-Kultur, die in einem friedlichen, längere Zeit dauernden Prozeß überlagert wird.

Auf den Zusammenbruch der *Huari-Kultur* folgt um **1000** ein neues Aufblühen der Küstenkulturen. Die Bevölkerungszahl nimmt stark zu, und echte Städte werden gegründet. Die Gesellschaftsordnung ist streng hierarchisch. Die Zunahme der Bevölkerung führt zu einer erheblichen Ausweitung von Produktion und Handel. Neben hochwertigen Arbeiten für den Adel steht eine für Gemeinfreie und Hörige bestimmte Massenerzeugung von minderer Qualität. In der Religion herrscht der Glaube an einen Schöpfergott vor.

Politisch zerfällt die Küstenregion in mehrere Staaten. Im Norden entsteht das *Reich der Chimú.* Vom früheren Kerngebiet der Moche ausgehend, werden die Grenzen des Staates nach Norden (Piura) und Süden (Supe) ausgedehnt. Hauptstadt ist *Chanchán,* eine andere bedeutende Stadt ist *Pacatnamú.* Lebhafte Handelstätigkeit, auch auf dem Seeweg, nach Mittelamerika. Das Chimú-Reich wird von den Inka unter Tupac Yupanqui erobert.

Im Süden grenzt das Chimú-Reich an den *Staat Cuismancu.* Er beherrscht die Täler der Flüsse Rimac, Ancón und Chancay. Zu ihm gehören die Großstadt *Cajamarquilla* und der berühmteste Wallfahrtsort der Küste, die nach dem dort verehrten Gott benannte Tempelstadt *Pachacamac.*

Die Staaten der südlichen Küste besitzen keine so großen Städte und hohen Bevölkerungszahlen wie die nördlicher gelegenen. Das *Reich der Chincha* hat seine Schwerpunkte in den Tälern von Chincha, Ica und Nazca und erstreckt seine Macht zeitweise über einen Teil des benachbarten Hochlandes.

Tiahuanaco-Kultur im Andenhochland **(200 v. Chr. – 1000 n. Chr.):** Berühmteste Fundstätte ist Tiahuanaco (21 km südlich des Titicacasees), Wallfahrtszentrum und Stadt mit 5000–20000 Einwohnern. Als Träger dieser Kultur werden die Aymara angesehen.

Aus der Früh-Tiahuanaco- oder *Qeya-Phase* (bis **500** n. Chr.) stammen die beiden bedeutendsten Bauwerke, die *Kalasasaya,* ein Terrassengeviert mit Innenhof, und die *Akapana,* eine Kultpyramide; große, genau zugehauene Blöcke, mit zahlreichen, noch roh gefertigten Skulpturen. Die Freiplastik ist naturalistisch im Gegensatz zu dem feierlichen, hierarchischen Stil der klassischen Tiahuanaco-Phase **(500–700),** die die Kunst völlig in den Dienst der Religion stellt. Bekanntes Beispiel ist das Sonnentor mit seinem Fries.

Neben Tiahuanaco ist die Stadt *Huari* bei Ayacucho ein zweites Zentrum dieser zunächst auf das südliche Hochland beschränkten Kultur, jedoch mit abgewandeltem Kunststil. Beide „Kulturen" haben ihre Wurzeln in der Kultur von Pucara und beeinflussen sich in der Folgezeit gegenseitig.

In der *Spätphase* **(700–1000)** wird die Tiahuanaco-Kultur expansiv und erstreckt sich einerseits über Süd- und Südost-Bolivien bis nach Nordwest-Argentinien, andererseits über Süd-Peru (Nazca-Kultur) bis nach Nord-Chile. Die Schwesterkultur von Huari dagegen überlagert die übrigen peruanischen Hochlands- und Küstenkulturen bis in die Gegend von *Cajamarca.* Zum erstenmal seit Chavín erfaßt ein einziger Kulturstil sowohl Hochland wie Küsten. Wie die überall vorkommende gleiche Ikonographie auf Gewebe und Vasenmalerei zeigt, muß mit einem gemeinsamen religiösen Hintergrund gerechnet werden.

Die Vermutung, daß mit der Huari-Expansion auch die Errichtung eines Einheitsreiches verbunden war, verstärkt sich immer mehr. Die Stärke des Tiahuanaco- bzw. Huari-Einflusses ist verschieden, man kann

1162   Außereuropäische Welt bis 1945 – Amerika

deshalb nicht von einer festen Stileinheit sprechen, sondern vom Vorhandensein mehrerer, einander ähnlicher Stile, jedoch verbunden durch die gleiche Religion.
Die *Vorherrschaft der Huari-Kultur* scheint nicht immer ein Fortschritt gewesen zu sein. An der Küste verfallen in dieser Zeit in manchen Gebieten die Bewässerungsanlagen, es werden keine großen Gebäude errichtet. Auch fehlen hier die großen Steinskulpturen des Hochlandes. Einen materiellen Fortschritt brachten die Kulturen von Tiahuanaco und Huari durch die Verbreitung der Kenntnis und Bearbeitung der Bronze. Gleichzeitig mit der Expansion werden Anzeichen sinkender Schöpfungskraft der Tiahuanaco-Kultur des bolivianischen Hochlandes sichtbar. Die Vorherrschaft der Religion von Huari und das sehr wahrscheinlich damit verbundene Einheitsreich brechen um **1000** aus bisher unbekannten Gründen zusammen. *Neue Lokalstile* kommen auf, oder ältere erneuern sich *(Chimú-Kultur)*. Für die künftige Entwicklung hat jedoch Huari entscheidende Impulse gegeben. So gelten Staatsform und Straßenbau als vorbildlich für das spätere Inkareich.
Politisch zerfällt das Andenhochland seit dem Ende der Klassischen Epoche um **1000** in zahlreiche Kleinstaaten, die wirtschaftlich alle auf der gleichen Basis einer intensiven Landwirtschaft und Viehzucht stehen. Größere Städte entstehen erst allmählich und nicht in so großer Zahl wie an der Küste. Kulturell zeigt das südliche Andenhochland einen einheitlichen Stil (nicht gleichbedeutend mit politischer Einheit!), der nach den turmartigen Grabbauten *Chullpa-Kultur* genannt wird.

Die Inka

Unter den Kleinstaaten gewinnen die im *Tal von Cuzco* sitzenden *Inka* allmählich eine Vormachtstellung. Ihrer Überlieferung nach sind sie unter *Manco Capac* vom Titicacasee her eingewandert und haben *Cuzco* gegründet (Ende des 12. oder Anfang des 13. Jh.s). Nach archäologischem Befund haben die Inka wahrscheinlich eine Aymara-Bevölkerung im Raum von Cuzco angetroffen. Die ersten Herrscher und ihre Expansionspolitik sind sagenhaft (Mangel an schriftlichen Quellen).

1438–1471 Erst mit *Pachacutec Yupanqui*, dem neunten Inka, setzt eine gesicherte Überlieferung ein. Pachacutec beginnt mit planmäßiger Expansion und schafft die Grundlagen der Verwaltung des Inkareichs. Er unterwirft das Gebiet von Ecuador bis zum Titicacasee.

1471–1493 Sein Sohn *Tupac Yupanqui* erobert das bolivianische Hochland, stößt bis nach Nordwestargentinien vor, unterwirft das Küstengebiet, so auch das Chimú-Reich, und schiebt die Reichsgrenze bis nach Mittelchile vor. Auf Flößen unternimmt Tupac Yupanqui sogar eine Eroberungsfahrt in den Stillen Ozean; wahrscheinlich erreichen seine Truppen die Galapagosinseln. Wenig Erfolg haben nur Versuche, in das Waldgebiet östlich der Anden vorzudringen.

1493–1527 *Huayna Capac* (* um 1480, † 1527) schiebt die Reichsgrenze im Norden weiter bis an die Grenzen des heutigen Kolumbien vor.

 1527 Huayana Capac stirbt, ohne seinen Nachfolger bestimmt zu haben. *Huascar* († 1533), der älteste Sohn, läßt sich in der Hauptstadt Cuzco krönen; sein Bruder *Atahualpa* († 1533) fühlt sich bei der Teilung des Erbes übergangen und revoltiert. Es kommt zu einem erbitterten Streit um den Thron, der das Land in einen Bruderkrieg verwickelt.

 1532 Huascar wird von den Kriegern Atahualpas gefangengenommen und ermordet (1533). Kurz danach wird auch Atahualpa von den Spaniern unter *Francisco Pizarro* hingerichtet. Gelähmt durch den so plötzlichen Tod des Gottkönigs, unterwirft sich das Inkareich den Spaniern fast widerstandslos.

Grundstrukturen des Inka-Staates

Der Staat der Inka ist straff zentralisiert und übersichtlich organisiert. An seiner Spitze steht der als Sohn der Sonne göttlich verehrte Herrscher, Sapay Inka (= Oberster Inka). In der streng *hierarchischen Gesellschaftsordnung* bilden die Inka die privilegierte Herrenkaste. Für niedere Verwaltungsfunktionen wird auch der Adel unterworfener Völker herangezogen. Genaue Vorschriften regeln das Leben der Adligen, Gemeinfreien, Hörigen und Sklaven.
Die Inka streben eine politische und kulturelle Verschmelzung der verschiedenen Stämme und Kulturen an. Sie siedeln ganze Stämme um und oktroyieren ihnen die *Inkasprache* (das *Quechua*) und den *Inka-Sonnenkult*. Daneben dürfen sie ihre eigenen Sprachen und Götter vorläufig behalten, doch sollen diese allmählich verschwinden.
Grund und Boden sind Gemeindeeigentum. Ein Teil der Ernte wird gesammelt und bei Mißernten an Notleidende verteilt. Die *Dorfgemeinschaft* muß für Kranke und Alte sorgen. Bergwerke und Cocaplantagen sind Staatseigentum; dies geschieht nicht aufgrund sozialistischer Anschauungen, sondern weil die Inka damit die wertvollsten Erzeugnisse ihres Landes, Gold, Silber, Kupfer und das begehrteste Genußmittel, unter ihre Kontrolle bringen wollen.
Die Einführung besonderer *Werkstätten*, in denen ausgesuchte Personen unter strenger Aufsicht für den Inka arbeiten, darf wohl als *Vorform einer Produktionsgenossenschaft* bezeichnet werden, doch überwie-

Indianerkulturen – Südamerika *1163*

gen das private Handwerk und der von Privatleuten betriebene Handel bei weitem. Der Arbeitseinsatz für gemeinnützige Aufgaben erfolgt planmäßig. Oft wird Handwerkern die Lieferung bestimmter Erzeugnisse vorgeschrieben.

Subandine Kulturen in den Gebieten des heutigen Südbolivien, Nordchile, Nordwestargentinien

Die beste Kenntnis besitzen wir von der *Ayampitín-Kultur* (um **6000** v. Chr.) und von den Funden aus der Höhle von *Intihuasi*, denen jedoch möglicherweise andere Kulturen vorangehen (*Viscachani*, Bolivien).
Diese Funde sind überlagert von einer neuen Geschoßspitzenform (um **4000–3000**), einem asymmetrischen Dreieck, die in Bolivien, Peru, Chile, Argentinien und bis nach Patagonien verbreitet ist.
Taltalkultur (um **3000**) in Chile ohne Keramik (Muschelangel, Knochen- und Steingeräte, Schmuck).
Die Taltalkultur wird um **1000** im Norden von der *Quianikultur* abgelöst (in Quiani bei Arica und in Pisagua festgestellt), die neu die Dornangel und die Bogenwaffe benutzt.
Den wesentlichen kulturellen Einschnitt bezeichnet die Einführung der Keramik, in Nordwestargentinien um **500 v. Chr.**, in Chile zum Teil etwas früher. Die wichtigsten Fundplätze sind in Chile Pichalo und El Molle. Die *Pichalo-Kultur* kennt Bodenbau (Mais, Baumwolle, Flaschenkürbis) und als Haustier das Lama.
Große Bedeutung haben die Kulturen um den Titicacasee als Vorläufer der *Hochkultur von Tiahuanaco*. Die *Qaluyu-Kultur* im Nordteil des Titicaca-Beckens reicht bis ca. **900 v. Chr.** zurück. Die ihr in diesem Gebiet folgende *Kultur von Pucara* (ab ca. **200 v. Chr.**) und die *Kultur von Chiripa* (ab ca. **900 v. Chr.**) im Südteil des Titicaca-Beckens sind als die eigentlichen *Vorläufer der Tiahuanaco-Kultur* anzusehen.
Um **600 n. Chr.** verdrängt der Einfluß von Tiahuanaco in Nordchile die eigenständige *Pichalo-Kultur*. Dasselbe gilt für *Puna El Molle* (bis um **600**), weiter nach Süden gelegen, entwickelt in der Keramik eigentümliche Züge (negative Malerei, vielfarbige Keramik), mit nicht ganz geklärten Zusammenhängen mit dem Andengebiet und Nordwestargentinien (Condorhuasi). Metallverarbeitung. El Molle wird von der *Diaguita-Kultur* (**600–1450**) abgelöst, die in ihrer *nachklassischen Phase* ab **1450** unter Inkaeinfluß gerät.
Für Nordwestargentinien sind für die Zeit bis **800** als Siedlungsmuster kleine Häuser um einen Innenhof kennzeichnend. Man findet Begräbnisse unter dem Boden im Haus oder im Patio; Steinwände, künstliche Hügel, Steinskulpturen. Die Kenntnis der Metallverarbeitung kam sicher von den Anden.
Auch im Valliserrano wirkt sich der Einfluß von Tiahuanaco aus und läßt um **600** die *Kultur von Aguada*, eine der wichtigsten von Nordwestargentinien, zur Blüte gelangen. Bestimmendes stilistisches Element ist das Katzenmotiv, das auf der Mehrzahl aller Gegenstände, ob aus Ton, Metall oder Holz, abgebildet ist. Auch häufige Abbildungen von Kriegern oder Einzelpersonen mit prächtigem Kopfputz. Die typische Waffe ist der *Atlatl*. Neu erscheint Bronze, Steinmosaik auf Holz oder Stein.
Um **800** verschwinden alle für Aguada typischen Keramikformen, ebenso der Katzenkult. Neu ist das Gemeinschafts-Wohngrubenhaus. Die Bronzeverarbeitung wird umfangreicher. Es lassen sich zahlreiche Einzelkulturen erkennen, wie *Santa Maria* und *Belén* mit mehreren Phasen, die ab **1450** unter Inkaeinfluß geraten. Allgemein werden jetzt Pfeil und Bogen verwendet. Zahlreiche Trophäenköpfe lassen auf Kriege im Zusammenhang mit dem Trophäenkopfkult, einem Fruchtbarkeitskult, schließen. Befestigungsanlagen mit Ausnahme von Chile (in den Valles Transversales).
Die Eroberung durch die Inka ab **1490** läßt sich archäologisch gut belegen. Die monumentale Anlage Pucará de Andalgalá (Valliserrano) ist von mehreren Mauern umgeben, umfaßt große Gebäude, hat also wohl auch große Bedeutung.

Gebiet des heutigen Brasilien

Eine Art kulturelle Wasserscheide trennt das Amazonasbecken und den Osten und Süden, von Piauí bis Rio Grande do Sul, deutlich voneinander; gemeinsam ist ihnen jedoch, daß sie stets kulturelles Randgebiet bleiben.
Ausgrabungen auf der Insel *Marajó* im Amazonasdelta und um *Santarém* förderten Kulturen zutage, deren Keramik die Herkunft von Westen (Peru, Ecuador) erkennen läßt. Mit ihr verbunden ist eine Wirtschaftsform, die Bodenbau auf Brandrodung und das Sammeln von Wildfrüchten betreibt. Der Beginn der ältesten Formen, die nach ihren Fundplätzen auf der Insel Marajó, *Ananatuba, Mangueiras* und *Formiga*, benannt sind, wird um **500 v. Chr.** vermutet, ihre Dauer mit ca. 1000 Jahren angesetzt.
Im Gegensatz zum Amazonasbecken ist im Osten und Süden des Landes die Besiedlung in vorkeramischer Zeit, vor allem in Minas Gerais (*Lagoa Santa*), mit zahlreichen Artefakten belegt. Während Funde im Innern zeitlich noch nicht sicher eingeordnet werden können, ergeben Radiokarbondatierungen von Fundplätzen am südlichen Teil der Küste ein Alter zwischen 7500 und 1500 Jahren (ca. **5500 v. Chr.–500 n. Chr.**).

1164 Außereuropäische Welt bis 1945 – Amerika

Im *Amazonasgebiet* bedeutet um **500 n. Chr.** das Auftreten kunstvoll gearbeiteter Keramik den nächsten archäologisch faßbaren Einschnitt in der kulturellen Entwicklung. Sie kommt vom Nordwesten des Kontinents und nimmt ihren Weg durch das Amazonasbecken (Coarí, Guarita). Am besten bekannt ist die *Marajoara-Phase* auf der Insel *Marajó,* deren Beginn mit etwa **1000** angesetzt wird. Sie erreicht eine höhere Kulturstufe mit sozialer Schichtung, Arbeitsteilung in Berufen, besondere Kultkeramik. Große Erdhügel dienen als Unterbau für Gebäude und als Friedhöfe.

Wenige Jh.e vor dem Erscheinen der Europäer macht sich am Mittel- und am Unterlauf des Amazonas eine neue Form der Keramik geltend, die aus der Gegend von *Santarém* am besten bekannt ist und Ähnlichkeit mit Arauquín hat. Sie ist mit keiner höheren sozialen Ordnung verbunden.

Ins **14./15. Jh.** wird die *Aruã-Phase* auf den Inseln Marajó, Mexiana und Caviana angesetzt, die als einzige Kultur zahlreiche Übereinstimmungen mit den Antillen aufweist. Die Aruã bewohnen Dörfer am Ufer kleiner Flüsse, vom Meeresufer abgewandt. Historische Berichte betonen ihr feindseliges Verhalten.

Im *Süden Brasiliens,* wo die Keramikherstellung (seit ca. **700**) keine Änderung der bisherigen Lebensweise bedeutet, ist nur der sogenannte *Tupí-Guaraní-Komplex* von *Paraná Santa Catarina* und *Rio Grande do Sul* intensiver erforscht, dessen Alter auf rund 1000 Jahre geschätzt wird. Die von den ersten Europäern genannten großen Gemeinwesen konnten archäologisch noch nicht nachgewiesen werden.

Kolonien und selbständige Staaten bis 1945

Die durch die neuzeitlichen Entdeckungen in den Erfahrungshorizont und Aktionsradius der Europäer gerückte westliche Hemisphäre bleibt für drei Jahrhunderte *kolonialer Erweiterungs-* und *Ausbeutungsraum* der Alten Welt. Erst mit der Emanzipation der dreizehn britischen Kolonien in Nordamerika gegen Ende des 18. Jh.s und der spanischen und portugiesischen Kolonien in Lateinamerika zu Beginn des 19. Jh.s gewinnt sie weltwirtschaftlich und weltpolitisch Eigengewicht. Im 19. Jh. wird Nordamerika zum gesellschaftspolitischen Orientierungszentrum liberaler Bewegungen. Im 20. Jh. übernehmen die *Vereinigten Staaten,* inzwischen zur Weltmacht aufgestiegen, eine *Führungsrolle* in der Auseinandersetzung globaler Blocksysteme. *Lateinamerika,* in viele Staaten *zersplittert* und ohne vergleichbare industrielle Kapazitäten, bleibt wirtschaftlich hinter der Entwicklung Nordamerikas zurück, sucht aber seinen Eigenweg gegenüber dem mächtigen nordamerikanischen Nachbarn zu behaupten.

Die Entwicklungen der beiden Teilkontinente, des überwiegend angelsächsisch geprägten Nordamerika und des durch jahrhundertelange spanisch-portugiesische Herrschaft geprägten Lateinamerika, unterscheiden sich in charakteristischen Zügen: *Englisch* wird zur führenden Sprache in *Kanada* und den *Vereinigten Staaten, Spanisch* bzw. *Portugiesisch* im *iberischen Amerika.* Früh geübte religiöse Toleranz führt zu konfessioneller Vielfalt mit *protestantischem Übergewicht* im *Norden.* Die beherrschende Macht der *katholischen Kirche* führt zu weitgehender konfessioneller Uniformität im *spanisch-portugiesischen Mittel- und Südamerika.* Die Geschichte Nordamerikas ist durch unentwegte gesellschaftliche Mobilität und expansive Dynamik bestimmt, während Lateinamerika über längere Phasen seiner Geschichte in gesellschaftlicher Statik verharrt und erst im 20. Jh. soziale Revolutionen und Reformen größeren Ausmaßes erlebt. Während die weiße Einwanderer- und Pioniergesellschaft im Norden unter Verdrängung und Dezimierung der Indianer und langer Niederhaltung des schwarzen Bevölkerungselements das Leben maßgeblich bestimmt, ist für Lateinamerika trotz anfänglicher heftiger Auseinandersetzung zwischen weißen Eroberern und indianischer Bevölkerung und einer bis heute scharf ausgeprägten sozialen Schichtung in Arme und Reiche das Zusammenleben ethnisch verschiedener Bevölkerungsteile kennzeichnend. Vielfache Bemühungen zur Herstellung einer panamerikanischen Solidarität bleiben angesichts der genannten großen Unterschiede der Teilkontinente von begrenzter Wirkung.

Nordamerika von der Kolonialzeit bis 1945

Kolonialgeschichte Nordamerikas bis 1763

Während die Entdeckungen der Spanier im späten 15. Jh. zur Eroberung Mittel- und Südamerikas und zur Errichtung des *spanischen* und *portugiesischen Kolonialreichs* führen, wird der nordamerikanische Teilkontinent – ohne Hochkulturen und Indianerreiche, von denen sich Eroberer angelockt fühlen könnten – erst nach einer längeren Übergangsphase der Erkundung und Durchdringung zum Ziel europäischer Siedlungsunternehmungen und Koloniegründungen. Um die Erforschung und Kolonisation bemühen sich Spanier, Portugiesen, Franzosen und Engländer, im 17. Jh. auch Niederländer und Schweden. Der Besitzanspruch der iberischen Staaten (Vertrag von Tordesillas 1494) läßt sich nicht aufrechterhalten. Die Seemächte rivalisieren miteinander und kämpfen um Vorrechte und Einflüsse („no peace beyond the line", nämlich westlich der Azoren).

Nordamerika – Kolonialgeschichte *1165*

Europäer in Nordamerika im 15./16. Jahrhundert

Frühe englische Erkundungsreisen

1497–1498   *John Cabot* (eigentlich Giovanni Caboto, * ca. 1450, † ca. 1499), wahrscheinlich aus Genua stammend, unternimmt mit königlichem Patent zwei Reisen nach dem Westen, erkundet die Küste Neufundlands (und des Festlands?) und begründet den englischen Anspruch auf Nordamerika (von der zweiten Reise kehrt er nicht zurück).

Portugiesische Entdeckungsreisen

1500–1503   *Gaspar* und *Miguel Corte Real* fahren mit königlichem Patent nach Neufundland, das vermeintlich (gemäß dem Vertrag von Tordesillas 1494) zur portugiesischen Welthälfte gehört. Reiche Kabeljaubestände locken Fischer aus Portugal und anderen westeuropäischen Ländern nach den Neufundlandbänken.

Französische Entdeckungsreisen

1524–1528   Der italienische Seemann *Giovanni da Verrazano* sucht im Auftrag von König Franz I. eine Durchfahrt nach Indien und erkundet die Ostküste Nordamerikas vom heutigen South Carolina über die Bucht von New York bis nach Neuschottland.
1534–1543   *Jacques Cartier* (* 1491, † 1557) erforscht auf drei Reisen den St. Lorenz-Golf und den St. Lorenz-Strom bis in die Gegend von Quebec und Montreal. Er begründet den französischen Besitzanspruch auf diese Region. Zwischen Franzosen und Indianern entwickelt sich der Pelzhandel.

Spanisches Vordringen im Süden

1513   Von Puerto Rico aus erkundet *Juan Ponce de Léon* (* 1460, † 1521) die Ost- und Westküste Floridas. Weitere Unternehmungen folgen: u. a. *Francisco de Gordillo* nach South Carolina (1521), *Estévan Gomez* von Neuschottland entlang der Ostküste nach Süden (1524).
1539–1543   Eine Expeditionstruppe unter *Hernando de Soto* (* um 1500, † 1542), Gouverneur von Kuba, erkundet von Florida aus das Land nördlich des Golfs von Mexiko. Zur gleichen Zeit finden Expeditionen nach Neu-Mexiko statt, u. a. unter *Francisco Vázquez de Coronado* (* um 1500, † 1554) 1540–1542. Indianersiedlungen werden erobert, der Grand Canyon wird entdeckt, die Suche nach Gold bleibt ergebnislos.
1542–1543   *Juan Rodriguez Cabrillo* und *Bartolomé Ferrelo* segeln an der Küste Kaliforniens entlang und nehmen das Land für Spanien in Besitz.

Die Suche nach der Nordwestpassage

1576–1578   *Martin Frobisher* (* 1535, † 1594) sucht auf drei Reisen den nördlichen Seeweg um Amerika nach Asien und gelangt nach der Baffin-Insel (Frobisher Bay) und in die Hudson-Straße.
1577–1580   *Francis Drake* (* 1540, † 1596) segelt durch die Magellan-Straße in den Pazifik, überfällt spanische Schiffe und Hafenplätze, erkundet Kalifornien (Bucht von San Francisco), sucht aber vergeblich den Westausgang der Passage.

Das *Verhältnis der Europäer zu den Indianern Nordamerikas* ist durch Kooperation und friedlichen Warentausch, durch Missionierungsversuche, oft aber auch durch erbitterte Konflikte und Verfolgungen (gelegentlich Versklavung) gekennzeichnet. *Europäische Siedlungsversuche* schlagen zunächst fehl (harte Lebensbedingungen, Krankheiten, Auseinandersetzungen mit Indianern, Rivalitäten mit Europäern anderer Nationalität). Spanier scheitern z.B. unter *Ponce de Léon* in Florida (1521), *Lucas Vázquez de Ayllón* an der Küste der Carolinas (1526) und *Tristán de Luna* an der Golfküste (1559), Franzosen unter *Jacques Cartier* am St. Lorenz-Strom (1541/1542) und *Jean Ribaut* an der Küste des späteren South Carolina (1562–1564), Engländer unter Sir *Humphrey Gilbert* (*um 1539, † 1583) auf Neufundland (1583) und Sir *Walter Raleigh* (* 1552, † 1618) auf der Insel Roanoke, nördlich von Kap Hatteras, später zu North Carolina gehörend (1584–1586/1587). Raleighs „verlorene Kolonie" hatte nach der unverheirateten englischen Königin Elisabeth I. den Namen „Virginia" erhalten.

1166 Außereuropäische Welt bis 1945 – Amerika

Koloniegründungen im 17./18. Jh.

Das *Ende der Hugenottenkriege* in Frankreich (1598), der Friedensschluß zwischen England und Spanien (1604), die *Entfaltung des überseeischen Handels, merkantilistisches Wirtschaftsdenken,* soziale Nöte der ländlichen und städtischen Bevölkerung und religiöses Dissidententum bilden den Hintergrund für die Errichtung zahlreicher europäischer Kolonien im ersten Drittel des 17. Jh.s. Engländer und Franzosen, zeitweilig auch Niederländer und Schweden setzen sich an der amerikanischen Ostküste nördlich des spanischen Kolonialreiches fest. Träger der Kolonien sind mit Freibriefen (Charters) ausgestattete Handelsgesellschaften und individuelle Eigentümer, auch religiöse Gruppen. Infolge wachsender administrativer Schwierigkeiten werden die meisten Kolonien später unter die direkte Kontrolle des Mutterlandes gestellt *(royal colonies).* Statt anfangs vorherrschender Handelsinteressen prägen Auswanderung und Siedlung zunehmend den englischen Kolonisationsprozeß. Neben Angehörigen der genannten Nationen beteiligen sich viele andere Europäer, besonders Schotten-Iren und Deutsche, an der Besiedlung.

Frühe englische Koloniegründungen

1606 König *Jakob I.* stellt englischen Kaufleuten einen Freibrief für *Koloniegründungen* in „*Virginia*" aus. Der London Company steht ein Küstenstreifen zwischen dem 34. und 41., der Plymouth Company ein Küstenstreifen zwischen dem 38. und 45. Breitengrad zur Verfügung.
Nur die London Company ist erfolgreich:

1607 Am James River wird Jamestown gegründet, die Keimzelle der Kolonie Virginia. Nach an-
13. Mai fänglichen Schwierigkeiten verhilft der *Tabakanbau* der Kolonie zum wirtschaftlichen Erfolg.

1619 Das erste Kolonialparlament tritt zusammen.
Hauptstädte: Jamestown, 1699 Williamsburg, 1779 Richmond.
Ein niederländisches Schiff bringt die ersten 19 Negersklaven nach Nordamerika.

1620 Die *„Pilgerväter"* (Puritaner, die zunächst von England nach Holland ausgewandert waren)
25. Dez. landen in der Nähe vom Cape Cod und gründen *Plymouth Plantation.* Auf ihrem Schiff, der *„Mayflower",* haben sie eine Vereinbarung (Compact) unterzeichnet, derzufolge Regierung und Gesetze aus gemeinsamen Beschlüssen hervorgehen sollen, ohne daß damit die Loyalität zur Krone aufgegeben werden soll. Weitere Koloniegründungen in Neuengland, vor allem durch Puritaner, folgen:

1630 Für die *Massachusetts Bay Company* (Freibrief 1629) errichtet Gouverneur John Winthrop (* 1588, † 1649) Puritanersiedlungen (u. a. Boston), die in der Folgezeit großen Zulauf von Auswanderern erhalten. Eine theokratische Staatsordnung entsteht („Holy Commonwealth"). Dissidenten werden verbannt oder ziehen freiwillig fort. Roger Williams (* 1603, † 1683) und Anne Hutchinson (* 1591, † 1643) errichten die Kolonie *Rhode Island* (1636/1638; Trennung von Staat und Kirche), andere Puritaner gründen *Connecticut* (1636; Thomas Hooker; * 1586, † 1647).
Landvergabe und Siedlungen nördlich von Massachusetts (seit 1622) führen zur Entstehung der Kolonie *New Hampshire* (1679 königliche Provinz).

1632 *George Calvert,* Lord Baltimore (* um 1580, † 1632), erhält von König *Karl I.* einen Freibrief für das Gebiet nördlich des Potomac (an der Chesapeake Bay). Sein Sohn gründet die Kolonie Maryland, die vor allem Katholiken offensteht.

Französische Koloniegründungen

1604 Der Hugenotte *Pierre de Monts* gründet Port Royal (heute Annapolis, Neuschottland), die erste französische Niederlassung in Nordamerika *(Akadien).*

1608 *Samuel de Champlain* (* um 1570, † 1635) gründet *Québec* am St.-Lorenz-Strom *(Neu-Frankreich).*

1627 Der leitende französische Minister, *Kardinal Richelieu,* gründet zur Erschließung der französischen Gebiete die Compagnie de la France-Nouvelle; 1633 gibt die Gesellschaft ihre Rechte an die Krone zurück.
Pelzhandel und Indianermission führen die Franzosen ins Hinterland, zu den Großen Seen, ins Mississippi-Becken und den Mississippi hinunter bis zur Mündung (René Robert de la Salle, 1682). Handelsposten und Missionsstationen werden errichtet, der französische Besitzanspruch wird weit ausgedehnt *(Louisiana),* 1718 New Orleans gegründet. Die Einwanderung französischer Siedler nach Nordamerika bleibt jedoch zahlenmäßig weit hinter der Einwanderung in die englischen Kolonien zurück. Die Feudalordnung des Mutterlandes wird auf die französischen Kolonien übertragen.

Nordamerika – Kolonialgeschichte   1167

Neu-Niederlande und Neu-Schweden

1624   Nach einer Erkundungsreise (1609) *Henry Hudsons* (* um 1550, † 1611) und der Gründung der **Holländisch-Westindischen Gesellschaft** (1621) setzen sich die Niederländer am
Hudson River, zwischen Virginia und Neuengland, fest. Sie errichten die Kolonie *Neu-Niederlande* mit dem Fort Oranje, heute Albany, (1624) und Neu-Amsterdam (1625) unter
Peter Minuit (niederländisch: Minnewit) (1626–1631; * 1580, † 1638).

1638   Eine Expedition der Neuschwedischen Handelsgesellschaft errichtet am Delaware Fort
Christina, heute Wilmington, und gründet die Kolonie *Neu-Schweden.*

1655   *Peter Stuyvesant* (* 1592, † 1672), Gouverneur von Neu-Amsterdam, erobert Fort Christina und beendet das schwedische Kolonialexperiment in Nordamerika.

1664   Vor Beginn des 2. Englisch-Niederländischen Seekrieges (1664–1667) bemächtigen sich
die Engländer der Neu-Niederlande (Besitzübertragung im Frieden von Breda 1667 bestätigt). Die niederländische Kolonialzeit in Nordamerika ist zu Ende. Aus *Neu-Amsterdam*
wird *New York.* Entlang der Ostküste Nordamerikas entsteht zwischen Neu-Frankreich im
Norden und Neu-Spanien im Süden eine geschlossene Kette *englischer Kolonien.*

Spätere englische Koloniegründungen

1663   Nachdem frühere Patente nicht zur Besiedlung führten, gibt König *Karl II.* das Gebiet
der *Carolinas* an acht hohe englische Adlige (unter ihnen der spätere Earl of Shaftesbury). 1709 wird *South Carolina,* 1729 *North Carolina,* königliche Kolonie. Tabak und
Mais im Norden, Reis und Indigo im Süden werden zu wichtigen Exportgütern.

1664   Die Neu-Niederlande sind von Karl II. bereits vor der Eroberung seinem Bruder, dem
Herzog von York (später Jakob I.), zugesprochen worden. Dieser übernimmt das Gebiet
von *New York* als *Eigentümerkolonie.* 1689 kommt es wieder unter die Kontrolle der
Krone. Das Repräsentativsystem wird eingeführt. Das Gebiet zwischen Hudson und Dela-
ware, vom Herzog von York in andere Hände weitergegeben, wird 1702 zur Kronkolonie
New Jersey.

1681   Karl II. bewilligt dem Quäker *William Penn* (* 1644, † 1718) einen Freibrief für das Gebiet
westlich des Delaware und nennt die neue Eigentümerkolonie zu Ehren von Penns Vater,
dem er 16 000 Pfund geschuldet hat, *Pennsylvania.* Die Kolonie (Penns „Holy Experiment") wird Zufluchtsstätte für verfolgte Quäker und andere Dissidenten. Sie soll auch
gute Beziehungen zu den Indianern unterhalten.

1682   *Philadelphia,* die „Stadt der Bruderliebe", wird gegründet. Neben Iren-Schotten wandern
viele Deutsche nach Pennsylvania ein. Ein Gebiet westlich der Delaware Bay, (1682) vom
Herzog von York auf Penn übertragen, erhält als Kolonie *Delaware* eine getrennte Verwaltung.

1732   Südlich der Carolinas gründet *James E. Oglethorpe* (* 1696, † 1785) die Eigentümerkolonie *Georgia* als Pufferzone gegen Neu-Spanien sowie als Siedlungsgebiet für britische
Schuldhäftlinge und verfolgte Protestanten. 1752 übernimmt der englische König die Kontrolle.

Politische Verhältnisse in den englischen Kolonien

Während die Inhaber der Freibriefe bzw. die Krone selbst Gouverneure für die Kolonien einsetzen, denen
Beratungsgremien *(Councils)* zur Seite stehen, erhalten die *freien Siedler,* soweit sie Vermögen und gewisse Qualifikationen besitzen, *aktives* und *passives Wahlrecht* zur Bildung von Selbstverwaltungskörperschaften *(Assemblies).* Die Kompetenzen der Assemblies umfassen u. a. Gesetzgebung, Steuerer-
mächtigung und Haushaltskontrolle. Im stetigen Ringen mit den Gouverneuren versuchen die
Assemblies, die Rechte der Siedler zu erweitern. Die Councils entwickeln sich zu einer Art von oberen
Kammern der Legislative. Grundrechte werden in den Freibriefen garantiert. Die Kontrolle des Mutterlandes über die Kolonien liegt zunächst beim Geheimen Staatsrat *(Privy Council),* ab 1696 beim neu errichteten *Board of Trade* als oberster Kolonialbehörde.

Gesellschaft und Wirtschaft in den englischen Kolonien

Die **Bevölkerungszahl** der englischen Kolonien erreicht durch Vermehrung und neue Einwanderung
1620 etwa 2000, 1650 etwa 52 000, 1700 etwa 275 000, 1750 etwa 1,2 Mio. und 1776 etwa 2,5 Mio. Einwohner. Führend im politischen Leben sind die *freien Landbesitzer* (Freemen). Viele Einwanderer sind
zunächst nicht frei, sondern haben sich zu mehrjährigen Diensten verpflichtet, um ihre Überfahrtskosten
abzuarbeiten *(Redemptioner, Indentured Servants).* Sie decken den starken Bedarf an Arbeitskräften

1168   Außereuropäische Welt bis 1945 – Amerika

in der Pioniergesellschaft. Nur diese Existenzweise ermöglicht vielen armen Europäern die Einwanderung. Nach drei oder fünf Jahren erhalten sie etwas Land als Eigentum und sind frei. *Negersklaven* gibt es in allen Kolonien, vor allem in den südlichen, wo der Arbeitskräftebedarf auf den Plantagen zunehmend, im 18. Jh. überwiegend durch Sklavenimporte gedeckt wird (1776 beläuft sich deren Anteil an der Gesamtbevölkerung auf etwa 500 000, d. h. 20%). Die einheimischen Indianer, die das Prinzip des Eigentums an Boden nicht kennen, werden von den landhungrigen weißen Siedlern verdrängt bzw. getötet oder unterworfen.

Die **Besiedlung** des Landesinneren macht schnelle Fortschritte. Ausgehend von den Niederlassungen an der Ostküste, schiebt sich die Siedlungsgrenze (Frontier) nach Westen vor. In Neuengland stoßen Kolonisten in das Tal des Connecticut, nach Vermont, New Hampshire und Maine vor. In New York siedeln u. a. Deutsche am Hudson und Mohawk River. In Pennsylvania sind bis 1750 die Appalachen erreicht, in Virginia wird zwischen 1730 und 1750 bereits das Shenandoah-Tal besiedelt. Die *Gebietsansprüche* der Kolonien reichen im Westen bis an den Mississippi, jedoch befindet sich das Land westlich der Appalachen in Händen von Indianern und Franzosen. Die Erschließung des Waldlandes geht etappenweise vor sich: 1. *Jäger und Pelzhändler,* 2. *Farmer,* 3. *Handwerker und Kaufleute (Stadtbewohner).* So beginnt in der Kolonialzeit der *Prozeß der Westwanderung,* der im 19. Jh. zur Besiedlung ganz Nordamerikas bis zum Pazifik führt („wandernde Grenze").

Die **Wirtschaftsformen** in den Kolonien sind durch Unterschiede des Bodens und des Klimas bedingt. Neben europäischen Getreidearten (Weizen, Roggen, Gerste, Hafer) wird vor allem einheimischer Mais und aus Madagaskar importierter Reis (South Carolina) angebaut. Im hügeligen Neuengland und in den mittleren Kolonien dominiert die *Farmwirtschaft,* in den südlichen Kolonien bildet sich eine ertragreiche *Plantagenwirtschaft* heraus, die zunehmend mit Negersklaven betrieben wird. Tabak, dessen Anbau von Indianern übernommen wird, ist das Hauptexportgut der Kolonialzeit.

Handel und Gewerbe, Schiffahrt und Schiffbau entfalten sich vornehmlich in Neuengland und in den mittleren Kolonien, wo günstige Küstenverhältnisse die Entstehung großer Häfen fördern, vor allem Boston, New York, Philadelphia, Baltimore (Maryland). Entsprechend dem System des *Merkantilismus* kommt den Kolonien die Rolle des Rohstofflieferanten und des Abnehmers von Manufakturwaren zu. Die *englischen Navigationsgesetze* (1651–1696) schließen ausländische Schiffe vom Handel zwischen den Kolonien und dem Mutterland aus. Ausländische Schiffe dürfen auch aus anderen Ländern die Kolonien nicht anlaufen. Wichtige Produkte der Kolonien dürfen nur nach englischen Häfen ausgeführt werden (u. a. Tabak, Zucker, Indigo, später auch Reis, Melasse, Biberfelle), europäische Manufakturwaren dürfen nur von englischen Häfen eingeführt werden.

Da der amerikanische Bedarf an Manufakturwaren, besonders an Textilien und Werkzeugen, den englischen Bedarf an Produkten aus den Kolonien übersteigt, entwickelt sich in mannigfacher Weise das **System des Dreieckshandels.**

Das **religiöse Leben** entfaltet sich in den englischen Kolonien infolge des großen Dissidentenanteils an der Einwanderung vielfältig und wandlungsreich. Während die *anglikanische Kirche* in Virginia gesetzlich begründet wird, formiert sich in Neuengland das „Holy Commonwealth" der *Puritaner* (Calvinisten). Die *holländisch-reformierte Kirche* wird in den Neu-Niederlanden (New York) eingeführt; die *katholische Kirche* – im französischen und spanischen Kolonialreich fest etabliert – findet Eingang in Maryland. In Rhode Island gründet Roger Williams die erste *Baptistengemeinde. Lutherische Gemeinden* existieren in Neu-Schweden, die lutherische Kirche Amerikas organisiert Heinrich Mühlenberg 1748 in Philadelphia. *Quäker* siedeln vor allem in Pennsylvania. *Deutsche Mennoniten* unter Daniel Pastorius gründen 1683 Germantown (erster öffentlicher Protest gegen die Sklaverei 1688). Schotten-Iren und Puritaner errichten 1718 die erste *presbyterianische Synode* in Philadelphia. Begünstigt durch religiöse Toleranz, folgen zahlreiche weitere Kirchengründungen in allen Kolonien.

Erwerbsfleiß, strenge Moral, tiefe Frömmigkeit und Intoleranz in Glaubensfragen kennzeichnen den **Puritanismus** in Neuengland, der auf der Vorstellung eines Bundes zwischen Gott und dem auserwählten Volk (Covenant) beruht. Max Weber hat in seiner Schrift „Die protestantische Ethik und der Geist des Kapitalismus" (1920) die umstrittene These von einer Verbindung zwischen calvinistischem Erwählungsglauben und wirtschaftlichem Unternehmungsgeist aufgestellt. Unter den geistlichen Führern der „Mather Dynasty" (1635–1728): *Richard Mather* (* 1596, † 1669); *Increase Mather* (* 1639, † 1723); *Cotton Mather* (* 1663, † 1728) erlebt das „Holy Commonwealth" seine schärfste theokratische Ausprägung, aber auch seine Wendung zu weltlicheren Ordnungsformen. Abscheu über die Hexenprozesse in Salem (1692/1693) trägt zur Lockerung des orthodoxen Systems bei.

Im 17. Jh. entsteht auch ein differenziertes **Schulwesen.** In Massachusetts werden Städte mit mindestens 50 Familien zur Einführung eines Lese- und Schreibunterrichts und Städte mit 100 Familien zur Errichtung von *Lateinschulen* verpflichtet. In den mittleren Kolonien entstehen *kirchliche Schulen,* in den südlichen überwiegt neben Privatunterricht das Armenschulwesen. Hochschulen und Universitäten werden gegründet: *Harvard College* (Massachusetts) 1636, *William and Mary College* (Virginia) 1693, *Yale College* (Connecticut) 1701, *Princeton* (New Jersey) 1746, *Franklin's Academy* (University of Pennsylvania) 1751, *King's College* (Columbia College) 1754 u. a. Auch öffentliche Bibliotheken werden bereits im 17. Jh. errichtet (Boston 1653). Der Buchdruck wird eingeführt, Zeitschriften und Zeitungen erscheinen. Besonders in Neuengland, aber auch sonst in den größeren Städten der Ostküste entfaltet sich schnell ein reges geistiges Leben.

Hauptformen des kolonialen Dreieckshandels

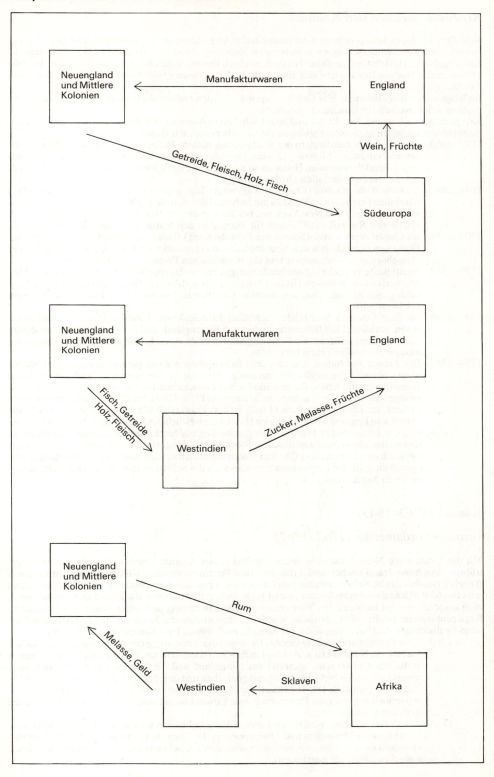

1170 Außereuropäische Welt bis 1945 – Amerika

Konflikte zwischen den Kolonien

Kollidierende Gebietsansprüche und die mangelhafte Abgrenzung der Besitzverhältnisse führen oft zu bewaffneten Auseinandersetzungen zwischen den Kolonien. *Akadien* (Neuschottland und umliegende Küstengebiete), zunächst in französischer Hand, wechselt mehrmals den Besitzer. Auch um die Handelsposten an der *Hudson Bay* streiten sich Engländer und Franzosen (1670 Gründung der Hudson's Bay Company).

Im Ringen um Handelsvorteile und Gebietsansprüche werden Indianerstämme unter Ausnutzung ihrer eigenen Kontroversen für Bündnisse gewonnen.

Kriege zwischen England, Frankreich und Spanien haben in Amerika ihre Parallelen. Europäische Friedensschlüsse umfassen auch Neuregelungen für den überseeischen Besitz.

1642–1653 Der von den Niederländern mit Waffen ausgestattete *Irokesenbund* (Bund der fünf „zivilisierten Nationen": Mohawk, Oneida, Onondaga, Cayuga, Seneca) greift die mit den Franzosen Handel treibenden Huronen an und treibt sie nach Westen. Auch französische Siedlungen werden überfallen *(Irokesenkrieg)*.

1689–1697 Im *King William's War* (Krieg der Augsburger Liga gegen Frankreich unter Ludwig XIV.) überfallen Franzosen im Bündnis mit Indianerstämmen die englischen Kolonien im Norden von Neuengland und New York und bekämpfen die mit diesen verbündeten Irokesen. Der *Friede von Rijswijk* (1697) stellt für kurze Zeit den Status quo wieder her.

1702–1713 Im *Queen Anne's War* (Spanischer Erbfolgekrieg) finden die Kämpfe ihre Fortsetzung. Franzosen bemächtigen sich Neufundlands, verlieren aber im *Frieden von Utrecht* (1713) Neuschottland, Neufundland und die französischen Posten an der Hudson Bay.

1739–1742 Streitigkeiten zwischen britischen Schmugglern, die das spanische Handelsmonopol in Mittelamerika durchbrechen (Robert Jenkins verliert dabei ein Ohr), führen zum Krieg Englands gegen Spanien, dem sog. *Jenkins' Ear War*, in dem zur See, in Florida und Georgia gekämpft wird.

1740–1748 Im *King George's War* (Österreichischer Erbfolgekrieg) kämpfen Engländer und Franzosen, verbündet mit Indianern, im Norden Neuenglands und New Yorks. Fort Louisbourg auf Cape Breton Island wird von Engländern erobert, im Frieden von Aachen aber gegen Madras (Ostindien) zurückgetauscht.

1754–1763 Der *French and Indian War* (der dem Siebenjährigen Krieg parallel läuft, aber früher beginnt) beendet die englisch-französische Rivalität in Nordamerika. Nach anfänglichen Kämpfen um die Kontrolle im Ohio-Gebiet marschieren Engländer nach Norden und erzwingen die Übergabe Quebecs und Montreals (1759/1760). Fort Louisbourg wird abermals erobert. Im *Frieden von Paris* (1763) verliert Frankreich alle seine Besitzungen in Nordamerika an England bzw. an Spanien (Louisiana westlich des Mississippi). Nur New Orleans bleibt in französischer Hand. Der englische Sieg bedeutet: **Großbritannien** wird **führende Kolonialmacht in Nordamerika.** Die Blockade des Hinterlandes der englischen Kolonien (westlich der Alleghanies) fällt fort (Siedlungsabsichten der Kolonisten). Der Sieg stärkt sowohl die britische Empirekonzeption als auch das Selbstbewußtsein der englischen Kolonisten in Nordamerika.

Kanada (1763–1945)

Britisch-Nordamerika (1763–1867)

Mit der Übernahme Neu-Frankreichs durch Großbritannien beginnt eine – keineswegs immer ungetrübte – Symbiose französischer und britischer Bevölkerungselemente, Kulturen und Institutionen. Angelsächsisches Recht, Selbstverwaltungsprinzipien und Protestantismus finden Eingang in einem Land mit etwa 65 000 französischsprechenden, meist katholischen Einwohnern, die gemäß den Verhältnissen in Frankreich in einer halbfeudalen Wirtschafts- und Sozialordnung und unter einem absolutistischen Regierungssystem gelebt haben. Britische Kaufleute übernehmen die Kontrolle des Handels. Eine anfangs beabsichtigte Anglisierungspolitik für Kanada muß jedoch bald Kompromissen weichen.

1763 Eine *Proklamation König Georgs III.* regelt die Verwaltung der ehemaligen französischen Gebiete in Nordamerika. Am St. Lorenz-Strom entsteht die Provinz Quebec unter einem britischen Gouverneur, während das Hinterland und die Gebiete um die Großen Seen ebenso wie das Gebiet zwischen den Appalachen und dem Mississippi den Indianern vorbehalten bleiben soll. Die Provinzen am Atlantik, Neufundland und Neuschottland (einschließlich der späteren Provinzen Prince Edward Island und Neubraunschweig), werden getrennt verwaltet.

1774 Die *Provinz Quebec* wird durch Einverleibung Labradors und des nördlichen Indianergebietes bis zum Mississippi und Ohio erweitert. Die Bewohner erhalten größere Freiheiten (Katholiken können staatliche Ämter übernehmen; neben britischem Strafrecht wird französisches Zivilrecht zugelassen).

Nordamerika – Kanada   **1171**

1775–1783   Während der *Amerikanischen Revolution* widersteht Kanada der Forderung der aufständischen Kolonien, sich ihnen anzuschließen. Amerikanische Truppen können vorübergehend Montreal besetzen, scheitern aber beim Versuch, die Stadt Quebec zu erobern, und müssen sich (1776) zurückziehen. Im *Frieden von Paris* (1783) verliert Kanada das Gebiet südlich der Großen Seen zwischen Ohio und Mississippi. Im Laufe der Amerikanischen Revolution und bei deren erfolgreichem Ende flüchten über 40 000 Loyalisten aus den Vereinigten Staaten nach Kanada, die meisten nach Neuschottland, viele nach Westen ins Gebiet nördlich der Großen Seen, wo ein neues britisches Siedlungsgebiet entsteht.

1783   Französische und britische Pelzhändler schließen sich in der *Northwest Company* zusammen und weiten ihr Tätigkeitsfeld in Rivalität zur Hudson's Bay Company und zum Haus Astor weit nach Westen aus. Sir *Alexander Mackenzie* (* 1755, † 1820) erforscht den Weg zum Pazifik. 1821 Vereinigung der Northwest Company mit der *Hudson's Bay Company.*

1791   Im **Canada Act** wird die Provinz Quebec in das überwiegend britische Oberkanada (Onta
10. Juni   rio) und das überwiegend französische Niederkanada (Quebec) geteilt. Beide Teile erhalten neben einem von der britischen Krone ernannten Gesetzgebenden Rat eine von den Bürgern gewählte Gesetzgebende Versammlung mit Steuerbewilligungsrecht. Die Krone behält sich ein zweijähriges Einspruchsrecht vor. Siedler aus den Vereinigten Staaten wandern in großer Zahl nach Oberkanada ein.

1812–1814   Der *Krieg zwischen Großbritannien und den Vereinigten Staaten* stärkt den Zusammenhalt der verschiedenen Teile Kanadas. Anfangs verbündet mit den Nordwestindianern unter dem Häuptling der Shawnee, *Tecumseh* (* um 1768, 1813 gefallen), verteidigt sich Kanada erfolgreich gegen alle Angriffe aus den Vereinigten Staaten. Der *Friede von Gent* (1814) stellt den Status quo wieder her.
Nach dem Kriege setzt eine *Einwanderungsbewegung* aus Europa, vor allem aus Großbritannien, ein, die das englische Bevölkerungselement erheblich stärkt. Insgesamt kommen bis 1850 über 500 000 Europäer ins Land. Die Bevölkerungszahl wächst von etwa 500 000 im Jahre 1815 auf 2 Mio. 1850. Die Siedlungsgrenze wird wie in den Vereinigten Staaten nach Westen vorgeschoben.

1818   Die *Konvention von 1818* mit den Vereinigten Staaten verlängert die politische Grenze zwischen beiden Staaten entlang dem 49. Breitengrad nach Westen bis zu den Rocky Mountains (Oregongebiet Großbritannien und den USA gemeinsam unterstellt).

1825   Mit Rußland kommt eine Vereinbarung über die Grenze zwischen Kanada und Alaska entlang dem 141. Längengrad zustande.

1837   Spannungen zwischen der britischen Verwaltung und liberalen Reformern sowie zwischen der Schicht der Kaufleute und Beamten einerseits und ländlichen Siedlern und Pionierfarmern andererseits – verstärkt durch eine Benachteiligung der Frankokanadier im Handel und durch kirchliche Streitigkeiten – führen zur *Rebellion von 1837*. Die Erhebungen in Niederkanada unter Louis-Joseph Papineau und in Oberkanada unter William Lyon Mackenzie werden rasch unterdrückt, leiten aber wichtige politische Veränderungen ein.

1839   *John George Lambton, Lord Durham* (* 1792, † 1840), der (1838) zur Untersuchung der Rebellion nach Kanada entsandt wird, schlägt in seinem Bericht an das Kolonialamt *(Durham-Report)* Verfassungsänderungen vor.

1840   Im **Act of Union** werden Ober- und Niederkanada zur Provinz Kanada vereinigt (Hauptstadt seit 1857: Ottawa).

1846   Der nördliche Teil des gemeinsam von Großbritannien und den Vereinigten Staaten besetzten *Oregongebietes* wird britisch (verwaltet von der Hudson's Bay Company). Damit verlängert sich die britisch-amerikanische Grenze entlang dem 49. Breitengrad westlich bis zur Insel Vancouver am Pazifik. Nach Entdeckung von Gold am Fraser River und entsprechender Einwanderung wird am Pazifik die Kolonie *British Columbia* ausgerufen (1858).

1848   Auf Durhams Rat wird in Kanada unter Generalgouverneur (1846–1854) *James Bruce, Lord Elgin* (* 1811, † 1863) das *Prinzip der Regierungsverantwortlichkeit* gegenüber dem Parlament eingeführt. Damit beginnt eine neue Phase britischer Empirepolitik, die den weiß besiedelten Kolonien schrittweise die Selbstregierung gewährt.
Auch in Neuschottland (1848), auf Prince Edward Island (1851), in Neubraunschweig (1854) und auf Neufundland (1855) wird die Regierungsverantwortlichkeit eingeführt. Auf Prince Edward Island gibt es seit 1862 einen gewählten Gesetzgebenden Rat.

1858   Kanada erhält ein eigenes (dezimales) Münzsystem.

1859   Kanada erhält das Recht, eigene Zölle festzusetzen.

Dominion of Canada (1867–1945)

Der Gedanke, die britischen Kolonien in einer Konföderation zusammenzuschließen *(dominion from sea to sea)*, findet Nahrung in der Furcht vor einer politischen und wirtschaftlichen Dominanz der Vereinigten Staaten nach dem Sieg des Nordens im Bürgerkrieg. Auch wirtschaftliche Erwägungen, der Plan einer

1172 Außereuropäische Welt bis 1945 – Amerika

Eisenbahn zum Pazifik, der Wunsch nach einer Kontrolle des Gebietes der Hudson's Bay Company sowie die Absicht, eine stärkere Position im britischen Empire zu erlangen, spielen eine Rolle. Auf den Konferenzen von Charlottetown und Quebec (1864) beraten Delegierte Kanadas und der atlantischen Kolonien den Zusammenschluß.

1867
1. Juli
Nach der Annahme des **British North America Act** durch das britische Parlament wird das **Dominion of Canada** proklamiert, ein Bundesstaat, der aus den Provinzen Quebec und Ontario (dem ehemaligen Kanada, jetzt wieder geteilt) sowie Neubraunschweig und Neuschottland besteht. Dem Bund treten später *weitere Provinzen* bei: Manitoba 1870, British Columbia 1871, Prince Edward Island 1873, Alberta und Saskatchewan 1905, Neufundland 1949. Zu den Bundeskompetenzen gehören u. a. die innere Ordnung, Handel und Schiffahrt, Finanzen, Post, Militärwesen, Indianerreservate. Die Provinzen sind u. a. für Eigentumsfragen, Bürgerrechte und für das Schulwesen zuständig. Kanada ist eine *parlamentarische Monarchie* (das Prinzip der Regierungsverantwortlichkeit wird übernommen). Das Parlament besteht aus zwei Kammern: Senat (vom Generalgouverneur ernannt) und Unterhaus (vom Volke gewählt). Die Provinzen haben ihre eigenen Ministerien und Parlamente.

1867
1. Juli
Erster Premierminister Kanadas (1867–1873) wird Sir *John Alexander Macdonald* (* 1815, † 1891), der Führer der Konservativen (erneute Amtszeit 1878–1891).
Hauptaufgaben des Bundes sind der Bau einer *transkontinentalen Eisenbahn* von Montreal nach Vancouver (fertiggestellt 1890) und die *Besiedlung des Westens* mit dem Ziel einer festeren Verklammerung von Ost und West in einer Nation sowie die Förderung der heimischen Industrie *(hohe Schutzzölle* 1889).

1869
Die Hudson's Bay Company verkauft die *North West Territories* an Kanada für 300000 Pfund Sterling.

1869–1870
Red River Rebellion, in der die Métis (französisch-indianische Mischlinge) gegen die kanadische Herrschaft protestieren.

1885
Der Aufstand wird ebenso niedergeworfen wie die spätere *North West Rebellion,* die aus Unzufriedenheit über Ansiedlungsschwierigkeiten und ein Desinteresse der Bundesregierung an diesen Fragen ausbricht. Der Anführer beider Erhebungen, *Louis Riel* (* 1844, † 1885), wird hingerichtet.

1896–1911
Während der Amtszeit des liberalen Premierministers Sir *Wilfrid Laurier* (* 1841, † 1919) nimmt die kanadische *Wirtschaft* einen großen Aufschwung. Bodenschätze und Wasserkraft werden stärker genutzt. Ausländisches Kapital kommt vor allem aus Großbritannien und den Vereinigten Staaten. Die Holz- und Papierindustrie sowie die Landwirtschaft liefern die Hauptausfuhrgüter (Vervierfachung der Weizenproduktion von 1901–1910). Montreal und Toronto sind die Wirtschaftsmetropolen des Landes. Die *Einwandererzahlen* steigen an (400000 im Jahre 1913). Die Bevölkerung wächst von 5 Mio. 1901 auf 7 Mio. 1910. Der *Trades and Labour Congress of Canada*, gegründet 1886, umfaßt 1902 über eintausend örtliche Gewerkschaften. Frankokanadische Gewerkschaften gründen 1902 die *Canadian and Catholic Confederation of Labour.*

1914–1918
Als britisches Dominion beteiligt sich Kanada auf alliierter Seite am *Ersten Weltkrieg.* Vier Divisionen kämpfen 1916 in Frankreich. Kanada stellt insgesamt über 500000 Soldaten (60000 fallen). Das *Wehrpflichtgesetz von 1917* trifft auf Widerstand bei den Frankokanadiern und führt zur Spaltung der Liberalen Partei. Ethnische Gegensätze verschärfen sich (Unruhen in Quebec City im Frühjahr 1918). Die kriegsbedingte *Wirtschaftsexpansion* führt zum Ausbau der Montanindustrie und der Landwirtschaft. Der Wert der Ausfuhr steigt von 355 Mio. Dollar 1913 auf 1216 Mio. Dollar 1919.
Durch seinen Beitrag zum Krieg ist Kanadas Bedeutung in der internationalen Politik gewachsen. Mit anderen Dominions ist Kanada im britischen Kriegskabinett von 1917 vertreten. Es hat den Frieden von Versailles als eigenständige Macht unterzeichnet und ist *Mitgliedstaat des Völkerbundes.*

1919
Die Nachkriegsdepression findet ihren schärfsten Ausdruck im **Winnipeg-Generalstreik,** der von Polizei und Militär gebrochen wird. Kanadische Farmer organisieren sich gegen die östlichen Metropolen in der *National Progressive Party* (1920).

1921
William Lyon Mackenzie King (* 1874, † 1950), der Führer der wieder erstarkten Liberalen Partei wird Premierminister (bis 1930; erneute Amtszeit 1935–1948). Innenpolitisch bemüht er sich um die Einheit der Nation („the great unifier in Canada"). Er leitet Maßnahmen zur Beseitigung der Arbeitslosigkeit ein.

1926
Kanadas Streben nach Selbständigkeit findet Anerkennung in der **Balfour-Definition,** die Kanada Unabhängigkeit und Gleichberechtigung im Rahmen des „British Commonwealth of Nations" verspricht.

1929–1939
Die Folgen der *Weltwirtschaftskrise* treffen Kanada mit seiner starken Exportwirtschaft erheblich. Der konservative Premierminister (1930–1935) *Richard Bedford Bennett* (* 1870, † 1947) bekämpft die Krise zu spät mit Maßnahmen, ähnlich dem New Deal in den USA, vernachlässigt die Interessen der westlichen Farmer und verliert auch wegen sei-

Nordamerika – USA   1173

nes autoritären Regierungsstils an Popularität. *Industriegewerkschaften* organisieren sich, werden aus dem *Trades and Labour Congress of Canada* ausgestoßen und bilden 1940 den *Canadian Congress of Labour.* 1936 gewinnt die frankokanadische Partei *L'Union Nationale* unter Führung von *Maurice Duplessis* (* 1890, † 1959) 41 von 90 Parlamentssitzen und damit die Regierungskontrolle in der Provinz Quebec.

1931 **Statut von Westminster:** Kanada wird Dominion im Rahmen des British Commonwealth of Nations.

1939–1945 Trotz isolationistischer Tendenzen in der Öffentlichkeit wird die Beteiligung Kanadas am *Zweiten Weltkrieg* fast einhellig vom Parlament beschlossen (Kriegserklärung gegen Deutschland am 10. Sept. 1939; nach Pearl Harbor Kriegserklärung auch an Japan). 730 000 Soldaten dienen in der Armee. Kanadische Einheiten kämpfen auf dem asiatischen und europäischen Kriegsschauplatz. In Kanada werden Flugzeugbesatzungen für das Commonwealth ausgebildet, Luftstreitkräfte beteiligen sich am Krieg in Europa, Marinestreitkräfte leisten Geleitschutz für den Nachschubverkehr auf dem Atlantik. Eine anfängliche Zusage Premierminister Kings, rekrutierte Soldaten nicht gegen ihren Willen in Übersee einzusetzen, wird 1942 durch ein Plebiszit aufgehoben. Der Widerstand der Provinz Quebec gegen die Entsendung von Wehrpflichtigen nach Europa (1944) führt zu Unruhen in Montreal. Die *Wirtschaft* expandiert u. a. im Flugzeug- und Schiffbau sowie in der Stahl- und Aluminiumproduktion.

Während des Zweiten Weltkrieges ergibt sich eine enge *Interessengemeinschaft mit den Vereinigten Staaten* (Bildung eines Gemeinsamen Verteidigungsrates, Bau des Alaska Highways, Errichtung amerikanischer Flugstützpunkte auf kanadischem Boden u. a.). Am Ende des Krieges ist Kanadas Position in der Welt wiederum gestärkt. Als Industrie- und Militärmacht nimmt es unter den Siegermächten den 4. Platz ein. – *(Forts. S. 1286)*

Die Vereinigten Staaten von Amerika (1763/1776–1945)

Amerikanische Revolution und Staatsgründung (1763–1789)

Dem Sieg über Frankreich folgt rasch die Entfremdung zwischen den Kolonien und dem Mutterland. Die britische Empire-Konzeption kollidiert mit westlichen Siedlungsabsichten der Amerikaner. Britische Finanzzölle rufen die Opposition der auf ihren freien Status bedachten Kolonisten wach: Steuerforderungen des britischen Parlaments erscheinen unbillig, da Amerikaner in ihm nicht vertreten sind („no taxation without representation"). Der Konflikt führt zur bewaffneten Auseinandersetzung. Die Kolonien erklären ihre Unabhängigkeit, bilden eine Konföderation und verteidigen ihre Freiheit. Schließlich wird eine Verfassung ausgearbeitet und ein Bundesstaat errichtet. Der Ausdruck **Amerikanische Revolution** hat sich für diese Entwicklung trotz mancher Einwände durchgesetzt.

1763   Gegen die Übernahme französischer Gebiete durch die Briten und das Vordringen von Siedlern westlich der Appalachen erheben sich die Indianer unter Pontiac, werden aber 1764 besiegt. Eine *Proklamation König Georgs III.* verbietet den Landerwerb im Westen und stellt das Gebiet zwischen Appalachen und Mississippi als Indianerreservat unter militärische Kontrolle (Wirksamkeit begrenzt).

1764   Das britische Parlament beschließt im sog. *Zuckergesetz* die *Erhebung von Einfuhrzöllen* auf Zucker, Textilien, Kaffee, Wein u. a. und ruft damit Proteste besonders in Neuengland hervor.

1765   Ein *Stempelsteuergesetz* setzt Gebühren für die Ausstellung von Urkunden fest sowie Abgaben auf Zeitungen und Druckschriften, Spielkarten und Würfel. Auf einem New Yorker Stempelsteuer-Kongreß erklären Vertreter von neun Kolonien das britische Parlament als unzuständig für diese Maßnahmen. Radikale Demagogen wie Samuel Adams (* 1722, † 1803) verfassen Protestschriften. Britische Importe werden boykottiert.

1766   Das Stempelsteuergesetz wird wieder aufgehoben.

1768   Die *Townshend-Gesetze* legen Einfuhrzölle auf Glas, Blei, Farbe, Papier und Tee.

1770   Bei Zusammenstößen zwischen Bürgern und britischen Truppen kommt es zum sog. **Boston-Massaker** (5 Tote). Importboykotte führen zur Aufhebung der Zölle mit Ausnahme des Teezolls.

1773   Auf Anstiften von *Samuel Adams* werfen als Indianer verkleidete Bostoner die Teeladung eines Schiffes ins Wasser **(Boston Tea Party).**

1774   Das britische Parlament beschließt *Strafmaßnahmen:* Schließung des Bostoner Hafens bis zur Bezahlung des Schadens, Suspendierung des Freibriefes für Massachusetts (Ernennung des Councils durch den König), Möglichkeit zur Aburteilung politischer Aufrührer in Großbritannien, Ausdehnung der Provinz Quebec bis an den Ohio, Möglichkeit zur Einquartierung britischer Soldaten in Privathäusern.

Gegen die Zwangsgesetze organisiert sich *geschlossener Widerstand.* Schon seit 1772/1773 existieren in den Kolonien zahlreiche „Korrespondenzausschüsse" zur Verbreitung von

1174 Außereuropäische Welt bis 1945 – Amerika

Nachrichten und zur Koordinierung von Protesten und Einfuhrboykotten. Jetzt werden überall gemeinsame Beratungen über Gegenmaßnahmen gefordert.

1774
5. Sept. –
26. Okt.
In Philadelphia treten 56 Delegierte aus allen Kolonien außer Georgia zum **Ersten Kontinentalkongreß** zusammen. Sie erklären die Zwangsgesetze für ungerecht und verfassungswidrig, verurteilen die britischen Steuergesetze seit 1763 und die Unterhaltung einer britischen Armee in den Kolonien zu Friedenszeiten und beschließen die Unterbindung des Handels mit dem Mutterland. Obwohl die britischen Staatsmänner *William Pitt d. Ä.* (* 1708, † 1778) und *Edmund Burke* (* 1729, † 1797) zur Nachgiebigkeit raten, verfolgen Georg III. und das Parlament einen harten Kurs.

1775–1783
Im **Amerikanischen Unabhängigkeitskrieg** lösen sich die Kolonien vom Mutterland. Schlecht ausgerüstete amerikanische Truppen kämpfen gegen gut gedrillte britische Regimenter (und von deutschen Landesfürsten gemietete Soldaten), die jedoch den Nachteil der langen Verbindungswege haben.

1775
19. April
Beim Versuch britischer Truppen, ein Waffenlager der Miliz von Massachusetts auszuheben, kommt es in Lexington und Concord zu schweren Zusammenstößen. Amerikaner belagern Boston.

10. Mai
In Philadelphia tritt der **Zweite Kontinentalkongreß** zusammen. Er erklärt für die Kolonien den Verteidigungszustand, überträgt *George Washington* (* 1732, † 1799) den Oberbefehl über die amerikanischen Streitkräfte (15. Juni) und übernimmt Regierungsfunktionen. Eine Friedenspetition an den englischen König wird von diesem mit der Proklamation der offenen Rebellion beantwortet (25. Aug.).

1776
4. Juli
Nachdem die Loslösung vom Mutterland öffentlich immer lauter gefordert wird *(Thomas Payne* [Paine]; * 1737, † 1809: „Common Sense", 9. Jan. 1776), billigt der Kongreß (bei Enthaltung New Yorks) die im wesentlichen von Thomas Jefferson (* 1743, † 1826) vorbereitete **Unabhängigkeitserklärung.** Sie besteht aus der Präambel mit naturrechtlicher Argumentation (Freiheit und Gleichheit der Menschen, Einsetzung der Regierung durch die Regierten, Recht zum Widerruf) und einem Sündenkatalog, der Georg III. des Mißbrauchs seiner Herrschaft bezichtigt.

1777
17. Okt.
Nach anfänglichen Rückschlägen der amerikanischen Truppen (Bunker Hill, nördlich von Boston 1775; fehlgeschlagene Expedition gegen Quebec 1775, Einnahme New Yorks 1776 und Philadelphias 1777 durch britische Truppen) leitet der *Sieg von Saratoga* (New York) die Wendung des Krieges ein.

15. Nov.
Der Kongreß verabschiedet die *Artikel der Konföderation* („ewige Union"), in denen die dreizehn ehemaligen Kolonien dem Kongreß die Kompetenz für äußere Angelegenheiten, zwischenstaatliche Probleme, Verteidigung, Münz- und Postwesen und indianische Angelegenheiten geben (ratifiziert 1781).

1778
6. Febr.
Frankreich schließt mit den amerikanischen Freistaaten einen *Freundschafts- und Handelsvertrag* und einen *Allianzvertrag* ab. Am 7. Juni beginnt der Krieg Frankreichs gegen England, dem sich Spanien 1779 anschließt.

1781
19. Okt.
Nach britischen Erfolgen in den Südstaaten (1778–1780) muß die Armee des Generals *Charles Marquis von Cornwallis* (* 1738, † 1805) gegenüber amerikanischen und französischen Streitkräften in *Yorktown* (in Virginia, am York River südöstlich von Williamsburg) kapitulieren. Damit ist der Krieg zugunsten der Amerikaner entschieden. Georg III. erkennt nach einem Präliminarfriedensvertrag (1782) die Unabhängigkeit der ehemaligen Kolonien an.

1783
3. Sept.
Im **Frieden von Paris** (Versailles), ausgehandelt von Benjamin Franklin (* 1706, † 1790), John Adams (* 1735, † 1826) und John Jay (* 1745, † 1829), wird die **Souveränität der Vereinigten Staaten anerkannt.** Kanada bleibt britisch, die Grenze der Vereinigten Staaten wird nach Norden bids zu den Großen Seen vorverlegt. Der Westen bis zum Mississippi ist für Siedlungen frei.
Bei Kriegsende verlassen neben den britischen Truppen auch etwa 100 000 britische Loyalisten die Vereinigten Staaten. Ihr Land wird enteignet (später werden Entschädigungen geleistet). Aus den britischen Kolonien sind *13 Einzelstaaten* mit *republikanischen Verfassungen* hervorgegangen, in einer lockeren Konföderation vereint. Mit der Unabhängigkeit fallen die seit den Navigation Acts bestehenden Außenhandelsbeschränkungen fort. Allerdings werden nun die Häfen Britisch-Westindiens für amerikanische Schiffe geschlossen.

1785
Mit Preußen wird ein Freundschafts- und Handelsvertrag abgeschlossen.

1786
Die Schwächen der Konföderation, die besonders bei Handelsproblemen zwischen den Einzelstaaten deutlich werden, erfordern eine Revision der Artikel *(Annapolis Convention).*

1787
Mai–
Sept.
In Philadelphia tritt ein **Verfassungskonvent** zusammen. Unter den 55 Delegierten aus allen Staaten („Founding Fathers") befinden sich *Benjamin Franklin, Alexander Hamilton* (* 1757, † 1804), *James Madison* (* 1751, † 1836) und *George Washington,* letzterer als Präsident des Konvents. Die anstehenden Verfassungsprobleme werden u. a. in 77 Essays von Hamilton, Madison und Jay diskutiert („The Federalist").

Nordamerika – USA   1175

Grundzüge der amerikanischen Verfassung

Die erste von einer Versammlung ausgearbeitete moderne Verfassung beruht auf den Prinzipien der *Gewaltenteilung* und der *Volkssouveränität* (mit Repräsentationssystem) sowie auf dem **Bundesstaatsprinzip.** Zwischen der Zentralgewalt und den Gliedstaaten werden die Zuständigkeiten sorgfältig verteilt. Der Kongreß als Legislative besteht aus *Repräsentantenhaus* (Volksvertretung) und *Senat* (Staatenvertretung). Er beschließt über Krieg und Frieden, Heer und Flotte, Verträge mit fremden Staaten, Münzen, Maße und Gewichte, Zölle und Steuern. Der **Präsident als Exekutive** wird vom Volk durch Wahlmänner für jeweils vier Jahre gewählt. Er ernennt die Beamten und sorgt für die Ausführung der Kongreßbeschlüsse. Er hat ein aufschiebendes Vetorecht, gegen das sich der Kongreß mit Zweidrittelmehrheit durchsetzen kann, und ist Oberbefehlshaber der Armee. Er kann durch das Verfahren des Impeachment seines Amtes enthoben werden. Das *Oberste Gericht (Judikative)* wacht über Verfassung und Rechtsprechung. Gegenüber einer rein ideellen Deutung der Verfassungskonstruktion betonte der Historiker Charles Beard die persönlich-wirtschaftlichen Motive vieler Delegierter („An Economic Interpretation of the American Constitution", 1913).

1787   Die vom Kongreß verabschiedete *Northwest Ordinance* regelt die Expansionsform des Staatsgebiets. Statt einer Gebietserweiterung der Gründerstaaten nach Westen sollen dort neue Staaten gebildet und gleichberechtigt in die Union aufgenommen werden.

1788   Nachdem die meisten Einzelstaaten die *Verfassung ratifiziert* haben, erklärt der Kongreß, daß das neue Regierungssystem am 4. März 1789 in Funktion tritt.

1789   Die ersten zehn Ergänzungsartikel zur Verfassung, die sog. **Bill of Rights,** garantieren **Grundrechte,** u. a. Glaubens-, Presse- und Versammlungsfreiheit, Unverletzlichkeit der Person, der Wohnung und des Eigentums (in Kraft 1791).

Nationale Entfaltung und Expansion (1789–1848)

Mit der Staatsgründung ist das Revolutionszeitalter beendet. Es stellen sich aber neue schwierige Aufgaben: Der Prozeß der politischen Willensbildung muß sich im *ersten modernen Verfassungsstaat* der Welt bewähren. Innen- und Außenpolitik sind zu formulieren. Die Bevölkerung der an Zahl wachsenden Einzelstaaten ist aufgefordert, nationale Fragen gemeinsam zu lösen. *Starkes Bevölkerungswachstum, wirtschaftlicher Ausbau,* die *Erschließung des weiten Landes* und die *Westexpansion* bieten der amerikanischen Pioniergesellschaft große Entfaltungsmöglichkeiten. Parteiengegensätze, drohende Verwicklungen in europäische Auseinandersetzungen, wirtschaftliche Konjunkturfragen, Wachstums- und Expansionsprobleme, die umstrittene Institution der Sklaverei und das Verhältnis der weißen Siedler zu den Indianern stellen sie aber auch auf harte Belastungsproben.

1789   **George Washington** wird von den Wahlmännern zum **ersten Präsidenten,** *John Adams* zum *Vizepräsidenten* der Vereinigten Staaten gewählt. Bei der Regierungsbildung erhält *Thomas Jefferson* das Außenministerium und *Alexander Hamilton* das Schatzamt. Der Kongreß tritt zusammen. Das Oberste Bundesgericht nimmt seine Arbeit auf (Oberster Richter: *John Jay).*

1789–1793   Während der ersten Amtsperiode George Washingtons kommt es in der Frage der Wirtschafts- und Finanzpolitik zu Parteienbildungen. Die *Föderalisten* – vornehmlich im Norden, unter Führung Alexander Hamiltons – wünschen eine starke Zentralgewalt, wirtschaftliche Lenkungsmaßnahmen des Bundes, eine elitäre Regierungspraxis und eine probritische Außenpolitik. Die *Republikaner* (auch Demokratische Republikaner genannt) – vornehmlich im Süden, Sprecher: Thomas Jefferson – bevorzugen eine Stärkung der einzelstaatlichen Gewalt, eine agrarisch-demokratische Gesellschaftsordnung und eine profranzösische Außenpolitik.

1790   Regierungssitz wird nach New York zunächst *Philadelphia* (erst 1800 wird die neu errichtete *Bundeshauptstadt Washington* am Potomac – District of Columbia – Regierungssitz).

1791–1803   Die Besiedlung der Gebiete jenseits der Appalachen schreitet schnell voran. Als neue Staaten werden nach *Vermont* (1791) auch *Kentucky* (1792), *Tennessee* (1796) und *Ohio* (1803) in die Union aufgenommen. Beim Fortschreiten der „wandernden Grenze" lassen sich drei Wellen unterscheiden: Jäger und Squatter (Erstsiedler), seßhafte Farmer, Kaufleute und Handwerker.

1793   *George Washington,* für *weitere vier Jahre* zum *Präsidenten* gewählt, erklärt im britisch-französischen Konflikt (1. Koalitionskrieg) die Neutralität der Vereinigten Staaten. Versuche des französischen Gesandten Genêt, von Amerika aus gegen Großbritannien Krieg zu führen, werden zurückgewiesen. Jefferson tritt als Außenminister zurück. Die Erfindung der *Baumwollentkörnungsmaschine* durch Eli Whitney (* 1765, † 1825) führt zur Ausweitung der Baumwollproduktion und zur verstärkten Sklavennachfrage.

1794   Im westlichen Pennsylvania erheben sich Farmer gegen die Besteuerung der Whiskyerzeugung. Milizen werfen die *Whisky-Rebellion* nieder.

1176   Außereuropäische Welt bis 1945 – Amerika

1794   Im umstrittenen *Jay-Vertrag* regeln die Vereinigten Staaten und Großbritannien jahrealte Streitigkeiten: Britische Militärposten (und Pelzhandelsstationen) im Nordwesten werden geräumt; Amerika erkennt britische Schuldforderungen aus der Revolutionszeit an.

1795   Im *Pinckney-Vertrag* werden Grenzfragen mit Spanien geregelt. Die Amerikaner sichern sich die freie Schiffahrt auf dem Mississippi.

1797–1801   Nachdem Washington eine erneute Wiederwahl abgelehnt hat (Abschiedsbotschaft vom 17. Sept. 1796), wird *John Adams* (Föderalist) zweiter Präsident der Vereinigten Staaten. Wegen der Spannungen mit Frankreich, das Maßnahmen gegen die probritische Außenpolitik der amerikanischen Regierung ergreift, verschärfen sich die inneren Parteiengegensätze.

1798   In den *Fremden- und Aufruhrgesetzen* wird die Veröffentlichung regierungskritischer Ansichten mit Geld- und Gefängnisstrafen bedroht. Die Parlamente von Kentucky und Virginia erklären dies für verfassungswidrig, mehr noch: Einzelstaaten hätten ein Recht zur Nichtbeachtung solcher Gesetze *(Nullifikation).*

1801–1809   *Thomas Jefferson* wird nach einem Wahlsieg der Demokratischen Republikaner dritter Präsident der Union *(,,Jeffersonian Democracy":* strikte Beachtung individueller Freiheitsrechte, sparsame Verwendung öffentlicher Mittel, Begrenzung der Regierungsgewalt). Alexander Hamilton findet 1804 im Duell mit Aaron Burr den Tod.

1801–1805   Im Krieg gegen Tripolis bekämpfen die Vereinigten Staaten das Piratentum im Mittelmeer.

1803   Das *Louisiana Territorium* zwischen Mississippi und Rocky Mountains (1763 von Frankreich an Spanien, 1802 von Napoleon I. zurückerworben) wird für 15 Mio. Dollar gekauft (Verdoppelung des Gebietes der Vereinigten Staaten).

1803–1806   Die mit Bundesmitteln unternommene *Lewis-and-Clark-Expedition* (geführt von den Hauptleuten M. Lewis [* 1774, † 1809] und W. Clark [* 1770, † 1838]) über die Rocky Mountains, den Columbia River abwärts bis zum Pazifik begründet Rechtsansprüche auf das Oregon-Gebiet und bahnt neue Wege für die Westexpansion.

1807–1809   Um Großbritannien und Frankreich, die sich im Wirtschaftskrieg bekämpfen (Kontinentalsperre und englische Gegenblockade), zur Respektierung neutraler Schiffahrtsrechte zu zwingen, beschließt der Kongreß auf Jeffersons Vorschlag das *Embargo-Gesetz.* Die Unterbindung jeglichen Außenhandels schadet aber der eigenen Schiffahrt und Exportwirtschaft und wird 1809 durch ein spezielles Handelsverbot gegenüber Großbritannien und Frankreich ersetzt.

1808   Der Kongreß beschließt in Übereinstimmung mit Art. I, Abschn. 9, der amerikanischen Verfassung ein *Sklaveneinfuhrverbot.*

1809–1817   *James Madison* (* 1751, † 1836, Republikaner) folgt Jefferson im Präsidentenamt. Britische Rückendeckung für Indianer, die unter Führung des Shawnee-Häuptlings Tecumseh dem Vordringen der weißen Siedler im Westen entgegentreten wollen (1811), schürt die antibritische Mißachtung amerikanischer Neutralitätsrechte im britisch-französischen Konflikt führen zur Kriegserklärung an Großbritannien (mit den Stimmen des Südens und Westens gegen die der Neuenglandstaaten, New Yorks, New Jerseys und Delawares).

1812–1814   Im **Krieg gegen Großbritannien** versuchen die Amerikaner vergeblich, nach Kanada vorzudringen. England errichtet entlang der amerikanischen Küste eine Seeblockade.

1814   Britische Truppen besetzen für zwei Tage die Hauptstadt Washington und brennen das Kapitol, das Weiße Haus und andere Gebäude nieder. Die Neuenglandstaaten verlangen eine stärkere Berücksichtigung regionaler Interessen gegen die Bundesautorität und wünschen Verfassungsänderungen (Hartford Convention 1814–1815).

1815   Im Süden besiegen amerikanische Truppen unter General Andrew Jackson (* 1767,
8. Jan.   † 1845) die Briten in der *Schlacht bei New Orleans.* Zuvor (24. Dez. 1814) ist in Gent jedoch bereits *Frieden* geschlossen worden. Der Status quo wird wiederhergestellt.

1815   Algier und andere Berberstaaten werden durch amerikanische Kriegsschiffe zur Aufgabe von Piraterie und Tributforderungen gezwungen.

1817–1825   *James Monroe* (* 1758, † 1831, Republikaner) wird Präsident der Vereinigten Staaten (dritter in der sog. Virginia-Dynastie). Die Partei der Föderalisten zerfällt. Nationales Einheitsdenken herrscht vor (Era of Good Feelings). Der Ausbau von Wasserwegen und Überlandstraßen fördert die Besiedlung des Westens (1817 Beginn des Dampfschiffsverkehrs auf dem Mississippi, 1817–1825 Bau des Erie-Kanals zwischen Albany und Buffalo). Die *erste große Einwanderungswelle* des 19. Jh.s, 1816–1818 (etwa 60000 Iren und Deutsche), veranlaßt gesetzliche Bestimmungen über die Passagebedingungen und über statistische Erhebungen auf Bundesebene.

1819   Nach langen Auseinandersetzungen um Besitzansprüche (u. a. Seminolen-Krieg 1818) verkauft Spanien *Florida* für fünf Mio. Dollar an die Vereinigten Staaten.

1820   Nach *Aufnahme weiterer Einzelstaaten* in die Union (Louisiana 1812, Indiana 1816, Mississippi 1817, Illinois 1818, Alabama 1819) regelt der *Missouri-Kompromiß* die Sklaverei in neuen Staaten: Maine wird als sklavenfreier, Missouri als sklavenhaltender Staat zugelassen (Gesamtverhältnis: 12 Nord-, 12 Südstaaten). Im übrigen Louisiana-Territorium (nördlich der Breite 36° 30') wird die Sklaverei verboten.

**1823
2. Dez.** Gegen weitgehende russische Besitzansprüche an der nordamerikanischen Pazifikküste (Oregongebiet) und vermeintliche Rekolonisationsabsichten der Heiligen Allianz in Lateinamerika erklärt **Präsident Monroe** in einer **Jahresbotschaft an den Kongreß,** 1. daß der amerikanische Doppelkontinent nicht mehr Ziel europäischer Kolonialexpansion sein dürfe, 2. daß das politische System der Alten Welt von dem Amerikas wesensverschieden sei, 3. daß bestehender Kolonialbesitz in Amerika nicht angetastet würde und 4. daß sich die USA nicht in europäische Kriege einmischen würden (sog. **Monroe-Doktrin**).

1825–1829 *John Quincy Adams* (* 1767, † 1848), Sohn von John Adams, wird Präsident. Der Ausbau des inneren Verkehrs- und Handelssystems wird zügig fortgesetzt. Der zunehmende Gegensatz zwischen Nord (Einsetzen der Industrialisierung) und Süd (Agrarwirtschaft) manifestiert sich im Kampf um die Schutzzollgesetzgebung. Der hohe Tarif von 1828 (Tariff of Abominations) wird von South Carolina und anderen Südstaaten für verfassungswidrig erklärt. Neue parteipolitische Spannungen treten auf zwischen den Nationalen Republikanern, die die Zentralgewalt stärken wollen (J. Q. Adams), und den Demokratischen Republikanern, die den nationalen Dirigismus ablehnen und für die Rechte des Volkes eintreten (Andrew Jackson).

Das amerikanische Zweiparteiensystem bis zum Bürgerkrieg (vereinfachtes Schema)

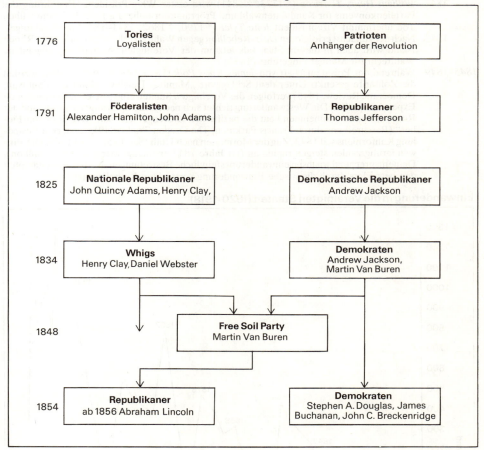

1829–1837 Mit *Andrew Jackson* (Demokrat * 1767, † 1845) aus Tennessee wird erstmals ein Vertreter des Westens Präsident. In fast allen Staaten ist das Zensuswahlrecht durch ein allgemeines Wahlrecht für Männer ersetzt. Eine langfristige Demokratisierungswelle verändert die politisch-soziale Ordnung *(„Jacksonian Democracy")*. Reformbewegungen finden starke Resonanz: Abolitionisten bekämpfen die Sklaverei, frühe Arbeiterparteien (Philadelphia

1178   Außereuropäische Welt bis 1945 – Amerika

1828) und Gewerkschaften (National Trade Unions 1834) fordern Verbesserungen im Arbeitsrecht, Sozialreformer gründen kooperative Gemeinschaften (u. a. Brook Farm, Mass., 1841–1846), Temperenzgesellschaften bekämpfen den Alkoholismus (1851 gibt es in dreizehn Staaten Prohibitionsgesetze), Frauen erlangen das Recht der öffentlichen Rede und fordern das Wahlrecht (Konvent von Seneca Falls, New York, 1848). Breite Bevölkerungsschichten werden in den Prozeß politischer Willensbildung einbezogen, Vorrechte einer elitären Oberschicht dagegen eingeschränkt. Die konservative Opposition formiert sich überwiegend in der Whig Party.

1832   Jackson verhindert durch sein Veto das Weiterbestehen der *Nationalbank*. Er vertritt die Auffassung, daß diese eine Monopolstellung besäße und verfassungswidrig sei.

1832–1833   Ein neuer Schutzzolltarif, nur wenig niedriger als der von 1828, wird in South Carolina für verfassungswidrig und nichtig erklärt (John C. Calhouns *Nullifikationstheorie*). Ein Staatskonvent droht mit Sezession. Jacksons Entschlossenheit, die Einheit des Bundesstaates zu erhalten, und ein Kompromißzolltarif beenden die Krise.

1833   William Lloyd Garrison u. a. gründen in Philadelphia die radikale *Antislavery Society*. Aus einem gemäßigten Flügel entsteht 1840 die *American and Foreign Antislavery Society*.

1836   Nach erfolgreichem Aufstand der amerikanischen Siedler gegen Mexiko erkennen die Vereinigten Staaten die *Unabhängigkeit von Texas* an.

1837–1841   Präsident *Martin Van Buren* (Demokrat, * 1782, † 1862) setzt die Politik Jacksons fort.

1837   Rücksichtslose Landspekulation und Kreditgewährung führen zur Wirtschaftskrise.

1841   *William Henry Harrison* (* 1773, † 1841) wird erster Whig-Präsident (Einführung des Parteienkonvents für Kandidatenwahl und Programmformulierung). Nach seinem frühen Tod übernimmt Vizepräsident *John Tyler* (* 1790, † 1862; 1841–1845) die Nachfolge.

1842   Nach der zunächst erfolglosen *Dorr-Rebellion* gegen Wahlrechtsbeschränkungen in Rhode Island wird auch in diesem Staat (als letztem der Vereinigten Staaten) das allgemeine Wahlrecht für Männer eingeführt (1843).

1845–1849   Während der Präsidentschaft von *James Knox Polk* (Demokrat * 1795, † 1849) werden die Zolltarife gesenkt. Unter dem Schlagwort „Manifest Destiny" (John L. O'Sullivan, Democratic Review, 1845) verfolgen die Vereinigten Staaten eine forcierte, weitreichende Expansionspolitik. Die Westwanderung richtet sich nach Durchquerung der Prärie und der Rocky Mountains zunehmend auf die pazifischen Küstengebiete: seit 1842 „Oregon-Fieber" (Beschreibung durch Francis Parkman, The Oregon Trail, 1849), verstärkte Besiedlung Kaliforniens seit 1843, Zug der Mormonen nach Utah (Salt Lake City) 1846. Die Einwanderungszahlen steigen rapide an (im Jahre 1847 erstmalig über eine Viertelmillion). Dementsprechend wachsen einwanderungsfeindliche Bestrebungen. Nativisten bekämpfen den besonders durch die irische Einwanderung verstärkten Katholizismus.

Einwanderung in die Vereinigten Staaten (1820-1918)

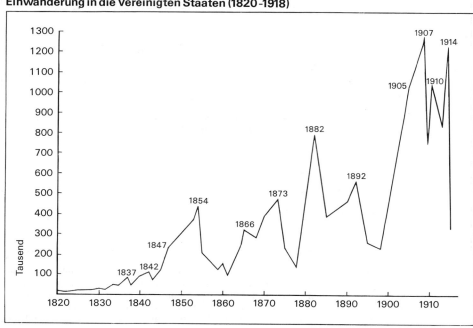

Einwanderung in die USA nach Herkunftsländern 1851-1910

1845 1. März	Der Kongreß billigt die *Annexion von Texas*. Mexiko bricht die Beziehungen zu den Vereinigten Staaten ab. In seiner Jahresbotschaft an den Kongreß von 1845 wiederholt Präsident Polk die Grundsätze der Monroe-Doktrin und warnt vor einer Übertragung des Mächtegleichgewichtsprinzips auf Nordamerika (Polk-Doktrin). Er beansprucht für die Vereinigten Staaten das bislang gemeinsam mit Großbritannien besetzte Oregon-Gebiet (zwischen Alaska und Kalifornien).
1846	Im *Oregon-Vertrag* wird das Gebiet entlang dem 49. Breitengrad geteilt. Der Süden kommt als Oregon-Territorium an die Vereinigten Staaten (spätere Staaten: Oregon, Washington, Idaho).
1846–1848	Nach vergeblichen Bemühungen um den Kauf New Mexicos und Kaliforniens und nach militärischen Zusammenstößen an der Südgrenze von Texas erklären die Vereinigten Staaten den **Krieg gegen Mexiko**. General *Zachary Taylor* (* 1784, † 1850) siegt in Nordmexiko (Schlacht bei Buena Vista). Invasionstruppen unter General *Winfield Scott* (* 1786, † 1866) nehmen Mexico City ein (1847). New Mexico und Kalifornien werden erobert. Im *Frieden von Guadalupe Hidalgo* (2. Febr. 1848) tritt Mexiko Kalifornien und New Mexico ab (spätere Staaten: Arizona, Nevada, Kalifornien, Utah und Teile New Mexicos, Colorados und Wyomings). Von 1845 bis 1848 ist der Flächenbesitz der Vereinigten Staaten von 4,63 auf 7,75 Mio. Quadratkilometer gewachsen.
1848	Nach vergeblichen Versuchen im Kongreß, die neu erworbenen Gebiete sklavenfrei zu halten („Wilmot Proviso" 1846 – benannt nach dem Demokraten David Wilmot [* 1814, † 1868]), bilden oppositionelle Whigs und Demokraten die *Free Soil Party*, die die Zulassung neuer Sklaverei-Staaten unterbinden und Heimstätten für eigenständige Siedler schaffen will.
1848 24. Febr.	Das Bekanntwerden von *Goldfunden* im Tal des Sacramento lockt Abenteurer aus der ganzen Welt nach Kalifornien („Gold Rush" der sog. „Forty-niners"). Bevölkerung Kaliforniens 1846: 10000, 1852: 250000.

Nord-Süd-Gegensatz, Bürgerkrieg und „Rekonstruktion" des Südens (1849–1877)

Nach Abschluß der territorialen Expansionsphase tritt der *Konflikt um die Sklaverei* in den Vordergrund. Im Norden wächst die gesellschaftspolitische und moralische Kritik an diesem System (1851/1852 erscheint Harriet E. Beecher Stowes erfolgreicher Tendenzroman „Uncle Tom's Cabin"). Im Süden wird die Sklaverei mit Berufung auf die Verfassung (Eigentumsrecht, Staatenrecht) sowie mit umstrittenen sozialen, wirtschaftlichen, religiösen und anthropologischen Argumenten verteidigt (z. B. George Fitzhugh, „Sociology of the South", 1854). Die Kluft zwischen den Sektionen prägt sich auch in den *unterschiedlichen Wirtschaftsformen und Gesellschaftsordnungen* aus: im Norden bäuerliche Farmwirtschaft, Handel, Schiffahrt, Industrie, demokratisches Yankeetum – im Süden Plantagenwirtschaft, Monokultur, aristokratisch-patriarchalische Führungsschicht. 1849 wird der Kandidat der Whig Party, *Zachary Taylor* (* 1784, † 1850), Präsident; sein Nachfolger ist *Millard Fillmore* (* 1800, † 1874). Nach dem Tode Henry Clays und Daniel Websters (1852) zerfällt die Whig Party. Auch die Demokratische Partei ist innerlich zerrissen. Empört über die Ausweitung der Sklaverei im Westen, sammeln sich Whigs, Free Soilers und Antisklaverei-Demokraten 1854 in der neuen **Republikanischen Partei**. In ihr steigt *Abraham Lincoln* (* 1809, † 1865) zum führenden Politiker auf. Die Einwanderung erreicht 1854 einen neuen Höhepunkt (428000). Die einwanderungsfeindliche *Know-Nothing Party* (oder *American Party*) orga-

1180 Außereuropäische Welt bis 1945 – Amerika

nisiert sich bundesweit, findet viele Anhänger, zerfällt aber im Nord-Süd-Konflikt. Die Präsidenten der Vorbürgerkriegszeit – *Franklin Pierce* (* 1804, † 1869; 1853–1857) und *James Buchanan* (* 1791, † 1868; 1857–1861), beide Demokraten – zeigen sich den Problemen der drohenden Staatskrise nicht gewachsen.

1850 Auf Grund eines Antrages Kaliforniens auf Zulassung als sklavenfreier Staat und der wachsenden Spannungen in der Sklavenfrage beschließt der Kongreß auf Vorschlag Henry Clays (* 1777, † 1852) den *Kompromiß von 1850:* Kalifornien sklavenfrei; New Mexico und Utah ohne Beschränkung der Sklaverei (Staatenverfassungen sollen später entscheiden); Rückführung geflohener Sklaven unter Bundesjurisdiktion; Verbot des Sklavenhandels im District of Columbia.

1850 Im *Clayton-Bulwer-Vertrag* (geschlossen von Außenminister John M. Clayton [* 1796, † 1856]) verabreden Großbritannien und die Vereinigten Staaten, einen zukünftigen mittelamerikanischen Kanal nicht einseitig zu kontrollieren. Sie wollen ihn neutralisieren. Im

1853 Zusammenhang mit Projekten für den Eisenbahnbau zum Pazifik kaufen die Vereinigten Staaten von Mexiko im *Gadsden Purchase* einen Landstreifen südlich des Gila River (Arizona, New Mexico). Commodore *Matthew Calbraith Perry* (* 1794, † 1858) erreicht durch eine Marineexpedition die *Öffnung Japans* für den amerikanischen Handel. Pläne zum

1854 Erwerb Kubas (Stärkung des Südens) werden nicht verwirklicht.

Das *Kansas-Nebraska-Gesetz* stellt den Bewohnern beider Territorien die Entscheidung über die Sklaverei frei (Prinzip der „popular sovereignty", Hauptbefürworter Stephen A. Douglas [* 1813, † 1861]). Dies impliziert die Aufhebung des Missouri-Kompromisses von 1820. Proslaverei- und Antisklaverei-Siedler wandern nach Kansas ein. Zwei gegensätzliche Verfassungen werden formuliert, zwei rivalisierende Regierungen gebildet. Unterstützt von Parteigängern des Nordens und Südens, bekämpfen sich die streitenden

1856 Parteien im Bürgerkrieg *(„Bleeding Kansas").* Der Versuch, eine Kompromißverfassung einzuführen, scheitert. Nach Verlängerung des Territorialstatus wird Kansas 1861 als sklavenfreier Staat in die Union aufgenommen.

1857–1858 Überhitzte Eisenbahn- und Bodenspekulation führt zu einer tiefgreifenden *Wirtschaftskrise (Panik von 1857).*

1857 Das Oberste Bundesgericht entscheidet im *Fall Dred Scott,* daß Negersklaven und ihre Nachkommen keine Bürgerrechte besitzen. Der Missouri-Kompromiß von 1820 verletze das Recht auf Eigentum und sei deshalb verfassungswidrig. Der Abolitionist John Brown

1859 (* 1800, † 1859) überfällt mit einem Trupp von Gleichgesinnten das Waffendepot *Harper's Ferry* (Virginia). Er will mit befreiten Sklaven einen unabhängigen Staat in den Appalachen errichten, erhält jedoch keinen Zulauf, wird von Militär überwältigt, zum Tode verurteilt und mit sechs Anhängern hingerichtet.

1860 *Abraham Lincoln,* Republikaner, wird *zum Präsidenten gewählt (9. Nov.).*

20. Dez. *South Carolina* erklärt wegen der sklavereifeindlichen Haltung des Nordens die **Sezession** (Anspruch auf „state sovereignty"). Sechs Südstaaten schließen sich an: Mississippi, Florida, Alabama, Georgia, Louisiana, Texas.

1861 Sie bilden die **Konföderierten Staaten von Amerika** mit einer eigenen Verfassung; Präsi-
8. Febr. dent wird *Jefferson Davis* (* 1808, † 1889). Virginia, Arkansas, Tennessee und North Carolina verstärken die Konföderation (Hauptstadt Richmond); die Grenzstaaten West Virginia, Delaware, Maryland, Kentucky und Missouri bleiben der Union treu.

1861–1865 Im **Bürgerkrieg** wehrt sich der Süden lange Zeit erfolgreich gegen die an Menschenreserven und Rüstungspotential stärkeren Norden. Die Union kämpft vor allem für die Erhaltung der staatlichen Einheit, die Konföderation für die Anerkennung ihrer Unabhängigkeit und das Weiterbestehen der Sklaverei. Die wirtschaftlich-sozialen Gegensätze stehen im Hintergrund des Konfliktes und verschärfen ihn. Der verlustreiche Krieg wird mit wachsender Erbitterung geführt.

12. April Mit der Beschießung des Bundesforts *Sumter* bei Charleston durch die Konföderierten beginnen die Kampfhandlungen.

15. April Lincoln proklamiert den Zustand der *„Insurrektion"* und verhängt eine *Blockade* südstaatlicher Häfen. Großbritannien erklärt seine Neutralität und erkennt damit die Konföderation als kriegführende Partei an.

21. Juli Der erste Vorstoß der Uniontruppen in Virginia wird in der *Schlacht am Bull Run* (Nebenfluß des Potomac, südwestlich von Washington) gestoppt.

1862 Während *New Orleans* von Marineeinheiten besetzt wird, stoßen Uniontruppen unter
26. April General Ulysses S. Grant den Mississippi entlang nach Süden vor. Mit der Einnahme von Vicksburg am linken Ufer des Mississippi (1863) ist das Gebiet der Konföderation zweigeteilt.

Mit dem *Homestead Act* wird Siedlern die Möglichkeit zum kostenlosen Landerwerb im Westen gegeben. Auf Grund des *Morrill Act* können Einzelstaaten Ländereien zur Errichtung landwirtschaftlicher und technischer Hochschulen erhalten (69 staatliche „landgrant colleges" entstehen in der Folgezeit).

Nordamerika – USA   *1181*

1863 1. Jan.	Lincolns *Emanzipationserklärung* spricht alle Sklaven im Gebiet der Konföderation (nicht in den loyalen Grenzstaaten) frei. Der Norden führt von nun an einen Sklavenbefreiungskrieg und gewinnt Sympathien in Europa (besonders in Großbritannien).
1.–3. Juli	Der Vormarsch konföderierter Truppen unter General Robert Edward Lee (* 1807, † 1870) wird in *Gettysburg* (Pennsylvania) zurückgeschlagen (Lincolns 13-Zeilen-Ansprache zur Einweihung des Soldatenfriedhofs): Damit ist die entscheidende Wendung des Krieges zugunsten der Union eingetreten.
1864	Unionstruppen unter General William T. Sherman (* 1820, † 1891) unternehmen einen *Zerstörungsfeldzug durch Georgia*, erreichen die Atlantikküste bei Savannah und dringen von dort aus nach South Carolina vor (Zerstörung der Stadt Columbus 1865).
1865 9. April	Bei *Appomattox Courthouse* (Virginia) kapitulieren die Truppen Lees. In den darauffolgenden Wochen ergeben sich die Konföderierten auch auf den anderen Kriegsschauplätzen. Der Bürgerkrieg endet mit dem **Sieg der Union.** Die Einheit der Vereinigten Staaten ist wiederhergestellt. Der Krieg hat den Norden 360000, den Süden 275000 Tote gekostet.
14. April	*Lincoln,* 1864 erneut zum Präsidenten gewählt, wird von John Wilkes Booth (* 1838, † 1865), einem fanatischen Südstaatenanhänger, *ermordet.* Vizepräsident *Andrew Johnson* (* 1808, † 1875) nimmt den Präsidentenposten ein.

Die „Rekonstruktion" des Südens

Der **13. Verfassungszusatz** (1865) beseitigt die Sklaverei in den Vereinigten Staaten, der **14. Verfassungszusatz** (1866) sichert den ehemaligen Sklaven die Bürgerrechte zu und schließt führende Vertreter der Konföderation von Staatsämtern aus, der **15. Verfassungszusatz** (1869) verbietet Wahlrechtsbeschränkungen auf Grund von Rasse, Hautfarbe oder früheren Abhängigkeitsverhältnissen. Über den *Wiederaufbau des Südens* gibt es bei den Siegern unterschiedliche Vorstellungen. Während Präsident Johnson für eine nachsichtige Besiegtenbehandlung eintritt, sehen radikale Republikaner tiefgreifende Veränderungen vor. Zum Schutz der Schwarzen gegen ihre ehemaligen Herren wird das *Freedmen's Bureau* errichtet. 1867 wird der Süden militärisch besetzt. Die von radikalen Nordstaatlern (carpetbaggers) mit bestimmte Aufbaupolitik ist durch soziale Fortschritte, aber auch durch Korruption gekennzeichnet.

1866	Das *transatlantische Kabel* ermöglicht eine schnelle Nachrichtenverbindung zwischen Europa und Amerika.
1867	*Alaska* wird für 7,2 Mio. Dollar *von Rußland gekauft.*
1868	Präsident *Andrew Johnson* entgeht in einem *Impeachment-Verfahren* nur knapp der Amtsenthebung, die die radikalen Republikaner wegen seiner Rekonstruktionspolitik gegenüber dem Süden anstreben.
1869	Nach Ablauf seiner Amtszeit wird *Ulysses S. Grant* (* 1822, † 1885) Präsident (Wiederwahl 1873). Die *erste Eisenbahnverbindung zum Pazifik* (Zentralroute Chicago–San Francisco) wird fertiggestellt.
1870/1871	Der Kongreß verabschiedet Gesetze gegen den *Ku Klux Klan,* einen Geheimbund zur Terrorisierung der schwarzen Bevölkerung im Süden. Bis 1871 sind alle Südstaaten wieder im Kongreß vertreten.
1872	Eine *Amnestie* gibt ehemaligen Mitkämpfern der Konföderation die politischen Rechte zurück (ausgenommen führenden Persönlichkeiten).
1873	Eisenbahnspekulation sowie industrielle und landwirtschaftliche Überproduktion verursachen die *Panik von 1873* (Beginn der langen Abschwungphase von 1873 bis 1896).
1877–1881	*Rutherford Birchard Hayes* (* 1822, † 1893; Republikaner) wird Präsident. Mit dem Rückzug der letzten Truppen aus dem Süden ist die Phase der sog. „Black Reconstruction" zu Ende. Die Weißen haben überall die Oberhand zurückerlangt.

Wirtschaftsrevolution, Reformzeit und Weltpolitik (1877–1918)

Nach der Beendigung des Konflikts zwischen Norden und Süden macht die Besiedlung des ganzen Landes rasche Fortschritte. Die großen Ebenen des *Mittelwestens* werden für die Farmwirtschaft erschlossen. Das Ergebnis der Volkszählung von 1890 führt zu der Feststellung, daß eine „wandernde Grenze" nicht mehr existiert. Der letzte *Widerstand der Indianer* wird militärisch *gebrochen* (u. a. Cheyenne-Arapho-Krieg 1861–1864, Sioux-Kriege 1862–1876, Apachen-Krieg 1871–1886, Massaker von Wounded Knee 1890). Die Überlebenden müssen in oft unfruchtbare Reservate ziehen.
Der Ausbau des Verkehrssystems (Eisenbahn: Pullman-Schlafwagen 1864, Kühlwagen 1875; elektrische Straßenbahn 1874; Auto vom Fließband: Ford, 1909; kommerzielle Flugzeugproduktion: Gebr. Wright, 1909), Verbesserungen im Kommunikationswesen (z. B. Schreibmaschine 1867, Telefon 1876), techni-

1182 Außereuropäische Welt bis 1945 – Amerika

sche Neuerungen im Bereich der Industrie (z. B. Nähmaschine 1846–1854, Celluloidproduktion 1872, Glühlampe 1879, elektrische Geräte, Übernahme und Weiterentwicklung europäischer Fabrikationsprozesse) und der Landwirtschaft (z. B. Hartpflug 1868, Fadenbinder 1873, Stacheldraht 1874, Mähdrescher 1881) sowie die verstärkte Nutzung der Bodenschätze (erste Ölbohrung in Pennsylvania 1859, erste Pipeline 1866, Verstärkung des Eisenerz- und Kohleabbaus, der Stahlindustrie u. a.) sind Voraussetzungen für *Wirtschaftsrevolution* und *Hochindustrialisierung,* die sich besonders im Nordosten vollziehen („Industriegürtel").

Ausweitung der Binnenmärkte, steigende Produktionsraten, wachsende Kapitalinvestitionen und Zunahme der Arbeitskräfte sind gefolgt von extremen *Konzentrationserscheinungen in der Wirtschaft:* Kartelle, Trusts und Holdinggesellschaften beherrschen bisweilen ganze Industriezweige (z. B. Rockefellers Standard Oil Company, Carnegie Steel Company, ab 1901 U.S. Steel Corporation, das Bankhaus J. P. Morgan & Co.). Die USA rücken in den Kreis der führenden Industriestaaten der Welt auf.

Gesetze zur Sicherung des freien Wettbewerbs können die wirtschaftliche Konzentration nur begrenzt eindämmen. Gegen soziale Mißstände und Korruptionserscheinungen (besonders in den Großstädten) wächst auf vielen Ebenen die Kritik. Arbeiter organisieren sich gegen heftige Widerstände der Unternehmer in Gewerkschaften (u. a. Knights of Labor 1878–1893, American Federation of Labor 1886, Industrial Workers of the World 1905–1925) und Arbeiterparteien (Socialist Labor Party 1874, Social Democratic Party 1897). Arbeitskonflikte entladen sich in großen Streiks (u. a. Homestead, Pa., 1892; Pullmann Strike 1894; Anthrazitkohlen-Streik 1902). Gegen die Vormachtstellung von Industrie und Finanzwelt opponiert auch die verschuldete Landwirtschaft (Granger-Bewegung seit 1867, Farmers' Alliances 1874/1880, Populist Party 1892). Drittparteien können sich jedoch auf nationaler Ebene nicht durchsetzen. *Soziale Reformpolitik* beginnt in den Einzelstaaten (führend Wisconsin unter Gouverneur Robert M. La Follette seit 1901). In der „Progressiven Bewegung" (1901–1917) werden soziale und politische Reformen gefördert und zum Teil durchgesetzt (z. B. bessere Arbeitsbedingungen, Verbraucherschutz, direkte Demokratie). Schriftsteller üben scharfe Kritik an Korruptionserscheinungen in Wirtschaft und Verwaltung (sog. „Muckrakers", u. a. Lincoln Steffens, „The Shame of the Cities", 1904). In den Präsidentschaftswahlen spielen „progressive" Programme eine wachsende Rolle (1912 Progressive Party).

Die *Einwanderung* nimmt stark zu und führt der amerikanischen Wirtschaft billige Arbeitskräfte zu (1861–1870: 2,3 Mio.; 1881–1890: 5,2 Mio.; 1901–1910: 8,8 Mio.). Von den 1890er Jahren an kommen Auswanderer vor allem aus Ost- und Südeuropa („New Immigration"). Nach dem Bürgerkrieg setzt eine planmäßige Einwanderungswerbung ein, bald aber formieren sich Gegenkräfte, die Beschränkungen für bestimmte Einwanderungsgruppen fordern (Ausschließung von Chinesen 1882, Verbot der Einwanderung von Kontraktarbeitern 1885, Beschränkungen für Japaner ab 1906, Lesetests ab 1917).

Die *Außenpolitik* der Vereinigten Staaten ist seit dem späten 19. Jahrhundert durch überseeische Expansion gekennzeichnet (1897 erscheint Alfred T. Mahans „The Interest of America in Sea Power"). Wirtschaftliche Interessen, nationalistische Machtpolitik und zivilisatorisches Sendungsbewußtsein („Manifest Destiny") fördern eine Interventionspolitik in Richtung Pazifik und Karibische See („Big Stick"-Politik und „Dollardiplomatie"). Dabei kommt es zu Konflikten mit europäischen Mächten. Die Vereinigten Staaten bemühen sich um schiedsgerichtliche Regelungen.

1881	Präsident *James A. Garfield* (* 1831, † 1881; Republikaner) stirbt ein halbes Jahr nach seiner Amtsübernahme an den Folgen des Attentates eines enttäuschten Postenjägers. Vizepräsident *Chester A. Arthur* (* 1830, † 1886) wird Präsident (1881–1885).
1883	Ein Gesetz zur Reform des öffentlichen Dienstes *(Pendleton Act)* schränkt parteipolitische Ämterpatronage („spoils system") ein.
1885–1889	Mit *Grover Cleveland* (* 1837, † 1908) wird erstmals seit dem Jahr 1861 ein *Kandidat der Demokratischen Partei Präsident* (Nachfolger ist der Republikaner *Benjamin Harrison* [* 1833, † 1901] 1889–1893; dann folgt Clevelands zweite Amtsperiode 1893–1897).
1886	Arbeiterunruhen zur Durchsetzung des Achtstundentages in Chicago finden ihren Höhepunkt im *Haymarket-Aufruhr.* Sieben Polizisten und vier Arbeiter werden durch eine Bombe getötet, vier Anarchisten nach einem umstrittenen Gerichtsverfahren hingerichtet.
1887	Der *Dawes Severalty Act* sieht die Auflösung der Indianerstämme als rechtlicher Körperschaften und die Aufteilung von Stammesland in indianisches Privateigentum vor.
1889	Die *Samoa-Inseln,* auf denen 1878 eine amerikanische Marinestation errichtet worden ist, kommen unter ein Dreimächte-Protektorat (Vereinigte Staaten, Großbritannien; Deutschland); 1889 werden sie aufgeteilt. Auf einer Konferenz in Washington wird die **Panamerikanische Union** als Büro zum Austauschen von Informationen gegründet. Die beabsichtigte Zollunion wird nicht erreicht.
1890	Das *Sherman-Antitrust-Gesetz* verbietet erstmalig Kontrakte, Trusts oder Absprachen zur Einschränkung des zwischenstaatlichen Handels und des Außenhandels, ist aber wegen seiner vagen Formulierungen nur begrenzt anwendbar. Die Zahl der Trusts wächst weiter. Diese kontrollieren 1904 zwei Fünftel des Industriekapitals in den Vereinigten Staaten. Spätere Gesetze *(Elkins Act* 1903, *Federal Trade Commission Act* 1904, *Clayton Act 1914)* führen den Kampf gegen Preisdiskriminierungen, wirtschaftliche Monopolbildungen und unfaire Wettbewerbsmethoden fort, werden aber oft großzügig gehandhabt.

Nordamerika – USA   *1183*

1890   Der *McKinley-Tarif* erhöht die Einfuhrzölle auf durchschnittlich 49,5 Prozent, der *Dingley-Tarif* 1897 auf 57 Prozent (Hochphase des Schutzzolls bis 1909).

1895   Im Konflikt um die Grenze zwischen *Venezuela* und *Britisch-Guayana* setzen die Vereinigten Staaten (Hinweis auf Monroe-Doktrin) eine schiedsgerichtliche Regelung durch.

1896   *William McKinley* (* 1843, † 1901; Republikaner) siegt in der Präsidentschaftswahl über den Reformpolitiker *William Jennings Bryan* (* 1860, † 1925), Kandidat der Demokraten und Populisten. Während seiner Amtszeit (1897–1901) erwerben die Vereinigten Staaten *auswärtige Besitzungen.* Nach seiner Wiederwahl (1901) wird er von einem Anarchisten ermordet.

1898   Sympathien für aufständische Kubaner, die seit 1895 gegen die spanische Kolonialherr-
21. April   schaft kämpfen, die Veröffentlichung des *De-Lôme-Briefes* (spanische Kritik an McKin-
–10. Dez.   ley) und die ungeklärte Zerstörung des Linienschiffs *„Maine"* im Hafen von Havanna führen zur Kriegserklärung der Vereinigten Staaten an Spanien. Im **Spanisch-amerikanischen Krieg** wird die spanische Flotte in der Bucht von Manila und vor Santiago de Cuba vernichtet. Manila wird mit Hilfe der Filipinos eingenommen, Santiago de Cuba kapituliert, amerikanische Truppen besetzen Puerto Rico.
        Im *Frieden von Paris* wird Kuba Republik. Die Vereinigten Staaten sichern sich durch das *Platt Amendment* von 1901 Protektoratsrechte und Marinebasen. Spanien tritt Puerto Rico, die Pazifikinsel Guam und die Philippinen (diese für 20 Mio. Dollar Entschädigung) an die Vereinigten Staaten ab. Die Inbesitznahme der Philippinen wird von vielen Demokraten und Populisten kritisiert (*Anti-Imperialist League* 1899). Eine antiamerikanische Erhebung auf den Philippinen unter *Emilio Aguinaldo* wird unterdrückt (Guerillakrieg bis 1902).
        Während des Krieges werden die *Hawaii-Inseln* (Sandwich-Inseln) *annektiert,* auf denen 1893 die Monarchie (Königin Liliuokalani) durch eine von amerikanischen Zuckerpflanzern geführte Revolte beseitigt worden ist. Gegen drohende Diskriminierungen im Chinahandel fordern die Vereinigten Staaten von Großbritannien, Deutschland, Rußland,
1899/1900   Frankreich, Italien und Spanien eine *„Politik der Offenen Tür".* Nach der Strafexpedition gegen die Boxer (1900), an der sich die USA beteiligt sind, setzt sich *Außenminister John Hay* (* 1838, † 1905) für die Integrität Chinas und für gleichberechtigten Handel mit allen Teilen des Landes ein.

1901–1909   Unter *Präsident Theodore Roosevelt* (* 1858, † 1919; Republikaner) findet die amerikanische Weltpolitik ihre Fortsetzung in Schiedsgerichtsbarkeit und Interventionen.

1901   Das *Hay-Pauncefote-Abkommen* mit Großbritannien sichert den Vereinigten Staaten die Kontrolle über einen mittelamerikanischen Kanal (Widerruf des Clayton-Bulwer-Vertrages von 1850). Als Kolumbien die Verpachtung der benötigten Kanalzone verweigert, proklamiert die *Provinz Panama* mit schweigender Billigung Roosevelts ihre Unabhängigkeit und willigt in den Kanalbau ein. Unter ungünstigen Arbeitsbedingungen und nicht geringen Konstruktionsschwierigkeiten wird der *Panamakanal* (ab 1904) gebaut und (1914) für die Schiffahrt eröffnet (Gesamtkosten über 365 Mio. Dollar).
        Angesichts europäischer Zwangsmaßnahmen gegen Venezuela (1902) und Interventionsdrohungen gegen die Dominikanische Republik (1903) – beide Staaten sind ihren Schuldenverpflichtungen nicht nachgekommen – nimmt Roosevelt für die Vereinigten Staaten das Recht in Anspruch, sich als *Polizeimacht* in lateinamerikanischen Staaten einzumischen
1904   und europäische Interventionen zu verhindern (*Roosevelt Corollary* zur Monroe-Doktrin, widerrufen 1928).

1905–1916   Interventionen erfolgen in der *Dominikanischen Republik* (1905, 1916), *Kuba* (1906, 1912), *Nicaragua* (1909, 1912), *Mexiko* (1914), *Haiti* (1915).

1905   Roosevelt vermittelt im Russisch-Japanischen Krieg *(Friede von Portsmouth)* und erhält 1906 dafür den Friedensnobelpreis.

1906   Mit seiner Hilfe kommt die *Konferenz von Algeciras* (Hafenstadt der südspanischen Pro-
1907   vinz Cádiz) zustande. Vergeblich bemüht er sich um die Errichtung eines internationalen Gerichtshofes auf der *2. Haager Friedenskonferenz.*

1909–1913   Der von Roosevelt empfohlene republikanische Kandidat *William H. Taft* (* 1857, † 1930) wird Präsident, verfolgt aber nicht die von ihm erwartete Reformpolitik im Innern. Es kommt zur Spaltung der Republikanischen Partei bei der Wahl von 1912.

1913–1921   Roosevelt kandidiert gegen Taft. Der Demokrat *Woodrow Wilson* (* 1856, † 1924) gewinnt die Wahl und wird Präsident (Programm „New Freedom"). *William Jennings Bryan* wird Secretary of State (1913–1915).

1908–1909   Die Vereinigten Staaten schließen Verträge mit 25 Ländern: Streitigkeiten sollen dem Haager Schiedsgericht vorgelegt werden (mit Einschränkungen, falls Interessen, Ehre und Unabhängigkeit einer Nation berührt sind).

1913   Bryans *„Cooling Off"-Verträge* mit 30 Staaten sehen vor, internationale Streitigkeiten einer ständigen Untersuchungskommission vorzulegen und bis zu deren Bericht innerhalb eines Jahres nicht zu den Waffen zu greifen.

1184 Außereuropäische Welt bis 1945 – Amerika

1913   Der **16. Verfassungszusatz** erlaubt erstmalig die Erhebung einer *Einkommensteuer* durch
den Bund. Das *Federal Reserve Act* ermöglicht die Errichtung eines Systems von zwölf
durch die Regierung kontrollierten Banken zur Regelung des Währungs- und Kreditwesens
(diesbezügliche Schwächen waren in der Panik von 1907 zutage getreten).

Der Erste Weltkrieg: Neutralität und Kriegseintritt

Nach Ausbruch des **Ersten Weltkrieges** proklamiert Präsident Wilson *Amerikas Neutralität* (4. Aug.
1914) und appelliert an die Nation, „unparteiisch sowohl in Gedanken als auch in Taten" zu sein
(19. Aug. 1914). In der Folgezeit gelten jedoch die Sympathien der USA stärker Großbritannien und
Frankreich, wofür neben engeren kulturellen und wirtschaftlichen Beziehungen sowie einer geschickten
britischen Propaganda anstoßerregende Schritte der deutschen Kriegführung maßgebend sind: Bruch der
belgischen Neutralität (3. Aug. 1914), Versenkung der „Lusitania" mit 128 Amerikanern an Bord
(7. Mai 1915), deutsche Sabotageakte in Amerika (1915/1916), Torpedierung der „Sussex" (24. März
1916), Wiederaufnahme des unbeschränkten U-Boot-Krieges (1. Febr. 1917), Zimmermann-Depesche
(veröffentlicht 1. März 1917). Bis April 1917 wachsen die amerikanischen Anleihen an die Alliierten auf
2,3 Mrd. Dollar, diejenigen an die Mittelmächte nur auf 20 Mio. Dollar. Amerikanische Friedenssondie-
rungen und Vermittlungsversuche (u. a. Reisen von Wilsons Vertrautem, *Colonel Edward M. House,* und
Wilsons Friedensnote vom 18. Dez. 1916) bleiben ohne Erfolg. Nachdem der Wahlkampf von 1916 unter
der Parole „He kept us out of war" geführt wurde, erfolgt am 3. Febr. 1917 der Abbruch der diplomatischen Beziehungen und am 6. April 1917 die **Kriegserklärung an Deutschland.**

1916   Ein Entwicklungsgesetz für die *Philippinen* (Jones Act) sieht die Unabhängigkeit des Landes für den Zeitpunkt vor, zu dem eine „stabile Regierung" errichtet werden kann. Die
1917   Vereinigten Staaten kaufen die *Virgin Islands* (Jungferninseln, Inselgruppe der kleinen
Antillen) von Dänemark für 25 Mio. Dollar.
18. Mai Ein selektives Wehrpflichtgesetz ermöglicht die Registrierung und Einberufung von Männern im Alter von 21 bis 30 Jahren.
1918   Wilson formuliert in **„Vierzehn Punkten"** das **amerikanische Friedensprogramm** (8. Jan.).
6. Juni Erstmalig beteiligen sich US-Truppen an den Kämpfen auf dem europäischen Festland.
Insgesamt werden rund 2 Mio. US-Soldaten nach Frankreich geschickt. General *John
J. Pershing* (* 1860, † 1948) befehligt die US-Expeditionsstreitmacht. 29 Infanteriedivi-
sionen greifen in die Kämpfe ein. Die Verluste der USA belaufen sich bis Kriegsende auf
112 432 Tote und 230 074 Verwundete.
6. Okt.   Das deutsche Ersuchen um *Waffenstillstand* auf der Grundlage der Vierzehn Punkte Wilsons führt nach Verhandlungen mit den Alliierten und Regierungsveränderungen in
Deutschland am 11. Nov. zum Waffenstillstand.
1919   Der in **Versailles** ausgehandelte **Friedensvertrag** trifft in den Vereinigten Staaten vor allem
18. Nov. wegen der Sanktionsbestimmungen in der Völkerbundssatzung auf Kritik und wird im
Senat mit 53 gegen 38 Stimmen abgelehnt. Während eines öffentlichen Werbefeldzuges für
die Ratifizierung des Vertrages ist der körperlich geschwächte Wilson am 25. Sept. 1919
in Pueblo, Colorado, zusammengebrochen († 1924).

Zwischenkriegszeit und Zweiter Weltkrieg (1919–1945)

Die Vereinigten Staaten bleiben dem *Völkerbund* fern, sind aber durch wirtschaftliche und finanzielle
Verflechtungen international gebunden und nehmen aktiv an weltpolitischen Vorgängen teil. Die „*Große
Depression*" beendet 1929 eine Phase relativer Prosperität. Die schwere wirtschaftliche und soziale Krise
führt zu einem parteipolitischen Führungswechsel und zu einer neuen Reformära *(New Deal),* in der die
Not langsam behoben werden kann. Zur Zeit der Krisenbewältigungsmaßnahmen im Innern versucht der
Kongreß durch eine „*isolationistische*" *Außenpolitik,* Amerika aus Verwicklungen in internationale
Konflikte herauszuhalten (Neutralitätsgesetze). Mit wachsenden Gefahren für den Frieden in Europa
und im Fernen Osten nehmen die Vereinigten Staaten zunächst zögernd, dann entschlossen Partei gegen
die ordnungsstörenden Mächte. Im Zweiten Weltkrieg stellen sie ihr großes wirtschaftliches und militärisches Potential für die Bekämpfung der Achsenmächte zur Verfügung und werden zur Führungsmacht
der Alliierten im Westen.
1919/1920 Aus Furcht vor kommunistischen Umtrieben veranlaßt Justizminister *A. Mitchell Palmer*
(* 1872, † 1936) umfangreiche Verhaftungsaktionen *(Palmer Raids).* Ausländische Agitatoren werden deportiert. Der *Ku Klux Klan,* 1915 neu gegründet, findet als fremdenfeind-
liche und antimodernistische Organisation zahlreiche Anhänger.
1920   Der **18. Verfassungszusatz,** der die Herstellung, den Verkauf sowie die Beförderung und
Einfuhr alkoholischer Getränke verbietet, tritt in Kraft. Die *Prohibition* ist jedoch nicht
voll durchzusetzen und wird 1933 wieder aufgehoben **(21. Verfassungszusatz).** Der

Nordamerika – USA   1185

19. Verfassungszusatz führt das *Frauenstimmrecht* ein (einzelne Staaten waren dem seit 1890 vorausgegangen, das Territorium Wyoming bereits 1869).

1920/1921   Eine *Nachkriegsdepression* mit Lohneinbrüchen, Arbeitslosigkeit und Firmenkonkursen wird schnell überwunden. Die Krise der Landwirtschaft hält jedoch an.

1920–1923   Aus der Präsidentschaftswahl geht der Republikaner *Warren G. Harding* (* 1865, † 1923) als Sieger hervor (Wahlparole: „Back to normalcy"). Seine Administration ist durch *Korruptionsaffären* belastet, in die Kabinettsmitglieder und Behörden verwickelt sind (u. a. geheime Verpachtung staatlicher Ölreserven bei Teapot Dome, Wyoming).

1921   Mit *Österreich* (24. Aug.), dem *Deutschen Reich* (25. Aug.) und *Ungarn* (29. Aug.) werden *Friedensverträge* abgeschlossen.

1922   Die auf Initiative der Vereinigten Staaten zusammengetretene *Washingtoner Konferenz*
6. Febr.   zur Marineabrüstung schließt u. a. mit einer Vereinbarung über das Verhältnis der Kriegsflotten im Pazifik, mit territorialen Besitzstandsgarantien und einem erneuten Bekenntnis zum Prinzip der „Offenen Tür".

1923–1929   Nach dem Tode Hardings übernimmt *Calvin Coolidge* (* 1872, † 1933) das Präsidentenamt. Er siegt auch im Wahlkampf 1925.

1924   Alle Indianer, die noch keine Bürgerrechte besitzen, werden durch ein Gesetz zu US-Bürgern erklärt (im 19. Jh. war die Zuerkennung der Bürgerrechte an Indianer von individuellem Landbesitz und der Herauslösung aus dem Stammesverband abhängig).
Ein neues *Einwanderungsgesetz* verschärft die bereits 1921 vorgenommene nationale Quotenregelung: Einwandererhöchstzahlen werden auf der Basis des Zensus von 1890 festgesetzt (zwei Prozent der im jeweiligen Quotenland geborenen US-Amerikaner), d. h. Nord- und Westeuropäer gegenüber Ost- und Südeuropäern bevorzugt (Gesamtgrenze: 164000 jährlich).

1924/1929   Die USA sind aus dem Krieg als Gläubigerstaat hervorgegangen. Sie erwarten Schuldenrückzahlungen von den Alliierten und investieren erneut in Europa. Angesichts der engen außenwirtschaftlichen Beziehungen beteiligen sich die Vereinigten Staaten an den *Reparationsregelungen* für die Besiegten des Ersten Weltkrieges. Der **Dawesplan** (Charles Gates Dawes [* 1865, † 1951] Vizepräsident 1925–1929) sieht jährliche Reparationszahlungen auf der Grundlage der deutschen Leistungsfähigkeit vor, der **Youngplan** (Owen D. Young [* 1874, † 1962]) setzt die Zahlungsverpflichtungen herab und verknüpft sie mit der alliierten Schuldenrückzahlung. Bis 1931 hat das Deutsche Reich etwa 2,5 Mrd. Dollar Anleihen aus Amerika erhalten (dazu aus anderen Ländern 3,8 Mrd.) und 4,5 Mrd. Dollar an Reparationen bezahlt, während die Alliierten 2,6 Mrd. Dollar Schuldenrückzahlungen an die Vereinigten Staaten geleistet haben.

1925   Nicht nur an wirtschaftlicher, sondern auch an außenpolitischer Stabilität in Europa interessiert, üben US-Diplomaten Druck auf europäische Regierungen beim Zustandekommen des *Locarno-Vertrages* aus.

1926   Eine Beteiligung am *Haager Gerichtshof* scheitert an Vorbehalten des Senats, jedoch werden wiederholt amerikanische Richter gewählt. Auf Initiative der USA wird der

1928   *Kellogg-Briand-Pakt* (benannt nach dem Außenminister Frank Billings Kellogg und dem
27. Aug.   französischen Außenminister Aristide Briand) zur Ächtung des Krieges als Instrument der Politik geschlossen (zunächst 15, später 62 Unterzeichnerstaaten).

1929   Die Präsidentschaft des Republikaners *Herbert Hoover* (* 1874; † 1964; 1929–1933), eines Befürworters des „Rugged Individualism" (robuster Individualismus), beginnt in einer Zeit großer Prosperität und wirtschaftspolitischer Selbstsicherheit, mündet jedoch mit
29. Okt.   dem *Zusammenbruch des Aktienmarktes* an der New Yorker Börse in die Phase der **Großen Depression** (Einleitung der **Weltwirtschaftskrise**). Nach überhitzter Wertpapierspekulation fallen die Kurse innerhalb Monatsfrist um 40 Prozent. Es folgen als Kettenreaktion: Vermögens- und Ersparnisverluste, Absatzschwierigkeiten in der Wirtschaft, Verfall der Preise, Konkurse, Arbeitsentlassungen, Rückgang des Volkseinkommens, Rückgang des Steueraufkommens, Sinken des Lebensstandards, Demoralisierung der Bevölkerung. Bis zum Frühjahr 1933 ist die Arbeitslosenziffer auf fast 15 Mio. gewachsen (etwa ein Drittel der zuvor Beschäftigten). Krisenbekämpfungsmaßnahmen der Regierung Hoover (z. B. eine Finanzierungsgesellschaft für den Wiederaufbau und Bankkredite für verschuldete Hausbesitzer) haben keinen durchschlagenden Erfolg.

1931   Das *Hoover-Moratorium* unterbricht internationale Zahlungsverpflichtungen (Reparatio-
6. Juli   nen, Schuldentilgungen) für ein Jahr. Danach werden die Zahlungen nicht wieder aufgenommen.

1932   Auf die japanische Invasion in der Mandschurei antwortet die amerikanische Regierung
7. Jan.   mit der sog. *Stimson-Doktrin* (Henry Lewis Stimson [* 1867, † 1950] Außenminister): Nichtanerkennen von Verletzungen der Souveränität und Integrität Chinas (vom Völkerbund übernommen).

1933–1945   *Franklin Delano Roosevelt* (* 1882, † 1945; Demokrat, Gouverneur von New York, entfernter Verwandter Theodore Roosevelts) wird nach dem Wahlsieg der Demokraten Präsi-

1186 Außereuropäische Welt bis 1945 – Amerika

dent (Wiederwahlen 1936, 1940, 1944; einziger amerikanischer Präsident mit mehr als zwei Amtsperioden). Gemäß seinem Wahlversprechen – „a new deal for the American people" – setzt er ein intensives *wirtschaftlich-soziales Reformprogramm* ins Werk, das das Land aus der Krise herausbringen soll.

Der New Deal

Während der ersten „Hundert Tage" des **New Deal** verabschiedet der Kongreß ein umfassendes Gesetzgebungswerk zur Behebung der Not und zum Wiederaufbau (u. a. Gründung des Civilian Conservation Corps, Agricultural Adjustment Act, Errichtung der Tennessee Valley Authority zur Regulierung des Tennessee und seiner Nebenflüsse, National Industrial Recovery Act und Gründung der Public Works Administration). Wichtige Gesetze der Folgezeit sind: Errichtung der Civil Works Administration (1933), Civil Works Emergency Relief Act (1934), Security Exchange Act (1934), National Housing Act (1934). Im sog. *Zweiten New Deal* (ab 1935) werden vor allem *sozialreformerische Maßnahmen* beschlossen: National Youth Administration (Teilzeitarbeitsplätze für Studenten), Social Security Act (Arbeitslosen- und Altersversicherung, Versehrtenfürsorge), Wagner Act (Koalitionsrecht für Arbeitnehmer). Um verfassungsrechtliche Einwände gegen New-Deal-Gesetze zu verhindern, versucht Roosevelt 1937, den Supreme Court durch Erweiterung des Richtergremiums gefügig zu machen. Der heftig umstrittene Plan scheitert schließlich am Kongreß. Die Auswirkungen der New-Deal-Maßnahmen sind uneinheitlich. Erstmals werden umfassende sozialstaatliche Reformen in Amerika durchgesetzt. Die Zahl der Arbeitslosen nimmt ab, schnellt aber 1938 noch einmal auf 9,5 Mio. hinauf. Letzte Auswirkungen der Großen Depression werden von der Kriegswirtschaft aufgefangen.

1933 19. April 3. Juli	USA geben den *Goldstandard* auf und distanzieren sich von den Bemühungen der *Londoner Wirtschaftskonferenz* um internationale Währungsstabilität (Roosevelts „bombshell message").
4. März	Roosevelt kündigt gegenüber Lateinamerika eine *Politik der guten Nachbarschaft* an. Dementsprechend werden auf den *Konferenzen von Montevideo* (1933), *Buenos Aires* (1936) und *Lima* (1938) Einmischungen in die inneren Angelegenheiten anderer Staaten abgelehnt und gemeinsame Schritte für den Fall einer Aggression von außen vorgesehen.
16. Nov.	Sechzehn Jahre nach der Oktoberrevolution in Rußland erkennen die Vereinigten Staaten die Sowjetunion offiziell an. Zwischen Washington und Moskau werden diplomatische Beziehungen aufgenommen.
24. März	Der *Tydings-McDuffie Act* gewährt den Philippinen begrenzte Autonomie und sieht die Unabhängigkeit des Landes für 1946 vor.
1934 13. April	Der *Johnson Debt Default Act* verbietet Anleihen an Staaten, die ihre Schulden an die Vereinigten Staaten nicht bezahlt haben.
12. Juni	Nach dreizehn Jahren Schutzzollpolitik ermächtigt der Kongreß den Präsidenten, eine Senkung von Zöllen durch *bilaterale Handelsabkommen* auf Meistbegünstigungsbasis zu vereinbaren.
1935 31. Aug.	Während sich ein Senatsausschuß (Nye Committee) mit der Frage befaßt, ob der Kriegseintritt der Vereinigten Staaten 1917 auf Einflüsse der Rüstungsindustrie zurückzuführen ist (der Nachweis dafür ist nicht zu erbringen), führen Bemühungen isolationistischer Kreise, Kriegsverwicklungen der Vereinigten Staaten in Zukunft unmöglich zu machen, zur *Neutralitätsgesetzgebung*: Waffenembargo gegenüber Kriegführenden und Reiseverbot für Amerikaner auf Schiffen der Kriegführenden.
1936/1937	Ein zweites Gesetz (1936) verbietet Anleihen und Kredite an Kriegführende, ein drittes Gesetz (1937) dehnt die Gesetzgebung auf Bürgerkriege aus. Die Maßnahmen finden Anwendung im Äthiopienkrieg und im Spanischen Bürgerkrieg, nicht im Krieg Japans gegen China. Eine 1937 beschlossene „Cash and Carry"-Klausel erlaubt die Abholung von Waren (außer Munition) durch Kriegführende bei Barzahlung, sie entfällt jedoch am 1. Mai 1939.
1937 5. Okt.	Mit der *Quarantäne-Rede* in Chicago (Angreiferstaaten müßten unter internationale Quarantäne gestellt werden), wendet sich Roosevelt erstmals nachdrücklich gegen Vorstellungen der Isolationisten von einer weltpolitischen Abstinenz Amerikas.
1938	Ein *Marineaufrüstungsgesetz* ermöglicht den Aufbau einer „Zwei-Ozean-Flotte" (17. Mai).
15. Nov.	Dem Judenpogrom in Deutschland folgt die Rückrufung des amerikanischen Botschafters aus Berlin.
1939 14. April	Der Kongreß bewilligt 525 Mio. Dollar für *Verteidigungszwecke* (12. Jan.). Roosevelt appelliert vergeblich an Hitler und Mussolini, den Frieden in Europa durch Nichtangriffsversprechen zu garantieren.
5. Sept.	Nach dem Ausbruch des europäischen Krieges proklamieren die Vereinigten Staaten die Neutralität (Roosevelt: „... but I cannot ask that every American remain neutral in thought

as well"). Gemäß einer *Deklaration von Panama* vom 3. Okt. sollen in einer 300–1000 Meilen breiten *Sicherheitszone* um den amerikanischen Kontinent (südl. Kanada) keine Seekriegshandlungen stattfinden. Am 4. Nov. werden die rigorosen Neutralitätsbestimmungen durch die Wiedereinführung der *„Cash and Carry"-Klausel* (jetzt auch für Waffen und Munition) gemildert. Die folgenden zwei Jahre, in denen Deutschland, Italien und Japan ihre Herrschaftsbereiche in Europa bzw. Ostasien ausdehnen, sind durch eine wachsende Parteinahme Amerikas für die Gegner der Achsenmächte und durch den Abbau seiner Neutralität gekennzeichnet. 1940 werden die *Rüstungsprogramme* erheblich verstärkt und überschüssige Kriegsgüter an Großbritannien abgegeben. Am 3. Sept. überlassen die Vereinigten Staaten Großbritannien 50 ältere Zerstörer gegen die Verpachtung von Militärbasen auf Neufundland, den Bermudas, den Bahamas und in Britisch-Guayana. Am 16. Sept. verabschiedet der Kongreß die erste Wehrpflichtvorlage Amerikas im Friedenszustand.

1941 11. März	Das *Pacht- und Leihgesetz* ermächtigt den Präsidenten, Länder, deren Verteidigung für die amerikanische Sicherheit wichtig ist, mit Kriegsmaterial und Versorgungsgütern zu unterstützen. Nach Beginn des Rußlandkrieges erhält auch die Sowjetunion Pacht- und Leihhilfe. Bis zum Kriegsende werden für Programme dieser Art über 50 Mrd. Dollar ausgegeben.
9. April/ 7. Juli	Die Vereinigten Staaten *besetzen Grönland* und *Island,* um eventuellen deutschen Landungen vorzubeugen.
26. Juli	Nach der japanischen Besetzung Französisch-Indochinas werden alle *japanischen Guthaben* in den Vereinigten Staaten eingefroren. Dies bedeutet praktisch ein Handelsembargo gegen Japan.
14. Aug.	Präsident *Roosevelt* und der britische Premier *Winston Churchill* verkünden mit der **Atlantik-Charta** gemeinsame Friedensziele: Selbstbestimmungsrecht der Völker, freier Welthandel (unter Berücksichtigung bestehender Verpflichtungen), wirtschaftliche Zusammenarbeit, Errichtung eines allgemeinen Sicherheitssystems, Gewaltverzicht, Entwaffnung der Angreiferstaaten u. a.
11. Sept.	Nach Zwischenfällen auf See (amerikanische Patrouillenschiffe warnen britische Schiffe vor deutschen U-Booten, deutscher Torpedoangriff auf den Zerstörer „Greer") gibt Roosevelt der Flotte *Schießbefehl gegen in Sicht kommende U-Boote* der Achsenmächte in zur Verteidigung wichtigen Seegebieten.
7. Dez.	Beim japanischen **Überfall auf Pearl Harbor** (Hawaii-Inseln) wird die amerikanische Pazifikflotte größtenteils zerstört.
8. Dez.	Der **Kongreß erklärt Japan den Krieg.**
11. Dez.	**Deutschland** und **Italien erklären** den Vereinigten Staaten den **Krieg.**

Die USA im Zweiten Weltkrieg

Am 1. Jan. 1942 schließen sich die Vereinigten Staaten, Großbritannien, die Sowjetunion, China und 22 weitere Staaten zur *Alliierten Koalition* zusammen (United Nations Declaration). Während der folgenden dreieinhalb Jahre des Zweiten Weltkrieges übernehmen die USA die Führungsrolle auf dem pazifisch-ostasiatischen und dem atlantisch-westeuropäischen Kriegsschauplatz. *Wendepunkte und entscheidende Schritte der westlichen Kriegführung* sind u. a. die Schlacht bei den Midway-Inseln gegen Japan (3.–6. Juni 1942), Landung britischer und US-Truppen in Nordafrika (8. Nov. 1942), Landung auf Sizilien (10. Juli 1943) und Vormarsch in Italien, Invasion in der Normandie (6. Juni 1944), deutsche Kapitulation (8. Mai 1945), Atombombenabwürfe auf Hiroshima und Nagasaki (6./9. Aug. 1945), japanische Kapitulation (14. Aug. 1945). Im Jan. 1944 übernimmt General *Dwight D. Eisenhower* (* 1890, † 1969) den Oberbefehl über die alliierten Streitkräfte in Westeuropa. Militärische Fragen und Friedensabsichten werden auf *interalliierten Konferenzen* erörtert (u. a. Teheran, 28. Nov.–1. Dez. 1943; Jalta, 4.–11. Febr. 1945; Potsdam 17. Juli–2. Aug. 1945). Die Verluste der USA belaufen sich insgesamt auf 407 000 Tote und 671 000 Verwundete. Am 12. April 1945 stirbt Präsident Roosevelt. Vizepräsident *Harry S. Truman* (* 1884, † 1972; Demokrat) tritt an seine Stelle.
Die *innenpolitische Szene* wird durch die Auswirkungen des Krieges und durch Maßnahmen zur Mobilisierung der militärischen und wirtschaftlichen Kräfte des Landes bestimmt. Durch den Krieg in Europa steigt die *industrielle Produktion* bereits 1939 um 20 %. Zugleich sinkt die *Arbeitslosigkeit* um 10 %. Infolge der amerikanischen Kriegsbeteiligung expandiert die Wirtschaft rapide. 1944 erreicht die Industrieproduktion 235 % des Vorkriegsstandes. *Verbrauchsgüter* und *Lebensmittel* werden zunehmend *rationiert.* Die *Preise* steigen bis 1945 um 31 %. Zahlreiche Behörden werden errichtet, um die liberale Wirtschaftsordnung durch Kontrollen und staatliche Interventionen an Kriegsbedürfnisse abzustimmen. Arbeitskonflikte werden durch staatliche Schlichtung, durch ein kriegsbedingtes Antistreikgesetz, unter Umständen auch durch Eingreifen des Militärs beendet. Aus Kalifornien, Oregon, Washington und Arizona werden 110 000 *Amerikaner japanischer Herkunft* nach Lagern im Inneren des Landes verbracht. Männer im Alter von 18–38 Jahren unterliegen der *Wehrpflicht.* – *(Forts. S. 1274)*

1188 Außereuropäische Welt bis 1945 – Amerika

Lateinamerika von der Kolonialzeit bis 1945

Kolonialgeschichte Lateinamerikas

Das spanische Kolonialreich

1492 Unterzeichnung der **Capitulaciones von Santa Fe** durch König *Ferdinand* von Aragón und
17. April Königin *Isabella* von Kastilien. Darin wird *Christoph Kolumbus* beauftragt, auf dem westlichen Seeweg Ostasien zu suchen, alle zu entdeckenden *Inseln und Festländer des Ozeanischen Meeres* (Islas y tierras firmes del mar océano – offizieller Name des späteren Kolonialreichs, auch als *Las Indias* geläufig) für beide Herrscher in Besitz zu nehmen und Handelsbeziehungen anzuknüpfen. Dafür erhält der Genuese die Finanzierung der Expedition, Gewinnanteile aus dem Handel und die Ernennung zum Admiral, Gouverneur und Vizekönig der zu entdeckenden Gebiete für sich und seine Erben. Die Rechtsform der Capitulación wird zur Rechtsgrundlage späterer Entdeckungs- und Eroberungsunternehmungen, die aber überwiegend privat finanziert werden.

12. Okt. Kolumbus landet auf der von ihm *San Salvador* benannten Insel *Guanahani* (Bahama-Insel) und entdeckt auf der Weiterfahrt *Haiti* (von den Spaniern *La Española* genannt), den späteren Ausgangspunkt der spanischen Besiedlung Amerikas.

1493 Zur Unterstützung ihrer Ansprüche auf die entdeckten Gebiete gegenüber Portugal, das diese unter Berufung auf den *Vertrag von Alcáçovas* von 1479 für sich reklamiert, erwirken die Spanier *fünf päpstliche Bullen,* die ihnen alle im westlichen Ozean zu entdeckenden Gebiete übertragen. Mit der Bestimmung, daß nach dem Tod der Könige jene Gebiete unveräußerlicher Bestandteil der Krone von Kastilien werden, wird die Grundlage für die Rechtsordnung des Kolonialreiches gelegt.

1494 Im **Vertrag von Tordesillas** grenzen Portugal und Kastilien ihre Interessensgebiete im
7. Juni Atlantik neu ab. Die Zone jenseits einer 370 Seemeilen westlich der Kapverden von Pol zu Pol angenommenen Linie fällt an Kastilien, das diesseits gelegene Gebiet mit Ausnahme der Kanarischen Inseln an Portugal.

1495 Die Krone von Kastilien gestattet ihren Untertanen die Ausreise nach Übersee. Damit beginnt die Abkehr vom Konzept der Gründung staatlicher Handelskolonien und der Übergang zur Politik der Siedlungskolonisation, der die weitere Landnahme bestimmt.

1498 Dritte Reise von Kolumbus: Entdeckung der Orinokomündung und des südamerikanischen Festlandes.

1499/ *Alonso de Ojeda* (* 1466/70, † 1515) und *Amerigo Vespucci* (* 1454, † 1512) erkunden
1500 die Nordküste Südamerikas von Guayana bis Venezuela. – Der 1508 von dem deutschen Kartographen Martin *Waldseemüller* (* 1470, † 1528?) gemachte Vorschlag zur Benennung des neuen Kontinents „America" nach dem Vornamen Vespuccis wird von späteren Kartographen aufgegriffen. Im Verlauf des 16. Jh.s setzt sich die Bezeichnung zunächst für Südamerika, später allgemein durch.

1502/1503 Auf seiner letzten Reise erkundet Kolumbus die zentralamerikanische Küste.

1503 Gründung der *Casa de la Contratación* in Sevilla. Die Aufgaben dieser Zentralbehörde bestehen in der Organisation und Kontrolle des Schiffs-, Waren- und Personenverkehrs mit Amerika, der Steuereinziehung und der Auswertung der geographischen Erkenntnisse der Entdeckungsfahrten. Als Ausgangs- und Zielhafen der Überseeschiffahrt erlangt Sevilla eine Monopolstellung im Handel und Verkehr mit Amerika.

1508 Der Papst überträgt der spanischen Krone die *Patronatsrechte* über die *überseeische Kirche.*

1509 *Vicente Yañez de Pinzón* erkundet die südamerikanische Ostküste bis zum Rio de la Plata.

1511 Gründung der *Audiencia von Santo Domingo* (Haiti). Diese kollegial organisierte Appellations- und Justizverwaltungsinstanz erlangt in der Kolonialverwaltung große politische Bedeutung, da sie die gesamte Verwaltungsorganisation berät und kontrolliert, Recht setzt und bei Vakanz selbst die Regierungsgeschäfte leitet. Weitere Audiencia-Gründungen: México (1527), Panamá (1538), Guatemala (1543), Lima (1543), Bogotá (1548), Guadalajara (1548), La Plata de los Charcas (heute Sucre, 1559), Quito (1563), Santiago/Chile (1563, definitiv 1606), Buenos Aires (1661, definitiv 1776), Caracas (1786), Cuzco (1787).

1511–1513 Der Dominikaner *Montesinos* predigt gegen die Behandlung der Indianer durch die Kolonisten und löst damit die Auseinandersetzungen um die Indianerproblematik und die Rechtfertigung der Landnahme aus, in deren Verlauf der Dominikanerorden, besonders *Bartolomé de Las Casas* (* 1474, † 1566), zum Vorkämpfer des Indianerschutzgedankens wird. Versklavung kriegsgefangener Indianer und Zwangsarbeit durch Zuweisung von Indianerkontingenten an einzelne Siedler (repartimiento) gelten den Kolonisten als legitime und wirtschaftlich notwendige Mittel zur Rekrutierung von Arbeitskräften, haben aber Mißhandlung und Ausbeutung zur Folge, die in Verbindung mit Epidemien zu einem

Lateinamerika – Kolonialgeschichte – Spanische Kolonien   **1189**

katastrophalen Bevölkerungsrückgang in ganz Amerika führen. 1512 erfolgt mit den *Gesetzen von Burgos* eine erste Gesamtreglementierung des Zusammenlebens von Indianern und Spaniern. 1513 fixiert das *Requerimiento,* ein den Indianern vor der Eröffnung von Feindseligkeiten zu verlesender Text, der die Prinzipien des christlichen Glaubens erklärt, den päpstlichen Missionsauftrag an die Könige erwähnt und zur Bekehrung und Unterwerfung auffordert, die Bedingungen des „gerechten Krieges". Die Heidenmission wird nun zum Hauptrechtfertigungsargument für die Landnahme.

1513	*Vasco Núñez de Balboa* (* 1475, † 1519) entdeckt den Pazifik.
1515	*Juan Díaz de Solís* († 1516) erkundet das Rio de la Plata-Gebiet.
1519–1522	Erste Erdumseglung durch den Portugiesen *Fernão de Magalhães* (span. *Magallanes* – * wohl um 1480, † 1521) und *Juan Sebastián Elcano* in spanischem Auftrag.
1519–1522	*Hernán Cortés* (* 1485, † 1547) erobert Mexiko (Neu-Spanien).
1521 13. Aug.	Nach der Landung bei Veracruz zieht Cortés ins mexikanische Hochland, gewinnt indianische Verbündete und erobert nach wechselvollen Kämpfen die Hauptstadt des Aztekenreiches *Tenochtitlán,* die nach einer blutigen Belagerung kapituliert. In der Folge unterwerfen Unterführer von Cortés das Gebiet der *Zapoteken* und *Mixteken* im Südwesten und das *Taraskenreich* im Westen des heutigen Mexiko.
1524	Einrichtung des **Indienrates** (Consejo Real y Supremo de las Indias) als oberste, direkt der Krone unterstellte Verwaltungsbehörde und Rechtsprechungsinstanz für die überseeischen Gebiete. Die überwiegend aus Juristen gebildete Kollegialbehörde bestimmt bis ins 18. Jh. entscheidend die Kolonialpolitik. Mit dem Aufkommen der Staatssekretariate (den Vorläufern der modernen Ministerien, seit 1714) verliert der Indienrat seine politische Bedeutung und entwickelt sich zu einem Beratungs- und Rechtsprechungsorgan zurück, bevor er 1812 aufgelöst wird.
1524	Ankunft der ersten *Franziskaner in Neu-Spanien* und Beginn der planmäßigen Mission der Eingeborenen des südamerikanischen Festlandes. Neben den Franziskanern erlangen *Dominikaner* und *Jesuiten* eine bedeutende Stellung in der Indianermission. Neben der Glaubensverbreitung bemühen sich die Orden um die Unterweisung der Indianer in europäischen handwerklichen und landwirtschaftlichen Fertigkeiten und um die Sammlung der geschichtlichen Überlieferung der Eingeborenen.
1527–1545	Das Augsburger Handelshaus der *Welser* erlangt das Privileg zur Kolonisation Venezuelas. Obwohl mehrere von ihnen entsandte Gouverneure, wie *Ambrosius Alfinger* († 1533), *Ambrosius Ehinger* († 1537?), *Nikolaus Federmann* (* 1505, † 1542?), *Georg Hohermuth* († 1540) und *Philipp von Hutten* (* 1511, † 1546), durch Städtegründungen und die Erkundung Westvenezuelas sowie Ostkolumbiens Nachruhm erwerben, scheitert das Unternehmen. 1545 endet die Präsenz der Welser in Venezuela, die noch bis 1557 mit der Krone um ihre Rechte streiten.
1532	*Francisco Pizarro* (* 1476, † 1541) beginnt nach langen Vorbereitungen einen Zug ins peruanische Hochland und nimmt den Inkaherrscher *Athahualpa* (16. Nov.) in Cajamarca gefangen.
1533	Die Inkahauptstadt *Cuzco* wird besetzt (1534).
1534/1535	Quito und Cuzco (1534), Lima und Guayaquil (1535) werden als spanische Städte gegründet.
1535	Errichtung des Vizekönigreichs Neu-Spanien und Beginn des systematischen Ausbaus der überseeischen Territorialverwaltung.
1535–1537	*Diego de Almagro* (* 1478, † 1538), Pizarros Partner in dem Eroberungsunternehmen, durchzieht die Hochländer von Bolivien und Nordwestargentinien und gelangt ins nördliche Chile. Zwischenzeitlich schlägt Pizarro die letzte große Indianererhebung in Peru nieder.

Die überseeische Territorialverwaltung

Die bis zum Beginn des 17. Jh.s voll entwickelte *Verwaltungsorganisation* gliedert sich in vier voneinander unabhängige Sachgebiete, die Zivil-, Militär-, Justiz- und Finanzverwaltung, an deren Spitze auf Provinzebene nach o. a. Reihenfolge *Gouverneure, Generalkapitäne, Präsidenten einer Audiencia* und *Verwalter königlicher Finanzkassen* (Cajas Reales) stehen. Die Vizekönige sind als Stellvertreter des Königs die obersten politischen Autoritäten in ausgedehnten Gebieten, erhalten aber durch Ernennung zum Gouverneur, Generalkapitän und Präsidenten der Audiencia ihres Amtssitzes auch konkrete Verwaltungsbefugnisse im Bereich ihrer Hauptstadtprovinz. Durch unterschiedliche Form der *Ämterakkumulation* werden die Fachgebiete zumindest teilweise miteinander verknüpft und eine *Hierarchisierung* (in aufsteigender Folge: Gouverneur, Gouverneur und Generalkapitän, Gouverneur, Generalkapitän und Präsident einer Audiencia, Gouverneur, Generalkapitän, Präsident und Vizekönig) der Behördenorganisation erzielt. Die Finanzverwaltung untersteht direkt dem Indienrat und einer lockeren Oberaufsicht der kolonialen Zivilverwaltung. Die *Lokalverwaltung* liegt in den Händen der Stadträte (Cabildos) der

1190 Außereuropäische Welt bis 1945 – Amerika

spanischen oder indianischen Munizipien, die der Aufsicht königlicher Beamter (Corregidores, in Mexiko auch Alcaldes Mayores) unterstehen. Höhere Beamte werden meist vom König für befristete, Mitglieder von Kollegialbehörden auf unbefristete Zeit ernannt. Ausführliche Dienstanweisungen reglementierten die Arbeitsweise der stark zentralisierten Kolonialverwaltung.

1535–1537 Erster Versuch zur *Kolonisation des Rio de la Plata-Gebietes* durch *Pedro de Mendoza* (* 1499, † 1537).

1536 Einführung der klassischen Form der *Encomienda,* derzufolge begünstigte Kolonisten von den ihnen zugeteilten Indianern nur noch die der Krone zustehenden Tribute in Geld- oder Naturalienform, aber keine Arbeitsleistungen mehr verlangen dürfen und dafür militärische Präsenzpflicht und für die Bekehrung der Indianer zu sorgen haben. Die ältere Form des *Repartimiento* wird abgeschafft, hält sich aber in den Randgebieten Hispanoamerikas bis ins 17.Jh. Durch staatliche Reglementierung entwickelt sich die Encomienda zu einem bloßen Renteneinkommen und wird im 18. Jh. schließlich beseitigt.

1538 Nach Rückkehr Diego de Almagros kommt es zum Krieg mit Pizarro, in dessen Verlauf Almagro besiegt und hingerichtet wird.

1542 Erlaß der **Neuen Gesetze** (Leyes Nuevas), die neben neuen Dienstvorschriften für den Indienrat und der Einrichtung des Vizekönigreichs Peru eine drastische Einschränkung der Verfügungsgewalt der Kolonisten über die Indianer beinhalten. Neben einem generellen Verbot der Indianersklaverei wird die Encomienda praktisch abgeschafft. Zudem erfolgt eine genauere Fixierung des Rechtsstatus der Indianer, die als grundsätzlich freie und gleichberechtigte Untertanen der Krone, aber infolge ihres Heidentums und mangelnder Anpassung an europäische Lebensweisen als minderjährig und beschränkt rechtsfähig eingestuft werden.

1543 Beginn des *Konvoysystems* im Verkehr zwischen Amerika und Spanien. Zum Schutz vor Piraten- und Freibeuterüberfällen müssen Handelsschiffe sich zwei jährlich unter Geleitschutz auslaufenden Flotten anschließen, die Kuba ansteuern, sich dort teilen und Cartagena de Indias (Kolumbien), Porto Belo (Überlandtransport der Waren nach Panamá und weiter per Schiff nach El Callao/Lima) und Veracruz (Mexiko) anlaufen. La Habana ist Sammelpunkt für die gemeinsame Rückfahrt.

1545–1546 Entdeckung der *Silbervorkommen* von Potosí (Bolivien) und Zacatecas (Mexiko), die zusammen mit dem später entdeckten Guanajuato (Mexiko) langfristig die höchsten Erträge bringen. Nachdem bislang das Gold in der Edelmetallgewinnung überwiegt, gewinnt nun die Silberproduktion Übergewicht. Insgesamt stellen die Edelmetalle das bei weitem wichtigste Produkt dar, das Spanien aus seinen Kolonien bezieht.

1544–1548 Rebellion des Gonzalo Pizarro (* 1511 oder 1513, † 1548) in Peru gegen die Krone. Die Entmachtung der Konquistadoren durch den Ausbau der Territorialverwaltung und besonders die Indianerschutzbestimmungen der Neuen Gesetze rufen allgemein Unruhe unter den Kolonisten hervor und lösen die Erhebung Pizarros aus, die erst nach Rücknahme wesentlicher, die Encomienda betreffender Teile der Leyes Nuevas durch die Krone von Pedro de la Gasca niedergeschlagen werden kann. Aus diesem Spannungsverhältnis zwischen Krone und Eroberern entwickelt sich langsam der Gegensatz zwischen Kreolen und Mutterland, der für die Unabhängigkeitsbewegung im 19. Jh. bedeutsam wird.

1547 Durch Gründung der *Erzbistümer Lima* und *México* entstehen eigene Kirchenprovinzen in Hispanoamerika.

ca. 1550 Schrittweise Einführung eines staatlich kontrollierten Systems *indianischer Zwangsarbeit,*
–1590 das auch Nicht-Encomenderos den Zugang zur indianischen Arbeitskraft eröffnet. Bezeichnung und Modalitäten des Systems sind regional verschieden (repartimiento, mita, concertaje, cuatequitl etc.). Parallel dazu verfolgt die Krone eine Politik der Rassensegregation, um die Indianer vor Übergriffen der Spanier, Mischlinge und Neger zu schützen. Seit dem 17. Jh. beginnt sich in einigen Regionen freie Lohnarbeit durchzusetzen, die aber oft in verschiedene Formen der Schuldknechtschaft mündet (peonaje etc.).

ca. 1550 Ausbildung der Hacienda, des aus staatlichen Landschenkungen, Zukauf und Usurpation
–1630 entstehenden typisch lateinamerikanischen Agrarbetriebs, der sich durch ausgedehnten Landbesitz, extensive Bewirtschaftung, geringe Produktivität, abhängige Arbeitskraft und Binnenmarktorientierung auszeichnet. Parallel dazu entwickelt sich in geeigneten Regionen die exportorientierte und kapitalintensive Plantagenwirtschaft (Zucker, Kakao etc.).

ca. 1580 Beginn des Festungsbaus in den wichtigsten hispanoamerikanischen Seehäfen zur Abwehr
–1600 der Piraten- und Freibeuterangriffe. Die Verteidigung des Kolonialreichs obliegt vorwiegend Miliztruppen.

1610 Gründung der **ersten Jesuitenmissionen** in Paraguay. Schon früher haben Dominikaner (Las Casas) und Franziskaner die an zeitgenössische Utopien anknüpfende Idee, die Indianer durch strenge Isolation von den spanischen Siedlern zu bekehren, zu realisieren gesucht, sind aber meist gescheitert. Die als **Jesuitenstaat** bezeichneten Missionen von Paraguay werden zum bedeutendsten Versuch dieser Art.

Lateinamerika – Kolonialgeschichte – Spanische Kolonien **1191**

1680	Veröffentlichung der *Recopilación de las Leyes de Indias,* der Sammlung der spanischen Kolonialgesetzgebung.
ca. 1680 –1808	Nachdem sich der *Rückgang der Indianerbevölkerung* bis zur Mitte des 17. Jh.s fortgesetzt hat, setzt in der zweiten Jahrhunderthälfte ein stetiges Bevölkerungswachstum ein, an dem besonders Indianer und Mischlinge Anteil haben. Von ca. 10 Mio. 1650 wächst die Bevölkerungszahl bis zum Beginn der Unabhängigkeitsbewegung auf nahezu 20 Mio.
1701–1808	Seit dem Ausbruch des *Spanischen Erbfolgekrieges* wird das koloniale Hispanoamerika direkt in die Auseinandersetzungen der europäischen Mächte einbezogen. Spaniens Hauptgegner England versucht mehrfach, sich Teile Hispanoamerikas anzueignen und sich in den spanischen Kolonialhandel einzuschalten. Brennpunkte der Auseinandersetzungen sind die Karibik und später auch das Rio de la Plata-Gebiet. Die Rivalität mit England und der Wunsch, die Überseegebiete verstärkt dem Mutterland nutzbar zu machen, veranlassen Spanien zu einer merkantilistisch beeinflußten Reorientierung seiner Kolonialpolitik. Unter Karl III. erreicht diese Reformpolitik ihren Höhepunkt.
1714	Gründung der *Compañía de Honduras,* der ersten Handelskompanie Spaniens, der ein bestimmtes Gebiet in Übersee zur wirtschaftlichen Nutzung überlassen wird. Weitere Kompaniegründungen folgen. Bedeutsam werden besonders die *Compañía Guipuzcoana de Caracas* (1728), die mit Venezuela handelt, und die *Compañía de la Habana* (1740), die das Monopol für den Handel mit kubanischem Tabak erhält. Parallel dazu erfolgt eine Lockerung des Flottensystems durch häufige Erteilung von Verkehrslizenzen an Einzelschiffe im Amerikahandel.
1717	Verlegung der Casa de la Contratación nach Cádiz.
1717/1739	Das *Vizekönigreich Nueva Granada* (Kolumbien, Ekuador und Panamá) wird zuerst provisorisch (1717), dann (1739) definitiv eingerichtet.
1718–1721	Abschaffung der Encomienda im größten Teil Hispanoamerikas.
ca. 1721 –1808	Beginnend mit der **Bewegung der Comuneros** von Paraguay, erlebt Hispanoamerika im 18. Jh. eine Reihe von zumeist lokal oder regional eng begrenzten Unruhen und Rebellionen, die von unterschiedlichen sozialen und politischen Kräften getragen werden: in Venezuela (1749–1752), Quito (1765; 1780–1782), als bedeutendste Rebellion der **Túpac-Amaru-Aufstand** (der Anführer des Aufstandes *José Gabriel Condorcanqui* [* 1743, † 1781] nach dem Inka-Herrscher *Túpac Amaru* benannt) in Peru, (1781) die Comunero-Bewegung von Neu-Granada, ferner eine Vielzahl lokaler Indianerrebellionen. Obwohl keine dieser Bewegungen die spanische Herrschaft ernsthaft in Frage stellt, verdeutlichen sie doch eine wachsende Unzufriedenheit mit dem Kolonialregime, die durch die Reformpolitik der Krone genährt wird.
1747/1751	Die Vizekönige werden zu *Superintendentes de Real Hacienda* ernannt, wodurch ihnen die Finanzverwaltung unmittelbar unterstellt wird. Etwa gleichzeitig setzen Bemühungen zur Reform der Fiskalverwaltung ein (Übernahme verpachteter Steuern in staatliche Verwaltung), die zu einer Vermehrung des Beamtenapparats und einem Anstieg des Steueraufkommens führen.
1762	Im Siebenjährigen Krieg wird Kuba mit dem strategisch wichtigen Hafen La Habana von Großbritannien erobert.
1763	Zwar erhält Spanien im *Frieden von Paris* Kuba zurück, doch hat der Fall der Insel die Verwundbarkeit des spanischen Imperiums erwiesen. Spanien forciert daher nunmehr seine koloniale Reformpolitik.
1763/1764	Reorganisation von Heer und Verwaltung auf Kuba: Stationierung regulärer Truppen, Aufbau organisierter Milizverbände, Straffung der Heeres- und Finanzverwaltung durch Einführung von Intendanten.
1764/1765	Beginn der Generalvisitation des Vizekönigreiches Neu-Spanien durch *José de Gálvez,* die von Reformen in der Finanzverwaltung, der Stationierung regulärer Truppen und dem Aufbau eines disziplinierten Milizheeres begleitet wird.
1765	Liberalisierung des Handels- und Schiffsverkehrs zwischen den Antillen und Spanien.
1767/1768	Vertreibung der Jesuiten aus dem spanischen Kolonialreich. Die Maßnahme führt zu lokalen Unruhen besonders unter der Indianerbevölkerung.
1776–1787	*Amtszeit des Indienministers José de Gálvez,* auf dessen Betreiben eine tiefgreifende Veränderung der kolonialen Ordnung erfolgt. Während seiner Amtszeit erreicht die *Reformpolitik* Spaniens in Übersee ihren Höhepunkt.
1776	Errichtung des **Vizekönigreiches Rio de la Plata,** das auch das Gebiet der *Audiencia Charcas* umfaßt und bis zum Pazifik reicht. Die Maßnahme dient der Abwehr des portugiesischen Vordringens zum Rio de la Plata und ermöglicht den raschen Aufstieg des bis dahin isolierten Buenos Aires. Gleichzeitig erfolgt die Errichtung der Comandancia General de Provincias Internas im nördlichen Mexiko zur Konsolidierung der Nordgrenze des spanischen Kolonialreichs und die Einführung des Intendantensystems in Venezuela.
1778	Liberalisierung des Handels- und Schiffsverkehrs zwischen Spanien und Hispanoamerika (in Neu-Spanien erst 1787).

1192 Außereuropäische Welt bis 1945 – Amerika

1782–1786 Vermittels zweier umfangreicher Dienstanweisungen wird in ganz Hispanoamerika das *Intendantensystem* eingeführt, das eine *Neuordnung der gesamten Verwaltungsorganisation* zur Folge hat. Auf der Grundlage der demographischen und wirtschaftlichen Entwicklung wird eine unterschiedliche Zahl von Distrikten (Verwaltungsbezirken von Corregidores oder Alcaldes Mayores) zu einer Intendencia zusammengefaßt, an deren Spitze ein alle Verwaltungsbereiche leitender Provinzintendant steht, der dem Vizekönig und einem diesem beigeordneten weitgehend selbständigen Superintendanten für die Finanz- und Heeresverwaltung unterstellt ist. Die Viezekönige verlieren so einen Großteil ihrer Kompetenzen.

1787/1788 Abberufung der Superintendanten und Übertragung des Amtes an die Vizekönige, um innerhalb der Bürokratie aufgetretene Spannungen abzubauen.

1806/1807 Zweimaliger britischer Angriff auf Buenos Aires, der nach Anfangserfolgen von der Bevölkerung zurückgeschlagen wird. – *(Forts. S. 1195, 1197–1208, 1211)*

Das portugiesische Kolonialreich (Brasilien)

1500 *Pedro Alvares de Cabral* landet nahe des späteren Porto Seguro an Brasiliens Küste. Er
22. Apr. nimmt das Land gemäß dem Vertrag von Tordesillas mit Kastilien (1494) für die Krone Portugals in Besitz. Die Erstentdeckung ist umstritten. Sicher ist, daß schon 1500 auch französische Seefahrer nach Brasilien gelangen und später ebenso wie die Portugiesen Stützpunkte (Brasilholzgewinnung) gründen.

1516–1536 Um durch Mobilisierung privater Initiative die kolonisatorische Erschließung zu fördern, entwickelt die portugiesische Krone ein System von Landschenkungen *(donatárias)*, das (1532) von König *Johann III.* allgemein eingeführt wird. Danach wird Brasilien in 50 Meilen breite Küstenstreifen eingeteilt, von deren Endpunkten aus parallele Linien ins Landesinnere als Begrenzung angenommen werden. So entstehen 15 *Capitanias-Donatárias*, die (bis 1536) an 12 Empfänger als erbliche Lehen ausgegeben werden. Das System ist ein Fehlschlag.

1538 Ankunft der ersten *Negersklaven.* Die Rekrutierung von Arbeitskraft erfolgt zunächst durch Versklavung der Eingeborenen und später zunehmend durch Sklavenimporte zur Versorgung der (seit 1570) aufblühenden Plantagenwirtschaft (Zuckerrohr).

1549/1565 Gründung der Städte *Bahia* (1549), *São Paulo* (1554) und *Rio de Janeiro* (1565).

1548/1549 Begründung einer kolonialen *Zentralregierung mit Sitz in Bahia.* Dem Gouverneur (seit 1577 Generalgouverneur genannt) werden alle Kapitanien unterstellt. Zugleich treffen die ersten *Jesuiten* ein und beginnen die *Missionierung der Indianer.*

1551 Errichtung des ersten Bistums in Bahia.

1555 *Villegaignon* gründet eine Hugenottenkolonie, die (1567) den Portugiesen weichen muß.

1570 Mit einem *Gesetz über die Freiheit der Eingeborenen* versucht die portugiesische Krone die Indianersklaverei einzudämmen. Die Jesuiten treten als Verfechter des Indianerschutzgedankens hervor.

ca. 1590 Beginn der privatwirtschaftlich und paramilitärisch organisierten *Bandeiras,* der Vorstöße (Entradas) ins Landesinnere, die dem Handel, der Suche nach Edelmetallen und dem Sklavenfang dienen. Berüchtigt wurden vor allem die *Paulistaner Bandeirantes*, die sich, ähnlich den franko-kanadischen Voyageurs, große Verdienste um die Erschließung des Innern erwerben, aber durch Brutalität gegenüber den Eingeborenen hervortreten.

1604 Nach spanischem Vorbild entsteht in Lissabon der kollegial organisierte **Indienrat** (Conselho da India, 1642 umbenannt in Conselho Ultramarino), dem die Verwaltung des gesamten portugiesischen Kolonialreichs obliegt. Die Kolonialverwaltung hat nunmehr folgende Form: Die Zivil-, Militär-, Finanz-, Justiz- und Kirchenverwaltung untersteht dem Indienrat. In Brasilien regiert in Bahia mit ähnlichen Zuständigkeiten der *Generalgouverneur*, dem ein kollegiales Appellationsgericht (Relação, seit 1588) und für die Fiskalverwaltung ein Provedor Mor zur Seite stehen. In den Kapitanien liegt die Regierungsbefugnis bei Capitãos Mors *(Generalkapitänen)*, während die *Lokalverwaltung* überwiegend Aufgabe des Stadtregiments ist.

1621 *Teilung* Brasiliens in *zwei Generalgouvernements,* Brasilien und Maranhão (Nordosten/Amazonas). Beide Gebiete erhalten die Bezeichnung *Estado* und werden damit *teilautonome Gebiete der Krone,* in denen neben dem portugiesischen – ein eigenes Kolonialrecht gilt.

1624–1654 Nach Raubzügen holländischer Seefahrer entlang der brasilianischen Küste intervenieren (seit 1624) die Niederlande auf Betreiben der *West-Indischen Compagnie* mit dem Ziel, Brasilien als Kolonie zu erwerben. Unter *Johann Moritz von Nassau* (* 1604, † 1679) erreichen die Niederländer den Höhepunkt ihrer Macht (1637–1644) und kontrollieren den gesamten Nordosten mit der Stadt Recife als Zentrum. Danach gerät die Kolonie gegenüber den Portugiesen in die Defensive und muß (1654) geräumt werden.

Lateinamerika – Kolonialgeschichte – Portugiesische Kolonien – Übrige Kolonien   **1193**

1640/1720 Seit 1640 vereinzelt und endgültig seit 1720 tragen die Generalgouverneure Brasiliens den Titel *Vizekönig.*

1676 Erhebung des Bistums Bahia zum Erzbistum und Gründung der Suffraganbistümer Recife und Rio.

1680 Gründung der **Colônia do Sacramento** (heute Uruguay), wodurch Portugal Zugang zum Rio de la Plata erlangt. Nachdem schon zuvor Überfälle der Bandeirantes auf spanische Missionen zu *Konflikten zwischen Portugal und Spanien* geführt haben, stoßen beide Mächte nun auch am Rio de la Plata aufeinander. Im 18. Jh. kommt es mehrfach zu militärischen Auseinandersetzungen, die zunächst 1750 im *Vertrag von Madrid* (13. Jan.) beigelegt werden. Das *Abkommen von El Pardo* (12. Febr. 1761) bringt die Rückkehr zum Status quo ante, bevor schließlich im *Vertrag von San Ildefonso* (1. Okt. 1777) eine endgültige territoriale Abgrenzung erfolgt. Danach verzichtet Portugal auf den Zugang zum *Rio de la Plata* und erhält dafür das heutige *Rio Grande do Sul.*

1698/1699 Erste bedeutende *Goldfunde in Minas Gerais,* denen bald weitere Funde in *Matto Grosso* und *Goias* folgen. Die Ausbeutung der Vorkommen führt zur Erschließung des Küstenhinterlandes im südwestlichen Brasilien. Einwanderung und Negersklavenimporte steigen rasch an. Neue Städte werden gegründet. Das wirtschaftliche, politische und demographische Schwergewicht der Kolonie verlagert sich nach Süden. Deutlich wird dies in der Verlegung der *Hauptstadt* nach *Rio de Janeiro* (1763). Die auf Zuckergewinnung spezialisierte Plantagenwirtschaft des Nordostens verliert an Bedeutung.

1750–1777 *Reformpolitik* des aufgeklärten Absolutismus unter König *Joseph I. Emanuel* (* 1714, † 1777) und seinem Minister Marquis von *Pombal* (Sebastião José de Carvalho e Melo; * 1699, † 1782). Durch die Zentralisierung der Verwaltung (u. a. Rückgliederung der letzten Donatárias), den Ausbau des Militärwesens und die Gründung von Handelskompanien versucht Pombal die staatliche Kontrolle über die Kolonie zu verstärken. Ein königliches Dekret, welches die Freiheit und rechtliche Gleichstellung der Eingeborenen verkündet, soll die Integration der Indianer fördern (1758). Im Zuge dieser Politik erfolgt (1759) die Vertreibung der Jesuiten. Gleichzeitig lassen sich im kulturellen Bereich die ersten Zeugnisse eines brasilianischen Nationalgedankens finden.

1789 In den Bergbaudistrikten von Minas kommt es zu einer erfolglosen Erhebung gegen die portugiesische Herrschaft.

1808 Auf der Flucht vor den Truppen Kaiser Napoleons landet die portugiesische Königsfamilie in Brasilien.

1815 **Brasilien** erlangt den Status eines **Königreichs** und damit die rechtliche Gleichstellung mit dem Mutterland. – *(Forts. S. 1209)*

Die übrigen Kolonien Mittel- und Südamerikas

Britisch-Westindien

Jamaika

1494 Die wichtigste westindische Besitzung Großbritanniens ist die von *Christoph Kolumbus*
5. Mai auf seiner zweiten Reise entdeckte Insel Jamaika, die er *Santiago* nennt.

1655 Jamaika wird von den Engländern erobert.

1670 Förmliche Abtretung an die englische Krone; die etwa 3000 Spanier werden vertrieben; Jamaika wird Stützpunkt englischer Piraten sowie Umschlagplatz für die wirtschaftlich wichtigen Negersklaven.

18. Jh. Entwicklung der *Plantagenwirtschaft* (Zuckerrohr, Kakao, Kaffee), die nach *Aufhebung der Sklaverei* (1838) schwere Rückschläge erleidet.

1866 Jamaika wird Kronkolonie.

1944 *Erste jamaikanische Verfassung.* Der Verwaltung von Jamaika unterstehen die *Cayman-* sowie die *Turks-* und *Caicos-Inseln. – (Forts. S. 1597)*

Übrige Inseln

1802 Zu Britisch-Westindien gehören ferner das von den Briten (1797) eroberte *Trinidad,* das
27. März endgültig von Spanien im Frieden von Amiens abgetreten wird, und *Tobago* (seit 1814).
1888 Vereinigung der beiden Inseln in einer Kronkolonie.
Weitere britische Besitzungen sind die *Bahamainseln* (seit dem 17. Jh.), die *Leeward-Inseln* (Inseln vor dem Winde) von den Jungferninseln (Virgin Islands) bis Montserrat und die *Windward-Inseln* von Dominica bis Grenada (seit dem 17. bzw. 18. Jh.) sowie *Barbados* (seit dem 17. Jh.). – *(Forts. S. 1595, 1598, 1599, 1600)*

1194   Außereuropäische Welt bis 1945 – Amerika

Britisch-Honduras

17. Jh.   Die *Engländer* lassen sich an der Küste (Golf von Honduras) nieder, um die reichen Holz-
bestände des Landes wirtschaftlich auszubeuten. Spanische Versuche, dies zu vereiteln,
schlagen fehl.

1763   Im *Frieden von Paris* (Beendigung des *French and Indian War* Großbritanniens gegen
10. Febr.   Frankreich und Spanien) erkennt Spanien den britischen Besitzstand an.

1859   Guatemala bestätigt den britischen Besitzstand, als Gegenleistung wird der Bau von Ver-
30. April   kehrsverbindungen zwischen Guatemala und Britisch-Honduras vereinbart. Als dies von
den Briten nicht durchgeführt wird, leitet *Guatemala* das Recht zur Annullierung des Vertrages ab und stellt *Besitzansprüche* auf Britisch-Honduras.

1862   Die britische Besitzung erhält den Status einer Kolonie.

1870   Umwandlung zur Kronkolonie, die allerdings nach wie vor von Jamaika verwaltet wird.

1884   Britisch-Honduras erhält einen eigenen Gouverneur. – *(Forts. S. 1595)*

Französisch-Westindien

Die Inseln *Guadeloupe* und *Martinique,* die im 17. und 18. Jh. von Franzosen und Briten
umkämpft werden, gehören seit 1816 endgültig zu Frankreich. 1848 wird die Sklaverei aufgehoben. Zu Französisch-Westindien zählen ferner die Antilleninseln *La Désirade, La
Petite-Terre, Les Saintes, Marie-Galante* und das nördliche *Saint-Martin.* – *(Forts. S.
1595)*

Niederländisch-Westindien

Von den Inseln unter dem Winde kommen *Curaçao* (1634), *Aruba* (1636) und *Bonaire*
(1642) in den Besitz der Holländisch-Westindischen Kompanie, von den Inseln über dem
Winde *Sint Maarten* (1631), *Sint Eustatius* und *Saba* (1636). Bis zum Beginn des 19. Jh.s
werden die Inseln von Niederländern, Franzosen und Briten umkämpft und wechseln häufig den Besitzer oder werden geteilt, wie Sint Maarten, dessen nördlicher Teil (Saint-Martin) seit 1648 zu Frankreich gehört. 1791 werden Curaçao, Aruba und Bonaire direkter
Regierungskontrolle unterstellt. – *(Forts. S. 1595)*

Dänisch- und Schwedisch-Westindien

Im 17. Jh. sind die *Jungfern-Inseln* Schlupfwinkel der Seeräuber, und ihr Besitz ist zwischen
den europäischen Seemächten umstritten. 1671 besetzt Dänemark *St. Thomas* und 1683
St. John. 1733 verkauft Frankreich der Dänisch-Westindischen Kompanie *St. Croix.* Die
Inseln, auf denen vor allem Zuckerrohr angebaut wird, werden 1755 dänische Kolonien.
Ende des 17. Jh.s erwirbt *Kurbrandenburg* Faktoreirechte auf St. Thomas, zieht sich aber
am Anfang des 18. Jh.s wieder zurück. 1917 wird Dänisch-Westindien für 100 Mio. Kronen
an die USA verkauft.
1784 erwirbt Schweden von Frankreich die Insel *St. Barthélemy,* wo der Freihafen Gusta-
via ein wichtiger Handelsplatz wird. 1847 wird die Sklaverei aufgehoben. Im August 1877
kauft Frankreich die Insel von Schweden wieder zurück. – *(Forts. S. 1595)*

Guayana

1499 entdeckt *Alonso de Hojeda* (Ojeda; * 1466?, † 1515) die Küste von Guayana. In dem
von Spaniern und Portugiesen vernachlässigten Gebiet siedeln seit Ende des 16. Jh.s. Niederländer, Anfang des 17. Jh.s ergreifen die Franzosen Besitz von der Insel Cayenne (endgültig 1653), und Mitte des 17. Jh.s setzen sich die Briten am unteren Suriname fest. Im
Frieden von Breda (31. Juli 1667) tauscht Großbritannien Surinam für das niederländische
Neu-Amsterdam (New York) ein (bestätigt im Frieden von Westminster, 19. Febr. 1674).
Nach den Napoleonischen Kriegen wird der Kolonialbesitz Frankreichs, Großbritanniens
und der Niederlande endgültig festgelegt. Die Grenzen zwischen Venezuela und Britisch-
Guayana bestimmt 1899 ein französischer Schiedsspruch, die zu Brasilien ein italienischer
und die zwischen Französisch-Guayana und Brasilien ein schweizerischer Schiedsspruch.
In *Britisch-Guayana* wird 1834 die Sklaverei aufgehoben. Seit der Verfassung von 1892
entwickelt sich das Land zu einer Kolonie mit beschränkter Selbstverwaltung im Rahmen
des British Commonwealth.
In *Niederländisch-Guayana* wird 1863 die Sklaverei abgeschafft. 1866 erhält das Land eine
begrenzte Selbstverwaltung.

Lateinamerika – selbständige Staaten 1195

In *Französisch-Guayana* wird die Sklaverei 1848 beendet. Seit 1852 ist das Land Sträflings-kolonie (u. a. Île du Diable = Teufelsinsel). 1938 werden die Deportationen eingestellt und 1945 die Sträflinge in das Mutterland zurückgebracht. – *(Forts. S. 1596, 1604)*

Falklandinseln

Die unbesiedelten Inseln werden mehrfach, zuerst 1592 von *John Davis* (* um 1550, † 1605), entdeckt und wieder vergessen. Französische Seefahrer aus St. Malo geben ihnen den Namen *Îles Malouines* (spanisch: *Islas Malvinas*). 1690 werden sie nach dem damaligen Schatzmeister der britischen Marine, *Lucius Carey Lord Falkland*, benannt. 1764 lassen sich Franzosen auf Ost-Falkland und 1765 Briten auf West-Falkland nieder; sie müssen die Inseln (Ost-Falkland 1767 und West-Falkland 1770) auf spanischen Druck räumen, was fast zum Krieg zwischen Spanien und Großbritannien führt. Durch die Londoner Ver-einbarung (22. Jan. 1771) fallen die Inseln 1774 endgültig wieder an die Spanien. Seit 1811 beansprucht Argentinien die Falklandinseln, die 1833 erneut von Großbritannien besetzt und 1843 zur Kronkolonie erklärt werden. – *(Forts. S. 1595)*

Die selbständigen Staaten Lateinamerikas

Am Anfang des 19. Jh.s erkämpft sich Lateinamerika seine *politische Unabhängigkeit,* doch ist damit keine sozioökonomische Revolution verbunden. Zusammen mit der weiterhin dominierenden spanisch-portugiesischen Kultur und Zivilisation bleiben auch die bisherigen Grundlagen von Herrschaft und Gesellschaft – *Zentralismus, Hierarchie* und *autoritäres Regime* – erhalten, deren Repräsentanten nach der Vertreibung der Spanier nun vor allem die *Kreolen* (Bezeichnung für alle in Amerika Geborenen mit europäischen Eltern) sind, welche sich als eigentliche Träger der Unabhängigkeitsbewegung betrach-ten und die gesamte politische und wirtschaftliche Macht für sich beanspruchen. Für den größten Teil der Bewohner Lateinamerikas, der überwiegend aus *Indianern, Negern* und *Mischlingen* (Mestizen, Mulatten, Zambos) besteht, bedeutet die Unabhängigkeit keine Emanzipation. Sie stehen dem politi-schen Leben gleichgültig bis abweisend gegenüber bzw. sind z. T. von ihm ausgeschlossen. Im allgemeinen gelingt es nicht, soziale Unterschiede und rassische Vorurteile zu überwinden, so daß sich in den meisten lateinamerikanischen Staaten keine staatstragende Bevölkerung entwickelt. Vielfach leben Indianer während des 19. Jh.s (Mexiko, Mittelamerika, Andenstaaten, Chaco und Patagonien) und im 20. Jh. (be-sonders Brasilien) weiter in Stammesgemeinschaften mit ihren z.T. präkolumbischen Kulturen. Die *Negersklaverei* wird in Hispanoamerika nach der Unabhängigkeit (meist schrittweise) zwar aufgehoben, besteht in Brasilien aber noch bis 1888. Von den Mischlingen gelingt es vereinzelt Mestizen (vor allem in Mittelamerika und einigen Andenstaaten), über das Heer, das sich als einzige Institution weitgehend der Kontrolle der kreolischen Oligarchie entzieht und zunehmend zur „school of presidents" wird, zu politischem Einfluß und höchsten Staatsämtern zu gelangen.
Wo stabile Zentralregierungen fehlen, beherrschen im 19. Jh. häufig Provinzcaudillos – meist Groß-grundbesitzer mit autoritärer Gewalt – mit dem **System der hacienda** das öffentliche Leben. Die hacienda, ein autarker Verband auf lokaler Ebene, bildet um die Familie des Besitzers (hacendado) eine festgefügte Gemeinschaft; der hacendado übt durch seine engsten Mitarbeiter praktisch Regierungsbefugnisse aus (Rechtsprechung, Verwaltung, Abgaben, Monopolisierung des Handels u. a.). Die oft miteinander ver-wandten hacendados kontrollieren weite Landstriche und die in ihren Gebieten liegenden Städte (ein-schließlich deren Behörden). Das Prinzip der Selbstverteidigung, entstanden in den Zeiten der Indianer-kriege und Unabhängigkeitskämpfe, wenden die hacendados zur Durchsetzung eigener Interessen oft politisch und militärisch gegen die Zentralregierung an. In zahlreichen lateinamerikanischen Staaten (Mexiko, Zentralamerika, Kolumbien, Argentinien, Brasilien) wird die innere Entwicklung im 19. Jh. durch Konflikte zwischen der *Zentralregierung* und *partikularistischen Lokalgewalten* entscheidend ge-hemmt. Die zentralen Regierungen, deren Mitglieder oft einflußreichen Oligarchien entstammen, haben den regionalen Gewalten Rechnung zu tragen, es sei denn, sie wählen, wie so häufig, die Diktatur. Die wesentliche Grundlage der lateinamerikanischen **Diktatur** ist die jeweilige nationale Armee, die, als Institution weniger dem Partikularismus verhaftet, dann die staatliche Macht ergreift, wenn die Staatsre-gierung nicht allgemein als solche anerkannt wird. Politik und Parteien sind nicht an theoretische oder ideologische Programme, sondern zuerst an die Person, den **Caudillo,** gebunden. Begriffe wie Liberalis-mus, Konservativismus, Demokratie, Konstitutionalismus, Sozialismus und auch Kommunismus haben nur dann Durchschlagskraft, wenn hinter ihnen die Macht und das Charisma eines Caudillo stehen. Der Präsident (d. h. Caudillo) beherrscht daher Legislative, Exekutive und Judikative; er steht nicht unter der Verfassung, sondern regiert in ihrem Namen. Das Aufkommen **politischer Parteien** im 19. Jh., von denen die Liberalen aus den Freimaurerlogen entstehen und die Konservativen sich an die katholische Kirche anlehnen, sowie die vielen Verfassungen sind daher kein Gradmesser für die politische Reife der lateinamerikanischen Nationen; Wahlen dienen in der Regel nur dazu, die Herrschaft eines Präsidenten zu legitimieren. An dieser Handhabung der Macht hat sich bis zur Gegenwart – von Ausnahmen und

1196 Außereuropäische Welt bis 1945 – Amerika

Modifikationen abgesehen – nichts geändert, und das politische Leben ist auch im 20. Jh. gekennzeichnet von der Auseinandersetzung zwischen dem parlamentarisch-demokratischen System und den autoritären Regierungsformen. Die klassischen Gruppierungen von *Liberalen* und *Konservativen* verlieren vielfach ihre ursprüngliche Bedeutung, und es bilden sich neue Parteien um einzelne politische Persönlichkeiten, die zusammen mit Gewerkschaften und regionalen Interessenverbänden wechselnde Bündnisse eingehen, um meist kurzfristige und eng begrenzte Forderungen durchzusetzen, wobei sie sich häufig wieder der autoritären Regierungsform bedienen, da man von ihr eine Festigung der inneren Verhältnisse erhofft.

Das **Militär** bildet dabei nach wie vor die stärkste innere Macht, von deren Entscheidung für oder gegen eine Regierung oder ein politisches Programm deren Fortbestand und Erfolg abhängen, und oft übernimmt eine *Militärjunta* selbst die Regierungsgewalt, um innere Auseinandersetzungen wenigstens vorübergehend zu beenden.

Die **Kirche,** während der Kolonialzeit von zentraler Bedeutung, büßt ihren überragenden Einfluß im staatlichen Leben während des 19. Jh.s vielfach ein. Der *hohe Klerus* steht der Unabhängigkeitsbewegung meist ablehnend gegenüber, während die *niedere Geistlichkeit* sich ihr sehr oft anschließt. Die spanische Krone als Schützerin des Glaubens hat die Privilegien der Kirche garantiert, was zur Konfrontation mit den neuen Regierungen führt, als diese für sich die bisher von der Kirche wahrgenommenen Rechte beanspruchen. Die Kirche verliert in den meisten Staaten Grund und Boden, die Kontrolle über das Erziehungswesen, über Literatur und Presse, über Eheschließung (Zivilehe gesetzlich) und über die öffentliche Wohlfahrt. Jedoch ist der *„Antiklerikalismus"* nicht identisch mit Glaubens- oder Religionsfeindlichkeit; als religiöse Institution bleibt die katholische Kirche – wenn auch vielfach an den Rand des staatlichen und politischen Lebens gedrängt – von der Bevölkerung anerkannt.

Wirtschaftlich setzt um die Mitte des 19. Jh.s infolge der *industriellen Expansion* in Europa und der steigenden Nachfrage nach *Rohstoffen* eine tiefgreifende Wandlung ein: die Bedeutung der hacienda als autarker Wirtschaftsform tritt zurück. Die lateinamerikanischen Länder fördern die Anbaukulturen, die den größten Absatz versprechen, sehr oft zum Nachteil für die wirtschaftliche Struktur (*Monokulturen,* Rückgang anderer Wirtschaftszweige, vor allem des Gewerbes) und für das soziale Gefüge (relativ hohe Löhne in Gebieten, deren Anbauprodukte exportbegünstigt sind, Abwanderung von Arbeitskräften, *Verelendung* der in den nicht gefragten Wirtschaftsbereichen Beschäftigten). Der *technische Fortschritt* Lateinamerikas (Bau von Eisenbahnen und Häfen, Schiffahrt, Mechanisierung einzelner Wirtschaftssektoren) wird ebenfalls von den Gesetzen des Außenhandels bestimmt und berücksichtigt weniger die planmäßige Erschließung der abgelegenen oder wirtschaftlich wenig begünstigten Gebiete. So entsteht im 20. Jh. die für Lateinamerika charakteristische ungleichmäßige Verbindung der regionalen Wirtschaftsbereiche innerhalb der einzelnen Länder wie der Staaten untereinander. Die leistungsstarken Produktionsstätten und die hochentwickelten Wirtschaftsbereiche hängen meist von *ausländischem Kapital* ab oder sind Eigentum europäischer bzw. nordamerikanischer Firmen. Die *Landwirtschaft* hält mit der modernen Wirtschaftsentwicklung nicht Schritt, da die auf die Kolonialzeit zurückgehende Agrarstruktur vorherrscht: Nach Betriebszahl überwiegt der *Kleinbesitz,* nach Betriebsfläche die *Latifundien,* von denen meist die exportorientierten Agrarprodukte stammen.

Bereits im 19. Jh. zeigen sich die einheimischen Arbeitskräfte den neuen Wirtschaftsanforderungen nicht gewachsen. Die Regierungen bemühen sich daher um **Einwanderer aus Europa,** dessen Menschenüberschuß in Amerika neue Existenzmöglichkeiten sucht (Beginn der Masseneinwanderung ab 1870). Man erhofft das Seßhaftwerden der Einwanderer in der Landwirtschaft; doch da in der Regel Großgrundbestiz vorherrscht, ziehen die Neuankömmlinge in die Städte, wo sie bessere Chancen für sich erwarten und durch ihre Arbeit in Gewerbe und Industrie zur *Entstehung einer Mittelklasse* beitragen, die in der ersten Hälfte des 20. Jh.s an politischem Einfluß gewinnt und sich zunehmend dem Lebensstil der Oberschicht anzugleichen vermag. In den wirtschaftlich begünstigten Regionen und industriellen Kernräumen bildet sich nach und nach ein *gehobener Arbeiterstand* heraus, der relativ gut entlohnt wird und durch Sozialgesetzgebung geschützt ist. Der Großteil der ländlichen Bevölkerung (Landarbeiter, Kleinbauern u. a.) lebt ausgeschlossen vom marktwirtschaftlichen Geschehen und hat kaum Anteil an sozialer und politischer Gleichberechtigung. Aus den vernachlässigten Gebieten wandern jährlich über eine Mio. Menschen in die Städte ab *(Landflucht, Verstädterung),* die oft überdimensional anwachsen (1938 leben in Buenos Aires und Rosario ein Viertel der Bewohner Argentiniens, und ein Drittel der uruguayischen Bevölkerung konzentriert sich in Montevideo). Nur ein geringer Prozentsatz der städtischen Zuwanderer findet angemessene Erwerbsmöglichkeiten. Die meisten vergrößern lediglich das Heer der Arbeitslosen und unterbeschäftigten Arbeitskräfte. Verschärft wird das Problem der **Verproletarisierung** breiter Massen in Lateinamerika durch den niedrigen Bildungsstand (1938 noch über 50% *Analphabeten*), unzureichende berufliche Ausbildung, Abwanderung qualifizierter Fachkräfte in besser zahlende Staaten (vor allem USA), *hohes Bevölkerungswachstum* (2–3% jährlich) sowie schließlich durch die *rassische Heterogenität,* wobei rassische und soziale Diskriminierung sich oft gegenseitig bedingen.

Um **1825** beträgt die **Gesamtbevölkerung** Lateinamerikas etwa 23 Millionen Menschen. Davon entfallen auf Mexiko, Mittelamerika und Westindien 11 Millionen: 18% Weiße, 41% Indianer, 17% Neger und 24% Mischlinge (in Mexiko und Mittelamerika überwiegend Mestizen, in Westindien hauptsächlich Mulatten). Auf Südamerika entfallen 12 Millionen: 20% Weiße, 31% Indianer, 18% Neger und 31% Mischlinge (in Brasilien vor allem Mulatten).

Lateinamerika – selbständige Staaten – Mexiko mit Mittelamerika   1197

Um **1940** beträgt die **Gesamtbevölkerung** Lateinamerikas etwa 130 Millionen Menschen. Davon entfallen auf Mexiko, Mittelamerika und Westindien 41 Millionen = 25% Weiße, 15% Indianer, 12% Neger und 48% Mischlinge. Auf Südamerika entfallen 89 Millionen: 50% Weiße, 8% Indianer, 7% Neger und 35% Mischlinge.

Der **Aufschwung des Außenhandels** der lateinamerikanischen Staaten ist ohne den wachsenden Zustrom europäischen und (besonders seit Ende des 19. Jh.s) *nordamerikanischen Kapitals* nicht denkbar, welches durch seine Investitionen große Bereiche des Wirtschaftslebens und der öffentlichen Dienstleistungen kontrolliert. Zu der Abhängigkeit von Monopolen tritt die sog. *„dependencia"* (Abhängigkeit) vom internationalen Kapital hinzu, wobei sich die *Weltwirtschaftskrisen* der Jahre 1857, 1890 und 1929 auf Lateinamerika besonders nachteilig auswirken. Mit dem wirtschaftlichen Einfluß des Auslands ist die politische Bevormundung verbunden. Investitionen und Anleihen werden gewährt, um die Staatsgewalt zu konsolidieren, die den *ausländischen Interessen* den nötigen Schutz garantiert. Je nach Bedarf setzen die europäischen Großmächte und die USA Handel, Diplomatie und Politik – bis zu *militärischer Intervention* – zur Sicherung ihrer Positionen ein. Dominierend sind im 19. Jh. Großbritannien und Frankreich, denen am Ende des Jh.s in den USA eine ernste Konkurrenz erwächst. Von ihren eigenwilligen Interpretationen der *Monroe-Doktrin* (nach dem US-Präsidenten James Monroe benannte Doktrin von 1823) über die gewaltsame Erweiterung ihres Staatsgebiets und die *„big-stick-policy"* Theodore Roosevelts (1904: Erweiterung der Monroe-Doktrin durch einen Zusatz, wonach sich die USA als „internationale Polizeimacht" jederzeit in die inneren Angelegenheiten der lateinamerikanischen Staaten einmischen dürfen, wenn „eine fremde Aggression zum Schaden der gesamten amerikanischen Nationen" dazu Anlaß gibt) bis zur *Dollardiplomatie* im Rahmen der panamerikanischen Zusammenarbeit bauen die USA, gestützt auf ihre wirtschaftliche und militärische Macht, ihre beherrschende Stellung auf dem amerikanischen Kontinent immer weiter aus.

Die panamerikanische Bewegung

Bereits Simón Bolívar vertritt den panamerikanischen Gedanken, als er nach der Unabhängigkeit auch den Zusammenschluß der amerikanischen Staaten einleiten will. Mit dem von ihm 1826 in Panamá einberufenen *ersten amerikanischen Kongreß* beginnt die *erste oder hispanoamerikanische Phase* (1826–1889) der panamerikanischen Bewegung. Ende des 19. Jh.s wird die panamerikanische Idee neu belebt. Die Initiative geht nun von den USA als amerikanischer Hegemonialmacht aus, die 1889 die *erste panamerikanische Konferenz* nach Washington einberufen und damit die *zweite oder gesamtamerikanische Phase* (1889–1948) der panamerikanischen Bewegung eröffnen.

Mit dem „Wirtschaftsbüro der Amerikanischen Republiken" (Commercial Bureau of the American Republics), das am 14. April 1890 (seit 1930 „Pan American Day") als ständiges Sekretariat errichtet wird, ist die „Union der Amerikanischen Republiken" (bis 1910 „Internationale Union der Amerikanischen Republiken") ständig in Washington vertreten. 1902 wird das Sekretariat in „Internationales Bureau der Amerikanischen Republiken" und 1910 in *„Panamerikanische Union"* umbenannt. 1902 wird ein Exekutivrat (Governing Board) geschaffen, dem alle in Washington akkreditierten Vertreter der lateinamerikanischen Staaten angehören und dessen Vorsitzender der jeweilige Außenminister der USA ist. Die Zusammenarbeit der amerikanischen Staaten beschränkt sich zunächst auf Handels-, Verkehrs- und Rechtsfragen, bei denen die Beilegung und Schlichtung interamerikanischer Streitigkeiten eine erhebliche Rolle spielen. Seit 1936 tritt die politische Zusammenarbeit immer stärker in den Vordergrund, die ihren Höhepunkt 1948 mit der Gründung der *OAS* (Organization of American States) erreicht, mit welcher die *dritte oder militärpolitische Phase* der panamerikanischen Bewegung einsetzt. Mitglieder der „Union der Amerikanischen Republiken" sind (außer Kanada) alle selbständigen Staaten der westlichen Hemisphäre, d.h. die USA und die 20 lateinamerikanischen Republiken. Kuba und Panamá, die erst am Anfang des 20. Jh.s ihre Unabhängigkeit erlangen, nehmen zum ersten Mal 1906 an der 3. Internationalen Konferenz teil. Seit 1889 sind die USA in der panamerikanischen Bewegung dominierend, woran auch gelegentliche, mehr symbolische Modifikationen (so steht der jeweilige US-Außenminister bis 1923 de jure und ex officio dem Exekutivrat vor, seitdem nur de facto) nichts ändern.

Mexiko mit Mittelamerika
(Forts. v. S. 1192)

Mexiko

1810 16. Sept.	Unter der Führung des Priesters *Miguel Hidalgo y Costilla* (* 1753, † 1811) beginnt in Zentralmexiko ein *Indianeraufstand* gegen die spanische Herrschaft, der im folgenden Jahr gemeinsam von Spaniern und Kreolen niedergeschlagen wird (Hidalgo hingerichtet).
1815	Hinrichtung des Priesters *José María Morelos y Pavón* (* 1765, † 1815), Führer weiterer Rebellionen, die aber nur Teilerfolge bringen.
1816	Das Land ist weitgehend wieder befriedet.

1198 Außereuropäische Welt bis 1945 – Amerika

1820	Durch einen Aufstand in Spanien wird König *Ferdinand VII.* gezwungen, die liberale spanische Verfassung von 1812 wieder einzuführen, was die Kreolen befürchten läßt, sie könnten ihre Privilegien verlieren.
1821 24. Febr.	General *Agustín de Iturbide* (* 1783, † 1824), der sich mit den letzten verborgenen Untergrundkämpfern *(guerrilleros)* unter *Vicente Guerrero* vereinigt, verkündet den *Plan von Iguala,* dessen „drei Garantien" Mexiko für unabhängig, die katholische Konfession zur Staatsreligion und die Gleichheit aller Einwohner Mexikos vor dem Gesetz erklären. Mexiko soll unter König Ferdinand VII. oder einem anderen Mitglied eines europäischen Herrscherhauses selbständiges Kaiserreich werden. Einstweilen übernimmt eine Junta die Regierung und beruft einen verfassunggebenden Kongreß ein.
1822 18. Mai	General Iturbide wird als *Agustín I.* vom Heer zum *Kaiser von Mexiko* proklamiert, nachdem die spanischen *Cortes* (Ständevertretung) den Plan von Iguala nicht gebilligt haben.
1823	Sturz Iturbides; danach trennen sich (bis auf Chiapas) 17 der 18 Provinzen Guatemalas von Mexiko und proklamieren die Republik der Vereinigten Provinzen Zentralamerikas.
1824 **4. Okt.**	Der von Republikanern gefangengenommene Iturbide wird erschossen (19. Juli). Der mexikanische Kongreß verkündet die **Republik** und verabschiedet nach nordamerikanischem Vorbild eine **bundesstaatliche Verfassung.**
1825 Nov.	Die Eroberung des spanischen Forts *San Juan de Ulúa* vor *Veracruz* (Golf von Mexiko) dient der Absicherung der Unabhängigkeit. Indianerkämpfe im Norden sowie die ständigen bürgerkriegsähnlichen Unruhen, bei denen sich die Konservativen und Liberalen mit den untereinander rivalisierenden Generälen jeweils verbünden, lassen jedoch keine geordnete Entwicklung im Innern zu.
1829	Abwehr einer spanischen Invasion bei *Tampico.*
1833–1835	Vorübergehende Beruhigung der innenpolitischen Lage während der ersten Präsidentschaft des Generals *Antonio López de Santa Anna* (* 1794?, † 1876).
1836 2. März	Loslösung des von nordamerikanischen Siedlern kolonisierten *Texas* (führend *Sam Houston*) von Mexiko. Daraufhin kriegerische Verwicklungen mit nordamerikanischen Milizverbänden, die sich zur Bedrohung Mexikos ausweiten.
21. April	Schlacht am *Río San Jacinto.*
1845 29. Dez.	Texas wird als 28. Staat in den Verband der Vereinigten Staaten von Amerika aufgenommen.
1846 April	Ausbruch des *Krieges mit den USA* als Folge der Annexion von Texas sowie von zahlreichen Grenzkonflikten.
1847	US-Truppen unter *General W. Scott* nehmen Mexikos Hauptstadt ein (14. Sept.).
1848 **2. Febr.**	Im **Frieden von Guadalupe Hidalgo** (Nordostrand von Mexico City) verliert Mexiko *Texas* endgültig und darüber hinaus mit *Oberkalifornien, New Mexico, Arizona, Nevada, Utah* sowie Teilen von *Kansas, Colorado* und *Wyoming* etwa die Hälfte seines bisherigen Staatsgebiets.
1853 30. Dez.	Unter der siebten Präsidentschaft von General Santa Anna wird auch der Südteil von Arizona an die USA verkauft *(Gadsden-Vertrag).*
1855	Das Entgegenkommen von Santa Anna gegenüber den USA führt seinen Sturz herbei.
1857 **5. Febr.**	Unter dem Einfluß des Justizministers *Benito Juarez* (* 1806, † 1872) setzt eine liberal-föderalistische Bewegung eine **neue Verfassung** durch, welche zusammen mit den „Reformgesetzen" die Trennung von Staat und Kirche einleitet.
1858 19. Jan.	Mit dem Beginn der *Präsidentschaft von Benito Juárez* (1858–1872) wird eine liberale Ära eingeleitet, deren wichtigste Merkmale die Gewährung von Religionsfreiheit und die Einziehung des Kirchenvermögens zugunsten des Staates sind. Die Folge ist ein dreijähriger Bürgerkrieg *(guerra de la reforma).*
1861	Wegen des Bürgerkriegs kann Juárez erst jetzt seinen provisorischen Regierungssitz in Veracruz verlassen und in die Hauptstadt einziehen. Klerikale und Zentralisten suchen Hilfe im Ausland. Als Juárez wegen der durch den Bürgerkrieg völlig zerrütteten Finanzen – nach Übertragung diktatorischer Vollmachten durch den Kongreß – die Rückzahlung der Auslandsschulden auf zwei Jahre aussetzt, entsenden Spanien, Großbritannien und Frankreich ein Expeditionskorps nach Mexiko, um die Erfüllung der Verpflichtungen zu erzwingen. Kaiser *Napoleon III.* hofft dabei, ein mit Frankreich politisch und wirtschaftlich eng verbundenes Reich in Amerika errichten zu können.
1862	Nach dem Abzug der Spanier und Briten dringen französische Streitkräfte in das mexikanische Hochland vor, werden aber bei *Puebla* (im Südosten des mexikanischen Hochlandes) geschlagen.
1863	Begünstigt durch die Tatsache, daß die USA wegen des Sezessionskrieges nicht eingreifen, können die Franzosen die Intervention fortführen. Beim zweiten Mal gelingt die *Einnahme von Puebla,* was den Einzug in die Hauptstadt México ermöglicht. Die Franzosen rufen eine Notabelnversammlung ein, die das **mexikanische Kaiserreich proklamiert** und den österreichischen *Erzherzog Maximilian* (* 1832; † 1867), Bruder des Kaisers von Österreich *Franz Joseph I.,* zum Kaiser von Mexiko ernennt.

Lateinamerika – selbständige Staaten – Mexiko mit Mittelamerika 1199

1864 16. Juni	Maximilian trifft in der Hauptstadt México ein, sieht sich jedoch vom ersten Tag an mit einem *Bürgerkrieg* gegen die Republikaner konfrontiert.
1866	Wegen der massiven nordamerikanischen Proteste und wegen der angespannten außenpolitischen Lage in Europa sieht sich Napoleon III. zum Rückzug seiner Truppen gezwungen. Maximilian entschließt sich, im Land zu bleiben.
1867 **19. Juni**	Den republikanischen Truppen gelingt es, das kaiserliche Heer in *Querétaro* einzuschließen, wo es kapituliert und **Maximilian** gefangengenommen, verurteilt und **erschossen** wird.
Dez.	Benito Juárez wird zum Präsidenten wiedergewählt.
1877 5. Mai	General *Porfirio Díaz* (* 1830, † 1915) wird zum ersten Mal Präsident (1877–1880); er regiert diktatorisch.
1884	Beginn der zweiten Amtszeit von Díaz (1884–1911): während seiner Regierung kommt das Land erstmalig innenpolitisch zur Ruhe und zu einer kontinuierlichen wirtschaftlichen Entwicklung, die jedoch mit einer Unterdrückung weiter Bevölkerungskreise, vor allem der Arbeiter auf dem Lande, wo die Latifundienbesitzer wie früher herrschen, einhergeht.

Die wirtschaftliche Entwicklung in der Ära Díaz

Mit Unterstützung der sog. „*científicos*", vor allem des Finanzministers *José Yves Limantour*, betreibt Díaz die Modernisierung Mexikos (Ausbau des Eisenbahnnetzes von 666 km [1877] auf 24 717 km [1911], Förderung der Industrie, des Bergbaus und *ausländischer Kapitalinvestitionen*). Mit den ersten erfolgreichen *Erdölbohrungen* und der schnell steigenden Produktion gewinnen seit Beginn des 20. Jh.s die nordamerikanischen Erdölinteressen wachsenden Einfluß auf die mexikanische Politik. Zwischen 1900 und 1910 gestalten sich die wirtschaftlichen Beziehungen zwischen Mexiko und den USA so eng, daß 56% der mexikanischen Importe aus den USA stammen und 80% der Exporte dorthin gehen. Der *Erdölboom* läßt die mexikanischen Produktionsziffern rasch steigen: 1913 steht das Land an dritter und 1938 – trotz der nun stärker gewordenen Konkurrenz – immerhin noch an siebter Stelle der Erdölproduzenten.
Vom raschen wirtschaftlichen Aufschwung profitieren neben zahlreichen ausländischen Firmen nur wenige Großgrundbesitzer und Industrielle. Die aus Indianern und Mestizen bestehende Landbevölkerung verelendet immer mehr, besonders als sie die größten Teile ihres Gemeindeeigentums (ejidos) verliert (Lerdo-Gesetz von 1856 über brachliegendes Land). 1910 verfügt 1% der Gesamtbevölkerung über 96% des Grund und Bodens, fast 97% der Landbevölkerung haben keinen Grundbesitz. Diese wirtschaftlich-soziale Lage, welche die *Spannungen in der Bevölkerung* ungeheuer verstärkt, ist direkte Ursache für den Ausbruch der *mexikanischen Revolution*.

1910 Juli	Anläßlich der Wiederwahl von Díaz fordert der gemäßigte Politiker *Francisco Ignacio Madero* „echte Wahlen, keine Wiederwahl" und ruft zur Revolution auf, der sich verschiedene politische und militärische Gruppen anschließen, wie der Bauernführer *Emiliano Zapata* (* 1883; † 1919) und der Bandenchef *Francisco (Pancho) Villa* (* 1877, † 1923).
Nov.	*Aufstand* in *Puebla* und *Chihuahua*.
1911	Díaz tritt zurück (25. Mai). Madero übernimmt die Regierung.
1912 März	Die von *Pascual Orozco* geführte Widerstandsgruppe löst gegen die Regierung eine Rebellion in Chihuahua aus.
Juli	General *Victoriano Huerta* (* 1854, † 1916) schlägt mit Regierungstruppen und mit Unterstützung von Pancho Villas Leuten den Aufstand nieder.
1913 22. Febr.	Durch eine Konterrevolution der Militärs wird Präsident *Madero gestürzt* und dabei ermordet, die Regierungsgeschäfte übernimmt General Huerta.
März	*Rebellion gegen Huerta:* Gouverneur *Venustiano Carranza* und *Alvaro Obregón* mit dem „Verfassungstreuen Heer" wenden sich gegen Huerta, Zapata und Villa schließen sich an.
1914 Juli	Nach dem Sturz von Präsident Huerta Ausbruch von Machtkämpfen der miteinander rivalisierenden Revolutionsführer, die Mexiko ins Chaos stürzen.
1915	Tolerierung der von Carranza geführten Regierung durch die USA (Okt.).
1916	Pancho Villa greift mit seinen Einheiten die Stadt Columbus in New Mexico, USA, an, was
März	die Regierung in Washington zu einer Strafexpedition auf mexikanisches Gebiet veranlaßt.
1917 **5. Febr.**	Die von *Präsident Carranza* (* 1859, † 1920; 1915–1920) verkündete **Verfassung** (von den Anhängern Zapatas und Villas abgelehnt) leitet das **Ende der Revolution** ein: sie macht die Enteignung des bäuerlichen Gemeindebesitzes (ejidos) rückgängig und erklärt ihn fortan für unveräußerlich. Ferner verbietet sie die Wiederwahl eines Präsidenten, nationalisiert die Bodenschätze, beschneidet die kulturelle Vorherrschaft der katholischen Kirche und gariert weitgehend soziale Rechte.
1918	Die Forderung nach Nationalisierung der Erdölfelder durch die Regierung Carranza stößt auf heftige Reaktionen der USA. Die schrittweise Verwirklichung der neuen Verfassungsprinzipien ruft den Widerstand der Kirche hervor. Der noch immer unruhigen Bauern wird Carranza Herr, indem er die Arbeiter gegen sie mobilisiert.

1200 Außereuropäische Welt bis 1945 – Amerika

1919   *Ermordung Zapatas* durch Regierungstruppen (10. April).
1920   Mit Hilfe des mexikanischen Arbeiterbundes C.R.O.M. *(Confederación Regional Obrera*
März   *Mexicana)* wird Carranza gestürzt.
21. Mai Carranza wird auf Befehl seines Nachfolgers *Alvaro Obregón* (* 1880, † 1928; 1920–1924) erschossen.
1920–1928 Unter Obregón und unter seinem Nachfolger *Plutarco Elías Calles* (* 1877, † 1945; 1924–1928) erreicht die Arbeiterschaft weitere soziale Verbesserungen, doch führt die antikirchliche Politik zum Aufstand der „Cristeros".
1934   Amtsantritt von Präsident General *Lázaro Cárdenas* (*1895, †1970; 1934–1940), der die Ideen der mexikanischen Revolution neu zu beleben versucht: er reorganisiert die von Elías Calles gegründete Nationalrevolutionäre Partei (seit 1946: *Partido Revolucionario Institucional,* PRI) und begünstigt den erst nach seinem Regierungsantritt gegründeten, links orientierten Gewerkschaftsverband C.T.M. *(Confederación de Trabajadores de México).* Mit diesem Rückhalt beginnt Cárdenas die immer wieder verzögerte Bodenreform, eine intensive Förderung der Industrialisierung und eine umfassende Sozialgesetzgebung für die Arbeiter.
1938   Verstaatlichung der ausländischen Erdölgesellschaften.
1941   Cárdenas' Nachfolger im Präsidentenamt, General *Manuel Ávila Camacho* (* 1897, † 1955; 1940–1946), erreicht durch entsprechenden finanziellen Ausgleich, daß die USA und Großbritannien die Verstaatlichung anerkennen. – *(Forts. S. 1586)*

Zentralamerikanische Konföderation

1821   Das *Generalkapitanat Guatemala* schließt sich an das neue Kaiserreich Mexiko an.
1823   Nach dem *Sturz Agustín de Iturbides* trennen sich (bis auf Chiapas) 17 der 18 Provinzen
1. Juli Guatemalas wieder von Mexiko und proklamieren die Republik der *Vereinigten Provinzen Zentralamerikas* (Provincias Unidas del Centro de América).
       Gegen die liberal-antiklerikale Politik des diktatorisch regierenden honduranischen Generals *Francisco Morazán* erhebt sich die konservative Opposition unter der Führung des guatemaltekischen Generals *Rafael Carrera* (* 1814, † 1865).
1838–1841 Nach einem mehrjährigen Bürgerkrieg bricht die Konföderation auseinander und löst sich in die fünf selbständigen Staaten *Guatemala, El Salvador, Honduras, Nicaragua* und *Costa Rica* auf. Zahlreiche Versuche, die Konföderation wiederherzustellen, sind gescheitert.

Guatemala

1839   Guatemala wird unabhängiger Staat.
1840–1848 Die guatemaltekische Politik beherrscht General *Rafael Carrera,* der eine konservativ-kle-
1851–1865 rikale Diktatur errichtet.
1873–1885 Unter der Präsidentschaft von *Justafo Rufino Barrios* (* 1835, † 1885) beginnt eine kirchenfeindliche Politik, doch leitet er den wirtschaftlichen Aufschwung Guatemalas ein (Straßenbau, erste Eisenbahn, Kapitalinvestitionen, Kaffeepflanzungen und intensiver Export), der aber, wie schon unter Carrera, durch Bürgerkriege und Konflikte mit den Nachbarstaaten gehemmt wird. Wie auch in den anderen mittelamerikanischen Staaten bleiben die Indianer weitgehend vom modernen Wirtschaftsleben ausgeschlossen und werden kulturell, politisch und sozial in die Isolation gedrängt.
seit 1899 Die Geschicke des Landes werden durch zwei ebenfalls diktatorisch regierende Präsidenten bestimmt: durch die Generale *Manuel Estrada Cabrera* (* 1857, † 1924; 1899–1920) und *Jorge Ubico Castañeda* (* 1878, † 1946; 1931–1944). Während ihrer Regierungen gerät das Land immer stärker unter den Einfluß der nordamerikanischen *United Fruit Co.* und in die Abhängigkeit der USA sowie einiger Latifundienbesitzer. Dagegen richtet sich die von breiten Kreisen der Bevölkerung unterstützte Erhebung von Militärs, Arbeitern und Studenten.
1944   Das Regime Ubico wird gestürzt und damit die „Diktatur der 14 Jahre" beendet.
1945   Nach einer kurzen Übergangszeit unter einer Revolutionsjunta wird *Juán José Arévalo* (* 1904) zum Präsidenten gewählt. – *(Forts. S. 1588)*

El Salvador

1841   El Salvador tritt als letzter Staat aus der Zentralamerikanischen Konföderation aus.
1853   Nach verschiedenen fehlgeschlagenen Unionsversuchen mit Guatemala, Nicaragua und Honduras konstituiert es sich als selbständiger Staat. Ständige Auseinandersetzungen zwi-

Lateinamerika – selbständige Staaten – Mexiko mit Mittelamerika   *1201*

schen „Konservativen" und „Liberalen" sowie Konflikte mit den Nachbarstaaten gestalten die Entwicklung äußerst unruhig.

1932   Unter dem Einfluß der mexikanischen Revolutionsideen kommt es als Folge der Weltwirtschaftskrise zu *kommunistisch gesteuerten Unruhen,* die jedoch niedergeschlagen werden.

1931–1944   Präsident General *Maximiliano Hernández Martínez* (* 1882, † 1966) schenkt den sozialen Problemen mehr Aufmerksamkeit und setzt verschiedene Reformen durch.

1944   Der Präsident wird durch einen Militärputsch gestürzt. – *(Forts. S. 1589)*

Honduras

seit 1839   Die innenpolitische Situation des Landes ist seit seiner Unabhängigkeit durch zahllose *Staatsstreiche* und *Unruhen* gekennzeichnet (bis 1945 über 100 Regierungen), welche eine stetige Entwicklung der agrarisch geprägten Gesellschaft (zwei Drittel Analphabeten) erschweren.

1911/1913   *Interventionen der USA* lassen Honduras in politische und wirtschaftliche Abhängigkeit
1924/1925   geraten: die Bananenpflanzungen, welche die wichtigste Exportgrundlage sind, befinden sich zu 95% im Besitz der nordamerikanischen Firmen *United Fruit Co.* und *Standard Fruit and Steamship Co.,* die auch 90% des Eisenbahnnetzes und den größten Teil der Hafenanlagen beherrschen.

1933–1948   Die Militärdiktatur des Generals *Tiburcio Carías Andino* (* 1876, † 1969) bringt eine Epoche innenpolitischer Konsolidierungen, in der die Staatsschuld erheblich vermindert und der Außenhandel sowie Siedlungsunternehmen in Honduras gefördert werden. – *(Forts. S. 1590)*

Nicaragua

1838   Nachdem Nicaragua aus der Zentralamerikanischen Konföderation ausgeschieden ist, errichtet Großbritannien, das wegen des geplanten *Nicaragua-Kanals* an dem Land interessiert ist, im Ostteil *(Mosquitoküste)* ein Protektorat. Die USA fassen ebenfalls ein Kanalprojekt ins Auge, daraufhin kommt es zu politischen und wirtschaftlichen Interventionen.

1856/1857   Der nordamerikanische Abenteurer *William Walker* (* 1824, † 1860) wird Staatspräsident; die nordamerikanische *Reederei Vanderbilt* kontrolliert die Verkehrsverbindungen zwischen den Ozeanen über die Landbrücke von Nicaragua.

1860   Der unter *britischem Protektorat* stehende Teil des Landes wird bedingt (1905 endgültig) wieder den Souveränität Nicaraguas unterstellt.

1909   Zum ersten Mal greifen nordamerikanische Streitkräfte in die innenpolitischen Auseinandersetzungen zwischen Konservativen und Liberalen ein.

1912–1925   Das Land steht unter *Finanz- und Militärkontrolle* der Vereinigten Staaten von Amerika.
1916   Durch den **Bryan-Chamorro-Vertrag** sichern sich die USA gegen eine Zahlung von 3 Mio.
18. Febr.   Dollar das alleinige Recht auf einen Kanalbau und zur Anlage von Marinestützpunkten.
1927–1932   Gegen die *erneute Besetzung durch US-Truppen* führt *Augusto César Sandino* (ermordet 1934) einen erbitterten Kleinkrieg.
1937   Als der bisherige Kriegsminister General *Anastasio Somoza García* Präsident wird (* 1896, † 1956; 1937–1947) gerät Nicaragua unter die **Diktatur der Familie Somoza,** die das Land bis 1979 beherrscht. – *(Forts. S. 1592)*

Costa Rica

Im Gegensatz zu den hauptsächlich von Mestizen bewohnten Republiken Mittelamerikas hat Costa Rica als einziges Land eine überwiegend *weiße Bevölkerung.* Da hier auch nicht das Latifundienwesen vorherrscht, sondern bäuerliche Familienbetriebe, entwickelt sich bereits im 19. Jh. eine bodenständige Mittelklasse.

seit 1870   Unter der liberalen Präsidentschaft von *Tomás Guardia* (* 1832, † 1882; mit geringen Unterbrechungen bis 1882 im Amt) wird die Macht der bisher tonangebenden, altkonservativen Familien zurückgedrängt.
Trotz gelegentlicher Staatsstreiche hat Costa Rica von allen mittelamerikanischen Staaten die ruhigste politische Entwicklung, was sich sowohl auf kulturellem Gebiet (eine der niedrigsten Analphabetenquoten in Lateinamerika) als auch im Hinblick auf ein geordnetes Finanzwesen, ein kontinuierliches Wirtschaftswachstum (vor allem Kaffee- und Zuckerexport sowie Bananenplantagen der United Fruit Co.), ein modernes Arbeits- und Sozialrecht und eine zeitgemäße Infrastruktur auswirkt. – *(Forts. S. 1593)*

1202 Außereuropäische Welt bis 1945 – Amerika

Westindien
(Forts. v. S. 1192)

Kuba

	Kubanische Emigranten wie der Dichter *José Martí* (* 1853, † 1895) und der Lehrer und spätere Staatspräsident *Tomás Estrada Palma* (* 1836, † 1908) führen den Kampf um die Unabhängigkeit von den USA aus.
1895	Zugeständnisse Spaniens nach einem Aufstand bleiben ebenso erfolglos wie die harten Gegenmaßnahmen der Militärs.
1898 15. Febr.	Die (nie geklärte) Explosion des nordamerikanischen Linienschiffes „*Maine*" im Hafen von La Habana (Havanna) gibt den USA den Vorwand für ihre *Kriegserklärung an Spanien*.
10. Dez.	Nach kurzem Kampf wird Spanien besiegt, das im *Frieden von Paris* u. a. auf Kuba verzichtet. **Kuba** wird zunächst einer **nordamerikanischen Militärverwaltung** unterstellt.
1901	Verabschiedung der ersten **Verfassung** (21. Febr.).
2. März	Die kubanische Souveränität wird jedoch durch das *Platt Amendment* (Verfassungszusatz) eingeschränkt, das das *Interventionsrecht der USA* festlegt.
1902 20. Mai	Nach dem Abzug der US-Truppen übernimmt *Estrada Palma* als *erster kubanischer Präsident* sein Amt.
1903	Die USA sichern sich vertraglich die Militärstützpunkte *Bahia Honda* (1912 zurückgegeben) und *Guantánamo* zu.
1906/1919	Innere Unruhen führen zu militärischen *Interventionen der USA* (1906–1909; 1912; 1917–1919).
1933	Schwelende soziale Spannungen erreichen durch die Auswirkungen der Weltwirtschaftskrise ihren Höhepunkt mit dem Sturz des liberalen Präsidenten General *Gerardo Machado y Morales* (* 1871, † 1939; seit 1925 im Amt). Der neue „starke Mann" wird der ehemalige Sergeant *Fulgencio Batista y Zaldívar* (* 1901, † 1973), der als Führer der Revolution Oberbefehlshaber der Armee (1933–1939) wird.
1940–1944	*Präsidentschaft Batista y Zaldívars* (erneut 1952–1959). Gestützt auf die von ihm organisierte Armee und Partei, regiert er nach Inkrafttreten der neuen Verfassung von 1940 diktatorisch. – *(Forts. S. 1433)*

Haiti

nach 1789	Die *Französische Revolution* gibt den unmittelbaren Anlaß zum Aufstand der Bevölkerung (Neger und Mulatten), die gegen englischen und spanischen Widerstand auch im Ostteil der Insel kämpfen.
1795	Im *Frieden von Basel* (22. Juli) fällt der Ostteil ebenfalls an Frankreich.
1797	Nachdem der französische Konvent die *Freiheit der Sklaven* dekretiert (4. Februar 1794), ernennt das Direktorium den Negerführer *François Dominique Toussaint* (genannt: *Toussaint l'Ouverture* [* 1743; † 1803]) zum Gouverneur und militärischen Oberbefehlshaber.
1800	Toussaint besetzt den Ostteil Haitis.
1801 **8. Juli**	Die gesamte Insel erhält eine **Verfassung,** die Frankreich nur noch eine nominelle Suzeränität beläßt.
1802	Toussaint wird von einem französischen Expeditionskorps besiegt und als Gefangener nach Frankreich gebracht, doch werden die Franzosen durch eine *Erhebung der Neger und Mulatten*, die sich gegen die (1802 von Napoleon) wieder eingeführte Sklaverei wenden, vertrieben.
1804 1. Jan.	*Jean Jacques Dessalines* (* 1760, † 1806), der sich selbst zum Kaiser ernennt (Jakob I.), proklamiert die Unabhängigkeit.
1806	Nach Dessalines' Ermordung zerfällt Haiti in eine **südliche Mulattenrepublik** und einen **nördlichen Negerstaat,** der von verschiedenen „Kaisern" regiert wird.
1820	Nord- und Südhaiti werden wieder vereint.
1822	Der neuen Republik schließt sich auch der inzwischen wieder spanisch gewordene Ostteil der Insel an.
1844	Der **Ostteil der Insel** erklärt sich als **Dominikanische Republik** für unabhängig. In der Folgezeit wird Haiti von verschiedenen Präsidenten oder „Kaisern" meist diktatorisch beherrscht.
1915	Bürgerkriege und eine fast permanente Anarchie führen zu einer *Intervention der USA*, die das Land (bis 1934) besetzt halten und wie ein Protektorat verwalten.
1934	Nach dem Abzug der US-Truppen bleibt die *nordamerikanische Finanzkontrolle* (bis 1947) bestehen. Häufige Militärrevolte, Aufstände und Diktaturen. – *(Forts. S. 1596)*

Lateinamerika – selbständige Staaten – Westindien – Südamerika *1203*

Dominikanische Republik

1844	Die Dominikanische Republik erklärt ihre **Unabhängigkeit von Haiti** (16. Jan.).
6. Nov.	General *Pedro Santana* (* 1801, † 1863) wird der *erste Präsident*.
	Er und sein Nachfolger wehren in erbitterten Kriegen alle Rückeroberungsversuche Haitis ab, können aber der inneren Unruhen nicht Herr werden.
1861–1865	Santana unterstellt das Land nochmals der spanischen Herrschaft.
	Nach seiner erneuten Trennung von Spanien setzen sich die Machtkämpfe ehrgeiziger Poli-
1907	tiker und Militärs fort, was zum *Eingreifen der USA* führt, die das Land unter Finanzkon-
8. Febr.	trolle stellen (1940 aufgehoben).
1916–1924	**Besetzung der Republik durch die USA.**
1930	Der Chef der Armee, General *Rafael Leónidas Trujillo y Molina* (* 1891, † 1961), übernimmt durch einen Staatsstreich die Macht und errichtet ein *despotisches Regime* (1930–1938; 1942–1952), durch welches das Land wie eine Privatdomäne der Familie Trujillo beherrscht wird. – *(Forts. S. 1597)*

Südamerika

Kolumbien
(Forts. v. S. 1192)

1810	Beginn der *Unabhängigkeitskämpfe* gegen Spanien in Neugranada.
1816–1819	Nach kurzer Wiederherstellung der spanischen Herrschaft durch General *Pablo Morillo* (* 1778, † 1837) befreit *Simón Bolívar* (* 1783, † 1830) durch seinen *Sieg bei Boyacá* (7. Aug. 1819) das Land endgültig.
1819	Auf dem *Kongreß von Angostura* (Ciudad Bolívar) wird Simón Bolívar zum Präsidenten
17. Dez.	gewählt, der Neugranada (Kolumbien) und Venezuela zur **Republik Großkolumbien** vereinigt.
1821	Beitritt *Panamas* (28. Nov.).
1822	Durch den Sieg des Generals *Antonio José de Sucre y de Alcalá* (* 1795, † 1830) am
24. Mai	Pichincha schließt sich auch *Ecuador* (früher Audiencia de Quito) der Republik an.
1830	Großkolumbien löst sich auf in die drei Staaten Neugranada, Venezuela und Ecuador.
17. Dez.	Bolívar stirbt.
1832	Mit der Annahme einer neuen Verfassung konstituiert sich Neugranada als selbständige Republik. Die Auseinandersetzungen um eine zentralistische oder eine föderalistische Staatsform sowie separatistische Tendenzen (Antioquía und Panama) behindern die Entwicklung und stürzen das Land in Bürgerkriege und Anarchie.
1858	Die Liberalen setzen ihre föderalistischen Prinzipien mit der Granadinischen Konföderation (Confederación Granadina) durch, welche (1861) in **Vereinigte Staaten von Kolumbien** umbenannt wird.
1863	Nach einer neuen Verfassung sind die Vereinigten Staaten von Kolumbien nur noch ein
8. Mai	loser Staatenbund.
1886	Erst unter dem konservativen Präsidenten *Rafael Núñez* (* 1825, † 1894; 1880–1882,
4. Aug.	1884–1886, 1887 und 1888) wird das Land durch Verfassungsänderung wieder zu einem Einheitsstaat mit dem ursprünglichen Namen **Republik Kolumbien.** Die bisherigen Gliedstaaten werden Provinzen, die Trennung von Staat und Kirche wird beibehalten, die Religionsfreiheit bleibt garantiert.
nach 1888	Unter Núñez' Nachfolgern leben die Unruhen wieder auf, und ein mehrjähriger Bürgerkrieg um die Jahrhundertwende zwischen „Konservativen" und „Liberalen" fordert nicht nur schwere Opfer an Menschen, sondern erschöpft zugleich die Finanzen und lähmt die Tätigkeit von Regierung und Parlament, was sich besonders im Hinblick auf die Verhandlungen über den *Panamakanal* mit den USA ungünstig auswirkt.
1892/1893	Nach dem Zusammenbruch des französischen Kanalprojekts (bereits 1876 hat Kolumbien französischen Interessenten die Konzessionen zum Bau eines Kanals verkauft, dessen Errichtung Ferdinand de Lesseps leiten sollte) übernehmen die USA die Konzessionen.
1903	Im **Hay-Herrán-Vertrag** tritt Kolumbien der nordamerikanischen Kanalbaugesellschaft
22. Jan.	Land zum Bau ab, über das die USA Kontrollrechte erhalten; der Kanal und seine Zugänge sollen dauernd neutralisiert sein.
4. Nov.	Da der kolumbianische Kongreß die Ratifikation verweigert (Einmischung der USA in innere Verhältnisse), betreiben die USA den *Abfall der Provinz Panama* von Kolumbien.
1921	Die USA entschädigen Kolumbien für den Verlust von Panama mit 25 Mio. US-Dollar.
bis 1930	Kolumbien erkennt Panama an.
	Unter konservativen Regierungen stabilisiert sich die innenpolitische und wirtschaftliche Lage. Mit nordamerikanischem Kapital werden neue Gebiete für den Kaffeeanbau er-

1204   Außereuropäische Welt bis 1945 – Amerika

schlossen, doch führt die Abhängigkeit von der Monokultur während der Weltwirtschaftskrise (1929) zu einem empfindlichen Rückschlag.

1930–1946   Den Regierungen der liberalen Ära gelingt es, die Krise zu meistern, eine Landreform und
soziale Maßnahmen einzuleiten sowie das Bildungswesen zu verbessern. – *(Forts. S. 1601)*

Panama
(Forts. v. S. 1203)

1903   Nordamerikanische Kriegsschiffe decken die separatistische Bewegung in Panama, das sich
3. Nov.   am 4. Nov. als **unabhängig von Kolumbien** erklärt.

18. Nov.   Im **Hay-Bunau-Varilla-Vertrag** tritt Panama den für den Bau des Kanals gewünschten
Gebietsstreifen gegen eine einmalige Entschädigung von 10 Mio. US-Dollar und eine Jahrespacht von 250 000 US-Dollar an die USA ab. Die Kanalzone ist Hoheitsgebiet der USA.

1904   Die Verfassung Panamas sieht ein *Interventionsrecht der USA* vor, das diese (1908; 1912;
1918) auch anwenden.

1914   Der Panamakanal (Baubeginn 1906) wird eröffnet.
15. Aug.   Da das Wirtschaftsleben Panamas überwiegend von der Kanalfrage bestimmt wird (die für
die Kanalzone geleisteten Dienste stellen ca. ein Drittel des Bruttosozialprodukts), bilden
neben dem Souveränitätsproblem auch die Lohn- und Anstellungspolitik der US-Kanalbe-
hörde, die panamaische Steuerfreiheit u. ä. Konfliktstoffe mit den USA.

1936   Nach mehrfachen vergeblichen Versuchen, den Hay-Bunau-Varilla-Vertrag zu ändern,
2. März   gelingt Panama eine Revision, in der es eine Erhöhung der Pachtsumme durchsetzt und die
USA zum Verzicht auf weitere Interventionen in panamaische Angelegenheiten bewegt.
Die *sozialen Gegensätze* zwischen Stadt und Land in Panama werden durch das wirtschaft-
liche Übergewicht der in der US-Kanalzone liegenden Städte noch verstärkt. Nur 15 % des
panamaischen Staatsgebiets sind kultiviert, zwei Fünftel noch unerschlossen. Das wichtigste
Ausfuhrprodukt sind Bananen; sie stammen zu 90 % von *Plantagen der United Fruit Co.*
– *(Forts. S. 1594)*

Venezuela
(Forts. v. S. 1192)

1811   Mit der *Unabhängigkeitserklärung* trennt sich Venezuela von Spanien (5. Juli);
1815–1820   nach wechselvollen, erbitterten Kämpfen gerät es wieder unter spanische Herrschaft.

1821   Erst der *Sieg von Carabobo* bringt die endgültige Freiheit (24. Juni).

1830   Nach seiner vorübergehenden Vereinigung mit Kolumbien (1819) macht sich Venezuela
wieder unabhängig.

1831   Unter seinem ersten Präsidenten, dem General *José Antonio Páez* (* 1790, † 1873;
24. März   1831–1835, 1839–1843, 1846–1849 und 1861–1863), konstituiert sich Venezuela als
selbständige Republik.

1835–1864   Auf Páez' erste Präsidentschaftsperiode folgen Bürgerkriege zwischen „Liberalen" und
„Konservativen"; Militärdiktaturen wechseln mit zivilen Regierungen und werden von
zahlreichen Verfassungsänderungen begleitet (bis 1945: 22 Verfassungen).

1864   Mit dem Sieg der Föderalisten wird der *Einheitsstaat durch Verfassungserklärung* in einen
22. April   Bundesstaat umgewandelt (Estados Unidos de Venezuela).

1870–1888   Die Diktatur des Generals *Antonio Guzmán Blanco* (* 1829, † 1899) bringt eine innenpolitische Beruhigung und erste wirtschaftliche Fortschritte.

1902/1903   Eingriffe in die Wirtschaftsinteressen fremder Staaten und ausländischer Bürger unter dem
Präsidenten General *Cipriano Castro* (* 1858; † 1924; 1899–1908) führen zur *Blockade
venezolanischer Häfen* durch deutsche, britische und italienische Kriegsschiffe.

1904   Durch Vermittlung der USA wird der Konflikt beigelegt, und die Ansprüche der Interventionsmächte werden durch das Haager Schiedsgericht anerkannt.

1908–1935   Der Durchbruch zu einer der führenden Wirtschaftsmächte Lateinamerikas erfolgt während der Präsidentschaft des Generals *Juan Vicente Gómez* (* 1857, † 1935), der diktatorisch regiert. In seiner Amtszeit trägt er die hohen Staatsschulden ab und stabilisiert die
Währung.

Entwicklung Venezuelas zum Erdölproduzenten

Nach der *Aufhebung der Sklaverei* (1854) kommt es zu einem starken Rückgang der landwirtschaftlichen
Produktion. Mit der **Entdeckung der Erdölvorkommen** am Ende des 19. Jh.s beginnen die *ausländischen
Kapitalinvestitionen* und die Umwandlung des bisherigen Agrarstaates zum Exporteur von Rohstoffen.

Lateinamerika – selbständige Staaten – Südamerika   *1205*

Der Aufbau der venezolanischen Erdölproduktion im *Maracaibo-Becken* und in den Ostregionen geht zwar langsam, aber nach modernsten Methoden voran. 1913 ist die Produktion nur unbedeutend, 1938 steht Venezuela an dritter Stelle (nach den USA und der UdSSR) der erdölproduzierenden Länder. Während des Zweiten Weltkrieges beträgt der Anteil der Erdölwirtschaft am Gesamtexport durchschnittlich über 90% und deckt zwei Drittel aller Staatseinnahmen sowie ca. 90% der Deviseneingänge. Doch beschäftigt die Mineralölindustrie nur knapp 2% der arbeitsfähigen Bevölkerung, während auf die Landwirtschaft, den rückständigsten Wirtschaftssektor, bis 1945 über die Hälfte der Arbeitskräfte entfallen, die, im Vergleich zu den gut bezahlten Arbeitern der Erdölindustrie, am Rande des Existenzminimums leben – *(Forts. S. 1603)*

Ecuador
(Forts. v. S. 1192)

1830 **13. Mai**	Der *Kongreß von Riobamba* erklärt den Austritt Ecuadors aus dem Staatsverband Großkolumbiens und proklamiert die **unabhängige Republik.**
1830–1835	Erster Präsident wird General *Juan José Flores* (* 1800, † 1864; nochmals 1839–1845).
1845	Nach dem Sturz von General Flores kommt es zu Bürgerkriegen und Konflikten mit Peru und Kolumbien wegen ungeklärter Grenzfragen.
1861–1865 1869–1875	Die konservativ-klerikale Diktatur des Präsidenten *Gabriel García Moreno* (*1821, † 1875) bringt nur eine vorübergehende Beruhigung.
1875 6. Aug.	Nach seiner Ermordung leben die Parteikämpfe zwischen Konservativen und Liberalen wieder auf, die zu anarchischen Zuständen führen und jede Entwicklung hemmen.
1895–1901 1906–1911	Erst unter der zweimaligen autokratischen Regierungszeit des liberalen Präsidenten General *Eloy Alfaro* (* 1842, † 1912) beginnen die verkehrstechnische Erschließung des Landes (Bau der Eisenbahn Guayaquil–Quito) und ein bescheidener wirtschaftlicher Aufstieg. Alfaro setzt die Trennung von Staat und Kirche durch (Einführung der Zivilehe und Religionsfreiheit) und hebt zahlreiche Vorrechte des Klerus auf.
1912–1931	Periode verhältnismäßiger Stabilität unter den Präsidenten *Leónidas Plaza Gutiérrez* (* 1866, † 1932; 1912–1916) und *Isidro Ayora* (* 1879, † 1978; 1926–1931).
1931	Nach dem Sturz Ayoras kommt es zu Unruhen, zu denen noch Grenzstreitigkeiten mit Peru hinzutreten, die sich (1941) im Gebiet des oberen Amazonas zum bewaffneten Konflikt ausweiten.
1942 **29. Jan.**	Der 120jährige Streit wird schließlich zuungunsten Ecuadors entschieden, das im **Protokoll von Rio de Janeiro** die Souveränität Perus über das Gebiet zwischen Amazonas und östlichem Andenvorland anerkennen muß. Mit dem ,,Oriente'' verliert Ecuador annähernd zwei Fünftel seines Staatsgebiets.

Innere Entwicklung Ecuadors

Das Bildungswesen in Ecuador zeigt zahlreiche Mängel (ca. 50% Analphabeten), um deren Beseitigung sich vor allem Präsident Leónidas Plaza Gutiérrez bemüht. Die *Gegensätze* zwischen *Liberalen* (im Küstengebiet) und *Konservativen* (im Hochland) werden nicht überwunden und bestimmen die innenpolitischen Konflikte, die durch wirtschaftliche Schwierigkeiten (90% der Ausfuhr sind Bananen, Kaffee und Kakao, entsprechend groß ist die Abhängigkeit von den Weltmarktpreisen) und *soziale Gegensätze* (1938 besteht ca. ein Drittel der Bevölkerung aus Indianern, die nicht in das Staatsleben integriert sind) noch verschärft werden. – *(Forts. S. 1605)*

Peru
(Forts. v. S. 1192)

1821 **28. Juli**	Während der Unabhängigkeitskriege bleibt Peru das *Zentrum der spanischen Herrschaft* in Südamerika. Nach dem Einmarsch des argentinischen Generals *José de San Martín* (* 1778, † 1850) wird in Lima die **Unabhängigkeit proklamiert,** die erst mit dem Sieg des Generals *Antonio José de Sucre bei Ayacucho* (9. Dez. 1824) gesichert ist.
1823 13. Sept.	Als sich *San Martín* als Protektor Perus (1821/1822) zurückzieht, ernennt der Kongreß *Simón Bolívar* zum Diktator, der Peru mit Großkolumbien zu vereinen sucht.
1827 **26. Jan.**	Durch die **peruanische Revolution** wird die kolumbianische Vorherrschaft beendet. Es folgen Parteikämpfe, Bürgerkriege und ein militärischer Konflikt mit Kolumbien um den Besitz der Hafenstadt Guayaquil sowie eine Intervention in Bolivien, die beide unglücklich für Peru verlaufen.
1836	Begünstigt durch die inneren und äußeren Kämpfe, kann der bolivianische Diktator Marschall *Andrés Santa Cruz* (* 1792, † 1865) in Lima einmarschieren, wo er die *Confedera-*

1206 Außereuropäische Welt bis 1945 – Amerika

ción Perú-Boliviana (15. Aug.) proklamiert, die beide Länder unter seiner Herrschaft vereinigt, aber von den Nachbarstaaten nicht anerkannt wird.

1839　In der Schlacht von Yungay wird Santa Cruz von den Chilenen geschlagen und gestürzt,
20. Jan.　worauf sich die peruanisch-bolivianische Konföderation wieder auflöst.

1845–1851　Erneut ausbrechende Unruhen werden während der Präsidentschaft des Generals *Ramón*
1855–1862　*Castilla* (* 1797, † 1867) beendet.

1860　Neue Verfassung. Unter der Castilla-Regierung nimmt Peru, vor allem mit Hilfe englischen
25. Nov.　Kapitals, einen beachtlichen wirtschaftlichen Aufschwung durch den Export des auf den Peru vorgelagerten Inseln befindlichen Guanos sowie des Salpeters der Südprovinzen, mit deren Einkünften der Bau von Eisenbahnen und die Dampfschiffahrt finanziert werden.

1864　Als Spanien die guanoreichen Chinchainseln besetzt, kommt es zu Feindseligkeiten, bei denen Chile, Bolivien und Ecuador Peru unterstützen.

1866　Erfolglose Beschießung Callaos und Valparaisos durch die Spanier.

1871/1879　Durch Vermittlung der USA wird (1871) der Waffenstillstand und (1879) der Friede geschlossen.

1879–1883　Grenzstreitigkeiten zwischen Chile und Bolivien in der Atacamawüste verwickeln das mit Bolivien verbündete Peru in den **Salpeterkrieg.**

1881　Die siegreichen Chilenen besetzen Lima (17. Jan.).

1883　Im **Frieden von Ancón** muß Peru seine Salpeterprovinzen Tarapacá, Arica und Tacna auf
20. Okt.　zehn Jahre an Chile abtreten; danach soll eine Volksabstimmung in diesen Gebieten über die staatliche Zugehörigkeit entscheiden. Eine Folge der Niederlage Perus ist der dominierende Einfluß britischer und nordamerikanischer Finanzkreise; ausländische Gläubiger übernehmen gegen Überlassung der peruanischen Eisenbahnen die Tilgung der Staatsschuld.

1895–1930　Unter Präsident *Nicolás Piérola* (* 1839, † 1913; 1895–1899) und seinen Nachfolgern *José Pardo y Barreda* (* 1864, † 1942; 1904–1908 und 1915–1919) und *Augusto Bernardino Leguía* (* 1864, † 1932; 1908–1912 und 1918–1930) konsolidieren sich die inneren Verhältnisse wieder.

1922–1934　Der Konflikt um Leticia mit Kolumbien, das diesen Zugang zum Amazonas (1922) von Peru erhalten hat (von peruanischen Freischärlern 1932 okkupiert), wird durch Vermittlung des Völkerbundes zugunsten Kolumbiens beigelegt (1934).

1929　Durch den auf Vermittlung der USA zustande gekommenen **Vertrag von Lima** wird Tacna
3. Juni　von Chile an Peru zurückgegeben, und Peru werden Freihafenrechte in Arica sowie eine Entschädigung von 6 Mio. US-Dollar gewährt.

1930　Als Präsident Leguía gestürzt wird und die Weltwirtschaftskrise für Peru erhebliche Rückschläge bringt, beginnt eine neue Periode innerer Unruhen. Seit dem Ersten Weltkrieg sind Bestrebungen im Gange, eine Landreform durchzusetzen und die Indianer, die (1938) etwa 50% der Bevölkerung ausmachen, sozial und politisch zu integrieren. Diese Ziele macht *Victor Raúl Haya de la Torre* (* 1895, † 1979) zum Programm der politischen Bewegung APRA (Alianza Popular Revolucionaria Americana, gegründet 1924), der die herrschende Oligarchie ebenso feindlich gegenübersteht wie die Kommunisten.

1931/1936　Nach zwei fehlgeschlagenen Präsidentschaftskandidaturen geht Haya de la Torre in den Untergrund, doch bleibt seine Idee lebendig und beeinflußt weiterhin die Innenpolitik.

1939–1945　Während des Zweiten Weltkrieges wird die mehrfach verbotene APRA wieder als Partei zugelassen. – *(Forts. S. 1606)*

Bolivien
(Forts. v. S. 1192)

1825　Als Simón Bolívar die spanische Herrschaft in Peru beseitigt, wird auch *Alto Perú* frei und
6. Aug.　erklärt seine **Unabhängigkeit** unter dem Namen Bolivien (República de Bolivia; zu Ehren des Befreiers).
　　　Erster Staatschef wird Bolívars begabtester Feldherr, der aus Venezuela stammende General *Antonio José de Sucre* (* 1795, † 1830), Vizepräsident 1826–1828 (nominell ist *Bolívar* selbst *Staatspräsident*).

1829–1839　Sein Rivale und Nachfolger *Andrés Santa Cruz* (* 1792, † 1865) hebt die von Bolívar geschaffene Verfassung wieder auf.

1836–1839　Vereinigung mit Peru.

1839　Nach Santa Cruz' Sturz wird das Land zum Spielball militärischer Despoten (caudillos bárbaros) und verfällt der Anarchie.

1879　**Ein** *Grenzkonflikt mit Chile* führt zum **Salpeterkrieg** (1. März).

1880　Nach der *Niederlage bei Tacna* zieht sich Bolivien aus dem Krieg zurück.

1884　Im *Abkommen von Valparaiso* muß Bolivien seine Küstenprovinz Antofagasta an Chile
4. April　abtreten (endgültig vertraglich festgelegt am 20. Okt. 1904), wodurch Bolivien Binnenstaat

Lateinamerika – selbständige Staaten – Südamerika *1207*

wird. Chile verpflichtet sich zum Bau der Eisenbahn Arica–La Paz, um dem bolivianischen Handel den Zugang zum Pazifik zu erleichtern.

	Eine weitere territoriale Einbuße bringt der Grenzstreit mit Brasilien um das reiche Kau-
1903	tschuk-Gebiet von *Acre,* das Bolivien im *Vertrag von Petropolis* gegen eine Entschädigung
18. Nov.	von 2 Mio. Pfund Sterling an Brasilien abtritt, das sich seinerseits zum Bau einer Eisenbahn zwischen den Flüssen Madeira und Mamoré verpflichtet.
1938	Als Folge des **Chacokrieges** mit Paraguay (1932–1935) verliert Bolivien im **Frieden von**
21. Juli	**Buenos Aires** auch noch den größten Teil des von ihm beanspruchten *Chaco boreal,* womit sich das bolivianische Staatsgebiet in 120 Jahren um etwa ein Drittel des ursprünglichen vermindert hat.

Wirtschaftliche Entwicklung

Boliviens wirtschaftliche Entwicklung beruht vor allem auf dem meist in ausländischen Händen befindlichen Bergbau (Zinn, Blei, Zink, Antimon u. a.), in dem etwa 3% der Bevölkerung über 80% der Staatseinnahmen erarbeiten. Über zwei Drittel der meist aus Indianern (1938 ca. 60%) bestehenden Bevölkerung sind in der wegen ihrer primitiven Methoden wenig ertragreichen Landwirtschaft beschäftigt. 1940 beträgt die Quote der Analphabeten über 70%. Bis zum Zweiten Weltkrieg sind alle Versuche sozialer Reformen gescheitert. – *(Forts. S. 1608)*

Paraguay
(Forts. v. S. 1192)

1811	Als eine revolutionäre Junta in Buenos Aires versucht, Paraguay unter ihre Botmäßigkeit
15. Mai	zu zwingen, trennt sich die Provinz vom Vizekönigreich *Río de la Plata.*
1813	Erklärung der Unabhängigkeit und **Konstituierung** als **selbständige Republik** (12. Okt.)
1814–1840	Paraguay gelingt es, unter der Diktatur von *José Gaspar Rodríguez de Francia* (* 1766, † 1840) seine Unabhängigkeit zu festigen.
1844–1862	Während der Regierung des Präsidenten *Carlos Antonio López* (* 1790; † 1862) setzt die kulturelle und wirtschaftliche Entwicklung des Landes ein, die es zu einem der fortgeschrittensten Staaten Lateinamerikas macht.
1864/1865	Während der Präsidentschaft von *Francisco Solano López* (* 1827, † 1870; 1862–1870) wird Paraguay (1864) mit Brasilien und (1865) auch mit Argentinien und Uruguay in den sog. **Krieg der Tripelallianz** verwickelt, der auf allen Seiten ungeheure Opfer fordert (Paraguay verliert etwa 80% seiner männlichen Bevölkerung).
1870	Erst mit dem Tode des Marschalls *F. S. López* wird der **Krieg beendet** (1. März).
bis 1876	Das Land bleibt unter *alliierter Besatzung.* Die wirtschaftliche Erholung wird durch Unruhen und Staatsstreiche erschwert.
1912–1928	Unter den Präsidenten *Eduardo Schaerer* (* 1873, † 1912; 1912–1916) und *Eligio Ayala* (* 1888, † 1930; 1924–1928) beginnen sich die innenpolitischen Verhältnisse allmählich zu stabilisieren.
1932–1935	Im **Chacokrieg** gegen Bolivien erleidet Paraguay neue Verluste, und die menschen- und rohstoffarmen Territorien, die Paraguay von Bolivien gewinnt, können die hohen finanziellen Ausgaben des Krieges nicht ausgleichen. Erst nach dem Zweiten Weltkrieg überschreitet die Bevölkerungszahl Paraguays wieder eine Mio. und erreicht damit den Stand vor dem Tripelallianzkrieg.
	Bemerkenswert ist der hohe Bevölkerungsanteil der Mestizen (1938 ca. 95%); die Zahl der europäischen Einwanderer und der Zustrom ausländischen Kapitals sind gering. Als Binnenstaat, reines Agrarland und ohne erwähnenswerte Bodenschätze gehört Paraguay zu den wirtschaftlich ärmsten Ländern Südamerikas. – *(Forts. S. 1609)*

Uruguay
(Forts. v. S. 1192)

1811	Der Kampf gegen die spanische Herrschaft beginnt, der gleichzeitig zu einem Konflikt zwischen Argentinien und Brasilien um die „*Banda Oriental*" (d. h. „Ostseite" des Río Uruguay; alter Name für Uruguay) wird.
1816	Führer der Unabhängigkeitsbewegung ist der Milizoffizier *José Gervasio Artigas* (* 1764, † 1850), der von brasilianischen Truppen vertrieben wird.
1821	Das Land wird als *Cisplatinische Provinz* Brasilien angeschlossen.
1825	Aufstände gegen Brasilien, die von Buenos Aires unterstützt werden, was (1826–1828) zum Krieg zwischen Argentinien und Brasilien führt.

1208 Außereuropäische Welt bis 1945 – Amerika

1828 Durch britische Vermittlung wird im Vertrag von Rio de Janeiro von Argentinien und Bra-
27. Aug. silien die **Unabhängigkeit Uruguays** anerkannt.
1830 Verabschiedung einer Verfassung (18. Juli).
Als Pufferstaat ist Uruguay im 19. Jh. aber immer noch Interventionen beider Nachbarmächte ausgesetzt. Innenpolitisch leidet das Land unter den Kämpfen zwischen den liberalen Colorados („Roten") und den konservativen Blancos („Weißen"), deren Bürgerkriege
Uruguay in eine permanente Anarchie stürzen. Erst am Ende des 19. Jh.s beginnt eine ruhigere politische Periode, die schließlich zur Konsolidierung unter Präsident *José Batlle y*
1903–1907 *Ordóñez* (* 1856, † 1929) führt. Der **„Batllismo"** fördert Wirtschafts- und Sozialreformen,
1911–1915 führt die Trennung von Staat und Kirche durch, ohne deshalb kirchenfeindlich zu sein, und
leitet einen gemäßigten Staatssozialismus ein.
1919 Eine neue Verfassung (1. März) legt die gemeinsame Regierung von Präsident und Staatsrat fest.
1931–1938 Eine Wirtschaftsdepression führt zur Diktatur von *Gabriel Terra* (* 1873, † 1942), der den
Staatsrat zugunsten eines autoritären Regierungssystems auflöst (Verfassung von 1934).
Da Uruguay erst Ende des 17. Jh.s besiedelt wird und die Wirtschaft vorwiegend auf Viehzucht beruht, gibt es kein Sklavenproblem. Die Indianer sind bereits Anfang des 19. Jh.s
ausgerottet. Die europäische Einwanderungswelle ab 1870 trägt zur Ausbildung eines breiten Mittelstandes bei. – *(Forts. S. 1610)*

Argentinien
(Forts. v. S. 1192)

1810 Eine aus Kreolen bestehende Junta setzt den spanischen Vizekönig von Río de la Plata ab
25. Mai und bildet in Buenos Aires eine *autonome Regierung.*
1810/1811 Die Versuche scheitern, Alto Perú (Bolivien) und Paraguay zum Anschluß an Buenos Aires
zu bewegen.
1816 Die Vereinigten Provinzen des Río de la Plata erklären in Tucumán ihre **Unabhängigkeit**
9. Juli **von Spanien.** Bürgerkriege zwischen *Unitariern* (vor allem Kaufleute der Provinz Buenos
Aires) und *Föderalisten* (besonders Handwerker und Viehzüchter des Binnenlandes) erschweren eine Konsolidierung des Staates.
1825/1826 Nachdem unter dem unitarischen Präsidenten *Bernardino Rivadavia* eine Beruhigung eintritt, flammen die Unruhen wieder auf.
1829–1852 Der föderalistische Präsident (1829–1832) und spätere Diktator (1835–1852) *Juan
Manuel de Rosas* (* 1793, † 1877) unterdrückt jede Opposition. Seine autoritäre Regierungsform bildet die Grundlage für den späteren argentinischen Einheitsstaat.
1833 Briten annektieren die Falklandinseln. Als Präsident Rosas aktiv in die uruguayischen Bürgerkriege eingreift, erzwingt eine *britisch-französische Intervention* den Rückzug der argentinischen Truppen (1845).
1838–1840 Konflikte mit den im Land lebenden Franzosen führen zur Blockade des Hafens von Buenos Aires durch französische Kriegsschiffe.
1852 Gegen Rosas verbündet sich der Gouverneur von Entre Ríos, *Justo José de Urquiza*
3. Febr. (* 1800, † 1870), mit Corrientes, Paraguay, Uruguay und Brasilien und besiegt Rosas entscheidend bei Caseros.
1853 Buenos Aires trennt sich von den übrigen Provinzen, welche nun die **Argentinische Konfö-**
25. Mai **deration** bilden, die eine neue **Verfassung** annimmt (mit geringen Änderungen bis 1949 in
Kraft). Bundeshauptstadt der Konföderation wird Paraná.
1854–1860 Alle Versuche des Präsidenten Urquiza, die Wiedervereinigung mit Buenos Aires zu erreichen, schlagen fehl.
1862 Diese gelingt erst General *Bartolomé Mitre* (* 1821, † 1906), der als Gouverneur von Buenos Aires das Heer der Konföderation besiegt (1861) und zum ersten verfassungsmäßigen
Präsidenten des wieder vereinigten Argentinien gewählt wird (1862–1868).
1865 Argentinien wird in den Krieg gegen Paraguay verwickelt.
1868–1874 Präsident *Domingo Faustino Sarmiento* (* 1811, † 1888) erzielt erhebliche Erfolge in der
Schul- und Bildungspolitik (1870: über 80% Analphabeten, 1940: 10%).
1874–1880 Während der Präsidentschaft von *Nicolás Avellaneda* (* 1836, † 1888) beginnt die *europäische Masseneinwanderung* nach Argentinien, das 1869 1,8 Mio., 1880 2,5 Mio. und 1895
über 4 Mio. Einwohner zählt.
1880 Buenos Aires, das von der gleichnamigen Provinz getrennt und endgültig Bundeshauptstadt
wird, wächst von 180000 Einwohnern (1869) auf über eine Mio. (1905).
1877–1883 Dem Kriegsminister und späteren Präsidenten, General *Julio Argentino Roca* (* 1843,
† 1914; 1880–1886 und 1898–1904), überträgt Präsident *Avellaneda* die Unterwerfung
des noch von Indianern besiedelten Patagonien, das in den argentinischen Staatsverband
eingegliedert wird.

Lateinamerika – selbständige Staaten – Südamerika *1209*

Mit der Erschließung der Pampa vergrößert sich auch das Eisenbahnnetz rapide (1880: 2516 km, 1890: über 9000 km, 1914: 33 500 km).

1902 Außenpolitische Spannungen wegen *Grenzstreitigkeiten mit Chile* werden durch einen britischen Schiedsspruch beigelegt.

Einwanderern und Neusiedlern stellt der Staat Subventionen und Parzellen für den Anbau von Agrarprodukten zur Verfügung. Die Grundbesitzer-Aristokratie gewinnt in Patagonien riesige neue Territorien hinzu, die vor allem für Getreideanbau und Viehzucht genutzt werden und hohe Erträge bringen. Ende des 19. Jh.s zählt Argentinien zu einer der größten Kornkammern der Welt und zu den führenden Fleischlieferanten auf dem Weltmarkt. Die nicht verwurzelten Pächter und Lohnarbeiter wandern in die Städte ab, wo sie, als (nach 1880) die landwirtschaftliche Massenproduktion und der Aufbau der Nahrungsmittelindustrie beginnen, in neue Berufszweige eingegliedert werden.

1912 Der sich rasch entwickelnde Mittelstand und die Industriearbeiterschaft melden gegen die
Febr. *herrschende Oligarchie* ihre sozialen Forderungen an und entwickeln sich allmählich zu einer bedeutenden politischen Kraft, die durch die **Wahlrechtsreform** des Präsidenten *Roque Sáenz Peña* (* 1851, † 1914; 1910–1914), der allgemeine, obligatorische und geheime Wahlen durchsetzt, gefördert wird.

1916 Zum ersten Mal finden in der argentinischen Geschichte wirklich *freie Präsidentschaftswahlen* statt, aus denen *Hipólito Irigoyen* (* 1850, † 1933; 1916–1922 und 1928–1930) als Sieger hervorgeht, mit dessen Radikaler Partei der Mittelstand zu politischem Einfluß gelangt.

1930 Als Irigoyen die Auswirkungen der Weltwirtschaftskrise nicht auffangen kann, wird er von der Oligarchie im Bündnis mit den Militärs gestürzt, womit die Herrschaft der Generale beginnt, die schließlich in den **Peronismus** mündet.

1943–1946 Im Machtkampf innerhalb der Armee setzt sich Oberst *Juan Domingo Perón* (* 1895, † 1974) durch. – *(Forts. S. 1612)*

Brasilien
(Forts. v. S. 1193)

1808 Die Übersiedlung des portugiesischen Hofes nach Brasilien bereitet faktisch die Trennung des Landes von Portugal vor: die Reformen und die Politik *König Johanns VI.* (* 1769, † 1826) stärken die eigenstaatlichen Tendenzen.

1815 Nach *Napoleons I.* Sturz verwahrt sich Portugal dagegen, von einem in Übersee residierenden Herrscher regiert zu werden; andererseits nehmen die brasilianischen Abgeordneten die Einberufung der Cortes (Ständeversammlung) nach Lissabon unwillig auf.

1821 Johann VI. kehrt nach Portugal zurück und überläßt seinem Sohn, *Dom Pedro* (* 1798,
April † 1834), die Regierung in Brasilien.

1822 Als die Cortes Brasilien jedoch wieder als Kolonie ansehen und politisch wie wirtschaftlich
1. Aug. erneut von Portugal abhängig machen sowie Pedro zur Rückkehr nach Lissabon zwingen wollen, läßt dieser eine *weitgehende Autonomie* verkünden.

7. Sept. Dom Pedro erklärt in Übereinstimmung mit seinem Staatsrat auf dem Hügel von Ipiranga bei São Paulo die **Unabhängigkeit** (gorito do Ipiranga).

12. Okt. Proklamierung zum **Kaiser Pedro I.** (Peter) und Krönung in Rio de Janeiro (1. Dez.).

1824 Nach der von Pedro I. inspirierten liberalen **Verfassung** wird Brasilien *konstitutionelle*
25. März *Monarchie*. Separatistische Aufstände in den Nordostprovinzen, der fehlgeschlagene Versuch, Uruguay zu annektieren, die Opposition der Bevölkerung gegen sein oft verfassungswidriges und auch privat kritikbedürftiges Verhalten sowie vor allem sein größeres Interesse an der portugiesischen als an der brasilianischen Politik bestimmen Pedro I.

1831 schließlich, nach dem Tod Johanns VI. in Portugal die Regierung zu übernehmen und in
7. April Brasilien zugunsten seines Sohnes abzudanken.

1840 Nach seiner Volljährigkeitserklärung übernimmt *Pedro (Peter) II.* (* 1825, † 1891) die
23. Juli Staatsgeschäfte.

1865–1870 Die *Farrapen-Revolution* (farrapos = Lumpen) in Rio Grande do Sul wird nach zehnjähriger Dauer niedergeworfen und (1849) auch die letzte Erhebung des Nordostens in Pernambuco beendet. Außenpolitisch wird das traditionell gespannte Verhältnis zu Argentinien verbessert, mit dessen Unterstützung Brasilien Paraguay besiegt.

Das Sklavenproblem

Das Hauptproblem der Regierungszeit Pedros II. bildet die *Sklaverei*. Bereits 1826 fordert Großbritannien binnen fünf Jahren die Abschaffung des Sklavenhandels, der von der brasilianischen Regierung auch am 7. Nov. 1831 verboten wird. Jedoch hält sich niemand daran, weil zur Ausweitung der Kaffee-, Zuk-

1210 Außereuropäische Welt bis 1945 – Amerika

ker- und Tabakpflanzungen immer neue schwarze Arbeitskräfte gefordert werden. Erst durch das Gesetz vom 4. Sept. 1850 gelingt es, den *Sklavenhandel* zu unterbinden; doch sind 1831–1850 noch fast eine halbe Mio. Sklaven nach Brasilien importiert worden. Durch den nun einsetzenden Mangel an schwarzen Arbeitskräften verlagert sich das Schwergewicht des Kaffeeanbaus von den tropischen Nordostprovinzen auf die Hochfläche von São Paulo. Da auch der Widerstand gegen die Sklaverei zunimmt, erklärt das Gesetz vom 28. Sept. 1871 die Kinder von Sklaven für frei, womit die Sklaverei allmählich abgeschafft werden soll, da die Krone aus wirtschaftlichen Gründen keine radikale Lösung will, auf die die republikanischen Kreise drängen.

1888 13. Mai	Während eines Aufenthalts Pedros II. in Europa läßt sich die Regentin, Kronprinzessin *Isabel,* zur entschädigungslosen *Aufhebung der Sklaverei* (Lei Aurea) bestimmen. Die Großgrundbesitzer und Pflanzer, bisher Stütze der Monarchie, schließen sich den Republikanern an, die auch die Armee für sich gewinnen.
1889 **15. Nov.**	Sturz der Monarchie und **Ausrufung der Republik.** Pedro II. und seine Familie gehen ins Exil.
1891 **24. Febr.**	Bildung einer provisorischen Regierung und Verabschiedung der **neuen Verfassung,** die Brasilien als eine *Föderativrepublik* von 20 Bundesstaaten definiert, die über weitgehende Selbständigkeit verfügen.
1891–1894	Mit dem Marschall *Floriano Peixoto* (* 1841, † 1895) wird der *erste verfassungsmäßige Präsident* gewählt. Seine und die folgenden Regierungen haben gegen verschiedene lokale Erhebungen zu kämpfen.

Wirtschaftliche Entwicklung

1890 beginnt die Zucker- und 1896 die erste Kaffeekrise auf dem Weltmarkt, die Brasilien nur mit Hilfe britischen Kapitals überbrücken kann. 1913 geht der seit 50 Jahren anhaltende Kautschukboom zu Ende. Durch moderne Anbau- und Verarbeitungsmethoden Beginn der Industrialisierung, *Ausbau des Verkehrsnetzes* (1873; 1203 km Eisenbahn, 1907: 18000 km, 1931: 35646 km) sowie verstärkte Bemühungen um die schon seit der Unabhängigkeit geförderte Einwanderung (1884–1893: 880000 Einwanderer, 1894–1903: 860000, 1904–1913: über eine Mio.) gelingt es, die wirtschaftlichen Schwierigkeiten zu überwinden.

1922	Mit dem „*tenentismo*" (= Leutnantsbewegung) beginnt der Reformversuch junger Offiziere, die sich für mehr soziale Gerechtigkeit und die Zurückdrängung des Einflusses der Oligarchie einsetzen.
1930 **24. Okt.**	Im Zusammenhang mit den Folgen der Weltwirtschaftskrise, die die brasilianische Wirtschaft an den Rand des Ruins bringen, und der Aufdeckung von Wahlmanipulationen bei den Präsidentschaftswahlen von 1930 unterstützen die „tenentes" die **Revolution,** in der sich *Getúlio Dornellas Vargas* (* 1883, † 1954) durchsetzt und die Macht übernimmt.
1932/1938	Vargas regiert autoritär und erweitert die Präsidialvollmachten, während er die Autonomie der Bundesstaaten einschränkt; er unterdrückt einen Aufstand São Paulos (1932), schlägt eine kommunistische Revolte nieder (1935) und vereitelt einen Staatsstreich der den italienischen Faschisten nahestehenden Integralisten (1938).
1937 10. Nov.	Mit seinem eigenen Staatsstreich (Auflösung des Kongresses, Streikverbot) proklamiert Vargas den „*Neuen Staat*" (Estado Novo), den er diktatorisch regiert. Er verbietet alle politischen Parteien und strebt durch eine radikale Nationalisierungspolitik die völlige Assimilierung aller nichtportugiesischen Einwanderergruppen und ihrer Nachkommen an.

Die Grundprinzipien des „Neuen Staates"

Zu den wichtigsten Prinzipien des Estado Novo gehört ein *Wirtschaftsnationalismus,* dessen Kern und Ziel die Beschleunigung der *Industrialisierung* ist, die auf der Grundlage der bereits vorhandenen Industriebetriebe vorangetrieben wird. Voraussetzung sind die reichen Bodenschätze (Eisen-, Mangan- und Zinnerze, Erdöl, Kohle, Bauxit, Uran u. a.). Mit Hilfe der USA erfolgt der Aufbau der ersten brasilianischen Schwerindustrie (Volta Redonda) während des Zweiten Weltkrieges, an dem sich Brasilien als Verbündeter der Alliierten beteiligt. Die alte *Agrarexportwirtschaft* und die auf ihr beruhende soziale Gliederung (Großgrundbesitzer, Kleingrundbesitzer, Pächter, Lohnarbeiter) bleibt trotz der Industrialisierung erhalten. Es gelingt ihnen nicht, die Spannung zwischen den steigenden Konsumerwartungen, dem Bevölkerungswachstum und dem tatsächlichen Angebot zu überwinden (zu geringe Entlohnung und zu wenig neue Arbeitsplätze).

1944/1945	Das brasilianische Expeditionskorps (Força Expedicionâria Brasileira) wird in Stärke von über 25000 Mann auf alliierter Seite in Italien eingesetzt. – *(Forts. S. 1614)*

Lateinamerika – selbständige Staaten – Südamerika *1211*

Chile
(Forts. v. S. 1194)

1810 Die *ersten Rebellionen* gegen die spanische Herrschaft beginnen, doch werden die Aufstände niedergeworfen.

1817 Erst der Feldzug des Argentiniers *José de San Martín* (* 1778, † 1850), der zusammen mit
Febr. den chilenischen Hilfstruppen von *Bernardo O'Higgins* (* 1776, † 1842) die Anden überquert, kann die Spanier vertreiben.

1818 Chile proklamiert seine **Unabhängigkeit,** die durch den Sieg bei Maipú (5. April 1818) gesi-
12. Febr. chert wird.
O'Higgins wird zum *„Obersten Direktor"* gewählt, kann sich jedoch nicht durchsetzen.

1830–1841 Es folgen Unruhen und Parteikämpfe, die unter Präsident General *Joaquin Prieto* (* 1786, † 1854) durch seinen Universalminister *Diego Portales* (* 1793, † 1837) beendet werden.

1833 Portales' Einfluß ist die Verfassung (bis 1925 in Kraft) zu verdanken, die eine starke
25. Mai Exekutive vorsieht. Während des halben Jahrhunderts seiner konservativen Ära kann sich Chile innenpolitisch konsolidieren und außenpolitische Erfolge erzielen.

1839 Durch die Zerschlagung des peruanisch-bolivianischen Föderation wird die Bildung eines mächtigen Gegners im Norden verhindert.

seit 1840 Die planmäßige Erschließung des noch von freien Araukanern bewohnten Südens, in den deutsche Siedler einwandern, beginnt.

1865/1866 Ein spanischer Angriff wird zurückgewiesen.

1879–1883 Im **Salpeterkrieg** gegen Peru und Bolivien gewinnt Chile das Weltmonopol für Salpeter, dessen Ausfuhrzölle eine wichtige Einnahmequelle des Staates sind, sowie reiche Kupfervorkommen.

1881 Die Liberalen übernehmen die Regierung, deren Reformen zu Konflikten mit der katholischen Kirche führen.

1891 Präsident *José Manuel Balmaceda* (* 1838, † 1891; 1886–1891) gelangt zwar zu einem
19. Sept. Kompromiß mit der Kirche, doch wird er in einem Streit mit dem Kongreß um die Macht im Staat von den Revolutionären besiegt und begeht Selbstmord.
Der Sieg der Kongreßpartei führt zu einer schwachen Exekutive; wechselnde Ministerien sind die Folge.

1902 Grenzstreitigkeiten mit Argentinien führen fast zum Krieg, werden aber durch den britischen Schiedsspruch beigelegt.
Im Gegensatz zu anderen lateinamerikanischen Ländern erreicht Chile im 19. Jh. eine solide politische Festigung und infolge der reichen Bodenschätze auch eine auf Handel und Bergbau beruhende günstige wirtschaftliche Entwicklung. Die reichen Vorkommen erregen das Interesse ausländischer Kapitalgeber; am Sturz Balmacedas, der die Salpetervorkommen verstaatlichen wollte, wirken englische Finanzkreise mit. Durch die Industrialisierung bildet sich eine Geldaristokratie der Unternehmer heraus, der sich die traditionelle Oberschicht der Grundbesitzer anschließt. Die neuen wirtschaftlichen Zentren werden zu immer stärkeren Brennpunkten sozialer Spannungen.

1920/1938 Um einen sozialen Ausgleich bemüht sich Präsident *Arturo Alessandri y Palma* (* 1868, † 1950; 1920–1924, 1925–1926 und 1932–1938), der sich auf die Partei des Mittelstandes, „Partido Radical", stützen kann.

1929/1932 Die Weltwirtschaftskrise führt zu schweren und anhaltenden sozialen Unruhen, deren Höhepunkt ein *kommunistischer Aufstand* ist und in der Ausrufung einer „sozialistischen Republik" gipfelt, die von Alessandri aber beseitigt wird.

1938 Kommunisten, Sozialisten und der linke Flügel des Partido Radical verbinden sich zur Volksfront und erzwingen die Präsidentschaft ihres Kandidaten *Pedro Aguirre Cerda* (* 1879, † 1941; 1938–1941), der sich um einen weiteren Ausbau des Sozialstaats bemüht.

1942–1946 Unter dem Nachfolger *Juan Antonio Ríos Morales* (* 1888, † 1946) festigt sich die Volksfront zunächst. – *(Forts. S. 1616)*

Australien und Ozeanien mit Neuseeland

Endogene Kulturen

Australien

Der fünfte Erdteil ist – abgesehen von einigen schmalen, regenreichen und tropisch-fruchtbaren Küstenregionen – weitgehend bedeckt von Buschland, Trockensavannen und Wüsten mit einer eigenen, zum Teil
recht urtümlichen Pflanzen- und Tierwelt. Bis zur Entdeckung und Besiedlung durch die Europäer liegt
Australien weitab von jedem weltgeschichtlich bedeutsamen Geschehen. Seine isolierte Lage, die verhältnismäßig ungünstigen Lebensbedingungen sowie die ausgeprägte Traditionsverbundenheit seiner
Urbewohner, der sogenannten *Uraustralier,* wirken bis zur Landnahme der Europäer hemmend auf bestimmte zivilisatorische Weiterentwicklungen und begünstigen die Erhaltung sehr altertümlicher Kulturen, die – trotz mannigfacher lokaler Sonderformen – insgesamt erstaunlich homogen sind.
Wie neuere Radio-Karbon-Datierungen zeigen, erfolgt die erste **Besiedlung** Australiens bereits im späten
Pleistozän (ca. **35 000–30 000 v. Chr.**), zu einer Zeit, da der Kontinent noch durch eine mehr oder minder
geschlossene Landbrücke (Philippinen, Indonesien, Neuguinea) mit Asien verbunden ist. Erste Siedler
sind die *Tasmaniden,* rundköpfige, dunkelhäutige und kraushaarige Menschen, die von Südost-Asien
über das südliche Neuguinea nach Australien gelangen. Wenig später werden sie von neuen Einwanderern, den *Australiden,* die in mehreren Schüben auf der gleichen Migrationsroute nach Australien kommen, absorbiert bzw. auf die Südost-Australien vorgelagerte Insel Tasmanien abgedrängt.
Anthropologisch gelten die *Australiden* als eigene **Rasse,** die durch einen hohen, schlanken Körperbau,
längliche Schädelformen, vorspringende Kiefer, schlichtes oder welliges Haar von dunkler Farbe und eine
hell- bis dunkelbraune Hautpigmentierung charakterisiert wird. Die Nachfahren der frühen Einwanderer, hervorgegangen aus der Vermischung von *Tasmaniden* und *Australiden,* siedeln zur Entdeckungszeit
weit verstreut über den ganzen Kontinent. Die damals wahrscheinlich nicht mehr als 300 000 Menschen
zählenden Uraustralier gliedern sich in rund 500 Stämme oder Ethnien mit beinahe ebenso vielen eigenen
Sprachen.
Linguistisch unterscheidet man zwei große australische **Sprachgruppen.** Die Sprachen der *südaustrali-
schen Gruppe* besitzen einige morphologische, lexikalische und grammatikalische Gemeinsamkeiten, die
den Sprachen der *nordaustralischen Gruppe* weitgehend fehlen. Allen australischen Sprachen ist jedoch
ein großer Formenreichtum des Verbums und eine nur sehr geringe Ausbildung des Zählsystems eigen.
Der Verständigung über die Stammesgrenzen hinaus dient vielerorts eine hoch entwickelte *Gestenspra-
che.*
Die **Wirtschaft** basiert ausschließlich auf der extensiven Nutzung der natürlich vorkommenden Nah-
rungsressourcen. Die Uraustralier beharren auf dieser „aneignenden" Wirtschaftsweise des *Wildbeuter-
tums,* nirgendwo und zu keiner Zeit gelangen sie zu produktiven Methoden der Nahrungsbeschaffung.
Sie leben als *Jäger* und *Sammler,* die bei ihrer Nahrungsfürsorge lediglich eine *geschlechtsspezifische
Arbeitsteilung* kennen. So jagen die Männer mit Ausdauer und großem Geschick das Großwild (z. B.
Känguruh, Wallaby, Dingo, Emu). In den Küstenregionen gehört auch der mit viel Einfallsreichtum betriebene Fischfang zu ihren Aufgaben. Die Frauen sammeln dagegen eßbare Wurzeln, Blätter, Früchte,
Grassamen, Honig, Larven, Eier und allerlei Kleintiere. Die wildbeuterische Lebensweise erlaubt den
Uraustraliern nicht, in größeren Sozialverbänden zusammenzuleben, sondern zwingt sie, in kleinen,
höchstens 20 bis 200 Menschen umfassenden „*Horden*" ein angestammtes, genau abgegrenztes und insbesondere in den ariden Zonen recht ausgedehntes Territorium zu durchstreifen, in ständiger Suche nach
der täglichen Nahrung. Hierbei bestimmen der Wildwechsel und die Reifezeiten der wild wachsenden
Nahrungspflanzen die Wanderungen der Horden innerhalb ihres Jagdgebietes, das sie immer gegen
fremde Eindringlinge zu schützen suchen.
Ihre mobile Lebensweise hindert die Uraustralier daran, dauerhafte **Siedlungen** anzulegen. Der günstigste Ort für die augenblickliche Nahrungsbeschaffung und die in ariden Zonen seltenen Wasserstellen sind
ausschlaggebend für die Wahl des Lagerplatzes, wo zum vorübergehenden Schutz gegen Regen und Wind
ein aus Zweigen und Gräsern gefertigter „Windschirm" oder, bei längerem Aufenthalt, aus dem gleichen
Material einfache Hütten errichtet werden. Diese temporären Lager sind Schlafstätte und Aufbewah-
rungsort für die wenigen Habseligkeiten, wie Waffen, Schmuck, Hausrat.
Die unproduktive Wirtschaftsform der Uraustralier verlangt von ihnen eine bestmögliche Anpassung an
die natürlichen Gegebenheiten ihres Lebensraumes und erfordert zudem eine ständige Mobilität. Damit
entfallen der Anreiz und die Notwendigkeit, kompliziertere Techniken für die planvolle und gestaltete
Naturbeherrschung zu entwickeln, zum anderen ist, schon wegen des Fehlens von Lasttieren oder anderen
Mitteln für Großtransporte, die bewegliche Habe auf das Notwendigste zu beschränken. Dementsprechend einfach sind die Technik und der materielle Kulturbesitz der Uraustralier.

Ihre **Technik,** in der sich *alt-* und *jungsteinzeitliche Fertigkeiten* nebeneinander finden, kennt als Produktionsmittel nur die menschliche Muskelkraft, Feuer, Wasser und sehr primitive, aber zweckmäßige Werkzeuge, wie Steinbeile, Stein- und Muschelschaber, Knochenpfrieme und -nadeln, Stichel aus Tierzähnen. Die wichtigsten *Fertigungstechniken* sind die Steinbearbeitung (Behauen und Retuschieren, aber auch Schleifen und Polieren), die Holzbearbeitung (Schnitzen, Glätten, Härten) sowie verschiedene textile Verfahren (Drillen, Zwirnen, Netzen, Knüpfen, Flechten). An *Rohstoffen* werden neben Stein und Holz vor allem Fasern, Rinde, Bast, Samenkapseln, Knochen, Zähne, Felle, Federn, Conchyliengehäuse usw., jedoch keinerlei Metalle verarbeitet.

Der **materielle Kulturbesitz** ist, wenn auch mit lokalen Unterschieden, insgesamt außerordentlich typenarm und schlicht, dabei aber stets sinnreich und oft auch mit ästhetischem Bemühen gestaltet. *Kleidung* fehlt, abgesehen von den aus Menschenhaar gefertigten Wulstgürteln und den sehr seltenen, aus Opossum- oder Känguruhfellen bestehenden Wetter-Umhängen. Reichhaltiger ist dagegen der *Schmuck.* Dazu gehören neben der Körperbemalung und den Schmucknarben (Skarifikation) Ketten aus Conchyliengehäusen, rot gefärbte, mit Tierzähnen besetzte Zierschnüre, Kopfschmuck aus Federn oder Känguruh-Haaren, genetzte Stirn- und Armbänder sowie Gehänge aus Haliotis- oder Perlmutt-Schalen, die mit geometrischen Ritzmustern verziert sind und primär eine zeremonielle Funktion haben, im interethnischen *Handel* zudem auch als Geldersatz dienen. Das schlichte *Wirtschaftsgerät* und der karge *Hausrat* bestehen aus Grabstöcken mit feuergehärteter Spitze, Reibsteinen zum Zerkleinern von Samen und Wurzeln, „Feuersäge" oder „Feuerquirl" sowie Holzmulden, Rindenbehältnissen und Netztaschen für den Transport. Die zur Jagd, im Kampf und bei gewissen Kulthandlungen verwendeten *Waffen* sind vor allem aus Eukalyptus- oder Akazienholz geschnitzte Speere, mit feuergehärteter, zuweilen mit Widerhaken versehener Spitze. Einzelne Stämme haben auch mit Steinspitzen armierte Speere. Um die Hebelkraft des Wurfarmes zu verstärken, schleudert man diese Fernwaffen mit Hilfe eines sogenannten „Speerwerfers", ein brett- oder stabförmiges Holzstück, das einen Zapfen als Widerlager für das Schaftende des Speeres besitzt. Hinzu kommen zahlreiche Typen von Schlag- und Wurfkeulen sowie flache, knieförmig gekrümmte Wurfhölzer (Bumerang), die Jagd- und Kampfwaffen sind oder, wenn sie als „Wiederkehr"-Wurfholz konstruiert sind, bei Spielen und Wettkämpfen gebraucht werden. Gegen die Speere und Wurfhölzer schützt man sich mit schmalen Parier- oder „Stock"-Schilden, andernorts auch mit großen, ovalen, reich ornamentierten Holzschilden. Herstellung, Besitz und Gebrauch des *Zeremonialgerätes* ist ausschließlich den initiierten Männern vorbehalten. „Botenstäbe" mit eingeritzten Zeichen laden zum zeremoniellen Tausch und zu Kultfesten. Schwirrhölzer und Holztrompeten lassen im Kult die Stimmen der Ahnengeister erklingen. Heiligster Besitz sind die aus Schiefer oder Holz gefertigten, mit sakralen Symbolen bedeckten „Tjurunga", in denen bestimmte Ahnengeister wohnen und die alles bewirkende Schöpfungskraft der mythischen Urzeit gegenwärtig ist.

Im Gegensatz zu der Schlichtheit des materiellen Kulturbesitzes ist die **Sozialordnung** der Uraustralier, die in einem tiefgründigen religiösen Weltbild verankert ist, von hoher Komplexität. Sie leben in losen Stammesverbänden, denen jedoch kaum eine politische Bedeutung zukommt. Wichtigste politische Einheit ist vielmehr die wirtschaftlich autarke *Lokalgruppe* („Horde"), die sich aus mehreren Großfamilien zusammensetzt. Die Macht liegt in Händen von *Familien-* und *Gruppenältesten,* deren Autorität in ihrer Weisheit und Lebenserfahrung gründet. Sie entscheiden in weltlichen und kultischen Angelegenheiten und genießen kraft ihres Ansehens zahlreiche Privilegien. Die oberste politische Instanz ist der aus den Ältesten gebildete *Stammesrat,* der unbeschränkt über Krieg und Frieden, Tod und Leben gebietet, die Anordnungen der Gruppenchefs kontrolliert und die Interessen der Gemeinschaft gegen die Willkür des einzelnen schützt. Neben den Lokalgruppen bestehen *überregionale Sozialverbände* auf „totemistischer" Grundlage. Bestimmte Gruppen von Individuen fühlen sich in einer engen mystischen Beziehung mit gewissen Tier- oder Pflanzengattungen, den sogenannten *Totem,* verbunden. Diese Beziehung, die sich einerseits als verwandtschaftliche, andererseits als schicksalsmäßige Bindung darstellt, fußt auf dem Glauben, jene Gruppen und ihre Totem hätten einen gemeinsamen, mythischen Ahnen. Sie regelt zugleich das Verhalten der Gruppe gegenüber dem Totem (rituelle Meidungsvorschriften usw.). Die wichtigste Auswirkung dieser Vorstellungen ist im sozialen Bereich der Zusammenschluß von Angehörigen gleicher Totem zu *Klanen* von überregionaler Bedeutung, die eine gemeinsame mythische und kultische Tradition besitzen. Die totemistischen Klane sind *exogam,* sexuelle Verbindungen zwischen Angehörigen desselben Totem werden als Inzest mit dem Tode bestraft. Daneben gilt die „Lokalexogamie", die Angehörigen derselben „Horde" die Heirat verbietet. Zusätzliche Ehehindernisse folgen vielenorts aus der Gliederung des Stammes in exogame *Hälften,* die ihrerseits in zwei oder vier *Sektionen* unterteilt sein können. Die totemistische Ordnung und das *klassifikatorische Verwandtschaftssystem* (Klassifizierung aller Individuen nach Verwandtschaftsgraden unabhängig vom biologischen Verwandtschaftsverhältnis) bestimmen das gesamte soziale Verhalten, die Wahl des Ehepartners ebenso wie den zeremoniellen Geschenkaustausch oder die Sitzordnung bei den Kultfeiern.

Der Komplexität der Sozialordnung entspricht ein großer Reichtum an **mythischen Traditionen,** in deren Mittelpunkt die in der Urzeit auf der Erde lebenden „Großen Traumwesen" stehen. Sie erfüllten die Welt mit schöpferischer Lebenskraft, die seitdem an besonders heiligen Orten wirksam bleibt. Diese sind die *Kultstätten,* an denen man in festlicher Vergegenwärtigung des Urzeitgeschehens für das Fortwirken jener allbewegenden Lebenskraft sorgt. Die *mythischen Ahnen,* die einst als Kulturbringer gewirkt haben und auf die daher die Sozialordnung zurückgeführt wird, manifestieren sich auch in besonderen *Kult-*

1214 Außereuropäische Welt bis 1945 – Australien und Ozeanien mit Neuseeland

objekten, wie den Tjurunga und Schwirrhölzern. *Kultgemeinschaft* ist ausschließlich die Gruppe der initiierten Männer. Die heranwachsenden Jungen werden im Verlauf langer Übergangsriten *(Initiation),* bei denen sie Härteproben (u. a. Beschneidung, Verstümmelung) ausgesetzt sind und das geheime religiöse Wissen erwerben, in die Kultgemeinschaft aufgenommen. In dieser Gemeinschaft begehen die Männer die großen *Kultfeste,* bei denen sie mit ihrem kultischen Tun (Tänze, Berühren sakraler Objekte usw.) für das Fortwirken der urzeitlichen Lebenskraft sorgen und die von den „Großen Traumwesen" einst gesetzte Weltordnung als verbindlich anerkennen.
Die Gestaltungen der bildenden **Kunst** sind bei den Uraustraliern nicht Ausdrucksmittel der eigenen, individuellen Persönlichkeit, sondern die anschauliche Ausdeutung ihres religiösen Weltbildes. Dies gilt insbesondere für ihre bemerkenswertesten Kunstschöpfungen, die polychromen (älteren) *Fels-* und (rezenteren) *Rindenmalereien.* Diese zeigen im sogenannten *„Röntgenstil"* (der auch nicht sichtbare Dinge abbildet, wie z. B. die Knochen oder inneren Organe), teils naturalistisch, teils geometrisch abstrahierend zahlreiche mythische Motive: Urwesen, Höhlen- und Buschgeister, Regenbogen-Schlangen, Känguruhs und andere Tiere, aber auch urzeitliche Ereignisse und Traumerlebnisse. Hier fallen zum Teil künstlerisches und kultisches Tun zusammen, wenn beispielsweise durch jährliches rituelles „Berühren" der Wondjina-Abbildungen (sie stellen mundlose Urzeitgestalten, Personifizierungen des fruchtbaren Regens dar), das heißt durch Auffrischen der roten, weißen und schwarzen Farben dieser Felsbilder, für die Erneuerung der Natur und damit für den Fortbestand der Seinsordnung gesorgt werden soll. – *(Forts. S. 1220)*

Ozeanien mit Neuseeland

Die mehr als zehntausend Inseln und Eilande Ozeaniens finden sich weit verstreut im Pazifischen Ozean, innerhalb eines gewaltigen, 180 Mio. qkm umfassenden Gebietes, das von Neuguinea im Westen bis zur Oster-Insel im Osten, vom Hawaii-Archipel im Norden bis nach Neuseeland im Süden reicht. Die gesamte ozeanische Inselwelt liegt, mit Ausnahme des gemäßigten Neuseeland, in tropischen und subtropischen Klimazonen und bietet ihren Bewohnern, den Südsee-Insulanern, außerordentlich unterschiedliche Lebensräume, von großen, mit üppiger Vegetation bedeckten Inseln wie Neuguinea bis hin zu süßwasserlosen, kargen Korallenatollen. Zur Zeit der europäischen Entdeckung und Kolonisierung sind in Ozeanien zahlreiche Ethnien mit einer erstaunlichen Vielfalt an Sprachen und Kulturen beheimatet. Sie siedeln in drei kulturgeographischen Großräumen, in *Melanesien* (Neuguinea, Bismarck-Archipel, Santa Cruz-Inseln, Salomonen, Neue Hebriden, Neukaledonien), *Mikronesien* (Marianen, Karolinen, Marshall- und Gilbert-Inseln) und *Polynesien* (Viti, Ellice-Inseln, Tokelau, Samoa, Tonga, Cook-Inseln, Gesellschafts-Inseln, Austral-Inseln, Tuamotu, Hawaii-Inseln, Marquesas-Inseln, Oster-Insel und Neuseeland). Eine Periodisierung der schriftlosen ozeanischen Kulturen ist nur in groben Zügen möglich, da sie sich – abgesehen von den relativ zuverlässigen genealogischen Überlieferungen der Polynesier – allein auf die vorerst noch unzureichenden Ergebnisse der archäologischen, linguistischen und ethnohistorischen Forschung stützen kann.
Die erste dauerhafte **Besiedlung** Ozeaniens (ca. **10 000–8000 v. Chr.**) erfolgt von Südostasien her durch die *Papua,* die vor zehn- bis zwölftausend Jahren nach Neuguinea gelangen und sich dort in den Küstenniederungen festsetzen. Es handelt sich um kleinwüchsige bis pygmäoide Menschen mit dunkelbrauner Hautfarbe, krausem Haar und „semitischer" Nasenbildung, eine Rasse, die auch erst aus der Vermischung von *Tasmaniden* und *Australiden* in Neuguinea selbst entstanden sein könnte. Wie diese besitzen die Papua zunächst eine *altsteinzeitliche Technik* und leben als umherschweifende *Wildbeuter* von der Jagd und Sammelwirtschaft. Die ihnen nachfolgenden, gleichfalls aus Südostasien kommenden *Voraustronesier* sind bereits Träger einer *jungsteinzeitlichen Kultur* (ca. **3000 v. Chr.**), die durch das sogenannte „Walzenbeil" (geschliffene Steinbeilklinge mit rundem oder ovalem Querschnitt), eine produktive Wirtschaftsform (Anbau, Haustierhaltung) sowie die Kenntnis des Bootsbaus und der Töpferei charakterisiert wird. Die Voraustronesier drängen die Papua teils in das Innere Neuguineas ab (dort übernehmen diese von ihnen die produktive Wirtschaft), teils vermischen sie sich mit den Papua in den Küstenregionen der Insel. Bei weiteren Wanderungszügen erreichen die Voraustronesier schließlich den äußersten Süden des melanesischen Inselgebietes.
Etwa **1000 v. Chr.** kommen neue Einwanderer, die *Austronesier,* nach Ozeanien, dessen Inseln sie in den folgenden Jahrtausenden in immer neuen Wanderbewegungen besiedeln. Die Austronesier, hellhäutige, straffhaarige Menschen mit *mongoliden* und *europiden* Zügen, stammen aus dem Norden, aus Ost- oder Nordost-Asien. Sie erreichen zuerst *Mikronesien* und das melanesische Inselgebiet, wo sie sich mit der hier ansässigen Bevölkerung zu den *Austromelaniden* vermischen, die zur Zeit der europäischen Entdeckung *Melanesien,* bis auf das Innere von Neuguinea, weitgehend beherrschen. Die Austronesier bringen neben ihrer *jungsteinzeitlichen Technik* (mit dem sogenannten „Vierkantbeil") eine *altpflanzerische Wirtschaftsweise,* Haustiere und die Hochseefahrt nach Ozeanien.
Als weitere austronesische Wanderungsgruppen auf ihren hochseetüchtigen Auslegerbooten über den Ostrand Melanesiens nach *Polynesien* vorstoßen (ca. **750–500 v. Chr.**), entwickelt sich im Raum von

Endogene Kulturen – Ozeanien mit Neuseeland   *1215*

Samoa und Tonga die „polynesische Urkultur", die sich dann immer weiter nach Osten ausbreitet. Auf planvoll organisierten, kühnen Fernfahrten entdecken die Polynesier etwa im 3. vorchristlichen Jh. die Marquesas-Inseln und besiedeln von hier aus in der Folgezeit den Hawaii-Archipel, die Gesellschafts-Inseln und die Oster-Insel.

Um 500 v. Chr. erreichen neue austronesische Einwanderer, die von Westen kommen, die zentralpolynesischen Inseln und unterwerfen die hier angetroffene polynesische Urbevölkerung. Damit verbindet sich ein tiefgreifender Kulturwandel, denn mit der Einführung einer *geschichteten Gesellschaftsform* und der Entwicklung *megalithischer Architektur* und *Bildkunst* schaffen die Neuankömmlinge wesentliche Grundlagen der *archaischen Hochkulturen Polynesiens.*

In kultureller Hinsicht unterscheiden sich *Melanesien, Mikronesien* und *Polynesien* ganz erheblich voneinander, wenn auch gewisse grundsätzliche Gemeinsamkeiten bestehen, wie die überall in Ozeanien verbreitete jungsteinzeitliche Technik oder die altpflanzerischen Wirtschaftsformen, die stets eine mehr oder minder stark ausgeprägte wildbeuterische Komponente haben. Aber auch innerhalb der genannten Großräume sind die kulturellen Verhältnisse keineswegs homogen, vielmehr haben sich mit den wechselnden Umweltbedingungen, der teilweisen Isolation vieler Ethnien und nicht zuletzt infolge einer bewegten Siedlungsgeschichte vielfältige regionale und lokale Sonderformen entwickelt.

Die **Sprachen** Ozeaniens sind außergewöhnlich zahlreich, namentlich in *Melanesien,* wo rund ein Viertel der noch lebenden Sprachen beheimatet ist. Die Mehrzahl bilden die vielen, oft nur von sehr kleinen Menschengruppen gesprochenen *Papua-Idiome,* die im Inneren von Neuguinea und in einigen Gebieten des Bismarck-Archipels und der Salomonen angesiedelt sind. Hinzu kommen in Melanesien die zur großen *malaio-polynesischen* oder *austronesischen Familie* zählenden Sprachen der austromelaniden Bevölkerungsgruppen. Weit einheitlicher ist dagegen das linguistische Bild in *Mikronesien,* dessen Sprachen – bis auf die dem Indonesischen nahestehenden Idiome von Palau und den Marianen – zur *austromelanesischen Sprachgruppe* des malaio-polynesischen Phylum gehören. Aus dieser Sprachfamilie leiten sich auch die sehr eng miteinander verwandten *polynesischen Sprachen* her.

Bis zur Zeit der europäischen Kolonisierung der pazifischen Inselwelt bleiben die ozeanischen Kulturen, denen durchweg die Kenntnis der Metallverarbeitung oder des Funktionsprinzipes des Rades fehlt, beschränkt auf die zivilisatorischen Möglichkeiten ihrer *jungsteinzeitlichen* **Technik,** die vor rund fünftausend Jahren erstmals durch voraustronesische Einwanderer nach Melanesien gebracht wird. Ihre *Produktionsmittel* sind neben der menschlichen Muskelkraft lediglich das Feuer, das Wasser und schlichte, wenn auch sinnreiche Werkzeuge aus Stein, Holz, Knochen, Zähnen und Conchyliengehäusen. An *Fertigungstechniken* sind teils allgemein, teils unterschiedlich verbreitet die Steinbearbeitung (Behauen, Retuschieren, Schleifen, Polieren, Durchbohren), die Holzbearbeitung (Schnitzen, Glätten, Härten), die Töpferei, die Verarbeitung von Knochen, Zähnen und Conchyliengehäusen sowie einige textile Verfahren (Drillen, Zwirnen, Netzen, Knüpfen, Weben, Flechten, Rindenbaststoffherstellung). An Rohstoffen verwertet man, je nach Vorkommen und Kenntnissen, hauptsächlich Stein, Ton, Conchyliengehäuse (Schalen von Weichtieren), Knochen, Tierzähne, Häute, Felle, Federn, Schildpatt, Holz und vielerlei andere pflanzliche Materialien.

Die **Wirtschaft** der Ozeanier zeigt eine nur wenig entwickelte Spezialisierung, die vor allem geschlechtsorientiert ist. Trotz dieser stets beobachteten *geschlechtsspezifischen Arbeitsteilung,* bei der den Männern in der Regel die schwereren und gefährlicheren Aufgaben zufallen, kann im allgemeinen jedermann für seinen Lebensunterhalt selbst sorgen. Dieser Umstand verleiht bereits der Kleinfamilie, zumindest aber der Lokalgruppe den Charakter einer weitgehend *autarken Wirtschaftseinheit,* die von der Nahrungsfürsorge bis zum Obdach und der Herstellung des alltäglichen Gebrauchsgutes alle lebensnotwendigen wirtschaftlichen Bedürfnisse befriedigen kann. Die wirtschaftliche Unabhängigkeit kleiner und kleinster Gruppen, die höchstens auf den gelegentlichen Import von Rohstoffen oder, seltener noch, von Halbfertig- und Fertigwaren angewiesen sind, verhindert in vielen Gebieten Ozeaniens die Entstehung und Konzentrierung größerer ökonomischer Potentiale und wirkt – ausgenommen einige polynesische und mikronesische Archipele – damit einer überregional bedeutsamen Machtentfaltung entgegen. In Polynesien findet sich allerdings ansatzweise eine *berufliche Spezialisierung* in der Institution der hoch geachteten Hausbau- und Bootsbaumeister oder der professionellen Priesterschaft, doch führt diese Entwicklung auch hier zu keiner grundsätzlichen Veränderung der dezentralistischen Wirtschaftsstruktur.

Abgesehen von der überwiegend *wildbeuterischen Nahrungsfürsorge* einiger kleiner Gruppen in den Regenwäldern von Neuguinea, beruht die Wirtschaft der Ozeanier in erster Linie auf dem mehr oder weniger intensiv betriebenen *altpflanzerischen Anbau* der erst vom Menschen eingeführten Nahrungspflanzen. Denn als einzige wildwachsende Nahrungspflanze von nennenswerter Bedeutung ist nur die Sagopalme in Ozeanien endemisch, die jedoch allein in den großen Flußniederungen von Neuguinea und auf einigen Nachbarinseln gedeiht. Hier nutzt man das stärkehaltige Mark dieser Palmenart, deren Bestände teilweise auch planvoll vermehrt werden. Zu den wichtigsten der Ernährung dienenden Kulturpflanzen gehören in weiten Teilen Ozeaniens Yams, Taro und die erst spät von den Polynesiern aus Südamerika übernommene Süßkartoffel, sodann Bananen, der Brotfruchtbaum, verschiedene Pandanusarten und, auf kleineren Eilanden und in den Küstenregionen der größeren Inseln, die Kokospalme. Den ozeanischen *Feldbau* charakterisieren Brandrodung, Bodenbearbeitung mit dem Grabstock oder, seltener, mit der Hacke, Anlage von Terrassen, Hochbeeten und Entwässerungsgräben, Mischbepflanzung mit verschiedenen Anbaufrüchten und Wiederbewirtschaftung alter Anbauflächen nach Brachezeiten.

1216 Außereuropäische Welt bis 1945 – Australien und Ozeanien mit Neuseeland

Auf den kargen Korallenatollen, wo kultivierbares Erdreich knapp ist, legt man kunstvolle Pflanzungs-gruben an, in denen mühevoll grobe Naß-Tarovarietäten gezogen werden. Die *Haustierhaltung,* die sich auf Schweine, Hunde und Hühner beschränkt, besitzt für die tägliche Ernährung keinerlei Bedeutung. Schweine werden nur zu besonderen, meist zeremoniellen Anlässen geschlachtet und verspeist. Hunde hält man in Melanesien für die Jagd, in Polynesien werden sie gelegentlich auch gemästet und verzehrt. Hühner dienen ausschließlich als Lieferanten begehrter Schmuckfedern. Die lebensnotwendigen Eiweiß-stoffe erbringt somit nicht die Haustierhaltung, sondern die *wildbeuterische Nutzung* der Tierwelt, die überall die pflanzerische Nahrungsfürsorge wesentlich ergänzt, insbesondere dort, wo die Bodenverhält-nisse den Anbau einschränken. Dabei spielt die *Jagd* mit Pfeil und Bogen, Speeren und Fallen lediglich in jenen Gebieten Melanesiens eine gewisse Rolle, in denen verwilderte Schweine, Beutel- und Nagetiere sowie große Laufvögel vorkommen. In den übrigen Teilen Ozeaniens fehlt jagdbares Wild, abgesehen von den vielerlei Vögeln, denen man jedoch nur wegen ihrer Federn nachzustellen pflegt. Dagegen ist die *Fischerei* auf See, an den Küsten und in den Flüssen der großen Inseln von höchster Bedeutung. Die Ozeanier entwickeln eine Vielzahl sehr sinnreicher Methoden für den Fischfang, den sie mit Fischwehren, Rahmen- und Wurfnetzen, Käschern, Reusen, Fischdrachen, Leinen, Angeln, Fischspeeren und -pfeilen sowie einigen Pflanzengiften betreiben. Wichtig für die Versorgung mit eiweißhaltiger Nahrung ist schließlich auch die *Sammelwirtschaft,* die vor allem den Frauen und Kindern obliegt. Diese beschaffen nicht allein wildwachsende Nahrungspflanzen und Früchte, sondern auch Eier, Larven und eßbares Nie-dergetier. An *Genußmitteln* kennt man im östlichen Ozeanien, namentlich in Polynesien, den hoch ge-schätzten Kawa-Trank, der aus den Wurzeln des Pfefferstrauches Piper methysticum bereitet wird, im westlichen Ozeanien dagegen die zusammen mit Kalk gekauten Betelnüsse der Areca-Palme. Der heute weitverbreitete Tabak gelangt übrigens erst zur Zeit der europäischen Entdeckung in die Südsee (die Europäer ihrerseits lernten ihn im indianischen Amerika kennen).

Die hauptsächlich auf dem Anbau beruhende Wirtschaftsform der Ozeanier gestattet eine *se*ß*hafte* **Sied-lungsweise,** bei der *Haufendörfer* und *Streusiedlungen* die Regel bilden. Im Bergland von Neuguinea be-vorzugt man *Weiler* oder *Einzelgehöfte,* in den tiefer gelegenen Regenwäldern kommen auch große, auf Bäumen oder hohen Pfählen errichtete *„Hordenhäuser"* vor, die der gesamten Lokalgruppe als Wohn-stätte dienen. Durch Palisaden *befestigte Dörfer* kennen nur die kriegerischen Maori auf Neuseeland. Ein Übergang von der dörflichen zur *urbanen Siedlungsweise* ist ansatzweise auf einigen mikronesischen Inseln (Kusae, Ponape, Marianen) erkennbar, er fehlt dagegen in Polynesien, ungeachtet der hochkultu-rellen Entwicklung, völlig. *Kult-* und *Tanzplätze* sowie *Versammlungshäuser* bilden den gesellschaftli-chen Mittelpunkt der Siedlungen. Der *Hausbau* ist in Ozeanien, was die Funktion und mehr noch was die Konstruktion der Gebäude anlangt, recht typenreich. Neben den meist schlichten Wohnbauten der Familien besitzen die Siedlungen oft sehr aufwendig und mit hoher Kunstfertigkeit gebaute Versamm-lungshäuser, die in Melanesien und in Teilen Mikronesiens den Charakter von „Männerhäusern" haben. In diesen Häusern, zu denen Frauen zumeist keinen Zutritt haben, leben die Junggesellen und die verhei-rateten Männer in klubartig organisierten Gemeinschaften. Die zugleich kultische Funktion solcher Ver-sammlungshäuser übernehmen in Polynesien regelrechte Tempelbauten. Weitere Gebäude dienen in Mikronesien und Polynesien der Aufbewahrung von Vorräten, der Speisenzubereitung und der Unter-bringung von Booten. In Melanesien gibt es andere Spezialbauten, wie Absonderungshütten für Menstruierende und Wöchnerinnen, Grab-, Toten- und Geisterhütten. Im allgemeinen handelt es sich bei den Bauten um einfache Konstruktionen, deren Einzelteile durch Rotan- oder Schnurbindungen zu-sammengehalten werden. Oft sind die Häuser nicht ebenerdig angelegt, sondern ruhen auf Steinfunda-menten oder Stützpfosten. Der wichtigste Teil der ozeanischen Häuser, das Dach, wird mit pflanzlichen Materialien, wie Palmblättern, gedeckt und ist ziemlich wetterfest. Die Wandungen, sofern vorhanden, bestehen aus Holzplanken, Rinde oder jalousieartigen, geflochtenen Matten.

Der **materielle Kulturbesitz** erscheint in Polynesien nicht sonderlich reichhaltig, zeugt aber durchweg von hoher handwerklicher Meisterschaft. In Mikronesien und Melanesien – hier ausgenommen das Bergland von Neuguinea – ist die bewegliche Habe von größter Vielfalt. Die *Kleidung* der Ozeanier ist naturgemäß, bis auf Neuseeland, überall recht spärlich. Kinder gehen bis zu einem gewissen Alter völlig nackt, in eini-gen Gebieten auch die Männer. Sonst besteht die Kleidung der Männer meist in einer Schambinde, die in Polynesien aus Rindenbaststoff (Tapa), in Teilen Mikronesiens aus einer gewebten Matte angefertigt wird. In Neuguinea sind auch Penisbedeckungen aus Kalebassen- oder Fruchtschalen und Conchylienge-häusen verbreitet. Frauen und Mädchen tragen Gras- oder Mattenschurze, in Neuguinea auch Rinden-baströcke oder Schnurschurze. Die Bekleidung des Oberkörpers ist bei beiden Geschlechtern unüblich, doch kennt man in Mikronesien und Polynesien gelegentlich ponchoartige Umhänge. In Neuseeland da-gegen, mit seinem kühleren Klima, sind wärmende Mäntel, die aus Flachs oder Hundefellen und Vogelfe-dern hergestellt werden, gebräuchlich. Rein zeremonielle Bedeutung haben die prächtigen, in bunter Federmosaikarbeit angefertigten Königsmäntel auf Hawaii. Die kaum überschaubare Fülle an *Schmuck,* den jede Kultur in Ozeanien in besonderen, charakteristischen Formen und Ausführungen kennt, zeugt von einem entwickelten Schmuckbedürfnis, das bei Männern im allgemeinen noch ausgeprägter als bei Frauen ist. Schmuckstücke, mit großem Geschick und ästhetischem Empfinden gearbeitet aus den unter-schiedlichsten Materialien (wie Stein, Holz, Knochen, Zähnen, Schildpatt, Horn, Federn, Conchylienge-häusen, Blüten, Blättern, Fruchtkapseln usw.), werden an allen erdenklichen Körperstellen angebracht, um ihre Träger zu zieren, zuweilen auch, um sie durch die magischen Kräfte dieser Objekte vor Unheil

Endogene Kulturen – Ozeanien mit Neuseeland   1217

zu schützen. Dem Schmuckbedürfnis, dem magischen Schutz oder einer Rangkennzeichnung dienen die in ganz Ozeanien, vor allem in Polynesien, verbreitete Tatauierung (verballhornt „Tätowierung") sowie die in Teilen Melanesiens übliche Anbringung von Schmucknarben oder die künstliche Schädeldeformation. Die Ausrüstung mit *Hausrat* ist gemeinhin schlicht, insgesamt aber sehr formenreich. Zu den weithin gebräuchlichen Sitz- und Schlafmatten treten die (besonders in Melanesien kunstvoll beschnitzten) Nakkenstützen und Aufhängehaken; sodann vielerlei Vorratskörbe, Netze, Wasserbehälter, Schüsseln, Schalen, Stampfer, Schaber, Besen, Feuerfächer und -zangen und Geräte zur Feuererzeugung, wie „Feuerbohrer" und „-sägen" (in Melanesien und Mikronesien) oder „Feuerpflüge" (in Polynesien). Die bereits von den Voraustronesiern und später von den Austronesiern erneut in Ozeanien eingeführte Töpferei wird in Polynesien früh wieder aufgegeben und findet sich dann nur noch in einigen Gebieten Mikronesiens und Melanesiens, wo sie namentlich am Sepik in Neuguinea eine hohe Blüte erreicht. Die ohne Töpferscheibe in Treib-, Spiralwulst- oder Stückchentechnik aufgebauten und im offenen Feuer gebrannten Tongefäße erübrigen sich vielerorts, weil man in weiten Teilen Ozeaniens bei der *Speisenbereitung* die gefäßlose Dünstung im „Erdofen" dem Kochen vorzieht, das verschiedentlich aber auch in Holz- oder Kokosnußschalen-Gefäßen geschieht. Zum *Werkzeug* und *Gerät* der Ozeanier gehören Stein- oder Muschelbeile (meist quer geschäftet), Steinmesser und -schaber, Nadeln, Ahlen und Pfrieme aus Holz oder Knochen, Schnitzwerkzeug aus Tierzähnen, Glätter aus Rochenhaut und Korallen, Bohrer mit Stein-, Zahn- oder Korallenspitzen. Hinzu kommen Grabstöcke, Hacken und vielfältiges Fischfanggerät. Die im Kampf und bei der Jagd verwendeten *Waffen* beschränken sich auf wenige Grundtypen, die allerdings in einer großen Fülle unterschiedlichster Formen abgewandelt werden: die überall verbreiteten Keulen, Lanzen und Speere (in Neuguinea teilweise zusammen mit einem die Hebelwirkung des Armes verstärkenden „Speerwerfer"), in Melanesien dazu Pfeil und Bogen sowie Dolche aus Knochen oder Obsidian, in Mikronesien und Polynesien Steinschleudern. Als Defensivwaffen benutzt man in Neuguinea und im nordwestlichen Melanesien hölzerne Schilde, gleichfalls in Neuguinea und auf den Gilbert-Inseln auch aus Rotan oder Schnur angefertigte Brustpanzer. Die weitgehend autarke Wirtschaftsweise der Ozeanier, bei der nur sporadisch ein Bedarf an Rohstoff- oder Fertigwaren-Importen entsteht, stimuliert kaum ein kommerzielles Interesse. So fehlt denn auch der *Handel* in Mikronesien größtenteils, in Polynesien sogar völlig. Nur auf den großen melanesischen Inseln bestehen lebhafte inner- und zwischeninsuläre Tauschhandelsbeziehungen, die freilich vielfach eher einen zeremoniellen als einen kommerziellen Charakter tragen. Im Handel spielen außer den getauschten Gebrauchsgütern vielerorts auch *Geldsurrogate* eine erhebliche Rolle, wie Muschel-, Schnecken-, Perlmutt-, Zahn-, Feder- oder Mattengeld. In der materiellen Kultur Ozeaniens kommt naturgemäß den *Booten*, die für den Fischfang und den Verkehr unentbehrlich sind, eine ganz besondere Bedeutung zu. Deshalb regt gerade der Bootsbau die Ozeanier allenthalben zu erstaunlichen technischen und handwerklichen Leistungen an, die in der alten Geschichte der Menschheit unübertroffen sind. So finden sich neben den für Schwertransporte und den Nahverkehr benutzten Flößen (auf denen die ersten Siedler nach Ozeanien gelangt sein dürften) in den einzelnen Kulturregionen zahlreiche zweckmäßig und oft auch formschön konstruierte Boote der unterschiedlichsten Typen: von den schweren Einbäumen auf den Strömen Neuguineas bis zu den hochseetüchtigen, aus Planken gebauten Ruderbooten der Salomonen, von den schnellen Auslegerbooten mit „ozeanischem" Segel der Mikronesier bis zu den gewaltigen, dem Fernverkehr dienenden Doppelrumpf-Segelbooten der Polynesier.

Im Laufe der bewegten Siedlungsgeschichte Ozeaniens entstehen in den einzelnen Kulturregionen bemerkenswert differenzierte **Sozialordnungen.** Dabei ergeben sich grundsätzliche Unterschiede zwischen den *ungeschichteten, segmentären Gesellschaften Melanesiens* einerseits und den *geschichteten, feudal strukturierten Gesellschaften Polynesiens* andererseits, während die Sozialorganisationen in *Mikronesien* im Westen melanesischen, im Osten dagegen polynesischen Einfluß erkennen lassen. Die Bevölkerung *Melanesiens* (ca. 1 500 000) ist aufgesplittert in kleine und kleinste *Ethnien,* die jeweils eine gemeinsame Sprache und Kultur, nicht aber eine zentrale Sozialorganisation besitzen. Die autarke *Dorfgemeinschaft* ist hier vielmehr die größte wirtschaftliche, politische, kultische und damit zugleich die wichtigste soziale Einheit, die auf alle Lebensbereiche einwirkt. Eine kaum minder bedeutsame soziale Orientierung ergibt sich aus der Klassifizierung der Angehörigen einer Ethnie in *Abstammungsgruppen* („klassifikatorische Verwandtschaftssysteme"), die bei den voraustronesischen Bevölkerungsgruppen meist *vaterrechtlich,* bei den Austromelanesiern oft *mutterrechtlich* ausgerichtet sind. Solche Abstammungsgruppen (duale Sippenverbände, Sippen, Untersippen) führen die Herkunft ihrer Angehörigen, ungeachtet der biologischen Verwandtschaftsverhältnisse, auf einen gemeinsamen mythischen („totemistischen") Ahnen zurück, besitzen entsprechende, als Sippengeheimnis gehütete mythische Überlieferungen, kultische Traditionen und gruppenverbindliche Meidungsvorschriften. Die Auffassung, der Sexualverkehr zwischen Angehörigen derselben Abstammungsgruppe sei Inzest, begründet das *Exogamie-Gebot* in der oft sehr komplizierten *Heiratsordnung,* das die Partnerwahl in einer fremden Gruppe vorschreibt. Der hieraus folgende (auch überlokale) *Frauentausch* zwischen den einzelnen Gruppen sowie ein regelmäßiger *zeremonieller Güteraustausch* schaffen vielfältige Beziehungen und Verpflichtungen innerhalb der Gesamtgesellschaft und tragen damit in hohem Maße zur sozialen Integration ihrer Einzelglieder bei. Eine vertikale Gliederung der Gesellschaft ergibt sich lediglich aus der Einteilung der Dorfgemeinschaft in *Altersklassen.* Da ein erbliches oder sonst institutionalisiertes Häuptlingstum in Melanesien fast überall fehlt, wird die politische Macht weithin vom *Rat der erwachsenen Männer* ausgeübt. Unter diesen können

1218 Außereuropäische Welt bis 1945 – Australien und Ozeanien mit Neuseeland

bestimmte Persönlichkeiten („big men") aufgrund ihres hohen Prestiges eine führende Rolle übernehmen. In einigen Gebieten Melanesiens bestimmen *geheime Männerbünde* weitgehend die Politik der Dorfgemeinschaften. Die Mitgliedschaft in solchen zumeist hierarchisch gegliederten Geheimbünden erwirbt man durch Erbrecht oder materielle Zuwendungen. Anders als in Melanesien lebt die Bevölkerung *Polynesiens* (ca. 400 000) in umfassenderen Sozialverbänden. Es sind dies *Stämme* mit einer zentralen Organisationsform, deren Territorien sich über Inselabschnitte, ganze Inseln oder einen Archipel erstrecken können. Die stets vorhandene *soziale Schichtung* ist unterschiedlich entwickelt. So gibt es geringfügig gegliederte Gesellschaften mit einer *halbdemokratischen Verfassung,* wie auf den Ellice-Inseln, oder ausgesprochen ständisch organisierte, *theokratisch regierte Feudalstaaten* mit einem sakralen Königtum, hohem und niederem Adel, Priesterschaft, Kriegerstand, Gemeinfreien und Hörigen. Auch in Polynesien kommt den *Abstammungsgruppen* eine erhebliche Bedeutung für das gesellschaftliche Zusammenleben zu. Sie bestimmen u. a. die hier gleichfalls *exogame Heiratsordnung,* die für Herrschergeschlechter allerdings durch ein gegenteiliges *Endogamie-Gebot* (Heirat innerhalb der Abstammungsgruppe) abgewandelt sein kann.

Die Sozialordnungen der ozeanischen Gesellschaften beziehen ihre Legitimation aus der jeweiligen **Religion,** so daß sich in diesem Bereich ebenfalls grundsätzliche Unterschiede zwischen Melanesien und Polynesien feststellen lassen, während Mikronesien wieder eine Zwischenstellung einnimmt. In *Melanesien* ist das religiöse Interesse hauptsächlich auf das in *Mythen* überlieferte *Schöpfungsgeschehen* gerichtet, in dem *urzeitliche Gottheiten* durch ihre Taten die Welt verändern und die gegenwärtig gültige Seinsordnung begründen. Damit werden alle wichtigen kulturellen Einrichtungen, das Kultwesen, die Sozialordnung und die altpflanzerische Wirtschaftsform aus dem mythischen Urzeitgeschehen hergeleitet. Die Verbindlichkeit der einst gesetzten Seinsordnung wird im *Kult* immer wieder anerkannt. Mit Maskentänzen und vielerlei Riten vergegenwärtigt sich die Kultgemeinschaft die mythischen Urzeitereignisse und sorgt dadurch für das Fortwirken all der schöpferischen Kräfte, die zeugend und Fruchtbarkeit spendend das irdische Dasein ermöglichen. Gewisse Erscheinungen, wie die verbreitete zeremonielle *Kopfjagd* oder der kultische *Kannibalismus,* erklären sich als eine Wiederholung der im Mythos vorgegebenen Tötung, Zerstückelung und Verspeisung bestimmter Urzeit-Gottheiten, mit der die Kultgemeinschaft jene Schöpfungskräfte zu reaktivieren sucht. In ähnlicher Weise schafft auch der in Melanesien geläufige *Ahnen- und Schädelkult* eine lebendige und fruchtbare Verbindung zu den mythischen Ahnherren, auf die man alle Kulturgüter zurückführt. Da die Frauen überall als kultunfähig gelten, obliegt der Kult weithin der *Gemeinschaft der initiierten Männer* oder dort, wo geheime Männerbünde bestehen, diesen *Geheimgesellschaften.* Bei der *Initiation* in die Kultgemeinschaft wird vielenorts der Novize symbolisch „getötet" und dann „wiedergeboren", um anschließend in die einzelnen Glaubenswahrheiten und in die Kulte eingeweiht zu werden. Der Bewahrung der als heilig und unverletzlich geltenden Seinsordnung dient nicht allein der Kult, sondern stets auch ein (oft kompliziertes) *Tabu-System,* das mehr oder minder stark alle Lebensbereiche beeinflußt: Allgemein verbindliche, aber auch geschlechtsspezifische, nur für bestimmte Sippen geltende oder an besondere Orte, Gegenstände, Speisen, Namen, Handlungen gebundene Tabus und andere Verbote mehr regeln auf vielfältige Weise das Verhalten innerhalb der Gemeinschaft, die jede Übertretung solcher Vorschriften unerbittlich bestraft, sofern man nicht an die selbsttätige übernatürliche Sanktion glaubt. Auch in *Polynesien* deuten gewisse altpflanzerische Erscheinungen, wie der *Schädelkult* (Marquesas-Inseln, Oster-Insel, Neuseeland) oder (vereinzelt) der *kultische Kannibalismus,* auf eine ursprünglich der melanesischen ähnliche Religionsform hin, die sich jedoch im Zuge der hochkulturellen Entwicklung Polynesiens schon frühzeitig zu einem *polytheistischen Religionssystem* mit *theologisch-spekulativen Überlieferungen* wandelt. Dieser Wandel ist gekennzeichnet durch die Entstehung eines *Pantheon* mit einer unübersehbaren Anzahl „hoher" und „niederer" Gottheiten und vergöttlichter Ahnen sowie entsprechender *Kulte,* bei denen eine professionelle *Priesterschaft* durch Gebete und Opfer auf die auch in der Gegenwart noch tätigen übernatürlichen Mächte einzuwirken sucht. Mit dieser Entwicklung ist freilich verbunden eine allmähliche *Säkularisierung* vieler Lebensbereiche, in denen die religiösen zunehmend durch die rationalen Motivationen ersetzt werden. So findet beispielsweise die polynesische *Ethik* ihre Begründung nicht mehr in einem religiösen Weltbild, sondern in der philosophischen Erkenntnis, daß sittliches Handeln eine auf sozialer Einsicht beruhende, vernunftgebotene Notwendigkeit sei.

In einigen Teilen Ozeaniens, wie in Mikronesien oder in West-Polynesien, sind Gestaltungen der **bildenden Kunst** sehr selten, oder sie fehlen völlig. In Melanesien dagegen (mit Ausnahme des Berglandes von Neuguinea) und auf etlichen polynesischen Inselgruppen (namentlich auf Hawaii, den Marquesas-Inseln, der Oster-Insel und auf Neuseeland) sind sie in desto größerer Vielfalt vertreten. Solche Bildwerke sind in Motiv und Form stets inspiriert von der jeweiligen religiösen Vorstellungswelt und haben immer eine, über das rein künstlerische Werk hinausgehende, kultische Zweckbestimmung. Damit wird vielfach das künstlerische Schaffen zugleich auch zu einer Kulthandlung. In Melanesien sind es besonders befähigte Männer aus der Kultgemeinschaft, die – zuweilen im Kollektiv – anläßlich bestimmter Feierlichkeiten die benötigten Bildwerke herstellen. In Polynesien gibt es indessen bereits berufsmäßige Spezialisten, die als Holzschnitzer, Steinbildhauer oder Steinschnitzer künstlerisch tätig sind. Als Mittel des bildnerischen Ausdrucks ist in Ozeanien die *Plastik* vorherrschend, gestaltet als Frei- oder Halbplastik, als Hoch-, Flach- oder Tiefrelief, während die *Malerei* kaum je selbständig in Erscheinung tritt, sondern zumeist der ergänzenden polychromen Ausgestaltung von Plastiken dient. Die religiöse Gebundenheit der Bild-

Endogene Kulturen – Ozeanien mit Neuseeland **1219**

kunst führt in *Polynesien* zu einer weitgehenden Festlegung auf wenige konventionelle Motive und Formen, die für die einzelnen Kulturen jeweils charakteristisch sind. Trotz der hieraus folgenden thematischen und formalen Begrenzung liefern die polynesischen Bildwerke, bei denen der Verzicht bzw. die Zurückhaltung in der Verwendung von Farben auffällt, außerordentlich eindrucksvolle Beispiele künstlerischen Gestaltungsvermögens. Hierher gehören vor allem die bizarren Göttersymbole – Holzskulpturen oder Federmosaikarbeiten – von den Hawaii-Inseln, sodann die vom Motiv eines stilisierten Ahnenschädels beherrschte Holz-, Stein- und Knochenplastik der Marquesas-Inseln, auch die monumentalen steinernen Ahnenbüsten, die Tiefreliefs und die geschnitzten Holzfiguren von der Oster-Insel und schließlich die sehr ornamental ausgelegten Schnitzwerke der Maori auf Neuseeland. In *Melanesien* erscheint der bildnerische Formenreichtum in den jeweils typischen Ausprägungen der einzelnen Inselkulturen von einer Fülle, die kaum überschaubar ist. Hier bedient sich das bildnerische Schaffen vielerlei Materialien, wie Fasern, Rinde, Bast, Blätter, Samenkapseln, Conchyliengehäuse, Federn, Knochen, Wachs, Ton, Farben usw., um daraus meist farbenfrohe Bildwerke anzufertigen oder Holzschnitzereien durch Applikationen in phantasievoller Weise weiter auszugestalten. So entstehen Frei- und Halbplastiken, Figurenfriese, Bildsäulen, Tanzmasken, Schädelmasken, übermodellierte Schädel und figürlich verzierte Architektur- und Bootsteile, Schilde, Musikinstrumente und vieles mehr. Entsprechend der religiösen Begründung dieser Kunst zeigen die Bildwerke Ahnen, Geister, Dämonen oder „totemistische" Tier- und Pflanzendarstellungen. Zur höchsten Blüte gelangt die melanesische Bildkunst in einigen Tieflandgebieten von Neuguinea (Sepik- und Asmat-Gebiet) und im Nordteil von Neuirland einschließlich der Tabar-Inseln.

Das **geistige Kulturgut** der Ozeanier wird in Form von *Mythen, Märchen, Dichtungen, Gesängen, historisch-genealogischen Überlieferungen* usw. im allgemeinen mündlich tradiert. Nur auf der Oster-Insel entwickeln Priester eine Ideogramme und Rebusschreibungen benutzende *Partialschrift,* die ihnen bei der Rezitation religiöser Texte als Gedächtnisstütze dient.

ca. 600 –700 n. Chr. Das „heilige" *Raiatea* der Gesellschafts-Inseln wird zum politischen und religiösen Zentrum der polynesischen Inselwelt. Hier lokalisieren die Polynesier ihr zweites *Hawaiki,* ihre eigentliche Heimat (ihr erstes Hawaiki, ihr Ursprungsland, ist weitab im Westen zu suchen). Um diese Zeit beginnt die glanzvolle Epoche der großen polynesischen **Entdeckungs- und Wanderungsfahrten,** über die in zahlreichen, mündlich tradierten genealogischen Überlieferungen berichtet wird. Auf geräumigen, manchmal bis zu hundert Menschen fassenden Doppelrumpf-Segelbooten brechen kühne Seeleute, die weder über nautische Instrumente noch über Seekarten verfügen, auf der Suche nach neuem Land zu Fernfahrten auf, die sie über Tausende von Meilen durch den Pazifik führen. Den Anstoß zu solchen überseeischen Unternehmungen geben Abenteuerlust oder kriegerische Wirren und der zunehmende Bevölkerungsdruck auf den Heimat-Inseln.

um 650 Häuptling Rata gelangt von den Gesellschafts-Inseln aus nach dem *Tuamotu-Archipel* und nimmt dessen Inseln in Besitz. Etwa zur gleichen Zeit dringt der Rarotonga-Häuptling Uite-Rangiora auf seinem Boot Te-Ivi-o-Atea bis zur *Antarktis* vor und bringt in seine Heimat erstmals Kunde von Eisbergen und Polarnacht.

um 950 Die tahitianischen Adeligen Kupe und Ngahue entdecken die weit im Südwesten gelegene Doppelinsel *Neuseeland,* die in der Folgezeit dann von Zentral-Polynesien aus besiedelt wird. In dieser Frühzeit der neuseeländischen Siedlungsgeschichte entfaltet sich eine Kultur, die hauptsächlich durch die Jagd auf den – jetzt ausgestorbenen – großen Laufvogel Moa charakterisiert wird. Etwa gleichzeitig wird der *Hawaii-Archipel* von den Gesellschafts-Inseln aus kolonisiert.

um 1150 Häuptling Toi und seine Gefolgsleute gelangen von Zentral-Polynesien nach *Neuseeland,* lassen sich hier nieder und vermischen sich mit der bereits ansässigen Bevölkerung der Doppelinsel.
Gemäß der Überlieferung landet der König Hotu-Matua im 12. Jh. auf der *Oster-Insel* und nimmt sie mit seinem Gefolge in Besitz. Neuere archäologische Befunde ergeben jedoch, daß die Erstbesiedlung der Oster-Insel bereits im 4. Jh. erfolgt sein muß, vermutlich von Mangareva und den Marquesas-Inseln aus.

um 1200 Unter der Herrschaft von Momo, des zehnten Königs von *Tonga,* beginnt die Invasion der *Samoa-Inseln* durch starke tonganische Streitkräfte und damit ein hundertjähriger Krieg zwischen beiden Reichen.

um 1250 Auf *Raiatea* entsteht der machtvolle religiöse *Bund der Arioi,* die den neuen Kriegsgott Oro in den Mittelpunkt des Kultes rücken und dadurch eine revolutionäre geistig-religiöse Umwälzung einleiten, der die Traditionalisten erbitterten bewaffneten Widerstand entgegensetzen, später aber nachgeben müssen.

um 1300 Die samoanischen Häuptlinge Tuna und Fata besiegen die tonganischen Invasionstruppen und vertreiben die Tonganer endgültig aus *Samoa.*

um 1350 Die Auseinandersetzungen auf den Gesellschafts-Inseln führen zur letzten bedeutenden polynesischen Wanderung. Die den Arioi unterlegenen Traditionalisten emigrieren auf zahlreichen Booten nach *Neuseeland,* unterwerfen hier die bereits zuvor ansässige polynesische Bevölkerung und begründen die Kultur der *Maori.* – *(Forts. S. 1224, 1225)*

1220 Außereuropäische Welt bis 1945 – Australien und Ozeanien mit Neuseeland

Australien von der Entdeckung bis 1945
(Forts. v. S. 1214)

Der für den Verlauf der australischen Geschichte bis in die jüngste Zeit bestimmende Faktor ist die *geographische Isolation.* Australien ist im Westen vom Indischen Ozean, im Osten vom Pazifik umgeben. Der zweitnächste Kontinent, die Antarktis, ist 5000 km entfernt. Allein Südostasien liegt in erreichbarer Nähe. Australien ist von seiner kulturellen Orientierung her bis 1945 auf Europa bzw. Großbritannien ausgerichtet, erst danach ist eine politisch-wirtschaftliche Umorientierung in Richtung auf Südostasien zu verzeichnen.
Die Erschließung durch Großbritannien hat eine *homogene Bevölkerungszusammensetzung* zur Folge. Ungefähr 80% der Bevölkerung ist britischer Abstammung; dieser Prozentsatz ist jedoch wegen des Zustroms von Immigranten aus anderen europäischen Ländern leicht rückläufig. Nur ein Prozent der australischen Bevölkerung gehört nicht der weißen Rasse an. Die Zahl der australischen Ureinwohner (Aborigines), die zur Zeit der Entdeckung Australiens durch die Europäer ungefähr 300 000 beträgt, beläuft sich Anfang der siebziger Jahre dieses Jahrhunderts auf ungefähr 150 000, von denen nur 46 000 keine Mischlinge sind. Die Mehrzahl der Eingeborenen ist wirtschaftlich von der weißaustralischen Gesellschaft abhängig (z. B. als Viehtreiber und ungelernte Arbeitskräfte); ein sozialer Aufstieg in der weißaustralischen Gesellschaft bleibt die Ausnahme. Das Übergewicht der Weißen ist durch eine *Politik des „Weißen Australien"* gesichert, durch die es Nicht-Weißen versagt ist, sich in Australien auf Dauer niederzulassen. Eine Lockerung dieser Politik ist jedoch in neuester Zeit festzustellen. Australien, der größte Wollproduzent der Welt und einer der größten Lieferanten von Getreide und anderen landwirtschaftlichen Produkten, besitzt zudem sämtliche wichtigen *Bodenschätze,* vor allem Kohle, Öl, Erdgas, Eisenerz, Blei, Zink, Kupfer, Bauxit, Zinn, Gold, Silber und Nickel. Ein Fünftel der Uranvorkommen der westlichen Welt liegen in Australien.

16. Jh. Portugiesische, spanische und später auch niederländische Seefahrer segeln auf ihren Fahrten zu den „Gewürzinseln" Indonesiens an den australischen Küsten vorbei, ohne zu ahnen, daß sie sich in unmittelbarer Nähe des von Kosmographen und Geographen seit langem vermuteten Südkontinents befinden.

1606 Der niederländische Kapitän *Willem Jansz* († um 1638) landet an der nordaustralischen Küste.

ab 1611 Schiffe der Niederländisch-Ostindischen Kompanie laufen die Westküste Australiens in unregelmäßigen Abständen an.

1642/1643 Der Gouverneur von Niederländisch-Indien, *Anthony van Diemen* (* 1593, † 1645), beauftragt *Abel Tasman* (* 1603, † 1659) mit einer Entdeckungsreise, die diesen zu dem heutigen Tasmanien und nach Neuseeland führt.

1644 Abel Tasman unternimmt eine zweite Entdeckungsreise entlang der Nordküste. Das australische Festland bekommt die Bezeichnung *„Neuholland";* erst seit Beginn des 19. Jh.s heißt es *„Australien".* Die Niederländer betreiben die Erforschung Australiens jedoch nicht weiter und machen auch von den wirtschaftlichen Möglichkeiten ihrer Entdeckungen keinen Gebrauch.

1688 Gegen Ende des 17. Jh.s führen die Engländer die Erforschung Australiens weiter. *William Dampier* (* 1652, † 1715) erreicht die nordwestaustralische Küste.

1699–1700 Aufgrund seiner Reiseberichte erhält er auch die Möglichkeit, die Westküste zu erforschen. Seine ausführlichen, jedoch sehr kritischen Veröffentlichungen sind kein Ansporn für weitere Erkundungen. Für nahezu 100 Jahre gerät Australien in Vergessenheit. Der im Auftrag der britischen Admiralität die Südsee bereisende Kapitän *James Cook* (* 1728, † 1779) erreicht erstmals die Südostküste.

1770 Kapitän Cook nimmt das Land, das er „Neusüdwales" nennt, für die britische Krone in
23. Aug. Besitz.

1786 Die britische Regierung beschließt die *Errichtung einer Strafkolonie* in Neusüdwales. Australien soll in dieser Hinsicht ein Ersatz für die verlorengegangenen amerikanischen Kolonien sein. Es wird jedoch vermutet, daß die Entstehung eines Handelsstützpunktes im Südpazifik zwecks Sicherung der Holzlieferungen für den Schiffbau der Hauptgrund für die Niederlassung ist.

1788 Die erste Flotte mit 778 Sträflingen unter Kapitän *Arthur Philipp* landet in einer Bucht
26. Jan. nördlich von Botany Bay. Hier sind die *Anfänge der Stadt Sydney* sowie der Kolonie Neusüdwales zu suchen. 1853 enden die Sträflingsdeportationen. 1872 wird Port Arthur auf Tasmanien, die letzte Strafkolonie, aufgelöst. Zu Beginn des 19. Jh.s wird die Erforschung Australiens weiter fortgesetzt.

1803 *Matthew Flinders* (* 1774, † 1814) bestätigt den bis dahin unbekannten Inselcharakter Tasmaniens.

1813 *Gregory Blaxland, William Charles Wentworth* und *William Lawson* überqueren die Blauen Berge (Blue Mountains).
Schon im ersten Drittel des 19. Jh.s setzt eine Entwicklung ein, die dazu führt, daß europä-

Australien von der Entdeckung bis 1945   *1221*

ische Niederlassungen längs der australischen Küstenlinien zu Zentren eigener und selbst-verwalteter Kolonien oder Provinzen werden, die sich unabhängig von der Stammkolonie Neusüdwales konstituieren.

1825–1859 Fünf der sechs australischen Staaten entstehen.

1825 *Tasmanien* erhält den Status einer eigenen *Kolonie*.

1829 *Westaustralien* wird *Kolonie*.

1829/30 *Charles Sturt* untersucht die Flußsysteme des Darling, Murrumbridge, Lachlan und Mur-ray.

1834 Südaustralien wird zur „Provinz" deklariert.

1836 *Thomas Mitchell* (* 1792, † 1855) erforscht die südlichen Bereiche des heutigen Staates Victoria.

1838/1841 *Edward John Eyre* (* 1815, † 1901) dringt in westlicher Richtung über die Stadt Adelaide hinaus und erreicht Albany in Westaustralien. Die Erforschung des Nordens und des Nordostens des Kontinents schließt sich an.

1851 Der „Port Philip District" mit dem Hauptort *Melbourne* löst sich von Neusüdwales und erhält die Bezeichnung „*Victoria*".

1851 Goldvorkommen werden im *Bathurst District* in Neusüdwales entdeckt; im gleichen Jahr werden weitere Goldvorkommen in Victoria gefunden. Dieser erste „Goldrausch" hat zur Folge, daß die Bevölkerung innerhalb eines Jahrzehnts von 405 000 auf 1 146 000 steigt. Auch in Tasmanien, Queensland und Nordwestaustralien wird Gold gefunden. Hinzu kommen Kupferfunde in Südaustralien (1842 und 1845).

1859 Queensland folgt dem Beispiel von „Victoria". Damit sind, zumindest politisch und admi-nistrativ, die *Grundlagen für den späteren Australischen Bund* geschaffen.

1860/1890 Die *Entdeckung von Goldvorkommen* (ab 1851) bereitet den Weg für eine Periode des wirtschaftlichen Aufschwungs.

1860 *John McDonall Stuart* erreicht die Mitte des Kontinents (April).

1861/1862 Die Süd-Nord-Durchquerung Australiens von Adelaide nach Chambers Bay bei Darwin gelingt ebenfalls McDonall Stuart. Spätere Expeditionen füllen die Lücken in den bereits gewonnenen Forschungsergebnissen. Den Forschern folgen Siedler, die als Landwirte und Viehzüchter den Kontinent erschließen. Die Erforschung Australiens kann jedoch auch heute noch nicht als abgeschlossen betrachtet werden.

ab 1871 Zinnfunde im Grenzland zwischen Queensland und Neusüdwales.

1871–1882 Australien ist der *größte Zinnproduzent der Welt*.

1883 Entdeckung von reichen *Silbervorkommen* am Broken Hill im westlichen Teil von Neusüd-wales.

Gleichzeitig expandieren Landwirtschaft (Weizen, Wolle) und Industrie (vor allem Textil- und Maschinenbauindustrie: 1891 sind 17% aller Erwerbstätigen im industriellen Sektor beschäftigt).

1885 Errichtung eines Bundesrates (Federal Council) als ständiges Organ (keine Exekutivge-walt). Neusüdwales ist nicht Mitglied. Die Bestrebungen, die auf eine Konföderation zielen, verstärken sich jedoch.

ab 1890 Anzeichen für eine Wirtschaftskrise mehren sich (starkes Absinken der Woll-, Weizen- und Silberpreise auf dem Weltmarkt von 1891 bis 1894; das Ausbleiben von Kapitalzufluß aus dem Ausland führt zum Konkurs zahlreicher Unternehmen, vor allem Bausparkassen und Hypothekengesellschaften).

1893 *Schwerste Finanzkrise der australischen Geschichte*. Von den 22 bestehenden Banken mel-den (bis Mitte Mai) 13 den Konkurs an.

Die Arbeitslosenquote liegt schätzungsweise bei 25 bis 30% der Erwerbstätigen mit quali-fizierter Berufsausbildung. Die Krise führt zur teilweisen Auflösung der Gewerkschaften, da die arbeitslosen Mitglieder ihre Beiträge nicht mehr zahlen können. Eine Anzahl Streiks, von denen der Streik der Beschäftigten der Schiffahrtsindustrie und der Wollscherer der bedeutsamste ist, enden mit der Niederlage der Gewerkschaften.

Aug. Eine wirtschaftliche Erholung kann vor allem durch die staatliche Konsolidierung der Ban-ken und die Entdeckung von neuen Goldvorkommen in Südwestaustralien (Coolgardie, Kalgoorlie 1892/93) eingeleitet werden.

1896 Die in *Tasmanien* entdeckten *Kupfervorkommen* tragen ebenfalls zur Behebung der Krise bei. Um ähnliche Depressionen zu vermeiden, bemüht man sich um die Diversifizierung der Landwirtschaft (Milchwirtschaft, Fleischwirtschaft). In dieser Zeit liegen die *Anfänge einer Sozialgesetzgebung*.

An den wirtschaftlichen und politischen Entwicklungsprozessen hat die farbige Urbevölke-rung keinen aktiven Anteil. Die Tendenz geht dahin, sie in Reservaten unterzubringen. Die sechs sich selbst verwaltenden Kolonien sind bis 1900 vorwiegend auf ihre eigenen Ent-wicklungsprobleme bedacht.

Es werden Versuche unternommen, eine gemeinsame Verfassung auszuarbeiten (1891/ 1897; 1898).

1222 Außereuropäische Welt bis 1945 – Australien und Ozeanien mit Neuseeland

1900   *Neusüdwales* und *Victoria* führen die gesetzliche *Altersversorgung* ein.
1901   Der „**Commonwealth of Australia**" konstituiert sich als Mitglied des britischen Common-
1. Jan.   wealth. Für das neue Staatswesen muß wegen der Rivalitäten zwischen Melbourne und
Sydney (größte Städte Australiens) eine neue, neutrale *Hauptstadt* gefunden werden: *Can-berra* (ab 12. März 1913).

Die Verfassung Australiens

Die Verfassung Australiens ist im Commonwealth of Australia Act vom 9. Juli 1900 festgelegt. Mit Ausnahme der nach amerikanischem Vorbild gestalteten *bundesstaatlichen Elemente* folgt die Verfassung dem *britischem Vorbild*. Staatsoberhaupt ist die britische Krone; auf Bundesebene wird sie durch einen *Generalgouverneur* repräsentiert. Die gesetzgebende Gewalt liegt auf Bundesebene beim Parlament, das aus *Abgeordnetenhaus* (House of Representatives) und *Senat* (States' House) besteht, die beide in allgemeiner und direkter Wahl gewählt werden. Die (seit 1954) 124 Abgeordneten werden auf drei Jahre gewählt, bei den Senatoren werden alle drei Jahre die Hälfte der auf einen Staat entfallenden gewählt. Die Exekutive liegt in den Händen des Generalgouverneurs und des Kabinetts (Federal Executive Council). Die Kabinettsmitglieder sind dem Abgeordnetenhaus unmittelbar verantwortlich. Als Minister werden sie auf Bundesebene vom Generalgouverneur, auf Vorschlag des Premierministers, ernannt. Mit Ausnahme des Northern Territory und des Australian Capital Territory (des erweiterten Stadtbezirks von Canberra), die unter unmittelbarer Verwaltung der Bundesregierung stehen, haben die Staaten *Tasmanien, Victoria, Neusüdwales, Queensland, Südaustralien* und *Westaustralien* nach Bundesmodell ihre eigenen Regierungen, Parlamente und gleichfalls von der Krone bestätigten Gouverneure. (Eine Ausnahme bildet Queensland mit einer einheitlichen Volksvertretung, der Assembly.) Die in der Verfassung festgelegten *Zuständigkeiten des Bundes* sind teils ausschließliche (z. B. Außenbeziehungen, Verteidigung, Zölle, Einwanderung), teils konkurrierende (z. B. Steuern, Wirtschaft, Sozialfürsorge), wobei Bundesgesetze den Vorrang vor Gesetzen der Einzelstaaten haben. Über Verfassungsstreitigkeiten entscheidet der *Verfassungsgerichtshof* (High Court of Australia).

1901   Erste Wahl zum Bundesparlament. Organisierte Parteien bestehen nicht (mit der Aus-
29./30.   nahme der kurz nach der Wahl konstituierten australischen *Labor Party*); die Abgeordne-
März   ten teilen sich in Fraktionen nach ihrer Einstellung zur Frage der Erhebung eines Schutz-zolles.
1901–1904   Für die ersten Bundesregierungen unter *Edmund Barton* (1901 bis 1903; * 1849, † 1920) und *Alfred Deakin* (1903 bis 1904; * 1856, † 1919) stehen finanzpolitische Themen im Vordergrund. Ein Schutzzoll gegenüber dem Ausland ersetzt die inneraustralischen Zölle. Gleichzeitig wird die „White Australia"-Politik auf Bundesebene aufgenommen und weitergeführt.
1904   Erstes Kabinett der Labor Party (*John Christian Watson;* * 1867, † 1941).
1905–1908   *Alfred Deakin* ist mit der Unterstützung der Labor Party wieder Premierminister. Die Einrichtung eines Gerichtshofs zur gesetzlich vorgeschriebenen Schlichtung von Tarifkonflikten (Arbitration Court) fördert, da vor dem Gerichtshof nur Repräsentanten von organisierten Gruppen zugelassen sind, das Anwachsen der Gewerkschaften.
1906   Übernahme der britischen Kolonie *Südneuguinea.*
1907   Einführung der „*New Protection"-Politik*, nach der Arbeitgeber, die keine angemessenen Löhne zahlen, der Bundesregierung eine Abgabe entrichten müssen, die genauso hoch ist wie der Schutzzoll. Der Verfassungsgerichtshof erklärt diese Politik jedoch für verfassungswidrig, da der Bund laut Verfassung keine Kompetenzen auf dem Gebiet der Arbeitsgesetzgebung habe.
1907   Australien erhält den **Dominionstatus** (26. Sept.).
1908   Einführung der *gesetzlichen Altersversorgung.*
1908–1909   *Andrew Fisher* (* 1862, † 1928) führt die zweite Laborregierung.
1909–1910   Er muß zurücktreten, als sich Liberale und Konservative gegen Labor zusammenschließen und die Regierung stellen *(Alfred Deakin).*
1910   Die Labor Party gewinnt mit großer Mehrheit die Wahlen zum Bundesparlament (Andrew
April   Fisher). Die Regierung führt die unter Deakin begonnene Sozialpolitik weiter (1912 Einführung eines Mutterschaftsgeldes) und fördert ebenfalls die *Einwanderung.* Die große Zahl der Einwanderer (von 1906 bis 1914: 393048) fördert die inflationäre Entwicklung und übt Druck auf die Löhne aus. Industrielle Unruhen sind die Folge (Streiks der Bergarbeiter 1907 und 1909/10; fünfwöchiger Generalstreik in Brisbane 1912). Die Gewerkschaften können ihre Forderungen jedoch nicht durchsetzen. Von entscheidender Bedeutung für das Werden eines australischen Nationalgedankens erweist sich die Anmeldung eigener kolonialer Ansprüche.
1914   Übernahme der *Norfolkinsel.*
Die Verflechtung Australiens *mit der Weltwirtschaft* vor dem Ersten Weltkrieg erschöpft

Australien von der Entdeckung bis 1945   *1223*

sich im wesentlichen in seiner Produktion von Rohstoffen. Die Entwicklung einer eigenen, auf dem Weltmarkt konkurrenzfähigen Industrie steckt trotz großer Fortschritte noch in den Anfängen. Handelspartner sind in erster Linie Großbritannien, USA, Japan und bis 1914 auch das Deutsche Kaiserreich.

1914–1918 Im *Ersten Weltkrieg* steht Australien auf seiten Großbritanniens. Seine Truppen besetzen teils die deutschen Kolonialbesitzungen im Pazifik (Neuguinea, Bismarckarchipel und Samoa), teils werden sie an die vorderasiatischen und europäischen Kriegsschauplätze verschifft (Dardanellen, Palästina, Frankreich). Insgesamt nehmen 330000 Australier (sämtlich Freiwillige) am Krieg teil; 60000 fallen, 165000 werden verwundet. *Kriegsfinanzierung:* durch Kriegsanleihen, Steuern und verstärkte Notenemission, die durch ein Verbot der Goldausfuhr ermöglicht wird.

1915
Okt. *W. M. Hughes* (* 1864, † 1952) ersetzt Andrew Fisher als Premierminister einer Laborregierung. Als sich die anfängliche Kriegsbegeisterung legt und die Zahl der Freiwilligen zurückgeht, befürwortet er die Einführung der allgemeinen Wehrpflicht.

1916
Okt. Die Einführung der allgemeinen Wehrpflicht wird per Referendum abgelehnt. Darauf spaltet sich die Labor Party. Hughes gründet die *National Labor Party.*

1917 *Vereinigung der National Labor Party mit den Liberalen zur Nationalist Party* (Jan.).
Mai Hughes wird durch Parlamentswahlen im Amt bestätigt.

Die durch den Krieg bedingte *inflationäre Entwicklung* führt zu Unruhen unter der Arbeiterschaft, die zahlreiche Verbesserungen (44-Stunden-Woche, Lohnerhöhungen) durch-
Aug. –
Okt. setzen kann. Der *Generalstreik der Arbeiter von Neusüdwales,* der sich gegen eine Verschlechterung der Arbeitsbedingungen richtet, scheitert allerdings aufgrund des energischen Eingreifens der Bundesregierung und der Regierung von Neusüdwales.

Dez. In einem zweiten Referendum wird die Einführung der *allgemeinen Wehrpflicht* wiederum *abgelehnt.*

1919
7. Mai Auf der *Friedenskonferenz in Versailles* fordert Australien die Annexion der ehemaligen *deutschen Kolonialgebiete* im Pazifik, muß sich aber mit einem *Völkerbundsmandat* über diese Gebiete begnügen.

Die wichtigste innenpolitische Folge des Ersten Weltkrieges ist die Verschärfung von Gegensätzen innerhalb der australischen Gesellschaft.

Die zentrale innenpolitische Entwicklung in den zwanziger Jahren dieses Jh.s ist der Aufstieg der *Country Party,* die es versteht, sich als Vertreter aller ländlichen Interessen zu präsentieren.

1923
Febr. Premierminister Hughes wird durch *S. M. Bruce* (* 1883, † 1967) abgelöst, der mit der Country Party unter deren Führer *E. C. G. Page* (* 1880, † 1961) eine Koalition eingeht.

Charakteristisch für die *Wirtschaftspolitik der zwanziger Jahre* ist die Finanzierung großer öffentlicher Aufträge (vor allem Bewässerungsprojekte) durch die Einzelstaaten, was zu einer erheblichen Vermehrung der Staatsverschuldung führt. Erhöhte Zuschüsse der Bundesregierung können das Problem nicht endgültig lösen.

1929–1932 Da außer der Wollerzeugung fast sämtliche Wirtschaftszweige subventioniert werden, trifft die **Weltwirtschaftskrise** Australien besonders hart: es kann seine Zahlungsbilanzdefizite auf dem Londoner Kapitalmarkt nicht mehr finanzieren. Die Arbeitslosenquote steigt auf über 25 % (nur Queensland besitzt seit 1923 eine Arbeitslosenversicherung); die Zahl der Auswanderer ist erstmals höher als die der Einwanderer.

1929
Okt. Zu Beginn der Weltwirtschaftskrise übernimmt wieder die Labor Party unter *James Henry Scullin* (* 1876, † 1953) die Regierung. Innerhalb der Partei führt die Frage, auf welche Weise die Krise bewältigt werden solle, zu zahlreichen Zerwürfnissen. Der radikale Flügel bevorzugt eine Politik des „deficit spending", während der konservative Flügel auf deflationistische Maßnahmen drängt.

Nov. –
Dez. Die ersten Maßnahmen Scullins: starke Erhöhung der Schutzzölle und Lösung der australischen Währung vom Goldstandard.

1930 Ein teilweises Importverbot bringt nicht den gewünschten Erfolg (April).

1931
Juni Einigung zwischen Bundesregierung und Regierungen der Einzelstaaten auf den *Premiers' Plan,* der eine Kürzung von 20 % aller Staatsausgaben (auch der Löhne und Renten) vorsieht. Einige Angehörige des konservativen Flügels der Labor Party unter Führung von *Joseph Alois Lyons* (* 1874, † 1939) gehen daraufhin zur Opposition über.

Dez. Ein *Mißtrauensvotum* des radikalen Flügels führt zu Neuwahlen, aus denen *J. A. Lyons* als Sieger hervorgeht.

Er führt eine Koalition aus Country Party und aus der aus Nationalist Party und Angehörigen des konservativen Flügels der Labor Party neugebildeten United Australia Party. Lyons führt den Premiers' Plan weiter.

1933 *Wirtschaftliche Erholung,* gekennzeichnet durch den steigenden Anteil des Industriesektors am Sozialprodukt. Australiens Exporte bestehen jedoch immer noch zu 95 % aus Rohstofflieferungen.

Außenpolitisch bleibt Australien trotz des *Status von Westminster* (1931; aber erst 1942

1224   Außereuropäische Welt bis 1945 – Australien und Ozeanien mit Neuseeland

1937/1938   ratifiziert), das die vollständige Souveränität der Commonwealthmitglieder festlegt, weiterhin von Großbritannien abhängig, es bemüht sich jedoch um eine eigene diplomatische Vertretung bei ausländischen Mächten.

1939   Nach dem Tod von Lyons wird *Robert Menzies* (* 1894) Premierminister (April).

1939–1941   Australische Streitkräfte beteiligen sich an den Kämpfen im Mittelmeer und in Nordafrika.

1941   Die Regierung wird von *John Curtin* (Labor; * 1885, † 1945) geführt (Okt.).

Dez.   Die militärischen Anstrengungen Australiens werden verstärkt, da eine japanische Invasion befürchtet wird. Australien lehnt sich stärker an die USA an. Die *totale Mobilisierung* des ganzen Landes greift stark in das öffentliche und private Leben der Australier ein.

ab 1942   Die gesamte Einkommensteuer untersteht der Verfügungsgewalt der Bundesregierung; die Bundesstaaten werden ab jetzt direkt von der Bundesregierung finanziert. Aus kriegsnotwendigen Gründen übernimmt die Bundesregierung Aufgaben für die Organisation der Wirtschaft, der Industrie, der Forschung und des Bildungswesens. Australien ist es gelungen, aus dem Zweiten Weltkrieg unbeschadet hervorzugehen. Die Industrialisierung ist durch den Krieg weiter gefördert worden; die Rohstofflage ist äußerst günstig (Überschuß an Lebensmitteln, Wolle, Kohle und anderen Bodenschätzen). – *(Forts. S. 1576)*

Neuseeland von der Entdeckung bis 1945
(Forts. v. S. 1219)

In ethnischer und sprachlicher Hinsicht gehört die Doppelinsel Neuseeland zum Kreis der polynesischen Inselkulturen. Auf der Nordinsel ragen in der Umgebung des Taupo-Sees zahlreiche, teilweise noch tätige Vulkane empor. Nach Nordwesten ragt die Auckland-Halbinsel, nach Südosten die Wellington-Halbinsel. Die Südinsel wird von den Neuseeländischen Alpen geprägt (Mount Cook 3763 m), die im Westen steil abfallen und sich im Osten von den höchsten Gipfeln allmählich abdachen.
Neuseeland zeichnet sich durch seine guten Ackerauböden aus und ist von einem gemäßigt-milden Klima begünstigt; nur der Norden der Nordinsel gehört zur subtropischen Zone.

1642   Neuseeland ist eine Entdeckung des holländischen Kapitäns *Abel Tasman*. An der Westküste der Südinsel findet auch die erste Begegnung zwischen den Europäern und den polynesischen Bewohnern dieses Landes, den *Maori*, statt. Die Entdeckung gerät jedoch in Vergessenheit.

1769   Der Engländer *James Cook* erreicht die Küsten. Er erkennt später den Doppelinselcharak-
7. Okt.   ter Neuseelands. Die günstigen Berichte, die Cook und seine wissenschaftlichen Mitarbeiter über die klimatischen Bedingungen auf den wiederentdeckten Inseln geben, haben zunächst zur Folge, daß sie bis zum ausgehenden 18. Jh. wiederholt von anderen Forschern und Seefahrern besucht werden.

1800–1840   Die *Kolonisierung* durch die Europäer macht, bedingt durch die Haltung der Maori-Stämme, nur zögernd Fortschritte. Die weitere Erschließung der Doppelinsel betreiben Handels- und Walfangexpeditionen, die ihren Ausgang meist von Sydney nehmen. Somit hat Neuseeland zu Beginn seiner neueren Geschichte den mehr oder weniger inoffiziellen Status einer Kolonie der britischen Strafkolonie Neusüdwales. Händler und Missionare begründen die ersten festen Siedlungen.

1840   Neuseeland wird **britische Kronkolonie** (*Vertrag von Waitangi*). Wohl intensivieren sich
6. Febr.   im Laufe der Zeit die Kontakte zwischen den Weißen und den Maori, aber die von Anfang an bestehenden wechselseitigen Spannungen wachsen.

1845   Es kommt zu kriegerischen Auseinandersetzungen.

1852   Dem Drängen der Siedler nach demokratischer Regierung wird mit dem **Constitution Act** nachgegeben.

1853   Die erste **konstitutionelle Verfassung** Neuseelands hält sich, ähnlich der australischen, an
17. Jan.   die britische Tradition. Ein Generalgouverneur als Repräsentant der Krone steht an der Spitze des Staatswesens. Neben der Zentralregierung bestehen sechs Provinzialregierungen (Auckland, New Plymouth, Wellington, Nelson, Canterbury und Otago).

1856   Großbritannien gewährt Neuseeland die verantwortliche *Selbstverwaltung*, d. h., der Generalgouverneur kann, was die Innenpolitik anbetrifft, nur im Auftrag der dem Parlament verantwortlichen Minister handeln. Angelegenheiten, die die Maori-Stämme betreffen, bleiben jedoch dem Generalgouverneur vorbehalten.

ab 1870   Ein Prozeß der *inneren Konsolodierung* der Kolonie vollzieht sich in politischer und ökonomischer Hinsicht. Die Zentralregierung übernimmt dabei die Initiative. Neuseeland entwickelt sich zu einem Agrarexportland ersten Ranges.

1870–1880   Die Zahl der Bevölkerung steigt aufgrund der forcierten *Einwanderung* von 250000 auf 300000. Die Einwanderer sind in der Mehrzahl britischer Herkunft und bestimmen weitgehend den bis heute vorherrschenden Lebens- und Kulturstil.

Neuseeland, Ozeanien von der Entdeckung bis 1945   *1225*

1876	Die Provinzialregierungen werden aufgelöst, da die Zentralregierung in steigendem Maße deren Aufgaben übernommen hat.
1880–1895	Fallende Preise für Agrarprodukte auf dem Weltmarkt stürzen Neuseeland in eine *Wirtschaftskrise.*
1891	Die *Liberale Partei* beginnt mit der Sozialgesetzgebung (1898 Einführung der gesetzlichen Altersversorgung) und verfolgt eine gewerkschaftsfreundliche Politik. Sie unterstützt den Ausbau der Landwirtschaft (Fleischwirtschaft, Milchwirtschaft, Wolle). Steigende Weltmarktpreise für diese Produkte haben einen erneuten wirtschaftlichen Aufschwung zur Folge.
1907 **26. Sept.**	Neuseeland wird **britisches Dominion** (*Dominion of New Zealand*) und gewinnt damit praktisch seine staatliche Unabhängigkeit.
1914–1918	Im *Ersten Weltkrieg* besetzt Neuseeland das *deutsche Schutzgebiet Samoa.*
1919	Neuseeland erhält für Samoa ein Völkerbundsmandat (7. Mai). Die Teilnahme am Weltkrieg trägt dazu bei, ein neuseeländisches Nationalbewußtsein auszuprägen, doch löst sich Neuseeland weit weniger als Australien von der britischen Kulturtradition. Erst in den dreißiger Jahren beginnt eine Wende zur politischen und kulturellen Eigenständigkeit.
1929–1932	Als Rohstofflieferant wird Neuseeland von der **Weltwirtschaftskrise** schwer in Mitleidenschaft gezogen (Preissturz der Exportartikel, Arbeitslosigkeit), was drastische Gegenmaßnahmen der Regierung auslöst (Einfuhrbeschränkung, Kürzung der Gehälter). Die neuseeländische *Labour Party* steht in Opposition zu diesen Maßnahmen.
1935 Nov.	Die Labour Party gewinnt die Parlamentswahlen. Sie ergreift Maßnahmen, um den Lebensstandard der zahlenmäßig anwachsenden Maori dem der Angloneuseeländer anzugleichen (*Integrationspolitik*).
1937	Der *Electoral Amendment Act* gewährt den Maori die gleichen Rechte bei der Abgabe ihrer Stimmen wie den europäischen Wählern. Die Labour Party setzt auch ein Programm der Nationalisierung und der Sozialreformen durch.
ab 1938 1. April	Aufgrund des *Social Security Act* werden aus einem allgemeinen Fonds Sozialleistungen (Alters-, Invaliden-, Witwen-, Waisen-, Kriegsbeschädigten- und Kriegshinterbliebenenrenten, Arbeitslosen- und Kindergeld) bestritten.
1939–1945	Neuseeland beteiligt sich auf britischer Seite am *Zweiten Weltkrieg.* – (Forts. S. 1280)

Ozeanien von der Zeit der Entdeckungen bis 1945
(Forts. v. S. 1219)

Die „Inselwelt der Südsee" wird im Westen durch die Nordwestspitze Neuguineas, im Osten durch die Osterinsel, im Norden durch die Hawaii-Gruppe und im Süden durch die Doppelinsel Neuseeland begrenzt. Geographisch wird dieser weit ausgedehnte Raum in **Melanesien, Mikronesien** und **Polynesien** gegliedert. Bis zum Beginn der europäischen Kolonisation leben hier ausschließlich die Völker der *Papua, Melanesier* (dunkelhäutig), *Mikronesier* und *Polynesier* (hellhäutige Mischrassen). Danach unterscheidet man die melanesischen, polynesischen und mikronesischen Inselkulturen.

1513	*Vasco Núñez de Balboa* (* 1475, † 1517) entdeckt den Pazifischen Ozean und nimmt ihn im Namen der spanischen Krone offiziell in Besitz.
1519–1522	*Ferdinand Magellan* (portugiesisch: Fernão de Magalhães; * 1480, † 1521) durchquert bei seiner Erdumsegelung den Pazifischen Ozean, entdeckt aber nur eine der Tuamotuinseln und Guam (Marianen).
1524–1564	Spanische Seefahrer entdecken weitere Teile Mikronesiens: Inseln des Marshallarchipels und die Karolinen.
1568	*Álvaro de Mendaña de Neira* (* 1541, † 1595) findet in Melanesien eine Inselgruppe, die er „Insel des Salomo" (Salomonen?) nennt.
1605–1606	*Pedro Fernández de Quirós* (* 1565, † 1615) entdeckt einige Inseln der Tuamotu- und der Tokelaugruppe in Zentralpolynesien und erreicht auch die Hauptinsel der Neuen Hebriden in Ostmelanesien. Die Nachfolger der iberischen Völker in der Erforschung der Südsee sind die Niederländer.
1615–1616	Der niederländische Seefahrer *Jacques Le Maire* (* 1585; † 1616) entdeckt Tonga, den Bismarckarchipel, Neuirland und Neuhannover.
1642/1643	*Abel Tasman* besucht nach der Entdeckung Neuseelands die westpolynesischen Tongainseln, Teile der Fidschigruppe in der melanesisch-polynesischen Randzone, die melanesische Insel Neuirland und die Nordküste Neuguineas.
1722 Ostern	*Jacob Roggeveen* (* 1659, † 1729) entdeckt die Osterinsel, den östlichsten Ausläufer der polynesischen Inselwelt. Er stößt auf einige Inseln des Tuamotu-Archipels und erreicht die Samoainseln in Westpolynesien.

1226 Außereuropäische Welt bis 1945 – Australien und Ozeanien mit Neuseeland

1764–1780	Systematisch und gezielt durchforscht *James Cook* auf drei Reisen, von Gelehrten begleitet, die Südsee: Entdeckung der Insel *Neukaledonien* sowie eingehendere Erforschungen bereits bekannter Inseln und Archipele.
1828	Niederländische Ansprüche auf Westneuguinea eröffnen das **koloniale Zeitalter in der Südsee.**
1842	Die *zentralpolynesischen Archipele* (Tahiti, die Gesellschaftsinseln, die Marquesasinseln, die Paumotugruppe und die Australinseln) werden *französisches Protektorat.*
1874	*Großbritannien* übernimmt die *Fidschiinseln.*
1883/1884	Teilung des östlichen Neuguinea zwischen dem Deutschen Reich und Großbritannien.
1884/1885	Das *Deutsche Reich* übernimmt den *Bismarckarchipel* und kauft von Spanien 1899 die *Marianen,* die *Marshallinseln,* die *Karolinen* und die *Palauinseln.*
1892	Die *Gilbertinseln* werden britisches Protektorat.
1895/1899	Teilung der Salomonen zwischen Großbritannien und Deutschem Reich.
1897	Die *USA* annektieren *Hawaii.*
ab 1900	*Tonga* wird *unabhängiges Königreich* unter britischem Schutz.
1906	Abschluß der Kolonisierung durch Errichtung eines *englisch-französischen Kondominiums* über die Neuen Hebriden.
1914/1918	Nach dem Ersten Weltkrieg dringt Japan in den pazifischen Raum vor.
1921 **23. Dez.**	Auf der Konferenz von Washington einigen sich USA, Japan, Frankreich und Großbritannien über die Besitzverhältnisse im Stillen Ozean **(Pazifikabkommen).**
1922 6. Febr.	**Flottenvertrag** zwischen den vier Mächten mit dem Ziel von Rüstungsbeschränkungen. Da er nach seinem Ablauf nicht erneuert wird, beginnt ein Flottenwettrüsten im Pazifik.
1939–1945	Im Zweiten Weltkrieg ist Ozeanien Kriegsschauplatz. – *(Forts. S. 1581)*

NEUESTE ZEIT

Viel intensiver als der Erste Weltkrieg oder andere weltweite Geschehnisse hat der Zweite Weltkrieg den ganzen Erdball erfaßt. Er hat auch in den Staaten, die in die militärischen Ereignisse wenig oder nicht einbezogen wurden, teils direkt, teils indirekt, teils kurz-, teils mittelfristig tiefgreifende Veränderungen zur Folge. Die globale Wirkung von Ereignissen und Entwicklungen, die wechselseitigen Beziehungen und Abhängigkeiten treten nun immer deutlicher hervor und greifen stärker als jemals in die nationalgeschichtlichen Abläufe ein. *Weltgeschichte wird zur Globalgeschichte.*

Weltorganisationen und Weltwirtschaft seit 1945

Kennzeichnend für die internationale Entwicklung seit 1945 sind der Ost-West-Konflikt und seit 1960 der Nord-Süd-Konflikt sowie die durchgängigen Bemühungen der supranationalen Organisationen im Weltmaßstab, vor allem der *Vereinten Nationen* (UNO – *United Nations Organization*), den Frieden global zu sichern und akute Wirtschaftskrisen zu verhindern, zumindest aber die schlimmsten sozialen Folgen der großen Konfliktlagen zu mildern.

Der **Ost-West-Konflikt** ist ein spezifisches Problem der beiden Supermächte USA und UdSSR sowie ihrer jeweiligen Verbündeten samt ihrer regionalen, supranationalen Organisationen.

Der **Nord-Süd-Konflikt** resultiert aus dem Nebeneinander von Staaten mit absoluter Massenarmut (Dritte Welt) und Staaten mit relativem Massenreichtum, wobei beide Staatengruppen in engen Beziehungen miteinander stehen, ja aufeinander angewiesen sind. Das Nebeneinander wird indes zunehmend nicht nur als soziales und wirtschaftliches Problem empfunden, sondern auch als anhaltender Konflikt, bei dem die Interessen der einen Seite nur gegen Interessen der anderen durchgesetzt werden können. Es bestehen verschiedene, vorwiegend politisch bedingte Auffassungen zum Problem des Nord-Süd-Konflikts:

1) Die Entwicklungsländer vertreten die Ansicht, daß das seit 1945 aufgebaute, kapitalistisch geprägte *Freihandelssystem* den *Aufstieg der westlichen Industrienationen,* damit aber zugleich die Unterentwicklung der Dritten Welt bewirkt habe.

2) Die UdSSR sieht den *Konflikt zwischen „Imperialismus" und „Antiimperialismus",* wobei sie sich selbst als Faktor des „Antiimperialismus" versteht.

3) Die Volksrepublik China apostrophiert den *Kampf der „Dörfer"* (Asien, Afrika und Lateinamerika) *gegen die „Städte".* Der Hauptwiderspruch bestehe in der Ausbeutungspolitik der beiden Supermächte und ihrer jeweiligen Verbündeten als sog. „Zweiter Welt" gegenüber der „Dritten Welt".

4) In den westlichen Industrienationen wird der Konflikt mit der *historisch bedingten Unausgewogenheit* des technischen und kulturellen Standards in den verschiedenen Regionen der Erde erklärt, wobei die Besonderheiten jeder Region betont werden.

Der Nord-Süd-Konflikt ist ein primär wirtschaftliches Problem mit politischen Konsequenzen, der Ost-West-Konflikt hingegen stellt in erster Linie eine machtpolitisch-ideologische Auseinandersetzung mit wirtschaftlichen Konsequenzen dar, wobei sich allerdings beide Konfliktarten seit 1960 in zunehmendem Maße miteinander verzahnen. Die Ursache dafür liegt einmal im *Machtzuwachs der UdSSR,* die sich durch militärische Aufrüstung in die Lage versetzt hat, überall in der Welt ihrem Interesse entsprechend intervenieren zu können, zum anderen in dem Bemühen der USA, sich des Wohlverhaltens der rohstoffreichen und strategisch günstig gelegenen Entwicklungsstaaten zu versichern und schließlich in der Neigung zahlreicher *Staaten der Dritten Welt, „blockfrei"* zu bleiben, sich dabei aber doch durch eine Pendelpolitik im Rahmen des Ost-West-Konflikts Vorteile zu verschaffen.

Die supranationalen Organisationen im Weltmaßstab vermögen beide Konflikttypen nicht aufzuheben, bestenfalls die Beilegung jeweiliger gewaltsamer regionaler Auseinandersetzungen zu beschleunigen oder ihren Verlauf unter Kontrolle zu halten. Sie tragen aber dazu bei, strukturelle Wirtschaftskrisen zu mildern, die Interessen der Entwicklungsstaaten wirksam zu vertreten und den kleinen Staaten einen organisatorischen Aktionsrahmen gegenüber den Großmächten und Industriestaaten zur Verfügung zu stellen. Andererseits sind sie nicht in der Lage, das Nationalstaatsprinzip zu überwinden. Dazu sind die regionalen supranationalen Organisationen eher imstande, nämlich wenigstens Teile nationaler Souveränität zu übernehmen, wenngleich auch hier endgültige historische Entscheidungen noch nicht gefallen sind.

1945 4.–11. Febr.	Die *drei Großmächte USA, UdSSR* und *Großbritannien* einigen sich in Jalta, als Gründungsmitglieder der künftigen Weltorganisation die bis zum 8. Febr. 1945 den Vereinten Nationen beigetretenen Länder zur ersten Sitzung der Generalversammlung nach London einzuladen.

1228 Neueste Zeit

26. Juni *Statut des Internationalen Gerichtshofes* verabschiedet.
24. Okt. Die einstimmig beschlossene (26. Juni) *Charta der Vereinten Nationen* tritt in Kraft, nachdem die *fünf Großmächte* (China, Frankreich, Großbritannien, UdSSR und USA) sowie die Mehrheit der übrigen Unterzeichnerstaaten die Ratifikationsurkunden bei der US-Regierung hinterlegt haben.
15. Nov. USA, Großbritannien und Kanada verkünden die *Atom-Charta*, durch welche die Kontrolle über sämtliche Kernenergieprojekte durch die UNO gewährleistet werden soll.
27. Dez. Abkommen über Errichtung der *Internationalen Bank für Wiederaufbau und Entwicklung* (IB RD), kurz *Weltbank* genannt. Ihre Hauptaufgabe ist die durch staatliche Garantien abgesicherten Finanzierungen von Entwicklungsprojekten.
Gründung eines internationalen Finanzierungsfonds – IMF (International Monetary Fund).
1946 *Erste Sitzung der Generalversammlung der Vereinten Nationen* in London; einige Tage
10. Jan. später treten der Sicherheitsrat sowie der Wirtschafts- und Sozialrat zu ihren konstituierenden Sitzungen zusammen.
24. Jan. Die UN-Generalversammlung beschließt die *Bildung einer Atomenergiekommission,* welche Vorschläge für die Beseitigung atomarer Waffen ausarbeiten soll. Wegen der Kontrollprobleme kann aber über die Vorschläge keine Einigung erzielt werden, da die UdSSR Eingriffe in innere Angelegenheiten verweigert.
18. Febr. Der Ausschuß für die *Internationale Handelsorganisation* (International Trade Association) wird *gegründet.*
9. April *Geschäftsordnung des Sicherheitsrates* festgelegt.

Der Organisationsaufbau der Vereinten Nationen

Im *Organisationssystem der Vereinten Nationen* ist zwischen Hauptorganen, Spezialorganen, Ausschüssen und Sonderorganisationen zu unterscheiden.

Hauptorgane sind die Generalversammlung *(General Assembly),* der Sicherheitsrat *(Security Council),* der Wirtschafts- und Sozialrat *(Economic and Social Council – ECOSOC),* der Treuhandschaftsrat *(Trusteeship Council),* der Internationale Gerichtshof *(International Court of Justice)* und das *Sekretariat.*

Die **Generalversammlung** (Vollversammlung) ist das Hauptorgan, dem sämtliche Mitgliedstaaten mit Sitz und Stimme angehören. Sie entscheidet über die Zusammensetzung der anderen Hauptorgane, übt die Kontrolle über den Haushalt und die Verwaltung aus, erörtert die Angelegenheiten, die im Rahmen der Charta liegen oder die Funktionen jedes anderen Organs betreffen, schließlich gibt sie Empfehlungen an die Mitgliedstaaten und den Sicherheitsrat.

Der **Sicherheitsrat,** für die Friedenssicherung zuständig, ist ein Organ mit begrenzter Mitgliederzahl. Er umfaßt *fünf ständige Mitglieder* (China – zunächst Nationalregierung bzw. Taiwan, seit 1971 Volksrepublik – Frankreich, Großbritannien, UdSSR und USA) sowie 10 *nichtständige Mitglieder,* die für zwei Jahre aus dem Kreis der Mitgliedstaaten der UN gewählt werden. Für Beschlüsse sind zehn Stimmen erforderlich, bei anderen als Verfahrensfragen sind aber die Stimmen der fünf ständigen Mitglieder nötig (Vetorecht). Durch ihre ständige Mitgliedschaft im Sicherheitsrat kommt den fünf Mächten ein besonderes Gewicht zu, da sie in der Lage sind, darüber zu entscheiden, ob Abrüstungs-, bzw. Rüstungskontrollfragen den UNO-Gremien vorgelegt, oder ob diese bilateral behandelt werden sollen.

Der **Wirtschafts- und Sozialrat** besteht aus 54 Mitgliedern, von denen 18 für die Dauer von drei Jahren gewählt werden. Er ist das *wirtschaftspolitische Hauptorgan* der Vereinten Nationen, das unter Aufsicht der Generalversammlung steht. Die ihm zugeordneten Sonderorganisationen erstatten ihm Bereicht.

Der **Treuhandschaftsrat** ist das *Organ für* den Fragenkomplex der *Dekolonisierung* und der *Verwaltung der Treuhandgebiete.* Er untersteht ebenfalls der Kontrolle der Generalversammlung. Im Treuhandschaftsrat sowie im Wirtschafts- und Sozialrat lassen sich die Interessen der Staaten der Dritten Welt nachhaltiger als etwa im Sicherheitsrat vertreten.

Der **Internationale Gerichtshof** ist ein *richterliches Organ,* das weniger stark in die Organisation der Vereinten Nationen integriert ist; seine *Rechtsprechung* vollzieht sich *im unabhängigen Rahmen.*

Das Sekretariat ist das zentrale Verwaltungsorgan mit einem Generalsekretär an der Spitze. Neben Verwaltungsaufgaben erfüllt der Generalsekretär auch politische Funktionen; so kann er etwa den Sicherheitsrat auf sämtliche Angelegenheiten aufmerksam machen, die nach seiner Meinung den Weltfrieden bedrohen.

Nebenorgane sind Ausschüsse, die Sicherheitsrat und Generalversammlung je nach Bedarf einrichten, sowie Kommissionen, die der Wirtschafts- und Sozialrat bilden kann. Von Bedeutung sind vor allem die Abrüstungsausschüsse: *Atomenergiekommission, Kommission für konventionelle Abrüstung, Zwölfmächte-Ausschuß, UN-Abrüstungskommission, Achtzehnmächte-Ausschuß.*

Von den Nebenorganen zu unterscheiden sind die **Spezialorgane** und **Sonderorganisationen,** die aufgrund zwischenstaatlicher Übereinkünfte auf den Gebieten der Wirtschaft, des Sozialwesens, der Kultur, der Erziehung und Gesundheit entstehen und durch besondere Abkommen mit den Vereinten Nationen verbunden sind.

Weltorganisation und Weltwirtschaft 1229

Die Organisation der Vereinten Nationen (UNO)

1230 Neueste Zeit

Das Organisationsschema der Vereinten Nationen ist nicht starr; es entwickelt sich seit 1945 ständig weiter, wobei *Kompetenzverschiebungen* zwischen Hauptorganen, Ausschüssen, Spezialorganen und Sonderorganisationen die Regel bilden. Diese resultieren in erster Linie aus der starken Position der fünf ständigen Mitglieder des Sicherheitsrates. In den fünfziger Jahren dominieren die *USA mit ihren Verbündeten*, die in der Generalversammlung über solide Mehrheiten verfügen. Seit Anfang der sechziger Jahre verschieben sich jedoch die *Mehrheitsverhältnisse zugunsten der Entwicklungsstaaten*, was die UdSSR häufig für ihre Interessen auszunutzen versteht. Die USA messen seitdem der UNO nicht mehr das gleiche Gewicht bei wie zuvor und gehen häufig dazu über, das *Instrument des Vetorechts* anzuwenden, ein Mittel, zu dem auch die Sowjetunion immer mehr greift, was schließlich die Effektivität der UN-Maßnahmen stark beeinträchtigt.

1947 13. Febr.	Der UN-Sicherheitsrat bildet eine *Kommission für koventionelle Abrüstung*, deren Arbeit jedoch durch den Ausbruch des kalten Krieges behindert wird.
26. März	Gründung des *UN-Treuhandschaftsrates.*
10. April	Beginn der Genfer Konferenz über einen nationalen Zollabbau und über die Beseitigung von Handelshemmnissen.
26. Mai	Die Vereinten Nationen schalten sich in den Palästina-Konflikt ein.
2. Sept.	Die UNO vermittelt im Konflikt zwischen den Niederlanden und der nationalen Befreiungsbewegung in Indonesien.
31. Okt.	In Genf unterzeichnen 23 Staaten das *GATT-Abkommen (General Agreement on Tariffs and Trade)* zur Herabsetzung der Zolltarife und Handelsschranken. Die UdSSR und die mit ihr verbündeten Staaten (ausgenommen ČSR) schließen sich nicht an (sie bilden den Rubelblock).
21. Nov.	Beginn der *Konferenz der Vereinten Nationen für Handel und Beschäftigung* in Havanna (Kuba), an der 63 Nationen teilnehmen.
1948 24. März	54 Staaten nehmen auf der Konferenz in Havanna die sog. *Havanna-Charta* an: Grundsätze für den internationalen Handelsverkehr, Senkung der Zölle, allgemeine Meistbegünstigung und Abbau der Handelsschranken sowie für eine internationale Handelsorganisation. Die Charta wird jedoch nicht in Kraft gesetzt, weil vor allem der Kongreß der USA (auf Veranlassung der Industrielobby) eine Ratifizierung verweigert. Kapitel IV (Handelspolitik) der Chartabestimmungen beeinflußt aber direkt das GATT-Abkommen.

Aufbau und Ziele von GATT im Welthandelssystem

Das GATT-Abkommen ist ein *multilateraler Handelsvertrag*, der auf der Vorstellung beruht, daß die Erhöhung des Lebensstandards, Vollbeschäftigung, die wirksame Nachfrage und Erschließung der Rohstoffe nur durch einen möglichst unbehinderten Wettbewerb auf dem Weltmarkt zu verwirklichen sind. Ursprünglich ist GATT lediglich als ein Provisorium für eine Übergangszeit bis zum Inkrafttreten der Havanna-Charta gedacht. Nachdem diese nicht ratifiziert wird, entsteht die Notwendigkeit, GATT allmählich mit eigenen Organen auszugestalten. Im Rahmen von GATT verschwinden die *westlichen Währungsblöcke* (Dollar, Pfund Sterling, Franc) fast gänzlich..
Oberstes Organ ist die **GATT-Versammlung,** in welcher die Vertreter der Vertragsstaaten in regelmäßigen Abständen zusammenkommen. Die Zuständigkeit der GATT-Versammlung ist umfassend: Sie erstreckt sich, neben der Erörterung aktueller handelspolitischer Fragen, von der Förderung des *Abbaus von Zolltarifen* über die Schlichtung bei Streitfällen bis zur Erteilung von Ausnahmegenehmigungen im Handelsverkehr. Beschlüsse werden mit einfacher bzw. mit Zweidrittel-Mehrheit gefaßt (jedes Mitglied hat nur eine Stimme).
Seit 1960 besteht ein **GATT-Rat.** Er trägt dem Wunsch der größeren Handelsnationen nach einer Plattform für häufigere Zusammenkünfte zwischen den Sitzungsperioden der GATT-Versammlung Rechnung. Der Rat tritt etwa neunmal im Jahr zusammen und behandelt dann die anstehenden Probleme. Der Geschäftsführung untersteht ein *Sekretariat*, das seit 1968 gemeinsam mit der 1964 ins Leben gerufenen *Konferenz der Vereinten Nationen für Handel und Entwicklung (UNCTAD* – United Nations Conference on Trade and Development) das *Internationale Handelszentrum* verwaltet. GATT verfügt über Ausschüsse für den Handel mit Agrar- und Industrieprodukten, für Zahlungsbilanzprobleme sowie für Handel und Entwicklung allgemein.
Die GATT-Konzeption, die in den fünfziger Jahren durchaus wirksam ist, erfährt in den sechziger Jahren einmal durch die Gründung der *Europäischen Wirtschaftsgemeinschaft* (1958) mit dem Übergehen von nationalen zu supranationalen Zöllen und Handelskonditionen und zum anderen durch den wachsenden Einfluß der mehr dirigistisch eingestellten *Entwicklungsländer* (starkes Bemühen um nicht-reziproke Zollvergünstigungen zur Verbesserung der Welthandelsposition) in der UNCTAD, die sich vor allem im Rohstoffbereich bemerkbar machen, entscheidende Veränderungen.
Das Bemühen der USA und der westlichen Industriestaaten, im Rahmen des GATT einen *Weltmarkt* aufzubauen, gelingt insofern, als im Zeitraum 1945–1971 der *Welthandel* stetig und rasch wächst (Wert der Exporte steigt weltweit von 57,5 Mrd. US-Dollar im Jahr 1948 auf 704,3 Mrd. US-Dollar 1972);

Weltorganisation und Weltwirtschaft *1231*

andererseits ist festzuhalten, daß ein die gesamte Erde umfassender Welthandel nicht entstanden ist, weil zwei unterschiedlich strukturierte *Wirtschaftsblöcke,* nämlich der westliche und der östliche, sich im gleichen Zeitraum ohne herausragende Quoten im Handel untereinander gegenüberstehen, was nicht zuletzt seine Ursache im Fehlen von Marktverhältnissen innerhalb des staatsmonopolistischen Wirtschaftssystems im Osten hat.

Der von den westlichen Industriestaaten geprägte *Weltmarkt* weist seinerseits *drei Hauptmerkmale* auf:
1. Die Industriestaaten besitzen die Neigung, vorwiegend miteinander Handel zu treiben. Ihr Handel macht den weitaus größten Anteil an der Gesamtmenge der umgeschlagenen Waren aus, während der Handel mit den Ostblockstaaten dagegen nur einen Bruchteil beträgt.
2. Es ist eine starke *Tendenz zur internationalen Spezialisierung* im Produktionsbereich zu verzeichnen, welche die einzelnen nationalen Volkswirtschaften aneinander bindet und vom Außenhandel abhängig macht. Die Einfuhren wachsen dabei in einem schnelleren Rhythmus als das nationale Sozialprodukt. Demgegenüber entwickelt sich der Anteil der Entwicklungsländer am Welthandel relativ rückläufig.
3. Die einzelnen Staaten sind ungleich am Welthandel beteiligt. Eine *Minderheit* hochentwickelter *Industrienationen* (USA, Bundesrepublik Deutschland, Japan, Frankreich, Großbritannien) sichert sich gegenüber der überwältigenden Mehrheit den *Hauptanteil am Weltmarkt.*

Nach 1948 orientieren sich die großen Handelsmächte zunächst an ihren *traditionellen Handelsräumen:* Die USA stehen hauptsächlich mit Lateinamerika und Kanada in Beziehung; Großbritannien mit den Staaten des ehemaligen Sterling-Blocks (u. a. Indien, Australien, Neuseeland) und Frankreich mit den Staaten der früheren Franc-Zone (afrikanische Staaten). Diese Orientierungen sind in den fünfziger und sechziger Jahren rückläufig; vor allem Frankreich, aber auch Großbritannien richten ihren Handel zunehmend stärker auf die Europäische Gemeinschaft.

Das Welthandelssystem und die Spezialisierung im Produktionssektor begünstigt den Aufstieg *multinationaler Konzerne.* Diese sind privatwirtschaftliche Unternehmen, die einen grenzüberschreitenden Verkehr von Waren, Kapital und Arbeit vornehmen. Ihre Produktion ist auf mehrere Staaten ausgedehnt, wird aber von einer einzigen Zentrale (in der Regel befindet sich der Sitz im Stammland) gesteuert. Die wirtschaftlichen Aktivitäten multinationaler Unternehmen können sowohl im jeweiligen Stammland als auch in den Gastländern Abhängigkeiten schaffen, so etwa wenn der in Gang gesetzte Kapitalabfluß die Zahlungsbilanz des Stammlandes verschlechtert oder wenn politische, ökomomische und kulturelle Verhältnisse des Stammlandes auf die Gastländer übertragen werden.

Insbesondere Entwicklungsländer und kleinere Staaten, deren Organisationsrahmen und Budgetumfang häufig geringer sind als die eines einzigen multinationalen Konzerns, richten ihre Kritik auf einseitig vom Konzerninteresse bestimmte Produktionsziele sowie auf die Einfuhr kapitalintensiver Produktionsmethoden, mit denen nicht in ausreichendem Maße Arbeitsplätze geschaffen werden. Ferner wird beklagt, daß die internationalen Konzerne bei ihren Investitionen wegen fehlender Infrastruktur die ärmsten Regionen der Erde vernachlässigen und durch ihre politisch-wirtschaftliche Potenz die Terms of Trade für Rohstoffe zu ihren Gunsten beeinflussen.

Welthandel nach Ländergruppen 1982 (in Mrd. $)

Ländergruppe	Ausfuhr			Einfuhr		
	Mrd. US-$	Anteil an der Weltausfuhr in %	Steigerung gegenüber 1981 in %	Mrd. US-$	Anteil an der Welteinfuhr in %	Steigerung gegenüber 1981 in %
Industrieländer	1135,0	62,9	−5,1	1166,5	64,7	−6,6
EG	583,3	32,3	−3,7	608,9	33,8	−4,5
BR Dtl.	176,4	9,8	0,2	155,8	8,6	−4,9
EFTA	103,6	5,8	−4,1	114,4	6,4	−5,9
USA	206,0	11,4	−8,7	253,0	14,0	−6,7
Japan	138,5	7,7	−8,8	130,3	7,2	−7,5
Sonstige	103,5	5,7	−0,7	59,8	3,3	−22,7
Entwicklungsländer	255,5	14,1	−4,8	316,0	17,5	−7,7
OPEC-Länder	222,0	12,3	−18,5	151,0	8,4	−2,5
Staatshandelsländer	193,0	10,7	4,3	169,0	9,4	−0,5
DDR	21,7	1,2	14,6	20,2	1,1	0,7
UdSSR	86,9	4,8	10,0	77,6	4,3	6,5
Welt insg.	1802,5	100,0	−5,9	1843,0	100,0	−5,9

1948 9. Dez.	*Entschließung* der UN-Generalversammlung *gegen Gruppen- und Massenmord* als Verbrechen im Sinne des Völkerrechts.
10. Dez.	Die Generalversammlung der Vereinten Nationen nimmt die „*Deklaration der Menschenrechte*" an, die davon ausgeht, daß alle Menschen frei und gleich an Würde und Rechten geboren sind.
1949	Genfer Abkommen über Hilfeleistungen des Internationalen Roten Kreuzes bei Konflikt-

1232 Neueste Zeit

12. Aug.	fällen (Behandlung von Verwundeten, Kranken im Feld und zur See, Kriegsgefangenen, Schutz von Zivilpersonen).
12. Sept.	USA, Großbritannien und Kanada vereinbaren auf der Finanzkonferenz in Washington, die Dollarerlöse des Sterling-Blocks zu vermehren und die Investitionen von US-Kapital im Ausland zu steigern.
1950 25. Juni	Der UN-Sicherheitsrat verurteilt den Vorstoß nordkoreanischer Truppen über die Demarkationslinie (38. Breitengrad) nach Süden und beschließt eine Kollektivintervention.
7. Juli	Resolution des UN-Sicherheitsrates über die Bildung einer UN-Truppe unter einem Kommando der USA für den Einsatz in Korea. Die Resolution kommt zustande, weil die UdSSR den Sicherheitsrat boykottiert (Anlaß ist die Übernahme des Vorsitzes durch den Vertreter Taiwans) und daher kein Veto einlegen kann.
30. Nov.	Die *Resolution 377 (V) „Uniting for Peace"* der Generalversammlung bedeutet die Wende vom in der Charta der UN niedergelegten System der kollektiven Sicherheit zu einem *System der kooperativen Friedenswahrung.* Die UdSSR verhält sich zunächst ablehnend. Die Resolution ermächtigt die Generalversammlung der Vereinten Nationen zu Empfehlungen von Kollektivmaßnahmen der Vereinten Nationen, wenn der Sicherheitsrat (aufgrund des Vetorechts der fünf ständigen Mitgliedsstaaten) selbst nicht in der Lage ist, eine Entscheidung zu treffen. Um dies zu ermöglichen, sollen „Sondersitzungen" einberufen werden können. Das System, das auf Ausmanövrierung der UdSSR angelegt ist, setzt sich jedoch nicht gänzlich durch.
1951 26. Dez.	Die USA veröffentlichen im Rahmen der MSA *(Mutual Security Agency)* eine Liste von 313 Waren und Rohstoffen, die nicht an Ostblockstaaten geliefert werden dürfen: 1. Waffen, 2. Produkte zur Erzeugung von Atomenergie, 3. Maschinen und 4. Rohstoffe.
1952 11. Jan.	*Auflösung der Atomkommission,* da die UdSSR in ihr nicht mitarbeitet. Auf Beschluß der Generalversammlung Bildung einer neuen *Abrüstungskommission,* die den Auftrag erhält, koordinierte Pläne für die Regelung, Begrenzung und ausgewogene Reduzierung aller Streitkräfte auszuarbeiten und Vorschläge für das Verbot von Massenvernichtungswaffen vorzulegen.
12. Dez.	12 Staaten Asiens und Afrikas bekunden auf einer Konferenz in Kairo ihren Willen, zur Neutralität im Ost-West-Konflikt. An diesem Tag beginnt die Bewegung der *„blockfreien Staaten".*
1954	Errichtung eines Ausschusses der Vereinten Nationen zur Ausarbeitung umfassender Abrüstungspläne (April).
26. April	Beginn der *Genfer Konferenz über Korea und Indochina* (Teilnehmer: USA, UdSSR, Großbritannien, VR China, Frankreich sowie 15 UN-Staaten, die Truppen nach Korea entsandt haben). Keine Einigung über die Koreafrage.
21. Juli	*Schlußerklärung der Genfer Konferenz* über den Indochinakonflikt: Ende der Kampfhandlungen in Kambodscha, Laos, und Vietnam (Demarkationslinie verläuft am 17. Breitengrad). Abzug französischer Truppen; die drei Indochinastaaten erhalten Unabhängigkeit; allgemeine Wahlen für Juli 1956 vorgesehen.
1955 18.–24. April	*Konferenz in Bandung:* Die teilnehmenden 23 asiatischen und 6 afrikanischen Staaten erzielen Einigung über eine neutrale Haltung im Ost-West-Konflikt, beschließen die Unterstützung von Unabhängigkeitsbewegungen, verurteilen jegliche Rassendiskriminierung, stimmen für den Kampf um Menschenrechte und Selbstbestimmung sowie für eine allgemeine Abrüstung und das Verbot der Herstellung, Erprobung und Anwendung nuklearer und thermonuklearer Waffen.
25. Mai	Gründung der *International Finance Corporation* (IFC) zur Förderung privater Interessen in Entwicklungsländern.
1956 26. Okt.	Gründung der *Internationalen Atomenergie-Organisation* (International Atomic Energy Agency–IAEA) mit Sitz in Wien.
31. Okt.	Die UdSSR stimmt im *Sueskonflikt* der *Einberufung des Sicherheitsrates* aufgrund Resolution 377 (V) „Uniting for Peace" zu und erkennt sie damit im nachhinein indirekt an.
2. Nov.	Die UN-Generalversammlung stimmt dem Antrag der USA zu, die Kämpfe in Ägypten (britisch-französisch-israelischer Angriff auf Ägypten) sofort zu beenden.
4./5. Nov.	Die UN-Generalversammlung beschließt die Aufstellung einer *Friedenstruppe für Nahost (UNEF).* Sie beruft, da der Sicherheitsrat durch das Veto der militärisch in Ägypten operierenden Mitgliedsstaaten, Frankreich und Großbritannien, blockiert ist, ein Oberkommando für eine Internationale Streitmacht ein, dessen Oberbefehlshaber dem Generalsekretär untersteht. Die UN-Streitmacht setzt sich aus Truppen von Staaten zusammen, die nicht ständige Mitglieder des Sicherheitsrates sind. Sämtliche am Konflikt beteiligte Staaten erklären sich mit dem Verfahren der Einrichtung einer Friedenstruppe einverstanden. (Herausbildung der Regeln für alle zukünftigen Einsätze von UN-Friedensstreitkräften).
9. Nov.	Die UN-Generalversammlung fordert in einer Entschließung den sofortigen Abzug sowjetischer Truppen aus Ungarn und empfiehlt die Abhaltung freier Wahlen. Die UdSSR lehnt beides ab.

Weltorganisation und Weltwirtschaft *1233*

1957 2. März	Der *Streit im Nahostkonflikt* um den Golf von Akaba und den Gasa-Streifen zwischen Israel einerseits und Jordanien bzw. Ägypten andererseits wird durch UN-Vermittlung *beigelegt,* der Gasa-Streifen UN-Kontrolle unterstellt.
15. Sept.	Die UN-Generalversammlung *verurteilt* das *Eingreifen der UdSSR in Ungarn* sowie die Mißachtung der UN-Beschlüsse vom 9. Nov. 1956.
1960	UN-Sicherheitsrat beschließt auf Ersuchen der kongolesischen Regierung die Entsendung einer UN-Streitmacht (14. Juli).
14. Sept.	Erdölexportierende Länder (Iran, Irak, Kuwait, Saudi-Arabien und Venezuela) schließen sich in Bagdad zur *Organisation erdölexportierender Länder (OPEC*–Organization of Petroleum Exporting Countries) zusammen.
14. Dez.	Erklärung der Vereinten Nationen über die Gewährung der Unabhängigkeit kolonialer Länder und Völker. Die UNO fordert die Beendigung des Kolonialismus in jeglicher Form.
1961 *21. Febr.*	Der UN-Sicherheitsrat ermächtigt UN-Generalsekretär *Dag Hammarskjöld* (* 1905, † 1961) zu Maßnahmen, die *abtrünnige Provinz Katanga,* notfalls mit Waffengewalt, dem kongolesischen Gesamtstaat (heute: Zaïre) wieder einzugliedern.
1.–6. Sept.	Die *Konferenz der blockfreien Staaten in Belgrad* fordert für den Kongo und für Kuba das Selbstbestimmungsrecht und schlägt die Lösung der Berlin- und Deutschlandfrage ohne Gewalt vor.
18. Sept.	Generalsekretär Dag Hammarskjöld kommt bei seinem Versuch, durch persönliches Eingreifen den Kongo-Konflikt zu beenden, durch einen Flugzeugunfall ums Leben.
20. Dez.	Die UN-Generalversammlung billigt die *Gründung eines Achtzehn-Mächte-Ausschusses* für Abrüstung, den die Genfer Außenministerkonferenz 1959 ins Leben gerufen hat.
1962 *9.–18. Juli*	*Wirtschaftskonferenz* von blockfreien Staaten und Entwicklungsländern *in Kairo,* auf der die Interessen gegenüber den Industriestaaten zum ersten Mal programmatisch vorgetragen werden (insbesondere Forderung nach einer Erhöhung und Stabilität der Rohstoffpreise). Die Entwicklungsländer, die einen deutlichen wirtschaftlichen und sozialen Rückstand gegenüber den westlichen und östlichen Industriestaaten aufweisen (gemeinsame Merkmale des Entwicklungsrückstands sind u. a. das Ungleichgewicht der Produktionsfaktoren, die geringe Zahl von Fachkräften und die Einseitigkeit der Produktionsstrukturen), geben ihrer Überzeugung deutlich Ausdruck, daß sie nur als gemeinsam handelnde Gruppe ihre eigenen Interessen gegenüber den wohlhabenden Nationen durchsetzen können.
3. Aug.	Beschluß des UN-Wirtschafts- und Sozialrates, eine Konferenz für Handel und Entwicklung einzuberufen.
1963 *2. Okt.*	Der *Zehnerclub* (Zusammenschluß von zehn führenden westlichen Industriestaaten zum Ausgleich von Zahlungsbilanzdefiziten) *des Internationalen Währungsfonds* (IMF) tritt zur Untersuchung von Weltwährungsproblemen zusammen.
20. Nov.	Entschließung der Vereinten Nationen über die Beseitigung aller Formen von Rassendiskriminierung.
1964 **23. März** **–16. Juni**	*UNCTAD I: Konferenz der Vereinten Nationen für Handel und Entwicklung* (UNCTAD –United Nations Conference on Trade and Development) in Genf unter Teilnahme von 120 Staaten sowie zum ersten Mal auch von Vertretern der EWG, EFTA und des Rates für Gegenseitige Wirtschaftshilfe (COMECON). Ziel ist eine Verbesserung der Position von Rohstoffe liefernden Entwicklungsstaaten gegenüber den Rohstoffe verarbeitenden Industriestaaten. In der Schlußakte wird die Notwendigkeit von *internationaler Arbeitsteilung* hervorgehoben und der *Abschluß internationaler Rohstoffabkommen* empfohlen.
4. Mai	Beginn der sog. *Kennedy-Runde* im Rahmen von GATT mit dem Ziel, einen ganze Gütergruppen umfassenden *Zollabbau* anzustreben. Gegenstand sind alle Kategorien industrieller und nichtindustrieller Erzeugnisse einschl. der Agrarprodukte und Rohstoffe.
30. Dez.	*UNCTAD* konstituiert sich als ständiges *Organ der UN-Generalversammlung.*

Ziele und Auswirkungen von UNCTAD

Seit 1945 sichern im Rahmen eines Freihandelssystems die Großmachtstellung der USA, der Einfluß des US-Dollars als Leitwährung auf dem Weltmarkt und die andauernden kolonialen Abhängigkeiten asiatischer und afrikanischer Völker einen verhältnismäßig leichten und billigen *Zugriff der westlichen Industriestaaten* auf die wichtigsten *Rohstoffbasen.* Der rapid wachsende *Anstieg des Rohstoffverbrauchs* einerseits und die *Entkolonialisierung* sowie die *Entstehung neuer Staaten* andererseits, Staaten, die ihre errungene Unabhängigkeit dazu benutzen, den Einfluß der Industriestaaten auf die Ausbeutung der Rohstoffvorräte zurückzudrängen, vor allem die Preisgestaltung selbst in die Hand zu nehmen oder ihr Rohstoffmonopol unter bestimmten Umständen als politische Waffe einzusetzen, lassen in den sechziger Jahren die Verteilung der Rohstoffe zu einem ernsthaften Problem für die Industriestaaten werden. UNCTAD macht sich die *rohstoffpolitischen Forderungen der nichtindustrialisierten Staaten* zu eigen. Seitdem stellt die Diskussion um die internationale Rohstoffpolitik den Kern der Auseinandersetzungen um eine *neue Ordnung der Wirtschaftsbeziehungen* zwischen den entwickelten Staaten und den Staaten der Dritten Welt dar. UNCTAD markiert zudem ein Abgehen vom bestehenden Freihandelssystem und eine Hinwendung zu einer mehr dirigistischen Konzeption. Sie strebt internationale Rohstoffabkommen nicht mehr als Ausnahme, sondern als den notwendigen Regelfall und die Dynamisierung der Erlöse, gekoppelt an die Preise der Industriestaaten, an. Anläßlich von UNCTAD schließen sich 77 Entwicklungsländer aus Asien, Afrika und Lateinamerika zur sog. *„Gruppe der 77"* zusammen, der in der Folge weitere Staaten beitreten. Die „Gruppe der 77" versteht sich als ein *Sprachrohr der Dritten Welt* in wirtschaftlichen und entwicklungspolitischen Fragen.

Seit UNCTAD I verpflichten sich die Industriestaaten in wachsendem Maße, den Entwicklungsstaaten Kapital, technisches Wissen, Zuschüsse und Handelsvergünstigungen zur Verfügung zu stellen. So schließt etwa die EG 1975 in Lomé (Togo) mit 46 der sog. *AKP-Staaten* (Afrika, Karibik, Pazifik) ein Abkommen, welches u. a. das Volumen des *Europäischen Entwicklungsfonds* verdreifacht und Ausgleichszahlungen bei schwankenden Weltmarktpreisen vorsieht. Die *Entwicklungspolitik* zielt aber nicht nur auf eine Verbesserung der Lebensbedingungen in den ärmeren Ländern, sondern auch auf den Abbau von Spannungen im Nord-Süd-Konflikt, auf die Sicherung der Rohstoffzufuhr für Industriestaaten und auf politisches Wohlverhalten gegenüber dem eigenen wirtschaftlichen und politischen System in der Auseinandersetzung zwischen Ost und West.

1965
8. Febr.   Die GATT-Vertragspartner beschließen als *Zusatzabkommen zum GATT-Statut* eine schnelle Erhöhung der Exporterlöse und eine Verbesserung der Terms of Trade für die Entwicklungsstaaten anzustreben mit der Absicht, GATT für Staaten der Dritten Welt attraktiver zu machen.

11. Nov.   UN-Resolution, Rhodesien (heute: Zimbabwe) nach der einseitigen Unabhängigkeitserklärung nicht anzuerkennen und dem afrikanischen Land keine Unterstützung zu gewähren.

20. Nov.   Die Vereinten Nationen vereinbaren ein *Erdölembargo gegen Rhodesien*, das jedoch nicht wirksam eingehalten wird.

3. Dez.   UN-Resolution über Afrika als kernwaffenfreier Zone.

1966
Jan.   Erste *Solidaritätskonferenz* (3.–15. Jan.) von Delegierten *nationaler Befreiungsbewegungen* und Regierungen aus 82 Ländern Asiens, Afrikas und Lateinamerikas.

27. Okt.   UN-Generalversammlung erklärt das *Mandat* Südafrikas *über Südwestafrika* (heute: Namibia) wegen grober Verletzung des Mandatvertrages für *beendet*. Die Generalversammlung bildet einen Rat für Südafrika.

22. Nov.   Gründung der **UNIDO** *(United Nations Industrial Development Organization)*: 25 Entwicklungsstaaten und 15 westliche sowie fünf östliche Industriestaaten bilden de facto eine UN-Sonderorganisation zur Koordinierung technischer Hilfe für die Dritte Welt.

16. Dez.   UN-Sicherheitsrat beschließt wirtschaftliche Zwangsmaßnahmen gegen Rhodesien.

19. Dez.   Internationaler Pakt über wirtschaftliche, soziale und kulturelle Rechte. In ihm wird erneut das Recht der Völker auf Selbstbestimmung konstatiert, jedoch auch die Eigenverfügung

Weltexport 1980 (nach Ländergruppen)

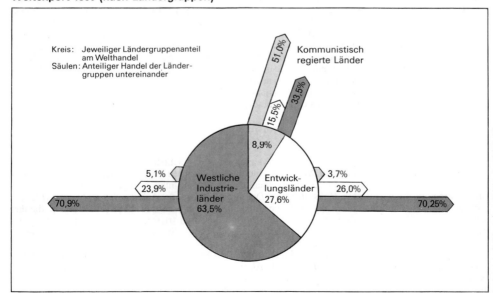

Welteinkommen im Vergleich zur Weltbevölkerung 1978

über die Reichtümer eines Landes unterstrichen. Ebenso beschließt die UN-Generalversammlung einen internationalen Pakt über bürgerliche und politische Rechte.

1967
30. Juni *Schlußakte der sog. Kennedy-Runde:* Zollkonzessionen im Rahmen eines Gesamthandelsumsatzes von 40 Mrd. US-Dollar richten sich hauptsächlich auf Industrieprodukte. Die Unterzeichner verpflichten sich im Zeitraum von fünf Jahren, die Zölle stufenweise um durchschnittlich 35% zu senken.

10.–24. Okt. Auf der *Konferenz der „Gruppe der 77" in Algier* kritisiert Algerien die friedliche Koexistenzpolitik der UdSSR und der USA als ein Täuschungsmanöver, durch das die wirtschaftliche Hegemonie der beiden Staaten verfestigt werden soll.

Die *„Charta von Algier"* wendet sich gegen die Ergebnisse der Kennedy-Runde und die Entwicklungspolitik des Ostblocks und fordert allgemeine Zollpräferenzen für Importe von Rohstoffen, Halbfertig- und Fertigprodukten aus Entwicklungsländern, Entwicklungshilfe von 1% des Bruttosozialprodukts der Industriestaaten und eine stärkere Berücksichtigung der Finanzierungshilfen für die Entwicklungsländer durch IMF und IDA *(International Development Association).*

22. Nov. *UN-Nahostresolution 242* fordert die sofortige Beendigung des Kriegszustandes (aus dem Juni-Krieg) und den Rückzug Israels aus den besetzten arabischen Gebieten.

1968
1. Febr.–
29. März *UNCTAD II in Neu-Delhi* legt einen Zeitplan für den Abschluß von *19 Rohstoffabkommen* fest. Die Industriestaaten erklären sich bereit, jährlich eine Entwicklungshilfe von zumindest 1% ihres Bruttosozialprodukts zu leisten. Die osteuropäischen Staaten sollen die Handelsbeziehungen zu den Staaten der Dritten Welt verbessern.

17. März *„Gold-Krise":* Die USA heben die 25prozentige Goldeckungspflicht ihrer Währung auf (um den Dollar als Leitwährung zu stützen, haben die USA seit 1950 ihre nationalen Goldreserven in solchem Maße einsetzen müssen, daß sich ihre Reserven bis 1968 auf 12 Mrd. US-Dollar verringern), was die *Schließung des Londoner Goldmarkts* (15.–29. März) nach sich zieht. Die Goldkrise ist direkter Ausdruck der Dollarschwäche.

Die Rolle des US-Dollars im internationalen Währungssystem

Das von den USA auf der *Weltwährungskonferenz von Bretton Woods* (1944) initiierte Währungssystem beruht auf dem *US-Dollar als Leitwährung,* dessen Wert an einem bestimmten *Goldpreis* (35 US-Dollar je Unze Feingold) gebunden ist, auf festen Wechselkursen und freier Konvertibilität der Währungen. Die USA verpflichten sich, jederzeit Dollars gegen Gold einzukaufen. Zur Sicherung des internationalen Finanzierungssystems wird ein internationaler Fond (IMF – *International Monetary Fund*) gegründet, an dem sich die Unterzeichnerstaaten des Abkommens von Bretton Woods mit unterschiedlichen Quoten beteiligen. Diese Staaten haben das Recht, bei Zahlungsbilanzschwierigkeiten auf den IMF zurückzugreifen *(Ziehungsrecht).*

Das Währungssystem funktioniert in den fünfziger Jahren befriedigend, es stellt eine wesentliche Voraus-

1236 Neuuste Zeit

setzung für den Aufschwung der industriellen Produktion in der Welt dar. Innerhalb weniger Jahre nimmt jedoch das *Zahlungsbilanzdefizit der USA* und damit die Dollarguthaben der Gläubigerstaaten zu, so daß sich die Goldreserven der Vereinigten Staaten rapide verringern. 1960 steigt der Goldpreis von 35 auf 40 US-Dollar je Unze. Daraufhin wird 1961 unter Beteiligung der USA, der Bundesrepublik Deutschland, Frankreichs (1967 ausgeschieden), Italiens, der Niederlande, Großbritanniens und der Schweiz ein *Gold-Pool* gebildet, um den offiziellen Goldpreis (35 US-Dollar je Feinunze) auf dem *Londoner Goldmarkt* zu stützen. 1962 erweist es sich als notwendig, daß die wichtigsten westlichen Handelsnationen (sog. *Zehnerclub)* in einem allgemeinen Kreditabkommen (gegenseitige Verpflichtung zur Krediteinräumung bis zu 6 Mrd. US-Dollar) Vereinbarungen treffen, die sicherstellen, daß das internationale Währungssystem intakt bleibt, falls der IMF Zahlungsbilanzdefizite nicht aus eigenen Mitteln ausgleichen kann.

Als 1967 das Pfund Sterling um 14,3 % abgewertet wird, wendet sich die weltweite Währungsspekulation gegen den US-Dollar. Nachdem der *Gold-Pool* die massive Nachfrage nicht mehr befriedigen kann, wird er im März 1968 *aufgelöst.* Da das Gold als Quelle für die internationale Liquidität ausfällt, müssen als Reservefundament *Sonderziehungsrechte* (IMF-Abkommen) eingeführt werden.

Ende der sechziger Jahre setzt sich der drastische *Verfall des Dollar-Wertes* fort und kann auch in den siebziger Jahren nicht aufgefangen werden. Der Dollar-Verfall resultiert aus der Überspannung der militärischen US-Ausgaben während des Vietnam-Krieges, dem Anstieg der Erdölpreise, der Finanzpolitik Frankreichs (Forderung nach einer Beendigung des Golddevisenstandards und nach einer Rückkehr zum reinen Goldstandard) und nicht zuletzt aus den Finanzmanipulationen multinationaler Konzerne. Der Dollarverfall verunsichert die internationalen Handelsbeziehungen und mindert die Erlöse der erdölexportierenden Staaten. Insgesamt schwächt er die politische Position der USA in der Welt.

1968	Die UN-Generalversammlung benennt Südwestafrika in Namibia um (12. Juni).
23. Aug.	Die UdSSR blockiert mit ihrem Veto eine Resolution des UN-Sicherheitsrates, mit der der *Einmarsch der Warschauer-Pakt-Staaten in die Tschechoslowakei verurteilt* werden soll.
17. Dez.	*„Entschließung 2411"* der Vereinten Nationen über ein internationales Vorgehen bezüglich der Entwicklungshilfe.
1970	Der UN-Sicherheitsrat bestätigt die *Beendigung des Mandats* der Republik Südafrika *über Namibia* (30. Jan.).
8.–10.	*Gipfelkonferenz der blockfreien Staaten* in Lusaka (Zambia). Die Entschließungen fordern
Sept.	den Kampf gegen Nationalismus und Rassismus sowie gegen neokoloniale Ausbeutung.
24. Okt.	*UN-Deklaration über die Grundsätze des Völkerrechts* für freundschaftliche Beziehungen und Zusammenarbeit zwischen den Staaten gemäß der Charta der Vereinten Nationen; in ihr wird gefordert, daß die Staaten sich jeder Anwendung und Androhung von Gewalt enthalten sollen.
1971	Auf den *Konferenzen der OPEC* in Teheran und Tripolis (Febr./April) werden die *Erdölpreise* stufenweise *angehoben* und damit auf die Verbraucherländer abgewälzt.
25. Okt.	Die *VR-China* wird *Mitglied der Vereinten Nationen* bei gleichzeitigem Ausschluß der Republik China (Taiwan). Die Aufnahme der VR-China in die UNO wird möglich, seitdem die USA ihre Außenpolitik neu orientieren und damit ihr taktisches Vorgehen innerhalb der UNO revidieren (1961 wird die Frage einer Aufnahme der VR China gemäß Art. 18 der UN-Charta als „wichtige Frage" eingestuft, über die nur mit Zweidrittel-Mehrheit der Stimmen entschieden werden muß).
1972	Die Verhandlungen im Genfer Abrüstungsausschuß führen zu einem unterzeichneten Ver-
10. April	trag über das *Verbot der Entwicklung, Herstellung und Lagerung biologischer* und *toxikologischer Waffen.*
13. April	*UNCTAD III in Santiago de Chile:* Reform des internationalen Währungssystems mit er-
– 21. Mai	weiterter Mitsprache der Entwicklungsstaaten, jedoch keine endgültige Regelung über die internationalen Rohstoffprobleme. Die Entwicklungsstaaten sind vor allem vom Dollarverfall betroffen (4 Mrd. US-Dollar Verluste) und benötigen daher höhere Erlöse aus den Rohstofflieferungen an die Industriestaaten.
5.–16.	*Umweltkonferenz der Vereinten Nationen in Stockholm:* Verabschiedung eines Aktions-
Juni	plans zur internationalen Zusammenarbeit gegen Umweltverschmutzung und Umweltschäden; Errichtung eines Umweltrates als UN-Organ.
1973	Abwertung des Dollars um 10 %. Der Dollar verliert als Weltleitwährung an Ansehen (12. Febr.).
12. März	*Freigabe des Dollarkurses,* was faktisch das Ende des Weltwährungssystems von Bretton Woods (seit 1944) bedeutet.
22. Juni	Der Internationale Gerichtshof untersagt Frankreich auf Antrag Australiens, Atomversuche durchzuführen, die zur Ablagerung von radioaktiven Stoffen auf dem Gebiet Australiens führen könnten.
5.–9.	*Vierte Gipfelkonferenz der bündnisfreien Staaten in Algier:* Verabschiedung eines
Sept.	Aktionsprogramms für wirtschaftliche Zusammenarbeit.
18. Sept.	Aufnahme der Bundesrepublik Deutschland und der DDR in die UNO.

Weltorganisation und Weltwirtschaft *1237*

24. Sept.   In Nairobi (Kenya) Beginn einer Konferenz zur Vorbereitung für die Reform des Weltwährungssystems.
Okt.   Die *Gruppe der arabischen Staaten* (OAPEC) innerhalb der OPEC beschließt ein **Ölembargo** gegen die USA, die Niederlande und Südafrika mit dem Ziel einer Änderung der
Politik jener Länder gegenüber Israel.
22. Okt.   Der Sicherheitsrat fordert Israel und die arabischen Staaten auf, das Feuer einzustellen
(Oktober-Krieg) und Verhandlungen zur Schaffung eines Friedens im Nahen Osten aufzunehmen.
24.–26.   Beginn der *Nixon-Runde* im Rahmen von GATT, die eine Liberalisierung des Handels mit
Okt.   Agrarprodukten und eine Senkung der Zolltarife anstrebt.

Durchschnittliche Nahrungsmittelversorgung

Region	Bevölkerung in Mio.		Kalorienverbrauch pro Kopf / täglich		Kalorienverbrauch in % des Bedarfs	
	1961	1970	1961	1970	1961	1970
Industrieländer	975	1074	2960	3110	116	122
Lateinamerika	219	283	2410	2510	100	105
Süd- und Südostasien	802	1020	2050	2080	92	94
Naher Osten	134	171	2200	2280	89	93
Afrika	220	273	2120	2160	92	92
Asiatische Staaten mit Planwirtschaft	686	810	2020	2360	86	100
Entwicklungsländer insgesamt	2062	2560	2100	2240	91	97
Welt insgesamt	3037	3635	2380	2500	100	105

Die Entwicklung der Nahrungsmittelerzeugung seit 1969/1971

Index-Durchschnitt 1969–1971 = 100	Wachstum insgesamt			Pro-Kopf-Zunahme		
	1978	1980	1982	1978	1980	1982
Marktwirtschaftsländer	120	121	126	112	111	114
Nordamerika	124	123	134	116	111	119
Westeuropa	116	123	125	112	117	119
Australien/Ozeanien	140	122	120	125	107	102
Sonstige	112	104	106	99	90	90
Zentralplanungsländer	127	125	129	114	107	109
RGW-Länder	126	116	117	118	107	106
Asiat. sozialist. Länder	128	137	147	113	115	120
Entwicklungsländer	126	133	141	102	104	105
Afrika	112	120	126	90	89	89
Lateinamerika	131	139	149	106	108	111
Naher Osten	131	138	144	105	103	103
Süd- u. Ostasien	126	133	142	104	107	109
Sonstige	123	125	131	102	98	98
Welt	124	125	131	107	105	106

1974   *Washingtoner Energiekonferenz* (11.–13. Febr.) angesichts des seit Mitte der sechziger
Febr.   Jahre stark angestiegenen Bedarfs an Energie einerseits und der Tendenz der erdölproduzierenden Staaten andererseits, die Rohölförderung zu reduzieren.
9. April   Sechste *UN-Sondertagung* in New York über *Rohstoff- und Entwicklungsprobleme,* auf
– 2. Mai   der eine Spaltung der Dritten Welt, hervorgerufen durch die Erdölkrise, verhindert werden
soll (die Entwicklungsstaaten sind von den Erdölpreiserhöhungen besonders stark betroffen: 13 Mrd. US-Dollar Einbuße).
20. Juni   Auf der *Internationalen Seerechtskonferenz* in Caracas (Venezuela) wird neben der Aus-
– 29. Aug.   dehnung der Hoheitsgewässer, der Fischereischutzzonen und der Meerengen über eine
200-Meilen-Wirtschaftszone verhandelt, innerhalb deren der jeweilige Küstenstaat das
Recht erhalten soll, die dort vorhandenen natürlichen Schätze auszubeuten.
1. Nov.   UN-Generalversammlung fordert die am Zypernkrieg beteiligten Parteien auf, die Souveränität und territoriale Integrität der Insel zu wahren, und fordert den Abzug aller ausländischen Truppen sowie Verhandlungen zwischen der türkischen und griechischen Bevölkerungsgruppe.
5.–16.   *Welternährungskonferenz* der UN-Sonderorganisation *FAO (Food and Agriculture Orga-
Nov.*   nization)* in Rom. Sie fordert den Vorrang für eine Verbesserung der landwirtschaftlichen

1238 Neueste Zeit

Entwicklung, die Errichtung eines Weltgetreidefonds für Katastrophenfälle, ein internationales Nahrungsmittelsicherheitssystem und einen Fonds für die Förderung der Landwirtschaften. – Die Entwicklungsstaaten erzielen zwar seit Beginn der sechziger Jahre ein reales *Wachstum* ihrer *Nahrungsmittelproduktion,* das etwa dem Weltdurchschnitt entspricht, dennoch bewirkt die rasche *Bevölkerungszunahme* in diesen Ländern, daß die Pro-Kopf-Versorgung stagniert oder sich sogar gebietsweise verschlechtert. Die Erwartung für eine *weltweite Problemlösung* ist wenig hoffnungsvoll, da immer deutlicher wird, daß die *Verknappung der wichtigsten landwirtschaftlichen Produktionsfaktoren* – Land, Wasser, Energie und Düngemittel – anhalten wird. Die FAO kritisiert vor allem, daß die Preispolitik in vielen Entwicklungsländern darauf abziele, billige Nahrungsmittel für die Verbraucher in den städtischen Ballungszentren ohne Rücksicht auf die Kostenlage der landwirtschaftlichen Produzenten, so daß sich diese häufig auf die Deckung ihres Eigenbedarfs beschränken würden. Die Welternährungskonferenz fordert einerseits die Errichtung eines Internationalen Agrarentwicklungsfonds zur besseren Finanzierung von Agrarprojekten in der Dritten Welt und andererseits Eindämmungsmaßnahmen des Überfluß-Konsums in den Industriegesellschaften.

13. Nov. *Jasir Arafat,* der Führer der *Palästinensischen Befreiungsbewegung* (PLO) nimmt an der *Palästina-Debatte* der UN-Generalversammlung in New York teil.

15. Nov. Gründung einer *Internationalen Energie-Agentur* im Rahmen der *OECD* (Organization for Economic Co-operation and Development).

21. Nov. Die Palästinensische Befreiungsbewegung PLO erhält bei den Vereinten Nationen Beobachterstatus.

13. Dez. *Konferenz der OPEC-Staaten* in Wien erklärt ihre Bereitschaft, mit den Industriestaaten über das Erdölproblem zu verhandeln, möchte jedoch die gesamte Rohstoff-Frage und die Probleme des Weltwährungssystems mit einbeziehen.

14. Dez. *Entschließung* der Vereinten Nationen, den *Begriff „Aggression"* zu definieren. Aggression bedeutet demnach die Anwendung von Waffengewalt durch einen Staat gegen die Souveränität, die territoriale Unversehrtheit oder politische Unabhängigkeit eines anderen Staates.

1975 *Rohstoffkonferenz* (4.–8. Febr.) *der Dritten Welt* in Dakar (Senegal) fordert Sonderfonds
Febr. zur Finanzierung von Reserven an Roh- und Grundstoffen in Entwicklungsländern.

28. Febr. 46 Staaten aus Afrika, der Karibik und dem Pazifik (AKP-Staaten) sowie Staaten der EG beschließen das *Abkommen von Lomé* (Togo), in dem sich die EG verpflichtet, das Volumen des Europäischen Entwicklungsfonds zu verdreifachen und bei schwankenden Weltmarktpreisen Ausgleichszahlungen zu leisten.

17. März Beginn der *Zweiten Seerechtskonferenz* in Genf, auf der die Ausdehnung der staatlichen Hoheitsgewässer von drei auf zwölf Seemeilen beschlossen wird.

15.–17. In *Schloß Rambouillet* bei Paris *erste Wirtschaftsgipfelkonferenz* (Frankreich, BR
Nov. Deutschland, Italien, Großbritannien, USA, Japan) zur Abstimmung der Wirtschafts- und Finanzpolitik der wichtigsten westlichen Industriestaaten.

1976 Auf der *UNIDO-Konferenz* (12.–26. März) in Lima (Peru) fordern die Entwicklungslän-
März der eine Stabilisierung der Rohstoffpreise; ihr künftiger Anteil an der Weltindustrieproduktion soll 25% betragen.

5.–31. Beginn der *UNCTAD IV* in Nairobi (Kenya): Die Entwicklungsländer fordern von den
Mai Industriestaaten das gleichzeitige Aushandeln von internationalen Abkommen für 18 Rohstoffe in einem Paket, den Ausbau gemeinsam finanzierter Warenausgleichslager, multilaterale Liefer- und Abnahmeverpflichtungen sowie Ausgleichszahlungen bei einem Rückgang der Exporterlöse von Rohstoffen.

27./28. *Zweite Wirtschaftsgipfelkonferenz in Puerto Rico,* jetzt sieben westliche Industriestaaten
Juni (einschl. Kanada).

1977 Die *Bundesrepublik Deutschland* wird für die Dauer von zwei Jahren *nichtständiges Mit-*
1. Jan. *glied im UN-Sicherheitsrat,* ein Ausdruck ihrer gewachsenen Bedeutung in der Weltpolitik.

8. Mai *Dritte Wirtschaftsgipfelkonferenz* von sieben Industriestaaten *in London.*

4. Nov. Der UN-Sicherheitsrat verhängt ein *Waffenembargo gegen die Republik Südafrika.*

1978 *Tagung des UN-Wirtschafts- und Sozialrats* in New York: u. a. werden die Beendigung der
7. April Zusammenarbeit multinationaler Konzerne mit rassistischen Minderheitsregierungen im
–5. Mai südlichen Afrika, Sonderhilfen für afrikanische Länder und Maßnahmen für eine Steigerung der Weltnahrungsmittelproduktion und -reserven behandelt.

23. Mai UNO-Generalsekretär *Kurt Waldheim* fordert bei der Eröffnung der *Abrüstungs-Sonderkonferenz* 1 Mio. für Friedensförderung pro 1 Mrd. $ für Rüstungsmaßnahmen.

15. Juli Im Rahmen der *GATT-Verhandlungen (Tokyo-Runde)* wird *in Genf* ein neues Zwischenergebnis erzielt: Absichtserklärung über größere Handelsliberalisierung, über die Anpassung der GATT-Regeln an die künftigen Erfordernisse.

Juli *Vierte Wirtschaftsgipfelkonferenz* von sieben Staaten *in Bonn* (16./17.).

Weltorganisation und Weltwirtschaft *1239*

17. Dez.	In Abu Dhabi am Persischen Golf beschließen die Erdölminister der OPEC eine stufenweise *Anhebung des Rohölpreises* (bezogen auf den Jahresdurchschnitt zehnprozentige Erhöhung).
1979	*Vorzeitige Erhöhung des Erdölpreises* durch die OPEC-Staaten. Schon zu Beginn des
28. März	zweiten Quartals erreicht der Erdölpreis die Höhe, die gemäß der OPEC-Beschlüsse von Abu Dhabi erst vom 1. Okt. an vorgesehen gewesen sind.
17. April	Die OPEC schließt Ägypten von der Mitgliedschaft aus und verhängt ein uneingeschränktes Erdölembargo gegen dieses Land. Diese Ausschlußmaßnahme wird ergriffen, um Ägypten wegen der Unterzeichnung des Friedensvertrages mit Israel politisch und wirtschaftlich zu isolieren.
7. Mai – 3. Juni	*5. UNCTAD-Konferenz in Manila:* Sofortprogramm zugunsten der 31 ärmsten Entwicklungsländer für die nächsten drei Jahre. Die geforderte „neue Weltwirtschaftsordnung" wird nicht erreicht.
Juni	*Fünfte Wirtschaftsgipfelkonferenz* von sieben Staaten *in Tokyo* (28.–29.).
29. Juni	Nach längeren Verhandlungen beschließt die OPEC eine *Erhöhung des Grundpreises für Rohöl* um rund 24%, worauf die einzelnen Ölländer noch Aufschläge erheben können.
31. Okt.	Zweites Lomé-Abkommen der EG mit (jetzt) 57 AKP-Staaten.
1980	Auf der *3. Konferenz der UNIDO* (UN Industrial Development Organization) in Neu-
5. Febr.	Delhi *fordert die „Gruppe der 77" dreimal soviel Hilfe wie bisher* zur Überwindung der Probleme bei der Industrialisierung.
22. Juni	*6. Wirtschafts-Gipfelkonferenz* in Venedig (bis 23. Juni).
27. Juni	UN-Verhandlungskonferenz in Genf paraphiert Vertrag über internationalen Rohstofffonds.
28. Sept.	Der UN-Sicherheitsrat fordert in einer Resolution vergeblich Irak und Iran zur Einstellung der am 22. Sept. ausgebrochenen Kampfhandlungen auf.
1981	Der US-Bankier A. W. Clausen (* 1923) wird *neuer Weltbankpräsident* (1. Juli).
20. Juli	*7. Wirtschafts-Gipfelkonferenz* in Ottawa (bis 21. Juli).
22. Okt.	Die *10. Nord-Süd-Gipfelkonferenz* (bis 23. Okt.) in Cancun einigt sich auf Globalverhandlungen im Rahmen der UN.
1982	Die UN-Vollversammlung verurteilt Israels Annexion der Golan-Höhen (5. Febr.).
4. Juni	*8. Wirtschafts-Gipfelkonferenz* in Versailles (bis 6. Juni).
11. Okt.	Die *UN-Generalversammlung* (bis 30. Nov.) verurteilt den israelischen Angriff auf einen

Die wichtigsten Welthandelsländer 1982

Land[1]	Ausfuhr	Einfuhr
	in Mio. DM	
Vereinigte Staaten	515 827	619 369
BR Deutschland	427 741	376 464
Japan	336 760	316 674
Großbritannien	234 598	240 647
Frankreich	224 430	280 553
Sowjetunion	211 286	189 037
Saudi-Arabien	192 269	98 789
Italien	178 729	203 678
Kanada	162 754	131 850
Niederlande	160 954	152 095
Belgien/Luxemburg	125 745	139 403
Schweden	64 893	66 840
Schweiz	62 251	69 442
Indonesien	54 174	40 967
Taiwan	53 956	45 899
Summe 1–15	3 006 367	2 971 707
Anteil[2]	66,8%	63,7%

[1] Nach der Ausfuhr geordnet.   [2] Anteil der 15 Länder an der Weltausfuhr bzw. der Welteinfuhr

Welthandel nach Erdteilen (in % der Welteinfuhr und der Weltausfuhr)

	Einfuhr					Ausfuhr				
	1970	1975	1980	1981	1982	1970	1975	1980	1981	1982
Europa	55,6	53,5	52,8	48,3	49,0	53,8	50,6	48,5	46,0	48,1
Amerika	22,9	21,7	21,3	22,9	21,5	24,3	21,2	19,5	21,0	20,7
Asien	14,9	18,0	20,0	21,9	22,8	15,3	22,1	25,2	27,0	25,3
Afrika	4,4	5,0	4,5	5,3	4,8	4,7	4,5	5,3	4,5	4,4
Australien/Ozeanien .	2,1	1,7	1,4	1,7	1,8	2,0	1,7	1,5	1,5	1,5

1240   Neueste Zeit – Ost-West-Beziehungen

Kernreaktor im Irak. *Resolution gegen Militarisierung des Weltraums.* Verbot der Lagerung und Herstellung von chemischen Waffen.

1983
9. *Wirtschafts-Gipfelkonferenz* in Williamsburg/USA (bis 30. Mai).

6. Juni   Die *6. UNCTAD-Konferenz in Manila* (bis 3. Juli) erzielt keine konkreten Resultate, um in der kritischen Weltwirtschaftssituation die Lage der Entwicklungsländer zu erleichtern.

20. Juni   Gemäß dem *4. Weltwirtschaftsbericht des IMF* gefährden die hohen Defizite im US-Haushalt nachhaltige Besserungen des internationalen Wirtschaftsklimas.

25. Aug.   Umweltschutzabkommen für das Mittelmeer in Kraft getreten.

25. Okt.   Sondersitzung des UN-Sicherheitsrates (bis 30. Okt.) wegen der US-Intervention auf Grenada.

29. Dez.   Die *USA* geben ihren *Austritt aus der UNESCO* zum Ende 1984 bekannt.

1984
Die von der *UN-Umweltschutzbehörde* einberufene Konferenz von 15 Mittelmeer-Anrai-
9. April   nerstaaten (bis 13. April) beschließt Maßnahmen zum Umweltschutz.

7. Juni   Die *Verschuldung der Dritten Welt* ist ein *Hauptthema für die 10. Wirtschafts-Gipfelkonferenz* in London (bis 9. Juni).

ab 18. Sept.   Die *39. UN-Vollversammlung* behandelt vorrangig politische und wirtschaftliche Probleme Afrikas. – *(Forts. S. 1620)*

Die Ost-West-Beziehungen seit 1945

Der Begriff „*Ost-West-Beziehungen*", neutraler als „*Ost-West-Konflikt*", stellt in erster Linie ein verwickeltes Geflecht von Auseinandersetzungen zwischen den *atomaren Großmächten, USA* und *UdSSR,* und in zweiter Linie zwischen den Verbündeten beider Großmächte dar, ein Geflecht, das bei zeitlich und räumlich sich ständig verändernden Schwerpunkten sowohl kooperative als auch koexistenzielle und konfrontative Elemente enthält.

Die Inhalte der Auseinandersetzung liegen in unterschiedlichen Bereichen:

1. *Gesamtkomplex* der Entwicklung und damit der gegenseitigen Bedrohung durch *atomare Waffen* samt ihrer Trägersysteme (hinzu kommen biologische und chemische Waffen);

2. Bereich der *ideologischen Gegensätze* und *antagonistischen Wertorientierungen;*

3. Ringen um *regionale Einflußzonen* in der Welt, nach 1945 zunächst in Europa, nach 1960 dann schwerpunktmäßig in Afrika, Asien und Lateinamerika;

4. Bemühung, den jeweiligen Kontrahenten in seinem *wirtschaftlichen Handlungsspielraum* einzuengen.

Die Ost-West-Beziehungen sind geographisch nicht eingrenzbar. Kennzeichnend ist die *globale Dimension;* selbst lokale Konflikte, in die beide Großmächte verwickelt sind, müssen unter diesem Aspekt gesehen werden: Deutschland 1947/1948, ČSR 1947/1948, Berlin 1948/1949, Griechenland 1946–1949, Iran 1945/1946, Korea 1950–1956, Österreich 1946 und 1955/1956, Berlin 1958–1963, Kongo 1960, Kuba 1962/1963, Laos, Vietnam, Kambodscha 1964–1975, Vorderer Orient 1973, Angola 1975/1976.

Die Ost-West-Beziehungen haben Auswirkungen auf die *Innenpolitik der Nationalstaaten,* am stärksten auf die Verbündeten beider Großmächte sowie auf die „blockfreien" Staaten, nämlich dann, wenn sie in einen akuten Konflikt hineingezogen werden, aber auch auf die *Organisationen im Weltmaßstab.* Die Handlungsspielräume der Nationalstaaten und der UNO hängen also von der Entwicklung der Beziehungen zwischen den Großmächten ab. Das prägende Hauptmerkmal der Ost-West-Beziehungen ist der Umstand, daß ein Abgleiten der Politik in einen mit allen militärischen Mitteln (Atomwaffen) der Großmächte geführten Krieg das „Ende der Geschichte der Menschheit" (General Dwight D. Eisenhower) bedeuten würde. Die Möglichkeit der Selbstvernichtung der Menschheit ist damit auch das universalgeschichtliche Neue der Zeit nach 1945. Nachdem sich die Großmächte des Problems – spätestens seit Ende der ersten Hälfte der fünfziger Jahre erkennbar – bewußt sind, beginnen sie nach Auswegen zu suchen, um den schlimmsten Fall der Katastrophe zu verhüten, ohne jedoch die Interessengegensätze sichtbar zu verringern.

Die Ost-West-Beziehungen entwickeln sich in gleitenden Übergängen aus der sogenannten „*Anti-Hitler-Koalition*", die im Zweiten Weltkrieg zur Niederlage des Deutschen Reiches führte. Die Fortdauer der Koalition nach 1945 ist zunächst die Hauptprämisse für die Ausgestaltung der „*kollektiven Friedenssicherung*" im Rahmen der UNO, wobei allerdings schon 1946 offenbar wird, daß der Wille der Großmächte zur Zusammenarbeit schwindet und allmählich in ein Verhältnis der Rivalität übergeht.

Die Periode des *kalten Krieges,* in der eindeutig die Konfrontation vorherrscht, kann mit dem Ende des Jahres 1947 angesetzt werden. Die Ursachen für die Entstehung des kalten Krieges sind umstritten: zum einen wird die Ansicht vertreten, er sei Ausdruck der US-Politik eines „containment" (Eindämmung) und der sich daraus ergebenden, „notwendigen" sowjetischen Reaktion, wobei die Politik der USA aus der Absicht resultiere, den Weltmarkt unter Einbeziehung Europas wiederaufzubauen und die eigenen Kriegsgewinne zu stabilisieren. Zum anderen wird die These vorgetragen, der kalte Krieg sei die Folge der sowjetischen Aggression in Mittelosteuropa und des daraus hervorgehenden Interesses der USA, die

Begrenzte und prekäre Kooperation 1241

sowjetische Expansion wenigstens in Westeuropa einzudämmen. Eine vermittelnde Meinung macht beide Großmächte für den Ausbruch der Konfrontation verantwortlich: beide Gesellschaftssysteme würden sich gegenseitig ausschließen, die aus der historischen Situation entstehenden Interessen seien unvereinbar. Da die im Zweiten Weltkrieg zerstörte UdSSR wirtschaftlich den USA weit unterlegen gewesen sei und sie zunächst auch keine Atombombe besessen habe, habe sie vordringlich den raschen Wiederaufbau, auch auf Kosten einer Ausbeutung der von ihr besetzten Länder, und die militärische Sicherung ihres Territoriums betrieben. Die USA dagegen seien bestrebt gewesen, möglichst bald die Weltwirtschaft wieder in Gang zu setzen, um Weltwirtschaftskrisen zu verhüten und um ihre eigene Kriegs- auf Friedensproduktion umstellen zu können.

Der kalte Krieg veranlaßt die USA, seit 1948/1949 ein *kompliziertes Bündnissystem zur Einkreisung der UdSSR* zu errichten, was im weiteren Verlauf zu einer „Versteinerung" der Einflußzonen beider Großmächte führt, die bestrebt sind, politische Veränderungen im jeweils eigenen Interessenbereich nicht zuzulassen.

Angesichts des Mitte der fünfziger Jahre ausgeprägten Status quo und des wachsenden Gefühls der gegenseitigen atomaren Bedrohung beginnen aber die Großmächte in begrenzten Teilbereichen ihrer Beziehungen, die Konfrontation zu mildern. Der Beginn der Détente kann mit den Jahren 1961/1962 angesetzt werden: nach dem Bau der Berliner Mauer (1961) und der Kuba-Krise (1962). Beide Ereignisse machen aller Welt deutlich, daß jede Veränderung des Status quo von der dadurch statusbenachteiligten Großmacht nicht hingenommen werden würde. Die Détente spielt sich vor allem im Rahmen von Rüstungskontrollverhandlungen zwischen den Großmächten und auf UNO-Ebene ab. Sie leitet seit 1968/1969 zu einer Periode der *„friedlichen Koexistenz"* (östlicher Begriff) bzw. der *„Entspannung"* (westlicher Begriff) über, in der auch kooperative Elemente innerhalb der Ost-West-Beziehungen zu erkennen sind.

Andererseits ist festzuhalten, daß die „friedliche Koexistenz" dreifach begrenzt ist:
1. sie gilt nur so lange, bis der „Sozialismus im Weltmaßstab" gesiegt hat;
2. sie gilt nur im Rahmen der Beziehungen zwischen „kapitalistischen" und „sozialistischen" Staaten, d.h. Entwicklungsländer sind nicht eingeschlossen;
3. sie bezieht sich lediglich auf die staatliche Ebene, nicht auf die gesellschaftliche, auf welcher der ideologische Kampf weitergeht.

Die „Entspannung" kann ebenfalls nicht als das Ende aller Konflikte angesehen werden, sondern nur als eine Konzeption zur Verhinderung gewaltsamer Auseinandersetzungen und zur begrenzten wirtschaftlichen Zusammenarbeit.

Die Erklärungen für den Wechsel vom kalten Krieg zur Entspannung sind uneinheitlich. Der Osten interpretiert ihn offiziell als Anpassungsvorgang „kapitalistischer" Staaten an das von den sozialistischen Staaten geprägte internationale Kräfteverhältnis, das sich zugunsten des Sozialismus verschiebe. Der Westen betrachtet ihn als Folge des atomaren Patts und des Wunsches der UdSSR, am intensiven wirtschaftlichen Wachstum und technologischen Fortschritt des Westens teilzuhaben.

Begrenzte und prekäre Kooperation zwischen den Westmächten und der Sowjetunion (1945–1947)

1945 5.–11. Febr.	**Konferenz** der „Großen Drei" – USA, UdSSR, Großbritannien – **in Jalta** (Krim). Behandlung der deutschen Frage unter drei Aspekten: 1. Deutsche Reparationen, 2. Beteiligung Frankreichs an der Besetzung des deutschen Staatsgebiets, 3. Kontrolle über Deutschland, wobei das Problem der deutschen Ostgebiete im Rahmen der Polen-Frage erörtert wird.
5. Juni	Die *vier Siegermächte* (einschließlich Frankreich) verkünden in Berlin *drei Deklarationen:* 1. die *Feststellung des Kontrollverfahrens* in Deutschland aufgrund des Abkommens vom 14. Nov. 1944, 2. die Feststellung über die *Besatzungszonen in Deutschland* aufgrund der Abkommen vom 12. Sept. 1944 und 14. Nov. 1944 und 3. die Feststellung über Beratung mit den Regierungen anderer Staaten der Vereinten Nationen.
Sommer	Aufstand der von der UdSSR beeinflußten Tudeh-Partei in *Aserbaidschan* sowie in *Nordkurdistan* (Iran); *Teilung Koreas* am 38. Breitengrad.
17. Juli –2. Aug.	Die Staats- bzw. Regierungschefs der UdSSR, der USA und Großbritanniens beschließen auf der **Konferenz in Potsdam** die Entnazifizierung, Entmilitarisierung und Demokratisierung Deutschlands, jedoch nicht die Teilung des Deutschen Reiches. Die drei Mächte vereinbaren ferner die Bildung eines Rates der Außenminister, dem auch Frankreich angehören soll.
6./9. Aug.	Abwurf von Atombomben auf Hiroshima und Nagasaki durch die USA.

1242 Neueste Zeit – Ost-West-Beziehungen

30. Aug.	Übernahme der Verwaltung des Saargebietes durch eine französische Kommission.
Sept.	Britische und US-Streitkräfte räumen Iran.
10. Sept. – 2. Okt.	Erste Sitzung des Rates der Außenminister in London: die französische Regierung fordert die Abtrennung des Rhein-Ruhr-Gebietes sowie des Saarlandes und legt ein Veto gegen die Errichtung deutscher Zentralverwaltungen ein.
Dez.	*Außerordentliche Außenministerkonferenz* (ohne China und Frankreich), auf der erste Kompromisse bezüglich der Friedensverträge mit den ehemaligen Feindstaaten ausgearbeitet werden.
1946 17. Jan.	Die iranische Regierung legt Beschwerde beim UN-Sicherheitsrat mit der Begründung ein, die UdSSR würde sich in die inneren Angelegenheiten des Iran einmischen, was eine harte Auseinandersetzung zwischen den Vertretern der USA und der UdSSR nach sich zieht.
25. April – 16. Mai	*Pariser Außenministerkonferenz (Erste Sitzungsperiode):* die UdSSR fordert Sicherstellung der Reparationslieferungen aus Deutschland in die Sowjetunion sowie eine Vier-Mächte-Kontrolle über das Ruhrgebiet.
4. Mai	Der US-Militärgouverneur in Deutschland, General *Lucius D. Clay* (* 1897, † 1978), ordnet die Einstellung von Reparationslieferungen aus der US-Zone in die Sowjetunion an.
16. Juni – 12. Juli	*Zweite Sitzungsperiode der Pariser Außenministerkonferenz:* die USA lehnen entgegen den sowjetischen Forderungen Reparationen aus den Westzonen mit dem Hinweis auf die schwierige Wirtschaftslage in Deutschland ab und sind bestrebt, die Wirtschaftseinheit mit der britischen Zone herzustellen, scheitern jedoch am Widerstand der UdSSR. Die Konferenz wird ohne Vorbereitungen für einen Friedensvertrag mit Deutschland und Österreich vertagt.
26. Sept.	*US-Außenminister James Francis Byrnes* (* 1879, † 1972) erklärt, es gebe fortan keinen amerikanischen Isolationismus.
Nov.	*Iranische Truppen besetzen* mit britisch-amerikanischer Hilfe die autonomen, von Moskau beeinflußten Gebiete *Aserbaidschan* und *Kurdistan;* Ausschaltung der linksorientierten politischen Bewegungen.
2. Dez.	Großbritannien und die USA ergreifen nach dem Scheitern der Pariser Außenministerkonferenz in der *Deutschland-Frage* die Initiative und vereinbaren den Zusammenschluß ihrer beiden Zonen *(Bizone).*
4. Nov. – 11. Dez.	*Dritte Tagung des Rates der Außenminister* in New York: Einigung über die Friedensverträge mit den ehemaligen Verbündeten Deutschlands.
1947 Jan.	Rücktritt des US-Außenministers Byrnes. Nachfolger *George Catlett Marshall* (* 1880, † 1959) signalisiert den Übergang von einer „Politik der Geduld" gegenüber der UdSSR zu einer „Politik der Eindämmung".
6. Jan.	US-Präsident *Harry S. Truman* fordert vor dem US-Kongreß eine erneute militärische Aufrüstung, nachdem die USA große Teile ihrer Streitkräfte demobilisiert haben.
10. März – 24. April	*Außenministertagung in Moskau:* die vier Mächte erzielen keine Einigung über die einzelnen Phasen einer Wiedererrichtung deutscher Zentralbehörden und einer deutschen Regierung sowie über die Einheit des deutschen Wirtschaftsraumes; die Frage der Reparationen bleibt ungelöst.
12. März	Präsident Truman verlangt die Bereitstellung finanzieller Mittel für *Griechenland* (Bürgerkrieg mit den Kommunisten) in Höhe von 250 Mio. und für die *Türkei* in Höhe von 150 Mio. Dollar sowie die Entsendung von militärischem Fachpersonal. Er erklärt die Unverletzlichkeit der Staaten im Mittleren Osten für unabdingbar und sagt Hilfe der USA „für die in ihrer Freiheit bedrohten freien Völker" zu **(Trumandoktrin).**
2. Juli	Die Sowjetunion und später auf ihren Druck hin auch die Staaten ihres Hegemonialbereichs lehnen die Annahme der Marshallplan-Hilfe ab.
30. Aug.	19 amerikanische Staaten unterzeichnen in Rio de Janeiro den *Interamerikanischen Beistandspakt* zum Schutz der kollektiven Sicherheit auf dem amerikanischen Gesamtkontinent: automatische Beistandspflicht im Fall von Angriffen gegen das Vertragsgebiet.
Sept.	„Verfassungskrise" in der Stadtverwaltung von Groß-Berlin durch die Weigerung der sowjetischen Militärverwaltung, *E. Reuter* als gewählten Oberbürgermeister anzuerkennen.
5. Okt.	*Gründung der Kominform* („Informationsbüro der kommunistischen und Arbeiter-Parteien") mit Sitz zunächst in Belgrad, seit 1948 in Bukarest; sie soll dem Erfahrungsaustausch der Parteien (kommunistische Parteien der Sowjetunion, Jugoslawiens, Polens, Bulgariens, Rumäniens, Ungarns, Italiens, Frankreichs und der Tschechoslowakei) dienen und einer freiwilligen Gleichschaltung ihrer Aktionen behilflich sein.
25. Nov. 15. Dez.	*Außenministerkonferenz in London.* Nachdem diese ohne konkrete Ergebnisse in der Deutschlandfrage vertagt werden muß, gehen die drei Westmächte dazu über, ihre Besatzungszonen ohne Berücksichtigung der sowjetischen Zone wieder aufzubauen.

Kalter Krieg (1948–1956)

1948	UdSSR und Rumänien schließen einen *Freundschafts- und Beistandspakt* für 20 Jahre.
4. Febr.	Weitere ähnliche Verträge folgen zwischen der UdSSR und Ungarn (18. Febr.), Bulgarien (18. März), sowie Finnland (6. April); zwischen Polen und Bulgarien (29. Mai), Ungarn (18. Juli); Tschechoslowakei und Ungarn (16. April 1949).
22. Febr.	Die Kommunistische Partei übernimmt in der Tschechoslowakei die Regierung.
2. März	Der sowjetische Stadtkommandant in Berlin bezweifelt, daß die Viermächteverwaltung für Gesamt-Berlin aufrechterhalten werden kann, da die Westmächte in ihren Sektoren die „demokratischen Organisationen", SED und FDGB, unterdrücken würden.
20. März	Marschall *Wassili Danilowitsch Sokolowski* (* 1897, † 1968) verläßt den Alliierten Kontrollrat für Deutschland, der damit faktisch seine Tätigkeit einstellt.
Mai	Wegen des Widerstands der UdSSR werden die für ganz Korea vorgesehenen Wahlen nur in Südkorea unter Aufsicht der UNO abgehalten.
19. Juni	Die Sowjetunion beschuldigt die Westmächte, durch die *Währungsreform* in ihren Zonen die Spaltung Deutschlands herbeizuführen. Versuch, durch Verbot der Westwährung in Gesamt-Berlin die Stadt in den Wirtschaftsraum der Sowjetzone einzubeziehen. Der Kampf um die Verdrängung der Westmächte aus Berlin erreicht einen Höhepunkt.
23. Juni	Die sowjetische Militärverwaltung gibt den Westmächten die Einführung einer *Währungsreform für Groß-Berlin* bekannt, was die Westmächte mit Hinweis auf den Viermächtestatus der Stadt für „null und nichtig" erklären.
26. Juni	**Berlin-Blockade.** Luftbrücke der Westmächte – zur Versorgung der Stadt mit lebenswichtigen Gütern – zwischen den Westzonen und West-Berlin.
28. Juni	Jugoslawien wird aus dem Kominform ausgeschlossen.
13. Aug.	Die UdSSR verbreitet die Behauptung, die Westmächte hätten das Recht auf Besetzung und Verwaltung von Berlin verloren.
25. Sept.	Die Sowjets versuchen, den Luftverkehr zwischen Berlin und den Westzonen zum Erliegen zu bringen.
30. Nov.	Unter SED-Leitung Versammlung in der Berliner Staatsoper, die den Berliner Magistrat für abgesetzt erklärt und *Friedrich Ebert* (SED; * 1894, † 1979) zum Oberbürgermeister sowie einen neuen „provisorischen demokratischen Magistrat" wählt. Die Westmächte protestieren gegen die Errichtung des „Ostsektoren-Magistrates"; die sowjetische Militäradministration erkennt ihn an; Beginn der *Spaltung Berlins.*
5. Dez.	Wahlen in Berlin, die allerdings nur in den Westsektoren stattfinden können, da die sowjetische Besatzungsmacht sie für den Ostsektor untersagt hat.
1949	Die UdSSR zieht ihre Streitkräfte in Korea hinter den 38. Breitengrad zurück, worauf die
Jan.	USA ihre Truppen bis zu dieser Demarkationslinie rücken läßt.
7. Jan.	US-Außenminister *Marshall* tritt zurück.
31. März	Die UdSSR bezeichnet den am 18. März veröffentlichten *Nordatlantik-Vertrag* als nicht vereinbar mit der Charta der Vereinten Nationen.
4. April	**Abschluß des Nordatlantikpakts** (North Atlantic Treaty Organization – **NATO**) in Washington.
4. Mai	Unterzeichnung des *Jessup-Malik-Abkommens* (benannt nach dem amerikanischen Völkerrechtler und damaligen US-Vertreter bei der UNO *Philip Caryl Jessup* [* 1897] und dem sowjetischen Chefdelegierten bei der UNO *Jakow Alexandrowitsch Malik* [* 1906], über die Beendigung der Berlin-Blockade.
12. Mai	*Aufhebung der Berliner Blockade.*
23. Mai –20. Juni	Konferenz des Rats der Außenminister in Paris: keine Einigung über Deutschland; jedoch Erklärung, die Bemühungen zur Einigung Deutschlands fortzusetzen.
23. Sept.	Der erste *Atomwaffenversuch der UdSSR* (im Aug.) wird bekanntgegeben.
29. Sept.	Die *UdSSR kündigt* ihren *Freundschafts- und Beistandspakt mit Jugoslawien*, das damit aus dem sowjetischen Hegemonie-Bereich ausscheidet und von nun an auch Unterstützung von den USA empfängt. Dem Beispiel der UdSSR folgen Ungarn, Bulgarien, Rumänien und die Tschechoslowakei.
1. Okt.	Die UdSSR protestiert gegen die Errichtung der Bundesrepublik Deutschland.
8. Okt.	Erste innerdeutsche Vereinbarung seit Ende der Berlin-Blockade; Grundlage des *Interzonenhandels* für die kommenden Jahre (Frankfurter Abkommen).
1950	US-Präsident *Truman* billigt den „Generalverteidigungsplan" für den nordatlantischen
27. Jan.	Raum.
25. März	Der UdSSR gelingt es auf der gemeinsam mit den Westmächten abgehaltenen Berliner Konferenz nicht, ihr politisches Ziel eines neutralen Gesamt-Deutschland durchzusetzen, daraufhin verleiht sie der *DDR* die *Souveränität.*
25. Juni	Truppen der Volksrepublik Korea (Nordkorea) dringen in Südkorea ein **(Koreakrieg).**

1244 Neueste Zeit – Ost-West-Beziehungen

7. Juli   Die USA berufen den Sicherheitsrat der Vereinten Nationen ein, der die Bildung eines
            UN-Kommandos unter Führung der USA empfiehlt, das die militärischen Maßnahmen in
            Korea leiten soll.
11. Juli   Das US-Repräsentantenhaus fordert den Abschluß eines *Verteidigungspaktes für den
            Pazifik* nach dem Muster des Nordatlantikvertrages. Beginnende *Einkreisung der Sowjetunion* durch ein weltweites Bündnissystem.
Ende Juli   Die UN-Truppen unter US-General *D. MacArthur* beenden in Südkorea den Aufbau einer
            Verteidigungslinie.

Zum Deutschlandproblem und den Ost-West-Beziehungen bis zum Beginn der sechziger Jahre

Das System, das sich im Westen 1948/1949 herausbildet, umfaßt folgende Elemente: eine großzügig gehandhabte Hegemonie der USA, die Stabilisierung der liberal-parlamentarischen Demokratien in Westeuropa, die Vorherrschaft des Freihandels in Westeuropa, die Annäherung der europäischen Staaten und
die Eingliederung der Bundesrepublik in den Westen. Oppositionelle Gruppen im Westen (George
Kennan, in der Bundesrepublik SPD und z. T. FDP) sprechen sich wiederholt gegen das System aus und
schlagen vor, ein *wiedervereinigtes Deutschland* unter Einbeziehung einer breiten Zone in Mitteleuropa
dem Einflußbereich der USA und UdSSR durch Neutralisierung zu entziehen. Auch die UdSSR bietet
dazu 1952/1953 entsprechende Verhandlungen an. Sämtliche Bemühungen, das System von 1948 zu
überwinden, scheitern jedoch zunächst am Widerstand der USA und schließlich auch an dem der UdSSR,
die spätestens seit Mitte 1955 die *Teilung Deutschlands als Grundlage für eine tragfähige Friedensordnung* betrachtet. Sie fordert den Westen, der auf den Außenminister- und Staatschef-Konferenzen wiederholt Pläne zur Wiedervereinigung auf der Grundlage von freien Wahlen vorlegt, auf, davon abzulassen. Schließlich setzt die Regierung von US-Präsident John F. Kennedy das Deutschland-Problem von
der Tagesordnung der Ost-West-Beziehungen endgültig ab. Es kann von nun an nur noch darauf ankommen, *Arrangements bei Hinnahme des Status quo* zu treffen.

Chronologische Übersicht zum Berlin-Problem

1945–1948	Berlin unter Viermächteverwaltung.
1948–1949	Erste Berlin-Krise; Berliner Blockade.
1949–1958	Viermächtestatus ohne Viermächteverwaltung und Einbeziehung Berlins in die Wirtschaft der Bundesrepublik.
1958–1961	Zweite Berlin-Krise.
1961	Bau der Mauer zwischen dem Ostsektor und den Westsektoren der Stadt.
1962	Ende der zweiten Berlin-Krise.
1963–1970	Phase des politisch prekären Status.
1971	Viermächteabkommen über Berlin.

1. Sept.   *Verfassung des Landes Berlin* (West-Berlin): Berlin ist ein deutsches Land (Stadtstaat mit
            Senat). Die Zugehörigkeit zur Bundesrepublik Deutschland als Bundesland ist, solange die
            Anwendung des Grundgesetzes für die Bundesrepublik Deutschland Beschränkungen unterliegt, durch die Alliierten suspendiert. Beschränkungen bestehen aufgrund des Londoner Abkommens vom 14. Nov. 1944 in der Fassung von 1. Mai 1945 und des Genehmigungsschreibens der Militärgouverneure zum Grundgesetz vom 12. Mai 1949.
12.–14.   New Yorker Außenministerkonferenz der drei Westmächte; die Bundesregierung wird als
Sept.   einzig vertretungsberechtigt, für das deutsche Volk zu sprechen, erklärt.
15. Sept.   *Korea: Großoffensive der UN-Truppen,* nordkoreanische Streitkräfte zurückgedrängt.
18. Sept.   Offensive der Viet-minh in Indochina.
26. Nov.   *Chinesische Offensive* gegen die UN-Truppen *in Nordkorea,* die den Rückzug antreten.
            Bundeskanzler Adenauer erklärt, angesichts der Gefahr eines sowjetischen Angriffs in
            Europa sei ein deutscher Verteidigungsbeitrag auf der Basis der Gleichberechtigung notwendig.
1951   In Washington paraphieren Vertreter Australiens, Neuseelands und der USA einen *kollek
12. Juli   tiven Sicherheitspakt (ANZUS: Australia, New Zealand, United States;* am 1. Sept. abgeschlossen.
8. Sept.   Die Alliierten des Zweiten Weltkriegs (mit Ausnahme der Sowjetunion) unterzeichnen in
            San Francisco einen *Friedensvertrag mit Japan;* die USA und Japan schließen ein Sicherheitsabkommen.
2. Nov.   Der Präsident der DDR, *Wilhelm Pieck,* übermittelt Bundespräsident *Theodor Heuss* die
            Einladung zu einem Treffen (dieses wird abgelehnt).
20. Dez.   Die UNO-Vollversammlung beschließt gegen die Stimmen der Ostblock-Vertreter die

Errichtung einer internationalen Kommission zur Untersuchung der Voraussetzung für gesamtdeutsche Wahlen in beiden Teilen Deutschlands.

1952
4. Jan. Gesetz über die Stellung des Landes Berlin *(West-Berlin)* im Finanzsystem des Bundes, durch das die Westsektoren der Stadt *in das Finanz- und Wirtschaftssystem der Bundesrepublik einbezogen* werden.

10. Febr. Die UdSSR bringt den Gedanken eines europäischen Sicherheitssystems ins Spiel.

10. März Die sowjetische Regierung schlägt den Westmächten die Aufnahme von Friedensverhandlungen über Deutschland vor; in der Antwort fordern die Westmächte freie Wahlen als Voraussetzung.

6. Juni *Karl Georg Pfleiderer* (FDP; * 1899, † 1957) schlägt die Errichtung eines besatzungsfreien deutschen Gebiets zwischen Rhein und Oder, die Aufstellung einer nationalen deutschen Armee und die Beschränkung der alliierten Besatzung auf Brückenköpfe vor.

21. Sept. *Ernst Lemmer* (CDU; * 1898, † 1970) wendet sich gegen die von Bundeskanzler Adenauer vertretene „Politik der Stärke" und fordert Verhandlungen mit der UdSSR über Deutschland.

1. Nov. *Die USA zünden die erste Wasserstoffbombe.*

24. Dez. Der sowjetische Partei- und Regierungschef *Josef Stalin* erklärt, ein Krieg zwischen den USA und der UdSSR sei unvermeidlich.

1953 *Dwight D. Eisenhower* tritt sein Amt als *Präsident* der USA an (20. Jan.).

2. Febr. Der neue US-Außenminister (1953–1959) *John Foster Dulles* gibt die Beendigung der Isolierung *Nationalchinas* (Taiwans) durch die USA bekannt.

5. März **Tod Josef Stalins,** das Amt des Ministerpräsidenten und (bis 13. Sept.) auch das des Parteichefs übernimmt *Georgi M. Malenkow.*

27. Juli *Ende des Korea-Krieges:* **Waffenstillstand in P'anmunjom** (38. Breitengrad) zwischen Nordkorea und Vereinten Nationen.

8. Aug. Die UdSSR gibt den Besitz der Wasserstoffbombe bekannt.

2. Sept. Die Westmächte laden die UdSSR zu einer Viererkonferenz über Deutschland ein, zu der sich der designierte Parteichef *Nikita Chruschtschow* bereiterklärt.

1954
11. Jan. In Washington beginnen Vorgespräche zwischen den USA und der UdSSR über die Kontrolle der Atomenergie; es setzen bilaterale Gespräche über Abrüstung, Rüstungskontrolle und Beschränkung auf nuklearer Ebene ein.

26. April Beginn der *Genfer Konferenz* zwischen Frankreich, Großbritannien, der UdSSR, den USA, der VR China und den beiden koreanischen Staaten *über die Korea-Frage* und die Beendigung des Krieges in *Indochina.*

15. Juni Die Westmächte brechen die Verhandlungen über Korea in Genf ab.

21. Juli Die Konferenz endet mit einem *Waffenstillstandsabkommen für Kambodscha, Laos* und *Vietnam.* Abzug der französischen Truppen. Als Demarkationslinie wird der 17. Breitengrad vereinbart.

8. Sept. Achtmächtepakt in Manila zur Schaffung einer *Südostasien-Verteidigungsorganisation* (South East Asia Treaty Organization – *SEATO;* dem Bündnissystem gehören an: ANZUS-Paktmitglieder Australien, Neuseeland, USA sowie Philippinen, Thailand, Großbritannien, Frankreich, Pakistan). Teil der von Dulles verstärkt betriebenen Politik des „Containment".

10. Sept. Die Westmächte lehnen eine von der UdSSR vorgeschlagene Konferenz über europäische Sicherheit ab.

5. Okt. Abkommen über die Beilegung des Triest-Konflikts zwischen Italien und Jugoslawien (das Gebiet um Triest zwischen Italien und Jugoslawien geteilt).

19. Okt. *Pariser Konferenz:* die Bundesrepublik Deutschland tritt der WEU bei **(Pariser Verträge)**;
–23. Okt. Westintegration der Bundesrepublik vollzogen; neue Phase des Deutschlandproblems.

1955 Die UdSSR beendet den Kriegszustand mit Deutschland (29. Jan.).

3./9. Febr. Rücktritt von Ministerpräsident Malenkow, sein Nachfolger wird *Nikolai A. Bulganin.*

24. Febr. Gründung des *Bagdad-Pakts* durch den Irak und die Türkei mit dem Ziel politischer und militärischer Zusammenarbeit. Großbritannien tritt am 30. März bei; Pakistan und Iran schließen sich an.

5. Mai Erklärung der Alliierten Kommandantur, wonach West-Berlin unter einigen Vorbehalten seine in der Verfassung von 1950 niedergelegten Rechte selbständig ausüben kann.

7. Mai Die UdSSR kündigt ihre Beistands- und Bündnisverträge mit Großbritannien (vom 26. Mai 1942) und Frankreich (vom 2. Mai 1935).

14. Mai Die UdSSR errichtet mit den „Volksdemokratien" ihres Machtbereichs den **Warschauer Pakt** („Vertrag über Freundschaft, Zusammenarbeit und gegenseitigen Beistand").

15. Mai Lösung des Österreich-Problems: Unterzeichnung des **österreichischen Staatsvertrags** durch die vier alliierten Mächte und Österreich; die UdSSR deutet mit der Ratifizierung einen gewissen Entspannungswillen in Europa an.

7. Juni Die Regierungen Frankreichs, Großbritanniens und der USA laden die UdSSR ein, mit ihnen in Genf zu einer Viermächtekonferenz zusammenzukommen.

1246 Neueste Zeit – Ost-West-Beziehungen

18. Juli Die *Genfer Gipfelkonferenz* (Frankreich, USA, UdSSR, Großbritannien) erzielt hinsichtlich des Deutschlandproblems keine Einigung.
Sir *Anthony Eden,* der britische Außenminister, schlägt einen Sicherheitspakt mit Rüstungsbeschränkungen vor; neuer Vorstoß, die Rüstungsprobleme zu regeln, nachdem die Bemühungen auf UNO-Ebene zunächst gescheitert sind. US-Präsident *Eisenhower* legt einen Abrüstungsplan vor, bei dem die Probleme eines möglichen Überraschungsangriffs im Vordergrund stehen. Der sowjetische Ministerpräsident *Bulganin* unterbreitet einen

Chronologische Übersicht
Abrüstungsproblem nach dem Zweiten Weltkrieg

1945 6./9. Aug.	Erste Detonation von Atombomben über Hiroshima und Nagasaki: Beginn des Atomwaffenzeitalters.
1945–1954	Abrüstungsbemühungen im Rahmen der UNO.
1955–1957	Abrüstungsverhandlungen auf der Ebene der Regierungschefs und Außenminister: Fixierung der Angebote nach Entwicklung der Wasserstoffbombe.
1957	Einzelverhandlungen im Unterausschuß der UN-Abrüstungskommission bei Wiederaufnahme der Atomwaffen- und Raketenversuche in der UdSSR.
1957–1958	Abrüstungsinitiativen der UdSSR. West-östliche Expertengespräche in Genf.
1959–1961	Verhandlungen über Versuchsstop, Weiterverbreitung und Freihaltung der Antarktis von Kernwaffen.
1961	Verlagerung der Verhandlungen in den Achtzehn-Mächte-Ausschuß.
1963	Hinzunahme des Problems der Verhinderung eines Krieges durch Zufall.
1963 5. Aug.	Vertrag über das Verbot von Kernwaffenversuchen in der Atmosphäre, im Weltraum und unter Wasser.
1964–1965	Allgemeine atomare Abrüstungsverhandlungen im Rahmen des Achtzehn-Mächte-Komitees, die in einen Konflikt über die Verbreitung von Nuklearwaffen übergehen.
1965/1966	Tagung der großen Abrüstungskommission der UNO (21. April 1965 bis 16. Juni 1966).
1965–1968	Festsetzung der Achtzehn-Mächte-Kommission in Genf über Verbreitung und Begrenzung von Nuklear-Waffen, das Verbot von Atomversuchen und Verminderung der Militärausgaben sowie gleichzeitig bilaterale Verhandlungen zwischen der UdSSR und den USA bis zur Unterzeichnung des Atomsperrvertrages.
1968–1973	Vorbereitungsphase der sowjetisch-amerikanischen KSZE- und SALT-Gespräche (Strategic Arms Limitation Talks).
1973	Erste Phase der KSZE (3.–7. Juli).
1973	Zweite Phase der KSZE (18. Sept.).
1974 Juni/Juli	Vertrag zwischen USA und UdSSR zur Begrenzung unterirdischer Kernexplosionen.
1974 Nov.	Einigung über die Begrenzung von strategischen offensiven Kernwaffen.
1975 30. Juli–1. Aug.	Unterzeichnung der Schlußakte der KSZE (Konferenz über Sicherheit und Zusammenarbeit in Europa) in Helsinki.
1977 Sept.	Verlängerung des SALT-I-Vertrages, weitere Verhandlungen über SALT II.
1979 Juni	In Wien Unterzeichnung des SALT-II-Abkommens zwischen der UdSSR und den USA.
Dez.	NATO-Doppelbeschluß: Nachrüstung mit neuen Mittelstreckenraketen in Westeuropa bei gleichzeitig erklärter Bereitschaft zu neuen Verhandlungen über Rüstungsbegrenzung.
1981 April	35 Nationen unterzeichnen in New York den Vertrag zum Verbot grausamer Waffen.
1982 Juni	In Genf beginnen Gespräche zur Eindämmung der strategischen Rüstung: START (= Strategic Arms Limitation Talks) als Ersatz für SALT.
1983 Mai	Forderung des US-Repräsentantenhauses nach Einfrieren („freeze") der Kernwaffenbestände von USA und UdSSR.
1984 Febr.	Auf Genfer Abrüstungskonferenz verhandeln 44 Teilnehmerstaaten vor allem über Verbot chemischer Waffen.

Versuche der Neuorientierung   *1247*

	Plan für eine nukleare Abrüstung, die mit einer Verringerung der konventionellen Heere verknüpft sein soll. Die Regierungschefs können sich jedoch über die Abrüstung nicht einigen und empfehlen, die Gespräche wieder in die UN-Abrüstungskommission zu verlagern.
22. Juli	Der französische Ministerpräsident *Edgar Faure* (* 1908, † 1988) unterbreitet den Plan zur Offenlegung der Rüstungsausgaben und zur Bildung eines Fonds aus den Ersparnissen der Abrüstung, mit dem unterentwickelte Gebiete gefördert werden sollen.
Aug.	Die USA dringen auf Inspektionen zur Kontrolle der Nuklearwaffen auf den Territorien der USA und der UdSSR. Die UdSSR lehnt dies als Spionagevorhaben ab.
11. Okt.	Iran tritt dem Bagdad-Pakt bei.
27. Okt.–15. Nov.	Konferenz der Außenminister der vier Großmächte in Genf. Westmächte schlagen *Wiedervereinigungsplan für Deutschland,* dagegen die UdSSR die Errichtung eines gesamtdeutschen Rates vor, dem die Westmächte mit dem Vorschlag der Bildung einer Viermächtekommission zwecks Vorbereitung freier Wahlen in ganz Deutschland begegnen.
10. Dez.	Bundesaußenminister *Heinrich von Brentano* weist auf die Folgen hin, die eine Aufnahme diplomatischer Beziehungen zur DDR durch dritte Staaten für deren Verhältnis zur Bundesrepublik Deutschland auslösen würde *(Hallstein-Doktrin);* die Gegenmaßnahmen der Bundesrepublik können bis zum Abbruch der diplomatischen Beziehungen reichen.
1956	Die **DDR** tritt dem **Warschauer Pakt** bei (27. Jan.).
1. März	Von verantwortlicher sowjetischer Seite wird festgestellt, daß direkte Verhandlungen zwischen den beiden deutschen Staaten der einzige Weg zur Wiedervereinigung seien.
18. April	Das sowjetische Regierungsorgan „Prawda" gibt die Auflösung des Kominform bekannt.
14. Mai	Die UdSSR erklärt, sie werde ihre Streitkräfte um 1,2 Mio. Mann verringern und erwarte ähnliche Maßnahmen vom Westen.
19. Juli 26. Juli	Die USA ziehen ihre Finanzierungsversprechen für den Bau des Assuan-Staudamms in Ägypten zurück, worauf der ägyptische Präsident *Gamal Abdel Nasser* den Suezkanal verstaatlicht. Verstärkter militärischer und wirtschaftlicher Einfluß der Sowjetunion in Ägypten, wodurch der Ost-West-Konflikt auf den Nahen Osten ausgedehnt wird.
23. Okt.	Beginn von **revolutionären Unruhen in Ungarn** (von Sowjettruppen niedergeschlagen).
29. Okt.	**Sueskrieg:** Beginn des mit Großbritannien und Frankreich verabredeten israelischen Angriffs gegen Ägypten.
31. Okt.	Anglo-französische Luftoffensive gegen Ägypten.
5. Nov.	Der sowjetische Ministerpräsident Bulganin gibt mit dem Hinweis auf sowjetische Fernlenkwaffen dem Westen zu verstehen, daß die UdSSR entschlossen sei, die französisch-britisch-israelischen Angriffe gegen Ägypten mit Gewalt zurückzuschlagen.
6. Nov.	Feuereinstellung auf dem ägyptischen Kriegsschauplatz.

Versuche der Neuorientierung (1957–1960)

Seit Mitte der fünfziger Jahre treten die Gefahren eines offenen Krieges zwischen den Supermächten USA und UdSSR in den Hintergrund, weil angesichts der *Gefahr eines Nuklearkrieges* jegliche direkte Konfrontation vermieden wird. Vor diesem Hintergrund verbessern sich auch ein wenig die *sowjetischamerikanischen Beziehungen in Europa.* Die UdSSR geht dabei zur wirtschaftlichen Expansion im internationalen Maßstab über, um den hier bestehenden Vorsprung der USA aufzuholen, während die USA ihre technologisch-militärischen Programme beschleunigen, um gegenüber der sowjetischen Aufrüstung mit Fernraketen nicht ins Hintertreffen zu geraten *(„Sputnik-Effekt").*

Das Verhältnis zwischen den Blöcken verbessert sich leicht, so bei der *Frage der Abrüstung,* zumal die UdSSR zu Zugeständnissen bereit ist; Versuche mit Atomwaffen werden vorübergehend sogar eingestellt. Die sowjetische Regierung signalisiert den westlichen Regierungschefs, daß sie eine Expansionspolitik der *VR China* nicht mehr unterstützen würde. Andererseits beginnt ein *Raketenwettlauf* zwischen den USA und der UdSSR mit der massiven Installierung von Fernlenkraketen-Basen. Während der Westen die Bundesrepublik Deutschland aufrüstet, festigt die Sowjetunion auch militärisch die Position der DDR und übt anhaltend *Druck auf Berlin* aus.

Kriegsgefahr und Ansätze zur Rüstungsbegrenzung

Mitte der fünfziger Jahre sind die Großmächte über verschiedene Möglichkeiten des Ausbruchs eines atomar geführten Krieges besorgt, nämlich die Möglichkeit:
1. des unbeabsichtigten Krieges, der aufgrund technischen Versagens z. B. der Radarkontrollen oder der Interkontinentalraketen oder aufgrund menschlichen Versagens eines Befehlshabers gleichsam aus Versehen entstehen kann,
2. des Krieges durch Fehlkalkulation, die dann auftritt, wenn eine Großmacht die Risiken der Maßnahmen gegenüber der anderen falsch einschätzt, so wenn sie sich darauf versteift, in einer Krise hart zu blei-

1248 Neueste Zeit – Ost-West-Beziehungen

ben, im Glauben, daß die andere Seite keinen Krieg will. Wenn indes die andere Seite überraschend doch nicht nachgibt, dann kann der Krieg folgen.
3. des kalkulierten Krieges, die dann real werden kann, wenn eine Großmacht der Überzeugung ist, daß der Eintritt in einen Krieg die am wenigsten unakzeptable ihrer Wahlmöglichkeiten ist, wozu auch ein aufgrund waffentechnischen Rückstandes notwendig erscheinender Präventivkrieg, selbst ein begrenzter, zu rechnen ist, und
4. daß ein dritter Staat mit kleinem atomarem Potential die Großmächte in einen Krieg hineinzieht.
Die in der zweiten Hälfte der fünfziger Jahre einsetzenden Verhandlungen zwischen den Großmächten haben, so gesehen, weniger das Ziel abzurüsten, als durch bilaterale und multilaterale Verhandlungen die Risiken eines Kriegsausbruches zwischen ihnen unter Kontrolle zu bringen, die Weiterverbreitung von atomaren Waffen zu blockieren und die ökologischen und finanziellen Folgen des Wettrüstens zu mindern.

1957 1. März	Die UdSSR erklärt, nur direkte Verhandlungen zwischen beiden deutschen Staaten führten zur Wiedervereinigung.
9. März	US-Präsident Eisenhower verkündet eine Schutzgarantie der USA für alle Staaten des Mittleren Ostens, die sich vom Kommunismus bedroht fühlen *(Eisenhower-Doktrin)*.
30. April	Der US-Flugzeugträger „Forrestal" kreuzt vor der Küste des Libanon, da blutige Unruhen wegen des prowestlichen Kurses der Regierung in Beirut ausgebrochen sind.
15. Mai	Wasserstoffbombenversuch Großbritanniens.
26. Mai	Die UdSSR gibt den *Flug einer Interkontinentalrakete* bekannt.
Juni	Beitritt der *USA zum Militärausschuß des Bagdad-Pakts,* um das westliche Bündnissystem im Mittleren Osten zu ergänzen.
29. Juli	In ihrer Berliner Erklärung betonen die drei Westmächte die *Verantwortung der Siegermächte des Zweiten Weltkriegs für Gesamtdeutschland;* Fortschritte in der Entspannung zwischen Ost und West sollen von Fortschritten in der Deutschlandfrage abhängen.
Aug.	Die UdSSR erprobt Interkontinentalraketen mit nuklearen Sprengköpfen.
2. Okt.	Der polnische Außenminister *Rapacki* unterbreitet der UN-Vollversammlung den Vorschlag einer kernwaffenfreien Zone in Deutschland und Polen *(Rapacki-Plan).*
4. Okt.	Die UdSSR startet den ersten künstlichen Erdsatelliten *(„Sputnik").*
19. Okt.	Die Bundesrepublik Deutschland bricht die diplomatischen Beziehungen zu Jugoslawien wegen dessen Aufnahme von diplomatischen Beziehungen zur DDR ab. (Erstmalige Anwendung der *Hallstein-Doktrin).*
17. Dez.	Die USA erproben erfolgreich eine Interkontinental-Rakete.
19. Dez.	Der Nordatlantikrat stellt dem NATO-Oberbefehlshaber Mittelstreckenraketen mit Atomsprengköpfen zur Verfügung, die in Europa gelagert werden.
1958 6. Jan.	Die UdSSR protestiert beim UN-Generalsekretär gegen die Einbeziehung West-Berlins in die internationalen Verträge der Bundesrepublik.
8. Jan.	Ministerpräsident Bulganin bringt erneut den Gedanken eines *Generalfriedensplans* ins Spiel, den der Westen als zu allgemein ablehnt.
20. Jan.	Die Bundesregierung lehnt den sowjetischen *Plan einer Konföderation beider deutscher Staaten* ab.
14. Febr.	Vorlage des *Rapacki-Plans* für atomwaffenfreie Zonen in Mitteleuropa.
27. März	*Nikita S. Chruschtschow* folgt Bulganin als *Vorsitzender des Ministerrats* der UdSSR.
31. März	Die Sowjetunion stellt vorläufig ihre Kernwaffenversuche ein und fordert die USA auf, entsprechend zu handeln. Die USA setzen ihre Nuklearversuche jedoch fort.
25. April	Unterzeichnung eines *deutsch-sowjetischen Handels- und Konsular-Abkommens.*
Juni	*US-Truppen* landen *im Libanon,* um für die prowestliche Regierung zu intervenieren (Abzug 15. Okt.).
15. Juli	Die UdSSR schlägt einen *Vertrag über Freundschaft und Zusammenarbeit der europäischen Staaten* vor. Sie wünscht vor allem den Abzug der ausländischen Truppen und die Einrichtung einer kernwaffenfreien Zone.
7. Aug.	Das atomgetriebene *Unterseeboot* der US-Marine „Nautilus" unterquert zum ersten Mal die Eisschicht der Arktis und stellt so eine strategisch wichtige Verbindung zwischen dem Atlantik und dem Pazifik her.
21. Aug.	Auf einer Konferenz westlicher und östlicher Experten in Genf wird über die *Kontrollmethoden bei Kernwaffenzündungen* Einigung erzielt.
31. Okt.	Die USA und Großbritannien setzen ihre Kernwaffenversuche für ein Jahr aus, während Frankreich mit seinem Kernwaffenprogramm fortfährt.
10. Nov.	Partei- und Regierungschef Chruschtschow gibt bekannt, daß die Sowjetunion das Viermächteabkommen über den Status von Berlin zu beenden wünscht. *Erneuter Ausbruch der Berlin-Krise.*
27. Nov.	Die *UdSSR* fordert ultimativ den *Abzug der Westmächte aus Berlin* binnen sechs Monaten.
16.–19. Dez.	Der Ministerrat des Nordatlantikrats unterstreicht das Recht der USA, Großbritanniens und Frankreichs, in Berlin zu verbleiben.

1959	Ein *sowjetischer Friedensvertragsentwurf* sieht eine *Neutralisierung Deutschlands* vor:
10. Jan.	Wiedervereinigung auf dem Weg der Konföderation beider deutscher Staaten.
16. Febr.	Die Westmächte treten dem Versuch der UdSSR entgegen, unter Druck die Viermächte-verantwortung für Deutschland zu beseitigen. – *Fidel Castro* wird *Ministerpräsident Kubas* (Er orientiert sich nach und nach an der UdSSR).
21. Febr.	Der britische Premierminister *Harold Macmillan* versucht bei einem Aufenthalt in der
–3. März	Sowjetunion zwischen Ost und West zu vermitteln.
24. April	Die UdSSR warnt die Bundesrepublik Deutschland vor einer Ausrüstung der Bundeswehr mit Atomwaffen. Das Klima bei den Abrüstungsverhandlungen verschlechtert sich.
11. Mai	Beginn der *Viermächte-Außenministerkonferenz* (Frankreich, Großbritannien, UdSSR, USA) *über die Deutschland-Frage* in Genf. DDR und Bundesrepublik schicken Beobachter.
	US-Außenminister (1959–1961) *Christian A. Herter* (* 1895, † 1966) legt einen Friedensplan vor, der eine stufenweise Wiedervereinigung Deutschlands und eine gegenseitige Begrenzung der Streitkräfte vorsieht.
19. Juni	Vertagung der Genfer Konferenz (Wiederbeginn am 13. Juli).
5. Aug.	Erneute Vertagung der Genfer Konferenz. Die Außenminister veröffentlichen eine Erklärung über die Abrüstung und bilden einen *Zehn-Mächte-Abrüstungsausschuß*.
20. Aug.	Nach Rückzug des Irak aus dem Bagdad-Pakt wird dieser in *Central Treaty Organization (CENTO)* umbenannt.
15.–27. Sept.	Der sowjetische Partei- und Regierungschef *Chruschtschow* besucht die USA und führt Gespräche mit US-Präsident *Eisenhower* auf dessen Landsitz Camp David: Im „*Geist von Camp David*" zeichnet sich eine leichte Entspannung ab.
1. Dez.	Unterzeichnung des „*Antarktis-Abkommens*" (gültig 30 Jahre) durch 12 Staaten (darunter die vier Atom-Mächte) in Washington für ausschließlich friedliche Nutzung des Gebiets.
15.–22. Dez.	Der Nordatlantikrat berät Vorbereitungen von Ost-West-Verhandlungen im Rahmen einer neuen Gipfelkonferenz.
1960	Atomwaffen-Versuch Frankreichs in der Sahara (13. Febr.).
15. März	Beginn der Zehn-Mächte-Konferenz (USA, Großbritannien, Frankreich, UdSSR und Verbündete) über Abrüstung in Genf (bis 27./28. Juni).
25. März	Nikita Chruschtschow fordert einen Friedensvertrag mit Deutschland.
1. Mai	Ein amerikanisches *U-2-Aufklärungs-Flugzeug* wird über der UdSSR abgeschossen.
7. Mai	Die UdSSR gibt nach dem *U-2-Zwischenfall* die Errichtung eines Raketenkommandos bekannt.
16. –17. Mai	Die *Pariser Gipfelkonferenz*, die über Entspannungsfragen beraten soll, wird *durch die sowjetische Delegation* unter Leitung Chruschtschows mit dem Hinweis auf die U-2-Flüge *abgebrochen*.
23. Juni	Auf einer Konferenz in Bukarest treten zwischen der *VR China* und der *UdSSR* schwerwiegende *ideologische Meinungsverschiedenheiten* offen auf.
30. Juni	Die belgische Kolonie *Kongo* (1971 in Zaïre umbenannt) wird *unabhängig* und erhält die volle Souveränität. Präsident wird *Joseph Kasavubu*, Premierminister *Patrice Lumumba*.
Juli	Im *Kongo*, der ein wichtiger Kupferproduzent ist, brechen **blutige Unruhen** aus, in die neben den Vereinten Nationen die UdSSR und die USA eingreifen.
11. Juli	Die *Kupferprovinz Katanga erklärt ihre Unabhängigkeit vom Kongo*, worauf die Vereinten Nationen Truppen entsenden.
20. Juli	Eine Interkontinentalrakete wird von einem getauchten U-Boot der US-Marine abgeschossen. Die USA verfügen damit über ein schwer angreifbares System für Trägerwaffen.
14. Sept.	Die UdSSR kritisiert die angeblich prowestliche Politik der UNO und blockiert durch ihr Vetorecht den UN-Sicherheitsrat in der Kongofrage.
10. Nov.	Ein Moskauer Gipfeltreffen kommunistischer Parteiführer aus 81 Ländern billigt die von sowjetischer Seite vorgelegte Konzeption der „*Politik einer friedlichen Koexistenz*".

Von der Konfrontation zu kooperativen Verhandlungen (1961–1968)

1961	*Ermordung* des kongolesischen Premierministers *Lumumba*, der in seiner Politik von der
17. Jan.	UdSSR unterstützt wird.
20. Jan.	*John F. Kennedy* wird Präsident der USA.
17. Febr.	Die sowjetische Regierung greift erneut in einer amtlichen Note an die deutsche Bundesregierung die *Berlin-Frage* auf.
14.–20. April	Der von den USA unterstützte Versuch einer *Invasion von Exilkubanern auf Kuba* schlägt fehl *(Fiasko in der Schweinebucht)*. Kuba sucht noch engere Beziehungen zur Sowjetunion.

1250 Neueste Zeit – Ost-West-Beziehungen

12. Mai	Unterbrechung der Verhandlungen über ein Kulturabkommen zwischen der Bundesrepublik Deutschland und der Sowjetunion wegen der von Bonn geforderten Einbeziehung West-Berlins.
3.–4. Juni	US-Präsident *Kennedy* und der sowjetische Partei- und Regierungschef *Chruschtschow* treffen *in Wien* zu einem allgemeinen Meinungsaustausch zusammen.
13. Aug.	Die DDR riegelt durch technische Sperrmaßnahmen **(Bau der Berliner Mauer)** den Ostsektor von den Westsektoren Berlins ab.
23. Aug.	Als Reaktion auf das Vorgehen der DDR-Behörden gehen amerikanische Panzer in Berlin an der Sektorengrenze in Stellung, sowjetische Panzereinheiten werden auf der anderen Seite in Position gebracht.
31. Aug.	Die UdSSR nimmt ihre Kernwaffenversuche wieder auf.
3. Sept.	US-Präsident Kennedy und der britische Premier Macmillan fordern die UdSSR auf, die oberirdischen Kernwaffenversuche einzustellen.
17. Okt.	Die Sowjetunion erklärt, sie bestehe nicht mehr auf der Einhaltung einer bis Jahresende angesetzten Frist für die Lösung der Berlin-Frage.
30. Okt.	Die UdSSR bringt eine Wasserstoffbombe mit einer Sprengleistung von mehr als 50 Megatonnen TNT zur Detonation.
20. Dez.	Die Generalversammlung der UN bestätigt die von den USA und der UdSSR beschlossene Erweiterung des Zehn-Mächte-Abrüstungsausschusses zu einem *Achtzehn-Mächte-Abrüstungsausschuß*.
1962 14. März	Beginn der Achtzehn-Mächte-Konferenz in Genf *(Wiederaufnahme der Abrüstungsverhandlungen)*.
26. März	Im Rahmen der Genfer Abrüstungskonferenz kommen die USA und die UdSSR überein, ihre Gespräche in der Deutschlandfrage fortzusetzen.
28. März	Der polnische Außenminister Rapacki schlägt erneut in Genf die Schaffung einer *kernwaffenfreien Zone in Europa* vor.

Abrüstungsprobleme

Anfang der sechziger Jahre sind in den Rüstungs-, Abrüstungs- und Waffenkontrollverhandlungen, die auf der Ebene der UNO, der Regierungschefs und Experten geführt werden, zwischen den Großmächten folgende Probleme umstritten:
– die Verminderung der konventionellen Streitkräfte
– die Beseitigung der Kernwaffenträger und die Methoden ihrer Überwachung
– die regionale Überwachung verbleibender Streitkräfte sowie die Festlegung der Maximalzahlen
– die Produktion spaltbaren Materials und dessen Transfer zu friedlichen Zwecken
– die Stützpunkte der Großmächte im Ausland
– die Rüstung im Weltraum
– die Kontrolle erlaubter Waffenproduktion.
Allerdings sind die USA und die UdSSR bereit, weiter miteinander zu verhandeln. Vor allem nähern sich ihre Standpunkte an bei der Frage der Nachrichtenverbindungen sowie bei der Einstellung der Kernwaffentests.

1962 10. April	Gemeinsamer Appell von US-Präsident Kennedy und dem britischen Premier Macmillan an die sowjetische Führung, sich mit einem Abkommen über die Einstellung der Atombombenversuche einverstanden zu erklären.
18. April	Die USA legen einen Abrüstungsvertragsentwurf vor, der von der Sowjetunion verworfen wird.
8. Juni	USA und UdSSR vereinbaren *gemeinsame friedliche Erforschung des Weltraums* auf dem Gebiet der Meteorologie.
23. Juli	Erklärung über die *Neutralität von Laos* mit dem Ziel einer Beendigung des Bürgerkrieges.
5. Aug.	Die UdSSR beginnt mit einer nuklearen Versuchsserie in der Atmosphäre.
17. Sept.	Die UdSSR erklärt einseitig den Viermächtestatus von Berlin für beendet.
28. Sept.	US-Verteidigungsminister *McNamara* erklärt, der Zugang zu Berlin werde mit allen Mitteln gesichert.
22. Okt.	US-Präsident Kennedy gibt in einer öffentlichen Erklärung bekannt, daß auf Kuba sowjetische Raketenstellungen im Bau seien; er fordert den Abbau der Abschußrampen und den Rücktransport der Raketen (Beginn des **Kubakonflikts**).
24. Okt.	Die USA errichten um *Kuba* eine *Blockade*.
28. Okt.	Die sowjetische Führung erklärt sich bereit, die Raketenstellungen auf Kuba zu räumen.
20. Nov.	Die US-Blockade Kubas wird aufgehoben.
13.–15. Dez.	US-Verteidigungsminister McNamara fordert die Stärkung der konventionellen Rüstung der NATO, um flexibler auf östliche Aktionen reagieren zu können.
1963	Der *Kubakonflikt* wird durch ein gemeinsames Schreiben von Präsident Kennedy und Par-

Von der Konfrontation zu kooperativen Verhandlungen *1251*

Jan.	tei- und Regierungschef Chruschtchow an den Generalsekretär der Vereinten Nationen beigelegt.
21. Jan.	Durch den Einsatz von UN-Truppen gelingt es, den *Kongo-Konflikt* beizulegen. Die UdSSR weigert sich, ihren Beitrag zu den Kosten der UN-Aktion zu zahlen.
20. Febr.	Die UdSSR legt den Entwurf eines Nichtrangriffspakts zwischen den Staaten des Warschauer Paktes und der NATO vor.
5. April	Die UdSSR stimmt der Errichtung einer ständigen Fernsprechleitung *(„Rotes Telefon")* zwischen dem Moskauer Kreml und dem Weißen Haus in Washington zu (am 20. Juni 1963 fertiggestellt).
10. Juni	Präsident Kennedy kündigt ein Treffen von Vertretern der USA, der UdSSR und Großbritanniens an, um über ein nukleares Teststopp-Abkommen zu verhandeln.
5. Aug.	Unterzeichnung des *Moskauer Vertrags über die teilweise Einstellung der Kernwaffenversuche* in der Atmosphäre, im Weltraum und unter Wasser. Das Problem der Kontrolle bleibt ungeklärt.
1964 12.–13. Juni	Die *UdSSR* und die *DDR* schließen einen *Freundschafts- und Beistandspakt:* die Westmächte reagieren mit einer Erklärung, in der erneut ihre Verantwortung für Berlin und das Selbstbestimmungsrecht des deutschen Volkes bekräftigt wird.
7. Aug.	Eine Resolution des US-Kongresses schafft die Voraussetzung für ein umfangreiches militärisches **Eingreifen der USA** in den **Vietnamkrieg.** Vietnam wird von nun an zum Hauptproblem der amerikanischen Politik, während die Deutschlandfrage in den Hintergrund tritt.
Aug.	Im Kongo brechen erneut Unruhen aus, die General *Joseph Désiré Mobutu* mit westlicher Unterstützung niederschlägt.
15. Okt.	Nikita Chruschtschow legt seine Partei- und Staatsämter nieder. Regierungschef wird *Alexej N. Kossygin,* Generalsekretär der KPdSU *Leonid Breschnew.*
16. Okt.	Die VR China zündet ihre erste Atombombe.
1965 19. Jan.	Die Warschauer-Pakt-Staaten kündigen Gegenmaßnahmen gegen die (seit 1960) geplante, integrierte Atomstreitmacht (MLF) der NATO, vor allem wegen der beabsichtigten Beteiligung der Bundesrepublik Deutschland, an.
7. April	Sowjetische und DDR-Behörden blockieren zeitweilig die Zugänge zu Wasser und zu Lande nach West-Berlin mit der Begründung, der deutsche Bundestag halte rechtswidrig – weil West-Berlin nicht zur Bundesrepublik gehöre – in der Berliner Kongreßhalle eine Plenarsitzung ab.
30. April	Der sowjetische Außenminister *Andrej Gromyko* erklärt aus Anlaß eines Besuchs in Paris, Frankreich und die UdSSR seien sich einig, die Nachkriegsgrenzen Deutschlands dürften nicht mehr angetastet werden.
11.–12. Mai	Der Nordatlantikrat erklärt, die Situation in Europa sei so lange als ungelöst zu betrachten, wie es nicht zu einer Lösung der *Deutschland-Frage* auf der Grundlage des Rechts der Selbstbestimmung in beiden Teilen Deutschlands komme.
9. Juli	Bundesaußenminister *Gerhard Schröder* erläutert die Bedeutung einer *aktiven Ostpolitik der Bundesrepublik* im Hinblick auf eine Wiedervereinigung Deutschlands.
1966 7. Febr. –18. März	Offener *Briefwechsel zwischen der SED und der SPD* über einen geplanten Meinungsaustausch *(Austausch von Rednern),* der aber dann auf Veranlassung der östlichen Seite nicht stattfinden kann.
7. März	Frankreich tritt aus der militärischen NATO-Integration aus *(NATO-Krise).*
9. Mai	Erster Wasserstoffbombenversuch in der VR China.
4.–6. Juli	Die Warschauer-Pakt-Staaten schlagen in Bukarest die Einberufung einer europäischen Sicherheitskonferenz vor.
27. Okt.	Die VR China gibt ihre ersten Nuklearwaffenversuche mit einer ferngelenkten Rakete bekannt.
14.–16. Dez.	Der Nordatlantikrat betont die Bereitschaft der NATO, Wege zur Entwicklung der Zusammenarbeit mit der UdSSR und den Staaten Osteuropas zu prüfen.
1967 27. Jan.	USA, UdSSR und Großbritannien unterzeichnen in Washington einen *Vertrag über die friedliche Erforschung und Nutzung des Weltraumes.*
21. Febr.	In Genf tritt die Achtzehn-Mächte-Abrüstungskonferenz wieder zusammen.
9. März	Bundesaußenminister *Willy Brandt* erklärt, bei dem Alleinvertretungsrecht der Bundesrepublik Deutschland handele es sich nur um die politisch-moralische Pflicht der Bundesregierung, sich um die deutsche Frage zu kümmern.
12. April	Bundeskanzler *Kurt Georg Kiesinger* bietet der DDR ein geregeltes Nebeneinander an und schlägt Kontakte auf den Gebieten Wirtschaft, Verkehr und Technik vor.
10. Mai	Mit einem Schreiben des Ministerpräsidenten der DDR, *Willi Stoph,* an Bundeskanzler Kiesinger beginnt ein direkter Meinungsaustausch zwischen den beiden Regierungen im geteilten Deutschland.
9. Aug.	Der Staatsratsvorsitzende der DDR, *Walter Ulbricht,* schlägt deutsch-deutsche Verhandlungen auf Regierungsebene vor.

1252 Neueste Zeit – Ost-West-Beziehungen

16. Aug.	Die Bundesregierung verfügt die Aufhebung der (im Frühjahr 1962 eingeführten) *Widerrufsklausel* im Interzonenhandel.
24. Aug.	Die USA und die UdSSR legen gleichlautende Entwürfe eines Vertrags über die Nichtverbreitung von Nuklearwaffen vor, die von der Bundesrepublik Deutschland und von Frankreich verworfen werden.
Dez.	Die NATO geht zur Strategie der *„flexiblen Abschreckung"* über (13./14.).
1968	Der polnische Außenminister Rapacki fordert ein gesamtdeutsches Abkommen über den
6. Jan.	Gewaltverzicht, das den Rahmen für ein schrittweise aufzubauendes europäisches Sicherheitssystem bilden könnte.
8. März	Die deutsche Bundesregierung erhebt Einwände gegen den amerikanisch-sowjetischen Atomsperrvertragsentwurf.
10. Mai	Beginn der *Gespräche* zwischen den USA und Nordvietnam über die *Beendigung des Vietnamkriegs.*
1. Juli	Die USA, Großbritannien und die UdSSR unterzeichnen den **Vertrag über die Nichtweiterverbreitung von Atomwaffen** *(non-proliferation).* Die Kernwaffenstaaten verpflichten sich, Atomwaffen weder mittel- noch unmittelbar weiterzugeben. Frankreich und die VR China treten dem Abkommen nicht bei.
25. Juli	Der Nordatlantikrat greift auf seiner Tagung zum ersten Mal den *Gedanken einer europäischen Sicherheitskonferenz* auf, den die Warschauer-Pakt-Staaten auf Tagungen in Bukarest und Karlsbad (1967) vorgelegt haben.
6. Aug.	Großbritannien schlägt das Verbot jeglicher mikrobiologischen Kriegführung vor (die Sowjetunion reagiert am 19. Sept. 1969 mit dem Entwurf einer Konvention zum Verbot von biologischen und toxischen Waffen).
21. Aug.	Der Nordatlantikrat berät die durch den *Einmarsch von Warschauer-Pakt-Streitkräften in die Tschechoslowakei* (20./21. Aug.) entstandene Krisensituation.
29. Aug. –28. Sept.	Konferenz von 92 Nichtkernwaffenstaaten in Genf, auf der die Sicherheitszusagen der Kernwaffenstaaten als ungenügend bezeichnet werden.
28. Okt.	Bundesaußenminister *Brandt* erneuert ein Verhandlungsangebot an die DDR und erklärt die Bereitschaft, von der Existenz der DDR als eines zweiten Staates in Deutschland auszugehen und der Regierung der DDR auf der Basis der Gleichberechtigung zu begegnen.
30./31. Okt.	Die Warschauer-Pakt-Staaten entwickeln in Prag vorbereitende Pläne für eine europäische Sicherheitskonferenz.

Antagonistische Kooperation (1969–1979)

1969 *17. Nov.*	Beginn der sowjetisch-amerikanischen Vorgespräche über eine *Begrenzung strategischer Rüstung (SALT; Strategic Arms Limitation Talks)* in Helsinki.
16. Dez.	Die drei Westmächte schlagen der UdSSR Gespräche über eine Verbesserung der Lage in Berlin vor. Zuvor beginnen in Moskau *deutsch-sowjetische Gespräche über Gewaltverzicht.*
1970	**Vertrag über die Nichtweiterverbreitung von Kernwaffen** tritt in Kraft (5. März).
19. März	Bundeskanzler *Willy Brandt* und der Vorsitzende des Ministerrates der DDR, *Willi Stoph,* treffen in Erfurt zum ersten Mal zusammen: *Beginn innerdeutscher Verhandlungen* auf Regierungsebene.
26. März	Beginn von *Viermächte-Verhandlungen über Berlin* im Gebäude des ehemaligen Alliierten Kontrollrats in Berlin.
16. April	Aufnahme von Verhandlungen zwischen den USA und der UdSSR in Wien über die *Begrenzung der strategischen Rüstung (SALT).*
21. Mai	Zweite *Gesprächsrunde Brandt–Stoph in Kassel:* die Bundesregierung unterbreitet Vorschläge zum Gewaltverzicht, Respektierung der Unabhängigkeit beider deutscher Staaten, Regelung von gegenseitigem Reiseverkehr und Mitgliedschaft in internationalen Organisationen.
26./27. Mai	Der Ministerrat des Nordatlantikpakts legt in Rom folgende Verhandlungsgrundlage für Abrüstungsgespräche fest: 1. Truppenreduzierungen müssen mit den Sicherheitsinteressen der NATO vereinbar sein. 2. Geographische Unterschiede zwischen USA und UdSSR sind zu berücksichtigen. 3. Eine beiderseitige ausgewogene Truppenreduzierung (MBFR – Mutual Balanced Forces Reduction) muß die Einbeziehung von jeweils einheimischen und Stationierungstruppen berücksichtigen.
12. Aug.	**Vertrag** zwischen der **Bundesrepublik Deutschland** und der **UdSSR über Gewaltverzicht und Normalisierung der Beziehungen.** Anerkennung der Unverletzlichkeit der europäischen Grenzen.
2. Nov.	Zweite Sitzungsperiode der amerikanisch-sowjetischen SALT-Verhandlungen in Helsinki.

Antagonistische Kooperation   *1253*

27. Nov. Gespräche zwischen der **Bundesrepublik und der DDR** *über Transitabkommen,* Verkehrsvertrag und Grundlagenvertrag (Verhandlungen zwischen den Staatssekretären *Egon Bahr*
und *Michael Kohl*).
7. Dez. **Vertrag** zwischen der **Bundesrepublik Deutschland** und der **Volksrepublik Polen** über die
Grundlagen der Normalisierung ihrer gegenseitigen Beziehungen: Anerkennung der
Oder-Neiße-Grenze als westliche polnische Staatsgrenze, Bekräftigung der Unverletzlichkeit bestehender Grenzen, Verzicht auf gegenseitige Gebietsansprüche sowie auf Gewaltanwendung.
1971 In Moskau, Washington und London Unterzeichnung des *Vertrages über das Verbot der*
11. Febr. *Anbringung von Kernwaffen* und anderen Massenvernichtungsmitteln *auf dem Meeresbo-
den.*
9.–11. Geheimverhandlungen zwischen dem Sicherheitsberater des amerikanischen Präsidenten,
Juli *Henry Kissinger,* und dem Ministerpräsidenten der VR China, *Chou En-lai.*
9. Aug. Die Sowjetunion und Indien schließen einen Freundschaftsvertrag.
3. Sept. Unterzeichnung des **Viermächteabkommens über Berlin.** Die Sowjetunion gewährleistet
den ungehinderten zivilen Verkehr von Personen und Gütern zwischen den Westsektoren
Berlins und der Bundesrepublik Deutschland. Die deutschen Behörden werden beauftragt,
gemeinsame Regelungen für den Reise- und Besuchsverkehr zwischen West- und Ostber-
lin, zwischen West-Berlin und der DDR sowie über den Transitverkehr zwischen der Bundesrepublik und West-Berlin auszuarbeiten.
30. Sept. Abkommen zwischen USA und UdSSR zur Verringerung der Gefahr eines Kernwaffen-
krieges.
17. Dez. *Transitabkommen zwischen der Bundesrepublik Deutschland und der DDR.*
20. Dez. *Vereinbarungen des Senats von Berlin(-West) und der Regierung der DDR über Reise-
und Besucherverkehr sowie über Gebietsaustausch.* Demnach können erstmals seit 1961
Bewohner von West-Berlin den Ostteil der Stadt und die DDR besuchen.
1972 Konvention über das Verbot der Entwicklung, Produktion und Lagerung biologischer und
9. April toxischer Waffen und deren Vernichtung.
Mai NATO und Warschauer Pakt entschließen sich, in Verhandlungen zur *Vorbereitung der
Konferenz über Sicherheit und Zusammenarbeit in Europa (KSZE)* und einer *beiderseitigen ausgewogenen Truppenreduzierung (MBFR)* einzutreten.
26. Mai Unterzeichnung eines vorläufigen Abkommens über die Begrenzung der strategischen
Rüstung in Moskau **(SALT I):** Einschränkung des Baus antiballistischer defensiver
Geschoßsysteme, Beschränkung der Zahl der Interkontinentalraketen auf fünf Jahre (USA
1054, UdSSR 1618), Festlegung der Zahl der Raketen-U-Boote und ihrer Bestückung. –
Vertrag zwischen der Bundesrepublik und der DDR über Fragen des Verkehrs *(innerdeutscher Verkehrsvertrag).*
30./31. Die Minister der NATO-Staaten begrüßen auf ihrer Tagung in Bonn die günstige Entwick-
Mai lung des Ost-West-Verhältnisses und vereinbaren die Aufnahme multilateraler Vorbereitungsgespräche für eine *Konferenz über Sicherheit und Zusammenarbeit in Europa
(KSZE).* Sie schlagen auch multilaterale Sondierungen über *beiderseitige und ausgewogene Truppenreduzierungen* (Mutual and Balanced Forces Reduction – *MBFR)* vor.
3. Juni *Viermächte-Schlußprotokoll:* das Viermächteabkommen, das Transitabkommen und die
Vereinbarungen zwischen dem Senat von Berlin und der Regierung der DDR treten in
Kraft.
22. Nov. Beginn der Vorbereitungsgespräche in Helsinki über KSZE.
21. Dez. Unterzeichnung des **Grundlagenvertrags** *zwischen der Bundesrepublik Deutschland und
der DDR:* Anerkennung der Viermächteverantwortung, Unverletzlichkeit der Grenzen,
Beschränkung der Hoheitsgewalt auf das jeweilige Staatsgebiet, Austausch „ständiger
Vertreter", Beibehaltung des innerdeutschen Handels, Antrag beider Staaten auf UNO-
Mitgliedschaft; Zusatzprotokolle gehen auf Einzelfragen ein.
1973 *Waffenstillstandsabkommen zwischen USA, Nord- und Südvietnam und Nationaler*
27. Jan. *Befreiungsfront* in Paris unterzeichnet. Grundlage ist das Genfer Abkommen von 1954.
31. Jan. Beginn der multilateralen Sondierungsgespräche über MBFR in Wien.
26. Febr. Pariser Vietnam-Konferenz zwischen Unterzeichnern der Waffenstillstandsabkommens,
–2. März der VR China, UdSSR, Frankreich und Großbritannien: Billigung des **Vietnam-Abkom-
mens.**
21. Juni *Grundlagenvertrag zwischen der DDR und der Bundesrepublik tritt in Kraft.*
22. Juni Anläßlich des Besuchs von Parteichef Breschnew in den USA Unterzeichnung des *„Amerikanisch-sowjetischen Abkommens zur Verhinderung eines Atomkrieges",* das beide Staaten bei Gefahr eines Krieges zu gegenseitigen Konsultationen verpflichtet.
3. Juli Eröffnung der **ersten KSZE-Phase** in Helsinki.
18. Sept. Beginn der **zweiten KSZE-Phase** in Genf. – Auf der 28. UNO-Vollversammlung werden
die *DDR* und die *Bundesrepublik Deutschland in die Organisation der Vereinten Nationen
aufgenommen.*

1254 Neueste Zeit – Ost-West-Beziehungen

30. Okt.	Die *Konferenz über die beiderseitige und ausgewogene Verminderung von Truppen und Rüstungen* (MBFR) wird in Wien eröffnet.
15. Nov.	Erhöhung des Zwangsumtauschbetrages für Reisende aus dem Westen in die DDR. Die DDR unternimmt Maßnahmen, um sich deutlich von der Bundesrepublik abzugrenzen.
11. Dez.	*Vertrag* über die gegenseitigen Beziehungen zwischen der *Bundesrepublik Deutschland* und der *ČSSR*.
1974 17. Mai	Der deutsche Bundeskanzler *Helmut Schmidt* bezeichnet den schwerwiegenden *Spionagefall „Guillaume"* als ernste Belastung des Verhältnisses zwischen der Bundesrepublik und der DDR.
27. Juni –3. Juli	Besuch von US-Präsident *Richard Nixon* in Moskau, *Vertrag zwischen USA und UdSSR,* der unterirdische Waffenexplosionen mit einer Stärke von mehr als 150 Megatonnen TNT verbietet.
23./24. Nov.	US-Präsident *Gerald Ford* und der sowjetische Parteichef *Leonid Breschnew* erzielen in Wladiwostok *Einigung über die Begrenzung strategischer offensiver Kernwaffen* der USA und der UdSSR.
12. Dez.	Vereinbarung über die Fortführung der Swing-Regelung im innerdeutschen Handel vom 6. Dez. 1968 für den Zeitraum 1976–1981 zwischen DDR und Bundesrepublik Deutschland. Einführung einer Höchstgrenze für den Swing von 850 Mio. Verrechnungseinheiten.
1975 30. Juni	Treffen zwischen Bundeskanzler Schmidt und SED-Chef Erich Honecker am Rande der KSZE-Schlußkonferenz in Helsinki.
Juli/Aug.	Unterzeichnung der **Schlußakte der KSZE in Helsinki** (30. Juli/1. Aug.).
9.–10. Dez.	Die Verteidigungsminister der NATO-Staaten stellen eine anhaltende Verstärkung der Schlagkraft der Warschauer-Pakt-Staaten fest.
31. Dez.	Die Gesamtzahl der Reisen aus der Bundesrepublik und West-Berlin in die DDR und nach Ost-Berlin beträgt 1975: 7,7 Mio. (1971: 2,7 Mio.).
1976 Jan.	US-Außenminister *Kissinger* führt Gespräche über Fortschritte bei weiteren SALT-Verhandlungen *(SALT II)* mit *Breschnew* und *Gromyko* in Moskau (20./23.).
19. Mai	In der neunten Runde der MBFR-Konferenz in Wien legt der Warschauer Pakt Zahlen über Mannschaftsstärken seiner militärischen Verbände vor.
1977 15. Juni –5. Aug.	In Belgrad findet ein Vorbereitungstreffen zur geplanten *KSZE-Folgekonferenz* statt; da sie zugleich Auswertungskonferenz ist, hat sie festzustellen, wie sich die Schlußakte der KSZE von Helsinki in der Praxis bewährt hat.
30. Juli	Die UdSSR warnt vor negativen Folgen einer Neutronenwaffen-Rüstung der USA bei Verhandlungen über ein SALT-II-Abkommen.
22./23. Sept.	Nach fünf Jahren seiner Geltung vereinbaren die UdSSR und die USA eine **Verlängerung des SALT-I-Vertrages** und *weitere Verhandlungen über SALT II.* In wesentlichen Punkten kann keine Einigung erzielt werden: Der sowjetischen Forderung nach Begrenzung des amerikanischen Cruise Missile, eines strategischen Marschflugkörpers, der als Träger nuklearer Sprengköpfe geeignet ist, steht die amerikanische Forderung nach Begrenzung der sowjetischen Rakete SS-18 und des Fernbombers mit der NATO-Bezeichnung „Backfire" gegenüber. Ebenso ist das Verfahren strittig, mit dem die Einhaltung des neuen Abkommens überwacht werden soll.
4. Okt.	Beginn des *ersten Folgetreffens zur KSZE in Belgrad,* an dem 33 europäische Staaten sowie die USA und Kanada teilnehmen. Es sollen zusätzliche Maßnahmen zur Sicherheit und Zusammenarbeit in Europa getroffen werden. Hauptthemen: Abrüstung und Menschenrechte.
1. Nov.	Die Fortsetzung des Folgetreffens zur KSZE wird fraglich, als die UdSSR auf dem Höhepunkt einer heftigen Debatte über Menschenrechtsverletzungen mit einem Abbruch des Treffens droht.
1978 23. Jan.	*Militärisches Eingreifen Kubas in Afrika:* Nach Angaben des US-State Departments befindet sich etwa ein Viertel der auf 100000 Mann zählenden kubanischen Streitkräfte in Afrika; in Angola 19000 (zusätzlich 4000 zivile Berater), in Äthiopien mindestens 2000, in Moçambique 600, und u.a. in der Volksrepublik Kongo (Brazzaville) 300.
9. März	Beendigung des ersten Folgetreffens zur KSZE in Belgrad. Der Stand der Gespräche ist kontrovers. Es wird ein zweites Treffen beschlossen (vom 11. Nov. 1980 an in Madrid).
9./11. März	Die UdSSR legt mit anderen kommunistisch regierten Staaten dem Genfer Abrüstungsausschuß den Entwurf einer *„Konvention über das Verbot von Neutronenbomben"* vor. Die USA lehnen die Vorlage „aufgrund von Einseitigkeit" ab.
5. April	Der britische Außenminister *David Anthony Owen* kritisiert die sowjetisch-kubanische Intervention in Afrika.
31. Okt.	KSZE-Expertentreffen in Montreux (am Genfer See), das sich die Schaffung eines *gesamteuropäischen Schlichtungsverfahrens* zur Aufgabe macht.
1979 5./6. Jan.	Auf dem Gipfeltreffen von Guadeloupe (Kleine Antillen), an dem die Präsidenten der Vereinigten Staaten und Frankreichs sowie die Regierungschefs Großbritanniens und der Bundesrepublik Deutschland teilnehmen, werden neben Fragen der Iran- und China-Politik

spezielle Themen der in Aussicht genommenen *SALT-III-Verhandlungen* vorbereitend erörtert.

13. Febr. 200 Delegierte der Teilnehmerstaaten der KSZE in Helsinki eröffnen auf Malta ein Expertentreffen der Mittelmeerländer.

10. Mai Die Sowjetunion unterbreitet den Vereinigten Staaten neue Vorschläge, um die festgefahrenen Truppenreduzierungsverhandlungen (MBFR) in Wien wieder in Gang zu bringen.

16. Mai Die VR China bringt detaillierte Abrüstungsvorschläge bei der UNO ein.

15.–18. Auf einem Gipfeltreffen in Wien unterzeichnen Leonid Breschnew und US-Präsident
Juni James Earl Carter das **SALT-II-Abkommen.** Die Vereinbarungen bestehen aus einem auf acht Jahre befristeten Vertrag und aus einem Zusatzprotokoll mit dreijähriger Laufzeit. Die getroffenen Vereinbarungen verringern gegenüber SALT I die Höchstzahl der verschiedenen Fernwaffen und begrenzen die Menge der Raketenwaffen mit Mehrfach-Sprengköpfen.

Abkühlung des Klimas zwischen Ost und West (ab 1979)

1979 Die Stationierung sowjetischer Truppen auf Kuba und die Beeinträchtigung des Rüstungs-
ab Aug. gleichgewichts verursachen eine *Krise zwischen USA und UdSSR.*

12. Dez. Weil der Warschauer Pakt die Westeuropa bedrohenden nuklearen Waffensysteme stets vermehrt und die UdSSR immer mehr SS 20-Raketen disloziert, *beschließt die NATO in Brüssel die Verbesserung des Gleichgewichts* durch Aufstellung von 572 nuklearen US-Gefechtsköpfen in Westeuropa. *Zugleich* wird die *Bereitschaft zur Begrenzung des Raketenpotentials* im Rahmen von neuen Verhandlungen betont *(sogenannter „Doppelbeschluß").*

1980 US-Präsident Carter unterbricht die Ratifizierung des SALT-II-Vertrages wegen des sowje-
4. Jan. tischen Einmarsches in Afghanistan und verhängt ein Getreideembargo gegen die Sowjetunion (10. Jan.).

20. Febr. Präsident Carter erklärt den *Boykott der Olympischen Sommerspiele* in Moskau.

6. Aug. Präsident Carter erläßt die Direktive Nr. 59 zur neuen US-Nuklearstrategie.

1981 35 Nationen unterzeichnen den *Vertrag zum Verbot grausamer Waffen* (10. April).

8. Aug. US-Präsident Reagan entscheidet sich für die *Produktion von Neutronenwaffen.*

30. Nov. USA und UdSSR beginnen in Genf Abrüstungsverhandlungen über Mittelstreckenraketen.

1982 *US-Sanktionen gegen das Erdgasgeschäft Westeuropas* mit der UdSSR (21. Juni).

30. Juli (und 20. Aug.) US-Abkommen über Getreidelieferungen an die Sowjetunion.

Die Streitkräfte der NATO und des Warschauer Paktes 1983/1984 (in Tausend)

	Heer	Marine	Luftwaffe	Sonstige	Zusammen	% der Gesamt-Bev.
Belgien	62,5	4,7	20,0	15,7	102,9	1,0
BR Deutschland	335,5	38,5	105,9	15,1	495,0	1,0
Dänemark	21,0	8,5	9,8	–	39,3	0,8
Frankreich	311,2	68,0	100,4	12,7	492,3	0,9
Griechenland	142,0	19,5	24,5	–	186,0	1,9
Großbritannien	159,3	72,0	89,9	–	321,2	0,6
Italien	258,0	42,0	70,6	–	370,6	0,7
Kanada	31,5	14,0	36,5	–	82,0	0,3
Luxemburg	0,5	–	–	–	0,5	0,2
Niederlande	72,0	16,8	17,5	–	106,3	0,7
Norwegen	24,2	9,0	10,0	–	43,2	1,0
Portugal	41,0	14,0	9,5	29,9	94,4	0,9
Spanien	260,0	63,2	33,0	–	356,2	0,9
Türkei	470,0	45,0	53,0	–	568,0	1,2
USA	780,8	572,0	591,1	192,5	2136,4	0,9
NATO insgesamt	2969,5	987,2	1171,7	265,9	5394,3	0,9
Bulgarien	120,0	10,0	34,0	–	164,0	1,8
DDR	116,0	16,0	37,0	71,5	240,5	1,4
Polen	230,0	22,5	88,0	85,0	425,5	1,2
Rumänien	150,0	10,5	32,0	–	192,5	0,8
Tschechoslowakei	148,0	–	56,0	–	204,0	1,3
Sowjetunion	1825,0	500,0	443,0	500,0	3268,0	1,2
Ungarn	84,0	–	21,0	–	105,0	1,0
Warschauer Pakt insgesamt	2673,0	559,0	711,0	656,5	4599,5	1,2

1256 Neueste Zeit – Ost-West-Beziehungen

21. Dez. *Abrüstungsvorschläge* von Generalsekretär Andropow *beziehen britische und französische Raketenkapazitäten mit ein.*
1983 US-Präsident Reagan bezeichnet die UdSSR als „Zentrum des Bösen" (8. März).
4. Mai Das *US-Repräsentantenhaus fordert* gegenseitig *überprüfbares Einfrieren („freeze") aller Nuklearbestände* in den USA und in der Sowjetunion.
21. Juli Das US-Repräsentantenhaus bewilligt 2,5 Mrd. $ zum Bau der ersten 27 von 100 geplanten MX-Interkontinentalraketen.
1. Sept. Gegenseitige *Beschuldigungen wegen des Abschusses eines südkoreanischen Verkehrsflugzeugs über Sachalin* durch ein sowjetisches Jagdflugzeug.
22. Nov. *Bundestagsbeschluß zur Stationierung neuer US-Raketen* in der Bundesrepublik.
1984 Beginn der Genfer Abrüstungskonferenz mit 44 Teilnehmer-Ländern (7. Febr.).
28. Febr. Der Westen verzichtet bei MBFR-Verhandlungen auf genaue Zählung der in Osteuropa stationierten Bodentruppen, falls die UdSSR die Überwachung des Abkommens vor Ort ermöglicht.
1985 Gorbatschow und Reagan beschließen auf *Genfer Gipfelkonferenz* (bis 21. Nov.) Wieder-
19. Nov. aufnahme des Dialogs und verstärkte Abrüstungsbemühungen. – *(Forts. S. 1621)*

Westliche Welt

Internationale Beziehungen innerhalb der westlichen Welt

Die Geschichte der westlichen Staatenwelt ist bestimmt durch das *Beziehungsgefüge der USA* zu den *europäischen Staaten* und der *europäischen Staaten untereinander,* ein Beziehungsgefüge, bei dem der *Ost-West-Konflikt* von Anfang an und seit Ende der sechziger Jahre der *Nord-Süd-Konflikt* zwischen den Industrienationen und der Dritten Welt die Funktion einer Rahmenbedingung einnehmen. Das Hauptmerkmal jenes Beziehungsgefüges bildet die fortschreitende Verlagerung der Aktivitäten von der bilateralen, nationalen Ebene hin zur *multilateralen, supranationalen Ebene,* ohne daß allerdings die Nationalstaaten als Handlungseinheiten verschwinden.

Der Ausgang des Zweiten Weltkriegs verändert die politischen Strukturen in Europa:
1. das *Deutsche Reich* im Zentrum Europas wird faktisch geteilt; es fällt als politische Entscheidungsinstanz aus;
2. die *Volkswirtschaften* der europäischen Staaten sind zusammengebrochen; die *Währungsblöcke,* der „Franc-" und „Sterling-Block" aus der Zeit vor 1939, funktionieren kaum noch;
3. *US-amerikanische* und *sowjetische Truppen* stehen in Europa, wogegen die europäischen Armeen sich in Auflösung befinden, oder in hohem Maße geschwächt sind.

Europa besitzt also keine Machtzentren mehr, die ein Gegengewicht gegen die USA oder UdSSR bilden können.

So werden für die weitere Entwicklung sowohl die *Interessen beider Großmächte* unmittelbar an Europa, als auch beider Beziehungen zueinander von entscheidender Bedeutung.

Der 1947 ausbrechende *Konflikt* zwischen diesen zwei bewirkt eine *Teilung Europas,* die im Westen einen Block mit eigenen politischen Strukturen entstehen läßt, der (aus damaliger Sicht) entsprechend drei verschiedenen Konzeptionen ausgestaltet werden kann:
1. die betonte *Fortsetzung* herkömmlicher, *nationalstaatlicher Politik,* vor allem in Frankreich und Großbritannien, unter dem Schutz der USA,
2. die *Bildung eines föderativen europäischen Staatenbundes* oder Bundesstaates unter Einbeziehung der Staaten Mittelosteuropas und
3. die *Einigung der westeuropäischen Staaten.*

Die herkömmlichen nationalen Konzeptionen sind angesichts der materiellen Schwächen der europäischen Staaten und der Anwesenheit der Großmächte nur noch in Ansätzen zu realisieren, wobei die Einigungspolitik aus der Einsicht resultiert, daß die europäischen Nationalstaaten einzeln nicht in der Lage sind, die Probleme zu bewältigen. Die Errichtung eines *großeuropäischen Staatenbundes* scheitert allerdings an der Teilung Europas.

Es besteht also nur die Möglichkeit einer *westeuropäischen Einigung im Rahmen amerikanischer Hegemonie,* wobei sich zwei Perspektiven ergeben:
zum einen die zunehmende Verschmelzung Westeuropas mit den USA zur „*Atlantischen Gemeinschaft",* wie sie sich auf dem Gebiet der militärischen Sicherheit seit 1949 abzeichnet, und zum anderen die *Distanzierung* der geeinten westeuropäischen Staaten *von den USA,* wie sie ab 1960 im Bereich der Wirtschaft ansatzweise in der *Europäischen Gemeinschaft* aufkommt.

Eine *westeuropäische Einigung* selbst steht vor folgenden Problemen: *Großbritannien* und *Frankreich* versuchen zunächst auf der Grundlage der verbliebenen Macht ihrer Kolonialreiche eine *Sonderrolle* zu spielen; die *neutralen Staaten Europas* sind bestrebt, sich aus den Einflußsphären der Großmächte herauszuhalten, ohne auf die wirtschaftlichen Vorteile eines europäischen Zusammenschlusses verzichten zu können. Die *Einbeziehung der Westzonen des Deutschen Reiches* ist ohne eine *deutsch-französische Verständigung,* insbesondere ohne die *Lösung der Saarfrage* und des *Ruhrproblems,* nicht möglich.

Die *USA betreiben* seit 1946 forciert die *Einigung Westeuropas* und versuchen, die Binnenprobleme des Raumes durch großzügige *Wirtschaftshilfen* und diplomatischen Druck zu vermindern. Ihnen geht es dabei um die *Errichtung einer florierenden Weltwirtschaft* und um die *Eindämmung der Sowjetmacht.* Sie können dabei auf die in Europa herrschende skeptische Stimmung gegenüber der Nationalstaatlichkeit und auf die Furcht der UdSSR gegenüber zählen und so die Beziehungen des Raumes multilateral entwickeln.

1946	Der belgische Politiker und Wirtschaftswissenschaftler, *Paul van Zeeland,* gründet die
15. Juni	*Europäische Liga für wirtschaftliche Zusammenarbeit.*
6. Sept.	US-Außenminister *James Francis Byrnes* erklärt in Stuttgart, ohne Deutschland sei eine Gesundung Europas nicht möglich. Die US-Regierung deutet damit die Einbeziehung Deutschlands in den europäischen Wiederaufbau an.
19. Sept.	*Winston Churchill* betont in Zürich, erste Bedingung für die von ihm vorgeschlagenen *Vereinigten Staaten von Europa* sei ein inniges Verhältnis zwischen Deutschland und Frankreich.
17. Dez.	Gründung der „*Union Europäischer Föderalisten"* in Paris.

1258 Neueste Zeit – Westliche Welt

1947
17. Jan. Gründung des „*Vereinten Europäischen Komitees*", später in „*United Europe Move-ment*" umbenannt, in London; Anregung geht auf Winston Churchill zurück.

10. Febr. USA und Kanada schließen ein Abkommen zur gemeinsamen militärischen Verteidigung ihrer Staatsgebiete.

27. Febr. Erstes Treffen führender Vertreter *christlich-demokratischer Parteien* aus Frankreich, Ita-
–2. März lien, Belgien, Niederlande, Österreich, der Schweiz und Luxemburg in Luzern. Sie beschließen eine aktive Zusammenarbeit beim Aufbau Europas.

4. März *Großbritannien und Frankreich* schließen in Dünkirchen einen *fünfzigjährigen Beistandspakt.*

12. März *Truman-Doktrin:*
US-Präsident *Harry S. Truman* fordert den amerikanischen Kongreß auf, die „freien Völker" zu unterstüzen, die sich „dem Versuch der Unterwerfung durch bewaffnete Minderheiten oder durch Druck von außen widersetzen".
Er beantragt unmittelbar finanzielle Unterstützung für Griechenland und die Türkei, um die bestehende Ordnung im Mittelmeer aufrechtzuerhalten.

28. März Gründung einer *Wirtschaftskommission für Europa* durch die Vereinten Nationen.

3. Juni Vertreter sozialistischer Parteien gründen in Montrouge die *Sozialistische Bewegung für die Vereinigten Staaten von Europa.*

5. Juni Der amerikanische Außenminister *George C. Marshall* kündigt während einer Rede in der Harvard-Universität einen Plan für die wirtschaftliche Enreuerung Europas an: „*European Recovery Programm*" *–ERP* **(Marshall-Plan).**

12. Juli Beginn einer Konferenz von 16 Nationen in Paris zur Erörterung des Marshall-Planes. Sie beschließt, ein „*Committee of European Economic Co-operation*" **(CEEC)** zu errichten – Vorläufer der „*Organization of European Economic Co-operation*".

8. Sept. *Richard Nikolaus Graf Coudenhove-Kalergi* (* 1894, † 1972) eröffnet in Gstaad den ersten Kongreß der „*Europäischen Parlamentarier-Union*".

29. Okt. *Belgien*, die *Niederlande* und *Luxemburg* bilden für Waren mit Ursprung aus ihren Gebieten eine *Zollunion* **(Benelux)**, die am 1. Jan. 1948 in Kraft tritt.

30. Okt. Unterzeichnung des **GATT-Abkommens** *(General Agreement on Tariffs and Trade)*, das durch den *Abbau von Handelsbeschränkungen* die Maßnahmen der OEEC vorbereitet.

1948 *Großbritannien* und *Frankreich* schlagen den *Benelux-Ländern* vor, als Grundlage für eine
21. Jan. europäische Staatengemeinschaft dem britisch-französischen Dünkirchen-Vertrag ähnliche Abkommen abzuschließen.

23. Febr. *Londoner Sechsmächte-Konferenz* (USA, Großbritannien, Frankreich und Benelux) über
–2. Juni Deutschland: Einigung über eine *Teillösung der Deutschlandfrage* ohne die UdSSR.

17. März Die Außenminister Belgiens, Frankreich, Großbritanniens, Luxemburgs und der Niederlande unterzeichnen den **Fünfmächtevertrag** über die Zusammenarbeit in wirtschaftlichen, sozialen und kulturellen Angelegenheiten und für die kollektive Selbstverteidigung; *Erweiterung zur Westunion* **(Brüsseler-Vertrag).**

3. April US-Präsident Truman unterzeichnet das *ERP-Programm* (European Recovery Program) (Economic Co-operative Act of 1948).

11. April Beginn der Gespräche über die Sicherheitsprobleme des nordatlantischen Gebiets zwischen Außenminister *George C. Marshall*, Staatssekretär *Lovett* und den Senatoren *Vandenberg* und *Connally.*

16. April Errichtung der „*Organization for European Economic Cooperation*" **(OEEC)** mit Sitz in Paris. Das Abkommen über die europäische Zusammenarbeit wird von 16 europäischen Staaten sowie den Befehlshabern der drei westlichen Besatzungszonen Deutschlands unterzeichnet.
Die USA schließen mit jedem Mitgliedsstaat ein eigenes Abkommen und gründen die „*Economic Co-operation Administration (ECA)*, später „*Mutual Security Agency (MSA)* genannt, zur Abwicklung der Hilfsmaßnahmen.

4. Mai Der britische Außenminister *Ernest Bevin* (* 1881, † 1951) fordert die Erweiterung der Westunion zu einer *atlantischen Gemeinschaft.*

8.–10. Mai *Erster Haager Kongreß* für die europäische Einheit.

6. Juni *Staatssekretär Lovett* (USA) und die Botschafter der Brüsseler Paktmächte sowie Kanadas beginnen mit Erörterungen über die *Verteidigung des atlantischen Raumes.*

11. Juni Der US-Senat nimmt mit 64:4 Stimmen die *Vandenberg-Entschließung* an: sie ermöglicht den USA verfassungsrechtlich, einem atlantischen Bund beizutreten.

27.–28. Die Verteidigungsminister der Brüsseler Paktmächte beschließen unter dem Vorsitz von
Sept. *Winston Churchill* (Großbritannien), *Léon Blum* (Frankreich), *Alcide de Gasperi* (Italien) und *Paul-Henri Spaak* (Belgien) die Errichtung einer *Verteidigungsorganisation* für sämtliche europäischen Truppenverbände.

25./26. Die Länder des Brüsseler Vertrages beraten in Paris über ein militärisches Bündnis der
Okt. west-europäischen Staaten mit den USA und Kanada und einigen sich über die Errichtung einer *nord-atlantischen Verteidigungsunion.*

Internationale Beziehungen innerhalb der westlichen Welt 1259

10. Dez. In Washington beginnen Verhandlungen über die Formulierung des *Nordatlantikvertrages* zwischen Vertretern der Brüsseler Paktmächte, Kanadas und den USA.
28. Dez. *Londoner-Sechs-Mächte-Abkommen* über die Errichtung einer *Internationalen Ruhrbehörde;* Westdeutschland ist zunächst durch die drei Militärgouverneure vertreten.
1949
24. Jan. Eine *Konferenz in Kopenhagen* zwischen Dänemark, Norwegen und Schweden über eine skandinavische Verteidigungsunion endet ergebnislos.
28. Jan. Die Westunionstaaten beschließen die Bildung des **Europarates** (Ziel ist die Zusammenarbeit der Mitgliedstaaten zur Förderung des wirtschaftlichen und sozialen Fortschritts in Europa) unter Teilnahme Italiens.

Europarat

* Anzahl der Vertreter in der parlamentarischen Versammlung;   ** seit 15. 5. 1981 de facto suspendiert

15. März Die in Washington über den Abschluß eines Nordatlantikvertrages verhandelnden Mächte laden Island, Dänemark, Italien, Norwegen und Portugal ein, dem künftigen Nordatlantik-Vertrag beizutreten.
18. März Der Wortlaut des Nordatlantik-Vertrages wird in den Hauptstädten der Unterzeichnerstaaten veröffentlicht.
4. April *Unterzeichnung des Nordatlantikvertrages* in Washington und Gründung der **NATO** (*North Atlantic Treaty Organization*), der dann am 24. Aug. 1949 in Kraft tritt.
Der NATO-Vertrag sieht vor, daß die Verbündeten im Falle eines bewaffneten Angriffs gegen einen oder mehrere von ihnen sich gegenseitig Hilfe leisten. Darüber hinaus streben die Mitgliedstaaten an, die Gegensätze in der Wirtschaftspolitik zu beseitigen und ihre kulturelle Zusammenarbeit zu fördern. Sie verpflichten sich zu gegenseitigen Konsultationen. Mit Abschluß des NATO-Vertrages sind jedoch noch keine gemeinsamen Spitzenorganisationen vorhanden; diese entwickeln sich erst allmählich. Der NATO-Vertrag prägt die Politik der Mitgliedstaaten; vor allem schafft er Rahmenbedingungen für eine forcierte Sicherheitspolitik.
22. April Das *Ruhrstatut* tritt in Kraft.
3. Mai Gründung des Deutschen Rates der Europäischen Bewegung.
5. Mai Schaffung des Europarates durch das Londoner Sechsmächteabkommen.
26. Juli US-Senatoren fordern die Errichtung einer atlantischen Föderation, der außer den USA, Belgien, Frankreich, Großbritannien, Kanada, Luxemburg und die Niederlande angehören sollen. Hier taucht die Spannung zwischen einem primär atlantischen und einem europäischen Konzept des Westblocks auf, die in den sechziger Jahren eine wesentliche Rolle im Bündnissystem spielt.

1260 Neueste Zeit – Westliche Welt

8. Aug.	*Offizielle Gründung des Europarats* in Straßburg.
17.–19. Sept.	*Erste Sitzung des Nordatlantikrats* in Washington. Errichtung ständiger militärischer Instanzen: ein Militärausschuß aus den Stabschefs der Mitgliedstaaten, eine ständige Gruppe als Exekutivgremium des Militärausschusses sowie fünf regionale Planungsgruppen.
20. Sept.	*Gründung des Europa-Kollegs* in Brügge.
31. Okt.	Die Bundesrepublik Deutschland wird in die OEEC aufgenommen.
7. Nov.	Die Westunion beschließt, den Brüsseler Vertrag neben dem Nordatlantikvertrag weiter bestehen zu lassen.
11. Nov.	Die Westmächte besprechen die Aufnahme der Bundesrepublik Deutschland in das westliche Bündnissystem.
22. Nov.	*Petersberger Abkommen* (bei Bonn) zwischen der Bundesrepublik Deutschland und den drei Westmächten; einer der ersten Schritte zur Integration der Bundesrepublik in das entstehende westliche Bündnissystems.
15. Dez.	Der US-Hohe Kommissar und Bundeskanzler Konrad Adenauer unterzeichnen das Abkommen über wirtschaftliche Zusammenarbeit (Marshall-Plan).
1950 1. Jan	*Gilbert Grandval* (* 1904, † 1981), 1945 Gouverneur, seit 1948 Hoher Kommissar Frankreichs in Deutschland, wird *Botschafter im Saargebiet* bei der Regierung Johannes Hoffmann.
27. Jan.	US-Präsident Truman stimmt dem Plan einer integrierten Verteidigung des nordatlantischen Gebiets zu und gibt die militärischen Hilfsgelder für die europäischen Staaten frei.
3. März	In Paris werden *zwölf Wirtschaftskonventionen* zwischen *Frankreich und dem Saargebiet* unterzeichnet.
7. März	Bundeskanzler Adenauer schlägt eine politische Union zwischen Deutschland und Frankreich vor.
10. März	Adenauer protestiert bei der französischen Regierung gegen die französisch-saarländischen Konventionen.
9. Mai	Die französische Regierung (Außenminister *Robert Schuman* 1948–1953; * 1886, † 1963) schlägt die Schaffung einer einheitlichen Behörde zur Kontrolle der Erzeugung von Kohle und Stahl in der Bundesrepublik und Frankreich vor *(Schuman-Plan)*.
26. Juni	Beginn der Sechs-Mächte-Konferenz über den Schuman-Plan.
9. Juli	Der Ministerrat der OEEC berät den *Stikker-Plan* (Dirk U. Stikker, * 1897, † 1979, niederländischer, liberaler Politiker) für die Reorganisation der europäischen Industrie, den *Pella-Plan* (Giuseppe Pella * 1902, † 1981; italienischer, christdemokratischer Politiker) für ein europäisches Zollsystem und den *Petsche-Plan* für die Errichtung einer europäischen Investitionsbank.
1. Aug.	Die *Türkei* gibt ihren Beschluß bekannt, dem Nordatlantikpakt beizutreten.
7. Aug.	Die Bundesrepublik Deutschland wird assoziiertes Mitglied des Europarates (seit 5. Mai 1951 vollwertiges Mitglied).
29. Aug.	Bundeskanzler Adenauer übermittelt den Hohen Kommissaren die grundsätzliche Bereitschaft der Bundesrepublik zu einem eigenen Verteidigungsbeitrag im Rahmen der westlichen Verteidigung.
15.–18. Sept.	Der Nordatlantikrat beschließt, bei einem Angriff auf Europa eine Vorwärtsstrategie (Verteidigung möglichst weit im Osten) anzuwenden und erörtert die *Wiederbewaffnung der Bundesrepublik*.
19. Sept.	Die 17 Mitgliedstaaten der OEEC unterzeichnen das Abkommen über die *Europäische Zahlungsunion (EZU);* darunter ist auch die Bundesrepublik Deutschland.
1. Okt.	Gründung des *Rates der Europäischen Gemeinden*.
5. Okt.	*Griechenland* beteiligt sich an der Verteidigungsplanung für das Mittelmeer.
17. Okt.	Die USA gewähren Frankreich eine Rüstungshilfe von über 2,4 Mrd. Dollar.
24. Okt.	Der französische Ministerpräsident *René Pleven* trägt der Nationalversammlung in Paris den Plan zur Schaffung einer im Rahmen der NATO aufzubauenden einheitlichen Streitmacht in Europa unter Einschluß deutscher Kontingente vor. *(Pleven-Plan.)*
4. Nov.	In Straßburg Unterzeichnung der *Europäischen Konvention der Menschenrechte und Grundfreiheiten.*
19. Dez.	Der NATO-Rat ernennt US-General *Dwight D. Eisenhower* zum *Obersten Alliierten Befehlshaber in Europa*. Die Außenminister Frankreichs, Großbritanniens und der Vereinigten Staaten ermächtigen auf Einladung des Nordatlantikrates die Alliierten Hohen Kommissare in der Bundesrepublik sowie die Bundesregierung, über einen möglichen deutschen Verteidigungsvertrag zu verhandeln.
20. Dez.	Vereinigung der militärischen Organisationen der Westeuropäischen Union und der NATO.
1951 9. Jan.	Beginn von Besprechungen zwischen der Bundesregierung und den Alliierten Hohen Kommissaren über einen deutschen Verteidigungsbeitrag (Pleven-Plan).

2. April General Dwight D. Eisenhower erläßt den *Befehl Nr. 1 über die Indienststellung des Alliierten Befehlsbereichs Europa* und Obersten Hauptquartiers der Alliierten Mächte in Europa *(SHAPE)*.

18. April In Paris Unterzeichnung des Vertrages über die Errichtung der Europäischen Gemeinschaft für Kohle und Stahl **(EGKS-Montanunion)** mit Sitz der Hohen Behörde in Luxemburg.
Die Montanunion (Mitgliedstaaten: Frankreich, Bundesrepublik Deutschland, Italien, Benelux-Staaten) beseitigt schrittweise die Zölle, die mengenmäßigen Beschränkungen, das Doppelpreissystem, das bei Einfuhren andere Preise vorsieht als für den Inlandsverkauf, die Währungsbeschränkungen und Frachtdiskriminierung auf dem Gebiet der Kohle, des Stahls, des Eisenerzes und des Schrotts. Die Montanunion kann somit die seit dem 19. Jh. in Europa herrschenden Verzerrungen des Wettbewerbs im Bereich der Schwerindustrie einebnen. Sie trägt damit zum Verschwinden der Rivalität zwischen Frankreich und Deutschland bei. Ferner stellt sie eine Instanz dar, von der Initialzündungen zum weiteren Aufbau Europas ausgehen. Als die Kohlenproduktion durch den Einbruch des billigeren Erdöls in eine Krisensituation gerät, entwirft die Montanunion die erste gemeinsame Energieplanung in Europa und regt so auch die Gründung einer Europäischen Atomgemeinschaft *(Euratom)* an.

21. April Die Bundesrepublik Deutschland, Republik Korea (Süd-Korea), Peru, die Philippinen, Österreich, Türkei und Uruguay treten dem GATT bei.

3. Mai Die NATO reorganisiert ihre Spitzengremien: sie vereinigt den Verteidigungsausschuß, den Finanz- und Wirtschaftsausschuß mit dem *Nordatlantikrat*, der damit zum einzigen Ministergremium des Bündnisses wird.

NATO

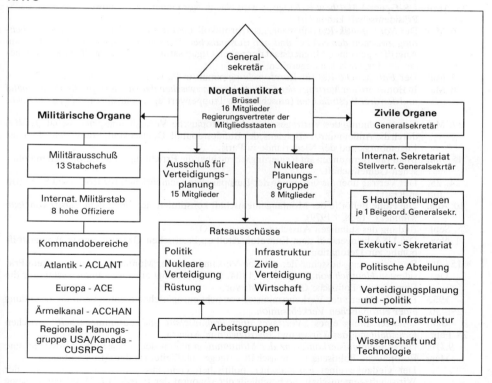

3. Juli Die *Sozialistische Internationale* fordert auf einer Tagung die Einheit Europas.

1. Sept. Australien, Neuseeland und die USA schließen den Pazifischen Verteidigungspakt **(ANZUS)**.

14. Sept. Eine Konferenz der Außenminister Großbritanniens, Frankreichs und der USA beschließt, die Bundesrepublik Deutschland in eine europäische Gemeinschaft einzugliedern, die mit den USA zu einer atlantischen Gemeinschaft zu verschmelzen ist.

22. Nov. Auf einer Konferenz der Außenminister der USA, Frankreichs und Großbritanniens mit

1262 Neueste Zeit – Westliche Welt

	Bundeskanzler Adenauer wird der Entwurf eines Generalvertrages über die Beziehung der Bundesrepublik Deutschland mit den Westmächten gebilligt.
26. Nov.	Genral Dwight D. Eisenhower fordert vor dem Nordatlantikrat eine Verteidigungslinie unter deutscher Zuhilfenahme östlich des Rheins soweit als möglich.
18. Dez.	Winston Churchill und Anthony Eden erklären in Paris, eine Übertragung von Souveränitätsrecht Großbritanniens auf europäische Behörden komme nicht in Frage, lediglich eine Zusammenarbeit mit der Montan- und Verteidigungsgemeinschaft.
30. Dez.	Die US-Organisation für den europäischen Wiederaufbau *(ECA)* beendet ihre Arbeit. An ihre Stelle tritt die *„Mutual Security Agency" (MSA),* die die militärischen und wirtschaftlichen Hilfsprogramme für Europa und Südostasien koordiniert.
1952 26./27. Jan.	Auf einer Außenministerkonferenz der Bundesrepublik Deutschland, Belgiens, Frankreichs, Italiens, Luxemburgs und der Niederlande fordert der Staatssekretär im Auswärtigen Amt, *Walter Hallstein,* die *Aufnahme der Bundesrepublik in die NATO.*
30. Jan.	Vizeadmiral *Lynde D. McCormick* (USA) wird Befehlshaber des Befehlsbereichs Atlantik *(SACLANT).*
10. Febr.	Außenministerkonferenz der sechs Mitglieder beauftragt die Versammlung der Montanunion, einen Vertrag über die Gründung einer *Europäischen Politischen Gemeinschaft* auszuarbeiten.
18. Febr.	Beitritt Griechenlands und der Türkei zur NATO.
20.–25. Febr.	Tagung des Nordatlantikrates in Lissabon. Der Rat beschließt die Aufstellung von 50 Divisionen in Europa und einigt sich auf *Paris als Sitz der NATO.*
12. März	Ernennung von *Hastings Lionel Ismay,* dem britischen Commonwealth-Minister, zum stellvertretenden Vorsitzenden des Nordatlantik-Rates und Generalsekretär der NATO.
20. März	Beginn der deutsch-französischen *Besprechungen über die Saarfrage,* die zunächst am 23. April 1952 scheitern.
28. April	US-General *Matthew B. Ridgway* wird Nachfolger General Eisenhowers, der für die US-Präsidentschaft kandidiert.
6. Mai	Der *Nordatlantik-Rat* billigt ein Zusatzprotokoll, das die *automatische Beistandsverpflichtung zwischen der NATO und der Europäischen Verteidigungsgemeinschaft* regelt: ein Angriff gegen einen Mitgliedstaat der neuen Organisation wird als Angriff auf alle Mitglieder der Organisation angesehen.
7. Mai	Der *Europäische Rat für Kernforschung* nimmt in Paris seine Tätigkeit auf.
26. Mai	In Bonn wird der *Vertrag über die Beziehungen zwischen der Bundesrepublik Deutschland und den drei Westmächten* (einschließlich Truppenvertrag, Finanzabkommen) unterzeichnet.
27. Mai	Unterzeichnung des Vertrages über die Europäische Verteidigungsgemeinschaft (EVG) durch die Außenminister Belgiens, der Bundesrepublik Deutschland, Frankreichs, Italiens, Luxemburgs und der Niederlande in Paris.
15. Juni	Bilaterale Beratungen auf Regierungsebene über die Errichtung einer Europäischen Politischen Gemeinschaft.
24./25. Juli	Der Vertrag über die Gründung der Europäischen Gemeinschaft für Kohle und Stahl tritt in Kraft.
10. Aug.	Die Hohe Behörde der Montangemeinschaft konstituiert sich unter dem Vorsitz von *Jean Monnet* (* 1888, † 1979).
25. Sept.	Bildung des ständigen Ausschusses der NATO.
1. Nov.	Die USA bringen auf dem Eniwetok-Atoll im Pazifischen Ozean die erste Wasserstoffbombe zur Detonation.
15.–20. Dez.	Der Verfassungsausschuß der Ad-hoc-Versammlung der Montanunion unter seinem Präsidenten *Heinrich von Brentano* (* 1904, † 1964) schlägt ein Zweikammersystem für die Europäische Politische Gemeinschaft vor.
1953 29.–30. Jan.	Eine Konferenz der Verkehrsminister von acht europäischen Staaten berät die *Gründung einer europäischen Verkehrsunion.*
28. Febr.	Unterzeichnung eines *„Vertrages über Freundschaft und Zusammenarbeit"* zwischen *Griechenland, der Türkei* und *Jugoslawien* in Ankara.
9./10. März	Die *Außenministerkonferenz der Montanunion* nimmt den Verfassungsentwurf für eine Europäische Politische Gemeinschaft entgegen und leitet sie den Mitgliedstaaten zu.
	Der Gedanke einer europäischen politischen Gemeinschaft ist so alt wie der der Wirtschaftsgemeinschaft. So beschließt der Unionrat der EGKS (1952), die gemeinsame Versammlung der Montanunion zu ersuchen, unter Vorwegnahme der EVG ein politisches Statut auszuarbeiten. Die Versammlung bildet daraufhin einen Verfassungsausschuß, der einen Vertragsentwurf vorlegt. Dieser Entwurf sieht die Gründung einer supranationalen politischen Autorität vor, mit dem Ziel, die Volkswirtschaften auszuweiten, die Sicherheit zu garantieren und die Menschenrechte zu wahren. Mit dem Scheitern der Europäischen Verteidigungsgemeinschaft scheitert 1954 auch die Verwirklichung des Vertragsentwurfs. Von nun setzen die Befürworter der europäischen Einigung auf die Fusion der nationalen

Internationale Beziehungen innerhalb der westlichen Welt *1263*

Märkte der gewerblichen Wirtschaft und der Landwirtschaft, sowie auf die gemeinsame Entwicklung der Kernenergie. Sie hoffen, daß die wirtschaftliche Einigung künftig die politische und militärische Einheit automatisch nach sich ziehen werde.

16.–20. März Konferenz der Landwirtschaftsminister der OEEC-Staaten prüft eine *Vereinheitlichung der Agrarmärkte*.

1. Mai Der *gemeinsame Markt für Stahl in der Montangemeinschaft* wird eröffnet.

10. Juli General *Alfred M. Gruenther* (USA; * 1899, † 1983) wird Nachfolger General Ridgways im Amt des Obersten Alliierten Befehlshabers in Europa.

8.–10. Okt. *Zweiter Haager Kongreß* der Europäischen Bewegung.

17. Okt. Die europäischen Verkehrsminister rufen eine *ständige Verkehrsministerkonferenz* ins Leben.

1954

12. Jan. US-Außenminister *John Foster Dulles* stellt in der Öffentlichkeit die neue, auf dem Einsatz von Atomwaffen beruhende *Strategie der „massiven Vergeltung"* vor. Voller Einsatz der amerikanischen Atomwaffen bei einem Angriff aus dem Osten geplant.

29. Jan. Der britische Außenminister *Anthony Eden* legt einen *Plan zur Wiedervereinigung Deutschlands* vor. Großbritannien versucht eine Vermittlerrolle zwischen Ost und West zu spielen, stößt aber mit seiner Politik in der zweiten Hälfte der fünfziger Jahre auf Skepsis bei der deutschen Bundesregierung.

2. April Die Türkei und Pakistan unterzeichnen ein Abkommen der freundschaftlichen Zusammenarbeit mit Schwerpunkt im militärischen Bereich.

6. Juni Erste gesamteuropäische Fernsehübertragung *(EUROVISION)*.

–4. Juli Der Verteidigungsausschuß der französischen Nationalversammlung lehnt trotz harten **18. Juni** Drucks von seiten der USA den EVG-Vertrag ab.

6.–11. Juli Bildung eines ständigen Ausschusses der Landwirtschaftsminister im Rahmen der OEEC. Der französische Ministerpräsident *Pierre Mendès-France* versucht eine Änderung des EVG-Vertrages zu erreichen.

14. Aug.

28.–30. Aug. Die französische Nationalversammlung lehnt mit 319:264 Stimmen die Ratifizierung der EVG-Verträge ab: schwerer *Rückschlag für die europäische Einigung*. Die Ablehnung der EVG durch Frankreich fördert eine besonders enge Annäherung zwischen Washington und Bonn; Ära der *„Dulles-Adenauer-Freundschaft"*.

6. Sept. Beginn der *Manilakonferenz*, die zur Unterzeichnung der Verträge über die Südostasia-

8. Sept. tische Vertragsorganisation *„South East Asia Treaty Organization"* **(SEATO)** führt.

28. Sept. Beginn der *Londoner Neunmächte-Konferenz* (Belgien, Bundesrepublik Deutschland, Frankreich, Großbritannien, Kanada, Italien, Luxemburg, Niederlande und der USA), auf der über eine Alternative für die gescheiterte EVG verhandelt wird. Sie beschließt, die Bundesrepublik Deutschland und Italien einzuladen, dem Brüsseler Vertrag (Okt. 1948) beizutreten.

11. Okt. Die Westunion erhält den Namen *Westeuropäische Union* **(WEU)**.

19.–23. Okt. Die *Pariser Viermächte-Konferenz* – Frankreich, Großbritannien, USA, Bundesrepublik **(Pariser Verträge)** – bestätigt die Beschlüsse der Neuner-Konferenz vom Sept. in London und verabschiedet ein Protokoll über die *Beendigung des Besatzungsregimes in der Bundesrepublik Deutschland* sowie ein *deutsch-französisches Abkommen über die Saar*.

21.–23. Okt. Der Nordatlantik-Rat lädt die Bundesrepublik Deutschland ein, der NATO beizutreten. Italien und die Bundesrepublik treten der WEU bei.

23. Okt. Konrad Adenauer und Pierre Mendès-France unterzeichnen ein deutsch-französisches *Abkommen über das Saargebiet*, das einen provisorischen, europäischen Status im Rahmen der WEU erhalten soll. Damit wird die seit 1952 schwelende Krise zwischen der Bundesrepublik Deutschland und Frankreich beigelegt.

29. Okt. Unterzeichnung des *deutsch-amerikanischen Freundschafts-, Handels- und Schiffahrtsvertrages* durch Bundeskanzler Adenauer und US-Außenminister Dulles.

15. Nov. Im Bereich der Länder des Europa-Rates wird die *Visumfreiheit* praktiziert.

21. Dez. *Assoziierung Großbritanniens* mit der *Montanunion*.

1955

3. Jan. Französische Regierung schlägt der WEU gemeinsame Rüstungsproduktion und den Aufbau einer europäischen Behörde für Waffenproduktion vor.

24. Febr. Unterzeichnung des **Bagdad-Paktes,** dem der Irak, die Türkei, der Iran und Großbritannien (30. März) beitreten.

24. März Christliche Eisen- und Stahlarbeiter gründen in Luxemburg die erste Gewerkschaft der Montanunion.

28.–30. März *Deutsch-dänisches Abkommen* über die Rechte der dänischen und deutschen Minderheiten in beiden Ländern anläßlich des Besuches des dänischen Ministerpräsidenten *Hans Christian Hansen* in der Bundesrepublik.

5. Mai Die Pariser Verträge vom Okt. 1954 treten in Kraft.

Die Bundesrepublik Deutschland, Frankreich und Großbritannien hinterlegen in Brüssel die Ratifizierungsurkunden zum Vertrag über die *Gründung der Westeuropäischen Union*.

9. Mai Die *Bundesrepublik Deutschland* tritt dem Nordatlantik-Pakt *(NATO)* bei.

1264 Neueste Zeit – Westliche Welt

20. Mai Die Regierungen der Benelux-Länder legen den übrigen Regierungen der Montanunion ein Memorandum über die Fortsetzung des europäischen Einigungswerkes auf den Gebieten des Verkehrs, der Energiewirtschaft, eines gemeinsamen Marktes und der Harmonisierung der Sozialpolitik vor.

1.–3. Juni Auf der Konferenz der Außenminister der Montangemeinschaft in Messina wird auf der Grundlage des Benelux-Staaten-Memorandums ein Sechspunkteprogramm für die weitere Verschmelzung der sechs Volkswirtschaften angenommen, ein Komitee unter Paul-Henri Spaak eingesetzt, das Vorschläge für die Integrierung entwerfen soll. Zum Nachfolger von Jean Monnet wählt die Konferenz René Mayer.

9. Juli Das auf der Messina-Konferenz eingesetzte Sachverständigungskomitee unter Paul-Henri Spaak nimmt in Brüssel seine Tätigkeit auf.

5. Aug. Unterzeichnung des *Europäischen Währungsabkommens* **(EWA).**

13. Okt. Jean Monnet gründet das Aktionskomitee für die Vereinigten Staaten von Europa (er wird 1956 dessen Vorsitzender).

23. Okt. 67,7% der wahlberechtigten *Saarbevölkerung lehnt* einen *europäischen Status des Saargebietes* ab, was zunächst juristisch die Fortdauer des Status quo bedeutet.

16. Dez. Die Minister des Nordatlantikrates beschließen, die *NATO-Streitkräfte mit Atomwaffen* auszurüsten.

28. Dez. Die OEEC veröffentlicht den *„Plan für die europäische Zusammenarbeit bei der friedlichen Verwendung der Atomenergie".*

1956
21. Jan. Die Postminister der Montanunion-Staaten verhandeln in Paris über die *Vereinheitlichung des Post- und Fernmeldewesens.*

27. April Das Brüsseler Komitee unter Paul-Henri Spaak schließt seine Beratungen ab und legt den Regierungen seine Vorschläge vor.

4.–5. Mai Der Nordatlantikrat beauftragt *Gaetano Martino* (Italien), *Halvard Lange* (Norwegen) und *Lester B. Pearson* (Kanada) Vorschläge über eine erweiterte Zusammenarbeit zwischen den NATO-Staaten auf nichtmilitärischem Gebiet auszuarbeiten.

29./30. Mai Konferenz der Außenminister der Montangemeinschaft in Venedig. Der Rechenschaftsbericht des Sachverständigenkomitees von Brüssel wird geprüft und ein Komitee von Regierungsvertretern mit dem Auftrag gebildet, auf der Basis der Vorschläge Verträge für einen Gemeinsamen Markt und eine Atomgemeinschaft zu entwerfen.

4./5. Juni *Guy Mollet* und *Konrad Adenauer* einigen sich auf die *Eingliederung des Saargebietes* in die Bundesrepublik Deutschland ab 1. Jan. 1957, ein entscheidender Schritt in der *deutsch-französischen Versöhnung.*

26. Juni Das von den Außenministern einberufene Komitee beginnt in Schloß Val Duchesse unter Paul-Henri Spaaks Leitung die Arbeit an den Verträgen für einen Gemeinsamen Markt.

24. Sept. *Deutsch-belgisches Grenzabkommen* über die Rückgabe der von Belgien besetzten Gebiete an die Bundesrepublik Deutschland.

3. Okt. Der britische Schatzkanzler *Harold Macmillan* gibt neue Pläne für die *Schaffung einer Freihandelszone* bekannt, der neben westeuropäischen Staaten auch Mitglieder des Commonwealth angehören sollen.

27. Okt. Unterzeichnung des deutsch-französischen Vertrages über die Regelung der Saarfrage, die Schiffbarmachung der Mosel und die Kanalisierung des Oberrheins.

20. Nov. General *Lauris Norstad* (* 1907, † 1988) als Nachfolger von General Gruenther zum Obersten Alliierten Befehlshaber in Europa ernannt.

14. Dez. Belgiens Außenminister *Paul-Henri Spaak* zum *Generalsekretär der NATO* ernannt (Amtsantritt 16. Mai 1957).

1957
26./28. Jan. Die Außenminister der sechs Schuman-Plan-Länder beraten in Brüssel die Vertragstexte, umstritten vor allem ist die Einbeziehung der französischen Überseegebiete und das Problem des deutschen *Interzonen-Handels.*

6. Febr. Der Bundeswehrgeneral *Hans Speidel* (* 1897, † 1984) wird *Befehlshaber der Alliierten Landstreitkräfte* in Europa-Mitte.

19./20. Febr. Die Außenminister der „Sechs" beraten in Paris abschließend die Vertragstexte für einen *Gemeinsamen Markt* und für *Euratom.* Die bislang offenen Fragen werden dabei noch geklärt.

23. März Die USA treten dem Bagdad-Pakt bei, nachdem sie zuvor Hilfsleistungen für den Nahen Osten beschlossen haben.

25. März Feierliche Unterzeichnung der Verträge über die Gründung der *Europäischen Wirtschaftsgemeinschaft* **(EWG)** und der *Europäischen Atomgemeinschaft* **(Euratom; EAG)** – **Römische Verträge** – auf dem Kapitol in Rom.

25. März Die britische Regierung lehnt es ab, sich an Arbeiten zur Errichtung von EWG und Euratom zu beteiligen. Sie fühlt sich noch stark an den Commonwealth gebunden. Nachdem die EWG realisiert ist, schlägt sie vor, die EWG als Ganzes in eine Freihandelszone einzufügen, der die europäischen Mitglieder der OEEC angehören. Der Plan scheitert am Einspruch der französischen Regierung.

Internationale Beziehungen innerhalb der westlichen Welt *1265*

5. Juni   Die Handels- und Wirtschaftsminister Großbritanniens und der skandinavischen Staaten beraten in London die *Errichtung einer europäischen Freihandelszone.*

16./17. Okt.   Der Ministerrat der OEEC hält eine Freihandelszone für notwendig, der alle Mitglieder der OEEC angehören und die mit der EWG assoziiert werden soll. Die Verhandlungen führen jedoch aufgrund des französischen Widerstands zu keinem Ergebnis.

21. Nov.   *Deutsch-italienischer Freundschaftsvertrag.*

13. Dez.   Letzte Ratifikationsurkunden zu den Römischen Verträgen in Rom niedergelegt.

1958   Die *Römischen Verträge* treten *in Kraft* (1. Jan.).

6./7. Jan.   Die Konferenz der Außenminister der Europäischen Gemeinschaften wählt die Präsidenten der Organe: *Walter Hallstein* (Bundesrepublik) für die *Kommission der EWG; Louis Armand* (Frankreich) für *Euratom; Paul Finet* (Belgien) für *EGKS.*

3. Febr.   Umwandlung der BENELUX-Zollunion in eine Wirtschaftsunion.

22. Febr.   Amerikanisch-britisches Abkommen über die Lieferung von Mittelstreckenraketen an Großbritannien.

19.–21. März   Konstituierende Sitzung des *Europäischen Parlaments in Straßburg:* Präsident Robert Schuman.

3.–11. Juli   Landwirtschaftskonferenz der EWG-Staaten in Stresa. Sie formuliert ein erstes Programm für die *Neuordnung der Landwirtschaftspolitik*, die Annäherung der Preise und die Bereitstellung von Kapazitäten zur Rationalisierung der Betriebe.

18. Aug.   Nach dem Ausscheiden des Irak aus dem Bagdadpakt wird das Bündnis in **CENTO** (*„Central Treaty Organization"*) umbenannt.

14. Sept.   Treffen *Konrad Adenauers* und *General de Gaulles* in Colombey-les-Deux- Églises, bei dem nach ursprünglichem Mißtrauen auf seiten Adenauers ein freundschaftliches Verhältnis zwischen beiden hergestellt wird.

18.–20. Sept.   Der Ministerrat der EWG vertritt auf seiner Tagung in Venedig die Meinung, eine europäische Freihandelszone müsse sich an die EWG anschließen.

7. Okt.   In Brüssel konstituiert sich der **Gerichtshof** der drei europäischen Gemeinschaften.

14. Nov.   Scheitern des Planes einer europäischen Freihandelszone im Rahmen der OEEC. Das zwischenstaatliche Komitee der OEEC unter Vorsitz des britischen Ministers Reginald Maudling (* 1917, † 1979) bricht die Verhandlungen ab.

1959   Auf einer britisch-griechisch-türkischen Konferenz wird die *Unabhängigkeit Zyperns* ab 19. Nov. 1960 beschlossen.

19. Febr.

15. April   US-Außenminister John Foster Dulles tritt zurück, sein Nachfolger wird *Christian Herter.*

14. Mai   Der Ministerrat der EGKS lehnt den Plan der Hohen Behörde zur Behebung der in Europa schwelenden *Kohlenkrise ab* und gewährt Hilfsmaßnahmen an den belgischen Bergbau.

20. Juli   Spanien wird Mitglied der OEEC.

20./21. Juli   Auf einer Ministerkonferenz der „Sieben" in Stockholm wird die *Bildung einer kleinen Freihandelszone* **(EFTA)**, bestehend aus Großbritannien, Dänemark, Norwegen, Schweden, Österreich, Schweiz und Portugal, beschlossen. Sie soll im Rahmen der OEEC geführte Verhandlungen mit der EWG erleichtern.

30. Aug.   Die Bundesregierung empfiehlt eine Assoziation von EWG und EFTA.

8. Sept.   In Stockholm beginnen die Verhandlungen über die EFTA; Abkommen am 20. Nov. 1959 paraphiert.

19. Dez.   *Dreimächtevertrag über Zypern* (Großbritannien, Griechenland, Türkei).

1960   Unterzeichnung des Abkommens über die EFTA (4. Jan.).

12./13. Jan.   Die Atlantische Wirtschaftskonferenz beschließt die *Reorganisation der OEEC;* die USA und Kanada sollen Vollmitglieder werden. Hauptaufgabe der Organisation: Entwicklungshilfe.

2. März   Die EWG-Kommission unterbreitet dem Ministerrat Vorschläge für eine Beschleunigung der Integration.

8. April   *Abkommen zwischen der Bundesrepublik und den Niederlanden* über die Rückgabe der von den Niederlanden besetzten Gebiete der Bundesrepublik.

3. Mai   Der Vertrag über die EFTA tritt in Kraft.

7. Juli   EWG-Vizepräsident *Sicco L. Mansholt* gibt neue Vorschläge der EWG-Kommission für eine gemeinsame Agrarpolitik bekannt.

16. Aug.   Zypern wird unabhängige Republik: Spannungen zwischen Türkei und Griechenland wegen der Insel.

5. Sept.   Präsident Charles de Gaulle erläutert öffentlich seine Vorstellungen über die europäische Zusammenarbeit: die bestehenden Institutionen besitzen zu wenig Autorität, statt dessen sollen die Regierungen zu häufigen Konsultationen zusammenkommen.

13./14. Dez.   Die OEEC-Staaten, die USA und Kanada unterzeichnen das *OECD-Abkommen – „Organization for Economic Co-operation and Development".*

16. Dez.   US-Außenminister Christian Herter schlägt die Bildung einer *multilateral* finanzierten und kontrollierten *Atomstreitmacht im Rahmen der NATO* vor (5 Atom-U-Boote bestückt mit Polaris-Raketen).

1266 Neueste Zeit – Westliche Welt

1961 10./11. Febr.	Gipfeltreffen der Staatschefs der sechs EWG-Staaten in Paris, auf dem eine engere politische Zusammenarbeit vereinbart wird. (Einsetzung der *Fouchet-Kommission;* benannt nach dem französischen Diplomaten und Politiker *Christian Fouchet*). Die Niederländer befürchten eine französisch-deutsche Hegemonie und fordern die Aufnahme Großbritanniens in die EWG.
22./23. Febr.	Bundeskanzler Adenauer verhandelt in London über die europäische Zusammenarbeit: die WEU soll als Bindeglied zwischen EFTA und EWG ausgebaut werden. Die niederländische Regierung bezeichnet die Pläne Präsident de Gaulles als politischen Rückschritt für die Europäischen Gemeinschaften.
19.–21. März	Die USA fordern von der Bundesrepublik Deutschland eine Beteiligung an der Entwicklungshilfe.
21. April	*Dirk U. Stikker* wird Nachfolger von Paul-Henri Spaak als *NATO-Generalsekretär.*
16. Mai	Bundesaußenminister Heinrich von Brentano erklärt, ein Brückenschlag zwischen EWG und EFTA sei überholt, der Einzelbeitritt von EFTA-Mitgliedern zur EWG möglich.
9. Juli	Unterzeichnung des *Assoziierungsvertrages zwischen Griechenland und der EWG.*
18. Juli	Die Staats- und Regierungschefs der EWG-Staaten bilden eine Studienkommission zur Ausarbeitung eines *Europäischen Politischen Statuts;* Prüfung der Fouchet-Vorschläge.
3. Aug.	Die irische Regierung stellt den Antrag zur Aufnahme in die EWG.
10. Aug.	Die britische Regierung richtet an den Ministerrat der EWG den offiziellen *Antrag zur Aufnahme Großbritanniens,* ebenso *Dänemark.*
Aug.	Tiefgreifende Meinungsverschiedenheiten treten zwischen der Bundesrepublik (Bundeskanzler Adenauer) und den USA (US-Präsident Kennedy) wegen unterschiedlicher Auffassungen bezüglich der Reaktionen auf den Bau der „*Berliner Mauer*" auf.
19. Okt.	Die neutralen Staaten Österreich, Schweden und die Schweiz einigen sich, *Anträge auf Assoziierung bei der EWG* zu stellen.
30./31. Okt.	Der Entwurf für ein europäisches Statut, unter Leitung des französischen Botschafters Christian Fouchet ausgearbeitet, ist fertiggestellt *(Fouchet-Plan II).*
8. Nov.	Eröffnung der Verhandlungen über den Beitritt Großbritanniens zur EWG in Paris. Die britische Regierung will sämtliche Verpflichtungen des EWG-Vertrages übernehmen.
16. Nov.	Bundeskanzler Adenauer bezeichnet es als seine dringende Aufgabe, mit US-Präsident Kennedy eine einheitliche Auffassung in der *Berlinfrage* herzustellen (20./21. Nov. Besuch Adenauers in den USA).
Dez.	Die EWG-Außenminister erzielen keine Einigung über den Fouchet-Plan (15./16.).
1962 14. Jan.	Der EWG-Ministerrat beschließt den Übergang zur Integration in der Landwirtschaft (2. Stufe des *Gemeinsamen Marktes:* 1962–1965).
18. Jan.	Die französische Regierung leitet über die Fouchet-Kommission ihre neuen Pläne über eine politische Union den Regierungen der EWG-Staaten zu (Fouchet-Plan III). Die wirtschaftliche Verschmelzung vollzieht sich nach Inkrafttreten der Römischen Verträge rasch, aber der erhoffte Automatismus zur politischen Integration hin folgt nicht. So beschließen die Regierungschefs der EWG-Staaten, 1961 einen Ausschuß zu errichten, der ins einzelne Vorschläge für eine *politische Union* ausarbeiten soll. Nach erheblichen Schwierigkeiten legt der Vorsitzende des Ausschusses, Christian Fouchet, einen ersten Plan vor, der jedoch geändert werden muß. Während der weiteren Beratungen unterbreitet der französische Vertreter völlig unerwartet einen zweiten Entwurf, den die Vertreter der fünf anderen Länder ablehnen. Es zeichnen sich zwei Alternativen ab: die *Konzeption der weiteren Integration* durch Stärkung der supranationalen Institutionen oder die eines „*Europas der Vaterländer*" des französischen Staatspräsidenten de Gaulle.
28. Febr.	Norwegen kündigt seine Absicht an, der EWG beizutreten.
7. März	Im Rahmen des GATT wird ein *Zollsenkungsvertrag* zwischen EWG und den USA abgeschlossen.
20. März	Die Außenminister der EWG-Staaten einigen sich in Brüssel nicht über den Aufbau einer politischen Union.
29. März	Unterzeichnung des Vertrages zur Errichtung einer europäischen Organisation für die Entwicklung und den Bau von Raumfahrtträgern *(ELDO).*
April	Die amerikanische Regierung weist ein Ersuchen Frankreichs um den Kauf von atomarem Material zurück.
17. April	Die Verhandlungen der Außenminister über ein Europäisches Politisches Statut der EWG-Staaten werden abgebrochen; Scheitern des Plans Fouchet/Cattani.
14. Juni	Unterzeichnung des Vertrages zur Errichtung einer europäischen Organisation für die Erforschung des Weltraums *(ESRO).*
25. Juli	General *Lyman L. Lemnitzer* (* 1899, † 1988) wird Nachfolger General Norstads (Kommando-Übergabe 2. Jan. 1963) im Amt des Alliierten Oberbefehlshabers in Europa.
5. Aug.	Die Verhandlungen über den Beitritt Großbritanniens zur EWG werden u. a. wegen britisch-französischer Interessengegensätze vertagt. Die Bundesregierung hält den Beitritt jedoch für ein vordringliches Problem: Krise in der EWG.

Internationale Beziehungen innerhalb der westlichen Welt *1267*

13.–15. Dez. US-Verteidigungsminister *Robert S. McNamara* fordert vor dem Nordatlantikrat den Ausbau der konventionellen Streitkräfte, damit bei örtlich begrenzten Konflikten in Europa nicht sogleich Kernwaffen eingesetzt werden müssen: Konzept der *‚flexiblen Reaktion‘*.

18.–20. Dez. US-Präsident Kennedy und Premierminister Macmillan konferieren in Nassau auf den Bahamas und beschließen, einen Teil der strategischen nuklearen Streitkräfte beider Länder in die Nato-Streitmacht einzubringen und eine multilaterale, nukleare NATO-Streitmacht (MLF) zu bilden, der Unterseeboote bestückt mit Polaris-Raketen unterstellt werden sollen. Sie bieten Frankreich die Mitgliedschaft in der Streitmacht an.

1963 Abbruch der Beitrittsverhandlungen zwischen Großbritannien und der EWG (9. Jan.).

14. Jan. Der französische Präsident, General de Gaulle, spricht sich gegen die Aufnahme Großbritanniens in die EWG aus und lehnt eine multilaterale Atomstreitmacht ab.

17. Jan. Die französische Delegation fordert eine unbefristete Vertagung der Beitrittsverhandlungen mit Großbritannien.

22. Jan. Unterzeichnung des *deutsch-französischen Freundschaftsvertrages* in Paris.

6. Febr. Die Bundesrepublik fordert ein Mitspracherecht der nichtatomaren Mächte an der Planung und am Einsatz von Atomwaffen in der NATO.

16. Mai Der deutsche Bundestag fügt dem deutsch-französischen Vertrag eine Präambel bei, in der die augenblickliche europäisch-amerikanische Partnerschaft, die Verteidigung im Rahmen der NATO und die Einbeziehung Großbritanniens betont wird. Die Präambel stößt auf die Ablehnung Präsident de Gaulles und ist ein Zeichen für das Auftreten von Spannungen zwischen der Bundesrepublik und Frankreich in den kommenden vier Jahren.

Mai Großbritannien und die USA unterstellen der NATO Nuklearwaffen (22.–24.).

20. Juli Unterzeichnung des *Assoziierungsabkommens* zwischen der EWG und 18 afrikanischen Staaten (einschließlich Madagaskar), den *AASM-Staaten* (assoziierte afrikanische Staaten und Madagaskar), in *Jaunde* (Yaoundé, Kamerun).

12. Sept. Assoziierung der *Türkei* mit der EWG.

Die USA schlagen offiziell den Aufbau einer multilateralen nuklearen Streitmacht *(MLF)* vor, an der sich die Bundesrepublik Deutschland beteiligen wird.

1964 Eröffnung der *Kennedy-Runde* in Genf über Zolltarife im GATT-Rahmen (4. Mai).

12.–14. Mai Der Nordatlantikrat sagt der UNO seine Unterstützung bei ihren Maßnahmen zur Wiederherstellung von Ruhe und Ordnung in Zypern zu. Das *Zypernproblem* hat zu Spannungen zwischen den Türken, Griechenland und Großbritannien geführt.

4. Juni Reorganisation des Nato-Planungsstabes der ständigen Gruppe, die durch eine erweiterte Beteiligung von Offizieren aus nicht der ständigen Gruppe angehörenden Ländern, vor allem in Nuklearplanungen, ermöglicht wird.

1. Aug. *Manlio Brosio* wird *NATO-Generalsekretär*.

9. Sept. Der *Spaak-Plan* versucht die Gespräche über die politische Union Europas wieder in Gang zu bringen.

2. Dez. Der französische Ministerpräsident *Georges Pompidou* betont die Notwendigkeit eines eigenen französischen Abschreckungspotentials, der sog. *„force de frappe"*.

15. Dez. Die EWG beschließt nach schwierigen Verhandlungen einen Gemeinsamen Markt für Getreide.

1965 Die *Europäische Sozialcharta* tritt in Kraft (26. Febr.).

2. März Der Ministerrat der EWG einigt sich auf die *Fusion der Kommissionen* von EWG, EAG und der Hohen Behörde der EGKS.

31. März Die Kommission der EWG schlägt vor, den Agrarmarkt aus Kommissionsmitteln und nicht durch die Einzelstaaten zu finanzieren und die Budget-Kontrollrechte der Europa-Parlamente zu erweitern.

8. April In Brüssel wird der Vertrag über die Fusion der Behörden der drei Gemeinschaften unterzeichnet.

31. Mai –1. Juni Die Verteidigungsminister der NATO-Staaten versuchen die Spannungen zwischen der Türkei und Griechenland beizulegen.

30. Juni Die französische Regierung lehnt die Vorschläge der Kommission über die EWG-Agrarmarktfinanzierung ab (Politik des „leeren Stuhles").

Die nationalistisch geprägte Politik des französischen Präsidenten de Gaulle widerspricht jeder Übertragung von nationalen Hoheitsrechten auf supranationale Institutionen. So löst Frankreich durch den Rückzug seiner Truppen aus der NATO auch eine Krise des Bündnisses aus und provoziert scharfe Spannungen mit den USA; Präsident de Gaulle fordert für Europa zudem eine Politik, beruhend auf dem einstimmigen Willen der Staaten, ein „Europa der Vaterländer", und weist damit die Vorstellungen der übrigen Vertragspartner von einer föderativen Organisation mit gesetzgebender Beteiligung des Europäischen Parlaments und mit Mehrheitsentscheidungen zurück.

Er lehnt daher auch den Vorschlag Walter Hallsteins ab, den EWG-Haushalt aus den Stufenzöllen der Gemeinschaft zu finanzieren. Darüber hinaus ist de Gaulle gegen den Beitritt

	Großbritanniens zur EWG. Die Bundesrepublik Deutschland versucht angesichts dieser Lage eine Vermittlerrolle einzunehmen.
1. Juli	Frankreich bricht die Brüsseler Verhandlungen über den EWG-Agrarfonds ab und boykottiert sechs Monate lang die Europäischen Gemeinschaften.
6. Juli	Der französische Botschafter bei den Europäischen Gemeinschaften wird abberufen, worauf der Ministerrat der EWG ohne Frankreich tagt; *Höhepunkt der EWG-Krise*.
1966 28./29. Jan.	*Kompromiß von Luxemburg:* Frankreich nimmt seinen Platz in den Institutionen der Gemeinschaften wieder ein. Das Prinzip der Einstimmigkeit der Beschlüsse wird auf Druck Frankreichs eingeführt.
Febr.	In Washington konstituiert sich eine Gruppe für nukleare Planung der NATO (17./18.).
7. März	Präsident de Gaulle teilt dem US-Präsidenten Lyndon B. Johnson seine Absicht mit, sich aus den integrierten militärischen Kommandobehörden zurückzuziehen, und fordert den Abzug der Hauptquartiere SHAPE und AFCENT aus Frankreich.
21. April	Großbritannien bekundet erneut sein Interesse, der EWG beizutreten.
9.–11. Mai	Der Ministerrat beschließt, den vollen, freien Warenverkehr für Agrar- und Industrieprodukte bis 1. Juli 1968 herzustellen. Die EWG ist ökonomisch gefestigt.
1. Juli	*Die Unterstellung französischer Streitkräfte unter NATO-Befehl wird aufgehoben.*
14. Nov.	Der britische Premierminister gibt die Entschlossenheit seiner Regierung bekannt, Großbritannien in die EWG zu führen.
21. Dez.	Die Bundesrepublik und Frankreich einigen sich auf die Regelung des weiteren Verbleibs französischer Truppen auf deutschem Gebiet.
31. Dez.	Präsident de Gaulle lehnt die amerikanische Vietnam-Politik ab.
1967 6. Mai	Walter Hallstein verzichtet auf eine Kandidatur als Präsident der drei vereinigten Gemeinschaften.
10. Mai	Großbritannien, Irland, Dänemark (11. Mai) beantragen erneut die Aufnahme in die Europäischen Gemeinschaften. Frankreich ablehnend; *Krise der Gemeinschaft*.
15. Mai	Erfolgreicher Abschluß der „Kennedy-Runde".
30. Juni	Die im Rahmen der „Kennedy-Runde" geführten *Zollverhandlungen des GATT* führen nach vierjähriger Dauer zu Zollsenkungen, die über einen Zeitraum von 5 Jahren 35% ausmachen sollen.
1. Juli	*Vereinigung der drei europäischen Gemeinschaften* (**EG**). Jean Rey (* 1902, † 1983) wird Präsident der neuen Kommission.

Organe der Europäischen Gemeinschaft

Internationale Beziehungen innerhalb der westlichen Welt   1269

26. Sept. Deutsch-britisch-französische Vereinbarungen über das europäische „*Airbus-Projekt*"
(Bau eines europäischen Großraumflugzeugs).
13. Dez.   Die Minister der NATO-Staaten billigen offiziell die neu ausgearbeitete strategische Konzeption (Harmel-Bericht) der „*flexible response*", auf die sie sich schon am 9. Mai geeinigt
haben. Sie sieht eine elastische und ausgewogene konventionelle und nukleare Reaktion
auf allen Ebenen bei Angriffsdrohung und bei Angriff vor.
19. Dez.   Uneinigkeit im Ministerrat der EG über das britische Beitrittsgesuch. Die britischen Bemühungen sind erneut gescheitert.
1968   Verbesserung des französisch-amerikanischen Verhältnisses, nicht zuletzt weil Frankreich
Jan.   über die wachsende Stärke der Bundesrepublik besorgt ist.
25. Jan.   Veröffentlichung des Werner-Plans über die *Europäische Währungsunion*.
Mit Anzeichen der *Dollarkrise* verstärken die EG-Mitglieder ihre Bemühungen um eine
Währungsunion: ihre Politik ist jedoch trotz der sich verschärfenden Spannungen mit den
USA relativ ergebnislos.
1. Juli   Die **Zollunion der EG** tritt früher als vorgesehen in Kraft: Binnenzölle für gewerbliche und
industrielle Güter werden aufgehoben.

Die Auswirkungen der EG-Zollunion

Mit der Zollunion sind jedoch noch nicht die Grenzkontrollen beseitigt. Der Grund dafür ist das Fehlen
einer *Harmonisierung der Steuern* im Rahmen der EG. Es herrschen also keine Zoll-, sondern Steuer-
grenzen. Die schrittweise Verwirklichung der Zollunion hat die Produktion, den Handel innerhalb der
Gemeinschaft und auch den Handel mit Drittländern gefördert, der sich zwischen 1958 und 1971 verdrei-
facht. Im Jahre 1958 umfassen die Importe der EWG aus Drittländern Waren im Wert von 16 156
Mio. Dollar; 1971 49 130 Mio. Dollar.
Im gleichen Zeitraum steigen auch die EG-Ausfuhren von 15 911 Mio. Dollar auf 50 644 Mio. Dollar.
Die industrielle Produktion nimmt ebenfalls rasch zu und überrundet zeitweise die der USA. Das *wirt-
schaftliche Wachstum* steigert die Anziehung der EG auf außereuropäische Staaten, was zu zahlreichen
Assoziierungsabkommen führt.

Anteile des EG-Handels am gesamten Außenhandel

(in %)	Einfuhr			Ausfuhr		
	1958	1978	1982	1958	1978	1982
BR Deutschland	33,41	48,20	48,12	34,49	45,85	48,13
Frankreich	26,13	49,55	47,50	27,98	50,61	48,78
Großbritannien	20,09	32,20	44,44	19,64	35,78	41,31
Italien	29,30	43,47	42,97	31,64	48,47	45,81
Niederlande	49,97	55,25	53,96	56,53	73,69	72,23
Belgien/Luxemburg	54,63	67,63	63,33	52,81	74,25	71,05
Dänemark	58,92	47,18	48,85	57,92	45,70	48,57
Irland	68,21	69,38	69,87	83,54	76,92	70,52
Griechenland	–	–	46,27	–	–	46,34
EG-Durchschnitt	33,00	48,16	49,06	34,28	52,08	51,89

Beiträge zum Bruttoinlandsprodukt der EG

(in %)	1958	1973	1978	1981
BR Deutschland	24,8	32,7	32,6	27,9
Frankreich	24,5	23,7	24,2	23,6
Großbritannien	26,9	16,7	15,7	20,3
Italien	12,6	13,4	12,3	14,3
Niederlande	3,9	5,7	6,7	5,3
Belgien	4,3	4,3	4,9	3,9
Dänemark	2,1	2,7	2,8	2,3
Griechenland	–	–	–	1,6
Irland	0,7	0,6	0,6	0,7
Luxemburg	0,2	0,2	0,2	0,2
zusammen (Mrd. ERE) 100% =	216,1	858,7	1 525,2	2 201,2

Allerdings zeigt die Entwicklung auch, daß die im Vertrag niedergelegten Bestimmungen nicht ausreichend sind. Die *Konjunktur-, Steuer-, Währungs- und Strukturpolitik* sind nicht genügend berücksichtigt
und stellen schwierige Aufgaben für die Politik der EG-Staaten in den siebziger Jahren dar.

1270 Neueste Zeit – Westliche Welt

Anfang der siebziger Jahre vertieft die EG ihre *Beziehungen zur Dritten Welt:* sie intensiviert ihre *Entwicklungshilfe* und räumt armen Entwicklungsländern *Handelspräferenzen* ein. Diese Politik kann einmal durch die wachsende politische Bedeutung dieser Länder und die Einsicht in die Entwicklungsproblematik, zum anderen durch die EG-Aufnahme Großbritanniens, das noch gute Beziehungen zu den Commonwealth-Staaten unterhält, erklärt werden.

13. Nov.   Bildung der *Euro-Gruppe der NATO* auf Initiative Großbritanniens in Brüssel.
18. Dez.   Die Kommission der EG nimmt den *Mansholt-Plan* über *Reformen in der Landwirtschaft* an.
           Um die Zuschüsse für die europäische Agrarpolitik nicht ins Uferlose wachsen zu lassen, um nichts zu produzieren, was nicht verkauft werden kann, und um die Einkommen in der Landwirtschaft zu verbessern, sieht der Plan eine grundlegende Reform der europäischen Agrarpolitik vor:
           1. Verbesserung der Produktion durch größere Betriebseinheiten; 2. Verbesserung der Märkte durch Aufbau von Erzeugergemeinschaften; 3. Minderung der landwirtschaftlichen Nutzfläche; und 4. die Schaffung attraktiver Arbeitsplätze außerhalb des Agrarbereichs.

1969   *Krise der WEU:* Vertreter der WEU-Staaten treffen in London zu einer Konsultation über
14. Febr. die Lage im Nahen Osten zusammen. Frankreich bleibt der Sitzung fern und kündigt den Boykott der WEU an.
1. Juli   General *Andrew J. Goodpaster* wird Nachfolger von General Lemnitzer.
27. Juli   Erneuerung des *Abkommens von Jaunde (Yaoundé)* vom 20. Juli 1963. Bundeskanzler
8./9.   Kurt Georg Kiesinger und der französische Staatspräsident Georges Pompidou einigen sich
Sept.   auf die Abhaltung einer europäischen Gipfelkonferenz in Den Haag, um die Differenzen in der EG beizulegen.
24. Sept. Unterzeichnung des *Arusha-Abkommens* zwischen der EG und Kenia, Uganda sowie Tan-
1./2. Dez. sania. Die Gipfelkonferenz der „Sechs" in Den Haag erzielt Einigkeit über die Grundlagen einer weiteren *Existenz des Gemeinsamen Marktes:* Frankreich stimmt einer Erweiterung der EG zu.

1970   Die sechs EG-Staaten einigen sich, dem *Europäischen Parlament* bestimmte *Budgetrechte*
2.–7. Febr. zu gewähren und den Gemeinsamen Markt aus supranationalen Mitteln zu finanzieren.
22. April Der EG-Haushalt bekommt eigene Einnahmen.
5.–6. Juni Frankreich nimmt seit Februar 1969 zum ersten Mal wieder an einer WEU-Ministerrats-Tagung teil.
30. Juni   In Luxemburg beginnen die Betrittsverhandlungen zwischen der EG, Großbritannien, Irland, Dänemark und Norwegen.
1. Juli   Nachfolger des Belgiers Jean Rey (als Präsident der Kommission der EG) wird der Italiener *Franco Malfatti.*
8. Okt.   Die Kommission der EG veröffentlicht den „Werner-Bericht" über den stufenweisen *Aufbau der Wirtschafts- und Währungsunion.*
1. Okt.   Versuche der USA, eine Umverteilung der Lasten im Bündnis zu erreichen, um dadurch den Verbleib der amerikanischen Streitkräfte in Europa zu sichern. Die aus dem Vietnam-Krieg resultierenden Überbelastungen sollen gemildert werden.
27. Okt.   Die Außenminister der EG beschließen in Luxemburg die Form der künftigen politischen Zusammenarbeit *(Davignon-Bericht).*
2.–4.   Zehn europäische Staaten einigen sich auf ein besonderes Programm zur Verstärkung der
Dez.   Verteidigung Europas.

1971   Das *Assoziierungsabkommen von Arusha* vom 24. Sept. 1969 tritt in Kraft (1. Jan.).
23. Juni   In den Luxemburger Verhandlungen zwischen der EG und Großbritannien wird eine Einigung erzielt, die den Weg in die EG eröffnet. Die US-Regierung hebt die Gold-Konvertibilität des Dollars auf.
27. Juli   Die EG-Kommission schlägt eine gemeinsame Politik ihrer Mitgliedsstaaten gegenüber den Entwicklungsstaaten vor.

1972   *Großbritannien, Irland, Norwegen* und *Dänemark* unterzeichnen in Brüssel die Beitritts-
22. Jan.   urkunden *zur EG;* Vereinbarungen von Regelungen für Übergangszeiten.
24. April Festlegung von Bandbreiten, innerhalb deren die Kurse der Gemeinschaftswährungen untereinander bzw. gegenüber dem Dollar schwanken dürfen: 2,25 % bzw. 4,5 % Schwankungsspielraum. Interventionskäufe der Notenbanken auf den Devisenmärkten sollen durchgeführt werden, wenn sich die Valuta eines EG-Partners um mehr als 2,25 % vom Kurs der gerade stärksten Währung entfernt („europäische Währungsschlange").
22. Juli   *Abkommen* zwischen der *EG* und den *EFTA-Staaten* Finnland, Island, Österreich, Portugal, Schweden und Schweiz (in Kraft am 1. Jan. 1973); bis Juli 1977 schrittweise Realisierung einer *Freihandelszone* von 16 europäischen Staaten; Einführung der Zollfreiheit mit der erweiterten *EG* bzw. *EGKS.*
Sept.   Eine norwegische Volksabstimmung entscheidet gegen den EG-Beitritt.

Internationale Beziehungen innerhalb der westlichen Welt 1271

19./20. Auf der *Pariser Gipfelkonferenz* der neun EG-Staaten werden Maßnahmen zur Festigung
Okt. der Wirtschafts- und Währungsunion beschlossen: Koordinierung der Regional- und
Sozialpolitik, Umweltschutz, Energiepolitik (Aktionsprogramme bis Juli 1973).
1973 Die Finanzminister der Bundesrepublik Deutschland, Frankreichs, der Benelux-Staaten
11./12. und Dänemarks einigen sich auf ein *gemeinsames „Floaten" gegenüber dem Dollar;* unter-
März einander werden feste Wechselkurse beibehalten (Aufwertung der DM um 3%).
3. April Errichtung eines *Europäischen Fonds für währungspolitische Zusammenarbeit* (u. a. Interventionen in Gemeinschaftswährungen auf den Devisenmärkten; Multilateralisierung des
innergemeinschaftlichen Saldenausgleichs).
23. April US-Außenminister Henry Kissinger schlägt eine neue **Atlantische Charta** vor: Vertiefung
der Beziehungen zu den europäischen Verbündeten der USA unter Einbeziehung Kanadas
und Japans; Sicherung der wirtschaftlichen Prosperität Westeuropas ohne Nachteile für die
USA; Zugeständnis einer gewissen Unabhängigkeit der regionalen Interessen Europas von
den globalen Interessen der USA.
14./15. Abfassung des *Dokuments über europäische Identität* und *Prinzipienerklärung für den*
Dez. *transatlantischen Dialog* zwischen der EG und den USA (Kissinger-Initiative vom
23. April) auf der *EG-Gipfelkonferenz in Kopenhagen.*

Entwicklung von Bruttoinlandsprodukt und Verteidigungsausgaben der NATO-Länder insgesamt, 1969–1978

Jahr	Bruttoinlandsprod.[1]			Verteidigungsausg.[1]			Verteidigungsausgaben[2] in % des Inlandsprod.		
	Europa	Nord-amerika	NATO insges.	Europa	Nord-amerika	NATO insges.	Europa	Nord-amerika	NATO insges.
1969	89,2	94,8	92,7	93,7	104,2	101,8	3,9	8,2	6,7
1970	100,0	100,0	100,0	100,0	100,0	100,0	3,7	7,5	6,1
1971	113,2	108,6	110,4	114,7	96,4	100,5	3,8	6,7	5,5
1972	134,4	119,9	125,4	137,9	100,1	108,7	3,8	6,3	5,3
1973	170,1	134,1	147,8	167,2	101,2	116,1	3,6	5,7	4,8
1974	189,0	146,5	162,7	188,0	111,3	128,7	3,7	5,7	4,8
1975	220,9	158,9	182,5	221,5	117,8	141,3	3,7	5,6	4,7
1976	228,7	178,3	197,5	221,1	118,6	141,9	3,6	5,0	4,4
1977	259,1	195,7	219,8	248,8	131,1	158,0	3,6	5,0	4,4
1978	306,2	217,0	251,0	293,9	136,8	172,5	3,6	4,7	4,2

[1] Jeweilige Preise, 1970 = 100. [2] Die Ziffern für das Inlandsprodukt 1978 (zu Marktpreisen) sind Schätzungen, die entsprechenden Angaben für die Verteidigungsausgaben beruhen auf Voranschlägen.

Verteidigungsausgaben der NATO-Länder 1982

Land	Mio. US-$	$/je Kopf	% der Staatsausg.	% des BSP
Belgien	2 799	283	8,1	3,3
Großbritannien	24 223	432	11,9	5,1
Kanada	5 989	247	9,2	2,0
Dänemark	1 122	219	5,5	2,0
Frankreich	21 969	408	17,5	4,1
BR Deutschland	28 453	461	27,9	4,3
Griechenland	2 574	265	23,5	6,7
Italien	8 924	156	5,6	2,6
Luxemburg	41	114	3,2	1,2
Niederlande	4 468	315	7,8	3,3
Norwegen	1 680	410	6,7	3,0
Portugal	778	79	10,8	3,3
Spanien	4 755	116	12,1	2,6
Türkei	2 755	59	21,7	5,2
USA	215 900	938	29,2	7,2

1974 Frankreich scheidet aus dem europäischen Währungsverbund aus und läßt den Franc
19. Jan. gegenüber dem Dollar floaten mit dem Ziel einer Steigerung des eigenen Exports.
7. Mai Italien beschließt, zunächst für sechs Monate, den größten Teil der Importe mit einer fünf-
zigprozentigen Depotstellung zu belasten; davon sind sowohl Länder innerhalb wie außerhalb der EG betroffen. Die Grundlagen der Zollunion werden dadurch erschüttert.
15. Mai Dänemark erhöht die Verbrauchs- und Luxussteuern, um die Importe zu drosseln.
18./19. Ausarbeitung einer *Erklärung über die Atlantischen Beziehungen* auf der NATO-Konfe-
Juni renz in Ottawa (Kanada); gegenseitige Bündnisverpflichtungen zur Erhaltung des Friedens,

1272 Neueste Zeit – Westliche Welt

	Vereinbarungen zu regelmäßigen Konsultationen. Die Präsenz der US-Streitkräfte in Europa bleibt auch in Zukunft voll erhalten, die Verbündeten verpflichten sich zur Übernahme angemessener Verteidigungslasten.
26. Juni	Die *Regierungschefs der NATO-Staaten unterzeichnen* in Brüssel *die Erklärung über die Atlantischen Beziehungen.*
Sept.	General Alexander M. Haig wird Nachfolger von General Goodpaster.
25. Sept.	*Krise in der EG:* Die Bundesrepublik weigert sich, die Hauptlast für die Finanzierung des Regionalfonds zu tragen, da sie wirksame Stabilitätsmaßnahmen der Partner vermißt.
9./10. Dez.	Die EG-Staats- und Regierungschefs einigen sich über eine gemeinsame Bekämpfung von Rezession und Inflation; *institutionelle Festigung der EG-Gemeinschaft.*
1975 28. Febr.	In Lomé (Togo) wird das *Abkommen zwischen 46 AKP-Ländern* (Afrika, Karibik, Pazifik) und der *EG* unterzeichnet (es löst die Verträge von Jaunde [20. Juli 1963] und Arusha [24. Sept. 1969] ab). Das Volumen des *Europäischen Entwicklungsfonds' (EEF)* wird verdreifacht; Sicherung der Exporterlöse (Ausgleichszahlungen bei schwankenden Weltmarktpreisen); die Regelung der Wirtschaftsbeziehungen mit den AKP-Ländern bezweckt eine Erleichterung der Importe aus diesen Ländern. Europa nimmt 54% der AKP-Exporte ab und liefert 44% ihrer Einfuhren.
10.–11. März	*Erste Tagung des ,,Europäischen Rates".* In Dublin erfolgt die Einführung eines Korrekturmechanismus zum Ausgleich der Finanzbelastung von Mitgliedstaaten, die sich in einer ,,unannehmbaren" Situation befinden. Unmittelbar wird diese Maßnahme im Hinblick auf die Situation Großbritanniens getroffen.
12./13. April	Auf einem Treffen in Dublin beschließen die Länder der EG, auch mit den arabischen Staaten in einen Dialog einzutreten (Ziel: Globalabkommen mit den Mittelmeerländern). Konstitution einer *Arbeitsgruppe EG-ASEAN (Association of South-East Asian Nations),* die eine institutionelle Kooperation herbeiführen soll.
5. Juni	Nach dem 1972 erfolgten Beitritt Großbritanniens zur EG entscheidet eine britische Volksabstimmung für ein Verbleiben in der Europäischen Gemeinschaft.
17. Juni	Die Türkei, über welche die *USA* (am 5. Febr.) *nach der türkischen Invasion auf Zypern* ein *Waffenembargo* verhängt haben, gibt bekannt, daß die Verträge über die militärische Zusammenarbeit mit den USA, in denen auch die Regelungen für die Verteidigungsbasen festgelegt sind, durch das Embargo verletzt und damit als ,,nicht mehr bestehend" anzusehen seien; *Krise innerhalb der NATO.*
20. Aug.	Die USA verstärken ihre NATO-Truppen in der Bundesrepublik und gliedern sie um.
15.–17. Nov.	Mit der *1. Wirtschaftsgipfelkonferenz* in Rambouillet beginnen Versuche *der wichtigsten westlichen Industriestaaten,* ihre Wirtschafts- und Finanzpolitik durch Treffen der Staats- bzw. Regierungschefs aufeinander abzustimmen.
1976 26. März	Unterzeichnung eines neuen *Verteidigungsabkommens zwischen den USA und der Türkei,* das die zweiseitigen Militärvereinbarungen von 1956 und 1969 ersetzt. Die USA verpflichten sich für die vierjährige Dauer des Abkommens, der Türkei freie Militärhilfe, Darlehen und Kreditgarantien im Gesamtwert von 1 Mrd. US-Dollar zu gewähren.
1. April	Die Abkommen von Lomé (vom 28. Febr. 1975) mit den AKP-Staaten treten in Kraft.
19. April	*Verteidigungsabkommen* zwischen *Griechenland* und den *USA;* während der vierjährigen Dauer des neuen Vertrags gewähren die USA dem NATO-Staat militärische Hilfe in Höhe von 700 Mio. US-Dollar.
12./13. Juni	Vertreter von 20 christdemokratischen und konservativen Parteien aus 13 europäischen Ländern beschließen in Kopenhagen die Gründung der *Europäischen Demokratischen Union (EDU);* erster Präsident wird der belgische Christdemokrat *Léo Tindemans.*
12. Juli	Der ,,Europäische Rat" der Staats- und Regierungschefs einigt sich nach vielen ergebnislosen Verhandlungen in Brüssel auf die *ersten Direktwahlen zum Europäischen Parlament* (vorgesehen für 7.–10. Juni 1979) und auf die Sitzverteilung: Frankreich, Großbritannien, Italien und Bundesrepublik Deutschland je 81, Niederlande 25, Belgien 24, Dänemark 16, Irland 15 und Luxemburg 6 Mandate.
27. Juli	Aufnahme von Beitrittsverhandlungen zwischen der EG und Griechenland.
1977 9. Febr.	Die Bundesrepublik unterzeichnet mit der NATO ein Abkommen zur Zuständigkeit zwischen nationalen und alliierten Befehlshabern auf dem Gebiet der Bundesrepublik.
1978	Für *Dänemark, Irland und Großbritannien* beginnt die *EG-Vollmitgliedschaft* (1. Jan.).
1979 13. März	Ablösung der ,,Währungsschlange" von 1972 durch Inkrafttreten des *Europäischen Währungssystems (EWS),* das mit Hilfe der Europäischen Währungseinheit (ECU) die Wechselkurse in der EG (noch ohne Großbritannien) harmonisieren soll.
28. Mai	In Athen werden die *Dokumente über den EG-Beitritt Griechenlands* unterzeichnet. Mit Wirkung vom 1. Jan. 1981 wird Griechenland 10. Vollmitglied der Europäischen Gemeinschaft, der sich auch Spanien und Portugal anschließen wollen.
Juni	*Erste Direktwahl zum Europäischen Parlament* mit ca. 61% Wahlbeteiligung (7./10.).
Juli 7.–20.	*Im Europaparlament konstituieren sich die Fraktionen:* Sozialisten 112 Abgeordnete; Christdemokraten (Europäische Volkspartei, EVP) 108; Konservative (Europäische Demo-

Anteil der zehn Länder an Bevölkerung und Wirtschaft der EG

1981 (in %)	Bevölkerung	Bruttoinlandsprodukt	Anteil des Imports am BIP	Anteil des Exports am BIP
BR Deutschland	22,7	27,9	26,6	28,3
Belgien	3,6	3,9	68,0	63,8
Dänemark	1,9	2,3	33,9	33,6
Frankreich	19,8	23,6	23,7	22,1
Griechenland	3,6	1,6	28,1	15,8
Großbritannien	20,6	20,3	24,4	25,8
Irland	1,3	07	68,1	50,7
Italien	21,1	14,3	28,5	24,7
Luxemburg	0,1	0,2	91,2	79,5
Niederlande	5,2	5,3	57,4	61,2
„Zehn"	100	100	29,6	29,1

kraten) 63; Kommunisten und Nahestehende 44; Liberale und Demokraten 40; EDF (Europäische Demokraten für den Fortschritt) 22; Sonstige 3; Fraktionslose 21.

1980
- 7. Febr. — Frankreich und die Bundesrepublik beschließen den gemeinsamen Bau eines neuen Kampfpanzers für die 90er Jahre.
- 30. Mai — Die EG-Außenminister einigen sich auf Reduzierung des britischen EG-Beitrags.
- 31. Juli — Die Bundesrepublik gewährt der Türkei 600 Mio. DM Militärhilfe.
- 26. Aug. — In der EG gibt es 6,6 Mio. Arbeitslose.
- 12. Sept. — Eine Militärregierung übernimmt in der Türkei die Macht.
- Okt. — Griechenland, das 1974 wegen Zypern aus der Militärorganisation der NATO ausgetreten war, tritt wieder ein (20.–24.).

1981 *Griechenland wird am 1. Januar das 10. Mitglied der Europäischen Gemeinschaft.*
- 29. Aug. — Der französische Wirtschaftsminister J. Delors (*1925) regt Maßnahmen gegen die Hochzinspolitik der USA an.
- 3. Okt. — Die Außenminister Genscher (Bundesrepublik) und Colombo (Italien) entwerfen einen *Plan für eine Europäische Union.*

1982
- 15. Jan. — Erstes Treffen westlicher Handelsminister in Florida; Diskussion über den Welthandel und über den Abbau japanischer Handelshemmnisse (bis 16. Jan.).
- 6. April — Im Falkland-Konflikt erklärt die EG ihre Solidarität mit Großbritannien.
- 30. Mai — *Spanien wird das 16. Nato-Mitglied.*
- 11. Juni — Stahlkonflikt USA–Japan–EG (bis 22. Juni); Einigung am 21. Okt.

1983
- 21. Jan. — Der Fischereikonflikt zwischen Dänemark und Großbritannien wird durch Vereinbarung von Gesamtfangquoten beigelegt.
- 6. Sept. — *Das KSZE-Schlußdokument wird gebilligt.*
- 30. Sept. — *Beginn der Stationierung von nuklearen US-Mittelstreckenraketen in NATO-Ländern.*

Europäisches Parlament von 1984

1274 Neueste Zeit – Westliche Welt

1. Nov. China gibt die Aufnahme von Beziehungen zur Europäischen Gemeinschaft für Kohle und Stahl (Montanunion) sowie zu EURATOM bekannt.

1984 *Zwischen EG und EFTA entfallen* ab 1. Januar *die Einfuhrzölle.*

13. März Grönland beschließt seinen Austritt aus der EG zum 1. 1. 1985.

19. März Die 30. EG-Gipfelkonferenz in Brüssel (bis 20. März) scheitert am Widerstand Großbritanniens gegen die Höhe des britischen Beitrags zum EG-Haushalt.

Juni 14./17. *Bei den zweiten Direktwahlen zum Europäischen Parlament beträgt die Wahlbeteiligung rund 60%.*

24. Juli *Im Europaparlament konstituieren sich die Fraktionen:* Sozialisten 130 Abgeordnete; Europäische Volkspartei 110; Konservative Europäische Demokraten 50; Kommunisten 41; Liberale 31; Vereinigung der Europäischen Demokraten 29; Regenbogenfraktion (darunter Grüne) 20; Europäische Rechte 16; Fraktionslose 7.

1986 1. Jan. Mit Inkrafttreten des Beitritts von Spanien und Portugal gibt es nun insgesamt *12 Mitgliedsländer der EG. – (Forts. S. 1622)*

Die einzelnen Staaten westlicher Bündnissysteme

Die Vereinigten Staaten von Amerika seit 1945
(Forts. v. S. 1187)

Die USA nach dem Zweiten Weltkrieg (1945–1947)

Im Krieg haben die Vereinigten Staaten ihre militärischen, wirtschaftlichen und technischen Ressourcen in nie zuvor gekanntem Maße mobilisiert. Außer den Streitkräften ist auch die staatliche Verwaltung ganz erheblich ausgebaut worden. Im Lager der westlichen Alliierten besitzen die USA eine *unbestrittene Führungsposition.* Mit den Siegen über das faschistische Italien (Sept. 1943), Deutschland (Mai 1945) und Japan (Aug. 1945) stehen die USA erfolgreich am Ziel ihrer Anstrengungen und Opfer, zugleich stehen sie aber auch vor neuen Aufgaben, die nicht weniger leicht zu lösen sind: 1. Umstellung des eigenen Landes auf Friedensverhältnisse, 2. Neuordnung der übrigen Welt, und zwar der besiegten Staaten, der befreiten Länder und der Welt insgesamt in einem System der kollektiven Sicherheit. Ein Rückfall in den Isolationismus – wie nach dem Ersten Weltkrieg – findet nicht statt. Der größte Teil der amerikanischen Streitkräfte wird zunächst demobilisiert. Die Entzweiung der ehemaligen Alliierten (Westmächte/UdSSR) und der offene Ausbruch des Ost-West-Konflikts sind 1945 noch nicht klar abzusehen. Die Vereinigten Staaten leisten seit 1943 im Rahmen der *United Nations Relief and Rehabilitation Administration (UNRRA)* umfangreiche Hilfsmaßnahmen zur Linderung der Not in den vom Kriege betroffenen Ländern Europas (bis 1947) und Asiens (bis 1949).

1945 12. April Nach dem Tod *Franklin D. Roosevelts* übernimmt der bisherige Vizepräsident *Harry S. Truman* (Demokrat; * 1884, † 1972) das Präsidentenamt; er führt die Politik seines Vorgängers mit innenpolitischen Reformen und weltpolitischem Engagement fort. In seine erste Amtsperiode fallen das Ende des Zweiten Weltkrieges, Normalisierungs- und Wiederaufbaumaßnahmen und der Beginn des Ost-West-Konflikts.

8. Mai Mit dem **V-E Day (Victory Europe Day),** dem Tag der deutschen Kapitulation in Reims (Frankreich), ist der Zweite Weltkrieg in Europa zu Ende.

11. Mai Die Vereinigten Staaten stellen die *Pacht- und Leihhilfe* an ihre Verbündeten auf dem europäischen Kriegsschauplatz ein.

5. Juni Entsprechend früheren Vereinbarungen der Alliierten (Europäische Beratungskommission, Jalta-Konferenz) beginnt in *Deutschland* die *Viermächteverwaltung,* an der die Vereinigten Staaten beteiligt sind. Erster Militärgouverneur, zugleich amerikanischer Vertreter im Alliierten Kontrollrat, ist General *Dwight David Eisenhower* (* 1890, † 1969). Ihm folgen die Generale (Nov. 1945) *Joseph Taggert McNarney* (* 1893, † 1972) und (März 1947) *Lucius Dubignon Clay* (* 1897, † 1978).

26. Juni Mit 49 anderen Staaten unterzeichnen die USA die *Charta der Vereinten Nationen (UNO).* 1946 beschließen die Vereinten Nationen, ihren ständigen Sitz in den Vereinigten Staaten zu errichten (*John Davison Rockefeller* jun. [* 1874, † 1960] stiftet 8,5 Mio. Dollar zum Ankauf des Geländes in New York).

16. Juli Auf dem Versuchsgelände von Alamogordo (Bundesstaat New Mexico) wird die *erste Atombombe* zur Explosion gebracht.

17. Juli –2. Aug. Auf der *Potsdamer Konferenz,* der letzten Gipfelkonferenz der „Großen Drei" (USA, UdSSR, Großbritannien) im Zweiten Weltkrieg, erörtert Präsident Truman mit dem britischen Premier *Winston Churchill* (bzw. *Clement Attlee,* der diesen auf der Konferenz

Einzelne Staaten westlicher Bündnissysteme – USA *1275*

ablöst) und dem sowjetischen Partei- und Regierungschef *Josef Stalin* u. a. Neuordnungs-
fragen in Europa und die Besatzungspolitik in Deutschland.

6./9. Aug. Mit dem Abwurf von zwei **Atombomben** auf **Hiroshima** und **Nagasaki** zwingen die USA
Japan zur Beendigung des Krieges.

14. Aug. Mit dem **V-J Day (Victory Japan Day),** dem Tag der japanischen Kapitulation, ist der
Zweite Weltkrieg auch in Ostasien zu Ende. Japan wird von amerikanischen Streitkräften
besetzt. Der japanische Kaiser (Tenno) behält seine Stellung, der japanische Verwaltungsapparat bleibt bestehen. Entmilitarisierung und Demokratisierung werden jedoch von
General *Douglas MacArthur* (* 1880, † 1964), dem Oberkommandierenden der Besatzungstruppen, kontrolliert.

21. Aug. Das amerikanische *Pacht- und Leihprogramm* der Kriegszeit ist *beendet* (die Vereinigten
Staaten haben ihren Verbündeten Hilfe im Wert von 50,6 Mrd. Dollar geleistet).

11. Sept. Außenminister *James Francis Byrnes* (Demokrat, * 1879, † 1972) vertritt die Vereinigten
–2. Okt. Staaten auf der ersten *Konferenz des Außenministerrates der Großmächte in London.* Es
folgen Konferenzen in Moskau (1945), Paris und New York (1946), Moskau und London
(1947), auf denen die **Friedensverträge** für *Italien, Ungarn, Bulgarien, Rumänien* und
Finnland ausgearbeitet werden (unterzeichnet 10. Febr. 1947). Über einen Staatsvertrag
mit Österreich und einen Friedensvertrag mit Deutschland erzielt der Außenministerrat
keine Einigung.

14. Nov. In *Nürnberg* beginnt der *Prozeß* des Internationalen Militärgerichtshofes gegen deutsche
Hauptkriegsverbrecher (beendet am 1. Okt. 1946). In *Tokyo* findet von 1946 bis 1948 ein
ähnlicher Prozeß gegen japanische Hauptkriegsverbrecher statt.

1946 Der amerikanische Vertreter in der Atomenergiekommission der Vereinten Nationen,
14. Juni *Bernard Mannes Baruch* (* 1870, † 1965), legt einen Plan zur internationalen *Kontrolle
der Atomenergie* und zur *Atomabrüstung* vor, der von sowjetischer Seite mit der Forderung
nach einem Atomwaffenverbot, jedoch ohne internationale Kontrolle, beantwortet wird.
Eine Einigung kommt nicht zustande.

1. Juli Beginn einer Reihe amerikanischer *Atombombentests* auf dem Bikini-Atoll im Pazifik.

4. Juli Präsident Truman proklamiert entsprechend dem Tydings-McDuffie-Act von 1934 die
Unabhängigkeit der Philippinen.

1. Aug. Der Kongreß in Washington beschließt, eine nationale *Atomenergiekommission* zu errichten, um Atomenergie für zivile Zwecke nutzbar zu machen.

6. Sept. Der amerikanische Außenminister *James F. Byrnes* kritisiert in einer *Rede in Stuttgart* den
Alliierten Kontrollrat und kündigt eine Wiederaufbaupolitik für Deutschland, notfalls auch
ohne die Sowjetunion, an (1. Jan. 1947 Gründung der Bizone).

Die Innenpolitik in den USA in der unmittelbaren Nachkriegszeit

Die innenpolitische Situation von 1945 bis 1947 ist durch soziale und wirtschaftliche Umstellungspro-
bleme im Übergang auf Friedensverhältnisse bestimmt. Aus dem Kriege heimkehrende Soldaten erhalten
auf Grund der *G. I. Bill* von 1944 Unterhalt und freie Ausbildung an Schulen und Universitäten. Die
befürchtete große Wirtschaftskrise bleibt aus, aber die *Währungsverhältnisse* lassen sich nicht stabil halten. Die Kaufkraft der Bevölkerung ist groß. Die *Lebensmittelrationierung* wird Ende 1945 weitgehend
aufgehoben. *Preiskontrollen,* die Präsident Truman fortführen möchte, werden unter Druck der Produzenten und der Geschäftswelt 1946 schrittweise abgebaut. Die Preise steigen, die Lebenshaltungskosten
erhöhen sich von 1946 bis 1948 um 50%. Die *Gewerkschaften,* deren Mitgliederzahlen bis 1947 auf
22,4% aller Arbeitnehmer anwachsen, fordern höhere Löhne. Schon im Nov. 1945 beginnt ein *Streik*
von 180000 Arbeitern der Automobilindustrie. Streiks in der Stahl-, Fleischkonserven- und Elektroindustrie folgen. Im Februar 1946 befinden sich 1,6 Mio Arbeiter im Ausstand. Lohnerhöhungen werden genehmigt. Eine erneute Streikwelle (Bergarbeiter und Eisenbahner) spitzt die Situation im Lande
kritisch zu und bewirkt Restriktionen: Am 23. Juni 1947 setzt der Kongreß gegen Trumans Veto das
Taft-Hartley-Gesetz durch. Es verbietet den Gewerkschaftszwang für Arbeitnehmer, erlaubt gerichtli-
ches Vorgehen der Unternehmer gegen Gewerkschaften, die Tarifverträge brechen, verpflichtet
Gewerkschaften zur Offenlegung ihrer Finanzen und setzt eine 60-Tage-Abkühlungsperiode vor dem
Beginn von Streikmaßnahmen fest.

Die Vereinigten Staaten in der Zeit des Ost-West-Konflikts (1947–1961)

Im *Weltkonflikt der Machtblöcke* wächst bei den Amerikanern die Furcht vor dem eventuellen Gegner
im eigenen Land. Es kommt zu Verfolgungen von Kommunisten und des Kommunismus Verdächtigter,
die zeitweilig hysterische Formen annehmen (*McCarthyism,* nach Senator Joseph R. McCarthy). Im Verlauf des Ost-West-Konflikts rüsten die Vereinigten Staaten erneut auf und mobilisieren ihr großes wirt-
schaftlich-technisches Potential. Bedingt durch die Rivalität zwischen Ost und West werden Waffensysteme weiterentwickelt, die letzten Endes zum *„atomaren Patt"* und *„Gleichgewicht des Schreckens"*

1276 Neueste Zeit – Westliche Welt

führen. Der Konflikt wird nicht nur mit Mitteln der Rüstung, des Militäreinsatzes und der Machtpolitik, sondern auch mit einer intensiven Propaganda ausgefochten (psychologische Kriegführung).

George Frost Kennan (* 1904; 1944–1946 amerikanischer Geschäftsträger in Moskau; 1947 Chef des Planungsstabes des State Department) formuliert die amerikanische *Strategie des „kalten Krieges"* (sog. X-Artikel 1947 in der Zeitschrift *Foreign Affairs*): In nüchterner Einschätzung der sowjetischen Expansion und im Vertrauen auf die eigene Stärke sollten die für den Kommunismus anfälligen Länder vor allem mit wirtschaftlichen Mitteln unterstützt und dadurch Machterweiterungen des Gegners *„eingedämmt"* werden *(Politik des „Containment").*

Kennans Formulierungen entsprechen der Vorstellung vieler Amerikaner, die sich vom Vorgehen der Sowjetunion provoziert fühlen. Andererseits warnen Kritiker der neuen Eindämmungsstrategie vor einer Unterstützung antikommunistischer, aber illiberaler Staaten, vor einer antisowjetischen Außenpolitik schlechthin und vor einem neuen weltpolitischen Engagement. Dramatische Vorgänge zur Abrundung des Ostblocks wie der Staatsstreich in der Tschechoslowakei (Febr. 1948) und die Berliner Blockade (1948–1949) lassen die kritischen Stimmen jedoch bald verstummen.

1947 **12. März**	Präsident Truman fordert in einer Botschaft an den Kongreß (sog. **Truman-Doktrin**) die wirtschaftliche und militärische Unterstützung Griechenlands und der Türkei, um diese Länder vor *„aggressiven Schritten zur Errichtung totalitärer Regime"* zu schützen. (Für Hilfsmaßnahmen werden bis 1949 625 Mio. Dollar bewilligt.)
22. März	Mit der *Truman Loyalty Order* wird die Überprüfung der Regierungsbediensteten hinsichtlich ihrer Verfassungstreue und einer eventuellen Beteiligung an subversiven Aktionen eingeleitet. 1948 wird *Alger Hiss*, ein ehemaliger Beamter des Außenministeriums, wegen Übermittlung von vertraulichen Dokumenten an die Sowjetunion vor Gericht gestellt (Schuldspruch wegen Meineides 1950).
12. April	Die Vereinten Nationen übertragen den USA die Treuhandverwaltung der ehemaligen *japanischen Inseln im Pazifik*.
5. Juni	In einer Rede an der Harvard University kündigt Außenminister *George Catlett Marshall* (* 1880, † 1959) ein umfassendes wirtschaftliches Hilfsprogramm für das notleidende und wirtschaftlich stagnierende Europa an **(Marshall-Plan)**. Zweck der Hilfe sei „die Wiederherstellung einer funktionierenden Weltwirtschaft, und damit auch die Herstellung politischer und sozialer Verhältnisse, die zum Existieren freiheitlicher Institutionen nötig" seien.
23. Juni	Verabschiedung des *Taft-Hartley-Gesetzes* durch den Kongreß gegen Trumans Veto.
2. Juli	Auf einer Konferenz der Außenminister Großbritanniens, Frankreichs und der Sowjetunion lehnt der sowjetische Außenminister *Wjatscheslaw Molotow* den Marshall-Plan für sein Land ab. Die übrigen Ostblockstaaten und Finnland sehen sich gezwungen, Folge zu leisten. Westdeutschland wird später in das Hilfsprogramm einbezogen.
26. Juli	Ein *National Security Act* faßt die bislang getrennt verwalteten amerikanischen Streitkräfte unter einem neuen Verteidigungsministerium zusammen (erster Verteidigungsminister wird *James V. Forrestal* [* 1892, † 1949]). Ein *Nationaler Sicherheitsrat* wird errichtet, der die inneren, auswärtigen und militärischen Maßnahmen zur Erhaltung der nationalen Sicherheit koordinieren soll. Die Nachrichtendienste der verschiedenen Behörden werden in der *Central Intelligence Agency (CIA)* zusammengefaßt.
2. Sept.	Im *Vertrag von Rio de Janeiro* vereinbaren die Vereinigten Staaten und die lateinamerikanischen Länder gegenseitige Hilfe im Falle eines Angriffs.
17. Dez.	Der amerikanische Kongreß billigt das *European Recovery Program (ERP)*, worauf die 16 west- und südeuropäischen Teilnehmerstaaten die *„Organization for European Economic Cooperation" (OEEC)* als internationale Koordinierungsinstanz gründen (16. April 1948). Bilaterale Verträge zwischen den Vereinigten Staaten und den Teilnehmerstaaten folgen. Von 1948 bis 1951 leisten die Vereinigten Staaten Hilfe im Wert von insgesamt 12,4 Mrd. Dollar (überwiegend nicht rückzahlbar). Das Europäische Wirtschaftsprogramm trägt erheblich zur wirtschaftlichen und politischen Stabilisierung des nichtkommunistischen Europas bei und wird Vorbild für weitere Auslandshilfeprogramme.
1948 30. April	Als panamerikanisches Verteidigungssystem wird die *Organisation Amerikanischer Staaten (OAS)* gegründet.
11. Juni	In einer von Senator *Arthur Hendrick Vandenberg* (Republikaner; * 1884, † 1951) eingebrachten *Resolution* empfiehlt der Senat, die nationale Sicherheit durch regionale und kollektive Verteidigungsabsprachen zur gegenseitigen Hilfe zu stärken.
24. Juni	Der Kongreß beschließt im *Selective Service Act* die Wehrpflicht von Männern zwischen 19 und 26 Jahren.
26. Juni	Die **Berliner Blockade** wird durch eine auf Vorschlag des amerikanischen Militärgouverneurs *Lucius D. Clay* errichtete *Luftbrücke* überwunden. Beendigung der Blockade (12. Mai 1949) aufgrund des *Jessup-Malik-Abkommens* vom 4. Mai 1949.
2. Nov.	Trotz Gegnerschaft in der eigenen Partei (Abspaltung der *Progressive Party* und Absonderung der Südstaaten-Demokraten) wird *Harry S. Truman* gegen den Republikaner *Thomas Edmund Dewey* (* 1902, † 1971) mit klarer Mehrheit für eine zweite Amtszeit als Präsident der Vereinigten Staaten gewählt.

Einzelne Staaten westlicher Bündnissysteme – USA   *1277*

1949
19. Jan.   In seiner Antrittsrede zu Beginn der zweiten Amtszeit kündigt Präsident *Truman* ein Programm zur technischen und industriellen Unterstützung der Entwicklungsländer an *(Punkt-Vier-Programm)*. Der Kongreß bewilligt (am 24. Juni) zunächst 45 Mio. Dollar. Die *Entwicklungshilfe* wird zum wichtigen Instrument der amerikanischen Außenpolitik.

4. April   In Washington unterzeichnen die Außenminister der Vereinigten Staaten, Kanadas, Großbritanniens, Frankreichs, der Benelux-Staaten, Italiens, Portugals, Dänemarks, Norwegens und Islands den **Nordatlantikpakt** (*North Atlantic Treaty Organization,* **NATO**).

8. April   In Washington beschließen die Außenminister der Vereinigten Staaten, Großbritanniens und Frankreichs als Vorbereitung zur *Gründung eines westdeutschen Staates* den Zusammenschluß ihrer Besatzungszonen, ein Besatzungsstatut und einen neuen Industrieplan für Deutschland.

Der *Sieg der Kommunisten in China* in einer Zeit erfolgreicher Eindämmungspolitik in Europa löst eine heftige Kontroverse über die amerikanische Chinapolitik aus.

5. Aug.   In einem *China White Paper* des Außenministeriums wird der chinesischen Nationalregierung die Schuld für die Niederlage gegeben. Amerikanische Versuche, zwischen Nationalchinesen und Kommunisten zu vermitteln, sind gescheitert. Die Chinahilfe endet. Etwa 2 Mrd. Dollar Unterstützung sind der Regierung Chiang Kai-shek (1945–1949) gewährt worden, wovon ein großer Teil in kommunistische Hände geraten ist.

Aug.   Mit der Explosion einer *sowjetischen Atombombe* endet das amerikanische Kernwaffenmonopol. Die Konstruktion der *Wasserstoffbombe* wird deshalb rasch vorangetrieben.

1950
25. Juni   Das Vordringen *nordkoreanischer Truppen* über den 38. Breitengrad nach Süden, ein Hilferuf *Südkoreas* und der Aufruf des *UN-Sicherheitsrates,* Südkorea Hilfe zu leisten, veranlassen Präsident *Truman,* amerikanische Streitkräfte dorthin zu entsenden: **Korea-Krieg.**

23. Sept.   Gegen Präsident Trumans Veto verabschiedet der Kongreß ein Gesetz zur *Überwachung kommunistischer Organisationen und zur Internierung von Kommunisten* während eines nationalen Notstandes *(McCarran Internal Security Act).*

1951
29. März   Nachdem ein brit. Gericht den Atomphysiker *Klaus Fuchs* (* 1911, † 1988), der an der Entwicklung der amerikanischen Atombombe gearbeitet hatte, wegen Geheimnisverrats an die Sowjetunion zu Gefängnis verurteilt hat (1950), werden *Julius* (* 1916, † 1953) und *Ethel Rosenberg* (* 1918, † 1953) wegen des gleichen Delikts von einem amerikanischen Gericht zum Tode verurteilt und hingerichtet.

11. April   General *MacArthur* wird durch General *Matthew Bunker Ridgway* (* 1895) ersetzt, weil er sich im Gegensatz zur Regierung öffentlich für die Bombardierung von Stützpunkten in China und für einen bedingungslosen Siegfrieden in Korea ausgesprochen hat.

10. Juli   In *Korea,* wo die Kämpfe zum Stehen gekommen sind, beginnen *Waffenstillstandsverhandlungen,* die sich bis 1953 hinziehen.

1. Sept.   Die Vereinigten Staaten, Australien und Neuseeland schließen gemeinsam einen Sicherheitspakt ab *(ANZUS: Australia, New Zealand, USA).*

8. Sept.   In San Francisco wird ein von den Vereinigten Staaten vorbereiteter *Friedensvertrag* zwischen *Japan* und 49 Gegnerstaaten des Zweiten Weltkrieges (allen außer der Sowjetunion und Indien) abgeschlossen. Ein bilateraler *Sicherheitsvertrag* vom gleichen Tage erlaubt die weitere Stationierung amerikanischer Truppen in Japan.

1952
3. März   *Puerto Rico* erhält den Status eines „freien Commonwealth, freiwillig assoziiert mit den Vereinigten Staaten" (in Kraft 25. Juli).

1. Nov.   Auf dem Eniwetok-Atoll (Marshallinseln) im Pazifik wird die erste *amerikanische Wasserstoffbombe* zur Explosion gebracht. Nach der Explosion einer *sowjetischen Wasserstoffbombe* (9. Aug. 1953) ist das *„atomare Patt"* jedoch wiederhergestellt.

Die innenpolitische Entwicklung unter Truman

Präsident Truman setzt den *New Deal* seines Vorgängers Franklin D. Roosevelt fort. Sein eigenes sozialpolitisches Programm, auch als *Fair Deal* bezeichnet, bleibt jedoch weitgehend unausgeführt (z. B. Bürgerrechtsgesetzgebung, nationale Krankenversicherung). Nur Ansätze lassen sich verwirklichen, u. a. die Beendigung der Rassendiskriminierung in den Streitkräften und in Behörden, Erweiterung der Sozialversicherung und ein Wohnungsbaugesetz. Unter der *schwarzen Bevölkerung* setzt eine starke Süd-Nord-Wanderung in die Industriezentren ein. Ab 1946 steigen die *Einwandererzahlen* wieder auf über 100000 im Jahr, jedoch gelingt es Truman nicht, die Quotengesetzgebung zu liberalisieren. Im *McCarran-Walter Act* (1952) wird nur die Diskriminierung von Asiaten beseitigt. Truman bemüht sich, Arbeitskämpfe in Krisenzeiten zu verhindern.

1953
20. Jan.   General *Dwight David Eisenhower,* während des Zweiten Weltkrieges Oberbefehlshaber der Alliierten Streitkräfte in Europa, 1952 Kandidat der Republikanischen Partei und Wahlsieger über den Demokraten *Adlai Ewing Stevenson* (* 1900, † 1965), wird Präsident der Vereinigten Staaten (1953–1961), Vizepräsident *Richard Milhous Nixon* (* 1913).

1278 Neueste Zeit – Westliche Welt

Der Parteienwechsel im Präsidentenamt nach zwanzig Jahren demokratischer Vorherrschaft führt nicht zu grundlegenden Veränderungen in der Innen- und Außenpolitik. Die Eisenhower-Administration verfolgt einen „liberal-konservativen" Kurs, führt aber den aus der Ära Franklin D. Roosevelts überkommenen *New Deal* fort und verbessert die Sozialversicherung. Im Ost-West-Konflikt verfolgt Amerika eine *„Politik der Stärke".* Außenminister *John Foster Dulles* (* 1888, † 1959) bezeichnet die amerikanische Politik gegenüber der Sowjetunion als *„Brinkmanship"* (Bereitschaft, „bis an den Rand des Abgrundes zu gehen"). Nachdem die Vereinigten Staaten das Wasserstoffbombenmonopol eingebüßt haben (sowjetische H-Bombe), soll die Drohung mit *„massiver Vergeltung"* den Gegner von einem Atomwaffenangriff abhalten.

1. *März* Für die Ressorts *Gesundheit, Erziehung und Wohlfahrt* wird ein neues *Bundesministerium* errichtet.

27. *April* *Eisenhowers Sicherheitsprogramm* setzt anstelle des Prinzips der Verfassungstreue das Prinzip des *„Sicherheitsrisikos"* als Kriterium für eine Entlassung aus dem Staatsdienst fest.

27. *Juli* In P'anmunjom *(Korea)* wird ein *Waffenstillstand* vereinbart. Die Demarkationslinie entspricht dem Frontverlauf in der Nähe des 38. Breitengrades.

1954 Anhörverfahren eines Untersuchungsausschusses des Senats unter *Joseph Raymond*
22. *April* *McCarthy* (Republikaner, * 1909, † 1957) zur Aufdeckung prokommunistischer Umtriebe
−17. *Juni* finden ihren Höhepunkt in Vernehmungen (mit Fernsehübertragung) des Heeresministers *Robert T. Stevens* (* 1899). Die Methoden des Senators, vor allem seine nicht beweisbaren Anschuldigungen, werden scharf kritisiert, u. a. von Präsident Eisenhower.

17. *Mai* Das Oberste Bundesgericht entscheidet im Falle *Brown versus (gegen) Board of Education of Topeka,* daß die Rassentrennung an den Schulen dem Gleichheitsprinzip des 14. Verfassungszusatzes (1866) widerspricht. Damit ist die frühere Doktrin „Separate but equal" (*Plessy versus Ferguson,* 1896) aufgehoben und der Weg zur rassischen Integration der Schulen juristisch geebnet. In der Folgezeit versuchen *White Citizens Councils,* die Integration zu hintertreiben.

18.–29. Die *Central Intelligence Agency (CIA)* unterstützt eine Invasion von Exilguatemalteken
Juni aus Honduras, die die Regierung in *Guatemala* stürzen. Diese hat zuvor den Landbesitz der *United Fruit Company* enteignet und aus dem Ostblock Waffen bezogen.

24. *Aug.* Durch ein *Gesetz zur Kontrolle des Kommunismus* verliert die Kommunistische Partei der Vereinigten Staaten ihren rechtlichen Status.

8. Sept. In Manila unterzeichnen Vertreter der USA, Großbritanniens, Frankreichs, Australiens, Neuseelands, Pakistans, der Philippinen und Thailands einen Vertrag zur Gründung der *South East Asia Treaty Organization* **(SEATO),** eines Gegenstücks zur NATO (aber ohne automatische Beistandspflicht und gemeinsames Oberkommando) im pazifischen Raum.

2. *Dez.* Die Vereinigten Staaten und Nationalchina *(Taiwan)* schließen einen Verteidigungspakt ab.

3. *Dez.* Der Senat verurteilt Senator *McCarthys* Praktiken in der Verfolgung angeblicher Kommunisten mit 67 zu 22 Stimmen. Damit ist der Einfluß des Hauptexponenten der Kommunistenverfolgung in den Vereinigten Staaten gebrochen.

1955 Mit Inkrafttreten der Pariser Verträge endet die amerikanische Besatzungspolitik in
5. *Mai* Deutschland.

15. *Mai* Nach Inkrafttreten des *österreichischen Staatsvertrags* verlassen die amerikanischen Besatzungstruppen das Land.

5. *Dez.* Die großen Gewerkschaften *American Federation of Labor (AFL)* und *Congress of Industrial Organizations* (*CIO;* ausgeschlossen aus der AFL 1937) vereinigen sich in der *AFL-CIO* mit etwa 15 Mio. Mitgliedern.

1956 In *Montgomery (Alabama)* erzwingen schwarze Amerikaner – unter der Führung des Baptistenpfarrers *Martin Luther King* (* 1929, † 1968) – nach einem siebenmonatigen Boykott der Omnibusse die Aufhebung der Rassentrennung in diesem Verkehrsmittel. King gründet im folgenden Jahr die *Southern Christian Leadership Conference* zur Durchsetzung der Rassenintegration mit friedlichen Mitteln.

19. *Juli* Nach Waffenkäufen Ägyptens in Ostblockländern ziehen die Vereinigten Staaten und die Weltbank ihr Angebot zur Mitfinanzierung des *Nilstaudammes bei Assuan* zurück. Ägypten *verstaatlicht* daraufhin den *Suezkanal* (26. Juli).

31. *Okt.* Präsident *Eisenhower* begrüßt die *ungarische Erhebung* (seit 23. Okt.). Unmittelbare Hilfe kann jedoch nicht gewährt werden. 14316 Flüchtlinge werden aufgenommen.

31. *Okt.* Nach *Ausbruch der Suezkrise* (militärisches Vorgehen Israels, Großbritanniens und Frankreichs gegen Ägypten) verurteilt Präsident Eisenhower die Gewaltanwendung als Mittel zur Regelung internationaler Streitigkeiten. Die Vereinigten Staaten fordern die Einstellung der Feindseligkeiten (diese erfolgt am 6. Nov.).

29. *Nov.* Die Vereinigten Staaten erklären, daß sie den *Bagdad-Pakt* (von 1955) unterstützen werden. Im folgenden Jahr treten sie dem Militärischen Ausschuß dieser nahöstlichen Verteidigungsorganisation bei.

Einzelne Staaten westlicher Bündnissysteme – USA   *1279*

1957
5. Jan.
In einer Botschaft an den Kongreß schlägt Präsident Eisenhower die militärische Zusammenarbeit mit Nahost-Staaten vor, die einem kommunistischen Angriff ausgesetzt sind und amerikanische Hilfe erbitten *(Eisenhower-Doktrin,* offizielle Verkündung 9. März). Der Kongreß ermächtigt ihn dazu und bewilligt dafür 200 Mio. Dollar.

9. Sept.
Ein *Bürgerrechtsgesetz* (das erste seit 1875) sieht die Einsetzung einer Bundeskommission vor, die Verletzungen des Wahlrechts und der Bürgerrechtsgesetze aufgrund von Hautfarbe, Rasse, Religion und nationaler Herkunft untersuchen soll. Im Justizministerium wird eine Bürgerrechtsabteilung eingerichtet.

24. Sept.
In *Little Rock (Arkansas)* werden Bundestruppen eingesetzt, um schwarzen Schülern den ihnen vom Gouverneur *Orval Eugene Faubus* (* 1910) und Gegnern der Rassenintegration verweigerten Eintritt in eine bislang nur von Weißen besuchte öffentliche Schule zu ermöglichen.

4. Okt.
Der Start des ersten künstlichen Erd-Satelliten *(Sputnik)* durch die Sowjetunion löst in den Vereinigten Staaten den sog. *Sputnik-Schock* aus. Das Raketenbauprogramm wird daraufhin neu organisiert und der Militäretat erhöht. Schulen und Universitäten erhalten Bundesmittel zur Verbesserung der Ausbildung. Der *National Defense Education Act* (2. Sept. 1958) sieht die Verwendung von Bundesmitteln zur Studienförderung vor.

1958
31. Jan.
Der erste amerikanische Satellit *(Explorer I)* wird von Cape Canaveral (heute: Cape Kennedy, Florida) in eine Umlaufbahn um die Erde geschossen.

29. Juli
Die *National Aeronautics and Space Administration (NASA),* eine Regierungsbehörde zur Förderung der Raumforschung und Raumschiffahrt, wird in Washington, D.C., errichtet.

14. Dez.
Die ultimative *Kündigung des Viermächtestatus der Stadt Berlin* durch die Sowjetunion und die Forderung nach Entmilitarisierung und Errichtung einer „Freien Stadt" (27. Nov.) werden auf einer Außenministerkonferenz der Vereinigten Staaten, Frankreichs und Großbritanniens zurückgewiesen.

1959
Die Territorien *Alaska* und *Hawaii* werden als 49. und 50. Staat in die Union aufgenommen (3. Jan. und 21. Aug.).

25. April
Der gemeinsam mit Kanada gebaute *St.-Lorenz-Seeweg,* der Überseeschiffen die Fahrt bis nach Chicago und Duluth (am Oberen See) ermöglicht, wird eröffnet.

15.–27.
Sept.
Der sowjetische Premierminister *Nikita Chruschtschow* besucht die Vereinigten Staaten und spricht mit Präsident Eisenhower in *Camp David* über Möglichkeiten zur Überwindung des kalten Krieges, des Wettrüstens und der Deutschland- und Berlin-Problematik.

1960
1. Febr.
Ausgehend von Greensboro (North Carolina) beginnt in den Südstaaten eine Welle von *„Sit-Ins",* Protestaktionen von Studenten gegen die Rassendiskriminierung in Cafeterias.

1. Mai
Ein amerikanisches *Erkundungsflugzeug* vom *Typ U-2* wird bei Swerdlowsk (Gebiet des Mittleren Ural) abgeschossen.

16.–17.
Mai
Eine Pariser *Gipfelkonferenz* zur Erörterung von Entspannungsmaßnahmen scheitert, da Chruschtschow von *Eisenhower* eine Entschuldigung wegen der U-2-Flüge verlangt.

6. Juli
Die Beschlagnahme amerikanischer Ölraffinerien und anderen amerikanischen Eigentums in *Kuba* sowie der zunehmend prosowjetische Kurs der kubanischen Regierung unter *Fidel Castro* wird von den Vereinigten Staaten zunächst mit der Einschränkung der amerikanischen Zuckerimporte, dann mit einem Embargo (12. Okt.) für alle Waren, die für Kuba bestimmt sind (außer Lebensmitteln und Medikamenten), beantwortet. Der Abbruch der diplomatischen Beziehungen erfolgt am 3. Jan. 1961.

Wirtschaft und Gesellschaft in den fünfziger Jahren

Das Bruttosozialprodukt steigt von 284,8 Mrd. (1950) auf 503,7 Mrd. Dollar (1960). Die *wirtschaftliche Prosperität* resultiert aus dem wachsenden Konsum der „Überflußgesellschaft", aber auch aus den hohen Rüstungsausgaben in der Zeit des Ost-West-Konflikts. Das Einkommen ist weiterhin sehr ungleich verteilt. In wirtschaftlich wenig entwickelten Gebieten, z.B. in den Appalachen und den Ozarks, herrscht nach wie vor Armut, *wirtschaftliche Rezessionen* unterbrechen kurzfristig die Expansion: 1948–1949 (5,5% Arbeitslose), 1953–1954 (5%), 1957–1958 (6,8%), 1960–1961 (6,7%). Die *Konzentration wirtschaftlicher Unternehmungen* wächst. Auslandsinvestitionen, Auslandshilfe, Truppenstationierungen in Übersee und ein reger Tourismus führen zu einer *negativen Zahlungsbilanz.* Die Bevölkerungszahl steigt von 151 Mio. 1950 auf 179 Mio. 1960, die Zahl der Studenten an Colleges und Universitäten von 2,2 Mio. 1950 auf 3,6 Mio. 1960.

Innere und äußere Krisen: Von Kennedy bis Nixon (1961–1974)

Nach den innenpolitisch wenig kontroversen und außenpolitisch monoton am Ost-West-Konflikt orientierten fünfziger Jahren beginnt mit der *Kennedy-Regierung* eine Epoche der Neuansätze und Reformen, aber auch der schweren Krisen und Rückschläge. Nach der Überwindung der Kuba-Krise, die den Welt-

1280 Neueste Zeit – Westliche Welt

konflikt in die unmittelbare Nähe der Vereinigten Staaten trägt, setzen stärkere *Bemühungen um internationale Entspannung* ein. Die wachsende Verstrickung der USA in den Vietnamkrieg führt zu unlösbaren militärischen, politischen und moralischen Problemen. Währenddessen kommt es angesichts *ungelöster Bürgerrechtsfragen*, besonders im Verhältnis zwischen der weißen und schwarzen Bevölkerung, im Innern zu heftigen, teilweise militant geführten Auseinandersetzungen. Diese werden durch *Proteste gegen das Vietnam-Engagement* noch verstärkt. Schließlich offenbart die *Watergate-Affäre* in der *Amtszeit Präsident Nixons* ein Maß an Unaufrichtigkeit und Korruption in der Regierungsspitze, das eine nationale Selbstbesinnung und entsprechende administrative Korrekturen geradezu herausfordert.

1961 20. Jan.	*John Fitzgerald Kennedy* (* 1917, † 1963), demokratischer Senator von Massachusetts, Wahlsieger über den Republikaner *Richard Milhous Nixon*, wird Präsident der Vereinigten Staaten (1961–1963; erster Katholik in diesem Amt). Vizepräsident wird *Lyndon Baines Johnson* (* 1908, † 1973).
	Kennedys Wahlparole lautet „*New Frontiers*" (Aufbruch zu „neuen Grenzen", d. h. zur Bewältigung neuer großer Aufgaben, vor die sich die amerikanische Nation gestellt sieht). Er beabsichtigt die Durchsetzung einer durchgreifenden Bürgerrechtsgesetzgebung und eine Neuorientierung der amerikanischen Außenpolitik.
1. März	Kennedy ordnet die *Aufstellung eines Friedenskorps*, einer Organisation freiwilliger Entwicklungshelfer vornehmlich für Afrika und Lateinamerika, an.
14.–20. April	1400 kubanische Flüchtlinge, vom amerikanischen CIA in Guatemala ausgebildet, werden beim Versuch einer *Landung in der Schweinebucht auf Kuba* zur Niederwerfung des Regimes *Fidel Castro* zurückgeschlagen.
5. Mai	Nachdem der sowjetische Kosmonaut *Jurij Gagarin* (* 1934, † 1968) bereits in einem Raumschiff die Erde umkreist hat (12. Apr.), unternimmt der amerikanische Astronaut *Alan Bartlett Shepard* (* 1923) einen kurzen, selbstgesteuerten Weltraumflug (185 km Höhe, 15 Min.).
3.–4. Juni	Präsident *Kennedy* und der sowjetische Partei- und Regierungschef *Chruschtschow* treffen sich *in Wien*, ohne eine Annäherung im Ost-West-Konflikt zu erreichen.
17. Aug.	Gegen den *Bau der Berliner Mauer* (13. Aug.) protestieren die Vereinigten Staaten in Moskau. – Konkrete Gegenmaßnahmen erscheinen nicht möglich, ohne das Risiko eines Krieges einzugehen.
Nov.	Präsident *Kennedy* ordnet eine Verstärkung des amerikanischen Engagements in *Südvietnam* an. Seit 1955 unterstützen die Vereinigten Staaten das Land wirtschaftlich und militärisch gegen die Kommunisten (pro Jahr mit etwa 300 Mio. Dollar). Die *militärische Präsenz der USA in Südvietnam* wächst.
1962 20. Febr.	Der Astronaut *John Herschel Glenn* (* 1921) umkreist in einer Mercury-Kapsel dreimal die Erde.
1. Okt.	*James Meredith* wird gegen den Widerstand von Gouverneur *Ross Barnett* als erster schwarzer Student an der Universität von Mississippi eingeschrieben. Unruhen von Gegnern der Rassenintegration führen zum Einsatz von Bundestruppen und Nationalgarde.
22. Okt. –20. Nov.	Die Entdeckung sowjetischer Raketenbasen und Düsenbomber auf Kuba ruft die **Kuba-Krise** hervor. Präsident Kennedy ordnet eine *Seeblockade* zur Verhinderung einer weiteren Belieferung Kubas mit Offensivwaffen an.
28. Okt.	Die sowjetische Regierung erklärt sich zum Abbau und Abtransport der Waffen bereit.
20. Nov.	Die Blockade wird aufgehoben.
1963 2. April	In *Birmingham (Alabama)* demonstrieren Schwarze unter Führung von *Martin Luther King* gewaltlos für die Rassenintegration. 3300 Demonstranten werden verhaftet. Nach Sprengstoffanschlägen weißer Fanatiker gegen Schwarze (11. Mai) werden Bundestruppen eingesetzt.
5. Aug.	Die Vereinigten Staaten, die Sowjetunion und Großbritannien schließen in Moskau einen *Vertrag zur Beendigung von Kernwaffenversuchen* über der Erde, im Weltraum und unter Wasser ab. 103 Staaten schließen sich dem Vertrag an (nicht Frankreich und die Volksrepublik China).
28. Aug.	In einem *Marsch nach Washington* demonstrieren etwa 200 000 schwarze und weiße Amerikaner für eine fortschrittliche Bürgerrechtsgesetzgebung. Höhepunkt ist eine *Rede von Martin Luther King* vor dem Lincoln-Denkmal.
22. Nov.	Präsident *Kennedy* wird bei einem Besuch in Dallas (Texas) von *Lee Harvey Oswald* aus dem Hinterhalt *erschossen*.
	Vizepräsident Lyndon B. Johnson (Demokrat) übernimmt das Präsidentenamt (1963–1969; 1964 wird er für eine reguläre Amtszeit gewählt). Vizepräsident wird *Hubert Horatio Humphrey* (Demokrat; * 1911, † 1978).
	In seiner Reformpolitik (Programm der „*Great Society*") ist Johnson erfolgreicher als Kennedy. Jedoch verstricken sich die Vereinigten Staaten immer stärker in den aussichtslosen *Vietnamkrieg*. Die Rassenfrage und das Vietnam-Engagement führen zu Protesten, Massendemonstrationen und Unruhen. 1968 verzichtet Johnson auf eine erneute Kandidatur für das Präsidentenamt.

Einzelne Staaten westlicher Bündnissysteme – USA 1281

1964
29. Juni
Der Kongreß verabschiedet ein umfassendes *Bürgerrechtsgesetz,* das allen Amerikanern Gleichberechtigung u. a. bei Wahlen, bei der Benutzung öffentlicher Einrichtungen, bei der Arbeitsvermittlung und in den Schulen garantiert.

2./4.
Aug.
Angriffe nordvietnamesischer Torpedoboote auf zwei amerikanische Zerstörer im Golf von Tongking – Nordvietnam – (denen geheime amerikanische Operationen gegen Nordvietnam vorausgegangen sind) werden mit Bombenangriffen auf nordvietnamesische Marinestützpunkte beantwortet.

7. Aug.
Die *Tongking-Resolution* des amerikanischen Kongresses ermächtigt den Präsidenten zur Kriegführung in Südostasien.

1965
13. Febr.
Nach Angriffen des Vietcong auf amerikanische Stützpunkte ordnet Präsident Johnson den *Bombenkrieg gegen* militärische Ziele in *Nordvietnam* an. Die Vereinigten Staaten greifen zunehmend mit Bodentruppen in die Kämpfe ein.

28. April
Die Vereinigten Staaten intervenieren mit Truppen in der *Dominikanischen Republik,* wo ein Aufstand gegen die konservative Regierung begonnen hatte. Amerikanische Bürger sollen geschützt und eine angeblich drohende kommunistische Machtübernahme verhindert werden. Die Organisation Amerikanischer Staaten hilft bei der Wiederherstellung friedlicher Verhältnisse.

30. Juli
Präsident Johnson unterzeichnet ein *Medicare-Gesetz,* das die medizinische Versorgung der Amerikaner im Alter von über 65 Jahren im Rahmen der allgemeinen Sozialversicherung vorsieht (in Kraft 1966).

6. Aug.
Ein neues *Wahlrechtsgesetz* beseitigt Wählerdiskriminierungen, die im Süden zur Ausschaltung der Schwarzen noch verbreitet sind, z. B. den Lese- und Schreibtest beim Registrieren für eine Wahl.

11.–16.
Aug.
In *Watts,* einem Stadtteil von Los Angeles, ereignen sich schwere Unruhen unter der schwarzen Bevölkerung. Polizei und Nationalgarde werden eingesetzt (34 Tote, Hunderte von Verletzten, 400 Verhaftungen).

1964–1968
In den Jahren 1964–1968 kommt es in den sog. *schwarzen Ghettos* der Großstädte zu zahlreichen, oft blutig verlaufenden *Unruhen* (Höhepunkte 1967 in Newark [New Jersey] und in Detroit mit 22 bzw. 43 Toten). Innerhalb und außerhalb der schwarzen Bürgerrechtsorganisationen wächst die Ungeduld über fortbestehende Rassendiskriminierungen (Schlagworte: *„Freedom Now"* und *„Black Power").* Es bilden sich militante Gruppen mit revolutionären Zielen (Radikalisierung des *Student Non-Violent Coordinating Committee* und Gründung der *Black Panther Party* 1966).

9. Sept.
Ein neues Ministerium für Wohnungsbau und Städtewesen *(Department of Housing and Urban Renewal)* wird errichtet, das sich u. a. mit der Subventionierung von Mieten für Bedürftige und mit der Erneuerung der verfallenden Großstadtzentren befassen soll. Minister wird (1966) *Robert C. Weaver* (* 1907), erstes schwarzes Kabinettsmitglied einer amerikanischen Regierung.

3. Okt.
Ein revidiertes *Einwanderungsgesetz* beseitigt das seit 1924 bestehende System differenzierter nationaler Quoten für die Aufnahme in die Vereinigten Staaten. Jährlich können von nun an bis zu 20000 Einwanderer pro Herkunftsland aufgenommen werden (Höchstgrenze für die östliche Hemisphäre 170000, für die westliche Hemisphäre 120000).

1967
23./25.
Juni
Präsident *Johnson* und der sowjetische Ministerpräsident *Alexej Kossygin* erklären in Gesprächen im Glassboro State College (New Jersey) übereinstimmend, daß lokale Konflikte nicht zu weltweiten Kriegen führen dürften.

1968
4. April
Martin Luther King wird in Memphis (Tennessee) von einem flüchtigen Sträfling *ermordet.* King hat 1964 als Verfechter der Gewaltlosigkeit beim Kampf um die Rassenintegration den Friedensnobelpreis erhalten. Nach seinem Tod kommt es unter den Schwarzen in Washington, D. C., und in 171 anderen Städten zu Unruhen und Ausschreitungen.

10. Mai
Nach der *Tet-Offensive* des Vietcong (Jan.) und der Zurücknahme des amerikanischen Bombenkrieges auf Gebiete südlich des 20. Breitengrades (31. März) beginnen *in Paris Gespräche* mit Vertretern Nordvietnams *über eine Beendigung des Vietnamkrieges.* Im Okt. wird die Bombardierung nordvietnamesischer Ziele ganz eingestellt.

6. Juni
Senator *Robert F. Kennedy* (Demokrat; * 1925), Bruder des 1963 ermordeten Präsidenten *John F. Kennedy,* 1961–1964 Justizminister, aussichtsreicher Kandidat für die Präsidentschaftswahlen im Nov., stirbt in Los Angeles an den Folgen eines Attentates.

1. Juli
Die Vereinigten Staaten, die Sowjetunion und Großbritannien schließen einen *Vertrag über die Nichtweiterverbreitung von Kernwaffen.* Frankreich und die Volksrepublik China beteiligen sich nicht.

1969
20. Jan.
Richard Milhous Nixon (Republikaner; Vizepräsident 1953–1961) übernimmt nach einem knappen Wahlsieg über *Hubert H. Humphrey* das Präsidentenamt (1969–1974; wiedergewählt 1972).
Außenpolitisch bemüht sich Nixon um die Herauslösung der Vereinigten Staaten aus dem Vietnamkrieg, ohne dabei als Verlierer zu erscheinen. Sein Berater für Fragen der Außenpolitik und Sicherheit (1973–1977 Außenminister) ist *Henry Alfred Kissinger* (* 1923).

1282 Neueste Zeit – Westliche Welt

Innenpolitisch verfolgt Nixon im Unterschied zu seinen Vorgängern kein größeres Reformprogramm; er verurteilt Protestgruppen und Demonstrationen, sucht seine Basis im Mittelstand (der „schweigenden Mehrheit") und befürwortet eine *Politik von „Gesetz und Ordnung".*

April Die Stärke der amerikanischen Streitkräfte in *Vietnam* erreicht mit 543 400 Mann ihren Höhepunkt. Im Juli beginnt der *Abbau der militärischen Präsenz.* Der Krieg soll verstärkt von Vietnamesen geführt werden *(„Vietnamisierung").*

20. Juli Den amerikanischen Astronauten *Neil A. Armstrong* (* 1930) und *Edwin E. Aldrin jr.* (* 1930) gelingt als ersten Menschen die **Landung auf dem Mond.**

24. Juli Präsident *Nixon* erklärt, daß die Länder Asiens ihre Sicherheitsprobleme zunehmend selbst lösen müßten. Die Vereinigten Staaten ständen zwar zu ihren Verpflichtungen und zögen sich nicht zurück, würden aber auch nicht erneut intervenieren (sog. *Guam-Doktrin;* 1970 erweitert zur *Nixon-Doktrin:* Unterstützung von Verbündeten, aber nicht Übernahme der gesamten Verteidigung der freien Nationen in der Welt).

15. Nov. Die *Proteste gegen das amerikanische Engagement in Vietnam* finden in einer Massendemonstration in Washington, D.C., ihren Höhepunkt (etwa 250 000 Teilnehmer). Das Bekanntwerden (16. Nov.) des *Massakers von My Lai* (im Norden Südvietnams), wo amerikanische Soldaten 1968 etwa 300 vietnamesische Zivilisten getötet haben, verschärft die Frage nach dem Sinn dieses Krieges.

1970 Der vorübergehende *Einmarsch* von 50 000 amerikanischen und südvietnamesischen Sol-
30. April daten in *Kambodscha* zur Bekämpfung kommunistischer Operationsbasen führt zu heftigen *Protesten* in den Vereinigten Staaten. Auf dem Campus der *Kent State University* in Ohio finden vier Studenten beim Einsatz der Nationalgarde gegen die Demonstranten den Tod (1. Mai).

24. Juni Der Senat widerruft die *Tongking-Resolution* (von 1964), die den Präsidenten zur Kriegführung in Südostasien ermächtigt hat.

1971 Präsident Nixon läßt nach einundzwanzigjährigem striktem Embargo die ersten *Lockerun-*
10. Juni *gen* für den *Chinahandel* zu.

1972 Präsident *Nixon* besucht auf Einladung *Mao Tse-tungs* und *Chou En-lais* die *Volksrepublik*
21./28. *China.* In einem gemeinsamen Kommuniqué wird die Normalisierung der amerikanisch-
Febr. chinesischen Beziehungen angekündigt.

22. März Der Kongreß verabschiedet einen *Verfassungszusatz* über die *Gleichberechtigung von Mann und Frau.* (Die Ratifizierung durch mindestens drei Viertel der Einzelstaaten erweist sich als schwierig und zieht sich in die Länge.)

15. April Nach Einsetzen einer großen *Offensive nordvietnamesischer Streitkräfte* über den 17. Breitengrad nach Süden (30. März) nimmt die amerikanische Luftwaffe die *Bombardierung Hanois und Haiphongs* (Golf von Tongking) wieder auf. Nordvietnamesische Häfen werden vermint (ab 8. Mai).

22.–30. Richard Nixon besucht als erster amerikanischer Präsident die Sowjetunion. In Moskau
Mai wird ein *Abkommen zur Begrenzung strategischer Waffen* unterzeichnet *(Strategic Arms Limitation Talks,* **SALT I,** am 3. Aug. vom amerikanischen Senat ratifiziert).

17. Juni Fünf Personen werden beim *Einbruch in das Wahlhauptquartier* der Demokratischen Partei im Komplex der *Watergate-Apartments* in Washington, D.C., verhaftet. Sie wollten Abhörgeräte anbringen.

1973 In Paris unterzeichnen Vertreter der Vereinigten Staaten, Nord- und Südvietnams und der
27. Jan. Nationalen Befreiungsfront ein *Waffenstillstandsabkommen für Vietnam.* Gefangene Amerikaner werden freigelassen. Die letzten US-Truppen verlassen das Land (29. März). Für die Vereinigten Staaten ist der Vietnamkrieg beendet. Seit 1961 haben 56 241 Amerikaner ihr Leben verloren, 1344 werden vermißt, 303 616 sind verwundet worden.

27. Febr. 200 bis 300 Mitglieder des *American Indian Movement,* einer militanten Organisation zur
–8. Mai Durchsetzung indianischer Rechtsansprüche, besetzen den Ort *Wounded Knee* im Reservat der Oglala Sioux in South Dakota, wo 1890 ein Indianer-Massaker stattgefunden hat. Sie fordern Unabhängigkeit für die Indianer anstatt der offiziell angestrebten Integration.

17. Mai Ein Senatsausschuß zur Untersuchung der **Watergate-Affäre** unter dem Vorsitz von Senator *Samuel James Ervin jr.* (Demokrat; * 1896) beginnt mit Vernehmungen zum Einbruch in das Wahlhauptquartier der Demokratischen Partei (17. Juni 1972). Die Täter handelten im Auftrag des Ausschusses zur Wiederwahl des Präsidenten. Regierungsbeamte und Mitarbeiter Nixons versuchen, die Zusammenhänge zu verschleiern. Die Frage nach der *Mitwisserschaft Nixons* wird gestellt und die Glaubwürdigkeit seiner gegenteiligen Erklärungen angezweifelt (dokumentarische Tonbänder weisen Löschungen auf). Gegen den ehemaligen Justizminister *John Newton Mitchell* (* 1913, † 1988) und andere Personen aus Nixons Umgebung werden Gerichtsverfahren eingeleitet.

16.–25. Während eines Besuches des sowjetischen Parteichefs *Leonid Breschnew* in den Vereinig-
Juni ten Staaten werden neun bilaterale Verträge unterzeichnet, darunter ein *Abkommen zur Verhinderung eines Nuklearkrieges.*

Einzelne Staaten westlicher Bündnissysteme – USA   *1283*

1. Juli   Die in der Anfangsphase des Ost-West-Konfliktes (1948) eingeführte *Wehrpflicht* wird *aufgehoben.* Eine Berufsarmee wird gebildet.

10. Okt.   Vizepräsident *Spiro Theodore Agnew* (Republikaner, * 1918), der sich der Steuerhinterziehung schuldig gemacht hat, tritt zurück. Sein Nachfolger wird *Gerald Rudolph Ford* (* 1913; seit 1965 Führer der Republikaner im Repräsentantenhaus).

26. Okt.   Nach der Beendigung des Jom-Kippur-Krieges im Nahen Osten beginnt eine intensive *Reisediplomatie* Außenminister *Kissingers* zur Entspannung der Lage (Truppenentflechtungsabkommen zwischen Ägypten bzw. Syrien und Israel 1974/1975).

7. Nov.   Gegen Nixons Veto beschließt der Kongreß den *War Powers Act,* ein Gesetz, das das Recht des Präsidenten zum Einsatz amerikanischer Streitkräfte außerhalb der Vereinigten Staaten ohne Zustimmung des Kongresses auf 60 Tage begrenzt.

1974
9. Mai
–30. Juli   Der Rechtsausschuß des Repräsentantenhauses führt Vernehmungen im Hinblick auf ein **Impeachment-Verfahren** zur Amtsenthebung von Präsident Nixon durch. Die gegen diesen erhobenen Vorwürfe gehen weit über die eigentliche *Watergate-Affäre* hinaus. Schwere Rechtsverletzungen auf höchster Ebene werden bekannt, z. B. die Überwachung und Verfolgung unliebsamer Gegner der Administration, Verstöße gegen Persönlichkeitsrechte, Mißbrauch von öffentlichen Geldern, Verheimlichung hoher Wahlkampfzuwendungen. Der Ausschuß empfiehlt die Einleitung des Impeachment-Verfahrens wegen Behinderung der Justiz, Amtsmißbrauchs und Mißachtung des Kongresses.

9. Aug.   *Präsident Nixon tritt zurück.* Nachfolger wird der bisherige Vizepräsident *Gerald R. Ford.* Er *begnadigt Nixon* für alle im Amt vorgekommenen Vergehen. Eine gerichtliche Verfolgung des ehemaligen Präsidenten wird dadurch abgewendet.

Wirtschaft und Gesellschaft in den sechziger und siebziger Jahren

Bis zum Ende der *sechziger Jahre* expandiert die amerikanische Wirtschaft ohne größere Einbrüche. Arbeitslosigkeit und Inflation halten sich in mäßigen Grenzen. Die hohen Rüstungsausgaben und der kostspielige Vietnamkrieg regen die Produktion an und lassen kaum Probleme auf dem Arbeitsmarkt aufkommen. Freilich geht dies zu Lasten der Sozialprogramme. Die Umstellung der Kriegswirtschaft auf die Friedenswirtschaft in den *siebziger Jahren* bereitet jedoch Schwierigkeiten. Zwar wächst das Bruttosozialprodukt weiter, aber die *Beschäftigungslage verschlechtert* sich erheblich (1975: 8,5% Arbeitslose), und die *Preisentwicklung* ist stark *inflationär* (1974: 11%). Nixons *Stabilisierungsprogramme* (1971–1974), die u. a. befristete Preiskontrollen und die Abwertung des Dollars umfassen, können die Entwicklung nicht grundlegend ändern. Die *Energiekrise* verschärft die Arbeitslosigkeit und den Preisauftrieb. Der internationale *Wechselkurs des Dollars* fällt um über die Hälfte, was zwar den amerikanischen Export hebt, aber das Vertrauen auf den US-Dollar als Leitwährung abschwächt. Die amerikanische *Bevölkerung* wächst von 179 Mio. 1960 auf 203 Mio. 1970. Die Zahl der *Studenten* an Colleges und Universitäten steigt noch schneller an als in den fünfziger Jahren: von 3,6 Mio. 1960 auf 7,4 Mio. 1970. Während 1960 30% aller Amerikaner zwischen 18 und 21 Jahren eine College- oder Universitätsausbildung erhalten, sind es 1970 etwa 60%. In den siebziger Jahren gibt es unter Akademikern eine besonders starke Arbeitslosigkeit. Die Zahl der Studenten geht zurück. *Probleme des Umweltschutzes* führen zu Protesten gegen die Zerstörung der Natur. 1970 werden die Ölgesellschaften gesetzlich haftbar gemacht für von ihnen verursachte Umweltschäden. Um das Für und Wider der Atomenergiegewinnung kommt es seit Mitte der siebziger Jahre in den Vereinigten Staaten zu Kontroversen.

Produktion ausgewählter Rohstoffe und Industrieerzeugnisse

Erzeugnisse	Einheit	1960		1970		1982	
		insgesamt	Weltanteil (in %)	insgesamt	Weltanteil (in %)	insgesamt	Weltanteil (in %)
Steinkohle	Mio. t	391,5	20	547,8	26,4	756,1	26,4
Erdöl	Mio. t	354,3	33	530,4	22,8	426,7	16,2
Erdgas	Mrd. m³	341,1	74	620,3	57,6	513,0	33,2
Zement	Mio. t	54,0	17	68,2	11,7	58,0	7,7
Eisenerz*	Mio. t	90,2	18	52,8	12,6	38,4	8,0
Molybdän-Konz.*	1000 t	23,1	72	50,5	60,8	68,4	63,3
Golderz*	t	43,0	9	54,2	10,8	38,1	2,9
Silbererz*	t	957,0	14	1400,0	14,9	1252,0	10,8
Roheisen	Mio. t	62,2	24	83,3	19,5	39,2	8,6
Rohstahl	Mio. t	90,1	26	112,1	18,8	68,5	10,6
Personenwagen	1000 St.	6675	24	6550	28,7	5074	18,6
Elektrizität	Mrd. kWh	840,5	37	1638	33,5	2314	28,1

* Metallinhalt

Staatsaufbau der USA

Beschäftigung (Mio. Personen)

Jahr	Arbeits-fähige der Zivilwirtschaft	Zivile Erwerbstätige insgesamt	Landwirtschaft	außerh. Landwirtschaft	Arbeitslose insgesamt	in % der zivilen Arbeitskräfte
1975	92,6	84,8	3,4	81,4	7,8	8,5
1976	94,8	87,5	3,3	84,2	7,3	7,7
1977	97,4	90,5	3,2	87,3	6,9	7,0
1978	102,2	96,0	3,3	92,6	6,2	6,1
1979	104,9	98,8	3,3	95,4	6,1	5,8
1980	106,9	99,3	3,3	95,9	7,6	7,1
1981	108,6	100,3	3,3	97,0	8,2	7,6
1982	110,2	99,5	3,4	96,1	10,6	9,7

Außenhandel (in Mio. US-Dollar)

	Exporte 1970	1974	1978	1980	1982	Importe 1970	1974	1978	1980	1982
Afrika	1579	3659	5886	9060	10271	1111	6617	16898	34410	17770
Asien	10023	25784	39626	60168	64822	9626	27500	58300	78848	85170
davon Japan	4562	10679	12885	20790	20966	5875	12455	24458	30701	37744
Australien/Ozeanien	1188	2697	3462	4876	5700	871	1503	2351	3392	3131
Europa	14819	30070	42615	71371	63664	11401	24635	37987	48039	53413
davon BR Deutschland	2740	4986	6957	10960	9291	3130	6427	9961	11681	11975
Frankreich	1484	2942	4166	7485	7110	942	2305	4054	5247	5545
Italien	1353	2752	3360	5511	4616	1316	2593	4103	4313	5301
Großbritannien	2537	4574	7118	12694	10645	2198	4021	6513	9755	13095
Kanada	9084	19932	28372	35395	33720	11091	22282	33529	41455	46477
Lateinamerika	6532	15806	22016	36030	30086	5836	18415	22930	29851	32513
davon Mexiko	1704	4855	6680	15145	11817	1222	3386	6093	12634	15986
Venezuela	759	1768	3727	4573	5206	1082	4679	3545	5279	4768
insgesamt	43224	98506	143660	220705	212275	39952	100218	172025	240834	243952

Einzelne Staaten westlicher Bündnissysteme – USA *1285*

Die Vereinigten Staaten seit 1974

Während weitere Unregelmäßigkeiten und Skandale vergangener Administrationen bekannt werden, bemüht sich Präsident *Gerald R. Ford* durch betont korrekte Amtsführung um die Wiederherstellung des Ansehens der Regierung. Vizepräsident ist *Nelson Aldrich Rockefeller* (Republikaner; * 1908, † 1979). Die Macht des Kongresses gegenüber der Exekutive ist gewachsen; dies zeigt sich u. a. in einem verstärkten Anspruch des Senats auf Mitsprache in außenpolitischen Fragen.

1975
5. Febr. Der Senat beschließt gegen die Vorstellungen Präsident Fords und Außenminister Kissingers die *Einstellung der Rüstungshilfe an die Türkei* (in Kraft bis 1978) wegen des türkischen Verhaltens in der *Zypern-Krise.* Die Südostflanke der NATO ist geschwächt.

30. April *Südvietnam kapituliert* gegenüber dem Vietcong und Nordvietnam. Die Vereinigten Staaten nehmen 140 000 Vietnam-Flüchtlinge auf.

10. Juni Ein von Präsident Ford eingesetzter *Ausschuß zur Untersuchung der Tätigkeiten der CIA* unter *Vorsitz* von Vizepräsident *Rockefeller* berichtet über illegale Praktiken des amerikanischen Nachrichtendienstes im Inland. Einzelheiten über die Auslandtätigkeit der CIA werden später von einem Senatsausschuß offengelegt (21. Nov.).

19. Dez. Der Senat verbietet weitere amerikanische Hilfeleistungen für prowestlich orientierte Gruppen im *Bürgerkrieg in Angola.* Die von der Sowjetunion und Kuba unterstützte Bewegung MPLA setzt sich dort durch (12. Febr. 1976).

1976
20. März Die US-*Militärbasen in Thailand,* die letzten in Südostasien, müssen auf Anordnung der Regierung in Bangkok innerhalb von vier Monaten geschlossen werden.

28. Mai Präsident Ford und der sowjetische Staats- und Parteichef Breschnew unterzeichnen in Moskau einen *Vertrag über die Einschränkung unterirdischer Kernexplosionen zu friedlichen Zwecken.* Gegenseitige Inspektionen an Ort und Stelle werden zugelassen.

1977
20. Jan. *Jimmy (James Earl) Carter* (Demokrat, * 1924; ehemaliger Gouverneur des Staates Georgia) übernimmt nach einem knappen *Wahlsieg über Gerald R. Ford* das Präsidentenamt. Vizepräsident wird *Walter Frederick Mondale* (* 1928). Carter will den Menschenrechten in der Welt mehr Geltung verschaffen.

21. Jan. Präsident Carter amnestiert etwa 10 000 junge Amerikaner, die sich während des Vietnamkrieges dem Militärdienst entzogen haben.

4. Aug. Ein *Energieministerium* wird *errichtet.* Zum ersten Energieminister wird *James Rodney Schlesinger* (* 1929) ernannt (amtiert bis 1979).

1978
25. März Nach 110 Tagen Dauer endet ein bundesweiter *Streik der Kohlenbergarbeiter,* den Präsident Carter vergeblich auf Grund des Taft-Hartley-Gesetzes zu überwinden versucht hat.

18. April Der Senat ratifiziert einen neuen *Panamakanal-Vertrag,* dem zufolge die Kanalzone am 1. Sept. 1979 und der Kanal selbst am 31. Dez. 1999 Panama übergeben werden sollen.

6. Juni Die Bevölkerung Kaliforniens spricht sich in einer Abstimmung über die sog. „*Proposition 13*" mit Zweidrittelmehrheit für eine Senkung der Grundsteuer um 57% aus. Dies hat empfindliche Einschränkungen im Staatshaushalt zur Folge. Die „*Steuerrevolte*" findet auch in anderen Staaten der Union Befürworter und zeigt eine wachsende Unzufriedenheit über die hohen Steuerlasten an.

6.–17. Sept. In *Camp David* einigen sich der ägyptische Präsident *Anwar as-Sadat* und der israelische Ministerpräsident *Menachem Begin* im Beisein Präsident *Carters* auf einen *Rahmenvertrag für einen Frieden* zwischen ihren Ländern. Nach dem Rückzug israelischer Truppen von der Sinaihalbinsel sollen diplomatische Beziehungen aufgenommen werden. Der endgültige Vertrag kommt nicht in der vorgesehenen Frist von drei Monaten, sondern erst nach neuen Besprechungen Carters in Ägypten und Israel am 26. März 1979 zustande.

15. Okt. Der Kongreß billigt Präsident Carters *Energiespargesetze,* nachdem zuvor große Abstriche gemacht worden sind; u. a. werden Preiserhöhungen für Erdgas beschlossen.

1979
1. Jan. Zwischen den Vereinigten Staaten und der *Volksrepublik China* werden volle *diplomatische Beziehungen* aufgenommen. Gleichzeitig werden die offiziellen Beziehungen zu Nationalchina (Taiwan) abgebrochen (bei Weiterführung nichtstaatlicher Wirtschafts-, Handels- und Kulturbeziehungen). Der Verteidigungspakt mit Taiwan wird zum Ende des Jahres 1979 aufgekündigt.

16. Jan. Durch den *Sturz des iranischen Schahs* und die *Ausrufung* der *Islamischen Republik* ver-
1. April schlechtern sich die bislang sehr engen Beziehungen Washingtons mit dem Iran rapide. Das gemeinsame Verteidigungssystem ist gefährdet. Die Einschränkung der Öllieferungen trägt erheblich zur Verschärfung der amerikanischen Energiekrise bei.

18. Juni Nach jahrelangen Verhandlungen unterzeichnen Präsident *Carter* und der sowjetische Staats- und Parteichef *Breschnew* in Wien den zweiten *Vertrag zur Begrenzung strategischer Waffen* (SALT II). Beide Seiten verpflichten sich, ihren Bestand an Fernwaffen auf 2400 Träger, ab 1981 auf 2250 Träger zu beschränken. Ein *SALT III-Abkommen* soll *bis 1985* ausgehandelt werden.

4. Nov. Iranische Studenten besetzen die US-Botschaft in Teheran, verlangen die Auslieferung des geflüchteten Schahs und halten die Botschaftsangehörigen als Geiseln fest.

1286   Neueste Zeit – Westliche Welt

1980   Als Reaktion auf den sowjetischen Truppeneinmarsch in Afghanistan sperren die Ver-
Jan./Febr.   einigten Staaten den Weizenexport in die Sowjetunion und beschließen, die Olympischen
Spiele in Moskau zu boykottieren.
25. April   Eine Militäraktion der USA zur Befreiung der Geiseln in Teheran scheitert.
1981   *Die 52 im Iran festgehaltenen amerikanischen Geiseln* werden nach 444 Tagen Gefangen-
20. Jan.   schaft *freigelassen.*
20. Jan.   *Ronald Wilson Reagan (Republikaner, *1911),* 1967–1975 Gouverneur von Kalifornien,
übernimmt nach hohem Wahlsieg das *Präsidentenamt mit konservativem Regierungsprogramm:* Reduzierung der Staatsausgaben, Wiederbelebung der Wirtschaft durch Steuersen-
kungen, Erhöhung des Militäretats, härtere Position gegenüber der UdSSR. *Vizepräsident
wird George Herbert Walker Bush (*1924).*
29. Dez.   Wegen sowjetisch unterstützter Verschärfung der Diktatur in Polen verhängt Präsident
Reagan *Wirtschaftssanktionen gegen die UdSSR.*
1982   Die USA suchen das Entstehen weiterer linksgerichteter Regime in Mittelamerika zu
ab Jan.   verhindern: *El Salvador erhält verstärkt Wirtschafts- und Militärhilfe; in Nicaragua unterstützen die USA die antisandinistischen Guerillas.*
30. Juni   Die benötigte Dreiviertelmehrheit zur Ratifizierung des Verfassungszusatzes über die
Gleichberechtigung von Mann und Frau wird nicht erzielt.
29. Sept.   *Die USA beteiligen sich an der internationalen Friedenstruppe im Libanon.* 1983 werden
bei Bombenanschlägen in Beirut 289 Amerikaner getötet. US-Kriegsschiffe beschießen
wiederholt Stellungen der Syrer und der Drusen.
1983   *Nach Ermordung des Premierministers von Grenada, Maurice Bishop* (*1944, †1983), und
25. Okt.   der Machtübernahme durch einen linksradikalen Militärrat *besetzen Truppen der USA*
zusammen mit 6 ostkaribischen Staaten *die Insel.* Im Dezember wird der größte Teil der
Soldaten wieder abgezogen.
23. Nov.   Nach zweijährigen Verhandlungen bricht die Sowjetunion die Genfer Gespräche über den
Abbau ihrer Mittelstreckenraketen in Europa ab.
26. Nov.   *Die ersten Teile von amerikanischen Pershing-II-Raketen treffen in der Bundesrepublik
ein.*
1984   Das US-Kontingent der Friedenstruppe im Libanon wird abgezogen (Febr./März).
18. Juli   Für die Präsidentenwahl im November 1984 bestimmt der *Parteikonvent der Demokraten*
in San Francisco den ehemaligen Vizepräsidenten *Walter F. Mondale* zum *Präsident-
19. Juli   schaftskandidaten und* mit *Geraldine A. Ferraro (*1936)* erstmals eine Frau zur *Kandida-
tin für das Amt des Vizepräsidenten.*
6. Nov.   *Präsident Reagan* mit Mehrheit in 49 von 50 Bundesstaaten *wiedergewählt.* Bush bleibt Vizepräsident. Im Repräsentantenhaus behalten die Demokraten ihre Mehrheit.
1985   Präsident Reagan und Generalsekretär Gorbatschow beschließen auf *Genfer Gipfelkonfe-
19. Nov.   renz* (bis 21. Nov.) die Wiederaufnahme des Abrüstungsdialogs. – *(Forts. S. 1661)*

Kanada seit 1945
(Forts. v. S. 1173)

Kanadas Entwicklung nach dem Zweiten Weltkrieg ist durch den Status einer „mittleren Macht" gekenn-
zeichnet. In zweifacher Weise ist es international gebunden: als „senior Dominion" im Commonwealth
und als wirtschaftlicher und sicherheitspolitischer Partner der mächtigeren Vereinigten Staaten.
Bei fortgesetzter politischer Führung der *Liberalen Partei* (bis 1957) zeichnet sich die innenpolitische
Entwicklung in den *vierziger und fünfziger Jahren* durch eine relativ gute Kooperation der Franko- und
Anglokanadier, durch soziale Reformen, durch ein trotz konjunktureller Labilität kräftiges Wirtschaftswachstum und durch einen steigenden Lebensstandard aus. Von 1946–1947 nimmt Kanada über 4,5 Mio.
Einwanderer auf. Spitzenjahre sind 1957 mit 282 000, 1967 mit 223 000 und 1974 mit 218 000 Einwanderern. Die Bevölkerungszahl wächst von 14 Mio. 1951 auf 23,5 Mio. 1978.
1945   Kanada ist *Gründungsmitglied der Vereinten Nationen.* Es nimmt wiederholt (1977 zum
vierten Mal) einen nichtständigen Sitz im UN-Sicherheitsrat ein und beteiligt sich an fast
allen friedenserhaltenden Aktionen der Vereinten Nationen mit größeren Truppenkontingenten, u. a. 1956–1967 am Sues-Kanal und im Gazastreifen, 1960–1964 im Kongo, seit
1964 auf Zypern, seit 1978 im Nahen Osten (für den kanadischen Entspannungsbeitrag
bei der Sueskrise von 1956 erhält Außenminister *Lester Bowles Pearson* [* 1897, † 1972]
1957 den Friedensnobelpreis).
1948–1949   Während der Zuspitzung des Ost-West-Konflikts beteiligt sich Kanada an den Vorgesprä-
chen zur Gründung der NATO und ist Mitunterzeichner des Paktes (4. April 1949).
1948   Nach dem Rücktritt von Premierminister *W. M. Mackenzie King* (* 1874, † 1950) setzt sein
15. Nov.   Nachfolger, *Louis St. Laurent* (*1882, † 1973), dessen Politik bruchlos fort. Frühere
Gesetze zur Arbeitslosenversicherung (1940) und Familienhilfe (1944) werden 1951 durch
ein Gesetz zur Altersversorgung ergänzt.

Einzelne Staaten westlicher Bündnissysteme – Kanada   *1287*

1949   *Neufundland,* dessen 1907 erworbener Dominion-Status 1934 aus finanzpolitischen Grün-
31. März   den suspendiert worden war und das seitdem dem britischen Kolonialamt unterstand, wird
                 nach einer Volksabstimmung *zehnte Provinz Kanadas.*
1950-1953 Kanada beteiligt sich am *Koreakrieg* mit einer Brigade innerhalb der Commonwealth-
                 Division.

Grundlinien der Außenpolitik

Im Verlauf des Ost-West-Konfliktes verfolgt Kanada eine enge *militärische Zusammenarbeit mit den Vereinigten Staaten.* 1949 wird ein Abkommen zur *wirtschaftlichen Koordinierung* der gemeinsamen Verteidigung geschlossen. Ihm folgen 1955 ein Abkommen zum Ausbau des gemeinsamen *Radar-Warnsystems,* 1957 ein *Nordamerikanisches Luftverteidigungsabkommen (NORAD),* 1959 ein Abkommen über den Gebrauch von Atomenergie für gemeinsame Verteidigungszwecke und 1963 Vereinbarungen über die Ausrüstung des Luftverteidigungssystems mit nuklearen Sprengköpfen sowie über die Lagerung von Kernwaffen für amerikanische Truppen in Kanada.

1957   Nach Wahlerfolgen der Konservativen bildet *John Diefenbaker* (* 1895, † 1979) zunächst
21. Juni   eine Minderheitsregierung.
1958   Diefenbaker erzielt den größten Wahlerfolg der kanadischen Geschichte: 208 von 265
                Mandaten. Die zweiundzwanzigjährige Herrschaft der Liberalen Partei ist zu Ende.

Die innere Entwicklung

Die *Erschließung neuer Rohstofflager* (u. a. seit 1947 Erdöl und Erdgas in Alberta, 1948 Eisenerzlager in Labrador, in den fünfziger Jahren Uranvorkommen in Saskatchewan und Ontario, in den sechziger Jahren Bleilagerstätten am Großen Sklavensee), erfordert den Ausbau des Transport- und Verkehrssystems. 1959 wird der gemeinsam mit den Vereinigten Staaten gebaute *St.-Lorenz-Seeweg* eröffnet, auf dem Hochseeschiffe bis in die Großen Seen fahren können (Häfen: Toronto, Buffalo, Detroit, Chicago, Milwaukee, Duluth). 1963 wird der *Trans Canada Highway* vollendet, der in einer Länge von 7780 km die West- und Ostküste verbindet. Die zwischen Edmonton (Alberta) und Toronto bzw. Montreal angelegte *Öl-Pipeline,* ein ausgedehntes *Erdgasleitungsnetz,* neue *Eisenbahnstrecken* nach Labrador und zum Großen Sklavensee sowie andere Transportanlagen ermöglichen die Beförderung von Rohstoffen über weite Strecken.
Der Ausbau der Industrie und die Erschließung der Bodenschätze erfolgen unter *starker Beteiligung ausländischen Kapitals,* das besonders aus den Vereinigten Staaten ins Land hineinströmt. In den sechziger Jahren kommen rund 75% der Auslandsinvestitionen vom großen Nachbarn im Süden. Über 50% der kanadischen Industrie befinden sich im Besitz bzw. unter der Kontrolle des Auslandes; die Aluminium-, Gummi- und Autoindustrie liegt fast ganz in amerikanischer Hand. Während die Auslandsinvestitionen den Lebensstandard stark anheben, wächst die Furcht vor Überfremdung und Abhängigkeit.
Die *Industrialisierung* fördert die Verstädterung (1976 haben Toronto und Montreal je 2,8 Mio., Vancouver 1,17 Mio. Einwohner), wirft Verkehrs- und Versorgungsprobleme auf und macht Maßnahmen für den Umweltschutz notwendig.
Seit Beginn der sechziger Jahre weist die Wirtschaft stärkere Rezessionen auf (erster größerer Einbruch 1960–1962; Arbeitslosenquoten 1971: 6,2%, 1975: 6,9%, 1978: 8,6%). Kanada sucht sich gegen zu starke wirtschaftliche Einflüsse aus den Vereinigten Staaten mit Hilfe einer staatlichen Investitionsüberprüfung zu wehren. In der Weltpolitik verfolgt es einen flexibleren Kurs. Zunehmende *Spannungen* zwischen *Anglo-* und *Frankokanadiern* und *Autonomiebestrebungen in der Provinz Quebec* gefährden den Zusammenhalt des Bundesstaates.

Industrieproduktion Kanadas

1971 = 100	Produzierendes Gewerbe (ohne Bau-G.)	Bergbau	Verarbeitende Industrie	Baugewerbe
1978	129,8	97,8	131,9	114,6
1979	136,6	107,1	138,1	116,3
1980	133,9	109,6	133,7	114,0
1981	135,5	103,3	136,2	121,4

1961/1963 Abkommen mit der *Volksrepublik China* über umfangreiche Weizenlieferungen.
1962   In der *Provinz Quebec* wächst die Kritik der Frankokanadier an der Vorherrschaft der
17. Dez.   Anglokanadier im Gesamtstaat. Eine neue *Parti républicain du Québec* verfolgt unter Füh-
                 rung von *René Lévesque* separatistische Tendenzen.
1963   Die militante *Front de libération du Québec (FLQ)* wird gegründet.

1288 Neueste Zeit – Westliche Welt

Kanadas „multikulturelle" Bevölkerung

„Einheimische" Bevölkerung (Natives):		
	Gesamtzahl	Hauptwohngebiete
Eskimo (Inuit)	23000 (1980)	75% in den Northwest Territories 25% im arktischen Teil von Quebec und in Nord-Labrador
Indianer (gemäß Indian Act registriert	309590 (1982) (Gesamtzahl unbekannt)	73% in Reservaten oder auf staatl. Gebiet 82% in Ontario, Manitoba, Saskatchewan, Alberta u. British Columbia

Kanadier nach ihrer Muttersprache, 1981:				
	Gesamtzahl	Anteil an der Gesamt- bevölkerung	Hauptwohngebiete (Provinzen) mit An- gaben des dort lebenden Anteils an der Gesamtgruppe	
Englisch	14918445	61,3%	Ontario British Columbia Alberta	44,8% 15,1% 12,1%
Französisch	6249095	25,7%	Quebec Ontario Neubraunschweig	84,9% 7,6% 3,8%
Italienisch	528775	2,2%	Ontario Quebec British Columbia	64,0% 25,3% 5,9%
Deutsch	522855	2,1%	Ontario British Columbia Alberta, Manitoba u. Saskatchewan	33,4% 17,8% 43,3%
Ukrainisch	292265	1,2%	Ontario Alberta Manitoba	27,0% 23,0% 21,4%
Indianisch/Eskimo	166575	0,7%	Quebec Alberta Manitoba	16,8% 16,5% 16,3%
Chinesisch	224030	0,9%	Ontario British Columbia Alberta	39,9% 34,0% 12,9%
Portugiesisch	165510	0,8%	Ontario Quebec British Columbia	69,0% 15,4% 7,3%
Andere	1275630	5,2%	Ontario Quebec British Columbia	47,7% 17,7% 14,5%
Gesamtbevölkerung	24343181			

22. April Nach dem *Sturz Diefenbakers* und Neuwahlen übernehmen die Liberalen wieder die Führung. Premierminister (1963–1968) wird *Lester Bowles Pearson* (* 1897). Die Regierung
setzt eine Königliche Kommission zur Untersuchung der Zweisprachigkeit und des Zusammenlebens zweier Kulturtraditionen („biculturalism") ein. Auf Grund des ersten Kom-
missionsberichtes wird im *Official Language Act* von 1969 beschlossen, daß Englisch und
Französisch Amtssprachen des Landes sein sollen. 1971 verkündet die Regierung eine
„multiculturalism policy", auf Grund deren Programme zur Erhaltung, Entwicklung und
Verbreitung der verschiedenen Kulturtraditionen unterstützt werden.

1967 Ein offizieller Besuch des französischen Staatspräsidenten *Charles de Gaulle* stärkt den
Juli Nationalismus der Frankokanadier. De Gaulle spricht von den „Franzosen beiderseits des
Atlantik" und vom „freien Quebec". Premierminister Pearson protestiert gegen diese
Äußerungen. Präsident de Gaulle bricht seinen Besuch ab.

1968 Nach dem *Rücktritt Lester Pearsons* und Neuwahlen wird der Frankokanadier *Pierre*
25. Juni *Elliott Trudeau* (* 1919), der neue Führer der Liberalen Partei, Premierminister (bis
1979). Innenpolitisch bemüht sich die Regierung, wenn auch ohne durchschlagenden
Erfolg, um Entspannung (1968 Gründung der separatistischen *Parti Québecois* unter *René
Lévesque*). Außenpolitisch überprüft sie die bisherigen Bindungen Kanadas und verfolgt
vor allem im Wirtschaftsbereich eine sog. „Third Option"-Politik (engere Verbindungen
mit der Europäischen Wirtschaftsgemeinschaft und mit Japan).

1969 Kanada beginnt, seine NATO-Truppen in Europa von 9800 auf 5000 zu reduzieren.

Einzelne Staaten westlicher Bündnissysteme – Bundesrepublik Deutschland   *1289*

1970 Mit der Regierung der *Volksrepublik China,* die als „einzige rechtmäßige Regierung Chi-
13. Okt. nas" anerkannt wird, werden (ein Jahr vor der Aufnahme in die UNO und der Annäherung
zwischen China und den USA) diplomatische Beziehungen aufgenommen.

Okt. Frankokanadische Extremisten der FLQ stürzen eine *Provinz Quebec* in eine Krise. Es
kommt zu Studentenstreiks und Demonstrationen. Der britische Handelsattaché *James
R. Cross* und der Arbeitsminister Quebecs, *Pierre Laporte,* werden entführt. Letzterer wird
nach Ablehnung der Forderung der Entführer, politische Häftlinge freizulassen, ermordet.
10000 Soldaten werden nach Quebec geschickt (zeitweilig Ausnahmezustand).

1974 Nachdem 1970 eine zu starke Kapitalbeteiligung aus den Vereinigten Staaten an Kanadas
größter Uranfirma gesetzlich verhindert wurde, bestimmt ein *Investitionsgesetz,* daß größere ausländische Investitionen und Besitzbeteiligungen an kanadischen Firmen von über
50 Prozent genehmigungspflichtig sind. Als Kontrollinstanz wird die *Foreign Investment
Agency* errichtet.

1976 Bei den Provinzwahlen in Quebec siegt die separatistische *Parti Québecois* über die Libera-
15. Nov. len. René Lévesque, der neue Premierminister der Provinz, vertritt die Forderung nach
kompromißloser Autonomie. Es kommt jedoch vorerst nicht zur Volksabstimmung.

1978 Premierminister Pierre Trudeau legt einen **Verfassungsentwurf** vor, in dem regionale, pro-
Juni vinziale und sprachliche Interessen stärkere Berücksichtigung finden.

1979 Parlamentswahlen: Die Liberalen unter Pierre Trudeau erhalten nur noch 114 Sitze, die
22. Mai Konservativen unter *Joe Clark* (* 1939), sie repräsentieren vor allem die anglokanadische
Bevölkerung, bilden mit 136 Mandaten eine neue Regierung.

1980 Nach dem Rücktritt der Regierung Clark erringen die Liberalen bei *Neuwahlen* die
18. Febr. absolute Mehrheit. *Trudeau* wird wieder Premierminister (3. März).

1982 *Königin Elisabeth II. proklamiert eine eigenständige kanadische Verfassung.* Diese enthält
17. April eine Charta der Bürgerrechte und erlaubt dem Bundesparlament, künftige Verfassungsänderungen unabhängig von Großbritannien vorzunehmen. Den Provinzen wird jedoch zugestanden, solche Änderungen nicht zu akzeptieren. Der Premierminister von Québec, *René
Levesque* (* 1922, † 1987), erstrebt weiterhin die *Unabhängigkeit* dieser Provinz.

1984 Nach dem *Rücktritt von Premierminister P. Trudeau* (30. Juni) und einer *Übergangsregie-*
15. Sept. *rung unter John Napier Turner* (Liberale Partei, * 1929) wird nach Wahlsieg der Konservativen *Brian Mulroney* (Progressiv-Konservative Partei, * 1939) *Premier. – (Forts. S. 1660)*

Deutschland seit 1945 / Bundesrepublik Deutschland

(Forts. v. S. 947)

Die 1945 vollzogene *Besetzung* und *Aufteilung deutschen Territoriums* in vier Besatzungszonen durch
die vier alliierten Siegermächte sowie die *Abtrennung deutscher Gebiete* östlich der Oder-Neiße-Linie,
die unter polnische und sowjetische Verwaltung gestellt werden, bedeuten zwar im völkerrechtlichen Sinn
noch keine Zergliederung des Deutschen Reiches, sie zerschlagen jedoch de facto die historisch gewachsenen Raumordnungen mit ihren Wechselbeziehungen.
Die polykratische Staatslenkung im *Dritten Reich* hatte schon vor Kriegsende die Verwaltung des Reiches,
der Länder und Gemeinden stark fragmentarisiert, die Zuständigkeiten zahlreicher Verwaltungszweige
ausgehöhlt und durch Kompetenzverlagerungen, Personalunionen und organisatorische Überschneidun-
gen ein wirres Netz von politischen und administrativen Verflechtungen zwischen dem Staat einerseits
und den nationalsozialistischen Institutionen andererseits geschaffen, ein Netz, das nur durch die Zentralgewalt des „Führers und Reichskanzlers", der hohen Parteiführer und der Reichsministerien zusammengehalten wurde. Die Beseitigung der obersten Reichsbehörden, die Auflösung der Parteiorganisatio-
nen und die Teilung Deutschlands, die ja nicht nur das Reichsgebiet mit seinen Verwaltungsgliederungen,
sondern auch die ehemaligen Länder, vor allem Preußen, betraf, läßt auf allen Ebenen eine Anzahl unzu-
sammenhängender und untereinander isolierter, kaum handlungsfähiger Behörden entstehen, die sich
zunächst nur notdürftig selbst reorganisieren und ab Herbst 1945 von den jeweiligen Besatzungsmächten
provisorisch geordnet werden. Die Geschichte der Bundesrepublik Deutschland ist daher zum Teil die
Geschichte des *Wiederaufbaus des Staatswesens.*
Die Niederlage und Teilung Deutschlands lösen gewaltige *Wanderbewegungen* der deutschen Bevölkerung *von Ost nach West* aus (Ergänzung des Flüchtlingsstroms aus den ehemaligen deutschen Ostgebieten
nach 1945 durch Flüchtende aus der SBZ/DDR). Da die Flüchtlinge und Vertriebenen durchwegs mittel-
los sind, entstehen erhebliche Versorgungs- und Unterbringungsprobleme, was auf lange Sicht eine
Neuordnung der gesellschaftlichen Verhältnisse erfordert.
Die Teilung des Deutschen Reiches zerschneidet außerdem aufeinander eingespielte *Wirtschaftsräume.*
So haben vor Kriegsende die deutschen Ostgebiete Grundnahrungsmittel in großen Mengen in die Städte
des Westens geliefert. Die Industrien in Mitteldeutschland, Berlin und Sachsen haben Halbfertigfabrikate
und feinmechanische Produkte für die Schwerindustrie im Ruhrgebiet hergestellt, die ihrerseits Kohle
und Stahl im Osten absetzte. Eine der Hauptwirtschaftsadern (entlang Reichsstraße 1 von Aachen nach
Königsberg) wird unterbrochen und durch *Abkapselungspolitik* der Besatzungsmächte zerstört.

Dieser Tatbestand führt kurzfristig zu erheblichen Schwierigkeiten bei der *Wirtschaftsplanung* und langfristig zu weitreichenden Umorientierungen der Wirtschaftsräume Westdeutschlands. Dabei behalten die westlichen Besatzungsmächte nach 1945 das im Krieg errichtete Planungssystem mit seinen Steuerungsmechanismen weitgehend bei; es funktioniert jedoch mehr schlecht als recht, da *jede einzelne Militärregierung eine eigene Wirtschaftspolitik* betreibt: die *Briten* neigen zur Zentralisierung auf Zonenebene mit Hilfe von Restelementen der ehemaligen Reichsverwaltung, die *USA* bevorzugen einen föderativen Aufbau im Rahmen der Länder ihrer Zone, die *Franzosen* schließlich tendieren zu einer vollständigen Regionalisierung. Erst der Entschluß der US-Regierung, Europa wieder aufzubauen und zumindest Westdeutschland mit einzubeziehen, führt 1946 in Absprache mit Großbritannien zum Zusammenschluß der Wirtschaftsräume beider Zonen *(Bizone)* und damit zu einer weiträumigen Planung und Verwaltung. So wird schon im Herbst 1947, also noch vor der Währungsreform von 1948, die Stagnation im Bereich der Industriegüterproduktion endgültig überwunden. Unter anderem auf dieser Leistung basiert der *wirtschaftliche Aufschwung* der späteren Bundesrepublik.

Die *Landwirtschaft* ist 1945 nicht in der Lage, die Versorgung der Bevölkerung sicherzustellen. Eine entscheidende Steigerung der Erträge gelingt bis zur Gründung der Bundesrepublik nicht, eine der Ursachen für das soziale Elend in der Besatzungszeit.

Entwicklung der Lebensmittelversorgung 1945–1948

Im *politischen Raum* hinterläßt das Dritte Reich ein Vakuum, das die Besatzungsmächte zu füllen suchen. Die *Demokratisierungsvorstellungen* der Militärregierungen sind jedoch von den unterschiedlichen heimischen Vorbildern und Verhaltensmustern geprägt, weswegen die Verhältnisse in den einzelnen Zonen bald auseinanderstreben. So neigen die USA und Großbritannien dazu, ein Zwei-Parteien-System sowie Industriegewerkschaften zu errichten; die Franzosen zeigen kein Interesse an einer raschen Entfaltung des politischen Lebens, wogegen die Sowjets schon im Sommer 1945 die Bildung von mehreren Parteien und einer Einheitsgewerkschaft zulassen. Die *politischen Kräfte in Deutschland* ihrerseits sind bestrebt, an den demokratischen *Traditionen der Weimarer Republik* anzuknüpfen, andererseits aber auch deren Verfassungsschwächen zu vermeiden. Allein die *Kommunisten* weisen das Vorbild Weimars ab und lehnen sich an das *sowjetische Vorbild* für eine künftige Politik in Deutschland an. Aus diesen Ansätzen heraus treten alsbald Tendenzen zu einer *inneren Spaltung Deutschlands* auf, die dann im *kalten Krieg* zwischen den Westmächten und der Sowjetunion zur Realität wird.

Besatzungszeit (1945–1949)

1945
7./9. Mai **Kapitulation der deutschen Wehrmacht:** im Auftrag von Großadmiral *Karl Dönitz*, Nachfolger Hitlers, unterzeichnen General *Alfred Jodl* im US-Hauptquartier in Reims (7. Mai) und Generalfeldmarschall *Wilhelm Keitel* im sowjetischen Hauptquartier in Berlin-Karlshorst (9. Mai) die Urkunden.

Einzelne Staaten westlicher Bündnissysteme – Bundesrepublik Deutschland *1291*

28. Mai Die US-Militärregierung ernennt den letzten Vorsitzenden der Bayerischen Volkspartei *Fritz Schäffer* (* 1888, † 1967) zum bayerischen Ministerpräsidenten.

5. Juni Aufteilung des Deutschen Reiches in **vier Besatzungszonen:** eine sowjetische, französische, britische und amerikanische.
Die vier Militärgouverneure *Dwight D. Eisenhower* (USA), *Georgij Konstantinowitsch Schukow* (UdSSR), *Bernard Law Montgomery* (Großbritannien) und *Jean de Lattre de Tassigny* (Frankreich) übernehmen die oberste Gewalt in Deutschland und in den jeweiligen vier Zonen: Vier-Mächte-Erklärung von Berlin.

Anfang Juli Die Streitkräfte der alliierten Siegermächte rücken in die vereinbarten Besatzungszonen ein.

17. Juli –2. Aug. Auf der **Potsdamer Konferenz** einigen sich die Siegermächte hinsichtlich der Behandlung des Deutschen Reiches:
1. Sie bekunden ihre Absicht, das deutsche Volk nicht zu vernichten oder zu versklaven, sondern ihm zu helfen, das politische Leben wieder auf demokratischer Grundlage herzustellen.
2. Die *vier Oberbefehlshaber* sollen *gemeinsam* die *oberste Gewalt* ausüben.
3. Deutsche *„zentrale Verwaltungsabteilungen"* sollen unter Leitung eines zu bildenden *Alliierten Kontrollrates* (Errichtung am 30. Aug.), der sich aus den Oberbefehlshabern der vier Siegermächte zusammensetzt, staatliche Aufgaben (Finanzen, Transport, Verkehr, Industrie, Außenhandel) übernehmen.
4. Die *deutsche Wirtschaft* ist zu dezentralisieren und unter alliierte Kontrolle zu stellen (Deutschland soll aber als wirtschaftliche Einheit behandelt werden); das Hauptgewicht soll auf dem Ausbau der Landwirtschaft liegen.
5. Die *Gebiete* des Deutschen Reiches *östlich der Oder und der Görlitzer-Neiße* werden aus der Zuständigkeit des Kontrollrates herausgenommen und *sowjetischer* bzw. *polnischer Verwaltung unterstellt.*
6. Deutschland ist zu *entmilitarisieren* und zu *entnazifizieren;* die Führer des Dritten Reiches sollen vor einem *Internationalen Militärtribunal* (Nürnberger Prozesse) zur Verantwortung gezogen werden.
Die USA schlagen vor, die UdSSR solle ihre *Reparationswünsche gegenüber Deutschland* durch Entnahmen aus der eigenen Besatzungszone befriedigen und den Anspruch auf die Hälfte der auf der Konferenz in Jalta (4.–11. Febr. 1945) vereinbarten Reparationen in Höhe von 20 Mrd. US-Dollar aufgeben. Die UdSSR lehnt ab und stellt auch später immer wieder diese Forderung. Erste Anzeichen eines Konflikts der beiden Großmächte.

4.–7. Aug. Die US-Militärregierung beschließt, Nord-Württemberg und Nord-Baden zum *Land Württemberg-Baden* mit Stuttgart als Regierungssitz zusammenzufassen.

8. Aug. Schaffung des *Internationalen Militärtribunals in Nürnberg.* Der Prozeß beginnt im November 1945 gegen 24 Hauptkriegsverbrecher, denen u.a. Bruch von Verträgen, Verbrechen gegen die Kriegführung und Massentötungen vorgeworfen werden.

30. Aug. *Errichtung des Alliierten Kontrollrates* in Berlin. Er besteht aus den vier Oberbefehlshabern, einem Koordinationsausschuß und Vertretern der Oberbefehlshaber. – Das *Saargebiet* wird durch eine französische Kommission verwaltet und in der Folge Frankreich v.a. wirtschaftlich angegliedert unter Wahrung einer gewissen Autonomie.

Sept. Die US-Militärregierung beschließt die *Errichtung des Landes Hessen* (15./16.).

19. Sept. Die US-Militärregierung überträgt eine Reihe von Kompetenzen des Reiches auf die Länder ihrer Zone zur treuhänderischen Verwaltung. Sie leitet den Prozeß der Föderalisierung ihrer Zone ein.

20. Sept. Der Alliierte Kontrollrat hebt 25 grundlegende nationalsozialistische Gesetze auf.

24. Sept. Der frühere Reichstagsabgeordnete und Vorsitzende der Deutschen Demokratischen Partei in Württemberg Reinhold Maier (* 1889, † 1971) wird erster Ministerpräsident von Württemberg-Baden.

30. Sept. Die US-Militärregierung entläßt den bayerischen Ministerpräsidenten Fritz Schäffer.

5.–7. Okt. Auf Einladung *Kurt Schumachers* (* 1895, † 1952) findet in Hannover eine Konferenz sozialdemokratischer Politiker statt; Schumacher wird zum Beauftragten der *Sozialdemokraten* (SPD) für die Westzonen gewählt.

10. Okt. Gründung der *Christlich-Sozialen Union* (CSU) durch *Adam Stegerwald* (* 1874, † 1945) in Würzburg.

17. Okt. Die US-Militärregierung bildet zur Koordination ehemaliger Reichsaufgaben in ihrer Zone einen *Länderrat,* bestehend aus den Ministerpräsidenten der Länder *Hessen, Bayern* und *Württemberg-Baden.*

16. Nov. Beschlagnahme des Vermögens der *Firma Krupp.*

23. Nov. Beschlagnahme der *I.G. Farbenindustrie AG* durch die Besatzungsmächte (in der britischen Zone schon eine Woche zuvor).

14.–16. Dez. Reichstreffen der verschiedenen Gründer der *Christlich-Demokratischen Union Deutschlands* (CDU) in Bad Godesberg.

1292 Neueste Zeit – Westliche Welt

20. Dez. Der Alliierte Kontrollrat veröffentlicht „Gesetz Nr. 10" über die Bestrafung von Personen, die sich durch Kriegsverbrechen, Verbrechen gegen Frieden oder Menschlichkeit schuldig gemacht haben.

22. Dez. Die britische Militärregierung beschlagnahmt die größten Kohlenbergwerksbetriebe in ihrer Zone und unterstellt sie der Verwaltung des *„North German Coal Control Board"*. Die Verwaltung übernimmt die Deutsche Kohlebergbauleitung.

1946 Gründung der *Freien Demokratischen Partei (FDP) der britischen Zone* in Opladen (6./7. Jan.).

12. Jan. Mit der *„Direktive Nr. 24"* leitet der Alliierte Kontrollrat die systematische Entfernung von „Nationalsozialisten" und Personen, die den alliierten Bestrebungen feindlich gegenüberstehen, aus öffentlichen Ämtern und Führungspositionen in der Industrie ein.

21./22. Erste Tagung des Zonenausschusses der CDU der britischen Zone in Herford. Der ehema-
Jan. lige Kölner Oberbürgermeister, *Konrad Adenauer* (* 1876, † 1967), wird zunächst zum vorläufigen *Vorsitzenden der CDU (britische Zone)* gewählt (am 1. März 1946 endgültig).

22. Febr. Die britische Militärregierung ordnet die *Errichtung eines Zonenbeirates* in Hamburg an, der die Britische Kontrollkommission beraten, der aber keine ausführenden Befugnisse besitzen soll (1. Sitzung: 6. März).

28. März Der Alliierte Kontrollrat veröffentlicht einen Plan über die *deutsche Nachkriegswirtschaft,* der eine Übersicht über zugelassene Rohstoffe und Fertigungsindustrien gibt. Die Produktionshöhe soll 50 bis 55% des Maximums von 1938 betragen. Eine Reihe von Industriezweigen, u. a. die Herstellung von synthetischen Treibstoffen, Kugel- und Rollager, Funksenderausrüstungen soll verboten, die der Chemie, des Maschinenbaus, der Elektro- und Optikindustrie soll drastisch eingeschränkt bleiben. (April: Beginn der *Demontage*).

9. Mai *Beginn des ersten SPD-Parteitags nach dem Krieg* in Hannover.

15. Mai Die Bürgerschaft der *Freien und Hansestadt Hamburg* gibt sich eine vorläufige Verfassung, mit der sie sich als Land konstituiert.

20. Juli Der amerikanische Gouverneur stellt im Kontrollrat den Antrag, in den vier Zonen fünf zentrale Wirtschaftsverwaltungen zu errichten. Frankreich und die UdSSR lehnen ab.

Aug. Die Delegierten der *Gewerkschafts-Konferenz in Bielefeld* beschließen auf der Grundlage der *„Industrial Relations Directive Nr. 16"* (12. April) den Aufbau von autonomen Industrieverbänden, unterteilt in Berufsgruppen und Sparten, und entscheiden sich damit gegen gewerkschaftliche Berufsverbände. Dagegen bilden die *Gewerkschaft „Erziehung und Wissenschaft"* und *„Kunst"* Berufsverbände.

20. Aug. Die britische Militärregierung beschlagnahmt die Eisen- und Stahlindustrie ihrer Zone und unterstellt sie der Leitung der *„North German Iron and Steel Control Boards"*. Der Stahltreuhänder übernimmt später die Verwaltung.

22.–27. Nach gescheiterten Revisionsverhandlungen über den Industrieplan vom März 1946 im
Aug. Alliierten Kontrollrat und anschließenden Besprechungen der Westmächte in London veröffentlichen die angelsächsischen Besatzungsmächte einen *Industrieplan* für ihre Zonen mit dem Zweck, auf neuer Grundlage das deutsche Wirtschaftspotential für den *Wiederaufbau Europas* besser als bisher einsetzen zu können.

23. Aug. Errichtung der Länder *Schleswig-Holstein, Hannover* und *Nordrhein-Westfalen* innerhalb der britischen Zone.

30. Aug. Die französische Besatzungsmacht verfügt die Bildung des Landes *Rheinland-Pfalz.*

5. Sept. Die britische und US-amerikanische Militärregierung vereinbaren, ihre beiden Zonen wirtschaftlich zu vereinen. (Ein förmliches Abkommen folgt am 2. Dez.)

30. Sept. *Verkündung des Urteils in den „Nürnberger Prozessen".* Von den sog. Hauptkriegsverbre-
–1. Okt. chern werden zwölf mit dem Tode bestraft, sieben werden zu erheblichen Freiheitsstrafen verurteilt, in drei Fällen wird Freispruch zuerkannt. Die Korps der Politischen Leiter von SS, SD und Gestapo werden für verbrecherische Organisationen erklärt. An die Nürnberger Prozesse schließen sich zwölf, aufgrund der Ermächtigung des Kontrollrates vom 20. Dez. 1945 in der Zuständigkeit der US-Administration durchgeführte, sogenannte *„Nachfolgeprozesse"* u. a. gegen Diplomaten, Militärs, Wirtschaftsführer und Juristen an.

12. Okt. Die *„Kontrollratsdirektive Nr. 38"* regelt die Verhaftung und Bestrafung von „Kriegsverbrechern, Nationalsozialisten und Militaristen". Sie teilt die Betroffenen in fünf Kategorien ein: I. Hauptschuldige, II. Belastete, III. Minderbelastete, IV. Mitläufer, V. Entlastete.

1. Nov. Das Land Hannover wird unter Einbeziehung der ehemaligen Länder Braunschweig, Oldenburg und Schaumburg-Lippe zum *Land Niedersachsen* umgewandelt.

1947 **Vereinigung der britischen und amerikanischen Zone (Bizone)** in Kraft; dieses *Vereinigte*
1. Jan. *Wirtschaftsgebiet* soll die Zusammenfassung der wirtschaftlichen Hilfsquellen beider Zonen fördern und den Außenhandel neu ordnen.

21./22. *Bildung des Landes Bremen* aus dem Land- und Stadtgebiet Bremen sowie dem Stadtkreis
Jan. Wesermünde (rückwirkend auf 1. Jan. 1947).

3. Febr. *Ahlener Programm:* Die CDU der britischen Zone spricht sich für die Sozialisierung von Betrieben mit Monopolstellung sowie für die Vergesellschaftung der Bergwerke aus.

Einzelne Staaten westlicher Bündnissysteme – Bundesrepublik Deutschland   1293

Wirtschaftliche Integration der Bizone

25. Febr.	„Der Staat *Preußen*, seine Zentralregierung und alle nachgeordneten Behörden" werden durch das alliierte Kontrollratsgesetz Nr. 46 *aufgelöst*.
22.–25. April	Gründung des *Deutschen Gewerkschaftsbundes (DGB)* in der britischen Besatzungszone (Vorsitzender *Hans Böckler;* * 1875, † 1951).
27. April/ 2. Mai	Gründung des *Bayerischen Gewerkschaftsbundes* (27. April) und des *Allgemeinen Gewerkschaftsbundes* in *Rheinland-Pfalz* (2. Mai).
29. Mai	Abkommen der USA und Großbritanniens über die Neugestaltung der bizonalen Wirtschaftsverwaltung. Das Abkommen hat den Zweck, als Übergangslösung *deutsche Verwaltungsorgane der Bizone* zu schaffen, damit bis zur Errichtung einer gesamtdeutschen Regierung die wirtschaftlichen Probleme bewältigt werden können. Ein aus Mitgliedern der Länderparlamente zusammengesetzter *Wirtschaftsrat*, ein aus Vertretern der Länder gebildeter *Exekutivrat* und ein *Direktorium* werden eingesetzt.
6.–8. Juni	*Treffen aller deutschen Ministerpräsidenten in München:* Beratungsthemen sind die wirtschaftliche Einheit und die politische Zusammenfassung. Nachdem die westdeutschen Vertreter lediglich die Befugnis haben, über Wirtschaftsfragen zu verhandeln, und daher die Forderung abgelehnt wird, Fragen einer deutschen Zentralregierung zu erörtern, verlassen die sowjetzonalen Vertreter die Konferenz vorzeitig.
22.–24. Juli	Der Wirtschaftsrat beschließt durch Gesetz den Aufbau der Wirtschaftsverwaltung des Vereinigten Wirtschaftsgebietes. So entstehen unter Leitung von Direktoren Verwaltungen für Wirtschaft, Ernährung, Landwirtschaft und Forsten, Finanzen, Verkehr sowie Post- und Fernmeldewesen.
1948 2. Febr. 9. Febr.	Nach dem Scheitern der Londoner Außenministerkonferenz im Dezember 1947 entschließen sich die USA und Großbritannien, den Wirtschaftsrat erneut zu reorganisieren und ihn mit größeren Befugnissen auszustatten. Die Gouverneure der amerikanischen und britischen Zone bilden den *Bizonen-Wirtschaftsrat* um. Sie erhöhen die Zahl der Mitglieder und

1294 Neueste Zeit – Westliche Welt

erweitern seine Zuständigkeiten. Er darf nunmehr selbständig Gesetze auf zahlreichen Gebieten des öffentlichen Lebens erlassen. Zugleich schaffen sie einen Länderrat. In den Grundzügen ist damit der *innere Aufbau der Bundesrepublik vorgezeichnet.*

23. Febr. Die *USA* und *Großbritannien* berufen unter Hinzuziehung *Frankreichs* sowie der *Benelux-Staaten,* aber unter *Ausschaltung der UdSSR,* eine Konferenz nach London ein, auf der das Deutschland-Problem trotz heftiger Meinungsverschiedenheiten über die künftigen Formen der politischen Organisation Westdeutschlands im Licht des Ost-West-Konfliktes behandelt werden soll. Frankreich lehnt zunächst das föderative Konzept der USA ab.

6. März Die *Londoner Sechs-Mächte-Konferenz* einigt sich auf die *föderative Regierungsform* eines westdeutschen Staates, ferner auf die Einbeziehung Westdeutschlands in das *europäische Wiederaufbauprogramm,* auf eine internationale Kontrolle des Ruhrgebietes. Schließlich wird die sofortige Freizügigkeit von Gütern und Personen in den drei Westzonen vereinbart.

20. März Aus Protest gegen die Beschlüsse der Londoner Konferenz *verläßt der sowjetische Vertreter den Alliierten Kontrollrat,* der dadurch de facto seine Tätigkeit einstellt.

16. April Einbeziehung der britisch-amerikanischen und der französischen Zone in die *Organisation für wirtschaftliche Zusammenarbeit in Europa* (OEEC).

2. Juni Die Londoner Sechs-Mächte-Konferenz beschließt, den Deutschen der drei Westzonen im Kontrollrahmen der drei Westmächte „regierungsartige Verantwortung" zu gewähren, die diesen die Übernahme der „vollen Verantwortung" ermöglicht, und erteilt den *Auftrag, eine Verfassung auf föderativer Grundlage auszuarbeiten.*

Aufgrund des *Gesetzes zur Neuordnung des Geldwesens in den Westzonen* (18. Juni) schaffen die Militärregierungen die Reichsmark ab und führen die Deutsche Mark (DM)

21. Juni ein. Durch diese **Währungsreform** wird der aus der nationalsozialistischen Wirtschaftspolitik und der Kriegsfinanzierung resultierende Geldüberhang beseitigt und die Grundlage für die Gesundung des Wirtschaftslebens geschaffen.

Die Wirtschaftslage in der Besatzungszeit

Nach der Kapitulation des Deutschen Reiches am 7./9. Mai 1945 dauert die Phase der wirtschaftlichen Stagnation nicht lange an. In der US-amerikanischen und britischen Zone erfolgt trotz vieler Schwierigkeiten ein *rascher Anstieg der industriellen Produktion,* der bis in den Herbst 1946 hinein anhält. Der Aufschwung bricht im Winter 1946/1947 ab, da das Transportsystem zur Anlieferung von Rohstoffen und zur Verteilung der hergestellten Güter nicht ausreicht.

Ein zweiter, anhaltender Aufschwung setzt jedoch schon im Herbst 1947 ein, der nun auch im Winter 1947/1948 anhält; lediglich die französische Zone kann nicht in gleichem Maße nachziehen.

Kurz vor der *Währungsreform* tritt im Mai 1948 eine *kurze Stagnation* ein, die auf die Warenspekulation am Vorabend der Währungsreform zurückzuführen ist und die die Zwischenproduktionsversorgung der Industrie unterdrückt. Die Währungsreform setzt den Rückstau der Warenhortung frei. Die beiden kräftigen Aufschwungsphasen in den Westzonen während der Besatzungszeit gelingen ohne wesentliche Hilfe von außen; diese wird im Gegenteil durch den von den Militärregierungen gebremsten und zum Teil fehlgelenkten Export deutscher Waren behindert.

Die Bedeutung der Währungsreform und die Gewährung von *Gewerbefreiheit* dürfen daher nicht überschätzt werden, wenngleich diesen eine den Aufschwung beschleunigende Wirkung nicht abgesprochen werden kann.

1948 Der Wirtschaftsrat errichtet mit dem „*Gesetz über Leitsätze für die Bewirtschaftung und*
24. Juni *Preispolitik nach der Geldreform"* den rechtlichen Rahmen für die soziale Marktwirtschaft und die Gewerbefreiheit. Damit wird die Durchsetzung des wirtschaftspolitischen Kurses von *Ludwig Erhard* (* 1897, † 1977) und *Alfred Müller-Armack* (* 1901, † 1978) gegen den Widerstand von SPD, Gewerkschaften und linkem CDU-Flügel eingeleitet.

Die UdSSR ordnet als Antwort auf die Währungsreform der Westzonen eine vollständige **Blockade der Westsektoren Berlins** an, die den Interzonenverkehr zu Wasser und zu Lande unterbindet. Im Gegenzug organisieren die Westmächte über einen Zeitraum von 11 Monaten hinweg eine *Luftbrücke* nach West-Berlin.

1. Juli Die Vereinbarungen der sechs Mächte in London bilden die Grundlage für die drei „*Frankfurter Dokumente",* die die westlichen Militärgouverneure den versammelten Ministerpräsidenten der Länder in den Westzonen vorlegen. Das erste Dokument ermächtigt die Ministerpräsidenten, eine *Verfassunggebende Nationalversammlung* einzuberufen, das zweite ersucht sie, die Grenzen der Länder zu überprüfen sowie Änderungen vorzuschlagen, und das dritte kündigt ein *Besatzungsstatut* an.

8.–10. Die Ministerpräsidenten beraten in Koblenz (Rittersturz) über die drei „Frankfurter
Juli Dokumente". Sie befürchten, ein Eingehen auf die Vorschläge der Westmächte könne die Teilung Deutschlands zur Folge haben. Zwar begrüßen sie die Zusammenfassung der drei

Einzelne Staaten westlicher Bündnissysteme – Bundesrepublik Deutschland **1295**

Zonen, lehnen jedoch jede Maßnahme ab, durch die dem „zu schaffenden Gebilde" die Merkmale eines Staates verliehen würden. Sie empfehlen, keine Verfassunggebende Nationalversammlung, sondern lediglich einen Parlamentarischen Rat, gebildet aus Abgeordneten der Landtage, einzuberufen.

14. Juli Die Antwort der Ministerpräsidenten stößt auf die Kritik des US-Militärgouverneurs, General *Lucius Dubignon Clay* (* 1897, † 1978).

15.–16. Juli Die Ministerpräsidenten kommen daraufhin zu einer zweiten Beratung über die „Frankfurter Dokumente" im Schloß Niederwald bei Rüdesheim zusammen und bekräftigen ihre in Koblenz gefaßten Beschlüsse.

20. Juli Die drei Militärgouverneure drängen auf einer Konferenz in Frankfurt die Ministerpräsidenten, den Inhalt der „Frankfurter Dokumente" uneingeschränkt anzunehmen.

21.–22. Juli Der Druck der Militärgouverneure bringt die Ministerpräsidenten vor ihrem dritten, erneut auf Schloß Niederwald anberaumten Treffen in ein Dilemma: eine Ablehnung aller Forderungen der Westmächte bedeute einerseits die Fortsetzung des herrschenden Elends und der politischen Unselbständigkeit der Deutschen, ein Eingehen aber könne andererseits die Spaltung Deutschlands auf lange Sicht zur Folge haben. Erst das Argument des Berliner Konferenzteilnehmers *Ernst Reuter* (* 1889, † 1953), die Teilung des Reiches sei in der Tat schon längst vollzogen, bewegt die Ministerpräsidenten, mit einigen Abstrichen den Forderungen der Besatzungsmächte zuzustimmen.

26. Juli Einigung zwischen den Ministerpräsidenten und den drei Militärgouverneuren in Frankfurt. Die Länderchefs beschließen, zur *Ausarbeitung eines Grundgesetzes* einen *Parlamentarischen Rat* einzuberufen.

10.–23. Aug. In Herrenchiemsee tagt ein *Verfassungskonvent*, der Vorentwürfe eines Grundgesetzes ausarbeitet, welche dem Parlamentarischen Rat als Beratungsgrundlage dienen sollen.

1. Sept. Der **Parlamentarische Rat** tritt in Bonn zusammen. Er setzt sich aus Mitgliedern der Landtage zusammen, die den CDU-Vorsitzenden in der britischen Zone, *Konrad Adenauer*, zum Präsidenten und den SPD-Politiker und Präsidenten des Staatssekretariats von Württemberg-Hohenzollern, *Carlo Schmid* (* 1896, † 1979), zum Vorsitzenden des Hauptausschusses wählen.
Der in den Fachausschüssen entworfene „Rohbau" des Grundgesetzes wird in erster Lesung beraten (am 20. Dezember zweite und am 8. und 10. Februar 1949 dritte Lesung).

12. Sept. *Gründung der FDP* in Heppenheim.

Wiederaufbau und Westintegration – Gründung der Bundesrepublik Deutschland (1949–1956)

1949 6.–8. April Die Außenminister der drei Westmächte einigen sich in Washington über den endgültigen Inhalt des Besatzungsstatuts und beschließen die *Errichtung einer Alliierten Hohen Kommission* als höchste Kontrollbehörde in der künftigen Bundesrepublik sowie die Bildung der *Trizone* durch Erweiterung der Bizone um das französische Besatzungsgebiet.

4. Mai Jessup-Malik-Abkommen (Westmächte/UdSSR) zur *Beendigung der Berliner Blockade*.

8. Mai Das Plenum des Parlamentarischen Rates nimmt den revidierten **Grundgesetzentwurf** mit 53 gegen 12 Stimmen an.

10. Mai Der Parlamentarische Rat bestimmt *Bonn* zur *Bundeshauptstadt.*

12. Mai Die Militärgouverneure genehmigen das Grundgesetz.

16.–20. Mai Die *Landtage* der Länder geben mit Ausnahme des bayrischen ihre *Zustimmung zum Grundgesetz.*

23. Mai Das **Grundgesetz** für die Bundesrepublik Deutschland wird offiziell **verkündet.**

15. Juni Verabschiedung des Wahlgesetzes für den ersten Bundestag.

15. Juli Verabschiedung der „*Düsseldorfer Leitsätze*" der CDU, in denen die Partei die gemeinwirtschaftliche Konzeption des Ahlener Programms vom Februar 1947 aufgibt und sich der Theorie der **sozialen Marktwirtschaft** (Wirtschaftsprozeß beruht auf Privatinitiative von Produzenten und Konsumenten; Hauptziel der staatlichen Wirtschaftspolitik ist wirtschaftliches Wachstum) zuwendet.

14. Aug. *Wahl zum ersten Bundestag:* CDU/CSU 31%; SPD 29,2%; FDP 11,9%; KPD 5,7%; Bayernpartei (BP) 4,2%; Deutsche Partei (DP) 4,0%; Zentrum 3,1%; andere 10,9%.

7. Sept. *Konstituierung des deutschen Bundestages* und des Bundesrates: der CDU-Politiker und Präsident des Wirtschaftsrates, *Erich Köhler* (* 1892, † 1959), wird Bundestagspräsident.

12. Sept. Der FDP-Vorsitzende *Theodor Heuss* (* 1884, † 1963) wird zum *ersten Bundespräsidenten* gewählt; Gegenkandidat Kurt Schumacher (SPD).

15. Sept. Der Bundestag wählt *Konrad Adenauer* mit 202 gegen 142 Stimmen bei 44 Enthaltungen und einer ungültigen Stimme zum *ersten Bundeskanzler.*

20. Sept. CDU/CSU, FDP und DP bilden die Regierungskoalition.

Die Staatsorgane der Bundesrepublik Deutschland

*Hüter des Grundgesetzes   **Mitwirkung bei der Bundesgesetzgebung   †Auf Vorschlag des Bundeskanzlers

Die Bundesregierungen

1949–1953	Kabinett Adenauer (vom 20. September 1949) CDU/CSU-FDP-DP-Koalition		1969–1972	Kabinett Brandt (vom 22. Oktober 1969) SPD-FDP-Koalition
1953–1957	Kabinett Adenauer (vom 20. Oktober 1953) CDU/CSU-DP-Koalition		1972–1974	Kabinett Brandt (vom 15. Dezember 1972) SPD-FDP-Koalition
1957–1961	Kabinett Adenauer (vom 29. Oktober 1957) CDU/CSU-Alleinregierung		1974–1976	Kabinett Schmidt (vom 16. Mai 1974) SPD-FDP-Koalition
1961–1963	Kabinett Adenauer (vom 14. November 1961) CDU/CSU-FDP-Koalition		1976–1980	Kabinett Schmidt (vom 16. Dezember 1976) SPD-FDP-Koalition
1963–1965	Kabinett Erhard (vom 16. Oktober 1963) CDU/CSU-FDP-Koalition		1980–1982	Kabinett Schmidt (vom 5. 11. 1980) SPD-FDP-Koalition
1965–1966	Kabinett Erhard (vom 26. Oktober 1965) CDU/CSU-FDP-Koalition		1982–1983	Kabinett Kohl (vom 4. Oktober 1982) CDU/CSU-FDP-Koalition
1966–1969	Kabinett Kiesinger (vom 1. Dezember 1966) CDU/CSU-SPD-Koalition		seit 1983	Kabinett Kohl (vom 30. März 1983) CDU/CSU-FDP-Koalition

Die Bundespräsidenten

1949–1954	Theodor Heuss (1. Mal, DVP/FDP; * 1884, † 1963)		1969–1974	Gustav Heinemann (SPD; * 1899, † 1976)
1954–1959	Theodor Heuss (2. Mal)		1974–1979	Walter Scheel (FDP; * 1919)
1959–1964	Heinrich Lübke (1. Mal, CDU; * 1894, † 1972)		1979–1984	Karl Carstens (CDU; * 1914)
1964–1969	Heinrich Lübke (2. Mal)		seit 1984	Richard von Weizsäcker (CDU; * 1920)

Der Bundeskanzler betont in seiner Regierungserklärung als Ziel seiner Regierung die Beibehaltung der sozialen Marktwirtschaft und hebt folgende Aufgaben hervor: Förderung der Kapitalbildung, Regelung eines Lastenausgleichs für Vertriebene, Förderung des Wohnungsbaus, Pflege des Außenhandels, Unterstützung des Mittelstandes und der Bauern. Als Maxime seiner Außenpolitik unterstreicht er die Zugehörigkeit zur westlichen Welt sowie die Überwindung der Teilung Deutschlands durch die „Politik der Stärke".

Die Mandatsverteilung im Bundestag 1949–1983

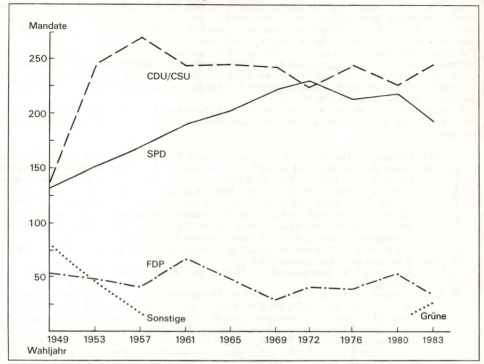

21. Sept.	Durch das Inkrafttreten des Besatzungsstatuts werden die Militärregierungen aufgelöst.
13. Okt.	Zusammenschluß von 16 Gewerkschaftsbünden der amerikanischen, britischen und französischen Zone zum *Deutschen Gewerkschaftsbund* (Vorsitz Hans Böckler). Hauptziel der Politik des DGB ist die Durchsetzung der paritätischen Mitbestimmung in den Betrieben.
31. Okt.	Die Bundesrepublik wird *Mitglied der* Organisation für europäische wirtschaftliche Zusammenarbeit – Durchführungsorganisation für den Marshall-Plan *(OEEC)*.
22. Nov.	Im „*Petersberger Abkommen*" einigen sich die Alliierte Hohe Kommission und die Bundesrepublik in folgenden Punkten: die Bundesrepublik tritt der Internationalen Ruhrbehörde bei, nimmt Konsular- und Handelsbeziehungen mit anderen Staaten auf, die Hohe Kommission sichert im Gegenzug die Einstellung der Demontagen zu.
15. Dez.	Der US-Hohe Kommissar und der Bundeskanzler unterzeichnen ein Abkommen über wirtschaftliche Zusammenarbeit (Marshall-Plan).
1950	Adenauer spricht sich gegen eine Abtrennung des Saargebiets aus (16. Jan.).
3. März	Der Bundestag ändert das *Einkommensteuer-* und das *Körperschaftssteuergesetz:* er begünstigt damit nicht entnommene Gewinne aus Betrieben und fördert so die Investitionsbereitschaft durch Eigenfinanzierung, eine der Grundlagen des wirtschaftlichen Wiederaufbaues der Bundesrepublik Deutschland.
1. Mai	Der *Wegfall der letzten Lebensmittelrationierung* versinnbildlicht den raschen Wirtschaftsaufschwung, der allerdings durch den *Ausbruch des Koreakriegs* noch im zweiten Halbjahr gebremst wird, weil dieser Rohstoffverknappungen und Preissteigerungen verursacht, was zu einer allgemeinen sozialen Beunruhigung führt.
18. Aug.	Die Bundesregierung äußert den *Wunsch nach Verteidigungstruppen der Bundesrepublik* als Gegengewicht zur Kasernierten Volkspolizei der DDR.
1. Okt.	Der Bund übernimmt die *Kriegsopferversorgung*.
9. Okt.	*Rücktritt von Bundesinnenminister Gustav Heinemann* (*1899, † 1976; CDU, seit 1957 SPD), der eine Aufrüstung der Bundesrepublik ablehnt.

Der Wirtschaftsaufschwung

Vom Marshall-Plan, einem von den USA entwickelten Programm zur Unterstützung und Koordinierung der Wirtschaft in europäischen Ländern, geht eine psychologisch starke Signalwirkung aus. Die Ankündigung von Rohstofflieferungen aus dem *Europäischen Wiederaufbauprogramm* (European Recovery Pro-

1298 Neueste Zeit – Westliche Welt

gram – ERP) und die Hoffnung auf eine allgemeine Wiederaufnahme des für die Bundesrepublik unabdingbaren Außenhandels führen zur Einbeziehung von gehorteten Rohstoffen und Materialien in den Produktionsprozeß. So erhöht sich auch deutlich das *Konsumangebot*, das seinerseits die *Produktivität* anreizt. Der Marshall-Plan trifft auf eine schon im zweiten Jahr befindliche Aufschwungphase der Konjunktur in Westdeutschland. Er beschleunigt sie, bildet aber keine Initialzündung.
Der 1950 weiter zunehmende, rasche Aufschwung, von der Londoner Tageszeitung Times als *„deutsches Wirtschaftswunder"* bezeichnet, ist zunächst ein auf der Behebung von Schäden aus der Weltwirtschaftskrise und vor allem des Krieges beruhendes wirtschaftliches Wachstum. Später kommen weitere Antriebsfaktoren hinzu: die *Eingliederung in den Welthandel,* der ebenfalls zunimmt, und ab 1958 die *Integration der Westeuropäischen Märkte.*
Der Aufschwung ist allerdings stets differenziert zu sehen. Zwar steigt der Gesamtindex an, aber einzelne Wirtschaftszweige, wie der Bergbau, gehen zurück und lösen zeitweise (1958–1964) einzelne soziale Krisen aus.

1951 5. Jan.	Beginn der *Neuordnung der Agrarmärkte* mit der Verabschiedung des Indexgesetzes; ihm folgen das Getreide- (24. November 1951), das Milch-, Milcherzeugnisse- und Fette- (10. Dezember 1952) und das Vieh-Fleischgesetz (25. April 1951). Der Bundesrepublik kommt es darauf an, durch eine vorsichtige Steuerung und Subventionierung der Agrarmärkte die *Preise für Lebensmittel* niedrig zu halten, um nicht durch steigende Verbraucherpreise den Wunsch nach *Lohnerhöhungen* anzureizen und um vor allem die Exportindustrie von einem starken Kostendruck freizuhalten. Die damit entstehende Agrar-Marktordnung gilt bis zum Eintritt der Bundesrepublik in die EWG.
26. Jan.	Der Bundestag stimmt der Ratifizierung des Marshall-Plan-Abkommens mit den USA zu.
15. Febr.	*Schaffung des Bundesgrenzschutzes.*
6. März	Revision des Besatzungsstatuts: die Bundesrepublik erhält erweiterte Vollmachten in der Außenpolitik.
10. April	Verabschiedung des *„Gesetzes über die Mitbestimmung der Arbeitnehmer in den Aufsichtsräten und Vorständen der Unternehmen des Bergbaues und der Eisen und Stahl erzeugenden Industrie":* es löst entsprechende Vorschriften der britischen Besatzungsmacht ab und schreibt eine paritätische Besetzung der Aufsichtsräte in den Kapitalgesellschaften der Montanindustrie vor. Von in der Regel 11 Aufsichtsratsmitgliedern sind 5 Arbeitnehmervertreter, 5 Vertreter der Arbeitgeber, und ein elftes Mitglied ist neutral. In den Vorstand wird ein Arbeitsdirektor entsandt, der nicht gegen die Arbeitnehmervertreter im Aufsichtsrat bestellt werden darf.
26. April	Durch bundesgesetzliche Bestimmungen werden Exportgeschäfte begünstigt.
21. Juni	Der Bundestag vereinfacht das Einkommenssteuer- und Körperschaftssteuergesetz.
9./13. Juli	Die westlichen Besatzungsmächte Großbritannien und Frankreich beenden den Kriegszustand mit Deutschland (die USA folgen am 19. Okt).
20. Sept.	Der *„Interzonenhandel"* mit der DDR wird in einem Abkommen geregelt; er überschreitet 1955 erstmals die Grenze von 1 Mrd. DM.
1952 11. Jan.	Der Bundestag ratifiziert den Vertrag über die Gründung der Europäischen Gemeinschaft für Kohle und Stahl *(Montanunion).*
8. Febr.	Der *Bundestag beschließt* gegen die Stimmen der SPD, grundsätzlich einen *deutschen Verteidigungsbeitrag* zu leisten.
10. März	Die Regierung der UdSSR bietet den Westmächten an, über einen Friedensvertrag mit Deutschland zu verhandeln. Adenauer reagiert ablehnend, da er den sowjetischen Vorschlag für ein Störmanöver seiner Westpolitik hält und andererseits durch positive Äußerungen nicht das Mißtrauen der Westmächte erregen will. Die SPD wünscht, die Ernsthaftigkeit der Moskauer Absichten vor einer Absage erst zu prüfen.
25. April	*Bildung des Landes Baden-Württemberg.*
26. Mai	In Bonn wird der Vertrag über die Beziehungen zwischen der Bundesrepublik Deutschland und den drei Westmächten (Zusatzabkommen über Truppen-, Finanz- und Überleitungsvertrag) unterzeichnet: *Deutschland- oder Generalvertrag,* auch Bonner Konvention.
10. Juli	Der Bundestag verabschiedet das *Lastenausgleichsgesetz,* das den Kriegsbeschädigten, Heimatvertriebenen, Flüchtlingen sowie den durch die Teilung Deutschlands und die Währungsreform am härtesten betroffenen Bevölkerungsgruppen die Wiedereingliederung und die Sicherung ihrer Existenz gewährleistet.
19. Juli	*Verabschiedung des Betriebsverfassungsgesetzes,* das für alle Privatbetriebe mit 5 und mehr Arbeitnehmern gilt, in denen die Wahl von Betriebsräten vorgesehen ist. Die Mitspracherechte der Betriebsräte erstrecken sich auf soziale, personelle und wirtschaftliche Angelegenheiten, u.a. die Festlegung der Arbeitszeit, die Aufstellung der Urlaubspläne, Durchführung der Berufsausbildung, Regelung der Akkord- und Stücklohnsätze, Mitarbeit an der Betriebsordnung und die Angelegenheiten der Einstellung, Versetzung, Entlassung und Gehaltsumgruppierung.
20. Aug.	Tod des SPD-Vorsitzenden *Kurt Schumacher; Nachfolger Erich Ollenhauer* (27. Sept.).

Einzelne Staaten westlicher Bündnissysteme – Bundesrepublik Deutschland *1299*

10. Sept.	Die Bundesrepublik schließt mit *Israel* einen *Wiedergutmachungsvertrag*, wonach sie innerhalb von 12 Jahren 3 Mrd. DM in Form von Warenlieferungen an Israel entrichtet.
23. Okt.	*Verbot der Sozialistischen Reichspartei* (SRP), einer Nachfolgeorganisation der NSDAP, durch Urteil des Bundesverfassungsgerichts.
30. Okt.	Einführung von Steuerbegünstigungen für den Kapitalmarkt und die Kapitalbildung.
1953 27. Febr.	Das „*Londoner Schulden-Abkommen*" regelt die Vorkriegsschulden aus dem *Dawes-* und *Youngplan* (13,3 Mrd. DM) sowie die Nachkriegsschulden der Bundesrepublik (6,8 Mrd. DM) und schafft die Voraussetzung für deren Wiedereingliederung in den internationalen Wirtschafts- und Zahlungsverkehr.
25. März	Verabschiedung des Gesetzes über die Angelegenheiten der Vertriebenen und Flüchtlinge: Regelung der Eingliederung der Vertriebenen.
23. April	Mit dem neugefaßten *Tarifvertragsgesetz,* basierend auf dem Tarifvertrag-Gesetz vom 9. April 1949 und vom 11. Januar 1952, schafft der Gesetzgeber eine feste Ordnung im Tarifvertragswesen, die im Dritten Reich beseitigt worden ist. Gewerkschaften und Arbeitgeberverbände werden als die für die Regelung der Arbeitsbedingungen maßgeblichen Institutionen anerkannt. Das Tarifvertragswesen vermag die Lohngefälle in der Industrie nicht zu nivellieren, kann allerdings aufgrund der gemäßigten Politik der Gewerkschaften und Arbeitgeber schwere soziale Konflikte vermeiden.
6. Sept.	Bundestagswahl: CDU/CSU 45,2%; SPD 28,8%; FDP 9,5%; Gesamtdeutscher Block/ Bund der Heimatvertriebenen und Entrechteten (GB/BHE) 5,9%; DP 3,3%. *Konrad*
20. Okt.	*Adenauer* bildet sein *zweites Kabinett.*
1954 26. Febr.	Der Bundestag billigt das Gesetz zur Ergänzung des Grundgesetzes, das die *Wehrhoheit* der *Bundesrepublik* begründet.
28. Sept. –3. Okt.	Die Londoner *Neun-Mächte-Konferenz* beschließt die Souveränität der Bundesrepublik, ihren Beitritt zur Nato und zum Brüsseler Pakt.
19.–23. Okt.	In den *vier Pariser Konferenzen* (Drei Mächte – Bundesrepublik; Neun Mächte; Konferenz der 14 Nato-Mitglieder und Bundesrepublik – Frankreich) werden die in der Londoner Akte festgelegten Beschlüsse sowie das deutsch-französische Abkommen über das europäische Statut der Saar endgültig vertraglich geregelt **(Pariser Verträge).**
23. Okt.	Neue Fassung des Generalvertrags vom 26. Mai 1952: die Bundesrepublik und die drei Westmächte beschließen die *Beendigung des Besatzungsregimes,* die Aufhebung des Besatzungsstatuts und die Auflösung der Alliierten Hohen Kommission. Die Bundesrepublik erklärt ihre Absicht, sich durch ihre Mitgliedschaft in internationalen Organisationen mit der Gemeinschaft der freien Nationen zu verbinden; zugleich erhalten die Organe des Bundes und der Länder Befugnis, die von den Besatzungsmächten erlassenen Gesetze zu ändern oder aufzuheben.
1955 5. Mai	Proklamation der vollen **Souveränität der Bundesrepublik Deutschland** sowie endgültige Auflösung der Alliierten Hohen Kommission, nachdem die *Pariser Verträge* durch Ratifizierung von Bundestag und Bundesrat *in Kraft gesetzt* worden sind.
6. Juni	Die „Dienststelle Blank" (benannt nach dem Sicherheitsbeauftragten der Bundesregierung Theodor Blank – * 1905, † 1972) wird zum Bundesministerium der Verteidigung.
5. Sept.	Das vom Bundestag verabschiedete *Landwirtschaftsgesetz* bildet die Basis der „*Grünen Pläne*", die die Agrarstruktur (Flurbereinigung, Bau von Wirtschaftswegen, Aussiedlung von Höfen) und die Einkommenslage der Landbevölkerung verbessern sollen.
9.–13. Sept.	Bundeskanzler Adenauer reist zu einem *Staatsbesuch nach Moskau: Aufnahme diplomatischer Beziehungen* beschlossen; Freilassung deutscher Kriegsgefangener.
23. Okt.	67,7% der stimmberechtigten *Wähler* des Saargebietes *lehnen* das *Saarstatut ab.*
23. Dez.	Das *Finanzverfassungsgesetz* stabilisiert den seit 1949 zwischen Bund und Ländern strittigen Finanzausgleich: Kernstück ist die Aufteilung des Ertrags aus der Einkommens- und Körperschaftssteuer zwischen Bund und Ländern. Auf dieser Grundlage erhält der Bund ab 1958 35%, die Länder 65%; 1966 wird der Bundesanteil auf 37% erhöht.

Innere Konsolidierung (1956–1963)

1956 26. Juli	Das „*Gesetz über die Deutsche Bundesbank*" regelt den Aufbau der Deutschen Bundesbank als Nachfolgeinstitut der Bank Deutscher Länder, die noch die Besatzungsmächte errichtet haben. Es stellt zudem der Bundesbank geldpolitische Instrumentarien zur Verfügung, durch die die Geldpolitik reguliert werden kann.
17. Aug.	*Verbot der Kommunistischen Partei Deutschlands* durch das Bundesverfassungsgericht.
27. Okt.	*Frankreich und die Bundesrepublik regeln die Saarfrage.* Demnach wird der Anwendungsbereich des Grundgesetzes vorbehaltlich einer dreijährigen Übergangszeit in wirtschaftlichen Angelegenheiten ab 1. Januar 1957 auf das Saarland ausgedehnt. Schiffbarmachung der Mosel beschlossen.

1957 23. Febr.	Die *Gesetze zur Neuregelung des Rechts der Rentenversicherung* der Arbeiter und der Angestellten, abgerundet durch das Knappschaftsversicherungsneuregelungsgesetz vom 21. Mai 1957, verfolgen drei Ziele: 1. die Anpassung der Renten an die Entwicklung des Lohn- und Preisniveaus, 2. der Wert der Beiträge wird an das Lohnniveau im Zeitpunkt der Rentenfortsetzung angepaßt und 3. Altrenten werden an die Entwicklung des Preis-Lohn-Niveaus angeglichen. Die Altershilfe der Landwirte wird erst 1965 geregelt.
9./10. Mai	Der Bundestag diskutiert die atomare Bewaffnung der Bundeswehr.
20. Mai	Die Bundesregierung lehnt den Plan der sowjetischen Regierung ab, die deutsche Einheit durch Verhandlungen mit der DDR und durch Bildung einer Konföderation herzustellen.
27. Juli	Das *Gesetz gegen Wettbewerbsbeschränkungen,* von den Anhängern des sozialen Markt-wirtschaft als „Grundgesetz" der Marktwirtschaft bezeichnet, verbietet marktbeherr-schende Unternehmen und Kartellabsprachen, läßt jedoch zahlreiche Ausnahmen zu, die die Wirkung des Gesetzes aushöhlen, daher die verschärfte Fassung vom 3. Jan. 1966.
15. Sept.	*Bundestagswahl:* CDU/CSU 50,2%; SPD 31,8%; FDP 7,7%; GB/BHE 4,6%; DP 3,4%. Die *CDU* befindet sich *auf dem Höhepunkt ihres Einflusses.* Konrad Adenauer bildet er-neut die Regierung (29. Okt., nur CDU/CSU), aber schon im darauffolgenden Jahr be-ginnen die Auseinandersetzungen um seine Nachfolge.
19. Okt.	Die Bundesrepublik bricht die diplomatischen Beziehungen zu Jugoslawien wegen dessen Aufnahme diplomatischer Beziehungen zur DDR ab. Die Bundesregierung wendet die so-gen. **Hallstein-Doktrin** an (benannt nach Staatssekretär Walter Hallstein; *1901, †1982): außenpolitischer Grundsatz, wonach die Bundesrepublik wegen ihres demokratisch legiti-mierten Alleinvertretungsanspruchs für das gesamte deutsche Volk mit keinem Staat (Aus-nahme UdSSR) diplomatische Beziehungen unterhält, der seinerseits die DDR völkerrecht-lich anerkannt hat.
1958 März	Bundesverteidigungsminister *Franz Josef Strauß* (CSU; (* 1915, † 1988) fordert (in der Bundestagsdebatte vom 20.–25.) eine atomare Bewaffnung der Bundeswehr.
23. März	Die SPD gründet, vom DGB unterstützt, den Aktionsausschuß „*Kampf dem Atomtod*" in Frankfurt.
25. April	Unterzeichnung eines *deutsch-sowjetischen Handelsabkommens.*
10. Nov.	Ausbruch der *Berlin-Krise:* die UdSSR fordert eine „*Freie Stadt West-Berlin*".
1959 1. Juli	*Heinrich Lübke* (* 1894, † 1972; seit 1953 Bundeslandwirtschaftsminister) wird zum Bun-despräsidenten gewählt.
13.–15. Nov.	Ein außerordentlicher Parteitag der SPD in Bad Godesberg verabschiedet ein neues Grundsatzprogramm, das die Aktionsprogramme von 1952 und 1954 ablöst *(Godesberger Programm).* Die SPD stellt sich als „entideologisierte Volkspartei" dar, deren Ziel die Ver-wirklichung der Grundwerte eines demokratischen Sozialismus (Freiheit, Gerechtigkeit, Solidarität) sind.
1960 29. Aug.	Die DDR erläßt Beschränkungen im Reiseverkehr zwischen West- und Ost-Berlin, worauf die Bundesrepublik das Interzonenabkommen kündigt.
1961 30. Juni	Verabschiedung des *Bundessozialhilfegesetzes,* das den Empfängern von Renten ein Leben ermöglichen soll, das der Würde des Menschen entspricht.
10. Juli	Das *Gesetz über das Kreditwesen* stellt eine Rahmenordnung her, vor allem beschränkt es im Interesse der Einleger, der Kreditversorgung der Wirtschaft und der Unterstützung der Wirtschaftspolitik der Bundesregierung die Freiheit der Kreditinstitute.
13. Aug.	Beginn des **„Mauerbaus"** an der Demarkationslinie zwischen Ost- und West-Berlin sowie Sperrung der Zugangswege nach West-Berlin durch die DDR.
17. Sept.	*Bundestagswahl:* Die Union verliert die absolute Mehrheit: CDU/CSU 45,4; SPD 36,2; FDP 12,8%.
7. Nov.	*Konrad Adenauer* wird *zum vierten Mal* zum *Bundeskanzler* gewählt. (CDU/CSU-FDP-Koalition am 14. Nov.).
20./21. Nov.	Staatsbesuch Adenauers in den USA. Besprechungen mit Präsident *Kennedy* wegen der Berlin-Frage und der Deutschlandpolitik. Wachsende Differenzen zwischen der deutschen und der US-Regierung.
1962 21. März	Überhitzungserscheinungen der Konjunktur. Wirtschaftsminister *Ludwig Erhard fordert* Gewerkschaften, Verbraucher und Arbeitnehmer *zum Maßhalten auf.* Die Bundesrepublik wächst in eine Situation der Überbeschäftigung hinein, die zur wachsenden Beschäftigung ausländischer Arbeitskräfte (bis 1964 rd. 1 Mio.) führt.
6. Juni	Adenauer bietet dem Ministerpräsidenten der UdSSR *Nikita S. Chruschtschow* einen „Burgfrieden" an, um Fortschritte in der deutschen Frage einzuleiten.
26./27. Okt.	Polizeiaktion gegen ein Hamburger Nachrichtenmagazin: Beginn der „*Spiegelaffäre*", in deren Verlauf zunächst die FDP-Minister ihren Rücktritt erklären.
19. Nov.	Verteidigungsminister *Franz Josef Strauß* (CSU-Vorsitzender) demissioniert.
30. Nov.	Die CDU führt erstmals mit der SPD Koalitionsverhandlungen; als diese scheitern, bildet
14. Dez.	die CDU/CSU mit der FDP eine Regierung, allerdings unter dem Vorbehalt, daß Adenauer vorzeitig zurücktritt.

Einzelne Staaten westlicher Bündnissysteme – Bundesrepublik Deutschland **1301**

Flüchtlinge und Übersiedler aus der SBZ/DDR und Berlin (Ost)

Zeitraum	Anzahl	Zeitraum	Anzahl
1949	129 245	1965	29 552
1950	197 788	1966	24 131
1951	165 648	1967	19 573
1952	182 393	1968	16 036
1953	331 390	1969	16 975
1954	184 198	1970	17 519
1955	252 870	1971	16 630
1956	279 189	1972	16 479
1957	261 621	1973	17 280
1958	204 092	1974	16 159
1959	143 917	1975	20 339
1960	199 188	1976	17 064
1961	207 026	1977	11 574
darunter 14. 8. bis		1978	14 446
31.12.1961	51 624	1979	15 408
1962	21 356	1980	15 774
1963	42 632	1981	18 253
1964	41 876	1982	15 544

1963
22. Jan. Unterzeichnung des *Vertrags über die deutsch-französische Zusammenarbeit.* Frankreich und die Bundesrepublik vereinbaren eine besonders enge Zusammenarbeit sowie turnusmäßige Konsultationen auf Ministerebene.
15. Juli In seiner Tutzinger Rede vor der Evangelischen Akademie entwickelt der Berliner Senatsdirektor *Egon Bahr* (* 1922) die *Politik des „Wandels durch die Annäherung"* an den Osten. Diese Gedanken sollen bestimmend für die zukünftige deutsche Ostpolitik werden.
11. Okt. Adenauer gibt seinen *Rücktritt als Bundeskanzler* mit Wirkung vom 15. bekannt.
16. Okt. Ludwig Erhard (CDU) wird sein *Nachfolger.*

Innenpolitische Krisen (1964–1969)

Die *Zuwachsraten des Bruttosozialprodukts* sind während der fünfziger Jahre *nicht konstant*. Sie erleben Auf- und Abschwünge, die in der Regel auf Veränderungen bei Nachfrage und Preisgefüge beruhen. 1965 setzt ein drastischer Abschwung der Zuwachsrate an, die 1966/1967 kurzfristig unter das Nullwachstum absinkt.
Dieses ungewohnte Ereignis löst Irritationen in der Bevölkerung und bei der Regierung aus, die den Abschwung mit den üblichen Instrumenten zur Steuerung der Konjunktur nicht zu bremsen vermag. Es erheben sich Zweifel, ob das *System der liberalen Marktwirtschaft* allein in der Lage ist, die wirtschaftlichen Probleme zu bewältigen.
Die *Schwierigkeiten in der Wirtschaft* verbunden mit der *Regierungskrise* und den *Führungskämpfen innerhalb der CDU* lassen *Kritik am gesamten Verfassungssystem der Bundesrepublik* aufkommen. Insbe-

Entstehung des Sozialprodukts in jeweiligen Preisen

	1960 Mrd.	%	1970 Mrd.	%	1980 Mrd.	%	1982 Mrd.	%
Landwirtschaft, Forstwirtschaft und Fischerei	17,39	5,8	23,07	3,4	30,89	2,3	37,43	2,5
Warenproduzierendes Gewerbe	161,26	53,4	360,71	52,8	639,42	46,6	664,28	44,8
Handel und Verkehr	55,16	18,3	108,70	15,9	225,97	16,5	245,55	16,5
Dienstleistungen	41,40	13,7	118,32	17,3	330,19	24,1	392,17	26,4
Staat, private Haushalte	26,44	8,8	72,54	10,6	199,37	14,5	219,84	14,8
Bruttowertschöpfung[1]	301,65	100	683,34	100	1371,46	100	1484,37	100
abzüglich Korrekturposten[2]	+ 1,15		4,59		+ 109,90		+ 115,93	
Bruttoinlandsprodukt	302,80		678,75		1481,36		1600,30	
± Saldo der Erwerbs- und Vermögenseinkommen zwischen Inländern und übriger Welt	+ 0,20		+ 0,25		+ 4,34		– 1,40	
Bruttosozialprodukt	303,00		679,00		1485,70		1598,90	

[1] Unbereinigt. [2] Abzüglich Vorsteuerabzug auf Investitionen und unterstellte Entgelte für Bankdienstleistungen, zuzüglich Einfuhrabgaben.

1302 Neueste Zeit – Westliche Welt

sondere die Kritik von Intellektuellen wirft dem Bundestag vor, er sei nicht imstande, die Exekutive und die Volkswirtschaft wirksam zu kontrollieren. Umrisse einer linksorientierten *Außerparlamentarischen Opposition* (APO) zeichnen sich ab.

1964 Der Regierende Bürgermeister von Berlin, *Willy Brandt* (* 1913), wird als Nachfolger
16. Febr. Erich Ollenhauers (* 1901, † 1963) zum *Vorsitzenden der SPD* gewählt.

1965 Aufnahme diplomatischer Beziehungen zu Israel; daraufhin brechen die arabischen Staa-
13. Mai ten (mit Ausnahme von Libyen, Marokko und Tunesien) ihre Beziehungen ab.

12. Juni *Gesetz über die Vermögensbildung* („624 DM-Gesetz"), das die Vermögensbildung vor allem der Arbeiter verbessern soll.

19. Sept. *Bundestagswahl:* CDU/CSU 47,6%; SPD 39,3%; FDP 9,5%. Bundeskanzler Ludwig
26. Okt. Erhard bildet eine *Koalitionsregierung von CDU/CSU und FDP; Erich Mende* (FDP, * 1916) bleibt Vizekanzler (seit 1963).

Die Koalition ist durch außenpolitische Differenzen belastet: Bundesaußenminister *Gerhard Schröder* (* 1910, † 1989) fordert eine starke Anlehnung an die USA, Erich Mende eine flexible Ostpolitik und F. J. Strauß eine Annäherung an Frankreich.

21. Dez. Konrad Adenauer erklärt seinen Verzicht auf erneute Kandidatur als CDU-Vorsitzender.

1966 *Ludwig Erhard* kann sich gegen *Rainer Barzel* (* 1924) bei der *Wahl um den Parteivorsitz*
März *der CDU* durchsetzen.

10. Juli Niederlage der CDU bei den Landtagswahlen in Nordrhein-Westfalen.

5. Sept. *Ludger Westrick* (* 1894, † 1990), Vertrauter Erhards, tritt als Kanzleramtsminister zurück.

27. Okt. Die FDP kündigt wegen Streitigkeiten um den Bundeshaushalt die Koalition.

30. Nov. *Rücktritt Ludwig Erhards als Bundeskanzler.*

Nutznießer der Krise ist zunächst die rechtsradikale *Nationaldemokratische Partei Deutschlands* (NPD), die bei Landtagswahlen Mandate gewinnt.

1. Dez. Der Bundestag wählt den CDU-Politiker und baden-württemb. Ministerpräsidenten *Kurt Georg Kiesinger* (* 1904, † 1988) zum Bundeskanzler. Bildung einer **„Großen Koalition"** von CDU/CSU und SPD. Vizekanzler und Außenminister wird *Willy Brandt* (SPD).

1967 Während eines Staatsbesuches des persischen *Schahs Resa Pahlevi* brechen in zahlreichen
27. Mai Städten Unruhen aus. Der demonstrierende Student Benno Ohnesorg wird in Berlin bei
– 4. Juni einem Polizeieinsatz erschossen (2. Juni).

14. Juni Die Bundesregierung versucht mit Hilfe des *Gesetzes zur Förderung von Stabilität und Wachstum* den Konjunkturabschwung zu bremsen, die Preise zu stabilisieren, die Zahlungsbilanz auszugleichen und ein angemessenes Wachstum zu erreichen.

Die marktwirtschaftliche Ordnung wird mit Elementen der Rahmenplanung umgeben. Errichtung der *„Konzertierten Aktion"* auf Initiative von Bundeswirtschaftsminister *Karl Schiller* (SPD; * 1911).

24. Juli Das *Parteiengesetz* erklärt die Parteien zu notwendigen Bestandteilen der freiheitlich-demokratischen Grundordnung.

1968 Der Bundestag billigt nach heftigen Protesten in der Öffentlichkeit die **Notstandsverfas-**
29. Mai **sung,** die zeitweise bestimmte Artikel des Grundgesetzes außer Kraft setzen kann.

Die sozial-liberale Koalition (1969–1982)

1969 *Gustav Heinemann* (SPD) wird mit den Stimmen von SPD und FDP *zum Bundespräsiden-*
5. März *ten* gewählt.

12.–13. Gründung der *Deutschen Kommunistischen Partei* (DKP) als Nachfolgepartei der verbo-
April tenen KPD; die Wiederzulassung einer kommunistischen Partei in der Bundesrepublik soll die sich anbahnenden Verhandlungen mit dem Osten erleichtern.

12. Mai Das *Finanzreformgesetz* ordnet die Zusammenarbeit zwischen Bund und Ländern auf dem Gebiet des Hochschulneubaues, der Bildungsplanung, der Verbesserung regionaler Wirtschaftsstrukturen sowie der Gemeinwirtschaftsaufgaben. Es regelt außerdem die Verteilung der Finanzlasten zwischen Bund, Ländern und Gemeinden.

29. Sept. *Bundestagswahl:* CDU/CSU 46,1%; SPD 42,7%; FDP 5,8%.

22. Okt. Koalition von SPD und FDP: Bildung einer **sozial-liberalen Regierung** unter *Bundeskanzler Willy Brandt* (SPD) und Vizekanzler und Außenminister *Walter Scheel* (* 1919) (FDP). Intensivierung der Ostpolitik, aber auch der Integrationspolitik Europas.

24. Okt. Die Bundesregierung beschließt (nach langen Auseinandersetzungen in der Großen Koalition) die *Aufwertung der D-Mark* um 8,5%.

28. Okt. Bundeskanzler Brandt erklärt die Bereitschaft der Bundesregierung, die Existenz der DDR als zweiten Staat in Deutschland anzuerkennen.

28. Nov. Die Bundesrepublik tritt dem von den USA und der UdSSR zuvor ratifizierten *Atomsperrvertrag* bei.

1970 *Einsetzen des Konjunkturaufschwunges* und gleichzeitig der Diskussion über die Erweite-
Frühjahr rung der Mitbestimmungsregelungen und die Verbesserung der Vermögenspolitik.

Einzelne Staaten westlicher Bündnissysteme – Bundesrepublik Deutschland *1303*

Außenhandel der Bundesrepublik Deutschland

| | Tatsächliche Werte | | | | Veränderungen gegen Vorjahr | | | |
| | | | | | der Werte | | des Volumens[2] | |
Jahr	insgesamt Milliarden DM	Einfuhr	Ausfuhr	Saldo[1]	Einfuhr in Prozenten	Ausfuhr	Einfuhr	Ausfuhr
1960	90,7	42,7	47,9	+ 5,2	+19,3	+16,4	+16,6	+14,7
1961	95,3	44,4	51,0	+ 6,6	+ 3,8	+ 6,3	+ 8,0	+ 6,0
1962	102,5	49,5	53,0	+ 3,5	+11,6	+ 3,9	+15,2	+ 3,1
1963	110,6	52,3	58,3	+ 6,0	+ 5,6	+10,1	+ 6,8	+ 5,3
1964	123,8	58,8	64,9	+ 6,1	+12,6	+11,3	+12,7	+13,3
1965	142,1	70,4	71,7	+ 1,2	+19,7	+10,4	+15,3	+ 7,3
1966	153,3	72,7	80,6	+ 8,0	+ 3,2	+12,5	+ 2,3	+ 9,8
1967	157,2	70,2	87,0	+16,9	+ 3,4	+ 8,0	+ 1,6	+ 7,8
1968	180,7	81,2	99,6	+18,4	+15,7	+14,4	+16,7	+14,9
1969	211,5	98,0	113,6	+15,6	+20,7	+14,1	+17,0	+10,8
1970	234,9	109,6	125,3	+15,7	+11,9	+10,3	+19,2	+14,4
1971	256,1	120,1	136,0	+15,9	+ 9,6	+ 8,6	+ 8,1	+ 4,5
1972	277,8	128,7	149,0	+20,3	+ 7,2	+ 9,6	+ 7,4	+ 6,5
1973	323,8	145,4	178,4	+33,0	+13,0	+19,7	+ 5,3	+14,3
1974	410,3	179,7	230,6	+50,8	+23,6	+29,3	+ 3,6	+11,4
1975	405,9	184,3	221,6	+37,3	+ 2,5	− 3,9	+ 0,6	−11,5
1976	478,8	222,2	256,6	+34,5	+20,5	+15,8	+14,4	+11,4
1977	508,8	235,2	273,6	+38,4	+ 5,9	+ 6,6	+ 3,7	+ 5,4
1978	528,6	243,7	284,9	+41,2	+ 3,6	+ 4,1	+ 7,5	+ 4,1
1979	606,5	292,0	314,5	+22,4	+19,8	+10,4	+ 9,0	+ 7,1
1980	691,7	341,4	350,3	+ 8,9	+16,9	+11,4	+ 2,2	+ 4,2
1981	766,1	369,1	397,0	+27,9	+ 8,1	+13,3	− 3,5	+ 6,5
1982	804,2	376,5	427,7	+51,2	+ 2,0	+ 7,7	+ 1,3	+ 7,8
1983	822,5	390,2	432,3	+42,1	+ 3,6	+ 1,1	+ 3,9	− 0,3

[1] Ausfuhrüberschuß; [2] Basis 1976.

19. März *Erstes Treffen von Bundeskanzler Brandt* mit dem Vorsitzenden des Ministerrates der DDR, *Willi Stoph,* in Erfurt.

26. März Beginn der *Viermächte-Verhandlungen über Berlin* im Gebäude des ehemaligen Alliierten Kontrollrates.

21. Mai Erneute Begegnung zwischen Brandt und Stoph in Kassel.

12. Aug. Vertrag zwischen der Bundesrepublik und der UdSSR über Gewaltverzicht und Normalisierung der Beziehungen *(Moskauer Vertrag).*

7. Dez. Vertrag zwischen der Bundesrepublik und der Volksrepublik Polen über die Grundlagen der Normalisierung der Beziehungen **(Warschauer Vertrag).**

1971 Unterzeichnung des **Viermächteabkommens über Berlin.** Auf der Grundlage des Vier-
3. Sept. mächte-Statuts werden die Bindungen zwischen West-Berlin und der Bundesrepublik bestätigt. Die UdSSR gewährleistet den freien Zugang nach West-Berlin.

10. Nov. *Verabschiedung des Betriebsverfassungsgesetzes:* dem einzelnen Arbeitnehmer wird erstmals das Recht auf Unterrichtung, Anhörung und Erörterung von betrieblichen Angelegenheiten eingeräumt, die ihn selbst betreffen. Der Betriebsrat erhält mehr Mitbestimmungsrechte, so in der Personalplanung und Berufsausbildung.

1972 Das *konstruktive Mißtrauensvotum* der CDU/CSU-Opposition *gegen Bundeskanzler*
27. April *Willy Brandt,* mit dem Ziel, den CDU-Vorsitzenden *Rainer Barzel* zum Bundeskanzler zu wählen, scheitert.

17. Mai *Ratifizierung der sog. „Ost-Verträge"* mit der UdSSR und der VR Polen im Bundestag.

3. Juni **Inkrafttreten der „Ost-Verträge";** mit dem Viermächte-Schlußprotokoll über das Berlinabkommen treten das Viermächteabkommen, das Transitabkommen und die Vereinbarungen zwischen dem Senat von Berlin und der Regierung der DDR in Kraft.

16. Aug. Beginn der Verhandlungen zum *Grundlagenvertrag zwischen der DDR und der Bundesrepublik Deutschland.*

5. Sept. Während der *XX. Olympischen Sommerspiele* in München dringen acht *arabische Terroristen,* die sich als Mitglieder der Organisation *„Schwarzer September"* bezeichnen, in die Unterkunft der *israelischen Olympiamannschaft* ein; dabei werden zwei Israelis getötet. Neun weitere Sportler und Funktionäre werden als Geiseln festgehalten. Nach längeren Verhandlungen, die Bundesinnenminister *Hans-Dietrich Genscher* leitet, wird Abzug gewährt. Auf dem Militärflugplatz Fürstenfeldbruck kommen alle israelischen Geiseln, fünf Terroristen und ein Polizeibeamter während eines Feuergefechts zwischen einer Sondereinheit der Polizei und den Terroristen ums Leben; drei arabische Terroristen werden verhaftet.

Die Entwicklung des Handels mit der Deutschen Demokratischen Republik

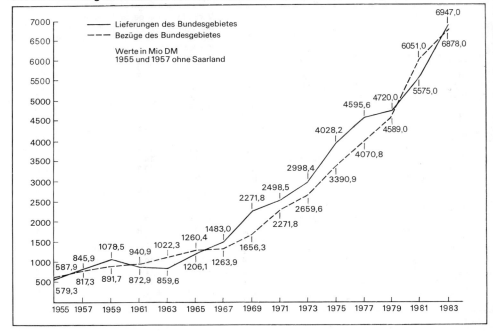

20. Sept.	Bundeskanzler Brandt stellt wegen der Ostpolitik im Bundestag die *Vertrauensfrage* (233 Ja- und 248 Nein-Stimmen), woraufhin Bundespräsident Heinemann den Bundestag auflöst.
21. Sept.	*Reform der gesetzlichen Rentenversicherung:* die Versicherten können ab dem 63. Lebensjahr und nach 35 Versicherungsjahren selbst bestimmen, wann sie in den Ruhestand treten. Selbständige und Hausfrauen können freiwillig der gesetzlichen Rentenversicherung beitreten.
19. Nov.	*Bundestagswahlen:* SPD 45,8%; CDU/CSU 44,9%; FDP 8,4%. Willy Brandt bildet
15. Dez.	erneut mit der FDP die Bundesregierung.
21. Dez.	*Unterzeichnung des Grundlagenvertrags mit der DDR.* Auf der Basis des Grundlagenvertrags wird 1973 und 1974 eine Reihe weiterer Verträge geschlossen oder werden Verhandlungen in Angriff genommen.
1973	1. *Stabilitätsprogramm* der Bundesregierung zur Steuerung der überhitzten Wirtschaftskonjunktur.
17. Febr.	
9. Mai	2. *Stabilitätsprogramm:* Steuersenkungen und Kürzungen von Investitionen.
21. Juni	Der **Grundlagenvertrag** mit der DDR tritt nach heftigen Auseinandersetzungen im Bundestag (11. Mai: Verabschiedung) **in Kraft.**
31. Juli	Das Bundesverfassungsgericht bestätigt in einem *Urteilsspruch über den Grundlagenvertrag,* daß die Bundesregierung *verfassungskonform* gehandelt hat und die Wiedervereinigung Deutschlands rechtlich offengelassen hat.
18. Sept.	*Aufnahme der Bundesrepublik* (gleichzeitig mit der DDR) *in die Vereinten Nationen.*
26. Sept.	*Verabschiedung des Energieprogramms* der Bundesregierung mit dem Ziel, die Abhängigkeit der Bundesrepublik vom Erdöl zu mindern.
19. Dez.	*Lockerung des Stabilitätsprogramms,* da sich die Konjunktur abschwächt. Die Zahl der *Arbeitslosen* übersteigt die Millionengrenze.
1974	*Bundeskanzler Brandt tritt* nach Bekanntwerden der Spionagetätigkeit seines Referenten
6. Mai	Günter Guillaume *zurück.*
15. Mai	*Walter Scheel* (FDP) wird *zum Bundespräsidenten gewählt.*
16. Mai	*Helmut Schmidt* (SPD), im letzten Kabinett Brandt Bundesfinanz- und Wirtschaftsminister (*1918), wird *zum Bundeskanzler gewählt* und bildet zusammen mit dem FDP-Politiker, Außenminister und Vizekanzler *Hans-Dietrich Genscher* (*1927) eine erneute sozialliberale Regierung. Verlagerung der Schwerpunkte auf die Wirtschafts- und Finanzpolitik.
12. Dez.	Bereitstellung von Mitteln zur Belebung der Konjunktur: Investitionszulagen für Unternehmen, insbesondere für kleine und mittlere Betriebe, sowie Stabilitätszulagen für Arbeitslose.

Einzelne Staaten westlicher Bündnissysteme – Bundesrepublik Deutschland *1305*

1975
1. Jan. *Reform der Einkommen- und Lohnsteuer* mit dem Ziel, die Empfänger kleiner Einkommen zu entlasten, in Kraft.

Das *Gesetz über die Volljährigkeit* ab dem 18. Lebensjahr tritt in Kraft.

25. Febr. Das Bundesverfassungsgericht erklärt mit 5 gegen 3 Stimmen die völlige Freigabe des *Schwangerschaftsabbruches* in den ersten 12 Wochen nach dem am 18. Jan. 1974 vom Bundestag verabschiedeten Gesetz (sog. *„Fristenmodell")* als *verfassungswidrig.*

27. Febr. *Peter Lorenz* (* 1922), Berliner Landesvorsitzender der CDU, wird von Mitgliedern der terroristischen „Bewegung 2. Juni" *entführt.* Die zuständigen Stellen von Bund und Ländern erfüllen die Forderungen der Entführer; daraufhin erfolgt seine Freilassung.

24. April *Besetzung der Botschaft der Bundesrepublik in Stockholm* durch sechs deutsche Terroristen, die zwei Geiseln erschießen und die Botschaft sprengen. Sie werden überwältigt und in die Bundesrepublik abgeschoben.

21. Mai Beginn des *Prozesses* gegen Mitglieder der *Terroristengruppe* um *Andreas Baader* (* 1944, † 1977) und *Ulrike Meinhof* in Stuttgart-Stammheim. (Selbstmord Meinhofs [* 1934] 9. Mai 1976).

Juli Zusammenkunft zwischen dem polnischen KP-Chef *Edward Gierek* und Bundeskanzler *Helmut Schmidt* in Helsinki. Es wird vereinbart, Polen einen Finanzkredit von 1 Mrd. DM für 25 Jahre und 1,3 Mrd. DM für Rentenausgleichszahlungen zu gewähren. Die polnische Regierung erklärt, daß sie innerhalb von vier Jahren 125 000 Deutschen die Ausreise aus Polen gestatten wird.

9. Okt. Das *Abkommen der Bundesrepublik mit Polen* wird unterzeichnet.

18. Dez. Austausch **Ständiger Vertreter** zwischen der **Bundesrepublik** und der **DDR.**

31. Dez. Die Zahl der Reisen aus der Bundesrepublik und West-Berlin in die DDR und nach Ost-Berlin erhöht sich aufgrund der Vertragspolitik von 2,7 Mio. 1971 auf 7,7 Mio. 1975.

1976
Jan. Die Bundesanstalt für Arbeitsvermittlung registriert *1,351 Mio.* (darunter 149 000 Ausländer) *Arbeitslose* (Quote 5,9%). Es handelt sich um die höchste Zahl seit 1959. – Beginn eines leichten Bevölkerungsrückgangs (1976 auf 61,5 Mio.; 1975: 61,8).

1. Juli Mitbestimmungsgesetz in Kraft.

3. Okt. *Bundestagswahl:* SPD 42,6%; CDU/CSU (Kanzlerkandidat der CDU-Vorsitzende Helmut Kohl, * 1930) 48,6%; FDP 7,9%. Helmut Schmidt bildet erneut mit der FDP eine Koalitionsregierung (16. Dez.).

10. Nov. Zur Wiederbeschäftigung von *längerfristig Arbeitslosen* beschließt die Bundesregierung ein *Sonderprogramm* in Höhe von 430 Mio. DM.

13. Nov. Schwere Zusammenstöße zwischen Demonstranten und Polizei am Bauplatz des geplanten Kernkraftwerkes bei Brokdorf.

Dez. Die *Bundesrepublik Deutschland* wird für die Zeit vom 1. Jan. 1977–31. Dez. 1978 *in den Weltsicherheitsrat der Vereinten Nationen gewählt.*

1977
7. April Generalbundesanwalt *Siegfried Buback* (* 1920, † 1977) wird von Terroristen der sog. „Rote-Armee-Fraktion" (RAF) auf offener Straße ermordet.

28. April Im sogenannten „Stammheimer Terroristenprozeß" werden die Angeklagten Andreas Baader, Jan-Carl Raspe und Gudrun Ensslin zu lebenslangen Freiheitsstrafen verurteilt.

30. Juli Der Bankier *Jürgen Ponto* (* 1923, † 1977) wird von Anarchisten durch Schüsse tödlich verletzt. Entführung von *Hanns-Martin Schleyer* (* 1915, † 1977), Präsident der Bundesvereini-
5. Sept. gung der Deutschen Arbeitgeberverbände.

13. Okt. Eine *Lufthansamaschine* wird *von Palästinensern,* die die Freilassung von RAF-Mit-

Arbeitslose und offene Stellen (in 1000)

Jahresdurchschnitt	Arbeitslose insgesamt	darunter: Männer	Offene Stellen insgesamt
1950[1]	1500	1126	116
1967	459	335	302
1970	149	93	795
1973	273	150	572
1974	582	325	315
1975	1074	623	236
1976	1060	567	235
1977	1030	518	231
1978	993	489	246
1979	876	534	304
1980	888	426	308
1981	1271	652	208
1982	1833	1021	105
1983	2258	1273	76

[1] Ohne Saarland und Berlin.

1306 Neueste Zeit – Westliche Welt

18. Okt.	gliedern verlangen, *gekapert*. Auf dem Flugplatz von *Mogadischu (Somalia)* gelingt der dorthin entsandten *Grenzschutzgruppe 9* die Befreiung der ̄Geiseln. *Schleyer* wird von seinen Entführern *ermordet*. Baader, Raspe, Ensslin verüben Selbstmord.
1978	Annahme des *Anti-Terrorismusgesetzes* durch den Bundestag (17. Febr.).
März / April	*Warnstreiks, Schwerpunktstreiks* und *Aussperrungen* mit über 200 000 Streikenden und Ausgesperrten *in der Metallindustrie* von Nordwürttemberg-Nordbaden.
.8. Juni	Bundestag beschließt Abkehr vom Prinzip der bruttolohnbezogenen Rentenanpassung.
Juli	In Bonn 4. Wirtschaftsgipfelkonferenz von 7 westlichen Industriestaaten.
29. Nov.	Neues Verkehrsabkommen mit der DDR ergänzt bisherige Vereinbarungen.
1979	Wahl von Bundestagspräsident (seit 1976) *Karl Carstens* (CDU; * 1914) zum Bundes-
23. Mai	präsidenten.
2. Juli	CDU / CSU-Bundestagsfraktion nominiert F. J. Strauß zum Kanzlerkandidaten.
1980	Bei den *Landtagswahlen in Baden-Württemberg* behauptet die CDU die absolute Mehr-
16. März	heit; die Grünen erzielen 5,3% der Stimmen.
30. April	*Drei Abkommen mit der DDR* über Verkehrsverbesserungen sowie Erklärungen über Ge- wässerschutzfragen unterzeichnet.
11. Mai	Bei *Landtagswahlen in Nordrhein-Westfalen* erhält die SPD die absolute Mehrheit.
30. Juni	Bundeskanzler Schmidt reist zu Verhandlungen nach Moskau (bis 1. Juli).
5. Okt.	Die *Wahlen zum 9. Bundestag* (CDU/CSU 44,5%; SPD 42,9%; FDP 10,6%) führen zur Fortsetzung der Koalitionsregierung Schmidt/Genscher (SPD/FDP, ab 5. Nov.).
1981	In Berlin veranlaßt der *Bürgerschaftsskandal* um D. Garski den Rücktritt des Regierenden
15. Jan.	Bürgermeisters Dietrich Stobbe (SPD, * 1938). Nachfolger wird der bisherige Bundesjusti-
29. Jan.	minister Hans-Jochen Vogel (SPD, * 1926).
10. Mai	Die *Wahlen zum Berliner Abgeordnetenhaus* bringen SPD und FDP Verluste, CDU und Alternativen Gewinne. Richard von Weizsäcker wird Regierender Bürgermeister (Wahl 11. Juni).
3. Juli	In Berlin-Ost finden *innerdeutsche Gespräche* zur Rüstungskontrolle statt.
10. Okt.	*Friedensdemonstration* in Bonn mit rund 250 000 Teilnehmern.
11.–13. Dez.	Treffen Schmidt/Honecker in der DDR.
1982	Der Bundestag spricht Bundeskanzler Schmidt das Vertrauen aus (5. Febr.).
13. Sept.	*Verschärfung der Koalitionskrise* zwischen SPD und FDP (Lambsdorff-Papier).
17. Sept.	*Ende der sozial-liberalen Koalition*. Die Ämter der vier zurückgetretenen FDP-Minister übernehmen SPD-Minister. Koalitionsgespräche der CDU/CSU mit der FDP.

Die christlich-liberale Koalition (seit 1982)

1. Okt.	Der CDU-Vorsitzende *Helmut Kohl wird zum Bundeskanzler gewählt*.
10. Dez.	*Mißtrauensvotum gegen Kohl* zwecks Auflösung des Bundestages und Neuwahlen im März 1983.
1983	Am 7. Januar wird der *Bundestag aufgelöst*.
6. März	Die *Wahlen zum 10. Bundestag* stärken CDU/CSU und Grüne; letztere erhalten erstmals Bundestagsmandate (CDU/CSU 48,8%; SPD 38,2%; FDP 7%; Grüne 5,6%). CDU/CSU und FDP bilden die neue Koalition.
13. März	Das *Bundesverfassungsgericht setzt die* für April vorgesehene *Volkszählung* aus.
29. März	*Helmut Kohl* wird zum *Bundeskanzler* gewählt.
1. Juli	*Milliardenkredit* westdeutscher Banken *an die DDR*. Erleichterungen der DDR bei Min- destumtausch und Ausreise; Abbau von Selbstschußanlagen an der Grenze.
18./22. Nov.	Der *Bundestag stimmt für die Stationierung neuer US-Mittelstreckenraketen* in der Bundes- republik.
1984	*Affäre um* vorzeitige Entlassung des stellvertretenden NATO-Oberbefehlshabers *Günther Kießling* (* 1925) durch Verteidigungsminister Manfred Wörner (CDU, * 1934).
24. Febr.	Steigende Zahl von Ausreisegenehmigungen für Deutsche aus der DDR.
7. Juni	*SPD und Grüne wählen Holger Börner* (* 1931) *zum Ministerpräsidenten von Hessen*.
26. Juni	*Infolge Anklage* wegen Bestechlichkeit *tritt Wirtschaftsminister Otto Graf Lambsdorff* (FDP, * 1926) *zurück*. Nachfolger wird Martin Bangemann (FDP, * 1934).
1. Juli	In Nachfolge von Carl Carstens wird *Richard von Weizsäcker* (CDU, * 1920) *als 6. deut- scher Bundespräsident vereidigt* (Wahl am 23. Mai).
1985	Bei *Landtagswahl im Saarland* erhält die SPD erstmals die absolute Mehrheit; *Oskar Lafon-
10. März	taine* (SPD, * 1943) wird Ministerpräsident.
10. März	*Eberhard Diepgen* (CDU, * 1941) *gewinnt* die *Berliner Senatswahlen*.
12. Mai	In *Nordrhein-Westfalen* erringt die SPD unter Johannes Rau (* 1931) erneut die absolute Mehrheit bei *Landtagswahlen*.
16. Sept.	*Rau wird Kanzlerkandidat* für den Bundestagswahlkampf 1987. – *(Forts. S. 1625)*

Frankreich: IV. und V. Republik seit 1944/1945 (mit Monaco)
(Forts. v. S. 959)

Ursprünge, Entwicklung, Krise der IV. Republik

Nach der Befreiung von Paris am 25. Aug. 1944 durch alliierte und französische Truppen zerfällt das politische Leben in zwei unterschiedliche Pole: zum einen die im Juni 1944 in Algier gegründete *Provisorische Regierung der Französischen Republik* unter General **Charles de Gaulle** (* 1890, † 1970), die eher konservativ ist, und zum anderen die verschiedenen *Résistance-Gruppen,* in denen die Kommunisten eine starke Position einnehmen. Es brechen bürgerkriegsähnliche Konflikte und Kämpfe aus, und erst nach längeren Auseinandersetzungen gelingt es de Gaulle, die Mitarbeit führender Résistance-Mitglieder in der Regierung zu erreichen. Innenpolitisches Hauptziel ist die *Ankurbelung der Wirtschaft,* die durch die Kämpfe und durch die langjährige Ausbeutung von seiten des Deutschen Reiches erheblichen Schaden genommen hatte. Daneben geht es noch um die Reorganisation des französischen Staates und Staatsgebietes (während des Kriegs in ein deutsches Besatzungsgebiet und das Territorium der Vichy-Regierung aufgeteilt). Zudem geht die neue Regierung dazu über, eine Prozeßwelle gegen führende Köpfe der Vichy-Regierung einzuleiten. Marschall Pétain (* 1856, † 1951) und Pierre Laval (* 1883, † 1945) werden zum Tod verurteilt, Pétain später begnadigt. Damit verbunden ist eine tiefgreifende *Verfolgung vermeintlicher und tatsächlicher Kollaborateure,* die zu langfristigen Störungen im politischen Klima Frankreichs führt. Außenpolitisch ist die neue Regierung bemüht, *sich unter den Großmächten zu behaupten.* Sie versucht eine gleichberechtigte Teilnahme an den alliierten Entscheidungen über Deutschland durchzusetzen sowie die Herrschaft über die Kolonien wiederherzustellen. Daraus resultiert jedoch eine **Überbeanspruchung** der personellen, finanziellen und wirtschaftlichen Kräfte des Landes, die – nach anfänglichem Wirtschaftsaufschwung – in den fünfziger Jahren zu langen innenpolitischen Krisen führt.

1944 März	Vorbereitung der Charta des Conseil National de la Résistance über den künftigen Aufbau des Staates.
21. April	Das Comité Français de la Libération veröffentlicht ein Memorandum über die Organisation der öffentlichen Organe nach der Befreiung.
25. Aug.	**Befreiung von Paris.** Bürgerkriegsähnliche Zustände im Lande. Die Provisorische Regierung nimmt ihre Tätigkeit auf.
28. Okt.	Auflösung der Partisanenverbände und patriotischen Milizen gegen deren Widerstand.
1945 Mai:	Unruhen in Algerien und britisch-französische Konflikte in Syrien.
Okt.	Beginn der Wiedereroberung Indochinas.
21. Okt.	*Wahlen zur Nationalversammlung:* Kommunisten (PC) 26,2 %, Sozialisten (SFIO) 23,8 %, christlich-demokratische Volksrepublikaner (MRP) 24,9 %, ,,Radikale`` (liberal) 11,1 %, Gemäßigte (konservativ) 13,2 %. Ablehnung der Verfassung der III. Republik.
13. Nov.	Die Verfassunggebende Nationalversammlung wählt de Gaulle zum Regierungschef. Koalition der drei stärksten Parteien. Anschließend brechen Konflikte zwischen ihm und der Nationalversammlung um die Ausarbeitung einer neuen Verfassung aus. De Gaulle fordert eine starke Exekutive in Händen eines Präsidenten, was das Parlament ablehnt (Grund für de Gaulles späteren Rücktritt).
2. Dez.	Verstaatlichung der Banque de France und weiterer vier Großbanken.
1946 *3. Jan.*	Gründung des Generalplanungskommissariats: *Versuch einer gesamtwirtschaftlichen Planung* von seiten des Staats auf der Grundlage der Zusammenarbeit zwischen Staat, Gewerkschaften und Unternehmern in der Economie Concertée.
20. Jan.	*Rücktritt de Gaulles.* Fortsetzung der Dreiparteien-Koalition.
28. März	Verstaatlichung der Gas- und Elektrizitätswerke.
25. April	Verstaatlichung der wichtigsten Versicherungsgesellschaften.
26. April	Verstaatlichung der Brennstofffirmen.
5. Mai	Ablehnung eines ersten Verfassungsentwurfs, der eine sehr starke Position des Parlaments vorsieht, durch Volksabstimmung.
13. Okt.	Die neue *Verfassung* wird in einer Volksabstimmung mit 36,1 % Ja, 31,2 % Nein und 31,4 % Enthaltungen knapp angenommen. (Die Verfassung tritt am 27. Okt. in Kraft.)

Wichtige Staatsorgane der IV. Republik

Staatsorgane sind die parlamentarischen Kammern (*Nationalversammlung*) (allgemeine, direkte Wahl nach Mehrheitswahlrecht in Wahlkreisen) und Rat der Republik (Vertretung der Departements) mit Gesetzesinitiative. Der (vom ganzen Parlament gewählte) Staatspräsident ist ohne großen Einfluß. Der *Ministerpräsident* (Regierungschef) bedarf bei der Ernennung der Minister und der Verabschiedung des Regierungsprogramms der Zustimmung der Nationalversammlung, bei der auch sonst der Schwerpunkt der parlamentarischen Befugnisse liegt. – Gleichzeitig Errichtung der *Union Française,* die das Mutterland, die überseeischen Gebiete und Départements sowie die assoziierten Staaten umfaßt.

1308 Neueste Zeit – Westliche Welt

10. Nov. *Erste Wahlen der IV. Republik:* Leichte Gewinne der Kommunisten, Verluste der Volksrepublikaner (28. Jan. 1947 Kabinett Paul Ramadier [* 1888, † 1961]).
1947 Der Sozialist Vincent Auriol (* 1884, † 1966) wird zum Staatspräsidenten für sieben Jahre
16. Jan. gewählt.
5. Mai *Ausscheiden der Kommunisten* aus der Regierung Ramadier.
Bildung der Regierung der „*dritten Kraft*" aus Sozialisten, Volksrepublikanern und Radikalen gegen die Opposition der Kommunisten und der Gaullisten des (am 7. April von de Gaulle gegründeten) Rassemblement du Peuple Français (RPF). In der Folge wechselnde Kabinette innerhalb einer beständigen Regierungsmehrheit. Beginn der außenpolitischen Anlehnung an die USA.
12. Mai Die Verhandlungen Frankreichs mit den Vietminh-Guerillas Ho Chi Minhs scheitern.
27. Aug. Frankreich beginnt in *Indochina* Bao Dai, früheren Kaiser von Annam, zu unterstützen; Politik der nominellen Unabhängigkeit Vietnams im Rahmen eines Frankreich assoziierten Staats.
Dez. Streiks und soziale Unruhen in Frankreich wegen Teuerungen und Rationierungen.
1948 Verträge von Along: Vietnam wird assoziierter Staat; im Norden des Landes Kämpfe mit
5. Juni den Vietminh.
1951 *Wahlen zur Nationalversammlung:* gaullistischer Sieg (RPF mit 22 % stärkste Partei) und
17. Juni starke Verluste der Volksrepublikaner (MRP).
Die Regierung der „dritten Kraft" zerbricht. Damit offenbart sich zum ersten Mal die **Strukturkrise** der Republik, in der 1947–1958 insgesamt 25 Kabinette sich ablösen, die alle die Probleme der Entkolonialisierung und die wirtschaftlichen Schwierigkeiten nicht meistern können.
15. Dez. Die Regierung unterdrückt in Tunesien ausbrechende Unruhen und lehnt die Unabhängigkeit des Landes ab.
1952 Ausbruch von Unruhen in Marokko.
Dez. René Coty (* 1882, † 1962) wird Staatspräsident.
Zerbrechen der gaullistischen Sammlungsbewegung (RPF).
1954 *Pierre Mendès-France* (* 1907, † 1982) bildet eine von den Gaullisten mitgetragene Krisen-
17. Juni regierung.
20./ Indochina-Krieg durch die Genfer Verträge beendet.
21. Juli Von der Notwendigkeit eines Kurswechsels auch in der Nordafrikapolitik überzeugt, sagt Mendès-France im selben Monat Tunesien die Autonomie zu.
Der Versuch von Mendès-France, mittels Sondervollmachten die anhaltende Inflation und die damit verbundene Wirtschaftskrise zu bewältigen, gelingt jedoch nicht. Lediglich die staatlich garantierten Mindestlöhne (SMIG) werden an die Geldentwertung angepaßt.
1955 Die Nationalversammlung eröffnet eine Debatte über die Nordafrika-Politik, die zum Sturz
3. Febr. von Mendès-France führt (5. Febr.). Damit scheitert dessen Programm der inneren Reformen.
1956 Aufkommen der rechtsradikalen Poujade-Bewegung (Protestbewegung des wirtschaftlich
2. Jan. bedrohten, selbständigen Kleinbürgertums), die bei den *Wahlen* zur (vorzeitig aufgelösten) Nationalversammlung auf Anhieb 11,6 % (52 Sitze) gewinnt. Trotzdem Erfolg der Linken, besonders der Radikalen.
Damit wird eine angestrebte Regierungsbildung des Mitte-Rechts-Lagers verhindert.
31. Jan./ Staatspräsident Coty beauftragt den Sozialisten Guy Mollet (* 1905, † 1975; 1946–1969
2. Febr. SFIO-Generalsekretär) mit der Regierungsbildung.
Mollet versucht, zu einer realistischeren Behandlung des Nordafrika-Problems zu kommen. Er spricht erstmals von einer algerischen Eigenständigkeit, was jedoch zu harten Reaktionen von seiten der *Algerienfranzosen* führt. Die französische Armee beginnt mit einer Verstärkung ihrer militärischen Aktionen in Algerien.
März Tunesien und Marokko werden in die Unabhängigkeit entlassen.
31. Okt. Zusammen mit Großbritannien Teilnahme an der (gescheiterten) Luftoffensive gegen
– 6. Nov. Ägypten im Suezkrieg.
1957 Der Plan eines neuen Reformstatuts für Algerien (vorgelegt durch Algerienminister Robert
21. Aug. Lacoste; * 1898) scheitert am Widerstand der Nationalversammlung, worauf die Regie-
30. Sept. rung des Radikalen Maurice Bourgès-Maunoury (* 1914; seit Juni Nachfolger Mollets) demissioniert.
Ständige Zuspitzung der politischen und wirtschaftlichen Krise.
1. Okt. Finanzminister Félix Gaillard (* 1919, † 1970) ordnet Lohn- und Preisstopp an, der von Handel, Industrie und Landwirtschaft abgelehnt wird.
1958 Krise in der französischen Armee wegen der *Algerienpolitik.*
15. April Die seit 6. Nov. amtierende Regierung des Radikalen Gaillard wird von der Nationalversammlung wegen der Algerienprobleme gestürzt.
13. Mai *Armeeputsch in Algier* und Übergreifen der Unruhen auf das Mutterland.
17. Mai Ausrufung des Notstandes.

Einzelne Staaten westlicher Bündnissysteme – Frankreich (mit Monaco) *1309*

29. Mai *De Gaulle* wird von Staatspräsident Coty zum Ministerpräsidenten berufen.
1. Juni Die Nationalversammlung wählt mit 329 gegen 224 Stimmen der Linken de Gaulle zum Ministerpräsidenten.
2. Juni Sondervollmachten für die Regierung auf sechs Monate.
3. Juni *Nationalversammlung und Rat der Republik lösen sich auf.*
Die Regierung erhält den Auftrag, die Verfassung zu revidieren. Ein technisches Komitee (Mollet, Pierre Pflimlin [* 1907; als Ministerpräsident 1958 Vorgänger de Gaulles], Félix Houphouët-Boigny [* 1905; seit 1960 Präsident der Republik Elfenbeinküste]) und ein ministerielles Komitee (Michel Debré) erarbeiten einen Verfassungsentwurf.
Die Währungsreserven Frankreichs sind auf 900 Mio. Dollar gesunken (Bundesrepublik Deutschland vier Mrd.) – das Haushaltsdefizit beträgt 600 Mrd. Francs als Folge der Kriegslasten.
3. Sept. Annahme des Verfassungsentwurfs durch die Regierung.
28. Sept. Die Verfassung wird mit 79,2% durch Referendum angenommen (15% Enthaltungen; Inkrafttreten 4. Okt.). **Beginn der V. Republik** und der Communauté Française.

Die V. Republik unter konservativer Mehrheit (1958–1981)

Die politische Entwicklung Frankreichs wird von nun an wesentlich durch die Persönlichkeit des Staatspräsidenten **de Gaulle** bestimmt, der über wirksame Rechte verfügt: Er kann das Parlament auflösen, einen Volksentscheid herbeiführen, und er besitzt durch Artikel 16 der Verfassung das Recht auf diktatoriale Vollmachten in Ausnahmesituationen. Das *Parlament* ist in seinen Befugnissen eingeschränkt, die Regierung wird zunehmend vom *Präsidenten* abhängig, der dem Ministerrat vorsitzt und den Ministerpräsidenten ernennt. Unter de Gaulle selbst hat das politische System einen sowohl autoritären als auch plebiszitären Einschlag. Entscheidend für die V. Republik bleibt zunächst das Problem der *Entkolonialisierung.* Die Kolonien stimmen am 28. Sept. für ein Verbleiben im Verband mit Frankreich im Rahmen der *Communauté Française* bei innerer Autonomie, lediglich Guinea votiert dagegen. Hauptproblem ist *Algerien,* das weiter als Teil Frankreichs (drei Départements) gilt. Die Politik de Gaulles geht ab 1959 grundsätzlich von der Anerkennung des Selbstbestimmungsrechts Algeriens aus, wenn auch zunächst noch mit dem Ziel einer Assoziierung. Trotz großer Widerstände der Algerienfranzosen gelingt der Rückzug aus Nordafrika. Anschließend versucht de Gaulle, eine *Führungsrolle in Westeuropa* zu erreichen und eine Zwischenstellung zwischen den Fronten der USA und UdSSR zu erlangen. Daher wendet er sich gegen die NATO und nähert sich dem Ostblock. Ein weiteres Problem bilden die Wirtschaft, deren Lage sich jedoch nach Beendigung der Kolonialkriege bessert, und die ungelösten sozialen Spannungen.

1958 Bildung der *Union pour la Nouvelle République (UNR)* durch de Gaulle als Staatspartei (1. Okt.).
23. Nov. *Erster Wahlgang zur Nationalversammlung:* Kommunisten (PC) 14,3%, Sozialisten (SFIO) 11,7%, Volksrepublikaner (MRP) 8,4%, Radikale (liberal) 5,5%, Gaullisten (UNR) 14,7%, gemäßigte Rechte 17%.
30. Nov. *Zweiter Wahlgang:* Eindeutiger Sieger UNR (206 Sitze bei 17,6%) die von dem neuen Mehrheitswahlrecht profitiert (z. B.: PC 18,8% Stimmen, aber nur 2% Sitze).
21. Dez. *Wahl de Gaulles zum Staatspräsidenten* mit 77,5% der Wahlmänner.
27. Dez. Der Ministerrat nimmt den sogenannten „Rueff-Plan" an, der eine Haushaltssanierung
1959 durch Steuererhöhungen und Einsparungen, eine Abwertung des Franc und handelspolitische Maßnahmen zur Dämpfung der Preise vorsieht.
6. Jan. Daraufhin demissioniert Mollet als Minister.
8. Jan. *Michel Debré* (Gaullist; * 1912) wird *Ministerpräsident.*
16. Sept. De Gaulle erkennt öffentlich das *Selbstbestimmungsrecht der Algerier* an und schlägt der algerischen Unabhängigkeitsbewegung FIN drei Lösungsmöglichkeiten vor: Trennung von Frankreich, Integration oder Assoziierung.
1960 Rückberufung des Präfekten von Algier, General Jacques Massu (* 1908; führend beim Putsch vom 13. Mai 1958) aus Algerien.
24. Jan. *Aufstand der französischen Siedler* in Algier, gegen den die Armee nichts unternimmt.
13. Febr. Erster Atomwaffenversuch in der Sahara.
April Bauerndemonstrationen im Mutterland, deren Forderungen die Regierung nachgibt.
9.–13. Dez. Reise de Gaulles nach Algerien: Demonstration der Algerienfranzosen, die Gegenkundgebungen der Moslems hervorrufen.
19. Dez. Die Nationalversammlung erkennt das Selbstbestimmungsrecht der Algerier an.
1961 *(Gescheiterter) Putsch der Generale* Maurice Challe (* 1905, † 1979; 1958 Oberkommandierender in Algerien), Jouhaud und Raoul Salan (* 1899, † 1984; 1956–1958 Oberkommandierender in Algerien).
22. April
1962 Der **Vertrag von Évian** (Évian-les-Bains am Genfer See) beendet den Algerienkrieg.
18. März Etwa eine Mio. erwerbsfähiger Franzosen wandern aus Nordafrika ins Mutterland bis Ende 1962 ab.

1310 Neueste Zeit – Westliche Welt

8. April	Billigung der Algerienpolitik durch ein Referendum.
14. April	Ministerpräsident Debré tritt zurück.
15. April	Nachfolger *Georges Pompidou* (Gaullist; * 1911, † 1974).
28. Okt./ 6. Nov.	Referendum über Verfassungsänderung angenommen mit 12,8 gegen 7,9 Mio. Stimmen: Der Staatspräsident wird unmittelbar vom Volk gewählt.
25. Nov.	Nach den Parlamentswahlen stützt sich Pompidou auf eine Mehrheit von Gaullisten (21%) und Unabhängigen. UNR und linksgaullistische UDT schließen sich zusammen (Dez.).
1963 12. Sept.	Plan des Wirtschafts- und Finanzministers (1962–1966, 1969–1974) Valéry Giscard d'Estaing (* 1926) zur Stabilisierung der Währung, der eine Kontrolle des Kreditwesens und der Preise vorsieht.
1964 3. Dez.	Die Nationalversammlung räumt der nuklearen Rüstung Vorrang vor der konventionellen ein.
1965 5./19. Dez.	*De Gaulle* erhält im 1. Wahlgang 44,64%, wird aber im 2. Wahlgang mit 55,19% erneut zum *Staatspräsidenten* gewählt gegen den Kandidaten der Linken François Mitterrand (* 1916; von 1965 bis 1968 Vorsitzender der Vereinigten demokratisch-sozialistischen Linken).
1966	Wirtschaftliche Rezession und wachsende Arbeitslosigkeit zu Jahresbeginn.
10. Juni	Die kommunistische Gewerkschaft CGT und die sozialistische (früher christliche) Gewerkschaft CFDT vereinbaren ein gemeinsames Aktionsprogramm.
1967 12. März	Die Gaullisten (UNR-UDT) müssen in *Parlamentswahlen* Verluste hinnehmen; dennoch stärkste Fraktion, knappe Mehrheit mit den Unabhängigen Republikanern (FNRI, Parteigründung 1966) von Giscard d'Estaing. Anwachsen der Stimmen der Linken, wobei der Prozeß der Einigung zwischen Kommunisten und Sozialisten in Gang kommt; sie wenden sich gegen das System des „plebiszitären Bonapartismus".
Nov.	Gaullistische UNR-UDT in UDR umbenannt.
1968 13. Mai	*Maiunruhen:* Ausbruch als Studentendemonstrationen, zunächst in Nanterre; Übergreifen auf Paris; wirtschaftlicher, sozialer, politischer Protest in der Arbeiterschaft. CGT, CFDT und andere große Gewerkschaften rufen zum Generalstreik auf. Wilde Streiks und Fabrikbesetzungen (z. T. revolutionäre Ziele) führen zum Zusammenbruch des öffentlichen Lebens.
25. Mai	Gewerkschaften, Kommunisten und Sozialisten grenzten sich von den Linksextremen ab und sind bereit, mit Pompidou zu verhandeln, der die Verbände und Gewerkschaften einlädt.
27. Mai	Das „protocole d'accord" zwischen der Regierung und den Sozialpartnern, das drastische Verbesserungen der sozialen Verhältnisse zusichert, trägt zur Beruhigung bei. Ausbruch von Streitigkeiten zwischen CGT und CFDT.
23./30. Juni	Die *Parlamentswahlen* stellen ein Votum gegen das Chaos der Maitage dar. Die Gaullisten (UDR) gehen als Sieger hervor. Pompidou erneut Ministerpräsident (bis 10. Juli); seine „neue Politik" zielt auf eine Universitätsreform, eine Dezentralisierung (Gebietskörperschaften: 21 Regionen und Korsika) und auf Mitbestimmung der Arbeiterschaft ab.
13. Juli	Neuer Ministerpräsident Maurice Couve de Murville (bis 20. Juni 1969; * 1907; Gaullist).
1969 11. April	De Gaulle verknüpft den Gesetzentwurf über die Regionalisierung, den er der Bevölkerung vorlegt, mit der Vertrauensfrage.
27. April	Als der Volksentscheid negativ (53,1% Nein) ausfällt, *tritt de Gaulle zurück.*
1./15. Juni	*Pompidou* wird zum *Staatspräsidenten* gewählt.
24. Juni	Premierminister *Jacques Chaban-Delmas* (* 1915; Gaullist). Die Regierungsmehrheit wird um Zentrumsdemokraten (CD; ehem. Volksrepublikaner u. ä.; Jacques Duhamel [* 1924]) erweitert. Anschließend Ausbruch von Flügelkämpfen in der UDR zwischen liberalen und „orthodoxen" Gaullisten.
1971 Nov.	Die (liberalen) Radikalen (Jean-Jacques Servan-Schreiber; * 1924; Parteipräsident 1971–1975 und seit 1971) und das Demokratische Zentrum (CD-Mehrheit unter dem Parteivorsitzenden [seit 1966] Jean Lecanuet [* 1920]) schließen sich zur Reformbewegung (Réformateurs) zusammen. Danach spaltet sich der linke Flügel der Radikalsozialisten ab und stößt später (1972) zur Linksunion.
1972 27. Juni	Abkommen über ein Wahlbündnis zwischen Sozialisten (Mitterrand), Kommunisten und Links-Radikalen.
6. Juli	Pierre Messmer (* 1916; 1972–1976 UDR-Vorsitzender) vom „orthodoxen" Flügel der Gaullisten ersetzt den liberalen Chaban-Delmas im Amt des Ministerpräsidenten.
7. Dez.	Maßnahmen zur Senkung der Inflationsrate, die fast 15% erreicht: Senkung der Mehrwertsteuer und Restriktionen im Kreditwesen.
1973 4./11. März	Der Regierungsblock kann trotz Verlusten der Gaullisten bei den *Wahlen* die Mehrheit (276 Mandate von 490) behaupten.

Einzelne Staaten westlicher Bündnissysteme – Frankreich (mit Monaco) *1311*

Veränderungen gesamtwirtschaftlicher Größen

% gegenüber Vorjahr	1979	1980	1981
Bruttoinlandsprodukt[1]	3,1	1,3	0,2
Importe	10,9	5,5	−1,5
Privatverbrauch	3,3	1,7	1,6
Kapitalbildung (brutto)	2,5	0,8	−2,3
Exporte	7,3	3,4	4,6
Konsumpreise	11,8	13,6	13,9

[1] zu Marktpreisen.

Die Regierung Messmer konzentriert ihre Politik auf die Beschränkung des Energieverbrauchs, da durch die Schwäche des Franc die Ölimporte sich verteuern.

1974 *Tod Pompidous* (2. April).

Die Linksunion stellt Mitterrand als Kandidaten auf; die Mitte einigt sich auf den Unabhängigen Republikaner Giscard d'Estaing, die Gaullisten auf Chaban-Delmas, dem jedoch der rechte UDR-Flügel um Chirac die Unterstützung versagt.

5. Mai Erster Wahlgang: Mitterrand 43,2%; Giscard 32,6%; Chaban 15,1%.

19. Mai *Giscard d'Estaing* wird zum *Staatspräsidenten* mit 50,8% der Stimmen (gegen 49,2 für Mitterand) gewählt. Jacques *Chirac* (* 1932) wird Ministerpräsident (Koalitionskabinett bis hin zu den Réformateurs); er versucht, die Inflationsrate herabzudrücken.

1975 Die Zahl der Arbeitslosen in Frankreich beträgt 750000 (Mai).

1976 Die Kommunistische Partei (Generalsekretär seit 1972 Georges Marchais [* 1920]) läßt

Febr. die Formel „Diktatur des Proletariats" fallen, sie besteht auf einem eigenen Weg zum Sozialismus und nähert sich in dieser Hinsicht den Kommunisten Italiens bei Beibehaltung einer autoritären Binnenstruktur.

21. Mai Die Führer der Linksunion Marchais, Mitterrand und Fabre (Vorsitzender der 1973 gebildeten Bewegung der Links-Radikalen) können sich auf eine Aktualisierung des 1972 verabschiedeten Aktionsprogrammes nicht einigen.

25. Aug. Rücktritt des Premierministers Chirac (ein Höhepunkt in dessen Konflikt mit Giscard d'Estaing). Nachfolger *Raymond Barre* (parteilos; * 1924).

Sept. Barre legt einen Wirtschaftsplan vor, der einschneidende Sparmaßnahmen vorsieht; die Gewerkschaften reagieren mit einem Generalstreik.

Dez. Chirac bildet als faktischer Führer (1974/1975 Vorsitzender) der UDR diese zum RPR um.

1977 Die Kommunalwahlen enden mit einem Sieg der Linksunion, wobei sich ein Stimmenzu-

20. März wachs für die Sozialisten abzeichnet, nicht für die Kommunisten.

Mai Eine Kommission der Linksunion gerät über der Frage der Verstaatlichung der Schlüsselindustrien erneut in heftige Meinungsverschiedenheiten, die mit dem praktischen Bruch des

Sept. Bündnisses der linken Parteien enden.

1978 Errichtung der Union pour la Democratie Française (UDF): Zusammenschluß der Repu-

Index der industriellen Erzeugung in Frankreich

1970 = 100[1]	Ende 1974	1976	1978	1980	1981
Elektrizität	126	154	156	198	201
Erdöl und -gas	112	118	120	106	96
Baumaterial	123	124	128	−	−
Glas	129	154	176	183	187
Eisen u. Stahl	111	88	94	85	89
Prim. Metallverarbeitung	98	105	104	101	115
Elektromaterial	138	163	180	213	195
Automobil	124	166	172	150	158
Schiffbau	205	167	132	−	−
Chemie	117	136	146	153	155
Textil	94	109	113	95	94
Papier, Karton	104	110	125	124	119
Druckerei	105	105	113	121	126
Baugewerbe	95	93	97	91	93
Energie total	111	127	125	139	135
Zwischenfabrikate	105	114	120	115	119
Konsumgüter	124	140	147	145	149
Anlagegüter	135	146	151	173	152
Gesamtindex (ohne Baugewerbe)	114	126	131	133	133
Gesamtindex (mit Baugewerbe)	107	114	120	118	119

[1] Saisonbereinigt.

1312 Neueste Zeit – Westliche Welt

1. Febr.	blikaner (PR; bis 1977: Unabhängige Republikaner), der Radikalen (Servan-Schreiber), des Demokratischen und Sozialen Zentrums (bis 1976 Zentrumsdemokraten; Duhamel und Lecanuet) zur Unterstützung des Staatspräsidenten.
19. März	Bei den *Wahlen zur Nationalversammlung* scheitert die Linksunion, Raymond Barre wird erneut Ministerpräsident.
1979	Während die Regierung an ihrer Wirtschaftspolitik festhält, steigt die *Inflation* auf *über 10 %* und die *Arbeitslosenzahl* im Zuge von Rationalisierungen und Produktivitätssteigerungen auf *1,4 Mio.*
18. Sept.	Angesichts der harten Sparmaßnahmen der Regierung Barre vereinbaren die beiden großen Gewerkschaften CGT und CFDT eine enge Zusammenarbeit.
1980	Bei *Teilerneuerungswahlen zum Senat* (bis 2. Okt.) erzielen Sozialisten und Gaullisten
28. Sept.	Gewinne.

Die V. Republik unter sozialistischer Führung (seit 1981)

1981	*François Mitterrand löst* nach sozialistischem Wahlsieg *V. Giscard d'Estaing als Staatsprä-*
21. Mai	*sident ab. Neuer Ministerpräsident wird der Sozialist Pierre Mauroy* (22. Mai).
30. Juni	Nach Parlamentswahlen *bildet Mauroy (*1928) sein Kabinett unter Aufnahme von vier kommunistischen Ministern* um.
1982	Der französische Konzern *Thomson-Brandt kauft* das deutsche Unternehmen *Grundig* (19. Nov.).
1983	*Mitterrand erläutert* in einer Fernsehrede *sein drastisches Sparprogramm* zur Wiederher-
25. März	stellung des außenwirtschaftlichen Gleichgewichts: Unterstützung von Kleinunternehmern, Sanierung der Rentenversicherung, Kampf gegen Arbeitslosigkeit.
26. Juni	Der Pariser Handelsgerichtshof stellt die *Zahlungsunfähigkeit des* größten französischen Anlagenbauers *Creusot-Loire* fest.
1984	Nach Rücktritt von P. Mauroy (16. Juli) *bildet der neue sozialistische Ministerpräsident*
17. Juli	*Laurent Fabius (*1946) ein Kabinett ohne Beteiligung von kommunistischen Ministern.*
1986	Nach *Sieg des bürgerlichen Parteienbündnisses* bei den Wahlen zur Nationalversammlung
20. März	(16. März) wird *J. Chirac* (RPR) *Ministerpräsident. – (Forts. S. 1629)*

Monaco

Das seit 1454 von der Dynastie *Grimaldi* regierte, mit Unterbrechungen seit 1641 unter französischer Schutzherrschaft befindliche Fürstentum besitzt seit 1911 eine Verfassung und wird von Frankreich außenpolitisch vertreten, mit dem seit 1865 Zollunion besteht.

1949	Auf Fürst *Ludwig II.* (1922–1949; Sohn *Alberts I.* [1899–1922]) folgt sein Enkel *Rainer*
9. Mai	*(Rainier) III.* (* 1923).
1962	Neue Verfassung stärkt die Rechte des Nationalrates (Parlament).
1963	Vertrag mit Frankreich beschränkt bisherige französische Steuervorteile (Febr.).

Großbritannien und Nordirland seit 1945
(Forts. v. S. 961)

Großbritannien muß nach dem zweiten Weltkrieg seine hegemoniale Stellung innerhalb des Commonwealth Schritt für Schritt aufgeben. Es rückt als *Großmacht ins zweite Glied.* Allerdings versucht es, in den fünfziger Jahren eine Vermittlerrolle zwischen Ost und West zu spielen, ohne die Pflege seiner seit dem Krieg bestehenden *engen Bindungen an die USA* zu vernachlässigen. In den sechziger Jahren wendet es seine Aufmerksamkeit vorwiegend aus wirtschaftlichen Gründen stärker *Kontinentaleuropa* zu. Großbritannien benötigt annähernd fünf Jahre, um die *Folgen des Zweiten Weltkriegs* mit amerikanischer Hilfe wirtschaftlich zu überwinden und wieder den Leistungsstandard der Vorkriegszeit zu erreichen. Das wiedergewonnene Wirtschaftspotential kann sich unter den Bedingungen eines zunehmend harten internationalen Wettbewerbs auf den Weltmärkten nur mit Mühe behaupten. *Überholte Produktionsmethoden, strukturelle Anpassungsschwierigkeiten sowie Mangel an Investitionsneigung* lassen die britische Industrieproduktion langsamer als die anderer westlicher Industriestaaten steigen.
Zudem mindern hohe *Löhne und Soziallasten* sowie eine hohe *Streikrate* (v. a. in den sechziger und insbesondere siebziger Jahren) die Konkurrenzfähigkeit der britischen Wirtschaft. Der britische Anteil an den Weltmarktexporten nimmt ab. – Großbritannien strebt unter den Labourregierungen nach 1945 den Weg zum *Sozialstaat* an. Die zahlreichen Streiks und eine kaum nennenswerte Einkommens-Umverteilung zugunsten der Arbeiterschaft signalisieren, daß dieses Ziel unter den gegebenen politisch-gesellschaftlichen Rahmenbedingungen nur partiell zu erreichen ist. Die Ursachen dafür sind u. a. in der *Verfestigung der Sozialstruktur* und, damit einhergehend, der bestehenden *Interessengegensätze* zu suchen.

Einzelne Staaten westlicher Bündnissysteme – Großbritannien und Nordirland *1313*

1945 5. Juli	Die *Parlamentswahlen* fallen gegen die Konservativen (213 Sitze) unter Premierminister Winston Churchill (* 1874, † 1965) aus. Der Sieg der Labour-Party kommt einem Erdrutsch gleich (393 Sitze).
27. Juli	Premierminister wird *Clement R. Attlee* (* 1883, † 1967).
6. Dez.	Für Großbritannien wird in den USA eine „line of credit" vereinbart, die zum 1. Juli 1946 in Kraft tritt. Das Land erhält 3750 Mio. Dollar Kredit, zuzüglich 650 Mio. Dollar ausstehender Lend-Lease-Schulden.
20. Dez.	Vergesellschaftung der Zivilluftfahrt-Gesellschaft. Die Regierung leitet nach und nach die *Verstaatlichung wichtiger Wirtschaftszweige* ein, ohne jedoch im Endeffekt die wirtschaftliche Struktur Großbritanniens revolutionär zu verändern.
1946 6. März	Verstaatlichung der Bank von England. Kanada gewährt einen Kredit von 1250 Mio. Dollar.
21. März	Entwurf für einen staatlichen Gesundheitsdienst dem Parlament unterbreitet.
5. Juli	Verstaatlichung des Kohlebergbaues.
10. Juli	Pflichtversicherungssystem tritt in Kraft.
19. Dez.	Verstaatlichung des Transportgewerbes.
1947 15. Juli	Großbritannien akzeptiert auf Drängen der USA das GATT-Abkommen. Dadurch wird das System der Vorzugszölle und des ungehinderten Warenaustausches durchlöchert, durch das die Commonwealth-Staaten wirtschaftlich miteinander verbunden sind. – Gleichfalls auf eine Forderung der USA hin verfügt die britische Regierung die freie Konvertibilität der eigenen Währung, muß diesen Schritt aber vier Wochen später rückgängig machen, um eine Inflation der Währungsreserven zu verhindern.
30. Juli	Verstaatlichung der Elektrizitätswerke.
15. Aug.	Das unabhängige Indien wird Mitglied des Commonwealth of Nations. Von nun an schreitet die *Auflösung des British Empire* unaufhaltsam voran.
1948 20. Febr.	*Volksvertretungsgesetz:* Es soll den Grundsatz „eine Stimme für jedermann" (one man, one vote) verwirklichen und schafft das Doppelwahlrecht für Eigentümer und Inhaber akademischer Grade sowie das Recht der Stadt London, zwei Vertreter ins Unterhaus zu entsenden, ab. England zählt nun 511, Schottland 71, Wales 36, Nordirland 12 Wahlkreise; Gesamtzahl 630.
16. April	Großbritannien tritt als Gründungsmitglied der Organization for European Economic Cooperation (OEEC) bei und erhält weitere Kredite zum inneren Aufbau.
28. April	Unter der Leitung Attlees wird eine Deklaration verfaßt, die vorsieht, in Zukunft auch selbständig gewordenen Republiken die Vollmitgliedschaft im Commonwealth zu gestatten. Das *Commonwealth entwickelt sich* vom nach Nationen gegliederten britischen Staatenreich *zum internationalen Staatenverbund.*
9. Mai	Verstaatlichung der Eisen- und Stahlindustrie. Gegen dieses Vorhaben erhebt sich großer Widerstand, im Oberhaus findet es keine Mehrheit. (Das Gesetz wird 1951 von den Konservativen wieder aufgehoben, am 3. Nov. 1967 von der Labour Party aber erneut in Kraft gesetzt.)
5. Juli	Errichtung des staatlichen Gesundheitsdienstes.
18. Sept.	Abwertung des Pfund Sterling um 30,5%, obwohl sich die Zahlungsbilanz der britischen Wirtschaft 1948 besserte. (Kursverschlechterung von 1:4,03 auf 1:2,80 Dollar). Die Abwertung führt zu einer Zunahme der Gold- und Dollarreserven und einer weiter verbesserten Zahlungsbilanz.
14. Nov.	Parlamentsgesetz. Das Oberhaus kann durch sein Veto nurmehr einen Aufschub von höchstens einem Jahr erwirken.
1950 6. Jan.	Großbritannien nimmt als erster Staat des Westens offizielle Beziehungen zur Volksrepublik China auf.
14. Jan.	Die Außenminister des Commonwealth einigen sich auf den Colomboplan zur wirtschaftlichen Unterstützung süd- und südostasiatischer Staaten. (Am 28. Nov. offiziell verabschiedet.)
23. Febr.	*Neuwahlen* bringen für die Labour-Party deutliche Verluste, aber immer noch eine relative Mehrheit der Parlamentssitze (315 gegen 298 Konservative). Attlee weiter Premierminister.
1951 15. März	Die von der iranischen Nationalversammlung beschlossene Nationalisierung der Anglo-Iranian Oil Company führt zu einem jahrelangen Streit zwischen beiden Staaten.
19. Sept.	Neufestsetzung von Wahlen. Sie zeigt die politische Schwäche der Labourregierung, aus der mehrere wichtige Minister durch Tod oder Rücktritt ausgeschieden sind.
25. Okt.	Die Konservativen erringen die *Mehrheit an Sitzen* (321 gegen 295 Labour) im Unterhaus, obgleich die Labour-Party (48,8 gegen 48,0%) mehr Stimmen erhält.
27. Okt.	Konservatives Kabinett *Winston Churchill.*
1952	Tod König Georgs VI. (6. Febr.). Es folgt seine Tochter *Elisabeth II.* (* 1926).
3. Okt.	Erster britischer *Atombombenversuch.*

1314 Neueste Zeit – Westliche Welt

1953 11. Mai	Churchill fordert eine europäische Sicherheitskonferenz unter Beteiligung der USA und skizziert ein europäisches Sicherheitssystem nach dem Muster des Locarno-Vertrags von 1925.
2. Juni	Elisabeth II. gekrönt.
1954 27. Juli 28. Okt	Sues-Abkommen mit Ägypten löst Vertrag vom 26. Aug. 1936 ab (am 19. Okt. noch erweitert). – Ausgleich zwischen Großbritannien und Iran über die Festlegung von Entschädigungsleistungen für die verstaatlichte Anglo-Iranian Oil Company.
1955 6./7. April	Churchill tritt aus gesundheitlichen Gründen zurück (5. April). Nachfolger wird der bisherige Außenminister (1940–1945 und 1951–1955) *Anthony Eden* (* 1897, † 1977).
26. Mai	*Unterhauswahlen* bringen den Konservativen nach Stimmen und Sitzen die Mehrheit (345 gegen 277 Labour).
1956 19. Juli	Großbritannien zieht seine 1955 erteilten Finanzzusagen an Ägypten für den Bau des Assuan-Staudamms (ebenso wie die USA) zurück. Der dadurch entfachte Konflikt zwischen Großbritannien und Ägypten berührt die britischen Wirtschaftsinteressen. Großbritannien fürchtet um seine Ölversorgung, entschließt sich (gemeinsam mit Frankreich und Israel) zu massiver militärischer Intervention.
Okt.	*Sueskrieg:* Einsatz von Truppen am Sueskanal (die auf Drängen von USA und UdSSR im Dez. abgezogen werden). Großbritanniens Eingreifen in Ägypten führt zu einem krisenartigen Abfließen der britischen Gold- und Dollarreserven, die um 84 Mio. Dollar, im Nov. erneut um 277 Mio. Dollar fallen. Nach dem Mißerfolg am Sues versucht Großbritannien, seine eigenständige politische Rolle nun in *enger Anlehnung an die USA* zu spielen. Im Ost-West-Gegensatz verfolgt es eine an der Normalisierung der Beziehungen ausgerichtete *Entspannungspolitik* auf der Grundlage des Status quo. Diese Politik wird der wirtschaftlichen Lage am ehesten gerecht.
1957 9. Jan.	Die politischen Verwicklungen Großbritanniens in den Nahost-Konflikt zwingen Eden zum Rücktritt.
10. Jan.	Nachfolger *Harold MacMillan* (* 1894, † 1986).
28. März	Um die Unabhängigkeit Zyperns politisch vorzubereiten, entläßt MacMillan den zyprischen Erzbischof Makarios III. aus der Haft.
18. April	Das Unterhaus beschließt, Langstreckenbomber und Fernraketen als Atomwaffenträger zu bauen. Dieses kostspielige Projekt überfordert jedoch den Verteidigungshaushalt des Landes.
15. Mai	Beginn einer Serie von *Wasserstoffbombentests,* die bis zum Herbst durchgeführt werden.
1958 22. Febr.	Die USA sagen vertraglich die Lieferung von Mittelstreckenraketen zu, über deren Einsatz gemeinsam beschlossen werden soll. Zugehörige Sprengköpfe verbleiben im Besitz der USA.
1959 19. Febr.	Dreimächtevertrag Großbritanniens, Griechenlands und der Türkei zur Regelung der Zypernfrage.
9. Okt.	MacMillan erzielt für die Konservativen überraschend einen hohen *Wahlsieg* (365 Sitze gegen 258 Labour).
1960	Unterzeichnung der EFTA-Verträge (4. Jan.).
Jan.	Beginn einer zweiten Entkolonisierungsphase.
26. April	Die britische Regierung verzichtet aus finanziellen Gründen auf den Bau von Fernraketen und Langstreckenbombern.
17. Nov.	Die Regierung gibt bekannt, daß in der Woche vom 13.–19. Nov. die letzte Aushebung von Rekruten zum pflichtgemäßen Wehrdienst erfolgt. Von da an gibt es entsprechend einem Beschluß der Regierung vom 6. April 1957 keine Wehrpflicht mehr.
1961 3. Aug.	Südafrika wird wegen seiner Apartheid-Politik aus dem Commonwealth ausgeschlossen. Die Absicht der Regierung MacMillan, Verhandlungen über einen *Beitritt Großbritanniens zur Europäischen Wirtschaftsgemeinschaft (EWG)* aufzunehmen (am 31. Juli 1961 verlautbart) wird vom Unterhaus gebilligt; 313 Ja-Stimmen, fünf Nein-Stimmen, Stimmenthaltung der Labour-Party. – Großbritannien nimmt beim Internationalen Währungsfonds eine Anleihe von 535 Mio. Pfund auf.
10. Aug.	Offizieller Beitrittsantrag zur EWG in Brüssel überreicht.
1962 27. Febr.	Das Unterhaus verabschiedet ein Gesetz zur Drosselung der *Einwanderung aus Commonwealth-Ländern* (seit 1. Juli in Kraft), das sich primär gegen Farbige richtet.
2. März	Aufnahme in EGKS und EURATOM beantragt.
7. März	Konstituierung des Nationalen Rats für Wirtschaftliche Entwicklung (NEDC), einer Art Wirtschaftsrat, an dem Regierung Sozialpartner beteiligt sind. (Die Sozialpartner heißen den Plan zwar gut, doch arbeitet das Gremium wegen starker Differenzen uneffektiv.) Die seit Anfang der sechziger Jahre ständig sich wiederholenden Versuche der britischen Regierung, durch Lohnpausen oder -beschränkungen die Wirtschaft des Landes zu sanieren, münden in den Vorschlag, eine Nationale Einkommenskommission zu installieren, die Lohnleitlinien erarbeiten soll. (Diese wird von den Gewerkschaften abgelehnt.)
26. Juli	

Einzelne Staaten westlicher Bündnissysteme – Großbritannien und Nordirland   1315

10.–19. Die Premierminister der Commonwealth-Länder erörtern die vielfältigen Probleme, die
Sept. ein britischer EWG-Beitrag mit sich bringen würde. Diesem steht man aus handelspoliti-
       schen Interesse ganz überwiegend reserviert gegenüber.
18.–21. Treffen MacMillans und US-Präsident John F. Kennedys auf den Bahamas. Großbritannien
Dez.   gibt das erst 1960 begonnene „Skybolt"-Projekt auf. Die Skybolt-Rakete soll durch die
       amerikanische Polaris-Rakete ersetzt werden. Die dazu notwendigen Unterseeboote will
       Großbritannien bauen: Abhängigkeit der im Aufbau befindlichen britischen Atomstreit-
       macht von der amerikanischen.
1963 Frankreichs Staatspräsident *de Gaulle* lehnt eine *britische EWG-Vollmitgliedschaft* end-
14. Jan. gültig ab.
       Ansteigen der Arbeitslosenzahl auf 875 000 im Winter 1962/1963.

Arbeitslosenziffern der erwerbsfähigen Erwachsenen:

1951	1,2%	1960	1,6%	1969	2,4%	1978	5,7%
1952	2,0%	1961	1,5%	1970	2,6%	1979	5,3%
1953	1,6%	1962	2,0%	1971	3,6%	1980	7,7%
1954	1,3%	1963	2,5%	1972	3,9%	1981	9,2%
1955	1,1%	1964	1,6%	1973	2,7%	1982	10,6%
1956	1,2%	1965	1,4%	1974	2,7%	1983[1]	14,0%
1957	1,4%	1966	1,5%	1975	4,1%		
1958	2,1%	1967	2,4%	1976	5,7%		
1959	2,2%	1968	2,4%	1977	6,2%		

[1] vorläufige Zahl.

18. Okt. Die Callgirl-Affäre des Ministers John Profumo (* 1915) gibt den Anstoß zum Rücktritt
       der Regierung MacMillan, dessen Ursachen wirtschafts-, rüstungs-, finanz- und europa-
       politische Fehlschläge sind.
19. Okt. Nachfolger wird *Sir Alec Douglas-Home* (1951–1963 und seit 1974 Lord Home; * 1903).
1963/1964 Die Regierung verbessert die schulische Erziehung und Bildung. Sie plant den Ausbau der
       Fortbildungs- und Studienmöglichkeiten. Die Wirtschaftsstruktur der seit 1962 stark kri-
       senanfälligen *Industriegebiete Schottlands, Nordenglands, Südwales' und Nordirlands* soll
       durch Neuansiedlung mittelständischer Betriebe verbessert werden.
1964 *Unterhauswahlen:* Die Labour-Party erzielt einen knappen Wahlsieg (317 Sitze gegen 304
15. Okt. Konservative).
       Neuer Premierminister ist *Harold Wilson* (* 1916).
16./17. (Zeitweilige) Importabgabe und Diskontsatzerhöhung: restriktiver Kurs soll Währung und
Okt.   Wirtschaft sanieren; es folgt aber eine Schwäche des Pfund Sterling; internationale Stüt-
       zungsaktion (v. a. europäischer) Zentralbanken (sog. Zehnergruppe).
1965 Nationalrat für Preise und Einkommen (NPIC) gebildet zur Überprüfung der Entwicklung
11. Febr. auf diesen Gebieten.
2. Aug. Die Regierung verordnet eine drastische Senkung der Zahl jährlicher Arbeitsbewilligungen
       für (farbige) Einwanderer aus Commonwealth-Staaten.
       Eine erneute Sterling-Krise erfordert eine weitere internationale Stützungsaktion.
26. Okt. Die Todesstrafe wird zunächst für fünf Jahre, dann vorzeitig endgültig abgeschafft.
11. Nov. Die von dem weißen Premierminister Ian Smith geführte Regierung Südrhodesiens erklärt
       einseitig die Unabhängigkeit des Landes, um ihre Apartheid-Politik nicht zu gefährden.
       Der britische Premierminister nennt daraufhin Smith einen „Rebellen wider die Krone"
       und verhängt unter Verzicht auf Gewaltanwendung faktisch kaum wirksame Wirtschafts-
       sanktionen.
1966 *Abbau der Verpflichtungen „östlich von Sues"* angekündigt (22. Febr.).
31. März Durch *Neuwahlen* kann Wilson die parlamentarische Basis seiner Regierung verbreitern
       (363 Unterhaussitze gegen 253 Konservative).
Juli   Das *Pfund Sterling* bleibt in der Krise. Wilson legt ein *Stabilisierungsprogramm* vor, durch
       das auch Lohn- und Preiserhöhungen bekämpft werden sollen.

Die Entwicklung des Brutto-Inlandsprodukts[1]

Jahr	Mrd. £	Jahr	Mrd. £
1970	94,2	1978	113,4
1974	104,9	1979	115,0
1975	104,6	1980	113,4
1976	108,4	1981	112,0
1977	109,8	1982	114,6

[1] in konstanten Preisen. Basisjahr 1975.

_1316_ Neueste Zeit – Westliche Welt

1967 Das Unterhaus beschließt die (erneute) Verstaatlichung der Stahlindustrie (26. Jan.).
1. April Der Ombudsman nimmt seine Tätigkeit (Untersuchung von Beschwerden über Maßnahmen zentraler Regierungsstellen) auf.
ab 10. Mai Erneuter formeller Beitrittsantrag zu den drei europäischen Gemeinschaften (wird drei Jahre aufschiebend behandelt).
18. Nov. Das Pfund wird um 14,3% abgewertet. Kurs 1 Pfund: 2,40 Dollar.
1968 Gesetz zur weiteren Begrenzung von Einwanderungen (Farbiger) (28. Febr.).
20. Juni Reform des Oberhauses: Abschaffung der Erblichkeit als Grundlage der Mitgliedschaft; die jeweilige Regierungpartei erhält die relative Mehrheit der 230 Sitze; Gesetzesentwürfe können vom Oberhaus allenfalls für sechs Monate aufgeschoben werden.
10. Juli Verschärfte Gesetzgebung gegen Rassendiskriminierung.
5. Okt. In _Nordirland_ beginnt mit blutigen Zusammenstößen in der Stadt Armagh (südwestlich Belfast) ein _bürgerkriegsähnlicher Konflikt_ (u. a. Straßenterror) zwischen einer sozial und politisch benachteiligten katholischen Minderheit sowie einer bevorzugten protestantischen Mehrheit.
27. Nov. Großbritannien ratifiziert den Nichtweiterverbreitungsvertrag von Kernwaffen (Nonproligerationsvertrag) vom 1. Juli.
1969 Der (im Sommer 1968 bis zu einem konkreten Plan vorangetriebene) _Versuch der Regie-_
18. Juli _rung, Arbeiterstreiks mit legislativen Mitteln zu drosseln,_ wird unter Druck der Gewerkschaften _aufgegeben._ Die Regierung proklamiert nunmehr gemeinsame Willenserklärungen von Regierung und Gewerkschaften.
19. Aug. Nach schweren Unruhen mit Toten in Nordirlands Hauptstadt Belfast und Londonderry (im nordwestlichen Nordirland) schickt Wilson Truppen und beansprucht für die Regierung in London die letzte Verantwortung in Nordirland.
Das Land wird auch in den folgenden Jahren ständig von Bürgerkrieg mit Unruhen und Mord heimgesucht. Britische Truppen werden in wechselnder Stärke stationiert.
1970 Vor der Ostküste Schottlands werden große _Erdöl-Vorkommen_ entdeckt (Forty Fields).
18. Juni Unerwartet gewinnen die Konservativen unter _Edward Heath_ (* 1916), der (20. Juni) Premierminister wird, die _Unterhauswahlen_ mit 331 Sitzen gegen 287 Labour-Mandate.
30. Juni Vorantreiben der Beitrittsverhandlungen mit der Europäischen Gemeinschaft (EG).
1971 Abschluß eines Verteidigungsbündnisses zwischen Großbritannien, Australien, Malaysia,
10. April Neuseeland, Singapur (Anzus-Pakt).
3. Aug. Wirtschaftliche und soziale Konflikte in Großbritannien führen zur _Ausrufung des Notstands_ (am 11. März 1974 beendet).
5. Aug. Die konservative Regierung bringt den _Industrial Relations Act_ zur Verabschiedung. Das Gesetz zur Gewerkschaftsreform knüpft an die (Juni 1969) gescheiterten Vorhaben der Labour-Regierung an, geht aber noch über diese hinaus. – Die Gewerkschaften lehnen ab.
1972 Abkommen über den _Beitritt zur EG_ unterzeichnet (22. Jan.).
23./30. Die Regierung in London übernimmt die _direkte Regierungsgewalt über Nordirland,_ setzt
März den nordirischen Ministerpräsidenten (seit 1971) Brian Faulkner (* 1921, † 1977) ab und löst das Parlament in Belfast auf.
Über 1000 Tote, die Spaltung der protestantischen Unionist Party und die Kapitulation Faulkners, der sich mit seiner Ausgleichspolitik nicht durchsetzen kann, signalisieren Härte und Ausweglosigkeit der nordirischen Auseinandersetzung.
23. Juni Die britische Regierung beschließt, das Pfund Sterling gegen andere Währungen frei „floaten" zu lassen. Dies führt innerhalb eines Jahres zu einer Abwertung von 20 Prozent.
1973 Großbritannien ist Mitglied der EG. Seine Handelspräferenzen mit den Common-
1. Jan. wealthländern gelten bis 31. Dez. 1975 weiter und müssen dann im EG-Rahmen neu geregelt werden.
8. März Volksabstimmung in Nordirland mit Mehrheit für Verbleib bei Großbritannien.
Nov. Brian Faulkner wird als Exekutiv-Präsident Nordirlands eingesetzt. Diese zur Beschwichtigung gedachte Aktion scheitert bald.
1974 Infolge des israelisch-arabischen Jom-Kippur-Kriegs erweist sich die Energieversorgung
7. Jan. als so unzureichend, daß sich die Regierung gezwungen sieht, zeitweilig die _Drei-Tage-Woche_ zu verkünden. (Energiebeschränkungen können erst am 24. März wieder aufgehoben werden.)
Febr. Einen Konflikt mit den Bergarbeitern, deren Führung kräftige Lohnerhöhungen durch einen Streik durchsetzen will, nimmt die Regierung zum Anlaß, das Unterhaus aufzulösen.
28. Febr. Aus den _Wahlen_ (Konservative 296, Labour 301 Sitze) geht keine Partei mit einer absoluten Mehrheit hervor.
4. März _H. Wilson_ (Labour-Party) bildet ein Minderheitskabinett.
10. Okt. Die angesichts einer schlechten wirtschaftlichen und sozialen Lage ausgerufenen _Neuwahlen_ bringen der Labour-Party eine knappe absolute Mehrheit (319 Mandate gegen 276 Konservative), die durch Zwistigkeiten innerhalb der Partei gefährdet wird. Harold Wilson bleibt Premierminister.

Einzelne Staaten westlicher Bündnissysteme – Großbritannien und Nordirland *1317*

Industrielle Erzeugung Großbritanniens

1975 = 100	1974	1976	1978	1980	1981
Insgesamt	105,1	102,0	109,7	105,3	99,7
Bergbau	90,0	125,7	233,4	301,3	319,6
Verarbeitende Industrie	106,5	101,4	103,6	95,3	89,4
Maschinenbau	102,3	96,5	99,3	93,2	85,4
Metallverarbeitung	114,6	106,9	100,5	74,7	78,6
Bauwirtschaft	105,8	98,6	105,0	95,9	84,1
Versorgungsbetriebe	99,2	102,9	109,5	113,6	112,7

21. Nov. Der nordirische Terror greift auf England über.

29. Nov. Das Parlament verbietet die Irisch-Republikanische Armee (IRA) für England, Wales und Schottland.

1974/1975 Angesichts von Inflationsraten von mehr als 20 % und Lohnsteigerungen von bis zu 32,5 % beschließt die Regierung drastische Steuererhöhungen.

1975 Die umstrittene Frage eines britischen EG-Beitritts, der vor allem von großen Teilen der
5. Juni Labour-Party und der Gewerkschaften nicht gewünscht wird, wird durch ein Referendum zugunsten eines Beitritts entschieden (67,2 % Ja, 32,8 % Nein; Beteiligung 63,4 %).

Juli/Aug. Wilson verkündet Anti-Inflationsmaßnahmen (Lohnerhöhungen nur bis zu 10 %, Preiskontrollen, Begrenzungen von Dividendenerhöhungen).

Sept./Okt. Sie werden in der Labour-Party und bei den Gewerkschaften nur mit Mühe mehrheitlich gutgeheißen.

Okt. Beginn der Erdölförderung vor der Ostküste Schottlands.

1976 Nach Scheitern einer Verfassungskonferenz für Nordirland (4. März) übernimmt London die direkte Verwaltung unbefristet.

16. März Wilson tritt angesichts der Konflikte in seiner Partei als Premierminister und Parteichef resigniert zurück.

5. April Nachfolger wird *James Callaghan* (* 1912).

6./7. April Die durch Todesfälle, Austritte und verlorene Nachwahlen zusammengeschmolzene Unterhausmehrheit geht Labour verloren (nur noch 314 von 630 Sitzen).

9. April Das Unterhaus entscheidet sich dank den Stimmen der Konservativen für ein Verbleiben Großbritanniens in der EWG.

2. Juni Das Pfund sinkt auf 1,714 Dollar (4,471 DM).

28. Juni Die Regierung schließt auf drei Jahre einen *Sozialpakt mit den Gewerkschaften,* in dem programmatische Prioritäten für die wirtschaftliche und soziale Entwicklung gesetzt werden (Einfuhrbegrenzung, Vermögenssteuer, Preis- und Lohnbeschränkung).

9. Dez. Mit 1 316 000 erreicht die Arbeitslosenzahl den höchsten Dezemberstand seit 1939.

1977 Durch *internationale Stützungsmaßnahmen* (z. B. Internationaler Währungsfonds, acht
Jan. Zentralbanken der westlichen Welt) werden Großbritannien Kredite in einer Gesamthöhe von annähernd acht Mrd. Dollar eingeräumt. (Sie zeigen gegen Ende des Jahres einen deutlichen Erfolg.)

23. März Das *Kooperationsabkommen mit den Liberalen* verschafft der Labour-Regierung wieder eine (unsichere) Unterhausmehrheit.

7. Juli *Direktwahl zum Europäischen Parlament* vom Unterhaus gebilligt.

27. Juli Regierung und Gewerkschaften legen *revidierten Sozialkontrakt* vor, der wieder auf drei Jahre ausgelegt ist. Er gestattet freie Lohnverhandlungen und setzt neue wirtschaftsprogrammatische Akzente.

Okt. Die Währungsreserven Großbritanniens steigen auf einen Höchststand von 20,21 Mrd. Dollar.

14.–16. Das Unterhaus beschließt begrenzte *Selbstverwaltung für Schottland und Wales.* Eigene
Nov. schottische bzw. walisische Abgeordnetenversammlung.

1978 Innenpolitische Kontroverse um die Einwanderung farbiger britischer Staatsangehöriger
Jan./Febr. (1973–1977 wanderten insgesamt 179 800 Personen ein).

25. Mai Liberale kündigen „Pakt" mit Labour.

1979 Nach dem Scheitern der Autonomiepolitik durch Plebiszite in Schottland und Wales spricht
28. März das Unterhaus der Regierung Callaghan sein Mißtrauen aus.

3. Mai Unterhauswahl, absolute Mehrheit der Konservativen (339 Mandate, 43,9 % der Stimmen); Labour: 268 / 36,9 %. – Margaret Thatcher (* 1925) wird erster weiblicher Premier
4./5. Mai in der Geschichte Großbritanniens.

27. Aug. Dem IRA-Terror fällt u.a. Louis Lord Mountbatten (* 1900, † 1979) zum Opfer.

1980 *Nach J. Callaghans Rücktritt* (15. Okt.) *wird Michael Foot* (* 1913) *Vorsitzender der La-*
10. Nov. *bour Party.*

1981 Vier ehemalige Labour-Minister gründen die *Sozialdemokratische Partei Großbritanniens*
26. März (SDP = Social Democratic Party).

1318   Neueste Zeit – Westliche Welt

April/Aug. *Straßenschlachten* zwischen farbigen, arbeitslosen Jugendlichen und rechtsextremistischen Gruppen („Skinheads") in London und zahlreichen anderen Städten.

1982   *Argentiniens Besetzung der Falklandinseln* (14. März/1. April) *führt zum bewaffneten Konflikt.*

5. April Nach Rücktritt Lord Carringtons (*1919) wird Francis Pym (*1922) Außenminister.

ab 1. Mai *Britische Luft- und Seestreitkräfte erobern die Falklandinseln zurück* (bis 15. Juni).

23. Juli Nach Billigung im Oberhaus tritt das neue *Nordirland-Gesetz* in Kraft.

Aug. 3,29 Mio oder 13,8% der Beschäftigten sind in Großbritannien arbeitslos.

1983   *Parlamentswahlen* bringen den Konservativen hohe Gewinne, Labour Verluste. *Das Zwei-*

9. Juni *Parteien-System bleibt* trotz fast gleicher Stimmenzahl für Labour und SDP *erhalten.*

11. Nov. In Großbritannien treffen die ersten amerikanischen Marschflugkörper ein.

1984   *Ausbruch eines langen Bergarbeiterstreiks* (ab 12. März); massive Polizeieinsätze bei Ausschreitungen.

26. Sept. Großbritannien und die VR China paraphieren ein *Abkommen, wonach Hongkong ab 1997* im Status einer Sonderregion *wieder China untersteht. – (Forts. S. 1630)*

Irland seit 1945
(Forts. v. S. 962)

Die politischen Beziehungen zwischen Irland und *Großbritannien* sind auch nach 1945 noch durch die konfessionellen Gegensätze und die Erinnerung an frühere Konflikte geprägt. Die Republik verzichtet darüber hinaus nicht auf eine Eingliederung *Nordirlands,* aber ihr Anspruch verliert allmählich seine politische Brisanz. Lediglich Extremistengruppen sind bestrebt, den irischen Forderungen auch durch *Terror* Nachdruck zu verleihen. Sie erhalten jedoch von der irischen Regierung keine Unterstützung mehr, seit Ende der sechziger Jahre werden sie von ihr bekämpft. Für die irische *Innenpolitik* charakteristisch ist der Gegensatz zwischen den beiden großen Parteien Fianna Fáil („Schicksalskämpfer"; nationalistisch-konservativ) und Fine Gael („Stamm der Gälen"; gemäßigt), die sich in der Führung ablösen. – *Die wirtschaftliche Lage ist durchweg schwierig,* die agrarische Monostruktur nicht zukunftsträchtig. Die Handelsbilanz bleibt defizitär, die Zahlungsbilanz zeigt zwischen 1952 und 1976 nur dreimal positive Werte, und die Arbeitslosenrate sinkt nicht unter 6%. So beträgt die Auswanderungsquote jährlich im Durchschnitt 40000 Menschen. Die Wirtschaft hängt in vielem von Großbritannien ab, und Versuche, im Rahmen der EWG die Industrialisierung voranzutreiben, führen zu keiner entscheidenden Verbesserung.

1945   Das Fianna Fáil-Mitglied *Sean O'Kelly* (*1882, † 1966) wird Präsident Irlands (bis 1959).

25. Juni Die Fianna Fáil unter Führung von *Éamon De Valéra* (*1882, † 1975) regiert weiterhin (bis 1948, 1951–1954 und 1957–1959).

1948   Regierungsbildung durch eine Koalition der bisherigen Oppositionsparteien; Ministerprä-

18. Febr. sident *John A. Costello* (*1891, † 1976; Fine Gael; bis 1951 und 1954–1957).

16. April Irland tritt der Organisation für europäische wirtschaftliche Zusammenarbeit (OEEC) als Gründungsmitglied bei (die 1961 durch die OECD ersetzt wird).

1949   (Ostermontag) Jahrestag des Osteraufstands von 1916: Der Austritt Irlands aus dem Com-

18. April monwealth wird rechtskräftig, Irland wird unabhängige **Republik.**

3. Mai Großbritannien akzeptiert den irischen Austritt mit der Verabschiedung der Ireland-Bill: Bestandsgarantie für Nordirland. Irland gilt weiterhin nicht als Ausland. Britische (und neuseeländische) Bürger gelten umgekehrt für Irland nicht als Ausländer.

1952   Aufhebung der letzten Lebensmittelrationierungen (20. Mai).
Preise für Lebensmittel steigen nun rasch.

1955   Die schon seit 1858 existierende *Irisch-Republikanische Armee (IRA)* wird erstmals mili-

Aug. tant, um die Republik Irland und Nordirland zu vereinen.

15. Dez. Irland wird UNO-Mitglied (ab 15. Dez. in Kraft).

1957   Die Regierung beginnt, gegen die Aktivitäten der IRA auf dem Boden der Republik Irland

8. Juli einzuschreiten.

15. Sept. Irland tritt der Weltbank und dem Weltwährungsfonds (Internationaler Währungsfonds/IMF) bei.
In diesem Rahmen versucht es eine verstärkte Förderung der Ansiedlung ausländischer Industriefirmen zur Verbesserung der Industriestruktur und des Exports zu erreichen.

1959   *De Valera* wird zum Staatspräsidenten gewählt (18. Juni, Amtszeit ab 25. Juni, bis 1973).

23. Mai Nachfolger als Ministerpräsident wird *Seán Lemass* (Fianna Fáil, bis 1966; *1899, † 1971).

1961   Irland beantragt den Beitritt zur EWG (1. Aug.).

1962   29 gefangene IRA-Angehörige werden aus der Haft entlassen, nachdem sich die IRA zur

20. April Einstellung terroristischer Tätigkeiten bereiterklärt.

1963   Irland beantragt Beitritt in die EGKS und EURATOM (21. Jan.).

1965   Die Ministerpräsidenten der Republik Irland und des zu Großbritannien gehörenden

Einzelne Staaten westlicher Bündnissysteme – Italien (mit San Marino) *1319*

14. Jan.	Nordirland treffen erstmals seit der Teilung der Insel (1921/22) zusammen. Damit erkennt die Regierung Irlands formell die nordirische Regierung an. Im Vordergrund stehen Wirtschaftsgespräche.
14. Sept.	Irland erweitert seine Fischereigrenze von drei auf zwölf Meilen (gültig ab 1. Okt.).
15. Dez.	Ohne daß das irische Teilungsproblem geregelt ist, wird ein Abkommen über eine irisch-britische Freihandelszone unterzeichnet (stufenweiser Abbau von Zollschranken; impliziert keinen Beitritt Irlands zur EFTA).
1966 **10. Nov.**	*John („Jack") Lynch* (* 1917) als neuer Ministerpräsident der Fianna-Fáil-Regierung im Amt (bis 1973 und seit 1977).
1967	Irland beantragt erneut den Beitritt zur EWG, EGKS und EURATOM (12. Mai).
1968	Irland wird Mitglied des Allgemeinen Zoll- und Handelsabkommens (GATT) (11. Sept.).
Ab **1968**	Durch ihr radikal-terroristisches Auftreten verliert die IRA in der Republik Irland zunehmend an Einfluß.
1972	Die Regierung unterzeichnet das Abkommen für den *Beitritt Irlands zur EG (22. Jan.).* EG-Beitritt mit großer Mehrheit durch Referendum gebilligt.
10. Mai	Gesetz zur wirkungsvollen Bekämpfung der IRA.
2. Dez. 8. Dez.	Die Bevölkerung stimmt dafür, die verfassungsmäßige Sonderstellung der katholischen Kirche abzuschaffen. Dadurch soll den Protestanten Nordirlands eine Wiedervereinigung erleichtert werden.
1973 **14. März**	*Liam Cosgrave* (* 1920) bildet eine Regierung aus Mitgliedern seiner Fine Gael und der Labour Party (bis 1977).
30. Mai	*Erskine Childers* (* 1905, † 1974; Fianna Fáil) wird zum (ersten protestantischen) Staatspräsidenten Irlands gewählt (bis 1974).
1974 29. Nov.	Zum Nachfolger des verstorbenen Staatspräsidenten Childers wird *Cearbhall O'Dalaigh* (* 1911) gewählt (Amtsantritt 19. Dez.; bis 1976).
1976	Irland erhält von der EG einen 300 Mio.-Dollar-Kredit (16. Febr.). Das Parlament verabschiedet ein Gesetz, das auch die Verurteilung von Terroristen ermöglicht, die außerhalb der irischen Republik (gemeint v. a. Nordirland) Anschläge verüben.
10. Sept.	Das Parlament stimmt zur verstärkten Bekämpfung des Terrorismus dem Gesetz über die Ausrufung des nationalen Notstandes zu.
15. Sept.	Darüber hinaus verschärft es die Strafen für Terroraktionen.
22. Okt.	Staatspräsident O'Dalaigh tritt zurück.
9. Nov.	Nachfolger wird (John) *Patrick Hillery* (* 1923).
1977 2. Dez.	Irland und Großbritannien unterzeichnen ein gegen die Interessen anderer EG-Staaten gerichtetes Abkommen zum gemeinsamen Schutz ihrer beidseitigen Fischereigewerbe.
1979	Nach Rücktritt von Premierminister Lynch (5. Dez.) wird *Charles James Haughey* (* 1925) neuer Chef der *Fianna-Fáil-Regierung.*
1982	In sein neues Kabinett beruft *Premierminister Garret FitzGerald* (* 1926) überwiegend Minister der *Fine Gael.*
1983	Verbot der Irish National Liberation Army (INLA) in Irland. – *(Forts. S. 1630)*

Italien seit 1945 (mit San Marino)
(Forts. v. S. 977)

Italien steht bei Kriegsende 1945 nicht nur vor der Aufgabe der Behebung der Kriegszerstörungen und der Überwindung der wirtschaftlichen Kriegsfolgen, sondern zugleich auch vor der Notwendigkeit einer grundlegenden *politischen Neuordnung.* Der Faschismus ist durch seine Kriegspolitik diskreditiert und im Ablauf der Kriegsereignisse politisch entmachtet, andererseits gestatten die nach zwanzigjähriger faschistischer Diktatur eingetretenen oder anstehenden gesellschaftlichen Wandlungen und die kriegsbedingt verstärkten wirtschaftlichen Schwierigkeiten (Nord-Süd-Gefälle; Energie- und Rohstoffmangel) kein problemloses Wiederanknüpfen an die vorfaschistische Zeit.
Unter Führung von Kommunisten und Sozialisten dringt die Arbeiterschaft auf politischen und wirtschaftlichen Einfluß und auf schnelle und dauerhafte Besserung der Lebensverhältnisse, nicht nur im vorwiegend industrialisierten Norden, sondern auch im agrarischen Süden. Träger der Neuordnung sind zunächst die in dem *CLN* (Comitato di Liberazione Nazionale – Komitee der nationalen Befreiung) zusammengefaßten *Widerstandsbewegungen,* in denen kommunistische und sozialistische Gruppen überwiegen, denen aber auch linksliberale und katholische Kräfte, Teile der Arbeiterschaft und des Bürgertums angehören. Das Bündnis gerät jedoch nach Kriegsende in wachsende innere Spannungen, zumal alte Führungsschichten wichtige Schlüsselpositionen in Staat und Gesellschaft behaupten. Der Einfluß der kommunistischen und sozialistischen Parteien wird zurückgedrängt, und die in der Widerstandsbewegung einflußreiche linksbürgerliche Aktionspartei löst sich auf. Die *Democrazia Cristiana (DC)* gewinnt 1945 als Nachfolgerin des Partito Popolare aus der Zeit vor dem Faschismus und in engster Verbindung mit der katholischen Kirche zunehmend an Bedeutung und wird zum Sammelbecken der Konservativen.

1320 Neueste Zeit – Westliche Welt

1945 3. Juni	Vertreter der *sechs antifaschistischen Parteien* (Christliche Demokraten, Kommunisten, Sozialdemokraten, Liberale, Mitglieder der linksliberalen Aktionspartei und der Arbeiterdemokraten) kommen überein, die Provinz- und Gemeindekommitees der *CLN* als beratende Körperschaften der Präfekten einzusetzen.
8. Juni	Ministerpräsident *Ivanoe Bonomi* (* 1873, † 1951; seit 12. Dez. 1944 zum dritten Mal Regierungschef) erklärt seinen Rücktritt. In den folgenden Verhandlungen zwischen den sechs Parteien lehnen die Kommunisten und Sozialisten den Christdemokraten *Alcide de Gasperi* (* 1881, † 1954) als Ministerpräsidenten ab, die Christdemokraten ihrerseits den Sozialisten *Pietro Nenni* (* 1891, † 1980): Polarisierungstendenzen innerhalb des antifaschistischen Blocks. Die USA und Großbritannien verständigen sich mit Jugoslawien über eine vorübergehende Militärverwaltung der italienischen Provinz *Venezia Giulia* einschließlich Triests unter einem alliierten Befehlshaber.
19. Juni	Die sechs antifaschistischen Parteien einigen sich auf *Feruccio Parri* (* 1890, † 1981; Aktionspartei, später Republikanische Partei) als Ministerpräsidenten: *Koalitionsregierung* (21. Juni), die nach dem Austritt der Liberalen auseinanderbricht (26. Nov.).
10. Dez.	*Alcide de Gasperi* anstelle Parris *bildet* ein *Koalitionskabinett*, das wiederum von den sechs antifaschistischen Parteien getragen wird (de Gasperi leitet bis Juli 1953 hintereinander neun Koalitionsregierungen).
14. Dez. **1946** 10. März – 7. April	Ministerpräsident de Gasperi erklärt, daß am 31. Dez. die unter alliierter Kontrolle stehende Verwaltung der norditalienischen Provinzen, ausgenommen Venezia Giulia und Udine, der italienischen Regierung unterstellt werde. *Gemeinderatswahlen,* bei denen die Christdemokraten und der Block der Linksparteien die Mehrheit behalten. Kommunisten und Liberale sind abgeschlagen.
2. Juni	Die *Volksabstimmung über die zukünftige Staatsform* ergibt folgende Resultate: für die Republik 12,7 Mio., für die Monarchie 10,7 Mio. Stimmen. Die Wahlen zur konstituierenden Versammlung erbringen folgende Mandatsverteilung: Christliche Demokraten 207, Sozialisten 115, Kommunisten 104, Demokratisch-Nationale Union 41, Uomo Qualunque (Liberale) 30, Republikanische Partei 23, Freiheitsblock 16, Aktionspartei 7, Sizilianische Unabhängigkeitspartei 4 Sitze. Mit Beginn der Ausarbeitung der Verfassung und der Vorbereitung der Parteien auf Wahlen zerbricht das Nachkriegsbündnis der politischen Kräfte. Eine Polarisierung zwischen konservativ und sozialistisch kristallisiert sich heraus, zugleich findet eine Umgruppierung im Parteiensystem statt. Die parteipolitischen Kämpfe nehmen an Schärfe zu.
18. Juni	Proklamation der **Republik Italien.**
26. Juni	Die Konstituante wählt den Liberalen *Enrico de Nicola* (* 1877, † 1959) zum vorläufigen Staatspräsidenten.
1947 7./9. Jan.	*Der rechte Flügel der Sozialist. Partei* unter *Giuseppe Saragat* (* 1898, † 1988) tritt aus der Partei aus und bildet die Italienische Sozialistische Partei (Italia Socialista). Die verbliebene *Mehrheitsgruppe unter Pietro Nenni* tritt für Zusammenarbeit mit den Kommunisten ein; ferner bildet sich eine revolutionäre „sozialistische Initiative".
10. Febr.	**Pariser Friedensvertrag:** Italien muß den Dodekanes (Inselgruppe im Ägäischen Meer [„12 Inseln"] vor der Küste Kleinasiens) an Griechenland, Istrien an Jugoslawien abtreten, Triest wird Freistaat. Südtirol und den Gebieten an der französischen Grenze wird Provinzautonomie zugesprochen; Italien muß auf alle Kolonien verzichten.
4. April	Die dritte Regierung de Gasperi (seit 3. Febr. 1947) legt ein Programm zur Bekämpfung der Inflation durch Sanierung des Staatshaushaltes, Einschränkung des Konsumverbrauchs und Beseitigung der Rohstoffknappheit vor.
31. Mai	De Gasperi bildet ein viertes Kabinett, ausschließlich aus Christdemokraten und Unabhängigen bestehend. Damit sind die Kommunisten zunächst von der Regierung ausgeschlossen.
24. Sept.	In der Konstituante stellen die Linksparteien Mißtrauensanträge gegen die Regierung und fordern die Bildung einer Koalition von Christdemokraten und der Linken.
21. Okt.	Die Aktionspartei löst sich selbst auf. Den Mitgliedern wird empfohlen, sich den Linkssozialisten Pietro Nennis anzuschließen.
22. Dez.	Die Konstituante nimmt mit 453 gegen 62 Stimmen die **neue Verfassung** an, die am 1. Jan. 1948 in Kraft tritt. Die neue Verfassung enthält eine *endgültige Entscheidung für die Republik* und gegen die Monarchie. Das Parlament besteht aus einer Abgeordnetenkammer, die direkt gewählt wird, und aus dem Senat der Republik, dessen 343 Senatoren 106 „von Rechts wegen" Mitglieder sind und die anderen gewählt werden. Die Verfassung regelt ferner das *Verhältnis von italienischem Staat und Vatikan* entsprechend den Lateranverträgen von 1929: beide sind auf ihrem Gebiet souverän.
28. Dez.	Kommunisten und Linkssozialisten unter Nenni bilden eine *Demokratische Volksfront.*
1948 18./19. April	*Parlamentswahlen:* Christliche Demokraten 304, Demokratische Volksfront 182, Sozialistische Einheitspartei 33, Nationaler Block 19, Monarchistische Partei 14, Republikanische Partei 9, Soziale Bewegung 6, Südtiroler Volkspartei 3 Sitze (Bauernpartei 1 Sitz).

Einzelne Staaten westlicher Bündnissysteme – Italien (mit San Marino) *1321*

11. Mai *Luigi Einaudi* (* 1874, † 1961; Liberaler) zum Staatspräsidenten gewählt.

23. Mai Die neue Regierung von Alcide de Gasperi verfolgt in Zusammenarbeit mit Liberalen, Sozialdemokraten und Republikanern eine Innenpolitik der Mitte, die Eingliederung Italiens in das westliche Bündnis und wirtschaftliche Expansion.

14. Juli Attentat auf den Kommunistenführer *Palmiro Togliatti* (* 1893, † 1964). KPI und die Gewerkschaft Confederazione Nazionale di Lavoro rufen den *Generalstreik* aus. In Turin nehmen Arbeiter die Leiter von 30 Unternehmen fest. Die Regierung befürchtet einen kommunistischen Umsturz.

18. Okt. Gründung des *Freien Allgemeinen Gewerkschaftsbundes (LCGIL)* durch *Giulio Pastore* (Führer der christlich-demokratischen Arbeiter).

1949
4. Jan. Die Regierung errichtet einen nationalen Wirtschafts- und Arbeitsrat, der zur Gesetzesinitiative befugt sein soll.

3. Aug. Italien wird *Gründungsmitglied des Europarates.*

1950
8. Febr. Die Demokratische Arbeiterföderation (FIL) vereinigt sich mit der Katholischen Freien Arbeiterföderation (LCGIL).

30. April Die fusionierten Gewerkschaften vereinigen sich mit der Union autonomer italienischer Arbeiterföderationen (UFAIL) zur *Confederazione Italiana dei Sindacati Lavoratori (CISL),* die dem CGIL (kommunistisch) gegenübersteht.

12. Mai Der von Minister *Antonio Segni* (* 1891, † 1972) vorgelegte Gesetzentwurf zur *Agrarreform* sieht die Enteignung von 1,5 Mio. Hektar brachliegenden Bodens sowie dessen Aufteilung vor. Die Regierung reagiert damit auf „wilde" Landbesetzungen.

1. Okt. Der interministerielle Ausschuß zur Durchführung des *Zehnjahresprogrammes* für die wirtschaftliche Erschließung Süditaliens *(Cassa per il Mezzogiorno)* nimmt seine Tätigkeit auf. Es sollen Verbesserungen in der Landwirtschaft eingeleitet und die Industrialisierung gefördert werden, um das soziale Nord-Süd-Gefälle zu mildern und einer zunehmenden Abwanderung aus dem Süden entgegenzuwirken.

1951
18. April Italien tritt der Europäischen Gemeinschaft für Kohle und Stahl *(EGKS)* als Gründungsmitglied bei.

1. Mai Vereinigung der sozialdemokratischen Saragat-Partei (PSLI) und der Romita-Partei (PSU)
1952 zum Partito Socialista Sezione Italiana del Internationale Socialista (PS–SIIS).

1./4. Febr. Das italienische Parlament billigt ein Gesetz zur Bekämpfung der neofaschistischen Aktivitäten.

1953
7./8. Juni *Parlamentswahlen* erbringen folgendes Ergebnis: Für das demokratische Zentrum (Christliche Demokraten 261, Sozialdemokraten 19, Liberale 14, Republikaner 5 und Südtiroler Volkspartei 3) 302 Sitze, für die Linksopposition (Kommunisten und Sozialisten) 218 Sitze und für die Rechtsopposition (Monarchisten und neofaschistische MSL – Movimento Sociale Italiano) 69 Sitze.

28. Juli Sturz der gerade gebildeten (15. Juli) neunten Regierung de Gasperi durch Partner des Wahlbündnisses.

15. Aug. Der Christdemokrat *Giuseppe Pella* (* 1902, † 1981) wird *Regierungschef.* Die Christlichen Demokraten regieren von nun an bis 1962 mit wechselnder Unterstützung von rechts (Monarchisten, Liberale) und links (Sozialdemokraten und Sozialisten) mit folgenden Ministerpräsidenten:
Giuseppe Pella (bis 6. Jan. 1954), *Amintore Fanfani* (* 1908; 1. Mal: 18.–31. Jan. 1954, 2. Mal: 2. Juli 1958 – 26. Jan. / 5. Febr. 1959; 3. Mal: 26. Juli 1960 – 2. Febr. 1962), *Mario Scelba* (* 1905; 9. Febr. 1954 – 22. Juni 1955), *Antonio Segni* (1. Mal: 6. Juli 1955 – 6. Mai 1957), *Adone Zoli* (* 1887, † 1960; 19. Mai 1957 – 19. Juni 1958), *Fernando Tambroni* (* 1901, † 1963; 25. März – 19. Juli 1960).

1954
5. Okt. De-Facto-Abkommen zwischen Italien, Jugoslawien, Großbritannien und den USA über die *Regelung des Triest-Problems:* Beendigung der britischen und der US-Militärregierung in den Zonen A und B: Triest wird Freihafen.

1955 Das *Südtirol-Problem* spitzt sich mit der wiedererrungenen Souveränität der Republik Österreich zu (Aug.).

11. Mai Neuer Staatspräsident wird der christlich-demokratische Politiker *Giovanni Gronchi* (* 1887, † 1978).

1956
27./28. Mai Bei den *Provinzialrats- und Regionalwahlen* gewinnt das Zentrum (vor allem DC, Sozialdemokraten, Liberale) 53,4 %, die Linke (Kommunisten, Linkssozialisten) 34,1 % und die Rechte (Monarchisten, Neofaschisten) 11,2 % der Stimmen.

10. Juni Die Verwaltung der autonomen Regierung Siziliens verkündet einen Fünf-Jahres-Plan zur Industrialisierung der Insel unabhängig vom Programm der Cassa per il Mezzogiorno. Der Plan sieht Kredite in der Höhe von 370 Mrd. Lira vor.

1957
6. Mai Die Koalitionsregierung unter Antonio Segni (Christliche Demokraten) tritt zurück, da die Sozialdemokraten unter Saragat aus ihr mit der Begründung ausscheiden, es fehle ihr an Reformwillen. Die Regierung hat zuvor die Unterstützung der Republikaner im Parlament verloren; innenpolitische Krise.

1322 Neueste Zeit – Westliche Welt

Wirtschaftliche Entwicklung der Nachkriegsphase

Die Wirtschaft nimmt in den fünfziger Jahren einen Aufschwung, der in den Jahren 1959–1962 in *Zuwachsraten des Bruttosozialproduktes* von 6,37%, 5,82%, 6,81% und 6,07% zum Ausdruck kommt, und der das *Pro-Kopf-Einkommen* 1952–1962 um 47% ansteigen läßt. Dabei sind Landwirtschaft (ca. 3%) und Industrie (ca. 9%) ungleich beteiligt, so daß die regionalen und sektoralen Ungleichgewichtigkeiten sich trotz Zehn-Jahres-Programm verstärken. Der *Anteil der Industrie am Nationaleinkommen* steigt 1952–1962 von 27% auf 44%, ihr Anteil an der Zahl der Beschäftigten von 29,6% auf 38,6%, während die entsprechenden *Anteile der Landwirtschaft* auf 16% bzw. auf 27% (von 38,6%) fallen. Impulse bekommt das Wirtschaftswachstum einmal von außen: amerikanische Wirtschaftshilfe, Beteiligung am europäischen Markt, Wechselkursgefälle zum Dollar-Raum, günstige weltwirtschaftliche Konjunktur, zum anderen durch die innere Entwicklung: Innovation des industriellen Produktionsapparates, Erleichterung der Energieversorgung, stärkere Aktivierung des Südens für den inneren Markt (Cassa per il mezzogiorno) und ein niedriges Lohnniveau. Hauptvoraussetzung des Aufschwunges ist jedoch das *Vorhandensein eines Reservoirs an verfügbaren Arbeitskräften* (Arbeitslose, freiwerdende landwirtschaftliche Arbeitskräfte). Andererseits wächst das Bewußtsein der sozialen Ungleichheit und die durch sektorale und regionale Unterschiede der Wirtschaft bedingte *starke Binnenwanderung* führt zu einschneidenden Schwierigkeiten in der Ansiedlung und sozialen Integration in den Wanderungszentren Turin, Mailand und Rom.

1958 25./26. Mai	Die *Wahlen zur Abgeordnetenkammer und zum Senat* bringen leichte Gewinne für die Christlichen Demokraten (273 Sitze), die Kommunisten (140), PSI (84) und die Liberalen (16). Die Neofaschisten erleiden Verluste.
2. Juli	Amintore Fanfani bildet eine Regierung des sogenannten „linken Zentrums" aus Christlichen Demokraten und Sozialdemokraten.
1959 23.–28. Okt.	*Parteikongreß der Christlichen Demokraten:* Streit zwischen *Fanfani*, der eine Öffnung nach links anstrebt, und *Aldo Moro* (* 1916, † 1978), der eine Anlehnung an die Rechte wünscht.
1960 März–Juli	Ein gegen den linken Flügel der DC unternommener Versuch, eine Regierung mit parlamentarischer Unterstützung der Neofaschisten zu bilden, scheitert am Widerstand der Linksparteien. In der darauffolgenden Krise unterbreitet Amintore Fanfani ein *Programm der „Öffnung nach links" (Apertura a sinistra):* Verstaatlichung der Elektrizitätswerke, Besteuerung von Spekulationsgewinnen, Erhöhung der Arbeiterrenten.
26. Juli	Fanfani bildet eine Regierung aus DC, Sozialdemokraten und Republikanern, kann jedoch eine Unterstützung der Nenni-Sozialisten nicht erreichen.
1961 14. Aug.	Die italienische Regierung errichtet eine *Südtirol-Kommission*, um den dort wachsenden Unruhen zu begegnen.
1962 21. Febr.	Fanfani bildet eine „*Mitte-Links-Koalition*", diesmal mit parlamentarischer Unterstützung der Nenni-Sozialisten. Dieses Regierungsbündnis wirkt sich in der Folge prägend auf die weitere politische Entwicklung Italiens aus.
11. Mai	Antonio Segni (DC) zum Staatspräsidenten gewählt.
1963 28.–29. April	Bei *Parlamentswahlen* erzielen Kommunisten und Liberale Gewinne, die Parteien der „Apertura a sinistra" gehen geschwächt daraus hervor, so daß sich Fanfani zum Rücktritt gezwungen sieht (16. Mai); der Christdemokrat *Giovanni Leone* (* 1908) bildet ein Übergangskabinett (21. Juni–5. Nov.).
25. Sept.	Der Ministerrat beschließt ein *Sechs-Punkte-Programm zur Inflationsbekämpfung*.
5. Dez.	Nach langwierigen Verhandlungen bildet *Aldo Moro* eine *Mitte-Links-Koalitionsregierung (Centro-Sinistra)* mit DC, Sozialdemokraten, Republikanern und unter Einschluß der Nenni-Sozialisten (Stellvertretender Ministerpräsident *Pietro Nenni*, Außenminister *Giuseppe Saragat*). Dieses Regierungsbündnis erweist sich für italienische Verhältnisse als erstaunlich stabil (Aldo Moro bleibt bis 5. Juni 1968 nach zwei weiteren Kabinettsbildungen als Ministerpräsident im Amt).
1964 21. Aug.	Tod des Generalsekretärs der KPI, *Palmiro Togliatti*, dessen (am 4. Sept. 1964) veröffentlichtes „Testament" scharfe Kritik an der sowjetischen Parteiführung übt.
28. Dez.	*Nachfolger Segnis* im Amt des Staatspräsidenten wird *Giuseppe Saragat.*
1965 17. April	Die Abgeordnetenkammer billigt ein *Gesetz zur Bekämpfung der Arbeitslosigkeit* und der Rezession.
1966 31. Juli	Nenni-Sozialisten und die Saragat-Sozialdemokraten verkünden die Vereinigung ihrer Parteien zur *PSU.*
1968 19. Mai	Bei den *Parlamentswahlen* erzielen Kommunisten und DC Gewinne, PSU und Rechtsparteien haben Verluste zu verzeichnen.
13. Dez.	Nach dem DC-Übergangskabinett unter *Giovanni Leone* (25. Juni – 19. Nov. 1968) bildet *Mariano Rumor* (* 1915, † 1990) eine Regierung des Centro-Sinistra.
1969 12. April	Rücktritt des Erziehungsministers *Fiorentino Sullo* (* 1921) anläßlich von Studentenunruhen und wegen umkämpfter Universitätsreform.

Einzelne Staaten westlicher Bündnissysteme – Italien (mit San Marino) *1323*

5. Juli	Rücktritt der Mitte-Links-Regierung wegen Spaltung der PSU, die sich in Teilen den Kommunisten annähern will.
9. Aug.	Mariano Rumor bildet eine christlich-demokratische Minderheitsregierung (bis 7. Febr. 1970).
Herbst	Die sozialen Konflikte brechen offen aus: Massenstreiks.
1970 28. März	Bildung des dritten Kabinetts Rumor unter Beteiligung der Sozialdemokraten und Sozialisten: Regierung des Centro-Sinistra; (am 7. Aug. 1970) unter dem Christdemokraten *Emilio Colombo* (* 1920) fortgeführt.
15. Mai	*Einteilung des Staatsgebiets in 14 Regionen* mit parlamentarisch kontrollierten Regierungen; Dezentralisierung Italiens per Regionalgesetz.
1. Dez.	Die Abgeordnetenkammer billigt *Ehescheidungsrecht* (18. Dez. 1978 in Kraft); deswegen heftige Auseinandersetzungen mit dem Vatikan.
7./8. Dez.	Putschversuch unter Führung von Valerio Principe Borghese, Führer der neofaschistischen Fronte Nazionale.
1971 Juli	Die Regierung Colombo bemüht sich, die Konjunktur zu beleben, da die industrielle Erzeugung um 3% zurückgeht und durch andauernde Arbeitsniederlegungen Mio. von Arbeitsstunden verlorengehen.
27. Dez.	*Giovanni Leone* (DC) neuer *Staatspräsident.*
1972 18. Febr.	Erneuerung des *Centro-Sinistra-Regierungsbündnisses* durch Bildung einer neuen Regierung unter *Giulio Andreotti* (* 1919; bis 12. Juni 1973), danach wieder Mariano Rumor (viertes und fünftes Kabinett) Ministerpräsident.
März	Die KPI wählt *Enrico Berlinguer* (* 1922, † 1984) zum *neuen Parteisekretär* (bislang nach dem Tod Togliattis: *Luigi Longo,* * 1900, † 1980), der eine Beteiligung seiner Partei an der Regierung anstrebt.
7. Mai	*Parlamentswahlen:* Gewinne für KPI und PSI, leichte Verluste der DC.
25. Juli	Die drei großen Gewerkschaften schließen sich zu einem Dachverband zusammen.
1973 9. Okt.	KP-Führer Berlinguer schlägt die *„Erneuerung des historischen Kompromisses"* (compromesso storico) vor, wie er in der Zeit des Widerstandes zwischen allen antifaschistischen Parteien bestanden hat, also die Einbeziehung der KPI in die Regierungsverantwortung. Orientierung der KPI zum *„Eurokommunismus".*
1974 18. März	Die Zentralbank gibt bekannt, daß das Handelsbilanzdefizit 3267 Mrd. Lire beträgt; rapider Schwund der Währungsreserven; die Inflationsrate beträgt 19,3%.
12./13. Mai	Bei einer *Volksabstimmung* sprechen sich 59,1% der Stimmberechtigten *gegen die Aufhebung der zivilen Ehescheidung* aus.
Juni/ Juli	Schwere *innen- und wirtschaftspolitische Krise,* die dem politischen Radikalismus von rechts und links Vorschub leistet. Die Regierung versucht durch drastische Gegenmaßnahmen der Lage Herr zu werden.

Zahlungsbilanz

Mrd. Lire	1976	1978	1980	1981
Bilanz der laufenden Posten	−1636	+5304	−10279	− 7633
Darunter:				
Handelsbilanz	−3967	− 119	−18352	−14039
Reiseverkehrsbilanz	+1513	+4311	+ 5401	+ 6694
Gastarbeiterüberweisungen	+ 743	+1641	+ 2182	+ 2614
Kapitalbilanz	+ 250	+1508	+ 4055	+ 6040
Restposten	+ 358	+ 253	− 221	− 137
Gesamtsaldo	−1028	+7681	− 6445	− 1533

Index der industriellen Erzeugung in Italien

1976 = 100	1978	1979	1980	1981	1982
Produzierendes Gewerbe[1]	102,2	109,1	114,5	112,0	109,1
Investitionsgüter	109,1	118,5	132,8	141,4	137,6
Verbrauchsgüter	101,2	112,4	117,3	112,7	110,7
Erzeug. v. Elektrizität u. Gas	106,6	110,3	112,6	110,3	112,0
Mineralölverarbeitung	106,0	106,3	85,4	83,7	77,7
Chemische Industrie	109,8	117,1	121,6	118,0	119,9
Maschinenbau	101,3	102,7	114,5	107,5	92,7
KFZ-Bau	111,2	112,8	118,1	107,8	97,4
Elektrotechnik	105,1	106,7	117,8	109,0	117,3
Be- u. Verarbeitung v. Holz	103,0	113,3	123,9	115,1	100,2
Papier- u. Pappeerzeugung u. -verarbeitung .	103,9	112,1	111,6	109,4	103,6
Nahrungs- u. Genußmittel	101,2	108,9	103,0	113,1	111,7

[1] ohne Baugewerbe

1324 Neueste Zeit – Westliche Welt

23. Nov. Nach Rücktritt der fünften Regierung Rumor bildet Aldo Moro sein viertes Kabinett: *37. Nachkriegsregierung* (Koalition zwischen Christdemokraten und Republikanern).

1975 Wegen staatsfeindlicher Tätigkeiten laufen gegen mehr als 500 Personen gerichtliche
Jan. Untersuchungen; 400 sind verdächtig, wegen *rechtsextremer Aktivitäten*, darunter ehemalige hohe Offiziere, rd. 100 wegen Mitgliedschaft in den *linksextremen Roten Brigaden*.

Okt. Ausgleich hinsichtlich von Gebiets- und Minderheitsproblemen im Raum von Triest mit Jugoslawien; die Vereinbarungen werden durch Kooperationsabkommen unterbaut.

1976 Staatspräsident Giovanni Leone löst das Parlament auf. – Nach *Neuwahlen*, die für keine
1. Mai/ der Parteien eine eindeutige Mehrheit bringen, bildet Giulio Andreotti eine *DC-Minder-*
29. Juli *heitsregierung (39. Nachkriegsregierung).*

10. Juli Ein schweres *Giftgasunglück in Seveso* bei Mailand macht Evakuierungsmaßnahmen erforderlich; bei der Bevölkerung treten gesundheitliche Schäden auf.

14. Okt. Aldo Moro wird zum Präsidenten der Democrazia Christiana gewählt.

21. Dez. Durch Parlamentsbeschluß wird die nach dem Krieg zwischen Italien und Jugoslawien gezogene Grenze im Raum von Triest anerkannt.

1977 Verabschiedung des Gesetzentwurfes über Straffreiheit für Abtreibung in den ersten drei
Jan. Monaten der Schwangerschaft.

1978 Rücktritt der Regierung Andreotti. In der folgenden Regierung (ebenfalls unter Andreotti)
16. Jan. erreicht die *Kommunistische Partei* zwar nicht ihr Ziel eines Eintritts in die Regierung, dennoch erhält sie, erstmals seit 31 Jahren, *unmittelbaren Einfluß auf die Regierung*.

16. März *Aldo Moro* wird von Angehörigen der „Brigate Rossi" (BR) *entführt*.

21. März Beschluß von Notstandsmaßnahmen zur Bekämpfung des Terrors.

9. Mai Nachdem alle Maßnahmen zur Rettung des Lebens von Aldo Moro gescheitert sind, wird die Leiche des ermordeten Politikers in der Via Caetani in Rom aufgefunden.

16. Juni *Staatspräsident Giovanni Leone*, dem vorgeworfen wird, vom amerikanischen Rüstungs- und Flugzeugkonzern Lockheed Bestechungsgelder entgegengenommen zu haben, *erklärt* ein halbes Jahr vor Ablauf seiner Amtszeit *seinen Rücktritt*.

8. Juli Der Sozialist *Sandro Pertini* (* 1896, † 1990) wird mit großer Mehrheit zum siebten Staatspräsidenten gewählt.

1979 Da sich nach der Aufkündigung des Regierungsbündnisses durch die Kommunisten die
31. Jan. christlich-demokratische Minderheitsregierung als nicht mehr handlungsfähig erweist, erklärt der christlich-demokratische *Ministerpräsident Andreotti seinen Rücktritt*.

3. Febr. Andreotti wird von Präsident Pertini mit der Weiterführung der Amtsgeschäfte betraut.

3. Juni *Parlamentswahlen:* Auf die DC fallen im Abgeordnetenhaus 262, auf die Kommunisten 201 und die Sozialisten 62 Sitze. Die Mehrheitsverhältnisse erweisen sich für eine Regierungsbildung als problematisch.

5. Aug. *Francesco Cossiga* (* 1928; DC) stellt nach langer Regierungskrise seine Koalitionsregierung von Christdemokraten, Sozialdemokraten und Liberalen vor.

1980 *Wegen Ablehnung seines Wirtschaftsprogramms tritt Cossiga* zurück (27. Sept.). Die *neue*
19. Okt. *Regierung unter Arnaldo Forlani* (* 1925) beschließt ein Sparprogramm (31. Okt.).

1981 *Der sogenannte „P 2"-Skandal* wegen Mitgliedschaft führender Politiker in der Freimau-
26. Mai rerloge „Propaganda Zwei" *führt zu Forlanis Rücktritt*.

28. Juni *Giovanni Spadolini* (PRI, * 1925) bildet das *erste nicht von der DC geführte Kabinett*.

1982 Der *Zusammenbruch der größten italienischen Privatbank, Banco Ambrosiano*, belastet
ab Juni neben in- und ausländischen Instituten auch die Vatikanbank finanziell erheblich.

1983 Nach Fanfanis 5. Kabinett (1. Dez. 1982 – 29. April 1983) wird *Bettino Craxi* (* 1934) *Ita-*
4. Aug. *liens erster sozialistischer Ministerpräsident*.

16. Sept. Das Parlament beschließt die Stationierung von 112 Marschflugkörpern auf Sizilien.

1984 *Italien und der Vatikan unterzeichnen ein neues Konkordat:* Der Katholizismus ist nicht
19. Febr. mehr Staatsreligion.

11. Juni Nach dem *Tod von Enrico Berlinguer* (* 1922, † 1984) wird Alessandro Natta (* 1918) am 26. Juni zum Generalsekretär der KPI gewählt.

1985 Der mit großer Mehrheit aus allen Lagern gewählte Christdemokrat *F. Cossiga* wird als
3. Juli *neuer Staatspräsident* vereidigt. – *(Forts. S. 1630)*

San Marino

Die 1599, nach der Anerkennung der Unabhängigkeit durch den Papst (1549), geschaffene *Verfassung* des 60,5 qkm großen Staates ist im wesentlichen noch gültig. Das *Staatsoberhaupt* wird von zwei „regierenden Kapitänen" gebildet, die einander alle sechs Monate abwechseln. – Neben der Exekutive, dem Staatsrat *(Congresso di Stato)*, existiert ein aus 60 Abgeordneten bestehendes Parlament, *„Der Große und Generalrat"*, der für fünf Jahre in allgemeiner Wahl gewählt wird. – Zollunion und Freundschaftsvertrag mit Italien. – *(Forts. S. 1631)*

Einzelne Staaten westlicher Bündnissysteme – Spanien (mit Andorra) *1325*

Spanien seit 1945 (mit Andorra)
(Forts. v. S. 980)

1946
8. Dez. Nach dem Zweiten Weltkrieg ist Spanien außenpolitisch isoliert; es wird nicht in die Vereinten Nationen aufgenommen: Die *UN-Vollversammlung empfiehlt* den Mitgliedern den *Abbruch der diplomatischen Beziehungen* zu Spanien. Die internationale Isolierung führt zu einer inneren Konsolidierung des politischen Systems. Die Blockbildung während des kalten Krieges läßt die *strategische Bedeutung Spaniens* wachsen.

1950
4. Nov. Die *Vereinten Nationen heben* den *Boykottbeschluß* von 1946 *auf* (Aufnahme Spaniens in die UNO 1955).

1953
27. Aug. Spanien und der Vatikan schließen ein *Konkordat*, das der spanischen Regierung ein entscheidendes Mitspracherecht bei der Ernennung von Bischöfen einräumt und dafür der katholischen Kirche eine Reihe von Privilegien, u. a. auf dem Erziehungssektor, gewährt. Die Kirche wird an Ämtern des Staates beteiligt.

26. Sept. Bedingt durch die internationale Entwicklung, unterstützen die USA das Franco-Regime als Gegner des Kommunismus. Um einen günstigen Stützpunkt zur Überwachung des westlichen Mittelmeers zu erhalten, schließen die USA mit Spanien ein *Stützpunktabkommen* (Dauer: 10 Jahre; Form: Pachtvertrag) sowie einen Vertrag über wirtschaftliche bzw. militärische Hilfe. Die Abkommen mit den USA verhelfen Spanien zu internationaler Anerkennung und sind Ausgangspunkt für die wirtschaftliche Gesundung des Landes.

Entwicklung des Franco-Regimes

Das bedeutendste Grundgesetz des neuen Regimes ist das „Gesetz über die Prinzipien der Nationalen Bewegung", die *Ley de Principios del Movimiento Nacional* (17. Mai 1958). Dieses Gesetz, das die bisherige Verfassungsentwicklung zusammenfaßt, ist unabänderlich; es darf keine Rechtsnorm erlassen werden oder in Kraft bleiben, die gegen die Grundsätze des *Movimiento Nacional (konfessioneller Staat, monarchische Staatsform, ständestaatliche Vertretung)* verstößt. Die gesamte Staatsordnung beruht auf den Prinzipien des Movimiento Nacional; dieser Begriff löst den Parteinamen „Falange" offiziell ab. Nach dem Bürgerkrieg vereinigt Franco in seiner Person die Ämter des Staatsoberhauptes, des Regierungschefs, des Oberbefehlshabers der Streitkräfte und des Führers der „Nationalen Bewegung".
Eine *Zäsur in der Verfassungsgeschichte* stellt das Staatsgrundgesetz, die durch Referendum angenommene *Ley orgánica del Estado* (11. Jan. 1967) dar. Die wichtigste Bestimmung ist die Trennung der Ämter des Staatsoberhauptes und des Ministerpräsidenten. Das künftige Staatsoberhaupt wird nicht über die außerordentlichen Kompetenzen Francos verfügen. Der Ministerpräsident leitet die allgemeine Politik und steht dem Ministerrat vor. Die Regierung ist nicht den Cortes (Ständeversammlung), sondern dem Obersten Gerichtshof zivil- und strafrechtlich verantwortlich. Entstehung, Zusammensetzung und Funktion der Cortes werden geändert bzw. erweitert; die Kammer erhält neue Kompetenzen (Annahme von Gesetzen) übertragen. Der „Nationalrat" der Nationalen Bewegung fungiert als eine Art zweite Kammer. Der 1947 geschaffene *Rat des Königreichs* erhält eine neue Zusammensetzung und wird wegen weitreichender Kompetenzen zum zentralen Entscheidungsgremium im Staat (Mitbestimmung bei Berufung und Entlassung der Inhaber der sechs höchsten Staatsämter, Entscheidung über Verfassungswidrigkeit von Gesetzen, Entscheidung über Krieg und Frieden u. a.).
Religionsfreiheit wird garantiert. Beeinflußt von den sozialpolitischen Forderungen des Zweiten Vatikanischen Konzils, erfährt das Arbeitsrecht umfassende Veränderungen. Die Aufgabe der Streitkräfte, Hüter der verfassungsmäßigen Ordnung zu sein, wird bekräftigt.
Auf dem *Sektor der Wirtschaftspolitik* betreibt das „Nationale Industrie-Institut" zunehmend *Staatsinterventionismus;* diese Form der Wirtschaftslenkung ist jedoch ein Mißerfolg und führt zur Zunahme sozialer Spannungen, zu hohen Inflationsraten und zu Defiziten in der Zahlungsbilanz. Eine Welle von Streiks und Demonstrationen erfaßt Anfang der fünfziger Jahre das Land. Mehrfache Abwertungen der Peseta können die Inflation nicht bremsen, so daß eine Änderung der Protektions-, Subventions- und Autarkiepolitik sowie wirtschaftliche Stabilisierungsmaßnahmen erforderlich werden. Aufgrund innenpolitischer Schwierigkeiten muß sich das Regime außenwirtschaftlich öffnen; innenpolitisch zeichnen weiterhin Immobilismus und Reformunfähigkeit den Franquismus aus.

1959
21. Juli Der *Stabilisierungsplan* und die damit eingeleitete *neue Wirtschaftspolitik* sollen den Anschluß an die EWG-Länder erleichtern. In den folgenden Jahren verzeichnet Spanien nach Japan die höchste wirtschaftliche Wachstumsrate der westlichen Welt („spanisches Wirtschaftswunder"), kann allerdings die wirtschaftlichen Probleme (passive Handelsbilanz, Arbeitslosigkeit und Emigration, geringe Wettbewerbsfähigkeit der Industrie, Inflation, soziale Spannungen) nicht überwinden.

1962
9. Febr. Auf dem Hintergrund der wirtschaftlichen Reformbemühungen stellt Spanien den *Antrag auf Assoziation an die EWG*, der jedoch von den Mitgliedsländern hinhaltend behandelt wird. Erst 1970 wird der schrittweisen Beseitigung der Zollschranken zugestimmt.

1326 Neueste Zeit – Westliche Welt

Außen- und Kolonialpolitik

Außenpolitische Belastungen sind vor allem das *Gibraltarproblem* und die *Beziehungen zu Marokko.* Seit 1954 fordert Spanien von Großbritannien die Rückgabe Gibraltars; die Briten lehnen das spanische Ansinnen ab und verweisen auf die Volksabstimmung von 1967. 1969 verfügt Franco eine (bis heute erfolglos bestehende) Blockade gegen Gibraltar.

Seit Mitte der fünfziger Jahre räumt Spanien seine *kolonialen Besitzungen* in Nordafrika. 1956 erkennt es die Unabhängigkeit des früheren Protektoratsgebiets Marokko an, 1958 räumt es den Nordteil von Spanisch-Sahara, 1968 wird Spanisch-Guinea als Äquatorialguinea unabhängig; 1969 muß Ifni an Marokko abgetreten werden, 1975 übergibt Spanien überstürzt die südlichen Teile der spanischen Sahara an Marokko und Mauretanien. Die beiden nordafrikanischen Städte Ceuta und Melilla gehören noch zu Spanien (werden jedoch von Marokko beansprucht).

Mitte und Ende der sechziger Jahre intensiviert Spanien auch seine *Beziehungen mit den Ostblockstaaten* und formalisiert sie im politischen Bereich.

1964	*Innenpolitisch* nehmen die *Spannungen* zu, der Regionalismus wird zu einem Hauptproblem. Die *baskische Separatistenorganisation* ETA (Euzkadi ta Azkatasuna: Baskenland und Freiheit) wird zusehends radikaler und verfolgt ihre Ziele mit Terroranschlägen. Die offiziellen Syndikate werden von den Arbeitern nicht als ihre Interessenvertretung angesehen, die illegalen Arbeiterkommissionen *(Comisiones Obreras)* gewinnen zusehends Einfluß auf die Arbeiterschaft.
1965	Die katholische Kirche erkennt Katalanisch und Baskisch als Amtssprachen der Kirche an. Die spanischen Bischöfe fordern – vor allem nach dem Zweiten Vatikanischen Konzil – soziale Gerechtigkeit.
1967	Im „*Gesetz über religiöse Freiheit*" wird Glaubensfreiheit anerkannt.
1968	Die Kirche geht auf Distanz zum Regime und spricht sich für eine Revision des Konkordats aus. – Parallel dazu wirkt die katholische Laienbewegung „Opus Dei" mit dem Ziel der Erhaltung des bestehenden Wirtschaftssystems. Das „Opus Dei" hat elitäre gesellschaftliche Vorstellungen und besetzt allmählich die wichtigsten Einfluß- und Entscheidungszentren des Staates (seit 1968 in der Regierung).
1969	Wegen Unruhen beschließt der Ministerrat den *Ausnahmezustand* (24. Jan.).
1970 **28. Dez.**	Auf internationalen Protest stoßen die *Urteile des sog. „Burgos-Prozesses"* gegen 16 Mitglieder der ETA. Das innenpolitische Klima verhärtet sich.
1973 **8. Juni**	Das Amt des Ministerpräsidenten wird mit Admiral *Luis Carrero Blanco* (* 1903) besetzt, der bereits ein halbes Jahr später ermordet wird (20. Dez.).
1974 **23. Dez.**	Neuer Regierungschef wird *Carlos Arias Navarro* (* 1908), der ein Jahr später die Bildung sog. „*Assoziationen*" zuläßt, wenn sie den Prinzipien der Bewegung nicht widersprechen.
1975	Die ETA und der maoistische FRAP verschärfen ihre Terroraktionen.
20. Nov.	Der **Tod Francos** gibt den Weg frei für politische Reformen.

Die Verfassungsentwicklung nach Francos Tod

Im „Gesetz über die politische Reform", der *Ley sobre la reforma política* (18. Nov. 1976), bekennt sich der Staat zu den Grundsätzen der Volkssouveränität, des Rechtsstaats, der Menschenrechte und der konstitutionellen Monarchie. Die Cortes, die sich aus zwei Kammern zusammensetzen, erhalten ihre Legitimation aus allgemeiner, direkter und geheimer Wahl. Mit dem *Reformgesetz* knüpft das spanische Verfassungsrecht wieder an liberal-pluralistische Konzeptionen an. Es stellt zwar keinen formalen Bruch mit dem Franco-Regime dar, überwindet jedoch inhaltlich wesentliche Strukturprinzipien des franquistischen Staates. Die am 27. Dez. 1978 verkündete *neue Verfassung* beseitigt endgültig die Grundgesetze der Franco-Ära. Spanien wird als sozialer und demokratischer Rechtsstaat in der Staatsform einer „*parlamentarischen Monarchie*" definiert. Alle Grundrechte und Freiheiten sind garantiert, Kirche und Staat werden getrennt. Der katholischen Religion bleibt eine Sonderstellung eingeräumt. Die Staatsstruktur wird durch die Regionalautonomie tiefgehend verändert.

1975 **22. Nov.**	Zwei Tage nach Francos Tod wird *Juan Carlos I. von Bourbon* (* 1938) zum **König von Spanien** proklamiert; in seiner Thronrede verspricht er den Spaniern ein größeres Mitspracherecht in politischen Angelegenheiten.
5. Dez.	*Arias Navarro* wird – zur Enttäuschung der Reformer – erneut Ministerpräsident und leitet einen zögernden Reformkurs ein.
1976 **25. Mai**	Zu den wichtigsten politischen Reformen gehört die *Aufhebung des Verbots politischer Versammlungen und Demonstrationen.*
9. Juni	Ein weiteres Gesetz erkennt de facto die Existenz politischer Parteien an.
1. Juli	Wegen zunehmender Kritik am schleppenden Fortgang der innenpolitischen Reformen tritt Arias Navarro zurück.

Einzelne Staaten westlicher Bündnissysteme – Portugal   *1327*

17. Juli	Neuer Regierungschef wird *Adolfo Suárez* (* 1932), der ein umfassendes Reformprogramm bekanntgibt (Grundsatz der Volkssouveränität, Anerkennung der Menschenrechte, Unabhängigkeit der Justiz, Bildung repräsentativer Organe, Versprechen größerer Regionalautonomie, Amnestie politischer Gefangener, Revision des Konkordats).
18. Nov.	Durch das „Gesetz über die politische Reform" lösen sich die ständestaatlichen Cortes quasi selbst auf.
15. Dez.	Die *Volksbefragung* ergibt eine überragende Zustimmung der Bevölkerung zu dem Demokratisierungsvorhaben; die extreme Rechte und die extreme Linke versuchen, die Reformen durch Terror zu verhindern.
1977 30. März	Ein neues *Gewerkschaftsgesetz* garantiert das Recht der freien gewerkschaftlichen Vereinigung.
15. Juni	In den *ersten freien Parlamentswahlen* seit 1936 siegt die „Union des Demokratischen Zentrums" (UCD) von Ministerpräsident Suárez (34%); die Sozialistische Partei (PSOE) unter *Felipe González* (* 1942) erhält 28%, die Kommunisten (PCE) unter *Santiago Carrillo* (* 1915) erhalten 9% der Stimmen.
9. Okt.	Zur Überwindung der wirtschaftlichen Krise (Inflation, Stagnation, Arbeitslosigkeit, Handelsbilanzdefizit) sowie zur Absicherung der weiteren Demokratisierung schließt die Regierung mit den Oppositionsparteien und den Sozialpartnern den sog. „*Pakt von Moncloa*".
31. Dez.	Das *Baskenland* und *Katalonien* (27. Sept.) erhalten „*vorläufige Autonomie*"; andere Landesteile folgen.
1978 31. Okt.	Während des ganzen Jahres wird der Verfassungsentwurf diskutiert, der schließlich mit 325 von 345 Stimmen im Parlament verabschiedet wird.
6. Dez.	Die *Volksabstimmung* zum Verfassungsentwurf ergibt eine Zustimmung von 87,8% der Stimmen; allerdings bleiben 32,9% der Stimmberechtigten den Urnen fern.
27. Dez.	Die **neue Verfassung** tritt in Kraft.
1979 3. Jan.	Durch vier Abkommen wird das zwischen Spanien und dem Vatikan geschlossene Konkordat von 1953 abgelöst.
1. März	Parlamentswahlen: Sieg der UCD (167 Sitze); PSOE an zweiter Stelle (121 Sitze).
25. Okt.	In Plebisziten werden *Autonomiestatute für Baskenland und Katalonien* angenommen.
1981	Nach Suarez' Rücktritt (29. Jan.) bildet L. Calvo-Sotelo (* 1926) das neue Kabinett (25. Febr.).
23. Febr.	*Am verfassungstreuen Verhalten des Königs scheitert ein Putsch der Guardia Civil.*
1982	Spanien wird 16. Mitglied der NATO (30. Mai).
28. Okt.	Parlamentswahlen führen zur Mehrheit für die Sozialisten (46,1%); *F. González bildet eine*
2. Dez.	*sozialistische Regierung.*
1983 23. Febr.	Lockerung des Abtreibungsverbots; Verabschiedung weiterer Autonomiestatute; der *Großkonzern Rumasa wird verstaatlicht.*
1984 9. Juli	Etwa 250000 Demonstranten fordern in Madrid Spaniens NATO-Austritt (3. Juni). Spaniens und Portugals *Regierungschefs besprechen Probleme des EG-Beitritts.*
1985	Öffnung der spanischen Grenze zu Gibraltar (5. Febr.). Unterzeichnung des Vertrages zum EG-Beitritt. – *(Forts. S. 1631)*

Andorra

Im 62 qkm großen Staat teilen sich die *Funktion des Staatsoberhaupts* der spanische Bischof von Seo de Urgel (Ostpyrenäen) und der französische Staatspräsident. Dieser Modus der Staatsführung geht zurück auf ein 1278 geschlossenes Abkommen (*„Paréage"*). – Alle zwei Jahre finden Erneuerungswahlen des *auf vier Jahre gewählten Generalrats (Volksvertretung)* statt. Neben ihn tritt *am 18. Jan. 1982 erstmals ein* von *O. Ribas Reig (* 1925) gebildetes Kabinett. – (Forts. S. 1631)*

Portugal seit 1945
(Forts. v. S. 981)

Nach dem Zweiten Weltkrieg behält Portugal sein *autoritär-korporativistisches Regime* unter *António de Oliveira Salazar* (* 1889, † 1970), das durch Einrichtung der 1958 gebildeten *Korporationen* (Selbstverwaltungsorganisationen der einzelnen Produktionszweige der Wirtschaft unter Kontrolle der Regierung) ausgebaut wird. Gegen das Salazar-Regime kommt es wiederholt zu *Militärputschen* (z.T. mit monarchistischem Einschlag), die unterdrückt werden können. Seit Ende der fünfziger Jahre leisten monarchistische, liberale, sozialistische und kommunistische Gruppen, seit 1965 auch liberale Katholiken (trotz Pressezensur, Verhaftungen u.a.) Widerstand.

1949 April	Trotz seines politischen Systems gehört Portugal wegen seiner strategischen Bedeutung zu den *Gründungsmitgliedern des Nordatlantikpaktes.*

1328 Neueste Zeit – Westliche Welt

1951
11. Juni Durch ein Gesetz werden alle portugiesischen Kolonien formell zu Überseeprovinzen des Mutterlandes.

9. Aug. Nach dem Tod von *Staatspräsident Carmona* (* 1869, † 1951) (18. Juni) wird General *Francisco Higino Craveiro Lopez* (* 1894, † 1964) sein Nachfolger.

6. Sept. Die *USA* unterhalten aufgrund eines *Abkommens* (mehrfach verlängert) auf den Azoren *Militärstützpunkte* und unterstützen Portugal wirtschaftlich (Abkommen vom Febr. 1950).

1953
27. Juni Die Lei orgánica do Ultramar Português bestimmt, daß die *Überseeprovinzen integrierender Bestandteil des portugiesischen Staates* sind. In den fünfziger Jahren bilden sich für Angola, Mozambik (Moçambique) und Guinea Befreiungsbewegungen.

1955
4. Jan. Mit Brasilien unterhält das Land enge politische, wirtschaftliche und vor allem kulturelle Beziehungen, die durch *Gründung* einer „*luso-brasilianischen Gemeinschaft*" verstärkt werden.

Dez. Nachdem die Sowjetunion ihren Widerstand aufgegeben hat, wird *Portugal UN-Mitglied.*

1958 Bei den Präsidentschaftswahlen erhält der liberale Gegenkandidat *Humberto Delgado* 23,5% aller Stimmen, woraufhin Salazar die Direktwahl abschafft. (Delgado wird 1965 in Spanien ermordet.)

9. Aug. *Américo (Deus Rodriguez) Tomás* (* 1894) neuer Staatspräsident.

1960 Die UN-Vollversammlung fordert in ihrer *Entkolonialisierungs-Deklaration* die „rasche und bedingungslose" Gewährung der Unabhängigkeit aller Kolonien. Die inter-afrikanischen Organisationen verurteilen Portugals Kolonialpolitik. Demgegenüber fördert Salazar besonders in Angola seit Kriegsende die Einwanderung portugiesischer Siedler.

1961
Jan. Die Opposition läßt, um die Weltöffentlichkeit aufmerksam zu machen, das portugiesische Passagierschiff „Santa Maria" kapern.

Dez. Eine *Armeerevolte,* an der auch Zivilisten beteiligt sind, *scheitert.* In den folgenden Jahren häufen sich regierungsfeindliche Studentendemonstrationen.

1961
18. Dez. Nach Ablehnung indischer Forderungen auf Übergabe *Portugiesisch-Indiens* marschieren indische Truppen in die portugiesischen Enklaven *Goa, Damão* und *Diu* ein und nehmen die Besitzungen ohne Widerstand ein. Portugal erkennt die Annexion erst 1974 an.

Als Gegenmaßnahme werden (1962) alle (rd. 12 000) in Mozambik lebenden Inder ausgewiesen und ihr Eigentum beschlagnahmt.

Seit Anfang der sechziger Jahre kommt es in den afrikanischen Besitzungen immer wieder zu Aufständen, die sich zu einem *Kolonialkrieg* ausweiten.

1963
14. Mai Das *Verhältnis zu Spanien* ist gut nachbarlich und geht auf die Waffenhilfe im Spanischen Bürgerkrieg zurück. Der Freundschafts- und Nichtangriffspakt von 1939 wird auf einer *Konferenz Salazars* mit Staatschef *Franco* in Mérida (Spanien) bekräftigt.

1968
26. Sept. Für den schwer erkrankten Salazar († 1970) übernimmt *Marcelo Caetano* (* 1906, † 1980) die Regierung.

Sein Versuch, das innenpolitische Leben zu liberalisieren (u. a. durch Lockerung der Pressezensur) scheitert. Die wirtschaftlichen Probleme nehmen, vor allem infolge des teuren Kolonialkriegs, zu (Inflation). Portugal wendet rd. 40% seines Staatshaushalts für die Sicherung seiner afrikanischen Gebiete auf. In den mittleren Rängen der Armee bildet sich eine politisierte Oppositionsgruppe heraus, die eine rasche Beendigung des Kolonialkrieges anstrebt: der *Movimento das Forças Armadas (MFA).*

1973 Portugal läßt in allen seinen afrikanischen Territorien zum ersten Mal „*Gesetzgebende Versammlungen*" wählen, nachdem eine Verfassungsänderung diese Kolonien offiziell *in* „*Staaten*" umbenannt hat.

1974 Die Veröffentlichung des kritischen Buches „Portugal und die Zukunft" von General *Antonio de Spínola* (* 1910) zur Kolonialpolitik stürzt das Regime Caetano in eine Krise.

25. April Der **Militärputsch** des MFA beendet die Diktatur; die Führung des Landes übernimmt eine Militärjunta unter Spínola. Das Reformprogramm umfaßt u. a. eine demokratische Verfassung, freie Wahlen, Selbstbestimmung für die Kolonien, soziale und wirtschaftliche Neugestaltung Portugals.

Als Folge der Beseitigung des Caetano-Regimes löst sich das portugiesische Kolonialreich rasch auf. Der Militärputsch hat als Ziel die *Beendigung des Kolonialkriegs* in Afrika. General Spínola hat in seinem Buch „Portugal und die Zukunft" die Meinung vertreten, der Krieg sei militärisch nicht mehr zu gewinnen. Die regierende Bewegung der Streitkräfte (MFA) drängt auf baldige *Übergabe der Macht an einheimische Regierungen* (auch ohne Volksabstimmungen).

15. Mai General *Spínola* wird von der Junta zum provisorischen *Staatspräsidenten ernannt.*

16. Mai Die *erste Regierung* nach dem Militärputsch bildet, unter Beteiligung verschiedener Parteien, *Adelino da Palma Carlos* (* 1905). Die wichtigsten, inzwischen konstituierten Parteien sind die Demokratische Bewegung, die Demokratische Volkspartei, die Kommunistische Partei (*Alvaro Cunhal,* * 1913) und die Sozialistische Partei (*Mario Soares,* * 1924).

9. Juli Wegen wirtschaftspolitischer Differenzen zwischen den verschiedenen Kräften im Kabinett tritt Palma Carlos zurück.

Einzelne Staaten westlicher Bündnissysteme – Portugal   *1329*

17. Juli   Neuer Regierungschef wird Oberst *Vasco dos Santos Gonçalves* (* 1921). Die Bewegung der Streitkräfte (MFA) wird zur beherrschenden politischen Kraft. Sie schlägt einen *sozialistischen Kurs* ein und gerät damit in Gegensatz zu Spínola, dem es nicht gelingt, die Öffentlichkeit gegen diese Bestrebungen einzusetzen.

10. Sept.   Als erstes Gebiet wird Portugiesisch-Guinea als *Guinea-Bissau in die Unabhängigkeit entlassen.*

30. Sept.   Nach *Spínolas Rücktritt* wird General *Francisco da Costa Gomes* (* 1914) Staatspräsident.

1975   Der Einfluß der Kommunisten wächst; gegen den Widerstand der Sozialisten können sie
25. Jan.   ein *Gesetz zur Gründung einer Einheitsgewerkschaft* durchdrücken.

11. März   Die Auseinandersetzungen zwischen den politischen Gruppierungen nehmen zu; beunruhigt durch die *Machtzunahme der KP*, läßt sich *Spínola* zu einem *Putschversuch* anregen; dieser mißlingt, Spínola flieht ins Ausland.
Im Zuge der Durchführung des *Wirtschaftsnotplans* der Regierung werden die größeren *Wirtschaftsunternehmen verstaatlicht* und der *Großgrundbesitz enteignet.*
Die Parteien, die sich an den Wahlen zur Verfassunggebenden Versammlung beteiligen wollen, müssen einen „Pakt über die Grundlagen der künftigen Verfassung" unterzeichnen, der der Militärbewegung, unabhängig vom Wahlergebnis, entscheidende Machtpositionen für die folgenden Jahre einräumt.

25. April   In den *Wahlen zur Verfassunggebenden Versammlung* siegen die Sozialisten (37,8%), gefolgt von der Demokratischen Volkspartei (26,3%) und den Kommunisten (12,5%). Die Zusammensetzung der Regierung Gonçalves bleibt jedoch unverändert. Die Spannungen zwischen Sozialisten und Kommunisten nehmen zu, da letztere mit Hilfe der Regierung eine Monopolisierung der Macht anstreben.

Juni/Juli   *Mozambik* (25. Juni), die *Kapverdischen Inseln* (5. Juli), *São Tomé* und *Principe* (12. Juli) werden unabhängig. In *Angola* entbrennt ein Bürgerkrieg zwischen den Befreiungsbewegungen MPLA und FLNA/UNITA, der durch das kubanische Eingreifen zugunsten der MPLA entschieden wird (Nov.). Diese wird schließlich international anerkannt.

Juli   Mit ihrem Austritt aus der Regierung protestieren Sozialisten und Volksparteiler gegen die
11./17.   zunehmende Einengung des politischen Pluralismus.

5. Sept.   Der heftige Machtkampf endet mit der *Absetzung von Ministerpräsident Gonçalves* durch eine Offiziersversammlung; Regierungschef wird *Pinheiro de Azevedo* (* 1917, † 1983). In der neuen Regierung sind die Parteien im Verhältnis zu ihren in den Wahlen erlangten Stimmen vertreten.

20. Nov.   Eine kommunistisch gelenkte revolutionäre Soldatenbewegung führt zu einer *Rebellion linker Truppenteile.* Der Revolutionsrat enthebt den Führer der Rebellion, *Otelo Saraiva de Carvalho*, seines Amtes als Stadtkommandant von Lissabon. Der „gemäßigte" Oberst *Ramalhâo Eanes* (* 1935) schlägt den Aufstand schließlich nieder. Er führt eine Neustrukturierung der Armee durch und schaltet sie aus der Politik aus.

1976   Aus den ersten *Parlamentswahlen* gehen wieder die Sozialisten (34,8%) als Sieger hervor,
25. April   gefolgt von der Demokratischen Volkspartei (24,3%), vom Sozialdemokratischen Zentrum (15,9%) und der Kommunistischen Partei (14,4%). *Mario Soares* bildet eine *Minderheitsregierung.*

27. Juni   Die *Präsidentschaftswahlen* gewinnt *Ramalhâo Eanes.*
Nach der Klärung der politischen Verhältnisse treten die wirtschaftlichen Probleme immer mehr in den Vordergrund; die Regierung Soares wendet Notmaßnahmen an und sucht Finanzhilfe in den USA und der EG. Über die Frage des EG-Beitritts, der Landreform und der Gewerkschaftspolitik kommt es zu Auseinandersetzungen zwischen den (sich allmählich isolierenden) Kommunisten und der Regierung.

Juli   Auf *Portugiesisch-Timor* bekämpfen sich konkurrierende Parteien, bis Indonesien zugunsten der anschlußwilligen Parteien eingreift und Ost-Timor annektiert.
Macao bleibt als *„Territorium"* mit voller innerer Autonomie *unter portugiesischer Souveränität.*

22. Sept.   *Portugal* wird in den *Europarat* aufgenommen (1977 Antrag auf Aufnahme in die EG).

1977   Als die beiden Parteien zur Rechten der Sozialisten sich weigern, im Parlament für Soares
8. Dez.   zu stimmen, gerät die *Minderheitsregierung* in die Krise und wird schließlich *gestürzt.*

1978   Nach langwierigen Verhandlungen gelingt es *Soares*, eine *Koalitionsregierung mit dem*
12. Febr.   *„Demokratisch-Sozialen Zentrum"* (CDS) zu bilden. Bereits nach einigen Monaten treten jedoch innerhalb der Regierung erhebliche Meinungsverschiedenheiten über die Landwirtschaftspolitik auf.

27. Juli   Als die CDS-Minister das Kabinett verlassen, verfügt Präsident Eanes die *Entlassung der Regierung Soares.*

10. Aug.   Präsident Eanes ernennt *Alfredo Nobre da Costa* (* 1923) zum *Chef eines Fachkabinetts.*

18. Nov.   Präsident Eanes setzt *Carlos Alberto Mota Pinto* (* 1936) als *Regierungschef* ein.

Dez.   Bei der Abstimmung über das Regierungsprogramm enthalten sich die Sozialisten der Stimme und bewahren dadurch die Regierung vor ihrem sofortigen Sturz.

1330 Neueste Zeit – Westliche Welt

1979 Rücktritt der Regierung nach parlamentarischem Tadelsantrag (6. Juni).
19. Juli Maria de Lurdes Pintasilgo (* 1930) wird Ministerpräsidentin.
2. Dez. Parlamentswahl, Sieg der konservativen „Demokratischen Allianz".
1980 Am 3. Jan. wird Franciso Sá Carneiro (* 1934, † 4. Dez. 1980) Ministerpräsident.
1981 Francisco Pinto Balsemão (* 1937) bildet am 10. Januar die neue Regierung.
1982 Eine Verfassungsreform führt am 12. August zur Aufhebung des Revolutionsrates.
1983 Nach langer Regierungskrise Parlamentswahl-Erfolg der Sozialisten (25. Mai).
9. Juni Mario Soares (* 1924) wird Regierungschef.
8. Aug. Der IMF gewährt einen Kredit mit strengen Auflagen für die Wirtschaftspolitik.
1985 Gründung der Präsident Eanes nahestehenden Demokratischen Erneuerungspartei (PRD).
– (Forts. S. 1631)

Benelux-Staaten

Belgien, Niederlande, Luxemburg haben 1945 ähnliche, aus der deutschen Besatzungszeit und dem Krieg resultierende wirtschaftliche Nachfolge- und Aufbauprobleme. Traditionelle Handelsverbindungen zu Deutschland sind zunächst abgerissen. Da auch die künftige politische Lage in Frankreich nicht abzusehen ist, erhalten Integrationsbestrebungen starke Unterstützung.

1944 Die Exilregierungen von Belgien, den Niederlanden und Luxemburg schließen ein
5. Nov. Abkommen über eine künftige Zoll- und Wirtschaftsunion **(BENELUX)**.
1945 Belgien, Niederlande, Luxemburg und Frankreich unterzeichnen einen Wirtschaftsvertrag
19. März zur gegenseitigen Hilfe und gründen einen Conseil de Coopération économique mutuelle.
1946 Niederlande, Belgien und Luxemburg beschließen, den im Abkommen von 1944 vorgese-
20. April henen gemeinsamen Zolltarif bis Ende 1946 wirksam werden zu lassen und 1947 gemeinsame Zollgrenzen zu schaffen.
10. Okt. Das belgische Außenministerium erklärt, der Zollverwaltungsrat der BENELUX-Staaten
sowie der Rat für Handelsabkommen habe sich über den gemeinsamen Zolltarif (ab 1. Jan.
1947) geeinigt.
1948 Einführung einer Zollkonvention (BENELUX). Die BENELUX-Staaten schließen einen
1. Jan. Militärvertrag (10. Mai).
1949 Die Vorunion der BENELUX-Staaten tritt in Kraft; der Plan einer Vollunion, zur Verein-
1. Okt. heitlichung der Rechts- und Sozialpolitik, wird wiederholt aufgeschoben.
1954 Abkommen der BENELUX-Staaten über die Freizügigkeit des Kapitalverkehrs (8. Juli).
1956 Die BENELUX-Staaten vereinheitlichen die Arbeitsmärkte (12. Juni).
3. Febr. Staatsvertrag über die zunächst auf 50 Jahre befristete **„Wirtschaftsunion BENELUX".**
1958 Durch dieses Abkommen, das am 1. Jan. 1960 in Kraft tritt, wird ein gemeinsamer
Wirtschaftsraum mit 22 Mio. Einwohnern geschaffen.
1970 Aufhebung der Binnengrenzen zwischen den drei Ländern. Das Vertragswerk ist ausdrücklich den Bestimmungen der EWG angeglichen. Im Gegenzug sichert Artikel 233 des
EWG-Vertrages den BENELUX-Ländern zu, daß ihr Recht auf weiterführende Integration ihrer Staaten unangetastet bleibt. Allerdings führt die Ausweitung der EWG zu einem
allmählichen Bedeutungsverlust der Wirtschaftsunion in den siebziger Jahren.

Niederlande seit 1945
(Forts. v. S. 982)

Ähnlich wie in Belgien finden auch in den Niederlanden nach Kriegsende „Säuberungen" statt, d. h. straf-rechtliche Verfolgung von Niederländern (200 000 Internierte), die der Zusammenarbeit mit der deut-schen Besatzung verdächtig sind. Dank der günstigen Lage in Europa und der Hilfe des Marshall-Plans (1947) und durch geschickte Anpassung an die Veränderungen auf den Weltmärkten, vermögen sich die Niederlande relativ rasch über die Folgen der Besatzungszeit und den Verlust ihres Kolonialreiches hin-wegzusetzen. Auch regionale Strukturprobleme, wie die Anfang der sechziger Jahre auftretende Kohlen-krise, in deren Verlauf mehrere große Staatsminen ihren Betrieb einstellen, können die konjunkturelle Aufwärtsentwicklung und die Maßnahmen zur Verbesserung der Infrastruktur des Landes kaum beein-flussen, z. B. den Ausbau des Rotterdamer Hafens (Europort).

1945 Die Londoner Exilregierung unter Pieter Sjoerd Gerbrandy (* 1885, † 1961) wird nach ih-
24. Juni rer Rückkehr in die Niederlande von einer Interimsregierung unter Ministerpräsident Willem Schermerhorn (* 1894, † 1977) abgelöst.
1946 Erste Nachkriegswahlen zur Zweiten Kammer: Katholische Volkspartei (KVP) 32, Partei
12. Mai der Arbeit (sozialdemokratisch; PdA) 29, calvinistische Antirevolutionäre Partei (ARP) 13,
ebenfalls calvinistische Christlich-Historische Union (CHU) 8, Freisinnige, später: Volkspartei für Freiheit und Demokratie (VVD) 6, Kommunistische Partei (CVP) 10, Reformierte
Partei (SGP) 2 Sitze.

Einzelne Staaten westlicher Bündnissysteme – Benelux-Staaten *1331*

3. Juli	*Koalitionsregierung (KVP–PdA)* unter Ministerpräsident *Louis Joseph Maria Beel* (* 1885, † 1961) gebildet.
1948 7. Aug.	*Koalitionsregierung (KVP–PdA, Liberale, CHU)* des sozialdemokratischen Ministerpräsidenten *Willem Drees* (* 1886, † 1988).
2. Sept.	*Königin Wilhelmina* dankt zugunsten ihrer Tochter *Juliana* (* 1909) *ab.*
31. Dez.	Die niederländische Armee hat Gesamtjava besetzt, um niederländisches Eigentum zu schützen, nachdem Verhandlungen mit Indonesien gescheitert sind.
1949 28. April	Die Zweite Kammer billigt die *Verfassungsänderung über die Bildung einer Union aus den Niederlanden und Indonesien.* Der Union obliegt die Leitung der Außenpolitik, der Verteidigung und der Wirtschaftsangelegenheiten.
1951 14. März	Zweite Koalitionsregierung (KVP, PdA, Liberale, CHU) unter sozialdemokratischer Ministerpräsidentschaft von Willem Drees.
1956	*Indonesien kündigt* die *Union* mit den Niederlanden (15. Febr.).
1958 12. Dez.	Die (vierte) Regierung (seit 13. Okt. 1956) unter Führung von Willem Drees (PdA) erklärt ihren Rücktritt. Der Grund liegt darin, daß eine vom sozialdemokratischen Finanzminister *Jan Hofstra* (* 1904) eingebrachte Vorlage über eine Verländerung der Steuererhöhungen von den anderen Koalitionsparteien nicht angenommen wird. Daraufhin demissionieren die PdA-Minister: *Bruch der KVP-PdA-Koalition.*
1962 15. Aug.	Unterzeichnung eines niederländisch-indonesischen Abkommens über die *Beilegung des West-Neuguinea-Konflikts* (Irian Barat).
1966 14. Nov.	*Sturz* der von Katholischer Volkspartei und Sozialdemokraten getragenen *Koalitionsregierung* (seit 27. April 1965) unter Ministerpräsident *Joseph Maria Laurens Theo Cals* (* 1914, † 1972).

Veränderung der Parteienstruktur

Die für die niederländische Gesellschaft bislang so charakteristische *Trennung und Zersplitterung* in *konfessionelle, weltanschauliche* und *sogenannte neutrale Gruppierungen* und Bereiche (**„Versäulung"**) beginnt sich, zunehmend seit der Mitte der sechziger Jahre, aufzulösen. Augenfälliges Zeichen hierfür ist das Entstehen neuer Parteien und Bewegungen, die ihre Anhängerschaft nun auch aus den traditionell verhafteten „Säulen" rekrutieren. Zugleich setzt damit in den etablierten Parteien ein Auflösungsprozeß ein. Die christlichen Parteien sind gezwungen, sich einander anzunähern; ein Vorgang, der einen vorläufigen Höhepunkt 1976 mit dem *Wahl- und Aktionsbündnis der drei christlich-konservativen Parteien* (ARP, CHU, KVP) erreicht.

1967 5. April	Bildung der *Koalitionsregierung Piet de Jong* (* 1915) nach langen Verhandlungen, da ARP und CHU sich nicht einigen können; KVP, CHU, VVD, ARP.
1968	Abspaltung der *Progressiven Radikalen (PPR)* von der KVP.
1970	Abspaltung der *Demokratischen Sozialisten (DS 70)* von der PdA.
1971 28. April	*Wahlen zur Zweiten Kammer:* KVP 35, ARP 13, CHU 10, VVD 16, PdA 39, ‚Demokraten 66' 11, ‚DS 70' 8, CPN 6 Sitze.
1. Juli	Koalitionsregierung *Barend Willem Bisheuvel* (* 1920) aus ARP, KVP, VVD, CHU, ‚DS 70'. Die fünf Parteien einigen sich auf Ausgabensenkung und Inflationseindämmung.
17. Juli	Die ‚DS 70' tritt aus der Regierung Bisheuvel wegen Streits um das Haushaltsdefizit aus.
20. Juli	Rücktritt der Regierung Bisheuvel.
29. Nov.	*Wahlen,* bei denen christliche Parteien Mandate verlieren: KVP 27, ARP 13, CHU 7, VVD 22, Prd 43, ‚D 66' 6, ‚DS 70' 6, CPN 7, PPR 7 Sitze.
1973 21. Dez.	Die *Regierungskrise* (seit 1970) kann erst durch die Bildung einer *großen Koalition* unter *Joop den Uyl* (* 1919, † 1987) beendet werden. *Wirtschaftliches Ermächtigungsgesetz.* Die Regierung darf Mieten, Preise, Löhne und Dividenden unter Kontrolle nehmen. Die Rezession der Weltwirtschaft, die Verknappung der Energie, vor allem der Ölboykott der arabischen Staaten gegen die Niederlande führen zu einem Rückgang der Investitionen, steigender Arbeitslosigkeit (1977 5,5%) und einer hohen Teuerungsrate (1976 8,9%).
1975 2.–14. Dez.	*Molukker kapern* auf offener Strecke einen *Zug* und *nehmen* im indonesischen Konsulat in Amsterdam *Geiseln* (4. Dez.). Die Existenz der etwa 30000 Personen umfassenden Gemeinschaft in den Niederlanden führt in den siebziger Jahren zu schweren innenpolitischen Auseinandersetzungen. Die Molukker, zumeist Angehörige der ehemaligen kolonialen Streitmacht der Niederlande (KNIL), nach der Unabhängigkeit Indonesiens nach Europa verbracht oder geflohen, verlangen von der Regierung den Uyl eine Unterstützung ihrer Forderung nach einem selbständigen Staat Süd-Molukken.
1976 Aug.	Der Gemahl von Königin Juliana, *Prinz Bernhard* (* 1911), der im Verdacht steht, vom amerikanischen Lockheed-Konzern Bestechungsgelder angenommen zu haben, *tritt –* mit Ausnahme der Mitgliedschaft im „Staatsrat" *– von allen öffentlichen Ämtern zurück.*

1332 Neueste Zeit – Westliche Welt

15. Dez.	Eine Gesetzesvorlage über die Legalisierung von Schwangerschaftsunterbrechungen wird vom Oberhaus abgelehnt.
1977	Ministerpräsident Joop den Uyl erklärt den Rücktritt seines Kabinetts infolge des Ausein-
22. März	anderbrechens der Koalition von Sozialdemokraten und Christlichen Demokraten.
23. Mai	Südmolukkische Terroristen halten in einer Grundschule und in einem gekaperten Zug Geiseln in ihrer Gewalt.
25. Mai	Bei Neuwahlen gewinnt die Arbeiterpartei, PdA, eine relative Mehrheit der Sitze; den Uyl wird von Königin Juliana erneut mit der Regierungsbildung beauftragt.
10. Juni	Nach vergeblichen Verhandlungen mit den südmolukkischen Terroristen fordert die gewaltsame Befreiung der letzten Geiseln durch Sicherheitskräfte acht Menschenleben. Das Verhältnis zwischen den farbigen Minderheiten und den Holländern verschlechtert sich.
16. Dez.	Nach einer neunmonatigen Regierungskrise bildet der bisherige christdemokratische Justizminister *Andries van Agt* (* 1931) in Ablösung des Kabinetts den Uyl aus CDA („Christen Demokratisch Appèl", Zusammenschluß von ARP, CHU, KVP) und der rechtsliberalen VVD eine *Koalitionsregierung.*
1978	*Erneute südmolukkische Geiselnahme;* die Befreiung durch Streitkräfte fordert zwei
März	Todesopfer. Einberufung eines molukkischen Rates durch das Parlament (31. Aug.).
1980	Nach Abdankung von Königin Juliana folgt ihre älteste Tochter *Beatrix* (* 1938) auf
30. April	dem Thron.
1982	*Nach Parlamentswahlen* (8. Sept.) bildet Ruud Lubbers (* 1939) eine *Koalition aus Christ-*
4. Nov.	*demokraten (CDA) und Rechtsliberalen (VVD).*
1983	Die *neue Verfassung tritt in Kraft:* Besserer Schutz der Personsphäre; Grundrecht auf
17. Febr.	Arbeit, Sozialhilfe, Umweltschutz.
1984	Das Parlament billigt den Regierungsbeschluß, über *Stationierung von US-Marschflug-*
13. Juni	*körpern* erst im November 1985 zu entscheiden. – *(Forts. S. 1629)*

Belgien seit 1945
(Forts. v. S. 983)

Das *politische Geschehen* nach Kriegsende ist geprägt von den *Folgeproblemen aus der deutschen Besatzungszeit* (Gerichtsverfahren gegen Hunderttausende belgischer Staatsbürger, zumeist flämischer Herkunft, die der Kollaboration mit den Deutschen während der Kriegsjahre angeklagt sind) und den *Auseinandersetzungen um die Verfassung:* einmal geht es um die *Königsfrage* (das Verhalten von König Leopold III. vor und nach der Kapitulation ist umstritten; hauptsächlich wird ihm vorgeworfen, 1940 das Land nicht verlassen und sich 1941 mit Liliane Baels verheiratet zu haben, deren Familie zu den Kollaborateuren gerechnet wird, sowie vor 1940 gegenüber Regierung und Parlament autoritär aufgetreten zu sein) und zum anderen um den *Sprachenstreit* zwischen holländisch sprechenden Flamen und französisch sprechenden Wallonen, der das Land spaltet.

1945	Bildung der Regierung unter dem sozialistischen Ministerpräsidenten *Achille van Acker*
11. Febr.	(* 1898, † 1975), Koalitionskabinett aus Sozialisten, Christlich-Sozialen, Liberalen, Kommunisten und Parteilosen.
28. Juli	Die Regierung beharrt auf der Befolgung des Parlamentsbeschlusses vom 20. Sept. 1944, der König solle abdanken, und erhält dabei die Unterstützung der Deputiertenkammer (Parlament).
1946	Bei *Parlamentswahlen* erhalten die Christlich-Soziale Partei 92 (bisher 73), die Soziali-
17. Febr.	sten 68 (64), die Liberalen 18 (33), die Kommunisten 23 (9) Mandate.
11. März	Bildung eines *sozialistischen Kabinetts* unter *Paul Henri Spaak* (* 1899, † 1972). Da die Regierung im Parlament keine Unterstützung findet, wird sie bereits nach wenigen Tagen (31. März) abgelöst. Die Folgezeit zeichnet sich durch ihre *instabile innenpolitische Lage* aus: bis 1950 werden fünf Regierungen (darunter zweimal Paul Henri Spaak) mit wechselnden Koalitionen (Sozialisten, Christlich-Soziale, Liberale), von 1950 bis 1954 drei christlich-soziale Alleinregierungen gebildet.
1947	Ein von wallonischer Seite eingebrachter Vorschlag einer Verfassungsrevision mit dem Ziel
2. Nov.	der Aufteilung Belgiens in drei Bundesstaaten (Flandern, Wallonien, Brüssel) wird vom Parlament zurückgewiesen.
1949	Bei *Parlamentswahlen* erringen die Christlich-Soziale Partei 105 (bisher 92), die Sozialisten
26. Juni	66 (68), die Liberalen 29 (18) und die Kommunisten 12 (23) Sitze.
1950	*Volksabstimmung über die Rückkehr König Leopolds III.* (* 1901, † 1983) erbringt eine
12. März	Mehrheit zu seinen Gunsten von 57,6%.
22. April	*Leopold III.* kehrt aus dem Exil zurück, *erklärt* jedoch aufgrund schwerer Unruhen seinen *Rücktritt.*
1. Aug.	Der König überträgt seine Vollmachten an seinen Sohn *Baudouin I.* (* 1930; Thronbesteigung am 17. Juli 1951).

Strukturprobleme Belgiens

Die Politik Belgiens zielt seit 1948 auf eine *Integration* in das *westliche Wirtschafts-* und *Verteidigungssystem* ab. Aus den Mitteln des Marshall-Plans erhält das Land 113 Mio. Dollar, die neben den Erträgen aus dem afrikanischen Kolonialbesitz *(Belgisch-Kongo)* und dank der einigermaßen unversehrt gebliebenen Industrie eine rasche Überwindung der Kriegsfolgen ermöglichen. Trotz zeitweiser struktureller Arbeitslosigkeit Mitte der fünfziger Jahre nimmt die *Wirtschaft* parallel zur internationalen Konjunkturentwicklung einen *Aufschwung*. Gleichwohl bleibt die *Wachstumsrate* im Vergleich mit anderen europäischen Staaten zurück (Zunahme des realen Bruttosozialprodukts jährlich etwa 3%), da die Regierungen bis Ende der fünfziger Jahre vor allem unrentable Wirtschaftszweige wie den Kohlenbergbau stützen. Ein mit Hilfe der Montanunion seit Sommer 1959 eingeleitetes *Sanierungsprogramm* in den Wachstumsindustrien Chemie und Metallverarbeitung verbessert die Lage. Dabei nimmt die *Industrialisierung des flandrischen Raumes* zu, während der Anteil Walloniens zurückgeht. Anfang der sechziger Jahre kommt es in Wallonien zu heftigen Streiks, als mit dem Einheitsgesetz ein Abbau von Sozialleistungen droht. Die mit Beginn der siebziger Jahre einsetzende *wirtschaftliche Rezession* beginnt sich trotz verstärkter Stabilisierungsbemühungen gegen Ende des Jahrzehnts nur sehr langsam abzuschwächen (stagnierende Bruttoinvestitionen). Während die Wachstumsrate des Bruttosozialprodukts 1970 noch 6,5% beträgt, sinkt sie 1976 auf fast 3%. Gegen den anhaltenden Widerstand der Gewerkschaften gelingt es der Regierung nicht (1976), die bisherige Koppelung der Löhne und Gehälter an den Preisindex aufzuheben.
Innenpolitisch sind die ersten Nachkriegsjahre neben der Königsfrage von der *Vergangenheitsbewältigung* gekennzeichnet: In zahlreichen *Prozessen gegen Kollaborateure* werden 2900 Todesurteile gefällt, 242 davon vollstreckt. Insgesamt werden etwa eine halbe Mio. Fälle untersucht; da es vor allem um Flamen katholischer Herkunft geht, setzt sich die Christlich-Soziale Partei bald für eine weitgehende Amnestie ein, was gegen den wallonischen Flügel der Partei nur schwer durchzusetzen ist.
Neben Fragen staatlicher *Unterstützung konfessioneller Schulen* (im *Schulpakt* von 1935 gelöst) beherrscht die **flämische Frage** die Innenpolitik. Die Gegensätze zeigen sich schon 1950 bei der Volksabstimmung über die Königsfrage, als 72% der stimmberechtigten Flamen, aber nur 42% der Wallonen für eine Rückkehr Leopolds III. nach Belgien stimmen. Die 1954 gegründete flämische „*Volksunie*" setzt sich für eine gesetzliche *Flamisierung des Wirtschaftslebens* und des *Schulwesens* in Flandern, für Kulturautonomie, für Festlegung der *Sprachgrenze* sowie für eine forcierte Industrialisierung Flanderns ein. Die „Volksunie" erhält großen Zulauf und kann ihren Stimmenanteil bis 1974 auf 10,2% erhöhen. Unterstützt wird die Partei von der *Flämischen Volksbewegung* (1956 gegründet), die außerparlamentarisch tätig ist und als Initiator einer Reihe von Beratungs- und Aktionsausschüssen zur Förderung der flämischen Belange auftritt.
In der *wallonischen Bewegung* finden die Flamen ihr auf Föderalisierung drängendes Pendant. *André Renard* gründet die „*Mouvement Populair Wallon*", die für Reform der sozio-ökonomischen Struktur und für wallonische Selbständigkeit in einem föderalisierten Belgien eintritt. Die verschiedenen wallonischen Gruppierungen sind in dem „*Rassemblement Wallon*" zusammengefaßt, die mit der „*Front Démocratique des Bruxellois Francophones*" zusammenarbeitet. Die *Regionalisierung* findet 1970 konkreten Ausdruck in der *Bildung regionaler Wirtschaftsräte und Entwicklungsgesellschaften*. Auf wallonische Initiative geht es zurück, daß Gesetzesentwürfe aufgeschoben werden können, wenn 75% der Abgeordneten einer Sprachgruppe in den Gesetzesvorlagen eine Störung der Beziehungen zwischen beiden Gruppen sehen.
Das Problem der **Kongo-Frage** überschattet die Außenpolitik in den fünfziger und sechziger Jahren, gerade weil Belgien durch seine Beteiligungen an Privatfirmen *(Union Minière)* in der reichen *Bergbauprovinz Katanga* (heute: Shaba) sich starken wirtschaftlichen Einfluß erhalten will. Auch nach der Unabhängigkeit des Kongo (1960) kommt es wiederholt zu umstrittenen *Interventionen* („Polizeiaktionen") belgischer Soldaten. In den siebziger Jahren konzentriert sich die Außenpolitik der Brüsseler Regierungen auf die Ausgestaltung der *BENELUX*-Vereinbarungen sowie auf die *EG-* und *NATO-Politik*.

1954 22. April	Koalitionsregierung von Sozialisten und Liberalen unter Achille van Acker. Die neue Regierung kündigt die stufenweise Gewährung der *Autonomie für Belgisch-Kongo* an, will aber politische und wirtschaftliche Rechte Belgiens in der afrikanischen Kolonie wahren.
1955 26. Juli	Ausbruch des *Streites um die staatliche Finanzierung der katholischen Schulen* zwischen der sozial-liberalen Regierungskoalition und der Christlich-Sozialen Partei. Das zwischen allen Parteien ausgehandelte *Schulabkommen* bringt einen weiteren Ausbau des staatlichen Schulsystems bei Berücksichtigung des elterlichen Wahlrechts.
1958 25. Juni	Nachdem der Schulstreit zur Wahlniederlage der Regierungskoalition geführt hat, bildet *Gaston Eyskens* (* 1905, † 1987) eine *christlich-soziale Alleinregierung,* die nach wenigen Monaten (6. Nov.) unter Hereinnahme liberaler Minister erweitert wird (bis 27. März 1961 im Amt).
1961 25. April	*Regierungskoalition zwischen Christlich-Sozialen und Sozialisten:* Ministerpräsident *Théo Lefèvre* (* 1914), Stellvertretender Ministerpräsident und Außenminister *Paul Henri Spaak*. Das Regierungsbündnis wird (27. Juli 1965) unter *Pierre Harmel* (* 1911) fortgeführt (bis 11. Febr. 1966).

1334 Neueste Zeit – Westliche Welt

1963 Gesetz über die *Neueinteilung der Sprachgebiete:* Errichtung einer flämischen, einer fran-
2. Aug. zösischen und einer deutschen Sprachregion sowie Sonderstatus für Brüssel.
1966 Koalition zwischen Christlich-Sozialen und der Partei für Freiheit und Fortschritt (liberal):
19. März Ministerpräsident *Paul Vanden Boeynants* (* 1919; bis 7. Febr. 1968 im Amt).
1968 *Wechsel der Koalition:* Christlich-Soziale und Sozialisten bilden unter *Gaston Eyskens* eine
17. Juni neue Regierung.
1969 Gesetz über die *Regionalisierung der Wirtschaftsverwaltung* (Juni).
1970 Parlament und Senat billigen *Verfassungsreform:* die Regierung muß fortan paritätisch be-
19. Dez. setzt werden, Flandern, Wallonien und Brüssel erhalten kulturelle und wirtschaftliche
Eigenkompetenzen. Durchführungsgesetze regeln die Errichtung von „Kulturräten" und
den Schutz der jeweiligen Minderheit.
1972 Gaston Eyskens als Ministerpräsident einer *Koalitionsregierung zwischen Christlich-*
21. Jan. *Sozialen* (nunmehr: *CVP*–Christelijke Volks-Partij in Flandern; *PSC*–Parti Social Chrétien
in Wallonien) und *Sozialisten* (nunmehr: *BSP* – Belgische Socialistische Partij in Flandern;
PSB – Parti Socialiste Belge in Wallonien) bestätigt (Fortführung der Koalition am 26. Jan.
1973 unter *Edmond Leburton* [* 1915] bis 19. Jan. 1974).
1974 Gesetz über die *provisorische Regionalisierung des Landes* (u. a. durch die Errichtung von
21. Juli Regionalparlamenten).
10. Okt. Entsprechend dem Gesetz vom Juni 1969 werden regionale Wirtschaftsräte und -gesell-
schaften gebildet und die bis 1971 paritätisch angewiesenen Regionalkredite neu festgesetzt. Damit wird auch der veränderten Wirtschaftsstruktur Belgiens Rechnung getragen.
Während Wallonien, früher Zentrum des Bergbaus und der Stahlindustrie, relativ weniger
Zuwendungen erhält (38%), schneidet Flandern mit seinen modernen Verarbeitungsindustrien erheblich besser ab (52%); die Hauptstadt Brüssel erhält rund 10% der Mittel.
1975 *Leo Tindemans* (* 1922; CVP) bildet ein Minderheitskabinett aus Christlich-Sozialen
25. April (CVP–PSC), Liberalen und dem frankophonen Rassemblement Wallon (RW).
1977 Ein Generalstreik der belgischen Eisenbahner bildet den Beginn einer Protestwelle der
25. Febr. Gewerkschaften gegen das Regierungsprogramm zur Stabilisierung der Wirtschaft und der
Staatsfinanzen.
9. März Unterschiedliche Auffassungen in der Haushaltspolitik und in Fragen der Regionalisierung
führen zur Auflösung des Parlaments und zur Ausschreibung von Neuwahlen.
17. April Die *Parlamentswahlen* ergeben eine *Mehrheit für die Christlich-Sozialen* (CVP, PSC) und
die *Sozialisten* (BSP, PSB), die sich auf einen Gemeinschaftspakt über Regionalisierung
und Staatsreform einigen. Der bisherige Regierungschef Leo Tindemans bildet eine neue
Koalitionsregierung.
1978 Vorlage des Entwurfs einer *Verfassungsreform für das regionalisierte Belgien („Stuyven-*
22. Febr. *berg-Abkommen").* Danach werden unter einer paritätisch aus Flamen und Wallonen zusammengesetzten Regierung drei Regionen Flandern, Wallonien und Brüssel gebildet, die
jeweils von einer regionalen Regierung geleitet werden; letztere besitzt in vielen Bereichen
von der Zentralregierung unabhängige Entscheidungsbefugnis.
19./20. Nachdem am 12. Mai zum zweiten Mal Rebellen unter der Führung der Nationalen Befrei-
Mai ungsfront (FLNC) von Angola aus in die zaïrische Provinz *Shaba* (ehemals *Katanga*) eingedrungen sind und es zu Massakern an der weißen Bevölkerung gekommen ist, landen *belgi-*
sche Fallschirmjäger mit logistischer Unterstützung durch die USA zum Schutz der Weißen
in Shaba. Frankreich unternimmt eine davon unabhängige militärische Evakuierungs-
aktion.
11. Okt. Ministerpräsident *Tindemans erklärt* seinen *Rücktritt,* da sich die Parteien über die Durchführung der im Gesetzentwurf vorliegenden Staatsreform nicht einigen können.
20. Okt. Paul Van den Boeynants übernimmt die bisherige Regierung in voller Zusammensetzung
als *Übergangskabinett* bis zu Neuwahlen.
1979 Mit dem Amtsantritt des neuen Ministerpräsidenten *Wilfried Martens* (* 1937; CVP) wird
3. April die Regierungskrise überwunden (Neuwahlen vom 17. Dez. 1978). Die *neue Koalitionsre-*
gierung wird getragen von Christlich-Sozialen, den Sozialisten und der Demokratischen
Front der Frankophonen.
1980 *Abgeordnetenkammer und Senat billigen das Regionalisierungsgesetz* (5.–7. Aug.).
1981 Nach Martens' Rücktritt (31. März) scheitert auch das *Kabinett von Mark Eyskens* (CVP,
6. April * 1933) an der Wirtschaftskrise (21. Sept.). *Martens wird wieder Regierungschef* (17. Dez.).
1984 In Eupen konstituiert sich der *Rat der Deutschsprachigen Gemeinschaft* (*RDG,* 30. Jan.).
23. März Durch *Annahme des Immigrantengesetzes* erschwert das Parlament die Einreise von
Arbeitnehmern aus Nicht-EG-Ländern. – *(Forts. S. 1629)*

Einzelne Staaten westlicher Bündnissysteme – Dänemark (Grönland, Färöer) 1335

Luxemburg seit 1945
(Forts. v. S. 983)

Die enge *Zusammenarbeit mit den Nachbarländern* Belgien (Währungsassoziation) und Niederlande sowie die *Mitgliedschaft in der Europäischen Gemeinschaft* sichern die wirtschaftliche und politische Existenz des Kleinstaates. Die Europäische Investitionsbank und das Sekretariat des Europaparlaments haben ihren Sitz in der Hauptstadt Luxemburg. Aufgrund der lothringischen Erzvorkommen kann die Wirtschaft des Landes auf einer international bedeutenden Eisen- und Stahlindustrie aufbauen (ARBED-Konzern). Die Industrie wie auch die sich vorwiegend auf Viehwirtschaft und Weinanbau umstellende Landwirtschaft sind stark von ausländischen Arbeitskräften abhängig.
Das *Großherzogtum* ist eine *konstitutionelle Erbmonarchie*. Gesetzgebendes Organ ist die Abgeordnetenkammer, das Staatsoberhaupt hat jedoch umfassende Rechte. So kann es seine Zustimmung zu Gesetzen verweigern und selbst gesetzesausführende Verordnungen erlassen.

1945 20. Nov.	Der Vertreter der Christlich-Sozialen Partei, *Pierre Dupong* (* 1885, † 1953), der die Exilregierung geleitet hat (seit 6. Nov. 1937 im Amt), bildet ein neues Kabinett (nach zwei weiteren Regierungsbildungen bis Dez. 1953 Regierungschef; danach bis März 1958 Regierung unter *Joseph Bech* [* 1887, † 1975]).
1948 15. April	Luxemburg gibt die „immerwährende Neutralität" auf und tritt 1949 der NATO bei. Die allgemeine Wehrpflicht wird 1967 abgeschafft; ein *Berufsheer* (560 Mann) nimmt die Verteidigungsaufgaben *im Rahmen der NATO* wahr.
1959 26. Febr.	Nach der kurzen Regierung (11. April – 10. Dez. 1958) des Ministerpräsidenten *Pierre Frieden* (* 1892, † 1959) bildet der Christlich-Soziale *Christian Pierre Werner* (* 1913) sein erstes Kabinett (vier weitere Regierungen bis 1974).
1964	Nov.: *Charlotte* (* 1896, † 1985) dankt zugunsten ihres Sohnes *Jean* (* 1921) ab.
1974 15. Aug.	Luxemburg wird von einer *Koalition aus Sozialisten (SP) und Liberalen (DP)* regiert: Regierungschef und Außenminister ist der Liberale *Gaston Thorn* (* 1928).
1979 10. Juni	Aus den *Wahlen zur Abgeordnetenkammer* (gekoppelt mit den ersten Direktwahlen für das Europäische Parlament) gehen die Christlichen Demokraten unter *Werner* als Sieger hervor. *Werner wird Ministerpräsident* (16. Juli 1979 bis 18. Juni 1984).
1981	Die *Wirtschaftsunion mit Belgien wird um 10 Jahre verlängert* (9. März).
1984 20. Juni	*Jacques Santer* (Christlich-Soziale Volkspartei, CSV, * 1937) bildet die *neue Regierungskoalition* (CSV/LSAP = Luxemb. Sozialist. Arbeiterpartei). – *(Forts. S. 1630)*

Dänemark seit 1945 (mit Grönland und Färöer)
(Forts. v. S. 986)

Aufgrund der Erfahrungen im Zweiten Weltkrieg beschließt Dänemark, seine traditionelle Neutralität aufzugeben und sich zum Schutz seines Territoriums dem Bündnissystem der USA anzuschließen; 1949 wird es *NATO-Mitglied*. Im Bereich der Sozialpolitik gewinnen, auch durch das schwedische Beispiel gefördert, sozialdemokratische Vorstellungen die Vorhand, was zur Expansion des öffentlichen Dienstleistungssektors (Gesundheitswesen, soziale Sicherheit, Bildungswesen, Wohnungsbau) auf Kosten von Industrie und Landwirtschaft und zum Preis ständig wachsender Steuern führt. Wirtschaftliches Hauptziel ist die Verschränkung von Industrie- und Agrarstaat, woraus insbesondere zugunsten der Landwirtschaft der EG-Beitritt folgt.

1945 8. Nov.	Bildung einer Koalitionsregierung aus Mitgliedern aller Parteien und Vertretern der Freiheitsbewegung unter Ministerpräsident *Knud Kristensen* (* 1895, † 1962).
1953 5. Juni	Durch Verfassungsreform werden ein parlamentarisches Einkammersystem errichtet, Grönland zum Reichsteil erklärt und die weibliche Thronfolge eingeführt.
1955 1. Febr. 29. März	Regierungsbildung unter dem sozialdemokratischen Ministerpräsidenten *Hans Christian Hansen* ([* 1906, † 1960] zweites Kabinett Hansen am 27. Mai 1957). In der deutsch-dänischen „Grundsatzerklärung" einigen sich die Regierungen der Bundesrepublik Deutschland und Dänemarks über den Sonderstatus der beiderseitigen Minderheiten in Schleswig und über deren Sonderrechte.
1960 21. Febr.	Nach dem Tod von Ministerpräsident Hansen tritt der bisherige Finanzminister Viggo Kampmann (* 1910) die Nachfolge an (Regierungsbildung am 18. Nov. 1960).
1962 3. Sept.	Regierung des sozialdemokratischen Ministerpräsidenten *Jens Otto Krag* (* 1914, † 1978); nach zweimaliger Kabinettsumbildung bis zum 24. Jan. 1968 im Amt.
1968	*Bürgerliche Koalitionsregierung* unter *Hilmar Baunsgaard* (* 1920, † 1989) ab 1. Febr.
1971 11. Okt.	Nach Parlamentswahlen (21. Sept.) kann Jens Otto Krag mit Unterstützung der Linkssozialisten ein sozialdemokratisches Minderheitskabinett bilden.
1972 Jan.	Die Tochter König Friedrichs IX., *Margarete II.* (* 1940), folgt ihrem Vater auf den dänischen Thron.
	Da in der Bevölkerung eine relativ starke Abneigung gegen den Beitritt zur Europäischen

1336 Neueste Zeit – Westliche Welt

2. Okt.   Gemeinschaft besteht, veranstaltet die Regierung eine *Volksabstimmung* (ohne Färöer), in der bei etwa 90% Beteiligung rund 63,5% (ohne Grönland) für den Beitritt stimmen.

5. Okt.   Regierung des sozialdemokratischen Ministerpräsidenten *Anker Jørgensen* (* 1922).

1973 Ablösung in der Regierungsverantwortung durch den konservativen Ministerpräsidenten
19. Dez.   *Poul Hartling* (* 1914).

1975 Anker Jørgensen wird zum zweiten Mal Ministerpräsident einer sozialdemokratischen
13. Febr.   Regierung.

1978 Dänemark wird *Vollmitglied der EG,* was angesichts ständig zunehmender Wirtschafts-
1. Jan.   schwierigkeiten neuerlich Hoffnung auf Besserung erweckt.

29. Aug.   Zur Bekämpfung der Wirtschaftskrise einigen sich erstmals Sozialdemokraten und Liberale auf eine Koalitionsregierung unter Ministerpräsident Anker Jørgensen (3. Kabinett) und verkünden ein Wirtschaftsprogramm zur Kostendämpfung, das schärfste Proteste der Gewerkschaften auslöst.

1979 Nach Rücktritt der Koalitionsregierung (28. Sept.) erbringen Neuwahlen leichte Gewinne
26. Okt.   der Sozialdemokraten, die eine Minderheitsregierung unter Jørgensen bilden.

1982 Nach Jørgensens Rücktritt (1. Okt.) bildet Poul Schlüter (* 1929) als erster konservativer
10. Okt.   Regierungschef dieses Jahrhunderts ein bürgerliches Minderheitskabinett.

1983 Das Folketing beschließt wesentliche Abweichungen vom NATO-Doppelbeschluß.

1984 Bei der Europaparlamentswahl verdoppeln die Konservativen ihre Mandatszahl (17. Juni).
  – *(Forts. S. 1632)*

Grönland

1951 Unter Vorbehalt seiner Souveränität tritt Dänemark den USA den Schutz der Insel mit dem Recht auf Stützpunkte ab.

1953 Grönland wird durch Verfassungsreform Teil des Königreichs.

1979 *Eine Volksabstimmung ergibt 70,1% für die Innere Autonomie* (17. Jan.), die dann vom
16. Febr.   dänischen Parlament gebilligt wird.

1982 Etwa 52% der Wähler stimmen für den *Austritt aus den EG* (23. Febr.).

1984 In Brüssel unterzeichneter Vertrag (13. März) ermöglicht Grönlands EG-Austritt zum 1. Jan. 1985.

Färöer (eigentlich: FäerÖer)

1948 Der dänische König unterzeichnet das Gesetz über die Innere Autonomie, dem der Austritt
23. März   aus dem Sterlinggebiet und der neuerliche Beitritt zum dänisch-grönländischen Währungs-gebiet folgen (10. Nov.).

1972/1975 An der Volksabstimmung Dänemarks über Beitritt zu den europäischen Gemeinschaften (1972) beteiligen die Färöer sich nicht, sondern entscheiden sich in einer eigenen Volksab-stimmung (1975) für jeweils bilaterale Abkommen.

1977 Zwischen den Regierungen Dänemarks und der Färörer (Landsstryret) einerseits und der
15. März   EG andererseits wird ein Fischereiabkommen auf 10 Jahre unterzeichnet.

Norwegen seit 1945
(Forts. v. S. 985)

Die Ereignisse des Zweiten Weltkriegs, das Entstehen einer 150 Kilometer langen Grenze mit der UdSSR auf Grund finnischer Gebietsabtretungen sowie die Weigerung Schwedens, trotz des kalten Krieges seine Neutralität zu verlassen – und so eine skandinavische Verteidigungsallianz zu ermöglichen – veranlassen Norwegen, die traditionelle Neutralitäts- und Isolationspolitik aufzugeben und sich 1949 der *NATO* an-zuschließen. In der Folge wird für die Frage der Beziehungen zur UdSSR das *Problem Spitzbergen* immer entscheidender; diese Inselgruppe wird durch den Ausbau der Sowjetmarine zu einer strategisch und wirtschaftlich (einzige norwegische Kohlevorkommen von Bedeutung) bedeutenden Besitzung. Reiche *Erdöl- und Erdgasfunde* in der Nordsee versprechen für Norwegen zwar zunächst die Lösung drängender wirtschaftlicher und sozialer Probleme, erweisen sich aber zunehmend als Quelle neuer Probleme.

1945 *Erste Nachkriegsregierung: Einar Gerhardsen* (* 1897, † 1987) führt sozial- und wirt-
9. Mai   schaftspolitisch den vom schwedischen Sozialismus beeinflußten *Reformkurs* weiter (Gerhardsen leitet vier Kabinette: 1. Mal: bis Juni 1945; 2. Mai: 26. Juni 1945–13. Nov. 1951; 3. Mal: 22. Jan. 1955–23. Aug. 1963; 4. Mal: 25. Sept. 1963–Okt. 1965; zwischen Nov. 1951 und Jan. 1955 Regierung des Ministerpräsidenten *Oscar Torp* [* 1893, † 1958]).

1949 Norwegen ist Gründungsmitglied der NATO.

Einzelne Staaten westlicher Bündnissysteme – Norwegen – Island *1337*

1957 2. Sept.	Nach dem Tod von König *Haakon VII.* (1905–1957) besteigt sein Sohn *Olaf V.* (* 1903, † 1991) den Thron von Norwegen.
1960	Norwegen ist Gründungsmitglied der EFTA.
1963 27. Aug.	Bildung eines bürgerlichen Minderheitskabinetts unter Ministerpräsident *John Lyng* ([* 1905]; bis Sept. 1963 im Amt, danach wieder Regierung Einar Gerhardsen).
1965 12. Okt.	Parlamentswahlen erbringen erstmals seit 1935 (abgesehen von dem Zwischenspiel des Kabinetts Lyng) ein *bürgerliches Koalitionskabinett* unter *Per Borten* (* 1913).
1968 Juni	Die Mehrzahl der Parlamentsabgeordneten stimmt für das Verbleiben in der NATO über das vertraglich mögliche Kündigungsjahr 1969 hinaus.
1971 10. März	Per Borten muß vom Amt des Ministerpräsidenten zurücktreten (2. März). Bildung eines sozialdemokratischen Minderheitskabinetts unter *Trygve Martin Bratteli* (* 1910, † 1984).
1972 24./25. Sept.	Eine *Volksabstimmung* über einen *Beitritt zur EG* entscheidet mit rund 54% der abgegebenen Stimmen dagegen. In der Beitrittsdiskussion spielt u. a. die Frage, ob ein Beitritt den EG-Partnern freien Zugang zu den Fischereigewässern eröffnen würde und damit zumindest für große Teile der Bevölkerung Nord-Norwegens die wirtschaftliche Basis bedroht wäre, eine Rolle.
7. Okt.	Bratteli, dessen Regierung einen Beitritt zur EG betrieben hat, tritt zurück.
17. Okt.	Nachfolger Brattelis wird *Lars Korvald* (* 1916) mit einem bürgerlichen Minderheitskabinett, der umgehend bei der EG um Verhandlungen über einen Handelsvertrag nachsucht.
1973 14. Mai	Mit der *EG* wird ein *Freihandelsvertrag* geschlossen, der gestaffelten Abbau der Zölle für gewerbliche Erzeugnisse binnen fünf Jahren (ausgenommen „empfindliche Güter") vorsieht und den EG Zollsenkungen für Fischereiprodukte einräumt.
Sept.	Neuwahlen zum Storting (Parlament) bringen einen knappen Sieg der Sozialdemokraten und des Linksblocks.
15. Okt.	Bildung eines neuen Kabinetts Bratteli.
1974 März	Bratteli räumt der UdSSR die Benutzung des Zivilflugplatzes auf Spitzbergen ein und schließt ein Schiffahrtsabkommen.
29. Aug.	Bedeutende Erdöl- und Erdgasfunde im Nordseebett bekanntgegeben. Norwegen wird in der Folge zwar im Energiebereich autark und kann exportieren; es entstehen aber neue Probleme: der beginnende Industrieboom überfordert den Arbeitskräftemarkt, bringt Abwanderung aus Nordnorwegen, durch Grundstücksspekulationen im Süden eine Inflationsanheizung und das Absterben traditioneller Wirtschaftszweige.
26. Sept.	Die Regierung kündigt eine *Fischereizone* von 50 und eine *Wirtschaftszone* von 200 Seemeilen an.
1976 15. Okt.	*Das* am 12. Januar *unter Odvar Nordli* (* 1927) *gebildete Kabinett* sucht durch ein neues Fischereiabkommen sowie bei den Streitfragen Spitzbergen und Grenzziehung im Schelf ein besseres Einvernehmen mit der UdSSR.
1977 April	*Die EKOFISK-Katastrophe* (Auslaufen großer Mengen von Erdöl auf einer Bohrinsel in der Nordsee) verdeutlicht bisher vernachlässigte Aspekte des Erdölbooms.
1978 31. Aug.	Norwegen gibt die *Existenz sowjetischer Radarstationen auf Spitzbergen* und den Absturz eines sowjetischen Aufklärers auf der Insel Hopen bekannt.
1981 4. Febr. 14. Okt.	Trotz Protest der UdSSR werden *US-Rüstungs-Depots in Norwegen* vereinbart (14. Jan.). *Frau Gro Harlem Brundtland* (* 1929) löst Nordli als *Regierungschef* ab. *Ihr folgt* nach sozialdemokratischer Wahlniederlage der Konservative *Kaare Willoch* (* 1928).
1984	*Statoil vereinbart* mit 7 westeuropäischen Firmen *Erdgas-Lieferungen. – (Forts. S. 1632)*

Island
(Forts. v. S. 986)

Seit der Besetzung durch britische Truppen 1940 (1941 durch US-Truppen abgelöst) dient die am 17. Juni 1944 von Dänemark unabhängig gewordene Insel bis Ende des Zweiten Weltkrieges als militärische Operationsbasis der Alliierten (US-Stützpunkte). Nach 1945 sind die USA bestrebt, Island in das westliche Bündnissystem zu integrieren: Einbeziehung in die *Marshall-Plan-Hilfe* 1948 und *Beitritt zur NATO* 1949.

1946 5. Okt.	Ratifizierung eines Abkommens zwischen den USA und Island, das den Abzug der US-Truppen vorsieht, weiterhin aber die Benutzung des Flugplatzes Keflavík für zivile Zwecke gestattet.
1950	Ausweitung der isländischen Fischereizone auf vier Seemeilen.
1951	Unterzeichnung eines militärischen *Schutzabkommens mit den USA:* Einräumung von Stützpunkten im Rahmen der NATO und Übergabe des Flugplatzes Keflavík an die isländische Verwaltung.
1952	Zum neuen Staatspräsidenten wird *Ásgeir Ásgeirsson* (* 1894, † 1972) gewählt (29. Juni).
1958	Ausbruch ernsthafter Auseinandersetzungen (*„Fischereikrieg"*) mit Großbritannien nach

1338 Neueste Zeit – Westliche Welt

Juni Ausweitung der Hoheitsgewässer auf 12 Seemeilen (1961 durch Kompromiß beigelegt).
1968 Der Historiker *Kristian Eldjarn* (* 1916, † 1982) wird neuer Staatspräsident (30. Juni).
1970 Island wird *Vollmitglied* der Europäischen Freihandelszone – *EFTA* (1. März).
1971 Nach Parlamentswahlen Bildung einer *Linkskoalition* unter Ministerpräsident *Ólafur*
14. Juli *Jóhannesson* (* 1913; Fortschrittspartei).
1972 Die Ausdehnung der isländischen Fischereigrenze von 12 auf 50 Seemeilen veranlaßt
15. Febr. Großbritannien und die Bundesrepublik Deutschland, vor dem Internationalen Gerichtshof in Den Haag Klage zu erheben (Interimsurteil vom Aug. 1972 gegen das Vorgehen Islands wird im Urteil vom 25. Juli 1974 bestätigt).
1974 Island erkennt das Urteil des Internationalen Gerichtshofs nicht an.
29. Aug. *Koalitionsregierung* (Konservative Unabhängigkeitspartei und Fortschrittspartei), Ministerpräsident *Geir Hallgrímsson* (* 1925).
1975 Ausdehnung der Fischereigrenzen auf 200 Seemeilen läßt den Streit mit Großbritannien (1976 zeitweiliger Abbruch der diplomatischen Beziehungen) und der Bundesrepublik Deutschland erneut ausbrechen. Der Grund für den von Island geführten „Kabeljaukrieg" ist die völlige wirtschaftliche Abhängigkeit vom Fischfang (90 % des Exports). Dieser Umstand ist auch die Ursache für die Ablehnung eines EG-Beitritts.
1978 Bildung einer *Linkskoalition* aus Fortschrittspartei, Sozialdemokraten und Kommunisten
31. Aug. unter Ministerpräsident Jóhannesson.
1980 *Neue Koalitionsregierung* (ab 8. Febr.) *unter Gunnar Thoroddsen* (* 1910, † 1983). Als erste
29. Juni Frau wird *Vigdis Finnbogadottir* (* 1930) zur *Staatspräsidentin* gewählt.
1983 *Steingrimur Hermannsson* (* 1928) *bildet die neue* konservative *Regierung* (ab 26. Mai).
– *(Forts. S. 1632)*

Griechenland seit 1945
(Forts. v. S. 1007)

Nach dem Zweiten Weltkrieg verkörpern zunächst die *Widerstandsbewegungen* die eigentliche politische Autorität, u. a. die kommunistisch orientierte *EAM* (Ethnikon Apeleftherikon Metopon) und die republikanische *EDES* (Ellenikos Demokratikos Ethnikos Syndesmos). Da die EAM eine kommunistische Regierung mit sowjetischer Hilfe zu etablieren versucht, bricht Mitte 1946 ein *Bürgerkrieg* aus. Er endet 1949 mit der Einstellung des Kampfes durch die kommunistische Gegenregierung in Nordgriechenland. Der Schock des Bürgerkriegs und eine weitverbreitete Kommunistenfurcht setzt die 1951 von Marschall *Alexander Papagos* (* 1883, † 1955) gegründete „Hellenische Sammlungsbewegung" in die Lage, bis 1955 die jeweilige Regierung zu stellen. Nach Papagos' Tod wird die konservative „Nationale Radikale Union" von *Konstantin Karamanlis* (* 1907) Regierungspartei bis 1963.
Größtes außenpolitisches Problem ist seit 1964 die *Zypernfrage* und damit die permanente Auseinandersetzung mit der Türkei. Da alle griechischen Regierungen seit der Erringung der Unabhängigkeit 1830 die Einbeziehung aller von Griechen bewohnten Gebiete in den griechischen Staat als ihre Hauptaufgabe betrachten, engagieren sich alle politischen Kräfte auch in der Frage der Angliederung Zyperns zugunsten der „Enosis" (Vereinigung).
In der Folge des *Militärputsches von 1967* und der Errichtung eines nationalistischen, autoritären und sozialkonservativen Regimes wird Griechenland 1973 zur *Republik* erklärt.

1946 *Volksabstimmung,* große Mehrheit für die *monarchische Staatsform* (1. Sept.).
1947 US-Präsident Harry S. Truman gibt, nachdem Großbritannien seine militärische Hilfe für
12. März Griechenland eingestellt hat, die Bereitschaft der USA bekannt, Griechenland und jedem anderen Mittelmeeranrainer jede gewünschte Hilfe bei der Abwehr kommunistischer Bestrebungen zur Machtübernahme zuteil werden zu lassen *(Truman-Doktrin).*
1. April Nach dem Tod König *Georgs II.* wird *Paul I.* (* 1901, † 1964) sein Nachfolger.
1949 Das Zentralkomitee der Kommunistischen Partei Griechenlands beschließt angesichts der
9. Okt. Einstellung jugoslawischer Waffenhilfe die Aufgabe des bewaffneten Kampfes.
1952 Verkündung der *neuen Verfassung:* Griechenland ist konstitutionelle Monarchie; die
9. Okt. Legislative liegt bei König und Parlament, Exekutive bildet die parlamentarisch verantwortliche Regierung.
18. Febr. *Beitritt zur NATO* als Sicherung gegen die sowjetische Präsenz auf dem Balkan.
16. Nov. Nach Wahlsieg wird Marschall *Alexander Papagos* Ministerpräsident.
1953 Stützpunktabkommen mit den USA im Rahmen der NATO (12. Okt.).
1955 Nach dem Tod von Papagos bildet *Konstantin Karamanlis* eine *neue Regierung.*
5. Okt. Seine Bemühungen gelten v. a. der Modernisierung und Weiterentwicklung der Wirtschaft u. a. mit Mitteln aus dem Marshall-Plan.
1961 Assoziierungsabkommen mit der EWG (9. Juli). Bei Parlamentswahlen erhält das linksge-
1963 richtete Vereinigte Zentrum unter Georgios Papandreou (* 1888, † 1968) die Mehrheit
3. Nov. der Stimmen; er wird mit der Regierungsbildung beauftragt.
1964 Wegen der Demission der Regierung Papandreou (24. Dez. 1963) müssen vorzeitig *Neu-*

Einzelne Staaten westlicher Bündnissysteme – Griechenland – Türkei   *1339*

16. Febr.	wahlen abgehalten werden, bei denen die Zentrumsunion die absolute Mehrheit erringt (Bildung eines neuen Kabinetts Papandreou).
16. März	Nachfolger des verstorbenen Königs *Paul I.* wird sein Sohn *Konstantin II.* (* 1940).
1965 *Juli*	Schwere *innenpolitische Krise,* als König Konstantin II. der Regierung Papandreou geforderte Maßnahmen gegen eine Offiziersverschwörung verweigert. Der Verfassungskonflikt entzündet sich an der Frage über das Mitspracherecht des Königs bei der Auswahl der Minister und der Führung der Streitkräfte. Rücktritt der Regierung Papandreou.
1965–1967	Weil Konstantin II. Neuwahlen zur Lösung der Krise verweigert (mehrere kurzlebige Regierungen), spitzt sich die innenpolitisch prekäre Situation zu.
1967 *21. April*	Nachdem sich die großen Parteien auf Neuwahlen geeinigt haben, ergreift eine Gruppe rechtsstehender Obristen unter *Georgios Papadopoulos* ([* 1919] vom 13. Dez. 1967 bis 24. Aug. 1971 formell Ministerpräsident) und *Stylianos Pattakos* (* 1912) durch einen *Putsch* die Macht.
13. Dez.	Nach einem gescheiterten Gegenputsch geht Konstantin II. ins Exil.
1968	Eine durch umstrittene Volksabstimmung angenommene Verfassung suspendiert die Grundrechte (29. Sept.).
1969 *12. Dez.*	Dem Ausschluß aus dem Europarat wegen Verletzung der Menschenrechte kommt Griechenland durch Austritt zuvor.
1973	Griechenland wird zur **Republik** erklärt (1. Juni).
1974 *24. Juli* *25. Juli*	Das Scheitern eines gesteuerten Putsches auf Zypern zur Erzwingung des Anschlusses führt zum *Zusammenbruch des Militärregimes.* Wiederberufung von *Konstantin Karamanlis* als *Ministerpräsident,* der sich um die Wiedereinführung der Grundrechte nach der Verfassung von 1952 bemüht.
14. Aug.	Wegen der unklaren Haltung der NATO und der USA in der Zypernkrise scheidet Griechenland aus der militärischen Organisation der NATO aus.
28. Nov.	Griechenland wird wieder Vollmitglied des Europarats, nachdem Parlamentswahlen eine Mehrheit für die Regierung Karamanlis erbracht haben.
8. Dez.	*Volksabstimmung über die Staatsform,* 69,2% der Stimmberechtigten für die Republik.
1975 *11. Juni*	Eine *neue Verfassung* tritt in Kraft, die insbesondere die Stellung des Präsidenten stärkt und einen umfangreichen Grundrechtskatalog garantiert.
1976 Jan./Febr.	Mit der Balkankonferenz in Athen beginnt eine Phase verstärkter Bemühungen um gutnachbarliche Beziehungen aller Balkanstaaten untereinander.
15. April	Abschluß eines neuen Verteidigungsabkommens mit den USA.
1977 *20. Nov.*	Bei Parlamentswahlen kommt es zu Einbußen für die Regierungspartei, die aber trotz Gewinnen der Linken die absolute Mehrheit behält.
28. Nov.	Bildung einer neuen Regierung unter Konstantin Karamanlis.
1978	Grundsatzprogramm zur wirtschaftlichen Anpassung an die EG (18. Juni).
21. Dez.	*Grundsatzeinigung mit der EG* über den Beitritt Griechenlands als Vollmitglied.
1980 *9. Mai*	Das *Parlament wählt Karamanlis zum Staatspräsidenten* (5. Mai). *Giorgios Rallis* (* 1918) *wird Ministerpräsident.* Rückkehr Griechenlands zur Militärorganisation der NATO.
1981 *21. Okt.*	*Griechenlands Vollmitgliedschaft in den EG* beginnt (1. Jan.). *Andreas Papandreou* (* 1919) *bildet eine sozialistische Regierung.*
1982	Ankündigung der Sozialisierung von Großbanken und Schlüsselindustrien (3. Jan.).
1983	Unterzeichnung eines Vertrages über US-Stützpunkte und *US-Militärhilfe* (8. Sept.).
1985 *29. März*	Im 3. Wahlgang wird der parteilose Jurist *Christos Sartsetakis* (* 1929) zum Staatspräsidenten gewählt. – *(Forts. S. 1635)*

Türkei seit 1945
(Forts. v. S. 1085)

Unter Staatspräsident *Ismet Inönü* gibt die Türkei gegen Ende des Zweiten Weltkriegs die neutrale Haltung auf, wendet sich den Alliierten zu und erklärt am 23. Febr. 1945 dem Deutschen Reich und Japan den Krieg. Damit sind die Weichen für einen *prowestlichen Kurs* gestellt (Mitglied des Europarats, Beitritt zur NATO und zum Bagdadpakt-CENTO), der erst nach 1974 infolge der Zypernereignisse in Frage gestellt wird, als die Beziehungen zum Bündnispartner USA und zum NATO-Staat Griechenland starken Spannungen ausgesetzt sind und als eine vorsichtige Annäherung an die UdSSR erkennbar wird. Gleichzeitig wird im Innern deutlich, daß der „Kemalismus" nicht imstande war, die vom Osmanischen Reich übernommenen Strukturprobleme zu lösen. Er ist – nicht zuletzt wegen der anhaltenden wirtschaftlichen und damit sozialen Misere – ohne Rückhalt in breiten Bevölkerungsschichten geblieben, die deshalb immer stärker zu politischen Tendenzen neigen, welche sich gegen den republikanischen und laizistischen Staat richten.

1946 *24. Febr.*	*Demokratische Partei* unter maßgeblicher Mitwirkung von *Celâl Bayar* (* 1883, † 1986) und *Adnan Menderes* (* 1899, † 1961) gegründet.

1340 Neueste Zeit – Westliche Welt

1950 Die Demokratische Partei gewinnt bei den ersten Parlamentswahlen die Mehrheit. Bayar
Mai wird zum Staatspräsidenten, Menderes zum Ministerpräsidenten gewählt.

1950–1960 Während seiner Regierungszeit (fünf Kabinette) versucht Ministerpräsident Menderes
entgegen dem früheren Etatismus eine Liberalisierung in Wirtschaft und Handel, vermag
jedoch die wirtschaftlichen Grundprobleme nicht zu lösen und setzt sich daher verstärkt
der Kritik der parlamentarischen Opposition aus. Als Inflation und die Verknappung lebenswichtiger Güter die innenpolitische Lage zuspitzen, kann Menderes sich nur durch
Unterdrückung der Opposition an der Macht halten. Antidemokratische Maßnahmen wie
die Einführung der Pressezensur fördern die Mißstimmung unter der Intelligenz.

1952 Die Nationalversammlung billigt einstimmig den *Beitritt zur NATO* (18. Febr.).

1955 Gemeinsam mit dem Irak schließt sich die Türkei im *Bagadad-Pakt* zu einem Verteidi-
24. Febr. gungsbündnis zusammen, dem später auch Großbritannien, Pakistan und Iran beitraten
(nach dem Austritt Iraks 1959 in *CENTO* – Central Treaty Organization – umbenannt).

1960 Heftige Studentenunruhen als Ausdruck der Unzufriedenheit führen zu einem **Staatsstreich
27. Mai der Armee** unter General *Cemal Gürsel* (* 1895, † 1966), der als Vorsitzender eines Offiziersausschusses die Funktion des Staats- und Regierungschefs übernimmt (in einem gegen
die gestürzten Machthaber geführten Prozeß werden 1961 Menderes zum Tode und Bayar
zu lebenslanger Haft verurteilt).

1961 Durch eine Volksabstimmung wird eine *neue Verfassung* angenommen, in der die Türkei
19. Juli als „nationale, demokratische, laizistische und soziale Republik" definiert wird, die Grundrechte des einzelnen garantiert und weitgehende Reformen im Erziehungswesen sowie im
Sozialbereich vorgesehen werden.

15. Okt. Wahl der Nationalversammlung ohne eindeutige Mehrheit einer der vier Parteien.

20. Nov. Der ehemalige Staatspräsident *Ismet Inönü* (Republikanische Volkspartei) bildet eine
Koalitionsregierung.

1962–1965 Instabile, wenig wirksame Koalitionsregierungen lösen einander ab.

1963 Die Fortführung des prowestlichen Kurses in der türkischen Außenpolitik findet ihren
12. Sept. Ausdruck im Assoziierungsabkommen mit der EWG.

1965 Bei Parlamentswahlen siegt die Gerechtigkeitspartei (Nachfolgerin der Demokratischen
10. Okt. Partei) unter *Süleyman Demirel* (* 1924), der eine neue Regierung bildet (27. Okt.).
1966–73 ist *Cevdet Sunay* (* 1900, † 1982) *Staatspräsident.*

1965–1971 Verstärkte Radikalisierung des politischen Lebens durch eine zunehmende Polarisierung
von der äußersten Rechten (Traditionalisten und rechtsgerichtete Vereinigungen, die für
eine Rückbesinnung auf islamische Werte in der Politik eintreten) bis zur äußersten Linken
1971–1974 (revolutionäre Sozialisten und Anarchisten). Die Spaltung der Armeeführung in einen kemalistischen und einen rechtsextremen Flügel schwächt das Militär als Stabilitätsfaktor.

1971 Angesichts der anhaltenden prekären innenpolitischen Situation zwingt die Armee Mini-
12. März sterpräsident Demirel zum Rücktritt und droht mit direkter Machtübernahme, falls nicht
durch ein Fachkabinett binnen Jahresfrist die politische, wirtschaftliche und soziale Ordnung wiederhergestellt sei.

1973 Der Senat verabschiedet eine *Verfassungsänderung,* durch die die Einrichtung von Staats-
15. März sicherheitsgerichten ermöglicht wird, denen die gerichtliche Beurteilung aller Verbrechen
gegen die Einheit der Nation und Republik obliegen.

6. April Staatspräsidentenwahlen, Mehrheit für Admiral *Fahri Korutürk* (* 1903, † 1987).

Aug. Verabschiedung einer *Landreform:* Begrenzung des Grundbesitzes je nach Bodenqualität
bei bewässerten Flächen auf 200 ha, Entschädigung der Enteigneten nach Steuerwert,
Übergabe des freien Landes an Kleinbauern und Landarbeiter bei Zahlungsverpflichtungen in 25 Jahresraten.

14. Okt. Wahlen, relative Mehrheit der sozialdemokratischen Republikanischen Volkspartei.

1974 Der Führer der Republikanischen Volkspartei, *Bülent Ecevit* (* 1925), bildet mit der isla-
25. Jan. misch-konservativen Nationalen Heilspartei eine Regierung.

20. Juli Da nach dem Staatsstreich auf Zypern (15. Juli) der Anschluß an Griechenland proklamiert
wird und Griechenland und Großbritannien ein Eingreifen im Sinne der Zypernverträge
von 1959 verweigern, läßt die Regierung Ecevit *türkische Truppen auf Zypern* landen, die
die Schaffung autonomer Verwaltungsgebiete für beide Bevölkerungsgruppen unter einer
unabhängigen Bundesregierung durchsetzen sollen.

18. Sept. Ministerpräsident Ecevit sieht sich zum Rücktritt gezwungen, weil die Heilspartei die
Annexion des türkisch kontrollierten Teils Zyperns fordert.

1975 Wegen des Festhaltens der Interimsregierung (seit 17. Nov. 1974) unter Ministerpräsident
5. Febr. Sach Irmak (* 1904) an der Annexionsforderung verhängen die USA ein *Waffenembargo.*

31. März Kabinett der Rechtskoalition unter Ministerpräsident Demirel, dessen Regierungsprogramm die biregionale Föderation auf Zypern, Regelung der Streitigkeiten mit Athen,
Festhalten an der NATO-Mitgliedschaft, Förderung der Ost-West-Entspannung auf dem
Balkan, verbesserte Beziehungen zur EG und zu den arabischen Staaten sowie Ausbau der
Rüstungsindustrie vorsieht.

Einzelne Staaten westlicher Bündnissysteme – Japan   *1341*

9. Juli	Unterzeichnung eines Wirtschaftsabkommens mit der Sowjetunion (u. a. eine sowjetische Kredithilfe im Wert von einer Mrd. US-Dollar).
26. Juli	Die wichtigsten militärischen US-Basen werden türkischem Oberbefehl unterstellt.
1976 26. März	Die Beziehungen zu den USA werden durch den Abschluß eines neuen *Verteidigungsab- kommens* entspannt; die Ratifizierung wird jedoch im US-Senat blockiert.
1977 5. Juni 4. Juli 21. Juli	Bei *Parlamentswahlen* unter Druck von Terroristen verfehlt die Republikanische Volkspar- tei die Mehrheit; das von *Ecevit* gebildete Minderheitskabinett (21. Juni) *scheitert* am Ver- trauensvotum; *neuer Premier* einer rechtsgerichteten Koalitionsregierung wird wieder *Demirel,* der nach Mehrheitsverlust durch Parteiaustritte zurücktritt (31. Dez.).
1978 **1979** 30. April	Der am 6. Jan. *erneut berufene Ecevit* erhält das Vertrauen des Parlaments (17. Jan.). Nach- dem die Türkei im Zusammenhang mit der Entwicklung im Iran den *Austritt aus der CENTO* bekanntgegeben hat (15. März), folgt der Beschluß zur Auflösung des Pakts.
29. Aug.	*Umschuldungsabkommen* (2,2 Mrd. Dollar) mit westlichen Banken zur Bewältigung der hohen Auslandsschulden.
16. Okt.	Angesichts negativer Nach- und Zwischenwahlergebnisse *tritt Ecevit zurück.*
12. Nov.	*Demirel* bildet sein 6. *Kabinett.*
1980 12. Sept.	Am 29. März wird ein *neues Stützpunktabkommen mit den USA* unterzeichnet. Das *Militär übernimmt unter Kenan Evren* (* 1918) wegen „Gefährdung der Republik infolge verräteri- scher ideologischer und physischer Angriffe äußerer und innerer Feinde" *die Macht.*
1982 7. Nov.	Nach verschärftem innenpolitischem Druck wird durch Volksabstimmung mit 91,3% Ja- Stimmen eine *neue Verfassung zugunsten Evrens* verabschiedet, der *auf 7 Jahre Staatsprä- sident* wird.
1983 6. Nov. 7. Dez.	Nach neuem Parteiengesetz (24. April), der Neugründung von Parteien, neuem Wahlgesetz (14. Juni) und Parlamentswahlen wird deren Sieger *Turgut Özal* (* 1927), Vorsitzender der rechtsgerichteten Mutterland-Partei, nach Verlängerung des Kriegsrechts (10. Nov.) schließlich *neuer Ministerpräsident.*
1984 20. März	Durch Parlamentsbeschluß wird das *Kriegsrecht in einigen Großstädten verlängert und für 13 Provinzen aufgehoben. – (Forts. S. 1636)*

Japan seit 1945
(Forts. v. S. 1043)

Mit der *Unterzeichnung der Kapitulationsurkunde* und der *Errichtung des Alliierten Hauptquartiers* un- ter General *Douglas MacArthur* in Tokyo beginnt die Besatzungszeit. Zu den erklärten Zielen der Besat- zungsregierung gehören die Demokratisierung des öffentlichen Lebens, die Entmilitarisierung Japans, die Bestrafung von Kriegsverbrechern und die Entflechtung der Großkonzerne. Unter dem Vorzeichen der Entmilitarisierung werden Japan alle seine territorialen Kriegsgewinne genommen, so daß das Staats- gebiet auf die Grenzen von 1868 begrenzt wird. Japan verliert die *Mandschurei, Korea,* die Inseln *Taiwan, Sachalin* und die *Kurilen. Okinawa* und die *Bonin-Inseln* werden *unter US-Verwaltung* gestellt. Die ge- samte Gebietsverkleinerung macht die Repatriierung von 6,5 Mio. Japanern aus den ehemaligen Kolo- nialgebieten notwendig. Um „Personen, die an der japanischen Expansion beteiligt gewesen waren", aus dem öffentlichen Leben auszuschalten, werden auf Befehl der Besatzungsmacht 180 000 Personen aus leitenden Positionen in Regierung, Verwaltung, Wirtschaft und Erziehungswesen entfernt.

1945 22. Dez.	Durch Anordnung der Besatzungsmächte wird die *Gründung von Gewerkschaften* und *po- litischen Parteien* möglich; die neugegründeten Gewerkschaften verfügen bereits nach einem Jahr über 4,5 Mio. Mitglieder. In einer großangelegten Landreform werden Groß- grundbesitzer zum Verkauf von Land an Pachtbauern gezwungen.
1946 1. Jan.	In seiner Neujahrsansprache entsagt *Kaiser Hirohito* (* 1901, † 1989) dem Anspruch des „Tenno" auf Göttlichkeit.
19. Jan.	In Tokyo nimmt der *Internationale Militärgerichtshof für den Fernen Osten* die Verhand- lungen gegen 25 Hauptangeklagte wegen Kriegsverbrechen auf.
10. April	Zu den *ersten Reichstagswahlen der Nachkriegszeit* stellen sich fünf Parteien: die wieder- gegründete Sozialistische Partei (Shakaito), die erstmals legal auftretende Kommunistische Partei (Kyosanto), die neugeschaffene Gemeinschaftspartei (Kyodoto) und als Nachfolge- organisationen der bürgerlichen Parteien der Vorkriegszeit die Liberale Partei (Jiyuto) und die Fortschrittspartei (Shimpoto).
22. Mai	Nach einem *Wahlsieg der bürgerlichen Parteien* bildet der Vorsitzende der Liberalen Par- tei, *Shigeru Yoshida* (* 1878, † 1967), ein Koalitionskabinett der Liberalen und der Fort- schrittspartei.
3. Nov.	Mit der Proklamation einer **neuen Verfassung** durch den Kaiser wird die *Umwandlung Japans in eine parlamentarische Demokratie* nach angelsächsischem Muster eingeleitet: der Kaiser, der keine Regierungsbefugnisse besitzt, ist Symbol des Staates und der Einheit der Nation; seine Stellung leitet sich vom Willen des Volkes ab. Der vom Parlament gewählte Ministerpräsident beruft die Minister seines Kabinetts. Die Legislative liegt beim Reichs-

1342 Neueste Zeit – Westliche Welt

tag, der aus zwei Kammern besteht. Beide Kammern gehen aus allgemeinen Wahlen hervor. Das Wahlrecht wird auf Frauen ausgedehnt. Bürgerrechte und Menschenrechte stehen unter Verfassungsschutz. Artikel 9 der Verfassung enthält den umstrittenen Verzicht auf „den Krieg als ein souveränes Recht der Nation und auf die Androhung oder Anwendung von Gewalt als Mittel, internationale Streitigkeiten zu regeln".

1947
25. April
Die *zweiten Nachkriegswahlen* ergeben einen starken Stimmenvorsprung der Sozialisten vor den Liberalen und der als Nachfolgeorganisation der Fortschrittspartei neu gegründeten Demokratischen Partei (Minshuto).

3. Mai
Inkrafttreten der Verfassung.

1948
10. Febr.
Die unter der Führung des Sozialisten *Tetsu Katayama* (*1887, †1978) gebildete *Koalitionsregierung* wird durch innere Zwistigkeiten in der regierenden Sozialistischen Partei und die Abspaltung einer Gruppe von Abgeordneten gestürzt, die eine neue Sozialistische Reformpartei (Shakai kaishinto; später Sozialdemokratische Partei, Shakai minshuto) gründen. Es folgen konservative Regierungen, die von der (konservativen) Liberalen Partei gestellt werden.

4. Nov.
In den Kriegsverbrecherprozessen werden sieben Hauptschuldige zum Tode verurteilt und hingerichtet. Weitere 16 Offiziere und Politiker werden zu lebenslänglichem Zuchthaus verurteilt.

Die veränderte weltpolitische Lage, insbesondere der kalte Krieg und der Sieg der Kommunisten auf dem chinesischen Festland leiten eine Veränderung in den Beziehungen zwischen den USA und Japan ein. Die Vereinigten Staaten gewinnen ein zunehmendes Interesse daran, ein erstarktes Japan als Bundesgenossen im Pazifik zu gewinnen. Ab 1949 werden die *japanischen Reparationsleistungen* offiziell beendet. Zugleich wird ein Teil der ursprünglichen Säuberungsmaßnahmen rückgängig gemacht, da die amerikanische Militärverwaltung beim Wiederaufbau der japanischen Industrie weitgehend auf Personal aus der Kriegszeit zurückgreifen muß. Auch der Zusammenschluß von Industrie und Handel in Großkonzernen wird wieder zugelassen und von den Besatzungsbehörden durch Begünstigung bei der Zuweisung von Rohstoffen und der Erteilung von Krediten gefördert. Die Vereinigten Staaten beginnen zunehmend, die konservativen Kräfte in Japan als ihre Verbündeten zu betrachten.

1950
11. Jan.
US-Präsident *Truman* beauftragt seinen Sonderbeauftragten *John Foster Dulles* mit der *Vorbereitung eines Friedensvertrages*. Im Vorgriff auf eine künftige Regelung erhält Japan, das gemäß Artikel 9 der Verfassung keine Streitkräfte unterhalten darf, das Recht zum Aufbau einer mit Panzern, Flugzeugen und Marineeinheiten ausgestatteten „*Nationalen Polizeireserve*". Die Frage der japanischen Wiederaufrüstung sowie der Stationierung amerikanischer Truppen auf japanischem Boden wird zur Zentralfrage der japanischen Innenpolitik. Die USA schlagen vor, die Verteidigung Japans unter Beibehaltung ihrer Militärbasen auch nach Abschluß eines Friedensvertrages und dem Ende der Besatzungszeit zu übernehmen. Diese Lösung ist in Japan innenpolitisch umstritten.

1951
8. Sept.
Im **Friedensvertrag von San Francisco,** den Japan mit den USA und 47 weiteren Nationen abschließt, verzichtet Japan auf alle territorialen Ansprüche außerhalb der Grenzen von 1868. Korea wird unabhängig; die japanischen Besitzungen auf dem chinesischen Festland sowie Taiwan fallen an China; Japans pazifischer Inselbesitz kommt unter die Verwaltung der USA; die Kurilen und Südsachalin fallen an die Sowjetunion; diese sowie die Volksrepublik China verweigern die Unterschrift unter den Friedensvertrag und nehmen keine diplomatischen Beziehungen zu Japan auf.
In einem gleichzeitig geschlossenen Vertrag mit den USA stimmt *Japan* dem Verbleiben amerikanischer Truppen auf japanischem Gebiet zu und wird so *in das westliche Verteidigungsbündnis einbezogen.*

Okt.
Die heftig umstrittene Frage der *Ratifikation des Vertrags von San Francisco* durch den Reichstag führt zu einer Spaltung der Sozialistischen Partei in einen linken und einen rechten Flügel, die künftig bei Wahlen getrennt auftreten.

1952
Nach vollzogener Ratifikation erhält Japan seine *volle Souveränität* wieder (April).

1953
März
Die Flügelkämpfe in der regierenden Liberalen Partei führen zur Spaltung in zwei Flügel unter der Führung von *Ichiro Hatoyama* (*1883, †1959) und *Shigeru Yoshida*.

1954
Sept.
Hatoyama selbst kehrt nach kurzer Zeit zum Yoshida-Flügel zurück, verläßt aber anschließend die Partei wieder, um gemeinsam mit den Abgeordneten der 1952 gegründeten Reformpartei die zweite Demokratische Partei zu gründen.

1955
15. Nov.
Nach der Wiedervereinigung der gespaltenen Sozialistischen Partei gelingt es durch den *Zusammenschluß* der Liberalen und der Demokratischen Partei *zur Liberal-Demokratischen Partei* (Jiyu minshuto) die konservativen Kräfte zu einigen.
Die Liberal-Demokratische Partei bleibt seit ihrer Gründung *Mehrheitspartei im Unterhaus* und stellt jeweils den Ministerpräsidenten. Damit entsteht ein Zwei-Parteien-System, in dem die *Sozialisten* die *Rolle der permanenten Opposition* übernehmen. Intern ist die Liberal-Demokratische Partei so weitgehend in einzelne Gruppen und Faktionen gespal-

Einzelne Staaten westlicher Bündnissysteme – Japan   *1343*

ten, daß sie weniger als eine Programmpartei denn als eine *konservative Regierungskoalition* aufgefaßt werden muß, die durch den Zwang, an der Macht zu bleiben, zusammengehalten wird. In den Verhandlungen mit der Sowjetunion um einen zukünftigen Friedensvertrag sind insbesondere die Kurilen, Habomai, Shikotan, Kunashiri und Etorofu strittig. Auf diese Gebiete hat Japan zwar im Vertrag von San Francisco verzichtet, aber dieser ist von der Sowjetunion, die sich auf die Abmachungen von Potsdam und Jalta beruft, nicht anerkannt worden.

1956
19. Okt. Nach langwierigen Verhandlungen einigen sich Moskau und Tokyo auf ein *Abkommen über die Beendigung des Kriegszustandes* und die Normalisierung der diplomatischen Beziehungen. Die Sowjetunion erklärt sich hierbei bereit, die von Japan beanspruchten südlichen Kurilen und die Inseln Habomai und Shikotan nach Abschluß eines Friedensvertrages zurückzugeben. Da für Japan auch Fragen der Fischereirechte im Ochotskischen Meer und im Beringmeer betroffen sind, stimmt es den Abmachungen trotz einiger offener Fragen zu. – *Japan* wird als *Vollmitglied in die UNO* aufgenommen (8. Dez.).

Der Prozeß der Normalisierung der Beziehungen Japans zu den Staaten des südostasiatischen Raums wird nach *Wirtschafts- und Zusammenarbeitsabkommen* mit *Burma* (1954), den *Philippinen, Thailand, Laos, Kambodscha* (1955) durch einen Friedensvertrag und ein

1958 Reparationsabkommen mit *Indonesien* abgeschlossen (20. Jan.).

Als Reibungspunkte zwischen Japan und den USA entwickeln sich eine Reihe von territorialen und verteidigungspolitischen Fragen. Im Friedensvertrag von 1951 haben sich die USA die volle Jurisdiktion über die Insel Okinawa im Ryukyu-Archipel vorbehalten, obgleich die Einwohner der Insel japanische Staatsbürger bleiben. Mit 100 000 US-Soldaten und 117 Stützpunkten sowie Abschußrampen für Raketen mit Atomsprengköpfen ist Okinawa von entscheidender Bedeutung für den pazifischen Verteidigungsgürtel der USA. Japan strebt einerseits nach Wiederherstellung seiner vollen Souveränität über die Insel, ist aber andererseits auf den amerikanischen Schutzschild angewiesen.

1960
21. Jan. Der *amerikanisch-japanische Sicherheitsvertrag* sieht die Garantie amerikanischen Militärbeistands für den Fall eines bewaffneten Angriffs auf japanisches Gebiet vor. Die USA erhalten weiterhin das Recht, Streitkräfte in Japan zu stationieren und die vorhandenen Luftstützpunkte auszubauen. Der Vertrag beinhaltet eine gegenseitige Konsultationsklausel, erkennt das Recht Japans an, den Vertrag einseitig zu kündigen und bestätigt die „residuale Souveränität" Japans über die Ryukyu- und Bonin-Inseln. Es kommt zu schweren innenpolitischen Auseinandersetzungen um die Ratifizierung des Vertrags. Nach einem Generalstreik und antiamerikanischen Massendemonstrationen muß ein für den Sommer vorgesehener Besuch US-Präsident Eisenhowers in Japan abgesagt werden.

24. Jan. Gegen die Opposition der Sozialistischen Partei im Parlament, von der sich eine gemäßigte Gruppe als Demokratisch-Sozialistische Partei abspaltet, kann die Liberal-Demokratische Mehrheit die *Ratifizierung des Vertrages* durchdrücken.

22. Juni Der Kaiser unterzeichnet den Sicherheitsvertrag.

14. Juli Weitere Unruhen, die in einem Attentatsversuch auf den neugewählten Vorsitzenden der Liberal-Demokratischen Partei *Hayato Ikeda* (* 1899, † 1965) und der Ermordung des

12. Okt. Sozialistenführers *Inejiro Asanuma* gipfeln.

Sozialisten, Kommunisten und ein großer Teil der Gewerkschaftsbewegung bekämpfen die einseitige Bindung Japans an die USA und drängen auf einen Ausgleich mit der Sowjetunion und der Volksrepublik China.

Die soziale Unruhe findet ihren Ausdruck unter anderem in dem großen Zulauf zu der radikalen neobuddhistischen Sekte *Soka Gakkai*, die ihre Mitgliederzahl von 5000 im Jahre

1962 1951 auf 10 Mio. im Jahre 1962 erhöhen kann.

27. Sept. Als politisches Organ der Sekte wird die *Liga für gerechte Politik* (Komei seiji renmei) ge-

1964 gründet, die sich seit ihrer Teilnahme an Reichstagswahlen *Komeito* nennt und beachtliche

14. Nov. Wahlerfolge aufweisen kann.

Innenpolitisch spricht sich die Komeito für den Aufbau einer klassenlosen Gesellschaft, wirksamere Maßnahmen der Sozialpolitik, die Ausrottung der Korruption und eine stärkere Stellung des Oberhauses aus. Als ihre außenpolitischen Ziele bezeichnet sie die allgemeine Abrüstung, die Sicherung des Weltfriedens und internationale Zusammenarbeit. Japan soll zu diesem Konzept durch die Auflösung der japanischen Selbstverteidigungsstreitkräfte und eine unabhängige Politik zwischen Ost und West beitragen.

1967 Japan nimmt erneute *Verhandlungen über die Rückkehr von Okinawa unter volle japanische Souveränität* auf. Japan, das eine aktive Unterstützung des Vietnamkrieges stets verweigert hat, obgleich Okinawa als amerikanische Transitbasis in diesem Krieg dient, ist weiterhin daran interessiert, sich den amerikanischen Militärschutz zu erhalten, möchte aber vermeiden, automatisch in mögliche Konflikte hineingezogen zu werden.

1969
19.–21.
Nov. Bei einem Staatsbesuch des Ministerpräsidenten *Eisaku Sato* (* 1901, † 1975) in Washington *vereinbart* dieser mit Präsident Nixon die *Rückkehr Okinawas* unter japanische Souveränität, wobei die USA ihre Stützpunktprivilegien behalten sollen.

1344 Neueste Zeit – Westliche Welt

1970
22. Juni Der militärischen Sicherung des Landes dient die *Verlängerung des amerikanisch-japanischen Sicherheitsvertrages* von 1960, der nunmehr automatisch um jeweils ein weiteres Jahr verlängert wird, wenn ihn keine der vertragsschließenden Parteien kündigt.

Das amerikanisch-japanische Vertrauensverhältnis wird durch den nuklearen Ausgleich zwischen USA und UdSSR, die Revision der amerikanischen Asienpolitik und die von Washington verfolgte Politik der Annäherung an die Volksrepublik China beeinträchtigt. Insbesondere beschwert sich Japan über mangelnde Konsultation seitens der amerikanischen Regierung. In Wirtschaftskreisen wächst die antiamerikanische Stimmung, als die
19. Nov. USA in der Mills Bill Importrestriktionen durch die Festlegung von Einfuhrquoten für bestimmte Artikel festlegen. Hierdurch ist Japan, das 25 % seines Außenhandels mit den USA abwickelt, besonders stark betroffen.

Die innenpolitischen Gegensätze um den weltpolitischen Kurs Japans verstärken sich. Die Frage der Normalisierung der Beziehungen zu China tritt zunehmend in den Vordergrund der politischen Diskussion. Japan, das 1952 (9. Juni) einen *Friedensvertrag mit der nationalchinesischen Regierung (Taiwan)* abgeschlossen und diese als die einzig rechtmäßige anerkannt hat, schließt zwar bereits 1962 ein *Fünfjahresabkommen über den nichtstaatlichen Handel mit der Volksrepublik China* ab, aber die Anerkennungsfrage ist noch ungelöst.

1971
17. Juli Als Ministerpräsident Eisaku Sato infolge des sogenannten „Nixon-Schocks" seine Bereitschaft bekundet, Gespräche mit der Regierung der Volksrepublik China aufzunehmen, lehnt diese ihn als Gesprächspartner ab.

1972
6. Juli Entsprechend den Abmachungen von 1969 kehrt Okinawa zu Japan zurück (15. Mai).

Infolge interner Spannungen der regierenden Liberal-Demokratischen Partei tritt Ministerpräsident Eisaku Sato zurück.

31. Aug. Der *neue Ministerpräsident Kakuei Tanaka* (* 1918) vereinbart bei Gesprächen mit Präsident Nixon in Honolulu eine Erhöhung der japanischen Einfuhren aus den USA.

29. Sept. Auf einer *Reise in die Volksrepublik China* erreicht Tanaka die *Aufnahme diplomatischer Beziehungen* zwischen beiden Staaten. Japan erklärt den Friedensvertrag von 1952 mit Nationalchina für ungültig und erkennt Taiwan als integralen Bestandteil der Volksrepublik China an.

28. Okt. Sein innenpolitisches Programm legt Tanaka im sogenannten „*Tanaka-Plan für die Neugestaltung des japanischen Archipels*" fest. Zu den aus ökologischen und sozialpolitischen Gründen dringend erforderlichen Maßnahmen zählen unter anderem: wirtschaftliche und industrielle Dezentralisierung, Auflösung der Ballungszentren Tokyo, Osaka und Nagoya, Gründung neuer Industriestädte mittlerer Größe in den agrikulturell bestimmten Landesteilen, um die Landflucht zu verhindern, Maßnahmen gegen Umweltverschmutzung und Bodenspekulation, Ausbau der Infrastruktur in den benachteiligten Landesteilen.

1973
3. Mai Präsident Nixon weist öffentlich darauf hin, daß der japanisch-amerikanische Sicherheitsvertrag beide Länder dazu verpflichte, sich gemeinsam um die Behebung internationaler Wirtschaftskonflikte zu bemühen.

26. Sept.
–10. Okt. Auf einer Europareise gelingt es Ministerpräsident Tanaka nicht, den westeuropäischen Markt für japanische Exportprodukte weiter zu öffnen.

Außenhandel (auf Zollbasis)

in Mio. US-$	1975	1976	1977	1978	1979	1980
Exporte insgesamt	55 753	67 225	80 495	97 587	103 090	129 807
Asien	20 488	22 377	27 346	36 336	39 803	49 368
Europa	10 346	13 777	15 758	18 051	19 786	25 228
BR Deutschland	1 661	2 243	2 782	3 656	4 269	5 756
Nordamerika	14 697	19 914	24 648	30 145	31 122	37 983
davon USA	11 149	15 690	19 717	24 915	26 413	31 567
Südamerika	2 368	2 341	3 070	3 262	3 574	4 738
Afrika	5 557	5 889	6 643	6 361	5 231	8 016
Australien	1 739	2 309	2 330	2 692	2 607	3 389
Importe insgesamt	57 863	64 779	70 809	79 515	110 672	140 528
Asien	28 345	33 292	36 981	40 069	58 455	80 214
Europa	5 778	6 321	7 206	9 773	12 348	12 558
BR Deutschland	1 139	1 228	1 496	1 994	2 581	2 501
Nordamerika	14 929	15 192	16 064	18 837	25 735	30 616
davon USA	11 608	11 809	12 396	14 776	20 383	24 408
Südamerika	1 701	1 797	2 281	2 192	3 318	4 217
Afrika	2 320	2 076	2 128	2 217	3 205	4 464
Australien	4 156	5 361	5 288	5 298	6 289	6 982
Handelsbilanzsaldo	−2 111	+2 426	+9 686	+18 278	−7 505	−10 721

Einzelne Staaten westlicher Bündnissysteme – Japan   *1345*

22. Nov.   In einer Erklärung zur Nahostkrise sowie auf Reden bei einer anschließenden Reise Tanakas durch den Nahen Osten macht sich Japan weitgehend den arabischen Standpunkt zu eigen. Um Erdöllieferungen sicherzustellen, wird die Zusammenarbeit mit den arabischen Ländern auf Kreditbasis vereinbart.

1974
Jan.   Mit der *Volksrepublik China* wird im Vorgriff auf einen zukünftigen Vertrag ein *langfristiges Handelsabkommen* abgeschlossen.

7.–16.
Jan.   Auf einer Südostasienreise Ministerpräsident Tanakas kommt es in mehreren Ländern zu antijapanischen Demonstrationen.

23. Mai   Nach einem Anstieg der Bodenpreise um insgesamt 36% innerhalb von zwei Jahren wird im Rahmen des Tanaka-Plans ein *Gesetz gegen Bodenspekulation und Preiswucher* verabschiedet.

7. Juli   Bei den *Teilwahlen zum Oberhaus* muß die regierende Liberal-Demokratische Partei Stimmenverluste zugunsten der linken Opposition (Sozialisten, Sozialdemokraten, Kommunisten) hinnehmen.

15.–26.
Sept.   Auf einer Lateinamerika-Reise Ministerpräsident Tanakas wird eine enge wirtschaftliche Zusammenarbeit, insbesondere mit Brasilien vereinbart, wo „Nippon Steel" das zweitgrößte Stahlwerk errichtet.

17. Sept.   Das Königreich Saudi-Arabien gewährt Japan einen Kredit von einer Mrd. US-Dollar.

29. Sept.   Der regelmäßige Linienflugverkehr zwischen Japan und der Volksrepublik China wird aufgenommen.

8. Okt.   Japan schließt mit der *Bundesrepublik Deutschland* einen *Vertrag über wirtschaftlich-technische Zusammenarbeit.*

13. Nov.   *Verhandlungen Japans mit der VR China* über einen *Friedensvertrag* führen zu Warnungen der Sowjetunion, die nicht bereit ist, eine antisowjetische Hegemonialklausel in einem derartigen Vertrag hinzunehmen.

18.–22.
Nov.   Mit *Gerald R. Ford* weilt erstmalig ein US-Präsident zu einem offiziellen Staatsbesuch in Japan.

25. Nov.   In einem *dreiseitigen Abkommen zwischen Japan, den USA und der UdSSR* über die gemeinsame Ausbeutung der sibirischen Erdgaslager verpflichtet sich Japan, 500 Millionen Dollar unter der Bedingung zu investieren, daß sich die USA mit einem Kredit in Höhe von 400 Millionen Dollar beteiligen.

26. Nov.   Der *Rücktritt von Kakuei Tanaka* als Ministerpräsident wird durch eine Serie von Finanzierungsskandalen, Korruptionsaffären und Bestechungsvorwürfen erzwungen.

9. Dez.   *Rücktritt Tanakas* auch *vom Amt des Parteivorsitzenden der Liberal-Demokratischen Partei.* Sein Nachfolger sowohl in diesem als auch im Amt des Ministerpräsidenten wird der ehemalige Außenminister *Takeo Miki* (* 1907, † 1988).

1975
2. Febr.   Japan schließt ein Abkommen über Wirtschaftsbeziehungen und langfristige Handelskooperation mit der DDR ab.

April   Bei den *Gouverneurswahlen* erringen in 14 von 17 Präfekturen die Kandidaten der regierenden Liberal-Demokratischen Partei den Sieg. Die Industriegebiete von Tokyo, Osaka und Kanagawa gehen an die Oppositionskandidaten verloren, die von einer Volksfront unterstützt werden. Im Oberhaus verfügt die Liberal-Demokratische Partei mit 130 von 250 Sitzen ebenso wie im Unterhaus mit 271 von 491 Sitzen weiterhin über die absolute Mehrheit.

Juni   Die mit 29 Abgeordneten im Unterhaus vertretene rechtsradikale Komeito, das politische Organ der neobuddhistischen Sekte Soka Gakkai, verkündet ein ideologisches Bündnis mit der Kommunistischen Partei Japans zum gemeinsamen Kampf gegen Atomwaffen und Faschismus.

1976
Jan.   Der bereits mehrfach angestrebte Versuch, mit der Sowjetunion zu einer Einigung über einen Friedensvertrag zu kommen, scheitert erneut an der *Weigerung der UdSSR*, die Rückgabe der *südlichen Kurilen* ins Auge zu fassen.

Beschäftigung (in Millionen)

Jahresende	1975	1977	1979	1980	1981
Erwerbspersonen insgesamt	53,2	54,5	56,0	56,5	55,8
Land- und Forstwirtschaft	6,2	5,9	5,7	5,3	5,6
Bergbau	0,2	0,2	0,1	0,1	0,1
Baugewerbe	4,7	5,0	5,4	5,5	5,4
Verarbeitende Industrie	13,3	13,4	13,3	13,7	13,9
Handel, Banken, Versicherungen	12,9	13,7	14,1	14,4	14,7
Verkehr, öffentl. Versorgung	3,6	3,7	3,8	3,8	3,8
Sonst. Dienstleist.-Betr.	8,5	9,2	9,8	10,0	10,3
Staat	1,9	1,8	2,0	2,0	1,9
Arbeitslose	1,0	1,1	1,2	1,1	1,2

1346 Neueste Zeit – Westliche Welt

Preisentwicklung (1970 = 100 bzw. 1975 = 100²)

Jahres-durchschnitt	Konsu-menten-preise[1]	Großhandelspreise ins-gesamt	Grund-stoffe	Investi-tionsgüter	Import-preise[3]	Export-preise[3]
1973	123,9	115,9	119,5	110,1	115,8	106,6
1974	154,2	152,2	163,5	128,6	192,6	142,5
1975	172,4	156,8	167,2	142,9	207,2	138,4
1976[2]	109,6	105,0	106,5	103,1	106,0	98,4
1977[2]	118,7	107,0	108,9	106,2	101,5	93,5
1978[2]	123,8	104,3	104,3	104,5	83,8	88,0
1979[2]	128,1	111,9	115,5	105,6	107,8	95,8
1980[2]	137,9	131,8	145,4	110,4	154,2	104,7

[1] Tokyo;   [2] Wechsel der Berechnungsbasis ab 1975;   [3] Index der Bank von Japan.

Im Zuge der *allgemeinen Wirtschaftskrise* erreicht die Arbeitslosigkeit in Japan mit 1,24 Mio. Arbeitslosen ihren Höchststand seit März 1960. Es kommt zu einer Häufung von Lohnstreiks und politischen Massenkundgebungen. Die Verbraucherpreise steigen zwar langsamer als im Vorjahr, weisen aber immer noch eine Zuwachsrate von 7,8 % auf.

2. Febr. Japan erklärt die *Ausdehnung* seiner *Hoheitsgewässer* von drei *auf zwölf* Seemeilen.

Juni Japan gibt den Abschluß seiner Reparationsleistungen an zwölf asiatische Länder in einer Gesamthöhe von 1,5 Mrd. US-Dollar bekannt.

Juli Gegen den 1974 zurückgetretenen Ministerpräsidenten *Tanaka* wird im Zusammenhang mit der Bestechungsaffäre der amerikanischen Flugzeugfirma Lockheed *Anklage wegen passiver Bestechung* erhoben. Daraus ergibt sich eine schwere Krise innerhalb der Libe-ral-Demokratischen Partei, die zu einer Serie von Kabinettsumbildungen führt.

5. Dez. Bei den *Wahlen zum Unterhaus* muß die regierende Liberal-Demokratische Partei schwere Verluste hinnehmen und verfügt zum ersten Mal seit ihrer Gründung im Jahre 1955 nicht mehr über die absolute Mehrheit. Ihr Stimmenanteil verringert sich von 46,9 % bei den Wahlen von 1972 auf 41,8 %, die Zahl ihrer Abgeordnetensitze von 271 auf 249. *Zweit-stärkste Fraktion im Unterhaus* werden die *Sozialisten*, die ihre Abgeordnetenzahl von 118 auf 123 erhöhen können. Die gemäßigte Demokratisch-Sozialistische Partei erringt 29 an-stelle von 19 Sitzen. Während die Abgeordnetenzahl der Kommunisten von 38 auf 17 sinkt, wächst die mit ihnen im ideologischen Bündnis stehende Komeito von 29 auf 55 Sitze an. 17 Sitze gehen an den von den Liberal-Demokraten abgespaltenen Neoliberalen Club und 21 an unabhängige Kandidaten. Die absolute Mehrheit der Liberal-Demokraten im Unter-haus kann jedoch durch den Übertritt einiger unabhängiger Abgeordneter wieder herge-stellt werden.

24. Dez. Nach dem Rücktritt des bisherigen Ministerpräsidenten Takeo Miki von seinen Ämtern als Regierungschef und als Parteivorsitzender kann der ehemalige stellvertretende Minister-präsident und neue Parteivorsitzende der Liberal-Demokratischen Partei *Takeo Fukuda,* (* 1905), der zum rechten Parteiflügel gerechnet wird, mit 256 von 511 Stimmen *zum neuen Ministerpräsidenten gewählt* werden.

1977
2. April Ein auf zehn Jahre befristeter *Wirtschafts- und Handelsvertrag mit der Volksrepublik China* sieht chinesische Erdöl- und Kohlelieferungen im Austausch gegen japanische Indu-striegüter vor.

2. Mai Das Parlament billigt die bereits 1976 von der Regierung angekündigte *Ausdehnung der japanischen Territorialgewässer auf zwölf* und der *Fischereizone auf 200 Seemeilen.*

Industrieproduktion Japans

1976 = 100[1]	1977	1978	1979	1980	1981
Bergbau	103	106	101	100	96
Verarbeitendes Gewerbe	104	111	120	128	132
Eisenschaffende Ind.	99	101	112	114	107
Chemische Industrie	105	118	127	129	129
Papier- u. Pappeerzeugung u. Verarb.	102	107	115	116	108
Investitionsgüter produzierendes Gewerbe .	107	115	128	148	161
Maschinenbau	107	114	128	138	139
Elektrotechnik	106	121	138	165	200
Textilgewerbe	98	98	99	98	96
Nahrungs- u. Genußmittelgewerbe	104	106	109	108	109
Elektrizitäts-, Gas- u. Wasserversorgung	105	111	116	118	120
Insgesamt[2]	104	111	120	128	132

[1] Originalbasis 1975;   [2] ohne Elektrizitäts-, Gas- und Wasserversorgung

Einzelne Staaten westlicher Bündnissysteme – Südkorea *1347*

11. Mai	Gegen die Stimmen der sozialistischen und der kommunistischen Fraktionen verabschiedet das Unterhaus ein Gesetz, das den USA die Benützung von Stützpunkten auf der Insel Okinawa für weitere fünf Jahre gestattet. Das am selben Tag ratifizierte Gesetz über die gemeinsame Ausbeutung des Festlandssockels mit Südkorea wird von Nordkorea und der Volksrepublik China für nichtig erklärt.
12. Juni	Japan gewährt der Sowjetunion einen Kredit in Höhe von 300 Mio. US-Dollar zum Ankauf japanischer Industrieeinrichtungen.
5. Sept.	Die Regierung verkündet ein *Sieben-Punkte-Programm zur Konjunkturförderung*, das Ausgaben in einer Gesamthöhe von 6 Mrd. US-Dollar vorsieht.
28. Nov.	Ministerpräsident *Fukuda bildet das Kabinett um*. Die neue Regierung zielt mit ihrem Programm auf dauerhafte Wachstumsstabilität durch eine Kombination von strukturpolitischen und kulturpolitischen Maßnahmen, weil die starke Expansion bis zum Beginn der siebziger Jahre bei einer sehr geringen Kapitalausstattung der Unternehmer zu steigender Verschuldung und einer großen Zahl von Zusammenbrüchen geführt hat.
1978 Jan.	Erneute Verhandlungen mit der Sowjetunion über den Abschluß eines Friedensvertrages scheitern wieder an der Kurilenfrage.
12. Aug.	*Abschluß* eines *Friedens- und Freundschaftsvertrages mit der Volksrepublik China*, der als Grundlage zum weiteren Ausbau der wirtschaftlichen Kooperation dienen soll. Heftige Reaktion auf seiten der Sowjetunion.
27. Nov.	Bei der Vorwahl für das Amt des Vorsitzenden der Liberal-Demokratischen Partei unterliegt *Fukuda*, der sich daraufhin zum *Rücktritt vom Regierungsamt* entschließt.
7. Dez.	*Masayoshi Ohira* (* 1910, † 1980), zum neuen Vorsitzenden der Liberal-Demokratischen Partei bestimmt, wird vom Parlament *zum neuen Ministerpräsidenten gewählt*.
1979 21. Febr.	Das japanische Parlament fordert von der UdSSR in einer Resolution die Rückgabe der besetzten Kurilen-Inseln und die Aufhebung der dort eingerichteten Militärbasen.
7. Okt.	Vorgezogene Unterhauswahlen ohne wesentliche Änderung der Mehrheitsverhältnisse.
1980 Mai/Juni	Sturz der Regierung durch Mißtrauensvotum des Unterhauses bei Uneinigkeit der Liberal-Demokraten; Parlamentsauflösung (16. Mai). *Tod Ohiras* (12. Juni).
22. Juni	Unterhauswahlen, verstärkte Mehrheit der Liberal-Demokratischen Partei.
18. Juli	*Zenko Suzuki* (* 1911), Vorsitzender der Liberal-Demokraten, wird *zum Ministerpräsidenten gewählt*.
1981 9. April	Nach dem Zusammenstoß eines amerikanischen Atom-U-Bootes mit einem japanischen Frachter kommt es zu antiamerikanischen Demonstrationen.
30. Nov.	*Regierungsumbildung, Yoshio Sakarauchi* (* 1912), Generalsekretär der Liberal-Demokraten, *wird Außenminister*.
1982	Inbetriebnahme der ersten japanischen Urananreicherungsanlage (März).
Juli	Das Kabinett beschließt, die *Erdgas- und Ölvorkommen bei Sachalin* trotz des amerikanischen Technologie-Embargos gemeinsam mit der Sowjetunion zu erschließen.
12. Okt.	Ministerpräsident Suzuki tritt wegen parteiinternen Differenzen zurück.
25. Nov.	In einer Urabstimmung, an der ca. 1 Mio. Mitglieder der Liberal-Demokratischen Partei teilnehmen, wird *Yasuhiro Nakasone* (* 1918) zum Parteivorsitzenden und anschließend (26. Nov.) *zum Ministerpräsidenten gewählt*.
1983 26. Juni	Bei den *Neuwahlen zum Oberhaus* kann die Liberal-Demokratische Partei ihre Mehrheit weiter ausbauen.
18. Dez.	Bei den *Unterhauswahlen* verliert die Liberal-Demokratische Partei die absolute Mehrheit, kann aber mit dem Neoliberalen Klub und Unabhängigen weiterregieren.
26. Dez.	*Wiederwahl Nakasones* als Ministerpräsident.
1984 6. Sept.	Besuch von Südkoreas Staatspräsident Chon Doo Hwan in Tokio zur *Beilegung der aus Japans Kolonialherrschaft über Korea stammenden Differenzen. – (Forts. S. 1658)*

Republik Korea (Südkorea)
(Forts. v. S. 1033)

1945 Juli	Die Alliierten garantieren in der Konferenz von Potsdam wie schon in der Erklärung von Kairo (Dez. 1943) die *Unabhängigkeit Koreas*.
Aug./ Sept.	Amerikanische Soldaten nehmen im Süden des Landes bis zum 38. Breitengrad als Demarkationslinie die Kapitulation der japanischen Truppen entgegen.
10. Sept.	Einsetzung einer *US-Militärregierung*.
1947	Die UNO beschließt allgemeine Wahlen unter ihrer Aufsicht in ganz Korea (14. Nov.).
1948 10. Mai	Da die UN-Beschlüsse von Nordkorea boykottiert werden, finden nur in Südkorea *Wahlen zur Nationalversammlung* statt.
20. Juli	*Syngman Rhee* (* 1875, † 1965), der bereits 1919 an der Exilregierung in Shanghai beteiligt war, wird zum ersten Präsidenten gewählt: **Erste Republik (1948–1960).**
8. Sept.	US-Truppen verlassen bis auf Militärberater Korea.

1348 Neueste Zeit – Westliche Welt

1950 Nach militärischen Konflikten an der Demarkationslinie fallen nordkoreanische Truppen
25. Juni in Südkorea ein: **Koreakrieg.** Innerhalb von zwei Monaten ist der größte Teil Südkoreas
überrannt.

Aug. UN-Truppen, zum Großteil Amerikaner, bringen unter General MacArthur die Invasion
am Naktongfluß zum Stehen.

Okt. In einer *Gegenoffensive* greifen die UN-Truppen mit Billigung der UNO Nordkorea an und
erreichen die chinesische Grenze.

1951 Nordkoreanische Truppen und chinesische Freiwillige stoßen erneut bis südlich von Seoul
Jan. vor, doch schließlich erstarrt die Front im Frühjahr an der alten Demarkationslinie des
38. Breitengrads.

Juli Nach Feuerpause Beginn langwieriger *Friedensverhandlungen in P'anmunjom* (38. Breitengrad).

1953 Unterzeichnung eines *Waffenstillstandsvertrags,* der den Frontverlauf als De-facto-Staats-
27. Juli grenze bestätigt.

1954 *Südkorea* schließt mit den USA ein Abkommen im Falle eines Verteidigungskrieges.
1. Okt. Massive amerikanische Wirtschaftshilfe und politische Unterstützung. Syngman Rhee erstickt alle Versuche der Opposition, das präsidiale System durch ein parlamentarisches zu
1960 ersetzen.

April Rhees vierte Wiederwahl ruft heftige *Studentenunruhen* hervor, die ihn ins Exil zwingen.
1960/1961 Die **Zweite Republik** ist ein parlamentarisches System unter Ministerpräsident *Chang
Myon* (* 1899, † 1966), die nach 9 Monaten am Parteienstreit zerbricht.

1961 Beendigung der Zweiten Republik durch einen *Militärputsch* (Mai).
Juni Nach Aufhebung der Verfassung setzt sich General *Park Chung-hee* (* 1917, † 1979)
an die Spitze der *Militärregierung.*

1963 Park übernimmt nach staatsstreichähnlichen Maßnahmen das Amt des Staatspräsidenten:
17. Dez. Dritte Republik.
Parks autoritäres Regime regiert mit einem straffen Polizeiapparat und der häufigen Verhängung des *Kriegsrechts,* doch wird es als fester Verbündeter von den USA gestützt
(45000 Koreaner kämpfen im Vietnamkrieg).

1965 Im „Vertrag über die allgemeinen Beziehungen" zwischen Japan und Südkorea anerkennt
22. Juni Japan die südkoreanische Regierung als die „allein gesetzmäßige" von ganz Korea.

1971 Ein Gesprächsangebot des südkoreanischen Roten Kreuzes wird von Nordkorea angenom-
Aug. men: *Verhandlungen von Rotkreuzvertretern* beider Länder in P'anmunjom über humanitäre Fragen (Familienzusammenführung). In der Folge treffen sich Vertraute von General
Park und Ministerpräsident Kim von Nordkorea zu *Geheimverhandlungen* über die Möglichkeit der friedlichen Wiedervereinigung.

1972 *Gemeinsames Kommuniqué* zwischen Nord- und Südkorea: Verzicht auf Propaganda und
4. Juli Provokation, Errichtung eines „heißen Drahtes" zwischen Seoul und P'yongyang, Konstitution eines Koordinationsausschusses.

Okt. Die Neuorganisation der US-Präsenz in Ost- und Südostasien führt zur *außenpolitischen
Schwächung des Park-Regimes* und seiner innenpolitischen Verhärtung. Proklamierung
der *Yushin-(„Revitalisierungs"-)Reformen* zur Stärkung der Exekutive.

Nov. Park läßt sich in einem Referendum erweiterte Machtbefugnisse ausstellen und die Möglichkeit der unbegrenzten Wiederwahl zusichern. Sein Vorschlag, beide koreanische Staaten in die UNO aufzunehmen, wird von Nordkorea zurückgewiesen, da dies den Status des
geteilten Landes bestätigen würde.

1973 Aug.: Ende der Annäherung zwischen Süd- und Nordkorea, „*Einfrieren*" des Dialogs.
1977 Ankündigung von US-Präsident Carter, den Großteil der in Südkorea stationierten US-
Jan. Bodentruppen bis 1981 abzuziehen (1979 weitgehend während eines Staatsbesuchs in
Seoul rückgängig gemacht).

1978 Die Nationalkonferenz bestätigt Park für weitere sechs Jahre im Amt (6. Juli).
1979 Positive Reaktion Südkoreas auf nordkoreanische Angebote, über die Beziehungen zwi-
Jan. schen beiden Staaten zu verhandeln.

26. Okt. *Ermordung von Präsident Park* durch den Geheimdienstchef Südkoreas.
Amtierender Präsident wird Ministerpräsident *Choi Kyu Ha* (* 1919).

1980 Massaker der Armee in Kwangju (26. Mai).
16. Aug. *Chon Doo Hwan (*1932) wird Staatspräsident.*
17. Sept. Oppositionspolitiker *Kim Dae Jung* (* 1925) *zum Tod verurteilt;* später begnadigt.

1983 *UdSSR-Jäger schießen südkoreanisches Passagierflugzeug* westlich Sachalin *ab* (1. Sept.).
1984 Besuch *Chon Doo Hwans in Japan* zur Beilegung der Spannungen aus der Kolonialzeit
(6. Sept.). – *(Forts. S. 1658)*

Republik China (Taiwan)
(Forts. v. S. 1031)

1945
25. Okt. — Gemäß dem Abkommen von Kairo (1943) und den Potsdamer Beschlüssen (1945) muß Japan auf allen „geraubten" Landerwerb verzichten. *Formosa* – seit dem Frieden von Shimonoseki von 1895 japanisch – wird von der Kuomintang-Regierung (KMT) als *„Provinz Taiwan"* China wieder zugegliedert.

1947 — Unter starker Mißwirtschaft kommt es zu blutig niedergeschlagenen *Aufständen der Taiwanesen.*

1949
Dez. — Auf der *Flucht* vor den vorrückenden kommunistischen Truppen auf dem Festland setzt die *nationalchinesische Regierung* mit 1,5 Mio. Anhängern nach Taiwan über.

1949–1953 — **Erfolgreiche Landreform** in drei Stufen: Pachtherabsetzung (1949). Verkauf von staatseigenem Grund an die „Bebauer" (seit 1951) und Teilenteignung der Großgrundbesitzer, die in Aktien neugegründeter Industrie entschädigt werden. Diese Maßnahmen legen, gemeinsam mit der massiven *Wirtschafts- und Militärhilfe der USA,* die Basis für das „taiwanesische Wirtschaftswunder" und festigen zugleich die Herrschaft der KMT.

1950
1. März — Wahl des Generalissimus *Chiang Kai-shek* (* 1887, † 1975) zum *Präsidenten der Republik China.* Das Parlament setzt sich aus Vertretern aller Provinzen Gesamt-Chinas zusammen; Chiangs Regierung des „freien China" beansprucht, für das ganze Land zu sprechen, und verkündet ihr Ziel, das Festland zurückzuerobern. Dank dem Einfluß der USA behauptet Nationalchina vorerst die UN-Mitgliedschaft.

1954
Sept. — *Gefechte um taiwanesische Inselgruppen* in der Straße von Formosa, die dem Festland vorgelagert sind, mit rotchinesischen Truppen; die Ta-Ch'en-Inseln werden aufgegeben.

2. Dez. — Abschluß eines bilateralen *Verteidigungsabkommens zwischen den USA und Taiwan,* das nach weiteren Zwischenfällen mit der VR China auf die Inselgruppen der Peskadoren und die Küsteninseln Quemoy und Matsu ausgedehnt wird (März 1955).

1958
Aug./Sept. — Beschießung Quemoys durch Truppen der VR China führt zur Alarmierung der Siebten US-Flotte: *Quemoy-Krise;* deswegen Wiederaufnahme der Warschauer Gespräche auf Botschafterebene zwischen den USA und der VR China.

1965 — Beendigung der US-Wirtschaftshilfe für Taiwan.

1971
25. Nov. — Als Folge des *Ausschlusses Taiwans aus der UNO* verringern sich die diplomatischen Beziehungen rapide: 1977 sind es nur mehr 23 (zumeist unbedeutende) Länder, die volle Beziehungen zu Taiwan unterhalten. Dennoch bleiben die *Außenhandelsbeziehungen* dank der leistungsfähigen Wirtschaft (Konsumgüter, chemische und Elektroindustrie) zum Großteil erhalten. Innenpolitisch beginnt Chiang Kai-sheks Sohn *Chiang Ching-kuo* (* 1910, † 1988) – seit 1972 Ministerpräsident – die starken Spannungen zwischen einheimischen Taiwanesen (85% der Bevölkerung) und den Festlandchinesen abzubauen (die Taiwanesen stellen bislang nur die Provinzverwaltung, während sie von den wichtigeren, staatlichen Behörden fast gänzlich ausgeschlossen sind).

1975
6. April — Nach dem Tode von Generalissimus Chiang Kai-shek (5. April) wird *Yen Chia-kan* (* 1905) *Staatspräsident.*

1978 — Ministerpräsident *Chiang Ching-kuo* zum *Staatspräsidenten* gewählt (21. März).

1979
1. Jan. — Die Aufnahme voller diplomatischer Beziehungen zwischen Washington und Peking beschränkt die Kontakte zwischen den USA und Taiwan auf „besondere" wirtschaftliche und kulturelle Beziehungen sowie militärische Garantien.

31. Dez. — Die VR China stellt die Beschießung Quemoys (seit 1958 an allen ungeraden Tagen) ein und schlägt Wiedervereinigung unter Anerkennung der Autonomie Taiwans vor.

1982 — Das US/VR China-Kommuniqué zur Taiwanfrage wird scharf abgelehnt (17. Aug.).

1983 — Die USA geben die *Lieferung von 66 Kampfflugzeugen* an Taiwan bekannt (9. Febr.).

1984 — *Präsident Chiang Ching-kuo* wird *wiedergewählt* (16. März). – *(Forts. S. 1658)*

Neutrale Staaten in Europa

Vatikan seit 1945
(Forts. v. S. 977)

Die während des Zweiten Weltkriegs aufgenommene Fühlungnahme zwischen dem Heiligen Stuhl und anderen christlichen Kirchen wird nach 1945 im Rahmen der ökumenischen Bewegung fortgeführt. Daneben wendet sich die katholische Kirche vor allem gegen den Kommunismus (ecclesia militans). Papst Pius XII. läßt die freiwillige Zugehörigkeit eines katholischen Christen zu einer kommunistischen Partei, die Mitwirkung beim Aufbau einer kommunistischen Organisation sowie jede indirekte Unterstützung des Kommunismus mit der Exkommunikation bestrafen.

1350 Neueste Zeit – Westliche Welt

Die Päpste seit 1922

Pius XI.	1922–1939	Paul VI.	1963–1978
Pius XII.	1939–1958	Johannes Paul I.	1978
Johannes XXIII.	1958–1963	Johannes Paul II.	seit 1978

1950 Pius XII. verkündet das Dogma von der leiblichen Aufnahme Mariä in den Himmel und
1. Nov. macht damit als erster Papst seit dem Ersten Vatikanischen Konzil von der Unfehlbarkeit des päpstlichen Lehramtes Gebrauch.
1958 Nach dem Tod von Pius XII. (9. Okt.) wird der Patriarch von Venedig, *Angelo Giuseppe*
28. Okt. *Kardinal Roncalli* (* 1881, † 1963), zum Papst gewählt. Er nimmt den Namen *Johannes XXIII*. an. Sein Pontifikat kennzeichnet eine Ära kirchlicher Reformen: Reorganisation der Kirchenverwaltung, Erweiterung des Kardinalskollegiums durch die verstärkte Aufnahme nichtitalienischer und außereuropäischer Kirchenführer, Förderung der Seelsorge, Intensivierung der liturgischen Reform.
1961 In der Enzyklika „Mater et Magistra" wird die katholische Soziallehre neu dargelegt und
15. Aug. die demokratische Staatsform gewürdigt.
25. Dez. Formelle Einberufung des **Zweiten Vatikanischen Konzils** (bereits am 25. Jan. 1959 angekündigt). Das (am 11. Okt. 1962 beginnende) Konzil hat die Aufgabe, Vorschläge für eine Erneuerung des kirchlichen Lebens auszuarbeiten. Grundlage einer Neubesinnung ist das ökumenische Bewußtsein. Die kirchlichen Strukturen sollen an die Erfordernisse der Zeit angepaßt, die getrennten christlichen Kirchen stärker zusammengeführt werden (Einrichtung eines „Sekretariats für die Einheit der Christen").
1963 Nach dem Tod von Johannes XXIII. (3. Juni) wird der Erzbischof von Mailand, *Giovanni*
21. Juni *Battista Kardinal Montini* (* 1897, † 1978), zum Papst gewählt: *Paul VI.* Er führt das Vatikanische Konzil (Beendigung 8. Dez. 1965) und das Reformwerk seines Vorgängers fort.
1964–1970 Zahlreiche Auslandsreisen von Paul VI.: Pilgerfahrt in das Heilige Land (1964), Besuch des Eucharistischen Kongresses in Bombay (1964), Rede vor der UN-Generalversammlung in New York (1965), Reisen nach Fátima und Istanbul (1967), Bogotá (1968), Afrika (1969), dem Fernen Osten und Australien (1970).
1967/1968 Von den Enzykliken Pauls VI. finden vor allem die Sozialenzyklika „Populorum progressio" (1967) sowie „Humanae vitae" (1968; über Fragen der Ehe und Geburtenregelung) besondere Beachtung.
1978 Nach dem Tod Pauls VI. (6. Aug.) wird der Erzbischof von Venedig, *Albino Kardinal*
26. Aug. *Luciani* (* 1912, † 1978) zum Papst gewählt: *Johannes Paul I.*
28. Sept. Johannes Paul I. stirbt unerwartet.
16. Okt. Der Erzbischof von Krakau (Kraków), *Karol Kardinal Wojtyła* (* 1920), wird zum Papst gewählt: *Johannes Paul II.* Mit dem ersten Polen ist erstmals seit 1523 ein Nichtitaliener Oberhirte der katholischen Kirche.
1979 Der Papst reist zur dritten Generalversammlung des lateinamerikanischen Episkopats nach
Jan. Mexiko.
2.–10. Johannes Paul II. besucht auf einer als Pilgerreise bezeichneten Rundfahrt seine Heimat
Juni Polen: Stationen seiner Reise sind Warschau, Gnesen (Gniezno), Tschenstochau (Częstochowa) und Krakau.
Sept.–Nov. Besuche des Papstes in Irland, den USA und bei der UNO sowie in der Türkei.
1981 Weitere Reisetätigkeit (Afrika, Lateinamerika, Europa, Asien) unterbricht *schwere Verlet-*
13. Mai *zung des Papstes bei Attentat* auf dem Petersplatz (Klinikentlassung August).
1982 Erstmals seit 1570 wieder volle diplomatische Beziehungen zu Großbritannien (16. Jan.).
1983 Ein *neuer Codex Iuris Canonici* ersetzt das seit 1917 geltende Gesetzbuch (27. Nov.).
1984 *Unterzeichnung des neuen Konkordats mit Italien* zum Ersatz der Lateranverträge von
19. Febr. 1929: *Trennung von Kirche und Staat.*
9. April Der *Kardinalstaatssekretär* wird „im Namen und als Stellvertreter" des Papstes *weltlicher Souverän des Vatikanstaates;* wichtige Ämter werden neu besetzt. – *(Forts. S. 1631)*

Österreich seit 1945
(Forts. v. S. 951)

Nachdem in der *Moskauer Deklaration der Vier Nationen* (USA, Großbritannien, UdSSR und China) vom 1. Nov. 1943 die Wiedererrichtung einer selbständigen Republik Österreich festgelegt worden ist, proklamiert am 27. April 1945 die *Provisorische Regierung* die Wiederinkraftsetzung der *Verfassung von 1920* und damit einen unabhängigen Staat Österreich. Im *Ersten Kontrollabkommen* vom 4. Juli 1945 zwischen den USA, der UdSSR, Großbritannien und Frankreich werden ein gemeinsamer Kontrollrat als Verwaltungsorgan und die Errichtung von *vier Besatzungszonen* beschlossen (Sowjetische Besatzungszone: Niederösterreich, Burgenland, Wiener Randgemeinden, Oberösterreich nördlich der Donau;

Amerikanische Besatzungszone: Oberösterreich südlich der Donau, Salzburg; Britische Zone: Steiermark, Kärnten, Osttirol; Französische Zone: Nordtirol, Vorarlberg; Wien wird mit Ausnahme der Innenstadt in vier Sektoren geteilt). Als die Regierung Renner im Oktober 1945 von den Westalliierten anerkannt wird, ist die Gesamtstaatlichkeit Österreichs über die Zonengrenzen hinweg zunächst gesichert.

1945
27. April Ohne Zustimmung der Westmächte, jedoch mit Duldung der sowjetischen Besatzungsmacht wird in Wien eine *Provisorische Regierung* gebildet, an der neben der Sozialistischen Partei Österreichs (SPÖ), die mit *Karl Renner* (* 1870, † 1950) den *Bundeskanzler* stellt, und der christlich orientierten Österreichischen Volkspartei (ÖVP) auch die Kommunistische Partei Österreichs (KPÖ) beteiligt ist.

1. Mai Die *Verfassung von 1920* (in der Fassung von 1929) tritt *wieder in Kraft*.

Staatlicher Aufbau der Republik Österreich (1983)

7.–12. Mai Bildung von Landesregierungen (heutige Bundesländer: Wien, Niederösterreich, Oberösterreich, Salzburg, Tirol, Vorarlberg, Kärnten, Steiermark, Burgenland); damit verfügt das Land sowohl über zentrale als auch föderative staatliche Vertretungen.

20. Okt. Anerkennung der Provisorischen Regierung durch die Westmächte.

25. Okt. *Erste Nationalratswahlen* in ganz Österreich: Die ÖVP erhält 85 Mandate (absolute Mehrheit), die SPÖ 76 und die KPÖ 4 Mandate; auch aus den gleichzeitig stattfindenden Landtagswahlen geht die ÖVP deutlich als Sieger hervor. Sie stellt mit Ausnahme von Wien und Kärnten in allen anderen Bundesländern den Landeshauptmann (Vorsitzender der Landesregierung).

20. Dez. Der Nationalrat wählt *Karl Renner* zum *Bundespräsidenten* und *Leopold Figl* (* 1902, † 1965) zum *Bundeskanzler*. Der neue Bundeskanzler bildet aus allen drei im Nationalrat vertretenen Parteien eine „Konzentrationsregierung".

1946
26. Juli Der Nationalrat beschließt das Erste Verstaatlichungsgesetz. Verstaatlicht werden die Eisen- und Stahlindustrie und die drei Großbanken (die Betriebe der Energieversorgung folgen im Mai 1947).

1947 Auf der Konferenz der stellvertretenden Außenminister der alliierten Staaten in London beginnen die Verhandlungen über einen österreichischen Staatsvertrag.

13. Juni Die Annahme des Marshall-Plans führt zu von der KPÖ organisierten Tumulten und Demonstrationen (in der Folge verläßt die KPÖ die Regierungskoalition; die letzten kommunistischen Versuche, die innenpolitische Entwicklung Österreichs in Richtung einer Volksdemokratie zu lenken, scheitern endgültig 1950).

1352 Neueste Zeit – Westliche Welt

Nov. Durchführung einer *Währungsreform* auf der Grundlage des Schilling-Gesetzes vom 30. Nov. 1945.

1948 Mit der Unterzeichnung des Marshall-Plan-Abkommens zwischen den Vereinigten Staaten
2. Juli von Amerika und Österreich wird eine Wirtschaftshilfe in Höhe von 1,6 Mrd. US-Dollar zugesichert.

1949 Verabschiedung eines politischen Programms des neugegründeten Verbands der Unabhängigen (VdU), eines Sammelbeckens von ehemaligen Nationalsozialisten und „Großdeutschen".

9. Okt. Bei Nationalratswahlen erhält die ÖVP 77, die SPÖ 67, der VdU 16 und die KPÖ 7 Mandate.

9. Nov. Mit der *Bildung* einer neuen *Koalitionsregierung* aus ÖVP und SPÖ unter Bundeskanzler Leopold Figl wird das Regierungsbündnis der **Großen Koalition** bestätigt, das bis 1966 jeweils erneuert und dessen Funktionsfähigkeit durch Parteienabsprache *(ÖVP-SPÖ-Proporzsystem)* geregelt wird. Aufgrund des Mandatsvorsprungs stellt die ÖVP den jeweiligen Bundeskanzler und die SPÖ den Vizekanzler.

1951 Zum ersten Mal wird der neue Bundespräsident direkt vom Volk gewählt: Die Wahl ge-
27. Mai winnt der Kandidat der SPÖ, *Theodor Körner* (* 1873, † 1957).

1952 Bildung des dritten Kabinetts Figl (ÖVP-SPÖ-Koalition) am 28. Okt.

1953 Nationalratswahlen: ÖVP 74, SPÖ 73, VdU 14, KPÖ vier Mandate (22. Febr.).

2. April Bildung einer *ÖVP-SPÖ-Koalitionsregierung* unter Bundeskanzler *Julius Raab* (* 1891, † 1964).
Leopold Figl wird neuer Außenminister; auf seine Vorschläge hin werden den alliierten Mächten Verhandlungen über den Status einer immerwährenden Neutralität Österreichs unterbreitet.

1955 Beim Besuch einer Delegation unter Bundeskanzler Raab in Moskau Einigung über die
12.–15. Bedingungen der sowjetischen Siegermacht für einen Staatsvertrag (Moskauer Memoran-
April dum).

15. Mai Nach Abschluß entsprechender Vereinbarungen mit den westlichen Alliierten (Wiener Memorandum) wird in Wien der **Österreichische Staatsvertrag** unterzeichnet: Aufhebung des Besatzungsstatuts, Österreich als Zweite Republik wird unabhängiger Staat in den Grenzen vom 1. Jan. 1938. Gegen Freigabe des beschlagnahmten Grundbesitzes, der Vermögenswerte und Industrieanlagen verpflichtet sich Österreich, mit Deutschland keine politische oder wirtschaftliche Vereinigung einzugehen und Rüstungsbeschränkungen auf sich zu nehmen.

27. Juli Mit Inkrafttreten des Staatsvertrages beginnt der Abzug der Besatzungstruppen.

26. Okt. Der Nationalrat beschließt die *immerwährende Neutralität Österreichs;* dadurch wird die Zugehörigkeit zu internationalen (nichtmilitärischen) Organisationen nicht ausgeschlossen.

6. Dez. Die vier Großmächte anerkennen das Bundesverfassungsgesetz über die Neutralität, das von österreichischer Seite ausdrücklich nicht als Garantieverpflichtung bezeichnet wird.

14. Dez. Österreich wird als Vollmitglied in die Vereinten Nationen aufgenommen.

1956 Österreich tritt dem Europarat bei (1. März).

7. April Gründung der Freiheitlichen Partei Österreichs (FPÖ), die aus dem VdU hervorgeht.

13. Mai Nationalratswahlen; ÖVP 86, SPÖ 74, FPÖ sechs und KPÖ drei Mandate.

23. Juni Bildung einer neuen ÖVP-SPÖ-Koalitionsregierung unter Bundeskanzler Raab.

2. Aug. Gründung der Österreichischen Industrie- und Bergbauverwaltungsgesellschaft, der die Leitung der verstaatlichten Betriebe übertragen wird.

26. Okt. Die Generalkonferenz der Internationalen Atom-Energie-Kommission (IAEA) bestimmt Wien zu ihrem ständigen Sitz. Österreich erfährt dadurch in seinem Bemühen, eine Vermittlerrolle zwischen Ost und West im Rahmen der internationalen Beziehungen zu spielen, eine Anerkennung; in der Folge bemühen sich alle Bundesregierungen, Wien zum Sitz von internationalen Behörden zu machen.

Okt./Nov. Während des ungarischen Aufstandes fliehen Tausende von Ungarn nach Österreich, denen die österreichischen Behörden Asyl gewähren.

1957 In der neugegründeten *Paritätischen Kommission* für Lohn- und Preisfragen (Ausdruck des Parteienproporzes) bestimmen der Österreichische Gewerkschaftsbund, die Arbeiter-, Handels- und Landwirtschaftskammern gemeinsam mit der Bundesregierung die Richtlinien für die Wirtschafts- und Sozialpolitik.

1958 Wahl von *Adolf Schärf* (* 1890, † 1965; SPÖ) zum Bundespräsidenten (5. Mai).

1959 Nach Nationalratswahlen (ÖVP 79, SPÖ 78, FPÖ 8 Mandate; Kommunisten zum ersten
16. Juli Mal nicht im Nationalrat vertreten) bildet Bundeskanzler Raab erneut eine ÖVP-SPÖ-Koalitionsregierung (Vizekanzler ist der Vorsitzende der SPÖ, Bruno Pittermann [* 1905, † 1983]; die SPÖ stellt in Bruno Kreisky [* 1911, † 1990] auch den Außenminister).

26. Nov. Der Nationalrat stimmt dem Beitritt Österreichs zur Europäischen Freihandelszone (EFTA) zu.

Neutrale Staaten in Europa – Österreich *1353*

1961	11. April: ÖVP-SPÖ-Koalition unter Bundeskanzler Alfons *Gorbach* (* 1898, † 1972; ÖVP).
1962 19. Jan.	Im *Raab-Olah-Abkommen* (benannt nach Julius Raab und dem Vorsitzenden des Gewerkschaftsbundes Franz Olah [* 1910]) wird die Funktionserweiterung der Paritätischen Kommission beschlossen.
1963 3. April	Nach Nationalratswahlen vom 18. Nov. (ÖVP 81, SPÖ 76, FPÖ acht Mandate) erneute ÖVP-SPÖ-Koalitionsregierung unter Bundeskanzler Alfons Gorbach.
5. Juni	Ausbruch einer schweren *Koalitionskrise* wegen des Rechtsstreites im Fall des ältesten Sohnes des letzten Kaisers von Österreich, *Otto von Habsburg* (* 1912), dessen Rückkehr nach Österreich (aufgrund des Habsburgergesetzes von 1919 [im Staatsvertrag von 1955 ausdrücklich bestätigt] nach der Verzichtserklärung auf alle Thronansprüche) rechtlich möglich ist, die aber die SPÖ verhindern will.
4. Juli	Der Nationalrat nimmt gegen drei Stimmen der ÖVP eine Entschließung über die Unerwünschtheit einer Rückkehr von Otto von Habsburg an.
20. Sept.	Mit dem Klagenfurter Manifest spricht sich die ÖVP gegen die Fortführung einer Koalition mit der SPÖ aus.
1964 24. Febr.	Rücktritt der Regierung Gorbach nach Auseinandersetzungen in der ÖVP, insbesondere über die Koalitions- und Finanzpolitik.
2. April	Neue ÖVP-SPÖ-Koalitionsregierung unter Bundeskanzler Josef Klaus (* 1910; ÖVP).
3. Nov.	Wahl des Wiener Bürgermeisters und SPÖ-Kandidaten *Franz Jonas* (* 1899, † 1974) zum Bundespräsidenten.
1965 23.. Mai	Sturz des Innenministers Franz Olah und Ausschluß aus der SPÖ nach harten innerparteilichen Auseinandersetzungen.
1966 19. April	Nach Erringung der absoluten Mehrheit (ÖVP 85, SPÖ 74, FPÖ sechs Mandate) bildet Klaus eine *ÖVP-Alleinregierung*.
1967 13. April	20. März: Durch ihr Veto verhindert die UdSSR ein Assoziierungsabkommen mit der EG. Die Organisation der Vereinten Nationen für industrielle Entwicklung (UNIDO) errichtet ihren ständigen Sitz in Wien.
1969 2. Dez.	Italien und Österreich erzielen eine Einigung in der Südtirolfrage: Paraphierung des Vertrages zur friedlichen Beilegung von Streitigkeiten.
16. Dez.	Mit 83 gegen 79 Stimmen entscheidet sich der Nationalrat zur *Annahme des Südtirol-Pakets* (Erweiterung der Autonomie für Südtirol).
1970 1. März	Nachdem bei Nationalratswahlen (1. März) die SPÖ erstmals stärkste Partei wird (SPÖ 81, ÖVP 79, FPÖ fünf Mandate), bildet *Bruno Kreisky* eine *SPÖ-Minderheitsregierung*.
1971	Franz Jonas wird wieder zum Bundespräsidenten gewählt (25. April).
10. Okt.	Vorgezogene Wahlen, absolute SPÖ-Mehrheit (SPÖ 93, ÖVP 80, FPÖ 10 Mandate).
5. Nov.	Bundeskanzler Bruno Kreisky bildet eine *SPÖ-Alleinregierung*.
1972 22. Juli	Unterzeichnung eines Freihandelsvertrags mit der EG, der einen Zollabbau für Industrieerzeugnisse vorsieht.
21. Dez.	Aufnahme diplomatischer Beziehungen mit der DDR.
1973 15. Febr.	Der Nationalrat beschließt die Fusionierung der staatlichen Eisen- und Stahlwerke zu einem Großkonzern, der mit über 7000 Beschäftigten zu einem der größten Betriebe dieser Art in der westlichen Welt wird.
1974 23. Juni	Zum Nachfolger des verstorbenen Bundespräsidenten Jonas (24. April) wird der bisherige Außenminister *Rudolf Kirchschläger* (* 1915) gewählt.
1975 5. Okt.	Wahlen: erneut absolute SPÖ-Mehrheit, 28. Okt.: zum dritten Mal SPÖ-Alleinregierung Kreisky.
1978 5. Nov.	In der ersten *Volksabstimmung* seit Bestehen der Zweiten Republik spricht sich die Mehrheit gegen die Inbetriebnahme des Kernkraftwerks in Zwentendorf und gegen die Ausführung von Bauplänen anderer derartiger Anlagen aus.
1979 5. Juni	Wahlen am 6. Mai, SPÖ 95 Mandate, ÖVP 77, FPÖ 11. Viertes Kabinett Kreisky in unveränderter Zusammensetzung.
1980	*Bundespräsident R. Kirchschläger wird für eine zweite Amtszeit gewählt* (18. Mai).
1981 20. Jan.	Der *Rücktritt von Vizekanzler und Finanzminister Hannes Androsch* (* 1938) führt zur Regierungsumbildung.
8. Sept.	Im *Bauskandal* um das Allgemeine Krankenhaus *(AKH)* wird in 12 Fällen Anklage erhoben.
1982 4. Okt.	Österreich unterzeichnet ein Kulturabkommen mit der Sowjetunion (11. Febr.). Das *Burgenland* erhält eine *neue Verfassung*.
1983 24. April	Bei Parlamentswahlen verliert die SPÖ die absolute Mehrheit; die ÖVP erzielt Gewinne; *Bundeskanzler Bruno Kreisky tritt zurück*.
24. Mai	Vereidigung des SPÖ/FPÖ-Kabinetts unter *Bundeskanzler Fred Sinowatz* (SPÖ, * 1929).
16. Sept.	Die Regierung beschließt *Maßnahmen zur Gesundung der Wirtschaft:* Einsparungen, Steuer- und Beitragserhöhungen, Förderung von Wohnungsbau und Fremdenverkehr.
22. Okt.	Mehr als 100000 Menschen demonstrieren in Wien für den Frieden.

1354 Neueste Zeit – Westliche Welt

Preise und Löhne

	1979	1980	1981
Verbraucherpreisindex (1976 = 100)	113,3	120,5	128,7
Großhandelspreisindex (1976 = 100)	108,4	117,7	127,2
Baukostenindex (Mai 1945 = 100)	5931,0	6401,4	6976,4
Index der Arbeiter-Tariflöhne (1976 = 100)	122,5	129,3	138,8

Außenhandel Österreichs (in Mrd. Schilling)

	1979	1980	1981	1982
Einfuhr	269,9	315,8	334,5	332,6
hiervon u. a.:				
EFTA	22,6	24,9	25,5	25,6
EG	174,7	196,5	196,4	203,6
davon BR Deutschland	114,2	128,9	130,1	134,9
Oststaaten	23,8	30,8	39,8	36,9
USA	8,5	10,7	14,0	12,4
Ausfuhr	206,3	226,2	251,8	266,9
hiervon u. a.:				
EFTA	25,2	28,1	30,4	31,2
EG	110,4	123,0	130,8	141,7
davon BR Deutschland	62,5	69,8	73,3	78,3
Oststaaten	26,7	27,3	28,9	29,6
USA	5,2	4,9	6,5	7,8

Fremdenverkehr

	in 1000 Übernachtungen			
	1979	1980	1981	1982
Inländer	34175	28497	32480	34046
Ausländer	84825	90203	92520	89954
hiervon aus:				
BR Deutschland	62234	65579	65989	62727
Niederlande	9120	9768	10338	9724
Großbritannien	1539	2208	2682	3559
Belgien/Luxemburg	2702	2826	2979	2585

29. Okt. Die SPÖ wählt *Sinowatz* als Nachfolger von Kreisky zum *Parteivorsitzenden.*

1984 Bei Landtagswahlen in Salzburg gewinnt die ÖVP die absolute Mehrheit (25. März).

17. Juni In Tirol bringen die Landtagswahlen der ÖVP 64% aller Stimmen.

10. Sept. *Vereidigung des neuen Kabinetts Sinowatz* nach Umbesetzungen.

1985 Amtliche Warnung vor Weinfälschungen mit Diäthylenglykol (9. Juli).

1986 Der für die ÖVP kandidierende *Kurt Waldheim gewinnt die Bundespräsidentenwahl* im

8. Juni Stichentscheid. *Bundeskanzler Sinowatz* (SPÖ) *tritt zurück* (9. Juni). – *(Forts. S. 1628)*

Schweiz seit 1945 (mit Liechtenstein)
(Forts. v. S. 1008)

Nach dem Zweiten Weltkrieg findet die Schweiz nur mühsam aus ihrer Isolation heraus. Sie tritt aus Neutralitätsgründen den Vereinten Nationen nicht bei, beteiligt sich jedoch an anderen internationalen Organisationen (u. a. FAO, Internationaler Gerichtshof, OECD, UNESCO). Innenpolitisch ist in der unmittelbaren Nachkriegszeit, die eine unerwartet starke *Konjunkturentwicklung* aufweist, ein verstärktes Engagement im sozialen Bereich zu verzeichnen: Die (1931) abgelehnte AHV *(Alters- und Hinterlassenenversicherung)* wird durch Volksabstimmung am 6./7. Juli 1947 angenommen; ebenso finden die Wirtschaftsartikel, die beim Grundsatz der Handels- und Gewerbefreiheit den Staatsinterventionismus ermöglichen, Zustimmung.

1949 Die Initiative „Rückkehr zur direkten Demokratie" fördert zwar eine starke Abstim-

11. Sept. mungsintensität, andererseits ist jedoch eine anhaltend sinkende Stimmbeteiligung zu verzeichnen.

1951 Die Aufnahme diplomatischer Beziehungen mit der Bundesrepublik Deutschland bringt

März die Normalisierung des Verhältnisses beider Staaten zueinander (Aug. 1952: durch Ablösung des Washingtoner Abkommens von 1946 wird das beschlagnahmte deutsche Vermögen in der Schweiz wieder freigegeben).

Neutrale Staaten in Europa – Schweiz (mit Liechtenstein) *1355*

1950   Die Devise des Bundesrats *Max Edouard Petitpierre* (* 1899) *„Neutralität und Solidarität"* bewährt sich in den nachfolgenden Jahren: Das Schweizer Mandat in der Waffenstillstandskommission in Korea (1953), die Genfer Konferenz über Korea und Indochina (26. April–12. Juli 1954) und die für die Träger des Aufstandes von 1956 in Ungarn offen bezeugte Sympathie (Protestkundgebungen, Aufnahme von etwa 10000 Ungarn-Flüchtlingen) sind Ausdruck dieser politischen Haltung.

1959   Die großen Parteien sind in der Regierung proportional zum Wähleranteil vertreten (Kon-
17. Dez.   kordanz): Der *Sozialdemokratischen Partei* werden zwei Bundesratssitze eingeräumt (1943–1953 ein Sitz), daneben zwei Sitze für die *Freisinnige-Demokratische Partei,* zwei für die *Christlich-Demokraten* und ein Sitz für die *Schweizerische Volkspartei.* Trotz heftiger Abstimmungskämpfe erweist sich somit das politische System als stabil.

1960   Die Schweiz wird (4. Jan.) Gründungsmitglied der Europäischen Freihandelszone (EFTA).

1963   Beitritt zum Europarat.

1964   Die Ausrüstung der Schweizer Luftwaffe mit Kampfflugzeugen des französischen Typs
Juni–   „Mirage" sowie eine starke Kreditüberschreitung der öffentlichen Hand führen in der
Okt.   Bevölkerung zu einer Vertrauenskrise gegenüber der Bundesverwaltung (Reorganisation im Militärdepartement in der Folge).

1968/1969   Fortsetzung humanitärer Maßnahmen in der Außenpolitik: Ungefähr 12000 Tschechoslowaken, die ihr Land verlassen haben, erhalten in der Schweiz politisches Asyl.

1970   Die hauptsächliche gegen ausländische Arbeitskräfte in der Schweiz gerichtete Initiative
7. Juni   der konservativen und nationalistischen Bewegungen *„Republikaner"* und *„Nationale Aktion gegen Überfremdung von Volk und Heimat"* kann in einer Volksabstimmung mit knapper Mehrheit abgewiesen werden (Entschärfung des Überfremdungsproblems seit 1974).

1971   Die Schweizer Bürger nehmen, abgesehen von einigen Ausnahmen auf kantonaler Ebene,
7. Febr.   in einer Abstimmung die Einführung des *Stimm- und Wahlrechts für Frauen* auf eidgenössischer Ebene an.

1972   Abschluß eines Freihandelsabkommens mit der EG (22. Juli).
10. Aug.   Vereinbarung mit der DDR, Handelsmissionen mit konsularischen Befugnissen zu errichten (tritt am 20. Dez. in Kraft).

27.–29.   Der offizielle Staatsbesuch des Bundespräsidenten der Bundesrepublik Deutschland,
Sept.   Gustav Heinemann, dient der Vertiefung der beiderseitigen freundschaftlichen Beziehungen.

1973   Die Teilnahme der Schweiz an der KSZE-Konferenz in Helsinki zeigt ebenso wie die 1972
3. Juli   getroffene Freihandelsvereinbarung mit der EG eine stärkere Öffnung der eidgenössischen Außenpolitik. Damit im Zusammenhang steht auch die Diskussion über einen möglichen Beitritt der Schweiz zur UNO (nach geltendem Recht müßte darüber eine Volksabstimmung entscheiden): Devise „Neutralität und Solidarität" wird durch die Formel *„Disponibilität und Universalität"* erweitert.

1974   Der Nationalrat lehnt (vorbehaltlich einer Volksabstimmung) eine gewerkschaftliche
21. März   Volksinitiative für die Einführung einer paritätischen „Mitbestimmung für Arbeitnehmer und ihrer Organisationen in Betrieb, Unternehmen und Verwaltung" ab.

20. Okt.   In einer Volksabstimmung über die Überfremdungsinitiative der „Nationalen Aktion" sprechen sich rund zwei Drittel der Stimmberechtigten gegen eine Reduzierung der ausländischen Arbeitnehmer auf die Hälfte und gegen eine Verminderung der Anzahl von Saisonarbeitern und Grenzgängern aus.

1975   Um der seit Herbst 1974 anhaltenden *Rezession* wirksam begegnen zu können, leitet der
April   Nationalrat eine Reihe von Maßnahmen zur Arbeitsplatzbeschaffung in der vor allem vom Umsatzrückgang betroffenen Uhren-, Textil- und Bekleidungsindustrie ein.

Ausgewählte Wirtschaftsdaten der Schweiz

1976 = 100	1979	1980	1981	1982
Verarbeitendes Gewerbe	107	114	115	106
Elektrizitäts- u. Gasversorgung	125	132	142	144
Produzierendes Gewerbe insg.	108	114	114	109
Großhandelspreise	101	106	112	116
Lebenshaltungskosten	106	110	118	124

Die wirtschaftliche Entwicklung seit der Rezession 1974/1975

Der im Herbst 1974 erfolgte Rezessionseinbruch setzt sich 1975 in einem solchen Maß verstärkt fort, daß die Schweizer Wirtschaft ihren schwersten Rückschlag seit Beendigung des Zweiten Weltkriegs zu verzeichnen hat. Vor allem die *Uhrenindustrie* (durch die revolutionären technischen Neuerungen –

1356 Neueste Zeit – Westliche Welt

Quarzuhren – Einbruch der ausländischen Konkurrenz auf dem Weltmarkt), aber auch die Textil-, Bekleidungs-, Schuh- und Papierindustrie ist von einer nachhaltigen Dämpfung der Auslandsnachfrage mit der Folge eines empfindlichen Rückgangs des Arbeitsplatzangebots betroffen: 1975 werden 26 000 Arbeitslose und 135 000 Kurzarbeiter gezählt. Die Wettbewerbssituation verschärft sich durch den kräftigen *Kursanstieg des Franken* (1 US-Dollar = 4,31 Franken (1970); 2,62 Franken (1974); 2,38 Franken Ende 1975) und läßt das reale Bruttosozialprodukt 1975 gegenüber dem Vorjahr um 7% sinken. Die verschlechterte Konjunkturlage, die sich vor allem auf den Bausektor negativ auswirkt, zwingt den Staat zu Gegenmaßnahmen: Das *Programm* vom Juni 1975 sieht Investitionen des Bundes in Höhe von 200 Mio. Franken und vom Bund mitfinanzierte Projekte mit einem Gesamtvolumen von 600 Mio. Franken vor. Zusammen mit dem Haushalt von 1976, mit einem eingerechneten Defizit von 600 Mio. Franken, wird im Herbst 1975 ein weiterer, die Konjunktur steigernder Maßnahmenkatalog von nochmals 600 Mio. Franken gebilligt. Daraufhin bildet sich unerwartet rasch der inflatorische Preisauftrieb zurück: Die Erhöhung des *Preisindex,* 1974 im Verhältnis zum Vorjahresstand noch 11%, verringert sich bis Ende 1976 bis auf ein Prozent. Die Rezession kommt zum Stillstand, der konjunkturelle Aufschwung von 1977 schwächt sich allerdings 1978 und 1979 wieder ab: Wachstumsrate des realen Bruttosozialprodukts geht von 2,7% (1977) über 1,2% (1978) bis auf 0,7% (1979) zurück.

Außenhandel der Schweiz

In Mill. Franken	1976	1978	1979	1980	1981	1982
Einfuhr aus:						
BR Deutschland	10 470	12 234	13 947	16 766	16 908	17 262
Frankreich	4 891	5 286	6 273	7 462	7 429	6 657
Italien	3 591	4 148	5 055	5 845	5 849	5 733
USA	2 520	3 171	3 049	4 105	4 476	4 153
Großbritannien	2 483	3 378	3 755	5 073	3 458	3 181
Belgien/Luxemburg	1 312	1 630	2 003	2 503	2 543	2 346
Niederlande	1 363	1 545	2 089	2 470	2 445	2 501
Einfuhr insgesamt:	36 871	42 300	48 730	60 859	60 094	58 060
Ausfuhr nach:						
BR Deutschland	5 761	7 537	8 643	9 750	9 687	9 573
Frankreich	3 386	3 613	3 845	4 548	4 751	4 729
Italien	2 758	2 634	3 127	3 899	4 070	3 973
USA	2 521	2 974	2 993	3 552	4 129	4 095
Großbritannien	2 182	2 869	3 091	3 134	3 429	3 268
Belgien/Luxemburg	1 008	1 186	1 256	1 565	1 397	1 404
Niederlande	992	1 210	1 241	1 384	1 317	1 250
Ausfuhr insgesamt:	37 045	41 780	44 025	49 608	52 822	52 659
Saldo	174	−520	−4 705	−11 251	−7 272	−5 401

1976
21. März In einer Volksabstimmung wird eine Mitbestimmungsinitiative der Schweizer Gewerkschaften abgelehnt.

2. Mai Mit *Elisabeth Blunschy* (* 1922) wird erstmals eine Frau zur Präsidentin des Nationalrats gewählt.

1977
4. Dez. Durch Volksabstimmung wird ein Verfassungszusatz über die Einführung eines zivilen Ersatzdienstes für Militärdienstverweigerer abgelehnt.

1978
12. Jan. Die Schweizer Eidgenossenschaft schließt mit der Sowjetunion ein Zehn-Jahres-Wirtschaftsabkommen ab.

April Vorlage eines Entwurfs für eine neue Schweizer Bundesverfassung durch eine Expertenkommission.

24. Sept. Bei einer Stimmbeteiligung von 41,5% der Stimmberechtigten wird mit 82, 3% Ja-Stimmen per Volksabstimmung ein *neuer Kanton Jura* (allerdings nur Nord-Jura) gebildet.

1979 Die Vereinbarungen über die Unabhängigkeit des Kantons Jura treten in Kraft (1. Jan.). Die *Beteiligung an Parlamentswahlen* liegt erstmals seit 1914 *unter 50%* (19./20. Okt.).

1980 Ablehnung der vollständigen Trennung von Staat und Kirche in Volksabstimmung (2. März).

5. Sept. Zwischen Göschenen und Airolo wird der *Gotthard-Straßentunnel* (16,3 km) *eröffnet.*

1981 Die sogen. „Mitenand-Initiative" für eine neue Ausländerpolitik wird verworfen.

1982 *Eröffnung des Furka-Basistunnels* (15,4 km) als wintersichere Verbindung zwischen Wallis und Graubünden (25. Juni).

1983 Auf ihrer Konferenz in Paris erweitern die westlichen Finanzminister ihren „Zehnerklub"
18. Jan. durch Aufnahme der Schweiz zum Elferklub.

23. Okt. Bei Parlamentswahlen werden *die Freisinnigen stärkste Fraktion* der Bundesversammlung.

11. Nov. Das Laufental bleibt beim Kanton Bern und kommt nicht zum Kanton Baselland.

Neutrale Staaten in Europa – Schweden **1357**

1984 Beschluß zur *Einführung von Autobahngebühren* und Schwerverkehrsabgaben (26. Febr.).
20. Mai *Initiativen gegen* Mißbrauch des Bankgeheimnisses und *„Ausverkauf der Heimat"* (Grundstücksverkauf an Ausländer) *abgelehnt.*
2. Okt. *Elisabeth Kopp* (Freisinnige, * 1936) *als erste Frau im Schweizer Bundesrat. – (Forts. S. 1628)*

Liechtenstein

Das seit dem Zusammenbruch der Habsburgermonarchie (1919) eng an die Schweiz angelehnte *Fürstentum* (1921 Abschluß eines Post-, 1923 Abschluß eines Zollvertrags) ist eine *konstitutionelle Erbmonarchie.* Ein aus 15 Mitgliedern bestehender Landtag wird auf vier Jahre gewählt. 1973 erfolgt die Einführung eines neuen Wahlsystems mit Kandidatenproporz. Am 1. Juli 1984 erhalten die Frauen Stimm- und Wahlrecht auf Landesebene. Am 26. Aug. 1984 wird Erbprinz Johann Adam (* 1945) Stellvertreter von Fürst Franz Josef II. (* 1906, † 1989, Regent seit 1938).

Schweden seit 1945
(Forts. v. S. 984)

Die *Neutralität Schwedens* wird durch die Ereignisse des Zweiten Weltkrieges, durch die territorialen Veränderungen in Skandinavien (finnische Abtretungen an die UdSSR: Westkarelien mit Viborg sowie Halbinsel Hangö) und durch den kalten Krieg auf die Probe gestellt: Schweden regt 1948 vergeblich einen *skandinavischen Verteidigungspakt* an. Es engagiert sich intensiv in der Organisation der Vereinten Nationen und bemüht sich um die vielfältige Förderung der internationalen Zusammenarbeit. Die schwedische Außenpolitik setzt unter Premier *Olof Palme* (* 1927, † 1986) nach 1969 mit ihrer eindeutigen Stellungnahme gegen die Haltung der USA im Vietnamkrieg und mit ihrem Eintreten für die nationalen Befreiungsbewegungen in den Ländern der Dritten Welt neue Akzente.
Innenpolitisch baut die *Sozialdemokratische Arbeiterpartei,* die von 1932 bis 1976 in der Regierungsverantwortung steht, den *Sozialstaat* durch die Einführung weitgehender Fürsorgeleistungen für alle Bürger, bei allerdings starker Belastung im Bereich der Steuern und Abgaben, dermaßen aus, daß Schweden in den fünfziger und sechziger Jahren vielfach als ein Modell für das westliche Europa angesehen wird.

1945 Ministerpräsident *Per Albin Hansson* (* 1885, † 1946), seit 1932 mit einer dreimonatigen
31. Juli Ausnahme im Jahr 1936 im Amt, bildet sein *viertes Kabinett.*
1946 Durch die Verabschiedung des *Volkspensionsgesetzes* wird ein ausgedehntes Sozialsystem verankert, das den Arbeitnehmern den hohen Lebensstandard sichert, den sie durch den steilen Wirtschaftsaufschwung während des Zweiten Weltkriegs erreicht haben.
10. Okt. *Tage Fritiof Erlander* (* 1901, † 1985) wird Nachfolger des kurz zuvor gestorbenen Hansson.
1950 Nach dem Tod von König *Gustaf V. Adolf* (* 1858, † 1950) folgt ihm sein Sohn *Gustaf VI.*
29. Okt. *Adolf* (* 1882, † 1973) auf dem schwedischen Thron nach.
1951 Schweden gründet gemeinsam mit Dänemark und Norwegen den *Nordischen Rat,* der als
Nov. Organ für die Zusammenarbeit der Parlamente und Regierungen am 25. Juni 1952 in Kraft tritt (Beitritt Islands im Dez. 1952 und Finnlands im Okt. 1955). Ähnlich wie der Europarat (Schweden gehört diesem seit 1949 an) kann der Nordische Rat in Fragen der Vereinheitlichung im Rechts-, Sozial- und Wirtschaftswesen Empfehlungen an die Regierungen aussprechen.
1957 Ministerpräsident Erlander bildet eine neue sozialdemokratische Regierung (bis 9. Okt.
30. Okt. 1969 im Amt).
1960 Mit dem Inkrafttreten der Konvention der Kleinen Freihandelszone – EFTA – wird Schweden Mitglied dieser Wirtschaftsvereinigung.
1968 Der schwedische Reichstag beschließt in Abänderung der Verfassung die Einführung des parlamentarischen *Einkammersystems* sowie eine *Änderung des Wahlverfahrens:* Von den 350 Abgeordneten werden 310 direkt durch Verhältniswahlrecht gewählt, die restlichen 40 Mandate werden anteilig an die Parteien vergeben, die mindestens 4 % der abgegebenen Stimmen erreichen.
10. März Die USA brechen die diplomatischen Beziehungen zu Schweden wegen Meinungsverschiedenheiten über den Vietnamkrieg ab.
1969 Aufnahme diplomatischer Beziehungen zu Nordvietnam (10. Jan.).
9. Okt. Tage Erlander tritt als Ministerpräsident und Parteivorsitzender der Sozialdemokratischen Arbeiterpartei zurück, sein Nachfolger in beiden Ämtern wird der bisherige Kultusminister Olof Palme, der als besonders reformorientiert eingestuft wird.
1970 Die diplomatischen Beziehungen mit den USA werden wieder aufgenommen (10. Jan.).
20. Sept. *Wahlen zum Reichstag* nach dem neuen Modus: Die Sozialdemokraten verlieren die absolute Mehrheit, während Zentrum und Liberale Mandate hinzugewinnen und die Kommunisten die vorgesehene Vier-Prozent-Hürde überspringen können (*Olof Palme* bleibt mit einem *Minderheitskabinett* im Amt).

1358 Neueste Zeit – Westliche Welt

1971	Nach einem *Streik öffentlicher Angestellter* (Febr.), durch den Gehaltserhöhungen er-
11. März	zwungen werden sollen, wird die Regierung auf Grund eines Sondergesetzes ermächtigt, öffentliche Angestellte zur Arbeitsaufnahme zu zwingen.
1972	Unterzeichnung des *Freihandelsabkommens mit der EG* (22. Juli).
21. Dez.	Aufnahme diplomatischer Beziehungen zur DDR.

Die wirtschaftliche Entwicklung seit 1973

Durch die Vornahme von *Lohnerhöhungen* bei gleichzeitiger *Lohnsteuersenkung,* die den Kostenanstieg auf dem Binnenmarkt dämpft, sowie durch höhere Weltmarktpreise für Eisen-, Stahl- und Holzprodukte, die bei gleichzeitiger Drosselung des Energieverbrauchs die gestiegenen Erdölausgaben kompensieren, kann Schweden zunächst (1973/1974) von der Weltwirtschaftskrise nicht nur verschont bleiben, sondern erlebt sogar einen neuen *Wirtschaftsboom.*
In den folgenden Jahren zwingen eine stark *ansteigende Inflationsrate* und wachsende *Zahlungsbilanzschwierigkeiten* zur Aufgabe des bisherigen wirtschaftlichen Kurses; erst 1978 deutliche Verbesserung. Allerdings steigt die *Arbeitslosenrate* auf 2,5%. Hervorragend ist die *Steigerung des Waren- und Dienstleistungsexports* (1978), begründet in der verbesserten Konkurrenzfähigkeit der Industrie, ihrerseits durch mäßige Lohnkostensteigerungen und *Abwertung der Schwedischen Krone* ermöglicht.

1973	15. Sept.: Tod von Gustaf VI. Adolf, Nachfolger sein Enkel *Karl XVI. Gustaf* (* 1946).
16. Sept.	Patt-Ausgang bei den Reichstagswahlen, Ministerpräsident Palme bildet wiederum eine Minderheitsregierung.
1975	*Neue Verfassung in Kraft:* Der Monarch ist nicht mehr Oberbefehlshaber der Streitkräfte,
1. Jan.	er verliert das Recht, bei Kabinettssitzungen den Vorsitz zu führen, den Ministerpräsidenten zu ernennen (jetzt Recht des Reichstagspräsidenten) sowie Gesetze zu unterzeichnen (jetzt Vornahme durch den Ministerpräsidenten).
29. Okt.	Die schwedische Entwicklungshilfe erreicht erstmals 1% des Bruttosozialprodukts:
1976	Die Ergebnisse der Reichstagswahlen drücken die Unzufriedenheit der Bevölkerung mit
19. Sept.	der Wirtschafts- und Sozialpolitik der Sozialdemokraten aus. Zum ersten Mal nach 44 Jahren Regierungszeit der Arbeiterpartei gelingt es einer *bürgerlichen Koalition,* nicht zuletzt wegen des positiven Echos ihrer gegen die Kernkraftwerkspolitik gerichteten Kampagne im Wahlkampf, die Regierung zu stellen: neuer Ministerpräsident wird der Vertreter der Zentrumspartei *Thorbjörn Fälldin* (* 1926).
1977	Schweden scheidet aus der europäischen Währungsschlange aus und wertet die Schwedi-
29. Aug.	sche Krone um 10% ab (bereits im April um 6% abgewertet), was ein starkes Exportwachstum der schwedischen Wirtschaft zur Folge hat.
1978	Durch Gesetz wird die Möglichkeit der *weiblichen Thronfolge* eingeführt (20. April).
5. Okt.	Fälldin tritt wegen Auseinandersetzungen um die Kernkraftwerkspolitik zurück.
18. Okt.	Neuer Ministerpräsident einer liberalen Minderheitsregierung wird *Ola Ullsten* (* 1931).
1979	Reichstagswahlen erbringen für die bürgerliche Koalition eine knappe Mehrheit von einem
16. Sept.	Mandat gegenüber Sozialdemokraten und Kommunisten. Den größten Stimmenzuwachs haben die Konservativen zu verzeichnen, die zur zweitstärksten Fraktion werden.
11. Okt.	*Regierungschef* einer bürgerlichen Koalitionsregierung wird wiederum *Thorbjörn Fälldin.*
1981	*Das Oberste Gericht weist den Anspruch der Lappen auf eigenes Territorium ab* (29. Jan.).
27. Sept.	*Spannungen mit der UdSSR* wegen eines Sowjet-U-Bootes vor dem Kriegshafen Karlskrona.
1982	Nach sozialdemokratischem Sieg bei Parlamentswahlen (19. Sept.) und *Fälldins Rücktritt* (20. Sept.) *bildet Olof Palme* (* 1927, † 1986) ein sozialdemokratisches *Kabinett* (8. Okt.).
1983	*Schweden und Dänemark einigen sich in Grenzfragen* (Skagerrak, Kattegat, Öresund,
29. Okt.	Bornholm) vorwiegend auf das Mittellinienprinzip.
1986	Nach der *Ermordung von Olof Palme* durch einen Attentäter (27. Febr.) wird der bisherige
12. März	Vizepremier *Ingvar Carlsson* (* 1934) als *Ministerpräsident* bestätigt. – *(Forts. S. 1632)*

Finnland seit 1945
(Forts. v. S. 988)

Aufgrund der machtpolitischen Verschiebungen im Ostseeraum durch die Ereignisse des Zweiten Weltkrieges bemüht sich Finnland nach 1945 um *strikte Neutralität,* achtet jedoch bei seinen außenpolitischen Beziehungen darauf, nicht gegen die Interessen der Sowjetunion zu handeln. Diese sog. *Paasikivi-Linie* (benannt nach dem Staatspräsidenten *Juho Kusti Paasikivi* [* 1870, † 1956]) der finnischen Politik, 1948 durch den auf 10 Jahre geschlossenen, bereits 1955 aber auf weitere 20 Jahre verlängerten *Freundschafts- und Beistandspakt mit der Sowjetunion* begründet, wird seit 1956 durch Staatspräsident *Urho Kaleva Kekkonen* (* 1900, † 1986) weiter ausgebaut (1970 weitere Verlängerung des Freundschafts- und Bei-

Neutrale Staaten in Europa – Finnland *1359*

standspaktes mit der UdSSR um weitere 10 Jahre). Dies bleibt nicht ohne Auswirkungen auf den Spielraum finnischer Innen- und Wirtschaftspolitik. Dennoch ist Finnland bemüht, seine Bindungen an den Westen zu vertiefen, was sich 1955 im Beitritt zum Nordischen Rat, 1961 im Assoziierungsabkommen mit der EFTA und im Freihandelsabkommen mit der EG von 1973 manifestiert.

1945
5. Mai
Eine mit einem Lastenausgleichssystem gekoppelte *Landreform* ermöglicht die Wiedereingliederung der bäuerlichen Bevölkerung aus den finnischen Gebieten, die an die Sowjetunion abgetreten wurden.

1946
4. März
Rücktritt von Marschall *Karl Gustav Emil Freiherr von Mannerheim* als Staatspräsident; Nachfolger wird Ministerpräsident *Juho Kusti Paasikivi* (in Verhandlungen mit der Sowjetunion erfahren), Nachfolger als Ministerpräsident wird *Mauno Pekkala* (* 1890, † 1952).

1947
10. Febr.
Im *Friedensvertrag von Paris* werden die im Moskauer Frieden von 1940 beschlossenen Grenzen wiederhergestellt: Finnland überläßt der Sowjetunion das Petsamogebiet und verpachtet die Halbinsel Porkkala für einen Zeitraum von 50 Jahren, die an die UdSSR zu leistenden Reparationen in Sachwerten und Barzahlungen betragen einen Gesamtwert von 300 Mio. US-Dollar (bis 1952 bezahlt).

1948
6. April
Vertrag über Freundschaft, Zusammenarbeit und gegenseitige Hilfe mit der UdSSR verpflichtet Finnland, sich nicht am Interessenkonflikt der Großmächte zu beteiligen, im Fall einer gegen beide vertragführenden Staaten gerichteten Aggression militärischen Beistand zu leisten bzw. einen solchen anzunehmen und im Gefahrenfall in Konsultationen einzutreten.

29. Juli
Neuer Ministerpräsident wird der Sozialdemokrat *Karl August Fagerholm* (* 1901, † 1984).

1950
17. März
Nachfolger von Ministerpräsident Fagerholm wird der Vertreter der Bauernpartei *Urho Kaleva Kekkonen* (1950–1953, 1954–1956).

1955
28. Okt.
Finnland tritt dem gemeinsam von Schweden, Dänemark und Norwegen 1951 gegründeten *Nordischen Rat* bei.

1956
Ministerpräsident *Kekkonen* wird zum *Staatspräsidenten* gewählt (16. Febr.).

3. März
Fagerholm zum zweiten Mal Ministerpräsident (bis Mai 1957).

1961
27. März
Assoziierungsabkommen mit der Europäischen Freihandelszone – *EFTA*, allerdings verpflichtet sich Finnland, der Sowjetunion dieselbe Meistbegünstigung wie den EFTA-Staaten einzuräumen.

13. April
Der Vertreter der Agrarunion, *Ahti Karjalainen* (* 1923, † 1990), bildet aus der Mitte und den Linken eine *Koalitionsregierung* (zweites Kabinett 17. Okt.–17. Dez. 1963; drittes Kabinett 15. Juli 1970 – 14. März 1971).

1966
27. Mai
Reichstagswahlen lassen die Sozialdemokraten zur stärksten Partei werden (März).
Zum neuen *Ministerpräsidenten* wird der Sozialdemokrat *Rafael Paasio* (* 1903, † 1980) gewählt; Regierung unter Einschluß der Volksdemokraten (Kommunisten).

1968
Der Sozialdemokrat *Mauno Koivisto* (* 1923) wird Ministerpräsident (bis 1970).

1969
Finnland setzt sich mit Nachdruck für den sowjetischen Plan einer *Konferenz für Sicherheit und Zusammenarbeit in Europa* (KSZE) ein.

1970
15. Juli
Nach den Reichstagswahlen (März), die keine eindeutige parlamentarische Mehrheit bringen, bildet Ahti Karjalainen erneut eine Koalitionsregierung aus Vertretern der Mitte und der Linken.

1972
Neuer Ministerpräsident (4. Sept.) wird der Sozialdemokrat *Kalevi Sorsa* (* 1930).

1973
16. Mai
Finnland unterzeichnet ein Abkommen über wirtschaftliche Zusammenarbeit mit dem Rat für Gegenseitige Wirtschaftshilfe (COMECON).

3. Juli
Beginn der Konferenz für Sicherheit und Zusammenarbeit in Europa *(KSZE)* in Helsinki.

5. Okt.
Abkommen mit der EG über Freihandel mit gewerblichen Waren (1. Jan. 1974 in Kraft).

1975
30. Nov.
Nach Reichstagswahlen (Sept.) veranlaßt Kekkonen die Bildung einer *Volksfrontregierung* unter *Martti Miettunen* (zweites Kabinett seit 1962).

1977
15. Mai
Mitte-Links-Koalitionsregierung, Ministerpräsident *Sorsa;* unter Einschluß der Kommunisten von der überwältigenden Mehrheit im Reichstag unterstützt.

1978
16. Febr.
Die unangefochten starke Position von Staatspräsident *Kekkonen* wird durch seine *fünfte Wiederwahl* bestätigt.

1979
26. Mai
Nach Parlamentswahlen (März), die leichte Gewinne für die bürgerlichen Parteien bringen, wird eine *Regierung* aus Sozialdemokraten, Zentrum und Kommunisten unter dem sozialdemokratischen Ministerpräsidenten *Mauno Koivisto* gebildet.

1981
Präsident Kekkonen tritt am 27. Okt. *zurück.*

1982
Mauno *Koivisto wird neuer Präsident* (26. Jan.).

1983
Koivisto *verlängert Vertrag* von 1948 *mit der UdSSR* vorzeitig um 20 Jahre (6. Juni).

1984
Der XX. Parteitag der KP Finnlands (25./27. Mai) fordert neue Wirtschafts- und Sozialpolitik. – *(Forts. S. 1632)*

1360 Neueste Zeit – Westliche Welt

Zypern

Die Mehrheit der griechischen Zyprioten fordert unter Führung der orthodoxen Kirche seit dem 19. Jh. den *Anschluß an Griechenland (Enosis).* Die Bestrebungen richten sich zunächst gegen die osmanische und später gegen die *britische Herrschaft* (1878 erhält Großbritannien vom Sultan die Kontrolle über Zypern übertragen, 1914/1918 wird die Insel annektiert, die 1925 zur britischen Kronkolonie erhoben wird). Nach dem Zweiten Weltkrieg tritt das Oberhaupt der griechisch-orthodoxen Kirche auf Zypern, *Erzbischof Makarios III.* (* 1913, † 1977), an die Spitze der Enosis-Bewegung. Seit 1955 führt die griechisch-nationalistische Widerstandsorganisation *EOKA* (Ethniki Organosis Kiprion Agoniston) unter General *Georgios Grivas* (* 1898, † 1974) einen Guerillakampf gegen die britische Kolonialmacht bei gleichzeitigen Übergriffen auf die türkische Bevölkerung Zyperns.

1958	Beendigung des Untergrundkampfes.
1959	In London einigen sich die Regierungen Großbritanniens, Griechenlands und der Türkei sowie Vertreter der beiden zypriotischen Volksgruppen auf die Unabhängigkeit sowie auf die Stationierung griechischer und türkischer Truppenkontingente. Großbritannien behält über seine militärischen Stützpunkte die Hoheitsrechte.
1960 **16. Aug.**	Der zum Staatspräsidenten gewählte Erzbischof Makarios proklamiert die **Unabhängigkeit** Zyperns.
1967	Die seit 1964 bürgerkriegsähnlichen Zustände verschärfen sich nach dem Militärputsch in Griechenland.
1974	*Staatsstreich der Nationalgarde* (15. Juli); Makarios gelingt die Flucht.
20. Juli	Die *Türkei landet* zum Schutz der türkischen Volksgruppe *mit Truppenverbänden*, die den gesamten Nordosten der Insel besetzen (200 000 Griechen vertrieben bzw. fliehen in den unbesetzten Teil).
7. Dez.	Rückkehr von Erzbischof Makarios, der Funktionen des Staatspräsidenten wieder übernimmt, von der türkischen Seite aber nicht anerkannt wird.
1975 *3. Febr.*	*Proklamation* eines eigenen *türkisch-zypriotischen Bundesstaates* in Nikosia durch eine mit Unterstützung der Türkei eingesetzte Gesetzgebende Versammlung. *Rauf Denktasch* (* 1924), der Führer der türkischen Volksgruppe, wird zum Präsidenten ausgerufen.
1977	Tod von Staatspräsident Makarios (3. Aug.).
1978	Sein Nachfolger *Spyros Kyprianou* (* 1934) wird von der Türkei nur für den griechischen Teil der Insel anerkannt.
1983	*Rauf Denktasch proklamiert einseitig die „Türkische Republik Nordzypern"* (15. Nov.). – *(Forts. S. 1635)*

Malta

Die seit 1800 unter *britischer Herrschaft* stehende Insel wird 1813 *Kronkolonie*, erhält seit 1921 mit Unterbrechungen innere Selbstverwaltung (1936 wieder Kronkolonie) und 1947 innere Selbstregierung.

1964 *5. Mai*	Volksabstimmung für die von Premier *Borg Olivier* ([* 1911] Nationalist Party) vorgeschlagene Verfassung: Katholische Kirche ist Staatskirche, Malta konstitutionelle Monarchie unter der britischen Krone im *British Commonwealth of Nations*.
21. Sept.	Proklamation der **Unabhängigkeit**. Großbritannien zahlt Subventionen gegen Überlassung von Stützpunkten auch für die NATO.
1970	Assoziierungsabkommen mit der EG (5. Dez.).
1971	Wahlsieg der Labour Party: *Dom Mintoff* (* 1916) wird Regierungschef (14. Juni).
1972 *26. März*	*Neuer Truppenstationierungsvertrag* mit Großbritannien sieht neben britischen auch NATO-Finanzhilfen sowie EG-Mittel für Industrialisierungsprojekte, wogegen Malta den Briten und der NATO weiterhin militärische Präsenz gestattet und sich verpflichtet, keinem Warschauer-Pakt-Staat militärisch nutzbare Anlagen zu überlassen.
1974	Nach Verfassungsänderung Republik proklamiert (13. Dez.).
1979	In Übereinstimmung mit den Vereinbarungen von 1972 endet die militärische Präsenz Großbritanniens und der NATO am 31. März.
1980/83	Es folgen: *Verteidigungsabkommen mit Libyen* (11. März 1980); *Hafenabkommen mit UdSSR* (26. Jan. 1981); *Neutralitätsabkommen mit Italien* (11. März 1983).
1983	Enteignung der Kirchengüter (29. Juni). – *(Forts. S. 1631)*

Kommunistisch strukturierter Teil der Welt

Internationale Beziehungen innerhalb der kommunistischen Welt

Nach der deutschen Kapitulation 1945 steht die Rote Armee als „Befreier" in Polen, der Tschechoslowakei, Ungarn, Rumänien und Bulgarien, dazu in Jugoslawien und als Sieger in Mittel- und Ostdeutschland sowie in Österreich (im Burgenland, in Niederösterreich und in einem Teil Oberösterreichs). Die vor Kriegsende geschlossenen **Beistandsabkommen** mit der tschechischen (1943) und der polnischen Exilregierung sowie mit Jugoslawien (1945) werden nach Abschluß der *Pariser Friedensverträge* 1947/1948 durch entsprechende bilaterale Verträge mit und zwischen den ehemaligen Feindstaaten Rumänien, Ungarn und Bulgarien erweitert, zu denen sich nach ihrer Gründung (1949) die DDR gesellt. In den Volksfrontregierungen setzen sich nach Ausschaltung der bürgerlichen und der Bildung sozialistischer Einheitsparteien die Kommunisten durch und errichten 1947–1949 bei gleichzeitiger Abgrenzung vom (seit 1948) „revisionistischen" Jugoslawien **Volksdemokratien,** die die 1944–1947 vollzogene Einbeziehung Ostmittel- und Südosteuropas (ohne Griechenland und die europäische Türkei) in die sowjetische Hegemonialsphäre absichern. Nach der Teilung Koreas (1948) und Vietnams (1954; 1945 bereits Demokratische Republik Vietnam unter Ho-Chi-Minh) sowie der Gründung der Volksrepublik (VR) China (1949) übernehmen diese Staaten das sowjetische Modell und erkennen die politische und ideologische Führungsrolle der Sowjetunion bzw. der KPdSU im „sozialistischen Lager" an.
Neben Gebietsabtretungen, Demontagen und der Übergabe deutschen und italienischen Besitzes (z. T. in der Form „gemischtwirtschaftlicher Gesellschaften") an die UdSSR müssen die ehemaligen Feindstaaten Reparationen und Stationierungskosten zahlen. Die sowjetische Politik löst die osteuropäischen Staaten aus ihren politischen und wirtschaftlichen Beziehungen mit den Westmächten und zieht ihre Rohstoff- und Arbeitskräftereserven für den Wiederaufbau der sowjetischen Volkswirtschaft heran. Ein Netz bilateraler Verträge vor allem über Wirtschafts- und Militärhilfe sowie die Durchsetzung von aus Moskauer Sicht „zuverlässigen" Führungskadern bildet die Grundlage der *„Sowjetisierung" Ostmittel- und Südosteuropas,* des planmäßigen politischen und gesellschaftlichen Umbaus nach dem Vorbild der Sowjetunion.

Die kommunistische Welt im Zeichen des Stalinismus (1945–1953)

1945 14. Aug.	Freundschaftsvertrag der UdSSR mit der chinesischen Nationalregierung der Kuomintang sichert Unabhängigkeit der Mongolischen Volksrepublik, die einen Beistandspakt mit der UdSSR abschließt (27. Febr. 1946).
1947	Gegen den Willen des sowjetischen Partei- und Staatschefs Josef Stalin beginnen die Kommunisten unter Führung Mao Tse-tungs in China den Bürgerkrieg gegen die Kuomintang (1947–1949).
31. Jan.	Jugoslawien nimmt Verfassung als Volksrepublik an (Albanien folgt am 7. März).
Juli/Aug.	Der jugoslawische Staatschef, *Marschall Tito,* und der bulgarische Ministerpräsident *Georgi Dimitrow* steuern eine *Balkan-Föderation* sämtlicher Volksdemokratien an. Noch vor Unterzeichnung der entsprechenden sowjetischen Verträge schließt Jugoslawien Freundschaftsabkommen mit Bulgarien (27. Nov.), Ungarn (8. Dez.) und Rumänien (19. Dez.).
7./9.	Unter sowjetischem Druck verzichten Polen und die ČSR auf *Hilfe aus dem Marshall-Plan.*
Juli	Die mit sowjetischer Hilfe aufgestellten „*Wiederaufbaupläne"* streben die Beseitigung der Kriegsschäden und das Erreichen der Vorkriegsproduktion bei Bevorzugung der Schwerindustrie an.
22.–17. **Sept.**	Gründungskonferenz des *Kommunistischen Informationsbüros* (**Kominform**) in Szklarska Poręba (Riesengebirge, Polen) durch die osteuropäischen sowie die italienische und die französische Kommunistische Partei (KP). Das Grundsatzreferat des Parteitheoretikers und Mitglieds des ZK der KPdSU *Andrej Alexandrowitsch Schdanow* (* 1896, † 1948) über die Teilung der Welt in ein imperialistisches und ein sozialistisches Lager leitet die bis Ende 1949 dauernde erste militante Phase der sowjetischen Außenpolitik (*kalter Krieg*) ein.
1948 17. Jan.	Bei der Unterzeichnung des rumänisch-bulgarischen Freundschaftsabkommens kündigt Ministerpräsident Dimitrow eine Zollunion als Vorstufe einer Balkanföderation an.
21. Jan.	Zusammen mit Tito wird Dimitrow von Stalin zum Rapport nach Moskau beordert, wo die Kremlführung mit Sanktionen gegen Jugoslawien und Bulgarien droht.
25. Febr.	„*Legaler Staatsstreich"* in der ČSR durch die Kommunistische Partei.
Juni	Der dritte *Kominformkongreß* beschließt nach Abschluß sowjetischer Beistandspakte mit Rumänien (4. Febr.), Ungarn (18. Febr.) und Bulgarien (18. März) die *Kollektivierung des*

_1362_ Neueste Zeit – Kommunistisch strukturierte Welt

landwirtschaftlich genutzten Bodens bei weiter forcierter Industrialisierung entsprechend dem sowjetischen Vorbild.

Die Freundschafts- und Beistandspakte dienen den formellen Bindungen zwischen den Volksdemokratien und der Sowjetunion, die – zunächst die DDR ausgenommen – de iure von einer Gleichberechtigung ausgehen, de facto aber eine Unterordnung unter die politische und ideologische _Führungsrolle von UdSSR und KPdSU_ bedeuten. Seit 1948 beschränkt Stalin mehr und mehr die Kontakte der Volksdemokratien untereinander, da er hofft, durch die Isolierung der einzelnen Parteien deren Abhängigkeit von Moskau verstärken und so den _„Aufbau des Sozialismus"_ nach sowjetischem Muster sowie den Zusammenschluß beschleunigen zu können. Die Unterordnung unter die Interessen der UdSSR und die Anweisungen Stalins sollen zu einem _gleichförmigen politischen System aller Volksdemokratien_ führen. Die weitverbreitete Unzufriedenheit durch die _Kollektivierung der Landwirtschaft_ 1950–1953 und die nach Ausbruch des Koreakrieges empfundene Bedrohung stärken den Willen zur Einigkeit des „sozialistischen Lagers".

27. Juni Die _Bukarester Erklärung_ wirft der jugoslawischen KP ideologisches Fehlverhalten vor und schließt sie aus der Kominform aus. Tito bittet Stalin vergebens um Rücknahme der „ungerechtfertigten Angriffe". Nach dem Ausschluß Jugoslawiens legt die Kominform vor allem gemeinsame Aktionsprogramme und allgemeine Grundsätze für den Aufbau des Sozialismus fest.

4. Aug. Die mit Beginn der _Berliner Blockade_ ergriffenen westlichen Wirtschaftssanktionen belasten die in Umstrukturierung befindlichen Volkswirtschaften der osteuropäischen Staaten empfindlich.

18. Aug. Jugoslawien unterstützt auf der _Donaukonferenz_ die die sowjetische Vormachtstellung festigende _Donaukonvention_ und führt bis 1950 die militant antiwestliche Politik fort.

31. Aug. Nach dem Tod Schdanows übernimmt _Michail Andrejewitsch Suslow_ (* 1902, † 1982) die Sektion für Verbindung zu den Arbeiterparteien im ZK der KPdSU.

Auf die in der zweiten Hälfte 1948 vollzogenen zwangsweisen Vereinigung der Sozialdemokratischen mit den Arbeiter- bzw. Kommunistischen Parteien der Volksdemokratien folgen in der KPdSU und den anderen Kommunistischen Parteien _Säuberungen_ gegen den „linken Flügel", die Schdanow-Anhänger, und „Rechts- und nationale Abweichler". Die spektakulären Säuberungen, durch die auch Fraktionskämpfe innerhalb der einzelnen Parteien ausgetragen werden, enden erst 1953 mit Stalins Tod. Der Verschärfung der internationalen Spannungen folgt eine verstärkte Aufrüstung: 1949–1955 wird die Mannschaftsstärke der Armeen verdoppelt.

3. Sept. Durch ein Handelsabkommen signalisiert die UdSSR der VR Albanien die Bereitschaft, anstelle Jugoslawiens die Schutzherrschaft zu übernehmen.

1949 Gründung des _Rates für gegenseitige Wirtschaftshilfe_ (**RGW**; auch: **COMECON** – _Council_
25. Jan. _for Mutual Economic Assistance_) durch die UdSSR, Polen, die ČSR, Ungarn, Bulgarien und Rumänien (Beitritt Albaniens am 22. Febr. und der DDR am 29. Sept. 1950) mit dem Ziel, daß die Mitgliedsstaaten ihre Wirtschaftspläne koordinieren sowie gemeinsame Investitions- und Produktionsprogramme in Angriff nehmen. Der RGW beschränkt sich unter der Federführung Stalins im wesentlichen auf den bilateralen Außenhandel mit der UdSSR und auf Erfahrungsaustausch; die nach sowjetischem Vorbild angestrebte wirtschaftliche Autarkie der Einzelstaaten wird nicht beeinflußt.

Herbst Abbruch der diplomatischen Beziehungen zu Jugoslawien durch die UdSSR und die Volksdemokratien.

1. Okt. Proklamation der VR China.

7. Okt. Gründung der Deutschen Demokratischen Republik.

Nov. Der sowjetische Marschall _Konstantin Rokossowski_ (* 1896, † 1968) wird (bis Okt. 1956) polnischer Verteidigungsminister und Oberbefehlshaber der polnischen Armee.

1950 Rokossowskis zusätzliche Aufnahme in das Zentralkomitee der polnischen KP verstärkt
11. Mai Stalins massive Einflußnahme.

14. Febr. _Freundschafts-, Bündnis- und Beistandspakt zwischen der UdSSR und der VR China_ erkennt die Unabhängigkeit der Mongolischen VR an und sichert wirtschaftliche Unterstützung sowie den Abzug der sowjetischen Truppen aus Port Arthur (heute Lüshun) bis 1955 zu.

27. Juni Nach Ausbruch des _Koreakriegs_ erklärt die UdSSR _Nichteinmischung_ und umgeht durch Abwesenheit im Weltsicherheitsrat der UNO eine direkte Unterstützung Chinas.

6. Juli Im _Görlitzer Vertrag_ mit Polen erkennt die DDR die Oder-Neiße-Linie als „Friedensgrenze" an.

Aug./Dez. Westliche Pläne zur Einbeziehung der Bundesrepublik Deutschland in eine Europäische Verteidigungsgemeinschaft aktivieren die besonders in Polen und der ČSR lebendige Deutschenfurcht und fördern Absichten, zusätzliche politische und militärische institutionelle Bindungen zu schaffen; die nach dem Tode Stalins eingeleitete Politik einer Détente gegenüber dem Westen verlangsamt jedoch diese Planungen.

Entstalinisierung und Krise im Blocksystem (1953–1964)

Stalins Tod (5. März 1953) beeinflußt die Zielsetzungen der sowjetischen Politik gegenüber den osteuropäischen Staaten zunächst nicht. Der **Neue Kurs** der kollektiven Führung wird zwar in den Volksdemokratien allgemein akzeptiert, zumal die eingespielten Macht- und Kontrollinstrumente weiter bestehen, die Moskauer Führungsautorität wird aber nicht mehr kritiklos anerkannt. Der Abschluß des *Waffenstillstandesvertrags in Korea* (27. Juli 1953) zeigt den Willen der sowjetischen Führung zur *Entschärfung des kalten Krieges*. Die sowjetische Dominanz in Osteuropa soll nicht weiter durch militärische Gewalt und wirtschaftliche Ausbeutung aufrechterhalten werden (Abbau der „gemischtwirtschaftlichen Gesellschaften"), zumal ein steigendes Prestige der nationalen Parteien und ein verbesserter Lebensstandard stabilisierend wirken können. Die Neuorientierung in der *Übergangsphase 1953–1955* bleibt nicht ohne Auswirkungen auf die innere Entwicklung der Volksdemokratien, in denen die UdSSR trotz der schwierigen Wirtschaftslage bis Mitte 1954 ihre Position festigen kann.

1953 21. Mai	Marschall Tito bietet der neuen Führung der UdSSR Wiederannäherung an; im Sommer Wiederaufnahme der diplomatischen Beziehungen mit Jugoslawien.
17. Juni	*Volksaufstand in der DDR* wird durch sowjetische Truppen niedergeschlagen.
1954 25. März	Erklärung der sowjetischen Regierung über die Beziehungen zur DDR als einem vollwertigen Staat.
20.–27. April	Auf der Tagung des Obersten Sowjets tritt Ministerpräsident *Georgi M. Malenkow* für eine Intensivierung des Warenaustauschs mit dem sozialistischen Lager ein, zu diesem Zweck wird die Tätigkeit des RGW aktiviert.
26. April – 21. Juli	Die UdSSR und die VR China nehmen an der *Genfer Indochinakonferenz* teil. Die Demokratische Republik Vietnam unter Ho-Chi-Minh schließt Hilfsabkommen mit der VR China und der UdSSR.
26. Juli	Der sowjetische *Vorschlag einer gesamteuropäischen Sicherheitskonferenz*, unterstützt von Polen und der ČSR, findet im Westen keine Resonanz.
29. Sept. – 12. Okt.	Reise des sowjetischen Parteichefs *Nikita S. Chruschtschow* nach Polen, der ČSR und China betont ideologische und politische Einheit des sozialistischen Lagers. Die sowjetische Delegation lehnt die Forderung Chinas nach Rückgabe der Mongolischen Volksrepublik (Äußere Mongolei) ab.
29. Nov. *– 2. Dez.*	Auf der *Ersten Konferenz europäischer Staaten zur Gewährleistung des Friedens und der Sicherheit in Europa* empfehlen die UdSSR, Polen, ČSR, DDR, Ungarn, Rumänien, Bulgarien und Albanien die Schaffung eines kollektiven Sicherheitssystems in Europa.
1955 **11.–14.** **Mai**	Auf der Zweiten Konferenz unterzeichnen die osteuropäischen Staaten den Vertrag über Freundschaft, Zusammenarbeit und gegenseitigen Beistand **(Warschauer Pakt).** Die Unterzeichnerstaaten bilden ein gemeinsames Oberkommando ihrer Streitkräfte. Der *Warschauer Vertrag*, der auf die Hegemoniestellung der Sowjetunion zugeschnitten ist, wird durch Truppenstationierungsverträge mit Polen (1956), der DDR (1957), Rumänien (1957), Ungarn (1957) und der ČSSR (1968) ergänzt.
26. Mai *– 2. Juni*	Parteichef *Chruschtschow* und Ministerpräsident *Nikolai Bulganin* besuchen Belgrad: Das *Belgrader Kommuniqué* klammert zwar die Beziehungen zwischen der KPdSU und dem Bund der Kommunisten Jugoslawiens (BKJ) aus, kommt aber Jugoslawien wirtschaftlich entgegen, dessen Konzeption einer blockfreien Politik Tito auf seiner Asienreise (Dez. 1954–Febr. 1955) vertreten hat.
5. Juni	Auf der *Bukarester Tagung* der Parteichefs der Staaten der *Warschauer Pakt-Organisation* (WPO) greift der sowjetische Parteichef Chruschtschow massiv die Grundlagen der stalinistischen Außenpolitik an, findet aber nur ein reserviertes Echo. Der Zerfall des Stalinismus trifft die meisten osteuropäischen Staaten in einer prekären Phase: Nach den schwierigsten Etappen von Industrialisierung und Kollektivierung haben die neuen gesellschaftlichen Institutionen noch keine ausreichende Basis gefunden. Die ideologische, aber auch die persönliche Unsicherheit leitender Funktionäre in der *ersten Entstalinisierungswelle* rufen häufig eine (oft auf Chruschtschow fixierte) Abwehrreaktion hervor. Das Fehlen eindeutiger Anweisungen und der Abbau des Mythos ideologischer Unfehlbarkeit fördern die Entwicklung von Nationalismen.
7.–11. Dez.	Die Budapester *RGW-Ratstagung* versucht, die Einzelpläne mit dem sechsten sowjetischen Fünfjahrplan zu koordinieren. Chruschtschow fordert *Spezialisierung und Kooperation*.
1956 **14.–25.** **Febr.**	**20. Parteitag der KPdSU:** Wesentliche Passagen von Chruschtschows Geheimrede über die Verbrechen der Stalinzeit werden zuerst in Jugoslawien veröffentlicht. Die These eines möglichen friedlichen Übergangs zum Sozialismus weist die KP Chinas als „Revisionismus" zurück.
26. März	Die RGW-Staaten beschließen die Schaffung eines gemeinsamen Instituts für Kernforschung in Dubna bei Moskau.
17. April	Auf ausdrücklichen Wunsch des jugoslawischen Staatschefs Tito stellt das Kominform seine Arbeit ein.

1364 Neueste Zeit – Kommunistisch strukturierte Welt

18.–25. Mai	Auf der Berliner RGW-Tagung vertritt Parteichef Chruschtschow die Politik, durch *wirtschaftliche Integration innerhalb des Ostblocks* den Abbau der ideologischen und politischen Loyalität zu verhindern.
1.–26. Juni	Nach der Ablösung *Wjatscheslaw M. Molotows* als sowjetischem Außenminister wird Tito während seiner Rundreise durch die UdSSR gefeiert.
19.–27. Sept.	Parteichef Chruschtschow sichert sich während eines „Erholungsurlaubs" in Jugoslawien die Unterstützung Marschall Titos für eine Neuordnung der Beziehungen zwischen der UdSSR und den Volksdemokratien.
Okt./Nov.	Der *polnische „Frühling im Oktober"* und der *Aufstand in Ungarn* nötigen Chruschtschow, seine Formel von der „friedlichen Koexistenz" zu modifizieren: Während sie für Staaten mit unterschiedlichen Gesellschaftssystemen weiterhin gilt, muß die ihr innewohnende Dynamik im sozialistischen Lager – und sei es gewaltsam – unterbunden werden, wenn nationalistische Strömungen neutralistische oder gar antisozialistische Kräfte begünstigen. Der jugoslawische Staats- und Parteichef Tito und der polnische Parteichef *Władysław Gomułka* protestieren entschieden gegen das Eingreifen der Roten Armee in Ungarn.
30. Okt.	Die „Deklaration der Regierung der UdSSR über die Grundsätze der Entwicklung und weiteren Festigung der Freundschaft und der Zusammenarbeit zwischen der Sowjetunion und anderen sozialistischen Staaten" betont die Gleichheit und die „enge brüderliche Zusammenarbeit" sämtlicher Volksdemokratien, deutet aber zugleich den Führungsanspruch der KPdSU bei der Aufrechterhaltung der „Herrschaft des Proletariats" an.
11. Nov.	Tito lehnt den unter *Imre Nagy* eingeschlagenen Weg Ungarns zum *Nationalkommunismus* als verfrüht und reaktionär ab, trotzdem verstärkt sich das Mißtrauen Moskaus gegen die jugoslawische Führung.
15. Nov.	Der chinesische Staats- und Parteichef *Mao Tse-tung* setzt sich auf dem *2. Plenum des VIII. ZK der KPCh* kritisch mit Chruschtschows Entspannungspolitik auseinander.
20.–25. Dez.	Auf dem Plenum des ZK der KPdSU kritisiert die „orthodoxe" Gruppe um den ehemaligen Außenminister Molotow den Abbau der direkten Einflußnahme auf die Volksdemokratien, wogegen sich Chruschtschows Linie einer verstärkten Abhängigkeit durch ökonomische Einflußnahme durchsetzt.
Ende Dez.	Tito und Gomułka bekräftigen ihre Auffassung von der Unzulässigkeit der Einmischung der UdSSR in die inneren Angelegenheiten eines sozialistischen Landes.
1957 *1.–4.* *Jan.*	*Konferenz der osteuropäischen Parteiführungen in Budapest* (Tito und Gomułka verweigern die Teilnahme), auf der Parteichef Chruschtschow und der nunmehrige stellvertretende sowjetische Ministerpräsident Malenkow als Sprecher der rivalisierenden Flügel ihre außenpolitischen Konzeptionen vertreten. Bis dahin haben nur die KPČ, die SED und die KP Rumäniens die „antistalinistische Herausforderung" verurteilt und in bilateralen Treffen in Moskau die Führungsrolle der KPdSU und die *Grundsätze des „Proletarischen Internationalismus"* bestätigt.
28. März	Ein neuer sowjetisch-ungarischer Vertrag stärkt die Position des neuen Partei- und Regierungschefs *Janós Kádár.*
27. Mai	In einem Militärvertrag wird der Roten Armee ein Stationierungsrecht in Ungarn für die Dauer der Existenz der NATO zugesichert.
Juni	Organisation für die Zusammenarbeit der osteuropäischen Eisenbahnen mit Sitz in Warschau beschlossen.
1./2. Aug.	Einvernehmen der UdSSR mit Jugoslawien, das die DDR diplomatisch anerkennt und die Unterstützung der sowjetischen Nahostpolitik zusagt.
2. Okt.	Der *Plan einer atomwaffenfreien Zone* in Mitteleuropa des polnischen Außenministers *Adam Rapacki (Rapacki-Plan)* stößt auf sowjetisches Mißtrauen.
15. Okt.	Im Vertrag über neue Techniken für die nationale Verteidigung sichert die UdSSR der VR China die Hilfe beim Bau von Atomwaffen zu.
14.–16. Nov.	Auf der *Moskauer Konferenz der kommunistischen Parteien* tritt die KP Chinas für die Führungsrolle der KPdSU ein, während u.a. die KP Polens, Ungarns und Italiens für Gleichberechtigung und Nichteinmischung als Grundlage der Parteibeziehungen eintreten. Insbesondere die neostalinistischen Parteiführungen Albaniens, Bulgariens und der ČSR verurteilen die auf der Konferenz anwesenden jugoslawischen Kommunisten als „revisionistisch".
	Albanien verfolgt das Ziel der politischen und wirtschaftlichen Isolierung Jugoslawiens und hat deshalb Vorbehalte gegen Chruschtschows Außenpolitik, die jedoch durch erneut aufbrechende Konflikte mit Belgrad kaum beeinflußt wird. Gravierender ist die *Auseinandersetzung mit China,* deren machtpolitischen Gehalt anfangs ideologische Streitfragen wie die Vermeidbarkeit von Kriegen verdecken. Chruschtschows Reisediplomatie trägt zu einer entschiedenen *Personalisierung der sowjetischen Außenpolitik* bei, die aber zugleich die persönlichen Kontakte mit und unter den osteuropäischen Parteiführern verstärkt und sie stärker in den informellen Entscheidungsprozeß einschaltet. Die flexiblere Politik, die es zudem mit im Vergleich zu den ersten Nachkriegsjahren gefestigten „Bruderparteien" zu

Internationale Beziehungen – Entstalinisierung – Krise im Blocksystem   *1365*

tun hat, trägt zu einer Konsolidierung bei. Die sowjetische Führung erkennt ein gewisses Maß an institutioneller Vielfalt unter dem Vorbehalt der Wahrung der Hierarchie des „sozialistischen Lagers" an.

1958
20.–23. Mai
Auf der *RGW-Konferenz in Moskau* setzt Chruschtschow die Intensivierung der Verhandlungen über die Arbeitsteilung und die Schaffung eines „Vereinigten Marktes" durch. Die Diskussion führt zu *Meinungsverschiedenheiten* zwischen den industrialisierten Ländern (DDR, ČSR) und den industriell weniger entwickelten, die sich in den Status von Agrar- und Rohstofflieferanten zurückversetzt sehen. Chruschtschow bemüht sich gleichzeitig um die Regulierung und Intensivierung der multilateralen Kontakte (u. a. Standardisierung innerhalb der Organisation des Warschauer Paktes.)

3. Juni
In der (auch aus Rücksicht auf die KPCh) fortgesetzten *ideologischen Kampagne gegen Jugoslawien* rechnet Chruschtschow auf dem Parteitag der bulgarischen KP schonungslos mit „diesem trojanischen Pferd des Imperialismus" ab, verweigert aber im Konflikt der VR China mit Nationalchina – Taiwan (Beschießung der nationalchinesischen Inseln Quemoy und Matsu von Aug. bis Okt.) die uneingeschränkte Unterstützung.

1959
7. Febr.
Eine 5 Mrd. Rubel-Wirtschaftshilfe der UdSSR hindert die chinesische Führung nicht, weiterhin ihre Vorbehalte gegen die sowjetische Politik vorzutragen.

20. Juni
Die Sowjetunion kündigt den chinesisch-sowjetischen Atomwaffenhilfsvertrag.

Juli
Im chinesisch-indischen Grenzkonflikt verfolgt die UdSSR eine Neutralitätspolitik, zu der die herzlich gehaltenen Grußbotschaften der DDR, der ČSR und Albaniens anläßlich des 10. Gründungstages der VR China (1. Okt.) in einem offensichtlichen Gegensatz stehen.

Nov.
Albanische Erklärungen lassen bald eine Unterstützung des chinesischen Standpunktes erkennen.

14. Dez.
Die *12. Ratstagung des RGW* verabschiedet in Sofia ein die Rechtsgrundlage und die Arbeitsweise des **RGW** regelndes **Statut,** das am 13. April 1960 in Kraft tritt und im Juni 1962 teilweise revidiert wird. Danach umfassen die Kompetenzen des Rates Beschlüsse in organisatorischen und verfahrensrechtlichen Angelegenheiten und Empfehlungen für die wirtschaftliche und wissenschaftlich-technische Zusammenarbeit.

1960
Febr.
Eine *Agrarkonferenz* beschließt die Ausweitung der Arbeitsteilung auf die Agrarproduktion.

Mai
Die UdSSR zieht ihre Experten aus China ab und stellt die Wirtschaftshilfe ein.

Juni
Die Führung der KPCh versucht, die Tagung des Weltgewerkschaftsbundes als Anklageforum gegen die UdSSR zu nutzen, worauf die sowjetische Parteizeitung „Prawda" vom 12. Juni heftige *Angriffe gegen den „linken Radikalismus"* vorträgt und Chruschtschow eine systematische Kritik der chinesischen Position verbreitet.

11. Juli
Die ČSR wird nach einer Verfassungsänderung als zweiter Staat nach der UdSSR zur Sozialistischen Republik (künftig: *ČSSR*) erklärt.

Sept.
Während der UN-Vollversammlung räumen Chruschtschow und Tito die schwerwiegendsten Meinungsverschiedenheiten aus und leiten eine Wiederannäherung ein.

10. Nov. – 1. Dez.
Auf der *Weltkonferenz der Kommunistischen Arbeiterparteien* einigen sich die 81 vertretenen Parteien auf die *„Moskauer Erklärung",* nach der alle marxistisch-leninistischen Parteien „unabhängig und gleichberechtigt" sind. Die KPdSU ist nur noch „Vorhut", die UdSSR „das mächtigste Land im sozialistischen Weltsystem". Die Konferenz vertieft den *Bruch zwischen der KPdSU und der KPCh,* deren Kritik sich die albanische KP (16. Nov.) anschließt.

Der chinesisch-sowjetische Streit erschüttert die Vorstellung, der Marxismus böte eine monolithische Weltanschauung an, zugleich gefährdet er den sowjetischen Anspruch auf Führung in der revolutionären Bewegung. Die *Spaltung der meisten kommunistischen Parteien* in prochinesische und prosowjetische Flügel und der steigende chinesische Einfluß in Asien mindern die Macht der UdSSR. Zugleich ermöglicht der Streit auch den kommunistischen Parteien, die formell der Moskauer Linie folgen, wie im Falle Rumäniens und Kubas trotz wirtschaftlicher Abhängigkeit eine vergleichsweise *eigenständige Politik.* Unter Berufung auf die Moskauer Erklärung setzt eine *ideologische Differenzierung* ein.

1961
26. April
Nach Bekanntwerden der albanisch-chinesischen Wirtschaftsvereinbarungen widerrufen die UdSSR, ČSSR und DDR ihre Kreditzusagen an Albanien.

6. Juli
Freundschaftsvertrag UdSSR–VR Korea.

13.–31. Okt.
Der offenen **Verurteilung Stalins** auf dem *22. Parteitag der KPdSU* folgt eine zweite *Entstalinisierungswelle* in Osteuropa. Die albanische KP entsendet keine Delegation, die Delegation der KPCh reist vorzeitig ab.

3. Dez.
Abbruch der diplomatischen Beziehungen zwischen Albanien und der UdSSR.

1962
Der Eskalation der Spannungen mit Albanien steht die Normalisierung der sowjetisch-jugoslawischen Beziehungen gegenüber.

6.–7. Juni
Konferenz der RGW-Spitzenfunktionäre beschließt „*Exekutivkomitee*" als wichtigstes Vollzugsorgan ein und verabschiedet „Grundprinzipien der internationalen sozialistischen Arbeitsteilung".

1366 Neueste Zeit – Kommunistisch strukturierte Welt

9.–14. Juli	Auf der 16. RGW-Tagung in Warschau verweigern die rumänischen Vertreter die Zustimmung zu einer supranationalen Wirtschaftsintegration unter Aufgabe der Einstimmigkeit bei der Beschlußfassung.
Sept./ Okt.	Die **Kuba-Krise** verstärkt die Anstrengungen der sowjetischen Führung, die Truppen der Warschauer Pakt-Staaten enger mit der Roten Armee zusammenzufassen und ihre Kampfkraft durch eine Modernisierung der Waffensysteme zu erhöhen.
Dez.	Austritt Albaniens aus dem RGW, nachdem es bereits im Juni trotz Protests de facto aus dem Warschauer Pakt ausgeschlossen worden ist. Nach dem sowjetischen Nachgeben in der Kuba-Krise und der pro-indischen Stellungnahme im indisch-chinesischen Grenzkonflikt brechen um die Jahreswende 1962/1963 die sowjetisch-chinesischen und in deren Gefolge die sowjetisch-albanischen Spannungen offen aus.
1963 15.–21 Febr.	Während der 4. Tagung des Exekutivkomitees des RGW bleibt Rumänien bei seiner Haltung. Der rumänische Staats- und Parteichef Nicolae Ceauşescu bezeichnet den Ausbau der Schwer- und Maschinenindustrie als Aufgabe eines jeden sozialistischen Staats und lehnt damit eine „Arbeitsteilung" zwischen den Staaten ab.
8. März	VR China verlangt die Rückgabe der 1858/1860 an das zaristische Rußland abgetretene Gebiete zwischen Ussuri und Pazifik.
14. Juni	Die KPCh spricht der UdSSR die Führung der sozialistischen Staaten ab.
24.–26. Juli	Auf der Tagung der Partei- und Regierungschefs der RGW-Staaten in Moskau müssen die Probleme der wirtschaftlichen Integration trotz des Drängens der industriell fortgeschrittenen Vertragspartner zurückgestellt werden. Die sowjetische Führung sieht sich gezwungen, der rumänischen KP einen „nationalen Weg" zum Sozialismus zuzubilligen.
22. Okt.	Die RGW-Staaten schließen Vertrag über mehrseitige Verrechnung in transferablen Rubeln und die Gründung der Internationalen Bank für wirtschaftliche Zusammenarbeit.
31. Dez.	Der chinesische Ministerpräsident Chou En-lai trifft zu einem Besuch in Albanien ein: er bekräftigt die politischen Verbindungen beider Länder.
1964 April	Die sowjetische Parteiführung bemüht sich um eine Weltkonferenz zum Ausschluß der KPCh aus dem sozialistischen Lager, stößt aber u. a. bei der polnischen Parteiführung auf Bedenken, die eine Erweiterung der sowjetischen Hegemonie befürchtet.
26. April	Das ZK der KP Rumäniens fordert uneingeschränkte nationale Souveränität und volle Gleichberechtigung.
12. Juni	Freundschafts- und Beistandsabkommen UdSSR–DDR: Garantieerklärung der Unantastbarkeit der Grenzen der DDR.
17. Sept.	Assoziationsvertrag Jugoslawiens mit dem RGW.
14. Okt.	Die Absetzung des sowjetischen Partei- und Regierungschefs Chruschtschow verstimmt wegen Nichtkonsultation die kommunistischen Parteien des Ostblocks.
16. Okt.	Zündung der ersten chinesischen Atombombe.
7.–13. Dez.	Am 8. Kongreß des Bundes der Kommunisten Jugoslawiens nehmen zum ersten Mal seit 1948 offizielle Delegationen der RGW-Staaten teil.

Spaltungstendenzen im Blocksystem, Breschnew-Doktrin, sowjetisch-chinesischer Konflikt (seit 1965)

Die Politik Chruschtschows ist gekennzeichnet durch den Kampf gegen die Auflösung des unter Stalin noch monolithisch scheinenden sozialistischen Lagers, wobei seine Regierung versucht, den massiven militärischen und politischen Druck der Sowjetmacht durch wirtschaftliche Integration der einzelnen Volksdemokratien in den sowjetischen Hegemonialbereich zu ersetzen. Die dabei zugestandenen Konzessionen nationaler Eigenentwicklungen hat die Position der einzelnen kommunistischen Parteien in den von ihnen beherrschten Staaten gestärkt, gleichzeitig aber auch zu neuen Konflikten geführt, so daß die neue Kremlführung unter Parteichef Leonid I. Breschnew und Regierungschef Alexej N. Kossygin zunächst um Konsolidierung ihrer Macht innerhalb des Ostblocks bemüht ist. Auf dem **23. Parteitag der KPdSU** (21. März–8. April 1966) nennt Breschnew daher als Hauptfeinde nach dem Dogmatismus (VR China) und dem Nationalismus (Rumänien) den Revisionismus (Jugoslawien).

1966 7. Mai	Bestärkt von Paris und Peking fordert die rumänische Führung unter Ceauşescu die Auflösung sämtlicher Militärblöcke.
8. Juni	Die Einführung eines konvertierbaren Rubel im RGW soll den Westhandel erleichtern.
4.–6. Juli	Auf der 8. Tagung des Politischen Beratenden Ausschusses der Warschauer Pakt-Organisation können die Mitglieder keine Einigung über die sowjetische Forderung intensivierter militärischer Zusammenarbeit und das rumänische Verlangen nach Abbau der sowjetischen Überrepräsentanz in den Kommandostellen erlangen. Übereinstimmung nur über Hilfsmaßnahmen für Vietnam und die „Deklaration über die Gewährleistung des Friedens und der Sicherheit in Europa".
1967	Trotz sowjetischen Drucks gibt Rumänien als erster RGW-Staat nach der UdSSR die Auf-

Internationale Beziehungen – Breschnew-Doktrin – sowjetisch-chinesischer Konflikt **1367**

31. Jan.	nahme diplomatischer Beziehungen mit der Bundesrepublik Deutschland bekannt. Ungarn, Bulgarien und die ČSSR zeigen ebenfalls Interesse.
23. April	Vertrag über militärische und wirtschaftliche Hilfe der UdSSR für Nordvietnam.
24.–26. April	Die DDR ergreift die Initiative für die *Konferenz der kommunistischen Parteien Europas in Karlsbad*. Statt der von Ulbricht geforderten Verurteilung der Bundesrepublik Deutschland legen 24 von 31 eingeladenen Parteiführern ihre Vorstellungen „Über den Frieden und die Sicherheit in Europa" nieder, ohne allerdings die bestehenden Meinungsverschiedenheiten zu überbrücken.
Nov.	Feiern des 50. Jahrestags der Oktoberrevolution ohne Vertreter Chinas und Albaniens.
1968 29./30. Jan.	Der neue Erste Sekretär der KPČ *Alexander Dubček* wird bei seinem Antrittsbesuch in Moskau freundlich empfangen, zumal er die Notwendigkeit innerer Reformen betont, aber keine Änderung des außenpolitischen Kurses andeutet.
4. Febr.	Der 20. Jahrestag des rumänisch-sowjetischen Freundschaftsvertrages verstreicht ohne Vertragsverlängerung, da Ceaușescu die Ausarbeitung neuer Vertragsbedingungen verlangt.
23. März	*Konsultativtreffen* der Parteichefs der europäischen Mitglieder des *Warschauer Paktes* erzwingt von der neuen tschechoslowakischen Führung die Zusicherung, „in der nächsten Zeit konkrete Maßnahmen zur Stärkung des Warschauer Vertrags und seiner Streitkräfte" zu treffen.
Mai/Juni	Manöver der Warschauer-Pakt-Truppen in der ČSSR.
1. Juni	Ceaușescu und Tito betrachten die Entwicklung des sog. *„Prager Frühlings"* in der ČSSR mit offener Sympathie.
29. Juli –1. Aug.	Nach der Zuspitzung des Konflikts mit den fünf „harten" Warschauer Pakt-Staaten (UdSSR, Polen, DDR, Ungarn und Bulgarien) scheinen das *Gipfeltreffen in Čierna nad Tisou* (Ostslowakei) und der Kompromiß der *Parteienkonferenz von Bratislava* (3. Aug.), die die Verteidigung der sozialistischen Errungenschaften als gemeinsame Pflicht erklärt, eine Beruhigung herbeizuführen.
20./21. Aug.	**Einmarsch** der Truppen der fünf „harten" Warschauer Pakt-Staaten **in die ČSSR.** Tito und Ceaușescu, die ihrerseits eine Teilmobilmachung anordnen, verurteilen die militärische Intervention.
13. Sept.	Zum Zeichen des Protests erklärt Albanien offiziell seinen Austritt aus dem Pakt.
16. Okt.	Vertrag über die Stationierung sowjetischer Truppen in der ČSSR.
12. Nov.	Parteichef Breschnew rechtfertigt den Einmarsch in die ČSSR durch die sog. **Breschnew-Doktrin,** die die beschränkte Souveränität der sozialistischen Staaten im Falle einer Bedrohung für das sozialistische Weltsystem behauptet.
1969 2.–15.	Sowjetisch-chinesische militärische *Auseinandersetzungen am Ussuri* und an anderen Abschnitten der chinesisch-sowjetischen Grenze.
11. März	Die kommunistischen Parteien der Staaten des Warschauer Paktes boykottieren den Parteitag des Bundes der Kommunisten Jugoslawiens.
17. März	*Tagung des Politischen Beratenden Ausschusses des Warschauer Pakts* in Budapest beschließt Bildung eines Komitees der Verteidigungsminister, neue Grundsätze über die vereinten Streitkräfte und das Vereinte Oberkommando sowie einen Appell zu einer gesamteuropäischen Sicherheitskonferenz.
5.–17. Juni	Dritte Weltkonferenz der Kommunistischen Parteien in Moskau. Unter den 75 Delegationen fehlen Jugoslawien, Albanien und viele der afrikanischen und asiatischen Parteien. Die friedliche Koexistenz wird als Grundlage der Außenpolitik gefordert, die Breschnew-Doktrin jedoch nicht grundsätzlich bestätigt, sondern erklärt, daß es kein „leitendes Zentrum" im Weltkommunismus gebe.

Die Auswirkungen der militärischen Intervention in der ČSSR von 1968

Der Einmarsch der Warschauer-Pakt-Truppen bedeutet einen Schock für die meisten kommunistischen Parteien, die folgende „Normalisierung" in der ČSSR bedeutet außenpolitisch die *Unterordnung unter die sowjetische Politik,* innenpolitisch die *rigorose Unterdrückung der Reformer.* Während in der Folge Bulgarien, Ungarn und Polen bei außenpolitischer Konformität innenpolitisch einen gewissen Pluralismus zulassen, verfolgt das außenpolitisch nicht konforme Rumänien innenpolitisch einen sehr harten Kurs. Die Distanzierung von Jugoslawien führt zu dessen Annäherung an Albanien. Die Westpolitik der UdSSR zielt auf Entspannung und die Bewahrung des Status quo, ist aber ohne die gleichzeitige militärische Präsenz innerhalb des Warschauer Paktes nicht denkbar. Zwar bestreitet Moskau die Existenz einer *Theorie der beschränkten Souveränität* der sozialistischen Länder, doch zielt ihre Politik im Sinne der Breschnew-Doktrin darauf, ihre Vorherrschaft in den Staaten des Warschauer Paktes stärker zur Geltung zu bringen. Der Beruhigung an den Westgrenzen korrespondiert zeitlich eine *Verschärfung des sowjetisch-chinesischen Konflikts.*

1970 Mai	Die *24. RGW-Tagung* beschließt Gründung der *Internationalen Investitionsbank* anstelle der Bank für wirtschaftliche Zusammenarbeit.
Juni	Rumänische Delegationen in Peking.
8.–15. Juni	Nach einem Besuch des jugoslawischen Außenministers in Peking Aufnahme der diplomatischen Beziehungen.
21./22. Juni	Die *Budapester Außenministerkonferenz* reagiert positiv auf NATO-Vorschläge über Verhandlungen zur ausgewogenen Truppenreduzierung.
7. Juli	Freundschaftsvertrag Rumäniens und der UdSSR auf 20 Jahre abgeschlossen.
12. Aug./ 7. Dez.	*Vertrag* zwischen der *Bundesrepublik Deutschland* und der *UdSSR* über Gewaltverzicht und Normalisierung der Beziehungen (12. Aug.) sowie Vertrag zwischen der *Bundesrepublik* und *Polen* (7. Dez.) über die Grundlagen der Normalisierung von Beziehungen: Der Abschluß der „Ostverträge" macht das ideologische Prinzip des „Zusammenhalts durch Feindschaft" innerhalb des Ostblocks gegenstandslos. Mit der Entspannung und der „*friedlichen Koexistenz*" wird die ideologische Abgrenzung gegenüber dem Westen verschärft, zugleich die *wirtschaftliche Kooperation* der RGW-Staaten durch die „*sozialistische Integration*" intensiviert. Gleichzeitig erhoffen die RGW-Staaten einschließlich der UdSSR durch die Entspannung bessere wirtschaftliche Kontakte mit den westlichen Industrienationen, um mehr Investitionsgüter zur Modernisierung ihrer eigenen Industrien erwerben zu können.
1971 Febr.	Auf der Bukarester Außenministerkonferenz können die unterschiedlichen Auffassungen über den Führungsanspruch der UdSSR nicht beigelegt werden.
Juni	Nicolae Ceauşescu reist nach China, um für einen langfristigen zinslosen Kredit zu danken. Moskau erinnert daraufhin an die im rumänisch-sowjetischen Vertrag vom 7. Juli 1970 festgelegte Konsultationspflicht.
2. Aug.	Nach Treffen kommunistischer Parteiführer auf der Krim militärische Einschüchterungskampagne gegen Rumänien und Jugoslawien.
22.–25. Sept.	Jugoslawienreise Breschnews, der erklärt, die „*Belgrader Deklaration*" von 1955 besitze volle Gültigkeit. Tito sagt die Sicherung der „Diktatur des Proletariats mit allen Mitteln" zu.
Herbst	Entkrampfung des sowjetisch-rumänischen Verhältnisses.
Nov.	Der *Sechste Parteitag der KP Albaniens* beschließt Annäherung an Jugoslawien, Rumänien und Griechenland.
1972 25./26. Jan.	*Prager Konsultativtreffen der Warschauer-Pakt-Staaten* verabschiedet „Deklaration über Frieden, Sicherheit und Zusammenarbeit in Europa": Unverletzbarkeit der Grenzen, Gewaltverzicht, Rüstungsbegrenzung, Nichteinmischung und friedliche Koexistenz.
20. März	Parteichef Breschnew erkennt die Realität der *EG* an und wünscht gleichberechtigte *Wirtschaftsbeziehungen zum RGW*, der 1973 den Wunsch nach Kontaktaufnahme äußert.
1973 Juli	*Krimkonferenz* der Parteichefs der *Warschauer-Pakt-Staaten* beschließt Koordinierung der ideologischen Arbeit und eine Verstärkung der Parteikontrollen sowie bilaterale Abkommen zwischen den kommunistischen Parteien.
Aug.	Der *10. Parteitag der KPCh* verurteilt scharf den innen- und außenpolitischen Kurs der KPdSU, die wiederum China mehr und mehr als Feind der kommunistischen Weltbewegung angreift.
1974 18.–21. Juni	Die *28. RGW-Ratstagung in Sofia* ändert das Statut und die Konvention über Rechtsfähigkeit, Privilegien und Immunität des RGW und ermöglicht so die Vertragsfähigkeit mit anderen Staaten und internationalen Organisationen. Die Entwicklung des „Komplexprogramms" und der „sozialistischen ökonomischen Integration" wird legalisiert, der Änderung des regionalen Charakters durch die Aufnahme der Mongolischen VR (1962) und Kubas (1972) Rechnung getragen.
8. Nov.	VR China erklärt Bereitschaft, unter bestimmten Voraussetzungen mit der UdSSR über einen Nichtangriffspakt zu verhandeln. Die UdSSR lehnt die Bedingungen (u. a. Truppenrückzug aus umstrittenen Grenzgebieten) ab.
1975 17. April	Nach der Eroberung der kambodschanischen Hauptstadt Phnom Penh durch die Roten Khmer Proklamation der *Volksrepublik Kambodscha*. Nach Anlehnung an Nordvietnam Mitte 1975 militärische Auseinandersetzungen um Inseln im Golf von Siam.
30. April	Kapitulation Südvietnams: Machtvakuum in Südostasien. Wegen der prosowjetischen Stellungnahme Hanois und Grenzkonflikten *chinesisch-vietnamesische Verstimmung*, dagegen Verbesserung des chinesischen Verhältnisses zur VR Korea.
21. Juni	Die UdSSR warnt die VR China vor Einmischung in sowjetisch-japanische Beziehungen wegen der Bemühungen, in japanisch-chinesischem Normalisierungsvertrag „Hegemonieklausel" durchzusetzen.
26.–29. Juni	*29. Ratstagung des RGW in Budapest* befaßt sich vor allem mit der Koordinierung der nationalen Volkswirtschaftspläne 1976–1980 und mit der Energieversorgung. Anfang 1975 sind die bislang für eine Planperiode festgeschriebenen *Energie- und Rohstoffpreise korrigiert* worden. In Zukunft werden sie jährlich entsprechend der Entwicklung

Außenhandel der europäischen RGW-Länder (Mio. DM)

	1975	1977	1979	1980	1981	1982
Bulgarien	24 843	29 565	31 811	36 441	48 554	55 164
DDR	45 325	52 848	47 928	55 366	78 860	88 892
Polen	56 136	62 364	61 915	65 677	64 918	52 140
Rumänien	26 270	32 570	37 770	44 775	56 654	52 367
Sowjetunion	172 885	199 453	224 234	263 849	343 436	400 323
Tschechoslowakei	43 021	49 855	50 253	54 672	66 749	75 782
Ungarn	32 647	28 662	30 400	32 599	40 318	42 814
RGW[1]	401 127	455 317	484 311	553 379	699 489	767 482

[1] europäische Mitgliedstaaten des RGW

auf den westlichen Märkten berichtigt. Während in der Planperiode 1971–1975 die Preise am Weltmarktniveau der Jahre 1965–1969 orientiert waren und dadurch die RGW-Staaten von der inflationären Preisentwicklung wenig berührt wurden, werden sie jetzt vor allem durch die steigenden Energiepreise voll von der Entwicklung betroffen, zumal die UdSSR, die 90% des Ölbedarfs der RGW-Staaten deckt, ihre Preise dem Niveau der OPEC angleicht und die Preise für Exportgüter in die UdSSR nicht entsprechend angehoben werden können.

1. Aug. Unterzeichnung der **Schlußakte** der *„Konferenz über Sicherheit und Zusammenarbeit in Europa"* **(KSZE) in Helsinki.** Die UdSSR und die Volksdemokratien streben damit an, ihren Besitzstand glaubwürdiger legitimieren zu können und hoffen auf einen Ausbau der ökonomischen und technologischen Zusammenarbeit mit dem Westen. Die UdSSR betont, daß auf der KSZE die sozialistischen Länder Verpflichtung zum Schutz des sozialen Status quo übernommen, aber keine Einmischung in die inneren Angelegenheiten zugestanden haben.

22. Sept. –18. Nov. Partei- und Regierungsdelegation Vietnams in VR China, Ungarn, Bulgarien, der DDR, ČSSR, UdSSR, Polen und Rumänien. Abschluß von Hilfs- und Wirtschaftsabkommen.

23.–25. Sept. Konferenz der Kultusminister der sozialistischen Staaten in Bukarest zur Intensivierung der Zusammenarbeit auf dem Gebiet von Ideologie und Erziehung.

7. Okt. Freundschaftsvertrag UdSSR–DDR (Ratifikation am 4. Dez.).

13.–15. Okt. *Sitzung des RGW-Exekutivkommitees* in Moskau berät wachsende wirtschaftliche Schwierigkeiten: Zahlungsdefizit im Westhandel, verlangsamtes Wirtschaftswachstum, steigende Ölpreise.

1976 Jan.: Albanien proklamiert völlige Autarkie und Kampf gegen die Breschnew-Doktrin.

26. Jan. Tagung der für ideologische Fragen zuständigen ZK-Sekretäre über intensivierte Zusammenarbeit auf ideologischem Gebiet.

5./6. Febr. Die rumänische Parteiführung, die KPČ und andere bekräftigen die Bedeutung der Diktatur des Proletariats (gegen die „eurokommunistischen" Parteien Italiens, Frankreichs, aber auch Japans).

13. Febr. In *Angola* siegt die von kubanischen Truppen unterstützte Befreiungsbewegung *MPLA* (Unterstützung durch UdSSR).

24. Febr. –5. März Auf dem *25. Parteitag der KPdSU* verurteilt Parteichef Breschnew die Politik Chinas als „unverhüllt gegen die Mehrheit der sozialistischen Staaten gerichtet".

29. April Bombenanschlag eines „Konterrevolutionärs" (KPCh) auf die sowjetische Botschaft in Peking.

29./30. Juni *Gipfelkonferenz der kommunistischen Parteien Europas in Ost-Berlin* in Abwesenheit der KP Islands und Albaniens. Das unverbindliche, weil auf Wunsch der Eurokommunisten nicht unterzeichnete Schlußdokument gesteht jeder KP die Unabhängigkeit zu und vermeidet die von der KPdSU gewünschte Formel des „proletarischen Internationalismus".

5. Juli Verurteilung des „Kominformisten" Vlado Dapčević in Jugoslawien.

4.–6. Juli *30. RGW-Ratstagung in Ost-Berlin* berät Programm zur Energie- und Rohstoffversorgung sowie Sondermaßnahmen zur Unterstützung der Mongolischen VR und Kubas. Nach Auslaufen der ersten Vertragsserie werden ergänzende Handels- und bilaterale Kooperationsabkommen abgeschlossen, so der DDR mit den RGW-Ländern und der VR Vietnam, sowie ein neues Komplexprogramm verabschiedet. Angola, Nordkorea, Laos und Vietnam nehmen als Beobachter teil.

13. Juli Die RGW-Staaten unterzeichnen in Moskau Abkommen über die Zusammenarbeit bei der Erforschung und Nutzung des kosmischen Raums zu friedlichen Zwecken. Wiederannäherung Rumäniens.

1. Okt. Nach dem Tod Mao Tse-tungs proklamiert die KPCh die Fortsetzung ihrer gegen die Sowjetunion gerichteten Politik.
Die UdSSR bietet der VR China die Normalisierung der Beziehungen an.

1370 Neueste Zeit – Kommunistisch strukturierte Welt

Entwicklung des RGW[1]-Handels mit den Staatshandelsländern (Mio. DM)

	1979	1980	1981	1982
Außenhandelsumsatz mit Staatshandelsländern insgesamt:	267 467		368 353	402 378
darunter:				
Bulgarien	23 734	26 136	33 494	39 560
DDR	37 606		60 630	58 758
Polen	34 225	35 331	38 871	28 862
Rumänien	15 358	17 750	19 694	20 408
Sowjetunion	106 694	118 890	150 475	180 002
Tschechoslowakei	33 988	35 787	44 665	52 853
Ungarn	15 862	16 183	20 524	21 935

[1] nur europäische RGW-Länder

15. Nov.	Abkommen zwischen der ČSSR und der UdSSR zur friedlichen Nutzung der Atomenergie.
15.–17. Nov.	Bei seinem Besuch in Jugoslawien bekräftigt der sowjetische Parteichef Breschnew das Recht auf den eigenen Weg zum Sozialismus.
22.–24. Nov.	Beim Besuch Breschnews in Rumänien bleiben trotz Freundschaftsbekundungen die unterschiedlichen Positionen offensichtlich.
25./26. Nov.	Der Politische Beratende Ausschuß des Warschauer Paktes beschließt in Bukarest den institutionellen *Ausbau der politischen Organe des Warschauer Paktes.* Vorschlag eines Vertrages über den Verzicht auf Ersteinsatz von Atomwaffen.
1977	Machtwechsel in der *VR Äthiopien* (3. Febr.), Wendung zu Kuba und der UdSSR.
23. Juni	Entschiedene Distanzierung der KPdSU vom *Eurokommunismus.*
7. Juli	Albanien eröffnet ideologische Kampagne gegen VR China wegen deren Annäherung an die USA und ihre Verbündeten. Verzicht auf chinesische Wirtschaftshilfe.
25. Juli	
Aug.	Antisowjetische Spitzen werden beim Besuch des jugoslawischen Staats- und Parteichefs Tito in Peking deutlich.
Sept.	Der chinesische stellvertretende Ministerpräsident *Teng Hsiao-p'ing* erklärt den formal bis 1980 laufenden sowjetisch-chinesischen Beistandsvertrag für hinfällig.
27. Sept.	Formelle Bekanntgabe der Existenz einer Kambodschanischen KP.
Sept.–Okt.	Partei- und Regierungsdelegation Kambodschas besucht China und Korea.
Dez.	Offene *militärische Auseinandersetzungen zwischen Kambodscha und Vietnam.* Kambodscha wird von der VR China, Vietnam von der UdSSR unterstützt.
1978	Jugoslawien verurteilt militärische Interventionen im Namen sog. höherer Interessen des Sozialismus.
13. Jan.	
1. Febr.	*Kuba* zieht 5000 Reservisten ein, um weitere 5000 Mann nach *Äthiopien* entsenden zu können (13. Nov. 1977 Kündigung der diplomatischen Beziehungen Somalias mit Kuba und der UdSSR).
2. März	*KP Kubas* und *MPLA Angolas* vereinbaren ideologische Zusammenarbeit.
25. März	Der chinesische Staats- und Parteichef *Hua Kuo-feng* fordert den Abzug der sowjetischen Truppen von der gemeinsamen Grenze und aus der Mongolischen VR; Vorwurf der Expansionspolitik.
9. Mai	Nach Aufnahme von Grenzverhandlungen *neue Grenzzwischenfälle am Ussuri.*
3. Juli	Die chinesische Regierung gibt die Einstellung aller Hilfen an Vietnam bekannt.
7. Juli	Rückberufung der chinesischen Experten aus Albanien, das Vietnam unterstützt und den chinesischen „Imperialismus" verurteilt.
21. Juli	VR Korea und Kambodscha vereinbaren Intensivierung der Beziehungen.

Regionale Gliederung des Außenhandels der europäischen RGW-Länder (1982)

	Außenhandel insgesamt	Staatshandelsländer[2]		Westl. Industrieländer		Entwicklungsländer	
	Mio. DM	Mio. DM	%	Mio. DM	%	Mio. DM	%
Bulgarien	55 164	39 560	71,7	8 573	15,5	7 030	12,7
DDR	88 892	58 794	66,1	25 058	28,2	5 172	5,8
Rumänien	52 140	28 860	55,4	17 663	33,9	4 380	9,4
Sowjetunion	400 323	180 002	45,0	144 868	36,2	75 235	18,8
Tschechoslowakei	75 781	52 853	69,7	17 394	23,0	5 353	7,1
Ungarn	42 814	21 935	51,2	15 567	36,4	5 311	12,4
RGW[1] insgesamt	715 114	382 004	53,4	229 123	32,1	102 480	14,3

[1] europäische RGW-Länder;   [2] europäische und asiatische Staatshandelsländer

Juli	25.–28.: Erste Verhandlungsrunde zwischen Experten von EG und RGW.
27. Sept. –1. Okt.	*Tagung des RGW-Exekutivkomitees in Ulan Bator:* Förderung der Wirtschaft der Mongolischen VR, Einbeziehung der SR Vietnam in die Arbeit des RGW, Hilfe für Äthiopien.
1.–9. Nov.	Vietnamesische Delegation unterzeichnet in der UdSSR Vertrag über Freundschaft und Zusammenarbeit.
22.–24. Nov.	Politischer Beratender Ausschuß des Warschauer Paktes berät über supranationale Kommandostruktur. Rumänien lehnt Erhöhung der Militärausgaben ab.
1979 Jan.	Sturz der Regierung Pol Pot in Kambodscha durch die kambodschanische Einheitsfront KUFNS mit massiver vietnamesischer Truppenunterstützung.
17. Febr.	Nach dem **chinesischen Truppeneinmarsch in Vietnam** verurteilt eine vietnamesisch-kambodschanische Erklärung Chinas Unterstützung des Pol-Pot-Regimes sowie den Angriff auf Vietnam.
19. Febr.	Vietnamesisch-kambodschanischer Freundschaftsvertrag.
2. März	Die Kremlführung verurteilt den chinesischen ,,Überfall" auf Vietnam und rechtfertigt Vietnams Aktion in Kambodscha.
Juli	Verurteilung der VR China durch die ZK-Sekretäre für ideologische Fragen (außer Rumänien). Unterstützung Vietnams und des neuen Kambodscha-Regimes.
24. Juli	Handelsabkommen Rumäniens und Albaniens. Im Sommer Verschärfung der Energieschwierigkeiten.
6. Okt.	Breschnew kündigt einseitige Truppenreduzierung der UdSSR an und fordert den Westen dazu auf, keine Raketenwaffen in Europa zu stationieren.
1980	Chinesisch-sowjetische Spannungen (Jan.) im Zuge der *Afghanistan-Krise.*
1981 2.–4. Juli	Die *35. Tagung des RGW* behandelt die wirtschaftliche Zusammenarbeit in den 80er Jahren, vor allem die Koordinierung der bereits begonnenen Fünfjahrespläne 1981–1985. Schwierigkeiten resultieren vor allem aus den *Lieferausfällen von Polen,* da die ausgefallenen polnischen Lieferungen anderenorts großenteils gegen Devisen beschafft werden müssen; im Gegenzug Drosselung des Warenverkehrs mit Polen.
Sept.	Übungen der Warschauer-Pakt-Truppen an der Westgrenze der UdSSR (,,Westen 81") sowie Flottenübung auf der Ostsee.
1982 Jan.	Die *Krise der Weltwirtschaft trifft in verstärktem Maße die RGW-Staaten* mit hoher Verschuldung im westlichen Ausland. Die *allgemeine Verschlechterung der Ost-West-Beziehungen* und die Wirtschaftssanktionen der NATO-Länder gegen die sozialistischen Staaten nach der Verhängung des Kriegsrechts in Polen sind ebenso wie *der Kapital- und Ressourcenabzug zur Stützung der polnischen Volkswirtschaft* spürbar. Die RGW-Länder würdigen die ,,Stärkung der sozialistischen Ordnung" in Polen.
März	Die VR China reagiert vorsichtig positiv auf sowjetische Vorschläge, die *Beziehungen* zu normalisieren.
22. Nov.	Der *neugewählte sowjetische Parteichef Jurij Andropow* kündigt gemeinsame Schritte für eine wirksamere wirtschaftliche Zusammenarbeit der sozialistischen Länder an.
1983	Die Prager Gipfelkonferenz der Warschauer-Pakt-Staaten schlägt den NATO-Ländern Nichtangriffspakt vor (4.–6. Jan.).
24. Nov.	Der sowjetische Staats- und Parteichef Jurij Andropow kündigt *als Gegenmaßnahme auf die Stationierung amerikanischer Mittelstreckenraketen in Westeuropa* Waffenstationierung ,,*entsprechender Art*" im europäischen Teil der UdSSR, in der ČSSR und der DDR sowie dem Ozeangebieten gegenüber den USA an.
1984 10. Jan.	Die Warschauer-Pakt-Staaten schlagen den NATO-Ländern ein *Abkommen für ein Europa ohne chemische Waffen* vor.
8. Mai	Der *,,Nichtteilnahme"* der sowjetischen Sportler *an den Olympischen Spielen in Los Angeles* schließen sich die übrigen RGW-Länder (Ausnahme Rumänien) an. – *(Forts. S. 1624)*

Die Warschauer-Pakt-Staaten

Sowjetunion seit 1945
(Forts. v. S. 972)

Die UdSSR, die ihren Sieg im Zweiten Weltkrieg mit erheblichen Verlusten (ca. 15–20 Mio. Toten und 25 Mio. Obdachlosen) erkauft hat, kann *bedeutende territoriale Gewinne* verzeichnen: Nordostpreußen, Ostpolen, die Karpatenukraine, die Nordbukowina und Bessarabien, dazu die baltischen Staaten. Sie umfaßt damit 22 Mio. qkm oder ein Sechstel des Festlands der Erde. Dazu kann sie an ihren Grenzen einen *Sicherheitsgürtel* von Staaten aufbauen, die unter politischem und militärischem Druck ihr Gesellschaftssystem unter der Herrschaft einer Kommunistischen oder Arbeiterpartei nach dem sowjetischen Vorbild neu aufbauen: Ostmittel- und Südosteuropa, Korea. Aus dem Norden des Iran zieht die UdSSR

1372 Neueste Zeit – Kommunistisch strukturierte Welt

ihre Armee 1946 zurück, die Forderungen an die Türkei auf die Rückgabe von Kars und Ardahan sowie die Einräumung von Stützpunkten an den Dardanellen bleiben 1945–1947 ebenso erfolglos wie der Versuch, im griechischen Bürgerkrieg 1947/1948 der Kommunistischen Partei Griechenlands zum Sieg zu verhelfen.

Die Ära Stalin nach dem Zweiten Weltkrieg (1945–1953)

Durch die *Konzentration der wichtigsten Funktionen in Staat und Partei* in seiner Person ist *Josef Stalin* (* 1879, † 1953) das Zentrum des Machtapparates und die einzige integrierende Kraft in Staat, Gesellschaft und Partei, die er absolut autoritär mittels seiner Privatkanzlei und der Geheimpolizei (NKWD, seit 1946 MWD) unter Lawrenti Pawlowitsch Berija (* 1899, † 1953) lenkt. Nach der Lockerungsphase im „Sowjetpatriotismus" der Kriegsjahre verstärkt Stalin die vor dem Krieg eingeleitete Zentralisierung der Machtfunktionen: Die Befugnisse des Obersten Verteidigungsrates gehen auf Politbüro und Parteisekretariat über. Die Partei selbst hat ihre Mitgliederzahl gegenüber dem Vorkriegsstand mit annähernd 6,9 Mio. bei einer Gesamtbevölkerung von 200 Mio. verdoppelt (dabei ca. 60% Funktionäre [Apparatschiks], ist aber in dieser Form als Massenpartei nach der Liquidierung der Eliten in den „*Säuberungen*" *der Vorkriegszeit* zum bloßen Herrschaftsinstrument herabgesunken und kann ihre politische Funktion erst nach dem Tode Stalins 1953 wiedergewinnen. Einfache Mitglieder und hohe Funktionäre bleiben aber nicht verschont von der Atmosphäre permanenter Furcht und Mißtrauens durch Wachsamkeitskampagnen, Verhaftungen, Verurteilungen, Deportationen usw. In Straf- und Zwangsarbeitslagern befinden sich ca. 10 Mio. Menschen. Willkürliche Maßregelungen und Verunglimpfungen kennzeichnen die kulturpolitische Kampagne von *Andrej Alexandrowitsch Schdanow* (* 1896, † 1948) zur Verherrlichung Stalins im *Personenkult* und der Sowjetunion im „*Sozialistischen Realismus*" und gegen „Objektivismus", „Formalismus" und „Kosmopolitismus" („zweite Schdanowschtina"). Der *Wiederaufbau der Industrie* vollzieht sich bemerkenswert rasch: 1948 hat die Gesamtproduktion den Vorkriegsstand von 1940 (bei kleinerem Territorium) erreicht, bis 1952 wird sie verdoppelt, ohne daß allerdings der Lebensstandard verbessert wird.

1945 *Josef Stalin* wird zum *Generalissimus* ernannt.
29. Juni Vertrag zwischen der UdSSR und der ČSR über die „Wiedervereinigung" der Karpathen-Ukraine mit der Ukrainischen SSR.
9. Aug. Nach **Kriegserklärung gegen Japan** Teilnahme am ostasiatisch-pazifischen Krieg.
4. Sept. Auflösung des Staatlichen Verteidigungskomitees.
1946 Stalin entwickelt **Zwei-Welten-Theorie:** Beginn aggressiverer Politik gegen das „kapitali-
6. Febr. stische Lager": 1948/1949 *Berliner Blockade,* 1950–1953 *Koreakrieg.* **Kalter Krieg:** Spannungen in Polen und Ungarn, in der Deutschlandfrage, *Aufgabe der Kooperation mit dem Westen* seit der Marshall-Plan-Konferenz in Paris 1947.
15. März *Umwandlung des Rates der Volkskommissare in den Ministerrat der UdSSR* (entsprechend in den Unions- und Autonomen Republiken); Stalin Vorsitzender des Ministerrates und Erster Sekretär des Zentralkomitees (ZK) der KPdSU.
18. März *Vierter Fünfjahrplan (1946–1950).* Beseitigung der Kriegsschäden, Wohnungsbau, Großprojekte: Großkraftwerke bei Kujbyschew und Stalingrad an der Wolga (eröffnet 1960), Kachowka am Dnjepr, der Turkmenische Kanal und der Leninkanal zwischen Wolga und Don (fertig 1952). Die Kollektivwirtschaften (Kolchosen) werden bei strikter Beschränkung des privaten Nutzlandes auf die vorgeschriebene Größe reorganisiert und straffer Parteiaufsicht unterstellt.
1947 10. Febr.: **Pariser Friedensverträge** mit Italien, Ungarn, Rumänien, Bulgarien, Finnland.
24. Juni Beginn der kulturpolitischen Kampagne (sog. *zweite Schdanowschtina*): Verherrlichung der Person Stalins (Personenkult) sowie der Sowjetunion.
14. Dez. Abschaffung der Rationierung für Lebensmittel sowie Währungsreform.
1948 Nach dem Tod Andrej Schdanows folgt gnadenlose *Säuberung im Parteiapparat. Georgi*
31. Aug. *Maximilianowitsch Malenkow* (* 1902, † 1988), *Nikita Sergejewitsch Chruschtschow* (* 1894, † 1971) und *Lawrenti P. Berija* gelingt die Entmachtung der Schdanow-Gruppe.
1949 Die *Regierungsumbildung,* bei der *Wjatscheslaw Michailowitsch Molotow* (* 1890, † 1986)
5. März als Außenminister (seit 1939) von *Andrej Januarjewitsch Wyschinskij* (* 1883, † 1954) abgelöst wird, leitet keinen spektakulären Wechsel der Außenpolitik ein. In einer antijüdischen Kampagne (1948–1952) wird Molotows Frau nach Sibirien verbannt.
Aug. *Erste sowjetische Atombombenexplosion.*
1950 Einführung des Goldrubels (1 Rubel = 0,222 Gramm Feingold). Der Rubel ist damit nicht
1. März mehr abhängig vom Dollar: Grundlage für *Rubelblock* neben Dollar- und Sterlingblock.
27. Juni *Nichteinmischung im Koreakrieg* vermeidet direkte amerikanisch-sowjetische Konfrontation.
1951 *Fünfter Fünfjahrplan (1951–1955):* Großbauten zur Bewässerung und Energiegewinnung.
1952 Sowjetische Note über „Grundriß eines Friedensvertrages mit Deutschland" (10. März).
Sept. Stalins Schrift „Ökonomische Probleme des Sozialismus" erscheint.

Warschauer-Pakt-Staaten – Sowjetunion *1373*

Landwirtschaft und Industrie in der Stalin-Ära

Trotz der 1946 begonnenen Reorganisation stagniert die Produktion auf dem Kolchosland, obwohl 40% aller Arbeitskräfte in der Landwirtschaft arbeiten. Die jährliche Wachstumsrate der Industrieproduktion beträgt dagegen jährlich ca. 13%. 1950 wird die *Zusammenlegung von mehreren Kollektivwirtschaften zu Groß-Kolchosen* (bis Herbst 1953 252000 Betriebe zu 94800 Großbetrieben mit durchschnittlich 1700 ha Ackerfläche) durchgeführt, die *Initiative* geht von *Nikita S. Chruschtschow* aus. Seinen weitergehenden Plan von Agrostädten muß er 1951 auf Einspruch Stalins aufgeben. Die Unausgewogenheit der Industrieproduktion durch die einseitig forcierte Schwerindustrie belastet die gesamte Wirtschaftsentwicklung.

5.–14. Okt.	**14. Parteitag der KPdSU,** der erste seit 1939. Der Parteitag findet unter veränderten Bedingungen statt: Die Sowjetunion ist nicht mehr das einzige sozialistische Land, sondern das führende. Das Statut der Partei wird geändert, im Namen der Zusatz (B), d. h. „Bolschewiki", gestrichen. Politbüro und Organisationsbüro werden zum Präsidium des Zentralkomitees (ZK) zusammengefaßt.
1953 13. Jan.	Moskauer „Ärztekomplott" aufgedeckt (soll vermutlich den Anlaß zu einer neuen Säuberungswelle abgeben).
5. März	**Tod Josef Stalins.**

Festigung der Sowjetmacht: die Ära Chruschtschow (1953–1964)

1953 6. März	Nach dem Tod Stalins wird die oberste Kommandogewalt in Staat und Partei von einer *kollektiven Führung* übernommen, die unter sich die zu Lebzeiten Stalins begonnenen Machtkämpfe weiter austrägt: *Georgi M. Malenkow* wird Vorsitzender des Ministerrates, *Wjatscheslaw M. Molotow* Außenminister, *Lawrenti P. Berija* Innenminister.
14. März	*Chruschtschow* wird anstelle Malenkows dem Range nach Erster Sekretär des ZK.
26. Juni	*Berija*, der als Leiter der Staatspolizei für zahllose Übergriffe und drückenden Terror besonders gehaßte Mitarbeiter Stalins, wird seines Amtes *als Innenminister enthoben* (am 9. Juli verhaftet und am 23. Dez. hingerichtet). Verfügungsgewalt und Kontrolle über den Staatssicherheitsdienst liegen seitdem nicht mehr in einer Hand.
27. Juli	Der *Waffenstillstand in Korea* signalisiert die Abkehr von der grundsätzlichen Konfrontation mit dem Westen, welche die Sowjetunion außerhalb ihres Hegemoniebereichs politisch isoliert hat.
8. Aug.	Ansprache des Ministerratsvorsitzenden Malenkow setzt Richtlinien für den **„Neuen Kurs"** (Umverteilung der volkswirtschaftlichen Prioritäten zugunsten der Konsumgüterindustrie, Förderung der Landwirtschaft zur Steigerung der Erträge, Stärkung der „sozialistischen Gesetzlichkeit"). Der Neue Kurs kommt den Forderungen der „Arbeiterintelligenz" und der bürokratisch-technischen Mittelschicht, die eine Art „Staatsbourgeoisie" bilden, entgegen.
9. Aug.	Bekanntgabe der *Zündung der ersten sowjetischen Wasserstoffbombe*. Die Modernisierung des sowjetischen Waffenpotentials (erfolgreiche Entwicklung von Trägerwaffen, Umrüstung der Luftwaffe auf Düsenmaschinen) gibt der Kremlführung das Gefühl, anders, als dies in den ersten Nachkriegsjahren der Fall war, für militärische Eventualfälle gerüstet zu sein.
22. Aug.	Die UdSSR erläßt der DDR die noch ausstehenden Reparationszahlungen. Umwandlung der diplomatischen Vertretungen in Botschaften.
3.–7. Sept.	Plenum des ZK der KPdSU beschließt *Maßnahmen zur raschen Steigerung der Agrarproduktion:* Erhebliche Investitionen, Entsendung von Fachleuten aufs Land, Verminderung der persönlichen Belastung der Kolchosniki (Arbeiter einer Kolchose).
13. Sept.	Wahl *Nikita Chruschtschows* zum *Ersten Sekretär des ZK* der KPdSU.
1954 Febr./ März	Das ZK stimmt Chruschtschows *Siedlungs- und Landbauprogramm* zu: Neulandgewinnung von 13 Mio. Hektar in Westsibirien, Nordkasachstan, im Wolgagebiet und im Nordkaukasus (17. Juli auf 28–30 Mio. Hektar erhöht). Errichtung riesiger Staatsgüter. Das Zentralkomitee ruft zum „Feldzug nach dem Neuland" auf. Bis 1956 werden ca. 36 Mio. Hektar Brach- und Neuland erschlossen, doch werden bald die Gefahren extensiver Landnutzung in den halbdürren Steppen sichtbar.
27. Juni	Inbetriebnahme des ersten sowjetischen industriemäßigen Atomkraftwerks in Obninsk bei Moskau.
10. Nov.	ZK der KPdSU beschließt *Verstärkung der atheistischen Propaganda*.
Dez.	*Zweiter Schriftstellerkongreß* streicht Bestimmung im Statut des Schriftstellerverbandes, nach der die Wahrheitstreue von der „Zielsetzung einer ideologischen Umformung der Werktätigen im Geiste des Sozialismus" abhängen soll (Kritische Literatur). Die „*Tauwetter*"-Periode (nach einem 1954 erschienenen Kurzroman von *Ilja Ehrenburg*

1374 Neueste Zeit – Kommunistisch strukturierte Welt

[* 1891, † 1967] benannt) bedeutet für Literatur, Kunst und Kultur die Abkehr von der strengen Reglementierung und eine gewisse Liberalisierung.

1955
25. Jan. Erlaß des Präsidiums des Obersten Sowjet „über die Beendigung des Kriegszustandes zwischen der UdSSR und Deutschland".

8. Febr. *Nikolai Alexandrowitsch Bulganin* (* 1895, † 1975) löst Georgi M. Malenkow als Vorsitzenden des Ministerrats ab; die Übergabe des Verteidigungsministeriums an Marschall *Georgi Konstantinowitsch Schukow* (* 1896, † 1974) deutet auf einen steigenden Einfluß der Roten Armee (Erhöhung der Verteidigungsausgaben).

14. Mai Unterzeichnung des Vertrags über Freundschaft, Zusammenarbeit und gegenseitigen Beistand **(Warschauer Pakt).**

15. Mai Die UdSSR läßt durch die *Ratifizierung des österreichischen Staatsvertrags* einen gewissen Entspannungswillen in Europa erkennen.

4.–12. Juli Auf einem Plenum des ZK der KPdSU stellt Außenminister Molotow die Zweckmäßigkeit des österreichischen Staatsvertrags und der Wiederannäherung an Jugoslawien (Mai/Juni: Belgrader Kommuniqué) in Frage, Parteichef *Chruschtschow setzt jedoch seine Außenpolitik gegen die „Anti-Partei-Opposition" durch.*

Grundlinien der Politik Chruschtschows

Unter dem Einfluß Chruschtschows setzt in der zweiten Jahreshälfte 1954 die Rückkehr zu einer vorrangigen *Förderung der Schwer- und Investitionsgüterindustrie* ein, ohne daß allerdings der Konsumgüter- und der Landwirtschaftssektor vernachlässigt würde. Der Rat für Gegenseitige Wirtschaftshilfe *(RGW–COMECON)* wird reaktiviert, um lang- und mittelfristig die nationalen Volkswirtschaftspläne zu koordinieren. Chruschtschow rügt Malenkows „Konsumismus", kann aber den *Neuen Kurs* nicht gänzlich zurücknehmen. Mit Unterstützung der Molotow-Fraktion, die die Beibehaltung einer der Form nach durchaus stalinistischen Innen- und Außenpolitik fordert, kann Chruschtschow im ZK eine Mehrheit gegen Malenkow als Ausgleich in den internationalen Beziehungen tendierende Politik gewinnen und nach dessen Entlassung seine *Konzeption der „friedlichen Koexistenz"* unter der Voraussetzung militärischer Stärke durchsetzen. Bei der praktischen Anwendung dieser außenpolitischen Konzeption stößt Chruschtschow jedoch auf die Kritik der Molotow-Gruppe, der das sowjetische Entgegenkommen bei der *Lösung des Österreich-Problems* und die *Wiederannäherung an Jugoslawien* zu weit gehen. Nach dem Ausschalten der Opposition auf dem Plenum des ZK (4.–12. Juli 1955) erscheint Chruschtschow als der eigentliche Architekt der neuen sowjetischen Außenpolitik, die sich bei aller Annäherung gegen Einmischung in die inneren Angelegenheiten der Sowjetunion und der sozialistischen Länder entschieden verwehrt (TASS-Erklärung vom 14. Juni 1955 gegen Plan von US-Präsident Eisenhower, „das Problem der Länder Osteuropas" auf die Tagesordnung der Genfer Konferenz [18.–23. Juli 1955] zu setzen). Die von Andrej Schdanow formulierte *Zwei-Lager-Theorie* (Kominform-Gründungskonferenz 1947) wird durch die **Drei-Welten-Vorstellung** ergänzt.

Seit 1955/1956 bemüht sich die UdSSR durch Aufnahme diplomatischer Beziehungen und Entwicklungshilfe um die im Entkolonialisierungsprozeß entstehende *Dritte Welt* und bemüht sich, vor allem *afrikanische Staaten* in ihrer Politik der Bündnisfreiheit zu bestärken. In *Südostasien* erklärt sie sich auf der Grundlage der friedlichen Koexistenz zum Garanten der Blockfreiheit und der nationalen Interessen (Besuchsreise Chruschtschows Nov./Dez. 1955). Die *Mittelost-Erklärung* (16. April 1955) stellt die UdSSR als Schutzmacht der Unabhängigkeit und der nationalen Interessen der Staaten des Nahen und Mittleren Ostens dar. Die Unterstützung Ägyptens in der *Sues-Krise 1956* stärkt das sowjetische Ansehen in der arabischen Welt. Das *„Zwischenspiel der verschiedenen Wege zum Sozialismus"* und die weltweite Entspannungspolitik gefährden die Einheit des Ostblocks. Drohung einer Intervention in Polen (polnischer *„Frühling im Oktober"* 1956) und militärische Niederschlagung des *ungarischen Aufstandes* (Okt./Nov. 1956) können jedoch die hegemoniale Stellung der Sowjetunion im eigenen Lager sicherstellen.

1955
9.–13. Sept. Der deutsche Bundeskanzler *Konrad Adenauer* verhandelt in Moskau mit der sowjetischen Führung und erreicht die Aufnahme der diplomatischen Beziehungen, die Erweiterung des Handels und die *Freilassung der letzten deutschen Kriegsgefangenen.*

19. Sept. Abkommen mit Finnland über die vorzeitige Rückgabe des Flottenstützpunkts *Porkkala Udd* (auf der finnischen Halbinsel Porkkala, westlich von Helsinki am Finnischen Meerbusen gelegen; vollzogen am 26. Jan. 1956).

1956
14.–25. Febr. **20. Parteitag der KPdSU:** Gegen die Gruppe um Außenminister *Molotow,* den Ersten Stellvertretenden Ministerratsvorsitzenden, *Lasar Moissejewitsch Kaganowitsch* (* 1893), den ehemaligen Ministerratsvorsitzenden *Malenkow* und Staatsoberhaupt *Kliment Jefremowitsch Woroschilow* (* 1881, † 1969) kann sich Parteichef Chruschtschow durchsetzen. In einer **Geheimrede** rechnet er mit den Verbrechen der Stalin-Zeit ab und gibt eine zeitgemäße, auf Lenin bezogene Interpretation des Marxismus-Leninismus; er fordert die Beseitigung des Personenkults und eine Stärkung der Partei.

Warschauer-Pakt-Staaten – Sowjetunion *1375*

März	Ausbruch von Unruhen in Georgien, der Heimat Stalins.
6. März	„*Statut des landwirtschaftlichen Artels* (Genossenschaft) und die weitere Entfaltung der Initiative der Kolchosbauern bei der Organisierung der Produktion und der Verwaltung der Kolchosen". Das Präsidium des Obersten Sowjet faßt Beschlüsse zur Hebung des Lebensstandards.
26. März	Sozialgesetzgebung: Verlängerung des Schwangerschaftsurlaubs.
17. April	Auflösung des Kominform.
2. Juni	*Dimitri Trofimowitsch Schepilow* (* 1905) löst Molotow als Außenminister ab.
6. Juni	Einführung der Schulgeldfreiheit für Fach- und Hochschulen.
30. Juni	*Beschluß* des ZK der KPdSU *über die Überwindung des Personenkults.* Die Partei geht davon aus, daß die Kritik am Personenkult, selbst wenn sie zeitweilige Schwierigkeiten hervorrufen wird, vom Standpunkt der Interessen und des Endziels der Arbeiterklasse aus zweifellos ein positives Ergebnis zeitigen wird.
12. Juli	Auflösung der Karelo-Finnischen SSR.
14. Juli	Gesetzliche Festlegung von Alters- und Invalidenrenten sowie Krankengeld verbunden mit Erhöhung der Löhne bzw. Anhebung der niedrigsten Gehaltsgruppen (8. Sept.).
6. Sept.	Erlaß des Präsidiums des Obersten Sowjet über die Umbenennung der Internationalen Stalinpreise in Internationale Leninpreise „für die Festigung des Friedens unter den Völkern".
19. Okt.	Abkommen über die *Beendigung des Kriegszustandes mit Japan* und Aufnahme diplomatischer Beziehungen (Kurilenfrage ungelöst).
5. Nov.	Verurteilung der britischen und französischen Intervention in Sues.
11. Nov.	Durch den Einsatz der Roten Armee bricht in *Ungarn* der *Volksaufstand* zusammen.
1957 16. Febr.	*Andrej A. Gromyko* (* 1909, † 1989) löst Schepilow als Außenminister ab. Parteichef Chruschtschow verspricht neue wirtschafts-, insbesondere agrarpolitische Großprojekte.
Juni	Die *Reformströmungen in den Volksdemokratien* und in der Sowjetunion, die Forderung nach *Polyzentrismus* im „sozialistischen Lager" und die offensichtliche Gefahr eines Verlusts der beherrschenden Stellung der Sowjetunion führen zu einer Fronde Malenkows, Molotows und Kaganowitschs, die im Präsidium des ZK eine Mehrheit für die Absetzung Chruschtschows findet, der seinerseits jedoch eine Plenarsondersitzung der 133 Mitglieder und 122 Kandidaten des ZK organisiert.
4. Juli	Der so mobilisierte Parteiapparat erklärt die drei zu „Parteifeinden" und enthebt sie ihrer Partei- und Regierungsämter. *Leonid Iljitsch Breschnew* (* 1906, † 1982), Verteidigungsminister Marschall *Schukow* und als Kandidat *Alexsej Nikolajewitsch Kossygin* (* 1904, † 1980) rücken ins Präsidium des ZK nach. Chruschtschow kann (Dezember) das Parteisekretariat durch drei seiner Anhänger erweitern. (Die Gruppe der Gegner Chruschtschows ist durch wirtschaftliche Spitzenkader verstärkt gewesen, die die Wirtschaftskrise auf die Wirtschaftspolitik Chruschtschows zurückführen, der den ökonomischen Fragen jetzt verstärkte Aufmerksamkeit zuwendet.)
20. Sept.	Der *Abbruch des sechsten Fünfjahrplans* (1956–1959) wird bekanntgegeben; im RGW wird die Übereinkunft erzielt, der Schwerindustrie in den neu auszurichtenden nationalen Plänen absoluten Vorrang zu geben. Dezentralisierung der Wirtschaft, Versuch, durch Intensivierung der Agrarwirtschaft erhöhte Erträge zu erreichen.
4. Okt.	Nach der erfolgreichen Erprobung einer Interkontinentalrakete (26. Aug.) *Start des ersten künstlichen Erdsatelliten* (**„Sputnik").** Ein zweiter folgt am 3. Nov. Der technologische Erfolg steigert das Prestige der Sowjetunion und löst in den USA den **„Sputnik-Schock"** aus.
5. Dez.	Stapellauf des mit Hilfe von Atomkraft angetriebenen Eisbrechers „Lenin".
1958 25./26. Febr.	Plenum des ZK der KPdSU beschließt die Umwandlung der Maschinen-Traktoren-Stationen (MTS) in Reparatur- und Technische Stationen (RTS). Übergabe der Maschinenparks an die Kolchosen; Aufhebung der Pflichtablieferung und der Naturalentlohnung.
27. März	*Nikolaj A. Bulganin* muß als Ministerratsvorsitzender zurücktreten, er wird aus dem ZK ausgestoßen und *zum „Parteifeind" erklärt* (Sept.). An Bulganins Stelle übernimmt *Chruschtschow* auch das *Amt des Vorsitzenden des Ministerrats.* Chruschtschow hält Partei und Staat jetzt fest in seiner Hand. Gegen seine Rivalen hat er sich mittels des Parteiapparats durchgesetzt, den er erneut zum entscheidenden Machtinstrument erhoben hat.
Sommer	„Geschichte der KPdSU" veröffentlicht.
27. Nov.	*Erstes Berlin-Ultimatum:* Abzug der Westmächte binnen sechs Monaten gefordert.
Dez.	Der Schriftsteller *Boris Pasternak* (* 1890, † 1960) nimmt den *Nobel-Preis für Literatur* (für den Roman „Doktor Schiwago" erhalten) zunächst an, muß ihn aber unter politischem Druck zurückgeben.
22.–25. Dez.	Gesetz „Über die Festigung der Verbindung der Schule mit dem Leben" leitet die *Bildungsreform* ein (Polytechnischer Unterricht) und verlängert die Schulpflicht von sieben auf acht Jahre.
1959 Jan./Febr.	Der *21. Parteitag der KPdSU* (27. Jan. – 5. Febr.) ändert die „Kontrollziffern für die Entwicklung der Volkswirtschaft": **Siebenjahrplan (1959–1965).**

1376   Neueste Zeit – Kommunistisch strukturierte Welt

6. April/ 24. Juli	Sowjetische Vorschläge für kernwaffenfreie Zonen im Pazifischen Raum, im Ostseeraum (3. Juni), im Balkan- und Adriaraum (25. Juni) sowie (24. Juli) in Afrika.
11. Mai –5. Aug.	Die Sowjetunion nimmt an der Außenministerkonferenz in Genf über die Deutschland-Frage teil und tritt (5. Dez.) dem Internationalen Komitee für Weltraumforschung bei (im Sept. Start der sowjetischen Mondrakete Lunik II).
15.–27. Sept.	Partei- und Regierungschef Chruschtschow besucht die USA: *Gespräche mit US-Präsident Eisenhower in Camp David* (Abrüstung, Deutschlandfrage, Gipfelkonferenz in Paris).
1960 5.–7. Mai	Der Oberste Sowjet beschließt die *etappenweise Abschaffung der Lohn- und Einkommensteuer* und die Umstellung auf den Siebenstunden- bzw. Sechsstundentag. Das von Chruschtschow angestrebte Ziel eines „*Wohlfahrtskommunismus*" kann mit den gegebenen wirtschaftlichen Mitteln nicht erreicht werden, zumal die Landwirtschaft der neuralgische Bereich bleibt. Die Planziffern können nicht immer erfüllt werden.
9. Mai	*Leonid Breschnew* löst *Kliment J. Woroschilow* als Vorsitzenden des Obersten Sowjets (damit *nominelles Staatsoberhaupt*) ab.
18. Mai	Den Abschuß eines amerikanischen Aufklärungsflugzeugs über der Sowjetunion *(1. Mai: U 2-Zwischenfall)* nimmt Chruschtschow zum Anlaß, die *Pariser Gipfelkonferenz* über Entspannungsfragen scheitern zu lassen (Nachgeben gegenüber Vorstellungen der KP Chinas, einiger osteuropäischer Parteiführungen und der Kritiker aus der eigenen Partei).
1. Okt.	Eröffnung der Patrice Lumumba-Universität für Völkerfreundschaft in Moskau.
15. Nov.	Erhöhung des Goldgehalts des Rubels und Änderung des Kurswertes.
1961 6. Jan.	Währungsreform: 1 : 10-Umstellung des Rubelkurses und der Preise. Chruschtschow stuft die seit 1958 offizielle *Militärdoktrin,* „lokale" Kriege würden unvermeidlich sich in einen Weltkrieg ausweiten, ab. Das „sozialistische Lager" werde zwar alles tun sie zu verhindern, nationale Befreiungskriege seien jedoch unvermeidbar und würden von der UdSSR unterstützt werden.
12. April	*Erster bemannter Raumflug* Juri Alexejewitsch Gagarins (* 1934, † 1968) mit Wostok I.
Juni	Treffen Chruschtschows mit US-Präsident Kennedy in Wien (2./3.).
30. Juni	Neues (drittes) *Parteiprogramm* ersetzt das von 1919: *Vermeidbarkeit des Krieges* und friedliche Koexistenz, die UdSSR nicht mehr „Diktatur des Proletariats", sondern ein „Staat des ganzen Volkes", damit wird aber auch die KPdSU zur Interessenvertreterin nicht nur einer Klasse, des Proletariats, sondern des gesamten Volkes. Nach einem Zeitplan soll die „materiell-technische Basis des Kommunismus" 1961–1970 „aufgebaut", 1971–1980 „errichtet" werden.
5. Aug.	Das *Parteistatut*, das die Organisationsstruktur regelt, verwirft „ultralinke" und „ultrakonservative" Richtungen. Art. 28 hebt das *Prinzip der kollektiven Führung* erstmals als höchstes Prinzip der Parteileitung hervor. Alle wichtigen Entscheidungen müssen durch ein Kollegialorgan getroffen werden.
13. Aug.	In Berlin Abriegelung des Ostsektors vom Westen („Mauerbau").
17.–31. **Okt.**	Der **22. Parteitag der KPdSU** bestätigt Programm und Statut. Allerdings führen die *Annäherung an die USA* (nach der *Berlinkrise im Aug. 1961* und schon vor der friedlichen Beilegung der *Kubakrise im Okt. 1962* erkennbar: außenpolitische Konzeption der friedlichen Koexistenz), der nicht mehr zu unterdrückende *Konflikt mit Peking*, die z. T. überstürzte *Umorganisation im Parteiapparat, wirtschaftliche Mißerfolge* und das *Aufkommen liberalerer Kräfte* in der sowjetischen Gesellschaft zu Mißtrauen und Widerstand in den Führungsgremien. Zugleich ist in den mittleren Führungskadern der Widerstand von Stalinisten bemerkbar.
30. Okt.	Die Entfernung des Leichnams Stalins aus dem Lenin-Mausoleum ist das äußere Kennzeichen der *zweiten Entstalinisierungswelle*.
1962	Beginn sowjetischer Störaktionen im Luftraum um Berlin (7. Febr.). Nach der Auflösung des Innenministeriums (MWD, Geheimdienst) im Jan. 1960 *Gründung des Komitees für Partei- und Staatskontrolle*.
22. Okt.	Mit der Erklärung von US-Präsident Kennedy, die auf Kuba im Bau befindlichen sowjetischen Raketenstellungen müßten demontiert werden, beginnt der **Kubakonflikt.**
28. Okt.	Die Sowjetunion erklärt sich zur Räumung ihrer Raketenstellungen auf Kuba bereit. Der *Konflikt* wird durch ein gemeinsames Schreiben von US-Präsident Kennedy und Partei- und Regierungschef Chruschtschow an den UN-Generalsekretär *beigelegt* (Jan. 1963).
1962/1963	Chruschtschow leitet eine großangelegte *Verwaltungsreform der Wirtschaft* ein. Herausragendes Kennzeichen ist die organisatorische und aufgabenmäßige *Zweiteilung des Parteiapparates:* Im Bereich der Landwirtschaft soll die Partei nicht nur anweisen und kontrollieren, sondern sich unmittelbar und ständig an der Verwaltung beteiligen (diese Reform wird sofort nach dem Sturz Chruschtschows 1964 rückgängig gemacht). Die 1957 mit der Bildung von mehr als hundert lokalen Wirtschaftsräten einen ersten Höhepunkt erreichende Dezentralisierung der Wirtschaft erschwert die zentrale Planung und bewirkt Partikularismen, so daß (schon seit 1960) die Zentralisierung verstärkt worden ist (durch *Errichtung des Obersten Volkswirtschaftsrates* der UdSSR am 14. März 1963 verbessert).

1963 20. Juni	Vereinbarung über direkte Nachrichtenverbindung Washington–Moskau (*„Rotes Telefon"*).
Juli/Aug.	Wegen schlechter Ernteerträge sieht sich die sowjetische Führung gezwungen, 12 Mio. Tonnen Getreide, hauptsächlich im westlichen Ausland, anzukaufen.
5. Aug.	Unterzeichnung des Moskauer *Vertrages über die teilweise Einstellung der Kernwaffenversuche.*
31. Dez.	Chruschtschow schlägt Abkommen über den Verzicht von Gewaltanwendung bei einer möglichen Revision der durch den Zweiten Weltkrieg entstandenen Grenzen vor.
1964 Febr.	Plenum des ZK der KPdSU berät *Maßnahmen zur Steigerung der landwirtschaftlichen* Produktion.
14. Okt.	Das Plenum des ZK der KPdSU setzt *Chruschtschow* als Ersten Sekretär ab und wählt *Leonid Breschnew* zum Nachfolger im Parteivorsitz; *Alexej Kossygin* übernimmt das Amt des Ersten Vorsitzenden des Ministerrates.

Die Ära Breschnew (1965–1982)

Anders als Chruschtschow erscheint die neue Führungsgruppe nüchtern, eine Mannschaft von Managern und Technokraten. *Ruhe und Ordnung* heißt das *bestimmende Prinzip ihrer Innen- und Blockpolitik* (verstärkte innere Überwachung, 1968 Wiedererrichtung des MWD [Innenministerium–Geheimdienst] zur erhöhten Wirtschafts- und Disziplinaraufsicht, entschiedenes Vorgehen gegen „Dissidenten"). Reformanstrengungen werden vor allem zur wirtschaftlichen Effizienzsteigerung unternommen. In der Außenpolitik werden die Möglichkeiten für Kooperation und Konflikt nach dem jeweiligen Interesse kalkuliert. An die Stelle der Entstalinisierung tritt eine vorsichtigere Bewertung des Diktators. Das *Prinzip der kollektiven Führung* wird herausgestellt.

1965 2. März	Unionsministerien übernehmen für zahlreiche Industriezweige die Aufgaben der Staatlichen Planungskomitees.
24.–26. März	Plenum des ZK der KPdSU beschließt unverzügliche **Maßnahmen zur Entwicklung der Landwirtschaft:** Höhere Agrarpreise, stabile Ablieferungsquoten (schlechte Ernteergebnisse verhindern aber 1965–1968 eine wesentliche Verbesserung).
24. Sept. – 4. Okt.	Beschlüsse des ZK der KPdSU und des Ministerrats der UdSSR zur *Verbesserung der Leitung und der Planung in der Wirtschaft:* Die neue Führung versucht Reformen nach dem „Charkower System" von *Jewsej Grigorjewitsch Liberman* (* 1897, † 1983) in einzelnen Wirtschaftszweigen. Die Zentralisierung der Wirtschaftsverwaltung wird zwar beibehalten, einzelne Entscheidungen (z. B. Prämiensystem, Finanzverwaltung) aber an die jeweiligen Betriebsleitungen delegiert. Wegen Beibehaltung der Preisbindung u. a. tritt kein Erfolg ein. Das Ziel, unter Beibehaltung des Planungsprinzips eine moderne industrielle Leistungsgesellschaft zu schaffen, bleibt.
9. Dez.	*Nikolaj Wiktorowitsch Podgorny* (* 1903, † 1983) Vorsitzender des Obersten Sowjet und damit *nominelles Staatsoberhaupt.*
1966	*Luna I* landet am 3. Febr. als erste automatische Station weich auf dem Mond.
29. März **–8. April**	**23. Parteitag der KPdSU** bestätigt die Autorität der neuen kollektiven Führung. Ein *neues Parteistatut* führt das *Politbüro* wieder ein, desgleichen das *Amt des Generalsekretärs der KPdSU,* welches Leonid Breschnew übernimmt. Träger der Staatsmacht sind die beiden Führungsgremien der Partei (*ZK-Sekretariat und Politbüro*) und das *Präsidium des Ministerrats* als Regierung. Die Vorherrschaft der Schwerindustrie wird bestätigt, Konsumgüterindustrie und Landwirtschaft sollen stärker berücksichtigt werden. Außenpolitisch setzt die neue Führung den Kurs Chruschtschows fort: Ausgleich mit den USA und mit ihren Verbündeten, Entspannung bei Sicherung der Hegemonialstellung als Supermacht unter Voraussetzung der militärischen Stärke, vor allem der nuklearen Ebenbürtigkeit mit den USA. Die Verteidigungskonzeption geht von der Erhaltung des bestehenden militärischen Gleichgewichts mit den USA aus: Entwicklung strategischer Kampfmittel, Ausbau der mit Raketen (Atomsprengköpfe) bestückten U-Boot-Flotte.
1967	Einführung der 5-Tage-Woche beschlossen (7. März).
13. März	Wirtschaftliche Rechnungsführung in Sowchosen und anderen staatlichen Betrieben vom 1. Juli an beschlossen.
5. Juni	Die UdSSR verurteilt die „Aggression Israels" im Sechstagekrieg und bricht die diplomatischen Beziehungen zu Israel ab (10. Juni).
26. Sept.	ZK-Plenum beschließt *Maßnahmen zur weiteren Erhöhung des Lebensstandards.*
1968 1. Juli	Zusammen mit den USA und Großbritannien Unterzeichnung des *Vertrages über die Nichtverbreitung von Atomwaffen (nonproliferation).*
20./21.	**Einmarsch** von Warschauer-Pakt-Staaten **in die ČSSR** beendet den „Prager Frühling".
Aug.	Die Auseinandersetzungen über die Invasion reichen bis in die sowjetische Führungsspitze. Die Proteste sowjetischer Intellektueller (*„Erstes Memorandum"* des Atomphysikers *Andrej Sacharow;* * 1921) leiten die *Bewegung politischer „Nonkonformisten"* in die „de-

1378 Neueste Zeit – Kommunistisch strukturierte Welt

Sowjetische Außenpolitik seit 1969

Das *Zerwürfnis mit der VR China* verstärkt den Willen der sowjetischen Führung zur *Annäherung an den Westen.* Der Nonproliferationsvertrag für Atomwaffen von 1968 wird geschlossen, nachdem die VR China selbst über ein Kernwaffenpotential verfügt. Im November 1969 werden mit den USA (nach dem Ussuri-Zwischenfall) in Helsinki die *SALT-I-Gespräche* zur Begrenzung der strategischen Rüstung aufgenommen. Breschnews Vorschlag einer *Sicherheitskonferenz für Asien,* deutlich gegen China gerichtet, findet aber ebenso wie sein *Plan eines kollektiven (militärischen) Sicherheitssystems* keine positive Resonanz, auch nicht bei den Regierungen Nordvietnams und Nordkoreas. Der Versuch, die VR China politisch zu isolieren, führt zu einer *Annäherung an Indien und Japan.* Demselben Ziel dient die *massive Unterstützung Vietnams* nach Beendigung des Krieges: 1978 Einbeziehung in den RGW sowie Freundschafts- und Beistandspakt.

Nach der Bildung einer sozial-liberalen Koalitionsregierung unter Bundeskanzler *Willy Brandt* werden 1969 die *Verhandlungen mit der Bundesrepublik Deutschland* aufgenommen. Der Ausgleich mit der Bundesrepublik ist ein zentraler Punkt der sowjetischen Entspannungspolitik, zugleich Voraussetzung für das *Berlin-Abkommen von 1971.* Das ungeachtet verschiedener Kontroversen normalisierte Verhältnis zwischen der Bundesrepublik und der UdSSR ist Voraussetzung für die Konferenz über Sicherheit und Zusammenarbeit in Europa *(KSZE)* und für die Verhandlungen einer beiderseitigen ausgewogenen Truppenreduzierung *(MBFR).* Die Sowjetunion erwartet von der Öffnung nach Westen verbesserte Wirtschaftsbeziehungen: Nach den USA wird die Bundesrepublik Deutschland wichtigster Partner. Außer dem Erwerb neuer Technologien sucht die UdSSR vor allem die Unterstützung bei der Industrialisierung Sibiriens, das über rund drei Viertel der Rohstoffe und Energiequellen der Union verfügt. 1974 nach dem Rücktritt Bundeskanzler Brandts und US-Präsident Nixons, Breschnews Gesprächspartnern der „ersten Stunde", gerät die Entspannungspolitik zwischen Ost und West in eine Krise. Die *Menschenrechtspolitik* der neuen Carter-Administration in den USA und die Normalisierung der Beziehungen der USA zur VR China sowie auf der anderen Seite das großangelegte Unternehmen der UdSSR, sich in Afrika (mit Unterstützung Kubas), Asien und im Vorderen Orient weite Einflußgebiete zu schaffen, lassen vorübergehend eine Fortsetzung des Abrüstungs- und Entspannungsdialogs gefährdet erscheinen. Mit Abschluß der *Salt-II-Gespräche* durch Vertragsunterzeichnung 1979 in Wien und mit der Unterbreitung neuer sowjetischer Vorschläge, die festgefahrenen Truppenreduzierungsverhandlungen in Wien wieder in Gang zu bringen, sind trotz fortgesetzter Aufrüstungspolitik Anzeichen sowjetischer Außenpolitik erkennbar, den eingeschlagenen Weg der friedlichen Koexistenz auch nach der bewaffneten Intervention in Afghanistan grundsätzlich fortführen zu wollen.

	mokratische Bewegung" der „Dissidenten", d. h. „engagierter Andersenkender mit verschiedenen Auffassungen über Verschärfung der inneren Kontrollen": Das Ministerium zum Schutz der öffentlichen Ordnung erhält wieder den Namen Ministerium des Innern.
21. Sept.	Die automatische *Sonde V* kehrt nach Flug um den Mond zur Erde zurück.
12. Nov.	**Breschnew-Doktrin** als Rechtfertigung des Einmarsches in die ČSSR: Beschränkung der Souveränität der sozialistischen Staaten bei Bedrohung des sozialistischen Weltsystems.
1969	Erstmals Koppelung zweier bemannter sowjetischer Raumschiffe *(Sojus IV und V)* im
Jan.	Weltraum.
2. März	**Gefechte** zwischen chinesischen und sowjetischen Grenztruppen **auf den Ussuri-Inseln** Damanskij (seit 1964 *bewaffnete Zwischenfälle an Amur und Ussuri,* der Grenze zwischen der UdSSR und der hochindustrialisierten chinesischen Mandschurei; entlang der Amurgrenze führt die Trasse der Transsibirischen Eisenbahn zum Hafen der sowjetischen Pazifikflotte *Wladiwostok).*
19. März	Zurückweisung der chinesischen Gebietsforderungen (zwischen Ussuri und Pazifik) und der Forderung nach neuen Grenzverhandlungen.
1970	Abschluß eines *Freundschaftsvertrags mit der indischen Regierung* unter Indira Gandhi
9. Aug.	zeigt deutlich die Abwendung Indiens von der Blockfreiheit.
12. Aug.	Vertrag zwischen der Bundesrepublik Deutschland und der UdSSR über Gewaltverzicht und Normalisierung der Beziehungen.
1971	Der **24. Parteitag der KPdSU** faßt wirtschafts-, gesellschafts- und außenpolitische Pläne
30. März	programmatisch zusammen.
–9. April	Der *neue Fünfjahrplan* (1971–1975) soll Konsumgüterindustrie und Landwirtschaft fördern, Schwerpunkt bleibt aber die Schwer- und Investitionsgüterindustrie (kann in wichtigen Teilen nicht erfüllt werden). *Innenpolitisch* wird die straffere Kontrolle in allen staatlichen und gesellschaftlichen Bereichen durch die Partei sowie verstärkte ideologische Erziehungsarbeit gefordert. Der *Umtausch der Parteibücher,* der am 1. März 1971 begonnen wird, ermöglicht die Kontrolle des Mitgliederstandes (fast 2,6 Mio. neue Mitglieder); 347 000 Mitglieder erhalten wegen Abweichung von der Parteinorm, Disziplinarverfehlungen u. a. keine neuen Mitgliedsdokumente. 1971 wird die Devise vom „sowjetischen Volk als einer neuen historischen Menschengemeinschaft" zur Generallinie erhoben.

Jährliche Veränderung wichtiger gesamtwirtschaftlicher Größen 1975–1981

In Prozenten zum Vorjahr	1975	1976	1977	1978	1979	1980	1981[5]
Nationaleinkommen	4,5	5,1	4,5	5,1	2,5	3,8	3,2
Bruttoindustrieproduktion	7,5	4,8	5,7	4,8	3,4	3,6	3,4
darunter							
Produktion v. Produktionsmitteln	7,9	5,5	5,8	5,1	3,4	3,6	3,3
Produktion von Konsumgütern	6,5	3,0	5,2	4,1	3,4	3,4	3,6
Landwirtschaftl. Bruttoproduktion	−6,0	4,0	4,0	2,7	−3,8	−3,0	−2,0
Investitionen[1]	9,0	4,0	3,7	6,0	0,7	2,0	3,0
Beschäftigungszahl	2,4	2,0	2,1	2,1	1,8	1,7	1,4
Arbeitsproduktivität[2]	5,9	3,3	4,0	3,6	3,0	2,6	2,7
Einzelhandelsumsatz[3]	7,0	4,6	4,5	3,9	4,1	5,3	4,4
Realeinkommen[4]	4,2	3,7	3,5	3,0	3,0	3,5	3,3

[1] Staatliche und genossenschaftliche Unternehmungen ohne landwirtschaftliche Genossenschaften; [2] In der Industrie je Beschäftigten; [3] Ohne Kolchosmarkt; [4] Je Kopf der Bevölkerung; [5] 1981 Vorläufige Zahlen.

Entwicklung der Industriezweige

Zuwachs des Prod.-Wertes in Prozent zum Vorjahr	1972	1973	1974	1975	1976	1977	1978	1979	1980
Elektroenergie	8	8	6	6	7	3	5	3	5
Brennstoffindustrie	5	6	6	7	4	4	3	2	2
Eisen- und Buntmetallurgie	6	6	6	5	4	2	2	0,2	0,6
Chemische und erdölverarbeitende Industrie	9	11	11	11	8	7	6	3	6
Maschinenbau u. Metallverarbeitung . .	11	12	12	11	10	9	9	8	8
Holz, holzverarbeitende und Papierindustrie	5	6	4	6	3	3	2	−2	2
Baustoffindustrie	7	8	7	6	4	3	2	−1	0,9
Leichtindustrie . . . . ·	3	4	4	5	4	4	4	2	3
Nahrungsmittelindustrie	3	5	8	5	−2,5	5	2	2	−0,3
Haushaltswaren und dauerhafte Konsumgüter	10	10	9	9	7	8	8	5	8
Industrie insgesamt	6,5	7,5	8	7,5	4,8	5,7	4,8	3,4	3,6

Nationalitäten- und Dissidentenbewegung in der Sowjetunion

Die Feiern zum 50. Jahrestag der Gründung der Sowjetunion heben 1972 die „*multinationale Sowjetgesellschaft*" hervor. Die nichtrussischen Völker unterliegen einem allmählichen, aber systematischen *Russifizierungsprozeß*. Seit Beginn der siebziger Jahre nehmen nationales Eigenbewußtsein und autonomistische Tendenzen in zahlreichen Gebieten zu. Der prozentuale Anteil der nichtrussischen Bevölkerung beträgt bei steigender Tendenz rund 50%. Gegen die Russifizierung wenden sich, z. T. auch aus religiösnationalen Gründen, u. a. Juden (Leningrader Prozeß 1970), Letten, Litauer, Ukrainer und Krimtataren. In einem Memorandum vertritt 1970 *Andrej Sacharow* gegenüber der sowjetischen Regierung einen *Plan zur Demokratisierung der UdSSR*. Nach 1970 setzt die Kremlführung ein ganzes Instrumentarium staatlicher *Maßnahmen gegen die Dissidenten- und Nationalitätenbewegung* ein: Politische Strafprozesse, langjähriger Freiheitsentzug in Gefängnissen und Lagern (1974 ca. 10000 politische Häftlinge), Zwangseinweisungen in Nervenheilanstalten, freiwillige oder Zwangsemigration und Ausbürgerung (der bisher spektakulärste Fall ist die Ausweisung des Literaturnobelpreisträgers *Alexander Solschenizyn;* * 1918).

1973
März Bei einem Staatsbesuch in Teheran versucht Breschnew, den Iran für ein System kollektiver Sicherheit zu gewinnen.

26. April Der erste sowjetische Flugzeugträger („Kiew") läuft am Schwarzen Meer vom Stapel: Die UdSSR weitet ihre militärische Präsenz auf alle Weltmeere aus und wetteifert in maritimer Machtpolitik mit den USA.

Juli *Grundlagengesetz über die Volksbildung:* Zehnjährige Schulbildung für die gesamte Jugend, Verbesserung der Berufsbildung und der Berufsausbildung, Weiterbildung der Kader in Wirtschaft, Wissenschaft und Bildungswesen.

15. Aug. In Alma Ata (Kasachstan) betont Breschnew, daß zwei Drittel des Territoriums der UdSSR in Asien liegen, und sichert die Unterstützung der UdSSR für die nationalen Belange der Staaten Asiens zu; er stellt die *Beschlüsse von Bandung* (April 1955) in Zusammenhang mit der *kollektiven Sicherheit Asiens*. Neben der (nicht erreichten) diplomatischen Isolierung der VR China (zur gleichen Zeit Öffnung nach Westen) bemüht sich die UdSSR in Asien um die Erschließung von Rohstoffquellen und wirtschaftlich-technische Großpro-

1380 Neueste Zeit – Kommunistisch strukturierte Welt

Außenhandel[1] der Sowjetunion

Jahr	Umsatz Mill. Rbl.	Import	Export	Sozialistische Länder Umsatz Mill. Rbl.	%	Kapitalistische Länder Umsatz Mill. Rbl.	%	Entwicklungs- länder Umsatz Mill. Rbl.	%
1960	10073	5066	5007	7371	73,3	1917	19,0	785	7,8
1965	14610	7253	7357	10050	68,8	2816	19,3	744	11,9
1970	22079	10559	11520	14403	65,2	4694	21,3	2982	13,5
1974	39567	18829	20738	21396	54,1	12399	31,5	5773	14,5
1975	50704	26670	24034	28551	56,3	15844	31,2	6309	12,4
1976	56755	28733	28022	31552	55,6	18658	32,9	6545	11,5
1977	63353	30097	33256	36274	57,3	18747	29,6	8333	13,2
1978	70224	34556	35668	41998	59,8	19680	28,0	8546	12,2
1979	80290	37864	42426	45055	56,1	25754	32,1	9481	11,8
1980	94097	44634	49635	50553	53,7	31583	33,5	11961	12,7
1981	109737	52631	57106	57932	52,8	35359	32,2	16446	15,0
1982	119600	56400	63200	64900	54,3	37800	31,6	16900	14,1

[1] In laufenden Preisen.

jekte. Die Zusammenarbeit mit Japan scheitert 1975 wegen der Kurilenfrage und wegen hoher sowjetischer Kapitalforderungen.

Okt. Der *Jom-Kippur-Krieg* (Israel–Ägypten) belastet die sowjetisch-amerikanischen Beziehungen: Die *Ausweisung sowjetischer Berater aus Ägypten* (18. Juli 1972) ist ein schwerer Rückschlag für die sowjetische Nahostpolitik. Im April 1972 hat jedoch die UdSSR bereits einen *Freundschaftsvertrag mit dem Irak* geschlossen, gefolgt vom *Abkommen* über wirtschaftlich-technische Zusammenarbeit mit Syrien (Juli 1972). Nach den ersten Erfolgen der US-Diplomatie 1973/1974 macht sich Moskau den gegen Israel gerichteten Standpunkt der Palästinensischen Befreiungsorganisation (PLO) zu eigen (Besuch *Jasir Arafats* in Moskau, 25.–30. Nov. 1974).

1974 Nachdem der US-Kongreß die *Ratifizierung des Handelsabkommens* von 1972 von der
15. Okt. Haltung der UdSSR bei der Auswanderung sowjetischer Juden abhängig macht, warnt Breschnew die USA vor einer Verknüpfung der Handelspolitik mit inneren Angelegenheiten der Sowjetunion. Nach dem Nichtinkrafttreten des Handelsabkommens mit den USA betont die Nachrichtenorganisation TASS, die Politik der UdSSR gegenüber dem Westen würde nicht geändert.

Nov. Parteichef Breschnew und US-Präsident Gerald Ford unterzeichnen in Wladiwostok Vereinbarung, nach der bis spätestens 1977 das SALT-I-Abkommen durch ein bis 1985 gültiges SALT-II-Abkommen abgelöst werden soll.

16. Dez. Während der *Plenartagung des ZK* setzt Breschnew seine Auffassung in der Diskussion um den Vorrang der Entspannung vor der Ideologie (Ausnutzung der Krise der westlichen Welt für die revolutionäre Bewegung) durch. Als Konzession an die „Dogmatiker" wird in der Wirtschaftspolitik der Vorrang der Schwerindustrie beschlossen. Die „*sozialistische Lebensweise"* wird als integrierendes Leitbild für die Entwicklung der UdSSR propagiert. Der straffe innenpolitische Kurs der Abgrenzung nach außen wird beibehalten.

1975 Rückgang der *Judenauswanderung:* 1973: 35000; 3. Jan.–14. Febr. 1975: 1250.
11. Juni Auf einer Wahlversammlung in Moskau übt Regierungschef Kossygin *Kritik am wirtschaftlichen Fehlverhalten* in der UdSSR und betont, die Entspannungspolitik ermögliche vorteilhafte Wirtschaftsbeziehungen, diese aber konsolidierten die Entspannung.

1. Aug. *KSZE-Schlußakte unterzeichnet:* Nach der Veröffentlichung *Aktivierung der Dissidentenbewegung,* die unter Berufung hierauf anstelle programmatisch-theoretischer Äußerungen konkrete Forderungen wie nach der Entlassung politischer Häftlinge vorträgt.

29. Dez. In der Parteizeitung Prawda *Rückweisung der Forderung nach Liberalisierung* im Sinne des westlichen Pluralismus.

1976 **25. Parteitag der KPdSU:** Kritik der Politik der KPCh als „unverhüllt gegen die Mehrheit
24. Febr. der sozialistischen Staaten" gerichtet. *Diskussion der Rolle der Partei „unter den Bedin-*
–3. März *gungen des entwickelten Sozialismus".*
8. Mai Das Präsidium des Obersten Sowjet verleiht Leonid Breschnew den Rang eines Marschalls der Sowjetunion. Damit ist er ranghöchster Militär.

13. Mai Neun Dissidenten geben in Moskau Gründung einer Gruppe bekannt, die die Einhaltung der Schlußakte der KSZE in der UdSSR überwachen will. Am 15. Mai offiziell als „gesetzwidrig" verwarnt.

1977 *Leonid I. Breschnew als Nachfolger Podgornys* Vorsitzender des Präsidiums des Obersten
16. Juni Sowjet und damit *Staatsoberhaupt.*
7. Okt. Der Oberste Sowjet verabschiedet einstimmig die **neue Verfassung der UdSSR:** Rolle der Partei gestärkt („Vorhut des Volkes").

1978 April	Entsprechend der neuen Verfassung werden *neue Verfassungen der Unionsrepubliken und der Autonomen SSR* verabschiedet: Berücksichtigung nationaler Eigenheiten.
22. Aug.	Krimtataren ersuchen ZK der KPdSU um Erlaubnis zur Rückkehr auf die Krim.
1979 Febr.	Das japanische Parlament fordert die UdSSR zur Räumung der Südkurilen und zur Aufgabe der Militärstützpunkte auf.
18. April	Abkommen mit den USA über Getreideankauf.
28. April	Präsident *Giscard d'Estaing* unterzeichnet in Moskau Abkommen über Zusammenarbeit.
15.–18. Juni	Unterzeichnung des ausgehandelten **SALT-II-Abkommens** auf einem Gipfeltreffen in Wien zwischen Staats- und Parteichef Breschnew und US-Präsident Carter.
ab 27. Dez.	Offizieller militärischer **Einmarsch in Afghanistan.**
1980	Verbannung des Regimekritikers *Sacharow* aus Moskau (22. Jan.).
ab Jan.	Die USA und weitere westliche Staaten reagieren mit *Sanktionen* (u. a. *Boykott der Moskauer Olympiade*) auf die sowjetische Präsenz in Afghanistan.
23. Okt.	Ministerpräsident *Kossygin,* ein Gegner der Afghanistan-Invasion, *tritt aus Gesundheitsgründen zurück* († 18. Dez. 1980).
1981	Die *Entwicklung in Polen trifft die sowjetische Führung unvorbereitet.* In häufigen Kontakten mit polnischen Politikern versucht die Partei- und Staatsführung, die Krise in den Griff zu bekommen. Der XVI. Parteitag der KPdSU bleibt ohne herausragende Beschlüsse (24. Febr.–3. März).
22. Nov.	*Besuch Breschnews in Bonn;* Unterzeichnung des Erdgas-Röhren-Abkommens (25. Nov.).

Staatsaufbau der UdSSR

Die Sowjetunion nach Breschnew (seit 1982)

1982 24. Mai	Der Rückgang des wirtschaftlichen Wachstums sowie die verbreitete Ordnungs- und Disziplinlosigkeit, dazu Versorgungsschwierigkeiten, Korruption und nationale Spannungen (Kaukasus, Baltikum), führen zu Diskussionen in der politischen Führung über Möglichkeiten, einer Krise vorzubeugen. Der sich verschlechternde Gesundheitszustand Breschnews und der daraus resultierende Immobilismus der Politik forcieren die *Auseinandersetzungen um die Nachfolgefrage in den Führungsgremien. Nach dem Tod* des für Ideologie und Außenpolitik zuständigen Sekretärs des ZK der KPdSU, *M. Suslow* (25. Jan. 1982), wird der *KGB-Chef Jurij Andropow* (* 1914, † 1984) – und nicht der offensichtlich von Breschnew favorisierte K. Tschernenko – *sein Nachfolger.*

1382 Neueste Zeit – Kommunistisch strukturierte Welt

1983 *Nach dem Tod Breschnews* († 10. Nov.) *wird Andropow* (12. Nov.) *Generalsekretär des ZK der KPdSU.* Sehr bald wird er Vorsitzender des Verteidigungsrates und Staatsoberhaupt.

16. Juni Andropow beginnt eine entschiedene Antikorruptionskampagne; innenpolitisch wird sein Elan bald durch Krankheit gebremst, außenpolitisch kann er die Konfrontation mit den
1984 USA nicht abbauen, bis er nach langer Krankheit stirbt (9. Febr.). *Sein Nachfolger* als
13. Febr. Generalsekretär *wird Konstantin Tschernenko* (* 1911, † 1985) (am 13. April Staatsoberhaupt).

1985 Nach *Tschernenkos Tod* (10. März) wird *Michail S. Gorbatschow* (* 1931) *Generalsekretär*
11. März der KPdSU.

2. Juli Der Oberste Sowjet wählt *A. A. Gromyko* zum formellen *Staatsoberhaupt* und *Eduard A. Schewardnadse* (* 1928) zum *Außenminister.*

19. Nov. UdSSR und USA beschließen auf Genfer Gipfelkonferenz Wiederaufnahme des Dialogs.

1986 *Reaktorbrand-Katastrophe im Kernkraftwerk Tschernobyl/Ukraine:* viele Todesopfer,
26. April Massenevakuierung, erhöhte Strahlung in ganz Europa. – *(Forts. S. 1632)*

Deutsche Demokratische Republik
(Forts. v. S. 947)

Die DDR entsteht wie die Bundesrepublik Deutschland aus einem Besatzungsregime. Die *Besatzungsgewalt* übt die *Sowjetische Militäradministration Deutschlands (SMAD)* aus. Sie verfolgt ein doppeltes Ziel: vorgeblich nur die auf der *Potsdamer Konferenz* (17. Juli – 2. August 1945) mit den Westmächten vereinbarte *Entnazifizierung* und *Entmilitarisierung,* in Wahrheit jedoch vor allem die schrittweise *Umwandlung der Gesellschaft* und *des Staates nach dem Leitbild der UdSSR* (Ausschaltung der „Klassenfeinde").

1945 bestehen zwei politische Voraussetzungen: zum einen die in den dreißiger Jahren herangebildeten Verwaltungs- und Herrschaftsmethoden des *Stalinismus,* der dazu neigt, seine Ziele auch mit Gewalt durchzusetzen, und zum anderen die traumatischen Erfahrungen der *deutschen Kommunisten,* die 1933 ohne nennenswerten Widerstand vor dem Nationalsozialismus kapitulierten und dann rigoros verfolgt und dezimiert wurden. Gleichzeitig war die KPD in den Sog der stalinistischen Säuberungen geraten. Die deutschen Kommunisten sind 1945 zu schwach, um die Macht allein zu übernehmen. Die UdSSR muß überdies in der ersten Nachkriegsphase noch Rücksicht auf die drei Westmächte, mit denen sie den *Alliierten Kontrollrat* bildet, nehmen. SMAD und KPD sind daher bestrebt, ein *Bündnis mit* den sog. antifaschistischen Kräften, den bürgerlichen Parteien und der Sozialdemokratie einzugehen.

Das Bündnis scheitert jedoch, als SMAD und KPD im Sommer 1945 eine Bodenreform einleiten. So ist die KPD gezwungen, möglichst rasch eine Vereinigung mit der SPD, der stärksten Partei in der sowjetischen Zone, durchzusetzen. Sie kann dabei auf die Zustimmung zahlreicher Sozialdemokraten zählen, die eine einheitliche politische Organisation der Arbeiterbewegung wünschen. Andererseits wächst im Winter 1945/1946 der Widerstand innerhalb der SPD gegen die Fusionsabsichten, zumal der Führer der Sozialdemokratie im Westen, Kurt Schumacher, sich dagegen ausspricht.

Die 1946 errichtete *Sozialistische Einheitspartei Deutschlands (SED)* ist zunächst noch keine Kaderpartei sowjetischen Typs, sondern eine Massenpartei, deren Vorstände paritätisch mit ehemaligen SPD- und KPD-Funktionären besetzt sind: eine Gruppierung mit unterschiedlichen ideologischen Strömungen; während sich einige eng an das Vorbild UdSSR anlehnen, betonen andere den eigenen nationalen Weg zum Sozialismus.

Allmählich setzt sich der *moskau-treue Flügel der SED* mit Hilfe der SMAD durch. Dessen Position stabilisiert sich weiter, als die Sowjetunion im Verlaufe des kalten Krieges dazu übergeht, das kontrollierte Gebiet nach eigenem politischen Muster umzuorganisieren. 1948 werden die paritätisch besetzten SED-Vorstände abgeschafft, nicht linientreue Mitglieder aus der Partei entfernt. Die SED wird in eine *Kaderpartei neuen Typs* umgewandelt. Entsprechend der ideologischen „Generallinie" wird die *Vergesellschaftung der Produktionsmittel* eingeleitet.

Besatzungszeit (1945–1949)

1945 Die *„Gruppe Ulbricht"* (benannt nach dem späteren Staats- und Parteichef der DDR, *Wal-*
30. April *ter Ulbricht;* * 1893, † 1973) trifft aus der Sowjetunion in Deutschland ein.

9.–10. Mai Errichtung eines vorläufigen zentralen Ausschusses der *„Vereinigung der gegenseitigen Bauernhilfe"* (VdgB).

9. Juni Errichtung der *Sowjetischen Militäradministration Deutschlands (SMAD).*

10. Juni Die SMAD genehmigt die *Bildung „antifaschistischer"Parteien.* Sie gewährt das Recht auf Vereinigung in *freien Gewerkschaften* sowie auf *Abschluß von Kollektivverträgen* zwischen Arbeitgebern und Arbeitnehmern.

11. Juni Erster Aufruf der *Kommunistischen Partei Deutschlands (KPD),* in dem betont wird, daß der Weg, Deutschland das Sowjetsystem aufzuzwingen, falsch sei, da ein solcher nicht den Entwicklungsbedingungen des Landes entspräche.

15. Juni *Gründung des Freien Deutschen Gewerkschaftsbundes (FDGB)* sowie der *Sozialdemokratischen Partei Deutschlands (SPD)* mit sowjetischer Genehmigung in Berlin.

26. Juni Die Besatzungsmacht läßt die *Christlich Demokratische Union (CDU)* als Partei zu.

Juli *Brandenburg, Mecklenburg, Sachsen, Sachsen-Anhalt, Thüringen* werden gebildet.

1.–3. Die US-amerikanischen und britischen Truppen ziehen sich entsprechend den Vereinba-
Juli rungen von Jalta aus Sachsen, Thüringen und Mecklenburg zurück und rücken in die Westsektoren Berlins ein.

5. Juli Die sowjetische Militärverwaltung läßt die *Gründung der Liberal-Demokratischen Partei Deutschlands (LDPD)* in Berlin zu.

14. Juli Vertreter der Parteien in der Sowjetischen Besatzungs-Zone – SBZ (KPD, SPD, CDU, LDPD) beschließen die *Errichtung einer Einheitsfront („Antifaschistischer Block").*

27. Juli Die SMAD errichtet durch „*Befehl Nr. 17*" elf Deutsche Zentralverwaltungen, die als Hilfsorgane der SMAD arbeiten und die Keimzelle für eine deutsche Zentralregierung sein sollen.

3.–11. Die Länder- und Provinzialverwaltungen verordnen die *Bodenreform in der SBZ.*
Sept. Die durch SMAD und KPD betriebene Bodenreform stößt auf den Widerstand der CDU und LDPD, die sich aus der antifaschistischen Einheitsfront zurückziehen. Die noch relativ schwache *KPD* ist daraufhin gezwungen, den *Zusammenschluß mit der SPD* zu beschleunigen.

22. Okt. Die SMAD erteilt den Ländern und Provinzen die Vollmacht, Gesetze und Verordnungen zu erlassen.

1946 *Gründung (7. März) der Freien Deutschen Jugend (FDJ).*

21./22. **Vereinigungsparteitag** der KPD (507 Delegierte) und SPD (548 Delegierte) im Berliner
April Admiralpalast. Der Parteitag, an dem auch 230 Delegierte aus den Westzonen teilnehmen, nimmt einstimmig die „*Grundsätze und Ziele der SED*" an und billigt das erste Parteistatut. Alle Leitungsfunktionen der SED werden paritätisch mit ehemaligen SPD- und KPD-Mitgliedern besetzt. *Max Fechner* (SPD) und *Walter Ulbricht* (KPD) werden zu stellvertretenden Parteivorsitzenden gewählt.
In der Partei existieren Kräfte, welche die Doktrin eines eigenen *deutschen Wegs zum Sozialismus* propagieren: Wortführer *Anton Ackermann* (eigentlich Eugen Hanisch; * 1905, † 1973).

23. April Die erste Nummer der Tageszeitung „*Neues Deutschland*" als Organ des Zentralkomitees der SED erscheint.

5. Juni Eröffnung der *Parteihochschule „Karl Marx"* zur zentralen Schulung der Parteikader.

30. Juni Volksentscheid im Land Sachsen über die Enteignung der Großbetriebe von „Kriegsverbrechern und Nationalsozialisten"(77,6% für Enteignungen).

24. Juli Verordnungen der Länder- und Provinzialverwaltungen von Thüringen, Sachsen-Anhalt,
–16. Aug. Mark Brandenburg und Mecklenburg über die *Enteignung von „Kriegsverbrechern und Nationalsozialisten".*

1. Sept. Gemeindewahlen in Sachsen.

8. Sept. Gemeindewahlen in Thüringen und Sachsen-Anhalt.

11. Sept. Gemeindewahlen in Brandenburg und Mecklenburg.
Die SED siegt vorwiegend in kleinen Gemeinden, nicht jedoch in den Großstädten.

18./19. Der Parteivorstand der SED fordert angesichts der Ergebnisse der Gemeindewahlen die
Sept. LDPD und CDU auf, sich von „reaktionären" und „faschistischen" Elementen zu trennen. *Wachsender politischer Druck der SED* auf die anderen Parteien der SBZ.

20. Okt. *Wahlen zu den fünf Landtagen* sowie zu den Kreistagen *in der SBZ,* bei denen die SED nur 47,5%, in Groß-Berlin sogar nur 19,8% der Stimmen erhält.

24. Nov. Veröffentlichung der Richtlinien für den Aufbau von *Maschinen-Ausleih-Stationen* (MAS) in der Landwirtschaft.

1947 Kulturkonferenz der SED, auf der der „*christliche Sozialismus*" (Parteiprogrammatik der
28. Jan. CDU) als „*Betäubungsmittel*" abgelehnt wird.

Entstehung des Nationaleinkommens in der DDR

	1950	1955	1960	1965	1970	1975	1980
Insgesamt	100	100	100	100	100	100	100
davon:							
Industrie und Handwerk[1]	43,7	48,8	53,0	55,5	57,5	69,8	73,9
Bauwirtschaft	5,5	5,3	6,5	6,8	7,6	6,7	6,1
Land- und Forstwirtschaft	30,8	22,1	18,0	15,6	12,9	10,8	8,3
Verkehr u. Nachrichtenwesen	6,7	6,3	5,4	5,1	5,0	4,8	4,4
Handel	11,3	15,9	14,6	14,1	14,2	10,6	10,0

[1] Produzierendes Handwerk, ohne Bau.

1384 Neueste Zeit – Kommunistisch strukturierte Welt

14. Febr. Der Parteivorstand der SED schlägt einen Volksentscheid zur Bildung eines demokratischen Einheitsstaates und die Schaffung einer Zentralverwaltung vor.

14. Juni Die SMAD genehmigt durch *„Befehl Nr. 138"* die Errichtung von *Deutschen Wirtschaftskommissionen (DWK)*, die die Zusammenarbeit zwischen den Zentralverwaltungen für Industrie, „Brennstoff und Energie" sowie Handel mit den Regierungen der Provinzen und Ländern regeln sollen. Sie stellen die *erste zentrale Zonenverwaltung* dar.

Die wirtschaftliche Lage in der SBZ

Die *wirtschaftliche Ausgangssituation*, vor allem der Industrie, ist *ungünstig*, zumal Schwerindustrie kaum vorhanden ist. Die umfassenden *Reparations-Demontagen* durch die UdSSR (bis 1946 werden rund 1000 Betriebe abgebaut, weitere 200 sind als *„Sowjetische Aktiengesellschaften"* – SAG – Eigentum der UdSSR) verhindern ein den Westzonen vergleichbares wirtschaftliches Wachstum.
Die SMAD läßt frühzeitig erkennen, daß sie den Wiederaufbau der SBZ nach ihrem eigenen Sozial- und Wirtschaftssystem gestalten will: das Schwergewicht der sowjetischen Deutschlandpolitik liegt auf einer grundlegenden *Umgestaltung der vorhandenen Wirtschaftsstrukturen.* Entsprechend dem sozialistischen *Kollektivierungs-Programm* betreibt die SED die Durchsetzung einer zentralen Planwirtschaft und den Ausbau von *„volkseigenen"*, d. h. staatlichen *Betrieben.* Nach häufigen Kompetenzproblemen zwischen Ländern und Provinzen einerseits sowie den Zentralverwaltungen andererseits sollen die *Deutschen Wirtschaftskommissionen (DWK)* die Kompetenzen der Zentralverwaltungen koordinieren und die gesamtstaatliche Wirtschaftsplanung ausbauen.
Die Reorganisation durch die DWK ist bis zum Febr./März 1948 durchgeführt, so daß danach allen Organen der SBZ nunmehr verbindliche, zentral gesteuerte Anweisungen erteilt werden können. Mit diesem Schritt ist eine *Vorstufe für eine spätere Zentralregierung* erreicht.

1947
13. Sept. Auf einer Tagung mit Dozenten der Berliner Hochschulen fordert die SED den Einbau des *wissenschaftlichen Marxismus* in Lehre und Forschung.

20.–24. Sept. *2. Parteitag der SED* in Berlin. Ulbricht fordert die Einführung der Planwirtschaft in der SBZ ab 1948 und die Umwandlung der SED in eine „Partei neuen Typs" (KPdSU-Vorbild).

20. Okt. *Wahlen in den Ländern und Provinzen* der SBZ.

22./23. Nov. Erster Deutscher Bauerntag in Berlin: Errichtung des Hauptverbandes der Vereinigung der gegenseitigen Bauernhilfe (VdgB).

6./7. Dez. In Berlin tritt der 1. Deutsche Volkskongreß zusammen, der auf Anregung der SED einberufen wird.

1948
12. Febr. Die SMAD erweitert die Vollmachten der DWK, deren Führungspositionen mit SED-Funktionären besetzt sind.

9. März Die DWK übernimmt die *zentrale Lenkung der Wirtschaft* in der SBZ.

18. März Der Deutsche Volkskongreß beschließt zur ständigen Wahrnehmung seiner Geschäfte die Bildung eines 1. *„Deutschen Volksrates"*, der den „Kampf für die Einheit Deutschlands" führen soll.

23. April *Gründung der „Vereinigung Volkseigener Betriebe" (VVB)* als mittlere Lenkungsorgane der Wirtschaft.

29. April *Gründung der „Demokratischen Bauernpartei Deutschlands" (DBD).*

25. Mai *Gründung der „National-Demokratischen Partei Deutschlands"* – NDPD (bürgerlich). Diese Parteien sollen das „Bündnis" von Bauern und Bürgerlichen mit der SED sichern.

23. Juni Die SMAD führt auf dem Gebiet der SBZ eine **Währungsreform** durch.

29./30. Juni Auf einer Parteivorstandstagung lehnt die SED jede Brückenfunktion Gesamtdeutschlands zwischen Ost und West ab, proklamiert die vorbehaltlose *Ausrichtung von Partei und Staat nach Osten* und beschließt die Entwicklung der SBZ zur *Volksdemokratie* und die *Umwandlung der SED* nach dem Vorbild der KPdSU.

3. Juli Aufbau der *Kasernierten Volkspolizei (VPO).*

23./24. Juli Walter Ulbricht erklärt auf einer *„staatspolitischen Konferenz"* in Werder (Bez. Potsdam) die Planwirtschaft zum Gesetz, fordert die Sicherstellung der absoluten Führungsrolle der SED im Staatsapparat und die Reinigung des Staates von SPD-Mitgliedern, die Schumacher-Anhänger seien. Damit beginnen *„Säuberungen" von Alt-Kommunisten* und *Sozialdemokraten* innerhalb der SED.

24. Sept. Anton Ackermann widerruft im „Neuen Deutschland" seine Thesen vom „besonderen deutschen Weg zum Sozialismus". Die SED erteilt dem *„Titoismus"* als möglichem Weg zum Sozialismus eine Absage.

15. Nov. Eröffnung der ersten Verkaufsstelle der *Staatlichen Handelsorganisation (HO);* Zurückdrängung des Privathandels.

Chronologische Übersicht – Verfassungsentwicklung in der DDR

14. Nov. 1946	Beschluß des Parteivorstandes der SED über Verfassungsentwurf.
1947/48	Beratungen im Deutschen Volksrat über eine Verfassung für Gesamtdeutschland auf der Grundlage des SED-Entwurfs
19. März 1949	Verabschiedung des endgültigen Entwurfs durch den Deutschen Volksrat
30. Mai 1949	Verfassungsentwurf durch Deutschen Volksrat bestätigt
7. Okt. 1949	Der Deutsche Volksrat setzt die Verfassung für das Gebiet der SBZ in Kraft und erklärt sich zur Provisorischen Volkskammer der DDR
23. Juli 1952	Auflösung aller Organe der fünf Länder der DDR und Bildung von 14 Bezirken aufgrund des sog. Demokratisierungsgesetzes
6. Okt. 1955	Durch Ergänzung des Artikels 5 der Verfassung wird eine allgemeine Verteidigungspflicht proklamiert
16. Juli 1958	Ulbricht erklärt auf dem V. Parteitag der SED, die Grundrechte der Verfassung hätten sich zu sozialistischen Persönlichkeitsrechten entwickelt
8. Dez. 1958	Auflösung der Länderkammer
27. Febr. 1960	Bildung des Nationalen Verteidigungsrates
12. Sept. 1960	Bildung des Staatsrates und Wahl Ulbrichts zu dessen Vorsitzenden
17. April 1963	Der Ministerrat wird in erster Linie Wirtschaftskabinett unter dem Staatsrat. Dieser erhält zusätzliche Aufgaben im Bereich der Rechtspflege
17. April 1967	Ulbricht spricht auf dem VII. Parteitag der SED erstmals öffentlich von der Notwendigkeit einer neuen Verfassung
1. Dez. 1967	Einsetzung einer Kommission der Volkskammer zur Ausarbeitung der sozialistischen Verfassung
31. Jan. 1968	Die Verfassungskommission legt der Volkskammer einen fertigen Entwurf vor, den die Volkskammer zur Kenntnis nimmt und der Bevölkerung zur Aussprache unterbreitet
Fe./Mz. 1968	„Volksaussprache" mit einer Vielzahl von Veranstaltungen
26. März 1968	Die Volkskammer erklärt die „Volksaussprache" für abgeschlossen, bestätigt die von der Kommission überarbeitete Fassung des Entwurfs und beschließt, darüber einen Volksentscheid abzuhalten
6. April 1968	Volksentscheid über die neue Verfassung
8. April 1968	Verkündigung der Verfassung durch den Vorsitzenden des Staatsrates
9. April 1968	Inkrafttreten der sozialistischen Verfassung
3. Mai 1971	Ablösung Ulbrichts als SED-Parteichef durch Honecker
3. Sept. 1971	Unterzeichnung des Viermächteabkommens über Berlin
16. Okt. 1972	Der Ministerrat wird wieder zur Regierung der DDR; die Befugnisse des Staatsrates werden in der Staatspraxis eingeschränkt
27. Sept. 1974	Gesetz zur Änderung und Ergänzung der DDR-Verfassung durch die Volkskammer verabschiedet und durch den Vorsitzenden des Staatsrates verkündet
7. Okt. 1974	Inkrafttreten der revidierten Verfassung

1386 Neueste Zeit – Kommunistisch strukturierte Welt

Anpassung an das sowjetische Modell – Gründung der DDR (1949–1955)

Die Jahre ab 1949 sind gekennzeichnet durch eine *diktatorisch-bürokratische Herrschaftsausübung der SED*, durch welche die noch formal liberal-demokratische Verfassung von 1949 ausgehöhlt wird; ferner das rasche Anwachsen des staatlichen und genossenschaftlichen Eigentums, die *Errichtung* einer zentral geleiteten *Planwirtschaft*, die *Konzentration* der gesamten *politischen Macht* bei der SED und schließlich die *Durchdringung des Geisteslebens* mit den Normen und Vorstellungen des *Marxismus-Leninismus* stalinistischer Ausprägung. Das Hauptproblem der SED-Führer besteht darin, jeder Wendung der UdSSR auf internationaler Bühne folgen und zugleich den Bedürfnissen der eigenen Bevölkerung gerecht werden zu müssen.

1949

24. Jan.   Das Prinzip der paritätischen Besetzung zwischen ehemaligen KPD- und SPD-Mitgliedern in der SED wird aufgehoben.

28. Jan.   Die *1. Parteikonferenz* der SED beschließt endgültig die Umwandlung in eine „Partei neuen Typs" nach dem Vorbild der KPdSU. Damit werden die am 21./22. April 1946 auf dem Einigungsparteitag von SPD und KPD verabschiedeten Prinzipien des Parteiaufbaues aufgegeben, die *Prinzipien des „demokratischen Zentralismus"* systematisch durchgesetzt sowie der *Klassenkampf verschärft.*

19./20. Febr.   Eine *Bauernkonferenz der SED* beschließt den Ausbau der *„Volkseigenen Güter" (VEG)* zu Mustergütern und den vorrangigen Aufbau von Maschinenausleih-Stationen (MAS) vor der Lieferung von Geräten an private Bauern.

19. März   Der 1. Deutsche Volksrat billigt die Verfassung für eine *„deutsche demokratische Republik".*

15./16. Mai   *Wahlen zum 3. Volkskongreß* auf Einheitslisten; Wahlbeteiligung 95,2 %, davon 66,1 % für die Kandidaten.

29. Mai –3. Juni   Der Deutsche Volkskongreß in der Sowjetzone nimmt die **Verfassung** für eine „deutsche demokratische Republik" an.

4. Okt.   Der Parteivorstand der SED proklamiert die *„Nationale Front des demokratischen Deutschlands"* und den Zusammenschluß der Parteien der SBZ; Beschlußfassung zur Bildung einer provisorischen Regierung für eine „deutsche demokratische Republik".

7. Okt.   **Gründung der Deutschen Demokratischen Republik (DDR).** Der 2. Deutsche Volksrat (gewählt vom 3. Volkskongreß am 30. Mai 1949) konstituiert sich als *provisorische Volkskammer,* in der die SED die stärkste Fraktion bildet. Die Länder sind durch eine *Länderkammer* vertreten. Die Wahlen zur Volkskammer sollen nach *Einheitslisten der „Nationalen Front"* stattfinden.

10. Okt.   Die SMAD überträgt die Verwaltungsfunktionen an die provisorische Regierung der DDR; danach erfolgt die Umwandlung der SMAD in die *„Sowjetische Kontrollkommission" (SKK).*

11. Okt.   Die provisorische Volkskammer und die provisorische Länderkammer wählen *Wilhelm Pieck* (* 1876, † 1960) zum *Präsidenten der Republik.*

12. Okt.   Die Volkskammer bestätigt die provisorische Regierung der DDR mit Vertretern der SED, der LDPD, der CDU, der NDPD, der DBD und eines Parteilosen. *Otto Grotewohl* (* 1894, † 1964) wird *Ministerpräsident.*

Sitzverteilung in der Volkskammer

	1. Wahl- periode (1950–1954) Wahlen am 15. 10. 1950	2. und 3. Wahl- periode (1954–1963) Wahlen am 17. 10.1954 u. 16. 11. 1958	4. und 5. Wahl- periode (1963–1971) Wahlen am 20. 10. 1963 u. 2. 7. 1967	6. und 7. Wahl- periode Wahlen am 14. 11.1971 u. 17. 10. 1976	8. Wahl- periode Wahlen am 14. 6. 1981
SED	110	117	127	127	127
LDPD	66	52	52	52	52
CDUD	67	52	52	52	52
NDPD	35	52	52	52	52
DBD	33	52	52	52	52
FDGB	49	53	68	68	68
FDJ	25	29	40	40	40
DFD	20	29	35	35	35
VVN	19	–	–	–	–
Kulturbund VdgB/ Genossenschaften	24	18	22	22	22
	12	12	–	–	–
SPD Berlin	6	–	–	–	–
Gesamtzahl (ein- schließlich Berliner Abgeordnete)	466	466	500	500	500

Organisationsaufbau der SED

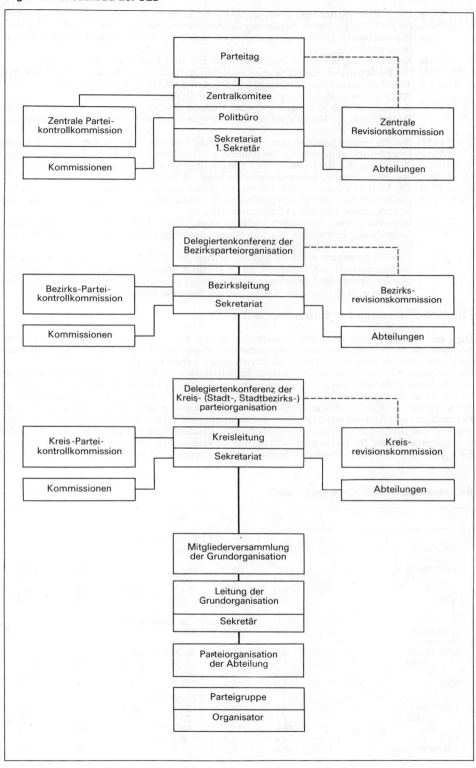

1388 Neueste Zeit – Kommunistisch strukturierte Welt

1950 Der *3. Parteitag der SED* in Ost-Berlin beschließt die *Grundsätze für den Fünfjahresplan*
20.–24. für 1951–1955 sowie die *Neufassung des Parteistatuts;* der Parteivorstand (PV) wird in ein
Juli *Zentralkomitee (ZK)* umgewandelt. Vorsitzende der Partei: Wilhelm Pieck und Otto
Grotewohl.

25. Juli Konstituierung des ersten ZK: *Walter Ulbricht* wird *Generalsekretär der SED.*

29. Sept. Die **DDR tritt** dem Rat für gegenseitige Wirtschafts-Hilfe **(RGW bzw. COMECON) bei.**

15. Okt. *Volkskammerwahlen:* Beteiligung 98,44%, davon 99,3% Ja-Stimmen. (Hervortreten des
Akklamationscharakters der ,,Wahlen" in der DDR.)

20. Nov. Zusammenschluß der VdgB mit dem Verband landwirtschaftlicher Genossenschaften
Deutschlands zur *Vereinigung der gegenseitigen Bauernhilfe* (Bäuerliche Handelsgenos-
senschaft).

1951 Das ZK verwirft jede abstrakte und unpolitische Kunst als ,,formalistisch" und verlangt die
März Orientierung an dem in der Sowjetunion entwickelten *sozialistischen Realismus.*

8. Okt. *Aufhebung der Rationierung* aller Lebensmittel bis auf Fleisch, Fett und Zucker.

21. Dez. *Institut für Gesellschaftswissenschaften* beim ZK der SED eröffnet.

1952 Die SED gibt bekannt, daß 150696 Mitglieder ausscheiden müssen (21./25. April).

29. April Die Sowjetunion gibt 66 Sowjetische Aktiengesellschaften an die DDR zurück, die diese
in *Volkseigene Betriebe (VEB)* umwandelt.

27. Mai Einrichtung einer *besonderen Ordnung an der Demarkationslinie* zur Bundesrepublik
Deutschland: Einrichtung von Sperrzonen, Aufhebung des kleinen Grenzverkehrs und
Installierung von Schutzstreifen.

9.–12. Ulbricht propagiert auf der *3. Parteikonferenz der SED* den *,,planmäßigen Aufbau des
Juli Sozialismus sowie die Notwendigkeit einer Verschärfung des Klassenkampfes".* Es beginnen der Ausbau der Landwirtschaftlichen Produktionsgenossenschaften (LPG), der 1960
abgeschlossen ist, sowie die Kollektivierung des mittelständischen Bereiches.

Die Kollektivierung der Landwirtschaft

Die Landwirtschaftspolitik der DDR vollzieht sich in zwei Phasen: 1945–1950 *Durchführung einer
Bodenreform,* in der vorwiegend der Großgrundbesitz enteignet und 30% (3,3 Mio. ha) der Wirtschafts-
fläche umverteilt werden; 1952–1960 *Kollektivierung der Landwirtschaft.*
Innerhalb beider Phasen entstehen unterschiedliche Betriebsformen: die Volkseigenen Güter (VEG) und
die Landwirtschaftlichen Produktionsgenossenschaften (LPG). Die *VEG sind Eigentum des Staates.* Sie
bilden sich nach sowjetischem Vorbild (Sowchos) in der Bodenreformphase (Bewirtschaftung von 7%
der landwirtschaftlichen Nutzfläche der DDR). Die VEG werden zentral oder vom Bezirk geleitet; die
Beschäftigten sind Arbeiter und Angestellte. Spezialisierung auf Viehzucht und Erzeugung von Saatgut.
Die *LPG sind Betriebe* mit *gemischt genossenschaftlich-privatem Eigentum,* da der eingebrachte Boden
Privateigentum bleibt. Die Bildung der LPG beginnt im wesentlichen 1952 und ist 1960 abgeschlossen.
Ende 1955 sind 20% der landwirtschaftlichen Nutzfläche in der Hand von LPG, Ende 1959 45% und

Betriebsstruktur der DDR-Landwirtschaft

	1955	1960	1965	1970	1972	1973
	Zahl der Betriebe					
insgesamt	803207	59958	33990	—	—	—
darunter:						
LPG I bis III	6047	19313	15139	9009	7575	6587
I und II	1395	12976	8973	3485	1939	1185
III	4652	6337	6166	5524	5636	5402
VEG	540	669	572	511	500	516
	Durchschnittliche Betriebsgröße in ha					
insgesamt:	8,1	107,4	187,5	—	—	—
darunter:						
LPG I bis III	199,1	280,0	360,3	598,6	713,5	819,8
I und II	95,9	156,0	192,3	248,6	253,3	292,7
III	230,0	534,1	604,8	819,3	871,9	935,4
VEG	525,0	519,4	743,3	866,2	893,4	870,9
	Anteil in %					
LPG I bis III	18,6	84,2	85,7	85,8	85,9	85,9
I und II	2,1	31,5	27,1	13,8	7,8	5,5
III	16,5	52,7	58,7	72,0	78,1	80,4
VEG	4,4	6,3	6,7	7,0	7,1	7,1
Übrige Betriebe	77,0	9,5	7,6	7,1	7,0	7,0

Warschauer-Pakt-Staaten – Deutsche Demokratische Republik   *1389*

Mitte 1960 85%. Hauptsächlich in den sechziger Jahren setzen Partei und Staat die restlichen Privatbauern unter Druck und erzwingen den Eintritt in die LPG.
Nach 1960 verfolgt die Landwirtschaftspolitik der DDR das Ziel, die Betriebsgrößen der LPG zu erhöhen. Sie steigen durchschnittlich von 280 ha auf 820 ha an, was einen Rückgang von 19 000 LPG auf rd. 6600 bedeutet.
Man muß *drei Typen von LPG* unterscheiden. Bei LPG, Typ I, unterliegt nur das Ackerland gemeinsamer Nutzung. Die LPG, Typ II, betreiben die genossenschaftliche Produktion schon in stärkerem Umfang, die Mitglieder beziehen aber immer noch individuelle Einkommen. Bei LPG, Typ III, sind die Mitglieder überdies verpflichtet, bei Eintritt in die Genossenschaft einen Inventarbeitrag zu leisten.
Die *Kollektivierung der Landwirtschaft löst* Ende der fünfziger Jahre eine *große Fluchtwelle* in die Bundesrepublik *aus,* die der DDR-Wirtschaft großen Schaden zufügt und das Regime destabilisiert. Der Bau der „Mauer" 1961 in Berlin ist eine unmittelbare Folge dieser Vorgänge.

1952 23. *Juli*	Die DDR teilt ihre fünf Länder in 14 Bezirke und 217 Kreise auf und führt den *„demokratischen Zentralismus"* in der Staatsverwaltung ein.
20. Nov.	Die SED betont ausdrücklich den Vorrang der Schwerindustrie vor anderen Industriezweigen und folgt damit dem sowjetischen Wirtschaftsmodell.
1953 21. *April*	Die Bischöfe der *Evangelischen Kirche* wenden sich gegen die kirchenfeindliche Politik der SED. Das Innenministerium bezeichnet die *„Junge Gemeinde"* der Evangelischen Kirche als illegal.
17. *Mai*	Das *ZK der SED beschließt* eine *Erhöhung der Arbeitsnormen* um durchschnittlich 10%, ein Beschluß, der in der Bevölkerung Unruhe hervorruft.
28. *Mai*	Die UdSSR löst die Sowjetische Kontrollkommission auf und ernennt *Wladimir Semjonow* (* 1911) zum *Hohen Kommissar der Sowjetunion* in Deutschland.
6./7. *Juni*	In einer Konferenz der SED und der DDR-Regierung mit Vertretern der Landwirtschaft sichert die Staatsführung zu, daß wegen Ablieferungsrückständen keine weiteren Enteignungen, Verhaftungen und gerichtliche Verurteilungen von Bauern vorgenommen werden.
9. *Juni*	Das *Politbüro der SED beschließt Maßnahmen zur Verbesserung der Versorgung* der Bevölkerung und eine *Stärkung der allgemeinen Rechtssicherheit.* Damit soll einer um sich greifenden Mißstimmung begegnet werden.
16. *Juni*	*Bauarbeiter* aus der Stalinallee *in Berlin* treten aus Protest gegen die Erhöhung der Arbeitsnormen *in Streik.* Walter Ulbricht schlägt eine Milderung des bisherigen Kurses vor.
17. Juni	Die Streiks in Berlin weiten sich zu **Massenstreiks** in Halle, Erfurt und Magdeburg aus, in Berlin finden Demonstrationen statt. Der **sowjetische Militärbefehlshaber** übernimmt die Regierungsgewalt und setzt **sowjetische Truppen** ein; **Niederschlagung** des Aufstandes.
21. Juni	Die SED schraubt die Normenerhöhungen auf den Stand vor dem 1. April 1953 zurück.
29. Juni	DDR-Justizminister *Max Fechner* (* 1892, † 1973) spricht sich für das Streikrecht aus.
15. *Juli*	Fechner wird entlassen und verhaftet; Nachfolgerin wird *Hilde Benjamin* (* 1902, † 1989)
24.–26. *Juli*	15. ZK-Tagung: *Ulbricht zum Ersten Sekretär des ZK gewählt.* Das ZK beschließt eine Steigerung der Nahrungs- und Genußmittelerzeugung sowie der Leichtindustrieproduktion auf Kosten der Schwerindustrie. *Wilhelm Zaisser* (* 1893, † 1958) und *Rudolf Herrnstadt* (* 1903, † 1966) sowie der abgesetzte Justizminister *Fechner* werden als *„Fraktionsmacher" aus dem ZK ausgeschlossen.*
16. *Aug.*	*Anton Ackermann,* bislang einer der ideologisch maßgeblichen Funktionäre der Partei, verliert seinen Posten als Direktor des „Marx-Engels-Lenin-Stalin-Instituts".
1954 23. *Jan.*	Die UdSSR gibt die letzten 33 SAG-Betriebe zurück (1. Jan.). Die ehemals führenden Funktionäre Rudolf Herrnstadt und Wilhelm Zaisser werden aus der SED, Anton Ackermann, Hans Jendretzky (* 1897) und Elli Schmidt (* 1908, † 1980) aus dem ZK ausgeschlossen.
25. März	**Souveränitätserklärung der DDR** durch die UdSSR, der eine entsprechende Verlautbarung der DDR-Regierung folgt.
30. *März* –6. *April*	4. *Parteitag der SED:* die Partei ändert ihr „Statut"; sie äußert den Wunsch, den innerdeutschen Handel auszubauen. Den ehemaligen Funktionären Zaisser und Herrnstadt wird vorgeworfen, sie seien mit dem ehemaligen sowjetischen Geheimdienstchef, dem inzwischen den Machtkämpfen nach Stalins Tod zum Opfer gefallenen *Berija* in Verbindung gestanden und hätten die Herrschaft über Partei und Staat angestrebt.
9. *Juni*	Der ehemalige Außenminister *Georg Dertinger* (* 1902, † 1968) wird zu einer hohen Zuchthausstrafe verurteilt.
17. *Okt.*	*Volkskammerwahlen:* 99,46% der Stimmen für die Einheitslisten.
1955 27. *März*	*Erste Jugendweihe* in Ost-Berlin. Die Jugendweihe soll Konfirmation und Kommunion der Kirchen ablösen.
20. *Sept.*	Bestätigung der vollen Souveränität der DDR; das *Amt des sowjetischen Hochkommissars* wird *aufgehoben* und ein Beistandspakt abgeschlossen.
24. Nov.	Ulbricht wird Erster Stellvertreter des Vorsitzenden des Ministerrats.

1390 Neueste Zeit – Kommunistisch strukturierte Welt

Politische und wirtschaftliche Krisen (1956–1961)

1956 Die Volkskammer beschließt die **Schaffung der „Nationalen Volksarmee"** (18. Jan.)

24. Okt. An der Berliner Humboldt-Universität brechen während des Ungarn-Aufstandes *Studentenunruhen* aus, die sich gegen den stalinistischen Kurs Ulbrichts wenden. Sie werden von der Polizei unterdrückt.

29. Nov. Verhaftung der Parteifunktionäre *Wolfgang Harich* (* 1921), Chefredakteur der „Deutschen Zeitschrift für Philosophie", *Bernhard Steinberger* und *Manfred Hertwig:* Harich wird am 9. März 1957 wegen Bildung einer staatsfeindlichen Gruppe zu 10 Jahren Zuchthaus verurteilt. Seit dem XX. Parteitag der KPdSU (Febr. 1956), auf dem der Stalinismus in Frage gestellt wird, besteht ideologische Unsicherheit in der SED. Es geht Ulbricht deswegen darum, bei Abbau des Personenkults das bestehende Herrschaftssystem zu erhalten, vor allem keine Opposition zu dulden, solange die DDR als Staat sich noch nicht konsolidiert hat.

1957 Der ZK-Sekretär der SED Walter Ulbricht legt die *neue Deutschland-Konzeption der SED*

30. Jan. dar: die SED will eine Konföderation beider deutscher Staaten (Bundesrepublik Deutsch-
–1. Febr. land und DDR) mit paritätisch besetztem Rat bilden.

1958 Das ZK der SED beschließt die Maßregelung der Mitglieder des Politbüros Karl Schirde-
3.–6. wan (* 1907), Ernst Wollweber (* 1898, † 1967) und Fred Oelßner (* 1903, † 1977).
Febr. Erich Honecker (* 1912), Paul Verner (* 1911, † 1986), Paul Fröhlich (* 1913, † 1970) und Gerhard Grüneberg (* 1921, † 1981) werden zu Mitgliedern des ZK-Sekretariats gewählt.

13. Febr. Die DDR richtet als zentrales Organ des Ministerrates der DDR eine *staatliche Plankommission* zur Planung und Leitung der Volkswirtschaft sowie zur Kontrolle der Durchführung der Pläne ein und regelt die Befugnisse der *„Vereinigungen Volkseigener Betriebe"* *(VVB)* als leitende Wirtschaftsorgane für die ihnen unterstellten Betriebe.

5.–6. ZK-Sekretär *Kurt Hager* (* 1912) erklärt, die Wiedervereinigung Deutschlands könne nur
Mai das Ergebnis einer Volksbewegung gegen die Nato-Politik der herrschenden Kreise Westdeutschlands sein. Er deutet damit an, für die SED sei die Voraussetzung für eine Wiedervereinigung die Veränderung der derzeitigen Gesellschaftsordnung in der Bundesrepublik.

29. Mai Abschaffung der Lebensmittelkarten.

Juli Der *5. Parteitag der SED* erklärt die *DDR* zum *rechtmäßig souveränen deutschen Staat.* Er fordert die Beendigung der „Frontstadtpolitik" West-Berlins und beschließt die Beseitigung der Abhängigkeit der DDR von der westdeutschen Industrie.

1. Sept. In den Oberschulen wird ein politischer Unterrichtstag eingeführt.

27. Okt. *Ulbricht erklärt ganz Berlin zum Hoheitsbereich der DDR* gehörig.

8. Dez. Auflösung der Länderkammer der DDR. Die Volkskammer wählt *Otto Grotewohl erneut zum Ministerpräsidenten* der DDR.

1959 ZK-Sekretär Kurt Hager legt die neuen Thesen der SED zur weiteren Entwicklung des
15.–17. Schulwesens vor: Schaffung einer zehnklassigen polytechnischen Oberschule für alle Schü-
Jan. ler sowie einer erweiterten allgemeinbildenden polytechnischen Oberschule.

24. April *1. Bitterfelder Kulturkonferenz:* die SED versucht unter dem Motto: „Greif zur Feder Kumpel! Die sozialistische Nationalkultur braucht Dich!" die Arbeiter zu bewegen, literarisch tätig zu sein.

3. Juni Die Volkskammer beschließt das *„Gesetz über landwirtschaftliche Produktions-Genossenschaften"(LPG).* Die seit einigen Jahren laufende Kampagne unter den Bauern für einen Beitritt zu den LPG erreicht einen Höhepunkt. Damit wird die endgültige Vergesellschaftung der landwirtschaftlichen Produktionsmittel in Angriff genommen.

1960 Die Volkskammer beschließt das *Gesetz über die Bildung des Nationalen Verteidigungsra-*
10. Febr. tes. Vorsitzender: Walter Ulbricht.

12. Sept. Das Amt des Präsidenten wird abgeschafft und ein **Staatsrat** (24 Mitglieder) gebildet: Vorsitzender Walter Ulbricht.

15. Nov. Das Parteiorgan „Neues Deutschland" veröffentlicht den Entwurf des neuen *Arbeitsgesetzbuches,* an dem seit dem 5. Parteitag 1958 gearbeitet wird.

30. Nov. Die UdSSR sichert der DDR höhere Waren- und Rohstofflieferungen zu.

15.–17. Die DDR muß den *Volkswirtschaftsplan für 1961* ändern und die Aufgaben des laufenden
Dez. Siebenjahresplanes revidieren, weil die Ende der fünfziger Jahre hochgesteckten wirtschaftlichen Ziele sich nicht realisieren lassen.

1961 Das *ZK* sucht auf seiner *12. Tagung* (16.–19.) nach Auswegen aus den inzwischen offen
März zutage getretenen wirtschaftlichen Probleme der DDR.

12. April Die Volkskammer nimmt das *„Gesetzbuch der Arbeit"* an, das noch im selben Jahr in Kraft tritt. Es regelt die Position des FDGB im Rahmen der DDR-Planwirtschaft und die Position der Arbeiter in den Betrieben.

3.–4. Juli Das ZK der SED empfiehlt dem Ministerrat, einen Volkswirtschaftsrat zu errichten. Erich Apel wird zum Sekretär des ZK gewählt. Er erklärt die wirtschaftlichen Schwierigkeiten

13. Aug. der DDR mit Störaktionen aus dem Westen. Abriegelung Ost-Berlins von West-Berlin durch technische Sperrmaßnahmen (**„Mauerbau"**; die Berliner Mauer und die Anlagen an der Interzonengrenze zur Bundesrepublik werden in den folgenden Jahren mit großem Aufwand zu einer hermetisch schließenden Absperrung ausgebaut).

20. Sept. Die Volkskammer nimmt das Gesetz zur Verteidigung der DDR an.

Wirtschaftliche Reformen und innere Festigung (1962–1970)

1962 Die DDR führt die *allgemeine Wehrpflicht* ein (24. Jan.).

24. Mai *Errichtung eines Volkswirtschaftsrates* als zentrales Organ des Ministerrates zur Leitung der sekundären und tertiären Wirtschaftszweige Industrie, Handwerk und Dienstleistungsgewerbe sowie für die Zuweisung der volkswirtschaftlichen Perspektiv- und Jahresplanung an die Staatliche Plankommission.

1963 Der *6. Parteitag der SED* beschließt ein *neues Programm und Statut der SED*. Er legt die

15.–21. Aufgaben der Staatlichen Plankommission und des Volkswirtschaftsrates endgültig fest.

Jan. *Walter Ulbricht* bleibt (bis 1971) *Erster Sekretär des ZK*.

26. Febr. Das Politbüro beschließt, zur Führung der Parteiarbeit in der Industrie ein Büro unter Leitung des ZK-Sekretärs *Günter Mittag* (* 1921) und eines in der Landwirtschaft unter Leitung des ZK-Sekretärs *Gerhard Grüneberg* zu bilden. Ferner wird eine Kommission für Agitation unter *Albert Norden* (* 1904, † 1982) und zur Arbeitsleitung auf ideologischem Gebiet eine weitere unter *Kurt Hager* gebildet. Die Errichtung von Arbeiter- und Bauerninspektionen wird beschlossen.

15. Juli Der Staatsrat bestätigt die Richtlinien für die Einführung des *„Neuen ökonomischen Systems der Planung und Leitung"* (NÖSPL).

Das neue ökonomische System

Die DDR-Führung weist dem „Neuen ökonomischen System der Planung und Leitung" (NÖSPL) eine zentrale Stellung als Maßstab für die Beurteilung der Leistungen in den volkseigenen und anderen Betrieben zu. Sie ordnet die Preise neu und trägt dem *„persönlichen materiellen Interesse"* der Arbeitnehmer Rechnung. Sie versucht so, ein *System von materiellen Anreizen* zu schaffen, um die Produktivität zu erhöhen.

Die DDR paßt sich mit diesem System innerhalb ihrer Führungs- und Verwaltungsmethoden den *Anforderungen moderner Industriegesellschaften* an und entwickelt auch *flexiblere Leistungsnormen* in den Betrieben. Es gelingt ihr so, das Regime zu festigen und in den Augen der Bevölkerung erträglicher zu machen. So entsteht eine *Leistungs- und Konsum-Gesellschaft*, die alsbald die meisten anderen sozialistischen Länder überflügelt. Die DDR wird zweitstärkste Industriemacht im Rahmen der Organisation des Rates für gegenseitige Wirtschaftshilfe (COMECON/RGW).

Struktur der DDR-Wirtschaft – Anteile in % des Nettoprodukts

	1961	1962	1963	1964	1966	1967	1968	1969	1971	1972	1973
Industrie	59,8	60,7	60,6	60,2	59,8	59,9	60,2	61,2	61,9	61,7	62,3
Energie, Bergbau, Wasserwirtschaft	4,3	4,4	4,1	3,8	3,4	3,3	3,1	3,1	2,9	2,8	2,8
Chemische Industrie	6,9	7,2	7,3	7,4	7,8	7,8	8,0	8,2	8,4	8,7	9,0
Metallurgie	2,8	2,7	2,6	2,6	2,6	2,5	2,5	2,6	2,7	2,8	2,8
Baumaterialienindustrie	1,0	1,0	1,0	1,1	1,1	1,1	1,1	1,0	1,1	1,1	1,1
Maschinen- und Fahrzeugbau	13,7	14,3	14,8	14,9	14,9	15,2	15,5	15,9	16,0	15,8	15,8
Elektrotechnik/Gerätebau	5,2	5,6	5,8	6,0	6,5	6,6	6,8	7,3	7,8	8,0	8,2
Leichtindustrie	9,1	9,2	8,7	8,6	8,3	8,3	8,3	8,4	8,5	8,1	8,2
Textilindustrie	5,2	5,2	5,0	4,8	4,7	4,7	4,6	4,6	4,4	4,3	4,3
Lebensmittelindustrie	11,6	11,1	11,3	11,0	10,5	10,4	10,3	10,1	10,1	10,1	10,1
Bauwirtschaft	7,1	7,3	6,9	7,4	7,8	7,9	8,3	8,5	8,6	8,4	8,3
Landwirtschaft	13,3	12,8	13,6	13,3	13,4	13,5	12,7	11,3	10,3	11,0	10,9
Verkehr, Nachrichtenübermittlung	5,6	5,3	5,3	5,5	5,2	5,0	5,0	4,9	5,2	5,0	4,9
Binnenhandel	12,6	12,3	12,0	12,1	12,2	12,1	12,0	12,4	12,5	12,5	12,2
Sonstige produzierende Zweige	1,6	1,6	1,6	1,5	1,6	1,6	1,8	1,7	1,5	1,4	1,4
Produzierender Bereich	100,0	100,0	100,0	100,0	100,0	100,0	100,0	100,0	100,0	100,0	100,0

1963 Die Volkskammer wählt *Walter Ulbricht erneut zum Staatsratsvorsitzenden* und *Otto Gro-*

14. Nov. *tewohl zum Vorsitzenden des Ministerrates*. Ulbricht betont stärker eine gewisse Eigenständigkeit der DDR gegenüber der UdSSR und versucht, im Westen die diplomatische Anerkennung der DDR durchzusetzen.

Leitungsaufbau der Industrie in der DDR

*die Ministerien für Außenhandel, für Handel und Versorgung, für Finanzen, für Wissenschaft und Technik, für Materialwirtschaft; die Staatssekretariate für Arbeit und Löhne, für Berufsbildung; die Ämter für Preise, für Standardisierung, Meßwesen und Warenprüfung, für Erfindungs- und Patentwesen, für industrielle Formgestaltung.

1964 12.–13. März	*Robert Havemann* (* 1910, † 1982) wird von seinen Verpflichtungen im Hochschulbereich wegen kritischer Äußerungen in seinen philosophischen Vorlesungen entbunden und zwei Jahre später aus der Akademie der Wissenschaften ausgeschlossen.
24. April	Beginn der *2. Bitterfelder Konferenz* für Kultur und Politik.
12. Juni	Die **Sowjetunion** garantiert in einem **Freundschafts- und Beistandsabkommen** ausdrücklich die Unantastbarkeit der Staatsgrenzen der DDR.
21. Sept.	Tod Otto Grotewohls.
24. Sept.	*Willi Stoph* (* 1914) wird *Vorsitzender des Ministerrates* und *stellvertretender Vorsitzender des Staatsrates*.
1965 25. Febr.	Das *Gesetz über das „einheitliche sozialistische Bildungssystem"* regelt die Organisation der Vorschulerziehung, der zehnklassigen polytechnischen Oberschule, der Berufsschulen, Universitäten und Hochschulen.
3. Dez.	*Selbstmord* des Vorsitzenden der staatlichen Plankommission *Erich Apel* (* 1917, † 1965).
22. Dez.	Auflösung des Volkswirtschaftsrates; Errichtung neun neuer Industrie-Ministerien.
1965 31. Dez.	Ulbricht unterbreitet in einem *Sieben-Punkte-Plan* zur Verständigung der beiden deutschen Staaten u. a. einen Rüstungsstopp, den Verzicht auf Atomrüstung und die Herstellung normaler Beziehungen.

1966 11. Febr.	Das ZK der SED veröffentlicht einen Brief an die Delegierten des SPD-Parteitages in Dortmund, durch den ein *Redneraustausch* eingeleitet werden soll. Der Austausch kommt jedoch auf Absage der SED nicht zustande.
9. Mai	Die DDR nimmt ihr erstes Atomkraftwerk in Betrieb.
1967 20. Febr.	Die Volkskammer verabschiedet das Gesetz über die **„Staatsbürgerschaft der DDR"**, mit dem sie eine DDR-eigene Staatsbürgerschaft einführt.
12. April	Kontaktknüpfung der Bundesregierung (Bundeskanzler Kurt Georg Kiesinger) zur DDR-Führung: Vorschlag für ein geregeltes Nebeneinander, engere Verbindungen in Wirtschaft, Technik und Verkehr vorgeschlagen.
17.–22. April	**7. Parteitag der SED:** Ulbricht bezeichnet den Parteitag als Beginn einer neuen Periode, die bis zur Vollendung des Sozialismus reiche. Er schlägt im Interesse der Werktätigen die Einführung der 5-Tage-Woche, die Anhebung der Mindestlöhne auf 300,- Mark und einen Mindesturlaub von 15 Tagen vor.
13. Juli	Die am 2. Juli neugewählte Volkskammer bestätigt *Walter Ulbricht* erneut als *Vorsitzenden des Staatsrates,* einen Tag später *Willi Stoph* als *Vorsitzenden des Ministerrates.*
1968 12. Jan.	Die Volkskammer verabschiedet ein neues Strafgesetzbuch, das Strafverschärfungen für politische Delikte enthält.
6. April	Die **neue Verfassung der DDR** wird durch Volksentscheid angenommen (Inkrafttreten 8. April): sie bestimmt die DDR als „sozialistischen Staat deutscher Nation" und als „politische Organisation der Werktätigen in Stadt und Land".

Staatsaufbau der DDR

Die obersten Staatsorgane der DDR seit 1968

Die *Verfassung der DDR* ist nicht nach den Grundsätzen der Gewaltenteilung angelegt, sondern nach denen der Gewaltenvereinigung. Sie schafft sich die dafür notwendigen Organe.
Wichtigstes Organ ist der Staatsrat, der zwischen den Tagungen der Volkskammer alle grundsätzlichen Aufgaben erfüllt, die sich aus den Gesetzen und Beschlüssen der Volkskammer ergeben. Der *Staatsrat* verkörpert das Verfassungsprinzip der Gewalteneinheit. Seine wichtigsten Kompetenzen sind:
1. Die Vertretung des Staates nach außen,
2. die Behandlung aller Vorlagen, die an die Volkskammer gehen,

1394 Neueste Zeit – Kommunistisch strukturierte Welt

3. die Festsetzung der Wahlen,
4. grundsätzliche Beschlüsse in Fragen der Verteidigung und Sicherheit,
5. die verbindliche Auslegung von Verfassung und Gesetzen,
6. das Vorschlagsrecht der Kandidaten für den Vorsitz des Ministerrates und den Nationalen Verteidigungsrat sowie
7. die Festlegung der Tagesordnung der Volkskammer.

Der Ministerrat ist nicht ausdrückliches Organ der Volkskammer; er organisiert in deren Auftrag die Erfüllung der Aufgaben des Staates. Er ist dem Staatsrat untergeordnet. So steht auch der Staatsratsvorsitzende formal über dem Vorsitzenden des Ministerrats. In der Regel ist das Amt der Staatsratsvorsitzenden mit dem des Ersten Sekretärs des SED-ZK verbunden.

1968	Die Volkskammer führt im Reise- und Transitverkehr der Bundesrepublik und West-Berlins mit der DDR den *Paß- und Visazwang* ein (10./11.).
Juni	
Aug.	NVA-Einheiten beteiligen sich am *Einmarsch in die ČSSR* (20./21. Aug.).
1969	*1. Synodaltagung* des neugegründeten Bundes der *Evangelischen Kirchen in der DDR*, sich von der Evangelischen Kirche in Deutschland (EKD) losgelöst hat, die somit faktisch auf die Bundesrepublik Deutschland beschränkt bleibt.
10.–14.	
Sept.	
12./13.	Ulbricht fordert die Normalisierung der Beziehungen zwischen beiden deutschen Staaten,
Dez.	d. h. Anerkennung der DDR als gleichberechtigter Staat und der DDR-West-Grenze.
17. Dez.	Die Volkskammer beantragt bei Staatsrat und Ministerrat, Maßnahmen zu ergreifen, um mit der Bundesrepublik Beziehungen auf der Grundlage der „friedlichen Koexistenz" herzustellen.
18. Dez.	*Brief* des Staatsratsvorsitzenden Ulbricht *an Bundespräsident Heinemann* mit dem Entwurf für einen Vertrag über die Aufnahme gleichberechtigter Beziehungen zwischen der DDR und der Bundesrepublik.

Anerkennung auf internationaler Ebene und Abgrenzung gegenüber der Bundesrepublik (seit 1970)

1970	Begegnung von Ministerratsvorsitzendem Stoph und Bundeskanzler Brandt in Erfurt
19. März	(2. Gesprächsrunde am 21. Mai in Kassel).
17. April	Die SED beginnt mit *Umtauschaktionen der Partei-Mitgliedsbücher;* wichtigste Aufgabe dabei ist es, die „ideologische Standfestigkeit" zu erhöhen.
9.–11.	Auf der *14. ZK-Tagung* berichtet *Paul Verner* (* 1911), daß der laufende Volks-
Dez.	wirtschaftsplan bei einer Reihe von Produktionszweigen nicht erfüllt worden sei. Es gebe Versorgungsschwierigkeiten bei Textilien, Lebensmitteln und Braunkohle. Dennoch hat die DDR gute Zuwachsraten zu verzeichnen.

Jährliche Veränderung wichtiger gesamtwirtschaftlicher Größen

In Prozent zum Vorjahr[1]	1972	1974	1976	1978	1980	1981[2]
Gesellschaftl. Gesamtprodukt	5,8	6,8	4,9	4,1	4,2	4,1
Nationaleinkommen	5,7	6,4	3,6	3,8	4,2	4,8
Industrieproduktion	7,2	6,3	6,6	5,4	4,7	5,6
Bauproduktion[3]	4,3	4,8	7,0	3,6	1,1	5,2
Agrarproduktion[4]	12,6	7,6	−9,8	−1,3	2,0	2,8
Einzelhandelsumsatz	6,0	6,1	4,6	3,4	4,5	3,6
Nettogeldeinnahmen der Bevölkerung	6,1	4,8	4,0	3,5	2,8	–
Außenhandelsumsatz[5]	10,8	19,6	14,9	5,6	10,3	10,7

[1] In vergleichbaren Preisen; [2] Vorläufige Zahlen; [3] Ab 1974 nur volkseigene Bauindustrie; [4] Bis 1976 Nettoprodukt von Land- und Forstwirtschaft; 1977: Landw. Bruttoprod. aus einer anderen Quelle; [5] Einschließlich innerdeutscher Handel, in Valutamark zu jeweiligen Preisen, für 1978 Berechnung des DIW, Berlin (West).

1971	Auf der *16. Tagung des ZK* der SED bittet *Walter Ulbricht,* ihn aus Altersgründen von
3. Mai	der Funktion des Ersten Sekretärs des ZK zu entbinden. Seiner Bitte wird entsprochen, Nachfolger wird *Erich Honecker. Ulbricht* wird Inhaber des neu geschaffenen Amtes eines *Vorsitzenden der SED.*
12. Mai	Der Ministerrat bestätigt die Ernennung von *Horst Sindermann* (* 1915, † 1990) zum 1. Stellvertreter des Vorsitzenden des Ministerrates.
15.–19.	*8. Parteitag der SED* in Anwesenheit des Generalsekretärs der KPdSU, *Leonid Breschnew;*
Juni	Ulbricht nimmt aus Krankheitsgründen zum ersten Mal nicht teil.
24. Juni	Die Volkskammer wählt *Erich Honecker* an Ulbrichts Stelle *zum Vorsitzenden des Nationalen Verteidigungsrates.*
14. Nov.	*Wahlen zur Volkskammer,* 99,85% für die Einheitsliste.

Warschauer-Pakt-Staaten – Deutsche Demokratische Republik   *1395*

26. Nov. Auf ihrer konstituierenden Sitzung wählt die neue Volkskammer *Walter Ulbricht* zum Staatsratsvorsitzenden, *Willy Stoph* zum Ministerratsvorsitzenden und *Erich Honecker* zum Vorsitzenden des Nationalen Verteidigungsrates.

11. Dez. Das Abkommen über den Transitverkehr zwischen der Bundesrepublik und der DDR sowie die Vereinbarung über Besucherverkehr und Gebietsaustausch zwischen der DDR und dem Berliner Senat werden paraphiert.

17. Dez. *Michael Kohl* (* 1929, † 1982) für die DDR und *Egon Bahr* für die Bundesrepublik Deutschland unterzeichnen das **Transitabkommen** (tritt am 3. Juni 1972 in Kraft).

20. Dez. Abkommen zwischen DDR und Westberliner Senat ergänzt die Reise- und Besuchsverkehrsregelungen.

1972
6. Jan. SED-ZK-Sekretär *Erich Honecker* nennt die Bundesrepublik Deutschland zum ersten Mal „Ausland".

15. Juni Beginn der *Verhandlungen über den Grundlagen-Vertrag.*

16. Okt. Bürger der DDR, die vor dem 1. Januar 1972 die DDR verlassen haben, verlieren die Staatsbürgerschaft der DDR.

7.–28. Dez. Die DDR nimmt zu 20 neutralen und westlich orientierten Staaten (u. a. Iran, Schweiz, Schweden, Belgien) diplomatische Beziehungen auf. Zur selben Zeit wird sie Mitglied der UN-Wirtschaftskommission für Europa.

21. Dez. Die beiden Unterhändler Bahr und Kohl unterzeichnen den **Grundlagenvertrag** in Ost-Berlin, der am 21. Juni 1973 in Kraft tritt.

1973
9. Febr. Die NATO-Staaten *Großbritannien* und *Frankreich* nehmen zur DDR *diplomatische Beziehungen* auf.

7. März Die DDR akkreditiert Korrespondenten der beiden Fernsehanstalten in der Bundesrepublik, ARD und ZDF, sowie von Presseorganen der Bundesrepublik.

1. Aug. Tod Walter Ulbrichts.

18. Sept. DDR wird *Mitglied der UNO.*

3. Okt. Volkskammer wählt *Willi Stoph* zum Staatsrats-Vorsitzenden und *Horst Sindermann* zum Vorsitzenden des Ministerrates.

1974
4. Sept. Die westliche Führungsmacht USA nimmt *diplomatische Beziehungen* zur DDR auf, deren allgemeine internationale Anerkennung damit erreicht ist.

27. Sept. Die Volkskammer beschließt das *„Gesetz zur Ergänzung und Änderung der Verfassung der DDR"* v. 7. Okt. 1974, durch das der Begriff „deutsche Nation" beseitigt wird.

1976
1. Jan. Das neue *Zivilgesetzbuch (ZGB)*, welches das Bürgerliche Gesetzbuch von 1896 ersetzt, tritt in Kraft.

18.–22. Mai Der *9. Parteitag der SED* beschließt ein neues Programm und Statut für die Partei. *Erich Honecker* wird *Generalsekretär der SED.*

29. Juli Der Ministerrat beschließt die Erhöhung des monatlichen Mindestbruttolohnes von 350 auf 400 Mark sowie eine „differenzierte" Erhöhung bis zu 500 Mark.

29. Okt. Die Volkskammer wählt *Willi Stoph* zum neuen Vorsitzenden des Ministerrats, *Erich Honecker* zum Vorsitzenden des „Nationalen Verteidigungsrates".
Anstelle von Stoph wird Erich Honecker Vorsitzender des Staatsrates.

16. Nov. Ausbürgerung des Liedermachers *Wolf Biermann*, der zu dieser Zeit in der Bundesrepublik auftritt. Der Wissenschaftler und Regimekritiker *Robert Havemann* erhält Hausarrest.

1977
Aug. SED-Funktionär Rudolf Bahro (* 1935) veröffentlicht in der Bundesrepublik eine umfassende Grundsatzkritik an der ökonomisch-sozialen Praxis regierender kommunistischer Parteien („Die Alternative"). Bald darauf erfolgt seine Verhaftung.

1978
10. Jan. Als Reaktion auf die Veröffentlichung eines von einer Oppositionsgruppe verfaßten „Manifests" wird das *Büro der Zeitschrift „Der Spiegel"* in Ost-Berlin *geschlossen.*

30. Juni Der Systemkritiker *Rudolf Bahro* wird zu acht Jahren Freiheitsentzug verurteilt.

Juli *Ewald Moldt*, einer der stellvertretenden Außenminister, wird zum *Nachfolger des Ständigen Vertreters der DDR in Bonn,* Michael Kohl, ernannt.

29. Nov. Verkehrsabkommen mit der Bundesrepublik Deutschland: Autobahnbau und Verbesserung der Wasserwege nach West-Berlin.

1979 Die Volkskammer beschließt, daß ihre Berliner Abgeordneten in Zukunft direkt gewählt werden (28. Juni). Protest von Westmächten und Bundesregierung.

1980
9. Okt. Die *DDR erhöht den Mindestumtauschsatz* für Besucher aus nichtsozialistischen Staaten auf 25 DM je Tag.

13. Okt. In einer Grundsatzrede *in Gera fordert* Honecker von der Bundesrepublik *die Anerkennung der Existenz zweier souveräner,* voneinander unabhängiger *deutscher Staaten.*

1981
2. Febr. Staatssekretär Klaus Bölling (* 1928) löst Günter Gaus (* 1929) als Ständigen Vertreter der Bundesrepublik in der DDR ab.

11. April Auf dem 10. Parteitag der SED wird die ökonomische Strategie für die 80er Jahre erörtert (bis 16. April).

14. Juni Die *erstmalige Direktwahl der Ostberliner Abgeordneten zur Volkskammer* führt zum Protest der Westalliierten wegen Verstoß gegen Berlins Viermächte-Status.

1396   Neueste Zeit – Kommunistisch strukturierte Welt

1. Okt.   Die *Freilassung des DDR-Spions Günter Guillaume* (* 1929) ist Teil einer Agenten-Austauschaktion.

11. Dez.   Bundeskanzler *Schmidt besucht* den Staatsratsvorsitzenden *Honecker* am Werbellinsee zu einem Arbeitsgespräch (bis 13. Dez.).

1982   In Dresden fordern Jugendliche beim ersten „Friedensforum" in der DDR die Einführung
13. Febr.   eines zivilen Ersatzdienstes.

25. März   Die Volkskammer beschließt ein neues Wehrdienst- und ein neues Grenzgesetz.

18. Mai   Nach Klaus Bölling wird Hans Otto Bräutigam (*1931) Ständiger Vertreter der Bundesrepublik in der DDR.

15. Juli   Die sowjetische Armee beginnt mit der *Stationierung von mobilen SS-21-Kurzstreckenraketen* in der DDR.

20. Nov.   Eröffnung der zum Teil auf DDR-Gebiet liegenden *Autobahn Berlin–Hamburg* (265 km).

1983   Ein Hirtenbrief der katholischen DDR-Bischöfe beklagt zunehmende Militarisierung (3. Jan.).

14. Febr.   In Dresden demonstrieren etwa 100000 Teilnehmer für den Frieden.

9. Juni   DDR und UdSSR unterzeichnen neue Abkommen zur wirtschaftlichen und wissenschaftlich- technischen Zusammenarbeit.

1. Juli   In München wird ein von der Bundesregierung verbürgter *Kreditvertrag über 1 Mrd. DM* für die DDR unterzeichnet.

28. Sept.   An der Grenze DDR/Bundesrepublik beginnt der *Abbau von Selbstschußanlagen.*

1984   Die DDR beteiligt sich am Ostblock-Boykott der Olympischen Spiele in Los Angeles (11. Mai).

17. Mai   Veröffentlichung eines Maßnahmebündels zur Verbesserung der Lebens- und Arbeitsbedingungen für Familien mit mehr als 3 Kindern.

27. Juni   Der wachsende *Zustrom von Ausreisewilligen* veranlaßt die vorübergehende Schließung der Ständigen Vertretung der Bundesrepublik in der DDR in Ost-Berlin (bis 31. Juli).

25. Juli   Die *Bundesregierung billigt einen neuen Kredit* westdeutscher Banken an die DDR in Höhe von 950 Mio. DM.

4. Sept.   *Honecker sagt* geplanten *Besuch* in der Bundesrepublik *ab. – (Forts. S. 1627)*

Polen seit 1945
(Forts. v. S. 993)

Der Wiederaufbau Polens nach dem Zweiten Weltkrieg ist angesichts der riesenhaften Kriegszerstörungen und Bevölkerungsverluste sowie des fortdauernden Partisanenkrieges (Ukrainische Aufstandsarmee in Westgalizien) sehr schwierig.

Aufbau und Entwicklung der Volksrepublik (1945–1959)

1945   Das im bereits sowjetisch besetzten Teil Polens eingerichtete *Lubliner Komitee* erklärt sich
1. Jan.   unter Protest der Londoner polnischen Exilregierung zur *Provisorischen Regierung.*

18. Jan.   Diese übersiedelt in die befreite, zu 70% zerstörte Hauptstadt Warschau.

4.–11.   Auf der *Konferenz von Jalta* setzen der britische Premier Winston Churchill und US-Präsi-
Febr.   dent Franklin D. Roosevelt eine Erweiterung der Provisorischen Regierung unter „Einschluß demokratischer Führer, die im Lande leben, und von Polen, die im Ausland leben", durch. Der sowjetische Staatschef Josef Stalin fordert eine Westverschiebung der polnischen Westgrenze bis zur Lausitzer Neiße.

5. Febr.   Der Vorsitzende des Landesnationalrats, der Kommunist Bolesław Bierut (* 1852, † 1956), proklamiert die Übernahme der Zivilverwaltung östlich der Oder und Neiße.

21. April   *Freundschaftspakt* zwischen der Warschauer (Provisorischen) Regierung und der UdSSR auf 30 Jahre (erneuert 1965).

28. Juni   Ein *„erweitertes Kabinett der nationalen Einheit"* wird gebildet, in das Mitglieder der Exilregierung aufgenommen werden. Ministerpräsident: *Eduard Osóbka-Morawski* (* 1909), Stellvertretende Ministerpräsidenten: *Stanisław Mikołajczyk* (* 1901, † 1966) für Bauernpartei/Polnische Volkspartei und für die kommunistische Polnische Arbeiterpartei *Władysław Gomułka* (* 1905, † 1982). Anerkennung der Regierung durch die Westmächte.

17. Juli   Auf der *Potsdamer Konferenz* wird die polnische Verwaltung der Gebiete östlich der Oder
–2. Aug.   und der Görlitzer Neiße, einschließlich Stettins (polnisch: Szczecin – heute in der gleichnamigen Wojewodschaft), Danzigs (polnisch Gdańsk) und des südlichen Ostpreußens bis zu einer endgültigen Regelung durch einen Friedensvertrag mit einer deutschen Zentralregierung anerkannt. Die weitere Aussiedlung der deutschen Bevölkerung soll „human und geregelt" erfolgen.

Die Umsiedlungen nach dem Zweiten Weltkrieg

In den Jahren nach Kriegsende wird die seit 1939 in Gang befindliche *Vertreibungs-, Umsiedlungs- und Wanderungswelle* fortgesetzt: Flucht und Ausweisung der Deutschen nach Mittel- und Westdeutschland (insgesamt etwa 6,9 Mio.), Rückkehr vertriebener und verschleppter Polen und Juden (ca. 1,5 Mio.), Wanderung auf der Suche nach Erwerb und Unterkunft sowie nach Angehörigen, Umsiedlung von Polen aus Altpolen und den von der UdSSR annektierten Gebieten („Repatrianten") in die sog. „wiedergewonnenen" Gebiete (polnisch verwaltete Gebiete des Deutschen Reiches, etwa 2,7 Mio.), Umsiedlung von Ukrainern und Weißrussen aus Polen in die UdSSR.

16. Aug.	*Grenzvertrag Polen-UdSSR:* Die polnische Ost-Grenze wird im wesentlichen auf der Curzon-Linie festgelegt.
1945/1946	Während die kommunistische *Polnische Arbeiterpartei* (PPR) Anhänger verliert, steigen die Mitgliederzahlen der von Mikołajczyk geführten Bauernpartei, der *Polnischen Volkspartei* (PSL). Sie tritt in Opposition zu einem *Demokratischen Block* aus Polnischer Arbeiterpartei und anderen Parteien.
1946 6. Sept.	*Bodenreformgesetz:* Landbesitz über 50 ha wird enteignet und parzelliert. Die Bergwerke werden schon 1945 verstaatlicht, die Industrie 1946. Auch das Eigentum von Deutschen, ermordeten Juden usw. fällt an den Staat.
1947 19. Jan.	*Wahl zum verfassungsgebenden Sejm* (Parlament). Wahlmanipulationen, Behinderungen und Fälschung der Wahlergebnisse führen trotz Protestes der Westmächte zum Sieg des Demokratischen Blocks und zur Ausschaltung der Polnischen Volkspartei. Mikołajczyk emigriert (Okt. 1947). – Einführung der zentralen Planung in der Wirtschaft.
7. Febr.	Bildung einer Regierung (bis 1952) unter *Józef Cyrankiewicz* (* 1911, † 1989).
7. Juli	Polen verzichtet nach sowjetischer Intervention auf die *US-Marshallplan-Hilfe*.
1948 3. Sept.	Im Streit zwischen „Moskauern" und „Partisanen" (Kriegsemigranten gegen ehemalige Untergrundkämpfer im Lande) siegt angesichts des Zerwürfnisses zwischen dem jugoslawischen Staatschef Tito und Stalin die „Moskauer" Gruppe. *Władysław Gomułka* wird als *Generalsekretär* der Polnischen Arbeiterpartei abgesetzt; Beginn einer Parteisäuberung.
21. Dez.	Fusionierung der Polnischen Sozialistischen Partei mit der Polnischen Arbeiterpartei zur *Polnischen Vereinigten Arbeiterpartei* (PZPR); ZK-Vorsitzender wird *Bierut*.
1949	In der Folgezeit Abschluß der *Eingliederung Polens in den Ostblock* (Beitritt zum Rat für Gegenseitige Wirtschaftshilfe – COMECON.)
7. Nov.	Ernennung des Sowjetmarschalls *Konstantin Rokossowski* (* 1896, † 1968) zum polnischen Verteidigungsminister und Armee-Oberbefehlshaber.
1950	Bildung der *Nationalen Einheitsfront,* in der zwei gleichgeschaltete Parteien (Vereinigte Bauernpartei und Demokratische Partei) der Polnischen Vereinigten Arbeiterpartei untergeordnet werden. Die spätstalinistische Parteisäuberung nimmt nicht die Härte der Schauprozesse in den anderen Ostblockstaaten an.
6. Juli	Die *DDR* erkennt die *Oder-Neiße-Linie* als „Friedensgrenze" zu Polen an (Görlitzer Abkommen).
1950/1951	Führende Vertreter der „Patrioten" (u.a. Gomułka) werden degradiert und inhaftiert, ebenso der Rest des bürgerlich-nationalen Flügels der Armee-Führung.
1952 22. Juli	Eine *neue Verfassung* schließt die Entwicklung zur Volksdemokratie ab: der Sejm (Parlament) ist höchstes Staatsorgan; er wählt den Staatsrat, das kollektive Staatsoberhaupt. Der Sozialismus ist in der Verfassung verankert.
1953	Verschärfte Auseinandersetzung Kirche – Staat: Einkerkerung des Primas von Polen und Erzbischofs von Warschau, *Stefan Kardinal Wyszyński* (* 1901, † 1981). Forcierte Industrialisierung und Kollektivierung; Umstrukturierung der Wirtschaft, besonders in den Oder-Neiße-Gebieten.
1954 Herbst	Nach dem *Tode Josef Stalins* (März 1953) setzt die offizielle Kritik an stalinistischen Methoden in Polen, insbesondere in der Wirtschaft, ein.
Dez.	Das Staatssicherheitsministerium wird aufgelöst.
1955	Dezentralisierung der Wirtschaft. Beitritt Polens zum *Warschauer Pakt* (14. Mai).
1956	Nach dem 20. Parteitag der KPdSU (Kritik an Stalin) stirbt der ZK-Vorsitzende Bierut.
12. März	Sein Nachfolger *Edward Ochab* (* 1906, † 1989) läßt Abbau von Zwangsmaßnahmen zu (Amnestie für politische Häftlinge, Umbildung von Regierung und Parteispitze), kann aber die Unruhe im Land nicht beseitigen.
28. Juni	Während der Internationalen Messe bricht ein **Generalstreik in Posen** (polnisch: Poznań – Hauptstadt der gleichnamigen Wojewodschaft, an der Warthe gelegen) aus; ein Demonstrationszug eskaliert zu offenem Aufruhr, der vom Militär niedergeschlagen wird. Die Regierung gibt den Forderungen der Arbeiter jedoch teilweise nach: Reformen in Partei und Staat (später milde Bestrafung der verhafteten Demonstrationsführer).
19./21. Okt.	Gomułka, inzwischen rehabilitiert, wird wieder Generalsekretär der Polnischen Vereinigten Arbeiterpartei.

1398 Neueste Zeit – Kommunistisch strukturierte Welt

ab 24. Während des ungarischen Aufstandes zahlreiche **Reformen** in Polen geduldet („**Frühling**
Okt. **im Oktober"):** Auflösung der meisten Kolchosen, Pressefreiheit, Zerfall kommunistischer
Jugendorganisationen. Es gelingt der Gomułka-Führung, die UdSSR von der Bündnistreue
Polens zu überzeugen.
28. Okt. Kardinal Wyszyński kehrt aus seinem Verbannungsort zurück und tritt sein Amt als Erzbischof wieder an.
29. Okt. Der sowjetische Marschall Rokossowski tritt als Verteidigungsminister zurück; sein Nachfolger wird *Marian Spychalski* (* 1906, † 1980).
17. Dez. In einem *Truppenstationierungsvertrag* werden die in Polen stehenden Teile der Sowjetarmee polnischem Oberbefehl unterstellt.
1957 Der kulturelle *„Frühling im Oktober"* wird langsam wieder eingeschränkt (z. B. Pressefreiheit), andererseits spontane Entwicklungen (z. B. Auflösung der Kolchosen, Bildung von
Arbeiterräten) bestätigt, letztere werden jedoch (1958) wieder eingeschränkt.
20. Jan. Bei *Sejm-Wahlen* (Einheitsliste der Nationalen Front mit Auswahlmöglichkeit) erhält die
Polnische Vereinigte Arbeiterpartei nur 51% der Mandate.
2. Okt. Vorschlag des Außenministers (1956–1968) *Adam Rapacki* (* 1909, † 1970), eine atom-
waffenfreie Zone in Mitteleuropa einzurichten (sog. *Rapacki-Plan*).
1959 *Dritter Parteitag der Polnischen Vereinigten Arbeiterpartei:* Gomułka strafft weiter den
Zugriff der Partei. Versuch, den Sozialismus auf dem Lande durch Einrichtung von „Bau-
ernzirkeln" (freiwillige Genossenschaften) einzuführen.

Die zweite Ära Gomułka (1960–1970)

In den sechziger Jahren *„verkrustet"* *die Gomułkaführung* zusehends: Gomułka versucht, innerhalb der
Partei- und Staatsführung zwischen „Moskauern" und „Partisanen" auszugleichen und durch enge Verbindung mit der UdSSR Polens staatliche Stabilität zu sichern. Die Ernennung von *Mieczysław Moczar*
(* 1913, † 1986) zum Chef des Sicherheitsdienstes gibt „Partisanen" Auftrieb. Sie werfen Gomułka zu
große Nachgiebigkeit gegenüber „revisionistischen" Strömungen (Reformmarxisten wie *Adam Schaff*
[* 1913] und *Leszek Kołakowski* [*1927]) vor, die ab 1965 unter den Intellektuellen Anhänger finden.
Die **Jahrtausendfeiern** (Millennium) Polens (1960–1966) verschärfen den *Konflikt zwischen Staat und
Kirche* erneut: dem staatlichen Patriotismus stellt die Kirche einen betont katholischen Nationalismus
entgegen.
1961 Bildung einer neuen Regierung erneut unter *Józef Cyrankiewicz* (4. Mal); stellvertretender
18. Mai Ministerpräsident *Piotr Jaroszewicz* (* 1900).
1963 Handelsvertrag mit der Bundesrepublik Deutschland.
1965 Erneuerung des sowjetisch-polnischen Freundschafts- und Beistandspakts von 1945: aus-
8. April drückliche Anerkennung der *„Unantastbarkeit der Staatsgrenze"* an Oder und Neiße.
1967 Der Sechstagekrieg zwischen Israel und den Arabern (5.–10. Juni) gibt Anlaß zu einer vor
Juni allem gegen Juden gerichteten *Säuberungskampagne*, hinter der Moczar steht.
1968 Der *„Prager Frühling"* ruft Sympathien in Polen hervor: auf *Studentendemonstrationen*
8. März reagiert die Gomułka-Führung nervös mit erneuter Verfolgung von „Zionisten" und
„Revisionisten". Eine Entwicklung ähnlich wie in der ČSSR wird verhindert.
20./21. Polnische Truppen beteiligen sich am **Einmarsch** der Warschauer-Pakt-Truppen **in die**
Aug. **ČSSR.**
1970 Abschluß des Moskauer Vertrages zwischen UdSSR und Bundesrepublik Deutschland; an-
Aug. gesichts der Verständigungsbereitschaft aller Bundesregierungen seit 1966 schwinden die
Reserven der polnischen Führung, diplomatische Beziehungen zur Bundesrepublik
Deutschland aufzunehmen.
7. Dez. Nach Verhandlungen (seit Febr. 1970) mit der Bundesregierung unter Bundeskanzler
Willy Brandt wird der **Normalisierungsvertrag** mit der Bundesrepublik Deutschland abge-
schlossen: Unverletzlichkeit der bestehenden Grenzen, Gewaltverzicht. In einer „Information" wird die Bereitwilligkeit der polnischen Seite erklärt, deutschstämmige Bürger aus
Polen in die Bundesrepublik ausreisen zu lassen (Beginn 1975 nach erneutem Abkommen:
Ausreise von 125 000 Deutschen gegen 2,3 Mrd. DM-Kredit und Rentenabkommen).
14. Dez. Normen- und Preiserhöhungen lassen die jahrelange Unzufriedenheit mit der wirtschaftlichen Entwicklung in Polen in einen **Streik der Danziger Werftarbeiter** münden. Der Aufruhr greift auf Gdingen (polnisch: Gdynia), Elbing (polnisch: Elbląg), Stolp (polnisch:
Słupsk) und Stettin (polnisch: Szczecin) über.
20. Dez. Blutige Zusammenstöße zwischen Arbeitern und Polizei zwingen Gomułka zum Rücktritt;
er wird durch *Edward Gierek* (* 1913) ersetzt, der durch sein persönliches Auftreten zunächst die Ruhe wiederherstellen kann. Trotz Einleitung korrigierender Maßnahmen setzt
sich die Streikwelle 1971 noch fort.
Cyrankiewicz wird Staatsratsvorsitzender, Jaroszewicz übernimmt das Amt des Ministerpräsidenten.

Warschauer-Pakt-Staaten – Polen 1399

Die Entwicklung unter Parteichef Edward Gierek (1971–1980)

1971
6./7. Febr. *Siebentes Plenum des ZK der Polnischen Vereinigten Arbeiterpartei:* Edward Gierek kritisiert scharf die bisherige Parteiführung und stellt eine konsumentenfreundliche Wirtschaftsreform in Aussicht.

1. März Die Preiserhöhungen vom Dez. 1970 werden zurückgenommen.

1972
9. März Besonders nach den *Sejmwahlen* (aber auch schon 1971), bei denen zwei Drittel der Abgeordneten ihr Mandat verlieren, kann Edward Gierek die Partei- und Staatsspitze stark verändern (langsame Entmachtung von Moczar, Ersetzung des Staatsratsvorsitzenden Cyrankiewicz durch *Henryk Jabłoński;* * 1909).

28. Juni Nach der Ratifizierung des Warschauer Vertrages mit der Bundesrepublik Deutschland werden die *Bistümer* in den Oder-Neiße-Gebieten vom Vatikan *umorganisiert* (Bistumsgrenzen unter Berücksichtigung der nach dem Krieg vollzogenen Grenzziehung).

1973/1974 Die Verbesserung des Verhältnisses Kirche – Staat wird durch Kontakte mit dem Vatikan fortgesetzt.

1976
10. Febr. Eine *neue Verfassung* wird verabschiedet, in der die VR Polen als „sozialistischer Staat" definiert wird.

25. Juni *Unruhen in Radom, Ursus und Płock,* die von Arbeitern, Schülern und Hausfrauen getragen werden. Anlaß sind chronische Versorgungsschwierigkeiten (Fleisch, Butter) und drastische Preiserhöhungen für Lebensmittel, die abermals von der Regierung zurückgenommen werden (die Wirtschaft der VR Polen, bis in die siebziger Jahre durch beachtliche industrielle Zuwachsraten gekennzeichnet, wird Mitte der siebziger Jahre durch weltweite Schwierigkeiten – Energiekrise – beeinträchtigt).
Für die während der Unruhen zahlreichen Verhafteten setzt sich ein „Komitee für die Verteidigung der Arbeiter" ein, das seinerseits von den Behörden verfolgt wird. Seine Nachfolgeorganisation, das „Komitee für soziale Selbstverteidigung" stellt weiterreichende Forderungen im Rahmen der *Bürgerrechtsbewegung* und veröffentlicht eine Dokumentation über die Zensur in Polen.

1978 *Karol Wojtyła* (* 1920), Erzbischof von Krakau, zum Papst gewählt (16. Okt.).

1979
2.–10. Juni Der triumphale Besuch von Papst Johannes Paul II. in Polen demonstriert die Stärke der katholischen Kirche im Lande.

1980 Jaroszewicz tritt zurück, *Eduard Babiuch* (*1927) Ministerpräsident (Febr.).

Krise und Militärdiktatur (seit 1980)

Juli/Aug. *Versorgungsschwierigkeiten lösen eine Streikwelle aus;* überbetriebliche Streikkomitees bilden von der Regierung *unabhängige Gewerkschaften.*

5./6. Sept. ZK-Sekretär Gierek wird durch Stanislaw Kania (* 1927) abgelöst.

24. Okt. *Die von Lech Wałęsa (* 1943) vertretene* unabhängige *Gewerkschaft „Solidarität"* wird nach einem Rechtsstreit *offiziell registriert.*

1981 Verteidigungsminister *Wociech Jaruzelski* (* 1923) *wird Ministerpräsident* (11. Febr.). Die Konfrontation zwischen Regierung und „Solidarität" führt zur offenen innenpolitischen Krise (Sept./Okt.).

12. Dez. Unter Jaruzelskis Führung, der seit 18. Okt. auch der Partei vorsteht, *verfügt ein „Militärrat der nationalen Errettung" den Kriegszustand* und die Verhaftung zahlreicher „Solidarität"-Mitglieder.

1982
1. Febr. Trotz westlicher Wirtschaftssanktionen meistert die Regierung durch drastische Preiserhöhungen die Versorgungslage.

1983 Nach dem *zweiten Papstbesuch* (16.–23. Juni) *hebt der Sejm das Kriegsrecht auf* (21. Juli).

6. Okt. *Lech Wałęsa erhält den Friedensnobelpreis.*

1984 *Amnestiegesetz verabschiedet* (21. Juli): Freilassung politischer Gefangener.

19. Okt. Der gewerkschaftsfreundliche *Priester Jerzy Popiełuszko* von Sicherheitsbeamten entführt und *ermordet;* an Beisetzung (3. Nov.) nehmen Hunderttausende teil.

1985
6. Nov. Der polnische Sejm wählt *W. Jaruzelski* zum *Staatsoberhaupt* und *Zbigniew Messner* (*1929) zum *Ministerpräsidenten. – (Forts. S. 1633)*

Wirtschaftsentwicklung Polens (1976–1982)

In Prozent zum Vorjahr	1976	1977	1978	1979	1980	1981	1982
Nationaleinkommen	6,8	5,0	3,0	−2,3	−4,0	−13	−8,0
Industrieproduktion	9,3	7,7	2,5	−1,7	−1,3	−19	−2,0
Bauwirtschaft	2,5	1,0	−0,3	−6,2	−9,4	−16	–
Landwirtschaftliche Bruttoproduktion	−1,1	1,4	4,1	−1,5	−9,6	3	−4,0
Einzelhandelsumsatz	7,9	5,1	0,2	2,9	0,6	−11	–

1400 Neueste Zeit – Kommunistisch strukturierte Welt

Tschechoslowakei – ČSR/ČSSR seit 1945
(Forts. v. S. 996)

Die Londoner tschechoslowakische Exilregierung unter Präsident *Edvard Beneš* (* 1884, † 1948) ist gegen Kriegsende zur Überzeugung gelangt, der Weg der Tschechoslowakischen Republik – ČSR (Československá Republika) in der Nachkriegszeit werde unter Beibehaltung ihrer demokratisch-parlamentarischen Tradition in einer „sozialisierenden" Richtung gehen. Diese Auffassung macht eine Annäherung an die Kommunisten leichter, deren Führer (v. a. *Klement Gottwald* – * 1896, † 1953) sich meist im Moskauer Exil aufhalten und der derzeitigen Volksfrontlinie verpflichtet sind. Ein Aufstand in der Slowakei im Spätsommer 1944 wird zwar von deutschen Truppen niedergeschlagen, schafft aber Institutionen (z. B. den Slowakischen Nationalrat), die in den erneuerten Staat eingebracht werden können.

Die Entwicklung zur Sozialistischen Republik (1945–1960)

1945 März	Die verschiedenen Exilgruppierungen einigen sich in Moskau auf ein gemeinsames Programm.
4./5. April	Das Programm der Exilgruppierungen wird in Kaschau (slowakisch: Košice), in der bereits sowjetisch besetzten Ostslowakei, von der dorthin gereisten Politikergruppe mit Präsident Beneš als *„Kaschauer Programm"* verkündet.
5. April	Die erste Nachkriegsregierung der ČSR in Kaschau unter *Zdeněk Fierlinger* (* 1891, † 1976) eingesetzt. Die wiedererrichtete Tschechoslowakei wird als Staat der gleichberechtigten Völker Tschechen und Slowaken verstanden; Staatsgrenzen von 1937 mit Ausnahme der im Juni 1945 an die UdSSR abgetretenen Karpathen-Ukraine (Gebiet südlich der Karpathen bis zur heutigen sowjetischen Grenze); Beschränkung des Parteienspektrums auf die Linke und Teile der Mitte: die *Nationale Front* besteht aus Kommunisten, Sozialdemokraten, nationalen Sozialisten, Volkspartei und slowakischer Demokratischer Partei. Nicht mehr zugelassen: Agrarpartei, Nationaldemokraten, Slowakische Volkspartei u. a.
5.–9. Mai	Während die US-Armee in Westböhmen stehenbleibt, rückt die Sowjetarmee auf Prag vor. Dort bricht in ihrer Erwartung ein Aufstand aus, den SS-Einheiten und Truppen unter dem ehemaligen sowjetischen General Wlassow (Verbände aus sowjetischen Kriegsgefangenen und Überläufern, aufgestellt zur Beseitigung der Stalinherrschaft) zunächst niederschlagen, bis sowjetische Panzer Prag erreichen.
10. Mai	Die *Regierung Fierlinger* beginnt ihre Arbeit *in Prag.* In der Folgezeit werden die Beschlüsse des Kaschauer Programms verwirklicht: Bestrafung von etwa 20 000 „Kollaboranten" (Angehörige und Sympathisanten von Protektoratsregierung und Regierung des Slowakischen Staats) durch Volksgerichte, Enteignung und Vertreibung von 2,9 Mio. Deutschen und Ungarn.
Okt.	*Verstaatlichung* der Banken, Versicherungen, Bergwerke und der Großindustrie.
Nov.	Sämtliche alliierte Truppen (USA, UdSSR) verlassen die Tschechoslowakei.
1946 26. Mai	*Freie Wahlen* zur verfassunggebenden Nationalversammlung. Dabei erringen die Kommunisten in den böhmischen Ländern 40%, in der Slowakei nur 30% (Demokratische Partei doppelt so stark) der Stimmen.
19. Juni	Wiederwahl von Edvard Beneš als Staatspräsident.
2. Juli	Beneš ernennt eine neue *Regierung* unter *Klement Gottwald* (Allparteienregierung der Nationalen Front). Gottwald bezeichnet die ČSR als „Volksdemokratie".
1947	Die Unzufriedenheit in der Slowakei mit dem Prager Zentralismus löst erhebliche Unruhe aus.
9. Juli	Eine Delegation der Prager Regierung wird in Moskau zur Ablehnung des bereits von ihr angenommenen *Marshall-Plans* gezwungen.
Sept.	Verordnung einer „Millionärssteuer" auf kommunistischen Antrag.
1948 Febr.	Angesichts von Wahlen steigende *Spannungen innerhalb der Nationalen Front.* Kommunisten drängen auf schnelle Verabschiedung der Verfassung. In der Regierung bricht Streit wegen der Besetzungspraxis von Polizeioffiziersstellen durch den kommunistischen Innenminister *Václav Nosek* (* 1893, † 1955) aus.
20. Febr.	*12 Minister* „bürgerlicher" Parteien *treten* aus Protest *zurück.*
25. Febr.	Unter Einsatz von Massendemonstrationen, eines Generalstreiks und von „Aktionskommitees" der Nationalen Front gelingt es den Kommunisten, Staatspräsident Beneš nach fünftägigen Verhandlungen zur Ernennung einer neuen, fast nur noch aus Kommunisten bestehenden *Regierung der „erneuerten Nationalen Front"* unter Klement Gottwald zu bewegen. Damit haben die Kommunisten auf legale Weise die Staatsmacht errungen. Schon am nächsten Tag beginnt eine durchgreifende „Säuberung" auf allen Gebieten des öffentlichen Lebens.
9. Mai	Die verfassunggebende Nationalversammlung verabschiedet die *„Verfassung des 9. Mai",* die den Charakter der ČSR als „Volksdemokratie" festlegt. Sie ist weiterhin ein Einheits-

Warschauer-Pakt-Staaten – Tschechoslowakei *1401*

staat der Tschechen und Slowaken; die Slowakei hat zwar einige autonome Einrichtungen, die Slowaken fühlen sich aber gegenüber den Tschechen minderberechtigt.

30. Mai Wahlen: auf die Einheitsliste der Nationalen Front entfallen über 85% der Stimmen.

7. Juni *Staatspräsident Beneš* verweigert die Unterzeichnung der Verfassung und *tritt zurück*. Nachfolger: Klement Gottwald (damit Amt des Staatsoberhaupts und des Sekretärs der Kommunistischen Partei in einer Hand). In der Folgezeit Umgestaltung der ČSR nach sowjetischem Muster in Gesellschaft, Kultur und Wirtschaft (*Erster Fünfjahresplan* 1949–1953 mit Ausbau der Schwerindustrie, Kollektivierung und Mechanisierung der Landwirtschaft).

15. Juni Neue Regierung unter *Antonín Zápotocký* (* 1884, † 1957).

27. Juni Verschmelzung der Sozialdemokratischen Partei mit der Kommunistischen Partei (KPČ). Die übrigen Parteien ordnen sich den Zielen der KPČ unter.

1949 Ein neues Kirchengesetz (staatliche Gehaltszahlung an kirchliche Amtsträger) löst eine *Repressionswelle gegen Kirchen*, insbesondere die katholische, aus.

1950–1953 Spätstalinistische Säuberungswelle erfaßt auch die Kommunistische Partei.

1952 Schauprozeß gegen „Trotzkisten-Titoisten und bürgerliche Nationalisten", darunter den
20.–27. ehemaligen Parteisekretär und stellvertretenden Regierungschef *Rudolf Slánský* (* 1901,
Nov. † 1952). Mehrere Todesurteile.

1953 Tod von Klement Gottwald. Sein Nachfolger als Parteisekretär wird *Antonín Novotný*
14. März (* 1904, † 1975), das Amt des Staatspräsidenten übernimmt Antonín Zápotocký (bis 1957).

21. März Volksdemokratische Blockregierung unter *Viliam Široký* (* 1902) – nach zweimaliger Regierungsumbildung bis 21. Sept. 1963 im Amt.

1956 Die Entstalinisierungswelle nach dem 20. Parteikongreß der KPdSU bleibt in der ČSR in verbalen Beteuerungen stecken, da weder die stalinistische Führungsschicht ausgewechselt wird noch die Opfer der Säuberungen rehabilitiert werden.

1957 Nachfolger des verstorbenen Staatspräsidenten Zápotocký wird Parteisekretär Antonín
19. Nov. Novotný.

1960 Neue Verfassung: Proklamation der „*Tschechoslowakischen Sozialistischen Republik"*
11. Juli (Československá Socialistická Republika – ČSSR). Verankerung der führenden Rolle der KPČ. Die Zentralisierung des Staates wird auf Kosten slowakischer autonomer Institutionen verschärft.

Entstalinisierung, „Prager Frühling" und Einmarsch der Warschauer-Pakt-Truppen (1960–1968)

Im Zeichen einer immer stärker spürbaren Wirtschaftskrise und wachsender Unruhe unter Intellektuellen sowie in der Slowakei werden 1962/1963 erste Zugeständnisse der Staats- und Parteiführung spürbar: Ablösung des Ministerpräsidenten Široký, erste Rehabilitierungen. Anbahnung einer Wirtschaftsreform (*Ota Šik –* * 1919): unter Beibehaltung des Staatseigentums an Produktionsmitteln wird eine stärkere Verlagerung auf die Planung innerhalb der Betriebe und ein Wirksamwerden von Marktmechanismen („Ware-Geld-Beziehungen") in einer *„sozialistischen Marktwirtschaft"* angestrebt. – Die wachsende „Weltaufgeschlossenheit" unter den tschechoslowakischen Intellektuellen (kulturelle und wissenschaftliche Kontakte mit „dem Westen") erregt ab Mitte der sechziger Jahre das Mißtrauen der Führungsgruppe Novotnýs, die diesen Tendenzen jedoch relativ viel Spielraum läßt.

1967 Auf dem tschechoslowakischen Schriftstellerkongreß werden scharfe Angriffe gegen die
Juni wirtschaftlichen, politischen und sozialen Zustände und gegen die Parteiführung laut.

31. Okt. Die Polizei sprengt eine Protestdemonstration von Studenten.

8./9. Geheimbesuch des sowjetischen Parteichefs Leonid Breschnew in Prag; dieser gibt Unter-
Dez. stützung Novotnýs auf.

1968 Novotný wird vom ZK der KPČ als Erster Sekretär der Partei abgelöst; Nachfolger wird
5. Jan. der slowakische Parteisekretär *Alexander Dubček* (* 1921). Beginn des **„Prager Früh- lings".**

März Wachsende Intensität der öffentlichen Diskussion, steigende Informationsfreiheit.

30. März Wahl des Generals *Ludvík Svoboda* (* 1895, † 1979) zum neuen Staatspräsidenten.

5. April Das ZK-Plenum der KPČ verabschiedet ein *Aktionsprogramm,* das durch Demokratisierung einen „Sozialismus mit menschlichem Antlitz" ermöglichen und das Machtmonopol der KPČ beschneiden will.

8. April Ernennung einer neuen Regierung unter *Oldřich Černík* (* 1921).

24. April In einer Regierungserklärung werden Reformmaßnahmen eingeleitet: Aufhebung der Zensur, Rehabilitierung von Opfern der Verfolgung, Erweiterung von Reisemöglichkeiten und Wirtschaftsreform.
Der sich in den *Reformmonaten* (März bis Juli) steigernde Druck von außen läßt die Reformen nicht ungehindert vorankommen: Mehrere Gipfelkonferenzen der Partei- und

1402 Neueste Zeit – Kommunistisch strukturierte Welt

	Staatsspitzen von UdSSR, DDR, Polen, Bulgarien und Ungarn und Konsultationen im Rahmen des Warschauer Pakts lassen ein militärisches Eingreifen in der ČSSR befürchten.
Mai/Juni	Stabsmanöver des Warschauer Pakts in der ČSSR.
27. Juni	Ein „*Manifest der 2000 Worte*" wird in Prag publiziert. Darin äußern sich ein Verlangen nach konsequenten Reformen, aber auch Befürchtungen für die Zukunft.
7. Juli	Eine neue Propagandakampagne gegen den Prager Kurs seitens der UdSSR; *Warschauer Brief* der fünf „harten" Warschauer-Pakt-Staaten mit der Warnung vor Konterrevolution in der ČSSR.
29. Juli –2. Aug.	Die dauernde Anwesenheit von Manöverabteilungen der Warschauer Pakt-Truppen im Lande und das *Gipfeltreffen von Čierna* (Ostslowakei) zeigen den kritischen Ernst der Lage, die sich jedoch in den ersten Augusttagen zu entspannen scheint. Demonstrative Massenunterstützung des Reformkurses.
20./21. Aug.	In der Nacht beginnen Truppen der UdSSR, Polens, der DDR, Ungarns und Bulgariens, das Staatsgebiet der ČSSR zu besetzen; Prag wird durch Luftlandetruppen eingenommen. Als Grund für den **Einmarsch in die ČSSR** wird ein „Hilferuf" anonymer „Persönlichkeiten der Partei und des Staates" wegen drohender Konterrevolution genannt. Die tschechoslowakische Führung ruft dazu auf, keinen Widerstand zu leisten und protestiert gegen die Verletzung der Staatssouveränität. Zusammentritt des ZK der KPČ, der Nationalversammlung und des 14. Parteitags, zu dem bereits Delegierte gewählt worden sind; er tagt unter konspirativen Bedingungen. Passiver Widerstand der Bevölkerung; Generalstreik; Rundfunk und Presse im Untergrund.
26. Aug.	Die nach Moskau verbrachte tschechoslowakische Führung erklärt sich nach tagelangen Verhandlungen zu „*Vereinbarungen*" bereit: Zurücknahme der Reformen, Ungültigkeitserklärung des 14. Parteitags, Wiedereinführung der Zensur, Stationierung sowjetischer Truppen. Dagegen wird auf sowjetischer Seite der Vorwurf der „Konterrevolution" und die „Hilferuf"-These nicht weiter bestätigt.
Okt.	14./15.: Stationierungsvertrag über dauernde Anwesenheit sowjetischer Truppen.
28. Okt.	*Verfassungsreform:* Die ČSSR wird föderalisiert (Gliedstaaten: Tschechische und Slowakische sozialistische Republiken: ČSR und SSR). Nationalitätengesetz.

Entwicklung unter Husák (seit 1969)

Die Invasion der ČSSR, erste Anwendung der „*Breschnew-Doktrin*" (These von der begrenzten Souveränität der sozialistischen Staaten im Fall einer Gefahr für das sozialistische System), bricht das Reformexperiment des „Prager Frühlings" ab, dessen Realisierungsmöglichkeit unbewiesen bleibt, das aber in Osteuropa eine für die Vorherrschaft der UdSSR gefährliche Anziehungskraft entfaltet hat.

1969 17. April	*Gustáv Husák* (* 1913) löst Alexander Dubček in der Parteiführung ab (Dubček wird Juni 1970 aus der Partei ausgeschlossen).
1970 Mai	*Parteisäuberung* auf dem Höhepunkt. Massenweise Parteiausschlüsse. Berufsverbote für Intellektuelle.
6. Mai	*Freundschafts- und Beistandsvertrag* UdSSR–ČSSR.
1971 Mai	25.–29.: Nachgeholter 14. Parteitag der KPČ: Husák dankt der UdSSR für die „brüderliche Hilfe" der Invasion.
1973 11. Dez.	Nach langen Verhandlungen (Streitpunkt: Ungültigkeit des Münchener Abkommens von Anfang an) Vertrag über gegenseitige *Beziehungen zwischen der Bundesrepublik Deutschland und der ČSSR*.
1974 20. Juni	Inkrafttreten des Vertrages zwischen der Bundesrepublik Deutschland und der ČSSR. Aufnahme diplomatischer Beziehungen.
1975	*Husák* wird am 29. Mai anstelle von Ludvík Svoboda *zum Staatspräsidenten gewählt.*
1977 5. Jan.	Eine von 257 Bürgern unterzeichnete „*Charta 77*" fordert (unter Bezug auf die auch von der ČSSR unterzeichneten KSZE-Bestimmungen von Helsinki) Verwirklichung der verbrieften Menschenrechte in der ČSSR. Die Regierung setzt die Unterzeichner unter Druck.
Juli–Dez.	In der zweiten Jahreshälfte bringen wirtschaftliche Schwierigkeiten (Preiserhöhungen für Konsumartikel, Energielücke) Husák unter den Druck eines dogmatischen Flügels in der Parteiführung. Personelle Umsetzungen stärken die Position von Gustáv Husák jedoch wieder.
Okt.	Auf dem KSZE-Folgetreffen in Belgrad erweist sich die ČSSR-Delegation als getreueste Vertreterin der sowjetischen Standpunkte.
1978 9. April	Staatspräsident und Parteichef Husák trifft zu einem Staatsbesuch in der Bundesrepublik Deutschland ein.
Dez.	Das ZK der KPČ beschließt eine erneute Säuberung der Partei.
1979 Nov.	In einem Strafprozeß gegen zehn Mitglieder der Bürgerrechtsbewegung „Charta 77" werden z. T. langjährige Freiheitsstrafen verhängt.

1981 6. April	Der XVI. Parteitag der KPČ bestätigt die Politik *Gustáv Husáks;* er wird *wieder zum Generalsekretär gewählt* (bis 10. April).
1983 4./5. Jan.	Bei einer Gipfelkonferenz in Prag bieten die Mitgliedsstaaten des Warschauer Pakts der NATO einen *Gewaltverzichtsvertrag* an.
26. Okt.	Das Parlament billigt die *Aufstellung neuer Kurzstreckenraketen* im Lande.
1984 21. Mai	Bei seinem *Jugoslawien-Besuch* vereinbart Ministerpräsident Lubomir Štrougal (* 1924) *noch engere wirtschaftliche Zusammenarbeit* und gemeinsames Auftreten auf Drittmärkten. – *(Forts. S. 1634)*

Ungarn seit 1945
(Forts. v. S. 998)

Die *Besetzung Ungarns* durch sowjetische Truppen, die schon seit dem Ausscheren Rumäniens aus dem Bündnis mit Deutschland (August 1944) und dem Präliminarwaffenstillstand vom 11. Okt. 1944 (geschlossen vom Regime unter Reichsverweser *Miklós Horthy von Nagybánya* – * 1868, † 1957) zu erwarten ist, wird nach heftigen Rückzugskämpfen der deutschen Wehrmacht im Vorfeld Wiens bis 4. April 1945 abgeschlossen. Die im Lande ergriffenen Mitglieder der Regierung unter *Férenc Szálasi* (* 1897, † 1946) werden hingerichtet. Seit 3. Dez. 1944 provisorische „*Volksfront*"-*Regierung* in Debrecen unter *Béla von Dálnoki* (* 1890, † 1948) mit starker Position der Kommunisten, die vom Präsidenten der alliierten Kontrollkommission Marschall *Kliment Woroschilow* (* 1881, † 1969) gestützt werden.

Entwicklung zur Volksdemokratie und Revolution (1945–1956)

1945 20. Jan.	Die Debrecener Gegenregierung (gegen das kurzfristig [16. Okt. 1944–April 1945] herrschende Szálasi-Regime) schließt in Moskau einen *Waffenstillstand,* verzichtet auf alle Erwerbungen der letzten Jahre und stellt Reparationen in Aussicht.
15. März	Radikale *Bodenreform:* 3,2 Mio. ha Großgrundbesitz (über 52 ha) werden beschlagnahmt und parzelliert.
Nov.	*Wahlen:* Sieg der Kleinlandwirte-Partei (57% der abgegebenen Stimmen).
15. Nov.	Bildung einer *Koalitionsregierung* (Kleinlandwirte-Partei, Kommunisten, Bauernpartei, Sozialdemokraten) unter dem Vertreter der Kleinlandwirte-Partei *Zoltán Tildy* (* 1889, † 1961) als Ministerpräsident und dem Kommunisten *Mátyás Rákosi* (* 1892, † 1971) als Stellvertretendem Ministerpräsidenten (bis 1952 weitere sechs Koalitionskabinette bei immer stärker werdendem Anteil der Kommunisten).
1946	**Ungarn,** seit 1918 nur noch nominell Königreich, wird zur **Republik** erklärt (2. Febr.).
1947 10. Febr.	*Friedensvertrag in Paris:* Wiederherstellung der im Friedensvertrag von Trianon (1919) vereinbarten Grenzen, Abtretung des Preßburger Brückenkopfes an die ČSR. Teilweise Aussiedlung der Ungarndeutschen; hingegen muß Ungarn etwa 300 000 aus der ČSR ausgewiesene Ungarn aufnehmen.
1947–1948	Die kommunistische Partei unter Mátyás Rákosi besetzt in zunehmendem Maße Schlüsselpositionen im Land. Verstaatlichung von Industrie, Banken und Bergwerken. Partielle Ausschaltung der Kleinlandwirte-Partei (Verhaftung von *Béla Kovács* – * 1908, † 1959) und (Juni 1948) Fusion der kommunistischen und der sozialdemokratischen Partei zur „Partei der ungarischen Werktätigen" (1948 gilt als das „*Jahr der Wendung*").
1948 18. Febr.	*Freundschaftspakt mit der UdSSR* verstärkt die Abhängigkeit auf wirtschaftlichem, kulturellem und militärischem Gebiet.
1949 Febr.	Verurteilung von *József Kardinal Mindszenty* (* 1892, † 1975) zu lebenslanger Haft. Konflikt zwischen Staat und Kirche, der (August 1950) mit einem Kompromiß beigelegt wird.
20. Aug.	*Neue Verfassung:* Ungarn wird Volksrepublik.
24. Sept.	Außenminister *László Rajk* (* 1909, † 1949) wird nach einem Schauprozeß unter der Anklage des „Titoismus" hingerichtet.
1952 14. Aug.	Bildung einer *kommunistischen Blockregierung* (nach Ausschaltung der Kleinlandwirte-Partei) unter Mátyás Rákosi.
1953 4. Juli	*Imre Nagy* (* 1896, † 1958) wird Ministerpräsident einer volksdemokratischen Blockregierung. Er leitet einen „neuen Kurs" ein, der den bisherigen stalinistischen Druck etwas mildert.
1954	Ungarn tritt im Dez. dem *Warschauer Pakt* bei.
1955 14. April	Nagy wird nach längerem Machtkampf von Parteichef Rákosi unter dem Vorwurf der „Rechtsabweichung" abgesetzt und (Nov. 1955) aus der Partei ausgeschlossen.
18. April	Neue Regierung unter Ministerpräsident *András Hegedüs* (* 1915).
1956	Die wachsende Kritik am Regime Rákosis steigt nach dem 20. Parteitag der KPdSU im Zeichen der *Entstalinisierung* an. Träger der Kritik ist vor allem der *Petőfi-Kreis* (benannt nach

1404 Neueste Zeit – Kommunistisch strukturierte Welt

18. Juli	dem ungarischen Nationaldichter und Revolutionär *Sándor Petőfi* – * 1823, † 1849), ein intellektueller Diskussionszirkel.
	Auf sowjetischen Druck hin wird Rákosi als Erster Parteisekretär abgesetzt; sein Nachfolger ist *Ernő Gerő* (* 1898, † 1980); Rákosi wird aus ZK und Politbüro ausgeschlossen. Zunehmende Liberalisierung in Ungarn (z. B. parlamentarische Regierungskontrolle).
Sept.	Amnestie für eingekerkerte katholische Priester. Gespräche zwischen Parteichef Gerő, dem jugoslawischen Staatschef Josip Broz Tito und dem sowjetischen Parteichef Nikita Chruschtschow in Jalta über sowjetische Kontrolle in Osteuropa.
6. Okt.	Das nachträgliche Staatsbegräbnis für den 1949 hingerichteten Außenminister László Rajk und andere rehabilitierte Prozeßopfer wird zu einer *Massendemonstration gegen den Stalinismus.*
23. Okt.	Auf eine am Vortag unter dem Eindruck der polnischen Ereignisse (Aufstand von Posen) veröffentlichte Resolution hin (freie Mehrparteienwahlen, Abzug der sowjetischen Truppen, Wirtschaftsreform, Bestrafung der Aktivisten der Stalin-Rákosi-Zeit) findet eine Studentendemonstration statt. Sie weitet sich zum **Volksaufstand** aus.
24. Okt.	Imre Nagy wird als Ministerpräsident eingesetzt. Die Revolution breitet sich aus; *Straßenkämpfe;* Übergreifen auf das Land. In den folgenden Tagen stößt das *Eingreifen sowjetischer Truppen* auf erbitterten Widerstand.
1. Nov.	Nagy verkündet Austritt aus dem Warschauer Pakt, erklärt die Neutralität Ungarns und appelliert an die Vereinten Nationen. – Die Partei der ungarischen Werktätigen ist zusammengebrochen; Bildung von Arbeiter- und Bauernräten. *János Kádár* (* 1912, † 1989), als Gegner der „moskowitischen" Richtung in der Partei von Rákosi in der Stalinzeit verfolgt und 1954 rehabilitiert, gründet die *Ungarische sozialistische Arbeiterpartei* (USAP). Er arbeitet zunächst mit Nagy zusammen, geht aber (seit 4. Nov.) auf die sowjetische Gegenseite über (Gründe ungeklärt).
4.–11. Nov.	**Zusammenbruch der Revolution.** Kardinal Mindszenty findet Asyl in der US-Botschaft in Budapest (darf 1971 nach Wien reisen), Nagy und seine Mitarbeiter fliehen in die jugoslawische Botschaft (später verhaftet, Juni 1958 hingerichtet), Massenflucht aus Ungarn.
4. Nov.	*János Kádár* bildet eine *neue Regierung,* die in ihrem Programm (Jan. 1957) einen moskautreuen Kurs verkündet, aber einige liberale Errungenschaften der Aufstandszeit beizubehalten verspricht.

Die Ära Kádár (seit 1957)

1957 27. Mai	*Truppenstationierungsvertrag:* Sowjetisches Militär bleibt für die Dauer der Existenz der NATO in Ungarn.
Nov.	Auflösung der in der Aufstandszeit von 1956 gebildeten Räteorganisationen.
1959	*Erster (Siebenter) Kongreß der USAP* (Nov.–Dez.). Konsolidierung der Herrschaft Kádárs.
seit 1960	Der Kádár-Führung gelingt es, durch Anhänglichkeit an die „sozialistische Staatengemeinschaft" einen gemäßigten Kurs einzuschlagen (von Chruschtschow „*Gulaschkommunismus*" genannt).
1966 Nov.–Dez.	Für die auf dem 9. Parteitag (Nov.–Dez. 1966) beschlossene *Wirtschaftsreform* werden auch parteilose Fachleute benötigt, die Kádár mit der Devise „Wer nicht gegen uns ist, ist für uns" zu gewinnen sucht.
1967 März	Bei den *Parlamentswahlen* ist es vereinzelt möglich, zwischen mehreren Kandidaten der „Patriotischen Front" zu entscheiden, in der auch Nichtkommunisten Mitglieder sind.
1968 1. Jan.	Beginn der *Wirtschaftsreform:* Weitgehend selbständige Produktionsplanung der Betriebe, materielle Anreize, Liberalisierung der Märkte und Preise, Qualitätssteigerung. Die Reform leitet vom extensiven zum intensiven Wachstum der Wirtschaft über und macht die ungarische Volkswirtschaft ab 1970 erfolgreicher und international attraktiver.
21. Okt.	Ungarische Truppen beteiligen sich am *Einmarsch in die ČSSR.*
1970 13.–28. Nov.	Auf dem *Zehnten Parteitag der USAP* wird ein neues Parteistatut verabschiedet, welches Abwahl von Funktionären bei „Machtmißbrauch" und „Unterdrückung der Kritik" zuläßt. Der sowjetische Parteichef Leonid Breschnew erkennt Kádárs „*Kurs der Mitte*" an. Ankündigung einer neuen Verfassung mit Aufwertung der Funktionen des Parlaments. Ein neues Wahlgesetz erlaubt es jedem Bürger, sich um ein Parlamentsmandat zu bewerben.
1972 Nov.–Dez.	Modifizierung der Wirtschaftsreform, die die ungarische Wirtschaft zur relativ erfolgreichsten in den staatssozialistischen Ländern gemacht hat. Einerseits sollen die Volkswirtschaftspläne im Parlament diskutiert werden, andererseits muß Gefahren der Marktwirtschaft begegnet werden, so z.B. das Entstehen größerer Einkommensunterschiede, privatwirtschaftliche Bereicherung, Überinvestitionen.
1973 Juli	Ungarn wird *Vollmitglied des GATT* (General Agreement on Tariffs and Trade – internationales, 1947 in Genf geschlossenes Abkommen zur Erleichterung des Handels auf der Basis der Meistbegünstigung).

Warschauer-Pakt-Staaten – Rumänien   *1405*

21. Dez. Aufnahme diplomatischer Beziehungen zur Bundesrepublik Deutschland.
1975 Auf dem 11. Parteitag wird die Beibehaltung des bisherigen Kurses der Mitte bekräftigt.
17.–22. Die Stabilität der ungarischen *Reform-Volkswirtschaft,* die den aktuellen Bedingungen je-
März weils angepaßt wird (weltwirtschaftlich: Energiekrise, binnenwirtschaftlich: Arbeitskräfte-
mangel usw.), erregt aus Anlaß des zehnjährigen Jubiläums der Wirtschaftsreform internationale Anerkennung (Mitte der siebziger Jahre: vorsichtige *Einschränkung der
Planungsfreiheit;* 1976: Preiserhöhungen).
1978 Die 1945 nach den USA entführte *Stephanskrone* (zu den Reichsinsignien der ungarischen
5. Jan. Monarchie gehörig) wird bei einem Besuch von US-Außenminister *Cyrus Vance* in Budapest feierlich an Ungarn zurückgegeben.
1980 Der 24. Kongreß des ungarischen Gewerkschaftsverbandes fordert eine *Neubewertung* der
Dez. *Rolle der Gewerkschaften,* die nicht mehr nur „Transmissionsriemen der Partei" sein sol-
1982 len. Die ungünstigen weltwirtschaftlichen Bedingungen und die hohen Auslandsschulden
im Westen führen bei *Beibehaltung des auf die Stärkung des marktwirtschaftlichen Sektors
orientierten Wirtschaftskurses* zur Forcierung der Exporte und zur Einschränkung des vergleichsweise hohen Lebensstandards. Außenpolitisch vertritt Ungarn ohne Einschränkungen die Politik der Warschauer-Pakt-Staaten. – *(Forts. S. 1405)*

Rumänien seit 1945
(Forts. v. S. 1001)

Nach dem Sturz der Militärdiktatur *Marschall Antonescus* (* 1882, † 1946) im Aug. 1944 und dem Waffenstillstand mit der UdSSR am 12. Sept. 1944 gerät Rumänien als erster Staat des Balkans in den Machtbereich der Sowjetarmee, die das Land besetzt. Nach einer kurzfristigen Vierparteien-Regierung übernimmt die Staatsmacht eine „*Nationaldemokratische Front*" aus Kommunisten, Sozialdemokraten und
Vereinigten Gewerkschaften, Landarbeiterfront und Union der Patrioten. Nationalliberale und Nationale Bauernpartei werden aus der Nationaldemokratischen Front ausgeschlossen; dadurch Stärkung der
Kommunisten.

Aufbau der Volksdemokratie (1945–1953)

1945 Einsetzung der *Regierung Groza* (Ministerpräsident *Peter Groza* – * 1884, † 1958) auf so-
6. März wjetischen Druck. Hinter einer Mehrparteienfassade der Nationaldemokratischen Front:
Machtstellung der Kommunisten.
9. März Rückkehr Nordsiebenbürgens an Rumänien.
22. März In einer *Bodenreform* wird Landbesitz der Deutschen und „Kollaborateure" sowie Besitz
über 50 ha enteignet.
Sommer Im Machtkampf mit *König Michael* (* 1921) siegt die Regierung Groza. – Die Gründung
von *Sovroms* (Sowjetisch-rumänischen Gesellschaften, z. B. Sovrompetrol) bindet die rumänische Wirtschaft an die sowjetische.
1946/47 Die außerhalb des Regierungsblocks stehenden Parteien werden in zunehmendem Maße
ausgeschaltet.
1947 **Friedensvertrag:** Mit Ausnahme Nordsiebenbürgens werden die Grenzen vom Jan. 1941
10. Febr. wiederhergestellt: Nordbukowina und Bessarabien kommen an die UdSSR, die Süddobrudscha an Bulgarien.
Nov. Fusion von kommunistischer und sozialdemokratischer Partei zur *Rumänischen Arbeiterpartei* (RAP).
30. Dez. König Michael dankt ab; die **Volksrepublik Rumänien** wird proklamiert.
1948 *Verfassung* der Volksrepublik Rumänien: Die Große Nationalversammlung ist legislatives
13. April Organ und Träger der Staatssouveränität. Staatspräsidium und Ministerrat sind ihr verantwortlich.
nach 1948 Das Privateigentum an Produktionsmitteln wird enteignet (bis 1950: zu 90%) und die
Wirtschaft schwerpunktmäßig entwickelt: Schwerindustrie, Donau-Schwarzmeer-Kanal-
Projekt. Kollektivierung der Landwirtschaft.
Innerhalb der RAP *Konflikt* zwischen der „*Moskauer*" *Gruppe* (ehemalige Emigranten,
z. B. *Ana Pauker,* * 1893, † 1960) und der „*rumänischen*" *Gruppe* (im Krieg interniert)
um *Gheorghe Gheorghiu-Dej* (* 1901, † 1965) und *Chivu Stoica* (* 1908). Die „rumänische" *Gruppe* gewinnt die Oberhand. Nach einer Parteisäuberung in ihrem Sinne:
1952 *Neue Verfassung:* Diktatur des Proletariats, führende Rolle der RAP, Volkssowjets als
24. Sept. Organe der lokalen Selbstverwaltung. De facto ist inzwischen die Parteiführung mit der
Staatsführung identisch. (Relativ häufiger Wechsel der Führungspositionen, ohne an der
Vorherrschaft Gheorghiu-Dejs etwas zu ändern.)

1406 Neueste Zeit – Kommunistisch strukturierte Welt

Entwicklung nach der Entstalinisierung (ab 1954)

Nach dem Tode Stalins (1953) verstärken sich die Tendenzen, Rumänien gegenüber der UdSSR *größeren Spielraum* zu verschaffen: Die rumänische Führung erkennt den Chruschtschow-Kurs nicht an. *Auflösung der Sovroms.* Vorsichtiger, konsumentenfreundlicherer „*neuer Kurs*" in der Wirtschaft (1953, Aufgabe des Donau-Schwarzmeer-Kanal-Projekts), der ab 1955 wieder verschärft wird. Rumänien, seit 1949 *Mitglied des Rats für Gegenseitige Wirtschaftshilfe – COMECON*, tritt 1955 dem *Warschauer Pakt* bei. Die *Entstalinisierungskampagne* nach dem 20. Parteitag der KPdSU (1956) zeigt in Rumänien kaum Wirkungen. 1958: Abzug der Sowjetarmee aus Rumänien.

1963	Das Plenum des ZK der RAP beschließt, die *COMECON-Linie* (Arbeitsteilung unter den
März	COMECON-Ländern unter Verzicht auf allseitigen Industrieausbau) abzulehnen.
1964	Dieser Umstand und die Ausnutzung des *chinesisch-sowjetischen Konflikts* ermöglicht der
26. April	rumänischen Führung, gestützt auf nationale Emotionen, in einer *Erklärung des ZK* die Gleichberechtigung der Staaten und kommunistischen Parteien zu betonen und sich von der sowjetischen Bevormundung weitgehend zu lösen.
1965	Nach dem Tode Gheorghiu-Dejs wird *Nicolae Ceauşescu* (* 1908, † 1989), Nachfolger.
19.–24.	Vierter Parteitag der RAP, die in „Kommunistische Partei Rumäniens" umbenannt wird.
Juli	Betonung der nationalen Unabhängigkeit in Wirtschaft und militärischer Verteidigung.
Aug.	Verfassungsänderung: Rumänien wird in **„Sozialistische Republik Rumänien"** umbenannt.
1966	Ceauşescu fordert die Auflösung aller Militärblöcke (7. Mai).

Versuch einer selbständigen Politik unter Ceauşescu

Die *rumänische Außenpolitik* beweist mehrfach ihren Handlungsspielraum durch freundschaftliche Kontakte mit China, Jugoslawien, Albanien und westlichen Ländern (USA, Bundesrepublik Deutschland – als erster Warschauer-Pakt-Staat außerhalb der UdSSR Aufnahme diplomatischer Beziehungen 1976).

Eine *Welle nationaler Begeisterung* wird 1976 offiziell gefördert. Sie soll *Rumäniens Position gegenüber der UdSSR* stärken und innerstaatliche Solidarität bestärken, lenkt aber auch den Blick auf die latenten *Nationalitätenprobleme* im Lande: ungarische Mehrheit in Nordsiebenbürgen (autonomes Gebiet) und deutschsprachige „Siebenbürger Sachsen" (mit starker Auswanderungstendenz).

Im *Nahostkonflikt* (seit 1967) erweist sich Rumänien als einer der wenigen Faktoren, der mit beiden Seiten Kontakte unterhält und als *Vermittler zwischen Israel und der PLO bzw. den arabischen Staaten* in Betracht kommt (z. B. Besuch der israelischen Ministerpräsidenten *Golda Meïr* in Bukarest Mai 1972). In den siebziger Jahren gelangt die rumänische *Wirtschaft* durch ihre *Beziehungen zu Ost und West* zu gesteigerter Anpassungsfähigkeit und zu weniger Abhängigkeit von wirtschaftlichem Druck von außen. Die Industrialisierung ist aufgrund hoher Zuwachsraten fortgeschritten; dennoch arbeiten noch ca. 45 % der Bevölkerung in der Landwirtschaft.

1968	Rumänien verweigert die Teilnahme an der *Invasion der ČSSR* und *verurteilt die Inter-*
Aug.	*vention* und die Breschnew-Doktrin.
1971	Das ZK der KPR beschließt eine Straffung der „ideologischen Erziehung" und der Kultur-
6. Juli	politik, die sogenannte „*kleine Kulturrevolution*". (Im Gegensatz zur Sowjetunion und den anderen Ostblockländern hat es in Rumänien in der Kulturpolitik nach der Stalin-Ära kein „Tauwetter", keine Liberalisierung gegeben.)
15. Okt.	*Rumänien tritt dem GATT* (General Agreement on Tariffs and Trade – internationales 1947 in Genf geschlossenes Abkommen zur Erleichterung des Handels auf der Basis der Meistbegünstigung) bei.
1974	Durch **Verfassungsänderung** wird das Amt eines (Staats-)Präsidenten eingerichtet. Ceau-
28. März	şescu vereinigt jetzt zahlreiche Spitzenfunktionen in seiner Hand.
1975	Im Juli *Flutkatastrophe* in Rumänien (wie auch schon zuvor 1970).
1977	*Erdbebenkatastrophe:* zahlreiche Zerstörungen in Bukarest, viele Tote, verheerende Fol-
4. März	gen für die rumänische Wirtschaft.
1978	28. März Rede Ceauşescus gegen die *intellektuelle Oppositionsbewegung*.
Ende Nov.	Die rumänische Führung verweigert dem Warschauer Pakt eine geforderte Beteiligung an neuen Waffensystemen.
1982	Die *Wirtschaftskrise* zwingt zur *Exportsteigerung* auf Kosten der Inlandsversogung. *Ver-*
1. Nov.	*schärfung der Minderheitenpolitik*. „*Kopfgeld-Dekret*": Auswanderungswillige müssen „Schulden" an den Staat in (verbotener) konvertierbarer Währung zahlen.
1984	Die *Inbetriebnahme des Donau-Schwarzmeerkanals* (Länge 64,2 km) kürzt den Schiff-
26. Mai	fahrtsweg um 370 km und bringt höheres Frachtaufkommen.
28. Juli	*Rumänien nimmt* als einziges RGW-Land *an der Olympiade* in Los Angeles *teil* (bis 12. Aug.). – *(Forts. S. 1634)*

Bulgarien seit 1945
(Forts. v. S. 1002)

Nach dem Staatsstreich der *„Vaterländischen Front"* (unter Führung der Kommunisten, ferner Sozialiten, Bauernpartei) und dem in Moskau geschlossenen Waffenstillstand besetzt die Sowjetarmee Ende 1944, unterstützt von bulgarischen Einheiten, Bulgarien.

1945/1946 *„Kriegsverbrecherprozesse"* und eine *Agrarreform* fördern die Umstrukturierung des politischen Lebens.

1945 *Erste Nachkriegswahlen am 18. Nov.:* 90% Stimmen für die Vaterländische Front.

1946 Durch Volksabstimmung wird die Monarchie abgeschafft und die **Volksdemokratie** pro
Sept. klamiert.

1947 Im *Friedensvertrag* wird die mit Rumänien umstrittene Süddobrudscha bei Bulgarien be
10. Febr. lassen; Bulgarien muß Reparationen zahlen.

Sozialistische Wirtschaftspolitik

Der erste Zweijahresplan (1947) leitet die *Planwirtschaft* in Bulgarien ein. In den Jahren 1946–1949 wird unter *Georgi Dimitrow* (* 1882, † 1949) als Ministerpräsident die bulgarische *Wirtschaft* nach sowjetischem Muster umgestaltet: *Verstaatlichung* von Grundindustrien, Banken und Bergwerken; die bis 1960 nahezu vollständig erreichte *Kollektivierung* der Landwirtschaft kann an genossenschaftliche Traditionen anknüpfen; die Industrie ist bis 1952 sozialisiert, Groß- und Einzelhandel bis 1959.

1947 Der Bauernführer Nikola Dimitrow *Petkow* (* 1889, † 1947) wird hingerichtet, in der
16. Aug. Folge Ausschaltung der oppositionellen Bauernpartei.

4. Dez. Neue **(„Dimitrowsche") Verfassung** der Volksrepublik Bulgarien nach sowjetischem Muster: Die Große Nationalversammlung ist höchstes Staatsorgan, das sein Präsidium als kollektives Staatsoberhaupt mit weitgehendem Erlaßrecht wählt und die Regierung beruft. Zentralismus, Trennung von Staat und Kirche, die als „traditionelle Kirche" anerkannt wird (1953 erstmalige Wahl eines Patriarchen).

1948 Die kommunistische und die sozialistische Partei werden zur *Bulgarischen Kommunistischen Arbeiterpartei* zusammengeschlossen; bürgerliche Parteien werden aufgelöst. Die KP (Vorsitzender: Dimitrow) hat in der Vaterländischen Front die führende Rolle inne und ist faktischer Träger der Staatsmacht.

Dimitrows und Titos *Balkanföderationspläne* scheitern am Einspruch der UdSSR, mit der
18. März Bulgarien einen Beistandspakt schließt; Bulgarien tritt dem Kominform bei.

1949 Nach dem Bruch zwischen Jugoslawien und der Sowjetunion: Kündigung des Paktes mit
1. Okt. Jugoslawien.

Nach dem Tode Dimitrows (1949) wird in einer großen Parteisäuberung Parteisekretär
16. Dez. *Traitscho Kostow* hingerichtet.

1950 *Wulko Tscherwenkow* (* 1900, † 1980) wird am 1. Febr. Ministerpräsident.
Unter seiner Regierung wird durch den Beitritt Bulgariens zum *Rat für Gegenseitige Wirtschaftshilfe – COMECON* und zum *Warschauer Pakt* die Einbindung des Landes in den Ostblock gefestigt; die prorussische Tradition trägt dazu bei.

1956 Das *Aprilplenum* des Zentralkomitees der KPB leitet eine nur oberflächliche und zögernde
16. April Entstalinisierung ein: Tscherwenkow wird als Ministerpräsident abgelöst, Kostow posthum rehabilitiert. In der Folgezeit: Rivalisierende Kräfte in der Parteiführung, die insgesamt moskautreu im Sinne der Chruschtschowschen Entstalinisierungs-Linie bleibt.

1959 *Todor Schiwkow* (* 1911, seit 1954 Parteichef) versucht mit übersteigerten Planzielen in
Jan. der bulgarischen Wirtschaft einen „großen Sprung nach vorn", scheitert aber nach längerer Krise damit.

1962 Schiwkow nach einer Säuberung der Parteispitze beim *Achten Parteikongreß* zum Mini
Herbst sterpräsidenten gewählt.

1965 Ein für diesen Tag *geplanter Militärputsch* wird kurz zuvor durch Verhaftung der Beteilig
14. April ten verhindert.

1967 Im Gefolge des *Freundschaftsvertrages mit der UdSSR* zielen mehrere Verträge (1968 bis
12. Aug. 1970) auf *stärkere Verbindung mit der sowjetischen Wirtschaft* ab, von der Bulgarien in der Rohstoffversorgung abhängt.

1971 *Neue Verfassung* der VR Bulgariens: Als kollektives Staatsoberhaupt wird ein Staatsrat
18. Mai eingerichtet (Vorsitzender: Todor Schiwkow). Die führende Rolle der Partei und die Bindung an die UdSSR werden in der Verfassung verankert.

1982 *Einführung des „Neuen Ökonomischen Mechanismus",* der die staatliche Wirtschafts
1. Jan. planung liberalisiert.

1984 Auf Tagungen von Zentralkomitee und Nationalversammlung werden *viele Ämter in Partei*
3. Jan. *und Regierung neu besetzt.*

1408 Neueste Zeit – Kommunistisch strukturierte Welt

Bulgarische Außenpolitik

Enge Bindung an das staatssozialistische Lager (1977 These Schiwkows: Bulgarien müsse *„immer enger mit der UdSSR zusammenwachsen"*). Bemühung um *Spannungsausgleich* auf dem Balkan, auch mit den Nato-Ländern Griechenland und Türkei (z. B. 1976 Vermittlungsversuch im türkisch-griechischen Konflikt). In der *Ära der „Entspannung"* Aufnahme diplomatischer Beziehungen zur Bundesrepublik Deutschland (31. Jan. 1974). Die außenpolitischen Beziehungen werden bisweilen durch die *Nationalitätenfrage* beeinträchtigt: 1950 werden 250000 Türken ausgewiesen; die Mazedonienfrage trübt das Verhältnis zu Jugoslawien: Bulgarien betrachtet die Mazedonier in Bulgarien als Bulgaren und gewährt den Pirin-Mazedoniern keine Nationalitätenrechte. – Mit sowjetischer Unterstützung hat Bulgarien die Industrialisierung der Wirtschaft vorangetrieben, auch im agrarischen Bereich: Ende 1972 Einrichtung von Agro-industriellen Komplexen (nach dem Muster der Chruschtschowschen Agrostädte): Großbetriebe bis zu 40000 ha Land. Andererseits: seit 1971 vorsichtige Übernahme von Elementen des jugoslawischen Modells: Teilnahme der Arbeiter an der Produktionsleitung; seit 1974 teilweise Reprivatisierung kleiner Landwirtschaftsbetriebe. – *(Forts. S. 1634)*

Mongolische Volksrepublik seit 1945
(Forts. v. S. 1015)

Das traditionell rein weidewirtschaftlich orientierte Land nimmt seit 1945 einen *außerordentlichen industriellen Aufschwung:* Öl- und Kohleförderung, Produktion von Wolle, Fleisch und Leder, Anbau und Export von Getreide.

1945 20. Okt.	*Volksabstimmung,* die auf einen Beschluß von US-Präsident Roosevelt und Generalissimus Chiang Kai-shek in Jalta zurückgeht: Überwältigende Mehrheit *für die Unabhängigkeit.*
1947	Grenzstreitigkeiten mit China, Chiang verhindert die Aufnahme der Mongolischen Volksrepublik in die UNO (bis 1961).
seit 1950	Sehr gute Beziehungen zur VR China und zur UdSSR, mehrfach Freundschafts- und Wirtschaftsabkommen mit beiden Ländern.
1952 Jan.	Nach dem Tod von Marschall *Chorlogjin Choybalsan* (* 1895, † 1952) wird *Yumjaagiyn Zedenbal* (* 1916) Ministerpräsident.
1958	Kollektivierung der Viehzucht.
1960	*Neue Verfassung:* der Große Hural (Volksrat) ist das oberste Staatsorgan.
1963/1964	Vermessung der Grenze mit der VR China.
1964 Juni	Endgültige *Festlegung des Grenzverlaufs zu China* in einem Abkommen. Mit der Verschärfung des chinesisch-sowjetischen Konflikts wendet sich die Mongolische VR immer stärker der Sowjetunion zu.
1966 Jan.	Besuch des sowjetischen Parteichefs Breschnew und Abschluß eines *Freundschafts-, Kooperations- und gegenseitigen Hilfepaktes.*
1969	Peking erklärt das Grenzabkommen von 1964 für ungültig und stellt Gebietsforderungen.
seit 1970	Die Mongolische VR greift die chinesische Minoritätenpolitik, vornehmlich den „Han-Chauvinismus" im Autonomen Gebiet Innere Mongolei an.
1974 Juni	Zwei Jahre nach dem Tod von *Jamsrangiyn Sambuu* (* 1895; Präsident von 1954 bis 1972) wird Parteichef *Zedenbal* sein *Nachfolger,* und *Jambyn Batmounkh* (* 1926) übernimmt das Amt des *Ministerpräsidenten.*
1980	Abkommen mit der UdSSR über den gemeinsamen Grenzverlauf (26. Nov.).
1984	Als Nachfolger Zedenbals wird Ministerpräsident Jambyn Batmounkh auch Generalsekretär (22. Aug.). – *(Forts. S. 1659)*

Kommunistisch regierte Staaten außerhalb des Warschauer Paktes

Jugoslawien seit 1945
(Forts. v. S. 1005)

Der entschiedene Kampf der jugoslawischen Partisanen gegen die Besatzungsmächte hat ihre Organisation, den *Antifaschistischen Rat (AVNOJ),* gegen Kriegsende zur wichtigsten Kraft im Lande gemacht. Die Kommunisten unter *Josip Tito* (* 1892, † 1980) spielen die führende Rolle im Antifaschistischen Rat; dieser nimmt allerdings aufgrund des Abkommens Titos vom Nov. 1944 mit dem Ministerpräsidenten der *Exilregierung* unter *Ivan Šubašič* (* 1892, † 1955) sowie unter Druck aller Alliierten auch Angehörige bürgerlicher Parteien und der Exilregierung in geringer Anzahl auf. Daß Jugoslawien fast ausschließlich von der Partisanenarmee befreit wird, trägt zu seiner relativ großen Unabhängigkeit von der kommu-

Staaten außerhalb des Warschauer Paktes – Jugoslawien   *1409*

nistischen Führungsmacht UdSSR bei. Die Kollaborateure (bes. Angehörige der kroatischen radikalen Unabhängigkeitsbewegung *Ustaša*) werden zu Kriegsende verfolgt, ebenso die Angehörigen der deutschen Minderheit.

Eigenständiger Weg zum Sozialismus (1945–1960)

1945
8. März

Die *erste Nachkriegsregierung* Jugoslawiens wird ernannt, in der 20 Mitglieder vom Antifaschistischen Rat, drei von der Exilregierung und fünf von den Parteien vorgeschlagen werden.

11. Nov.

Wahlen (Einheitsliste der kommunistisch geführten „*Volksfront*") zur verfassunggebenden *Skupština* (Parlament), bestehend aus einem Bundesrat und einem Nationalitätenrat.

29. Nov.

Die Skupština proklamiert eine **Föderative Volksrepublik Jugoslawien** (Federativna Narodna Republika Jugoslavija – FNRJ).

1946
31. Jan.

Die Skupština nimmt die *Verfassung* der FNRJ an. Sie ist an die Verfassung der UdSSR von 1936 angelehnt. Die Staatseinheit wird durch eine straffe Zentralregierung gewährleistet; die Föderalisierung entschärft die Nationalitätenfrage: sechs Volksrepubliken als Gliedstaaten Jugoslawiens: Serbien, Kroatien, Slowenien, Bosnien und Herzegowina, Montenegro, Mazedonien. In Serbien zwei autonome Provinzen: Vojvodina und Kosovo-Metohija (Kosmet).

Juli–Okt.

Prozesse gegen den Widerstandskämpfer *Draža Mihajlović* (* 1893, † 1946) – Todesurteil – und Erzbischof *Alojzije Stepinac* (* 1898, † 1960) – 16 Jahre Zwangsarbeit.

18. Juli

Einführung der bäuerlichen Kollektivwirtschaften.

5. Dez.

Nationalisierung der privaten Wirtschaftsunternehmen.

1947
10. Febr.

Friedensvertrag mit Italien, Ungarn, Bulgarien: Jugoslawien erhält die bisher italienischen Teile der dalmatinischen Küste und der Inseln; die Errichtung einer freien Stadt Triest kommt nicht zustande: die Teilung in Zone A (britisch und amerikanisch besetzt, später italienisch) und Zone B (jugoslawisch besetzt) bleibt vorerst bestehen.

Titos Föderationspläne mit Albanien und Bulgarien, *Streben nach eigenem Weg Jugoslawiens zum Sozialismus* und Stolz auf den Erfolg der Partisanenbewegung bereiten *Spannungen mit der UdSSR* unter Stalin vor.

1948
27. Juni

Die im Kominform zusammengeschlossenen moskautreuen kommunistischen Parteien Osteuropas unter Führung der KPdSU *schließen* nach längerem Briefwechsel mit der jugoslawischen Parteiführung *die KPJ aus dem Kominform aus.* Folge: Wirtschaftsblockade Jugoslawiens durch den Ostblock.

Die jugoslawische Führung reagiert zunächst mit dem Beweis besonderer Linientreue: Fortführung der Kollektivierung der Landwirtschaft, administrativer Zentralismus. Kompensierung entgangener Wirtschaftshilfe zur Beseitigung der Kriegsschäden durch Unterstützung aus dem Westen, dem sich Jugoslawien in der Folgezeit vorsichtig wirtschaftlich annähert. (Erst ab 1950 Beginn der Suche nach dem „*eigenen Weg*", dem „*jugoslawischen Sozialismus*".)

1950

Gesetz über Beteiligung der „*Arbeiterräte*" an der Betriebsleitung (26. Juni).

1952
Nov.

Sechster Parteikongreß der KPJ; Angriffe auf die UdSSR, Umbenennung der KPJ in *Bund der Kommunisten Jugoslawiens* (BKJ).

1953
13. Jan.

Verfassungsreform: Einführung eines „Produzentenrats" in die Skupština, die Regierung wird durch einen Bundesexekutivrat in Verbindung mit einer Bundesverwaltung ersetzt, Präsident der FNRJ ist Tito; die Gemeinden erhalten wichtige Funktion im Staat.

23. Febr.

Die „Volksfront" wird in „*Sozialistischer Bund des werktätigen Volkes Jugoslawiens*" umbenannt.

28. Febr.

Abschluß eines „Balkanpaktes" zwischen Jugoslawien, Griechenland und der Türkei.

1954
17. Jan.

Milovan Djilas (* 1911), einer der engsten Mitarbeiter Titos, wird wegen Kritik an der Parteiführung aus dem ZK des BKJ ausgeschlossen und später mehrfach eingekerkert. Einige Monate danach wird der Tito-Biograph Dedijer ebenfalls von seinen Ämtern suspendiert.

1955
26. Mai
–2. Juni

Der Besuch des sowjetischen Parteichefs *Chruschtschow* und des sowjetischen Ministerpräsidenten *Bulganin* in Belgrad beendet das Zerwürfnis mit der UdSSR, das seit Stalins Tod abgeflaut ist. Anerkennung des eigenen jugoslawischen Weges. In der „*Belgrader Deklaration*" werden die Prinzipien des „sozialistischen Internationalismus" festgelegt.

1956

Sowjetische Intervention in Ungarn (Okt.), neue Spannungen zur UdSSR.

Politik der Blockfreiheit – Ausbau des föderativen Systems (1961–1970)

1961
1.–6.
Sept.

Erste Konferenz der „Blockfreien" (23 Staaten) in Belgrad. Jugoslawien hat dank seiner Politik zwischen den Blöcken in dieser Gruppe eine führende Stellung inne, gemeinsam mit Indien (Nehru) und Ägypten (Nasser).

1410 Neueste Zeit – Kommunistisch strukturierte Welt

1963 7. April	*Neue Verfassung:* Der Staat wird in **„Sozialistische Föderative Republik Jugoslawien"** umbenannt. Abschaffung des Produzentenrats in der Skupština, statt dessen zusätzlich zu Föderations- und Nationalitätenrat ein Vier-Kammer-System nach Ressortprinzip. Verankerung der führenden Rolle von BKJ und Sozialistischem Bund in der Verfassung. Ausbau der Selbstverwaltung; Ämterrotation; Einrichtung eines jugoslawischen Verfassungsgerichtshofs. Anschließend neue Verfassungen der Gliedrepubliken.
26. Juni	Ein Erdbeben verwüstet Skopje, die Hauptstadt der mazedonischen Republik.
1964 7.–13. Dez.	Am *Achten Kongreß des BKJ* nehmen erstmals seit 1948 offizielle Delegationen der Staaten des Rats für Gegenseitige Wirtschaftshilfe – *COMECON* teil, dem Jugoslawien *assoziiert* wird.
1965 23. Juni	Der Literaturdozent *Mihajlo Mihajlov* (* 1934) wird wegen eines kritischen Berichts über Moskau zu Gefängnisstrafe verurteilt.
24. Juli	Maßnahmen zur *Wirtschaftsreform* werden als Gesetz dekretiert: Währungsreform ab 1966; der Grundsatz der Wirtschaftlichkeit wird in den Unternehmen eingeführt; Steuerreform; die unmittelbare Kontrolle der Arbeiterräte über Produktion, Investitionen und Löhne wird erweitert.
1966	Jugoslawien wird als *Vollmitglied* in das *GATT* (General Agreement on Tariffs and Trade – internationales, 1947 in Genf geschlossenes Abkommen zur Erleichterung des Handels auf der Basis der Meistbegünstigung) aufgenommen.
1.–3. Juli	Während eines ZK-Plenums des BKJ wird der Chef des Staatssicherheitsdienstes *Aleksandar Ranković* (* 1909, † 1983); Symbolfigur des „zentralistischen Bürokratismus" und „Dogmatismus") abgesetzt (später aus dem BKJ ausgeschlossen). Die *„ökonomistische" Richtung* gewinnt Oberhand. Von vielen wird der Sturz von Ranković auch als Zurücktreten des serbischen Einflusses verstanden.
1967 Mitte März	Eine Gruppe kroatischer Intellektueller veröffentlicht eine „Deklaration über die Rolle der kroatischen Schriftsprache". Sie leitet einen Aufschwung des kroatischen Nationalismus ein (Zentrum: „Matica Hrvatska" in Zagreb). Strittig ist auch die Gewinnbeteiligung der unterschiedlich entwickelten Republiken am Sozialprodukt Jugoslawiens.
28. März	Sechs *Verfassungsamendments* leiten eine sich über mehrere Jahre erstreckende Verfassungsreform ein. Die Rechte der Teilrepubliken werden erweitert.
1968 2.–10. Juni	*Studentenunruhen* in Belgrad werden durch die Zusicherung weitergehender Reformen von der Parteispitze des BKJ besänftigt.
Aug.	*Tito unterstützt* während eines ČSSR-Besuchs den *Reformkurs der Dubček-Führung* und protestiert nach dem 21. Aug. gegen die Invasion der ČSSR. Daraufhin Spannungen zwischen den Interventions-Staaten und Jugoslawien, erhöhte Verteidigungsanstrengungen.
1969 11. Febr.	Im *Gesetz über die territoriale Verteidigung* wird die ganze Bevölkerung zum bewaffneten Widerstand im Angriffsfall verpflichtet.

Spannungen im Innern – Stabilität nach außen (1970–1980)

In den siebziger Jahren ist die wirtschaftliche Rezession auch in Jugoslawien spürbar; die Arbeitslosenzahl steigt durch Rückkehr der Gastarbeiter aus Deutschland. Außenpolitisch erreicht Tito zwar bei der Ostberliner Konferenz der KP-Führungen gewisse Zugeständnisse an den „eigenen Weg" Jugoslawiens, dennoch herrscht Unsicherheit hinsichtlich der Reaktion der UdSSR und der Nachbarstaaten für das zu erwartende Ende der Herrschaft Titos. Die von Jugoslawien weiterhin verfochtene Politik der Blockfreiheit verliert angesichts der Polarisierung in der Dritten Welt an Bedeutung.

1971 30. Juni	Weitere Verfassungsänderungen (Amendments), u.a. Einrichtung eines kollegialen Staatsoberhaupts; Stärkung der Rechte der Arbeiterselbstverwaltung.
22. Nov.	Ein Studentenstreik und Unruhen in Zagreb unterstützen die Forderung nach neuem Devisenverteilungssystem zugunsten der Republik Kroatien. Auch in Bosnien Unruhe: Kämpfe zwischen Miliz und „Ustaša-faschistischen" Gruppen.
1.–2. Dez.	*Krisensitzung des Parteipräsidiums* des BKJ *in Karadjordjevo:* Tito verurteilt kroatischen Nationalismus und „Konterrevolution".
12. Dez.	Die kroatische Parteispitze und Republik-Regierung (S. Dabčević-Kučar, Mirko Tripalo, * 1926, u.a.) treten zurück.
1972 Sept.	Beginn einer *Säuberungsaktion in der serbischen Partei*, der Tito Bagatellisierung des Kampfes gegen den *„Anarcho-Liberalismus"* vorwirft (d.h. liberale Tendenzen). Im weiteren Verlauf Rücktritt von Angehörigen der serbischen Parteispitze, u.a. des jugoslawischen Außenministers Tepavac und des serbischen Parteichefs *Marko Nikezić* (* 1921).
1973	Die Spannungen Jugoslawiens mit den Invasionsmächten in der ČSSR von 1968 an der Oberfläche weitgehend abgebaut; (im Okt. 1973 finden auch Gespräche zwischen Tito und Husák statt).

Staaten außerhalb des Warschauer Paktes – Albanien *1411*

1974	*Die neue Verfassung der Sozialistischen Föderativen Republik Jugoslawien* faßt die
21. Febr.	Amendments der letzten Jahre zusammen und bringt weitere Reformen: Staatsaufbau im Delegationsprinzip von unten nach oben; hingegen Straffung der Staatsspitze: Das kollegiale Staatsoberhaupt besteht statt aus 22 nur noch aus acht Personen. Daneben bleibt Tito auf Lebenszeit die danach wegfallende Stellung des „Präsidenten der Republik".
27.–30. Mai	*Zehnter Parteitag des BKJ.* Die neuen Parteistatuten straffen den Aufbau des BKJ. Er ist die „einzig legitime Vertretung der werktätigen Klasse". *Tito* wird als *Parteivorsitzender auf Lebenszeit* bestätigt.
1975 28. Jan.	Abberufung von acht Dozenten der Belgrader Philosophischen Fakultät („Praxis"-Gruppe).
15. Okt.	Sondersitzung des Parteipräsidiums gegen *„Kominformisten"* (moskautreue Oppositionelle).
1979	Ein Erdbeben richtet an der süddalmatinischen Küste Verheerungen an (15. April).
Mai	Verschiebungen in der Parteispitze signalisieren die Unsicherheit in der Nachfolgefrage.

Jugoslawien nach Tito (seit 1980)

1980	Staatsoberhaupt nach *Titos Tod (4. Mai)* ist das *„Staatspräsidium"* als *kollektives Führungsorgan* mit jährlich wechselndem Vorsitz.
1981	Die *Verschlechterung der Wirtschaftslage* (Inflationsrate 40%) führt zu einer Senkung des Lebensstandards. *Konflikt mit der Katholischen Kirche* wegen angeblicher nationalistischer Propaganda.
März/April	Irredentistische *Unruhen unter den Albanern des Kosovo-Gebiets* werden gewaltsam unterdrückt und führen zu Spannungen mit Albanien.
1982 17. Okt.	Die Bundesregierung verfügt *ein Paket wirtschaftlicher Notmaßnahmen.* Außenpolitisch und wirtschaftlich erfolgt eine Annäherung an das osteuropäische Bündnissystem.
1984	Olympische Winterspiele in Sarajevo (8./19. Febr.).
24. März	Umschuldungsabkommen mit den westlichen Gläubigerstaaten; Aufhebung der Preisbindung (3. Mai).
15. Mai	*Das neugewählte Staatspräsidium* (9 Mitglieder) wird *vereidigt.* Ministerpräsidentin (seit 15. Mai 1982) Milka Planinč (* 1924) wechselt 9 Minister aus. – *(Forts. S. 1635)*

Albanien seit 1945
(Forts. v. S. 1005)

Unter Führung der jugoslawischen Partisanen Titos bildet sich im Zweiten Weltkrieg in Albanien eine *Widerstandsbewegung,* in der wie in Jugoslawien die Kommunisten die Oberhand gewinnen und nationale Widerstandskräfte ausschalten können. Nach Abzug der deutschen Besatzung erhält das im Krieg vergrößerte und italienisch annektierte Albanien seine Vorkriegsgrenzen wieder. Im Inneren beginnt unter dem Führer der jungen Albanischen kommunistischen Partei *Enver Hoxha* (Hodscha; * 1908, † 1985) eine Umgestaltung in jugoslawischem Fahrwasser: Enteignung des Großgrundbesitzes und des italienischen Eigentums, Landverteilung, die bald durch Kollektivierung abgelöst wird.

1946 **11. Jan.**	Die Ende 1945 mit Hilfe einer Einheitsliste der *Demokratischen Front* gewählte Nationalversammlung proklamiert die **Albanische Volksrepublik.**
7. März	*Volksdemokratische Verfassung* (erneuert am 4. Juli 1950); die aufgrund von Einheitslisten der Demokratischen Front gewählte Nationalversammlung wählt ihr Präsidium als kollektives Staatsoberhaupt. Örtliche und regionale *Volksräte,* aus den Volksbefreiungsausschüssen hervorgegangen. Die Demokratische Front wird von der Kommunistischen Partei dominiert, deren Generalsekretär Hoxha ist (bis 1954 auch Ministerpräsident). Er überdauert als einziger Parteiführer die zahlreichen Säuberungen der Partei, die 1948 in *Albanische Arbeiterpartei* umbenannt wird.
1948	Den *Bruch zwischen Jugoslawien und der UdSSR* benutzt Hoxha, sein Land von der engen Bindung an Jugoslawien zu lösen; fortan *engere Anlehnung an die UdSSR.* Die Investitionen der Fünfjahrespläne, die das rückständigste Land Europas zu einem Industrie- und Agrarstaat machen sollen, werden bis 1959 zu über 50% von den Ostblockstaaten finanziert. Erst Chruschtschows Aussöhnung mit Jugoslawien und die auf dem 22. Kongreß der UdSSR vorgebrachte Kritik an Albaniens stalinistischem Kurs löst die *prosowjetische Orientierung* Hoxhas zugunsten einer *prochinesischen* ab.
1961	Albanien bricht die diplomatischen Beziehungen zur Sowjetunion ab. Ein Jahr später tritt Albanien aus dem Rat für Gegenseitige Wirtschaftshilfe – COMECON aus. Albanien, von China wirtschaftlich-technisch unterstützt, vollführt in der Folgezeit die Wendungen des *Maoismus* mit.

1412 Neueste Zeit – Kommunistisch strukturierte Welt

1964 März	Die chinesische „Kulturrevolution" findet ihren Niederschlag in einer Reorganisation des albanischen Partei- und Staatsapparats.
1967	Nach Schließung aller Kirchen und Moscheen erklärt sich Albanien zum *ersten atheistischen Staat der Welt.*
1968 13. Sept.	Aus Protest gegen die Invasion der ČSSR durch Warschauer-Pakt-Truppen tritt Albanien aus dem Warschauer Pakt aus.
1971 Nov.	Der *Sechste Parteikongreß* befürwortet die inzwischen eingeleitete vorsichtige Annäherung Albaniens an Jugoslawien, Rumänien und Griechenland.
1973–1975	Albanien nimmt aus Protest gegen die Vorherrschaft der Supermächte als einziger europäischer Staat nicht an der KSZE-Konferenz in Helsinki teil.
1974	Die Annäherung Chinas an die USA ruft 1972 albanische Kritik hervor. Die Partei- und Staatsspitze wird von Anhängern der neuen außenpolitischen Linie der Regierung in Peking gesäubert.
1974–1976	Der *neuen Isolierung* Albaniens wird durch verbesserte Wirtschaftsbeziehungen mit Nachbarländern begegnet.
Dez. 1976	Der *Siebente Parteikongreß* bestätigt die Linie Hoxhas und der seit Mitte 1976 laufenden antichinesischen Kampagne.
Dez.	*Neue Verfassung,* in der Albanien als Staat der Diktatur des Proletariats und als erster atheistischer Staat der Welt bezeichnet wird.
1978	China stellt seine Militär- und Wirtschaftshilfe ein.
1981 17. Dez.	Wegen der Albaner im Kosovo kommt es zu *Spannungen mit Jugoslawien* (ab März). *Ministerpräsident Mehmet Shehu* (* 1913) *begeht angeblich Selbstmord;* Hoxha nennt ihn „Agent ausländischer Spionagezentren".
1984	*Griechenland warnt Albanien* vor Rechtsverletzungen bei Minderheiten (21. Febr.).
1985	*Ramiz Alia* (* 1925) wird *nach E. Hoxhas Tod* (11. April) *Parteichef. – (Forts. S. 1635)*

China/Volksrepublik China seit 1945
(Forts. v. S. 1031)

Die vier Jahre zwischen der *Niederlage Japans* im Zweiten Weltkrieg und dem *Sieg der Kommunisten* im chinesischen Bürgerkrieg lassen sich mit gleicher Berechtigung aus zwei Perspektiven darstellen: als Ausklang der republikanischen Ära auf dem chinesischen Festland wie als Vorgeschichte der kommunistischen Machtübernahme. Neben ihrer Bedeutung als Ablösungsphase einer revolutionären Elite durch eine andere und damit als Vor- bzw. Nachspiel im engeren chinesischen Rahmen beginnen sich in dieser Zeit auch in Fronten zu formieren, die nach 1949 die internationale Szene in Asien prägen werden. Als die Kommunisten nach fast drei Jahrzehnte dauernden Kämpfen und Koalitionen mit der **Kuomintang** (KMT) die Herrschaft in China für sich allein erringen können, übernehmen sie ein von Kriegen und Bürgerkriegen zerstörtes Land. Daß ihnen trotz der zahlenmäßigen Überlegenheit ihrer Gegner und deren gewaltiger materieller *Unterstützung durch die USA* in relativ kurzer Zeit der Sieg zufällt, zeugt nicht nur für ihre militärische Schlagkraft, sondern auch für die Hoffnungen, die große Teile der Bevölkerung in sie setzen. Obwohl die Erfahrungen, die die Kommunisten bei der Verwaltung der von ihnen besetzten Gebiete in den vorangegangenen Jahren sammelten, eine bessere Ausgangsbasis als den russischen Kommunisten vor der Machtübernahme geben, fehlen ihnen nicht nur die Kenntnisse, die zum Aufbau einer modernen Gesellschaft erforderlich sind, sondern auch das dazu notwendige Personal. So ist die Zukunft, die vor ihnen liegt, keineswegs so leuchtend, wie *Mao Tse-tung* (* 1893, † 1976), einer der Gründer der **Kommunistischen Partei Chinas** (KPCh), sie in Reden und Gedichten preist, sondern eher ungewiß, weil voller innen- wie außenpolitischer Gefahren.

Entstehung der Volksrepublik (1945–1949)

1945 **23. April** **– 11. Juni**	**VII. Parteitag** der KPCh in *Yenan:* Mao Tse-tung legt seinen Bericht „*Vorwärts zur Koalitionsregierung*" vor. Das von Liu Shao-ch'i (* 1898 oder 1905, † 1969) entworfene Parteistatut, welches dasjenige vom 9. Juni 1928 ablöst, wird revidiert und der Beschluß gefaßt, „die Gedanken Mao Tse-tungs sowie den Marxismus zur Richtschnur" für die Parteiarbeit zu machen.
14. Aug.	Die *Sowjetunion* schließt einen *Freundschaftsvertrag* mit der geschwächten *Nationalregierung* der KMT (Kuomintang, gegründet 1912), nachdem der Kreml noch sechs Tage zuvor Japan den Krieg erklärt hat und daraufhin sowjetische Truppen große Teile der Mandschurei besetzt haben. Die UdSSR hat sich damit jene Konzessionen vertraglich gesichert, die ihr von den Westmächten auf der *Konferenz von Jalta* (4.–11. Februar 1945) für den Kriegseintritt gemacht worden sind. China muß die Unabhängigkeit der Äußeren Mongolei anerkennen und der UdSSR größere Rechte in Nordostchina einräumen, u.a. die Beteiligung an der Verwaltung der mandschurischen Eisenbahnen, die Errichtung einer Marine-

Staaten außerhalb des Warschauer Paktes – Volksrepublik China **1413**

basis in Port Arthur (heute: Lü-shun) sowie weitere wirtschaftliche und militärische Konzessionen in Dairen (heute: Ta-lien) auf der Liao-tung-Halbinsel.

28. Aug. Mao Tse-tung führt in Begleitung des amerikanischen Botschafters *Patrick J. Hurley* Verhandlungen in Chungking mit dem KMT-Führer Chiang Kai-shek (* 1887, † 1975) – Verhandlungsdauer bis 11. Oktober, wo beide in einer gemeinsamen Erklärung die Bereitschaft zu Frieden und Zusammenarbeit bekunden. Dennoch kommt es mehr und mehr zu militärischen Zusammenstößen.

2. Sept. *Kapitulation Japans:* Sofort danach versuchen Kommunisten und Nationalisten die von ihren Truppen besetzten Gebiete so schnell wie möglich auszuweiten. USA und UdSSR drängen die beiden Seiten zu einer friedlichen Einigung.

1946
10. Jan. *General George Catlett Marshall* (* 1880, † 1959), der Sonderbeauftragte des amerikanischen Präsidenten *Truman,* vermittelt den Abschluß eines Waffenstillstands, der zu Beginn der Politischen Konsultativkonferenz, auf der u. a. die Bildung einer Koalitionsregierung, die Vereinigung aller Streitkräfte sowie politische und wirtschaftliche Reformen beschlossen werden, in Kraft tritt.

12. März Eine Verschärfung der innenpolitischen Lage tritt ein, als nach dem Rückzug der sowjetischen Truppen Verbände der KMT die südmandschurische Stadt *Mukden* (heute: Shenyang) besetzen und sich weiterer Gebiete in Nordchina bemächtigen.

15. April Der frühere kommunistische Hauptunterhändler (1936–1945) mit der KMT, *Chou En-lai* (* 1898, † 1976), erklärt den Kriegszustand für die Mandschurei.

23. Juni Mao fordert die USA auf, die Unterstützung für die Nationalregierung (KMT) einzustellen.

15. Nov. Beginn der von Chiang Kai-shek nach Nanking einberufenen verfassunggebenden *Nationalversammlung.* Die Besetzung weiterer Gebiete durch KMT-Truppen führt zum Boykott der Nationalversammlung durch die Kommunisten, aber auch zum Boykott durch andere Parteien.

25. Dez. Inkrafttreten der *„ Verfassung der Republik China".*

1947 Im Frühjahr bricht der **Bürgerkrieg** offen aus. Mitte März evakuieren die Kommunisten *Yenan* (Provinz Shensi) und ziehen sich vor den vorrückenden Nationalarmeen zurück.

10. Okt. Nach Maos Anordnung zur Gegenoffensive verkündet die KPCh ein neues Bodengesetz, das die Enteignung der Großgrundbesitzer zum Ziel hat.

1948
19. März Chiang Kai-shek wird von der Nationalversammlung zum Präsidenten der Republik gewählt.

29. März *Li Tsung-jen* (* 1890, † 1969) Vizepräsident.
Nach Anfangserfolgen der KMT geht die militärische Initiative gegen Ende des Jahres mehr und mehr auf ihre Gegner über. Während sich immer größere Teile der Bevölkerung von der KMT abwenden, bemühen sich die Kommunisten mit einer gemäßigten Politik erfolgreich um die Bildung einer breiten Einheitsfront unter Einschluß der *„nationalen Bourgeoisie"* und kooperationsbereiter Großgrundbesitzer. Im Zuge einer Herbstoffensive dehnen sie ihre Kontrolle über die ganze Mandschurei aus.

1949 In den ersten Tagen des Jahres fallen den Kommunisten wichtige nordchinesische Städte in die Hände, darunter *Peking.*

5.–13. März Das **2. Plenum** des **Zentralkomitees** (ZK) der KPCh beschließt, den Schwerpunkt der Parteiarbeit vom Land in die Städte zu verlegen; damit kehren die Kommunisten zu der städtischen Basis zurück, die sie zwei Jahrzehnte zuvor unter dem Druck der KMT haben verlassen müssen.
Nach dem *Rücktritt Chiang Kai-sheks* (21. Jan. 1949) übernimmt Li Tsung-jen als amtierender Präsident die Regierung. Nach der Ablehnung der von den Kommunisten diktierten Friedensbedingungen gehen die kommunistischen Verbände erneut zur Offensive über. Chiang Kai-shek und zahlreiche Mitglieder der Nationalregierung müssen sich auf die Insel *Taiwan* zurückziehen, ihnen folgen 500000 Soldaten und fast zwei Mio. Zivilpersonen.

15.–19. Juni Mao Tse-tung eröffnet in Peking die 1. Sitzung eines Ausschusses, der die Aufgabe hat, die Einberufung der Politischen Konsultativkonferenz sowie die Bildung einer Koalitionsregierung der Einheitsfrontparteien vorzubereiten.

21. Sept. In Peking tritt die **Politische Konsultativ-Konferenz des chinesischen Volkes** zusammen, an der 584 stimmberechtigte Delegierte aller Einheitsfrontparteien teilnehmen.

27.–30. Sept. Verabschiedung von zwei *Organisationsgesetzen* der Zentralen Volksregierung der Volksrepublik (VR) China und der Politischen Konsultativkonferenz sowie eines Gemeinsamen Programms.
Mao Tse-tung wird zum Ersten Vorsitzenden der Zentralen Volksregierung und damit zum neuen chinesischen Staatsoberhaupt gewählt. Auf dem Tor des Himmlischen Friedens in

1. Okt. Peking ruft Mao die **Volksrepublik China** aus und gibt die Zusammensetzung der neuen Koalitionsregierung bekannt.

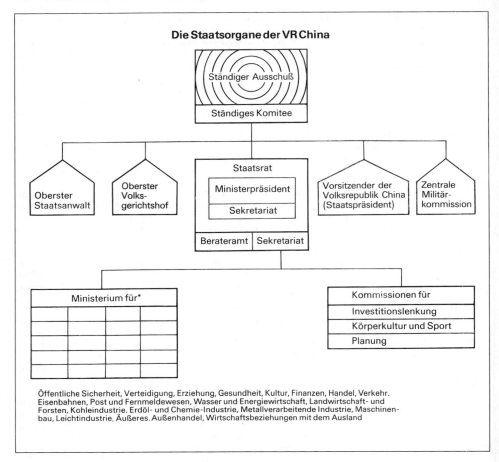

Der Staatsaufbau nach dem Organisationsgesetz von 1949 und der Verfassung von 1954

Gemäß Art. 1 des Organisationsgesetzes der Zentralen Volksregierung von 1949 ist die VR China ein Staat der *„demokratischen Volksdiktatur"*, geführt von der Arbeiterklasse und getragen von einem Bündnis der Arbeiter und Bauern, die „um sich alle demokratischen Elemente und die verschiedenen Nationalitäten des Landes" sammeln. Die übrigen 30 Artikel befinden über Struktur und Kompetenzen des Zentralen *Volksregierungsrats*, des *Staatsverwaltungsrats*, des Revolutionären Militärrats, dem die *Volksbefreiungsarmee* (VBA) untersteht, über Volksgericht und Volksstaatsanwaltschaft. An der Spitze des Staatsverwaltungsrats und der insgesamt 31 Ministerien steht der *Ministerpräsident* (von 1949 bis 1976 Chou En-lai). Obwohl die nichtkommunistischen Parteien und Verbände relativ stark vertreten sind, befinden sich alle wichtigen Positionen in der Hand der KPCh. Einfluß üben die Kommunisten vor allem über den Revolutionären Militärrat aus sowie über die sechs von den Feldarmeen aufgebauten und getragenen Regionalverwaltungen (Nordchina, Nordost-China, Nordwestchina, Ostchina, Südwest-China). Allerdings wird die relativ große Selbständigkeit dieser Regionalverwaltungen im Laufe der nächsten Jahre zugunsten der *Zentralverwaltung* abgebaut. Nach ihrer 1954 erfolgten Auflösung gliedert sich die chinesische Volksrepublik in 21 Provinzen, 5 autonome Gebiete und die zwei reichsunmittelbaren Städte Peking und Shanghai (heute auch Tientsin).

Die 1954 verabschiedete *neue Verfassung* definiert die Volksrepublik China als „Staat des Volkes geführt von der Arbeiterklasse und beruhend auf einem Bündnis von Arbeitern und Bauern". Sie stellt auf dem Wege sozialistischer Industrialisierung und Umgestaltung die allmähliche Beseitigung von Ausbeutung und den Aufbau einer *sozialistischen Gesellschaft* in Aussicht. Grundrechte u. a.: Gleichheit der Bürger vor dem Gesetz, aktives und passives Wahlrecht, Religionsfreiheit und Recht auf Arbeit.

Staaten außerhalb des Warschauer Paktes – Volksrepublik China *1415*

Aufbau und Entwicklung der Volksrepublik (1950–1963)

1950
1. Mai
Ein neues *Ehegesetz* trägt wesentlich zur Gleichberechtigung der Frau, damit aber auch zur Auflösung der traditionellen Familienstruktur bei.

30. Juni
Wie das Ehegesetz dient auch ein neues *Agrarreformgesetz* der Festigung der Macht des neuen Regimes sowie einer tiefgreifenden sozioökonomischen Umgestaltung des Landes. Im Rahmen dieses Gesetzes werden im Laufe der nächsten Jahre 43% der gesamten landwirtschaftlichen Nutzfläche neu verteilt, der Pachtzins gesenkt und die Streichung alter Pachtschulden verfügt. Damit ist dem Großgrundbesitz die wirtschaftliche Grundlage seiner Macht entzogen.

1950/1951
Truppen der VR China *besetzen Tibet.*

1951
23. Febr.
Mit dem Beginn der Kampagne *„Niederwerfung von Konterrevolutionären"* werden die herrschenden Schichten der alten Gesellschaft – sofern sie nicht geflüchtet oder gleich nach der Machtübernahme liquidiert worden sind – politisch entmachtet.

23. Mai
Das chinesisch-tibetische *17-Punkte-Abkommen* garantiert **Tibet Autonomie** und *freie Religionsausübung;* in der Hauptstadt Lhasa werden chinesische Zivil- und Militärbehörden eingesetzt, das Land wird in drei Regionen geteilt. Einführung neuer landwirtschaftlicher Methoden, Bau von Straßen, Schulen und Krankenhäusern, Entstehen einer lokalen Kleinindustrie.

Die Wirtschaftspolitik bis zum Ende des 1. Fünfjahrplans

Der Wandel der chinesischen *Wirtschaftsverfassung* beginnt auf dem Lande mit der Ende 1951 einsetzenden Bildung von **Vereinigungen für gegenseitige Hilfe** und von **Landwirtschaftlichen Produktionsgenossenschaften.** Als weitere Aufgaben auf wirtschaftlichem Gebiet stellen sich die Beseitigung der Inflation, die Sanierung der Staatsfinanzen, der Wiederaufbau der Industrie, die Aktivierung des Binnenhandels, der dazu notwendige Ausbau der Infrastruktur sowie die Beseitigung des ausländischen Einflusses. Im Rahmen der *„sozialistischen Umgestaltung"* (Verstaatlichung, staatliches Außenhandelsmonopol, staatliche Kapitalbeteiligungen u.a.) geht der private Anteil an Industrie und Handel stark zurück. Mit einer Reihe von Massenkampagnen zur Vernichtung von *„Klassenfeinden"* wird die Partei diszipliniert und die Bevölkerung im Geiste des Sozialismus umerzogen *(Drei-Anti-Bewegung, Fünf-Anti-Bewegung).*

Mit ihrem 1953 eingeführten ersten **Fünfjahrplan** schlägt die chinesische Führung einen Wirtschaftskurs ein, der sich eng an dem *Entwicklungsmodell der Sowjetunion* orientiert. Schwerpunkt ist die forcierte Entwicklung der Industrie, insbesondere der Schwer- und Grundstoffindustrie, die als Motor des wirtschaftlichen Wachstums angesehen wird. Konsumgüterindustrie und Landwirtschaft bleiben dagegen vernachlässigt. Während die letztere die Hauptlast bei der Kapitalschöpfung tragen muß, fließen ihr nur ca. 6,2% der staatlichen Investitionen zu. Obwohl die sowjetischen Kredite gering sind, trägt die Entsendung von über zehntausend Experten sowie die Lieferung wichtiger Investitionsgüter und technischer Pläne nicht unwesentlich zur Wirtschaftsentwicklung bei.

Trotz beachtlicher wirtschaftlicher Erfolge während des *1. Fünfjahrplans* – mit einer durchschnittlichen jährlichen Steigerung des Bruttosozialprodukts von ca. 6% und Wachstumsraten der Industrieproduktion von 18,5% – ist die weitere wirtschaftliche Entwicklung aufgrund der nur langsam gewachsenen landwirtschaftlichen Produktion gefährdet. Zu den wirtschaftlichen Problemen, die gegen eine Fortsetzung des alten Kurses sprechen (Versorgungsengpässe in Konsumgütern, fehlende Rohstoffe für die Industrie, Devisenknappheit aufgrund des Rückgangs landwirtschaftlicher Exporte) kommen gesellschaftspolitische: *Unzufriedenheit der Bauern* über die Unterschiede im Lebensstandard im Vergleich zu den Städten; *Landflucht;* Zunahme *„kapitalistischer" Tendenzen* unter den Bauern.

1953
Okt.
Durch die von Mao verkündete *„Generallinie der Partei in der Übergangsperiode"* und die vom Politbüro angenommene *„Resolution über die Entwicklung von gegenseitiger Hilfe und Kooperation in der Landwirtschaft"* erfahren Kollektivierung und Sozialisierung von Handel, Landwirtschaft und Industrie eine weitere Beschleunigung. Drei Jahre später ist die Verstaatlichung von Industrie und Handel weitgehend abgeschlossen, wobei viele der ehemaligen Eigentümer als Leiter mit Gehalt und Gewinnbeteiligung abgefunden werden.

1954
29. April
Die VR China nimmt an der Genfer Konferenz über Korea und Indochina teil. Unterzeichnung eines *indisch-chinesischen Abkommens* über Handel und Verkehr zwischen dem tibetischen Gebiet Chinas und Indien.

19. Juni
Auflösung der einzelnen Regionalverwaltungen: neue Gliederung in Provinzen und autonome Gebiete.

15. Sept.
In Peking eröffnet Mao Tse-tung den **1. Nationalen Volkskongreß** (1226 Delegierte). Die Politische Konsultativ-Konferenz bleibt bestehen, wird jedoch in eine Dachorganisation der Einheitsfrontpolitik mit nur beratender Funktion umgewandelt.

20. Sept.
Der Nationale Volkskongreß verabschiedet eine **neue Verfassung** (106 Artikel) und er-

1416 Neueste Zeit – Kommunistisch strukturierte Welt

gänzt diese durch ein Organisationsgesetz über den Nationalen Volkskongreß sowie vier Organisationsgesetze über den Staatsrat, die örtlichen Volkskongresse, die Volksgerichte und die Volksstaatsanwaltschaft.

27. Sept. *Mao Tse-tung* wird vom Nationalen Volkskongreß zum *Staatspräsidenten* gewählt.

30. Sept. Besuch einer sowjetischen Regierungsdelegation unter Parteichef *Chruschtschow*, Mini-
–12. Okt. sterpräsident *Bulganin* und Außenminister *Mikojan*: Ablehnung der chinesischen Forderung nach Rückgabe der Äußeren Mongolei, jedoch Unterzeichnung von Kreditvereinba-
rungen sowie Zusagen über die Rückgabe von *Port Arthur* (Lü-shun) und die Auflösung
der gemischten Aktiengesellschaften in Sinkiang.

1955 Die Politbüro-Mitglieder und Leiter der Regionalabteilungen Nordost- und Ostchina *Kao*
31. März *Kang* und *Jao Shu-shih* werden ihrer Staats- und Parteiämter enthoben. Als Gründe werden
angeblich separatistische Ambitionen sowie gravierende Meinungsunterschiede über die
weitere Wirtschaftspolitik, in der Kao und Jao eindeutig das sowjetische Modell favorisie-
ren, genannt. – Zur Bekämpfung antizentralistischer Tendenzen werden die Regionalbüros
aufgelöst.

18.–24. Chou En-lai nimmt an der Solidaritätskonferenz afro-asiatischer Staats- und Regierungs-
April chefs in Bandung teil und wirbt erfolgreich um Vertrauen für die VR China.

31. Juli Mao tritt in einer programmatischen Rede vor regionalen Parteifunktionären für eine
Beschleunigung der *landwirtschaftlichen Kollektivierung* ein.

10. Okt. Das **6. erweiterte Plenum** des VII. Zentralkommitees stimmt der von Mao geforderten
schnelleren Kollektivierung zu. Daraufhin kommt es zum verstärkten Zusammenschluß der
bäuerlichen Haushalte zu Produktionsgenossenschaften; ihnen gehören bis Ende 1956 fast
alle bäuerlichen Haushalte an. Ziele dieser Maßnahmen sind u. a. Hebung des Lebensstandards der Landbevölkerung, Beschleunigung der Industrialisierung sowie Verhinderung
einer „kapitalistischen Restauration" auf dem Lande.

1956 Auf Betreiben Chou En-lais gibt die Partei ihre bislang geübte harte Politik gegenüber
14. Jan. Intellektuellen auf.

25. April In einer Rede „*Über die zehn Großen Beziehungen*" beginnt sich eine erste Abkehr vom
sowjetischen Entwicklungsmodell anzukündigen. Gegen den Widerstand *Liu Shao-ch'is*
und anderer Parteiführer setzt sich Mao für eine weitere Liberalisierung ein.

26. Mai Lu Ting-i, Direktor der Propaganda-Abteilung des ZK, ermuntert unter dem Motto
Maos – „*Laßt hundert Blumen blühen, laßt hundert Gedankenschulen miteinander wetteifern*" – die Intellektuellen zu offener Diskussion und Kritik.

1. Sept. Beginn von *Grenzstreitigkeiten* mit *Indien*, die von nun an ständig zunehmen.

7.–27. In Peking tritt der **VIII. Parteitag der KPCh** zusammen, dessen Delegierte zum ersten Mal
Sept. von den Parteimitgliedern gewählt werden. Er verabschiedet ein *neues Parteistatut*. Mao
wird erneut zum Parteivorsitzenden gewählt; ein Ständiger Ausschuß des Politbüros wird
gebildet und die Position des Parteisekretariats gestärkt. Generalsekretär der Partei wird
Teng Hsiao-p'ing (* 1904).

15. Nov. Mao setzt sich auf dem **2. Plenum** des VIII. ZK erneut kritisch mit der Entstalinisierungs-
politik Chruschtschows auseinander und warnt angesichts der Aufstände in Ungarn und
Polen die eigene Partei vor Bürokratismus, Subjektivismus und Sektierertum.

1957 Mao plädiert in einer Rede vor der Obersten Staatskonferenz „Über die richtige Behand-
27. Febr. lung von Widersprüchen im Volke" für eine offene Diskussion zur Austragung der auch
im Sozialismus andauernden gesellschaftlichen Widersprüche. Die Kritik an der Partei und
am Sozialismus, die so ermutigt allmählich einsetzt, ist unerwartet heftig und tiefgreifend;
an einigen Universitäten kommt es im Juni sogar zu Studentenunruhen, die an die *Bewegung vom 4. Mai* (4. Mai 1919) erinnern. Die Partei reagiert mit einer „*Kampagne gegen
Rechtsabweichler*", deren harte Repressions- und Disziplinierungsmaßnahmen bis ins dar-
auffolgende Frühjahr andauern und jede Opposition ersticken.

15. Okt. In einem „Vertrag über neue Technik für die nationale Verteidigung" sichert die UdSSR
China technische Hilfe beim Bau eigener Atomwaffen zu.

Anfangsphasen der chinesischen Außenpolitik ab 1949

Nachdem die Zentrale Volksregierung schon am 1. Oktober 1949 von der *UdSSR* und anderen *osteuropäischen Staaten* anerkannt worden ist, folgt Anfang Januar 1950 die Anerkennung durch *Großbritannien*, die *skandinavischen Staaten*, Afghanistan, Israel, die Schweiz und Indien. Bemühungen Chou En-
lais um den Ausschluß der nationalchinesischen Delegation (Taiwan) aus der UNO scheinen zunächst
hoffnungsvoll, verschlechtern sich jedoch nach der *Invasion nordkoreanischer Truppen* in Südkorea
(25. Juni 1950). Weiter erschwerend wirken sich der verschärfende Ost-West-Konflikt und die außenpolitisch „einseitige Anlehnung" Pekings an die Sowjetunion aus, die am 14. Februar 1950 in drei Abkommen ihren Niederschlag gefunden hat: ein gegen Japan gerichtetes Defensivbündnis, ein Abkommen über
einen über fünf Jahre laufenden Kredit der Sowjetunion in Höhe von 300 Mio. US-Dollar, eine Verein-

Staaten außerhalb des Warschauer Paktes – Volksrepublik China *1417*

barung über den Abbau der sowjetischen Sonderrechte in Port Arthur, Dairen und an den mandschurischen Eisenbahnen. – Auch die Vernichtung der nach *Taiwan* geflüchteten Nationalregierung scheitert, nachdem die USA nach *Ausbruch des Koreakrieges* zum Schutz der eigenen Truppen die 7. Flotte in die Straße von Taiwan schicken und so die Eroberung der Insel verhindern. – Der *Einmarsch chinesischer Truppen in Tibet*, das wieder in den chinesischen Staatsverband eingegliedert wird, belastet die Beziehungen zu Indien. Die internationale Reputation der VR China erreicht einen Tiefpunkt, als Ende Oktober *chinesische Freiwillige in Korea* intervenieren, um ein weiteres Vorrücken der UN-Verbände zu verhindern. Am 1. Februar 1951 wird die VR China daher von der Generalversammlung der UNO als *Aggressor* verurteilt.

Erst 1954 gelingt es Peking, wieder auf der internationalen Bühne präsent zu sein. Dies zeigt sich insbesondere durch die Teilnahme an der *Genfer Konferenz über Korea und Indochina* (26. April–21. Juli 1954). Eine weitere Entspannung vollzieht sich in dem seit der Tibet-Besetzung gespannten Verhältnis zu Indien; am 29. April 1954 kommt es zur Unterzeichnung eines *indisch-chinesischen Abkommens* über den Handel und Verkehr zwischen dem tibetischen Gebiet Chinas und Indien. Einen Erfolg der chinesischen Außenpolitik bildet schließlich die Teilnahme an der *Solidaritätskonferenz afro-asiatischer Staats- und Regierungschefs in Bandung* (18.–22. April 1955); hier unterstreicht Chou En-lai die Bereitschaft seines Landes zur Herstellung gutnachbarlicher Beziehungen und zu einer Politik der „friedlichen Koexistenz".

1957 2. Nov.	Eine Delegation unter der Leitung Mao Tse-tungs trifft zum *40. Jahrestag der Oktober-Revolution* in Moskau ein, um an einer Konferenz kommunistischer Parteien teilzunehmen. Mao stellt die Führungsrolle der Sowjetunion im sozialistischen Lager heraus und verkündet angesichts der sowjetischen Weltraumerfolge die These, „daß der Ostwind über den Westwind die Oberhand gewonnen" habe. Trotz äußerlich demonstrierter Einigkeit kommt es über den auf dem XX. Parteitag der KPdSU eingeschlagenen Kurs zu Differenzen, insbesondere über die Politik der *friedlichen Koexistenz*, die Bewertung von Atomkriegen, die Einschätzung des parlamentarischen Weges u. a. m.
1958 5.–23. Mai	Auf dem 2. Plenum des VIII. ZK in Peking setzt sich nach parteiinternen Auseinandersetzungen über den wirtschaftlichen Kurs die radikale Gruppe in der Partei um Mao durch.
17.–30. Aug.	Auch auf der Sitzung des erweiterten Politbüros in *Peitaiho* (Provinz Hopei) kann sich Mao mit seiner Politik der **„Drei Roten Banner"** behaupten.

Politik der „Drei Roten Banner"

Diese Politik umfaßt die **Generallinie des sozialistischen Aufbaus,** den **Großen Sprung nach vorn** und die **Volkskommunen.** Sie ist in Ansätzen schon in Maos Zwölfjahresprogramm für die Landwirtschaft von 1955, in seiner Rede „Über die zehn Großen Beziehungen" vom April 1956 sowie in seiner Widerspruchs-Rede vom Februar 1957 erkennbar. Sie wendet sich vom sowjetischen Modell und der Forderung nach einem graduellen quantitativen Wandel ab und plädiert für eine *„ununterbrochene Revolution"* und eine gleichgewichtige Entwicklung von *Industrie* und *Landwirtschaft*. Die letztere soll über die Schaffung größerer Produktionseinheiten und eine intensivere Mobilisierung der Arbeitskraft der Bevölkerung durch Massenbewegungen zum Motor der Entwicklung werden. Von dem neuen Kurs werden nicht nur „schnellere, bessere und mehr Ergebnisse" erwartet, sondern auch eine verstärkte Weiterentwicklung des politischen Bewußtseins der Bevölkerung. Im Mittelpunkt dieser Politik steht die Volkskommune, die neue „Grundeinheit der sozialistischen Gesellschaftsordnung", welche Industrie, Landwirtschaft, Handel, Erziehung und Verteidigung umfaßt und sich in *Produktionsbrigaden* und *Produktionsgruppen* untergliedert.

Die Volkskommunen sollen das Wirtschaftswachstum fördern, die Unterschiede zwischen Stadt und Land, Kopf- und Handarbeit, Arbeiter und Bauern verringern, den Einsatz der Arbeitskräfte verbessern und den „konkreten Weg für den Übergang zum Kommunismus" erkunden. Daß dessen Erreichung kurz bevorsteht, wird immer wieder verkündet. Millionen von Menschen werden in gewaltigen Masseneinsätzen zu infrastrukturellen Arbeiten (Straßen, Bewässerungsanlagen etc.) eingesetzt. Gegen Ende des Jahres ist fast die gesamte Landbevölkerung in über 25 000 Volkskommunen zusammengefaßt.

Schon gegen Ende 1958 häufen sich aber die durch Planung und Durchführung verursachten Fehlschläge in der Politik des „Großen Sprungs". Die Unzufriedenheit in der Bevölkerung wächst und äußert sich sogar in vereinzelten Fällen von aktivem Widerstand. Auf den Konferenzen in *Chengchow* (Oktober 1958), *Wuchang* (November 1958), *Wuhan* (Dezember 1958), *Chengchow* (Februar–März 1959), *Shanghai* (April 1959) müssen Korrekturen vorgenommen, das Tempo gedrosselt, Planziele herabgesetzt, die Kommunalisierung abgebaut und den Produktionsgruppen wieder größere Rechte eingeräumt werden.

1958 23. Aug. –5. Okt.	Beschießung der nationalchinesischen, dem Festland vorgelagerten Inseln *Quemoy* und *Matsu*. Moskau steht zwar zu seinen Bündnisverpflichtungen im Falle eines amerikanischen Angriffs auf das chinesische Festland, verweigert aber die Rückendeckung für Maßnahmen

1418 Neueste Zeit – Kommunistisch strukturierte Welt

	zur Eroberung Taiwans. Der Konflikt beginnt damit auf die politische Ebene überzugreifen.
18. Okt.	Indien protestiert formell gegen den Bau einer von China gebauten Straße durch das umstrittene *Aksai Chin-Gebiet* im nördlichen *Kaschmir*.
1959 März	In *Tibet* führen soziale Spannungen (mit chinesischen Siedlern) und Konflikte der chinesischen Behörden mit den religiösen Führern zu einem *Aufstand,* der blutig unterdrückt wird. Flucht des 14. *Dalai Lama* (* 1935) nach Indien.
27. April	Auf der 1. Plenarsitzung des **II. Nationalen Volkskongresses** wird *Liu Shao-ch'i* zum Staatspräsidenten gewählt; Mao tritt freiwillig in die „zweite Führungslinie" zurück und widmet sich verstärkt der Parteiarbeit.
20. Juni	Die Sowjetunion kündigt den chinesisch-sowjetischen Atomwaffenhilfsvertrag.
2. Juli – 16. Aug.	Auf Konferenzen des erweiterten Politbüros und des ZKs in *Lushan* (Provinz Kiangsi) bricht die Kritik an Mao und seiner Wirtschaftspolitik offen aus, angeführt von Verteidigungsminister *P'eng Te-huai* (* 1898). Obwohl sich Mao durchsetzen kann und P'eng sowie seine Anhänger ihrer Ämter enthoben werden, muß Mao weitere Korrekturen seines Kurses hinnehmen.
30. Sept.	Der sowjetische Parteichef *Chruschtschow* stattet der VR China anläßlich der Feierlichkeiten zur zehnjährigen Staatsgründung einen Besuch ab. Nach der sowjetischen Haltung bei der Quemoy-Krise von 1958, der Kündigung des Atomwaffenhilfsvertrags im Juni 1959, der mangelnden Unterstützung Pekings bei den *Grenzstreitigkeiten mit Indien* (Juli 1959) und den unverhüllten Versuchen Moskaus, sich mit Washington zu arrangieren, haben sich die Differenzen noch weiter vertieft.
seit 1960	Eine umfassende *Landreform in Tibet* bricht die traditionelle Klosterherrschaft; die sozialistische Gesellschaftsordnung Chinas wird durchgesetzt.
1960 16. April	In einem Artikel des Parteiorgans *Rote Fahne* anläßlich des 90. Geburtstags von Lenin werden die „*revisionistischen Tendenzen*" der sowjetischen Politik angegriffen. Einige Wochen später zieht die Sowjetunion überraschend alle Experten aus China ab und stellt die technische Hilfe ein. Dieser Schritt sowie schwere Naturkatastrophen tragen noch weiter zur Verschlechterung der wirtschaftlichen Lage bei. Die „*Drei bitteren Jahre*" setzen ein.
Juli – Aug.	Eine *Zweite Peitaiho-Konferenz* beschließt eine weitere Revidierung der Politik des „Großen Sprungs". Die Parteipolitik wird nun zunehmend von Mitgliedern der ersten Führungslinie um Liu und Teng beherrscht; von ihnen wird die Linie „*Landwirtschaft als Grundlage und Industrie als führender Faktor*" proklamiert, mit der es nun verstärkt zu Investitionen auf dem Agrarsektor kommt. Unter dem Einfluß des neuen Verteidigungsministers *Lin Piao* (* 1907 oder 1908, † 1971) beginnt sich die Volksbefreiungsarmee in eine „große Schule des Denkens Mao Tse-tungs" zu verwandeln. In einer Reihe von Kampagnen wird die Armee von nun an zur „Verbesserung des Arbeitsstils" angehalten und auf die Linie Maos eingeschworen.
1962 Jan. – Febr.	Auf einer erweiterten Arbeitskonferenz des ZK in Peking schließt sich auch Liu Shao-ch'i der Kritik des „Großen Sprungs" an und tritt für eine weitere Liberalisierung der Wirtschaftspolitik und für die Rehabilitierung einiger „Rechtsabweichler" ein. – Die bestehenden Meinungsgruppen beginnen sich zu „*Fraktionen*" mit eigenen Programmen zu verhärten; die Polarisierung der beiden „Linien" wird zunehmend „antagonistischer". Dabei konzentrieren sich die Auseinandersetzungen auf die Bereiche der Kultur, der Ideologie und der Propaganda.
Aug.	Auf der vorbereitenden Arbeitskonferenz für das **10. Plenum des VIII. ZK** in *Peitaiho* startet Mao eine Offensive gegen die Konsolidierungspolitik von Liu und Teng.
24.–27. Sept.	Auf dem Plenum selbst setzt Mao seine Linie fort. Er warnt vor kapitalistischen Tendenzen, betont die *Fortsetzung des Klassenkampfes* auch in der Phase des Sozialismus und verweist auf die Bedeutung der Erziehung „revolutionärer Nachfolger". Obwohl er eine Bestätigung der Lushan-Resolution vom August 1959 durchsetzen und die Rehabilitierung von „Rechtsabweichlern" verhindern kann, wird in der Praxis die Politik Lius und Tengs fortgeführt. Diese findet ihren Ausdruck in der Politik der **„Drei Freiheiten – eine Festlegung"** (Ausdehnung privat genutzter Landparzellen u. freier Handel mit den dabei gewonnenen Produkten; privates Kleingewerbe; Festsetzung der Produktionsquoten auf der Ebene der bäuerlichen Haushalte); Vertrauen auf Privatinitiative und materielle Anreize; Aufwertung von Fachwissen, Planung und stärkere Dezentralisierung der Wirtschaft.
20. Okt. – 22. Nov.	Zwischen *Indien* und *China* kommt es wegen der umstrittenen Gebiete zu *militärischen Auseinandersetzungen,* die China schnell zu seinen Gunsten entscheidet. Nach tiefen Einbrüchen in indisches Gebiet erklärt China einseitig den Waffenstillstand und zieht seine Truppen zurück.
1963 **20. Mai**	Das ZK der KPCh stimmt der Durchführung einer von Mao konzipierten **„Sozialistischen Erziehungsbewegung"** zu, die schon auf dem 10. Plenum des VIII. ZK vom September 1962 in Aussicht genommen worden ist. Doch auch dabei zeigt sich schon deutlich ein

Staaten außerhalb des Warschauer Paktes – Volksrepublik China   *1419*

„Kampf der beiden Linien". Während Mao mit Hilfe dieser Kampagne in Fortsetzung der Politik des „Großen Sprungs" den „Klassenkampf verschärfen" und das politische Bewußtsein heben will, versuchen die Parteipragmatiker um Liu die Disziplinierung des Parteiapparates und die Stabilisierung des Parteieinflusses auf dem Lande zu verstärken.

30. Mai Das ZK der KPdSU schlägt in einem Brief an das ZK der KPCh die Aufnahme bilateraler Gespräche auf Parteiebene zur Bereinigung der bestehenden Differenzen vor.

14. Juni Die chinesische Parteiführung nimmt die Einladung an und legt in einem unter der Leitung Maos erarbeiteten „Vorschlag zur Generallinie der internationalen kommunistischen Bewegung" an das ZK der KPdSU die eigene Position klar. In ihm wird von Moskau insbesondere die Aufgabe der Koexistenz-Politik gefordert, die Ablehnung des parlamentarischen Weges zum Sozialismus bekräftigt, die These vom Absterben des Klassenkampfes im Sozialismus attackiert und vor dem *„Revisionismus"* gewarnt.

5. Juli Eine Delegation unter der Leitung von *Teng Hsiao-p'ing* (* 1904) und *P'eng Chen* (* 1899)
–22. Juli trifft in Moskau ein, doch führen die Gespräche zu keinem Konsens und werden schließlich ergebnislos eingestellt.

5. Aug. Dagegen Abschluß eines Abkommens über die Nichtverbreitung von Kernwaffen nach Verhandlungen zwischen den USA, Großbritannien und der UdSSR in Moskau.

Von der Kulturrevolution bis zu Maos Tod (1965–1976)

1964 Mao benutzt den Besuch einer Delegation der Sozialistischen Partei Japans dazu, eine neue
10. Juli Version seiner *Zwischenzonen-Theorie* vorzustellen. Ihr zufolge bestehen zwischen den USA und den sozialistischen Ländern zwei große Zwischenzonen, die zum einen von den unterentwickelten Staaten und zum anderen von den entwickelten Mächten Westeuropas sowie von Japan gebildet werden. Den Staaten der beiden Zwischenzonen empfiehlt Mao zur Abwehr imperialistischer Aggression mit den sozialistischen Ländern zusammenzuarbeiten.

14. Juli Mit der Veröffentlichung des Grundsatzartikels „Über den Pseudokommunismus Chruschtschows und die historischen Lehren für die Welt" erreicht die *Kritik* am *innen- und außenpolitischen Kurs der Sowjetunion* ihren bisherigen Höhepunkt.

16. Okt. Zündung der ersten chinesischen *Atombombe*.

Dez. Peking setzt die religiösen und weltlichen Oberhäupter in Tibet, den *Dalai Lama* und den *Pantschen Lama* (* 1937, † 1989), offiziell ab.

1964 Der **III. Nationale Volkskongreß** tritt in Peking zusammen (bis 4. Jan. 1965). Maos Kritik
21. Dez. an der Kultur- und Erziehungsarbeit nimmt zu.

1965 Zur Verbesserung der Kultur- und Erziehungsarbeit wird ein „*Fünferausschuß Kulturre-*
13. Juli *volution"* unter dem Vorsitz von P'eng Chen gebildet.

9. Sept. Formale Errichtung des *Autonomen Gebiets Tibet*.

Sept./ Auf einer Arbeitskonferenz des ZK über Probleme im Kulturbereich fordert Mao zur Kri-
Okt. tik an *Wu Han*, stellvertretender Bürgermeister von Peking, auf. Dieser hat 1961 in einem Drama die Säuberung P'eng Te-huais kritisiert und Mao kaum verhüllt angegriffen. Mao kann sich jedoch nicht durchsetzen und zieht sich nach Shanghai zurück.

10. Nov. Die Shanghaier Zeitung *Wen-hui-pao* veröffentlicht auf Veranlassung von Mao und dessen Frau *Chiang Ch'ing* (* 1913), die politisch immer stärker in Erscheinung tritt, eine scharfe Kritik *Yao Wen-yüans* (* 1925) an dem Drama von Wu Han. Der Artikel wird bald darauf von der Armee-Zeitung und schließlich auch von der *Pekinger Volkszeitung* nachgedruckt.

1966 In Abwesenheit Liu Shao-ch'is werden einige seiner wichtigsten Verbündeten ihrer Ämter enthoben (Lo Jui-ch'ing [* 1906], P'eng Chen [* 1899], Lu Ting-yi).

16. Mai In einem Rundschreiben des ZK ist zum ersten Mal von der **„Großen Proletarischen Kulturrevolution"** die Rede, mit der gegen die ideologischen Positionen vorgegangen werden soll, die noch von den „Resten der Bourgeoisie und des Feudalismus in Partei, Regierung und Armee" gehalten werden. – An den Hochschulen bilden sich Rotgardistengruppen, die auf *Wandzeitungen* die Zerstörung der „alten Autoritäten" fordern. Da sie von Mao selbst und den publizistischen Organen unterstützt werden, gelingt es der Partei nicht, sie unter Kontrolle zu bringen. Der Terror an den Hochschulen weitet sich aus.

16. Juli Mao schwimmt unterdessen bei Hangchow im *Yangtse* und demonstriert so spektakulär seine gute körperliche Verfassung. Dann kehrt er nach neunmonatiger Abwesenheit nach Peking zurück.

1. Aug. Beginn des von Mao einberufenen **11. Plenums des VIII. ZK,** welches mit Mao-Verbündeten erweitert worden ist.

8. Aug. In einer **16-Punkte-Entschließung** legitimiert das ZK die Kulturrevolution und ruft zum Kampf gegen die Machthaber in der Partei auf, „die den kapitalistischen Weg gehen".

18. Aug. Zusammen mit Lin Piao nimmt Mao in Peking die erste große Massenkundgebung der Roten Garden ab; immer stärkerer *Mao-Kult*. Terror und Exzesse der studentischen Roten

1420 Neueste Zeit – Kommunistisch strukturierte Welt

Garden steigern sich und provozieren den Widerstand von Arbeitern und Bauern. – Zwar gelingt es Mao und seinen Anhängern, ihre Gegner in der Parteizentrale zu entmachten und sich in Peking und einigen anderen Großstädten durchzusetzen, in den Provinzen blokken jedoch die dortigen Parteiführer die Angriffe der Roten Garden weitgehend ab und behaupten ihre Positionen.

1967 In Shanghai bricht der sog. **„Januarsturm"** los; hier wie in anderen Städten übernehmen
4. Jan. die Radikalen gewaltsam die Macht. Die Partei antwortet mit der Aufstellung eigener Verbände („Scharlachgarden") und versucht die Arbeiter und Bauern auf ihre Seite zu ziehen.

17. Jan. Mao erteilt der Volksbefreiungsarmee den Befehl zum Eingreifen, da Streiks, Demonstrationen und Kämpfe die Wirtschaft in ein Chaos zu stürzen drohen. Obwohl zum „Schutz der Linken" aufgefordert, benutzen viele der militärischen Führer in den Provinzen die Gelegenheit, die Radikalen unter Kontrolle zu bringen und mit Hilfe gemäßigter Kader den reibungslosen Ablauf der Wirtschaft sicherzustellen. Bildung von *„Revolutionskomitees"* aus Militärs, „revolutionären Parteikadern" und Vertretern von Massenorganisationen in Heilungkiang unter Mitwirkung des dortigen Militärbefehlshabers *Ch'en Hsi-lien* (* 1913).

6. April Im Gegenzug verbietet die von der Linksfraktion kontrollierte Militärkommission des ZK die von einigen Militärführern in den Provinzen angestrebte Auflösung der revolutionären Massenorganisationen.

26. Juli Mit der Entmachtung von *Ch'en Tsai-tao,* Kommandeur der Militärregion Wuhan, gelingt ein weiterer wichtiger Erfolg der Linken. Die Angriffe auf höhere Militärs nehmen zu.

18. Aug. Der Versuch der Linken, sich auch in Südchina durchzusetzen, scheitert, als der dortige Befehlshaber *Huang Yung-shen* (* 1907) mit regulären Truppen in die Kämpfe eingreift. Schon zuvor haben sich unter dem Druck der regionalen Befehlshaber auf einer erweiterten Sitzung der Militär-Kommission des ZK in Peking Mao, Lin Piao und Chiang Ch'ing von den „Revolutionären Rebellen" distanziert. Der Höhepunkt der Kulturrevolution ist damit überschritten. Während aus der *„Gruppe Kulturrevolution"* die Linksextremisten entfernt werden, führt die Armee die Disziplinierung der Roten Garden und der von ihnen dominierten Massenorganisationen durch.

14. Okt. Die sofortige Wiederaufnahme des Unterrichts an Schulen und Hochschulen wird angeordnet. Bereits seit September hat sich mit Billigung Maos die in *Heilungkiang* erstmals gebildete Dreierverbindung von Militär- und Parteikadern sowie von Massenorganisationsvertretern als Organisationsform im ganzen Land durchgesetzt. Allerdings werden diese Machtorgane von Anfang an von den Angehörigen der Volksbefreiungsarmee dominiert. Unter der Leitung des Militärs kommt so das Land langsam wieder zur Ruhe und die Wirtschaft wieder in Schwung. Darüber hinaus werden Maßnahmen zum Wiederaufbau der Partei eingeleitet.

1968 Das **12. Plenum des VIII. ZK** nimmt den Entwurf eines neuen *Parteistatuts* an, das von
13.–31. *Ch'en Po-ta, Yao Wen-yüan* und *Chang Ch'un-ch'iao* (* 1911) ausgearbeitet worden ist.
Okt. Obwohl schon längst entmachtet und von der politischen Bühne verschwunden, wird *Liu Shao-ch'i* erst jetzt formell aller Ämter enthoben und aus der Partei ausgestoßen.

22. Dez. Mao fordert die Absolventen von Schulen und Hochschulen auf, aufs Land zu gehen, um sich von den Bauern umerziehen zu lassen. In der Folge werden mehr als zehn Millionen Jugendlicher in die Randzonen Chinas abkommandiert. Die Rebellion der Jugend ist damit zerschlagen.

1969 Schwere Zwischenfälle an der sowjetisch-chinesischen Grenze *(Ussuri-Konflikt).* Nach
2./15. starken sowjetischen Truppenkonzentrationen und unter dem Eindruck des Einmarsches
März von Truppen des Warschauer-Pakts in die ČSSR vom August 1968 wächst in China das Gefühl der Bedrohung.

1.–24. Unter strengster Geheimhaltung tritt in Peking der **IX. Parteitag** zusammen. Das **Ende der**
April **Kulturrevolution** wird verkündet und ein neues *Parteistatut* angenommen, das Lin Piao namentlich als „Nachfolger" Maos bezeichnet und dessen Gedanken wieder zur Richtschnur für die Arbeit der Partei erhebt.

15. April Das neugewählte ZK wird ebenso wie das neue Politbüro von Vertretern der Volksbefreiungsarmee dominiert.

28. April Das **1. Plenum des IX. ZK** wählt Mao Tse-tung erneut zum Parteivorsitzenden.

Mai Der Wiederaufbau der Partei wird verstärkt propagiert und eine von nun an ständig wachsende Zahl von Kadern, die während der Kulturrevolution „gesäubert" worden sind, auf Betreiben Chou En-lais rehabilitiert. Während Chou mit Hilfe der Partei und mit Unterstützung zahlreicher Regionalbefehlshaber einen Kurs der politischen und wirtschaftlichen Konsolidierung steuert, propagiert *Lin Piao* die Rückkehr zur Politik des „Großen Sprungs", nun allerdings unter der Leitung der Armee und mit Hilfe einer weitgehend militarisierten Bevölkerung. Macht- und Linienkämpfe der beiden Gruppen setzen ein.

1970 Mao spricht sich für eine Änderung der Verfassung von 1954 und für die *Streichung des*
März *Staatspräsidentenamtes* aus. Die Armee wird verstärkt zum Gehorsam gegenüber der Partei aufgerufen.

Staaten außerhalb des Warschauer Paktes – Volksrepublik China *1421*

23. Aug. –6. Sept.	Auf dem **2. Plenum des IX. ZK** drängen Lin Piao und seine Anhänger im zentralen Militärapparat, unterstützt von Ch'en Po-ta, vergeblich auf die Beibehaltung des Staatspräsidentenamtes. Daraufhin beginnt Mao gegen die Lin Piao-Gruppe Stellung zu beziehen. Seine Kritik konzentriert sich zuerst auf Ch'en Po-ta, der nach dem Plenum nicht mehr in der Öffentlichkeit auftritt und im April des nächsten Jahres auf einer Parteikonferenz „gesäubert" wird. Unter dem Eindruck des Erstarkens seiner Gegner und der zunehmenden Feindseligkeit Maos beginnt Lin Piao seine Anhänger zu sammeln und einen Putsch vorzubereiten.
Dez.	Vollzug der Bildung von *26 Provinzkomitees* sowie der *Parteikomitees* von Peking, Shanghai und Tientsin. Ihre Zusammensetzung spiegelt den Machtverlust der linken Massenorganisationen und den Machtgewinn der neuen Koalition von Parteiveteranen und lokalen Militärbefehlshabern.
1971 Aug.	
17. Juli	Die chinesische Presseagentur gibt die Einladung Chou En-lais an den amerikanischen Präsidenten *Richard M. Nixon* zu einem Besuch in China bekannt.
12. Sept.	Nach dem Scheitern eines Putsches stürzt *Lin Piao* auf der Flucht über der Mongolei mit dem Flugzeug ab. Erst Anfang Dezember setzt eine „*Kampagne zur Kritik am Revisionismus und zur Korrektur des Arbeitsstils*" ein. Obwohl sie offenbar der Ausschaltung der Lin Piao-Anhänger, insbesondere im zentralen Militärapparat, dient, wird Lin Piao erst auf dem X. Parteitag im August 1973 offiziell damit in Verbindung gebracht. Die Zahl der Rehabilitierungen von Altfunktionären und Militärs nimmt weiter zu. Zudem wird der Wiederaufbau des zentralen Verwaltungsapparats beschleunigt vorangetrieben.
25. Okt.	Die VR China wird als Vertreterin Chinas **in die Vereinten Nationen aufgenommen**; gleichzeitig verlassen die Vertreter der National-Regierung (Taiwan) die Weltorganisation.
1972	US-Präsident **Richard M. Nixon trifft zu einem Besuch in China ein** (21. Febr.).
27. Febr.	Veröffentlichung des chinesisch-amerikanischen *Kommuniqués von Shanghai*.
25.–30. Sept.	Während des Besuchs des japanischen Premiers *Kakuei Tanaka* wird die Aufnahme diplomatischer Beziehungen zwischen beiden Ländern vereinbart und der Abschluß eines Friedens- und Freundschaftsvertrags in Aussicht genommen, nachdem die japanische Regierung sich bereit erklärt hat, den Friedensvertrag von 1952 zu annullieren und anzuerkennen, daß Taiwan ein Bestandteil Chinas ist.
11. Okt.	Aufnahme diplomatischer Beziehungen zwischen der VR China und der Bundesrepublik Deutschland.

Chinesische Außenpolitik seit 1969

Nach dem IX. Parteitag im April 1969 beginnt sich China aus der außenpolitischen Isolation zu lösen und viele der während der Kulturrevolution aufgegebenen Botschafterposten neu zu besetzen. Im August 1970 nimmt Peking sogar diplomatische Beziehungen zu Jugoslawien auf, das lange Zeit wegen seiner „revisionistischen" Politik angegriffen wurde. Zudem kommt es zum Ausbau der Kontakte zu Rumänien. Seit Sommer 1969 mehren sich außerdem die Anzeichen für eine *amerikanisch-chinesische Annäherung*. Geheime Gespräche des Sonderbeauftragten des amerikanischen Präsidenten, *Henry A. Kissinger*, in Peking helfen das Terrain für eine chinesische Einladung an *Richard Nixon* zu ebnen. Während seines Besuchs in China (21.–27. Februar 1972) trifft Nixon auch mit Mao Tse-tung zusammen, der sich damit demonstrativ hinter die neue außenpolitische Linie stellt. Die intensiven chinesisch-amerikanischen Verhandlungen finden im *Kommuniqué von Shanghai* ihren Niederschlag: beide Staaten bekennen sich zum Prinzip der friedlichen Koexistenz und zur Regelung internationaler Streitfälle ohne Anwendung von Gewalt. Sie stellen fest, daß eine Normalisierung der amerikanisch-chinesischen Beziehungen im Interesse „aller Staaten" liege und erteilen hegemonialen Bestrebungen im asiatisch-pazifischen Raum ebenso eine Absage wie der Aufteilung der Welt in Einflußsphären der Großmächte. Das Taiwan-Problem bleibt ungelöst. Während Peking auf seiner Absicht beharrt, Taiwan sei eine Provinz Chinas und Peking stelle die einzig rechtmäßige Regierung Chinas dar, anerkennt die amerikanische Regierung die Auffassung „aller" Chinesen, daß es nur ein China gebe und Taiwan ein Teil Chinas sei. Beide Seiten geben ihr Interesse an einer Fortsetzung der Kontakte und einer Normalisierung der Beziehungen zu Protokoll. Der Prozeß der diplomatischen Anerkennung, der schon vor der amerikanisch-chinesischen Annäherung begonnen hat, setzt sich nach dem Nixon-Besuch verstärkt und beschleunigt fort: noch im selben Jahr tauschen Japan und die Bundesrepublik Deutschland mit der VR China Botschafter aus.
Die *neue außenpolitische Strategie* findet ihre konzeptionelle Ausprägung in der sog. *Dreiwelten-Theorie,* die Teng Hsiao-p'ing 1974 vor der UNO erläutert. Von den drei Welten, in die sich ihr zufolge die internationale Landschaft einteilen läßt, bilden die beiden „Supermächte" USA und UdSSR die Erste, die entwickelten Staaten in West und Ost die Zweite und die unterentwickelten Länder, zu denen sich auch China zählt, die Dritte Welt. Als strategische Konsequenz strebt Peking die Bildung einer „breitestmöglichen Einheitsfront" gegen die beiden „Supermächte" an, insbesondere gegen die Sowjetunion. Deshalb kooperiert China mit allen Ländern der Dritten Welt, ungeachtet des politischen Systems, und versucht seine Beziehungen zu den Ländern der Zweiten Welt auszubauen.

1422 Neueste Zeit – Kommunistisch strukturierte Welt

Die innenpolitische Krise 1971–1975

Nach dem Fall Lin Piaos kristallisiert sich als linker Gegenpol zu den Parteipragmatikern um Chou En-lai die Gruppe um Maos Frau *Chiang Ch'ing* und die Shanghaier Funktionäre *Chang Ch'un-ch'iao* (* 1911) und *Yao Wen-yüan*. Diese beobachtet mit Argwohn die Rehabilitierung ehemaliger Parteifunktionäre und die allmähliche Zurückdrängung „kulturrevolutionärer Errungenschaften" zugunsten einer an Rationalität und Effizienz orientierten Wirtschafts- und Gesellschaftspolitik. Versuche zur Wiederherstellung eines dazu erforderlichen leistungsbezogenen Erziehungssystems sowie die Aktivierung des Außenhandels mit den westlichen Staaten, mit deren Hilfe die Mechanisierung und Modernisierung der chinesischen Wirtschaft, vor allem aber der Armee beschleunigt werden soll, provozieren bald ihren Widerstand. Obwohl es den Linken auf dem X. Parteitag von 1973 gelingt, den jungen Shanghaier Parteifunktionär *Wang Hung-wen* (* zwischen 1937 und 1941) in die höchste Parteispitze zu bringen, setzen die gemäßigten Kräfte sich in den Führungsorganen weiter durch. Die Zahl der Militärs nimmt in den obersten Parteiorganen ab; einen weiteren Machtverlust müssen sie Ende des Jahres mit einem Revirement unter den regionalen Militärbefehlshabern hinnehmen. Nach intensiven Rekrutierungen erreicht die Partei eine Mitgliederzahl von 28 Millionen (vor der Kulturrevolution: 17 Millionen). Seit dem Frühjahr wird der Wiederaufbau der während der Kulturrevolution aufgelösten offiziellen Massenorganisationen (Kommunistisches Jugendkorps, Gewerkschaftsverband, Chinesischer Demokratischer Frauenbund) verstärkt betrieben. Durch sie versuchen die Linken ihre Machtbasis zu verbessern, die bislang im wesentlichen aus der Unterstützung Maos und der Kontrolle der Massenmedien bestand. Über die letzteren betreiben sie seit Herbst 1972 eine als *Kritik an Lin Piao und Konfuzius* getarnte Massenkampagne gegen Chou En-lai und seine Anhänger. Diesem gelingt es jedoch, sich auf dem IV. Nationalen Volkskongreß im Januar 1975 mit seiner *Politik der „vier Modernisierungen"* (Landwirtschaft, Industrie, Landesverteidigung, Wissenschaft und Technik), mit deren Hilfe China noch in diesem Jh. zu einer der führenden wirtschaftlichen Mächte der Welt aufsteigen soll, durchzusetzen. Über eine Reihe von Kampagnen versucht die Parteilinke daraufhin die Initiative wieder an sich zu reißen. Hauptziel der Angriffe ist nun der einstige Generalsekretär der Partei, Teng Hsiao-p'ing (im Frühjahr 1973 rehabilitiert), der an Stelle des erkrankten Chou En-lai die Regierungsgeschäfte führt.

Produktion ausgewählter Güter

	Einheit	1952	1957	1975	1978	1980	1981	1982
Elektrische Energie	Mio. kWh	7,2	19,3	121	159	300,6	309,3	327,7
Stahl	Mio. t	1,3	5,4	25	31	37,1	35,6	37,2
Kohle	Mio. t	66,5	130	480	600	620,0	622,0	666,0
Öl	Mio. t	0,4	1,3	74	100	105,9	101,2	102,1
Zement	Mio. t	2,9	6,9	40	60	79,9	84,0	95,2
Getreide	Mio. t	161	191	284	295	318,2	325,0	353,4

1973
24.–28.
Aug.
Nach dem **X. Parteitag,** der durch eine Satzungsänderung und personelle Auffüllungen der Organe der Ausschaltung Lin Piaos Rechnung trägt, steigert sich der innenpolitische Widerstand der Linksgruppe zu einer Reihe von Kampagnen, die alle dem Ziel dienen, Chou En-lai zu entmachten und die Fortsetzung seiner Politik zu blockieren.

1974
10. April
Teng Hsiao-p'ing stellt der UN-Vollversammlung die sog. *„Dreiwelten-Theorie"* vor, die von nun an als offizielle Grundlage der chinesischen Außenpolitik bezeichnet wird.

1975
13.–17.
Jan.
Auf dem nach der Verfassung längst überfälligen **IV. Nationalen Volkskongreß,** der in demonstrativer Abwesenheit Maos in Peking stattfindet, gelingt Chou En-lai eine wichtige Konsolidierung seines gemäßigten Reformkurses *(Politik der „vier Modernisierungen").* Während in der Linksfraktion lediglich *Chang Ch'un-Ch'iao* mit dem Amt des 2. Stellvertretenden Ministerpräsidenten eine wichtige Position zufällt, kann Chou seine Regierungsmannschaft mit Männern seiner Wahl besetzen (Ernennung Teng Hsiao-p'ings zum 1. Vizepremier). – Der Volkskongreß verabschiedet eine neue Verfassung.

Die Verfassung von 1975

Die Verfassung definiert die Volksrepublik als einen *„sozialistischen Staat der Diktatur des Proletariats"* und enthält die Feststellung, daß die Phase des Sozialismus von Klassenkämpfen geprägt ist und daher der Diktatur des Proletariats bedarf. Die Führungsrolle der Partei über Regierung und Armee wird hervorgehoben und dem Ständigen Ausschuß des Nationalen Volkskongresses die Funktionen des Staatsoberhaupts zugewiesen. Das Streikrecht wird garantiert, außerdem die private Bewirtschaftung und Nutzung kleiner Parzellen sowie die Ausübung häuslicher Nebengewerbe in kleinem Umfang gestattet. Außenpolitisch enthält die neue Verfassung neben einem Bekenntnis zum Prinzip des *„proletarischen Internationalismus"* die Feststellung, daß China niemals anstrebe, eine „Supermacht" zu werden.

Staaten außerhalb des Warschauer Paktes – Volksrepublik China   *1423*

1976 **7. Jan.**	Nach dem **Tod Chou En-lais** gelingt der Parteilinken ein vorläufiger Durchbruch, nachdem sie in einer Reihe von Kampagnen versucht hat, die Initiative wieder an sich zu reißen.
7. Febr.	Statt Teng Hsiao-p'ing wird der bisherige Sicherheitsminister *Hua Kuo-feng* (* 1920) zum neuen geschäftsführenden Premier ernannt.
1.–5. April	Vor dem Tor des Himmlischen Friedens im Zentrum Pekings kommt es anläßlich des ersten Gedenktages seines Todes zu spontanen Trauerkundgebungen der Bevölkerung für den verstorbenen Premier Chou En-lai, die von Ordnungshütern gewaltsam unterbunden werden (*T'ien An-men-Zwischenfall*).
7. April	Teng Hsiao-p'ing wird nach wochenlanger, von Mao gebilligter Kampagne vom Politbüro aller Partei- und Regierungsämter enthoben; gleichzeitig wird Hua Kuo-feng als neuer Premier bestätigt und auf Vorschlag Maos zum **1. stellvertretenden Parteivorsitzenden** gewählt. – Angesichts des sich rapide verschlechternden Gesundheitszustands von Mao Tsetung intensiviert die Linksfraktion den Kampf um seine Nachfolge. Die Kampagnen gegen die Anhänger Chous und Tengs werden verschärft, der Aufbau von Milizen vorangetrieben.
15. Juni	Bekanntgabe, daß der Parteivorsitzende Mao Tse-tung keine ausländischen Besucher mehr empfangen werde.
8. Sept.	**Mao Tse-tung stirbt** im Alter von 82 Jahren. Unmittelbar danach setzt der Kampf um seine Nachfolge ein.

China nach Mao (seit 1976)

7. Okt.	Das Politbüro wählt **Hua Kuo-feng** (* 1920) **zum neuen Parteivorsitzenden;** noch am selben Tag werden die Frau Maos und ihre Anhänger verhaftet. Damit wird offenbar, daß die Linke nach dem Tod Maos gegen die sich formierende Koalition aus gemäßigten Parteiveteranen und regionalen Militärbefehlshabern, der sich auch die Führer des Sicherheitsapparates angeschlossen haben, kein vergleichbares Machtpotential aufbieten kann. Mit der Unterstützung der Armee gelingt es den Siegern schnell, den Widerstand der nun als „**Viererbande**" disqualifizierten Linksfraktion zu brechen und die durch Naturkatastrophen vom Frühjahr 1976 sowie durch Machtkämpfe geschädigte Wirtschaft wieder in Gang zu bringen.
1977 **12.–18. Aug.**	Das **3. Plenum des X. ZK** (16.–21. Juli) rehabilitiert Teng Hsiao-p'ing erneut. Der vorzeitig nach Peking einberufene **XI. Parteitag** zieht die personellen Konsequenzen der neuen Entwicklungen: während die Anhänger der Linksfraktion aus allen Parteigremien entfernt werden, übernimmt die Koalition der Sieger die Macht. Zu den fünf Stellvertretern des neuen Parteivorsitzenden Hua Kuo-feng zählt auch Teng Hsiao-p'ing. – Die Kulturrevolution wird für beendet erklärt; die Partei nimmt ein *neues Parteistatut* an, das die kulturrevolutionären Positionen der Statuten von 1969 und 1973 weiter abschwächt und an die Satzung von 1956 anknüpft. Sie ist stärker auf eine kollektive Führung abgestellt und betont die Prinzipien der Disziplin und Kontrolle.

Die neue Wirtschaftspolitik

Zur Ankurbelung der Politik der „vier Modernisierungen" und zur Intensivierung der wissenschaftlichen und technischen Forschung läuft seit dem Sturz der „Viererbande" eine Kette von Nationalen Konferenzen ab. Ein *Acht-Jahres-Plan* wird für Wissenschaft und Technik erstellt. An den Forschungseinrichtungen wird die politische Arbeit reduziert und das System persönlicher Verantwortung wiedereingeführt. – Ins Zentrum der Politik rückt die Generallinie des „*Neuen Großen Sprungs nach vorn*". So soll die Landwirtschaft im Rahmen eines Zehnjahresplans (1976–1985) jährlich um 4–5 % wachsen und die Industrie jährlich um 10 %. Anknüpfend an die frühere Strategie, sollen Landwirtschaft und Industrie gleichzeitig entwickelt werden, ebenso Schwer- und Leichtindustrie, nationale und lokale Industrie; bei den Produktionsmethoden soll traditionellen und einheimischen Mustern gefolgt und die Führung sowohl zentralisiert wie lokalisiert werden. Im ganzen gesehen, deutet sich in vielen wirtschaftlichen und administrativen Bereichen eine Rezentralisierung an. Um die gesteckten Ziele zu erreichen, wird nicht nur der *Außenhandel mit dem Westen* verstärkt, China rückt auch von seinem bisherigen Grundsatz ab und nimmt zur Importfinanzierung, insbesondere modernster Technologie, *ausländische Kredite* unter anderem aus der Bundesrepublik Deutschland auf.

1978 **26. Febr.**	In Peking tritt der **V. Nationale Volkskongreß** zusammen. Er bestätigt personell und programmatisch den gemäßigten Kurs der vergangenen Jahre. Hua Kuo-feng wird als Ministerpräsident in seinem Amt bestätigt.
5. März	Die **neu angenommene Verfassung** wird als „neue Verfassung für eine neue Entwicklungsdekade" bezeichnet. Auch sie definiert die VR China als einen „sozialistischen Staat der Diktatur des Proletariats" und unterstreicht die Führungsrolle der kommunistischen Partei.

1424 Neueste Zeit – Kommunistisch strukturierte Welt

Wachstum der Produktion in der VR China (jährliche Veränderung in %)

	Ist 1972–1975	1976	1977	1979	1980	1981	Plan 1976–1985
Bruttoproduktion, gesamt	6	3,7	6,9	8,4	7,2	4,0	8 – 9
Industrie	9,5	6	14	8,5	8,7	4,0	10 –12
Landwirtschaft	2,5	2	0,5	8,6	2,7	4,0	4 – 5
Sonstige Bereiche[1]	5	0	3	–	–	–	6,5– 8

[1] Verkehr, Bauwirtschaft und Dienstleistungen.

Außenhandel der VR China nach Ländergruppen[1]

Ländergruppen	1955	1965	1970	1975	1981	1982
Ausfuhr in Mio. US-Dollar						
Sozialistische Länder[2]	975	710	575	1370	1080	1076
Westliche Industrieländer[3]	200	545	650	2625	9448	9314
darunter: Japan	76	211	239	1440	5292	5352
EG	99	262	320	711	2494	2075
Asien, Afrika und Lateinamerika . .	230	735	865	2995	10107	11253
Einfuhr in Mio. US-Dollar						
Sozialistische Länder[2]	1010	520	405	1015	1310	1441
Westliche Industrieländer[3]	145	870	1380	5515	14954	13034
darunter: Japan	30	260	606	2425	5095	3511
EG	73	330	496	1590	2759	2057
Asien, Afrika und Lateinamerika . .	200	455	400	960	3140	3924
Ausfuhr- bzw. Einfuhrüberschuß (–) in Mio. US-Dollar						
Sozialistische Länder[2]	−35	190	170	355	− 230	− 365
Westliche Industrieländer[3]	55	−325	−730	−890	−5506	−3720
darunter: Japan	46	− 49	−367	−985	197	1841
EG	26	− 68	−176	−883	− 265	18
Asien, Afrika und Lateinamerika . .	30	280	410	2035	6967	7329
Ausfuhr, insgesamt = 100						
Sozialistische Länder[2]	69,4	35,7	27,5	19,6	5,2	4,9
Westliche Industrieländer[3]	14,2	27,4	31,1	37,6	45,8	42,5
darunter: Japan	5,4	10,6	11,4	20,6	25,6	24,4
EG	7,0	13,2	15,3	10,2	12,1	9,5
Asien, Afrika und Lateinamerika . .	16,4	36,9	41,4	41,6	49,0	51,4
Einfuhr, insgesamt = 100						
Sozialistische Länder[2]	75,7	28,2	18,1	13,6	6,8	7,8
Westliche Industrieländer[3]	10,9	47,2	61,1	74,7	77,1	70,8
darunter: Japan	2,2	14,1	27,1	32,8	26,2	19,1
EG	5,5	17,9	22,1	21,6	14,2	11,2
Asien, Afrika und Lateinamerika . .	14,4	24,6	20,3	12,8	16,2	21,3

[1] Berechnet anhand von Statistiken der Partnerländer. – Um Transport- und Versicherungskosten sowie um Doppelzählungen bereinigte Werte; unter Einbeziehung der asiatischen Volksdemokratien Mongolei, Nordkorea, Vietnam, Laos und Kambodscha. Für 1977 z. T. geschätzt auf der Basis von 6 bis 11 Monatsdaten. [2] RGW-Länder, einschließlich Kuba und Mongolei, außerdem Albanien, Jugoslawien und übrige asiatische Volksdemokratien. [3] OECD-Länder nach dem Stand vom 31. 12. 1973.

Wirtschaftlich wird die Notwendigkeit einer rascheren Entwicklung und Modernisierung betont. Der Grundrechtskatalog wird in einigen Punkten ergänzt (u. a. Gleichstellung der Frau, Sozialunterstützung). Nach der (schon 1970 heftig diskutierten) Streichung des Amts des Staatspräsidenten geht der militärische Oberbefehl auf den Vorsitzenden des ZK der KPCh über.

Gleichzeitig mit dem Nationalen Volkskongreß tritt nach 13jähriger Unterbrechung die **V. Politische Konsultativkonferenz** zusammen, ein Zeichen, daß die gemäßigte Politik der Vereinten Fronten wiederaufgenommen werden soll. Der Konferenz gehören über 2000 Persönlichkeiten aus allen Bereichen der Gesellschaft an, darunter Abgeordnete der früheren demokratischen Parteien und der Pantschen Lama.

3. April Abschluß eines Handelsvertrags zwischen der VR China und der EG.

Mai Mit dem einsetzenden Exodus von Vietnamesen chinesischer Abstammung aus Vietnam verschlechtern sich die Beziehungen zwischen Hanoi und Peking. Eine weitere Verschärfung verursacht der *Grenzkonflikt zwischen Vietnam und Kambodscha*, in dem China für Kambodscha Partei ergreift und materielle Unterstützung leistet.

Staaten außerhalb des Warschauer Paktes – Volksrepublik China 1425

3. Juli	Peking stellt die Finanz- und Technische Hilfe an Vietnam ein; fast zur selben Zeit kommt es zu Auseinandersetzungen an der *chinesisch-vietnamesischen Grenze*, die im Laufe des Jahres immer weiter eskalieren.
7. Juli	Das chinesische Außenministerium gibt in einer Note an die albanische Botschaft in Peking die Rückberufung der chinesischen Experten und die Einstellung der chinesischen Hilfe an Albanien bekannt. Peking reagiert damit auf die albanische Kritik an der chinesischen Innen- und Außenpolitik, die ein Jahr zuvor eingesetzt und sich ständig gesteigert hatte.
10. Aug.– 1. Sept.	Der chinesische Partei- und Regierungschef Hua Kuo-feng unternimmt eine erste längere Auslandsreise, die ihn nach Rumänien, Jugoslawien und in den Iran führt.
12. Aug.	Die Volksrepublik *China* und *Japan* schließen nach längeren Verhandlungen einen *Friedens- und Freundschaftsvertrag*, der auch die von Moskau bekämpfte Anti-Hegemonie-Klausel enthält.
23.–29. Okt.	Zur offiziellen Unterzeichnung des Vertrags stattet der stellvertretende Ministerpräsident Teng Hsiao-p'ing *Japan* einen Staatsbesuch ab, in dessen Verlauf er auch vom japanischen Kaiser *Hirohito* empfangen wird.
5.–14. Nov.	Teng Hsiao-p'ing besucht die *ASEAN-Staaten* Thailand, Malaysia und Singapur: er bekräftigt die chinesische Zustimmung zur Schaffung einer *neutralen Zone* in Südostasien. Die Reise Tengs steht deutlich unter dem Eindruck des kurz zuvor zwischen *Vietnam* und der *Sowjetunion* geschlossenen Freundschaftsvertrags und der militärischen Auseinandersetzung in Indochina.
15. Dez.	Der amerikanische Präsident *James Earl Carter* und der chinesische Regierungschef *Hua Kuo-feng* geben die Absicht ihrer Regierungen bekannt, zu Beginn des darauffolgenden Jahres volle *diplomatische Beziehungen* aufzunehmen.
1979 1. Jan.	Mit der Aufnahme *diplomatischer Beziehungen* zwischen der *VR China* und den *USA* beenden die USA ihre seit 1949 bestehenden diplomatischen Beziehungen zur nationalchinesischen Regierung auf Taiwan (Formosa).
29. Jan.	*Teng Hsiao-p'ing* trifft zu einem *Staatsbesuch in Washington* ein.
17. Febr.	Beginn eines **Grenzkrieges** zwischen der **VR China und Vietnam** an der Nordgrenze Vietnams. China begründet seinen Angriff, den es als *„begrenzte Strafaktion"* charakterisiert, mit Vietnams wiederholtem Eingreifen in Kambodscha.
5. März	Beginn des *Rückzugs der chinesischen Streitkräfte* aus Vietnam.
4. April	Sieben Tage vor der automatischen Verlängerung des Abkommens kündigt China den Freundschaftsvertrag mit der UdSSR aus dem Jahr 1950.
15. April	Aufnahme von Friedensgesprächen zwischen China und Vietnam.
Dez.	Die *Normalisierungsgespräche mit der UdSSR* werden nach deren Eingreifen in Afghanistan von chinesischer Seite *auf unbestimmte Zeit vertagt*.
1980	Boykott der Olympischen Sommerspiele in Moskau.
23.–28. Febr.	Auf der 5. *Plenartagung des XI. ZK* in Peking werden *vier weitere prominente Vertreter der ehemaligen Mao-Gruppe von allen Leitungspositionen in Partei und Regierung entbunden;* statt dessen rücken mit Chao Tzu-yang und Hu Yao-bang zwei weitere Anhänger Tengs in den ständigen Ausschuß des Politbüros des ZK ein. *Hu Yao-bang wird Generalsekretär* des wiedererrichteten Sekretariats des ZK.
30. Aug.– 10. Sept.	3. Tagung des V. Nationalen Volkskongresses (NVK). Mit Ministerpräsident Hua Kuofeng stellen vier Stellvertretende Premiers ihre Ämter zur Verfügung. *Chao Tzu-yang wird neuer chinesischer Regierungschef.*
1981 25. Jan.	*Urteilsverkündung im Prozeß gegen* „die konterrevolutionären Cliquen um Lin Piao und Chiang Ching" *(die „Viererbande"). Chiang Ching und Yao Wen-yüan werden zum Tode verurteilt*, die Vollstreckungen jedoch für zwei Jahre aufgeschoben. Wang Hung-wen und Chang Ch'un-ch'iao erhalten lebenslangen bzw. zwanzigjährigen Freiheitsentzug.
27.–29. Juni	6. Plenartagung des XI. ZK der KPCh. *Hua Kuo-feng tritt vom Vorsitz des ZK und des Militärausschusses des ZK zurück. Hu Yao-bang erhält den Vorsitz der Partei*, Teng Hsiao-p'ing den des Militärausschusses.

Außenhandel der VR China mit der BR Deutschland (in Mio. DM)

Jahr	Ausfuhr insgesamt Mio. DM	Anteil der BR. Dtl.		Einfuhr insgesamt Mio. DM	Anteil der BR Dtl.	
		Mio. DM	%		Mio. DM	%
1976	19773	681	3,4	14311	1578	11,0
1977	19898	666	3,3	15560	1159	7,4
1978	21523	734	3,4	19881	1990	10,4
1979	24742	978	4,0	28676	2729	9,5
1980	33013	1294	3,9	35499	2426	6,8
1981	48726	1774	3,6	48739	3478	7,1
1982	53159	1854	3,5	46189	2321	5,0

1426 Neueste Zeit – Kommunistisch strukturierte Welt

1982 17. Aug.	In Peking und Washington wird ein „Gemeinsames Kommuniqué" über Taiwan veröffentlicht, in dem sich die USA verpflichten, die Waffenlieferungen an Taiwan quantitativ wie qualitativ allmählich abzubauen.
1.–12. Sept.	12. Parteitag der KPCh. Der Parteitag billigt den Entwurf eines neuen Parteistatuts. Das Amt des Parteivorsitzenden wird durch das eines Generalsekretärs des ZK ersetzt; *Generalsektretär wird Hu Yao-bang* (* 1915, † 1989).
5. Okt.	In Peking findet die erste Runde der *sinosowjetischen Gespräche zur Normalisierung der Beziehungen* statt (bis 22. Okt.). Weitere Gesprächsrunden abwechselnd in Moskau und Peking (1983 und 1984) bleiben ohne wesentliche Ergebnisse.
26. Nov.	5. Tagung des V. NVK (bis 10. Dez.): *Annahme einer neuen Verfassung.*
1983	1. Tagung des VI. NVK (bis 21. Juni): Li Hsien-nien erhält am 18. Juni das wiederhergestellte Amt des Staatsvorsitzenden.
1984	Besuch des chinesischen Ministerpräsidenten *Chao Tzu-yang in den USA* (10.–16. Jan.).
26. April bis 1. Mai	Besuch des amerikanischen Präsidenten *Reagan in der VR China.* Während es in der Taiwan-Frage zu keiner Annäherung kommt, verstärkt sich die wirtschaftliche Kooperation; u. a. wird ein Abkommen über Zusammenarbeit bei der friedlichen Nutzung von Kernenergie paraphiert (30. April).
26. Sept.	*Großbritannien und die VR China paraphieren ein Abkommen, wonach Hongkong ab 1997* als Sonderregion *wieder chinesischer Herrschaft untersteht. – (Forts. S. 1657)*

Volksdemokratische Republik Korea (Nordkorea) seit 1945
(Forts. v. S. 1033)

Der Aufbau der kommunistischen Bewegung Koreas beginnt während der japanischen Besetzung (1910–1945) in der Emigration: *„Irkutsk-Gruppe"* in der Sowjetunion, *„Shanghai-Gruppe"* in China.

1945 Aug./ Sept.	Nach der *Kapitulation Japans* besetzen *sowjetische Truppen* den Norden des Landes *bis zum 38. Breitengrad* als Demarkationslinie, um die japanischen Truppen zu entwaffnen, der Süden ist aus demselben Grund von *US-Truppen* besetzt. Mit sowjetischer Hilfe organisiert der „Kriegsheld" *Kim Il-sung* (* 1912?), der seit 1941
1946 8. Febr.	unter chinesischem Kommando in der nordöstlichen Antijapanischen Armee kämpft, den Wiederaufbau des Nordens: Bildung eines provisorischen Volkskomitees und Erstellung eines 20-Punkte-Programms (Agrarreform, Arbeiterschutzgesetze, Verstaatlichung von Industrie, Verkehrswesen und Banken).
1947 4. Dez.	Obwohl sich die Vereinten Nationen (gegen den Einspruch der Sowjetunion) als allein zuständig für die Frage der koreanischen Wiedervereinigung erklären und Wahlen unter ihrer Aufsicht verlangen, gibt sich Nordkorea eine *sozialistische Verfassung.*
1948	Nordkorea führt selbständig Wahlen durch (25. Aug.).
9. Sept.	Ausrufung der **Volksdemokratischen Republik Korea** mit *Kim Il-sung* als *Ministerpräsident.*
1949	Die UdSSR zieht ihre Truppen bis auf Militärberater ab.
1950 **25. Juni**	Nach kleineren militärischen Konflikten an der Demarkationslinie (38. Breitengrad) fallen nordkoreanische Truppen in Südkorea ein: Beginn des **Koreakriegs.**
Aug.	UN-Truppen, zum Großteil US-Amerikaner, halten unter General *Douglas MacArthur* (* 1880, † 1964) die Invasion am Naktongfluß auf.
20. Okt.	*Eroberung P'yongyangs* während einer großen Gegenoffensive, bei der die UN-Truppen mit Billigung der UNO Nordkorea angreifen.
26. Okt.	Durch das Vorrücken der UN-Truppen bis zum Yalu (mandschurische Grenze) fühlt sich *VR China bedroht:* etwa 200000 Freiwillige greifen unter Führung *P'eng Te-huais* (* 1899) in die Kämpfe ein.
1951 4. Jan.	Chinesische Verbände stoßen mit nordkoreanischen Soldaten bis südlich von Seoul vor. Schließlich stabilisiert sich die Front am 38. Breitengrad.
Juli	Nach einer Feuerpause folgt der Beginn der zweijährigen, schwierigen *Waffenstillstandsverhandlungen in P'anmunjom.*
1953 **27. Juli**	Unterzeichnung eines **Waffenstillstandsvertrages,** der den Frontverlauf als De-facto-Staatsgrenze bestätigt.
seit 1955	Propagierung einer Staatsdoktrin der *„Eigenständigkeit" (juche):* Ideologische Autonomie, politische Unabhängigkeit, wirtschaftliche Selbständigkeit und Selbstwehr in der Verteidigung. Im *chinesisch-sowjetischen Konflikt* versucht Kim erfolgreich neutral zu bleiben und den endgültigen Bruch zu vermeiden.
1960 6. Juli	Nach der drastischen Beschränkung sowjetischer Lieferungen schließt Nordkorea ein *Freundschafts- und Beistandsabkommen mit Moskau.*
15. Juli	Ein ähnliches *Abkommen* wie mit der Sowjetunion wird *mit der VR China* abgeschlossen.
1968 23. Jan.	Nordkoreanische Patrouillenboote bringen das US-Aufklärungsschiff *„Pueblo"* auf, das die von Nordkorea beanspruchte 12-Meilen-Zone verletzt haben soll.

Staaten außerhalb des Warschauer Paktes – Nordkorea – Vietnam   *1427*

23. Dez. Nach langwierigen Verhandlungen und amerikanischer Entschuldigung wird die Besatzung freigelassen.
1971 Positive Reaktion Nordkoreas auf Gesprächsangebote des südkoreanischen Roten Kreu-
Aug. zes: Erfolgreiche *Verhandlungen von Rotkreuzvertretern* beider Staaten *in* der nordkorea-
nischen Stadt *P'anmunjom* an der Demarkationslinie zwischen Nord- und Südkorea über humanitäre Fragen (Familienzusammenführung).
1972 Unter dem Eindruck der Annäherung Washington–Peking treffen sich Vertreter Nord- und
4. Juli Südkoreas zu *Geheimverhandlungen:* ein gemeinsames Kommuniqué propagiert die fried-
liche Wiedervereinigung sowie den Verzicht auf Propaganda und Provokation. Zwischen den beiden Hauptstädten wird ein „heißer Draht" eingerichtet. Beide Staaten konstituieren einen Koordinationsausschuß.
28. Dez. In einer *neuen Verfassung* wird die Machtposition Kim Il-sungs gestärkt: er ist nun Staats-
präsident, Vorsitzender der KP, des Zentralen Volksausschusses, der Nationalen Verteidi-
gungskommission sowie Oberkommandierender der Streitkräfte.
1973 „Einfrieren" des Dialogs zwischen Nord- und Südkorea (Aug.).
1975 Besuch Kims in Peking und erste Auslandsreise des chinesischen Premiers nach P'yong-
Aug. yang, der Hauptstadt von Nordkorea.
1979 Erneute Verhandlungsangebote Nordkoreas von Südkorea positiv beantwortet (Jan.).
März Scheitern der Gespräche mit Südkorea.
1980 Erneute Wiederaufnahme des Dialogs nach der Ermordung des südkoreanischen Staats-
Jan./Febr. präsidenten Park.
1984 *Nordkorea schlägt den USA Dreiergespräche* zur Lösung der Koreafrage *vor* (10. Jan.).
15. Aug. Südkorea bietet *Technologie zur Verbesserung des Lebensstandards* an. – *(Forts. S. 1658)*

Vietnam seit 1945
(Forts. v. S. 1047)

1945 Die Nachricht von der japanischen Kapitulation löst in Vietnam eine Welle von Massen-
14. Aug. kundgebungen mit der Forderung nach Unabhängigkeit aus.
25. Aug. Kaiser Bao-Dai (* 1913) dankt ab.
2. Sept. *Ho-Chi-Minh* (* 1890, † 1969) ruft in Hanoi die **Demokratische Republik Vietnam (DRV)** aus.
23. Sept. Die Franzosen, die nicht bereit sind, sich mit dem Verlust ihrer Herrschaft über Indochina abzufinden, erzwingen in Saigon die Wiedererrichtung ihres kolonialen Regimes.
Okt. In wenigen Monaten gelingt es ihnen, ganz Cochinchina und den Süden von Annam zu-
–Dez. rückzuerobern. Ho-Chi-Minh sucht durch Verhandlungen eine Einigung mit Frankreich.
1946 Frankreich erklärt sich in einem *Präliminarabkommen* (Konvention von Hanoi) bereit, die
6. März Unabhängigkeit Vietnams anzuerkennen; der neue Staat soll aber als Mitglied der *Indochinesischen Föderation* und der *Französischen Union* dem ehemaligen Kolonialherren ver-
bunden bleiben; die französische Armee darf in Hanoi, Haiphong und anderen wichtigen Plätzen Garnisonen unterhalten. Über die Zukunft des französisch besetzten Südens soll eine Volksabstimmung entscheiden.
1. Juni Frankreich versucht die vereinbarte Abstimmung zu verhindern und installiert in Saigon eine Regierung, der überwiegend Vietnamesen mit französischem Paß angehören.
6. Juli Die vietnamesische Führung versucht auf der *Konferenz von Fontainebleau* eine friedliche
14. Sept. Einigung zu erreichen. Die Konferenz scheitert, und auch ein *Modus vivendi,* der in Paris zwischen Ho-Chi-Minh und dem französischen Minister für die überseeischen Gebiete, Marius Moutet (* 1876, † 1968), ausgehandelt wird, kann den Konflikt nicht lösen.
20. Nov. Bei dem Versuch der französischen Zollverwaltung, im Hafen von Haiphong eine für die Demokratische Republik Vietnam bestimmte Waffenlieferung zu beschlagnahmen, kommt
23. Nov. es zu einem Feuergefecht. Französische Flugzeuge und Kriegsschiffe bombardieren den Haupthafen *Haiphong* (6000 Menschen kommen ums Leben).
19. Dez. Mit der Eröffnung des Kampfes gegen die französische Besatzung von Hanoi, zu dem Ho-Chi-Minh aufgerufen hat, beginnt der **Indochinakrieg.**
1946–1948 Die regulären Truppen der Demokratischen Republik Vietnam sind zahlenmäßig schwach und schlecht ausgerüstet. Sie werden in den ersten Kriegswochen aus den Städten ver-
drängt. Der Befreiungskampf wird von Guerillaeinheiten der Viet-minh geführt, die ihre waffentechnische Unterlegenheit durch Rückhalt bei der Bevölkerung und Beweglichkeit ausgleichen. In den „befreiten Gebieten" leiten die Viet-minh soziale und wirtschaftliche Umwälzungen ein; in den Dörfern übernehmen gewählte Volksräte die Verwaltung, Großgrundbesitz wird aufgeteilt, Pachten und Steuern werden ermäßigt.
1948 Um die Unabhängigkeitsbewegung zu spalten und die nationalistischen bürgerlichen Kräfte
27. Mai von der Unterstützung der Viet-minh abzubringen, unterstützt Frankreich die Einberufung einer *Provisorischen Zentralregierung Vietnams* mit Sitz *in Saigon.*

1428 Neueste Zeit – Kommunistisch strukturierte Welt

1949
13. Sept.
Der ehemalige Kaiser *Bao-Dai* übernimmt das Amt des Staatschefs in der Saigoner Gegenregierung.

1950
16. Jan.
Als die VR China diplomatische Beziehungen zur Demokratischen Republik Vietnam aufnimmt und die Sowjetunion diesem Beispiel 14 Tage später folgt, erkennen die USA und Großbritannien im Gegenzug die Saigoner Regierung an, was die Verwicklung der Großmächte in den Vietnamkonflikt nach sich zieht.

1950–1953
Im Rahmen ihrer *Roll-back-Strategie* gewähren die USA Militärhilfe an Frankreich, während Nordvietnam in zunehmendem Maße von China und der Sowjetunion mit Waffen beliefert wird. Die US-Unterstützung kann jedoch die Schwächung der französischen Position nicht aufhalten.

1953
Ganz Tongking, mit Ausnahme des unteren Flußdeltas, weite Gebiete des zentralen Hochlands und Teile von Laos sind unter der Kontrolle der Viet-minh.

1954
7. Mai
Den Viet-minh gelingt es unter General *Vo-Nguyen-Giap* (* 1910), die französische Festung **Dien-Bien-Phu** (Bergland des westlichen Tonkin; Grenznähe zu Laos) einzuschließen und zur Kapitulation zu zwingen. Damit ist das Ende der französischen Herrschaft über Indochina besiegelt.

21. Juli
Die Demokratische Republik Vietnam und Frankreich unterzeichnen in Genf einen *Waffenstillstand:* **Vietnam** wird entlang des 17. Breitengrades **geteilt;** es wird aber festgestellt, daß diese „militärische Demarkationslinie eine provisorische Linie ist und in keiner Weise als politische und territoriale Trennung ausgelegt werden darf"; im Juli 1956 sollen Wahlen abgehalten werden, um das Land wiederzuvereinigen; Nordvietnam mit 16,2 Mio. Einwohnern umfaßt die industriellen Zentren Hanoi, Haiphong und Nam-dinh, Südvietnam mit 15 Mio. Einwohnern erstreckt sich beinahe ausschließlich über Agrargebiet. Durch die Teilung entstehen für den Norden, der damit von seiner traditionellen Reiskammer abgeschnitten ist, erhebliche Versorgungsprobleme. Dem Süden bereitet die Eingliederung von fast einer Million Flüchtlingen Schwierigkeiten.

1954
16. Juni
In Saigon beauftragt Bao-Dai den Katholikenführer *Ngo-Dinh-Diem* (* 1901, † 1963) mit der Regierungsbildung. Diem gelingt es innerhalb eines Jahres, die pro-französische Generalität und die 40 000 Mann starken Privat-Armeen der politisch-religiösen Sekten (Hoa-Hao, Cao-Dai, Binh-Xuyen) auszuschalten.

1955
26. Okt.
Nach einer manipulierten Volksabstimmung setzt er Bao-Dai ab und erklärt sich zum Staatsoberhaupt.

1956
22. Mai
Als der in Genf vereinbarte Zeitpunkt für gesamtvietnamesische Wahlen heranrückt, lehnt Diem die Abstimmung mit der Begründung ab, Südvietnam habe das Waffenstillstandsabkommen nicht unterzeichnet.
Nordvietnam führt eine *Bodenreform* durch (Gesetz vom 19. Dez. 1953), deren Wirkung allerdings durch die bürokratische Willkür örtlicher Kader beeinträchtigt wird.

Sept.
– Dez.
Die Mißstände bei dem Reformunternehmen und die mangelhafte Versorgung mit Grundnahrungsmitteln lösen in der Bevölkerung Unruhen aus und zwingen die *Partei der Werktätigen* (Dang lao-dong), ihre Politik zu berichtigen. Die Revision vollzieht sich nicht zuletzt unter dem Eindruck einer umfassenden intellektuellen Kritikbewegung, die sich gleichzeitig mit der Hundert-Blumen-Bewegung in China entfaltet.

1956–1960
Im Süden führt Diem, nach den anfänglich erfolgreichen Maßnahmen zur Stabilisierung seiner Herrschaft, den Staat schrittweise zurück ins Chaos. Dazu trägt bei: 1. Korruption und Ämterpatronage, vor allem die Bereicherung der Angehörigen der Präsidentenfamilie und die Bevorzugung der katholischen Minorität in Verwaltung, Armee und Wirtschaft; 2. die totalitären Praktiken der Geheimpolizei, die sich sowohl gegen Sympathisanten der Viet-minh als auch gegen liberale und buddhistische Kritiker der Regierung richten; 3. die Verzögerung und halbherzige Durchführung der von Diem 1956 angekündigten Landreform. Die Weigerung Diems, Wahlen abzuhalten, veranlaßt Nordvietnam, den Kampf im Süden wieder aufleben zu lassen. Den aus dem Norden eindringenden Insurgenten gelingt es, zusammen mit den lokalen Guerillaeinheiten in kurzer Zeit zur allgegenwärtigen Bedrohung für Diems Herrschaft zu werden.

1960
20. Dez.
Die verschiedenen *Widerstandsgruppen Südvietnams* schließen sich auf der Grundlage eines Programms, das neben dem Anspruch auf Wiedervereinigung bürgerlich-demokratische und gemäßigt sozialistische Forderungen enthält (Presse-, Versammlungs- und Religionsfreiheit, Frauenemanzipation, Minoritätenschutz, Bodenreform, soziale Absicherung der Arbeiter und Angestellten, wirtschaftliche Unabhängigkeit, kulturelle Eigenständigkeit, Blockfreiheit), zur **Nationalen Befreiungsfront** (*Front National de Libération du Vietnam-Sud – FNL;* nach der führenden kommunistischen Gruppe auch als *Viet-cong* bezeichnet) zusammen.

1963
2. Nov.
Im Verlauf eines Militärputsches – die Befreiungsfront hat das südvietnamesische Regime mittlerweile in eine prekäre militärische Lage gebracht – wird *Diem ermordet.* Mehrere kurzlebige Regierungen lösen einander ab, bis eine Offiziersjunta unter *Nguyen-Van-Thieu* (* 1923) und *Nguyen-Cao-Ky* (* 1930) die Macht in Saigon übernimmt.

Staaten außerhalb des Warschauer Paktes – Vietnam *1429*

Als sich nach der Beseitigung Diems die militärische Lage für Südvietnam auch weiterhin verschlechtert, setzt die *Amerikanisierung des Krieges* ein.

1964
30. Juli
Die USA nehmen den *Zwischenfall im Golf von Tongking* (angebliche Attacke von nordvietnamesischen Torpedobooten auf den US-Zerstörer Maddox) zum Anlaß für Vergeltungsangriffe.

1965
6. Febr.
Beginn eines *systematischen Luftkriegs* gegen Nordvietnam und die von der FNL kontrollierten Gebiete, der hohe Verluste unter der Zivilbevölkerung fordert.

7. März
Gleichzeitig greifen *US-Bodentruppen* in den Kampf ein; die ersten 3500 Marineinfantristen landen bei Da-nang (80 km südöstlich von Hué).

1967
1. April
Um der Militärherrschaft einen demokratischen Anschein zu verleihen, wird eine Verfassung (Präsidialverfassung mit dem Recht des Präsidenten, den Premierminister zu ernennen) verabschiedet. Thieu bewirbt sich um das Amt des Präsidenten; Ky um das des Vizepräsidenten.

1967
3. Sept.
Die Wahlen, die unter weitgehender Ausschaltung der Opposition stattfinden, bringen diesen beiden Kandidaten erwartungsgemäß die Mehrheit.

1967/1968
Die *Eskalation des Krieges* treibt in der Zwischenzeit ihrem Höhepunkt zu. Den schätzungsweise 230000 Partisanen auf der Seite der Befreiungsbewegung, die durch etwa 50000 Angehörige von regulären nordvietnamesischen Einheiten verstärkt werden, stehen 540000 Amerikaner, ungefähr die gleiche Anzahl Südvietnamesen, 50000 Südkoreaner und kleinere Kontingente von Thais, Filipinos, Australiern und Neu-Seeländern gegenüber.

1968
31. Jan.
Die FNL beginnt das vietnamesische Neujahr mit der **Tet-Offensive** (Neujahrsoffensive): Guerilla-Einheiten erobern strategisch wichtige Punkte Saigons und dringen bis zum Präsidentenpalast vor. Die Kämpfe dauern stellenweise eine Woche, ehe die Insurgenten das Stadtgebiet räumen. Die vorübergehende Einnahme Saigons, die Teil eines Großangriffs auf die hauptsächlichen Militärstützpunkte und Städte in Südvietnam ist, wird nur unter schweren Verlusten erreicht, die Offensive beweist aber die ungebrochene Kampfkraft der FNL. Die Amerikaner erkennen nun, daß der Krieg für sie nicht mehr zu gewinnen ist, obzwar der amerikanische Oberbefehlshaber in Vietnam die Verstärkung seiner Streitmacht um weitere 206750 Mann fordert.

1968
31. März
US-Präsident Johnson entschließt sich, die Bombenangriffe auf Nordvietnam über den 20. Breitengrad hinweg einzustellen und Friedensgespräche anzubieten.

13. Mai
Die nordvietnamesische Führung willigt in Johnsons Angebot ein; die *Verhandlungen beginnen in Paris.*

1969
Die *Vietnamisierung des Krieges* beginnt, das heißt, die USA ziehen schrittweise ihre Truppen ab und beschränken sich darauf, ihrem südvietnamesischen Verbündeten mit Waffen- und Finanzhilfe beizustehen. Vor ihrem Rückzug allerdings wollen sie die militärische Ausgangsposition der Saigoner Regierung verbessern, indem sie durch eine Vervielfachung der Luftangriffe auf Laos und die Ausdehnung des Krieges auf Kambodscha den Nachschubweg der FNL *(Ho-Chi-Minh-Pfad),* der über die Territorien dieser beiden Länder führt, unterbrechen. Weitere Maßnahmen, die der Vietnamisierung dienen sollen, werden auf dem wirtschaftlichen Sektor eingeleitet. Die Deviseneinnahmen Südvietnams stammen zu etwa 80% von den hier stationierten US-Soldaten, so ist es möglich, daß für das Jahr 1969 einem Export im Werte von 20 Millionen US-Dollar ein Import im Werte von 775 Millionen gegenübersteht. Um nun die durch den Truppenabbau entstehenden Mindereinnahmen auszugleichen, steigern die USA ihre direkte Finanzhilfe. Damit treiben sie aber die Inflation in die Höhe und fördern so die Unpopularität des von ihnen gestützten Regimes.

8. Mai
In Erwartung des baldigen Umsturzes beschließt die FNL die *Bildung einer Provisorischen Regierung,* die sich aus Vertretern aller am Frieden interessierten Kräfte zusammensetzen soll. Das Regierungsprogramm wirbt um die Unterstützung des Bürgertums: es kündigt zwar die Zerschlagung des Monopolkapitals an, verspricht aber gleichzeitig, das Eigentum an Produktionsmitteln innerhalb gewisser Grenzen zu schützen. Die Wiedervereinigung mit dem Norden des Landes sei Schritt um Schritt zu verwirklichen, vorerst aber genüge es, Reise- und Postverkehr, Handel und Kulturaustausch zwischen beiden Teilstaaten zu ermöglichen.

3. Sept.
Mit dem Tod *Ho-Chi-Minhs* übernimmt eine Vierergruppe, bestehend aus dem Ministerpräsidenten Pham-Van-Dong (* 1906), dem Verteidigungsminister General Vo-Nguyen Giap (* 1910), dem Vors. der Nationalversammlung Truong-Chinh (* 1908, † 1988), und dem Gen.-Sekr. der *Partei der Werktätigen* De-Duan (* 1908, † 1986), die politische Führung Nordvietnams. Obwohl die Machtübernahme der Vierergruppe bruchlos vonstatten geht, zeichnen sich doch gewisse Widersprüche ab: Umstritten ist, ob die Hauptkraft auf den Wiederaufbau des zerstörten Nordvietnam oder auf die endgültige Befreiung Südvietnams gerichtet werden soll. Auch über die Frage, wie groß der Zeitraum zwischen der Befreiung des Südens und der Wiedervereinigung sein darf, herrscht Uneinigkeit.

1430 Neueste Zeit – Kommunistisch strukturierte Welt

	Im Süden verschlechtert sich die militärische und wirtschaftliche Situation rapide:
1971	Thieu läßt sich durch manipulierte Wahlen im Präsidentenamt bestätigen, ohne freilich
3. Okt.	darüber hinwegtäuschen zu können, daß ihn selbst seine bisherigen Gefolgsleute im Militär, in der Bürokratie und im Bürgertum nicht länger unterstützen wollen. Die rechtsgerichtete Opposition sammelt sich um den ehemaligen Vizepräsidenten Ky.
1972	Eine Atempause scheint sich für Thieus Regime anzukündigen; wegen des US-Bombenteppichs über dem Ho-Chi-Minh-Pfad bricht der Nachschub für die FNL zusammen.
29. März	Reguläre nordvietnamesische Truppen dringen nach Süden vor und besetzen die Provinz
9. Mai	Quang-tri. US-Präsident Richard Nixon befiehlt, Nordvietnam durch *Bombenangriffe* und eine *Seeblockade* zum Rückzug zu zwingen. Die Nordvietnamesen weichen nicht zurück; in Paris nähern sich jedoch die Waffenstillstandsverhandlungen ihrem Abschluß.
18. Dez.	Zur amerikanischen Verhandlungsstrategie gehört es, kurz vor der Einigung eine Angriffswelle gegen das Gebiet Hanoi–Haiphong zu richten und hier die schwersten Zerstörungen seit Beginn des Krieges zu hinterlassen.
1973	Nach fast fünfjährigen Verhandlungen vereinbaren die Gegner einen **Waffenstillstand.**
28. Jan.	Damit ist die direkte Verwicklung der USA in den Krieg beendet. Der Kampf zwischen den Vietnamesen untereinander allerdings geht weiter.
1974	Die *VR China* nutzt die chaotische Situation in Südvietnam und erobert die von einer süd-
19. Jan.	vietnamesischen Garnison verteidigten *Paracel-Inseln,* in deren Umgebung Ölvorkommen vermutet werden. Weder Nordvietnam noch die FNL verurteilen die Besetzung der Inseln ausdrücklich, aber die Spannung, die zwischen China und seinen nordvietnamesischen Verbündeten herrscht, verdichtet sich durch diesen Vorfall.
1975	In auswegloser Lage legt Präsident Thieu sein Amt nieder (21. April).
30. April	FNL-Truppen rücken in Saigon ein.
1976	Eine Provisorische Regierung übernimmt die Führung Südvietnams, bis gesamtvietnamesi-
26. April	sche Wahlen stattfinden.
2. Juli	Nord- und Südvietnam wird unter dem Namen **Sozialistische Republik Vietnam** wiedervereint. Die Regierung des Gesamtstaates setzt sich im wesentlichen aus den Führern der ehemaligen Demokratischen Republik Vietnam (Nordvietnam) zusammen; Südvietnam ist unterrepräsentiert. Vietnam sieht sich nun mit folgenden Problemen konfrontiert: Im ganzen Land sind Wohngebiete, Fabriken, Dämme, Straßen, Brücken und Bahnlinien wieder aufzubauen; die Mehrheit der südvietnamesischen Bevölkerung, die vor den Kämpfen in sicherere Gebiete, vor allem in die Städte, geflohen ist, muß umgesiedelt werden ; die ehemals allein durch die Anwesenheit der US-Amerikaner in Gang gehaltene Volkswirtschaft des Südens muß sich den geänderten sozial- und wirtschaftspolitischen Verhältnissen anpassen. – Unterstützung findet Vietnam vor allem bei der Sowjetunion, die zum zweiten Fünfjahresplan (1976–1980) einen Zuschuß im Wert von fünf Mrd. DM zusagt.
1978	Die Sozialistische Republik Vietnam wird auf der 32. Tagung des Rats für Gegenseitige
Juni	Wirtschaftshilfe (COMECON) in Bukarest als 10. Vollmitglied aufgenommen.
25. Dez.	*Vietnamesische Truppen* marschieren nach einer Reihe von Grenzzwischenfällen *in Kambodscha* ein.
1979	Die kambodschanische Hauptstadt Phnom Penh wird von vietnamesischen Truppen einge-
8. Jan.	nommen. Das im April 1975 in Kambodscha an die Macht gekommene Regime der Roten Khmer wird durch die militärische Blitz-Offensive der die kambodschanischen revolutionären Kräfte unterstützenden vietnamesischen Armee gestürzt.
16. Febr.	Der vietnamesische Ministerpräsident *Pham Van Dong* unterzeichnet mit dem Präsidenten des neuen kambodschanischen Revolutionsrates, *Heng Samrin,* in Phnom Penh einen „Freundschafts- und Kooperationsvertrag".
17. Febr.	Die *VR China* unternimmt eine als „begrenzte Strafaktion" deklarierte **Offensive gegen Vietnam.** Über eine Luftbrücke nimmt die Sowjetunion die Versorgung Vietnams mit militärischen Nachschubgütern auf.
5. März	China gibt die *Einstellung der Kriegshandlungen* gegen Vietnam bekannt. Anschließend erfolgt sukzessive der Rückzug vom vietnamesischen Boden.
15. April	Vorläufige Entspannung der Lage durch die Aufnahme von *Friedensgesprächen zwischen China und Vietnam.*
Juni	Die malaysische Regierung kündigt als Zwangsmaßnahme an, die ca. 76000 in Malaysia lebenden *Vietnamflüchtlinge* (größtenteils aus Vietnam vertriebene Chinesen) aus dem Land auszuweisen: die Flüchtlinge sollen in ihren Booten in internationale Gewässer zurückgeschleppt werden.
4. Juli	Die *Kommission* der EG beschließt, die für Vietnam vorgesehene Nahrungsmittelhilfe in Höhe von 66 Mio. DM ausschließlich den Flüchtlingen aus diesem Land zukommen zu lassen; diese Entscheidung stellt eine Sanktionsmaßnahme gegenüber Vietnam dar, dessen *Flüchtlingspolitik* in der westlichen Welt auf harte Kritik stößt.
1980	*Nahrungsmittelknappheit führt* im Norden des Landes *zu Unruhen.* Daraufhin wird eine
Dez.	Reform der Landwirtschaft mit stärkerer Betonung der Privatinitiative eingeleitet.

Staaten außerhalb des Warschauer Paktes – Laos *1431*

1981
23. Dez. *Vietnam entschädigt enteignete französische Firmen* mit 40 Mill. FF. Frankreich gewährt im Gegenzug einen Kredit von 200 Mill. FF. Die ASEAN-Staaten kritisieren die Kreditvergabe.

1982 Der *Flüchtlingsstrom aus Vietnam läßt nach.* Gründe: Flüchtlinge werden ohne Aussicht auf eine neue Heimat in Durchgangslagern der Nachbarstaaten untergebracht. Vietnam erweitert die legalen Ausreisemöglichkeiten.

1983 Vietnam und China tauschen an der Grenze Gefangene aus (6. Febr.).

1984 Artillerieduelle zwischen Chinas und Vietnams Truppen im Grenzgebiet Nordvietnams (2. April). – *(Forts. S. 1655)*

Laos seit 1945
(Forts. v. S. 1047)

1945
8. April Die Japaner veranlassen König *Sivavang Vong* (* 1885, † 1959; 1904–1959), die Unabhängigkeit von Laos auszurufen und Fürst *Pethsarath* (* 1891, † 1959) zum Ministerpräsidenten zu ernennen.

10. Okt. Unter dem Einfluß französischer Berater wird Pethsarath vom König entlassen. Daraufhin konstituiert sich in Vientiane eine Volksversammlung, die eine provisorische Regierung des *Freien Laos (Lao Issara)* bildet, alle Verträge mit Frankreich für nichtig erklärt, den König absetzt und Pethsarath zum Staatsoberhaupt beruft.

1946
24. April Die zurückkehrenden französischen Besatzungstruppen treiben die Lao-Issara-Regierung ins Exil nach Bangkok. Der rechte Flügel der Exilregierung schart sich um den Fürsten *Souvanna Phouma* (* 1901, † 1984), der linke um seinen Halbbruder Fürst *Souphanouvong* (* 1912?).

1949
18. Juli Unter dem Druck der indochinesischen Befreiungsbewegungen gewährt Frankreich im Rahmen der Französischen Union Laos die Unabhängigkeit. Daraufhin kehrt Prinz Souvanna Phouma nach Vientiane zurück.

1950
13. Aug. Prinz Souphanouvong und seine Anhänger (linker Flügel der Lao-Issara-Bewegung gründet als nationale Einheitsfront den *Neo Lao Issara*) verbünden sich mit der Demokratischen Republik Vietnam, bilden in Nordvietnam die provisorische Regierung des *Pathet Lao* (Land Laos).

1951
Nov. Prinz Souvanna Phouma übernimmt das Amt des Ministerpräsidenten; seine Regierung bemüht sich um einen Ausgleich mit Frankreich (*Abschluß eines neuen Unabhängigkeitsvertrags* am 22. Okt. 1953).

1953 Die militärischen Kräfte des Pathet Lao erobern mit Hilfe der Viet-minh die Provinzen Sam Neua und Phong Saly im Nordosten von Laos.

1954
21. Juli Die Genfer *Indochina-Konferenz* beschließt ein Waffenstillstandsabkommen: die Pathet Lao sollen an den Staatsaufgaben beteiligt werden und dafür die von ihnen beherrschten Provinzen der königlichen Regierung in Vientiane unterstellen. Außenpolitisch sollen alle Parteien strikte Neutralität wahren.

1956
6. Jan. Im Einklang mit diesem Abkommen lösen die Pathet Lao ihre provisorische Regierung auf und beteiligen sich am zweiten Kabinett (seit 21. März 1956) Souvanna Phouma; der Pathet Lao nimmt als legale Partei – *Neo Lao Haksat* – am politischen Geschehen teil.

1958
15. Aug. Nach einem Wahlerfolg der Neo Lao Haksat betreiben die USA den *Sturz der Koalition:* rechtsgerichtete, pro-westliche Royalisten unter Führung von General *Phoumi Nosavan* ergreifen die Macht, ernennen *Phoui Sananikone* zum Ministerpräsidenten, verhaften Souphanouvong, verdrängen die Pathet Lao aus Verwaltung und Armee und provozieren so das Wiederaufflackern des Bürgerkrieges, in dem die Neutralisten Souvanna Phoumas im Bündnis mit dem Pathet Lao den pro-amerikanischen Rechten gegenüberstehen.

1960
9. Aug. Dem Fallschirmjäger-Hauptmann *Kong Le* gelingt es, mit seiner Truppeneinheit Vientiane einzunehmen und vier Monate besetzt zu halten. Kong Le versucht die Erneuerung des Regierungsbündnisses von Pathet Lao und Neutralisten zu erzwingen.

Dez. Bevor royalistische Truppen über thailändisches Gebiet nach Vientiane vordringen, zieht sich die Truppe von Kong Le auf die strategisch wichtige Ebene der Tonkrüge zurück.

13. Dez. Neuer royalistischer Ministerpräsident wird Fürst *Boun Oum* (* 1912). Nach dem zeitweisen Verlust Vientianes muß die Phoumi-Gruppe noch weitere militärische Niederlagen hinnehmen, bis sie in Waffenstillstandsverhandlungen eintritt.

1961
22. Juni Die Bildung einer Regierung der Nationalen Einheit wird vereinbart, in der Neutralisten, Pathet Lao und Royalisten vertreten sind.

1962
11. Juni Die Koalitionsregierung unter Souvanna Phouma tritt ein Jahr später zusammen, aber *de facto* bleibt das Land *in zwei Zonen geteilt:* der Nordosten ist in der Hand der Pathet Lao, und das Mekong-Tal wird von den Royalisten kontrolliert. Ministerpräsident Souvanna Phouma, der sich zunehmend auf die pro-amerikanische Fraktion stützt, gibt seine neutrale Haltung auf.

1432 Neueste Zeit – Kommunistisch strukturierte Welt

7. Okt.	Als die USA 18 000 Söldner aus den Meo-Bergstämmen anwerben, um innerhalb des Pathet-Lao-Territoriums zu kämpfen und den Nachschubweg der Viet-cong (Ho-Chi-Minh-Pfad) zu unterbrechen, schließt Souvanna Phouma mit dem US-Botschafter in Vientiane ein Geheimabkommen, das die Versorgung der Meo-Truppen durch die von den USA eingerichtete und unterhaltene *Luftlinie Air America* regelt.
1963 1. April	Die Koalition bricht auseinander; aus Protest gegen die Ermordung des Außenministers Quinim Pholsena legen die Pathet-Lao-Minister ihr Amt nieder.
1964 Mai	Der Krieg nimmt nun an Heftigkeit zu. US-Flugzeuge unternehmen von thailändischen Stützpunkten aus Angriffe auf Pathet-Lao-Gebiete. Etwa 10 000 amerikanische Soldaten (deren Anwesenheit von der US-Regierung offiziell bestritten wird) beteiligen sich mit zunächst 5000 (1973: 20 000) Soldaten aus Thailand am Krieg. Nach jahrelangen Kämpfen zeichnet sich keine militärische Lösung ab.
1970 6. März	Die Pathet Lao übernehmen die politische Initiative und unterbreiten einen Friedensvorschlag, in dem der Abzug der US-Truppen, Einstellung der Luftangriffe, allgemeine Wahlen und die Wiedervereinigung des Landes gefordert wird.
1973 21. Febr.	Verhandlungen (seit Okt. 1972) führen schließlich zu einem Waffenstillstand und zu Vereinbarungen über die neuerliche Bildung einer *Regierung der Nationalen Einheit.*
1974 5. April	Diese dritte Koalition unter dem Ministerpräsidenten Souvanna Phouma setzt sich je zur Hälfte aus den bisherigen Machthabern in Vientiane und aus Führern des Pathet Lao zusammen. Die US-Truppen und die thailändischen Verbände ziehen ab, die nordvietnamesischen Truppen bleiben weiterhin präsent.
1975 April	Nach der Besetzung der kambodschanischen Hauptstadt Phnom Penh durch die Roten Khmer und den Fall von Saigon flüchtet ein Großteil der Oberschicht und der royalistischen Generalität nach Thailand; 30 000 Menschen, die meisten von ihnen Angehörige der Meo-Stämme, verlassen Laos. Die königliche Armee wird demobilisiert, Pathet-Lao-Truppen rücken in ihre Stellungen ein.
2. Dez.	Eine Nationalversammlung beschließt die Abschaffung der Monarchie und die Ausrufung der **Demokratischen Republik des laotischen Volkes**.
3. Dez.	Ernennung von Souphanouvong zum Präsidenten und von *Kaysone Phomvihan* zum Ministerpräsidenten.
1977 17. Juli	Um die „besonderen Beziehungen" zwischen Laos und Vietnam zu festigen, unterzeichnen Vertreter beider Länder einen Vertrag über Freundschaft und Zusammenarbeit (Laufzeit: 25 Jahre).
1978 6. März	Der höchste Repräsentant des Buddhismus in Laos, *Pra Dhammayano* (* 1892), flieht nach Thailand.
1982	*Laos schließt mit der DDR einen Freundschaftsvertrag* ab (23. Sept.).
1984	Bei Treffen in Vientiane (bis 29. Jan.) bieten die Außenminister von Laos, Kambodscha und Vietnam der ASEAN Gespräche zur Beilegung der Streitfragen an. – *(Forts. S. 1655)*

Kambodscha seit 1945
(Forts. v. S. 1047)

1945 12. März	König *Norodom Sihanouk* (* 1922) erklärt sein Land für unabhängig. Die Franzosen aber beharren nach der Kapitulation der Japaner auf ihrem Herrschaftsanspruch und behandeln Kambodscha weiterhin als Protektorat.
1949 8. Nov.	Unter dem militärischen Druck der Befreiungsbewegung *Khmer Issarak* findet sich Frankreich bereit, eine beschränkte Unabhängigkeit (Armee und Polizei bleiben unter französischer Führung; Verzicht auf eigene Außenpolitik) zuzulassen.
1954	*Genfer Indochina-Konferenz* bestätigt volle Souveränität Kambodschas (20. Juli).
1955 2. März	König Sihanouk dankt zugunsten seines Vaters *Norodom Suramarit* (* 1896, † 1960) ab und organisiert die *Sozialistische Volksgemeinschaft (Sangkum),* die 15 Jahre lang als Regierungspartei Instrument seiner Politik bleibt.
23. Okt.	Sihanouk übernimmt nach einem Wahlerfolg der Sozialistischen Volksgemeinschaft das Amt des Ministerpräsidenten. Als Maxime seiner Außenpolitik fordert er strikte Neutralität für sein Land.
1956	Als Sihanouk sich weigert, der SEATO beizutreten, und chinesische Finanzhilfe annimmt, errichten Thailand und Südvietnam eine Wirtschaftsblockade und unterstützen den bewaffneten Widerstand der rechtsgerichteten *Khmer Serei* gegen seine Regierung.
1960 20. Juni	Nach dem Tod Suramarits übernimmt Sihanouk das Amt des Staatsoberhauptes unter Verzicht auf die Königswürde.
	In den folgenden Jahren verschärft sich Sihanouks Auseinandersetzung mit den USA, die ihn auffordern, dafür Sorge zu tragen, daß der nordvietnamesische Nachschub für die Viet-cong nicht mehr über kambodschanisches Territorium transportiert werden kann.

Staaten außerhalb des Warschauer Paktes – Kambodscha – Kuba   *1433*

1965
3. Mai
Als US-Flugzeuge kambodschanische Dörfer im Grenzgebiet zu Vietnam bombardieren, bricht Sihanouk die diplomatischen Beziehungen zu Washington ab.

1966
22. Okt.
Bei Parlamentswahlen siegen die Rechtskräfte; ihr Führer *Lon Nol* (* 1913, † 1985) wird Ministerpräsident.

1966–1970
Ein Teil der linken Gruppierungen zieht sich daraufhin in den Untergrund zurück und bildet die *Roten Khmer.* Sihanouk arrangiert sich zunächst mit Lon Nol und seinen Anhängern, überwirft sich aber mit ihnen, als diese seine Politik der Bodenreform und der Verstaatlichung rückgängig machen.

1970
18. März
Ministerpräsident Lon Nol nutzt einen Auslandsaufenthalt Sihanouks, um ihn als Staatsoberhaupt zu entmachten.

1. Mai
Durch den Putsch erhalten die USA freie Bahn, ihren Krieg auf Kambodscha auszudehnen und die Rückzugsgebiete der Viet-cong anzugreifen. Als Gegenleistung unterstützen sie das Regime Lon Nol mit Militär- und Wirtschaftshilfe.

5. Mai
Sihanouk bildet in Peking eine *Exilregierung* mit *Khieu Samphan,* der die Aufstandsbewegung in Kambodscha führt, als Verteidigungsminister.

1971
März
Die Roten Khmer beherrschen vier Fünftel Kambodschas. Schließlich kontrolliert Lon Nol nur noch die Hauptstadt Phnom Penh und ihre nächste Umgebung.

1973
15. Aug.
Die endgültige Niederlage des Regimes Lon Nol ist nicht mehr aufzuhalten, als die USA den Luftkrieg einstellen, nachdem sie 539 000 t Bomben über Kambodscha abgeworfen haben, ohne die Kampfkraft der pro-kommunistischen Truppen ernstlich zu schwächen.

1975
17. April
Long Boret (seit Dez. 1973 Ministerpräsident des Lon-Nol-Regimes) kapituliert vor den Belagerern.

20. April
Die Roten Khmer befehlen die vollständige *Räumung Phnom Penhs.* Die drei Mio. Einwohner der Stadt, in der Mehrzahl Flüchtlinge, werden aufs Land umgesiedelt.

1976
4. April
Norodom Sihanouk, nominell noch im Amt des Staatsoberhauptes, wird von *Khieu Samphan* abgelöst. Neuer Ministerpräsident wird *Pol Pot:* Kambodscha (offizieller Name seit 5. Jan. 1976: *Demokratischer Staat Kampuchea*) isoliert sich von der Außenwelt. Schilderungen über die inneren Verhältnisse stammen zumeist von Flüchtlingen, die in Thailand Asyl gefunden haben. Nach deren z. T. sich widersprechenden Berichten soll die „Organisation" (Angkar), hinter der sich die kommunistische Partei verbirgt, das Leben der Bevölkerung bis in Einzelheiten reglementieren. Eine Mio. Gegner der Angkar-Herrschaft seien hingerichtet worden.

1977
Bewaffnete Auseinandersetzungen an den Grenzen zu Thailand, Laos und Vietnam. Der Konflikt mit Vietnam, der schon im Juni 1975 mit dem Streit um Inseln im Golf von Thailand begann, verschärft sich zusehends.

1978
25. Dez.
Nach einer Reihe von Grenzzwischenfällen marschiert eine etwa 100 000 Mann starke vietnamesische Streitmacht mit Unterstützung von ca. 20 000 Angehörigen der *Khmer Einheitsfront für die Nationale Rettung* in Kambodscha ein.

1979
8. Jan.
Einnahme Phnom Penhs durch vietnamesische Truppen. Die Roten Khmer geben sich jedoch nicht geschlagen und kämpfen mit chinesischer Waffenhilfe im Dschungel weiter. *Heng Samrin* bildet eine pro-vietnamesische Regierung.

Mai
Mehr als 40 000 Kambodschaner entfliehen dem Dschungelkrieg nach Thailand.

8. Juni
Thailändisches Militär beginnt, die Flüchtlinge über die Grenze zurückzutreiben. Dennoch schwillt der Flüchtlingsstrom weiter an.

21 .Sept.
Die *Vollversammlung der Vereinten Nationen* spricht mit 71 zu 35 Stimmen den Roten Khmer das Recht zu, Kambodscha in der UNO zu vertreten.

6. Okt.
Die Regierung Heng Samrin erklärt, daß zwei Mio. Kambodschaner vom Hungertod bedroht sind, weigert sich aber, auf amerikanische und japanische Hilfsangebote einzugehen, weil diese mit unannehmbaren politischen Forderungen verbunden seien.

6. Dez.
Die thailändische Regierung gibt bekannt, daß sich auf ihrem Territorium nunmehr über eine Mio. kambodschanischer Flüchtlinge befinden.

1982
22. Juni
Auf Drängen Chinas und der ASEAN-Staaten verbünden sich die Roten Khmer, die Anhänger Sihanouks und konservative Kreise zum Widerstand gegen Vietnam. In der *Exilregierung* dieser Dreikoalition wird Sihanouk Staatspräsident. – *(Forts. S. 1655)*

Kuba seit 1945

(Forts. v. S. 1202)

Auch nach dem Zweiten Weltkrieg bleibt *Fulgencio Batista y Zaldivar* (* 1901, † 1973) während der Präsidentschaften seiner Nachfolger (1944–1948) *Ramón Grau San Martín* (*1889, †1969) und (1948–1952) *Carlos Prío Socarráz* (*1903, †1977) „starker Mann" der kubanischen Politik. 1952 ergreift er als Führer des *Partido de acción unitaria* mittels eines vom Militär unterstützten Staatsstreichs erneut die Macht und wird durch die „Wahlen" von 1954 als Präsident bestätigt (1952–1958). Nach Abschaffung der Verfassung von 1940 regiert er diktatorisch.

1434 Neueste Zeit – Kommunistisch strukturierte Welt

Während Batistas Regierung kennzeichnen ständige Arbeitslosigkeit und industrielle Fehlentwicklung, hervorgerufen durch die Marktabstimmung mit den USA, die wirtschaftliche Lage. 8% aller Landbesitzer vereinigen über 70% der landwirtschaftlichen Nutzfläche auf sich, 40% der Bauern verfügen über nur 3,3% der Anbaufläche. Die Landwirtschaft ist auf *Monokultur* ausgerichtet: der *Zuckersektor* absorbiert nahezu alle materiellen und menschlichen Ressourcen. Die Exporteinnahmen gehen zu 90% auf Zucker zurück; die Insel ist in großem Umfang auf Nahrungsmittelimporte angewiesen. Hinzu kommt die Durchdringung der Wirtschaft mit US-Kapital: es kontrolliert (1958) 90% der Bergbauproduktion, 37% der industriellen Zuckerproduktion, 36% der besten Ländereien, fast die gesamte Energieversorgung, das Kommunikationssystem, den Tourismus.

Die innenpolitische Lage unter Batista ist bestimmt durch Korruption und Terror gegen die sich regende Opposition. Seit 1953 muß sich das Batista-Regime gegen die *Guerillatruppe* des Rechtsanwalts **Fidel Castro Ruz** (* 1927) verteidigen.

1953 26. Juli	Der (fehlgeschlagene) Überfall auf die Moncada-Kaserne in Santiago gilt als Beginn der Revolution *(„Bewegung des 26. Juli")* unter Castros Führung.
1956 2. Dez.	Mit der Landung der Rebellen auf kubanischem Boden tritt die nächste Phase ein: die Guerillabewegung verfolgt in erster Linie nationale, demokratische Ziele (Wiederherstellung der Verfassung von 1940) mit stark sozialreformerischen Komponenten.
1959 1. Jan.	*Diktator Batista flieht* ins Exil, nachdem sich die durch Korruptionsaffären und interne Streitigkeiten geschwächte Armee allmählich zersetzt hat.
13. Febr.	Nach Batistas Flucht übernimmt *Fidel Castro* das Amt des *Ministerpräsidenten* (das er seither ununterbrochen innehat).
17. Mai	*Erstes Agrarreformgesetz* legt eine Höchstgrenze für landwirtschaftliche Betriebe fest (402,6 ha) und eliminiert damit den privaten Großgrundbesitz. Die enteigneten Betriebe werden z. T. als Kooperativen, z. T. als Staatsbetriebe unter Verwaltung der neugeschaffenen Agrarreformbehörde (INRA) fortgeführt.
Juli	Staatspräsident (1959–1976) wird *Osvaldo Dorticós Torrado* (* 1919). Der Kongreß wird aufgelöst.
1960 Juli	Erstes kubanisch-sowjetisches Handels- und Kapitalhilfeabkommen (Febr.). Der US-Kongreß kürzt nach der Verstaatlichung von 36 der wichtigsten US-Unternehmen (Zuckermühlen und -raffinerien, Elektrizitäts- und Telefongesellschaften, Banken, Erdölraffinerien) die Abnahme der kubanischen Zuckerquote um 0,7 Mio. Tonnen, was eine empfindliche Reduzierung der kubanischen Deviseneinnahmen beim wichtigsten·Exportartikel bedeutet.
Okt.	Die USA verhängen gegen Kuba ein partielles *Handelsembargo* (im Febr. 1962 zu einem totalen US-Embargo auf alle Einfuhren aus Kuba ausgedehnt).

Wirtschaftspolitik und -entwicklung unter Castro

Den Beginn der Wirtschaftspolitik bildet das erste *Agrarreformgesetz* vom Mai 1959, das durch die zweite Agrarreform vom Okt. 1963 modifiziert wird und zu einer Ausschaltung der ländlichen Mittelschicht führt. Die bis heute bestehenden kleinen Privatbetriebe werden immer mehr in das sozialistische Wirtschaftssystem integriert (staatliche Kredite, Handelsmonopol des Staates für Agrarprodukte, seit 1967 Unterordnung des Anbaus unter den nationalen Produktionsplan im Austausch gegen staatliche Sozialleistungen).

Der revolutionäre Mitstreiter Castros, der Arzt *Ernesto „Che" Guevara* (* 1928, † 1967), unternimmt 1960 in seiner Eigenschaft als Präsident der Nationalbank (1959–1961) die ersten Vorstöße zur zentralen Planung der Volkswirtschaft. Zum Planungszentrum wird die *Junta Central de Planificación (JUCEPLA)*. Im gleichen Jahr erfolgt die Verstaatlichung der ausländischen Betriebe und parallel dazu die Sozialisierung aller größeren kubanischen Firmen der Textil-, Tabak-, Zement-, Eisen- und anderer Industrien sowie aller Banken, Waren- und Lagerhäuser. Das private Eigentum an städtischen Mietshäusern wird beseitigt, die fortlaufenden Mietzahlungen der Bewohner werden in Beiträge für einen Mietkauf umgewandelt (Stadtreformgesetz).

Die soziale Lage der Bevölkerung wird verändert durch die neuen Eigentumsverhältnisse, die Beseitigung der Arbeitslosigkeit, die Einebnung der Einkommensstruktur und die Umgestaltung des Erziehungs- und Gesundheitswesens. Die *Alphabetisierungskampagne* (1961) beseitigt weitgehend den Analphabetismus auf der Insel in kürzester Frist.

Das US-Wirtschaftsembargo (1960/1962) stellt die Insel vor schwerste Versorgungsprobleme und zwingt das Land kurzfristig zur Suche neuer Absatzmärkte. Die *UdSSR* beginnt, als *Haupthandelspartner* eine ähnlich dominierende Rolle zu spielen wie zuvor die USA. Die Exportabhängigkeit der Gesamtwirtschaft ist ungeschmälert. Da die Einfuhren zunehmen, steigt das Handelsdefizit an; die Exportlücke wird durch sowjetische Kredite finanziert (Auslandsverschuldung). Der vereinbarte *Zuckerpreis* (kubanisch-sowjetisches Handelsabkommen von 1963) liegt während der gesamten Zuckerplan-Periode (1965–1970) beträchtlich über dem schwankenden Weltmarktniveau. Fast während der ganzen sechziger Jahre exportiert Kuba knapp 50% in und importiert mehr als 50% aller Güter aus der UdSSR. Seit 1964 bemüht sich

Staaten außerhalb des Warschauer Paktes – Kuba *1435*

die Insel um die Wiederbelebung des Handels mit den westlichen Nationen, seit Beginn der siebziger Jahre nimmt der Handelsaustausch mit nichtsozialistischen Ländern erheblich zu.
Wirtschaftspolitisch erhält 1961 die *Industrialisierung* Priorität. Ab 1963/1964 gewinnt der Zuckersektor wieder an Bedeutung. Nach der *„Kubakrise"* 1962 müssen Lebensmittel und Kleidung rationiert werden (Herausbildung eines Schwarzmarktes). In den sechziger Jahren kommt es zur *Massenauswanderung* von mehr als einer halben Mio. Kubanern, die das Land eines Großteils der dringend benötigten technischen Kader beraubt. Nach einer Phase der Improvisation in der zweiten Hälfte der sechziger Jahre setzt sich das (vor allem von „Che" Guevara formulierte) *Modell der Budgetfinanzierung* bei vorrangiger Verwendung moralischer Anreize durch. Dieser Weg führt zur Zentralisierung der Wirtschaftssteuerung, Zurückdrängung von Arbeitsnormen und Prämien, Abbau von Lohndifferenzierungen, umfangreichem Einsatz freiwilliger Arbeit. Nach der *„Selbstkritik"* Castros im Juli 1970 setzt auf diesem Gebiet eine Reorientierung ein: die Verwendung materieller Anreize, die Normierung der Arbeitsleistung und Lohndifferenzierungen treten immer stärker in den Vordergrund. Nach Überwindung des Tiefstandes von 1970 tritt ein wirtschaftlicher Aufschwung ein.

1961   Ein Versuch von Exilkubanern (von den USA unterstützt), eine Invasion durchzuführen,
17. April   scheitert *(Fiasko in der Schweinebucht).* Die Fusion der „Bewegung des 26. Juli" mit der
Mai   Sozialistischen Volkspartei (PSP) und dem „Revolutionsdirektorium" wird in Angriff genommen. Die *„Vereinigten Revolutionsgruppen"* stellen die Vorläufer der *Vereinigten Partei der Sozialistischen Revolution* (PURS) dar (seit 1965: *Kommunistische Partei, PCC),* deren Chef Castro wird.

2. Dez.   *Kuba* wird zur *sozialistischen Republik* auf der Grundlage des Marxismus-Leninismus erklärt, nachdem Castro bereits im Frühjahr den sozialistischen Charakter der kubanischen Revolution verkündet hat. Besondere Merkmale der politischen Struktur sind der personalistische Führungsstil, die Rolle der Kommunistischen Partei als „gesellschaftliche Avantgarde" und die herausragende Stellung der Massenorganisationen (z. B. der Komitees zur Verteidigung der Revolution).

1962   Die *USA* verhängen ein *totales Handelsembargo* auf alle Einfuhren aus Kuba. Parallel zur
Febr.   Verschärfung der Spannung zwischen den USA und Kuba erfolgt eine immer stärkere Anlehnung der Insel an die UdSSR.

Sept.   Zwischen den USA und der UdSSR kommt es zur sog. **„Kubakrise",** als US-Aufklärer sowjetische Raketenstellungen auf Kuba entdecken.

22. Okt.   In einer öffentlichen Erklärung fordert US-Präsident *Kennedy* den Rücktransport der auf Kuba befindlichen Mittelstreckenraketen sowie den Abbau der Abschußrampen.

24. Okt.   Die USA errichten eine Blockade, welche die Sowjetunion zum Einlenken bewegt: Partei-
−21. Nov. chef *Nikita Chruschtschow* erklärt die Annahme der von Präsident Kennedy aufgestellten Forderungen.

1963   Der Kubakonflikt wird durch ein gemeinsames Schreiben von Präsident Kennedy und Par-
Jan.   teichef Chruschtschow an den Generalsekretär der Vereinten Nationen offiziell beigelegt. Die Verständigungspolitik der beiden Großmächte unter Ausschaltung Kubas führt vorübergehend zu einer merklichen Entfremdung zwischen Kuba und der UdSSR.

1964   Auf Druck der USA hin wird Kuba aus der Organisation der Amerikanischen Staaten
Juli   (OAS) ausgeschlossen und dadurch in Lateinamerika isoliert.
        Alle lateinamerikanischen Staaten mit Ausnahme Mexikos brechen in der Folgezeit die diplomatischen, wirtschaftlichen und kulturellen Beziehungen zu Kuba ab.

Die politischen und ideologischen Differenzen zur UdSSR in den sechziger Jahren

Die *Meinungsverschiedenheiten* zwischen der kubanischen und der sowjetischen Führung beziehen sich vor allem auf die *unterschiedliche Einschätzung der internationalen Lage,* wobei die castristische These von der Notwendigkeit des bewaffneten Aufstandes (Politik des *„Exports von Revolution")* der sowjetischen Reformismusstrategie *(Bildung von Volksfrontregierungen)* entgegensteht. Bei der Frage des internen Wandlungsprozesses in sozialistischen Staaten ist das kubanische Konzept einer Priorität moralischer Anreize mit den sowjetischen Liberalisierungsthesen unvereinbar. Im sowjetisch-chinesischen Konflikt zeigt sich Kuba sehr lange Zeit nicht bereit, auf die Moskauer Linie einzuschwenken. Erst seit der stärker werdenden wirtschaftlichen Abhängigkeit Kubas von der Sowjetunion seit Beginn der siebziger Jahre gibt die kubanische Führung ihre ideologische Eigenständigkeit zum Teil auf. Bei einem Besuch 1972 in Moskau legt Castro ein Bekenntnis für den Marxismus-Leninismus sowjetischer Prägung ab.

1965   Umbenennung der Vereinigten Partei der Sozialistischen Revolution in Kommunistische
3. Okt.   Partei Kubas (PCC).
1968   *„Neue revolutionäre Offensive":* Verstaatlichung von Kleinunternehmern und beginnende
13. März   Enteignung von kleinbäuerlichem Grundbesitz.

1436 Neueste Zeit – Kommunistisch strukturierte Welt

1971 März	Die kubanische Regierung verkündet das „*Gesetz gegen die Faulheit*", nach dem bis 1973 etwa 50 000 Menschen bestraft werden, die sich angeblich der „sozialen Pflicht" Arbeit entzogen haben.
1972 Juli	Mit seinem *Beitritt* zum *COMECON* schließt Kuba seine wirtschaftspolitischen Experimente weitgehend ab und integriert sich stärker in das sozialistische Lager.
Dez.	Von großer Bedeutung sind die zwischen Kuba und der Sowjetunion abgeschlossenen Wirtschaftsabkommen, in denen die UdSSR die Rückzahlung aller von 1960 bis 1972 entstandenen kubanischen Verpflichtungen gegenüber der Sowjetunion (nach westlichen Schätzungen etwa 3 Mrd. US-Dollar) bis 1986 aussetzt; danach soll die Tilgung zinslos in Naturalform (Zucker- und Nickellieferungen) erfolgen.
1973	Castro kündigt einschneidende Maßnahmen zur Steigerung der Arbeitsproduktivität an. Außenpolitisch bahnt sich eine Wiederannäherung an die USA an: Kuba, die USA und Kanada schließen ein Abkommen gegen Luft- und Seepiraterie.
1974 Jan.–Febr.	Der Besuch des sowjetischen Parteichefs *Leonid Breschnew* in Havanna wird von der kubanischen Führung als das *Ende der „Politik des Revolutionsexports"* interpretiert.
Juni/Juli	In der Provinz *Matanzas* werden (zum ersten Mal seit 1959) Wahlen abgehalten. Die Organe der „Volksmacht" sollen Regierungsfunktionen wahrnehmen, die wirtschaftliche Produktion lenken sowie regionale Entwicklungsaktivitäten durchführen.
1975 30. Juli	Außenwirtschaftlich von Bedeutung ist die Beendigung der OAS-Sanktionen gegen Kuba; die USA heben ihr Embargo vorerst nur teilweise auf. Kuba tritt dem lateinamerikanischen Wirtschaftssystem *SELA (Sistema Económico Latinoamericano)* bei.
17.–22. Dez.	Erster Parteitag der KP Kubas: nach volksdemokratischem Muster werden ein Verfassungsentwurf, ein Parteistatut sowie ein Fünf-Jahres-Entwicklungsplan beraten und angenommen.
1975/1976	In Verfolgung der „Politik der Solidarisierung mit den Ländern der Dritten Welt" beteiligt sich Kuba mit ca. 20 000 Soldaten und Militärberatern am Angolakrieg auf seiten der Befreiungsorganisation MPLA.
1976 **16. Febr.**	In einem Referendum wird die **neue Verfassung** mit fast 98% Ja-Stimmen angenommen. In ihr wird der KP die Führungsrolle in Staat und Gesellschaft zuerkannt und die Oberste Gewalt einer neuzuschaffenden Nationalversammlung übertragen, aus deren Reihen sich der Staatsrat rekrutiert.
Okt.	Die in den ersten Gemeinderatswahlen seit Beginn der Revolution neugewählten Räte bestimmen die Mitglieder der vierzehn Provinzversammlungen sowie die Abgeordneten der Nationalversammlung (Einheitsliste).
2. Dez.	*Fidel Castro* wird zum *Vorsitzenden des Staatsrats* ernannt; damit vereinigt er in seiner Person das Amt des Staatsoberhaupts und das des Regierungschefs.
1977	Die „Normalisierung" der Beziehungen zwischen Kuba und den USA erfolgt durch die Eröffnung von „Interessenvertretungen" in beiden Hauptstädten (1978 Wiedereröffnung des regelmäßigen kommerziellen Flugverkehrs zwischen beiden Ländern). *Militärabkommen mit Libyen, Mozambik* (März 1977) *und Angola* (Okt. 1977).
1978 ab Jan.	Kubanische Truppen beteiligen sich in Nordafrika auf äthiopischer Seite am Kampf um das Ogadengebiet. Die Linie des „proletarischen Internationalismus" mit Unterstützung der Befreiungsbewegungen, v. a. in Afrika, wird fortgesetzt.
Juli/Aug.	11. Weltjugendfestspiele in Havanna (16 000 Teilnehmer).
1979	Wahl der Vertreter des „Poder Popular" auf Basis- und Munizipalebene (April).
Sept.	Gipfeltreffen der blockfreien Staaten in Havanna.
Dez.	Konferenz der „Gruppe der 77" (Entwicklungsländer) in Havanna.
1980	*Regierungsumbildung: Castro übernimmt wichtige Ministerien* (11. Jan.).
1981	*Kooperationsabkommen mit Grenada*, u. a. zum Ausbau eines internationalen Flughafens (21. Sept.). Die UdSSR liefert verstärkt Waffen an Kuba.
1982	Hilfsabkommen mit Nicaragua (6. April).
Sept.	*Kuba stellt* an seine westlichen Gläubiger ein *Umschuldungsersuchen.*
1983	Die Verschärfung der Sparpolitik führt zum Rückgang des Haushaltsvolumens (Febr.).
25. Okt.	*Auf Grenada fallen 42 kubanische Bauarbeiter bei der US-Intervention* (bis 26. Okt.).
1984 14. April	Weil die Umschuldung nicht zustande kommt, setzt Kuba die Schuldentilgung für 1984 aus.
12. Juli	Die *USA und Kuba führen* in New York (zunächst geheimgehaltene) *Verhandlungen* über Auswanderungs- und Einreisefragen (bis 13. Juli). – *(Forts. S. 1666)*

Nicht durch Blockbündnis geprägter Teil der Welt

Die Bewegung der bündnisfreien Staaten

Als Länder der Dritten Welt gelten alle Staaten Lateinamerikas, die Staaten Afrikas mit Ausnahme der Südafrikanischen Republik und Zimbabwes, alle Länder Asiens (ausgenommen Israel, Japan, Südkorea und Taiwan) sowie alle Gebiete Ozeaniens ohne Australien und Neuseeland. Seit ihrer Entdeckung oder spätestens seit dem Zeitalter des Imperialismus gehören die meisten Gebiete der *Dritten Welt* zu den *europäischen Kolonialreichen* oder stehen zeitweilig unter der *Vorherrschaft der USA*. Sie erringen ihre Unabhängigkeit unter ganz verschiedenen Bedingungen und Voraussetzungen:
Auf dem *lateinamerikanischen Subkontinent* wird die Mehrzahl der Länder im 19. Jh. nach erfolgreichen Befreiungskriegen selbständig; zwar endet die spanische und portugiesische Kolonialherrschaft, de facto bleibt jedoch die wirtschaftliche und politische Abhängigkeit von den europäischen Mächten bzw. geht auf die Vereinigten Staaten von Amerika über, so daß etwa Mexiko seine Unabhängigkeit erst durch die Revolution endgültig sichern kann. In der Karibik bauen Großbritannien, Frankreich und die Niederlande erst nach dem Zweiten Weltkrieg ihre koloniale Vorherrschaft allmählich ab, während Spanien schon Ende des 19. Jh.s seine letzten Besitzungen in diesem Raum verloren hat.
In *Afrika* erringt etwa seit 1960 der größte Teil der schwarzafrikanischen Länder von Frankreich, Großbritannien und Belgien die Selbständigkeit, ohne daß – von Ausnahmen wie dem Kongo (Zaïre) abgesehen – die wirtschaftliche Abhängigkeit vom jeweiligen „Mutterland" abgebaut werden kann. Seit 1974 – unmittelbar nach der Veränderung der innenpolitischen Verhältnisse in Portugal, jedoch bereits nach längeren blutigen Befreiungskämpfen – endet auch für die portugiesischen Afrikabesitzungen der Kolonialstatus. Im arabisch-islamischen Nordafrika erfolgen die Loslösungen von den europäischen Mächten

Wirtschaftsdaten ausgewählter Nationen in der Dritten Welt

	Populations-dichte	Jährl. Bevölke-rungszu-wachs	Brutto-sozial-produkt (1980)	Anteil der Landwirt-schaft an Bruttoinlands-produktion (1980)	Anteil der Industrie an Bruttoinlands-produktion (1980)	Wichtigste Exportprodukte
	E/km²	%	US-$	%	%	
Afrika						
Elfenbeinküste	26	5,5	1150	34	22	Kaffee, Kakao, Holz
Nigeria	89	2,5	1010	20	42	Erdöl
Kenia	29	3,4	420	34	21	Kaffee
Zambia	8	3,0	560	15	39	Kupfer
Ruanda	197	2,8	200	48	22	Kaffee, Tee, Zinn
Asien						
Saudi-Arabien	4	4,5	11260	1	78	Erdöl
Pakistan	106	3,1	300	31	25	Baumwolle, Reis
Indien	200	2,1	240	37	26	Tee, Textilien
Malaysia	45	2,7	1670	24	37	Kautschuk, Zinn, Erdöl
Philippinen	169	2,6	720	23	37	Zucker, Kopra
Südamerika						
Venezuela	16	3,3	3630	6	47	Erdöl
Argentinien	10	1,6	2390	13	46	Weizen, Mais, Fleisch
Chile	15	1,7	2160	7	37	Kupfer
Peru	15	2,7	980	8	45	Kupfer, Metallerze
Bolivien	5	2,5	570	18	29	Zinn, Metallerze
Schwellenländer						
Brasilien	15	2,2	2050	10	37	Kaffee, Zucker
Korea	399	1,9	1506	16	41	Industrieprodukte
Industrieländer						
Australien	2	1,5	9820	12	37	Wolle, Kohle, Fleisch
Südafrika	26	2,7	2290	7	53	Gold, Diamanten, Kohle

(E = Einwohner)

1438 Neueste Zeit – Nicht durch Blockbündnis geprägter Teil der Welt

teils durch die Ereignisse während des Zweiten Weltkriegs (Niederlage der italienischen Kolonialmacht in Libyen), teils durch vertragliche Vereinbarungen (Ägypten, Sudan, Marokko, Tunesien, Mauretanien) oder aber nach einem erfolgreich geführten Befreiungskrieg (Algerien).
Der Zerfall der Kolonialreiche in *Asien* ist eine unmittelbare Auswirkung des Zweiten Weltkriegs. Die geschwächten europäischen Mächte Frankreich, Großbritannien, die Niederlande und Portugal müssen ebenso wie das unterlegene Japan fast ihre gesamten kolonialen Besitzungen aufgeben. Dadurch wird der Weg für eine eigenständige staatliche Entwicklung für den Großteil der asiatischen Völker frei. Bemühungen um politische Zusammenschlüsse entstehen allenthalben im asiatischen Raum nach der Niederlage Rußlands im Russisch-Japanischen Krieg von 1905, als der Mythos von der Unbesiegbarkeit der Europäer zerstört wird. Die Anstrengungen verstärken sich nach der russischen Oktoberrevolution von 1917, als die Sowjetmacht bestrebt ist, die Kolonialvölker für die kommunistische Weltrevolution zu gewinnen, wodurch sich diesen erstmals Perspektiven für einen aussichtsreichen Kampf gegen die europäische Vorherrschaft eröffnen. Vor diesem Hintergrund entsteht die *„Front der unterdrückten Völker Asiens"* (Kongresse von Berlin 1926 und Brüssel 1927), in der bereits viele der späteren revolutionären Führer Chinas und Indochinas eine wichtige Rolle spielen.
Während des Zweiten Weltkriegs bemühen sich vor allem die Niederlande und Frankreich, aber auch Großbritannien und die USA, die Kolonialvölker Asiens und Afrikas zur Teilnahme am Kampf gegen Japan und Deutschland dadurch zu bewegen, daß sie ihnen die Gewährung der Unabhängigkeit nach Kriegsende in Aussicht stellen. Als die europäischen Mächte – nachdem Japan 1945 bei seinem Rückzug den Völkern seiner ehemaligen Besitzungen die Unabhängigkeit gewährt hat – weder die neuentstandene Lage in Asien akzeptieren wollen, noch überall an die eigenen Zusagen halten, kommt es hauptsächlich in den niederländischen Besitzungen in Asien und in den französischen Kolonialgebieten Asiens und Afrikas zu blutigen Aufständen und Befreiungskriegen, deren Auswirkungen bis heute andauern.
Aber auch dort, wo friedliche Lösungen für eine *Entkolonisierung* gefunden werden, entstehen bald neue Spannungen, weil einerseits die ehemaligen Kolonialmächte versuchen, die weiterhin bestehende wirtschaftliche Abhängigkeit der früheren Kolonialbesitzungen aufrechtzuerhalten, und weil andererseits im Rahmen des kalten Krieges zwischen Ost und West die beiden führenden Mächte bestrebt sind, die jungen Staaten Afrikas und Asiens für das eigene Lager zu gewinnen, ohne diesen jedoch den Platz für eine echte Partnerschaft einzuräumen, was schließlich den Gedanken einer Schicksalsgemeinschaft der Entkolonisierten reifen läßt. So wird auf der Basis der *Bündnis- und Blockfreiheit* versucht, einen institutionellen Rahmen für eine internationale Vereinigung zu schaffen. Zunächst nehmen im Lager der Blockfreien Ägypten, Jugoslawien und Indien (zur Zeit der Bandung-Konferenz auch die VR China) eine führende Position ein, in den sechziger Jahren kommen Staaten wie Algerien und Kuba hinzu. Seit Beendigung der Kulturrevolution übernimmt die Volksrepublik China wieder die Rolle eines Fürsprechers der Dritten Welt; sie will vor allem den Völkern Asiens und Afrikas ein Vorbild geben für deren Bemühungen um einen Abbau der Abhängigkeiten von den ehemaligen Kolonialmächten.

1947 23. März	Der organisatorische Weg für eine Zusammenarbeit in der Dritten Welt beginnt mit der *Asian Relations Conference* in Neu-Delhi (Teilnahme der Arabischen Liga), auf der die Idee einer Schicksalsgemeinschaft in politische Aktion umzusetzen versucht wird.
1949 10. Jan.	Erste afro-asiatische Regierungskonferenz tritt in Neu-Delhi zusammen (Teilnehmer sind auch Ägypten und Äthiopien).
1951 6. Nov.	In einer Rede des sowjetischen Geheimdienstchefs Berija über die Möglichkeiten der *friedlichen Koexistenz* (von Lenin entwickelte Grundsätze, auf der Konferenz von Genua 1922 erstmals vorgetragen, von der UdSSR seit 1951 als Grundsatz in der Außenpolitik hervorgehoben) wird der Gedanke eines politischen Zusammenschlusses der Dritten Welt gegenüber der Vormacht der Industriestaaten befürwortet.
1952 23. Juli	Mit der erfolgreichen *Revolution in Ägypten* wird der Gedanke eines Bündnissystems der Blockfreien auch für Afrika bedeutsam, weil sich ihr politischer Führer, *Gamal Abdel Nasser*, bestrebt zeigt, sein Land zum Bindeglied zwischen der islamisch-arabischen und der schwarzafrikanischen Welt werden zu lassen.
12. Dez.	Die Konferenz von 12 afro-asiatischen Staaten in Kairo legt den seither einzigen verbindlichen Grundsatz für alle Mitglieder der entstehenden Bewegung der Blockfreien fest: *neutrale Haltung im Ost-West-Konflikt* bzw. Disengagement im Hegemonialstreit der beiden Supermächte samt ihrer Verbündeten.
1954 26. April –21. Juli	Die Bewegung der Blockfreien erhält ihren entscheidenden Anstoß, als die Großmächte auf der Ostasienkonferenz in Genf lediglich die unmittelbar beteiligten Staaten, nicht aber die Vertreter der betroffenen Regionen zu Wort kommen lassen.
29. April	Im chinesisch-indischen Abkommen über Tibet werden *„Fünf Prinzipien"* der Außenpolitik beider Länder vertraglich verankert: 1. Gegenseitige Achtung territorialer Integrität, 2. Nichteinmischung in innere Angelegenheiten, 3. Gleichberechtigung, 4. Friedliche Koexistenz, 5. Verzicht auf militärische Aggression.
April/Dez.	Als Reaktion auf die Vorgänge der Ostasienkonferenz in Genf beschließen die Regierungschefs von Burma, Ceylon, Indien, Indonesien und Pakistan auf den Konferenzen von Kandy (Ceylon) und Bogor (Indonesien) die Einberufung einer afro-asiatischen Konferenz nach Bandung (Indonesien).

Bewegung der bündnisfreien Staaten *1439*

1955 18.–24. April	An der *Konferenz in Bandung* nehmen Delegationen aus 23 asiatischen und sechs afrikanischen Staaten teil. Auf ihr werden Grundsätze der freundschaftlichen Zusammenarbeit im Sinne der *friedlichen Koexistenz* verabschiedet: Achtung der in der UN-Charta niedergelegten Menschenrechte und Ziele, Wahrung der Souveränität und territorialen Integrität aller Nationen, Anerkennung der Gleichheit aller Rassen und Nationen unabhängig von ihrer Größe, Verzicht auf Intervention bzw. Einmischung in die inneren Angelegenheiten anderer Staaten, Achtung vor dem Recht jeder Nation, sich allein oder kollektiv in Übereinstimmung mit der UN-Charta zu verteidigen, Verzicht auf Verteidigungsvereinbarungen, die den besonderen Interessen einer Großmacht dienen können, Verzicht auf Aggressionsakte oder -drohungen gegen die territoriale Integrität oder politische Unabhängigkeit eines Landes, Regelung aller internationalen Streitfragen mit friedlichen Mitteln, Förderung des gegenseitigen Interesses und der Zusammenarbeit, Achtung der internationalen Rechte und Verpflichtungen. Ferner fordert die Konferenz eine allgemeine Abrüstung und das totale Verbot jeglicher nuklearer und thermonuklearer Waffen.
1956 18.–19. Juli	Auf der Halbinsel Brioni (Jugoslawien) verabschieden *Jawaharlal Nehru* (Indien), *Gamal Abdel Nasser* (Ägypten) und *Josip Tito* (Jugoslawien) eine gemeinsame Erklärung über Prinzipien und Ziele der Nichtpaktgebundenheit.
1961 1.–6. Sept.	*Erste Konferenz der Blockfreien* in Belgrad: In der Schlußerklärung fordern die beteiligten 25 Staaten für den Kongo (Zaïre) und für Kuba das Recht, ihr politisches und soziales System selbst zu bestimmen, verlangen eine allgemeine Abrüstung, den Stop von Atomwaffenversuchen sowie eine Lösung der Deutschland- und Berlinfrage ohne Gewalt.
1962 9.–18. Juli	Auf der in Kairo tagenden Wirtschaftskonferenz der Entwicklungsländer richten die Blockfreien Forderungen unterentwickelter Staaten an die Adresse der Industrienationen, ohne daß allerdings über Einzelheiten Konsens erzielt werden kann.
1964 5.–10. Okt.	Auf der zweiten Gipfelkonferenz der Blockfreien in Kairo nehmen bereits 46 Staaten teil. Ihr Verlauf macht deutlich, daß die ideologische Auseinandersetzung zwischen Moskau und Peking die Konsolidierung einer gemeinsamen Basis erheblich erschwert (*„Zone der Labilität"*) und daß die neutrale Bündnishaltung nicht mehr ausreichend ist: Neben die Bekämpfung wirtschaftlicher Abhängigkeiten – so lautet die Forderung – müsse daher die Bekämpfung der aus der „kooperativen Bipolarität der beiden Supermächte" entstandenen Hegemonialpolitik treten.
1965 25. Okt.	Die vorgesehene zweite afro-asiatische Gipfelkonferenz in der Fortsetzung der Konferenz von Bandung (1955) scheitert und wird auf unbestimmte Zeit vertagt, weil sich die Spannungen des chinesisch-sowjetischen Konflikts auf die an der Vorbereitung beteiligten Staaten sprengend ausgewirkt haben.
1966 3.–15. Jan.	*Erste Solidaritätskonferenz* der Völker Asiens, Afrikas und Lateinamerikas in Havanna (Kuba) unter Teilnahme von Vertretern aus 82 Staaten sowie von Beobachtern aus sieben Ostblockstaaten und von 14 internationalen linksgerichteten Organisationen. In der verabschiedeten Generaldeklaration heißt es, daß der Kampf auf Leben und Tod gegen das System der imperialistischen, kolonialistischen und neokolonialistischen Unterdrückung und Ausbeutung begonnen habe. Dieses Minimalprogramm der „Entrechteten der Erde" dient seither als Leitlinie bei Verhandlungen der Dritten Welt mit den Industrienationen.
1967 10.–24. Okt.	An der *Konferenz von Algier* nehmen 77 (seither *„Gruppe der 77"*), meist blockfreie Staaten teil: Der bereits in Kairo 1962 deutlich gewordene wirtschaftspolitische Ansatz wird zum Hauptthema. Algeriens Präsident *Houari Boumedienne* prangert das von den Großmächten propagierte Wohlverhalten im Sinne einer friedlichen Koexistenz als Täuschungsmanöver an, das lediglich die Vorherrschaft der Industrienationen festschreiben solle. Entsprechend verurteilt die *„Charta von Algier"* sowohl die Ergebnisse der Kennedy-Runde (GATT) als auch die Entwicklungspolitik des Ostblocks und fordert allgemeine Zollpräferenzen für Importe von Rohstoffen, Halbfertig- und Fertigprodukten aus Entwicklungsländern, Entwicklungshilfe von 1% des Bruttosozialprodukts der Industriestaaten und eine stärkere Berücksichtigung der Finanzierungshilfen für die Entwicklungsländer durch IMF und IDA (International Development Association).
1970 8.–10. Sept.	Auf Anregung des jugoslawischen Staats- und Parteichefs Tito findet in Lusaka (Zambia) die *dritte Gipfelkonferenz der Blockfreien* statt. Zentralthemen der von den 54 Teilnehmerstaaten verabschiedeten Resolutionen sind der Kampf gegen Kolonialismus und Rassismus, die Beseitigung von politischer Bevormundung und neokolonialistischer Ausbeutung. Die politischen Grundsätze formuliert die „Deklaration über Frieden, Unabhängigkeit, Entwicklung, Zusammenarbeit und Demokratisierung der internationalen Beziehungen", die wirtschaftlichen sind in der „Erklärung über Blockfreiheit und wirtschaftlichen Fortschritt" niedergelegt, die insbesondere veränderte Beziehungen zwischen Geber- und Empfängerländern empfiehlt und eine verstärkte Kooperation auf allen wirtschaftlichen Sektoren – also eine neue Weltwirtschaftsordnung – vorschlägt.
Okt.	Die „Gruppe der 77" legt, den Ergebnissen von Lusaka folgend, das Dokument „Internationale Strategie für die Zweite Entwicklungsdekade der Vereinten Nationen" vor.

Unabhängigkeitserklärungen seit 1945. Chronologische Übersicht

Jahr	Datum	Land	Kolonialmacht
1945	10. Aug.	Korea	Japan
	17. Aug.	Indonesien	Niederlande
1946	14. April	Syrien	Frankreich
	22. Mai	Jordanien	Großbritannien
	4. Juli	Philippinen	USA
1947	15. Aug.	Indien	Großbritannien
	15. Aug.	Pakistan	Großbritannien
1948	4. Jan.	Burma	Großbritannien
	4. Febr.	Ceylon (Sri Lanka)	Großbritannien
	14. Mai	Israel	Großbritannien
1951	24. Dez.	Libyen	Italien
1954	20. Juli	Kambodscha	Frankreich
	21. Juli	Laos	Frankreich
	21. Juli	Vietnam	Frankreich
1956	1. Jan.	Sudan	Großbritannien/ Ägypten
	2. März	Marokko	Frankreich/ Spanien
	20. März	Tunesien	Frankreich
1957	6. März	Ghana (Goldküste)	Großbritannien
	31. Aug.	Malaya (Malaysia)	Großbritannien
1958	2. Okt.	Guinea	Frankreich
1960	1. Jan.	Kamerun	Frankreich
	27. April	Togo	Frankreich/ Großbritannien
	26. Juni	Madagaskar	Frankreich
	30. Juni	Zaïre (Belg.-Kongo)	Belgien
	1. Juli	Somalia	Großbritannien/ Italien
	1. Aug.	Benin (Dahomey)	Frankreich
	3. Aug.	Niger	Frankreich
	5. Aug.	Obervolta	Frankreich
	7. Aug.	Elfenbeinküste	Frankreich
	11. Aug.	Tchad	Frankreich
	13. Aug.	Zentralafrik. Republik	Frankreich
	15. Aug.	Congo (Kongo-Brazzaville)	Frankreich
	17. Aug.	Gabon	Frankreich
	20. Aug.	Senegal	Frankreich
	22. Sept.	Mali (Franz.-Soudan)	Frankreich
	1. Okt.	Nigeria	Großbritannien
	19. Okt.	Mauretanien	Frankreich
1961	27. April	Sierra Leone	Großbritannien
	19. Juli	Kuwait	Großbritannien
	9. Dez.	Tanganyika (Tanzania)	Großbritannien
1962	1. Jan.	Westsamoa	Neuseeland
	1. Juli	Burundi	Belgien
	1. Juli	Rwanda	Belgien
	3. Juli	Algerien	Frankreich
	6. Aug.	Jamaika	Großbritannien
	9. Okt.	Uganda	Großbritannien
1963	1. Sept.	Singapur	Großbritannien
	10. Dez.	Zanzibar (Tanzania)	Großbritannien
	12. Dez.	Kenya	Großbritannien
1964	6. Juli	Malawi (Nyasaland)	Großbritannien
	24. Okt.	Zambia (Nordrhodesien)	Großbritannien
1965	18. Febr.	Gambia	Großbritannien
	26. Juli	Malediven	Großbritannien
1966	26. Mai	Guyana	Großbritannien
	30. Sept.	Botswana	Großbritannien
	4. Okt	Lesotho	Großbritannien
	30. Nov.	Barbados	Großbritannien
1967	27. Nov.	Südjemen (Aden)	Großbritannien
1968	31. Jan.	Nauru	Großbritannien
	12. März	Mauritius	Großbritannien
	6. Sept.	Swaziland	Großbritannien
	12. Okt	Äquatorial-Guinea	Spanien
1970	4. Juni	Tonga	Großbritannien
	10. Okt.	Fidschi-Inseln	Großbritannien
1971	4. Aug.	Bahrain	Großbritannien
	1. Sept.	Katar	Großbritannien
	2. Dez.	Vereinigte Arab. Emirate	Großbritannien
	9. Dez.	Bhutan	Indien
1973	10. Juli	Bahamas	Großbritannien
1974	7. Febr.	Grenada	Großbritannien
	10. Sept.	Guinea-Bissau	Portugal
1975	25. Juli	Mozambik (Moçambique)	Portugal
	5. Juli	Kapverden	Portugal
	6. Juli	Comoren	Frankreich
	12. Juli	São Tomé/Principe	Portugal
	16. Sept.	Papua-Neuguinea (-Niugini)	Australien
	11. Nov.	Angola	Portugal
	25. Nov.	Surinam	Niederlande
1976	29. Juni	Seychellen	Großbritannien
1977	27. Juni	Dschibuti	Frankreich
1978	7. Juli	Salomonen	Großbritannien
	1. Okt.	Tuvalu (Ellice-Inseln)	Großbritannien
	3. Nov.	Dominica (Westindien)	Großbritannien
1979	22. Febr.	St. Lucia (Westindien)	Großbritannien
	12. Juli	Kiribati (Gilbert-Inseln)	Großbritannien
	27. Okt.	St. Vincent/Grenadines	Großbritannien
1980	18. April	Zimbabwe (Rhodesien)	Großbritannien
	30. Juli	Vanuatu (Neue Hebriden)	Großbritannien/ Frankreich
1981	21. Sept.	Belize	Großbritannien
	1. Nov.	Antigua-Barbuda	Großbritannien
1983	19. Sept.	St. Kitts-Nevis	Großbritannien
1984	1. Jan.	Brunei	Großbritannien

Islamisch-arabische Region – Grundbedingungen *1441*

1972 8.–12. Aug.	Die Bündnisfreien fordern auf ihrer Außenministerkonferenz in Georgetown, daß die Entspannung sich nicht nur auf die entwickelten Gebiete der Erde beschränken dürfe, sondern vor allem die wirtschaftlichen Bedürfnisse der Entwicklungsländer berücksichtigen müsse, weil durch den weltwirtschaftlich bedingten Rückgang der Entwicklungshilfeleistungen unzumutbare Belastungen für die Länder der Dritten Welt entstanden seien.
1973 5.–9. Sept.	Der Forderung der Außenministerkonferenz von Georgetown soll besonders die *vierte Gipfelkonferenz der Blockfreien* in Algier Nachdruck verleihen, doch erschweren interne Gegensätze eine gemeinsame Willensbildung (u. a. protestiert Kuba gegen Libyens Erklärung, die UdSSR sei eine imperialistische Macht; Staaten der „ersten Stunde" wie Indien und Jugoslawien wehren sich gegen Versuche einer Institutionalisierung nichtpaktgebundener Zusammenarbeit). Die teilnehmenden 75 Staaten verabschieden eine „*Politische Deklaration*", die sich u. a. mit dem israelisch-arabischen Konflikt, mit dem Vietnamproblem sowie mit der Hegemonialpolitik der Supermächte befaßt, eine „*Wirtschaftliche Deklaration*", die vor allem die nationale Souveränität über die Bodenschätze fordert, ein „Aktionsprogramm über wirtschaftliche Zusammenarbeit", das die Einrichtung eines Entwicklungs- und Solidaritätsfonds fordert, und schließlich neben weiteren 13 Einzelresolutionen eine „Deklaration über den Kampf um nationale Befreiung".
1975 4.–8. Febr.	Eine erneute Behandlung erfährt der Themenkreis Weltwirtschaftsordnung auf der *Rohstoffkonferenz in Dakar* (Senegal), auf der 68 Länder der Dritten Welt (darunter 57 Blockfreie) die Kontrolle über die natürlichen Reichtümer als Schlüssel ihrer wirtschaftlichen Freiheit bezeichnen und u. a. einen Sonderfonds zur Finanzierung von Reserven der Entwicklungsländer an Roh- und Grundstoffen fordern.
1976 16.–18. Aug.	Die *fünfte Gipfelkonferenz der Blockfreien* in Colombo (Sri Lanka – Ceylon) beschließt insbesondere, den Koordinierungsausschuß von 17 auf 25 Mitglieder zu erweitern: Afrika 12 Sitze (Algerien, Angola, Botswana, Guinea, Liberia, Niger, Nigeria, Sudan, Tanzania, Tchad, Zaïre, Zambia), Asien 8 Sitze (Bangla Desch, Indien, Indonesien, Irak, PLO – Palästinensische Befreiungsfront, Sri Lanka, Syrien, Vietnam), Lateinamerika 4 Sitze (Kuba, Guyana, Jamaika, Peru), Europa einen Sitz (Jugoslawien).
1979 3.–7. Sept.	Die *sechste Gipfelkonferenz der Blockfreien* in Havanna (Kuba) steht unter dem Vorzeichen einer grundsätzlichen politischen Auseinandersetzung. Kuba bemüht sich als gastgebender Veranstalter in der Vorbereitungsphase intensiv, eine Mehrheit der Blockfreien für die Formel, „die sozialistischen Staaten seien der natürliche Verbündete der Nichtpaktgebundenen", zu gewinnen. Gegen ein solches Vorhaben, das den sowjetischen Einfluß auf die Blockfreien-Bewegung verstärken würde, wendet sich vor allem der jugoslawische Staats- und Parteichef Tito mit Erfolg. In Havanna zeichnet sich mit aller Deutlichkeit ab, daß das Hauptinteresse der Mehrzahl der Blockfreien auf jenen wirtschaftspolitischen Problemen liegt, die vor allem die „Gruppe der 77" (inzwischen tatsächlich 115 Mitglieder) und in ihr die Sondergruppe der OPEC-Länder vertritt.
1983 7.–12. März	Die *siebte Gipfelkonferenz der Blockfreien* in Neudelhi (Indien) *fordert* in der „Botschaft aus Delhi" *die Großmächte auf, das Wettrüsten einzustellen* und die so frei werdenden *Finanzmittel zur Entwicklung der Dritten Welt zu verwenden;* die weltweite Wirtschaftskrise verlange nach einer weltweiten Wirtschaftsneuordnung durch Verhandlungen; alle Handelsschranken seien sofort abzubauen. Ein Appell an Irak und Iran fordert sofortige Einstellung der Kampfhandlungen sowie einen gerechten Verhandlungsfrieden. Die *Abschlußdeklaration* erklärt: *vor Kernwaffen werde Abrüstung zur Frage des Überlebens der Menschheit* und dürfe nicht allein von den Sicherheitsinteressen der Kernwaffenstaaten abhängen. – *(Forts. S. 1624)*

Islamisch-arabische Region

Grundbedingungen für Entwicklung, Probleme und weltpolitische Bedeutung der arabischen Welt nach dem Zweiten Weltkrieg

Die arabische Welt vom Atlantik bis zum Persischen Golf wird verbunden durch die *arabische Hochsprache* der Gebildeten, durch die *islamische Religion,* zu der sich etwa 90% der 150 Mio. Einwohner (1978) bekennen, und durch *gemeinsame geschichtliche Erfahrungen* seit der islamischen Expansion im 7. Jh. Ausdruck der Verbundenheit ist der im 20. Jh. gewachsene *panarabische Nationalismus,* der der **Einheit der Region** politischen Ausdruck geben will. Trennend wirken dagegen die sehr unterschiedlichen Dialekte der Volkssprache und das Vorhandensein bedeutender religiöser und ethnischer *Minoritäten* (Christen, Drusen; Kurden, Berber, nicht-muslimische negroide Stämme). Die geographische Ausdehnung der Region, in der dünnbesiedelte Wüsten die regenreicheren Küstengebiete und die besonders dicht bevölkerten Flußoasen trennen, hat **Subräume** wachsen lassen, die lange eigenständige Entwicklungen durch-

1442 Neueste Zeit – Nicht durch Blockbündnis geprägter Teil der Welt

machten: Maghreb, Niltal, „Fruchtbarer Halbmond" (Syrien-Palästina, Mesopotamien) und Arabische Halbinsel. Zudem haben sich seit dem 19. Jh. unter dem Einfluß Frankreichs, Englands und für kurze Zeit Italiens innerhalb der von den Kolonialmächten zum Teil willkürlich festgelegten heutigen Grenzen *unterschiedliche wirtschaftliche und soziale Entwicklungen* vollzogen, die auch nach Erlangung der Unabhängigkeit weiterwirkten. Nirgends waren die Veränderungen so tiefgreifend wie in *Palästina* und in Frankreichs Siedlungskolonie *Algerien,* doch auch die übrigen Mandatsgebiete und Protektorate wurden wirtschaftlich und administrativ auf die europäische Macht und deren Bedürfnisse ausgerichtet und kulturell von ihr überfremdet.

In der *Mehrzahl der arabischen Staaten,* die nach dem Zweiten Weltkrieg *unabhängig* bzw. voll souverän werden, geht die Macht zunächst an eine kleine, europäisch gebildete und *an Europa orientierte Elite* über. Wegen der Vernachlässigung der arabischen Breitenerziehung durch die Kolonialmächte fehlen überall qualifizierte Fachkräfte, die die Verwaltung und Entwicklung ihrer Länder übernehmen können. Nur in Ägypten gibt es ansatzweise eine Industrialisierung, die sich an den Bedürfnissen des Landes orientiert. Als zusätzliches Entwicklungshemmnis macht sich um die Jh.mitte in einigen Staaten (Ägypten, Algerien) das rasche *Bevölkerungswachstum* bemerkbar. *Ungleiche Ressourcenverteilung,* insbesondere die ungleiche Verteilung der Erdöl-Reserven, verschärft die *ungleichen Entwicklungsbedingungen* innerhalb der Region.

Die **strategische Bedeutung der Region** für die Sicherung der Kommunikationslinien des britischen Weltreiches (See- und Landverbindungen nach Indien) nimmt nach dem Zweiten Weltkrieg rasch ab. Da in der Region jedoch über 60% der nachgewiesenen publizierten **Erdöl-Reserven** der Welt lagern (1978: 55,2 Mrd. Tonnen einschl. Iran von insges. 88,5 Mrd. Tonnen), dehnen die USA und die Sowjetunion seit den fünfziger Jahren ihren Einfluß ständig aus, wobei sie sich *intraregionale Konflikte* (arabisch-israelischer Konflikt, Gegensatz zwischen „Fortschrittlichen" und Konservativen) zunutze machen. Die wachsende Abhängigkeit Westeuropas, Japans und seit etwa 1970 auch der USA vom Mittelost-Öl verstärken trotz der Entspannung im Ost-West-Konflikt die **Großmachtinteressen** in der Region weiter und erhöhen das Konfliktpotential (neue Konfliktzonen entlang der Seetransportwege: Persischer Golf, Indischer Ozean, Horn von Afrika).

Die Unabhängigkeit hebt darum die *westliche Vormachtstellung* zunächst nicht auf. Die meist konservativ-„feudalistischen" Regierungen finden sich zu Abkommen mit den Westmächten bereit, die dadurch hoffen, den Mittleren Osten zumindest indirekt kontrollieren und ihre wirtschaftlichen und militärpolitischen Interessen wahren zu können. Gegen die verschleierte Abhängigkeit vom Westen, gegen Militärbasen und ausländische Konzerne, v. a. die Ölgesellschaften, und gegen die konservativen Eliten, deren Interessen sich mit denen des Auslands verbinden, regt sich der *Widerstand junger Intellektueller und Offiziere,* die sich als Avantgarde der politischen und sozialen Erneuerung verstehen. **Staatsstreiche des Militärs,** für die die ägyptische Revolution von 1952 zum Modell wird, bringen bis 1978 in acht der 21 arabischen Staaten reformorientierte republikanische Regime an die Macht. Unmittelbar aus Unabhängigkeitskämpfen gehen radikale republikanische Regime in Algerien und dem Süd-Jemen hervor. Als Vorkämpfer gegen Imperialismus und Neo-Kolonialismus versuchen die republikanischen Regime seit Anfang der fünfziger Jahre, die politische und wirtschaftliche Abhängigkeit ihrer Länder zu reduzieren (Kündigung von Militärbasen, Nationalisierungen), die wirtschaftliche Macht der alten Eliten zu brechen (Landreformen, Verstaatlichungen) und *tiefgreifende wirtschaftliche und soziale Reformen* einzuleiten. Sie beginnen ehrgeizige Entwicklungsprojekte (Industrialisierung, Staudammbau) und setzen erstmals im arabischen Raum die Instrumente der Planung ein. Ein Schwerpunkt der Entwicklung wird der Breitenausbau des Erziehungswesens, das gleichzeitig arabisiert wird, um die geistig-kulturelle Abhängigkeit vom Westen zu überwinden. Zur Rechtfertigung ihrer Reformziele und zur Begründung einer eigenen, vom Westen und Osten unabhängigen politischen und sozio-kulturellen Identität entwickeln die Militärs teils ihre eigenen *Ideologien* (Nassers *„Arabischer Sozialismus",* Boumediennes Fortentwicklung des Algerischen Sozialismus, Gaddafis *„Kulturrevolution"* mit einem *„Sozialismus aus dem Koran"),* teils verbünden sie sich mit der *Baath-(„Wiedergeburt"-)Partei,* die 1943 von Michel Aflak und Salah Bitar in Syrien gegründet worden ist und die politische, wirtschaftliche und kulturelle Einheit und Erneuerung der arabischen Nation verwirklichen will. Während regionalbezogene Einigungsbewegungen (Groß-Syrien, Maghreb) die Unabhängigkeitszeit nicht überdauern, erhält das **panarabische Einigungsstreben** in den republikanischen Regimen erstmals einen machtvollen Träger und wird damit in den fünfziger und sechziger Jahren zur dominierenden politischen Kraft in der Region. Die Vereinigung Ägyptens und Syriens zur *Vereinigten Arabischen Republik* (1958–1961) wird zum Ausgangspunkt zahlreicher, bis 1979 in keinem Fall dauerhaft erfolgreicher, dennoch als Prinzip nicht aufgegebener Versuche, durch volle Vereinigung, lockere Föderation oder Teilintegration dem Ziel der Einheit einen Schritt näherzukommen.

Gegen die aggressive panarabische Politik Nassers und später anderer republikanischer Regime (Irak, Libyen, Algerien, Süd-Jemen), die Befreiungsbewegungen unterstützen und Umsturzversuche in den konservativen Staaten vorbereiten helfen, formiert sich bald der *Widerstand der Konservativen* (1958 Föderation der Monarchien Irak und Jordanien; 1966 Versuch König Faisals von Saudi-Arabien, eine Islamische Allianz zusammenzubringen; verstärkte Zusammenarbeit der arabischen Golfstaaten in den siebziger Jahren). Indem sie wesentliche entwicklungs- und gesellschaftspolitische Zielsetzungen ihrer radikalen Gegner übernehmen (Marokko, Jordanien) bzw. ihren Ölreichtum für die forcierte Entwick-

Islamisch-arabische Region – Einigungsbestrebungen und Konflikte   *1443*

lung ihrer Länder einsetzen („Wohlfahrtsstaat" Kuwait, Saudi-Arabien, Emirate), gelingt es den traditionellen Monarchien, sich als politische Kraft in der arabischen Welt zu behaupten. Der **Gegensatz zwischen „Fortschrittlichen" und Konservativen** besteht dabei fort und hat sich seit dem Jemen-Krieg
(1962–1969), in dem Ägypten und Saudi-Arabien die Bürgerkriegsparteien unterstützen, immer wieder
in militärisch ausgetragenen Konflikten manifestiert („Befriedung" des omanischen Grenzgebiets, Konflikt zwischen König Hussein und den Palästinensern in Jordanien, Grenzkonflikte zwischen den beiden
Jemen, zwischen Algerien und Marokko, Libyen und Ägypten).
Ein endgültiges Auseinanderbrechen der arabischen Welt verhindert der **Konflikt mit Israel,** der mit seinen Kriegen (1948, 1956, 1967, 1973) bzw. begrenzten militärischen Auseinandersetzungen („Abnut-
zungs-Krieg" 1969–1970; israelische Vergeltungsschläge vor allem gegen den Libanon seit 1972) immer
wieder zum Anlaß wird, die „Einheitsfront" der Araber wiederherzustellen und auch innerarabische
Konflikte in diesem Zusammenhang beizulegen (1967 Beendigung der ägyptisch-saudi-arabischen Konfrontation im Jemen; Vermittlung in den Konflikten der Palästinenser mit der libanesischen Regierung
1969 und mit König Hussein 1970).

Arabische Einigungsbestrebungen und innerarabische Konflikte

1945 **22. März**	Ägypten, Irak, Jemen, Libanon, Saudi-Arabien, Syrien und Transjordanien gründen in Kairo die **Arabische Liga** als Organisation unabhängiger arabischer Staaten zur politischen, wirtschaftlichen und militärischen Koordinierung und zur Förderung gemeinsamer Interessen.

Struktur der Arabischen Liga

Der *Liga der Arabischen Staaten* mit Sitz in Kairo gehören 21 Staaten und – da Palästina nach der Liga-
Charta als unabhängiger Staat gilt – die *Palästinensische Befreiungsorganisation (PLO)* als Vollmitglied
an. Oberstes Organ ist der *Liga-Rat,* der mindestens zweimal jährlich zusammentritt. Beschlüsse binden
diejenigen Mitglieder, die zugestimmt haben. Der Liga-Rat hat 16 Ausschüsse, von denen der Politische
Ausschuß der wichtigste ist, da in ihm die umstrittenen Fragen behandelt werden und alle Mitglieder vertreten sind. Das *Generalsekretariat* mit gewähltem Generalsekretär führt die Beschlüsse aus. Der *Vertrag
über Gemeinsame Verteidigung und Wirtschaftliche Zusammenarbeit* (1950) ergänzt die Liga-Charta
und führt zur Bildung weiterer Organe: *Gemeinsamer Verteidigungsrat* (1950), *Arabischer Wirtschaftsrat* (1953) und das *Vereinigte Arabische Militärkommando* zur Koordinierung der Militärpolitik für die
Befreiung Palästinas (1964). 1976 wird eine *Arabische Friedenstruppe* zur Überwachung des Waffenstillstandes im libanesischen Bürgerkrieg geschaffen. Der Liga sind *16 Nebenorganisationen* angegliedert, darunter die Liga-Organisation für Erziehung, Kultur und Wissenschaft, die Arabische Postunion,
das Arabische Institut für Erdölforschung.

1955 *24. Febr.* *16. April*	Die *USA* bemühen sich im Rahmen ihrer *Einkreisungspolitik* gegenüber der Sowjetunion, die arabischen Staaten in einen Mittelost-Militärpakt einzubeziehen, der das Zwischenglied zwischen NATO und SEATO bilden soll. Nach der Weigerung Ägyptens können sich auch andere Staaten dem amerikanischen Druck entziehen, so daß nur der Irak dem *Bagdad-Pakt* (ab 1959 CENTO) beitritt. Der Pakt wird als Versuch verstanden, die arabischen Staaten in ihrer Souveränität einzuengen und führt zur diplomatischen *Hinwendung zur Sowjetunion,* die sich mit einer *Mittelosterklärung* als Schutzmacht der nationalen Interessen und der Unabhängigkeit im Mittleren Osten anbietet. *Gamal Abdel Nasser* (* 1918, † 1970) verkündet den „positiven *Neutralismus*" als Prinzip der Außenpolitik und stellt sich damit an die Spitze arabischer Staaten, die eine unabhängige Stellung im Ost-West-Konflikt behaupten wollen, aber bereit sind, mit jedem zusammenzuarbeiten, der ihre nationalen Interessen respektiert.
1956 *29. Okt.* *–6. Nov.*	Die verfehlte US-Politik um den Assuan-Staudamm – eine Reaktion auf Nassers Neutralismus – und die *Suesintervention* bewirken, daß der westliche Vormachtanspruch im Nahen Osten erschüttert wird und der östliche Einfluß vordringen kann. Die westliche Politik übersieht, daß die Nationalisten keine Hegemonie Moskaus anstelle der westlichen Vorherrschaft wünschen und daß die konservativ-feudalen Staaten, auf die der Westen sich stützt, im Kommunismus in erster Linie eine Bedrohung der bestehenden Sozialordnung sehen.
1957 *5. Jan.*	Die *Eisenhower-Doktrin,* die den Mittelost-Staaten amerikanische Wirtschafts- und Militärhilfe zum Kampf gegen kommunistische Subversion anbietet, vertieft daher die Kluft innerhalb der arabischen Welt: geführt von Ägypten und Syrien einerseits und Saudi-Arabien andererseits stehen sich das panarabische Lager der „Fortschrittlichen" und das westlich orientierten Konservativen schroff gegenüber.
1958 **1. Febr.**	Ägypten und Syrien vereinigen sich zur **Vereinigten Arabischen Republik (VAR),** der sich der Jemen am 8. März in lockerer Föderation anschließt (Vereinigte Arabische Staaten).

1444 Neueste Zeit – Nicht durch Blockbündnis geprägter Teil der Welt

Aufbau und Entwicklung der VAR

Die VAR ist ein Einheitsstaat mit Gamal Abdel Nasser als Präsidenten. Eine *provisorische Verfassung* (8. März 1958) gibt dem Präsidenten weitgehende Vollmachten: er ernennt die Zentralregierung und die Exekutivräte beider Regionen und wählt die Kandidaten für die Nationalversammlung aus. Ägyptens *Nationale Union* wird als einzige politische Organisation auf die syrische Region ausgedehnt. 1960 wird eine einzige Nationalversammlung für die VAR gewählt. Für Syrien wird eine Landreform dekretiert (1958), aber nur schleppend durchgeführt; wirtschaftlich bleibt Syrien bis Anfang 1961 weitgehend unabhängig. Die dominierende Rolle von Ägyptern in der Verwaltung Syriens, zunehmende Eingriffe ins Wirtschaftsleben, vor allem die Verstaatlichungen im Juli 1961, und die Auflösung der regionalen Exekutivräte (August 1961) lösen wachsende Widerstände in Syrien aus. Unterstützt von betroffenen Wirtschaftskreisen, löst sich Syrien durch einen Staatsstreich des Militärs aus der VAR (28. Sept. 1961).

1958 6. März	Die Gegengründung einer *Arabischen Föderation* der haschimitischen Monarchien Jordanien und Irak (wirksam mit Verfassung vom 13. Mai) zerfällt, als ein Staatsstreich des Militärs die Monarchie im Irak stürzt (14. Juli). Britische Fallschirmjäger stützen die jordanische Monarchie, während US-Truppen im Libanon landen, um dort den Bürgerkrieg zu beenden und einer Intervention der VAR vorzubeugen. Hoffnungen auf einen Anschluß der irakischen Republik an die VAR zerschlagen sich nach Richtungskämpfen im Irak.
1961	Nach der *Sezession Syriens von der VAR* (28. Sept.) kündigt die VAR (Ägypten) die Föderation mit dem Jemen (25. Dez.) und zieht sich vorübergehend aus der panarabischen Führungsrolle zurück.
1962 10. Nov.	Als ein *Staatsstreich des Militärs im Jemen* (26. Sept.) zum Bürgerkrieg zwischen Royalisten und Republikanern führt, schließt die VAR einen *Militärpakt* mit den Republikanern und entsendet Truppen. Nasser hofft dadurch, die Front der „*progressiven Staaten*" stärken und der panarabischen Einigungsbewegung neue Impulse geben zu können.
1962–1969	Saudi-Arabien unterstützt im **Jemen-Krieg** die Royalisten mit Geld und Waffen, so daß es in den nächsten Jahren zu einer indirekten Konfrontation zwischen Saudi-Arabien und der VAR kommt, die auf dem Höhepunkt des Konflikts 1964–1967 ein Expeditionskorps von 70 000 Mann im Jemen unterhält.
1963 17. April	Nachdem die *Baath-Partei* durch Militärcoup im Irak (8. Febr.) und in Syrien (8. März) an die Macht gekommen ist, beschließen die VAR, Syrien und der Irak eine Union auf föderativer Grundlage. Die Baath-Führung in Syrien wendet sich bald gegen Nasser: ein Putschversuch von Nasseristen in Syrien (Juli) bedeutet das Ende der Unionspläne. Die Militärunion zwischen Syrien und Irak (8. Okt.) kommt ebenfalls nicht zum Tragen.
1964 Jan./ Sept.	Die Ableitung des Jordanwassers durch Israel bringt die arabischen Monarchen und Präsidenten zu einer *1. und 2. Arabischen Gipfelkonferenz* in Kairo bzw. Alexandria zusammen, auf denen sie verstärkte Zusammenarbeit beschließen. Mehrere Staaten gründen den *Rat für Arabische Wirtschaftseinheit*, der wiederum einen *Gemeinsamen Arabischen Markt* beschließt (13. Aug.).

Rat für Arabische Wirtschaftseinheit

Der Organisation gehören 13 arabische Staaten und die PLO an. Sie überwacht die Verwirklichung des *Gemeinsamen Arabischen Marktes,* dem Ägypten, Irak, Jordanien, Syrien und seit 1977 Libyen und der Sudan angehören. Bis 1971 werden im Handel zwischen den Mitgliedsstaaten die Zölle und Steuern schrittweise abgebaut. In der zweiten Stufe sollen volle Zollunion hergestellt und alle Handelsbeschränkungen aufgehoben werden. Politische Zerwürfnisse zwischen den Mitgliedern verzögern diesen Prozeß. Der *Arabische Währungsfonds* mit Sitz in Abu Dhabi wird 1977 mit dem Ziel gegründet, den Ratsmitgliedern beim Zahlungsbilanzausgleich zu helfen und die Wechselkurse zu stabilisieren. Der Rat gründet eine Reihe multilateraler Organisationen, um die industrielle und landwirtschaftliche Entwicklung zu fördern (Gemeinsame Arabische Investitionsgesellschaften, Spezialisierte Arabische Wirtschaftsverbände).

1964 26. Mai	Die VAR und der Irak unterzeichnen ein Abkommen über die Bildung eines Gemeinsamen Präsidentschaftsrates; Gamal Abdel Nasser und Präsident Abd as-Salam Mohammed Aref (* 1921, † 1966) geben später die Schaffung einer gemeinsamen politischen Führung bekannt (16. Okt.). Die Unionspläne scheitern nach einem pro-nasseristischen Putschversuch im Irak (Sept. 1965).
3. Okt.	In Tunis gründen Algerien, Marokko, Tunesien und Libyen zur Koordinierung ihrer Wirtschaftspolitik ein *Ständiges Konsultativkomitee des Maghreb*.

Die Einheit des Maghreb

Der Gedanke eines maghrebinischen Zusammenschlusses verbreitet sich in den fünfziger Jahren, als Tunesien, Algerien und Marokko gegen Frankreich um die Souveränität und Unabhängigkeit kämpfen. 1948 gründet Abd el-Krim mit Vertretern der Nationalbewegungen das *„Komitee für die Befreiung des arabischen Westens"*. Für eine einheitliche Politik nach der Unabhängigkeit genügt diese gemeinsame Erfahrung nicht, da Staatsformen und außenpolitische Orientierung zu unterschiedlich sind. Übereinstimmend wollen die Maghrebstaaten die einseitigen wirtschaftlichen Bindungen an die frühere Kolonialmacht lösen; da Agrarproduktion und Abbau der Bodenschätze auf den französischen Markt ausgerichtet waren, die Volkswirtschaften also miteinander konkurrierten, müssen neue Absatzmärkte erschlossen werden. Die konkrete Zusammenarbeit beginnt bei Tourismus, Agrarerzeugnissen, Transport und Verkehr.

Das *Ständige Konsultativkomitee des Maghreb* mit Sitz in Tunis dient der Abstimmung und Zusammenarbeit vor allem in der Wirtschaftspolitik. Oberstes Organ ist die Konferenz der Wirtschaftsminister. Das Ständige Komitee überwacht mit dem Sekretariat Kommissionen und spezialisierte Komitees für Tourismus, Transport und Verkehr, den Arbeitsmarkt usw. 1967 einigen sich die Wirtschaftsminister über einen *Gemeinsamen Nordafrikanischen Markt* (Liberalisierung des innermaghrebinischen Handels, gemeinsame Außenhandelspolitik gegenüber Drittländern). 1970 beschließen sie die Harmonisierung des Transportwesens, Freizügigkeit für Arbeitskräfte und eine gemeinsame Exportpolitik. Libyen scheidet auf Wunsch Kairos 1970 aus; seit 1975 ist Mauretanien Vollmitglied. Zu einer Übereinstimmung in politischen Fragen, z. B. im Nahostkonflikt, kommen die Maghrebstaaten nicht; sie wollen sich jedoch möglichst der amerikanisch-sowjetischen Rivalität im Mittelmeerraum entziehen. Das – wenn auch schwache – Zusammengehörigkeitsgefühl erleichtert den Staaten im Maghreb die Bereinigung bilateraler Streitigkeiten.

1965 24. Aug. **17. Sept.**	Nach mehreren vergeblichen Versuchen einigen sich Präsident *Nasser* und *König Faisal* von Saudi-Arabien (* 1906, † 1975) im *Abkommen von Dschidda* auf die Beilegung des Jemen-Konfliktes. Damit ist die Voraussetzung geschaffen, daß die *3. Arabische Gipfelkonferenz* in Casablanca ein **Solidaritätsabkommen** schließen kann, in dem die Staaten sich zur Nichteinmischung in innere Angelegenheiten der anderen Staaten verpflichten und die Zusammenarbeit im Rahmen von Gipfelkonferenzen zur festen Einrichtung machen.

Mit dem Ziel einer *„gemeinsamen Verteidigung gegen Israel"* gelingt es *Präsident Nasser,* die arabischen Staaten unbeschadet ihrer außenpolitischen Orientierung und ihres inneren Systems zur Zusammenarbeit zu verpflichten. Damit geben jedoch weder die VAR noch andere panarabisch orientierte Staaten ihre revolutionäre Politik auf, den „nationalen Aufbruch" in den „noch nicht befreiten Bruderländern" zu unterstützen. Die *Widersprüche der arabischen Politik* belasten im Jemen die Verhandlungen zwischen Republikanern und Royalisten, die ergebnislos abgebrochen werden (Dez.).
König Faisal, der zum eigentlichen Gegenspieler des sozial-revolutionären Panarabismus geworden ist, versucht nun 1966, die arabischen Monarchien und den Iran zu einer *Islamischen Allianz* zusammenzubringen: die religiöse Kraft, die der Islam für die meisten Araber immer noch – und zunehmend wieder – besitzt, soll politisches Gewicht erhalten als Grundlage der Zusammenarbeit und als religiös begründeter Widerstand gegen revolutionäre Umtriebe.

1967 29. Aug. – 1. Sept. 25. Dez. **1969** 22.–25. Sept.	Nach der *Niederlage der Araber im Juni-Krieg* gegen Israel bleibt zwar der Gegensatz zwischen „fortschrittlichen" und konservativen Staaten bestehen, bestimmend wird jedoch die Solidaritätspolitik. Auf der *4. Arabischen Gipfelkonferenz in Khartum* sagen die ölreichen Staaten der VAR und Jordanien Ausgleichszahlungen für die Beseitigung der Kriegsfolgen zu; Nasser und Faisal einigen sich über die Beilegung des Jemenkonfliktes. Dafür bricht ein *Konflikt um die Führung des fortschrittlichen Lagers* aus: Syrien und Algerien ist die Haltung der VAR im arabisch-israelischen Konflikt zu kompromißbereit; sie setzen die These der Palästinenser vom *„revolutionären Volkskrieg"* entgegen, der auch auf Jordanien übergreifen und die Monarchie beseitigen soll. Die Rivalität drückt sich im Gegensatz unter den palästinensischen Befreiungsbewegungen aus: der von Kairo unterstützte Führer der PLO, *Ahmed Schukairi,* erhält gefährliche Konkurrenz in *Jasir Arafat* (* 1929), dem Führer der von Damaskus gestützten al-Fatah. Mit ihrem neuen Programm, das die Befreiung Palästinas mit den nationalrevolutionären Zielen des Panarabismus verbindet, werden die radikalen Palästinenser innerhalb des Panarabismus zu einem Machtfaktor, besonders nach der Wahl Arafats zum Vorsitzenden des Exekutivkomitees der PLO (Juni 1968). Faisals Islamische Allianz erweist sich nicht als tragfähiges politisches Konzept. Nach einer Brandstiftung in der Aksa-Moschee in Jerusalem, einem der größten Heiligtümer des Islam, gelingt es jedoch, eine *1. Gipfelkonferenz islamischer Staaten in Rabat* durchzuführen, durch die die Beziehungen der arabischen Staaten zur übrigen islamischen Welt intensiviert und später institutionalisiert werden.

1446 Neueste Zeit – Nicht durch Blockbündnis geprägter Teil der Welt

Die Organisation der Islamischen Konferenz

Die Organisation der Islamischen Konferenz mit ständigem Sekretariat in Dschidda, Saudi-Arabien, wird im Mai 1971 aufgrund der Beschlüsse von Rabat mit dem Ziel gegründet, die *islamische Solidarität* und die wirtschaftliche und kulturelle Zusammenarbeit der Mitglieder zu fördern; erklärtes Ziel ist die Unterstützung des palästinensischen Volkes im Kampf um Befreiung seines Landes. Der Organisation gehören 38 Staaten und die PLO an (1978). Die Mitglieder treffen sich auf *jährlichen Außenministerkonferenzen* und in größeren Abständen auf Gipfelkonferenzen *(2. Gipfelkonferenz in Lahore,* 22.–24. Febr. 1974). Den islamischen Konferenzen gelingt es nicht, die Außenpolitik ihrer Mitglieder gegenüber Drittländern zu vereinheitlichen; selbst in der Palästina-Frage gehen die Beschlüsse nicht über die UN-Resolutionen hinaus. Breitesten Raum nehmen wirtschaftliche Fragen im Verhältnis Entwicklungsländer–Industrieländer ein. Die Islamische Konferenz errichtet eine *Internationale Islamische Nachrichten-Agentur* (1972), eine *Islamische Entwicklungsbank* (1974), eine *Rundfunkorganisation* (1975) und einen *Islamischen Solidaritätsfonds* (1977).

1969–1970 Da der von den Palästinensern propagierte säkularistische Staat, in dem Juden, Moslems und Christen friedlich zusammenleben, auch Jordanien und – in gewisser Weise – den Libanon umfassen soll, bricht hier der offene *Konflikt mit den Palästinensern* aus, als diese Ende der sechziger Jahre in den Flüchtlingslagern einen Staat im Staate aufzubauen beginnen. *Nasser wird zum Vermittler,* weil er weder eine Veränderung des innerarabischen Gleichgewichts zugunsten der Radikalen wünschen noch die Vernichtung der Fedaijin zulassen kann: Kairoer Abkommen zwischen der PLO und Libanon (2. Nov. 1969); Waffenstillstand Arafat–König Hussein im jordanischen Bürgerkrieg (27. Sept. 1970).

1970 Nach Nassers Tod erhält die panarabische Einigungsbewegung durch Präsident *Omar*
8. Nov. *Moamer al-Gaddafi* (* 1942) von Libyen neue Impulse; Libyen, die VAR und der Sudan beschließen die Vereinigung auf föderativer Grundlage; der Sudan muß sich jedoch aufgrund innerer Schwierigkeiten zurückziehen. Daraufhin beschließen die Präsidenten Li-
1971 byens, der VAR und Syriens in Benghasi die *Föderation Arabischer Republiken,* der sich
17. April der Sudan später anschließen soll.

Die Föderation Arabischer Republiken dient der gemeinsamen Verteidigung, Wirtschaftsplanung und Erziehungs- und Wissenschaftspolitik *(Deklaration von Benghasi).* Die *Verfassung* der Föderation wird durch Volksabstimmungen gebilligt (Aug.–Sept. 1971) und die Föderation in Kraft gesetzt (1. Jan. 1972). Den Präsidentschaftsrat bilden die drei Präsidenten; der Vorsitz wechselt in zweijährigem Turnus. Exekutivorgan ist ein Ministerrat; die Nationalversammlung mit je 20 Abgeordneten der Mitgliedsstaaten tritt im März 1972 zusammen. Die Föderation scheitert bereits 1973 am Gegensatz zwischen Sadat und Gaddafi, obwohl sie de jure weiterbesteht. Die Nationalversammlung tagt noch bis 1975 (Märzsitzung 1976 vertagt). Da der Präsidentschaftsrat seit der Wahl Sadats zum Vorsitzenden (1973) nicht mehr tagt, entlassen ihn die Präsidenten Assad und Gaddafi per Dekret (5. Dez. 1977) und verlegen den Hauptsitz der Föderation von Kairo nach Tripoli, Libyen.

1972 Gaddafi ist zum Anschluß an Ägypten bereit und überredet den ägyptischen Präsidenten
2. Aug. *Anwar as-Sadat* (* 1918, † 1981) die volle Vereinigung Ägyptens und Libyens bis 1. Okt. 1973 bekanntzugeben und ein Vereinigtes Politisches Kommando zu bilden. Der Führungsanspruch Gaddafis, der sich zum „*Erben Nassers*" ernennt, sowie die *libysche „Kulturrevolution",* die mit den liberaleren Auffassungen Ägyptens nicht zu vereinbaren ist,
1973 veranlassen Präsident Sadat, die Union durch Taktieren hinauszuzögern. Ein libyscher
18. Juli Demonstrationszug, der die Grenze zu Ägypten „zerstören" soll, wird von Ägypten aufgehalten. Als Sadat Gaddafi nicht vom bevorstehenden Angriff auf Israel unterrichtet, führt dies zum Scheitern der Union und der Föderation Arabischer Republiken. Gaddafi versucht darauf, sein Land mit Tunesien zur *Islamisch-Arabischen Republik* zu verschmelzen (12. Jan. 1974), muß sich dann aber auf die isolierte Position eines „*wahren Vertreters der arabischen Revolution*" im Kampf gegen den Imperialismus zurückziehen.

Die arabische Welt nach dem Oktober-Krieg

Die panarabische Bewegung Nasserscher Prägung erhält nach dem Scheitern Gaddafis keine wesentlichen Impulse mehr. *Panarabische Politik* erstreckt sich allein auf die *Allianz gegen Israel* als Fremdkörper in der arabischen Welt; bei der Verfolgung des vordringlichen Ziels, die 1967 besetzten Gebiete zurückzugewinnen, übernimmt König Faisal von Saudi-Arabien zunehmend die Führung (Öl-Embargo, Rüstungsfinanzierung für die „Konfrontationsstaaten", Vermittlung in innerarabischen Konflikten). Das „*Lager der Fortschrittlichen*" ist zerstritten: der Gegensatz zwischen Ägypten und Libyen steigert sich mit zunehmender Annäherung Ägyptens an die USA und Saudi-Arabien bis zum militärischen Grenzkonflikt (Juli 1977). Auch die Rivalität zwischen den Baath-Regimen in Syrien und Irak führt fast zum bewaffneten Konflikt (Streit um Euphrat-Damm, syrische Unterstützung der aufständischen Kurden

Islamisch-arabische Region – Einigungsbestrebungen und Konflikte *1447*

usw.). Algerien strebt eine neue Führungsrolle im *Nord-Süd-Konflikt* an (4. Gipfelkonferenz der Bündnisfreien in Algier 1973: Charta von Algier, rigorose Rohstoffpolitik gegenüber Industrienationen). Die Palästinenser zerfallen in eine Mehrheit der Gemäßigten um Jasir Arafat und die für kompromißlose Fortführung des Kampfes eintretende „Ablehnungsfront".

Der alte *Konflikt zwischen Konservativen und Radikalen* schwelt im Süden der Arabischen Halbinsel weiter: seit 1972 Zusammenstöße der Demokratischen Volksrepublik Jemen mit der Arabischen Republik Jemen, Saudi-Arabien und Oman, wo sie den Guerilla-Krieg der „Volksfront für die Befreiung des Oman und des Arabischen Golfes" unterstützt, die auch von Irak und Libyen Hilfe erhält.

Im Südarabienkonflikt drückt sich zugleich der *Konflikt der Großmächte* aus, der sich seit Anfang der siebziger Jahre von der Konfrontation im Mittelmeer und im arabisch-israelischen Konflikt auf neue Schauplätze im Indischen Ozean und am Horn von Afrika verlagert. Zur Sicherung der Öllieferungen aus dem Mittleren Osten, mit denen die westlichen Industrieländer 85 % ihres Ölbedarfs decken, rüsteten die USA neben Israel seit Anfang der sechziger Jahre den *Iran zur regionalen Ordnungsmacht* am Persischen Golf auf. Beim Abzug Großbritanniens aus seinen letzten Stützpunkten „östlich von Sues" überwinden der Iran und Saudi-Arabien ihre alte Rivalität und einigen sich (bereits Nov. 1968), zum Schutz ihrer Ölinteressen und der Seetransportwege jegliche revolutionäre Bewegung in der Golfregion zu bekämpfen. Ziel beider Staaten ist es, den Ost-West-Konflikt aus der Subregion zu halten und den direkten Einfluß der Sowjetunion wie der USA zu begrenzen. Der neue Nahost-Krieg, der *Einsatz des Erdöls als politische Waffe* und die Einkommenssteigerungen nach der Vervierfachung des Ölpreises 1973/1974 führen zu erheblichen Machtverschiebungen: Einerseits wächst die *Bedeutung der Region für die USA,* die seit 1970 einen wachsenden Anteil ihres Ölbedarfs im Mittleren Osten decken müssen (Jan. 1975 Äußerungen Präsident Fords und Außenminister Kissingers, die Ölressourcen der „Freien Welt" gegebenenfalls mit militärischer Intervention sichern zu wollen); andererseits können der Iran und Saudi-Arabien mit ihren Öl-Milliarden zu regionalen Großmächten aufrüsten, mit denen andere Staaten aus *nationalstaatlichem Eigeninteresse* auch über ideologische Gegensätze hinweg kooperieren: Ägypten, das bereits vor dem Oktober-Krieg den *Einfluß der Sowjetunion* zurückdrängt (1972 Ausweisung der sowjetischen Militärberater), nähert sich Saudi-Arabien und dem Iran. Die Sowjetunion intensiviert dafür ihr Engagement in Syrien und im Irak und sucht einen Ausgleich für den Verlust ihrer ägyptischen Stützpunkte in Libyen, Somalia und dem Süd-Jemen, wohin umfangreiche Waffenlieferungen und Expertenhilfe gehen. Doch auch Syrien hält enge Beziehungen zu Saudi-Arabien und beginnt eine vorsichtige Annäherung an den Westen; und der Irak arrangiert sich in bilateralen Abkommen mit dem Iran (1975 Irakisch-Iranisches Protokoll: Abgrenzung im Schatt al-Arab, Ende der iranischen Unterstützung für die Kurden), mit Saudi-Arabien (1975 Einigung über die Nutzung der ölreichen Neutralen Zone) und mit Kuwait (Aufgabe von Gebietsforderungen gegen Verpachtung der Inseln vor dem Hafen Umm Kasr). Im Oman stellt der Irak die Unterstützung der Volksfront ein, deren Guerilla-Krieg mit Hilfe iranischer und zeitweilig jordanischer Truppen bis 1976 niedergeschlagen wird.

1973 6. Nov.	Der Beschluß der arabischen Staaten, das Erdöl als politische Waffe einzusetzen, zeigt den westeuropäischen Industriestaaten ihre Abhängigkeit vom guten Willen der Öllieferer und stärkt innerhalb der Europäischen Gemeinschaft die Befürworter einer klareren Stellung der Gemeinschaft im arabisch-israelischen Konflikt (EG-Papier vom Mai 1971 auf Initiative Frankreichs). Eine *Nahosterklärung der EG-Staaten,* die dem arabischen Standpunkt weitgehend Rechnung trägt, führt zu Gesprächen zwischen der Arabischen Liga und der EG über die Zusammenarbeit. Die EG ist an langfristigen Abmachungen über wirtschaftliche, technische und kulturelle Kooperation interessiert; die Araber wollen, daß die Zusammenarbeit eine politische Grundlage in der EG-Erklärung vom November 1973 erhält, die die Forderungen der Palästinenser umfaßt.
1974 31. Juli	Die arabischen Staaten und die EG vereinbaren, den **Euro-Arabischen Dialog** in einem *Allgemeinen Komitee* auf Botschafter- bzw. Ministerebene zu institutionalisieren. Der Euro-Arabische Dialog beginnt mit Verzögerungen wegen der Frage der Vertretung der Palästinenser im Allgemeinen Komitee. Die Bildung einer gemeinsamen arabischen Delegation unter Einschluß von Palästinensern wird bei den ersten Sitzungen des Komitees (Mai 1976 in Luxemburg; Febr. 1977 in Tunis) als Lösung akzeptiert. Vorgespräche technischer Experten (1974/75) beschränken sich auf die wirtschaftliche Zusammenarbeit und deren technische Durchführung; die ersten Sitzungen des Allgemeinen Komitees daher nur auf Botschafterebene. Bei der 3. Sitzung (Okt. 1977 in Brüssel) fordern die Araber erneut eine politische Dimension des Dialogs; die Europäer kommen bedingt entgegen: Hinweis auf die EG-Erklärung vom 29. Juni 1977, die Israel auffordert, „die legitimen Rechte des palästinensischen Volkes anzuerkennen". Übereinkommen wird über die Errichtung eines *Europäisch-Arabischen Zentrums für Wirtschaftliche Zusammenarbeit* erzielt (1977); eine Reihe von *landwirtschaftlichen Projekten* sind angelaufen oder im Stadium der Vorbereitung.
1975 April/Juni	Syrien und Jordanien errichten eine gemeinsame politische und militärische Führung mit dem langfristigen Ziel der Union. Im Lauf der beiden nächsten Jahre Integration des Elektrizitätsnetzes und des Erziehungswesens, Zollunion. Den weiteren Integrationsprozeß

1448 Neueste Zeit – Nicht durch Blockbündnis geprägter Teil der Welt

verzögern politische Differenzen nach der Jerusalemreise des ägyptischen Präsidenten Sadat.

Sept. Die mühsam aufrechterhaltene *arabische Einheitsfront droht zu zerbrechen*, als Syrien und die PLO Ägypten nach Abschluß des 2. Ägyptisch-Israelischen Truppenentflechtungsabkommens (4. Sept.) Verrat an der arabischen Sache vorwerfen.

Die *Arabische Liga* muß sich immer häufiger mit innerarabischen Konflikten auseinander-
1976 setzen und wird zum Forum der *Vermittlungsversuche:* ein Vermittlungsausschuß der Liga
Febr. führt einen Waffenstillstand an der algerisch-marokkanischen Grenze herbei, wo nach dem Abzug Spaniens aus der Westsahara Kämpfe ausgebrochen sind (Jan.), weil Algerien dort die Unabhängigkeitsbestrebungen der Saharaouis gegen Marokko unterstützt.

Die innerarabischen Gegensätze äußern sich in der Unterstützung der gegnerischen Parteien im *libanesischen Bürgerkrieg.* Die *Invasion Syriens* vertieft das Zerwürfnis zwischen Kairo und Damaskus. Erst nach längeren Bemühungen schaffen Gipfelkonferenzen der
Okt. Arabischen Liga (Teilnahme von nur 16 Mitgliedsstaaten) in Riad und Kairo die Voraussetzungen für einen Waffenstillstand, den eine *arabische Friedenstruppe* aus 30 000 syrischen Soldaten und kleineren Kontingenten anderer Staaten sichern soll. Aussöhnung von Assad und Sadat.

1977 *Sadats Jerusalemreise* (19./20. Nov.) läßt den *innerarabischen Konflikt* erneut aufbrechen:
5. Dez. Algerien, Libyen, Süd-Jemen, Syrien und die PLO bilden die „Front des Widerstandes und der Konfrontation" und beschließen, die Beziehungen zu Ägypten einzufrieren (Erklärung von Tripolis); Irak verläßt das Treffen wegen zu großer Kompromißbereitschaft der Teilnehmer. Ägypten bricht die Beziehungen zu allen beteiligten Staaten ab.

1978 Als die Mitglieder der *„Ablehnungsfront"* die nächste Sitzung des Ministerrats der Arabi-
27.–28. schen Liga boykottieren, wird ein Arabisches Solidaritätskomitee unter Vorsitz des suda-
März nesischen Präsidenten *Dschafar Mohammed an-Numeiri* eingesetzt. Es gelingt Numeiri jedoch nicht, die Gegensätze zu überbrücken: während einige Staaten Sadats Initiative unterstützen, verhalten sich andere, geführt von Saudi-Arabien, abwartend; kein Einlenken der Ablehnungsfront. Da Numeiri die Position Sadats unterstützt, scheitert seine Initiative mit der Einigung zwischen Ägypten und Israel in Camp David (17. Sept.). Die Position der Ablehnungsfront verhärtet sich (20.–23. Sept. Treffen in Damaskus); die zerstrittenen Flügel der Baath-Partei in *Syrien* und im *Irak* legen ihre Differenzen bei: enge Zusammenarbeit auf allen Gebieten mit dem Ziel einer Vereinigung beider Staaten (24.–26. Okt.).

2.–5. Nov. Bei der *9. Arabischen Gipfelkonferenz in Bagdad* gelingt es Saudi-Arabien mit Mühe, weitreichende Boykottbeschlüsse gegen Ägypten zu verhindern; die Konferenz droht Ägypten jedoch für den Fall eines Separatfriedens wirtschaftliche und politische Konsequenzen an.

1979 Vermittlungsbemühungen der Arabischen Liga im erneuten militärischen Grenzkonflikt zwischen Jemen (Arabische Republik) und Süd-Jemen (Demokratische Volksrepublik)
28.–31. führen bei einer Friedenskonferenz in Kuwait zum Beschluß der beiden Präsidenten,
März ihre Länder umgehend zu einem Einheitsstaat zu vereinigen.

Nach der *Unterzeichnung des Ägyptisch-Israelischen Friedensvertrages* (26. März) be-
31. März schließt die Gipfelkonferenz von *18 arabischen Staaten in Bagdad den Abbruch* der politischen und wirtschaftlichen *Beziehungen zu Ägypten* und die *Verlegung der Arabischen Liga nach Tunis.* Die Mitgliedschaft Ägyptens in zahlreichen anderen regionalen arabischen Organisationen (u. a. OAPEC, Arabischer Fonds für wirtschaftliche und soziale Entwicklung, Rat für Arabische Wirtschaftseinheit) wird im Lauf des April suspendiert; Ägypten von der Teilnahme an der 10. Islamischen Konferenz in Rabat ausgeschlossen.

1980 Die *Außenminister der Islamischen Konferenz fordern* den sofortigen, bedingungslosen
Jan. *Abzug der Sowjets aus Afghanistan* und bestätigen die Souveränität des Iran.

1981 Das 3. Gipfeltreffen der Organisation der Islamischen Konferenz ruft den *Heiligen Krieg*
Jan. *zur Befreiung von Jerusalem* und den Wirtschaftsboykott gegen Israel aus.

25. Mai Bahrain, Katar, Kuwait, Oman, Saudiarabien und die Vereinigten Arabischen Emirate gründen den *Kooperationsrat der Arabischen Golfstaaten,* aus dem bis 1990 eine der EG ähnliche Wirtschaftsgemeinschaft werden soll.

1983 Die *Außenminister der Organisation der Islamischen Konferenz arbeiten* in Dakka einen
Dez. *neuen Vermittlungsvorschlag im Irakisch-Iranischen Konflikt* aus.

1984 Die anschließende Gipfelkonferenz in Casablanca beschließt gegen den Protest Libyens
Jan. und Syriens, Ägypten wieder die Teilnahme an den Konferenzen zu erlauben.

– (Forts. S. 1636)

Der arabisch-israelische Konflikt

Der arabisch-israelische Konflikt beginnt mit der Gründung des Staates Israel als *Ausweitung des Palästina-Konfliktes* und wurzelt wie dieser im Aufeinandertreffen *zweier Nationalismen* – **arabischer Nationalismus** und politischer **Zionismus** –, die sich mit unvereinbaren Ansprüchen auf das gleiche Gebiet, Palästina, beziehen. Der *„Rechtsanspruch" auf ganz Palästina* wird im sich entfaltenden Konflikt von beiden Seiten gegründet
1. auf den für die eigene Seite behaupteten, der anderen aber prinzipiell abgesprochenen „Volkscharakter" der Juden bzw. Palästinenser, 2. auf die Notwendigkeit einer nationalstaatlichen Existenz des jeweiligen Volkes und 3. auf das Selbstbestimmungsrecht. Dies verstehen die Palästina-Araber (Palästinenser) als das Recht der im Lande seit Generationen Lebenden, die Zionisten dagegen als das niemals aufgegebene Recht der (von den Römern vertriebenen und im Exil auf die Rückkehr in die historische Heimat wartenden) Juden auf das ihnen nach der Bibel von Gott zugewiesene Land.
Der ursprüngliche Konflikt wird wenige Jahre nach Gründung der zionistischen Bewegung sichtbar. Die mit der *„Landnahme"* in Palästina beabsichtigte *„Befreiung der jüdischen Arbeit"* soll die Juden zu einem *Volk wie alle anderen Völker* machen. In der Durchführung vermeidet der Zionismus durch getrennte Ansiedlung die traditionellen Formen kolonialer Überlagerung, läßt aber als soziale Konsequenz *keinen Platz für Palästina-Araber,* theoretisch nicht einmal als Arbeiter. Es gelingt der politisch ausschlaggebenden Richtung des Zionismus auch später nie, für die bereits im Lande lebende nicht-jüdische Bevölkerung eine sinnvolle, aktive Rolle bei der Verwirklichung der zionistischen Idee zu definieren: die Palästina-Araber sind und bleiben (nur notgedrungen geduldete) Bürger zweiter Klasse im zionistischen Staat. Die Aktivität der Zionisten muß darum einen Nationalismus der nicht-jüdischen Bevölkerung mit einer gegen den anderen Nationalismus gerichteten Dynamik entstehen lassen. Das Dazwischentreten der Großmächte verursacht den Konflikt nicht, sondern verschärft ihn nur (Enttäuschung der Araber durch die „Friedensregelung" nach dem Ersten Weltkrieg; Einbeziehung des arabisch-israelischen in den Ost-West-Konflikt).
Die Judenverfolgung des „Dritten Reiches" läßt die Einwanderung nach Palästina so anschwellen, daß die Errichtung des zionistischen Staates nach Erreichung einer Bevölkerungsmehrheit ein realistisches Ziel wird. Als das ganze Ausmaß der *nationalsozialistischen Judenvernichtung* bekannt wird, empfiehlt eine breite Mehrheit der Vereinten Nationen gegen den geschlossenen Widerstand der Araber die *Teilung Palästinas.* Der aus schlechtem Gewissen geborene Drang, die Juden für das an ihnen begangene Unrecht zu entschädigen, ist zu stark, mögliches Unrecht an den Palästina-Arabern in Rechnung zu stellen.
Für die Araber ist der *Teilungsbeschluß* der Generalversammlung der Vereinten Nationen vom 29. Nov. 1947 nicht nur wegen seines reinen Empfehlungscharakters unverbindlich, sondern wegen zahlreicher Verstöße gegen die Völkerbundssatzung und die UN-Charta *rechtswidrig* und *nichtig.* Als völkerrechtswidrig haben sie bereits das Palästina-Mandat abgelehnt: Mandat und Teilungsplan verstoßen insbesondere gegen das Selbstbestimmungsrecht, denn selbst in dem für den jüdischen Staat vorgesehenen Teil Palästinas ist die Bevölkerungsmehrheit noch arabisch. Da die Araber nach dem Ersten Weltkrieg von den Großmächten um einen eigenen unabhängigen Staat gebracht werden und sich nach dem Zweiten einer Entscheidung der Großmächte und der von ihnen „kontrollierten" Stimmen beugen müssen, sehen sie in Israel ein „imperialistisches und neo-kolonialistisches Gebilde". Ihre spätere Feindschaft gegenüber Israel bezieht sich nicht auf Folgen der ersten Auseinandersetzungen (Flucht bzw. Vertreibung der Palästinenser; militärische Niederlagen; Gebietsverluste; Verlust Jerusalems); *die Araber bestreiten das Existenzrecht des Staates Israel* in seiner 1948 errichteten Form. Nachdem sie die Gründung des Staates nicht verhindern können, *planen sie seine Vernichtung.* Auch 30 Jahre nach der Staatsgründung stellt Israel für die Mehrheit der palästinensischen Befreiungsbewegungen eine „Aggression" gegen das palästinensische Volk dar; ihr bewaffneter Kampf zur Befreiung Palästinas „zielt auf die Eliminierung des Zionismus in Palästina" (Palästinensische Nationalcharta, Art. 15).
Israel dagegen stützt sich auf historisches Anrecht auf Palästina (für einen überwiegenden Teil der Israeli einschließlich Judäas und Samarias, d.h. des 1967 besetzten „Westufers" des Jordan) sowie auf die Rechtsgültigkeit der Beschlüsse von Völkerbund und Vereinten Nationen. Der geschlossene Widerstand der arabischen Bevölkerungsmehrheit und der arabischen Nachbarstaaten veranlaßt die Zionisten weder, ihr Ziel der Staatsgründung aufzugeben, noch später das zionistische Selbstverständnis des Staates zu modifizieren. *Israel besteht auf Anerkennung des Existenzrechts als* unabhängiger, souveräner, *jüdischer Staat* in gesicherten und anerkannten Grenzen. Enstanden in einer feindlichen Umwelt und weiterhin umgeben von unversöhnlichen Feinden, verhärtet sich Israel in seinem *Sicherheitsbedürfnis* zunehmend; die politische Führung vertraut einer Politik der Stärke und glaubt, der arabischen Herausforderung mit der Sprache der Gewalt (massive Vergeltungsschläge) begegnen zu müssen. Die Eskalation von Gewalt und Gegengewalt nimmt angesichts immenser Rüstungsanstrengungen von Krieg zu Krieg (1948, 1956, 1967, 1973) zerstörerischere Formen an; auch die „begrenzte" Gewalt von Guerilla-Anschlägen und Vergeltung eskaliert über die Jahre.
Der *Furcht Israels vor der Vernichtung* steht die *Furcht der Araber vor israelischem Expansionsdrang* gegenüber. Von ihrem Ziel, den Staat Israel in seinen historischen Grenzen wiederaufzurichten, hat die zionistische Bewegung bis zur Staatsgründung mehrfach Abstriche machen müssen: 1920 Mandatsgebiet

1450 Neueste Zeit – Nicht durch Blockbündnis geprägter Teil der Welt

ohne Süd-Libanon und den Ostteil der Sinai-Halbinsel; 1921 Abtrennung Transjordaniens; 1948 Staatsgründung auf nur 56% des Mandatsgebiets. Die Araber sehen ihre Furcht, der Zionismus habe sein Ziel eines Israel „vom Euphrat bis zum Sinai" nie aufgegeben, bestätigt in der schrittweisen Expansion bis zur Staatsgründung (von ersten Siedlungen über die Errichtung einer „nationalen Heimstätte" bis zum Staat) und danach: 1948 Eroberung weiter Gebiete im Palästina-Krieg; 1956/1957 zögernder Abzug aus dem Sinai und Gasa; 1967 Besetzung Sinais, Rest-Palästinas und der Golanhöhen; danach offene Annexion des arabischen Teils von Jerusalem (1967) und schleichende Annexion der besetzten Gebiete; seit 1972 Invasionen in den Süd-Libanon mit zunehmender „Präsenz" („offene Grenze"; Unterstützung christlicher Milizen mit Waffen und direktem Eingreifen).
Vermittlungsbemühungen nach den Kriegen von 1948 und 1967 scheitern an unvereinbaren Standpunkten. Zwar erklärt Israel jeweils seine Bereitschaft, im Falle der Anerkennung seines Existenzrechtes im Rahmen allgemeiner Verhandlungen über alles reden zu wollen, verändert aber zugleich ständig den Status quo zu seinen Gunsten. Die Araber wiederum bestehen auf Wiederherstellung des Status quo ante, zumindest aber auf israelischen Vorleistungen, da sie fürchten, durch Verhandlungen Israel anzuerkennen, ohne auch nur die in den Resolutionen der Vereinten Nationen niedergelegten – von den Arabern vielfach zunächst gar nicht akzeptierten – Regelungen als Minimalforderungen durchsetzen zu können. Nach 1967, stärker aber noch nach militärischen Erfolgen der Araber im Oktober-Krieg 1973 wächst in der arabischen Welt die Zahl derjenigen, die der Kriege müde sind bzw. den Konflikt mit militärischen Mitteln nicht für lösbar halten und die darum bereit sind, sich mit der Existenz Israels abzufinden und eine *Verhandlungslösung* zu suchen. Als *Grundlage einer Friedensregelung* akzeptieren alle Verhandlungswilligen die *Sicherheitsrats-Resolution 242 vom 22. Nov. 1967,* die, von der „Unzulässigkeit des Gebietserwerbs durch Gewalt" ausgehend, als Prinzipien eines gerechten und dauerhaften Friedens nennt: Rückzug israelischer Streitkräfte aus besetzten Gebieten; Beendigung des Kriegzustandes; „Anerkennung der Souveränität, territorialen Integrität und politischen Unabhängigkeit eines jeden Staates in der Region und seines Rechtes, innerhalb gesicherter und anerkannter Grenzen frei von Drohungen und Gewaltakten in Frieden zu leben"; freie Schiffahrt durch internationale Wasserwege der Region; gerechte Lösung des Flüchtlingsproblems; Garantiemaßnahmen. Die Resolution allein reicht jedoch nicht aus, weil ihre Formulierungen den Konfliktparteien unterschiedliche Auslegungen erlauben, weil das Palästina-Problem nur als Flüchtlingsproblem angesprochen wird und nicht als politisches Problem (Verwirklichung des Selbstbestimmungsrechtes) und weil das Jerusalem-Problem überhaupt nicht angesprochen wird.

1945 Mit Rücksicht auf die gespannte Lage in Palästina widersetzt sich die britische Mandatsverwaltung weiterhin einer verstärkten Einwanderung von Juden (v. a. Überlebende der nationalsozialistischen Vernichtungspolitik). Die Briten können jedoch nicht gänzlich die *illegale Einwanderung von Juden* unterbinden, deren Anteil an der Gesamtbevölkerung auf zwei Fünftel angewachsen ist (1946: 608 000 Juden). Bewaffnete Zusammenstöße zwischen Juden und Arabern, besonders aber Terroranschläge jüdischer Untergrundorganisationen (Irgun Zwi Leumi unter Menachem Begin; Stern-Gruppe) gegen britische Einrichtungen, machen es Großbritannien unmöglich, die Mandatsverpflichtung zu erfüllen.

1947 Großbritannien bringt das *Palästina-Problem* vor die *Vereinten Nationen;* eine Sonder-
2. April kommission der Generalversammlung erarbeitet Lösungsvorschläge.

29. Nov. Die Generalversammlung der Vereinten Nationen empfiehlt gegen die Stimmen aller arabischen und islamischen Staaten und bei Stimmenthaltung Großbritanniens die **Teilung Palästinas** in einen *arabischen* und einen *jüdischen Staat* in Wirtschaftsunion; *Jerusalem* soll *internationalisiert* und unter UN-Treuhandverwaltung gestellt werden. – Die geordnete Durchführung des Teilungsplans verhindern noch am selben Tag ausbrechende *Kämpfe zwischen Arabern und Juden* in Palästina. Großbritannien verweigert der UN-Palästina-Kommission die Einreise und kündet einseitig die Rückgabe des Mandats für den 15. Mai 1948 an.

1948 Die jüdischen Untergrundstreitkräfte gehen zum offenen Angriff über. Mit ausgelöst durch
April einen Anschlag auf das Dorf Deir Jasin, beginnt eine Massenflucht der arabischen Bevölkerung; bis Mitte Mai haben mindestens 200 000 Araber ihre Heimat verlassen.

14. Mai Die letzten *britischen Truppen verlassen Palästina.* Am Abend proklamiert *David Ben Gurion* (* 1886, † 1973) im Namen des Jüdischen Nationalrats den unabhängigen **souveränen Staat Israel,** der unmittelbar darauf von den USA und der Sowjetunion diplomatisch anerkannt wird.

15. Mai Die arabischen Staaten machen am Tag, an dem das Palästina-Mandat erlischt, ihre Ankündigung wahr, sich mit Waffengewalt der Teilung widersetzen zu wollen: *Angriff der*

15. Mai *arabischen Armeen.* Nach anfänglichen Rückschlägen kann sich die israelische Armee im
–16. Nov. **Palästina-Krieg** behaupten; nach einer ersten Waffenruhe gelingt es ihr in zwei weiteren Kriegsrunden sogar, erheblich über das im Teilungsplan vorgesehene Gebiet hinauszudringen: Israel gewinnt im Norden das restliche Galiläa, im Osten die Neustadt von Jerusalem mit einem verbindenden Korridor und im Süden an die Negev-Wüste grenzende Gebiete hinzu. Bemühungen der Vereinten Nationen führen erst mit der dritten *Waffenruhe* zum Erfolg.

Islamisch-arabische Region – Arabisch-israelischer Konflikt *1451*

11. Dez. Die *UN-Generalversammlung* empfiehlt in ihrer – seitdem jährlich bekräftigten – „*Resolution 194*" als Grundlagen einer Konfliktlösung die Rückkehr oder Entschädigung der Flüchtlinge und die Internationalisierung Jerusalems.

1949 Vermittlungsbemühungen der Vereinten Nationen führen zu den bilateralen **Waffenstill-**
24. Febr. **standsabkommen** von Rhodos zwischen Israel und Ägypten, Libanon, Jordanien und
–29. Juli Syrien: der Frontverlauf wird mit geringen Korrekturen und einzelnen entmilitarisierten Gebietsstreifen als Demarkationslinie festgelegt; eine UN-Kommission (UNTSO) wirkt bei der Überwachung der Waffenstillstände mit. – Der Krieg bringt Israel keine Anerkennung durch die arabischen Staaten und keine international anerkannten Grenzen. An der Demarkationslinie herrscht die nächsten Jahre eine brüchige Ruhe: häufige Grenzverletzungen, v. a. durch palästinensische Flüchtlinge, und gelegentliche israelische Vergeltungsschläge.

Das Flüchtlingsproblem

Schwerstwiegende Folge des Palästina-Krieges ist die *Flucht und Vertreibung von etwa einer Mio. Arabern*. Die zunächst in Lagern im restlichen Palästina („Westufer", Gasa-Streifen) und den angrenzenden arabischen Staaten aufgefangenen Flüchtlinge werden seit 1950 durch das Hilfswerk der Vereinten Nationen für die Palästinaflüchtlinge (UNRWA) betreut (Ernährung, Kleidung, Wohnung, ärztliche Versorgung und Ausbildung). Die Zahl der von der UNRWA erfaßten Flüchtlinge beträgt 1951 rund 900000; 1978 sind – teils als Folge des Krieges von 1967, in erster Linie aber aufgrund der natürlichen Vermehrung – 1,75 Mio. Flüchtlinge registriert, von denen 620000 in Lagern leben und Anrecht auf volle Hilfeleistungen haben; weitere 250000 haben nur Anrecht auf Nahrungsmittelrationen; die übrigen sind voll ins Wirtschaftsleben der arabischen Staaten integriert. Diese Integration wird durch besondere Anstrengungen der UNRWA im Erziehungsbereich erleichtert; ihr steht lange die begrenzte Aufnahmefähigkeit des arabischen Arbeitsmarktes entgegen. Hinzu kommt die fehlende Bereitschaft der arabischen Staaten, das Flüchtlingsproblem „auf ihre Kosten" zu lösen; sie sehen in den Lagern ein politisches Pfand in der Auseinandersetzung mit Israel. Die Herausbildung eines palästinensischen Identitätsgefühls seit der Mandatszeit intensiviert sich im Exil und den Lagern: *aus den Palästina-Arabern wird das Volk der Palästinenser.*

1949 Bei der Aufnahme in die Vereinten Nationen erkennt Israel ausdrücklich die „Resolution
11. Mai 194" an, leitet jedoch keine Schritte ein, das Flüchtlingsproblem zu lösen: umfangreiche Gesetzgebung überführt Grund und Boden der Flüchtlinge in Staatsbesitz und verhindert eine Integration der Araber. Die im Palästina-Krieg eroberten Gebiete werden politisch und administrativ in das Staatsgebiet eingegliedert von Israelis besiedelt.

1950 *Israel verlegt den Regierungssitz nach Jerusalem,* woraufhin die Arabische Liga einen
1. Jan. Wirtschaftsboykott gegen Israel und in Israel tätige ausländische Firmen verhängt.

6. Febr. *Ägypten sperrt den Sueskanal* und die Meerenge von Tiran für die israelische Schiffahrt und hält die Sperrung unter Berufung auf den Kriegszustand auch aufrecht, als der Sicherheitsrat das Recht auf die Kanalbenutzung zuspricht (1. Sept. 1951).

24. April *Jordanien annektiert* das seit 1948 besetzt gehaltene *Restpalästina* (Westufer).

25. Mai Die USA, Großbritannien und Frankreich verpflichten sich in einer *Drei-Mächte-Erklärung,* das Kräftegleichgewicht aufrechtzuerhalten und den Status quo notfalls militärisch zu schützen.

1955 Mitte der fünfziger Jahre häufen sich Anschläge der Palästinenser; der israelische Überfall auf Gasa (28. Febr.) erhöht die Spannungen. Als Ägypten aufgrund eines Waffenlieferungsabkommens mit der ČSSR ab Ende des Jahres modernes sowjetisches Kriegsmaterial

1956 erhält, sieht Israel das militärische Gleichgewicht bedroht und verabredet – nach der Verstaatlichung des Sueskanals durch Nasser – mit Frankreich und Großbritannien einen
29. Okt. Angriff auf Ägypten: Israel beginnt den **Sues-Krieg** mit dem Einmarsch in Gasa und im
–6. Nov. Sinai. Ein auf 24 Stunden befristetes Ultimatum Großbritanniens und Frankreichs (30. Okt.) fordert den „Rückzug" der kriegführenden Parteien auf Linien westlich und östlich des Kanals, die Israel noch gar nicht erreicht hat. Als Ägypten erwartungsgemäß ablehnt, beginnt mit der Bombardierung der Kanalstädte eine *britisch-französische Luftoffensive auf Ägypten.* Die USA und andere westliche Staaten verurteilen die Intervention; Waffenstillstandsaufforderungen der Vereinten Nationen führen jedoch erst nach einer sowjetischen Raketendrohung zum Erfolg. Eine Friedenstruppe der Vereinten Nationen
Dez. (UNEF) soll den Truppenrückzug überwachen. Großbritannien und Frankreich ziehen, ohne ihre politischen Ziele erreicht zu haben (Internationalisierung des Kanals, Sturz Nassers), ihre Truppen bis Ende des Jahres zurück.

1957 Israel räumt seine letzten Positionen erst, als die Stationierung der UNO-Truppen auch in
März Scharm el-Scheich und damit die freie Schiffahrt durch die Meerenge von Tiran sichergestellt ist.

1452 Neueste Zeit – Nicht durch Blockbündnis geprägter Teil der Welt

Die Auswirkungen der Sues-Krise

Die Sues-Krise verändert die internationale Lage in der Region: *Präsident Nasser* gelingt es, die militärische Niederlage in einen politischen Sieg über zwei Großmächte umzumünzen und damit zum unbestrittenen Führer der arabischen Welt gegenüber West und Ost zu werden. *Großbritannien* und *Frankreich* verlieren mit diesem letzten „Abenteuer" im alten imperialen Stil den Rest ihrer ehemals dominierenden Stellung in der Region, während der *Sowjetunion* als „*Schutzmacht"* der jungen Nationen der diplomatische, politische und militärische Einstieg in die Region endgültig gelingt – den ihr die *USA* seit Beginn des „kalten Krieges" haben verwehren wollen. Die *Sowjetunion* nimmt danach eine eindeutig *pro-arabische* und *anti-israelische Haltung* ein und unterstützt *Ägypten, Syrien* und später den *Irak* mit umfangreicher Militär- und Wirtschaftshilfe. *Israel*, von amerikanischer Wirtschafts- und Militärhilfe abhängig, erscheint als Instrument des Imperialismus und ist isolierter als zuvor.

1964 13.–17. Jan.	Als Israel beginnt, in großen Mengen Jordanwasser zur Bewässerung der Negev-Wüste abzuleiten, werten dies die in Kairo zu einer *Ersten Arabischen Gipfelkonferenz* zusammengekommenen arabischen Könige und Staatschefs als Akt der Aggression. Auf Initiative Nassers wird die **Palästinensische Befreiungsorganisation (PLO)** gegründet und von der
5.–11. Sept.	*2. Gipfelkonferenz* als offizielle Organisation der Palästinenser begrüßt. Die PLO stellt eine Palästinensische Befreiungsarmee (PLA) auf; neben der bereits bestehenden *al-Fatah* (= Invasion; gegründet 1956) bilden sich in den nächsten Jahren verschiedene *Organisationen der Fedaijin* (= Opferbereite), die ab 1965 von arabischen Staaten, insbesondere Jordanien und Libanon, aus Sabotageakte und Überfälle auf israelischem Gebiet unternehmen. Israel reagiert mit gelegentlichen Vergeltungsschlägen, die an Häufigkeit und Härte zunehmen (Aktion gegen das jordanische Dorf Samu, Nov. 1966).
1967 Frühjahr	Als Grenzzwischenfälle an der syrisch-israelischen Demarkationslinie seit 1966 immer umfangreicher werden und auch zu Luftkämpfen führen (Abschuß von 6 syrischen MIG-Jägern über Damaskus, April), droht Israel Syrien mehrfach mit einer Invasion, falls die Guerilla-Anschläge nicht aufhören (Anfang Mai). Fehlinformationen über israelische
15. Mai	Truppenmassierungen an der syrischen Grenze veranlassen Präsident Nasser, ägyptische Truppen auf die Sinai-Halbinsel zu entsenden.
18. Mai	Der *Forderung der Vereinigten Arabischen Republik* an UN-Generalsekretär U Thant, *die UNO-Truppen aus dem Sinai abzuziehen,* kommen die Vereinten Nationen nach, als Israel die Verlegung der UNEF auf die israelische Seite ablehnt (Rückzugsbefehl am 19. Mai).
22. Mai	Am Tag nach dem Einzug ägyptischer Truppen in Scharm el-Scheich *sperrt Nasser die Meerenge von Tiran* für die israelische Schiffahrt, obwohl Israel die erneute Sperrung bereits 1957 zum Kriegsfall erklärt hat. Jordanien tritt überraschend dem ägyptisch-syrischen Beistandspakt vom 4. Nov. 1966 bei (30. Mai); der Irak schließt sich an (4. Juni).
5.–10. Juni	Israel entscheidet den **Juni-Krieg** (*Sechs-Tage-Krieg*) in den ersten Stunden *mit einem Präventivschlag* aus der Luft, der weitgehend die Luftwaffen Ägyptens, Jordaniens, Syriens und des Irak am Boden zerstört und die arabischen Armeen ohne Luftunterstützung läßt. Bis zum Waffenstillstand mit Jordanien und Ägypten (8. Juni) haben israelische Truppen die Altstadt von Jerusalem, West-Jordanien und die Sinai-Halbinsel bis zum Sueskanal besetzt. Waffenstillstandsappellen des Sicherheitsrats folgt Israel erst, als es mit der Erstürmung der Golan-Höhen (9./10. Juni) alle Kriegsziele erreicht hat.
	Israel glaubt mit diesem Krieg seine Situation dramatisch verbessert: da alle Beteiligten den Konflikt letztlich nur mit Gewalt für lösbar hielten, hat Israel mit geringen eigenen Verlusten das arabische Militärpotential zerschlagen, noch ehe ihm dieses ernsthaft gefährlich werden kann. Die erreichten Linien sind strategisch unvergleichlich günstiger als seine verletzlichen Grenzen. Die besetzten Gebiete wiederum sind ein Faustpfand für Verhandlungen mit den Arabern über die Anerkennung des Existenzrechts und auszuhandelnde sichere Grenzen. Sollte es aber in absehbarer Zeit nicht zu einem Frieden kommen, wäre die Besetzung des restlichen Palästina nur eine späte Erfüllung des zionistischen Traums. Die Chance, eine schnelle Friedensregelung zu suchen, wird nicht genutzt. Israel betont zwar, mit dem Ziel eines dauerhaften Friedens verhandeln zu wollen, ergreift aber Maßnahmen, die Verhandlungen erschweren müssen: der neue Flüchtlingsstrom aus den be-
28. Juni	setzten Gebieten wird von der Militärverwaltung gefördert; die faktische *Annexion der arabischen Altstadt von Jerusalem* (von der UN-Generalversammlung am 4. Juli für „nichtig" erklärt); die Zerstörung strategisch gelegener Dörfer und die im September beginnende *Besiedlung der besetzten Gebiete* (landwirtschaftliche Siedlungen im Rahmen von „Militärlagern") deuten nicht auf Rückzugsbereitschaft.
29. Aug. – 3. Sept.	Die *4. Arabische Gipfelkonferenz in Khartum* wertet die Niederlage als vorübergehenden „Rückschlag" und beschließt, Israel weder anzuerkennen noch direkte Verhandlungen aufzunehmen; Ägypten und Jordanien erhalten Zahlungen zur Beseitigung der Kriegsfolgen; eine Fortsetzung des militärischen Kampfes wird jedoch zurückgestellt und eine politische Lösung nicht ausgeschlossen (Protest Syriens, Algeriens und der Fedaijin).

Islamisch-arabische Region – Arabisch-israelischer Konflikt *1453*

22. Nov. Der Sicherheitsrat verabschiedet einstimmig eine Kompromißformel (**„Sicherheitsrats-Resolution 242"**), die später von Ägypten, Jordanien und Israel als Grundlage einer Friedensregelung akzeptiert wird.

1967/1968 Der UN-Vermittler *Gunnar Jarring* (* 1907) kann in den folgenden Monaten jedoch keinerlei Annäherung zwischen den Konfliktparteien herbeiführen *(Jarring-Mission).* Während Israel auf direkten Verhandlungen vor jedem Rückzug besteht, sehen die Araber im Rückzug (zumindest Teilrückzug) eine Vorbedingung für Verhandlungen und Anerkennung. Zahlreiche Äußerungen israelischer Politiker deuten auf umfangreiche Gebietsforderungen; für die Araber ist nur der vollständige Abzug akzeptabel.

1968 Die Verhärtung der Positionen führt in der ersten Jahreshälfte zu zahlreichen Zwischenfällen insbesondere entlang des Sueskanals, wo heftige Artillerieduelle zur Zerstörung der ägyptischen Raffinerien und der Kanalstädte führen; Evakuierung von mehreren hunderttausend Flüchtlingen. Besondere Bedeutung gewinnt die *Guerilla-Tätigkeit der Fedaijin,* die nach dem militärischen Versagen der arabischen Staaten nun mit ihrem „Volkskrieg" gegen Israel zugleich die politischen und sozialen Ziele des Panarabismus in den konservativen arabischen Staaten, insbesondere Jordanien, verwirklichen wollen.

Die PLO und die palästinensischen Fedaijin-Organisationen

Oberstes Organ der Palästinensischen Befreiungsorganisation (PLO) ist der *Palästinensische Nationalrat,* eine Art Exilparlament, dessen 292 Mitglieder einmal im Jahr zusammentreten. Politisches Gewicht erhält die PLO erst 1968, als *al-Fatah,* die größte der Fedaijin-Organisationen, dem Nationalrat beitritt und ihr Führer *Jasir Arafat* Vorsitzender des 15köpfigen *Exekutivkomitees* der PLO wird. Der Nationalkongreß in Kairo (1.–17. Juli 1968) verabschiedet die *Palästinensische Nationalcharta:* Palästina in den Grenzen des britischen Mandats ist die unteilbare Heimat der Palästinenser; bewaffneter Kampf ist der einzige Weg zur Befreiung Palästinas; nur Juden, die vor Beginn der zionistischen Invasion in Palästina lebten, gelten als Palästinenser. 1969 schließen sich alle anderen Fedaijin-Organisationen dem Nationalrat an; sie sind im 1970 geschaffenen *Zentralrat der Palästinensischen Widerstandsbewegung* repräsentiert, dem das Exekutivkomitee der PLO und bis zu 40 weitere, vom Nationalrat gewählte Mitglieder angehören. Das Exekutivkomitee führt zwischen den Sitzungen des Zentralrates die Geschäfte der PLO und leitet die permanenten Abteilungen (Militärabteilung einschließlich PLA; Politische und Internationale Beziehungen; Palästinensischer Nationalfonds usw.). Die PLO unterhält Büros in allen arabischen Staaten außer Saudi-Arabien und in zahlreichen Hauptstädten der übrigen Welt. 1974 erkennt die Arabische Gipfelkonferenz in Rabat die PLO als den einzig legitimen Repräsentanten des palästinensischen Volkes an; 1976 wird die PLO Vollmitglied der Arabischen Liga.

Trotz der Eingliederung der Fedaijin-Organisationen in die *Palästinensische Befreiungsarmee* (Oberkommandierender: Jasir Arafat) und der Schaffung eines *Vereinigten Militärkommandos* (1970) bleibt die Kontrolle über Guerilla-Aktionen weitgehend in den Händen der jeweiligen Fedaijin-Organisation und ihrer Führer. Mehrere von ihnen werden von arabischen Einzelstaaten unterstützt und vertreten häufig deren gesamtarabische Interessen. Neben al-Fatah, einer breiten Koalition gemäßigter bis radikaler Palästinenser, sind die wichtigsten Organisationen: die 1967 gegründete marxistisch-leninistische *Volksfront für die Befreiung Palästinas (PFLP;* Vorsitzender: *George Habasch);* die 1969 von der PFLP abgespaltene Demokratische Volksfront für die Befreiung Palästinas (PDFLP; Vorsitzender: Naif Hawatmeh); die 1967 gegründete, von Syrien gestützte *Saika* (Vorsitzender: *Suhair Muhsin,* † 1979). Der 1970 gebildete *„Schwarze September"* ist keine offizielle Fedaijin-Organisation, sondern eine Gruppe radikaler Aktivisten, die von verschiedenen Organisationen und Staaten (v. a. Libyen) unterstützt wird. Die *„Ablehnungsfront"* innerhalb der PLO bilden jene Organisationen, die jede auf Anerkennung Israels hinauslaufende Lösung ablehnen; in wechselnder Zusammensetzung boykottiert die von der PFLP geführte Ablehnungsfront ab 1974 das Exekutivkomitee und den Zentralrat, arbeitet aber weiter im Nationalrat mit.

Anfang 1968 verstärken die Fedaijin, meist von Jordanien und Libanon aus, ihre *Kommandounternehmen gegen Israel,* das seinerseits immer härter zurückschlägt. Opfer ist meist die Zivilbevölkerung. Der Rückhalt unter den Flüchtlingen ist so stark, daß die Palästinenserorganisationen in den Lagern im Libanon und Jordanien einen Staat im Staate aufbauen können. Um die ungelöste Palästina-Frage im Bewußtsein der Weltmeinung wachzuhalten, dehnen die Palästinenser ihre *Guerilla-Tätigkeit* und *Terroranschläge* auch auf nichtarabische Staaten aus (u. a. Schweiz, Griechenland, Italien; Flugzeugentführungen, Geiselnahmen; Ermordung eines Teils der israelischen Olympiamannschaft in München 1972). Israel reagiert mit *„Gegenterror"* (Bombardierung von Lagern und Dörfern; Sprengung von 13 Zivilflugzeugen in Beirut; Abschuß einer libyschen Verkehrsmaschine; Ermordung führender Palästinenser in Beirut und mehreren westlichen Staaten).

1969 Die Jarring-Mission droht endgültig zu scheitern; die Sowjetunion, die USA, Großbritannien und Frankreich nehmen *Viermächtegespräche* über die Verwirklichung der „Sicherheitsrats-Resolution 242" auf. Ägypten und Israel zeigen eine gewisse Kompromißbereit-

1454 Neueste Zeit – Nicht durch Blockbündnis geprägter Teil der Welt

9. Dez.	schaft. Die Gespräche werden jedoch zugunsten bilateraler Kontakte zwischen den USA und der Sowjetunion unterbrochen, als Mitte des Jahres die Spannungen eskalieren (Fedaijin-Aktionen im Jordantal; Brandstiftung in der Aksa-Moschee in Jerusalem; *„Abnutzungskrieg"* entlang des Sueskanals). Vorschläge des US-Außenministers *William Rogers,* der einen Mittelweg zwischen den Positionen sucht (sog. **Rogers-Plan**), stoßen auf Ablehnung Israels, das sich mit geringen Korrekturen der Grenzen vor 1967 abfinden soll.
1970 Jan.	Als Israel seine Luftangriffe tief ins ägyptische Hinterland ausdehnt, verstärkt die Sowjetunion ihr Engagement: *Installation von SAM-3-Luftabwehrraketen;* operative Einsätze russischer Piloten über ägyptischem Gebiet; mehr sowjetische Militärberater. Da die
19. Juni	Großmächte eine direkte Konfrontation vermeiden wollen, *erneuert* Außenminister *Rogers* mit sowjetischer Zustimmung *seinen Vorschlag:* Wiederherstellung des Waffenstillstandes und Aufnahme von Verhandlungen durch Gunnar Jarring auf der Grundlage der „Sicherheitsrats-Resolution 242". Nachdem Ägypten den Rogers-Plan angenommen
8. Aug.	und Israel bedingt zugestimmt hat, tritt eine auf 90 Tage befristete und danach mehrfach verlängerte *Waffenruhe* ein.
6. und 9. Sept.	Ein Versuch der PFLP, durch die Entführung von vier Verkehrsmaschinen nach Jordanien und Kairo die Verwirklichung des Rogers-Plans zu stören, veranlaßt König Hussein, die
16.–27. Sept.	Macht der Fedaijin-Organisationen in *Jordanien* endgültig zu zerschlagen: *Bürgerkrieg* („Schwarzer September").
1971 5. Febr.	Den Bemühungen Gunnar Jarrings kommt der neue ägyptische Präsident Sadat mit dem Angebot entgegen, nach einem Teilrückzug Israels auf dem Sinai den Sueskanal wiederzueröffnen. Der Vorschlag wird nicht aufgenommen; Jarring scheitert an der kategorischen Weigerung Israels, den Rückzug auf die Linien vor 1967 zu erwägen.
1972 25.–28. Febr.	*Israelische Invasion in den Süd-Libanon,* der nach der Zerschlagung der militärischen Präsenz der Palästinenser in Jordanien zum Hauptoperationsgebiet der Fedaijin geworden ist. In der Folgezeit häufige israelische Luftangriffe auf palästinensische Stützpunkte, wobei auch libanesische Dörfer getroffen und Zivilisten getötet werden.
18. Juli	Israel versteht die politisch günstige Lage nach dem Rogers-Plan auch dann nicht für eine politische Lösung des Konflikts zu nutzen, als Ägypten die sowjetischen Militärberater ausweist und damit seine Verhandlungsbereitschaft unterstreicht.
1973 **6.–26. Okt.**	Von Ägypten politisch vorbereitet, beginnt am jüdischen Versöhnungsfest (Jom Kippur) ein ägyptisch-syrischer Überraschungsangriff: **Oktober-Krieg** *(Jom-Kippur- bzw. Ramadan-Krieg).* Die ägyptischen Truppen durchbrechen die Bar-Lev-Linie (Befestigungslinie entlang des Sues-Kanals seit dem 6-Tage-Krieg) und stoßen in die Sinaihalbinsel vor; syrischer Angriff auf die Golanhöhen. Am 8. Okt. gehen israelische Truppen zum Gegenangriff über. Massiver Materialeinsatz (US-Luftbrücke für Israel, sowjetische Lufttransporte für Ägypten und Syrien); schwerste Verluste auf beiden Seiten. Israelische Truppen stoßen zwar ab 15. Okt. über den Sueskanal vor, können aber weder die über den Kanal vorgedrungenen Ägypter zurückdrängen noch Damaskus erreichen.
17. Okt.	Vertreter der OAPEC-Staaten beschließen in Kuwait, parallel zu den Kampfhandlungen das *Erdöl als politische Waffe* einzusetzen, um durch Lieferbeschränkungen, Produktionsstop, Embargo und Preiserhöhungen die westlichen Staaten, vor allem die USA, zu zwingen, ihre proisraelische Haltung aufzugeben (weitreichende Beschlüsse auf der OAPEC-Konferenz in Kuwait, 4./5. Nov. 1973).
22. Okt.	Erst als ein militärisches Patt eingetreten scheint, schalten sich die Großmächte ein: der *Sicherheitsrat ordnet die Feuereinstellung an.* Als dieser Anordnung nicht Folge geleistet wird und Israel die Stadt Sues und die ägyptische Dritte Armee einschließt, droht die Sowjetunion eine Intervention an (24. Okt.), falls die USA nicht gemeinsam mit ihr vorgehen; die USA versetzen einen Teil ihrer Streitkräfte in erhöhte Alarmbereitschaft und üben gleichzeitig Druck auf Israel aus. Erst dann tritt *Waffenruhe* ein (Nacht vom 25./26. Okt.), die von einer UN-Friedenstruppe überwacht wird (UNEF II).
	Die Araber erreichen ihr Hauptziel, Israel und den ölabhängigen Staaten zu zeigen, daß ihre Sicherheit nicht gewährleistet ist, solange Israel weite arabische Gebiete besetzt halten kann. Da allein die USA den notwendigen Druck Israel zum Rückzug bewegen könnten, unternimmt US-Außenminister *Henry Kissinger* – in bedingtem Zusammenspiel mit der Sowjetunion – eine Reihe von Reisen zu den Konfliktparteien *(Kissingers „Pendeldiplomatie"),* deren erste (5.–10. Nov.) zur Konsolidierung des Waffenstillstands zwischen
11. Nov.	Ägypten und Israel führt („6-Punkte-Abkommen" am „Kilometerstein 101").
26.–28. Nov.	Die *6. Arabische Gipfelkonferenz in Algier* erklärt, daß die Feuereinstellung kein Ende des Kampfes bedeutet, und bekräftigt als unabdingbare Forderung den vollständigen Rückzug Israels aus den 1967 besetzten Gebieten und die Wiederherstellung der nationalen Rechte der Palästinenser; die „Ölwaffe" soll weiter eingesetzt werden.
21./22. Dez.	Auf einer zweiten Nahostreise (13.–20. Dez.) schafft Kissinger die Voraussetzungen für die Eröffnung der **Genfer Nahost-Friedenskonferenz** unter UN-Schirmherrschaft mit den USA und der Sowjetunion als Ko-Präsidenten. Nur Ägypten, Jordanien und Israel nehmen

Islamisch-arabische Region – Arabisch-israelischer Konflikt *1455*

teil; alle berufen sich auf die Resolution 242 von 1967, legen sie aber wieder unterschiedlich aus. Die Konferenz vertagt sich, um das Ergebnis der von Kissinger diplomatisch vorbereiteten Truppenentflechtung abzuwarten. (Alle späteren Bemühungen um Wiedereinberufung der Konferenz scheitern.)

1974
18. Jan. *Ägypten und Israel* unterzeichnen das *Abkommen über das Auseinanderrücken ihrer Streitkräfte* (in Kraft am 24. Jan.): Israel zieht sich vom Sueskanal bis vor die Sinaipässe zurück; Gefangenenaustausch; UN-Kontingente in der Pufferzone.

Ungleich schwieriger sind entsprechende Verhandlungen mit Syrien, das die Truppenentflechtung als Bestandteil einer allgemeinen Nahostregelung betrachtet wissen will.

31. Mai Das *Syrisch-Israelische Entflechtungsabkommen* wird in Genf unterzeichnet: Einstellung der im März erneut ausgebrochenen Kämpfe; Gefangenenaustausch; Rückgabe der im Oktoberkrieg von Israel besetzten Gebiete sowie der Orte Kuneitra und Rafid (von Israel beim Rückzug zerstört); UN-Truppen in der Pufferzone (UNDOF).

Politische Ziele der PLO

Die Wiedereinberufung der Genfer Konferenz wird durch das *Problem der Vertretung der Palästinenser* erschwert. Israel betrachtet die PLO als Terrororganisation und weigert sich, mit ihr zu verhandeln. Innerhalb der PLO kommt es zu Auseinandersetzungen, als gemäßigte Kräfte bereit scheinen, einen palästinensischen Kleinstaat in den 1967 besetzten Gebieten zu akzeptieren und mit Israel Frieden zu schließen. Fedaijin-Gruppen intensivieren ihre Terroranschläge vom Süd-Libanon aus, um durch provozierte Gegenschläge den aggressiven Charakter des Zionismus zu „offenbaren". Der *Palästinensische Nationalrat* lehnt in Kairo bei seiner Jahrestagung (1.–9. Juni 1974) in einem *10-Punkte-Programm* den Kleinstaat zugunsten der Befreiung „ganz Palästinas" ab und weist die „Sicherheitsrats-Resolution 242" als Grundlage einer Friedenslösung zurück (Palästinenser nur als Flüchtlinge, nicht als Volk angesprochen). Er verlangt die Errichtung einer „nationalen Autorität" in allen zu befreienden Gebieten und lehnt den Hussein-Plan (Föderation Ostjordaniens mit dem Westufer zu einem Vereinigten Arabischen Königreich) ab. Trotzdem scheint bis Ende des Jahres eine Mehrheit der PLO – zum Teil unter dem Druck arabischer Regierungen – das begrenzte Ziel eines palästinensischen Staates in den besetzten Gebieten akzeptieren zu wollen. Ein Teil der Fedaijin-Organisationen lehnt weiter jede Lösung ab, die eine Anerkennung Israels impliziert, und zieht sich aus Zentralrat und Exekutivkomitee der PLO zurück (Sept.): *Ablehnungsfront.*

26.–29. Auf der *7. Arabischen Gipfelkonferenz in Rabat* wird der PLO als dem einzig legitimen
Okt. Vertreter des palästinensischen Volkes das Recht zugestanden, eine unabhängige nationale Autorität über alle befreiten Gebiete zu errichten. Hussein muß auf alle Ansprüche verzichten. Die PLO erhält damit das Recht der Mitentscheidung über Krieg und Frieden im Nahen Osten.

13. Nov. Dies wird unterstrichen durch *Jasir Arafats* Auftritt *vor der UN-Generalversammlung,* die später in einer Resolution das Recht des palästinensischen Volkes auf Selbstbestimmung ohne Einmischung von außen und auf nationale Unabhängigkeit und Hoheit bestätigt (22. Nov.).

1975
Frühjahr Nach einer vergeblichen Kissinger-Reise (9.–22. März) verlangt die Sowjetunion – durch Kissingers Diplomatie weitgehend aus Lösungsversuchen im Nahen Osten ausgeschlossen – die Wiedereinberufung der Genfer Konferenz. Die Reaktionen im Nahen Osten sind überwiegend negativ, da sich an den Grundpositionen gegenüber 1973 nichts geändert hat.

4. Sept. Als es Außenminister Kissinger bei einem erneuten Versuch (21. Aug.–2. Sept.) gelingt, die Standpunkte anzunähern, schließen *Ägypten und Israel* das **2. Truppenentflechtungsabkommen** (unterzeichnet in Genf): Israel räumt die Pässe Gidi und Mitla sowie die Ölfelder von Abu Rhodeis; elektronische Frühwarnstationen, davon drei mit amerikanischem Zivilpersonal besetzt, sollen Überraschungsangriffe verhüten; freie Fahrt für nichtmilitärische Güter von und nach Israel durch den (am 5. Juni wiedereröffneten) Sueskanal; beide Seiten erklären ihre *Absicht, den Konflikt mit friedlichen Mitteln lösen zu wollen.*

Das Abkommen – ein großer Erfolg der Diplomatie Kissingers – findet nur bei Saudi-Arabien, Kuwait und dem Sudan Zustimmung, während es die Mehrheit der arabischen Staaten, besonders heftig Syrien und die PLO, als Kapitulation vor amerikanischen und israelischen Interessen wertet.

Syrien wird zum führenden Verfechter der palästinensischen Rechte und erzwingt – als Gegenleistung für die Verlängerung des Mandats der UN-Truppen auf den Golanhöhen –
1976 eine Palästina-Debatte im Sicherheitsrat unter Teilnahme der PLO. Nur durch ihr Veto
26. Jan. verhindern die USA eine Resolution, die das Recht der Palästinenser bekräftigt, einen eigenen Staat zu errichten.

25. März Ein Veto der USA verhindert eine (von den übrigen 14 Mitgliedern angenommene) Resolution des Sicherheitsrats, die *Israels Siedlungspolitik in den besetzten Gebieten* scharf ver-

1456 Neueste Zeit – Nicht durch Blockbündnis geprägter Teil der Welt

urteilt (Israel hat bis 1978 über 90 Siedlungen auf dem Westufer, den Golanhöhen, im Gasastreifen und auf der Sinaihalbinsel errichtet). – Wegen der Siedlungspolitik kommt es das ganze Jahr über zu Demonstrationen und Zusammenstößen auf dem Westufer und im Gasastreifen. Lokalwahlen auf dem Westufer unterstreichen die Stärke des PLO-Anhangs. Zunehmende Kritik an der Unbeugsamkeit Israels auch in den USA und die wachsende Abhängigkeit der USA (die Ölimporte aus der arabischen Welt haben sich gegenüber 1973 verdoppelt) führen zu einer *Wandlung der US-amerikanischen Politik*. Noch ehe der neu-
Nov.   gewählte US-Präsident *James Earl Carter* sein Amt angetreten hat, stimmen die USA erst-mals im Sicherheitsrat und der UN-Generalversammlung gegen Israel (Mißbilligung der Siedlungspolitik und der Weigerung Israels, die Flüchtlinge zurückkehren zu lassen).
1977   Kaum im Amt, entsendet US-Präsident Carter Außenminister *Cyrus Vance* auf Nahost-
Febr.   mission und lädt Sadat und den israelischen Ministerpräsidneten Yitzhak Rabin nach Washington ein **(Carter-Initiative).** Die amerikanische Regierung unterstützt Israel in der Frage „verteidigungsfähiger Grenzen", sieht jedoch den Rückzug auf die Grenzen von vor 1967 mit nur geringen Korrekturen als notwendigen Bestandteil einer endgültigen Lösung. In diesem Zusammenhang spricht Carter von einer „Heimstätte" (homeland), die für die Palästinenser geschaffen werden sollte.
Hoffnungen, daß die PLO eine flexiblere Haltung gegenüber einer Verhandlungslösung
20. März   einnehmen würde, erfüllen sich nicht: Der Palästinensische Nationalrat bestätigt die Bereitschaft, einen Kleinstaat zu akzeptieren, lehnt es aber ab, die Errichtung eines „säkularen demokratischen Staates" in ganz Palästina als Ziel aufzugeben.
17. Mai   Der Wahlsieg des rechten Likud-Blocks in Israel wird als Rückschlag für die US-Friedens-initiative gewertet. Der neue israelische Premierminister *Menachem Begin* (* 1913) betont bei verschiedenen Gelegenheiten, unter keinen Umständen mit der PLO verhandeln oder
Sept.   eine palästinensische „Heimstätte" erwägen zu wollen. Ein israelischer Kabinettsvorschlag, der der US-Regierung übermittelt wird, sieht eine Lösung unter permanenter Aufrecht-haltung der israelischen Besetzung des gesamten Westufers und des Gasastreifens vor.
1. Okt.   Eine *sowjetisch-amerikanische Erklärung* ruft zu einer Nahostlösung auf, die „die legitimen Rechte der Palästinenser" sichert. In dieser Formulierung sehen die Araber ein Anzeichen, daß die USA zur langerwarteten Konfrontation mit Israel bereit sind.
9. Nov.   Der ägyptische Präsident *Anwar as-Sadat* erklärt, er sei der ewigen Verfahrensdebatten müde und würde selbst nach Jerusalem gehen, um einen Frieden herbeizuführen. Die Bemerkung wird von Begin unmittelbar mit einer Einladung beantwortet. (Informelle Kontakte scheinen seit Anfang des Jahres die Möglichkeit von direkten Gesprächen vorbereitet zu haben.)
19./20.   **Sadats Reise nach Jerusalem** gipfelt in einem dramatischen Friedensappell vor der Knesset:
Nov.   *Ägypten ist bereit, mit Israel* auf der Grundlage einer gerechten und dauerhaften Gesamt-lösung *in Frieden zusammenzuleben*. Als Grundlagen des Friedens sieht Sadat: Rückzug aus den 1967 besetzten Gebieten; palästinensischer Staat; Sicherheitsgarantien; Gewalt-verzicht. – Durchweg positiven Reaktionen in der westlichen Welt steht die scharf ableh-nende Haltung der überwiegenden Mehrheit der Araber gegenüber, die eine Schwächung der gemeinsamen Position und letztlich einen ägyptisch-israelischen Separatfrieden fürch-ten. Auch Israel scheint mit Sadats Bereitschaft zu einem begrenzten bilateralen Abkom-men zu rechnen.
Präsident Sadat strebt eine Gesamtlösung an und lädt zu einer Vorkonferenz zur Wieder-
14. Dez.   einberufung der Genfer Konferenz nach Kairo ein; nur Israel, die USA und die Vereinten Nationen nehmen teil. Die mit allen anderen Konfliktbeteiligten eingeladene PLO schlägt die Chance aus, mit Israel am Verhandlungstisch zu sitzen.
25. Dez.   Ministerpräsident Begin bietet beim „*Gipfeltreffen*" *mit Sadat* in Ismailia die Räumung der Sinaihalbinsel und begrenzte Autonomie für die Palästinenser in den besetzten Gebieten an; Israel will sich aber die Kontrolle der Sicherheit und öffentlichen Ordnung vorbehalten. Beide Seiten vereinbaren Verhandlungen.
1978   Die *ägyptisch-israelische Militärkommission* tritt in Kairo zusammen (ab 11. Januar). Die Gespräche in der parallel tagenden politischen Kommission in Jerusalem bricht Ägypten
17. Jan.   nach einem Tag wegen der israelischen Weigerung ab, die Siedlungen auf Sinai aufzugeben.
Febr.   Israel sieht sich heftiger Kritik des amerikanischen Präsidenten und führender Kongreßab-geordneter wegen seiner starren Haltung ausgesetzt, vor allem als Begin erklärt, die SR-Resolution 242 erfordere keinen Rückzug aus „Judäa und Samaria" (Westbank).
15.–20.   Großangelegte *israelische Offensive in den Süd-Libanon* (Vergeltung für einen Anschlag
März   auf Touristenbusse am 11. März; 36 Tote): Israel besetzt das Land bis zum Litani-Fluß; neben 200 Fedaijin 1000 libanesische Zivilisten getötet; 265 000 Flüchtlinge. – Die Unver-hältnismäßigkeit der Reaktion löst auch in Israel breite Kritik aus: Bildung der „*Frieden-Jetzt*"-*Bewegung*.
April   Israel zieht seine Truppen stufenweise aus dem Libanon zurück; eine UN-Truppe (UNI-
–Juni   FIL) übernimmt die Kontrolle einer Pufferzone zwischen den Palästinensern und Israel;

Islamisch-arabische Region – Arabisch-israelischer Konflikt *1457*

im Südosten übergeben die Israeli die Kontrolle an christliche Milizen (Major Haddad), die es des längeren schon mit Waffen und direktem Eingreifen gegen die Palästinenser unterstützt.

17. Mai Der amerikanische Senat stimmt für die *Lieferung von Kampfflugzeugen an Israel, Ägypten und Saudi-Arabien.* Israel ist alarmiert, daß arabische Staaten erstmals modernstes amerikanisches Kriegsmaterial erhalten.

Amerikanischer Druck ermöglicht die Wiederaufnahme der Gespräche zwischen Ägypten und Israel; die *USA* werden *voller Partner in allen weiteren Verhandlungen:* Außenministertreffen in Schloß Leeds, England (18./19. Juli). Da kein Durchbruch erzielt wird, lädt

6.–17. Carter Sadat und Begin nach **Camp David** ein, wo sich – nach mehrfach vom Scheitern be-
Sept. drohten Verhandlungen – Ägypten und Israel auf zwei **Rahmenabkommen** für eine **Nahostfriedenslösung** einigen (unterzeichnet in Washington am 19. September): Rahmenabkommen über einen ägyptisch-israelischen Friedensvertrag, der nach spätestens 90 Tagen unterzeichnet werden soll; Rahmenabkommen über die *Prinzipien einer allgemeinen Nahostfriedensregelung:* Rückzug der israelischen Armee auf Sicherheitspositionen und Beendigung der Militärverwaltung auf dem Westufer und in Gasa; palästinensische Selbstverwaltung nach Verhandlungen über die Errichtung der gewählten Selbstverwaltungsorgane; endgültige Regelung der Zukunft der Palästinenser nach einer Übergangszeit von 5 Jahren. Die Verhandlungen sollen den übrigen arabischen Konfliktstaaten zur Beteiligung offenstehen; auch Vertreter der Palästinenser in den besetzten Gebieten.

Bemühungen der US-Regierung, Jordanien und Syrien zur Beteiligung an den bevorstehenden Verhandlungen zu bewegen, sind erfolglos. Palästinensische Fedaijin verstärken ihre militärischen Auseinandersetzungen – zum Teil über die Köpfe der UN-Soldaten hinweg – mit den christlichen Milizen im Süd-Libanon, um Israel zum Eingreifen zu provozieren. In den folgenden Monaten Intensivierung der Bombenanschläge in Israel; israelische Gegenschläge, meist aus der Luft, bis in den Nord-Libanon.

11. Okt. *Ägyptisch-israelische Friedensverhandlungen beginnen in Washington;* zunächst schnelle Einigung. Vor allem wegen der ,,Verbindung" (link) des Friedensvertrages mit dem Rahmenabkommen über die palästinensische Autonomie zögern zunehmende Schwierigkeiten den Vertragsabschluß über die 90-Tage-Frist hinaus.

1979 *US-Präsident Carter fliegt nach Kairo und Jerusalem,* um das endgültige Scheitern der
7.–13. Friedensverhandlungen zu verhindern. Wieder gelingt es ihm, Sadat und Begin zu einer
März Einigung ,,in letzter Minute" zu überreden.

26. März *Sadat, Begin und Carter als Zeuge unterzeichnen in Washington den* **Ägyptisch-Israelischen Friedensvertrag:** Stufenweiser Rückzug Israels von der Sinai-Halbinsel bis hinter die Grenzen des Palästina-Mandats im Zeitraum von drei Jahren; truppen-verdünnte Zonen und UN-Truppen im Grenzgebiet; Aufgabe aller israelischen Siedlungen auf dem Sinai; Aufnahme voller diplomatischer Beziehungen neun Monate nach Inkrafttreten des Vertrages (Ratifizierungsurkunden ausgetauscht am 25. April); Aufnahme der Verhandlungen über die Verwirklichung der palästinensischen Autonomie nach 2 Monaten. Die USA sagen Ägypten und Israel umfangreiche Wirtschaftshilfe und Israel die Beteiligung an den Kosten für die Verlegung der israelischen Luftwaffenstützpunkte aus dem Sinai zu. Beide

1980 Seiten erfüllen Schritt für Schritt die Vereinbarungen; nur die *Verhandlungen über die palästinensische Autonomie werden von Ägypten abgebrochen* (April), weil Israels Autonomiekonzept und Siedlungspolitik jeden Fortschritt blockiert.

30. Juli *Israels Annexion von Jerusalem* stößt international auf einhellige Ablehnung.

1981 *Israels Luftwaffe zerstört einen* im Bau befindlichen *irakischen Atomreaktor* (7. Juni).
Juli Der US-Vermittler Habib handelt *zwischen Israel und der PLO* einen *Waffenstillstand* an der libanesisch-israelischen Grenze aus, den die PLO strikt einhält.

Nov. Die *Gipfelkonferenz der Arabischen Liga* in Fez *lehnt den Plan König Fahds ab,* der einen Palästinenserstaat auf der Westbank vorsah und implizit Israel anerkannte.

14. Dez. *Israel annektiert* auch *die Golan-Höhen und führt eine Zivilverwaltung in den besetzten Gebieten ein,* um eigene Autonomievorstellungen durchzusetzen. Monatelange Unruhen auf der Westbank zeigen den starken dortigen PLO-Einfluß.

1982 Nach einem Anschlag auf Israels Botschafter in London beginnt die *israelische Invasion in*
6. Juni *den Libanon* mit dem Ziel, die PLO militärisch und politisch zu zerschlagen. Nach zweimo-
21. Aug. natiger *Belagerung von Beirut* werden die *PLO-Kämpfer* in andere arabische Staaten *evakuiert* (bis 1. Sept.).

1. Sept. Der *Friedensplan von US-Präsident Reagan* sieht den Rückzug Israels aus den besetzten Gebieten und palästinensische Autonomie unter jordanischer Hoheit vor.

8. Sept. Die *Arabische Gipfelkonferenz in Fez verabschiedet,* ohne den Reagan-Plan abzulehnen, einstimmig *einen Friedensplan* auf der Grundlage des Fahd-Plans von 1981.

16.–18. Als israelische Truppen nach der Ermordung von Präsident Beschir Gemayel Westbeirut
Sept. besetzen, lassen sie ein *Massaker christlicher Milizen in den Palästinenserlagern Sabra und Schatila* zu.

1458 Neueste Zeit – Nicht durch Blockbündnis geprägter Teil der Welt

1983 17. Mai Aug./Sept.	Das von den USA vermittelte *Israelisch-Libanesische Abkommen über den Abzug aller fremden Truppen aus dem Libanon scheitert,* weil Syrien nicht rechtzeitig einbezogen wurde. Als Israel sich einseitig auf den Awali-Fluß zurückzieht, brechen in den Schuf-Bergen *schwere Kämpfe zwischen Christen und Drusen* aus.
Nov./Dez.	Nach langdauernder Krise in der PLO greifen Rebellen aus Arafats al-Fatah Palästinenserlager bei Tripoli an und zwingen Arafat, seine Truppen zu evakuieren.
1984 27. März	Nach dem Abzug der US-Truppen aus Beirut arrangiert sich der libanesische *Präsident Amin Gemayel* mit Syrien und *kündigt das Abkommen mit Israel. – (Forts. S. 1637)*

Innere Verhältnisse der islamisch-arabischen Staaten und Israels seit 1945 (einschließlich Irans und Afghanistans)

Syrien
(Forts. v. S. 1089)

Mit Abzug der letzten Franzosen und der britischen Truppen wird *Syrien* am 14. Apr. 1946 voll *souverän. Syrien im Jahrzehnt nach der Unabhängigkeit* ist politisch sehr instabil. Die alte städtische Oberschicht beherrscht das wirtschaftliche und politische Leben. Unzufriedenheit darüber läßt in der neuen professionellen Mittelschicht, besonders unter der Intelligenz und Armeeoffizieren, den Anhang reformerischer und radikaler Bewegungen rasch anwachsen: Die 1943 gegründete, aber erst 1955 offiziell zugelassene Arabische Sozialistische *Baath*-(Wiedergeburts-)*Partei* wird in Rivalität zur Kommunistischen Partei, die in Syrien als einzigem arabischem Land legal existiert, zur stärksten politischen Kraft. Die politischen Auseinandersetzungen und das Versagen der arabischen Armeen im Palästina-Krieg lösen 1949 und 1951 mehrere *Staatsstreiche des Militärs* aus.
Wirtschaftlich erlebt Syrien trotz politischer Instabilität eine Blüte mit durchschnittlichen realen Wachstumsraten von fast 10% (1950–1957). Der Baumwollboom während des Korea-Krieges ermöglicht Großgrundbesitzern umfangreiche Investitionen in das Bewässerungssystem und den Aufbau hochmechanisierter Großbetriebe, so daß sich die Baumwollproduktion von 1949 bis 1956 versiebenfacht. Syriens traditionelle Industrie, die Textilverarbeitung (Baumwolle, Damast), wächst nicht in gleichem Maße mit. Wegen der Vernachlässigung der Wirtschaftsentwicklung durch die Mandatsmacht Frankreich gibt es nur Ansätze zum Aufbau moderner Industrien: Konserven, Zement (1952 Anteil des industriellen Sektors am Bruttoinlandsprodukt: 10%).

1957	Die Baath-Partei fürchtet eine Machtübernahme der Kommunisten und drängt auf eine Union mit Ägypten.
1958–1961	Syrien vereinigt sich mit Ägypten zur **Vereinigten Arabischen Republik;** die Union zerbricht nach dreieinhalb Jahren an der hegemonialen Politik Ägyptens.
1961 30. Sept.	Zwei Tage nach dem Staatsstreich wird die *Sezession Syriens von der VAR* mit der Proklamation der **Arabischen Republik Syrien** besiegelt. Wahlen zu einer verfassunggebenden Versammlung (1. Dez.) und die Einsetzung einer Zivilregierung bringen keine Stabilität.
1963 8. März	Ein *militärischer Staatsstreich* bringt die *Baath-Partei an die Macht.* Der Beschluß, mit Ägypten und dem Irak eine neue Union zu bilden (17. April), führt zu Flügelkämpfen (Säuberungen in Armee und Bürokratie). Nach einem Putschversuch von Nasseristen (18. Juli) setzt sich der anti-ägyptische Flügel durch: General *Amin Hafis* (* 1911) wird Vorsitzender des Nationalen Revolutionsrates. Auch danach ziehen sich Richtungskämpfe zwischen dem überregional panarabisch ausgerichteten gemäßigten Flügel und dem für „permanente Revolution" eintretenden radikalen Flügel (überwiegend getragen von der schiitischen Minorität der Alawiten; auch Drusen) über die nächsten Jahre hin. Das Baath-Regime forciert die *Landreform* und nimmt umfangreiche *Verstaatlichungen* vor. Ablehnung der Sozialisierungsmaßnahmen und der Führungsrolle der Alawiten in einem überwiegend sunnitisch-islamischen Land führen seit 1964 mehrfach zu *Unruhen.*
1966 23. Febr.	Der radikale linke Flügel der Baath übernimmt nach einem *Staatsstreich* die Macht; führende Mitglieder der internationalen Baath-Führung verhaftet. Die *Umwandlung Syriens in eine sozialistische Gesellschaft* wird forciert, verstärkte *Zusammenarbeit mit der Sowjetunion.*

Syriens Entwicklungsprobleme und die Politik der Baath-Partei

Zur Zeit der Machtübernahme durch die Baath-Partei (1963) ist Syrien immer noch überwiegend *Agrarland:* 63% der Bevölkerung von 4,6 Mio. Einwohnern (1960; 1977: 8,7 Mio.) leben auf dem Lande (1963: 50% der Erwerbspersonen; 30% des Bruttoinlandsprodukts aus der Landwirtschaft). Etwa 45% der Landesfläche sind landwirtschaftlich nutzbar; der Rest ist nur als Weideland nutzbare Steppe und

Islamisch-arabische Region – Syrien *1459*

Wüste. Die Agrarstruktur kennzeichnet das Nebeneinander von traditionellem Großgrundbesitz, hochmechanisierten Großbetrieben und einer Vielzahl von Klein- und Kleinstbetrieben mit unwirtschaftlichen Anbaumethoden und entsprechend niedrigen Erträgen. Über 80% der Landbevölkerung besitzen Kleinbetriebe unter 10 ha oder sind bodenbesitzlos. – Die städtische *Bevölkerung* wächst schnell (1970: 43,5%; 1977 aufgrund des Bevölkerungszustroms während des libanesischen Bürgerkrieges ca. 50%) und konzentriert sich auf die großen Städte im Westen des Landes (Hauptstadt Damaskus 1977: ca. 2 Mio. Einwohner). Die Bevölkerung besteht zu 88% aus Arabern und ist überwiegend sunnitisch-islamisch (72%) mit größeren heterodox-islamischen (8% Alawiten, 2% Drusen, 1% Ismailiten) und christlichen Minoritäten. Über die Armee und die Baath-Partei steigen seit Anfang der sechziger Jahre überproportional viele Alawiten, Drusen und auch Ismailiten in höchste Staatsämter auf. Die professionelle Mittelschicht (Ärzte, Anwälte, Intellektuelle und Offiziere) verdrängt seit der Unabhängigkeit allmählich die traditionelle Oberschicht (Großgrundbesitzer, Fernhändler, Beamte und Offiziere der früheren osmanischen Verwaltung). Da Syrien arm an Bodenschätzen ist (erst um 1970 gewinnen Erdöl und Phosphate an Bedeutung), muß es seine *Entwicklungsprobleme* in erheblichem Maß über eine Intensivierung der Landwirtschaft und Veredelung landwirtschaftlicher Produkte (Textilien, Konserven) zu lösen versuchen.

Das *Bodenreformgesetz* von 1958 wird von der Baath-Regierung mit neuen Höchstgrenzen für individuellen Bodenbesitz erheblich verschärft: bis 1969 ist etwa ein Fünftel der landwirtschaftlich genutzten Fläche enteignet, aber nur ein Drittel davon an Kleinbauern verteilt, der Rest verpachtet. Die Zusammenfassung der Produzenten in Kollektivbetrieben und Genossenschaften geht zögernd voran, so daß noch 1975 ca. 85% des Bodens privat genutzt werden. Eine gezielte *Industrialisierung* beginnt erst nach der Gründung der VAR unter Führung des öffentlichen Sektors und *im Rahmen umfassender Entwicklungspläne* (Erster Fünfjahresplan 1961–1965) mit Investitionsschwerpunkten in den Bereichen Textilindustrie und importsubstituierende Konsumgüterindustrien, zu denen später Stahlindustrie, Maschinenbau und petrochemische Industrie hinzukommen. 1968 Baubeginn am Euphrat-Damm bei Tabka, der den höchsten Anteil an Investitionsmitteln (im Dritten Fünfjahresplan 24,7%) erhält und später Energie für die weitere Industrialisierung liefern und die bewässerte landwirtschaftliche Nutzfläche mehr als verdoppeln soll. Die Entwicklungsfinanzierung erfolgt in erheblichem Umfang durch ausländische technische Hilfe und Kredite, die in den sechziger Jahren fast ausschließlich aus Ostblockländern kommen, die auch wichtigste Handelspartner sind.

1966–1967	Seit Jahren anhaltende Spannungen an der syrisch-israelischen Grenze führen mehrfach zu schweren Kämpfen. Syrien bildet palästinensische Fedajiin (Saika-Organisation) aus und wird deren wichtigste Basis für Aktionen gegen Israel (meist über Jordanien und Libanon). Die Auseinandersetzungen eskalieren bis zum *Juni-Krieg 1967.*
1968	Die instabile innere Situation nach der *Niederlage gegen Israel* und die Feindschaft zum neuen Baath-Regime im Irak veranlassen den radikalen Baath-Flügel, in die Regierung Mitglieder des gemäßigten „nationalen" Flügels aufzunehmen, dessen neuer Führer, der Alawite General *Hafis al-Assad* (* 1928), Verteidigungsminister wird.
1970 Sept.	Der radikale Baath-Flügel schickt Saika-Verbände und syrische Panzertruppen nach Jordanien, um die Palästinenser gegen König Hussein zu unterstützen. Die Sowjetunion, am Erfolg des Rogers-Plans interessiert, bewirkt jedoch den Rückzug.
13. Nov.	Den daraufhin erneut ausbrechenden Machtkampf entscheidet Assad für sich; die linke Führung wird verhaftet bzw. flieht ins Ausland.
1971 Febr.	Erstmals seit 1966 wird wieder ein Legislativgremium gebildet: Der *Volksrat* besteht zur Hälfte aus Baath-Mitgliedern; er *nominiert Assad, der zum Präsidenten gewählt wird* (11. März). Assad versucht, die Isolierung Syriens in der arabischen Welt zu überwinden: Annäherung an Jordanien; Abkommen mit Libyen und der VAR über eine Föderation (17. April). Strikte Kontrolle der Palästinenser. Syrien hält enge *Beziehungen zur Sowjetunion* aufrecht: *Abkommen über wirtschaftliche und technische Zusammenarbeit.*
1972 13. April	Die Baath-Partei schließt sich mit allen kooperationswilligen politischen Organisationen zur *Nationalen Progressiven Front* zusammen.
1973 30. Jan.	Der Volksrat verabschiedet eine *neue Verfassung* (angenommen durch Volksabstimmung am 12. März): Syrien ist ein „demokratisch-sozialistischer souveräner Volksstaat"; der Islam ist nicht mehr Staatsreligion, jedoch „eine grundlegende Quelle der Gesetzgebung"; der Präsident muß Moslem sein.
26. Mai	Wahlen zum neuen Volksrat: Die Nationale Progressive Front gewinnt 140 der 186 Sitze.
1973/1974	Nach dem *Oktober-Krieg* vertritt Syrien eine harte Linie im arabisch-israelischen Konflikt (keine Teilnahme an der Genfer Nahost-Friedenskonferenz).

1460 Neueste Zeit – Nicht durch Blockbündnis geprägter Teil der Welt

Die syrisch-irakische Rivalität

Die Rivalität der Baath-Regime in Syrien und im Irak beginnt 1968, als eine radikale Baath-Gruppe im Irak an die Macht kommt, und verstärkt sich, als in Syrien mit Assad ein gemäßigter Flügel die Oberhand gewinnt. Die Beziehungen verschlechtern sich bis zu einem drohenden militärischen Konflikt, als Syrien 1974 beim Wiederaufflammen des Kurden-Krieges die Kurden unterstützt und dem Irak nach Abschluß des Irakisch-Iranischen Protokolls (1975) vorwirft, mit dem Imperialismus zusammenzuarbeiten und in Syrien einen Umsturz vorzubereiten. Ein konkreter Streitpunkt ist die Nutzung des Euphratwassers, da der syrische Tabka-Damm nach irakischer Auffassung die Bewässerung von Neuland im Irak gefährdet. Die Sowjetunion, die den Staudamm wie die Bewässerungsanlagen gebaut hat, ist mittelbar in den Streit hineingezogen. Auf Vermittlung Saudi-Arabiens einigen sich die Kontrahenten zwar über die Wasserverteilung (Mai 1975), die Beziehungen bleiben jedoch gespannt. Aus Protest gegen die syrische Intervention im libanesischen Bürgerkrieg stoppt der Irak den Ölfluß durch die Ölleitung von Kirkuk an die syrische Küste (1976); Syrien verliert dadurch umgerechnet jährlich 125 Mio. US-Dollar.

1976 *Syrien interveniert* in wachsendem Maß *im libanesischen Bürgerkrieg* und besetzt schließ-
Juni lich weite Teile des Landes. 30 000 syrische Soldaten bleiben als Hauptkontingent der Friedenstruppe der Arabischen Liga im Libanon. Die Anerkennung der syrischen Intervention durch die Arabische Liga und in diesem Zusammenhang die – wenn auch nur vorübergehende – Aussöhnung mit Ägypten erhöhen das Prestige Assads in der arabischen Welt.

1978 Die gemeinsame Ablehnung der ägyptisch-israelischen Abkommen von Camp David
Okt. führt vorübergehend zur Beilegung des Konflikts mit dem Irak: „Charta für gemeinsame nationale Aktion". Die Bemühungen um politische und wirtschaftliche Zusammenarbeit mit dem Ziel der Vereinigung scheitern nach wenigen Monaten.

1979 Die fortdauernde Präsenz syrischer Truppen im Libanon beeinträchtigt die innenpolitische Stabilität Syriens: Terroranschläge, der Muslimbruderschaft zugeschrieben, setzen die Attentatsserie gegen führende Alawiten (schon seit 1977) fort.

1980 *Im Irakisch-Iranischen Krieg unterstützt Syrien* von Anfang an *den Iran.*

1982 Bei einer *Revolte von Muslimbrüdern* wird Hama von Regierungstruppen zerstört (Febr.).
Juni *Bei der israelischen Invasion* in den Libanon *weicht Syrien der direkten Konfrontation aus.*

1983 Der Versuch der USA, den Libanon-Konflikt ohne Syrien zu lösen, scheitert jedoch. Während die USA sich zurückziehen, setzt Syrien sich durch.

1984 *Nach einem Putschversuch* wird *Assads Bruder Rifaat al-Assad* zu einem der drei *Vizepräsidenten* ernannt. – *(Forts. S. 1638)*
11. März

Libanon
(Forts. v. S. 1089)

Konfessionalisierung und Proporz kennzeichnen die sozialen und politischen Grundstrukturen des Libanon, dessen Bevölkerung (1974 ca. 3,1 Mio.) nach der letzten Volkszählung von 1932 im Verhältnis sechs zu fünf aus Christen und Moslems besteht. Das bereits im Libanon-Statut von 1861 für die Zusammensetzung des Verwaltungsrates angewandte Prinzip der Repräsentation nach Religionszugehörigkeit wird für die Republik Libanon im ungeschriebenen **Nationalpakt** von 1943 als Prinzip eines *Religionsproporzes in Regierung und Verwaltung* mit leichtem Übergewicht der Christen verankert (1943 und 1947 entsprechende Änderungen der *Verfassung* von 1926): Der Präsident muß maronitischer Christ, der Ministerpräsident sunnitischer Moslem sein. Die 33 Sitze in der Abgeordnetenkammer (seit 1960: 99 Sitze) werden nach einem im Wahlgesetz festgelegten Schlüssel auf die Religionsgemeinschaften verteilt, wobei das Verhältnis 6 Christen auf 5 Moslems gewahrt bleiben muß.
Das komplizierte Wahlrecht fördert zunächst die *„Feudalisierung" der Politik:* In der Abgeordnetenkammer bilden religiöse und Stammesführer mit ihrem Anhang die mächtigsten Gruppen, oft mehrere verbunden zu „Blöcken". Die politischen Parteien mit sehr unterschiedlichen Programmen stützen sich jeweils vor allem auf eine Religionsgemeinschaft und können höchstens in den Städten zusätzlichen Anhang gewinnen. Da auch die Regierung den Proporz zu berücksichtigen hat, wird Politik zum Aushandeln von Interessen der Gemeinschaften; Prinzip ist minimale Staatsintervention, darum kleine Kabinette mit vier Ministern bis 1959, danach meist acht bis zehn Ministerien. In der *Außenpolitik* neigen die Christen politisch und wirtschaftlich dem Westen zu (1957 Annahme der Eisenhower-Doktrin), während die Moslems eher panarabisch orientiert sind.
Das *Wirtschaftsleben* wird von den Christen dominiert: Investitionen vor allem in den Handel, in Banken, Fremdenverkehr und andere Dienstleistungen. Schwach entwickeltes produzierendes Gewerbe (Armut an Bodenschätzen erschwert Industrialisierung); rückständige Landwirtschaft (nur 7% der Gesamtfläche mit Dauerkulturen.)

1946 **31. Dez.:** Volle **Souveränität** mit Abzug der letzten französischen Truppen und Behörden.

1957 Die pro-westliche Politik der Regierung (Annahme der Eisenhower-Doktrin) führt zur Polarisierung im Wahlkampf: die zur Vereinigten Nationalen Front zusammengeschlossene

Islamisch-arabische Region – Libanon *1461*

Opposition tritt für eine panarabische Orientierung und gegen die „Feudalisierung" der Innenpolitik ein. Auch nach dem Wahlsieg der Regierung (Juni) halten die Unruhen an.

1958
Mai-Juli Das Gerücht, Präs. *Camille Chamoun* (* 1900, † 1987) wolle durch Verfassungsänderung seine Wiederwahl erzwingen, löst schließlich den **Bürgerkrieg** aus. Die Kämpfe flauen erst ab, als auf Ersuchen der Regierung US-Truppen an der Küste landen (17. Juli); Vermittlung der Vereinten Nationen (Abzug der US-Truppen bis Okt.).

31. Juli Alle Parteien einigen sich auf den Oberkommandierenden der Armee, General *Fuad Schihab* (* 1902, † 1973), als neuen Präsidenten.

23. Sept. Schihab bekräftigt beim Amtsantritt die Einheit und Neutralität des Libanon und beruft *Raschid Karame* (* 1921, † 1987), einen „Rebellenführer", zum Ministerpräsidenten.

Die Krise des libanesischen Systems

Ein wachsender Teil der *islamischen Bevölkerung* fordert einen größeren Anteil am Reichtum des Landes, mehr Investitionen im schwach entwickelten Süden, bessere Bildungschancen und den Ausbau der nur ansatzweise vorhandenen Sozialgesetzgebung. Um ihre Ziele durchsetzen zu können, fordern die Moslems einen angemesseneren Anteil an Spitzenpositionen in Regierung und Verwaltung sowie eine verbesserte Repräsentation (nach inoffiziellen Schätzungen ist der Anteil der Moslems an der Bevölkerung auf über 50% gestiegen). Die *Christen* wollen den sozio-ökonomischen und politischen Status quo erhalten und finden sich hier in Interessenidentität mit Teilen der islamischen Oberschicht (Großgrundbesitzer). Die *„Konfessionalisierung" sozialer und politischer Konflikte* schafft eine immer instabilere Balance zwischen pro-westlichen Christen und panarabischen Moslems. Die Stabilität wird weiter beeinträchtigt durch die Anwesenheit von 1,5 Mio. *Ausländern*, davon 380000 *Palästinenser* (275000 in Lagern). Die *Palästinenser* werden in den sechziger Jahren zunehmend in innerlibanesische Konflikte einbezogen, weil die moslemische Linke und die zu 80% islamischen Palästinenser in ihren panarabischen Zielen aneinander natürliche Bundesgenossen finden. Seit 1965 benutzen *Fedaijin* den Libanon als Basis für Guerillaaktionen gegen Israel und provozieren damit Vergeltungsschläge, die die libanesische Bevölkerung in Mitleidenschaft ziehen. Nach dem Juni-Krieg von 1967 räumt der Libanon auf Druck der arabischen Staaten den Palästinensern eine „Zufluchtstätte" im Grenzgebiet zu Israel ein: „Fatah-Land" (Arkub-Gebiet am Hermon-Massiv). Wachsender Einfluß der PLO erlaubt ihr, zunächst in den Lagern, schließlich offen in Teilen des Libanon einen „Staat im Staate" zu errichten. Der Libanon wird ab 1968 (besonders aber nach der Verdrängung der Fedaijin aus Jordanien 1970/1971) zum *„Konfrontationsstaat".* Gegen den wachsenden Einfluß der Palästinenser richtet sich der *Aufbau von christlichen Milizen,* insbesondere der rechtsradikalen Falange (hauptsächlich Maroniten), die seit Anfang der siebziger Jahre zu Privatarmeen der alten „feudalistischen" Spitzenpolitiker aufgerüstet werden.

1969
Okt. Demonstrationen und Unruhen drohen den Libanon in einen christlichen und einen moslemischen Teil zerfallen zu lassen; nach Einbeziehung der Palästinenser *bürgerkriegsähnliche Zustände; Militärverwaltung.*

3. Nov. *Der ägyptische Präsident Nasser vermittelt das Abkommen von Kairo,* das den Status der Palästinenser regelt: Exterritorialität der Lager, aber kein Waffentragen außerhalb der Lager; Guerillaaktionen gegen Israel, aber keine Feuereröffnung über die Grenze. Die Palästinenser halten die Abmachungen nicht ein; der Süd-Libanon bleibt israelischen Vergeltungsschlägen ausgesetzt – bis hin zu Invasionen (erstmals am 16./17. Sept. 1972 nach dem Überfall auf die israelische Olympiamannschaft in München).

1975
1975/1976 Heftige Kämpfe zwischen der Falange und Palästinensern in Beirut (April) weiten sich zum **Bürgerkrieg** aus. Bildung der Progressiven Front (linke Moslems, Nasseristen, radikale Palästinenser u. a.) unter Führung des Drusen *Kamal Dschumblat* (* 1917?, † 1977), der einen sozialrevolutionären Staat ohne konfessionellen Proporz anstrebt. Das heterogene christliche Lager will den Status quo. Einmischung arabischer Staaten und Israels, die die Bürgerkriegsparteien mit Waffen versorgen.

Sept. Ein Komitee für den Nationalen Dialog aus Führern aller politischen und konfessionellen Gruppen erreicht nur vorübergehend ein Abflauen der Kämpfe.

1976
22. Jan. Syrien interveniert seit 1975 zunehmend (zunächst mit palästinensischen Saika-Verbänden) und erreicht einen Waffenstillstand. Über politische Reformen kommt es nicht zur Einigung.

Mai Krise um Staatspräsident *Sulaiman Frandschije* (* 1910), der nach der Wahl von *Elias Sarkis* (* 1924, † 1985) zum neuen Präsidenten (8. Mai) nicht zurücktritt (regulärer Amtswechsel am 23. Sept.). Daraufhin heftigste Kämpfe mit verstärkter syrischer Intervention (bis 20. Mai sind 40000 syrische Soldaten im Libanon). Syrien unterstützt zunächst die Linke und die Palästinenser.

1. Juni Als sich der Sieg der Linken und der Palästinenser abzeichnet, beginnt die volle *syrische Invasion,* um die Waffenruhe zu erzwingen (Furcht Syriens vor einer militärischen Konfrontation mit Israel).

1462 Neueste Zeit – Nicht durch Blockbündnis geprägter Teil der Welt

Okt. Vermittlungsversuche der Arabischen Liga führen schließlich zum Abflauen der Kämpfe; eine arabische *Friedenstruppe* aus 30000 syrischen Soldaten und kleinen Kontingenten anderer Staaten soll den *Waffenstillstand* überwachen.
Über die unmittelbaren *Kriegsfolgen* (zwischen 30000 und 60000 Tote, annähernd 100000 Verletzte; materielle Schäden auf 4 Mrd. US-Dollar geschätzt) hinaus ist der Libanon mit dem Bürgerkrieg in christliche und moslemische Siedlungsgebiete mit getrennten Verwaltungen auseinandergefallen und als Finanz- und Handelszentrum des Mittleren Ostens lahmgelegt.

9. Dez. Ein „Technokraten"-Kabinett unter *Selim Hoss* (* 1929) soll den Wiederaufbau des Landes beginnen, findet jedoch keine ausreichende politische Unterstützung.

1977 Ermordung Dschumblats; danach Rachemorde, aber keine direkten Kämpfe. Jedoch im-
16. März mer wieder sporadische Kämpfe in Beirut und im Süden, auch unter verfeindeten Palästi-
1978 nensergruppen und unter christlichen Milizen. Syrische Einheiten der arabischen Friedenstruppe zunehmend in die Kämpfe verwickelt.

15.–20. *Israelische Invasion* in den Süd-Libanon; beim Rückzug der israelischen Armee überneh-
März men UN-Truppen (UNIFIL) eine Pufferzone.
Juni Im unmittelbaren Grenzgebiet übergibt Israel jedoch die Autorität an die christliche Miliz des Major *Saad Haddad,* die es ab Ende des Jahres aktiv militärisch in wiederaufflammenden Kämpfen mit Palästinensern unterstützt.

Juni/Juli Syrische Einheiten der arabischen Friedenstruppe greifen mit schweren Waffen christliche Wohnviertel in Beirut an.

1979 Haddad proklamiert die *autonome Republik „Freier Libanon",* von der aus der ganze Li-
18. April banon von ausländischer Intervention befreit werden soll.

1980 Auch *das neue Kabinett* (25. Okt. 1980) *unter Shafik al-Wazzan* (* 1925) kann den schwelenden Bürgerkrieg nicht beenden; um Zahle toben mehrfach heftige Kämpfe (1980/1981).

1982 Der nach der israelischen Invasion (ab 6. Juni) neugewählte *Präsident Beschir Gemayel*
14. Sept. *(* 1947) fällt einem Attentat zum Opfer.* Milizen des Präsidenten und des Majors Haddad richten Massaker in Palästinenserlagern an.

21. Sept. Beschir Gemayels Bruder *Amin Gemayel* (* 1942) wird *zum neuen Präsidenten gewählt.* Die Errichtung einer amerikanisch-französisch-britisch-italienischen Friedenstruppe in Beirut hat (1983) direktes westliches Eingreifen in den Bürgerkrieg zur Folge.

1983 Das *Abkommen mit Israel* führt nicht zum Abzug aller fremden Truppen. Nord- und Ost-
17. Mai libanon werden von Syrien beherrscht; der Süden kontrolliert unter israelischer Besatzung.
Aug./Sept. Major Haddad († 1984). *In dem von Israel geräumten Gebiet,* besonders in Beirut und in den Schuf-Bergen, *beginnt die blutigste Phase des Bürgerkrieges.*

31. Okt. Von Syrien vermittelt, beginnt *in Genf* die *nationale Versöhnungskonferenz.*

1984 Nach mehreren Verhandlungsrunden kommt es zur *Bildung einer Regierung der nationa-*
26. April *len Einheit unter Ministerpräsident Raschid Karame* (* 1921, † 1987), zur Kündigung des Abkommens mit Israel und zur Befriedung von Beirut. – *(Forts. S. 1638)*

Transjordanien/Jordanien
(Forts. v. S. 1089)

1946 Im Vertrag von London erhält Transjordanien die **Unabhängigkeit.** *Emir Abdallah*
22. Mai (* 1882, † 1951) nimmt den *Königstitel* an (25. Mai); neue Verfassung.

1948 Vertrag mit Großbritannien über die Neuregelung der Truppenstationierung stellt die *volle*
15. März *Souveränität* her: Stützpunkte gegen Subsidienzahlungen.
Mai–Nov. Im *Palästina-Krieg* erzielt von allen arabischen Armeen allein die transjordanische Arabische Legion Erfolge. Sie bleibt nach dem Waffenstillstand im besetzten Ostpalästina.

1. Dez. Abdallah läßt sich in Jericho zum „König von Ganz-Palästina" ausrufen.

1950 Abdallah läßt die *Annexion Ost-Palästinas* durch Abstimmung bestätigen; der Staat heißt
24. April **Haschimitisches Königreich Jordanien;** aus Ost-Palästina wird „Westjordanien".

1951 Abdallah, der eine Verständigung mit Israel sucht, wird ermordet: König *Talal* (* 1911;
20. Juli 1951/1952).

1952 Neue *Verfassung:* Konstitutionelle Monarchie mit erblicher Königswürde (8. Jan.).
11. Aug. Talal tritt zugunsten seines minderjährigen Sohnes zurück: König *Hussein II.* (* 1935); Inthronisation am 2. Mai 1953.

Strukturelle Grundprobleme Jordaniens

Die gebietsmäßige Erweiterung beeinflußt die *innere Entwicklung.* Von den Einwohnern Jordaniens (1976: 2,8 Mio.; ohne israelisch besetztes Westufer: 2,0 Mio.; 98% Araber, 94% Moslems) stammt nur ein Drittel aus dem ostjordanischen Gebiet; ein weiteres Drittel sind die Bewohner Ostpalästinas, der

Islamisch-arabische Region – Transjordanien/Jordanien *1463*

Rest Palästinaflüchtlinge. Ungünstige *Wirtschaftsstruktur,* da das Land zu 77% aus Wüste besteht und arm an Bodenschätzen ist (v. a. Phosphate, Pottasche). Es gelingt nicht, die *Palästinaflüchtlinge* ins Staats- und Wirtschaftsleben voll einzugliedern; sie sind daher für den Panarabismus besonders empfänglich und stehen im Gegensatz zur herrschenden konservativen ostjordanischen Führungsschicht. Im politischen Leben bilden sich allmählich drei Gruppen heraus: Anhänger der Dynastie (Armee und Beduinen), Nationalisten (z.T. gegen das Königshaus) und sozialrevolutionäre Panaraber (für Anschluß an Ägypten und Syrien; meist Palästinaflüchtlinge).

1956/1957	In der Zeit der Sues-Krise nationalistische Regierung; erreicht Abkommen mit Großbritannien über die Aufhebung des Militärpaktes von 1948 (13. März 1957). Druck auf Jordanien, ins pro-ägyptische Lager überzutreten, führt zu Interventionsdrohung der USA.
1958 *14. Febr.*	Die *Arabische Föderation* mit dem Irak (14. Febr.) wird nach dem Staatsstreich im Irak aufgehoben (2. Aug.).
1966	Die *Palästinensische Befreiungsorganisation* (PLO) findet bei den Flüchtlingen von Anfang an erheblichen Anhang. Jordanien wird zum Ausgangspunkt für Guerilla-Unternehmen in Israel und ist israelischen Vergeltungsschlägen ausgesetzt. Jordanien entzieht der PLO die Unterstützung, als die PLO beginnt, eine Art Nebenregierung für Palästina zu errichten. Die PLO ruft zur Revolte gegen Hussein und zur Eingliederung Jordaniens ins Lager der „revolutionären Kräfte" im Kampf gegen Israel auf. Bombenanschläge in Jordanien; Schließung des PLO-Büros.
1967 30. Mai	Als der Nahostkonflikt offensichtlich auf einen Krieg hin eskaliert, verbündet sich Hussein mit den arabischen Konfrontationsstaaten, um einen Aufstand im eigenen Land zu vermeiden.
Juni	Im **Juni-Krieg** mit Israel verliert Jordanien das Westufer mit der Altstadt von Jerusalem; 350000 zusätzliche Flüchtlinge in Ostjordanien; schwerste Störung der Wirtschaft.
1970 16.–27. **Sept.**	Nach wiederholten schweren Kämpfen zwischen Armee und Palästinensern (Febr., Juni, Aug.) wird die Entführung von drei westlichen Verkehrsmaschinen nach Jordanien (6. und 9. Sept.) für Hussein zum Anlaß, die militärische Macht der Palästinenser mit aller Gewalt zu brechen: erbitterter **Bürgerkrieg** („Schwarzer September"). Syrien interveniert zugunsten der Palästinenser; die USA lassen die Absicht erkennen, zugunsten Husseins einzugreifen. Nasser vermittelt zwischen Hussein und PLO-Chef Arafat einen Waffenstillstand (27. Sept.).
13. Okt.	Das Abkommen zwischen Hussein und Arafat beläßt den Palästinensern einen privilegierten Status.
1971 Juli	Ein Großangriff der Armee auf die palästinensischen Stützpunkte im Norden des Landes beendet die bewaffnete Präsenz der Palästinenser in Jordanien.
Aug./Sept.	Hussein baut seine innenpolitische Position aus: Gründung eines Stammesrates (verwaltet später die Beduinengebiete) und einer Jordanischen Nationalen Union (ab 1972: *Arabische Nationale Union*) als von ihm selbst geführte einzig zugelassene politische Organisation.
28. Sept.	Mitglieder der palästinensischen Fedajijn-Gruppe „Schwarzer September" ermorden Ministerpräsident *Wasfi al-Tall* (* 1920/1921, † 1971) in Kairo.
1972 *März*	Hussein schlägt eine Föderation autonomer Regionen in Jordanien und Palästina (Westufer) mit Hussein als Staatsoberhaupt des „Vereinigten Arabischen Königreiches" vor *(Hussein-Plan);* einhellige Ablehnung durch Palästinenserorganisationen und Israel.
1973 *Sept./Okt.*	Nach der Aussöhnung mit Ägypten und Syrien erläßt Hussein eine Amnestie für politische Häftlinge, vor allem Fedajijn (18. Sept.), und entsendet Truppen an die syrische Front im *Oktoberkrieg.*
1974 *Okt./Nov.*	Um die finanzielle Unterstützung durch Saudi-Arabien nicht zu verlieren und nicht in der arabischen Welt völlig isoliert zu werden, stimmt Hussein den Beschlüssen der Arabischen Gipfelkonferenz in Rabat zu (26.–29. Okt.). Hussein betrachtet *Westjordanien* als *nicht mehr zu Jordanien gehörig* und erklärt, an Verhandlungen über die Zukunft dieses Gebietes nicht teilnehmen zu wollen.
1975 12. Juni	Hussein einigt sich mit dem syrischen Präsidenten Assad über die Bildung eines Gemeinsamen Obersten Komitees (gemeinsames Militärkommando, politische Koordination, wirtschaftliche Integration).
1978 *19. April*	Hussein ernennt auf zwei Jahre 60 Mitglieder eines *Nationalen Konsultativrats,* der beschränkte legislative Funktionen wahrnehmen soll.
1979	Die Friedensverhandlungen zwischen Ägypten und Israel führen zu einer Wiederannäherung zwischen Hussein und den Palästinensern (Arafat mehrfach in Amman).
1983	Nach dem Verlust der PLO-Positionen im Libanon *verhandelt Arafat* auf der Grundlage des Fez-Planes *mit Hussein über die Vertretung der Palästinenser* bei möglichen Friedensverhandlungen und über eine mögliche Konföderation.
1984	In diesem Zusammenhang beruft Hussein das 1974 aufgelöste Parlament wieder ein (9. Jan.). – *(Forts. S. 1639)*

1464 Neueste Zeit – Nicht durch Blockbündnis geprägter Teil der Welt

Israel
(Forts. v. S. 1089)

1948 April	Aus Vertretern des Nationalrats, der Parteien und der Exekutive der Jewish Agency konstituiert sich der *Staatsrat,* um parlamentarische Wahlen vorzubereiten und vorläufig die Regierungsgeschäfte wahrzunehmen.
14. Mai	Am Abend vor dem Erlöschen des Mandats proklamiert *David Ben Gurion* im Namen des Nationalrats den **unabhängigen souveränen Staat Israel,** den unmittelbar darauf die USA und die Sowjetunion anerkennen.
1949 4. Febr.	Nach allgemeinen Wahlen (Jan.) tritt die *Knesset* (Ein-Kammer-Parlament) zusammen; stärkste Partei ist die *Mapai (Arbeiterpartei)* Ben Gurions, die bis 1977 die führende Partei bleibt.
1950	*Gesetz über die Rückkehr* verabschiedet.
1951	Das *Wahlgesetz* tritt in Kraft.
1952	*Gesetz über die Nationalität.*
1958 12. Febr.	*Erstes Grundgesetz: Gesetz über die Knesset* weist dieser die oberste staatliche Autorität zu.

Der Aufbau des Staates Israel

Die *zionistische Bewegung* hat mit der Staatsgründung (1948) ihr wichtigstes Ziel erreicht, obwohl das Staatsgebiet nur 56% des Mandatsgebietes umfaßt, das selbst schon hinter den Erwartungen zurückblieb (Erez Israel unter Einschluß des Süd-Libanon, Transjordaniens und der östlichen Sinai-Halbinsel). Im Palästina-Krieg von 1948 gewinnt Israel erhebliche Gebiete hinzu, erlangt aber nicht die Anerkennung seiner staatlichen Existenz durch die arabischen Nachbarstaaten. *Israel muß* von Anfang an *um seine Existenz als Staat* und um den Bestand seines Staatsvolkes *kämpfen.* Zwar fliehen 1948 500000 Araber, und weitere 300000 verlassen im folgenden Jahr das Land; es bleibt jedoch auf israelischem Staatsgebiet eine überwiegend feindlich gesonnene Minorität von 133000 Arabern. Aus Sicherheitserwägungen stehen die arabischen Siedlungsgebiete bis Mitte der sechziger Jahre unter Militärverwaltung; nur wenige kooperationswillige Araber können am öffentlichen und politischen Leben teilnehmen (vier arabische Abgeordnete von 120 in der ersten Knesset). Ein weiteres Problem bildet die *Integration der extremen Parteien* (insbesondere der orthodox-religiösen) sowie von deren Untergrundstreitkräften (im Juni 1948 Gefahr eines Bürgerkrieges durch Einlenken Menachem Begins gebannt). Zahlreiche *Parteien* vertreten sehr unterschiedliche religiöse und politische Vorstellungen von Kommunisten bis Ultra-Orthodoxen; Zusammenarbeit in Blöcken; drei grundsätzliche Lager haben sich bereits vor der Staatsgründung herausgebildet und bestehen bis heute: Arbeiterlager, religiöses und liberal-bürgerliches Lager. Aufgrund der Parteienzersplitterung sind die Koalitionen häufig instabil, finden jedoch auch immer wieder eine breite Konsensbasis. Israel erhält *keine Verfassung* im üblichen Sinne: einzelne „Grundgesetze" regeln Teilbereiche als Vorstufe einer späteren Verfassung; die wichtigsten sind das Gesetz über die Rückkehr (1950), das Wahlgesetz (1951), das Gesetz über die Nationalität (1952) und das *Grundgesetz* (Gesetz über die Knesset von 1958, das dieser die oberste staatliche Autorität zuweist). Ein Abkommen der Mapai und anderer zionistischer Parteien mit der religiösen Agudat Israel von 1947 gilt als ungeschriebene *religionspolitische Verfassung* (weitgehende Konzessionen im staatlichen und sozialen Leben zugunsten der Orthodoxie, um deren Mitarbeit zu sichern).

Unmittelbar nach der Staatsgründung erklärt sich Israel zum Heim aller Juden in der Welt. Die gleichzeitig einsetzende *Einwanderungswelle* verdoppelt in wenigen Jahren die jüdische Bevölkerung: 1948–1954 wandern 576000 Juden ein. Um für die Einwanderung Raum zu schaffen, erhält zuerst die *Siedlungs- und Landwirtschaftspolitik* den Vorrang. Der Staat requiriert 300000 ha arabisches Land (70% allen bis 1976 kultivierten Bodens); die im Palästina-Krieg besetzten Gebiete werden vorrangig besiedelt. Israel bemüht sich, Dörfer mit starkem innerem Zusammenhang (Siedler möglichst aus demselben Land und dem gleichen Milieu) zu errichten, die sich um Gemeinschaftszentren gruppieren (Genossenschaftsdörfer, Dörfer mit Kollektivbesitz, Kibbuzim); Wehrdörfer an den Grenzen zu den arabischen Staaten. Zur Kultivierung in der Negev-Wüste leitet Israel ab 1964 Jordanwasser ab; da deswegen im unteren Jordantal Anbauflächen vertrocknen bzw. versalzen, verschärft sich der Konflikt mit den arabischen Staaten (Erste Arabische Gipfelkonferenz 1964). Als die Landwirtschaft nur noch eine begrenzte Zahl von Arbeitskräften aufnehmen kann, beginnt der systematische Aufbau von Gewerbe und *Industrie.* Der wirtschaftliche und gesellschaftliche Aufbau vollzieht sich zuerst nach sozialistischen Grundsätzen (die Mapai entspricht der westlichen Sozialdemokratie). Das Programm, aus eigener Kraft eine dynamische Entwicklung durchzuführen, läßt sich – da das Land zu klein und zu arm an Rohstoffen ist – nur mit umfangreicher *ausländischer Hilfe* durchführen (Spenden der Juden vor allem in den USA; 3 Mrd. DM bundesdeutsche Wiedergutmachungszahlungen 1952–1966; umfangreiche Wirtschafts- und Militärhilfe der USA). In dem Maße, in dem Israel von westlicher Auslandshilfe abhängig wird, verblassen die Grundsätze des ursprünglich sozialistischen Programms. 1959 erklärt Ben Gurion, die Regierung lehne eine kapitalistische Entwicklung Israels nicht mehr ab.

Die Staats- und Ministerpräsidenten Israels

Staatspräsidenten:

1949–1952	Chaim Weizmann (*1874, †1952)
1952–1963	Isaak Ben Zwi (*1884, †1963)
1963–1973	Salman Schazar (*1889, †1974)
1973–1978	Ephraim Katzir (*1916)
1978–1983	Yitzhak Navon (*1921)
seit 1983	Chaim Herzog (*1918)

Ministerpräsidenten:

1946–1954	David Ben Gurion (*1886, †1973)
1954–1955	Mosche Scharett (*1894, †1965)
1955–1963	David Ben Gurion (*1886, †1973)
1963–1969	Levi Eschkol (*1895, †1969)
1969–1974	Golda Meïr (*1898, †1978)
1974–1977	Yitzhak Rabin (*1922)
1977–1983	Menachem Begin (*1913)
1983–1984	Yitzhak Schamir (*1914)
seit 1984	Shimon Peres (*1923)

1967
2. Juni Als die Spannungen im Nahostkonflikt auf einen Krieg hin eskalieren, treten fast alle Oppositionsparteien in die Regierung ein (111 der 120 Knessetabgeordneten). General *Mosche Dayan* (* 1915, † 1981), der Sieger des Sinai-Feldzuges von 1956, wird *Verteidigungsminister.*

5.–10.
Juni Im **Sechs-Tage-Krieg** besetzen israelische Truppen Westjordanien (Westufer), den Gasa-Streifen, die Sinai-Halbinsel und die Golanhöhen; 1,1 Mio. Araber geraten unter israelische Verwaltung. Israel betont nach dem Sieg, mit dem Ziel eines dauerhaften Friedens über alle strittigen Fragen verhandeln zu wollen, ergreift jedoch Maßnahmen, die von den Arabern als Ausdruck von Annexionsabsichten verstanden werden (28. Juni: „Wiedervereinigung" von Jerusalem; ab Sept. Gründung von Wehrdörfern und landwirtschaftlichen Siedlungen in den besetzten Gebieten).

1973
Okt. Der Schock der arabischen Erfolge und der hohen eigenen Verluste im *Jom-Kippur-Krieg* (Oktober-Krieg) vertieft die *innenpolitischen Auseinandersetzungen:* schwere Vorwürfe gegen die Regierung (besonders gegen Verteidigungsminister Dayan), die militärische Sicherheit des Landes vernachlässigt zu haben.

31. Dez. Bei den *Wahlen zur Knesset* erzielt der oppositionelle *Rechtsblock (Likud)* hohe Gewinne (39 Sitze), auch wenn der Arbeiterblock (Arbeiterpartei und Mapai) stärkste Fraktion (51 Sitze) bleibt.

1974
10. März Erst nach langwierigen Verhandlungen gelingt es *Golda Meïr*, eine *neue Koalitionsregierung* zu bilden.

11. April Als eine unabhängige Untersuchungskommission die Vorwürfe gegen die Regierung weitgehend bestätigt, *tritt Golda Meïr zurück.* Wieder dauert es Wochen, bis *Yitzhak Rabin,* Generalstabschef im Juni-Krieg 1967, eine neue Koalitionsregierung aus dem Block der Arbeiterparteien, den Unabhängigen Liberalen und der Bürgerrechtsbewegung bilden kann (3. Juni).

Israel in der Krise

Das Ergebnis der Knesset-Wahlen und die langwierigen Koalitionsverhandlungen sind Ausdruck der *politisch-gesellschaftlichen Krise:* Vertrauensschwund gegenüber der Führung von Politikern und Generalen der „alten Garde" aus der Zeit des Unabhängigkeitskampfes (Generationskonflikt); Auseinandersetzungen für oder gegen einen Verständigungsfrieden mit den Arabern; politische und soziale Konflikte zwischen den in wichtige Positionen unterrepräsentierten orientalischen Juden (60% der jüdischen Bevölkerung) und den politisch wie wirtschaftlich dominierenden Juden europäischer Herkunft; Auseinandersetzungen um einen laizistischen bzw. theokratisch geprägten Staat.
Gleichzeitig steht Israel vor seiner schwersten *Finanz- und Wirtschaftskrise:* das Defizit der Zahlungsbilanz beträgt 3,5 Mrd. US-Dollar, die Auslandsverschuldung pro Kopf 1250 US-Dollar; die Verteidigungsausgaben (Waffenkäufe, Aufbau einer Rüstungsindustrie) verschlingen rund 40% des Bruttosozialprodukts; die Devisenbestände sind minimal, die Investitionen ausländischer Juden rückläufig; die Inflationsrate erreicht 36%.
Die Krise drückt sich besonders in der *Bevölkerungsentwicklung* aus: Bereits Mitte der sechziger Jahre geht die Einwanderung nach Israel deutlich zurück, steigt zwar nach dem Juni-Krieg von 1967 wieder an, um nach dem Oktober-Krieg von 1973 – trotz der einsetzenden Einwanderung aus der Sowjetunion –

1466 Neueste Zeit – Nicht durch Blockbündnis geprägter Teil der Welt

erneut abzufallen (1964: 55 000 Einwanderer; 1967: 14 000; 1972: 56 000; 1977: 21 000); die in den siebziger Jahren zunehmende Auswanderung (erschwerte Lebensbedingungen durch militärische Belastungen und Wirtschaftskrise) erreicht 1977 erstmals die Höhe der Einwanderung. 1978 hat Israel 3,67 Mio. Einwohner, davon 3,09 Mio. Juden; trotz Einwanderung wächst die jüdische Bevölkerung langsamer als die arabische Bevölkerung des eigentlichen Staatsgebietes (höhere Geburtenrate); zudem leben ca. 10% der Israeli permanent im Ausland.

Die innere Entwicklung vollzieht sich in einer *außenpolitischen Konstellation,* die sich zuungunsten Israels *verändert* hat, seit die USA mit einigem Erfolg darangehen, bei den arabischen Staaten verlorenes Terrain wiederzugewinnen. Israel befürchtet, das Opfer einer amerikanischen „Appeasement"-Politik gegenüber den Arabern zu werden; mit besonderer Besorgnis werden umfangreiche US-Waffenlieferungen an arabische Staaten vermerkt. Nicht zuletzt aus Furcht zögert Israel, den Arabern Konzessionen zu machen, und betrachtet die besetzten Gebiete als eine Art Faustpfand. Gerade wegen der Politik in den besetzten Gebieten gerät Israel jedoch immer stärker in außenpolitische Isolierung: Verurteilungen durch Generalversammlung und Sicherheitsrat der UNO auch mit den Stimmen westlicher Staaten; kritische EG-Resolutionen; Verschlechterung der einst guten Beziehungen zu schwarzafrikanischen Staaten (Abbruch der Beziehungen).

1975 11. Mai	*Assoziierungsabkommen mit der EG* (in Kraft 1. Juli): stufenweiser Zollabbau für israelische Einfuhren in den EG-Raum. Israel sieht in der Assoziierung einen Durchbruch gegen den arabischen Wirtschaftsboykott und erhofft sich – neben dem Ausgleich der Handelsbilanz – europäische Kapitalinvestitionen.
1976	Spannungen wegen der Siedlungspolitik zwischen „Tauben" und „Falken" innerhalb des Kabinetts, besonders zwischen Ministerpräsident Rabin und Verteidigungsminister *Schimon Peres* (* 1923). Als die Nationalreligiöse Partei (NRP) der Regierung die Unterstützung entzieht, tritt Rabin zurück; *Neuwahlen ausgeschrieben* (Dez.).
1977	Innen- und sozialpolitische Themen dominieren den Wahlkampf; große Chancen werden zunächst der neugegründeten *Demokratischen Bewegung für Veränderung (DBV)* eingeräumt.
17. Mai	Die *Wahlen gewinnt* überraschend klar der *Rechtsblock Likud* (43 Sitze) vor dem Arbeiterblock (32 Sitze), der damit erstmals seit der Unabhängigkeit nicht die meisten Stimmen erhält; die DBV kommt nur auf 15 Sitze. *Machtwechsel: Menachem Begin* bildet eine *Koalitionsregierung* seiner Likud mit der NRP (12 Sitze); *Mosche Dayan,* als Kandidat des Arbeiterblocks gewählt, wird als Unabhängiger *Außenminister;* die beiden orthodox-religiösen Parteien (zus. 5 Sitze) unterstützen die Regierung, gehen aber nicht ins Kabinett.
24. Okt.	Die DBV tritt in die Koalition ein und sichert ihr eine Mehrheit von 79 Stimmen in der Knesset (nach der Spaltung der DBV im Aug. 1978 nur noch 72).
28. Okt.	*Neue Ökonomische Politik:* Die Regierung hebt die Devisenkontrollen auf und gibt die Wechselkurse frei, was eine unmittelbare Abwertung um 45% zur Folge hat; hohe Inflation (1977: etwa 48,5%. 1979 um 70%). Mehrwertsteuer von 8 auf 12% angehoben.
1977/1978	Die schwierigen *Friedensverhandlungen mit Ägypten* fachen die innenpolitische Diskussion über die besetzten Gebiete erneut an: die *nationalradikale orthodox-religiöse Bewegung Gusch Emunim* versucht, mit Demonstrationen und illegalen Siedlungsgründungen die Besiedlung besonders im „befreiten Judäa und Samaria" zu forcieren – obwohl sich gar nicht genügend Siedlungswillige finden (insgesamt über 90 Siedlungen in den besetzten Gebieten).
1978 März/April	Gegen die Agitation des Gusch Emunim und die geringe Konzessionsbereitschaft der Regierung richtet sich die „*Frieden-Jetzt*"-*Bewegung:* weitgehender Verzicht auf die besetzten Gebiete als Preis für einen dauerhaften Frieden.
28. Sept.	Bei der *Abstimmung über* die *Abkommen von Camp David* (USA) sichern nur die „Leihstimmen" der Opposition die Mehrheit (71:49 Stimmen).
1979 21. März	Die *Knesset* billigt mit großer Mehrheit (95:18:3 Stimmen) den *Friedensvertrag mit Ägypten* (unterzeichnet am 26. März; in Kraft 26. April); Konzessionsbereitschaft gegenüber Ägypten, aber harte Position gegenüber palästinensischer Autonomie.
1980	Die Knesset verabschiedet das Grundgesetz über *Jerusalem* als *ewige Hauptstadt* (30. Juli).
1981	Nach Wahlen und zähen Koalitionsverhandlungen bildet Begin wieder die Regierung (30. Juni).
1982	Heftiger Siedler-Widerstand gegen die *Rückgabe des restlichen Sinai* an Ägypten (April).
1983 8. Febr.	Ein nach den Massakern von Sabra und Schatila (Sept. 1982) eingesetzter Untersuchungsausschuß belastet Verteidigungsminister Ariel Scharon (* 1928), der am 11. Febr. zurücktritt.
11. Okt.	*Begin tritt zurück; neuer Ministerpräsident wird Jitzhak Schamir* (* 1914).
1984 13. Sept.	Bei den Knessetwahlen gewinnt der Arbeiterblock 44 und der Likud-Block 41 Sitze (23. Juli). Nach zähen Koalitionsverhandlungen *bildet Schimon Peres eine Regierung der nationalen Einheit* mit Jitzhak Schamir (Außenminister), der in der zweiten Hälfte der Amtszeit vereinbarungsgemäß als Ministerpräsident fungieren soll. – *(Forts. S. 1639)*

Islamisch-arabische Region – Irak   *1467*

Irak
(Forts. v. S. 1090)

In den Nachkriegsjahren wachsen die *inneren Spannungen:* Ethnische (Kurdenproblem) und religiöse Gegensätze (Sunniten und Schiiten) sowie soziale Mißstände (drückende Pachtverhältnisse, Landflucht, Arbeitslosigkeit) verschärfen die Auseinandersetzungen zwischen Nationalisten und der probritischen Oberschicht (Großgrundbesitzer, Beamtenaristokratie). Versuche Großbritanniens, über eine Abänderung der bestehenden Verträge den Unmut zu besänftigen und die probritischen Kräfte zu stärken, scheitern, als das Palästina-Problem anti-westliche Gefühle intensiviert. (Teilnahme irakischer Truppen am Palästina-Krieg; Ausweisung bzw. -wanderung von ca. 300000 irakischen Juden bis 1952). Anfang der fünfziger Jahre mehrfach schwere Unruhen und Kriegsrecht (1952/1953; 1956/1957).

1952	Nach einem neuen Vertrag mit der Iraq Petroleum Co. (IPC) erhält Irak 50% der Gewinne.
Febr.	Da gleichzeitig die Ölförderung stark steigt, verfügt Irak erstmals über größere Mittel für Entwicklungsprojekte (Flutkontrolle und Bewässerungsanlagen an Euphrat und Tigris).
1955	Bündnis mit der Türkei **(Bagdadpakt),** von den USA und Großbritannien als Verteidi-
24. Febr.	gungsabkommen im Nahen und Mittleren Osten gegen die Sowjetunion organisiert; Beitritt Pakistans und Irans. Der Beitritt Großbritanniens (30. März) und das britisch-irakische Sonderabkommen (4. April) beenden den Vertrag von 1930: Abzug der britischen Luftwaffenverbände binnen Jahresfrist.
1958	Die haschimitischen Monarchien Irak und Jordanien reagieren auf die Gründung der VAR
14. Febr.	mit der Bildung der *Arabischen Föderation.*
14. Juli	**Staatsstreich** der Armee unter Brigade-General *Abdel-Karim Kassem* (* 1914, † 1963) und Oberst *Abd as-Salim Mohammed Aref* (* 1921, † 1966); Ermordung von König *Faisal II.* (* 1935, † 1958) und Premierminister *Nuri as-Said* (* 1888, † 1958); Irak zur **Republik** proklamiert; Ende der Arabischen Föderation. Kurz nach dem Staatsstreich beginnt ein Machtkampf zwischen Kassem und Aref, der der Baath-Partei nahesteht und eine Union mit der VAR befürwortet; Aref verhaftet (Sept.) und der Verschwörung angeklagt.
30. Sept.	Das *Agrarreformgesetz* beschränkt den Großgrundbesitz; ca. 40% des landwirtschaftlich genutzten Bodens sollen umverteilt werden.
1959	Irak tritt aus dem Bagdadpakt aus. Kündigung des Sonderabkommens mit Großbritannien:
24. März	Abzug des letzten britischen Luftwaffenkontingents.
1961	*Beginn des Kurdenaufstandes* im Nordirak; *Mustafa Barsani* (* 1904, † 1979) proklamiert
März	einen unabhängigen Kurdenstaat.

Das Kurdenproblem

Das nichtarabische Bergvolk der etwa 7 Mio. Kurden, das eine dem Persischen verwandte Sprache spricht und sunnitisch-islamisch ist, lebt zu je einem knappen Drittel in geschlossenen Siedlungsgebieten im nördlichen Irak, im nordwestlichen Iran und der Südosttürkei sowie zu kleineren Teilen in Syrien und der südlichen Sowjetunion. Den Kurden ist bei der Auflösung des Osmanischen Reiches ein eigener Staat im Friedensvertrag von Sèvres zugesagt worden. Bei der endgültigen Friedensregelung bleiben die anatolischen Teile Kurdistans jedoch bei der Türkei, während das ölreiche Kurdengebiet um Mosul 1926 dem Irak zugeschlagen wird. Die Kurden haben immer wieder auch mit Gewalt ihre Autonomieforderungen durchzusetzen versucht (Kurdenaufstand in der Türkei 1925; Revolte im Irak 1946; Autonomieforderungen im Iran 1979; abgesehen von der Gewährung eines Autonomen Gebiets in der Sowjetunion (1930) und von der kurzlebigen Kurdenrepublik von Mehabad im sowjetisch besetzten Iran (1945) bleiben ihre Bemühungen jedoch erfolglos. Die Beziehungen des Irak zu den Kurden (nach irakischen Angaben ca. 15%, nach kurdischen 25% der Bevölkerung) werden durch den Ölreichtum im Kurdengebiet um Kirkuk zusätzlich belastet, da die irakischen Investitionen in den überwiegend kurdischen Distrikten in keinem Verhältnis zu den Öleinnahmen der Regierung standen.
Nach der Revolution 1958 kehrt Mulla *Mustafa Barsani,* der militärische Führer der Kurdenrepublik von Mehabad, aus dem Exil in der Sowjetunion in sein Stammesgebiet im Irak zurück und gründet die *Demokratische Partei Kurdistans.* Als Verhandlungen mit Kassem über einen Autonomiestatus scheitern, beginnt 1961 der Aufstand, der sich zum jahrelangen **Kurdenkrieg** ausweitet. Bis Sept. 1961 kontrollieren die Kurden etwa 400 km des Berglandes entlang der iranisch-türkischen Grenze des Irak. Der Krieg zieht sich über Jahre ohne eindeutigen Erfolg für eine oder andere Seite hin. Als die Kurden die irakischen Truppen bis auf die größeren Städte zurückgedrängt haben, erkennt die Regierung im Febr. 1964 die kurdischen Forderungen im Prinzip an; der Waffenstillstand hält jedoch nur wenige Monate. 1966 bietet die Regierung den Kurden Dezentralisierung und Kurdisch als Amtssprache in den selbstverwalteten Gebieten sowie proportionale Beteiligung in Parlament und Regierung an; 1967 sind erstmals Kurden im Kabinett vertreten. Barsani sieht seine Forderungen jedoch nicht ausreichend erfüllt; ab 1968 flammt der Krieg wieder auf.
Am 11. März 1970 wird im *Abkommen mit den Kurden* den Kurden *Autonomie* und Beteiligung an der Regierung zugestanden. Da das Abkommen nur teilweise und sehr zögernd erfüllt wird (die grundlegende

1468 Neueste Zeit – Nicht durch Blockbündnis geprägter Teil der Welt

Volkszählung wird nicht durchgeführt), drohen die Kurden ab 1972 die Wiederaufnahme der Kämpfe an. Das am Ende der Übergangszeit dekretierte **Autonomiestatut** vom 11. März 1974 lehnt ein Großteil der Kurden als unzureichend ab.
Auch nach dem Ende des Kurdenkrieges (1975) kommt es zu Zusammenstößen zwischen Kurden und irakischen Sicherheitskräften, der Wiederaufbau in den kurdischen Gebieten und die Erfüllung des Autonomie-Dekrets schreiten jedoch voran: Exekutivrat der Kurdischen Autonomen Region; ab April 1977 Kurdisch als Amtssprache der Region.

1961 12. Dez.	Nach langen ergebnislosen Verhandlungen entzieht der Irak der IPC alle ungenutzten Konzessionsgebiete (über 99% der ursprünglichen Konzession); Beginn jahrelanger Auseinandersetzungen mit der IPC.
1963 8. Febr.	Ein *Militärputsch* bringt Oberst Aref an die Macht; General Kassem erschossen. Die *Baath-Partei* übernimmt die Führungsrolle, ist jedoch in einen gemäßigten pro-ägyptischen und einen radikalen Flügel gespalten. Flügelkämpfe und Putschversuche der Radikalen (Nov. 1963) wie der pro-ägyptischen Kräfte (Sept. 1965, Juni 1966) lassen *Unionsversuche* (April 1963 Föderation mit Syrien und der VAR; Okt. 1963 Oberster Verteidigungsrat mit Syrien; Mai 1964 Gemeinsamer Präsidentschaftsrat mit der VAR) scheitern.
1966 13. April	Als Aref tödlich verunglückt, wird sein Bruder, Brigade-General *Abd ar-Rahman Aref* (* 1916), sein Nachfolger.
1967	Teilnahme am Juni-Krieg gegen Israel.
1968 17. Juli	Nach wachsender Unzufriedenheit mit dem schwachen Aref-Regime bringt ein *Militärputsch* General *Ahmed Hasan al-Bakr* (* 1912 oder 1914, † 1982) an die Macht. Verworrene innenpolitische Situation; Ende 1968 umfangreiche Säuberungen; der radikale Flügel der Baath-Partei setzt sich durch.
1971 11. März	Nach dem Abkommen mit den Kurden größere innenpolitische Stabilität; der Waffenstillstand erlaubt der Regierung, mit der Umsetzung ehrgeiziger wirtschafts- und sozialpolitischer Vorstellungen zu beginnen.

Die sozialistische Entwicklungspolitik des Baath-Regimes

Das *Agrarreformgesetz* vom 21. Mai 1970 leitet eine grundlegende Veränderung der Besitz- und Produktionsverhältnisse in der Landwirtschaft ein: Etwa 27% der Landesfläche sind kultivierbar, doch nur 5,8 Mio. ha werden landwirtschaftlich genutzt; die Hälfte der genutzten Fläche liegt jährlich brach. Bis 1958 feudalistisches Agrarsystem mit niedriger Produktivität: 66% der bewirtschafteten Fläche in den Händen von etwa 6000 Großgrundbesitzern; 173000 Bauern (70% aller Betriebe) teilen sich weniger als 5% der Fläche. Da die Agrarreform von 1958 die Verbesserung der Produktionsmethoden und die Erhöhung und Diversifizierung der Produktion vernachlässigt und selbst die Umverteilung des Besitzes verschleppt wird, bleibt die Produktivität und damit das Einkommen der Landbevölkerung niedrig; starke Landflucht. Mit dem neuen Gesetz wird die Landwirtschaft ein Schwerpunktbereich der insgesamt stark angewachsenen staatlichen Investitionstätigkeit (Neulanderschließung, Entsalzung des Bodens, Diversifizierung etc.).
Mit der *Verstaatlichung der IPC* am 1. Juni 1972 beginnt die *Nationalisierung des gesamten Erdölsektors* und seine Integration in die Volkswirtschaft. Bis 1972 Ausbeutung der Ölreserven des Irak fast ausschließlich durch die ausländische Firmengruppe der IPC und ihre Töchter Mosul Petroleum Co. und Basra Petroleum Co.; kaum Einfluß des Irak auf Produktionsmenge, Export- und Preispolitik. Da nur 5% der Fördermenge im Inland verarbeitet werden, muß Irak Ölprodukte einführen. Zwar steigen seit 1950 die Staatseinnahmen aus dem Ölsektor (1950: US-Dollar 18,8 Mio.; 1970: US-Dollar 521 Mio.) rascher als die Produktion (1950: 7 Mio. Tonnen; 1970: 78 Mio. Tonnen), die realen Austauschverhältnisse verschlechtern sich jedoch, weswegen der Irak im Sept. 1960 in Bagdad mit anderen Staaten die *Organisation der Erdölexportierenden Staaten (OPEC)* gründet. Die im Febr. 1964 gegründete Iraq National Oil Co. (INOC) übernimmt die 1961 der IPC entzogenen Konzessionsgebiete, ist aber auf die Kooperation mit ausländischen Gesellschaften angewiesen, die wegen der IPC-Ansprüche zögern. Im *Vertrag vom 28. Febr. 1973* akzeptiert die IPC gegen eine Entschädigung von 15 Mio. Tonnen Öl die Nationalisierungen; bis Ende 1975 werden auch MPC and BPC nationalisiert. Aufbau eines nationalen Ölsektors mit Hilfe der Sowjetunion und des französischen Staatskonzerns Elf/ERAP.
Erst Anfang der siebziger Jahre erlauben hohe Investitionsmittel den systematischen *Aufbau der Industrie*. Schwerpunkte der Industrialisierungsstrategie: Importsubstitution und Diversifizierung; Verarbeitung der Rohstoffreserven (Schwefel, Phosphat, Eisenerz, Kupfer, Zink); Baumwollverarbeitung; auch Maschinenbau (Traktoren). Ehrgeiziger Fünfjahresentwicklungsplan (1976–1980) mit durchschnittlichen jährlichen Investitionen von 7,3 Mrd. US-Dollar; nach Schwierigkeiten mit der Industrialisierungsstrategie Investitionsvolumen reduziert (1978/1979).

1971 15. Nov.	„Nationaler Pakt" als Grundlage einer Verfassung verkündet: volksdemokratisch-sozialistischer Einheitsstaat; Aufbau einer revolutionären Gesellschaft; Armee als Trägerin des

Islamisch-arabische Region – Saudi-Arabien *1469*

gesamtarabischen Kampfes. Die Baath-Partei bildet mit der Kommunistischen Partei eine Nationale Front, der sich die Demokratische Partei Kurdestans anschließen soll (1973).

1972
6.–10.
April
Beim Besuch des sowjetischen Ministerpräsidenten Kossygin Abschluß eines *Freundschaftsvertrages mit der Sowjetunion* (laufende Konsultationen); Eröffnung des mit sowjetischer Hilfe erschlossenen Nord-Rumeila-Ölfeldes. Sowjetunion „befreundeter" Staat: Militärhilfe, Unterstützung wirtschaftlicher Vorhaben, Ausbau des Hafens von Basra.

1973
Okt./Nov.
Im *Oktober-Krieg* gegen Israel schickt Bagdad Truppenkontingente nach Syrien, zieht sie jedoch Ende Okt. ab, da es den Waffenstillstand mißbilligt und die PLO-Thesen unterstützt.

1974
Mit dem Wiederaufflammen des Kurdenkrieges verschlechtern sich erneut die *Beziehungen zum Iran* (Streit um die Grenzziehung im Schatt al-Arab, dem Mündungsgebiet von Euphrat und Tigris, wo der vom Iran 1969 gekündigte Vertrag von 1937 den Irak begünstigte).

1975
6. März
Überraschend legen Iran und Irak während der OPEC-Konferenz in Algier ihren Streit bei. Das *Irakisch-Iranische Protokoll* (17. März) demarkiert die Landesgrenze und legt die Seegrenze im Schatt al-Arab auf der Talweglinie fest (in Kraft 1. April). Iran sichert sich damit den Ölexport durch den Golf und stellt im Gegenzug die Unterstützung für die Kurden ein.

13. März
Als Iran die Grenze sperrt, nehmen die Kurden einen *Waffenstillstand* an; Flucht von 250000 Kurden in den Iran; *Ende des Kurdenkrieges.*

Sept.
Irak lehnt das Zweite Truppenentflechtungsabkommen zwischen Ägypten und Israel ab und nimmt eine radikal ablehnende Haltung gegenüber allen Verhandlungsbemühungen im Nahostkonflikt ein.

1977
5. Dez.
Irak verläßt die Konferenz der „Ablehnungsfront" in Tripolis und boykottiert spätere Sitzungen; der Versuch, eine eigene „Front der Standhaftigkeit und Befreiung" aufzubauen, scheitert.

1978
Da Irak Somalia und die eriträischen Nationalisten gegen Äthiopien unterstützt, verschlechtern sich rapide die *Beziehungen zur Sowjetunion.* Bruch mit der Kommunistischen Partei des Irak nach deren Kritik an der Baath-Partei; mehrfach Hinrichtungen von Kommunisten wegen subversiver Tätigkeit.

24.–26.
Okt.
Nach dem Abkommen von Camp David führt die gemeinsame Ablehnung der ägyptischen Politik die verfeindeten *Baath-Regime in Syrien und im Irak* zusammen: Beim Besuch des syrischen Präsidenten Assad im Irak Unterzeichnung der „*Charta für gemeinsame nationale Aktion*": enge Zusammenarbeit auf allen Gebieten.

1979
16. Juli
Präsident al-Bakr tritt zugunsten von Ministerpräsident Saddam Hussein zurück. Nachdem eine Verschwörung aufgedeckt wird (28. Juli), zahlreiche Hinrichtungen. An den inneren Schwierigkeiten scheitert die geplante Vereinigung mit Syrien.

1980
22. Sept.
Mit der Invasion in Khuzistan beginnt der Irak den Krieg mit Iran, den er mit alten Grenzstreitigkeiten begründet, aber wohl auch führt, um von inneren Problemen abzulenken. Umfangreiche Hilfe Saudi-Arabiens und anderer arabischer Staaten gleichen die wirtschaftlichen Einbußen aus. Vom verlustreichen Stellungskrieg verlagern sich die Angriffe zunehmend auf Ölquellen und -tanker im Golf.

1982
Juli
Saddam Hussein (* 1937) wird *als Präsident wiedergewählt;* trotz erheblicher Opposition im Inneren (Kurden, Schiiten, enttäuschte Baathisten) bleibt er an der Macht.

1984
Waffenstillstands-Abkommen mit den Kurden (3. Jan.). – *(Forts. S. 1639)*

Saudi-Arabien
(Forts. v. S. 1090)

Saudi-Arabien nimmt (Grenzen nicht durchgehend festgelegt) den größten Teil der Arabischen Halbinsel ein. Am Ende des Zweiten Weltkrieges lebt die *Bevölkerung* ganz überwiegend von Subsistenzweidewirtschaft mit partieller Marktproduktion (Schlacht- und Zuchtvieh) bzw. vom Ackerbau (Oasen, Regenfeldbau im Hochland von Asir; ca. 400000 ha bzw. 0,2% der Landesfläche); noch Mitte der siebziger Jahre sind etwa 60% der Bevölkerung Nomaden bzw. Bauern, obwohl der Beitrag zum Bruttoinlandsprodukt nur noch 1,2% beträgt.

Mit der *Entwicklung des Erdölsektors* entsteht ein neuer Wirtschafts- und Bevölkerungsschwerpunkt im Osten (Dammam); starke Zunahme der Städter auf etwa 40% der Bevölkerung (1975) mit wachsendem Anteil von Ausländern (über 1 Mio., v. a. Jemeniten, Ägypter, Palästinenser; westliche und japanische Experten mit kurzfristigen Arbeitsverträgen).

Seit 1938 wird Öl in wirtschaftlichen Mengen entdeckt. Nach dem Zweiten Weltkrieg rascher Produktionsanstieg (1946: 8,2 Mio. Tonnen; 1973: 379 Mio. Tonnen; 1977: 460 Mio. Tonnen). 1945 Eröffnung der Raffinerie in Ras Tannura, Ölhafen; 1947–1950 Bau der Transarabischen Pipeline (TAP) zum Mittelmeer. Nach einem Abkommen mit der *Arabian American Oil Co. (ARAMCO)* im Dez. 1950 werden die Gewinne zur Hälfte geteilt; Saudi-Arabiens Öleinkünfte steigen von 10,4 Mio. US-Dollar (1946) auf

1470 Neueste Zeit – Nicht durch Blockbündnis geprägter Teil der Welt

2,7 Mrd. US-Dollar im Jahr vor den Ölpreiserhöhungen (1972); in den nächsten fünf Jahren verfünfzehnfachen sich die Einnahmen auf 39 Mrd. US-Dollar (1977). 1973 beginnen Verhandlungen mit dem Ziel einer gänzlichen Übernahme der ARAMCO durch die Regierung; 1978 sind zwar erst 60% der *ARAMCO im Staatsbesitz,* die Regierung hat jedoch de facto bereits die volle Kontrolle über die Operationen der Gesellschaft übernommen. Saudi-Arabien verfügt 1978 mit mehr als 20 Mrd. Tonnen über fast ein Viertel der nachgewiesenen publizierten Ölreserven der Welt. Die vorhandenen Reserven reichen bei gleichbleibender Produktion für weitere 45 Jahre. Da Saudi-Arabien 30% der Produktion der OPEC-Staaten bzw. fast die Hälfte der Produktion der arabischen Staaten stellt, hat es führenden Einfluß auf die Entscheidungen von OPEC und OAPEC: wegen der großen Reserven und der begrenzten Möglichkeiten, die Ölmilliarden im eigenen Land zu absorbieren, kann Saudi-Arabien auf dem Weltmarkt den Ausschlag zwischen Ölüberschuß und -mangel geben.

1953
9. Nov. *König Saud* (* 1902, † 1969), Sohn und *Nachfolger von Abdal Asis Ibn Saud* (* 1882, † 1953), begünstigt zunächst den arabischen Nationalismus (Unterstützung Ägyptens im Sueskonflikt), sieht aber bald die Staats- und Gesellschaftsordnung vom Panarabismus bedroht und übernimmt die Führung der konservativen arabischen Staaten in der Auseinandersetzung mit den „fortschrittlichen". Saudi-Arabien wird zur Stütze der US-Nahostpolitik.

1958
24. März Saud überträgt aus Gesundheitsgründen seinem Bruder *Faisal* (* 1906, † 1975) volle Autorität über die Außen-, Innen- und Wirtschaftspolitik, übernimmt nach Auseinandersetzungen zwar noch einmal die Regierungsgeschäfte (Dez. 1960), um sie Mitte 1963 endgültig an Faisal abzutreten.

1964
2. Nov. Saud muß zugunsten *König Faisals* abdanken; dessen Bruder *Khalid* (* 1913, †1982) wird Kronprinz. Faisal wird zum eigentlichen politischen und ideologischen Gegenspieler des Panarabismus: Eingreifen im jemenitischen Bürgerkrieg zugunsten der Royalisten; Einfluß auf die Emirate am Persischen Golf ausgedehnt, um revolutionäre Bewegungen von der Ölregion fernzuhalten; deswegen auch Überwindung des Interessengegensatzes zum Iran und Verständigung mit dem Schah (Nov. 1968).

1967
Juni Entsendung eines kleinen Truppenkontingentes im *Juni-Krieg* gegen Israel und umfangreiche Finanz- und Militärhilfe an Ägypten und Jordanien.

1973
31. Mai Das Abkommen über die Lieferung von Phantom-Kampfflugzeugen ist Ausdruck der besonderen Beziehungen zu den USA (weiteres Abkommen 1974; Mai 1978: der US-Senat stimmt der Lieferung von 60 modernsten Kampfflugzeugen vom Typ F-15 zu); die USA behalten Nutzungsrechte im von ihnen ausgebauten Luftstützpunkt Dahran.

Okt. Um die USA von ihrer Unterstützung Israels abzubringen (Faisals proamerikanische Haltung ist stets Ziel heftiger Beschuldigungen seitens der radikalen Araber), geht von Faisal die Initiative aus, das *Erdöl als Waffe* gegen die USA und den Westen einzusetzen.

1974
März Aus Sorge vor den weltwirtschaftlichen Konsequenzen des Embargos und der Ölpreispolitik drängt Saudi-Arabien auf Wiederaufnahme der vollen Lieferungen und verhindert in der Folgezeit überhöhte Preissteigerungen; Führungsrolle von Ölminister Scheich *Ahmed Saki Jamani* (* 1930). Saudi-Arabien erwartet als Gegenleistung westliche Unterstützung bei der Industrialisierung und Diversifizierung seiner Wirtschaft.

1975
25. März *Faisal* wird von einem Neffen aus persönlichen Gründen *ermordet. König Khalid;* politisch maßgebend wird *Kronprinz Fahd* (* 1920 oder 1922), ein anderer Bruder Faisals. Die Politik Faisals wird in großen Zügen fortgesetzt; Khalid ist allerdings bereit, Israels Existenzrecht anzuerkennen, falls Israel sich aus allen 1967 besetzten Gebieten (einschließlich Jerusalem) zurückzieht.

1977
Nov. Nach Sadats Jerusalemreise fällt Saudi-Arabien eine *Schlüsselrolle in der arabischen Politik* zu: Aus Sorge vor einem Linksrutsch in Ägypten wird Sadat weiter unterstützt.

1978 Führende Staatsmänner aus fast allen arabischen Staaten besuchen Saudi-Arabien zu Konsultationen mit König Khalid oder Prinz Fahd; Saudi-Arabien schwenkt allmählich auf die – mit Rücksicht auf die Religiosität der Saudis modifizierte – Linie der „Ablehnungsfront" gegen Ägypten/Israel ein.

1979
31. März Nach Unterzeichnung des Ägyptisch-Israelischen Friedensvertrages unterstützt Saudi-Arabien die *Boykottmaßnahmen gegen Ägypten;* die meisten gemäßigten und konservativen Staaten folgen dem saudi-arabischen Beispiel.

Die sowjetische Invasion in Afghanistan, die Revolution im Iran, die Besetzung der Großen Moschee in Mekka durch bewaffnete Opposition (Nov.) *und ab 1980 der irakisch-iranische*

1980 *Krieg verunsichern das Regime und führen zu verstärkter Aufrüstung,* einem Bündnis der Golf-Staaten und zu Vermittlungsbemühungen im arabisch-israelischen Konflikt (Aug.: Fahd-Plan).

1981 Fahd-Plan).

1982 *Tod Kahlids* (13. Juni); *Nachfolger wird König Fahd,* Kronprinz *Abdallah Ibn Abdel-Aziz.*

1983 *Abkommen mit Irak zum Bau einer Pipeline* vom Südirak zur trans-saudi-arabischen Rohrleitung (Nov.). – *(Forts. S. 1640)*

Islamisch-arabische Region – Kuwait – Emirate *1471*

Kuwait
(Forts. v. S. 1090)

In den Nachkriegsjahren steigt Kuwait zu einem der größten *Erdölproduzenten* der Welt auf. Kuwait ist in den sechziger Jahren größter Produzent des Mittleren Ostens und größter Exporteur der Welt. Ab 1973 Produktionsrückgang zur Konservierung der Reserven, aber auch als Folge von Embargo, Preispolitik und Absatzschwierigkeiten auf 89,5 Mio. Tonnen (1977). Kuwait verfügt mit über 9 Mrd. Tonnen über mehr als 10% der nachgewiesenen publizierten Weltölreserven; auf dem Produktionsniveau von 1977 reichen sie noch über 100 Jahre. Trotz Produktionsrückgangs verfünffachen sich die Öleinnahmen von 1972 bis 1977 auf 8,5 Mrd. US-Dollar. 1973 beginnen *Übernahmeverhandlungen* mit der in britischen und amerikanischen Händen befindlichen *Kuwait Oil Co. (KOC):* der Staat übernimmt zunächst 60% und im März 1975 100%; im Sept. 1977 wird die Aminoil verstaatlicht und mit der KOC fusioniert (April 1978). Die seit 1975 voll staatseigene *Kuwait National Oil Co (KNOC)* übernimmt die Ölverarbeitung und Vermarktung der Raffinerieprodukte.

Verwendung des Ölreichtums (mit 12600 US-Dollar hat Kuwait 1977 eins der höchsten Pro-Kopf-Einkommen der Welt) für den Aufbau eines *Wohlfahrtsstaates* mit vorbildlichem kostenlosem Gesundheitsdienst, Erziehungswesen und anderen Versorgungseinrichtungen. Förderung der *Industrialisierung* und *Entwicklung der Landwirtschaft*. Da die Staatseinnahmen (zu 93% aus dem Ölexport) nur begrenzt im eigenen Land angelegt werden können, investiert Kuwait die überschüssigen Ölmilliarden im Ausland: damit will sich Kuwait Einnahmen für die Zukunft sichern; *Auslandsguthaben* mindestens 10 Mrd. US-Dollar. Rund 4% des Bruttoinlandsprodukts gehen über den Kuwait-Fonds für arabische Wirtschaftshilfe als *Entwicklungshilfe* an Länder der Dritten Welt.

1961 19. Juli	Mit der Aufhebung des Protektoratsvertrages von 1899 erlangt Kuwait volle **Unabhängigkeit**; Scheich *Abdallah as-Salim as-Sabah* (* 1899, † 1965) nimmt den Titel *Emir* (Prinz) an; Aufnahme in Arabische Liga und Vereinte Nationen. Irak erhebt Anspruch auf Kuwait; auf Bitten Abdallahs schickt Großbritannien Truppen, die (im Sept.) durch eine Truppe der Arabischen Liga ersetzt werden.
1962 11. Nov.	Die von einer gewählten Versammlung ausgearbeitete *Verfassung* verbindet Elemente des parlamentarisch-demokratischen Regierungssystems mit Grundzügen des patriarchalischen arabischen Staates.
1965	Tod Abdallahs (24. Nov.), Nachfolger wird *Emir Sabah as-Salim* (* 1913, † 1977).
1967 Juni	Kuwait unterstützt die arabische Seite im Krieg mit Israel; jährliche Zahlungen von 165 Mio. US-Dollar an Ägypten und Jordanien.
1973 Okt.	Ein kuwaitisches Truppenkontingent nimmt an der Suesfront am Oktober-Krieg gegen Israel teil; finanzielle Unterstützung der anderen arabischen Konfrontationsstaaten. Kuwait beruft die OAPEC-Konferenz ein, die den *Einsatz der „Ölwaffe"* beschließt (17. Okt.).
1975	Kuwait führt die *allgemeine Wehrpflicht* ein; bereits seit 1973 (Auseinandersetzungen mit dem Irak) werden hohe Summen in die Rüstung investiert.
1976 29. Aug.	Nach politischen Unruhen wird die Nationalversammlung für vier Jahre aufgelöst; eine Kommission soll die Verfassung überprüfen.
1977 31. Dez.	Tod Sabahs; *Emir Dschaber al-Ahmed* (* 1928), Kronprinz und Ministerpräsident wird Saad al-Abdallah (* 1926).
1984 15. Aug.	*Kuwait vereinbart mit der UdSSR die Lieferung moderner Luftabwehrsysteme* zum Schutz seiner Wasserversorgungsanlagen. – *(Forts. S. 1640)*

Die Emirate der „Vertragsküste"
Bahrain – Katar – Vereinigte Arabische Emirate
(Forts. v. S. 1090)

1966 22. Febr.	Die britische Regierung kündigt den Abzug ihrer Truppen „östlich von Sues" bis 1971 an. Dadurch brechen die Interessengegensätze von Irak, Saudi-Arabien und Iran (die schon früher in Form von Gebietsansprüchen bestanden haben) erneut auf; verschärft durch den arabischen Nationalismus (Aktionen der „Volksfront für die Befreiung Omans und des Arabischen Golfes").
1968	Auf britische Initiative hin beginnen Verhandlungen über eine Föderation der „Vertragsstaaten"; Saudi-Arabien und Kuwait unterstützen aktiv diese Bemühungen.
1971 15. Juli	Sechs Emirate schließen den **Föderationsvertrag** zur Bildung der **Vereinigten Arabischen Emirate;** in Kraft am 2. Dez. nach Terminierung der Protektoratsverträge durch Großbritannien, mit dem ein Freundschaftsvertrag geschlossen wird; die VAE wählen den Herrscher von Abu Dhabi zum Präsidenten und den von Dubai zum Vizepräsidenten (1976 beide wiedergewählt). – Ras al-Khaima tritt der Föderation im Febr. 1972 bei, nachdem weder Großbritannien noch ein arabischer Staat zugunsten des Emirates intervenieren, als

1472 Neueste Zeit – Nicht durch Blockbündnis geprägter Teil der Welt

Iran kurz vor der Konstituierung der Föderation die beiden Tumb-Inseln in der Straße von Hormuz besetzt. – Außerhalb der Föderation bleiben Bahrain und Katar.

14. Aug. **Bahrain** proklamiert seine **Unabhängigkeit;** Kündigung des Protektoratsvertrages und Abschluß eines Freundschaftsvertrages mit Großbritannien (im Abkommen vom 23. Dez. übernehmen die USA den britischen Flottenstützpunkt Muharrak).

1. Sept. **Katar** proklamiert seine **Unabhängigkeit,** kündigt die Verträge mit Großbritannien, schließt aber einen Freundschaftsvertrag.

1972 *Neue Verträge mit den Ölgesellschaften* sichern den Emiraten bis zu 51% Gewinnanteil;
Okt./Nov. später beginnen Verhandlungen mit dem Ziel der 100%-Übernahme in Staatsbesitz (bis 1978 haben alle Regierungen Mehrheitsbeteiligungen von mind. 60%).

Bahrain

Die Inselgruppe des *Emirates Bahrain* gehört mit einer Förderung von 2,9 Mio. Tonnen (1977) zu den kleinen Ölproduzenten des Mittleren Ostens (Reserven: 41 Mio. Tonnen). Zweitgrößte Raffinerie im Mittleren Osten; Ausbeutung der erheblichen Erdgasreserven erst in den siebziger Jahren: Größtes Gasturbinenwerk der Welt; Aluminiumschmelze (verarbeitet australisches Bauxit); Gasverflüssigungswerk im Bau.
Bahrain baut als erstes Land am Golf ein *kostenloses Gesundheits- und Erziehungswesen* auf. Attraktive Investitionsbedingungen für Handel und Banken.
Eine gewählte *Verfassungsgebende Versammlung* erarbeitet eine Verfassung (1973); die 1973 gewählte Nationalversammlung wird nach einer Regierungskrise im Aug. 1975 aufgelöst. – *(Forts. S. 1640)*

Katar

Das *Emirat Katar* lebt fast ausschließlich von der Ölförderung (1977: 21,8 Mio. Tonnen; Reserven: 767 Mio. Tonnen); daneben Erdgasverflüssigung; Eisen- und Stahlwerk im Bau; Entwicklung einer Landwirtschaft (Gemüse, auch für Export; Früchte); Fischerei (Shrimps).

Vereinigte Arabische Emirate

Die *Vereinigten Arabischen Emirate (VAE)* bilden eine geographische und historische Einheit; die sehr ungleich verteilten *Ölreserven* haben jedoch die Unterschiede erheblich verstärkt: *Abu Dhabi* verfügt mit über 4 Mrd. Tonnen (1978) über fast 5% der Welterdölreserven und fördert heute etwa so viel Öl wie Kuwait (1977: 81,4 Mio. Tonnen); die Reserven der übrigen Emirate (nur *Dubai* und *Schardscha:* 195 Mio. Tonnen) reichen bei gleichbleibender Förderung (1977: 17,4 Mio. Tonnen) nur ein Jahrzehnt; Öleinkünfte der VAE insges. etwa 8 Mrd. US-Dollar (1977). Um die Einheit der Föderation nicht zu gefährden, finanziert Abu Dhabi 90% des Etats und will in Zukunft 50% seiner Öleinkünfte der Föderation zur Verfügung stellen.
Nach der *provisorischen Verfassung* vom Dez. 1971 ist der Oberste Rat aus den Regenten der sieben Emirate die höchste Autorität; er wählt Präsident und Vizepräsident. Beratende Versammlung (Nationaler Bundesrat) mit 40 Abgeordneten – den Mitgliedsstaaten steht es frei, ihre Abgeordneten wählen zu lassen oder zu ernennen.

1973 Abu Dhabi löst seine separate Regierung auf, um den *Föderationsprozeß* zu beschleunigen;
23. Dez. gemeinsames Kabinett der Föderation.

1975 Der Oberste Rat beschließt die Zusammenlegung der wichtigsten politischen Ressorts
12. Mai (Verteidigung, innere Sicherheit, Außen- und Erdölpolitik).

1978/1979 Schwere *innere Krise:* Der Nationale Bundesrat befürwortet größere Einheit (Abschaffung der Grenzen, gemeinsames Budget, vereinigte Streitkräfte).

1979 Bei der ersten Sitzung des Obersten Rates in drei Jahren droht die Föderation zu zerbre-
März chen. Erfolgreiche Vermittlungsbemühungen arabischer Staaten, vor allem Kuwaits.

1981 *Die Föderation stabilisiert sich:* Der Oberste Rat bestätigt Scheich Zayed von Abu Dhabi
9. Nov. (* 1906, † 1990) als Präsident, Scheich Raschid von Dubai als Premier. – *(Forts. S. 1641)*

Oman (Maskat und Oman)
(Forts. v. S. 1090)

1954 *Revolte des neuen Imam* (geistlicher Führer) *von Oman,* der ein von Maskat unabhängiges Fürstentum errichten will. Der Imam geht nach Niederschlagung der Revolte (1955) ins Exil.

1960 Zehn arabische Staaten bringen die *Oman-Frage* vor die *Generalversammlung der Verein-*
Okt. *ten Nationen;* Entsendung einer Untersuchungskommission. Die Frage bleibt ein Jahrzehnt

Islamisch-arabische Region – Emirate – Oman – Jemen 1473

auf der Tagesordnung der Generalversammlung; verschiedene Resolutionen (u. a. gegen den britischen Einfluß) bleiben ohne Wirkung auf die Entwicklung in Oman.

1967 Dreißig Jahre nach Erteilung der ersten Konzession beginnt in großem Umfang die *Erdölproduktion* (1967: 2,8 Mio. Tonnen; 1977: 17 Mio. Tonnen; Reserven 780 Mio. Tonnen).

1970 *Sultan Said bin Taimur* (* 1910) *wird von* seinem Sohn *Kabus bin Said* (* 1940) *gestürzt;*
24. Juli das Land erhält die Bezeichnung **Sultanat von Oman** und wird 1971 Mitglied der Vereinten Nationen. Kabus versucht, die internationale Isolierung zu überwinden; wachsende Zusammenarbeit mit allen Anrainerstaaten am Persischen Golf, ab 1975 selbst mit Irak. Kabus beginnt umfassende Reformen zum Aufbau eines modernen Erziehungs- und Gesundheitswesens.

1972 Erfolglose Bemühungen, zu einer Einigung mit den *Aufstandsbewegungen in Dofar* zu kommen; zwei der Bewegungen schließen sich zur „Volksfront für die Befreiung des Oman und des Arabischen Golfes" zusammen (ab 1974: Volksfront für die Befreiung des Oman, PFLO) und erhalten zunehmend Unterstützung vom Süd-Jemen sowie auch von Irak, VR China und später Libyen. Omanische Truppen (unterstützt von britischen und später jordanischen Offizieren) dringen in Dofar vor; Grenzgefechte mit Süd-Jemen.

1972–1975 Iran unterstützt den Sultan mit Truppen; Hilfe auch von Saudi-Arabien, den VAE, Indien und Pakistan. Umfangreiche Investitionen zum Wiederaufbau der „befriedeten" Gebiete. Nach einer Großoffensive (Ende 1975) gilt die PFLO als besiegt.

1976 Auf Vermittlung Saudi-Arabiens *Waffenstillstandsabkommen mit dem Süd-Jemen*
11. März (DVRJ); Amnestie. – Rückzug der meisten iranischen Truppen bis 1977.

1978 Guerillas der PFLO trainieren weiter im Süd-Jemen (Ausbildung durch kubanische Militärberater angenommen) und versuchen, den Aufstand wieder anzufachen (ab Juni).

1981 *Sultan Kabus setzt Konsultativrat* mit 45 Mitgliedern *ein;* 2. Amtsperiode ab 1983.
– *(Forts. S. 1641)*

Jemen – Arabische Republik Jemen
(Forts. v. S. 1090)

1948 Bei einem Putschversuch wird der despotische *Imam Jahja* (* 1876, † 1948) ermordet.
17. Febr. Unter seinen Nachfolgern vorsichtige Öffnung nach außen.

1958 Vom lockeren *Anschluß an die VAR* erhofft sich der Imam eine Neutralisierung der inne-
8. März ren Unruhe; kaum praktische Schritte bis zur Kündigung durch die VAR (Dez. 1961).

1962 Kurz nach Regierungsantritt des neuen *Imam Mohammed al-Badr* (* 1927) **Staatsstreich**
26. Sept. des Militärs unter General *Abdallah as-Sallal* (* 1917). Der Imam entkommt in die Berge und gewinnt die Stämme für sich: **Bürgerkrieg** zwischen Royalisten und Republikanern.
10. Nov. *Militärpakt mit der VAR,* die immer mehr Truppen in den Jemen entsendet und zu einem ausschlaggebenden Machtfaktor im republikanischen Teil des Jemen wird. Die VAR will die nationalrevolutionären Kräfte in der Region gegen Saudi-Arabien und Großbritannien (Aden und Süd-Arabien) stärken. Den ägyptischen Truppen gelingt es nicht, die Royalisten zu besiegen, die von Saudi-Arabien mit Geld und Waffen versorgt werden. Instabiles republikanisches Regime; häufiger Regierungswechsel; Verfassungsexperimente.

1967 Während der Gipfelkonferenz der Arabischen Liga in Khartum einigen sich der ägyptische
31. Aug. Präsident Nasser und der saudi-arabische König Faisal endgültig über die Beendigung des Jemen-Krieges. Den Abzug der ägyptischen Truppen (abgeschlossen bis Jan. 1968) nutzen Republikaner, die die engen Beziehungen zur VAR ablehnen:
4. Nov. *Sallal* wird *gestürzt;* Nachfolger wird *Abd ar-Rahman al-Irjani* (* 1901). Der Bürgerkrieg geht unvermindert weiter; die Republikaner erhalten nun sowjetische Militärhilfe, die Royalisten weiter die Unterstützung durch Saudi-Arabien.

1968 Als Imam al-Badr abgesetzt wird, beginnen Auseinandersetzungen im royalistischen Lager
21. Mai dessen Position zu schwächen: mehrere Stämme treten zu den Republikanern über; Faisal stellt schließlich die Subsidien ein: bis Mitte 1969 sind die meisten Führer der Royalisten im Exil.

1970 Offizielle *Einigung zwischen Regierung und Royalisten* über die Beendigung des Bürger-
23. Mai krieges.
28. Dez. Die *neue Verfassung* der **Arabischen Republik Jemen** sieht eine Ratsversammlung vor, die im Febr./März 1971 gewählt wird. Jemen bleibt instabil; häufige Regierungswechsel.

1972 Wachsende Spannungen im Grenzgebiet zum Süd-Jemen, auf dessen Gebiet Jemen Ansprüche stellt; schwere Kämpfe (Sept.) auf Vermittlung der Arabischen Liga beigelegt.
28. Okt. *Abkommen über* den Waffenstillstand und *die Vereinigung beider Jemen* in Kairo unterzeichnet. Aufgrund der verworrenen innenpolitischen Situation in beiden Staaten wechseln in den folgenden Jahren Bemühungen, das Abkommen zu verwirklichen (Febr. 1977 Gemeinsamer Rat der Außen-, Wirtschafts- und Planungsminister), mit erneuten Auseinandersetzungen im Grenzgebiet ab.

1474 Neueste Zeit – Nicht durch Blockbündnis geprägter Teil der Welt

1974
13. Juni
Irjani wird durch *Militärputsch* unter Oberst *Ibrahim al-Hamadi* (* 1943?, † 1977) gestürzt; Auflösung des Parlaments und Suspendierung der Verfassung; Staatsstreich mit administrativen Mißständen begründet.

19. Juni
Übergangsverfassung: Jemen ist eine arabisch-islamische Republik, die Jemeniten sind Teil der „Arabischen Nation"; der militärische Kommandorat übernimmt die Funktionen der Legislative und Exekutive. Berufung einer zivilen Regierung. Jemen nähert sich Saudi-Arabien und den USA an und friert die Beziehungen zur Sowjetunion ein (Aug. 1975).

1978
24. Juni
Präsident *Ahmad al-Ghaschmi* – Nachfolger des im Okt. 1977 ermordeten Hamadi – wird ermordet; Jemen macht den Süd-Jemen verantwortlich. An der Grenze brechen heftige Kämpfe aus: Jemen spricht von einer Invasion des Süd-Jemen; Anzeichen deuten jedoch auf eine Stammeserhebung – angezettelt von einem ehemaligen Mitglied des Kommandorats, das nach einem Putschversuch (Mai 1978) in den Süd-Jemen geflohen ist (möglicherweise auch für die Ermordung Ghaschmis verantwortlich).

1979
28.–31.
März
Nach Vermittlungen arabischer Staaten, besonders Kuwaits, beschließen die Präsidenten der beiden Jemen bei der Friedenskonferenz in Kuwait die Durchführung des Vereinigungsbeschlusses: der nordjemenitische Präsident *Ali Abdallah Saleh* soll Präsident, Sana die Hauptstadt des Einheitsstaates werden. Die Vereinigungsbemühungen kommen nicht

1982
über die Verabschiedung der gemeinsamen Verfassung (Jan.) hinaus. – *(Forts. S. 1641)*

Aden und die Südarabische Föderation — Demokratische Volksrepublik Jemen
(Forts. v. S. 1090)

1959
11. Febr.
Sechs Sultanate und Emirate schließen sich zur *Südarabischen Föderation* zusammen; Freundschafts- und Schutzvertrag mit Großbritannien, das finanzielle und militärische Unterstützung zusagt. Bis 1965 treten 11 weitere Fürstentümer des westlichen und östlichen Protektorats und die britische Kronkolonie Aden (Jan. 1963) der Föderation bei.

1966
Jan.
Mehrere Organisationen bilden die nationalistische *Front für die Befreiung des Besetzten Südjemen (FLOSY)*, die vom Jemen und der VAR unterstützt wird; ihr steht die radikalere *Nationale Befreiungsfront (NLF)* gegenüber.

22. Febr.
Großbritannien kündigt die Unabhängigkeit Südarabiens für 1968 an, scheitert aber mit allen Versuchen, eine provisorische Verwaltung auf breiter Basis zu schaffen, da FLOSY und NLF jede Zusammenarbeit verweigern. Anhaltende Terrorkampagne.

1967
Aug.–Okt.
Der NLF gelingt es, in einem Fürstentum nach dem anderen die Kontrolle zu übernehmen; die Südarabische Föderation zerfällt. Die FLOSY wird nach Kämpfen mit der NLF verdrängt. Großbritannien nimmt Verhandlungen mit der NLF auf; Abzug der britischen Truppen (beendet am 29. Nov.).

27. Nov.
Die NLF proklamiert die **unabhängige Volksrepublik Südjemen.** *Kahtan asch-Schaabi* (* 1920) wird Präsident.
Wirtschaftliche Schwierigkeiten: infolge des britischen Abzugs verlieren 20 000 Personen ihre Arbeitsplätze.

1969
22. Juni
Mit *Salim Ali Rubayi* (* 1934, † 1978) kommt der radikale Flügel an die Macht, der die *Umgestaltung* des Südjemen *nach sozialistischem Modell* vorantreibt: enge Zusammenarbeit mit den sozialistischen Staaten, v. a. der Sowjetunion, VR China, der DDR, Nordkorea und später Kuba. Die Sowjetunion rüstet die Armee aus und erhält dafür Landerechte in Aden. Nationalisierung ausländischer Banken, Versicherungen und Firmen.

1970
30. Nov.
Neue Verfassung: Umbenennung des Landes in **„Demokratische Volksrepublik Jemen"** (DVRJ); Betonung des laizistischen Charakters des Staates. Bei der Verwirklichung des sozialistischen Modells wachsender Gegensatz zwischen dem pro-sowjetischen und dem pro-chinesischen Flügel der NLF; es entsteht eine Mischform: bürokratischer Zentralismus mit Schwerpunkt in Aden neben revolutionären Arbeiter-, Bauern- und Soldatenräten mit Schwerpunkt im Hadramaut. Die Gründung der *Politischen Organisation Nationale Front (NFPO)* aus NLF, Baathisten und Kommunisten (Juni 1975) verschiebt das Gewicht zugunsten des pro-sowjetischen Flügels unter Generalsekretär *Abdul Fattah Ismail.*

1972
28. Okt.
Auf Vermittlung der Arabischen Liga schließen die beiden Jemen in Kairo einen *Friedensvertrag,* der die *Vereinigung beider Jemen* einleiten soll.

1976
März
Aussöhnung mit Saudi-Arabien, das den Krieg in Oman beenden möchte, um den iranischen Einfluß einzuschränken. Umfangreiche Wirtschaftshilfe angeboten (auch von Kuwait). Die DVRJ schließt einen *Waffenstillstand mit dem Oman* (11. März).

1978
26. Juli
Als Nord-Jemen für die Ermordung seines Präsidenten die DVRJ verantwortlich macht, wird Rubayi Ali abgesetzt und später hingerichtet.

27. Dez.
„Starker Mann" im Präsidentschaftsrat ist *Abdul Fattah Ismail,* der nach Verfassungsänderung (31. Okt.) und Neuwahlen zum Obersten Volksrat (23. Dez.) *Präsident* (Vorsitzender des Präsidiums des Obersten Volksrates) wird.

Islamisch-arabische Region – Aden/DVR Jemen – Sudan *1475*

1979
28.–31.
März
Bei der Friedenskonferenz in Kuwait zur Beendigung des 1978 erneut ausgebrochenen Grenzkrieges mit dem Nord-Jemen beschließen die Präsidenten beider Staaten, den Vereinigungsbeschluß sofort umzusetzen, kommen der Einheit jedoch nicht näher.

1980 Der neue *Präsident Ali Nasser Mohammed* (* 1939) sucht den Ausgleich. – *(Forts. S. 1641)*

Sudan
(Forts. v. S. 1104, 1105, 1106)

1948
15. Juli
Auf Grund einer britischen Verordnung wird im anglo-ägyptischen Kondominium Sudan gegen den Protest der ägyptischen Regierung eine Verwaltungsreform in die Wege geleitet.

1951
27. Okt.
Die Verfassunggebende Versammlung wendet sich gegen die ägyptische Entscheidung, den Sudan wieder Ägypten anzugliedern.

15. Nov. Wahlen zur Verfassunggebenden Versammlung bringen für die antiägyptisch eingestellte Unabhängigkeitsbewegung die Mehrheit.

1952
2. April
Großbritannien unterbreitet einen *Verfassungsentwurf,* der eine begrenzte Selbstverwaltung für den Sudan vorsieht. Dagegen wendet sich die ägyptische Regierung, die König Faruk als den Souverän Sudans bezeichnet.

1953
12. Febr.
Kompromißvereinbarung in Kairo unterzeichnet: Dem Sudan wird das Selbstbestimmungsrecht eingeräumt, sich für die Unabhängigkeit oder einen Anschluß an Ägypten zu entscheiden.

29. Nov. Die allgemeinen Wahlen gewinnt die für die Unabhängigkeit eintretende *Nationale Unionspartei (Umma).*

1954 Der Führer der siegreichen Umma-Partei, *Ismail el-Azhari* (*1902, † 1969), bildet eine Regierung (9. Jan.).

1956
1. Jan.
Unabhängigkeit des Sudan nach einer Volksabstimmung. Das Problem des neuen Staates ist der krasse ethnische und religiöse Gegensatz zwischen dem Norden und Süden des Landes (islamisch-arabischer Norden, überwiegend christianisierte negroide Stämme im Süden). Wegen der politischen Übermacht des Nordens (60% der Bevölkerung) und wegen einer Islamisierungspolitik im Süden entwickelt sich aus dem Aufstand einiger Stämme im Süden ein langjähriger Bürgerkrieg.

April Beitritt des Sudan zur Arabischen Liga.

5. Juli Der neue Führer der Umma-Partei, *Abdullah Khalil* (*1891, † 1970), wird zum Ministerpräsidenten gewählt.

1958
11. März
Bei allgemeinen Wahlen gewinnt die Umma-Partei 68 und die PDP (People's Democratic Party) 26 Parlamentssitze.

17. Nov. *Staatsstreich der Armee,* geführt von General *Ibrahim Abboud* (*1900, †1983), der selbst Staatschef wird (Suspendierung der Verfassung, Auflösung des Parlaments, Parteienverbot).

1959
8. Nov.
Sudan und die Vereinigte Arabische Republik (Ägypten) einigen sich über das Problem der Verteilung des Nilwassers. Die Vereinigte Arabische Republik leistet eine Entschädigung von 43 Mio. US-Dollar für die Überflutung sudanesischen Gebiets im Zusammenhang mit dem Bau des Assuan-Staudammes.

1964
15. Nov.
Mit der Ablösung des Militärs in der Regierungsverantwortung durch eine zivile Regierung beginnt eine Periode innenpolitischer Instabilität (wechselnde Koalitionen, Parteienzank).

1969
25. Mai
Erneuter *Staatsstreich der Armee:* Die Regierungsgewalt übernimmt ein Revolutionsrat unter der Führung von Oberst *Dschafar Mohammed an-Numeiri* (*1930), der nach außen eine Annäherung an die Sowjetunion sucht und innenpolitisch einen staatssozialistischen Kurs (Verstaatlichung ausländischer Banken und Unternehmen 1970) vertritt.

1971
19. Juli
Putsch des prokommunistischen Flügels im Revolutionsrat gegen die nationalrevolutionären Vertreter in der Armee unter Numeiri.

22. Juli Mit Hilfe Libyens und Ägyptens kann sich Numeiri an der Macht halten (zahlreiche Verhaftungen von Kommunisten, Hinrichtungen, scharfe diplomatische Auseinandersetzungen mit dem Kreml).

10. Okt. Dschafar an-Numeiri wird zum Staatsoberhaupt gewählt.

1972
27. Febr.
Friedensabkommen mit den *südsudanesischen Aufständischen* in Addis Abeba unterzeichnet: Mit Wirkung vom 4. März wird dem Südsudan Autonomiestatus gewährt (Vertretung im sudanesischen Parlament entsprechend dem proportionalen Anteil an der Gesamtbevölkerung, weitgehende wirtschaftliche Selbstverwaltung), eine Amnestie versprochen sowie ein Aufbauprogramm (ausländische Kredite) vereinbart.

25. Juli Die Wiederaufnahme der diplomatischen Beziehungen zu den USA (bereits am 13. Juni zur Bundesrepublik Deutschland) deutet auf eine außenpolitische Öffnung zum Westen, die im Zusammenhang mit dem Bestreben der sudanesischen Regierung steht, ausländische Investitionen zu erleichtern.

1476 Neueste Zeit – Nicht durch Blockbündnis geprägter Teil der Welt

1973 *Neue Verfassung:* Die innere Autonomie des Südsudans wird verankert, der Islam zur
14. April Staatsreligion erhoben, das Christentum als die Religion eines „großen Teils der Bevölkerung" anerkannt und die Sudanesische Sozialistische Union als Einheitspartei bezeichnet.
22. Okt. Der Südsudan erhält eine provisorische Regierung.
1976 Putschversuch niedergeschlagen; Sudan bezichtigt Libyen vor der UNO der Anstiftung und
Juli schließt mit Ägypten einen Verteidigungspakt (15. Juli).
1977 Schließung der sowjetischen Militärmission im Sudan und Verringerung des sowjetischen
Mai Botschaftspersonals kennzeichnen die Verschlechterung in den Beziehungen zur UdSSR.
14. Aug. Im Rahmen einer Amnestie für politische Häftlinge werden führende Exilpolitiker begnadigt; der Führer der Nationalen Front, Sadek el-Mahdi, kehrt in den Sudan zurück und löst
nach der Aussöhnung der Opposition mit Numeiri die Nationale Front auf; Teilnahme oppositioneller Kräfte im Einvernehmen mit der Sudanesischen Sozialistischen Union.
1979 Die gemeinsame Sitzung der Parlamente Ägyptens und des Sudan sowie Regierungsverein-
12.–21. barungen über wirtschaftliche, soziale und kulturelle Integration unterstreichen die zuneh-
Jan. mende Zusammenarbeit zwischen beiden Staaten, die nach vorübergehender Abkühlung
1982 der Beziehungen in der *Charta der Integration* langfristig vereinbart wird.
1983 Nach der Aufteilung des Süd-Sudan in drei Provinzen (Juni) und der Einführung des islamischen Strafrechts (Sept.) droht der Bürgerkrieg wieder aufzuflammen.
1985 Militärputsch führt zu Numeiris Sturz (6. April). General *A. Suwar al-Dahab (Swaredda-*
15. Mai *hab)* wird neuer *Staatschef. – (Forts. S. 1641)*

Ägypten – Vereinigte Arabische Republik (VAR)
(Forts. v. S. 1093)

In den Nachkriegsjahren erreicht die *politische, wirtschaftliche und soziale Krise* Ägyptens ihren Höhepunkt. Rasches Bevölkerungswachstum seit den dreißiger Jahren hat zunehmend Landflucht ausgelöst.
Die weitgehend von Ausländern kontrollierte Wirtschaft ist einseitig auf Baumwollanbau und -handel
ausgerichtet; Ansätze zu einer Industrialisierung (Baumwollverarbeitung; Importsubstitution technologisch einfacher Konsumgüter) reichen nicht aus. Arbeitslosigkeit und Massenarmut führen zu sozialen
Spannungen, die die extrem ungleiche Verteilung verschärft. Die parlamentarischen Parteien vertreten
die Interessen der Großgrundbesitzer und der städtischen Oberschicht. Studenten, junge Intellektuelle
und Offiziere sowie die kleine Arbeiterschaft sind Träger der nationalrevolutionären Bewegung. Nach
der Niederlage der ägyptischen Armee im Palästina-Krieg (1948/1949) baut Oberst *Gamal Abd el
Nasser* (* 1918, † 1970) die Geheimorganisation der „Freien Offiziere" mit dem Ziel auf, das korrupte
Regime zu stürzen.

1952 Staatsstreich der Freien Offiziere **(Ägyptische Revolution).** König Faruk (* 1920, † 1965)
23. Juli muß abdanken und geht ins Exil (26. Juli). Ein Revolutionsrat unter Vorsitz von General
Mohammed Nagib (* 1901, †1984) wird oberstes Legislativ- und Exekutivorgan.
9. Sept. Mit einer *Landreform,* die Grundbesitz auf maximal 84 ha pro Eigentümer (bis 1969 reduziert auf 21 ha) beschränkt, beginnen Maßnahmen, die die wirtschaftliche und politische
Macht des alten Regimes brechen. Die als Parteienersatz gegründete „Befreiungsfront"
1953 (Febr. 1953; Vorsitzender: Nasser) soll Unterstüzung für das Regime organisieren.
18. Juni Ägypten zur **Republik** proklamiert; Ministerpräsident Nagib wird auch Staatspräsident.
1954 Über die Frage einer baldigen Rückkehr zu demokratischen Verhältnissen kommt es zum
Bruch mit Nagib („März-Krise"):
18. April Nasser übernimmt das Amt des Ministerpräsidenten und setzt Nagib später auch als Präsidenten ab (14. Nov.). Verhaftungen von Kommunisten und Muslimbrüdern entfernen
letzte Machtkonkurrenten.
19. Okt. *Abkommen mit Großbritannien* beendet den Vertrag von 1936: Abzug der britischen
Truppen binnen 20 Monaten.
1955 Nasser verkündet den positiven Neutralismus als Prinzip der Außenpolitik: „Nichtanleh-
Mai nung", aber Zusammenarbeit mit West und Ost.
Sept. *Waffenlieferungsabkommen mit der Tschechoslowakei.*
1956 Durch Plebiszit *neue Verfassung* angenommen, *Gamal Abd el Nasser* gleichzeitig mit
23. Juni 99,9 % der Stimmen *zum Präsidenten gewählt.* Der Revolutionsrat löst sich auf. Die Verfassung räumt dem Präsidenten weitgehende Rechte auch im legislativen Bereich ein;
einzige politische Organisation wird die Nationale Union (gegründet 1957).
19. Juli Wegen Nassers Neutralitätspolitik (Zusammenarbeit mit Jugoslawien und Indien; Anerkennung der Volksrepublik China) ziehen die USA, Großbritannien und die Weltbank ihre
Finanzierungszusage für den Bau des Assuan-Staudammes zurück.
26. Juli Nasser reagiert mit der *Verstaatlichung der Sueskanalgesellschaft.*
Großbritannien sieht seine Stellung „östlich von Sues" gefährdet; Frankreich will Nasser
29. Okt. wegen der Unterstützung der algerischen Befreiungsbewegung treffen. Gemeinsam mit
– 6. Nov. Israel treten beide Mächte gegen Ägypten in den **Sues-Krieg** ein.

Trotz militärischer Niederlage setzt sich Ägypten politisch durch; Räumung und Wiedereröffnung des Kanals mit Hilfe der Vereinten Nationen; freie Schiffahrt aufgrund der Konvention von Konstantinopel (1888) wird garantiert; Entschädigung der Aktionäre der Kanalgesellschaft. Für Israels Schiffahrt bleibt der Kanal geschlossen.

1958
1. Febr. Zusammenschluß Ägyptens und Syriens zur **Vereinigten Arabischen Republik (VAR)**. Der Jemen schließt sich in loser Föderation an (8. März: Vereinigte Arabische Staaten).

1961
Juli Nach Verstaatlichung der Großbanken (1960) zu Beginn des Ersten Fünfjahresplanes (1960–1965) wird der größte Teil des modernen Sektors der Wirtschaft verstaatlicht. Nach der *Sezession Syriens* von der VAR (28. Sept.) Auflösung der Nationalen Union und der Nationalversammlung; Konzentration auf Innen- und Wirtschaftspolitik: *Arabischer Sozialismus* ergänzt das Ziel der panarabischen Einheit.

1962
30. Juni Der „Nationalkongreß der Volkskräfte" verabschiedet die *Charta der nationalen Aktion*: „totale Revolution" mit dem Ziel einer kooperativen sozialistischen Gesellschaft; jedoch Ablehnung des Klassenkampfes, vielmehr Auflösung der Klassenunterschiede im Rahmen der nationalen Einheit; Festhalten am Privateigentum, aber Kampf gegen ausbeuterisches Kapital. Gründung der *Arabischen Sozialistischen Union (ASU)*.

Ägyptens Entwicklungsprobleme und Nassers Entwicklungspolitik

Ägyptens Grundproblem ist das extrem ungünstige Verhältnis von Bevölkerungswachstum und nutzbarem Boden: Weniger als 4% der Landesfläche sind bewohnbar. Die Bevölkerung verdoppelt sich in 30 Jahren bis 1978 auf 40 Mio. Einwohner. Folge der Bevölkerungsdichte ist eine starke Urbanisierung: Bis 1978 leben 45% der Bevölkerung in Städten, ein Viertel der Gesamtbevölkerung im Großraum Kairo. *Landwirtschaftliche Entwicklung* (Vergrößerung der Erntefläche durch ganzjährige Bewässerung; Intensivierung durch neue Produkte und Anbaumethoden, Neulandgewinnung) kann Ägyptens Wirtschaftsprobleme nicht lösen. Wachsende Abhängigkeit von Nahrungsmittelimporten. Rohstoffknappheit erschwert die Industrialisierung. 1952 große außenwirtschaftliche Abhängigkeit: Exportanteil von Baumwolle und Baumwollprodukten 87%. Wirtschaftskrise als Folge der Halbierung der Weltmarktpreise für Baumwolle nach dem Korea-Boom 1951/1952.

Kurz nach der Revolution fallen entwicklungsstrategische Entscheidungen für rasche *Industrialisierung und Diversifizierung* in Produktion und Export im Rahmen umfassender Planung und unter *Führung des öffentlichen Sektors*. Erster Fünfjahres-Entwicklungsplan (1960–1965) mit Schwerpunkten in Landwirtschaft (ca. 25% der Investitionsmittel), Schwerindustrie; Zwischenprodukt- und auch Kapitalgüterindustrie, Erdölexploration und -förderung, Energiewirtschaft, Transport und städtischem Wohnungsbau. Wichtigstes Großprojekt ist der zwischen 1960 und 1970 mit sowjetischer Hilfe gebaute Assuan-Staudamm (Bewässerungsprojekte, Neulandgewinnung, Energieerzeugung). Finanzierung der Entwicklungsprojekte durch umfangreiche westliche und östliche Wirtschaftshilfe. Die Entwicklungspolitik führt zu überdurchschnittlichen realen *Wachstumsraten um 8%* zwischen 1957 und 1964. Entmachtung der Großgrundbesitzer und großen Unternehmen sowie die Nationalisierung aller ausländischen Unternehmen (zwischen 1956 und 1961) begünstigen zusammen mit verteilungspolitischen Maßnahmen (Landverteilung; Sozialversicherung; Breitenausbau des Erziehungswesens) die angestrebte innengerichtete Entwicklung.

Seit 1963/1964 *wachsende Schwierigkeiten:* Die Konzentration auf kapitalintensive, erst langfristig voll wirksame Großprojekte wie Assuan-Hochdamm und Schwerindustrie steht im Konflikt mit der – angesichts von Bodenknappheit und Bevölkerungsdruck kurzfristig notwendigen – Steigerung der Konsumgüterproduktion bzw. -importe (Nahrungsmittel) und der Schaffung von Arbeitsplätzen. Kapitalmangel, als nach den USA auch andere westliche Länder ihre Entwicklungshilfe reduzieren bzw. einstellen.

1964
25. März Die neue *Provisorische Verfassung* verankert die Prinzipien der Nationalcharta: Die VAR ist ein „demokratischer sozialistischer Staat", der sich auf die „Allianz der Volkskräfte" gründet; der Islam ist Staatsreligion. Dominierende Stellung des Präsidenten; ASU als einzige politische Organisation; in der Volksversammlung müssen Bauern und Arbeiter die Hälfte der Abgeordneten stellen.

9.–25. Mai Besuch des sowjetischen Partei- und Regierungschefs Chruschtschow in Ägypten anläßlich der Fertigstellung der ersten Baustufe des Assuan-Damms. Verstärkte sowjetische Hilfe, als sich in der Folgezeit die Beziehungen zu den USA ständig verschlechtern.

1965 Geheime Waffenlieferungen der Bundesrepublik Deutschland an Israel veranlassen Nasser, *Walter Ulbricht,* den Partei- und Staatsratsvorsitzenden der DDR, auf Staatsbesuch einzuladen (24. Febr.–2. März): langfristige Wirtschaftsabkommen zur Durchführung des 2. Fünfjahresplanes, jedoch keine De-jure-Anerkennung der DDR.

13. Mai Abbruch der diplomatischen Beziehungen zur Bundesrepublik Deutschland, als diese Beziehungen zu Israel aufnimmt.

1967
5.–8. Juni Vernichtende Niederlage im **Juni-Krieg** gegen Israel. Nach dem Rückschlag instabile innere Situation. Nasser reagiert mit dem *„Programm des 30. März"* (1968): innere Refor-

1478 Neueste Zeit – Nicht durch Blockbündnis geprägter Teil der Welt

men; Neuaufbau der ASU „von unten nach oben". Außenpolitische Doppelstrategie: verstärkte Rüstung gegen Israel mit sowjetischer Hilfe; gleichzeitig Kompromißbereitschaft im Nahostkonflikt und vorsichtige Wiederannäherung an den Westen.

1970 *28. Sept.*	Nach dem plötzlichen **Tod Nassers** setzt sein Nachfolger *Anwar as-Sadat* (* 1918, †1981) bis dahin Vizepräsident, diese Politik verstärkt fort.
1971	Sowjetfreundliche Mitglieder der alten Führungsgruppe um Nasser, insbesondere Vizepräsident *Ali Sabri* (* 1920), versuchen, Sadat eine kollektive Führung aufzuzwingen.
15. Mai	Mit einem Coup von oben entledigt sich Sadat seiner innenpolitischen Gegner *(„Korrektiv-Revolution")*.
27. Mai	Trotz dieser Maßnahmen gelingt es Sadat, einen *Freundschaftsvertrag mit der Sowjetunion* abzuschließen.
11. Sept.	*Permanente Verfassung,* durch Volksabstimmung gebilligt, erweitert die Grundrechte und stärkt die Unabhängigkeit der Justiz, hält aber an der sozialistischen Wirtschafts- und Gesellschaftsordnung fest und beläßt die dominierende Stellung des Präsidenten. Die VAR in **Arabische Republik Ägypten** umbenannt.
1972	Sadat gibt die *Ausweisung der 17000 sowjetischen Militärberater* bekannt (18. Juli).
1973 **6.–26.** **Okt.**	Ägypten entschließt sich zum Überraschungsangriff gegen Israel: **Oktober-Krieg.** Die militärischen Erfolge sind die Voraussetzung, daß Sadat dem Prinzip eines Verhandlungsfriedens zustimmen kann. *Hinwendung zu den USA:* Wiederaufnahme der diplomatischen Beziehungen (7. Nov. 1973). Besuch US-Präsident Nixons in Kairo (12.–14. Juni 1974): US-Wirtschaftshilfe und Förderung der friedlichen Nutzung der Atomenergie zugesagt. Die Sowjetunion weigert sich, die ägyptischen Verluste an Kriegsmaterial auszugleichen, daher bemüht sich Sadat in Großbritannien und Frankreich um neue Waffen: Vereinbarung über Lieferung französischer Mirage-Kampfflugzeuge (Jan. 1975).
1974 **8. April**	Sadat legt im *Oktober-Papier* die wirtschafts- und innenpolitischen Prinzipien seiner *„Öffnungspolitik"* vor (angenommen durch Volksabstimmung am 17. Mai).

Wirtschaftliche und innenpolitische Liberalisierung unter Sadat

Beim Amtsantritt Sadats steckt Ägypten in einer *wirtschaftlichen und innenpolitischen Krise:* Die umfangreiche Wirtschaftshilfe der Sowjetunion reicht für die Bedürfnisse Ägyptens nicht aus, kann vor allem notwendige Importe aus westlichen Industrieländern nicht ersetzen: Aufgrund von Devisenmangel (Verpfändung des Hauptexportgutes Baumwolle an die Sowjetunion; Sueskanal seit 1967 geschlossen) liegen in importabhängigen Industriezweigen bis über 50% der Kapazitäten brach. Die mit der Verfassung von 1971 begonnene *Abkehr vom „Nasserismus"* (innenpolitische Liberalisierung: größere Meinungsfreiheit, Lockerung der Pressezensur; Belebung der Wirtschaft mit westlicher Hilfe) setzt Sadat nach dem Erfolg im Oktober-Krieg von 1973 verstärkt fort: *Liberalisierung der Wirtschaft* soll das Land westlichen Investitionen öffnen (Investitionsgesetz von 1974). Am gemischtwirtschaftlichen System mit dominierendem öffentlichem Sektor und am Prinzip umfassender Entwicklungsplanung wird festgehalten, der Privatinitiative jedoch mehr Raum gegeben. Wiederaufbau der zerstörten Städte am Sueskanal; Ausbau der Kanalzone zu einem Industrie- und Handelszentrum geplant. Ab 1974 massive *arabische und westliche Kapitalhilfe.*

Innenpolitische Liberalisierung: Die öffentliche Diskussion über die Nasser-Ära und die Auseinandersetzung über die gesellschaftspolitischen Alternativen führen zu wachsendem Druck auf Sadat, mehr politische Partizipation zuzulassen. Bildung von Meinungs-„Plattformen" innerhalb der ASU, erste halbwegs freie Parlamentswahlen im Herbst 1976, danach Zulassung von politischen Parteien.

1976 15. März	Ägypten widerruft den Freundschaftsvertrag mit der Sowjetunion. Sadat wirft Moskau vor, Ägypten politisch, wirtschaftlich und militärisch unter Druck setzen zu wollen.
28. Okt./ 4. Nov.	Bei den *Wahlen zur Volksversammlung* gewinnt die Sadat unterstützende Arabisch-Sozialistische Plattform 280 der 342 Mandate. Sadat läßt die Umwandlung der ASU-Plattformen in selbständige Parteien zu (Parteiengesetz von 1977).
1977 18./19. Jan.	Preiserhöhungen für subventionierte Güter lösen die *schwersten Unruhen seit der Revolution* aus. Kommunisten und radikale Moslemgruppen verantwortlich gemacht; Verhaftungs- und Prozeßwelle; restriktive Gesetzgebung (Demonstrations- und Streikverbot).
19./20. **Nov.**	Sadats **Reise nach Jerusalem** stärkt seine innenpolitische Stellung, da die Bevölkerung mit einem Frieden die Hoffnung auf wirtschaftlichen Aufschwung und damit rasche Verbesserung ihrer Lebensumstände verbindet.
1978 21. Mai	In einer *Volksabstimmung* entscheiden sich 98% für Sadats *„Sechs Prinzipien",* mit denen jedem politische und journalistische Betätigung verboten wird, der vor oder nach der Revolution das politische Leben „korrumpiert" hat oder Ideologien vertritt, die mit der Religion unvereinbar sind.
Juli-Nov.	Sadat reorganisiert die politische Struktur: Gründung einer eigenen National-Demokratischen Partei (NDP), zu der so viele Mitglieder der Regierungspartei übertreten, daß diese

sich auflöst; neue Regierung. Auf Sadats Initiative Gründung einer „ehrenhaften Opposition": Sozialistische Arbeits-Partei.

1979 Sadat unterzeichnet **Friedensvertrag mit Israel** (26. März)

20. April Nach Opposition von 15 Abgeordneten gegen die Ratifizierung des Vertrages Referendum für den Vertrag: 99,9 % Ja-Stimmen.

7./14. Juni Bei den Parlamentswahlen erringt die NDP 305 Sitze; die Sozialistische Arbeits-Partei kommt auf 29, die Liberal-Sozialistische Partei auf 3 Sitze.

1981 *Wachsende Opposition gegen Sadat* führt auch zu Auseinandersetzungen zwischen islamischen Fundamentalisten und Kopten. Nach einer Verhaftungswelle wird bei einer Militär-

6. Okt. parade *Sadat ermordet.* Ziele des *neuen Präsidenten Hosni Mubarak* (* 1928) sind: Friedenspolitik gegenüber Israel, bessere Beziehungen zu den arabischen Staaten, Wirtschaftsreformen und innenpolitische Liberalisierung.

1982 Nach Israels Invasion in den Libanon wird der ägyptische Botschafter aus Tel Aviv abberufen, die diplomatischen Beziehungen bleiben jedoch bestehen.

1984 Bei den Parlamentswahlen nach neuem Wahlrecht gewinnt die NDP 391 der 448 Mandate,

25. Mai Neo-Wafd 57 Sitze; andere Parteien scheitern an der 8%-Hürde. – *(Forts. S. 1642)*

Libyen

(Forts. v. S. 1095)

1949 Die Vereinten Nationen beschließen die Wiedervereinigung und Unabhängigkeit von

11. Nov. Cyrenaica, Tripolitanien und Fessan.

1951 24. Das **Vereinigte Königreich Libyen** wird unter *Mohammed Idris as-Senussi* (* 1890, † 1983;

Dez. 1951–1969) **unabhängig.** Gemäß Verfassung vom Okt. 1951 erhebliche Autonomie der drei Provinzen (seit 1963 Einheitsstaat).

1959 Verschiedene Ölgesellschaften (Konzessionen seit 1955/1956) entdecken *reiche Erdöllager* in allen drei Landesteilen. Die Ölproduktion steigt rasch von 0,9 Mio. Tonnen (1961) auf 159,7 Mio. Tonnen (1970). Die Öleinnahmen reduzieren Libyens Abhängigkeit: Diskussionen über die Stützpunkte; Abzug der meisten britischen Truppen bis 1966.

1967 Die Parolen des Panarabismus finden bei der jüngeren Generation günstigen Boden: natio-

Juni nalistische Unruhen während des Nahostkrieges, gesteigerte Mißstimmung gegen Großbritannien und die USA.

1969 *Staatsstreich des Militärs:* Der „Revolutionäre Kommandorat" unter dem Stabschef der

1. Sept. Armee *Moamer al-Gaddafi* (* 1942) setzt den abwesenden König ab und ruft die **Libysche Arabische Republik** aus. Das neue Regime vertritt eine radikal nationalistische Politik: Abzug der letzten ausländischen Truppen bis Mitte 1970; Araber ersetzen europäische und amerikanische Experten. Arabisch einzige Verkehrssprache, selbst im Außenhandel. Enteignung und Ausweisung von 25 000 Italienern und Juden; Verstaatlichung des innerlibyschen Vertriebsnetzes der Ölgesellschaften (Juli 1970). Verstärkte Rüstung: Frankreich liefert Mirage-Kampfflugzeuge, die UdSSR Panzer.

Gaddafis Versuch einer revolutionären Außen-, Erdöl- und Entwicklungspolitik

Gaddafi drängt immer wieder auf rasche Verwirklichung der *panarabischen Einheit:* revolutionäre Allianz mit der VAR und dem Sudan (Charta von Tripolis, 27. Dez. 1969); *Föderation Arabischer Republiken* mit Syrien und der VAR (17. April 1971); geplante Vereinigung mit Ägypten zum 1. Okt. 1973 (2. Aug. 1972); geplante Vereinigung mit Tunesien (12. Jan. 1974). Die Einigungsversuche scheitern am Führungsanspruch Gaddafis, der sich als Nassers Erbe versteht; zudem stößt Gaddafis *revolutionärer Radikalismus* mit seiner Mischung aus islamischem Fundamentalismus und sozialistischen Ideen auf Ablehnung.

Libyen stellt Ägypten im Oktoberkrieg von 1973 (entgegen den Vereinbarungen mit Frankreich) Mirage-Kampfflugzeuge zur Verfügung und zahlt an die „Konfrontationsstaaten" fast eine Mrd. US-Dollar. Da Libyen die kompromißbereite ägyptische Haltung nach dem Krieg scharf verurteilt, Einstellung der Finanzhilfe in Kairo (28. März 1974). *Libyen teilt die Position der radikalen Palästinenser,* die es finanziell und militärisch unterstützt; wegen der radikalen Haltung auch im Nahostkonflikt (Israel hat kein Existenzrecht und muß vernichtet werden) wachsende Isolierung in der arabischen Welt.

Nach dem Scheitern der panarabischen Politik sucht Gaddafi Rückhalt bei schwarzafrikanischen Staaten mit islamischer Bevölkerung, die er finanziell und militärisch unterstützt (Burundi, Somalia, Uganda, Madagaskar, Niger); *Zahlungen an Befreiungs- und Umsturzbewegungen in der ganzen Welt* (Irland, Rhodesien, Oman, Philippinen) und für subversive Aktivitäten in Ägypten und im Sudan. Im Tschad unterstützt Libyen die FROLINAT-Rebellen und besetzt 1973 die Grenzprovinz Aozou, auf die nachträglich Besitzansprüche erhoben werden (nach der Einigung im Tschad 1978/1979 Kämpfe gegen die libysche Annexionspolitik).

1480 Neueste Zeit – Nicht durch Blockbündnis geprägter Teil der Welt

Seit der Revolution bemüht sich die libysche Regierung um größeren *Einfluß* auf Produktions- und Preispolitik der *Erdölgesellschaften:* April 1971 höhere Ölpreise durchgesetzt; Dez. 1971 Verstaatlichung der Anlagen von British Petrol; seit 1972 Verhandlungen über 51% Beteiligungen an den übrigen ausländischen Gesellschaften: diejenigen, die den libyschen Vorstellungen nicht zustimmen, werden verstaatlicht. Einige Konzerne ziehen ihr technisches Personal ab oder drosseln die Produktion. Diese Maßnahmen lassen zusammen mit der Wirkung des Ölembargos von 1973/1974 und den Ölpreiserhöhungen (über dem OPEC-Niveau) die Produktion bis 1975 auf 71,5 Mio. Tonnen sinken. Zwischen Sept. 1974 und Juni 1975 muß Libyen mehrfach den Ölpreis senken; als sich eine Einigung über die Entschädigungsforderungen der ausländischen Erdölgesellschaften abzeichnet (bis 1977 abgeschlossen), steigt die Produktion wieder auf 104 Mio. Tonnen (1977) an. Um die Reserven (1978: 3,4 Mrd. Tonnen) zu schonen, will Libyen ab 1979 nur noch so viel Öl zu Höchstpreisen abgeben, wie zur Deckung seines Finanzbedarfs nötig ist.

Die seit der Revolution trotz Produktionsrückgangs stark gestiegenen *Öleinnahmen* (1968: 952 Mio. US-Dollar; 1977: 9,4 Mrd. US-Dollar) werden für die *Förderung der Landwirtschaft* (ehrgeiziges Projekt zur Nutzung unterirdischer Wasserreservoirs in den Kufra-Oasen) und den *Aufbau einer Industrie* verwandt, hohe Ausgaben für Wohnungsbau, Verkehr und Erziehung. Ungünstige regionale Verteilung der Bevölkerung (1976: 2,5 Mio. Einwohner) und Mangel an qualifizierten Arbeitskräften (hoher Anteil von Ausländern, darunter über 200 000 Ägypter) erschweren die Entwicklung: Libyen nimmt mehr Geld ein, als es sinnvoll ausgeben kann ("unterentwickeltes Überflußland"); Überschüsse im Ausland angelegt (Auslandsguthaben 1975 auf 4 Mrd. US-Dollar geschätzt).

Weil die 1971 gegründete Arabische Sozialistische Union (ASU) nicht imstande ist, die libysche Bevölkerung in ihrem Sinne zu mobilisieren, leitet Gaddafi am 15. April 1973 eine *„Kulturrevolution"* ein: Zwischen Kommunismus und westlichem Materialismus sieht er im Islam einen sozialrevolutionären dritten Weg, der alle arabischen Völker zusammenführen soll. *„Volksrevolution":* Bildung von Volkskomitees, die bis Ende 1973 in den Betrieben und Verwaltungen teils die Leitung übernehmen oder teils (wie in den Erdölunternehmen) als eine Art Betriebsrat fungieren.

1974 2. April	Nach schweren Meinungsverschiedenheiten im Revolutionären Kommandorat wird bekanntgegeben, daß *Gaddafi seiner Amtsverpflichtungen enthoben* ist; er bleibt formal Vorsitzender des Revolutionsrates und Oberbefehlshaber der Streitkräfte, er soll sich jedoch künftig ideologischen Aufgaben sowie den Massenorganisationen widmen. Die Regierungsgeschäfte führt Ministerpräsident Major *Abd as-Salam Dschallud* (* 1944), der als pragmatischer und als sowjetfreundlicher Politiker gilt. – Gaddafi gelingt es (im Herbst 1974), die politische Autorität zurückzugewinnen.
14.–20. Mai	*Besuch Dschalluds in Moskau.* Es entwickeln sich enge Beziehungen zur Sowjetunion: Bildung eines bilateralen Ausschusses auf Regierungsebene; Handelsabkommen (Lieferung von Öl gegen Waffen und Entwicklungshilfe).
1975 12.–15. Mai	Gegenbesuch des sowjetischen Ministerpräsidenten Kossygin: *Konsultationsvereinbarungen,* Abkommen über Zusammenarbeit, Vertrag über *Waffenlieferungen* im Wert von 2,2 Mrd. US-Dollar. Die Sowjetunion stattet die 30 000 Mann starken libyschen Streitkräfte mit einem überdimensionierten Waffenarsenal aus.
1977 2.–28. März	Der von der ASU gebildete *Allgemeine Volkskongreß* verabschiedet die *neue Verfassung:* Libyen umbenannt in **Sozialistische Libysche Arabische Volksdschamahirija.** Der Koran ist das soziale Gesetz. Unmittelbare Autorität des Volkes: alle Macht geht an Volkskongresse, Volkskomitees, Gewerkschaften, Berufsverbände und den Allgemeinen Volkskongreß über; Auflösung des Revolutionären Kommandorats; Gaddafi wird Generalsekretär des Generalsekretariats des Allgemeinen Volkskongresses; Ministerrat ersetzt durch Allgemeines Volkskomitee mit Sekretären für die verschiedenen Ressorts.
2.–5. Dez.	Libyen bringt die Gegner der Friedensinitiative Sadats in Tripolis zusammen und übernimmt nach langer Isolierung eine Führungsrolle in der *Ablehnungsfront;* verstärkte bilaterale Zusammenarbeit (u. a. Finanzierung sowjetischer Waffenlieferungen an Syrien).
1979 1. März	Die Mitglieder des Generalsekretariats, darunter *Gaddafi und Dschallud, treten* bei einer Sondersitzung des Allgemeinen Volkskongresses *zurück,* um sich ganz ihren militärischen Dienstaufgaben und der Arbeit mit den Massen zu widmen; Übergang der Macht an das Volk. Wahl einer neuen kollektiven Staatsführung unter *Generalsekretär Abdel Ati al-Obeidi* und eines neuen Allgemeinen Volkskomitees. – Trotz seines offiziellen Rücktritts *bleibt Gaddafi der eigentliche Führer von Staat und Revolution.*
1983	Libysche Truppen halten den Norden des Tchad im neuen Bürgerkrieg weiter besetzt. *Die Politik der Einmischung,* auch im Sudan, *führt zu Konfrontationen mit Frankreich und USA* (Luftkämpfe vor der Küste; AWACS-Stationierung in Ägypten; Verstärkung französischer Truppen im Tchad).
1984 13. Aug.	*Marokko und Libyen vereinbaren in Oujda die Bildung einer Föderation* zur politischen und wirtschaftlichen Zusammenarbeit.
1986 15. April	*Als Vergeltung* für von Libyen unterstützte Terrorakte *bombardieren US-Flugzeuge Militäranlagen* in Tripolis und Benghasi. – *(Forts. S. 1642)*

Tunesien
(Forts. v. S. 1095)

1945
Febr. Frankreich gesteht den Nationalisten politische und Verwaltungsreformen zu, kann sich aber unter dem Druck der etwa 147 000 Franzosen in Tunesien nicht zu weiteren Zugeständnissen entschließen.

1950 Der Widerstand der französischen Siedler verstärkt sich, als Frankreich bereit scheint, in Zusammenarbeit mit der *Néo-Destour* (Neue Verfassungs-Partei) Tunesien schrittweise in die Souveränität zu führen. Wiederholt nationalistische Unruhen.

1953/1954 Auseinandersetzungen zwischen terroristischen Gruppen tunesischer Nationalisten und französischer Siedler führen zu bürgerkriegsähnlichen Zuständen.

1954
31. Juli Frankreich bietet Tunesien *innere Autonomie* an (Abkommen unterzeichnet am 2. Juni 1955): innere Sicherheit, Verteidigung und Außenpolitik bleiben in der Hand Frankreichs. Die Autonomie ist unter den Nationalisten umstritten.

1955
12. Okt. In der Néo-Destour setzt sich die gemäßigte Richtung durch: der radikale, für sofortige Lösung von Frankreich eintretende Flügel unter *Salah Ben Youssef* (* 1910, † 1961) wird ausgeschlossen, *Habib Bourguiba* (* 1903) beim Parteitag als Vorsitzender bestätigt (17. Nov.). Bourguiba vertritt eine Strategie der Verhandlungen, die Frankreich enge Zusammenarbeit auch nach der Unabhängigkeit anbietet.

1956
20. März *Französisch-Tunesisches Protokoll:* Frankreich erkennt die **Unabhängigkeit Tunesiens** an; baldiger Abzug der französischen Truppen, jedoch zunächst noch Stützpunkt in Biserta.

25. März Bei den *Wahlen zur Verfassungsgebenden Versammlung* gewinnt die Nationale Front (Bündnis der Néo-Destour) sämtliche Sitze.

11. April Bourguiba zum Ministerpräsidenten gewählt.
Aufbau eines tunesischen Staats- und Verwaltungsapparates: nur ein Drittel der französischen Beamten bleibt in tunesischen Diensten. – Die Néo-Destour wird bald von der dominierenden zur einzig zugelassenen Partei.

1957
25. Juli Die Verfassungsgebende Versammlung setzt Bei Mohammed VIII. al-Amin (seit 1943; † 1962) ab, erklärt Tunesien zur **Republik** und bestimmt *Bourguiba zum Präsidenten.*

1958 *Außen- und innenpolitische Schwierigkeiten:* Das Verhältnis zu Frankreich – von Anfang an durch die tunesische Forderung nach Truppenabzug belastet – verschlechtert sich nach
Febr. der Bombardierung von Sakiet Sidi-Joussef durch die französische Luftwaffe. Tunesien unterstützt die algerische Unabhängigkeitsbewegung; Frankreich braucht die Stützpunkte im Algerienkrieg. Tunesien will die Beziehungen abbrechen, verhandelt aber:
17. Juni Frankreich erklärt sich zum Truppenabzug unter Beibehaltung des Stützpunkthafens Biserta (arabisch: Bensert) bereit. – Mit Unterstützung der VAR versuchen Anhänger Ben Youssefs Bourguiba zu stürzen. Die verbesserten Beziehungen zu Frankreich ermöglichen die innenpolitische Konsolidierung: Reform der Néo-Destour und Prozesse gegen Regimegegner; Ben Youssef in Abwesenheit zum Tode verurteilt (1961 in Frankfurt ermordet). Deshalb gespannte Beziehungen zur VAR (Abbruch der Beziehungen Okt. 1958).

1959
1. Juni Die *neue Verfassung* unterstreicht die starke Stellung des Präsidenten: er bestimmt die Politik und beruft die nur ihm verantwortlichen Kabinettsmitglieder. *Allgemeine Wahlen:* Bourguiba zum Präsidenten gewählt; die Néo-Destour erringt alle 90 Sitze in der Nationalversammlung (8. Nov.).

1961
Juli *Biserta-Krise:* Bourguiba fordert ultimativ von Frankreich die Übergabe von Biserta. Der tunesische Demonstrationszug auf Biserta löst schwere Kämpfe aus (17.–22. Juli); Verhandlungen führen erst nach Ende des Algerienkrieges zum Erfolg.

1963 Räumung Bisertas abgeschlossen (Okt.).

1964
11. Mai Die Nationalversammlung beschließt die *Verstaatlichung des ausländischen Grundbesitzes* (betroffen sind 4700 Grundbesitzer mit zusammen etwa 700 000 ha besten Bodens der insgesamt rund 4,6 Mio. ha landwirtschaftlicher Nutzfläche).

Nov. Entwicklung des „*tunesischen Sozialismus*", zu dem sich die Néo-Destour auch durch Namensänderung in *Sozialistische Destour-Partei (PSD)* bekennt.

Der „tunesische Weg zum Sozialismus" und Bourguibas Außenpolitik

Obwohl relativ reich an Bodenschätzen (Phosphat, Erdöl; daneben Eisenerz, Blei, Zink u. a.) ist Tunesien zur Zeit der Unabhängigkeit (1956) überwiegend *Agrarland:* hochmechanisierte Großbetriebe, überwiegend in ausländischem Besitz, die hauptsächlich für den französischen Markt produzieren (v. a. Weizen, Olivenöl, Wein) neben traditionellem Sektor mit 450 000 Kleinbauern.
Nach Verschlechterung der wirtschaftlichen und sozialen Verhältnisse setzt sich um 1960 der Gewerkschaftsflügel um *Ahmed Ben Salah* durch: Maßnahmen gegen den französischen Einfluß (Nationalisierungen); *Zehnjahres-Perspektivplan* 1962–1971: eigener „*tunesischer Weg zum Sozialismus*" mit umfassenden Strukturreformen und „autonomer Entwicklung" durch ein integriertes System von privaten,

1482 Neueste Zeit – Nicht durch Blockbündnis geprägter Teil der Welt

genossenschaftlichen und staatlichen Unternehmen. Kernstück ist die *Agrarreform:* Angleichung der Eigentumsverhältnisse, kooperative Bewirtschaftung, Erziehung zu neuem Bewußtsein.
Nach Ben Salahs Sturz 1969 *Auflösung des Kooperativsystems,* Reprivatisierung der Betriebe und Investitionsanreize für in- und ausländisches Kapital (1969 Investitions-, 1972 Exportförderungsgesetz). Im Agrarbereich nur vorübergehend Produktionssteigerungen (Rückgang des Beitrags zum Bruttoinlandsprodukt bis 1976 auf 17,4%; Anteil an den Erwerbstätigen: 35%); stark zunehmende private Investitionstätigkeit im industriellen Sektor und Dienstleistungsbereich (Tourismus). Umfangreiche staatliche Investitionen in der *Industrie* lassen die Produktion bereits 1962–1971 um 106% steigen, v. a. im extraktiven Bereich: Phosphate, Erdöl; verarbeitende Industrie (Textilien, Baumaterialien), Phosphatverarbeitung und Energieerzeugung (Anteil des industriellen Sektors am Bruttoinlandsprodukt 1956: 15,5%; 1977: 32%). Im Export verdrängen Erdöl, Phosphate und Textilien die landwirtschaftlichen Erzeugnisse von der Spitze (Olivenöl); wichtige Devisenbringer sind *Tourismus* und die Überweisungen der tunesischen Gastarbeiter v. a. aus Frankreich und Libyen.
In der *Außenpolitik* vertritt Tunesien Bündnisfreiheit, angesichts der Abhängigkeit von westlicher Entwicklungshilfe allerdings mit deutlicher Neigung zu einem prowestlichen Kurs: zunehmende *Zusammenarbeit mit der EG* (28. März 1969 *Assoziierungsabkommen).* Die Beziehungen zur übrigen arabischen Welt, besonders zur VAR, schwanken wegen Bourguibas *kompromißbereiter Haltung im Nahostkonflikt* zwischen Spannungen und Versöhnung. Als er die Anerkennung Israels in den Grenzen des UN-Teilungsplans von 1947 vorschlägt (21. April 1965: Reduzierung des israelischen Staatsgebiets gegenüber den Waffenstillstandslinien von 1949, wofür die arabischen Staaten die Rücksiedlung der Palästinaflüchtlinge einhandeln sollen), wird er besonders von Nasser heftig kritisiert. Bourguiba boykottiert daraufhin die Arabische Gipfelkonferenz in Casablanca (er wirft Nasser vor, die Liga für seine Zwecke zu mißbrauchen), entsendet aber im Juni-Krieg 1967 Truppen (die allerdings die Front nicht mehr erreichen). Nach dem Krieg ist Bourguiba für eine Beendigung des Kriegszustandes mit Israel.

	Bourguibas schlechter Gesundheitszustand und dadurch bedingte lange Auslandsaufenthalte (allein 1970 sechs Monate) lassen die *Nachfolgefrage* und die Zukunft des Präsidialsystems zum beherrschenden innenpolitischen Thema werden: Der Reformflügel um Innenminister *Mahmoud Mestiri* (* 1925) setzt sich beim Parteikongreß der PSD mit *Vorschlägen zur Verfassungsreform* gegen Bourguiba durch. Bourguiba und Ministerpräsident *Hedi Nouira* (* 1911) (seit Okt. 1970) entmachten die Reformer und festigen in den nächsten Jahren ihre Kontrolle über das politische System.
1971 11.–15. Okt.	
1974 12.–15. Sept.	Der *Parteikongreß in Monastir* wählt Bourguiba zum Parteivorsitzenden auf Lebenszeit und billigt seine politischen Vorstellungen.
17. Dez.	Nach Präsidentschafts- und Parlamentswahlen (3. Nov.: Wiederwahl Bourguibas) wird die *Verfassung geändert:* der Ministerpräsident ist designierter Nachfolger des Präsidenten; die Nationalversammlung kann einen Präsidenten auf Lebenszeit wählen.
1975 19. März	*Bourguiba wird Präsident auf Lebenszeit.* Erneute Verfassungsänderungen erweitern noch einmal die Rechte des Präsidenten (Dez.). Scharfer innenpolitischer Kurs gegen Oppositionelle, v. a. Lehrer und Studenten (Hunderte von politischen Häftlingen).
1976/1977	Tunesien modernisiert und vergrößert seine Streitkräfte mit Unterstützung der USA (Waffenlieferungen) und Frankreichs (Rüstungsgüter und Ausbildungshilfe).
1977 10. Juni	Tunesien und Libyen wollen ihren Streit über die Abgrenzung des gemeinsamen Festlandsockels (reiche Ölreserven vermutet) dem Internationalen Gerichtshof zum Schiedsspruch vorlegen (erfolgt am 1. Dez. 1978). Damit entspannt sich das seit Jahren gestörte Verhältnis zu Libyen (Tunesien hat die am 12. Jan. 1974 beschlossene Union mit Libyen nach drei Tagen praktisch widerrufen): enge Zusammenarbeit abgeschlossen (Okt.).
1978 26. Jan.	Der Gewerkschaftsverband UGTT ruft zum *Generalstreik* auf; Demonstrationen und blutige Zusammenstöße in mehreren Städten; Ausnahmezustand (bis 25. Febr.); Prozesse gegen über 200 Gewerkschaftsführer (Juli–Okt.). Soziale Ungleichheit, wirtschaftliche Stagnation, Inflation und Massenarbeitslosigkeit, aber auch die schwache Führung ließen die organisierte Opposition stark anwachsen: soziale Sicherheit, bürgerliche Freiheitsrechte, insbesondere Pressefreiheit und Zulassung von Oppositionsparteien, gefordert; Opposition zum Teil vom Ausland aus (Ahmed Ben Salah 1973 geflohen).
1980	Mohammed Msali löst Nouira ab (23. April) und beginnt Liberalisierungspolitik.
1981	Das neugewählte Exekutiv-Komitee der UGTT besteht weitgehend aus 1978 verhafteten Führern (April); eine Listenverbindung der UGTT mit der PSD gewinnt alle 136 Sitze bei Parlamentswahlen nach neuem Mehrparteiensystem mit 5%-Hürde (Nov.).
1982	*Freundschaftsvertrag mit Algerien* (März), durch Verteidigungsabkommen ergänzt (1983).
1984	*Schwere Unruhen* zwingen Bourguiba, Preiserhöhungen für Nahrungsmittel aufzuheben.

– *(Forts. S. 1642)*

Islamisch-arabische Region – Algerien *1483*

Algerien
(Forts. v. S. 1094)

1945 Nationalistische Unruhen in Sétif werden von Frankreich blutig unterdrückt (15 000 Tote),
Mai *Ferhat Abbas* (* 1899, † 1985) verhaftet, seine Organisation aufgelöst. Die Verfassung der
IV. Republik sieht die völlige Integration Algeriens in Frankreich vor.

1947 Das *Algerien-Statut* soll allen Algeriern die französische Staatsbürgerschaft gewähren;
20. Sept. Algerische Versammlung mit je 60 Abgeordneten der 1,5 Mio. Europäer und der 9 Mio.
islamischen Algerier. Wahlmanipulationen verhindern offene Opposition gegen die französische Herrschaft und drängen die militanten Nationalisten in den Untergrund: neben
der mehr konservativen „Demokratischen Union des Algerischen Manifestes" (UDMA)
unter Abbas führend die radikale „Bewegung für den Triumph Demokratischer Freiheiten" (MTLD); innerhalb der MTLD Gründung einer Geheimorganisation (OS), die bereits
1949 unter Führung von *Mohammed Ben Bella* (* 1927) einen Terrorangriff auf Oran unternimmt.

1954 Die Algerienfranzosen lehnen jegliche Zugeständnisse an die einheimische Bevölkerung
März ab. Mitglieder der OS bilden das *Revolutionäre Komitee für Einheit und Aktion (CRUA)*
und bereiten den Aufstand vor.

1. Nov. Umstrukturierung der CRUA in die *Nationale Befreiungsfront (FLN)* mit der *Nationalen
Befreiungsarmee (ALN)* als militärischem Arm.
Aufstand beginnt an verschiedenen Stellen gleichzeitig und weitet sich auf alle besiedelten

1954–1962 Gebiete Algeriens aus: **Algerien-Krieg.** Da die ALN den besser ausgerüsteten, zahlenmäßig überlegenen regulären französischen Truppen (auf der Höhe des Krieges 500 000
Mann) im offenen Kampf nicht gewachsen ist, geht sie zum *Guerillakrieg* über; seit 1956
zunehmend Einsatz von Gegenterror, Folter, Internierung und Umsiedlung der Bevölkerung; Flüchtlingsstrom nach Marokko und Tunesien.

1956 Die meisten algerischen Nationalisten und religiösen Führer (ulema) haben sich der FLN
Aug. angeschlossen. Der geheime erste *FLN-Kongreß* beschließt das Programm für ein unabhängiges sozialistisches Algerien und bildet den *Nationalrat der Algerischen Revolution
(CRNA).*

1957 Marokko und Tunesien versuchen zu vermitteln; Geheimverhandlungen mit Frankreich
abgebrochen, als Ben Bella und andere FLN-Führer entführt und in Frankreich interniert
werden.

1958 Die französische Nationalversammlung verabschiedet das Algerien-Statut als Kompromißlösung (4. Febr.). Die Algerienfranzosen sehen ihre bevorrechtete Stellung gefährdet
und fürchten Verhandlungen mit den Aufständischen.

13. Mai Die Rebellion der Algerienfranzosen, von der Armee unterstützt *(Putsch von Algier),* führt
zum Sturz der IV. Republik in Frankreich. De Gaulle scheint von Anfang an entschlossen,
die bisherige Integrationspolitik aufzugeben, verstärkt jedoch den Einsatz des Militärs in
Algerien; verstärkter Terror der FLN.

19. Sept. Die FLN bildet in Kairo eine *Exilregierung (GPRA)* unter Ferhat Abbas und unter Einschluß der in Frankreich internierten FLN-Führung.

1960 Als de Gaulle öffentlich das Recht der Algerier betont, ihre Zukunft selbst zu bestimmen
18. Jan. (Sept. 1959), rebellieren die weißen Siedler erneut: Ohne Unterstützung durch die Armee
–1. Febr. bricht ihr „*Barrikaden-Aufstand"* nach wenigen Tagen zusammen.

1961 Trotz massiver Wahlenthaltung beim Referendum wird das *Gesetz über* die Einführung der
14. Jan. *Selbstbestimmung* und die Einsetzung autonomer Körperschaften in Algerien verkündet.
Französische Siedler und Armeeangehörige bilden die *Geheime Armeeorganisation
(OAS)* mit dem Ziel, eine Verhandlungslösung und die Übergabe der Macht an die Algerier
zu verhindern.

April Der *Generals-Putsch* bricht an der Loyalität des Offizierskorps zusammen (22.–26.).
Mai Die daraufhin einsetzende Terrorkampagne der OAS in Algerien und Frankreich kann den
Beginn direkter Verhandlungen zwischen der französischen Regierung und der algerischen
Exilregierung in Evian (Schweiz) nicht verhindern. Die französische Regierung will zunächst nur den Waffenstillstand erreichen, die GPRA besteht auf Unabhängigkeit.

1962 Frankreich und die GPRA unterzeichnen das **Abkommen von Evian:** Waffenstillstand;
18. März Errichtung eines unabhängigen algerischen Staates; Garantien für die Algerienfranzosen.
Erklärung über algerisch-französische Zusammenarbeit, Frankreich behält den Flottenstützpunkt Mers el-Kebir für 15 und das Atomtestgelände in der Sahara für 5 Jahre.
Die OAS versucht mit wahllosem Terror, die Verwirklichung des Abkommens zu verhindern, löst aber nur Gegenterror der FLN und die *Massenflucht der Europäer* aus Algerien
aus. – Tiefe Spaltung innerhalb der FLN-Führung und des GPRA; auch in der ALN
Gegensatz zwischen den Guerilla-Führern innerhalb Algeriens und den in Tunesien und
Marokko stationierten regulären Einheiten unter dem Oberkommandierenden Oberst
Houari Boumedienne (* 1927, † 1978).

1484 Neueste Zeit – Nicht durch Blockbündnis geprägter Teil der Welt

3. Juli Nachdem sich in der *Volksabstimmung* 91% für Unabhängigkeit in Zusammenarbeit mit Frankreich ausgesprochen haben (1. Juli), proklamiert de Gaulle die **Unabhängigkeit** Algeriens. Der „zentralistische" GPRA-Flügel versucht, die Kontrolle über FLN und ALN zu gewinnen: Boumedienne entlassen. Ben Bella und Boumedienne marschieren mit den ALN-Einheiten aus Marokko in Algerien ein (11. Juli) und errichten in Tlemcen ein Politbüro in Konkurrenz zum GPRA; heftige Kämpfe beim Marsch auf Algier (Anfang Sept.).

20. Sept. Allgemeine *Wahlen zur Verfassungsgebenden Versammlung,* die *Algerien zur Republik erklärt* (25. Sept.) und *Ben Bella* zum *Ministerpräsidenten* wählt (26. Sept.). Ben Bella bringt alle politischen Organisationen unter strikte Kontrolle der FLN; Verbot aller konkurrierenden Parteien (Nov.).

1963 Die Versammlung billigt die *Verfassung:* Präsidialsystem; weitgehende Vollmachten für
28. Aug. die FLN als einzig zugelassene politische Organisation.

8. Sept. Die Verfassung wird durch Volksabstimmung angenommen.

15. Sept. *Ben Bella* wird zum *Staatspräsidenten* gewählt. Ben Bella – gleichzeitig Regierungschef, Oberbefehlshaber der Streitkräfte und Generalsekretär der FLN – hat alle Macht auf sich vereint.

Algerien nach Erringung der Unabhängigkeit

Folgen des Algerienkrieges, der über eine Million Menschenleben gekostet hat, sind zerstörte wirtschaftliche und soziale Strukturen: ein Drittel der Bevölkerung ist umgesiedelt worden; Flüchtlinge und Internierte müssen reintegriert werden; 70% der Bevölkerung sind arbeitslos.
Mit der Flucht bzw. Auswanderung von 1 Mio. Europäern verliert das Land fast alle Unternehmer, Techniker, Facharbeiter, Verwaltungsbeamte, Ärzte und Lehrer; Fabriken und landwirtschaftliche Großbetriebe sind verlassen (40% der landwirtschaftlichen Nutzfläche und über 80% der Industrie, Banken und Versorgungsbetriebe waren in französischer Hand). Gestützt auf die FLN und den seit 1963 FLN-kontrollierten Gewerkschaftsverband UGTA beginnt Ben Bella den *Wiederaufbau Algeriens unter sozialistischen Vorzeichen:* Im Zentrum steht die „*autogestion",* die Selbstverwaltung der Betriebe und des verstaatlichten Bodens, durch Arbeiterkomitees; Veteranenansiedlung auf Staatsland. Auf den Staatsfarmen (Ende 1963 ca. 2,3 Mio. ha) wird bei ausgeweiteter Beschäftigung nicht mehr produziert als unter französischer Herrschaft. Den Wiederanstieg der gewerblichen und industriellen Produktion erschwert zusätzlich die erhebliche Verkleinerung des Binnenmarktes nach der Flucht der Europäer.
Algerien kann den Wiederaufbau nur mit *umfangreicher Auslandshilfe,* vor allem Frankreichs, bewältigen: neben Wirtschaftshilfe braucht Algerien technische Experten (Erschließung der reichen Bodenschätze) und Lehrer (noch 1973 sind über die Hälfte der Sekundarschul- und Hochschullehrer Ausländer). – Das *Verhältnis zu Frankreich* wird immer wieder belastet durch die Politik Ben Bellas, der von Anfang an nicht gewillt ist, das Abkommen von Evian zu verwirklichen (Okt. 1963 Verstaatlichung der restlichen französischen Ländereien); da Frankreich sein Atomtestgelände und den Flottenstützpunkt nicht vorzeitig verlieren will, bleibt es kompromißbereit. Als Gegengewicht gegen die Abhängigkeit von Frankreich entwickelt Algerien enge Beziehungen zu den Ostblockstaaten (Kredite der Sowjetunion und der VR China) und zur VAR. Im Laufe der sechziger Jahre Intensivierung der Beziehungen zur Sowjetunion; umfangreiche Waffenlieferungen.

1963 Der *Streit mit Marokko* über die Grenzziehung in der Sahara führt zum *militärischen Kon-*
Okt. *flikt;* trotz Vermittlung auf lange Zeit belastetes Verhältnis.

1965 Unblutiger **Staatsstreich** des Verteidigungsministers *Houari Boumedienne; Revolutionsrat*
19. Juni überwiegend aus Militärs; Ben Bella unter Hausarrest (bis 1979). Boumedienne bekennt sich wie Ben Bella zu einem national verstandenen Sozialismus, jedoch Betonung der islamischen Komponente Algeriens. Ausweitung der Staatstätigkeit in der Wirtschaft; Verstaatlichung ausländischer Bergwerksgesellschaften (1966).

1967 Teilnahme am Nahostkrieg mit Luftwaffeneinheiten; Abbruch der Beziehungen zu den
Juni USA, Algerien vertritt eine *harte Linie im Nahostkonflikt.*

1967/1968 *Innenpolitische Gegensätze,* auch in der Armee (Dez. 1967 bewaffneter Aufstand des Generalstabschefs niedergeschlagen): Konflikt zwischen aktiv am Algerienkrieg beteiligten Gruppen und Exilalgeriern. Boumedienne, gestützt auf Revolutionsrat und Vertraute aus der Exilzeit, setzt sich durch: Bedeutung der FLN und der Gewerkschaften zurückgedrängt; Regierung per Dekret. Reform der Verwaltungsstrukturen.

1971 *Nationalisierung der französischen Ölgesellschaften CFP und ERAP:* Die staatliche algeri-
4. Febr. sche Gesellschaft SONATRACH (gegr. 1963) übernimmt 51% der Erdölanlagen und 100% der Ölleitungen und Erdgasproduktion. Frankreich boykottiert algerische Ölimporte und droht mit dem Abzug der Techniker und Lehrer. Nach zähen Verhandlungen akzeptieren CFP und ERAP Minderheitsbeteiligung gegen garantierte Ölmengen; Entschädigungen durch Regierungsabkommen geregelt (15. Dez.). Die „besonderen Beziehungen" zu Frankreich sind damit praktisch beendet.

Islamisch-arabische Region – Algerien *1485*

8. *Nov.* *Charta der Agrarrevolution:* vom Eigentümer nicht genutztes Land wird verstaatlicht und landlosen Bauern im Rahmen von Genossenschaften zugeteilt; Höchstgrenze für privaten Besitz, Umverteilung; Neuordnung des Wasserrechts; Maßnahmen zur Ansiedlung der Nomaden und Umverteilung des privaten Viehbestands (Höchstgrenze).

Wirtschaft und Entwicklungspolitik

Die Wirtschaft Algeriens ist in der *Kolonialzeit* ganz auf den Handelspartner Frankreich ausgerichtet. Angesichts des Reichtums an mineralischen Rohstoffen (neben Erdöl und -gas Eisenerz, Blei, Zink, Antimon, Phosphate u. a.) rasche *Entwicklung des industriellen Sektors* (1960 Beitrag zum Bruttoinlandsprodukt 33%, davon produzierendes Gewerbe 10%; Landwirtschaft nur 21%); dennoch bleibt Algerien zunächst überwiegend *Agrarland* (67% der Beschäftigten; über 80% der Exporte, davon zwei Drittel Wein). – Nach der Phase der *„autogestion"* wird das Ziel einer *binnengerichteten,* international konkurrenzfähigen *Industrialisierung* mit Vierjahres-Investitionsplänen angestrebt. Erster Plan 1970–1973: Ausbau der Erdölproduktion, Errichtung von Grundstoffindustrien (Chemie, Stahlerzeugung) sowie importsubstituierender Industrien (Nahrungsmittel, Textilien). In der Zweiten Planperiode 1974–1977 weitere Schwerpunkte: Konsumgüter, mechanische und elektrotechnische Industrien; Infrastruktur, Baumaterialien, Wohnungsbau. Erst im 3. Plan 1978–1981 sind umfangreichere Mittel für die Landwirtschaft vorgesehen. – Die *Welle der Nationalisierungen* (v. a. 1967–1970) bringt 100% des Bergbaus und den Großteil der verarbeitenden Industrie unter staatliche Kontrolle. Im *Erdölsektor* sind Auslandsinvestitionen nur noch als Minderheitsbeteiligungen bei SONATRACH möglich (Gesetz vom April 1972; größter Investor ist der US-Konzern Getty Oil bereits 1968). Die Ölförderung in großem Stil beginnt 1958 und steigt bis auf 50,8 Mio. Tonnen 1973; danach Schwankungen (1977: 53,5 Mio. Tonnen; Reserven: 904 Mio. Tonnen); gewaltige Erdgasreserven von 4000 Mrd. cbm (Produktion 1977: 10 Mrd. cbm) werden Algerien Anfang der achtziger Jahre zum größten Erdgasexporteur der Welt machen. – Die Bedeutung der *Landwirtschaft* geht stark zurück (1977 nur noch 8% Beitrag zum Bruttoinlandsprodukt und 35% der Beschäftigten). *Entwicklungsfinanzierung* bei weiter hohen Auslandskrediten (Auslandsschuld 1977: 8,2 Mrd. US-Dollar = 42,5% des Bruttosozialprodukts) zunehmend durch Exporteinnahmen (1976: 5,3 Mrd. US-Dollar; zu 96% Erdöl, Gas, Erdölprodukte, Erze und Stahl; trotz der engen Beziehungen zum Ostblock ist die EG mit 70% wichtigster Handelspartner); Überweisungen der Auslandsalgerier; Importbeschränkungen für Konsumgüter zugunsten hoher Investitionsgüterimporte. Mit einer Investitionsquote von 49% des Bruttoinlandsprodukts (1977) und einer Sparquote von 38% nimmt Algerien in der Welt Spitzenpositionen ein. Da die Industrialisierung nur begrenzt neue Arbeitsplätze zur Verfügung stellt (1976: 18% der Beschäftigten im industriellen Sektor bei einem Beitrag zum Bruttoinlandsprodukt von 57%), Problem großer Arbeitslosigkeit und Unterbeschäftigung (auf 20% der städtischen und 50% der ländlichen Bevölkerung geschätzt); 1977 Streiks und Demonstrationen gegen Arbeitslosigkeit und Inflation.

1973/1974 Die *außenpolitische Stellung* Algeriens gewinnt stark an Bedeutung. Im und nach dem Oktoberkrieg von 1973 (Teilnahme am Ölembargo) unterstützt Algerien die Forderungen der PLO, nähert sich aber auch wieder den USA (1974 Wiederaufnahme der Beziehungen nach mehreren Besuchen Außenminister Kissingers). In den Nord-Süd-Beziehungen vertritt Algerien eine *rigorose Rohstoffpolitik* als Weg zu einer breiten Kapitalbildung in den Entwicklungsländern; Sprecher der Entwicklungsländer gegenüber den Industrieländern. Das Verhältnis zu Frankreich normalisiert sich wieder (Paris hat 1970/1972 die Importe auf fast ein Drittel gedrosselt und den Zustrom algerischer Gastarbeiter gebremst): Entschädigungen für enteigneten französischen Besitz; Verbesserter Warenaustausch; Abstimmung in der Mittelmeerpolitik.

1975/1976 Nach vorübergehender Verbesserung der Beziehungen zu Marokko (1969 Wiedereröffnung der Grenze; 1970 und 1972 Einigung über den Grenzverlauf) *Streit über die Zukunft von Spanisch-Sahara.* Algerien wünscht einen unabhängigen, aber schwachen Staat an seiner Südwestgrenze und unterstützt darum die *Befreiungsorganisation POLISARIO* in ihrem Kampf gegen die marokkanischen Annexionspläne. Nach Spaniens Rückzug Kämpfe im Grenzgebiet (1976); mehrjähriger Konflikt.

1976 *Nationalcharta* durch Referendum angenommen: Algerien ist ein „Staat des revolutionä-
27. *Juni* ren Sozialismus", der den Verhältnissen in der Dritten Welt angepaßt ist; der Islam ist Staatsreligion; Führungsrolle der FLN (Einparteiensystem).

19. *Nov.* Die Prinzipien der Nationalcharta werden in der *neuen Verfassung* verankert (angenommen durch Referendum).

10. *Dez.* *Wahl Boumediennes zum Präsidenten.*

1977 *Wahl der Nationalversammlung* (25. Febr.).

1978 Der Revolutionsrat übernimmt für den schwer erkrankten Boumedienne die Staatsfüh-
20. *Nov.* rung.

27. *Dez.* *Tod Boumediennes.*

1486 Neueste Zeit – Nicht durch Blockbündnis geprägter Teil der Welt

1979 27.–31. Jan.	Der *4. FLN-Kongreß* verabschiedet neue Statuten: umfassendere Vollmachten für das Zentralkomitee; Revolutionsrat aufgelöst; Neuwahlen von ZK und Politbüro: Generalstabschef *Chadli Ben Dschedid* (* 1929) wird Generalsekretär und Präsidentschaftskandidat.
7. Febr.	*Chadli zum Präsidenten gewählt.* Er will die Politik der Nationalcharta fortsetzen und die sozialistische Gesellschaft verwirklichen (Grundsatzerklärung am 13. März).
8. März	Ministerpräsident wird Oberst *Mohammed Abdel Ghani* (* 1927).
1980	*Säuberungen im Staatsapparat* und reduzierter Einfluß der FLN stärken den Präsidenten.
1982	Bei den Wahlen (5. März) gewinnen die Kandidaten der FLN 73% der Stimmen.
1983 **1984**	*Der 5. FLN-Kongreß wählt Chadli Ben Dschedid erneut zum Generalsekretär* und einzigen Kandidaten für die *Präsidentschaftswahl, bei der er* mit 96% der Stimmen *wiedergewählt wird* (12. Jan.). – *(Forts. S. 1642)*

Marokko
(Forts. v. S. 1094)

Gegen die westlich orientierten Nationalisten der *Istiklal-Partei* richtet sich der Widerstand der traditionellen Stämme, die sich um den Pascha von Marrakesch *Thami al-Glaoui* sammeln; Frankreich sucht diesen Gegensatz für seine Zwecke zu nutzen: Als sich die Auseinandersetzungen zwischen der französischen Verwaltung und *Sultan Mohammed V.* (* 1909, † 1961) verschärfen, bedrohen Berber-Stämme die großen Städte. Mohammed V. muß ins Exil gehen (20. Aug. 1953), weigert sich jedoch abzudanken; Nachfolger wird sein Onkel *Mohammed Ben Arafa* (* 1890, † 1976), der sich der französischen Politik willfährig zeigt. Die Absetzung des Sultans löst eine *Welle der nationalen Erhebung* aus; auch die Berber wenden sich nun gegen Frankreich, das sich zu Verhandlungen bereit erklären muß. Mohammed V. kehrt am 16. Nov. 1955 als Sultan nach Marokko zurück.

1956 2. März	*Französisch-Marokkanisches Abkommen* hebt den Protektoratsvertrag von 1912 auf: Frankreich erkennt die **Unabhängigkeit** und Souveränität Marokkos an; Unterstützung beim Aufbau der Streitkräfte. Sultan Mohammed V. sucht die Unterstützung der Nationalisten für den Aufbau eines modernen Staatswesens: als stärkste politische Partei Istiklal-Mehrheit in der Regierung; Garantien für die im Lande bleibenden französ. Beamten.
7. April	*Spanien übergibt* die nördliche Zone seines *Protektorats;* jedoch keine Einigung über die südliche Zone (nach längeren Auseinandersetzungen im April 1958 übergeben) und über die Enklaven (Ifni kommt 1969 an Marokko; Ceuta und Melilla weiterhin spanisch).
8.–29. Okt.	Eine *internationale Konferenz* spricht *Tanger* Marokko zu (die Charta vom 4. Sept. 1957 bestätigt die Privilegien Tangers als internationaler Freihafen – 1959 aufgehoben; jedoch ab 1962 wieder Freihafen). Die Istiklal-Partei strebt ein „*Groß-Marokko*" unter Einschluß von Spanisch-Sahara, Mauretanien, Französisch-Sudan (Mali) und Teilen Südwest-Algeriens an. Der Sultan erhebt in den folgenden Jahren immer wieder *Ansprüche* auf diese Gebiete, begründet mit marokkanischer Oberhoheit in vorkolonialer Zeit; daher gespannte Beziehungen zu Spanien – nach deren Unabhängigkeit – zu Mauretanien und Algerien.
12. Nov. **1957**	Die *Nationale Ratsversammlung* (vom Monarchen ernannte Mitglieder) tritt zusammen. *Mohammed V. nimmt den Königstitel an* (18. Aug.). Die traditionelle Stärke der marokkanischen Monarchie beruht auf ihrer religiösen Funktion (der Herrscher ist zugleich religiöses Oberhaupt) und der ausgleichenden Rolle des Herrschers zwischen den verschiedenen Bevölkerungsgruppen (zwei Drittel Araber, ein Drittel Berber-Stämme). Der Versuch Mohammeds V., seine Macht auszuweiten, stößt jedoch auf den Widerstand der demokratisch gesinnten Kräfte in der Istiklal-Partei, die in einen konservativen und einen radikalen Flügel zu zerfallen beginnt.
1959/1960	Die dem radikalen Flügel zuzurechnende Regierung (seit Dez. 1958) *Abdallah Ibrahim* (* 1918) strebt die grundlegende Modernisierung Marokkos an, stößt aber auf Widerstand. Die von *Mehdi Ben Barka* (* 1920, † 1965) 1959 gegründete radikale *Nationalunion der Volkskräfte (UNFP)* ist von Anfang an Verfolgungen durch Polizei und Armee ausgesetzt, obwohl sie die Regierung unterstützt.
1960 21. Mai	*Mohammed V. übernimmt* selbst die *Regierung:* Der Fünfjahresplan 1960–1964 wird begonnen, dann mehrfach geändert und 1962 aufgegeben.
1961 26. Febr.	Nach dem *Tod Mohammeds V.* wird sein Sohn *Hassan II.* (* 1929) *König* und übernimmt ebenfalls das Amt des Ministerpräsidenten.
1962 Juli	*Marokkanisch-algerischer Konflikt:* Marokkanische Truppen dringen nach Algeriens Unabhängigkeit ins beanspruchte Grenzgebiet ein; Marokko erhebt zudem Anspruch auf das rohstoffreiche Gebiet um Tindouf. Nach Gefechten (Okt. 1963) akzeptiert Marokko die Vermittlung von OAU-Mitgliedern: Abkommen über entmilitarisierte Zone (20. Febr. 1964). Die Beziehungen zu Algerien bleiben gespannt.

Islamisch-arabische Region – Marokko   1487

7. Dez. *Verfassung* durch Referendum angenommen: konstitutionelle Monarchie mit starker Stellung des Königs.

1963 Die autokratische und reformfeindliche Regierung Hassans II. löst wachsenden Widerstand aus: auch Istiklal auf Oppositionskurs.

17. Mai Bei den *Wahlen zum Abgeordnetenhaus* gewinnt die dem König nahestehende neue Partei *(FDIC; nach deren Spaltung 1964 Volksbewegung: MP)* keine klare Mehrheit (69 der 144 Sitze).

Juli Repressive Maßnahmen gegen Oppositionsparteien: UNFP-Führung verhaftet, viele von ihnen gefoltert und hingerichtet.

1965 Als Istiklal und die UNFP Koalitionsangebote ablehnen und freie Wahlen fordern, ruft
7. Juni Hassan den *Notstand* aus und regiert per Dekret; „starker Mann" neben Hassan ist Innenminister *Mohammed Oufkir* (* 1924, † 1972).

Okt. UNFP-Führer Ben Barka verschwindet in Paris spurlos. Die französische Regierung macht Oufkir für die *Ermordung Ben Barkas* verantwortlich.

1966 Frankreich bricht die diplomatischen Beziehungen zu Marokko ab (26. Jan.).

1967 In der arabischen Politik versucht König Hassan eine vermittelnde Rolle zu spielen: Im Nahostkrieg unterstützt Marokko nur verbal die arabische Seite.

1968 Marokkos *Ansprüche auf Spanisch-Sahara* belasten das Verhältnis zu Algerien und Mauretanien; Verhandlungen mit der spanischen Regierung verlaufen ergebnislos.

1969 Versuch Marokkos, das Verhältnis zu seinen Nachbarstaaten zu entspannen, führt mit
15. Jan. Algerien zum „*Vertrag über Solidarität und Zusammenarbeit*" (Regelung der Grenzfragen 1970–1972).

3. Okt. Nach Jahren der Instabilität erweitert Hassan wieder den Spielraum für politische Aktivität: *Abhaltung von Kommunalwahlen.*

1970 Marokko will Algerien und Mauretanien für das Konzept eines Kondominiums über die Westsahara gewinnen und Mauretanien in den maghrebinischen Wirtschaftsraum einbeziehen:

28. Mai *Abkommen mit Algerien;*
8. Juni *Freundschaftsvertrag mit Mauretanien.*

24. Juli Trotz breiter Ablehnung (unbeirrte Opposition von Istiklal und UNFP, die eine „Nationale Front" bilden – 1972 auseinandergebrochen) wird die *neue Verfassung*, die die Rechte der Volksvertretung und des Kabinetts weiter zugunsten des Königs beschneidet, durch ein Referendum mit offiziell 98% der Stimmen angenommen.

21./28. Bei *Wahlen* erhalten die Oppositionsparteien nur 22 der 240 Sitze; 60 gehen an die regie-
Aug. rende MP, 158 an überwiegend konservative, regierungsfreundliche „Unabhängige".

14. Sept. König Hassan und die Präsidenten von Algerien und Mauretanien, Boumedienne und Daddah, stimmen ihre Sahara-Politik aufeinander ab.

1971 *Putschversuch* eines Teils *der Armee* (vermutlich rechtsgerichtete Kräfte; Unterstützung
10. Juli durch Libyen).

4. Aug. Mittelbare Auswirkung ist die Ankündigung von wirtschaftlichen, sozialen und politischen Reformen durch Hassan.

1972 *Neue Verfassung* durch Referendum gebilligt: die Exekutive liegt bei der Regierung, die
1. März strenger als bisher vom Parlament kontrolliert wird; Direktwahl von zwei Dritteln der Abgeordneten (bisher ein Drittel) durch das Volk. Keine innenpolitische Beruhigung: Wahlen ohne Termin verschoben.

16. Aug. Erneut *Putschversuch* einer Gruppe von Luftwaffenoffizieren; Oufkir begeht Selbstmord; summarische Exekution der Beteiligten. Die Hintergründe der Attentatsversuche bleiben im Dunkeln; die politische Opposition ist nicht beteiligt. Istiklal und UNFP lehnen erneut den Eintritt ins Kabinett ab.

1973 Hassan II. kündet in einer Thronrede den Beginn der „*Marokkanisierung*" an: *Enteignung*
3. März noch vorhandenen *ausländischen Landwirtschaftsbesitzes* (ca. 260000 ha französischer Grundbesitz; gewisse Entschädigung 1974 vereinbart). In einigen Zweigen der Industrie muß mindestens 50% des Kapitals in marokkanischen Händen sein; Fischereizone auf 70 Seemeilen ausgedehnt und für fremde Fangschiffe gesperrt.

Okt. Marokko übernimmt eine aktivere Rolle im Nahostkonflikt: Entsendung eines Expeditionskorps nach Syrien (Febr.) und Ägypten (Okt.); Teilnahme am Nahostkrieg.

Wirtschaft, Entwicklung und die Politik der „Marokkanisierung"

Marokko hat günstige Bodenverhältnisse und reiche Bodenschätze. Ansätze zu einer reformorientierten Entwicklungspolitik um 1960 bleiben im Ansatz stecken: Im zentralen *Agrarsektor* (Anteil der Beschäftigten 1960: 62%; 1977: 53%) kommen die Investitionen vor allem den Großgrundbesitzern zugute. Bis 1973 werden lediglich 90000 ha verstaatlichten Landes an Kleinbauern verteilt; wenig entwickeltes Genossenschaftswesen. Landwirtschaft und Fischerei decken 90% des Nahrungsmittelbedarfs und liefern

1488 Neueste Zeit – Nicht durch Blockbündnis geprägter Teil der Welt

37% (1976) der Exportprodukte (hauptsächlich Zitrusfrüchte, Tomaten; Fisch). – Im *industriellen Sektor* einschließlich Bergbau (Beitrag zum Bruttoinlandsprodukt 1977: 31%) führt die Förderung der Privatinitiative zu überdurchschnittlichem jährlichem Wachstum (1970–1977: 7,8%). Marokko ist der Welt drittgrößter Produzent und größter Exporteur an Phosphaten (1976: 39% der Exporte); daneben Vorkommen an Blei, Zink, Kobalt, Mangan u. a. In der verarbeitenden Industrie dominiert Leichtindustrie; Konsumgüter (v. a. Textilien, Teppiche) machen bereits 11% der Exporte aus. Bedeutender *Tourismus* (Einnahmen 1977: 335 Mio. US-Dollar).
Die neue *Entwicklungsstrategie* seit 1973 (3. Fünfjahresplan 1973–1977) zielt auf ein gemischtwirtschaftliches System; Verstaatlichung „strategischer" Wirtschaftszweige: Bodenschätze, Energie, Schwerindustrie (Eisen und Stahl), Nachrichten-, Verkehrs- und Kreditwesen, aber Förderung der Privatinitiative bei zunehmender „Marokkanisierung" in den Bereichen Landwirtschaft, Leichtindustrie, Handel und Tourismus. *Entwicklungsfinanzierung* über eine Politik der Auslandsverschuldung (Kreditaufnahme 1977: 1,3 Mrd. US-Dollar; Auslandschuld insgesamt 3,5 Mrd. US-Dollar); bei einer Investitionsquote von 29% des BSP 1977 hat Marokko mit 7% eine der niedrigsten Sparquoten der Welt. Marokko ist fast völlig von Ölimporten abhängig (1976: 11% der Importe). Die wachsende Belastung des Haushalts durch *erhöhte Militärausgaben* (Ausgaben für Militär und innere Sicherheit 1977 auf 2,4 Mrd. US-Dollar, fast ein Viertel des Bruttosozialprodukts, geschätzt) zwingt die Regierung zur Kürzung von Subventionen für Grundnahrungsmittel (1974); Hauptproblem für die Bevölkerung sind *Inflation, Arbeitslosigkeit* und *wachsende soziale Ungleichheit;* 1978 Streiks und Demonstrationen. Da auch die Landverteilungen nach 1973 Begüterte begünstigen, ist bisheriges Ergebnis der „Marokkanisierung" der Transfer von Vermögenswerten auf Marokkaner, nicht die entwicklungspolitische Transformation der marokkanischen Gesellschaft.

1974 Hassan II. bereitet mit einer internationalen Kampagne die *Annexion von Spanisch-Sahara vor;* Kooperationsbereitschaft der Opposition: eine Welle der nationalen Einheit läßt politische und soziale Konflikte in den Hintergrund treten.

1975 Der Schiedsspruch des Internationalen Gerichtshofes (Okt.) liefert den Vorwand für den
6.–9. „Grünen Marsch" von 250000 Marokkanern über die Grenze. Spanien erklärt sich im
Nov. dreiseitigen Abkommen bereit, Marokko und Mauretanien die Verwaltung der Sahara zu übergeben (14. Nov.); Konflikt mit Algerien (Jan./Febr. 1976 Kämpfe im Grenzgebiet).

1976 Marokkanisch-Mauretanischer *Vertrag über die Aufteilung der Sahara.* Marokko beginnt
14. April mit der Integration des von ihm verwalteten Territoriums in das marokkanische Staatsgebiet: Bildung von drei Provinzen.
Gegen die Guerilla-Truppen der POLISARIO-Front kann sich Marokko militärisch behaupten, ohne sie dauerhaft aus dem Territorium fernhalten zu können. Militärische Unterstützung durch Frankreich (Waffenlieferungen), gespannte Beziehungen zu den USA wegen deren Weigerung, Kampfflugzeuge zu liefern. (Trotzdem Zusammenarbeit: im April 1977 und Juni 1978 fliegen französische bzw. amerikanische Transportflugzeuge marokkanische Truppen zur Stützung des Regimes Mobutu nach Zaïre.)

1977 Hassan nutzt die Welle der nationalen Einheit zur schrittweisen Wiederherstellung verfas-
3. Juni sungsmäßiger Zustände: Nach Kommunal- und Provinzwahlen (Nov. 1976 bzw. Jan. 1977) *Wahlen zur Abgeordnetenkammer:* 141 königstreue Unabhängige, 49 Sitze für die Istiklal-Partei, 44 MP, 16 USFP (Abspaltung der UNFP), 14 andere. Regierung aus Unabhängigen, MP und erstmals wieder Istiklal.

1978 Gründung der „Nationalen Sammlungsbewegung der Unabhängigen" (RNI) durch Mini-
Okt. sterpräsident *Ahmed Osman* (* 1930).

1979 *Marokko annektiert* nach dem Friedensvertrag Mauretaniens mit der POLISARIO-Front
14. Aug. auch den *Südteil der Westsahara.*
Marokko gibt trotz Aufforderung der UN-Generalversammlung und der OAU die *Beset-*

1982 *zung der Westsahara nicht auf.* Erst als die OAU am Westsahara-Problem zu zerbrechen
13. Nov. droht, zieht Marokko aus dem wirtschaftlich unwichtigen Südteil der Westsahara ab.

1983 König Hassan erklärt vor der UN-Generalversammlung, er werde einen Volksentscheid in der Westsahara akzeptieren.

1984 *Nach Preiserhöhungen* schlägt die Armee *Unruhen* in mehreren Orten nieder (Jan.).
12. Okt. König Hassan eröffnet das neue Parlament, in dem die Mitte-Rechts-Parteien die absolute Mehrheit haben. – *(Forts. S. 1643)*

Spanisch-Sahara – *Marokkanisch und mauretanisch verwaltete Sahara / Demokratische Arabische Republik Sahara*

Die extrem dünn besiedelten *Kolonien Saguira el-Hamra* im Norden der sog. Westsahara und *Río de Oro* im Süden, 1958 zur **Überseeprovinz Spanisch-Sahara** vereinigt, dienen Spanien lange nur als militärischer Flankenschutz für die Kanarischen Inseln. Die zu 80% nomadische Bevölkerung lebt von Vieh-

Islamisch-arabische Region – Spanisch-Sahara – Mauretanien   *1489*

zucht (Kamele); Ackerbau nur in Regenjahren möglich. Fischfang; einige kleine Industriebetriebe (Fischverarbeitung). Die Bedeutung von Spanisch-Sahara ändert sich schlagartig mit der Entdeckung gigantischer *Phosphatvorkommen* bei Bu Craa 1965; Abbau nach hochmodernen, kapitalintensiven Verfahren seit 1972 (nur 1000 Beschäftigte, davon 200 Saharaouis); 100 km langes Förderband zur Küste. Der Phosphatexport (1974: 2 Mio. Tonnen; bis 1980 Steigerung auf 10 Mio. Tonnen geplant) bedroht die monopolartige Stellung Marokkos (Produktion 1974: 19,8 Mio. Tonnen) auf dem Weltmarkt; *Marokko* hat bereits bei der Unabhängigkeit 1956 *Anspruch auf die Westsahara* erhoben und würde zusammen mit den Vorkommen von Bu Craa über zwei Drittel der Weltphosphatreserven verfügen.

1973	Wachsender Druck auf Spanien durch Marokko, Mauretanien und Algerien, die seit 1970 ihre Politik in der Westsahara-Frage abstimmen. Attentate und Guerillaaktionen verschiedener Unabhängigkeitsbewegungen, von den Nachbarstaaten unterstützt; zur wichtigsten wird die von Algerien unterstützte *Volksfront für die Befreiung von Saguira el-Hamra und Río de Oro (POLISARIO-Front).*
1975 14. Nov.	Der „*Grüne Marsch*" von 250000 Marokkanern über die Grenze (6.–9. Nov.) veranlaßt *Spanien,* im dreiseitigen *Abkommen mit Marokko und Mauretanien* die *Verwaltung der Westsahara zu übergeben.* Marokkanische Truppen besetzen die Westsahara: Abzug der spanischen Truppen (abgeschlossen Jan. 1976).
3. Dez.	*Provisorischer Nationalrat* der Sahara in Algier gebildet; 67 der 104 Abgeordneten der gewählten Provinzversammlung von Spanisch-Sahara erkennen die POLISARIO-Front als gesetzgebende Instanz der Sahara an.
1976 Jan./Febr.	Militärischer Konflikt mit Marokko und Mauretanien; auch Kämpfe zwischen algerischen und marokkanischen Einheiten.
28. Febr.	Ende der spanischen Präsenz; der Provisorische Nationalrat ruft die **Demokratische Arabische Republik Sahara (DARS)** aus. *Provisorische Verfassung* (29. Febr.).
5. März	Bildung einer Regierung in Algier. Diplomatische Anerkennung durch Algerien und einige schwarzafrikanische Staaten.
14. April	*Marokkanisch-Mauretanisches Abkommen* über die Grenzziehung in der Westsahara (Mauretanien erhält das südliche Drittel) und über gemeinsame Ausbeutung der Bodenschätze. Marokko und Mauretanien gliedern die von ihnen verwalteten Gebiete als Provinzen in ihr Staatsgebiet ein: De-facto-**Annexion der Westsahara.**
1975/1976	Marokkanischen Truppen (auch in Mauretanien) gelingt es, die von Algerien modern ausgerüsteten Truppen der POLISARIO-Front aus der Westsahara zu verdrängen; sie können jedoch das Wüstengebiet nicht voll kontrollieren.
1978 12. Juli	Die POLISARIO-Front erklärt nach dem Staatsstreich in Mauretanien einseitig den Waffenstillstand. Trotz Wiederaufnahme der Kämpfe im Winter Geheimkontakte mit der neuen Regierung.
1979 5. Aug.	Friedensvertrag Mauretaniens mit der POLISARIO-Front: *Mauretanien übergibt der Demokratischen Arabischen Republik Sahara seinen Teil der Westsahara.* Konflikt mit *Marokko,* das sich weigert, seine Truppen abzuziehen, und auch den *Süden der Westsahara* annektiert.
1980	*Der Aufnahmeantrag der DARS scheitert in der OAU* an der erforderlichen Zweidrittelmehrheit; trotzdem wächst die internationale *Anerkennung der DARS, die bereits 1981 von 45 Staaten* als souveräner Staat *diplomatisch anerkannt* ist. – *(Forts. S. 1643)*

Mauretanien
(Forts. v. S. 1127)

1946–1956	Im Zuge der französischen Entkolonialisierungspolitik werden Mauretanier zunehmend an der Verwaltung der Kolonie beteiligt; (1946) Wahl einer Territorialversammlung; (1956) Regierungsrat als beschränkt verantwortliche Exekutive.
1958 **28. Nov.**	Die **Islamische Republik Mauretanien** wird aufgrund einer Volksabstimmung (2. Okt.) *autonomer Staat der französischen Communauté.*
1959	*Verfassung:* Parlamentarisches Regierungssystem. Bei den *Wahlen zur Nationalversammlung* gewinnt die Partei der Mauretanischen Neuordnung (PRM) unter *Moktar Ould Daddah* (* 1924) alle Sitze; Daddah Ministerpräsident.
1960	Die schwarzafrikanische Minderheit im Süden, die die Vereinigung mit Mali wünscht, schließt sich nach dem Zerfall der Mali-Föderation (Aug. 1960) der PRM an.
28. Nov.	Mauretanien proklamiert seine **Unabhängigkeit.**
1961 20. Mai	*Neue Verfassung:* Präsidentielles Regierungssystem; der Präsident ist zugleich Regierungschef und Oberbefehlshaber der Armee; der Islam ist Staatsreligion.
20. Aug.	*Daddah* zum *Staatspräsidenten* gewählt. Bildung der *Mauretanischen Volkspartei (PPM)* als Einheitspartei; Daddah Generalsekretär.

1490 Neueste Zeit – Nicht durch Blockbündnis geprägter Teil der Welt

1963 Verständigung mit Mali: *Grenzabkommen von Bamako* (17. Febr.).

1967 Gegen die marokkanischen Ansprüche sichert sich Daddah durch Annäherung an Algerien ab (März Staatsbesuch).

1968 Der linke Flügel der PPM – beeinflußt von Entwicklungen in Frankreich wie vom radikalen Panarabismus – agitiert gegen den eher konservativen Daddah, insbesondere wegen der engen Bindungen an Frankreich, das eine Vormachtstellung genießt. Aufstand der einheimischen Arbeiter gegen die europäischen Führungskräfte der internationalen Minengesellschaft MIFERMA, die die reichen Eisenerzlager von Zouérate abbaut, niedergeschlagen. Die Opposition der Gewerkschaften hält an.

1970 Das gemeinsame *Interesse an Spanisch-Sahara* trägt zur Aussöhnung mit Marokko und Sicherung der äußeren staatlichen Existenz bei (Aufnahme diplomatischer Beziehungen).

14. Sept. In Nouadibou einigen sich Daddah, König Hassan und Boumedienne, ihre Bemühungen um die Entkolonialisierung von Spanisch-Sahara aufeinander abzustimmen.

1973 Um die „volle Souveränität" zu erlangen, kündigt Daddah alle mit Frankreich geschlosse-
15. Febr. nen wirtschaftlichen, finanziellen und militärischen Abkommen; die neuen Verträge mit Paris sehen nur eine begrenzte Zusammenarbeit vor.

Okt. Mauretanien unterstützt die arabische Seite im Nahostkrieg und wird Mitglied der Arabischen Liga (13. Okt.).

1974 Die *Dürrekatastrophe* in der Sahelzone (seit 1971) trifft Mauretanien schwer, da 90% der Bevölkerung von Ackerbau und Viehzucht leben; im Norden und Südwesten sind 90%, im Südosten 40% der Viehbestände vernichtet.

29. Nov. Da die Abhängigkeit von den Einnahmen der *MIFERMA* damit noch drückender wird (etwa ein Drittel der Staatseinnahmen), wird sie *von der staatlichen Gesellschaft SNIM übernommen* (Entschädigung der Aktionäre und Schuldendienstzahlungen an die Weltbank); *Verstaatlichung der* übrigen *Bergbaugesellschaften* bis Febr. 1975 abgeschlossen.

1975 Der PPM-Kongreß beschließt *Verfassungsänderungen:* Die PPM wird oberste Verfas-
Aug. sungsinstitution, Legislative und Exekutive haben nur noch vollziehende Funktionen; PPM-Kongreß wählt das Politbüro, das den Generalsekretär bestellt; Wahlen zur Nationalversammlung werden zur Bestätigung der PPM-Einheitsliste. Die von Daddah vorgelegte *Charta der PPM* definiert die mauretanische Demokratie als islamisch, nationalistisch, zentralisiert und sozialistisch; gemischtwirtschaftliches System. Als Generalsekretär und Staatspräsident hat Daddah praktisch diktatorische Vollmachten.

14. Nov. Mauretanien hat sich in der *Westsahara-Frage* auf Marokkos Seite ziehen lassen (Geheimabkommen im Okt. 1974) und übernimmt nach dem dreiseitigen *Abkommen mit Spanien* zusammen mit Marokko die Verwaltung von Spanisch-Sahara.

1976 Konflikt mit Algerien (Abbruch der Beziehungen) und der POLISARIO-Front, die Mau-
März retanien bis 1974 zunächst unterstützt hat.

14. April Nach dem *Vertrag mit Marokko über die Aufteilung der Sahara* behandelt Mauretanien den südlichen Teil (Río de Oro) als Provinz. Trotz militärischer Hilfe durch Marokko und Frankreich und finanzieller Unterstützung durch Saudi-Arabien kann die mauretanische Armee keinen durchgreifenden Erfolg gegen die Truppen der POLISARIO-Front erzielen; Mauretanien kontrolliert schließlich nur die Städte.

1978 **Staatsstreich** der Armee stürzt Ould Daddah; das „Militärkomitee für Nationalen Wieder-
10. Juli aufbau" unter Generalstabschef Oberstleutnant *Mustafa Ould Mohammed Salek* übernimmt die Regierung. Ziel ist der wirtschaftliche Wiederaufbau; Parteienpluralität angekündigt. Salek tritt für Intensivierung der Beziehungen zu Marokko ein (18. Sept. Besuch in Rabat; 13. Jan. 1979 mehrere Kooperationsabkommen unterzeichnet: u. a. Fischerei, Abbau von Bodenschätzen, gemeinsame Entwicklungsbank). Kredit von 100 Mio. US-Dollar für den Wiederaufbau von Saudi-Arabien (4. Sept.).

1979 *Mohammed Mahmoud Ould Louly* (* 1943) neuer Staatschef (3. Juni).
Friedensvertrag mit der POLISARIO-Front in Algerien unterzeichnet: Mauretanien er-
5. Aug. kennt die Demokratische Arabische Republik Sahara an. Konflikt mit Marokko, das sich weigert, seine Truppen abzuziehen.

1980 Verteidigungsminister *Mohammed Khouna Ould Haidallah* (* 1940) übernimmt durch einen *Staatsstreich* die Macht (Jan.), ernennt später aber eine zivile Regierung.

1983 Beitrittsverhandlungen zum Tunesisch-Algerischen Freundschaftsvertrag (Dez.). – *(Forts. S. 1643)*

Iran
(Forts. v. S. 1099)

1945 Unter sowjetischem Schutz bildet die 1941 gegründete *Tudeh-Partei* (Kommunisten, aber
Dez. auch liberale Intellektuelle und Nationalisten) eine autonome Regierung in Aserbeidschan; Iran ruft den UN-Sicherheitsrat an.

Islamisch-arabische Region – Iran *1491*

1946 Mai	Der sowjetische Versuch, Aserbeidschan von Iran zu lösen, scheitert: Abzug der Truppen (Abzug der britischen und der US-Einheiten aus Iran bereits im März).
1951 28. April	Das Abkommen mit der *Anglo-Iranischen Ölgesellschaft (AIOC)* (Juli 1949) über höhere Zahlungen an Iran findet nicht die Zustimmung der Nationalversammlung, die nach anhaltenden nationalistischen Unruhen die *AIOC verstaatlicht.*
29. April	*Mohammed Mossadegh* (* 1881?, † 1967) wird, unterstützt von der Tudeh, Ministerpräsident.
1952–1954	Konflikt mit der AIOC und der britischen Regierung, die IGH und Sicherheitsrat anrufen. Nach Abzug des technischen Personals sinkt die Ölproduktion von 34 Mio. Tonnen auf 0,5 Mio. Tonnen: dadurch verursachte schwere Wirtschaftskrise verschärft die innenpolitischen Auseinandersetzungen. Einmischung der USA.
1953 13.–22. Aug.	Ministerpräsident *Mossadegh* wird von der Armee (Beteiligung der CIA) *gestürzt,* nachdem der Schah sich gegen ihn gewandt hat. Die verbotene Tudeh geht in den Untergrund (1954 zweimal Umsturzpläne aufgedeckt).
1954 28. Okt.	Die britisch-iranische Übereinkunft regelt die Entschädigung der AIOC; die Nationale Iranische Ölgesellschaft (NIOC) übernimmt einen Teil der Anlagen (Versorgung des Binnenmarktes); Konzession an ein Internationales Konsortium aus acht (später 17) Ölkonzernen: Iran erhält 50% der Gewinne.
1955 12. Okt.	Iran tritt dem *Bagdadpakt* bei (seit 1959: CENTO). *Prowestlicher Kurs des Schah,* der außenpolitisch Rückhalt gegen innenpolitische Opposition sucht. Umfangreiche Wirtschafts- und Militärhilfe von den USA (bis 1960 über 800 Mio. US-Dollar). Iran nimmt als erstes Land das Punkt-Vier-Programm und später die Eisenhower-Doktrin an.
1957	Nach Aufhebung des Kriegsrechts wird ein *kontrolliertes Zweiparteiensystem* eingeführt; keine echte Opposition möglich; manipulierte Wahlen (Aug. 1960; Jan. 1961 Neuwahlen).
1959 5. März	*Beistandspakt mit den USA* (Iran bemüht sich gleichzeitig um ein *entspanntes Verhältnis zur Sowjetunion*).
1961	Der Schah will die wachsende politische und soziale Unzufriedenheit durch *Reformen* auffangen: Aufteilung der Krongüter unter landlose Bauern verstärkt (schrittweise bereits seit 1951; abgeschlossen 1963).
Mai	Die neue Regierung *Ali Amini* (* 1905) beginnt Kampf gegen Korruption, Landreform, Dezentralisierung der Verwaltung; demokratisches Wahlgesetz.
1963 Jan.	Referendum über das Reformprogramm (sog. *„Weiße Revolution"*): Aufteilung des Großgrundbesitzes (85% der landwirtschaftlichen Nutzfläche; 1964 enge Höchstgrenzen festgelegt); Alphabetisierung; Frauenemanzipation.
Okt.	Überwältigender *Wahlsieg der Regierungspartei* Nationale Union (Okt.); bei der Thronrede zur Parlamentseröffnung verkündet der Schah ein 20-Jahres-Programm wirtschaftlicher und sozialer Reform und politischer Entwicklung. Die Reformpolitik stößt auf breiten *Widerstand* der Großgrundbesitzer, Intellektuellen, Studenten, aber auch Stammesführer und der schiitischen Geistlichkeit, die die islamische Gesellschaftsordnung gefährdet sieht; der Schiitenführer *Ayatollah Ruhollah al-Khomeini* (* 1902, † 1989) wird in den Irak verbannt. Repression durch die Geheimpolizei Savak; dennoch im nächsten Jahrzehnt (1965–1977 Ministerpräsident *Amir Abbas Hoveida* [* 1919, † 1979]) mehrfach Attentats- und Umsturzversuche.
1964 20.–22. Juli	Die Konferenz der Staatschefs von Iran, Pakistan und Türkei in Istanbul verabschiedet das Programm der *Regionalen Entwicklungskooperation (RCD);* über verstärkte Zusammenarbeit in allen wirtschaftlichen und sozialen Bereichen hinaus politische Bedeutung: Iran unterstützt Pakistan im Konflikt mit Indien – nicht zuletzt wegen der indisch-sowjetischen Zusammenarbeit. Die gutnachbarlichen *Beziehungen zur Sowjetunion* (1964/1965 verschiedene technische und Handelsabkommen; sogar sowjetische Munitionslieferungen im Wert von 100 Mio. US-Dollar) sind nicht frei von Mißtrauen: der Schah fürchtete Unterstützung der revolutionären Bewegungen in den Grenzgebieten.
ab 1966	Nach dem angekündigten Rückzug Großbritanniens aus der Region verfolgt Iran eine *hegemoniale Politik am Persischen Golf;* Chah Bahar für 3 Mrd. US-Dollar zur größten Marine- und Luftbasis am Indischen Ozean ausgebaut. *Aufrüstung Irans* zur größten Militärmacht der Region zunächst mit US-Krediten, später aus den Einnahmen der Erdölproduktion finanziert: immer umfangreichere Rüstungskäufe in den USA (allein 1977: 5,8 Mrd. US-Dollar); 41 000 militärische und 20 000 zivile US-Berater bis 1978 in Iran. Den drohenden Konflikt mit Saudi-Arabien vermeidet der Schah (Abkommen über die Abgrenzung des ölreichen Festlandsockels; später Ansprüche auf Bahrain fallengelassen).
1969 19. April	*Konflikt mit Irak* wegen der Grenze und Schiffahrt im Schatt al-Arab: Iran kündigt den Vertrag von 1937, der Irak begünstigt; in den folgenden Jahren mehrfach schwere Kämpfe im Grenzgebiet.
1971 30. Nov.	Einigung mit Schardscha (Vereinigte Arabische Emirate) über die Teilung der Insel Abu Musa, aber militärische *Besetzung der* Ras el-Khaima gehörenden *Tumb-Inseln:* Vertrei-

1492 Neueste Zeit – Nicht durch Blockbündnis geprägter Teil der Welt

bung der arabischen Bevölkerung; Errichtung von Marinestützpunkten zur Sicherung der Öltransportwege durch die Straße von Hormus. Ziel der Politik ist der Schutz des Persischen Golfes als „Schlagader" Irans durch Zusammenarbeit der Anrainerstaaten gegen jegliche militärische Präsenz der Großmächte wie gegen subversive und revolutionäre Kräfte im Inneren.

1972
12. Okt. Der Schah schließt in Moskau ein umfangreiches *Abkommen über wirtschaftliche und technische Zusammenarbeit* (Laufzeit 15 Jahre).

1973
31. Juli Abkommen mit dem internationalen Erdölkonsortium: die *NIOC übernimmt alle Anlagen der Erdölwirtschaft in Staatsbesitz;* das Konsortium bildet eine „Service"-Gesellschaft, der auf 20 Jahre Öllieferungen garantiert werden.

Wirtschaftliche und soziale Entwicklung

Die *Verstaatlichung der Ölindustrie* und die Ölpreissteigerungen 1973/1974 verschaffen die Mittel für ein ehrgeiziges Entwicklungsprogramm, das Iran in den Kreis der Industrienationen führen soll, bevor die Ölreserven (1977: 8,5 Mrd. Tonnen) erschöpft sind: 1977 betragen die Öleinnahmen mit 23 Mrd. US-Dollar gegenüber 1967 mehr als das Dreißigfache bei kaum mehr als verdoppelter Produktion (284 Mio. Tonnen); aus dem Erdölsektor stammen 97% der Exporte und drei Viertel der Staatseinnahmen. Umfangreiche staatliche Investitionen, v. a. in Großprojekte: Aufbau von Eisen-, Stahl-, Elektro- und Maschinenbauindustrie; *Zuwachsrate der Industrie* im produzierenden Bereich 1970–1977 durchschnittlich 16,7% pro Jahr. Neben staatlichen hohe private Investitionen besonders durch die vom Staat entschädigten ehemaligen Großgrundbesitzer; Gewinne aus diesen Investitionen durchschnittlich 30% – die neue industrielle Schicht ist mit den ehemaligen Feudalherren identisch. Industrieller Standort ist der Westen des Landes; Gewinnbeteiligung der Arbeiter in staatlichen Unternehmen; Genossenschaften versorgen die Arbeiter mit Lebensmitteln und Gebrauchsgütern. Kapitalexport und *Investitionen im Ausland,* u. a. Bundesrepublik Deutschland (1974 Erwerb von 25% des Grundkapitals der Krupp-Hüttenwerke). – Die Entwicklung der *Landwirtschaft* (Anteil der Beschäftigten 1977: 41%) hält mit dem allgemeinen Wachstum nicht mit: Die unzulängliche Durchführung der „Weißen Revolution" (Verschleppung der Landverteilung durch passiven Widerstand der Großgrundbesitzer und Korruption der Verwaltung; Verschuldung der Bauern, unproduktive Anbaumethoden) hemmt den Zuwachs der Produktion, die erst in den siebziger Jahren (partielle Strukturverbesserungen durch Genossenschaften, Mechanisierung u. a.) 5–6% pro Jahr erreicht.
Die *ungleiche Entwicklung* verzerrt die Wirtschafts- und Sozialordnung noch mehr: in den Provinzen – vor allem im Süden und Norden des Iran – fehlt die notwendige Infrastruktur; dort lebt aber die Mehrheit der Bevölkerung (1977: 34,8 Mio. Einw.); hoher Anteil von Analphabeten unter der Landbevölkerung, unzureichende ärztliche Versorgung und – im Vergleich zum rechnerischen Pro-Kopf-Einkommen von 2160 US-Dollar (1977) – extrem niedrige Einkommen. Extrem ungleiche Verteilung, Massenarmut, Arbeitslosigkeit, Unterbeschäftigung (v. a. auf dem Lande) und eine – durch die importintensive Industrialisierung bedingte – Inflationsrate von durchschnittlich 24,3% zwischen 1970 und 1977 lassen trotz hohen Wachstums den Versuch des Schahs scheitern, eine „Revolution" von oben durchzuführen.

1975
3. März Institutionalisierung eines *Einparteiensystems:* Die Iranische Nationale Erneuerungspartei (*Rastakhis;* Generalsekretär Hoveida) als Steuerungsinstrument für die industrielle Entwicklung (maßgebend ist die neue Schicht der Technokraten und Manager) kann die *wachsende Opposition gegen das Regime des Schahs* nicht mehr integrieren.

1977 Die von Intellektuellen getragene *Nationale Front* (führend: *Karim Sandschabi* und *Schahpur Bakhtiar*) fordert das Ende der Diktatur des Schahs und die Herstellung aller bürgerlichen und politischen Freiheiten (Offener Brief an den Schah im Juni). Die *schiitische Geistlichkeit* wendet sich zunehmend Ayatollah Khomeini (im irakischen Exil) und seiner wachsenden Anhängerschaft in Iran zu, die den Sturz des Schahs wollen.

1978
Jan.-Aug. Mit Demonstrationen für den Ayatollah und *blutigen Unruhen* in der heiligen Stadt Gom (7./8. Jan.) beginnen Demonstrationen gegen das Regime des Schahs in allen großen Städten Irans. Trauerfeiern für die Opfer (nach islamischer Sitte am 40. Todestag) werden immer wieder zum Anlaß für neue blutige Unruhen.

8. Aug. Der Schah verspricht politische Freiheiten, freie Wahlen und Pressefreiheit. Die Antwort sind schwere Unruhen: Banken, Kinos, Hotels und staatliche Einrichtungen verwüstet.

13. Aug. *Kriegsrecht* in mehreren Städten. Konzessionen an die Schiiten: Rückkehr zum islamischen Kalender; Schließung der Spielkasinos; Kampf gegen Korruption. Politische Parteien zugelassen: 10 Neugründungen in wenigen Tagen.

7. Sept. Nachdem Khomeini die Versöhnungsversuche als Heuchelei verwirft, lähmt ein *Generalstreik* das ganze Land; Kriegsrecht nach den bis dahin schwersten Zusammenstößen („Blutiger Freitag" in Teheran) auf alle Städte ausgedehnt. Die Streikwelle legt die Ölproduktion still; 1 Mio. öffentliche Bedienstete im Ausstand. Schwere *Wirtschaftskrise:* Haushaltsdefizit auf über 1 Mrd. US-Dollar gestiegen; Kapitalflucht (in zwei Monaten 2,4 Mrd. US-Dol-

Islamisch-arabische Region – Iran   *1493*

lar Fluchtgeld registriert). Zusätzliche Belastung durch das schwerste Erdbeben der iranischen Geschichte (16. Sept.: mindestens 25 000 Tote).

5. Nov. Khomeini und die Nationale Front bilden in Paris die *Iranisch-Islamische Nationalbewegung*; Ziel ist die Errichtung einer „Islamischen Republik".

6. Nov. Einsetzung einer *Militärregierung*, die die Ordnung wiederherstellen, aber die Reformpolitik fortsetzen soll; Freilassung aller politischen Gefangenen bis Jahresende. – Die USA und die Sowjetunion warnen vor Einmischung in innere Angelegenheiten des Iran; die USA stützen weiterhin den Schah, wollen aber nicht intervenieren.

1979 *Schahpur Bakhtiar* (* 1916) ist bereit, eine *neue Regierung* zu bilden. Khomeini ruft zum
Jan. Kampf gegen sie auf; Bakhtiar aus der Nationalen Front ausgeschlossen.

16. Jan. *Schah Resa Pahlevi verläßt Iran.*

1. Febr. *Rückkehr des Ayatollah Khomeini* aus dem Exil (zuletzt Paris): er erklärt die Dynastie Pahlevi für weder religiös noch politisch legitimiert und damit für von Anfang an illegal.

5. Febr. Ernennung von *Mehdi Basargan* (* 1908) zum *Ministerpräsidenten der Provisorischen Regierung*, die die Islamische Republik verwirklichen soll.

11. Febr. *Bürgerkriegsgefahr*, als sich Kämpfe zwischen meuternden Luftwaffenkadetten und der Kaiserlichen Garde (seit 10. Febr.) ausweiten. Das Oberkommando erklärt die Neutralität der Armee; die Streitkräfte lösen sich auf und überlassen ihre Waffen islamischen und linken Milizen und Demonstranten. Iranische **Revolution** erfolgreich; *Bakhtiar tritt zurück* (und flieht ins Ausland); *Selbstauflösung des Parlaments.*

Iran nach der Revolution

Khomeini und Basargan bemühen sich um Normalisierung und wirtschaftlichen *Wiederaufbau,* den Finanznot, der Zusammenbruch der Infrastruktur und die Flucht von Zehntausenden ausländischer Experten erschweren; Großprojekte (darunter die im Bau befindlichen Atomkraftwerke) eingestellt; Waffenbestellungen für 8–10 Mrd. US-Dollar in den USA und 3 Mrd. US-Dollar in Europa storniert; die Ölproduktion erreicht bis Ende 1979 nicht wieder das alte Niveau: Zunehmende *Islamisierung* des öffentlichen Lebens: Schleier wieder eingeführt; kein Alkohol, keine westlichen Filme; Anwendung des islamischen Strafrechts. *Außenpolitisch* vorsichtige Kontakte zur Sowjetunion; feindseliges Verhältnis zu den USA; Unterstützung der arabisch-islamischen Einheit, der Palästinenser (Febr. 1979 Arafat in Teheran: PLO-Vertretung errichtet) und der Befreiungsbewegungen in der Dritten Welt (Abbruch der Beziehungen zu Israel und Südafrika). – Khomeini kann nicht verhindern, daß sich *verschiedene Machtzentren* bilden: neben der schwachen Regierung Basargan hat der Revolutionsrat die eigentliche Macht. Vielerorts üben revolutionäre Komitees direkt die Macht aus; ihre geheimen Revolutionsgerichte urteilen in Schnellverfahren Repräsentanten des alten Regimes – zunehmend auch Sexualstraftäter, aber auch Homosexuelle etc. – ab (bis Aug. 1979 über 500 Todesurteile unmittelbar vollstreckt). Bewaffnete moslemische und linke Milizen trotzen der Autorität von Staat und Armee. *Autonomieforderungen der Minoritäten,* insbesondere der sunnitisch-islamischen: Araber, Türkmenen und Kurden; bewaffnete Auseinandersetzungen (Aug.–Sept. 1979 Kurdenaufstand niedergeschlagen).

1. April Nach Volksabstimmung (99,3 % Ja-Stimmen) proklamiert Ayatollah Khomeini die **Islamische Republik Iran.**

3. Aug. Bei den *Wahlen* zur verfassunggebenden Versammlung gewinnen überall schiitische Geistliche. Die von ihnen ausgearbeitete *Verfassung* (gebilligt durch Volksabstimmung am 2./3. Dez.) sichert der Geistlichkeit die entscheidende Machtposition.

4. Nov. Ein studentisches Revolutionskomitee nimmt bei der *Besetzung der Botschaft der USA* in Teheran fast 70 Geiseln und verlangt von den USA die Auslieferung des Schah. Rücktritt Basargans, der Revolutionsrat übernimmt die Regierung (5. Nov.). Die USA weigern sich, den Schah auszuliefern (reist am 15. Dez. aus; † 27. Juli 1980 in Kairo), und verstärken ihre Marineeinheiten im Indischen Ozean. UN-Sicherheitsrat und Internationaler Gerichtshof fordern vergeblich die sofortige Freilassung der Geiseln (Dez.).

1980 *Abolhassan Bani-Sadr* (* 1934) *wird zum Präsidenten gewählt* (25. Jan.).

April *Zuspitzung des Verhältnisses zu den USA,* die mit Sanktionen und einer (gescheiterten) Militäraktion (25. April) die *Geiseln* zu befreien suchen. Diese werden jedoch *erst am 20. Jan. 1981* freigelassen.

9. Mai *Wahlsieg der streng religiösen Islamisch-Republikanischen Partei* (IRP) *bei den Parlamentswahlen. Der Revolutionsrat löst sich auf.*

22. Sept. *Mit der irakischen Invasion in Khuzistan beginnt der Irakisch-Iranische Krieg.*

1981 *Khomeini entläßt Präsident Bani-Sadr,* der nach Paris flieht (10. Juni).
Eine *Serie von Bombenanschlägen auf Führungspersönlichkeiten* erschüttert das Regime:

28. Juni Im Hauptquartier der IRP werden *Parteiführer Ayatollah Beheschti und über 70 Abgeordnete getötet. Auch* der neue *Präsident Mohammed Ali Rajaj* (* 1933) *und Ministerpräsident*

29. Aug.

2. Okt. *Javad Bahonar fallen Bomben zum Opfer. Hojatoleslam Ali Khamenei* (* 1939) *wird Präsi-*

1494 Neueste Zeit – Nicht durch Blockbündnis geprägter Teil der Welt

dent, Mir Hossein Moussavi (* 1941) *Ministerpräsident.* Die äußere Bedrohung stabilisiert das Regime, das jede Opposition unterdrückt: Offensive gegen Volksmujaheddin (1981/82), Verbot der Tudeh-Partei (1983).

1982/84 *Gegenoffensiven bringen keine Entscheidung* im Krieg mit Irak. – *(Forts. S. 1643)*

Afghanistan
(Forts. v. S. 1099)

1953 *Sardar Mohammed Daoud* (* 1909, † 1978), Vetter und Schwager Sahir Schahs (* 1914), rebelliert gegen den Einfluß der alternden Brüder Nadirs und wird Ministerpräsident: Beginn gezielter Entwicklungsbemühungen (Fünfjahrespläne) in dem von mittelalterlichen Vorstellungen geprägten und neben der Königsfamilie von regionalen Stammesfürsten beherrschten Land. Die bündnisfreie Außenpolitik sichert Aufbauhilfe aus Ost und West. Sowjetische Militärhilfe.
Daoud greift die *„Paschtunistan"-Frage* auf und fordert von Pakistan Autonomie für die Pathanen (Afghanistan erkennt die sog. Durand-Linie nicht an, durch die in der britischen Kolonialzeit die Grenze Afghanistans zum heutigen Pakistan festgelegt und das Stammesgebiet der in Afghanistan tonangebenden Pathanen geteilt wurde). Spannungen auch zum Iran (Streit um die Nutzung des Hilmendwassers); Afghanistan fühlt sich von den beiden CENTO-Staaten eingekreist.

1963 Der König erzwingt den *Rücktritt Daouds;* Ministerpräsident *Mohammed Jusuf* (* 1915), erstmals kein Angehöriger des Königshauses, bemüht sich um allmähliche Demokratisierung.

1964 Die *Verfassung* untersagt Mitgliedern der Königsfamilie jegliche Teilnahme an der Regierung.

1965 Das erste *freigewählte Parlament* wird zur Kampfarena der Stammesvertreter gegen die
14. Okt. Reformpolitik der Regierung. Instabile innenpolitische Situation, häufiger Regierungswechsel; Afghanistan bleibt eines der rückständigsten Länder.

1973 *Staatsstreich* in Abwesenheit König Sahir Schahs: Verfassung aufgehoben, Parlament auf-
17. Juli gelöst und die **Republik** proklamiert. *Mohammed Daoud* Staatschef und Ministerpräsident. Umsichtige Reformen (Daoud erweist sich konservativer als in den fünfziger Jahren): Landreform; Verstaatlichung der Banken; die meisten Reformen bleiben in der Planung stecken. Unterstützung separatistischer Bewegungen in Pakistans Provinz Belutschistan; Wiederaufnahme der „Paschtunistan"-Frage. Annäherung an Iran und Irak; umfangreiche Kreditzusagen von Iran und Saudi-Arabien.

1977 *Neue Verfassung:* Präsidialsystem (Daoud Präsident); *Einparteiensystem.* Der Aufbau der
24. Febr. National-Revolutionären Partei verzögert sich.

1978 Nach der Verhaftung führender Kommunisten *Staatsstreich* von Einheiten der Armee;
27. April Daoud und alle anderen Angehörigen der Königsfamilie ermordet. *Mohammed Taraki* (* 1917?, † 1979) wird Vorsitzender des Revolutionsrates und Ministerpräsident der **Demokratischen Republik Afghanistan.** Taraki betont die Bündnisfreiheit Afghanistans, jedoch enge Zusammenarbeit mit der Sowjetunion.

5. Dez. *20-Jahres-Vertrag über Freundschaft und Zusammenarbeit mit der Sowjetunion;* verschiedene Kooperationsabkommen.

1979 Der *Widerstand* der traditionellen Stämme *gegen das anti-islamische Regime* verstärkt sich: Stammeserhebungen in den Bergen (die Rebellen kontrollieren zeitweilig den größten Teil des Landes); auch Armee-Einheiten revoltieren gegen das Regime.

28. April *Hafisollah Amin* (* 1926, † 1979) wird *Ministerpräsident* und beginnt, Taraki zu verdrängen (16. Sept. aller Ämter enthoben, kurz darauf gestorben). Amin, der als stark moskauorientiert gilt, kann auch mit Terror der Unruhen und Erhebungen nicht Herr werden.

27. Dez. **Sowjetische Invasionstruppen** *stürzen Amin: Babrak Karmal* kehrt aus dem Exil in der Sowjetunion zurück und wird Vorsitzender des Revolutionsrates; Amin hingerichtet. Trotz militärischer Überlegenheit gelingt es den Sowjets nicht, gegen wachsenden *Widerstand der Stämme und islamischer Gruppen* ganz Afghanistan zu besetzen.

1980 Die *Provisorische Verfassung* respektiert den Islam und die afghanische Tradition. Die Ver-
14. April söhnungsversuche des Regimes werden vom Widerstand jedoch abgelehnt.

1981 Der Oberste Rat der Afghanischen Stämme kann die Krise des Regimes nicht lösen (Juni). *Sowjetische Offensiven und Gegenangriffe der Widerstandskämpfer schaffen die Grundsituation der nächsten Jahre,* in der die Regierung die großen Städte und der Widerstand das weite Land, insbesondere die Gebirgstäler kontrolliert.

1983 Bisher haben 20% der Bevölkerung als Flüchtlinge Afghanistan verlassen.

1984 Das unter UN-Vermittlung von Pakistan und Afghanistan in Genf geführte *„3. Afghani-*
24.–30. Aug. *stan-Gespräch"* (besonders zum Flüchtlingsproblem) *bleibt ergebnislos* (1. Gespräch Juni 1982, 2. Gespräch April 1983). – *(Forts. S. 1644)*

Afrika südlich der Sahara seit 1945

Westafrika

Küstenstaaten

Senegal
(Forts. v. S. 1127)

1945	Zusammenschluß der bestehenden politischen Vereinigungen zum Comité d'Entente (später Bloc Africain), in dem sich die Section Française de l'Internationale Ouvrière (SFIO) als treibende Kraft unter Amadou Lamine-Guèye (* 1891, † 1968) durchsetzt.
1946 18. Okt.	Nach der Gründung des interterritorialen *Rassemblement Démocratique Africain* (RDA) etabliert sich die *Union Démocratique Sénégalaise* (UDS) als RDA-Sektion.
1947	Spannungen innerhalb der SFIO nach Erweiterung der Wahlkörperschaft führen zur Abspaltung des *Bloc Démocratique Sénégalais* (BDS) unter *Léopold Senghor* (* 1906).
1957 31. März	Wahlen zum Landesparlament: der *Bloc Populaire Sénégalais* (BPS; Nachfolger des BDS unter Einschluß des radikaleren UDS/RDS-Flügels) erringt 78% der Sitze.
18. Mai	*Mamadou Dia* (* 1910) wird erster Regierungschef.
1958	Die unterlegene Parti Sénégalais d'Action Socialiste (20% der Sitze) schließt sich dem BPS an, der sich in *Union Populaire Sénégalaise* (UPS) umbenennt.
28. Sept.	Annahme französischer Verfassungsvorschläge durch ein *Referendum*.
25. Nov.	*Senegal wird autonome Republik* innerhalb der Französischen Communauté.
1959 25. März	Zusammenschluß mit Französisch-Sudan zur *Mali-Föderation;* die Bundesverfassung (vom 17. Jan.) sieht Dakar als Sitz der Bundesbehörden vor; *Modibo Keita* (* 1915, † 1977) (Sudan) wird Regierungschef der Föderation), Léopold Senghor Präsident der Bundesversammlung.
1960 20. Juni	*Unabhängigkeit der Mali-Föderation;* die neue Verfassung behält gegen den Willen der Soudan-Führung den bundesstaatlichen Charakter.
19. Aug.	Daraus resultierende Konflikte führen zur Absetzung Dias durch Keita und zur Erklärung des Notstandes; Verhaftung Keitas und anderer Soudan-Führer im Senegal.
20. Aug.	**Senegal** erklärt das Ende der Mali-Föderation und proklamiert die **Unabhängigkeit.**
5. Sept.	*Léopold Senghor* wird *Präsident, Mamadou Dia* bleibt *Premier*.
1962 17. Dez.	Mißtrauensvotum gegen Dia wegen autoritären Regierungsstils und Beschneidung von Parlamentskompetenzen; der Konflikt wird mit Hilfe der Streitkräfte zugunsten Senghors entschieden (Dia verhaftet und verurteilt; Amnestie 1974).
1963 1. Dez.	Die UPS gewinnt bei Wahlen, die nach Annahme der Präsidialverfassung (Abschaffung des Premieramtes) abgehalten werden, alle Parlamentssitze (seit 1966 einzige Partei).
1967	Attentat auf Senghor (22. März); Festnahme zahlreicher Personen mit Beziehungen zu M. Dia.
1968 Mai	Studenten-Rebellion gegen den dominierenden französischen Einfluß und Senghors autoritären Führungsstil; die Gewerkschaften schließen sich mit einem Generalstreik an, beide Gruppen werden durch hartes Vorgehen der Regierung noch mehr in Opposition getrieben.
1970 22. Febr.	Nach einem weiteren Generalstreik (Juni 1969) wird eine „Dekonzentration" der Regierung angekündigt; das wiedereingeführte Amt des Premiers übernimmt *Abdou Diouf* (* 1935).
1973 Jan.–März	Ausbruch von Unruhen nach Unterdrückung des Versuchs, eine alternative Gewerkschaftsbewegung zu gründen; oppositionelle Gewerkschafter suchen engere Aktionseinheit mit Studenten und Schülern; zugleich Krise zwischen islamischen Führern und UPS.
1976 6. April	„Kontrolliertes Dreiparteiensystem" eingeführt: UPS – nun *Parti Socialiste du Sénégal* (PS) – soll den demokratischen Sozialismus, die *Parti Démocratique Sénégalais* (PDS) unter *Abdoulaye Wade* den liberalen Demokratismus und die *Parti Africain de l'Indépendance* (PAI: gegründet 1957, 1960 verboten, 1976 reaktiviert) die marxistisch-leninistische Richtung vertreten.
1978 26. Febr.	Bei Wahlen (erstmals Verhältniswahlrecht) erhalten die PS 82% und die PDS 18% der Sitze; damit ist zum ersten Mal seit 1959 eine Oppositionspartei im Parlament vertreten.
1979	Mouvement Républicain Sénégalais (B. Guéye) als 4. Partei anerkannt (7. Jan.).
1980	*Präsident Senghor tritt freiwillig zugunsten von Abdou Diouf zurück* (31. Dez.). Neuer Premierminister wird Habib Thiam (* 1933).
1982	*Diouf* wird *Präsident der* neugeschaffenen *Konföderation Senegambia* (1. Febr.).
1983	Diouf in Neuwahlen im Amt bestätigt (Febr.). – *(Forts. S. 1644)*

1496 Neueste Zeit – Nicht durch Blockbündnis geprägter Teil der Welt

Gambia
(Forts. v. S. 1129)

seit 1946 Schrittweise Gewährung des Mitspracherechts im Legislativrat nur für Einwohner der „Kolonie"; Bildungs- und Entwicklungsgefälle zwischen „Kolonie" und Protektorat zementiert; Wolof und Kreolen bauen ihren sozio-ökonomischen Vorsprung aus.

1954 Die traditionellen, von der Kolonialverwaltung abhängigen Führungsgruppen des britischen Protektorats sind nach der neuen Verfassung erstmals im Legislativrat vertreten (indirekt gewählte Sitze), sogar mit mehr Einfluß als die Wähler der „Kolonie" (10% des Gesamtgebietes), deren Stadtbevölkerung sich antikolonialistisch zu mobilisieren beginnt; Berufung der drei Parteiführer in den Exekutivrat.

1960 Neue Verfassung: repräsentative Selbstregierung; direkte Wahl nun auch für das bisher als Domäne der traditionellen Herrscher behandelte Protektorat (12 Vertreter; dazu sieben aus der „Kolonie" und acht Vertreter der Protektorats-Chiefs). Die Entfaltung von Parteien aus der „Kolonie" wird im Protektorat erheblich erschwert.

1961 *Pierre N'Jie* (*1909) von der *United Party* (UP) wird Chefminister (22. März) trotz eines Wahlsiegs der PPP (*People's Progressive Party:* Partei der Bauernbevölkerung), die die nächsten Wahlen (Mai 1962) noch klarer gewinnt. Daraufhin wird *David Jawara* (* 1924) Regierungschef (4. Juni 1962); er bricht mit der Absetzung von 13 Chiefs (traditionelle Herrscher) weitgehend deren Einfluß.

1965 Nach Gewährung der inneren Selbstregierung (4. Okt. 1963) erhält Gambia die **Unabhän**
18. Febr. **gigkeit;** Jawaras Koalitionsregierung zerbricht kurz darauf.

1966 Die PPP gewinnt bei Wahlen 75% der Sitze, leitet eine Integration von Wolof und Kreolen
Mai der „Kolonie" in die Regierung ein (diese Mittelklasse wird auch durch Konzentration entwicklungspolitischer Maßnahmen auf die Küstenregion bevorzugt).

1970 Nach einem neuen Referendum wird *Gambia Republik, David Jawara Präsident.* Kritik an
24. April seinem autoritären Herrschaftsstil, Mandingo-Protest gegen seine Interessenverbindung mit Wolof und Kreolen (Stadt-Land-Dichotomie) und Proletarisierung von chancenlosen Schulabgängern führen zu breiter Unzufriedenheit.

1975 Bildung der *National Convention Party* (NCP) unter dem Ex-Vizepräsidenten *Sheriff*
Okt. *Dibba* (* 1937); sie erhält 23% der Stimmen bei Wahlen (5. April 1977).

1982 *David Jawara* wird *Vizepräsident der* neuen *Konföderation Senegambia. – (Forts. S. 1644)*

Guinea-Bissau

1951 Guinea-Bissau wird *portugiesische Überseeprovinz*; die Abhängigkeit von der Erdnuß-
11. Juni Monokultur, die fast vollständige Kontrolle der Wirtschaft durch die *Companhia União Fabril* und die Banco Nacional Ultramarino bleiben bestehen.

1954 Mit dem *„Eingeborenenstatut"* erhält eine kleine Zahl von Afrikanern unter bestimmten
20. Mai Bedingungen (u. a. portugiesische Sprachkenntnisse; Einkünfte; Berufsausübung; politisches Wohlverhalten) den privilegierten Status der „Assimilation".

1956 Gründung der *Partido Africano da Independência da Guiné e Cabo Verde* (PAIGC) unter
Sept. Führung des von den Kapverden stammenden *Amilcar Cabral* (* 1924, † 1973).

1959 Niederschlagung eines von der PAIGC und von einer geheimen Gewerkschaftsbewegung
3. Aug. unterstützten Hafenarbeiterstreiks (50 Tote); in der Folge Strategieänderung der PAIGC, die nun die Mobilisierung der Landbevölkerung zur Hauptaufgabe erklärt.

1963 Die PAIGC beginnt nach einer Welle von Verhaftungen (Erklärung des Ausnahmezu-
22. Jan. stands) mit dem bewaffneten Guerillakampf und stellt eine reguläre Armee auf.

1964 Eröffnung einer zweiten PAIGC-Front im Norden; schwere Niederlage der Portugiesen
Juli (900 Tote) in der Schlacht um die Como-Insel, sie geraten in der Folge in die Defensive.

1967–1969 Das zunehmende militärische Engagement Portugals, mit zumindest indirekter NATO-Unterstützung, sowie die verschärften Unterdrückungsmaßnahmen vermögen den effektiven und von der Landbevölkerung getragenen Guerillakampf kaum zu beeinträchtigen.

1972 In 11 von 15 Regionen hält die PAIGC allgemeine Wahlen für die erste Nationale Volksversammlung eines unabhängigen Guinea-Bissau ab (Aug.–Okt.).

1973 *Ermordung Amilcar Cabrals* (20. Jan.) durch portugiesische Agenten in Conakry.
24. Sept. Unabhängigkeit Guinea-Bissaus von der Nationalen Volksversammlung ausgerufen; eine Verfassung wird verkündet; an der Spitze des Staatsrates (Exekutive) steht der stellvertretende Generalsekretär der PAIGC, *Luis Cabral* (* 1931, Bruder von Amilcar Cabral).

1974 Die **Unabhängigkeit** Guinea-Bissaus wird von Portugal offiziell gewährt; *Präsident* wird
10. Sept. *Luis Cabral, Premier* wird *Francisco Macias Mendes* (* 1930, † 1978).

1976 Die Nationalen Volksversammlungen der Kapverden und Guinea-Bissaus wählen einen
Mai *„Rat der Einheit"*, der mit der Ausarbeitung einer Verfassung für die Vereinigung der beiden von der PAIGC regierten Republiken beginnt (Jan. 1977).

Afrika/Westafrika – Gambia – Guinea-Bissau – Kapverden – Guinea *1497*

1978 Unfalltod von Premier Mendes (7. Juli); sein Nachfolger wird *João Bernardo Vieira* (11. Okt.).
1980 *J. B. Vieira stürzt Cabral* im sogenannten „Reisputsch" (15. Nov.). – *(Forts. S. 1644)*

Kapverden

1951 Die Kapverden werden *portugiesische Überseeprovinz*; die Abhängigkeit der ressourcen-
11. Juni armen, von periodisch wiederkehrenden Dürrekatastrophen/Hungersnöten (größere: 1900–1903, 1920–1922, 1940–1943, 1946–1949) heimgesuchten Inseln von der Handel und Banken kontrollierenden portugiesischen Oligarchie bleibt bestehen.

1954 Der mit dem *„Eingeborenenstatut"* verbundene privilegierte *„Assimilierten-Status"* be-
20. Mai trifft nur wenige Afrikaner/Kreolen; viele von ihnen geben dem Befreiungskampf in Guinea-Bissau (seit 1963) unter Führung der PAIGC starke Impulse, der jedoch nicht auf die Kapverden ausgeweitet werden kann.

1973 *Gewährung der inneren Autonomie:* die Mitglieder des mit erweiterten Kompetenzen aus-
1. Jan. gestatteten Legislativrates werden gewählt (Zensuswahlrecht).

1974 In den Dekolonisationsverhandlungen mit der neuen portugiesischen Regierung kann die
Mai–Aug. PAIGC ihre Forderung nach Zusammenschluß mit Guinea-Bissau nicht durchsetzen.
20. Dez. Einsetzung einer *Übergangsregierung* gemäß einem Abkommen mit Portugal.

1975 *Wahlen zur Nationalversammlung* ohne Parteienkandidatur; die Pro-PAIGC-Listen ge-
30. Juni winnen sämtliche Mandate.
5. Juli **Unabhängigkeit** der Republik Kapverden unter Präsident *Aristides Pereira* (* 1922; PAIGC-Generalsekretär seit Jan. 1973), *Pedro Pires* wird *Premier* (12. Juli).

1976 Die Nationalen Volksversammlungen der Kapverden und Guinea-Bissaus wählen einen
Mai „Rat der Einheit", der mit der Ausarbeitung einer Verfassung für die Vereinigung der beiden von der PAIGC regierten Republiken beginnt (Jan. 1977).

1981 *Gründung der PAIC* (Afrikanische Partei für die Unabhängigkeit der Kapverden) am 30. Jan. – *(Forts. S. 1644)*

Guinea
(Forts. v. S. 1127)

1947 Aus vornehmlich ethnisch bestimmten Gruppen wird die anti-kolonialistische *Parti Démo-
Mai* cratique de Guinée* (PDG) als Sektion des interterritorialen *Rassemblement Démocratique Africain* (RDA) unter *Madeira Keita* (* 1917) gegründet.

1952 Nach der Strafversetzung Keitas in den Soudan (Mali) übernimmt *Ahmed Sékou Touré* ([* 1922, † 1984] seit 1948 Generalsekretär der größten Gewerkschaft) die Führung der PDG und beginnt mit Massenmobilisierung von Bauern, Jugend und Frauen.

1953 Sékou Touré erreicht die Solidarisierung breitester Bevölkerungsschichten während eines 66-Tage-Streiks: Machtzuwachs für Tourés Gewerkschaft, Machtverlust der Chefferie (von der Kolonialverwaltung eingesetzte „traditionelle" Herrscher).

1957 Wahlen zum Landesparlament: 93% der Sitze für die PDG (31. März).
14. Mai *Sékou Touré* wird *Regierungschef* und setzt die Abschaffung der Chefferie durch.

1958 Als einzige französische Afrikakolonie lehnt Guinea den Beitritt zur Französischen Com-
28. Sept. munauté in einem Referendum mit 95,2% der Stimmen auf Betreiben der von der RDA-Linie abweichenden PDG ab.
2. Okt. Guinea erhält die **Unabhängigkeit,** Frankreich zieht in kürzester Zeit das gesamte Inventar und Personal ab und stellt abrupt sämtliche Hilfeleistungen ein.
23. Nov. Gründung der *Union der Unabhängigen Afrikanischen Staaten* mit Ghana, nach Annäherung Malis wird ein Unionsvertrag geschlossen (1. Juli 1961), Guinea und Mali lehnen sich jedoch aus wirtschaftlichen Gründen wieder stärker an die Elfenbeinküste an.

1960 Nach Ausscheiden aus der Franc-Zone und Verstaatlichungsmaßnahmen kommt es mit
1. März Unterstützung von Exil-Guineern und Franzosen zum Putschversuch der Armee (April).
1961 *Sékou Touré* wird *zum Präsidenten gewählt* (15. Jan.).

1964 Mit einer drastischen Reduzierung der Zahl der Parteimitglieder, einer Intensivierung der
8. Nov. Verflechtung von Partei und Staat, dem Ausschluß aller Kaufleute von verantwortlichen Posten sowie Überprüfungen des seit 1958 erworbenen Vermögens von Parteimitgliedern erfolgt eine deutliche Abkehr vom bisherigen Dogma des Nichtvorhandenseins von Klassengegensätzen, die Notwendigkeit eines Klassenkampfes wird nunmehr betont.

1969 Nach Aufdeckung eines Putschplanes (angeblich mit französischer Unterstützung) um-
Febr. fangreiche *Säuberungen in Armee und Partei*; nach einem Mordkomplott (März) gegen Touré Verurteilung von 50 Offizieren, Ex-Ministern und Staatssekretären.

1498 Neueste Zeit – Nicht durch Blockbündnis geprägter Teil der Welt

1970	*Höhepunkt der „permanenten Komplotte"* nach Attentatsversuchen und Verschwörungen
21.–27.	(24. Juni 1969, 25. Sept. und 2. Okt. 1970) ist der Invasionsversuch von portugiesischen
Nov.	Truppen und Exil-Guineern, der zurückgeschlagen wird.
1971	Abschluß eines *Verteidigungspaktes mit Sierra Leone,* dessen Premier während eines
26. März	Staatsstreichversuchs durch Guinea-Truppen unterstützt wird.
6. Juli	Nach Aufdeckung weiterer Attentats- und Invasionspläne Verhaftung der Stabschefs.
1972	Nachdem durch Säuberungen 1970/1971 ca. zwei Drittel des Führungspersonals von Partei
	und Staat ausgeschaltet worden sind, bringt der „Parteikongreß der Sieger" weitere Ände-
	rungen in Partei- und Staatsspitze; das neugeschaffene Amt des Premiers übernimmt
(27. April)	*Louis Lansana Beavogui* (* 1923, † 1984).
1973	Ein weiterer Mordanschlag auf Touré und ein Invasionsplan werden aufgedeckt (Sept.).
1976	Niederschlagung des „*Foulah-Komplotts",* in den Volksmiliz-Angehörige und Ful-Führer
13. Mai	sowie *Diallo Telli* (* 1925; OAU-Generalsekretär 1964–1972) verwickelt sein sollen.
1978	Umbenennung in „Volks- und Revolutionsrepublik Guinea" auf PDG-Kongreß (21. Nov.).
1984	*Nach Tourés Tod* (29. März) gelingt *Militärputsch. Neues Staatsoberhaupt:* Oberst Lan-
	sana Conté (* 1934), neuer Ministerpräsident: Diara Traoré (* 1935). *– (Forts. S. 1645)*

Sierra Leone
(Forts. v. S. 1129)

1951	*Einheitliche Regierung für Kolonie und Protektorat* (Beendigung der Vorrangstellung der
19. Nov.	Kreolen unter der nichteuropäischen Bevölkerung und ihrer seit 1860 gehegten Macht-
	aspirationen); Mehrheit der nichtamtlichen Mitglieder im Legislativrat, von denen sieben
	in der Kolonie direkt und 14 im Protektorat indirekt gewählt werden.
1953	Sechs nichtamtliche Legislativrats-Mitglieder erhalten Ministerposten, *Milton Margai*
	(* 1895, † 1964) führt die Regierungsgeschäfte und wird Chefminister (9. Juli 1954).
1957	Wahlrechtserweiterung durch *Verfassungsänderung:* von 51 Parlamentsmitgliedern wer-
31. Jan.	den 14 (Kolonie) und 25 (Protektorat) direkt gewählt, hinzu kommen 12 Sitze für traditio-
	nelle Herrscher aus dem Protektorat.
19. Mai	Die antikoloniale *Sierra Leone People's Party* (SLPP) gewinnt die Wahlen mit neun (Kolo-
	nie-) bzw. 14 (Protektorats-)Sitzen.
1958	Nachdem der Exekutivrat vollständig in afrikanische Hände gekommen ist *(innere Selbst-*
14. Aug.	*regierung),* wird *Milton Margai* Premier; im Kabinett nur noch afrikanische Mitglieder.
2. Sept.	Gründung der *People's National Party* (PNP) unter *Albert Margai* (* 1910, † 1980) und
	Siaka Stevens – (* 1905, † 1988).
1960	Stevens gründet das *Elections before Independence Movement* (später *All People's Con-*
April/Mai	*gress* APC); Albert Margais Anhänger schließen sich wieder der SLPP an.
1961	**Unabhängigkeit** Sierra Leones (27. April; Dominion-Status mit Generalgouverneur).
1962	Die sich auf die Süd- und Ostprovinzen und die Chiefs stützende SLPP kann in den Wahlen
25. Mai	45%, Stevens' APC – unterstützt von der Nordregion und getragen von kleinen Händlern
	und Farmern – 26% der Sitze erringen; *Milton Margai* bildet die *neue Regierung.*
1964	Nach Milton Margais Tod wird sein Halbbruder, *Albert Margai,* vom Generalgouverneur
29. April	gegen erheblichen Widerstand *zum Premier ernannt;* seine Politik zielt auf die Einführung
	der republikanischen Staatsform und eines Einparteiensystems ab.
1967	Bei *Wahlen* verfehlt die APC die absolute Mehrheit (48,5% der Sitze, SLPP 42,4%); noch
17. März	vor der Wahl der Sitze der Chiefs ernennt der Generalgouverneur *Stevens* zum *Premier*
	(21. März). Das Militär unter Oberbefehlshaber *David Lansana* übernimmt daraufhin am
	selben Tag die Macht und verhaftet den Generalgouverneur und den Premier.
23. März	Lansana wird durch einen zweiten Putsch abgesetzt; ein Nationaler Reformrat unter Oberst
	Ambrose Genda (* 1927) setzt die Verfassung außer Kraft und löst die Parteien auf.
27. März	Genda wird durch den aus Großbritannien zurückgekehrten Oberst *Andrew Juxon-Smith*
	([* 1933] Kreole) ersetzt; die Rückkehr zur Zivilregierung wird angekündigt.
1968	Die Militärregierung wird durch einen „Staatsstreich der Unteroffiziere" gestürzt, ein Rat
18. April	der 14 übernimmt die *Regierung unter John Bangura; Siaka Stevens* am 26. wieder *Premier.*
1971	Scheitern eines Armeeputsches unter Oberbefehlshaber J. Bangura; nach Abschluß eines
23. März	Verteidigungspaktes mit Guinea (26. März) unterstützen dessen Truppen Stevens.
19. April	*Ausrufung der Republik,* Siaka Stevens wird Präsident, *Ibrahim Koroma* (* 1930) Vize-
	präsident und Premierminister.
1973	In einer unter Bedingungen des Ausnahmezustands abgehaltenen Wahl stellt die SLPP we-
11. Mai	gen massiver Einschüchterung keine Kandidaten auf; die APC erhält 84 von 85 Sitzen (80
	ohne Gegenkandidaten) und besetzt auch die 12 Sitze der Chiefs ohne Wahl.
1974	Der vierte Kongreß der APC (29. März – 2. April) nimmt ein neues Statut und ein Pro-
	gramm der nationalen Selbsthilfe an.
8. Juli	*Christian Kamara-Taylor* (* 1917) wird *zum Premier ernannt.*

Afrika/Westafrika – Sierra Leone – Liberia – Elfenbeinküste *1499*

1977	Ausnahmezustand nach Studenten-Schüler-Unruhen, dennoch Abhaltung von Wahlen
1. Febr.	(6. Mai), in denen die SLPP 15, die APC 62 Sitze erhält; Verschiebung der Abstimmung in acht der Opposition sicheren Wahlkreisen.
1978	*Abschaffung des Premieramtes*; Koroma und Kamara-Taylor werden Erster bzw. Zweiter
15. Juni	Vizepräsident, Einführung des Einparteiensystems.
1982	*Militärputsch-Versuch in Freetown scheitert* (Febr.). – *(Forts. S. 1645)*

Liberia
(Forts. v. S. 1130)

nach 1945	Die von Präsident *William Tubman* (* 1895, † 1971) nach dem Zweiten Weltkrieg forcierte „*Politik der offenen Tür*" verstärkt Liberias Abhängigkeit von transnationalen Konzernen (besonders nach Entdeckung von reichen Eisenerzvorkommen), macht das Land jedoch auch durch günstige Steuergesetze zur *Nation mit der größten registrierten Handelsflotte der Welt;* die im Lande verbleibenden Profite konzentrieren sich jedoch auf sehr wenige Familien der Americo-Liberianer.
1951	Durch eine Verfassungsänderung wird die Beschränkung auf zweimalige Wiederwahl des Präsidenten aufgehoben und *Tubman praktisch zum Präsident auf Lebenszeit* gemacht.
1955	Eine Neufassung des Wahlgesetzes sanktioniert das *Verbot von Parteien.*
1960	Institutionalisierung der konservativen TWP *(True Whig Party)* zur *Staatspartei.*
1961	Trotz gesetzlichen Streikverbots *Ausrufung des Generalstreiks* durch die bislang von Tub-
Sept.	mans Sohn kontrollierten Gewerkschaften; Verhaftung führender Gewerkschafter.
1963	Die *Zulassung einer Opposition* wird nach Aufdeckung eines Staatsstreichplans der Na-
5. Febr.	tionalgarde rückgängig gemacht; Repressionen gegen Regimegegner nehmen zu.
Juli	Die zunehmende Proletarisierung der Minen- und Plantagenarbeiter führt zu Streiks auf den Firestone-Plantagen (ca. 20 000 Arbeiter).
1966	Anläßlich erneuter Streiks läßt sich Präsident Tubman Sondervollmachten zur Nieder-
9. Febr.	schlagung geben; ein Komplott von Armeeangehörigen wird aufgedeckt (10. Okt.).
1971	*Tod von Präsident Tubman;* Nachfolger wird der (seit 1953) amtierende Vizepräsident
23. Juli	*William Tolbert* (* 1913, † 1980), einer der reichsten Männer Liberias, der sich von An- fang an auf die wenigen einflußreichen Familien sowie auf die Kirchen stützt; in das neue Kabinett werden auch Angehörige der jungen technokratischen Elite einbezogen.
1973	*Mordkomplott gegen Tolbert* (Febr.), Offiziere und Kru-Prinz N. A. Browne verhaftet.
1979	Unruhen in Monrovia (70 Tote), Beteiligung der 1975 in USA gegründeten *Progressive*
April	*Alliance of Liberia* (PAL) Gabriel Matthews'; Militärhilfe Guineas.
1980	Nach Verbot des PAL-Ablegers *Progressive People's Party* (März) Unteroffiziers-Putsch
12. April	unter *Samuel Doe* gegen das Regime der Americo-Liberianer; Ermordung Tolberts, zahl- reiche Hinrichtungen. Neues Kabinett unter Einschluß von Matthews.
1981	Austausch der kubanischen Militärberater gegen US–„Green Berets". – *(Forts. S. 1645)*

Elfenbeinküste
(Forts. v. S. 1127)

1945	Unter Führung von *Félix Houphouet-Boigny* (* 1905) gewinnt die Gruppierung des *Bloc*
Aug.	*Africain* die Wahlen zum Gemeinderat der Hauptstadt Abidjan. Es kommt daraufhin zu Parteigründungen, vor allem der *Parti Progressiste de la Côte d'Ivoire* (PPCI) und der *Parti Démocratique de la Côte d'Ivoire* (PDCI); Houphouet-Boigny findet starken Rückhalt in dem von ihm im Sept. 1944 mitgegründeten *Syndicat Agricole Africain* (Schutzorganisa- tion afrikanischer Kaffee- und Kakao-Pflanzer gegen Diskriminierung durch europäische Pflanzer), dessen Ausbreitung und enge Verzahnung mit der Chefferie (eingesetzte „tradi- tionelle" Herrscher) der PDCI eine rasche Verbreitung bis zur Dorfebene ermöglicht.
15. Dez.	Die PDCI gewinnt alle an Afrikaner vergebenen Mandate für die Landeslegislative.
1946	Houphouet-Boigny wird zum Führer des in Bamako (Soudan/Mali) gegründeten interter-
18. Okt.	ritorialen *Rassemblement Démocratique Africain* (RDA) gewählt, zu dessen Elfenbein- küste-Sektion sich PDCI und PPCI zusammenschließen (24. Nov.).
1947	Die mit der Aufteilung Obervoltas (1933) an die Elfenbeinküste gekommenen Gebietsteile
4. Sept.	kommen an das rekonstituierte Obervolta zurück.
1949–1952	Machteinbuße der PDCI/RDA aufgrund heftiger Bekämpfung durch die Kolonialverwal- tung wegen der Kooperation der RDA mit den französischen Kommunisten.
1952	*Wahl zum Landesparlament:* die PDCI/RDA gewinnt 87,5% der Sitze. Nach Lösung des
30. März	Bündnisses zwischen RDA und Kommunisten (1950, auf Druck von Houphouet-Boigny) manifestiert sich die wachsende Stärke der PDCI, die zahlreiche Oppositionsgruppen inte- griert hat.

1500 Neueste Zeit – Nicht durch Blockbündnis geprägter Teil der Welt

1957 *Landesparlamentswahl:* die PDCI erreicht 97% der Sitze (31. März).
15. Mai *Auguste Denise* (* 1906) wird *Regierungschef* statt Houphouet-Boigny, der Minister im französischen Kabinett geworden ist (1. Febr. 1956); wichtige Entscheidungen der Elfenbeinküste-Regierung fallen jedoch nur nach Konsultationen mit ihm.
1958 Nach Annahme des Referendums (28. Sept.) über die französischen Verfassungsvorschläge
4. Dez. wird die *Elfenbeinküste autonome Republik* innerhalb der Französischen Communauté.
1959 Nachdem die PDCI/RDA sämtliche Sitze im Parlament gewonnen hat (Ausschaltung der
12. April einzigen Konkurrenzpartei im Aug. 1958), wird *Houphouet-Boigny* Premier (1. Mai).
29. Mai *Beitritt* der Elfenbeinküste *zum Rat der Entente* (mit Obervolta, Niger, Dahomey, später Togo), die vor allem von Houphouet-Boigny als Gegengewicht gegen die Mali-Föderation (Senegal/Soudan) forciert worden ist und stark von ihm geprägt wird.
1960 **Unabhängigkeit** (7. Aug.); die neue Verfassung führt ein Präsidialsystem ein.
7. Nov. Ein neues Wahlgesetz bringt die faktische *Etablierung des Einparteiensystems;* *Houphouet-Boigny* übernimmt das Amt des *Präsidenten* (27. Nov.).
1963 Verwicklung höchster politischer Führer (u. a. sechs Kabinettsmitglieder) in einen Putsch-
Aug. versuch; über 100 Verhaftungen.
1969 Nach Unruhen (März 1968) beginnt Houphouet-Boigny einen „Dialog" mit Vertretern verschiedener gesellschaftlicher Gruppen zur Abstellung einiger Mißstände (Sept.–Dez.).
1971–1973 Nach einem Staatsbesuch des Präsidenten von Senegal, Léopold Senghor, und einem Gegenbesuch Houphouet-Boignys im Senegal Annäherung der Staaten und Vereinbarung über gegenseitige militärische Zusammenarbeit.
1974 Aufgreifen der südafrikanischen Initiative zum „Dialog": Staatsbesuch des Südafrikani-
11. Juli schen Premiers (Febr. 1975) in der Folge (Delegation in Südafrika bereits 1971).
1975 *Verfassungsänderung:* bei einer Vakanz des Präsidentenamtes folgt der Präsident der
Mai Nationalversammlung nach.
1980 Der 7. Kongreß der PDCI/RDA beschließt die *Schaffung eines Comité exécutif* als kollektives Führungsorgan *mit 9 Mitgliedern* (Okt.).
1981 Der Tod von 46 Ghanaern in Abschiebehaft verursacht Spannungen mit Ghana (März).
1983 *Yamoussoukro wird neue Hauptstadt* (21. März). – *(Forts. S. 1645)*

Ghana
(Forts. v. S. 1129)

1946 Die Goldküste erhält als erste britische Afrikakolonie eine *Mehrheit der nichtamtlichen*
29. März *Mitglieder* (24 von 30) *im Legislativrat,* in dem auch die Nordterritorien und das Volk der Ashanti vertreten sind. Damit wird die Goldküste als Einheit behandelt, doch erweitert die Stärkung der traditionellen Herrscher die Kluft zur westlich gebildeten Elite, die ebensowenig wie die Kakaopflanzer mit der Verfassung einverstanden ist.
1947 Es kommt daher zur Gründung der ersten nationalistischen Partei, der *United Gold Coast*
Aug. *Convention* (UGCC, Vorläufer u. a. in der 1938 gegründeten *Gold Coast Youth League*) unter *Joseph B. Danquah* (* 1895, † 1965); Generalsekretär wird der aus London zurückgekehrte *Kwame Nkrumah* (* 1909, † 1972).
1949 Spannungen innerhalb der UGCC führen zur Abspaltung eines radikaleren Teils und
12. Juni Gründung der *Convention People's Party* (CPP) unter Nkrumah und *K. A. Gbedemah* (* 1912).
1951 Eine *neue Verfassung* tritt in Kraft, die eine halbverantwortliche Selbstregierung vorsieht;
1. Jan. die Mitglieder des Exekutivrates werden Ressort-Minister (acht Afrikaner von 11) und sind der erheblich erweiterten Legislative verantwortlich.
13. Febr. Nach einem Wahlsieg der CPP (8. Febr) wird *Nkrumah* aus dem Gefängnis entlassen und mit der *Bildung der ersten autonomen Regierung* beauftragt.
1952 *Nkrumah* wird zum *Premier* ernannt (21. März).
1954 *Neue Verfassung:* innere Autonomie mit einem rein afrikanischen Kabinett (5. Mai). Nach drastischer Beschneidung der Macht der traditionellen Herrscher (Nov. 1951) kommt es zur Gründung der konservativen, sich auf traditionelle Herrscher stützenden und verschleiert Separatismus propagierenden *Northern People's Party* (NPP, April 1954), die je-
15. Juni doch in den Wahlen (Mehrheitswahlrecht ohne Sitzreservierung für Chiefs) nur 14% der Sitze gegenüber 69% der CPP gewinnt.
Sept. Die damit als gesichert angesehene nationale Einheit wird durch die Gründung des *National Liberation Movement* (NLM) in Frage gestellt, der sich auf das Volk der *Ashanti* stützt, eine föderative Verfassung fordert und vor dem Hintergrund der Agitation gegen ein neues Kakao-Gesetz (niedrige Produzentenpreise) Oppositions-Gruppen – auch Ashanti-CPP-Mitglieder – zu absorbieren vermag, so auch die *Ghana Congress Party* (gegründet 4. Mai 1952) unter *Kofi Busia* (* 1913, † 1978) und *Joseph B. Danquah,* die den Anti-Nkrumah-Kräften der alten UGCC entspricht.

Afrika/Westafrika – Ghana *1501*

1956 17. Juli	Wahlen: das NLM erhält nur 12 der 21 Ashanti-Sitze, die NPP hält ihre 15 Sitze im Norden, die CPP gewinnt 71 der 104 Sitze.
1957 **6. März**	**Unabhängigkeit** als Ghana, dem das britische Mandatsgebiet Togo nach einer Volksabstimmung (9. Mai 1956) angefügt wird, obwohl die im Südteil lebenden *Ewe* (seit 1949 großenteils im *Togoland Congress* organisiert) dagegenstimmen, da sie für ein wiedervereinigtes Gesamt-Togo eintreten. *Ghana* wird *in fünf Regionen aufgeteilt;* Verwaltungsspitze: Chiefs (in Ashanti: der Asantehene) mit Regionalkommissaren als Regierungsvertreter.
3. Nov.	Sämtliche Oppositionsgruppen fusionieren zur *United Party* (UP); Parteien auf regionaler, ethnischer oder religiöser Grundlage werden verboten (Dez.). Die Opposition, der die regionalen Machtbasen entzogen sind, boykottiert daraufhin die Wahlen zu den Regionalversammlungen (1958). Diese werden folglich von der CPP kontrolliert und müssen einem Gesetz zustimmen, das Verfassungsänderungen mit einfacher Mehrheit im Parlament möglich macht, woraufhin die Auflösung der Regionalversammlungen sowie die Teilung der Ashanti-Region und die Kontrolle über die Justiz durchgesetzt werden. Dieser Abbau verfassungsmäßiger Kontrollen geht einher mit der Gleichschaltung der wichtigsten Massenorganisationen, die der CPP angeschlossen werden.
1959 *Mai*	Mit Guinea „*Union der unabhängigen afrikanischen Staaten*" konstituiert, der sich auch Mali anschließt (Vertrag 1. Juli 1961); die Union bleibt jedoch weitgehend unwirksam.
1960 *1. Juli*	Nach seinem Referendum über eine neue Verfassung (23. April) wird *Ghana Republik* unter Kwame *Nkrumah als Präsident* (mit Sondervollmachten); Aufteilung in acht Regionen.
1962 11. Sept.	*Einführung des Einparteisystems;* durch Volksabstimmung wird die CPP zur Staatspartei erklärt; Verbot des NLM; Verhaftung von 43 oppositionellen Parlamentariern.
1966 24. Febr.	*Armeeputsch* unter den Obersten *Emmanuel Kotoka* († 1967), *Albert Ocran* (* 1929), Major *Akwasi Afrifa* (* 1936, † 1979) sowie dem Polizeichef *John Harlley* (* 1919) während eines China-Aufenthaltes von Nkrumah. Die Macht übernimmt der *National Liberation Council* (NLC) unter Vorsitz des früheren Armeechefs General *Joseph A. Ankrah* (* 1915), der Parlament und Parteien auflöst.
3. März	Nkrumah erhält Exil und Co-Präsidentschaft in Guinea.
1967 17. April	In Accra wird ein Putschversuch von Fallschirmjägern niedergeschlagen, dabei kommt General Kotoka ums Leben.
Juli	General Ankrah übernimmt den Vorsitz des neuernannten Exekutivrates, der aus dem NLC und 14 zivilen Kommissaren mit Ministerrang gebildet wird.
1969 2. April	Rücktritt General Ankrahs wegen einer Korruptionsaffäre, General Afrifa wird NLC-Vorsitzender.
29. Aug.	Nach Verkündung einer neuen Verfassung (22. Aug.) gewinnt bei *Wahlen* die *Progress Party* (PP) unter *Kofi Busia* 75%, die *National Alliance of Liberals* (NAL) unter *K. A. Gbedemah* nur 21% (vornehmlich im Ewe-Gebiet) der Sitze.
3. Sept.	*Kofi Busia,* seit 1966 wichtigster ziviler Berater der NLC, wird *Premier;* die Funktion des Staatspräsidenten wird von einer dreiköpfigen NLC-Kommission unter Afrifa ausgeübt.
1. Okt.	Der NLC tritt seine Machtbefugnisse an die neue Zivilregierung ab; mit *Edward Akufo-Addo* (* 1906, † 1979) wird (28. Aug. 1970) von einem Wahlmännerkollegium ein ziviler Präsident gewählt.
1970–1972	Die Regierung Busia, die sich im wesentlichen auf die westlich orientierte Bildungselite, Chiefs und Geschäftsleute stützt, bringt mit ihrer Politik die Schlüsselgruppen des Landes gegen sich auf: Spannungen mit der Bürokratie (Entlassung von 600 Beamten), die Auflösung des Gewerkschaftskongresses, die rapide Verschlechterung der Wirtschaftslage sowie Konflikte mit den Militärs führen zur Absetzung von Busia und Akufo-Addo durch einen *Militärputsch* (13. Jan. 1972); die Macht geht an den *Rat der Nationalen Erneuerung* unter Oberst *Ignatius Acheampong* (* 1931, † 1979) über. Ein Gegenputsch (15. Jan. 1972) mißlingt.
1972 9. Juli	Die *Beisetzung* des am 27. April verstorbenen *Nkrumah* in seinem Heimatdorf wird erlaubt, ein Wiederaufleben seiner Ideen wird in der Folge vom Regime genutzt.
1974	Die „*Revolutionscharta*" wird proklamiert; sie will Unterentwicklung und Abhängigkeit durch eigene Anstrengungen *(„self-reliance")* abbauen und eine kulturelle Mobilisierung der Bevölkerung gegen westliche Überfremdung erreichen; ein landwirtschaftliches Autarkieprogramm wird begonnen und die Kooperation mit sozialistischen Staaten wieder aufgenommen.
1975	*Oberster Militärrat* als *höchstes legislatives und administratives Organ* eingesetzt (10. Okt.).
1977	Neun-Punkte-Programm zur Wahl eines Parlaments und einer Zivilregierung (13. Juli).
1978 31. Jan.	Gegen die Pläne zur Bildung eines „*Union Government*" (Militär und Polizei zusammen mit berufsständischen Abordnungen von Zivilisten) wendet sich das neugegründete *People's Movement for Freedom and Justice* unter K. A. Gbedemah und Akwasi Afrifa.
30. März	Das *Referendum über „Union Government"* bringt trotz Manipulationen und brutalem Eingreifen von Armee und Polizei keine eindeutige Mehrheit, vergrößert aber die Kluft

1502 Neueste Zeit – Nicht durch Blockbündnis geprägter Teil der Welt

zwischen Armee und Bevölkerung: ca. 35 prominente Politiker, darunter Afrifa, Gbedemah und Akufo-Addo, werden verhaftet (5. April).

1. Juli *Acheampong* wird unter Androhung eines Staatsstreiches *zum Rücktritt gezwungen,* an seine Stelle tritt sein Stellvertreter *Fred Akuffo* (* 1937, † 1979), Stabschef der Armee.

27. Nov. Die Verfassungsgebende Versammlung legt ihren Verfassungsentwurf vor, *politische Parteien werden wieder zugelassen.*

1979 Eine *Gruppe von Militärs unter Leutnant Jerry J. Rawlings* (* 1947) *übernimmt die Macht;*
4. Juni die früheren Staatschefs Acheampong sowie Afrifa und Akuffo werden hingerichtet.

18. Juni Bei planmäßig abgehaltenen *Wahlen* gewinnt die in der Nkrumah-Nachfolge stehende People's National Party (PNP) 51% der Sitze.

9. Juli *Hilla Limann* (* 1934) von der PNP wird zum neuen *Präsidenten* gewählt.

24. Sept. *Rawlings übergibt die Macht an eine Zivilregierung unter Limann.*

1981 *Erneuter Militärputsch durch Rawlings* (31. Dez.); Bildung von lokalen „Verteidigungskomitees" und eines „Provisorischen Nationalen Verteidigungsrates".

1983 Ab 18. Jan. kehren ca. 2 Mio. von Nigeria ausgewiesene Ghanaer ins Land zurück.

1984 Wie ähnliche Versuce zuvor (1982 und 1983) *scheitert* wiederum ein *Aufstandsversuch re-*
23. März *gierungsfeindlicher Militärs.* – *(Forts. S. 1645)*

Togo
(Forts. v. S. 1127)

1946 Das 1941 auf französische Veranlassung hin gegründete, von der Chefferie (eingesetzte „traditionelle" Herrscher) getragene *Comité de l'Union Togolaise* (CUT) schließt sich unter dem Einfluß von Ewe-Führern britischen Plänen zur Vereinigung der Ewe unter britischer Herrschaft an und bildet mit Gruppen aus Britisch-Togo die *All Ewe Conference.*

9. April Gründung der *Parti Togolais du Progrès* (PTP) unter dem Deutsch-Afrikaner *Nicolas Grunitzky* (* 1913, † 1969) und *Pedro Olympio,* die sich den Vereinigungsplänen widersetzt und von der französischen Administration anstelle der CUT unterstützt wird.

8. Dez. *Wahlen zum Landesparlament:* PTP unter *Sylvanus Olympio* ([* 1902, † 1963] Repräsentant der *United Africa Co.,* Schwager Grunitzkys) gewinnt alle 15 Sitze des Südens; die neun Sitze des Nordens werden von Unabhängigen gewonnen, die sich im Nov. 1950 mit französischer Unterstützung zur *Union des Chefs et des Populations du Nord* (UCPN) zusammenschließen und eng mit der PTP kooperieren.

13. Dez. Togo wird französisch verwaltetes *UNO-Treuhandschaftsgebiet.*

1951 Wahlen (30. Dez.): PTP 10 der 12 Sitze im Süden, UCPN alle 12 Sitze im Norden; Boykott durch die CUT.

1955 *Reformen in Togo:* ein Gouvernementsrat wird eingesetzt, fünf von seinen neun Mitglie-
16. April dern mit Kontrollfunktionen für Administrationsabteilungen sind Parlamentsabgeordnete.

12. Juni Wahlen: je 15 Sitze PTP (Süden) bzw. UCPN (Norden), Wahlboykott der CUT.

1956 Nach dem *Anschluß Britisch-Togolands* (Referendum 9. Mai 1956) *an die Goldküste*
24. Aug. (Ghana), der die Frage einer Ewe-Wiedervereinigung endgültig blockiert, legt Frankreich ein neues Statut für Togo vor (1. Sept.), das daraufhin *autonome Republik* innerhalb der Französischen Union unter dem Regierungschef Nicolas Grunitzky wird (16. Sept.).

28. Okt. Referendum: Annahme des Statuts (Alternative: Beibehaltung der UN-Treuhandschaft); CUT-Boykott wegen fehlender Überwachung durch die UNO, die das Referendum nicht anerkennt.

1958 Togo erhält *volle innere Autonomie,* an den von der UNO überwachten Wahlen (27. April)
22. Febr. beteiligt sich die CUT (erstmals seit 1952) und gewinnt 63% der Sitze.

16. Mai *Sylvanus Olympio* wird *Premier* mit einem von Ewe dominierten Kabinett.

1960 Nach Annahme des Referendums (28. Sept. 1958) über die französischen Verfassungsvor-
27. April schläge erhält die Republik Togo die **Unabhängigkeit.**

1961 Durch ein *Referendum* wird eine *Präsidialdemokratie nach französischem Vorbild* einge-
9. April führt, Olympio ohne Gegenkandidat zum Präsidenten gewählt; die CUT (jetzt: *Parti de l'Unité Togolaise,* PUT) gewinnt mit einer Einheitsliste sämtliche Parlamentssitze; die Oppositionsparteien werden nach Aufdeckung angeblicher Komplotte verboten.

1962 *Antoine Méatchi* (* 1925), der letzte Oppositionsführer, und *Nicolas Grunitzky* gehen *ins*
13. Jan. *Exil,* zunehmende Entfremdung des Regimes von der Bevölkerung.

1963 *Putsch* unter *Étienne Eyadema* (* 1937); *Sylvanus Olympio* wird *ermordet;* der aus dem
13. Jan. Exil zurückgekehrte *Grunitzky bildet* eine *Interimsregierung* mit Vertretern von vier Parteien (16. Jan.), die der neuen Verfassung entsprechend bei den Wahlen (5. Mai) als Einheitsliste mit Einviertel-Beteiligung kandidieren; Grunitzky wird Präsident und gerät in einen Machtkampf mit Vizepräsident A. Méatchi (Rückhalt im Norden).

1963–1967 Aufstandsversuche exilierter Opponenten, Forderungen der bis 1963 dominierenden Ewe-Schicht nach Bestrafung der Mörder Olympios sowie Widerstand im Kabinett.

Afrika/Westafrika – Togo – Benin (Dahomey)   *1503*

1967
13. Jan. *Absetzung Grunitzkys durch die Armee* unter dem aus dem Norden stammenden Stabschef Oberst *Eyadema,* Einsetzung eines Nationalen Versöhnungskomitees unter Oberst *Kléber Dadjo* (* 1914).

15. April Das *Dadjo-Interregnum* wird *von Eyadema abgelöst,* der eine eigene Verwaltung und ein vom Norden dominiertes Kabinett einsetzt (12. Mai) sowie alle Parteien verbietet. Eyademas Kontrolle über die Armee und Bemühungen um Einvernehmen mit den „traditionellen" Herrschern sowie Einbeziehung von Angehörigen verschiedenster Bevölkerungsgruppen in die Regierungsarbeit (Gründung [Aug. 1969] des allen Mitgliedern früherer Parteien offenstehenden *Rassemblement du Peuple Togolais)* stabilisieren die Lage.

1972
9. Jan. In einem Referendum wird *Eyadema im Amt bestätigt,* seitdem gibt es offiziell kein Militärregime mehr, sondern eine „nationale Verschmelzung von zivilen und militärischen Segmenten der Gesellschaft".

4. Dez. Da die Gewerkschaften die Integration in die Partei ablehnen, werden sie aufgelöst, eine Einheitsgewerkschaft wird gegründet (7. Jan. 1973).

1974
4. Febr. Der Staatsanteil an der französisch kontrollierten *Compagnie Togolaise des Mines du Bénin* (Phosphat) wird auf 51% erhöht.

Sept. *Beginn einer Afrikanisierungskampagne* (u. a. Abschaffung ausländischer Namen) nach Vorbild Zaïres, zu dem Eyadema enge politische und militärische Beziehungen unterhält.

1977
15. Okt. Verhaftungen zahlreicher Intellektueller nach einem fehlgeschlagenen Putschversuch führen zu Spannungen im Land.

1979 Primat der Partei über alle Staatsorgane (Nov.), Wahl Eyademas zum Präsidenten (Dez.).
30. Dez. Die *neue Verfassung* wird durch Referendum angenommen.

1980 Der 13. Januar, an dem Präsident Eyadema die III. Republik proklamiert, gilt als ihr Gründungstag.

1984
5. Juli Bei der *100-Jahr-Feier zum Abschluß von Schutzverträgen mit dem Deutschen Reich* bekräftigt Bundesratspräsident F. J. Strauß in Lomé die bewährte *deutsch-togolesische Freundschaft. – (Forts. S. 1645)*

Benin (Dahomey)
(Forts. v. S. 1127)

1946 Gründung der *Union Progressiste Dahoméenne* (UPD) unter maßgeblichem Einfluß von *Sourou Migan Apith* (* 1913, † 1989), die in den Wahlen zum Landesparlament zwei Drittel der Sitze gewinnt. Die Erweiterung des Wahlrechts stärkt den Einfluß der Chefferie (eingesetzte „traditionelle" Herrscher). Als Vertreter der von der Kolonialverwaltung geförderten, für größere Autonomie des Nordens eintretenden *Groupe Ethnique du Nord Dahomey* (GEND) gewinnt *Hubert Maga* (* 1916) zunehmend an Einfluß.

1951 Apithy schert aus der UPD aus und gründet die auf Porto Novo konzentrierte *Parti du Regroupement Dahoméen* (PRD).

1952
20. März Die Nord-Süd-Polarisierung verstärkt sich bei den *Landesparlaments-Wahlen:* die PRD gewinnt alle Sitze des Südens (19), der GEND alle des Nordens (neun); die vier Abomey-Sitze fallen an den *Bloc Populaire Africain* (BPA, 1947 von der UPD abgespalten) unter *Justin Ahomadegbé* (* 1917).

1957
31. März Die 1955 aus BPA, einer UPD-Abspaltung (1951, unter Émile-Derlin *Zinsou* [* 1918]) und Jugendorganisationen gegründete und eng mit Gewerkschaften kooperierende *Union Démocratique Dahoméenne* (UDD) unter Ahomadegbé kann in den Wahlen zum Landesparlament nur 12% (in Abomey), Hubert Magas jetzt *Rassemblement Démocratique Dahoméen* (RDD) genannte Partei (vorher GEND) nur 10% der Sitze gewinnen, während Sourou Apithy mit seiner PRD 58% erreicht.

März *Apithy* wird *erster Regierungschef* mit einer PRD/RDD-Koalition.
25. Mai Bildung des dritten Kabinetts Apithy unter Einschluß von Maga und Sinsou (März).

1958 Die RDD tritt nach einem Generalstreik aus der Regierung aus (Jan.).
28. Sept. Nach Annahme des Referendums über die französischen Verfassungsvorschläge wird Dahomey *autonome Republik innerhalb der Französischen Communauté* (4. Dez.).

1959
2. April Manipulationen und gegenseitiger Kandidaturverzicht von PRD (Süden) und RDD (Norden) während der Wahl führen zu *bürgerkriegsähnlichen Auseinandersetzungen.* Regelung der Wahl nach dem Einfliegen französischer Truppen: PRD 28, RDD 22, UDD 20 Sitze; Zementierung der im wesentlichen den politischen Einheiten der traditionellen Reiche entsprechenden Einflußzonen: RDD/Maga im Norden, UDD/Ahomadegbé in Zentral- und Südwest-Dahomey (mit Abomey, Whydah, Cotonou) und PRD/Apithy im Süden/Südosten (mit Porto Novo).

21. Mai *Dreiparteien-Koalition* unter Premier Maga (von UDD gegenüber Apithy bevorzugt).
24. Mai Dahomey schließt sich dem *Rat der Entente* an (Druck der Elfenbeinküste, die den geplanten Beitritt Dahomeys zur Mali-Föderation verhindert).

1504 Neueste Zeit – Nicht durch Blockbündnis geprägter Teil der Welt

1960 Febr.	Nach Ausschluß Apithys (22. Sept. 1959) aus der Regierung fusionieren PRD und Föderalisten um Zinsou zur *Parti Nationaliste du Dahomey* (PND).
1. Aug.	Dahomey erhält die **Unabhängigkeit.**
13. Nov.	Nach erfolglosem Machtergreifungsversuch Ahomadegbés (Sept.) Ausscheiden der UDD aus der Regierung; PND und RDD schließen sich zur *Parti Dahoméen de l'Unité* (PDU) zusammen.
25. Nov.	Nach *Annahme einer neuen Verfassung* gewinnt die PDU in den Wahlen (Landeslisten mit Mehrheitswahl) alle Sitze.
11. Dez.	*Hubert Maga* wird Präsident, Sourou Migan Apithy Vizepräsident.
1961 11. April	*Erklärung des Einparteiensystems;* Verbot der UDD. Zunehmende Isolierung Apithys in der Partei und der im wesentlichen aus dem Norden rekrutierten Regierung.
1963	Rücktritt Apithys wegen Magas Anspruch auf den Posten des PDU-Generalsekretärs und eines Konflikts mit den Gewerkschaften. Nach dem Ausscheren der Porto-Novo-Sektion aus der PDU Generalstreik im Süden und *Machtübernahme der Armee* (28. Okt.) unter Oberst *Christophe Soglo* (* 1909); *Einsetzung einer provisorischen Regierung* unter Ahomadegbé, Apithy und Maga, die (außer Maga) mit aus dem Norden stammenden Politikern die *Parti Démocratique Dahoméen* (PDD) gründen (Dez.).
1964 19. Jan.	Bei den *Wahlen* kandidiert die PDD als einzige Partei. Apithy wird Präsident, Ahomadegbé Regierungschef.
1965 29. Nov.	Infolge des Machtkampfes zwischen Apithy und Ahomadegbé *Intervention Soglos;* Einsetzung von *Tahirou Congacou* (Präsident der Nationalversammlung) als *Übergangspräsident,* der jedoch keine stabile politische Allianz zustande bekommt.
22. Dez.	*Soglo übernimmt die Macht und bildet* eine *Militärregierung;* sein Regime verschärft Spannungen im Militär, Sparmaßnahmen führen zum Konflikt mit den Gewerkschaften.
1967 Dez.	Nach Streiks und Demonstrationen putscht eine Gruppe jüngerer Offiziere unter *Maurice Kouandété* (* 1939) und *Mathieu Kérékou* (* 1933); sie setzt Soglo ab. Kouandété muß die *Macht an den Stabschef Oberst Alphonse Alley* (* 1930) als Chef einer provisorischen Regierung abtreten, die den Übergang zur Zivilregierung vorbereiten soll.
1968 17. Juli	Ein *Verfassungsentwurf* wird in einem Referendum angenommen (31. März). *Émile D. Zinsou* wird von den Militärs zum *Präsidenten* bestimmt, der Machtkampf innerhalb der Armee kann durch Entmachtung von Alley und Übernahme des Stabschef-Postens durch Kouandété vorübergehend entschärft werden.
1969 10. Dez.	Nach Aufdeckung eines Komplotts von Ahomadegbé-Anhängern (18. April) sowie von drei Attentaten auf *Kouandété übernimmt* dieser offenbar auf Druck französischer Kreise und der Geschäftswelt von Porto Novo *in einem Putsch die Macht,* wird aber von seinen Offizierskollegen (Vormacht der südlichen Völker) nicht als Interimspräsident akzeptiert.
12. Dez.	Statt dessen wird ein *Militärdirektorat* unter dem dienstältesten Oberst *Paul Émile De Souza,* zusammen mit Kouandété und Polizeichef *Benoit Sinzogan,* eingesetzt und eine *neue vorläufige Verfassung* angenommen.
1970 28. März	Nach Wahlen, die jedoch für ungültig erklärt werden, einigen sich Maga, Apithy und Ahomadegbé auf einen *Präsidentschaftsrat,* in dem sie als Co-Präsidenten vertreten sind und sich alle zwei Jahre im Vorsitz ablösen sollen. Maga wird erster Vorsitzender (7. Mai).
1972	*Verhaftung Kouandétés* sowie zahlreicher Militärs und Zivilisten nach einem *Putschversuch* (23. Febr.).
7. Mai	*Ahomadegbé* wird turnusgemäß *Vorsitzender des Präsidentschaftsrates;* der rapide Verfall der Staatsmacht gibt Anlaß für einen weiteren Putsch (26. Okt.) unter dem stellvertretenden Generalstabschef *Mathieu Kérékou,* der das Amt des *Staatsoberhaupts* übernimmt, alle politischen und gesellschaftlichen Organisationen auflöst und die höheren Militärs ihrer Funktionen enthebt.
1973	Ein Putschversuch unter Beteiligung von Oberst Alley wird niedergeschlagen (28. Febr.).
1974 30. Nov.	*Ausrufung eines „marxistisch-leninistischen" Staates;* zahlreiche Verstaatlichungen. Der im Oktober 1973 gegründete Nationale Revolutionsrat wird dem Mathieu Kérékou direkt unterstehenden Politbüro (sieben Militärs, sechs Zivilisten) unterstellt.
1975	Nach Putschversuch (21. Febr.) Erschießung der Junta-Schlüsselfigur Major Aikpé.
30. Nov.	Dahomey wird zur **Volksrepublik Benin** erklärt; Gründung der Einheitspartei *Parti de la Révolution Populaire du Bénin* (PRPB; Kaderorganisation mit begrenzter Mitgliederzahl).
1977 16. Jan.	*Erfolgloser Invasionsversuch* – u. a. von weißen Söldnern – in Cotonou; Anschuldigungen gegen Gabon, Marokko und Frankreich; Aufstellung einer Volksmiliz in der Folge.
1979	Erste Wahlen seit 1972: 97,5% der Stimmen für die PRPB-Einheitsliste (21. Nov.).
1982	Am 17. Febr. wird Papst Johannes Paul II. von Präsident Kérékou empfangen.
1984 18. Febr.	Durch Parlamentsbeschluß werden die Legislaturperiode des Parlaments und die Amtszeit des Präsidenten auf 5 Jahre verlängert. – *(Forts. S. 1645)*

Afrika/Westafrika – Nigeria 1505

Nigeria
(Forts. v. S. 1131, 1132)

1947
1. Jan. *Neue Verfassung in Kraft:* Verfestigung der Dreigliederung Nigerias durch Errichtung von Regionalparlamenten; im neuen Legislativrat für ganz Nigeria gibt es zum ersten Mal eine afrikanische Mehrheit, die jedoch ernannt und nicht direkt gewählt wird.

1952
Jan. Nach längeren Verhandlungen mit harten Auseinandersetzungen zwischen Norden und Osten/Westen tritt die sog. *MacPherson-Verfassung* in Kraft: Stärkung des zentralen *Legislativrates* (Repräsentantenhaus), mit 50% der Sitze für die Nordregion, um deren Sorge vor einer Dominanz des weiterentwickelten Südens abzubauen; der *Exekutivrat* erhält eine mehrheitliche Beteiligung von afrikanischen Ministern, die Regionen werden politische Einheiten mit legislativer und exekutiver Gewalt.

In den Wahlen zu den Regionalparlamenten, die als Wahlkollegien für die zentrale Legislative fungieren, dominiert die neugegründete *Action Group* (AG) unter *Obafemi Awolowo* (* 1900, † 1987) im Westen (45 gegen 30 Sitze der NCNC) und der (1944 gegründete) NCNC *(National Council of Nigeria and the Cameroons)* unter *Nnamdi Azikiwe* (* 1904) in der Ostregion (65 von 84 Sitzen); die meisten der indirekt gewählten Abgeordneten der Nordregion schließen sich dem neugegründeten *Northern People's Congress* (NPC) unter *Ahmadu Bello* (* 1909, † 1966) an.

1953
März Ein Antrag der AG auf Selbstregierung bis 1956 führt zu schweren Auseinandersetzungen mit dem Norden, der mit Sezession droht.

1954
1. Okt. *Nigeria wird daraufhin Bundesstaat* (Föderation) mit weitgehender Absicherung der Autonomie der Regionen (u.a. Fiskalpolitik, öffentlicher Dienst, eigene Premierminister).

1954 *Direktwahlen zum Bundesparlament* (Nordregion indirekt): NCNC kann sich in der Ost- und Westregion, der NPC in der Nordregion durchsetzen; NPC (43%) und NCNC (30%) bilden eine Koalitionsregierung.

1957
Mai–Juni Die innere Selbstregierung für Ost- und Westregion wird für Aug. 1957 und für den Norden für März 1959 festgelegt, das neue Amt eines *Premierministers der Föderation* übernimmt Sir *Abubakar Tafawa Balewa* (* 1912, † 1966; NPC) mit einer Koalition aus NPC/NCNC (30. Aug.).

1959
12.–13.
Dez. *Erste Direktwahlen für alle Regionen zum Bundesparlament* (56% der Sitze für den Norden entsprechend der Bevölkerungszahl): NPC (43%) und NCNC (28,5%) bilden wieder eine Koalitionsregierung, die AG (23%) geht in die Opposition.

1960 **Unabhängigkeit** unter Premier Balewa und Generalgouverneur Nnamdi Azikiwe (1. Okt.).

1961
11. Febr. *Referendum* unter UNO-Aufsicht *über das britische Kamerun-Mandat:* der Südteil kommt zu Kamerun, der Nordteil zu Nigeria (Sardauna-Provinz von Nordnigeria).

1962
Mai Die im Bundesparlament in Opposition befindliche, in Nord- und Ostregion an Einfluß verlierende AG versucht ihre nationale Politik durch eine radikalere ideologische Linie attraktiver zu machen, doch spaltet sich eine Minderheitsgruppe um *Samuel Akintola* (* 1910, † 1966), Premier der Westregion, ab und bildet die *United People's Party* (UPP); der Gouverneur der Westregion setzt ihn ab und *Dauda Adegbenro* (* 1909, † 1975) als *Premier* ein, doch übernimmt die Bundesregierung – nach heftigen, u.a. von Akintola geschürten Unruhen – unter Ausrufung des Ausnahmezustandes die Regierung der Westregion direkt.

2. Nov. Die *AG-Führer* (darunter Awolowo) werden wegen Hochverrats *verhaftet.*

1963
1. Jan. *Akintola* wird wieder *als Premier* einer UPP-Regierung in Koalition mit NCNC-Abgeordneten der Westregion *eingesetzt,* die sich zur *Nigerian National Democratic Party* (NNDP) zusammenschließen.

Sept. Die Wahlen für die neue (aus der Westregion herausgelöste) Mittelwestregion gewinnt der NCNC; Zusammenschluß NCNC/AG mit nördlichen Oppositionsgruppen zur *United Progressive Grand Alliance* (UPGA) sowie der NPC mit der NNDP zur *Nigerian National Alliance* (NNA).

1. Okt. *Nigeria* wird *Republik* unter Präsident Azikiwe und Premier Balewa.

1964
30. Dez. Boykott der Bundeswahlen durch die UPGA (nur in der Ostregion vollständig befolgt), Bildung einer NPC/NNDP/NCNC-Regierung.

1965
11. Okt. Die *Wahlen zum Westregion-Parlament* werden von Akintolas NNDP-Regierung massiv manipuliert, so daß die UPGA unterliegt; es kommt zu schweren Unruhen, gegen die Akintola mit Terrormaßnahmen vorgeht; eine *Besatzungsmacht aus Polizei und Militär* wird stationiert.

1966
15. Jan. *Putsch von Armee-Einheiten* unter *Major C. Nzeogwu* (Ibo) angesichts einer bevorstehenden Einigung zwischen den Premiers der Nord- und Westregion (u.a. Balewa, Bello und Akintola ermordet). Da der Putsch nur im Norden gelingt, kann der Armee-Oberbefehlshaber, General *Johnson Aguiyi Ironsi* ([* 1934, † 1966] Ibo) die Macht übernehmen (16. Jan.).

24. Mai *Auflösung der Föderation* und der *autonomen Regionen.*

1506 Neueste Zeit – Nicht durch Blockbündnis geprägter Teil der Welt

28.–31. Unruhen im Norden fallen ca. 3000 dort ansässige Südnigerianer (vor allem Ibo) zum
Mai Opfer.
29. Juli *Teile der Armee* aus der Nordregion *meutern;* trotz Verhandlungen kommt es zum *Staats-streich,* dem zahlreiche Ibo-Offiziere und -Soldaten zum Opfer fallen (u. a. General Ironsi). Der ranghöchste Armeeoffizier, Oberst *Yakubu Gowon* (* 1934, Angehöriger einer ethnischen Minderheit des „Middle Belt"), *übernimmt* als Kompromiß-Kandidat des Nordens die *Regierung* und den Oberbefehl über die Armee.
9. Aug. Die *Teilung der Armee* und Repatriierung der Soldaten in die jeweiligen Ursprungsregionen verschärfen die *Spannungen:* der Militärgouverneur der Ostregion, Oberst *Odumegwa Ojukwu* (* 1933), verweigert die Anerkennung des neuen Oberkommandos.
12. Sept. Nach dem Beschluß zur Rückkehr zum Föderationsprinzip (31. Aug.) Verfassungskonferenz mit zivilen Politikern einberufen; die geplante Konföderationslösung wird von traditionellen Führern des Nordens als Bedrohung ihrer Hegemonie im Norden angesehen.
Sept./Okt. *Unruhen und offenbar geplante blutige Ausschreitungen* im Norden *gegen dort ansässige Ibo* (etwa 10 000–50 000 Tote).
1967 Die Ostregion beschließt, keine Finanzen mehr an die Bundesregierung abzuführen (Möglichkeit der Eigenfinanzierung durch Einnahmen aus der Erdölförderung).
31. März
27. Mai Als sich Ojukwu zur *Sezession der Ostregion* ermächtigen läßt, kontert die Bundesregierung mit der *Erklärung des Ausnahmezustandes,* voller Übernahme der Macht durch Gowon und Aufteilung des Landes in 12 neue Bundesstaaten (Ende der föderalen Struktur).
30. Mai Unabhängigkeitserklärung der Ostregion als **Republik Biafra** (Hauptstadt Enugu).
12. Juni Der *Bundesexekutivrat* wird *höchstes Staatsorgan* unter Gowon; Ojukwu wird seines Amtes enthoben.
6. Juli Beginn des **Biafra-Krieges** mit dem Befehl zur Unterdrückung des „Ojukwu-Aufstandes".
20. Sept. *Besetzung von Benin* und großer Teile des Mittelwestens durch Biafra-Truppen und Ausrufung der Republik Benin; *Rückeroberung durch Bundestruppen* (21. Sept.).
23. Nov. Nach Zurückdrängung der Biafra-Truppen und Fall von Enugu (4. Okt.) fordert ein Komitee der Organisation für Afrikanische Einheit Biafra auf, die Sezession rückgängig zu machen.
1968 *Beginn der nigerianischen Großoffensive;* der provisorische Biafra-Regierungssitz Umuahia fällt (22. April 1969), die Waffenlieferungen westlicher Staaten sowie der Sowjetunion an Nigeria gehen weiter, Biafra antwortet mit einer großangelegten Propaganda-Aktion gegen Völkermord und erhält weitreichende Unterstützung karitativer Organisationen.
25. Aug.
1970 *Bedingungslose Kapitulation Biafras* nach Ojukwus Flucht: Generalamnestie für alle im Bürgerkrieg Inhaftierten; der Krieg hat eine Mio. Tote (davon 50 000 Soldaten) gefordert.
15. Jan.
April Die *Entdeckung neuer Erdölfelder* (März 1969 in der Mittelwest-Region, weitere 1973/ 1974) führt zur Regierungskontrolle der Erdöl-Produktion.
1971 Gründung einer nationalen Erdölgesellschaft und *Beitritt zur OPEC;* der Ölboom überdeckt die tiefe Strukturkrise der Wirtschaft (Verschärfung durch den Biafra-Krieg).
26. April
1972 *Nigerianisierung von 22 Industrie- und Gewerbezweigen* (in Kraft: 31. März 1974) und
April mindestens 40% Beteiligung bei weiteren 33 von bestimmten Größenordnungen an.
1975 *Machtübernahme* durch den aus dem Norden stammenden General *Murtala Muhammed*
29. Juli (* 1938, † 1976); General *Obasanjo* (Angehöriger der Yoruba) wird Stabschef des Heeres (de facto: Premier); Einleitung von Maßnahmen gegen Korruption, die früheren Staatsgouverneure sowie ca. 10 000 Staatsbedienstete werden entlassen.
1. Okt. Ankündigung der Rückkehr zur Zivilregierung in fünf Etappen bis Okt. 1979.
1976 Nach Errichtung von 19 statt 12 Bundesstaaten *Umsturzversuch* unter *Oberst B. S. Dimka;*
3. Febr. *Ermordung* des Staatschefs *Muhammed* (13. Febr.). General *Olusegun Obasanjo* (* 1937) wird *Staatschef* (14. Febr.), General *Shehu Yar-Adua* (* 1943) Stabschef.
7. Okt. *Veröffentlichung eines Verfassungsentwurfes:* Vertretung der traditionellen Herrscher im Parlament; Wahl zu den neuen Lokalverwaltungsorganen (28. Dez.), die ihrerseits eine Konstituierende Versammlung wählen (31. Aug. 1977).
1978 Das *Verbot politischer Parteien* wird *aufgehoben* (22. Sept.).
1979 *Wahlen:* die *National Party of Nigeria* (NPN) unter *Shehu Shagari* (* 1925) gewinnt 37%
19. Juli der Sitze gegenüber 25% der *United People's Party* unter Awolowo und 17% der *Nigerian People's Party* unter Azikiwe. *Shehu Shagari* wird zum *Präsidenten* gewählt (11. Aug.).
1. Okt. Das Militär tritt die Macht an die Zivilregierung ab.
1982 *Papst Johannes Paul II.* besucht vom 12. bis 17. Febr. *mehrere Städte Nigerias.*
1983 *Ausweisung von ca. 3 Mio. illegalen Einwanderern* aus den Nachbarländern (Ende Jan.).
Aug. Wahlen: *Präsident Shagari* wird *im Amt bestätigt.* Die NPN besitzt im Senat und im Repräsentantenhaus die absolute Mehrheit.
31. Dez. *Militärputsch* gegen Präsident Shagari. *Die Macht übernimmt* ein oberster Militärrat unter Führung von *General Mohammed Buhari* (* 1942) am 3. Jan. 1984.
1984 Ab 25. April erfolgt ein *Zwangsumtausch des Naira (Währungsreform). – (Forts. S. 1646)*

Afrika/Westafrika – Mali (Soudan) *1507*

Binnenstaaten Westafrikas

Mali (Soudan)
(Forts. v. S. 1127)

1946 Mit Unterstützung der französischen Sozialisten wird die *Parti Progressiste Soudanais* (PSP) unter *Fily-Dabo Sissoko* (* 1900), von *Mamadou Konaté* (* 1897, † 1956) zusammen mit *Jean Silvandre* (* 1896, † 1960) der *Bloc Soudanais* gegründet.

Dez. Die PSP (jetzt Sissoko und Silvandre) kann sich in den *Wahlen zur Landeslegislative* mit 93% der Sitze durchsetzen; Unterstützung erhält sie von Kolonialverwaltung und Chefferie (eingesetzte „traditionelle" Herrscher), während die Soudan-Sektion des interterritorialen *Rassemblement Démocratique Africain* (RDA), die *Union Soudanaise* (US) unter Konaté, ihre Basis unter Wanderarbeitern und einigen „Evolués" mit einem egalitären Programm (u. a. Beseitigung überkommener traditioneller Strukturen) und mit Gewerkschaftsrückhalt ausbauen kann.

1952 Wahlen: PSP 67%, US 32%; Festigung der US-Stellung (Nachlassen der Unterdrückung).

1957 In *Wahlen* setzt sich die US/RDA (nach Konatés Tod [März 1956] unter *Modibo Keita*
31. März [* 1915, † 1977]) mit 81% der Sitze gegen die PSP (8,5%) durch; Jean-Marie Koné (* 1913) wird erster Regierungschef (24. Mai), M. Keita ist Mitglied des französischen Kabinetts.

1958 Nach *Annahme des Referendums* (28. Sept.) *über* die *französischen Verfassungsvorschläge*
24. Nov. wird Soudan *autonome Republik* innerhalb der Französischen Communauté.

1959 Die US gewinnt alle Parlamentssitze und wird einzige Partei (8. März).
25. März Zusammenschluß von Soudan und Senegal zur *Mali-Föderation*.
15. April *Modibo Keita* wird *Premier des Soudan* sowie auch *Regierungschef der Föderation, Mamadou Dia* (* 1910) sein Stellvertreter und *Léopold Sédar Senghor* (* 1906) Präsident der Bundesversammlung (beide aus Senegal).

1960 Die *Mali-Föderation* erhält die *Unabhängigkeit;* die neue Verfassung behält gegen den
20. Juni Willen der Soudan-Führung den bundesstaatlichen Charakter, daraus resultierende Konflikte (u. a. über Senghors Kandidatur für die Mali-Präsidentschaft) führen zur Absetzung Dias durch Keita.

19. Aug. *Notstandserklärung* und *Verhaftung Keitas* und anderer Soudan-Führer im Senegal.
20. Aug. Das Parlament Senegals erklärt das Ende der Mali-Föderation.
22. Sept. **Unabhängigkeit** Soudans als **Republik Mali** unter Modibo Keita als Präsident.

1961 Nach Annäherung Malis an die Ghana-Guinea-Union Vertragsabschluß zwischen den
1. Juli drei Staaten, doch lehnt sich Mali aus wirtschaftlichen Zwängen wieder stärker an die Elfenbeinküste an.

1962 Der sechste Kongreß der *US* legt einen *sozialistischen Kurs* fest; Kollektivfelder und Indu-
12. Sept. strialisierung mit Hilfe von Staatsbetrieben stehen im Vordergrund.

1963 Aussöhnung mit Senegal; Wiederaufnahme von Eisenbahnverkehr und Hafenbenutzung.

1964 Die seit 1961 schwelende *Tuareg-Rebellion* in der nordöstlichen Gao-Region (Plan zur Errichtung eines eigenen Staates) bricht nach massivem Einsatz der Armee zusammen.

1967 Verhandlungen mit Frankreich, das die Kontrolle über die Mali-Notenbank erhält und
15. Febr. einen Kredit (1 Mrd. Franc) gewährt; Bedingungen u. a.: 50%-Abwertung und Wiedereintritt in Franc-Zone (Austritt: 1. Juli 1962) nach Übergangsperiode (1. April 1968).

22. Aug. Zur ideologischen Säuberung der Partei wird eine *„Kulturrevolution" ausgerufen* und damit eine mächtige frankophile Gruppe im Staats- und Parteiapparat ausgeschaltet.

1968 Die Nationalversammlung löst sich auf und überträgt *alle Gewalt dem Präsidenten;* eine
19. Jan. 28köpfige „Delegation" übt die Gesetzgebung aus.
19. Nov. Nach Herausbildung einer „gegenrevolutionären" Koalition (jüngere Offiziere und frankophile Parteiführer um J. M. Koné) kommt es anläßlich von Keitas Plan zur Bewaffnung der Volksmiliz (dreifache Stärke der Armee) zum *Präventivschlag von Armeeoffizieren* und zur *Verhaftung Keitas; Bildung eines Militärkomitees für Nationale Befreiung* unter Leutnant *Moussa Traoré* (* 1936) und dem Leiter der Militärakademie *Yoro Diakité* (* 1932, † 1973), der die provisorische Regierung leitet, während Traoré als Staatsoberhaupt fungiert (23. Nov.).

1969 *Traoré,* der die „sozialistischen" Errungenschaften des Keita-Regimes übernehmen und
19. Sept. zur Zivilregierung zurückkehren will, setzt sich gegen Diakité durch und wird *Staats- und Regierungschef;* der Einfluß des Militärs auf das Kabinett wird verstärkt (10. Sept. 1970).

1971 *Umsturzversuch;* Diakité (Vizepräsident des Militärkomitees) und Informationskommissar
26. März Diallo werden festgenommen und verurteilt (Tod Diakités im Gefängnis 1973).

1972–1974 Sahel-Dürre: etwa 80 000 Flüchtlinge werden in Lagern in der Gao-Region aufgenommen.

1974 *Referendum über neue Verfassung:* Rückkehr zur Zivilregierung, doch behält das Militär
2. Juni für eine Übergangszeit von fünf Jahren die Kontrolle.

14. Dez. Verschärfung der langen *Grenzstreitigkeiten mit Obervolta* (Gebiet mit Rohstoffvorkom-

1508   Neueste Zeit – Nicht durch Blockbündnis geprägter Teil der Welt

men); trotz Einsetzung einer Grenzkommission (30. Dez.) unter Vermittlung afrikanischer Staatschefs neue Konflikte, die mit der *Erklärung von Conakry* (Guinea) vorerst beigelegt werden *(10. Juli 1975).*

1976 Gründung (22. Sept.) der Einheitspartei *Union Démocratique du Peuple Malien* (UDPM).

1979 Nach dem ersten UDPM-Kongreß (27.–31. März) erfolgt die Wahl Traorés zum Präsidenten (19. Juni).

1983 Am 10. Okt. tagt erstmals der große *Koordinationsausschuß Guinea-Mali* (Ziel: Wiederherstellung des alten Mali-Reiches).

1984 Am 17. Febr. Wiedereintritt in die Westafrikanische Währungsunion. – *(Forts. S. 1646)*

Obervolta (Burkina Faso)
(Forts. v. S. 1127)

1945 Gründung politischer Organisationen der *Mossi* (Ziel: Wiederherstellung Obervoltas), aus denen die *Union Voltaïque* (UV) entsteht.

1947 *Obervolta* wird wieder *eigenständiges Territorium;* die seit 1919 von der Elfenbeinküste
4. Sept. verwalteten Kreise Bobodiulasso und Wagadugu kommen zurück.

1948 *Nachwahl zum Landesparlament:* Gegen drei Sitze der Obervolta-Sektion des interterrito-
30. März rialen *Rassemblement Démocratique Africain* (RDA) gewinnt die UV 13 Sitze.

1952 Die UV gewinnt die *Wahlen zum Landesparlament* mit 77,5% der Sitze, doch kommt es
30. März aufgrund von Spannungen zwischen Chefferie (eingesetzte „traditionelle" Herrscher) und Angehörigen der westlich gebildeten Elite zu Abspaltungen von der UV, so der Chefferie unter dem *Moru Naba* der Mossi und (1954) des *Mouvement Populaire de la Révolution Africaine* (MPA) unter *Nazi Boni* (* 1912, † 1969).

1956 Die Rest-UV unter dem *Mossi Joseph Conombo* (* 1917) schließt sich mit der RDA-Sek-
Sept. tion zur *Parti Démocratique Unifié* (PDU, Ehrenpräsident: der Moru Naba) zusammen.

1957 In den *Wahlen zum Landesparlament* gewinnt die PDU mit teilweiser Unterstützung der
31. März Chefferie 47% der Sitze gegen das *Mouvement Démocratique Voltaïque* (MDV, 34% der Sitze) unter Michel Dorange und Gérard K. Ouédraogo (* 1925).

18. Mai Der nach Obervolta zurückgekehrte Elfenbeinküste-Abgeordnete des französischen Parlaments, *Ouezzin Coulibaly* (* 1909, † 1958), wird *Regierungschef* einer in enger Konsultation mit *Felix Houphouet-Boigny* (Führer der Elfenbeinküste) aufgestellten PDU/MDV-Koalitionsregierung.

12. Sept. J. Conombo mit seinen Chefferie-Anhängern sowie die MDV treten aus der Regierung aus und schließen sich mit der MPA (Nazi Boni) zur *Groupe de Solidarité Voltaïque* (GSV) zusammen, die daraus resultierende Regierungskrise wird durch Rückkehr einiger MDV-Mitglieder (u. a. M. Yaméogo ins Regierungslager behoben (7. Dez.).

1958 *Tod von Coulibaly;* die versuchte Machtübernahme des Moru Naba verhindern französische Truppen (7. Sept.).

21. Okt. Nach *Annahme des Referendums* über die neuen französischen Verfassungsvorschläge (28. Sept.) wird der Mossi *Maurice Yaméogo* (* 1921) *Regierungschef* einer Koalitionsregierung aus PDU/RDA und PRA (*Parti du Regroupement Africain,* im März 1958 von der GSV abgespalten).

11. Dez. *Obervolta* wird *autonome Republik* innerhalb der Französischen Communauté.

1959 Das Parlament stimmt der Verfassung der geplanten *Mali-Föderation* (mit Senegal, Sou-
28. Jan. dan, Dahomey) zu; zugleich weitreichende Machtbefugnisse für Yaméogo, der Obervoltas Beteiligung an der Mali-Föderation zurückzieht (Druck der Chefferie und des katholischen Klerus) und eine anti-föderalistische Verfassung durchsetzt (28. Febr.).

19. April Bei manipulierten *Wahlen* gewinnt die PDU/RDA 83%, die PRA 17% der Sitze; Föderationsbefürworter und andere Opponenten gründen eine Partei unter Nazi Boni, die sofort zwangsaufgelöst wird (4. Okt.).

1960 Nach der Verhaftung von führenden Oppositionellen und Nazi Bonis Flucht ins Exil wird
Juni die PDU/RDA als *Union Démocratique Voltaïque* (UDV) zur *Einheitspartei.*

5. Aug. **Unabhängigkeit** Obervoltas. *Yaméogo* wird *Präsident* (8. Dez.).

1962 Festsetzung der *Vorherrschaft der Partei* gegenüber den Staatsorganen; sie wird zuneh-
Febr. mend Machtinstrument Yaméogos und einer kleinen Gruppe, die sich nach dem Rückzug bzw. Parteiausschluß zahlreicher Politiker stärker auf die Chefferie (vornehmlich der Mossi) stützt: diese kann sich neue ökonomische Machtpositionen aufbauen.

1966 Während eines Generalstreiks ergreift die Armee-Stabschef Oberst *Sangoulé Lamizana*
3. Jan. (* 1916) *die Macht,* das Parlament wird durch ein Konsultativ-Komitee (10 Militärs, 31 Zivilisten) ersetzt, ein neues Kabinett (sieben Militärs, fünf Zivilisten) eingesetzt und ein Verbot politischer Betätigung erlassen (16. Dez.).

1968/1969 Innenpolitische Entspannung: Anerkennung des Mossi Moro Naba, Zulassung von Parteien.

Afrika/Westafrika – Obervolta – Niger   *1509*

1970 *14. Juni*	*Neue Verfassung* in einem Referendum angenommen: Mischform Militär-Zivilregierung, in einer vierjährigen Übergangsperiode stellen die Militärs ein Drittel der Minister und den Staatspräsidenten.
20. Dez.	Wahlen: UDV/RDA 65%, PRA 21% der Sitze; *Gérard Ouédraogo* wird Premier (13. Februar 1971) einer Koalitionsregierung (acht UDV-, zwei PRA-Minister, fünf Offiziere).
1973	Nach Streikunruhen Kraftprobe zwischen dem Premier und dem Parlamentspräsidenten Joseph Ouédraogo.
1974 *8. Febr.*	Premier Ouédraogo scheitert im Parlament (30. Jan.) und wird von der UDV/RDA abgesetzt; General *Lamizana übernimmt* wieder *die vollen Machtbefugnisse,* mit der Auflösung des Parlaments ist das Experiment „Militär und Parlament" zu Ende.
30. Mai	*Abschaffung der Parteien* und Bildung des *Mouvement pour le Renouveau* (2. Juli) als Basis für eine Einheitspartei im Zuge einer grundlegenden politischen und administrativen Reorganisation mit Aufteilung des Landes in Départements unter Militärpräfekten und (5. Juli) der Bildung eines Konsultativrates (12 Militärs von 65 Mitgliedern).
14. Dez.	Verschärfung der lange schwelenden *Grenzstreitigkeiten mit Mali* über ein Gebiet im Norden (Mangan-, Eisen- und Titanvorkommen). Trotz Einsetzung einer Grenzkommission unter Vermittlung einiger afrikanischer Staatschefs (30. Dez.) kommt es zu neuen Konflikten, die in der *Erklärung von Conakry* beigelegt werden (10. Juli 1975).
1975 Dez.	Politische Wende während eines Generalstreiks der zur wichtigsten politischen Kraft gewordenen Gewerkschaften: Einleitung von Gesprächen über die Rückkehr zur Zivilregierung, der Gewerkschaftsführer Z. Traoré wird Mitglied des Kabinetts (9. Febr. 1976).
1976 Nov.	Lamizana akzeptiert den neuen Verfassungsentwurf (Rückzug des Militärs, Begrenzung auf drei Parteien).
1977 Jan.	Lamizana bildet eine *Regierung der nationalen Einheit* (vier Militärs und 11 Parteienvertreter von 20 Ministern) und läßt Parteien wieder offiziell zu (1. Okt.).
1978 *30. April*	Nach *Annahme der Verfassung* (Referendum 27. Nov. 1977) gewinnt in den *Wahlen* die UDV/RDA 49% der Sitze und bildet nach der Wahl Lamizanas zum Präsidenten (28. Mai) nach 12 Jahren wieder eine Zivilregierung unter Premier *Joseph Conombo* (17. Juli).
1979	Zulassung von nur noch drei Parteien (28. Mai), die PRA muß sich auflösen.
5. Nov.	Bildung der *Front Progressiste Voltaique* (FPV) unter Joseph Ki-Zerbo und einigen UDV/RDA-Dissidenten unter Joseph Ouédraogo.
1982	*Nach Staatsstreich* durch Unteroffiziere *führt Jean Baptiste Ouedraogo* (* 1942) *mit Thomas Sankara* (* 1943, † 1987) *die Staatsgeschäfte* (Nov.).
1983	Verhaftung von Premierminister Sankara (Mai).
5. Aug.	Sturz des Regimes Ouedraogo durch Fallschirmjäger; neuer Staatspräsident wird Sankara.
1984	*Sankaras Dekret ändert den Landesnamen in Burkina Faso* (4. Aug.). – *(Forts. S. 1646)*

Niger
(Forts. v. S. 1127)

1946 *17. Juni*	Gründung der *Parti Progressiste Nigérien* (PPN), die sich als Sektion des interterritorialen *Rassemblement Démocratique Africain* (RDA) konstituiert (Okt.); ihre Führer *Hamani Diori* ([* 1916, † 1989] Djerma), *Boubou Hama* ([* 1906] Songrai) und *Djibo Bakary* (* 1922) sind führende Gewerkschafter.
1952 *30. Febr.*	Die von der Kolonialverwaltung unterstützte *Union des Nigériens Indépendants et Sympathisants* (UNIS) entscheidet die *Wahlen zum Landesparlament* für sich, verliert aber nach Abspaltung der *Union Progressiste Nigérienne* (UPN, 1953) und des *Bloc Nigérien d'Action* (BNA) unter Georges Condat (* 1924) an Bedeutung.
1957 *31. März*	*Bakary,* Führer der 1950 von der PPN abgespaltenen *Sawaba,* gewinnt bei *Wahlen zum Landesparlament* 68% der Sitze gegen 32% der PPN und wird *erster Regierungschef* (20. Mai), gestützt vornehmlich auf Hausa (ca. 50% der Bevölkerung) und sozial benachteiligte Schichten des Ostens; er plädiert für die sofortige Unabhängigkeit.
1958 *28. Sept.*	Massive Gegenmaßnahmen der Kolonialverwaltung (u. a. Entzug eines Teils der Regierungsbefugnisse) führen im Gegensatz zu Bakarys Politik zur Annahme des *Referendums über die französischen Verfassungsvorschläge* (78,4% Zustimmung bei 37,4% Wahlbeteiligung).
20. Okt.	Nach dem Fehlschlagen eines von Bakary ausgerufenen Generalstreiks (9. Okt.) Massenaustritte aus der Sawaba und Rücktritt Bakarys.
14. Dez.	Bei *Neuwahlen* kann die durch ehemalige Sawaba-Mitglieder gestärkte und ihrerseits nun von Kolonialverwaltung und Chefferie unterstützte PPN (1958–1960: *Union pour la Communauté Franco-Africain*) 82% der Sitze gewinnen (Sawaba 18%). *Hamani Diori* wird *Premier,* Niger *autonome Republik* innerhalb der Französischen Communauté (18. Dez.).
1959 *7. April*	*Beitritt zum Rat der Entente* (mit Obervolta, Dahomey, Elfenbeinküste); das völlig von ausländischer Hilfe abhängige Niger lehnt sich an die Elfenbeinküste und Frankreich an.

1510 Neueste Zeit – Nicht durch Blockbündnis geprägter Teil der Welt

30. April	Gestützt auf Sondervollmachten (22. Jan. 1959) betreibt Diori die Ausschaltung der Opposition; den Abgeordneten der Sawaba wird das Mandat entzogen, diese schließlich verboten (18. Okt.), ihre Mitglieder werden verfolgt (Expremier Bakary geht 1960 ins Exil).
1960 **3. Aug.**	**Unabhängigkeit** Nigers; nach Annahme einer *neuen Verfassung* wird Diori Präsident (9. Nov.), jedem Minister steht ein französischer Berater zur Seite; auch die wirtschaftliche Abhängigkeit von Frankreich bleibt groß; die Völker der Hausa, Ful, Kanuri und Tuareg bleiben von den Schlüsselpositionen ebenso wie ehemalige Sawaba-Mitglieder ausgeschlossen; die Regierung stützt sich wesentlich auf Djerma und Songrai (ca. 20% der Bevölkerung), die das Politbüro (unveränderte Zusammensetzung 1956–1974) beherrschen.
1965 *21. Okt.*	*Wahlen* (Einheitsliste der PPN) bringen eine *Öffnung des Parlaments* für die junge Elite, doch bleibt die alte Führungsgarde (Diori, Parteipräsident *Boubou Hama,* Erster Vizepräsident *Diamballa Maiga* [* 1910]) unangefochten an der Macht.
1972/1973	Sahel-Dürre: Massenwanderung nach Süden, Vernichtung von 80% des Viehbestandes.
1974 *15. April*	*Armeeputsch:* ein Oberster Militärrat unter *Seyni Kountché* (* 1931, † 1987), übernimmt die Macht; das Militärregime stützt sich mangels qualifizierten Personals in der Verwaltung auf die gleichen Schichten wie das alte Regime.
1975 2. Aug.	Verhaftung des zurückgekehrten Sawaba-Führers Bakary; der mit ihm kooperierende zweite Mann der Junta, *Sani Souna Sido* († 1977), wird ausgeschaltet.
1976	Nach Einbeziehung von Zivilisten ins Kabinett (Febr.) Putschversuch von Militärs (14. März).
1980	*Haftentlassung von Expräsident Diori* (15. April).
1983 5. Nov.	*Von Libyen beeinflußter Staatsstreich mißlingt* (5. Okt.). *Hamid Algabid* (* 1941) wird *Ministerpräsident.*
1984	*Kabinettsumbildung* (27. Aug.) soll zu besserer Bewältigung von Wirtschaftsproblemen führen. – *(Forts. S. 1646)*

Zentralafrika

Tchad (Tschad)
(Forts. v. S. 1133)

1947 *Jan.*	Die *Wahlen zur Landeslegislative* gewinnt die von der Chefferie (eingesetzte „traditionelle" Herrscher) dominierte *Union Démocratique Tchadienne* (UDT). Die unter *Jean-Pierre Toura Gaba* und *François Tombalbaye* (* 1918, † 1975) (beide Vertreter der kleinen, westlich gebildeten Elite der Sara im Süden) zur Tchad-Sektion des interterritorialen *Rassemblement Démocratique Africain* (RDA) umorganisierte *Parti Progressiste Tchadien* (PPT, Gründer: G. Lisette) wird von der Kolonialverwaltung zugunsten der UDT bekämpft.
1952	Die UDT gewinnt trotz Abspaltungen die Wahlen zum Landesparlament klar.
1957 *31. März*	Aufgrund des verstärkten Gewichts des Südens (Wahlrechtserweiterung 1956) kann das PPT-Bündnis 72% der Sitze bei den *Wahlen zum Landesparlament* gewinnen (PPT allein jedoch nur 49%), *Gabriel Lisette* (* 1919) wird erster Regierungschef (15. Mai).
1958 *28. Nov.*	Nach einem Referendum über die französischen Verfassungsvorschläge (28. Sept.) wird Tchad *autonome Republik* innerhalb der Französischen Communauté.
1959 *27. März*	Nach Zerbrechen des Regierungsbündnisses kann erst *François Tombalbaye* (PPT) eine stabile *Regierung* mit dem von vielen Moslems abgelehnten Gabriel Lisette als Stellvertreter bilden.
1960 **11. Aug.**	**Unabhängigkeit** Tchads; *François Tombalbaye* wird *Präsident* und nach Ausschaltung Lisettes (Rückkehrverbot während einer Auslandsreise) auch *Parteipräsident* (24. Aug.). Fortsetzung der Politik einer Zurückdrängung der Chefferie und Spaltung der islamischen Führungsschicht des Nordens und Besetzung des Staatsapparates mit PPT-Mitgliedern.
1962 *4. März*	Nach Unruhen werden alle Parteien außer der PPT aufgelöst (Jan.); die *PPT* tritt bei Wahlen als *Einheitspartei* auf (endgültige Legitimierung des Einparteiensystems 4. Juni 1964); die Zustimmung des Nordens wird mit einem erheblichen Anteil der Chefferie (ca. 42%) an der Abgeordnetenzahl gesichert; *Einführung eines Präsidialsystems* (12. April) und Ausschaltung prominenter Politiker (u. a. Toura Gaba 1962/1963).
1963	Nach Verhaftung der islamischen Spitzenpolitiker blutige Unruhen in Fort Lamy.
1965 *23. Jan.*	Die französische Militärverwaltung der BET (Borku/Ennedi/Tibesti)-Region im Norden endet; aufgrund von Übergriffen der vornehmlich aus dem südlichen Gebiet (Sara-Volk) rekrutierten Beamtenschaft bei der Steuereintreibung kommt es zu *Unruhen in Bardai/ Tibesti* (Sept./Okt.), nach denen der geistliche Führer der Tibbu (Tubu) nach Libyen flieht

Afrika/Zentralafrika – Tchad (Tschad) *1511*

(seine Söhne nehmen nach weiteren Übergriffen der Administration den bewaffneten Kampf auf); blutige Zwischenfälle auch in Magalme im Osten.

19. Nov. Diese Zusammenstöße sowie die Aufdeckung eines Komplottes gegen Tombalbaye (Verhaftung von drei Ministern) sind Auftakt einer generellen Erhebung im Norden und Osten.

1966 Zur Koordination der Erhebung schließen sich die *Union Nationale Tchadienne* (UNT)
23. Juni und die konservative, sezessionistische *Front de Libération du Tchad* (FLT) zur *Front de Libération Nationale Tchadienne* (FROLINA, nach Abspaltung der im östlichen Wadai-Gebiet aktiven FLT 1969: FROLINAT) zusammen und intensivieren den bewaffneten Kampf gegen die Regierung vor allem mit algerischer und libyscher Unterstützung.

1968 Die Erste Armee im Nordosten sowie die Zweite unter *Hissène Habré* (* 1936) im Tibbu-Gebiet spalten sich von der FROLINAT ab. Intensivierung der bewaffneten Aktionen, weitgehender Zusammenbruch von Armee und Verwaltung im Norden und Osten.

Aug. Einnahme des Aouzou-Militärpostens in Tibesti durch Rebellen; die Regierung holt daraufhin zusätzliche französische Truppen ins Land, die die Guerillas (Tibbu, Maba) zurückdrängen.

1971 Ein *Staatsstreich* der FROLINAT *scheitert;* die Regierung bricht die Beziehungen zu Li-
Aug. byen (wegen angeblicher Verwicklung) ab, das daraufhin die FROLINAT auch offiziell anerkennt.

1972 Angriff von FROLINAT-Kommandos auf Fort Lamy, folgende Verhaftung von etwa 1000
Juni Personen; wegen innenpolitischer Kritik in Frankreich Teilabzug der französischen Truppen. Daraufhin Annäherung Tchads an Libyen, das stillschweigend die Aouzou-Region (Tibesti; Vertrag von 1935) erhält (Juni 1973) und den FROLINAT-Guerillas die Unterstützung entzieht.

1973 Umbenennung der PPT in *Mouvement Nationale pour la Révolution Culturelle et Sociale*
4. Sept. (27. Aug.) und Einleitung einer an Zaïre angelehnten *„Kulturrevolution"* (u. a. Umbenennung Fort Lamys in N'Djamena, Wiedereinführung traditioneller Initiationsriten, die zu blutigen Christenverfolgungen führen).

1974 Die Geiselnahme von Europäern durch Truppen des von der FROLINAT abgespaltenen
21. Apr. Kommandanten Habré in Bardai erregt weltweite Aufmerksamkeit.

1975 *Staatsstreich* unter General *Noel Odingar*. *Tod Tombalbayes* und Freilassung von General
13. April *Felix Malloum* (* 1932), der Chef des Obersten Militärrates wird und eine Regierung (acht Militärs, 10 Zivilisten) bildet (12. Mai).

15. Aug. Das geistliche Oberhaupt der Tibbu kehrt aus dem Exil zurück.

27. Okt. Wegen Verhandlungen Frankreichs mit Habré werden die französischen Truppen des Landes verwiesen (Aussöhnung 6. März 1976).

1976 Zusammenstoß von Habré-Truppen mit libyschen Truppen im Aouzou-Gebiet; Libyens folgende Unterstützung von *Goukouni Queddeye* (* 1944) (Stellvertreter Habrés und Sohn des geistlichen Oberhaupts der Tibbu) führt zur *Entmachtung Habrés* (Okt.), der sich mit loyalen Truppen ins Fada-Gebiet zurückzieht.

1978 Eroberung von Faya Largeau und Gefangennahme eines Drittels der Tchad-Armee durch
Febr. Queddeye-Truppen (Zweite Armee), der jetzt stärksten FROLINAT-Gruppierung.

26. Aug. *Abkommen Malloums mit Habré,* der Premier wird; der Oberste Militärrat wird aufgelöst.

1979 Ausbruch schwerer Kämpfe in N'Djamena zwischen Malloum- und Habré-Truppen, die
12. Febr. durch einen Waffenstillstand (19. Febr.) vorerst beendet werden.

23. März Entsprechend dem Kano-Abkommen (16. März) Rücktritt Malloums und Habrés; nigerianische Truppen überwachen den vereinbarten, aber von Habré und Queddeye nicht völlig eingehaltenen Truppenrückzug aus N'Djamena; Malloum erhält Asyl in Nigeria (2. April).

24. April Oberst *Lul Mohammed Shawwa* (* 1940), Führer der Dritten FROLINAT-Armee, wird *Staats- und Regierungschef;* Queddeye (Innenminister) und Habré (Verteidigungsminister) gehören dem Kabinett an.

28. Aug. Nach Abzug der Nigeria-Truppen (5. Juni) und Ausbruch heftiger Kämpfe zwischen rivalisierenden Fraktionen innerhalb der Interimsregierung (11. Juni) wird entsprechend dem Lagos-Abkommen (vierte in Nigeria stattfindende Aussöhnungskonferenz, 20.–21. Aug.) *Queddeye Staatspräsident* und der aus dem Süden stammende *Abdelkadar Kamougue* (* 1939) als Führer der Forces Armées Tchadiennes sein Stellvertreter.

10. Nov. Übergangsregierung der Nationalen Einheit Queddeye, Kamouge (Vizepräsident), Habré (Verteidigung) und Einbeziehung von 11 politischen Gruppierungen.

1980 Nach Vereinigung der Queddeye- und Abba-Truppen (März) *heftige Kämpfe gegen Habré.*

1981 *Intervention von ca. 4000 libyschen Soldaten* im Tschad zugunsten Queddeyes (Jan.).
Nov. Queddeye fordert Abzug der nun auf 10000 Mann geschätzten libyschen Truppen.

1982 Zu Jahresbeginn *Einsetzung einer OAU-Friedenstruppe* (aus Nigeria, Zaire, Senegal).
7. Juni *Habrés Truppen erobern N'Djamena.* Queddeye setzt sich nach Algerien ab.

1983 Eine Offensive von Queddeye-Truppen endet mit einem militärischen Patt. Französische und zairische Truppen bilden am 15. Breitengrad einen „Cordon sanitaire".

1984 *Frankreich und Libyen vereinbaren Abzug ihrer Truppen* (ab 25. Sept.). – *(Forts. S. 1646)*

1512 Neueste Zeit – Nicht durch Blockbündnis geprägter Teil der Welt

Zentralafrikanische Republik
(Forts. v. S. 1133)

1947 Gegen die den Sozialisten zuneigende *Amicale Oubanguienne* unter *Jean Pierre Songo-Mali* wird vom katholischen Klerus der aus Lobaye stammende *Barthélémy Boganda* (* 1910, † 1959) gefördert, dessen Anhänger nach der Wahl zur Landeslegislative (Generalrat) die afrikanische Fraktion weitgehend bestimmen.
Boganda wird zu einer *charismatischen Symbolfigur* des Kampfes gegen die Unterdrükkung, sein Ansehen wächst mit zunehmender Verfolgung durch die Kolonialverwaltung.

1949 Boganda gründet das *Mouvement d'Evolution Sociale de l'Afrique Noire* (MESAN): breite Anhängerschaft in der Bauernbevölkerung.

1957 Nach Bogandas Wahl zum Bürgermeister von Bangui (Nov. 1956) gewinnt die MESAN
31. März in den Wahlen zum Landesparlament sämtliche Sitze.

14. Mai Erster Regierungschef wird *Abel Goumba* (* 1927), da Boganda eine Regierungsübernahme unter dem Kolonialsystem ablehnt.

Juni Boganda übernimmt die Präsidentschaft im Großen Rat der Föderation Französisch-Äquatorialafrika und propagiert nachhaltig die Bildung einer Föderation der Vereinigten Staaten von Lateinafrika mit der derzeitigen Föderation als Keimzelle.

1958 Nach einem Referendum über die französischen Verfassungsvorschläge (28. Sept.) wird die
1. Dez. *Zentralafrikanische Republik* (Zentralafrika für das bisherige Französisch-Äquatorialafrika) innerhalb der Französischen Communauté für *autonom* erklärt; Barthélémy Boganda wird neuer Premier.

1959 Bei der Vorbereitung der nächsten Wahl kommt Boganda bei einem (bis heute ungeklär-
29. März ten) Flugzeugabsturz ums Leben; das völlig auf ihn ausgerichtete und von ihm geprägte System gerät in eine tiefe Krise.

26. April Die MESAN gewinnt alle Parlamentssitze (Manipulation gegen Oppositionsparteien).

30. April Ein Neffe Bogandas, *David Dacko* (* 1930), kann sich im Kampf um die Führung mit Hilfe zahlreicher Franzosen als *neuer Premier* gegen den von der MESAN unterstützten amtierenden Regierungschef Goumba durchsetzen.

1960 Abel Goumba gründet mit einem Viertel der Abgeordneten das *Mouvement d'Evolution Démocratique de l'Afrique Central* (MEDAC). David Dacko läßt sich zum MESAN-Präsidenten wählen (Juli, in Abwesenheit des bisherigen Amtsinhabers).

13. Aug. Die Zentralafrikanische Republik erhält die **Unabhängigkeit,** *Dacko* übernimmt – zunächst provisorisch – die Funktion des *Staatspräsidenten;* Verbot der MEDAC (23. Dez.).

1962/1963 Die MESAN wird zur *Einheitspartei* mit obligatorischer Mitgliedschaft.

1964 Nach offensichtlich manipulierten Wahlen (15. März) wird die MESAN zur höchsten
30. März Instanz im Staat erklärt.

1966 Der Armeechef Oberst *Jean-Bedel Bokassa* (* 1921), Neffe Bogandas, übernimmt in
1. Jan. einem *Staatsstreich* die Macht; Dacko wird unter Hausarrest gestellt.

1967 Bokassa (inzwischen auch Partei- und Gewerkschaftsführer) sichert seine Macht durch
Nov. französische Truppen und Ausschaltung bzw. Ermordung zahlreicher Gegner.

1972 *Bokassa* wird *Präsident auf Lebenszeit,* sein Regime ist durch abrupte, in der Regel von
März der Suche nach neuen Geldquellen motivierte außenpolitische Kurswechsel, eine permanente Umbesetzung des Kabinetts und durch grausame Exzesse gekennzeichnet. Außerhalb der Gewerkschaften und der Armee gibt es wenig organisierte Auflehnung, da sich eine zahlenmäßig bedeutsame Elite kaum hat herausbilden können.

1976 Ange Patasse (* 1937) wird Premier als Nachfolger von Elisabeth Domitien, der ersten
5. Sept. Premierministerin Afrikas (2. Jan. 1975 – 4. April 1976).

1977 Krönung Bokassas zum Kaiser des **Zentralafrikanischen Kaiserreiches** (4. Dez.).

1978 Henri Maidou wird neuer Premier (18. Juli).

1979 Heftige *Schüler- und Studentenunruhen* werden mit Hilfe von Zaïre-Truppen *niederge-
Jan.* *schlagen;* Berichte von der Ermordung zahlreicher Jugendlicher in den Gefängnissen (Bokassa wird Mitbeteiligung vorgeworfen) führen zu weltweiter Aufmerksamkeit.

21. Sept. Expräsident *David Dacko* (seit einiger Zeit enger Berater Bokassas) übernimmt mit Hilfe französischer Truppen die Macht während einer Libyen-Reise Bokassas; *Henri Maidou* wird Vizepräsident, *Bernard Ayando* Premier (24. Sept.) der **Zentralafrikanischen Republik,** politische Parteien werden wieder zugelassen (27. Okt.).

1981 *David Dacko gewinnt die Präsidentschaftswahlen* (Ende Jan.) mit 50,2% der abgegebenen Stimmen.

1. Sept. *Unblutiger Putsch unter General André Kolingba* mit Zustimmung Frankreichs. Das Kabinett ersetzt ein „Militärausschuß für Nationalen Wiederaufbau".

1984 Kolingba verkleinert den Militärausschuß und beruft 8 zivile Hochkommissare (23. Jan.).
– *(Forts. S. 1647)*

Kamerun
(Forts. v. S. 1131, 1132)

1946 *Kamerun-Mandate* bleiben unter *UNO-Treuhandschaft* bei den bisherigen Mandataren.

1948
10. April Gewerkschaftskräfte formieren sich unter Reuben Um Nyobé (* 1913, † 1958) und Ernest Ouandie (* 1924, † 1971) zur *Union des Populations Camerounaises* (UPC), die zur Kamerun-Sektion des interterritorialen *Rassemblement Démocratique Africain* (RDA) wird, als einzige politische Gruppierung eine wirkungsvolle Parteiorganisation aufbaut und die Wiedervereinigung Kameruns sowie baldige Unabhängigkeit fordert.

1952 Wahlen: die UPC wird von jeglicher parlamentarischer Vertretung ferngehalten (März).

1954 *Britisch-Kamerun:* Der Südteil des britischen Mandatsgebietes erhält Regionalstatus (eigenes Parlament) innerhalb der Föderation Nigeria, während der Nordteil weiterhin als Teil Nordnigerias verwaltet wird.

1954–1955 *Französisch-Kamerun:* Die UPC greift im Verbund mit Gewerkschaften zum Mittel des Streiks und fordert die Aufhebung der UNO-Treuhandschaft.

1955
13. Juli Nach Revolten (Mai) in Städten des Südens wird die *UPC verboten* und geht zum Guerillakampf über, der durch massiven Einsatz von Armee und Polizei bekämpft wird.

1956
23. Dez. Aus den von der UPC boykottierten *Wahlen zum Landesparlament* geht die Gruppe der Abgeordneten aus dem Norden als stärkste Fraktion hervor, sie wird von *Ahmadou Ahidjo* (* 1924, † 1989) zur *Union Camerounaise* (UC) vereinigt; die Gruppierung der *Démocrates Camerounais* unter *André-Marie Mbida* (* 1917, † 1980) wird zweitgrößte Fraktion.

1957
16. April Nach Billigung durch das Landesparlament wird ein *neues Statut für Kamerun* von der französischen Regierung verkündet (u. a. Recht auf Unabhängigkeit) und dementsprechend vom französischen Hochkommissar ein Premier ernannt; dieses Amt übernimmt André-Marie Mbida (15. Mai) mit einem Koalitionskabinett; die UC-Minister und Vizepremier Ahidjo treten schließlich aus der Regierung aus, ein Mißtrauensantrag führt zum Rücktritt Mbidas (Exil 1960).

1958
13. Sept. *Ahmadou Ahidjo* wird *neuer Premier* (18. Febr.).
Nach der Ermordung des populären UPC-Führers *R. Um Nyobé* durch eine Militärpatrouille endet die Rebellion im Bassa-Gebiet; eine UPC-Gruppe kehrt zur legalen Opposition ins Parlament zurück (12. April 1959), doch intensiviert die von Guinea, Ghana und Ägypten unterstützte Exil-UPC unter *Felix Moumié* (* 1926, † 1962) den Guerillakampf vor allem im Bamileke-Gebiet, der bis 1964, teils bis 1970 anhält; Moumié wird vergiftet (1962); ca. 20 000 Todesopfer 1955–1970.

30. Dez. Nach einem Referendum über die neuen französischen Verfassungsvorschläge (28. Sept.) erhält Kamerun *innere Autonomie.*

1960
21. Febr. Beendigung des UNO-Mandats. **Kamerun** wird **unabhängig** (1. Jan.).
Die *neue Verfassung* wird in einem Referendum (60%) mit Hilfe von Manipulationen angenommen, im Süden jedoch abgelehnt. Der heftige Aufstand vor allem im Bamileke-Gebiet wird durch Einsatz französischer Truppen eingedämmt.

5. Mai *Ahidjo* wird *Präsident;* Ernennung von *Charles Assalé* (* 1911) zum *Premier.*

1961
Febr. *Britisch-Kamerun:* in einem Referendum unter UNO-Aufsicht entscheidet sich Südkamerun für einen Anschluß an das unabhängige Kamerun (70,5%), während Nordkamerun für einen Verbleib bei Nigeria stimmt (60%).

Okt. *Südkamerun* (jetzt Westkamerun) schließt sich mit dem unabhängigen Kamerun (jetzt Ostkamerun) zur *Föderation Kamerun* zusammen; Präsident: Ahidjo (zugleich Präsident Ostkameruns), Vizepräsident: der Westkamerun-Premier *John Foncha* (* 1916).

1964 Weitgehende Auflösung der Oppositionsparteien, die seit den Wahlen (26. April) nicht mehr im Bundesparlament vertreten sind (nur noch UC mit 40 und Fonchas *Kamerun National Democratic Party* [KNDP] mit 10 Sitzen).

1966
1. Sept. Fusion von UC und KNDP zur *Einheitspartei Union Nationale Camérounaise,* mit der Ahidjo eine Zentralisierungspolitik betreibt.

1969 Beschneidung der bundesstaatlichen Kompetenzen zugunsten der Föderation.

1970
19. Aug. Verhaftung des letzten Präsidenten der Exil-UPC (E. Ouandie) und Bischofs A. Ndangmo als entscheidende Schläge gegen die noch verbleibende Opposition (UPC, Katholischer Klerus); zunehmender polizeistaatlicher Charakter des Regimes.

1972
2. Juni Nach Annahme einer *neuen Verfassung* in einem Referendum (20. Mai) wird die Föderation aufgelöst und die *Vereinigte Republik Kamerun* erklärt.

1975
30. Juni Nach einer Verfassungsänderung (Mai) übernimmt das neue Amt eines Premiers der Ahidjo-Vertraute *Paul Biya* (* 1933).

1979 Verfassungsänderung (9. Juni): Premier im Notfall Nachfolger des Präsidenten.

1982 *Präsident Ahidjo erklärt seinen Rücktritt; Nachfolger wird Paul Biya* (6. Nov.).

1984 *Putschversuch* der Palastwache durch regierungstreue Truppen *vereitelt* (6. April).
– *(Forts. S. 1647)*

1514 Neueste Zeit – Nicht durch Blockbündnis geprägter Teil der Welt

Äquatorial-Guinea

1959 *Rio Muni* sowie *Fernando Póo/Annobón* werden *spanische Überseeprovinzen* mit ge-
30. Juli trennten Provinzräten (beratende Funktion; Wahlen 4. Sept. 1960).
1960 Das „Patronato de Indígenas" (1904) wird beendet, die afrikanische Bevölkerung erhält
Dez. volle Rechte als spanische Bürger und entsendet drei Vertreter ins spanische Ständeparlament.
1963 Spaniens Versuche, den Emanzipationsbestrebungen der Afrikaner durch ein *Autonomie-*
15. Dez. *statut* entgegenzukommen (Sept.), werden in einem *Referendum* von Rio Muni angenommen, von Fernando Póo jedoch abgelehnt.
1964 Da die Zustimmung im Referendum insgesamt 63% beträgt, setzt Spanien die *innere*
1. Jan. *Autonomie für die Region* Äquatorial-Guinea durch.
April Nach der Wahl zu den beiden Provinzräten wird eine gemeinsame Generalversammlung
gebildet; diese bestellt *Bonifacio Ondo Edu* († 1968), den Führer des neugegründeten,
gegenüber Spanien kooperationswilligen *Movimiento de Unión Nacional de la Guinea
Ecuatorial* (MUNGE), zum Präsidenten des Rates der Regierung (Vizepräsident: *Francisco Macías Nguema* [* 1922, † 1979]), der je vier Minister der beiden Provinzen umfaßt.
1968 Auf einer *Verfassungskonferenz* (April–Juni) wird eine von Spanien vorgeschlagene Verfassung (zentralistischer Staat mit Minderheitensicherung) trotz Ablehnung durch drei
Viertel der afrikanischen Delegierten durchgesetzt.
11. Aug. Nach *Annahme der Verfassung* durch das spanische Ständeparlament (24. Juli) Referendum: die Verfassung wird mit 64% (Fernando Póo nur 51,5%) angenommen.
12. Okt. Äquatorial-Guinea wird **unabhängige Republik** unter dem von der pseudo-marxistischen
Idea Popular de la Guinea Ecuatorial (IPGE) zum *Movimiento Nacional de la Liberación
de Guinea Ecuatorial* (MONALIGE) übergewechselten Francisco Macías Nguema als Präsident mit einem Koalitionskabinett aus MONALIGE, MUNGE, IPGE und der Union
Bubi (Parteien auf Fernando Póo).
Nov. Anhaltende Unruhen nach der Verhaftung und Ermordung von Bonifacio Ondo Edu.
1969 Nach *Ausrufung des Notstandes* und Aufhebung der Verfassung (24. Febr.) durch Nguema
27. Febr. besetzen spanische Truppen Bata (Festland) und Santa Isabel (Fernando Póo).
5. März Ein *Putschversuch auf Fernando Póo* unter MONALIGE-Führer und Außenminister *Atanasio Ndong* wird *niedergeschlagen,* Ndong kurz darauf umgebracht. Von Nguema ange-
forderte UNO-Beobachter treffen in Bata ein; Abzug der spanischen Truppen (28. März)
entsprechend Nguemas Forderung, Flucht von etwa 90% der 7000 Spanier in die Folge.
1970 Gestützt auf Armee und die neugegründete Jugendliga schaltet Nguema die meisten politi-
2. Febr. schen Gegner aus und festigt sein despotisches Regime: anstelle der aufgelösten Parteien
wird die Einheitspartei Partido Unico Nacional gegründet.
1971/1972 *Nguema* wird durch Verfassungsänderung (7. Mai 1971) zum faktischen *Alleinherrscher*
und ernennt sich zum Präsidenten auf Lebenszeit (14. Juli 1972).
1973 Nach einer „*Authentizitätskampagne*" Änderung zahlreicher Namen: Santa Isabel wird zu
26. Juli Malabo, Fernando Póo zu Macías Nguema Byogo, Annobón zu Pigalu.
4. Aug. *Neue Verfassung:* der Einheitsstaat Demokratische Volksrepublik Äquatorial-Guinea
wird ausgerufen und der letzte Rest Autonomie für Fernando Póo abgeschafft.
1978 Nach Verordnung von Zwangsarbeit (März 1976) Bannung der katholischen Kirche; etwa
Juni ein Drittel der Bevölkerung lebt im Exil, Tausende sind inhaftiert oder getötet worden.
1979 *Putsch gegen Nguema,* der abgesetzt und hingerichtet wird (29. Sept.); sein Verwandter,
3. Aug. Oberst *Teodoro Obiang Nguema Mbazogo,* übernimmt die Macht.
1982 *Neue republikanische Verfassung* (15. Aug.).
1983 *Putschversuch scheitert* (11. Mai) wie zuvor (am 10. April 1981). – *(Forts. S. 1647)*

São Tomé / Príncipe

1951 São Tomé und Príncipe werden *portugiesische Überseeprovinz.*
1953 Versuche, die privilegierten Einheimischen wieder dem Status der ausländischen Kon-
3. Febr. traktarbeiter (kein Bürgerrecht) anzunähern, lösen den „Widerstand der langen Messer"
aus; etwa 1000 afrikanische Todesopfer durch brutales Vorgehen von Kolonialverwaltung,
Truppen und Siedlern in der Folge.
1960/1961 Neben der *Acçâo Nacional Popula* als einziger zugelassener, aber bedeutungsloser Partei
formiert sich aus der privilegierten Schicht der einheimischen Bevölkerung die illegale
Comisão de Libertação de São Tomé e Príncipe unter Miguel Trovoada, die ihren Sitz in
Libreville (Gabon) hat und propagandistisch tätig ist, ohne einen bewaffneten Kampf zu
beginnen: sie benennt sich (1972) um in *Movimento de Libertação de São Tomé e
Príncipe* (MLSTP).

Afrika/Zentralafrika – Äquatorial-Guinea – São Tomé/Principe – Gabon (Gabun) *1515*

1974 26. Nov.	Nach Gewährung der inneren Autonomie (1973) Abkommen mit der neuen portugiesischen Regierung; Bildung einer Übergangsregierung der MLSTP unter Leitung von Leonel d'Alva (21. Dez.), der anschließend den linken MLSTP-Flügel ausschaltet.
1975 **12. Juli**	Nach der Wahl einer Volksversammlung erhält die *demokratische Republik São Tomé und Príncipe* die **Unabhängigkeit** unter Präsident *Manuel Pinto da Costa* (Generalsekretär der MLSTP) und Premier *Miguel Trovoada*.
14. Nov.	Nach dem Exodus von ca. 90% der Portugiesen Verstaatlichung der Kakao-Plantagen.
1978	Absetzung des Premiers Trovoada (Dez.), der später verhaftet wird (Okt. 1979).
1984	Gespräche über wirtschaftliche Zusammenarbeit mit Portugal (2.–7. Mai). – *(Forts. S. 1647)*

Gabon (Gabun)
(Forts. v. S. 1133)

1947/1948	Spannungen zwischen *Jean-Hilaire Aubame* (* 1912), der Rückhalt beim Volk der *Fang* aus Woleu-N'tem hat, und dem Vertreter der Fang in Libreville und an der Gabon-Mündung, *Léon Mba* (* 1902, † 1967), der aus der Verbannung (1933–1946) zurückgekehrt ist und mit dem von Fang und *Mpongwe/Myene* gebildeten *Comité Mixte Gabonais* (CMG) die Grundlage für eine Partei gelegt hat, die eng mit dem interterritorialen *Rassemblement Démocratique Africain* (RDA) zusammenarbeitet.
1948	Aubame gründet die *Union Démocratique et Sociale Gabonaise* (UDSG), die von Kolonialverwaltung, Chefferie (eingesetzte „traditionelle" Herrscher) und Kirche unterstützt wird.
1954	Die beiden Gruppierungen der Fang dominieren das Landesparlament, Mbas CMG geht im *Bloc Démocratique Gabonais* (BDG) auf, der von dem aus dem Mpongwe-Volk stammenden *Paul Gondjout* (* 1912) als Gegengewicht gegen die Fang gegründet worden ist.
1957 *31. März*	Bei *Wahlen zum Landesparlament* kann die UDSG 14 bzw. mit liierten Listen 18 Sitze in der nordöstlichen Hälfte des Landes erreichen, während der BDG acht bzw. mit liierten Listen 16 Sitze erhält, aber – offenbar mit finanzieller Hilfe französischer Holzhändler – noch fünf von sechs unabhängigen Abgeordneten zu sich herüberzuziehen vermag.
20. Mai	Der BDG bildet eine Regierung (bis Anfang 1958 zusammen mit der UDSG), *Léon Mba* wird *erster Regierungschef*.
1958 28. Nov.	Nach einem Referendum über die französischen Verfassungsvorschläge (28. Sept.) wird Gabon *autonome Republik* innerhalb der Französischen Communauté.
1960 **17. Aug.**	**Unabhängigkeit Gabons;** Mbas Versuche zur Errichtung eines Präsidialregimes werden vom BDG-Mehrheitsflügel unter Parlamentspräsident Gondjout im Verbund mit der UDSG blockiert; Mbas Einlenken ermöglicht die Verkündigung einer neuen Verfassung.
16. Nov.	Mba ruft den Notstand aus und läßt BDG-Führer (fast nur Mpongwe) verhaften und internieren, vertagt das Parlament und regiert mit Übergangsvollmachten.
1961 *12. Febr.*	*Mba* wird zum *Präsidenten* gewählt (BDG und UDSG als Einheitsliste), eine von der Exekutive vorgelegte Präsidialverfassung vom Parlament angenommen (15. Febr.).
1964 20. Jan.	Neuwahlen, um die UDSG endgültig auszuschalten; Aubame wird an der Kandidatur gehindert.
18. Febr.	Ein Revolutionskomitee (Armee- und Polizeioffiziere) stürzt die Regierung, der verhaftete Mba muß seinen Rücktritt erklären, *Aubame* wird *Chef einer provisorischen Regierung*. Eingeflogene französische Truppen intervenieren aufgrund eines Beistandspaktes von 1960, besetzen Libreville und setzen Mba wieder ein.
12. April	Die nach Inhaftierung der meisten Mitglieder geschwächte Opposition kann trotz massiver Unterdrückung in den manipulierten Wahlen 45% der Stimmen erringen (ein Drittel der Sitze).
1967	Der BDG kandidiert bei den Wahlen (19. März) als einzige Partei.
28. Nov.	*Tod von Mba;* der aus dem Teke-Volk stammende Vizepräsident, *Albert-Bernard Bongo* (* 1935), wird Nachfolger (1. Dez.).
1968 *Mai*	Nach Umwandlung des BDG zur Einheitspartei *Parti Démocratique Gabonais* (12. März) wird Gabon *Einparteienstaat* mit einer *Einheitsgewerkschaft* (Juli 1969).
1975 17. April	Der bisherige Vizepräsident *Léon Mébiame* (* 1934) übernimmt nach einer Verfassungsänderung das wieder errichtete Amt des *Premiers*.
1979	Erste Wiederwahl (30. Dez.) Präsident Bongos seit 1973.
1982	*Besuch von Papst Johannes Paul II.* (Febr.).
1983 7. März	Bongo nimmt die drei Kommandeure der Teilstreitkräfte in das Zentralkomitee der Parti Démocratique Gabonais (PDG) auf. – *(Forts. S. 1647)*

1516 Neueste Zeit – Nicht durch Blockbündnis geprägter Teil der Welt

Volksrepublik Congo (Kongo[-Brazzaville])
(Forts. v. S. 1133)

1946 *Jean Félix Tchicaya* (* 1903, † 1961) gründet die sich auf die Völker im Süden (vor allem die Vili um Pointe Noire) stützende *Parti Progressiste Congolais* (PPC), die zur Congo-Sektion des interterritorialen *Rassemblement Démocratique Africain* (RDA) wird, während das *Mouvement Socialiste Africain* (MSA) als Congo-Sektion der französischen *Section tion Française de l'Internationale Ouvrière* (SFIO) unter *Jacques Opangault* (* 1907, † 1978) bei den Mboshi und andern Völkern des Nordens Unterstützung findet. Die wichtigste Bevölkerungsgruppe, die Kongo (vor allem die Lari um Brazzaville), lehnen die Teilnahme an den neuen Institutionen ab und boykottieren bzw. sabotieren (Stimmabgabe für den 1942 verstorbenen *Matswa*) alle Wahlen.

Dem Priester *Fulbert Youlou* (* 1917, † 1972) gelingt es, sich als geistiger Erbe Matswas zu profilieren und die Unterstützung vieler Kongo (vor allem der Lari) zu erhalten; er grün-

1956 det (Mai) die *Union Démocratique de Défense des Intérêts Africains* (UDDIA).

1957 Bei *Wahlen zum Landesparlament* kann sich die gemeinsame MSA/PPC-Liste mit 23 Sit-
31. März zen (MSA: 17) knapp gegen die UDDIA-Liste (22 Sitze, UDDIA: 17) durchsetzen.
15. Mai *Jacques Opangault* (MSA) wird *erster Regierungschef* mit einer Koalition.

1958 Nach einem Referendum über die französischen Verfassungsvorschläge (28. Sept.) wird
28. Nov. Congo-Brazzaville *autonome Republik* innerhalb der Französischen Communauté.

Als 22 MSA-Abgeordnete während einer spannungsgeladenen innenpolitischen Situation (Demonstrationen) das Parlament verlassen, setzen die nunmehr 23 UDDIA-Abgeordneten (ein Übertritt) zwei Verfassungsgesetze durch, verlegen die Hauptstadt wieder nach Brazzaville und wählen *Fulbert Youlou* zum *Regierungschef* (8. Dez.).

1959 In den von massiven Wahlkreismanipulationen zugunsten der UDDIA bestimmten *Wahlen*
14. Juni kandidieren nur noch MSA und UDDIA, die 84% der Mandate (58% der Stimmen) erhält; die MSA tritt in eine Koalitionsregierung ein.

21. Nov. *Youlou* erhält vom Parlament den *Titel eines Präsidenten.*

1960 **Unabhängigkeit** als Congo-Brazzaville; Oppositionspolitiker werden (1961) in die Regie-
15. Aug. rung aufgenommen, so Jacques Opangault, der Vizepräsident wird.

1963 Nach der Erklärung des *Einparteienstaates* (13. April) wird Youlou unter Beteiligung des
15. Aug. Militärs mit Rücktritt gezwungen und ein *Nationaler Revolutionsrat* (stark von Gewerkschaften bestimmt) eingesetzt; der frühere Minister *Alphonse Massamba-Débat* (* 1921, † 1977) wird *Premier* und nach Annahme einer neuen Verfassung *Präsident* (19. Dez.), während *Pascal Lissouba* (* 1931) als *Premier* ein Kabinett von Fachleuten führt.

1964 Der Nationale Revolutionsrat wird zur Einheitspartei *Mouvement National de la Révolution* umgewandelt (20. Juli).

1966 *Ambroise Noumazalaye* (* 1933), Repräsentant der Linken, *neuer Premier* (6. Mai).
28. Juni *Meuterei von Kuyu-Truppen* (Norden) wegen Degradierung von Hauptmann *Marien Ngouabi* (* 1938, † 1977), die später zurückgenommen wird.

1968 Die Aufdeckung chinesischer Guerillaausbildung führt zur Entlassung des Premiers und
12. Jan. anderer pro-kommunistischer Minister.
1. Aug. Die *Armee ergreift die Macht*, Hauptmann *Ngouabi* wird Stabschef; ein Nationaler Revolutionsrat wird eingesetzt. Der bereits (22. Aug.) als Premier eingesetzte *Alfred Raoul* (* 1930) übernimmt zusätzlich das *Präsidentenamt* (4. Sept.).

1969 Übergabe des *Präsidentenamtes an Marien Ngouabi,* der sich auf Militärs und Politiker aus
1. Jan. dem Norden stützt.
21. Okt. Die *Parti Congolais du Travail* (PCT) wird gegründet, die sich auf einen Entwicklungsweg auf der Basis des Marxismus-Leninismus festlegt.

1970 Die **Volksrepublik Congo** wird ausgerufen (1. Jan.).
16. Dez. Nach Demonstrationen und Säuberungen in der PCT wird Ngouabi auch Premier.

1972 Putsch linksgerichteter Kräfte unter A. Noumazalaye und A. Diawara (Rückhalt bei den
22. Febr. Bauern im Süden); der Gegenputsch unter Stabschef Yhombi-Opango erhält Ngouabi die Macht. Während weiterer Putschversuche (Mai; Febr. 1973) wird u. a. A. Raoul verhaftet.

1973 Annahme einer neuen Verfassung (24. Juni), *Henri Lopes* (* 1937) wird Premier.
1974 Verstaatlichung der meisten Ölgesellschaften und Versicherungen.
1975 Schwere innenpolitische Krise: das gesamte Politbüro der PCT tritt zurück; Stabschef *Louis Sylvain Goma* wird *Premier* (18. Dez.).

1977 *Ermordung Ngouabis* durch ein Kommando unter *Massamba-Débats* früherem Geheim-
18. März dienstchef. Massamba-Débat wird hingerichtet (25. März). Ein Militärausschuß regiert im Auftrag der PCT, Oberst *Joachim Yhombi-Opango* (Lari) wird *Staatschef* (7. April).

1979 Yhombi-Opango tritt zurück; der aus dem Norden stammende Oberst *Denis Sassou-Ngu-*
5. Febr. *esso* (* 1941) übernimmt die Macht und wird *Staats- und Regierungschef* (31. März).
Okt. *Yhombi-Opango* zum einfachen Soldaten *degradiert;* Prozeß wegen Hochverrats.
1981 Trotz *Freundschaftsvertrag mit der UDSSR* leichte Öffnung nach Westen. – *(Forts. S. 1647)*

Afrika/Zentralafrika – Volkrepublik Congo – Zaïre (Kongo) *1517*

Zaïre (Kongo[-Léopoldville bzw. -Kinshasa])
(Forts. v. S. 1135)

1950 Gründung der auf das Kongo-Volk im Unterkongo-Distrikt um die Hafenstadt Boma ausgerichteten und zunehmend an der Idee einer Einheit des alten Kongo-Reiches orientierten
Kulturvereinigung *Association des Bakongo* (ABAKO), deren Präsident später der Leiter
der 1946 gebildeten *Union des interêts sociaux congolais, Joseph Kasavubu* (* 1917,
† 1969), wird; sie fordert unverzügliche Gewährung politischer und individueller Grundrechte.

1958 Gründung des *Mouvement National Congolais* (MNC) als wichtigster Gesamt-Kongolesi-
10. Okt. scher Partei mit starker Unterstützung von Mongo-Tetela aus Sankuru unter *Patrice
Lumumba* (* 1925, † 1961), der als einer der Kongo-Vertreter auf der All-Afrikanischen
Völkerkonferenz (8.–14. Dez.) in Accra (Ghana) ein Aktionsprogramm (Wahlen; afrikanische Regierung; Unabhängigkeit) vorträgt.

1959 Nach Verbot einer ABAKO-Versammlung heftige Unruhen in Léopoldville und Militär-
4.–6. Jan. einsatz; vorübergehend Verbot der ABAKO, Verhaftung Kasavubus und anderer Führer.
13. Jan. Belgien entschließt sich zur schnellen Dekolonisation; der Weg zur *Unabhängigkeit* wird
in einer Regierungserklärung durch König Baudouin *festgelegt* und damit der Plan einer
(im Aug. 1958) eingesetzten belgischen Studienkommission bestätigt.

Juni Die Ende des 19. Jhs. unter dem Druck der Völker der *Chokwe, Songye, Tetela* und arabischer Sklavenhändler vornehmlich ins Lulua-Reich geflüchteten *Luba* geraten mit den
inzwischen zahlenmäßig unterlegenen und im Gegensatz zu ihnen dem sozialen Wandel
kaum angepaßten *Lulua* aneinander, die die Anerkennung ihrer Rechte auf das von Luba
und anderen besiedelte Land fordern; in der Folge Ausnahmezustand in der Kasai-
Provinz (Aug.).

Juni ABAKO-Extremisten fordern die sofortige Unabhängigkeit und eine eigene Unter-
kongo-Republik; ihnen schließt sich die *Parti Solidaire Africain* (PSA) unter *Antoine
Gizenga* (* 1925) mit dem Plan einer föderativen Republik an (Sept.).

Okt. Lumumbas Versuch, den im Juli von der MNC abgespaltenen Flügel unter dem Führer der
Kasai-Luba, Albert Kalonji (* 1919), auf der MNC-Konferenz in Stanleyville auszuboo-
ten, schlägt fehl. Nach Unruhen gegen Ende der Konferenz (etwa 100 Tote, 600 Verwundete) wird *Lumumba verhaftet* und kann deshalb an der von Kalonji in Elisabethville abgehaltenen MNC-Konferenz (30.–31. Okt.) nicht teilnehmen; die Spaltung des MNC ist
endgültig, Lumumbas MNC unterstützt fortan die Lulua in Kasai.

Okt. Beginn der *Aussiedlung der Luba aus Kasai* (bis Mitte 1960 ca. 100000).
Nov. Kalonjis Flügel verbindet sich mit der ABAKO/PSA-Allianz und unterstützt deren Föderationspläne sowie deren Androhung eines Boykotts der Gemeinde- und Territorialrats-
wahlen (15.–20. Dez.), den dann jedoch fast ausschließlich die ABAKO durchführt.

1960 *Belgisch-Kongolesische Verfassungsgespräche* in Brüssel: trotz starker Repräsentanz aus
20. Jan. ABAKO/PSA/MNC (Kalonji)-Allianz und der von den Belgiern gegen Lumumbas wach-
–20. Febr. senden Einfluß unterstützten überregionalen *Parti National du Progrès* (PNP) sowie der
,,traditionellen" Herrscher (jeweils ein Viertel der afrikanischen Delegierten) kann der aus
dem Gefängnis entlassene (25. Jan.) Lumumba mit belgischer Unterstützung sein *Konzept
eines Kongo-Gesamtstaates* gegen die föderalistischen und separatistischen Tendenzen der
meisten Delegierten durchsetzen.

19. Mai *Verkündung der provisorischen Verfassung* mit dualistischer Spitze (Präsident und Premier) nach belgischem Verfassungsmodell, einer starken Zentralregierung mit Zweikam-
mern-Parlament und sechs durch Provinzparlamente zu wählenden Provinzregierungen.

25. Mai *Wahlen zum Zentralparlament* und zu den *Provinzparlamenten:* Lumumbas MNC wird im
Zentralparlament mit 26% der Sitze stärkste Partei, gefolgt von PSA (9,5%) und ABAKO
(8,8%). Die Aufsplitterung der Parteien erschwert eine Regierungsbildung; in den Provinzen ist davon vor allem *Katanga* betroffen: die aus den einheimischen Katanga-Ethnien gebildete *Confédération des Associations Tribales du Katanga* (CONAKAT) unter *Moïse
Tshombé* (* 1919, † 1969), dem Neffen des Lunda-Oberhauptes, und dem Msiri-Enkel
Godefroid Munongo (* 1925) gewinnt lediglich 42% der Sitze des Katanga-Provinzparla-
ments gegenüber 38% der vornehmlich von Luba getragenen *Association Générale des
Baluba du Katanga* (BALUBAKAT) unter Jason Sendwe (* 1917, † 1964) sowie mit ihr
verbündeter kleinerer Parteien (,,Cartel Katangais"). Ein Parlamentsboykott der gegen
eine Sezession Katangas eingestellten BALUBAKAT verhindert die Bildung der Provinzregierung (Zwei-Drittel-Mehrheit notwendig).

15. Juni Moïse Tshombé setzt daraufhin unter Sezessionsdrohungen bei den Belgiern eine *Verfassungsänderung* durch und bildet die Provinzregierung allein mit der CONAKAT.
19. Juni *Joseph Kasavubu* stellt eine *Zentralregierung* unter Ausschluß des MNC zusammen.
23. Juni Lumumbas Drohung mit einer Gegenregierung führt zum Kompromiß eines *Koalitionska-
binetts* (26 Minister aus 13 Parteien) mit Unterstützung der ABAKO unter Premier Patrice

1518 Neueste Zeit – Nicht durch Blockbündnis geprägter Teil der Welt

Lumumba und Vize-Premier *Antoine Gizenga* von der PSA, die sich Lumumba angeschlossen hat.

24. Juni *Joseph Kasavubu* wird *Präsident*, die ABAKO gibt dafür ihre seit Jan. betriebenen und nach den Wahlen intensivierten Sezessionspläne auf.

29. Juni Tshombé erklärt *Katanga* für *unabhängig*, begnügt sich nach Androhung der Verhaftung jedoch mit der Forderung nach Autonomie *innerhalb einer Föderation*.

30. Juni Nach Abschluß eines Freundschaftsvertrages mit Belgien (die Militärbasen Kongos bleiben in belgischer Hand) **Unabhängigkeit** als *Demokratische Republik Kongo*.

5.–7. Meuterei von Teilen der Armee gegen das noch ausnahmslos belgische Offizierskorps; nach
Juli Ablösung des belgischen Oberbefehlshabers und seines Stabes und Einsetzung von *Victor Lundula* (* 1911) als General und Oberbefehlshaber (8. Juli) sowie von *Joseph Mobutu* (* 1930) als Stabschef (überstürzte Afrikanisierung des Offizierskorps) beginnt ein Massenexodus von Europäern, der einen Zusammenbruch der Verwaltung zur Folge hat.

10. Juli Auf Ersuchen Tshombés nach Meutereien in Elisabethville (Katanga) intervenieren belgische Truppen in Elisabethville, aber auch in Luluabourg und Léopoldville.

11. Juli Tshombé und Munongo erklären die lange erwartete und vorbereitete *Sezession Katangas*.

12.–13. Als Lumumba die Landeerlaubnis in Elisabethville von belgischen Truppen verweigert
Juli wird, rufen er und Kasavubu die UNO um Hilfe an und erklären den **Krieg mit Belgien**.

15. Juli Weitere belgische Truppen landen in Katanga, während erste UNO-Truppen (Tunesien, Ghana) eintreffen und mit der *Entwaffnung der Kongo-Armee* beginnen. Aufgrund der starken Finanzierung des UNO-Unternehmens durch die USA werden US-Botschaft und UN-Oberkommando zu den eigentlichen Machtzentren im Lande.

8. Aug. Der *Unabhängige Bergbaustaat Kasai (= Süd-Kasai)* wird unter A. Kalonji und J. Ngalula ausgerufen, in den ein großer Teil der vertriebenen Luba flüchtet.

9. Aug. Der UN-Sicherheitsrat beschließt, sich nicht in innere Konflikte Kongos (d. h. Katanga und Süd-Kasai) einzumischen; die *belgischen Truppen* werden jedoch nach und nach *von UN-Truppen abgelöst* (Aug./Sept.). Durch das Verbleiben der meisten Europäer in Katanga und die Einbehaltung der bisher an die Zentralregierung abgeführten Abgaben (vor allem Kupferexportsteuer der *Union Minière*), die bislang ca. 60% der Steuereinnahmen der Zentralregierung ausgemacht haben, konsolidiert sich die Lage Katangas. 200 belgische Offiziere bilden die neurekrutierten „Katanga-Gendarmen" aus. In der Folge Ausschaltung sämtlicher Luba aus Verwaltung, Polizei, Militär und Anwerbung weißer Söldner.

25./26. *Vorgehen der Kongo-Armee gegen Süd-Kasai;* trotz dessen Bund mit Katanga Fall der
Aug. Hauptstadt Bakwanga; schwere Diskreditierung der Lumumba-Regierung durch Massaker der Armee.

25.–31. Ministerkonferenz afrikanischer Staaten in Léopoldville: keine Zusagen über militärische
Aug. Hilfe; daraufhin auf Lumumbas Anforderung hin sowjetische Militärlieferungen.

Der nach Katanga geflohene Kalonji kehrt mit belgischen Soldaten nach Süd-Kasai zurück.

3. Sept. Niederlage der Kongo-Armee bei einem Gegenangriff. Daraufhin verfassungsmäßig fragwürdige *Entlassung Lumumbas* durch Kasavubu (5. Sept.), der anschließend von Lumumba abgesetzt wird.

6. Sept. *Rückgängigmachung der Entlassung* durch das Unterhaus, *Vertrauensvotum des Senats für Lumumba*, der sich zum Staatschef und Oberkommandierenden macht, während Kasavubu eine neue Regierung unter *Joseph Ileo* (* 1922) einsetzt und Lumumba vom neuen Oberkommandierenden Mobutu verhaften läßt (12. Sept.); Lumumba entkommt jedoch.

14. Sept. Die *Armee unter Mobutu übernimmt* in einem offenbar mit den USA abgesprochenen Putsch die *Macht*, angeblich um Lumumba und Kasavubu zu „neutralisieren"; während Kasavubu die Regierungsgeschäfte weiterführt, wird Lumumba unter Hausarrest gestellt.

14. Okt. Lumumbas Vize Gizenga erreicht Stanleyville und errichtet dort seine Kontrolle (13. Nov.) mit Unterstützung des abgesetzten Generals V. Lundula und Teilen der Armee, die die Ostprovinz besetzen.

27. Nov. *Lumumba flieht aus Léopoldville,* wird aber mit zahlreichen Anhängern bei Mweka festgenommen und nach Thysville gebracht (1. Dez.).

12. Dez. Gizenga ruft *in Stanleyville* eine *Gegenregierung* aus, seine Truppen setzen eine Regierung in der Kivu-Provinz ein und dringen bis Nord-Katanga vor (10. Jan. 1961), konsolidieren dort die seit Okt. betriebene *Errichtung einer eigenen Lualaba-Provinz* unter Leitung einiger BALUBAKAT-Führer (30. Jan.) und besetzen vorübergehend Luluabourg (24. Febr.).

1961 Nach einer *Militär-Meuterei in Thysville* (13. Jan.) werden Lumumba und zwei seiner Mit-
17. Jan. arbeiter nach Katanga verbracht und dort wahrscheinlich sofort ermordet.

13. Febr. *Bekanntgabe von Lumumbas Tod;* die Gizenga-Regierung wird daraufhin (15. Febr.) von acht Staaten anerkannt.

24.–28. *Coquilhatville-Konferenz* beschließt die Zusammenarbeit mit der UNO und die Einbe-
April rufung des Parlaments; zugleich laufen Gespräche zwischen den Regierungen in Léopoldville und Stanleyville an (u. a. Aufhebung der Blockade); der vorübergehend verhaftete

Afrika/Zentralafrika – Zaïre (Kongo) 1519

Tshombé erklärt sich bereit, Katanga-Vertreter ins Zentral-Parlament zu entsenden und die Katanga-Gendarmen in die Armee der Zentralregierung zu integrieren, widerruft dieses jedoch nach seiner Freilassung (22. Juni).

2. Aug. Unter UNO-Schutz *Wiedereröffnung des Parlaments* (19. Juli), das auf Druck der USA und der UNO *Cyrille Adoula* (* 1921, † 1978; Ileos Innenminister) zum *Kompromiß-Premier* wählt; fast die Hälfte der Minister stammt aus Lumumbas Kabinett, andere aus der Stanleyville- bzw. Ileo-Regierung. Die eigentlichen Machtträger bleiben die Mitglieder der von den USA unterstützten *„Binza-Gruppe"* (benannt nach dem Militärlager M'Binza) um *Joseph Mobutu, Victor Nendaka* (* 1924), *J. Bomboko* und *A. Ndele*.

9. Sept. *Gizenga* wird *Vize-Premier*, beginnt jedoch erneut mit dem Aufbau seiner Stanleyville-Machtposition; Lundula schließt sich Adoula an (11. Nov., Wiedervereinigung der Armee).

13. Sept. Nach einer Blitzaktion in Katanga (18.–28. Aug., Gefangennahme und Ausweisung von ausländischen Söldnern und „Beratern") gehen die UNO-Soldaten zum ersten Mal gegen die Katanga-Regierung vor, stoßen jedoch auf heftigen Widerstand.

17. Sept. Das Zusammentreffen des an die Zambia-Grenze ausgewichenen Tshombé mit UN-Generalsekretär *Dag Hammarskjöld* kommt wegen dessen tödlichen *Flugzeugabsturzes* bei Ndola (Zambia) nicht zustande, doch wird ein *Waffenstillstand geschlossen* (20. Sept.).

Nov. Nach Konsolidierung der auf der Coquilhatville-Konferenz anerkannten Existenz der
–Dez. Nordkatanga-Provinz durch UN-Truppenentsendungen (April/Mai) kehrt die Armee der Zentralregierung dorthin zurück; das Gebiet wird der Zentralregierung unterstellt.

Dez. Kalonji wird in Léopoldville zu Gefängnis verurteilt; Ende der *Sezession Süd-Kasais*.

1962 Kongo- und UN-Truppen nehmen Stanleyville ein, General Lundula verhaftet Gizenga
16. Jan. (Inhaftierung bis Juli 1964), dessen Regime zusammenbricht.

27. April Ein neues Gesetz gibt die Möglichkeit zur Schaffung neuer Provinzen, deren Zahl in den nächsten Monaten von sechs auf 21 erhöht wird.

15. Sept. Nach ergebnislosen Gesprächsrunden (März–Juni) mit Adoula nimmt Tshombé den Plan des UN-Generalsekretärs an, der wegen Tshombés hinhaltender Taktik wirtschaftliche Sanktionen beantragt (14. Dez.).

1963 Nach Eintreffen einer US-Militärmission in Léopoldville (21. Dez.) *Kämpfe zwischen*
14. Jan. *Katanga-Gendarmen und Soldaten der UNO*, die die Katanga-Sezession beenden.

14. Juni *Tshombé geht ins Exil*.

3. Okt. Gründung des *Conseil National de Libération* (CNL) in Brazzaville durch Lumumba-Anhänger unter *Christophe Gbenye* (* 1927).

1964 Beginn des Guerillakampfes unter dem Gizenga-Anhänger *Pierre Mulele* († 1968) in der
4. Jan. Kwilu-Provinz; Erklärung des Ausnahmezustands (21. Jan.).

Febr. Eröffnung einer Ost-Sektion des CNL sowie (Mai) einer zweiten Front in Uvira (Zentral-Kivu-Provinz); die Armee wird zurückgeschlagen.

30. Juni *Endgültiger Abzug der UNO-Truppen* (etwa 10 000 Mann aus 22 Nationen seit 1961) trotz der Rebellionen in zahlreichen Landesteilen (mehr als ein Drittel des Landes nicht mehr unter Kontrolle der Zentralregierung); zugleich Zusammenbruch der Adoula-Regierung.

5. Juli Auf Druck europäischer Länder und vor allem der USA fordert Präsident Kasavubu *Moïse Tshombé* zur *Regierungsbildung* auf (Hoffnung auf die Katanga-Gendarmen zur Niederwerfung der Rebellionen); das Kabinett der nationalen Einheit bezieht auch Kalonji ein.

27. Juli Verkündung einer *provisorischen Regierung für den östlichen Kongo (G. Soumialot) und den westlichen Kongo (P. Mulele)*; eine Volksbefreiungsarmee marschiert von der Kivu-Provinz bis Stanleyville (4. Aug.). Bis zu zwei Drittel des Landes sind in der Hand der Rebellen.

5.–10. Während der OAU-Ministerkonferenz (Anwesenheit Tshombés, einziges Thema: Kongo)
Sept. in Addis Ababa und direkt nach Abschluß eines Hilfsabkommens USA/Belgien für den Kongo (massive US-Waffenlieferungen in der Folge) wird *in Stanleyville eine Volksrepublik unter Ch. Gbenye und G. Soumialot* ausgerufen (8. Sept.).

22. Sept. Nach Verhandlungen eines OAU-Komitees auch mit den Rebellen verweigert Tshombé einen Waffenstillstand und treibt den Bürgerkrieg zum Höhepunkt.

16. Okt. Armee und 4000 unter Führung von Oberst Tshipola aus Angola zurückgeholte Katanga-Gendarmen sowie mindestens 450 wiederangeworbene weiße Söldner eröffnen nach Einnahme von Bukavu (19. Aug.) und Albertville (26. Aug.) eine *Offensive gegen die Stanleyville-Regierung*, nehmen im Westen Boende (Ende der Gefahr eines Rebellenangriffs auf Léopoldville) und Ikela ein.

24. Nov. Der *Widerstand* wird durch etwa 1000 von US-Flugzeugen über Stanleyville abgesetzten belgischen Fallschirmjägern *gebrochen*. Die Zentralregierung unter Tshombé kann in der Folge Schritt für Schritt die Kontrolle über die meisten Gebiete erringen (bis Sept./Okt. 1965; Stanleyville-Volksrepublik beseitigt, Mulelisten in Kwilu zurückgeschlagen).

1965 Abhaltung von *Wahlen* im größten Teil des Landes: Tshombés aus etwa 50 gemäßigten/konservativen Parteien gebildete *Convention Nationale Congolaise* (CONACO) und verbündete Parteien gewinnen 55% der Mandate (18. März–30. April).

1520 Neueste Zeit – Nicht durch Blockbündnis geprägter Teil der Welt

13. Okt.	*Kasavubu entläßt* seinen Rivalen *Tshombé* (bevorstehende Präsidentschaftswahl) angesichts des Falls des letzten Rebellen-Bollwerks; der BALUBAKAT-Führer *Evariste Kimba* (* 1926, † 1966), ehemaliger Außenminister in Tshombés Katanga-Regierung, wird *Premier,* doch lehnt ihn das Parlament ab (14. Nov.).
25. Nov.	*Machtübernahme General Joseph D. Mobutus* in einem unblutigen Militärputsch; Entlassung Kasavubus und Kimbas. Oberst *Léonard Mulamba* (* 1928) wird *Premier* (28. Nov.).
1966 *22. März*	*Mobutu übernimmt* als Präsident *alle gesetzgeberische Gewalt,* die Anzahl der Provinzen wird auf 12 reduziert (6. April), eine Reihe von Städtenamen wird afrikanisiert (5. Mai).
30. Mai	„Pfingstkomplott", angeblich zur Ermordung Mobutus; Hinrichtung von Ex-Premier Kimba u. a.
23. Juli	Besetzung des Kisangani-Flughafens durch etwa 2000 Ex-Katanga-Gendarmen und öffentlicher Gebäude durch weiße Söldner; trotz Versöhnungsversuchen starten Regierungstruppen und weiße Söldner einen Überraschungsangriff (23. Sept.) gegen die Stellungen der Katanga-Gendarmen, deren Baka-Regiment aufgerieben wird.
26. Okt.	*Premier Mulamba* wird *entlassen;* Mobutu übernimmt das Amt selbst.
31. Dez.	*Verstaatlichung der Union Minière* und *Errichtung der staatlichen GÉCOMIN* (später GÉCAMINES bzw. Congo-Etain) mit Monopol über Schürfrecht und Vermarktung von Kupfer, Zinn und Kobalt.
1967 *14. Febr.*	Der Konflikt wird in einem *Abkommen mit der Société Générale* (Muttergesellschaft der Union Minière) beigelegt, die sich die – im Gegensatz zum Rohstoffmarkt – krisenunabhängigeren Vertriebsrechte der GÉCAMINES sichert.
20. Mai	*Manifest* des neugegründeten *Mouvement Populaire de la Révolution* (MPR).
30. Juni	Entführung des in Abwesenheit zum Tode verurteilten Tshombé (13. März; Exil in Spanien), Inhaftierung in Algerien (dort † 1969); Rebellion von 130 weißen Söldnern und 2500 Ex-Katanga-Gendarmen, die sich nach Scheitern der Einnahme von Kisangani nach Rwanda zurückziehen (Ermordung der Gendarmen nach ihrer Repatriierung).
1968 *Aug.*	*Kooperationsabkommen mit Belgien:* der seit 1960 gesperrte belgische Besitz wird freigegeben, u. a. freier Profittransfer vereinbart.
9. Okt.	Der aus dem Exil (Congo-Brazzaville) zurückgekehrte Pierre Mulele wird trotz allgemeiner Amnestie und Garantie-Erklärungen an Brazzaville hingerichtet.
1970 *5.–9. Aug.*	Nach einer Vereinbarung über eine *Entschädigung für die Union Minière* (Sept. 1969) kündigt Präsident Mobutu während eines USA-Besuches deren Rückkehr an; ein internationales Konsortium von Bergbaugesellschaften wird gegründet.
19. Nov.	Nachdem der erste MPR-Kongreß (20.–23. Mai) den *Einparteienstaat* erklärt hat, werden in einem Parteistatut alle Bürger zu Mitgliedern der Partei gemacht.
5. Dez.	Mobutu übernimmt den Vorsitz des Obersten Gerichtshofes; durch eine Verfassungsänderung wird das MPR zur einzigen Partei und zum obersten Staatsorgan erklärt (23. Dez.).
1971 **27. Okt.**	Umbenennung des Landes in **Republik Zaïre** im Zusammenhang mit einer nationalen Authentizitätskampagne (Rückkehr zur eigenen Ursprünglichkeit, Neubelebung der Werte der Vorfahren), die u. a. schwere Krisen mit der katholischen Kirche auslöst.
1972 *Sept./Okt.*	*Verschmelzung von Kabinett und Exekutive* der MPR (Minister werden zu Staatskommissaren) und Integrierung des Parlaments in die MPR.
1973 *30. Nov.*	*Beginn der Verstaatlichungspolitik* mit der Übernahme von Plantagen, einer belgischen Bergbaugesellschaft und der einzigen Reederei, später auch aller im ausländischen Besitz befindlichen Farmen sowie der Import/Export- und Großhandelsfirmen.
1974 *14. Jan.*	Das Eigentum der ausländischen Ölgesellschaften wird übernommen. Abschluß von Verträgen mit einer belgischen Erzgesellschaft, die die Gründung eines nationalen Unternehmens unterstützt, das die GÉCOMIN übernimmt.
16. Juni	Staatsstreichversuch; in der Folge Hinrichtungen und Säuberungen in höchsten politischen und militärischen Ämtern (etwa die Hälfte der Generalität).
1976 *Jan.*	Beschluß, allen ehemaligen ausländischen Besitzern von verstaatlichten Betrieben 40 % des seit 1964 investierten Kapitals in Form von Aktien zurückzugeben.
Sept.	Eine Regierungskommission unter Vorsitz Mobutus beschließt die Rückgabe aller enteigneten ausländischen Unternehmen, doch muß ein 40%-Anteil an den Firmen an Bürger Zaïres verkauft oder in Aktienform übertragen werden.
1977 *8. März*	Aus Angola dringen mehrere Tausend *Guerillas* der 1968 gegründeten *Front National de la Libération du Congo* (FNLC) *in Shaba* (ehemals Katanga) ein; die sich zurückziehenden und z. T. überlaufenden Soldaten der Regierung plündern weite Gebiete.
7. April	Mit *Hilfe einer französischen Luftbrücke* werden 1500 (später 3000) marokkanische Truppen eingeflogen, die die FNLC-Truppen unter General *Mbumba* zurückdrängen (Mai).
6. Juli	*Mpinga Kasenda* (* 1938) wird zum *Premier* ernannt; Säuberungswelle (Aug.).
1978 *11. Mai*	*Erneute Invasion* von Truppen der FNLC *in Shaba,* die sich vornehmlich aus den Zaïre-Flüchtlingen (über eine halbe Mio.) in Angola rekrutieren; sie nehmen Kolwezi und Mutshatsha ein (erklärtes Ziel: Sturz des Mobutu-Regimes, keine Sezession Shabas).
19. Mai	Französische sowie anschließend belgische Fallschirmjäger greifen in die Kämpfe ein

Afrika/Zentralafrika – Rwanda *1521*

(Begründung: Schutz von Europäern) und drängen die FNLC-Truppen zurück; auf Veranlassung Frankreichs werden die französischen durch etwa 3000 Soldaten aus Marokko,

Juni Senegal und Togo (dazu Unterstützung Gabons und der Elfenbeinküste) abgelöst.

14. Juni *Brüsseler Zaïre-Konferenz* von 11 westlichen Gläubigerländern und internationalen Finanzgremien zur Sanierung des extrem verschuldeten und trotz reicher Bodenschätze bankrotten Landes; Teile der Finanzverwaltung und die Führung einiger Staatsunternehmen kommen unter die Treuhandschaft von Europäern.

15.–17. Nach einer vorbereitenden *Versöhnungskonferenz zwischen Zaïre- und Angola-Delega-*
Juli *tionen* in Brazzaville Aufnahme diplomatischer Beziehungen.

1979 Nach einem angeblichen Komplott und nach offenbar eine Invasion vorbereitenden Aktio-
12. Febr. nen weißer Söldner in Rwanda entsendet Belgien 250 Fallschirmjäger nach Kitona.

14. Okt. Übereinkommen mit Angola/Zambia: Verbot subversiver, gegeneinander gerichteter Aktionen.

1981 *Ministerpräsident Nguza Karl-i-Bond (* 1938) erklärt in Brüssel seinen Rücktritt* und kehrt nicht nach Kinshasa zurück. Sein Nachfolger wird Udjuu Ongwakebi Untubu Nsinga (* 1934).

1982 Wegen Wiederaufnahme diplomatischer Beziehungen zu Israel *streichen OPEC-Fonds und arabische Banken die Entwicklungshilfe.* Israel leistet Zaire verstärkt Militärhilfe.

1983 Bei der Regierungsumbildung am 18. März wird *Kengo wa Dongo neuer Premierminister.* Die MPR befördert Mobutu zum Feldmarschall.

1984 Bei Arbeitsbesuch Mobutus in Belgien (12.–14. Juli) wird eine *Erhöhung der belgischen Kredite an Zaire* vereinbart. – *(Forts. S. 1647)*

Rwanda
(Forts. v. S. 1135)

1946 *Ruanda-Urundi UNO-Treuhandschaftsgebiet* unter belgischer Verwaltung (13. Dez.).

1952 Die Schaffung repräsentativer Beratungsgremien auf allen Verwaltungsebenen soll eine
14. Juli *Mitbeteiligung der Hutu* ermöglichen, doch kann der politische Aufstieg von Hutu-Évolués (Angestellte mit westlicher Bildung) weitgehend von den Tutsi verhindert werden, die in den Wahlen (1953/1954) 52% der Mandate auf der untersten und (begünstigt durch das indirekte Wahlsystem) 89–91% auf der mittleren/obersten Verwaltungsebene gewinnen.

1956/1957 Wahlen: die Vertreter der Tutsi verbessern ihre Position im Obersten Landesrat (97%). Trotz Aufhebung (1954) des traditionellen Lehenssystems (Weideland bleibt jedoch in den Händen der Tutsi) und der damit einhergehenden Lockerung der feudalen Abhängigkeiten wird die Verfestigung des bisherigen sozialen und politischen Systems von der aufkommenden jungen, europäisch gebildeten Hutu-Elite bekämpft, die zunehmend von den Missionen und der belgischen Mandatsverwaltung unterstützt wird (seit 1955/1956).

1957 Eine Gruppierung von Hutu in Zentral-Ruanda wendet sich im *„Hutu-Manifest"* gegen
24. März die Tutsi-Vorherrschaft, plädiert für demokratische Institutionen und bildet (Juni) die Sammlungsbewegung des *Mouvement Social Muhutu* (MSM) unter *Grégoire Kayibanda* (* 1924), von dem sich die stärker auf Süd-Ruanda konzentrierte *Association pour la Promotion Sociale de la Masse* (APROSOMA) abspaltet (Nov.).

1958 Eine Gruppe von Günstlingen um den Mwami verneint in einer Erklärung jegliche
Mai Gemeinsamkeiten mit den Hutu; zunehmende Diffamierung der Hutu-Politiker.

1959 *„Coup von Mwima"* nach dem Tod Mutaras III. mit der *Ausrufung des neuen Mwami*
28. Juli *Kigeri V.* ohne Kenntnis der Belgier; wegen des als Überrumpelung empfundenen Wahlverfahrens gewinnt Kigeri V. nicht das Vertrauen der Hutu.

15. Aug. Traditionelle Tutsi-Autoritätsträger gründen die *Union National Ruandaise* (UNAR) und fordern die Unabhängigkeit sowie volle Wiederherstellung der Monarchie.

14. Sept. Gemäßigte Tutsi unter Chief *Bwanakweli* bilden das auch Hutu offenstehende *Rassemblement Démocratique Ruandaise* (RADER), mit dem sie ein Programm sozialer und politischer Harmonisierung, eine evolutionäre und demokratische Entwicklung anstreben.

19. Okt. Kayibanda bildet aus dem MSM die stärker pro-belgische *Parti du Mouvement de l'Emancipation Hutu* (PARMEHUTU): Forderung nach Hutu-Emanzipation vor der Unabhängigkeit.

3.–10. Ausbruch von bürgerkriegsähnlichen Kämpfen („Hutu-Revolte") zwischen Hutu und
Nov. Tutsi; Tausende von Toten, Beginn der Massenflucht von Tutsi in die Nachbarländer.

1960 Ersetzung des Obersten Landesrates durch den *Provisorischen Spezialrat,* in dem die vier
6. Febr. großen Parteien vertreten sind, die Hutu – auf deren Seite die Mandatsverwaltung sich damit eindeutig stellt – jedoch die Mehrheit halten.

30. Juni Nach dem endgültigen *Bruch der Hutu-Parteien mit dem Mwami* erhält die PARMEHUTU bei Gemeindewahlen (Boykott der ins Exil ausgewichenen UNAR) 76,5% der Mandate.

1522 Neueste Zeit – Nicht durch Blockbündnis geprägter Teil der Welt

25. Okt.	Nach Übernahme fast aller lokaler Körperschaften durch Hutu (Beendigung der Tutsi-Vormachtstellung) wird *Grégoire Kayibanda* zum *provisorischen Regierungschef* ernannt.
1961	Mit belgischer Billigung Konferenz aller Hutu-Gemeinderäte und -Bürgermeister in Gita-
28. Jan.	rama, die ein Parlament (PARMEHUTU 91%, APROSOMA 9% der Sitze) wählen; mit der *Ausrufung der Republik* („Staatsstreich von Gitarama") werden der Mwami gestürzt und die traditionellen politischen Strukturen Ruandas beseitigt; *Kayibanda wird Premier.*
25. Sept.	In den unter UNO-Aufsicht abgehaltenen Wahlen gewinnt die PARMEHUTU 79,5% der Sitze; 80% der Wählerstimmen in einem Referendum für die Abschaffung der Monarchie.
26. Okt.	Nach Beendigung der Monarchie (2. Okt.) wird *Grégoire Kayibanda Präsident.*
21. Dez.	In Verhandlungen mit Belgien wird eine getrennte *Autonomie für Rwanda und Burundi* beschlossen: Rwanda erhält innere Autonomie.
1962	*Wirtschaftsunion mit Burundi* (19. April; gekündigt 31. Dez. 1963).
1. Juli	Die Republik Rwanda erhält die **Unabhängigkeit** unter Präsident Kayibanda, der in der Folge eine Mittlerposition zwischen den Hutu-Fraktionen einnimmt; die Hutu im Norden behalten ihre weitgehende Autonomie von der Zentralregierung bei. Die UNAR entmachtet den zur Regierung übergetretenen Rwagasana-Flügel.
Juli	Bewaffnete Gruppen der Anfang 1962 unter den Tutsi-Flüchtlingen (seit Nov. 1959 ca. 80000–150000) gegründeten „Inyenzi"-Widerstandsbewegung dringen vom Kongo (Zaïre) und Uganda nach Rwanda ein.
1963	*Bugesera-Invasion* von Uganda, Kongo und Burundi aus; die von Burundi nach Norden
21. Dez.	vormarschierende „Königliche Armee Rwandas" unter dem Befehl Kigeris V. wird jedoch vor der Hauptstadt Kigali von der Nationalgarde Rwandas abgewehrt und aufgerieben.
1964	In den folgenden Gegenreaktionen der Hutu (getragen von jahrelanger Furcht vor einem
11.–19. Jan.	Tutsi-Gegenschlag) werden mindestens 14000 Tutsi ermordet; Oppositionsparteien werden verboten.
1967	Nach erneuten Inyenzi-Angriffen von Burundi aus (Nov.–Dez. 1966) *Abkommen zwi-*
20. März	*schen Rwanda und Burundi* (Vermittlung Zaïres), die Guerilla-Aktivitäten von ihren jeweiligen Ländern aus durch Entwaffnung der Flüchtlinge zu beenden.
1969	Erster *Botschafteraustausch zwischen Rwanda und Burundi* (Aug.).
1973	Erneute blutige *Feindseligkeiten gegen Tutsi;* zugleich Studentenunruhen, Bildung von
16. Febr.	Revolutionskomitees und Boykott von Tutsi-Geschäften; Einsatz von Militär und Polizei.
18. Mai	Bestätigung eines *neuen Verfassungsentwurfes;* die Amtsdauer von Präsident und Parlament werden um ein Jahr verlängert.
5. Juli	Nach längeren Fraktionskämpfen zwischen Hutu aus dem Norden und den die Partei und Regierung dominierenden Hutu aus Zentral- und Süd-Rwanda kommt es zum *Staatsstreich* unter dem aus dem Norden stammenden Verteidigungsminister (seit 1965) und Armeechef General *Juvénal Habyalimana* (* 1937) an der Spitze des aus hohen Offizieren gebildeten *Comité pour la Paix et l'Unité Nationale;* Verbot der PARMEHUTU. Die Dominanz regionaler Gruppen wird abgebaut, eine gemäßigtere Haltung im Hutu-Tutsi-Verhältnis eingenommen.
1975	Gründung der Einheitspartei *Mouvement Révolutionnaire Nationale pour Développement*
5. Juli	(MRND) und Verabschiedung eines MRND-Manifests.
1978	Annahme einer neuen Verfassung (Referendum 17. Dez.): Wahl Habyalimanas zum Präsidenten.
1980	Nach erneuten Spannungen zwischen Hutu und Tutsi wird der ehemalige Sicherheitschef
5. Mai	*Major T. Lizinde wegen Putschverdacht verhaftet.*
1983	Wie schon im Oktober 1982 kommt es zu einem *starken Rückstrom von Rwandern aus Uganda.*
Dez.	Die Grenzen werden geschlossen. – *(Forts. S. 1648)*

Burundi
(Forts. v. S. 1135)

1946	*Ruanda-Urundi UNO-Treuhandschaftsgebiet* unter belgischer Verwaltung (13. Dez.).
1953/1954	Die *Hutu* erreichen bei Wahlen lediglich für die Beratungsgremien auf der untersten Verwaltungsebene eine Mandatsmehrheit, während die durch das komplizierte indirekte Wahlsystem begünstigten *Tutsi* auf den mittleren und oberen Ebenen klare Mehrheiten gewinnen und damit ihre Vormachtstellung absichern. *Tutsi-Ganwa* und *-Évolués* (Angestelltenklasse mit westlicher Bildung) werden zu entscheidenden Trägern der nationalen Politik, gegen sie, jedoch nicht gegen die immer noch *Mwami-Monarchie* oder die Tutsi allgemein, richtet sich die Frontstellung der aufstrebenden, europäisch gebildeten Hutu-Elite.
1959	Nach der *Zulassung politischer Parteien* offizielle Gründung der *Unité et Progrès National*
Sept.	(UPRONA) unter dem Mwami-Sohn Louis Rwagasore (* 1932, † 1961), die wesentliche

Afrika/Zentralafrika – Burundi *1523*

Unterstützung von *Ganwa* (die Herrscherdynastien stellende Clans der Tutsi-Aristokratie) des *Bezi-Clans*, aber auch einiger Hutu erhält; gegen sie wird von den rivalisierenden *Tare-Ganwa* die *Parti Démocrate Chrétien* (PDC) gebildet. Die kurz darauf gegründete Hutu-Partei *Parti du Peuple* (PP, Ziel: schrittweise Autonomie) sowie die von Bezi-Ganwa getragene *Parti Démocrate Rural* (PDR) unterstützen den Mwami.

1960
22. Febr.
Das *Mandat des Obersten Landesrates* wird von der belgischen Mandatsverwaltung *nicht erneuert*, an seine Stelle wird eine Interim-Kommission eingesetzt.

6. Juli
Der auf Druck der UNO von den Belgiern provisorisch eingesetzte Regierungschef Joseph Cimpaye (* 1932, † 1972) bildet eine *Allparteienregierung* unter Einschluß der UPRONA, wodurch der Antagonismus zwischen Bezi und Tare verstärkt auflebt.

18. Sept.
Die UPRONA stellt in der Folge den Mwami als entscheidendes Bindeglied zu den Hutu heraus und erreicht deren Mobilisierung in den von der UNO beaufsichtigten Neuwahlen, in der die UPRONA 91% der Mandate gewinnt, die in der Front Commune zusammengeschlossenen Parteien (PDC, PDR, PP) jedoch nur 3%; 47% der Abgeordneten sind Hutu.

29. Sept.
Louis *Rwagasore* wird *Premier*, Pierre *Ngendadumwe* (* 1937, † 1965) *Vizepremier.*

13. Okt.
Rwagasore wird *ermordet; André Muhirwa* (* 1920), Tare-Ganwa und Schwiegersohn des Mwami, wird *neuer Premier.*

1962
Beginn des offenen *ethnischen Konfliktes zwischen Tutsi und Hutu* (19. Jan.).

1. Juli
Unabhängigkeit Burundis unter dem Präsidenten *Mwami Mwambutsa II.* (* 1912) und *Premier Muhirwa* vor dem Hintergrund verstärkter innenpolitischer Instabilität.

Sept.
Spaltung der UPRONA in einen „Monrovia-Flügel" unter *Paul Mirerekano* (Hutu) und einem „Casablanca-Flügel" unter *Muhirwa.*

1963
Pierre Ngendandumwe vom Monrovia-Flügel wird *erster Hutu-Premier* (8. Juni).

6. Juli
Die UPRONA zerfällt endgültig; die Monrovia-Gruppe unter *Joseph Bamina* (* 1925, † 1965; Hutu) versucht in einem Pakt zwischen traditioneller Hutu-Elite, Tutsi-Aristokratie sowie dem Mwami einen „prowestlichen" Kurs zu steuern, der von der radikalen, von Tutsi-Intellektuellen geprägten „Casablanca-Gruppe" als grundlegender Wandel zugunsten der Hutu bekämpft wird.

1964
6. April
Albin Nyamoya (* 1924), Ruguru-Tutsi von der „Casablanca-Gruppe", wird *Premier*; er lehnt sich an die VR China an (Staatsbesuch Sept. 1964).

1965
9. Jan.
Nach Nyamoyas Entlassung beruft der Mwami *Pierre Ngendadumwe erneut* zum *Premier,* der jedoch ermordet wird (15. Jan.). Verhaftung zahlreicher radikaler Tutsi aus der UPRONA (u. a. Nyamoya) und Verbot der JNR (UPRONA-Jugendorganisation).

22. Jan.
Der UPRONA-Präsident *Joseph Bamina* (* 1925, † 1965; Hutu) wird *Premier.*

10. Mai
UPRONA-Wahlsieg (64% der Sitze), der Mwami verweigert aber die Ernennung des von der Hutu-Parlamentsmehrheit (70%) vorgeschlagenen Premierminister-Kandidaten.

24. Juli
Der *Mwami erklärt die absolute Monarchie* und ernennt seinen Privatsekretär, *Léopold Bihumugani* (* 1919; Bezi-Ganwa; auch Biha genannt), zum *Premier* (14. Sept.).

11. Okt.
Putschversuch des radikalen Tutsi-Flügels (Ziel: Errichtung einer Republik). Aus Furcht vor einem erneuten Putsch der Tutsi-Radikalen und der JNR putschen 50 Hutu in Armee und Polizei; ihre Machtübernahme wird jedoch von der Leibgarde des Mwami und loyalen Truppen unter Hauptmann *Michel Micombero* (* 1940, † 1983) verhindert (18./19. Okt.), folgenden Unterdrückungsmaßnahmen fallen über 5000 Hutu zum Opfer, vor allem unter der Hutu-Elite, darunter alle Parlamentarier (auch die Ex-Premiers Bamina und Mirerekano).

1966
24. März
Mwambutsa überträgt seinem Sohn *Charles Ndizeye* (* 1947, † 1972) den größten Teil seiner Machtbefugnisse.

8. Juli
Unter der Regie von Muhirwa und mit Unterstützung von Hauptmann Micombero setzt *Ndizeye* seinen abwesenden Vater ab, *übernimmt alle Vollmachten*, suspendiert die Regierung Biha und hebt die Verfassung auf.

12. Juli
Gestützt auf die von Hutu großenteils gesäuberte Armee und auf radikale Tutsi-Politiker bildet *Michel Micombero* als *Premier* eine neue Regierung.

30. Juli
Das *Primat der UPRONA* wird erklärt, Ndizeye als *Ntare V.* inthronisiert (1. Sept.).

28. Nov.
Micombero setzt Ntare V. während dessen Staatsbesuches in Zaïre ab, ruft die **Republik** aus und übernimmt das Amt des Präsidenten.

1967
20. März
Abkommen Burundi/Rwanda zur Beendigung der Guerilla-Aktivitäten von ihren jeweiligen Ländern aus. Erster Botschafteraustausch Aug. 1969.

1969
Verhaftungen von Hutu, darunter Offiziere und Minister (Sept./Dez.); Hinrichtungen.

1971
13. März
In einer *Regierungsumbildung* können die aus Micomberos Heimatprovinz Bururi stammenden Tutsi die Oberhand in dem länger schwelenden Konflikt mit den nördlichen Tutsi (zu denen die dynastischen Clans gehören) gewinnen.

5. Juli
Verhaftung der Hauptvertreter der Ruguru-Fraktion (nördliche Tutsi).

20. Okt.
Eine *Junta* aus 27 Offizieren (darunter nur zwei Hutu und zwei Ganwa) wird *eingesetzt.*

1972
30. März
Ntare V. kehrt aus dem Exil über Uganda *zurück;* trotz einer Amnestie und Zusagen für seine Sicherheit an Uganda wird er bei seiner Ankunft in Burundi verhaftet.

1524 Neueste Zeit – Nicht durch Blockbündnis geprägter Teil der Welt

29. April Nach Massenverhaftungen (16. Apr.) Aufstand von Hutu-Bauern im Süden; die unmittelbar nach Beginn ihrer Angriffe erfolgte *Hinrichtung von Ntare V.* eskaliert die Rebellion.
6. Mai Hinrichtung der angeblichen Rädelsführer sowie von ca. 450 Hutu-Soldaten (nur noch Tutsi in der Armee).
21. Juni Offizielles *Ende der militärischen Operationen; Albin Nyamoya* von der Ruguru-Fraktion wird erneut *Premier.*
1973 Hutu-Guerillas greifen von Tanzania, Rwanda und Zaïre aus an; Gegenmaßnahmen der
10. Mai Armee und Racheaktionen der JNR fordern Hunderte von Opfern unter den Hutu.
30. Mai Zusammenstoß zwischen Burundi- und Tanzania-Truppen im Zuge von Verfolgungsaktionen der Burundi-Armee; Flucht von etwa 150000 Hutu; während der Hutu-Rebellion 1972 und den Unterdrückungsmaßnahmen 1973 ca. 150000–250000 Todesopfer.
5. Juni *Entlassung des Premiers Nyamoya;* sein Amt übernimmt wieder Micombero.
1974 Eine *neue Verfassung* gibt Micombero unbegrenzte Machtfülle in einem Einparteien-Prä-
11. Juli sidialsystem ohne Legislative.
1976 *Armeeputsch* unter Oberst *Jean-Baptiste Bagaza* (* 1946; Tutsi; seit 1972 stellvertreten-
1. Nov. der Stabschef), der *Präsident* wird (21. Nov.) und Oberst *Edouard Nzambimana* (* 1945) als *Premier* (bis 13. Okt. 1978) einsetzt; die Verfassung wird außer Kraft gesetzt, ein *Oberster Revolutionsrat* aus 30 Militärs gebildet; Verbot der UPRONA, Entmachtung des extremsten Verfechters der Tutsi-Suprematie, *A. Simbananiye* (Matana-Bururi).
1979 Erster UPRONA-Kongreß (26.–29. Dez.), Wahl Bagazas zum UPRONA-Präsidenten.
1982 *Nach der Annahme und Billigung einer neuen Verfassung* durch ein Referendum (Früh-
Okt. jahr) *erste Wahlen seit 17 Jahren:* Zur Wahl stehen nur Kandidaten der Einheitspartei UPRONA; Wahlbeteiligung: 95%. – *(Forts. S. 1648)*

Südliches Afrika

Südliches Zentralafrika

Angola
(Forts. v. S. 1135)

1951 Neuer Status Angolas als *Überseeprovinz Portugals* (11. Juni).
1953 Durch ein Organgesetz wird ein *Legislativrat* geschaffen (27. Juni).
1956 Die *Partido da Luta Unida dos Africanos de Angola* (PLUA), 1953 als erste radikalere
Dez. Partei der Afrikaner gegründet, schließt sich mit anderen Gruppierungen zum *Movimento Popular de Libertação de Angola* (MPLA) unter *Mario de Andrade* (* 1928, † 1990), *Agostinho Neto* (* 1922, † 1979) und *Amilcar Cabral* (Guinea-Bissau) zusammen.
1959 Zahlreiche Angehörige von neugegründeten Organisationen sowie der MPLA werden
März – während einer Verhaftungswelle ausgeschaltet (weitgehende Zerstörung der Organisa-
Juli tionsstruktur der MPLA, die ihren Sitz nach Guinea verlegt).
1960 Nach der *Verhaftung der MPLA-Führer A. Neto* und *Joaquim de Andrade* (* 1926) aus-
Juni brechende Unruhen in Catete werden durch Militär niedergeschlagen (etwa 30 Tote).
Nov. Arbeitsniederlegung und Steuerverweigerung von zum Baumwoll-Zwangsanbau verpflichteten Bauern in Cassange; ca. 10000 Todesopfer bei folgenden Repressionsmaßnahmen (Jan.–März 1961).
1961 Von der MPLA als Beginn der nationalen Revolution angesehene Kommando-Aktion der
4. Febr. 1958–1960 führerlos gewordenen Untergrundbewegung in Luanda; blutige portugiesische Gegenmaßnahmen.
1961 Aufstand im Gebiet der Kongo und Dembos mit blutigen Ausschreitungen gegen Europäer
15. März und Ovimbundu-Wanderarbeiter, in der Folge *Guerillakampf* unter starkem Einfluß der 1954 gegründeten *União das Populaçoes de Angola* (UPA) unter *Holden Roberto* (* 1923): Lucunga und Bembe (17. April) werden eingenommen.
Mai Die *portugiesische Gegenoffensive* mit Verstärkungen aus Portugal kann das Aufstandsgebiet allmählich zurückgewinnen; ca. 50000 Todesopfer.
6. Sept. *Portugiesisches Bürgerrecht für alle Afrikaner* (die meisten bleiben als Analphabeten vom Wahlrecht ausgeschlossen); Abschaffung der Zwangsarbeit, doch zugleich Erhöhung der Besteuerung (27. April 1962). Aufgabe der bisherigen restriktiven Politik gegenüber ausländischen Investitionen (in der Folge starke Expansion der Rohstoffausbeutung); erhebliche Zunahme der Einwanderung portugiesischer Siedler.
1962 *Zusammenschluß der UPA* mit der *Partido Democratico Angolana* zur *Frente Nacional de*
27. März *Libertação de Angola* (FNLA) unter Holden Roberto, die mit Unterstützung der Regierung von Kongo-Léopoldville unter Premier Adoula (seit Aug. 1961) zunächst den Befrei-

Afrika/Südliches Afrika – Angola   *1525*

ungskampf in Angola bestimmt und (5. April) mit dem *Governo Revolucionário de Angola no Exílio* (GRAE) eine Exilregierung bildet (von der OAU im Juli 1963 anerkannt).

1964 Nach der *Flucht Netos* aus Angola (Juli 1962) und *Wahl zum MPLA-Präsidenten* (Dez.
13. März 1962) eröffnet die MPLA eine weitere Kampffront in Cabinda und erhält ebenfalls OAU-Unterstützung.

1966 Der zurückgetretene (16. Juli 1964) GRAE-Außenminister *Jonas Savimbi* (* 1934) grün-
13. März det in Muangai die *União Nacional para a Independência Total de Angola* (UNITA), die bei einem Angriff auf Texeira de Sousa (25. Dez.) die Benguela-Bahn unterbricht (ähnliche Angriffe 1967).

1968 Nach Beginn von Operationen im Osten (Sept. 1966) eröffnet die (seit 1965) auch von Zambia aus operierende MPLA eine neue Front im Nordosten (Katanga-Grenze) und wird von der OAU anstelle der GRAE anerkannt (Sept.).

1972 Trotz *Bildung* eines gemeinsamen *Rates für die Befreiung Angolas* (Vorsitz: Holden
13. Dez. Roberto; Stellvertreter: Agostinho Neto) werden die Rivalitäten untereinander nicht ab-gebaut. Eine Rebellion im Guerilla-Hauptquartier Kinkuzu schwächt die FNLA, die (1973) mit chinesischer und Zaïre-Hilfe neu belebt wird.

1974 OAU-Anerkennung der UNITA (25. Mai).
Juli 240 Tote und Verletzte bei von weißen Extremisten entfesselten Unruhen in Luanda.
Okt. Waffenstillstand Portugals mit MPLA und FNLA (Juni: bereits mit der UNITA).

1975 Im *Vertrag von Alvor* (Portugal) beschließen MPLA/UNITA/FNLA und Portugal die
15. Jan. Unabhängigkeit für den 11. Nov. 1975.
31. Jan. Eine *Übergangsregierung* mit einem kollektiven Führungsorgan (MPLA, UNITA, FNLA) und paritätischer Besetzung der Ministerposten wird *eingesetzt*, die Vorbereitungen für die Unabhängigkeit und eine gemeinsame Streitmacht treffen soll; dieses wird verhindert durch den Ausbruch schwerer Kämpfe (Febr./März) zwischen MPLA und FNLA.
14. Juli Südafrikanische Truppen besetzen das Gebiet am Cunene-Staudamm in Süd-Angola.
22. Juli Nach einem erfolglosen Waffenstillstand mit der FNLA vertreibt die MPLA die Rivalen aus Luanda.
7. Aug. Die *FNLA tritt aus der Übergangsregierung aus*, der portugiesische Hochkommissar (bis-her „Schiedsrichter"-Funktion) übernimmt die Verwaltung Angolas (28. Aug.).
29. Aug. Die UNITA gibt ihre „Neutralität" auf, schließt einen Waffenstillstand mit der MPLA, zieht sich aus Luanda zurück und geht ein Bündnis mit der FNLA ein.
Sept. Die MPLA erklärt daraufhin ihren Willen, die Macht allein zu übernehmen; mit einer neuen FNLA-Offensive dringen etwa 11000 Zaïre-Soldaten in Angola ein.
14. Okt. Nachdem spätestens seit Aug. 1975 südafrikanische Ausbilder und (seit 24. Sept.) ein süd-afrikanisches Expeditionskorps (in Huambo) in Angola operieren, überschreitet eine ca. 6000 Mann starke *südafrikanische Truppe* die Grenze Namibias und *dringt mit portugiesi-schen Söldnern* sowie offenbar auch FNLA- und UNITA-Unterstützung weit *in Angola vor:* Lubango (ehemals Sà da Bandeira), Moçâmedes, Benguela, Lobito sowie Nova Redondo (14. Nov.) werden eingenommen, doch wird der Vormarsch etwa 300 km vor Lu-anda von MPLA- und kubanischen Truppen gestoppt.
10. Nov. Abzug der portugiesischen Truppen ohne Klärung der Machtübergabe.
11. Nov. Die MPLA ruft in Luanda die Unabhängigkeit der *Volksrepublik Angola* aus *(Präsident Agostinho Neto, Premier* 14. Nov. *Lopo do Nascimento* [* 1940]), die FNLA in Ambriz und die UNITA in Huambo rufen ebenfalls Republiken aus.

1976 Mit kubanischer Unterstützung (Schätzungen gehen bis zu 10000 Mann) kann die MPLA
Jan./Febr. in einer Großoffensive die FNLA-Stützpunkte Carmona und Ambriz sowie Nova Redondo (24. Jan.) und den UNITA-Hauptstützpunkt Huambo (8. Febr.) sowie Benguela und Lobito (10. Febr.) zurückerobern.
27. März *Rückzug der südafrikanischen Truppen;* kubanische und MPLA-Truppen erreichen die Südgrenze (1. April).

1977 Der *Putschversuch* des pro-sowjetischen Außenministers *Nito Alves* schlägt fehl; umfang-
27. Mai reiche Säuberungen in der MPLA in der Folge.
Dez. Auf dem *ersten Parteikongreß* wird die „*Massenorganisation MPLA"* von der „*MPLA-Partei der Arbeit"* abgelöst; in der „*Volksdemokratie Angola"* werden das städtische und ländliche Proletariat als führende, die Bauern als hauptsächliche Kraft angesehen.

1978 Premier Nascimento wird abgesetzt (10. Dez.).

1979 *Tod Präsident Netos* (10. Sept.); Nachfolger: *Eduardo dos Santos* (* 1942) (20. Sept.).

1983 *32 hochrangige Mitglieder der MPLA* (Mischlingsgruppe, radikal, moskautreu) *ihres Po-*
Jan. *stens enthoben;* Stärkung der Catete-Gruppe (Schwarzafrikaner).

1984 *Abzug der Südafrika-Truppen aus Angola* bringt schwierige Situation für die UNITA und
März spürbare Entlastung für die MPLA. – *(Forts. S. 1648)*

1526 Neueste Zeit – Nicht durch Blockbündnis geprägter Teil der Welt

Zambia
(Forts. v. S. 1136)

1946 Die Provinzräte entsenden Delegierte zu einem neuerrichteten *Afrikanischen Repräsentationsrat* (bis 1958), der das Vorschlagsrecht (seit 1948) für die Entsendung der beiden ersten afrikanischen Mitglieder (seit Dez. 1953 vier) in den *Legislativrat* erhält.

1948 Seit 1946 zusammengeschlossene afrikanische Vereinigungen benennen sich in *Northern Rhodesia Congress* und schließlich in *Northern Rhodesia African National Congress* (ANC, 1951) unter *Harry Nkumbula* (* 1916, † 1983) um.

1953 *Gründung der Zentralafrikanischen Föderation* (3. Sept.) mit Südrhodesien und Nyasaland, Krise des ANC in der Folge wegen der Erfolglosigkeit der heftigen Kampagnen gegen die Bildung der Föderation.

Dez. Im *Legislativrat Nordrhodesiens* erhalten die nichtamtlichen Mitglieder die Mehrheit (jedoch nur 46% gewählte Mitglieder).

1956 *Streik afrikanischer Minenarbeiter* und *Ausrufung des Notstandes;* Nkumbula kooperiert
Sept. mit der Protektoratsverwaltung, während der ANC-Generalsekretär (seit 1953) *Kenneth Kaunda* (* 1924) eine stärker anti-kolonialistische Linie vertritt.

1958 *Spaltung des ANC:* der radikalere Flügel um Kaunda, *Simon Kapwepwe* (* 1922, † 1980) und *Sikota Wina* (* 1931) konstituiert sich zum *Zambia African National Congress* (ZANC) und verfolgt einen Konfrontationskurs.

1959 Eine neue Verfassung wird (im Gegensatz zum ANC) vom ZANC abgelehnt, der die afri-
Febr./März kanische Mehrheit fordert und verboten wird; die ZANC-Führung wird verhaftet.
Aug. Nach dem Boykott der Wahlen durch 70% der afrikanischen Wähler (20. März) spaltet sich ein Flügel um *Mainza Chona* (* 1930) vom ANC ab und schließt sich mit Resten des ZANC und anderen Gruppierungen zur *United National Independence Party* (UNIP) zusammen (Ziel: Austritt aus der Föderation und afrikanische Mehrheitsherrschaft).

1960 Die *UNIP-Führung* übernimmt nach seiner Haftentlassung *Kenneth Kaunda* (31. Jan.).

1961 Die UNIP proklamiert den „praktischen, aber gewaltlosen Kampf", die folgenden Unru-
Juli hen (Boykotts, passiver Widerstand, Streiks) führen zum Teilverbot der UNIP.

1962 Nach Einsetzung einer *neuen Verfassung* erklärt sich die UNIP angesichts von Sezessions-
1. Sept. drohungen Barotselands mit Abhaltung von Wahlen gegen die Zusicherung voller Organisationsfreiheit in ganz Nordrhodesien einverstanden.

30. Sept. *Wahlen:* Von den bis dahin besetzten 37 Sitzen (Nachwahl 10. Dez.) gewinnt die UNIP 14 Sitze (darunter die Barotseland-Sitze) gegenüber sieben des ANC und 16 der Europäer-Partei United Federal Party (UFP).

14. Dez. UNIP und ANC bilden die *erste afrikanische Regierung* (Kaunda/Nkumbula).

1963 In den *ersten allgemeinen Wahlen* zum Barotse-Parlament gewinnt die UNIP sämtliche
Aug. Sitze; das Lozi-Oberhaupt gibt den Widerstand gegen Vollintegrierung Barotselands auf.
31. Dez. *Auflösung der Zentralafrikanischen Föderation.*

1964 *Nordrhodesien* erhält *innere Autonomie,* die UNIP gewinnt in den Wahlen (21. Jan.) 73%
1. Jan. der Sitze. Premier *Kenneth Kaunda* bildet eine *UNIP-Regierung* mit je vier Ministern aus den südlichen/zentralen Provinzen sowie Barotseland und drei aus der Nordprovinz.

24. Okt. **Unabhängigkeit** Nordrhodesiens als **Republik Zambia,** *Kenneth Kaunda* wird *Präsident.*

1965 *Die einseitige Unabhängigkeitserklärung Rhodesiens* (Zimbabwe) und das folgende inter-
11. Nov. nationale Wirtschaftsembargo bringen für Zambia *gravierende Probleme,* besonders durch die Schließung (Dez.) der Öl-Pipeline Beira(Mozambik)-Rhodesien (ersetzt durch eine Pipeline von Dar es Salaam/Tanzania 1968). Zambia organisiert in der Folge seine Transportwege weitgehend um.

1966 Die aus diesen Umstrukturierungsproblemen herrührende Unzufriedenheit unter der Bevölkerung drückt sich in der Gründung der *United Party* (UP) aus: Versuch zur Etablierung als überregionale Opposition trotz Lozi-Dominanz.

1967 In den *Parteiwahlen* zerstört eine *Bemba-Tonga-Wahlallianz* das bisherige Gleichgewicht
Aug. zwischen Bemba (Hauptträger der UNIP durch Übergewicht unter den Arbeitern im Kupfergürtel) und Lozi (Nov. 1965 endgültige Gleichschaltung Barotselands) im Zentralkomitee der UNIP und im Kabinett; Simon Kapwepwe (Bemba) wird Vizepräsident.

1968 „Mulungushi-Reformen": Mehrheitsanteile des Staates an 26 großen Unternehmen (26. Apr.).
19. Dez. Bei *Wahlen* gewinnt die UNIP 77% der Sitze gegenüber 22% des ANC, der sich die Unzufriedenheit vor allem in Barotseland zunutze macht.

1969 Die *staatliche Übernahme der Kupferminen* zu 51% sowie die Enteignung traditioneller
11. Aug. Landbesitzer werden angekündigt („Matero-Reform").
25. Aug. Vizepräsident Kapwepwe tritt zurück, bleibt dann aber für eine befristete Zeit noch im Amt; der *Ausnahmezustand* wird *erklärt.*

1971 *Gründung* der *United Progressive Party* (UPP) unter *Simon Kapwepwe,* die zum Sammel-
1. Aug. becken der durch die Matero-Reform bedrohten Mittelklasse wird.

Afrika/Südliches Afrika – Zambia – Malawi   **1527**

20. Sept.	Verhaftung von 75 Opponenten, die *UPP* wird *verboten,* 123 ihrer Führer werden verhaftet (Febr. 1972), darunter Kapwepwe (Jan. 1973 entlassen).
13. Dez.	Alle Parteien außer der UNIP werden mit der *Erklärung des Einparteienstaates* aufgelöst.
1973 9. Jan.	Wegen Guerilla-Aktivitäten der Zimbabwe-Befreiungsbewegungen von Zambia aus sperrt Rhodesien die Grenze; Zambia stellt die Kupferexporte über Rhodesien ein, schließt seinerseits nach dem Ende der rhodesischen Blockade die Grenze zu Rhodesien (1. Febr.) und verzichtet offiziell auf die Benutzung der Transportwege durch Rhodesien.
Juni	Der ANC verpflichtet sich zur Zusammenarbeit. Mainza Chona wird Premier (28. Aug.).
1974	Vollständige staatliche Übernahme der beiden größten Kupfergesellschaften (Nov.).
1975	*Elijah Mudenda* (* 1927) wird *Premier* (27. Mai).
Juni/ Juli	In einer wichtigen Rede kündigt Kaunda einen Wandel der Entwicklungsstrategie mit einem Programm ländlicher Rekonstruktion an; der Grundbesitz wird verstaatlicht.
24. Okt.	Eröffnung der mit chinesischer Hilfe gebauten Eisenbahn von Kapiri Mposhi nach Tanzania.
1978	*Daniel Lisulo* (* 1930) löst *Mainza Chona* (seit 20. Juli 1977 wieder im Amt) als *Premier* ab (15. Juni).
1979	Okt.: Schwere Beeinträchtigung der Transportwege durch rhodesische Bombardements.
1981	*Entlassung von Premierminister Lisulo* (18. Febr.); *Nachfolger* wird *Nalumino Mundia* (* 1927).
1983 Okt.	Bei den Wahlen wird *Kaunda mit 93% aller Stimmen wiedergewählt;* eindeutige Mehrheit für die Einheitspartei UNIP.
1984	Zambias Gläubiger sagen auf Konferenz in Paris Umschuldung und Hilfskredite zu (22.–24. Mai). – *(Forts. S. 1648)*

Malawi
(Forts. v. S. 1136)

1946	*Einsetzung eines Protektoratsrates,* dessen Mitglieder von den neueingerichteten Provinzräten entsendet werden; in den *Legislativrat* werden erstmals zwei Afrikaner und ein Asiate (Inder) nominiert.
1953 3. Sept.	Anläßlich der Gründung der Zentralafrikanischen Föderation (mit Nord- und Südrhodesien) gibt der Nyasaland African Congress (NAC) die Kooperation zugunsten einer Konfrontationspolitik auf.
1956 15. März	Die nunmehr fünf Sitze für Afrikaner werden durch *Wahlen innerhalb der drei Provinzräte* beschickt, in denen sich nur vom NAC unterstützte Bewerber durchsetzen, darunter die anti-kolonialistisch eingestellten Abgeordneten *Kanyama Chiume* (* 1929) und *Henry Chipembere* (* 1930, † 1975).
1958 6. Juli	Chiume, Chipembere und Dunduzu Chisiza (* 1930) können den aus dem Chewa-Volk stammenden Arzt Hastings Kamuzu Banda (* 1906) zur Rückkehr (seit 1915 im Ausland) bewegen und zum charismatischen Führer aufbauen; er wird zum *Parteipräsidenten auf Lebenszeit* ernannt (1. Aug.) und kann den NAC zu einem gegen die Zentralafrikanische Föderation gerichteten (Sezessionsdrohung) und für Unabhängigkeit eintretenden wirkungsvollen politischen Kampfverband mit Massenmobilisierung umwandeln: ein Boykott des NAC gegen die Föderationswahlen (Nov.) wird nur von 16 afrikanischen Wahlberechtigten nicht befolgt.
1959 15. Febr.	Im Verlauf von zunehmenden Unruhen wird Fort Hill (heute: Chitipa) von Rebellen eingenommen, der Notstand wird erklärt (bis Juni 1960, 52 Tote in dieser Zeit); Föderationstruppen werden zur Niederwerfung der Unruhen und Gewaltaktionen eingesetzt und über 1000 NAC-Aktivisten verhaftet, unter ihnen Hastings Banda; der *NAC wird verboten.*
Aug.	Als NAC-Nachfolger wird die *Malawi Congress Party* (MCP) unter *Orton Chirwa* (* 1919) gegründet, die die Freilassung der Verhafteten und Auflösung der Föderation fordert.
1960	Hastings Banda wird entlassen und übernimmt die Führung der MCP (1. April).
Juli	Die Afrikaner erhalten eine Zweidrittelmehrheit im Legislativrat sowie die Beseitigung der Rassentrennung bei Mandatsverteilung und Wählerlisten zugestanden.
1961 15. Aug.	Die MCP gewinnt in den nach Zweiklassenwahlrecht ausgerichteten *Wahlen* alle 20 Sitze der zweiten Klasse und zwei der acht Sitze der ersten Klasse gegen fünf Sitze der United Federal Party der Europäer; die *MCP* wird damit *zur einzigen Partei der Nicht-Europäer.*
1963	*Banda* wird *Premier* (1. Febr.), die *Zentralafrikanische Föderation* aufgelöst (31. Dez.).
1964 Mai	Nach einer weiteren *Verfassungsänderung* gewinnt die MCP bei Wahlen alle 50 nichtreservierten Sitze (drei reservierte Sitze für die National Constitution Party der Europäer).
6. Juli	*Nyasaland* erhält *innere Autonomie* (Jan.) und wird als **Malawi unabhängig.**
8.–9. Sept.	Bandas Weigerung, die Afrikanisierung der Beamtenschaft voranzutreiben, führt zum innenpolitischen Konflikt: sieben Minister (darunter H. Chipembere, K. Chiume, Y. Chisiza, O. Chirwa) scheiden aus der Regierung aus und greifen zum Mittel des bewaffneten Auf-

1528   Neueste Zeit – Nicht durch Blockbündnis geprägter Teil der Welt

standes; H. Chipembere kann größere Teile des Yao-Gebietes unter seine Kontrolle bringen (Febr. 1965), nach seinem Rückzug aus Malawi fallen bis 1967 noch öfters bewaffnete
Gruppen ins Land ein.

1965   Eine *neue Verfassung* sieht eine Art *Notstandsdiktatur* mit starker Konzentration der Ent-
6. Okt.   scheidungsbefugnisse beim Präsidenten vor, das System basiert auf den vier Eckpfeilern
„Einheit, Loyalität, Gehorsam, Disziplin". Die von politischem Konservatismus und
Anti-Kommunismus geprägte *Einmannherrschaft Bandas* ist stark anti-intellektuell bestimmt (Inhaftierung großer Teile der Intellektuellen), stützt sich stark auf die mit polizei-
ähnlichen Rechten ausgestatteten Jungen Pioniere (Jugendliche aus ländlichen Gebieten
mit wenig Schulbildung) und übernimmt bewußt das kapitalistische Entwicklungsmodell.

1966   Wahl *Bandas zum Präsidenten* (20. Mai), *Malawi wird Republik* (6. Juli).

1967   Malawi schließt als zweiter afrikanischer Staat ein Handelsabkommen mit Südafrika; durch
13. März   Aufnahme engerer diplomatischer Kontakte mit Südafrika (1970 Staatsbesuch des südafrikanischen Premiers) und Portugal isoliert es sich zunehmend von afrikanischen Ländern.

1971   Banda setzt bevorstehende Wahlen ab und wird Präsident auf Lebenszeit (6. Juli).
Juli–Sept.   *Botschafteraustausch mit Südafrika*, Staatsbesuch Bandas in Südafrika und Moçambique.

1977   Verhaftung des Ex-Geheimpolizeichefs und des MCP-Generalsekretärs wegen eines Kom-
Febr.   plottes; im Laufe der nächsten Monate werden ca. 2000 politischer Häftlinge entlassen.

1978   Erste Wahlen seit 17 Jahren, nur MCP-Kandidaten (29. Juni).

1979   Von Banda autorisiertes Attentat (Febr.) auf Mpakati (Exil-Oppositionsführer).

1982   *Hochverratsprozeß gegen Orton Chirwa*, Führer der MAFREMO (Malawi Freedom Movement).

1983   Oppositionspolitiker *Mpakati im Exil* in Harare (Zimbabwe) *ermordet* (28. März). *Chirwa*
6. Mai   *und seine Frau werden zum Tode verurteilt.*

1984   UN-Menschenrechtskommission bittet Banda, das Leben der Verurteilten zu schonen
(14. Febr.). – *(Forts. S. 1649)*

Zimbabwe (Rhodesien)
(Forts. v. S. 1136)

1946   Mit „Rassen"-Trennungsparolen gewinnt die rechtsstehende, stark von Buren beeinflußte
25. April   *Liberal Party* (LP) 40% der Sitze.

1953   Nach einem *Referendum* (9. April) tritt Rhodesien zusammen mit Nordrhodesien und
3. Sept.   Nyasaland der *Zentralafrikanischen Föderation* bei (Sitz Salisbury).
7. Sept.   *Reginald Garfield Todd* (* 1908) wird *Premier Südrhodesiens.*

1954   Bei *Wahlen* erringt die *United Rhodesia Party* (URP, Fusion aus UP und der LP–Abspal-
27. Febr.   tung Rhodesia Party) 87% der Sitze.

1954/1955   Die afrikanische Eisenbahnergewerkschaft entwickelt sich unter ihrem Generalsekretär
(seit 1951) *Joshua Nkomo* (* 1917) zur mächtigsten Organisation der Afrikaner. Die forcierte Anwendung des Landwirtschaftsgesetzes (1950) mit seiner Aufteilung der afrikanischen Bevölkerung in verarmte Kleinbauern und städtischem Industrieproletariat wirkt als
Katalysator für den afrikanischen Massenprotest (Ausweitung auch auf das Land).

1957   Die *Youth League* (Bulawayo) unter *Joseph Msika* (* 1923) und die *City Youth League*
12. Sept.   (Salisbury) unter *James Chikerema* (* 1925) und *George Nyandoro* (* 1926) schließen sich
mit dem von Joshua Nkomo reaktivierten *African National Congress* (ANC; ursprüngliche
Gründung 1932) zusammen, der allgemeine Wahlen und Unabhängigkeit fordert.

1958   Der größte Teil der URP unter *Edgar Whitehead* vereinigt sich mit der *Federal Party* unter
11. Jan.   Roy Welensky (* 1907) zur *United Federal Party* (UFP).
18. Febr.   Sir *Edgar Whitehead* (* 1905, † 1971) wird neuer *Premier.*
5. Juni   *Wahl:* UFP 57% der Sitze, 43% für die *Dominion Party* (DP) unter Winston Field.

1959   *Verbot des ANC,* Verhaftung von etwa 500 Mitgliedern (darunter Chikerema, Msika,
25. Febr.   Nyandoro); in der Folge Verabschiedung einer Reihe von Gesetzen, die die politische
Arbeit von Afrikanern stark einengen.

1960   *Gründung der National Democratic Party* (NDP) als Nachfolgerin des ANC (1. Jan.).
Gesetz zur Aufrechterhaltung von Recht und Ordnung: politische Versammlungen in den
Reservaten, Streiks und Kritik an Regierung oder sonstigen Autoritäten verboten.
Dez.   *Verfassungskonferenz* unter Beteiligung von Afrikanern (auf britischen Druck hin).

1961   *Referendum:* die *neue Verfassung* gegen die Opposition der DP angenommen (26. Juli).
6. Dez.   *Inkrafttreten der Verfassung* mit einem Grundrechtekatalog; Großbritannien gibt damit
die Vetorechte von 1923 auf, die Exklusivität der Weißen im Parlament wird beendet (50
A-Sitze für Europäer, 15 B-Sitze für Afrikaner mit der langfristigen Möglichkeit eines
Erwerbs der Wahlqualifikation für die A-Sitze).
9. Dez.   Verbot der NDP nach heftigen Unruhen in den Reservaten. Als Nachfolgeorganisation

Afrika/Südliches Afrika – Zimbabwe (Rhodesien)   *1529*

wird die *Zimbabwe African Peoples Union* (ZAPU) unter *Joshua Nkomo, Robert Mugabe* (* 1924) und *Jason Moyo* gegründet (17. Dez.), die ebenfalls verboten wird (19. Sept. 1962); über 1000 ihrer Anhänger (darunter J. Nkomo) werden verhaftet bzw. unter Hausarrest gestellt, die ZAPU weicht ins Exil aus, das Peoples Caretaker Council (PCC) übernimmt ihre Aufgaben in Südrhodesien.

1962 Die 1961 aus DP und einer UFP-Abspaltung unter *Ian Smith* (* 1919) gebildete *Rhodesian*
14. Dez. *Front* (RF; burisch/kleinbürgerliche Rekrutierungsbasis) gewinnt 54% der Sitze gegen 45% der UFP. *Winston Field* (* 1904, † 1969) wird *Premier* (17. Dez.).

1963 Die *Zimbabwe African National Union* (ZANU) unter *Ndabaningi Sithole* (* 1920),
8. Aug. *Robert Mugabe* und *Herbert Chitepo* (* 1923, † 1975) spaltet sich von der ZAPU ab, in der Folge finden gewaltsame Auseinandersetzungen zwischen ZAPU und ZANU im Zambia-Exil statt.

31. Dez. *Auflösung der Zentralafrikanischen Föderation.*

1964 Der eine kompromißlose Linie (Unabhängigkeit ohne Konzessionen an Afrikaner) vertre-
14. April tende *Ian Smith* löst W. Field als *Premier* ab; J. Nkomo, J. Msika u. a. werden verhaftet.
26. Aug. PCC und ZANU werden verboten, Ndabaningi Sithole u. a. verhaftet; damit sind praktisch alle Ansätze für politische Organisationen der Afrikaner zerschlagen; in der Folge wird Herbert Chitepo Leiter der Exil-ZANU, James Chikerema der Exil-ZAPU. Beginn von Sabotageakten und Guerilla-Aktionen.

Sept. *Ergebnislose Gespräche Ian Smith's mit der britischen Regierung* über die Gewährung der Unabhängigkeit, die von London von fünf Prinzipien abhängig gemacht wird: ungehinderter Fortschritt zur Mehrheitsherrschaft; Garantien gegen rückläufige Verfassungsänderungen; sofortige Verbesserung des politischen Status der Afrikaner; Maßnahmen zum Abbau der Rassendiskriminierung; Akzeptierung der Unabhängigkeitsverfassung durch das rhodesische Volk als ganzes.

5. Nov. *Referendum:* 89% der Wahlberechtigten (1,3% der Bevölkerung; Stimmbeteiligung 62%) stimmen für die Unabhängigkeit Rhodesiens (nach Unabhängigkeit Zambias umbenannt).

1965 Nach Ausrufung des *Ausnahmezustandes* (5. Nov.) **Erklärung der einseitigen Unabhängig-**
11. Nov. **keit** *(UDI: Unilateral Declaration of Independence),* die von keinem Staat anerkannt, aber von UNO-Generalversammlung und UNO-Sicherheitsrat verurteilt wird; der Sicherheitsrat fordert Großbritannien auf, den legalen Zustand wieder herzustellen (20. Nov.).

1966 Nach Einfrieren der rhodesischen Guthaben in London (3. Dez. 1965) verhängt Großbri-
31. Jan. tannien ein *Totalembargo gegen Rhodesien* und wird vom UNO-Sicherheitsrat ermächtigt, gewaltsam gegen Öltransporte nach Rhodesien vorzugehen (9. April).

2.–3. Nach intensiven Verhandlungsrunden zwischen rhodesischen und britischen Abgesandten
Dez. (seit Jan. 1966) *Zusammentreffen Ian Smith' mit dem britischen Premier Wilson* auf dem Kreuzer „Tiger" vor Gibraltar. Smith akzeptiert die auf der Verfassung von 1961 beruhenden britischen Vorschläge, die jedoch *vom rhodesischen Kabinett abgelehnt* werden (5. Dez.).

12. Dez. Der UNO-Sicherheitsrat verhängt *Wirtschaftssanktionen.*

1968 Nach einer größeren *Guerilla-Offensive* der ZAPU (März) werden reguläre *südafrikani-*
23. April *sche Truppen* zur Unterstützung Rhodesiens *entsandt* (im Land bis 1975).

9.–13. *Erneute Verhandlungen Wilson/ Smith* auf dem Kreuzer „Fearless"; die ausgearbeiteten
Okt. Vorschläge werden u. a. wegen Beibehaltung des britischen Privy Council als Appellationsinstanz bei Verfassungskonflikten vom rhodesischen Kabinett abgelehnt (18. Okt.).

1969 *Referendum* über die *Erklärung zur Republik* (81% Zustimmung) und über eine neue Ver-
20. Juni fassung (73%).

24. Juni Der noch im Amt verbliebene, aber funktionslose britische Gouverneur tritt zurück.

18. Nov. Die *Verfassung* wird *vom Parlament angenommen;* sie erlaubt in ca. 60–95 Jahren theoretisch eine Parität Europäer – Afrikaner, schließt jedoch eine afrikanische Mehrheitsregierung aus. Das neue Landgesetz führt strikte *„Rassen"trennung* der afrikanischen bzw. europäischen Lebensbereiche ein, das Land wird zu gleichen Teilen den Europäern (ca. 220000) bzw. Afrikanern (ca. 4 Mio.) zugewiesen.

1970 *Rhodesien* erklärt sich unter der neuen Verfassung zur *Republik,* der seit 1965 bestehende
2. März Ausnahmezustand wird beibehalten. 11 von noch verbliebenen 13 Konsulaten werden geschlossen (Ausnahmen: Südafrika und Portugal); Rhodesien wird fortan von der OAU offiziell Zimbabwe genannt.

10. April Bei *Wahlen* gewinnt die RF alle 50 Sitze für Europäer, die interethnische *Centre Party* (Nachfolgerin der Rhodesia Party) sieben der acht afrikanischen Sitze (die restlichen acht afrikanischen Sitze werden von nach ethnischen Gesichtspunkten zusammengesetzten Wahlkollegien der Chiefs beschickt).

14. April *Clifford Dupont* (* 1905, † 1978) wird *erstes Staatsoberhaupt* der Republik.

1971 Nach Spaltung der ZAPU (März 1970) wird aus Teilen der ZAPU und ZANU die FRO-
1. Okt. LIZI (Front for the Liberation of Zimbabwe) unter Chikerema und Nyandoro gebildet.

1530 Neueste Zeit – Nicht durch Blockbündnis geprägter Teil der Welt

24. Nov.	Britisch-rhodesisches Übereinkommen über Lösung des Verfassungskonflikts auf der Grundlage der von Großbritannien zuvor als illegal angesehenen Verfassung von 1970 und unter Verzicht auf die Forderung nach afrikanischer Mehrheitsherrschaft vor der Unabhängigkeit.
16. Dez.	Bildung des *African National Council* (ANC) unter Bischof *Abel Muzorewa* (* 1925) als einzige nicht verbotene Vertretung der Afrikaner (offizielle Gründung März 1972), der die zum ersten Mal seit 1964 wieder erlaubten Meinungsäußerungen von afrikanischer Seite während des Besuchs der britischen *Pearce-Kommission* in einer nationalen Nein-Kampagne kanalisiert (Jan.–März 1972).
1972 23. Mai	Bericht der Pearce-Kommission: angesichts der eindeutigen Ablehnung durch die afrikanische Bevölkerung wird das britisch-rhodesische Übereinkommen abgelehnt, von dem sich dann auch die britische Regierung distanziert.
1973 9. Jan.	Wegen intensivierter Guerilla-Aktionen von Zambia aus sperrt Rhodesien die Grenze zu Zambia, das daraufhin die von der Sperre ausgenommenen Kupferexporte einstellt und nach Aufhebung der Blockade die Grenze schließt (1. Febr.) sowie auf die Benutzung der rhodesischen Transportwege verzichtet.
1974 Mai/Aug.	Nach dem Umsturz in Portugal (25. April) Revidierung der südafrikanischen Haltung gegenüber Rhodesien; auf *zwei Treffen mit Smith* drängt der südafrikanische *Premier Vorster* offenbar zur Verständigung mit der afrikanischen Mehrheit.
Nov./Dez.	Rhodesien beginnt mit der Freilassung von Inhaftierten, darunter Nkomo und Sithole, die jedoch vorzeitig eingestellt wird, als die während der Lusaka-Gespräche (4.–7. Dez., Teilnehmer: Führer der Befreiungsbewegungen, Präsidenten der „Frontstaaten" sowie rhodesische und südafrikanische Vertreter) vereinbarte Waffenruhe nicht eingehalten wird.
9. Dez.	Bildung des erweiterten ANC aus ANC (Muzorewa), ZANU (Sithole), ZAPU (Nkomo) und FROLIZI (Chikerema) in Zambia.
1975 5. Febr.	Der ANC unter Muzorewas Leitung tritt in Verhandlungen mit der rhodesischen Regierung ein (Febr./März), in enger Konsultation mit den „Frontstaaten" und unter Mitwirkung Südafrikas, das einen schrittweisen *Rückzug seiner Truppen ankündigt* (endgültig 1. Aug.).
9. Aug.	Nach erneuten Gesprächen Smith/Vorster (28. Juni) kommt es zur *Pretoria-Übereinkunft*, auf deren Grundlage die Konferenz auf der Eisenbahnbrücke über den Victoriafällen stattfindet (25. Aug.) unter Beteiligung von Muzorewa, Sithole, Chikerema, Nkomo (ANC) und Präsident Kenneth Kaunda von Zambia auf der einen sowie Smith und Vorster auf der anderen Seite, die zur Vorbereitung einer Verfassungskonferenz dienen soll; sie scheitert u. a. an der rhodesischen Haltung zur Frage der Immunität für afrikanische Politiker bei einer Fortführung der Verhandlungen in Rhodesien.
11. Sept.	Muzorewa erreicht den *Ausschluß Nkomos aus dem ANC*.
31. Okt.	Beginn einer Serie von Gesprächen zwischen Smith und Nkomo, angesichts deren Scheiterns (offizielle Beendigung jedoch erst März 1976) sich in den Guerilla-Lagern ein vereinigtes Militärkommando (je neun ZANU- bzw. ZAPU-Offiziere) der *Zimbabwe People's Army* (ZIPA) unter wesentlichem Einfluß Mugabes bildet und den militärischen Führungsanspruch von ZANU/ZAPU zurückweist.
1976 8. Febr.	Die *ZIPA* wird *von den „Frontstaaten"* auf der Konferenz in Quelimane (Mozambik) *anerkannt*, die zugleich als einziges Mittel der Lösung der Rhodesienfrage nur noch den bewaffneten Kampf ansieht.
20. Febr.	Smith kündigt eine Abkehr von der bisherigen Politik an und beruft sieben der acht nominierten afrikanischen Parlamentarier zu Ministern bzw. Staatssekretären neugeschaffener Ministerien (28. April).
3. März	Nach heftigen rhodesischen Übergriffen (23./24. Febr.) schließt Mozambik die Grenze, konfisziert rhodesische Eisenbahnwaggons, Lokomotiven und Vermögensgüter.
24. Sept.	Nach der *Einschaltung des US-Außenministers Henry Kissinger* akzeptiert Smith den britisch-amerikanischen „*Kissinger-Plan*", der einen paritätisch zwischen Afrikanern und Europäern besetzten Staatsrat, eine multirassische Interimsregierung (afrikanische Mehrheit, afrikanischer Premier), afrikanische Mehrheitsherrschaft in zwei Jahren sowie Finanzgarantien der Westmächte für die Europäer Rhodesiens vorsieht, jedoch von den „Frontstaaten" abgelehnt wird.
9. Okt.	*Zusammenschluß der ZANU* unter Mugabe (Operationsbasis Mozambik) und der ZAPU unter Nkomo (Operationsbasis Zambia) zur *Patriotischen Front*.
28. Okt. –15. Dez.	Muzorewa, Sithole, Nkomo und Mugabe nehmen neben einer britischen und einer rhodesischen (unter Smith) Delegation an der *Genfer Rhodesien-Konferenz* teil, die jedoch an der Frage der Übergangszeit bis zur Unabhängigkeit und den nicht eindeutigen Garantien für eine afrikanische Mehrheitsregierung scheitert. Die „Frontstaaten" erkennen daraufhin die Patriotische Front an (9. Jan. 1977).
Dez.	Die Chiefs *Kayisa Ndiweni* (* 1916) und *Jeremiah Chirau* (* 1920) treten aus dem rhodesischen Kabinett aus und gründen die *Zimbabwe United People's Organization* (ZUPO).
1977	Fünftägige militärische Großaktion Rhodesiens gegen ZANU-Lager in Mozambik (Mai).

Afrika/Südliches Afrika – Zimbabwe (Rhodesien) – Mozambik   1531

2.–5. Juli   Die *OAU-Gipfelkonferenz in Libreville* (Gabon) erkennt die Patriotische Front als die legitime Bewegung und staatsbildende Organisation Rhodesiens an.
31. Aug.   *Wahlen:* die regierende RF kann trotz vorheriger Abspaltung von einem Viertel der europäischen Parlamentarier erneut alle 50 Sitze erringen.
1. Sept.   Veröffentlichung gemeinsamer britisch-amerikanischer Vorschläge *(Owen-Young-Plan)*, die die Einsetzung eines britischen Kommissars anstelle des Premiers vorsehen sowie eine sechsmonatige Interimsregierung, die Sicherung durch eine UNO-Friedenstruppe sowie allgemeine und gleiche Wahlen: von Smith und der Patriotischen Front abgelehnt.
24. Nov.   Die Führer der afrikanischen politischen Organisationen innerhalb Rhodesiens werden von Smith unter Akzeptierung des Prinzips einer afrikanischen Mehrheitsregierung zu Gesprächen eingeladen, an denen Muzorewa (United ANC), Sithole (ANC) und Chirau (ZUPO) teilnehmen.
1978   *Abkommen über eine „interne Lösung":* Interimsregierung mit Exekutivrat (Smith,
3. März   Muzorewa, Sithole, Chirau); doppelt besetzter Ministerrat (je Ministerium ein afrikanischer und ein europäischer Co-Minister) und Parlament mit 100 Sitzen (28 den Europäern vorbehalten); 130 von 170 Artikeln der neuen Verfassung sind ohne die Zustimmung der Europäer nicht revidierbar.
1979   *Erste allgemeine und gleiche Wahlen* (64 % Wahlbeteiligung trotz Boykotts durch die
20. April   Patriotische Front; massive Manipulierungen): UANC 51, Sitholes ZANU/ANC 12, United National Federal Party unter Chief Ndiweni 9 Sitze; die RF besetzt alle 28 der den Europäern reservierten Sitze.
29. Mai   *Josiah Gumede* (* 1920) von der UANC wird *erster afrikanischer Präsident* von „Zimbabwe-Rhodesien", Abel Muzorewa wird Premier (Kabinett: 12 Afrikaner, 5 Europäer).
10. Sept.   Nachdem sich Großbritannien auf der Commonwealth-Konferenz in Lusaka zur Herbei-
–21. Dez.   führung „tatsächlicher afrikanischer Mehrheitsherrschaft" verpflichtet hat (5. Aug.), nehmen an der *Londoner Verfassungskonferenz* gleichrangige Delegationen von Zimbabwe-Rhodesien (u. a. Muzorewa, Sithole, Smith) und der Patriotischen Front (Mugabe, Nkomo) teil. Nach Einigung über eine neue Verfassung, Übergangsregelungen und einen Waffenstillstand (in Kraft 28. Dez.) wird Rhodesien wieder britische Kolonie (Gouverneur: Lord Soames, 7. Dez.).
1980   Nach Wahlen (14. Febr.) für 20 für Europäer reservierte Sitze (alle an Smith RF) gewinnt
29. Febr.   Mugabes ZANU 57 der 80 Sitze für Afrikaner (Nkomos ZAPU 20 Sitze), Mugabe wird Premier.
18. April   **Unabhängigkeit** als **Zimbabwe** unter Präsident *Canaan Banana* (* 1936).
1980   Im August wird *Zimbabwe 153. Mitglied der UNO,* im November 60. AKP-Partner.
1982   *Mugabe entläßt Nkomo* und zwei weitere ZAPU-Minister aus dem Kabinett (17. Febr.).
18. April   *Salisbury wird in Harare umgetauft.* Drastische Verschlechterung der inneren Sicherheitslage.
1983   *Bürgerkriegsähnliche Situation* durch Bandentätigkeit der Nkomo-Anhänger (Jan.).
13. März   *Nkomo setzt sich* über Botswana *nach London ab.* Tiefe Krise der ZAPU.
16. Aug.   *Rückkehr Nkomos* nach Zimbabwe. Er behält seinen Parlamentssitz.
31. Okt.   Exministerpräsident und UANC-Führer *Muzorewa* wegen angeblicher Verschwörung *verhaftet.*
1984   Ausnahmezustand wegen Rebellion im Matabeleland vom Parlament verlängert (18. Jan.).
4. Sept.   *Muzorewa wird aus der Haft entlassen. – (Forts. S. 1649)*

Mozambik
(Forts. v. S. 1137)

1949   Gründung des *Núcleo dos Estudantes Africanos Secundários de Moçambique* (NESAM) als kulturell-politische Organisation.
1951   Mozambik wird *portugiesische Überseeprovinz* (11. Juni).
1953   Durch ein *Organgesetz* wird ein *Legislativrat geschaffen* und eine Assimilationspolitik
27. Juni   einschließlich des Erwerbs der portugiesischen Staatsbürgerschaft in Aussicht gestellt.
1960   Nach Demonstrationen gegen Zwangsarbeit töten portugiesische Truppen ca. 600 afri-
16. Juni   kanische Bauern in Mueda (entscheidender Katalysator für Widerstandsbewegungen).
1961   *Portugiesisches Bürgerrecht für alle Afrikaner,* von denen jedoch die meisten als Analpha-
6. Sept.   beten vom Wahlrecht ausgeschlossen bleiben.
1962   Die *Abschaffung der Zwangsarbeit* steht weitgehend nur auf dem Papier, die Diskriminie-
27. April   rung nicht-qualifizierter Arbeiter (d. h. Afrikaner) bleibt bestehen.
25. Juni   Zusammenschluß von drei afrikanischen Exilorganisationen zur *Frente de Libertação de Moçambique* (FRELIMO) unter *Eduardo Mondlane* (* 1920, † 1969) und *Uria Simango* (* 1933); sie stützt sich auf das Netzwerk der NESAM, die verboten wird.

1532 Neueste Zeit – Nicht durch Blockbündnis geprägter Teil der Welt

1964 25. Sept.	*Beginn des bewaffneten Kampfes der FRELIMO* in der Cabo-Delgado- und der Niasa-Provinz im Norden mit einem Angriff auf den Militärposten von Mueda; die Portugiesen müssen sich in der Folge weitgehend aus dem Norden zurückziehen.
1968 Juli	Nach Eröffnung einer zweiten FRELIMO-Front in der Tete-Provinz (März) kann der Zweite Parteitag bereits innerhalb Moçambiques abgehalten werden.
1969 3. Febr.	*Ermordung* des FRELIMO-Präsidenten *Eduardo Mondlane* in Tanzania (offenbar durch den portugiesischen Geheimdienst); danach kollektives Führungsorgan.
1970 22. Mai	*Wahl der neuen Führung: Samora Machel* (* 1933, † 1986) Präsident, *Marcelino dos Santos* (* 1931) Vizepräsident/Außenminister, *Joaquim Chissano* (* 1939) Sicherheitschef.
Juni	*Beginn der portugiesischen Großoffensive „Gordischer Knoten"* (Cabo-Delgado-Provinz).
1971 Jan.–April	*FRELIMO-Offensive:* Zerstörung von 20 Militärstützpunkten; nach Berichten über portugiesische Massaker an der Zivilbevölkerung wollen sich katholische Missionare (Weiße Väter) aus Moçambique zurückziehen, werden jedoch (25. Mai) des Landes verwiesen.
21. Juni	Erste Kämpfe bei Cabora Bassa (Staudammbau); zunehmende Zwangsumsiedlung der Bevölkerung in „Wehrdörfer".
1972 Dez.	Errichtung einer neuen FRELIMO-Front in der Manica- und Sofala-Provinz (25. Juli). Das Massaker (über 400 Tote) portugiesischer Truppen in einem Dorf (als Wiriyamu weltweit bekanntgeworden) intensiviert die Kritik an der portugiesischen Kolonialpolitik.
1973 1. Jan.	Die *Überseeprovinzen* werden zu *„autonomen" Gebieten erklärt*, bleiben aber weiterhin integrierte Bestandteile Portugals (der Gouverneur Moçambiques erhält Ministerrang).
1974 Jan.	Erstmals auch *Kampffront im Süden;* die FRELIMO lehnt nach dem Putsch in Portugal (25. April) den angebotenen bedingungslosen Waffenstillstand ab und geht zur Generaloffensive über; zugleich Streik von über 8000 Arbeitern (Mai).
1. Juli	Eröffnung einer Front in der Provinz Zambezia, die Portugiesen ziehen sich aus dem Norden zurück; 2000 Soldaten weigern sich, gegen die FRELIMO ins Feld zu ziehen.
7. Sept.	Unterzeichnung eines *Abkommens Portugal – FRELIMO* in Lusaka (Zambia) über Unabhängigkeit, Waffenstillstand, Integrierung der portugiesischen und FRELIMO-Streitkräfte und Bildung einer Übergangsregierung.
20. Sept.	Nach Niederschlagung einer Revolte weißer Extremisten (10. Sept.) *Einsetzung der Übergangsregierung* unter *Joaquim Chissano* als *Premier* mit einem Kabinett aus sechs FRELIMO- und drei portugiesischen Ministern; in der Folge Abwanderung bzw. Flucht von über 90% der ca. 200 000 Portugiesen sowie ökonomische Sabotageakte und Kapitalflucht.
1975 25. Juni	**Unabhängigkeit** der **Volksrepublik Mozambik** unter *Präsident Samora Machel;* Identität FRELIMO und Staatsführung, Primat der marxistisch-leninistisch ausgerichteten Partei.
24. Juli	Verstaatlichung des Gesundheits- und Erziehungswesens und Beschluß zur Errichtung von Kollektivfarmen (23. Aug.) im Rahmen des Schwerpunktprogramms der landwirtschaftlichen Entwicklung.
3. März	Nach erneuten heftigen Angriffen rhodesischer Truppen (23./24. Febr.) Grenzschließung.
1977 Juni	Nach fünftägiger militärischer Großaktion (Mai) Rhodesiens (u. a. Besetzung von Mapai) gegen Lager der *Zimbabwe African National Union* (ZANU) ruft Mozambik den UNO-Sicherheitsrat an (bis dahin ca. 143 rhodesische Übergriffe).
1980	Nach der Regierungsumbildung im März *begrenzte Reprivatisierung der Wirtschaft.*
1984 16. März	*Unterzeichnung eines Nichtangriffs- und Sicherheitspakts mit Südafrika* durch S. Machel und Pieter W. Botha (Vertrag von Nkomati). – *(Forts. S. 1649)*

Südafrika

Namibia
(Forts. v. S. 1138)

1946 14. Dez.	Der *Antrag* Südafrikas (7. Mai) *auf Übernahme von Südwestafrika* (SWA) in sein eigenes Territorium wird von der UN-Generalversammlung *abgelehnt.*
1947/1948	Aufforderungen der UN-Generalversammlung zur Unterstellung des Mandats kommt Südafrika nicht nach, gewährt vielmehr SWA direkte Vertretung im südafrikanischen Parlament (April 1949).
1950 11. Juli	Der Internationale Gerichtshof (IGH) bestätigt in einem Gutachten die Fortdauer der Mandate und die Rechtmäßigkeit von deren Überwachung durch die UNO.
1954	Die seit 1928 vom SWA-Administrator ausgeübten Befugnisse über Angelegenheiten der afrikanischen Bevölkerung werden von der südafrikanischen Regierung übernommen.
1959 10. Dez.	Eine Allianz (Mai) aus Ovamboland People's Organisation (OPO) unter Sam Nujoma (* 1929) und der SWA National Union (SWANU) unter J. Kozonguizi (* 1932) sowie den Chiefs-Räten der Herero, Nama und Damara organisiert eine Massenkampagne gegen

Afrika/Südliches Afrika – Namibia 1533

Umsiedlungsaktionen im Afrikaner-Gebiet Windhuks: 13 Tote bei Zusammenstößen mit der Polizei („Katutura-Zwischenfall").

1960
19. April Mit Billigung des Herero-Rates gründet die OPO die *Southwest African People's Organization* (SWAPO).

4. Nov. *Klage* der ehemaligen Völkerbundsmitglieder Liberia und Äthiopien gegen Südafrika *vor dem Internationalen Gerichtshof* wegen Verstoßes gegen die Mandatsbestimmungen.

1964
27. Jan. Publizierung des Berichts der (im Sept. 1962 eingesetzten) *Odendaal-Kommission,* die im Rahmen einer strukturellen Angliederung der SWA-Wirtschaft an Südafrika die Einführung der südafrikanischen Apartheidpolitik durch Errichtung von neun „Heimatländern" für die afrikanische Bevölkerung empfiehlt.

29. April Die Regierung Südafrikas nimmt den Bericht an, setzt die Empfehlungen jedoch angesichts des schwebenden IGH-Verfahrens im wesentlichen erst seit 1968 in Kraft.

1966
18. Juli Die aufgrund des Odendaal-Berichtes 1965 umgewandelte *Klage* Liberias und Äthiopiens (jetzt gegen Verletzung von Menschenrechten) wird *vom IGH* mit der Begründung der fehlenden Legitimation der Kläger *zurückgewiesen;* die inhaltliche Berechtigung der Klage wird nicht bestritten, die Verletzung von Mandatsnormen und Menschenrechten jedoch in die Kompetenz der UNO verwiesen.

26. Aug. *Erste militärische Zusammenstöße zwischen SWAPO-Guerillas und südafrikanischen Truppen* in Ovambo und Erklärung der Beendigung der südafrikanischen Mandatsherrschaft durch die UN-Generalversammlung (27. Okt.); SWA der unmittelbaren Verantwortlichkeit der UNO unterstellt, Recht des Volkes auf Unabhängigkeit bestätigt.

1968
25. Jan. Erste Einschaltung des UN-Sicherheitsrats in die SWA-Frage mit der Verurteilung Südafrikas wegen der unter dem neuen südafrikanischen Terrorismus-Gesetz angestrengten Gerichtsverfahren gegen afrikanische Bewohner von SWA.

12. Juni *Einführung des Namens Namibia* für SWA durch die UNO und Bestätigung der Berechtigung des Kampfes gegen die illegale Besetzung des Landes. Südafrika verwirklicht in der Folge mit der *Errichtung zahlreicher „Heimatländer"* (jeweils mit Legislativrat und Exekutivausschuß; Ovamboland bereits März 1967) wesentliche Teile des Odendaal-Planes und führt zu diesem Zweck umfangreiche Umsiedlungsaktionen durch.

1969
1. April *Verstärkung der politisch-legislativen Integration Namibias in die Republik Südafrika* durch direkte Unterstellung zahlreicher Administrations-Sachgebiete unter die südafrikanische Regierung; Namibia wird faktisch fünfte Provinz Südafrikas.

1971
21. Juni Aufforderung an Südafrika zur sofortigen Beendigung der unrechtmäßigen Präsenz in Namibia durch ein neues IGH-Gutachten, das zudem alle südafrikanischen Handlungen gegenüber Namibia nach dem 27. Okt. 1966 zu Gesetzesverstößen erklärt.

13. Dez. Beginn des größten Streiks in der Geschichte Namibias; mindestens 50 Tote.

1972 Auftrag des UN-Sicherheitsrates an UN-Generalsekretär *Kurt Waldheim* zur Kontaktaufnahme mit der südafrikanischen Regierung zur Lösung der Namibia-Frage; Waldheim besucht daraufhin Südafrika und Namibia (März).

4. Febr.

1. Aug. Nach Vorlage des *Waldheim-Berichts* (17. Juli) wird vom UN-Sicherheitsrat das Recht Namibias auf Unabhängigkeit und territoriale Unverletzbarkeit bestätigt.

25. Sept. Ein *Sonderbeauftragter* Waldheims wird *ernannt,* der mit einer UNO-Delegation Südafrika und Namibia bereist.

6. Dez. Dem Bericht des Sonderbeauftragten (15. Nov.) folgend, stellt der UN-Sicherheitsrat fest, daß sich bei diesen Gesprächen die überwältigende Mehrheit der Namibier gegen südafrikanische Fremdherrschaft und „Heimatländer"-Politik ausgesprochen habe.

1973
Mai Trotz der laufenden Verhandlungen mit der UNO setzt Südafrika die „Heimatländer"-Politik mit der Gewährung von Selbstregierung für Ovambo und Kavango und Wahlen für die beiden Gebiete fort (Aug./Sept., dabei Fiasko in Ovambo durch Wahlboykott: 2,5% Wahlbeteiligung).

11. Dez. UN-Sicherheitsrat beendet die Gespräche mit Südafrika. Die *UN-Generalversammlung übernimmt die Resolution* und erkennt die *SWAPO als authentischen Repräsentanten* des Volkes von Namibia an, ein UN-Kommissar wird für Namibia eingesetzt (18. Dez.).

1974 Massenexodus von ca. 6000 SWAPO-Anhängern wegen heftiger Verhaftungswellen (Juni).

1975
Jan. Erneute *Wahlen für Ovambo:* 76% Wahlbeteiligung unter massiven Repressionsmaßnahmen in Ovambo, 4% im Süden und Zentrum Namibias unter den Ovambo-Wanderarbeitern; der Boykottversuch der durch den Exodus gelähmten SWAPO schlägt weitgehend fehl.

Febr. Aufspaltung der 1971 gegründeten *National Convention of Freedom Parties* (Sammelbecken der meisten politischen Organisationen der Afrikaner) nach dem Austritt der Inlands-SWAPO (Dez. 1974), die zusammen mit SWANU und anderen Gruppierungen die *Namibia National Convention* (NNC) bildet; eine zweite Gruppierung vornehmlich aus Damara und Nama wird zum *National Council of Namibia* (NCN), der Rest bleibt als *National Convention* unter dem Herero-Chief *Clemens Kapuuo* (* 1923, † 1978) bestehen.

1534 Neueste Zeit – Nicht durch Blockbündnis geprägter Teil der Welt

1. Sept.	*Beginn der* von Südafrika bereits im Nov. 1974 angekündigten, nach ethnischen Gesichtspunkten (Ausschluß der SWAPO) zusammengesetzten *Turnhallen-Verfassungskonferenz.*
1976	*Ultimatum des UN-Sicherheitsrates* zum 31. Aug. 1976: Forderung nach Wahlen unter
30. Jan.	UN-Aufsicht.
18. Aug.	*Verfassungsplan der Turnhallenkonferenz:* multirassische Übergangsregierung, Unabhängigkeit für Ende 1978 unter Wahrung der regional-ethnischen Aufsplitterung des Landes; die damit verbundenen Zusicherungen genügen den USA offenbar nicht, die sich seit April durch Außenminister Kissinger in die Namibia-Frage eingeschaltet haben.
Okt.	Nach drei Gesprächen zwischen Kissinger und dem südafrikanischen Premier Vorster (Juni–Sept.) unterbreiten die USA einen eigenen Plan für Namibia.
1977	Endgültige *Annahme eines Verfassungsentwurfs durch die Turnhallenkonferenz;* dessen
18. März	Verabschiedung durch das südafrikanische Parlament wird zurückgestellt nach Intervention der fünf westlichen Mitglieder des UN-Sicherheitsrates, die sich nun in die Lösung der Namibia-Frage auf der Grundlage der UN-Sicherheitsrates-Resolution Nr. 385 (30. Jan. 1976) einschalten.
April	Nach Austritt der Inlands-SWAPO aus dem NNC schließt sich dieser mit dem NCN zur *Namibia National Front* (NNF) zusammen; andere Parteien schließen sich der SWAPO an.
1. Sept.	Einsetzung eines *Generaladministrators für Namibia* durch Südafrika, der durch Proklamationen regiert; die Kapprovinz übernimmt die Verwaltung von Walfisch-Bucht.
26. Sept.	Aus der seit 1950 die Legislative dominierenden SWA-Sektion der südafrikanischen Nasionale Party spaltet sich ein Flügel unter Dirk Mudge ab, der sich mit der „*Interessengemeinschaft deutschsprachiger Südwester*" zur *Demokratischen Turnhallen-Allianz* (DTA) zusammenschließt (5. Nov.), während die Restpartei zur „*Aktionsfront zur Erhaltung der Turnhallen-Grundsätze*" (AKTUR) wird.
1978	Die *Verhandlungsvorschläge der Westmächte* (Wahlen unter UN-Aufsicht; Unabhängig-
10. April	keit noch 1978; Reduzierung der südafrikanischen Truppen; Freilassung politischer Gefangener; Rückkehr exilierter Namibianer) werden dem UN-Sicherheitsrat zugeleitet.
25. April	Nach einer nicht veröffentlichten „Klarstellung" der Westmächte stimmt Südafrika zu.
28. April	Südafrikanischer Angriff auf das SWAPO-Lager Kassinga in Angola (ca. 600 Tote); die SWAPO suspendiert die Verhandlungen, stimmt dann jedoch unter Vorbehalten dem *Westmächte-Plan zu,* der daraufhin auch vom UN-Sicherheitsrat angenommen wird (12. Juli), der zugleich die Notwendigkeit einer Eingliederung von Walfisch-Bucht in Namibia bekräftigt (27. Juli); *Ernennung eines UN-Sonderbeauftragten* zur Vorbereitung der Wahlen.
29. Aug.	Die Vorschläge des UN-Sonderbeauftragten werden im Bericht Waldheims wiedergegeben, der die Verschiebung des Unabhängigkeitstermins sowie den Einsatz von 7500 Mann Militärpersonal und 360 Polizisten von seiten der UNO während der Übergangsperiode empfiehlt.
Sept.	*Südafrika lehnt den Bericht ab,* SWAPO und UN-Sicherheitsrat nehmen ihn an.
14. Okt.	Erneute Westmächte-Initiative zur Verhinderung der von Südafrika angesetzten Wahlen.
13. Nov.	In einer „*Kompromißlösung*"werden die „internen" Wahlen nicht verhindert, jedoch vom UN-Sicherheitsrat vorab für ungültig erklärt.
4.–8.	*Manipulierte Wahlen* finden unter Ausschluß von SWAPO und NNF statt, die DTA ge-
Dez.	winnt 82% der Sitze.
1979	40 SWAPO-Führer verhaftet; SWAPO schließt alle Inlands-Büros (27. April).
23. Mai	Nach *Einsetzung einer Nationalversammlung* in Windhuk (21. Mai) wird die *südafrikanische UNO-Delegation* von den Verhandlungen der UNO-Generalversammlung *ausgeschlossen.*
13.–17. Nov.	Nach Wiederaufnahme (Aug.) der im März abgebrochenen Verhandlungen und neuen Vorschlägen der 5 Westmächte (2. Okt.) Genfer Verhandlungsrunde über demilitarisierte Zone im Norden.
1980	*Bildung eines Ministerrats innerhalb der Turnhallenverfassung* (1. Juli). Daniel Hough
6. Okt.	(* 1927) wird neuer Generaladministrator.
1981	*Erweiterung der Rechte für Nationalversammlung und Ministerrat; Vorsitzender: Dirk Mudge* (* 1928).
1983	Nach *Mudges Rücktritt* übernimmt der Generaladministrator wieder die Regierung. Natio-
18. Jan.	nalversammlung und Ministerrat werden aufgelöst. Neuer Generaladministrator wird Wiellie van Niekerk.
1984	Auf Europareise (29. Mai – 12. Juni) bespricht Botha *Südafrikas Bedingungen für Rückzug aus Namibia.* – *(Forts. S. 1649)*

Republik Südafrika
(Forts. v. S. 1141)

1948 26. Mai	*Wahlsieg* der burischen *Nasionale Party* (NP) mit einem *Programm der Apartheid* gegen die Smuts-Regierung (seit Okt. 1945 nur noch *United Party*).
3. Juni	*Daniel F. Malan* (* 1874, † 1959) wird *Premier*.
1949–1953	Eine umfangreiche *Apartheid-Gesetzgebung* wird erlassen: Verbot gemischtrassischer Heiraten und intimer Beziehungen zwischen Weißen und Nicht-Weißen (1950, verschärft 1957); *Registrierung* der gesamten Bevölkerung *nach Rassenzugehörigkeit:* getrennte Wohngebiete für alle ethnischen Gruppen (Umsiedlungsaktionen betreffen vor allem Afrikaner und Inder); Gesetz zur Unterdrückung des Kommunismus (unkontrollierbare Vollmachten für den Justizminister, gegen alle emanzipatorischen Gruppen Nicht-Weißer sowie alle kommunistischen, radikalen oder liberalen weißen Verteidiger der Rechte Nicht-Weißer angewendet); im *„Bantu Authorities"-Gesetz* (1951) wird der *Native Representation Council* (1936/1937) durch regional gegliederte „Bantu-Behörden" (Bantu: burische Bezeichnung für Afrikaner) ersetzt; Protest gegen geltende Gesetze unter Strafe gestellt, Streikverbot für Afrikaner verfügt, ein besonderes Bildungsprogramm nur für Afrikaner *(„Bantu Education"-Gesetz)* und die Rassentrennung in öffentlichen Einrichtungen (*„Kleine Apartheid"*) eingeführt (alle 1953).
1952 April	Beginn der vom African National Congress (ANC) und South African Indian Congress (SAJC) organisierten „Ungehorsamkeitskampagne"; nach heftigen Unruhen (Okt.) Unterdrückung mit Notstandsmaßnahmen und massiver Gewaltanwendung der Regierung (Jan. 1953).
1954	*Johannes G. Strijdom* (* 1893, † 1958) wird Nachfolger Malans (30. Nov.); er riskiert eine Verfassungskrise (21. Jan. 1955), um die getrennte Wählerregistrierung und damit die seit 1951 betriebene Aufhebung des direkten Wahlrechts der Kap-Farbigen durchzusetzen.
20. Juni	Durch Ernennung gefügiger Richter und Erweiterung des Senats (Zweite Kammer) mit Anhängern der Regierungspartei (NP) verschafft er der *Wahlrechtsänderung* die erforderliche Zustimmung (27. Febr. 1956).
1956 26. Juni	Die *Freiheits-Charta* (Grundprinzipien für ein nichtrassisches demokratisches Südafrika) wird in Kliptown durch ANC, SAIC, *Coloured People's Organization* und *Congress of Democrats* (Weiße) verabschiedet; 156 ihrer Mitglieder werden daraufhin verhaftet (Dez.); die Hochverratsprozesse gegen sie enden erst 1961, der ANC verliert während dieser Zeit einen großen Teil seiner Führung.
1957	Weitere Einschränkung des Wohn- und Aufenthaltsrechts der Afrikaner außerhalb der Reservate und Verbot gemischtrassischer Gottesdienste *(„Native Laws Amendment"-Gesetz)*.
1958 2. Sept.	Unter dem neuen *Premier Hendrik F. Verwoerd* (* 1901, † 1966) erhält die Apartheidpolitik mit dem *„Prinzip der Getrennten Entwicklung"* (totale territoriale Trennung zwischen Schwarz und Weiß) eine neue Ausrichtung.
1959	Beginn der Bantustan-Politik: Richtlinien für die Schaffung von Selbstverwaltungen in den Bantustans (aus den Reservaten hervorgehende „Heimatländer") und Abschaffung auch der Vertretung der Afrikaner durch Weiße im Parlament *(„Promotion of Bantu Self-Government"-Gesetz)*.
1960 21. März	Die *Widerstandskampagne* des 1959 vom ANC (unter *Albert Luthuli* [* 1898, † 1967], Friedensnobelpreis 1961) abgespaltenen *Pan-African Congress* (PAC) unter *Robert Sobukwe* (* 1924, † 1978) gegen die Paßgesetze führt zum *Massaker* der Polizei in *Sharpeville* (67 Tote, 180 Verletzte) und zu blutigen *Unruhen in Langa* (Kapstadt).
30. März	*Verhängung des Notstandsrechts;* Verbot von ANC und PAC und Verhaftung ihrer Führer.
3. April	Attentat auf Verwoerd; in der Folge Verdrängung fast aller nicht-weißer Organisationen ins Exil oder in den Untergrund.
1961 31. März	Nach dem *Austritt* aus dem *britischen Commonwealth* (15. März) auf Druck afrikanischer Staaten wird **Südafrika** aufgrund eines Referendums (5. Okt. 1960; 52% Zustimmung) **Republik** mit einem Staatspräsidenten anstelle eines Generalgouverneurs.
1961–1963	Ahndung von Sabotage mit der Todesstrafe (Sabotage-Gesetz), Inhaftierungsmöglichkeit ohne Haftbefehl; Beseitigung des Wohnrechts für Afrikaner in für Weiße reservierten Gebieten (ca. sieben Mio. Afrikanern wird der Wanderarbeiter-Status aufgezwungen).
1963	*Transkei-Autonomiestatut* (eigene Legislativversammlung, Staatsbürgerschaft, Flagge und Hymne); nach den Wahlen wird *Kaizer Mantanzima* (* 1915) *erster Regierungschef eines Bantustans* (7. Dez.).
1964 12. Juni	Lebenslange Haftstrafen im Rivonia-Prozeß für acht Führer der afrikanischen Nationalbewegung, darunter Nelson Mandela (* 1918) und Walter Sisulu (* 1912).
1966 30. März	Nach Abkehr vom exklusiven burischen Nationalismus propagiert die NP die Einheit aller Weißen und gewinnt in den Wahlen erstmals die *absolute Stimmenmehrheit* (absolute Mehrheit der Sitze bereits seit 1953).

1536 Neueste Zeit – Nicht durch Blockbündnis geprägter Teil der Welt

6. Sept. *Verwoerd,* Ideologe und politischer Führer der Politik der Getrennten Entwicklung, *erliegt einem Attentat.* Der *Nachfolger (13. Sept.) Balthazar J. Vorster* (* 1915, † 1983), im Zweiten Weltkrieg wegen pro-nationalsozialistischer Aktivitäten (in der Ossewabrandwag) inhaftiert, treibt das Apartheid-System auch in Südwestafrika (Namibia) voran und leitet zugleich eine außenpolitische Détente-Politik im Verhältnis zum übrigen Schwarzafrika ein (1966–1975).

1967 Nach Zusammenstößen mit Guerillas in Namibia (Aug. 1966) wird für schwere Fälle von „Terrorismus" (weitgefaßte Definition) die Todesstrafe vorgesehen (Terrorismus-Gesetz).

1968 Das *„Prevention of Political Interference"-Gesetz* erzwingt die Rassentrennung auf partei-
1. Mai politischer Ebene und führt zur Selbstauflösung der Liberal Party und zur Trennung der Progressive Party von ihrer nicht-weißen Mitgliederschaft; zugleich Abschaffung der indirekten Parlamentsvertretung der Kap-Farbigen.

1970–1971 Durch das *„Bantu Homelands Citizenship"-Gesetz* (1970) und das *„Bantu Homelands Constitution"-Gesetz* (1971) wird Afrikanern die Staatsbürgerschaft ihres jeweiligen „Heimatgebietes" aufgezwungen.

1971 Vorsters *Détente-Politik* wird durch das Angebot eines „Dialogs" mit afrikanischen Staa-
18. März ten sowie wirtschaftlicher und technischer Hilfe an sie *konkretisiert;* Swaziland, Mauritius, Elfenbeinküste, Liberia u. a. greifen die Initiative auf.

1972 Nach Studentenunruhen an Universitäten *Gründung der Black People's Convention* als
Mai/Juni erster größerer nicht-ethnischer politischer Organisation für Afrikaner seit 1960.

1972/1973 *Wahlen in den Bantustans* (außer Quaqwa und KwaZulu), *Einsetzung von Regierungschefs.*

1973 *Arbeiterstreiks in Durban* (100 000 Teilnehmer) dehnen sich auf zahlreiche andere Städte
Jan.–März aus und ziehen eine Reihe weiterer Streiks nach sich (bis 1975).

1975 Die oppositionelle Arbeiterpartei der Farbigen gewinnt die Mehrheit im Kap-Farbigenrat,
19. März dessen Exekutive nach einem Votum gegen die Apartheidpolitik zurücktritt (12. Nov.).

1976 Rückzug südafrikanischer Truppen aus Angola (Einmarsch im Aug. 1975); UN-Sicher-
27. März heitsrat verurteilt Südafrika als Aggressor (30. März). Vorsters Détente- und Dialog-Politik ist damit gescheitert.

16. Juni Nach Schülerstreiks an der Orlando-West-Schule (17. Mai) kommt es in *Soweto (Johannesburg)* von ca. 10 000 afrikanischen Schülern gegen die Einführung von Afrikaans („Sprache der Apartheid") als zweite Sprache, der sich aufgrund des Polizeieinsatzes zu blutigen Unruhen ausweitet und weite Teile des Landes erfaßt.

Aug./ Schüler und Studenten organisieren drei allgemeine *Arbeitsboykotts,* die sich zum *größten*
Sept. *Streik in der Geschichte Südafrikas* ausweiten; die Unruhen erreichen außer den großen Städten auch einige Bantustans, der *Ausnahmezustand* wird *verhängt.* Die Unruhen ziehen sich bis Mitte 1977 hin: über 1000 Menschen getötet, Tausende verurteilt oder gebannt.

26. Okt. *Unabhängigkeit des Transkei-Bantustans;* international nicht anerkannt und von der UN-Generalversammlung für rechtsunwirksam erklärt; die Politik wird mit der „Unabhängigkeit" für Bophutatswana (6. Dez. 1977) und Venda (13. Sept. 1979) fortgesetzt.

1977 Nach dem gewaltsamen *Tod von Steve Biko* (* 1946), dem populären Führer der South
12. Sept. African Students' Organization (Teil der Black-Consciousness-Bewegung), während Verhören durch die Polizei kommt es zu *Unruhen,* 18 der wichtigsten politischen Organisationen der Afrikaner werden verboten (19. Okt.).

4. Nov. Die UNO verhängt erstmals ein bindendes *internationales Waffenembargo* gegen ein Mitglied (Südafrika) und stellt die Bedrohung des Weltfriedens durch Südafrika fest.

30. Nov. *Hoher Wahlsieg* (81 % der Sitze) *der NP* trotz zahlreicher Parteiengruppierungen.

1978 *Rücktritt von Premier Vorster* (20. Sept.), der *zum Staatspräsidenten gewählt* wird.
28. Sept. Sein *Nachfolger* wird der bisherige Verteidigungsminister *Pieter Willem Botha* (* 1916).

1979 Publizierung der Berichte der im Juni 1977 eingesetzten Wiehan- sowie Riekert-Kommis-
Mai sionen mit Empfehlungen zur Abänderung von Teilen der Apartheidgesetzgebung.

4. Juni *Rücktritt von Präsident Vorster* im Zusammenhang mit dem Erasmus-Bericht (Skandal über eine Verwicklung der Regierung in die geheime Finanzierung einer Zeitung und von Auslandspropaganda); Nachfolger wird Marais Viljoen (* 1915).

30. Sept. Gründung der *Azania People's Organisation* unter *Curtis Nkondo* als erste offen operierende politische-nationale Bewegung der Afrikaner seit 1977, in enger Anlehnung an den Zehnerrat Sowetos unter *Nthato Motlana* (* 1934), aber gegen die Inkatha-Bewegung (gegründet 1975) des KwaZulu-Führers Chief *Gatsha Buthelezi* (* 1928) gerichtet, die mit der Labour Party (Farbige) und der Reform Party (Inder) die *Black Alliance* gebildet hat (11. Jan. 1978).

1981 *UNO-Sicherheitsrat nennt Unabhängigkeitserklärung der Ciskei* (4. Dez.) *ungültig* (15. Dez.).

1983 Gründung einer Entwicklungsbank für das südliche Afrika (30. Juni).

1984 *Abkommen mit Angola* über Truppenrückzug und Grenzsicherung für Namibia unter-
16. Febr. zeichnet.

Afrika/Südliches Afrika – Republik Südafrika – Lesotho – Swaziland *1537*

16. März *Nichtangriffspakt mit Moçambique* abgeschlossen.
1. April Bekanntgabe eines seit zwei Jahren bestehenden *Sicherheitsabkommens mit Swaziland.*
3. Sept. *Inkrafttreten der neuen Verfassung* (separate Kammern für Mischlinge und Asiaten).
5. Sept. *Pieter W. Botha wird zum ersten Staatspräsidenten Südafrikas mit Exekutivgewalt gewählt;* damit wechselt das bisher britische Regierungsmuster zum amerikanischen.
1985 Rigorose Umsiedlung von Schwarzen löst schwere Unruhen aus, veranlaßt Protestresolu-
12. März tion des UN-Sicherheitsrates und Sanktionsbeschlüsse, u.a. in USA. – *(Forts. S. 1650)*

Lesotho
(Forts. v. S. 1141)

1952 Gründung des *Basutoland African Congress* (BAC) unter dem aus der „*Lekotla la Bafo*"-Bewegung kommenden *Ntsu Mokhehle* (* 1918). Auf die vom BAC abgespaltene (1957) *Marema Tlou Party* stützt sich *Moshweshwe II.,* dessen Nachfolge als Paramount Chief (endgültig: 12. März 1960) von zahlreichen Chiefs bekämpft wird.
1958 Leabua Jonathan ([* 1914, † 1987] Urenkel von Moshweshwe I.) gründet mit Hilfe der
9. Febr. katholischen Kirche die *Basutoland* (ab 1966: Basuto) *National Party* (BNP) als konservative, antikommunistische und auf Kooperation mit Südafrika bedachte Partei gegen die panafrikanische *Basutoland Congress Party* (BCP, vor 1959/1960: BAC).
1960 Bei *Wahlen zu den Distriktsräten* gewinnt die BCP 45% der Sitze gegenüber 13,5% der
20. Jan. BNP und stellt damit 29 der 40 gewählten Abgeordneten für den Nationalrat.
1965 In einer weiteren *Verfassung* werden die Chiefs in einen eigenen Senat abgedrängt und Moshweshwe II. auf die Rolle eines konstitutionellen Monarchen beschränkt.
29. April Für *Wahlen* darf nur die BNP Werbung unter den vielen aus Basutoland stammenden Wanderarbeitern in Südafrika betreiben; sie gewinnt 52% der Sitze, die BCP nur 42%.
6. Mai Chief *Sekkonyana Maseribane* (* 1918, † 1986) wird vorübergehend *Premier,* bis Chief *Jonathan* nach einer Nachwahl dieses Amt übernimmt (7. Juli).
1966 **Unabhängigkeit als Lesotho;** Moshweshwe II. läßt es in Allianz mit der BCP durch Behar-
4. Okt. ren auf Interventionsrechten zum Verfassungskonflikt kommen.
1970 Jonathan als erster afrikanischer Premier auf Staatsbesuch in Südafrika (10. Jan.). Vor der endgültigen Auszählung einer Wahl (sich abzeichnender BCP-Sieg) wird die Ver-
30. Jan. fassung aufgehoben und der *Notstand erklärt;* Verhaftung von Oppositionsführern, der aufflammende Guerillakampf wird mit südafrikanischer Hilfe niedergeschlagen.
3. April Moshweshwe geht vorübergehend ins Exil, ca. 150 Menschen werden bei einem Zwischenfall mit der Polizei getötet (4.–5. April).
4. Dez. Moshweshwe beschränkt sich nach seiner Rückkehr auf Repräsentativfunktionen, ein Interimsparlament wird ernannt.
1974 Nach einem angeblichen Putschversuch der Opposition werden zahlreiche BCP-Anhänger
7. Jan. inhaftiert, ermordet oder können fliehen. Mokhehle gelingt die Flucht.
April Die engen Beziehungen zu Südafrika werden nach einer Phase der kritischeren Einstellung bei einem Treffen mit dem südafrikanischen Premier erneuert.
1979 Beginn einer Welle (ab Mai) von Zusammenstößen mit BCP-Guerillas; Sabotageakte.
1983 *Jonathan geht auf Ostkurs:* er nimmt Beziehungen zur VR-China und zur UdSSR auf (Mai/ Juni). – *(Forts. S. 1650)*

Swaziland
(Forts. v. S. 1141)

1949/1950 Nach Rekonstituierung des europäischen Beirats (Mehrheit der gewählten nichtamtlichen Mitglieder) übernimmt die Kolonialverwaltung direktere Kontrolle über Finanzen/Justiz.
1960 Gründung der *Swaziland Progressive Party* (SPP, hervorgegangen aus der 1929 gegründeten *Progressive Association*) unter *John Nquku* (* 1902); sie stützt sich auf die sehr kleine westlich gebildete Mittelschicht, vertritt ein sozialreformerisches panafrikanisches Programm, wendet sich gegen den Anschluß an Südafrika und stellt sich mit der Forderung nach Wahlen gegen den seit 1921 regierenden König *Sobhuza II.* (* 1899, † 1982), der eine paritätische Besetzung (ohne Wahl) des Legislativrates durch Swazi-Aristokratie und Europäer anvisiert („rassische Föderation").
1963 Nach dem Scheitern von Verfassungskonferenzen (Jan./Febr.) kommt es zu einem vom
10. Juni Ngwane National Liberatory Congress (NNLC, einzige wirkliche Oppositionspartei unter Ambrose Zwane [* 1924], 1962 von der SPP abgespalten) organisierten Generalstreik, der von britischen Truppen niedergeschlagen wird; NNLC-Führer werden verhaftet.
1964 Großbritannien setzt eine *Verfassung* durch, gegen die Sobhuza II. ein Protestreferendum
4. Jan. organisiert und das *Imbokodvo National Movement* (INM) als Hofpartei (Juni) gründet.

1538 Neueste Zeit – Nicht durch Blockbündnis geprägter Teil der Welt

25. Juni In Allianz mit der 1963 gegründeten *United Swaziland Association* (Partei der weißen Siedler) gewinnt das INM alle Sitze bei *Wahlen*, wendet sich dann von dieser Allianz ab und leitet mit antikolonialistischen Parolen (Ablehnung getrennter Repräsentation) einen Prozeß der „nationalen Versöhnung" ein (zahlreiche Oppositionsgruppen integriert).

1967 *Swaziland* erhält innere Selbstregierung als „*Protected Kingdom*" unter Premier Makhosini
25. April Dlamini ([* 1914, † 1978] ältester Sohn des Königs, INM-Generalsekretär).

1968 Swaziland erhält die **Unabhängigkeit** unter *König Sobhuza II.*, zu dessen Vollzugsorganen
6. Sept. Parlament und Regierung degenerieren.

1973 *Sobhuza suspendiert die Verfassung*, ruft den Notstand aus (Verhaftung von A. Zwane),
12. April regiert ohne Parlament und Parteien und stellt eigene Streitkräfte auf (Sept.).

1976 Ernennung von Oberst *Maphevu Dlamini* († 1979) zum *Premier*, das *parlamentarische*
17. März *System* wird zugunsten einer an traditionellen Vorbildern orientierten Form der Mitbestimmung *abgeschafft* (25. März 1977).

1979 Tod des Premiers (24. Okt.); Nachfolger wird Mandabala Fred Dlamini (23. Nov.).

1982 *Tod von König Sobhuza II.* (21. Aug.); Nachfolger Prinz Makhosetive (* 1968); bis zu des-
1983 sen Amtsantritt wird *Königinmutter Dzeliwe Interimsregentin* (4. Jan.).
10. Aug. Nach internen Machtkämpfen wird sie *durch Prinzessin Ntombi abgelöst. – (Forts. S. 1650)*

Botswana
(Forts. v. S. 1141)

1950 Thronprätendent Seretse Khama (* 1921, † 1980; Nachfolger von König Sekgema 1925,
5. Febr. Regentschaft von Tshekedi Khama) wird wegen seiner Heirat mit einer Engländerin von der südafrikanischem Druck nachgebenden britischen Regierung gebannt und nach London deportiert.

1956 Nachdem Seretse Khama auf den Thronanspruch verzichtet hat, darf er nach Bechuanaland
10. Okt. zurückkehren; seine Reputation als „Märtyrer" kolonialer Willkür bringt ihm breite Unterstützung bei seiner Hinwendung zu politischen Aktivitäten.

1960 Unter Teilnahme zahlreicher politischer Flüchtlinge aus Südafrika erfolgt die *Gründung*
6. Dez. der anti-traditionalistischen und antikolonialistischen *Bechuanaland People's Party* (BPP).

1961 *Neue Verfassung*: der 1950 eingesetzte Gemeinsame Beirat wird unter Beibehaltung paritätischer Besetzung zwischen Afrikanern und Weißen (zahlenmäßiges Verhältnis der Bevölkerung jedoch 99:1) zum Legislativrat umgewandelt und ein Exekutivrat eingesetzt.

1962 *Seretse Khama* gründet die *Bechuanaland Democratic Party* (BDP), die die meisten der
29. Jan. afrikanischen Legislativratsmitglieder zu sich herüberziehen kann.

1965 Nach Verkündung (29. Jan.) einer *neuen Verfassung* (innere Selbstregierung) ohne Reprä-
1. März sentationsprivilegien der weißen Minorität gewinnt die BDP mit ihrem Konzept eines Botswana-Nationalismus in einem multirassischen Staat und mit Unterstützung von Chiefs und reichen Viehbesitzern die *ersten allgemeinen Wahlen* mit 90% der Sitze.

3. März *Seretse Khama* wird *Premier*, die Hauptstadt von *Mafeking* (Südafrika) nach *Gaborone* verlegt.

1966 **Unabhängigkeit** als Botswana unter *Präsident Sir Seretse Khama* (30. Sept.).

1969 *Wahlen*: BDP 77% der Sitze gegen 10% für die *Botswana National Front* (BNF) mit ihrem
18. Okt. Kontrastprogramm (Afrikanisierung, Verstaatlichung etc.).

1974 Die BDP konsolidiert ihre Position bei Wahlen mit 84% der Sitze (26. Okt.).

1977 Nach erneutem Eindringen rhodesischer Truppen Aufbau einer Armee (April).

1979 Wahlen: 91% der Sitze für die BDP, Wiederwahl Khamas zum Präsidenten (20. Okt.).

1980 Tod Präsident *Khamas* (13. Juli); Nachfolger wird Vizepräsident *Masire.*

1984 *Hoher Wahlsieg der regierenden BDP* unter Staatspräsident Quett K. J. Masire (* 1925) am 8. Sept. – *(Forts. S. 1620)*

Östliches Afrika

Festland

Tanzania (Tanganyika mit Zanzibar/Sansibar)
(Forts. v. S. 1143)

1945 Zwei Afrikaner im Legislativrat; zahlenmäßig gleiche Repräsentation mit Indern erst seit 1948.

1948 Nach dem Bruch der African Association mit ihrer Zanzibar-Zweigstelle Umbenennung
Aug. in Tanganyika African Association (TAA); sie nutzt die Kluft zwischen Kolonialregie-

Afrika/Südliches Afrika – Botswana – Östliches Afrika – Tanzania 1539

rung/Chiefs und der immer stärker unterdrückten Bevölkerung aus, verbindet sich mit fast allen Protestbewegungen im Lande (große Flexibilität durch geringe Zentralisierung; Kiswahili-Sprache ermöglicht landesweite Kommunikation), erhält breite Massenunterstützung u. a. durch enges Kooperieren mit Genossenschaften und Gewerkschaften und entwickelt sich zu einer außerordentlich geeinten Nationalbewegung.

1953 Wahl von *Julius Nyerere* (*1922) zum Präsidenten der TAA (April).

1954 Neugründung der TAA als *Tanganyika African National Union* (TANU) unter Julius Nye-
7. Juli rere und *Oscar Kambona* (*1928), die eine gewählte afrikanische Mehrheitsregierung und baldige Unabhängigkeit fordert.

1955 Nach der Berufung von drei Afrikanern in den Exekutivrat (1954) wird eine Drittelparität
20. März (Afrikaner–Asiaten–Europäer) der nichtamtlichen Legislativratsmitglieder zugestanden.

1959 In den auf der Grundlage eines „multi-rassischen" Konzepts (drei Stimmen je Wähler, für
15. Febr. je einen Vertreter der drei „rassischen" Gruppen, die die gleiche Sitzzahl haben) durchgeführten ersten Wahlen zum Legislativrat gewinnt die TANU alle Sitze (die Hälfte ohne Gegenkandidaten), da sie prominente europäische und asiatische Kandidaten aufzustellen vermag.

1959 Berufung von fünf TANU-Mitgliedern in den neuen Ministerrat (Juli).

1960 Wahlen: die TANU gewinnt 70 von 71 Sitzen, davon bei 58 Sitzen kein Gegenkandidat (30. Aug.).

1961 *Julius Nyerere* (Chefminister seit 1. Sept. 1960) wird mit Erlangung der inneren Selbstre-
Mai gierung Premier.
9. Dez. Tanganyika erhält die **Unabhängigkeit.** Nyerere überläßt *Rashidi Kawawa* (*1929) das Amt des Premiers (22. Jan. 1962), um sich der Reorganisation der TANU zu widmen.

1962 Nach einer Verfassungsänderung (5. Nov.) wird Nyerere zum Präsidenten gewählt, Tan-
9. Dez. ganyika wird Republik.

1964 Eine Truppenmeuterei gegen Unterbezahlung und zögernde Afrikanisierung des Offiziers-
16.–20. korps wird durch zurückgeholte britische Truppen niedergeschlagen; Verhaftung von ca.
Jan. 550 Führern von Gewerkschaften und anderen Oppositionsgruppen.
28. April Nach Unterzeichnung der Unionsakte (23. April) zwischen Nyerere und Präsident *Abeid Karume* (* 1905, † 1972) von Zanzibar wird die *Vereinigte Republik von Tanganyika und Zanzibar* gegründet mit Nyerere als Präsident, Karume als 1. Vizepräsident und Kawawa als 2. Vizepräsident; sie wird schließlich in **Vereinigte Republik Tanzania** umbenannt (29. Okt.); Zanzibar bleibt im Inneren weitgehend losgelöst von der Union (vor allem in Rechtsprechung und Finanzen), Karume regiert durch den Revolutionsrat mit zunehmender Repression.

1965 Verkündung des faktisch seit den ersten Wahlen (1958/1959) bestehenden *Einparteien-*
5. Juli *staates.*

1967 Verkündung der *Arusha-Deklaration,* die auf die Verwirklichung eines *tanzanischen*
5. Febr. *Sozialismus* mit verstärkter Hinwendung auf die eigenen Anstrengungen und Ressourcen statt ausländischer Hilfe abzielt, die Entwicklung der Landwirtschaft vor allem durch Zusammenziehen in genossenschaftlich organisierte „Ujamaa"-Dörfer in den Vordergrund stellt und eine weitere Klassendifferenzierung aufzuhalten trachtet. Verstaatlichung von Banken, Versicherungen, Großhandel und allen größeren Industriebetrieben; Erlaß eines Verhaltenskodex für Führungskräfte.

1970 Nach Aufdeckung von Umsturzplänen auf Zanzibar (1. Sept. 1969) und auf dem Festland
Aug. (4. Okt. 1969) wird ein Putschversuch auf Zanzibar niedergeschlagen.

1971 *Veröffentlichung der Parteirichtlinien* („Mwongozo"); verschärfte Kontrolle des Staatsap-
Febr. parates und der Einhaltung des Verhaltenskodex durch die TANU; Enteignung zahlreicher Mietshäuser, Zunahme der Konflikte zwischen Management und Arbeitern in der Folge.
Aug. Nach Asylgewährung für den gestürzten Uganda-Präsidenten Obote Grenzkonflikt mit Uganda (erneut im Okt.).

1972 Eine Dezentralisation der Verwaltung gibt den Regionen größere Befugnisse, *Rashidi*
18. Febr. *Kawawa* übernimmt das neugeschaffene Amt des Premiers; die in der Folge betriebene Forcierung der Umsiedlung in Ujamaa-Dörfer führt z. T. zu Übergriffen und zur Anwendung von Gewalt.
7. April Ermordung des Zanzibar-Präsidenten Karume, dem *Aboud Jumbe* (*1920) nachfolgt.
Sept. Eine Invasion Ugandas durch Obote-Anhänger (von Tanzania aus und mit indirekter Unterstützung Tanzanias) schlägt fehl; Bombardierung tanzanischer Städte durch Uganda und zahlreiche Invasionsdrohungen Ugandas in der Folge.

1973 Grenzzwischenfälle mit Burundi (März).

1975 Der Abschluß eines Vertrages zur engen Kooperation mit dem unabhängigen Mozambik
Sept./Okt. und die Eröffnung der mit chinesischer Hilfe gebauten Eisenbahn von Dar es Salaam nach Zambia (1860 km) verdeutlichen Tanzanias stärkere Neuausrichtung nach Süden; Tanzania nimmt immer mehr eine Schlüsselposition unter den sog. „Frontstaaten" im Kampf um die Befreiung des südlichen Afrika ein.

1540 Neueste Zeit – Nicht durch Blockbündnis geprägter Teil der Welt

1977	Nach längeren Verhandlungen verschmelzen TANU und ASP zur *Chama cha Mapinduzi*
5. Febr.	(CCM, *„Partei der Revolution"*), *Edward Sokoine* (* 1938, † 1984) wird Premier; eine neue Verfassung ordnet die CCM nun auch formal Parlament und Regierung über (25. April).
1978	Nach Grenzzwischenfällen mit Tanzania besetzen und verwüsten Uganda-Truppen das
Okt./Nov.	tanzanische Gebiet nördlich des Kagera-Flusses.
1979	Nach dem Rückzug der Uganda-Truppen (Nov. 1978) marschiert die tanzanische Armee
20. Jan.	zusammen mit Exil-Ugandern in Uganda ein; die tanzanischen Truppen bleiben zur Aufrechterhaltung der Ordnung auch nach Einsetzung einer Übergangsregierung (13. April) im Lande, begrenzt auf zwei Jahre in einem Abkommen mit Uganda (12. Dez.).
12. Okt.	Annahme einer Verfassung für Zanzibar durch dessen Revolutionsrat, der seit 1964 durch Dekrete regiert hat; sie wird von der CCM bestätigt (28. Dez.).
1980	Parlaments- und Präsidentenwahlen: *Nyerere im Amt bestätigt* (26. Okt.); Premierminister
7. Nov.	wird Cleopa D. Musuya (* 1931).
1983	Sokoine wird neuer Premierminister (23. Febr.).
1984	*Jumbe legt alle Ämter nieder* (29. Jan.); Interimspräsident Zanzibars wird Ali Hassan Mwinyi (* 1925); Wahl am 19. April.
12. April	Nach Sokoines Tod durch Verkehrsunfall wird Salim Ahmed Salim (* 1942) Premier.
1985	*Ali Hassan Mwinyi* (* 1925) *tritt* nach Nyereres Verzicht das *Staatspräsidentenamt* an. *Jo-*
5. Nov.	*seph S. Warioba* (* 1940) wird *Premierminister. – (Forts. S. 1650)*

Uganda

1945	Nach Abzug der britischen Distriktsbeamten (1944, größere Kontrollbefugnisse des Buganda-Parlaments Lukiiko) schwere Unruhen in Buganda.
1946	Aufnahme der ersten Afrikaner in den zentralen Legislativrat und Gewährung von Parität mit den europäischen und indischen nichtamtlichen Mitgliedern.
1949	Nach weiteren schweren Unruhen in Buganda (ausgelöst durch Forderungen der Bataka-
27. April	Chiefs-Clanältesten, die seit langem eine gerechtere Landverteilung fordern – nach größerer Repräsentanz im Lukiiko) wird die Bataka Party verboten.
1950	In der Folge Rücktritt des Buganda-Premiers und Erhöhung des Anteils der gewählten Lukiiko-Mitglieder auf 45%; zugleich stellen Afrikaner nun die Hälfte der nichtamtlichen Mitglieder im Legislativrat, Buganda verweigert jedoch die Entsendung von Vertretern.
1953	Nachdem Kabaka (Herrscher seit 1942) *Edward Mutesa II.* (* 1924, † 1969) die völlige
30. Nov.	Unabhängigkeit Bugandas gefordert hat, wird er deportiert; eine Solidarisierungskampagne der Buganda-Bevölkerung wertet ihn zum Märtyrer kolonialer Willkür auf.
1955	*Rückkehr Mutesas II.:* Akzeptierung der *konstitutionellen Monarchie,* Einführung von
17. Okt.	Direktwahlen für zwei Drittel der Lukiiko-Mitglieder und ein dem Lukiiko verantwortliches Kabinett. Einsetzung eines nationalen Ministerrates mit drei afrikanischen Ministern und afrikanische Mehrheit unter den nichtamtlichen Legislativratsmitgliedern; der Buganda-Lukiiko verweigert jedoch die Direktwahl zum Uganda-Legislativrat.
1956	Gründung der *Democratic Party* (DP) durch Buganda-Katholiken als Gegengewicht zum protestantisch dominierten Buganda-Establishment.
1958	Buganda, Ankole und Bugisu boykottieren die ersten Direktwahlen zum Legislativrat (24. Okt.).
1959	Ausnahmezustand nach schweren Unruhen in Buganda (23. Mai – 16. Nov.).
1960	Forderung Bugandas nach Loslösung von Uganda; sie wird von der Kolonialverwaltung
9. Okt.	ebenso ignoriert wie die Sezessionserklärung (1. Jan. 1961).
	Aus Abspaltungen des 1952 gegründeten Uganda National Congress bildet sich der *Uganda People's Congress* (UPC) unter *Milton Obote* (* 1925) als z. T. protestantisch geprägte Sammelbewegung mit nationaler Ausrichtung (gegen den Buganda-Separatismus).
1961	Der UPC gewinnt bei den wieder von Buganda boykottierten Wahlen die Mehrheit der
23. März	Stimmen, während die DP 54% der Sitze erringt, da ihr (bis auf einen) sämtliche Buganda-Sitze (ein Viertel der Gesamtsitze) trotz einer Wahlbeteiligung von nur ca. 2,5% zufallen.
2. Juli	Der nichtadlige, aus Buganda stammende Katholik *Benedicto Kiwanuka* (* 1922, † 1978) wird Chefminister.
1962	Die daraufhin in Buganda gegründete *Kabaka-Yekka-Partei* (KY) gewinnt nach Durchset-
22. Febr.	zung ihres Ziels einer indirekten Wahl (d. h. durch den Lukiiko) der Buganda-Mitglieder des Zentralparlaments (Sept. 1961) die ersten Direktwahlen zum Lukiiko mit 96% der Sitze gegen die DP und geht im Landesparlament eine Koalition mit Obotes UPC ein.
1. März	Uganda erhält innere Selbstregierung; nach dem Sieg der UPC bei den Wahlen (25. April) zum Landesparlament verhilft die KY Obote zum Posten des Premiers.
Juni	Buganda wird föderativer, Ankole, Toro, Bunyoro halb-föderativer Status zugestanden.
9. Okt.	Uganda erhält die **Unabhängigkeit** und wird schließlich Republik (9. Okt. 1963) mit Kabaka Mutesa II. als nicht-exekutivem Präsidenten und Obote als Premier.

Afrika/Östliches Afrika – Uganda – Kenya *1541*

1964 Eine Meuterei in der Armee wird mit Hilfe britischer Truppen niedergeschlagen (Jan.).
9. Okt. Nach einem Referendum kommen die „lost counties" an Bunyoro zurück, die UPC/KY-Koalition zerbricht darüber; zahlreiche KY- und DP-Anhänger wechseln zur UPC über.
1966 Obote übernimmt die Macht (Verhaftung von fünf Ministern), setzt eine neue Verfassung
22. Febr. ein (15. April), die die Chiefs aus den Regionalparlamenten ausschließt und der Buganda-Führungsschicht das 1900 erworbene Land nimmt, und wird Exekutiv-Präsident.
23./24. Mai Aufgrund von Bugandas Ablehnung der Verfassung und seines Ultimatums (20. Mai) an die Regierung zum Verlassen des Buganda-Gebietes läßt Obote den Ausnahmezustand in Buganda ausrufen, den Palast des Kabaka stürmen und Buganda auflösen (10. Juni).
1967 Eine neue Verfassung errichtet einen *Einheitsstaat*, teilt Buganda in Distrikte auf und
8. Sept. schafft die vier anderen Reiche (Ankole, Toro, Bunyoro, Bugisu) ab.
1968 Verbot der DP (14. Aug.) und Verhaftung des Oppositionsführers Kiwanuka (6. Sept. 1969).
1969 Auf einer UPC-Konferenz wird der Einparteienstaat legalisiert und die *„Charta des kleinen*
19. Dez. *Mannes"* mit Plänen für eine klassenlose Gesellschaft, gerechtere Verteilung und Verstaatlichungen verabschiedet; am letzten Konferenztag wird Obote bei einem Attentat leicht verwundet; Ausweitung des Ausnahmezustandes von Buganda auf ganz Uganda, Verbot aller Parteien außer dem UPC.
1971 Die Armee nutzt einen Auslandsaufenthalt Obotes zum Putsch; der aus dem sozial und
25. Jan. wirtschaftlich benachteiligten Norden stammende General *Idi Amin* (*1928) übernimmt die Macht.
2. Febr. Amin wird Präsident, verbietet alle politischen Aktivitäten und setzt die Armee über das bisher geltende Recht (17. März), die mit Terrormaßnahmen jeden Widerstand erstickt.
24. Aug. Grenzkonflikt mit Tanzania, das Obote Exil gewährt hat, erneuter Konflikt im Oktober.
1972 Bruch mit dem verbündeten Israel (1. April); Amin wendet sich den arabischen Staaten zu.
5. Aug. Ankündigung der Ausweisung der Asiaten; ca. 50 000 werden innerhalb von drei Monaten aus Uganda vertrieben.
16./17. Fehlschlagen eines Invasionsversuches von Obote-Anhängern von Tanzania aus (indirekte
Sept. Unterstützung Tanzanias); Bombardierung tanzanischer Städte in der Folge.
1976 Amin, inzwischen „Feldmarschall", meldet Ansprüche auf Gebiete West-Kenyas an;
23. Febr. Kenyas Transitboykott ugandischer Waren wird mit Einstellung des Stromexports nach Kenya beantwortet, es kommt aber zu einer gegenseitigen Regelung (8. Aug.).
4. Juli Nach dem israelischen Kommandounternehmen gegen den Flugplatz von Entebbe (Befreiung von Geiseln einer Flugzeugentführung) Abbruch der Beziehungen mit Großbritannien.
1978 Nach Grenzkonflikten mit Tanzania besetzen und verwüsten Uganda-Truppen das tan-
31. Okt. zanische Gebiet nördlich des Kagera-Flusses.
1979 Nach dem Rückzug der Uganda-Truppen (Nov. 1978) dringen Exil-Ugander im Verein mit
20. Jan. Truppen Tanzanias in Uganda ein und werden von im Lande gebildeten Guerillagruppen unterstützt.
26. März Konferenz von 28 Befreiungsgruppen in Moshi/Tanzania: Bildung der Uganda National Liberation Front (UNLF) unter dem Vorsitz von Yusuf Lule (* 1912, † 1985).
13. April Nach der *Einnahme von Entebbe* (5. April) und Kampala (11. April) durch Tanzania-Truppen wird eine *provisorische Regierung* unter *Yusuf Lule* eingesetzt; Amins Terror-herrschaft (nach Schätzungen mindestens 200000 Tote) ist damit zu Ende.
20. Juni Konflikt des (in Moshi eingesetzten) Konsultativrates mit Lule über die Ernennung von Ministern; Lule wird von *Godfrey Binaisa* (*1920) als Präsident abgelöst.
6. Okt. Durch den UNLF eingesetzte Distriktsräte wählen 48% der Mitglieder einer General-versammlung; Entmachtung des Verteidigungsministers Yoweri Museveni (19. Nov.).
12. Dez. Stationierungsvertrag für tanzanische Truppen und Polizei auf zwei Jahre.
1980 Nach Parlamentswahlen wird *Milton Obote erneut Präsident, Paulo Muwanga* (* 1944) wird *Vizepräsident* und Verteidigungsminister.
1981 Ende Juli ziehen die tanzanischen Truppen ab.
1982 *Tausende Tutsi-Flüchtlinge zur Rückkehr nach Rwanda gezwungen. – (Forts. S. 1651)*

Kenya (Kenia)
(Forts. v. S. 1143)

1947 Der nach 17 Jahren Auslandsaufenthalt zurückgekehrte (Sept. 1946) *Jomo Kenyatta*
1. Juni (*1897, † 1978) wird Präsident der *Kenya African Union* (KAU), einer im wesentlichen aus der illegalen *Kikuyu Central Association* (KCA) hervorgegangenen Beratungsorganisation für den ersten Afrikaner im Legislativrat (1. Okt. 1944), die sich als gesamtkenyanische Organisation zu formieren versucht und u. a. bei den Luo unter *Oginga Odinga* (*1911) Unterstützung gewinnt, aber vornehmlich von Kikuyu geprägt bleibt, die auf Verfassungsreformen setzen. Dagegen formieren sich seit 1946 zahlreiche von den weißen

1542 Neueste Zeit – Nicht durch Blockbündnis geprägter Teil der Welt

Siedlern zunehmend unter Druck gesetzte afrikanische Kleinpächter und gehen eine Verbindung mit radikaleren Elementen in Nairobi ein, aus der sich in Geheimbünden die *Mau-Mau-Bewegung* herausbildet, die zunehmend Einschüchterungs- und Sabotageakte durchführt.

1948 Die nichtamtlichen Mitglieder erhalten die Mehrheit im Legislativrat; Europäer und Nicht-Europäer sind unter ihnen gleich stark vertreten, die vier Afrikaner werden weiterhin ernannt.

1952 Auch die neue Verfassung kann die zunehmende Radikalisierung der Mau Mau angesichts
1. Jan. der Unfähigkeit der Kolonialverwaltung zu tatsächlichen Reformen nicht mehr aufhalten.
20. Okt. Nach verschiedenen *Mau-Mau-Angriffen* Erklärung des *Notstandes* und Verhaftung von 128 Afrikanern, meist KAU-Führern, darunter Kenyatta, der in einem fragwürdigen Prozeß verurteilt wird.

1953 Die KAU wird verboten. Der Gewaltausbruch nach der Notstandserklärung wird mit mas-
8. Juni siven militärischen Mitteln (u. a. Flächenbombardements), Umsiedlungsaktionen, „Wehrdörfern" und Inhaftierung von ca. 90 000 Afrikanern beantwortet; die Mau-Mau-Guerillas werden in die unzugänglichen Berggebiete abgedrängt. Bis Ende 1956 kommen ca. 11 500 Afrikaner, 95 Europäer und 2000 mit ihnen verbündete Afrikaner um (offizielle Angaben).

1954 Neue Verfassung: der Exekutivrat wird zum Ministerrat mit nicht-amtlicher Mehrheit
April (darunter ein Afrikaner) umgewandelt.

1957 Afrikaner erhalten acht (1958: 14) zum ersten Mal direkt gewählte Vertreter im Legislativ-
März rat.

1959 Sofort nach Aufhebung des Verbots überregionaler Parteien (seit 1952, Wiederzulassung
Juli auf Distriktsebene 1955) bildet sich die *Kenya National Party* (KNP) unter *Masinde Muliro* (*1922), gegen die sich Kikuyu- und Luo-Abgeordnete zum *Kenya Independence Mouvement* (KIM) zusammenschließen (Aug.).

11. Nov. Aufhebung des Notstandes; eine neue Verfassung wird ausgearbeitet, die die Machtübergabe an die Afrikaner festsetzt.

1960 Gründung der *Kenya African National Union* (KANU) unter den Luo *O. Odinga* und *Tom*
14. Mai *Mboya* (*1930, † 1969; Gewerkschaftsführer) und dem inhaftierten *Kenyatta* an der Spitze.

21. Juni Die *Kenya African Democratic Union* (KADU) spaltet sich unter *Ronald Ngala* (*1923, † 1972) und M. Muliro von der KANU ab, in ihr vereinigen sich Reste der KNP und eine Anzahl ethnischer Gruppen, vor allem der Kalenjin, Maasai, Somali und Mijikenda (Küste).

1961 Wahlen: von den offenen, nicht für die Minderheiten (20 Sitze) reservierten 33 Sitzen ge-
27. Febr. winnt die KANU 19, die KADU 11; die KADU tritt in die Regierung ein (Mai), die KANU nicht (Forderung nach Freilassung Kenyattas).

28. Okt. *Kenyatta* wird nach seiner Freilassung (14. Aug.) offiziell zum *KANU-Präsidenten* gewählt und tritt (10. April 1962) in eine KANU/KADU-Koalitionsregierung ein.

1963 Neuwahlen (26. Mai): KANU 54 % der Stimmen; die KANU-Fraktion hält zwei Drittel der Sitze.

1. Juni Kenya erhält interne Selbstregierung unter Kenyatta als Premier.

12. Dez. **Unabhängigkeit Kenyas;** noch aktive Mau-Mau-Kämpfer geben auf (Amnestie).

1964 Eine Meuterei in der Armee wird mit Hilfe britischer Truppen niedergeschlagen (Jan.).
10. Nov. Nach schrittweiser Abschwächung der von der KADU durchgesetzten föderativen „Majimbo-Verfassung" mit regionaler Teilautonomie löst sich die KADU auf, ihre Führer treten zur KANU über.

12. Dez. Kenya wird faktisch *Einparteienstaat* und erklärt sich zur Republik (Präsident: Jomo Kenyatta).

1965 Das programmatische „Sessional Paper No. 10" löst schwere Spannungen innerhalb der
27. April KANU aus.

1966 Rücktritt des Vizepräsidenten O. Odinga, der zusammen mit anderen aus der KANU aus-
14. April getretenen Parlamentariern die Kenya People's Union (KPU) gründet (23. Mai), die jedoch in der fälligen Nachwahl nur neun der 29 Sitze halten kann.

1969 Nach der Ermordung von Tom Mboya (5. Juli) kommt es zu heftigen Unruhen in Kisumu;
26. Okt. Verbot der KPU und Verhaftung der KPU-Abgeordneten in der Folge.

Dez. In den ersten allgemeinen Wahlen seit 1963 kandidiert nur noch die KANU.

1974 Versuche der Regierung zur Ausschaltung von Kritikern, die auf Klassenbildungsprozesse, Bereicherung der herrschenden Klasse sowie auf die gravierendsten Probleme (Arbeitslosigkeit, Landmangel, Landflucht, weitgehende Fremdbestimmung der Wirtschaft) hingewiesen haben, gelingen nicht, trotz massiver Einschüchterung vor allem auch bei den Wahlen (4. Okt.).

1975 Auffinden der Leiche des prominentesten Kritikers, *Josiah M. Kariuki* (*1929), eine Parla-
11. März mentskommission findet Anzeichen für die Verwicklung höchster Regierungskreise in die Ermordung (3. Juni). Nach Unruhen an der Universität Verhaftung einiger Kritiker.

Afrika/Östliches Afrika – Kenya – Somalia – Djibuti   *1543*

1976	Ansprüche Ugandas auf Gebiete im westlichen Kenya werden mit einem Transit-Boykott
23. Febr.	ugandischer Waren beantwortet, doch kommt es zu einer gegenseitigen Regelung (8. Aug.).
12. Dez.	Amnestie für 10000 der etwa 30000 Gefängnisinsassen.
1977	Als endgültig bezeichnete Schließung der Grenze mit Tanzania wegen länger schwelender
18. April	Differenzen im Zusammenhang mit der Auflösung der Ostafrikanischen Gemeinschaft.
1978	*Tod Präsident Kenyattas;* Vizepräsident (seit 1967) *Daniel arap Moi* (*1924) wird von der
22. Aug.	KANU-Parteikonferenz zum Nachfolger gewählt (6. Okt.).
1979	Bestätigung der Regierung Moi in Parlamentswahlen (8. Nov.).
1982	Die *KANU wird einzige Staatspartei* (9. Juni).
ab 1. Aug.	Nach *Niederschlagung eines Putschversuchs der Luftwaffe,* Unruhen und Plünderungen wird der Ausnahmezustand wieder aufgehoben.
1984	Tanzania und Uganda regeln *Nachfolge der Ostafrikanischen Gemeinschaft* (14. Mai). – *(Forts. S. 1651)*

Somalia
(Forts. v. S. 1144)

1949	Zur Vorbereitung der Unabhängigkeit beauftragen die Vereinten Nationen Italien mit der
21. Nov.	*Treuhandverwaltung* der ehemaligen Kolonie *Italienisch-Somaliland.*
1956	Das erste freigewählte Parlament wählt *Abdullah Issa* zum Ministerpräsidenten (19. Mai).
1960	Proklamierung der unabhängigen **Republik Somalia,** nachdem die britische Regierung der
1. Juli	Vereinigung von Britisch- und Italienisch-Somaliland zugestimmt hat (Mai).
12. Juli	*Abdullah Osman* (*1908) wird Präsident der Republik, *Abdi Rashid Shermarke* (*1919, † 1969) Ministerpräsident.
1961	In der neuen Verfassung ist die Forderung nach allen von Somali bewohnten Gebieten
20. Juni	(Französisch-Somaliland, Northern Frontier District Kenyas, Ogaden-Gebiet Äthiopiens) verankert (innerhalb der regierenden *Somali Youth League* – SYL – besteht keine Einigkeit darüber, auf welche Weise die beanspruchten Gebiete vereinigt werden sollen).
1967	Abdi Rashid Shermarke wird neuer Staatspräsident; seine prowestliche Politik setzt auf
1. Juli	Entspannung: Gewaltverzichtsvereinbarung mit Kenya, Einfrieren des Streits um das Ogaden-Gebiet mit Äthiopien.
1969	Bei einem *Staatsstreich der Armee* wird Staatspräsident Shermarke ermordet. Ein Oberster
Okt.	Revolutionsrat unter General *Mohammed Zijad Barre* (*1919) ruft die *Somalische Demokratische Republik* aus.
1970	Die neue Regierung unter *Husain Kulmye* verfügt die Verstaatlichung des ausländischen Eigentums; außenpolitisch lehnt sich Somalia an die arabischen Staaten an und sucht eine Annäherung an die Sowjetunion.
1974	Vereinbarung über militärische Zusammenarbeit mit der Sowjetunion ermöglicht den
Juli	Ausbau der somalischen Armee zu einer der schlagkräftigsten in Afrika.
1976	Mohammed Zijad Barre vereinigt in seiner Person das Amt des Staatspräsidenten, des
1. Juli	Regierungschefs und des Generalsekretärs der neugegründeten Staats-Partei *Somali Revolutionary Socialist Party (SRSP).*
1977	Bruch mit der Sowjetunion (Kündigung der militärischen und wirtschaftlichen Zusammen-
Nov.	arbeit), weil die Sowjetunion – nach dem Sturz von Kaiser Haile Selassie – Äthiopien militärisch unterstützt, ein Land, dem gegenüber sich Somalia wegen des Streits um das *Ogaden-Gebiet* im kriegsähnlichen Zustand befindet (sog. *Westsomalische Befreiungsfront* operiert von Somalia aus erfolgreich im Ogaden).
1978	Die von Somalia unterhaltenen militärischen Einheiten (darunter auch reguläre Truppen) müssen sich nach massiver sowjetisch-kubanischer Unterstützung der äthiopischen Seite aus dem bereits weitgehend besetzten Ogaden zurückziehen.
1979	Erste Parlamentswahlen (30. Dez.) seit 1969: Bestätigung der SRSP mit 99,9%. *Flüchtlingsströme aus dem Ogaden* verschärfen die kritische Wirtschaftssituation.
1982	Infolge äthiopischer Übergriffe *erneut Kämpfe im somalischen Grenzgebiet* (ab Juli).
24. Juli	*Die USA helfen Somalia* mit Waffenlieferungen. – *(Forts. S. 1651)*

Djibuti (Dschibuti/Französisch-Somaliland)
(Forts. v. S. 1144)

1958	Die französische *Besitzung der Afar und Issar* bleibt auch weiterhin *Überseeterritorium;*
28. Sept.	damit werden die Möglichkeiten, autonome Republik zu werden oder die Französische Communauté zu verlassen, zurückgewiesen.
12. Dez.	Das Landesparlament in Djibuti billigt die Beibehaltung des Status eines französischen Überseeterritoriums.

1544 Neueste Zeit – Nicht durch Blockbündnis geprägter Teil der Welt

1967 Umstrittenes Referendum billigt den weiteren Verbleib bei der Kolonialmacht Frankreich. (19. März).

1972 Die vom französischen Parlament beschlossene Verfassungsänderung (Okt.) sieht den Ausbau der Selbstverwaltung vor.

1977 Nach Abschluß der Verfassungsgespräche (19. März) wird ein Referendum, das über die
8. Mai Unabhängigkeit zu entscheiden hat, abgehalten und die Wahl zur Verfassunggebenden Versammlung durchgeführt.

27. Juni Unabhängigkeitserklärung der **Republik Djibuti**; Staatspräsident wird *Hassan Gouled Aptidon* (*1916).

1978 Der Vertreter der im staatlichen Leben dominierenden Issa, *Barkat Gourad Hamadou*
2. Okt. (*1930), löst *Mohammed Abdallah Kamil* im Amt des Ministerpräsidenten ab.

1983 *Die Geberländer* beschließen weitere Hilfen für Djibuti (21.–23. Nov.). – *(Forts. S. 1651)*

Äthiopien
(Forts. v. S. 1144)

1950 Die Generalversammlung der Vereinten Nationen verabschiedet einen Plan für eine föde-
2. Dez. rative *Vereinigung von Eritrea und Äthiopien*, der für die ehemalige italienische Kolonie den Autonomiestatus vorsieht.

1952 Formelle Abtretung von Eritrea durch die britische Verwaltung und Angliederung an
11. Sept. Äthiopien gegen den breiten Widerstand der überwiegend islamischen Bevölkerung.

1954 Vertraglicher Vereinbarung entsprechend übergibt Großbritannien die Reserved Areas im
29. Nov. Ogaden an Äthiopien, das die Verwaltung für das gesamte Gebiet übernimmt (Febr. 1955), auf das Somalia nach seiner Unabhängigkeitserklärung Ansprüche erhebt.

1955 Artikel 1 der neu verkündeten *Verfassung* proklamiert den „ewigen Frieden" zwischen allen Sippen, Stämmen und Völkern Äthiopiens (das Staatsgebiet umfaßt christliche, islamische, semitische und hamitische Teile).

1960 Kaiser *Haile Selassie* gelingt die Niederwerfung eines gegen ihn gerichteten Militärputschs in Addis Abeba (17. Dez.).

1961 Kabinettsreform: Der Inhaber des neugeschaffenen Ministerpräsidentenamtes erhält das
31. März Recht, die Kabinettsmitglieder selbst zu bestimmen (der bisherige Chef-Minister von Kaiser Haile Selassie, *Akliku Habte Wold* [*1912, † 1974], bleibt Regierungschef).

1962 Offizielle *Inkorporierung Eritreas* als Provinz in den äthiopischen Staat; starker Wider-
14. Nov. stand in der Bevölkerung; für ein unabhängiges Eritrea kämpft in einem Guerillakrieg gegen die Machthaber in Addis Abeba die ELF *(Eritrean Liberation Front)*.

1964 Der Appell der *Organisation für Afrikanische Einheit* (OAU) für eine sofortige Waffen-
14. Febr. ruhe im Grenzkonflikt *(Ogaden)* zwischen Äthiopien und Somalia hat nur vorübergehenden Erfolg, ebenso die Waffenstillstandsvereinbarungen von Khartum (März): Ogaden bleibt umstrittenes Krisengebiet.

1968/1969 Angesichts der prekären wirtschaftlichen und sozialen Lage (ein selbst für afrikanische Verhältnisse niedriges Pro-Kopf-Einkommen; ungleiche Bodenverteilung mit ausgedehntem Großgrundbesitz) brechen Studentenunruhen aus.

1974 Verschärfung der innenpolitischen Krisensituation durch eine *Meuterei* (Forderung nach
26. Febr. Solderhöhung) äthiopischer Regierungstruppen in der eritreischen Hauptstadt Asmara als Folge enorm gestiegener Preise, vor allem der Lebensmittel (Ausweitung der Dürrekatastrophe von der Sahelzone auf die Länder des Savannengürtels).

28. Febr. Kaiser Haile Selassie sieht sich durch das Übergreifen der Meuterei auf einen in unmittelbarer Nähe der Hauptstadt gelegenen Luftwaffenstützpunkt veranlaßt, eine neue Regierung unter dem Fürstensohn *Lidz Endalkatzew Makonnen* (*1927, † 1974) zu berufen und diese mit der Ausarbeitung eines Reformprogramms zu beauftragen.

6. März Die in der *Confederation of Ethiopian Labour Unions* (CELU) zusammengeschlossenen Gewerkschaften rufen den ersten *Generalstreik* in der Geschichte des Landes aus.

11. März Kaiser Haile Selassie stellt weitere Reformen in Aussicht (Zulassung politischer Parteien, revidierte Steuerpolitik, Expansion von Wirtschaft und Handel, Bodenreform und gerechtere Verteilung des Nationaleinkommens); gleichzeitig gelingt es Ministerpräsident Makonnen in einem Übereinkommen mit den Gewerkschaften, den Generalstreik zu beenden, doch weder der Kaiser noch er können die weiter um sich greifende Unruhe in der Armee eindämmen.

April Allmähliche Entmachtung des Kaisers und seiner Führungsgruppe durch ein *Koordina-*
–Aug. *tionskomitee der Streitkräfte*.

1. Aug. Bildung eines neuen Kabinetts unter dem royalistischen Ministerpräsidenten *Mikael Imru* (*1930), dem jedoch bereits der „starke Mann" des Koordinationskomitees, der christliche Eritreer *Aman Andom* (*1924, † 1974), als Verteidigungsminister angehört.

22. Aug. Die Eritreische Befreiungsfront ELF läßt durch ihr Kairoer Büro verlauten, sie zeige sich

Afrika/Östliches Afrika – Äthiopien – Madagaskar 1545

mit den Vorgängen in Addis Abeba zufrieden und gibt zu verstehen, mit dem Koordinationskomitee der Streitkräfte Verhandlungen über die Zukunft Eritreas aufnehmen zu wollen.

12. Sept. *Absetzung* von Kaiser *Haile Selassie* (* 1892, † 1975), der unter Hausarrest gestellt wird; Vorsitzender einer Provisorischen Militärregierung wird Aman Andom.

23. Nov. General Andom fällt dem inneren Machtkampf der regierenden Militärs zum Opfer (er wird bei einer Massenexekution neben mehreren kaiserlichen Anhängern hingerichtet); Nachfolger wird General *Teferi Benti* (*1921, † 1977) als Vorsitzender des Provisorischen Militär-Verwaltungsrates, als Stellvertreter tritt der neue „starke Mann", *Mengistu Haile Mariam* (*1938), in den Vordergrund.

1975 Ausbruch der gemeinsam von der ELF und der linksorientierten PLF *(Popular Liberation*
31. Jan. *Front)* geführten *„Februar-Offensive" in Eritrea* gegen die äthiopische Vorherrschaft mit Unterstützung einiger arabischer Staaten (Raketen- und Granatwerferangriffe auf militärische Ziele in Asmara und Mausawa).

2. Febr. Vergeltungsschlag der äthiopischen Luftwaffe mit Einsätzen gegen Partisanenstellungen im Norden Asmaras.

16. Febr. Über die gesamte Provinz Eritrea wird der Ausnahmezustand verhängt und zusätzlich die Hauptstadt Asmara unter Kriegsrecht gestellt.

4. März Nach der Verstaatlichung von in- und ausländischen Industrieunternehmen und Großfirmen (Febr.) wird eine Bodenreform durchgeführt: Aufhebung privaten Besitzes, Verstaatlichung des bebaubaren Bodens und Abschaffung des bisherigen Pachtsystems.

23. März Anordnung zur Bildung von Genossenschaften.

25. März Großangelegter Entlastungsangriff äthiopischer Regierungstruppen in Eritrea; starke Verluste der Rebellen.

2. April Im Sudan werden über 30 000 Neuflüchtlinge aus Eritrea registriert; sie sind ein klares Zeichen für die zunehmende Überlegenheit der äthiopischen Regierungstruppen; seither scheint die Zentralregierung Herr der Lage in Eritrea.

Juni Aufstand der Afar im Südosten der Küstenprovinz und den angrenzenden Gebieten Äthiopiens, der jedoch bereits nach wenigen Wochen zusammenbricht.

1976 Die Staatsführung der Militärs legt in einem umfassenden politischen Programm die Schaf-
April fung einer *„Demokratischen Volksrepublik"* unter „proletarischer" Führung fest.

1977 Richtungskämpfe innerhalb der Militärführung führen zur Absetzung und Hinrichtung von
Febr. General Benti; *Mengistu Haile Mariam* übernimmt formell den *Vorsitz* im Provisorischen Militär-Verwaltungsrat.

30. Juni Äthiopien meldet zum ersten Mal, daß reguläre somalische Truppen in den Ogaden eingefallen sind.

Okt. Beobachtern zufolge hat Äthiopien in der kriegerischen Auseinandersetzung um den Ogaden die Luftüberlegenheit erworben.

1978 Die somalische Regierung in Mogadischu unterrichtet offiziell die US-Regierung über den
März Beschluß, die regulären Verbände aus dem Ogaden abzuziehen (mit sowjetisch-kubanischer Waffenhilfe ist den äthiopischen Truppen fast die völlige Vernichtung des im Ogadengebiet eingesetzten somalischen Kriegsmaterials gelungen).

Nov. *Sowjetisch-äthiopischer Vertrag* über Freundschaft und Zusammenarbeit. Das Abkommen sieht zur Sicherung der Verteidigungsfähigkeit eine Fortsetzung der militärischen Zusammenarbeit vor.

1979 Wenig erfolgreiche neue Großoffensive v. a. gegen die *Eritrean Popular Liberation Front*
Juli/Aug. (EPLF).

18. Dez. Gründung einer Kommission unter Mengistu als Kern einer Arbeiterpartei.

1981 *Zusammenschluß der eritreischen Separatistengruppen;* verstärkte militärische Aktivitäten
26. März in Eritrea.

1982 Äthiopische Übergriffe führen wieder zu *Kämpfen im somalischen Grenzgebiet* (Juli).

1983 Regierungsumbildung stärkt Mengistus Stellung (19.–23. April).

5. Mai Allgemeine Wehrpflicht eingeführt.

1984 T. Demeke, *Geschäftsträger* in den USA, *erbittet Asyl* (7. Mai). – *(Forts. S. 1651)*

Ostafrikanische Inseln

Madagaskar
(Forts. v. S. 1142)

1945 Unter Patronage der Nationalisten *Joseph Raseta* (* 1887, † 1979) und *Joseph Ravoahangy*
18. Nov. (*1893) bildet sich das *Mouvement Démocratique de la Rénovation Malgache* (MDRM), das die Gewerkschaften sowie die meisten politischen Organisationen beherrscht.

1546 Neueste Zeit – Nicht durch Blockbündnis geprägter Teil der Welt

1946 Als Gegengewicht wird mit Förderung der Kolonialverwaltung die *Parti des Deshérites de Madagascar* (PADESM) unter *Philibert Tsiranana* (*1912, † 1978) gegründet, die die Emanzipation der Küstenbewohner verficht.

25. Okt. Nach Abtrennung der Comoren (9. Mai) wird Madagaskar in fünf Provinzen mit Provinzparlamenten aufgeteilt, um dem politischen Übergewicht der Merina entgegenzuwirken.

1947 Wahlen zu den fünf Provinzparlamenten: das MDRM gewinnt 70% der Stimmen, die
Jan. Kolonialregierung ändert jedoch die vorgesehene Prozedur für die Beschickung des Landesparlaments durch die einzelnen Provinzparlamente, so daß die gewählten Franzosen zusammen mit den PADESM-Abgeordneten das MDRM in drei Provinzen überstimmen können.

29. März An verschiedenen Punkten der Insel, vor allem an der Ostküste, brechen Aufstände aus; gegen die Aufständischen (zeitweilig etwa ein Sechstel des Landes in ihrer Gewalt) wird mit massivsten militärischen Mitteln vorgegangen.

1948 Die Aufstände werden als beendet angesehen; 80 000 bis 200 000 Tote, in der Folge Zer-
1. Dez. schlagung des MDRM und Lähmung der Nationalbewegung bis 1956.

1956 Der aus dem Tsimihety-Volk stammende Ph. Tsiranana gründet, von der Kolonialverwal-
28. Dez. tung ermuntert, die in der Nachfolge der PADESM stehende Parti Social Démocrate (PSD).

1957 Wahlen (31. März) zu den Provinzparlamenten: 59% der Mandate für die gemäßigten „Provinzialisten".

29. Mai PSD, Union des Démocrates Sociaux Malgaches (UDSM) sowie einige Lokalparteien können sechs der acht Minister im Kabinett des Regierungschefs Ph. Tsiranana stellen.

1958 Nach Annahme des Referendums über die französischen Verfassungsvorschläge (28. Sept.)
14. Okt. wird Madagaskar *autonome Republik* innerhalb der französischen Communauté.

1959 Eine nach französischem Vorbild ausgerichtete *Präsidialverfassung* (erster Präsident: Phi-
29. April libert Tsiranana, 2. Mai) wird verkündet.

1960 Madagaskar erhält die **Unabhängigkeit** als Repolika Malagasy (26. Juni).
4. Sept. Die PSD gewinnt bei Wahlen 60%, mit Listenverbindungen 82% der Mandate, kann in der Folge ihren Einfluß in den ländlichen Gebieten ausdehnen und sich de facto zur Staatspartei entwickeln.

1969–1970 Während einer längeren, krankheitsbedingten Abwesenheit Tsirananas versucht der neuernannte (2. Dez. 1969) Premier *Calvin Tsiebo* (*1902) die ausbrechenden Spannungen zwischen dem linken Flügel der PSD unter Innenminister *André Resampa* (*1924) und dem rechten Flügel unter Außenminister *Jacques Rabemanajara* unter Kontrolle zu halten.

1970 Nach seiner Rückkehr (Mai) verfolgt Tsiranana eine gegen angebliche kommunistische
21. Nov. Subversion gerichtete Politik und schließt ein Abkommen über wirtschaftliche Kooperation mit Südafrika.

1971 Aufstand (bis 2. Apr.) verarmter Bauern in der Tulear-Provinz, getragen vom Mouvement
31. März National pour l'Indépendance de Madagascar (MONIMA) unter M. Jaona; 46 bis 2000 Tote.

1972 Nach dem Ausbruch von Unruhen (9. April) Verhängung des Ausnahmezustandes; die
13. Mai Unruhen weiten sich zum Generalstreik aus (134 Tote bisher), ca. 100 000 Demonstranten fordern den Rücktritt von Präsident Tsiranana, der die Regierung auflöst und dem Armeestabschef General *Gabriel Ramanantsoa* (*1906, † 1979) alle Machtbefugnisse überträgt (18.–20. Mai).

25. Juni Nach dem Ende des Generalstreiks (22. Mai) aufgrund des Versprechens von Ramanantsoa, den Forderungen nach wirtschaftlichen und sozialen Reformen nachzukommen, läßt die neugebildete Regierung (27. Mai) politische Gefangene frei und kündigt die Abkommen mit Südafrika.

4.–9. Sept. Nach Verhängung des Kriegsrechts (29. Aug.) beschließt die Landeskonferenz des gemeinsamen Kampfausschusses der *„Bewegung des 13. Mai"* die Unterstützung Ramanantsoas, der in einem Referendum (8. Okt.) Vollmachten für fünf Jahre erhält.

11. Okt. Tsiranana tritt vom Amt des Präsidenten zurück, das Ramanantsoa übernimmt.

1973 Revidiertes Kooperationsabkommen (4. Juni) mit Frankreich (u. a. Truppenabzug, vollzogen bis 31. Aug.).

1975 Nach Meutereien unzufriedener, aus der Küstenregion stammender Offiziere der mobilen
25. Jan. Polizei (Dez. 1974/Jan. 1975) löst General Ramanantsoa die Regierung auf und tritt zurück.

5. Febr. Als Nachfolger bestimmt er Innenminister Oberst *Richard Ratsimandrava* (*1931), der während eines Putschversuches von der Sicherheitspolizei ermordet wird (11. Febr.).

13. Febr. Ein *Militärdirektorium* unter General *Gilles Andriamahazo* (*1919) übernimmt die Macht, erklärt den Ausnahmezustand und hat auch (seit 24. März) offiziell die Funktion eines kollektiven Staats- und Regierungsoberhauptes inne.

15. Juni Ablösung des Militärdirektoriums durch einen *Obersten Revolutionsrat* unter Vorsitz des aus dem Betsimiraka-Volk stammenden Fregattenkapitäns *Didier Ratsiraka* (*1936), der

Afrika/Östliches Afrika – Madagaskar – Comoren (Komoren) 1547

Staats- und Regierungschef wird; General Andriamahazo übernimmt den Vorsitz in einem Militärischen Entwicklungsrat zur Reorganisierung der Streitkräfte.

16. Juni Verstaatlichung von Banken, Versicherungen und Schiffahrt.

Sept. Nach Aufhebung des Ausnahmezustandes (26. Juni) wird in einer einwöchigen Kampagne die *„Charta der Madegassischen Sozialistischen Revolution"* propagiert.

21. Dez. Ein Referendum über die Charta sowie über eine neue Verfassung und eine siebenjährige Amtsperiode für Ratsiraka wird mit 94,7% angenommen und das Land in Demokratische Republik Madagaskar umbenannt (30. Dez.).

1976 Erster Präsident wird *Didier Ratsiraka;* in den Obersten Revolutionsrat wird die gleiche
4. Jan. Zahl von Zivilisten und Militärs aufgenommen. Oberst *Joel Rakotomalala* (*1939, † 1976) wird Premier der vornehmlich aus Zivilisten bestehenden Regierung (11. Jan.).

19. März Gründung der *Avantgarde de la Révolution de Malagasy* (AREMA) als linker Sammlungspartei unter Ratsiraka als Generalsekretär.

20. Aug. Nachfolger des tödlich verunglückten Premiers wird der aus dem Betsileo-Volk stammende *Justin Rakotoniaina* (*1933), in dessen Kabinett nur noch ein Militär sitzt; die Hauptstadt wird in Antananarivo umbenannt (17. Sept.), ausländischer Besitz über 100 ha verstaatlicht (7. Dez.).

1977 Bei den *Wahlen zur gesetzgebenden Nationalversammlung* gewinnt die Liste der Einheits-
30. Juni front aus AREMA, AKFM (Kongreßpartei für die Unabhängigkeit Madagaskars, gegründet 1960) unter Richard Andriamanjato (*1930) und einigen kleineren Parteien 96% der Stimmen (AREMA: 82% der Sitze).

4. Aug. Oberst *Desiré Rakotoarijaona* (*1934) wird neuer Premier.

1979 Abschluß eines Marineabkommens mit der Sowjetunion, das dieser den Zugang zu den
19. Okt. Häfen Madagaskars ermöglicht.

1980 *Vereinbarung mit der Sowjetunion über wirtschaftliche Zusammenarbeit* (Aug.).

Nov. Normalisierung der Beziehungen zu den USA.

1982 *Wiederwahl von Präsident Ratsiraka* (7. Nov.).

1983 *Parlamentswahlen* am 28. Aug. erbringen der AREMA 65% und der AKFM 9% der Stimmen. *– (Forts. S. 1652)*

Comoren (Komoren)
(Forts. v. S. 1142)

1946 Nach Abtrennung der Comoren von Madagaskar (9. Mai) Etablierung als *französisches*
25. Juli *Überseeterritorium* mit einem Generalrat in Dzaoudzi (Mayotte), von dessen 24 Mitgliedern 20 gewählte Vertreter der Comoren-Bevölkerung sind, die sich in zwei nach den Farben der Wahlstimmzettel benannten Gruppen organisieren: den *„Weißen"* (auch: *„Vieux Turbans")* unter *Said Ibrahim* sowie den von Großkaufleuten getragenen *„Grünen"* (auch: *„Moderne")* unter *Said Mohamed Cheikh.*

1957 Nach Vermittlung des Gouverneurs Zusammenschluß der „Grünen" und „Weißen" zu
19. Mai einer gemeinsamen Liste für die Landesparlamentswahl, die 99,7% der Stimmen erhält.
Aug. Mohamed Ahmed wird erster Regierungschef.

1958 Nach Annahme des Referendums über die neuen französischen Verfassungsvorschläge
28. Sept. stimmt das Landesparlament für Beibehaltung des Status (Überseeterritorium). Stimmenthaltung der Vertreter Mayottes, die den Status eines französischen Départements fordern.

1959 Wahlen: zum erstenmal erhalten Vertreter der separatistischen Bewegung von Mayotte
8. März Mandate (Wahlrechtsänderung 31. Jan.: getrennte Sitze für die vier Inseln).

1961 Partielle innere Selbstregierung sowie Teildezentralisierung (22. Dez.). Said Mohamed Cheikh (Mitglied der Sultansfamilie der Insel Große Comore) wird Regierungschef.

1962 Verlegung der Hauptstadt von Dzaoudzi auf Mayotte (der wohlhabendsten der vier Inseln)
1. Sept. nach Moroni auf die Große Comore (der größten und bevölkerungsreichsten Insel).

1968 Auf Drängen der etablierten Führungsschicht der Comoren gewährt Frankreich innere
3. Jan. Autonomie.

Aug. Die Koalition zwischen „Grünen" und „Weißen" zerfällt wegen Differenzen über die Frage der Unabhängigkeit, als liberaler Nachfolger der „Weißen" konstituieren sich unter dem Einfluß der jüngeren Generation das *Rassemblement Démocratique du Peuple Comorien* (RDPC) unter Said Mohamed Jaffar und Mazawar Abdallah auf den Großen Comoren und die *Parti Social-Démocrate des Comores* (PSDC) auf Anjouan, als Nachfolger der „Grünen" die *Union Démocratique des Comores* (UDC) unter Said Ibrahim. Die auf der Großen Comore und Mohéli gegründete *Parti Socialiste Comorien* (PASOCO) fordert als erste Partei auf den Comoren die sofortige Unabhängigkeit.

1970 Nach dem Tod des Regierungschefs Said Mohamed Cheikh schwere innenpolitische Krise;
16. März sein Nachfolger wird Said Ibrahim (2. April).

1548 Neueste Zeit – Nicht durch Blockbündnis geprägter Teil der Welt

1971 6. Juli	Neuwahlen bestätigen Said Ibrahim als Regierungschef. Nach heftigen Angriffen gegen seine profranzösische Politik wird er jedoch durch ein Mißtrauensvotum gestürzt.
1972 16. Juni	Said Ibrahims Neffe und Schwiegersohn, *Said Mohamed Jaffar* (RDPC), der bereits Anfang des Jahres die Unabhängigkeit gefordert hat, wird neuer Regierungschef.
3. Dez.	Nach seinem Rücktritt (Okt.) gewinnt bei Wahlen das Bündnis zwischen RDPC, UDC und PEC *(Parti pour l'Evolution des Comores)* sämtliche Sitze (87% der Mandate) außer denen von Mayotte, die vom *Mouvement Mahorais* (MM) gewonnen werden (80% der Stimmen Mayottes).
26. Dez.	*Ahmed Abdallah* (* 1918, † 1989) wird Regierungschef mit dem Mandat des Parlaments, die Unabhängigkeit unter Beibehaltung der französischen Kooperation auszuhandeln.
1973 15. Juni	Übereinkunft mit Frankreich, das die Gewährung der Unabhängigkeit innerhalb einer Frist von fünf Jahren von einem Referendum abhängig macht; das Comoren-Parlament fordert jedoch bei Enthaltung der Mayotte-Vertreter die Unabhängigkeit bis 1976 (22. Dez.).
1974 18. Okt.	Zustimmung des französischen Parlaments zu einem Gesetz, das die Comoren hinsichtlich des Referendums im Gegensatz zu einer Zusicherung der französischen Regierung (31. Jan. 1972) als Einheit behandelt.
22. Dez.	Im *Referendum* sprechen sich die Wähler der Großen Comore, Anjouans und Mohélis mit jeweils über 99,9% dafür aus, „daß das Territorium der Comoren unabhängig wird", während Mayotte mit 63,2% dagegenstimmt. Auf französischen Druck hin arbeitet das Parlament der Comoren eine Mayotte entgegenkommende Verfassung mit starker Dezentralisierung aus, doch spricht ihm der Regierungschef Ahmed Abdallah das Recht dazu ab.
1975 3. Juli	Beschluß des französischen Parlaments zur Errichtung eines Verfassungskomitees der Comoren, dessen Vorschläge in getrennten Referenden von jeder Insel akzeptiert werden müssen.
6. Juli	Das Comoren-Parlament erklärt daraufhin einseitig die **Unabhängigkeit** und wählt Ahmed Abdallah zum Präsidenten. Frankreich behält die volle Kontrolle über Mayotte und verstärkt die Truppen, interveniert jedoch nicht; Marcel Henry, Repräsentant der drei Mayotte beherrschenden Familien, erklärt als Führer des MM die Unabhängigkeitserklärung für rechtswidrig.
3. Aug.	Die gegenüber Mayotte verständigungsbereitere, aus oppositionellen Politikern gebildete *Front National Uni* (FNU) setzt unter der Regie von Ali Soilih (* 1938, † 1978) Präsident Abdallah ab.
11. Aug.	Das Parlament wird durch einen Nationalen Revolutionsrat unter Said Mohamed Jaffar abgelöst, dem Repräsentanten aller vier Inseln angehören.
21.–22. Sept.	Sezessionsbestrebungen Anjouans unter Ahmed Abdallah werden durch militärisches Eingreifen von Anhängern des Nationalen Revolutionsrates beendet.
12. Nov.	Anerkennung der Comoren als Gesamtstaat (einschließlich Mayottes) durch die UNO.
31. Dez.	Frankreich erkennt zwar die Unabhängigkeit der drei Inseln an, behält sich jedoch die Abhaltung eines Referendums auf Mayotte vor.
1976	*Ali Soilih* wird Präsident (2. Jan.), Abdallah Mohamed Premier (6. Jan.).
8. Febr.	Der Versuch des UN-Sicherheitsrates, das Referendum auf Mayotte zu verhindern, scheitert am Veto Frankreichs (6. Febr.); 99,4% der abgegebenen Stimmen sprechen sich im Referendum gegen ein Verbleiben bei den Comoren aus.
11. April	In einem weiteren Referendum 97,5% der gültigen Stimmen für die Beibehaltung des Status eines französischen Überseeterritoriums (80% der abgegebenen Stimmen ungültig gemacht auf Betreiben des MM, das für die sofortige Umwandlung in ein französisches Département eintritt).
18. Dez.	Die Gewährung des Status einer „*Collectivité Territoriale*" innerhalb der französischen Republik zementiert die Trennung Mayottes von den Comoren und wird von UNO und OAU verurteilt.
1978 13. Mai	Die Regierung wird durch einen mit Hilfe von weißen Söldnern durchgeführten Putsch abgesetzt, ein Direktorium aus Zivilisten und Militärs, geleitet von *Said Atthoumani*, übernimmt die Macht; eine Regierung unter *Abdallah Mohamed* wird gebildet.
23. Mai	Die zurückgekehrten Politiker Ahmed Abdallah und Mohammed Ahmed werden Co-Präsidenten des Direktoriums, Ali Soilih wird erschossen (29. Mai).
22. Juni	Politisches Direktorium eingesetzt, Abkehr von den unter Soilih eingeleiteten Reformen.
22. Okt.	Nach Annahme einer neuen Verfassung (Referendum 1. Okt.) wird Ahmed Abdallah Präsident der *Föderativen Islamischen Republik, Salim Ben Ali* neuer Premier (22. Dez.).
1979	Französisches Parlament bestätigt Status Mayottes für fünf Jahre (6. Dez.).
1982	*Bildung der Einheitspartei* „Union Comorienne pour le Progrès" (6. Febr.).
7. März	*Präsident Ahmed Abdallah* (* 1918) durch Wahlen *bestätigt.* Premierminister wird Ali Mroudjae.
1984	Komoren und Frankreich verhandeln über den *Status der Insel Mayotte* (Jan.).
	– *(Forts. S. 1652)*

Afrika/Östliches Afrika – Comoren (Komoren) – Réunion – Mauritius *1549*

Réunion

1946 15. Aug.	Die Gewährung des Status eines französischen Übersee-Départements wird gegen die verdeckte Opposition von Großgrundbesitzern und Zuckerfabrikanten durchgesetzt und von der am stärksten organisierten politischen Gruppierung, der Kommunistischen Arbeiterbewegung (Erwartung verstärkter französischer Hilfe für die während des Weltkrieges fast zusammengebrochene Wirtschaft), begrüßt, die bis 1958 zwei der drei Réunion-Sitze im französischen Parlament hält und sich unter Führung von P. und R. Vergès zur Fédération Réunionnaise du Parti Communiste Français (30. Nov. 1947) formiert.
1958 28. Sept.	Nach Annahme des Referendums über die neuen französischen Verfassungsvorschläge kommt es in den folgenden Wahlen (zum französischen Parlament) zu Manipulationen; aufgrund des Mehrheitswahlrechts können sich keine kommunistischen Kandidaten mehr durchsetzen.
1959 18. Mai	Die Fédération Réunionnaise wird zur Parti Communiste Réunionnais (PCR), sie strebt einen Département-Status Réunions an.
1963 5. Mai	Wahlmanipulationen veranlassen den französischen Ex-Premier *Michel Debré*, sich einer Nachwahl zu stellen; er ist seitdem einer der drei Réunion-Abgeordneten im französischen Parlament und kann eine starke gaullistische Gruppierung aufbauen, die mit ihr nahestehenden Gruppierungen eine sichere Mehrheit im Landesparlament halten kann.
1973	Réunion wird Hauptquartier der französischen Streitkräfte im Indischen Ozean (Juni).
1974 19. Mai	Nach heftigen Auseinandersetzungen im Wahlkampf (französische Präsidentenwahl) erhalten die Linksparteien 50,5% für ihren Kandidaten François Mitterrand.
1979	Von den Gewerkschaften organisierte Aktionen mit Generalstreik (Okt.).
1983	Bei Übersee-Regionalwahlen erzielen auch die Linksparteien Réunions Stimmenzuwachs (20. Febr.).

Mauritius

1947	Neue Verfassung: Erweiterung des Wahlrechts, Legislativrat mit 56% gewählten Mitgliedern.
1948 10. Aug.	Wahlen: die unter Seewoosagur Ramgoolam (* 1900, † 1985) neuformierte Parti Travailliste (PT; Inder und Kreolen) gewinnt 68% der Wahlsitze und schlägt die im Ralliement Mauricien (RM) organisierten Vertreter der franco-mauritischen Pflanzeroligarchie („Grandes Familles", ca. 55% des anbaufähigen Landes sind in der Hand von 25 Zuckerplantagen), die jedoch durch Nominierung in den Legislativrat ausschlaggebenden Einfluß behält.
1953 27. Aug.	Erneuter Wahlsieg der PT; das RM benennt sich in Parti Mauricien Social Démocrate (PMSD) um und gewinnt zunehmend die Unterstützung von Teilen der kreolischen Mittelschicht.
1958	Aus Sorge vor einer Hindu-Dominanz gründen moslemische Händler das Muslim Committee of Action (MCA), indische Genossenschaftler bilden den Independent Forward Bloc (IFB).
1959	Nach erneutem Wahlsieg der PT wird S. Ramgoolam Chefminister (26. Sept.).
1963 21. Okt.	Wahlen: PT büßt mit 47,5% der Sitze ihre seit 1948 bestehende absolute Mehrheit ein, S. Ramgoolam bildet eine Allparteienkoalition und wird Premier (März 1964).
1965 1.–11. Mai	Unruhen und Auseinandersetzungen zwischen Hindus und kreolischen Arbeitern, vor allem wegen der die Hindus (Bevölkerungsmehrheit) begünstigenden Wahlrechtsänderungen. Die PMSD verläßt die Koalition und propagiert den Verbleib bei Großbritannien zum Schutz vor einer Hindu-Dominanz, nachdem ihre Forderung nach einem Referendum vor Erlangung der Unabhängigkeit abgelehnt worden ist.
1966	Neue Verfassung: volle innere Autonomie, nur noch gewählte Parlamentarier.
1967 7. Aug.	PT, MCA und IFB, im Wahlbündnis der Parti de l'Indépendance (PI) zusammengeschlossen, gewinnen bei Wahlen 61,5% der Sitze gegen 38,5% der PMSD unter Gaetan Duval (* 1930).
1968 12. März	Mauritius erhält einschließlich der Inseln Rodrigues und Agalega sowie des Cargodos-Carajos-Archipels die **Unabhängigkeit** unter Premier Sir Seewoosagur Ramgoolam.
1969	Koalition der nationalen Einheit zwischen PT/MCA und PMSD (1. Dez.).
1970 21. Sept.	Die Unzufriedenheit mit der Koalitionsregierung wird bei einer Nachwahl deutlich: das *Mauritian Militant Movement* (MMM, gegr. 1968) unter Paul Bérenger gewinnt 70% der Stimmen mit einem Programm der Klassensolidarisierung von Arbeitern und Arbeitslosen.
1971 Dez.	Der nach der Verhaftung von Gewerkschaftlern und Oppositionsführern (Aug.) ausgerufene Generalstreik wird mit der Erklärung des Ausnahmezustandes und der Verhaftung von ca. 120 MMM-Führern eingedämmt.

1550 Neueste Zeit – Nicht durch Blockbündnis geprägter Teil der Welt

1973   Vor dem Hintergrund der von Außenminister Duval als dominierender Figur der Koalition
17. Dez. betriebenen politischen und wirtschaftlichen Hinwendung zu Frankreich und Südafrika
bricht anläßlich von Steuererhöhungen die Koalition mit dem Ausschluß der meisten
PMSD-Minister aus der Regierung auseinander; die IP-Regierung versucht wegen der nur
noch knappen Mehrheit eine Annäherung an das MMM.

1976   Nach Lockerung des seit 1971 bestehenden Ausnahmezustandes entscheidet das MMM die
20. Dez. ersten Wahlen seit 1967 mit 48,5% der Sitze für sich, doch bilden die regierende IP (40%)
und die PMSD (11,5%) eine Koalition (28. Dez.).

1979   Langanhaltende Streiks (Aug.–Okt.) in der Zuckerindustrie, unterstützt durch das
MMM.

1982   *Bei Parlamentswahlen* wird *Ramgoolam vernichtend geschlagen. Neuer Premierminister*
11. Juni wird *Aneerood Jugnauth* (* 1930), der eine prosowjetische Politik vertritt.

1984   Frankreich und Mauritius paraphieren ein Kulturabkommen (7. Mai). – *(Forts. S. 1652)*

Seychellen

1948   Die Wahl von zwei Dritteln der nichtamtlichen Mitglieder des Legislativrates wird eingeführt; die Sitzverteilung wird in der Folge von der Organisation der franco-kreolischen
Großgrundbesitzer („Grand Blond Set"), der Seychelles Taxpayers and Producers Association (STPA), dominiert.

1963   Gegen die STPA konkurriert in den Wahlen die Seychelles Islanders United Party, die mit
14. Aug. anderen politischen Organisationen in der Seychelles People's United Party (SPUP) unter
Albert René (* 1935) aufgeht (1964); gegen sie wird von James Mancham (* 1939) die
Seychelles Democratic Party (SDP) gegründet (1965), die eine enge Anlehnung an Großbritannien propagiert (SPUP für baldige Unabhängigkeit und gesellschaftliche Reformen).

1965   Abtrennung der Inseln *Aldabra, Des Roches* und *Farquhar,* die für militärische Zwecke
8. Nov. der USA und Großbritanniens mit dem bisher von Mauritius verwalteten Chagos-Archipel
zum *British Indian Ocean Territory* zusammengefaßt werden.

1967   Wahlen: die SDP gewinnt vier, die SPUP drei der acht Wahlsitze; die SDP nähert sich der
STPA (12. Dez.).

1970   Nachdem die SDP-Pläne für Assoziation der Seychellen mit Großbritannien von diesem
verworfen worden sind (März), wird eine Gesetzgebende Versammlung mit 83% gewählten
11. Nov. Mitgliedern gewährt (Okt.); in den Wahlen gewinnt die SDP 10, die SPUP 5 der Wahlsitze
(53 bzw. 44% der Stimmen); James Mancham wird Chefminister.

1974   Wahlen (Hintergrund: Ankündigung der Unabhängigkeit innerhalb eines Jahres): mit
25. April 52,4% der Stimmen gewinnt die SDP 13 Sitze gegenüber zwei Sitzen der SPUP mit 47,6%
der Stimmen.

1975   Koalition SDP/SPUP auf britischen Druck hin (1. Juni) und innere Autonomie (1. Okt.).

1976   **Unabhängigkeit** als Republik unter Präsident Sir James Mancham und Premier *Albert*
29. Juni *René*; die Inseln Aldabra, Farquhar und Des Roches kommen wieder an die Seychellen.

1977   Während eines Auslandsaufenthaltes des Präsidenten putschen SPUP-Anhänger, Albert
4. Juni René wird Präsident.

1978   Nach Aufdeckung eines Komplotts (29. April) wird die in *Seychelles People's Progressive*
9. Juni *Front* (SPPF) umbenannte SPUP zur einzigen Partei erklärt; eine neue Verfassung proklamiert die Seychellen zum *Einparteienstaat* (5. Juni 1979).

1979   Neue Verfassung (5. Juni; Einparteienstaat), Wahl Renés zum Präsidenten (27. Juni).

1981   *Putschversuch von Söldnern* (26. Nov.) *scheitert,* ebenso Armee-Meuterei (17./18. Aug.
1982).

1984   Seychellen, Madagaskar und Mauritius unterzeichnen ein *Kooperationsabkommen der*
10. Jan. (Dez. 1982 gegründeten) *„Kommission des Indischen Ozeans". – (Forts. S. 1652)*

Indischer Subkontinent seit 1945
(Forts. v. S. 1061)

Indisch-pakistanischer Konflikt. Südasiatische Zusammenarbeit

Der indisch-pakistanische Konflikt entzündet sich am **Streit um Kaschmir:** der überwiegend von Moslems bevölkerte Staat (1941: 77%) wird seit 1846 von den *Maharadschas* der hinduistischen *Dogra-Familie* beherrscht. Maharadscha *Hari Singh* (1925–1952) versucht 1947 nach der Unabhängigkeit Indiens, einen eigenständigen Staat zu gründen. Kaschmir schließt sich daher zunächst weder Pakistan, das an Kaschmir vor allem wirtschaftliches Interesse wegen der für die Bewässerung des Landes lebenswichtigen Oberläufe der Flüsse Indus, Jhelam, Ravi und Chenab zeigt, noch Indien an, für das Kaschmir vor allem als strategisches Vorfeld von Bedeutung ist.

1947	Mit Duldung und Unterstützung Pakistans beginnen nach inneren Unruhen *islamische*
20. Okt.	*Stammeskrieger* nach Kaschmir einzudringen.
24. Okt.	Der Maharadscha wird nach der Ausrufung einer provisorischen Regierung des *„Freien Kaschmir"* (Azad Kashmir) zur Flucht von Srinagar nach Jammu gezwungen (25. Oktober).
26. Okt.	Er richtet ein Gesuch um militärische Hilfe an die indische Regierung und tritt der Indischen Union vorläufig bei.
27. Okt.	*Indische Luftlandetruppen* beginnen, die islamischen Stammeskrieger nach Pakistan zurückzudrängen.
1948	Zwei *UNO-Resolutionen* (20. Jan./21. April) zur Beendigung der Kampfhandlungen in Kaschmir bleiben erfolglos.
8. Mai	Reguläre *pakistanische Truppen* greifen in das Kampfgeschehen ein.
1949	Durch UNO-Vermittlung kommt ein *Waffenstillstand* zustande, der eine endgültige Rege-
1. Jan.	lung der Anschlußfrage Kaschmirs durch eine Volksabstimmung vorsieht. Indien und Pakistan stimmen zunächst der Volksabstimmung zu, ihre Durchführung scheitert jedoch an Verfahrensfragen. Kaschmir bleibt in das pakistanische *„Freie Kaschmir"* (Azad Kashmir) und das indische *Jammu* und *Kaschmir* geteilt.
1951	Erneute Spannungen brechen zwischen Indien und Pakistan auf, als im indischen Teil
31. Okt.	Kaschmirs eine verfassunggebende Versammlung zusammentritt und als Jammu und
1957	Kaschmir (26. Januar 1957) im Gegensatz zur früher gegenüber der UNO eingegangenen
26. Jan.	Verpflichtung als Bundesstaat in die Indische Union aufgenommen wird.
1959/1960	Gespräche zwischen *Jawaharlal Nehru* und dem pakistanischen Präsidenten *Ayub Khan* über die Zukunft Kaschmirs verlaufen ergebnislos.
1965	Nach der militärischen Schwächung Indiens im indisch-chinesischen Krieg von 1962 und
seit April	nach der inneren Krise des Landes von 1964/1965 kommt es an der von Pakistan nicht anerkannten Grenze im Gebiet des *Rann von Katsch* (großer Salzsumpf zwischen Indusdelta und Halbinsel Kathiawar) zu kleineren militärischen Auseinandersetzungen.
30. Juni	Durch *britische Vermittlung* können unter Wahrung des Status quo vom 1. Januar 1965 die Kampfhandlungen beendet werden.
Aug./ Sept.	Als im indischen Teil Kaschmirs Unruhen ausbrechen, kommt es zu *Grenzzwischenfällen* und auch zu *Kampfhandlungen,* in denen Pakistan (bis zum 5. September) Erfolge erzielen kann.
6. Sept.	Indische Truppen stoßen auf Lahore vor. Mit dem *Überschreiten der pakistanischen Grenze* weitet sich der Kaschmir-Konflikt zum **indisch-pakistanischen Krieg** aus, in dem keine Seite entscheidende Vorteile gewinnen kann.
23. Sept.	Eine Vermittlung der UNO erreicht den Abschluß eines Waffenstillstandes.
1966	In den *Verhandlungen von Taschkent* (3.–10. Jan.) einigen sich Indien und Pakistan unter
Jan.	Vermittlung der UdSSR auf Rückzug auf die Positionen vom 5. August 1965.
1970	Die Staatskrise in *Pakistan* nach den Wahlen vom 7. Dezember 1970 führt zu einem *Bür-*
7. Dez.	*gerkrieg* im Osten des Landes.
1971	Nach dem militärischen Eingreifen Indiens (3.–16. Dez.) scheidet Ostpakistan als **Bangla**
Dez.	**Desch** aus dem Staatsverband aus.
1972	*Friedensverhandlungen* zwischen Indien und Pakistan *in Simla* führen zu einer Anerken-
3. Juli	nung der Waffenstillstandslinie vom 17. Dezember 1971 in Kaschmir. Eine endgültige Lösung der Kaschmir-Frage wird nicht gefunden, da Indien Pakistans Wunsch nach einer Volksabstimmung nicht nachkommt. Auf der Grundlage der Ergebnisse der Konferenz von Simla normalisiert sich das Verhältnis zwischen Indien und Pakistan.
1976	Die *diplomatischen Beziehungen* zwischen Indien und Pakistan und der seit 1965 unter-
21. Juli	brochene Luft- und Landverkehr werden wieder aufgenommen.
1980	Waffenlieferungen der USA an Pakistan wegen der Afghanistan-Krise führen zu Beginn des Jahres zu *Spannungen* in den Beziehungen zwischen Pakistan (Regierung Zia-ul-Haq) und Indien (neue Regierung Indira Gandhi nach der Wahl vom 3.–6. Jan.).

1552 Neueste Zeit – Nicht durch Blockbündnis geprägter Teil der Welt

1983	In Neu-Delhi gründen 7 Staaten (Bangla Desch, Bhutan, Indien, Malediven, Nepal, Paki-
1. Aug.	stan, Sri Lanka) die „Gruppe für Südasiatische Regionale Zusammenarbeit" (SARC).
1984	Zweite Außenministerkonferenz der SARC in Villingili (Malediven, 10.–11. Juli).

Innere Verhältnisse der Länder

Indien nach dem Zweiten Weltkrieg

1945 25. Juni – 14. Juli	Nach Kriegsende versucht der Vizekönig *Lord Wavell* (1943–1947; * 1883, † 1950) in der *Konferenz von Simla* vergeblich eine Annäherung von National-Kongreß und Moslem-Liga zu erreichen, um die Einheit Indiens nach der Unabhängigkeit zu wahren.
1946 16. Mai	Nach dem Wahlsieg der Labour Party 1945 in Großbritannien entsendet das Kabinett in London eine Dreierkommission („Cabinet Mission"), die einen *Verfassungsplan* vorlegt, der durch eine äußerst schwache Zentralregierung und fast autonome Provinzen noch ein- mal die Gefahr einer Spaltung des Landes zu bannen versucht. Das dem britischen Parla- ment vorgelegte Weißbuch wird in Indien abgelehnt.
16. Aug.	Die erneut aufbrechenden Spannungen führen zu blutigen Auseinandersetzungen zwischen Hindus und Moslems, die von Kalkutta ihren Ausgang nehmen.
2. Sept.	Da die Labour-Regierung auf eine baldige Unabhängigkeit Indiens drängt, bildet der Vize- könig Lord Wavell eine *provisorische Regierung* unter Leitung von *Jawaharlal Nehru* (* 1889, † 1964).
9. Dez.	Einberufung einer *verfassunggebenden Versammlung.*
1947 20. Febr.	Nach der Erklärung des britischen Premierministers *Clement Richard Attlee,* Indien bis spätestens Juni 1948 in die Unabhängigkeit zu entlassen, wird *Louis Lord Mountbatten* (* 1900; † 1979) zum Vizekönig ernannt (1947–1948), der sich in Indien davon überzeugt, daß die Teilung des Landes unvermeidlich sei.
3. Juni	Der von Mountbatten vorgelegte *Plan zur Teilung* wird von der Moslem-Liga (10. Juni) und vom National-Kongreß (14. Juni) gebilligt.
15. Aug.	Die beiden Teilstaaten, die **Indische Union** und **Pakistan** erhalten den **Dominion-Status** und werden aus der britischen Herrschaft entlassen.
1949 **26. Nov.**	Die verfassunggebende Versammlung veröffentlicht ihre Arbeit: **Indien** konstituiert sich als **Republik**.

Indien von der Unabhängigkeit bis zur Gegenwart

Die beiden Hauptprobleme der indischen Innenpolitik unmittelbar nach Gewinnung der Unabhängigkeit sind die Überwindung der Folgen der *Teilung* von Britisch-Indien in die beiden Staaten Indische Union und Pakistan sowie die *Eingliederung der Fürstenstaaten.*

Die Spaltung des Landes, die Verwaltung, Wirtschafts- und Verkehrsräume zerreißt, führt vor allem im *Pandschab* zu Massenfluchtbewegungen. Etwa 500 000 der etwa 12 Mio. Flüchtlinge verlieren ihr Leben. In *Bengalen* verhindert *Mahatma Gandhi* eine vergleichbare Katastrophe.

Mit der Unabhängigkeit wird das *Dominion Indien Rechtsnachfolger der britischen Krone* auch in der Suzeränität über die 562 Fürstenstaaten. Diese sind der Krone durch Separatverträge, die ihnen weitge- hende Freiheit in den inneren Angelegenheiten garantieren, verbunden. Es gelingt dem späteren Innen- minister *Vallabhai Patel* (* 1875, † 1950), die Fürsten durch Verhandlungen unter Garantie von Privile- gien und Apanagen (aufgehoben am 2. Dezember 1971) zum Eintritt in das Dominion unter Aufgabe ihrer Rechte zu bewegen. Konflikte entstehen in *Haiderabad, Dschunagadh* (Gudscharat) und *Kaschmir.* Der *ungelöste Kaschmirkonflikt* belastet bis heute die Beziehungen zwischen Indien und Pakistan. Nach der Flucht des Herrschers von Dschunagadh nach Pakistan wird sein Land am 9. November 1947 annek- tiert. Der Nizam von Haiderabad verweigert zunächst den Beitritt zum Dominion und sucht durch Ver- tragsverhandlungen eine weitgehend unabhängige Stellung zu behaupten. Der Einmarsch indischer Truppen zwingt Haiderabad am 17. September 1948 zum Beitritt zum Dominion.

Gestalter der indischen Politik und unumstrittene Führerpersönlichkeit nach der **Ermordung Gandhis** am 30. Januar 1948 durch den Hindu-Fanatiker Nathuram Godse wird für lange Zeit Jawaharlal Nehru. Als kritischer Anhänger Gandhis ist Nehru mehr durch westliche als indische Traditionen geprägt. Im Innern strebt er eine Industrialisierung mit Hilfe eines *demokratischen Sozialismus* an. Grundlage seiner Außenpolitik sind *Bündnisfreiheit* und *Annäherung an China.* Da Nehru der Außenpolitik den Vorrang gegenüber der Innenpolitik einräumt, leitet er während seiner Amtszeit als Premierminister auch das Außenministerium.

Indien ist eine **Präsidialrepublik** (Präsident jeweils für fünf Jahre gewählt). Die Indische Union (offizieller Staatsname in Hindi: *Bharat*) erhält eine *Volksvertretung* mit einem *Zweikammersystem:* direkt gewählt wird das *Parlament,* die „Volksversammlung" (*Lok Sabha*) mit (1980) 544 Mitgliedern (1978 : 542) und indirekt aus den gesetzgebenden Räten der Bundesstaaten (1950: 27; 1978: 22) das *Oberhaus,* die

Staatsaufbau Indiens

„Staatsversammlung" (Hindi: *Radschja Sabha*) mit 250 Mitgliedern. An der Spitze der Exekutive in den Bundesstaaten steht ein *Gouverneur*. Neben den Bundesstaaten werden zehn, direkt der Zentralregierung unterstellte „*Unionsgebiete*" (Union Territories) geschaffen (1978: neun). Als offizielle Sprache soll Hindi innerhalb von 15 Jahren das Englische ablösen. Mit dieser an westlichen Vorbildern ausgerichteten Verfassung wendet sich Indien von den Staatsideen Gandhis ab.

1950 Die indische Verfassung tritt in Kraft (26. Jan.).
Mit dem Rücktritt des Generalgouverneurs *Chakravarti Rajagopalachariar* (* 1879, † 1972; Juni 1948 – Januar 1950) endet die formelle Oberhoheit der britischen Krone über Indien. Als *erster Staatspräsident* tritt *Rajendra Prasad* (* 1884, † 1963; 1950–1962) sein Amt an.

1951
25. Okt.
– 1952
24. Febr.
Nach Abschluß der **ersten Wahlen** erhält der *National-Kongreß* eine *Zweidrittelmehrheit im Parlament* (Lok Sabha). Die Opposition aus Sozialisten, Kommunisten, der rechtsgerichteten, nationalistischen *Dschan Sangh Partei* (gegr.: 1951) und anderen ist zersplittert und im Parlament machtlos. – *Jawaharlal Nehru* bildet sein *erstes Kabinett*. Grundlage der Wirtschaftspolitik werden Fünfjahrespläne.

1954
29. April
Der chinesische Ministerpräsident *Chou En-lai* besucht Neu Delhi zum Abschluß eines *Freundschaftsvertrages,* in dem Indien auf alle von Großbritannien übernommenen Verpflichtungen in Tibet verzichtet. In der Präambel formuliert Nehru die „Fünf Prinzipien" (Hindi: Pantsch Schiel) seiner Außenpolitik: 1. gegenseitige Achtung territorialer Integrität, 2. Nichteinmischung in innere Angelegenheiten, 3. Gleichberechtigung, 4. Friedliche Koexistenz, 5. Verzicht auf militärische Aggression.

1. Nov. Nachdem Chandarnagar (Bengalen) von den Franzosen an Indien übergeben worden ist (2. Mai 1950), folgen Pondicherry, Karikal, Mahé und Yanam (Austausch der Ratifizierungsurkunden: 18. August 1962).

1955
18. Mai
Die geplante Reform des *Hindu-Rechts* (Hindu Code Bill) scheitert am Widerstand konservativer Gruppen. Nur Teile können verwirklicht werden. Das Ehegesetz (Hindu Marriage Act) tritt in Kraft, das durch *Verbot der Polygamie* und Regelung der *Ehescheidung* die Stellung der Frau ebenso stärkt wie das *Erbgesetz* (Hindu Succession Act vom 18. Juni 1956).

30. Sept. Die Kommission für die Neuordnung der Bundesstaaten legt ihren Bericht vor, auf dessen

1554 Neueste Zeit – Nicht durch Blockbündnis geprägter Teil der Welt

	Grundlage die Zahl der Staaten von 27 auf 16 vermindert wird und sprachlich weitgehend einheitliche Gebiete entstehen sollen.
1956 31. Aug.	Nach Inkrafttreten des Gesetzes führen *Unruhen im Staat Bombay* zu einer *Ausgliederung* des neuen Bundesstaates *Gudscharat* (1. Mai 1960); der Bundesstaat *Nagaland* wird geschaffen (1. Dezember 1963) und *Haryana* aus dem Pandschab ausgegliedert (1. November 1966). Mit dem Gesetz über die Neuordnung des Nordostens (2. April 1970; durchgeführt: 20. Januar 1972) findet die Umbildung der Bundesstaaten ihren vorläufigen Abschluß.
1957 24. Febr. – 9. Juni	Die *zweiten allgemeinen Wahlen* finden statt, in denen der National-Kongreß seine führende Stellung weiter ausbauen kann. *Rajendra Prasad* wird als Staatspräsident (1957–1962) bestätigt (Vizepräsident: *Sarvepalli Radhakrishnan*).
1958 1. März	Im Bundesstaat *Kerala* kann zum erstenmal die kommunistische Partei eine Regierung bilden. Schwere Unruhen, die sich an einem Schulgesetz entzünden, führen zum Eingreifen der Zentralregierung und zur Ausrufung der „President's Rule" (in der Verfassung vorgesehene Übernahme der Regierung von Bundesstaaten in Krisen durch die Exekutive).
1960	Abhaltung von *Neuwahlen* in Kerala (1. Febr.).
1961 18.–20. Dez.	Indische Truppen marschieren in die portugiesische Besitzung *Goa* ein und besetzen *Diu* und *Daman* (Damão). Damit werden die letzten Kolonien auf indischem Boden beseitigt. Nehrus Lehre von einer gewaltlosen Außenpolitik verliert jedoch ihre Glaubwürdigkeit. Goa, Diu und Daman werden vom Parlament zu „Unionsgebieten" unter Bewahrung und Achtung ihrer kulturellen Eigenart erklärt (14. März 1962) und einer zivilen Regierung übergeben (8. Juni 1962).
1962 Febr.	In den *dritten allgemeinen Wahlen* nimmt erstmals die 1959 gegründete, rechtsliberale *Swatantra-Partei* teil; das politische Kräfteverhältnis verschiebt sich nicht (16.–27. Febr.).
13. Mai	*Sarvepalli Radhakrishnan* (* 1888, † 1975) wird als *zweiter Präsident* (1962–1967) vereidigt (Vizepräsident: *Zakir Husain*).
20. Okt.	Der **indisch-chinesische Krieg** bricht aus, der mit der mühelosen Eroberung weiter indischer Gebiete im Nordosten durch die chinesischen Truppen endet.

Der indisch-chinesische Konflikt und seine Auswirkungen

Obwohl Nehru die Volksrepublik China bereits am 30. Dezember 1949 diplomatisch anerkennt und um gute Beziehungen bemüht ist, entwickelt sich das indisch-chinesische Verhältnis nach der *Besetzung Tibets* durch China 1950 ungünstig. Es entstehen Unklarheiten über den Verlauf der *indisch-chinesischen Grenze*, da China die von Großbritannien einseitig in der *Konferenz von Simla* (13. Oktober 1913 – 27. April 1914) festgelegte *„McMahon-Linie"* (benannt nach dem englischen Unterhändler) im Osten und die *„Ardagh-Linie"* von 1897 im Westen nicht anerkennt. Nach Grenzzwischenfällen (Longju 25. August und Konka-Paß 21. Oktober 1959) scheitern Verhandlungen vom 19.–25. April 1960 in Delhi. Die unnachgiebige indische Haltung und die Errichtung eines Militärpostens bei Dhola im Herbst 1962 im Norden der McMahon-Linie führen zu einem chinesischen Präventivschlag, der schnell zu großen Erfolgen gegenüber den mangelhaft ausgerüsteten und schlecht geführten indischen Truppen führt. Nach Erreichen des militärischen Zieles am 21. November 1962, der Verhinderung eines indischen Angriffs, verkündet China einseitig einen *Waffenstillstand* und beginnt sich seit 1. Dezember aus den eroberten Gebieten zurückzuziehen.

Die *blockfreien Staaten*, die Indien im Kriege ebensowenig unterstützen wie die durch die *Kuba-Krise* geschwächte UdSSR, legen in der vom 10.–12. Dezember an tagenden *Konferenz von Colombo* einen Waffenstillstandsplan vor („Colombo-Vorschläge"), der einen chinesischen Rückzug vorsieht. China stimmt den Vorschlägen nur unter dem Vorbehalt weiterer Verhandlungen mit Indien zu. Auch nach Beendigung des Rückzuges der chinesischen Truppen (2. März 1963) bleibt die Grenzfrage offen; es kommt verschiedentlich zu Zwischenfällen.

Nehrus Stellung wird durch den indisch-chinesischen Krieg *erschüttert*. Die erfolgreiche Bitte um westliche Waffenhilfe macht seine blockfreie Außenpolitik unglaubwürdig. Im Innern wird auch die Stellung des National-Kongresses als führende Partei in Frage gestellt.

1963 24. Aug.	Auf Anraten des Ministerpräsidenten des Bundesstaats Tamilnad, *Kumarasvami Kamraj* (* 1903, † 1975), ziehen sich im Rahmen einer umfassenden Kabinettsumbildung führende Politiker des National-Kongresses von ihren Ämtern zurück, um sich der Erneuerung der Partei und der Regelung der Nehru-Nachfolge zu widmen.
1964 11. April	Als Folge des indisch-chinesischen Krieges spaltet sich die kommunistische Partei in einen Moskauer und einen Pekinger Flügel.
27. Mai	Nehru stirbt, ohne daß die Nachfolgefrage geregelt ist.
9. Juni	Als Premierminister wird *Lal Bahadur Shastri* vereidigt (* 1904, † 1966), der im Kabinett Nehru verschiedene Ministerien geleitet und sich in Krisen (z. B. 1963 während der Unruhen in Kaschmir nach dem Diebstahl eines Haares des Propheten Mohammed) als Mann des Ausgleichs bewährt hat.

Indischer Subkontinent – Indien   *1555*

Unter Shastri gewinnt das Kabinett an Gewicht; zur Vorbereitung wichtiger Entscheidungen ruft Shastri den *„Großen Rat"* (Grand Council), eine Vereinigung aus Ministern und Parteifunktionären, ins Leben, der ohne rechtsverbindliche Vollmachten großes politisches Gewicht gewinnt.

1964/1965 Eine *innenpolitische Krise* des Jahres 1964 aufgrund explosionsartig steigender Lebensmittelpreise, die auch durch ausländische Weizenlieferungen nicht mehr gemildert werden kann, wird 1965 durch eine ungewöhnlich gute Ernte überdeckt.

1965 *Blutige Unruhen* brechen *in Südindien*, vor allem *Madras*, am Vorabend der geplanten offi-
25. Jan. ziellen Einführung des Hindi als Staatssprache (26. Januar 1965) aus. Nach der Verfassung
– 13. Febr. von 1950 soll innerhalb von 15 Jahren der Übergang zum Hindi vollzogen werden. Mangelhafte Vorbereitung bei der Einführung des Hindi und die Furcht der Drawidisch sprechenden Südinder, von den Sprechern des Indo-Arischen im Norden sprachlich unterdrückt zu werden, führen Indien an den Rand eines Sprachenkrieges.

1.–2. Eine Lösung bringt die Annahme der *„Patil-Formel"* (benannt nach dem damaligen Eisen-
Juni bahn-Minister S. K. Patil) durch den „Großen Rat". Sie stellt jedem Bundesstaat die Wahl des Zeitpunktes für die Einführung des Hindi als offizielle Sprache frei und sichert damit den *Fortbestand des Englischen* als Verkehrssprache. Ein entsprechendes Gesetz tritt in Kraft (16. Dezember 1968).

6.–23. **Krieg mit Pakistan** wegen der ungelösten Kaschmirfrage. L. B. Shastri verhandelt in Tasch-
Sept. kent (Sowjetunion) unter Vermittlung der UdSSR mit dem pakistanischen Präsidenten
1966 *Ayub Khan* (3.–10. Jan.). Das Ergebnis ist ein Abkommen, das einen Rückzug der krieg-
Jan. führenden Parteien aus den besetzten Gebieten vorsieht.

11. Jan. *L. B. Shastri stirbt* in Taschkent. Sein Tod erstickt die in Indien aufkeimende Kritik am Abkommen von Taschkent (am 21. Februar vom Parlament gebilligt; Truppenrückzug am 25. Februar abgeschlossen).

24. Jan. *Indira Gandhi* (* 1917, † 1984), die Tochter J. Nehrus, wird als *Premierminister* vereidigt.

7. Nov. Militante demonstrierende Hindus, die ein Gesetz zum Verbot der Tötung von Kühen fordern, versuchen das Parlament zu stürmen.

9. Nov. Wegen der blutigen Ausschreitungen tritt der Innenminister *Gulzari Lal Nanda* (*1898; Interims-Premierminister: 27. Mai – 9. Juni 1964; 11.–24. Januar 1966) zurück.

Im Winter (1966/1967) kommt es wegen einer anhaltenden Dürre in den Bundesstaaten *Bihar* und *Uttarpradesch* zu Schwierigkeiten in der Versorgung mit Grundnahrungsmitteln.

22. Dez. Die Reisrationen müssen in ganz Indien um ein Achtel gekürzt werden.

1967 In den *vierten Wahlen* muß der National-Kongreß erstmals einen schweren Rückschlag
15.–22. hinnehmen. Im Parlament kann selbst die einfache Mehrheit nur knapp behauptet werden.
Febr. In den Bundesstaaten Bengalen, Bihar, Haryana, Kerala, Orissa, Pandschab, Tamilnad, Uttarpradesch und im Unionsgebiet Delhi verliert die Kongreßpartei ihre Mehrheit. Es kommt zur Bildung unterschiedlicher Koalitionsregierungen, deren Stabilität durch vielfachen Parteiwechsel der Abgeordneten erschüttert wird. In den Bundesstaaten Bengalen, Bihar, Pandschab und Uttarpradesch werden daher nach zwei Jahren Neuwahlen erforderlich (5., 7., 9., 2/. Februar 1969), die jedoch in keinem der Bundesstaaten zu einer stabilen Mehrheit führen.

13. März Durch die Verluste des National-Kongresses in den Wahlen geschwächt, muß Indira Gandhi in ihr zweites Kabinett den Führer des rechten Flügels ihrer Partei, *Morarji Desai* (* 1896) aufnehmen, der sich 1966 vergeblich um das Amt des Ministerpräsidenten beworben hat. Desai wird Finanzminister; zugleich wird für ihn das seit 1950 unbesetzte Amt des *stellvertretenden Premierministers* neu belebt.

13. Mai Als erster Moslem wird *Zakir Husain* (* 1897, † 1969) als *Präsident* vereidigt (Vizepräsident: *Venkatagiri Varaha Giri;* *1894, †1980).

5. Sept. Meinungsverschiedenheiten in der Sprachfrage führen zum Rücktritt des Außen- und ehemaligen Erziehungsministers *Mahomedali Currim Chagla* (* 1900, † 1981), der so gegen den allmählich durchgeführten Vorschlag der Erziehungsministerkonferenz in Delhi (28.–30. April 1967) protestiert, in den Bundesstaaten die Regionalsprachen als Unterrichtssprachen an Stelle des Englischen einzuführen.

1968 Der seit dem Krieg mit China bestehende *Ausnahmezustand* vom 26. Oktober 1962 wird
10. Jan. *aufgehoben.*

1968/1969 Wachsende *innenpolitische Unruhe*. In Bombay bildet sich eine militante Organisation, das *„Heer Schiwas"* (Schiw Sena), um den Zustrom von Fremden in die Stadt abzuwehren.

1969 Blutige Unruhen brechen in Bombay aus.
Febr.

seit April Für einen eigenen Bundesstaat Telangana, dem wenig entwickelten nördlichen Zentralabschnitt des Bundesstaates *Andhrapradesch* beginnt eine zeitweise heftige Agitation. Der Streit kann erst durch die Garantie einer ausgewogenen Entwicklung des Gesamtstaates Andhrapradesch beigelegt werden (22. Oktober 1973).

Seit dem Sommer 1967 beginnt von Naxalbari aus, einem kleinen Ort im nördlichen West-Bengalen, der *Aufstand* einer radikalen, *maoistischen Gruppe*. Nach einer wenig erfolgrei-

1556 Neueste Zeit – Nicht durch Blockbündnis geprägter Teil der Welt

1969 1. Mai	chen Bekämpfung der Unruhen bilden die *„Naxaliten"* in Kalkutta die *dritte kommunistische Partei* in Indien, nachdem sie ihre terroristischen Tätigkeiten seit November 1968 nach Kerala und später auf weitere Bundesstaaten ausdehnen.
3. Mai	Der *Tod des Staatspräsidenten* Zakir Husain im Amt löst eine *innenpolitische Krise* aus. Zunächst entstehen Spannungen zwischen Indira Gandhi und dem rechten, vom sog. *„Syndikat"* geführten Flügel des National-Kongresses, der ihre Wahl zum Premierminister gefördert hat.
10. Juli	Mit ihrem überraschenden Vorschlag einer *Verstaatlichung der Banken* überrumpelt Indira Gandhi das „Syndikat".
16. Juli	Die nur mühsam ausgeräumten Spannungen brechen mit der *Entlassung* des Finanzministers *Morarji Desai,* einem Führer des „Syndikats", erneut auf.
19. Juli	Desai tritt auch als stellvertretender Premierminister zurück und scheidet aus dem Kabinett aus. Eine zweite Kraftprobe zwischen Indira Gandhi und dem „Syndikat" entsteht bei der Wahl des Staatspräsidenten. Dem vom rechten Flügel als offiziellen Präsidentschaftskandidaten aufgestellten *Neelam Sanjiva Reddy* tritt mit schweigender Billigung von Indira Gandhi der bisherige Vizepräsident *V. V. Giri* als unabhängiger Kandidat entgegen.
20. Aug.	Giri wird gewählt und vier Tage später vereidigt (Vizepräsident: *Gopal Swarup Pathak:* * 1896). Diesem erneuten Sieg Indira Gandhis kommt, durch das Recht des Präsidenten, den Auftrag zur Regierungsbildung zu vergeben, große Bedeutung zu.
12. Nov.	Der National-Kongreß zerbricht in den *„Alten Kongreß"* (rechter Flügel) und den von Indira Gandhi geführten *„Neuen Kongreß",* als der Arbeitsausschuß des Kongresses Indira Gandhi aus dem National-Kongreß ausschließt.
Dez.	Während Indira Gandhi mit 221 Abgeordneten des Neuen Kongresses im Parlament eine *Minderheitsregierung* bildet und 63 Abgeordnete dem Alten Kongreß beitreten, ergibt sich auf den Parteitagen in Ahmedabad (Alter Kongreß) am 21. Dez. und Bombay (Neuer Kongreß) am 25. Dez. etwa ein Gleichgewicht in der Anhängerschaft beider Parteien.
1970 15. Dez.	Niederlage der Regierung vor dem Obersten Gericht, das sich gegen eine Abschaffung der Fürstenprivilegien stellt.
27. Dez.	Indira Gandhi löst das Parlament auf und schreibt vorzeitige Neuwahlen aus.
1971 März	Nach dem Rückschlag von 1967 kann der Neue Kongreß in den *fünften Parlamentswahlen* die Zweidrittelmehrheit zurückgewinnen (1.–7. März).
18. März	Indira Gandhi kann ungehindert durch den abgespaltenen rechten Flügel des National-Kongresses („Alter Kongreß") ihr Kabinett bilden.
9. Aug.	In der Außenpolitik wendet sich Indien mit dem Abschluß eines *Freundschaftsvertrages mit der UdSSR,* dem zahlreiche weitere Abkommen mit verschiedenen Ländern des Ostblocks folgen, von der Blockfreiheit ab. Zugleich kommt es zu einer Entfremdung zwischen Indien und den USA.
5. Nov.	Die *24. Verfassungsänderung,* die das Parlament ermächtigt, auch die Grundrechte abzuändern, tritt in Kraft.
2. Dez.	Mit der *26. Verfassungsänderung* beschließt das Parlament, die den ehemaligen Fürsten als Gegenleistung für die Aufgabe ihrer Souveränität beim Eintritt in die Indische Union 1947/1948 in der Verfassung von 1950 garantierten Zahlungen einzustellen. Schließlich werden ihnen auch ihre Privilegien abgesprochen (27. August 1972).
3.–16. Dez.	Die durch den Wahlsieg der Partei *Mujib-ur-Rahmans* in Pakistan entstandene innenpolitische Krise führt in Ost-Pakistan zum Bürgerkrieg, in den Indien zugunsten eines unabhängigen *Bangla Desch* eingreift.
16. Dez.	Der indische Generalleutnant J. S. Aurora nimmt die *Kapitulation der pakistanischen Truppen* in Ostpakistan entgegen. In Kaschmir kommt es zu vergleichsweise geringen Kampfhandlungen.
1972 März	Bei den Wahlen zu den Gesetzgebenden Versammlungen gewinnt der Neue Kongreß in 14 von 16 Bundesstaaten die Mehrheit (5.–11. März).
28. Juni	Der Präsident Pakistans, *Zulfikar Ali Bhutto,* und Indira Gandhi treffen sich zu viertägigen *Friedensverhandlungen in Simla.*
3. Juli	Abschluß eines Abkommens über die *Normalisierung* des gegenseitigen Verhältnisses *zwischen Indien und Pakistan.* Ein zweites Abkommen (28. August 1973) regelt die Rückführung der Kriegsgefangenen und die Repatriierung von Zivilpersonen. In der „Grünen Revolution" der Erntejahre 1970/1971 wird erstmalig durch erhöhten Einsatz von Düngemitteln und Anbau äußerst ertragreicher, neuer Weizensorten die Unabhängigkeit von der Nahrungsmitteleinfuhr erreicht. Pläne, Weizen zu exportieren, macht 1972 ein schlechter Monsun zunichte.
1973 1. April	Der Weizenhandel wird verstaatlicht; dabei führt ein zu niedrig angesetzter Getreidepreis zur Hortung und Lebensmittelverknappung. Zusammen mit der mangelhaften Versorgung mit Nahrungsmitteln führen Inflation und Korruption zu einem fortschreitenden Verfall der Autorität Indira Gandhis und zu einer schweren innenpolitischen Krise.

Indischer Subkontinent – Indien *1557*

1974 In *Gudscharat* brechen blutige Unruhen aus (Febr.).

März Korruptionsfälle innerhalb der Regierung des Bundesstaates *Bihar* führen zu Studentenunruhen, an deren Spitze sich *Jayaprakash Narayan* (* 1902, † 1979) stellt. Er genießt als bedeutender Mitkämpfer Mahatma Ghandhis großes moralisches Ansehen, obwohl er sich bereits in den fünfziger Jahren aus der aktiven Politik zurückgezogen hat. Seine gegen Korruption ausgerichtete Bewegung, die auch auf andere Bundesstaaten übergreift (seit Oktober 1974), wird zu einer wachsenden Gefahr für Indira Gandhi.

28. März Die Verstaatlichung des Weizenhandels muß zurückgenommen werden.

18. Mai Indira Gandhis Versuch, ihr Ansehen durch die nach innenpolitischen Gesichtspunkten sorgfältig terminierte *Explosion der ersten indischen Atombombe* wiederherzustellen, zeigt nur mäßige Wirkung, trägt Indien jedoch scharfe Kritik aus dem Ausland ein.

24. Aug. *Fakhruddin Ali Ahmed* (* 1905, † 1977) wird als Präsident der Indischen Union vereidigt; Vizepräsident: *Basappa Danappa Jatti* (* 1912).

1975 In der UdSSR wird der *erste indische Satellit gestartet* (19. April).

26. April Das *Königtum Sikkim*, das seit 1950 indisches Protektorat ist, wird nach Unruhen im Frühjahr 1973, die sich gegen den König richten, von Indien annektiert (4. Sept. 1974) und der Indischen Union als Bundesstaat eingegliedert.

24. Juni Vom *Obersten Gericht* wird das Urteil eines Gerichts in *Allahabad* vom 12. Juni, das Indira Gandhi wegen korrupter Praktiken im Wahlkampf von 1971 schuldig gesprochen hat, bestätigt. Das Urteil führt zu einer *Staatskrise,* da es mit geringen Änderungen Indira Gandhi ein Verbleiben im Amt bis zur endgültigen Berufungsverhandlung (die am 7. November 1975 das Urteil von Allahabad revidiert) nur unter bestimmten Bedingungen ermöglicht.

26. Juni Um einer Verdrängung aus dem Amt zu entgehen, ruft Indira Gandhi unter Berufung auf die kritische innenpolitische Situation den inneren **Notstand** aus. Zahlreiche Oppositionspolitiker auch aus den Reihen des Neuen Kongresses werden verhaftet. Der Notstand führt zu einer *Pressezensur,* aber auch zu Maßnahmen gegen die Wirtschaftskriminalität.

Außenhandel Indiens (in Mio. DM)

	1978	1979	1980	1981	1982
Einfuhren	15 990	16 679	25 644	29 579	34 234
davon BRD	1 271	1 241	1 354	2 477	2 311
Ausfuhr	13 294	12 831	15 248	16 977	19 710
davon BRD	765	689	972	1 175	1 159
Saldo	− 2 696	− 3 848	−10 396	−12 402	−14 524

Wirtschaftsproduktion Indiens (in 1000 t)

	1978	1979	1980	1981	1982
Weizen	31 000	34 982	31 564	36 460	37 452
Reis	52 700	63 611	79 850	82 000	69 948
Zuckerrohr	176 966	151 655	128 833	154 248	183 647
Baumwolle	3 837	3 903	3 900	3 990	3 930
Tee	571	552	572	561	564
Elektrizität[1]	–	111	117	130	–
Eisenerz[2]	24 200	25 115	25 780	25 950	27 090
Zement	19 608	18 250	17 700	20 772	22 488
Steinkohle	101 532	103 452	109 104	123 012	128 304

[1] Mrd. kWh; [2] Metallinhalt.

1976 Eine allgemeine Besserung der wirtschaftlichen Lage mit steigender Produktivität, fallenden Preisen und einer Stabilisierung der indischen Währung sind zu verzeichnen.
Während des Notstandes wird durch die **42. Verfassungsänderung** der *Aufgabenbereich des Präsidenten* auf repräsentative Funktionen *beschränkt,* das Parlament zur allmächtigen Instanz erhoben und die Unabhängigkeit der Judikative aufgehoben.

18. Okt. Unter Führung von *Jayaprakash Narayan* Bildung einer Bürgerrechtsunion.

2. Nov. Trotz der Proteste von Oppositionspolitikern in der neugebildeten Bürgerrechtsunion wird die *42. Verfassungsänderung* vom Parlament *verabschiedet.*

5. Nov. Das Parlament verschiebt die 1977 anstehenden Wahlen und verlängert die Legislaturperiode um ein Jahr.

18. Dez. Die 42. Verfassungsänderung wird vom Präsidenten unterzeichnet.

1558 Neueste Zeit – Nicht durch Blockbündnis geprägter Teil der Welt

1977
18. Jan. Überraschend kündigt Indira Gandhi die *Auflösung des Parlaments* an und garantiert *freie Wahlen.*

23. Jan Unter Führung von *Morarji Desai* und mit Unterstützung durch Jayaprakash Narayan schließen sich die bisher zersplitterten Oppositionsparteien in der *Dschanata-Partei* (Janata Party: Volkspartei) zu einem Wahlbündnis zusammen.

2. Febr. Nach seinem Ausscheiden aus dem Kabinett Indira Gandhis und dem Neuen Kongreß schließt sich der Führer der „Unberührbaren" und ehemalige Landwirtschaftsminister *Jagjivan Ram* (* 1908, † 1986) mit dem „*Kongreß für Demokratie*" der Dschanata-Partei an.

11. Febr. Präsident Fakhruddin Ali Ahmed stirbt. *Interimspräsident* wird *Basappa Danappa Jatti* (11. Februar – 25. Juli 1977).

16.–20. März Die *sechsten Parlamentswahlen* bringen der Dschanata-Partei einen überwältigenden Sieg; *Indira Gandhi verliert ihren Sitz im Parlament.*

22. März Vor ihrem Rücktritt hebt Indira Gandhi den inneren Notstand und die Pressezensur (21. März) auf.

25. März Als *Premierminister* stellt *Morarji Desai* sein Kabinett vor und bildet die erste nicht von der Kongreßpartei getragene Regierung des unabhängigen Indien.

27. März Die *Dschanata-Regierung* hebt den seit dem Ausbruch des Krieges mit Pakistan am 3. Dezember 1971 bestehenden äußeren Notstand auf.

1. Mai Die Dschanata-Partei wird formal vom Wahlbündnis zur Partei erhoben; die ehemaligen Oppositionsparteien wie der Alte Kongreß und der Dschan Sangh gehen in ihr auf.

19. Mai Unter Vorsitz des ehemaligen obersten Richters J. C. Shah nimmt die „*Shah-Kommission*" zur Untersuchung von Macht- und Ämtermißbrauch während des inneren Notstandes die Arbeit auf.

10.–14. Juni Bei den Wahlen zu den Gesetzgebenden Versammlungen der Bundesstaaten gewinnt die Dschanata-Partei in Bihar, Haryana, Himatschalpradesch, Madhyapradesch, Orissa, Radschasthan und Uttarpradesch die Mehrheit.

25. Juli *Neelam Sanjiva Reddy* (* 1913) wird als *Staatspräsident* vereidigt (Vizepräsident: *B. D. Jatti*).

1978
7. Jan. Der Streit um die Rolle Indira Gandhis innerhalb des Neuen Kongresses führt zur Spaltung der Partei, von der sich der „*Indira-Kongreß*" trennt.

26. Febr. Bei Wahlen zur Gesetzgebenden Versammlung gewinnt die Dschanata-Partei die Mehrheit in Assam und wird stärkste Partei in Maharaschtra, während sich in Andhrapradesch und Karnataka für den Indira-Kongreß eine Mehrheit findet.

5. Nov. Bei Nachwahlen in Chikmagalur (Karnataka) besiegt Indira Gandhi den Kandidaten der Dschanata-Partei und kehrt in das Parlament zurück.

19. Dez. Aufgrund der Ermittlungen der „Shah-Kommission" verliert *Indira Gandhi* ihren Parlamentssitz und muß eine *einwöchige Haftstrafe* antreten.
Nach beinahe zwei Regierungsjahren kann die Dschanata-Regierung auf eine erfolgreiche Außenpolitik, die durch eine Annäherung an den Westen zur Blockfreiheit zurückgefunden hat, zurückblicken. Machtkämpfe innerhalb der sehr heterogenen Dschanata-Partei, wachsende Unruhe im Lande und die noch immer nicht abgeschlossene Bewältigung der Zeit des inneren Notstandes lassen die Innenpolitik in weniger günstigem Licht erscheinen.

1979
15. Juli Im Laufe des Jahres 1979 verschärfen sich die Gegensätze innerhalb der Dschanata-Partei und führen zu ihrem Zerfall. Um einem Mißtrauensvotum zuvorzukommen, *tritt Desai als Premierminister zurück.*

28. Juli Sein Nachfolger wird *Charan Singh* (* 1902, † 1987), der am 20. Aug. zurücktritt (bis zu vorgezogenen Neuwahlen mit der Führung einer Übergangsregierung beauftragt).

31. Aug. Mohammad Hidayatullah (* 1905) Nachfolger Vizepräsident Jattis.

8. Okt. Jayaprakash Narayan stirbt.

1980
Jan. In den *siebten Parlamentswahlen* (3.–6. Jan.) *Zweidrittelmehrheit der Kongreßpartei Indira Gandhis.* Am 14. Jan. wird ihre Regierung vereidigt.

Ende Mai *Wahlen in den Unionsstaaten bringen* (außer in Tamilnadu) *absolute bzw. Zweidrittelmehrheiten für die Kongreßpartei Indira Gandhis.*

21. Juni Verhandlungsangebot Chinas an Indien über die alten Grenzstreitigkeiten.

23. Juni *Sanjay Gandhi* (* 1946, † 1980), zweiter Sohn Indira Gandhis, von ihr *als Nachfolger aufgebaut*, Präsident des Youth-Congress, *verunglückt* bei einem Flugzeugabsturz *tödlich.*

1981 *In* dem seit September 1979 unruhigen *Assam* wird „*President's Rule*" verhängt (30. Juli). Abwehrbewegung der Assamesen gegen seit 1951 eingewanderte Bengalen und Nepalesen.

Sept. Mord und Flugzeugentführung durch Sikh-Autonomisten und -Separatisten.

Okt. Der Akali Dal, die *Partei der Sikhs, fordert* in Gesprächen von der Zentralregierung die Vereinigung aller Sikhs in einem *weitgehend autonomen Unionsstaat;* Auslands-Sikhs fordern einen unabhängigen Sikh-Staat „Khalistan".

1982
19. Juli Der religiöse *Sikh-Führer Jarnail Singh Bhindranwale* (* 1947, † 1984) verschanzt sich mit Anhängern im Goldenen Tempel von Amritsar und hetzt zum bewaffneten Kampf gegen die Regierung auf.

Indischer Subkontinent – Pakistan *1559*

1983 Vernichtende *Wahlniederlage der Kongreßpartei in den Unionsstaaten Andhra Pradesch, Karnataka und Tripura* (5. Jan.).

15.–21. Wahlen in Assam mit nur 20% Wahlbeteiligung. Schwere Zusammenstöße zwischen Assa-
Jan. mesen und „Fremden": über 3000 Tote.

5./6. Okt. Unbekannte Sikhs ermorden 6 Hindus: Verhängung von *„President's Rule" im Pandschab.*

1984 Nach ergebnislosen Verhandlungen und angesichts der Anarchie *im Pandschab läßt die*
5.–6. *Zentralregierung den Goldenen Tempel durch Armee und Polizei stürmen. Bhindranwale,*
Juni ca. 600 seiner Anhänger und ca. 100 Soldaten werden *dabei getötet.*

31. Okt. Durch Attentat von Sikh-Leibgardisten wird Indira Gandhi getötet; ihr Sohn Rajiv Gandhi (* 1944) wird neuer Ministerpräsident; Hindu-Racheakte an Sikhs. – *(Forts. S. 1652)*

Pakistan von der Staatsgründung bis zur Gegenwart

Der *Name Pakistan* wird 1933 von dem Studenten *Chaudhury Rahmat Ali* in Cambridge geprägt aus den Anfangsbuchstaben der Provinzen P(andschab), A(fghanen Provinz), K(aschmir), S(ind) und dem Auslaut von (Belutschi)stan; Pakistan heißt in der Landessprache Urdu zugleich „Land der Reinen (pak)".

Innerhalb der ursprünglich als Gegengewicht gegen den vornehmlich von Hindus geführten National-Kongreß am 30. Dezember 1906 gegründeten *Moslem-Liga* entwickelt sich aus dem Streben nach garantierten Sitzen für Moslems in den Parlamenten eines unabhängigen Indien der Gedanke an einen eigenen islamischen Staat. Die Forderung nach weitgehend unabhängigen, von Moslems geführten Gebieten wird in der *„Lahore-Resolution"* (auch „Pakistan-Resolution") am 23. März 1940 zur offiziellen Politik der Moslem-Liga erhoben.

1947 Nach dem Scheitern aller Versuche, die Einheit des Landes zu wahren, wird aus den Provinzen mit überwiegend islamischer Bevölkerung (*Sind, Provinz der Nord-West-Grenze,
Belutschistan,* westlicher *Pandschab* im Westen und *Ost-Bengalen* mit einem Distrikt
15. Aug. *Assams* im Osten) der Staat Pakistan als britisches **Dominion** innerhalb des *Commonwealth of Nations* gebildet. Der Staat Pakistan, der nicht alle indischen Moslems in sich vereinigt, besteht aus West-Pakistan mit der Landeshauptstadt Karachi (seit 1950 Rawalpindi, seit 1965 Islamabad) und Ostpakistan mit der Hauptstadt Dacca.

1948 Nach dem Tode des Staatsgründers und ersten Generalgouverneurs *Mohammad Ali Jinnah*
11. Sept. (* 1876, † 1948), der ununterbrochen seit 1934 Präsident der Moslem-Liga ist, beginnt in Pakistan eine Zeit politischer Unsicherheit mit rasch wechselnden Regierungen.

Die Innenpolitik wird durch die Gegensätze zwischen dem einheitlich verwalteten *Ost-Pakistan* mit einer Bengali sprechenden Bevölkerung und dem in zahlreiche Provinzen und Volksgruppen verschiedener Sprache und unterschiedlicher Kultur gespaltenen *West-Pakistan* belastet.

Außenpolitisch sucht Pakistan enge Verbindungen zum Westen durch ein *Verteidigungsabkommen mit den USA* (19. Mai) und durch den *Beitritt zur SEATO* (South-East Asia
8. Sept. Treaty Organization) als Gründungsmitglied.

Das Verhältnis zu Indien ist durch die ungelöste *Kaschmirfrage* gespannt.

24. Okt. General-Gouverneur *Ghulam Mohammad* löst die Verfassunggebende Versammlung (seit 10. August 1947 tagend) auf, als sie seine Machtbefugnis zu beschneiden sucht.

1955 Eine *zweite Verfassunggebende Versammlung* konstituiert sich (Juli).
30. Sept. Obwohl die Provinzen im Westen zu einer einzigen Verwaltungseinheit zusammenge-schlossen werden, gelingt die Integration des Landes nicht. Der Flüchtlingsstrom aus und nach Pakistan nach der Abspaltung vom übrigen Britisch-Indien (Schätzungen schwanken zwischen 12 und 17 Mio. Flüchtlingen) und die weite räumliche Trennung der beiden Teile des Landes (Ost- und Westpakistan) stellen der Verwaltung vor fast unlösbare Aufgaben.

1956 Durch Inkrafttreten der **Verfassung** wird die *„Islamische Republik Pakistan"* begründet
23. März (Präsidialrepublik). Wahlen für die Nationalversammlung werden nicht abgehalten, so daß die Politik weiterhin von provisorischen Regierungen bestimmt wird.

1958 Nach einer Periode innenpolitischer Unruhe ruft Präsident *Iskander Mirza* (* 1899,
7. Okt. † 1969) das Kriegsrecht aus, setzt die Verfassung außer Kraft und verbietet die Parteien. Zum Premierminister ernennt er den Oberbefehlshaber der Armee, *Mohammad Ayub Khan* (* 1907, † 1974).

27. Okt. Nach dem Rücktritt Mirzas übernimmt Ayub Khan auch das Amt des Präsidenten und re-giert, gestützt auf die Armee, mit unumschränkten Vollmachten.

1958–1968 Es gelingt Ayub Khan, eine zehnjährige *Periode innenpolitischer Stabilität* verbunden mit einem wirtschaftlichen Aufschwung einzuleiten. In der *Außenpolitik* rückt er von der ein-seitigen Ausrichtung nach Westen ab und sucht ein ausgewogenes Verhältnis zu den USA, der UdSSR und der VR China herzustellen (1961 wird ein Wirtschaftsabkommen mit der UdSSR und am 2. März 1963 ein Vertrag mit der VR China über den Verlauf der gemein-samen Grenze abgeschlossen).

1560 Neueste Zeit – Nicht durch Blockbündnis geprägter Teil der Welt

1960	Um die Rückkehr zur Demokratie vorzubereiten, führt Ayub Khan das System der „*Grunddemokratie*" (Basic Democracy) ein, ein Mischsystem aus Wahlen in sehr kleinen Wahlkreisen und ernannten Beamten auf der Ebene der lokalen Verwaltung. In *indirekten Wahlen* läßt sich Ayub Khan als Präsident bestätigen; am 14. Februar legt er den Amtseid ab.
1961 **29. April**	Die von Ayub Khan eingesetzte (17. Februar 1960) Kommission legt eine **neue Verfassung** vor.
1962	Die neue Verfassung wird unterzeichnet (1. März) und tritt in Kraft (8. Juni). Sie betont die Gleichheit der beiden Teile Pakistans durch die gleiche Anzahl von Abgeordnetensitzen für West- und Ost-Pakistan in der Nationalversammlung. Islamabad wird Regierungssitz, die Nationalversammlung tagt in Dacca.
28. April 6. Mai	Indirekte *Wahlen zur Nationalversammlung* und zu den beiden Provinzparlamenten (6. Mai) finden statt.
1965 3. Jan.	Ayub Khan wird in freien Wahlen als Präsident bestätigt; gegen ihn kandidiert die Schwester des Staatsgründers, *Fatimah Jinnah,* die zahlreiche Stimmen auf sich vereinen kann.
6.–23. **Sept.**	Nach dem **indisch-pakistanischen Krieg** (Kaschmirkonflikt) leitet Ayub Khan mit der Annahme der Vereinbarungen von Taschkent (10. Januar 1966) eine Entspannung des Verhältnisses zu Indien ein.
1969	Im Frühjahr kommt es zu einer heftigen Opposition gegen Ayub Khan, die vor allem die Einführung direkter Wahlen fordert.
25. März	Der durch eine schwere Krankheit gezeichnete Ayub Khan tritt zurück.
1. April	Sein Nachfolger im Präsidentenamt wird *Yahya Khan* (* 1917, † 1980). Der neue Präsident ruft unter Hinweis auf separatistische Bewegungen den *Ausnahmezustand* aus und setzt die Verfassung von 1962 außer Kraft.
1970 30. März	Yahya Khan löst die 1955 geschaffene Verwaltungseinheit Westpakistan in die Provinzen Pandschab, Sind, Belutschistan, Nordwestliche Grenzprovinz und die zentral verwalteten Stammesgebiete auf.
7. Dez.	In den (wegen einer Flutkatastrophe vom 5. Oktober verschobenen) *ersten freien und direkten Parlamentswahlen* gewinnt die ostpakistanische *Awami Liga* unter Scheich *Mujib-ur-Rahman* (* 1922, † 1975) die absolute Mehrheit in der Nationalversammlung, während in West-Pakistan die Pakistanische Volkspartei (Pakistan People Party) des ehemaligen Außenministers (1963–1966) Zulfikar Ali Bhutto (* 1928, † 1979) die stärkste Kraft wird. Da West-Pakistan, das bisher die Politik des Landes bestimmt hat, nun eine Majorisierung durch Ost-Pakistan befürchtet, verzögert Bhutto den (für den 3. März 1971 angesetzten) Zusammentritt der Nationalversammlung.
1971 seit 25. März	Nachdem sich Ost-Pakistan unter der Führung von Mujib-ur-Rahman aus dem Staatsverband zu lösen beginnt, versucht die westpakistanische Armee die Separationsbestrebungen blutig zu unterdrücken.
3.–16. Dez.	Ein Flüchtlingsstrom aus Ost-Bengalen nach Indien veranlaßt die indische Regierung zu einer *militärischen Intervention.* Mit der Kapitulation der pakistanischen Truppen unter Generalleutnant *Abdullah Niazi* scheidet Ost-Pakistan **(Bangla-Desch)** aus dem Staatsverband aus.
20. Dez.	Nach dem Auseinanderbrechen von Pakistan tritt Yahya Khan vom Amt des Staatspräsidenten zurück; sein Nachfolger wird *Zulfikar Ali Bhutto,* der zunächst nach einer Interimsverfassung mit diktatorischen Vollmachten regiert.
1972	Bhutto leitet in einer Reihe von Verhandlungen die Normalisierung der Beziehungen zu Indien ein. Pakistan tritt aus dem Britischen Commonwealth of Nations aus.
1973	Im Nordwesten Pakistans und in Belutschistan kommt es zu anhaltenden blutigen Unruhen in Verbindung mit dem Streben nach erweiterter Autonomie dieser Landesteile.
12. April	Bhutto unterzeichnet eine **neue Verfassung.**
14. Aug.	Inkrafttreten der Verfassung: sie sieht ein *Zweikammersystem* vor und schränkt die Macht des Staatspräsidenten zugunsten des Premierministers ein. Der *Islam wird Staatsreligion.* Dem Autonomiebestreben der Provinzen wird im bescheidenen Umfang Rechnung getragen. Staatspräsident wird Fazal Elahi Chaudhury; Bhutto übernimmt das Amt des Premierministers.
1974 22. Febr.	Pakistan erkennt Bangla Desch an und nimmt diplomatische Beziehungen auf (31. Dezember 1975).
1977 7. März	Die *Wahlen zur Nationalversammlung* werden von der zur Pakistan National Alliance vereinigten Opposition, die Bhuttos pakistanischer Volkspartei unterliegt, als verfälscht angefochten. Zusammen mit der seit 1973 ungelösten Belutschistan-Krise führt der Boykott der Wahlen zu den Provinzparlamenten (10. März 1977) zu einer *Staatskrise.*
5. Juli	Stabschef *Zia-ul-Haq* (* 1924, † 1988) gelangt durch unblutigen **Staatsstreich** zur Macht: er regiert als „Oberster Verwalter des Kriegsrechts" (Chief Martial Law Administrator) und löst das Parlament auf; Oppositionspolitiker werden verhaftet.

Indischer Subkontinent – Pakistan – Bangla Desch 1561

1978 18. März	*Bhutto* wird wegen Anklage des Mordes an einem Oppositionspolitiker während seiner Amtszeit *zum Tode verurteilt.*
20. Mai	Einleitung der Berufungsverhandlung gegen Bhutto.
Aug.	Zia-ul-Haq bildet eine Zivilregierung.
16. Sept.	Nach dem Rücktritt von *Fazal Elahi Chaudhury* übernimmt Zia-ul-Haq auch das Amt des Staatspräsidenten. Unter seiner Regierung vollzieht sich eine deutliche Islamisierung des
1979 10. Febr.	öffentlichen Lebens durch die Einführung einer strengen, islamisch orientierten Gesetzgebung.
4. April	Die Hinrichtung Bhuttos (Bestätigung des Todesurteils am 6. Febr.) führt zu blutig unterdrückten Unruhen.
Okt.	Für den 17. Nov. angesetzte Wahlen werden von der Regierung auf unbestimmte Zeit verschoben.
1980 1. Febr.	Präsident Carters *Sicherheitsberater* Zbigniew K. *Brzezinski* (* 1928) *bekräftigt die USA-Beistandsgarantie* von 1959 im Fall einer UdSSR-Aggression gegen Pakistan.
1981	Militär- und Wirtschaftshilfen der USA von insges. 3,2 Mrd. Dollar (Mitte Sept.).
1983	Bis April 1983 hat Pakistan *ca. 3 Mio. Flüchtlinge aus Afghanistan* aufgenommen.
1984 Juni	Nach langen Beratungen legt die Ansari-Kommission ihren Bericht über eine zukünftige islamische Verfassung vor. – *(Forts. S. 1653)*

Bangla Desch von der Unabhängigkeit bis zur Gegenwart

	Seit der Gründung Pakistans 1947 bestehen aufgrund der sprachlichen und kulturellen Verschiedenheit zwischen Ost- und West-Pakistan kaum überbrückbare Gegensätze. Da die Politik des gesamten Landes in West-Pakistan bestimmt wird, kann Scheich *Mujib-ur-*
1970 7. Dez.	*Rahman* mit dem Ruf nach weitgehender Autonomie für Ost-Pakistan an der Spitze der *Awami-Liga* die Wahlen zur National-Versammlung gewinnen.
1971 26. März	Als die Regierung Yahya Khans versucht, den Bestand des Staatsverbandes durch den rücksichtslosen Einsatz von Militär in Ost-Pakistan zu sichern, ruft Mujib-ur-Rahman die **unabhängige Volksrepublik Bangla Desch** („Land der Bengalen") mit der Hauptstadt Dacca aus.
3.–16. Dez.	Der ausbrechende *Bürgerkrieg,* in dessen Verlauf etwa 10 Mio. Menschen nach Indien fliehen, wird durch eine *militärische Intervention Indiens* beendet.
1972 12. Jan.	Mujib-ur-Rahman kehrt aus der Haft in West-Pakistan zurück und bildet ein vorläufiges Kabinett.
19. März	Außenpolitisch geht Bangla Desch zunächst eine enge Verbindung mit Indien ein, die durch einen fünfundzwanzigjährigen *Freundschaftsvertrag mit Indien* gefestigt wird.
10. April	Die *Nationalversammlung* tritt zusammen. Bangla Desch wird *Mitglied* des britschen *Commonwealth of Nations.*
1973 7. März	Obwohl sich nach *Wahlen* die Regierung Mujib-ur-Rahmans auf ein umfassendes Mandat stützen kann, gelingt es ihr nicht, die innenpolitischen Probleme zu lösen: die nach Indien geflohenen Bengalen können zwar bis Mitte 1972 zurückgeführt werden, das Problem der 1947 nach Ost-Pakistan geflohenen etwa 1,5 Mio. Biharis, die während des Bürgerkrieges die westpakistanischen Truppen unterstützen, bleibt jedoch ungelöst. Die Wirtschaft bricht trotz ausländischer Hilfe nach einer Verstaatlichungswelle 1972 und durch allgemeine Korruption zusammen.
1974	Bangla Desch wird von einer schweren Flutkatastrophe heimgesucht.
1975 25. Jan.	Durch eine *Verfassungsänderung* läßt sich Mujib-ur-Rahman mit unumschränkten Vollmachten ausstatten.
15. Aug.	Eine wachsende Entfremdung zwischen ihm und der Armee sowie dem immer mehr verarmenden Mittelstand führen zum Staatsstreich: *Mujib-ur-Rahman* wird *ermordet.*
3.–7. Nov.	Sein Nachfolger wird *Khondakar Mushtag Ahmed* (* 1918), der in einer Reihe von Putschen von *Abu Sadat Mohammad Sayem* (* 1916) als „Oberster Verwalter des Kriegsrechts" (Chief Martial Law Administrator) abgelöst wird.
1976	Der Berater Sayems, General *Zia-ur-Rahman* (* 1936, † 1981), erringt die Macht (Nov.).
1978 3. Juni	Durch eine *Volksabstimmung* wird Zia-ur-Rahman in seinem Amt bestätigt. – Unter der neuen Administration kommt es zu einer Beruhigung der Innenpolitik und zum Abrücken von der einseitig pro-indischen Außenpolitik. Eines der Hauptprobleme im Verhältnis beider Staaten, die Verteilung des Gangeswassers zur Bewässerung, kann durch ein Abkommen ausgeräumt werden (Nov. 1977). Im Innern bereitet Zia-ur-Rahman eine vorsichtige Hinwendung zur Demokratie vor.
1979 18. Febr.	Aus *allgemeinen Wahlen* geht seine National-Partei (Bangla Desh National Party) als deutliche Siegerin hervor. Premierminister wird *Shah Aziz-ur-Rahman.*
1981	*Präsident Zia-ur-Rahman* wird von aufständischen Offizieren *ermordet* (30. Mai).
15. Nov.	Der bisherige Vizepräsident Abdus Sattar (* 1906, † 1985) wird zum Präsidenten gewählt.

1562 Neueste Zeit – Nicht durch Blockbündnis geprägter Teil der Welt

1982	*Präsident Sattar wird von Generalleutnant Hussain Mohammed Ershad* (* 1930) *gestürzt,*
24. März	der das Kriegsrecht verhängt. Ershad erklärt sich zum „Obersten Kriegsrechtsverwalter".
1984	Der Bau eines indischen Grenzzaunes führt zu Zwischenfällen (April). – *(Forts. S. 1653)*

Sri Lanka *(Ceylon) von der Unabhängigkeit bis zur Gegenwart*

1946	Fertigstellung einer **Verfassung,** die ein Zweikammersystem mit Senat und Parlament vor-
17. Mai	sieht.
1947	Ceylon wird von Großbritannien zum *Dominion* erklärt (18. Juni).
Aug./	Nach den ersten Parlamentswahlen leitet *Don Stephen Senanayake* (* 1884, † 1952) als
Sept.	Führer der siegreichen „Vereinigten Nationalpartei" *(UNP: United National Party) eine* liberale prowestliche Politik ein.
1948	Durch den Ceylon Independence Act („Gesetz über die Unabhängigkeit Ceylons") wird
4. Febr.	die Insel innerhalb des Britischen Commonwealth in die **Unabhängigkeit** entlassen.
1952	Nach dem Sieg der UNP in den zweiten Wahlen setzt *Dudley Shelton Senanayake* (* 1911,
Mai	† 1973) die Politik seines Vaters fort.
1953	Wirtschaftliche Schwierigkeiten ziehen die Erhöhung des Reispreises nach sich (20. Juli).
Aug.	Die angespannte wirtschaftliche Lage führt zu Streiks und Unruhen.
Okt.	Nach dem Rücktritt von *D. S. Senanayake* löst ihn sein Vetter John Kotelawala (* 1897, † 1980) im Präsidentenamt ab.
1954–1956	Eine Lösung der Wirtschaftsprobleme, die sich aus der Abhängigkeit vom Weltmarktpreis für Tee und Rohkautschuk ergeben, und der Ausgleich zwischen den Bevölkerungsgrup- pen, vor allem der buddhistischen Mehrheit der *Singhalesen* und der hinduistischen Min- derheit der *Tamilen,* die seit 1840 aus Südindien als Plantagenarbeiter einwandern, wird nicht gefunden.
1956	Nach den *dritten Wahlen* wird die UNP durch die dem singhalesischen Nationalismus ver-
5.–7.	pflichtete *„Freiheitspartei von Sri Lanka"* (SLFP: Sri Lanka Freedom Party) unter *Solo-*
April	*mon West Ridgeway Dias Bandaranayake* (* 1899, † 1959) abgelöst.
1957	Außenpolitisch sucht S. W. R. D. Bandaranayake eine Lösung aus den einseitigen Bindun-
8. Febr./	gen an den Westen durch die Aufnahme diplomatischer Beziehungen zu China (8. Februar)
7. Juni	und durch die Auflösung der britischen Militärstützpunkte (7. Juni).
1958	Als der Versuch der Regierung Bandaranayake, das Singhalesische unter Wahrung der
2.–8.	Interessen der tamilsprachigen Bevölkerung zur Staatssprache zu machen, scheitert, bre-
Mai	chen blutige Unruhen aus.
1959	Die innenpolitischen Spannungen gipfeln in einem Attentat eines buddhistischen Mönches
Sept.	auf S. W. R. D. Bandaranayake, dem er erliegt (25./26. Sept.).
1960	Nach einer Übergangsregierung unter *W. Dahanayake* bildet *Dudley Senanayake* (Sept.
19. März	1959 – März 1960) nach den vierten Wahlen ein Minderheitskabinett.
20. Juli	In den fünften Wahlen gewinnt die SLFP unter der Witwe von S. W. R. D. Bandaranayake, *Sirimawo Ratwatte Dias Bandaranayake* (* 1916) die Mehrheit.
1963	Die durch Bevölkerungswachstum und Inflation entstandenen wirtschaftlichen Schwierig- keiten werden durch Verstaatlichungen, der auch ausländische Ölgesellschaften unterlie- gen, verschärft. Die USA stellen daher ihre Wirtschaftshilfe für Ceylon ein (8. Febr.).
1964	Die Einführung des Singhalesischen als Staatssprache führt zu neuen Unruhen und zu
1. Febr.	Spannungen zwischen Singhalesen und Tamilen.
1965	Ein geplantes Pressegesetz, das eine staatliche Lenkung der Presse zur Folge gehabt hätte,
22. März	wird durch die *sechsten Parlamentswahlen* vereitelt.
25. März	Dudley Senanayake wird erneut Premierminister. Die konservative Regierung bemüht sich erfolgreich um die Wiederaufnahme westlicher Wirtschaftshilfe und um eine Steigerung der Reisproduktion.
1967	Eine Abwertung der Rupie bleibt wegen gleichzeitigen Absinkens des Weltmarktpreises
Nov.	für Tee und Rohkautschuk wirkungslos.
1970	Die SLFP gewinnt die *siebten Parlamentswahlen,* denen eine Kürzung der Reisration der
27. Mai	Bevölkerung durch die UNP-Regierung vorausgegangen ist. Gemäß ihren Wahlverspre- chen bildet *Sirimawo Bandaranayake* trotz Erreichen der absoluten Mehrheit ein Koali- tionskabinett mit den Kommunisten. Eine antiwestliche Außenpolitik bedingt eine Drosselung der Wirtschaftshilfe. Daher gerät Ceylon bei gleichzeitiger Entwicklung eines extremen Wohlfahrtsstaates an den Rand des Staatsbankrotts.
1971	Das ungelöste Problem der Jugendarbeitslosigkeit vor allem unter den Universitätsabsol-
5. April	venten führt zu einem besonders von Jugendlichen getragenen, maoistischen Aufstand, der auch mit ausländischer Hilfe nur mit Mühe niedergeschlagen werden kann.
1972	Infolge des Aufstandes, dem erneute Unruhen folgen, werden für die Entwicklung des Lan- des notwendige Investitionen auf die Verstärkung von Militär und Polizei verwandt.

Indischer Subkontinent – Sri Lanka (Ceylon) – Malediven – Nepal *1563*

Im Rahmen einer *Verfassungsreform* wird der Senat abgeschafft. Heftige indische Kritik ruft die vorgesehene zweifache Staatsbürgerschaft durch Geburt oder Registrierung hervor, die die Tamilen benachteiligt.

22. Mai Mit Inkrafttreten der Verfassung lautet der Name des Staates **Republik Sri Lanka.** *Erster Staatspräsident* wird der bisherige Generalgouverneur (seit 2. März 1962) *William Gopallawa* (* 1897, † 1981).

1973 Mangelnde Auslandshilfe zwingt die Regierung nach einer Ernährungskrise zur Kürzung
1. Okt. der freien Reisration.

1974 Abkommen über die Staatsbürgerschaft der Tamilen (Jan.).
28. Juni Dieses und ein Vertrag über die Grenze in der Palk Street räumen Spannungen im Verhältnis Sri Lankas zu Indien aus.

1977 Aufgrund der katastrophalen Wirtschaftslage kann die UNP bei den achten Parlaments-
21. Juli wahlen eine Zweidrittelmehrheit gewinnen. Oberstes Ziel der Regierung unter *Junius Richard Jayawardene* (* 1906) ist die Abwendung des Staatsbankrotts und die Wiederbelebung der Wirtschaft durch Liberalisierung und Anreize für private, auch ausländische Investitionen.

Okt. Nach einer Verfassungsreform steht ein Präsident an der Spitze von Staat und Regierung.
1978 *J. R. Jayawardene* wird als *neuer Staatspräsident* vereidigt (4. Febr.).

1983 *Schwere Zusammenstöße zwischen Tamilen und Singhalesen* führen zu ca. 400 Toten,
Juli/August 100 000 Obdachlosen und 200 Mio. US-Dollar Schäden. Die radikale *Tamilenpartei fordert einen separaten Staat. – (Forts. S. 1654)*

Malediven von der Unabhängigkeit bis zur Gegenwart

1956 Die Malediven, denen nach der Entlassung Ceylons in die staatliche Unabhängigkeit 1948
26. Juli von Großbritannien innere Autonomie gewährt wird (die Vertretung nach außen bleibt Großbritannien vorbehalten), werden **unabhängig;** sie verbleiben im britischen *Commonwealth of Nations.*

1960 Großbritannien, das 100 000 £ für die wirtschaftliche Entwicklung des Landes leistet, wird der 1942 errichtete *Militärflughafen* auf der Insel *Gan* (Addu Atoll) vertraglich als Flugstützpunkt zugesagt.

1965 Die Malediven erlangen *volle Souveränität* (26. Juli).
Sept. Aufnahme in die Vereinten Nationen.

1968 Die Bevölkerung entscheidet sich für die Einführung der **Republik.** Staatspräsident wird
11. Nov. der bisherige Ministerpräsident *Amir Abrahim Nasir* (* 1926); er ist zugleich Regierungschef.

1975 Nasir verhängt den Ausnahmezustand (März).
Dez. Der britische Luftstützpunkt auf Gan wird der maledivischen Regierung übergeben.

1978 Nach Rücktritt Nasirs *Wahl von Maumoon Abdul Gayoom zum Präsidenten* (10. Nov.).

1983 Nach hohem Wahlsieg *Wiederwahl Gayooms* (30. Sept.), der am 11. Nov. seine zweite Amtszeit antritt. *– (Forts. S. 1654)*

Nepal

1950 Die *tibetischen Tributpflichten* gegenüber Nepal entfallen nach der Besetzung Tibets durch die VR China.

1951 König Tribhuwana (* 1906, † 1955; nomineller König) gelingt es, die Vorherrschaft der seit der Mitte des 19. Jh.s eigentlich regierenden *Familie der Rana* abzuschütteln.

1956 Im *Vertrag mit China* erkennt Nepal die Rechte Chinas auf Tibet an (20. Sept.).

1959 Unter dem Druck der Öffentlichkeit erläßt König *Mahendra* (Regent seit 1956; * 1920) eine Verfassung und gestattet allgemeine Wahlen.

1960 Der indisch-chinesische Grenzkonflikt veranlaßt Nepal, *mit Peking* ein *Grenzabkommen*
21. März zu schließen (Grenze verläuft über den Mount Everest).

1962 Die in der Verfassung enthaltenen demokratischen Ansätze werden wieder beseitigt und
16. Dez. die Parteien aufgelöst. Die **neue Verfassung** erweitert die Befugnisse des Königs. Nach pakistanischem Vorbild wird der Nationale Rat eingeführt (System von Dorf- und Regionalältesten). Diese Maßnahmen sollen verhindern, daß Nepal indisches Protektorat wird. Akute Gefahr in dieser Hinsicht besteht, nachdem die Nepalesische Kongreßpartei, die als von Indien beeinflußt gilt, bei Wahlen fast zwei Drittel aller Mandate errungen hat.

1969 Nepal setzt den *Abzug der indischen Militärmission* durch. Um nicht ausschließlich auf den Transit über Indien angewiesen zu sein, Ausbau des Straßennetzes mit chinesischer Hilfe (u. a. der Trans-Himalaya-Highway, 1967). Unter König Mahendra und seinem Sohn und
seit 1972 Nachfolger *Birendra* (* 1945) innenpolitische Unruhen und Krisen.

1564 Neueste Zeit – Nicht durch Blockbündnis geprägter Teil der Welt

1975 *Verfassungsänderung:* Die Macht des Königs wird gestärkt, das System der Volksvertre-
12. Dez. tungen neu geordnet.
1977 Rücktritt von Ministerpräsident *Tulsi Giri;* sein Nachfolger in allen Ämtern wird *Kirti Nidhi*
9. Sept. *Bista* (* 1927), der bis 25. Mai 1979 amtiert.
1983 Bistas Nachfolger *Surya Bahadur Thapa* (* 1928) wird *von Lokendra Bahadur Chand* (* ca.
12. Juli 1939) als Premierminister abgelöst. – *(Forts. S. 1654)*

Bhutan

1949 Das 1907 von *Ugyen Wangchuk* begründete *selbständige Fürstentum* regelt im **bhutanisch-**
8. Aug. **indischen Vertrag** die Beziehungen zu seinem Nachbarstaat. Indien, das jährlich 500 000
Rupien Subsidien gewährt, übernimmt die Außenvertretung Bhutans.
1964 König *Jigme Dorji Wangchuk* übernimmt die Regierung (Nov.).
1971 Aufnahme in die Vereinten Nationen (28. Sept.).
1972 *Jigme Singye Wangchuk* (* 1955) folgt seinem Vater als *König* (25. Juli).
1984 Bhutan und China führen in Peking ihr erstes Gespräch über die Demarkation ihrer gemeinsamen Grenze (17.–24. April). – *(Forts. S. 1654)*

Südostasien seit 1945
(Forts. v. S. 1047)

Paktsysteme

Nach dem französischen Rückzug aus Indochina übernehmen die USA die Führung im
1954 Kampf gegen die kommunistischen Befreiungsbewegungen. Sie appellieren an ihre Ver-
29. März bündeten, sich an einem Militärbündnis für den südostasiatischen Raum zu beteiligen. Das
thailändische Militärregime, das von einem Übergreifen der Befreiungsbewegung am un-
mittelbarsten bedroht ist, folgt dem Aufruf ebenso wie die von den USA gestützte philippi-
nische Regierung. Großbritannien, Australien und Neuseeland schließen sich an, um ihre
Interessen vor allem in Malaya zu wahren, desgleichen Frankreich.
8. Sept. In Manila begründen daraufhin die USA, Thailand, die Philippinen, Großbritannien,
Australien, Neuseeland, Frankreich und Pakistan die **SEATO** (Southeast Asia Treaty
Organization). Die Mitglieder verpflichten sich zu *gegenseitigem Beistand* gegen „kommunistische Aggressoren". Diese Verpflichtung erstreckt sich auch auf Südvietnam, Laos und
Kambodscha. Die Erwartungen, welche die USA in die SEATO gesetzt haben, erfüllen sich
aber nicht, denn nur Thailand ist bereit, die amerikanische Intervention in Indochina im
gewünschten Maß zu unterstützen.
1962 Die besondere Beziehung zwischen Thailand und den USA innerhalb der SEATO wird im
6. März *Rusk-Thanat-Kommuniqué* hervorgehoben.
Im Zusammenhang mit der Auseinandersetzung um die Eingliederung *Sabahs* in die *Föde-*
1963 *ration Malaysia* beschließen Malaya, die Philippinen und Indonesien in Manila die Grün-
11. Juni dung einer *Konföderation der Nationen malaiischen Ursprungs* namens *Maphilindo.* Das
Projekt gerät über der militärischen Konfrontation zwischen Indonesien und Malaysia in
Vergessenheit.
Wegen der Gegensätze zwischen autoritären und liberalen, zwischen wirtschaftlich unter-
1966 entwickelten und entwickelten Mitgliedsstaaten hat die Gründung des **Asian and Pacific**
16. Juni **Council** (ASPAC), zu dem sich in Seoul die Philippinen, Thailand, Malaysia, Südvietnam,
Südkorea, Taiwan, Japan, Australien und Neuseeland zusammenschließen, nur geringe
Auswirkungen. Statt der ursprünglich vorgesehenen politischen und militärischen Zusammenarbeit beschränkt sich das Bündnis auf die Errichtung eines Kulturzentrums, eines
Wirtschaftsforschungsinstituts und ähnlicher Einrichtungen.
1967 Mehr Erfolg ist der **ASEAN** (Association of Southeast Asian Nations) beschieden, die in
8. Aug. Bangkok von Thailand, den Philippinen, Malaysia, Singapur und Indonesien gegründet
wird. Die ASEAN soll vor allem die wirtschaftliche Zusammenarbeit zwischen den Mitgliedsstaaten fördern.
1971 Beginnend mit dem gemeinsamen Aufruf, Südostasien in „*eine Zone des Friedens, der*
Nov. *Freiheit und der Neutralität*" zu verwandeln, erhält die Assoziation einen ausgeprägteren
politischen Charakter.
1973 Weil der *Asian and Pacific Council* aufgelöst wird und auch die SEATO nur noch eine
Jan. Scheinexistenz führt, ist die ASEAN der einzige multilaterale Zusammenschluß in Südostasien von Bedeutung.
Auf der *ersten Gipfelkonferenz der ASEAN,* in Denpasar (Bali), schließen die Regie-

Südostasien – Paktsysteme – Burma (Birma) *1565*

1976	rungschefs der fünf Staaten einen *Freundschaftsvertrag* ab. Sie vereinbaren überdies die
24. Febr.	gemeinsame Förderung von Industrieprojekten.
1977	Die Wirtschaftsminister der ASEAN einigen sich auf eine 10- bis 30prozentige Zollsen-
29. Juni	kung für 71 Warengruppen im gegenseitigen Güteraustausch.
1979	Die Außenminister der ASEAN-Staaten versammeln sich in Bangkok und fordern den
13. Jan.	sofortigen Rückzug der vietnamesischen Truppen aus Kambodscha.
1980	Die *Außenminister der ASEAN-Staaten bekunden ihre Unterstützung für die* von den Ro-
26. Juni	ten Khmer geführten *Exilregierung Kambodschas.*
1984	*Brunei wird 6. ASEAN-Mitglied* (7. Jan.). – *(Forts. S. 1654)*

Innere Verhältnisse der Länder

Burma (Birma)

1945	Die burmesische Befreiungsarmee unter General *Aung San* verbündet sich mit den Alliier-
März	ten gegen die japanische Besatzungsmacht. Die politischen Parteien schließen sich gleich-
	zeitig zur *Antifaschistischen Freiheitsliga des Volkes (AFPEL* – Anti-Fascist People's
	Freedom League) zusammen. Nach Kriegsende versuchen die zurückkehrenden Briten, er-
	neut ihre kolonialen Ansprüche durchzusetzen.
1946	Die Freiheitsliga fordert die Briten ultimativ zum Verlassen des Landes auf. Aung San, der
Nov.	zum sozialistischen Flügel der Liga gehört, verhandelt mit Großbritannien über die Unab-
	hängigkeitsforderung. Seine Vorstellungen über die Zukunft Burmas stoßen jedoch in sei-
	ner eigenen Organisation auf Widerstand.
1947	Noch vor Abschluß der Verhandlungen wird Aung San von Anhängern des rechten Flügels
19. Juli	der Liga ermordet.
1948	Gründung der **Republik Union Burma** (Birmanische Union), die, nach föderativen Prinzi-
4. Jan.	pien gegliedert, das burmesische Kernland und die von Minoritäten bewohnten Staaten
	Schan, Katschin, Karen, Kayah und *Chin* umfaßt. *U Nu* (Thakin Nu; * 1907) wird zum
	Ministerpräsidenten gewählt. Seine Regierung kann ihre Autorität nur bedingt geltend ma-
	chen: weite Teile des Landes werden von Aufständischen beherrscht; die christlichen Karen
	wehren sich gegen die buddhistische Zentralgewalt, und an der Grenze zu Ostpakistan for-
	dern die arakanischen Moslems den Anschluß ihrer Heimat an das Nachbarland. Überdies
	ist ein Teil der Veteranen der anti-japanischen Befreiungsbewegung nicht zur Zusammen-
	arbeit mit U Nu bereit. Diese Anhänger Aung Sans und die beiden kommunistischen Grup-
	pen der „Roten" und der „Weißen Flagge" setzen den bewaffneten Widerstand fort.
1949	Die Aufständischen erreichen die Außenbezirke der Hauptstadt *Rangun.* Zahlreiche Pro-
Febr.	vinzstädte sind in der Hand der Rebellen. Meuternde Armee-Einheiten schließen sich dem
	Aufstand an. Die Regierung U Nu kann sich nur an der Macht halten, weil die verschiede-
	nen gegnerischen Gruppen sich untereinander bekämpfen.
Okt.	Zu den Gegnern der Regierung kommen noch die *Kuomintang-Streitkräfte* hinzu, die sich
	nach dem Sieg der Kommunisten aus China zurückziehen und sich eine Enklave auf burme-
	sischem Boden schaffen.
1950	U Nu gelingt es, die Aufstandsbewegung einzudämmen und den Aufbau des durch Krieg
	und Bürgerkrieg schwer zerstörten Landes einzuleiten. Das *Steueraufkommen* ist, weil sich
	weite Gebiete der Kontrolle der Zentralregierung entziehen, gering. Der Staatshaushalt
	wird weitgehend durch den über Rangun abgewickelten *Reisexport* finanziert. Burma ist
	der größte Reisexporteur der Welt. Mehr als die Hälfte der Bevölkerung lebt vom Reisan-
	bau – und so trägt die Verdoppelung des Reispreises im Verlauf des Koreakrieges zu einer
	vorläufigen wirtschaftlichen Erholung bei.
1952	Der „*Pyidawtha-* (Glückliches Land-)*Kongreß"*, unter Leitung von U Nu, entwirft die
Aug.	Pläne für einen Wohlfahrtsstaat unter buddhistischen und sozialistischen Vorzeichen.
	Die Pyidawtha-Vision scheitert in den folgenden Jahren: mit dem Abzug der indo-briti-
	schen Verwaltung leidet das Land an Fachkräftemangel. Korruption und Mißwirtschaft
	sind weit verbreitet. U Nus *Begünstigung des Buddhismus* verursacht hohe Kosten: als
	Gastgeber des buddhistischen „Sechsten Konzils" läßt er aufwendige Bauwerke errichten.
1954/1956	Der Weltmarktpreis für Reis fällt, bei sinkenden Exportziffern, von 60 £ Sterling (1954)
	auf 36 £ (1956).
1958	Die gravierender werdenden wirtschaftlichen Mißstände führen zu einer *Regierungskrise,*
	in deren Verlauf der linke Flügel der Freiheitsliga U Nu die Unterstützung entzieht.
28. Okt.	U Nu übergibt das Amt des Ministerpräsidenten an General *Ne Win* (* 1911?) und befaßt
	sich mit der Reorganisation der Freiheitsliga.
1960	Bei den nächsten *Parlamentswahlen* stehen sich die „*reine" Freiheitsliga,* die U Nu von ih-
6. Febr.	ren korrupten Elementen befreit zu haben behauptet, und die „*stabile" Freiheitsliga,* die
	an die sozialistischen Traditionen Aung Sans anknüpft, gegenüber.

1566 Neueste Zeit – Nicht durch Blockbündnis geprägter Teil der Welt

Die „reine" Liga gewinnt die Wahlen vor allem wegen ihres religiös ausgerichteten Programms, das unter anderem die *Erhebung des Buddhismus zur Staatsreligion* vorsieht. U Nu übernimmt erneut das Amt des Ministerpräsidenten. Seine Religionspolitik stößt bei den Minderheiten auf heftige Ablehnung.

1961/1962 Die Union droht neuerlich auseinanderzubrechen. Im Unionsstaat *Schan* zeichnet sich die Möglichkeit eines Bündnisses zwischen der lokalen Bevölkerung und den versprengten, aus China vertriebenen Kuomintang-Truppen ab. In Rangun befürchtet man, daß das Schan-Territorium bei einer Ausweitung des Indochina-Konflikts von den Amerikanern als Brükkenkopf gegen China benutzt wird.

1962 In dieser Situation führt General Ne Win mit Hilfe der Armee einen **Staatsstreich** durch;
2. März unter Ne Wins Vorsitz übernimmt ein *Revolutionsrat* die Regierung.

30. April In einer Deklaration des „*burmesischen Wegs zum Sozialismus*" umreißt das neue Regime seine Ziele: soziale Gerechtigkeit und Gleichberechtigung aller Volksgruppen, Kampf gegen Verwestlichung, Schaffung von Genossenschaften und Gründung einer Kaderpartei *(Burmesische Sozialistische Programmpartei).* Seine Absichten treffen, besonders unter der Studentenschaft, auf lebhafte Opposition.

6. Juli Demonstrationen gegen Ne Win, die vom Militär unterdrückt werden, fordern Dutzende von Todesopfern.

1963 Der Revolutionsrat kündigt die *Verstaatlichung* des *Groß- und Einzelhandels,* der *Banken*
15. Febr. und der *Industrieunternehmen* an. Etwa 100000 Inder und 12000 Pakistani, die meist vom Kleinhandel leben, verlassen das Land. Die Versorgung der Bevölkerung soll den *staatlichen Volksläden* vorbehalten sein. Wegen mangelnder Warenausstattung der Läden kann sich ein blühender Schwarzmarkt etablieren. Die Bauern vermeiden es, Reis an die staatliche Handelsorganisation abzuführen und verkaufen ihre Ernte zu einem höheren Preis an Schwarzhändler.

1963–1968 Diese Praktiken und der wachsende Eigenbedarf (seit der Vorkriegszeit hat sich die Bevölkerung um die Hälfte vermehrt, während die Reisernten ungefähr gleich geblieben sind) führen zu einer Minderung der Reisausfuhr von 1,8 Mio. Tonnen (1963) auf 350000 Tonnen (1968). Der staatliche Außenhandel reduziert sich somit auf ein Minimum, während der Schmuggel zu einem bedeutenden Wirtschaftsfaktor anwächst.
Außenpolitisch verfolgt Ne Win einen noch strikteren *Neutralismus* als sein Vorgänger. In bescheidenem Ausmaß nimmt Burma amerikanische Waffenlieferungen entgegen, während sich die Sowjetunion und die Volksrepublik China bei einigen Entwicklungsprojekten engagieren.

1967 Mit der *VR China* kommt es zum *Konflikt,* als die chinesische Botschaft in Rangun zur
Juni „*Kulturrevolution*"aufruft und chinesische Jugendliche in *Roten Garden* organisiert. Nach Auseinandersetzungen zwischen den Roten Garden und militärischen Verbänden verwüstet eine Menschenmenge das Chinesenviertel der Hauptstadt und die Botschaft. Auf die Vorwürfe Radio Pekings, der Revolutionsrat sei faschistisch, reagiert Ne Win mit der Ausweisung der 500 an Entwicklungsprojekten beschäftigten chinesischen Techniker.

1968 Vorübergehend verstärkt sich die *Guerillatätigkeit* der „Weißen Flagge", bis ihr pro-chine-
24. Sept. sischer Führer *Than Tun* im Verlauf von Richtungskämpfen ermordet wird.

1970 Nach dem Abklingen der Kulturrevolution in China stellen die beiden Regierungen wieder
Okt. volle diplomatische Beziehungen her.

1971 Von seinem thailändischen Exil aus ruft U Nu, der sich noch immer für den rechtmäßigen
15. Dez. Ministerpräsidenten hält, zum bewaffneten Widerstand gegen Ne Win auf. Obwohl die wirtschaftliche Lage sich weiter verschlechtert hat, finden die Anhänger U Nus nicht die erhoffte Unterstützung in der Bevölkerung. Ne Win sieht sich aber zu einer „*Demokratisierung*" veranlaßt.

1972 Ne Win tritt zunächst von seinem Militärkommando zurück und gibt damit seinem Regime
22. April einen zivilen Anstrich.

1973 Eine *Verfassung* wird vorbereitet und durch eine Volksabstimmung bestätigt. Am 12. Jah-
15. Dez. restag seiner Machtübernahme erklärt Ne Win die Revolution für abgeschlossen und den Revolutionsrat für aufgelöst. Er übernimmt das Amt des Staatspräsidenten der **Sozialistischen Republik Union Burma**. Die nominalen politischen Veränderungen können nicht verhindern, daß die verbreitete Unzufriedenheit andauert.

1974 Weil die Regierung dem verstorbenen ehemaligen *UNO-Generalsekretär Sithu U Thant*
11. Dez. (* 1909, † 1974), der mit U Nu in Verbindung stand, ein Staatsbegräbnis verweigert, kommt es in Rangun zu Straßenschlachten zwischen Studenten und der Polizei.

1975 Schulen und Universitäten werden geschlosssen; nach ihrer Wiedereröffnung flackern die
7. Juni Unruhen jedoch erneut auf. Gefährdet ist Ne Wins Regime vor allem durch die Opposition
1976 in der Armee, der hauptsächlichen Stütze seiner Macht.
20. Juli Ein Putschversuch junger Offiziere scheitert.

1978 Ne Win ruft zu einem Feldzug gegen Korruption und Mißwirtschaft auf. Zahlreiche hohe
Febr. Funktionäre werden aus ihren Ämtern entlassen.

Südostasien – Burma (Birma) – Thailand *1567*

März	In Arakan beginnt eine Polizeiaktion gegen „illegale Einwanderer". 250 000 Moslems fliehen ins benachbarte Bangla Desch. Nach Verhandlungen mit Bangla Desch erlaubt Burma ihre Rückkehr.
1979 Jan.	Mit dem Hinweis auf 30 000 registrierte Drogensüchtige verstärkt die Regierung ihren Kampf gegen Anbau und Schmuggel von Opium.
1981 9. Nov.	Der *Staatsrat wählt San Yu* (* 1919) *zum Staatspräsidenten;* als Parteivorsitzender behält Ne Win eine machtvolle Stellung.
1983 9. Okt.	*Bombenattentat* nordkoreanischer Geheimdienstoffiziere *auf südkoreanische Regierungsdelegation* in Rangun fordert 21 Todesopfer, darunter drei koreanische Minister; Burma bricht diplomatische Beziehungen zu Nordkorea ab.
1984 29. Febr.	Burma vereinbart *mit der Bundesrepublik Deutschland wirtschaftlich-technische Zusammenarbeit* und Hilfen von insgesamt 165 Mio. DM. – *(Forts. S. 1654)*

Thailand

1945 15. Sept.	*Nai Pridi Phanomyong* (* 1900, † 1983) wird mit Unterstützung der anti-japanischen Widerstandsgruppen Ministerpräsident.
1946	Ermordung von König *Rama VIII. Amanda Mahidol* (* 1925). Nachfolger wird sein Bruder *Rama IX. Bhumibol* (* 1927).
1947 8. Nov.	Militärs nehmen den unaufgeklärten Mord an König Amanda Mahidol zum Anlaß, die Zivilregierung zu stürzen und Marschall *Pibul Songahram* (* 1897, † 1964), der für das Bündnis mit Japan im 2. Weltkrieg verantwortlich ist, wieder an die Macht zu bringen.
1950 28. Febr.	Pibul vereinbart mit den von Frankreich eingesetzten Regierungen in Indochina die Aufnahme diplomatischer Beziehungen. Die pro-westliche Haltung seines Regimes wird von den USA mit Finanz- und Militärhilfe und der Entsendung von Militärberatern honoriert. Thailand entwickelt sich zur Operationsbasis für die US-Streitkräfte in Südostasien.
1955 Juni	Nach jahrelanger *Unterdrückung der Meinungs- und Pressefreiheit,* dem *Verbot der politischen Parteien* und der Ausschaltung führender Oppositionspolitiker leitet Pibul eine Phase der Liberalisierung ein, mit der Absicht, in der Bevölkerung Unterstützung gegen eine rivalisierende Militärfraktion zu erlangen. Die Parteien, mit Ausnahme der Kommunisten, werden wieder zugelassen, Wahlen anberaumt.
1957 26. Febr.	Trotz Manipulation zeigen die Wahlergebnisse deutlich die geringe Popularität der Militärregierung.
1957 **16. Sept.**	Als es zu *Studentenunruhen* kommt, wird durch eine **Offiziersverschwörung** um *Sarit Thanarat* (* 1908, † 1963), *Thanom Kittikatschorn* (* 1911) und *Prapas Charusathiara* die Pibul-Gruppe entmachtet. Bei *Neuwahlen,* die drei Monate später stattfinden, wird offenbar, daß die noch regierende Junta nicht beliebter ist als ihre Vorgänger.
1958 20. Okt.	Der neue Ministerpräsident Sarit Thanarat setzt die Verfassung außer Kraft, löst das Parlament auf und verbietet die Parteien. Die Gegner der Militärdiktatur, Gewerkschafts- und Bauernführer, Sprecher der Studentenbewegung und oppositionelle Parlamentarier werden verhaftet, einige von ihnen hingerichtet.
1962 6. März	Im *Rusk-Thanat-Kommuniqué* (Dean Rusk, Außenminister der USA; Thanat Khoman, thailändischer Außenminister) vereinbaren Thailand und die USA, ihre Zusammenarbeit gegen „kommunistische Aggression und Subversion" über die Beistands-Verpflichtungen des SEATO-Pakts hinaus zu erweitern.
19. Mai	US-Präsident *John F. Kennedy* veranlaßt, gestützt auf das Abkommen, die Verlegung einer 10 000 Mann starken Bereitschaftstruppe nach Thailand, um den *Konflikt in Laos* zwischen Kommunisten und Royalisten zu beeinflussen.
1963 19. März	Ein *Militärhilfeabkommen* USA–Thailand regelt die technischen Voraussetzungen für militärische Operationen, insbesondere der US-Luftwaffe, in Indochina.
8. Dez.	Ministerpräsident Thanarat stirbt. Thanom Kittikatschorn tritt seine Nachfolge an.
1964 Juni	Die *Luftwaffenoperationen in Laos* und *Vietnam* von thailändischem Territorium (9 Luftwaffenstützpunkte der USA) aus beginnen. Gleichzeitig organisiert sich der bewaffnete Widerstand zum Sturz des Militärregimes.
1965 1. Jan.	Die *Thai Patriotische Front* (Nachfolgeorganisation der am 1. Nov. 1964 gegründeten *Thailändischen Unabhängigkeitsbewegung)* tritt in Aktion. Die Aufständischen operieren vor allem im Isan (Nordost-Thailand), dem ärmsten Gebiet des Landes. In der Provinz *Nakhon Phanom* müssen sich durchschnittlich 1200 Menschen eine Wasserstelle teilen; ein Arzt versorgt im Schnitt 32 000 Personen, die Kindersterblichkeit liegt bei 60–116 pro tausend Geburten (1957–1964), und nur 0,3% der Dörfer verfügen über Elektrizität. Von den 90 000 registrierten Leprakranken (Thailand hat den höchsten Anteil an Leprakranken in Asien) leben 70 000 im Isan-Gebiet.
Dez.	Um die Befreiungsbewegung in Schach zu halten, wird die Abwehr von Polizei, Armee und zivilen Stellen koordiniert. US-Spezialeinheiten übernehmen die Ausbildung der im Kampf

1568 Neueste Zeit – Nicht durch Blockbündnis geprägter Teil der Welt

gegen die Patriotische Front eingesetzten thailändischen Truppen. In den kleinen, isolierten Aufstandsgebieten erproben die USA ihre für Vietnam geplanten Kriegseinsätze.

1967 34 000 US-Soldaten sind in Thailand stationiert. Von den USA unterhaltene thailändische
Sept. Truppen kämpfen (seit Mai 1964) in Laos und rücken auch in Vietnam ein.

1968 Die Regierung verkündet eine *Verfassung*, die den Machtanspruch des Militärs festigen soll
20. Juni und den bürgerlichen Parteien beschränkte Mitwirkung am politischen Leben zusichert.

1969 Die Eskalation des Vietnamkrieges, die ihren Höhepunkt erreicht, führt zu einer *Scheinblüte der thailändischen Volkswirtschaft*, die (1969) eine Zuwachsrate des Bruttosozialprodukts von ca. 7% bewirkt (durchschnittliche jährliche Zuwachsrate 1953–1963: 2,1%). Der Boom begünstigt die Wirtschaftspotenz der Militär- und Zivilbürokratie sowie des Bürgertums. Der neugewonnene Reichtum konzentriert sich auf Bangkok; die Einkommenskluft zwischen der Hauptstadt und dem flachen Lande vergrößert sich ständig.

1970 Die USA ziehen die ersten 6000 ihrer nunmehr 45 500 Mann starken Streitkräfte aus Thai-
Juli land ab; gleichzeitig wird der Rückzug der 11 000 thailändischen Soldaten aus Vietnam durchgeführt.

1971 Das Militärregime *annulliert* die drei Jahre zuvor in Kraft getretene *Verfassung*. Ein *natio-*
17. Nov. *naler Exekutivrat* unter Führung von Thanom Kittikatschorn soll das Land fünf Jahre regieren und im Laufe dieser Zeit eine neue Verfassung entwerfen.

1972 Nach Protesten demokratischer Politiker und wegen zunehmender Unruhe in der Studen-
15. Dez. tenschaft, beschließt das Militärregime eine *Interimsverfassung*.

1973 In Bangkok demonstrieren 300 000 Menschen gegen die Machthaber. Das Militär stürmt
13.–15. die *Thammasat-Universität* und verwundet oder tötet dabei Hunderte von Demonstranten.
Okt. Um einen Bürgerkrieg zu verhindern, ernennt König Bhumibol den Liberalen *Sanya Dharmasakti* zum Ministerpräsidenten. Die Armeeführung entzieht Thanom Kittikatschorn und Prapas Charsathiara die Unterstützung und zwingt beide ins Exil.

1974 Ultrarechte Kräfte schließen sich in *paramilitärischen Verbänden* zusammen und verüben, oft mit polizeilicher Hilfe, eine Serie von politischen Mordanschlägen. Die militärische Führung fühlt sich durch die *neutralistische Außenpolitik* der Zivilregierung verunsichert. Der Konflikt verschärft sich, als parlamentarische Gruppen fordern, die Kommunistische Partei zu legalisieren und die Aufsicht des Staates gegenüber Großunternehmen zu verstärken, deren Interessen mit denen des Militärs eng verflochten sind.

1975 Nach *Parlamentswahlen* bildet sich eine Mitte-Rechts-Koalition mit *Kukrit Pramoj* als
17. März Ministerpräsident, der in seiner Regierungserklärung den Abzug aller amerikanischen Soldaten aus Thailand binnen eines Jahres fordert.

1. Juni Der neue außenpolitische Kurs drückt sich in der Aufnahme diplomatischer Beziehungen zur Volksrepublik China. aus.
Neuwahlen und der Wechsel im Amt des Ministerpräsidenten – *Seni Pramoj* tritt an die Stelle seines Bruders Kukrit – können nicht verhindern, daß das Militär dem Parlamentarismus ein Ende bereitet.

1976 Nachdem schwerbewaffnete Angehörige der ultrarechten Jugendorganisation *Rote Büffel*
6. Okt. mit Unterstützung der Polizei eine studentische Protestversammlung gegen den Terror der paramilitärischen Verbände stürmen, dabei Dutzende von Versammlungsteilnehmern getötet und dreitausend verhaftet werden, übernimmt ein *Militärrat* die Macht und ernennt den Richter *Tanin Kraivixien* zum Ministerpräsidenten.

1977 Tanin behält sein Amt etwas mehr als ein Jahr, bis ihn eine *Militärjunta* unter dem Ober-
11. Nov. kommandierenden der Streitkräfte, *Kriangsak Chamanand*, gegen den Willen des Königs ablöst. Tanin ist für das Militär nicht mehr tragbar, weil seine repressive Politik den Aufständischen der Patriotischen Front Zulauf verschafft, das Investitionsklima negativ beeinflußt und einen Ausgleich mit den kommunistischen Nachbarstaaten verhindert, mit denen Thailand immer häufiger in Grenzkonflikte verwickelt wird. Auch ist er durch Ausdehnung des Kampfs unter der Devise ,,Recht und Ordnung'' auf das Offizierskorps unbeliebt.

1978 König Bhumibol unterzeichnet eine neue Verfassung, in der die Durchführung von Neu-
22. Dez. wahlen vorgesehen ist.

1979 Die Armee riegelt die Grenzen nach Kambodscha und Laos ab, um den Flüchtlingsstrom
4. Juni (bisher 250 000 Menschen) aus diesen Ländern aufzuhalten.

1980 *Rücktritt der Regierung* wegen Streit über die Wirtschaftspolitik; der Armee-Oberkomman-
29. Febr. dierende, *Prem Tinsulanonda* (* 1920), *wird neuer Ministerpräsident* (3. März).

1981 Armee-Putschversuch fehlgeschlagen (1.–4. April).

1982 Thailändische Truppen nehmen im Norden ca. 1500 kommunistische Guerillas gefangen (26. Mai).

Sept. *EG und Thailand unterzeichnen Kooperationsabkommen* über Tapioka-Erzeugung und -Handel.

1983 Parlamentswahlen stärken die Koalitionsparteien und damit Prems Position (18. April).

1984 *Handelskrieg Thailands gegen Japan* wegen Nichterfüllung des bilateralen Handelsabkommens (16. Juli). – *(Forts. S. 1655)*

Südostasien – Thailand – Malaya/Malaysia   *1569*

Malaya/Malaysia

1945 Großbritannien beabsichtigt, nach dem Sieg über die Japaner im Zweiten Weltkrieg, die neun, nominell von *Sultanen* beherrschten Staaten auf der malaiischen Halbinsel und die unter direkter Kolonialherrschaft stehenden *Straits Settlements Penang* und *Malakka* zur Malaiischen Union zusammenzuschließen. Die Führung der Union soll ein britischer Gouverneur übernehmen, dem eine Ratsversammlung aus Vertretern der verschiedenen Bevölkerungsgruppen zugeordnet ist. Der Plan wird von der Bevölkerung (49,8% Malaien, 38,4% Chinesen und 10,8% Inder) aus unterschiedlichen Motiven abgelehnt.

25. Aug. Die anti-japanischen Widerstandskämpfer, fast ausschließlich Kommunisten chinesischer Herkunft, veröffentlichen ein Manifest mit der Forderung nach einem souveränen, republikanischen Malaya, in dem alle Rassen gleichberechtigt sind. Die Malaien befürchten, daß die endgültige Entmachtung ihrer Sultane zugunsten einer zentralen Kolonialbehörde vor allem den wirtschaftlich überlegenen Chinesen und Indern Nutzen bringt, zumal vorgesehen ist, allen Einwanderern, die länger als 15 Jahre in Malaya leben, die uneingeschränkte Staatsbürgerschaft zuzuerkennen.

1946 Der malaiische Nationalismus artikuliert sich auf dem *Panmalaiischen Kongreß*, aus dem
März die *United Malay's National Organization (UMNO)* hervorgeht (1.–4. März).

1. April Die allgemeine Ablehnung hält Großbritannien zwar nicht von der **Gründung der Malaiischen Union** ab, es erkennt aber bald die Notwendigkeit, sich mit den Malaien über einen Machtzuwachs der Sultane und restriktive Maßnahmen für die Zuerkennung der Staatsangehörigkeit zu verständigen.

1948 Aus dieser Übereinkunft entsteht die **Föderation Malaya.** Die chinesischen Arbeiter beant-
1. Febr. worten die für sie nachteiligen Vereinbarungen mit einer Streikwelle.

11. Juni Als ein Gesetz die Betätigung der Gewerkschaften einschränkt, ruft die *Kommunistische Partei* zum bewaffneten Kampf auf.

1949 Die daraufhin begründete *Befreiungsbewegung der malaiischen Rassen* kann im Guerilla-
1. Febr. kampf vor allem auf den Beistand der chinesischen Kleinbauern (squatters) rechnen, die an den Waldrändern siedeln.

1952 Durch die Zwangsumsiedlung einer halben Mio. Menschen aus den Guerillazonen in 550 neue Dörfer verliert die Befreiungsbewegung ihren Rückhalt. Der Kampf der 5000–6000 Partisanen gegen die 400 000 Kombattanten aus Armee, Polizei und paramilitärischen Verbänden läßt nach; die Operationsbasis der Befreiungsbewegung bleibt künftig auf das malaiisch-thailändische Grenzgebiet eingeengt. Die Kolonialregierung hält aber weiterhin den *Ausnahmezustand* (emergency) aufrecht, der jede linke Opposition unterbindet. Die konservativen, nationalistischen Parteien der Chinesen *(Malayan Chinese Association, MCA),* der Inder *(Malayan Indian Congress, MIC)* und Malaien *(United Malay's National Organization, UMNO)* dagegen können ihre Handlungsfreiheit bewahren.

1955 Das gemeinsame politische Programm eint trotz gravierender ethnischer Gegensätze die
27. Juli drei Parteien in einer *Allianz,* die bei den ersten Wahlen zum Nationalrat *(Federal Legislative Council)* 51 der 52 erreichbaren Mandate gewinnt. Das britische Argument, daß die Widersprüche zwischen den Volksgruppen es für lange Zeit unmöglich machen würden, Malaya in die Unabhängigkeit zu entlassen, wird durch die Erfolge der Allianz widerlegt.

1956 Eine Commonwealth-Kommission übernimmt die Aufgabe, eine *Verfassung* auszuarbei-
Juni ten, die den Sultanen Mitwirkung an der *Zentralregierung* und den Malaien in ihrer
– Okt. Gesamtheit Bevorzugung im öffentlichen Dienst und Erziehungswesen garantiert, *Malaiisch zur Staatssprache* und den *Islam* zur *offiziellen Religion* erklärt. Für die Chinesen und Inder bringt der Entwurf eine vorteilhafte Regelung der Staatsangehörigkeit.

1957 Mit dem Inkrafttreten der Verfassung erhält die Föderation Malaya die **Unabhängigkeit.**
31. Aug. Die Allianz wählt den Führer der UMNO, Fürst (Tunku) *Abdul Rahman Putra* (* 1903, † 1990), zum Ministerpräsidenten; Staatsoberhaupt wird einer der neun Sultane, die sich alle fünf Jahre aus ihrem Kreis in diesem Amt ablösen.
In den folgenden Jahren entschließen sich die Briten, auch ihre Besitzungen *Sabah* (Britisch-Nordborneo), *Sarawak* und *Brunei* auf Borneo sowie die Kronkolonie *Singapur* aufzugeben. Es ist vorgesehen, Singapur der Föderation anzuschließen.

1961 Um den Malaien die knappe Bevölkerungsmehrheit zu erhalten, schlägt Abdul Rahman
Mai vor, zusammen mit dem zu drei Vierteln von Chinesen bewohnten Singapur auch die Gebiete auf Borneo mit ihrer Eingeborenenmajorität in die Föderation einzugliedern. Nach langwierigen Verhandlungen entscheiden sich Singapur und, nach einer Volksabstimmung, auch Sabah und Sarawak, mit der bisherigen Föderation den **Staatenbund Malaysia** zu begründen. In Brunei aber wehrt sich eine nationalistische Gruppe gegen den beabsichtigten Zusammenschluß und propagiert die Ausdehnung des Sultanats auf die Nachbarterritorien Sabah und Sarawak.

1962 Als Sultan *Saifuddin* (* 1916, † 1986) von Brunei letzterem nicht zustimmt, schreiten die
7. Dez. Nationalisten unter Führung *Mohar Azaharis* zum Aufstand. Britische Truppen er-

1570 Neueste Zeit – Nicht durch Blockbündnis geprägter Teil der Welt

sticken die Rebellion im Keim. Der Sultan entscheidet sich dennoch gegen den Anschluß an Malaysia und bevorzugt statt dessen, seinen Kleinstaat (große Erdölvorkommen) unter britischer Protektion zu belassen. Widerstand gegen die Bildung Malaysias kommt vor allem von der Regierung der Philippinen, die mit Unterstützung Indonesiens *Anspruch auf Sabah und Sarawak* erhebt. Indonesien versucht vom benachbarten *Kalimantan* aus, diesem Anspruch durch bewaffnete Aktionen Geltung zu verschaffen.

1963
16. Sept. Gegen alle Anfeindungen tritt der Vertrag über Malaysia in Kraft. Neben der äußeren Bedrohung, gegen die sich Malaysia mit Hilfe von zeitweise bis zu 50 000 britischen, australischen und neuseeländischen Soldaten wehrt, zeichnen sich von Anfang an unüberwindliche innenpolitische Spannungen in dem neuen Staatengebilde ab.

1965
9. Aug. Nachdem weder über die Verteilung der Staatseinnahmen noch über die angemessene Vertretung der Chinesen in Regierung und Verwaltung ein Übereinkommen erzielt werden kann, scheidet Singapur aus der Föderation aus. Auch in Ostmalaysia (Sabah, Sarawak), wo die überwiegend nichtislamischen Eingeborenen in traditioneller Furcht vor malaiischer Vorherrschaft leben, beklagt sich die Bevölkerung über die wirtschaftliche und politische Benachteiligung durch die Regierung in Kuala Lumpur.

1966
11. Aug. Die Gefahr einer Sezession verringert sich erst, als Indonesien nach der Entmachtung *Präsident Sukarnos* den Status Ostmalaysias innerhalb der Föderation vertraglich anerkennt. In den folgenden Jahren verschärft sich der *ethnische Konflikt.* Eine Mehrheit der Chinesen sieht sich in der MCA, die als Partner in der Regierung weiterhin an der Regierung beteiligt ist, unzureichend vertreten. Während die MCA-Führung vor allem um ein günstiges Investitionsklima besorgt ist, sammelt sich eine chinesische Protestbewegung, die für Chancengleichheit in der Berufswahl und gegen das Malaiische als obligatorische Unterrichtssprache kämpft.

1969
13. Mai Parlamentswahlen: MCA verliert Großteil ihrer Mandate (10. Mai). Als Abdul Rahman ein kommunistisches Komplott für den Stimmenverlust verantwortlich macht und maoistische Studenten das Wahlergebnis mit einer Demonstration feiern, bricht in Kuala Lumpur eine viertägige Straßenschlacht zwischen Chinesen und Malaien aus, die 150 Todesopfer und unzählige Verwundete fordert. Daraufhin erklärt die Regierung den *Notstand* und übergibt die Amtsgeschäfte einem *Exekutivrat (Emergency National Operations Council)* unter Führung des stellvertretenden Ministerpräsidenten *Abdul Razak.*

1970
21. Sept. Nach Beruhigung der Lage tritt Abdul Rahman zurück; neuer Ministerpräsident wird sein Neffe Abdul Razak.

1971
20. Febr. Der Exekutivrat löst sich auf, und das vor Beginn der Unruhen gewählte Parlament eröffnet seine erste Sitzung.
Der Rückzug der USA aus Vietnam veranlaßt die malaysische Regierung, ihre Außenpolitik neu zu überdenken. Als einer der ersten nichtkommunistischen Staaten nimmt Malaysia

1973
30. März *diplomatische Beziehungen zu Nordvietnam* auf.
8. April Abschluß eines Kulturabkommens mit der Sowjetunion.

1974
31. Mai Wichtigster Schritt bei der außenpolitischen Neuorientierung ist die Aufnahme *diplomatischer Beziehungen zur Volksrepublik China.* Die Hoffnung, daß die Normalisierung des Verhältnisses zu Peking auch das Ende der chinesischen Unterstützung für die wieder aktiver werdenden 1200 Partisanen im malaiisch-thailändischen Grenzgebiet bedeutet, erfüllt sich allerdings nicht. *Guerillaeinheiten* dringen aus ihren Rückzugsgebieten im Dschungel in die Städte vor.

1975
26. Aug. Die Verlagerung des Kampfes in die Metropole Kuala Lumpur wird durch die Sprengung des Nationaldenkmals offensichtlich.

1976
14. Jan. Abdul Razak stirbt unerwartet. Sein Nachfolger im Amt des Ministerpräsidenten, *Hussein Onn* (* 1922, † 1990) nimmt Verhandlungen mit Thailand auf, um das Guerillagebiet an der
24. Juli Grenze unter Kontrolle zu bekommen. Eine konkrete Übereinkunft wird jedoch nicht erzielt, weil Thailand nur dann bereit ist, gegen die malaiischen Kommunisten zu kämpfen, wenn umgekehrt Malaysia gegen die Separatisten vorgeht, die für die Loslösung der islamischen Gebiete im Süden Thailands eintreten.

1978
8. Juli Die von Hussein Onn geführte Regierungskoalition der *Nationalen Front* gewinnt bei den Parlamentswahlen 85 % der Sitze (aber nur 56 % der Stimmen).
Juli–Okt. Jeden Monat erreichen 3000–4000 vietnamesische Flüchtlinge die Ostküste Malaysias.

1979
Juni Obwohl Malaysia den Flüchtlingsstrom abzuwehren versucht und Boote mit Asylsuchenden zurückweist, erhöht sich die Zahl der Flüchtlinge auf 75 000.

1981
16. Juli *Mahatir bin Mohammed* (* 1925) *wird Ministerpräsident;* er gibt der profitableren Leichtindustrie den Vorrang vor langfristigen Entwicklungsprojekten der Schwerindustrie.

1983
15. Dez. Mahatirs Versuch, die Rechte des Königs und der Sultane zu beschneiden, erreicht nur eines: Künftig kann das Parlament vom König nicht unterschriebene Gesetze in Kraft setzen.

1984
9. Febr. Der als Gegner von Mahatirs Reformpolitik bekannte, traditionalistisch gesinnte Sultan von Johore, *Mahmud Iskendar,* wird *zum neuen König gewählt* (Amtsantritt 25. April).
– *(Forts. S. 1656)*

Südostasien – Malaya/Malaysia – Brunei – Singapur *1571*

Brunei
(Forts. v. S. 1569)

1984 Das ölreiche *Sultanat Brunei* (ca. 250 000 Einwohner), seit 1888 britisches Protektorat, *wird*
1. Jan. *unabhängig. Sultan Muda Hassan al-Bolkiah* (* 1946) *übernimmt die Ämter des Staats-*
und Ministerpräsidenten sowie des Finanz- und Innenministers. *– (Forts. S. 1656)*

Singapur

1945 Als Großbritannien nach Räumung japanischer Besatzung Singapur wieder in Besitz
nimmt, findet es eine im Kampf gegen die Japaner erstarkte *Arbeiterbewegung* vor, die sich
gegen die Wiedererrichtung der Kolonialherrschaft zur Wehr setzt.
1946 Die Verhaftung von *kommunistischen Gewerkschaftsführern* löst einen Generalstreik
29. Jan. aus.
1. April Die Briten wollen die Stadt, die für sie von großem strategischem und wirtschaftlichem
Wert ist, in Besitz behalten und erklären sie daher zur **Kronkolonie.**
1948 Der Konflikt zwischen Gewerkschaften und Kolonialmacht verschärft sich; gleichzeitig mit
15. Juli Malaya wird die Kronkolonie Singapur unter Ausnahmerecht gestellt.
1955 Unter dem Eindruck fortdauernder Unruhe in der Bevölkerung finden sich die Briten be-
April reit, eine beschränkte *Selbstverwaltung* zuzulassen. Dazu werden *Wahlen* abgehalten, die
der konservativen, aber antikolonialistischen *Labour Front* die Mehrheit bringen. In langwierigen Verhandlungen erreicht Singapur schließlich die *Autonomie.* Außenpolitik und
Verteidigung bleiben vorläufig in britischer Hand. Bei den nun stattfindenden Parlamentswahlen erreicht die sozialistische *People's Action Party (PAP)* die Mehrheit.
1959 Ihr Generalsekretär *Lee Kuan Yew* (* 1923) übernimmt das Amt des Ministerpräsidenten.
3. Juni Um zu verhindern, daß Singapur mit seiner zu drei Vierteln chinesischen Bevölkerung nach
dem Ende der Kolonialherrschaft unter den Einfluß der Volksrepublik China gerät, wollen
die Briten den Stadtstaat in die geplante *Föderation Malaysia* eingliedern.
1963 Lee befürwortet die Integration, fordert aber Konzessionen (Zollfreiheit, doppelte Staats-
9. Juli bürgerschaft), die in einem britisch-malaiischen Abkommen zugestanden werden.
1. Sept. Singapur erhält die volle **Unabhängigkeit** und tritt der Föderation Malaysia bei.
Der Vertrag über die Föderation klammert wichtige Fragen aus. Streitigkeiten über die
Verteilung des Steueraufkommens und über Handels- und Investitionsbedingungen, und
1965 nicht zuletzt die Furcht der Regierungskoalition in Kuala Lumpur vor der Konkurrenz von
9. Aug. Lees PAP, führen zum *Ausschluß des Stadtstaats aus der Föderation Malaysia.* Damit ist
Singapur der Zugang zu den Rohstoffen und Märkten Malaysias erschwert. Um die
Arbeitslosenquote (13%) zu verringern und den Bedarf von jährlich 8000 zusätzlichen
Stellen (die Hälfte der Bevölkerung ist unter 21 Jahren) nachzukommen, bietet die Regierung ausländischen Investoren günstigste Bedingungen. Vor allem die Japaner machen von
dem Angebot Gebrauch. Die Briten, die auf ihrem Stützpunkt 50000 Einheimische beschäftigen und jährlich 85 Mio. US-Dollar ausgeben, beginnen mit dem schrittweisen
Abzug ihrer Truppen.
1970 Trotz dieser Einkommensminderung erreicht Singapur eine jährliche Steigerung des
Bruttosozialprodukts um 17,2%. Ungeachtet der sozialistischen Fassade der Regierungspartei herrscht in Singapur ein extremer *Wirtschaftsliberalismus.* Kritik an der Regierungspolitik wird mit Polizeimaßnahmen erstickt.
1972 Ohne nennenswerte Opposition kann sich die PAP bei Parlamentswahlen alle Mandate si-
2. Sept. chern. Sporadisch regt sich Widerstand von seiten chinesischer Traditionalisten, die sich gegen die Verwestlichung, vor allem gegen die führende Rolle des Englischen im Unterricht
und in der Verwaltung empören. Die weltweite wirtschaftliche Rezession erfaßt Singapur
und verstärkt die sozialen Spannungen.
1974 Lee beugt Unruhen vor, indem er hundert linksgerichtete Gegner seines Regimes verhaften
Juni läßt.
1976 Als sich in der bisher durchweg unpolitischen Studentenschaft Protestbewegungen bilden,
28. Juli reagiert Lee mit der Verhaftung von vier Studentenführern.
11. Sept. Die PAP wird wegen fortwährender Menschenrechtsverletzungen aus der *Sozialistischen*
Internationale ausgeschlossen.
1979 Die Regierung leitet eine Kampagne zur Erlernung von Standardchinesisch ein, um den
9. Aug. Gebrauch der vielen chinesischen Dialekte einzuschränken.
1981 *Opposition gewinnt* bei Nachwahlen *erstmals seit 13 Jahren wieder einen Parlamentssitz*
(1. Nov.).
1983 Singapur und Indonesien unterzeichnen Abkommen über engere militärische Zusammenarbeit (6. Sept.).
1984 *Japan erhält Auftrag* für U-Bahn-Waggons *im Wert von 280 Mio. $ – (Forts. S. 1656)*

1572 Neueste Zeit – Nicht durch Blockbündnis geprägter Teil der Welt

Indonesien

1945
17. Aug. Die Nachricht von der Kapitulation Japans veranlaßt die Führer der Unabhängigkeitsbewegung, *Achmed Sukarno* (* 1901, † 1970) und *Mohammed Hatta* (* 1902, † 1980), die **Republik Indonesien** auszurufen.

29. Sept. Bis zum Eintreffen der ersten alliierten Landungstruppen auf *Java* kann die Befreiungsbewegung ihre Macht ausweiten und konsolidieren.

1946
15. Nov. Der Einflußbereich der Republik erstreckt sich über Java, Sumatra und Madura, als *die Niederlande* im *Vertrag von Linggadjati* die geänderten Machtverhältnisse anerkennen, gleichzeitig aber die Zusicherung erhalten, daß die von der Republik kontrollierten Gebiete in einen Staatenbund im Rahmen der geplanten *Niederländisch-Indonesischen Union* eingebracht werden. Die Niederländer versuchen die *ethnischen Gegensätze*, vor allem die verbreitete Furcht vor einer *javanischen Vorherrschaft*, für sich nutzbar zu machen, indem sie separatistische Tendenzen fördern und eine Anzahl von autonomen indonesischen Staaten etablieren.

1947
20. Juli Unter dem Vorwand, die Nationalisten seien vertragsbrüchig geworden, besetzen die Niederländer weite Territorien der Republik.

1948
17. Jan. Das durch die UNO vermittelte *Renville-Abkommen* beschränkt die republikanische Gebietshoheit auf Zentraljava und das Hochland von Sumatra. Die Indonesier wehren sich mit Guerillatätigkeiten gegen die niederländische Rückeroberung.

18. Sept. Ein von der *Kommunistischen Partei (PKI)* geführter anti-kolonialistischer Aufstand wird im Keime erstickt.

18. Dez. Um den Widerstand des Gegners im Zentrum zu brechen, unternehmen die Niederlande einen *Angriff auf Yogyakarta* und verhaften neben dem Staatspräsidenten *Sukarno* und seinem Stellvertreter fast die gesamte republikanische Regierung. Dieses Vorgehen wird von der UNO und den USA gleichermaßen verurteilt. Weil die Amerikaner befürchten, daß in einem langwierigen Befreiungskampf die Kommunisten die Oberhand gewinnen könnten, zwingen sie die Niederlande mit der Drohung, ihnen die entsprechend dem Marshallplan gewährte Wirtschaftshilfe zu entziehen, zum Nachgeben.

1949
2. Nov. Die Niederlande verzichten auf ihre kolonialen Besitzansprüche; nur der Westen Neuguineas *(Irian Barat)* bleibt unter ihrer Herrschaft. Auch nach dem Abzug der Kolonialmacht sind separatistische Bewegungen aktiv; besonders die ambonesischen Christen leisten der neuen staatlichen Autorität erbitterten Widerstand.

1950
17. Aug. Die Regierung antwortet mit Armee-Einsätzen, einer Zentralisierung der Verwaltung und am 5. Jahrestag der Unabhängigkeitserklärung mit der *Umwandlung Indonesiens* von einer Föderation in einen *Einheitsstaat*. Die ethnischen Auseinandersetzungen werden durch Konflikte zwischen Sukarno und der Armeeführung überlagert. Während der Chef des Generalstabs, *Abdul Haris Nasution*, die Modernisierung und Verkleinerung des Heeres verlangt, wendet sich Sukarno gegen eine Reform, von der er die Verdrängung seiner Gefolgsleute aus militärischen Positionen befürchtet.

1952
17. Okt. Ein Putschversuch Nasutions bleibt erfolglos, weil es Sukarno gelingt, gestützt auf seine *Partai Nasional Indonesia (PBI)*, im Bündnis mit der Kommunistischen Partei die Volksmassen zu mobilisieren.

1953 Die Ausrichtung der Regierungspolitik an javanischen Interessen, eine andauernde Wirtschaftskrise und eine verbreitete Korruption schaffen chaotische Verhältnisse. *Islamische Traditionalisten* im Norden Sumatras führen einen monatelangen bewaffneten Kampf um mehr Selbstverwaltung. Die Armee entwickelt sich immer mehr zu einem Staat im Staate, erhebt Abgaben und betreibt den Export von Rohstoffen auf eigene Rechnung.

1955
April Afro-asiatische Konferenz von Delegationen aus 23 asiatischen und sechs afrikanischen Staaten in Bandung *(Bandungkonferenz, 18.–24. April)*.

29. Sept. *Erstmals* werden *Parlamentswahlen* abgehalten, aber die damit verknüpfte Hoffnung auf eine politische Stabilisierung erfüllt sich nicht.

1956 In Sumatra, Sulawesi, Maluku und Kalimantan greifen *lokale Aufstände* um sich. In dieser
Okt. Situation beschließt Sukarno eine *„gelenkte Demokratie"* einzuführen.

1. Dez. *Vizepräsident Hatta*, der zu der aus Sumatra ansässige Minangkabau-Volksgruppe zählt und als Vertreter der nicht-javanischen Belange gilt, reagiert auf Sukarnos Ankündigung, das Regierungssystem nach dem Vorbild der traditionellen Dorfdemokratie umzugestalten, mit dem Rücktritt.

1957
9. Mai Sukarno konstituiert einen *Nationalrat*, in den er nach seinem Gutdünken Repräsentanten der verschiedenen ethnischen und religiösen Gruppen, der Berufsorganisationen, der Armee, der Polizei und der Parteien beruft.

1958
15. Febr. In Padang errichten lokale Militärbefehlshaber und oppositionelle Politiker eine *Revolutionäre Regierung der Republik Indonesien*. Die Aufstandsgebiete liegen aber zu weit voneinander entfernt, um eine einheitliche Aktion gegen Sukarno zu ermöglichen und die Vorherrschaft der Javaner zu brechen.

Südostasien – Indonesien *1573*

April   Trotz amerikanischer und britischer Waffenhilfe muß die Revolutionsregierung vor den heranrückenden javanischen Truppen kapitulieren.

1960   Auf dem Höhepunkt seiner Kampagne für die „gelenkte Demokratie" löst Sukarno das
März   Parlament auf und entsendet die Abgeordneten in die *Kammer für Gegenseitige Hilfe*, in der einstimmige Beschlüsse zu fassen sind. Damit die *Einstimmigkeit* leichter zu erreichen ist, werden die zwei bedeutendsten Oppositionsparteien, nämlich die islamische *Masyumi-Partei*, die ihre Anhänger hauptsächlich in der nicht-javanischen Bevölkerung hat, und die *Sozialistische Partei*, nicht in die Kammer aufgenommen. Kommt dennoch keine Einigung zustande, gibt der „*Große Führer der Revolution*" (d. h. Sukarno) den Ausschlag.
Um von den internen Schwierigkeiten abzulenken, intensiviert Sukarno den Streit über das noch in niederländischem Besitz befindliche Irian Barat. Indonesien will den Anspruch auf dieses von Papua-Stämmen bewohnte Gebiet notfalls mit Gewalt durchsetzen.

1961   40% des Staatshaushaltes werden für die militärische Aufrüstung ausgegeben.
Jan.   Die Sowjetunion unterstützt die Rüstungsanstrengungen mit Waffenlieferungen im Wert von 400 Mio. US-Dollar.

1962   Nach einem Schußwechsel im umstrittenen Küstengebiet ruft Sukarno die *Generalmobil-*
Febr.   *machung* aus. Nur durch die Vermittlung der UNO und der USA wird ein Krieg vermieden.
Aug.   Indonesien und die Niederlande vereinbaren, Irian vorläufig unter UNO-Verwaltung zu stellen. Über das künftige Schicksal des Territoriums sollen seine Bewohner in einer Volks-abstimmung entscheiden.

1963   *Irian Barat* gerät de facto vollständig *unter indonesische Kontrolle* (1. Mai).
16. Sept.   Mit der Gründung Malaysias bietet sich eine weitere Gelegenheit zur Konfrontation. Sukarno mißbilligt die Eingliederung Sabahs und Sarawaks in die Föderation Malaysia und unterstützt die Philippinen, die einen Anspruch auf diese Gebiete geltend machen. *Indonesische Freischärler* fallen *in Sabah* und *Sarawak* ein, während Massendemonstratio-nen die britische und amerikanische Unterstützung des „neokolonialistischen Gebildes" Malaysia verurteilen. Die gleichzeitige Enteignung westlicher Wirtschaftsunternehmen be-reicht vor allem das Militär, das die Firmen in eigener Regie weiterbetreibt.

1965   Als Malaysia in den UNO-Sicherheitsrat berufen wird, kündigt Indonesien den Vereinten
7. Jan.   Nationen die Mitgliedschaft auf.
Sukarno verwirklicht seine Politik im Bündnis mit der PKI, der mitgliederstärksten kom-munistischen Partei außerhalb Chinas und des Ostblocks. Neben der PKI ist die durch die gewaltigen Rüstungsausgaben und die Beschlagnahme ausländischen Eigentums begün-stigte Armee der bedeutendste Machtfaktor im Lande, so daß die Errichtung einer Militär-diktatur zu befürchten ist.

30. Sept.   Um dieser Entwicklung vorzubeugen, unternehmen die *Kommunisten* einen *Umsturzver-such*, der jedoch scheitert, weil ihnen Sukarno die erwartete Unterstützung versagt. Die *Armee* inszeniert nun einen *Gegenputsch*, in dessen Verlauf mindestens 100 000 Menschen umkommen (die Schätzungen schwanken zwischen 100 000 und einer Mio. Todesopfern). Von den vom Militär geschürten Pogromen sind das der PKI verbundene Landproletariat und die chinesische Minderheit besonders betroffen. Die überlebenden Gegner werden in *Konzentrationslager* gesperrt. Eine Offiziersjunta drängt Sukarno schrittweise aus dem Präsidentenamt.

1966   Der neue Machthaber, General T. N. J. *Suharto* (* 1921), erzwingt von Sukarno eine Voll-
11. März   macht zur Ausübung der Regierung. Suharto beendet die Konfrontation mit Malaysia und
11. Aug.   macht die Enteignung ausländischen Kapitals teilweise rückgängig.
20. Sept.   Indonesien kehrt wieder in die UNO zurück. Die Suharto-Administration proklamiert die *Neue Ordnung:* bei innerer Stabilität soll die permanente Wirtschaftskrise mit ausländi-scher Kapitalhilfe überwunden werden. Während der jährliche Export kaum 600 Mio. US-Dollar einbringt, ist Indonesien mit 2,4 Mrd. Dollar verschuldet. Die Lebenshaltungs-kosten steigen 1966 um 860%.

1967   Der *Beratende Volkskongreß*, eine vom Militär beherrschte Körperschaft, wählt *Suharto*
12. März   zum „*geschäftsführenden Präsidenten*"; Sukarno bleibt nominelles Staatsoberhaupt.

1968   General Suharto übernimmt auch formal das Amt des Staatspräsidenten. Er festigt seine
27. März   Macht, indem er sich zum Oberbefehlshaber aller Waffengattungen ernennen läßt.

1969   Das Offizierskorps besetzt die Zentralen von Verwaltung und staatlichen Unternehmen.

1970   Als *Sukarno* stirbt, sind seine Anhänger aus allen einflußreichen militärischen und politi-
21. Juni   schen Positionen entfernt.

1971   Die Militärregierung veranstaltet *Wahlen zum Repräsentantenhaus*. Ernst zu nehmende
3. Juli   Oppositionsparteien dürfen nicht kandidieren. Die Wahl bringt erwartungsgemäß der vom Militär kontrollierte *Golkar („Zentralsekretariat der Funktionsgruppen")* die Mehrheit. Umfangreiche ausländische Investitionen tragen zur Erhöhung der wirtschaftlichen Pro-duktivität und zur Abschwächung der Inflation bei. Der Lebensstandard der Bevölkerung steigt jedoch nicht. Die heimische Kleinindustrie ist durch die Konkurrenz ausländischer Waren in ihrer Entwicklung behindert.

1574 Neueste Zeit – Nicht durch Blockbündnis geprägter Teil der Welt

1973 5. Aug.	*Soziale Spannungen* entladen sich in *Rassenunruhen;* in Bandung kommt es zu Ausschreitungen gegen die chinesische Minderheit, die bezichtigt wird, aus der liberalen Wirtschaftspolitik unangemessene Vorteile zu ziehen.
1974 15. Jan.	Die Erbitterung über die einseitige wirtschaftliche Nutzung Indonesiens durch die Industriestaaten führt beim Besuch des japanischen Ministerpräsidenten *Tanaka* in Jakarta zu Demonstrationen und Straßenschlachten, in deren Verlauf 13 Menschen den Tod finden. Durch den Preisanstieg auf dem Rohölmarkt erhöhen sich die jährlichen *Einnahmen Indonesiens aus dem Ölexport* auf 3,45 Mrd. US-Dollar. Das Firmenkonglomerat *Pertamina,* das für den Ölexport verantwortlich ist, entwickelt sich zu einem bedeutenden Machtfaktor, der bei den meisten Wirtschaftsprojekten dominiert. Als sich wegen der weltweiten Rezession die Kredite verteuern, kann es seine anspruchsvollen, aber schlecht geplanten und durch Korruption geschädigten industriellen Entwicklungsvorhaben nicht finanzieren.
1975 12. März	Pertamina wird zahlungsunfähig. Suharto garantiert den ausländischen Kreditgebern die Begleichung der Pertamina-Schulden. Obwohl die gesamten Devisenreserven für die Schuldentilgung eingesetzt werden, bleibt vorläufig ein Defizit von 6,2 Mrd. Dollar.
28. Nov.	*Portugal* zieht sich schrittweise aus seiner Kolonie *Timor* (größte und östlichste der Kleinen Sundainseln) zurück. Auf der Insel entbrennt ein *Bürgerkrieg* um die Machtablösung, in dem die linksgerichtete *Fretilin* (Revolutionäre Front für ein unabhängiges Osttimor) zunächst die Oberhand gewinnt. Die Fretilin ruft die Unabhängigkeit aus.
7. Dez.	Suharto, der ein unabhängiges und überdies sozialistisch orientiertes Osttimor nicht dulden will, befiehlt eine *militärische Invasion.*
1976 31. Mai	In *Dili* (Hauptstadt von Portugiesisch-Timor) etabliert sich eine von Indonesien gestützte Regierung, die nach einigen Monaten Amtszeit Indonesien um Integration bittet.
17. Juli	Suharto entspricht dem Antrag und erklärt *Osttimor* zur *27. Provinz* seines Staates. Etwa 800 Partisanen der Fretilin führen den Kampf gegen die 40 000 Soldaten der indonesischen Besatzung weiter.
1977 8. Dez.	Unterdessen mehren sich die Proteste gegen die Korruption und Verschwendungssucht des Regimes. Suhartos Vorhaben, sich ein auf 9,6 Mio. US-Dollar veranschlagtes Mausoleum zu errichten, löst eine Welle von *Studentendemonstrationen* aus; 200 Studentenführer beschließen in Jakarta, eine Kampagne gegen die sozialen Mißstände einzuleiten.
1978 22. März	Ungeachtet des Widerstandes in der Bevölkerung läßt sich *Suharto* vom Volkskongreß einstimmig für *weitere fünf Jahre im Amt des Präsidenten* bestätigen.
1981	Die *UNO-Vollversammlung fordert für Osttimor das Selbstbestimmungsrecht* (11. Nov.).
1983	Sinkende Erdöl-Einnahmen und Haushaltsdefizit erzwingen *Sparmaßnahmen* (11. Jan.). Trotz Waffenstillstandsabkommen mit Fretilin (23. März) *erneut Guerillakämpfe;*
ab Aug.	Indonesien setzt Elitesoldaten ein.
1984	Unterzeichnung eines Kreditvertrages über 750 Mio. $ mit westlichen Banken (13. März).
11. April	Bekanntgabe eines *Plans zur Umsiedlung von 690 000 Javanern nach Irian Jaya* (West-Neuguinea, bis 1972: Irian Barat) wegen Übervölkerung Javas. – *(Forts. S. 1656)*

Philippinen

1946 **4. Juli**	Die *USA entlassen* die Philippinen *formal* in die **Unabhängigkeit** und lassen sich gleichzeitig durch den *Bell Trade Act* die Fortdauer des wirtschaftlichen Abhängigkeitsverhältnisses für 28 Jahre vertraglich garantieren. Die unbeschränkte und unverzollte *Einfuhr amerikanischer Waren* erschwert die Entwicklung einer heimischen Industrie. Die Landwirtschaft muß für ihre Produkte (Zucker, Kopra, Manilahanf) auf dem amerikanischen Markt einseitig festgesetzte Exportquoten hinnehmen.
1947 11. März	Das Recht zur „paritätischen" *Ausbeutung der Bodenschätze* (Kupfer) und zur gleichberechtigten Führung von Wirtschaftsunternehmen wird den USA durch eine manipulierte *Volksabstimmung* zugesprochen.
14. März	Ein Abkommen sichert den USA für die Dauer von 99 Jahren die Souveränität über 23 *Militärstützpunkte* zu. Die aus dem Kampf gegen die japanische Besetzung hervorgegangene *Huk* (Hukbalahap; Antijapanische Volksarmee) leistet, unter Führung der kommunistischen Partei, Widerstand gegen die pro-amerikanische Politik des Präsidenten *Manuel Roxas* (* 1892?, † 1948) und seiner Parteigänger aus der über 90% des Nationalvermögens verfügenden *Oligarchie der 200 Familien.*
1950 Okt.	Von den USA ausgerüstete, ausgebildete und befehligte philippinische Truppen führen einen Vernichtungsfeldzug gegen die Huk.
1951 30. Aug.	In einem Beistandsabkommen verpflichtet sich die Regierung auf der Seite der USA in den *Koreakrieg* einzugreifen; fünf Bataillone werden nach Korea entsandt. Obwohl die Huk-Bewegung durch die militärischen Aktionen geschwächt und ihre Führung zerschlagen ist, breiten sich die gegen die Oligarchie der Reichen und ihre amerikanischen Verbündeten gerichteten Unruhen über ganz Luzon und die Nachbarinseln aus.

Südostasien – Indonesien – Philippinen *1575*

1953 Ramón Magsaysay (* 1907, † 1957), der soziale Reformen verspricht, wird zum Präsiden-
1954 ten gewählt. Er leitet einige unzulängliche Änderungen des Pachtsystems ein. Statt der üblichen 50 % des Ernteertrages soll der Pächter „nur" noch 25 % an den Grundherren abliefern müssen. Die *Reformpolitik* kann sich gegen den geschlossenen Widerstand der Großgrundbesitzer nicht durchsetzen. Erfolgreicher ist Magsaysay in seinem Bemühen, mehr
wirtschaftliche Unabhängigkeit für sein Land zu erlangen.
1955 Eine *Revision des Bell Trade Act* beendet die Zollfreiheit für US-Waren (6. Sept.).
1957 Magsaysay kommt bei einem Flugzeugunglück ums Leben. Sein Nachfolger im Amt des
Präsidenten vertritt uneingeschränkt die Interessen der Oligarchie.
1963 Die Philippinen erheben *Einspruch gegen die beabsichtigte Gründung der Föderation*
5. Aug. *Malaysia.* Sie machen historische Rechte auf Sabah geltend und reichen deswegen Klage
beim Internationalen Gerichtshof ein. Als die Föderation dennoch unter Einschluß Sabahs
gegründet wird, unterstützen sie die Konfrontationspolitik Indonesiens gegen Malaysia.
1965 Nach einem von Ausschreitungen gekennzeichneten *„Wahlkampf"* siegen die in der *Natio-*
9. Nov. *nalistischen Partei* zusammengeschlossenen Gruppen mit ihrem Präsidentschaftskandidaten *Fernando Marcos* (* 1917, † 1989). Marcos unternimmt Ansätze, die Ertragslage der
Landwirtschaft anzuheben, den umfangreichen Schmuggel von Konsumgütern aus dem
Ausland einzudämmen und eine dringend benötigte Verbesserung der Infrastruktur einzuleiten. Der großangelegte Versuch scheitert daran, daß die Oligarchie und ihre Vertreter
im Parlament sich gegen Steuererhöhungen sperren. Dennoch bereitgestellte Finanzmittel
verschwinden durch Korruption, noch ehe die Projekte in Angriff genommen werden können. Der Umfang des Schmuggels vermindert sich vorübergehend um 40 %, um bald wieder
gewohnte Ausmaße anzunehmen.
1967 Durch die Züchtung einer *neuen Reissorte* (IR-8 Wunderreis), die 5- bis 6mal höhere
Erträge als herkömmliche Sorten erzielt, gelingt es, das Einkommen der Landwirtschaft zu
steigern. Die Einkommensverbesserungen wirken sich jedoch nur zugunsten der Großgrundbesitzer aus, die allein über Kapital verfügen, um die für den Anbau dieser speziellen
Reissorte notwendigen Maschinen und Chemikalien anzuschaffen. Der *Preiseinbruch* infolge der erhöhten Ernteerträge geht zu Lasten der Kleinbauern. Damit wächst die Zahl
derer, die ihr Land an Großgrundbesitzer verkaufen müssen, um als Pächter weiterzuarbeiten
zu können.
1968 Aus der Enteignung der Bauern und dem starken *Bevölkerungswachstum* (3,5 %) resultiert
eine *Arbeitslosenrate* von 19 %. Die Huk-Bewegung hat großen Zulauf. Es gelingt ihr, ausgedehnte Gebiete von Zentralluzon zu kontrollieren, wo Massenarmut herrscht.
1969 Der von *Faustino del Mundo* geführte, maoistische Flügel der Huk begründet die *Neue*
März *Volksarmee.* Diese sucht ein Bündnis mit dem liberalen Bürgertum und der linkskatholi-
schen Studentenschaft. In der anhaltenden Krise stellt sich Marcos zur Wiederwahl für das
Präsidentenamt. Die Finanzierung des Wahlkampfes, hauptsächlich die Ausgaben für die
Bestechung der Dorfvorsteher, die dafür sorgen, daß ihre Gemeinde für den freigiebigsten
Kandidaten stimmt, vermehrt innerhalb von neun Monaten den Geldumlauf um 24 %.
Nov. *Marcos* wird *wiedergewählt,* doch seine erneute Amtsübernahme, die im Zeichen einer
ausufernden Inflation steht, entfesselt eine öffentliche Diskussion über die Herkunft seines
in den vergangenen vier Jahren angesammelten Privatvermögens.
1970 Jan.: In Manila brechen gegen die korrupte Regierung gerichtete *Studentenunruhen* aus.
Juni *Islamische Separatisten* beginnen auf *Mindanao* einen Aufstand. Sie wehren sich dagegen,
daß immer mehr Christen von den übervölkerten Inseln des Archipels auf das relativ dünn
besiedelte Mindanao einwandern.
1971 Als in Manila neun Menschen durch ein Bombenattentat getötet werden, verkündet Marcos
21. Aug. die *Aufhebung der Grundrechte.*
1972 Nach einem weiteren Jahr blutiger Unruhen verhängt Marcos das Kriegsrecht und prokla-
23. Sept. miert den *Beginn der „Neuen Gesellschaft":* 50000 Verhaftungen von Regimegegnern,
Verbot der oppositionellen Presse, nächtliche Ausgangssperre, vorübergehende Schließung der Schulen, Preiskontrollen, Verstaatlichung der Massenverkehrsmittel.
31. Dez. Marcos ordnet die Bildung von *Barangays (Volksversammlungen)* an, die in den Dörfern
und Stadtbezirken zusammentreten und die Regierungspolitik durch Akklamation legitimieren sollen.
1973 Eine neue, von den Barangays gebilligte *Verfassung,* die dem Staatsoberhaupt diktatori-
17. Jan. sche Vollmachten verleiht, erlangt Gültigkeit.
Der Kampf der islamischen Separatisten nimmt an Heftigkeit zu. 250000 Regierungssoldaten kämpfen gegen 16000 Angehörige der *Nationalen Befreiungsfront der Moros,* die
über das benachbarte Sabah von Libyen mit Waffen versorgt werden.
1975 Die Philippinen nehmen *diplomatische Beziehungen zur VR China* auf (9. Juni).
1976 Normalisierung der *Beziehungen zur Sowjetunion* (2. Juni).
Nov. In Tripolis beginnen *Verhandlungen über* einen *Waffenstillstand* zwischen den islamischen
Separatisten und der philippinischen Regierung.

1576 Neueste Zeit – Nicht durch Blockbündnis geprägter Teil der Welt

1977 In einer Volksabstimmung entscheidet sich die überwiegend christliche Bevölkerung gegen
17. April die Autonomie, was die Fortsetzung des Krieges zur Folge hat.
         Unter dem Druck amerikanischer Menschenrechtsforderungen ordnet Marcos Wahlen für
1978 eine interimistische Nationalversammlung an. Der *Wahlkampf* der liberalen Opposition
         wird von dem zum Tode verurteilten Senator *Benigno Aquino* (* 1932, † 1983) vom Gefäng-
7. April nis aus geleitet. Trotz Manipulationen erhält seine Partei 40%. Aquino wird begnadigt.
1979 Der Erzbischof von Manila, *Jaime Kardinal Sin*, protestiert gegen das fortdauernde Kriegs-
5. Juli recht und fordert Marcos zum Rücktritt auf.
1980 *Aquino aus dem Gefängnis entlassen;* er darf in die USA ausreisen (8. Mai).
1981 *Papst Johannes Paul II. verurteilt* bei seinem Besuch die *Geburtenkontrolle* (19. Febr.).
1983 Benigno *Aquino* (* 1932, † 1983) bei Rückkehr aus dem Exil *in Manila ermordet;* Zeugen
21. Aug. beschuldigen Regierungssoldaten.
1984 Nach Wahlen (14. Mai) bildet *Ministerpräsident Cesar E. A. Virata* (* 1930), Premier seit
30. Juni 22. Juni 1981, auch das neue Kabinett.
24. Okt. Marcos' Vertrauter, *der Generalstabschef Fabian Ver, und der Polizeichef* werden wegen
         Verdachts der Komplizenschaft mit den Aquinomördern *beurlaubt.*
1986 *Marcos flieht* nach Unruhen ins Ausland. Die Oppositionsführerin *Corazon C. Aquino*
25. Febr. (* 1933) wird als *neue Staatspräsidentin* vereidigt. – *(Forts. S. 1656)*

Australien, Neuseeland und Ozeanien seit 1945

Australien
(Forts. v. S. 1224)

Weit mehr als der Erste hat der Zweite Weltkrieg auf den *Umwandlungsprozeß* Australiens von einer
britischen Kolonialgemeinschaft zu einer selbständigen Nation eingewirkt. Die außenpolitische Lage hat
sich entscheidend verändert: Japan als ein Faktor mittelbarer und unmittelbarer Bedrohung bleibt zunächst ausgeschaltet, dafür treten andere, Australien nicht minder gefährliche Nachbarn auf, nämlich die
bald nach Kriegsende unabhängig gewordenen Mächte Indien (1947), Indonesien (1949) und schließlich
die Volksrepublik China (1949).

1945   Nach dem Tod *John Curtins* (* 1885, † 1945) wird *Joseph Benedict Chifley* (Labor; * 1885,
Juli   † 1951) Premierminister. Sein wichtigster Beitrag ist die *Einwanderungspolitik.* Um den
        relativ bevölkerungsarmen Kontinent vor einer befürchteten Vereinnahmung durch die
        neuen asiatischen Staaten zu schützen, wird von diesem Zeitpunkt an die Einwanderung
        auch aus anderen europäischen Ländern als Großbritannien und Irland gefördert.
1945–1949 Über eine halbe Mio. Menschen wandern in Australien ein; davon sind nur ein Drittel briti-
        scher oder irischer Herkunft.
1949   *Wahlsieg der Liberal Party,* die Mitte der vierziger Jahre zum großen Teil aus der United
Dez.   Australia Party hervorgegangen ist. Bildung einer Koalition aus Country Party und Liberal
        Party unter Premierminister *Robert Gordon Menzies* (* 1894, † 1978). Beendigung der
        von der Labor Party vorangetriebenen Verstaatlichung der Schlüsselindustrien; Weiter-
        führung der Einwanderungspolitik (von 1950 bis 1970 wandern 2,5 Mio. Menschen ein)
        sowie der Sozialpolitik.
        Das Snowy-River-Projekt im Südosten des Kontinents, eine der größten Industrieplanun-
        gen der Welt, wird fortgesetzt. Dieses Vorhaben soll die künstliche Bewässerung der großen
        Flachlandgebiete östlich der Blauen Berge (Blue Mountains) sicherstellen. Die Errichtung
        von zwölf Talsperren und entsprechender Kraftwerke wird geplant.
1950   Australien unterzeichnet den *Vertrag von Colombo* (auf Ceylon), durch welchen den asia-
        tischen Entwicklungsländern (wie z. B. Indien, Pakistan und Indonesien) beim Aufbau ih-
        rer Volkswirtschaften vor allem durch Ausbildung von einheimischen Kräften in Australien
        geholfen werden soll.
1950–1953 Australien stellt den Vereinten Nationen im *Koreakrieg* Truppen zur Verfügung.
1952   Der **ANZUS-Pakt** (Australien, New Zealand, USA) tritt in Kraft. Er wird geschlossen, weil
28. April Australien und Neuseeland eine Sicherung gegen eine neue japanische Aggression wün-
        schen. Australien erkennt aber an, daß Japan eine neue Rolle als Bollwerk gegen den Kom-
        munismus zu spielen hat. Dieser Pakt setzt die während des Zweiten Weltkrieges begon-
        nene Anlehnung Australiens an die USA fort.
1957   Niederländisch-australische Erklärung über die *in West-Irian zu* ergreifenden Maßnah-
6. Nov. men: die Niederlande und Australien sehen in einer Föderation von *West- und Ostneugui-
        nea* (letzteres ist Treuhandgebiet Australiens) eine mögliche Lösung des Streitfalles zwi-
        schen Indonesien und den Niederlanden.

1961 10. April	Auf der Grundlage des *„Papua and New Guinea Act Nr. 2"* (1960) *Konstituierung eines gesetzgebenden Rates für Ostneuguinea* (bei einer Gesamtzahl von 37 Mitgliedern sind 11 Eingeborene vertreten).
1962 15. Jan.	Die australische Regierung, die die niederländische Haltung im West-Irian-Konflikt unterstützt, vertritt in dieser Frage notgedrungen die politischen Interessen der USA.
9. Mai	Australien erhält von den USA eine Hilfszusage für den Fall, daß die Territorien Papua und Ostneuguinea verteidigt werden müssen.
1966/1967	Australien ist um Stabilität und Gleichgewicht im Raum zwischen China und dem Indonesischen Archipel bemüht und tritt daher den neuen *südostasiatischen Paktsystemen* (**ASPAC** bis 1973 und **ASEAN**) bei, um seinen Einfluß geltend machen zu können. Die Bedeutung, welche die Regierung in Canberra Südostasien für die eigene Sicherheit beimißt, hat die Premierminister Robert Gordon Menzies (bis 20. Januar 1966) und *Harold Holt* (* 1908, † 1967) bewogen, *Truppen nach Südvietnam* zu schicken.
1968	Regierungserklärung: Weil die USA und Großbritannien sich anschicken, ihre Präsenz in Südostasien einzuschränken, ist Australien selbst nicht in der Lage, die Lücke zu füllen, da sein Militärpotential für die Verteidigung des eigenen Landes bestimmt ist.
26. Febr.	Nach dem Tod von Harold Holt wird *John Gray Gorton* (* 1911) Premierminister.
1969 25. Febr.	Gorton kündigt an, daß nach einem britischen Rückzug australische zusammen mit neuseeländischen Truppenkontingenten in Malaysia und Singapur stationiert bleiben, um diese Staaten gegen von außen gesteuerte *„kommunistische Infiltration und Subversion"* zu schützen.
Mai	Australien ist bemüht, von den USA Sicherheitsgarantien zu erhalten. Im Interesse des Selbstschutzes sieht sich Australien veranlaßt, die Asien-Politik der USA zu unterstützen.
16. Dez.	Australien beginnt einen Teil seiner in Vietnam stationierten 8000 Mann starken Truppe abzuziehen.

Wirtschaftliche Entwicklung

Bis in die fünfziger Jahre ist Australien noch von der Landwirtschaft bestimmt. Die Entdeckung von Bodenschätzen bewirkt jedoch eine wirtschaftliche Umstrukturierung. 1949 wird *Uran* im Gebiet von *Rum Jungle* bei *Darwin entdeckt;* 1954 werden weitere Vorkommen bei *Mary Kathleen* in *Queensland* gefunden. Bei der Uransuche findet man in Weipa und Gove im Norden des Landes *Bauxitlager* von hoher Konzentration. In den frühen sechziger Jahren Entdeckung von *Eisenerzvorkommen in Westaustralien.* Damit wird Australien, das bis dahin einen Mangel an Eisenerzvorkommen hat, zum potentiellen Exportland. 1961 wird ein erstes *Ölfeld* bei Moonie in *Queensland* erschlossen. Dieses relativ kleine Vorkommen wird jedoch ergänzt durch Erdölfunde auf der *Barrow-Insel* vor der Nordwestküste Australiens und im Schelfgebiet von Gippsland an der Südküste Victorias. Heute deckt die Erdölförderung 70% des eigenen Bedarfs. 1966 werden die reichen *Nickelfelder* von Kambalda in Westaustralien entdeckt. Neue Städte entstehen; Westaustralien, bisher Hinterland, wird verkehrstechnisch erschlossen. Die Schattenseiten des Booms sind: Rückgang auf dem Agrarsektor, Überfremdung der Wirtschaft (rd. 80% der wichtigsten Wachstumsindustrien werden von ausländischen Firmen kontrolliert), Bodenspekulation und

Zusammensetzung der australischen Exporte 1950–51 und 1980–81

Anwachsen der Millionenstädte Sydney und Melbourne bei gleichzeitiger Stagnation der Klein- und Mittelstädte.
Seit Beginn der fünfziger Jahre ändert sich aufgrund der Entdeckungen auf dem Bergbausektor und der sich fortsetzenden Industrialisierung die Zusammensetzung der australischen Exporte. Der Export von Bodenschätzen (am wichtigsten sind Eisenerz, Bauxit und Kohle) und von Industrieprodukten hat sich von 1950/1951 bis 1975/1976 prozentual gesehen ungefähr versiebenfacht, während der Export von landwirtschaftlichen Produkten sich im gleichen Zeitraum prozentual um fast die Hälfte verringert hat. 1966/1967 ist *Japan* an die Stelle von Großbritannien als Australiens *größter Handelspartner* getreten. 1976/1977 kommen 20% der australischen Importe aus Japan. Australien liefert im gleichen Jahr 80% seiner Eisenerz- und Kohle- und 27% seiner landwirtschaftlichen Exporte (1975/1976) an Japan.

Australiens Außenhandel nach Ländern

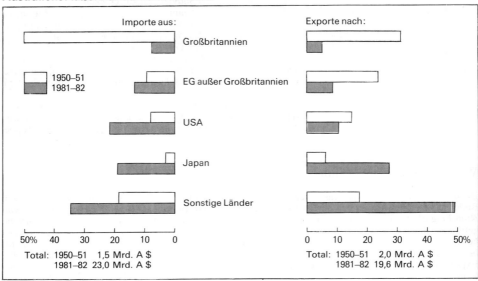

Als Antwort auf die *Wirtschaftskrise der siebziger Jahre* erhöht Australien die Einfuhrzölle, die 1978 durchschnittlich 15% für Industrieprodukte (EWG: 8%) betragen, und führt Importquoten (u.a. für Autos) ein. Im Haushaltsplan für 1978/1979 ist eine zusätzliche Steuer von 12,5% auf Waren, die unter Importquoten eingeführt werden, vorgesehen. Außerdem subventioniert die Regierung gefährdete Industriezweige (z.B. Textilindustrie). Die protektionistische Politik trifft vor allem Japan, das nicht zuletzt deshalb versucht, andere Rohstofflieferanten zu finden.
Auch binnenwirtschaftlich wird auf die neue Krise mit ähnlichen Maßnahmen geantwortet, wie sie zur Bekämpfung der Weltwirtschaftskrise von 1929–1932 angewendet wurden. Der *Haushaltsplan der australischen Bundesregierung für 1978/1979* sieht eine weitere Kürzung der Zahl der Beschäftigten im öffentlichen Dienst vor. Der Preis für Erdöl, der in Australien weniger als die Hälfte des Weltmarktpreises beträgt, soll auf das Niveau des Weltmarktpreises angehoben werden. Die Erhöhung von indirekten Steuern auf Genußmittel wie Bier und Zigaretten sowie die Einführung einer Ausreisesteuer ist geplant. Insgesamt zielt die Wirtschaftspolitik der Regierung auf ein geringeres Defizit im Staatshaushalt, Bekämpfung der Inflation und Erhöhung der Gewinne auf Kosten der Löhne.

Landwirtschaftliche Bruttoerzeugung Australiens

in Mio. A$	1977/78	1978/79	1979/80	1980/81	1981/82
Wolle	1206,3	1354,0	1651,4	1703,0	1860,0
Weizen	934,2	2420,0	2478,0	1678,0	2375,0
Zuckerrohr	420,5	400,0	548,2	805,2	600,0
anderes Getreide, Obst u. Feldfrüchte	1478,0	1831,0	2514,6	2602,0	2910,0
Fleisch[1]	1969,7	3409,0	3614,4	3518,0	3427,0
Milchprodukte, Eier	764,3	867,0	916,6	1137,0	1278,0

[1] einschließlich Geflügel

Australien, Neuseeland und Ozeanien – Australien *1579*

1971 Rücktritt Gortons. *William McMahon* (* 1908) wird Premierminister (10. März).
1972 Die *Parlamentswahlen* gewinnt die Labor Party unter *Edward Gough Whitlam* (* 1916)
2. Dez. und löst die seit 1949 regierenden Liberalen ab. Unter dem Eindruck der Annäherung USA–VR China kündigt Whitlam eine *Außenpolitik mit neuen Akzenten* an. Die Goodwill-Politik gegenüber den nichtkommunistischen südostasiatischen Staaten soll beibehalten, jedoch gleichzeitig auch auf Staaten mit anderen Gesellschaftssystemen ausgedehnt werden.
22. Dez. Aufnahme diplomatischer Beziehungen mit der Volksrepublik China.
1973 Aufnahme diplomatischer Beziehungen mit Nordvietnam; Einstellung der Militärhilfe für
26. Febr. Saigon und Abschaffung der allgemeinen Militärausbildungspflicht.
20.–25. Besuch Premier Whitlams in London: Lösung der letzten kolonialen Abhängigkeit von
April Großbritannien durch *Aufhebung des Appellationsrechts* der australischen Gerichte an den Privy Council.
4. Jan. In der Innenpolitik formelle Aufhebung der bisherigen White Australia Policy; damit ist die Einwanderung Farbiger grundsätzlich genehmigt – ein Zeichen für die *„Öffnung" Australiens zum asiatischen Raum* hin.
1974 Die konservative Grundstimmung im Land und die Tatsache, daß von den sechs Bundes-
10. April staaten vier von den Liberalen regiert werden (Wahlverluste der Labor Party in mehreren Bundesstaaten), zwingen Whitlam, beide Häuser des Parlaments vorzeitig aufzulösen.
18. Mai Bei den *Parlamentswahlen* kann die Regierungspartei mit leichten Verlusten ihre Mehrheit im Repräsentantenhaus behaupten, bleibt im Senat jedoch in der Minderheit.
11. Juni Neue Regierung unter Premier Whitlam.
1975 Vertreter von vier der nicht von der Labor Party regierten australischen Bundesländer
9. Sept. (Queensland, New South Wales, Victoria, Western Australia) verabschieden ein Abkommen über die Einrichtung eines Staatenrates; unmittelbar danach Beitritt von South Australia. Der Staatenrat soll als *beratende Körperschaft* der Verbesserung der Beziehungen zwischen den australischen Regierungen dienen.
14. Okt. Im Zusammenhang mit einer Korruptionsaffäre innerhalb der Regierung fordert die Opposition den Rücktritt der Regierung und Neuwahlen. Als Whitlam ablehnt, blockiert die Opposition im Senat, in dem sie die Mehrheit hat, eine Budgetvorlage der Regierung.
11. Nov. Der *Generalgouverneur entläßt den Premierminister* der Labor-Regierung *E. G. Whitlam* (verfassungsrechtlich umstritten) und beruft den Führer der oppositionellen Liberalen Partei, Malcolm Fraser (* 1930), interimistisch zum Regierungschef; Verabschiedung der Budgetvorlage; Auflösung von Senat und Abgeordnetenhaus.
16. Dez. *Malcolm Fraser* erringt bei den angesetzten Neuwahlen einen großen Sieg und bildet mit der Country Party eine Koalition; Ziel der Regierung ist eine erneute Annäherung an die USA.
19. Dez. Rückgängigmachung der australischen Anerkennung sowjetischer Souveränität über baltische Staaten.
1976 U-Boote der USA mit Kernwaffen an Bord erhalten Hafenrechte in der neuen *Marinebasis*
31. März *Cockburn Sound* am Indischen Ozean.
15. Juli Wiederaufnahme diplomatischer Beziehungen zu Chile (abgebrochen 1973 nach dem Sturz Salvador Allendes).
1977 Australien beschließt *Erschließung der Erdgasvorkommen.* 53 % der Förderung soll expor-
24. Aug. tiert werden; Hauptabnehmer Japan; Anlaufen der Produktion in größerem Maßstab jedoch nicht vor 1984.
25. Aug. *Aufhebung des Exportverbots für Uranerz;* Beginn des Abbaus.
10. Dez. Vorgezogene *Parlamentswahlen* bestätigen die Regierungskoalition aus Liberal Party und Country Party.
1978 Australien und Finnland unterzeichnen ein Abkommen über Sicherheitsbedingungen im
20. Juli Nuklearbereich. Damit ist für Finnland der Weg zu künftigen Urankäufen in Australien geöffnet.
28. Juli Die Unterzeichnung eines ähnlichen Vertrages mit Großbritannien wird durch die Brüsseler EG-Kommission verhindert.
3. Nov. Abkommen mit Aborigines über Uranerzabbau östlich von Darwin.
1979 Abkommen über Nuklear-Sicherheitsbedingungen mit Südkorea (2. Mai).
1980 *Differenzen und Kompromisse mit den Ureinwohnern* über Bergbaurechte (2. Okt.).
2. Nov. Der *Wahlsieger Malcolm Fraser* (Liberale Partei) *bildet die neue Regierung.*
1981 30. Ministertagung der ANZUS-Paktmitglieder in Wellington (22.–23. Juni).
1. Juli Kritik der Kirchen an der australischen Politik gegenüber den Ureinwohnern.
1982 Abkommen mit Neuseeland über gemeinsamen Markt (14. Dez.).
1983 *Parlamentswahlen. Sieger* der (am 8. Febr.) zum Vorsitzenden der Labor-Party gewählte
5. März *Robert Hawke* (* 1929); neue Regierung am 10. März. Währungsabwertung um 10%.
27. März Ca. 140000 Menschen protestieren gegen Kernwaffen und Uranförderung.
31. Mai Normalisierung der Beziehungen zur UdSSR.

1580 Neueste Zeit – Nicht durch Blockbündnis geprägter Teil der Welt

26. Okt. Kulturaustauschprogramm mit China.
11. Nov. *Rückgabe des Ulura-Nationalparks an die Ureinwohner.*
  1984 Treffen der Verteidigungsminister Neuseelands und Australiens in Canberra (11.–14. März).
8. Okt. Ministerpräsident *Hawke kündigt vorgezogene Neuwahlen an. – (Forts. S. 1659)*

Neuseeland
(Forts. v. S. 1225)

Auch nach dem Zweiten Weltkrieg bleibt die *wirtschaftliche Grundlage* Neuseelands die *Viehwirtschaft* (besonders Schafzucht) mit den darauf basierenden Verarbeitungsindustrien. Daneben wird die *Erschließung von Bodenschätzen* vorangetrieben: Erdölvorkommen bei Kapani (Erdölraffinerie im Whangarei), Erdgas sowie große Lagerstätten an eisen-titanhaltigem Sand. Die wirtschaftliche Aktivität der Bevölkerung und ihre Konsumkraft sind Voraussetzungen für den Ausbau des industriellen Sektors, auf dem fast alle Industriezweige vertreten sind, Schwermaschinenbau und metallverarbeitende Industrie ausgenommen.

1945 Das politische Verhältnis Neuseelands zum Mutterland Großbritannien ist nicht klar umrissen: der *Dominionstatus von 1907* bleibt ohne praktische Bedeutung.

1947 Neuseeland setzt das Statut von Westminster in Kraft und wird dadurch **souveräner Staat**
25. Nov. im britischen Commonwealth mit dem Recht, die seit 1852 bestehende Verfassung aus eigener Machtvollkommenheit abzuändern.

1949 In der Außenpolitik nimmt das souveräne Neuseeland eine ähnliche Haltung wie Austra-
4. Mai lien ein. Unter dem Eindruck der politischen Entwicklung in Südost- und Ostasien wird durch Volksentscheid die *allgemeine Wehrpflicht* wieder eingeführt (am 31. März 1959 von der Labour-Regierung unter Walter Nash abgeschafft). Innenpolitisch hält Neuseeland weiter an der *„Weiß-Neuseeland"-Einwanderungspolitik* fest.

30. Nov. Durch *Parlamentswahlen* löst die *New Zealand National Party* unter *Sydney George Holland* (* 1893, † 1961) die Labour-Regierung des seit 1940 amtierenden *Peter Fraser* (* 1884, † 1950) ab.

1951 Durch gesetzliche Verordnung wird die nach britischen Vorbildern geschaffene Volksver-
1. Jan. tretung mit „Oberhaus" und „Unterhaus" aufgehoben. Seitdem gibt es nur noch eine *einheitliche Volksvertretung* (House of Representatives, 80 Mitglieder, darunter 4 Maori).

1957–1960 *Regierung* der Labour Party unter *Walter Nash* (* 1882, † 1968).
1960–1972 *Regierung* der konservativen National Party unter *Keith Jacka Holyoake* (* 1904, †1983). Die Beziehungen zu Australien sind besonders eng.

1965 Abkommen über eine *Freihandelszone.*
13. Aug. Ähnlich wie Australien widmet Neuseeland den Veränderungen in Ost- und Südostasien wachsende Aufmerksamkeit. Die Beteiligung am *Vietnamkrieg* entspricht Erwägungen analog denen Australiens. Neuseeland entsendet allerdings nur etwa 400 Soldaten.

1972 Rücktritt Holyoakes. *John Marshall* (* 1912) wird Premierminister (7. Febr.).
  Bei den *Parlamentswahlen* siegt die Labour Party über die Konservativen, die seit 1960
25. Nov. Regierungspartei sind; *Premierminister* wird *Norman Eric Kirk* (* 1923, † 1974). Mit dem Regierungswechsel vollzieht sich auch eine Verschiebung der außenpolitischen Prioritäten.
22. Dez. Aufnahme diplomatischer Beziehungen mit der VR China und Abbruch der Beziehungen zu Taiwan. Die außenpolitische Neuorientierung Neuseelands hat wirtschaftliche Gründe: für die traditionellen Ausfuhrgüter müssen neue Märkte (USA, Japan und die EG schirmen ihre Agrarwirtschaft durch protektionistische Maßnahmen ab) erschlossen werden; Bemühungen in dieser Hinsicht erstrecken sich u. a. auf die VR China und Iran.

1974 Nach dem Tod von Norman Eric Kirk (31. August 1974) wird *Wallace Rowling* (* 1927)
6. Sept. Premierminister.

1975 Abwertung des neuseeländischen Dollar um 15 Prozent wegen wachsender Unausgegli-
9. Aug. chenheit der Zahlungsbilanz.
29. Nov. *Parlamentswahlen* bringen der bisher oppositionellen *National Party* die absolute Mehrheit; neue *Regierung Robert David Muldoon* (* 1921). Die Regierung versucht, der *Wirtschaftskrise der siebziger Jahre* durch erhöhte Staatsausgaben zu begegnen.

1978/1979 Im *Haushaltsplan* sind garantierte Mindestpreise für Milchfett, Wolle, Lamm- und Rindfleisch vorgesehen.

1979 Abwertung des neuseeländischen Dollar um 5% (21. Juni).

1981 *Knapper Sieg* Muldoons *bei Parlamentswahlen* und Kabinettsumbildung, um eine neue
28. Nov. Wirtschaftsstrategie zu verwirklichen (10. Dez.).

1983 *Neuseeland-Dollar um 6% abgewertet* (8. März); Lohn- und Preisstopp verlängert (23. Mai).

1984 *David Lange* (Labour-Party, * 1942) gewinnt die Parlamentswahlen und *wird Ministerprä-*
14. Juli *sident;* Regierungsbildung am 24. Juli. *– (Forts. S. 1660)*

Ozeanien
(Forts. v. S. 1226)

Entkolonisierungsbestrebungen seit dem Zweiten Weltkrieg erfassen auch Melanesien, Mikronesien und Polynesien. Die Berührung der eingeborenen Völker Ozeaniens mit den Wertsystemen und der technischen Überlegenheit der Europäer löst mannigfach Konfliktsituationen aus. Vom *„Cargo-Kult"* ergeben sich Verbindungen zu konkreten politischen und sozialrevolutionären Konzeptionen.

1947 Die USA übernehmen die *Verwaltung Mikronesiens* (früher japanisches Völkerbunds-
19. Juli mandat).

1951 *Ostsamoa*, das den Status einer US-amerikanischen Kolonie hat, erhält die *Selbstverwal-*
29. Juni *tung* unter US-Kontrolle.

1956 *Französisch-Ozeanien:* Gesellschafts-, Paumotu- und Marquesasinseln in Polynesien sowie Neukaledonien und die Neuen Hebriden (britisch-französisches Kondominium: Unabhängigkeit für 1980 vorgesehen) gilt als überseeisches Gebiet und erhält eine gewählte Territorialverfassung.

1957 *Französisch-Polynesien* konstituiert sich.

1962 *Westsamoa* wird als Samoa i Sisifo *unabhängig.* Die Verfassung greift z. T. auf altpolynesi-
1. Jan. sche Herrschaftsmodelle zurück.

1963 Die *Ellice-* und *Gilbertinseln* in den mikronesisch-polynesischen Randzonen, als britische
Juli Kolonie verwaltungsmäßig dem Hochkommissar für den westlichen Pazifischen Ozean unterstehend, erhalten *Selbstverwaltungskörperschaften.*

1965 Die Cookinseln *Niue* und *Tokelau,* die unter neuseeländischer Oberhoheit stehen, er-
4. Aug. halten die *Selbstverwaltung.*

1968 Die Phosphatinsel *Nauru* erhält die *Unabhängigkeit* mit dem Status einer „besonderen
31. Jan. Mitgliedschaft" im britischen Commonwealth (Teilnahme an Treffen, bei denen technische Fragen, Erziehungs- und Gesundheitswesen u. a. behandelt werden.) Nauru, von 1888 bis 1914/1919 unter deutscher Oberhoheit, wird seit dem Ersten Weltkrieg in fünfjährigem Wechsel von Großbritannien, Australien und Neuseeland als Völkerbundsmandat verwaltet und ist seit 1947 Treuhandgebiet der UN.

1970 *Tonga* (Inselgruppe in Südwestpolynesien) wird *unabhängiges Königreich* und bleibt Mit-
4. Juni glied des britischen Commonwealth.

10. Okt. Die *Fidschiinseln,* vorher ebenfalls britisch, werden *unabhängig* und bleiben im britischen Commonwealth.

1971 Gründung des **Südseeforums** als Basis für die Zusammenarbeit der Südseegebiete. Ihm gehören Australien, Neuseeland (mit den autonomen Cookinseln), Fidschi, Nauru, Tonga, Westsamoa, Niue und Papua-Niugini an.

1973 Auf der vierten Tagung des Südseeforums in Apia auf Westsamoa wird das *South Pacific*
17.–20. *Bureau for Economic Co-operation* gegründet; Aufgaben: Ausweitung des Handels und
April Entwicklungsfragen.

1975 *Papua-Niugini* erhält eine Verfassung (15. Aug.) und wird *unabhängige parlamentarische*
16. Sept. *Monarchie* im Commonwealth (Papua-Neuguinea: australisches Territorium Papua und ehemals deutsches Treuhandgebiet Neuguinea mit Bismarckarchipel).

1976 Die Inselgruppe der *Salomonen* erhält die *innere Selbstregierung;* im gleichen Jahr finden
2. Jan. erstmals Parlamentswahlen und die Bildung eines eigenen Kabinetts statt.

1977 *Neukaledonien* stimmt *gegen die Unabhängigkeit von Frankreich* (10./11. Sept.).

1978 Die *Nördlichen Marianen erhalten die innere Autonomie* als US-Commonwealth (Jan.).
7. Juli Die *Salomonen proklamieren ihre Unabhängigkeit* als konstitutionelle Monarchie unter der britischen Krone.

1. Okt. *Tuvalu* (Elliceinseln) *unabhängig* unter der britischen Krone.

1979 Die *Marshall-Inseln erhalten volle innere Autonomie* (1. Mai) und wählen 1980 den Status eines US-Commonwealth.

Mai Die Distrikte Kosrae, Ponape, Truk und Yap werden als *Vereinigte Staaten von Mikronesien weitgehend unabhängig.*

12. Juli *Kiribati* (Gilbertinseln) *unabhängige Republik* im britischen Commonwealth.

1980 Als *Republik Vanuatu* werden die Neuen Hebriden *unabhängig* (30. Juli).

1981 Die Inselgruppe der Palauinseln *konstituiert* sich als *Republik Belau* (1. Jan.).

1983 Die Republik Belau wählt die freie Assoziierung mit den USA (10. Febr.).
2. Sept. Assoziationsvertrag mit den USA in den Vereinigten Staaten von Mikronesien gebilligt.
– *(Forts. S. 1660)*

1582 Neueste Zeit – Nicht durch Blockbündnis geprägter Teil der Welt

Lateinamerika seit 1945

Während im 19. Jh. und der ersten Hälfte des 20. Jh.s die Unterschiede zwischen den einzelnen lateinamerikanischen Ländern eher größer geworden sind, haben sich seit 1960 Formen der **Integration** oder des zwischenstaatlichen Verkehrs herausgebildet, die einen vielfältigen Annäherungsprozeß darstellen, der wiederum zur Bildung einer zusammenhängenden **Wirtschaftsregion** führen kann. 1960 kommt es zur Gründung des „Zentralamerikanischen Gemeinsamen Marktes" *(Mercado Común Centroamericano; MCCA)* sowie der „Lateinamerikanischen Freihandelsvereinigung" *(Asociación Latinoamericana de Libre Comercio; ALALC).* Diese Zusammenschlüsse stellen die ersten ernst zu nehmenden lateinamerikanischen Integrationsverträge dar. Ziel des MCCA ist die Ausdehnung der Importsubstitution auf den Bereich der Investitionsgüter, die Ausfuhrförderung gewerblicher Erzeugnisse und die Schaffung eines integrierten lateinamerikanischen Marktes; auf dem Weg der Überwindung ökonomischer Probleme (wirtschaftliche Not, Mangel an Industrialisierung) wird der Integrationsgedanke wiederbelebt.
Der durch den *Vertrag von Managua* (13. Dezember 1960 in der Republik Nicaragua) gegründete MCCA läßt für 95% aller in den Mitgliedsländern produzierten Erzeugnisse die Handelsschranken sinken. Der Anteil des gegenseitigen Warenaustausches nimmt erheblich zu (von 1960: 7% auf 1970: 27% des Außenhandelsvolumens der Mitgliedstaaten). Der „Fußballkrieg" (1969) zwischen Honduras und El Salvador schadet zwar vorübergehend den wirtschaftlichen Integrationsbemühungen; inzwischen sind jedoch ernsthafte Bestrebungen zu verzeichnen, den MCCA in eine „Wirtschafts- und Sozialgemeinschaft" mit Schwerpunkt auf einem abgestimmten Industrialisierungsprogramm umzugestalten.
Die durch den *Vertrag von Montevideo* (18. Februar 1960 in der Republik Uruguay) gegründete ALALC umfaßt heute außer den drei Staaten Guayanas alle südamerikanischen Länder. Bei der Gründung dieser Freihandelsvereinigung haben einige Länder ihren Willen bekundet, eine echte wirtschaftliche Integration (besonders im industriellen Bereich) mit politischen Folgen (Integration) zu erreichen, schließlich hat sich jedoch die Vorstellung der großen Länder (Mexiko, Argentinien, Brasilien) durchgesetzt, denen es vor allem über eine Liberalisierung des Handels um die Erweiterung des gegenseitigen Warenverkehrs geht. Der gegenseitige Handel der Mitgliedsländer nimmt von (1960) 7% auf (1973) 11% bei gleichzeitiger Verlagerung zugunsten von Erzeugnissen der verarbeitenden Industrie zu. Die ALALC leidet seit ihrer Gründung unter Fehlentwicklungen und schwerwiegenden Krisen; vor allem fällt das erzielte Ergebnis für einzelne Staaten sehr unterschiedlich aus. Am meisten profitieren die wirtschaftlich entwikkelteren Länder Argentinien, Brasilien, Mexiko, während die mittleren Länder aus Enttäuschung über die Entwicklung der ALALC später den *Andenpakt* gründen. Die Krise der Freihandelsvereinigung ist bis heute nicht überwunden; das Programm des kontinuierlichen Zollabbaus bis hin zur vollen Liberalisierung ist nicht eingehalten. Das *Protokoll von Caracas* (1969; in Venezuela) sieht zwar verschiedene Verhandlungsrunden zur ALALC-Reform vor, konkrete Ergebnisse werden jedoch nicht erzielt. Die Stagnation ist darauf zurückzuführen, daß die einzelnen Staaten infolge der eigenen nationalen Probleme zu den erforderlichen Zugeständnissen gegenüber anderen Mitgliedsländern nicht bereit sind.
Der *Andenpakt* geht auf die „*Deklaration von Bogotá*" (1966; in Kolumbien) zurück, in der die Möglichkeit von subregionalen Abkommen zwischen den kleineren und mittleren Ländern einerseits und einem der größeren Länder der ALALC andererseits vorgeschlagen wird. Offiziell gegründet wird er 1969 in Cartagena de Indias *(Acuerdo de Cartagena);* dabei wird erstrebt, mit Hilfe des Andenpaktes, dem Chile, Peru, Bolivien, Kolumbien, Ecuador, Venezuela (seit 1973) angehören, eine Umstrukturierung der ALALC herbeizuführen. Das eigentliche Ziel des Paktes ist sozio-ökonomischer Art: die wirtschaftliche Integration soll zur gleichgewichtigen Entwicklung der Partnerstaaten und damit zur Anhebung des Lebensstandards der Menschen führen. Das *Liberalisierungsprogramm* sieht bis Ende 1980 den vollständigen Abbau der Zölle und Importrestriktionen vor. Angestrebt wird nicht nur die Bildung eines gemeinsamen Marktes, sondern auch eine Wirtschaftsunion (allerdings keine politische Union). Von besonderer Bedeutung ist das gemeinsame Statut über die Behandlung ausländischer Investitionen *(Decisión 24),* das die Überfremdung einheimischer Firmen verhindern soll. Die bisher positivste Entwicklung des Andenpakts zeigt sich im Bereich der Handelsliberalisierung und des internen Warenverkehrs. Zu den Hauptproblemen des Pakts gehören zum einen die vielfältigen Infrastrukturprobleme (Entfernungen, Bodenverhältnisse, unterschiedliche Bevölkerungsdichte, ungenügende Hafenkapazitäten), zum anderen die strukturelle Heterogenität der wirtschaftlichen und politischen Systeme der einzelnen Mitgliedstaaten.
Neben den „offiziellen" Integrationsverträgen gibt es eine Reihe *außerinstitutioneller Ansätze* zur Intensivierung der Beziehungen; hierzu zählen die informellen Kontakte zwischen den Unternehmern, die Gründung bi- oder multinationaler lateinamerikanischer Unternehmen, Kooperationsverträge zwischen mehreren Staaten; bilaterale Staatsverträge (Handelsliberalisierung, gemeinsame Industrieinvestitionen), Anlage von Verkehrswegen.
Im karibischen Raum beginnt der Integrationsprozeß mit dem *Vertrag von St. John's* (1968), der eine Freihandelsvereinigung konstituiert *(Caribbean Free Trade Area; CARIFTA),* die 1973 durch den Vertrag von Chaguaramas in eine Wirtschaftsgemeinschaft *(Caribbean Common Market; CARICOM)* umgewandelt wird. Neben Guyana gehören zum Integrationsraum CARIFTA/CARICOM mehrere Inselstaaten.

Auf Initiative Mexikos und Venezuelas wird im Oktober 1975 die gesamtlateinamerikanische Wirtschaftsorganisation *Sistema Económico Latinoamericano (SELA)* mit Sitz in Caracas gegründet. Ziel ist die gegenseitige Konsultation, Koordinierung und Zusammenarbeit im wirtschafts- und sozialpolitischen Bereich sowie die Wahrung gemeinsamer Interessen.

Die **panamerikanische Bewegung** gewinnt während des 2. Weltkriegs an Aufschwung. Aufbauend auf der *Akte von Chapultepec* (1945; Schloß südwestlich von Mexico City) wird 1947 der *Interamerikanische Beistandspakt* unterzeichnet. Die 1948 gegründete „Organisation Amerikanischer Staaten" – OAS (Ziele: gemeinsames Handeln bei Aggressionen, friedliche Regelung von Streitigkeiten, Förderung der wirtschaftlichen und kulturellen Zusammenarbeit) wird unter Druck der USA immer mehr ein Instrument zur Abwehr des Kommunismus auf dem lateinamerikanischen Kontinent. Auf der 7. *Konferenz in Punta del Este* (1962; in Uruguay) wird der Marxismus-Leninismus als unvereinbar mit dem interamerikanischen System erklärt, anschließend auf einer Tagung in Washington (1964) Kuba ausgeschlossen. Um weitere revolutionäre Entwicklungen zu verhindern und Kuba zu isolieren, konzipieren die USA eine neue Lateinamerika-Politik, die auf die schrittweise Einführung einer gelenkten kapitalistischen Entwicklung abzielt. 1961 verkündet US-Präsident John F. Kennedy ein 10-Punkte-Programm, das eine „Allianz für den Fortschritt" *(Alianza para el progreso)* zwischen den USA und Lateinamerika darstellen soll. Das anspruchsvolle soziale und wirtschaftliche Reformprogramm (Bildungs- und Gesundheitswesen, Wohnungsbau, Beschäftigungspolitik, Boden- und Steuerreformen), dessen Grundzüge in der *Charta von Punta del Este* niedergelegt sind, gilt heute als gescheitert. Die Allianz für den Fortschritt wird im System der OAS verankert; gegen die US-Vorherrschaft wird die OAS-Charta 1967 in Buenos Aires revidiert. Obwohl US-Präsident Richard M. Nixon 1969 eine partnerschaftliche Lateinamerikapolitik verkündet, bleiben die Beziehungen zwischen den USA und dem Subkontinent unbefriedigend; allerdings verlieren die USA zusehends ihre Stellung als Hegemonialmacht der OAS. Ab 1977 treten wegen der US-Menschenrechtspolitik der Regierung Jimmy Carters Spannungen (vor allem mit konservativen Militärdiktaturen) auf.

Die Organisation der Amerikanischen Staaten – OAS (nach der Reform von 1967)

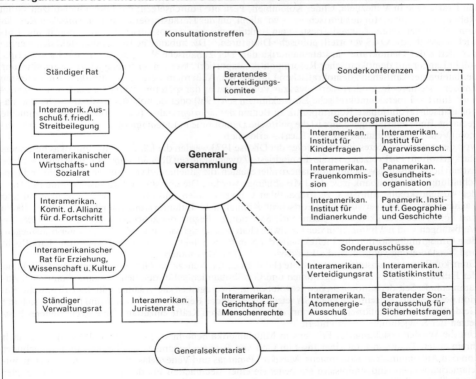

Einer der bedeutendsten gesellschaftlichen Faktoren Lateinamerikas ist die **katholische Kirche**. Von den verschiedenen Strömungen im lateinamerikanischen Katholizismus sind vor allem die konservative „neue Christenheit", der sich an der katholischen Soziallehre orientierende *Sozialkatholizismus* sowie der „offene Katholizismus" zu nennen; letzterer orientiert sich an der Realität der politischen, wirtschaftlichen

1584 Neueste Zeit – Nicht durch Blockbündnis geprägter Teil der Welt

und soziale Verhältnisse, propagiert die *Theologie der Befreiung* und tritt ausdrücklich für politisches Engagement der Kirche ein. Diese Richtung findet jedoch nicht die Unterstützung der Päpste Paul VI. und Johannes Paul II. bei ihren Besuchen im Jahre 1968 bzw. ab 1979. Seit 1983 befaßt sich auch die römische Glaubenskongregation kritisch damit.

Nach dem 2. Weltkrieg durchläuft das Verhältnis Staat–Kirche im großen und ganzen *vier Phasen:* in der ersten (1956–1966) arbeiten Kirche und Staat eng zusammen; Ziel ist die Beschleunigung des wirtschaftlichen Wachstums, um mit Hilfe des Entwicklungsbooms die vorhandene Unterentwicklung zu beseitigen; in der zweiten Phase (1967–1970) kommt es infolge von politischer Verhärtung auf der einen (Militärregierungen, Repression) und Radikalisierung auf der anderen Seite (Studentenunruhen, Guerillabewegungen) zu innerkirchlichen Krisen und Spaltungen der Bischofskonferenzen; die dritte Phase (1970–1973) zeichnet sich durch eine reservierte Haltung der Kirche gegenüber den neuen Regierungen und Experimenten in verschiedenen Ländern (Chile, Argentinien, Bolivien, Peru) aus; in der vierten und bisher letzten Phase (seit 1973) kommt es immer häufiger zu *Auseinandersetzungen zwischen Staat und Kirche,* die sich der von vielen Militärregierungen propagierten *Doktrin der nationalen Sicherheit* widersetzt und für die Respektierung der demokratischen und sozialen Grundrechte einsetzt, ja sogar in vielen Fällen, etwa in Argentinien, Brasilien, Chile, nicht die *offene Konfrontation* mit den Regierungen scheut.

Eine der bedeutendsten Konstanten in der politischen Landschaft Lateinamerikas ist das **Militär.** Je schwächer politisch-soziale Institutionen sind, desto bedeutsamer ist die Rolle der Armee. Vor allem in den Ländern, in denen die nationale Integration fehlt, schwingen sich Militärs zu *„Rettern der Nation"* auf, die in den letzten Jahrzehnten – im Gegensatz zu früher – zusehends zum Motor wirtschaftlicher und sozialer Veränderungen geworden sind. Dabei begreifen sie sich als Reformer und Schöpfer der nationalen Integration. Gründe für ihre *Interventionen* sind u.a. ihr Gruppen- und Klasseninteresse sowie die häufige Regierungsunfähigkeit ziviler Gruppierungen. Die verschiedenen Militärregime haben selten dieselben Zielvorstellungen, wenden aber zumeist dieselben Methoden an. In den fünfziger Jahren gibt es noch eine Reihe personalistischer Diktaturen, die von zivilen Kräften demokratischer Reformpolitik abgelöst werden. Zu Beginn der sechziger Jahre hat es zunächst den Anschein, als würden sich diese zivilen Kräfte (wie in Venezuela, Chile, Kolumbien, Perú etc.) durchsetzen; die USA unterstützen sie im Rahmen der „Allianz für den Fortschritt" – vor allem, um der Herausforderung der *kubanischen Revolution* entgegenzutreten. Zeitweilig besteht ein Junktim zwischen demokratischer Reformpolitik und Entwicklungshilfe, die OAS verurteilt politische Diktaturen. – Die kubanische Revolution stellt den Beginn der „Krise der Demokratie" in Lateinamerika dar. Der kubanische Weg zur Macht, die Landguerilla, soll in Länder mit demokratischer Reformpolitik „exportiert" werden; er trägt auch zur Zersplitterung der lateinamerikanischen „demokratischen Linken" bei. Außerdem werden die Streitkräfte der meisten Länder systematisch „modernisiert", was zur Voraussetzung der späteren *Politik der „nationalen Sicherheit"* führt. – Liberaldemokratische Entwicklungen seit 1960 oder demokratisch-sozialistische und nationalistisch-revolutionäre Reformpolitik zu Beginn der siebziger Jahre (Chile, Bolivien) sind zunichte gemacht. Ende der siebziger Jahre ist die politische Demokratie in Lateinamerika – mit wenigen Ausnahmen (Venezuela, Kolumbien, Costa Rica) – erloschen.

Von der weltweiten Rezession im Gefolge der Ölkrise 1973 werden die Länder Lateinamerikas besonders stark getroffen: 1981 verzeichnen sie die niedrigste Zuwachsrate seit über 30 Jahren. Gründe dafür sind die extrem hohe Auslandsverschuldung nahezu aller Staaten, die zunehmend von Stützungskrediten und Umschuldungen der Weltbank bzw. des IMF abhängig werden. Die überstürzte Industrialisierung mit Hilfe der Auslandskredite führt u.a. zu irreparablen Umweltschäden und bringt mangels Eigenkapital und Fachkräften nicht den erwünschten Fortschritt. Kapitalflucht, Inflation (zum Teil jährlich mehrere 100%) und hohe Arbeitslosigkeit kennzeichnen die Situation zu Beginn der achtziger Jahre. Über 50% der Erwerbstätigen sind noch immer in der Landwirtschaft beschäftigt, deren Produktivität unter brachliegendem Großgrundbesitz und der Ineffektivität der Minifundien leidet. Bevölkerungswachstum, Landflucht und Verstädterung vergrößern die Elendsviertel in den Metropolen.

Grenzkonflikte um rohstoffreiche Gebiete (Peru–Ecuador, Venezuela–Guyana, Argentinien–Chile) und der Falkland-Krieg zwischen Argentinien und Großbritannien gefährden den inneramerikanischen Zusammenhalt. Seit der sandinistischen Revolution in Nicaragua ist die gesamte mittelamerikanische Region permanenter Krisenherd. Die USA setzen verschiedene Regimes unter Druck und bemühen sich mit Geld, Waffen und Militärberatern darum, die revolutionären Kräfte einzudämmen und ein weiteres Festsetzen der Sowjetunion zu verhindern.

Um die Wiederherstellung des Friedens in Mittelamerika bemüht sich seit Januar 1983 auch die nach ihrem ersten Tagungsort auf einer Insel im Golf von Panama benannte „Contadora-Gruppe", gebildet von den Außenministern Kolumbiens, Mexikos, Panamas und Venezuelas. Zusammen mit anderen mittelamerikanischen Außenministern erarbeitet sie einen detaillierten Friedensplan, der den Abzug aller ausländischen Truppen und Militärberater aus den Krisengebieten, das Verbot von Waffenlieferungen dorthin, freie Wahlen und Wirtschaftshilfen vorsieht. Im September 1984 berät die Gruppe mit den EG-Außenministern in San José (Costa Rica) über politische und wirtschaftliche Zusammenarbeit, und im Oktober 1984 legt sie ihren in Einzelheiten modifizierten Friedensplan dem UNO-Sicherheitsrat vor.

Während in den siebziger Jahren die meisten Staaten Lateinamerikas durch Militärdiktaturen regiert werden, stellen diese Regierungsformen in den achtziger Jahren eher die Ausnahme dar, obwohl die Militärs

Lateinamerika *1585*

nach wie vor eine beherrschende Macht bilden. In der Regel können die Militärregimes die Wirtschaftskrisen nicht bewältigen; Staaten wie Brasilien und Argentinien kehren am Beginn der achtziger Jahre zur Demokratie zurück. – *(Forts. S. 1662)*

Bevölkerungsentwicklung

Länder	1960 (Tausend Einwohner)	1970 (Tausend Einwohner)	1980 (Tausend Einwohner)	Durchschnittliche jährliche Wachstumsrate 1960–1970 (in %)
Argentinien	19937	23212	26938	1,5
Bolivien	3825	4931	6374	2,6
Brasilien	69797	92764	121,100	2,9
Chile	7683	8880	10306	1,5
Costa Rica	1254	1740	2407	3,3
Dom. Republik	3036	4067	5466	3,0
Ecuador	4358	6093	8512	3,4
El Salvador	2454	3424	4783	3,4
Guatemala	3810	5189	7042	3,1
Honduras	1849	2582	3607	3,4
Kolumbien	15397	21117	28935	3,2
Mexiko	35022	49090	68580	3,4
Nicaragua	1420	1868	2462	2,8
Panama	1062	1434	1927	3,0
Paraguay	1751	2223	2874	2,6
Peru	10170	12953	16420	2,4
Uruguay	2540	2886	3284	1,3
Venezuela	7349	10258	14331	3,5
Lateinamerika	198965	261981	343825	2,8

Bevölkerungsgliederung nach dem Alter (%)

Land	Jahr	unter 15	15–30	30–45	45–65	65 u. mehr
Argentinien	1975	28	25	19	20	8
Bolivien	1975	42	27	16	12	3
Chile	1975	36	28	17	14	5
El Salvador	1975	46	26	14	11	3
Honduras	1975	48	25	14	10	3
Kanada	1975	26	28	18	19	9
Kolumbien	1975	46	27	14	10	3
Kuba	1975	38	24	17	15	6
Mexiko	1974	46	26	15	9	4
Panama	1975	43	26	15	12	4
Paraguay	1972	45	26	14	11	4
Peru	1975	44	26	15	11	4
Venezuela	1975	44	28	14	11	3
Vereinigte Staaten (im Vergleich)	1974	26	26	17	20	10

Inflationsrate einiger lateinamerikanischer Staaten (bezogen auf den Dollar-Wechselkurs)

	1970	1971	1972	1973	1974	1975	1976
Argentinien	100	134,7	213,5	342,2	425,0	1202,0	6539,0
Brasilien	100	120,0	140,0	158,0	201,0	260,0	368,0
Chile	100	120,1	213,5	966,7	5846,0	27752,0	86565,0
Ecuador	100	108,4	117,0	132,1	163,0	188,0	208,1
El Salvador	100	100,3	102,0	108,6	126,8	151,1	161,7
Kolumbien	100	109,1	124,6	152,9	190,3	239,2	280,8
Mexiko	100	105,4	110,7	124,0	153,4	176,4	204,3
Paraguay	100	105,0	114,7	129,3	161,9	172,8	180,5
Peru	100	106,8	114,5	125,4	146,5	181,2	241,8
Uruguay	100	125,4	225,4	446,1	797,4	1446,4	2178,7
Venezuela	100	103,3	106,2	110,6	119,7	132,0	142,0

1586 Neueste Zeit – Nicht durch Blockbündnis geprägter Teil der Welt

Ernährungslage in Lateinamerika

	Einheiten Kalorien pro Tag		Proteine g pro Tag		Lebenserwartung bei Geburt	
	1961	1970	1961	1970	1960–65	1965–70
Argentinien	3060	3150	97,9	98,6	66,0	68,2
Bolivien	1640	1840	43,2	45,8	43,8	45,5
Brasilien	2430	2600	60,7	63,8	58,2	61,3
Chile	2350	2460	66,8	70,9	58,5	61,4
Dom. Republik	2080	2060	45,7	50,1	49,6	52,0
Ecuador	1850	2040	46,2	49,0	54,3	57,7
El Salvador	1870	1890	53,1	51,3	50,9	55,4
Guatemala	1890	2120	53,4	58,7	48,7	51,9
Kolumbien	2180	2250	49,8	50,8	56,3	57,9
Mexiko	2500	2560	65,0	65,1	60,2	62,8
Panama	2560	2520	59,1	60,5	45,4	50,2
Paraguay	2590	2800	76,1	73,5	57,3	60,7
Peru	2290	2310	61,0	61,5	54,0	58,0
Uruguay	3070	2860	110,2	95,6	67,9	69,4
Venezuela	2230	2460	58,6	62,3	61,0	64,1

Mittelamerikanische Staaten mit Mexiko

Mexiko
(Forts. v. S. 1200)

Zu den Merkmalen der mexikanischen Entwicklung seit dem 2. Weltkrieg gehört die mit einer Begrenzung der Teilnahme breiter Bevölkerungskreise erkaufte *politische Stabilität*. Seit der Gründung (1929) des damals noch anders genannten *Partido Revolucionario Institucional (PRI)* wird Mexiko von dieser Partei beherrscht. Für eine echte Opposition ist innerhalb dieses Systems kaum Platz. Einzige Oppositionspartei von einiger Bedeutung ist der *Partido de Acción Nacional (PAN)*.
Mexikos Wirtschaftsstruktur ist trotz fortschreitender Industrialisierung noch immer vom Agrarsektor gekennzeichnet. Die bereits in der Revolutionsverfassung von 1917 verankerte Agrarreform mit ihrem umfangreichen Umverteilungsprogramm ist bisher nicht abgeschlossen. Mexikos heutiges *Wirtschaftssystem* ist gemischtwirtschaftlich. Der Staat spielt in der Wirtschaft eine entscheidende Rolle. Seit Jahren erfolgen etwa 50% der Neuinvestitionen durch staatliche Aktivität. Das unter Präsident *Manuel Ávila Camacho* (1940–1946) eingeführte Programm der „Mexikanisierung" der Wirtschaft beeinträchtigt vorübergehend die Investitionsfreudigkeit ausländischer Firmen. Die Dynamik des wirtschaftlichen Wachstumsprozesses seit 1940 wird maßgeblich von einer beschleunigten Industrialisierung und Binnenmarktorientierung getragen.

1946–1952 Präsident *Miguel Alemán Valdés* (* 1900, † 1983) verstärkt die Industrialisierungspolitik. Zugleich erreicht die Korruption der öffentlichen Verwaltung ein hohes Ausmaß.

1952–1958 Mit dem Grundübel allseitiger Bestechlichkeit will Präsident *Adolfo Ruiz Cortines* (* 1891, † 1973) aufräumen. Seine Hauptenergien setzt er für ein weiteres Wirtschaftswachstum des Landes ein; durch infrastrukturelle Maßnahmen soll die bedenkliche räumliche Wirtschaftskonzentration (vor allem México D. F., Guadalajara und Monterrey) aufgelockert werden. Um die Zahlungsbilanz zu entlasten, öffnet er das Land dem Tourismus.

1958–1964 Präsident *Adolfo López Mateos* (* 1910; † 1969) treibt den Transformationsprozeß des Landes möglichst gleichgewichtig zugunsten aller sozialökonomischen Schichten voran. Erstmalig seit der Präsidentschaft *Lázaro Cárdenas* (* 1895, † 1970; 1934–1940) kommt es wieder zu einem umfangreichen *Landverteilungsprogramm*. Mehrere Industriezweige werden nationalisiert.

1964–1970 Auch unter der Regierung von *Gustavo Díaz Ordaz* (* 1912, † 1979) werden in innenpolitischen Modernisierungsbereichen bemerkenswerte Leistungen vollbracht (z.B. Landverteilung, Erziehungswesen, Ausbau der Infrastruktur, Fortführung der Industrialisierung).

1968 In der Hauptstadt Mexico City (Ciudad de México) kommt es zu schweren Studenten-
Juli unruhen und Massendemonstrationen.
2. Okt. *Blutbad in Tlatelolco* auf dem „Platz der drei Kulturen". Kurz vor Beginn der *XIX. Olympischen Sommerspiele* in Mexiko erweist der Einsatz unverhältnismäßiger Mittel die politische Schwäche der Regierung. Die Studentenrevolte, der sich auch zahlreiche ärmere Einwohner anschließen, ist der heftigste Ausbruch von Unzufriedenheit in Mexiko seit Jahrzehnten.

1970–1976 Während der Präsidentschaft *Luis Echeverría Alvárez'* (* 1922) wird verstärkt versucht, Mexikos überfällige Distributionsprobleme anzugehen, die Außenabhängigkeit zu mildern und vor allem eine demokratische Öffnung in Partei und Regierung durchzusetzen.

Lateinamerika/Mittelamerika – Mexiko *1587*

1973	Die Stärkung der Opposition bei den Kongreßwahlen bestätigt eine gewisse Demokratisie-
1. Juli	rung der Innenpolitik.
1976	Die neue Regierung (seit 4. Juli 1976) unter *José López Portillo* gibt den *mexikanischen*
31. Aug.	*Peso-Kurs* nach 22 Jahren fester Parität zum US-Dollar frei, wodurch sich ein Abwertungs-
	effekt von 40% ergibt.
1979	*Papst Johannes Paul II.* besucht Mexiko anläßlich der 3. Vollversammlung der latein-
Jan.	amerikanischen Bischöfe (CELAM) in Puebla.
1. Juli	Bei den Neuwahlen zum Abgeordnetenhaus entfallen auf den regierenden PRI 57% der
	Stimmen.

Ziele und Grenzen der Reformpolitik

Angriffsziele der *Reformpolitik* sind Bürokratismus, Korruption und Wirtschaftskriminalität. Eines der wirtschaftlichen Hauptprobleme stellt die Arbeitslosigkeit dar: Etwa 40% der arbeitsfähigen Bevölkerung sind arbeitslos oder unterbeschäftigt. Da trotz gewisser Anreize wegen Kapitalknappheit, hoher Zinsen und schleppender Nachfrage nur geringfügig investiert wird, entstehen nur wenig neue Arbeitsplätze. Die stabile Währung und der ständige Zuwachs des Bruttosozialprodukts kommen weniger als der Hälfte der Bevölkerung zugute. Die noch lange nicht zu Ende geführte Landreform gewinnt immer mehr an Priorität. Der Gegensatz zwischen den sich rasch industrialisierenden Zentren und der seit Jahrzehnten nahezu unveränderten Situation auf dem Land führt zu gewaltsamen Konflikten, die in der zunehmenden Aktivität der Stadt- und Landguerillas offenbar werden.
Auch unter der Regierung von José López Portillo geht die von seinem Vorgänger begonnene politische Reorganisation weiter; Ziel des Reformprogramms der *„demokratischen Einheit"* ist insbesondere der Versuch, extreme politische Positionen in das parlamentarische System einzubinden und die sozialen Unruhen in demokratische Kanäle zu leiten. Zu den begonnenen Reformmaßnahmen gehören die Schaffung neuer Arbeitsplätze, die Fortführung der Landreform, die Kontrolle öffentlicher Gelder, die Drosselung der Staatsausgaben und die *Dezentralisierung der Verwaltung.*
Außenpolitisch spielt Mexiko in Lateinamerika eine Sonderrolle. Trotz Tourismus und US-Investitionen hat es einen spezifischen *Anti-US-Amerikanismus* entwickelt, der sich auch nach außen auswirkt: 1962 weigert es'sich, dem US-Druck und der Aufforderung der OAS nach Abbruch der Beziehungen zu Kuba nachzukommen. Es festigt vielmehr seinen Ruf als Exilland für politisch Verfolgte. 1967 ist Mexiko maßgeblich an der Entstehung des Vertrags von Tlatelolco beteiligt, in dem Lateinamerika zur atomwaffenfreien Zone erklärt wird. Die multilaterale Zusammenarbeit in Lateinamerika führt zu dem in unmittelbarer Unterstützung durch Venezuela zustande gekommenen „Lateinamerikanischen Wirtschaftssystem" *(Sistema Económico Latinoamericano, SELA).* Unter der Präsidentschaft Echeverrías erfolgt eine verstärkte Identifikation mit der „Dritten Welt". Die Reisediplomatie der letzten Präsidenten bezieht sich zum einen auf ihre Initiative zur Verabschiedung einer *„Charta der wirtschaftlichen Rechte und Pflichten der Staaten"* im Rahmen der UN-Vollversammlung, zum anderen auf die Bildung eines neuen *„lateinamerikanischen Wirtschaftssystems"*, an dem die USA nicht beteiligt sein sollen. Bilaterale Probleme mit den USA betreffen vor allem die Lage der über 4 Mio. mexikanischen Wanderarbeiter *(braceros)* sowie der illegalen Einwanderer in den US-Südstaaten *(chicanos).*
Die neueste *wirtschafts- wie außenhandelspolitische Entwicklung* Mexikos wird maßgeblich durch die gewaltigen *Öl- und Gasfunde* vor allem in Chiapas (südlichster Staat Mexikos) und Tabasco (Staat im Südosten des Landes) bestimmt. 1974 setzt der Export ein; mit den Lieferungen an die USA will Mexiko, das sich dem OPEC-Kartell bisher nicht angeschlossen hat, Lockerungen der US-Einfuhrbestimmungen für seine Agrarprodukte erreichen und zugleich die hohe Auslandsverschuldung abbauen; innenpolitisch regen sich verstärkt Widerstände gegen die Gefahr erneuter wirtschaftlicher Abhängigkeit vom nördlichen Nachbarn.

1982	Nach Wahlen löst *Miguel de la Madrid Hurtado* (* 1934) José López Portillo (* 1920) als
4. Juli	*Staatspräsident* ab (Amtsantritt 1. Dez.).
1. Sept.	*Hohe Inflationsrate* (98,8%) *und Auslandsverschuldung* veranlassen ein „Krisenpaket":
	etwa 50 Banken werden verstaatlicht, totale Devisenkontrolle wird eingeführt.
1983	*Umschuldungsabkommen* mit ausländischen Banken (25. Okt., 22. Dez.) und Kreditab-
29. Dez.	kommen mit den USA bessern die Finanzlage.
1984	Präsident M. de la Madrid kann bei Parlamentseröffnung die *Überwindung des schwersten*
1. Sept.	*Krisenstadiums in der Wirtschaft* feststellen. – *(Forts. S. 1662)*

1588 Neueste Zeit – Nicht durch Blockbündnis geprägter Teil der Welt

Guatemala
(Forts. v. S. 1200)

Außenpolitisch geht es vor allem seit 1960 um die seit langem schwelende Auseinandersetzung mit Großbritannien um die britische Kolonie *Belize* („Britisch-Honduras"), die Guatemala als Teil seines Territoriums beansprucht. 1977 wird zwischen beiden Ländern eine *friedliche Lösung* des Problems *vereinbart.* Die *wirtschaftliche Grundlage* des Landes ist die Landwirtschaft (Agrar- und Exportprodukte sind v. a. Kaffee, Bananen, Baumwolle, Fleisch, Zucker). Die hohen Bevölkerungszuwachsraten (ca. 2,8%) verschärfen die auf der ungleichen Besitzstruktur beruhenden sozialen Probleme. Insgesamt weist die Wirtschaft eine überproportionale Entwicklung der Industrie, die Tendenz zu einer Diversifizierung der Exportprodukte sowie die stärkere Hinwendung zu anderen Märkten (EG, Japan) auf.

1944 Gegen das politische Terrorsystem von Präsident *Castañeda* kommt es zu einem Massen-
1. Juli streik und einer Studentenrevolte, die zum Sturz des Diktators führen.
Sein Nachfolger, der General *Federico Ponce Vaidez,* kann sich freilich nur einige
20. Okt. Monate an der Macht halten: er wird von einer Gruppe junger Offiziere („Sozialrevolutionäre Aktion") gestürzt, die zum ersten Mal in der Geschichte des Landes relativ freie Wahlen durchführen läßt.

1945 *Juán José Arévalo* gewinnt als Kandidat der oppositionellen gemäßigt linken Parteienkoalition *Frente Popular Libertador* (FPL). Die politische Revolution führt zur Verabschiedung einer *liberalen Verfassung.*

1945–1951 Arévalo beginnt eine maßvolle Politik der Einkommensumverteilung. Sein politisches Ziel ist die Einführung demokratischer Institutionen und die Eingliederung aller Bürger in den Staat. Da seine Reformgesetze die Interessen der nordamerikanischen Firma *United Fruit Co.* beeinträchtigen, verschlechtern sich die Beziehungen zu den USA.

1951–1954 Arévalos Nachfolger, *Jacobo Arbenz Guzmán* (* 1913, † 1971), will eine schnellere, v. a. unabhängigere Entwicklung Guatemalas erreichen und plant hierzu Infrastrukturmaßnahmen, die den Einrichtungen der United Fruit Konkurrenz schaffen.

1952 Die wichtigste Maßnahme von Arbenz ist die *Agrarreform,* die die Enteignung unkultivierten Landes und Großgrundbesitzes gegen Entschädigung und dessen Aufteilung an Landarbeiter vorsieht; es kommt auch zu einer Teilenteignung der United Fruit Co. Arbenz findet für seine Reformpolitik nicht genügend Unterstützung und muß sich zusehends auf linke Gruppierungen stützen (Einflußzunahme der Kommunisten). Arbenz' Regierung stößt auf zunehmenden Widerstand der USA.

Furcht vor einer kommunistischen Machtübernahme, vor allem die Gefährdung der Un-
1954 ited-Fruit-Co-Besitzungen führen zu einem *Rechtsputsch* durch den Exilpolitiker Oberst
18. Juni *Carlos Castillo Armas* (* 1914, † 1957), der mit massiver Unterstützung durch den US-Geheimdienst CIA den Präsidenten stürzt. Seither herrschen wieder die Militärs.

1954–1957 Als Chef der Invasionsarmee wird *Castillo Präsident* und treuester Verbündeter politischer und wirtschaftlicher Interessen der USA. Politische Repression gegen linke Kräfte wird zur Regel, die Agrarreform rückgängig gemacht, enteignetes Land an die ursprünglichen Besitzer zurückgegeben.

1957 Castillo wird ermordet und nach einigen Monaten politischer Wirren General *Miguel*
1958–1963 *Ydígoras Fuentes* (* 1895, † 1982) zum *Präsidenten* gewählt. Als ein Putschversuch linksgerichteter Offiziere fehlschlägt, wird die Armee „gesäubert".

1962 Einer der Führer des fehlgeschlagenen Putsches, *Marco Antonio Yon Sosa,* gründet eine erste *Guerillagruppe,* den MR 13; daneben treten noch andere Guerillaorganisationen auf, die bis heute wirksam sind, ihre sozialrevolutionären Aktionen aber bereits vor längerem vom Land in die Hauptstadt verlagert haben.

1963 Ydígoras wird kurz vor Ende seiner Amtszeit von einer rechtsgerichteten Offiziersgruppe gestürzt.

1965 Die Militärregierung *Enrique Peralta Azurdia (1963–1966;* * 1908) verkündet eine *neue Verfassung.*

1966 Durchführung von Wahlen, zu denen nur „gemäßigte" und Rechtsparteien zugelassen wer-
März den. Überraschend gewinnt der reformerisch orientierte *Julio César Méndez Montenegro* (* 1915), der vom *Partido Revolucionario (PR)* unterstützt wird, schließlich jedoch mit der Oligarchie und den reaktionären Militärs zusammenarbeitet.

1966–1970 Die Unfähigkeit der neuen Regierung, die (seit 1960) auftretenden Guerilla-Operationen zu beenden, führt zur Bildung rechtsgerichteter Terror-Organisationen.

1967 Das Militär führt einen blutigen Feldzug gegen die Guerillas, der zahlreiche unbeteiligte Landbewohner das Leben kostet.

1970 Im Gegenzug erschießen die Guerillas mehrere Diplomaten; durch die Unnachgiebigkeit
5. April der Regierung wird auch der deutsche Botschafter *Karl Graf Spreti* (* 1907) Opfer der Guerillas.

1970–1974 Präsident *Carlos Arana Osorio* (* 1918) leitet eine neue Phase rechtsorientierter Politik ein.

Lateinamerika/Mittelamerika – Guatemala – Belize – El Salvador **1589**

1970–1971 Während des Ausnahmezustandes erreicht der Terror als Mittel der Politik einen Höhepunkt (Nov. 1970 – Nov. 1971).

1974 Mit massiver Wahlfälschung sorgt die Regierungskoalition dafür, daß ihr Kandidat, General *Kiell Eugenio Laugerud García (1974–1978)*, die Wahlen offiziell knapp vor dem Kandidaten des oppositionellen Parteienbündnisses *Frente Nacional de Oposición (FNO)* gewinnt. Wie schon sein Vorgänger, kommt auch Laugerud durch die rechtskonservativen Parteien *Movimiento de Liberación Nacional (MLN)* und *Partido Institucional Democrático (PID)* an die Macht.

1976 Ein schweres Erdbeben fordert über 20 000 Tote, rund 1 Mio. Menschen werden obdach-
4. Febr. los.

1977 Im Zusammenhang mit der neuen US-Menschenrechtspolitik verzichtet Guatemala auf
16. März amerikanische Militärhilfe.

1978 Bei den Präsidentschaftswahlen erringt der gemäßigt-konservative General *Fernando*
5. März *Romeo Lucas García* als Kandidat einer Rechtskoalition die relative Mehrheit.

1982 *General Efrain Rios Montt* (* 1926) nach Putsch *Chef einer Militärjunta* (23. März).

1983 *General Oscar Humberto Mejía Victores* (* 1931?) wird nach einem Militärputsch *neuer*
8. Aug. *Staatspräsident.*

1984 Wahlen zu einer „Verfassungsgebenden Versammlung" sollen Rückkehr zur Demokratie
1. Juli einleiten. Das *Militär verspricht Machtabgabe* an Zivilregierung *für 1985. – (Forts. S. 1663)*

Belize
(Forts. v. S. 1596)

In Belize – der ehemaligen britischen Kronkolonie Britisch-Honduras – bildet die Land- und Forstwirtschaft die Haupterwerbsquelle. Wichtigste Anbauprodukte sind Mais, Reis, Bohnen, Bananen, Zitrusfrüchte, Zuckerrohr und Kokosnüsse. Die ausgedehnten Wälder liefern Edelhölzer (Mahagoni, Zedern, Pinien, Rosenholz). Die auf der Verarbeitung von Landwirtschaftsprodukten basierende Industrie ist noch wenig entwickelt.

1981 Nachdem ein Abkommen Großbritanniens mit Guatemala die Voraussetzungen geschaf-
21. Sept. fen hat, wird *Belize als Monarchie im Britischen Commonwealth unabhängig* und 156. UNO-Mitglied (25. Sept.). Premierminister (seit 1964) bleibt George C. Price (* 1919).

1982 *Guatemala erneuert Gebietsansprüche gegen Belize* (30. Juni); Großbritannien warnt vor Waffengebrauch und verweist auf seine in Belize zum Schutz stationierten Truppen.

1984 Kabinettsumbildung: Price gibt zusätzliche Ämter ab (Jan.). – *(Forts. S. 1663)*

El Salvador
(Forts. v. S. 1201)

In El Salvador beherrschen die Militärs die Politik. Durch Putsche oder durch Wahlen an die Macht gekommen, vertreten sie vor allem die Interessen der *agro-industriellen Oberschicht*, der „14" bzw. neuerdings „60 Familien". Nach dem Sturz des Diktators *Maximiliano Hernández Martínez* (1931–1944; * 1882, † 1966) wechseln sich mehrere Regierungen ab.
Kaffee ist seit Ende des 19. Jh.s Hauptexportprodukt und wichtigste Einnahmequelle der Regierung. Neben den *Monokulturen* kennzeichnet eine ungleichmäßige Verteilung die Struktur der Landwirtschaft: Nur 0,4 % der Eigentümer besitzen (1973) rund 38 % der landwirtschaftlichen Nutzfläche. Seit der großen Bauernrebellion von 1932 werden zwar wiederholt Agrarreform-Programme angekündigt und Gesetze erlassen, eine wirksame Landumverteilung ist bisher jedoch nicht erfolgt. Die bisher eingeleiteten Reformen (gesetzliche Mindestlöhne, Steuerreform) haben die Besitzstruktur im wesentlichen unangetastet gelassen. Wiederholte spontane Bauernrebellionen werden unterdrückt. – Zum zweitwichtigsten Exportprodukt wird nach dem 2. Weltkrieg die Baumwolle, die in mechanisierten Großbetrieben in der Küstenzone produziert wird. Folge der Erschließung der Küstenregion ist allerdings eine massenhafte Proletarisierung von Kleinbauern (Landflucht). Die offene *Arbeitslosigkeit* wird auf mindestens 20 %, die ländliche Unterbeschäftigung auf ca. 65 % geschätzt. – Die Industrialisierung beschränkt sich zunächst auf die Veredelung der eigenen Agrarprodukte, wird aber nach der Gründung (1960) des Gemeinsamen Zentralamerikanischen Marktes (MCCA) auf Verarbeitung importierter Rohstoffe und Halbfertigwaren ausgeweitet. Heute gilt El Salvador als das Land mit dem höchsten Industrialisierungsgrad Mittelamerikas. Das *Agrarreformgesetz* von Juli 1976, das umfangreiche Enteignungen vorsieht, wird nach heftigen Protesten der Großgrundbesitzer erheblich abgemildert.

1948 Die Armee übernimmt die Macht.
Óscar Osorio (1950–1956; * 1910, † 1969), zum Präsidenten gewählt, findet für sein Modernisierungs- und Industrialisierungsprogramm die Unterstützung der Mittelschichten, bleibt aber in Ansätzen von Strukturreformen stecken.

1590 Neueste Zeit – Nicht durch Blockbündnis geprägter Teil der Welt

1956–1960 Der Versuch seines Nachfolgers *José María Lemus* (* 1911), mehr politische Freiheit zu gewähren, endet mit der Repression der sozialen Unruhen und der Verkündigung des Kriegsrechts.

1961 Nach Lemus' Sturz (26. Oktober 1960) und dem Gegenputsch gegen die progressive Militärjunta, die ihn zuvor gestürzt hat, wird in der „Status-quo-Partei" *Partido de Conciliación Nacional (PCN)* die Allianz zwischen Oberschicht und konservativer Militärführung erneuert.

1962 Präsident wird *Julio Adalberto Rivera* (1962–1967; * 1922, † 1973). Als wirksamste Opposition formiert sich (1960), neben zahlreichen linken Splittergruppen, die christdemokratische Partei *Partido Demócrata Cristiano (PDC)*.

1969 Während der Präsidentschaft von *Fidel Sánchez Hernández* (1967–1972; * 1917) kommt
14. Juli es mit Honduras zum sog. **„Fußballkrieg";** die OAS erzwingt einen Waffenstillstand. Die stillschweigende Vorverlagerung der Siedlungsgrenze bis tief in das Staatgebiet von Honduras und die Verschärfung des Konkurrenzkampfes um Arbeitsplätze durch die aus Honduras ausgewiesenen Siedler *(guanacos)* bilden die wesentlichen Ursachen des Konflikts, der durch ein Fußball-Länderspiel ausgelöst wird. Die Unmöglichkeit der land- und arbeitslosen Bevölkerung, nach 1969 nach Honduras auszuwandern, verschärft den Bevölkerungsdruck (jährliche Wachstumsrate über 3,4%) und die Landknappheit und führt zu innenwie außenpolitischem Krisendruck.

1972 Bei Präsidentschaftswahlen unterliegt (angeblich) die Opposition; die Wahl des PCN-Kan-
Febr. didaten *Arturo Armando Molina* (1972–1977) ist wahrscheinlich auf massive Wahlfälschung zurückzuführen.

25. März Nach Molinas fragwürdigem Wahlsieg kommt es zu einem fehlgeschlagenen Putschversuch einer linksgerichteten Offiziersgruppe (Verhängung des Kriegsrechtes).

1977 Bei den Präsidentschaftswahlen siegt die Regierungspartei mit General *Carlos Humberto*
20. Febr. *Romero* mit angeblich 60% der Wählerstimmen.
Auf die sich nach den Wahlen ausbreitenden umfangreichen Protestaktionen antwortet die Regierung mit Verhängung des Ausnahmezustandes (zahlreiche Tote). *Guerilla-Aktionen,* u. a. der *„Volksbefreiungsfront Farabundo Martí" (FPL),* nehmen zu. Die unvermindert prekäre Lage der Mehrheit der Bevölkerung drückt sich in häufigen Unruhen (Bauernrebellionen) und mehrfach in Entführungen aus.

1978 Großbritannien stellt wegen Verletzung der Menschenrechte seine Waffenlieferungen ein.
12. März Bei Kongreßwahlen, die von der Opposition boykottiert werden, fallen alle Sitze auf die regierende PCN. Die Opposition ist in allen ihren Aktionen stark behindert.

1979 Präsident Carlos Humberto Romero wird durch Teile der Streitkräfte gestürzt. Die neue
15. Okt. Militärjunta steht unter Führung der Obersten *Jaime Abdul Gutiérrez* und *Adolfo Arnaldo Majano*. Die sozialen Unruhen halten an.

1980 Am 23. März ermorden Rechtsextremisten Erzbischof Oscar Romero (* 1917, † 1980).
1981–1982 Verhängung des Kriegszustandes; *verschärfter Bürgerkrieg* paramilitärischer „Todesschwadronen" gegen linke „Rebellen": *Etwa 35000 Tote, 600000 Flüchtlinge.*

1984 *José Napoleon Duarte* (* 1926, † 1990), schon vom 13. Dez. 1980 bis 26. April 1982 Staats-
6. Mai chef, *gewinnt die Präsidentenwahlen.*
14. Aug. Das US-Repräsentantenhaus bewilligt 70 Mill. US-Dollar für Militärhilfe. – *(Forts. S. 1663)*

Honduras
(Forts. v. S. 1201)

Viele Jahrzehnte lang stellen die Konservativen und die Liberalen die politischen Führungsgruppen des Landes. Der *Partido Nacional Hondureño* vertritt die Interessen der Latifundisten, während der *Partido Liberal* für Reformmaßnahmen zur Modernisierung des Landes (Reform der Einkommens- und Vermögensverteilung) eintritt. Seit Anfang der sechziger Jahre verlieren die beiden traditionellen Parteien zusehends an Bedeutung.

Honduras ist hauptsächlich *Agrarland*, eine unzulängliche Infrastruktur hemmt die wirtschaftliche Entwicklung. Neben den Bananenkulturen, die zu 95% im Besitz der beiden US-Gesellschaften *United Fruit Co.* und *Standard Fruit Co.* sind, gewinnt der Anbau von Baumwolle und Kaffee größere Bedeutung. Seit die Bananenkonzerne sich in eine multinationale Gesellschaft mit weitgefächerten ökonomischen Interessen verwandelt haben, nennen sie sich *United Brands Co. (UBC).*

Extrem ungleiche Besitzverhältnisse und Betriebsstrukturen bewirken eine hohe versteckte Arbeitslosigkeit (ca. 40%) auf dem Lande. Der Landhunger der ländlichen Bevölkerung führt zu vielen Landbesetzungen, zu staatlichen Kolonisationsprojekten und zu halbherzigen Reformmaßnahmen, auf die erst seit Dezember 1972 eine energische Agrarreform folgt, die die Herausbildung eines produktivgenossenschaftlichen Sektors zum Ziel hat. Der Versuch Honduras', sich aus der Situation eines extrem rückständigen Agrarlandes durch Integration im *Zentralamerikanischen Gemeinsamen Markt (MCCA)* zu lösen, scheitert an der Ungleichheit der zentralamerikanischen Staaten. Die schwache Industrialisierung kann

Lateinamerika/Mittelamerika – El Salvador – Honduras *1591*

die erdrückende Abhängigkeit von den USA nicht lockern. Stagnierende Arbeitsproduktivität, sinkende Wachstumsraten, Monopole in wichtigen Bereichen und die Dominanz des ausländischen Kapitals kennzeichnen heute den Industriesektor.

1933–1948 Stabilisierung der politischen Verhältnisse unter der Diktatur von *Carías Andino* (* 1876,
1949 † 1969). *Juan Manuel Gálvez* (* 1887, † 1955) wird zum Nachfolger von Carías bestimmt.
1954 Wahlen führen zu Unruhen. *Julio Lozano Díaz* (* 1895, † 1957) macht sich zum Staatschef; er regiert diktatorisch.
1956 Eine *Militärjunta* zwingt Lozano Díaz zum Rücktritt.
1957 Bei erneut angesetzten Wahlen wird (der bereits 1954 mehrheitlich gewählte Liberale)
21. Dez. *Ramón Villeda Morales* (* 1908, † 1971) Präsident.
1957–1963 Unter seiner demokratischen Regierung werden Reformmaßnahmen (Arbeitsgesetzgebung, Sozialversicherung, Gründung der Nationalen Entwicklungsbank) getroffen. Ein „konservativer" Militärputsch unterbricht die Reformpolitik.
1963 Nach dem Sturz Villeda Morales' übernimmt Oberst *Osvaldo López Arellano* (* 1921) die
3. Okt. Macht.
1965 López Arellano läßt sich von einer *Verfassunggebenden Versammlung* zum Staatspräsidenten (1965–1971) wählen.

Aufgrund der geringen Siedlungsdichte (27 E/qkm) ist Honduras bevorzugtes Einwandererland für die Bevölkerung des dichtbesiedelten Nachbarstaats El Salvador. Die Gesamtzahl der Einwanderer wird in den sechziger Jahren auf 500000 geschätzt. Als ein Regierungsdekret die Ausweisung salvadorianischer Siedler verfügt, verschlechtern sich die
1969 Beziehungen zwischen den beiden Nachbarländern. Schließlich kommt es zur kriegerischen
14. Juli Auseinandersetzung, deren äußerer Anlaß ein Fußballspiel ist **(„Fußballkrieg").** Der Waffenstillstand kann notdürftig durch die OAS hergestellt werden. Ein Großteil der eingewanderten Salvadorianer muß nach 1969 das Land verlassen.
1970 Honduras tritt als Folge des Krieges und wegen der Verschlechterung seiner wirtschaftlichen Position aus dem MCCA (Zentralamerikanischer Gemeinsamer Markt) aus.
1971 Nach Villeda Morales wird *Ramón Ernesto Cruz* zum Präsidenten gewählt; er bildet unter
28. März Heranziehung der Nationalpartei und der Liberalen Partei eine Regierung des *„Nationalen Einheitspakts"*, die das Parteien- und parlamentarische System weiter diskreditiert.

Nach einjähriger Regierung des „Nationalen Einheitspaktes" erfolgt auf dem Hintergrund
1972 parteipolitischer Zwistigkeiten wieder ein (diesmal eher linksorientierter) *Militärputsch,*
4. Dez. der *López Arellano* erneut an die Macht bringt. Seither sind das Parlament und die Verfassung suspendiert.
1974–1979 Der *Nationale Entwicklungsplan* betont vor allem den landwirtschaftlichen Sektor, fördert aber auch die weiterverarbeitende Industrie und verbessert die Infrastruktur. Im sozialen Bereich richten sich die Anstrengungen auf die Senkung des Analphabetentums (ca. 70%) und die Hebung des Gesundheitswesens auf dem Land. Der Wirbelsturm „Fifi" (September 1974) zerstört 75–90% der Bananenanbaugebiete. Ein Jahr später werden die Bananenplantagen der UBC nationalisiert, der Konzern behält jedoch seine marktbeherrschende Stellung bei.

Im Zusammenhang mit der Aufdeckung einer Bestechung führender Politiker durch die
1975 UBC (mit dem Ziel der Senkung der Exportsteuern für Bananen) wird López Arellano in
22. April einem unblutigen Militärputsch von der Macht verdrängt. Neuer Präsident wird Oberst *Juan Alberto Melgar Castro* (* 1930, † 1988), der sofort eine Bodenreform und die Beendigung aller Privilegien ausländischer Gesellschaften ankündigt.
Juni Massive Landbesetzungen durch landlose (inzwischen gewerkschaftlich organisierte) Arbeiter setzen ein.
1975–1978 Die wichtigsten Ereignisse der Präsidentschaft Melgars sind die Schaffung eines Energieverbundes mit den Nachbarstaaten und das *Waffenstillstandsabkommen mit El Salvador* nach erneuten Grenzgefechten. Anhaltende *soziale Unruhen* offenbaren die gesellschaftliche Krise des Landes.
1978 Präsident Melgar wird durch einen *Militärputsch* gestürzt und unter dem Vorsitz von Gene
7. Aug. ral *Juan Paz García* eine neue Militärjunta gebildet, die Reformen und Einhaltung der Menschenrechte verspricht.
1980 *El Salvadors Frieden mit Honduras* (30. Okt.) beendet den Kriegszustand (seit 1969).
1982 Mit Amtsantritt von Präsident *Roberto Suazo Cordova* (* 1928?) *endet die Militärherrschaft* (27. Jan.). Ab 1982 operieren Gegner der Sandinisten in Nicaragua mit massiver USA-Hilfe von Honduras aus.
1984 Zur Bewältigung von Wirtschaftsproblemen bildet Cordova das Kabinett um (20. Aug.).
– *(Forts. S. 1663)*

1592 Neueste Zeit – Nicht durch Blockbündnis geprägter Teil der Welt

Nicaragua
(Forts. v. S. 1201)

Die von *Anastasio ("Tacho") Somoza García* mit US-Hilfe (1936/1937) begründete *Familiendynastie* regiert bis 1979. Somoza (1937–1947, 1950–1956) herrscht zwei Jahrzehnte mit diktatorischen Maßnahmen (Aufbau eines vom Familienclan kontrollierten Wirtschaftsimperiums); er macht Nicaragua zum Inbegriff der Rückständigkeit und politischen Reaktion. Seine eigene Herrschaft sichert er durch die *Guardia Nacional,* die als öffentlich finanzierte Privattruppe fungiert, und durch den Aufbau einer disziplinierten Partei, des *Partido Liberal Nacionalista (PLN),* die durch Wahlen und Kongreßbeschlüsse die formale Legalität wahrt. Die Konservativen, die sich in einen *Partido Conservador Tradicionalista (PCT)* und einen *Partido Conservador Nicaragüense (PCN)* spalten, lassen sich ausspielen und als demokratisches Aushängeschild mißbrauchen; linke Oppositionsparteien weichen in die Illegalität aus.
Trotz der in zwei Jahrzehnten (1950–1970) vollzogenen Industrialisierung ist Nicaragua ein nach außen gerichtetes und von außen abhängiges *Agrar-Exportland* geblieben. Allerdings ist der Anteil der vier „traditionellen" Exportgüter Baumwolle, Kaffee, Zucker und Bananen von 60% (1960) auf 45% (1970) gesunken. Die Bananenproduktion wird in den 60er Jahren durch die *Standard Fruit Co.* wieder aufgebaut. – 1963 wird ein Agrarreformgesetz verkündet, das die Umverteilung des brachliegenden Landes vorsieht. Es kommt allerdings nur zu geringfügigen Veränderungen der Besitzverhältnisse. – Seit 1950 besteht ein *Consejo Nacional de Economía* zur wirtschaftspolitischen Planung und Koordination, seit 1954 das *Instituto de Fomento Nacional (INFONAC)* für Entwicklungsprojekte. Seit 1960 werden regelmäßig Fünfjahrespläne vorgelegt (Zielprioritäten: Ausbau der Infrastruktur, Erweiterung der Anbauflächen, Erschließung der Atlantikzone, Diversifizierung und Modernisierung der Landwirtschaft und Industrie).
Außenpolitisch können bewaffnete Grenzkonflikte zwischen Nicaragua und Costa Rica (1948/1949 und 1955) sowie mit Honduras (1957) durch Vermittlung der OAS beigelegt werden. Das Gros der außenpolitischen Aktivitäten ist auf die mittelamerikanischen Länder gerichtet (1977 Spannungen mit Costa Rica wegen Verletzung des Hoheitsgebietes).

1956
22. Sept.   Nach der *Ermordung Anastasio Somoza Garcías* (* 1896, † 1956) wird, abgesichert durch die vom Vater aufgebauten Machtinstrumente, sein ältester Sohn *Luis Somoza Debayle* (1957–1963; * 1922) Präsident.

1963
Febr.   Wegen des Wiederwahl-Verbots der Verfassung übernimmt nach Wahlen *René Schick Gutiérrez* (* 1910, † 1966), ein Gefolgsmann von Somoza, die Macht (1963–1966).

1966   Nach dessen Tod wird *Lorenzo Guerrero* (* 1900) Präsident (1966–1967).

1967   Der Ernennung des jüngeren „Tacho"-Sohnes *Anastasio Somoza Debayle* („Tachito"; * 1925, † 1980) zum Präsidentschaftskandidaten des PLN folgt ein ernsthafter Versuch, die zersplitterte Opposition in einer *Unión Nacional Opositora* zu vereinen. Um ein angeblich „kommunistisches Komplott" zu zerschlagen, setzt die verschärfte Jagd auf Oppositionelle ein (paramilitärische Schlägertruppe AMROC). Die sich im Untergrund formierende linke Opposition wie die *Sandinistische Befreiungsfront* versucht, durch gelegentliche spektakuläre Aktionen Widerstand zu demonstrieren.

5. Febr.   Einschüchterung, Propaganda und Manipulation sichern Anastasio Somoza die Wahl zum Präsidenten.

1971   Die beiden großen Parteien des Landes schließen ein Abkommen, wonach sie nach Beendigung der Präsidentschaft Somozas das Land gemeinsam mittels einer Regierungsjunta bis 1974 regieren werden. Das Abkommen soll die „Demokratisierung" Nicaraguas einleiten und die Ausarbeitung einer neuen Verfassung ermöglichen.

1972   Nach dem *Rücktritt Somozas* übernimmt eine *Regierungsjunta* (Triumvirat) die Gewalt.
1. Mai   Ihr gehören *Roberto Martínez Lacayo* (PLN), *Fernando Agüero Rocha* (PCN) und *Alfonso Lovo Cordero* (PLN) an.

23. Dez.   Der verheerenden *Erdbebenkatastrophe,* durch welche die Hauptstadt Managua fast völlig zerstört wird, folgt eine politische Krise. Als Armeeoberbefehlshaber benutzt Somoza die Katastrophe dazu, in einem Nationalen Krisenrat alle Notstandskompetenzen an sich zu ziehen. Außerdem läßt der Somoza-Clan einen Großteil der Hilfsgüter seinem privaten Bedarf zukommen.

1974
1. Sept.   Bei den anstehenden Wahlen wird Somoza erwartungsgemäß für sechs Jahre zum Präsidenten gewählt.

1975/1977   *Innenpolitisch* spitzt sich die Lage seit 1975 stetig zu. Der *Widerstand der Sandinistischen Befreiungsfront* nimmt zu (Oktober 1977 gescheiterter Staatsstreich).

1978
10. Jan.   Nach der Ermordung des bedeutenden Oppositionspolitikers *Pedro Joaquín Chamorro* kommt es zum Generalstreik und zu gewaltsamen Demonstrationen.

Aug.   Ein Kommando der Befreiungsfront besetzt das Parlament und erzwingt die Freilassung politischer Gefangener. Weitere Aktionen, die von großen Teilen der Bevölkerung unterstützt werden, führen nach Besetzung der Stadt Matagalpa zum *Bürgerkrieg;* der Aufruhr der Bevölkerung wird von der Nationalgarde blutig *niedergeschlagen* (zahlreiche Tote und Verletzte).

Lateinamerika/Mittelamerika – Nicaragua – Costa Rica   1593

1979 Aktionen der Befreiungsfront weiten sich erneut zum *Bürgerkrieg* aus (Juni).
17. Juli *Somoza erklärt seinen Rücktritt und verläßt das Land.* Die „Junta des Nationalen Wiederaufbaus" übernimmt unter Tomás Borge Martínez (* 1932?) die Regierungsgewalt. *Ende des Bürgerkrieges* (fast 40000 Tote); Bodenreform, Enteignung des Somoza-Familienbesitzes.
1981 Generalmobilmachung gegen Invasion der von den USA unterstützten Somoza-Anhänger
28. Sept. und Gegenrevolutionäre aus Honduras.
1982 *Zwangsumsiedlung von 8500 Miskito-Indianern* ins Landesinnere; ca. 10000 Indios fliehen nach Honduras. – *Kuba hilft Nicaragua mit Militärberatern, Geld und Technik.*
1983 Papst Johannes Paul II. ruft bei Predigt in Managua zur Versöhnung auf (4. März).
1984 *Verminung nicaraguanischer Häfen* unter Beteiligung des CIA (Febr.–April); der Interna-
10. Mai tionale Gerichtshof in Den Haag fordert die USA zur Einstellung auf.
4. Nov. *Wahlsieg der regierenden FSLN* (Frente Sandinista de Liberación Nacional).
  – *(Forts. S. 1663)*

Costa Rica
(Forts. v. S. 1201)

Unter den Einwirkungen der Weltwirtschaftskrise (1929) bildet sich in Costa Rica eine po-
1947 litische *Erneuerungsbewegung,* deren Führer *José Figueres Ferrer* (* 1906, † 1990) wird. Die Unzufriedenheit mit der Regierung macht sich in Tumulten und Streiks bemerkbar.
1948 Bei Wahlen stehen sich der frühere Präsident *Rafael Ángel Calderón Guardia* (1940–1944; * 1900, † 1971) und als Oppositionskandidat *Otilio Ulate Blanco* gegenüber, der mit knapper Mehrheit siegt. Als die Regierung die Wahl annulliert und Ulate verhaften läßt, zwingt sie Figueres in einem sechswöchigen *Bürgerkrieg* zur Kapitulation.

Der *Bürgerkrieg von 1948* bedeutet einen entscheidenden Einschnitt in die politische Geschichte Costa Ricas, der sich für die funktionierende parlamentarische Demokratie festigend auswirkt. Den überlieferten personalistisch strukturierten Gruppen tritt eine programmatisch orientierte Parteiorganisation (PLN) gegenüber, die mit ihrem sozialdemokratischen Reformprogramm eine Alternative zu dem nahezu gleich starken konservativ-liberalen Parteiblock der *Unificación Nacional* bildet, mit dem sie seither fast regelmäßig in der Regierungsbildung alterniert. Seit Jahrzehnten zählen die politischen Verhältnisse Costa Ricas zu den stabilsten in ganz Lateinamerika.
Wirtschaftlich nimmt die Landwirtschaft (vor allem Kaffee und Bananen) nach wie vor den ersten Rang innerhalb der produzierenden Wirtschaft ein und erbringt den weitaus größten Teil der Exporteinnahmen. Die Landbesitzverteilung ist in Costa Rica wesentlich weniger ungleich als in den meisten lateinamerikanischen Ländern. Die Existenz einer breiten Mittelschicht ist das Erbe der bäuerlichen Kolonisierung, die keinen Raum gelassen hat für das Entstehen einer ländlichen Aristokratie oder breiter besitzloser Schichten. Etwa 90% der Fläche werden von den Eigentümern selbst bewirtschaftet. Bemerkenswert ist der Anteil kleiner und mittlerer Betriebe, die überwiegend der Selbstversorgung dienen. Die US-Gesellschaften *United Fruit Co.* und *Standard Fruit Co.* nehmen im Bananenanbau eine *Quasi-Monopolstellung* ein, die von der Regierung allmählich abgebaut wird. – Nach dem 2. Weltkrieg beginnt der Aufbau einer einheimischen *Industrie* und erreicht ab 1959 eine wachsende Dynamik, die dazu führt, daß das Land innerhalb von 10 Jahren einen Teil der Industrieentwicklung anderer Länder des Subkontinents nachholt und in einzelnen Bereichen (so z. B. bei Chemie) eine Führungsstellung in Zentralamerika erringt.
1948 Nach der Proklamation der *„Zweiten Republik Costa Rica"* erklärt Figueres als provisori-
8. Mai scher Regierungschef das Heer für aufgelöst.
1949 Der rechtmäßig gewählte *Präsident Ulate Blanco* (1949–1953; * 1895) übernimmt die Staatsgewalt und gründet den *Partido de Liberación Nacional (PLN).*
1953 Bei den folgenden Wahlen wird Figueres mit großer Mehrheit zum Präsidenten gewählt (1953–1958). Sein Reformprogramm setzt sich zum Ziel, den landwirtschaftlichen Anbau zu diversifizieren, die Industrialisierung zu fördern und die Sozialfürsorge zu verbessern.
1958 Als Folge der Spaltung des PLN gewinnt der Konservative *Mario Echandi Jiménez* (1958–1962; * 1915) bei den nächsten Wahlen eine knappe Mehrheit.
1962–1970 Der PLN stellt mit *Francisco Orlich Bolmareich* (1962–1966; * 1907, † 1969) den Präsidenten, der von *José Joaquin Trejos Fernández* (1966–1970; * 1916) abgelöst wird.
1970–1974 *José Figueres* ist ein *zweites Mal* im Präsidentenamt. In Übereinstimmung mit dem PLN-Programm befürwortet er vor allem soziale Reformen, u. a. die Verstaatlichung der Grundindustrien und der Banken, eine Agrarreform und den Ausbau sozialer Leistungen.
1974 Bei den Präsidentschafts- und Parlamentswahlen verliert zwar der PLN die bisherige absolute Mehrheit, der Kandidat der Partei, *Daniel Oduber Quiros* (* 1921) wird jedoch zum Präsidenten gewählt (1974–1978). Eine Wiederwahl des Präsidenten ist seit 1968 nicht mehr möglich.

1594 Neueste Zeit – Nicht durch Blockbündnis geprägter Teil der Welt

1978 Bei den Präsidentschaftswahlen siegt der Kandidat des konservativen *Partido Unido*
5. Febr. *(PUN), Rodrigo Carazo Odio.* Er hat im Wahlkampf der Regierungspartei wachsende
Bürokratisierung vorgeworfen.
1979 *Costa Rica unterstützt die revolutionäre Gegenregierung Nicaraguas* (Juni). *Ab 1981 Ab-*
wendung von den Sandinisten und Annäherung an USA.
1982 Wahlsieg des PLN: *Luis Alberto Monge Alvarez* (* 1925) *wird Präsident* (7. Febr.); Spar-
Aug. maßnahmen zur Überwindung der schweren Wirtschaftskrise.
1983 Präsident *Monge Alvarez proklamiert Costa Ricas immerwährende Neutralität* (17. Nov.).
1984 Für Costa Ricas Auslandsschulden wird mit 220 Gläubigerbanken ein Stillhalteabkommen
22. Juni mit Tilgungsaussetzung abgeschlossen. – *(Forts. S. 1664)*

Panama
(Forts. v. S. 1204)

Bestimmendes Merkmal der panamesischen Wirtschaft ist seit der Entstehung des Landes die *Abhängig-*
keit von den USA. Die Geldwirtschaft, die Bananenproduktion, große Teile der verarbeitenden Industrie
sind in US-Händen. Die Wirtschaft ist vornehmlich agrarisch strukturiert. Seit 1963 wird zuerst stockend,
seit 1969 verstärkt eine *Agrarreform* durchgeführt; allerdings haben nach wie vor die meisten Bauern
keine Eigentumsrechte. Die Kleinbauern betreiben überwiegend Selbstversorgungswirtschaft mit ver-
alteten Methoden. Die Exportprodukte (Bananen, Zuckerrohr, Kaffee, Kakao) werden in erster Linie
in den Großplantagen der Tochtergesellschaft der US-Gesellschaft *United Fruit Co.* angebaut. Auf *indu-*
striellem Sektor ist nur die Verbrauchsgüterindustrie entwickelt; eine Investitionsgüterindustrie ist nicht
vorhanden. Ungenügende Transportverhältnisse, die beschränkten Absatzmöglichkeiten im Inland sowie
Mängel der Energieversorgung behindern die weitere Entwicklung. Eine erhebliche Verbesserung der
Wirtschaftsstruktur erwartet man von der in Angriff genommenen Ausbeutung der 1970 und 1972 entdeckten *reichen Kupfervorkommen* (u. a. von *Cerro Colorado*) und anderer Bodenschätze. – In den letzten Jahren haben die nachlassende Benutzung des Kanals und die im wesentlichen importierte Inflation
dazu beigetragen, daß die Zuwachsraten des Bruttosozialprodukts gesunken sind. Die Bemühungen der
Regierung zielen auf die Erhöhung der Exportkapazität; das Land soll von seinen reinen Dienstleistungs-
funktionen (Kanal, Tourismus, Banken) gelöst und wirtschaftlich unabhängiger werden.
1947 Nach komplizierten Verhandlungen kommt es zur *Aufkündigung der Stützpunktabkom-*
men mit den USA durch Panama und zur Zusage, diese Stützpunkte schnellstmöglich zu
räumen.
1951 Nach erneuten innenpolitischen Spannungen wird Präsident *Arnulfo Arias* (1940–1941,
1949–1951; * 1899, † 1988) von Oberst *José Antonio Remón Cantero* (1952–1955; * 1908,
† 1955) gestürzt.
1955 Remón Cantero erreicht eine neuerliche Vertragsrevision, durch die die Jahrespacht der
25. Jan. Panamakanalzone auf 1,93 Mio. Dollar festgelegt wird; außerdem wird ein einheitlicher
Lohnindex für alle Arbeitnehmer in der Kanalzone eingeführt, die USA verzichten auf ihr
Straßen- und Eisenbahnmonopol durch den Isthmus und geben früher requirierte Territorien an Panama zurück. Dafür erhalten sie u. a. das Recht auf Nutzung bestimmter Manö-
vergebiete für 15 Jahre sowie für den Bau einer strategischen Autobahn.

Der Konflikt um den Panamakanal

Die Verwaltung des Kanals und der Kanalzone beruht auf Vorschriften *(Panama Canal Act),* die seit Juli
1951 in Kraft sind. Seit diesem Zeitpunkt betreibt die *Panama Railroad Co.* unter dem Namen *Panama*
Canal Company den Kanal. Die Regierungsgewalt ist dem *Government of the Canal Zone* übertragen.
Der Präsident der Gesellschaft ist gleichzeitig der auf vier Jahre vom US-Präsidenten eingesetzte Gouverneur der Kanalzone.
Trotz der Vertragsrevision von 1955 kann die Unzufriedenheit in Panama – zeitweilig durch äußere Ein-
mischungen noch weiter angeheizt – auch durch weitere Zugeständnisse der USA nicht abgefangen werden, so daß 1963 eine erste Vereinbarung über eine *Grundsatzrevision* des Panamakanalvertrags vereinbart wird. Ehe sie jedoch realisiert werden kann, kommt es 1964 im Zusammenhang mit dem sog.
Flaggenstreit zu schweren antiamerikanischen Ausschreitungen und nach deren Beendigung zu mehreren, allerdings erfolglosen, Konferenzen mit den USA.

1968 Innenpolitisch führt der sog. Flaggenstreit dazu, daß die Nationalgarde unter *Omar Torrijos*
11. Okt. *Herrera* (*1929, † 1981) den Präsidenten Arnulfo Arias stürzt und sich das Ziel der „*Wie-*
dergewinnung der nationalen Souveränität" setzt; seither regiert eine Offiziersjunta diktatorisch auf dem Dekretwege. (Die politischen Parteien werden verboten.) Sie hat eine
Reihe von wirtschaftlichen, sozialen und politischen Reformen begonnen.

Lateinamerika/Mittelamerika – Panama – Abhängige und neuerdings unabhängige Gebiete   *1595*

1972	Nach Ausräumung innerer Differenzen gelingt es Torrijos, als „Oberster Führer der panamesischen Revolution" anerkannt zu werden. Er erhält umfassende Vollmachten für sechs Jahre und übernimmt auch formell die Leitung der Regierung. Eine *neue Verfassung* tritt in Kraft. *Demetrio Basilio Lakas Bahas* fungiert formell als (faktisch einflußloses) Staatsoberhaupt (seit 1969).
1974 7. Febr.	Nachdem jahrelang die Verhandlungen zwischen den USA und Panama über einen neuen Vertrag stagniert haben, wird schließlich von den Außenministern der beiden Länder ein *Grundsatzabkommen* unterzeichnet, das die schrittweise Übergabe des Kanals und der Kanalzone an Panama vorsieht.
1977 7. Sept.	Nach weiteren langwierigen Verhandlungen und einem regelrechten Ultimatum an die USA kommt es schließlich in Washington zur **Unterzeichnung des neuen Kanalvertrags** durch US-Präsident Jimmy Carter und den Regierungschef Panamas: das Abkommen sieht die Übergabe der Kanalzone in die Souveränität Panamas ab 1. Januar 2000 vor; durch ein Zusatzabkommen sollen die Neutralität der Wasserstraße sowie das Recht der USA sichergestellt werden, den Kanal gegen jede Bedrohung zu verteidigen.
1978 11. Okt.	*Bei Neuwahlen,* durch die die Ämter des Staats- und Ministerpräsidenten wieder zusammengelegt werden, *wird Aristides Royo* (* 1940) *zum Staats- und Regierungschef gewählt.* Omar Torrijos Herrera (* 1929, † 1981) bleibt Befehlshaber der Nationalgarde.
1982	*Ricardo de la Espriella* (* 1934) *wird Präsident* und Regierungschef (30. Juli).
1983	Mit großer Wählermehrheit wird eine *neue Verfassung* angenommen (24. April).
1984 11. Okt.	*Jorge Illueca* (* 1918) *wird nach Rücktritt de la Espriellas Interimspräsident* (13. Febr.). *Nach Wahlsieg* (6. Mai) *übernimmt Nicolas Ardito Barletta* (* 1939) *das Amt des Staats- und Regierungschefs. – (Forts. S. 1664)*

Abhängige und erst seit jüngster Zeit unabhängige Gebiete
(Forts. v. S. 1193, 1194)

	Zu den von **Großbritannien abhängigen Gebieten** gehören Belize (Britisch-Honduras), die Cayman-Inseln, Jamaika, die Bahama-Inseln, die Bermuda-Inseln, die Turks- und Caicos-Inseln, die Jungfern/Leeward-Inseln, die Windward-Inseln, Trinidad und Tobago und die Falkland-Inseln.
1962 ab Febr.	Die *Cayman- sowie* die *Turks- und Caicos-Inseln erhalten* nach dem Scheitern der Westindischen Föderation den *Status einer Kronkolonie* mit beschränkter Autonomie.
6. Aug.	**Jamaika** wird als Monarchie im Verband des britischen Commonwealth **unabhängig.**
31. Aug.	**Trinidad und Tobago** werden als Republik im britischen Commonwealth **unabhängig.**
1966	**Barbados** wird als parlamentarische Monarchie im britischen Commonwealth **unabhängig (30. Nov.).**
1967 1. März	Britische Besitzungen schließen sich zu den *„Assoziierten Staaten Westindiens"* (The West Indies Associated States) zusammen. Der Zusammenschluß umfaßt bei Gründung die (z. T. zu den Leeward- und Windward-Inseln gehörigen) Territorien Antigua, St. Christopher (St. Kitts), Nevis-Anguilla, Dominica, St. Lucia und Grenada.
April	Die Jungfern-Inseln (Kronkolonie) verfügen über innere Autonomie. Argentinien erhebt auf die Falkland-Inseln (Kronkolonie) Anspruch.
1969	St. Vincent tritt dem Staatsverband Westindiens bei. Die Staaten erhalten innere Autonomie, Großbritannien trägt nur die Verantwortung für Außenpolitik und Verteidigung. Anguilla scheidet nach Unruhen (vom britischen Militär niedergeschlagen) und einem Referendum aus dem Westindischen Staatsverband aus und wird seither von Großbritannien direkt verwaltet (Status ungeklärt).
1973	**Die Bahamas** werden als unabhängige Monarchie im britischen Commonwealth **unabhängig (10. Juli).**
1974	**Grenada** wird nach Ausscheiden aus dem Westindischen Staatenverband **unabhängig (7. Febr.).**
1978	**Dominica** wird als Republik im britischen Commonwealth **unabhängig (3. Nov.).**
1979	**Saint Lucia** als konstitutionelle Monarchie **unabhängig** *(22. Febr.,* Forts. S. 1600).
27. Okt.	Saint Vincent und die Grenadineninseln werden unter der Bezeichnung **Saint Vincent unabhängig.** (Forts. S. 1599).
1981 1. Nov.	Die ehemalige britische Kolonie **Antigua und Barbuda** (zuletzt mit Großbritannien assoziierter Staat) wird **unabhängig.** (Forts. S. 1601)
1983 19. Sept.	**Saint Kitts (Saint Christopher) und Nevis** werden als konstitutionelle Monarchie im britischen Commonwealth **unabhängig.** (Forts. S. 1601).

1596 Neueste Zeit – Nicht durch Blockbündnis geprägter Teil der Welt

Belize (bis 1973: **Britisch-Honduras)** wird von Guatemala beansprucht, weshalb Großbritannien die Unabhängigkeit hinauszögert.

1964 Nach Erreichen der inneren Selbstverwaltung wird *George Price* von der *People's United Party* (PUP) *Premierminister.*

ab 1970 Guatemala droht wiederholt mit einem Einmarsch.

ab 1977 Verhandlungen zwischen Großbritannien und Guatemala bleiben zunächst erfolglos.

1981 Nach endlich erzielten Vereinbarungen zwischen Großbritannien und Guatemala wird **Be-**
21. Sept. **lize unabhängig.** (Forts. S. 1589).

Die **Bermudas** sind britische Kronkolonie.

nach 1966 Einführung des allgemeinen Wahlrechts und Ausweitung der Selbstregierung, Erringung
seit 1968 der vollen inneren Selbstverwaltung: es regiert die gemäßigt konservative *United Bermuda Party* (UBP, seit 1963) unter *Premierminister David Gibbons, seit 1980* unter *John D. Swan.*

Von **Frankreich abhängige Gebiete** sind die Französischen Antillen (Guadeloupe und Martinique) und Französisch-Guayana (Guyane Française), als Übersee-Gebiete (Départements d'outre-mer) verwaltet, sowie Saint-Pierre et Miquelon (Übersee-Territorium).
Von den Niederlanden abhängige Gebiete sind die Niederländischen Antillen (Aruba, Bonaire, Curaçao, Saba, Sint Eustatius, Sint Maarten), die als Überseeprovinz mit innerer Selbstverwaltung seit 1954 in das niederländische Königreich integriert sind. Die Unabhängigkeitsbestrebungen sind auf Aruba besonders stark, jedoch will die Regierung der Niederländischen Antillen nur gemeinsam in die Unabhängigkeit gehen.
In direkter politischer **Abhängigkeit von den USA** stehen (neben Puerto Rico und der Panama-Kanalzone) die US-Jungfern-Inseln (St. Croix, St. Thomas, St. John).

Westindische Staaten

Haiti
(Forts. v. S. 1202)

Haiti ist vor allem ein Agrarstaat (mit dem geringsten Pro-Kopf-Einkommen aller amerikanischen Länder). Grundlage der Landwirtschaft ist der Kaffeeanbau. In den sechziger Jahren stagniert Haitis wirtschaftliche Entwicklung (Wirbelstürme, Sinken der Weltmarktpreise, Rückgang des Tourismus). Nach der Regierungsübernahme durch Jean-Claude Duvalier und einer gewissen Stabilisierung der innenpolitischen Situation kehren viele Exil-Haitianer in ihre Heimat zurück, der Tourismus erlebt einen neuen Aufschwung, Auslandskapital investiert wieder, Entwicklungshilfe wird erneut zur Verfügung gestellt.
Seit der US-Besetzung der Insel (1915–1934) übt die mulattische Elite die Herrschaft über

1946 die Mehrheit der schwarzen Bevölkerung aus; dies führt zur schwarzen Gegenbewegung,

1950 die den Präsidenten *Dumarsais Estimé* (* 1900, † 1953) an die Regierung bringt.
Durch Militärputsch Machtübernahme von General *Paul Magloire* (* 1907).

1956 Sturz von Magloire. Während der nun folgenden Staatskrise wechseln sich binnen weniger Monate vier provisorische Regierungen ab.

1957 Allgemeine Wahlen bringen *François Duvalier* („Papa Doc") an die Macht.
22. Sept. Verschiedene Invasionsversuche von Exilhaitianern werden von den Milizen niedergeschlagen.

Die Herrschaft François Duvaliers (1971–1986)

Während sich Duvalier Sondervollmachten geben läßt und seine Diktatur auszubauen beginnt (1964 ernennt er sich zum Präsidenten auf Lebenszeit), brechen zahlreiche lateinamerikanische Staaten die diplomatischen Beziehungen zu Haiti ab; ein Krieg mit der Dominikanischen Republik kann nur knapp verhindert werden; die USA stellen ihre Wirtschaftshilfe ein. Der Diktator behauptet sein *Terrorregime,* indem er sich auf die zahlreichen Anhänger des abergläubischen *Voudou-Kults,* die gefürchtete Geheimpolizei und die Miliztruppe, die *„Tontons Macoutes",* stützt. Wirtschaftlich verschlechtern sich die Lebensverhältnisse der Bevölkerung, wichtige Infrastrukturobjekte zerfallen mangels Wartung.

1971 Nach François Duvaliers Tod wird sein Sohn *Jean-Claude Duvalier* („Baby Doc") Präsi-
22. April dent auf Lebenszeit.

1973 Bei den ersten Parlamentswahlen nach zwölf Jahren fallen alle 58 Abgeordnetensitze der
11. Febr. Einheitspartei „Parti Unité National" zu.

1978 Zur Fortsetzung der von seinem Vater begonnenen Politik in gemäßigter Form verkündet
19. April Duvalier die Schaffung eines „Nationalkomitees für den Jeanclaudismus".

1979 Parlamentswahlen, Sieg der „offiziellen" Kandidaten (11. Febr.).

Lateinamerika/Karibik – Haiti – Dominikanische Republik – Jamaika   1597

1986   Den Diktator *Jean-Claude Duvalier* (* 1951) *zwingen Unruhen und Druck der USA zur*
7. Febr.   *Flucht.* Eine Militärjunta unter *General H. Namphy* (* 1932) *übernimmt die Macht.*
– *(Forts. S. 1664)*

Dominikanische Republik
(Forts. v. S. 1203)

Durch die Machtübernahme von General *Rafael Leónidas Trujillo y Molina* (1930–1938, 1942–1952;
* 1891, † 1961) bleibt für drei Jahrzehnte eine freie politische Entwicklung ausgeschlossen. Das Land
wird wie ein Privatbesitz der Familie Trujillo verwaltet. Presse- und Versammlungsfreiheit werden aufgehoben, jede Opposition gewaltsam unterdrückt.
Wirtschaftlich ist die Dominikanische Republik im wesentlichen ein Agrarland, das mit seinem Zuckeranbau von Weltmarktpreisen und US-Quoten abhängig ist. Durch den Bürgerkrieg von 1965 wird die
ohnehin schlechte wirtschaftliche Lage noch weiter beeinträchtigt. Nach 1969 setzt ein gewisser Fortschritt ein. Infrastrukturmaßnahmen, Auslandsinvestitionen und „Stabilität" kennzeichnen die Entwicklung dieser Jahre. Heute stehen im Mittelpunkt der Wirtschaftsplanung der Ausbau des Tourismus und
die Produktionssteigerung bei Zucker, Kaffee, Kakao und Rindfleisch.

1952   Rafael Leónidas Trujillo läßt durch Wahlen seinen Bruder *Héctor Bienvenido Trujillo*
(1952–1960; * 1909) zum Präsidenten wählen.

1961   Auf die *Ermordung Rafael Trujillos* folgt eine Zeit von Krisen und Unruhen; die Familie
30. Mai   Trujillo muß auf Druck der USA hin das Land verlassen.

1962   Nach weiteren Staatsstreichen und Regierungswechseln kommt es schließlich zu den ersten
20. Dez.   freien Wahlen seit fast 40 Jahren, aus denen *Juan Bosch* (* 1909) als Sieger hervorgeht.

1963   Bosch wird jedoch bald wieder gestürzt, das *Militär übernimmt die Macht.* Die Verfassung
25. Sept.   wird abgeschafft, innenpolitischer Terror und chaotische Wirtschaftszustände charakterisieren die Situation.

1965   Eine Bewegung für die Rückkehr zu verfassungsmäßigen Zuständen entwickelt sich zu
24. April   einer *Revolution.*

28. April   Gegen die „linke" Tendenz des Aufstands *intervenieren die USA;* die US-Marinetruppen
erhalten später den Status einer „interamerikanischen Schutzmacht" der OAS.
Nach verschiedenen Führungswechseln innerhalb der Militärjunta werden Wahlen abge-

1966   halten, bei denen der konservative *Joaquín Videla Balaguer* (* 1907) die Präsidentschaft
1. Juni   (1966–1978) erlangt. Balaguer setzt eine Verfassungsänderung durch, die seine Wiederwahl (1970 und 1974, Wahlboykott durch die Opposition) erlaubt.
Innenpolitisch stützt sich Balaguer auf den *Partido Reformista* (PR). Die Opposition ist in
unzählige Parteien zersplittert. Während seiner Amtszeit ist die Hauptoppositionspartei
Partido Revolucionario Dominicano nicht im Parlament vertreten.

1978   In den Präsidentschaftswahlen siegt mit knappem Vorsprung der Kandidat des oppositio-
16. Mai   nellen sozialdemokratischen *Partido Revolucionario Dominicano (PRD), Antonio*
Guzmán Fernández (* 1911, † 1982); bei den Parlamentswahlen jedoch gewinnt die konservative bisherige Regierungspartei *Partido Reformista* die Mehrheit.

1979   Streiks und Zusammenstöße zwischen Arbeitern und Polizei (Aug.).

1982   *Salvador Jorge Blanco* (PRD, * 1926) *wird neuer Präsident* (16. Mai). – *(Forts. S. 1664)*

Jamaika
(Forts. v. S. 1193)

Durch die Demokratisierung des Wahlrechts im Jahre 1944 und die Ausweitung der inneren Selbstregierung geht die politische Macht nach 1946 schrittweise in die Hände der schwarzen Bevölkerung über.
Seit der Wahl von 1944 stehen sich im *Zweiparteiensystem* die 1938 gegründete *People's National Party*
(PNP) und die als Abspaltung 1943 gebildete *Jamaica Labour Party (JLP)* gegenüber. Nach 1944 wechseln sich beide Parteien jede zweite Wahl in der Regierungsführung ab.
Jamaikas Wirtschaft hat sich in den letzten Jahrzehnten grundlegend gewandelt. In den fünfziger Jahren
können die Grundlagen der Wirtschaft verbreitert werden (Bergbau, Industrie, Fremdenverkehr). Heute
wird der größte Teil der landwirtschaftlichen Nutzfläche für die exportorientierte Produktion von Zucker,
Bananen und Zitrusfrüchten verwendet. Seit 1952 wird durch US- und kanadische Firmen Bauxit abgebaut; inzwischen ist Jamaika einer der größten Bauxit- und Aluminiumoxydproduzenten der Welt.
Hauptprobleme seit 1970 sind der Preisauftrieb und die Arbeitslosigkeit. Die *sozialistische Wirtschaftspolitik* der Regierung mit ihren hohen Steuersätzen, Preis-, Lohn- und Einkommenskontrollen lähmt
weitgehend die unternehmerische Initiative. 1976 erlebt das Land die schwerste Wirtschaftskrise seit seiner Unabhängigkeit.

1955/1959   Die PNP kann mit ihrer radikaleren Forderung nach politischer Unabhängigkeit die Wahlen gewinnen.

1598 Neueste Zeit – Nicht durch Blockbündnis geprägter Teil der Welt

1959 Die Insel erhält die innere Selbstverwaltung. Nach einer Volksabstimmung tritt Jamaika
1961 aus der *Westindischen Konföderation* (seit 1958 zugehörig) aus.
1962 *Unabhängigkeit* (6. Aug.). Jamaika bleibt im britischen Commonwealth.
1962–1972 Ministerpräsident wird der JLP-Vorsitzende *Alexander Bustamante* (1962–1967; * 1884,
† 1977); auf ihn folgt das Kabinett H. Shearer (1667–1972; * 1923).
1972 Aus den Parlamentswahlen geht die oppositionelle PNP als Siegerin hervor; Regierungschef wird *Michael Manley.*
1973 Jamaika ist Gründungsmitglied der karibischen Wirtschaftsgemeinschaft *CARICOM.*
1976 Wegen der sich verschärfenden Gewalttätigkeit und des zunehmenden Terrors verhängt die
19. Juni Regierung den Ausnahmezustand.
15. Dez. Michael Manley erringt einen deutlichen Wahlsieg.
Unter Führung von Michael Manley verändert die PNP ihre Programmatik in Richtung auf
einen „demokratischen Sozialismus".
Langfristige Ziele der Regierung Manley sind eine gemischte Wirtschaftsstruktur (Privatwirtschaft, öffentlicher Sektor, Genossenschaftswesen), eine gerechtere Verteilung des
Volkseinkommens und Investitionslenkung. Verstärkte Zusammenarbeit mit karibischen
Nachbarländern soll die Abhängigkeit von den westlichen Industrienationen mildern.
1979 Die unter Anlehnung an kubanische Vorbilder durchgeführte, weitgehend erfolglose
Wirtschaftspolitik führt zu sozialer Unzufriedenheit und zu Unruhen.
1983 *Unter Premierminister* (seit Nov. 1980) *Edward Seaga* (* 1930) *gewinnt die JLP bei Parla-*
15. Dez. mentswahlen *alle 60 Mandate. – (Forts. S. 1665)*

Trinidad und Tobago
(Forts. v. S. 1193)

Neben die Regierungspartei PNM treten, hervorgehend aus den linksgerichteten Gewerkschaften der
Erdöl- und Zuckerindustrien, die Oppositionsparteien *United Labour Front (ULF)* und *Democratic
Action Congress (DAC).* Die ersten parlamentarischen Wahlen der Republik im September 1976 brin-
gen der PNM eine deutliche Mehrheit ein.
Grundlage der *Wirtschaft* ist die expandierende Erdölindustrie. 1974 verstaatlicht die Regierung die
Anlagen der Shell Trinidad und gründet die staatseigene *Trinidad and Tobago Oil Co. (TRINTAC).*
Hauptprobleme des Landes sind die hohe Arbeitslosigkeit (15%), ungleiche Einkommensverteilung,
hohe Inflation. Die Erdölwirtschaft (Förderung und Raffinierung) trägt heute mit rund 50% zum BSP,
mit rund 60% zu den Staatseinnahmen und mit rund 90% zum gesamten Exportwert bei. Die wirtschaftliche Lage ist aufgrund der Ölpreisexplosion ausgesprochen günstig; allerdings beeinträchtigen häufige
Streiks (vor allem Frühjahr 1975) auf dem Erdöl- und Zuckersektor die Wirtschaftslage. Zweitwichtig-
ster Wirtschaftszweig ist die Landwirtschaft, die allerdings nur etwas mehr als die Hälfte des Nahrungsmittelbedarfs deckt; das wichtigste Agarprodukt ist Zucker. In den letzten Jahren ist der Tourismus zum
zweitwichtigsten Devisenbringer des Landes geworden.
1958 Die seit 1888 verwaltungsmäßig vereinigten britischen Inseln Trinidad und Tobago werden
Mitglied der *Westindischen Föderation.*
1959 Der Inselstaat erlangt innere *Selbstverwaltung.*
1962 Als die Inseln *unabhängig* werden, bleiben sie vorerst als parlamentarische Monarchie im
31. Aug. britischen *Commonwealth of Nations.* Regierungschef ist (seit 1956) der Führer des
People's National Movement (PNM), Eric Eustace Williams (* 1911, † 1981).
1970 Heftige Auseinandersetzungen zwischen *Black-Power-Bewegung* und Polizei.
1970/1971 Als sich Teile der Armee und die Ölarbeitergewerkschaft mit der Black-Power-Bewegung
solidarisch erklären, verhängt die Regierung den Ausnahmezustand.
1976 Eine neue Verfassung tritt in Kraft.
1. Aug. Der Inselstaat löst seine Bindung zur britischen Krone und wird unabhängige *Republik.*
1977 *Ellis Emmanuel Clarke* ist Staatspräsident (Jan.).
1978 Tobago erhält die *innere Selbstverwaltung* (7. Aug.).
1981 *Nach dem Tod von Eric Eustace Williams* (PNM, * 1911, † 29. März 1981) *wird George*
31. März *Chambers* (PNM, * 1928) *Premierminister* und gewinnt die Parlamentswahlen (9. Nov.).
– (Forts. S. 1665)

Barbados
(Forts. v. S. 1193)

Der Agrarsektor (Zuckermonostruktur, neuerdings auch Milchwirtschaft und Viehzucht), der Fremdenverkehr und z. T. die verarbeitende Industrie (Zucker, Rum, Textilien) sind vorherrschend. Die rassisch
bestimmte Besitzkonzentration besteht auch nach der Unabhängigkeit weiter. Seit 1975 deutet sich eine
leichte wirtschaftliche Erholung nach den Rückschlägen der Jahre zuvor an (u. a. durch Fremdenverkehr).

Lateinamerika/Karibik – Trinidad und Tobago – Barbados – Saint Vincent – Grenada – Dominica   *1599*

seit 1944 Veränderungen im Regierungssystem Barbados' ergeben sich durch die schrittweise
– 1964 *Demokratisierung* des Wahlrechts (seit 1944) und die Ausweitung der *inneren Selbstver-*
April *waltung* (nach 1946), die über verschiedene Zwischenstufen und nach dem Scheitern der
Westindischen Föderation (1962) zur inneren Selbstverwaltung (April 1964) führt.
1966 Erringung der politischen *Unabhängigkeit.* Ministerpräsident wird der Führer der 1955
30. Nov. gegründeten *Democratic Labour Party, Errol Barrow* (1961–1976, * 1920, † 1987).
1976 Neuer Regierungschef wird der Führer der *Barbados Labour Party, John Michael Geoffrey*
(„Tom") Adams (* 1931, † 1985).
1978 Der Inselstaat beginnt mit dem Aufbau eigener Verteidigungsstreitkräfte.
1979 Die im Zweiten Weltkrieg eingerichteten US-Stützpunkte werden geräumt (März).
1984 Sir H. W. Springer zum Generalgouverneur ernannt (17. Febr.). – *(Forts. S. 1665)*

Saint Vincent
(Forts. v. S. 1595)

In Saint Vincent, zu dem neben der gleichnamigen Hauptinsel noch mehrere kleine Inseln (die nördlichen Grenadinen) gehören, arbeitet mehr als die Hälfte der Erwerbstätigen in der Landwirtschaft. Erzeugt werden vor allem Bananen, Pfeilwurz, Zuckerrohr, Süßkartoffeln und Kokosnüsse. Die nur schwach entwickelte Industrie verarbeitet die heimischen Produkte, u.a. zu Rum, Kopra und Fruchtsäften. Der Fremdenverkehr gewinnt zunehmend an Bedeutung und ist die wichtigste Devisenquelle. Saint Vincent ist CARICOM angeschlossen und seit 1976 der EG assoziiert (Lomé-Vertrag).
1979 *Saint Vincent,* vormals britische Kolonie und zuletzt mit Großbritannien assoziierter Staat,
27. Okt. *wird als Monarchie im britischen Commonwealth unabhängig.* Premierminister ist Robert
Milton Cato.
1980 Aufnahme in die UNO als 154. Mitglied (16. Sept.).
1981 Saint Vincent wird OAS-Mitglied (5. Dez.).
1983 Beim Eingreifen der USA auf Grenada beteiligt sich Saint Vincent am karibischen Trup-
25. Okt. penkontingent. – *(Forts. S. 1665)*

Grenada
(Forts. v. S. 1193)

Basis der *Volkswirtschaft* ist die wenig effiziente Landwirtschaft (hohe Arbeitslosigkeit). Die Insel lebt von Anbau und Export von Agrarprodukten (Kakao, Bananen, Muskat- und Kokosnüsse). Die Industrie ist kaum entwickelt. Als Folge der politischen und sozialen Instabilität schwanken die Einnahmen aus dem Fremdenverkehr sehr.
1956 Nach der Auflösung der (seit 1885 bestehenden) *Windward-Föderation* tritt Grenada als
britische Kolonie der *Westindischen Föderation* bei.
1962 Nach deren Auflösung ist es wieder unter britischer Kolonialverwaltung bis zum Eintritt
1967 in die autonome „*Assoziation Westindischer Staaten".* Die Insel erhält den Status eines mit
Großbritannien assoziierten Staates.
1967/1972 Bei Wahlen erhält die *Grenada United Labour Party (GULP)* unter ihrem Führer *Eric*
M. Gairy die Mehrheit. Wegen dessen diktatorischer Praktiken (u.a. geheime Polizeitruppe) spricht sich die Opposition aller politischen, beruflichen und kirchlichen Gruppen
gegen die Unabhängigkeit der Insel aus.
1974 Grenada wird *unabhängig* im Commonwealth. Seitdem verschlechtern sich die sozialen
7. Febr. Zustände zusehends. Gewalttätigkeit und Korruption treffen auf Mißwirtschaft.
1979 Die Regierung Gairy wird durch einen Staatsstreich revolutionärer Kräfte unter *Maurice*
13. März *Bishop,* Führer der Oppositionspartei *New JEWEL,* gestürzt.
1983 *Nach Bishops Ermordung* (19. Okt.) *besetzen USA-Truppen* „wegen drohender Errichtung
25. Okt. eines kubanischen Militärstützpunktes" *vorübergehend die Insel.*
1984 *Die NNP* (New National Party) *unter* dem USA-freundlichen *Herbert Blaize* (* 1918,
3. Dez. † 1989) *gewinnt die Neuwahlen.* – *(Forts. S. 1665)*

Dominica
(Forts. v. S. 1193)

Wichtigster Wirtschaftszweig ist die Landwirtschaft; Hauptexportartikel sind Bananen und Zitrusfrüchte.
Nach wechselnder Zugehörigkeit zu Großbritannien bzw. Frankreich wird Dominica zur
1940 Gruppe der *Windward-Inseln* geschlagen.
1960 Die Verwaltungseinheit wird aufgelöst und durch die bis 1962 bestehende *Westindische*
1967 *Föderation* abgelöst. Dominica wird zu einem mit Großbritannien assoziierten Staat.

1600 Neueste Zeit – Nicht durch Blockbündnis geprägter Teil der Welt

1978 3. Nov.	Die Insel wird als *Commonwealth of Dominica* unabhängig. Interimspräsident wird der bisherige Gouverneur *Louis Cools-Lartigu,* Premierminister bleibt *Patrick R. John,* Führer der 1970 gegründeten Dominica Labour Party. Dominica Freedom Party in Opposition. Fred Degazon wird zum Staatsoberhaupt gewählt.
1979 21. Juni	Nach einer schweren innenpolitischen Krise wird *Jenner Armour* neuer Staatspräsident und *Oliver Seraphine* neuer Ministerpräsident.
1980 21. Juli	*Die gemäßigt rechte Dominica Freedom Party* (DFP) *siegt bei Wahlen; Eugenia Charles wird Premierministerin.* – Ausnahmezustand von Februar 1981 bis Mai 1983.
1983	Dominica beteiligt sich bei Besetzung Grenadas (25. Okt.). – *(Forts. S. 1665)*

Saint Lucia

(Forts. v. S. 1595)

Auf der gebirgigen Karibeninsel Saint Lucia ist die Landwirtschaft der Haupterwerbszweig. Angebaut werden Bananen, die neben Süßkartoffeln, Kokosnüssen, Zitrusfrüchten und Kakao wichtigster Exportartikel sind. Industrie fehlt, jedoch gewinnt der Tourismus für die landschaftlich schöne Insel zunehmend wirtschaftliche Bedeutung und wird gezielt gefördert. Etwa 97% der Bevölkerung sind Neger und Mulatten. Seit 1976 ist Saint Lucia der EG assoziiert (Lomé-Vertrag), ebenso ist es CARICOM angeschlossen.

1979	*Als konstitutionelle Monarchie im Commonwealth wird Saint Lucia am 22. Februar unabhängig.* Aufnahme in UNO und OAS. Premierminister John G. Compton wird nach Wahlen (3. Juli) von Allan Louisy abgelöst.
1982	Nach Wahlen (4. Mai) wird John Compton erneut Premierminister. – *(Forts. S. 1665)*

Bahamas

(Forts. v. S. 1193)

Wichtigster Wirtschaftszweig ist der *Fremdenverkehr,* der ca. 70% des BSP erbringt und fast zwei Drittel aller Erwerbstätigen beschäftigt. In- und ausländische Investoren werden vor allem durch die Ausgestaltung der Bahamas zum *Steuerparadies* angezogen. Die Inseln sind heute ein internationales Finanzzentrum (zahlreiche ,,Briefkastenfirmen'').

nach 1959	Der 1729 von Großbritannien auf den Bahamas eingeführte politisch-administrative Aufbau bleibt im wesentlichen bis 1964 unverändert. Schrittweise Demokratisierung des Wahlrechts.
1964	Es wird faktisch innere Selbstverwaltung gewährt.
1967	Die *United Party* unter *R. Symonette,* die die weiße Händleroligarchie vertritt, verliert bei Wahlen die parlamentarische Mehrheit an die *Progressive Liberal Party* der schwarzen Bevölkerungsmehrheit, die unter Premier *Lyndon O. Pindling* die Regierung bildet.
1973	Pindling setzt die *Unabhängigkeit* (im Commonwealth) durch (10. Juli).
1982	Die Regierung von Pindling (* 1930) wird wiedergewählt (10. Juni). – *(Forts. S. 1665)*

Puerto Rico

Die 1898 von den USA annektierte Insel Puerto Rico erhält im *Jones Act* von 1917 beschränkte Selbstverwaltung und 1950 das Recht, im Rahmen einer *neuen Verfassung* ihre Stellung zu den USA neu zu bestimmen. Nach der Verfassung von 1952 ist die Insel als *,,Commonwealth of Puerto Rico''* den USA assoziiert; wirtschaftlich ist sie mit den Vereinigten Staaten durch gemeinsamen Markt und gemeinsame Währung verbunden. Die Außenpolitik wird vom State Department in Washington geleitet, die innere Regierung durch ein Parlament und einen alle vier Jahre direkt vom Volk gewählten *Resident Commissioner* ausgeübt.

1948–1964	Unter dem Gouverneur *Luis Muñoz Marín* ([* 1898, † 1980] erstmals gewählt 1948, wiedergewählt 1952, 1956, 1960) setzt eine stürmische Wirtschaftsentwicklung ein: Industrialisierung und Tourismus, Anreize für Auslandskapital, Diversifizierung der Landwirtschaft, Hebung des Lebensstandards bei Drosselung des Bevölkerungswachstums (Familienplanung, Emigration). In den sechziger Jahren gelingt die Beseitigung der Abhängigkeit von der Monokultur Zuckerrohr.
1964	*Roberto Sánchez Vilella* (ebenfalls *Partido Popular Democrático*) neuer Gouverneur.
1967 23. Juli	In der Volksabstimmung über den künftigen Status der Insel sprechen sich 60,5% für den (derzeitigen) Commonwealth-Status aus.
1968/1972	Bei Wahlen siegt der Führer der Oppositionspartei, der Industrielle *Luis A. Ferré,* der nächste Wahlsieger ist *R. Hernández Colón,* der die Zusammenarbeit mit kleineren Nachbarstaaten fördern will. Die wirtschaftliche und soziale Entwicklung des Landes hat der *independistischen Bewegung,* die 1952 noch 19% der Stimmen erhalten hat, den Boden entzogen.

Lateinamerika/Karibik – St. Lucia – Bahamas – Puerto Rico – St. Kitts – Antigua – Südam. – Kolumb. *1601*

1972 Nachdem der Entkolonisierungsausschuß der UNO eine (von den USA zurückgewiesene)
28. Aug. Resolution angenommen hat, wonach Puerto Rico als Kolonie zu betrachten sei und das
Recht auf Unabhängigkeit habe, hat sich außenpolitisch Fidel Castro zum Sprecher der pu-
ertoricanischen Unabhängigkeitsbewegung gemacht.
1980 *Gouverneurswahlen bestätigen Carlos Romero Barcelo im Amt,* der für den Anschluß als
4. Nov. 51. Bundesstaat an die USA eintritt. – *(Forts. S. 1665)*

Saint Kitts (Saint Christopher) – Nevis
(Forts. v. S. 1595)

Die Wirtschaftsgrundlage bildet auf den zwei Karibikinseln neben dem Fischfang die Landwirtschaft,
deren Haupterzeugnisse Zuckerrohr, Baumwolle und Erdnüsse sind. Die entstehende Kleinindustrie ist
noch sehr bescheiden. Berglandschaft und Badestrände bilden Anziehungspunkte für Touristen. Die Bewohner, meist Nachkommen ehemaliger Negersklaven, leben noch in großer Armut. Seit 1976 sind die
Inseln über den Lomé-Vertrag mit der EG assoziiert.
1983 Nach 360 Jahren britischer Herrschaft werden Saint Kitts (Saint Christopher) und Nevis als
19. Sept. Monarchie im britischen Commonwealth unabhängig und 154. UNO-Mitglied (23. Sept.).
1984 Saint Kitts – Nevis wird als 32. Mitglied in die OAS aufgenommen. – *(Forts. S. 1666)*

Antigua und Barbuda
(Forts. v. S. 1595)

Für den Antigua, Barbuda und Redonda umfassenden Inselstaat sind Baumwolle und Zuckerrohr die
wichtigsten landwirtschaftlichen Erzeugnisse. Sie erbringen 90% des gesamten Ausfuhrwertes. Die Industrie verarbeitet die Landesprodukte weiter (Zucker, Baumwollsamenöl, Rum, Melasse). Eine Ölraffinerie
ist im Aufbau. Der Tourismus nimmt an Bedeutung zu und trägt bereits 40% zum Bruttoinlandsprodukt
bei. – 1974 tritt Antigua CARICOM bei, 1976 erfolgt Assoziierung mit der EG (Lomé-Vertrag).
1981 *Die ehemals britische Kolonie* (zuletzt mit Großbritannien assoziierter Staat) *Antigua und*
1. Nov. *Barbuda wird unabhängig.* Aufnahme in die UNO (als 157. Mitglied am 10. Nov.) und in
die OAS (5. Dez.). Premierminister (seit 1974) bleibt Vere C. Bird.
1984 *Bird* wird für eine dritte Amtsperiode *wiedergewählt* (17. April). – *(Forts. S. 1666)*

Südamerikanische Staaten

Kolumbien
(Forts. v. S. 1204)

Die Vertreter der oligarchischen Familien finden in den fünfziger Jahren zu einer Kompromißlösung, um
ihre bedrohte Herrschaft zu stützen. In dieser Übereinkunft, der Nationalen Front *(Frente Nacional),*
die durch die *Verfassung von 1958* sanktioniert wird, kommt eine Machtteilung zwischen „Liberalen"
und „Konservativen" zustande; während vier Amtsperioden tritt abwechselnd ein „liberaler" und ein
„konservativer" Präsident an die Spitze des Staates, und für den gleichen Zeitraum ist der Kongreß, ohne
Rücksicht auf den Ausgang der Wahlen, jeweils zur Hälfte aus „liberalen" und „konservativen" Abgeordneten und Senatoren zusammengesetzt. Exekutivposten werden abwechselnd, öffentliche Organe paritätisch besetzt.
Die beiden „verfassungsmäßigen" Parteien stellen alternierend die Präsidenten. Da dieses Regierungssystem automatisch eine Teilnahme anderer Volkskreise an der politischen Mitbestimmung ausschließt,
lehnt die Opposition die *„Verständigungsverfassung"* ab, die wegen ihrer mechanischen Funktion die
Herrschaft der aus Wirtschafts-, Militär- und Kirchenhierarchie gebildeten Oberklasse ermöglichen soll.
Weite Kreise der Wählerschaft bleiben den Wahlen fern oder beginnen, Splittergruppen innerhalb der
„verfassungsmäßigen" Parteien zu unterstützen.
In den Jahren des Systems der „Nationalen Front" führen die sozialen Mißverhältnisse zu zahlreichen
Unruhen und zur Entstehung einer starken *Guerillabewegung,* die zeitweise umfangreiche Landstriche
unter ihre Kontrolle bringt und eigene „Republiken" errichtet; zu den wichtigsten Guerilla-Organisationen gehören das 1964 gegründete *„Nationale Befreiungsheer" (ELN)* und die *„Kolumbianischen Revolutionären Streitkräfte" (FARC).*
Außenpolitisch leitet Kolumbien die Zusammenarbeit der Andenstaaten ein; vor allem mit Venezuela
und Ecuador wird 1966 ein engeres Zusammengehen vereinbart. Um dem Hauptausfuhrprodukt Kaffee
neue Märkte zu erschließen, werden diplomatische und wirtschaftliche Beziehungen mit mehreren Staaten des Warschauer Paktes aufgenommen.
1946 Als Folge der Flügelkämpfe und Spaltungen innerhalb der *Liberalen Partei,* die sich auf
keinen gemeinsamen Kandidaten einigen kann, wird der Konservative *Mariano Ospina*

1602 Neueste Zeit – Nicht durch Blockbündnis geprägter Teil der Welt

Pérez (* 1891, † 1976) zum Präsidenten gewählt, obwohl er weniger Stimmen als die beiden liberalen Kandidaten zusammen hat. Hierauf verschärfen sich die Parteikonflikte.

1948 Als der linksliberale Oppositionspolitiker *Jorge Eliécer Gaitán* ermordet wird, entladen sich die angestauten Konflikte in einem spontanen Ausbruch von Gewalttätigkeiten *(Bogotazo)*; die Kämpfe münden in einen *Bürgerkrieg*, der ungefähr 200 000 Menschen das Leben kostet.

Das Bandenunwesen und die Gewalttätigkeiten (die *violencia*) dauern über einen langen Zeitraum (1948–1963) an. Zu ihren Ursachen gehören sowohl die explosive soziale Situation der Kleinbauern in den Kaffeeanbaugebieten als auch die Feindschaft innerhalb der traditionellen Parteien.

1950–1953 Der Ansatz des Präsidenten *Laureano Gómez Castro* (* 1889, † 1965), einen korporativen Staat aufzubauen, scheitert.

1953 Andauernde innere Unruhen führen zum Eingreifen des Militärs unter Führung des
13. Juni Generals *Rojas Pinilla* (* 1900, † 1975).

1953–1957 Vorübergehend gelingt es der Militärdiktatur, durch Einsatz der Armee sowie durch einige Sozialreformen dem Terror Einhalt zu gebieten. Bald jedoch führen die zunehmende Staatsintervention, die Besteuerung von Kapitalvermögen und eine beispiellose Korruption dazu, daß die Oberschicht, die ihre überkommenen Interessen bedroht sieht, ihre Differenzen begräbt und den Bruch mit der Regierung herbeiführt.

1957 Als auf dem Land die Guerillatätigkeit wieder zunimmt, übergibt – nach Ausrufung des
10. Mai Generalstreiks und blutigen Straßenschlachten – Rojas Pinilla die Macht an eine Junta.

1958–1966 Auf den „liberalen" Präsidenten *Alberto Lleras Camargo* (1958–1962; * 1906, † 1990) folgt der „konservative" *Guillermo León Valencia* (1962–1966; * 1909).

1966–1970 Präsidentschaft von *Carlos Lleras Restrepo* („liberal"; * 1908).

1966 Der katholische Geistliche *Camilo Torres Restrepo*, der sich dem ELN anschließt und einen
15. Febr. (wenn nötig gewaltsamen) Wandel der gesellschaftlichen Verhältnisse verficht, wird in einem Feuergefecht mit Regierungstruppen erschossen.

1968 Gegenüber der *„Theologie der Befreiung"* setzt sich *Papst Paul VI.* auf dem *Eucharisti-*
15.–28. *schen Weltkongreß in Bogotá* für einen sozialen Wandel durch Gerechtigkeit und Liebe
Aug. ein.

1970–1974 Präsidentschaft des Vertreters der „Konservativen" *Misael Pastrana Borrero* (* 1923).

1974 Zum ersten Mal Wahl eines Präsidenten mit echten Alternativen. Die „Liberalen" gehen
21. April mit ihrem Kandidaten *Alfonso López Michelsen* mit 55 % der abgegebenen Stimmen als eindeutiger Sieger hervor.

8.–12. Nov. Zusammen mit Venezuela und Costa Rica beantragt Kolumbien auf der *OAS-Konferenz in Quito,* die Wirtschaftsblockade gegen Kuba aufzuheben; nach dem Scheitern dieses Antrages stellt es (1975) selbständig Beziehungen zu Kuba her.

1974–1978 Trotz des Wahlsiegs der „Liberalen" bleiben alle Ämter im Bereich der Exekutive weiterhin jeweils zur Hälfte mit „Konservativen" und „Liberalen" besetzt. *López Michelsen* beginnt seine Amtszeit mit dem Anspruch, die Lage der ärmsten Bevölkerungsteile durch eine Beschleunigung der bisher nur in Ansätzen durchgeführten Landreform und durch Eingriffe in die sehr ungleiche Einkommensverteilung zu verbessern. Da die Arbeitslosigkeit jedoch zunimmt (1975 wird sie offiziell mit 10,5 % angegeben) und der Reallohn sinkt, kommt es zu Massenprotesten, auf die die Regierung mit Repressionsmaßnahmen und einer allgemeinen Verhärtung der Innenpolitik reagiert. Auch in den folgenden Jahren bestimmen die traditionellen ungelösten Probleme wie Bevölkerungsexplosion, Landflucht und extreme *violencia* (Gewalttätigkeit), außerdem steigende Lebenshaltungskosten, Arbeitslosigkeit und Unsicherheit das innenpolitische Klima.

1977 Nach schweren Zusammenstößen zwischen Militär und streikenden Arbeitern kommt es
Sept. zu einer ernsten Regierungskrise, in deren Verlauf fast das ganze Kabinett zurücktritt.

1978 Die Präsidentenwahlen enden mit einem Sieg des „liberalen" Kandidaten *Julio César Tur-*
4. Juni *bay Ayala* (* 1916), der sich allerdings nur äußerst knapp gegen seinen konservativen Rivalen *Belisario Betancur* durchsetzen kann.

16. Sept. Ein „Sicherheitsstatut" macht den Ausnahmezustand zur Dauereinrichtung.

1982 *Belisario Betancur* (* 1923) *gewinnt Präsidentenwahlen* (30. Mai; Amtsantritt 7. Aug.).

19. Juni Ausnahmezustand aufgehoben; Generalamnestie (20. Nov.) soll Guerillakrieg beenden.

26. Dez. Betancur ruft Wirtschaftsnotstand aus (bis 11. Febr. 1983).

1984 Die „Kommission für den Nationalen Dialog" eröffnet *Verhandlungen zwischen der Re-*
ab 1. Nov. *gierung und den Guerillabewegungen. – (Forts. S. 1666)*

Venezuela
(Forts. v. S. 1205)

Das Übergewicht des *Erdölsektors* führt zu einer Schrumpfung des Agrarsektors einerseits und zu einer relativ späten Ankurbelung des industriellen Sektors (etwa ab 1950) andererseits. Zwar gibt der Erdölexport dem Land finanzielle Ressourcen und Entwicklungsmöglichkeiten, gleichzeitig jedoch gerät Venezuela seit Beginn des Erdölbooms in den zwanziger Jahren in eine Situation extremer struktureller Abhängigkeit, aus der es sich erst in den letzten Jahren zu lösen bemüht. 1960 wird die staatliche *Corporación Venezolana de Petróleo (CVP)* gegründet, die sich vor allem kommerziell und finanziell an der Ausbeutung des Erdöls beteiligt; seit den sechziger Jahren steht die Nationalisierung des Erdölabbaus im Zentrum der politischen Debatte. 1975 wird das Gesetz zur Nationalisierung des Abbaus und der Kommerzialisierung des Erdöls erlassen.

Auf dem *Landwirtschaftssektor* wird 1960 ein Gesetz zur Agrarreform verabschiedet. Allerdings kann von einer tatsächlichen Landumverteilung nicht gesprochen werden. An der Vorherrschaft des Großgrundbesitzes hat sich bis heute wenig geändert. – Wirtschaftstendenzen der siebziger Jahre sind die Stagnation des Ölsektors (seit 1973 sogar Rückgang der Fördermenge), weiterer Rückgang der Bedeutung der Landwirtschaft, relativ starkes Wachstum der verarbeitenden Industrie und des aufgeblähten tertiären Sektors. Der industrielle Wachstumsprozeß hat es bisher nicht vermocht, die starken Unterschiede zwischen traditionellen (Landwirtschaft, Handwerk) und modernen Sektoren zu verringern sowie das Problem der Arbeitslosigkeit zu lösen. Trotz hoher Erträge aus dem Erdölexport gelingt es nicht, das Einkommensgefälle abzubauen und soziale Krisenerscheinungen zu überwinden.

1945
18. Okt. Der Sturz der seit 1941 amtierenden Regierung unter *Isaías Medina Angarita* (* 1897, † 1953) durch eine militärisch-zivile Koalition bringt die 1941 gegründete *Acción Democrática (AD)* unter *Rómulo Betancourt* (* 1908, † 1981) an die Macht. Die AD ist die erste Massenpartei Venezuelas mit kleinbürgerlichem Ursprung und ländlicher Basis sowie politischen und sozialen Reformzielen; das damalige AD-Programm ist anti-imperialistisch und fordert die Integration der Massen durch allgemeines Wahlrecht.

1948
22. Nov. Dieselben Militärs, die die AD an die Macht gebracht haben, putschen gegen den inzwischen in den ersten allgemeinen und freien Wahlen mit großer Mehrheit zum Präsidenten gewählten Schriftsteller *Rómulo Gallegos* (AD).

1953–1958 Als neuer Diktator steigt, nach einer zweijährigen Übergangszeit von *Carlos Delgado Chalbaud* (* 1900, † 1950), General *Marcos Pérez Jiménez* (* 1914) empor, der sich durch *kontrollierte Wahlen* (1957) als Präsident bestätigen läßt. Nach finanzieller Mißwirtschaft (Prestigebauten, Luxuskonsum der Oberschicht) macht sich die wachsende Unzufriedenheit der Bevölkerung in Demonstrationen bemerkbar.

1958
23. Jan. Pérez' Sturz durch eine zivil-militärische Koalition stellt den Beginn einer demokratischen Entwicklung des Landes dar, die bis heute anhält.

1959 Nach einer Übergangsregierung unter Admiral *Wolfgang Larrazábal* (* 1911) wird der AD-Kandidat *Rómulo Betancourt* zum *Präsidenten gewählt*. Entsprechend einer Wahlabsprache kommt eine Art „Großer Koalition" der bedeutendsten Parteien zustande.

1959–1964 In die *Regierungszeit Betancourts* fallen die unruhigsten Jahre der venezolanischen Politik in diesem Jh.

1960 Der größte Teil der Parteijugend verläßt die AD und schließt sich im castristisch orientierten *Movimiento de la Izquierda Revolucionaria (MIR)* zusammen.

1962 Zahlreiche Terror- und Sabotageakte: die *Fuerzas Armadas de Liberación Nacional (FALN)* nehmen vor allem in Caracas ihre Tätigkeit auf.

1964 Betancourt kann trotz heftiger innenpolitischer Auseinandersetzungen seine Amtszeit legal beenden und das Präsidentenamt seinem Nachfolger von der AD, *Raúl Leoni* (1964–1969; * 1905, † 1972) übergeben.

1968 Bei Wahlen siegt die stärkste Oppositionspartei, der christlich-soziale *Comité de Organización Política Electoral Independiente (COPEI)*.

1969–1973 Neuer Präsident wird *Rafael Caldera Rodríguez* (* 1916). Innenpolitisch kann er durch seine Pazifizierungsstrategie das frühere Klima politischer Gewalt abbauen. Der COPEI praktiziert eine (später von der AD-Regierung fortgesetzte) flexible Lateinamerika-Politik des „ideologischen Pluralismus" und der „pluralistischen Solidarität". Auf wirtschaftspolitischem Gebiet verstaatlicht er die Erdgas-Produktion, kündigt den unvorteilhaften Handelsvertrag mit den USA und sorgt im Erdölsektor durch das sog. „Reinvestitionsgesetz" dafür, daß die ausländischen Gesellschaften bis zum Auslaufen der Konzessionen 1983 ihre Anlagen auf dem modernsten Stand halten.

1973 AD-Kandidat *Carlos Andrés Pérez* (* 1922) zum Präsidenten gewählt (12. Dez.).

1974–1978 Pérez läßt sich Sondervollmachten erteilen, um seine *nationalistisch-reformerische Politik* durchsetzen zu können und dringende wirtschaftliche Maßnahmen (zur Nutzung der Öleinnahmen) per Dekret zu ermöglichen.

Außenpolitisch findet Venezuela zu einer profilierten Rolle in Lateinamerika. Die größere internationale Bedeutung ist auch darauf zurückzuführen, daß es in der OPEC politisch

1604 Neueste Zeit – Nicht durch Blockbündnis geprägter Teil der Welt

sehr aktiv ist. Die unter der Regierung Pérez gültigen Hauptlinien der Außenpolitik sind: Abgrenzung und Betonung der Unabhängigkeit gegenüber den USA; Stärkung der eigenen Position in den Ländern der Andengruppe, in Zentralamerika und im karibischen Raum; Diversifizierung der Außenbeziehungen. Mit Kolumbien treten wiederholt Grenzspannungen auf; zu den Militärdiktaturen der Region zeichnet sich eine zunehmende Distanz ab. Venezuela übernimmt die US-Menschenrechtsdoktrin und die Kampagne gegen die Verbreitung der Nuklearenergie (Kontroverse mit Brasilien).

1978 Bei den Präsidentschaftswahlen siegt der Kandidat der Oppositionspartei COPEI, *Luis Herrera Campins* (für die Verfassungsperiode 1979–1984).

1982 *Alte Gebietsansprüche* Venezuelas an Guyana *führen zu Grenzzwischenfällen* (4. Mai).

1983 Lusinchis AD gewinnt die Parlaments- und Präsidentenwahlen (4. Dez.).

1984 *Jaime Lusinchi* (* 1924) *tritt das Staatspräsidentenamt an* (2. Febr.).

3. Aug. Mexiko und Venezuela kündigen weitere begünstigte Erdöllieferungen an 9 Staaten Mittelamerikas als Wirtschaftshilfe im Sinne des Contadora-Planes an. – *(Forts. S. 1666)*

Guyana
(Forts. v. S. 1195)

1950 Auf der Basis mehrerer Gewerkschaften gründet der Inder *Cheddi Jagan* die linksorientierte *People's Progressive Party (PPP)*. Sein Ziel ist eine neue Verfassung und die Unabhängigkeit.

1953 Die PPP bildet erstmalig nach allgemeinen *Wahlen* die Regierung, wird aber wegen Kommunismusverdachts vom britischen Gouverneur abgesetzt.

1955 Von der PPP spaltet sich der spätere *People's National Congress (PNC)* ab.

1961 Nach Gewährung der *vollen inneren Autonomie* (Verfassung) wird Jagan erneut Regierungschef (1961–1964).

1964 Nach Wahlen gelingt es dem PNC, die PPP aus der Regierungsverantwortung zu drängen. Premier wird *Linden Forbes S. Burnham* (* 1923, † 1985).

1966 Nach der Erlangung der *Unabhängigkeit* gewinnt in den ersten Wahlen der PNC (1968)
26. Mai die absolute Mehrheit der Stimmen; allerdings haben Wahlmanipulationen stattgefunden. Gegen die wachsende Kritik wehrt sich die Regierung mit zunehmender Repression.

1970 Um die Bevölkerung zur Teilnahme an der Entwicklung des Landes zu aktivieren, erklärt
23. Febr. Premier Burnham den Staat zur „*Kooperativen Republik*" im britischen Commonwealth. Die Genossenschaften sollen als dritter Sektor (neben dem privaten und staatlichen) langfristig den privaten ersetzen. Staatsoberhaupt wird *Raymond Arthur Chung* (* 1918).

Der *neue Staatsname* („Kooperative Republik") soll die sozialistische Grundrichtung der Politik und die genossenschaftliche Organisation des Staates kennzeichnen. – Die *Wirtschaft* beruht auf Landwirtschaft (Zucker, Reis) und Bergbau (Bauxit). Seit 1976 sind die Bauxitgesellschaften restlos verstaatlicht. An der Einkommensstruktur hat sich seit der Unabhängigkeit nichts Grundlegendes geändert. Mit den öffentlichen Unternehmen, der Verwaltung und den vom Staat geförderten Genossenschaften ist die Regierung der wichtigste Arbeitgeber. Der Zuckerpreissturz bringt 1976 das Land wirtschaftlich in große Schwierigkeiten. – *Außenpolitisch* gute Beziehungen zu Kuba, China und den Blockfreien.

1980 Burnham ernennt sich mittels Verfassungsänderung selbst zum Präsidenten (6. Okt.).

1983 USA stoppen Auszahlung von drei Landwirtschafts-Krediten (1. Aug.). – *(Forts. S. 1666)*

Surinam *(Niederländisch-Guayana)*
(Forts. v. S. 1195)

Politisch ist Surinam bis 1955 *Kolonie der Niederlande*. In diesem Jahr entsteht das sog. *Königreichstatut*, in dem die Niederlande ihren noch verbliebenen Kolonien „Selbstverwaltung in eigenen Angelegenheiten" einräumen. – *Wirtschaftliche Grundlage* des Landes sind nach wie vor die reichen Bauxit- und Tonerde-Vorkommen und die darauf aufbauende Aluminiumindustrie. Sämtliche Bauxit-Produktionsanlagen sind von SURALCO, einer Tochterfirma des US-Konzerns AICOA, gebaut und finanziert. Surinams Export besteht zu ca. 90% aus Bauxit, Alumerde und Aluminium. Seit der Assoziierung mit der EG (1962) verstärkt sich der Export nach Europa.
Es gibt drei starke Bevölkerungsgruppen: Kreolen, Inder (Hindus) und Javaner. Zwischen der indischen und der negroiden Bevölkerung herrschen starke Spannungen. Die politischen Parteien fungieren im wesentlichen als Interessenvertretungen der ethnischen Bevölkerungsgruppen: die *Vereinigte Hindostanische Reformpartei*, die den indischen Bevölkerungsteil repräsentiert, ist bis 1973 Regierungspartei (heute Opposition); die *Nationale Partei Surinams (NPS)* repräsentiert das politische Zentrum und den rechten Flügel der Kreolen; die Javaner bilden eine relativ kleine politische Gruppierung, die *Kaum Tani*

Lateinamerika/Südamerika – Guyana – Surinam – Ecuador *1605*

Persatuan Indonesia Partei (KTPI). Seit 1973 ist die indische Bevölkerungsmehrheit von der Macht verdrängt. Eine kreolisch-javanische Koalition führt das Land gegen den Widerstand der Inder zur Unabhängigkeit; zuvor erfolgt eine Massenauswanderung in die Niederlande.

1975 25. Nov.	Nach der Erlangung der *Unabhängigkeit* bleibt der NPS-Führer *Henck A. E. Arron* (* 1936), der schon vorher Regierungschef gewesen ist, an der Spitze der Exekutive; Staatsoberhaupt wird der bisherige Gouverneur *Johan H. E. Ferrier.*
1977	Bei den Parlamentswahlen siegt der regierende Kreolenblock (31. Okt.).
1980 25. Febr.	Nach einem *Putsch von Feldwebeln* bildet ein von einem „Nationalen Militärrat" überwachter Zivilrat die Regierung. *Eigentlicher Machthaber* wird Unteroffizier, später Oberstleutnant *Desi Bouterse* (* 1943?). Weitere Putsche, Putschversuche und Regierungswechsel folgen einander.
1983 3. Febr.	Bis zur Verabschiedung einer neuen Verfassung *Übergangsregierung unter Wim Undenhout;* vier der sechs Minister ernennt die Armee. *– (Forts. S. 1667)*

Ecuador
(Forts. v. S. 1205)

1945–1948	Die Jahre nach dem 2. Weltkrieg bringen dem Land einen wirtschaftlichen Aufschwung; die durch die neu eingeführte Bananen-Monokultur erreichten Exportzahlen nehmen kräftig zu. Die wirtschaftliche Expansion zieht eine Zeit politischer Stabilität nach sich.
1948–1960	Es folgen *drei Regierungen* gewählter Präsidenten: *Galo Plaza Lasso* (1948–1952; * 1906), der eine geordnete Verwaltung erreicht, *José María Velasco Ibarra* (1952–1956; * 1893, † 1979) und *Camilo Ponce Enríquez* (1956–1960; * 1912). Mit Ponce kommt der erste konservative Präsident Ecuadors dieses Jh.s an die Regierung.
1960	Velasco *Ibarra* wird *zum vierten Mal* zum *Präsidenten gewählt;* er versucht, die Agrarreform voranzutreiben, scheitert jedoch. Dagegen steigen die Kosten der Lebenshaltung weiter, die Steuern werden erhöht.
1961 7. Nov.	Zum Verhängnis wird Velasco die *Kuba-Politik,* über die es zu heftigen Auseinandersetzungen im Land kommt. Schließlich zwingt ihn das Heer zum Rücktritt; neuer Präsident wird *Carlos Julio Arosemena* (* 1919).
1961–1968	Mehrere Präsidentschaften und Militärregierungen lösen einander ab.
1968	Nach Wahlen Velasco *Ibarra zum fünften Mal Präsident* (2. Juni).
1968–1972	Während seiner Präsidentschaft intensiviert Velasco die diplomatischen Beziehungen zu den Ostblockstaaten. – Der stärkste innenpolitische Machtfaktor ist seit langem das Militär.
1971	Als Velasco Wahlen ausschreiben läßt, ist sein schärfster Gegenspieler *Asaad Bucaram* mit seiner Massenpartei *Concentración de Fuerzas Populares (CFP);* hinter Velasco steht die *Federación Nacional Velasquista (FNV).*
1972 15. Febr.	Kurz vor Ablauf seiner Amtszeit stürzt das Militär den seit 1970 mit diktatorischen Befugnissen (seit dem 22. Juni 1970 ist das Parlament suspendiert) ausgestatteten Velasco, dem Ausbeutung des Volkes, Korruption und Verrat vorgeworfen wird. Der Putsch schließt die Parteien vom politischen Leben aus und verhindert einen befürchteten Sieg Bucarams.
1972–1976	Unter Führung von General *Guillermo Rodríguez Lara* kündigt das Militär tiefgreifende Strukturreformen an: Agrar- und Steuerreform, Einkommensumverteilung, Beendigung des nationalen Ausverkaufs hinsichtlich der Erdölkonzessionen, Verringerung der Abhängigkeit vom Ausland. Die wesentlichste Stütze der forcierten Industrialisierung ist der Exportboom des Erdöls. Die angekündigten Reformen bleiben jedoch in den Ansätzen stecken; seit 1973 werden sozialreformerische Ziele weitgehend aufgegeben.

Die Wirtschaft in den siebziger Jahren

Die Wirtschaftsstruktur ist gegenwärtig in einem grundlegenden Wandel begriffen. Ist bis Anfang der siebziger Jahre der Agrarsektor bestimmend, so macht 1975 der *Erdölexport* bereits 57,5 % des gesamten Ausfuhrwertes aus; der Außenhandel wird zum dynamischen Sektor der Volkswirtschaft. Der erste Entwicklungsplan (1964–1973) hat seine Schwerpunkte noch in landwirtschaftlichen Vorhaben und Industrialisierungsmaßnahmen. 1973 wird das Erdöl zum ausschlaggebenden Wirtschaftsfaktor. Ecuador wird von einem Bananen- zu einem Erdölexportland. Die unvorhergesehene Steigerung der Öleinkünfte ermöglicht die Verwirklichung der immer wieder hinausgeschobenen Agrarreform und eine beschleunigte *Industrialisierung.* Der folgende Entwicklungsplan (1973–1977) hat neben der Fortführung laufender Projekte vor allem infrastrukturelle Maßnahmen und soziale Investitionen im Gesundheits- und Bildungswesen zum Inhalt. Der neue Industrieentwicklungsplan für 1976–1985 legt die Schwerpunkte auf die Petrochemie und die Metallverarbeitung. Die Interessen Ecuadors auf dem Erdölsektor werden von der 1972 konstituierten Gesellschaft *Corporación Estatal Petrolera Ecuatoriana (CEPE)* wahrgenommen. 75–80 % der Erdöleinnahmen fließen dem Staat zu; 35 % des Staatsbudgets werden aus den Erdöleinnahmen finanziert.

1606 Neueste Zeit – Nicht durch Blockbündnis geprägter Teil der Welt

1976 Eine *Militärjunta* unter *Alfredo Póveda Burbano* (* 1926, † 1990) stürzt das Regime Rodrí-
11. Jan. guez Lara und bildet einen „Obersten Rat der Regierung".
1977 Im Hinblick auf die vorgesehenen Präsidentenwahlen schließen sich vier politische Parteien
Dez. zu einer *„Demokratischen Volkskoalition"* zusammen, die dem Volk eine „progressistische
Alternative" bieten will.
1978 Zwei *Verfassungsentwürfe* werden einer Volksabstimmung unterbreitet, wobei die libera-
15. Jan. lere Verfassung angenommen wird.
1979 Bei Präsidentschaftswahlen siegt *Jaime Roldós Aguilera*, (* 1940, † 1981), der Kandidat der
29. April *„Sammlung der Volkskräfte"*, mit 62% der Stimmen gegen *Sixto Durán Ballés,* den Kandidaten der christlich-sozialen Partei. Sein Amtsaustritt beendet das Militärregime.
1981 *Grenzkonflikt mit Peru* um erdölreiches Gebiet am Rio Marañón (23. Jan. – 2. Febr.).
25. Mai Nach Roldós' Tod (24. Mai) wird *Osvaldo Hurtado Larrea* Staatspräsident.
28. Sept. Ecuador tritt der Gruppe der Blockfreien Staaten bei.
1983 In Paris vereinbaren 13 Gläubigerländer Ecuadors eine Umschuldung (27./28. Juli).
1984 Nach Wahlen (29. Jan.) wird der konservative León Febres Cordero (* 1931) als neuer Präsident vereidigt (Kabinettsbildung 10. Aug.). – *(Forts. S. 1667)*

Peru
(Forts. v. S. 1206)

Auf dem *wirtschaftspolitischen Sektor* entsteht nach dem 2. Weltkrieg eine von US-Kapital getragene
Konsumgüterindustrie. Seit Beginn der fünfziger Jahre steigen die Direktinvestitionen aus den USA und
Westeuropa in den dynamischen Industriebranchen stark an. Bevorzugte Anlagebereiche sind Bergbau,
Erdöl, Zucker und Baumwolle. Ausländisches Kapital drängt zunehmend nationale Unternehmen zu-
rück. Seit Mitte der fünfziger Jahre expandiert auch die Fischindustrie, die sich nach 1964 bei ausländi-
schen Großunternehmen konzentriert; 1968 sind 80% der wichtigsten Unternehmen in US-Besitz.
Die zunehmende Verschlechterung der Lage auf dem *Agrarsektor* führt anfangs der sechziger Jahre zu
Unruhen und *Guerilla-Bewegungen* nach castristischem Muster. Unter der Führung von *Hugo Blanco*
kommt es zu organisierten *Bauernaufständen.* Schließlich wird 1964 eine Landreform verkündet; bis zur
zweiten Agrarreform von 1969 sind jedoch nur ca. 8% der gesamten Betriebsfläche enteignet.
Erst vor der Präsidentschaftswahl von 1956 erfolgt die Gründung jener Parteien, die die parteipolitische
Szene bis 1968 beherrschen. Die Gründung des *Movimiento Democrático Peruano (MDP)* ist der erste
Versuch der Oberschicht, sich ein dauerhaftes politisches Instrument zu verschaffen. Die 1960 gegründete *Unión Nacional Odriísta (UNO)* findet als soziale Reformpartei bei der „Provinzaristokratie" und
beim Kleinbürgertum Unterstützung. Der *Partido Demócrata Cristiano (PDC)* entwickelt sich zur
eigentlichen Partei der neuen Mittelklasse. Die 1956 gegründete *Acción Popular (AP)* wird mit ihrem
populistischen Programm zur zweitwichtigsten Partei nach der APRA. Die Linksparteien besitzen kaum
eine nennenswerte Basis.
Vor allem während des 2. Weltkriegs wird durch die Ausdehnung der Produktion die *Urbanisierung* gefördert. Am Ende des Krieges machen die städtischen Massen ihren Anspruch
auf politische Partizipation geltend.
1945–1948 Mit Präsident *José Luis Bustamente* (* 1894, † 1989) kommt ein neuer Faktor in die
Politik, eine demokratische Kraft der Mitte, die mit der *Alianza Popular Revolucionaria
Americana (APRA)* kooperiert.
1948–1956 Als die APRA versucht, ihr revolutionäres und antiklerikales Programm durchzusetzen,
setzen die Rechtskreise Bustamante ab und errichten eine *Diktatur* unter General *Manuel
Odriá* (* 1897, † 1974). Die Macht der alten Oligarchie ist damit wieder gefestigt.
1956 Bei Wahlen erhält der erfolgreiche Kandidat der Konservativen, *Manuel Prado*
(1956–1962; * 1889, † 1967), die Unterstützung der APRA.
1962 Bei Wahlen wird zwar der APRA-Führer *Victor Raul Haya de la Torre* (* 1895, † 1979)
mit relativer Mehrheit (32,94% der Stimmen) zum Präsidenten gewählt, muß jedoch dem
Druck der Militärs weichen.
1963 Durch Neuwahlen bringt das Militär unter Ausschluß der APRA *Fernando Belaunde Terry*
(* 1912) an die Macht.
1963–1968 Dieser stürzt sich in eine großangelegte Bautätigkeit, vergrößert den Staatsapparat und fördert den Mittelstand.
Als wachsende Inflation und Verschuldung eine Devaluierung der Währung nötig machen
und angekündigte Wahlen die radikalere APRA an die Macht bringen können, putscht die
1968 Armee unter General *Juan Velasco Alvarado* (* 1910). Anlaß des Staatsstreichs ist die
3. Okt. *„nationale Empörung"* der Militärs über die Gewährung von Lizenzen zur Weiterverarbeitung von in nationaler Regie gefördertem Erdöl an die US-Gesellschaften. Ausschlaggebend ist jedoch die Zersplitterung der demokratischen Parteien und die Unfähigkeit der
Regierung zu wirklichen Reformen.
1968–1975 Ausübung der Staatsgewalt durch die Armee unter *Velasco Alvarado.*

Lateinamerika/Südamerika – Peru   *1607*

1969
24. Juni
Die erste Reform der Militärregierung ist die Enteignung und Verstaatlichung der mit US-Kapital arbeitenden *International Petroleum Company (IPC)*. Die radikale *Agrarreform* erfaßt im Gegensatz zur Reform unter Belaunde Terry die gesamte Landfläche (vorläufiger Abschluß der Agrarreform 1976). Vorrangige Reformziele sind Erhaltung bzw. Steigerung der Produktivität. Diesem Ziel dient die ungeteilte Überführung der enteigneten Großbetriebe in Genossenschaften unter staatlicher Kontrolle. Von 1969 bis 1976 werden über 10 Mio. ha Land enteignet; meist werden Formen des kollektiven Eigentums geschaffen.

Die „peruanische Revolution"

Seit dem Zweiten Weltkrieg haben sich Sozialstruktur und Selbstverständnis des *Offizierskorps* geändert: die Streitkräfte entwickeln sich vom willfährigen Instrument der Oligarchie zum verantwortungsbewußten und sozialpolitisch engagierten autonomen Machtfaktor. Die Militärregierung unter Velasco Alvarado verfolgt einen betont nationalistischen und sozialreformerischen Kurs. Im Rahmen ihrer „peruanischen Revolution" – propagiert als „dritter Weg" zwischen Kapitalismus und Kommunismus – verändert sie die überkommenen wirtschaftlichen und sozialen Strukturen.
Andere weitgehende *Reformen* zielen einerseits auf eine beschleunigte Ablösung des ausländischen durch peruanisches Kapital (Industrie-, Bergbau- und Bankreformen); andererseits bezwecken sie eine rasche Besserstellung der Besitzlosen und Unterprivilegierten (Erziehungsreform, Gewinnbeteiligung, betriebliches Mitspracherecht). Die *Wirtschaftspolitik* der Revolutionsregierung tritt in einer zunehmenden staatlichen Kontrolle des Wirtschaftslebens und einer vermehrten Lenkung aller wirtschaftlich relevanten Bereiche zutage. Im Zuge der fortschreitenden „*Peruanisierung*" werden 1972 die Telefongesellschaften und der Energiesektor (ELECTROPERU), im Mai 1973 auch das bedeutsame Fischereiwesen (EPCHAP) verstaatlicht; gleiches gilt für die Bereiche Erdöl (PETROPERU) und Bergbau (MINEROPERU). Die Verstaatlichung der US-Gesellschaften Cerro de Pasco Copper Corp. (1974) und der Marcona Mining Company (1975) belegen den grundsätzlichen Anspruch des Staates auf die Rohstoffvorkommen. Seit Juni 1976 wird der Privatinitiative in der Wirtschaft wieder erweiterter Spielraum gegeben.
Seit der Machtübernahme des Militärs ist die Volksvertretung aufgelöst; weite Teile der Verfassung von 1933 sind nicht mehr gültig. Die Macht liegt bei der *Junta Revolucionaria*. Die überkommenen Parteien haben ihre Funktion als Organisationen der Willensbildung verloren. Der *Frente de Defensa de la Revolución Peruana (FDRP)* stützt sich nur auf mit staatlicher Unterstützung entstandene Massenorganisationen. Die Mobilisierung der Massen wird nur in kontrollierter Form zugelassen (*„Revolution von oben"*).

1974
Die interne Einheit des Militärregimes (Polizeiputsch vom Frühjahr 1975) erfährt eine zunehmende Schwächung.

27. Juli
Die wichtigsten Zeitungen des Landes werden enteignet. Hervorgerufen durch die nach wie vor ungelösten sozialen Probleme und eine gewisse Verselbständigung der Basisorganisationen (Streiks im Bergbausektor), nimmt die breite Unterstützung der Regierung durch das Volk ab.

1975
29. Aug.
Schließlich übernimmt General *Francisco Morales Bermúdez* (* 1921) nach einem Putsch die Macht. Die neue Regierung verkündet eine Generalamnestie für Exilierte, läßt alle Publikationsorgane wieder zu und ist bemüht, mit der Basis wieder Kontakt aufzunehmen.
Die revolutionäre Politik der Militärregierung wird stufenweise abgebaut: Ein neues Regierungsprogramm *(Plan Túpac Amaru)* soll den revolutionären *Plan Inca* ablösen. Im Zuge des von der Regierung als „zweite Phase der Revolution" proklamierten Prozesses wird der privatwirtschaftliche Sektor gestärkt; die gesetzliche Grundlage der Arbeitermitbestimmung und Selbstverwaltung *(Comunidad Industrial* und *Propiedad Social)* wird revidiert. Die (seit 1973) staatliche Fischereiflotte wird reprivatisiert, ausländische Erdölfirmen erhalten wieder Betätigungsgenehmigungen.

1978
General *Oscar Molina Pallochia* wird Ministerpräsident (31. Jan.).

18. Juni
Mit dem Ziel einer Rückkehr zu demokratischen Spielregeln wird eine *Verfassunggebende Versammlung* gewählt. Die meisten Wählerstimmen (35%) erhält die APRA.

1979
General *Pedro Richter Prada* wird Ministerpräsident (31. Jan.).

12. Juli
Verabschiedung der neuen Verfassung.

1980
28. Juli
Fernando Belaunde Terry erneut zum Präsidenten gewählt (18. Mai); sein Amtsantritt bringt Peru wieder eine Zivilregierung.

1981
Abkommen mit Ecuador zur Beilegung des Grenzkonflikts (6. März). – Verstärkter Terror der maoistischen *Guerillabewegung „Sendero Luminoso"* (Leuchtender Pfad).

1983
30. Juni
Wegen Guerilla-Terroranschlägen Ausnahmezustand verhängt (30. Mai). – Peru unterzeichnet in Washington *Umschuldungsabkommen* mit 275 ausländischen Gläubigerbanken.

1984
12. Okt.
Im neuen *Kabinett unter Luis Percovich Roca* erhalten in Guerilla-Bekämpfung erfahrene Politiker Schlüsselposten. – *(Forts. S. 1667)*

1608 Neueste Zeit – Nicht durch Blockbündnis geprägter Teil der Welt

Bolivien
(Forts. v. S. 1207)

Von größter wirtschaftlicher Bedeutung für Bolivien sind die auf dem *Altiplano*, dem zentralen Hochplateau, lagernden Erze: Zinn, Wolfram, Zink, Kupfer, Blei, Wismut und Antimon. Im 20. Jh. entwickelt sich das Zinn zum Hauptausfuhrprodukt des Landes. Der *Zinnbergbau* liegt seit dem 19. Jh. in den Händen dreier Konzerne (Patiño, Aramayo, Hochschild), die mit Hilfe britischen und später nordamerikanischen Kapitals die ursprünglich bolivianische Bergbauindustrie dominieren. – Die *Agrarstruktur* ist durch extreme Bodenkonzentration gekennzeichnet. Rund 8% der landwirtschaftlichen Betriebe verfügen Ende der 40er Jahre über 95% der Gesamtfläche. Hingegen bewirtschaften etwa 60% der Landbesitzer nur 0,4% der Oberfläche.

	Als ausgesprochen nationalistische Partei entsteht während des 2. Weltkriegs der *Movimiento Nacionalista Revolucionario (MNR)*, mit dessen Hilfe Major *Gualberto Villaroel* (* 1908, † 1946) die Regierung des Präsidenten *Enrique Peñaranda* (* 1892, † 1970) stürzt.
1943–1946	Während des *Villaroel-Regimes* müssen die „Zinnbarone" dem bolivianischen Fiskus höhere Devisen überlassen; außerdem sind Anzeichen zu einer Landverteilung erkennbar.
1946 21. Juli	In einer durch die Opposition entfesselten Revolte wird Villaroel gestürzt und mit einer Reihe von Anhängern ermordet. Die folgenden Regierungen werden als die *Herrschaft der Rosca* bezeichnet: die Latifundisten, die Großindustriellen und die mächtigen Finanzkreise können die Macht zurückgewinnen.
1951 6. Mai	Nach den Präsidentschaften von *Enrique Hertzog* (1947–1949; * 1897) und *Mamerto Urriolagoitia* (1949–1951; * 1895) bringen Wahlen einen eindeutigen Sieg des MNR-Kandidaten *Victor Paz Estenssoro* (* 1907); die Regierung annulliert jedoch die Wahlergebnisse, eine Militärjunta übernimmt die Macht.
1952 9. April	Paz Estenssoro kommt erst nach einer von Teilen der Armee, den Studenten und Gewerkschaften unterstützten *Revolte* an die Macht. Die Führung dieser **„bolivianischen Revolution"** liegt in den Händen des MNR; die populistische Allianz besitzt eine anti-oligarchische und anti-imperialistische Stoßrichtung, die sich durch Mobilisierung und Bewaffnung der Massen schnell vertieft und tiefgreifende sozialrevolutionäre Maßnahmen ermöglicht. Das sozio-politische Ziel der Revolution besteht in der Integration der Masse der Arbeiter und Bauern in die Gesellschaft.
31. Okt.	Die *Zinnminen* werden *verstaatlicht;* die „Zinnbarone" erhalten später auf US-Druck erhebliche Entschädigungssummen. Die staatliche Bergbaugesellschaft *Corporación Minera de Bolivia (COMIBOL)* wird gegründet. Bald nach der Verstaatlichung zeigen sich allerdings bedeutende Schwierigkeiten: Kapitalmangel, ein starkes Sinken des Zinnpreises auf dem Weltmarkt, Absatzschwierigkeiten für Bergbauprodukte und Produktionsrückgang führen zu Unruhen unter den Zinnbergbauarbeitern.
1953 2. Aug.	Eine umfassende *Agrarreform* schafft Latifundien und Leibeigenschaft ab; 4 Mio. ha werden an Kleinbauern vergeben.

Die „bolivianische Revolution"

Das Ergebnis der Reformen sind sehr heterogene Produktionsverhältnisse: auf dem Altiplano kommt es zu einer *Agrarrevolution* und individueller Parzellierung (Minifundismus); im Osten entstehen demgegenüber kapitalistische Plantagen auf der Basis von Privateigentum. Kooperative Betriebsformen sind selten anzutreffen. – Die größtenteils analphabetischen Indios erhalten die Bürgerrechte verliehen, vor allem das aktive und passive Wahlrecht; gewerkschaftliche Organisationen der Arbeiter werden gefördert. Nach der *Auflösung der Streitkräfte* werden die Waffen an Arbeiter- und Bauernmilizen verteilt, die sich (zusammen mit den Gewerkschaften) zu Zentren politischer Macht entwickeln. Die Revolution führt zu einer enormen Kapitalflucht und einem rapiden Währungsverfall, der nur mit US-Unterstützung aufgefangen werden kann. Bald nach der Revolution kommt es innerhalb des MNR zu ideologischen Flügelkämpfen; unter z. T. massivem Druck der USA erfolgt eine gewisse „Rückbildung" der Revolution. Ein neues *Erdölgesetz* gibt das seit 1937 bestehende Staatsmonopol auf und begünstigt ausländische, d. h. vor allem US-Investitionen (1955).

1956–1960	Unter der Präsidentschaft von *Hernán Siles Suazo* (* 1914) wird zwar die Inflation gestoppt, aber die ursprünglichen Ziele nationalrevolutionärer Politik werden noch stärker ausgehöhlt.
1960–1964	Die *erneute Präsidentschaft Paz Estenssoros* bringt wieder eine Mitte-Links-Koalition des MNR an die Regierung, doch wird die unter dem Vorgänger begonnene anti-gewerkschaftliche Politik fortgeführt, die schließlich zum Bruch zwischen MNR und Gewerkschaften sowie zur Unterdrückung letzterer (Abschaffung der Arbeiterkontrolle und der vereinbarten „Mitregierung") führt.
1964	Als Folge von Streiks und Arbeiterunruhen wird Paz Estenssoro nach seiner dritten Wie-

3. Nov.	derwahl vom Militär gestürzt. Nach dem *Staatsstreich* beginnt das Militär zum alleinbestimmenden Faktor der Politik zu werden.
1964–1969	General *René Barrientos Ortuño* (* 1919, † 1969) übernimmt die Macht, die er 1966 durch „Wahlen" legitimieren läßt. Verstärktes US-Engagement.
1967 9. Okt.	In einem Feuergefecht zwischen bolivianischen Truppen und Partisanen wird der Guerillero *Ernesto „Che" Guevara* (* 1928, † 1967) gefangengenommen und erschossen. Das fehlgeschlagene Guerilla-Experiment und das peruanische Beispiel eines linksnationalistischen Militärregimes tragen zu zunehmendem sozialem Engagement in der Armee bei.
1969 26. Sept.	Nach einem unblutigen Staatsstreich übernimmt General *Alfredo Ovando Gandía* (* 1918, † 1982) die Macht. Er entfaltet außenpolitische Aktivitäten (umfangreiche Zinnlieferungen an die Sowjetunion, Aufnahme diplomatischer Beziehungen zu sozialistischen Ländern). Ein Jahr nach seiner Machtergreifung wird Ovando zum Rücktritt gezwungen.
1970 6./7. Okt.	Die rechte Militärjunta wird jedoch ihrerseits bereits drei Tage später durch einen linken Gegenputsch unter General *Juan José Torres González* (* 1921) gestürzt. Dieser beruft eine Beratende Volksversammlung *(Asamblea Popular)* ein, in der die Arbeiterorganisationen die Mehrheit erhalten.
1971 22. Aug.	Die Radikalisierung der Volksversammlung trägt zur Formierung der rechten Opposition bei, die in einem blutigen Staatsstreich unter Oberst *Hugo Banzer Suárez* den Präsidenten stürzt. Die Position des Regimes wird wiederholt durch Unruhen, Versorgungsschwierigkeiten und Putschversuche gefährdet.
1972 23. Nov.	Zum ersten Mal seit 1956 muß der Peso um ca. 40% abgewertet werden (27. Okt.). Nach heftigen Streiks verhängt die Regierung den *Ausnahmezustand.* Angekündigte freie Wahlen werden wiederholt verschoben.
1974 9. Juli 7. Nov.	Die zunächst zivil-militärische Koalitionsregierung wird, nach mehreren erfolglosen Putschversuchen, durch ein *reines Militärkabinett* ersetzt. Nach einem weiteren ultrarechten Putschversuch suspendiert Banzer sämtliche Parteien und Gewerkschaften. *Außenpolitisch* kann die Regierung einige Prestigeerfolge erringen: Die engen Beziehungen zu Brasilien verdeutlichen die Verträge von Cochabamba (22. Mai 1974) über wirtschaftliche Zusammenarbeit und langfristige Lieferung bolivianischen Erdgases.
9. Dez.	In der *„Deklaration von Ayacucho"* befürworten acht Staaten eine Neuregelung des Zugangs zum Pazifik unter Beachtung der bolivianischen Interessen. Die Beziehungen zu den La-Plata-Staaten werden intensiviert.
1978 9. Juli 21. Juli 24. Nov.	Bei den folgenden termingerecht durchgeführten Präsidentschaftswahlen erringt General *Juan Pereda Asbun* angeblich über 50% der Stimmen. Nach Annullierung der Wahl wegen offensichtlicher Wahlfälschungen wird Pereda in einem *Staatsstreich* in sein Amt eingesetzt. Vier Monate später wird die Regierung bereits wieder vom Militär gestürzt; die Macht übernimmt der Armeechef General *David Padilla Arancibia.*
1979 6. Aug. 1. Nov. 16. Nov.	Präsidentschaftswahl, kein Kandidat mit erforderlicher Mehrheit (2. Juli). *Walter Guevara Arze* vom Parlament für ein Jahr zum Interimspräsidenten gewählt. Putsch unter Oberst *Alberto Natusch Busch,* der sich zum Präsidenten ernennt. Nach massivem Widerstand muß Natusch zurücktreten. Die Parlamentspräsidentin *Lidia Gueiler Tejada* wird bis zur Abhaltung von Neuwahlen zur Staatspräsidentin gewählt.
1980 18. Juli	Am 29. Juni gewählter *Präsident H. Siles Zuazo durch Militärputsch* (17. Juli) *an Amtsübernahme gehindert;* Junta ernennt *General Luis García Meza* zum *Staatschef.*
1981/82	Militärregierung international isoliert; weitere Putschversuche und Streiks.
1982 5. Okt.	Abgewirtschaftete Militärs berufen *Parlament* ein; dieses *wählt Siles Zuazo zum neuen Präsidenten, mit dessen Amtsantritt* (10. Okt.) *die Militärherrschaft endet.*
1983	Finanzielle und wirtschaftliche Talfahrt; Generalstreiks, Regierungsumbildungen.
1984 Dez.	Trotzkistische Gewerkschaftler schüren *Generalstreik in La Paz;* Demonstrationen, Straßenschlachten, Versorgungsprobleme. – *(Forts. S. 1667)*

Paraguay
(Forts. v. S. 1207)

Wirtschaftlich ist Paraguay bis heute ein ausgesprochenes *Agrarland.* Die Interessen des Großgrundbesitzes vermischen sich mit denen des ausländischen Kapitals. In der besonders wichtigen Viehwirtschaft kontrollieren ausländische Firmen sowohl die Inlandsmärkte wie den Export. Die ausländischen Investoren haben bisher eine Änderung der Produktionsverhältnisse im Landwirtschaftssektor verhindern können. Die totale *Überfremdung der Wirtschaft* kostet das Land jährlich mehr an Devisen als von privater Seite investiert wird. Alle zehn privaten Handelsbanken werden von ausländischem Kapital kontrolliert, 30% des nationalen Territoriums gehören Ausländern, über 80% der Exportgeschäfte erledigen Auslandsfirmen. Der Industrialisierungsgrad ist einer der niedrigsten Lateinamerikas.

1610 Neueste Zeit – Nicht durch Blockbündnis geprägter Teil der Welt

1940–1948 Die Regierung leitet General *H. Morínigo,* der eine autoritäre Verfassung schafft.
1947 Im *Bürgerkrieg* Sieg der *Asociación Nacional Republicana (Partido Colorado).* Ihre Mitglieder besetzen alle wichtigen Ämter im Land; sie wird Regierungspartei.
1949–1954 Präsidentschaft von *Federico Chaves.*
1954 Durch einen *Militärputsch* übernimmt General *Alfredo Stroessner* (* 1912) die Macht (15. Mai).

Die Stroessner-Diktatur

General Stroessner regiert das Land, trotz Bestehens einer demokratischen Verfassung, in Eintracht mit den bestimmenden sozialen Schichten (Großgrundbesitzer, Armee- und Polizeioffiziere, höhere Regierungsbeamte) mit *diktatorischen Vollmachten.* Wiederholte Unruhen und Aufstände gehen vor allem von der von Uruguay aus operierenden Opposition aus. Der Grad politischer Bewegungsfreiheit im Land ist sehr gering. Die Opposition wird systematisch unterdrückt, die Präsidentschafts- und Kongreßwahlen sind manipuliert.
Außenpolitisch wird nach dem Sturz Juan Peróns das traditionell freundschaftliche Verhältnis zu Argentinien kühler; Paraguay lehnt sich enger an Brasilien an, das den wirtschaftlichen Aufbau des Nachbarlandes unterstützt. 1962 erhalten die USA Raketen- und Luftstützpunkte eingeräumt. Ende 1975 unterzeichnen *Brasilien* und Paraguay in Asunción ein *Abkommen über Freundschaft und Zusammenarbeit.* Im Energiebereich werden Abkommen zum Bau von Wasserkraftwerken unterzeichnet: Brasilien und Paraguay bauen gemeinsam das Wasserkraftwerk Itaipú am Oberlauf des Paraná-Flusses (Inbetriebnahme für 1988 geplant). Mit Argentinien wird Ende 1973 ein Abkommen über das gemeinsam zu errichtende Wasserkraftwerk Yaciretá-Apipé unterzeichnet (Baubeginn 1976).
Nach dem rücksichtslosen Vorgehen der Regierung gegen demonstrierende Studenten anläßlich des Besuchs von Nelson Rockefeller nimmt die *katholische Kirche* seit 1969 eine kritische Haltung gegenüber der Regierung Stroessner ein. Sie kritisiert die Unterdrückung der Meinungsfreiheit, die willkürlichen Verhaftungen und die wirtschaftliche Entwicklung des Landes, die nicht nach den Bedürfnissen der Massen ausgerichtet sei. Der *Konflikt zwischen Staat und Kirche* spitzt sich seit 1970 gefährlich zu, kann jedoch äußerlich nach vatikanischer Vermittlung vorerst beigelegt werden.

1958; 1963 Die Änderung der jeweiligen Verfassungsvorschriften ermöglicht immer wieder die
1968; 1973 Wiederwahl General Stroessners zum Präsidenten.
1976 Die zwei bestehenden liberalen Parteien schließen sich zum *Partido Liberal Unido (PLU)* zusammen. Gemeinsam mit dem *Partido Revolucionario Febrista (PRF),* einer linksdemokratischen Partei mit sozialem Reformprogramm, bildet er die geduldete Opposition, wohingegen dem *Partido Demócrata Cristiano (PDC)* durch administrative Manipulationen die Teilnahme an Wahlen verwehrt wird.
1978 Nach erneuter Verfassungsänderung im Rahmen der *„repräsentativen Demokratie"* Para-
12. Febr. guays wird Alfredo Stroessner wieder zum Präsidenten gewählt.
1983 6. *Wiederwahl Stroessners zum Präsidenten* für weitere 5 Jahre (6. Febr.).
1984 *Betriebsbeginn beim größten Wasserkraftwerk der Welt, Itaipú,* beendet den Bauboom in
25. Okt. Paraguay, das seinen Stromanteil (50%) größtenteils exportiert. – *(Forts. S. 1667)*

Uruguay
(Forts. v. S. 1208)

Der Gegensatz zwischen Großgrundbesitzern und Händlern hat die traditionellen politischen Parteien der *Colorados* (Handelssektor, Industrieproletariat) und *Blancos* (agrarisch-konservativ) durchdrungen. Seit Beginn des 20. Jh.s stabilisiert sich ein *politisches Repräsentativsystem* auf der Basis dieses Parteiendualismus heraus; die Parteien bestimmen lange Zeit ohne Intervention der Streitkräfte die Politik des Landes.
1951 Nach Schweizer Vorbild wird ein *Nationaler Regierungsrat* ins Leben gerufen, der ein Vorbild in der Verfassung von 1919 hat.
1952 Die neue Verfassung überträgt unter *Beseitigung des Präsidentenamtes* die gesamte Exekutivgewalt dem *Consejo Nacional de Gobierno,* in dem die Mehrheitspartei mit sechs und die stärkste Oppositionspartei mit drei Mitgliedern vertreten sind und der Vorsitz alljährlich abwechselt.
1958 Wahlsieg der Blancos, deren Reformprogramm (Währungsreform, Lohnstopp) eine dro-
1. März hende Krise jedoch nicht abwenden kann. Landwirtschaftliche Produkte, Hauptexport Uruguays, sind auf dem Weltmarkt wegen starker Konkurrenz und Preisverfalls nicht mehr ausreichend abzusetzen.
1966 Infolge der zunehmenden Staats- und Wirtschaftskrise entscheidet sich die Mehrheit der
27. Nov. Bevölkerung in einer *Volksabstimmung* für die Wiedereinführung des Präsidialsystems.

Lateinamerika/Südamerika – Paraguay – Uruguay *1611*

1967–1972 Präsident wird *Jorge Pacheco Areco*. Erbitterter Gegner der Regierung ist die etwa 1963 gegründete sozialrevolutionäre Stadtguerilla-Organisation der *Tupamaros* (benannt nach dem Inka-Herrscher *Túpac Amaru*), die Terroraktionen (häufig zu sozialen Zwecken) als politisches Druckmittel einsetzen. Ihr Programm wird als sozialistisch und nationalistisch definiert. Auf die Herausforderung durch die Tupamaros antwortet die Pacheco-Regierung mit der *Aufhebung der Grundrechte.*

1971 Bei *Präsidentschafts- und Parlamentswahlen* unternimmt – angesichts eines allgemein verbreiteten Krisenbewußtseins – ein *Volksfrontbündnis* aus Christdemokraten, Kommunisten und sozialistischen Gruppen den Versuch, innerhalb des Systems eine politische Alternative durchzusetzen. In einem Wahlkampf, der im Zeichen von Ausnahmezustand, Pressezensur, Verbot von Oppositionsblättern und Verhaftungen steht, scheitert jedoch der *Frente Amplio* (trotz großer Stimmengewinne im städtischen Bereich).

1972–1976 Die Colorados stellen den folgenden Präsidenten *Juan María Bordaberry.*

1973 Nach innenpolitischen Auseinandersetzungen mit dem Militär löst Präsident Bordaberry
27. Juni in einem kalten *Staatsstreich* unter dem Druck der Streitkräfte den Kongreß auf. Die Verfassung wird weitgehend außer Kraft gesetzt.

18. Dez. Ein *Staatsrat* mit 25 Mitgliedern übernimmt die Funktion des ehemaligen Parlaments. Außerdem besteht als wichtigstes Regierungsorgan der *Consejo de Seguridad Nacional (COSENA),* über den das Militär direkt an der Staatsführung beteiligt ist. Das einst ausgeprägte Parteiensystem ist praktisch nicht mehr existent. Die Parteien sind entweder verboten (Linksparteien) oder zur Inaktivität verdammt (Blancos, Colorados). Die Militärs erstreben die Errichtung einer *„kontrollierten Demokratie".* Der wirtschaftliche Niedergang wird begleitet von einer weiteren Verschärfung der innenpolitischen Repression und vom kontinuierlichen Abbau der Bürgerrechte.

1975 Nach der Rückkehr zu marktwirtschaftlichen Prinzipien setzt eine langsame Erholung der Wirtschaft ein.

1976 Die Streitkräfte setzen Bordaberry ab, da er einen faschistischen Ständestaat nach spani-
12. Juni schem Muster gründen will.

Vorübergehend bekleidet das Amt *P. A. Demichelli,* schließlich wird *Aparicio Méndez*
1. Sept. Staatspräsident. Zum höchsten Staatsorgan wird der neugeschaffene *„Rat der Nation".* Zahlreiche Linkspolitiker werden für 15 Jahre ihrer politischen Rechte beraubt.

1978 Dank der günstigen außenwirtschaftlichen Entwicklung erholt sich die Wirtschaft. Die politische Repression hält an.

Uruguay unter der Militärherrschaft

Uruguays Wirtschaft wird heute unverändert durch den *Agrarsektor* bestimmt. Der Export besteht zu fast 80% aus landwirtschaftlichen Produkten, über die Hälfte der Industrieproduktion beruht auf der Weiterverarbeitung agrarischer Rohgüter. Während die Exporte in der Zeit des 2. Weltkrieges und des Koreakrieges bis etwa 1950 ständig wachsen, haben der Rückgang der Nachfrage nach landwirtschaftlichen Produkten (Fleisch, Wolle, Häute) auf dem Weltmarkt und das allzu ausgebaute Sozialsystem dazu geführt, daß das Wirtschaftsaufkommen mehr und mehr sinkt. Seit 1965 hat eine kontinuierliche *Inflation* zum Ruin des Wirtschaftssystems beigetragen und fast alle Sozialleistungen wieder aufgezehrt (durchschnittliche Jahres-Inflationsrate seit 1970: mindestens 50%).
Die Militärs haben bisher die *wirtschaftliche Krise* nicht bewältigen können. Diese äußert sich in realem Nullwachstum, Arbeitslosigkeit, Inflation, Abnahme der Realeinkommen, Haushalt- und Zahlungsbilanzdefiziten und einer großen Auslandsverschuldung. Die Belebung der Außenwirtschaft leidet unter schwankenden Weltmarktpreisen und den Einfuhrbeschränkungen der Industrieländer (vor allem der EG). Die strukturellen Ursachen der wirtschaftlichen Krise (Bodenbesitzstruktur, mangelnde Produktivität im Agrarsektor, ungenügender Ausbau des Landwirtschaftsexports) sind bisher nicht angegangen worden.

1981 *General Gregorio Alvarez Armelino* (* 1925) *wird neuer Staatspräsident* (1. Sept.).

1982 Wiederbelebung des vom Militär unterdrückten Parteilebens durch allgemeine Wahlen zu
28. Nov. Gremien der drei zugelassenen Parteien.

1984 Bei ersten freien Wahlen seit 1973 siegt die gemäßigte „Colorado"-Partei; *Julio Sanguinetti*
26. Nov. wird *neuer Staatspräsident* (Amtsantritt 1. März 1985); damit Ablösung der Militärregierung unter General Alvarez. – *(Forts. S. 1668)*

1612 Neueste Zeit – Nicht durch Blockbündnis geprägter Teil der Welt

Argentinien
(Forts. v. S. 1209)

1943 4. Juni	Mit dem Militärputsch des *Grupo de Oficiales Unidos (GOU)* beginnt der Aufstieg *Juan Domingo Peróns* (* 1895; † 1974), der das neugeschaffene Arbeits- und Sozialministerium erhält. Lohn- und Rentenerhöhungen sowie andere Sozialleistungen bringen ihm die Anhänglichkeit einer breiten Bevölkerungsschicht ein.
1945 17. Okt.	Als eine Gruppe von Militärs Perón gefangensetzt, erzwingt der von *Eva („Evita") Duarte* (* 1919, † 1952), Peróns späterer Gattin, organisierte *Marsch der Descamisados* (wörtlich: Hemdlosen) dessen Freilassung.
1946 24. Febr.	Gegen den Widerstand oligarchischer Kreise, Liberaler, Studenten, Industrieller und der USA erreicht Perón in den folgenden *Wahlen* eine deutliche Mehrheit.

Der Peronismus

Der Peronismus, der verschiedene Gruppen von Industrie- und Landarbeitern, Pächtern etc. vereint, wird in der Präsidentenwahl von 1946 auch von einem Teil der Mittelklasse, die den Antiamerikanismus und Peróns Orientierung am nationalen „inneren" Markt schätzt, unterstützt. Anfänglich kann sich Perón die Hilfe der Streitkräfte und der staatlichen Bürokratie, der Arbeiterschaft und Gewerkschaften durch großzügige Sozialpolitik und geschicktes demagogisches Auftreten sichern.

Die Allianz zwischen Militär und den in der *Confederación General del Trabajo (CGT)* zusammengeschlossenen Gewerkschaften soll die Basis für die Neustrukturierung des Landes bilden. Bald nach der Wahl beginnt Perón sein *umfassendes Reformprogramm*. Durch die Betonung der Professionalisierung, die Verbesserung der Gehälter und Aufstiegschancen der Offiziere, die Erhöhung der staatlichen Ausgaben für *Aufrüstung* und die Entwicklungspläne für eine nationale Rüstungsindustrie sichert sich Perón die weitere Unterstützung der Streitkräfte.

Die zweite Säule seiner Politik besteht in einer fortschrittlichen *Sozialpolitik* (Lohnerhöhungen, verbesserte Sozialversicherung, billige Wohnungen, Arbeitsrecht), durch die er die Gewerkschaften von sich abhängig macht. Er schafft sich eine Partei, den *Partido Justicialista*, und ein Parteiprogramm als formale Legitimierung seiner Maßnahmen. Er verficht eine *Politik des „dritten Weges"* zwischen Kapitalismus und Kommunismus, deren *außenpolitischer Ausdruck* in der verstärkten Zusammenarbeit mit den übrigen lateinamerikanischen Ländern besteht, um das Übergewicht der USA abzubauen: die *„Akte von Santiago"* (1953) soll eine argentinisch-chilenische Wirtschafts- und Zollunion herbeiführen, in der *„Deklaration von Buenos Aires"* (1953) geben Nicaragua und Argentinien gemeinsame Ziele bekannt, 1954 schließt Bolivien eine Wirtschaftsunion mit Argentinien.

Auf *wirtschaftlichem Gebiet* macht Perón Eingriffe zu. Die vor allem in britischem Besitz befindlichen Eisenbahnen werden vom Staat erworben. Verstaatlichungen und Planwirtschaft, Kontrolle des Geld- und Kreditwesens sowie des Außenhandels zielen auf die binnenwirtschaftliche Aktivierung ab. Wichtigstes Instrument zur Kontrolle des Außenhandels ist das *Instituto Argentino para la Promoción del Intercambio (IAPI)*.

1949 16. März	Durch eine *Verfassungsreform* läßt Perón seine Sozialpolitik verankern und sichert sich gleichzeitig die Möglichkeit der Wiederwahl. Eine andauernde Begleiterscheinung der wirtschaftlichen Entwicklung ist die galoppierende *Inflation*. Den konstanten Lohnerhöhungen steht kein entsprechender Produktivitätsanstieg gegenüber. Erst die drastische Reduktion der Anbauflächen und zwei aufeinanderfolgende Mißernten lassen die Regierung ihre Politik ändern. Im zweiten Fünfjahresplan schenkt sie den landwirtschaftlichen Exporten, der Einkommenspolitik und dem Auslandskapital die nötige Beachtung. Die Abkehr von der nationalistischen Wirtschaftspolitik durch den Einzug von US-Unternehmen kostet Perón bei seinen Anhängern Sympathien.
1955 20. Mai	Die *katholische Kirche* macht sich Perón zur Gegnerin, als durch eine Verfassungsreform Staat und Kirche getrennt und die Steuerfreiheit für Kirchen und religiöse Körperschaften abgeschafft werden.
19. Sept.	Nach Auseinandersetzungen mit der Armee führen die Militärs *Peróns Sturz* herbei; er flieht ins Ausland. Alle Regierungen nach Perón müssen sich mit dessen Hinterlassenschaft befassen. Dabei geht es darum, den Einfluß des exilierten Politikers und seiner Massengefolgschaft, vor allem der Gewerkschaften, möglichst gering zu halten, den sozialen Frieden zu wahren und die Wirtschaft in Schwung zu halten. Im Militär, das entscheidenden Einfluß behält, stehen sich der liberale *(azules)* und der konservative *(colorados)* Flügel gegenüber.
1958	Nach *Übergangsregierungen* unter General *Eduardo Lonardi* (1955; * 1896, † 1956) und General *Pedro Aramburu* (1955–1958; * 1903, † 1970) triumphiert bei Präsidentschaftswahlen *Arturo Frondizi* (1958–1962; * 1908), der den Peronisten für die kommenden Par-

Lateinamerika/Südamerika – Argentinien **1613**

lamentswahlen die Aufstellung eigener Kandidaten erlaubt. Nach deren Sieg zwingt das Militär Frondizi zum Rücktritt.

1963–1966 Die *Minderheits-Präsidentschaft Arturo Umberto Illías* (* 1900, † 1983) kennzeichnen Mißwirtschaft, Arbeitslosigkeit, steigende Inflation und Verfall des Lebensstandards. Die Kündigung der Erdölverträge mit Kompensationszahlungen bringt das Land in ernste finanzielle Schwierigkeiten.

1966 Schließlich setzen die Colorados Illía ab; im Zuge ihrer „Argentinischen Revolution" er-
28. Juni klären sie General *Juan Carlos Onganía* (1966–1970; * 1914) zum Präsidenten. Die Revolutionsjunta löst den Kongreß, die Provinzparlamente und alle politischen Parteien auf. Onganía versucht zuerst, die Wirtschaft zu sanieren, sodann die brennendsten sozialen Probleme zu lösen, schließlich dem Land eine neue politische Struktur zu geben.

1969 Ein von Studenten und Gewerkschaften gemeinsam veranstalteter Streik in der Industrie-
Mai stadt Córdoba *(Cordobazo)* wird zwar mit Waffengewalt unterdrückt, leitet aber Schwächung und Ansehensverlust der Regierung Onganía ein.

1970 Die Regierung wird von einer Militärjunta abgesetzt. Präsident wird als Kompromißkandi-
8. Juni dat der Streitkräfte General *Roberto Levingston* (* 1920).

1971 Die Macht geht auf General *Alejandro Lanusse* über. Zu dessen ersten Maßnahmen gehört
25. März die Wiederzulassung politischer Parteien; er leitet eine vorsichtige *Öffnung zu den Peronisten* ein und bereitet die Machtübergabe an eine verfassungsmäßige Regierung vor.

1973 Wahlen bringen dem *linksperonistischen Kandidaten* der Justizialistischen Befreiungs-
11. März front, *Héctor J. Cámpora* (* 1909, † 1980) knapp 50% der Stimmen. Den orthodoxen Peronisten unter Führung der CGT gelingt es rasch, sich Cámporas zu entledigen.
25. Sept. Bei *erneut* angesetzten *Wahlen* werden der inzwischen aus seinem spanischen Exil zurückgekehrte *Perón* mit fast 62% der Stimmen *zum Präsidenten* und seine dritte Frau *María Estela („Isabel") Martínez de Perón* zur Vizepräsidentin gewählt.

Nach der dritten Übernahme der Präsidentschaft durch Perón zeichnet sich immer deutlicher ein Auseinanderfallen der Peronistischen Bewegung *FREJULI* ab. Inzwischen ist der Peronismus mehr in die „Mitte" gerückt; daher kommt es zur Spaltung in einen linken und einen rechten Flügel. Ohne erkennbares Konzept versucht Perón, seine Führungsrolle durch Ausbalancierung der verschiedenen Gruppierungen zu sichern und das Land innenpolitisch zu entspannen. Die eigentlichen machtpolitischen Kämpfe finden innerhalb der peronistischen Bewegung selbst statt und werden von einer zunehmenden *Terrorwelle* zuerst (ab 1969) links-, dann (ab 1974) rechtsextremer Gruppen begleitet. Die Innenpolitik konzentriert sich immer mehr auf die Bekämpfung des Terrorismus, dessen bekannteste Gruppierungen auf der Linken das *Ejército Revolucionario Popular (ERP)* und die linksperonistischen *Montoneros* sowie auf der Rechten die *Alianza Argentina Anticomunista (AAA)* sind.
Außenpolitisch versucht Argentinien, seine Beziehungen auch mit den Ländern des Ostblocks zu verbessern. Die zu Beginn der peronistischen Amtsperiode forcierte Annäherung an sozialistische Staaten wird später jedoch nicht weiter vorangetrieben. Zielstrebiger werden die Beziehungen zu den Nachbarländern gefördert, deren Gestaltung teilweise (insbesondere zu Paraguay und Bolivien) unter wirtschaftlichen Rivalitätsgesichtspunkten mit Brasilien zu sehen ist.

1974 Nach dem *Tode Peróns* übernimmt dessen Witwe María Estela verfassungsgemäß die Prä-
1. Juli sidentschaft.
Zur Bekämpfung des Terrorismus beschließt das Parlament das Antisubversionsgesetz, auf
7. Nov. dessen Grundlage der unbefristete Ausnahmezustand über das Land verhängt wird.
Die wirtschaftliche, soziale und politische *Krise* verschärft sich zusehends. Trotz strenger Preiskontrollen steigen die Verbraucherpreise so schnell wie noch nie (nach offiziellen Angaben um 335% allein im Jahr 1975). Insgesamt wirken sich die politischen Wirren und sozialen Spannungen katastrophal auf die Wirtschaft aus.

1975 Der „starke Mann" der Regierung, Sozialminister *J. López Rega* (* 1916, † 1989), muß aus
11. Juli dem Kabinett ausscheiden.
Als die Inflationsrate sich zu vervielfachen droht und zugleich die Reallöhne bei verringerten Investitionen sinken, andererseits die Regierung die politische und wirtschaftliche
1976 Situation nicht mehr beherrscht, *putscht die Armee,* stellt Frau Perón unter Hausarrest und
24. März bildet eine Regierungsjunta, an deren Spitze General *Jorge Rafael Videla* als *Staatspräsident* fungiert. Der sorgfältig vorbereitete Staatsstreich verläuft unblutig. Die neue Militärregierung enthebt alle Gouverneure ihrer Ämter, löst Parlamente und Gemeinderäte auf und erläßt ein Betätigungsverbot für politische Parteien, Gewerkschaftsorganisationen und Wirtschaftsverbände. Die Aktionen der rechtsgerichteten paramilitärischen Organisationen geraten außer Kontrolle. Die Anzahl der politischen Morde nimmt vorerst zu, zahlreiche Personen „verschwinden" spurlos, viele befinden sich aus politischen Gründen in Haft.

1977 Die *Argentinische Bischofskonferenz* bekundet ihre „ernste Beunruhigung" über die vie-
7. Mai len Fälle von Entführungen, von spurlosem Verschwinden, Folterungen, Festnahmen und langer Haft ohne Prozeß oder Urteil.

1614 Neueste Zeit – Nicht durch Blockbündnis geprägter Teil der Welt

Mit drastischen Mitteln versucht die Regierung Videla, die *zerrüttete Wirtschaft* zu sanieren. Bei steigendem Preisindex ist jedoch die Verschlechterung des allgemeinen Lebensstandards offensichtlich. Die Arbeiterschaft reagiert auf die Verschlechterung der Arbeitsbedingungen mit Streiks, Protestaktionen und Langsamarbeit. Die militärische Führungsspitze ist in ein zu begrenzten Zugeständnissen bereites Lager um Videla und einen für repressive Maßnahmen eintretenden Flügel um Admiral *Massera* gespalten. Letzterer wird 1978 durch Admiral *Lambruschini* ersetzt. Videla stellt einen *langfristigen Demokratisierungsprozeß* in Aussicht.

Die *Außenpolitik* des Militärregimes ist darauf gerichtet, Prestige und Vertrauen in internationalem Rahmen zu gewinnen. Die Zusammenarbeit mit den durch Militärregimes beherrschten Nachbarländern wird energisch vorangetrieben. Dabei führt jedoch die traditionelle Rivalität mit Brasilien um die Vorherrschaft im südlichen Lateinamerika zu fortgesetzten Spannungen.

1978 *Auseinandersetzungen mit Chile um den Beaglekanal.* Im Auftrag des Vatikans sucht Kardinal Samoré zu vermitteln.

1981 *General Jorge Rafael Videla* (* 1925) muß zurücktreten und wird *von General Leopoldo*
11. Dez. *Fortunato Galtieri* (* 1926) abgelöst.

1982 Schwere Wirtschaftskrise; Streiks und Demonstrationen gegen die Junta.

April Die *Besetzung der Falklandinseln* (Malvinas) *durch Argentinien* (14. März/1. April) führt zum bewaffneten Konflikt mit Großbritannien.

ab 1. Mai *Britische Luft- und Seestreitkräfte erobern die Falklandinseln zurück; die argentinischen*
15. Juni *Truppen kapitulieren;* Galtieri muß zurücktreten (17. Juni). Die *Heeresführung bestimmt General Reynaldo Benito Bignone* (* 1926) *zum Staatspräsidenten;* dieser bildet ein neues
1. Juli Kabinett.

1983 Währungsreform: Ersatz des Peso Ley durch den Peso Argentino (1. Juni); vorsichtige Demokratisierung; Zulassung von Gewerkschaften.

30. Okt. Die allgemeinen freien Wahlen gewinnt die *Radikale Bürgerunion* UCR *(Unión Civica Radical). Staatspräsident wird Raúl Alfonsín* (* 1927, UCR). Mit seinem Amtsantritt endet das
10. Dez. Militärregime. Wiederaufbau des Rechtsstaates; wirtschaftspolitische Maßnahmen.

1984 Gemäß Bericht einer nationalen Untersuchungskommission verschwanden unter dem Mi-
20. Sept. litärregime mindestens 9000 Menschen.

18. Okt. Argentinien und Chile unterzeichnen in Rom den unter Vatikan-Vermittlung zustande gekommenen *Vertrag über* die bisher strittige *Grenzmarkierung im Beaglekanal.*
– *(Forts. S. 1668)*

Brasilien
(Forts. v. S. 1210)

Die Machtübernahme von *Getúlio Dornelles Vargas* (* 1883, † 1954; 1930–1945; 1950–1954) beendet die nationale Vorherrschaft der Großgrundbesitzer und leitet den *brasilianischen Populismus* und die neueste Geschichte des Landes ein. Vargas kann als einer der ersten lateinamerikanischen *Entwicklungsdiktatoren* angesehen werden. Innenpolitisch stützt er sich auf das städtisch-industrielle Bürgertum und die Industriearbeiterschaft. – Kurz nach Ende des 2. Weltkriegs wird Vargas durch einen starken demokratischen Druck zum Rücktritt gezwungen.

1945 Vargas' politischer Einfluß bleibt beherrschend, nachdem bei der Präsidentschaftswahl sein Kandidat *Eurico Gaspar Dutra* (1946–1951; * 1885, † 1974) siegt.

1951 Vargas wird für die Amtsperiode 1951–1956 gewählt (1954 Selbstmord).

1951–1954 Die *zweite Regierungszeit Vargas'* ist durch zunehmende Unfähigkeit, Korruption und politische Intrigen gekennzeichnet.

1954–1955 Sein Nachfolger im Amt wird *João Café Filho* (* 1899, † 1970). Nach Vargas ändert sich das Wirtschaftskonzept eines autonom-nationalistischen Kapitalismus durch Industrialisierung zugunsten der Vorstellung eines abhängigen, mit dem kapitalistischen Westen eng assoziierten Systems.

1955 *Juscelino Kubitschek de Oliveira* (* 1902) wird zum Präsidenten gewählt.

1955–1960 In *Kubitscheks Regierungszeit* fällt, im Zusammenhang mit der Erschließung des Binnenlandes, der Bau der *neuen Hauptstadt Brasilia.* Seine forcierten Industrialisierungspläne bringen dem Land eine ungewöhnlich hohe Inflationsrate und eine ausweglose Finanzsituation. Der Exportsektor wird gezielt ausgebaut. Im Verlauf der wirtschaftlichen Assoziierung mit den entwickelten ausländischen Zentren entstehen (vor allem in São Paulo, Rio de Janeiro/Belo Horizonte) hochentwickelte Industrien, die zu „Brückenköpfen" des internationalen kapitalistischen Systems werden. Seit Kubitscheks Industrialisierungspolitik wird Brasilien zu einem „*Demonstrationsmodell*" *externer Entwicklungsfinanzierung:* der Anlagewert der US-multinationalen Unternehmen beläuft sich heute auf rund vier Mrd. Dollar. In ausländischem Besitz befinden sich 90% der Autoindustrie und der Eisenbahnausrüstungen, 93% der Pharmazeutik, 73% des Maschinenbaus, 70% der Chemie.

Lateinamerika/Südamerika – Argentinien – Brasilien   *1615*

1960 Die Wahl von *Jânio da Silva Quadros* (* 1917) scheint den Beginn einer längst überfälligen sozialen Reformpolitik zu signalisieren (Kampf gegen die Korruption, Einsparungen in der Staatsverwaltung, Währungsreform).

1961 Quadros resigniert jedoch vor den Repräsentanten des in- und ausländischen Kapitals: sein Rücktritt bringt den Führer der von Vargas gegründeten Arbeiterpartei *Partido Trabalhista Brasileiro (PTB), Joãо Belchoir Marques Goulart* (* 1918), an die Macht (1961–1964).

1963 Die vorübergehende Einführung des parlamentarischen Systems zur Beschränkung präsidentieller Machtbefugnisse wird durch eine *Volksabstimmung* wieder aufgehoben. Goulart strebt Reformen im Agrarbereich, Wohnungsbau, Bankwesen, Wahlrecht, Verwaltungssystem und Erziehungswesen an; er baut eine selbständige Außenpolitik und erweiterte Außenhandelsbeziehungen auf. Zur Verwirklichung dieser Reformen paktiert er mit den Gewerkschaften und zeitweilig den Kommunisten; der Versuch, sich Rückhalt bei der Armee zu verschaffen, mißlingt.

1964 Goularts Taktieren mit der Linken provoziert schließlich die **politische Intervention des**
31. März Militärs, das Goulart stürzt.
Generalstabschef *Humberto de Alencar Castelo Branco* (* 1900, † 1967) übernimmt die Macht.

Entwicklungsmodell und Politik der brasilianischen Diktatur

Für die Wirtschafts-, Innen- und Außenpolitik wird die sog. *„Interdependenz-Doktrin"* entwickelt, die *Castelo Branco* im Juli 1964 formuliert: Schließung des politisch-ökonomischen Systems nach unten, Errichtung einer autoritären Herrschaftsstruktur durch die militärische „Mittelklasse", Liquidierung der politischen Ausdrucksformen der *„nationalen Entwicklungsgesellschaft",* Aufgabe des „Neutralismus", Öffnung des Landes für *ausländische Kapitalinvestitionen* und Propagierung des *„assoziierten Entwicklungsmodells".* Nach der Machtübernahme des Militärs wird der Präsident mit quasi-diktatorischen Vollmachten ausgestattet, das Parlament bleibt jedoch bestehen. Die bestehenden Parteien werden aufgelöst und durch ein künstliches Zweiparteiensystem ersetzt, in dem der Regierungspartei *ARENA (Aliança Renovadora Nacional)* die „offizielle" Oppositionspartei *MDB (Movimento Democrático Brasileiro)* gegenübersteht.
1968/1969 beginnt das sog. „brasilianische Wirtschaftswunder" *(milagre brasileiro),* das hauptsächlich in der Erreichung eines starken Wirtschaftswachstums, einer Steigerung des Exports und der erfolgreichen Eindämmung der Inflation besteht (wiederholte Abwertung des Cruzeiro). Bestimmende *Merkmale des „brasilianischen Entwicklungsmodells"* sind der Einsatz von Repression und Folter gegen Kritik und Opposition, Allianz von hohen Militärs und zivilen Technokraten in der Führungselite, eine wachstumsorientierte kapitalistische Wirtschaftspolitik bei Beteiligung des Auslandskapitals und einer starken Position des Staates, geringe Partizipation der Gesamtbevölkerung an den wesentlichen sozio-politischen Entscheidungen. Die ländliche Entwicklung wird vernachlässigt; massenhafte Landflucht führt zu erhöhter (versteckter) Arbeitslosigkeit in den Städten. Die Agrarreformgesetzgebung von 1964 und das Agrarprogramm PROTERRA von 1972 führen zu keiner Strukturveränderung der Besitzverhältnisse. Das „Wirtschaftswunder" begünstigt hauptsächlich die höheren Einkommensgruppen, der Reallohn der Arbeiter fällt; die Einkommensverteilung wird immer krasser. 90% der Landbevölkerung (= 38% der Gesamtbevölkerung) leben heute am Rande des physischen Existenzminimums. Rund 40% der Bevölkerung gelten als unterernährt; die Analphabetenrate kann zwar gesenkt werden (1970: 33%), aber die absolute Zahl der Analphabeten nimmt zu.
Die Bemühungen um ein *enges Verhältnis zu den USA* sind lange Zeit der Eckpfeiler der brasilianischen Außenpolitik. Die *Hauptaktivitäten in Lateinamerika* konzentrieren sich auf die kleineren Staaten an der Südgrenze, wo sich Brasilien auf seiner Entwicklung zur ersten Macht der Region mit Erfolg eine *„Einflußsphäre"* schafft. Seit 1973 geht es darum, den Energie-Import sicherzustellen und Zahlungsmöglichkeiten dafür zu finden. Das Land schließt mit seinen Nachbarn Abkommen über die Lieferung von Erdgas aus Bolivien, von Koks aus Kolumbien und von hydroelektrischer Energie aus gemeinsamen Projekten an den Grenzflüssen mit Paraguay, Argentinien und Uruguay. 1975 werden die Beziehungen zu den USA stark belastet, gegen deren Willen Brasilien mit der *Bundesrepublik Deutschland* einen *Vertrag* über den Bau von acht *Atomkraftwerken,* einschließlich der Urananreicherungs- und Wiederaufbereitungsanlagen, schließt, die die technologische Grundlage für die Herstellung von Atomwaffen liefern können. Die *Distanzierung zu den USA* findet 1977 (auf dem Hintergrund der US-Menschenrechtspolitik) ihren Ausdruck in der Kündigung des Verteidigungs- und Militärhilfeabkommens mit den Vereinigten Staaten.

1967–1969 Die Militärregierung des Generals *Arturo da Costa e Silva* (* 1902, † 1969) löst das Parlament auf (1968); sie spricht sich im „Institutionellen Akt Nr. 5" das Recht zu, durch Dekrete zu regieren, die Persönlichkeitsrechte aufzuheben und die Presse zu kontrollieren. Die Verfassungen von 1967 und 1969 sorgen für eine Stärkung der Bundes-Exekutive. Nach einem Schlaganfall Costa e Silvas übernimmt vorübergehend eine Militärjunta die

1616 Neueste Zeit – Nicht durch Blockbündnis geprägter Teil der Welt

1969–1974 Macht und ernennt General *Emilio Garrastazú Médici* (* 1905, † 1985), zum Präsidenten. Unter Médici stürzt systematische politische Repression gegen alle Regimegegner das Land in einen beispiellosen *Terror*. Linksrevolutionäre Untergrundorganisationen entwickeln sich zur *Stadtguerilla* (MR-8 und ALN). Die Eskalation des (staatlichen) Terrors hält an und wird weiter verschärft. Gewalt und Gegengewalt bestimmen die Formen der innenpolitischen Auseinandersetzung: 1969 wird der Guerillachef *Carlos Marighela*, 1971 *Carlos Lamarca* erschossen. Beim Vorgehen des staatlichen „Indianer-Schutzdienstes" im Amazonasgebiet kommt es zu Massenmorden an Indios, deren Untersuchung von der Regierung hintertrieben wird.

1974–1979 Unter Präsident *Ernesto Geisel* beginnt die Suche nach einem *neuen wirtschaftlichen Modell.* Ziel bleibt ein möglichst hohes Wachstum bei Lohn- und Preiskontrollen sowie die Verbesserung der Industrie- und Agrarstruktur. Die von der Regierung Geisel erwartete politische Liberalisierung unterbleibt, der (seit 1969 bestehende) Ausnahmezustand wird beibehalten.

1974 Die Oppositionspartei MDB kann ihren Anteil an Parlamentssitzen überraschend auf 162 (von insgesamt 364) erhöhen; daraufhin setzt eine staatliche Verfolgungskampagne gegen das gesamte Spektrum der Opposition ein. Der gewaltsame Kampf gegen das Regime nimmt mit dem Wiedereinsetzen von Guerillaaktivitäten einen neuen Aufschwung. Geisel läßt sich *präsidiale Sondervollmachten* einräumen und *suspendiert das Parlament.*
Zu den deutlichsten Kritikern des Regimes gehört, neben Anwälten und Studenten, die *katholische Kirche.* Wortführer der sozialpolitischen Forderungen erhebenden progressiven Klerus ist *Hélder Câmara*, Erzbischof von Olinda und Recife. Die *Bischofskonferenz* klagt (1973) die Regierung an, das kapitalistische System mit Foltermethoden, Mord und Verhaftungen aufrechtzuerhalten. Die Auseinandersetzung zwischen Staat und Kirche erreicht

1976 einen vorläufigen Höhepunkt: die Bischöfe prangern die sozial-ökonomische Politik der Regierung, die Indianerpolitik und die Doktrin von der nationalen Sicherheit der brasilianischen Militärs an.

15. Okt. *João Batista Oliveira Figueiredo* (* 1918) wird *zum neuen Staatspräsidenten gewählt.*

1979 Der 1968 verkündete Institutionelle Akt Nr. 5, die Grundlage für alle diktatorischen Maß-
1. Jan. nahmen, wird aufgehoben. Erlaß eines Amnestiegesetzes (22. Aug.). Damit beginnt die „Abertura" (langsame Öffnung zur Demokratie).

1980/81 Streiks der Land- und Metallarbeiter. Dürrekatastrophe im Nordosten. Schwere Wirtschaftskrise, hohe Verschuldung, Inflation.

1982 Bei den ersten freien Wahlen seit 1964 behauptet die Regierungspartei PDS *(Partido Democrático Social)* nur im Oberhaus die Mehrheit.

1983 Brasilien erhält einen IMF-Kredit von 5,5 Mrd. US-Dollar (28. Febr.). Als das mit ca. 90 Mrd. US-Dollar am höchsten verschuldete Entwicklungsland der Welt muß Brasilien we-
22. Aug. gen Zahlungsunfähigkeit den Schuldendienst einstellen.
26. Sept. Der IMF gewährt Brasilien einen Kredit von 11 Mrd. US-Dollar zur Schuldenfinanzierung.

1984 Nach Großdemonstrationen für die Direktwahl zum Präsidentenamt kündigt Figueiredo
27. April deren Einführung für 1988 an. Am 15. Januar 1985 soll ein Wahlmännergremium das erste zivile Staatsoberhaupt seit 1964 wählen.

25. Okt. Der *Betriebsbeginn des größten Wasserkraftwerks der Welt,* Itaipú am Grenzfluß Paraná (geplante Leistung 1989 nach Endausbau 12 600 Megawatt), sichert bei gebesserter Konjunktur den Strombedarf des Landes.

1985 Nach Erkrankung vor Amtsantritt und Tod von Präsident *Tancredo Neves* (22. April,
22. April * 1910) rückt Vizepräsident José Sarney (* 1930) zum Nachfolger auf. – *(Forts. S. 1668)*

Chile
(Forts. v. S. 1211)

1946–1952 Präsidentschaft von *Gabriel González Videla* (1946–1952; * 1898, † 1980) (von einer linken Koalition samt Kommunisten gewählt): die 1938 an die Regierung gelangte *Volksfront wird abgelöst* von der Allianz der Mittelklasse mit der Oberschicht als Ausdruck der wachsenden Bedeutung der Großindustrie, der Bank- und Finanzkreise sowie der neuen weltpolitischen Situation im kalten Krieg.

1948 Die *Kommunistische Partei* wird *verboten* (bis 1957) und die Arbeiterbewegung unterdrückt.

1952–1958 Die Regierung des ehemaligen Diktators *Carlos Ibáñez del Campo* antwortet mit Stabilisierungsmaßnahmen (Lohnstopp bei steigenden Preisen) auf die wirtschaftlichen Schwierigkeiten, welche durch die reduzierten Exporteinnahmen nach der Koreakrise entstehen.

1957 Bei Parlamentswahlen kommt erstmals der *Frente de Acción Popular (FRAP)* zustande, ein Bündnis von Sozialisten, Kommunisten und „Volksdemokraten"; diese Zusammenfas-

Lateinamerika/Südamerika – Brasilien – Chile   *1617*

sung linker Kräfte kann jedoch nicht den Wahlsieg von *Jorge Alessandri Rodríguez* (* 1896, † 1986) verhindern.

1958–1964 Alessandri setzt mit Hilfe einer reaktionären Lohnpolitik, amerikanischer Kredite und mit Zugeständnissen an das ausländische Kapital die Industrialisierung fort; während seiner Regierung wird *Eduardo Frei Montalva* (* 1911, † 1982) als Kandidat des *Partido Demócrata Cristiano (PDC)* aufgebaut; der PDC repräsentiert einen bürgerlichen, auch für die politische Rechte teilweise akzeptablen Reformismus.

1964 Beim Wahlkampf kommt es zu einer deutlichen Polarisierung zwischen dem FRAP-Kandidaten, dem sozialistischen Senator *Salvador Allende* (* 1908, † 1973), und Eduardo Frei,
4. Sept. der nach einem Wahlsieg (56 % der Stimmen) die Präsidentschaft übernimmt.

1964–1970 Die *erste christdemokratische Regierung Lateinamerikas* ist entschlossen, durch die „Revolution in Freiheit" eine demokratische Alternative zu der revolutionären kubanischen Lösung zu verwirklichen. Das reformpolitische Konzept Freis beinhaltet die Durchführung einer längst überfälligen Agrarreform, einer Reform der Kupferpolitik, einer Steuerreform, einer Bildungs- und Erziehungsreform sowie wirtschaftspolitisch die Bekämpfung der galoppierenden Inflation.

Die *Landwirtschaft* wird (bis in die sechziger Jahre) durch eine seit Jh.n nahezu unveränderte Besitz- und Betriebsstruktur gekennzeichnet. Die Agrarproduktion stagniert (infolge extensiver Bewirtschaftung) und macht Nahrungsmittelimporte erforderlich, für die Chile von 1945–1970 über drei Milliarden US-Dollar ausgeben muß.

1967 Nach jahrelangen Auseinandersetzungen gelingt es der Regierung Frei, ein *Agrarreform*
28. Juni *gesetz* durchzusetzen, das zumindest die Enteignung bestimmter Ländereien vorsieht.

Reformpolitik unter Eduardo Frei

Die Maßnahmen aufgrund des Agrarreformgesetzes von 1967 werden in ihrer Durchführung in vielen Fällen boykottiert; trotzdem enteignet die Regierung ca. 18 % der landwirtschaftlichen Nutzfläche (= 3,6 Millionen ha Land), auf dem rund 321 000 Landarbeiterfamilien angesiedelt werden. Die Umverteilung des Bodens wird von vielen produktionsverbessernden Maßnahmen begleitet.

Der *zweite Reformkomplex* umfaßt den Bergbau: seit der Weltwirtschaftskrise hat der Bergbau, vor allem das Kupfer, für Chiles Außenhandel kontinuierlich an Bedeutung zugenommen. 1969 bestreitet der Bergbau 88,9% der Ausfuhren (Kupfer: 79,1%). Die Regierung Frei will die *Chilenisierung* des wichtigsten Ausfuhrprodukts erreichen; in schwierigen Verhandlungen mit den US-Konzernen gelingt ihr die „ausgehandelte Nationalisierung", die Chile 51% der Aktien der nun gemischten Gesellschaften verschafft und die Option auf die restlichen 49% in den Jahren zwischen 1973 und 1982 einräumt. Ein Konflikt mit den Monopolgesellschaften kann zwar durch die Übergabe von Staatsschuld-Verschreibungen vermieden werden; entgegen den chilenischen Hoffnungen kommt es jedoch nicht zu der erwarteten US-Investitionstätigkeit; das Investitionsprogramm geht ausschließlich zu Lasten Chiles, das sich enorm verschuldet.

Bei anderen Reformvorhaben sind die Christdemokraten erfolglos; die *Steuerreform* bleibt bereits in den Anfängen stecken. Im *Erziehungswesen* (Bildungsreform) und *sozialen Wohnungsbau* kann die Regierung allerdings bemerkenswerte Fortschritte erzielen. Doch müssen die Christdemokraten an ihrem Programm auch wichtige Abstriche vornehmen. Im Parlament wird Frei oft von der Linken (FRAP) und der Rechten *(Partido de Acción Nacional)* bekämpft, mit denen er Kompromisse aushandeln muß.

1970 Bei **Wahlen** gewinnt der Kandidat der *FRAP-Unidad Popular (UP)*, Salvador Allende
4. Sept. Gossens, mit knappem Vorsprung vor *Jorge Alessandri* die relative Mehrheit (36,6% der abgegebenen Stimmen).

Die Programmpunkte der *Unidad Popular* umfassen unter dem Begriff *Sozialismus in Freiheit* Verstaatlichung der Kupferminen, der Banken und Versicherungen, Zerschlagung der Monopolbetriebe, Radikalisierung der Agrarreform. Um die erforderliche Bestätigung durch den Kongreß zu erhalten, versichert Allende dem PDC, daß er die Freiheit der Parteien, der Presse und des Erziehungswesens nicht antasten werde. – Die Regierung beschließt (auf dem Wege der Verfassungsreform) die restlose (und entschädigungslose) Verstaatlichung der US-Kupferunternehmen.

Wirtschaftliche Entwicklung und Wirtschaftspolitik unter Allende

Die im nationalisierten Kupferbergbau angestrebte Produktion kann aus mehreren Gründen nicht erreicht werden: Abzug ausländischer und chilenischer Techniker, Nachschubstopp für den Maschinenpark von seiten der enteigneten US-Konzerne, administrative und technische Mängel, Arbeitskonflikte, Erhöhungen der Beschäftigtenzahl (Produktionskostensteigerungen). Unter Rückgriff auf ein Dekret früherer Regierungen erfolgt die *Sozialisierung* einheimischer Industrieunternehmen, gegen die sich heftiger

1618 Neueste Zeit – Nicht durch Blockbündnis geprägter Teil der Welt

Widerstand bei der Opposition regt. Als die wirtschaftliche Situation der Ober- und Mittelschicht gefährdet erscheint, kommt es sowohl zu einem *Investitionsboykott* in der Wirtschaft als auch zu Obstruktionsmaßnahmen im Kongreß (und außerhalb) zur Einschränkung des Verstaatlichungsprozesses. Ein *Streik der Fuhrunternehmer* (Oktober 1972) weitet sich zur Protestbewegung des Mittelstandes gegen die UP-Regierung aus. Allende muß in 21 Provinzen den Ausnahmezustand verhängen und Militärs in die Regierung aufnehmen (November 1972). 1973 kommt es wiederholt zu Kabinetts-Neubildungen. Die Regierung sieht sich weiteren (wirtschaftlichen) Schwierigkeiten gegenüber: 1971/1972 sinken die Kupferpreise auf dem Weltmarkt; die USA verhängen eine Kreditblockade; Streiks der Kupferarbeiter wirken sich negativ auf die Produktion aus; sinkende Arbeitsdisziplin hat einen starken Produktionsrückgang zur Folge. Die anfänglich positiven Wirtschaftsergebnisse werden durch die ab 1972 einsetzenden *hohen Inflationsraten* zunichte gemacht. Hortungsmaßnahmen (vor allem der Mittel- und Oberschicht) bringen zunehmende Versorgungskrisen mit sich.

In der *Agrarpolitik,* wo es vor allem um die Liquidierung des Großgrundbesitzes geht, wird die Reform beschleunigt fortgesetzt. 1971/1972 werden rund 5,8 Millionen ha Land enteignet und zumeist in *Landreformzentren* überführt. Gegen den Widerstand ehemaliger Landbesitzer kommt es teilweise zu gewaltsamen Landbesetzungen, die besonders von dem linksradikalen *Movimiento de Izquierda Revolucionaria (MIR)* unterstützt werden. Mit zunehmenden Wirtschaftsproblemen fordern die Linksradikalen, den legalen Weg zu verlassen und eine Parallelmacht *(poder popular)* aufzubauen. Der Graben zwischen UP und Christdemokraten wird größer. Entgegen seiner ursprünglichen Absicht verschuldet Allende Chile in knapp drei Jahren um über 822 Mio. US-Dollar fast ausschließlich im kapitalistischen Ausland. – 1973 erreichen die *Beziehungen zu den USA* ihren absoluten Tiefpunkt, als die chilenische Regierung in Washington offiziell gegen die Aktivitäten des US-Konzerns ITT Einspruch erhebt, der nach der Wahl von Allende versucht hat, diesen mit Hilfe der US-Regierung und chilenischer Kreise zu stürzen; später wird bekannt, daß auch der CIA aktiv gegen Allende agitiert hat.

1971	Das Parlament ratifiziert einstimmig das *verfassungsändernde Gesetz zur Nationalisierung*
15. Juli	*der Gran Minería* („Großer Bergbau"). Alle Bodenschätze und Naturressourcen des Landes werden unter die Verfügungsgewalt des Staates gestellt.
1973	Bei den *Parlamentswahlen* erhalten die Regierungsparteien der UP 44% der Stimmen; die
4. März	Oppositionsparteien behalten die Mehrheit in beiden Kammern.
Juni	Der Kongreß lehnt die Regierungsvorlage zur Verfassungsänderung für eine erweiterte Verstaatlichung der Industrie ab. Der PDC fordert Garantien gegen weitere Verstaatlichungen, die Freigabe der verfassungswidrig besetzten Fabriken und eine wesentlich stärkere Beteiligung der Generäle an der Regierungsverantwortung.
Juli–Aug.	Ein erneuter Streik der Transportunternehmer sowie ein fehlgeschlagener Putschversuch bringen das Land an den Rand des Bürgerkrieges.
11. Sept.	Die **Armee putscht;** beim Sturm auf den Regierungspalast wird *Allende getötet.* Eine *Militärjunta* unter General *Augusto Pinochet Ugarte* (seit Juli 1974 „Oberster Führer der Nation") verhängt den Ausnahmezustand, hebt die Verfassung auf, löst Kongreß und Parteien auf, erklärt den Gewerkschaftsbund CUT für illegal. Es folgt eine Welle von politischen Verfolgungen, Deportierungen und Erschießungen. Die Junta kündigt für 1980 eine neue Verfassung im Sinne einer Ständevertretung an.
1974	Die Christdemokraten und die Kirchen, die anfänglich dem Putsch wohlwollend gegenüberstehen, distanzieren sich (Osterbotschaft), als das Ausmaß der brutalen Verfolgung politischer Gegner bekannt wird.

Wirtschaftspolitik der Militärjunta

Wirtschaftspolitisch greifen die Militärs in Zielsetzungen und Methoden auf die sechziger Jahre zurück. Sie stellen erneut den individuellen Besitz an den Produktionsmitteln und das freie Unternehmertum in den Mittelpunkt ihrer Überlegungen. Verstaatlichte Betriebe (mit Ausnahme des Kupferbergbaus) werden *reprivatisiert.* Die sozialen Kosten der neuen Politik tragen vor allem die unteren, z.T. auch die Mittelschichten. Die Realeinkommen der Lohn- und Gehaltsempfänger sinken beträchtlich. Diese Politik führt zu einer *Inflationsrate* extremen Ausmaßes und einer gewaltigen Steigerung der *Arbeitslosigkeit* (z.T. über 20%), erreicht aber eine Sanierung des Staatsfinanzen und einen Ausgleich in der Handelsbilanz. Obwohl die Militärjunta (verfassungswidrig) Entschädigungen an die enteigneten US-Kupferunternehmen zahlt, schrecken die miserable Wirtschaftslage, die riesige Inflation (1974: 376%; 1975: 341%; 1976: 174%; 1977: 63%) und die innenpolitischen Verhältnisse ausländische Investoren ab.

1976	*Außenpolitisch* tritt Chile aus dem Andenpakt aus und nähert sich den La-Plata-Staaten an.
1977	Wegen fortgesetzter *Verletzung der Menschenrechte* verurteilt die UNO-Vollversamm-
16. Dez.	lung Chile.
1978	General Pinochet läßt eine *Volksbefragung* durchführen, die 75,3% Ja-Stimmen für die

4. Jan.	„Verteidigung der Würde Chiles" erbringt. Über diesen Volkse... halb der Militärjunta zu einer schweren Krise, in deren Verlau... *Guzmán*, der baldige Demokratisierung fordert, aus der Junta ...
21. Febr.	Beilegung des schweren, fast zum Krieg ausgeweiteten *Konflikt*... des *Beagle-Kanals*.
19. April	Generalamnestie für alle nach 1973 von Militärgerichten verurt...
24. Juli	Als Nachfolger des ausgeschlossenen Generals Leigh tritt Gene... die Militärjunta ein.
1979	Einige Gewerkschaftsrechte (wie Versammlungsfreiheit) werder...
1980	*In umstrittener Volksabstimmung wird eine neue Verfassung ge*...
1981	Die neue Verfassung tritt in Kraft. *Amtseinführung Pinochets für* ...
11. März	dent und Oberbefehlshaber.
23. Okt.	Die USA heben das seit 1976 bestehende Waffenembargo für C...
1982	Ein Hirtenbrief der Bischöfe fordert die Wiederherstellung der L...
1983	Auf *„Aktionstage" der Opposition* mit Streiks und Demonstration...
ab 11. Mai	rung mit Razzien und Verhaftungen, bei denen es Tote und Verl...
1984	Chile unterzeichnet ein Umschuldungsabkommen mit westlichen...
4./5. Sept.	Bei den 10. „*Nationalen Protesttagen*" weitere Tote, Verletzte un...
29. Nov.	*Argentinien und Chile unterzeichnen in Rom* das vom Vatikan verm... die Grenzregelung am Beaglekanal. – (Forts. S. 1668)

SEIT 1985

...tion und Weltwirtschaft (Forts. v. S. 1240)

	Ministerkonferenz der OPEC in Genf: Preisreduktion vereinbart (28.–30. Jan.).
	Nationen unterzeichnen die *UN-Konvention gegen Folter*.
	...um Abschluß des Jahrzehnts der Frau tagt in Nairobi die *Weltfrauenkonferenz*.
	Die 40. Jahrestagung von IMF und Weltbank in Seoul befaßt sich mit der Schuldenlast der Dritten Welt.
	OPEC: *Preissturz bei Rohöl;* Konferenzen und Irritationen in allen erdölproduzierenden Ländern.
...il	*UN-Resolution* des Sicherheitsrates zum US-Angriff auf Libyen scheitert am Veto der USA, Großbritanniens und Frankreichs.
...Mai	Der *12. Weltwirtschaftsgipfel* in Tokio bringt aus Zeitmangel keine substantiellen Ergebnisse, demonstriert aber eine neue Solidarität angesichts von AIDS und Tschernobyl.
.–21. Sept.	*Treffen der EG-Finanzminister und Notenbankchefs* in Gleneaggles: Vereinbarung, den Dollarverfall zu stoppen; Jahresberichte des IMF, der IFC und der Weltbank.
26. Sept.	*Konferenz der Finanzminister und Notenbankpräsidenten* der 5 größten Industrieländer (G–5) in Washington.
30. Sept.–3. Okt.	Die *41. Jahrestagung von IMF und Weltbank* fordert mehr inflationsfreies Wirtschaftswachstum, um die wirtschaftlichen Ungleichgewichte auszugleichen.
10. Nov.	Tagung des *ICO-Friedenskomitees* in Riad zur Beendigung des Golfkriegs (bis 11. Nov.).
12. Dez.	Bericht der *OECD-Atomenergieagentur* über die Folgen des Tschernobyl-Unglücks.
1987	*Kursverfall des US-Dollars* löst eine Kettenreaktion an europäischen und japanischen Börsen aus.
15.–22. Jan.	
27. April	*Schulden-Konferenz der Entwicklungsländer* in Caracas (Auslandsverschuldung ca. 1034 Mrd. US-Dollar).
20. Juli	Der *UN-Sicherheitsrat* verabschiedet die *Resolution 598* zur Beendigung des Golfkrieges (Iran–Irak).
19. Okt.	*Kurssturz* an den Börsen, u. a. bedingt durch das Defizit im US-Außenhandel; Jahreshöchststand des Goldes mit 490 US-Dollar pro Feinunze in London; weiterer Wertverfall der US-Währung prognostiziert.
1.–3. Dez.	Die *43. Jahrestagung des GATT* in Genf hat sich mit der schlechten Beitragszahlungsmoral der Mitglieder und zunehmenden Beschwerden über Verletzungen der GATT-Regeln zu befassen.
1988 19.–21. Juni	Der *14. Weltwirtschaftsgipfel* in Toronto zeigt, daß die politische Rolle der EG und Kanadas weltweit bedeutender wird.
13. Sept.	Die USA begleichen ihren Beitragsrückstand bei den Vereinten Nationen in Höhe von 522 Mio. US-Dollar.
19. Sept.	Die *COCOM-Liste* für Ausfuhren strategisch wichtiger Güter in den Osten wird gelockert.
27.–29. Sept.	In Berlin findet die *43. Jahrestagung von IMF und Weltbank* statt. Die Weltbank will durch vermehrte Kredite das Wachstum in der Dritten Welt anregen und so die Armut beseitigen. Gleichzeitig tagt ein *Gegenkongreß* der Kritiker, der sich mit der Frage des Schuldenerlasses für die Dritte Welt befaßt sowie ökologische Kriterien für die Vergabe von Weltbankgeldern fordert.
1989	*Konferenz* zur Rettung der *Ozon-Schicht* in London (5.–7. März).
3.–4. April	Die Bretton-Woods-Institute beschließen, daß IMF- und Weltbankkredite zu Schuldentilgung und Zinszahlungen eingesetzt werden dürfen *(Brady-Plan)*.
14.–16. Juli	Der *Pariser Weltwirtschaftsgipfel* beschließt die Unterstützung der Reformbewegungen in Ungarn und Polen.
11. Sept.	Internationale *Konferenz über Umweltschutz* in Tokio (bis 13. Sept.).
17. Sept.	*Weltenergiekonferenz* in Montreal (bis 22. Sept.).
26.–28. Sept.	Die *Jahrestagung von IMF und Weltbank* in Washington zeigt, daß die bisherigen Konzepte gegen die Schuldenkrise der Dritten Welt (harte Anpassungsprogramme, Wachstum) versagt haben. Abhilfe soll *Teilschuldenerlaß nach Brady-Plan* bringen.
13.–16. Okt.	Neuer *Börseneinbruch* in New York und an den Börsen Asiens und Europas.
1990	*Generalversammlung der Vereinten Nationen* erklärt die neunziger Jahre zum „Jahrzehnt des Krieges gegen das Rauschgift" (20.–23. Febr.).
9.–11. Juli	Der *Weltwirtschaftsgipfel* in Houston/Texas befaßt sich unter anderem mit Art und Umfang von Hilfe für die UdSSR.
2. Aug.	Beschlüsse des *UN-Sicherheitsrates* nach der *Besetzung Kuwaits durch den Irak*.

Weltorganisation und Weltwirtschaft – Die Ost-West-Beziehungen   *1621*

8. Aug. Amerikanische Soldaten bilden den Anfang der *multinationalen Streitmacht,* die sich am Golf *gegen den Irak* formiert. Am 10. August stimmt auch die Arabische Liga mit knapper Mehrheit für eine Beteiligung am Aufmarsch.

29. Sept. Am Sitz der UNO in New York tagt der *Weltkindergipfel* unter Teilnahme von 71 Staaten.

29. Nov. Der *UN-Sicherheitsrat* verabschiedet auf Antrag der USA eine *Resolution,* die dem *Irak* bis 15. Jan. 1991 Zeit zum Verlassen Kuwaits gibt, andernfalls kann auch militärisch eingegriffen werden.

3.–7. Dez. Die *Uruguay-Runde des GATT* wird wegen unüberbrückbarer Meinungsverschiedenheiten zwischen den USA und der EG über Agrarsubventionen abgebrochen.

Die Ost-West-Beziehungen   (Forts. v. S. 1256)

1985 Gorbatschow verkündet ein zunächst bis 1. Jan. 1986 befristetes einseitiges *Moratorium für*
6. Aug. *Atomtests.*

19.–21. Mit der *Genfer Gipfelkonferenz* Reagan–Gorbatschow beginnt ein intensiver Dialog der
Nov. Weltmächte.

5. Dez. NATO-Staaten unterbreiten bei der *37. MBFR-Runde* den Vorschlag für ein Interims-Abkommen (Abzug von 5000 US- und 11 500 UdSSR-Soldaten).

1986 In Gorbatschows *Erklärung zu Abrüstungsfragen* erkennt Reagan „konstruktive Ele-
15. Jan. mente".

10. April Nach fortgesetzten *US-Atomversuchen* kündigt die UdSSR das einseitige Atomtest-Moratorium.

18. April Gorbatschow schlägt vor, die konventionellen Streitkräfte und die entsprechenden Waffen vom Atlantik bis zum Ural zu reduzieren.

11. Juni Reagan bezeichnet seine Äußerungen über Gorbatschow und die UdSSR („Reich des Bösen") als „Lapsus".

22. Sept. Schlußdokument der KVAE (Konferenz über vertrauens- und sicherheitsbildende Maßnahmen in Europa) in Stockholm verabschiedet: Bestimmungen ab 1. Januar 1987 in Kraft (u. a. Ankündigung militärischer Aktivitäten unter bestimmten Voraussetzungen; Einladungen von Beobachtern der Gegenseite ab einer bestimmten Anzahl von Manöverbeteiligten.

11.–12. Okt. Der *amerikanisch-sowjetische Gipfel in Reykjavik* endet wegen Reagans Widerstand gegen Zugeständnisse in bezug auf SDI ohne Einigung

27. Nov.– Die USA überschreiten *Salt II* (131 B-52-Bomber mit Cruise-Missiles im Einsatz); interna-
4. Dez. tionaler Protest und Kritik am US-Vorgehen.

1987 Amerikanisch-sowjetische *Kontroverse um die* Interpretation des *ABM-Vertrages* (1.–25. Jan.).

16. Jan. Die USA heben *Embargo* auf den Export von Erdöl- und Erdgastechnologie in die UdSSR auf.

April In verschiedenen Reden (Prag 10. April, Moskau 14. April) und Gesprächen macht *Gorbatschow* immer neue *Abrüstungsvorschläge,* auf die der Westen zögernd reagiert.

12. Juni Bei seinem Berlinbesuch fordert Reagan Gorbatschow auf, für den Abriß der Mauer zu sorgen.

21. Juli Gorbatschows Vorschlag einer globalen Null-Lösung für atomare Mittelstreckenraketen (INF) erhält im Westen ein positives Echo.

26. Aug. Kohl gibt den *Verzicht der Bundesrepublik auf die Pershing-1 A* unter der Voraussetzung bekannt, daß die UdSSR ihre nuklearen Kurzstreckenraketen aus der DDR und der ČSSR abzieht.

7.–10. Dez. Beim *Gipfeltreffen Reagan–Gorbatschow* wird in Washington das *INF-Abkommen* unterzeichnet.

1988 Die UdSSR beginnt mit dem Abzug der Mittelstreckenraketen mittlerer Reichweite aus der
25. Febr. DDR.

29. Mai– Das INF-Abkommen wird auf dem amerikanisch-sowjetischen Gipfel in Moskau ratifi-
2. Juni ziert.

25. Juni *EG und RGW* beschließen die *Aufnahme offizieller Beziehungen.*

11.–14. Juli Bei einem Polenbesuch schlägt Gorbatschow vor, konventionell so weit abzurüsten, daß Angriffe nicht mehr möglich sind.

16. Sept. Gorbatschow startet eine *Abrüstungsinitiative für den asiatischen Raum* und bietet die Demontage der umstrittenen Radarstation in Krasnojarsk an.

1989 Das *Wiener KSZE-Folgetreffen* endet mit der Unterzeichnung eines Dokuments über
15. Jan. Menschenrechte und Abrüstung.

1622 Ereignisse seit 1985

6.–8. März	In Wien wird mit neuen *Verhandlungen über die konventionellen Streitkräfte in Europa (VKSE)* im Rahmen der KSZE begonnen.
2.–3. Dez.	Bush und Gorbatschow treffen sich vor *Malta* zu einem informellen Meinungsaustausch.
1990 12.–14. Febr.	Die *„Open-Skies"-Konferenz* der Außen- und Verteidigungsminister von NATO und Warschauer Pakt in Ottawa befaßt sich mit der Begrenzung der Truppenstärken in Europa und der Abrüstungskontrolle. Am Rande werden die *„2 + 4-Verhandlungen"* über Deutschland vereinbart.
29.–30. Mai	Der *Gipfel Bush–Gorbatschow* in den USA befaßt sich mit der Abrüstung chemischer Waffen und strategischer Atomwaffen sowie einem Handelsvertrag.
6.–7. Juni	*COCOM-Sitzung* in Paris vereinbart weitgehende Liberalisierung der COCOM-Liste.
6. Juli	Die *NATO* beschließt aufgrund der Veränderungen in Osteuropa die Reduzierung ihrer aktiven konventionellen Verbände sowie der vorhandenen Kernwaffen.
18. Juli	Die UdSSR und Ungarn nehmen diplomatische Beziehungen zur NATO auf.
19. Nov.	Vor dem *Pariser KSZE-Gipfel* unterzeichnen die Mitgliedsstaaten von NATO und Warschauer Pakt das *VKSE-Abkommen.* Dieser Gipfel gilt als die notarielle *Beendigung des Kalten Krieges.* Der KSZE-Prozeß soll institutionalisiert und auf diese Weise eine *neue Friedensordnung in Europa* geschaffen werden. Ungelöst bleibt das *Nationalitätenproblem in Osteuropa.*

Internationale Beziehungen innerhalb der westlichen Welt

(Forts. v. S. 1274)

1985	Die *Ministertagung der WEU* in Bonn bezeichnet die atomare Abschreckung als unverzichtbar (22.–23. April).
28.–29. Juni	Auf dem *32. EG-Gipfel in Mailand* erklären die Mitglieder ihre Absicht zum institutionellen und politischen Ausbau der EG.
4.–5. Nov.	Auf der *Herbsttagung der EFTA* in Genf wird *Finnland* Vollmitglied; *Portugal* scheidet aus.
2.–3. Dez.	Der *33. EG-Gipfel in Luxemburg* bleibt hinter den durch den Mailänder Gipfel geweckten Erwartungen zurück. Themen: Binnenmarkt ab 1993, EG-Zuständigkeit für Währungsfragen, Umwelt und Technologie, Stärkung der Rechte des europäischen Parlamentes und intensivere außenpolitische Zusammenarbeit.
1986	Zum 1. Jan. treten *Portugal* und *Spanien* der *EG* bei.
18. Febr.	Präsidenten der Regionalparlamente des Saarlandes, Lothringens, Luxemburgs, Belgisch-Luxemburgs und von Rheinland-Pfalz unterzeichnen in Metz eine Konvention zur Gründung eines *„Interregionalen Parlamentarierrates"* (IPR)
12. März	*Spanien* beschließt in einem Referendum den Verbleib in der NATO.
3.–5. Mai	*Frühjahrstagung des Ministerrates der EFTA in Reykjavik,* EFTA wünscht konsequente Liberalisierung des Welthandels gegen alle protektionistischen Maßnahmen.
19. Aug.	Die *EG* und die *USA* schließen ein Abkommen zur Schlichtung des „Spaghetti-Krieges" (gegenseitige Vorwürfe des Protektionismus bei Stahlprodukten und Teigwaren).
16. Sept.	Die *EG* verhängt erste *Sanktionen gegen Südafrika.*
17. Nov.	Im Westen werden starke Bedenken gegen eine *Null-Lösung* bei nuklearen Mittelstreckenraketen laut.
5.–6. Dez.	Der *35. EG-Gipfel* vereinbart die Unterstützung von Wirtschaftswachstum und beschäftigt sich mit weltweitem Terrorismus, AIDS und dem Drogenproblem.
1987 23. April	Die *WEU-Konferenz* spricht sich mehrheitlich für die *doppelte Null-Lösung* bei Mittelstreckenraketen kürzerer und längerer Reichweite aus.
14. Mai	Auf der *41. Tagung der Nuklearen Planungsgruppe (NPG)* in Stavanger spricht sich die Mehrheit für *weltweite INF-Null-Lösung* aus. Die Bedenken Wörners (BRD) werden nicht geteilt.
29.–30. Juni	Aufgrund von Vorbehalten der britischen Premierministerin gegen die neue Beitragsbemessung endet der *Brüsseler EG-Gipfel* ohne gemeinsames Communiqué.
25.–26. Okt.	*Tagung der Umweltminister* von 16 EG- und EFTA-Staaten in Noordwijk.
4.–5. Dez.	Der *EG-Gipfel in Kopenhagen* scheitert daran, daß keine gemeinsamen Konzepte für die Finanz-, Agrar- und Strukturpolitik gefunden werden.
11. Dez.	Der NATO-Ministerrat wählt auf seiner Herbsttagung *Manfred Wörner* zum neuen *NATO-Generalsekretär.*
14.–15. Dez.	Die zweite ordentliche *Ministertagung der EFTA* berät über die Verbesserung der internen Beziehungen und beschließt eine enge Zusammenarbeit mit der EG, jedoch ohne Beitritt.

Internationale Beziehungen innerhalb der westlichen Welt *1623*

1988 Ein *EG-Sondergipfel in Brüssel* räumt Streitfragen aus, indem Großbritannien eine Reduzierung des Beitrags eingeräumt wird (11.–12. Febr.).

2.–3. März Auf einer *Tagung der Staats- und Regierungschefs der NATO* ist die Frage der Modernisierung der atomaren Kurzstreckenraketen sehr umstritten. Die Strategie der „flexible response" wird bekräftigt.

16. Mai Die Bundesrepublik, Großbritannien und Italien unterzeichnen ein Abkommen, das die Entwicklung eines modernen Jagdflugzeuges („Jäger 90") vorsieht.

25. Juni Die *EG* vereinbart, *offizielle Beziehungen zum RGW* aufzunehmen.

27.–28. Juni Der *EG-Gipfel in Hannover* befaßt sich mit einer gemeinsamen Währungspolitik und sozialen Aspekten des Binnenmarktes.

20. Sept. Die britische Premierministerin spricht sich in Brügge gegen eine weiterreichende europäische Union aus.

2. Dez. Auf *Rhodos* berät der *EG-Gipfel* über die internationale Rolle der Gemeinschaft (Beziehungen zum RGW, Binnenmarkt mit GATT-Prinzipien).

1989 *Deutsch-amerikanische Spannungen* wegen der libyschen Chemiewaffenfabrik in Rabta;

1.–18. Jan. Diskussion über den Zeitpunkt der Informierung Bonns.

14.–15. Der *EFTA-Gipfel in Oslo* kann bei Beratungen über politische und wirtschaftliche Ge-
März sichtspunkte der europäischen Integration keine einheitliche Stellung erreichen.

29.–30. Mai Die *NATO-Staaten* suchen auf einer *Gipfelkonferenz* einen Kompromiß in der Frage der atomaren Kurzstreckenraketen. Am Ende wird trotz großer Meinungsverschiedenheiten ein gemeinsames *Gesamtkonzept für Rüstungskontrolle und Abrüstung* verabschiedet.

15.–18. Juni Die *Wahlen zum Europaparlament* sind stark von den jeweiligen nationalen Gegebenheiten bestimmt. Die Fraktion der Sozialisten und Sozialdemokraten wird (vor allem in Großbritannien als Protest gegen die EG-Politik der Regierung) gestärkt.

8.–9. Dez. Den *EG-Gipfel in Straßburg* bestimmt vor allem die Deutschlandfrage und die Absicht, eine Europäische Bank für den Wiederaufbau in Osteuropa zu schaffen.

1990 Die „Open-Skies"-Konferenz der Außen- und Verteidigungsminister von NATO und War-
12.–14. schauer Pakt in Ottawa beschäftigt sich mit der Begrenzung der Truppenstärken in Europa.
Febr. Am Rande werden die „2 + 4-Verhandlungen" über Deutschland vereinbart.

28. April In Dublin sagt ein *EG-Sondergipfel* dem deutschen Einigungsprozeß seine Unterstützung zu; Großbritannien steht einer Initiative für eine schnelle politische Union Europas reserviert gegenüber.

19. Juni Im *„Schengener Vertrag"* vereinbaren die Bundesrepublik, Frankreich und die Benelux-Länder den Wegfall von Personenkontrollen und die Einschränkung von Warenkontrollen an den Grenzen ab 1992.

20. Juni *EG und EFTA* wollen aus EG, EFTA und Liechtenstein einen gemeinsamen „Europäischen Wirtschaftsraum" (EWR) aufbauen.

5.–6. Juli Der *NATO-Gipfel in London* berät über eine Umgestaltung des Bündnisses in Mittel- und Osteuropa. In einer „Londoner Erklärung" verzichtet die NATO auf den frühzeitigen Einsatz von Atomwaffen *(flexible response).* Sie sollen letztes Mittel sein.

21. Aug. Die Außen- und Verteidigungsminister der *WEU* beschließen ein *gemeinsames Vorgehen in der Golfregion.*

27. Okt. Der *EG-Gipfel in Rom* ist von der Golfkrise beherrscht. Schritte zur politischen, Wirtschafts- und Währungsunion scheitern an der Haltung Großbritanniens.

19. Nov. Die *KSZE-Gipfelkonferenz in Paris* macht deutlich, daß die die Nachkriegszeit prägende Bipolarität als Ordnungs- und Sicherheitskonzept in Europa überwunden ist.

1. Dez. Durchbruch des „Euro-Tunnels" zwischen Frankreich und Großbritannien 40 Meter unter dem Meeresgrund.

7. Dez. Aufgrund der Weigerung der EG, einen Kompromißvorschlag zur Kürzung der Agrarsubventionen zu akzeptieren, muß die achte *Handelsrunde des Allgemeinen Zoll- und Handelsabkommen* (GATT) ergebnislos auf Anfang 1991 vertagt werden.

12. Dez. Das *schwedische Parlament* ermächtigt seine Regierung, die *Aufnahme in die EG* zu beantragen.

13. Dez. Der *46. EG-Gipfel in Rom* eröffnet Verhandlungen über die Schaffung einer europäischen Wirtschafts- und Währungsunion sowie der politischen Union (bis 16. Dez.).

17. Dez. Die *Konferenz der NATO-Außenminister in Brüssel* berät über strategische Konsequenzen aus den Veränderungen in Mittel- und Osteuropa und äußert Sorge über die Instabilität in Osteuropa.

1991 Auf Wunsch der Türkei entsendet die NATO *Einheiten der Mobilen Einsatzreserve* in die
6. Jan. *Südosttürkei* (Irakische Grenze), um den Irak von einem Angriff auf NATO-Territorium abzuschrecken.

1624 Ereignisse seit 1985 – Kommunistische Welt – Bündnisfreie Staaten

Internationale Beziehungen innerhalb der kommunistischen Welt

(Forts. v. S. 1371)

Den Staaten des „realen Sozialismus" in Europa gelingt es nicht, die *Wirtschaftskrise* der 70er Jahre zu überwinden. Die Verschärfung der Konfrontation mit dem Westen Mitte der 80er Jahre führt zunächst zu einem engeren wirtschaftlichen und politischen Zusammenschluß – und damit zu einer Stärkung des Machtfaktors Sowjetunion, doch sind die stalinistisch geprägten Mechanismen des „demokratischen Zentralismus" mit ihrer überzentralisierten Kommandowirtschaft nicht in der Lage, den *Produktivitäts- und Technologierückstand* zu den entwickelten Industriestaaten aufzuholen und den rasanten Verfall des Lebensstandards aufzuhalten. Mit der Durchsetzung von *Gorbatschows Reformpolitik* versagen die alten Repressionsinstrumente. Auf der Grundlage der *oppositionellen Demokratiebewegungen* wird im September 1989 in Polen eine nichtkommunistische Regierung gebildet. Die kommunistischen Parteien des sich auflösenden *Ostblocks* spalten sich oder zerfallen wie in Ungarn im Herbst 1989. Mit dem *Abbau der Konfrontation* wird die militärische Blockbildung politisch überholt, die Öffnung der Volkswirtschaften für Marktmechanismen, das Ende der DDR und die Schwäche der sowjetischen Wirtschaft entziehen den arbeitsteilig angelegten langfristigen Planungskonzepten des Rates für gegenseitige Wirtschaftshilfe (RGW) die ökonomischen Grundlagen, nachdem die politischen durch die *Entmachtung der Kommunistischen Parteien* entfallen sind.

1984 12.–14. Juni	Die *1. Gipfelkonferenz des RGW in Moskau* seit 1969 forciert den Binnenhandel zu Lasten des Ost-West-Handels.
1985 26. April	Die Staats- und Parteichefs der *7 Mitgliedstaaten des Warschauer Paktes verlängern die Gültigkeitsdauer* des Bündnisses in Warschau um 20 Jahre; *Gipfelkonferenz des Warschauer Paktes in Sofia* schlägt Verbot von Weltraumwaffen, Halbierung der strategischen Kernwaffen und kernwaffenfreie Zone in Europa vor.
1987 30. Mai	Die *Warschauer Pakt*-Staaten betonen in Ost-Berlin Defensivcharakter des Bündnisses. Unter der Führung Gorbatschows entwickelt sich das durch bilaterale Verträge zwischen den Mitgliedern ergänzte Bündnis auch als *politisches Konsultativorgan.*
13./14. Okt.	*RGW-Sondertagung in Moskau* beschließt Intensivierung der Zusammenarbeit, stärkere Koordinierung der Pläne und Änderung des Zahlungssystems.
1989 15.–18. Mai	*Staatsbesuch Gorbatschows in Peking* (erstmals seit 30 Jahren) besiegelt die Wende zur Entspannungs- und Koexistenzpolitik der beiden Staaten. China distanziert sich jedoch von der sowjetischen Reformpolitik.
Juli	*Treffen der Staats- und Parteichefs in Bukarest:* Gorbatschow spricht sich für Reformprozeß in ganz Europa und das Recht eines jeden Landes für eigenen Weg aus.
Dez.	Die Staats- und Regierungschefs verurteilen den Einmarsch in die ČSSR 1968.
1990 7. Juni	*Tagung des Politischen Beratenden Ausschusses des Warschauer Pakts in Moskau:* Gorbatschow fordert radikalen Wandel und Annäherung an die NATO. Das militärische Bündnis solle nach dem Abbau der Konfrontation in Europa eine politische Allianz werden. Der ungarische Ministerpräsident Jozsef Antall spricht sich für die unverzügliche Auflösung der militärischen Organisation aus und will die Mitgliedschaft Ungarns überprüfen.
30. Juli	Der sowjetische General Lobow teilt die Reduzierung der Militärorgane des Warschauer Paktes auf ein Minimum mit. Ende 1990 erscheinen der *RGW* und der *Warschauer Pakt praktisch aufgelöst.* Die Mitgliedstaaten erklären oder planen den Austritt. Der *Rückzug der sowjetischen Truppen* aus der UdSSR ist begonnen oder vereinbart.
1991 5. Jan.	Auf *Beschluß des Exekutivkomitees des RGW* soll die Organisation mit der letzten Ratssitzung (27./28. Febr.) aufgelöst und durch eine „Organisation für internationale wirtschaftliche Zusammenarbeit" unter Einschluß Deutschlands ersetzt werden.
25. Jan.	*Auflösung des Warschauer Pakts* als militärisches Bündnis zum 1. April; das politische Bündnis soll bis 1992 bestehen bleiben.

Die Bewegung der bündnisfreien Staaten   (Forts. v. S. 1441)

1985 19. April	Die *Namibia-Konferenz* der Blockfreien in Delhi (bis 21. April) beschließt ein 17 Punkte umfassendes Aktionsprogramm zur Unabhängigkeit Namibias.
1986 1. Sept.	Auf der *achten Gipfelkonferenz der Blockfreien* in Harare (bis 6. Sept.) wird Robert Mugabe (Zimbabwe) neuer Vorsitzender.
1989 4.–8. Sept.	Die *neunte Gipfelkonferenz* in Belgrad verabschiedet eine Deklaration über die Bereitschaft der bündnisfreien Staaten zur Zusammenarbeit mit dem Westen. Sie erklärt, daß nach der Entspannung zwischen Ost und West nun das Gefälle zwischen den armen und reichen Ländern der Welt in den Vordergrund treten müsse.

Europa

Mitteleuropa

Bundesrepublik Deutschland (Forts. v. S. 1306)

1985 8. Mai	Zum 40. Jahrestag des Endes des Zweiten Weltkrieges hält v. Weizsäcker vor dem Bundestag eine vielbeachtete Rede über die deutsche Vergangenheit.
16. Juli	Im Alter von 67 Jahren stirbt der Schriftsteller Heinrich Böll (* 1917).
1986 27. März	*SDI-Abkommen* von Bangemann und Weinberger in den USA unterzeichnet; Eklat in der Bundesrepublik wegen der Veröffentlichung der vertraulichen SDI-Vereinbarungen.
6. Juni	Die Bundesregierung richtet ein gesondertes Ministerium für Umwelt- und Reaktorsicherheit ein.
15. Juni	Nach den *Landtagswahlen in Niedersachsen* kann die CDU/-FDP-Regierung trotz Verlusten mit zwei Mandaten Mehrheit weiter regieren.
Aug./Sept.	Bundeskabinett beschließt Maßnahmen zur Einschränkung des Zuzugs von Asylanten.
19. Sept.	Brotfabrikant Horst Schiesser erwirbt die *Neue Heimat* zum symbolischen Preis von 1 DM; Konflikt um den Verkauf der Wohnungsbaugesellschaft zwischen den Parteien, dem DGB und der Regierung.
12. Okt.	Bei *Landtagswahlen in Bayern* erreicht die CSU 55,8 (– 2,5)%, die SPD 27,5% (– 4,4)%. Strauß bleibt Ministerpräsident, die Grünen ziehen mit 7,5% erstmals in den Landtag ein.
1.–21. Nov.	Nach einem Großbrand im Basler Chemieunternehmen Sandoz wird der Rhein durch große Mengen an hochgiftigen Stoffen verseucht.
9. Nov.	Das Ergebnis der *Bürgerschaftswahlen in Hamburg:* CDU 41,9 (+ 3,3)%, SPD 41,8 (– 10,5)% und Grün-Alternative Liste (GAL) 10,4 (+ 3,6)%.
1987 25. Jan.	Die *Koalition aus Union und FDP* gewinnt die *Bundestagswahlen.* SPD 37,0%, CDU 34,5%, CSU 9,8%, FDP 9,1% und Grüne 8,3%. Neues Kabinett Kohl am 12. März.
9. Febr.	Die *rot-grüne Koalition in Hessen* zerbricht an der Kontroverse um die Hanauer Plutoniumfabrik Alkem.
16. Febr.	Der ehem. Flick-Manager von Brauchitsch und die Politiker Graf Lambsdorff und Friderichs werden wegen Steuerhinterziehung im Zusammenhang mit Parteispenden verurteilt.
23. März	Brandts Rücktritt als SPD-Vorsitzender, ausgelöst durch den Konflikt innerhalb des SPD-Vorstandes aufgrund der Nominierung einer neuen Pressesprecherin, der parteilosen Griechin Margarita Mathiopoulos (* 1956).
25. März	Erstmals nehmen Offiziere der Bundeswehr an WVO-Manövern in der DDR teil.
5. April	CDU und FDP können nach den *Landtagswahlen* die 40jährige SPD-Herrschaft *in Hessen* beenden. Neuer Ministerpräsident wird *Walter Wallmann* (* 1932).
17. Mai	Nach erneuten *Bürgerschaftswahlen in Hamburg* gelingt der CDU kein Machtwechsel. Die SPD gewinnt 45,0% gegenüber 40,5% der CDU. Neue Regierung unter Klaus von Dohnanyi (* 1928) am 2. Sept. In *Rheinland-Pfalz* verliert die CDU zwar 6,8%, bleibt aber weiterhin stärkste Fraktion im Landtag.
25. Mai	Stichtag der zum Teil heftig umstrittenen *Volkszählung.*
7.–11. Sept.	Erich Honecker besucht die Bundesrepublik.
13. Sept.	Die *Wahlen zum Bremer Landesparlament* gewinnt die SPD mit 50,5%.
13. Sept.	Die *Landtagswahlen in Schleswig-Holstein* werden durch das Bekanntwerden der *Barschel/Pfeiffer-Affäre* überdeckt: Der SPD-Spitzenkandidat Björn Engholm wurde denunziert und bespitzelt. Uwe Barschel (* 1944) gibt sein Ehrenwort (18. Sept.) und beeidet, daß alle Vorwürfe unwahr seien, muß aber kurz darauf zurücktreten (2. Okt.). Barschel wird in einem Genfer Hotel tot aufgefunden (11. Okt.). Ein Untersuchungsausschuß stellt die Richtigkeit der Vorwürfe fest.
12. Dez.	Deutscher *Atommüll-Skandal* bei Transnuklear (bis 14. Jan. 1988).
1988 20. März	Die CDU hält auch nach den *Landtagswahlen* die absolute Mehrheit der Mandate *in Baden-Württemberg.*
8. Mai	Die SPD gewinnt bei der erneuten *Landtagswahl in Schleswig-Holstein* die absolute Mehrheit. Ministerpräsident wird *Björn Engholm* (* 1939).
23. Juni	Schlußabstimmung über die *Steuerreform* im Bundestag (Erhöhung der Werbepauschale, Quellensteuer).
28. Aug.	Der Absturz eines Kunstfliegers in Ramstein fordert 70 Tote. Mehrere ähnliche Unfälle (8. Dez. Remscheid) führen zu einer intensiven Debatte über ein *Tiefflugverbot.*
3. Okt.	Franz Josef Strauß (* 1915) stirbt. Seine Nachfolger werden *Max Streibl* (* 1932), Ministerpräsident) und *Theo Waigel* (* 1939), CSU-Vorsitzender).
24.–27. Okt.	Während eines *Besuchs Kohls in der UdSSR* werden Abkommen über Umweltschutz und

1626 Ereignisse seit 1985 – Europa

	Reaktorsicherheit unterzeichnet; deutsche Banken gewähren der UdSSR einen Kredit über 3 Mrd. DM.
11. Nov.	Zum Jahrestag der „Reichskristallnacht" hält Bundestagspräsident Philipp Jenninger (* 1932) eine Rede, die durch mißverständliche Formulierungen zu seinem Rücktritt führt.
1989 29. Jan.	CDU und FDP erleiden bei *Wahlen zum Berliner Abgeordnetenhaus* Verluste. Nach langen Koalitionsverhandlungen kann *Walter Momper* (* 1945) am 16. März eine Regierung aus SPD und Alternativer Liste (AL) bilden.
6. Juni	Die umstrittene *atomare Wiederaufarbeitungsanlage in Wackersdorf* wird nicht gebaut.
12.–15. Juni	*Gorbatschow* wird bei seinem Besuch in der Bundesrepublik von der Bevölkerung gefeiert.
8. Sept.	Zusammenschluß der Daimler-Benz AG mit Messerschmidt-Bölkow-Blom GmbH.
9. Nov.	Im Vorfeld des Polenbesuchs des Bundeskanzlers kommt es zu *Kontroversen über die polnische Westgrenze.*
28. Nov.	Nach den Ereignissen in der DDR gibt Kohl einen *10-Punkte-Plan zur Überwindung der Teilung Deutschlands* bekannt: Die Vereinigung soll im europäischen Rahmen geschehen, der DDR soll sofort geholfen werden, wenn sich die dortigen Reformen als unumkehrbar erweisen, angestrebt wird zunächst eine Vertragsgemeinschaft beider deutscher Staaten.
1990 28. Jan.	Ministerpräsident *Oskar Lafontaine* (* 1943, SPD) erreicht bei *Landtagswahlen im Saarland* die absolute Mehrheit. Am 25. April wird er bei einem Attentat schwer verletzt.
5. Mai	In Bonn tagt die *2 + 4-Konferenz* der Außenminister der Siegermächte und der beiden deutschen Staaten zu den außenpolitischen Aspekten der deutschen Einheit.
13. Mai	In *Nordrhein-Westfalen* hält Ministerpräsident Rau die absolute Mehrheit, in *Niedersachsen* gelingt der SPD der Regierungswechsel zu einer rot-grünen Koalition unter Gerhard Schröder (* 1944) (ab 21. Juni).
18. Mai	In Bonn wird der *Staatsvertrag* zwischen der Bundesrepublik und der DDR *zur Schaffung der Währungs-, Wirtschafts- und Sozialunion* unterzeichnet.
16. Juni	Der Chef des Lahrer Chemieunternehmens Imhausen wird wegen Beteiligung am Bau einer Giftgasfabrik in Libyen zu 5 Jahren Freiheitsstrafe verurteilt.
21. Juni	Billigung des Staatsvertrages; *Gemeinsame Erklärung* vom Deutschen Bundestag und Volkskammer *zur Westgrenze Polens.*
1. Juli	Die *Währungsunion* zwischen Bundesrepublik und DDR wird vollzogen; Wegfall der Personenkontrollen an der innerdeutschen Grenze.
14.–16. Juli	Kohl erhält bei seinem Besuch in der UdSSR die Zusage der vollen Souveränität Deutschlands nach der Vereinigung.
26. Juli	Die in Rheinland-Pfalz lagernden Giftgasbestände der US-Armee werden bis 19. Sept. abtransportiert.
31. Aug.	*Einigungsvertrag* zwischen der Bundesrepublik und der DDR.
12. Sept.	Als Abschluß der 2 + 4-Verhandlungen wird in Moskau der „*Vertrag über die abschließende Regelung in bezug auf Deutschland*" geschlossen. Die Siegermächte verzichten auf ihre Souveränitätsvorbehalte, die Grenzen des vereinten Deutschland werden festgeschrieben.
13. Sept.	Die Bundesrepublik und die UdSSR schließen einen Zusammenarbeits- und Nichtangriffsvertrag. Deutschland zahlt für den Abzug der Roten Armee bis 1994 13 Mrd. DM.
29. Sept.	Das *Bundesverfassungsgericht erklärt* wesentliche Teile des am 3. Aug. unterzeichneten *Wahlvertrages für ungültig,* weil die kleinen Parteien durch bundesweite Fünfprozenthürde benachteiligt würden; neuer Vertrag am 5. Okt. vom gesamtdeutschen Bundestag verabschiedet, getrennte Wahlgebiete.
2. Okt.	In *West-Berlin* endet die Herrschaft der Besatzungsmächte.
3. Okt.	**Die Deutsche Demokratische Republik tritt der Bundesrepublik Deutschland nach Art. 23 des Grundgesetzes bei.**
12. Okt.	Innenminister Wolfgang Schäuble (* 1942) wird bei einem Attentat schwer verletzt, kehrt Ende November nach Bonn zurück.
14. Okt.	Auf dem Gebiet der *ehemaligen DDR* finden erstmals *freie Landtagswahlen* in den neuen Bundesländern Mecklenburg-Vorpommern, Brandenburg, Sachsen, Sachsen-Anhalt und Thüringen statt. In allen Ländern mit Ausnahme Brandenburgs gewinnt die CDU. Die *Landtagswahlen in Bayern* bringen keine Veränderungen.
31. Okt.	Das Bundesverfassungsgericht erklärt das *Ausländerwahlrecht,* das die Bundesländer Schleswig-Holstein und Hamburg für die Kommunalwahlen eingeführt haben, für verfassungswidrig. Begründung: Der im Grundgesetz verwandte Begriff „Volk" meine allein deutsche Staatsangehörige.
9. Nov.	Während seines Besuchs in der Bundesrepublik bittet Gorbatschow um Hilfe für die vom Hunger bedrohte Sowjetunion.
14. Nov.	Die Bundesrepublik und Polen schreiben die *Oder-Neiße-Linie* in einem *Vertrag* als völkerrechtlich verbindlich fest.
30. Nov.	Das Amtsgericht Berlin-Tiergarten erläßt Haftbefehl gegen den früheren DDR-Staats- und

Deutsche Demokratische Republik **1627**

Parteichef Honecker wegen „dringenden Tatverdachts des gemeinschaftlich begangenen Totschlags in mehreren Fällen".

2. Dez. *Erste gesamtdeutsche Bundestagswahlen:* Die CDU erreichte 43,8 %, die SPD 33,5 %, die FDP 11,0 %, das ostdeutsche Bündnis 90/Grüne 1,2 % (im östl. Wahlgebiet 5,9 %) und die PDS 2,4 % im östlichen Wahlgebiet 9,9 %). Die Grünen (West) sind nach zehn Jahren nicht mehr im Bundestag vertreten. In Berlin wird am selben Tag das *erste Abgeordnetenhaus für ganz Berlin* gewählt. Nachdem die Koalition aus SPD und AL kurz zuvor zerbrochen ist, kommt die SPD auf ihr schlechtestes Ergebnis seit Kriegsende. (CDU 40,3 %, SPD 30,5 %, FDP 7,1 %, AL 5,0 %, Bündnis 90/Grüne 4,4 % und PDS 9,2 %).

10. Dez. Das Parteipräsidium der SPD einigt sich auf Björn Engholm (* 1939), den Ministerpräsidenten von Schleswig-Holstein, als neuen Parteivorsitzenden.

17. Dez. Minister Lothar de Maizière (* 1940) erklärt wegen des Verdachts der inoffiziellen Tätigkeit für die DDR-Staatssicherheit seinen Rücktritt.

1991 Im Rahmen der Mobilen Einsatzreserve der NATO werden deutsche Jagdbomber an die
6. Jan. Grenze der Türkei zum Irak verlegt. Diskussion über die Rolle der Bundeswehr. Friedensdemonstrationen.

13. Jan. *Baden-Württembergs* Ministerpräsident Lothar *Späth* (* 1937) tritt wegen zu enger Beziehungen zur Wirtschaft *zurück.* Sein Nachfolger wird *Erwin Teufel* (* 1939).

20. Jan. *Landtagswahlen in Hessen:* Mit einer Mehrheit von zwei Mandaten kann die rot-grüne Koalition wieder die Regierung übernehmen. Neuer Ministerpräsident wird *Hans Eichel* (* 1941, SPD).

23. Jan. Große Koalition aus SPD und CDU in *Berlin,* Regierender Bürgermeister wird Eberhard Diepgen.

Febr. Regierung beschließt Steuererhöhungen zur Finanzierung der Mehrbelastungen durch die deutsche Einheit, den Golfkrieg und die Entwicklung in Osteuropa.

März Demonstrationen in den neuen Bundesländern aufgrund der schlechten Wirtschaftslage.

Deutsche Demokratische Republik (Forts. v. S. 1396)

1985 Nach der Zusage, straffrei Ausreiseanträge stellen zu können, kehren die Flüchtlinge aus
15. Jan. der Prager Botschaft der Bundesrepublik in die DDR zurück.

1986 Auf dem 11. Parteitag der SED hebt Honecker die im Vergleich zur Bundesrepublik glän-
17. April zende Entwicklung der DDR hervor.

8. Juni Die Einheitsliste erreicht bei *Volkskammerwahlen* 99,94 %; Wahlbeteiligung 99,74 %.

1987 In Ost-Berlin kommt es zu schweren Zusammenstößen zwischen Volkspolizei und Jugend-
8. Juni lichen, die einem Rockkonzert in Westberlin zuhören wollen.

1988 Am Rande der offiziellen Kundgebung zum 69. Todestag von Rosa Luxemburg und Karl
17. Jan. Liebknecht werden ca. 120 demonstrierende Angehörige von Friedens-, Umwelt- und Menschenrechtsgruppen verhaftet und ausgewiesen.

1.–2. Dez. Auf der *7. Tagung des ZK der SED* spricht Honecker von der grundlegenden Übereinstimmung mit der KPdSU über Ziele und Aufgaben, reklamiert für die DDR aber einen *eigenen Weg zum Sozialismus ohne Reformen.*

14. Dez. Eine neue *Reiseverordnung* (ab 1. Jan. 89) weitet die Liste der Reiseanlässe und der Verwandten, die besucht werden dürfen, aus, enthält aber nur Kann-Bestimmungen.

1989 Nach den *Kommunalwahlen* erheben Opposition und Kirchen den *Vorwurf der massiven*
7. Mai *Wahlfälschung.*

31. Juli Durch die *Besetzung von bundesdeutschen Botschaften* in Ost-Berlin, Prag, Warschau und Budapest versuchen Tausende von DDR-Bürgern, die Ausreise in die Bundesrepublik zu erzwingen. Fast gleichzeitig beginnt eine *Massenflucht* über die ungarisch-österreichische Grenze, die am 10. Sept. geöffnet wird.

Aug./Sept. Jeden Montag kommt es nach dem Friedensgebet in der Nicolai-Kirche in Leipzig zu *Demonstrationen* mit zunehmender Beteiligung. Die Kirchen fordern Reformen.

13. Aug. Anläßlich des 28. Jahrestages des Mauerbaues betont die SED, daß die DDR nicht reformbedürftig sei.

22. Sept. Das „*Neue Forum",* dessen Gründung als Oppositionsgruppe am 11. Sept. bekannt wurde, wird *formell verboten.*

1. Okt. Die Botschaftsflüchtlinge können mit Sonderzügen über die DDR in die Bundesrepublik ausreisen. Mit dem „*Demokratischen Aufbruch"* bildet sich eine weitere politische Oppositionsbewegung.

5. Okt. Gründung der *Sozialdemokratischen Partei der DDR (SDP).*

5. Okt. Die DDR feiert offiziell ihr *40jähriges Bestehen.*

7. Okt. Mit einer großen Anzahl von Demonstrationen erlebt die DDR die *größte Protestaktion* seit dem Aufstand am 17. Juni 1953.

9. Okt. Auf einer Demonstration in Leipzig fordern SED-Bezirkssekretäre, Pfarrer und Kurt Ma-

1628 Ereignisse seit 1985 – Europa

	sur (* 1927), der Leiter des Gewandhausorchesters, die Regierung vor ca. 70 000 Teilnehmern zu einem offenen Dialog auf.
18. Okt.	Honecker tritt auf Druck des Politbüros der SED zurück. *Egon Krenz* (*1937) wird neuer Parteichef und ab 24. Okt. Staatsratsvorsitzender. Andauernde Demonstrationen erzwingen weitere personelle Veränderungen an der Staatsspitze.
7. Nov.	Die Regierung Stoph und das Politbüro der SED treten zurück.
9. Nov.	Die *Mauer* in Berlin und die *Grenze* zur Bundesrepublik werden *geöffnet.*
13. Nov.	*Hans Modrow* (* 1928, SED) ist neuer Ministerpräsident der DDR.
6. Dez.	Krenz tritt als Vorsitzender des Staatsrates und des Nationalen Verteidigungsrates zurück; Nachfolger ist *Manfred Gerlach* (* 1928, LDPD).
7. Dez.	Erstes Zusammentreffen des *„Runden Tisches"* in Ost-Berlin als Institution der öffentlichen Kontrolle, bestehend aus Vertretern der Parteien und Bürgerbewegungen.
9. Dez.	*Gregor Gysi* (* 1948) wird Vorsitzender der SED, die sich den Namenszusatz PDS (Partei des Demokratischen Sozialismus) gibt (17. Dez.).
1990	SED-PDS gibt Namensbestandteil SED auf (4. Febr.). *Politiker der bisherigen Opposition*
5. Febr.	*(„Runder Tisch")* *treten in die Regierung Modrow ein.*
12. März	An der letzten Leipziger Montagsdemonstration nehmen nur noch ca. 40 000 Menschen teil. Die Forderung nach Einheit ist zum Thema geworden. Der „Runde Tisch" verabschiedet auf seiner letzten Sitzung einen *Verfassungsentwurf* für die DDR.
18. März	Die *Volkskammerwahl* gewinnt die CDU mit 40,8 % gegenüber 21,9 % der SPD. Das Bündnis 90 (Neues Forum, Demokratie Jetzt, Initiative für Frieden und Menschenrechte) 2,9 %, PDS 16,3 % und Bund Freier Demokraten 5,3 %. *Sabine Bergmann-Pohl* (* 1946) wird zur Volkskammerpräsidentin und damit zum Staatsoberhaupt gewählt.
12. April	Volkskammer wählt die *neue Regierung* unter *Lothar de Maizière* (* 1940) aus CDU, SPD, Liberalen, DSU, und Demokratischem Aufbruch (DA).
9. Juni	De Maizière besucht als erster DDR-Ministerpräsident die USA.
1. Juli	Die *Wirtschafts-, Währungs- und Sozialunion mit der Bundesrepublik* wird vollzogen; die DM wird alleiniges Zahlungsmittel (Kurs 1:1)
19. Aug.	Nach Streit um den Termin der Vereinigung verläßt die SPD die Koalitionsregierung.
31. Aug.	Der *Einigungsvertrag* wird in Ost-Berlin unterzeichnet und von Bundestag und Volkskammer (20. Sept.) sowie vom Bundesrat (21. Sept.) gebilligt.
25. Sept.	Die Mitgliedschaft der DDR im Warschauer Pakt ist beendet.
3. Okt.	**Die Deutsche Demokratische Republik tritt der Bundesrepublik Deutschland nach Artikel 23 des Grundgesetzes bei.** *(Forts. auf S. 1626).*

Österreich (Forts. v. S. 1354)

1986 8. Juni	In einer Stichwahl wird *Kurt Waldheim* (*1918) zum *Bundespräsidenten* gewählt. Wegen seiner Rolle im Zweiten Weltkrieg reagiert das Ausland mit Kritik und Empörung.
9. Juni	*Bundeskanzler* Fred Sinowatz (* 1929) tritt wegen der Niederlage des SPÖ-Präsidentschaftskandidaten zurück. Sein Nachfolger ist *Franz Vranitzky* (* 1938).
18. Juni	Neue Regierung unter Vranitzky.
1987	Nach den *Wahlen zum Nationalrat* (23. Nov. 1986) Koalition aus SPÖ (43,13 %) und ÖVP (41,29 %). Die FPÖ erhält 9,73 %. Vranitzky bleibt Kanzler.
1989 19.–24. Jan.	Innenminister Karl Blecha (* 1933) und Parlamentspräsident Leopold Gratz (* 1929) treten wegen des größten *Justizskandals* (Affäre Proksch/Lucona) seit 1945 zurück.
1. Juni	Bekanntgabe eines Nachtfahrverbotes in Österreich für LKW über 7,5 ab 1. Dez. 1989.
17. Juli	Außenminister Alois Mock (* 1934) stellt in Brüssel den am 26. Juni vom Parlament verabschiedeten *Antrag auf EG-Beitritt.*
1990 7. Aug.	Der am 29. Juli verstorbene SPÖ-Vorsitzende, ehemalige Bundeskanzler und Außenminister Bruno Kreisky wird mit einem Staatsbegräbnis beigesetzt.
25. Aug.	Die in Bagdad erreichte Ausreise der vom Irak festgehaltenen österreichischen Geiseln bringt Waldheim internationale Anerkennung für den humanitären Erfolg, Kritik für die politische Komponente, daß er die internationale Isolierung des Irak nicht einhielt.
17. Sept.	Gegen den ehem. Bundeskanzler Sinowatz und zwei ehemalige Minister wird wegen illegaler Waffengeschäfte des Staatsunternehmens Noricum Anklage erhoben.
7. Okt.	Die SPÖ kann bei den *Nationalratswahlen* ihren Stimmenanteil halten (43,0 %), die ÖVP muß starke Verluste hinnehmen (32,1 %, – 9,2 %). Die FPÖ (16,6 %) gewinnt 6,9 % hinzu.
17. Dez.	Die neue sozial-konservative Koalitionsregierung unter Vranitzky wird vereidigt.

Schweiz (Forts. v. S. 1357)

1985	*Alphons Egli* (*1924, CVP) wird für 1986 zum *Bundespräsidenten* gewählt (11. Dez.).
1986 1. Nov.	Ein Großbrand im Basler Chemiekonzern Sandoz führt zur Verseuchung des Rheins durch große Mengen hochgiftiger Substanzen.

Österreich – Schweiz – Frankreich – Niederlande – Belgien *1629*

1987 Bei *Wahlen zum National- und Ständerat* erleiden die Sozialdemokraten massive Verluste,
18. Okt. während die bürgerlichen Parteien ihre Anteile behaupten.

1988 Der *Bundesrat lehnt den Beitritt der Schweiz zur EG ab,* weil die Nachteile (z. B. für die
13. Sept. Anpassung der Landwirtschaft) überwiegen.

1989 Die Bundesrätin Elisabeth Kopp (* 1936) muß wegen der Verwicklung ihres Ehemannes in
12. Jan. einen Finanzskandal mit sofortiger Wirkung zurücktreten.

26. Nov. In einer *Volksabstimmung* erreicht der Antrag, die Schweizer Armee abzuschaffen, die Zustimmung von 35,6 %.

1990 Im Halbkanton Appenzell-Innerrhoden lehnt die Landsgemeinde erneut das Frauenwahl-
29. April recht auf Kantonsebene ab. Das Verfassungsgericht revidiert diese Entscheidung.

30. Mai Nachdem schon der Chef der Bundespolizei beurlaubt wurde (14. Febr.), muß auch der Chef des militärischen Geheimdienstes aufgrund der Tatsache zurücktreten, daß über angeblich staatsgefährdende Tätigkeiten von etwa 150 000 Schweizer Bürgern Geheimakten geführt wurden. Betroffene Bürger fordern Akteneinsicht.

23. Sept. Bei einer *Volksabstimmung* spricht sich die Mehrheit für ein zehnjähriges Moratorium beim Ausbau der Kernenergie aus.

Westeuropa

Frankreich   (Forts. v. S. 1312)

1985 Frankreich übernimmt die Verantwortung für den Anschlag des Geheimdienstes DGSE
20. Sept. auf ein Greenpeace-Schiff. Verteidigungsminister Hernu tritt zurück, der DGSE-Chef wird fristlos entlassen.

1986 Nach dem Sieg des bürgerlichen Parteienbündnisses bei den Wahlen zur Nationalver-
20. März sammlung (16. März) wird *Jacques Chirac* (RPR) Ministerpräsident. *„Cohabitation"* von bürgerlicher Regierung und sozialistischem Präsidenten.

14. April Die „Cohabitation" erlebt durch die Weigerung Mitterrands, das Privatisierungsgesetz der Regierung zu unterzeichnen, ihre erste Krise.

1987 Beginn des Prozesses gegen den ehem. SS-Führer Klaus Barbie (* 1913) in Lyon (11. Mai).

1988 Im zweiten Wahlgang der Präsidentenwahlen setzt sich *Mitterrand* (54,02 %) gegen Chirac
8. Mai (45,97 %) durch. Mitterrand setzt eine *neue Regierung unter* dem Sozialisten *Michel Rocard* (* 1930) ein (12. Mai).

5./12. Bei den *Parlamentswahlen* erreicht die Linke keine absolute Mehrheit; Rocard muß sich
Juni auf eine relative parlamentarische Mehrheit stützen.

1989 200. Jahrestag der Revolution (14. Juli).

1990 Beim *deutsch-französischen Gipfel* in München gibt Mitterrand bekannt, die französi-
17. Sept. schen Truppen in Deutschland auf die Hälfte zu reduzieren.

27. Okt. Erster Durchstich beim Bau des Tunnels unter dem Ärmelkanal.

1991 Französische Truppen greifen im Rahmen der Antiirakkoalition in den Krieg am Golf ein,
Jan. nachdem eine Friedensinitiative Mitterrands im UN-Sicherheitsrat gescheitert ist.

Niederlande   (Forts. v. 1332)

1985 Trotz Protesten der Bevölkerung wird die Stationierung von Cruise Missiles beschlossen.

1986 *Ruud Lubbers* erringt bei Parlamentswahlen einen großen persönlichen Erfolg. Seine Ko-
21. Mai alition aus Christdemokraten (CDA, 34,6 %) und Liberalen (VVD, 17,4 %) kann trotz VVD-Verlusten mit absoluter Mehrheit weiterregieren.

1989 Regierung Lubbers tritt nach Scheitern eines nationalen Umweltprogramms am 2. Mai zu-
7. Nov. rück. Nach Parlamentswahlen am 6. Sept. *dritte Regierung Lubbers* aus CDA und PvdA (– 3 Mandate).

1990 Die Regierung kündigt Sparmaßnahmen an (April).

Belgien   (Forts. v. S. 1334)

1985 Nach vorgezogenen Neuwahlen bildet *Martens* die *neue Regierung* (28. Nov.).

1986 Die Regierung versucht, mit einem drastischen Sparprogramm den Haushalt zu sanieren.

1987 *Regierungskrise* durch Voer-Frage (Sprachenstreit zwischen flämisch und französisch
21. Okt. Sprechenden) wird durch die Vereidigung der 7. Übergangsregierung Martens beendet.

13. Dez. Nach vorgezogenen Parlamentswahlen sind die Sozialisten zum ersten Mal seit 1936 wieder stärkste politische Kraft.

1988 Die neue Regierung Martens, aus fünf christlichsozialen und sozialistischen Parteien, tritt
9. Mai ihr Amt an.

1630 Ereignisse seit 1985 – Europa

Juli Eine von der Abgeordnetenkammer verabschiedete *Verfassungsänderung* sieht *größere Autonomie* für Flandern und Wallonien ab 1989 vor.

1989 Mit der teilweisen Übergabe von Staatsfinanzen an die regionalen Exekutiven und mit der
Jan. Bildung der eigenen Region Brüssel ist ein weiterer Schritt bei der Umwandlung Belgiens in einen Bundesstaat vollzogen.

Luxemburg   (Forts. v. S. 1335)

1989 Trotz Verlusten bei *Parlamentswahlen* (18. Juni) bleibt die CSV stärkste Partei; *neue Regie-*
14. Juli *rung* aus CSV und LSAP unter Santer.

Großbritannien und Nordirland   (Forts. v. S. 1318)

1985 Die *Bergbau-Gewerkschaft* NUM (National Union of Mineworkers) *gibt* ihren seit einem
3. März Jahr dauernden *Streik auf.*

2. Mai Wahlen in 47 Grafschaften stärken Liberale und Sozialdemokraten; schwere Verluste für Konservative und Labour.

13. Mai Bezirksratswahlen in *Nordirland:* die mit der IRA verbundene Sinn Fein erhält 11,8 % der Stimmen.

15. Nov. *Nordirland-Abkommen* unterzeichnet. In den folgenden Wochen starke Protestkundgebungen.

1986 Kommunalwahlen: Gewinne für Labour und die liberal-sozialdemokratische Allianz, Ver-
8. Mai luste für die Konservativen.

Dez. Im Rahmen der Privatisierungspolitik Verkauf des staatlichen Energieunternehmens British Gas für etwa 15 Mrd. DM.

1987 Unter dem Eindruck gerichtlicher Niederlagen der Gewerkschaft endet nach 13 Monaten
6. Febr. der *Druckerstreik* gegen den Großverleger Rupert Murdoch.

7. Mai Kommunalwahlen im größten Teil des Landes stärken die Konservativen. Bei den *Wahlen*
11. Juni *zum Unterhaus* setzen sie sich mit 375 von 650 Sitzen (42,3 % der Stimmen) klar durch. Labour: 229 Sitze (30,8 %).

1988 *Vereinigung* der Mehrheit *der SDP und der Liberalen Partei zur SLDP* (Soziale und Libe-
3. März rale Demokraten).

11. April *Sozialreform* mit massiven Einsparungen zu Lasten der Leistungsempfänger tritt in Kraft.

1989 Erster *Staatsbesuch* eines sowjetischen Staats- und Parteichefs seit 1956. Im Mittelpunkt der Gespräche von *Gorbatschow* und Premierministerin Thatcher stehen die Ost-West-Beziehungen und die Rüstungskontrolle.

1990 Inkrafttreten der neuen *Kommunalsteuer (Poll Tax)* zieht schwere Unruhen nach sich.

1. Apr. Nach mehreren Kabinettsumbildungen und vehementer, auch innerparteilicher Kritik an
22. Nov. ihrer Innen-, Wirtschafts- und Europapolitik *Rücktritt Margret Thatchers.* Die Regierung übernimmt *John Major* (*1943) am 28. Nov.

1991 Britische Soldaten beteiligen sich am Angriff der anti-irakischen Allianz auf Irak.

Irland   (Forts. v. S. 1319)

1985 *Nordirland-Abkommen* mit Großbritannien schafft gemeinsame Regierungskommission
15. Nov. mit ständigem Sekretariat in Belfast.

1987 Nach Bruch der Regierungskoalition Unterhauswahlen; Ministerpräsident wird *Charles*
17. Febr. *Haughey (*1925).*

Südeuropa

Italien (mit San Marino)   (Forts. v. 1324)

1985 *Vertrag Italien–Libyen,* der Entschädigungszahlungen an Italien regelt (26. Juli).

Okt. Entführung des italienischen Kreuzfahrtschiffes *Achille Lauro* durch palästinensische Terroristen löst innenpolitische Krise und Spannungen mit den USA aus.

1986 Eröffnung eines *Massenprozesses gegen Mafia* in Palermo (Febr.). Regierungsneubildung
Aug. des Kabinetts unter Craxi.

1987 Rücktritt der Regierung Craxi (9. April), neue Regierung unter *Amintore Fanfani* (18. April). Nach Mißtrauensvotum vorgezogene Parlamentswahlen (DC 34,3 %, KPI 26,6 %, PSI 14,3 % der Stimmen). Im Juli neue Regierung unter *Giovanni Goria* (*1943).

1988 Rücktritt der Regierung (11. März), neue Regierungskoalition unter *Ciriaco de Mita* (*1928) mit fünf Parteien. Billigung von *Autonomiebestimmungen für Südtirol* durch das

Luxemburg – Großbritannien – Irland – Italien – Vatikan – Malta – Spanien – Portugal *1631*

13. April Parlament (28. April). Rücktritt von KPI-Generalsekretär Natta, Nachfolger wird Achille Occhetto (*1936).
1989 Beim Parteitag der DC löst de Mita Generalsekretär Arnaldo Forlani (*1925) ab.
19. Mai Rücktritt de Mitas, Regierungsneubildung unter *Giulio Andreotti* (DC). *Libyen* verlangt von Italien Wiedergutmachung für Schäden während der Kolonialzeit (Sept.).
1990 Der *Parteitag* der KP befürwortet einen Richtungswechsel der Partei zur Sozialdemokratie.
22. Febr. *Umbenennung der PSI in PSI-Unità socialistica* (7. Okt.): Vorschlag Occhettos, die KPI in Partito democratico della Sinistra / PDS umzubenennen (10. Okt.).
1991 Italienische Armeeeinheiten unterstützen Alliierte im Golfkrieg gegen Irak (Jan.).

1986 *Sturz der Volksfrontregierung* in **San Marino** nach Korruptionsskandal, neue Regierungs-
Juni koalition aus Christdemokraten und Kommunisten.
1988 Aufnahme San Marinos in den Europarat (16. Nov.).

Vatikan   (Forts. v. S. 1350)

1985 Jan.–Febr. Südamerikareise des Papstes. Austausch der *Ratifikationsurkunden* des neuen
3. Juni Konkordats mit Italien. Afrikareise des Papstes (Aug.).
1987 Das Oberhaupt der orthodoxen Kirche, Patriarch Dimitrios I. (* 1914) besucht den Vatikan.
1988 *Kurienreform,* das Staatssekretariat wird weiter ausgebaut (28. Juni). Kardinalstaatssekre-
Juni tär Agostino Casaroli (*1914) besucht die Sowjetunion, Treffen mit Präsident Gorbatschow.
1989 Aufnahme *diplomatischer Beziehungen zu Polen* (Juli). Besuch von Präsident Gorba-
1. Dez. tschow (UdSSR) im Vatikan, er sichert Religionsfreiheit in der UdSSR zu.
1990 Papstbesuch in Mexiko (Mai), *Austausch offizieller Vertreter mit der Sowjetunion, diplo-
15. März matische Beziehungen zur ČSFR* (April). Am 1. Dez. wird Erzbischof Angelo Sodano (* 1927) neuer Staatssekretär.

Malta   (Forts. v. S. 1360)

1989 Neues Staatsoberhaupt wird *Vincent Tabone* (*1913) (4. April).
1990 Besuch von Papst Johannes Paul II. auf Malta (Mai), *Beitrittsantrag zur EG* (Juli).

Spanien (mit Andorra)   (Forts. v. S. 1327)

1986 Bei *Parlamentswahlen* siegen die Sozialisten unter González mit 44%. González besucht
22. Juni Kuba (14. Nov.).
1987 *Unruhen in* der spanischen Exklave *Melilla* in Marokko (Jan.). *Beitritt* Spaniens *zum Atomwaffensperrvertrag* (5. Nov.).
1988 Fünf von sechs der im baskischen Parlament vertretenen Parteien unterzeichnen einen
11. Jan. *Anti-Terror-Pakt. Neues Verteidigungsabkommen mit den USA,* Reduzierung der US-Truppen, Verzicht auf Lagerung von Atomwaffen.
1989 Am 9. Jan. Waffenstillstandsangebot der ETA, Bruch des Waffenstillstands (4. April), Ende der Gespräche. Vorgezogene *Parlamentswahlen,* die Sozialisten bleiben mit 40% stärkste Partei. Neues Kabinett González vereidigt (7. Dez.).
1990 Belastung des *spanisch-kubanischen Verhältnisses* durch kubanische Botschaftsflücht-
Juli linge. Bei *Wahlen im Baskenland* wird Regierungskoalition bestätigt (Okt.).

1984 Rücktritt von Oscar Ribas Reig (* 1935) im April, neue Regierung in **Andorra** unter Josep Pintat i Solans (*1925).
1990 Ribas Reig wird erneut Regierungschef (12. Jan.).

Portugal   (Forts. v. S. 1330)

1986 Inkrafttreten des *EG-Beitritts* von Portugal (1. Jan.). *Soares Staatspräsident* (Febr.).
1987 Sturz der Regierung Cavaco Silvas nach Mißtrauensvotum (April). *Abkommen mit China;* Übergabe Macaos an China 1999. *Parlamentswahlen,* Partei Cavaco Silvas erhält 50,2%.
1989 *Verfassungsänderung,* der neue Text spricht nicht mehr von einem sozialistischen Gesellschaftsmodell (21. Juni).
1991 *M. Soares* wird mit deutlicher Mehrheit (ca. 70%) *wiedergewählt* (14. Jan.).

1632 Ereignisse seit 1985 – Europa

Nordeuropa

Schweden   (Forts. v. S. 1358)

1988 18. Sept.	*Reichstagswahlen* bestätigen die Sozialdemokraten, die zusammen mit der Linkspartei-Kommunisten regieren. Verluste bei den Konservativen.
1990 15. Febr. 26. Febr.	*Streikwelle* aufgrund Tarifkonflikten; *Rücktritt der Regierung* Carlsson, nachdem der Reichstag einen Lohn- und Preisstopp zur Inflationsbekämpfung ablehnt. *Wiederwahl Carlssons* mit den Stimmen von Sozialdemokraten und Kommunisten.
12. Dez.	Das Parlament spricht sich für einen Beitritt zur EG aus.

Norwegen   (Forts. v. S. 1337)

1985	Parlamentswahlen (8./9. Sept.) bringen Verluste der Regierungskoalition.
1986	Ministerpräsident Willoch tritt zurück; an seine Stelle tritt *Gro Harlem Brundtland* (*1939)
1989	Parlamentswahlen. Bürgerliche Minderheits-Koalition unter *Jan Syse* (* 1930).
1990	Rücktritt Syses nach Konflikten in der EG-Politik, erneute *Regierung Brundtland.*
1991	Tod Olafs V. (17. Jan.). Neuer König wird Harald V. (* 1937).

Dänemark (mit Grönland und Färöer)   (Forts. v. S. 1336)

1987/1988	*Parlamentswahlen* (8. Sept./10. Mai): jeweils Minderheitsregierung unter Schlüter.
1989	Mit Unterstützung der bürgerlichen Parteien Verabschiedung eines *Sparhaushaltes.*
1990	Nach erfolglosen Haushalts- und Steuerdebatten *Auflösung des Parlaments* (22. Nov.) *und*
12. Dez.	*Neuwahlen;* erneute Regierung Schlüter.

Island   (Forts. v. S. 1338)

1986	*Sozialpakt* von Regierung, Arbeitgebern und Gewerkschaften zur Inflationsbekämpfung.
1987/1988	Thorsteinn Palsson (* 1947) löst vorübergehend Hermannsson als Ministerpräsident ab.

Finnland   (Forts. v. S. 1359)

1987 März	*Reichstagswahlen:* Koalitionsregierung unter *Harri Holkeri* (*1937; Nationale Sammlungspartei).
1988	Koivisto im Amt bestätigt (15. Febr.).
1989	Mitgliedschaft im Europarat (5. Mai).

Osteuropa

Sowjetunion   (Forts. v. S. 1382)

Mit *Gorbatschow* beginnt eine *radikale Kehrtwendung:* die Reformüberlegungen resultieren aus dem wirtschaftlichen Niedergang; „*Glasnost*" (Öffentlichkeit) soll eine rücksichtslose Bestandsaufnahme ermöglichen, „*Perestrojka*" (Umbau) die wirtschaftliche Gesundung der Sowjetunion einleiten. Die *Reformen* gewinnen, beschleunigt durch die Katastrophe von Tschernobyl, Eigendynamik. Die *Partei* beharrt aber anders als in den osteuropäischen Ländern auf der politischen Führung. *Widerstände im Staats- und Parteiapparat* bremsen den Reformprozeß, Profiteure diskretieren ihn. Die lange verdeckten *nationalen Konflikte* brechen auf, die sowjetische *Wirtschaft* bricht zusammen. Außenpolitisch angesehen wie kein anderer sowjetischer Politiker zuvor, verliert Gorbatschow das Ansehen im Lande durch den *Zusammenbruch der Grundversorgung* der Bevölkerung. *Separationstendenzen* der Republiken stoßen auf den entschiedensten Widerspruch des Apparats; die präsidiale Macht kann Gorbatschow nur durchsetzen, indem er sich seit November 1990 mit Reformgegnern arrangiert.

1985 10. März	Tod von Staats- und Parteichef Tschernenko; neuer Generalsekretär der KPdSU wird *Michail S. Gorbatschow* (* 1931).
2. Juli	*Andrej Gromyko* (* 1909, † 1989) wird Staatsoberhaupt, Außenminister der georgische Parteichef Eduard A. Schewardnadse (* 1928).
1986 26. April	*Reaktorunglück in Tschernobyl* (Ukraine): Strahlenverseuchung in der westlichen UdSSR und in Osteuropa. Nach anfänglicher Leugnung wird der Schaden offen dargestellt (Prinzip der „Glasnost").
18. Dez.	*Unruhen in Alma Ata* (Kasachstan); Beginn offener *Nationalitätenkonflikte.*

Schweden – Norwegen – Dänemark – Island – Finnland – Sowjetunion – Polen   *1633*

19. Dez. Andrej Sacharow (* 1921, † 1989) aus der Verbannung in Gorkij nach Moskau zurück.
1987 Gorbatschow verbindet atomare Mittelstrecken- und konventionelle Rüstung *("doppelte*
10. April *Null-Lösung"); Legalisierung der Privatwirtschaften; Abzug der Roten Armee aus Afgha-*
15. Mai *nistan* (bis 15. Febr. 1989).
28. Mai Der Hamburger Sportflieger Mathias Rust (* 1968) landet auf dem Roten Platz in Moskau
(im Sept. zu 4 Jahren Arbeitslager verurteilt, im August 1988 freigelassen).
1988 *Unternehmensgesetz* tritt in Kraft: volle wirtschaftliche Rechnungsführung und Eigenver-
1. Jan. antwortlichkeit der Unternehmen.
28. Juni– *XIX. Parteikonferenz der KPdSU* beschließt Verfassungsänderungen: Wahlen zum *Kon-*
1. Juli *greß der Volksdeputierten* (2250 Mitglieder) mit *Oberstem Sowjet* (450 Mitglieder) als ständiges Parlament im April 1989 und Lokal- und Republikwahlen (erstmals mit parteilosen
Kandidaten) im Herbst 1989.
1. Okt. Gorbatschow Staatsoberhaupt. Agrarproduktion weit unter Planzielen; Inflation.
1989 Zahlreiche Sowjetrepubliken erklären ihre Selbständigkeit und die nationalen Sprachen
anstelle des Russischen zur Amtssprache.
25. Mai *Kongreß der Volksdeputierten* bewilligt besondere Vollmachten für Gorbatschow.
Juli Streikbewegung in den Kohlerevieren.
1990 *Massenkundgebung* in Moskau gegen die Alleinherrschaft der Partei (4. Febr.).
27. Febr. *Präsidialamt* mit weitgehenden Vollmachten vom Obersten Sowjet und vom Kongreß der
Volksdeputierten (am 12./13. März) beschlossen: Gorbatschow wird Präsident.
2.–13. Juli *XXVIII. Parteitag der KPdSU;* Gorbatschow als Generalsekretär wiedergewählt; Kommunistische Parteien der Unionsrepubliken werden als selbständig erklärt; Boris Jelzin
12. Juli (* 1931), Präsident der Russischen Sowjetrepublik, und die Delegierten der *"Demokrati-*
schen Plattform" treten aus der KPdSU aus.
1. August *Mediengesetz:* Pressefreiheit.
3. Okt. *Religionsgesetz:* Gewissensfreiheit.
15. Okt. *Friedensnobelpreis* für Gorbatschow. Wegen der angespannten Lage nimmt er ihn nicht
persönlich entgegen. – *Ökonomische Krise;* Hilfsaktionen aus Westeuropa; Außenmini-
21. Dez. ster Schewardnadse tritt zurück.
1991 Gorbatschow hebt die Gesetze der Sowjetrepubliken auf, die sich auf die sowjetische Ar-
Jan. mee beziehen (gegen Wehrdienstverweigerer). – Präsidialdekret zur Landreform und zur
Währungsreform (8. Jan.). – Neuer Außenminister wird Alexander Bessmertnych
(* 1933).– Sowjetische Truppen marschieren in Wilna auf (11. Jan.), Belagerung des Parlaments; später auch in Riga.
Febr./ Volksabstimmungen in Litauen, Lettland und Estland ergeben Mehrheit für die Unabhän-
März gigkeit. Volksabstimmung über den Fortbestand der Sowjetunion als "erneuerte Föderation gleichberechtigter souveräner Staaten" (7. März) ergibt Mehrheit für Fortbestand
(sechs Republiken boykottieren).

Polen (Forts. v. S. 1399)

1985 Teilamnestie für "Solidarität" (Solidarność) (18. Nov.)
1986 Erhöhung der wöchentlichen Arbeitszeit von 42 auf 45 Stunden (26. Febr.), weitere Anhe-
16. März bung der Preise für Grundnahrungsmittel.
6. Dez. Jaruzelski beruft *"Gesellschaftlichen Beirat"* zum Dialog mit den kritischen Teilen der Gesellschaft ("Solidarität" arbeitet nicht mit). Ausreisewelle.
1987 Aufhebung der letzten Sanktionen der USA.
19. Febr. Nach drastischen Preiserhöhungen ruft Wałęsa zu "wahren Reformen" nach Vorbild Gorbatschows auf (28. März).
1988 Beginn wilder *Streiks* (25. Apr.).
31. Aug. Treffen zwischen Wałęsa und Innenminister Czesław Kiszczak (* 1925): *erster offizieller*
Kontakt zwischen der Regierung und der verbotenen Gewerkschaft seit 1981. Wałęsa ruft
zur Einstellung des Streiks auf.
18. Dez. Gründung des oppositionellen *"Bürgerkomitees"* unter Vorsitz Wałęsas.
1989 *ZK-Plenum:* Programm des gewerkschaftlichen und politischen Pluralismus (Jan.).
6. Febr. Aufnahme der seit Aug. 1988 geplanten *"Gespräche am runden Tisch"* zwischen Regierung
und Opposition (Leitung: Wałęsa). Streiks. Neubildung von Parteien.
5. April "Runder Tisch" vereinbart politische und wirtschaftliche Reformen; bei *Parlamentswah-*
4. Juni *len* Sieg des Bürgerkomitees.
1. Aug. Freigabe der Lebensmittelpreise führt zu drastischen Erhöhungen, Streikwelle. Tadeusz
24. Aug. Mazowiecki (* 1927) ("Solidarität") erster nichtkommunistischer Ministerpräsident.
1990 Aufnahmeantrag in den Europarat (30. Jan.).
27. Mai Erste demokratische Kommunalwahlen gewinnt die "Solidarität". Spaltung der "Solidari-
30. Juli tät" in zwei Parteien um Wałęsa und Mazowiecki.

1634 Ereignisse seit 1985 – Europa

14. Nov. Unterzeichnung des Grenzvertrags mit der Bundesrepublik Deutschland: endgültige Anerkennung der polnischen Westgrenze.
9. Dez. Im 2. Wahlgang wird Wałęsa zum Staatspräsidenten gewählt.
1991 Neuer Regierungschef wird Krzysztof Bielecki (* 1951).

Tschechoslowakei – ČSSR/ČSFR (Forts. v. S. 1403)

1988 Protestkundgebungen zum Jahrestag der Invasion 1968. Neue Bürgerrechtsgruppen.
1989 *„Bürgerforum"* aus 12 Oppositionsgruppen gegründet.
Nov. Massendemonstration in Prag (19. Nov.). Rücktritt der Führung der KPČ (24. Nov.). Gene-
29. Nov. ralstreik. Bundesversammlung *streicht Führungsrolle der KPČ* aus der Verfassung.
Dez. Mehrheitlich nichtkommunistisches Kabinett (10. Dez.). Dubček wird Parlaments-, Václav
Havel (* 1936) Staatspräsident (28./29. Dez.).
1990 Die ersten sowjetischen Truppen verlassen das Land (26. Febr.).
20. April **„Tschechische und Slowakische Föderative Republik" (ČSFR)** als Staatsname.
8./9. Juni *Parlamentswahlen:* Sieg des Bürgerforums;
5. Juli Havel als Staatspräsident bestätigt.
24. Nov. *Kommunalwahlen:* Bürgerforum mit 35,6% vor den Kommunisten (17,4%).

Ungarn (Forts. v. S. 1405)

1988 János Kádár tritt als Parteichef der USAP (seit 1957) zurück (21. Mai).
3. Sept. *„Ungarisches Demokratisches Forum"* (UDF) gegründet, weitere politische Parteien.
1989 Vereinigungs- und Versammlungsfreiheit (11. Jan.); *USAP verzichtet auf* verfassungsmä-
Jan. ßig garantierte *Führungsrolle* (20./21. Jan.) Streikrecht. Abbau der Grenzbefestigungen
23. März nach Österreich beginnt (2. Mai).
16. Juni „Tag der nationalen Versöhnung" mit den Opfern des Aufstands von 1956.
19. Aug. Massenflucht von etwa 500 DDR-Deutschen nach Österreich; am 11. Sept. Öffnung der
Grenze für DDR-Bewohner.
6.–8. Okt. USAP löst sich auf; an ihrer Stelle *„Ungarische Sozialistische Partei".*
23. Okt. Der Landesname wird in **Republik Ungarn** geändert.
1990 Bei *Parlamentswahlen* siegt konservativ-liberales UDF (25. März), Regierung unter Jozsef
3. Aug. Antall (* 1932). Das Parlament wählt Arpad Göncz (* 1922) zum Präsidenten.
Nov. Als erstes Land des Warschauer Pakts wird Ungarn in den Europarat aufgenommen.

Rumänien (Forts. v. S. 1406)

Drastische Einschränkungen des privaten Energieverbrauchs und unzureichende Versorgung mit Grundnahrungsmitteln werden begleitet von verschärfter politischer Unterdrückung und Rumänisierungspolitik. Internationale Proteste gegen Menschenrechtsverletzungen bleiben wirkungslos. Ein „Siedlungsbereinigungsprogramm" plant bis 1990 die Einebnung von mehr als der Hälfte der Dörfer für Neubausiedlungen.

1989 Demonstrationen in Timişoara (Temesvár) weiten sich landesweit zum *Volksaufstand* aus
(20. Dez.). *Ceauşescu* wird *gestürzt* (22. Dez.) und nach Fluchtversuch mit Ehefrau Elena
(* 1919) hingerichtet (25. Dez.).
1990 Die *„Front zur nationalen Rettung"* siegt bei Parlamentswahlen (20. Mai). Neuer Präsident
wird Ion Iliescu (* 1930).

Bulgarien (Forts. v. S. 1408)

1984 Assimilierungskampagne gegen türkische Minderheit mit blutigen Konflikten.
1986–88 Reformen nach sowjetischem Muster.
1989 Schiwkow wird als Parteichef abgelöst, die *KP gibt* nach Massendemonstrationen den *Füh-*
10. Nov. *rungsanspruch auf.*
1990 Als „Bulgarische Sozialistische Partei" gewinnt sie Wahlen, verliert aber nach Spaltung die
10./17. Juni politische Führung. Die „Volksrepublik" wird **„Republik Bulgarien"** (15. Nov.).

Tschechoslowakei – Ungarn – Rumänien – Bulgarien – Jugosl. – Albanien – Griechenl. – Zypern   *1635*

Südosteuropa

Jugoslawien   (Forts. v. S. 1411)

Mit Titos Tod 1980 wird die *latente Krise* offenbar. Maßnahmen zur Stabilisierung der Außenwirtschaftsbilanz greifen nicht. Die Inflation beschleunigt den Zusammenbruch des Binnenmarktes, den auch sich übereilende Wirtschaftsprogramme nicht aufhalten. Staatenbund oder Föderation heißt die Frage.

1987	*Streikbewegung* gegen Lohnstopp (März). Agrokomerc-Skandal offenbart Mißwirtschaft
Okt.	und Korruption (Sept.); *Spannungen im Kosovogebiet*.
1988	Erfolge des populistischen serbischen Parteiführers Slobodan Milošević (* 1941). Schärfste
Nov.	Auseinandersetzungen im Kosovo seit 1981.
1989	Parteigründungen in Slowenien und Kroatien; Einsatz paramilitärischer Truppen gegen
Febr.	Streikbewegung im Kosovogebiet (Ausnahmezustand, Verhaftungswelle) (26. Febr.).
16. Juni	Das slowenische Parlament beschließt Recht zur Abspaltung von Jugoslawien.
12. Nov.	Milošević wird mit 86 % der Stimmen als serbischer Präsident wiedergewählt.
1990	*XIV. Außerordentlicher Parteitag des BdKJ:* Spaltung offensichtlich. *Währungsreform*
	(20. Jan.).
April/Mai	Bei Wahlen in Slowenien und Kroatien siegen nichtkommunistische Gruppen. *Slowenien*
	und *Kroatien* erklären die *Unabhängigkeit,* nach Unabhängigkeitserklärung der albanischen Abgeordneten löst die Führung Serbiens das Regionalparlament von *Kosovo* auf.
Juli	
25. Juli	Die Serben in Kroatien erklären ihre Autonomie.
1991	Zunehmende Polarisierung, mehrere Krisengipfel zwischen den Teilrepubliken. Slowenien
Jan.–März	und Kroatien streben ihre Unabhängigkeit, die Auflösung des Bundesstaats und dessen Umwandlung in einen lockeren Bund souveräner Einzelstaaten an.

Albanien   (Forts. v. S. 1412)

1985	*Tod* von Staats- und Parteichef Enver *Hoxha* (11. April); Nachfolgekämpfe.
1986	Anschluß an das europäische Eisenbahnnetz durch neue Strecke Titograd-Shkodër.
1987	Lockerung der außenpolitischen Isolation.
1990	Flucht von ca. 4800 Albanern in westliche Botschaften; Erlaubnis zur Ausreise (12. Juli);
7/8. Juli	*Teilprivatisierung* der Landwirtschaft; Wiederaufnahme der Beziehungen zur Sowjetunion; *Öffnung* für ausländische Investoren (27.–31. Juli). Gründung einer demokratischen Oppositionspartei (Dez.).
1991	Erste freie Parlamentswahlen, Sieg der Kommunistischen Partei (31. März).

Griechenland   (Forts. v. S. 1339)

1985	Bei vorgezogenen *Neuwahlen* erreicht die Panhellenistische Sozialistische Bewegung (PA-
2. Juni	SOK) 45,8 % gegenüber 40,8 % der Nea Demokratia (ND). Papandreou (PASOK) bildet
3. Juni	eine provisorische Regierung. Endgültige Regierung am 26. Juli.
1987	Ölsuche der Türkei in der Ägäis verschärft die seit Jahren andauernden *Spannungen;* grie-
27. März	chische Armee in Alarmbereitschaft.
1988	Durch *mehrere Treffen Papandreous und Özals* (Türkei) gelingt ab Jan. eine Annäherung.
17. Dez.	Starker Ansehensverlust der Regierung wegen zahlreicher Skandale. Papandreou droht mit Rücktritt, falls sein Haushalt nicht angenommen wird.
1989	*Parlamentswahlen* (18. Juni) ergeben keine eindeutigen Mehrheitsverhältnisse. Tzanneta-
2. Juli	kis bildet eine Übergangsregierung aus ND und dem Linksbündnis.
5. Nov.	Nach erneuten Wahlen *Übergangsregierung der Nationalen Einheit* unter Xenophon Zolo-
1990	tas (* 1904), die bereits am 12. Febr. zerbricht und durch eine Übergangsregierung aus un-
13. Febr.	abhängigen Politikern ersetzt wird.
3. März	Auch im dritten Wahlgang kein klares Ergebnis der *Präsidentschaftswahlen.* Deshalb Auf-
8. April	lösung des Parlaments (12. März) und Neuwahlen, bei denen die ND mit 46,9 % 150 von
11. April	300 Sitzen erringt, PASOK erreicht 38,6 % und 123 Sitze. Regierung unter Konstantin Mitsotakis (* 1918).
4. Mai	Das Parlament wählt *Konstantin Karamanlis* (* 1907) mit 153 Stimmen zum Präsidenten.

Zypern   (Forts. v. S. 1360)

1985	Unter einer neuen Verfassung (5. Mai) wird *Rauf Denktasch* (* 1924) zum *Präsidenten*
9. Juni	*Nordzyperns* gewählt (70,5 %); auch die anschließenden *Parlamentswahlen* gewinnt Denk-
23. Juni	taschs Nationale Einheitspartei (UBP) mit 36,7 %.
8. Dez.	Die *Parlamentswahlen im griechischen Teil* gewinnt die Demokratische Sammlung (DISY, 33,56 %) vor der Demokratischen Partei (DIKO, 27,65 %). *Präsident Kyprianou* (DIKO) hat keine Mehrheit im Parlament.
1988	In einer Stichwahl entscheidet der unabhängige, von Kommunisten und Liberalen unter-

1636 Ereignisse seit 1985 – Europa – Islamisch-arabische Region

21. Febr. stützte Wirtschaftswissenschaftler *Georgios Vassiliou* die *Präsidentschaftswahlen* im griechischen Teil Zyperns für sich.
1989 Der Dialog zwischen griechischem und türkischem Teil führt auch in der zweiten Runde zu keinem Ergebnis (28. März).
1990 Parlaments- und Präsidentschaftswahlen in Nordzypern bringen keine Veränderungen.

Türkei (Forts. v. S. 1341)

1987 *„Ägäiskrise":* Spannungen mit Griechenland wegen Ölförderung (27. März).
14. April Die Türkei *ersucht* in Brüssel offiziell *um Aufnahme in die EG.*
6. Sept. 50,24 % der Bevölkerung votieren in einem *Verfassungsreferendum* für die Aufhebung des seit 1982 bestehenden Verbots der politischen Betätigung für Demirel, Ecevit, Necmettin Erbakan (* 1926) und Alparslan Türkesh (* 1917).
29. Nov. Mit Hilfe einer Änderung des Wahlgesetzes erreicht Özals Mutterlandpartei (AnaP) bei *den Parlamentswahlen* mit nur 36,29 % der Stimmen 292 Sitze, die Sozialdemokratische Volkspartei (SHP) bei 24,81 % 99 Sitze und die Partei des Rechten Weges (DYP) bei 19,15 % 59 Sitze.
1988 Mehrere *Gipfeltreffen* führen zur *Annäherung an Griechenland* (ab Jan.).
1989 *Özal* wird vom Parlament für 7 Jahre zum *Präsidenten* gewählt. Die Opposition boykottiert
31. Okt. die Wahl. Neuer Regierungschef wird der bisherige Parlamentspräsident und Özal-Ver-
9. Nov. traute *Ildirim Akbulut* (* 1935).
1990 Die Regierung erläßt einschneidende *Einschränkungen der Freiheitsrechte.* Deportationen
Mai aus der Südostprovinz (Kurden) werden ermöglicht, Zeitungsberichte über die Region werden zensiert.
1991 *Generalstreik* wegen der Löhne, vor allem aber wegen Özals antiirakischer Haltung in der Golfkrise (3. Jan.).
6. Jan. Nach der Verstärkung eigener Truppen an der Grenze zum Irak bittet Özal um die *Entsendung von NATO-Einheiten* zum Schutz vor einem irakischen Angriff.
19. Jan. Amerikanische Flugzeuge greifen Irak von türkischen NATO-Stützpunkten aus an.

Islamisch-arabische Region

Arabische Welt nach 1985 (Forts. v. S. 1448)

1986 Ölpreisverfall auf unter 10 Dollar/Barrel (Tiefpunkt seit 1974) führt zu Reduzierung der
Juli Importkapazität und Defiziten in den Staatshaushalten der Ölexportstaaten. Ursachen für den Preisverfall sind u. a. das Auftauchen von Ölexporteuren außerhalb der OPEC.
1987 Der *irakisch-iranische Krieg* wird nach militärischen Rückschlägen für den Irak zum vorherrschenden Konflikt. Für die meisten arabischen Golfstaaten gilt der Irak als Regionalmacht als das kleinere Übel im Vergleich zum Iran unter Khomeini.
1989 Gründung des *Arabischen Kooperationsrats* in Bagdad mit Irak, Ägypten, Jordanien und
16. Febr. Nordjemen als Mitglieder.
17. Febr. Unterzeichnung der Gründungsurkunde der *Union des arabischen Maghreb* (l'Union du Maghreb arabe) durch die Staatschefs Marokkos, Mauretaniens, Algeriens, Tunesiens und Libyens in Marrakesch. Ziel ist engere wirtschaftliche Kooperation nach EG-Vorbild.

Chronologie der Kuwaitkrise und des zweiten Golfkriegs

1990 *Irak beschuldigt Kuwait der Grenzverletzung* sowie der Ausbeutung des beiderseits der
19. Juli Grenze gelegenen Ölfelds von Rumailla und die Überschreitung der OPEC-Förderquote durch Kuwait. Es folgen irakische Truppenbewegungen an die kuwaitische Grenze und Vermittlungsversuche arabischer Politiker.
1. Aug. Im saudi-arabischen Dschidda scheitern *Verhandlungen* zwischen Kuwait und Irak.
2. Aug. *Irakische Truppen besetzen Kuwait.* Emir Jaber al-Ahmad Al Sabah (* 1928) und Kronprinz Saad Al Sabah fliehen nach Saudi-Arabien, wo sich die *kuwaitische Regierung im Exil* etabliert. Der *UN-Sicherheitsrat* fordert einstimmig den sofortigen und bedingungslosen *Rückzug aus Kuwait (Resolution 660).*
6. Aug. Der UN-Sicherheitsrat beschließt *Wirtschaftssanktionen* gegen Irak *(Resolution 661).*
8. Aug. *Irak annektiert Kuwait als 19. Provinz.* US-Präsident Bush kündigt die Entsendung von zunächst 50 000 Soldaten nach Saudi-Arabien an.

10. Aug.	Die irakische Besetzung Kuwaits spaltet die arabische Welt. Auf einer *Gipfelkonferenz der Arabischen Liga* in Kairo beschließen 11 Staaten, eine pan-arabische Truppe nach Saudi-Arabien zu entsenden. Irak und Libyen sind dagegen; Algerien, Jemen und die PLO enthalten sich, Jordanien, Mauretanien und Sudan nehmen an der Abstimmung nicht teil, Tunesien ist nicht anwesend. Ägypten, Marokko und Syrien entsenden Truppen nach Saudi-Arabien. Der Gegensatz zwischen (öl)reichen und armen Staaten wird deutlich.
12. Aug.	*Saddam Hussein verknüpft die Kuwaitkrise mit dem Palästinakonflikt,* indem er einen Abzug aus Kuwait für den Fall in Aussicht stellt, daß Israel sich aus den besetzten Gebieten zurückzieht. Hunderttausende arabischer und asiatischer Gastarbeiter verlassen fluchtartig Kuwait und Irak.
29. Nov.	Der *UN-Sicherheitsrat ermächtigt die UN-Mitgliedsstaaten* „alle erforderlichen Mittel einzusetzen", um die Erfüllung der vorangegangenen Resolutionen durchzusetzen, falls sich Irak nicht bis zum *15. Jan.* aus Kuwait zurückgezogen hat *(Resolution 678).*
1991 bis Jan.	In 5 der 6 Mitgliedsstaaten des Golfkooperationsrats sowie in den Gewässern rings um die Arabische Halbinsel ist in einer Allianz gegen die irakische Besetzung Kuwaits Militärpersonal aus 33 Staaten (hauptsächlich USA, Großbritannien, Frankreich) stationiert. Die meisten Bodentruppen und Luftwaffeneinheiten sind in Saudi-Arabien, zumeist im Grenzgebiet mit Irak und Kuwait stationiert.
17. Jan.	Nach Ablauf des UN-Ultimatums beginnen die USA und ihre Verbündeten mit dem militärischen *Angriff auf den Irak.* Operation „Wüstensturm": massive Luftangriffe auf Ziele im
24. Febr.	Irak und Kuwait. Beginn der Bodenoffensive: Vorstoß nach Kuwait und in den Südirak. Rückzug bzw. Kapitulation der irakischen Truppen. Einmarsch der Alliierten in Kuwait-City. Irak akzeptiert bedingungslos alle 12 Resolutionen des UN-Sicherheitsrats zur Golfkrise (27. Febr.). Einstellung der Kämpfe (28. Febr.).
März	Resolution 686 des UN-Sicherheitsrats für einen formellen Waffenstillstand: Annullierung der Annexion Kuwaits, Zustimmung zu Reparationen (3. März). – „Erklärung von Damaskus": Ägypten, Syrien und die sechs Staaten des Golfkooperationsrats befürworten die Schaffung einer arabischen Friedenstruppe für die Golfregion. – Nahost-Mission von James A. Baker (* 1930); Hauptthemen werden die Schaffung eines regionalen Sicherheitssystems, Verhinderung von ABC-Waffen, Lösung der Palästina-Frage und der Ausgleich zwischen armen und reichen Ländern.

Arabisch-israelischer Konflikt   (Forts. v. S. 1458)

1985 Jan.–Juni	Die *israelischen Truppen ziehen sich aus dem Libanon zurück.* Israel kontrolliert weiterhin eine 10 km breite „Sicherheitszone" entlang der Grenze.
23. Febr.	Das *Abkommen von Amman* zwischen König Hussein und Arafat sieht vor, eine gemeinsame jordanisch-palästinensische Delegation für eine Friedenskonferenz unter UN-Schirmherrschaft zu bilden sowie eine Konföderation zwischen Jordanien und einem zukünftigen palästinensischen Staat anzustreben.
1. Okt.	*PLO-Hauptquartier bei Tunis* durch einen israelischen Luftangriff *zerstört.*
1987 8. Dez.	*Beginn des palästinensischen Volksaufstands (Intifada) in Gasa* mit Massendemonstrationen, die sich zunächst auf den gesamten Gasastreifen und dann auf die Westbank ausbreiten. Die vom Aufstand völlig überraschten Besatzungsbehörden verlieren zeitweise die Kontrolle und reagieren mit massivem Schußwaffengebrauch.
1988 Jan.	*Bildung einer „Vereinigten Führung des Aufstands"* aus Vertretern der wichtigsten PLO-Mitgliedsorganisationen, der KP Palästinas sowie einer islamischen Gruppe, die die Protestaktionen der Palästinenser koordiniert.
April	Der *Friedensplan von US-Außenminister George P. Shultz* (* 1920) sieht auf der Grundlage der UN-Sicherheitsrats-Resolution 242 Verhandlungen zwischen Israel und einer jordanisch-palästinensischen Delegation über eine dreijährige Interimsautonomie für die besetzten Gebiete vor.
28. Juli	Jordaniens König Hussein löst alle rechtlichen und administrativen Verbindungen zwischen Jordanien und der *Westbank.* Damit macht de jure kein Staat mehr Souveränitätsansprüche auf die Westbank geltend.
12.–15. Nov.	Der *Kongreß des Palästinensischen Nationalrats* in Algier *ruft den Staat Palästina* mit Jerusalem als Hauptstadt *aus.* Die Staatsgründungserklärung beruft sich auf die Resolution 181, mit der die UN-Generalversammlung 1947 die Teilung Palästinas in zwei Staaten empfohlen hatte. In der vom Nationalrat verabschiedeten Politischen Erklärung wird mit den Sicherheitsrats-Resolutionen 242 und 338 indirekt der Staat Israel anerkannt.
13. Dez.	Auf einer *Sondersitzung der UN-Generalversammlung in Genf* fordert Arafat, die besetzten Gebiete zunächst unter UN-Kontrolle zu stellen, danach soll eine internationale Konferenz auf Grundlage der Resolution 242 einberufen werden.

1638 Ereignisse seit 1985 – Islamisch-arabische Region

14. Dez. *Arafat bestätigt* ausdrücklich das *Existenzrecht Israels* und schwört allen „Formen des Terrorismus" ab. Damit ist für die US-Regierung die Voraussetzung für offizielle Kontakte mit der PLO gegeben. Eine erste Gesprächsrunde zwischen den USA und der PLO auf Botschafterebene findet in Tunis statt (16. Dez., Suspendierung am 20. Juni 1990).

1989 Ein *Friedensplan der israelischen Regierung* sieht Wahlen in den besetzten Gebieten unter
14. Mai israelischer Kontrolle und anschließend Verhandlungen mit den gewählten Vertretern der Palästinenser vor. Eine Entscheidung über den endgültigen Status der Gebiete soll nicht ohne ausdrückliche Zustimmung der israelischen Regierung erfolgen. Der Plan wird von der PLO und Teilen des Likud abgelehnt.

10. Okt. *Friedensplan* von US-Außenminister *Baker* weist Ägypten eine Vermittlerrolle zu, räumt den Israelis ein Vetorecht gegen palästinensische Vertreter ein und erlaubt den Palästinensern, alle Themen in die Verhandlungen einzubringen.

1990 Die *wachsende Einwanderungswelle* sowjetischer Juden nach Israel führt zu *Kontroversen*
14. Jan. *um deren Ansiedlung in besetzten Gebieten.*

1. April Infolge von Saddam Husseins Ankündigung vom Einsatz chemischer Waffen in Israel im Falle eines Angriffs entwickelt sich eine scharfe *Kontroverse v. a. zwischen den USA, Israel und dem Irak* um dessen Aufrüstung mit Raketen und nicht-konventionellen Waffen.

ab Aug. Die Kuwait-Krise gibt der Intifada neuen Auftrieb, nachdem Saddam Hussein die Befreiung Palästinas als Ziel verkündet.

8. Okt. Auf dem Tempelberg in Jerusalem werden während des Laubhüttenfestes 21 Palästinenser von Sicherheitskräften erschossen.

1991 Nach Ausbruch des Krieges um Kuwait irakische Raketenangriffe auf Israel, v. a. Tel Aviv.
ab 18. Jan. Israel verzichtet auf Gegenangriff, um die antiirakische Koalition nicht zu gefährden.

Syrien (Forts. v. S. 1460)

1987 *Mahmud al-Zuhbi* wird neuer Ministerpräsident; wachsende Wirtschaftsprobleme.

1988 Syrien sammelt seine Verbündeten im Libanon gegen Aoun und erhält· Unterstützung
März/April durch Saudi-Arabien (und die USA).

20. Nov. Durch die Umorientierung der UdSSR entsteht für Syrien eine *neue strategische Lage,* Konzentration auf Verteidigung.

1990 Durch die Füllung des Atatürk-Stausees in der Türkei erhält Syrien weniger Wasser aus dem Euphrat. *Verhandlungen* mit der Türkei und dem Irak *über eine Neuaufteilung des Euphratwassers scheitern* (14. März).

ab 2. Aug. In der *Kuwait-Krise* stellt sich Syrien auf die Seite der anti-irakischen Allianz und entsendet Truppen nach Saudi-Arabien, was eine Annäherung an die USA bewirkt, Assad aber zunehmend unter innenpolitischen Druck bringt.

Libanon (Forts. v. S. 1462)

1984 Die Multinationale Streitmacht zieht aus Westbeirut ab (Febr./März).

1985 Unter den Muslimen *verschiebt sich die Macht zugunsten der Schiiten* statt gegenüber den bislang auch wirtschaftlich führenden Sunniten. Der schiitischen Organisation Amal erwächst ab 1985 eine Konkurrenz durch die pro-iranische, islamisch-fundamentalistische *Hizbollah („Partei Gottes").*

30. April Ministerpräsident Raschid Karami bildet „*Regierung der nationalen Einheit."*

ab 19. Mai Die von der Amal mit syrischer Unterstützung durchgeführte *Blockade palästinensischer Flüchtlingslager in Westbeirut* dauert mit Unterbrechungen bis 1988.

10. Juni Der *israelische Truppenrückzug* (Beginn 20. Jan.) wird *abgeschlossen,* Israel kontrolliert mit der Südlibanesischen Armee eine 10 km breite „*Sicherheitszone"* an der Grenze.

1987 Ministerpräsident Karami wird ermordet; Nachfolger wird *Selim al-Hoss* (* 1929) (1. Juni).

1988 Die von Syrien unterstützte Amal und die Hizbollah liefern sich monatelange *Kämpfe* im Südlibanon und in den südlichen Vororten Beiruts.

Sept. *Verfassungskrise* infolge ungeklärter Nachfolge des Präsidenten: Gemayel ernennt eine *militärische Übergangsregierung* unter dem maronitischen Armeeoberbefehlshaber General *Michel Aoun* (* 1935), die von der in Westbeirut residierenden *Regierung Selim al-Hoss* nicht anerkannt wird.

1989 Aoun setzt sich in Ostbeirut und im angrenzenden christlichen Gebiet gegen die maronitische Miliz *Forces libanaises (FL)* unter Samir Geagea militärisch durch.

14. März Als Aoun einen „*Befreiungskrieg gegen Syrien"* verkündet, beginnen die seit Jahren blutigsten Kämpfe gegen die sunnitischen und drusischen Milizen (unterstützt von Syrien).

22. Okt. Im saudi-arabischen Taif verabschieden 59 libanesische Parlamentarier ein *Abkommen zur Reform des politischen Systems:* gleiche Sitzverteilung für Christen und Muslime im Parlament, Beschneidung der Befugnisse des (maronitischen) Staatspräsidenten und Stärkung

Syrien – Libanon – Jordanien – Israel – Irak   *1639*

des (sunnitischen) Ministerpräsidenten; Rückzug der syrischen Truppen in den Ostlibanon binnen zwei Jahren, während die Reformen umgesetzt werden.

5. Nov. Wahl des maronitischen Abgeordneten *René Muawad* (* 1925) zum 9. Präsidenten des Libanon sowie Ratifikation des Abkommens von Taif.

22. Nov. Präsident Muawad kommt bei einem Bombenanschlag ums Leben.

23. Nov. Wahl von *Elias Hrawi* (* 1926) zum neuen Präsidenten.

1990 Heftige *Kämpfe* um die Vorherrschaft in der maronitischen Enklave zwischen den Forces
Jan./Feb. libanaises und den Truppen von Aoun.

13. Okt. Syrische Truppen stürmen General Aouns Hauptquartier. *Aoun flieht* mit Hilfe der französischen Botschaft *nach Frankreich.*

Jordanien   (Forts. v. S. 1463)

1985 *Abkommen von Amman* zwischen Hussein und Arafat sieht bei Verhandlungen zur Lö-
23. Febr. sung des Palästinakonflikts gemeinsame jordanisch-palästinensische Delegation vor.

4. April *Said Rifai* (* 1936) neuer *Premierminister;* wieder engere Beziehungen zu Syrien.

1986 *König Hussein kündigt die Zusammenarbeit mit der PLO-Führung auf* und versucht, wie-
19. Febr. der stärkeren Einfluß auf der Westbank zu gewinnen.

1988 König Hussein *löst die administrativen und rechtlichen Verbindungen Jordaniens mit der*
28. Juli *Westbank.* Die Regierung regelt den Status der Palästinenser in Jordanien neu.

1989 Vom IWF verordnete *Sparmaßnahmen* lösten *soziale Unruhen* aus, die vom Militär zu-
18. April nächst blutig niedergeschlagen werden. Der König verspricht eine politische Liberalisierung und baldige Parlamentswahlen.

8. Nov. Bei den *Wahlen zum Abgeordnetenhaus* erhalten die islamistisch-fundamentalistischen Kandidaten 31 Mandate, Konservative und Königstreue ebenfalls 31 und die Linke 18.

4. Dez. *Mudar Badran* (* 1934) bildet eine Regierung unter Einschluß aller im Parlament vertretenen Strömungen.

1990 König Hussein beauftragt eine Kommission, eine Nationalcharta mit Leitlinien für die
9. Mai Entwicklung zum politischen Pluralismus und einen Sozialkontrakt auszuarbeiten.

ab Aug. Jordanien ist von der Kuwait-Krise und dem UNO-Wirtschaftsembargo wegen seiner engen ökonomischen Verflechtung mit dem Irak direkt betroffen.

1991 Im *Golfkrieg* versucht König Hussein neutral zu bleiben, obwohl das Parlament eine Erklä-
Jan. rung zur Unterstützung Iraks verabschiedet.

Israel   (Forts. v. S. 1466)

1986 Peres übergibt das Amt des Ministerpräsidenten an Schamir und übernimmt dessen Posten
10. Okt. als Außenminister.

1987 Der Beginn der *Intifada* bewirkt eine verstärkte Solidarisierung der israelischen Araber mit
8. Dez. denen in den besetzten Gebieten.

1988 Bei *Wahlen zur Knesset* erringen die dem linken Lager zugerechneten Parteien 55 und die
1. Nov. des rechten Spektrums 47 Sitze; Gewinner sind fünf (jüdisch)-religiöse Parteien (zusammen 18 Mandate). Peres scheitert beim Versuch, eine regierungsfähige Mehrheit unter Füh-
22. Dez. rung der Arbeiterpartei zusammenzubringen. *Bildung einer großen Koalition* mit Schamir als Ministerpräsident (ohne Rotation).

1990 Die verstärkte *Einwanderung von sowjetischen Juden* stellt Staat und Gesellschaft vor große Integrations- und Finanzprobleme.

Febr. In der Regierungskoalition wie im Likud kommt es zu *Auseinandersetzungen über die geplanten israelisch-palästinensischen Gespräche* und die Haltung zum Baker-Plan, dessen Berücksichtigung Peres zur Bedingung für den Fortbestand der Koalition macht.

15. März Nachdem ein entsprechendes *Ultimatum* der Arbeiterpartei vom Likud nicht erfüllt wird, treten alle ihre Minister zurück und Schamir wird durch ein *Mißtrauensvotum* gestürzt. Peres scheitert mit der Regierungsbildung (26. April).

11. Juni Schamir bildet eine *Koalition aus rechten und religiösen Parteien.*

1991 Irakische Raketenangriffe auf Israel. (18. Jan. – Ende Febr.). Nach dem Ende des Kuwaitkriegs nimmt die Forderung nach einer Regelung der Palästina-Frage zu.

Irak   (Forts. v. S. 1469)

1986 Die irakische *Halbinsel Fao* wird *vom Iran erobert.* Trotz mehrerer Offensiven gelingt es
Febr. dem Iran aber nicht, nach Basra durchzubrechen.

1987 Der UN-Sicherheitsrat verabschiedet eine Waffenstillstandsresolution für den Golfkrieg
20. Juli (Resolution 598), die den Truppenrückzug hinter die international anerkannten Grenzen

1640 Ereignisse seit 1985 – Islamisch-arabische Region

	sowie die Bildung einer Kommission zur Untersuchung der Kriegsschuldfrage vorsieht. Der Irak will die Resolution nur befolgen, wenn der Iran zustimmt, der dies zunächst ablehnt (22. Juli).
1988	Zahlreiche irakische Raketenangriffe auf Teheran und andere iranische Städte (ab Febr.).
17. März	Irakische Flugzeuge bombardieren die eigene *kurdische Bevölkerung* der von iranischen Truppen kontrollierten Stadt Halabja mit Giftgas (3–5000 Tote).
17.–18. April	Die *Halbinsel Fao* wird von irakischen Truppen unter Einsatz von C-Waffen *zurückerobert*.
20. Aug.	Der *Waffenstillstand mit dem Iran* tritt in Kraft, nachdem dieser die UN-Resolution 598 akzeptiert hat.
ab Ende Aug.	*Offensive der Armee gegen die kurdische Bevölkerung,* etwa 100 000 Kurden fliehen in die Türkei.
1990 1. April 13. April	Saddam Husseins Äußerung, eine *„strategische Parität"* mit Israel herzustellen und im Falle eines (nuklearen) Angriffs auf den Irak binäre chemische Waffen gegen Israel einzusetzen, verschärft die *Kontroverse mit den USA und Israel* um die irakische Rüstung mit nicht-konventionellen Waffen. Hussein bietet die Einrichtung einer von Massenvernichtungswaffen freien Zone im Nahen Osten an.
28.–30. Mai	Auf einem *Sondergipfel der Arabischen Liga in Bagdad* verfolgt Hussein eine harte Linie gegenüber den USA, wogegen sich Mubarak und König Fahd wenden.
2.–8. Aug.	Besetzung und Annexion Kuwaits als 19. Provinz.
1991	*Krieg* um Kuwait endet mit Niederlage Iraks (17. Jan. – 28. Febr.). Formelle Annullierung der Annexion Kuwaits.
März	Nach dem Rückzug aus Kuwait kommt es im Südirak und in der von Kurden bewohnten Provinz Mossoul zum Aufruhr der schiitischen Opposition bzw. der Kurden. Demonstrationen gegen die Regierung in Bagdad und im Nordirak. Blutige Niederschlagung des Aufstandes löst Massenflucht der Kurden nach Norden aus.

Saudi-Arabien   (Forts. v. S. 1470)

1986 29. Okt.	Vor dem Hintergrund eines *Einnahmerückgangs aus dem Ölexport um 80 %* wird Ölminister Jamani entlassen, Nachfolger wird Planungsminister Hisham Nasir.
1987 31. Juli 1. Aug.	*Zusammenstöße* zwischen iranischen Pilgern und saudischen Sicherheitskräften *während der jährlichen Wallfahrt in Mekka* fordern über 400 Todesopfer. In Teheran wird die saudische Botschaft gestürmt.
1988	Saudi-Arabien erhält atomwaffenfähige Mittelstreckenraketen von der VR China.
3. Okt.	*Beitritt zum Atomwaffensperrvertrag.*
1989	Beim ersten Staatsbesuch von König Fahd im Irak wird ein *Nichtangriffsabkommen* unterzeichnet (25.–27. März).
1990	Aufnahme diplomatischer Beziehungen zur UdSSR (17. Sept.).

Kuwait   (Forts. v. S. 1471)

1985 20. Febr.	Bei *Parlamentswahlen* können arabische Nationalisten ihre Mandatszahl vergrößern; die Kritik der Abgeordneten an der Regierungspolitik nimmt zu.
25. Mai	Ein Attentat auf Emir Jaber al-Ahmad Al Sabah schlägt fehl.
1986 3. Juli	Der *Emir löst das Parlament auf,* nachdem einigen Ministern das Mißtrauen ausgesprochen wurde.
1987	Eine *Serie von Sabotageakten* zieht Kuwait, das für den Irak als Finanzier und Nachschubroute eine wichtige Rolle spielt, immer stärker in den Golf-Krieg hinein. Im Innern tritt der Gegensatz zwischen der sunnitischen Bevölkerungsmehrheit und der 30 % starken schiitischen Minderheit deutlich zutage.
1989 ab Nov.	Eine Kampagne zur Wiedereinführung des Parlaments, die von ehemaligen Abgeordneten getragen wird, führt von seiten der Regierung zu *Demonstrationsverboten.*
1990 10. Juni	*Wahlen zu einem Provisorischen Nationalrat* werden von der Opposition boykottiert, da dieses Gremium weder verfassungskonform sei noch hinreichende Befugnisse besitze.
16. Okt.	Auf einem Volkskongreß im saudi-arabischen Jeddah verspricht Emir Jaber die Einhaltung aller Verfassungsbestimmungen für die Zeit nach der Befreiung Kuwaits.
1991	*Kuwaitkrieg* (17. Jan. – 28. Febr.), Befreiung durch die alliierten Truppen. Mehr als 500 von den Irakis in Brand gesetzte Ölquellen belasten die Umwelt aufs schwerste.

Bahrain   (Forts. v. S. 1472)

1986	Eröffnung eines 25 km langen Autobahndamms, der den Inselarchipel mit dem saudi-arabischen Festland verbindet.

Saudi-Arabien – Kuwait – Bahrain – VAE – Oman – Jemen – Sudan   *1641*

Vereinigte Arabische Emirate   (Forts. v. S. 1472)

1986 Said Bin Sultan al-Nahayan (* 1918) wird als Präsident wiedergewählt (seit 1971 im Amt).
1990 Nach dem Tod des Emirs von Dubai und Premiers der VAE übernimmt dessen Sohn,
7. Okt. Kronprinz Scheich *Maktum Bin Raschid Al Maktum,* beide Ämter.

Oman   (Forts. v. S. 1473)

1986 Die erste Universität Omans wird durch Sultan Kabus eröffnet (9. Nov.).
1987 An der Grenze zwischen Oman und der DVR Jemen kommt es zu Zwischenfällen (Okt.).

Arabische Republik Jemen (Nordjemen)   (Forts. v. S. 1474)

1988 Bei den *ersten allgemeinen Wahlen* für 128 Sitze im *Konsultativrat,* der mit begrenzten Ge-
5. Juli setzgebungsvollmachten ausgestattet ist, erhalten die Kandidaten der vom Präsidenten geführten Sammlungsbewegung die Mehrheit. 30% der Sitze gehen an Bewerber, die der
Muslimbruderschaft nahestehen. (Forts. s. *Republik Jemen*)

Volksdemokratische Republik Jemen (Südjemen)   (Forts. v. S. 1475)

1986 *Bürgerkrieg* in Aden: Ali Nasser Mohammed greift die gegnerische Fraktion in der Regie-
ab 13. Jan. rungspartei um Abdul Fattah Ismail an, wobei führende Vertreter getötet werden; das Eingreifen des Militärs fordert zahlreiche Tote. Nach 10 Tagen setzen sich die Gegner von
Mohammed durch, der mit seinen Anhängern in den Nordjemen flieht.
6. Febr. Ali Salem al-Bayd wird Generalsekretär der Jemenitischen Sozialistischen Partei (JSP).
8. Febr. *Haidar al-Attas* (* 1939) wird vom Obersten Volksrat (Parlament) zum neuen Staatspräsidenten und *Yassin Said Nooman* zum Ministerpräsidenten bestimmt.
1989 Die JSP beschließt neben einer wirtschaftlichen Liberalisierung mit mehr Investitionen im
11. Dez. Privatsektor auch politische Reformen: Bekenntnis zum Mehrparteiensystem, Meinungspluralismus in der Presse. *(Forts. s. Republik Jemen)*

Republik Jemen   (Forts. v. oben)

1989 *Unterzeichnung des Vertrags zwischen Nord- und Südjemen* über die Modalitäten für die
1. Dez. *Vereinigung beider Staaten.*
1990 Proklamation der **Republik Jemen** mit der Hauptstadt Sanaa und Aden als Wirtschafts-
22.–23. Mai hauptstadt. Die parlamentarischen Gremien des Nordens und Südens wählen gemeinsam
einen fünfköpfigen *Präsidialrat.* Dieser bestimmt *Ali Abdallah Saleh* (* 1942) zum Präsidenten und Yssin Said Nooman zum Ministerpräsidenten.

Sudan   (Forts. v. S. 1476)

1985 Ein *Waffenstillstand* mit der südsudanesischen SPLA (Sudan Peoples' Liberation Army)
29. Okt. wird vereinbart.
1986 Die im Südsudan boykottierten *Parlamentswahlen* gewinnt die Umma-Partei (UP).
5. Mai UP und Demokratische Unionspartei (DUP) einigen sich auf eine *Regierung der nationalen Einheit* unter Ministerpräsident Saddik el Mahdi (* 1935). Da die Regierung die Anwendung des islamischen Strafrechts *(Scharia)* nur aussetzt und nicht aufhebt, führen
Aufständische im Süden den Kampf fort. Der *Krieg im Südsudan* verhindert in der Folgezeit immer wieder internationale Hilfe für die vom *Hungertod* bedrohte Bevölkerung.
1988 Eine lange Koalitionskrise läßt erst nach, als die *Nationale Islamische Front* (NIF) mit
15. Mai fünf Ministern an der Regierung beteiligt wird.
1988 Die Körperstrafen des islamischen Rechts werden für die Bevölkerung des Nordens gegen
10. Sept. den heftigen Protest des Südens wiedereingeführt.
16. Nov. Die DUP schließt mit der SPLA ein Abkommen über die Beendigung des Bürgerkriegs. Als
dies im Parlament keine ausreichende Unterstützung findet, verläßt die DUP die Regierung (29. Dez.).
1989 Nach einem entsprechenden Ultimatum der Armee bildet el Mahdi eine *Regierung der Na-
6. März tionalen Einheit* ohne die NIF mit dem Ziel, den Bürgerkrieg zu beenden.
30. Juni Ein *Revolutionärer Kommandorat zur Nationalen Rettung* unter Brigadegeneral Omar
Hassan al-Baschir (* 1944) übernimmt die Macht. Verhandlungen mit der SPLA bleiben ergebnislos; der Krieg im Süden geht weiter.
12. April Die USA legen Friedensplan vor (multinationale Streitmacht und Beobachter).

1642 Ereignisse seit 1985 – Islamisch-arabische Region

Ägypten (Forts. v. S. 1479)

1984
27. Mai
Bei den *Parlamentswahlen* erhält die regierende NDP 73 %, der Neo-Wafd, auf dessen Liste Anhänger der Muslimbruderschaft kandidieren, 15 % der Stimmen.

5. Juni
Nach dem *Tod von Ministerpräsident Fuad Mohieddin* (* 1926) versuchen mehrere Regierungen erfolglos, die notwendigen Wirtschaftsreformen durchzuführen. Danach wird *Atif Sidki* (* 1930) von Mubarak mit der Regierungsbildung beauftragt (11. Nov. 1986).

1986
Meuterei der Bereitschaftspolizei in Kairo; erstmals seit 1977 wird die Armee zur Niederschlagung innerer Unruhen eingesetzt (24.–25. Febr.).

1987
6. April
Bei den *Parlamentswahlen* erhält die NDP 347 der 448 Sitze. Stärkste Oppositionsfraktion wird ein Parteienbündnis mit Unterstützung der Muslimbruderschaft (59 Sitze), der Neo-Wafd erhält nur noch 35 Sitze.

5. Okt.
Präsident Mubarak wird für zweite Amtszeit von 6 Jahren per Plebiszit im Amt *bestätigt.*

1989
Nach langwierigen Verhandlungen mit Israel und dem Spruch einer internationalen Schiedskommission fällt das *Gebiet von Taba* an Ägypten.

21. Mai
Ägypten wird wieder *volles Mitglied der Arabischen Liga.*

Okt./Nov.
Krise um die ca. 1 Mio. ägyptischen Gastarbeiter im Irak, nachdem die irakischen Behörden die Rücküberweisungen der Gastarbeiter stark beschränken.

1990
Aug.
Ägypten stellt sich in der Golfkrise auf die Seite der Alliierten. Schuldenerlaß von seiten Saudi-Arabiens und anderer Ölstaaten und den USA (insg. 14 Mrd. US-Dollar).

29. Nov.
Nachdem das Verfassungsgericht die Parlamentswahlen von 1987 für ungültig erklärt hat, finden *Neuwahlen* statt, die von den meisten Oppositionsparteien boykottiert werden. Die NDP erhält eine Zweidrittelmehrheit.

Libyen (Forts. v. S. 1480)

1986
Die USA verhängen ein *Wirtschaftsembargo,* das mit Libyens Unterstützung des „internationalen Terrorismus" begründet wird.

5. April
Für einen Bombenanschlag in der Westberliner Diskothek „La Belle", bei dem ein US-Soldat getötet wird, machen die USA Libyen verantwortlich.

14. April
Amerikanische Flugzeuge bombardieren Ziele in Tripolis und Benghazi.

Dez.
Libysche *Militäroffensiven im Tchad* führen zu hohen eigenen Verlusten.

1988
März
Eine *innenpolitische Liberalisierung* setzt ein: Gefängnisse werden demonstrativ zerstört und Gefangene amnestiert.

11.–12. Juni
Der Allgemeine Volkskongreß nimmt eine „Charta über die Gewährung von Freiheiten und Menschenrechten in Libyen" an.

ab Okt.
Kontroverse mit den USA um die von der bundesdeutschen Firma Imhausen gelieferte *Chemieanlage* von *Rabta,* in der nach US-Angaben C-Waffen produziert werden.

1989
23.–26. Mai
Erstes Treffen zwischen Gaddafi und Ägyptens Präsident Mubarak führt zur *Wiederaufnahme der* seit 1979 unterbrochenen *diplomatischen Beziehungen.*

Tunesien (Forts. v. S. 1482)

1986
Ministerpräsident Mohammed Msali (* 1925) wird abgesetzt (8. Sept.) und nach seiner Flucht in die Schweiz in Abwesenheit zu einem Jahr Gefängnis verurteilt (2. Okt.).

1987
9. März
Die vor allem im *Mouvement de la Tendance Islamique* (MTI) organisierten islamischen Fundamentalisten werden zur größten politischen Herausforderung. MTI-Führer Rachid Ghannouchi wird zu lebenslanger Zwangsarbeit verurteilt.

7. Nov.
Der 84jährige Bourgouiba wird für amtsunfähig erklärt. Premierminister *Zine al-Abidine Ben Ali* (* 1936) übernimmt die Amtsgeschäfte.

1988
Ghannouchi wird freigelassen, Achmed Ben Salah kehrt aus dem Exil zurück (Mai/Juni).

7. Nov.
Abschluß eines *Nationalpakts* mit allen politischen Gruppierungen (auch MTI) über Verhaltensregeln für politische Organisationen; Zusicherung von „Meinungspluralismus".

1989
2. April
Ben Ali gewinnt ohne Gegenkandidat die *Präsidentschaftswahlen.* Die in *Rassemblement Constitutionnel Démocratique* (RCD) umbenannte frühere PSD gewinnt aufgrund des Mehrheitswahlrechts alle 141 Sitze im Parlament.

Algerien (Forts. v. S. 000)

1987
28. Febr.
Bei *Wahlen zur Nationalversammlung* können nur Bewerber kandidieren, die seit drei Jahren der Nationalen Befreiungsfront (FLN) angehören.

15. Mai
Die *diplomatischen Beziehungen mit Marokko* werden wieder aufgenommen. Der Konflikt um die Westsahara soll durch ein Referendum über die Selbstbestimmung gelöst werden; Marokko verzichtet auf das Gebiet von Tindouf.

1988
Nach *Unruhen* kündigt Präsident Chadli Bendjedid (* 1929) *Reformen* an (Okt.).

Ägypten – Libyen – Tunesien – Algerien – Marokko – Westsahara – Mauretanien – Iran *1643*

Nov. Das *Reformprogramm* wird durch ein *Referendum* bestätigt (3. Nov.), *neue Regierung* unter Ministerpräsident Kasdi Merbah (* 1938) (5. Nov.).
22. Dez. *Wiederwahl* von *Chadli Bendjedid* zum Staatspräsidenten (einziger Kandidat).
1989 Eine *neue Verfassung* wird per Referendum angenommen: Sozialismus und FLN werden
23. Febr. darin nicht mehr erwähnt, die Rolle des Militärs wird auf die äußere Verteidigung beschränkt, das Recht auf „Bildung politischer Vereinigungen" sowie individuelle und kollektive Freiheitsrechte werden verankert. Es bilden sich politische Parteien.
9. Sept. Ministerpräsident *Mouloud Hamrouche* (* 1943) soll die Umsetzung des Reformprogramms beschleunigen.
1990 Die *Islamische Heilsfront* (FIS) geht als eindeutiger Sieger aus den *Kommunal- und Regio-*
12. Juni *nalwahlen* hervor. Die FLN erleidet eine empfindliche Niederlage. Verschiedene neu zugelassene Parteien boykottieren die Wahlen.
27. Sept. Achmed Ben Bella kehrt aus dem Exil zurück.

Marokko   (Forts. v. S. 1488)

1984 Hassan II. und Gaddafi unterzeichnen in Oujda (Marokko) den *Vertrag über eine Staaten-*
13. Aug. *union zwischen Libyen und Marokko* (am 29. Aug. 1986 von Marokko aufgekündigt).
1985 *Marokko verläßt die OAU,* weil die von der POLISARIO proklamierte Demokratische Arabische Republik Sahara die ihr zuerkannten Mitgliedsrechte wahrnimmt.
1987 Hassan II. trifft den algerischen Staatspräsidenten Chadli Bendjedid, um eine Lösung des
4. Mai Westsahara-Konflikts zu erörtern.
20. Juli Marokkos Aufnahmeantrag für die Europäische Gemeinschaft wird abgelehnt.
1990 Ein *Generalstreik* wegen der sich verschlechternden sozialen Lage wird *blutig niederge-*
14. Dez. *schlagen.*

Westsahara   (Forts. v. S. 1489)

1987 Der marokkanische Befestigungswall (2700 km lang) wird fertiggestellt (März).
1988 Marokko und die POLISARIO akzeptieren im Prinzip den *Friedensplan* des UNO-Gene-
30. Aug. ralsekretärs Javier Pérez de Cuéllar (* 1920) (*Referendum* über die Zukunft des Territoriums).
1989 Ein *erstes Treffen* zwischen König Hassan und Vertretern der POLISARIO bringt keine
4.–5. Jan. konkreten Ergebnisse. Im Herbst brechen *erneut Kämpfe* aus.
1990 Nach einer Reise von Pérez de Cuéllar in das Krisengebiet einigen sich Marokko und die
5. Juni POLISARIO über den Kreis der Stimmberechtigten beim Referendum.
5. Juli Ein Organisationsplan der UNO und OAU für das Referendum sieht einen Waffenstillstand, Rückzug des Militärs und Überwachung der Stimmabgabe durch die UNO vor.

Mauretanien   (Forts. v. S. 1490)

1985/1987 Serie von Regierungsumbildungen.
22. Okt. Ein Putschversuch der *Afrikanischen Befreiungskräfte von Mauretanien* (FLAM) wird blutig niedergeschlagen.
1989 Blutige Ausschreitungen gegen Mauretanier in der senegalesischen Hauptstadt Dakar und
24./25. gegen Senegalesen in der mauretanischen Hauptstadt Nouakchott nach einem Grenzstreit
April zwischen Bauern und Viehzüchtern.

Iran   (Forts. v. S. 1494)

1987 *Internationalisierung des Golfkriegs:* US-Marinepräsenz im Golf zum Schutz von kuwaitischen Öltankern.
20. Juli Iran hält sich nicht an die Waffenstillstands-Resolution des UN-Sicherheitsrats (Nr. 598) vom 18. Juli, da zunächst die Kriegsschuldfrage geklärt sein müsse.
1988 Rückschläge in der Endphase des Golfkriegs führen zu *Kontroversen in der Führung* und
ab April offen artikulierter Opposition gegen den Krieg.
2. Juni Khomeini ernennt Parlamentspräsident *Ali Akbar Rafsandjani* (* 1934) zum amtierenden Oberkommandierenden über alle Militärformationen.
18. Juli Iran akzeptiert die UN-Waffenstillstands-Resolution 598 jetzt bedingungslos. Der Waffenstillstand ab 20. August wird von 350 UN-Beobachtern überwacht, die vorgesehenen Ver-
25. Aug. handlungen zwischen den Kriegsparteien bleiben jedoch bis auf einen begrenzten Gefangenenaustausch ergebnislos.
1989 Khomeini erläßt gegen den britischen Schriftsteller Salman Rushdie (* 1947) ein religiöses
14. Febr. Gutachten (Fatwa), das ihn wegen blasphemischer Passagen in seinem Roman „Satanische
7. März Verse" zum Tode verurteilt. London bricht die diplomatischen Beziehungen zu Teheran ab.

1644 Ereignisse seit 1985 – Islamisch-arabische Region – Afrika südlich der Sahara

Rafsandjanis Öffnungspolitik gegenüber dem Westen erleidet durch die *Rushdie-Affäre* einen zeitweisen Rückschlag.

3. Juni *Tod von Ayatollah Khomeini.* Der bisherige Staatspräsident *Ali Khamenei* wird vom Wächterrat zum neuen religiösen Führer bestimmt (4. Juni).

28. Juli Parlamentspräsident *Rafsandjani* wird zum *Staatspräsidenten* gewählt und erhält durch eine *Verfassungsänderung* größere exekutive Befugnisse (Wegfall des Ministerpräsidentenamts).

Afghanistan (Forts. v. S. 1494)

1986 Auf sowjetischen Druck hin löst Mohammed *Najibullah* (* 1947) Babrak Karmal als *Gene-*
4. Mai *ralsekretär* der Volksdemokratischen Partei Afghanistans (VDPA) ab und übernimmt auch
20. Nov. dessen Funktion als *Präsident des Revolutionsrats.* (Staatsoberhaupt).

1987 Najibullah verkündet eine *Politik der „nationalen Versöhnung"* und will auf offensive
Jan. Operationen für sechs Monate verzichten.

30. Nov. Najibullah wird durch eine von ihm einberufene Stammesversammlung (Loya Jirga) zum *Staatspräsidenten* gewählt.

1988 In Genf unterzeichnen Regierungsvertreter Afghanistans, Pakistans, der UdSSR und der
14. April USA ein *Abkommen über eine Konfliktlösung,* das u. a. den vollständigen Rückzug der sowjetischen Truppen bis zum 15. Febr. 1989 vorsieht. Die Mujahedin und der Iran sind an den Verhandlungen nicht direkt beteiligt.

Mai Der parteilose Mohammed Hassan Scharq (* 1925) löst Sultan Ali Kischtmand (* 1936, VDPA) als Ministerpräsidenten ab.

1989 Die *letzten sowjetischen Truppen verlassen Afghanistan.* Die *Kämpfe* zwischen dem Re-
14. Febr. gime Najibullahs und den Mujahedin *gehen weiter.*

23. Febr. Die Mehrheit der Mujahedin bilden eine *Provisorische Regierung* ohne Beteiligung der im Iran residierenden Mujahedin der afghanischen Schiiten nach einer in Pakistan abgehaltenen Konsultativversammlung. Sie nimmt den Sitz Afghanistans in der Organisation der Islamischen Konferenz ein.

Mai Truppen der Kabuler Regierung durchbrechen den Belagerungsring um Jalalabad.

1990 In Kabul scheitert ein vom islamisch-fundamentalistischen Mujahedin-Führer Hektmatyar
6. März unterstützter *Putschversuch* von Verteidigungsminister Shanawaz Tanai gegen Najibullah. Dieser hat seine Position seit dem sowjetischen Truppenabzug durch Bündnisse mit lokalen Gruppen konsolidiert.

Afrika südlich der Sahara

Westafrika

Senegal (Forts. v. S. 1495)

1984 Bildung eines *Verteidigungsrates* der Konföderation Senegambia (Mai).

1988 Wiederwahl von Diouf bei Parlaments- und Präsidentschaftswahlen, die PS erhält 73,2%,
28. Febr. die PDS 25,8% der Stimmen.

1989 Schwere *Ausschreitungen* gegen Mauretanier in Dakar, Massenflucht von Mauretaniern
22. April aus Senegal. Im August erklärt Diouf die *Konföderation Senegambia* für *gescheitert.*

Gambia (Forts. v. S. 1496)

1984 Verteidigungsrat für Senegambia gebildet (Mai), *Gründung* einer gambischen *Armee* (Nov.).

1989 Senegals Präsident Diouf erklärt *Konföderation Senegambia* für *gescheitert* (Aug.).

Guinea-Bissau (Forts. v. S. 1497)

1984 Billigung einer neuen *Verfassung* (Febr.), Vieira wird Staatsoberhaupt (16. Mai).

1990 Vieira spricht sich für ein Mehrparteiensystem aus (7. April).

Kapverden (Forts. v. S. 1497)

1990 *Reformprogramm* des PAIC-Nationalrats, ein Mehrparteiensystem wird geplant.

1991 Bei ersten freien *Parlamentswahlen* hoher Sieg der Opposition über die PAIC (Jan.).

Afghanistan – Senegal – Gambia – Guinea-Bissau – Kapverden – Guinea – Sierra Leone – Liberia *1645*

Guinea (Forts. v. S. 1498)

1985 Gescheiterter Putschversuch von Diara Traoré (4. Juli).
1986 Nichtangriffspakt mit Sierra Leone und Liberia (11. Sept.).
1990 Bei *Referendum* am 23. Dez. Mehrheit für Zweiparteiensystem und Zivilregierung.

Sierra Leone (Forts. v. S. 1499)

1985 General *Joseph Saidu Momoh* (* 1937) wird zum *Präsidenten* gewählt (1. Okt.).
1986 Nichtangriffspakt mit Guinea und Liberia (11. Sept.).
1987 Gescheiterter Putschversuch gegen Präsident Momoh (23. März).

Liberia (Forts. v. S. 1499)

1985 Nach allgemeinen, umstrittenen Wahlen wird *Samuel Doe* (* 1952, † 1990) mit 50,9 % *Präsident,* im Nov. erfolgloser Umsturzversuch gegen ihn.
1989 Putsch der *National Patriotic Front of Liberia* (NFPL) von *Charles Taylor* mißlingt.
1990 Massaker der Armee führen zu Massenflucht nach Côte d'Ivoire und später Guinea; Ausbruch eines *Bürgerkriegs.* Abspaltung der unabhängigen NFPL unter *Prince Y. Johnson.* Beim Kampf gegen den NFPL-Flügel von Prince Y. Johnson wird Doe getötet (9. Sept.), der Machtkampf verfeindeter NFPL-Gruppen wird durch Waffenstillstand (30. Nov.) beendet.
1991 Die vier Bürgerkriegsparteien einigen sich auf Einberufung einer Nationalkonferenz (Febr./März).

Côte d'Ivoire (Elfenbeinküste) (Forts. v. S. 1500)

1986 Regierungsmitteilung, daß als Landesname nur Côte d'Ivoire verwendet werden soll.
1987 Côte d'Ivoire ist nicht in der Lage, den Schuldendienst zu leisten.
1989 Besuch des südafrikanischen Präsidenten de Klerk in Yamoussoukro (1./2. Dez.).
1990 Anhaltende *Wirtschaftskrise, und Demonstrationen* für ein Mehrparteiensystem; im März
10. Sept. legt die Regierung ein Sanierungsprogramm für die Wirtschaft vor; im Mai Zulassung politischer Parteien. Weihe der zweitgrößten Kirche der Welt in Yamoussoukro durch Papst Johannes Paul II., Kritik wegen Verschwendung.
28. Okt. Bei den *Präsidentschaftswahlen* wird Houphouët-Boigny mit 90 % der Stimmen für weitere 5 Jahre gewählt.

Ghana (Forts. v. S. 1502)

1985 In Ouagadougou/Burkina Faso tagt die gemeinsame Ministerkommission Ghana – Bur-
31. März kina Faso, in der Maßnahmen zur Vereinigung beider Länder besprochen werden.
Mai Etwa 300 000 illegal in Nigeria lebende Ghanaer werden nach Ghana gebracht.
1986 *Übereinkunft zwischen Ghana und Burkina Faso,* ein Gremium zu schaffen, das die Verei-
16. Aug. nigung der beiden Länder innerhalb von zehn Jahren realisieren soll.
1987 Regierungsumbildung (20. April). Die Grenze zu Togo wird wieder geöffnet (23. Mai).
1989 Abschluß der Wahlen zur Distriktsversammlung (28. Febr.).

Togo (Forts. v. S. 1503)

1986 Ein Putschversuch, für den die Regierung Togos Ghana und Burkina Faso verantwortlich
23. Sept. macht, scheitert. *Wiederwahl* von Präsident *Eyadema* mit 99,8 % (21. Dez.).
1987 Togo öffnet wieder die Grenze zu Ghana (2. Febr.).
1988 Einweihung des Stauwerkes am Nangbeto am Mowo-Fluß (an der Grenze zu Benin).
1990 *Tagung des Nationalrates* der Einheitspartei widersetzt sich der Einführung eines Mehrparteiensystems.

Benin (Forts. v. S. 1504)

1985 Rund 100 000 Bürger Benins werden aus Nigeria ausgewiesen (Mai).
1986 Aufhebung der seit 1984 andauernden Grenzschließung zu Nigeria.
1988 Eine geplante Verschwörung gegen Regierung Kérékou wird aufgedeckt (März). Einweihung des *Stauwerkes* am Nangbeto am Mowo-Fluß (an der Grenze zu Togo).
1989 Bei den *Parlamentswahlen* im Juni wird die PRPB-Einheitsliste mit ca. 90 % gewählt.
Dez. Abkehr Benins vom Marxismus-Leninismus als Staatsideologie.
1990 Kérékou will demokratische Reformen durchführen (Febr.), Aufhebung der Verfassung

1646 Ereignisse seit 1985 – Afrika südlich der Sahara

und der nationalen Revolutionsversammlung (1. März). Einsetzung einer *Zivilregierung unter Nicéphore Soglo* (12. März). Am 2. Dez. neue *Verfassung* nach Referendum.
1991 Erste *Parlamentswahlen* seit 30 Jahren bringen keine klare Situation.

Nigeria (Forts. v. S. 1506)

1985 Mohammed Buhari wird durch *Militärputsch* gestürzt, neuer Staatschef wird *Ibrahim Gba-*
27. Aug. *damasi Babangida* (* 1941), neues Machtorgan Regierender Streitkräfterat (AFRC).
1. Okt. Aufgrund der wirtschaftlichen Lage verhängt Babangida Notstandsmaßnahmen.
1986 Nigeria wird *Mitgliedsstaat der Islamischen Konferenz,* daraufhin kommt es in der folgen-
9. Jan. den Zeit mehrfach zu Unruhen in der nichtislamischen Bevölkerung.
28. Febr. Öffnung aller Grenzen Nigerias mit Ausnahme der Grenze zum Tschad.
1987 Bildung von zwei neuen Bundesstaaten in Nigeria (Katsina, Akwa Ibom).
1988 Freilassung des gestürzten Präsidenten Shagari (23. Jan.). Nach Preiserhöhungen kommt es zu *Massenprotesten* (13. April).
23. April Wahl der Abgeordneten für Verfassungsgebende Versammlung, die Verfassung für eine bürgerliche Demokratie ausarbeiten soll. Annäherung zwischen Nigeria und Benin in Grenzfragen, Demarkationsabkommen.
1989 Einführung eines Zweiparteiensystems, die Parteien werden vom AFRC ausgewählt.
1990 Putschversuch einiger Offiziere scheitert (April).

Mali (Forts. v. S. 1508)

1985 Im Grenzgebiet Mali – Burkina Faso kommt es im umstrittenen Agacher-Streifen zu einem
Dez. *Grenzkrieg,* am 29. Dez. wird ein Waffenstillstand ausgehandelt.
1986 Einigung zwischen Mali und Burkina Faso auf Rückzug (Jan.). *Mamadou Dembélé* wird Premierminister (6. Juni). Entscheidung des Internationalen Gerichtshofes (IGH) über den Agacher-Streifen, die von Mali und Burkina Faso akzeptiert wird.
1988 *Parlamentswahlen,* die UDPM erhält 98,5 %, etwa die Hälfte der Abgeordneten wechselt.
1991 Blutige Unterdrückung von Massendemonstrationen gegen die Militärregierung Traorés; Sturz Traorés. Neuer Machthaber wird Amadou Toumani Touré.

Burkina Faso (Obervolta) (Forts. v. S. 1509)

1985 Sankara bildet Regierung neu (31. Aug.). Im Dez. *Grenzkrieg* mit Mali um den umstrittenen Agacher-Streifen, am 29. Dez. wird Waffenstillstand ausgehandelt.
1986 Mali akzeptiert die IGH-Entscheidung um den Agacher-Streifen.
1987 Bei einem *Putsch* wird Präsident Sankara gestürzt und getötet, sein Stellvertreter *Blaise*
15. Okt. *Compaoré* (* 1951) wird *Staatschef,* neue Regierung unter der „Volksfront".
1989 Zwei Putschversuche gegen Compaoré am 19. Sept. und 25. Dez. scheitern.
1990 Auf dem ersten *Kongreß der regierenden Volksfront* wird die Ausarbeitung einer Verfas-
März sung beschlossen, ein Demokratisierungsprozeß soll eingeleitet werden.

Niger (Forts. v. S. 1510)

1987 Tod von Präsident Kountché (10. Nov.), Nachfolger wird *Ali Saibou* (* 1940).
1988 Bildung eines Gremiums, das eine Verfassung vorbereiten soll (6. Jan.).
1989 Am 15.–18. Mai Gründungskongreß der Einheitspartei *Mouvement National de la Société de Développement* (MNSD) in Niamey. Neue *Verfassung* von *Volksabstimmung* gebilligt (24. Sept.), Saibou wird im Amt bestätigt (10. Dez.).
1990 *Massaker an Tuareg-Nomaden* bei Strafexpedition der Armee Nigers (7. Mai).

Zentralafrika

Tchad (Tschad) (Forts. v. S. 1511)

1985 Erfolgloser Vermittlungsversuch von Präsident Traoré (Mali) bei Treffen Habrés mit Qued-
1. April deye in Bamako. Bildung eines Obersten Revolutionsrates unter Queddeye (Aug.).
1986 Gefechte um den von Libyen beanspruchten Aouzou-Streifen, Habré bittet Frankreich um
14. Febr. militärische Hilfe. Kämpfe zwischen Regierungstruppen und Einheiten Queddeyes (März). Im Dez. libysche Offensive im Nordwesten.
1988 Friedensangebot Libyens an Tchad, Wiederaufnahme der diplomatischen Beziehungen.

Nigeria – Mali – Burkina Faso – Niger – Tschad – Zentralafrikanische Republik – Kamerun *1647*

1989 Annahme einer neuen *Verfassung* (10. Dez.) und *Wiederwahl Habrés.*
1990 Gefechte an sudanesischer Grenze (April). *Gipfeltreffen Habrés mit Gaddafi* (Libyen),
Dez. Aouzou-Konflikt wird IGH übergeben (Aug.). Armeeaufstand: Einnahme der Hauptstadt N'Djamena durch *Rebellen* unter *Idriss Déby* (* 1952), *Flucht Habrés.* Déby wird zum *Staatsoberhaupt* gewählt.

Zentralafrikanische Republik   (Forts. v. S. 1512)

1986 Rückkehr und *Verhaftung Bokassas* (23. Okt.), gegen den ein Prozeß beginnt, ein älteres Todesurteil wird aufgehoben. Kolingba im Amt bestätigt, neue *Verfassung.*
1987 Gründung der Einheitspartei *Rassemblement Démocratique Centrafricain* (RCD), Todesurteil gegen Bokassa (12. Juni). *Parlamentswahlen am 31. Juli.*
1988 Das Todesurteil gegen Bokassa wird zu Zwangsarbeit umgewandelt (29. Febr.).
1989 Wiederaufnahme der diplomatischen Beziehungen zu Israel.

Kamerun   (Forts. v. S. 1513)

1985 Umbenennung der Einheitspartei Kameruns in *Rassemblement Démocratique du Peuple Camerounais* (RDPC) am 24. März.
1986 Bei Gasausbruch im Vulkangebiet des Nyos-Sees werden über 1500 Menschen getötet.
1988 *Präsident Paul Biya* (* 1933) mit 98,7% *für weitere fünf Jahre gewählt,* bei den *Parlaments-*
24. April *wahlen* werden 85% der Abgeordneten der Einheitsliste der RDPC neu gewählt.
1989 Regierungsumbildung (April), Tod des ehemaligen Präsidenten Ahidjo (30. Nov.).

Äquatorial-Guinea   (Forts. v. S. 1514)

1985 Einführung des Franc CFA als Währung, Annäherung an frankophone Länder (1. Jan.).
1987 Gründung der *Demokratischen Partei Äquatorial-Guineas* (PDGE) als Regierungspartei.
1988 Das Parlament beschließt die Schaffung eines Mehrparteiensystems.
1989 Nguema Mbazogo (* 1942) bei Parlamentswahlen mit 99,8% erneut im Amt bestätigt.

São Tomé/Príncipe   (Forts. v. S. 1515)

1988 Wiedereinführung des Premierministeramtes nach Verfassungsänderung (Jan.).
1990 *Referendum,* 72% für neue Verfassung mit Mehrheitsparteiensystem und freien Wahlen.

Gabon (Gabun)   (Forts. v. S. 1515)

1986 Bei *Präsidentschaftswahlen* wird Bongo mit 99,9% wiedergewählt (9. Nov.).
30. Dez. Eröffnung der quer durch Gabon führenden *Transgabonais-Eisenbahn.*
1990 *Verfassungsänderung,* Mehrparteiensystem mit Trennung von Partei und Legislative. Am
21. Mai 15./16. Sept. umstrittene *Wahlen zur Nationalversammlung.*

Volksrepublik Congo (Kongo [-Brazzaville])   (Forts. v. S. 1516)

1984 Als Nachfolger Gomas wird *Ange Edouard Pongui* (* 1942) neuer Premier.
1986 Congo unternimmt verschiedene Vermittlungsversuche im Tchad-Konflikt.
1987 Gescheiterter Staatsstreich, der mit Regierungstruppen und französischer Hilfe vereitelt
Juli wird, unter anderem Festnahme Yhombi-Opangos.
1989 Wiederwahl von Sassou-Nguesso, neuer Premier *Alphonse Poaty-Souchlaty* (* 1941).
1990 Das Zentralkomitee der PCT beschließt Einführung eines Mehrparteiensystems (Sept.).

Zaïre (Kongo [-Léopoldville bzw. -Kinshasa])   (Forts. v. S. 1521)

1985 Kooperationsabkommen mit Angola (Febr.). Staatsbesuch Mobutus in Israel (Mai).
27. Juni Rückkehr von Nguza Karl-i-Bond aus dem belgischen Exil.
1986 Gipfelkonferenz in Nsele, bei der Grenzzwischenfälle mit Congo beigelegt werden.
Dez. Weitere Vereinbarungen über Zusammenarbeit mit Angola.
1987 *Parlamentswahlen* mit Wahlpflicht (6. Sept.). In Genf wird die *Bildung einer Exilregierung* durch verschiedene Oppositionsgruppen bekanntgegeben, die im *Parti Démocratique et Socialiste Congolais* versammelt sind, ihr Ziel ist der Sturz Mobutus.
1988 Bei einer Regierungsumbildung wird Nguza Karl-i-Bond Außenminister (7. März). Verbot von 357 Kirchen und Sekten in Zaïre (April).

1648 Ereignisse seit 1985 – Afrika südlich der Sahara

30. Okt. Besuch des belgischen Premierministers Martens in Zaïre. Die Diskussionen über den Besuch in *Belgien* führen zu Verstimmung in Zaïre, rapide Verschlechterung der Beziehungen beider Länder.
1989 Das Zentralkomitee der MPR unterbricht Schuldendienst an Belgien, *Kündigung des*
13. Jan. *Freundschaftsvertrages* von 1960, Belgien sagt daraufhin neue Entwicklungshilfe ab.
23. Juni Bei *Gipfeltreffen in Gbadolite* wird unter Mobutus Leitung Waffenstillstand im angolanischen Bürgerkrieg ausgehandelt. Durch Vermittlung König Hassans II. von Marokko *Verständigung Zaïres mit Belgien* (Juli). *Grenzvertrag mit Zambia,* der langjährigen Grenzkonflikt beendet. (18. Sept.).
1990 Normalisierung des Verhältnisses zu Belgien. *Lunda Bululu* wird Chef einer Übergangsregierung. *Gesetz über die Zulassung weiterer Parteien* (17. Juli).

Rwanda   (Forts. v. S. 1522)

1986 *Handelsabkommen mit Uganda,* verbesserte Zusammenarbeit wird angestrebt (Aug.).
1988 Nach *Massakern* in Burundi (14. Aug.) fliehen über 60 000 Hutus nach Rwanda. *Wiederwahl* von Staatspräsident *Habyarimana* für weitere fünf Jahre (19. Dez.).
1989 Konferenz in Rwanda und Burundi über Repatriierung burundischer Flüchtlinge (Mai).
1990 Eine *Rebellenarmee* in Uganda lebender Tutsis dringt bis zur Hauptstadt Kigali vor. Haby-
Okt. arimana kann mit Regierungstruppen, belgischer, französischer und zaïrischer Hilfe die Rebellen zurückdrängen.

Burundi   (Forts. v. S. 1524)

1985 Ausweisung von 80 Missionaren, *Konflikt* zwischen Staat und katholischer Kirche.
1986 Zuspitzung des Konfliktes mit der Kirche, Verbot des Religionsunterrichts und Verstaatlichung katholischer Schulen. Kooperationsabkommen mit Uganda (2. Nov.).
1987 *Sturz Präsident Bagazas* während dessen Abwesenheit durch einen Staatsstreich unter Ma-
3. Sept. jor *Pierre Buyoya* (* um 1949). Regierung durch *Militärrat* (Comité Militaire du Salut National, CMSN) ersetzt. Buyoya wird neuer *Präsident.*
1988 Schwere *Stammesunruhen* zwischen Tutsis und Hutus, nach *Massakern* fliehen über 60 000 Hutus nach Rwanda (14. Aug.). *Regierungsumbildung* am 19. Okt., die neue Regierung wird mit 12 Hutus und 11 Tutsis besetzt.
1989 Konferenz in Rwanda und Burundi über Repatriierung burundischer Flüchtlinge (Mai).
April Abbruch der diplomatischen Beziehungen zu Libyen.

Südliches Afrika

Angola   (Forts. v. S. 1525)

1985 Angola tritt dem *Lomé-Abkommen* als 66. Staat bei (30. April). *Aufhebung des „Clark*
10. Juli *Amendment"* durch das Repräsentantenhaus der USA, das bis dahin US-Militärhilfe an regierungsfeindliche Truppen in Angola verhindert hatte.
1986 Auch nach dem Abzug südafrikanischer Truppen Übergriffe auf angolanisches Gebiet.
1988 Unter Vermittlung der USA und der UdSSR einigen sich Angola, Kuba und Südafrika auf
22. Dez. ein Abkommen, das den Abzug kubanischer Truppen aus Angola und die Entlassung Namibias in die Unabhängigkeit regelt.
1989 *Abzug der kubanischen Truppen* aus Angola *beginnt* (Jan.). Mobutu vermittelt in *Gbado-*
23. Juni *lite* (Zaïre) einen *Waffenstillstand zwischen Regierung* und *UNITA,* am 24. Aug. jedoch *erneuter Ausbruch des Bürgerkriegs.*
1990 Beginn direkter *Friedensgespräche* zwischen MPLA und UNITA in Portugal (April). *Reformprogramm* der MPLA, Übergang zu Mehrparteiensystem und Marktwirtschaft beschlossen (9. Dez.).
1991 Verhandlungen zwischen MPLA und UNITA dauern unter Vermittlung Portugals, der USA und den UdSSR an.

Zambia   (Forts. v. S. 1527)

1986 Abkommen mit China über Ausbau der Eisenbahn nach Tanzania (15. Aug.).
1987 Beschluß, mit Angola und Zaïre die Benguela-Eisenbahn wiederaufzubauen (30. Apr.).
1988 Kaunda bricht mit der vom Internationalen Währungsfonds (IWF) empfohlenen Wirtschaftspolitik und *reduziert den Schuldendienst.* Bei *Wahlen* Kaunda mit 95,5 % wiedergewählt.

Rwanda – Burundi – Angola – Zambia – Malawi – Zimbabwe – Mozambik – Namibia *1649*

1989 Unterzeichnung eines *Grenzvertrages mit Zaïre,* der die umstrittene Grenze festlegt.
1990 Erfolgloser Putschversuch (Juni), *Kommission soll neue Verfassung beraten* (Sept.).

Malawi   (Forts. v. S. 1528)

1985 Aufnahme diplomatischer Beziehungen Malawis zu Tanzania (16. Mai).
1987 Malawi entsendet Truppen nach Mozambik, um dort Regierung im Kampf gegen RE-
März   NAMO-Rebellen zu unterstützen. Im Mai *Parlamentswahlen* (nur Kandidaten der MCP.).
1988 Staatsbesuch P. W. Bothas (Südafrika) in Malawi.

Zimbabwe   (Forts. v. S. 1531)

1985 Bei den *ersten (nach Rassenangehörigkeit) getrennten Parlamentswahlen* erhält Mugabes
27. Juni   ZANU 63, die ZAPU 15 Sitze. Von den 20 für Weiße reservierten Sitzen gehen 15 an die
–4. Juli   *Conservative Alliance of Zimbabwe* (CAZ) von *Ian Smith.* Die Armee Zimbabwes unterstützt Regierungtruppen Mozambiks im Kampf gegen RENAMO-Rebellen (Aug.). Gespräche Mugabes (ZANU) und Nkomos (ZAPU) über die Vereinigung beider Parteien
(Okt.).
1986 Präsident Canaan Banana (* 1936) wird für weitere fünf Jahre vereidigt.
1987 *Rücktritt Smiths* als CAZ-Vorsitzender und Fraktionsleiter im Parlament (13. Mai). *Ab-*
21. Aug.   *schaffung der reservierten Parlamentssitze für Weiße* und der getrennten Wahllisten; damit
sind die Weißen nicht mehr im Parlament vertreten.
22. Dez.   Am 22. Dez. wird *Abkommen über die Vereinigung von ZANU und ZAPU zur vereinigten
ZANU* (PF) unterzeichnet. Ihr Vorsitzender *Mugabe* wird *Präsident* von Zimbabwe
(31. Dez.).
1988 Ein außerordentlicher ZAPU-Kongreß stimmt Vereinigung mit der ZANU zu (3. Apr.).
Zimbabwische Truppen in Mozambik sollen bleiben, um die Transportwege zu sichern.
1989 Gründung der Oppositionspartei *Zimbabwe Unity Movement* (ZUM) unter *Eduard Te-*
Dez.   *kere* (30. April). Der *erste Parteitag der vereinigten ZANU* strebt ein sozialistisches System
und eine marxistisch-leninistische Einparteienherrschaft an.
1990 Bei Präsidentschafts- und Parlamentswahlen siegt Mugabe mit 78%, im Parlament erhält
29. März   die ZANU 116 der 120 Sitze. Ernennung von drei weißen Ministern (noch 90 000 Weiße im
Land). Aufhebung des 1965 von Ian Smith verhängten Ausnahmezustandes (25. Juli).
Landreform angekündigt, die Regierung will Land von Großfarmern aufkaufen. Abkehr
Mugabes von Einparteiensystem (Okt.).

Mozambik   (Forts. v. S. 1532)

1985 Machel erklärt den Übergang zur *Kriegswirtschaft,* um gegen Rebellen der *Resistência Na-*
Juni   *cional Moçambicana* (RENAMO) kämpfen zu können. *Offensive gegen RENAMO* mit
Hilfe Zimbabwes (Sept.). Gespräche mit Südafrika über Nkomati-Abkommen aufgrund
des Verdachts der südafrikanischen Unterstützung der RENAMO.
1986 Bei Flugzeugabsturz über südafrikanischem Gebiet stirbt Präsident Machel. Das Zentral-
19. Okt.   komitee der FRELIMO wählt als Nachfolger *Joaquim Chissano* (* 1939).
1989 Auf dem *fünften FRELIMO-Kongreß* wird der Primat der marxistisch-leninistischen zu-
Juli   gunsten einer allgemein sozialistischen Richtung aufgegeben. Initiativen zur Beendigung
des Bürgerkrieges scheitern (ca. 100 000 Tote, 1,6 Mio. Flüchtlinge).
1990 Erste *direkte Gespräche mit RENAMO* (Juli), Verabschiedung einer *neuen Verfassung* mit
3. Nov.   Mehrparteiensystem, Verzicht der FRELIMO auf Machtmonopol, Umbenennung in **Republik Mozambik** (vorher Volksrepublik Mozambik). Vereinbarung eines regionalen Waffenstillstands und Abzug der Truppen aus Zimbabwe (Dez.).
1991 Regierung und RENAMO können sich nicht auf Einhaltung des Waffenstillstands und
über die politischen Reformen einigen; neue Angriffe der RENAMO.

Namibia   (Forts. v. S. 1534)

1985 Einsetzung einer *Übergangsregierung und Nationalversammlung* für Namibia durch Süd-
17. Juni   afrika, die von der UNO umgehend für illegal und nichtig erklärt wird.
1986 Vorschlag Bothas, die Unabhängigkeit Namibias mit kubanischem Abzug aus Angola zu
März   verbinden, wird international weitgehend abgelehnt.
1988 Der Waffenstillstand zwischen Angola, Kuba und Südafrika (22. Aug.) und die Unterzeich-
22. Dez.   nung des *Friedensabkommens* zwischen Südafrika, Kuba und Angola, der den Angola-
krieg beendet, regelt auch den *Unabhängigkeitsprozeß für Namibia.*
1989 Am 28. Febr. *Auflösung der nicht anerkannten Übergangsregierung.* Ausbruch schwerer

1650 Ereignisse seit 1985 – Afrika südlich der Sahara

April   *Kämpfe* zwischen SWAPO und südafrikanischen Einheiten, die UNO-Truppen nicht unterbinden können.

14. Sept.   Rückkehr des SWAPO-Führers Samuel Nujoma (* 1929) aus dem Exil.

7.–11. Nov.   International überwachte *Wahlen zur Verfassungsgebenden Versammlung,* die SWAPO erhält 57,3%, die Demokratische Turnhallen-Allianz (DTA) 28,5% der Stimmen.

1990   Einstimmige Verabschiedung der Verfassung mit Mehrparteien- und Präsidialsystem (9. Febr.), Nujoma wird Präsident.

21. März   **Unabhängigkeit** der **Republik Namibia,** Einsetzung der neuen Regierung. Namibia wird 160. UNO-Mitglied (23. April).

Republik Südafrika   (Forts. v. S. 1537)

1985   Einsetzung einer Übergangsregierung in Namibia (17. Juni). Verhängung des *Ausnahmezustands* in 36 der 265 Bezirke Südafrikas (21. Juli). Gespräche Präsident Bothas mit Machel (Mozambik) über Nkomati-Abkommen (16. Sept.).

1986   Am 7. März wird der Ausnahmezustand zunächst aufgehoben, dann am 12. Juli für ganz Südafrika erklärt. Bei *Unruhen* 1985/86 bisher ca. 1800 Tote.

1987   Bei *Wahlen* der für Weiße reservierten Kammer kann die NP absolute Mehrheit behalten (Mai). Verlängerung des Ausnahmezustands. Einigung mit Zulu-Führer Gatsha Buthelezi (* 1928) auf gemeinsame Exekutivbehörde für Natal und das Homeland KwaZulu (3. Nov.).

1988   Friedensabkommen (22. Dez.) Südafrikas mit Angola und Kuba regelt Unabhängigkeit Namibias.

1989   Rücktritt Bothas als NP-Parteivorsitzender (2. Febr.), sein Nachfolger wird *Fredrik Willem*
5. Juli   *de Klerk* (* 1936). Erstes direktes Gespräch Präsident Bothas mit dem inhaftierten ANC-Führer Nelson Mandela. *Präsident Botha erklärt Rücktritt* (14. Aug.). Bei *Parlamentswahlen* am 6. Sept. kann die NP die absolute Mehrheit knapp behalten, neuer *Präsident* wird *F. W. de Klerk.*

1990   *Reformprogramm* von Präsident de Klerk, *ANC- und PAC-Verbot wird aufgehoben* (2. Febr.). Freilassung Nelson Mandelas (11. Febr.). *Namibia* wird unabhängig (21. März). Am 8. Juni *Aufhebung des Ausnahmezustandes* außer für Natal.

15. Juli   Beschluß der Inkatha-Bewegung, sich als politische Partei zu formieren. Nach Gesprächen
7. Aug.   mit ANC und nach Freilassung der politischen Gefangenen *beendet der ANC den bewaff-*
12. Aug.   *neten Kampf* gegen die Regierung. Ausbruch gewalttätiger *Machtkämpfe zwischen Inkatha-Bewegung (Zulu) und ANC (Xhosa),* die die Regierung zunächst nicht eindämmen
Okt.   kann. Weitere *Lockerung der Apartheid-Gesetzgebung.*

1991   Vorschlag des ANC zu einer Allparteien-Konferenz; erstes Treffen zwischen Mandela und
Jan./Febr.   Buthelezi (Jan.); letzte Apartheid-Gesetze aufgehoben (Febr.).

Lesotho   (Forts. v. S. 1537)

1986   Sturz Jonathans durch *Militärputsch* unter *Metsing Lekhanya* (* um 1938), Moshweshwe II. wird König.

1990   Entmachtung Moshweshwes II. durch Lekhanya, *Mohato Seeiso* wird neuer *König* (8. Nov.).

Swaziland   (Forts. v. S. 1538)

1986   Krönung Prinz Makhosetives als *König Mswati III.* (* 1968) von Swaziland (25. April).

1989   Entlassung von *Premier* Sotha Dlamini, Nachfolger wird *Obed Dlamini* (12. Juli).

Botswana   (Forts. v. S. 1540)

1985   Angriff südafrikanischer Einheiten auf Gaborone gegen vermutete ANC-Stützpunkte.

1989   *Parlamentswahlen* am 7. Okt., die BDP erhält 31 der 38 Sitze, die BNF 3.

Östliches Afrika

Tanzania mit Zanzibar   (Forts. v. S. 1540)

1986   Mwinyi sagt bei Besuch in Mozambik tanzanische Hilfe beim Kampf gegen Rebellen zu.

Aug.   Vertrag mit Zambia und China über weiteren Ausbau der Eisenbahn nach Zambia.

1987   Tanzania entsendet Truppen nach Mozambik, um dort Kampf gegen RENAMO zu unterstützen.

Republik Südafrika – Lesotho – Swaziland – Botswana – Tansania – Uganda – Kenya – Somalia   *1651*

31. Okt.   Nyerere wird als Vorsitzender der Einheitspartei CCM wiedergewählt.
1988   *Entlassung von Regierung und Revolutionsrat Zanzibars*, neuer Regierungschef wird *Omar Ali Juma* (22. Jan.). Rückzug der tanzanischen Truppen aus Mozambik (Nov.).
1990   Nyerere eröffnet die *Diskussion über Einführung eines Mehrparteiensystems* (Febr.). Parlament lehnt Einführung eines Mehrparteiensystems ab (14. Juli). Nyerere legt den *Parteivorsitz* der CCM nieder (17. Aug.), neuer Vorsitzender wird Mwinyi.

Uganda   (Forts. v. S. 1541)

1985   Im Juni Vordringen der *National Resistance Army* (NRA) unter *Yoveri Museveni* (* 1944).
27. Juli   *Sturz Obotes*, Putsch von General Basilio Okello. Generalleutnant *Titus Okello* (* 1914) wird neuer *Staatspräsident und Vorsitzender des Militärrats*.
1986   Einnahme der Hauptstadt Kampala durch die NRA, Flucht Okellos, *Museveni* wird neuer *Präsident* (29. Jan.). *National Resistance Council* wird oberstes Regierungsorgan.
1987   Beginn eines Wirtschafts- und Wiederaufbauprogramms (14. Mai).
1988   Indirekte *Wahlen* zum National Resistance Council (Febr.).

Kenya (Kenia)   (Forts. v. S. 1543)

1986   Schließung der Universität von Nairobi nach *Studentenunruhen* (13. März). *Umstrittene Verfassungsänderung* erweitert die Kompetenzen des Präsidenten (2. Dez.).
1987   *Grenzstreitigkeiten* mit Uganda, nach Treffen zwischen Moi und Museveni (Uganda) beigelegt (Dez.).
1988   Parlamentswahlen, 128 Abgeordnete der KANU wiedergewählt (21. März). Zweite Amtszeit Mois.
1990   Der Außenminister Robert Ouko wird unter ungeklärten Umständen erschossen (Febr.).
Juli/Aug.   *Unruhen,* die Regierung stellt sich gegen ein Mehrparteiensystem.

Somalia   (Forts. v. S. 1543)

1986   Beginn der Friedensgespräche mit Äthiopien.
1988   Erklärung über Versöhnung Äthiopiens und Somalias (4. April), Truppenabzug. Vordringen der Rebellenbewegung *Somalia National Movement* (SNM) im Norden Somalias.
1990   Neue Regierung Barres unter Premierminister Mohammed Hawadle Madar (3. Sept.).
1991   Eine *Rebellenarmee erobert die Hauptstadt* Mogadischu, *Flucht Barres*; neuer Präsident
29. Jan.   *Ali Mahdi Mohammed.* (* 1939). Gegensätze zwischen den vier Rebellengruppen führen
Febr.   zur Verschiebung der geplanten Nationalkonferenz. Gefahr der Abspaltung Nordsomalias.

Dschibuti (Djibuti)   (Forts. v. S. 1544)

1987   Wiederwahl Aptidons mit 90% bei Parlaments- und Präsidentschaftswahlen im April.
1988   Schwere *Unruhen* in Balbala bei Djibuti (Jan.).

Äthiopien   (Forts. v. S. 1545)

1984   *Gründungskongreß der* marxistisch orientierten äthiopischen *Arbeiterpartei* (Sept.). Mengistu wird erster Generalsekretär.
1984/1985   Eine *Dürrekatastrophe* bedroht über 7 Mio. Menschen mit dem Hungertod. Internationale Hilfen durch Rebellenkrieg im Norden erschwert. Die Regierung beginnt mit der *Umsiedlung* von über 1 Mio. Bauern, die zahllose Opfer fordert.
1986   Beginn von Friedensgesprächen mit Somalia. *Verfassungsentwurf* für ein Präsidialsystem
8. Sept.   gebilligt, bei dem die marxistisch-leninistische Arbeiterpartei führend sein soll, Verstaatlichung der Produktionsmittel.
1987   Bei *Verfassungsreferendum* stimmen 81% für neue Verfassung (1. Febr.). Parlamentswah-
12. Sept.   len am 14. Juni. Ausrufung der **Demokratischen Volksrepublik Äthiopien**. Präsident wird Mengistu, Regierungschef Fikre Selassie Wodgeres. Äthiopien bleibt ein Einheitsstaat, jedoch *Schaffung autonomer Regionen* (Eritrea, Tigre, Ogaden). Erneute Hungerkatastrophe im Norden und Osten und Umsiedlungen.
1988   Die *Rebellenbewegungen* EPLF und Tigre People's Liberation Front (TPLF) *drängen Re-*
März   *gierungstruppen zurück. Versöhnung zwischen Äthiopien und Somalia* (4. April).
1990   Die Einnahme von Massawa durch die EPLF unterbricht die internationale Hungerhilfe (Febr.). Umbenennung der Arbeiterpartei in *Äthiopische Demokratische Einheitspartei,* Abkehr vom Marxismus. Wachsende Erfolge von EPLF und TPLF gegen Regierungstruppen.

1652 Ereignisse seit 1985 – Afrika südlich der Sahara – Asien

1991 Neue Gesprächsrunde zwischen Regierung und EPLF zieht erstmals Möglichkeit der Autonomie Eritreas in Betracht (Febr.).

Madagaskar (Forts. v. S. 1547)

1986 Erweiterung der Wirtschaftszone auf 200 Seemeilen (Jan.).
1987 Plünderungen und Ausschreitungen gegen indische und pakistanische Bevölkerung (Febr./März).
1989 Vorgezogene *Präsidentschaftswahlen,* Ratsiraka erhält 62,7%. Bei Parlamentswahlen ge-
12. März hen 120 der 137 Sitze an die AREMA.
1990 Fehlgeschlagener *Putschversuch* in Atananarivo (13. Mai). Besuch des südafrikanischen Präsidenten de Klerk (16. Aug.), Aufnahme offizieller Beziehungen.

Comoren (Komoren) (Forts. v. S. 1548)

1985 Besuch Abdallahs auf Madagaskar, Wiederaufnahme diplomatischer Beziehungen (Juni).
1987 Parlamentswahlen, fast nur Abgeordnete der *Union Comorienne pour le Progrès* gewählt.
1989 Verfassungsreferendum ermöglicht Abdallah vierte Präsidentschaftskandidatur (4. Nov.).
26. Nov. Präsident Abdallah wird bei *Staatsstreich* durch Söldnertruppe erschossen. Interimspräsident wird *Said Mohammed Djohar.* Französische Truppen beenden Söldnereinsatz.
1990 Beim zweiten Gang der *Präsidentschaftswahlen* erhält Djohar 55% (11. März).

Mauritius (Forts. v. S. 1550)

1985 Tod des Expremiers Sir Seewoosagur Ramgoolam (15. Dez.). Neue *Generalgouverneur* wird Sir *Veerasamy Ringadoo.* Vier mauritische Parlamentsabgeordnete werden in Amsterdam wegen Heroinschmuggels verhaftet (27. Dez.), Affäre löst innenpolitische Krise aus.
1987 *Parlamentswahlen:* die Regierungsparteien erhalten 38, die Opposition 22 Sitze.
1990 *Abkommen zwischen Regierungsparteien und MMM,* bei kommender Parlamentswahl zusammenzugehen (19. Juli). Verfassungsänderung geplant, Mauritius soll Republik werden.

Seychellen (Forts. v. S. 1550)

1987 *Parlamentswahlen,* Sieg der Einheitspartei SPPF bei Wahlbeteiligung von 66% (5. Dez.).
1988 Aufnahme diplomatischer Beziehungen zu den Comoren und Mauritius (Juni).

Asien

Südasien (Indischer Subkontinent)

Indien (Forts. v. S. 1559)

1984 Ein Leck in einer chemischen Fabrik des amerikanischen Konzerns Union Carbide verur-
3. Dez. sacht eine Giftgaskatastrophe in der Stadt Bhopal: mehr als 2000 Tote und etwa 200 000 Verletzte.
24. und *Parlamentswahlen.* Rajiv Gandhi wird nach einem glänzenden *Wahlsieg seiner Kongreß-*
27./28. *partei* am 31. Dezember Premierminister. Er selbst übernimmt mehrere Ministerien, u.a.
Dez. das Außenministerium. Nach den Nachwahlen vom 28. Januar 1985 verfügt die Kongreßpartei über 403 der 544 Sitze im Parlament.
1985 Bei den *Parlamentswahlen in elf Unionsstaaten* setzt sich die Kongreßpartei in neun Fällen
2./5. März durch.
21.–26. Premierminister Gandhi unterzeichnet bei einem Besuch in der UdSSR ein *Rahmenab-*
Mai *kommen* über wissenschaftlich-technische und medizinische Zusammenarbeit für 15 Jahre.
20. Aug. *Harchand Singh Longowal,* Führer des gemäßigten Flügels der Sikh-Partei Alkali Dal, der am 24. Juli mit der Regierung die Bildung eines eigenen Sikh-Bundesstaates im Pandschab vereinbart hatte, wird ermordet.
25. Sept. Sein Nachfolger *Surjit Singh Barnale* übernimmt nach einem Wahlsieg seiner Partei die Regierung im Pandschab.
16. Dez. Bei *Wahlen im Bundesstaat Assam* gewinnt die All Assam Gana Sangram Parishad (AAGSP) mit ihrem gegen die etwa 2,5 Mio. meist bengalischen Einwanderer gewandten

Madagaskar – Comoren – Mauritius – Seychellen – Indien – Pakistan – Bangla Desch   *1653*

Programm die Mehrheit. Im Unterhaus hält die Kongreßpartei nach den letzten Nachwahlen 413 und 542 Sitzen.
1986 Landesweiter *Generalstreik* gegen die Preispolitik der Regierung (26. Febr.).
12. Mai Der Sikh *Buta Singh* wird Innenminister.
25. Nov. Staatsbesuch von Michail Gorbatschow, Generalsekretär der KPdSU. Unterzeichnung eines Abkommens gegen den Einsatz von Atomwaffen.
1987 Abspaltung des *Nationalen Sozialistischen Kongresses* von der Kongreßpartei (7. Jan.).
Jan. Anhaltende Gefechte an der Grenze zu *Pakistan.* Am 4. März Unterzeichnung eines *Grenzabkommens.*
20. Febr. *Arunachal Pradesh* und *Mizoram* werden zu neuen Bundesstaaten erklärt.
Juni Indien unterstützt Tamilen auf Sri Lanka mit Hilfslieferungen gegen die Regierungstruppen.
13. Juli *Ramaswami. Venkataraman* (* 1910) wird Staatspräsident. Vizepräsident Shankar Dayal Sharma (* 1918).
29. Juli *Abkommen mit Sri Lanka* über die Beilegung des *Tamilenkonflikts.* Indische Truppen verleihen der Durchführung Nachdruck.
Sept. Erneut *Grenzgefechte mit Pakistan.*
9. Dez. In Neu-Delhi demonstrieren mehrere 100 000 Menschen nach Aufruf der kommunistischen und sozialistischen Parteien für den Rücktritt der Regierung Gandhi.
1988 *Verfassungsänderung:* der Premierminister wird ermächtigt, in den Bundesstaaten den
März Ausnahmezustand zu erklären und dort bis zu drei Jahren die Verwaltung zu übernehmen.
15. Aug. Bildung der *Samajwadi Dschanata Dal* (Demokratische Volkspartei) als Zusammenschluß mehrerer Oppositionsparteien, u. a. der Dschanata-Partei, unter dem früheren Minister *Vishnawath Pratap Singh* (* 1931).
1989 Indien verfügt erstmals über *Mittelstreckenraketen* (22. Mai).
22.–26. Die *Kongreßpartei verliert* bei den Parlamentswahlen die *Mehrheit: Gandhi tritt* am
Nov. 29. Nov. *zurück.* Premierminister wird *V. P. Singh,* der Führer des Parteienbündnisses National
1. Dez. tional Front (Vizepremier: Devi Lal).
1990 Bei Wahlen in verschiedenen Bundesstaaten weitere Verluste der Kongreßpartei.
10. Nov. Nach Rücktritt seines Vorgängers wird der Führer des abgespaltenen linken Flügels der Dschanata Dal, *Chandra Shekar* (* 1927), als *Premierminister* vereidigt. Minderheitsregierung mit Unterstützung der Kongreßpartei. Zunahme der blutigen Unruhen im Pandschab.
1991 Rücktritt Chandra Shekars (6. März).

Pakistan   (Forts. v. S. 1561)

1984 Eine *Volksbefragung* billigt die Islamisierung des Landes und bestätigt Zia-ul-Haq für fünf
19. Dez. Jahre als Präsidenten.
1985 Parlamentswahlen (25. Febr.) mit schweren Einschränkungen unter *Kriegsrecht* (Aufhebung 30. Dez.).
3. März *Verfassungsänderungen* stärken die Stellung des Präsidenten. Zia-ul-Haq ernennt auf dieser
22. März ser Grundlage *Mohammad Khan Junejo* (* 1932) zum Premierminister.
1986 Wiederzulassung registrierter Parteien, darunter die Pakistan Peoples Party, ab Mai unter
Jan. Vorsitz von Benazir und Nusrat Bhutto.
1988 Zia-ul-Haq löst alle Parlamente und Regierungen des Landes auf (29./30. Mai).
17. Aug. Zia-ul-Haq stirbt bei einem Flugzeugabsturz. Bei den folgenden *Parlamentswahlen* erringt
16. Nov. die PPP 45 % der Stimmen. *Benazir Bhutto* (* 1953) wird Premierministerin, *Ghulam Ishaq*
1. Dez. *Khan* (* 1915) *Staatspräsident.*
1989 Pakistan wieder im Commonwealth (1. Okt).
1990 *Ishaq Khan* löst das Parlament auf und *entläßt die Regierung Bhutto.* Der Vorsitzende der
6. Aug. Islamischen Demokratischen Allianz, *Mian Nawaz Sharif* (* 1948), wird nach den Wahlen (24. Okt.) neuer Regierungschef.

Bangla Desch   (Forts. v. S.1562)

1986 Parlamentswahlen unter Kriegsrecht ohne Beteiligung der Opposition. Die regierende Ja-
7. Mai tiya-Partei erhält 152, die Parteienallianz unter Führung der Awami-Liga 97 von 300 Sitzen.
9. Juli Mizan-ur Rahman Chowdhury Premierminister.
10. Nov. Die 1982 suspendierte Verfassung wieder in Kraft gesetzt, *Kriegsrecht aufgehoben.*
1987 Ershad löst das Parlament auf (29. Dez.).
1988 Parlamentswahlen: absolute Mehrheit für die Jatiya-Partei. Premierminister wird Moudud
3. März Ahmed.
7. Juni Der *Islam* wird *Staatsreligion.*

1654 Ereignisse seit 1985 – Asien

Aug./Sept.	Schwere Hochwasserkatastrophen (fast 30 Mio. Obdachlose). Im Frühjahr 1989 wochenlange Trockenheit. Notstandskredit des IWF.
1989	Regierungsumbildung: Premierminister Kazi Zafar Ahmed (Aug.).
1990	Blutige *Unruhen* begleiten eine seit drei Jahren laufende Kampagne der Opposition zur
Okt./Nov.	Absetzung Ershads. *Ershad* verhängt den Ausnahmezustand und *tritt* am 5. Dez. *zurück.*
5. Dez.	
1991	Erstmals seit 1975 *Freie Parlamentswahlen,* überraschender Sieg der Bangladesh Nationa-
27. Febr.	list Party (BNP) unter Khaleda Zia (* 1941?), jedoch keine absolute Mehrheit.

Sri Lanka (Forts. v. S. 1563)

1987	Regierungstruppen gehen auf der Halbinsel Jaffna massiv gegen die Tamilen vor, um die
Febr.	seit Jahren schwelenden ethnischen Konflikte zu unterdrücken; wie auch bei folgenden Militäraktionen interveniert Indien.
29. Juli	*Abkommen mit Indien* zur Lösung der *Tamilenfrage:* unter Aufsicht indischer Truppen sollen die Tamilen entwaffnet und autonome Provinzen für sie eingerichtet werden.
1988	*Staatspräsident* wird der bisherige Premierminister *Ranasinghe Premadasa* (* 1924).
1990	Die indischen Truppen ziehen ab, ohne daß der Konflikt gelöst ist (März).
24. März	

Malediven (Forts. v. S. 1563)

1988	Ein *Putschversuch* gegen Präsident Gayoom schlägt fehl. Am 11. Nov. tritt Gayoom seine neue Amtszeit an.

Nepal (Forts. v. S. 1564)

1986	Nach den Parlamentswahlen vom 12. Mai wird *Marich Man Singh Shresta* Regierungs-
13. Juni	chef.
1990	Nach monatelangen blutigen *Demonstrationen* für mehr Demokratie Auflösung des Parla-
April	ments. Premierminister wird *Krishna Prasad Bhattarai* (* 1925).
9. Nov.	Die *neue Verfassung* sieht die Einführung einer konstitutionellen Monarchie vor.

Bhutan (Forts. v. S. 1564)

1988	In Peking wird über die Grenzziehung zur VR China verhandelt (Mai).
1989	Bhutan beginnt, seinen Handel in der Region zu intensivieren.

Südostasien

Paktsysteme (Forts. v. S. 1565)

1985	Die *Außenministerkonferenz der ASEAN-Staaten* fordert Vietnam auf, sich aus Kambo-
11. Febr.	dscha zurückzuziehen.
1987	Die internationale Kambodscha-Konferenz lehnt separate Verhandlungen der ASEAN-
25. Juli	Staaten mit Vietnam ab.
15. Dez.	Auf der *dritten ASEAN-Gipfelkonferenz* in Manila sollen die Wirtschaftsbeziehungen der Mitglieder untereinander verbessert und Handelshemmnisse abgebaut werden.
1989	Das Thema der *Jahrestagung der ASEAN* ist die Kambodscha-Frage sowie die zunehmen-
3. Juli	den wirtschaftlichen Spannungen zwischen den Mitgliedern (bis 4. Juli).
22.–27.	Die Tagung der *Interparlamentarischen Organisation der ASEAN-Staaten* (AIPO) in Ma-
Aug.	nila drückt Besorgnis über den EG-Binnenmarkt und die Handelsschranken zwischen der EG und ASEAN aus.
1990	Die USA entziehen der kambodschanischen Widerstandskoalition die Unterstützung und
18. Juli	erklären sich zu Verhandlungen mit Vietnam bereit.
29. Juli	Die *Außenministerkonferenz der ASEAN-Staaten* endet, ohne daß sich die USA und die ostasiatischen Staaten in der Kambodscha-Frage geeinigt hätten.

Myanmar (Burma) (Forts. v. S. 1567)

1987	2. Kongreß der ethnisch begründeten Guerillaorganisationen der National Democratic Front (25. Mai – 8. Juli) beschließt Zusammenarbeit mit der BCP.
Sept.	Die Regierung zieht die höheren Banknoten ersatzlos ein (50% der kursierenden Währung). Dies und die schlechte Versorgungslage führen zu Schüler- und Studentenunruhen.

Sri Lanka – Malediven – Nepal – Bhutan – Myanmar – Thailand – Laos – Kambodscha – Vietnam *1655*

1988 Weitere blutige Studentenunruhen infolge der Schließung mehrerer Universitätsfakultäten (21. Juni).

23.–26. *Parteitag der Birmanischen Sozialistischen Programmpartei* mit Rücktritt von Parteichef
Juli U Ne Win und Staatspräsident U San Yu. Beide Ämter übernimmt U Sein Lwin. *Kehrtwende in der Wirtschaftspolitik* zugunsten der Privatwirtschaft.

3. Aug. Über Rangun wird nach Massendemonstrationen das Kriegsrecht verhängt. Sein Lwin überläßt seine Ämter *Maung Maung Kha* (* ca. 1920).

22. Aug. *Generalstreik* gegen die Regierungspartei und für Demokratie. Daraufhin Aufhebung des Kriegsrechts und Ankündigung eines Mehrparteiensystems.

18. Sept. Erfolgreicher *Militärputsch* unter *Saw Maung* (* 1928) (ab 21. Sept. Ministerpräsident).

1989 Neuer Landesname ist **Union von Myanmar** (26. Mai).

1990 Erste *freie Wahlen* bringen überwältigenden Sieg der oppositionellen Nationalen Liga für
27. Mai Demokratie (NLD, 397 von 485 Sitzen), jedoch keine Machtübergabe der Militärs, die im Lauf des Jahres ihre Repression verstärken.

Thailand (Forts. v. S. 1568)

1985 Erfolgloser Putschversuch unter General Serm Na Nakhom (9. Sept.).

1986 Auf die Auflösung des Parlaments (1. Mai) folgen *Neuwahlen;* Prem Tinsulanonda bildet
27. Juli eine Koalitionsregierung.

1988 Die moslemische Separatistenbewegung im Süden gibt bewaffneten Kampf auf (Jan.).

28. April Auflösung des Parlaments nach Abstimmungsniederlage der Regierung; die Neuwahlen bringen Verluste, jedoch weiterhin eine Mehrheit der Koalition. Ministerpräsident wird
4. Aug. *Chatichai Choonhavan* (* 1922), Führer der Chart Thai-Partei. Politische und wirtschaftliche Liberalisierung, hohe Wachstumsraten, jedoch auch hohe Korruption. Zunehmender Konflikt mit der Armeeführung.

1991 Unblutiger *Militärputsch.* Sturz der Regierung Chatichai, Auflösung des Parlaments und
23. Febr. Verhängung des Kriegsrechts; „Nationaler Friedensrat" als Übergangsregierung.

Laos (Forts. v. S. 1432)

1986 Neuer Staatspräsident wird am 29. Okt. *Phoumi Vongvichit* (* 1910).

1989 Nach Kreis- und Provinzwahlen nun auch, erstmals seit 1975, *Parlamentswahlen* (26. März).

Kambodscha (Forts. v. S. 1433)

1985 Letzte militärische Offensive Vietnams (Frühjahr), kündigt im August Truppenabzug an.

1988 Mehrere informelle *Treffen* zwischen den vier kambodschanischen Gruppen sowie den Außenministern von Vietnam, Laos, Thailand und Indonesien bringen keine Ergebnisse.

1989 Mehrere *Internationale Kambodscha-Konferenzen* führen zu keiner Lösung (bis 1990).

30. April *Neue Verfassung* ändert den Landesnamen in das ideologisch neutrale „*Staat Kambodscha",* der Buddhismus wird Staatsreligion. Die vietnamesischen Truppen verlassen nach
Sept. fast elfjähriger Präsenz das Land.

1990 *Friedensplan* des Sicherheitsrates der UNO sieht vor, daß das Land bis zu freien Wahlen
27. Aug. weitgehend unter der Aufsicht der UNO steht.

Dez. Die vier Bürgerkriegsparteien stimmen Kernpunkten zu, jedoch keine völlige Einigung.

1991 Wiederaufflammen der Kämpfe zwischen Regierung und Roten Khmer.

Vietnam (Forts. v. S. 1431)

1985 Währungsreform (Sept.), dennoch weiterhin starke Inflation.

1986 Zur Behebung der akuten *Versorgungsprobleme* werden großangelegte Umsiedlungsaktionen in wirtschaftlich nutzbare Bergregionen geplant. Mißernten, starkes Bevölkerungswachstum und verfehlte Landwirtschaftspolitik bleiben jedoch weiterhin bestimmend.

1987 *Vo Chi Cong* (*1913) als Vorsitzender des Staatsrates Staatsoberhaupt; neue Regierung un-
18. Juni ter *Pham Hung* (* 1912, † 1988).

1988 Gefecht vietnamesischer und chinesischer Kriegsschiffe bei den in der Region umstritte-
14. März nen Spratly-Inseln.

22. Juni *Do Muoi* (* 1917) wird Nachfolger des verstorbenen Ministerpräsidenten Pham Hung.

1989 Der Generalsekretär der KP, Nguyen-Van-Linh (* 1915), lehnt Mehrparteiensystem ab. Im
2. Sept. Oktober 1988 hatten sich die Demokratische und die Sozialistische Partei aufgelöst.

Sept. Vietnam zieht nach fast elf Jahren seine Truppen endgültig aus Kambodscha ab.

1990 Die VIII. ZK-Vollversammlung der KPV lehnt Reformen nach dem Vorbild der osteuro-
März päischen sozialistischen Staaten ab.

Malaysia (Forts. v. S. 1570)

1985 Auseinandersetzungen von Polizei und Militär mit islamischen Fundamentalisten fordern
Nov. Todesopfer.
1986 Thailändische und malayische Armee-Einheiten gehen gemeinsam gegen Guerillaeinhei-
Febr. ten der KP Malaysias vor. Religionsunruhen zwischen Moslems und Christen im Bundesstaat Sabah.
März Der 5. Fünfjahresplan soll im Rahmen der *Neuen Wirtschaftspolitik* u. a. die Wirtschaftskraft der malayischen Volksgruppe stärken.
2./3. Aug. Vorgezogene *Parlamentswahlen:* Die Regierungskoalition Nationale Front erringt eine
Zweidrittelmehrheit.
1988 Die stärkste Partei der Nationalen Front, die UMNO, wird gerichtlich verboten. Ihr Vorsit-
Febr. zender, Regierungschef Mahatir, gründet daraufhin die *UMNO Baru* (Neue UMNO).
26. Okt. Malaysia wird nichtständiges Mitglied im Sicherheitsrat der UNO.
1989 Neues Staatsoberhaupt wird *König Azlan Muhibuddin Shah* (* 1928) (2. März).
1990 Die Nationale Front gewinnt wiederum mit Zweidrittelmehrheit die Wahlen (Okt.).

Brunei (Forts. v. S. 1571)

1984 Aufnahme in die UNO als 159. Mitglied (21. Sept.)
1985 Abkommen über militärische Zusammenarbeit mit Australien (8. Nov.).

Singapur (Forts. v. S. 1571)

1985 *Wee Kim Wee* (* 1916) wird Staatspräsident (30. Aug.).
1986 Der Verkauf ausländischer Presseerzeugnisse wird starken Restriktionen unterworfen
Dez. (27. Okt.). Rückzug der neuseeländischen Truppen aus Singapur angekündigt.
1987 Ankündigung von umfangreichen Privatisierungen von Staatsbetrieben (März).
1989 Verhandlungen mit den USA über Truppenstationierung.
1990 Nach 31 Jahren tritt Regierungschef Lee zurück, behält jedoch wichtige Regierungsämter;
26. Nov. sein Nachfolger ist *Goh Chok Tong* (* 1941).

Indonesien (Forts. v. S. 1574)

1985 Wiederaufnahme der *Wirtschaftsbeziehungen zur VR China.*
1986 Abwertung der Währung, Aufhebung der Kursbindung an den US-Dollar und Preisstopp
Sept. für Grundnahrungsmittel.
Okt. Erleichterungen für ausländische Investoren und Importeure werden angekündigt.
1987 *Weltbank-Kredite* von insgesamt mehr als 1,7 Mrd. US-Dollar für das stark verschuldete
Land als Teil umfangreicher ausländischer Finanzhilfe (Febr.–Juni).
23. April *Parlamentswahlen* mit Sieg der Golkar-Sammlungsbewegung (72,9% Stimmen, 299 von 500
Sitzen im Volksrepräsentantenhaus).
1988 Beteiligung des Militärs an der Regierung gesetzlich geregelt (22. Febr.).
Juni Die *Intergovernmental Group on Indonesia,* eine Hilfsorganisation von Staaten unter Einschluß der Weltbank, stellt Kredite in Höhe von 4 Mrd. US-Dollar in Aussicht.
1989 Besuch des Staatspräsidenten Suharto in der UdSSR (8.–12. Sept.).
1990 Nach vorsichtiger Annäherung 1989 *Wiederaufnahme der* seit 23 Jahren unterbrochenen
8. Aug. *diplomatischen Beziehungen zur VR China.*

Philippinen (Forts. v. S. 1576)

1986 Waffenstillstandsabkommen (bis 8. Febr. 1987) und Gespräche zwischen Regierung und
27. Nov. kommunistischer Guerilla.
1987 Eine *Volksabstimmung* bestätigt die Präsidentschaft Corazon Aquinos bis 1991 und billigt
2. Febr. die neue Verfassung.
11. Mai *Parlamentswahlen:* Sieg der Regierungskoalition (Lakas ng Bayan).
1988 Ein *Landreformgesetz* sieht die Umverteilung von ca. 5,4 Mio. ha Land an über 3 Mio.
8. Juni landlose Bauern innerhalb von zehn Jahren vor, kann jedoch nur unzulänglich in die Praxis
umgesetzt werden.
1989 Sechster und bisher gefährlichster Militärputsch unter Gregorio Honasan. Präsidentin
1.–7. Dez. Aquino bittet die USA um Beistand und verhängt den Ausnahmezustand über das Land.
1990 Das Stützpunktabkommen mit den USA wird gekündigt. Neues Waffenstillstandsabkom-
15. Mai men scheitert; weiterhin Putschgefahr.

Ostasien

Malaysia – Brunei – Singapur – Indonesien – Philippinen – VR China *1657*

Volksrepublik China (Forts. v. S. 1412)

1985
26. Jan. Vertrag über den Bau eines Atomkraftwerkes mit Firmen aus Hongkong. Die Energieversorgung Chinas gilt als unzureichend. Mehrere Abkommen zu Zusammenarbeit auf kerntechnischem Gebiet mit wichtigen Industriestaaten folgen in den nächsten Monaten.

März Besuch von Mitgliedern des Nationalen Volkskongresses in Moskau. Am Rande der Beisetzung Tschernenkos in Moskau Treffen des Vizeministerpräsidenten Li Peng (* 1928) mit Staats- und Parteichef Gorbatschow. Auch auf wirtschaftlichem Gebiet *engere Kontakte mit der UdSSR* (Eisenbahnfrachtvertrag vom 12. Febr., Handelsabkommen mit fünfjähriger Laufzeit vom 10. Juli).

Sept. Das Plenum des ZK und die Nationale Parteikonferenz der KP bestätigen die *Reform- und Öffnungspolitik* Teng Hsiao-p'ings. Die im Juli begonnene Verjüngung der Führungsspitze durch „Persönlichkeiten der dritten Generation" setzt sich fort.

1986 Vereinbarung über die Einrichtung von Generalkonsulaten mit der UdSSR (6. Juni).
6. Aug. Eröffnung der ersten chinesischen Börse in der Stadt Shenyang.

Okt. Der Rückgang ausländischer Investitionen soll durch wirtschaftliche Erleichterungen für exportorientierte oder technologieintensive Betriebe aufgefangen werden.

21.–26. Okt. Im Rahmen der *Wiederannäherung an die Ostblockstaaten* Besuch des Staats- und Parteichefs der DDR Erich Honecker.

Dez. *Grenzkonflikt mit Indien* wegen der Erhebung Arunachal Pradeshs mit seiner umstrittenen Grenze zum indischen Bundesstaat.

Dez. Massive *Studentenunruhen* mit *Forderung nach mehr Demokratie* in vielen großen Städten. Wegen ihrer zu großen Liberalität in politischen Grundsatzfragen verlieren viele Politi-
1987 ker ihr Amt, darunter Parteichef Hu Yao-bang, der durch Ministerpräsident Zhao Ziyang
16. Jan. (* 1919) ersetzt wird. Zehntausende Studenten werden zu Arbeitseinsätzen verpflichtet.

13. April *Vertrag mit Portugal über die Rückgabe Macaus* an China im Jahre 1999; ähnlich wie für Hongkong ist für 50 Jahre ein Sonderstatus vorgesehen.

Juni Ostblockreise des Regierungschefs Zhao Ziyang.
Sept. In *Tibet* blutige Demonstrationen gegen die chinesische Besatzung (bis Okt.).

25. Okt.– *XIII. Parteitag der KPCh.* Der Reformkurs wird grundsätzlich bestätigt; wiederum werden
1. Nov. viele Spitzenpositionen an jüngere, gutausgebildete Politiker vergeben. Teng Hsiao-p'ing scheidet aus Politbüro und ZK aus, Zhao Ziyang wird Parteichef.

24. Nov. Li Peng (* 1928) löst Zhao Ziyang als Ministerpräsident ab.
1988 Seegefecht chinesischer und vietnamesischer Kriegsschiffe bei den umstrittenen Spratly-
14. März Inseln, auf die Vietnam und China Anspruch erheben.

März/April Der Nationale Volkskongreß bestimmt – erstmals in geheimer Wahl – *Yang Shangkun* (* 1907) zum *Staatspräsidenten.* Ein neues Unternehmensgesetz gibt den Staatsbetrieben mehr Dispositionsfreiheit; Zulassung beschränkter privater Wirtschaftsinitiative bereits in den vergangenen Jahren. Der marktwirtschaftlich orientierte Reformkurs muß jedoch aufgrund zunehmender Inflation 1989/90 wieder eingeschränkt werden.

1989
Febr. Besuch des US-Präsidenten George Bush zu Arbeitstreffen u. a. mit Parteichef Zhao Ziyang und Ministerpräsident Li Peng (25./26. Febr.).

März/April Der Volkskongreß kündigt Sparmaßnahmen im Zusammenhang mit der hohen (36%) Inflation an.

24. April Ausgelöst durch den Tod des früheren Parteichefs Hu Yaobang beginnen *Streiks und Massendemonstrationen* von Studenten auf dem Platz des Himmlischen Friedens.

15.–18. Mai Der sowjetische Staats- und Parteichef *Gorbatschow* besiegelt mit seinem *Staatsbesuch* die historische *Wende in den Beziehungen der beiden Staaten.* Die Entspannung der Staats- und Parteibeziehungen sowie die Entmilitarisierung der gemeinsamen Grenze stehen im Mittelpunkt der Gespräche, nachdem in der zweiten Hälfte der 80er Jahre die „drei Hindernisse" einer friedlichen Koexistenz aus dem Weg geräumt worden waren (Rückzug aus Afghanistan, Truppenreduktion in der Mongolischen Volksrepublik, Einigung über die Kambodscha-Frage).

18. Mai Auf *Massendemonstrationen* in Peking und anderen großen Städten fordern Millionen „Freiheit und Demokratie". Li Peng und Teng Hsiao-p'ing setzen sich mit ihrer harten Li-
20. Mai nie gegen den bald entmachteten Parteichef Zhao Ziyang durch: über Peking wird Kriegsrecht verhängt.

3./4. Juni Blutige *Niederschlagung des Protestes durch Armee-Einheiten* auf dem Platz des Himmlischen Friedens: das Massaker fordert einige tausend Menschenleben. Anschließend werden Todesurteile gegen „Aufrührer" verhängt und ausgeführt. Im westlichen Ausland herrscht Bestürzung, Sanktionsmaßnahmen werden eingeleitet.

1658 Ereignisse seit 1985 – Asien – Australien, Neuseeland, Ozeanien

23./24. Parteichef Zhao Ziyang – sein Nachfolger wird Jiang Zemin (* 1926) – und weitere Spitzen-
Juni politiker aller Ämter enthoben. *Verhaftungswelle mit Schauprozessen.*
10. Dez. Die Verleihung des Friedensnobelpreises an den Dalai Lama, das geistige Oberhaupt Tibets, wird von China als Einmischung in innere Angelegenheiten scharf kritisiert.
1990 Das *Kriegsrecht* wieder *aufgehoben* (10. Jan.). Li Peng trifft bei einem Staatsbesuch in
Moskau mit Gorbatschow zusammen (23./24. April).
22. Okt. Die *EG beendet ihre Sanktionen* gegen China; schon am 8. Febr. waren die gesperrten
Weltbank-Kredite wieder freigegeben worden.

Republik China (Taiwan)   (Forts. v. S. 1349)

1986 Parlamentswahlen: die neugegründete oppositionelle *Demokratische Fortschrittspartei*
6. Dez. (DPP) schafft einen überraschenden Anfangserfolg.
1987 Nach 38 Jahren Geltung ist das Kriegsrecht aufgehoben, wird allerdings durch das *Natio-*
3. Juli *nale Sicherheitsgesetz* z. T. ersetzt.
1988 Neuer *Staatspräsident* und Kuomintang-Vorsitzender wird nach dem Tode seines Vorgän-
Jan. gers *Lee Teng-hui* (* 1923).
7.–13. Der 13. Parteitag der Kuomintang beschließt u. a. eine weitere vorsichtige Öffnung gegen-
Juli über dem Festland.
1989 Die *gesetzliche Zulassung von Oppositionsparteien,* bisher nur geduldet, zieht eine Welle
22. Jan. von Parteigründungen nach sich.
2. Dez. Bei Teilwahlen zur Nationalversammlung starke Verluste der Kuomintang.
1990 Bewerbung um Aufnahme im GATT.
März Ausweitung der Demonstrationen für demokratische Reformen, Rücktritt der Regierung
(Mai), neuer Regierungschef wird General *Hau Pei-tsun* (* 1919).

Volksdemokratische Republik Korea (Nordkorea)   (Forts. v. S. 1427)

1985 Nach umfangreichen Verhandlungen *erster Besucheraustausch* mit Südkorea (Sept.).
1987 Sept. Die Regierung muß einem *Umschuldungsabkommen* zustimmen, nachdem das Land von
internationalen Bankkonsortien für zahlungsunfähig erklärt worden ist.
1988 Vorübergehender Abbruch der Beziehungen zu Japan und den USA (Jan.).
1990 Aufnahme von *Gesprächen mit Südkorea* (ab Sept.). Nordkorea lehnt diplomatische Anerkennung Südkoreas weiterhin ab.

Republik Korea (Südkorea)   (Forts. v. S. 1348)

1985 In den *Parlamentswahlen* erhält die von Kim Dae-Jung gegründete *Neue Koreanische De-*
12. Febr. *mokratische Partei* (NKDP) auf Anhieb 29% der Stimmen. Vereinigung der Oppositions-
April gruppen unter Führung der NKDP.
1986/87 Immer wieder *schwere Unruhen* und Straßenkämpfe oppositioneller Gruppen mit Sicherheitskräften.
1987 Nationalversammlung und Volksabstimmung bestätigen eine *neue Verfassung* (12./
27. Okt.).
16. Dez. Direkt gewählter neuer *Staatspräsident* wird der Vorsitzende der Regierungspartei DJP,
Roh Tae-Woo (* 1933).
1988 Bei den *Parlamentswahlen* verliert die DJP ihre absolute Mehrheit (26. April).
1990 Bildung der *Demokratisch-Liberalen Partei* aus DJP, RDP und NRDP unter dem Vorsitz
22. Febr. Rohs. Die Opposition legt die Mandate nieder.
4.–7. Sept. Erstes *Treffen der beiden koreanischen Regierungschefs in Seoul.* Trotz weiterer Gespräche keine Annäherung in der Frage der Wiedervereinigung.

Japan   (Forts. v. S. 1347)

1985 Ministerpräsident Nakasone sagt dem US-Präsidenten Reagan bei seinem Staatsbesuch in
2. Jan. den USA zu, den japanischen Markt weniger gegen Importe abzuschotten. Das Kabinett
beschließt entsprechende Regelungen am 9. April.
Juli Auf einer Europareise Nakasones stehen Verhandlungen über Ungleichgewichte in den
Handelsbeziehungen im Mittelpunkt.
1986 Der Besuch des sowjetischen Außenministers Schewardnadse bringt keine Klärung hin-
15.–19. sichtlich der aus strategischen Gründen von der UdSSR besetzten vier Nordinseln (Teil der
Jan. Kurilen).
6. Juni Aus den *Unterhauswahlen* geht die regierende Liberaldemokratische Partei mit ihrem bisher besten Ergebnis hervor: mit 49,5% der Stimmen erringt sie 300 von 512 Mandaten.

Republik China – Nordkorea – Südkorea – Japan – Mongolische VR – Australien *1659*

28. Okt. Die schon seit längerem diskutierte *Privatisierung der* dringend sanierungsbedürftigen *Staatseisenbahn* wird im Parlament beschlossen. Ein Drittel der ca. 280 000 Arbeitsplätze steht zur Disposition. Die Bahn ist der letzte noch verbliebene große Staatsbetrieb.

8./9. Besuch Nakasones in Peking mit intensiven Gesprächen über die Wirtschaftsbeziehungen
Nov. beider Länder.

1987 Trotz hoher Handelsbilanzüberschüsse ist die *Konjunkturentwicklung widersprüchlich:* Stahlunternehmen kündigen umfangreiche Betriebsstillegungen an. Die Regierung kündigt Arbeitsbeschaffungsmaßnahmen (Jan.) und ein Konjunkturprogramm (Mai) an: im März erreicht die Arbeitslosenquote mit 3,1% ihren bisher höchsten Stand.

17. April Die *USA beschließen* hohe *Strafzölle* gegen japanische Elektronikimporte.

24. April Das Unterhaus verhindert in der Haushaltsabstimmung die Einführung einer Mehrwertsteuer.

6. Nov. *Noboru Takeshita* (* 1924) tritt die Nachfolge Nakasones als Ministerpräsident an.

1988 Takeshita kündigt eine umfassende *Steuerreform* (beschlossen 24. Dez.) mit Einführung
25. Jan. der Mehrwertsteuer (ab 1. April 1989) und ein staatliches Beschäftigungsprogramm an.

1989 Ministerpräsident Takeshita kündig den *Rücktritt seiner Regierung* im Zusammenhang mit
25. April dem Recruit-Cosmos-Spendenskandal an.

2. Juni *Sosuke Uno* (* 1922) wird neuer *Parteivorsitzender* der LDP *und Ministerpräsident.*

Juni Geisha-Skandal um Ministerpräsident Uno. Bei den *Oberhauswahlen* (23. Juli) erleidet die LDP eine deutliche Niederlage.

9. Aug. Nach Rücktritt Unos übernimmt Toshiki Kaifu (* 1931) dessen Ämter.

1990 Die LDP erringt trotz ihrer Verluste die absolute Mehrheit im Unterhaus (275 von 512 Sit-
18. Febr. zen). Die zweitstärkste Fraktion bilden die Sozialdemokraten (136 Sitze).

3./4. Ministerpräsident Kaifu diskutiert bei seinem USA-Besuch die umstrittene Handelsbilanz
März (Überschuß von 49 Mrd. Dollar gegenüber den USA 1989) mit US-Präsident Bush. Die Gespräche bleiben ergebnislos.

12. Nov. Krönung Akihitos (* 1933) zum Kaiser, nachdem sein Vater Hirohito (* 1901) am 7. Jan. 1989 gestorben ist.

Zentralasien

Mongolische Volksrepublik   (Forts. v. S. 1408)

1990 Erfolgreicher Abschluß der Verhandlungen über den Abzug der sowjetischen Truppen bis
2. März 1992. Nach massiven Demonstrationen für mehr Demokratie tritt im März das Politbüro zurück, eine *Verfassungsänderung* läßt Parteien zu. Neuer Staatspräsident wird *Punsalmaagyin Otschirbat* (* 1942).

22./29. *Parlamentswahlen* bringen infolge der kurzen Vorbereitungszeit *Sieg der Regierungspartei*
Juni MRVP. Ministerpräsident wird Daschijn Bijambasuren (11. Sept.).

Australien, Neuseeland und Ozeanien

Australien   (Forts. v. S. 1580)

1984 Nach vorgezogenen *Parlamentswahlen* bleibt die regierende Labour-Party unter Premier
1. Dez. Hawke trotz Verlusten stärkste Partei.

1985 Uluru-Nationalpark (Ayers Rock) wird an die Ureinwohner zurückgegeben (26. Okt.).

1986 Königin Elizabeth II. unterzeichnet den *Australian Act 1986,* wodurch die letzten rechtli-
3. März chen und politischen Bindungen zwischen Großbritannien und Australien aufgehoben werden. Gleichzeitig Inkrafttreten des *Australian Act 1985:* Selbständigkeit der australischen Legislative.

1987 Hawke löst Senat und Repräsentantenhaus mit der Begründung auf, die Opposition behin-
5. Juni dere wichtige Regierungsvorhaben zur Wiederbelebung der Wirtschaft.

11. Juli Die Labour-Party gewinnt die *Parlamentswahlen;* Hawke geht als erster Labour-Politiker in eine dritte Amtszeit.

1988 Australien feiert den *200. Jahrestag* der Landung der ersten weißen Siedler. Für die Abori-
26. Jan. gines ist 1988 ein Jahr der Trauer.

1989 Australien lehnt die Ratifizierung der *Antarktis-Rohstoffkonvention* ab, die die wirtschaft-
23. Mai liche Ausbeutung der Antarktis regeln soll, und setzt sich für eine Umweltschutz-Konvention im Rahmen des bis 1991 gültigen Antarktisvertrages ein.

1990 Bei *Parlamentswahlen* verliert Labour 6%, hält aber weiterhin die absolute Mehrheit der
24. März Mandate im Repräsentantenhaus.

1660 Ereignisse seit 1985 – Asien – Australien, Neuseeland, Ozeanien – Amerika

Neuseeland (Forts. v. S. 1580)

1985
10. Juli
Konflikt mit Frankreich, dessen Geheimdienst das Greenpeace-Schiff Rainbow-Warrior im Hafen von Auckland versenkt hat (bis 2. Sept.).

1986
11. Aug.
Die USA heben ihre militärischen Sicherheitsverpflichtung gegenüber Neuseeland wegen dessen Weigerung auf, US-Schiffen mit Atomwaffen Hafenrecht zu gewähren; *Ausschluß* aus dem *ANZUS-Pakt.*

1987
Neuseeland erklärt sich per Parlamentsbeschluß zur *Nuklearfreien Zone* (4. Juni).

15. Aug.
Lange (Labour-Party) geht als Sieger aus *Parlamentswahlen* hervor (56 von 97 Mandaten).

1988
28. Juli
Der Haushalt 1988/89 sieht einschneidende Reformen der Steuer- und Wirtschaftspolitik vor, um die hohe Verschuldung abzubauen.

1989
8. Aug.
Rücktritt Langes (7. Aug.); Nachfolger wird der bisherige Stellvertreter *Geoffrey Palmer* (* 1942, Labour).

1990
27. Okt.
Bei *Parlamentswahlen* gewinnt die Konservative Nationalpartei bei 49% 68 von 97 Sitzen, Labour bei 35% 28 Sitze. Neuer Premier ist *Jim Bolger* (* 1935).

Ozeanien (Forts. v. S. 1581)

1984
24. Okt.
Premier Solomon Mamaloni *(Salomonen)* verliert Parlamentswahlen; neuer Premier: Peter Kenilorea, der bereits im Dez. 1986 zugunsten von Ezekiel Alebua zurücktritt.

1985
21. Nov.
Nach Parlamentswahlen im Sept. bleibt Tomasi Puapua Premier auf *Tuvalu.* Paias Wingti wird neuer Chef der Regierung *Papua-Niuginis,* nachdem Michael Somare (* 1936) durch Mißtrauensantrag gestürzt wurde.

1986
23. Okt.
Die *Marshall-Inseln* bekommen Selbstverwaltung im Rahmen der freien Assoziierung mit den USA.

1987
24. Jan.
Parlamentswahlen auf *Nauru* erbringen deutliche Mehrheit für Hammer De Roburt, der nach 1978, 1980 und 1983 wieder Präsident wird.

12. April
Auf den *Fidschi-Inseln* gewinnt Koalition aus Fiji Labour Party und National Federation Party unter Timoci Bavadra (* 1935) die Mehrheit.

14. Mai
Auf den *Fidschi-Inseln* übernimmt ein Militärregime unter Sitiveni Rabuka (* 1949) die Macht, Bavadra wird verhaftet und Rabuka neuer Premier.

13. Sept.
Neukaledonien entscheidet sich mit 98,3% für den Verbleib bei Frankreich.

25. Sept.
Rabuka *(Fidschi)* putscht erneut, nachdem sich die Parteien am 22. Sept. auf eine Übergangsregierung geeinigt hatten.

6. Okt.
Fidschi erklärt sich trotz Protest Großbritanniens zur *Republik.* Ratu Sir Penaia Ganilau

5. Dez.
wird erster Staatspräsident.

1988
Blutige Unruhen auf *Neukaledonien* (April).

5. Juli
Der Premier *Papua-Niuginis,* Wingti, wird gestürzt, Nachfolger: Rabbie Namaliu (* 1947).

6. Nov.
Neues *Neukaledonien-Statut* zur Neuordnung der Territorien und der Verwaltung wird bei sehr geringer Wahlbeteiligung in Referendum angenommen.

19. Dez.
Der Premier *Vanuatus,* Walter Hayde Lini (* 1942), setzt sich in einem Machtkampf gegen Präsident George Sokomanu durch, der seinen Rücktritt verfügt hatte.

1989
Zweites Kabinett Mamaloni auf den *Salomonen* (29. März).

11. Juni
Bei Parlamentswahlen in den drei Provinzen *Neukaledoniens* gewinnt die kanakische FLNKS im Norden, die neogaullistische RPCR im Süden.

1990
Waffenstillstand zwischen Regierung und Guerilla auf *Papua-Niugini* (28. Febr.).

Amerika

Nordamerika

Kanada (Forts. v. S. 1289)

1987
3. Juni
Im *Meech Lake Accord* einigen sich Bund und Provinzen darauf, der französisch-sprechenden *Privinz Québec* Sonderrechte zu gewähren. Québec will dafür die Verfassung von 1982 anerkennen.

1988
2. Jan.
Premierminister Brian Mulroney (* 1939) und US-Präsident Reagan unterzeichnen ein *Freihandelsabkommen,* demzufolge die Zölle bis 1998 stufenweise abgebaut werden sollen.

5. Sept.
Den *Indianern* und *Eskimos* des *Mackenzie-Tals* wird ein Gebiet von 70000 Quadratmeilen als Eigentum zugesprochen. Die Eskimos der *Westlichen Arktik* hatten bereits 1984 35000 Quadratmeilen und die *Yukon-Indianer* im Sommer 1988 16000 Quadratmeilen er-

Neuseeland – Ozeanien – Kanada – USA *1661*

halten. Die Eskimos der *Östlichen Arktik* sollen 136 000 Quadratmeilen bekommen. Das sind insgesamt etwa 7% der Fläche Kanadas. Darüber hinaus erhalten die Nachkommen der Ureinwohner Jagdrechte in einem Gebiet von 1,1 Mio. Quadratmeilen (fast 30% der Fläche Kanadas).

21. Nov. Bei *Parlamentswahlen* siegt die Progressive Conservative Party. Premierminister *Brian Mulroney* bleibt im Amt.

1990 Die Provinzen Neufundland und Manitoba verweigern die Ratifizierung des *Meech Lake*
23. Juni *Accords.* Der Einigungskompromiß von 1987 mit Sonderrechten für die Provinz Québec ist damit gescheitert.

2. Sept. Die Armee beendet einen monatelang militant ausgetragenen Konflikt zwischen *Mohawk-Indianern* und der Gemeinde *Oka* (40 km von Montreal entfernt). Anlaß war die Absicht, auf altem Indianergebiet einen Golfplatz zu bauen.

Die Vereinigten Staaten von Amerika   (Forts. v. S. 1286)

1986 Bei der Explosion der Raumfähre *Challenger* kommt die siebenköpfige Besatzung ums Le-
28. Jan. ben. Das US-Raumfahrtprogramm wird bis 1988 unterbrochen.

14. April Als Vergeltung für libysche Terrorakte greift die US-Luftwaffe Ziele in Tripolis und Benghasi an.

2. Okt. Der Kongreß beschließt *Handelssanktionen gegen* das Apartheid-Regime in *Südafrika.*

11./12. Präsident *Reagan* und der sowjetische Generalsekretär *Gorbatschow* treffen sich in *Reyk-*
Okt. *javik.* Beide Seiten zeigen Bereitschaft zur Verringerung strategischer Nuklearwaffen und Mittelstreckenraketen. Reagan will jedoch nicht auf die Entwicklung strategischer Verteidigungssysteme verzichten.

3. Nov. Das Bekanntwerden geheimer Waffenlieferungen an den Iran mit Beteiligung des amerikanischen Geheimdienstes (Ziel: Geiselbefreiung im Libanon) und einer gesetzwidrigen Verwendung dabei erhaltener Gelder zur Unterstützung nicaraguanischer Contras *(Iran-Contra-Affäre)* führt die Reagan-Administration in eine Krise. Prominente Politiker treten zurück, der Senat veranstaltet Hearings, Gerichtsverhandlungen folgen.

4. Nov. Bei *Kongreßwahlen* erzielen die Demokraten eine Mehrheit im Senat und bauen ihre bereits bestehende Mehrheit im Repräsentantenhaus aus.

6. Nov. Ein Gesetz ermöglicht *illegalen Einwanderern,* die vor 1982 ins Land gekommen sind, den dauernden Aufenthalt. Bis 1988 machen rund 1,8 Mill. Menschen, die meisten von ihnen aus Mexiko, davon Gebrauch.

1987 Bei einem *Gipfeltreffen in Washington* unterzeichnen Präsident Reagan und Generalsekre-
7.–10. tär Gorbatschow ein Abkommen über die globale Beseitigung aller landgestützten Mittel-
Dez. streckenraketen.

1988 Präsident Reagan und der kanadische Premierminister Mulroney unterzeichnen ein *Frei-*
2. Jan. *handelsabkommen,* demzufolge die Zölle bis 1998 stufenweise abgebaut werden sollen.

29. Mai– Bei einem *Gipfeltreffen in Moskau* fassen Präsident Reagan und Generalsekretär Gorba-
2. Juni tschow weitere Abrüstungsvereinbarungen ins Auge. Sie erörtern Menschenrechtsfragen, die Regelung regionaler Konflikte und die Verbesserung der bilateralen Beziehungen.

3. Juli Ein im Persischen Golf stationiertes US-amerikanisches Kriegsschiff schießt irrtümlich ein iranisches Verkehrsflugzeug mit 290 Personen an Bord ab.

3. Aug. Der Senat verabschiedet ein *Handelsgesetz,* das Maßnahmen gegen „unfaire Handelsprak-tiken" anderer Länder vorsieht. Es soll die internationale Wettbewerbsfähigkeit der USA verbessern. Im Ausland werden den USA protektionistische Tendenzen vorgeworfen.

21. Dez. Ein amerikanisches Verkehrsflugzeug mit 259 Personen an Bord wird durch eine von Terroristen eingeschmuggelte Sprengladung über der schottischen Ortschaft Lockerbie zum Absturz gebracht.

1989 Der bisherige Vizepräsident *George Bush* übernimmt nach einem klaren Wahlsieg über
20. Jan. den Demokraten *Michael Dukakis* (Gouverneur von Massachusetts; * 1947) das Präsidentenamt. Vizepräsident wird *James Danforth (Dan) Quayle* (Senator von Indiana; * 1947). Bush will das enorm gestiegene Haushaltsdefizit durch Ausgabenkürzungen abbauen, Steuererhöhungen aber vermeiden und die Drogensucht bekämpfen. Die Demokraten behalten in beiden Häusern des Kongresses die Mehrheit.

24. März Der Öltanker *„Exxon Valdez"* läuft im Prince William Sound (Alaska) auf Grund. Das auslaufende Öl verursacht eine *Umweltkatastrophe.* Die Ölgesellschaft muß die Schäden an der Küste beseitigen.

9. Aug. Präsident Bush unterzeichnet ein Gesetz zur Rettung der *Savings and Loan Associations* (Bausparkassen), die infolge hoher Zinsverpflichtungen und schlechter Geschäftsführung in großer Zahl zusammenbrechen. Auf die öffentlichen Haushalte kommen dadurch in den nächsten 30 Jahren zusätzliche Belastungen von etwa 300 Mrd. Dollar zu.

17. Okt. Ein *Erdbeben* verursacht im Gebiet der Bucht von San Francisco schwere Schäden.

1662   Ereignisse seit 1985 – Amerika

2./3. Dez. Präsident *Bush* und der sowjetische Präsident *Gorbatschow* treffen sich vor *Malta* zu einem informellen Meinungsaustausch.
20. Dez.   *US-Streitkräfte rücken in Panama ein.* Der Diktator *Manuel Noriega* (* 1934), wegen Beteiligung am internationalen Drogenhandel angeklagt, hatte am 15. Dez. den Kriegszustand gegenüber den USA proklamiert. Mehrtägige Kämpfe fordern größere Verluste unter den Soldaten und der Zivilbevölkerung, bringen das Land aber unter die Kontrolle der USA. Noriega stellt sich am 3. Jan. den US-Truppen und wird nach Miami, Florida, verbracht. Die Streitkräfte werden langsam abgezogen.
1990
13. März   Im Zusammenhang mit dem Machtwechsel in *Nicaragua* hebt Präsident Bush das 1985 über das Land verhängte *Wirtschaftsembargo* auf.
1. Juni   Während eines *Besuchs Gorbatschows* in den USA vereinbaren die Präsidenten beider Länder eine Verringerung strategischer Nuklearwaffen und einen Produktionsstopp für chemische Waffen.
8. Aug.   Nach dem irakischen Überfall auf Kuwait (2. Aug.) und dessen Verurteilung im UN-Sicherheitsrat entsenden die USA *Streitkräfte nach Saudi-Arabien.* Sie sollen als Kern einer Multinationalen Streitmacht das Land schützen und den Irak zum Rückzug aus Kuwait und zur Freigabe festgehaltener ausländischer Geiseln zwingen.
6. Nov.   Der Wechselkurs des US-Dollars fällt auf den bisherigen Tiefststand unter DM 1,50.
1991
17. Jan.   Nach Ablauf des Ultimatums des UN-Sicherheitsrats (15. Jan.) beginnt die Anti-Irak-Koalition mit Luftangriffen auf die irakische Armee; am 28. Febr. Sieg der Allianz.

Lateinamerika   (Forts. v. S. 1586)

Die *Bemühungen um Frieden und Demokratie in Lateinamerika* erhalten internationale Anerkennung und Unterstützung, indem dem Präsidenten Costa Ricas, Oscar Arias Sánchez (* 1941), im Oktober 1987 der Friedensnobelpreis verliehen wird.
Die *USA* sind weiterhin stark daran interessiert, ihren Einfluß vor allem in Mittelamerika zu erhalten. Sie setzen dabei, wie in Panama, auch das Mittel direkter militärischer Intervention ein. Der indirekte Einfluß über die Unterstützung von Contra-Truppen geht jedoch seit der Aufdeckung der Iran-Contra-Affäre zurück.
In der Mitte und am Ende der achtziger Jahre stellt der *Weg zur Demokratie* einen wichtigen Aspekt der Entwicklung in Lateinamerika dar. So kehrt Chile mit der Vereidigung von Präsident Aylwin im März 1990 zu demokratischen Verhältnissen zurück. Auch die Entwicklung Nicaraguas nimmt durch die freien Wahlen im Februar 1990 und den Amtsantritt der neuen Präsidentin Chamorro im April eine neue Wendung, wenn auch Ende 1990 nicht abzusehen ist, ob dieser Machtwechsel den Bürgerkrieg im Land endgültig beenden kann.
In den Vordergrund treten gegen Ende der achtziger Jahre in ganz besonderem Maße Probleme wie die *Schuldenkrise,* von der auch die meisten lateinamerikanischen Staaten betroffen sind, sowie der internationale *Rauschgifthandel* und der Drogenanbau in Lateinamerika. Besonders in *Kolumbien* nehmen der Einfluß und die Aktivitäten der Drogenkartelle potentiell staatsgefährdende Ausmaße an. Die Erfolge der Bekämpfung müssen gering bleiben, solange die sozialen Probleme in den Anbauländern ungelöst sind, und die Zusammenarbeit zwischen Anbau- und Konsumentenländern nicht funktioniert.
Bei den *Lösungsversuchen der Schuldenkrise* gibt die Weltbank am Ende der achtziger Jahre ihre bisherige Strategie auf, harte Anpassungsmaßnahmen für mehr Wettbewerbsfähigkeit durchzusetzen, und läßt es im Rahmen des Brady-Planes zu, daß IMF- und Weltbankgelder für den Schuldendienst eingesetzt werden. Einige lateinamerikanische Staaten (Peru, Argentinien, Honduras) haben ihren Schuldendienst zeitweise reduziert oder eingestellt.
Neben den allgemeinen wirtschaftlichen Problemen treten Ende der achtziger Jahre *ökologische Fragen* Lateinamerikas ins weltweite Bewußtsein. Für die Erhaltung des Regenwaldes am Amazonas gibt es Hilfsprogramme auf der ganzen Welt, die von der Überprüfung von Krediten nach ökologischen Kriterien bis zum Einfuhrstopp für Tropenhölzer gehen.

Mittelamerika mit Mexiko

Mexiko   (Forts. v. S. 1587)

1985 Bei den Parlamentswahlen am 7. Juli verliert die Regierungspartei 4,11 % ihrer Stimmen.
1986 Mexiko wird am 24. Aug. als 92. Staat Vollmitglied des GATT.
1988 *Carlos Salinas de Gortari* (* 1948), Partei der Institutionalisierten Revolution (PRI), wird

Mexiko – Guatemala – Belize – El Salvador – Honduras – Nicaragua *1663*

6. Juli mit 50,3 % zum Präsidenten gewählt (Amtseinführung am 1. Dez.); die Opposition erhebt aufgrund eigener Auszählungen den Vorwurf massiven Wahlbetruges.
1990 *Umstrukturierung der hohen Auslandsschulden* (ca. 50 % des BIP) nach dem Brady-Plan
7. April der Bretton-Woods-Institute zur Schuldenbegrenzung.
27. Nov. Treffen Bush–Salinas de Gortari in Monterrey (Mexiko): Ankündigung der Bildung einer Freihandelszone zwischen beiden Ländern.

Guatemala   (Forts. v. S. 1589)

1985 Im zweiten Wahlgang der Präsidentschaftswahlen erreicht der Christdemokrat *Vinicio Ce-*
8. Dez. *rezo Arévalo* (* 1944) 68,4 %. Mit seinem Amtsantritt am 14. Jan. 1986 ist der *Übergang von der Militär- zur Zivilregierung* vollzogen.
1987 Regierung und „National-Revolutionäre Einheit Guatemalas" (URNG) einigen sich in
2. Okt. Madrid auf einen Waffenstillstand und Verhandlungen.
1988/1989 Zwei Putschversuche scheitern.
1991 Aus dem zweiten Wahlgang der Präsidentschaftswahlen (im ersten Wahlgang nur 40 % Be-
7. Jan. teiligung) geht der konservative *Jorge Serrano Elias* als Sieger hervor (ca. 75 %).

Belize   (Forts. v. S. 1589)

1985 Nach hohem Wahlsieg im Dez. 1984 kommen die Konservativen an die Regierung.
1989 Parlamentswahlen (6. Sept.), aus denen Price (*People's United Party*, PUP) als Sieger hervorgeht.

El Salvador   (Forts. v. S. 1590)

1987 Unterzeichnung eines *Friedensplans für Mittelamerika* in Guatemala-Stadt mit den Präsi-
7. Aug. denten von Costa Rica, Nicaragua, Guatemala und Honduras. Ziel: Beendigung der Bürgerkriege.
4. Okt. Drittes Zusammentreffen von Regierungsvertretern mit der Guerilla wird nach der Ermordung des Vorsitzenden der Menschenrechtskommission durch eine Todesschwadron ergebnislos abgebrochen.
1988 Bei *Parlamentswahlen* (Wahlbeteiligung nur 40 %) erreicht die rechtsextreme ARENA
20. März 30 Sitze, Duartes Christdemokraten (PDC) 23 und die Nationale Versöhnungspartei (PCN) 7 Sitze.
1989 *Alfredo Cristiani* (* 1947, ARENA) ist der Sieger der von schweren Unruhen begleiteten
19. März *Präsidentschaftswahlen* (53,81 %). Fortführung der Verhandlung mit der Guerilla (deren Forderungen u. a. Auflösung der Todesschwadronen, Amnestie, Agrarreform). Herbstof-
Nov. fensive der Guerilla.
1990 Mehrere Verhandlungsrunden zwischen Regierung und Guerilla. Die USA will weitere Militärhilfe nur gegen Einhaltung der Menschenrechte gewähren.
1991 Parlaments- und Kommunalwahlen (10. März), kein Wahlboykott der Guerilla.

Honduras   (Forts. v. S. 1591)

1985 José Azcona del Hoyo (* 1927) gewinnt die Präsidentschaftswahlen vom 24. Nov.
1986 Der Präsident fordert die nicaraguanische Contra auf, Honduras zu verlassen (14. Dez.), ohne daß dies geschieht.
1988 Nachdem Studenten die US-Botschaft angegriffen haben, wird der *Ausnahmezustand* ver-
8. April hängt.
1989 Honduras stellt am 10. März den *Schuldendienst* ein.
26. Nov. Aus allgemeinen Wahlen geht *Rafael Leonardo Callejas* (* 1943), Nationale Partei, als neuer Präsident hervor; er will den hohen Staatsetat kürzen, um Honduras wieder Kredite zu verschaffen.
1990 Abzug der nicaraguanischen Contras aus Honduras (Juni).

Nicaragua   (Forts. v. 1593)

1985 Die USA verhängen am 1. Mai ein vollständiges *Handelsembargo* gegen Nicaragua.
12. Juni Im Exil gründen drei Führer der Opposition (Contra) die Nicaraguanische Oppositionsunion zur Bekämpfung des sandinistischen Regimes.
1987 Am 9. Jan. tritt die *neue Verfassung* in Kraft. Im Herbst nehmen Regierung und elf Opposi-
5. Okt. tionsparteien im Rahmen des mittelamerikanischen Friedensprozesses einen nationalen Dialog auf.

1664 Ereignisse seit 1985 – Amerika

1988 24. Aug.	Die Nationalversammlung beschließt bei Abwesenheit von 21 Oppositionsabgeordneten ein neues Wahlgesetz.
1990 25. Febr.	*Violeta Barrios de Chamorro* (* 1929) erreicht bei den *Präsidentschaftswahlen* ca. 55 %, Daniel Ortega (* 1945, FSLN) ca. 41 %. Im Parlament verfügt die UNO (Nationale Oppositionsunion, UNO; ein Bündnis von 14 Kleinparteien aller Orientierungen) über 51 Sitze gegenüber 39 der Sandinisten.
27. Juni	Offizielles Ende der Entwaffnung der Contra, die den Bürgerkrieg für beendet erklärt.
Mai/Juli	Streiks gegen die Wirtschaftspolitik der Regierung. Kompromiß: Lohnerhöhung und Aussetzung der von der Regierung verfügten Rückgabe von enteignetem Land.

Costa Rica   (Forts. v. S. 1594)

1985	Kämpfe mit Nicaragua (1986 beigelegt). Trotz erklärter Neutralität erstmals seit 40 Jahren US-Militärhilfe (Militärberater, Aufrüstung der Nationalgarde zur Guerillabekämpfung).
1986 2. Febr.	Bei den Präsidentschafts- und Parlamentswahlen wird der sozialdemokratische Kandidat, *Oscar Arias Sánchez* (* 1941), mit 52 % der Stimmen zum *Präsidenten* gewählt.
1987	Arias erhält für seinen Friedensplan für Mittelamerika den *Friedensnobelpreis*.
1990 4. Febr.	Die Präsidentschaftswahlen gewinnt der Christdemokrat *Rafael Angel Calderón* (* 1949) (51 %); bei den Parlamentswahlen erringt seine Christlich-Soziale Einheitspartei (PUSC) 29 Sitze, die sozialdemokratische PLN 25 Sitze. Die Innenpolitik Arias' gilt als gescheitert.

Panama   (Forts. v. S. 1595)

1988 25. Febr.	Präsident E. A. Delvalle (* 1937) gelingt es nicht, General Manuel Noriega (* 1934) abzusetzen, er wird selbst amtsenthoben. Provisorischer Nachfolger wird Manuel Solís Palma.
1989 7. Mai	Bei *Präsidentschaftswahlen* kommt es trotz internationaler Kontrolle zu Unregelmäßigkeiten. Nachdem die Opposition den Sieg für sich reklamiert, erklärt der Nationale Wahlrat die Wahl am 10. Mai für ungültig.
15. Dez.	General Noriega übernimmt die Regierung und erklärt, daß sich Panama im *Kriegszustand mit den USA* befinde.
20. Dez.	Die *USA greifen Panama an.* Ziele der Invasion: Sicherheit von US-Bürgern und US-Eigentum in Panama, Unterbindung des Drogenhandels, Durchsetzung der Demokratie. Bei den Kämpfen kommen rund 5000 Menschen, v. a. Zivilisten, ums Leben. Noriega sucht am 24. Dez. in der Apostolischen Nuntiatur in Panama-Stadt Zuflucht. Der Oppositionsführer Guillermo Endara (* 1936) wird zum neuen Präsidenten proklamiert.
1990 3. Jan.	Noriega verläßt die Nuntiatur (unfreiwillig) und wird von US-Behörden in die USA gebracht und dort in Untersuchungshaft genommen.

Westindien

Haiti   (Forts. v. S. 1597)

1987 29. Nov.	Die für diesen Tag angesetzten freien Wahlen werden wegen andauernder Gewalttätigkeiten und Morde abgesagt.
1988 17. Jan.	Aus erneuten *Wahlen* geht *Leslie Manigat* (* 1930) als Sieger hervor. Geringe Beteiligung wegen Boykotts, Unregelmäßigkeiten.
20. Juni	Nach einem Militärputsch übernimmt General Namphy erneut die Macht.
18. Sept.	Nach einem Militärputsch ruft sich *Prosper Avril* (* 1938?), Kommandeur der Präsidialgarde, zum Präsidenten aus.
1990 13. März	Präsident Avril gibt nach einem gescheiterten Putschversuch (1989) und anhaltenden Protesten sein Amt auf und verläßt Haiti (10. März). *Ertha Pascal Trouillot,* (* 1943) Juristin, wird zur vorläufigen Präsidentin ernannt. Ihr Ziel sind freie Wahlen.
16. Dez.	Die *ersten freien Präsidentenwahlen* gewinnt der linksgerichtete Pater *Jean-Bertrand Aristide* (* 1953) mit über 75 %.

Dominikanische Republik   (Forts. v. S. 1597)

1986 16. Mai	Joaquín Balaguer (* 1907), Christlich-Soziale Reformistische Partei, wird mit 41,56 % neuer Präsident.
1990	Bei allgemeinen Wahlen wird Balaguer bestätigt (16. Mai); die Opposition unter Juan Bosch reklamiert Wahlbetrug.

Costa Rica – Panama – Haiti – Dominik. Republik – Jamaika – Trinidad u. Tobago – Barbados   *1665*

Jamaika   (Forts. v. S. 1598)

1985 Bei *Unruhen* wegen der Erhöhung der Preise für Benzin und Gas (20–30%) gibt es mehrere
15. Jan. Tote. Die Gewerkschaften rufen wegen der hohen Lebenshaltungskosten und Entlassun-
24. Juni gen den *Generalstreik* aus.
1989 Bei den Parlamentswahlen schafft die People's National Party (PNP) unter *Michael Man-*
9. Febr. *ley* (* 1923) die Regierungsübernahme.

Trinidad und Tobago   (Forts. v. S. 1598)

1986 Bei den Parlamentswahlen löst die oppositionelle *Nationale Allianz für den Wiederaufbau*
14. Dez. (NAR, gegr. 1986) unter *Arthur R. Robinson* (* 1926) die Nationale Volksbewegung
(PNM) an der Regierung ab.
1987 *Noor Mohammed Hassanali* (* 1918), Richter i. R. (NAR), wird vom Wahlmännergremium
17. Febr. zum neuen *Präsidenten* gewählt.
1990 Moslemrebellen stürmen das Parlament und nehmen den Premier als Geisel (28. Juli), geben am 1. Aug. auf. (Moslems nur 6% der Bevölkerung).

Barbados   (Forts. v. S. 1599)

1985 Premier Adams (* 1931) erliegt einem Herzinfarkt; sein bisheriger Stellvertreter *Bernard*
11. März *St. John* (* 1931) wird zum Nachfolger ernannt.
1986 Die oppositionelle *Demokratische Arbeiterpartei* (DLP) gewinnt 24 von 27 Parlamentssit-
28. Mai zen; ihr Vorsitzender *Errol Barrow* (* 1920, †1987) wird neuer Premier. Nach dessen Tod
1987 wird *Lloyd Erskine Sandiford* (* 1937) sein Nachfolger (1. Juni).

Saint Vincent   (Forts. v. S. 1599)

1984 Bei Parlamentswahlen erobert die *New Democratic Party* (NDP) unter *James Mitchell* 9
Juli von 13 Mandaten; Mitchell wird Premier (1989 in vorgezogenen Neuwahlen bestätigt).
1988 Henry Williams wird zum Generalgouverneur ernannt (29. Febr.).

Grenada   (Forts. v. S. 1599)

1989 Nach dem Tod von Premier Blaize folgt ihm *Ben Jones* im Amt nach (19. Dez.).
1990 Knapper Sieger der Parlamentswahlen ist der *Nationale Demokratische Kongreß* (NDC);
13. März *Nicolas Braithwaite* (* 1925), von NDC und National Party (NP) unterstützt, wird Regierungschef.

Dominica   (Forts. v. S. 1600)

1985 Die Parlamentswahlen gewinnt die regierende Dominica Freedom Party (DFP) mit 15 von
1. Juli 21 Mandaten; Mary Eugenia Charles (* 1919) bleibt Premier.
1990 Die DFP unter Mary Charles verliert bei den Parlamentswahlen 4 Mandate (28. Mai). Eine
20. Sept. Konferenz der Premierminister Grenadas, St. Lucias, St. Vincents und Dominicas beschließt für Mitte 1991 eine Volksabstimmung über einen Zusammenschluß.

Saint Lucia   (Forts. v. S. 1600)

1987 Die regierende konservative United Workers Party (UWP) verliert bei Parlamentswahlen
30. April 5 Mandate, erreicht aber 53,2%. Sir Vincent Floissac übernimmt das Amt des Generalgou-
1988 verneurs; ab 10. Okt. 1988 Stanislaus A. James.

Bahamas   (Forts. v. S. 1600)

1987 Die Fortschrittlich-Liberale Partei (PLP) unter Ministerpräsident Pindling erlangt bei Par-
19. Juni lamentswahlen 31 Sitze und stellt damit weiterhin (seit 1961) die Regierung.

Puerto Rico   (Forts. v. S. 1601)

1986 Der UN-Entkolonialisierungsausschuß spricht sich erneut für die Unabhängigkeit Puerto
Ricos aus.

1666 Ereignisse seit 1985 – Amerika

Saint Kitts–Nevis   (Forts. v. S. 1601)

1989   Nach den Wahlen für die Nationalversammlung bleibt die Koalition aus People's Action
21. März   Movement (PAM) und Nevis Reformation Party (NRP) an der Regierung.

Antigua und Barbuda   (Forts. v. S. 1601)

1987   Zum 1. April Beitritt zum Allgemeinen Zoll- und Handelsabkommen (GATT).
1989   Bei den Parlamentswahlen erreicht die Antigua Labour Party unter Premier Bird mit 63,8%
9. März   15 von 17 Sitzen; anschließend sind Nachwahlen wegen Unregelmäßigkeiten bei der Wahl
einiger Abgeordneter nötig.

Kuba   (Forts. v. S. 1436)

1988   Südafrika, Angola und Kuba unterzeichnen in Johannesburg ein *Waffenstillstandsabkom-*
22. Aug.   *men.*
1989   Kuba beginnt mit dem *Abzug* seiner Truppen *aus Angola* (10. Jan.).
2. April   Nach dem Besuch Gorbatschows distanziert sich Castro in mehreren Reden von den Reformbestrebungen in Osteuropa (Juli, Nov.).
1990   *Angespannte Wirtschaftslage* aufgrund der Einschränkung sowjetischer Öllieferungen und
29. Aug.   Wirtschaftshilfe (drastische Brennstoffrationierung); Kuba setzt verstärkt auf Tourismus
als Kompensation. Erneute Wirtschaftspolitik moralischer Anreize, Abschaffung der
freien Bauernmärkte.

Südamerika

Kolumbien   (Forts. v. S. 1602)

1985   Ein Überfall der Guerillabewegung M-19 auf den Justizpalast von Bogotá fordert 112 Tote.
1986   Die Liberalen unter *Virgilio Barco* (* 1921) erringen bei *Parlamentswahlen* rund 50% der
9. März   Stimmen, die Konservativen 40%.
25. März   Virgilio Barco siegt bei der Präsidentschaftswahl (vereidigt: 7. Aug.).
1987   Im Golf von Venezuela kommt es zu Grenzkonflikten mit Venezuela (Aug.).
1989   Carlos Galán, Präsidentschaftskandidat der Liberalen, wird von den Drogenkartellen er-
18. Aug.   mordet, nachdem er einen erbarmungslosen *Kampf gegen die Kartelle* angekündigt hatte.
Nach seinem Tod übernimmt Barco diese Forderung. Verschärfung des Terrors gegen Politiker und Justizbeamte, bis August 1990 Hunderte von Bombenanschlägen des Kartells.
1990   Die M-19 übergibt einer Kommission der Sozialistischen Internationalen ihre Waffen und
8. März   unterzeichnet ein *Friedensabkommen* mit der Regierung.
11. März   Die Liberalen erreichen die absolute Mehrheit in beiden Kammern.
27. März   Der Liberale *César Gaviria* (* 1947) gewinnt die Präsidentschaftswahlen mit rund 57% der
7. Aug.   Stimmen; Amtsantritt Gavirias; der Präsidentschaftskandidat der M-19 wird Gesundheits-
minister.
9. Dez.   Die von früheren Guerillakämpfern gegründete Demokratische Allianz M-19 geht mit
rund 25% der Stimmen als stärkste Kraft aus den Wahlen zu einer *verfassunggebenden
Versammmlung* hervor, die 1991 eine neue Verfassung erarbeiten soll.

Venezuela   (Forts. v. S. 1604)

1988   Der Vorsitzende der sozialdemokratischen Acción Democrática, *Carlos Andrés Pérez*
4. Dez.   (* 1922), wird zum neuen Staatspräsidenten gewählt.
1989   Das Regierungsprogramm zur Sanierung der Wirtschaft führt zu blutigen *Unruhen* und zur
Febr./März   Verhängung des Ausnahmezustands, der nach Rücknahme einiger Preiserhöhungen und
nach Lohnerhöhungen wieder aufgehoben werden kann.

Guyana   (Forts. v. S. 1604)

1985   Nach dem Tod Burnhams übernimmt *Hugh D. Hoyte* (* 1929) am 10. Aug. das Präsiden-
9. Dez.   tenamt. Die Parlamentswahlen gewinnt der People's National Congress mit 78,5%.
1990   Laut Regierung wurde eine Verschwörung aufgedeckt (5. Okt.).

Kuba – Kolumbien – Venezuela – Guyana – Surinam – Ecuador – Peru – Bolivien – Paraguay 1667

Surinam (Forts. v. S. 1605)

1985 Nationalversammlung erklärt Oberst Desi Bouterse zum Staatsoberhaupt (17. Aug.).
1987 Bei Parlamentswahlen erringt das Wahlbündnis der Opposition, die *Front für Demokratie*
25. Nov. *und Entwicklung,* einen überwältigenden Wahlsieg.
1990 Der *Rücktritt Bouterses* (22. Dez.) führt zu einer politischen Krise, die die Armee durch
25. Dez. einen *Staatsstreich* beendet. Neuer Präsident wird Johan Kraag (* 1913).

Ecuador (Forts. v. S. 1606)

1986 *Teilwahlen* zum Kongreß erbringen eine Mehrheit der linken Opposition (1. Juni).
1987 Staatspräsident León Febres Cordero (* 1931) wird von rebellierenden Luftwaffeneinheiten entführt (16.–22. Jan.).
5. März Auf schwere Erdbebenschäden reagiert die Regierung mit einem drastischen *wirtschaftlichen Notstandsprogramm.*
1988 Allgemeine Wahlen bringen keine Entscheidung über den Präsidenten. In den Parlaments-
31. Jan. wahlen gewinnen die Sozialdemokraten 30 von 71 Sitzen, die Christlichsozialen verlieren
sechs Sitze.
8. Mai Der Sozialdemokrat *Rodrigo Borja Ceballos* (* 1935) gewinnt die Stichwahl um die Präsidentschaft mit 47,3%.
1990 Bei *Parlamentswahlen* verliert der Präsident die Mehrheit im Parlament (18. Juni).

Peru (Forts. v. S. 1607)

1985 *Alan García Pérez* (* 1949, sozialdemokratische APRA) wird mit 45,7% der Stimmen zum
14. April Präsidenten gewählt. Wirtschaftliches Notprogramm, einseitige Reduktion des Schuldendienstes.
1986 Das Kabinett tritt nach einem Massaker (250 Tote) an Häftlingen der Guerilla „Leuchten-
17. Juli der Pfad" (18./19. Juni) zurück.
28. Juli Die Regierung kündigt die Verstaatlichung der Banken an, um die Inflation und Kapitalflucht einzudämmen und die Aufdeckung von Drogengewinnen zu ermöglichen.
1987 Ministerpräsident Luis Alva Castro tritt wegen persönlicher Rivalitäten mit dem Präsiden-
22. Juni ten zurück. Sein Nachfolger wird *Guillermo Larco Cox.*
1988 Die Regierung Larco Cox tritt nach Kritik an ihrer Wirtschaftspolitik (Lohn- und Steuerer-
16. Mai höhungen, Privatisierungen) zurück; *Armando Villanueva del Campo* (APRA) bildet neue
Regierung.
1989 Der Schriftsteller Luis Alberto Sánchez (* 1901) wird Nachfolger des zurückgetretenen Mi-
8. Mai nisterpräsidenten Villanueva.
1990 Im zweiten Wahlgang der *Präsidentschaftswahl* setzt sich der unabhängige Kandidat *Al-
10. Juni berto Fujimori* (* 1938), „Wende 90", gegen den Kandidaten der konservativen FRE-
DEMO, den Schriftsteller Mario Vargas Llosa (* 1936), mit 56% der Stimmen überraschend durch.
8. Aug. Nachdem die Regierung ein Notstandsprogramm (Lebensmittel 400% teurer, Benzinpreise
21. Aug. 30mal so hoch) verkündet, kommt es zu schweren Unruhen und zum *Generalstreik.*
16. Sept. Die Guerillagruppe „Leuchtender Pfad" beginnt landesweit mit Angriffen.
1991 Choleraepidemie. Regierungsumbildung und Modifizierung des Sparprogramms (Febr.).

Bolivien Forts. v. S. 1609)

1985 Bei allgemeinen Wahlen erreicht die Demokratisch-nationalistische Aktion (ADN) 42 Par-
14. Juli lamentssitze, die Nationalistisch-revolutionäre Bewegung (MNR) 43, die Bewegung der revolutionären Linken (MIR) 15.
6. Aug. *Victor Paz Estenssoro* (* 1907) wird in das Präsidentenamt eingeführt.
1986 *Notprogramm* für die Wirtschaft nach dem weltweiten Zinnpreisverfall; Massenentlassun-
gen und Schließung von mehr als der Hälfte der Zinnbergwerke.
1987 Das neue *Kabinett tritt* nach 14 Tagen wegen fehlender Vertrauensbasis im Parlament *zu-
27. Febr. rück.* Der Präsident nimmt den Rücktritt wegen der notwendigen wirtschaftlichen Sparpo-
litik zur Reduzierung der Auslandsschulden nicht an.
1988 Zweites Kabinett Paz Estenssoro; weiterhin hohe Arbeitslosigkeit (25%).
1989 *Jaime Paz Zamora* (* 1939), MIR, wird neuer Präsident (5. Aug.).

Paraguay (Forts. v. S. 1610)

1989 Mit einem *Militärputsch* wird Alfredo Stroessner gestürzt (3. Febr.). General *Andrés Rod-
4. Febr. ríguez* (* 1923, Partido Colorado) übernimmt das Amt als Übergangspräsident.
1. Mai Die Colorados gewinnen die Wahlen, Rodríguez wird neuer *Präsident.*

1668 Ereignisse seit 1985 – Amerika

Uruguay (Forts. v. S. 1611)

1985 Präsident Gregorio Alvarez tritt zurück (11. Febr.). Mit der Vereidigung von *Julio Maria*
1. März *Sanguinetti* (* 1936) als Staatspräsident endet die Militärherrschaft.
1986 Gesetz zur *Amnestie* für Menschenrechtsverletzungen *für Sicherheitskräfte* vom Parlament
gebilligt (1989 von Volksreferendum bestätigt).
1989 Aus allgemeinen Wahlen geht *Luis Alberto Lacalle* (* 1941) von den konservativen Blancos
26. Nov. als Sieger der Präsidentschaftswahlen hervor.
1990 Lacalle tritt sein Amt an; große Koalition von Blancos und Colorados (1. März).
1991 Umschuldung nach dem Brady-Plan.

Argentinien (Forts. v. S. 1614)

1985 Drastische Maßnahmen zur Beseitigung der Inflation (neue Währung).
3. Nov. Teilparlamentswahlen: die UCR gewinnt mit ca. 43 % ein Mandat hinzu, die Peronisten
verlieren bei 34,5 % acht Sitze.
9. Dez. Hohe Haftstrafen für einige Angehörige der ehem. Militärjunta; vier Freisprüche.
1986 Alfonsín legt ein Modernisierungsprogramm vor (Dezentralisierung, Verfassungsrefor-
3. Okt. men, Entflechtung Staat–Wirtschaft, Sozial- und Bildungsreformen).
23. Dez. Die Abgeordnetenkammer verabschiedet ein *Gesetz zur Verjährung der Verbrechen der
Junta;* massiver Protest der Bevölkerung.
1987 Im Gefolge der Prozesse gegen die der Menschenrechtsverletzung angeklagte Militärs
15. April kommt es zu einer *Militärrevolte* (bis 23. April). „Gesetz über den Befehlsnotstand". Amnestie für Armee- und Polizeioffiziere (8. Juni).
6. Sept. Bei Parlamentsteil- und Gouverneurswahlen verliert die UCR die absolute Mehrheit.
8. Sept. Das Kabinett tritt zurück; Alfonsín setzt am 15. Sept. eine neue Regierung ein.
1988 Zwei Militärrevolten. Im April Einstellung des Schuldendienstes (bis Juni 1990).
1989 Die *Präsidentschaftswahlen* gewinnt der Peronist *Carlos Menem* (* 1935), der sein Amt
14. Mai nach dem vorzeitigen Rücktritt Alfonsíns am 8. Juli antritt.
1990 Angesichts einer Währungsabwertung um mehr als 50 %, einer Inflation von über 20 000 %
März und sinkender Produktivität beschließt die Regierung weitere *Sparmaßnahmen* (Steuererhöhungen, Abbau im öffentlichen Dienst). Wiederaufnahme der diplomatischen Beziehungen zu Großbritannien.
Okt. Die Begnadigung mehrerer hoher Militärs stößt auf massive Kritik in der Bevölkerung.

Brasilien (Forts. v. S. 1616)

1985 Der Kongreß wählt am 15. Jan. *Tancredo Neves* (* 1910) zum Präsidenten. Nach seinem
21. April Tod folgt ihm Vizepräsident *José Sarney* (* 1930) im Amt.
15. Nov. Allgemeine Wahlen führen zu einem „Erdrutsch-Sieg" der regierenden *Demokratischen
Allianz* und legitimieren damit Präsident Sarney.
1988 Am 5. Okt. setzt die Konstituante die *neue Verfassung* in Kraft.
1989, Auf einer Konferenz der Indianer in Altamira wird über das Vorhaben der Regierung, für
Febr. gigantische Wasserkraftwerke Indianergebiet zu überfluten, beraten.
17. Dez. Der Liberale *Fernando Collor de Mello* (* 1949) wird im zweiten Wahlgang der ersten direkten Wahlen knapp zum Präsidenten gewählt.
1990 Wirtschaftsnotprogramm zur Bekämpfung der Inflation (Einfrieren von Bankguthaben,
16. März Subventionsstreichungen, neue Währung, Personalabbau im öffentlichen Dienst).

Chile (Forts. v. S. 1619)

1985 Bombenanschläge und verstärkte Unruhen gegen das Regime Pinochet (Aug.).
1986 Im Juli kommt es bei landesweiten Streiks zu blutigen Unruhen mit sieben Toten.
7. Sept. Nach einem *Attentatsversuch* des Frente Patriótico Manuel Rodríguez (FPMR) auf Pino-
8. Sept. chet wird der *Ausnahmezustand* verhängt (bis 31. Dez.).
1988 16 regimekritische Parteien gründen das *Comando por el No;* der Zusammenschluß soll
2. Febr. eine weitere Präsidentschaft Pinochets mittels Plebiszits verhindern.
5. Okt. Beim *Plebiszit* über eine zweite Amtszeit Pinochets stimmen 54,6 % mit Nein.
1989 *Verfassungsreferendum:* 85,7 % Zustimmung zur neuen Verfassung, die die Befugnisse des
30. Juli Präsidenten beschränken und seine Amtszeit verkürzen soll.
14. Dez. Der Christdemokrat *Patricio Aylwin* (* 1918) wird zum neuen Präsidenten gewählt. Pinochet bleibt jedoch Oberbefehlshaber der Streitkräfte.
1990 Umschuldungsabkommen nach dem Brady-Plan (12. Dez.).

NAMEN- UND SACHREGISTER

Im Registeralphabet sind ä wie ae, ö wie oe, ü wie ue eingereiht. Nach dem Stichwort stehen zunächst die Verweise auf Text-stellen; danach folgen gegebenenfalls Verweise mit Großbuchstaben in Quadraten. Sie bedeuten: G Grafik, S Stammtafel, T Tabelle.

Als besonders wichtig gekennzeichnete Verweise (**halbfette** Seitenzahl) beziehen sich jeweils auf einen ganzen thematischen Block oder eine andere geschlossene Textpassage, auf eine Grafik, Stammtafel oder Tabelle insgesamt; bei Personen ver-weisen halbfette Seitenzahlen auf die Regierungszeit von Monarchen, Staats- oder Regierungschefs; *kursive* Seitenzahlen nehmen bei Personen auf eine Stelle zu Geburts- und/oder Sterbejahr Bezug, bei Ortsnamen auf die nähere geographische Erläuterung. Der Pfeil ↗ zeigt an, daß die gesuchte Information unter einem anderen Stichwort zu finden ist, der Hinweis s. a. (siehe auch) sagt aus, daß zusätzliche Informationen unter den dort angegebenen Stichwörtern nachgeschlagen werden können. Verweispfeil und Hinweise stehen in der Regel am Ende des Stichwortkomplexes.

Herrscher erscheinen unter ihrem Vornamen. Bei gleichem Vornamen werden zunächst die Päpste und die Monarchen des Römischen bzw. Byzantinischen Reichs, des Römisch-deutschen und Deutschen Reichs aufgeführt. Hierauf folgen die übrigen Herrscher nach dem Alphabet ihres Landes ohne Rücksicht auf Rangunterschiede, also etwa Bayern – England – Pfalz – Preußen. Auch Beinamen von Regenten bleiben ohne Einfluß auf die Reihenfolge. Von den übrigen unter Vornamen auf-geführten Persönlichkeiten stehen die biblischen (Johannes d. Täufer) noch vor den Päpsten, während die anderen (Albert d. Gr., Alexander v. Hales) auf die Herrscher folgen.

Chinesische Namen werden vollständig wiedergegeben (Chou En-lai). Arabische Herrscher erscheinen im Regelfall unter ihrem vollständigen Namen (Harun ar-Raschid), während bei den anderen Persönlichkeiten der im deutschen Sprachraum stellvertretend für den ganzen Namen gebrauchte Namensbestandteil wie der Nachname europäischer Persönlichkeiten vorangestellt wird (Sadat, Anwar as-). Römische Personennamen sind unter dem Gentilnamen zu finden (Tullius Cicero, M.), der Vorname ist in der üblichen Weise abgekürzt.

Orte, Länder u. ä. erscheinen in der Regel nur, wenn Näheres über sie ausgesagt ist. Die dem Staatennamen zugeordneten Sach-begriffe sind im allgemeinen unter den Sachstichwörtern zu suchen (z. B. politische Organisation, Griechenland). Folgende Abkürzungen werden im Register verwendet:

Abk. = Abkommen	Dyn. = Dynastie	kath. = katholisch	Port. = Portugal
Äg. = Ägypten	E. = Enkel	Kft(m). = Kurfürst(entum)	Pp. = Papst
Alt. = Altertum	Eb. = Erzbischof	Kfz. = Konferenz	Präs. = Präsident
Am. = Amerika	Ebtm. = Erzbistum	Kg(n). = König(in)	Prät. = Prätendent
Anf. = Anfänge	Ehz. = Erzherzog	Kgr. = Königreich	preuß. = preußisch
Ap. = Apostel	engl. = englisch	Kl. = Kloster	Pr(n). = Prinz(essin)
As. (as.) = Asien (asiatisch)	Erkl. = Erklärung	Kol. = Kolonie(n)	Prov. = Provinz
Assoz. = Assoziierung(s)	Eur. = Europa	Konfl. = Konflikt	R. = Reich
ath. = athenisch	Feldh. = Feldherr	Kongr.(-kongr.) = Kongreß	Reg. = Regent
Auß. Min. = Außenminister	Föd. = Föderation	(-kongreß)	Rep. = Republik
Austr. = Australien	fränk. = fränkisch	Konv. = Konvention	röm. = römisch
B. = Bischof	Frd. = Frieden	Konz. = Konzil	Rt. = Ritter
Bay. = Bayern	Frkr. = Frankreich	Koop. = Kooperation(s)	russ. = russisch
Bd. = Bund	frz. = französisch	Koord. = Koordination	S. = Sohn
Bdn. = Bündnis	Ft. = Fürst	Ks(n). = Kaiser(in)	SBZ = Sowjetische Besat-
Beist. = Beistand(s)	Ftm. = Fürstentum	Ksr. = Kaiserreich	zungszone
Beitr. = Beitritt(s)	G. = Gatte, Gattin	Lat. = Latein-	Schl. = Schlacht
Belg. = Belgien	GB = Großbritannien	lat. = lateinisch	Schr. = Schrift
Bes. = Besatzung(s)	Geogr. = Geograph	latin. = latinisch	Schw. = Schwester
Bespr. = Besprechung(en)	Geschl. = Geschlecht	Ld. (-ld.) = Land (-land)	sdl. = südlich
Bez. = Beziehungen	Gfn. = Grafen, Gräfin	Lothr. = Lothringen	Siz. = Sizilien
Bol. = Bolivien	Gf(sch). = Graf(schaft)	Luxbg. = Luxemburg	Skand. = Skandinavien
Br. = Bruder	Gfst., Gft. = Großfürst	M. = Mutter	sowj. = sowjetisch
Bras. = Brasilien	Gftm. = Großfürstentum	MA = Mittelalter	Span. = Spanien
Brdbg. = Brandenburg	Ghz(n). = Großherzog(in)	Maked. = Makedonien	Spr. = Sprache
BR Dtld. = Bundesrepublik	Ghtm. = Großherzogtum	Math. = Mathematiker	St.(-st.) = Staat (-staat)
Deutschland	Grd. = Gründung	Mesop. = Mesopotamien	Stn. = Staaten
brit. = britisch	Griechld. = Griechenland	Metr. = Metropolit	Stth(n). = Statthalter(in)
Btm. = Bistum	Hann. = Hannover	Mex. = Mexiko	Su(lt). = Sultan(at)
Bulg. = Bulgarien	Heth. = Hethiter	Mgf(sch). = Markgraf(-schaft)	Syn. = Synode
Burg. = Burgund	Hist. = Historiker	Mgfn. = Markgräfin	Syr. = Syrien
byz. = byzantinisch	HM = Hausmeier	Min. = Minister	T. = Tochter
Byz. = Byzantinisches Reich	Hochm. = Hochmeister	N. = Neffe	Tag. = Tagung
chin. = chinesisch	Hptl. (-hptl.) = Häuptling	Ndld. = Niederlande	Terr. = Territorium
Dän. = Dänemark	(-häuptling)	Norw. = Norwegen	Tg. (-tg) = Tag (-tag)
DDR = Deutsche Demo-	Hschr. = Herrscher	NZ = Neuzeit	Tyr. = Tyrann
kratische Republik	Hz(n). = Herzog(in)	O. = Onkel	U. = Union
Dekl. = Deklaration	Hzm., Hztm. = Herzogtum	Osman. = Osmanisches Reich	Übereink. = Übereinkommen
Dep. = Departement	Ind. = Indien	Oz. = Ozeanien	Unabh. = Unabhängigkeit
Diöz. = Diözese	Interv. = Intervention	Patr(t). = Patriarch(at)	Ung. = Ungarn
dipl. = diplomatisch	Isr. = Israel	Pers. = Persien	Univ. = Universität
DR = Demokratische Repu-	It. = Italien	pers. = persisch	V. = Vater
blik	Jord. = Jordanien	Pfgf. = Pfalzgraf	Verw. = Verweser
dt. = deutsch	Jt. = Jahrtausend	Phil. = Philosoph	VR = Volksrepublik
Dtld. = Deutschland	Kan. = Kanada	Pol. = Politik	Vtg. = Vertrag
DVR = Demokratische Volks-	Kard. = Kardinal	pol. Org. = politische Orga-	Wttbg. = Württemberg
republik	Kast. = Kastilien	nisation	Zus. Arb. = Zusammenarbeit

1670 AAA—ÄGY

A

AAA (Alianza Argentina Anti-
comunista) 1613
Aachen 347
–, Dekl., (1818) 729
–, Frd., (812) 341 359
–, –, (1668) 672 699
–, –, (1748) 631 657 674 685 696
705 1056 1170
–, Kongr., (1818) 785 805
–, Pfalzkapelle 347
–, s.a. Aquae Granni
AAGSP 1652
Aargau 831
AASM-Staaten (Assoziierte
afrikanische Staaten und
Madagaskar) 1267
Abaelard, Peter 392 393
Abahai, Khan, Tungusen 1024
Abaj Takalik 1151
ABAKO 1517
Abbas, Ägypten, I. 1091
–, –, II. 1092
–, I., Schah, Persien 1016 1078
1096
–, II., Schah, Persien 1096
Abbas, Ferhat 1094 1483
Abbasiden (750–1258), Dyn.
1064 1066 T 1065
Abbevillien 13
Abbir Cella (Hr. en Naam) T
299
Abbo, Abt., Fleury 444
Abboud, Ibrahim 1475
Abdallah, Ahmed 1548 1652
–, as-Salim as-Sabah 1471
–, Mohamed 1548
–, Özbeken, Khan 1016
–, V. Mohammeds 1062
Abdallah (Boabdil), Granada,
Kg. 560
–, Kuwait, Scheich 1471
Abdallahi bin Muhammad,
Sudan, Kalif 1104
Abdallah, Ibn Abdel-Aziz 1470
Abdalmalik ibn Merwan, Kalif
T 1064
Abd al-Mumin ben Ali, al-An-
dalus, Emir 457
Abd ar-Rahman, Córdoba,
Emir, I. 456 1066
–, –, Kalif, III. 456
–, Kabul, Emir, III. 1099
Abd-el-Kerim 1105
Abd el-Krim, Mohammed
1445
Abdera 139 145 176 T 106
Abd ül-Asis, Osman, Su. 1082
Abd ül-Hamid, Osman, Su., I.
1080
–, –, –, II. 1083
Abd ül-Medschid I., Osman,
Su. 1081
Abeken, Heinrich v. 731
Abel, Dänemark, Kg. 475
Abendländisches Schisma
(1378–1415) 526 528 534 540
Abendland 320 387
–, s.a. Europa
Abeokuta 1113 1114
Abessinien ↗ Äthiopien
Abessinienkrieg (1895/1896)
818
Abessinienkrise (1935/1936)
865 975
Abessinier 317 318
Abessinisch, Spr. 85
Ablaßhandel 605

ABM (Anti Ballistic Missi-
le)-Vertrag 1621
Abodriten 341
Abolitionisten 1127
–, s.a. USA (1776–1945)
Abomey 1503
Aborigines (Australien) 1659
Abraham, Erzvater 86
Abrittus, Schl. (251 n.) 246 278
291
Abrüstung 1633
Abrüstungskfz., (1933) 863
–, (1978) 1238
Abrüstungskommission, UNO
1232
Abrüstungsproblem, chrono-
log. Übersicht 1440 T 1246
–, (seit 1945) 1249 1250
Abrüstungsverhandlungen,
(seit 1945) 1241-1255 1256
1286 1368 1382 1621-1623
1661
–, Warschauer-Pakt-Staaten
1368
Absalon, Lund, Eb. 475
Absolutismus 600 601 607 609
–, Beamtentum 600 601
–, Brandenburg-Preußen 651
656 659 661
–, China 1025
–, Dänemark u. Norwegen 710
–, Deutschland 659 661 663 665
–, Frankreich 601 628 668 670
671 675 676
–, Italien 696
–, Österreich 651 658 661 663
–, Portugal 701
–, Rußland 689
Abu Bakr, Almoravidenherr-
scher 1111
Abu Bekr, Kalif 1063
Abu Dhabi 1444 1471 1472
–, OPEC-Kfz. (1978) 1239 1444
–, s.a. Vereinigte Arabische
Emirate
Abudiacum (Epfach) 287
Abu Jakub Jusuf, al-Andalus,
Emir 457
Abul Abbas as-Saffah, Kalif
1066 T 1065
Abu Musa 1491
Abu Muslim 1065
Abu Rhodeis 1455
Abushiri 1142
Abu Simbel 51 68
Abusir 30
Abydos, (Ägypten) 25 64 66 68
–, (Dardanellen) 203 T 106
Académie Française 668
Acamapichtli, Aztekenherr-
scher 1157
Acção Nacional Popula 1514
Acción Democrática ↗ AD
Acción Popular ↗ AP
Accorsi, Francesco ↗ Accursi-
us
Accra-Kfz. (1958) 1517
Accursius d.Ä. 395
Achämeniden ↗ Achaimeni-
den
Achaia 115 140 141 142 145 149
154 177 T 107
–, Ftm. 590 591
–, röm. Prov. 217 226 T 196
–, s.a. Achaiischer Bund
–, s.a. Griechenland
Achaier ↗ Griechen
Achaiischer Bund 136 157 174
176 179 180-182 204 269

–, Krieg, (146–145) 182 204
Achaimeniden, Dyn. 84 91 94
149-151 156 161 310 313
Achaimenidenreich 77 82
92-94 245
Achaios 162 170
Acheampong, Ignatius 1501
1502
Achetaton 67
Acheuléen 13
Achilleus 148
–, Usurpator 251 301
Achmim 160
Acholi 1116
Achromejew, Sergej 1382
Achse Berlin-Rom 942 975
–, s.a. internationale Bezie-
hungen (1914–1945), Deut-
sches Reich-Italien
Achtzigjähriger Krieg ↗ Spa-
nisch-Niederländischer
Krieg
Acilius Attianus, P. 238
Acilius, C. Annalist 211
Acilius Glabrio, M. 164 203
Acilius Severus 297
Acker, Achille van 1332 1333
Ackergesetze, röm. 215 221
Ackermann, Anton 1383 1384
1389
Acolhua 1156
ACS (American Colonization
Society) 1129
Action française 795 955
Action Group ↗ AG
Actium, Schl. (31 v.) 160 226
302
Act of Appeals (1533) 678
Act of Settlement (1701) 684
Act of Union (1840) 1171
Acuerdo de Cartagena (1969)
1582
AD 1603 1666
Ada, Karien, Satrap 149
Adadnirari, Assyrien, Kg., II. 56
–, –, –, III. 76 84
Adal, Sultanat 1107 1108
Adalbero, Laon, B. 444
Adalbert, Magdeburg, Eb. 402
–, Mainz, Eb., I. 410
–, Prag, (Voitech) B. 333 337
403 477
–, (von Trier), Slawenmissio-
nar 333
Adalbert v. Goseck, Hamburg-
Bremen, Eb. 407 408 474
Adamawa 1110 1111 1131
Adam v. Bremen 379 419
Adams, John 1174-1177
–, John Michael Geoffrey
(„Tom") 1599 1665
–, John Quincy 1177
–, Samuel 1173
–, Will 1038
Adaschew, Alexei F. 686
Adda, Schl. (490) 325
ad-Darasi 1067
Addis-Abeba, Abk., (1972)
1475
–, Frd., (1896) 1144
–, Kfz., (1964) 1519
Addo, Akufo 1502
Adegbenro, Dauda 1505
Adeimantos v. Lampsakos 178
Adel, Athen 116 117 118 120
127 129 135
–, byz. 486 488 490 491
–, chines. 1019 1022
–, dt. 397 398 506 507 600 636

–, engl. 465 467 468 564 570 677
678 684
–, fränk. 334 336 338 343 344
348 350 351 358
–, Frühneuzeit 600 602 603
–, frz., (MA) 442 445 541 546
547 553 554 555
–, –, (NZ) 666 667 669 670 675
780 783 784 785
–, gallischer 283
–, galloröm. 337 338
–, german. 290
–, griech. 104 105 106 109 110
123 136 147 153 176
–, Hochmittelalter 388
–, Iberische Halbinsel 557 558
–, italien. 438
–, japan. 1036
–, Kastilien 561
–, Korinth 115
–, makedon. 143 144 147 150
–, parthischer 313
–, poln. 479 711
–, röm. 185 186 187 196 207 214
215 216 218 219 224 236 237
240 249 265 266 267 300 304
–, russ. 480 686 688 804
–, sasanidischer 315-316
–, Spätmittelalter 496
–, Sparta 113
–, westgotischer 363
–, s.a. Ritterschaft
Adelheid, Ksn. 401 S 400
Aden 1090 1474
–, s.a. Südarabische Födera-
tion
Adena-Kultur 1146
Adenauer, Konrad 1260 1262
1264 1266 1292 1295 1296
1297 1299 1300 1302 1374
Adeodatus, Pp., I. 353
Adherbal, Numidien, Kg. 216
Adiabene 313
Adlerberg-Gruppe 46
Adler, Viktor 773
ADN 267
Adolf, Ghz., Luxemburg 824
–, I., Eb., Köln 416
Adolf Friedrich, Schweden,
Kg. 708
Adolf v. Nassau, Kg. 510 511
Adonis 83
Adoptivkaisertum 237-244
Adoula, Cyrille 1519 1524
Adrianopel 595 1073
–, Frd., (1829) 730 806 828 829
830 1081
–, Schl., (324) 251
–, –, (378) 254 270 322
–, –, (1205) 593
Adschataschatru, Magadha,
Kg. 1049
Adua, Schl. (1896) 1109
Adud ad-Daula 1067
Adulis 1107
Adyar, Schl. (1746) 1056
Aedemon 298
Ädilität 209 267
–, kurulische 189 212
–, plebejische 188 212
Ägäis 65
Ägäische Inseln 98
Ägäische Wanderung 102
AEG (Allgemeine Elektrizitäts-
Gesellschaft) 1312
Ägatische Inseln, Schl. (241)
Ägina ↗ Aigina
Ägypten, (Vorgeschichte) 19
21 22 61 64

-, (1.–30. Dyn.) 25 26 30 31 40 43 47 51 56 57 **61 64-69** 74 76 77 79 81-83 86-88 93 T 63
-, (Perser u. Ptolemaier) 94 126 136 138 152-155 **158-160 167** 172 181 203 223 226
-, (röm. Prov. [Aegyptus]) 227 229 243 244 245 247 250 251 270 **301-302** 317
-, (1517–1945) 1076 1080 1082 **1091-1093**
-, (seit 1945) 1440 1442 1445 1446 1451 1452 1454 1458 1469 1470 1473 **1476-1479** 1487 1513 1638 1642
-, Friedenspolitik 1456
-, Revolution, (1952) 1476
Ägyptenexpedition, frz. (1798/1799) 781
Ägyptisch-Israelischer Friedensvertrag (1979) 1457
Aegyptus, Diözese 270 301
Aehrenthal, Alois v. *774* 813
Aelfric *365*
Aelia Capitolina ↗Jerusalem
Aelius Aristides ↗Ailos Aristeides, P.
Aelius Gallus L. 317
Aelius Gallus Seianus L. 232
Aelius Gallus Verus L. 239
Ältere Bronzezeit 43-47
Ältere Eisenzeit 57-60
Aemilia ↗Emilia
Aemilianus, Usurpator 225 247
Aemilius Lepidus, M., Triumvir 203 220 223 225 226 228
-,-, Verschwörer gegen Gaius, (39 n.) 234
-,-, Q. 225
-, Papinianus *244*
-, Papus L. 199
-, Paullus L., (Konsul 219) 199 200
-,-, Macedonicus L. *176* 201 204
Ämter, städtische, Rom 266 267 286
-, s.a. Magistratur
Aeneas 183
Äquatorial-Guinea 1350 1514 1647
Äquer 95 188 190 194 T 192
Äquiculer 195
Aerarium 209
Ärmelkanaltunnel ↗Eurokanal
Aeropos, Makedonien, Kg. 143
Aesernia 195 T 192
Aesium T 192
Aestier 321
Äthiopide 1100
Äthiopien, (Anf.–1945) 68 1107-1109 1144
-, (1935 bis 1942) 864 865 880 881 975
-, (seit 1945) 1370 1469 1533 1543-1545 1651
Äthiopisch, Schr. 1108
Aëtius, Rom, Heermeister 256 288 323
Afar 1107 1108 1144 1543 1545
Affonso I., Kongo, Kg. 1123
Afghanistan, (Anf.–1945) 30 312 1097 1099
-, (seit 1945) 1494 1644
-,-, UdSSR-Einmarsch (1979) 1448 1470 1652
Afghanistan-Flüchtlinge 1561
Afghanistan-Gespräch, Drittes (1984) 1494

Aflak, Michel *1442*
AFPEL 1565
Afranius, Burrus Sex. 235 287
-, L. 223
Africa, Diözese 298
-, röm. Prov. 202 217 219 223 226 232 251 254 255 T 196
-, s.a. Byzacena
-, s.a. Zeugitana
African Association 1143
African National Congress ↗ANC
Africa Nova, röm. Prov. 237 298
Africa Proconsularis, röm. Prov. **298-300**
Africa Vetus, röm. Prov. 146 237 **298-300**
Afrifa, Akwase 1501 *1501*
Afrika, (vor 1945) 84 245 246 247 259 1100-1144
-, arab. Einwanderung 1101
-, belgische Kolonien: Belgien T 1128
-, brit. Kolonien 1128
-, dt. Kolonien 841 842 T 1128
-, Eisenbahnbau 1129 1132 1134 1140 1143 1144
-, Ethnien 1100
-, Feldbauernkulturen 1101
-, frz. Kolonien 1128
-, Gesamtentwicklung 1100-1103
-, Gesellschaft 1103
-, Hirtenkulturen 1100 1101
-, Hochkultureinfluß Ägyptens 1101
-, Islamisierung 1101 1109 1110
-, italien. Kolonien T 1128
-, Kolonialreiche 1102 1103 T 1128
-, Kolonialzeit 1126-1144
-, Landwirtschaft 1100
-, Missionierung 1102 1103 1117 1121 1123 1127 1130
-, portug. Entdeckungen 612 1102
-, portug. Kolonien 563 612 700 T 1128
-, Rassenpolitik 1114 1138 1139 1141 1143
-, Regionalentwicklung 1103-1126
-, Religion 1103-1126
-, Savannenbauernkultur 1101
-, Sklavenhandel 1102 1105 1106 1110 1113 1114 1115 1119 1120 1124 1130 1133 1135 1138
-, span. Kolonien T 1128
-, Sprachen 1100
-, Staatenbildung 1101
-, Umsegelung, (1487/1488) 612 613
-,-, (1500/1501) 613
-, Völkerwanderung 1101 1102
-, Vorgeschichte 1100-1144
-, Wirtschaft 1103
-, (seit 1945) 1495-1550 1644
-,-, Wirtschaft 1240
-, s.a. Ägypten
-, s.a. Africa
-,-, s.a. Islamisch-arabische Welt (für Nordafrika)
-, s.a. Mauretania, röm. Prov.
-, s.a. Numidia, röm. Prov.
Afrikaans, Spr. 1141
Afro-asiatische Sprachfamilie 1100

AG (Action Group) 1505
Agaja, Dahomey, Kg. 1115
Agamemnon 115
Aga Mohammed, Schah, Persien 1097
Agapet, Pp., I. 329
Agar Kuf 47
Agasikles, Sparta, Kg. T *112*
Agathe (Agde) T *107*
Agathokles, Regent, Ägypten 159
-, S. des Lysimachos 155
-, Tyr., Syrakus 155 196 262
Agathos, Pp. 354
Agau 1107
Agde, Syn. (506) 325
Ager Gallicius 205 266
Ager publicus 189 215
Ager Romanus 263
-, Ausdehnung T 192
Agesilaos, Sparta, Kg., I. T *112*
-,-,-, II. 138 139 140
Agesipolis, Sparta, Kg., I. T *112*
-,-,-, II. T *112*
-,-,-, III. T *112*
Aghlabiden, Dyn. 1066 1067
Agiaden, Sparta, Kge. 114 T *112*
Agila, Westgoten, Kg. 362
Agilolfinger, Dyn. 338
Agilulf, Langobarden, Kg. 357
Agilus, Missionar 332
Agis, Sparta, Kg., I. T *112*
-,-,-, II. 134 136 138 T *112*
-,-,-, III. 149 177 T *112*
-,-,-, IV. 180 T *112*
Agnes v. Poitou, Ksn. 407 408 446
Agnew, Spiro Theodore *1283*
Agni 1115
Agnum, Babylon, Kg. 44
Agoge 114
Agon 104
Agragas ↗Akragas
Agrarbevölkerung ↗Bauern
Agrarfrage ↗Agrarkrise
-, ↗Agrarreform
-, ↗Landwirtschaft
Agrargeschichte ↗Landwirtschaft
Agrarkrise, Dtld., (MA) 514
-, Frankreich, (NZ) 793
-, (Spätmittelalter) 496
-, (1925–1929) 862
-, s.a. Landwirtschaft
Agrarreform, röm. 215
-, s.a. Landwirtschaft
Agricola ↗Iulius Agricola
Agri Decumates 284
Agri deserti 239
Agrigent (Agrigentum; Agrigento) ↗Akragas
Agrippa ↗Vipsanius Agrippa, M.
Agrippa Postumus, M. 229
Agrippina, (maior), G. des Germanicus 232 S 233
-, (minor), G. des Claudius 234 235 S 233
Agt, Andries van *1332*
Agüero Rocha 1592
Aguntum (bei Lienz) 282 283
Agustin I. ↗Iturbide, Agustin de
Aha, Ägypten, Kg. 64 65
Ahab, Israel, Kg. 75 87
Aharon 86

Ahas, Juda, Kg. 88
Ahidjo, Ahmadou *1513* 1647
Ahlener Programm (1947) 1292 1295
Ahmed, Fakhruddin Ali *1557*
-, ibn Ibrahim el Ghasi 1107 1108
-, Kazi Zafar 1654
-, Khondakar Mushtag *1561*
-, Moudud 1653
-, Osman, Su., I. 1078
-,-,-, II. 1079
-,-,-, III. 1079 1080
-, Schah, Persien 1098
Ahmednagar 1054 1055
Ahmed Schah Durrani, Afghanistan, Ft. 1055 1097 1099
Ahmose, Ägypten, Kg. 43 66 67
Ahnenverehrung, röm. 185
Ahomadegbé, Justin *1503* 1504
Ahuitzotl, Aztekenherrscher 1157
Ahuramazda 91 93 316
AIC (Association Internationale du Congo) 1133
Aidan, Missionar 365
AIDS 1620 1622
Aigai 147
Aigina (Ägina) 96 121 122 126 133 139 154 170 180 T 106
Aigospotamoi, Schl. (405) 136
Aigun, Vtg. (1858) 1027
Aijubiden, Dyn. 1067 1070
Aikpé 1504
Ailios Aristeides, P. *242* 243 309 310
Ailly, Pierre de ↗Pierre d'Ailly
Aimerich v. Lusignan, Jerusalem u. Zypern, Kg. 492 *494*
Aimianen T 106
Aimone, Spoleto, Hz. 1004
Ainos 176
AIOC 1491
Aioler (Äoler) 96 102 T 106
Aiolische (Äolische) Inseln 101
Airbus-Projekt 1269
AIPO 1654
Aischa 1062 *1063*
Aischines, Redner *137* 142 177
-, Sikyon, Tyr. T 109
Aischylos 124 125 132 133
Aistulf, Langobarden, Kg. 340 358
Aisymnetie 110
Aitna 124
-, s.a. Katane
Aitoler 134
Aitolien 150
Aitolischer Bund 136 140 153 155 157 164 170 174 175 177-182 200 201 203
Aix-en-Provence ↗Aquae Sextiae
Aja 67
Aka, Mesopotamien, Kg. 25
Akademiegründungen, Frühneuzeit 603 608
Akademie, platonische 137 157 271
Akakianisches Schisma (484 bis 519) 329 381
-, Konstantinopel, Patr. *329*
Akalamdug, Ur, Kg. 31
Akali Dal, Sikh-Partei 1558
Akan 1114 1115
-, Ethnien 1114

1672 AKA—ALG

–, Staaten 1115
Akanthos 134 139
Akar Kuf 52
Akarnanien 126 140 142 147 153 179 180
Akbar, Großmogul 1054 1055
Akbulut, Ildirim *1636*
Akihito, Japan, Ks. (Tenno) 1659
Akintola, Samuel *1505*
Akkade 71 72 74 91
Akkader 71-74 83 84
Akkadisch, Schrift 71 72
Akkadisch, Spr. 74 82 90
Akkerman-Konvention (1826) 806
Akkon, (Altertum) 167
–, (MA) 434 435 494
–, s.a. Ptolemais
AKP-(Afrika-Karibik-Pazifik) Staaten 1234 1238 1531
Akragas (Agrigent, Agrigento, Agrigentum) 109 119 124 197 200 T 107
Akra Leuke (Alicante) 294
Akrokorinth 181
Akropolis 132
Akrotatos, Sparta, Kg. 179 T *112*
Akrotiri 45
Aksa-Moschee ↗ Al-Aksa
Aksum 317 318 1104 1107 1108
Aksumiten 316
Aktionsfront zur Erhaltung der Turnhallen-Grundsätze ↗ AKTUR
AKTUR 1534
Akuffo, Fred *1502*
Akufo-Addo, Edward *1501*
Akurgal, Lagasch, Kg. 31
Akwa, Duala-Hschr. 1131
Akwa Ibom 1646
AL (Alternative Liste) 1626 1627
Alabama 1176
Alaca Hüyük 26 33 41 78
Al-Aksa-Moschee 436 1445 1454
Alalach, (Alalah; Tell Atschana) 48 53 82
ALALC 1582
Alalia, (Aleria) 95 119 T 107
–, Schl. (um 535) 58
Alamannen 245 246 247 248 251 253 254 282 284 285 290 291 297 323
–, Christianisierung 333
Alamannensieg Chlodwigs (ca. 500) 335
Alamannien **339** 340
–, s.a. Schwaben
Al-Amin ibn Harun ar-Raschid, Kalif T 1065
al-Andalus **456 457**
Alandsinseln 805 984 987 988
Alanen 248 255 285 288 297 314 321 322 323 324 372 1011
Alarcos, Schl. (1195) 457 459
Alarich, Westgoten, Kg., I. 255 270 *322*
–,–,–, II. 324 325 335
al-Asis, Kalif 1067
Alaska 808 1181 1279
Ala-ud-Din Childschi, Dehli, Su. 1052
Alauni 281
Alawiten 1459
al-Badr, Mohammed *1473*
Alba, Fernando Alvarez de Toledo, Hzg. v. 623 *701* 702

Alba Fucens T 192
Al-Bakr ↗ Bakr
Alba Longa 183 184 186
Alban, hl. 293
Albaner 591
Albanerberge 183
Albani, Alessandro, Kard. *697*
Albanien, (MA) 379 380 485 590-592
–, (NZ bis 1912) 1074 1075
–, (1912–1945) 868 904 **1005** 1083
–, (seit 1945) 1361 **1411 1412** 1635
Albanien (Antike) ↗ Epeiros
Alberich, Spoleto, Hzg., I. 361
–,–,–, II. 361
Albero, Trier, Eb. 411
Albert, Belgien, Kg., I. 824 982 S 796
–, d. Gr., Philosoph *394 523*
–, Großbritannien, Pr. 764 S 796
–, Monaco, Ft., I. 1312
–, v. Sarteano 423
Albert, Hz., Sachsen-Coburg-Gotha ↗ Albert, Pr., Großbritannien
Alberta 1172
Alberti, Leon Battista 535 *537 538 603*
Albertus Magnus ↗ Albert d. Gr.
Albertville 1519
Albigenser 452
Albigenserkriege (1209–1229) 429 430 **452**
al-Biruni *1068*
Alboin, Langobarden, Kg. 356 357
Albornoz, Aegidius *534*
Albrecht, Kg.e, I. 477 510 *511* 541 575 579 S 509
–,–, II. *520 521 580* 582 586 587 S 509
–, Brandenburg, Mgf., Achilles 517
–,–,–, d. Bär 410 *411*
–, Brandenburg-Kulmbach, Mgf., Alcibiades *641*
–, Deutschordens-Hochm., v. Brandenburg *637* 711
–, Holland-Hennegau, Grf., v. Wittelsbach 548
–, Mainz, Kft., v. Magdeburg *634* 637
–, Österreich, Ehz. 705
–, Schweden, Kg., III. v. Mecklenburg-Schwerin *575*
Albrecht v. Eyb *505 524*
Albrecht v. Scharfenberg *524*
Albrecht Wilhelm 744
Albret, Dyn. 563
Albuquerque, Affonso d' 700 *1054*
Alburi Njai, Buurba-Jollof-Herrscher 1127
Alcáçovas, Vtg. (1479) 612 614 1188
Alcimus Ecdicius Avitus 288
ALCOA (Aluminium Corporation of America) 1604
Aldabra 1550
Aldrin jr., Edwin E. *1282*
Alemannen ↗ Alamannen
Alebua, Ezekiel 1660
Alemán Valdés, Miguel *1586*
Alençon, Dyn. 553 554
Aleppo (Haleb) 79 80 82 83

Aleria 269
–, s.a. Alalia
Alès, Edikt (1629) 668
Alesia (Alise-Sainte-Reine), Schl. (52 v.) 223 284
Alessandri Rodríguez, Jorge *1617*
Alessandri y Palma, Arturo *1211*
Aleuaden, Dyn. 145
Alexander, Pp., II. 408 423 424
–,–, III. 413 414 **427 428** 450 463 466 490
–,–, IV. 430
–,–, V. *528* 529
–,–, VI. 555 613 695
–,–, VII. *695*
–,–, VIII. *695*
–, Alexander-R./Makedonien, Kg., I. 144
–,–,–, II. 140 145
–,–,–, III. d. Gr. 69 77 89 94 137 145 **147-151** 152 155 159 161 172 177 262 308 310 311 1010 1049
–,–,–, IV. 152 159
–, Bulgarien, Ft. 828
–, Epeiros, Kg., I. *262*
–,–,–, II. 174 179
–, Griechenland, Kg. 1006
–, Hasmonäer, Kg., Jannaeus 167
–, Jugoslawien, Kg., I. 864 1003
–, Molosser, Kg. 145-147
–, Moskau, Gfst., Newski *481 482 584*
–, Parma, Hz., I. Farnese *623* 705
–, Polen, Kg. *583* S 582 712
–, Rußland, Zar, I. *727* 729 804
–,–,–, II. 804 *807 808* 809
–,–,–, III. 804 *809*
–, Schottland, Kg., II. 470
–,–,–, III. 470
–, Seleukidenreich, Kg., I. Balas 165 166 167 171
–,–,–, II. Zabinas 166
–, Serbien, Kg., I. 829
Alexander v. Hales *394*
Alexander, Kassanders Sohn 154 172
Alexander, Peloponnes, Stratege 174 179
Alexander v. Pherai 140
Alexander, Polyperchons Sohn 153 177 178
Alexander v. Roes *523*
Alexander-Reich **147-151** 155 T 148
–, pol. Org. **151**
–, s.a. Alexander, Alexander-R./Makedonien, Kg., III. d. Gr.
Alexandermosaik 149
Alexanderroman 158
Alexandra, Rußland, Zarin 809
Alexandreia, (Alexandria, Ägypten) 69 149 157 **158-160** 164-166 223 226 227 240 254 255 301
–, (Areia; Herat) 150
–, christl. Gemeinde 260
–, Eschate (Chedschent, Leninabad) 150
–, (Indus) 150
–, (Kandahar) 150
–, Patrr. 250 255 256 260 271 302 307 328 329
–, Troas 308

Alexandria, Kfz. (1964) 1444
–, s.a. Alexandreia
Alexandrinischer Krieg (48–47) 160 223
Alexandropolis 148
Alexei, Rußland, Prät., Petrowitsch *689*
–,–, Zar, Michailowitsch *687*
Alexejewna, Sofia *688*
Alexios, Byz., Ks., I. Komnenos 433 489 *490*
–,–,–, II. 490 491
–,–,–, II. Trapezunt 596
–,–,–, III. Angelos 416 434 *491*
–,–,–, IV. 434 491
–,–,–, V. Murtzuphlos 491
al-Farabi 1066
Alfaro, Eloy *1205*
al-Fatah 1445 1452 1453 1458
–, s.a. PLO
Alfinger (Dalfinger), Ambrosius 1189
Alfons, Aragón, Kg., I. d. Kämpfer 459 *461* S 460
–,–,–, II. *461* S 460
–,–,–, III. *561* S 559
–,–,–, IV. 561
–,–,–, V. d. Großmütige 535 *562*
–, (León) Kastilien, Kg., II. d. Keusche *458*
–,–,–, III. *458*
–,–,–, VI. 456 *459* 461 *458*
–,–,–, VII. *459* 461 S 458
–,–,–, VIII. 452 459 463 S 458
–,–,–, IX. S 458
–,–,–, X. d. Weise 504 *508* **558** S 412 559
–,–,–, XI. *558* S 559
–, (Neapel-)Sizilien, Kg. 536
–,–,–, IV. S 559
–,–,–, V. d. Weise 592 S 559
–, Portugal, Kg.e, I. Henriques *463* S 462
–,–,–, II. 463 S 462
–,–,–, III. 463 562 S 462
–,–,–, IV. 562 S 462
–,–,–, V. d. Afrikaner 560 *563* S 462
–,–,–, VI. *701*
–, Spanien, Kg., III. 978
–,–,–, XII. *819*
–,–,–, XIII. *819 820*
Alfonsin, Raúl *1614* 1668
Alfred, Angelsachsen, Kg., d. Gr. 365
–, Sachsen-Coburg-Gotha, Hz. S 796
Algaibid, Hamid *1510*
al-Gailani, Ali 1090
Algazel *394*
Algeciras, Akte, (1906) 735
–, Kfz., (1902) 801
–, Kfz., (1906) 735 1183
Algerien 1643
Algerien, (bis 1945) 790 892 **1093 1094**
–, (seit 1945) 1307-1310 1445 1482 **1483-1486** 1642 1643
–, Entwicklungspolitik **1485**
–, Krieg (1954–1962) 1309 1483 1505
–, Statut (1947) 1483
–, Wirtschafts- und Entwicklungspolitik **1485**
Algerien (Antike) ↗ Mauretanien
–, ↗ Numidien
al-Ghassali *1069*

ALG—AME 1673

Algier, Arabische Kfz. (1973) 1454
–, Blockfreien-Kfz. (1973) 1236 1441
–, Charta (1967) 1235 1439
–, Kfz. (1967) 1235 1439
–, OPEC-Kfz. (1975) 1469
–, Putsch (1958) 1308 1483
Algonkin 1146 1148
al-Haddschadsch ibn Jusuf, Persien, Stth. 1064
al-Hadi ibn al-Mahdi, Kalif T 1065
al-Hakam I., Córdoba, Emir 456
al-Hakim, Kalif 1067
Ali, Kalif 1062 1063
Alianza Argentina Anticomunista ↗ AAA
Alianza Popular Revolucionaria Americana ↗ APRA
Alia, Ramiz 1412
Ali Bei, Ägypten, Stth. 1091
Alicante ↗ Akra Leuke
Ali Kilen, Songrai-Hschr. 1112
Alimentationen, röm. 237 238 267
Ali Pascha, Osman. Reich, Großwesir 1081
Alişar Hüyük (Alischar) 26 33 40 58 78
Ali Schir Nawai 1015
Aliseda, Schatz 294
Ali Soilih 1548
Aljubarrota, Schl. (1385) 560 563
al-Kadir ibn Ishak ibn al-Muktadir, Kalif T 1065
al-Kahir ibn al-Mutadid, Kalif T 1065
al-Kaim ibn al-Kadir, Kalif T 1065
Alkaios 111 118
Alkali Dal 1652
Alkamenes, Sparta, Kg. T 112
Alketas, Makedonien, Kg. 143
Alkibiades 134 135
al-Kindi 1066
Alkmaar, Schl. (1256) 418
Alkmaion, Arzt 119
Alkmaioniden 116 117 120 122
Alkman 113
Alkuin 346
Alkuin-Bibel 347
All Assam Gana Sangram Parishad ↗ AAGSP
Alldeutscher Verband 765 767 918
Allectus, Usurpator 251 292
Alleinvertretungsanspruch BR Dtld. 1251
Allenby, Edmund 847
Allende Gossens, Salvador 1617 1618
Alley, Alphonse 1504
Allgemeines Landrecht ↗ Preußisches Allgemeines Landrecht
Allia, Schl. (387 v.) 283
Alliierte Hohe Kommission 1295 1299
Alliierte Mächte, Deutschland (seit 1945) 1241-1247
Alliierter Kontrollrat 1243 1291 1294
–, Gesetze u. Direktiven (1945–1946) 1292
alliierter Kriegsrat 874 875
Allobroger 215 216

All People's Congress ↗ APC
Allrussischer Gewerkschaftskongreß, Erster (1906) 812
Allrussischer Kongreß des Bauernbundes, Erster(1906) 812
Almagro, Diego de 1189 1190
al-Mahdi ibn al-Mansun, Kalif 1066 T 1065
Almakah 85
Al-Malik al-Adil, Ägypten, Sul. 494
Al-Malik al-Kamil, Ägypten, Sul. 417 435 1070
al-Mamum ibn Harun ar-Raschid, Kalif 1066 T 1065
al-Mansur ibn Mohammed, Kalif 1066 T 1065
al-Marsa, Vtg. (1883) 1095
Almeida, Francisco de 1054
al-Mina (Syrien) 103
Almohaden, Dyn. 457 1069
Almoraviden, Dyn. 456 457 1069 1111
al-Muhtadi ibn al-Wathik, Kalif T 1065
al-Muiss, Kalif 1067
al-Muktadi ibn Mohammed ibn al-Kaim, Kalif T 1065
al-Muktadir ibn al-Mutadid, Kalif T 1065
al-Muktafi ibn al-Mustashir, Kalif T 1065
al-Muktafi ibn al-Mutatid, Kalif T 1065
al-Mustadi ibn al-Mustandschid, Kalif T 1065
al-Mustain ibn Mohammed ibn al-Mutasim, Kalif T 1065
al-Mustakfi ibn al-Muktafi, Kalif T 1065
al-Mustandschid ibn al-Muktafi, Kalif T 1065
al-Mustansir, Fatimiden-Kalif 1067
al-Mustansir ibn al-Mutawakkil, Kalif T 1065
al-Mustansir ibn as-Sahir, Kalif T 1065
al-Mustarschid ibn al-Mustashir, Kalif T 1065
al-Mustashir ibn al-Muktadi, Kalif T 1065
al-Mustasim ibn as-Sahir, Kalif T 1065
al-Mutadid ibn al-Muwaffak, Kalif T 1065
al-Mutamid ibn al-Mutawakkil, Kalif T 1065
al-Mutanabbi, Dichter 1069
al-Mutasim ibn Harun ar-Raschid, Kalif T 1065
al-Mutass ibn al-Mutawakkil, Kalif T 1065
al-Mutawakkil ibn al-Mutasim, Kalif T 1065
al-Muti ibn al-Muktadir, Kalif T 1065
al-Muttaki ibn al-Muktadir, Kalif T 1065
ALN 1483 1484
Alodia 1104
Along, Vtg. (1948) 1308
Alopekonnesos T 106
Alp Arslan, Seldschuken, Su. 1068
Alpenprovinzen, röm. 267 283-289

Alpes Cottiae, röm. Prov. 285
–, s.a. Alpenprovinzen
Alpes Graiae, röm. Prov. 285
–, s.a. Alpenprovinzen
Alpes Maritimae, röm. Prov. 285
–, s.a. Alpenprovinzen
Alpes Poeninae, röm. Prov. 285
–, s.a. Alpenprovinzen
Alphabet, arab. 85
–, griech. 81 103
–, ionisches 137
–, phönik. 83 85 103
Alsnö, Statut (1280) 472
Altan, Mongolenherrscher, Khan 1017
Alte Geschichte ↗ Altertum
Alternative Liste ↗ AL
Alter Orient 61-89
–, s.a. Vorgeschichte
Altertum 61 62-318
Altes Testament 77 83 85-89 167 304
Altheim-Gruppe 28
Althiburos (Hr. Medeina) T 299
Altiplano 1608 1608
Altkupferzeit 24-30
–, Ägypten 25
–, Anatolien 26
–, Europa 26-30
–, Gesellschaft 24
–, Griechenland 26
–, Kreta 27
–, Mesopotamien 24
–, Mitteleuropa 28
–, Nordeuropa 30
–, Ost- und Südosteuropa 27 28
–, Palästina 26
–, Südwesteuropa 29
–, Vorderer Orient 24-26
–, Werkzeuge 24-26
–, Westeuropa 29
–, Westsyrien 26
–, Wirtschaft 24
Altneolithikum 18 19
Altonaer Blutsonntag (1932) 931
Alto Perú ↗ Bolivien (1825–1945)
Altpaläolithikum 12-13
–, Südostasien 1043
Altranstädt, Frd. (1706) 629
Alt-Smyrna (b. Bayrakli) 103
Altsteinzeit ↗ Paläolithikum
Alur 1116
Alva Castro, Luis 1667
Alva, Leonel d' 1515
Alvarez Armelino, Gregorio 1611 1668
Alvarez Mendizábal, Juan 819
Alvenslebensche Konv. (1863) 807
Alves, Nito 1525
Alvor, Vtg. (1975) 1525
al-Wathik ibn al-Mutasim, Kalif T 1065
Alyattes, Lydien, Kg. 81 115 118
Amadeus I., Spanien, Kg. 819
Amadokos, Thraker, Kg. 141 145
Amalafrida, Vandalen, Kgn. 325
Amalarich, Westgoten, Kg. 325 362
Amalaswintha, Ostgoten, Kgn. 325

Amalfi 442
–, Schl. (1528) 693
Amalrich, Jerusalem, Kg. 494
Amandus, Missionar 332 345
–, Usurpator 251
Amanullah, Afghanistan, Kg. 1099
Amarawati 1053
Amarna 49 67 83 86
Amarna-Stufe (Zeit) 47 67
Amaseia 169
Amasis, Ägypten, Kg. 69
Amaterasu 1034
Amazonas-Mündung 613
Ambidravi 281
Ambilini 281
Ambiorix 283
Ambisontes 281
Ambitus 214
Ambrakia (Arta) 115 134 142 181
Ambriz 1135 1525
Ambronen 216 217 290
Ambrosio, Vittorio 976
Ambrosius, Mailand, B. 254 255 256
Ambwela 1122
Amda Sion, Äthiopien, Kg. 1108
Amedokos, Thraker, Kg. 139
Amedo IV., Savoyen, Gf. 440
Amenemhet, Ägypten, Kg., I. 66
–, –, –, III. 40 66
–, –, Truppenbefehlshaber 47
Amenmesse, Ägypten, Kg. 51 68
Amenophis, Ägypten, Kg., I. 43
–, –, –, II. 48 67
–, –, –, III. 47 48 67
–, –, –, IV. 49 67 68
American Colonization Society 1115 1129
Americo-Liberanier 1129 1130
Amerika, Bezeichnung 611 613 1188
–, brandenburgische Besitzung 1194
–, dän. Kolonien 1194
–, engl. Kolonien 613 1166 1167 1173 1193 1194 1195
–, –, Besiedlung 1168
–, –, Gesellschaft 1167 1168
–, –, Handel 1168
–, –, Indianeraufstände 1173
–, –, Landwirtschaft 1168
–, –, Pioniere 1168
–, –, Religion 1168
–, –, Schulwesen 1168
–, –, Sklaverei 1168
–, –, Verfassung 1167
–, –, Wirtschaft 1167 1168
–, Entdeckungen 371 597 613 1164 1165 1197
–, Erstbesiedlung 15
–, europ. Eroberungen 1164 1189 1190 1192
–, frz. Kolonien 671 1166 1168 1194 1195
–, Indianerkulturen 1145-1164
–, Kolonialzeit 1164 1166 1188
–, –, Einwanderung 1171
–, –, Missionierung 1164 1166
–, niederl. Kolonien 702 1166 1167 1194
–, panamerikanische Bewegung 1197
–, Panamerikanische Union 1182

1674 AME—ANT

–, portug. Eroberungen 1192
–, portug. Kolonien 613 700 1164
–, schwed. Kolonien 1166 1167 1194
–, Sklaverei 1166 1190 1192 1194 1195
–, span. Eroberungen 1189 1190
–, span. Kolonien 613 1164 1166 1168 1188
–, –, Bodenschätze 1190
–, –, Gesetzgebung 1191
–, –, Handel 1190 1191
–, –, Indianerfrage 1188 1189 1190 1191
–, –, Landwirtschaft 1190
–, –, Missionierung 1189 1190
–, –, Religion 1189
–, –, Territorialverwaltung 1188 1189 1190 1191 1192
–, Vorgeschichte 1145
Amerika, engl. Kolonien s.a. USA
Amerika, portug. Kolonien s.a. Brasilien
Amerika, span. Kolonien s.a. Lateinamerika
Amerikanische Revolution (1770–1776) 724 1171 1173-1175
Amerikanischer Kolonialkrieg (1756–1763) 613 675
amerikanischer Kongreß (1826) erster 1197
Amerikanischer Unabhängigkeitskrieg (1775–1783) 632 685 699 1173-1175
Amicale Oubanguinne 1512
Amida 254
Amiens, Frd., (1802) 727
–, Kathedrale Ⓣ 455
–, Schl., (1918) 846
–, s.a. Samarobriva
Amin, Hafisollah 1494
–, Idi 1541
Amini, Ali 1491
Amisos (Samsun) 221 Ⓣ 107
Ammaedara (Haïdra) Ⓣ 299
Amman ⚹Philadelpheia (Amman)
Ammianus Marcellinus 250 254 255 256
Ammon 86
Ammoniten 6
Ammoniter 87
Ammonius, Seleukidenreich, Reg. 166
Amos, Prophet 88
Amphibien 2 4
Amphiktyonie, delphische 140 142 146 147 179
Amphiktyonien 105 Ⓣ 106
Amphipolis 127 134 140-142 145-147
Amphissa 142 147
Amr bin al-As 1104
Amritsar 1060
–, Goldener Tempel 1558 1559
AMROC 1592
Amselfeld, Schl., (1365) 1073
–, –, (1389) 588 589 595
Amtsgewalt (potestas) ⚹Imperium
Amtsinsignien, röm. 186
Amu Darja ⚹Oxus
Amuk-Kultur 70 78 82
Amun 66-69
–, -Priesterschaft 52

–, -Tempel 47 52
Amyklai 112
Amynandros, Athamanen, Kg. 181
Amyntas, Galatien, Kg. 171 227 308
–, Makedonien, Kg.e, I. 143 144
–, –, –, II. 144
–, –, –, III. 139 140 144
–, –, –, IV. 148
Amyrtäus 94
Amyrtaios, Ägypten, Kg. 69
An 73
Anabasa, Kalifenreich, Stth. 456
Anagni, Attentat, (1303) 432 531 542
–, Frd., (1295) 561
Anahita 94
–, s.a. Astarte
–, s.a. Ischtar
Anaklet, Pp., II. 411 420 426
Anakreon 111 119
Anaktorion 115
Ananatuba 1163
Anarchismus 722 723
–, Frankreich 792
–, Rußland 803 808
Anaren 199
Anastasios, Byz., Ks., I. 381
–, Konstantinopel, Patr. 354
Anastasius, Pp., I. 328
–, –, IV. 426
–, Ks., II. 329
Anat 83
Anatolien, (Altertum), (bis ca. 1900 v.) 40 43 44 79
–, (nach 1500 v.) 48 53 58 79 80 101
–, türk. Emirate 1074
Anatolien (Altertum) s.a. Kleinasien
Anatolien (MA) ⚹Byzantinisches Reich
–, ⚹Osmanisches Reich
Anatolien (NZ) ⚹Osmanisches Reich
–, ⚹Türkei
Anau-Kultur 33
Anawrahta, Burma, Kg. 1044
Anaxagoras 127 132 133
Anaxandridas, Sparta, Kg., I. Ⓣ 112
–, –, II. 112
Anaxandros, Sparta, Kg. Ⓣ 112
Anaxilaos, Rhegion, Tyr. 123 124
Anaxilos, Sparta, Kg. Ⓣ 112
Anaximander 111 118
Anaximenes 111 118
ANC (African National Congress) 1141 1526 1528-1531 1535 1650
Anchialos, Schl. (763) 385
Anchmachis, Ägypten, Gegenkg. 159
Ancien Régime 675 676 716 778 781 783
Ancón, Frd. (1883) 1206
Ancona 218
Ancus Marcius, Rom, Kg. Ⓣ 184
Andalusien ⚹al-Andalus
Andautonia Ⓣ 280
Andenpakt 1582 1618
Andernach, Schl., (876) 348
–, –, (939) 401
Anders, Władysław 885

Andersen, Hans Christian 827
Andhra, Dyn. 1050 1053
Andhrapradesch 1555
Andokides 138
Andom, Aman 1544
Andorra 1327 1631
Andrade, Joaquim de 1524
–, Mario de 1524
Andragoras, Parthyene, Satrap 162 312
Andrássy, Julius v. 755 772
Andreae, Jakob 644
Andreas, Ungarn, Kg., I. 375
–, –, –, II. 435 482 493
–, –, –, III. 483
Andreia 114
Andrei Bogoljubski, Kiew, Gfst. 480
Andreotti, Giulio 1323 1324 1631
Andriamahazo, Gilles 1546
Andriamanjato, Richard 1547
Andrianampoimerina, Merina-Reich, Kgn. 1121
Andriskos, Makedonien, Prät. 176 204
Andromachos, Feldherr 162
Andronikos., Byz., Ks., I. Komnenos 491
–, –, –, II. 594
–, –, –, III. 588 594
–, –, –, IV. 595
Andropow, Jurij 1256 1371 1381 1382
Andros 127
Androsch, Hannes 1353
Androtion 139
Andrusowo, Waffenstillstd. (1667) 687 713
Angeln 370
Angeloi, Dyn. 489 491 593
Angelsachsen 329 332 364 365 Ⓣ 331
Angelus Clarenus 432
angevinisches Reich 463 466 467
Angkor 1044
Anglikanische Kirche 605 606 680 681 683 684 802
Anglo-ägyptischer Vtg. (1936) 1093
Anglo-Iranische Ölgesellschaft ⚹AIOC
Angola, Kolonialzeit, (bis 1945) 1124 1135
–, (seit 1945) 1328 1329 1523 1525 1536 1647-1650 1666
–, -Sambesi-Region 1122
Angolavtg. (1898) 735 1137
Angora, Schl. (1402) 592 595 1014
Angostura, Kongr. (1819) 1203
Angoulême, Dyn. 156 157 169
–, Vtg. (1612) 668
Angra Pequeña 1137
Anguilla 1595
Anhalt 931
–, s.a. Sachsen-Anhalt
Anitta, Kussar, Kg. 79
Anjou, Dyn. 447 483 531 532 537 553 554 581 586 591 616 665
–, -Plantagenet, Dyn. 466
Anjouan 1548
Ankara, Vtg., (1930) 1006
–, Vtg., (1953) 1262
Ankara, Schl. (1402) ⚹Angora
Ankole 1540
Ankrah, Joseph A. 1501

Ankyra 171
–, Schl. (240/239) 162
Anna, Böhmen, Kgn. 477
–, Bourbon, Hzgn., v. Beaujeu 555
–, England, Kgn., v. Böhmen 567
–, –, –, v. Cleve 678 684 685
–, –, –, G. Richards II. 579
–, Frankreich, Kgn., v. Bretagne 555
–, –, –, G. Heinrichs I. 446
–, –, –, G. Ludwigs XIII. 670
–, Rußland, Reg., Leopoldowna 691
–, –, Zarin, Iwanowna 691
Annaeus, Lucanus, M. 235
–, Seneca, L. 234
Annalistik, röm. 188
Annam 1028 1046
Annapolis Convention (1786) 1174
an-Nasir ibn al Mustadi, Kalif 1070 Ⓣ 1065
Anne Boleyn, England, Kgn. 677 678
Annegray, Kl. 333
Annius Milo, T. 223
Anno II., Köln, Eb. 408
Annuität 187 210 217 231 240
Annunzio ⚹D'Annunzio
Ansari-Kommission 1561
Anselm, B., Havelberg 412
–, Eb., Canterbury 392 393 464
Ansgar, Eb., Hamburg-Bremen 333 343 371
–, –, Mailand 410
Antalkidas 138
Antalkidas-Frd. (387) ⚹Königsfriede
Antall, Jószef 1624, 1634
Antandroy 1121
Antarktis 1659
Antarktis-Rohstoffkonvention 1659
Antef, Ägypten, Kg., II. 31
–, Theben, Ft. 31
Anten 321
Anthela Ⓣ 106
Anthemius, Rom, Ks. 256
Anthemus 144
Antibes ⚹Antipolis
Anti Corn Law League (1838) 801
Antifaschismus 857
Antifaschistische Freiheitsliga des Volkes ⚹AFPEL
Antifaschistischer Block, DDR 1376
Anti-Fascist People's Freedom League ⚹AFPEL
Antigoneia/Orontes 153
Antigoniden, Dyn. 156 157 169 170 172-176 178 312 Ⓢ 173
–, s.a. Makedonien
Antigonos, Makedonien, Kg., I. Monophthalmos 148 152-154 160 177 178 Ⓢ 173
–, –, –, II. Gonatas 155 159 161 162 168 172 174 178-180 Ⓢ 173
–, –, –, III. Doson 174 180 Ⓢ 173
Antigua 1595 1601
–, s.a. Antigua und Barbuda
Antigua Labor Party 1666
Antigua und Barbuda 1666
Antike, Fortleben 319 320 327 337
–, Periodenbegriff 56 61

–, s.a. Altertum
Antikominternpakt, (1936) 865 866 869 942 980 1041
–, Beitritt Bulgariens (1941) 1002
–, Beitritt Rumäniens (1941) 1001
Antikorruptionskampagne, UdSSR (1983) 1382
Antillen 1194
Antinoopolis 301
Antinous 301
Antiocheia/Orontes, (Antike) 154 162 165-167 249 254 255 303 306 315 316
–, christl. Gemeinde 258
–, (MA) 433
–, Patrt. 307 329
Antiocheia/Pisidien 310
Antiochien, Armenien, Kg.n, G. des Xerxes 164
Antiochos, Kommagene, Kg., IV. 305
–, Seleukidenreich, Kg., I. Soter 159 161 168 170 171
–,–,–, II. Theos 161 162
–,–,–, IV. Epiphanes 159 165 167 204
–,–,–, V. Eupator 165
–,–,–, VI. 166
–,–,–, VII. Energetes Sidetes 166 167 312
–,–,–, VIII. Grypos 166 167
–,–,–, IX. Kyzikenos 166
–,–,–, X. Eusebes Philopator 167
–,–,–, XI. 167
–,–,–, XII. Dionysios 167
–,–,–, XIII. Asiaticus 167
–,–, Reg., Hierax 162 169 170 312
–, Sklavenkg. 214
Antiochoskrieg (192–188) 168
Antipater, makedon., Feldherr 142 148 149 152 153 177
–, Sohn Kassanders 154 172
Antiphon 132
Antipolis (Antibes) T 107
Antisemitismus, Dtld. 939 942
–, Frkr. 794
–, Rußland 809
–, s.a. Judenverfolgung
Anti-Slavery Association 798
Antislavery Society ↗USA (1776–1945)
Antitrust-Gesetzgebung, USA 1182
Antium 194 T 192
Antofagasta 1206
Antoku, Japan, Ks. 1036
Antonescu, Ion 878 882 898 899 910 1000 1001 1398
Antoninus Pius, Rom, Ks. 239 242 243 259 280 284 303 309 T 225
Antoninuswall 242 244 292 293
Antonio, Athen, Hzg. 592
Antonios, Einsiedler 302
Antoniter 427
Antonius, d. Gr., Eremit 260 330
–, Hl. 539
–, L. 226
–, M., (Konsul 99) 217 224
–,–, (Prätor 74) 220
–,–, Triumvir 160 170 171 223 225-227 269 277 302 305 314 317 S 233
–, Primus, M. 236

–, Sarturninus, L. 237 284
Anubis 65
ANZUS (Australia-New Zealand-United States) -Pakt (1951) 1243 1244 1259 1275 1576 1579 1660
Aoun, Michel 1638
Aosta ↗Augusta Praetoria
Aouzou-Region 1511
Aouzou-Streifen 1646 1647
AP 1606
Apame, G. des Prusias II. v. Bythinien 168
Apameia/Mäander, Frd. (188 v.) 164 203 204 312 1050
Apameia (Myrleia) 168 308
Apameia/Orontes 155
Apartheidpolitik 1536 1650 1661
APC 1498 1499
Apel, Erich 1385
Apella 114
Apelles, Makedonien, Regent 175
Apennin-Kultur 50 183
Aper, M. 288
Aphrodisias 309
Apiolae 184
Apithy, Sourou Migan 1503 1504
APO (Außerparlamentarische Opposition) 1299
Apollinaris v. Hierapolis 259
Apollodorus v. Damascus 238
Apollo Grannus 283 288
Apollon 106 107 110 158 278
Apollonia, (Kolonie von Korinth; Pojan) 115 175
–, (Kolonie von Milet/Rhodos) T 107
Apollonia/Babylonien, Schl. (220) 162
Apollonien 139
Apollonios v. Rhodos 158
Apologeten, frühchristl. 257 259
Apophis I., Ägypten, Kg. 43 66
Apostel 66 258
Apostelgeschichte 258
Apostelkonzil, Jerusalem (49/50) 258
Appalachen 1173
Appeasement-Politik 243 868 957
Appianos 243
Appollodor, Kassandreia, Herrscher 172
Appomattox Courthouse, Südstaatenkapitulation (1865) 1181
Appuleius Saturnius, L. 217
APRA (Alianza Popular Revolucionaria Americana) 1020 1606 1607 1667
Apries, Ägypten, Kg. 69
Aprilthesen (1917) Lenins 845 963
APROSOMA 1521 1522
Apsoros (Osor) 271
Aptidon, Hassan Gouled 1544 1651
Apuleius v. Madauros 300
Apulien, (Antike) 195 250 266
–, (MA) 360 437
Apulischer Aufstand (1017) 437
Apulum 276
Aquae, (Baden-Baden) 286
Aquae Granni, (Aachen) 285

Aquae Iasae T 280
Aquae Mattiacorum, (Wiesbaden) 286
Aquae Sextiae, (Aix-en-Provence) 217 283
–, Schl. (102 v.) 217 290
Aquileia 264 273 279 281 282
Aquilius M., (Konsul 101) 168 217
–, (Konsul 129) 171 308
Aquilonia, Schl. (393) 194
Aquinam T 280
Aquincum, (Budapest) 280
Aquino, Benigno 1576
Aquino, Corazon C. 1576 1656
Aquitania I, II, röm. Prov.en 285
Aquitania I, II, röm. Prov.en s.a. Gallien
Aquitanien 335 336 340 349 448 450
Aquitanier 283 284
Araber, (Altertum) 75 83 84 167 300 302 303 305 306 308 310 316 317 318
–, (MA) 456 457
–, (NZ) 1086 1636-1638
–, s.a. Islamisch-arabische Welt
–, s.a. Kalifenreich
–, s.a. Sarazenen
Arabereinfälle T 359
Araberkriege, Byz. 384 385
Arabia Augusta Libanensis, röm. Prov. 318
Arabia Augusta Libanensis, röm. Prov. s.a. Arabien
Arabia felix 317
Arabian American Oil Co. ↗ARAMCO
Arabien, (Altertum) 72 84 85 151 174 T 63
–, röm. Prov. (Arabia) 227 238 247 317-318
–, s.a. Arabische Halbinsel
–, s.a. Islamisch-arabische Welt
–, s.a. Saudi Arabien
Arabische Föderation (1958) 1444 1467
Arabische Gebiete (1914–1949) T 1086
Arabische Gipfelkonferenz (1967) 1445
Arabische Gipfelkonferenz (1982) 1457
Arabische Halbinsel 1062 1090
Arabische Liga 1438 1443 1448 1457 1471 1473 1490 1621 1637 1640 1642
Arabische Republik Jemen ↗Jemen
Arabischer Kongreß (1913) 1086
Arabischer Kooperationsrat 1636
Arabische Sozialistische Union ↗ASU
Arabische Sprache 85 1064 1066 1068 1086
Arabische Welt ↗Islamisch-arabische Welt
arabisch-israelischer Konflikt 1085 1449-1458 1637 1638
Arachosien 150 312
Arados 149 162 167
Arae Flaviae (Rottweil) 284
Arafa, Mohammed Ben 1486

Arafat, Iasir 1238 1380 1445 1447 1453 1455 1458 1463 1637-1639
Arago, Étienne-Vincent 787 788
Aragón 460 461 561 562
–, Könige S 460 559
Arakan 1567
Araktschejew, Alexei A. 805
Aramäer 52 53 56 75-77 83 84 86
–, Spr. 75 77 93 94 304 306 309
Aramburu, Pedro 1612
ARAMCO 1469
Arana Osorio, Carlos 1588
Ararat 80
–, s.a. Urartu
Arat, v. Sikyon 174 175 179 180
–, v. Soloi, Dichter 172
Araukaner 1211
Arausio, (Orange) 286 287 288
–, Schl. (105 v.) 216 217 290
Arbeiterbewegung 722 723
–, Belgien 282
–, China 1029 1030
–, Deutschland 748 750 752 753 754 755 762 765-767
–, Frankreich 785 787 789 791 792 951 952 953
–, Großbritannien 798 800 801 803
–, Österreich 949
–, Rußland 803 804 809 810 811 812
–, USA 723
–, s.a. Gewerkschaften
Arbeiterschaft 720 721 722 723
–, China 1029 1030
–, Frankreich 788 793
–, Großbritannien 797-803
–, Rußland 803 809 810
Arbeiter- und Soldatenräte, dt. 848 918 919
Arbeiter- und Soldatenräte, russische ↗Sowjet
Arbeitslosigkeit ↗soziale Frage
Arbeits- und Sozialpolitik 721
–, Brandenburg-Preußen 659
–, Dt. Reich 763 764 765 766 767
–, Frankreich 790
–, Großbritannien 798 799 800 801 802 803
–, Österreich 663
–, Preußen 744
–, UdSSR 966 971 1375 1376 1377
–, USA 1182 1185 1284
Arbenz Guzmán, Jacobo 1588
Arbogast, Rom, Heermeister 255
Arcadius, Rom, Ks. 255 322
Archaeocyathiden 3
Archaeopteryx 2
–, lithographica 6
Archaikum 2 3
–, s.a. Nordamerika, Vorgeschichte
archaische Zeit, Griechenland 101-120
Archanes-Villen 44
Archelais 309
Archelaos, Judäa, Ft. 302
–, Kappadokien, Kg. 170
–, Makedonien, Kg. 135 144
–, Partos, Feldh. 218
–, Sparta, Kg. T 112
Archidamischer Krieg (431 bis 421) 133

1676 ARC—ASK

Archidamos, Sparta, Kg., I. T
112
–,–,–, II. 133 134 T 112
–,–,–, III. 262 T 112
–,–,–, IV. T 112
–,–,–, V. T 112
Archimedes 158 200
Archipelago, Hzm. 590
Architektur, Athen (5. Jh.) 132
–, Byz. 386
–, Dtld. (MA) 500 522 523
–, England (MA) 500
–, Frankreich, (MA) 556 557
–,–, Hoch-MA 396
–,–, (NZ) 672
–, Italien, (MA) 361 538
–,–, (NZ) 694
–, karoling. 347
–, Neuzeit 607
–, röm. 211
–, Spät-MA 499 500
Archontat 116 117 122 126 131
G 130
Arciszewski, Tomasz 905 913
993
Ardabur, Rom, Heermeister
256
Ardagh-Linie 1554
Ardaschir I., Sasaniden, Kg.
245 314-315 1011
Ardea 184 193
Ardennenoffensive (1944) 907
Ardiaier 146 175 198 272
Arduin, Italien, Kg. 437
Ardys, Lydien, Kg. 81
Aref, Abd ar-Rahman 1468
–, Abd as-Salim Mohammed
1444 1467 1468
Areia 150
Areiopag 116 117 123 126 129
131 G 130
Arelate (Arles) 240 285 286 287
Arelatisches Reich 350
–, s.a. Burgund (MA)
AREMA 1547 1652
Aremorica 369
ARENA 1594 1663
Ares 278
Aretas, Nabatäer, Kg., III. 317
–,–,–, IV. 317
Arethas v. Kaisereia 487
Areus, Sparta, Kg., I. 174 178
179 T 112
–,–,–, II. T 112
Arevaker 295
Arévalo, Juan José 1200 1588
Arezzo ↗ Arretium
Argaios, Makedonien, Kg. 143
–,–, Prät. 141
Arganthonios, Tartessos, Kg.
294
Argentinien, (1816–1945)
1208-1209
–, (seit 1945) 1582 1584 1585
1612-1614 1668
Argentinische, Bischofskfz.
(1977) 1613
–, Konföderation (1853) 1208
Argentorate (Straßburg) 286
Arges, Schl. (1916) 843
Arginusen-Inseln, Schl. (406)
135
Argistis I., Urarten, Kg. 80
Argolis 121
Argos, (vor dem Peloponnesi-
schen Krieg) 113 115 121 122
125 126 127
–, (vor dem Hellenismus) 134
135 138-142 144

–, (hellenistische u. röm. Zeit)
179-182 203 204
–, Kgr. 99
Argylshire 368
Arianer/Arianismus 252 253
254 255 275 288 300 321 322
324 326 331 332 357 362
Ariaramnes, Persien, Kg. 52 93
Ariarathes, Kappadokien, Kg.,
III. 169
–,–,–, IV., Eusebes 169
–,–,–, V. Eusebes Philopator
165 169 170
Arias, Arnulfo 1594
Arias Sánchez, Oscar 1662,
1664
Aribert, Langobarden, Kg., I.
332
–, Mailand, Eb. 405 407
Aribo, Mainz, Eb. 405
Arica, Prov. 1206
Arichis, Benevent, Hz. 341
Aricia 95 186 190
Arier 74 91 1048
Ariminium (Rimini) 198 200 T
192
Ariobarzanes, Kappadokien,
Kg., I. 170
–,–,–, II. 170
–,–,–, III. 170
–, Persien, Satrap 82 140
–, Portos, Kg. 169
Arioi 1219
Ariosto, Ludovico 694
Ariovist, Sueben, Kg. 222 283
290
Aristagoras, Milet, Tyr. 121
Aristarch v. Samos 158
Aristarch v. Samothrake 158
Aristeides 122 123 125
–, Apologet 259
Aristide, Jean-Bertrand 1664
Aristion 269
Aristippos, Argos, Tyr. 180
Aristobulos, Judäa, Kg. 166
–, Juden, Kg., II. 221
Aristodemos, Elis, Tyr. 179
–, Kyme, Tyr. 95 119 123 186
–, Megalopolis, Tyr. 179
–, v. Sparta 138
Aristogeiton 117 149
Aristomachos, Argos, Tyr. 180
Ariston, v. Pella, Apologet 259
–, Sparta, Kg. T 112
Aristonikos 168 169-171 308
Aristophanes, v. Byzantion,
Philologe 158 159
–, Komödiendichter 131 132
Aristoteles 90 137 147
Aristotelismus 393 394
Arius 302 307
Arizona 1179 1198
Arkadien 99 113 125 142 149
154 177 179 180
Arkadischer Bund 136 140
Arkansas 180
Arkesilaos 157
Arles, Synode (314) 252 293
–, Vikariat 329
–, s.a. Arelate
Armada, span. (1588) 624 680
698
Armagh, Ebtm. 367
Armagnac, Dyn. 554
Armagnacs 549 551 552
Armand, Louis 1265
Armas Castillo, Carlos 1588
Armenien, (Altertum vorröm.)
70 74 75 80-81 92 164 169 170
310 313 315 316

–, ([Armenia minor]röm. Prov.)
225 226 228 229 235 238 243
251 255 311 314 386
–, (MA) 386 489 492
–, (islam. Herrschaft) 1064
–, (MA) s.a. Kleinarmenien
–, (19./20. Jh.) s.a. Türkei
–, (19./20. Jh.) 964 1082
Armenische Kirche 311
Armenische Schrift 311
Arminius, Cherusker, Ft. 229
232 272 284 290
Armstrong, Neil A. 1282
Arn, Salzburg, Eb. 341
Arndt, Ernst Moritz 743 744 747
Arnheim, Luftlandung (1944)
906 982
Arnim, Hans-Jürgen v. 892 900
Arnobius 300
Arnold v. Brescia 426
Arnulf, Bayern, Hz. 351 398 399
401
–, Flandern, Grf., II. 444
–, v. Kärnten, Ks. 351 355 360
376 377 S 342
–, Metz, B. 345
–, Orléans, B. 444
–, Reims, Eb. 444
Arnulfinger ↗ Karolinger
Aro-Ibo 1113
Aron, Robert 955
Arosemena, Carlos Julio 1605
Árpád, Ungarn, Ft. 376
Arpaden, Dyn. 375 586
ar-Radi ibn al-Muktadir Kalif
T 1065
Arrapcha 48
Arras, Schl. (1917) 843
–, Union (1579) 702 705
–, Vtg. (1435) 552
–, Vtg. (1482) 616
ar-Raschid ibn al-Mustar-
schid, Kalif T 1065
ar-Razi 1066
Arretium (Arezzo) 195 200 239
Arreton-Stufe 50
Arrian ↗ Flavius Arrianus
Arrius Antoninus 310
Arron, Henck A.E. 1605
Arruntius Camillus Seribonia-
nus, L. 234
Arsakes, Armenien, Kg., IV.
311
–, Parther, Kg.e, I. 162 312 1010
–,–,–, II. 312
–,–,–, III. 164
Arsakiden, Dyn. 245 312 314
1010
–, (armen. Zweig) 311
Arschak, Armenien, Kg. 311
Arses, Persien, Kg. 94
Arsinoë, G. des Lagos 159
–, G. des Lysimachos 155 159
172
Ars Lulliana 394 395
Arta ↗ Ambrakia
Artabanos 94
–, Parther, Kg., I. 313
–,–,–, V. 314 315
Artabazanes v. Atropatene 162
Artabazos, Persien, Satrap 141
Artaphernes 121
Artaxata (Artashat) 235 243
311
Artaxerxes, Armenien, Kg. 164
165 311
–, Persien, Kg.e, I. Longimanus
89 94

–,–,–, II. Mnemon 82 94 138
140
–,–,–, III. Ochos 69 82 94 141
–, ↗ Zeno, Kg., Armenien
Artemidoros 296
Artemis 100 118 278
Artevelde, Jakob van 544 546
548
–, Philipp van 548
Arthropoden 3
Arthur, Chester A. 1182
Arthur III. de Richemont 552
Artigas Gervasio, José 1207
Artukiden Dyn. 1069
Artus-Sage 469 564
Aruba 1194 1596
Arunachal Pradesh 1653 1657
Aruscha (Arasha), Abk. (1969)
1270 1272
Aruscha, Dekl. (1967) 1539
Arvandes 93
Arverner 216
Arwad (Ruad) 83
Arybbas, Epeiros, Kg. 142
–, Molosser, Kg. 145 147
Aryk Bögä, Mongolenherr-
scher 1014
Asaf Dschah, Haiderabad, Ft.
1055
Asante (Ashanti) 1114 1115
Asanuma, Inejiro 1343
Ascanius (Julus) 183
Aschera 83
Ascholia, Indien, Kg. 1050
Aschot, I., Kg., Armenien 492
–, II. 492
–, III. 492
Aschtischtat 311
Aschwaghoscha 1050
Asculum 217
ASEAN (Association of
South-East Asian Nations)
1272 1431 1432 1433 1564
1577 1654
Asen, Bulg., Zar 484 491
Aserbaidschan, (vorislam.
Zeit) 80 90
–, (bis 1945) 964 1076 1096
–, (seit 1945) 1241 1242 1490
Ásgeirsson, Ásgeir 1337
Ashanti 1500
–, s.a. Asante
Ashar-Univ., Kairo 1067 1069
1070
Ashikaga, Geschl. 1037
–, Takaugi 1037
–, Yoshiaki 1037
–, Yoshimasa 1037
–, Yoshimitsu 1037
Asia, röm. Prov. 171 215 218
221 225 254 259 308-310 T
196
Asiana, Diözese 309
Asian and Pacific Council
↗ ASPAC
Asian Relations Conference
(1947) 1438
Asien, (vor 1945) 1009-1061
–, (seit 1945) 1652
–, s.a. Hochkulturen
–, s.a. Islamisch-arabische
Welt
Asinius Pollio, C. 231
Asir 1090
Asitawaddija (Karatepe) 84
Askalon, Schl. (1102) 493
Askia Muhammad, Songrai-
Hschr. 1112
Asklepiades v. Myrlea 296

Asklepios 278

Asmara 1544 1545

Asociacion Latinoamericana de Libre Comercio ↗ALALC

Asociacion Nacional Republicana (Partido Colorado) 1610

Asow 688

ASPAC 1564 1577

Aspar, Rom, Heermeister 256 *380* 381

Asparuch, Bulgarien, Ft. *373 384*

Aspasia 127

Aspern, Schl. (1809) 769

Assad, Hafis al- 1446 1448 *1459* 1469

Assad, Rifaat al- 1460

as-Sahir ibn an-Nasir, Kalif T 1065

Assalé, Charles *1513*

Assam 1045 1558 1652

–, Unruhen 1559

As-Samh, Kalifenreich, Stth. 456

Assarhaddon, Assyrien, Kg. 57 68 76 84

Assassinen, Dyn. 1069

Associão Africana 1137

Association des Bakongo ↗ABAKO

Association Générale des Baluba du Katanga ↗BALU-BAKAT

Association Internationale du Congo 1133

Association of Southeast Asian Nations ↗ASEAN

Association pour la Promotion Sociale de la Masse ↗APROSOMA

Assoziierte Staaten Westindiens 1595

Assuan ↗Syene

Assuan-Staudamm 1278 1314 1443 1477

Assur 52 56 74 77 88 313

–, Gott 57 74

–, s.a. Assyrien

Assurbanipal, Assyrien, Kg. 57 68 *76* 81 91 92

Assurdan II., Assyrien, Kg. 56

Assurnassirpal II., Kg., Assyrien 56 75

Assur-ubalit I., Kg., Assyrien 74

Assyrer 40 43 68 69 *76* 77 94

Assyrien/Assyrisches Reich 52 56 56 69 70 72 75-77 83 88 91 92 T 63

Assyrien/röm. Prov. (Assyria) 238 314

Astakos T 106

Astarte 83 90

–, s.a. Tanit

Asteroiden 1

Astrachan 686

Astronomie 77 504 609 611 1154

Asturer 227 296

Asturica Augusta (Astorga) 296 297

Astyagos, Kg., Meder 92

ASU (Arabische Sozialistische Union) 1477 1478 1480

Asunción, Abk. (1975) 1610

Atahualpa, Inkaherrscher 1160 *1162* 1189

Atatürk, Kemal *1083* 1084

Athalarich, Ostgoten, Kg. 325

Athalja, Juda, Kg. 87

Athamania 176

Athanagild, Westgoten, Kg. 362

Athanarich, Westgoten, Kg. 254 291 *321* 322

Athanasios, Alexandreia, B. 253 302

Athapasken 1147

Athaulf, Westgoten, Kg. 255 *323*

Atheismus 779 968 969 1368

Athen, (vor 510 v.) 99 103 108 **115-118** T 106 109

–, (510–404) **120 121** 127 **128-136** 134 144

–, –, Adel 129

–, –, Architektur 132

–, –, Außenpolitik 125 126 127 133 134 135

–, –, Bildung 132

–, –, Demokratie 126 131 134 135 G 130

–, –, Geld 129

–, –, Gesellschaft 120 **129 130**

–, –, Handel 128

–, –, klassische Zeit **128-136**

–, –, Kleruchien 128

–, –, Kultur **131-132**

–, –, Philosophie 133

–, –, pol. Org. 120 121 122 126 130 **131** 135 G 130

–, –, Religion 133

–, –, Sklaverei 128 129

–, –, Stadt 125 127 132 133

–, –, Wirtschaft **128 129**

–, –, (4. Jh.) 137-142 144-151

–, (Hellenismus) 152-155 157 159 174 175 177 178 182

–, (MA), Hzm. 590-592

–, Kfz. (1976) 1339

Athena (Athene) 100 118 158

Athenais-Eudokia, Rom, Ksn. 256

Athenion 269

Athenisch-spartanischer Krieg (376–375) 139

Athenopolis T 107

Athos-Kl. **485** 488 492 595

Athtar 85

Atilius Regulus, C. 199

–, M. 197

Atintania 145

Atintanien 175

Atlantik-Charta (1941) 1187

Atlantische Charta (1973) 1271

Atlantische Gemeinschaft, (seit 1940) 1255

–, s.a. Westliche Welt

Atombomben, erste 1187 1274 1275

Atom-Charta (1945) 1228

Atomenergie 1264 1347 1426 1629

Atomenergiekommission, UNO 1228 1232 1275

Atomtests ↗Kernwaffen, Tests

Atomwaffen 914 1441 1660-1662

–, Australien 1579

–, China, VR 1251

–, ČSSR 1371 1403

–, DDR 1371 1396

–, Dtld., BR 1256 1286 1300 1306

–, Eur. 1273

–, Frkr. 1256 1309

–, GB 1256

–, Indien 1653

–, UdSSR 1240 1243 1245 1247 1255 1371 1396 1653

–, USA 1240 1245 1247 1255 1256

Atomwaffensperrvertrag ↗Nonproliferations-Vtg.

Aton, Gott 47 67

Atossa, Persien, Kgn. 93 94

Atrebaten 291

Atreus, Schatzhaus 99

Attacotti 292

at-Tai ibn al-Muti, Kalif T 1065

Attaleiates, Michael 489

Attaleira/Hermos 170

Attaliden, Dyn. 158

Attalos, makedon. Heerführer 147

–, Pergamon, Kg., I. Soter 162 164 168 **170** 171 175 181 200 203

–, –, –, II. 168 169

–, –, –, III. Philadelphos 165 *171* 204 308

Attalus, Gegenks., Rom 255

Attar 318

Attas, Haidar al *1641*

Attendolo, Muzio *535*

Atthoumani, Said 1548

Attika 103 120 123 203

–, s.a. Athen

Attila, Hunnen, Kg. 256 323 328 372 380 1011

Attis 80

Attischer Seebund Erster ↗Delisch-attischer Seebund

Attischer Seebund (377), Zweiter 139-141 145 147

Attisch, Spr. 137

Attlee, Clement Richard 876 913 1294 *1313 1552*

Attwood, Thomas 799

Aubame, Jean-Hilaire *1515*

Auch 285

Audomar, Missionar *332*

Auersperg, Adolf v. *772*

Auerstedt, Schl. (1806) 727 739

Auerswald, Hans. v. *748*

Aufklärung 608-610

–, Deutschland 738

–, Frankreich **676**

–, Italien 697

–, Portugal 701

–, Schweiz 715

Aufstände, England, (MA) 567 570

–, Frankreich, (MA) 546 547

–, Schottland, (NZ) 682

–, Serbien, (NZ) 725 829

–, Spätmittelalter 497-498 T 496 498

–, s.a. Revolution

Augsburg 287

–, Gesellschaft T 497

–, Humanistenzentrum 604

–, Reichstag, (1500) 634

–, –, (1518) 634

–, –, (1530) 619 638

–, –, (1547/1548) 621 641

–, –, (1566) 643

Augsburger, Allianz (1686) 654

–, Interim (1548) 621 641

–, Konfession (1530) 638 639

–, Religions- u. Landfriede (1555) 605 621 **642 643** 644 647

Augsburgisches Bekenntnis ↗Augsburger Konfession

August, Polen, Kg., II. d. Starke 629 655 688 713

–, –, –, III. 630 656 713

Augusta, Ksn. *753*

Augusta Euphratensis, röm. Prov. 306

Augusta Euphratensis, röm. Prov. s.a. Syrien

Augusta Libanensis, röm. Prov. 306

Augusta Libanensis, röm. Prov. s.a. Syrien

Augusta Praetoria (Aosta) 227

Augusta Raurica (Augst) 286 288

Augusta Treverorum (Trier) 249 250 254 285 286 287 288

Augusta Vindelicum (Augsburg) 285 286

Augusta Viromanduorum (St. Quentin) 286

Augustin I. ↗Iturbide, Agustin de

Augustiner-Eremiten 429

Augustinerregel 426 429

Augustinus, B., Hippo 255 256 300 323 603

–, Missionar *329 332 365*

Augustobona (Troyes) 286

Augustodunum 287

Augustonemetum (Clermont-Ferrand) 286

Augustus, Rom, Ks. 160 224 225 226 **227 228 229** 230 262 266 268 269 270 272 277 279 281 285 287 296 299 301 302 305 308 S 233 T 225

Augustus, (als Titel) 249 T 225

–, s.a. Cäsar (als Titel)

–, s.a. Kaisertum

Aulodes (Sisi-Rais) T 299

Aung San *1047* 1665

Aunjetitz-Kultur 46

Aurangseb, Großmogul 1055

Aura Poku, Baule, Kgn. 1115

Aurelianus, Rom, Ks. *247 248* 275 276 278 282 291 306 307

Aurelius, Rom, Ks. T 225

–, Cotta, C. 220

Aurelius, Mausaeus Carausius, M. ↗Carausius

Aureolus, Usurpator 247

Aurignac 15

Aurignacien 15

Auriol, Vincent 957 *1308*

Aurither-Kultur 60

Aurora, J.S. 1556

Aurunker 194 T 192

Auschwitz-Birkenau (KZ) 890 899 945 993

Ausculta fili (1301) 541

Ausculum, Schl. (279) 195

Ausnahmegesetze (1793) 779

Ausnahme-Zustand, (1921) 925

–, s.a. Notverordnungen

Ausonius, D. Magnus 250 254 288

Außenhandel ↗Handel

Außenminister-Kfz., (1946), New York 1242

–, –, Paris 1242

–, (1947), London 1242

–, –, Moskau 1242

–, (1950), New York 1244

Außenpolitik 657 658 1240-1245

1678 AUS—BAK

–, Ägypten (Altertum) 65
–, Äthiopien 1108
–, Athen 126 133 134
–, Australien 1576-1577
–, Bulgarien **1407**
–, China (vor 1945) 1025 1027
–, Dänemark 1335
–, Dtld., BR 1247
–, Dt. Reich, (1871–1918) 731 732 734-737 757 762 763 764 766 767 768 769
–, –, (1919–1933) 857 860
–, –, (1933–1945) 864-870 940-943 946
–, England/Großbritannien 628 657 658 677 684 957
–, Finnland 846
–, Frankreich, (1494–1789) 619 628 657 658 665 669 672 674 675
–, –, (1789–1945) 726-728 729-132 734-737 782 787 790 791 795
–, –, (seit 1945) 1241-1245 1307 1308
–, Großbritannien 726-729 730-732 734-737 795 797 798 800 801 802 803
–, Indien 1553 1554
–, Italien 731 732 734-737 817 974
–, Japan 1039 1040 1041 1042
–, Jugoslawien 1409 1410
–, Kalifenreich **1066 1067**
–, Kanada 1287 1288
–, kommunistische Welt 1364 1367 1368
–, Österreich, (NZ bis 1804) 631 651 652 654 657 658
–, –, (1804–1867) 726-729 730 731 738 754 769-771
–, Österreich-Ungarn 731 732 734-737 755 772-775 833
–, Osman. 730-732 1074 1077-1082
–, Polen 856 866 868 1391 1392
–, Preußen 726-729 730 731 738 753 754
–, Reich 636 648 654
–, Rom 190 193-204 214
–, Rumänien 856 868 877 878 **1406**
–, Rußland, (1505–1795/1796) 657 658 689 691
–, –, (1795–1914) 726-729 730-732 734-737 804 805 806 **807** 808 809 810 812
–, Schweden 708
–, Sparta 115 134 135
–, Tschechoslowakei 856 866 867
–, Türkei 865 874 881 1332
–, Tunesien 1482
–, UdSSR, (1918–1945) 849 851 857 861 864-869 966 967 969
–, –, (seit 1945) 1240 1241 1243 1245 1361 1372-1380 **1378**
–, Ungarn 867 883
–, USA, (bis 1914) 1176 1177 1179 1182 1183
–, –, (1914–1945) 841-843 849 851-853 855-857 859 861 864-866 870 874 875 877 879 881 885 895 896 897 903-905 913 1184-1186
–, –, (seit 1945) 1240-1246 1276 1277 1340 1341 1343 1344 1357 1466
–, s.a. Heiratspolitik

–, s.a. Internationale Beziehungen
–, s.a. Paktsystem
Außenpolitik, China (seit 1945) ↗ China, VR
Aussiedlung, Polen, (seit 1945) 1396 1397
Aussig, Schl. (1426) 520
Austerlitz, Schl. (1805) 727 739 805
Australide ↗ Menschenrassen
Australian Act 1985 1659
Australian Act 1986 1659
Australien, (endogene Kulturen) 1212-1214
–, (Entdeckung) 1220
–, (Erstbesiedlung) 15 1212
–, (1600–1945) **1220-1224**
–, (seit 1945) 1440 1564 **1576-1579** 1581 1656 1659
Austral-Inseln 1214 1226
Austrien (Austrasien) 336
Austrofaschismus 950
Austronesier ↗ Menschenrassen, Ozeanien
Austuriani 270
Ausverkauf der Heimat, Schweiz 1357
auswärtige Beziehungen ↗ Außenpolitik
–, ↗ internationale Beziehungen
Auswanderung, Dtld. 744 767
–, England 681
–, Polen 1392
–, Schweden 825 826
–, UdSSR 1380
–, s.a. Aussiedlung
Authari, Langobarden, Kg. 357
Autobahngebühren, Schweiz 1357
Autokephalie 381
Autokratie, russ. 803 804 805 806 807 809 810
Autun, Schl. (534) 336
Auxerre, Kathedrale Ⓣ 455
Auzia (Aumale) Ⓣ 299
Avantgarde de la Révolution de Malagasy ↗ AREMA
Avaren ↗ Awaren
Avaricum (Bourges) 223
Avaris 66 67
Aveiro, João Alfonso d' 1115
Avellaneda, Nicolás 1208
Aventicum (Avenches) 286 288
Averroës 394 457
Avesta 92 313 315
Avicebron 394
Avicenna 393 1066
Avidius Cassius, C., Usurpator 243 301 306 314
Avignon 556
Avignonesisches Papsttum 526 527 542
Ávila Camacho, Manuel 1200 1586
Avis, Dyn. 563 700
Avitta, Bibba (Boa-Ftis) Ⓣ 299
Avitus, Rom, Ks. 256 324
AVNOJ (Antifaschistischer Rat, Jugoslawien) 1408
Avril, Prosper 1664
AWACS, Äg. 1480
Awami-Liga 1560 1561 1653
Awan 90
Awaren 317 341 372 373 379 383
Awolowo, Obafemi 15051506

Awwakum, Petrowitsch 687
Axayacath, Aztekenherrscher 1157
Axidares, Armenien, Kg. 238
Axima (Aime) 285
Axum ↗ Aksum
Ayacucho, Dekl. (1974) 1609
–, Schl. (1824) 1145 1205
Ayala, Eligio 1207
–, Ramón Perez de 978
Ayers Rock 1659
Aylwin Azócar, Patrizio 1668
Ayora, Isidro 1205
Ayub Khan, Mohammad 1555 1559
Ayuthya 1044 1045
Azad Kashmir 1551
Azahari, Mohar 1569
Azaña, Manuel 978 979
Azande 1106
Azania 1119
Azcapotzalco 1155 1157
Azcona del Hoyo, José 1663
Azes I., Saken, Kg. 312
Azevedo, Pinheiro de 1329
Azhari, Ismail el- 1475
Azikiwe, Nnamdi 1131 1505 1506
Azincourt, Schl. (1415) 549
Azizos, Araber, Fst. 167
Azlan Muhibuddin Shah, Malaysia, Kg. 1656
Azoren 612
Azteken 1157 1189
Azules 1612

B

Baader, Andreas 1305
Baal 83 87 182
Baalberger Kultur 28
Baamba 1116
Baath-Partei 1442 1444 1446 1448 **1458 1459** 1468 1469
Babangida, Ibrahim Gbadamasi 1646
Babenberger, Dyn., ältere 352
–, –, jüngere 403 509
Babeuf, François Noël 780
Babismus 1097
Babito, Dyn. 1116
Babiuch, Edward 1399
Babur, Indien, Großmogul 1015 1052 1054 1072 1096
Babylas 307
Babylon 47 52 73 74 76 **77** 79 88 92 93 149 152 153 160
–, Dynastie 73
–, Reichsordnung (323) 151 152
Babylonien 44 47 52 58 **73** 74 **75** **77** 79 81 82 91-94 164 166 313 316 Ⓣ 63
Babylonische Gefangenschaft **88**
Babylonische Gefangenschaft der Kirche ↗ Avignonesisches Papsttum
Babylonisch, Spr. 77 82 93
BAC 1537
Bacchanalien 214
Bacchus 288
Bach, Alexander v. 752 753 771
–, Johann Sebastian 608 657
Bachwezi 1116
Backe, Herbert 937
Bacon, Francis 609 681
–, Roger 395

Bacquaten 298
Bacson-Kultur 1043
Badari-Stufe 21
Baden, Aufstand (1848) 746 749
–, Aufstand [1849] 750 751
–, Frd. (1714) 630 655
–, Kftm. 663
–, Kftm. (1803) 738
–, Verfassung (1818) 724 743
Badener Kultur 35
Badeni, Kasimir Felix v. 773
Baden-Württemberg 1298 1306 1625 1627
Badisches Landrecht (1809) 739
Badoglio, Pietro 896 897 899 901 975 976
Badran, Mudar 1639
Badr, Schl. (624) 1062
Baduila ↗ Totila
Baecula, Schl. (208) 200
Baels, Liliane 1232
Bärwalde, Vtg. (1631) 626 669
Baeterrae (Béziers) 286
Bagacum (Bavay) 286
Bagauden 250 251 256 288 297
Bagaza, Jean-Baptiste 1524 1648
Bagdad 1066 1076 1468
–, arab. Gipfelkfz. (1978) 1448
Bagdadbahn 736 769 1082
Bagdadpakt (1955) 1245 1247 1248 1263 1264 1265 1278 1339 1340 1467 1491
–, s.a. CENTO
Bagirmi 1105 1111
Bagishu 1116
Bagoas 94
Bahadur Schah, Großmogul 1055
Bahai-Religion ↗ Behaismus
Bahama-Inseln 1193 1595 **1600** 1665
Bahia 1192 1193
–, Honda 1202
Bahia-Kultur 1160
Bahmani, Dyn. 1053
Bahonar, Javad 1493
Bahrain 1472 **1472** 1491 1640
Bahram, Sasaniden, Kg., I. 315
–, –, –, II. 251 315
–, Tschobin 317
Bahr, Egon 1253 1301 1395
Bahr-el-Ghazal 1105
Bahriten ↗ Mamluken
Bahro, Rudolf 1395
Baibars, Ägypten, Su., I. 1070 1072
Bai Bureh, Loko-Herrscher 1129
Bainville, Jacques 955
Bairaktar, Mustafa, Osman., Großwesir 1081
Bajasid, Osman., Su., I. 1073
–, –, –, II. 1075
Bajuwaren ↗ Bayern
Bakary, Djibo 1509 1510
Bakchiaden, Korinth, Dyn. 115
Bakchides, Seleukidenreich, Feldh. 165 167
Bakchylides 125
Baker, James A. 1637 1638 1639
Bakhtiar, Schapur 1492 1493
Bakiga 1116
Bakoko 1131
Bakr, Saijid Achmad Hasan al- 1468

BAK—BEA 1679

Baktrien, (vor dem Hellenismus) 92 94 1009
Baktrien (Hellenismus) 150 154 161 166 **312** 313 1010 1011 1020
Bakunin, Michail A. *723* 748 808
Bakweri 1131
Baladschi Badschi Rao, Indien, Kg. 1056
Balaguer, Joaquín Videla *1597*
Balamir, Hunnen, Kg. 372
Balban, Delhi, Su. 1052
Balbinus, Rom, Ks. *246* 297 T 225
Balboa, Vasco Núñez de *1189* 1225
Balbo, Cesare *725* 815
Balduin, Flandern, Grf., IV. 444
–, –, –, V. 446
–, Jerusalem, Kg.e, I. *493*
–, –, –, II. 436 493
–, –, –, III. *494*
–, –, –, IV. *494*
–, Lat. Ksr., Ks., I. *593*
–, –, –, II. *593*
–, Trier, Kft., v. Luxemburg 511 *513* 514
Balduin, Belgien, Kg. *Baudouin
Balduin, Grf.n., Flandern, VIII. *Balduin I., Lat. Ksr.
Baldwin, Stanley 859
Balewa, Abubakar Tafawa *1505*
Balfour, Arthur James 857 1087
Balfour-Definition (1926) 1172
Balfour-Dekl. (1917) 1087 1088
Bali 1113
Balkan, (Gebiet), (Altertum) 259
Balkanbund, (1912) 736
–, (1923) 999 1001 1003 1006
Balkan-Föderation, Plan 1361
Balkanfrage 804 806 813 858 861 864
Balkan (Gebiet), (Altertum) s.a. Epeiros
–, s.a. Griechenland
–, s.a. Makedonien
–, s.a. Südosteuropa
Balkan-Kfz. (1976) 1339
Balkankriege, Erster (1912) 736 813 829-831
–, Zweiter (1913) 736 829-831
–, (1912–1913) 1083
Balkan (MA) 373 374 379 380 483-485 587-592
Balkan (osmanische Herrschaft) 1080 1082
Balkanpakt (1934) 864 1000 1003
Balkanstaaten, (1789/1804 bis 1914) 722 828-832
–, (1914–1945) 846 858 861 864
–, (seit 1945) 1339 1405-1412
Balkan (19./20. Jh.) *Balkanstaaten
Ballhausschwur (1789) 776
Balmaceda, José Manuel *1211*
Baltendeutsche 971
Baltikum 706
–, s.a. Baltische Staaten
Baltimore, Lord *Calvert, George
Baltische Entente (1934) 990
Baltische Ritterschaften 964
Baltische Staaten (1917–1945) **989-991**

Balubakat 1517 1518
Baluguer, Joaquín *1664*
Baluli, Ur., Kg. 31
Baluyia 1116
Bamako, Abk. (1963) 1490
Bambara 1112
Bamberg, Bistum 404
–, Kfz. (1854) 752
Bambutiden 1100
Bamileke-Gebiet 1513
Bamina, Joseph *1523*
Bampur 33
Bamum 1113
Banana, Canaan *1531* 1649
Banasa (Sidi-Ali-bou-Djenoun) T 299
Banat, (Altertum) 273 274 275 276
–, (NZ) 843 854 997
Banco Ambrosiano 1324
Banco, Nanni di *538*
Banda 1106
Banda, Hastings Kamuzu *1527*
Banda Oriental 1207
Bandaranayake, Sirimawo Ratwatte Dias *1562*
–, Solomon West Ridgeway Dias *1562*
Bandeiras *Brasilien, Kolonialzeit
Banden, röm. 221 222
Bandkeramikkultur 18 20
Bandung, Kfz. (1955) 1232 1379 1417 1438 **1439** 1572
Bane 1131
Bangala 1121
Bangemann, Martin *1306* 1625
Bangkok 1568
Bangla Desch 1552 1556 **1560 1561** 1567 1653 1654
Bangladesch Nationalist Party *BNP (Bangla Desch)
Bangor, Kloster 331
Bangui 1512
Bangura, John 1498
Bani-Sadr, Abolhassan *1493*
Bankenkrach (1930) 930
Bankgeheimnis, Schweiz 1357
Bankwesen **539** 717 718
Bannockburn, Schl. (1314) 565 572
Bantu 1101 1113 1116 1118-1122 1125 1126
–, -Feldbauern 1124 1125
–, -Kultur 1124
–, -Sprache 1101 1116 1125
Bantustan-Politik 1535
Banzer Suárez, Hugo 1609
Bao-Dai, Annam, Ks. 914 1308 *1427* 1428
Baptisten 1168
Bar, Erzbistum 483 484
–, Konföderation (1768) 713
Barangay 1575
Barbados 1193 1595 **1598 1599** 1665
–, Labour Party 1599
Barbara v. Cilli, Kgn. *586*
Barbaren, Begriff 321
Barbuda 1601
–, s.a. Antigua und Barbuda
Barcelona, Frd. (1529) 619 693
–, Vtg. (1493) 560
Barcelona (Antike) *Barcino
Barcino (Barcelona) 296
Barco, Virgilio *1666*
Bardai 1510 1511
Bardesanes *260* 306
Bardi, Handelshaus 599

Bardija 93
Bardo, Vtg. (1881) 1095
Bardoli, Kfz. (1940) 1061
Bárdossy, László v. *998*
Bar Kochba *Bar Kosiba
Bar Kochba-Aufstand (132–135) 239 303
–, s.a. Judenaufstand
Bar Kosiba (Kochba), Simeon 303
Barkuk, Ägypten, Su. 1071
Barlaam, Hl. 307
Barletta, Nicolas Ardito *1595*
Barmakiden, Dyn. 1066
Barmer Erkl. (1934) 941
Barnabas 258 271
Barnale, Surjit Singh 1652
Barnet, Schl. (1471) 571
Barnett, Ross 1280
Barock 607 608 694
Barotseland 1526
Barras, Paul François 780
Barre, Raimond *1311* 1312
–, Zijad *1543* 1651
Barrientos Ortuño, René *1609*
Barrios de Chamorro, Violeta *1664*
Barrios, Justafo Rufino *1200*
Barrot, Odilon 789
Barrow, Errol 1599 *1665*
Barsani, Mustafa *1467*
Bars Bei, Ägypten, Su. 1071
Barschel, Uwe 1625
Barsine, G. Alexanders d. Gr. 150
Bartholomäus v. Messina 393
Bartholomäusnacht (1572) 623 666 667
Barthou, Jean Louis *857* 859 864 994
Barton, Edmund *1222*
Baruch, Bernard Mannes *1275*
Barzel, Rainer *1302* 1303
Basargan, Mehdi *1493*
Basel, Frd. (1499) 525
–, Frd. (1795) 726 738 1202
–, Konz. (1431–1449) 423 505 520 **529 530** 552 604 605 615
Baseler Programm (1897) 1086
Baseland, Kanton 1356
Baschir, Hassan al- *1641*
Basileios, Byz., Ks., I. 486
–, –, –, II. 374 485 487 488
Basileios v. Kaisareia 254 310
Basileus, Titel 90 116 131
–, s.a. Kaisertum, byz.
Basiliden, Dyn., Ephesos 118
Basilides 259
Basilidianer 259
Basilika, (Altertum), christl. 250
–, (MA) 347 396 441
Basiliká, Rechtssammlung 487
Basilius, d. Gr. *330*
–, griech. Kg. 100
Basilius, v. Caesarea *Basileios v. Kaisareia
Basken 457
Baskenland 1631
–, Autonomiestatut (1981) 1327
Basketmaker 1147
Basra 1064
Basra Petroleum Co. *BPC
Bassein, Vtg. (1802) 1057
Bassermann, Friedrich Daniel *747*
Bastarner 269 274 277 278
Bastille-Sturm (1789) 777

Basutoland 1139 1140 1537
Basutoland African Congress *BAC
Basutoland Congress Party *BCP
Bataan 914
Bataka Party 1540
Batanaea 318
Bataver 284 286
Bataveraufstand (69–70) 236
Batavische Republiken (Südafrika) 1138
Batavische Republik (1795) 726 780 821
Batembuzi, Dyn. 1116
Bathmönh, Jambyn *1408*
Batista y Zaldivar, Fulgencio *1202* 1433
Batlle y Ordóñez, José *1208*
Batllismo 1208
Battenberg, Alexander v. *Alexander, Bulgarien, Ft.
Batthánj, Lajos v. *770*
Battuta 1120
Batu, Mongolen, Ft. 481
Baudouin I., Belgien, Kg. *1332* 1517 S 796
Bauer, Gustav 853 920 923 G 921
Bauern, China 1030 1031
–, Deutschland 506
–, Frankreich 546 547
–, Frühneuzeit **602** 788
–, Rußland 686
–, Spät-MA 496
–, s.a. Dorf
–, s.a. Landwirtschaft
Bauernbefreiung 725
–, Dänemark u. Norwegen 710
–, Deutschland 739
–, Österreich 748
–, Rußland 803-807
Bauernkrieg (1524–1525) 606 **636 637**
Bauhütten 500
Baukunst *Architektur
Baule 1115
Baumwollspindeln T 717
Baumwoll-Zwangsanbau 1524
Baunsgaard, Hilmar *1335*
Bauskandal, Österreich (1981) 1353
Bautzen, Frd. (1018) 378 404
Bavadra, Timoci 1660
Bavares 298
Bayar, Celal *1339* 1340
Bayerischer Erbfolgekrieg (1778–1779) 658
Bayd, Ali Salem al- 1641
Bayern, (MA) 332 **338 339** 341 **351 352**
–, (NZ bis 1918) 663 724 739 741 743 744 750 751 769
–, (1918–1933) 918 920 921 923 925 926 927 931
–, (seit 1945) 1291 1625 1626
–, Stamm 290
Bayeux-Teppich 366
Bazaine, François Achille *755*
BCP 1537
BCP (Burma) 1654
BDG 1515
BdKJ (Bund der Kommunisten Jugoslawiens) 1635
BDP 1538 1650
BDS (Bloc Démocratique Sénégalais) 1495
Beacharra-Gruppe 29
Beagle-Kanal-Konfl. (1978) 1614 1619

1680 BEA—BES

Beamte, Absolutismus **600 601**
–, Athen 131
–, China 1022 1028
–, Deutschland 739 939
–, Preußen 659 661 T 766
–, Rom **209 241 252** T 208
–, Sasanidenreich 315-316
–, s.a. Heermeister
–, s.a. Konsulat
–, s.a. Magistratur
Beatrix, Dtld., Ksn. 413 S 412
–, Niederlande, Kgn. *1325*
–, Tuszien, Mgfn. 407
Beatus Rhenanus *320*
Beaufort, Edmund, Hz. v. Somerset 570
–, Henry, Kard. *568* 570
Beauharnais, Eugène *814*
Beaulieu, Edikt (1576) 667
Beaumanoir, Philippe de T 503
Beauvais, Kathedrale T 455
–, Schl. (1473) 554
Beavogni, Louis Lansana 1498
Bebel, August *755* 769
Becan 1153
Bech, Joseph *1335*
Bechuanaland 1126 1139 1140 1538
–, s.a. Botswana
Bechuanaland Democratic Party ⟋ BDP
Bechuanaland People's Party ⟋ BPP
Beck, Josef *992*
–, Ludwig 874 942 947
–, Max Wladimir v. *774*
Beckerath, Hermann v. *747*
Becker, Nikolaus *744*
Becket, Thomas ⟋ Thomas Becket
Beda Venerabilis *365*
Bedford, John of ⟋ Johann von Bedford
Bedriacum, Schl. (69 n.) 236
Beduinen 84
Beel, Louis Joseph Maria *1331*
Beerseba 86
Beethoven, Ludwig van *610*
Befreiungskriege (1813/1814) 741
Begin, Menachem 1285 1450 *1456* 1457 *1465* 1466
Begräbnis ⟋ Bestattungen
Behaim, Martin *612*
Behaismus 1097
Beheschti, Ayatollah 1493
Behistun (Batistana) 93
Beirut, Bürgerkrieg 1458
–, isr. Belagerung (1982) 1457
Beja 1104
Bekennende Kirche 940 941
Bektaschi-Orden, Osman. 1075
Béla, Ungarn, Kg.e, I. 375
–,–,–, III. *482*
–,–,–, IV. 481 *483*
Belau, Rep. (Palauinseln) 1581
Belaunde Terry, Fernando *1606*
Belegiš-Gruppe 54
Belger (Britannien) 291
Belgica, I, II, röm. Prov.en 285
–, s.a. Gallien
Belgien, (1831–1913/1914) **822-824**
–, (1914–1945) **982-983**
–, (seit 1945) **1332-1334** 1440 1521 1629 1648

–, Bevölkerung 1273
–, Regionalisierung 1334
–, Sprachenstreit 1332
–, Sprachgebiete 1334
Belgien (Antike) ⟋ Gallien
Belgien (bis 1830) ⟋ Flandern
–, ⟋ Niederlande
Belgien, Niederlande, Luxemburg ⟋ Benelux
Belgisch-Kongo 325 1333
–, (Kolonialzeit bis 1945) **1133-1135**
Belgisch-Kongo (seit 1945) ⟋ Zaïre
Belgrad, Blockfreien-Kfz. (1961) 1233 1439
–, Frd. (1739) 656 1080
–, KSZE-Folge-Kfz. (1977) 1254
–, österr. Erob. (1717) 656 658
–, Schl. (1456) 586
–, Schl. (1688) 652
Belgrader Deklaration, Kommuniqué (1955) 1363 1368
Belisar, Byz., Feldherr 300 325 326 382
Belize 1149 1194 1589 1595 **1596** 1663
–, -Pyramiden 1151
Belize (Britisch-Honduras) 1595 *1596*
Bell, Duala-Herrscher 1131
Belle-Alliance ⟋ Waterloo
Bello, Ahmadu *1505*
Bellovaker 223 284
Bell Trade Act 1574 1575
Belsazar (Belscharrussur), Babylonien, Kg. 77
Belutschistan 90 312 1055 1559
–, -Krise 1560
Belzec (KZ) 890
Bemba-Staat 1122
Bembe 1135 1524
Benadir-Protektorat 1143
Ben Ali, Zine al-Abidine *1642*
Ben Barka, Mehdi *1486*
Ben Bella, Achmed *1483* 1484 1643
Bendjedid, Chadli *1642*1643
Benedek, Ludwig August v. *754*
Benedikt, Pp., III. 354
–,–, V. 421
–,–, VI. 422
–,–, VII. 404 422
–,–, VIII. 422 437
–,–, IX. 407 422
–,–, X. 423
–,–, XI. *526* 542
–,–, XII. *527*
–,–, XIII. *519 528* 529
–,–, XIV. 697
–,–, XV. 552 844 977
–, v. Aniane 346 *421*
–, Levita 356
–, v. Nursia *327* 330 346
Benediktiner 330 421
Benediktinerregel 330 338 346 362 426
Benelux-Staaten, (seit 1945) 1258 1264 **1330**
–, EWG (1970) 1330
–, Frankreich 1330
–, Militärvertrag 1330
–, Zoll- und Wirtschaftsunion 982 983 1258 1330
Beneš, Edvard 866 897 913 **993-996** *1400* 1401
Benevent 353 436 437
–, Frd. (1128) 425

–, Hztm. 356 357 358 359 360
–, Schl., (275) 195
–, Schl. (1266) 508
–, Vtg. (1156) 413 426
Beneventum 201 T 192
Bengalen 1052 1053 1055 1059 1552 1555
–, s.a. Bangla Desch
Benghasi, Dekl. (1971) 1446
Benguela 1525
Ben Gurion, David *1450* 1464 *1465*
Benhadad, Damaskus, Kg., II. 84
–,–,–, III. 84
Beni Hasan 31
Benin, (Dahomey, 10.–19. Jh.), Kgr. 1113 *1115*
–, (seit 1945) **1503-1504** 1645 1646
Benjamin, Hilde 1389
Benjamin, Stamm 86
Bennett, Richard B. *1172*
Bennigsen, Rudolf v. *752 757*
Ben Salah, Ahmed 1481 1482
Bentham, Jeremy 797
Benti, Teferi *1545*
Benue-Gebiet 1110
Ben Youssef, Salah *1481*
Benz, Carl T 718
Ben Zwi, Isaak *1465*
Beowulf 370
Béranger, Pierre Jean de 786
Beran, Rudolf *995*
Berar, Sultanat 1054
Berber 89 299 300 1066 1094 1486
–, -Dekret (1930) 1094
Berber, Spr. 85
Berchtesgaden, Kfz. (1938) 867 942
Berengar, Italien, Kg., I. 360
–,–,–, II. 361 401 402 421 436
Berenguer, Dámaso 978
–, Paul 1549
Berenike, Ägypten, Kgn., III. 160
–,–,–, IV. 160
–, G. Antiochos' II. 159 162
–, G. Ptolemaios' I. 155 159
Beresina, Schl. (1812) 805
Berg, Ghztm. 741
Bergarbeiterstreik, GB (seit 1984) 1318
Bergdama 1126
Bergen, Rtg. (1164) 473
–, Vtg. (1450) 577
Bergmann-Pohl, Sabine 1628
Berija, Lawrenti P. *970* 1372 1373 1389 1438
Bering, Vitus *689*
Berisades, Thraker, Kg. 141
Berkeley, George *610*
Berlepsch, Hans v. *766*
Berlichingen, Götz v. *636*
Berlin, Abgeordnetenhaus 1627
–, Blockade (1948–1949) 1243 1276 1294 1362
–, Dekl. (1945) 913
–, Fürstenkongr. (1850) 751
–, Kfz. (1926) 1438
–, Kongreß (1878) **731** 762 804 808 828 829 830
–, Luftbrücke 1294
–, Mauer 1241 1250 1266 1280 1300 1391 1621
–, Maueröffnung 1628
–, Sektorenteilung (1945) 913

–, sowjet. Eroberung (1945) 912
–, Vertrag (1878) 1082
–, Viermächte-Abk. (1971) 1253 1378
–, Vier-Mächte-Status 1395
–, Wahlen (1981) 1306
–, Wahlen (1985) 1306
–, Wahlen (1989) 1626
Berlinguer, Enrico *1323 1324*
Berlin-Krise, (seit 1947) 1242 1243
–, (1958) 1248 1249 1250 1376
–, (1961/1962) 1376
–, (1965) 1251
Berlin-Problem (seit 1945) 1233 1247 1248 1251 1439 T 1244
Berlin-West, Transitabkommen (1972) 1303
–, Verfassung (1950) 1244 1245
Bermudas 1596 1610
Bern, Kanton 1356
Bernadotte, Jean Baptiste Jules ⟋ Karl XIV. Johann, Kg., Schweden
Bernardinc v. Siena, Hl. *539*
Bernardone ⟋ Franz v. Assisi
Bernhard, v. Chartres 393
–, v. Clairvaux 410 411 426 434 436 449
–, Gf. v. Armagnac 549 551
–, Sachsen-Weimar, Hz. 626
–, zur Lippe-Biesterfeld *1331*
Bernhardin v. Siena 432
Bernicia 368
Bernini, Gian Lorenzo *694*
Bernoulli, Daniel *715*
–, Johann *715*
–, Nikolaus *715*
Bernstein, Eduard 723 768
Bernstorff, Andreas Peter v. *710*
–, Johann Hartwig E. v. *710*
Beroia 271
Berseba-Nama 1137
Bertha, Kgn., G. Philipps I. v. Frankreich 447
–,–, G. Roberts II. v. Frankreich 443
–, v. Sulzbach, Ksn., Byz. 490
Berthold, v. Henneberg, Kft., Mainz *633*
–, Hz., Bayern 401
–, v. Regensburg *524*
–, Schwaben, Pfgf. 351
–, Zähringen, Hz., I. 408
–,–,–, IV. 412
Bertrade v. Montfort, Frankreich, Kgn. 447
Bertram v. Minden *523*
Berytos 305 307
Besançon, Hoftg. (1157) 413
Besant, A. *1059*
Besatzungsmächte, Dtld. 1263 **1289 1290** 1291 1292 1299
Besatzungspolitik, Dtld. 1241 1242 **1293-1295**
–, Dtld. (DDR) 1382-1384
Besatzungszeit, Dtld. **1290-1295**
Besatzungs-Zonen, Dtld. 1241 1291
Beseler, Hans Hartwig v. *838*
Bessarabien 93 805 828 999 1000 1001
Bessen (Bessoi) 269 276 277
Bessmertnych, Alexander *1633*

Bessos, Iran, Satrap 94 150
Bestattungen, Hochkulturen (3. Jt. v.) 23-26 30-34
–, Hochkulturen (2. Jt. v.) 39-41 43-45 47-49 51-53
–, Hochkulturen (1. Jt. v.) 56-58
–, ägypt. 64
–, (Ältere Bronzezeit) 43-47
–, (Altkupferzeit) 24-30
–, (Altneolithikum) 18 19
–, (Altpaläolithikum) 13
–, arab. 85
–, (Eisenzeit) 56-60
–, (Frühbronzezeit) 40-43
–, (Jungbronzezeit) 51-55
–, (Jungneolithikum) 21-23
–, (Jungpaläolithikum) 16
–, (Mittelbronzezeit) 47
–, (Mittelneolithikum) 19-21
–, (Mittelpaläolithikum) 14
–, (Mittel- u. Jungkupferzeit) 30-38
–, myken. 99
–, (Neolithikum) 17
–, palästinens. 86
–, röm. 184
Bestuschew-Rjumin, Alexei P. 691
Betanci-Viloria-Komplex 1158
Betancourt, Romulo 1603
Betancur, Belisario 1602
Bethanie-Nama 1137
Bethlen, Stefan v. 997
Bethmann Hollweg, Theobald v. 768 769 839 841 843 844 918
BET-Region 1510
Betriebsrätegesetz (1920) 924
Betriebsverfassungsgesetz, (1952) 1298
–, (1971) 1303
Betschuanaland ↗Bechuanaland
Betsimisamaraka 1120
Bettelorden **429-430**
Beust, Friedrich Ferdinand v. 755 772
Bevin, Ernest 1258
Bevölkerung(sentwicklung), Asien 1010
–, Belgien T 1273
–, Brandenburg-Preußen 661
–, Brit. Inseln T 495
–, Dänemark T 1273
–, Deutschland/BR T 1273
–, Deutschland/Dt. R. 397 506 514 648 719 732 765 G 720 T 495
–, EG-Länder T 1273
–, England 572
–, Europa 387 497 597 719 720 G 598 720 T 495 850
–, Frankreich 442 546 719 1273 G 720 T 495 732
–, Griechenland 103
–, Großbritannien 719 797 G 720 T 732
–, Iberische Halbinsel 557 558 T 495
–, Israel 1450 1465
–, Italien 534 T 495
–, Kanada 1286
–, Lateinamerika 1196 1197 1585 T 1585
–, Polen T 495
–, Portugal 701
–, Rom 183
–, Skandinavien 369
–, Spanien 699

–, USA 1283
Bewässerung, Ägypten 61
–, Babylonien 69
bewaffnete Neutralität (1939–1945) 1008
Bewegung der Revolutionären Linken ↗MIR
Bewegung für den Triumph Demokratischer Freiheiten ↗MTLD
Beycesultan 33 41
Beyer, Christian 638
Beysan 167
–, s.a. Skythopolis Betsan
Beziehungen, auswärtige ↗Außenpolitik
–, ↗internationale Beziehungen
BFD (Bund Freier Demokraten) 1628
BGB (Bürgerliches Gesetzbuch) 767
Bharat 1552
Bhattarai, Krishna Prasad 1654
Bhavavarman 1043
Bhindranwale, Jarnail Singh 1558
Bhopal 1652
Bhumibol, Thailand, Kg. 1568
Bhutan (seit 1945) 1552 **1564** 1654
Bhutto, Benazir 1653
–, Nusrat 1653
–, Zulfikar Ali 1556 1560
Biafra 1506
Białystok, Schl. (1941) 884
Bianca ↗Blanca
Bibel 258 259 567 635
Bibracte, Schl. (58 v.) 222 283
Bidar, Sult. 1054
Bidault, Georges 904 959
Bidschapur, Sult. 1054 1055
Bielecki, Jan Krzysztof 1634
Bielefeld, Kfz. (1946) 1292
Bierut, Bolesław 1396-1397
Biggo 1116
Bignone, Reynaldo Benito 1614
Big-Stick-Politik 1182 1183 1197
Bihar 1555 1557
Bihé 1124
Bihumugani, Léopold 1523
Bija 68
Bijambasuren, Daschijn 1659
Biko, Steve 1536
Bilderstreit 385
–, s.a. Ikonoklasmus
Bildt, Dietrich Gillis v. 826
Bildungswesen 346 **395 396** 502 603 608
–, Byz. 489
–, DDR 1392
–, Deutschland 346 347 419 608 740 741
–, Frankreich 442
–, UdSSR 969 1375 1379
–, USA 1279 1283
–, s.a. Universität
Billendorfer Kultur 60
Bill of Rights, (Engl., 1689) 684
–, (USA, 1789) 1175
Billunger, Dyn. 409
Biltmore-Programm 1089
Bimbisara, Magadha, Kg. 1049
Binaisa, Godfrey 1541
Bindusara, Indien, Kg. 1050
Bingen, Kurverein (1424) 519
Biondo, Flavio 319 535 537

Bird, Vere C. 1601 1666
Birendra, Nepal, Kg. 1563
Birger, Jarl Magnusson 472
–, Schweden, Kg., I. Magnusson 574
Birgham, Vtg. (1290) 470
Birgitta v. Schweden 527 575
Birma ↗Burma
Birmanische Sozialistische Programmpartei ↗BSPP
Birmi-Besse 1105
Biron, Ernst Johann 691
Bisanthe 106
Bischof 249 253 258 259 260
Biserta 1481
–, s.a. Hippo
Bisheuvel, Barend Willem 1331
Bishop, Maurice 1286
Biskupin 60
Bismarck, Otto v. 731 732 734 751 752 **753-757 762-764** 808 809
Bismarck-Archipel 1214 1225 1581
Bismarck-Archipel, Kolonie 1226 T 763
Bissagos-Inseln 1115
Bitar, Salah 1442
Bithynien 82 156 161 **168-170** 218 220
–, röm. Prov. (Pontus et Bithynia) 221 238 308-310
Bithys, Makedonien, Stratege 174
Bitonto, Schl. (1734) 696
Bitterfelder Kfz., (1959) 1390
–, (1964) 1392
Bituriger 223
Biya, Paul 1513 1647
BIZ (Bank für internationalen Zahlungsausgleich) 861
Bizone 1275 **1290** 1292 G 1293
–, Abk. 1292
–, Verwaltung 1242
Björkö, Abk. (1905) 768
Björnsson, Sveinn 986
BKJ (Bund der Kommunisten Jugoslawiens) 1409 1410
–, s.a. KPJ
Black, Panther Party, (1966) 1281
–, People's Convention, (1972) 1536
–, Power 1281 1598
Blackstone, William 684
Blaize, Herbert 1599 1665
Blanca, Aragón-Navarra, Kgn. 563
–, Frankreich, Kgn., v. Kastilien 452
Blanc, Louis 722 787 788
Blanco, Hugo 1606
–, Luis Carrero 1326
–, s.a. Uruguay
Blancos 1590
–, s.a. Partido Nacional
Blanka ↗Blanca
Blank, Theodor 1299
Blanqui, Louis-Auguste 722 787 789
Blanquisten 792
Blaskowitz, Johannes 907
Blecha, Karl 1608
Bleda, Hunnen, Kg. 1011
Blemmyer 301 1104
Bloc Démocratique Gabonais ↗BDG
Blockfreie Staaten 1227 1232 **1437-1441** 1604 1624

–, Jugoslawien 1363 **1409**
–, Kfz., (1961) Belgrad 1233 1439
–, –, (1962) Kairo 1233
–, –, (1973) Algier 1236
–, –, (1976) Colombo 1441
–, –, (1979) Havanna 1439
–, Kfz. (1983), Neudelhi 1441
Bloc Nigérien d'Action ↗BNA
Bloc Populaire Africain ↗BPA
Bloc Soudanais 1507
Blois, Vtg. (1505) 617
Blois-Champagne **447**
Blomberg, Werner v. **936 937** 941 942
Blondus ↗Biondo
Blücher, Gebhard Leberecht 728 729 740 784
Blum, Léon 953 956 957 958 1094 1095 1256
–, Robert 747 749 770
Blumschy, Elisabeth 1356
Blutiger Sonntag (1905) 810
BNA 1509
BNF 1538 1650
BNP 1537
BNP (Bangla Desch) 1654
Bobbio, Kl. 357
Bobrikow, Nikolaj J. 810
Boccaccio, Giovanni 537 T 503
Bocchus, Mauretanien, Kg. 216
–, ↗Cornelius Bocchus
Bockelson, Jan 639
Bock, Fedor v. 884
Bodelschwingh, Friedrich v. 940
Bodenreform, Nicaragua 1593
Bodin, Jean 600 609 615 667
Bodmer, Johann Jakob 715
Böckler, Hans 1293 1297
Böhmen, (Altertum) 229 289
–, (MA) 376 401 404 407 410 **476-478 509-510** 511 512 514 515 517 520-522 **579 580**
–, –, Christianisierung 333 376
–, –, Kultur 580
–, –, pol. Org. **477**
–, (NZ) 619 748 772
–, und Mähren, Reichsprotektorat (1939–1945) 868 870 943 **995**
Böhmische Brüder 580
Böhmische Konföderationsakte (1619) 646
Böhmisch-pfälzischer Krieg (1618–1623) **625** 646
Böll, Heinrich 1625
Bölling, Klaus 1395 1396
Börner, Holger 1306
Börsenkrach (1929) 861 862 1185
Boethius, Philosoph 393
–, Senator 325 327
Boeynants, Paul Vanden 1334
Boganda, Barthélémy 1512
Bogaszköy 26 40 43 48 53 58 78
Bogazköy s.a. Hattusas
Bogdan III., Moldau, Ft. 588
Bogislaw I., Pommern, Hz. 415 475
Bogor, Kfz. (1954) 1438
Bogotá, Dekl. (1966) 1582
–, Eucharistischer Kongr. (1968) 1602
Bogumilen 374 589 590
Bohemund v. Tarent 433 485
Boian-Kultur 20 22

1682 BOI—BRE

Boier 59 195 198 199 201 279
Boileau-Despréaux, Nicolas *608 672*
Boiotien, (vor dem Hellenismus) 121 122 126 127 134 138 145 T 106
–, (Hellenismus) 154 155 174 176 178 179 181 182
Boiotischer Bund 136 139 140 147
Bojaren 686
Bokassa, Jean Bedel *1512* 1647
Bokchoris, Ägypten, Kg. 57
–, Kusch, Kg. 68
Boleslav, Böhmen, Hz., I. 377 401 477
–, –, –, II. *333* 477
Bolesław Georg, Halitsch-Wolhynien, Fst. 581
–, Polen, Kg., I. Chrobry 333 **377 378** 404 477
–, –, –, II. *478*
–, –, –, III. 410 411 *478*
–, –, –, IV. *479*
Boleyn, Anne ↗ Anne Boleyn
Bolger, Jim *1660*
Bolingbroke, Heinrich, Hz. v. Lancaster ↗ Heinrich IV., Kg., England
Bolívar, Simón 1197 *1203* 1206
bolivianische Revolution (1952/53) **1608**
Bolivien, (1825–1945) **1206 1207**
–, (seit 1945) 1582 1584 1585 **1608-1609** 1615 1667
Bolkiah, Muda Hassan al- *1571*
Bolko, Schweidnitz-Jauer, Hz. 515
Bologna, (MA) 439
–, –, Univ. 395 413 439 441
–, s.a. Bononia
–, s.a. Felsina
Bolotnikow, Iwan I. *687*
Bolschewiki 810 812 813 845 963 964 965
Bolschewismus ↗ Sowjetkommunismus
Bolsena ↗ Vulsinii
Bolya 1121
Boma 1133
Bombay 1554
Bombenabwürfe, (1940–1945), alliierte 891 892 899 900 901 902 903 T 909
–, –, deutsche 878 879 892 901 906 T 878
Bomboko, J. 1519
Bonaire 1194 1596
Bonald, Louis Gabriel Ambrose de 785
Bonaparte, Joseph ↗ Joseph, Kg., Spanien
Bonaparte, Louis ↗ Ludwig, Kg., Holland
Bonaparte, Louis Napoléon ↗ Napoleon III.
Bonaparte, Napoléon ↗ Napoleon I.
Bonapartismus 788
Bonapartisten 787
Bonaventura *392 394* 432
Bondelzwarts-Nama 1138
Bonesana, Cesare Beccaria, Gf. v. *696*
Bongo, Albert-Bernard *1515* 1647
Bonhoeffer, Dietrich *947*

Bonifatius, Ap. d. Dt. *333 334 339* 340 345
–, Rom, Feldh. 256
Bonifaz, Pp., I. 328
–, –, II. 329
–, –, III. 353
–, –, IV. 353
–, –, V. 353
–, –, VIII. 422 427 **431 432** 511 526 531 533 541 542 572 586
–, –, IX. *518 528* 535
–, Savoyen, Gf. 440
–, Thessalonike, Kg., v. Monferrat 434 *593*
–, Tuszien-Canossa, Mgf. 407
Boni, Nazi *1508*
Bonin-Inseln 1341
Bonn, Bonna (Bonn) *286*
–, Hauptstadt 1295
–, Vtg. (921) 399
–, Vtg. (1952) 1262 1298
Bonner Konvention (1952) 1298
Bonnet, Georges 867 957
Bonny 1113
Bono, Emilio de *976*
Bono Mansu 1114
Bonomi, Ivanoe 977 *1320*
Bononia (Bologna) 201
–, s.a. Felsina
Bonosus 248
Bootaxtkultur 42
Booth, John Wilkes *1181*
Borana 1119
Boraner 247
Bordaberry, Juan Maria 1611
Bordeaux ↗ Burdigala
Borghese, Valerio 1323
Borgia, Cesare 531 *537* 695
Borgia, Dyn. 530
Borgu-Reich 1130
Boris, Bulgaren, Chan 374
–, Bulgarien, Zar, III. 899 1001 1002 S 796
–, Rußland, Zar, F. Godunow *687*
Bořivoj, Böhmen, Ft. 333 376
Borja Ceballos, Rodrigo *1667*
Bór-Komorowski, Tadeusz 903
Bormann, Martin 882 *945*
Bornhöved, Schl. (1227) 417 475
Bornholm 986
Borno 1109 1110
Born, Stephan *748* 750
Borobodur 1044
Borodino, Schl. (1812) 727 805
Borromäischer Bund 714
Borromeo, Carlo *714*
Borromini, Francesco *694*
Borten, Per *1337*
Bosch, Juan *1597* 1664
Bose, Subhas Chandra 892 902 903 915
Bosnien, (Antike) 272
–, (MA) 482 484 490 586 **589 590**
–, (NZ) 769 772 774 813 829 1082
Bosnien-Herzegowina 772 774
Boso v. Vienne, Burg., Kg. 349 353
Bosporanisches Reich 169 223 277
Bosporus ↗ Meerengenfrage
Bossuet, Jacques-Bénigne *672*
Boston, -Massaker (1770) 1173
–, -Tea Party (1773) 1173

Bostra 318
Bosworth, Schl. (1485) 571 677
Botha, Louis 1141
–, Pieter Willem 1534 *1536* 1537 1649 1650
Botschaftsflüchtlinge, Berlin 1396
Botswana **1538** 1650
–, s.a. Bechuanaland
Botswana National Front ↗ BNF
Botticelli, Sandro *538*
Boudicca, -Aufstand 235 291
–, Briten, Kgn. 235
Bouisson, Fernand *955*
Boulanger, Georges *794*
Boulangismus 794
Boule 115 *117* 120 121 126 131 135 G 130
Boulogne-sur-Mer 836
–, Kfz. (1920) 856
–, s.a. Gesoriacum
Boumedienne, Houari *1439 1483* 1484 1485 1487 1490
Boun Oum, Laos, Ft. 1431
Bourbon, Dyn. 553 554 623 666 667 S 545 673
–, Louis Antoine Henri de *782*
Bourges, Kathedrale T 455
–, Konz. (1438) 552
Bourgès-Maunoury, Maurice *1308*
Bourges, Sanktion (1438) ↗ Pragmatische Sanktion
Bourguiba, Habib 1095 *1481* 1482 1642
Bouterse, Desi *1605* 1667
Bouvines, Vtg. (1185) 450
Bouvines, Schl. (1214) 416 451 467
Boves, Vtg. (1185) 450
Boxeraufstand 1028 1040
Boyacáa, Schl. (1819) 1203
Boyen, Hermann v. *740* 743
Boyne-Gruppe 37
BPA 1503
BPC 1468
BPP 1538
BPS 1495
Brabant 551 705
Brabantische Revolution (1789) 822
Bracara Augusta (Braga) 296
Bracciolini, Poggio *535*
Braceros 1587
Brachiopoden 3
Brachiosaurus 6
Bracht, Franz *931*
Brachylles 180
Bracton, Henry de *468*
Brady-Plan 1620 1662 1663 1668
Bräutigam, Hans Otto *1396*
Braga s.a. Bracara Augusta
Braga, Erzbistum 461
Bragança, Don Miguel de *820*
Bragança, Johann, Hrzg. v. ↗ Johann IV., Kg., Portugal
Brahmanen 1044 1048
Braithwaite, Nicolas *1665*
Brandbestattung ↗ Bestattungen
Brandenburg, Btm. 401
–, Friedrich Wilhelm v. *749*
–, (MA) 581 582
–, -Preußen 628-631 645 648 649 651 652 655-658 **659 661** G 861
–, (seit 1945) 1626
Brandenburg-Preußen s.a. Preußen

Brandt, Willy 1251 1252 *1302* **1303 1304** 1378 1394 1398 1625
–, Treffen mit Stoph 1252 1303
Branimir, Kroatien, Ft. 379
Branting, Hjalmar *826 984*
Brant, Sebastian *524* T 503
Brasidas 134
Brasilia 1614
Brasilien, (1500–1815) **1192** 1193
–, (1808–1945) 820 1193 **1209 1210**
–, (seit 1945) 1582 1584 1585 **1614-1616 1668**
Bratianu, Ionel *999*
Bratteli, Trygve Martin *1337*
Brauchitsch, Eberhard von 1625
–, Walther v. *887* 937 942 *945* G 889
Braun, Otto *920* 927 931
Braunkohle 8
Braunschweig 743
Braunschweiger Defensivallianz (1167) 653
Braunschweiger Krieg, (1542) 640
–, (1642) 627
Bremen 1292 1625
–, s.a. Hamburg-Bremen, Ebtm.
Brémule, Schl. (1119) 448
Brendan, Abt *332*
Brenner 844 854
Brennos 179
Brennus 193
Brenta, Schl. (899) 360
Brentano, Heinrich v. 1247 *1262* 1266
–, Lorenz 750
Breschnew, -Ära 1377-1381
–, -Doktrin (1968) 1367 1369 1378 1402 1406
Breschnew, Leonid 1251 1253-1255 1282 1285 1366-1370 *1375* 1376 **1377-1380** 1381 *1382* 1394 1401 1404 1408 1428
Breslau 911
–, Btm. 377
–, Frd. (1742) 630 657
Brest-Litovsk, Frd. (1918) 845 846 849 964 989
–, Union (1596) 712
Bretagne 348 364 **369** 447 466 555
Bretagne/Dreux, Dyn. 553 554
Brétigny, Frd. (1360) 547 548
Břetislav, Böhmen, Hz. 378 407 477
Bretonen 323
Bretonische Mark 369
Bretton Woods, Kfz. (1944) 897 1235
–, Institute 1663
Breuker 279
Breviarium Alaricianum 325

BRÉ—BUN *1683*

Brézé, Pierre de 553
Brian Boru *367*
Briand, Aristide *795* 843 860
861 863 *952* 953 1185
Briand-Kellogg-Pakt (1928)
852 954 969
Brienne, Étienne-Charles de
Loménie de *676*
Briganten 236 242 291 292 293
Brigantium (Bregenz) 286
Brigetio (Dunapentele)
279-280 [T] 280
Brigitta ⟋Birgitta
Brihadrathas, Indien, Kg. 1050
Brindisi ⟋Brundisium
Brioni, Kfz. (1956) 1439
Brissot, Jacques Pierre 778
Britannia, I, II, röm. Prov. 292
–, Inferior, röm. Prov. 292
–, minor 369
–, Superior, röm. Prov. 292
–, s.a. Britannien
Britanniae, Diözese 292
Britannicus ⟋Claudius Britan-
nicus
Britannien (Britannia, röm.
Prov.) 234 235 236 242 244
245 247 251 255 283 291-293
Britannien (MA) ⟋Britische In-
seln
Britannien (NZ) ⟋Großbritan-
nien
Briten 368
Britisch-Amerikanischer Krieg
(1812–1814) 1171 1176
Britisch-Burmesischer Krieg
(1824–1826) 1045
Britische Inseln, (MA) 364-369
463-470 564-574
–, (NZ 1789) 677-685
Britische Inseln (Altertum)
⟋Britannien
Britische Inseln (seit 1789)
⟋Großbritannien
Britische Ostindien-Kompanie
1058
Britisch-Guayana 1194
Britisch-Honduras ⟋Belize
Britisch-Kamerun ⟋Kamerun
Britisch-Somaliland ⟋Somali-
land
Britisch-Togo 1502
Britisch-Westindien 1193 1595
British Columbia 1171 1172
British Commonwealth of Na-
tions 849 1312-1315 1589
1599-1601 1653
British Indian Ocean Territory
1550
British North America Act
(1867) 1172
British South Africa Co. 1140
Brixen, Syn. (1080) 409
Brockdorff-Rantzau, Ulrich v.
853
Brömsebro, Frd. (1645) 627 709
Broglie, Albert de *793*
Brogne, Kl. 421
Brokdorf 1305
Bronze 39
Bronzezeit **39** 40-55
–, Griechenland 96-103 [T] 96
–, Hochkulturen 39-41 43-45
47-49 51-53
–, Italien 183
–, Kleinasien [T] 97
–, Kreta 96-101 [T] 96
–, s.a. Amerika
–, s.a. China

–, s.a. Indien
–, s.a. Südostasien
Broqueville, Charles *824*
Brosio, Manlio 1267
Broussel, Pierre *670*
Brown, John *1180*
Brown versus Board of Educa-
tion of Topeka 1278
Broz, Josip ⟋Tito, Josip
Bruce, James *1171*
–, S.M. *1223*
Bruce, Eduard ⟋Eduard Bruce,
Pr., Schottland
Bruce, Robert ⟋Robert Bruce,
Kg., Schottland
Bruck, Karl Ludwig v. *747 752*
Brück, Gregor *638*
Brügger Mette ⟋Morgenfeier
von Brügge
Brüning, Heinrich 862 921 929
930 931 932
Brünn, Vtg. (1478) 587
Brüssel 1272 1334
–, Kfz. (1927) 1438
–, Kfz. (1960) 1517
–, Kfz. (1978) 1521
–, Kongr. (1927) 1438
–, Vtg. (1948) 1258 1263
–, Vtg. (1965) 1267
–, Vtg. (1984) 1336
Brukterer 284 289
Brun, B., Augsburg 404
–, –, Langres 445
–, Eb., Köln, Hz., Lothringen
401 [S] 400
Brunanburh, Schl. (937) 365
Brundisium, (Brindisi) 195 218
264 [T] 192
–, Vtg. (41 v.) 226
Brundtland, Gro Harlem *1337*
1632
Brunei 1046 1565 1569 1571
1656
Brunelleschi, Filippo *538 603*
Brunhild, Franken, Kgn. 336
362
Bruni, Leonardo *535*
Brunkeberg, Schl. (1471) 578
Bruno, Gründer d. Kartäuser-
ordens *427*
Brussa ⟋Bursa
Brussilow, Alexej *839* 845
–, -Offensive (1916) 839 963
–, -Offensive (1917) 845
Bruttier 195
Bruttium 200 262 266
–, s.a. Kalabrien
Brutus, D. 224 225
Brutus, M.Iunius ⟋Iunius Bru-
tus
Bryan, William Jennings *1183*
Bryan-Chamarro-Vtg. (1916)
1201
Brythonisch, Spr. 368 369
Brzezinski, Zbigniew K. *1561*
BSA Co. (British South Africa
Company) 1114 1122 1140
Bsod-nams-rgya-mtsho, Dalai
Lama, Tibet 1017
BSPP 1655
Buback, Siegfried 1305
Bucaram 1605
Bucer, Martin *640* 678
Buchanan, James *1180*
Buchara 1016 1065 1068
Bucharin, Nikolai *966* 969 970
Buchdruck 505 523 570 597 603
Buchenwald, KZ 945
Buchstabenschriften 83

–, s.a. Schrift
Bu Cras (Sahara) 1489
Buczacz, Frd. (1672) 1079
Buda, Univ. 586
Budapest 911
Buddha *1049*
Buddhismus 1012 1013 1015
1016 1017 1022 1032 1034
1043 1044 1047 1050 1051
1052 1566 1655 1665
–, Lehre **1049**
Buddu-Gebiet 1117
Budhagupta, Indien, Kg. 1051
Budonitsa, Mgft. 590 592
Buea 1131
Buena Vista, Schl. (1846) 1179
Bünde ⟋Bündnissystem
–, s.a. Schweiz
–, s.a. Städtebünde
Bündnis 90 1627 1628
Bündnisfreie Staaten ⟋Block-
freie Staaten
Bündnissystem, (NZ) 729-732
[G] 734
Bündnissystem (Rom) ⟋Au-
ßenpolitik
–, ⟋Bundesgenossen
–, ⟋Klientelfürstentümer
Bündnissystem (seit 1945)
⟋internationale Bündnissy-
steme
Buenos Aires 1192 1208
–, Dekl. (1953) 1612
–, Frd. (1938) 1207
Büraburg (Buraburg), Btm.
333
Bürckel, Josef *938* 944
Bürgerbewegung, DDR 1628
Bürgerrecht, röm. 193 215 217
223 234 236 240 245 261 262
263 265 266 267 271 296 299
304 305 307 309
Bürgerrecht, röm. s.a. Staats-
bürgerschaft
Bürgerschaftsskandal, Berlin
(1981) 1306
Bürgertum 389 390 497-498
500-502 600 602 603 720 722
723 [G] 389
–, China 1023 1030
–, Dtld. 506 515 516 600 636 665
738 742 745 752 764 919
–, England/Großbritannien 677
684 797-801
–, Frankreich 540 541 546 547
553 667 675 780 781 783-786
788 793 794
–, Iberische Halbinsel 558
–, Rußland 804
Bürger von Calais 544
Bürokratie ⟋Verwaltung
Buganda, (16.–19. Jh.), Kgr.
1116 **1117**
–, (seit 1945) 1540
–, s.a. Uganda
Buganza ⟋Rwanda
Bugesera 1116 1117
Bugisu 1540
Buha 1116
Buhari, Mohammed *1506* 1646
Buhl, Vilhelm *986*
Bujiden, Dyn. 1067
Bukarest, Frd., (1812) 805 828
1081

–, –, (1913) 736
–, –, (1918) 846 849 999
Bukarester Erklärung (1948)
1362
Bukavu 1519
Bukowina 775 839 843 999 1000
Bulala 1105 1110
Bulawayo 1125 1136
Bulganin, Nikolai A. 1247 1363
1374 1375 1409 1416
Bulgaren 270 372 373
–, Slawisierung 374
Bulgarenkriege, Byz. 374 385
Bulgarien, (Altertum) 273 276
–, (NZ) 809 **828 829** 856 911
1001 1002 1082 1083
–, Kriegführung, (1915–1918)
836 843 845-847 1001 [T] 834
–, –, (1941–1944) 899 902 904
1002 1275
–, (seit 1945) **1407-1408** 1634
–, –, Landesnamen 1634
Bulgarien (Altertum) s.a. Mö-
sien
–, s.a. Thrakien
Bulgarien (MA) ⟋Bulgarisches
Reich
Bulgarische Sozialistische
Partei 1634
Bulgarisches Reich **373 374**
484 487 491 **588** 593 594
–, Christianisierung 333 374
Bulla Regia (Hammam Derra-
dig) [T] 299
Bullom 1127
Bull Run, Schl. (1861) 1180
Bulu 1131
Bulygin, G. *810*
Bumyn Kaghan, Türken, Herr-
scher 1012
Bund der Evangelischen Kir-
chen, DDR 1394
Bund der Kommunisten Jugo-
slawiens ⟋BdKJ
Bund der Landwirte 765 767
Bundesakte ⟋Deutsche Bun-
desakte
Bundesgenossen, röm. 191
194 195 196 198 200 210 211
214 215 217 219 263-266 268
–, ⟋Bündnissystem
Bundesgenossenkrieg,
griech., (357–355) 141 145
–, –, (220–217) 175 180
–, röm. (91–88) 217 262 265
Bundesgrenzschutz 1298
Bundeskanzler, BR Dtld. 1295
1296 1297 [G] 1296 [T] 1296
Bundespräsident, BR Dtld.
1295 [G] 1296 [T] 1296
Bundesrat, BR Dtld. [G] 1296
–, Dt. Reich 757 [G] 756
Bundesregierung, BR Dtld. [T]
1296
Bundesrepublik Deutschland
⟋Deutschland, BR
Bundessozialhilfegesetz, BR
Dtld. 1300
Bundesstaaten, dt. ⟋Deut-
scher Bund
–, ⟋Deutsches Reich
Bundesstaaten, griech. 157
Bundestag, BR Dtld. 1295 [G]
1296
–, Dt. Bund 742 743 744 745 746
748 751 752 754 [G] 742
Bundestagswahlen, (1949)
1295
–, (1953) 1299

1684 BUN—CAP

–, (1957) 1300
–, (1961) 1300
–, (1965) 1302
–, (1969) 1302
–, (1972) 1304
–, (1976) 1305
–, (1980) 1306
–, (1983) 1506
–, (1987) 1625
–, (1990) 1627
Bundesverfassungsgericht, BR Dtld. 1296 1306 *1506*
Bundesversammlung, BR Dtld. 1296
–, Dt. Bund G 742
Bund Freier Demokraten ↗BFD
Bundschuh 636
Bundu 1115
Buntkeramik 71 78
Buntsandstein 5
Bunyakyusa 1119
Bunyoro 1116 1117 1540
Burchard d.Ä., Mgf., Rätien 351
Burchardinger ↗Hunfridinger
Burchard II. (d.J.), Schwaben, Hz. 351 398 399
Burckhardt, Carl Jacob *948*
Burckhardt, Jacob 603
Burdigala (Bordeaux) 285 287
Burdschiten ↗Mamluken
Burebista, Daker, Kg. 275 277 279 281
Buren 1138 1139 1141
Burenkrieg 1140
Buresch, Karl *950*
Burgen 388 500
Burgenland 854 855 911 997 1353
Burgiba ↗Bourguiba
Burgund, (MA) 405 407 408 506 515 521 522 553 554
–, Freigrafschaft 551
–, Hzt. **447 616** S 550
–, Kultur 555-557
–, pol. Org. **551**
–, Teil-R. 336 **349 350**
Burgunder 248 251 256 285 288 289 291 323 325 335 336
–, Christianisierung 332
Burgund, Freigrafschaft (NZ) ↗Franche–Comté
Burgund, Pfalzgrafschaft ↗Burgund Freigrafschaft
Burji-Sidamo-Gruppe 1109
Burke, Edmund *721 797 1174*
Burkina Faso 1509 1645 1646
–, s.a. Obervolta
Burlamagni, Jean-Jacques *715*
Burma 893 914 1028 1042 1044-1047 1059 1061
–, (seit 1945) **1565-1567**
–, –, s.a. Myanmar
–, -Straße 914
Burmese Communist Party ↗BCP (Burma)
Burmesisch-japanisches Abk. (1954) 1343
Burnham, Linden Forbes S. *1604* 1666
Burnum (Isoyevci) 279
Bursa 1073
Burschenschaften 743
Burundi 1116 1117 1479
–, (seit 1945) 1479 **1522-1524 1539** 1648
–, s.a. Ruanda–Urundi

Bush, George Herbert Walker *1286* 1622 1636 1657 1659 1661-1663
Busia, Kofi *1500*
Busoga 1116
Buß, Franz Joseph *747*
Busta Gallorum, Schl. (552) 326
Bustamante, Alexander *1598*
–, José Luis *1606*
Buthelezi, Gatsha *1650*
Buthoe (Budva) 271
Butilin, Ostgoten, Feldh. 326
Butmir-Gruppe 22
Buto, Schl. (1219 v.) 68
Buurba-Jollof 1127
Buxar, Schl. (1764) 1057
Buxentum 214
Buyoya, Pierre *1648*
BVP (Bayerische Volkspartei) (1919–1933) 921 925 927 928 929 931 G 922 940
Bwana Heri 1142
Bwanakweli 1521
Byacena, röm. Prov. **298-300**
Byang-chub rgyal-mtshan, Tibet, Kg. 1017
Byblos 18 19 32 33 40 48 52 56 65 66 82 83 149 307
Byrnes, James Francis 913 1242 1257 *1275*
Byron, George G.N. *830*
Byzantinisches Reich, (Früh-MA) 310 326 **380-385**
–, (Hoch-MA) **485-492**
–, (Spät-MA) **592-595**
–, Architektur 386
–, Erbe/Bedeutung 595
–, Handel u. Verkehr **491 492**
–, Heerwesen **383**
–, Heiratspolitik 593
–, Italienpolitik **357 358**
–, Kultur **380 487 593**
–, Kunst **386 491**
–, makedonische Renaissance **487**
–, pol. Org. **380 383**
–, Rechtswesen **382**
–, Verwaltung **386 593**
–, westl. Handelskolonien **491 492**
Byzantinisches Reich, Kaisertum ↗Kaisertum
Byzantinisches Reich, Kirche ↗Kirche-Staat
–, ↗Ostkirche
Byzantinisches Reich, Religion ↗Ostkirche
Byzantion, (Byzantium, Byzanz, Konstantinopel, Stambul, Istanbul) 106 125 135 139-142 145 147 162 168 180 T 160
–, –, Schl. (316) 153
Byzanz ↗Byzantinisches Reich
–, ↗Byzantion
–, ↗Konstantinopel

C

Cabinda 1132 1133 1135 1525
Cabochiens 549
Cabo-Delgado-Provinz 1532
Cabora Bassa 1532
Cabot, John ↗Caboto
Caboto, Giovanni *613* 1165
–, Sebastiano 613
Cabral, Amílcar 1496 1496 *1524*

–, Caesaedro Alvares *1192*
–, Luis *1496*
–, Pedro Alvares 613
Cabral, Luis 1497
Cacaxtla 1155
Caccini, Giulio *694*
CACM ↗MCCA
Cadalus, B., Parma ↗Honorius II., Pp.
Ca'da Mosto, Alvise da 537
Cade, Jack 570
Cádiz ↗Gades
Caecilius Metellus, Creticus, Q. 269
–, L. 197
–, Macedonicus, Q. 176 202 204
–, Numidiens, Q. 216
–, Pius, Q. 220 295
Caecina Alienus, A. 236
Caelestis 300
Caere (Cerveteri) 58 190 193 T 191
Caesar, S. des Tiberius 232
–, ↗Iulius Caesar, C.
Caesaraugusta 296 297
Cäsar (Caesar) (als Titel) 249
–, s.a. Kaisertum
Caesarea/Iol (Cherchel) 298 T 299
–, s.a. Kaisareia
Caesarion ↗Ptolemaios XV.
Caesarius, Arles, B. 325 *330*
Caesaropapismus 253 382
Caetani, Dyn. 533
Caetano, Marcelo *1328*
Café Filho, João *1614*
Cahokia-Mound-Gruppe 1146
Caicos-Inseln 1193 1595
Cajamarca 1161
Cajamarquilla 1161
Cajander, Aimo 987
Cajetan, Jacobus *634*
Čaka-Gruppe 54
Calabar 1113
Calabria ↗Kalabrien
Calais 544
–, Schl. (1348) 564
Caldera Rodríguez, Rafael *1603*
Calderón, Rafael Angel *1664*
Calderón de la Barca, Pedro *608*
Calderón Guardia, Rafael Ángel *1593*
Caledonier 292
Cales (Calvi) 194 264 T 191 192
Calgacus, Caledonier, Kg. 292
Caligula ↗Gaius, Ks., Rom
Călinescu, Armand *1000*
Calixt ↗Kalixt
Callaecia, röm. Prov. 297
–, s.a. Iberische Halbinsel
Callaghan, James *1317*
Callejas, Rafael Leonardo *1663*
Calles ↗Elias Calles
Callimachus, Philipp 583
Callistus 234
Calonne, Charles-Alexandre de *676*
Calpurnius Bestia, L. 216
Calpurnius Bibulus, M. 222
Calpurnius Piso, C. 235
Calpurnius Piso, Cn. (Konsul 33 v.) 227
Calpurnius Piso Frugi, L., Annalist (Konsul 133) 211 214

Calpurnius Piso Frugi, Licinianus, L. 236
Calpurnius Piso, L. 228
Cals, Joseph Maria Laurens Theo *1331*
Caltabelotta, Frd. (1302) 531 541
Calvert, George *1166*
Calvi ↗Cales
Calvinismus 606 640
–, Deutschland 621 643 644 645 647
–, Frankreich 622 666 667 672
–, Niederlande 705
–, Schweiz 714
Calvinisten 1168
–, s.a. Puritaner
Calvin, Johann 605 606 640 714
Calvisius Statianus, C. 301
Calvo-Sotelo, L. *1327*
Camacho ↗Avila Camacho
Câmara, Hélder, Eb. 1616
Cambacérès, Jean de *781*
Cambio 90 1667
Cambodunum (Kempten) 286
Cambrai, Frd. (1529) 619 666
–, Liga (1508) 693
Ca'Morta 58
Campania (Campanien) ↗Kampanien
Camp David (USA), Abk. (1978) 1235 1466 1469
–, Kfz. (1959) 1249 1279 1376
Camphausen, Ludolf *745*
Campo Formio, Frd. (1797) 726 727 738 780 814
Cámpora, Héctor J. 1613
Camulodunum (Colchester) 234 235 291 292 293
Canada ↗Kanada
Canada Act (1791) 1171
Canaletto, Antonio *697*
Canaliño-Kultur ↗Indianerkulturen
Canaris, Wilhelm *947*
Candia ↗Kreta (MA)
Candiani, Dyn. 437
Cangrande ↗Scala
Canisius, Petrus *643*
CANM (Centro Associativo dos Negros de Moçambique) 1137
Cannae, Schl. (216 v.) 200
Cannes, Kfz. (1921) 953
Canning, George *798*
Cannstatt, Gerichtstag (746) 339 340
Canossa (1077) 408 424 438
Cánovas del Castillo, Antonio 819
Canterbury 500
–, Btm. 332
–, Ebtm. 365
Canterbury-Tales 566
Cantii 291
Cão, Diogo *612* 1123
Capitula, Angilramni 356
Capitulare Saxonicum 341
Capitulatio perpetua 635
Cappadocia, röm. Prov. ↗Kappadokien
Capri 232
–, -Stil 21
Caprivi, Leo v. *766* 767
Caprivi-Zipfel 1137
Capsa (Gafsa) T 299
Capua, (Altertum) 95 194 200 220 263 T 191
–, (MA) 436 437

CAR—CHA *1685*

Carabobo, Schl. (1821) 1204
Caracalla, Rom, Ks. 244 **245**
267 282 284 291 292 297 301
306 314 T 225
Caracas, Kfz. (1969) 1582
–, Kfz. (1974) 1237
–, Kfz. (1987) 1620
Carausius, M. Aurelius Musa-
eus, Usurpator 251 292
Caravaggio, Michelangelo da
694
Carazo Odio, Rodrigo 1594
Cárdenas, Lázaro *1200 1586*
Cargo-Kult 1581
Caria, röm. Prov. ↗Karien
Carias Andino, Tiburcio *1201*
Caribbean Common Market
↗CARICOM
Caribbean Free Trade Area
↗CARIFTA
CARICOM   1582   1598
1599-1601
CARIFTA 1582
Carinus, Rom, Ks. 248 250 T
225
Carl ↗Karl
Carlo I. Tocco ↗Karl, Pfgf., Ke-
phallenia
Carlsson, Ingvar *1358* 1632
Carlton Club 800
Carmer, Heinrich Casimir v.
738
Carmina Burana 419
Carmona, António *981 1328*
Carnot, Lazare Nicolas 779 780
Carnuntum,   (Deutsch-Alten-
burg) 279 280 281 282 T 280
–, Kaiserkfz. (307/308) 251
Carnuten 223
Carol, Rumänien, Kg., I. 828
999
–, –, –, II. 874 877 878 999
Carolina, Constitutio Crimina-
lis 638 639
Carracci, Annibale *694*
Carranza,   Venustiano   *1199*
1200
Carrara, Dyn. 532
Carrera, Rafael *1200*
Carrero Blanco, Luis *1326*
Carrhae ↗Karrhai
Carrillo, Santiago *1327*
Carrington, Peter Alexander
Lord *1318*
Carseoli T 192
Carstens, Karl 1296 *1306*
Cartagena 294
–, s.a. Carthago Nova
–, s.a. Kart Hadashat
Carteia 295
Carter, James Earl 1255 *1285*
1348 1381 1425 1456 1457
1583
Carthaginiensis,   röm.   Prov.
297
–, s.a. Iberische Halbinsel
Carthago ↗Karthago
Carthago Nova, (Cartagena)
198 200 295 296
–, s.a. Cartagena
–, s.a. Kart Hadashat
Cartier, Jacques *1165*
Cartimandua, Britannien, Kgn.
292
Carus, Rom, Ks. *248* 315 T 225
Carvalho, Otelo Saraïva de
1329
Carvalho e Melo, Sebastião
José de ↗Pombal, Marquis
v.

Casablanca, -Gruppe 1523
–, Kfz., (1943) 895 899 946
–, Kfz. (1961) 1482
–, Kfz. (1965) 1445
–, Kfz. (1984) 1448
Casa   de   la   Contratación
↗Amerika, spanische Kolo-
nien
Casamance 1126 1127
Casaroli, Agostino *1631*
Casas Grandes 1147
Casement, R. 1134
Caserta, Abk. (1944) 1007
–, Waffenstillstand (1945) 909
Cash and Carry ↗Leih- und
Pachtgesetz
Cashel, Syn. (1172) 469
Časlav, Bulgarien, Zar 483
Cassange 1135
Cassa per il Mezzogiorno 1317
1318
Cassel, Schl., (1071) 447
–, –, (1328) 543
Cassiodor *327* 331
Cassius Dio Cocceianus 245
281
–, Longinus, C. 224 225 226
–, –, L. 216
Cassivellaunus,   Catuvellauni,
Kg. 291
Castaáeda 1588
Castagno, Andrea del 535 *538*
Castel Gandolfo ↗Alba Longa
Castel Giubileo ↗Fidenae
Castelo Branco, Humberto de
Alencar *1615*
Castilla, Ramón *1206*
Castillon, Schl. (1453) 553
Castor und Pollux 188
Castra Caecilia 296
Castrismus ↗kubanischer So-
zialismus
–, ↗Kuba (seit 1945), Wirt-
schaftspolitik
Castro, Cipriano *1204*
Castro-Kultur 294
Castro Ruz, Fidel 1249 1279
1434 1435 1436 1601 1666
Castrum Novum T 192
Castulo 295
C5atal Hüyük 18 78
Catania ↗Katane
Cateau-Cambrésis, Frd. (1559)
622 624 666 694 698
Catete 1524 1525
Catilina ↗Sergius Catilina, L.
Catilinarische   Verschwörung
(62 v.) 221
Cato ↗Porcius Cato, M.
Cato, Robert Milton 1599
Catroux, Georges 1089
Cattaro (Kotor) 589
Catullus, C. Valerius 224
Catulus ↗Lutatius Catulus, Q.
Catuvellauni 291
Cauchon, Pierre 552
Caudinische Pässe 194
Cavaco Silva, Anibal 1631
Cavaignac, Eugène *789*
Cavaignac, Godefroy 787
Cavalcanti, Guido 441
Cavallero, Ugo *975* 976
Cavendish-Bentinck, William
1058
Cavour, Benso di *791*
Cavour, Camillo 725 815 816
Caxton, William *570*
Cayenne 1194
Cayman-Inseln 1193 1595

CAZ (Conservative Alliance of
Zimbabwe) 1649
Cazorla, Vtg. (1179) 461
CCM 1540 1651
CDU   (Christlich-demokrati-
sche Union Deutschlands) -
CDU/CSU **1291** 1292 1295
1297   1301   1302   1306
1625-1628 G 1297
–, DDR 1383
Ceaușescu, Elena *1634*
–, Nicolae 1366 1367 *1406* 1634
CEDA (Confederación Españ-
ola   de   Derechas   Autonó-
mas) 978
Celegeri 273
Celeia (Celje) 282 283
Cellarius, Christoph 319
Cellini, Benvenuto *694*
Celsius, Anders *708*
Celsus ↗Kelsos
Celtis, Conrad *505 524* 583 *603*
604
Cemenelum (Cimiez) 285 286
Cennen 245
Cenomanen 201
CENTO, (Central Treaty Or-
ganization) 1249 1265 1340
1443 1491 1494
–, –, Auflösung (1979) 1341
Central Intelligence Agency
(USA) ↗CIA
Central Treaty Organization
↗CENTO
Centralverband Deutscher In-
dustrieller 762 765
Centre Party 1529
Centro Associativo dos Ne-
gros de Moçambique 1137
Centuriation 287·
Centurio 217 230
CEPE 1605
Cerchi, Dyn. 532
Cerdagne (Cerdaña), Gft. 554
560 562
Ceres 188 300
Cerezo Arévalo, Vinicio *1663*
Černik, Oldřich *1401*
Cerro Colorado 1594
–, de las Mesas 1150
–, de Pasco Copper Corp. 1607
Cervantes Saavedra, Miguel
de *608*
Cerveteri ↗Caere
Cervidius Scaevola, Q. 244
Cesarini, Giuliano *529*
Cetium 282
Ceuta 563 1486
Ceylon ↗Sri Lanka
CFP, (Ölgesellschaft) 1484
–, (Partei) 1605
CGT, (Confederación General
del Trabajo) 1612 1613
–, (Confédération Générale du
Travail) 953 956 957
Chaban-Delmas,   Jacques
1310
Chaborowsk, Protokoll (1929)
969
Chabrias 141
Chacokrieg (1932–1935) 1207
Chadidscha *1062*
Chadli ↗Bendjedid, Chadli
Chaemhet 47
Chaemwese, Ägypten, Pr. 68
Chafadje 24 31

Chagga 1119 1142
Chagla,   Mahomedali   Currim
1555
Chagos-Archipel 1550
Chaguaramas,   Vtg.   (1973)
1582
Chah Bahar 1491
Chaireddin   Barbarossa,   Os-
man., Stth. *619*
Chairon, Spartan. Politiker 181
Chaironeia, Schl., (338 v.) 142
147 148 176
–, (245 v.) 179
–, (86 v.) 218
Chalchihuites 1152
Chalchuapa 1153
Chalco 1157
Chaldäa 76
Chaldäerreich **77** 84 92 94
Chaldi 80
Chalifenreich ↗Kalifenreich
Chalkedon, (Chalcedon, Kal-
chedon) 135 139 140 175 T
106
–, Konz. (451) 256 310 329 381
T 328
Chalkidike 117 133 134 139 141
143 144 146
Chalkidischer   Bund   139
144-146
Chalkis/Euboia 108 121 122 142
144 154 155 174 175 181
Chalkis/Syrien 306
Chalkolithikum ↗Kupferzeit
Challe, Maurice *1309*
Challenger (Raumfähre) 1661
Châlons-sur-Marne,   Schl.
(274) 248
Chama cha Mapinduzi ↗CCM
Chamberlain, Joseph *802*
–, Neville 866 867 868 869 870
876 942 943 *961* 973
Chamblandes-Gruppe 29
Chambord, Vtg. (1552) 641 666
Chambord, Henri de *793*
Cham-Gruppe 36
Chamorro,   Pedro   Joaquin
1592
Chamoun, Camille *1461*
Champa, Kgr. 1043 1044
Champagne (MA) 450
Champlain, Samuel de *1166*
Chandarnagar 1553
Chand,   Lokendra   Bahadur
1564
Chandra ↗Bose
Chandragupta   ↗Tschandra-
gupta
Changamire 1125
Ch'ang-an 1016
Changarnier, Nicolas Théodu-
le 789
Chang Ch'ien 1020
Chang Ch'un-ch'iao *1420 1422*
1425
Chang Hsien-chung *1025*
Chang Myon *1348*
Chania ↗Kydonia
Chantilly, Kfz. (1915) 842
Chao K'uang-yin ↗T'ai-tsu
Chaonen 144
Chao Tzu-yang 1425 1426
Chapultepec, Akte (1945) 1583
–, Toltekenreich 1156 1157
Charakene 313
Chararich, Kg., Sueben 332
Chares 141 142 145 147
Charge, Oase 301
Charidemos 142

Charidschiten 1063 1067
Charillos, Sparta, Kg. [T] 112
Charistikariat 488 490
Charkow, Schl. (1941) 888
Charkower System 1377
Charles, Eugenia 1600 1665
Charlotte, Luxemburg, Ghzn. 983 1335
Charlottetown, Kfz. (1864) 1172
Charondas 110 119
Charran 77
Charta, v. Algier (1967) 1235 1447
–, der Madegassischen Sozialistischen Revolution (1975) 1547
–, der PPM 1490
–, der wirtschaftlichen Rechte und Pflichten der Staaten 1587
–, v. Tripolis (1969) 1479
Charta der Integration, Äg.-Sudan (1982) 1476
Charta 77, (1977, ČSSR) 1402
Charte constitutionnelle (1814) 783 784
Charte-Revision (1830) 786
Chartier, Alain 552
Chartisten 801
Chartres 499 501
–, Schule 393
Chartreuse, Kl. 427
Chart Thai-Partei 1655
Chasaren-Reich 1013
Cha-sechemui, Ägypten, Kg. 65
Chasséen 29
Chastellain, Georges 556
Chateaubriand, François René de 785
Chatichai, Choon havan 1655
Chatten 284 289 290 291
–, -Kriege 237
Chaucer, Geoffrey 566 [T] 503
Chaudhury, Fazal Elahi 1560
Chauken 284 289
Chaumont, Vtg. (1814) 821
Chautemps, Camille 955 957
Chaves, Federico 1610
Chavín de Huántar 1160
Chazaren 373
Chefferie 1497 1499 1502 1503 1507-1510 1515
Chefferie Rassemblement Démocratique Africain ↗RDA
Chelčický, Peter (Petr) 580 [T] 503
Chelles, Synode (992) 444
Chelmno (Culm; KZ) 890 946
Chelmsford, Frederick John 1059
Chemische Waffen 1622 1640 1662
Cheng, Ch'in-Reich, Kg. 1020
Chengchow, Kfz. (1958/1959) 1417
Cheng Ho, China, Ks. 1024
Ch'eng-tsu, China, Ks. 1024
Ch'en Hsi-lien 1420
Chen-la-Reich 1043 1044
Chenon-Gruppe 37
Ch'en Po-ta 1420 1421
Ch'en Tsai-tao 1420
Ch'en T'u-hsiu 1029
Cheops, Ägypten, Kg. 26 65
–, -Pyramide 26 65
Chephren, Ägypten, Kg. 26 65

–, -Pyramide 26
Cherokee ↗Indianerkulturen
Chersones, thrak. 127 139 140-142 147 153 164
Chersones, thrak. s.a. Gallipoli
Cherusker 289
Chewa-Volk 1527
Chia-ch'ing, China, Ks. [T] 1024
Chiang Ch'ing 1419 1420 1422 1423 1425
Chiang Ching-kuo 1349
Chiang Kai-Shek 866 881 893 896 902 914 915 1030 1031 1042 1277 1349 1408 1413
Ch'iang-Stämme 1016
Chiapa de Corzo 1151
Chiapas 1587
Chiappe, Jean 955
Chia Ssu-tao 1023
Chibcha 1160
Chicago 1279
Chicama-Tal 1160
Chicanel-Zeit 1151
Chichen Itza 1155 1156
Chichimeken 1155 1156
Ch'ien-lung, China, Ks. 1025 1026 [T] 1024
Chierasco, Vtg. (1631) 626
Chiesa, Giacomo Della ↗Benedikt XV., Pp.
Chifley, Joseph Benedict 1576
Chihuahua 1147
Chikerema, James 1528-1530
Childebert I., Franken, Kg. 335 362
Childerich, Franken, Kg., I. 288
–, –, –, II. 336
–, –, –, III. 340
Childers, Erskine 1319
Childschin, Dyn. 1052
Chile 1211
–, (seit 1945) 1582 1584 1585 1614 1616-1619 1668 1669
Chiliarchie 152
Chilperich I., Franken, Kg. 336 362
Chimalpopoca, Aztekenherrscher 1157
Chimba 1124
Chimurenga-Befreiungskrieg (1896–1897) 1136
Chin 1665
China, (Vorgeschichte) 1018 1019
–, Kaiserreich 313 1011 1018-1029 [T] 1018
–, –, Adel 1019 1022
–, –, Außenpolitik 1025 1027
–, –, Bevölkerung [T] 1023
–, –, Bezeichnung 1013
–, –, Dyn.-Folge [G] 1021 [T] 1018
–, –, geogr. Lage 1017 1018
–, –, Gesellschaft 1019 1020 1022 1023 1025
–, –, Handel u. Verkehr 1020 1022 1023 1024-1027 1028 [T] 1027
–, –, Kultur 1019 1020
–, –, Literatur 1026
–, –, Missionierung 1024 1026
–, –, pol. Org. 1020 1022 1023 1025
–, –, Rechtswesen 1020
–, –, Religion 1020 1022
–, –, Staatsprüfungssystem 1022 1028
–, –, Verwaltung 1020 1022 1023 1024 1027 [G] 1026

–, –, Wirtschaft 1020 1023 1024 1025 1027
–, –, Wirtschafts- u. Finanzpolitik 1020 1023 1026
–, –, Wissenschaft 1025 1026
–, Nationalregierung 1030 1412 1413
–, Republik 1029-1031 1412-1413
–, –, Außenpolitik 903 1029
–, –, Bauernbewegung 1030
–, –, Bevölkerung 1030 1031
–, –, Gesellschaft 1029 1030 1031
–, –, innere Entwicklung 866 915 1031
–, –, Parteien 1029 1030 1031
–, –, Wirtschaft 1031
–, Sowjetrepublik (1931) 1030
–, VR 1277 1362 1412-1425 1579 1631 1657 1658
–, –, Arbeits- und Sozialpolitik 1415 1417
–, –, Außenpolitik 1228 1230 1415-1417 1421 1424 1425 1430 1564 1624 1648 1650 1656 1657 1659
–, –, Bodenreform 1415
–, –, Handel [T] 1424 1425
–, –, Industrie 1415 1417 1422 1423
–, –, Kollektivierung 1415 1417
–, –, Kriegsrecht 1657 1658
–, –, Kulturpolitik 1419 1422
–, –, Kulturrevolution 1419-1420 1423
–, –, Landwirtschaft 1415-1418 1422 1423
–, –, Massendemonstrationen 1657
–, –, pol. Org. 1414 1415 1416 1422 1423 1424 [G] 1414
–, –, Reformpolitik 1657
–, –, regionale Gliederung 1414 1415
–, –, Rüstungsexport 1640
–, –, Studentenunruhen 1657
–, –, Tibet 1657 1658
–, –, Verteidigungspolitik 1421
–, –, Wirtschaft 1418 1424 [T] 1422
–, –, Wirtschaftspolitik 1274 1415 1416 1417 1418 1423 1425 1657 [T] 1424
China, Nationalregierung s.a. KMT (Kuomintang)
–, s.a. Taiwan
China, Republik s.a. Taiwan
Chincha-Inseln 1206
Chindaswind, Westgoten, Kg. 364
Ch'in, Dyn. 1020 1022
Chinesische Mauer 1020 1022
Chinesischer Bürgerkrieg 1030 1031 1361 1413
Chinesisch-indischer Krieg (1962) 1418
Chinesisch-Japanischer Krieg, (1894/1895) 1028 1033 1040
–, (1937–1945) 1030 1031 1041
Chinesisch, Schr. 1019 1032 1034
Chinesisch-vietnamesischer Krieg (1979) 1371 1425 1430
Ch'ing, Dyn. 1014 1025-1029
Chinon, Frd. (1214) 451
Ch'in-Reich, China 1020
Ch'in Shih Huang-ti, Ch'i-Reich, Kg. 1020

Chioggia-Krieg (1378–1381) 536
Chioniten 316
Chios 135 138 140-142 176 180 [T] 106
–, Schl. (201 v.) 175
Chirac, Jacques 1311 1312 1629
Chirau, Jeremiah 1530
Ch'i-Reich, China 1019
Chiriqui 1153
Chirwa, Orton 1528
Chisiza, Dunduzu 1527
Chissano, Joaquim 1532 1649
Chitai-Reich 1013
Chitepa, Herbert 1529
Chiume, Kanyama 1527
Chiwa 1016
Chlodomer, Franken, Kg. 335
Chlodwig (Chlodowech) I., Franken, Kg. 249 324 332 335 339 [S] 253
Chlothar, Franken, Kg., I. 335 336
–, –, –, II. 336 337 339
Chmelnizki, Bogdan 687 712
Ch'oe Ch'ung-hon 1032
Choi Kyu Ha 1348
Choinoboskion ↗Nag Hammadi
Chokand 1016
Chokwe 1123 1517
Choltitz, Dietrich 906
Cholula 1152 1155 1156 1157
Chona, Mainza 1526 1527
Chon Doo Hwan 1347 1348
Choniates, Michael 491
Choniatus, Niketas 491
Chons-Tempel 47
Chontal 1155
Choppers 12
Chorasan 1009 1069 1096 1097 1099
Chorbischof 310
Choresmien 91 1009 1010 1012 1013 1065 1069
Choris-Norton-Ipiutak-Tradition 1148
Chorotega 1155
Chosen ↗Korea
Chosrau, Sasaniden, Kg., I. 306 311 315-317 382
–, –, –, II. 303 306 311 317 383 386
Chotin, Schl. (1621) 1078
Chou, Dyn. 1018 1019 1020 1023
Chou En-lai 1253 1282 1366 1413 1414 1416 1417 1420-1423
Chou-k'ou-tien 12 1018
Chowdhury, Mizan-ur Rahman 1653
Choybalsan, Chorlogjin 1015
Chremonideischer Krieg (268–261) 159 174 179
Chremonides 179
Christen, Name 258 307
Christentum, (frühes) 271 288 293 297 301 304 306 307 310 311 315 318
–, (Spätantike) 250 252 254 255
–, Ägypten 301
–, Äthiopien 1107
–, Arabien 318
–, Armenien 311
–, Iberische Halbinsel 297
–, Kleinasien 310
–, Malaysia 1656

–, Palästina 304
–, Röm. Reich 257-261
–, röm. Staat 238
–, Sasaniden-R. 315
–, Syrien 306 307
–, s.a. Kirche
Christenverfolgung 235 246
247 251 257 260 302 311 315
316 318
Christian, Anhalt-Bernburg,
Ft., I. 625 646
–, Dänemark, Kg., I. 577
–, –, –, II. 578 709
–, –, –, III. 709
–, –, –, IV. 625 626 646 709
–, –, –, V. 710
–, –, –, VI. 710
–, –, –, VII. 710 824
–, –, –, VIII. 824 825 827
–, –, –, IX. 753
–, –, –, X. 827 875 985
–, Mainz, Eb. 413
–, Schleswig-Holstein, Hz.,
August 753
Christiania ⁄ Oslo
Christianisierung, (MA) 390
–, Alamannen 333
–, Angelsachsen 365
–, Armenien 386
–, Böhmen 333 376
–, Bulgarien 333 374
–, Burgunder 332
–, Dänemark 371 475
–, England 334
–, Franken 335 337
–, Gepiden 332
–, Heruler 332
–, Iren 332 365 468
–, Island 334 371
–, Kroatien 333 379
–, Langobarden 332
–, Litauen 518 581 584
–, Mähren 333 376
–, Norwegen 370
–, Ost- und Südosteuropa 376
377
–, Pannonien 333
–, Pikten 332
–, Polen 333 377
–, Preußen 479
–, Rußland 378 487
–, Schotten 332 368
–, Schweden 471
–, Serbien 380 483
–, Skandinavien 333 334 370
–, Slawen 333 380
–, Sueben 332
–, Ungarn 375
–, Vandalen 332
–, Wales 368
–, Westgoten 322
–, s.a. Mission
Christine, Schweden, Kgn. 628
707
Christlich-Demokratische
Union ⁄ CDU
Christlichdemokratische
Volkspartei ⁄ CVP
christliche Lehre 258
Christlich-soziale Arbeiterpar-
tei 762
–, Reichspartei 774
Christlich-Soziale Einheitspar-
tei ⁄ PUSC
Christlich-Soziale Union
⁄ CSU
Christlich-soziale Volkspartei
⁄ CSV
Christogramm 251 261

Christoph, Dänemark, Kg., II.
575
–, Dänemark, Norwegen u.
Schweden, Kg., III. v. Bay-
ern 577
Christusorden 562
Chrodegang, Metz, B. 334 345
Chruschtschow, Nikita S. 1245
1248 1251 1279 1280 1300
1363-1365 1366 1373-1377
1376 1404 1407 1408 1409
1416 1418 1435
Chrysipp 157
Chrysopolis, Schl. (324) 251
Chrysostomos ⁄ Johannes
Chrysostomos
Chuang-tzu 1020
Ch'un, China, Pr. 1028
Ch'ung-ch'ong 1031
Chung, Raymond Arthur 1604
Chur 285
–, s.a. Curia
Churchill, John ⁄ Marlborough
Churchill, Winston 840 874 876
879 885 892 895 896 903-906
913 961 976 1187 1258 1262
1274 1313 1314 1396
Ch'u-Reich 1019
Churriter 66
Chusistan 90
Chu Teh 1030
Chu Wen, China, Ks. 1023
Chu Yüan-chang, China, Ks.
1024
Chvalkovský, František 868 995
CIA (Central Intelligence
Agency) 1276 1278 1285
1491 1593 1618
Ciano, Galeazzo 894 976
Cibalae T 280
Cibinda-Ilunga, Lunda, Kg.
1122
Cicero ⁄ Tullius Cicero, M.
Čierna, Kfz. (1968) 1402
Cihunduro, Rozwi-Herrscher
1125
Cilicia, röm. Prov. ⁄ Kilikien
Cimabue 538
Cimbern ⁄ Kimbern
Cimpaye, Joseph 1523
Cincinnatus ⁄ Quinctius
Cincius Alimentus, L. 211
Cinna ⁄ Cornelius Cinna, L.
Circeii 184 193
Circumcellionen 300
Cirta (Constantine) 216 T 299
Cirta, Reich 298
Cisalpina, röm. Prov. 262 266
Cisalpinische Republik 726 782
813 814
Ciskei 1536
Cisplatinische Provinz 1207
Cisse Tunkaya, Dyn. 1111
Cîteaux, Kl. 426
Civilized labour policy 1141
Cività Castellana ⁄ Falerii
Civitas ⁄ Stammesgemeinde
Civitas sine iure suffragii 191
193
–, s.a. Halbbürgergemeinde
Civitate, Schl. (1053) 437
Clam-Martinitz, Heinrich v. 949
Clarendon, Konstitutionen
(1164) 466
Clark, Joe 1289
–, W. 1176
Clarke, Ellis Emmanuel 1598
Classis 187
Claudia Livilla 232

Claudian, Dichter 250
Claudianus, Claudius 255
Claudiopolis 309
Claudius, Äthiopien, Ks. 1108
–, Rom, Ks. 234 235 236 270 279
282 287 288 291 298 300 302
305 309 S 233 T 225
–, Rom, Ks., Gothicus 247 269
274-276 278 291 T 225
–, Britannien, Kg., Cogidub-
nus, Ti. 292
–, Q. 205
Claudius Caecus, Appius 189
Claudius Caudex, Appius 197
Claudius Drusus, Nero 284
Claudius Fronto, M. 243
Claudius Herodes Atticus, Ti.
243 271
Claudius Marcellus, M. 200 202
–, N. des Augustus 228
Claudius Pompeianus, M. 243
Claudius Ptolemaeus ⁄ Klau-
dios Ptolemaios
Claudius Quadrigarius, Q. 224
Claudius Severus, C. 317
Clausen, A.W. 1239
Clausewitz, Karl v. 740
Clay, Henry 1179 1180
–, Lucius, D. 1242 1274 1276
1295
Clayton, John M. 1180
Clayton-Bulwer-Vtg. (1850)
1180
Clemenceau, Georges 794 795
851 853 952 953
Clemens, Pp., II. 407 422
–, –, III. 409 415 424 428
–, –, IV. 431
–, –, V. 526 527 542 561 562
–, –, VI. 527
–, –, VII. 517 528 534 618 693
695
–, –, VIII. 695
–, –, IX. 695
–, –, X. 695
Clemens Alexandrinus ⁄ Kle-
mens v. Alexandreia
Clemensbrief 259
Clericis laicos (1296) 431 542
565
Clermont, Konz. (1095) 425 433
447
Clermont-Ferrand ⁄ Augusto-
nemetum
Cleve ⁄ Jülich-Clevescher Erb-
folgestreit
Cleveland, Stephan G. 1182
Cliffdwellings 1147
Clive, Robert 1056 1057
CLN (Comitato di Liberazione
Nazionale) 976 1319 1320
Clodius, Albinus, D. 244 292
297 300
–, Macer, L., Usurpator 298
–, P. 222 223
Cluniazensische Reform 396
397 407 421 444 446
Cluny, Kl. 421 445 446
Clusium (Chiusi) 190
CMG 1515
CNL 1519
Coatlinchan 1156
Cobbett, William 798
Cobden, Richard 801
Cobden-Vtg. (1860) 790 801
Coburg, Dyn. S 796
Cocceji, Samuel v. 659
Cochabamba, Vtg. (1974) 1609
Cocherel, Schl. (1364) 547

Cochinchina 1046
Cochläus, Johannes 638
Cockburn Sound 1579
Coclé 1158
Coco 1158
COCOM-Liste 1620 1622
Code civil, (Code Napoléon)
739 782
Code pénal 782
Codex Euricianus 324 325
Codex Iuris Canonici 1350
Codex Justinianus 382 440
Codex Theodosianus 249 256
380
Codreanu, Corneliu Zelea 1000
Cölestin, Pp., I. 328 332
–, –, II. 425 426
–, –, III. 415 416 428
–, –, IV. 430
–, –, V. 431
Coelius Antipater, L. 213
Cognac, Hl. Liga (1526) 618 619
693
Cohabitation 1629
Cola di Rienzo ⁄ Rienzo
Colbertinismus 602 671
Colbert, Jean Baptiste 671
Colhuacan 1156 1157
Coligny, Gaspard de 666 667
Colijn, Hendrikus 981
Collectio Hispana Gallica Au-
gustodunensis 356
Collectivité Territoriale (1976)
1548
Collegia 208 222
Colleoni, Bartolomeo 535
Collor de Mello, Fernando
1668
Colombo, Kfz. (1976) 1441
–, Vtg. (1950) 1576
Colombo, Emilio 1273 1323
Colomboplan (1950) 1310
Colonia, civium Romanorum
191
–, Claudia Ara Augusta Agrip-
pinensium (Köln) 234
284-288
Colônia do Sacramento 1193
Colonna, Dyn. 431 530 533
–, Sciarra 513
Colonne Kap, Schl. (982) 403
437
Colorado 1179 1198
Colorados, Argentinien 1612
–, Uruguay 1610 1611
–, s.a. Partido Colorado
Columban (Kolumban) d.Ä.
332 368
Columban (Kolumban) d.J.
330 332 333 357 367
Comando por el No 1668
Combe Capelle 16
Combes, Emile 795
COMECON (Council for Mu-
tual Economic Assistance)
⁄ RGW
COMIBOL 1608
Comisão de Libertação de
São Tomé e Principe 1514
Comitato di liberazione Nacio-
nale (Komitee dernationa-
len Befreiung) ⁄ CLN
Comité, d'Études du Haut
Congo 1133
–, pour la Paix de l'Unité Na-
tionale 1522
–, Special du Katanga 1134
Comité de l'Union Togolaise
⁄ CUT

1688 COM—CUL

Comité Mixte Gabonais ↗CMG
Comitia centuriata ↗Zenturiatkomitien
Comitia curiata ↗Kuriatkomitien
Comitia tributa ↗Tributkomitien
Commagene ↗Kommagene
Commius, Atrebaten, Ft. 291
Commodus, Rom, Ks. 243 *244* 280 297 T 225
Common Law 466 468
Common Prayer Book 678
Commons 565
Commonwealth, Englische Republik (1649–1659) 682 683
–, s.a. British Commonwealth of Nations
Communauté Française 1309
Commune-Aufstand (1871) 723 725
Commynes, Philippe de *556* T 503
Como ↗Comum
Comoren ↗Komoren
Compagnie de la France-Nouvelle 1166
Compagnie Togolaise des Mines du Bénin 1503
Compaoré, Blaise *1646*
Companys, Lluis *978*
Compiègne, Waffenstillstand, (1918) 849 918
–, –, (1940) 877
Compsa, Frd. (555) 326
Compton, John G. 1600
Comum, (Como) 199
–, Schl. (196 v.) 201
Comuneros 697 1191
Comyn, John 572
CONACO 1519
CONAKAT 1517
Conakry, Erkl. (1975) 1508 1509
Concentración de Fuerzas Populares ↗CFP
Concilium plebis 188 190 205 209 211 212
Concordia 281
Condat, Georges *1509*
Condé, Louis II., Pr. v. *627* *670*
Condillac, Étienne-Bonnot de *610*
Condorcanqui, José Gabriel *1191*
Condor, Legion 979
Condottieri **535**
Confalonieri, Federigo *815*
Confederación General del Trabajo ↗CGT
Confédération des Associations Tribales du Katange ↗CONAKAT
Confederazione Italiana dei Sindicati Lavoratori (CISL) 1321
–, Nazionale di Lavoro 1321
Confessio Augustana 619 638 639
Confessio Helvetica posterior 714
Confessio Tetrapolitana 638
Confoederatio cum principibus ecclesiasticis 416
Confutatio (1530) 638
Congacou 1504
Congo, VR (Kongo-Brazzaville) 1132 1133 **1516** 1647

Congo (Kongo-Léopoldville) ↗Zaïre
Connecticut 1166
Conombo, Joseph *1508*1509
Conrad v. Hötzendorf, Franz *837*
Consalvi, Ercole *814*
Conseil National de la Résistance 1307
Consejo de Seguridad Nacional ↗COSENA
Consejo Nacional de Economia 1592
Conservative Alliance of Zimbabwe ↗CAZ
Conservative Central Office 800
Consilium der röm. Kaiser 240 244
Constans, Rom, Ks. 251 253
Constans II., Ks., Byz. ↗Konstans
Constant de Rebecque, Henry-Benjamin *784* 785
Constantinus, Rom, Ks. ↗Konstantin
Constantius, Rom, Heermeister, Flavius 255
–, –, Ks., I. Chlorus 250 251 260 292
–, –, –, II. 252-254 306 S 253
–, –, –, III. 255
Constanze ↗Konstanze
Constitutio Antoniniana (212/213) 245 296 301
Constitution Act (1852) 1224
Constitutiones Aegidianae (1357) 534
Constitutio Romana, (824) 343 353 359
–, Waldemariana 575
Constitutum Constantini ↗Konstantinische Fälschung
Consuetudo Romana 328
Contadora-Gruppe 1584
Contadora-Plan 1604
Contarini, Gasparo *640*
Contatomagus (La Graufesenque) 287
Conté, Lansana *1498*
Contras 1661 1663 1664
Contio 211
Convention Nationale Congolaise ↗CONACO
Convention People's Party ↗CPP
Conway, Vtg. (1277) 470
Conzer Brücke, Schl. (1675) 654
Conzo 29
Cook-Inseln 1214 1581
Cook, James *1220* 1224 1226
Coolidge, Calvin 859 *1185*
Cools-Lartigu, Louis 1600
Copan 1154
Copia *214*
Coquilhatville, Kfz. (1961) 1518
Cora 193
Corbeil, Vtg. (1258) 453
Córdoba 456 1066 1067 1613
Córdoba, Gonzalo Fernández de *560*
Corduba (Córdoba) 295
Cordula 296
Corelli, Arcangelo *694*
Cori ↗Cora
Corinium Dobunnorum (Cirencester?) 292 293

Coriolanus ↗Marcius
Coritani 292
Cornaro, Caterina *596*
Corneille, Pierre *608* *672*
Cornelius, Balbus, L. 231 296 297
–, Bocchus, L. 296
–, C. 220
–, Cinna, L. 218 220
–, Dolabella, P., Konsul 232
–, –, –, Tribun 223
–, Fronto, M. 243 300
–, Fuscus, M. 237
–, Gallus, C. 301
–, Lentulus, Gactulicus, Cn. 234
–, –, Marcellinus P. 269
–, Nepos *224*
–, Palma Frontonianus, A. 317
–, Pinarius Clemens, Cn. 238
–, Scipio, Aemilianus Africanus minor, P. 160 202 213 215 295
–, –, Africanus maior, P. 200 201 203 205 214 295
–, –, Asiaticus, L. 218
–, –, Barbatus, L. 194
–, –, Cn. 199 200
–, –, L. 164 203
–, –, Nasica, P. 201 202
–, –, –, Serapio P. 215
–, –, P. 199 200
–, Sisenna, L. 224
–, Sulla, L. 160 169 216 **218-220** 262 266-269 283 313
–, Tacitus, P. 236 *242* 288 289
Cornisch, Spr. 369
Cornovii 292
Cornwallis, Charles *1057*1174
Coronel, Schl. (1914) 840
Corporación Estatal Petrolera Ecuatoriana ↗CEPE
Corporación Minera de Bolivia ↗COMIBOL
Corporación Venezolana de Petróleo ↗CVP
Corpus Iuris Canonici 427
Corpus Iuris civilis 395
Corregidor 914
Corsica ↗Korsika
Corstopitum (Corbidge) 293
Cortaillod-Kultur 29
Cortenova, Schl. (1237) 440
Corte Real, Gaspar 1165
–, Miguel 1165
Cortés, Hernán 1157 *1189*
Cortes, Stände 557
–, Port. 820
–, Span. 819 978
Cosa T 192
COSENA 1611
Cosgrave, Liam *1319*
–, William Th. *962*
Cossiga, Francesco *1324*
Costa, Alfonso da 981
–, Alfredo Nobre da *1329*
–, Gomes da *981*
Costa Cabral, Antonio Bernardo da *820*
Costa e Silva, Arturo da *1615*
Costa Gomes, Francisco da *1329*
Costa Rica, (NZ) **1201**
–, (seit 1945) 1584 1585 **1593-1594** 1602 1663 1664
Costello, John A. *1318*
Côte d'Ivoire ↗Elfenbeinküste
Cotonou 1503 1504
Cotrone, Schl. (982) ↗Colonne, Kap

Coty, René *1308*
Coudenhove-Kalergi, Richard v. *861* 1258
Coulaines, Vtg. (843) 348
Coulibaly, Ouezzin *1508*
Country Party. Australien 1223
Coeur, Jacques *553*
Courtney, William 567
Courtrai, Schl. (1302) ↗Kortrijk
Couve de Murville, Maurice *1310*
Covadonga, Schl. (722) 457
Covilhão, Pedro de *612* *1108*
CP (Christlich-soziale Partei) 950
CPP (Convention People's Party) 1500
Craiova, Vtg. (1940) 878
Cranmer, Thomas *677* 678
Crassus ↗Licinius Crassus
Craxi, Bettino *1324* 1630
Crécy, Schl. (1346) 544 564 573
Crémieux, Isaak Adolphe 788
Cremona 199 201 439
–, Schl. (69 n.) 236
Cremutius Cordus, A. 232
Crépy, Frd. (1544) 620 665 694
Creszentier, Dyn. 421 422 437
Creta ↗Kreta
Creusot-Loire, frz. Unternehmen 1312
Cripps, -Mission (1942) 1061
–, Stafford 893 1061
Cris-Köros-Kultur 20
Crispi, Francesco *818*
Crispo, Francesco 591
Crispus, S. Konstantins d.Gr. 251
Cristea, Myron *1000*
Cristiani, Alfredo 1663
Croce, Benedetto *977*
Crô-Magnon 16
CROM (Confederación Regional Obrera Mexicana) 1200
Cromwell, Oliver 627 628 670 **682** 704
–, Richard *682*
–, Thomas 677 *678*
Cross, James R. 1289
Croton *214*
–, s.a. Kroton
Crowther, Samuel 1130
CRUA 1483
Cruise missiles ↗Marschflugkörper
Crustumerium 189 *193* T 191
Cruz, Ramón Ernesto 1591
Csáky, István *998*
ČSFR ↗Tschechische und slowakische Föderative Republik
ČSSR 1400
–, s.a. Tschechoslowakei (seit 1945)
CSU (Christlich-Soziale Union) 1291 1625
–, s.a. CDU
CSV (Christlich-soziale Volkspartei) 1335
CTM (Confederación de Trabajadores de México) 1200
Cuauhtemoc, Aztekenherrscher 1157
Cucuteni-Kultur 27
Cucuteni-Tripolje-Kultur 22
Cuicuilco 1151
Cuitlahuac, Aztekenherrscher 1157
Culm ↗Chełmno

CUM—DEL 1689

Cumae ↗ Kyme
Cunhal, Alvaro 1328
Cunobelin, Kg., Catuvellauni 291
Cuno, Wilhelm 858 925 Ⓖ 921
Curaçao 1194 1596
Curia (Chur) 286
Curia (Hostilia), Rom 184
Curtin, John 1224
Curtius, John 1576
Curzon, George 990 991 1059
Curzon-Linie 896 904 966 990 991 993 1397
Cusanus ↗ Nikolaus v. Kues
Custozza, Schl., (1848) 770 816
–, –, (1866) 817
CUT (chilenischer Gewerkschaftsbund) 1618
CUT (Comité de l'Union Togolaise) 1502
Cuza, Alexander 828
Cuzco 1162 1189
CVP (Christlichdemokratische Volkspartei) 1603 1628
Cymry ↗ Briten
Cyprian, Karthago, B. 260 300
Cyprus ↗ Zypern, röm. Prov.
Cyrankiewicz, Józef 1397-1399
Cyrenaica, (Altertum) 93
–, (NZ) 736 818 1083 1095
–, s.a. Kyrene
Cyrene ↗ Kyrene
Czartoryski, Adam J. 806
–, Geschl. 713
Czernin, Ottokar v. 843 844 949

D

DA (Demokratischer Aufbruch) 1627 1628
DAC 1598
Dacca 1559-1561
Dachau, KZ 945
Dachle, Oase 301
Dacia Apulensis, röm. Prov. 276
–, s.a. Dakien
Dacia Inferior, röm. Prov. 276
–, s.a. Dakien
Dacia Malvensis, röm. Prov. 276
–, s.a. Dakien
Dacia Mediterranea, röm. Prov. 278
–, s.a. Mösien
–, s.a. Thrakien
Dacia Parolissensis, röm. Prov. 276
–, s.a. Dakien
Dacia Ripensis, röm. Prov. 278
–, s.a. Mösien
–, s.a. Thrakien
Dacia Superior, röm. Prov. 276
–, s.a. Dakien
Dacko, David 1512
Daddah, Moktar Ould 1487 1489 1490
Dadjo, Kléber 1503
Dänemark, (MA) 371 474 475 575-578
–, –, Könige 576 Ⓢ 474 Ⓣ 575
–, (NZ) 628 629 646 647 709 710 827 874 875 899 985 986
–, (seit 1945) 1271-1273 1335 1336 1632
–, s.a. Jütland
Dänen 364 370
Dänische Minderheit, BR Dtld. 1335

Dänische Ostindische Kompanie 709
Dänisch-Niederländischer Krieg, (1625–1629) 625 709
Dänisch-Westindien 1194
Dänisch-Westindische Kompanie 1194
Daesidiaten 272
Dagan 82 83
Dagobert I., Franken, Kg. 336 337 339
Dahab, Abdul Suwar al- (Swarredahab) 1476
Dahanayake, W. 1562
Daher 312
Dahlmann, Friedrich Christoph 744 747 748
Dahomey, Kgr. 1113 1114
–, Kolonialzeit 794 1127
–, Unabhängigkeit 1503 1504
–, s.a. Benin
Dahschur 40 65
Daily-Telegraph-Affäre 769
Dairen 1028
Dai-Viet ↗ Vietnam
Dajukku, Dejokes 92
Dakar, Kfz. (1975) 1238 1441
Daker 277-279
–, -Feldzüge (86–88) 237
Dakerkriege (101–102) 238 274 275
Dakien, röm. Prov. (Dacia) 238 239 243 246 247 272-274 275-277 278
Daladier, Édouard 866 867 869 875 942 955 957 958
Dalai Lama 1017 1418 1419 1658
Dalberg, Karl Theodor v. 739
d'Alembert, Jean Baptiste le Rond 676
Daleminzier 399
Dalfinger ↗ Alfinger
Dalhousie, James Andrew Broun-Ramsay, Earl of 1058
Dalmatia, röm. Prov. ↗ Dalmatien
Dalmatien, (Antike) 201 219 271 275 279
–, (MA) 380 482 490
–, (NZ) 854 1002
–, röm. Prov. (Illyricum, Dalmatia) 226 228 234 272 273
Dalmatisch-pannonischer Aufstand ↗ Pannonischer Aufstand
Dalmatius, Rom, Cäsar 251
–, S. Constius' I. 253
Dálnoki, Béla Miklós v. 998 1403
Daluege, Kurt 995
Daman 1054 1328 1554
Damão ↗ Daman
Damascenus, Johannes 1065
Damasenor, Milet, Tyr. Ⓣ 109
Damasius ↗ Damasus
Damaskinos, Athen, Eb. 1007
Damaskus, (Altertum) 75 76 82 84 87 88 149 159 161 162 166 306 307
–, (MA) 1064
Damasus, Pp., I. 254 328
–, –, II. 422
Damenfriede v. Cambrai (1529) 619 666
Damian, Hl. 307
Dammam 1469
Dampfmaschinen 716 Ⓣ 716
Dampier, William 1220

Danakil 1144
Dandanakan, Schl. (1040) 1068
Dandolo, Enrico 434 438
Danger Cave 1147
Daniel, Halitsch-Wolhynien, Kg. 479 482
Danilo-Gruppe 22
Dannoura, Schl. (1185) 1036
D'Annunzio, Gabriele 855 972
Danquah, Joseph B. 1500
Dante Alighieri 441 502 531 532 537 Ⓣ 503
Danton, Georges 777-779
Danzig, (MA) 523
–, (NZ) 853 867-870 872 943 948
Daoud, Sardar Mohammed 1494
Dapčević, Vlado 1369
DAP (Deutsche Arbeiterpartei) 934
Dara 312
Darányi, Koloman 997
Dardanellen 842
–, Schl. (1656) 1079
–, Schl. (1915) 839
–, Vtg. (1841) 1082
Dardaner 174 175 176 269 271-273 277
Dardania, röm. Prov. 274
Dardania, röm. Prov. s.a. Mösien
Dardanos, Frd. (85 v.) 218
Dareios, Persien, Kg., I. 81 91 93 119 121 122 144 310
–, –, –, II. Nothos 94 135
–, –, –, III. Kodomannos 94 148-150
Dar es Salaam 1142 1526 1539
Dar Fur 1105
Darlan, François 879 891-893 958
Darré, Walter 937 940
DARS ↗ Demokratische Arabische Republik Sahara
Das, Chitta Ranjan 1060
Daskyleion 81 82 149
Dasteira 221
Datames, Persien, Satrap 82
Datierung, Paläolithikum 11 12
Datini, Francesco 539
Datis 121
Daudet, Léon 955
Daun, Leopold v. 657 658
Dauphin 546
Dauphiné 283 544
David, Israel, Kg. 86 87
–, Schottland, Kg., I. 470
–, –, –, II. 573
–, von Menevia 332
–, d. Wassertrinker 368
Davignon-Bericht (1970) 1270
Davis, Jefferson 1180
Dawes, Charles Gates 859 1185
Dawesplan (1924) 859 861 862 927 953 1185 1299
Dayan, Mosche 1465 1466
DBD (Demokratische Bauernpartei Deutschlands) 1384
DBV 1466
DC (Democrazia Cristiana) 1319-1324 1630 1631
Dchelal ad-Din Mängübirdi, Choresmien, Schah 1070
DDP (Deutsche Demokratische Partei) 853 921 923-925 927-929 Ⓖ 922 940
DDR (Deutsche Demokratische Republik) 1382-1395 1627

–, Abrüstung 1621
–, Auslandskredit 1306 1396
–, Ausreisepolitik 1306
–, Außenpolitik 1657
–, Besatzungszeit (1945–1949) 1382-1384
–, Ende 1624 1626 1628
–, Flüchtlinge 1627 1634
–, Industrie Ⓖ 1392
–, Landwirtschaft Ⓣ 1388
–, Nationaleinkommen Ⓣ 1383
–, Opposition 1627 1628
–, Staatsaufbau Ⓖ 1393
–, Staatsgründung (1949) 1362 1385-1386
–, Verfassung Ⓣ 1385 1393
–, Volkskammer Ⓣ 1386
–, Wirtschaft Ⓣ 1391 1394
Deák, Ferencz 775
Deakin, Alfred 1222
–, Mario 1524
Dea Syria 307
Déat, Marcel 954
Debora 86
Déby, Idriss 1647
Debré, Michel 1309 1549
Decebalus, Daker, Kg. 237 238 274 275
Decidius Saxa, L. 296
Decision (Nr. 24) 1582
Decius, Mus, P. 194
–, Rom, Ks. 246 260 278 291 301 302 Ⓣ 225
Declaratio Ferdinandea 642 644 647
Declaration of Rights 684
Decretum Gratiani 427
Decumates agri 236
Dedan 85
De Decker, Pierre 823
Defensor pacis ↗ Marsilius v. Padua
Degrelle, Léon 983
Deinemeniden 124
Deinetros Poliorketes 159
Deinomenes, Aitna, Tyr. 124
Deiotarus 308
–, Galatien, Tetrarch, I. 171
–, Paphlagonien, Kg., II. 171
Deir, el-Bahari 31 67
–, el-Gebrau 31
–, el-Medine 68
–, Jasin 1450
–, Tasa 64
Dejokes, Medien, Kg., I. 92
–, –, –, II. 92
Dekabristenaufstand (1825) 804 806
Dekadarchien 138
Dekapolis 318
Dekeleia 135
Dekeleischer Krieg (413–404) 135
Dekhan 1052 1053
–, Sultanate 1054
Dekolonisierung 850 1227 1233
–, Frankreich 1308-1309
Dekrete, röm. 240
Dekurionen 240 244 246 249 253 267 286 293 300 309
Delagoa-Bucht 1136 1137
Delawaren ↗ Indianerkulturen
Delaware 1167 1176
Delbos, Yvon 866
Delcassé, Théophile 795
Deleion, Schl. (424) 134
Delgado Chalbaud, Carlos 1603
Delhi, Kfz. (1967) 1555

–, Sultanat 1052
Delisch-Attischer Seebund 82 125 127 136
Delmater 271 272 281
Delminium (Duvno) 201 272
Delors, Jaques 1273
Delos 182 204
Delp, Alfred 947
Delphi 106 107 122 138 141 142 170 179 181 182
–, Orakel 107 108 110 113 117 121 255
–, Tempel 57
Delphinus 546
Delvalle, E.A. 1664
Demagogen, (Antike) 129 131 G 130
Demagogie, (Antike) 132 134
Demaratos, Sparta, Kg. 121 T 112
Dembélé, Mamadou 1646
Dembos 1135
Demeke, T. 1545
Demen 120
Demenrichter 118 127 131
Demeter 106 110 118
Demetrias (am Golf von Volos) 155 174 181 203
Demetrios, Baktrien, Kg., I. 312
–, –, –, II. 1050
–, Makedonien, Kg., I. Poliorketes 153-155 172 178 270 S 173
–, –, –, II. 162 174 180 S 173
–, Pharos, Kg. 175 198 199
–, Seleukidenreich, Kg., I. Soter 165-167 170
–, –, –, II. Nikator 166 167 313
–, Sohn Philipps II., v. Makedonien 175 176
Demetrios Kantemir, Moldau, Hospodar 1079
Demetrios v. Phaleron 153 177 178
Demetrius Zvonimir, Kroatien, Kg. 483
Demichelli, P.A. 1611
Demiourgoi 104
Demirel, Süleyman 1340 1341 1636
De Mita, Ciriaco 1630 1631
Démocrates Camerounais 1513
Democratic Action Congress ↗DAC
Democratic Labour Party 1599
Democratic Party ↗DP
Democrazia Cristiana ↗DC
demographische Entwicklung ↗Bevölkerung
Demokedes 119
Demokratie, Athen 118 126 127 131 135 152-154 177-179
–, Griechenland 121 124 125 147 176
–, pluralistische 849 870 T 850
–, s.a. politische Organisation
–, s.a. Verfassung
Demokratische Allianz ↗PMDB
Demokratische Arabische Republik Sahara 1488 1489
–, s.a. Westsahara
Demokratische Arbeiterpartei ↗DLP
Demokratische Bewegung für Veränderung (DBV) 1466
Demokratische Fortschrittspartei (Taiwan) ↗DPP

Demokratische Gerechtigkeitspartei ↗DJP
Demokratische Partei, USA 1177 1286 1661
Demokratische Partei der Philippinen ↗Lakas ng Bayan
Demokratischer Aufbruch (DA) 1627 1628
Demokratische Republikaner, USA 1176 1177
demokratischer Sozialismus ↗Sozialdemokratie
–, s.a. Sozialismus
Demokratische Turnhallen-Allianz ↗DTA
Demokratische Union des Algerischen Manifestes ↗UDMA
Demokratische Volksfront für die Befreiung Palästinas ↗PDFLP
Demokratische Volksrepublik Jemen ↗DVRJ (Süd-Jemen)
Demokratisch-Nationalistische Aktion ↗ADN
Demokratisierung, Dtld. 1241
–, Europa 725
–, Großbritannien 800-802
–, Rußland 803 804 810 812
Demokritos 132
Demosthenes, Rhetor 137 141 142 146-148 177
–, Stratege 134 135
Demoteles, Samos, Tyr. T 109
Demotisch, Schrift 64 69
Dendera 301
Dengel, Äthiopien, Ks. 1108
Dengizich, Hunnen, Kg. 372
Den Haag, Kfz. (1969) 1270
–, Kongr. (1949) 1258
–, Kongr. (1953) 1263
Denhardt, Clemens 1143
–, Gustav 1143
Denikin, Anton J. 965
Denise, Auguste 1500
Denktasch, Rauf 1360 1635
Denkyera 1114
Denpasar, Kfz. (1973) 1664
Dentheleten 276
Dentz, Henri F. 881
Departements d'outre-mer 1596
dependencia ↗Lateinamerika, Wirtschaft
Derkylidas 138
De Roburt, Hammer 1660
Dertinger, Georg 1389
Derwischorden 1073 1075
Desai, Morarji 1555 1556 1558
Descartes, René 672
Desert Culture ↗Nordamerika, Vorgeschichte
Desiderius, Langobarden, Kg. 340 354 358
Desmoulins, Camille 777 779
De Souza, Paul Emile 1504
Des Roches 1550
Dessalines, Jean Jacques 1202
Dessau, Schl. (1626) 646
–, Vereinigung (1525) 637
Detroit 1281
Dettingen, Schl. (1743) 631 657
Deuntzer, Johann Heinrich 827
Deusdedit, Pp. ↗Adeodatus
Deuteronomium 88
Deutsch, Begriff 347 398 399

–, -Brod, Schl. (1421) 519
–, Spr. 347 502 524
Deutsch-dänischer Krieg (1864) 753 827
Deutsche, Arbeitsfront 939 941 G 940
–, Bundesakte (1815) 741 742
–, Bundesbank 1299
–, Christen 940 941
–, Evangelische Kirche 940
–, Fortschrittspartei 753
–, Freisinnige Partei 763
–, Kolonialgesellschaft 765
Deutsche Demokratische Republik ↗DDR
Deutsche Kommunistische Partei ↗DKP
Deutscher Arbeiterkongreß, Allgemeiner (1868) 755
–, Erster Allg. (1848) 748
Deutscher Arbeiterverein, Allgemeiner 753 762
Deutscher Bauerntag (1947) 1384
Deutscher Bund (1815) 741 752 754 770 824 G 742
Deutscher Demokratenkongreß, Erster (1848) 748
–, Zweiter (1848) 749
Deutsche Reichspartei 757
Deutscher Flottenverein 765 767
Deutscher Frauenverein, Allgemeiner 754
Deutscher Katholikentag, Erster (1848) 749
Deutscher Krieg (1866) 731 754 771
Deutscher Nationalverein 752 753
Deutscher Orden 436 479 482 518 519 581-583 585
–, s.a. Deutschordensstaat
Deutscher Ostmarkenverein 767
Deutscher Rätekongreß, Berlin (1918) 919
Deutscher Reformverein 753
Deutscher Reichstag 917 920 G 922
Deutscher Volkskongreß, (1948) 1384
–, (1949) 1386
Deutscher Volksrat (1949) 1386
Deutscher Zollverein 717 744 752 755 757 770 824
Deutsche Soziale Union ↗DSU
deutsches Recht (Kolonistenrecht) 388
–, Begriff 398 399
Deutsches Reich, (1870/1871–1914) 756-769 1503
–, –, Berufsgliederung T 764
–, –, Bevölkerung G 720 T 732
–, –, Innenpolitik 757 762-764
–, –, Kolonialmacht T 732 733 763
–, –, Lohnentwicklung T 765
–, –, Parteien 759 G 758
–, –, politische Organisation 757 G 756
–, –, Reichstagswahlen 761 T 760
–, –, Reichsverschuldung T 768
–, –, Rüstung (1907–1914) T 735

–, –, Wilhelminisches Zeitalter 764-769
–, (1914–1918) 917-919
–, –, Kriegseintritt T 834
–, –, Staatshaushalt T 847
–, –, Truppenstärke T 836
–, (1919–1933) 919-932
–, –, Gesellschaft 919 927
–, –, Massenorganisationen 922 923
–, –, Parteien 920-922 G 922
–, –, pol. Org. 920 G 920
–, –, Präsidialkabinette 929
–, –, Regierungen G 920
–, –, Wahlen G 922 923
–, –, Wirtschaft 919 927 920 T 929
–, (1933–1945) 932-947
–, –, alliierte Bombenabwürfe T 909
–, –, Flugzeugverluste T 908
–, –, Fritsch-Krise 942
–, –, Judenvernichtung 945 946
–, –, Kriegseintritt 943
–, –, SS-Staat 935 G 936
–, –, Staatsorgane G 935
–, –, Wehrmacht G 889 T 886 887 912
Deutsches Reich (MA) ↗Deutschland
–, ↗Reich
Deutsches Volk ↗Bevölkerung, Deutschland
–, ↗Deutsches Reich, Bevölkerung
deutsche Teilung 913
–, s.a. Deutsches Reich
–, s.a. Deutschland
–, s.a. Deutschlandpolitik
Deutsche Vaterlands-Partei 918
deutsch-französischer Freundschaftsvertrag 1267
deutsch-französischer Krieg (1870/1871) 731 734 755 756 792
deutsch-französische Sprachgrenze 337
deutsch-französische Verständigung 1257
deutsch-italienische Besetzung, Tunesien (1939–1945) 892
Deutschkonservative Partei 757 762 765
Deutschland 397 398 399
–, (Vorgeschichte) 15
–, (Hoch-MA) 397-420
–, –, Kultur 419 T 419 420
–, –, Literatur 419 T 419 420
–, (Spät-MA) 506-526
–, –, Bevölkerung 506 514
–, –, Gesellschaft 506
–, –, Kirchenbauten T 500
–, –, Kunst 522 523
–, –, Literatur 523 524
–, –, Pestwellen 514
–, –, Rechtswesen 507
–, –, Ritterbünde 516 517
–, –, Städte 515 516
–, –, Städtebünde 516 517
–, (1493–1789) 633-665
–, –, Agrarstruktur 602
–, –, Reformation 605 606
–, –, Ritterkrieg 636
–, (1789–1815) 738-742
–, (1815–1870) 742-757
–, –, Frankfurter Nationalversammlung T 746 747

–, –, Frühkonstitutionalismus 743
–, –, Parteien T 747
–, –, preußisch-österreichischer Dualismus 752-754
–, –, Reichsgründung Bismarcks 755
–, –, Revisionismus u. Reaktion 752-755
–, –, Revolution 745-752
–, –, Verfassung G 750
–, –, Vormärz 742-745
–, (1870/1871–1945), Eisenbahnbau 744
–, (seit 1945) 1289-1290
–, –, Ostgebiete 1397
–, BR 1289-1306 1567 1625 T 1301
–, –, Abrüstung 1621
–, –, Atomwaffen 1256
–, –, Außenpolitik 1623 1625 1626
–, –, DDR-Kredit (1983) 1306 1396
–, –, Innenpolitik 1625
–, –, Militärhilfe Türkei 1273
–, –, Vereinigung 1622 1623 1626 1628
Deutschland, (Vorgeschichte) s.a. Germanien
Deutschland, (Früh-MA) ↗Frankenreich
–, ↗Ostfrankenreich
Deutschland, (Hoch-MA), pol. Org. s.a. Reich, (MA)
Deutschland, (Spät-MA), pol. Org. s.a. Reich, (MA)
Deutschland, (1493–1789) ↗Reich
Deutschland, (1493–1789), pol. Org. ↗Reich
Deutschland, (1870/1871–1945) ↗Deutsches Reich
Deutschland, (seit 1945) s.a. Besatzungszeit
–, s.a. DDR
–, s.a. Deutschland, BR
–, s.a. Deutschlandfrage
Deutschlandfrage (seit 1945) 1241-1251 1293 1395 1626
–, s.a. Deutschland, BR, Vereinigung
Deutschland-Konzeption, SED 1390
Deutschland-Papsttum s.a. Kirche-Staat, Dt. R.
–, ↗Papst-Kaiser
Deutschlandpolitik, DDR 1303 1306 1390 1392-1395
–, Dtld., BR 1247 1394
–, Frkr. (seit 1945) 1243-1249
–, Großbritannien (seit 1945) 1243-1249
–, Österreich (1804–1867) 741 742 749-755 770 771
–, Preußen (1789–1870) 745 750-755
–, UdSSR 913 1243-1251 1362 1363 1371-1375 1378 1392
–, USA (seit 1945) 1243-1250
–, s.a. Potsdam, Kfz.
Deutschlandproblem 1246 1294
Deutschlandvertrag (1952) 1298 1299
Deutschnationaler Handlungsgehilfenverband 765
Deutsch-Neuguinea ↗Neuguinea, deutsche Kolonie

Deutsch-Österreich ↗Österreich (1918–1938)
Deutschordensstaat 417 436 518 519 637
Deutsch-Ostafrika ↗Ostafrika, dt. Kolonie
–, s.a. Tanganyika
Deutsch-Ostafrikanische Gesellschaft 1142
Deutsch-Südwestafrika ↗Namibia
–, ↗Südwestafrika
Deutsch-Völkische Freiheitspartei 927
Deva (Chester) 293
De Valéra, Eamon 962 1318
Devolutionskrieg (1667–1668) 628 653 672 699 704
Devon 4
Dewey, Thomas Edmund 1276
DFP (Dominica Freedom Party) 1600 1665
DGB ↗Gewerkschaften, Dtld. (seit 1945)
Diadochenkämpfe 151-155 168 172 177 T 151
Diadochenkriege, Erster (321–320) 152
–, Zweiter (319–316) 152-153
–, Dritter (315–311) 153
–, Vierter (302–301) 154
–, Fünfter (288–286) 155
–, Sechster (282–281) 155
Diadochenreiche, pol. Org. 156
Diäten 126 129 135
Diagne, Blaise 1127
Diakité, Yoro 1507
Dia Kossoi, Kg., Ghana 1111
Diallo 1507
Dia, Mamadou 1495 1507
Diana 184 190 288
–, -Gruppe 29
–, Veteranorum (Aïn Zana) T 299
Diawara, A. 1516
Diaz, Bartolomeu 612
–, de Vivar, Roderich 459
–, Dinis 612
–, Ordaz, Gustavo 1586
–, Porfirio 1199
Dibba, Sheriff 1496
Dichtung s.a. Kultur
–, ↗Literatur
Dictatus papae (1075) 424
Diderot, Denis 610 676
Didius Julianus, Rom, Ks. 244 T 225
Diebitsch, Hans v. 806
Diedenhofen, Erbfolge (806) 341
Diefenbaker, John 1287 1288
Diego Suarez 1142
Diemen, Anthony van 1220
Diem, Ngo-Dinh 1428
Dien-Bien-Phu 1428
Diepgen, Eberhard 1306 1627
Diesel, Rudolf T 718
Dietl, Eduard 875
Dietmar v. Aist T 420
Dietrich v. Bern ↗Theoderich d.Gr.
Dietrich v. Freiberg 505
Dietrich, Otto 938 945
Dijon, Schl. (500) 335
Dikaia T 106
Dikaiarch 175
Dikasterien 131
Diktatur, des Proletariats 723

–, röm. 187 219 224 T 208
–, s.a. Militärregime
Dili 1574
Dilke, Charles 801
Dilthey, Wilhelm 603
Dimini-Stufe 22
Dimitri Iwanowitsch, Moskau, Gfst. 585
Dimitrios, Patriarch, I. 1631
Dimitrow, Georgi 1361 1407
Dimka 1506
Dingiswayo, Mthethwa, Herrscher 1125
Dinh-Bo-Linh 1044
Dinis, Kg., Portugal ↗Dionysius
Dinka 1105
Dinosaurier 2 6
Dio Chrysostomos 238 242 310
Diocletianus, Ks., Rom ↗Diokletian
Diodoros v. Agyrion 231
Diodotos, Baktrien, Kg., I. 162 312
–, –, –, II. 162 312
–, Seleukidenreich, Kg., Tryphon 166 167
Diözese, Spätantike 250 270 274 278 285 298 301 306
Diogenes 182
Diokaisareia 304
Diokletian, Rom, Ks. 248 249 250 251 252 260 266 267 273 274 278 280 282 285 287 291 297 298 301 302 305 306 309 315 316 S 253
Diokletianisch-konstantinische Reformen 249 250 252 253 267 270 273 274 278 280 292 293 298 309 318
Dion 161
Dionysien, Große 132
Dionysios, v. Halikarnassos 231
–, v. Phokaia 121
–, skyth. Mönch 327
–, Syrakus, Tyr., I. 139 140
–, –, –, II. 137 182
Dionysius, Portugal, Kg. 562 S 462
–, –, –, Areopagita 347 393
Dionysos 80 100 105 110 118 157 158 214 278
Diopeithes 142
Diophantos, Pontos, Feldherr 169
Diori, Hamani 1509 1510
Dioskurias T 197
Dioskuros, Alexandria, Patr. 329
Diouf, Abdou 1495 1644
Dipaia 125
Direktorium (1794–1799), Frkr. 780 781
Disraeli, Benjamin 800-802
Dissidentenbewegung, DDR 1392 1395
–, Jugoslawien 1409 1411
–, Polen 1399
–, Tschechoslowakei 1402
–, UdSSR 1377-1381
Diu 1054 1328 1554
–, Schl. (1509) 1054
Diurpaneus 275
Dius Fidius 188
Djabiya 317
Djakenbürokratie, Rußland 687
Djibuti ↗Dschibuti

Djilas, Milovan 1409
Djohar, Said Mohammed 1652
Djoser, Ägypten, Kg. 25 65
DJP 1658
Djukun 1110
DKP (Deutsche Kommunistische Partei) 1302
Dlamini, Makhosini 1538
–, Maphevu 1538
–, Obed 1650
–, Sotha 1650
DLP 1665
Długosz, Jan 583
DM (Deutsche Mark) 1294
Dmowski, Roman 813 991
DNVP (Deutschnationale Volkspartei) 853 924 927-932 939 G 922 940
DOAG (Deutsch-Ostafrikanische Gesellschaft) 1142
Dobrudscha 273 274 843 846 999 1000 1002
Dodekanes 973 1083
Döffingen, Schl. (1388) 516
Dönitz, Karl 899 900 912 913 937 947 1290 G 889
Doe, Samuel 1645
Dofar 1473
Dogon 1112
Dogra-Familie 1551
Dohnanyi, Klaus von 1625
Dokimasie 126
Dokimeion 309
Dokimos 154
Dol, Ebtm. 369
Dolchstoßlegende (1918/1919) 919
Dollar ↗US-Dollar
Dollfuß, Engelbert 950
Doloper T 106
Dolopia 176
Domänen, kaiserl. 239 240 246 268 271 293 300 303 304 308 309
Domesday Book 463 464
Dominat 249 256
–, s.a. Rom, Spätantike (284–476)
Dominica 1193 1595 1599 1600 1665
Dominica Freedom Party 1600
Dominica Labour Party 1600
Dominikaner 429
Dominikanische Republik, (1844–1945) 1202-1203
–, (seit 1945) 1281 1597 1664
Dominikus v. Caleruega 429
Dominion Party ↗DP
Domitianus, Rom, Ks. 236 237 268 274 278 279 284 291 301 310 T 225
Domitien, Elisabeth 1512
Domitius Ahenobarbus, Cn., E. des Marcus Antonius S 233
–, –, (Konsul 122 v.) 216 283
–, –, (Konsul 96 v.) 217
Domitius Alexander, L., Usurpator 251 299
Domitius Corbulo, Cn. 235 305
Domitius Domitianus, L., Usurpator 251 301
Domitius Ulpianus 244
Dom Pedro ↗Peter I., Ks., Brasilien
Domschulen 405
Do Muoi 1655
Donatello 535 538
Donati, Dyn. 532
Donatismus 300

1692 DON—ECH

Donatisten 250 252 253 255
Donatistenstreit 326
Donative 225 229 230 232 235
236 245
Donaubulgarisches Reich
↗Bulgarisches Reich
Donaukfz. (1948) 1362
Donaukonvention (1948) 1362
Donaumonarchie ↗Öster-
reich-Ungarn
Donau-Schwarzmeerkanal
1406
Donausueben 324
Dong-khoi-Kultur 1043
Dongson-Kultur 1043
Don Juan d'Austria 623 1077
Donkosakenaufstand
(1667–1671) 687
Don-Republik (1918) 965
Donskoi ↗Dimitri Iwanowitsch
Doppelte Null-Lösung 1633
Doppelwahl (1198) 416
Dorange, Michel 1508
Dorer 102 112 143 T 106
Dorf (MA) 387
Dorgon 1025
Doria, Andrea 619 693
–, Dyn. 536
Dorieus 119
Dorimachos 180
Dorion ↗Malthi
Doris 126 141
Dorische Wanderung 101 102
112
Dorothea v. Brandenburg, Dä-
nemark; Norwegen u.
Schweden, Kg. 577
Dorpat, Vtg. (1920) 965 987 989
Dorpmüller, Julius 937
Dorr-Rebellion (1842), USA
(1776–1945) 1178
Dorset-Tradition 1148
Dortmund, Vtg. (1609) 624
Dorussos, Sparta, Kg. T 112
Dorylaion, Schl. (1097) 433
–, Schl. (1147) 434
dos Santos, Eduardo 1525
–, Marcelino 1532
Dost Mohammed, Afghani-
stan, Schah 1099
Dostojewski, Fjodor M. 803
Douaumont T 838
Douglas-Home, Alex 1315
Doumerque, Gaston 955
DP 1528 1540
DP Finnlands 1359
DPP 1658
Draculea ↗Vlad Ţepeş
Dragos, Moldau, Ft. 587
Drake, Francis 680 1165
Drakon 109 110 116
Drangiane 150
Drawiden 1053
drawidische Sprachen (Dravi-
dasprachen) 71 1048 1053
1555
Drees, Willem 1331
Dreibund (1882), Deutsches
Reich-Italien-Österreich-
Ungarn 732 763 773 817
Dreieckshandel 1168 G 1169
Dreierpakt (1942), Deutsches
Reich-Italien-Japan 894
Dreifelderwirtschaft 345 387
Dreikaiserabk., (1873) 808
–, (1881) 732 763 809
Dreikaiserschlacht ↗Austerlitz
Drei-Kapitel-Streit 382
Dreiklassenwahlrecht 751 757
765 767 917

Dreimächtepakt (1940), Deut-
sches Reich-Italien-Japan
878 879 881 975 1042
–, Bulgarien 880 1002
–, Jugoslawien 880 1003
–, Rumänien 879 1000
–, Slowakei 879
–, Ungarn 879 998
Drei Rote Banner 1417
Dreißig, Herrschaft der, Athen
138
Dreißigjähriger Krieg
(1618–1648) 625-627 645-649
699 707 709 T 645
–, Kriegsfolgen 648 649 T 649
Dreiständelehre 388
Dreiwelten-Theorie, VR China
1421 1422
Dreizehnjähriger Krieg
(1454–1466) 519
Drepana, Schl. (249 v.) 197
Dresden, Frd. (1745) 631 657
–, sowjetische Eroberung
(1945) 912
Drexler, Anton 934
Dreyfus-Affäre (1898–1899)
751 794
Dreyfus, Alfred 794
Drieu la Rochelle, Pierre 955
Dritte Republik (1871–1914)
756 792-795 951 G 793
Dritter Stand, Frankreich 555
675 676 776
Dritter Stand, Frankreich s.a.
Dreiständelehre
Drittes Reich ↗Deutsches
Reich (1933–1945)
Drittes Rom 585 595
–, s.a. Kaisertum, Rußland
–, s.a. Moskau
–, s.a. Rußland
Dritte Welt 1227 1234 1235
1237 1238 1421 1437-1441
–, s.a. Entwicklungsländer
–, s.a. Nord-Süd-Konflikt
Drobeta (Turnu Severin) 238
Drogenhandel 1620 1622 1661
1662 1664 1666
drôle de guerre (1939) 872 874
Dromachaites, Geten, Kg. 155
Droste zu Vischering, Kle-
mens August v. 744
Droysen, Johann Gustav 747
Druckorte, Spätmittelalter T
500
Druiden 283 287
Drummond, Eric 852
Drusen 1067 1441 1459
–, Aufstand (1925–1926) 1089
–, Libanon-Konflikt 1458
Drusus, Nero Claudius, Stief-
sohn des Augustus 228 285
290 S 233
Drusus Caesar, S. des Germ-
anicus 232 S 233
Dschaber, Sabah ↗Sabah, Ja-
ber al-Ahmad Al, Kuwait,
Emir
Dschahangir, Großmogul 1055
Dschallud, Abd as-Salam 1480
Dschamahirija 1480
Dschami 1071
Dschanata-Partei 1558 1653
Dschan-Sangh-Partei 1553
Dschaunpur, Sultanat 1052
Dschedid, Chadli Ben 1486
Dschelal ed-Din Rumi 1072
Dschem, Osman. Reich, Prä-
tendent 1075

Dschemdet-Nasr-Zeit 71
Dschibuti (Djibuti) 1544 1651
–, s.a. Somaliland
Dschidda 1446
–, Abk. (1965) 1445
–, Vtg. (1927) 1090
Dschingis Chan 481 1013 1014
1017 1024 1070
Dschinismus 1049
Dschürtschen (Dschurd-
schen) 1013
Dschürtschen (Schurdschen)
1024
Dschumblat, Kamal 1461
Dschurdschen ↗Dschürt-
schen
Dsungaren 1025
DSU (Deutsche Soziale Uni-
on) 1628
DTA (Demokratische Turnhal-
len-Allianz) 1534 1650
–, s.a. Turnhallen-Kfz. (1975)
Duala 1113 1131 1132
Dualismus, Preußen-Öster-
reich ↗preußisch-österrei-
chischer Dualismus
Duarte ↗Eduard
Duarte, Eva ↗Perón
Duarte, José Napoleon 1590
1663
Dubai (seit 1945) 1471 1472
–, s.a. VAE
Dubček, Alexander 1367 1401
1402 1410 1634
Du Bellay, Joachim 666
Dublin, EG-Kfz. (1975) 1272
Dubois, Guillaume 674
Dubovac-Gruppe 49
Dubrovnik ↗Ragusa
Duccio 538
Duckwitz, Arnold 747
Dünkirchen 836 876
Dürer, Albrecht 604
Duero-Kultur 294
Dürrekatastrophe 1490
–, Kapverden 1497
–, Sahelzone 1544
Düsseldorf, alliierte Räumung
(1925) 927
Düsseldorfer Leitsätze, CDU
1295
Duesterberg, Theodor 931 G
928
Dufferin, F. Temple, Lord 1058
Dufour, Guillaume-Henri 831
Dugu, Herrscher, Kanem 1110
Du Guesclin, Bertrand 547 548
Duhamel, Jacques 1310 1312
Duheyna 1104 1105
Duilius, C. 197
Duisburg, alliierte Räumung
(1925) 927
Dukakis, Michael 1661
Duketios, Sikeler, Herrscher
124
Dulles, John Foster 1245 1263
1265 1278 1342
Duluth 1279
Duma, russ. Parlament 804
–, Erste (1906) 812 T 812
–, Zweite (1907) 812 T 812
–, Dritte (1907–1912) 813 T
812
–, Vierte (1912–1913) 813 T
812
Dumbarton Oaks, Kfz. (1944)
903 972
Dumouriez, Charles François
779

Dumusi 73
Dunama Dibbalemi, Kanem,
Herrscher 1110
Dunant, Henri 816
Duncan I., Schottland, Kg. 368
Duncker, Max 747
Dunin, Martin v. 744
Dunkles Zeitalter, Griechen-
land 102 103-108 115
Dunmurry-Gruppe 29
Duns Scotus, Johannes 505
Dupleix, Joseph-François 674
Duplessis, Maurice 1173
Dupong, Pierre 1335
Dupont, Clifford 1529
Dura-Europos 243 247 313-315
Durand-Linie 1494
Durango 1152
Durazzo ↗Epidamnos
Durban 1536
D'Určanský, Ferdinand 868
Durham, Lord ↗Lambton,
John George
Durocortorum (Reims) 285 286
288
Dutra, Eurico Gaspar 1614
Duval, Gaetan 1549 1550
Duvalier, François 1596
–, Jean-Claude 1596
Duvalier, Jean-Claude 1597
DVP (Deutsche Volkspartei)
853 921 924 925 927-930 G
922 940
DVRJ (Demokratische Volks-
republik Jemen) ↗Jemen
DWK (Deutsche Wirtschafts-
kommissionen) 1384
Dymanes 112
Dynasteia 109
Dyrrhachium 269 270
Dzaoudzi 1547
Dzeliwe, Swaziland, Kgn.mut-
ter 1538

E

EAG ↗Euratom
EAG-EGKS-EWG-Fusion 1265
EAM (Griechische Befrei-
ungsfront) 1007
Eanes, Ramalhâo 1329
Eanna-Heiligtum 25
Eannatum, Lagasch, Kg. 31 72
East India Company 680
Ebendorfer, Thomas 523
Eberhard, Bayern, Hz. 401
–, Franken, Hz. 398 401
Ebert, Friedrich 769 848
918-920 923 924 927
–, –, S. d. Reichspräs. 1243
Ebla 86
Eblaitisch, Spr. 82
Ebla, R. 82
Ebroin, HM 336
Ebro-Kelten ↗Keltiberer
Ebrovertrag (226/225) 198 199
Eburacum (York) 249 250 292
293
Eburonen 223 283
Ebysos (Ibiza) 294
ECA (Economic Co-operation
Administration) 1258 1262
Ecevit, Bülent 1340 1341 1636
Echandi Jiménez, Mario 1593
Echestratos, Sparta, Kg. T
112
Echeverria Alvárez, Luis 1586
1587

ECH—EMB 1693

Echnaton ↗Amenophis IV.
Eckhardt, Tibor v. 997
Eckhart, v. Hochheim Ⓣ 503
–, Meister 504 524
Eck, Johannes 635 638
Economic Co-operation Administration ↗ECA
Ecuador 1205 1582 1601 1605-1607 1667
Edda 476
Eden, Anthony 876 835 896 1246 1262 1263 1314
EDES (Griechisch-Demokratische Nationalarmee) 1007
Edessa (Urfa) 260 315
EDF (Europäische Demokraten für den Fortschritt) 1273
Edfu 159
Edgar, England, Kg. 365
Ediacara-Fauna 3
Edictum Chlotharii, (614) 336
–, Theoderici 327
Edictus Rothari 357
Edikt, v. Beaulieu (1576) 667
–, kaiserl., Rom 234
–, v. Nantes, (1598) 624 667
–, –, Aufhebung (1685) 629 651 672
–, v. Nîmes (1629) 668
–, v. Paris (1585) 667
–, v. Potsdam (1685) 651
–, v. Saint-Germain (1570) 623 666
Edikte, röm. 239 240
Edo 1113
Edom 86 87
Edoner 126
Eduard, England/GB., Kg.e, d. Bekenner 366 446
–, –, –, I. 468-470 510 541 564 565 569 572 Ⓢ 464
–, –, –, II. 470 564 565 566 Ⓢ 596 547 564 565 566 573 Ⓢ 569
–, –, –, III. 513 514 543 544 546 547 564 565 566 573 Ⓢ 569
–, –, –, IV. 554 570 571 Ⓢ 569
–, –, –, V. 571 Ⓢ 569
–, –, –, VI. 678 Ⓢ 679
–, –, –, VII. 803 Ⓢ 796
–, –, –, VIII. Ⓢ 796
–, –, d. Schwarze Prinz 546 548 558 566 567
–, Portugal, Kg., (Duarte) 563 Ⓢ 462
–, Schottland, Pr., Bruce 573
Eduard v. Carnavon, Pr., Wales ↗Eduard, England/GB, Kg., II.
Edu, Bonifacio Ondo 1514
EDU (Europäische Demokratische Union) 1272
EEF ↗Europäischer Entwicklungsfonds
Eem, Warmzeit 7
Efik 1113
EFTA (European Free Trade Association, Europäische Freihandelszone) (1956) 1233 1264 1265 1266 1270 1274 1314 1352 1357 1622 1623
Egba-Reich 1130
Egbert, Missionar 333
Eger, Goldbulle (1213) 416 428
–, Landfriede (1389) 517
EG-Erweiterungsverhandlungen (1969–72) 1270
EG (Europäische Gemeinschaft) 1230 1231 1233 1234 1238 1256 1257 1268 1270

1271 1272 1274 1327 1330 1336 1353 1447 1466 1485 1568 1578 1584 1599 1601 1611 1620-1623 1628 1629 1631 1632 1636 1654 1658 Ⓖ 1268 1269 1273
–, Erweiterungsverhandlungen (1984) 1327 1330
–, Haushalt 1273
–, -Kommission 1579
–, -Ministerrat 1268
–, -Zollunion 1269
EGKS (Europäische Gemeinschaft für Kohle und Stahl) 1261 1263 1265 1268 1274 1298
Egli, Alfons 1628
Egmond, Lamoral Grf. v. 623 702
Egnatius Rufus, M. 228
Ehegesetzgebung, röm. 228 229
Ehinger, Ambrosius 1189
Ehrenburg, Ilja 1373
Ehrhardt, Marinebrigade 924
Ehud 86
Eichel, Hans 1627
Eichmann, Adolf 945
Eidgenössisches Recht 525
Eidgenossenschaft ↗Schweiz
Eigengut 507
Eigenkirchenrecht 424
Eigruber, August 938
Eike v. Repgow 419 Ⓣ 503
Eilhart v. Oberge Ⓣ 420
Einaudi, Luigi 1321
Einhard, Abt 346
Einwanderung, Amerika, englische Kolonien 1171
–, –, Kolonialzeit 1171
–, Argentinien 1208
–, Australien 1222
–, Großbritannien 1314
–, Kanada 1171
–, Neuseeland 1224
–, Südasien 1047
–, USA 1176 1182 1185 1281 Ⓖ 1178 1179
Einwohnerzahl ↗Bevölkerung
Einzelgrabkultur 38
Eire 962
–, s.a. Irland
Eisangelie 131
Eisen 56
Eisenbahnbau, Afrika sdl. Sahara 1129 1132-1134 1140 1144
–, Belgien 823
–, Deutschland 744
–, Europa 717
–, Großbritannien 797 800
–, Indien 1058
–, Italien 816
–, Japan 1039
–, Rußland 806 809
–, Schweden 825 826
–, USA 1180 1181
Eisenbahnnetz, Europa Ⓖ 717
Eisenburg, Frd. (1664) 1079
Eisenerz 4 6
Eisenhower-Doktrin (1957) 1248 1279 1443
Eisenhower, Dwight D. 892 900 901 907 913 958 976 1187 1240 1245 1249 1260-1262 1274 1277-1279 1291 1343 1374 1376
Eisenproduktion, Europa (19. Jh.) Ⓣ 717

Eisenzeit 56-60
–, Bestattungen 56-60
–, Gesellschaft 56-60
–, Griechenland 101-103
–, Hochkulturen 56-58
–, Italien 183
–, Keramik 56-60
–, Kleinasien 103
–, Kunst 56-60
–, Periodenbegriff 56-60
–, Siedlungen 57-60
–, Waffen 56-60
–, Wirtschaft 56-60
Eiserne Front 930
–, Garde, Rumänien 858 1000
Eisner, Kurt 918
Eisphora 134
Eiszeiten 4 8
–, Erde 3
–, Paläolithikum 12
–, permische 5
Ekbatana (Hamadan) 91 92 93 150
EKD (Evangelische Kirche in Deutschland) 1394
Ekkehard, Meißen, Mgf., I. 377 404
–, I. v. St. Gallen 405
Ekklesia 114 131
Ekman, Karl Gustav 984
Eknomos, Schl. (256 v.) 197
EKOFISK-Katastrophe (1977) 1337
Ekthesis 384
El 83
–, s.a. Baal
Elagabal, Rom, Ks. 245 306 318 Ⓣ 225
Elaios Ⓣ 106
Elam ↗Elymais
El Amarna ↗Amarna
Elamisch, Spr. 90 93
El-Amra (Kulturstufe) 64
Elam, Reich 43 73 76 90 91
El-Argar-Gruppe, Ältere Bronzezeit 46
–, Mittelbronzezeit 50
ELAS (Griechische Volksbefreiungsarmee) 1007
Elateia 147
Elba 95
El-Badari 21 64
Elbgermanen 289
Elcano, Juan Sebastián 613 1189
Eldjarn, Kristian 1338
ELDO (Europ. Organisation f. d. Entwicklung u. d.Bau v.Raumfahrtträgern) 1266
Eleanore, England, Kgn. 466
Eleaten 119 132
Elea (Velia) Ⓣ 107
ELECTROPERU 1607
Elefantenschlacht (275 v.) 161 171
Elektrizität 719
Eleusinische Mysterien 110
Eleusis 118 133 138 154 204
El-Fajum ↗Fajum
Elfenbeinküste 1115 1127 1499-1500 1521 1645
Elferclub 1356
el Ghailani, Ali 881
el Ghasi ↗Ahmed ibn Ibrahim el Ghasi
Elgin, Lord ↗Bruce, James
El Greco ↗Theotokópulos, Domenikos
El Hadsch Omar ↗Umar Taal

Elhen v. Wolfshagen, Tileman Ⓣ 503
Elia, Prophet 87
Eliáš, Alois 995
Elias Calles, Plutarco 1200
Eliécer Gaitán, Jorge 1602
Eligius, Missionar 332
Elis, (bis zum 5. Jh.) 113 125 134
–, (Hellenismus) 138 140 142 147 149 154 164 175 177 179 181
Elisabeth, Böhmen, Kgn. 478 579
–, England/GB, Kgn., I. 608 622 623 624 678 680 702 1054 Ⓢ 679
–, –, –, II. 1289 1313 1599 1659 Ⓢ 796
–, G. Kg. Albrechts II. 586
–, v. Görz 551
–, v. Nassau-Saarbrücken 524
–, Österreich, Ksn. 773
–, Orléans, Hzn., v. d. Pfalz 674
–, Polen, Kgn., v. Habsburg 582 587
–, Preußen, Kgn., Christine 656
–, Rußland, Zarin 631 658 691
–, v. Thüringen 482
–, Ungarn, Kgn. 586
Elisabeth v. Bayern-Ingolstadt ↗Isabeau, Kgn., Frankreich
Elisabethville, Kfz. (1959) 1517
Elisa, Prophet 87
Elizabeth, Kgn. ↗Elisabeth
El Jobo 1159
El-Kamil ↗Al-Malik al-Kamil
Ellice-Inseln 1214 1218 1581
–, s.a. Tuvalu
Ellil 73
El-Lischt 66
Elmina 1114
El-Molgata 67
El Molle, arch. Fund 1163
el-Muchtar, Omar 1095
ELN 1601
El-Obed 21
–, Kultur 70
El-Omari 64
El Pardo, Abk. (1761) 1193
Elsässischer Städtebund (1379) 516
El Salvador 1200-1201 1286 1582 1589 1590 1591 1663
Elsaß, (MA) 522 551
–, (NZ) 629 647 655 669 672
Elsaß-Lothringen, (1871–1914) 756 757 792
–, Verfassungs- und Wahlgesetz (1910) 769
–, (1914–1945) 833 835 844 846 849 853 860 907 944 953
el-Senussi, Mohammed Idris 1095
Elser, Georg 874 944
Eltz v. Rübenach, Paul 937
Elusa (Eauze) 285
Elveti 281
Elymais 72 75 166 312-314
Elymer 119 120
Emanuel, Portugal, Kg., I. 611 700 Ⓢ 462
–, –, –, II. 820 Ⓢ 796
Emanzipation ↗Dekolonisierung
–, ↗Frauenbewegung
–, ↗Judenemanzipation
–, ↗Sklavenbefreiung
Embrun 285

1694 EMB—ESA

Embu 1143
Emergency National Operations Council 1570
Emerita Augusta (Mérida) 296 297
Emesa 306 307
Emicho, Leiningen, Grf. 433
Emilia 95 266
–, Plebiszit (1860) 816
–, -Romagna 813
Emin Pascha 1106
Emirate, arabische der Vertragsküste 1090
–, s.a. Vereinigte Arabische Emirate
Emmaus 304
Emmeram, Regensburg, B. 332
Emona (Ljubljana) 266
Empedokles 124 132
Empire liberál 791
Emporiae (Ampurias) 296
Emporion (Ampurias) 294 295 T 107
Emser Depesche (1870) 731 755
Enanatum, Lagasch, Kg. 31
Encomienda ↗ Amerika, spanische Kolonien
Endara, Guillermo 1664
Endlösung der Judenfrage 890
endogene Kulturen, Australien 1212-1214
–, Marquesas-Inseln 1218
–, Neuseeland 1218 1219
–, Oster-Insel 1218
–, Ozeanien 1214-1219
–, Samoa-Inseln 1219
Endzeitvorstellung 319
Energie ↗ Atomenergie
–, ↗ Erdöl
Engaruka 1118
Engelbert, Köln, Eb. 417
Engelbrecht Engelbrechtsson 577
Engelpapst 431
Engels, Friedrich 722 745 748
Engholm, Björn 1625 1627
England, (röm. Zeit) 291-293
–, (MA) 365 366 463-468 564-572
–, –, Gesellschaft 572 T 496
–, –, Heerwesen 564 565 566
–, –, Kirche 464
–, –, Könige S 466 569 T 366
–, –, Kriegführung 565-568
–, –, Kultur 566 567
–, –, Lehnswesen 465 572
–, –, pol. Org. 463 464 468 564 565 566 568 571 572 G 464
–, –, Wirtschaft 572 T 496
–, (1485–1789) 677
–, –, ʼGesellschaft 677 681
–, –, Kolonialmacht G 615
–, –, pol. Org. 680 681 682 684 G 683
England (NZ seit 1789) ↗ Großbritannien
Englischer Bürgerkrieg (1642–1646/1648) 682
Englische Spr. 463 468 1058 1141 1164
Englisch-Französischer Krieg, (1111/1121) 448
–, (1167–1172) 450
–, (1194/1214) 450 451
–, (1294–1297) 541
Englisch-Niederländischer Krieg, (1652–1654) 704

–, (1665–1667) 628 704
–, (1780–1784) 705
Englisch-Spanischer Krieg, (1585–1604) 623 624 680
Enhengal, Mesopotamien, Kg. 25
Enki 73
Enlilpabilgagi, Mesopotamien, Kg. 25
Enna 214
Ennius, Q., Dichter 211
Ennodius 288 327
Enosis, Zypern 1360
Ensslin, Gudrun 1305
Entdeckungen, Amerika 371 597 1164 1165 1192
–, Australien 1221
–, England 613
–, Frühneuzeit 610-615
–, –, Auswirkungen 614 615
–, MA 495
–, Ozeanien 1225
–, Polynesien 1219
–, Portugal 611-613
–, Revolutionszeitalter T 718
–, Spanien 611-613
Entebbe 1541
Entemena, Lagasch, Kg., I. 31
–, –, –, II. 31
Entenschnabel 1131
Entente, cordiale (1836), Frankreich-Großbritannien 787
–, cordiale (1904), Frankreich-Großbritannien 735 795 803
–, Kleine 865 866 999 1000 1002
Entkolonisierung ↗ Dekolonisierung
Entmilitarisierung Deutschlands 1241 1382
Entnazifizierung Deutschlands 1241 1382
Entspannungspolitik (seit 1945) 1241 1249 1621 1624
Entstalinisierung 1363-1366
–, Polen 1397 1398
–, Tschechoslowakei 1401
–, UdSSR 1373-1376
Entwicklungsbank, Afrika 1536
Entwicklungsländer 1227 1230 1231 1233 1234 1235 1237 1238 1240 1485
–, Verschuldung 1240 1620
–, s.a. Blockfreie
–, s.a. Indien (seit 1945)
–, s.a. Islamisch-arabische Welt
–, s.a. Lateinamerika
–, s.a. Nord-Süd-Konflikt
Entwicklungspolitik 1234
–, BR Dtld. 1265 1266
–, Burma 1566 1665
–, Chile 1617 1618
–, Irak 1468
–, Lybien 1479 1480
–, Syrien 1458 1459
Enugu 1506
Enver Pascha, Osman. Reich, Großwesir 1083
Enzio, Sardinien, Kg. 418
Eozän 8
Epameinondas 140
EPCHAP 1607
Epeiros 105 143
–, (Despotat) 590 591 593 594
–, (Hellenismus) 154 155 164 174 175 178 180
–, (röm. Prov. [Epirus]) 204 223 269-271

–, (8.–4. Jh.) 143-147
Epetion (Stobreč) 271
Ephebie, attische 177
Ephesos 81 118 121 138 149 161 218 310 T 106 109
–, christl. Gemeinde 258
–, Vesper (88 v.) 169
Ephesus (Ephesos), Konz. (431) 256 310 328 T 328
–, Synode (449) 381
Ephialtes 126
Ephoren 112 114 115 138
Ephoros, Historiker 137 294
Ephraim, Stamm 86
Epidamnos (Durazzo; Durrës; Dyrrhachium) 115 133 271
Epidauros 134 174 T 106
Epi-Gravettien-Kulturen
↗ Nordamerika, Vorgeschichte
Epiktetos 242
Epikur 157
Epimachie 133 153
Epirus ↗ Epeiros
Episkopalismus 697
Episkopos ↗ Bischof
Epistrategien im Röm. Reich 301
EPLF 1651
Eponakult 288
Epp, Franz v. 938
Equestris (Nyon) 286 287
ERAP 1484
Erasistratos 158
Erasmus v. Rotterdam 604 634 637 678
Eratosthenes 101 158 159 296
Erbakan, Necmettin 1636
Erbfolge 91 105
–, Rußland 480
–, s.a. Königtum
–, s.a. politische Organisation
Erbreichsplan ↗ Heinrich VI., Ks.
Erchanger, Schwaben, Pfgf. u. Hz. 351 398
Erde, Alter 1
–, Eiszeiten 3
–, Gebirgsbildungen 3
–, Gesteinsformationen 1
–, Klima 3 4 6-8 T 10
Erdgas-Röhren-Geschäft, Eur.-UdSSR 1255 1381
Erdgeschichte 1-10 T 7
Erdmann Tzschirner, Samuel 750
Erdöl 1636 1637
–, als politische Waffe 1454 1470 1471
–, Energie 719
–, Großbritannien 1316
–, Kuwait 1471
–, Lagerstätten 8
–, USA 1456
–, Venezuela 1204 1205 1603
–, s.a. Öl
Erdölpreise 1236 1237 1239 1620 1636 1640
Erdöl-Reserven 1442
–, s.a. Vereinigte Arabische Emirate
Erdsatelliten 1279
Eremiten 302 305
Eresburg 340
Eretria 108 121 122 141 142 174
Erfindungen, Großbritannien (1789–1914) 797
–, (MA) 387 504
–, Revolutionszeitalter (1789–1914) T 718

Erfurt, Btm. 333
–, Humanistenzentrum 604
–, Kfz. (1970) 1252 1394
Erfurter Reichsverfassung (1849) 750
–, Unions-Parlament (1850) 751
Ergamenes, Kg. 159
Erhard, Ludwig 1294 1296 1300 1301 1302
Erh-shih Huang-ti, Ch'i-Reich, Kg. 1020
Erich, Dänemark, Kg.e, I. Ejegod S 474
–, –, II. Emune 411 S 474
–, –, III. Lam S 474
–, –, IV. Pflugpfennig 475 S 474
–, –, V. Klipping 475 S 474
–, –, VI. Menved 575
–, Dänemark, Norwegen u. Schweden, Kg.e, d. Pommer 577 T 576
–, Friaul, Mgf. 341
–, Norwegen, Kg.e, I. Blutaxt 370
–, –, III. Magnusson 470 574
–, Schweden, Kg.e, Eriksson 472
–, –, Jedvarsson 471
–, –, Knutsson 472
–, –, XIV. 706
Erid-Hadschi-Mohammed-Kultur 70
Eridu 70
Erik d. Rote 371
Erispoe, Bretonische Mark, Gf. 348
Eritrea 818 880 1144 1543-1545 1651
Eritrean Popular Liberation Front ↗ EPLF
Erlander, Tage Fritiof 1357
Ermächtigungsgesetz (1933) 939 941 942
Ermanarich, Ostgoten, Kg. 291 321 372 1011
Erminfried, Thüringer, Kg. 336
Ernst August, Braunschweig, Hz. S 796
–, Braunschweig-Lüneburg, Ft. 637
–, Coburg-Gotha, Hz., I. S 796
–, Cumberland, Hz., August S 796
–, Hannover, Kfst. 654 655 S 796
–, –, Kg. 744
–, Ostmark, Mgf. 404
–, Sachsen-Coburg-Gotha, Hz., II. 752 796
–, Schwaben, Hz., II. 405
ERP (European Recovery Program) ↗ Marshall-Plan
Ershad, Hussain Mohammed 1562 1653
Erster Weltkrieg ↗ Weltkrieg (1914–1918)
Eruler ↗ Heruler
Ervin jr., Samuel James 1282
Erythrai 161 T 106
Eryx (Erice) 120
Erzberger, Matthias 848 917 918 921 923-925
Erzbergersche Reichsfinanzreform (1919) 923-925
Erzväter 86
Es ad Pascha 1005
Esau, Despot, Epeiros 591

ESC—FÄR 1695

Eschkol, Levi 1465
Eskimo 1148 1288 1660 1661
Esna 301
Española, span. Kolonie s.a. Haiti
Espriella, Ricardo de la 1595
Esra 89 94
ESRO (Europäische Organisation für die Erforschung des Weltraums) 1266
Essener 304
Estado Novo, Brasilien 1210
Este, Dyn. 532 536
–, -Kultur 59 95
Esterházy, Moritz v. 949
Estimé, Dumarsais 1596
Estland, (MA) 475 576
–, (NZ) 706 713 805
–, (1914–1945) 846 874 877 964 971 989
Estrada Cabrera, Manuel 1200
–, Palma, Tomás 1202
ETA (Euzkadi ta Azkatasuna) 1326
Étamps, Konz. (1130) 449
Ethelbert, Kent, Kg. 332
Ethelred II., England, Kg. 365
Ethelstan, England, Kg. 365
Ethelwulf, England, Kg. 366
Etrurien 95 183 205 266
Etrusker 57 58 90 95 119 123 124 184 194 195 264 T 62
–, Herrschaft in Italien 185-190
–, Kultur 57 58
–, Staatenbund 58
Etruskisch, Schrift 95
–, Spr. 95
Etruskische Disziplin 95
Etzel ↗ Attila
Euagoras v. Zypern 138
Euboia (Euböa), (Antike) 102 127 140-142 146 147 164 174 175 177-179 182
–, (MA) 590 593
Euboiischer Bund 142
–, Krieg (349) 146
Eubulos 141 142
Eucharistischer Weltkgr. (1968) 1602
Eudamidas, Sparta, Kg., I. 112
–, –, –, II. T 112
–, –, –, III. T 112
Eudokia, Vandalen, Kgn. 324 326
Eudoxia, G. des Arcadius 255
Eugen, Pp., I. 353
–, –, II. 354
–, –, III. 405 412 426 434 469
–, –, IV. 427 432 520 521 529 530 1108
–, Pr. v. Savoyen 629 630 652 655 656 695 1079
Eugenius, Rom, Ks. 255
–, Usurpator 297
Eugippius 325
Eukleidas, Sparta, Kg. T 112
Eukleides 137
Euklid, Mathematiker 158
Eukratides, Baktrien, Kg. 312
Eulenburg, Botho zu 767
Euler, Leonhard 715
Eumenes, Diadoche 152 153
–, Pergamon, Kg., I. 161 170
–, –, –, II. 165 168-170 171 176 204
Eunomia 111 113 115 117
Eunomos, Sparta, Kg. T 112
Eunuchen, Antike 252
Eunus, Sklavenkg. 214

Eupatriden 109 116
Eupen-Malmédy 853
–, (1920) Abtr. 924
–, (1940) Rückgliederung 944
Euratom (Europäische Atomgemeinschaft) 1261 1264 1268 1274
Eurich, Westgoten, Kg. 297 324
Euripides, Tragödiendichter 132 137 144
Euro-Arabischer Dialog (1974) 1447
Eurokommunismus 1369 1370
Europa 320
–, (Mittelneolithikum) 20-21
–, (Jungneolithikum) 22
–, (Altkupferzeit) 26-30
–, (Mittel- und Jungkupferzeit) 34-38
–, (Frühbronzezeit) 41 43
–, (Ältere Bronzezeit) 44-47
–, (Mittelbronzezeit) 48-51
–, (Jungbronzezeit) 53-55
–, (Früheisenzeit) 56-57
–, (Ältere Eisenzeit) 58-60
–, (Hochkulturen, 2.Jt.) 41 44-45 48-49 53-54
–, (Hochkulturen, 1.Jt.) 56-57 58
–, (MA) 319-327 387-397 495-506
–, (NZ) 597-632 716-737 833 849-870
–, (seit 1945) 1257-1273
–, –, Agrarpolitik 1270
–, –, neutrale Staaten 1349-1359
–, –, politische Union 1266 1267
–, –, Teilung (1947) 1257
–, –, Volkswirtschaften 1257
–, –, Währungsschlange (1972) 1270
–, –, westeuropäische Einigung 1257
–, –, Wirtschaftskommission (1947) 1258
–, röm. Prov. 278
–, –, s.a. Thrakien
Europa der Vaterländer 1266 1267
Europäische Atomgemeinschaft ↗ Euratom
Europäische Beratende Kommission 896 897
Europäische Bewegung 1263
Europäische Demokraten 1272 1274
Europäische Demokratische Union ↗ EDU
Europäische Freihandelszone 1265
Europäische Gemeinschaft ↗ EG
Europäische Gemeinschaft für Kohle und Stahl ↗ EGKS (Montanunion)
Europäische Kommission 1268
Europäische Konvention der Menschenrechte und Grundfreiheiten 1260
Europäische Liga für wirtschaftliche Zusammenarbeit 1257
Europäische Organisation für die Entwicklung und den Bau von Raumfahrtträgern ↗ ELDO

Europäische Organisation für die Erforschung des Weltraums ↗ ESRO
Europäische Parlamentarier-Union 1258
Europäische Rechte 1274
Europäischer Entwicklungsfond 1234 1238 1272
Europäischer Fonds für währungspolitische Zusammenarbeit 1271
Europäischer Gerichtshof (1958) 1265 1268
Europäischer Rat 1272
Europäischer Rat für Kernforschung 1262
Europäischer Wirtschaftsraum ↗ EWR
Europäisches Gleichgewicht ↗ Gleichgewicht der Mächte
Europäische Sozialcharta 1267
Europäisches Parlament 1265 1268 1270
–, erste Direktwahl (1979) 1272 1273 G 1273
–, zweite Direktwahl (1984) 1274 1336
–, dritte Direktwahl (1989) 1623
Europäisches Währungsabkommen ↗ EWA
Europäisches Währungssystem ↗ EWS
Europäische Union 1273
Europäische Verteidigungsgemeinschaft ↗ EVG
Europäische Volkspartei ↗ EVP
Europäische Währungsunion ↗ EWU
Europäische Zahlungsunion ↗ EZU
Europa-Kolleg 1260
Europapolitik 1257-1273
–, BR Dtld. 1302 1303
–, Frankreich 1268
–, GB 1263 1264 1266 1268 1269 1270-1272 1312 1313 1317
–, Italien 1321
–, USA 1276 1277
Europarat 1259 1260 1269 1352 1631-1634 G 1259
European Free Trade Association ↗ EFTA
European Recovery Program (ERP) ↗ Marshall-Plan
Eurotunnel 1629
EUROVISION 1263
Eurybiades 122 123
Eurydike, G. v. Philipp III. Arrhidaios 153
–, G. Ptolemaios I. Soter 155 159
Eurykleides, att. Politiker 180
Eurykrates, Sparta, Kg. T 112
Eurykratidas, Sparta, Kg. T 112
Eurymedon 135
–, Schl. (467/466) 125
Eurypon, Sparta, Kg. T 112
Eurypontiden, Sparta, Kge. 114 T 112
Eusebios, B., Kaisareia 253 256 304
–, Historiker 250
Eustasius, Missionar 332
Eustathios v. Thessalonike 491
Euthanasie 943 946
Eutharich, Schwiegersohn Theoderichs d.Gr. 325
Euthydemos I., Baktrien, Kg. 162 164 312

Eutresis 35
Eutyches, Mönch 329
Evangelische Arbeitervereine 763
Evangelische Kirchen ↗ Protestantismus
Evesham, Schl. (1265) 468
EVG (Europäische Verteidigungsgemeinschaft) 1262 1263
Evian, Abk. (1962) 1309 1483 1484
Evocatio 188
EVP (Europäische Volkspartei) 1272 1274
Evren, Kenan 1341
EWA (Europäisches Währungsabkommen) (1955) 1264
Ewald, Heinrich 744
Ewe 1114 1501 1502
EWG 1230 1233 1264-1268
–, s.a. EG
–, s.a. Europa (seit 1945)
ewich tosamende ungedelet 577
Ewiger Friede (1686) 688
Ewige Richtung (1474) 522 525
Ewiger Landfriede (1495) 633
EWR (Europäischer Wirtschaftsraum) 1623
EWS (Europäisches Währungssystem) 1324
EWU (Europäische Währungsunion) 1269
Ewuare, Benin, Kg. 1115
Exarchat s.a. Ravenna
Export ↗ Handel
Eyadema, Étienne 1502 1503 1645
Eyb, Albrecht v. ↗ Albrecht v. Eyb
Eyck, Hubert van 501 557
–, Jan van 501 557
Eyre, Edward John 1221
Eyskens, Gaston 1333 1334
Eyskens, Mark 1334
Ezana, Aksum, Kg. 1104 1107
Ezeon-Geber 87
EZU (Europäische Zahlungsunion) (1950) 1260
Ezzo, Lothringen, Pfgf. 404

F

Fabian Society 803
Fabius Hispaniensis, L. 295
Fabius, Laurent 1312
Fabius Maximus, Aemilianus, Q. 202
–, Cunctator, Q. 200
–, Q. (Konsul 121) 216
Fabius Pictor, Q. 211
Fabius Quintilianus, M. 242 297
Fabius Valens 236
Fabre, Robert 1311
Fabricius, C. 195
Fabriksystem 270
–, s.a. industrielle Revolution
Fälldin, Thorbjörn 1358
Fälschungen, mittelalterliche 356
Faenza, Freiheitsbrief (1240) 524
Färöer, (seit 1945) 985 1336
–, Autonomie (1948) 1336
–, Fischereiabkommen (1978) 1336

1696 FAE—FLÜ

Faesulae (Fiesole) 220
Faeta, Luigi *973*
Fagerholm, Karl August *1359*
Fahd, Saudi-Arabien, Kg. 1457
1640
–, –, Pr. *1470*
Fa-hsien 1047 1051
Faisal, Arabien/Irak, Kg., II.
1087 1089 1090 *1467*
–, Saudi-Arabien, Kg. 1445
1446 1470 *1470* 1473
–, -Weizmann-Abk. (1919)
1087
Fajum 19 40 61 *66* 158
Falaise, Vtg. (1174) 470
Falange, Spanien 858 978
Falascha 1108
Falerii 193 195 204
Falisker ↗ Latino-Falisker
Falk, Adalbert *757*
Falkenbuch Friedrichs II. 395
419
Falkenhausen, Alexander
Ernst v. *877* 947
Falkenhayn, Erich v. *836* 837
841 843
Falkland-Inseln 1195 1595
–, britisch-französische Inter-
vention (1845) 1208
–, Schl. (1914) 840
Falkland-Konflikt (1982) 1273
1318 1584 1614
Falkland, Lucius Carey 1195
FALN 1603
Familie, röm. 185 186 188
–, Sparta 114
–, s.a. Oikos
Fanfani, Amintore *1321* 1322
1630
Fang (Gabun) 1515
Fannius Caepio 227
Fante 1115
FAO (Food and Agriculture
Organization) 1237 1238
Fao (Halbinsel) 1639 1640
FARC 1601
Farinacci, Roberto *974*
Farnese, Alexander ↗ Alexan-
der, Parma, Hz.
Farquhar 1550
Farrapen Revolution 1209
Farrukhsijar, Großmogul 1055
Fars 91 92 1071
Faruk, Ägypten, Kg. 1093 *1476*
fasces 186
Faschismus 858 972-974
–, (nach 1945) 1319
–, polit. System 857 870
–, s.a. Nationalsozialismus
Faschistischer Großrat 973 976
Faschoda *794* 1105
–, -Krise (1898) 735 794 1092
1104 1106
Fasilidas, Äthiopien, Ks. 1108
Fastensynode (1075) 408
Fata, Samoa, Hptl. 1219
Fatah-Land 1461
–, s.a. al-Fatah
Fath Ali, Persien, Schah 1097
Fatima *1063*
Fatimiden, Dyn. **1067** 1070
Fatjanovo-Kultur 38
Faubus, Orval Eugene *1279*
Faulkner, Brian *1316*
Faure, Edgar 1247
Fausta 251
Faustinopolis 309
Faustkeil 11-13
Favre, Jules 792

FDGB (Freier Deutscher Ge-
werkschaftsbund) 1243
1383 1390
FDIC 1487
FDJ (Freie Deutsche Jugend)
1383
FDP (Freie Demokratische
Partei) 1292 1295 1297 1306
1625 1626 1627
FDRP (Frente de Defensa de
la Revolución Peruana) 1607
Febres Cordero, Léon *1606*
1667
Febronianismus 663
Febronius, Justinus ↗ Hont-
heim
Februarpatent (1861) 753 771
Februarrevolution, (1848) 725
788
–, (1917) 839 952 962 963
Fechner, Max 1383 *1389*
Fedaijin 1452 **1453-1455** 1456
1457 1459 1461 1463
Federación Nacional Velas-
quista ↗ FNV
Fédération Réunionnaise du
Parti Communiste Français
1549
Feder, Gottfried *937*
Federmann, Nikolaus *1189*
Federzoni, Luigi *974*
FE (Falange Española) ↗ Falan-
ge
Fehrbellin, Schl. (1675) 629 651
Fehrenbach, Konstantin *924*
925 ⑤ 921
Feisal ↗ Faisal
Felix, Pp., II. 329
–, –, III. 324 329
–, –, V. 521 *530*
Fellgiebel, Erich *947*
Felsentempel, ägypt. 68
Felsgräber, ägypt. 67 68
Felsina (Bologna) 58
Fénelon, François *672*
Ferdinand, Kg./Ks., I. *587*
617-619 621 622 635 637-643
⑤ 617
–, –, II. 625 626 *645-647* ⑤ 617
–, –, III. 627 *647* 652 ⑤ 617
–, –, IV. *652* 653
–, Aragón, Kg., I. *533 562* ⑤
559
–, –, –, II. d. Kath. **560-563** *616*
618 665 697 1188 ⑤ 559
–, Bulgarien, Kg., I. *829* 847
1001 ⑤ 796
–, Kastilien, Grf., González 458
–, León-Kastilien, Kg., I. *458*
459
–, –, –, II. 459 ⑤ 458
–, –, –, III. *459* ⑤ 458
–, –, –, IV. 558 ⑤ 559
–, Neapel, Kg., (Ferrante) 536
562
–, –, –, I. (IV.) *815*
–, –, –, II. *815*
–, –, –, IV. *697*
–, Österreich, Ks., I. 746 748
749 770
–, Portugal, Kg., I. *562* ⑤ 462
–, Rumänien, Kg., I. 843 *999*
–, Sachsen-Coburg-Koháry,
Pr. *820*
–, Spanien, Kg., VI. *699*
–, –, –, VII. *819* 1198
Ferdinand, León-Kastilien, Kg.,
V. ↗ Ferdinand, Aragón, Kg.,
II.

Ferdinand, Sizilien, Kg., I.
↗ Ferdinand , Aragón, Kg., I.
Ferghana 1009 1010 1020
–, russ. Erob. (1876) 1016
Ferguson 1278
Fernández de Quirós, Pedro
1225
Fernando Póo 1514
Ferner Osten ↗ Ostasien
Ferrante ↗ Ferdinand, Neapel,
Kg.e
Ferrara 536
–, -Konz., (1437/1438) 505 520
530 595
Ferraro, Geraldine A. *1286*
Ferrelo, Bartolomé *1165*
Ferré, Luis A. 1600
Ferrier, Johan H.E. 1605
Ferry, Jules 792 *794*
Fès, franz. Besetzung, (1911)
736
–, Kfz. (1982) 1457
–, Vtg., (1912) 1094
Festus, Statthalter 258
Feudalismus 249 257 319 **387**
597
–, Byz. 486 489
–, Hethiter 79
–, It. 358 438
–, Japan 1036
–, Kirche 358
–, Rußland 480
–, s.a. Grundherrschaft
–, s.a. Lehnswesen
Feuerwehr, röm. 229 231 ⑤
241
Fianna Fáil („Schicksalskämp-
fern") 962 1318
Fichte, Johann Gottlieb 738
741
Fidanza, Johannes ↗ Bonaven-
tura
Fidelismus ↗ kubanischer So-
zialismus
Fidem catholicam 513
Fidenae 184 189 193 ⑤ 191
Fidschi-Inseln 1226 1581 1660
Field, Winston 1528 *1529*
Fierlinger, Zdeněk 996 *1400*
Fieschi, Dyn. 536
Fiesole, Minoda *538*
Figl, Leopold *1351*
Figueiredo, João Batista Oli-
veira 1616
Figueres Ferrer, José *1593*
Fikre, Selassie Wodgeres 1651
Filaret, Moskau, Patr. *687*
Fillmore, Millard *1179*
Filofei, Mönch 585
Filow, Bogdan 1002
Finanzausgleich, BRDtld. 1299
1302
Finanzpolitik 917 926 1299 1302
1310
–, s.a. Bankwesen
–, s.a. öffentliche Finanzen
Fine Gael („Stamm der Gä-
len") 962 1318
Finet, Paul 1265
Finnbogadottir, Vigdis *1338*
Finnen 378
Finnian, Abt *332*
Finnland, (NZ bis 1917) 805 810
–, (1917–1945) 904 911 **986-988**
–, (seit 1945) 1275 **1358** *1359*
1622 1632
Finno-Ugrier 374
Firdausi *1068*

Firmian, Carl v. *696*
Firmicus Maternus 250
Firmum ⓣ 192
Firmus, Berber, Fst. 299
–, Usurpator 254
Firos Schah Tughluk, Delhi,
Sul. 1052
Fischereiabkommen,
Norw.-UdSSR (1976) 1337
Fischereikonflikt, Dän.-GB
(1983) 1273
Fischereiquoten 1273
Fiscus, röm. 234 249 250 ⑤ 241
Fisher, Andrew *1222* 1225
–, John 678
Fiskalismus s.a. öffentliche Fi-
nanzen
Fiskalismus, päpstl. **527 528**
FitzGerald, Garret *1319*
Fiume 973 1002
Fjodor, Rußland, Zar, I. 687
–, –, –, III. 687
Flämische Bewegung 823
Flämische Frage 1333
Flämisch, Spr. 823
Flaggenstreit 928
Flaminius ↗ Quinctius Flamini-
nus, T.
Flaminius, C. 199 200 205
Flandern, (MA) **447** 450 506 516
522 **541 543 544** 549 551
–, (NZ) 705
–, (seit 1945) 1333 1334
Flandern, Karl v. *983*
Flandernkrieg, (1300/1301) **541**
–, (1328–1340) **543 544**
Flandin, Pierre-Étienne *955 958*
Flavia Caesariensis, röm. Pro-
vinz 293
Flavia Caesariensis, röm. Prov.
s.a. Britannien
Flavius Arrianus 243
Flavius Fimbria, C. 218
Flavius Josephus, Historiker
236 309
Fleurus, Schl. (1793) 780 822
Fleury, Festung ⓣ 838
Fleury, André Hercule de 674
Flick-Konzern 1625
Flinders, Matthew *1220*
FLN 1483-1486 1642 1643
Flochberg, Schl. (1150) 412
Floissac, Sir Vincent 1665
Florenz, (MA) 439 440 505 531
532 534 535 536 537 541
–, (NZ) 692 693
Florenz Konz., (1439) 505 **530**
595
Florenz Syn., (1055) 407
Flores, Juan José *1205*
Florianus, M. Anius, Rom, Ks.
248 ⓣ 225
Florida 1176 1180
Flossenbürg, KZ 945
FLOSY (Front für die Befrei-
ung des Besetzten Südje-
men) 1474
Flottenkfz. (1930) 862 974
Flottenpolitik 736 ⓣ 737
–, Deutsches Reich 767-769
–, Großbritannien 800 803
–, Rußland 688
Flottwell, Eduard Heinrich v.
745
FLQ (Front de Libération de
Québec) 1287 1289
FLT 1511
Flüchtlinge, dt. 908 911 1289 ⓣ
944 1301

FLY—FRI   *1697*

–, Palästina **1451** 1452
Flysch 6
FNLA 1524 1525
FNLC 1520
FNL (Front National de Libéra-
tion du Vietnam-Sud) 1428
1429 1430
FNO 1589
FNV 1605
Foch, Ferdinand 846 *952*
Föderalismus 921
–, s.a. Landesherrschaft
–, s.a. Politische Organisation
Föderalisten, USA 1175 1177
Föderaten 280 285 288 292 293
297 318
Föderation Arabischer Repu-
bliken (1971/72) 1446 1446
Foedus Cassianum 190 191
193
Foix, Dyn. 563
Folketing, dän. Parlament 827
Folkunger, Dyn. 472 576
Follen, Karl *743*
Foncha, John *1513*
Fonien 138
Fontainebleau, Kfz. (1946) 1427
Fontaines, Kl. 333
Fontbouisse-Gruppe 37
Food and Agriculture Organi-
zation ↗FAO
Foot, Michael *1317*
force de frappe 1267
Ford, Gerald 1254 1283 **1285**
1345 1380 1447
Forlani, Arnaldo *1324 1631*
Forli, Melozzo da *538*
Formationen, geologische
3-10
Formiga 1163
Formosa (seit 1945) ↗Taiwan
Formosus, Pp. 355 361
Forrestal, James V. *1276*
Forster, Albert *938*
–, Georg *738*
Fort Hill, Schl. (1820) 1129
Fort Laramy 1510 1511
Fortschrittlich-Liberale Partei
↗PLP
Fortschrittliche Volkspartei
769 918
Fortschrittspartei 757 763 921
Forum Iulii (Cividale del Friuli)
281
Forum Iulii (Fréjus) 286
Forum Romanum 184
Foscolo, Ugo *814*
Fossilien **1**-**3** 6 8
Fouché, Joseph *781* 784 785
Fouchet, Christian 1266
–, -Kommission 1266
–, -Plan 1266
Fouquet, Jean *557*
Fourah Bay College 1127
FPL 1590
FPMR 1668
FPÖ (Freiheitliche Partei
Österreichs) 1352 1353 1628
Fra Angelico *538*
Fra Bartolomeo *694*
Fracastoro, Girolamo *609*
Francesca, Piero della *538*
Franche-Co.т.té 551
Franche-Comté (MA) ↗Bur-
gund, Freigrafschaft
Francia 337
Francis, José Gaspar Tomás
Rodriguez de *1207*
Francke, Meister 523

Franckensteinsche Klausel
(1879) 763 768
Franco, Francisco *865 879 899*
942 979 980 **1325** 1326
–, -Regime *979-980* **1325** [G]
980
Franc-Zone 1231
Frandschije, Sulaiman *1461*
Frank, Hans 872 *937* 943 993
–, Karl Hermann 937 995
Franken 248 251 253 254 256
285 290-292 297
–, Hztm. 357
–, s.a. Rheinfranken
Frankenhausen, Schl. (1525)
637
Frankenreich, (bis 714) 288 324
325 335 **335**-**339**
–, (ab 714) **340**-**347**
–, Gesellschaft 337 344
–, Kultur 337 **345** 346
–, Mönchtum 337 338
–, pol. Org. **334** 337 338 343 344
–, Rechtswesen 338 344
–, Reichskirche 334 337 338
–, Teilreiche [T] 335
–, Verwaltung **337**
–, Wirtschaft **344** 345
Frankenreich (ab 843) s.a. Ita-
lien
–, ↗Ostfrankenreich
–, ↗Westfrankenreich
Frankfurt 754
–, Frd., (1871) 731 756 792
–, Hoftag, (1338) 513
–, Kfz., (1948) 1295
–, Reichsdeputationstag,
(1655) 663
–, Reichstag, (1486) 522
–, Tag (1427) 520
Frankfurter Abk., (1949) 1243
Frankfurter Anstand, (1539)
639
Frankfurter Assoziation, (1682)
654
Frankfurter Assoziationsrezeß,
(1697) 655
Frankfurter Dokumente, (1948)
1294 1295
Frankfurter Fürstentag, (1863)
753 771
Frankfurter Nationalversamm-
lung, (1848/49) 745 748 [T]
746 747
Frankfurter Vorparlament,
(1848) 745
Franklin, Benjamin 1174
Franklin's Academy 1168
Frankreich, (Hoch-MA)
442-455
–, –, Adel/Rittertum 442
–, –, Gesellschaft 442
–, –, Kirche/Religion 446 **449**
–, –, Kultur **453**-**455** [T] 454 455
–, –, pol. Org. 444-448 [G] 451
–, –, Territorialfürsten 445 446
447 448
–, –, Wirtschaft 442
–, (Spät-MA) **540**-**557**
–, –, Gesellschaft 540
–, –, Kirche 540
–, –, Kultur **555**-**557**
–, –, Landesherrschaft **553**
–, –, öffentliche Finanzen 542
543
–, –, polit. Organisation 540 **542**
543 553 554 555
–, –, Ständewesen 543
–, –, Verwaltung 540 **542 543**

–, –, Wirtschaft 540
–, (1494–1789) **665**-**676**
–, –, Innenpolitik **668** 670
–, –, Kultur **671** 672 676
–, –, pol. Org. **675** 676
–, –, Wirtschaft 602
–, (1789–1945) 776-795 **951**-**958**
–, –, Gesellschaft 779 783 **785**
788 793 951 952 954 955 956
–, –, pol. Org. 777 779 781 788
790 951 952 [G] 782 783
–, –, Wirtschaft 779 783 **784 785**
790 793 794 954 955 [T] 790
–, (seit 1945) 1228 1230 1231
1248 1249 **1307**-**1312** 1440
1564 1629 [T] 1311
–, –, Außenpolitik 1646 1660
–, –, Irakisch-kuwaitischer
Krieg (1990–1991) 1637
Frankreich (Altertum) ↗Gallien
Frankreich (Früh-MA) ↗Fran-
kenreich
–, ↗Westfrankenreich
Frankreich (seit 1945)
Papsttum ↗Kirche - Staat,
Frankreich
Franz, Ks., I. Stephan 630 631
656 657 674 696 727 [S] 617
664
–, Ks., II. 729 *738* 739 *769* 770
780 **664**
–, Österreich, Ks., Joseph I.
749 753 770 771 *772* 775 843
949 1198 [S] 664
–, v. Alençon-Anjou *667*
–, Bretagne, Hz., II. 555
–, Coburg, Hz. [S] 796
–, Frankreich, Kg., I. 600 614
617 618-620 634 *665* 666 693
694 1077 1165 [S] 545
–, –, –, II. **666** [S] 545
–, Neapel, Kg., II. 816
–, Österreich, Ehz., Ferdinand
773 775
Franz v. Assisi *429 432* 441
Franz Josef II., Liechtenstein,
Fst. *1357*
Franz, Naxos, Hz. ↗Crispo,
Francesco
Franz, Österreich, I. ↗Franz,
Ks. II.
Franziskaner *429* **432** 513 527
Französisch, Äquatorialafrika
1132
–, Sprache 349 463 502
Französisch-, Guayana 1194
1195 1596
–, Guinea 1127
–, Kongo 794 **1132 1133**
–, Ozeanien 1581
–, Polynesien 1581
–, Somaliland 1543 1544
–, Westafrika 1127
–, Westindien 1194
Französische Gemeinschaft
↗Communauté Française
Französische Revolution
(1789–1799) 597 **716** 724 726
776 776-**781** 1202 1629
Französischer Sudan ↗Sudan
Französisch-Habsburgische
Kriege, Erster (1521–1526)
618
–, Zweiter (1526–1529) 619
–, Dritter (1536–1538) 620
–, Vierter (1542–1544) 620
–, Fünfter (1552–1556) 621
Französisch-Kamerun ↗Ka-
merun (seit 1945)

Französisch-Kongo s.a. Con-
go, VR
Französisch-Russischer Krieg
(1812) 727 728 783 805
Französisch-Spanischer Krieg
(1590–1598) 624
Französisch-Türkische Allianz
(1536) 619 620
FRAP 1616 1617
Fraser, Malcolm *1580*
–, Peter *1580*
Frauenbewegung, Deutsch-
land 754
–, Großbritannien 803
Frauenlob ↗Heinrich Frauen-
lob
Frauenwahlrecht 1629
Fraxinenses 298
Fredegunde, Franken, Kgn.
336
FREDEMO *1667*
Frederiksborg, Frd. (1720) 629
708 710
Frederikshamn, Frd. (1809) 805
Free Soil Party 1177 1179
Freetown 1115 1127
–, Militärputsch (1982) 1499
Fregellae [T] 192
Fregenae [T] 192
Freiburg i.Br. 501 [T] 500
Freie Demokratische Partei
↗FDP
Freie Gewerkschaften 765 766
Freies Meer 614
Freie Stadt West-Berlin 1300
Freie Städte (MA) 516
–, s.a. Reichsstädte
–, s.a. Stadt
Freigelassene 205 207 229 231
234 237 240 267 271
Freihandel 717 729 800 801 823
825
Freihandelsabk. 1661
Freihandel (seit 1945) ↗Welt-
handel
Freiheits-Charta (1956) 1535
Freikorps 923 924 925
Freimaurer ↗P-Zwei-Skandal
Frei Montalva, Eduardo *1617*
Freisler, Roland *946* 947
FREJULI 1613
FRELIMO 1531 1532
French and Indian War
(1755-1763) 631 674 675 684
1170
Frentaner 194
Frente de Acción Popular
↗FRAP
Frente de Libertação de Mo-
çambique ↗FRELIMO
Frente Democrático ↗FREDE-
MO
Frente Nacional 1601
Frente Nacional de Libertação
de Angola ↗FNLA
Frente Nacional de Oposicion
↗FNO
Frente Patriotico Manuel
Rodriguez ↗FPMR
Frente Popular 978
Frente Sandinista de Libera-
ción Nacional ↗FSLN
Frequens (1417) 529
Frère-Orban, Hubert *823*
Fretilin 1574
Frick, Wilhelm *936* 943 995
Friderichs, Hans 1625
Fridolin, Missionar 332
Friedeburg, Hans-Georg v. *912*
[G] 809

1698 FRI—GAL

Frieden, Pierre *1335*
Friedensdemonstration, Bonn (1981) 1306
–, Dresden (1983) 1396
–, Wien (1983) 1353
Friedensforum, Dresden (1982) 1396
Friedensnobelpreis, (1983) 1399
–, (1987) 1662 1664
–, (1989) 1658
Friedensordnung, Europa 1622
Friedenspolitik s.a. Entspannungspolitik
–, ↗internationale Friedenspolitik
Friedensresolution (1917) 844 918
Friedensrichter, England 566
Friedenstruppen, Beirut 1462
Friedland, Schl. (1807) 727
friedliche Koexistenz 1364 1368 1374 1438
–, s.a. Entspannungspolitik
Friedrich, Kg.e/Ks., I. Barbarossa *412-415* 419 426 428 434 439 450 475 477 479 490 491 493 Ⓢ 412
–, –, II. 392 **416-418** 419 428 430 431 435 440 452 468 493 494 502 504 508 518 561 593 1070 Ⓢ 412
–, –, III. **521 522** 530 551 580 586 587 Ⓢ 509
–, –, (III.) (gest. 1888) 633 *754 764* Ⓢ 650
–, –, d. Schöne *512* Ⓢ 509
–, Brandenburg, Mgf., VI. *519*
–, Brandenburg-Preußen, Kfst., Wilhelm d. Gr. 629 *649 651* Ⓢ 650
–, Braunschweig, Hz., Wilhelm 741
–, Dänemark, Kg., I. *709*
–, –, –, II. *709*
–, –, –, III. *709*
–, –, –, IV. *710*
–, –, –, V. *710*
–, –, –, VI. 827
–, –, –, VII. *753 827*
–, –, –, VIII. 827
–, –, –, IX. 1328
–, Hessen, Pr., Karl 986
–, Magdeburg, Eb., I. 411
–, Mainz, Kfst., Karl Joseph v. Erthal *663*
–, Nürnberg, Brgf., III. *509*
–, Österreich, Hz., II. d. Streitbare 418
–, –, –, IV. *525 529*
–, v. Oranien, Heinrich 703
–, Pfalz, Kfst., d. Siegreiche 521
–, –, –, V. 625 *646*
–, Preußen, Kg., Wilhelm I. *655*
–, –, –, Wilhelm I./II. 656 659 Ⓢ 650
–, –, –, Wilhelm II. *658* 726 778 Ⓢ 650
–, –, –, Wilhelm III. 729 *738 743* Ⓢ 650
–, –, –, Wilhelm IV. *744* 745 749 750 753 Ⓢ 650
–, –, –, I. 652 655 Ⓢ 650
–, –, –, II. d. Gr. 630 **656** 657 658 661 1080 Ⓢ 650
–, Sachsen, Kfst., III. d. Weise *634* 635
–, –, Kg., August I. 727

–, Sachsen-Wittenberg, Kfst., d. Streitbare *519*
–, Schleswig-Holstein, Hz., VII. *753*
–, Schwaben, Hz., I. 409
–, –, –, II. 410
–, –, –, IV. 414
–, –, –, V. 434
–, Schweden, Kg., I. 708
–, Sizilien, Kg., II. v. Aragón 591
–, –, –, III. 531 *533* 561 562 Ⓢ 559
–, –, –, IV. 533
Friedrich, Böhmen, Kg., V. ↗Friedrich, Pfalz, Kfst., V.
Friedrich, Nürnberg, Bgf., VI. ↗Friedrich, Brandenburg, Mgf., VI.
Friedrich August, Sachsen, Kfst., I. d. Starke ↗August, Polen, Kg. II.
Friedrich August, Sachsen, Kfst., II. ↗August, Polen, III.
Friedrich v. Hausen Ⓣ 420
Friesen 251 284 289 *339*
Friesenhahn Cave 1145
Frisavonen 285
Fritigern, Gotenführer *321* 322 327 332
Fritsch-Krise (1938) 942
Fritsch, Werner v. *937 942*
Frobisher, Martin *1165*
Fröbel, Julius *753*
Fröhlich, Paul *1390*
Froissart, Jean *556* 564 Ⓣ 503
FROLINAT 1511
FROLIZI (Front for the Liberation of Zimbabwe) *1529* 1530
Fromm, Fritz *946* 947
Frondeaufstand (1648–1653) 670
Frondizi, Arturo *1612* 1613
Fronhof 344
–, s.a. Grundherrschaft
Front de Libération de Québec ↗FLQ
Front de Libération du Tchad ↗FLT
Front Démocratique des Bruxellois Francophones 1333
Front der unterdrückten Völker Asiens 1429
Front für Demokratie und Entwicklung 1667
Front für die Befreiung des Besetzten Südjemen ↗FLOSY
Front National de la Libération du Congo ↗FNLC
Fronto ↗Cornelius Fronto, M.
Fronto v. Cirta 259
Front zur nationalen Rettung 1634
Froumund v. Tegernsee 405
Frühbronzezeit 40-43
–, Europa 41 43
–, Italien 42
–, Mitteleuropa 42
–, Nordeuropa 42
–, Vorderer Orient 40 41
Frühchristentum ↗Christentum, frühes
Frühdynastische Zeit 72
Früheisenzeit 56-57
–, Mitteleuropa 57
–, Nordeuropa 57
–, Vorderer Orient 56
–, Westeuropa 57

Frühe Neuzeit **597-632**
–, Adel **600 602 603**
–, Bauerntum 602
–, Bevölkerung **597 598** Ⓖ 598
–, Bürgertum **600 602 603**
–, Gesellschaft **598-600 603** 614 615
–, Gewerbe 598
–, Glaubenskriege **605**
–, Handel u. Verkehr 598 598-601 614 615
–, internationale Beziehungen 614 **615-632** 657 658
–, Kirchen 605 607
–, Kolonien in Übersee 610 614 615 Ⓖ 615
–, Kultur **602-610**
–, Missionierung 614
–, Nationalstaaten **610 616**
–, Regionalisierung 605
–, religiöse Frage **602-610**
–, soziale Frage **602-610** 615
–, staatliche Entwicklungen **600 601 615-715**
–, Überseehandel **599 614 615**
–, Urbanisierung **599**
–, Weltbild 611 614
–, Wirtschaft **598 599 601 602** 611 614 615
–, Wissenschaft **602-610** 611
frühhelladische Kultur 26 34 35
Frühkapitalismus 539 599 Ⓖ 599
Frühkonstitutionalismus **743**
Frühkupferzeit ↗Altkupferzeit
Frühling im Oktober (1956) 1364
frühminoische Kultur 27 34
Frühmittelalter 334-386
–, s.a. Mittelalter
Frühneolithikum ↗Altneolithikum
Frühsozialisten 722 787
Frumentios 1107
Frutolf v. Michelsberg *419*
FSLN (Frente Sandinista de Liberacion Nacional) 1593 1664
Fuad I., Ägypten, Kg. *1092*
Fuchs, Klaus *1277*
Fudschiwara ↗Fujiwara
Führerprinzip 857 *934 941*
Fünfjahrpläne, UdSSR, (1929–1932), Erster 969
–, –, (1933–1937), Zweiter 969
–, –, (1938–1942), Dritter 970
–, –, (1946–1950), Vierter 1372
–, –, (1951–1955), Fünfter 1372
–, –, (1956–1959), Sechster 1375
–, –, (1981–1985), Elfter 1371
–, s.a. Zehnjahresplan
Fünfmächtevertrag (1948) 1258
Fürstenbund, dt. (1785) 658
Fürstenkrieg (1552) 641
Fürstenrevolution (1552) 621
Fürstenstaaten (Indien) 1552
Füssen, Frd. (1745) 657
Fugger, Handelshaus 599 634
Fujimori, Alberto *1667*
Fujiwara, Geschl. 1035-1037
–, Michinaga *1035*
–, Motosune 1035
–, Yoshifusa 1035
Fukien 1020
Fukuda, Takeo *1346* 1347

Fulda, Btm. 333
Ful (Fulbe) 1102 1110 1111 1113 1131 1510
Fulgentius v. Ruspe 300
Fu-lin ↗Shun-chih
Fulko v. Anjou, Jerusalem, Kg. 434 447 465 493
Fullofaudes, dux Britanniarum 292
Fulrad, Abt, St. Denis *345*
Fulstaaten 1112
Fulvia, G. v. L. Antonius 226
Fulvius Flaccus, M. 215 265 283
–, Q. 201
Fulvius Flaccus Nobilior, Q. 202
Fumban 1113
Funan, Kgr. 1043
Funj 1104
Funk, Walter *932 936* 938 942 943
Furka-Basistunnel 1356
Fußballkrieg (1969) 1582 1590 1591
Futuwwa 1070
Fuuta Jaalo 1111 1112
–, Tooro 1111 1112

G

Ga 1114
Gaba, Pierre Toura 1510
Gabarone 1538
Gabii 184
Gabinius, A. 160 220
–, Secundus 284
Gabon (Gabun) 1132 **1515** 1521 1647
Gabun ↗Gabon
Gaddafi, Omar Moamer al- 1446 *1479* 1480 1642 1643 1647
Gades (Gadir, Cádiz) *223* 294 295 296
Gaelen 367
Gälische Erneuerungsbewegung 573
Gaetani, Benedikt ↗Bonifaz VIII., Pp
Gaetuler 298
Gafencu, Grigore *1000*
Gagarin, Jurij A. *1280 1376*
Gagern, Friedrich v. *746*
–, Heinrich v. *746* 748 749 750
Gagik I., Armenien, Kg. 492
Gahangiro, Rwanda, Kg. 1117
Gaillard, Félix *1308*
Gainas, Gote 255
Gairy, Eric M. 1599
Gaismair, Michael *636*
Gaius, Rom, Ks. 227 **232 234** 285 291 298 301 302 Ⓢ 233
Gaius Caesar, E. des Augustus 229 317
Gaius Jurist 244
Galán, Carlos 1666
Galater 59 161 168-171 203
Galatien 156 162 168-171
–, röm. Prov. (Galatia) 171 227 235 256 259 **308 308-310**
Galba, Rom, Ks. 225 235 236
Galdan, Dsungarenherrscher *1025*
Galenos 243
Galerius, Ks. *251*
–, Rom, Ks. 250 261 316
GAL (Grün-Alternative Liste) 1625

GAL—GER 1699

Galiläa 162 303 304
Galilei, Galileo *609*
Galizien 775 837 838
Galla 1107 1108 1109 1119
Galla Placidia 255 256 *323* Ⓢ
253
Gallas, Matthias v. *626*
Gallegos, Rómulo 1603
Gallia Aquitanica, röm. Prov.
285
Gallia Aquitanica, röm. Prov.
s.a. Gallien
Gallia Belgica, röm. Prov. 285
–, s.a. Gallien
Gallia Cisalpina, röm. Prov. 201
217 222 223 225 226
Gallia Comata, röm. Prov. 285
Gallia Comata, röm. Prov. s.a.
Gallien
Galliae, Diözese 285
–, Prätorianerpräfektur 285 292
297
Gallia Lugdunensis, röm. Prov.
285
Gallia Lugdunensis, röm. Prov.
s.a. Gallien
Gallia Narbonensis, röm. Prov.
216 222 285
Gallia Narbonensis, röm. Prov.
s.a. Gallien
Gallia Transpadena ↗ Gallia Ci-
salpina
–, ↗ Italien
Gallia ulterior ↗ Gallia Narbo-
nensis
Gallien 222 283
–, röm. Prov.en 223-228 234
235 244 251 255 256 259 262
266 272 279 282 290 291
Gallienus, Rom, Ks. *225* 247
260 270 276 278 280 282
Gallier 162
–, Einfälle in Rom 193
–, Invasion in Italien (387 v.)
190
–, s.a. Kelten
Gallina 1129
Gallipoli 595
–, Schl., (1416) 1074
–, –, (1915) 839
–, s.a. Chersones
–, s.a. Meerengenfrage
Gallischer Krieg (58–51) *222*
223 283
Gallus, Rom, Cäsar 254 303
Gallus Missionar *332*
Galswintha, Frankenreich,
Kgn. *362*
Galtieri, Leopoldo Fortunato
1614
Gálvez, José de 1191
–, Juan Manuel 1591
Gama, Vasco da *613*
Gambetta, Léon 792
Gambia 1115 1127 1129 **1496**
1644
Gambia-Fluß 1127
Gamblian-Regenzeit 12
Ganda 1103
Gandhara 1049 1050
Gandhi, Indira *1555-1559*
–, -Irwin-Pakt (1931) 1060
–, Mahatma 893 894 *1059* 1060
1141 1552 1557
Gandhi, Rajiv *1559* 1652
Gandhi, Sanjay *1558*
Ganilau, Ratu Sir Penaia 1660
Gao 1112
Garaganza-Reich 1133

Garamanten 298
Garcia, Galicia, Kg. Ⓢ 458
–, Navarra, Kg. 459 460 Ⓢ 458
–, –, –, Ramirez 459
Garcia Meza, Luis 1609
Garcia Pérez, Alan *1667*
Garfield, James A. *1182*
Garibaldi, Giuseppe *816* 817
Gargliano, Schl. (1503) 665
Garizim 89 303
Garrison, William Lloyd 1178
Garski, Dieter 1306
Gasa, (Gaza) (Altertum) 76 149
164 305
Gasa (20. Jh.) 1451
Gasastreifen 1637
Gascogne 336
Gasperi, Alcide de 1258 *1320*
1321
Gastein, Vtg. (1865) 754
Gastfreundschaft, griech. 104
105
Gaston v. Orléans *668*
Gata, Schl. (1365) 575
Gattamelata ↗ Narni
GATT (General Agreement on
Tariffs and Trade) **1230 1231**
1258 1261 1268 1439 1620
1621 1623 1658 1662 1666
Gattilusi, Dyn. 1591
Gattinara, Mercurino de *635*
GATT-Länder 1235 Ⓖ 1231
Gauda 216
Gaue (Nomoi), ägypt. 61 66
158 301 302
Gaugamela, Schl. (331) 149
Gaulanitis 302
Gaulle, Charles de 877 892-896
904 958 1132 1133 1265-1268
1288 *1307* **1309 1310** 1315
1483
Gaullismus 1310 1311
Gaumata, Persien, Kg. 93
Gau (pagus) 289
Gaura-Kultur 71
Gaus, Günter *1395*
Gaustrategie, ägypt. 159
Gaveston, Peter 565
Gaviria, César 1666
Gayoom, Maumoon Abdul
1563 1654
Gaza ↗ Gasa
Gazaland 1137
Gaza-Ngoni 1137
Gbaya 1106
Gbedemah, K.A. *1500* 1501
Gbenye, Christophe *1519*
Geagea, Samir 1638
Geatas 370
Gebhard Truchseß v. Wald-
burg, Köln, Kft. 644
Gebirgsbildungen 3 5 7
Geburtenkontrolle 1576
GÉCAMINES 1520
GÉCOMIN 1520
Gedalja 88
Gedrosien 150 312
Gedymin, Litauen, Gfst. *480*
583
Geer, Jan de *981*
Geez, Spr. 1107
Gefolgschaft, german. 290
Gegenreformation **604**
604-607
–, Deutschland 606 607
–, Polen 711 712
–, Spanien 700
Geheimgesellschaften, Ruß-
land 805 806

Geierstele 72
Geisel, Ernesto 1616
Geiselnahme, Iran (1979)
1285-1286
Geiserich, Vandalen, Kg. 256
323 324 326 328
Gela 119 124 Ⓣ 107
Gelasius, Pp., I./II. **329** 425
Gelbmützenlehre 1017
Geld, Athen 129
–, Rom 206
–, s.a. Währung
Geldentwertung, (MA)
495-496 Ⓣ 496
–, s.a. Inflation
Geldwirtschaft 118
Gelibolu ↗ Gallipoli
Gelimer, Vandalen, Kg. 326
Gellius, A. 244
–, L. 220
Gelon, Gela u. Syrakus, Tyr.
122 124
Gemayel, Amin 1458 *1462* 1638
Gemayel, Beschir 1457 *1462*
Gemeindeämter, frühchristl.
258-260
Gemeindeorganisation, früh-
christl. 258-260
Gemeine Herrschaften 525
Gemeiner Pfennig 633 640
Gemeinsamer Arabischer
Markt **1444**
Gemeinsamer Markt (1956)
1264
–, s.a. EG
–, s.a. EWG
Gemeinsamer Nordafrikani-
scher Markt (1967) 1445
Gemmei, Japan, Ksn. 1035
GEND 1503
Genda, Ambrose *1498*
General Agreement on Tariffs
and Trade (1947) ↗ GATT
Generaldirektorium
(1722/1723) 661
Generalgouvernement 872 944
993
Generalstaaten ↗ Niederlande
Generalstände, Frkr. 541 543
546 548 554 555 676 776
Generalversammlung, Reso-
lution: Uniting for Peace
(1950) 1232
–, UNO 1228
Generalvertrag ↗ Deutsch-
landvertrag
Genf, Abk., (1975) 1455
–, Abrüstungs-Kfz., (1972) 1236
–, Abrüstungskonferenz (1984)
1256
–, Achtzehn-Mächte-Kfz.,
(1962) 1250
–, Außenminister-Kfz., (1959)
1249
–, Indochinakfz., (1954) 1232
1355 1363 1417 1438 1438
–, Kfz. über Zollabbau, (seit
1947) 1230
–, Kfz. (1983) 1462
–, Nahost-Friedens-Kfz.,
(1973) 1454 1459
–, Reformation 640 714
–, Rhodesien-Kfz., (1976) 1530
–, Rotes-Kreuz-Abk., (1949)
1231
–, Rüstungsgespräche (ab
1981) 1255 1286
–, Viermächte-Kfz., (1955) 1245
–, Völkerbundssitz 1008

–, Weltwirtschafts-Kfz., (1927)
860
–, Zehn-Mächte-Kfz., (1960)
1249
Genfer Protokoll, (1924) 859
Genfer Verträge, (1954) 1308
Gennadios, Konstantinopel,
Patr. *595*
Genovesi, Antonio *697*
Gens, Begriff 320
–, s.a. Gentes
Genscher, Hans-Dietrich 1273
1303 *1304* 1306
Genter Pazifikation (1576) 623
705
Gentes, MA 320 321
–, röm. 185 188
Gent, Frd. (1814) 1171
Genthios, Illyrer, Kg. 176
Gentry 570
–, s.a. Adel, engl.
Gentz, Friedrich v. *721*
Genua, (Hoch-MA) 437 438
439 442 492 494
–, (Spät-MA) **533 536** 561 590
592 594 596
–, NZ 614 620 693 697
–, Weltwirtschafts-Kfz. (1922)
857 953
Geoffrey of Monmouth 469
Geometrische Kunst 56 58 103
Ⓣ 102
Georg, Baden-Durlach, Mgrf.,
Friedrich 625 *646*
–, Böhmen, Kg., v. Podiebrad
521 522 580 587
–, Brandenburg-Ansbach, Fst.,
d. Fromme *637*
–, Braunschweig, Hzg., Wil-
helm Ⓢ 79
–, Griechenland, Kg., I. *830*
–, –, –, II. 881 1006 1338
–, Großbritannien, Kg., I. 685
Ⓢ 679
–, –, –, II. 685 Ⓢ 679
–, –, –, III. 1170 1173 1174 Ⓢ
679 796
–, –, –, IV. 799
–, –, –, V. 803 1059 Ⓢ 796
–, –, –, VI. 1313 Ⓢ 796
–, Hannover, Kg., V. Ⓢ 796
–, Sachsen, Hz. 637
–, Serbien, Ft., Branković *589*
Georgetown (1972) 1441
Georgia 1167 1180 1181
Georgien 80 804 964 966
Georgiew, Kimon *1001* 1002
Gepiden 251 323 324 372
–, Christianisierung 332
Gérard, Balthazar 702
Gerasa 307 318
Gerbert v. Aurillac ↗ Silvester
II., Pp.
Gerbrandy, Pieter Sjoerd *1330*
Gereke, Günter *938*
Gergovia, Schl. (52 v.) *223* 284
Gerhard, Holstein, Grf., III. d.
Gr. *575* 576
Gerhard v. Brogne *421*
Gerhard v. Cremona *395*
Gerhardsen, Einar *985* *1336*
Gerhoch v. Reichersberg *419*
Gerichtsbarkeit s.a. Politische
Organisation
–, ↗ Rechtswesen
Gerlach, Manfred 1628
Germanen 216 243 245 247 250
251 252 255 256 257 270 272
278 280 **282-284 289-291** Ⓣ
327

1700 GER—GÖT

–, Ansiedlung im Röm. Reich 322
–, Christianisierung T 331
–, Gesellschaft 289 290
–, Heerwesen 290
–, Name 289 289-290
–, pol. Org. 290
–, Stämme/Stammesverbände 289 290 320
–, Wirtschaft 289 290
–, s.a. Ostgermanen
Germania, I, II, röm. Prov.en 285
–, Inferior, röm. Prov. 285
–, Superior, röm. Prov. 285
Germania I, II, röm. Prov.en s.a. Germanien
Germania Inferior, röm. Prov. s.a. Germanien
Germania Superior, röm. Prov. s.a. Germanien
Germanicus, S. des Nero Claudius Drusus 229 231 232 284 290 S 233
Germanien, Freies **289-291**
–, röm. Prov.en (und Militärdistrikte) 228 229 232 235 237 238 **283-289** 291
Germanos I., Konstantinopel, Patr. *385*
Gerö, Ernö *1404*
Gero, Mgf. 401 402
Gerrhaier 164
Gerson, Jean *529*
Gerstungen, Frd. (1074) 408
Gerusia 100 113 114
Gervinus, Georg Gottfried 744
Geschichte, Begriff 11
Geschichtsschreibung 319 346 392 502
–, armenische 311
–, dt. 419 524 607
–, frz. 556
–, griech. 132 137
–, kastilische 558
–, röm. 185 211 224 231 232 250 288
Geschworenengerichte, röm. 207 209 214 215 217 219 220 222 240 287
Gesellschaft, (Vorgeschichte) 19-21 21-24 30-38 40-60
–, (Hochkulturen), (3. Jt.) 23-26 30-34
–, –, (2. Jt.) 39-41 43-45 47-49 51-53
–, –, (1. Jt.) 56-58
–, (MA) **390**
–, (Hochmittelalter) **387-391**
–, (Spätmittelalter) **495-499** T 497
–, (Früh-NZ) **598-600** 603 614 615
–, (Revolutionszeitalter) **720 721**
–, Asien 1010
–, Athen 120 **129 130**
–, Augsburg T 497
–, Australien 1212 1213
–, Byz. 485
–, China 1019 1020 1022 **1023 1025** 1029 1030 1031
–, Dtld. 397 636 648 665 738 742 744 745
–, Dt. Reich 506 600 636 648 665 757 765 766 917 919 927 933
–, England/Großbritannien, (MA) 564 **572**

–, –, (NZ) 677 678 684 797-802
–, Frankenreich 334 **337** 344
–, Frankreich, (MA) **442 540 553**
–, –, (NZ) 665 666 667 669 **670 675 676** 776 780-788 792-795 951-953
–, Griechenland 103-105 157 181
–, Iberische Halbinsel **557 558**
–, Italien 438 441 814 815 817
–, Japan 1034 1035 1038
–, Lateinamerika 1164 1195 1196
–, Makedonien 143
–, Melanesien 1217
–, Mikronesien 1217
–, Mykene 100
–, Niederlande 703 705
–, Nordamerika 1164
–, Osman. 1074-1076 G 1076
–, Ozeanien 1215 1217 1218
–, Persien 1099 1100
–, Polen 479 711
–, Polynesien 1215 1217 1218
–, Preußen T 766
–, Rom, (Rep.) 185-189 195 205 207 208 211 215
–, –, (Prinzipat) 230 246
–, –, (Spätantike) 249 250 261
–, Rußland 686 688 803-810
–, Schweiz **715**
–, Skandinavien **369**
–, Slawen 375
–, Sparta 112 113 114 136
–, Türkenreiche 1012
–, UdSSR 969
–, USA 1278-1281
–, Westgoten **363**
Gesellschafts-Inseln 1214 1219 1581
Gesellschaftsvertrag 676
Gesetzes-Stele 52
Gesetzgebung, Dt. Reich 762
–, Griechenland 119
–, Reich 638 639 648
–, s.a. Politische Organisation
–, s.a. Rechtswesen
–, s.a. Verfassung
Gesetz, jüd. 88 89
Gesoriacum (Boulogne) *286*
Gessius Florus 303
Geßler, Otto *921* 926 928
Gesta Danorum 475
Gestapo (Geheime Staatspolizei) 935 941 G 936
Gesteinsformationen 1
Geta, Rom, Ks. *223 245*
Geten 225 269 273 276 277
Getreideembargo, USA gg. UdSSR 1255
Getreidegesetze ↗ Anti-Corn-Law-League
–, ↗ Getreideversorgung, Rom
Getreideversorgung, Rom 215 217 220 221 222 224 228 229 231 234 240 241
Gettysburg, Schl. (1863) 1181
Geusen 623
–, Aufstand 702
Gewerbe ↗ Wirtschaft
Gewerbefreiheit 717 755
Gewerbeordnung 748
Gewerkschaften 722 723
–, Argentinien 1614
–, Bolivien 1609
–, Dtld. (bis 1918) 755 765 766 767 917 919
–, Dtld. (1919–1945) 923 930 932 939 G 940 T 922

–, Dtld. (seit 1945) **1292** 1293 1297
–, Frkr. 795 953 956 957
–, GB 798-803 1317
–, Kanada 1172 1173
–, Mexiko 1200
–, Polen 1399
–, Schweden 826
–, Ungarn 1405
–, USA 1178 1182
Geyer, Florian *636*
Géza, I., Ft. 375
–, II., Kg. *482*
Ghailani, Ali 880 894
Ghana 1111 1497 **1500-1502** 1513 1645
–, s.a. Goldküste
Ghani, Mohammed Abdel *1486*
Ghannouchi, Rachid 1642
Ghasan, Ilchan 1071
Ghaschmi, Ahmad al- *1474*
Ghasnaviden, Dyn. **1068**
Ghassaniden 317 318
Ghassul-Kultur 26
Gheorghiu-Dej, Gheorghe *1405*
Ghibellinen 418 431 **440** 531 533 536
Ghiberti, Lorenzo *538*
Ghirlandaio, Domenico *538*
Ghoriden, Dyn. 1070
Giangaleazzo Visconti, Mailand, Hzg. *517 534* 549
Giap, Vo-Nguyên *1428 1429*
Gibbons, David 1595
Gibraltar 83 630 699
Gideon 86
Gierek, Edward 1305 *1398*
Giers, Nikolaj K. *809*
Gigurtu, John *1000*
Gilbert, de la Porrée *393*
Gilbert, Humphrey *1165*
Gilbertiner 426
Gilbertinseln 1214 1226 1581
–, s.a. Kiribati
Gilbert v. Sempringham *426*
Gildas 332
Gilde **390**
Gildo, Berber, Fst., Comes Africae 255 299 300
Gilgamesch 25
–, Epos 73 75 79
Gimirra-Gruppe 1109
Gindaros, Schl. (38 v.) 305
Gioberti, Vincenzo *815*
Giolitti, Giovanni *818* 856 *972* 973
Giotto *501 537 538*
Giovanni da Bologna *694*
Gipfelkonferenz, Genf 1985 1621
–, Malta 1989 1662
–, Malta 1990 1622
–, Moskau 1988 1621 1661
–, Reykjavik 1986 1621 1661
–, Washington 1987 1621 1661
–, Washington 1990 1622
Giraldus Cambrensis 469
Giraud, Henri-Honoré *893*
Giri, Tulsi 1564
–, Venkatagiri Varaha *1555* 1556
Girondisten 778 779 780
Girsa-Kultur 64
Gisa ↗ Giseh
Giscard d'Estaing, Valéry *1310* **1311** 1312 1381
Giseh (Gise) 25 65

Gisela, T. Kg. Konrads v. Burg. 400
Giselbert, Franken, Gf. 352
–, Lothringen, Hz. 399 401
Gisors, Frd. (1113) 448
Gitarama 1522
Giufi (Bir Mcherga) T 299
Giustiniani, Gesellschaft 591
Gizenga, Antoine *1517* 1518 1519
Gladstone, William Ewart *800* 802
Glagolitisch 377
Gla, mykenischer Palast 99
Glasinac 59
–, -Gruppe 49
Glasnost 1632
Glaubenskriege s.a. Heiliger Krieg
–, ↗ Religionskonflikte
Glaukon 179
Glazialzeiten ↗ Eiszeiten
Gleichberechtigung 1286
Gleichgewicht der Mächte 156 628 630 729
–, s.a. Hegemonie
–, s.a. Hellenistisches Mächtesystem
–, s.a. Mächtesystem
Gleichschaltung 939
Gleiwitz *872*
Glendower, Owen *568*
Glenn, John Herschel *1280*
Glevum (Gloucester) *293*
Glockenbecherkultur 42
Glorreiche Revolution (1688/1689) 628 629 680 684 716 724
Glossatorenschule 395
Gloucester, Humphrey, Hzg. v. *568*
–, Richard v. 571
Glycerius, Rom, Ks. 256
Glyphen ↗ Maya, Schr.
Gnam-ri-slon-btsan, Tibet, Kg. 1016
Gneisenau, August Neithardt v. *740*
Gnesen, Ebtm. 333 377
Gnosis 259
Goa 1054 1328 1554
Gobir 1110
Go-Daigo, Japan, Ks. 1037
Godesberg, Kfz. (1938) 867 942
Godesberger Programm der SPD (1959) 1300
Godomar, Burg., Kg. 336
Godoy, Manuel de 819
Godunow, Boris ↗ Boris F. Godunow
Goebbels, Joseph 867 898 932 **934** 937 *939* 940 946
Göllnheim, Schl. (1298) 511
Gömbös, Julius V. *997*
Göncz, Arpad *1634*
Goerdeler, Carl-Friedrich 874 931 938 947
Göring, Hermann 869 890 913 *931* 932 936-938 941-943 945 946 G 889
Görlitzer Vtg. (1950) 1362
Görz, Schl.(1915/1916) 839
–, Schl. (489) 325
Goethe, Johann Wolfgang v. 663
Götter, anthropomorphe 65
–, s.a. Religion
Göttingen, Univ. (1737) 663
Göttinger Sieben 744

Göttrik, Dänemark, Kg. 341
Goga, Octavian *1000*
Gogo 1118
Goh Chok Tong *1656*
Goiás 1193
Goidelen ↗Kelten
Gokale, Gopal Krischna *1058*
Gola 1130
Golanhöhen 1239 1450 1452 1454 1457
Golasecca-Kultur, Italien 58 95
Golconda, Sult. 1054 1055
Goldberg III-Gruppe 36
Goldene Bulle, v. Rimini (1226) 518
–, (1356) 515
Goldene Bulle v. Eger (1213) ↗Eger
Goldene Horde 1014
Goldener Schemel 1115
Goldener Tempel, Amritsar 1558 1559
Goldie, George 1130
Goldkrise (1968) 1235
Goldküste 1114 1115 1127 1129 1130
–, s.a. Ghana
Goldoni, Carlo *697*
Gold-Pool (seit 1961) 1236
Goldpreis (seit 1944) 1235 1236
Gold- u. Silbereinfuhren 615
–, Spanien Ⓖ 698
Golfkooperationsrat 1637
Golfkrieg, Erster (1980–1988)
↗Irakisch-iranischer Krieg (1980–1988)
Golfkrieg, Zweiter (1990–1991)
↗Irakisch-kuwaitischer Krieg (1990–1991)
Golizyn, Alexander N. *805*
–, Wassili W. *688*
Golkar 1573
Golkar-Sammlungsbewegung 1656
Golowin, Fjodor A. *688*
Goma, Louis Sylvain 1516 1647
Gómez, Castro, Laureano 1602
–, Estévan *1165*
–, Juan Vicente *1204*
Gom (Iran) 1492
Gomułka, Władysław 1364 *1396*
Gomułka-Ära (1960–1970) 1398
Gonçalves, Vasco dos Santos *1329*
Gondaphernes (Gondopharres), Skythen, Kg. 312 1050
Gondjout, Paul *1515*
Gongylos, Pergamon, Tyr. 170
Gonja 1114
Gonzaga, Dyn. 532 536
–, Lodovico *538*
González, Felipe *1327* 1631
–, Videla, Gabriel *1616*
Goodpaster, Andrew J. 1270
Gopallawa, William *1563*
Gorbach, Alfons *1353*
Gorbatschow, Michail S. 1256 1286 *1382* 1621 1622 1624 1626 1630-1632 1653 1657 1658 1661 1662 1666
Gordianus, Rom, Ks., I. *246* 298 Ⓣ 225
–, –, –, II. *246* 298 Ⓣ 225
–, –, –, III. 246 Ⓣ 225
Gordillo, Francisco de *1165*
Gordion 58 80 149
Gordischer Knoten 149

Gordon, Charles G. 1092
–, Pascha 1104
–, Patrick *668*
Gorgias *132* 134
Goria, Giovanni *1630*
Gorlice-Tarnow, Schl. (1915) 838
Gorm d. Alte, Dänemark, Kg. 371 Ⓢ 474
Gorodsk-Gruppe 27
Gorton, John Gray *1577*
Gortyn 270 271
Gorze, Kl. 421
Go-Shirakawa, Japan, Ks. 1036
Goslar, Hoftag (1154) 413
Gospodare, Wahlfürsten 828
Gotarzes II., Parther, Kg. 314
Goten 243 246 247 248 251 270 274 276 278 289 291 309 *321* 332
–, Spaltung 321
–, s.a. Ostgoten
–, s.a. Westgoten
Gotfrid, Dänemark, Kg. 371
Gothaer Programm (1875) 762
Gotik 454 499-501 522 523
–, Dtld. Ⓣ 500
–, England 500
–, Frankreich 556 557
–, It. 538
Gottesfriedensbewegung 449
Gottfried, Achaia-Morea, Ft., I. v. Villehardoin *590*
–, Anjou, Grf., Martell 446
–, –, –, Plantagenet 449 450 *465*
–, Lothringen, Hzg.. Niederlothringen, IV. v. Bouillon *433* *493*
–, –, Hz. Niederlothringen, I. 404
–, –, Hz., Oberlothringen, II. d. Bärtige 407 423
–, v. Straßburg 503 Ⓣ 420
–, v. Viterbo *419*
Gotthard-Straßentunnel 1356
Gottkönigtum 149
–, s.a. Herrscherkult
Gottlosenverband 969
Gottwald, Klement *1400* 1401
GOU 1612
Goukouni ↗Queddey, Goukouni
Goulart, João Belchior Marques *1615*
Goumba, Abel *1512*
Government of India Act 1059
Governo Revolucionário de Angola no Exilio ↗GRAE
Gower, John *502*
Gowon, Yakubu *1506*
Gozelo I., Lothringen, Hz. 407
Gozo 35
GPRA 1483 1484
Grabanlagen ↗Bestattungen
Grabos, Illyrien, Kg. 141
Grabski, Wladyslaw *992*
Gracchuris 201 295
Gracchus ↗Sempronius Gracchus
Gracchus, Ti. 195
GRAE 1525
Gräko-baktrisches Reich 162 *312* 1010 1050
Grävell, Max *747* 750
Grafschaftsverfassung 344
Grahim, Dar Fur, Kg. 1105
Grammontenser 427
Granada 456 457 560 610 1069

Grandi, Dino *974*
Grandson, Schl. (1476) 522 *525* 554 616
Grandval, Gilbert *1260*
Gran, Ebtm. 375 404
Gran, Feldh. ↗Ahmed ibn Ibrahim el Ghasi
Granikos, Schl. (334 v.) 148 177
Grant, Ulysses S. *1180* *1181*
Granvelle, Antoine Perrenot de *623*
Graphe paranomon 137
Grasser, Erasmus *523*
Gratian, Theologe 427 441
Gratianus, Rom, Ks. *254*
Gratz, Leopold 1628
Grau, Ramón San Martin ↗San Martin Grau
Gravettien 15
Graviscae (Porto Clementino) *214*
Grebo 1129
Greco, El ↗Theotokópulos, Domenikos
Greenpeace-Bewegung 1629 1660
Greensboro *1276*
Gregor, Pp., I. d. Gr. *329* 332 353 357 365
–, –, II. 353 354
–, –, III. 354
–, –, IV. *354*
–, –, V. 403 422 444
–, –, VI. 407 422 424
–, –, VII. 408 409 420 422 *424* 438 447
–, –, VIII. 410 425 428
–, –, IX. 417 418 427 429 430 440
–, –, X. 423 427 *431* 510 540
–, –, XI. *527* 528 548
–, –, XII. *519* *528* 529
–, –, XIII. *695*
–, –, XIV. *695*
–, –, XV. *695*
–, –, XVI. *815*
–, d. Erleuchter 310 311
–, v. Nazianz 310
–, v. Nyssa 310
–, v. Tours 288 336 337
–, v. Utrecht *339*
–, d. Wundertäter 310
Gregorianische Reformen 424 426
Gregorianischer Kalender 695
Greim, Robert v. 913 *937* Ⓖ 889
Greiser, Artur *938*
Gremio Africano 1135 1137
Grenada 1193 1595 *1599* 1665
–, kuban. Kooperationsabk. 1436
–, US-Intervention (1983) 1240 1286 1436 1599 1600
Grenada United Labour Party ↗GULP
Grenzfestlegung, Dän.-Schweden 1358
–, UdSSR-Mongol. VR 1408
Grenzgesetz, DDR (1982) 1396
Greutungen 322
–, s.a. Ostgoten
Grévy, Jules 792 *793*
Grey, Edward 843
–, Jane *678*
Griechen 96 102
–, Süditalien 194 262 263 265 268
Griechenland, (Neolithikum) 20 22

–, (Kupferzeit) 26
–, (Bronzezeit) 48 49 Ⓣ 62 **96**
–, (Helladikum) 26 27 34 35 41 45 Ⓣ 62
–, (minoisch-mykenische Zeit) 45 49 53 **96-101** Ⓣ 62
–, (Eisenzeit) 56-58 101-103
–, (Dunkles Zeitalter) **103-108** Ⓣ 62 102
–, (archaische Zeit insgesamt) **101-120** Ⓣ 62
–, –, Adel 104 105
–, –, Agrargeschichte 103 104 108 110 113 114 116 117 118
–, –, Bevölkerung 103
–, –, Dialektgruppen 103 Ⓣ 102
–, –, Gesellschaft 103-105 108
–, –, Handel 104
–, –, Handwerk 104
–, –, Königtum 105
–, –, Kolonien im Westen u. in Afrika Ⓣ 107
–, –, Kolonisation **106-108**
–, –, Landwirtschaft 104
–, –, Literatur 104
–, –, Philosophie 111
–, –, pol. Org. 105 108
–, –, Religion 103-105
–, –, Sklaverei 104 108
–, –, Wirtschaft 103 104 108
–, (archaische Zeit, 7.–6. Jh.) **106-111**
–, –, Adel 109
–, –, Architektur 111
–, –, Gesellschaft 108-110
–, –, Gesetzgebung 109 110
–, –, Italien (Magna Graecia) 119 120
–, –, Kolonisation 118 119
–, –, Kriegführung 109 110 113
–, –, Kunst 111
–, –, Literatur 111
–, –, Polis-Staatsbildung 110
–, –, pol. Org. 110
–, –, Religion 110 111
–, –, Sklaverei 108
–, –, Tyrannis 110
–, –, Wirtschaft 108
–, (Niedergang der Poliswelt) **136-142**
–, (Hellenismus) 152-156 170 **176-182** 203 204 Ⓣ **137**
–, –, Agrargeschichte 156 180 181
–, (röm. Prov. [Achaia]) 204 235 236 243 247 258 259 **269-271**
–, (MA) 379 380 485 **590-592**
–, (NZ) 725 **830** **831** 839 843 879-881 904 909 976 **1005-1007** 1074 1075 1081 Ⓣ 834
–, (seit 1945) 1242 1260 1262 1266 1272 **1338** **1339** 1635 1636
Griechenland (seit 1945), EG-Eintritt 1273
–, NATO-Wiedereintritt 1273
Griechisch-baktrisches Reich ↗Gräko-baktrisches Reich
griechisches Feuer 384
Griechisch-Türkischer Krieg, (1896–1897) 830
–, (1920–1922) 1006
Grimaldi, Dyn. 536
Grimm, Jakob 744 *747*
–, Wilhelm 744
Grimoald, HM 336
–, Langobarden, Kg. 357

1702 GRI—HAA

Gripenstedt, Johan August *825*
Griqua 1126 1139
Griqualand 1126
Grivas, Georgios *1360*
Grobschaber-Komplex 1145
Groener, Wilhelm 917 918 919 *928* 931
Grönland 371 473 709 986 1335 1336 1632
Grohé, Josef 983
Gromyko, Andrej A. 1251 *1375* 1382 *1632*
Gronchi, Giovanni *1321*
Gropper, Johann 640
Großbritannien, (1789–1914) **795-803**
–, –, Anglikanische Kirche 802
–, –, Außenpolitik 726-732 734-737 795 797 803
–, –, Bevölkerung 719 797 Ⓖ 720 Ⓣ 732
–, –, Demokratisierung 800 801 802
–, –, Dyn. **796**
–, –, Eisenbahnbau 797 800
–, –, Erfindungen 797
–, –, Evolutionspolitik 798
–, –, industrielle Revolution 597 716 795 **797 800**
–, –, Kolonialmacht 801 1170 1173 Ⓣ 732 733
–, –, Kriegführung, (1789/1815) 726-729
–, –, –, (1815/1890) 730
–, –, pol. Org. **797** Ⓖ 802
–, –, Volkseinkommen Ⓣ 800
–, –, Zweiparteiensystem 800
–, (1914–1945) **959-961**
–, –, alliierte Macht 895-897 903-905 913
–, –, Außenpolitik 833 851 853 855-860 864-870 874
–, –, Dyn. **796**
–, –, Innenpolitik 876
–, –, Kriegführung, (1914–1918) 837 839-841 844 846 Ⓣ 834 836 848
–, –, –, (1939–1945) 869 870 872 874-883 885-887 891-895 897 900-902 906-909 914
–, –, öffentl. Finanzen Ⓣ **847**
–, –, Rüstungspolitik 865
–, –, Wirtschafts- und Finanzpolitik 863
–, (seit 1945) **1312-1317** 1432 1438 1548 1630
–, –, alliierte Macht 1241-1247
–, –, Arbeitslosigkeit 1317 Ⓣ **1315**
–, –, Arbeits- und Sozialpolitik 1312-1314
–, –, Atommacht 1248 1313-1315
–, –, Außenpolitik 1659
–, –, Bevölkerung 1273 1314 1315
–, –, Bündnispolitik 1245 1246
–, –, Deutschlandpolitik 1243-1249
–, –, Dyn. **796**
–, –, Europapolitik 1262 1263 1266 1268 1269 1270 1272 1312-1317 1622 1623
–, –, Falkland-Konflikt (1982) 1273
–, –, Gewerkschaften 1316 1317
–, –, Inflation 1317

–, –, Irakisch-kuwaitischer Krieg (1990–1991) 1637
–, –, Minderheitenpolitik 1316
–, –, Nahost-Politik 1314 1340 1643
–, –, Parteien 1317
–, –, pol. Org. 1313 1316
–, –, Rüstungspolitik 1265
–, –, Verstaatlichungen 1313
–, –, Währung 1313 1315-1317
–, –, Wirtschaft 1314-1316 Ⓣ **1315 1317**
Großbritannien (Antike) ↗ Britannien
Großbritannien (MA) ↗ Britische Inseln
Großbritannien (NZ–1789) ↗ England
großdeutsche Lösung 749
Großdukate **338 339**
Große Comoren 1547 1548
Große Felder, Schl. (203) 201
Großer Sprung 1417
–, s.a. China, VR, Wirtschaftspolitik
Großer Treck 1138
Grosseteste, Robert 393 *395*
Großgriechenland ↗ Magna Graecia
Großkönig 93 151 164
–, s.a. Königtum, persisches
Großkolumbien 1203
Großmächte 731 734 833 870 916 Ⓖ 734 Ⓣ 735
–, China (seit 1945) 1228
–, Deutsches Reich 731 734 758 864-869
–, England/Großbritannien 630 631 685 729 795 1227 1228
–, Frankreich 630 668 **670 671** 674 729 1228
–, Japan 733
–, Rußland 630
–, USA 733
–, s.a. Habsburger Weltreich
–, s.a. Hegemonie
–, s.a. Mächtesystem
Großmährisches Reich **376**
Großreiche 387
–, Byz. 485
–, Dtld. 387 397
–, Osman. 1074-1079
–, s.a. Frankenreich
–, s.a. Großmächte
–, s.a. Hegemonie
–, s.a. Rom
Großreiche, Polen ↗ Jagiellonenreich
Großseldschukisches Reich 1068-1069
Grote, Gerhard 505
Grotewohl, Otto *1386* 1390 1391
Grotius, Hugo 609 *614 702*
Groupe de Solidarité Voltaïque ↗ GSV
Groupe Éthnique du Nord Dahomey ↗ GEND
Groza, Peter 1405
Grübchenkeramik 38
Grün-Alternativ Liste ↗ GAL
Grüne Liste 1627
Grüne, Partei 1306 1625
Grüneberg, Gerhard 1390 1391
Grüner Marsch (1975) 1488 1489
Grünspan, Heinrich 867
Gruenther, Alfred M. 1263 1264

Grundgesetz der BRDtld. 1244 1295
Grundherrschaft, (Altertum) 313
–, (Spätantike) 250 300
–, (MA) **344 345 387** 572
–, s.a. Feudalismus
–, s.a. Lehnswesen
Grundlagenvertrag (1972) 1253 1303 1304 1395
Grundtvig, N.F.S. *827*
Grunitzky, Nicolas *1502* 1503
Gruppe der Siebenundsiebzig 1234 1239 1439
Gruppe Ulbricht 912 1382
GSV 1508
Guadalcanal, Schl. (1943) 1042
Guadalupe Hidalgo, Frd. (1848) 1179 1198
Guadeloupe 1194 1596
–, Gipfelkfz. (1979) 1254
Guam 1183
Guanahani 613 1188
Guanajuato 1190
Guantánamo 1202
Guardia Civil, Span. 1327
Guardia Nacional 1592
Guardia, Tomás *1201*
Guardi, Francesco *697*
Guarini, Guarino *694*
Guastalla 699
Guatemala **1200** 1278 **1588 1589** 1663
Guayana, britische Besitzung ↗ Britisch-Guayana
–, s.a. Guyana
Guayana, Kolonie ↗ Französisch-Guayana
Guayana, niederl. Kolonie ↗ Niederländisch-Guayana
–, s.a. Surinam
Guayaquil 1189
Gubla, Byblos 82
Gudea, Lagasch, Kg. 72
Guderian, Heinz *877*
Gudscharat 1055 1554 1557
Guelfen 418 431 **440** 531 532
Gülistan, Frd. (1813) 805
Günther v. Schwarzburg, Kg. *514*
Günz-Eiszeit 12
Guerilla-Organisationen, (Südamerika) 1601
–, s.a. Fedaijin
Guernica, Zerstörung (1937) 979
Guerrero 1157
–, Lorenzo *1592*
–, Vicente *1198*
Gürsel, Cemal *1340*
Gürtner, Franz *936* 946
Guesclin ↗ Du Guesclin
Guesde, Jules *952*
Guevara, Ernesto „Che" *1434 1609*
–, Jerusalem u. Zypern, Kg., v. Lusignan *492* 494
Guido II., Athen, Hz. 591
Guigo, Prior *427*
Guillaume, Günter 1304 *1396*
Guinea 1309 1328 **1497 1498** 1513 1645
–, s.a. Französisch-Guinea
Guinea-Bissau 1329 **1496-1497** 1644
Guineänder (vor 1900) 1112-1116
Guinegate, Schl. (1479) 522 554

Guise, Franz Hz. v. *666*
–, Geschl. 623 666
–, Heinrich Hz. v. *623*
Guizot, Guillaume *787* 788
Gulden Ⓣ 496
GULP 1599
Gumede, Josiah *1531*
Gumelnita-Kultur 22 27
Gundemar, Westgoten, Kg. 363
Gundeschapur 315-316
Gundobad, Burgunder, Kg. 256 335
Gundulić, Ivan *589*
Gungunnane, Gaza-Ngoni-Herrscher 1137
Gupta, Dyn. 1051 1053
–, -Reich 1011
Gurdschara-Pratihara, Dyn. 1051
Gurkha-Krieg (1814–1816) 1058
Gurkhas 1025
Guru Nanak 1052
Gushi-Chan, Mongolenherrscher 1017
Gusii 1143
Gustav, Schweden, Kg., I. Wasa *578 706* 707
–, –, –, II. Adolf 626 647 669 *707*
–, –, –, III. *708* 824
–, –, –, IV. Adolf *709* 824
–, –, –, V. Adolf 826 *983 1357*
–, –, –, VI. Adolf *1358*
–, VI. Adolf, Kg. *1357*
Gustloff, Wilhelm 1008
Gutäer 32 72 91
Gutenbergbibel (1455) 504
Gutenberg, Johannes *504 523* 603
Gutiérez Plaza, Leónidas *1205*
Gutrun, Dänemark, Kg. 333
Guyana **1604** 1666
Guyane Française ↗ Französisch-Guayana
Guyenne, Grfschft. 565
Guy, Grf. v. Dampierre *541*
Guzmán Blanco, Antonio *1204*
–, Fernández, Antonio 1597
Gwandu, Emirat 1130
Gyges, Lydien, Kg. 76 81 108 *118*
Gylippos 135
Gyrovagen 330
Gysi, Gregor *1628*

H

Haager Allianz, (1701) 629 655
Haager Friedenskonferenz, Erste (1899) 735 822 852
–, Zweite (1907) 735 822 852 1183
Haager Internationaler Gerichtshof 851 852 856 1185 1228
Haager Kfz., (1922) 857
–, (1929) 861
–, (1930) 862
Haakon, Dänemark, Kg., III. Ⓢ 472
–, Norwegen, Kg., I. d. Gute 333 334 370
–, –, –, IV. Haakonsson Ⓢ 473
–, –, –, V. Magnusson *574*
–, –, –, VI. Magnusson 575 576
–, –, –, VII. *827* 985 *1337*
Haase, Hugo *769 917* 923

HAB—HAV 1703

Habana, La ↗Havanna
Habasch, George 1453
Habeas-Corpus-Akte, (1628) 681
–, (1679) 683
Haber-Bosch-Verfahren 917
Habib, Philip 1457
Habibullah, Kabul, Emir 1099
Habomai 1343
Habré, Hissène *1511* 1646
Habsburg, Dyn. 586 616 638 640 645 647 652 [S] 509 617
–, Erblande 616
–, Otto v. *1353*
Habsburger Weltreich 616 617 618 635 [T] 636
Habsburg-Este, Dyn. 696
Habsburg-Lothringen, Dyn. [S] 664
Habte Wold, Akliku *1544*
Habuba Kabira 24
Habyarimana, Juvénal *1522* 1648
Hácha, Emil 868 *995*
Hachamanisch 92
Hacienda ↗Amerika span. Kolonien
Hacilar 18 21 *78*
Hadad, Baal 83
Haddad, Saad 1457 1462
Hadramaut 84 85 317
Hadria [T] 192
Hadrian, Pp., I. 340 341 358
–, –, II. *354*
–, –, IV. 413 *426*
–, –, V. 431
–, –, VI. *695*
Hadrianopolis 278
Hadrianswall, Britannien 239 292 293
Hadrianus, Rom, Ks. **238 239** 240 242 259 266 270 275 276 279 284 297 299 301 303 311 314 317 [T] 255
Hadrumetum (Sousse) [T] 299
Hadschar ibn Humaid, Kataban, Kg. 85
Hadza 1118
Haec sancta (1415) 529
Haeduer 222 232 283 284
Haeften, Werner v. *946*
Haemimontus, röm. Prov. 278
–, s.a. Thrakien
Händel, Georg Friedrich *608*
Hafenabkommen, UdSSR-Malta (1981) 1360
Hafis, Amin *1458*
–, pers. Dichter *1071*
Hagenau, Freiheitsbrief (1231) 524
Hager, Kurt *1390*
Haggai, Prophet 89
Hagia Irini 99
Hagia Sophia 487 489
Hagia Triada 44 97 98
Hai 81
–, s.a. Armenien
Haidar, Ali, Maisur, Herrscher 1057
Haig, Alexander M. 1272
Haile Selassie I., Äthiopien, Ks. *1144* 1544 1545
Hainisch, Michael *949* 950
Haiti 613 1188 **1202 1596** 1664
Hakoris, Ägypten, Kg. 69
Halaf-Stufe 19
Halbbürgergemeinden, röm. 263

Halberstadt, Christian v. 625 *646*
Halder, Franz *884* 887 888 *942* 947
Haleb ↗Aleppo
Haliartos, Schl. (395) 138
Halieis, Schl. (459) 126
Halifax, Lord ↗Wood
Halikarnassos 82 139 149
Halitsch-Wolhynien **479 480** 581 583
Haller, Albrecht v. 663 *715*
–, Karl Ludwig v. *721*
Hallstatt-Kultur 59 289 293
Hallstein, -Doktrin 1247 1248 1300
–, Walter 1262 1265 1267 1268 *1300*
Halonnesos 142
Halos Achaia 146
Hal Saflieni 35
Halt, Karl v. *937*
Halykos 182
Halys, Schl. (585 v.) 81
Hama, Zerstörung (1982) 1460
Hama, Boubou *1509* 1510
Hamadan *91*
–, s.a. Ekbatana
Hamadi, Ibrahim al- *1474*
Hamadou, Barkat Gourad *1544*
Hamaguchi, Osachi *1041*
Hamat (Hama) 84
Hambacher Fest (1832) 725 744
Hamburg 931 1292
–, (-Bremen), Ebtm. 333 343 371 401
–, Frd. (1762) 708
–, Unruhen (1923) 926
–, (seit 1945) 1625
Hamdaniden, Dyn. 1069
Hamilkar Barkas 197 198 201 294
Hamilton, Alexander *1174 1175*
Hamito-semitisch, Sprachgruppe 64
Hammarskjöld, Dag *1233* 1519
Hammurabi, Babylonien, Kg. 40 43 **73** 74
Hampton-Court-Kfz. (1604) 680
Hamrouche, Mouloud *1643*
Handel, Australien [G] 1578
–, China, VR [T] 1424 **1425**
–, Dtld., BR [T] 1303
–, EG [G] 1577 [T] 1425
–, Griechenland 104
–, Großbritannien 729 795 797 798 800 801 802 1231
–, Japan 1273
–, Lateinamerika 1197
–, Mittelalter **388 390**
–, RGW [T] **1369 1370**
–, Rom 239
–, UdSSR [T] 1380
–, USA 1380
–, s.a. Handel u. Verkehr
–, s.a. Überseehandel
–, s.a. Welthandel
–, s.a. Wirtschaft
Handelsembargo 1663
Handelsgesellschaft [G] 599
Handelshäuser **539**
Handelskolonien im Byz. R. **491 492**
Handelskrieg, Thailand-Japan 1568
Handel u. Verkehr, Asien 1010

–, Brandenburg-Preußen 659
–, Byz. 491-492
–, China 1020 1022-1025 1027 1028
–, Dtld. 515 516
–, Dtld., BR 1231
–, Dt. Reich 764 767 768
–, England/GB 677 678 684 797 798 800 801
–, Frkr. **442** 667 675 676 783 790 791 794
–, Früh-NZ 598 599 601 614 615 1065
–, Iberische Halbinsel **557**
–, Italien 441 442 536 538
–, Japan 1038 1039
–, Kanada 1231
–, Niederlande 703 704
–, Rußland 686 688 691
–, USA 1175 1182 1231
Handwerk, Griechenland 104
–, s.a. Zunftwesen
Han, Dyn. 1020 [T] 1018
Han Fei-tzu *1020*
Hanisch, Eugen ↗Ackermann, Anton
Hannibal 90 164 168 175 182 **199 199-201** 205 265 281 294
Hanno, Seefahrer 182 294
Hannover, Dyn. 685 799 [S] 796
–, Kgr. 754
Hanoi, Konv. (1946) 1427
Hanotaux, Gabriel 794
Hansabund 765 769
Hanse 497 **515 516** 599
Hansen, Hans Christian *1335*
Hansson, Per Albin *984 1357*
Harald, Dänemark, Kg. 371 [S] 474
–, –, –, Blauzahn 333 371 [S] 474
–, –, –, Hein [S] 474
–, –, –, England, Kg., Hasenfuß 366
–, –, –, II. Godwinson 366 480
–, –, –, Norwegen, Kg., Hardrada 472 [S] 473
–, –, –, Harfagr [S] 473
–, –, –, I. Schönhaar *370*
–, –, –, II. 334
–, –, –, V. 1632
Harappa-Kultur (2500--1500) 71 **1048**
Harar 1107 1109
Harare 1531
–, s.a. Salisbury
Hara, Takashi *1040*
Hardaumont [T] 838
Hardeknut, England, Kg. 366
Hardenberg, Karl August v. *739* 743
Harding, Warren *1185*
Haremhab, Ägypten, Kg. 67 68
Harich, Wolfgang *1390*
Harisliz 340
Harith, Ghassaniden, Scheich 318
–, Kinditen, Ft. 318
Harley, John *1501*
Harmachis, Ägypten, Gegenkg. 159
Harmel, Pierre *1333*
Harmodios 117
Harmosten 138
Haro, Luis de *699*
Harpalos 149 150 177
Harran, Schl. (1102) 493
Harrer, Karl *934*
Harrison, Benjamin *1182*
–, William *1178*
Harris, Townsend 1039
Harry Thuku 1143

Harschawardhana Schiladitja, Indien, Kg. 1051
Harsilsis, Ägypten, Gegenkg. 160
Hartford Convention (1814–1815) 1176
Hartling, Poul *1336*
Hartmann v. Aue [T] 420 503
Hartwig, Nikolaus v. *813*
Harun ar-Raschid ibn al-Mahdi, Kalif 341 1012 1066 [T] 1065
Harvard College 1168
Harvey, William *609*
Haryana 1554 1555
Harzburger Front (1931) 930
Hasa'el, Damaskus, Kg. 84
Haschimiten ↗Jordanien
Haschimiten, Dyn. ↗Irak
Hasdingen 322
Hasdrubal, B. des Hannibal 199 200
–, Schwiegersohn des Hamilkar Barkas 198 199 294
–, S. Giskos 201
–, S. Hannos 197
Hasdrubal, B. des Hannibal 90
Hase, Paul v. 947
Hasmonäer 166 *167* 221 302
Hassanali, Noor Mohammed *1665*
Hassan II., Marokko, Kg. 1486-1488 1643 1648
Hassell, Ulrich v. *947*
Hassuna-Stufe 19
Hastings, Francis Rawdon, Gf. v. *1058*
–, Warren *1057*
Hastings, Schl. (1066) 366 *463*
Hatoyama, Ichiro *1342*
Hatra 313 315
Hatschepsut, Ägypten, Kgn. 47 48 67 1106
Hatta, Mohammed 1106 *1572*
Hattim, Schl. (1187) 434 494
Hattireich ↗Hethiterreich
Hatto, Mainz, Eb., I. 351
–, –, II. 402
Hattusas, (Boğazköy) 78-80 83
–, s.a. Boğazköy
Hattusilis, Hethiter, Kg., I. 43 48 79
–, –, III. 68 79
Haughey, Charles James 1319 *1630*
Haugwitz, Friedrich Wilhelm v. *661*
Hau Pei-tsun 1658
Hausa 1110 1131 1509 1510
–, -Staaten 1110
Haus, griechisches 103
–, s.a. Oikos
Hausmacht 414 417 506 508-513
–, s.a. die betr. Dynastien
–, s.a. Königtum
–, s.a. Krondomäne
Haussa ↗Hausa
Haussmann, Georges-Eugène 790
Havanna 1191 1202
–, Charta, (1948) 1230
–, Kfz., (1947/1948) 1230
–, –, (1966) *1439*
–, –, (1979) *1441*
Havelberg, Btm. 401
Havel, Václav *1634*
Havemann, Robert *1392*

1704 HAW—HER

Hawaii 1183 1214 1219 1226 1279
Hawaiki ↗Polynesien
Hawatmeh, Naif 1453
Hawke, Robert 1579 1580 1659
Haya de la Torre, Victor Raúl 1206 1606
Hay-Bunan-Varilla-Vtg. (1903) 1204
Haydn, Joseph 610
Hayes, Rutherford B. 1181
Hay-Herrán-Vtg. (1903) 1203
Hay, John 1183
Haymarket-Aufruhr (1886) 1182
Hay-Pauncefote-Abkommen (1901) 1183
Hazor 40 52 53
Heath, Edward 1316
Hébertismus/Hébertisten 779 780
Hébert, Jacques-René 779
Hebräisch, Spr. 1088
Hebriden 370 472
Hebron 87
Hecker, Friedrich 746
Heckscher, Johann 747
Heden II., Thüringen, Hz. 339
Hedschas 855 1090
–, s.a. Arabien
–, s.a. Saudi-Arabien
Hedschra 1062
Hedwig v. Polen ↗Jadwiga
Heeresklientel 216
Heeresversammlung, makedon. 143
Heerkönigtum 290 321
Heermeister 249 252 255 256 303 309
Heerwesen 237 1035
–, (MA) 320 345 388
–, (NZ) 600 734 T 735
–, Brandenburg-Preußen 649 655 661
–, Byz. 383 490
–, Dt.R. 756 917 923 942 G 889 T 886 887 912
–, England 564 565 566
–, Franken 338
–, Frankreich, (MA) 553 554 555
–, –, (NZ) 669 671 T 836
–, griech. 139 140
–, hellenist. 156
–, Makedonien 143 148
–, Österreich 661 663
–, Österreich-Ungarn T 836
–, Ostgoten 327
–, Persien 93
–, Reich 643 644 647 652 653 654
–, Rom, (Republik) 186 187 189 190 206 214 215 217
–, –, (Prinzipat) 230 236 237 244-246 247
–, –, (Spätantike) 249 250 252 264-265
–, Rußland 686 688
–, Sasanidenreich 315 316
–, Westgoten 363
–, s.a. Kriegführung
–, s.a. Rüstung
–, s.a. Weltkriege
Heerwesen (Antike) ↗Heerwesen, Rom
Heerwesen, Dtld. ↗Heerwesen, Dt.R.
–, ↗Heerwesen, Reich
Hegedüs, András 1403

Hegel, Georg Wilhelm Friedrich 724 803
Hegemonie, (Antike) 156
–, (NZ), Dt.R. 731 870
–, –, England/GB 674 685 729
–, –, Frankreich 628-630 729 782
–, –, Preußen 757
–, –, Spanien 622-624
–, s.a. Gleichgewicht
–, s.a. Großmächte
–, s.a. Großreiche
–, s.a. Habsburger Weltreich
Hegesippos 259
Hehe 1118 1142
Heian-Zeit 1035 1036
Heidelberger Stallung (1384) 517
Heidentum, (MA) 390
–, (Spätantike) 250
Heilbronner Bund (1633) 626 647
Heilige Allianz, (1538) 620 729 804 805 806 830
Heilige Lanze 399
Heilige Liga, (1495) 555
–, (1684) 651
Heilige Liga (1526) ↗Cognac
Heiligenverehrung 305 307
Heiliger Krieg, Dritter (356–346) 141 142 145 146
–, Islam 1063
Heiliger Stuhl ↗Vatikan
Heiliges Synod 689 809
Heiliges Jahr, (1300) 431
Heiliges Land 305
–, s.a. Palästina
Heiliges Römisches Reich, (Deutscher Nation) 399
Heiliges Römisches Reich (Deutscher Nation) s.a. Deutschland
–, s.a. Reich
Heimatarmee, poln. 910
Heinemann, Gustav 1296 1302 1304 1394
Heinrich, Kg./Ks., I. 352 398 399 S 400
–, –, II. 377 404 405 436 437 445 477 S 400
–, –, III. 379 405 407 423 446 477 S 406
–, –, IV. 407-409 423-425 438 447 477 S 406
–, –, V. 409 410 425 448 449 478 S 406
–, –, VI. 414 415 416 428 434 439 467 491-493 S 412 T 420
–, –, (VI.) 411 S 412
–, –, VII. 478 512 532 533 S 511
–, –, (VII.) 416 417 S 412
–, –, Raspe 418
–, Bayern, Hz. 401
–, –, –, v. Kärnten 403
–, –, –, v. Luxemburg 404
–, –, –, d. Schwarze 409 410
–, –, –, II. d. Zänker 375 403 404
–, Bayern u. Sachsen, Hz., d. Löwe 411 412 413 S 414 415
–, –, –, d. Stolze 410 411
–, Böhmen, Kg., v. Kärnten 477 511 579
–, England, Kg., I. Beauclerk 410 448 465 S 466
–, –, –, II. 413 449 450 463 466 468-470 S 466
–, –, III. 452 453 463 467 468 508 564 S 466
–, –, –, IV. 567 568 S 569

–, –, –, V. 549 551 568 S 569
–, –, –, VI. 551-554 568 570 S 569
–, –, –, VII. 571 616 677 S 569 679
–, –, –, VIII. 468 606 616 677 678 S 679
–, Frankreich, Kg., I. 407 446 476 S 443
–, –, –, II. 621 641 666 694 S 545
–, –, –, III. 623 666 667 711 G 545
–, –, –, IV. 623 624 666 667 668 S 545 673
–, Kärnten, Hz. 403
–, Kastilien, Kg., I. S 458
–, –, –, II. v. Trastámara 547 558 S 559
–, –, –, III. 533 560 S 559
–, –, –, IV. 560 563 S 559
–, Lat. Ks., I. 593
–, Österreich, Hz., II. Jasomirgott 411 413
–, Portugal, Kg. S 462
–, –, Pr., d. Seefahrer 563 611 612
–, Rhein, Pfgf. b., I. 415
–, Schlesien, Hz., II. 481
–, v. Schweinfurt, Mgf. 404
–, Schwerin, Gf., I. 417
–, Zypern, Kg., II. 596
Heinrich, Bayern, Hz., IV. ↗Heinrich, Ks., II.
Heinrich Frauenlob v. Meißen 524
Heinrich v. Langenstein 523 528 529
Heinrich v. Morungen T 420
Heinrich Plantagenet, Grf. Anjou ↗Heinrich, England, Kg.II.
Heinrich v. Veldeke 420 503
Heinsius, Anthonie 704
Heiratspolitik, Byz. 487 488 490 593
–, Frankreich 548 549
–, Rußland 689
–, s.a. Habsburg, Dyn.
–, s.a. Hausmacht
Heiratspolitik, Polen ↗Jagiellonenreich
Hekataios v. Milet 132 294
Hektemoroi 116
Hektmatyar, Mujaheddin-Anführer 1644
Heldenepos T 420
Held, Heinrich 921 G 928
Helfferich, Karl 924 926
Helgoland-Sansibar (Zanzibar)-Vtg. (1890) 735 766 1137 1142 1143
Heliaia 137
Heliand 346 T 419
Heliodor, Kanzler 165
Heliopolis 305 307
Helladische Kultur 96 97 98-100 T 96
–, s.a. Griechenland (Helladikum)
Helldorf, Wolf Heinrich v. 947
Hellenen ↗Griechen
Hellenische Sammlungsbewegung 1338
Hellenismus, Begriff 94 151 155
Hellenistisches Mächtesystem 155-158 203 204
–, s.a. Gleichgewicht
–, s.a. Mächtesystem

Hellenistische Staaten 158-162
Hellespont 122-123
–, s.a. Meerengenfrage
Hellpach, Willy G 928
Helmold v. Bosau 419
Heloten 103 113 114 126 138 181
Helsinki, KSZE (1973–1975) 1254 1359 1369 1380
Helvetier 222 283 290
Helvetische Republik (1798) 726 780 831
Helvidius Pertinax 243
Hemeroskopeion 294 T 107
Hemium, Ägypten, Pr. 65
Hemmingstedt, Schl. (1500) 578
Henderson, Nevile 869
Heng Samrin 1430 1433
Henlein, Konrad 866 938 942 994 995
Henneberg, Wilhelm v. 636
Henotheismus 307
Henotikon 381 382
Henry, Marcel 1548
Hephaistion 148 150 151
Hephthaliten 316 1011 1012
Hera 100 118
Heraclea am Agri, Schl. (280) 195
Heraclianus, Comes Africae 255
Heraia 180
Heraion, Argos, Heiligtum 57
–, Samos, Heiligtum 57
–, Teichos 145 T 106
Herakleia, am Oita 204
–, am Schwarzen Meer (Eregli) 168 308 T 107
–, (Policoro) 200
–, ↗Thermopylen 154
–, Trachis 134
Herakleides, Tarentiner 175
Herakleiopolis 66
Herakleios, Byz., Ks., I. 249 303 306 311 317 353 383 384
–, -Dyn. 383 384
Herakleitos 111
Herakleopolis, Ägypten 31
Herakles 150 158
Heraklit ↗Herakleitos
Herat, Prov., Persien 1097
Herculaneum 237
Herder, Johann Gottfried 663
Herennius, S. des Decius 246
Herennius Dexippus, P. 270
Herero 1124 1137 1138
–, -Krieg (1904–1907) 1137 1138
Herford 1292
Herkules 250
–, s.a. Herakles
Hermann, Köln, Eb., v. Wied 640
–, –, –, II. 378
Hermann v. Salm, Billung, Mgf. 401
–, Kg. 409 424
Hermann v. Salza, Hochm., Deutscher Orden 417 518
–, Schwaben, Hz., I. 401
–, –, –, II. 404
Hermannsson, Steingrimur 1338 1632
Hermannstadt, Schl. (1916) 843
Hermeias, Kanzler 162
Hermes, Andreas 947
Hermes, griech. Gott 100 278
Hermias v. Atarneus 147

Hermione 180 T 106
Hermogenes, seleukid. Feldh. 168
Hermonassa T 107
Hermunduren 289 290
Hernández Colón, R. 1600
Hernández Colón Martinez, Maximiliano 1589
Herniker 184 190 193 194 263 T 192
Hernu, Charles 1629
Herodas v. Kos 158
Herodes, Antipas 302
–, Antipater 302
–, Judäa, Kg., I. 302 304 317
Herodes Agrippa ↗Iulius Agrippa I.
Herodes Atticus ↗Claudius Herodes Atticus, Ti.
Herodianos 245
Herodot 69 92 98 101 105 132 143 294 1010
Herophilos 158
Herrenchiemsee, Tag. (1948) 1295
Herrenhaus, Preußen 752
Herriot, Édouard 953 954 955
Herrnstadt, Rudolf 1389
Herrschaftssystem, Absolutismus 600 601
–, Brandenburg-Preußen 659 661
–, China 1020 1022 1025
–, Dtld. 742 934 935 941
–, England/GB 677 678 680 684 797-802
–, Frankreich 665 783 784
–, Japan 1035
–, Österreich 661 663
–, Reich 600 601 634
–, Revolutionszeitalter 724 725
–, Rußland 686 689 803-812
–, s.a. Adel
–, s.a. Königtum
–, s.a. politische Organisation
Herrschaftszeichen ↗Amtsinsignien
Herrscherkult, Alexander d. Gr. 151
–, hellenist. 156 157 161
–, s.a. Gottkönigtum
–, s.a. Kaiserkult
Herter, Christian A. 1249 1265
Hertling, Georg v. 848 918
Hertwig, Manfred 1390
Hertzberg, Ewald Friedrich v. 658
Hertzog, Enrique 1608
–, James Barry Munnick 1141
Heruler 247 270 278 291 309 321 325
–, Christianisierung 332
Herwegh, Georg 746
Herzegowina 590 772 774 829 1082
–, s.a. Bosnien-Herzegowina
Herzen, Alexander 807
Herzl, Theodor 1086
Herzog 290 507
Herzogtum 338 339
–, s.a. Stammesherzogtum
Hesekiel, Prophet 88
Hesiod 103 104 105 106 108
Hessen 1291
–, -Darmstadt 724 743
–, -Kassel, Kftm. (1803) 738
–, (seit 1945) 1625 1627
Hess, Moses 722
Heß, Rudolf 882 895 934 937 943

Hetairoi, makedon. 143 144 146 148
Hethiter 41 67 73-75 78 79 80 83 84 T 62
Hethiterreich 43 48 53 68 79 80 101
Hethitisch, Schr. 79
–, Spr. 81
hethitische Kleinstaaten 58
Hethum I., Kleinarmenien, Kg. 596
Heubner, Otto 750
Heuss, Theodor 1244 1296
Heveller 399
Hexapolis 274
Hexenprozesse 430
–, s.a. Inquisition
Heydrich, Reinhard 890 891 935 945 946 995
Heye, Wilhelm 928
Hidalgo y Costilla, Miguel 1197
Hiempsal, Numidien, Kg., I. 216
–, –, –, II. 298
Hieratisch, Schrift 64 69
Hierl, Konstantin 937
Hieroglyphenschrift 25 30 64 65 79 82 84 158 159 301
Hieron, Gela u. Syrakus, Tyr. 95 124
–, Syrakus, Kg., II. 196 197 198 200 268
Hieronymus, Kirchenvater 255 305
Hieronymus v. Kardia, Historiker 153 154 172 250
Higashikuni, Naruhiko 915
Hilarius, Pp. 329
–, Arles, B. 328
–, Poitiers, B. 288
Hildebrand, Archidiakon ↗Gregor VII., Pp.
Hildebrandt, Friedrich 938
Hildegard v. Bingen 419
Hilderich, Vandalen, Kg. 325 326
Hildico, Hunnen, Kgn. 324
Hilferding, Rudolf 719 920 926 930
Hilfsdienstgesetz (1916) 917
Hillery, (John) Patrick 1319
Hima 1102 1116
Himba 1124
Himera 124 197 T 107
Himilko, Seefahrer 294
Himmler, Heinrich 891 898 899 912 935 936 941 942 945 947 G 936
Himyar 317
Hinajana-Buddhismus 1049
Hincmar, Reims, B. 348
Hindenburg, Paul v. 837 848 917 918 919 927 928 929 931 932 936 939 941
–, -Programm (1916) 917
Hindi 1555
Hindu 1549
Hinduismus 1043 1050 1051
Hinkelstein-Gruppe 23
Hinterindien ↗Südostasien
Hiob 75
Hipler, Wendel 636
Hipparchos, Athen, Tyr. 117 T 109
–, Peisistratide 122
Hippeis 117
Hippias, Athen, Tyr. 117 121 T 109
Hippo (Biserta) 83

Hippodamos v. Milet 127 157
Hippokrates, Gela, Tyr. 123 124
Hippokratidas, Sparta, Kg. T 112
Hippolytos, Pp. 260
Hipponax 111
Hipponion (Vibo) 107
Hippo Regius (Bône) 300 T 299
Hira 318
Hiram, Tyros, Kg. 83 87 294
Hirohito, Japan, Ks. (Tenno) 886 915 1041 1043 1341 1425 1659
Hiroshima 915 1043 1187 1241 1275
Hirsch-Dunckersche Gewerkvereine 765 922
Hirtenbrief, Chile 1619
–, DDR (1983) 1396
Hirtius, A. 225
Hiscata, Córdoba, Emir, I. 456
–, Cordoba, Kalif, II. 456
–, –, –, III. 456
–, Kalif, ibn Abdalmalik T 1064
Hiskia, Juda, Kg. 76 88
Hispalis (Sevilla) 295 296 297
Hispania, Diözese 297
Hispania Baetica, röm. Prov. 296
Hispania Citerior, röm. Prov. 201 295
Hispania Ulterior, röm. Prov. 201 295
Hispania Ulterior, röm. Prov. s.a. Iberische Halbinsel
Hispanien ↗Iberische Halbinsel
Hiss, Alger 1276
Histiaia 127
Histiaios 121
Historia calamitatum 393
Historiographie ↗Geschichtsschreibung
Histrer 271
Histria T 107
Hitler, Adolf 863 865-870 872 874 875 877-880 882-887 891 892 894 898 902 912 926 929-932 934 936-947 956-958 975 980 1290 G 889 921 928
–, -Attentat, (1939) 944
–, –, (1944) 910 946 947
–, -Putsch (1923) 926 934
Hizbollah (Partei Gottes) 1638
Hoa-binh-Kultur 1043
Hoare, Samuel 975
–, -Laval-Plan (1935) 975
Hobbes, Thomas 600 601 682
Hochburgund ↗Burgund, Teilreich
Ho-Chi-Minh 915 1046 1308 1363 1427 1429
Hochindustrialisierung 719
Hochkirch, Schl. (1758) 631 658
Hochkommissare 1389
–, s.a. Alliierte Hohe Kommission
Hochkulturen, (Altertum) 17 61-95
–, (3. Jt.) 23-26
–, –, Vorderer Orient 17 23-26 30-34
–, (2. Jt.) 39-41 43-45 47-49 51-53
–, –, Europa 41 44-45 48-49 53-54
–, –, Vorderer Orient 40-41 43-44 47-48 51-53

–, (1. Jt.) 56-58
–, –, Europa 56-57 58
–, –, Vorderer Orient 56-58
Hochmittelalter 387-494
–, s.a. Mittelalter
Hochzinspolitik, USA 1273
Hodscha, Enver ↗Hoxha, Enver
Hodža, Milan 994 995
Höchstädt, Schl., (1703) 630
–, –, (1704) 630 655
höfische Kultur 419
höfischer Roman 396
Höfisches Epos T 419 420
Høegh-Guldberg, Ove 710
Höhlenmalereien, Jungpaläolithikum 15 16
Hörige ↗Leibeigenschaft
Hötzendorf ↗Conrad v. Hötzendorf
Hofadel ↗Absolutismus
–, ↗Adel
Hofakademie Karls d. Gr. 346
Hofer, Andreas 741 769
–, Franz 938
Hoffmann, Johannes 1260
–, Melchior 639
Hofkapelle 343
Hofstra, Jan 1331
Hofzeremoniell, hellenist. 156
–, persisches 93 150 151
HO (Handelsorganisation), DDR 1384
Hohenaltheim, Syn. (916) 398
Hohenfriedberg, Schl. (1745) 657
Hohenlinden, Schl. (1800) 726 781
Hohenlohe-Schillingsfürst, Chlodwig zu 767
Hohenmölsen, Schl. (1080) 409
Hohenstaufen, Dyn. ↗Staufer
Hohenwart, Karl v. 772
Hohenzollern, Dyn. 645 S 650
Hohermuth, Georg 1189
Hoherpriester 304
Hohlerstein 16
Hohokam 1147
Hojeda, Alonso de 1194
Hojo, Geschl. 1036 1037
–, Takatoki 1337
–, Tokimasa 1036
–, Tokimune 1037
Holbein, Hans d.Ä. 523
–, Hans d.J. 499
Holkeri, Harri 1632
Holländisch-Westindische Kompanie 1194
Holland ↗Niederlande
Holland, Sydney George 1580
Holstein, Friedrich v. 766
–, Magnus v. 709
Holstein (MA) 575 577
Holstein (NZ) 710 824 827
Holstein -Gottorf, Dyn. 691 708
Holstein-Warmzeit 7
Holt, Harold 1577
Holy Commonwealth ↗Puritaner
Holyoake, Keith Jacka 1580
Homer 148 158
–, Epen 96 97 98 99 100 102 103 104 105 118
Home-Rule-Gesetz, (1893) 802
–, (1914) 803
Home-Rule-League 1059
Homestead Act (1862) 1180
Hominide 12

1706 HOM—IDR

Homo erectus 12 1043
Homo habilis 12
Homonadenser 308
Homo sapiens 12 1043
Honasan, Gregorio 1656
Honduras **1201** 1582 **1590 1591**
1592 1663
Honecker, Erich 1254 1306
1390 1394 1395 1396 1625
1627 1628 1657
Honestiores 240
Hongkong 1026 1042 1657
–, Abk. (1984) 1318 1426
–, Vtg. (1893) 1046
Honorati 249
Honorat, Ordensgründer *330*
Honorius, Pp., I. 353 354 384
–, –, II. 408 423 425
–, –, III. 429 430
–, –, IV. *431*
–, Rom, Ks. *255* 322 323
Honoriusfrage 354
Hontheim, Johann Nikolaus v.
663
Hooker, Thomas *1166*
Hoover, Herbert 863 *1185*
–, -Feierjahr (-Moratorium
1931) 863 954 1185
Hopewell-Kultur 1146
Hopkins, Harry 885
Hopliten 126
Hoplitenphalanx, griech. 109
110 113 114
Horatius Flaccus, Q. (Horaz)
228 231
Horeb 86
Horgener Gruppe 36
Horikawa, Japan, Ks. 1036
Hormezdagan, Schl. (224) 315
Hormisdas, Pp. 329
Hormizd I., Sasaniden, Kg. 315
Hormus, Straße von 1492
Horne, Philipp v. 623
Horn, Gustav v. *626*
Horodiştea-Stufe 27
Horoztepe *78*
Hortensius, Hortalus, Q. *224*
–, Q. 190
Horthy von Nagybánya, Niko-
laus (Niklós) 898 904 911 997
998 *1403*
Horus 25 64 65
Hosea, Israel, Kg. 88
–, –, Prophet 88
Hosenbandorden 564
Ho-shen *1026*
Hosius (Ossius), Córdoba, B.
252 297
–, Stanislaus *711*
Hoßbach-Protokoll (1937) 942
Hoss, Selim al- *1462* 1638
Hostilius, A. 176
–, Mancinus, C. 202
Hotsprings, Kfz. (1943) 896
Hottentotten 1125 1126 1138
–, -Wahlen 1138
Hotu-Matua, Oster-Insel, Kg.
1219
Hough, Daniel *1534*
Houphouët-Boigny, Félix *1309*
1499 1500 1508 1645
House, Edward M. *842*
Houston, Sam 1198
Hova-Staaten 1121
Hoveida, Amir Abbas *1491*
1492
Howard, Katharina ↗ Katharina
Howard
Hoxha, Enver 904 *1005* 1411
1635

Hoysala, Dyn. 1053
Hoyte, Hugh D. *1666*
Hrabanus Maurus, Mainz, Eb.
347
Hrawi, Elias *1639*
Hrotsvit ↗ Roswitha
Hsia, Dyn. 1019
Hsien-feng, China, Ks. ⊤ 1024
Hsi-hsia-Reich 1017
Hsin, Dyn. 1022
Hsiung-nu 1010 **1011** 1020 1022
–, s.a. Hunnen
Hsuan-t'ung, China, Ks. ⊤
1024
Hsüan-tsang 1047 1051
Hsüan-tsung, China, Ks. 1023
Hsüan-t'ung, China, Ks. 1028
Hua Kuo-feng 1370 *1423* 1425
Huambo 1525
Huan, Ch'i-Reich, Hz. 1019
Huang Ch'ao 1023
Huang Yung-shen *1420*
Huascar, Inkaherrscher *1162*
Huayna Capac, Inkaherrscher
1160 *1162*
Hubertusburg, Frd. (1763) 631
658
Hudson, Henry *1167*
Hudson's Bay Company 1170
1171 1172
Hübner, Begriff 345
Hügelgräberkultur 50
Hülägü, Mongolenherrscher
1014 1070
Huemac, Toltekenherrscher
1156
Huerta, Victoriano *1199*
Hueyatlaco 1145 1148
Hugenberg, Alfred *922* 927 929
930 932 *936* 937 940
–, -Konzern 934
Hugenottenkriege 623 666 667
698 1166
Hughes, W.M. *1223*
Hugo, Auxerre, B. 445
–, Cluny, Abt. 421
–, Frankreich, Kg., Capet 444
⊠ 443
–, Franzien, Hz., Magnus 349
–, Italien, Kg., v. Vienne 350 360
361 487
–, Zypern, Kg., IV. 596
–, Zypern u. Jerusalem, Kg., III.
596
Hugo Abbas 353
Hugo v. Die 447
Hugo v. Digne *432*
Hugo v. Payens *436*
Hugo v. Trimberg *524*
Hugo, Victor 788
Huguccio *427*
Huk (Hukbalahap) 1574 1575
Hull, Cordell 882 886 896 903
Humajun, Großmogul 1054
Humanae Vitae (1968) 1350
Humanismus 505 597 **602-604**
–, Begriff **603**
–, Dtld. 524
–, Italien 505
–, Wissenschaft 611
Humban 91
Humbanigasch, Dyn. 91
Humbert, It., Kg., I. *817* 818
–, Dauphin, II. 546
–, Savoyen, Grf., I. Weißhand
436
Humbert v. Silva Candida *409*
422 423
Humboldt, Wilhelm v. *740* 743

Hume, Allan O. *1058*
–, David *610*
Hu-men, Vtg. (1843) 1026
Humiliores 240
Humphrey, Hubert Horatio
1280 1281
Hundertjähriger Krieg
(1339–1453) 499 540 **544**
546-549 551-553 558 560
562-564 **565 566**
Hundert Tage, (1815) 783 784
–, (1898) 1028
Hunerich, Vandalen, Kg. 324
326
Hunfridinger, Dyn. 350 351 398
Hung Hsiu-ch'üan *1027*
Hunkâr Iskelesi, Vtg. (1833)
1081
Hunnen 254 256 270 288 291
316 321 322 324 *372*
–, -Reich **1011**
Hunter-Kommission, Indien
1060
Hunyádi, János (Johann) *586*
587
Hurley, Patrick J. 1413
Hurriter 74 75 79 80 82-84 86 91
Hurritisch, Spr. 80
Hurtado Larrea, Osvaldo 1606
Husain, Baikara, Ilchan, Mon-
golenherrscher 1071
–, Enkel Mohammeds 1064
–, s.a. Hussain
Husain, Zakir *1555*
Husák, Gustáv *1402* 1403 1410
Hus, Johannes (Jan) *519* 529
567 *579* 605 ⊤ 503
Hussein, „Großmufti" 894
–, Ägypten, Su., Kamil 1092
–, Arabien, Kg. 1087 1090
–, Jordanien, Kg. 1443 1454
1455 *1462* 1463 1637 1639
–, Saddam *1469* 1637 1638
1640
Hussiten 495 518 **519 520**
Hussitenkriege (1419–1434)
519 520 579
Hutchinson, Anne *1166*
Hutten, Philipp v. *1189*
–, Ulrich v. *604 636*
Hutterische Brüder 606
Hutu 1117 1521 1523 1524
–, -Évolués 1521
–, -Parteien 1521 1522
Hu Yao-bang 1425 1426 1657
Hydaspes, Schl. (326 v.) 1049
Hyksos 43 66 67 86
Hylleis 112
Hypatia 256 302
Hyperbolos 134 135
Hypereides *137* 142 177
Hypomeiones 114
Hyrkanien 150 314
Hyrkanos, Hasmonäer, Kg., I.
167
–, Hoherpriester 221 302
Hysiai 113
Hyspoasimes v. Charkene 313
Hythe, Kfz. (1920) 856
Hywel Dda *368*

I

IAEA (International Atomic
Energy Agency) 1232 1352
Ianus ↗ Janus
IAPI 1612
Iazygen 237 238 243 251 275

Ibadan 1113 1114
Ibáñez del Campo, Carlos 1616
Ibas v. Edessa *382*
Ibbisim, Kg., Ur 40
IBEA Co. (Imperial British East
Africa Co.) 1117 1143
Iberer 59
Iberia, Begriff 294
Iberische Halbinsel, (vorröm.
Zeit) 198-201 **293-295**
–, (röm. Prov.en) 201 202 220
222 223 224 226 227 236 243
244 247 255 256 258 259 291
295-297 ⊤ 196
–, (MA) 362-364 456-463
557-563
–, –, Dynastien ⊠ 559
–, –, Gesellschaft **557 558**
–, –, Wirtschaft **557**
–, (NZ) 697-701 818-820
977-981
–, –, pol. Org. **979 980** ⊡ 980
–, –, Wirtschaft und Gesell-
schaft **699 700** ⊡ 698
–, (seit 1945) 1325-1329
–, –, Außenpolitik **1326**
–, –, pol. Org. **1325 1326**
–, –, Wirtschaftspolitik **1325**
Iberischer Pakt (1942) 980
Ibero-Amerika ↗ Lateinameri-
ka
Ibiza ↗ Ebysos
Ibn Battuta *1071*
Ibn Chaldun ↗ Ibn Haldun
Ibn Gabirol, Salomon ↗ Avice-
bron
Ibn Haldun *560 1071*
Ibn Ruschd ↗ Averroës
Ibn Saud, Saudi-Arabien, Kg.,
Abdal Asis 1090 *1459*
Ibn Sinâ ↗ Avicenna
Ibo 1103 1131 1505 1506
Ibrahim, Osman, Su. 1078
Ibrahim, Abdallah *1486*
Ibrahim ibn al-Walid ibn Ab-
dalmalik, Kalif ⊤ 1064
Ibrahim Lodi, Delhi, Su. 1052
1054
IBRD (International Bank for
Reconstruction and Deve-
lopment) 1656 1658 1662
–, s.a. Weltbank
Ibykos 119
Icener 292
Ichschididen, Dyn. 1066
Ichthyosaurus 6
Ichthyostega 2
Icosium (Alger; Algier) ⊤ 299
IDA (International Develop-
ment Association) 1235
1439 1653
Idea Popular de la Guinea
Ecuatorial ↗ IPGE
Iden des März (44 v.) 224
Ideologie 721-723 849
–, kommunistische Welt 1362
1365 1367 1369
–, KPdSU 962 963 967 970 1362
1375 1376 1380
–, Kuba **1435 1436**
–, SED 1382 1386 1390
–, s.a. Faschismus
–, s.a. Kommunismus
–, s.a. Marxismus
–, s.a. Nationalsozialismus
Idrieus, Persien, Satrap 141
Idris, Kanem-Herrscher, Aloo-
ma 1110
–, Lybien, Kg. *1479*

Idumäa 318
Ifat, Sultanat 1107
IFB 1549
IFC (International Finance Corporation) 1232
Ife 1113
Ifenilenja 1125
Ifni 1486
Igala 1113
IG Farben 927 941 1291
IGH ↗Internationaler Gerichtshof
Ignatios, Antiocheia, B. *259*
–, Konstantinopel, Patr. *354 486*
Ignatjew, Nikolai P. *808*
Igor, Kiew, Fst. 378 487
Iguala-Plan (1821) 1198
I-ho-ch'üan-Aufstand ↗Boxeraufstand
Iigme Dorji Wangchuk, Bhutan, Kg. 1564
Iigme Singhye Wangchuk, Bhutan, Kg. 1564
Ikeda, Hayato *1343*
Ikonion 1069
–, Schl. (1190) 434
–, s.a. Konya
Ikonoklasmus 384 385 386
Ikschwaku, Dyn. 1053
Iktinos 132
Ilarion, Kiew, Metr. 379
Ilbert-Gesetz (1883) 1058
Ilbo 1113
Ilchane 1014 **1071**
Ilea, Joseph *1518*
Iletmisch, Delhi, Su. 1052
Ilici (Elche) 296
Iliescu, Ion *1634*
Ilig-Chane ↗Karachaniden
Ilimilimma, Hethiter, Kg. 48
Ilipa, Schl. (206) 201 295
Ilkaniden, Dyn. 1071
Illahun 40
Illia, Arturo Umberto *1613*
Illinois, US-Staat 1176
Illueca, Jorge *1595*
Illuminatenorden 663
Illyrer 59 143-146 148 271 272
Illyricum, Prätorianerpräfektur 274 ‹
–, röm. Prov. 204 222 228 251 254 255 271 272 281 [T] 196
Illyricum, röm. Prov. s.a. Dalmatien, röm. Prov.
–, s.a. Pannonien
Illyrien 175 181 198
Illyrischer Krieg, Erster (229–228) *198* 272
ILO (International Labour Office) 1283
Ilorin 1111 1130
Iltut, Abt *332*
Imad ad-Din Sengi, Emir, Mosul 493
Imbokodvo National Movement ↗INM
Imbros 138
IMF (International Monetary Fund) 1228 1233 1235 1240 1330 1439 1584 1616 1620 1662
–, Sonderziehungsrechte 1236
Imhotep, Baumeister 65
Immerwährender Reichstag (seit 1663) 652 653
Immigrantengesetz, Belg. (1984) 1334
Immunität (MA) 343

Impeachment 566 681 1175 1181 1283 [G] 1284
Imperator Augustus 341
–, s.a. Kaisertum
Imperial British East Africa Co. 1143
Imperial Federation League 801
Imperialismus 610 614 615 628 **719 732-737** [T] 732
–, China 1012
–, Dt. Reich 767
–, England/GB 684 685 800-802
–, Frankreich 794
–, Italien 817 818
–, Japan 1041
–, Portugal 700
–, Röm. R. 190-195 196-204 206
–, Rußland/UdSSR 691 804 805 808-810 1227
–, Schweden 706
–, Spanien 698
–, USA 1182 1183 1197
–, s.a. Großmächte
–, s.a. Großreich
–, s.a. Kolonien
Imperium der röm. Kaiser *209* 210 227 229 231 232 261
Imperium (Romanum) 339
–, s.a. Reich
–, s.a. Rom
–, s.a. Romidee
–, s.a. Romtheologie
Import ↗Handel
Impressakeramikkultur 19
–, s.a. Montserratkultur
Imrédy, Béla v. *997*
Imru, Mikael *1544*
Inanna 72 73
Inaros 126
INCA (Irish National Liberation Army) 1319
Inchtuthil 292 293
Indemnitätsvorlage (1866) 754
Independenten 606 682
Independent Forward Bloc ↗IFB
Inder 1549 1604
India Act, (1784) 1057
–, (1858) 1058 1059
Indiana 1176
Indian Civil Service 1058
Indianer, Brasilien 1668
–, Kanada 1660
Indianerfrage, port. Kolonien 1193
–, span. Kolonien 1188-1192
–, (seit 1945) 1285
Indianerkriege 1181
Indianerkulturen 1145-1164
Indian Mutiny (1857/1858) 1058 1059
Indian National Congress ↗Puna, Kongr. (1885)
Indien, (bis ca. 1100) 150 161 **1048-1051**
–, –, griech. Reiche 1010 1050
–, –, Großmogulreich 1074
–, (12.–19. Jh.) **1051-1057**
–, –, europ. Handelskompanien u. Mächte **1054 1056 1057**
–, –, Islamisierung **1052**
–, (1816–1945) **1057-1061**
–, –, Unabhängigkeitsbewegungen 1059
–, –, Verfassung 1059 1060
–, (seit 1945) 1309 1439 1440 1472 **1551-1559** 1652-1654

–, –, Außenpolitik 1657
–, –, pol. Org. **1552 1553** [G] 1553
–, –, Wirtschaft [T] 1557
Indien (bis ca. 1100) s.a. Südindien
Indien, Kolonien, engl. 1054
–, niederländ. 702 1054
–, portug. 700 1054
Indienrat, port. 1192
–, span. 1189
Indien-Seeweg 612 613
Indiktion, röm. 250
Indios 1608
Indisch-chinesischer Krieg (1962) ↗Chinesisch-indischer Krieg
Indischer Subkontinent, (seit 1945) 1551-1564 1652
–, s.a. Indien
Indische Union ↗Indien (seit 1945)
Indisch-pakistanischer Konflikt (seit 1947) **1551** 1556
Indochina ↗Südostasien
Indochinakfz. (1954), Genf 1232 1245
Indochinakrieg, (1946–1948) 1308 1427
–, s.a. Vietnamkrieg
Indoeuropäer 96 97 293-294
Indogermanen 78 91 92 143 183 185
indogermanische Sprachen 1048
Indoiraner ↗Arier
Indonesien, (bis 1945) 1043 1046 1047
–, (seit 1945) 1230 1331 1564 1570 1571 **1572-1574** 1655 1656
Indo-skythische Reiche 1010
Indra 1048
Indus-Kultur 71 **1048**
–, s.a. Harappa-Kultur
Industrialisierung **716** 717 719 729
–, Belgien 716 823
–, China 1027
–, Deutschland 716 742 744 755 764 765
–, Frankreich 675 716 785 787 788 790 793
–, Großbritannien 717 **797-801**
–, Indien 1058
–, Italien 716 817
–, Japan 719
–, kommunist. Welt 1362
–, Lateinamerika 1584
–, Malaysia 1570
–, Niederlande 716
–, Rußland 716 803 804 806 809 810
–, Schweden 716 825 826
–, Schweiz 716
–, USA 719 1181 1182
Industrie [T] 719
–, Ägypten 1477 1478
–, Algerien 1485
–, Australien **1577-1578**
–, Bolivien 1608
–, Brasilien 1615
–, Chile 1617 1618
–, China, VR [T] 1424 1495
–, DDR 1389 [G] 1392
–, Dtld., BR 1289 1290 1294 1298 [T] 1301
–, Dt. Reich **764** 917 **932 933** 941 [T] 929 933

–, Frankreich 954 [T] 1311
–, Großbritannien 960 1313 [T] 1317
–, Indien [T] 1557
–, Iran **1492**
–, Israel 1464
–, Italien 1322 [T] 1323
–, Japan 1345 [T] 1346
–, Kanada 1287 [T] 1287
–, Lybien 1480
–, Marokko 1488
–, Peru 1606 1607
–, Schweiz 1355 1356 [T] 1355
–, Tunesien 1481 1482
–, UdSSR 965 969 **1373** [T] 1379
–, USA 1182 1279 1283 [T] 1283
industrielle Revolution 597 716 724 795 **797 800**
–, s.a. Industrialisierung
Industrienationen, östliche 1235 1238
–, westliche 1227 1230 1231 1233 1235 1238
INF (Intermediate-range Nuclear Forces) 1621 1622
Inflation 615 [T] 847
–, Brasilien 1616
–, Dt. Reich 919 923 924 925 926 927
–, Frankreich 615 953 954
–, GB 1317
–, Lateinamerika 1584 [T] 1585
–, Mexiko 1587
–, s.a. Geldentwertung
INFONAC 1592
Ingelheim, Syn. (948) 401
Ingenuus, Usurpator 247 280
Inkatha-Bewegung 1650
Inkunabeln 504
INM 1537 1538
Innenpolitik ↗die betr. Staaten
–, ↗Parteien
–, ↗politische Organisation
innerdeutsche Beziehungen 1251-1254 1306 1395
innerdeutscher Handel 1254 [G] 1304
Innerostafrika 1116-1119
Innozenz, Pp., I. 328
–, –, II. 449
–, –, III. 358 381 416 423 **428** 430 434 440 450 467 473 491 533
–, –, IV. 418 423 427 **430** 479 493 589
–, –, V. *431*
–, –, VI. *527*
–, –, VII. 528
–, –, VIII. 530
–, –, IX. 695
–, –, X. 695
–, –, XI. 651
–, –, XII. 695
INOC 1468
Inönü, Ismet 895 897 1085 1340
Inquisition **430** 560 561
Inschuschinak 91
Insekten 5
Instituto Argentino para la Promoción del Intercambio ↗IAPI
Instituto de Fomento Nacional ↗INFONAC
Instrument of Government (1653) 682
Insubrer 59 199 201
Interamna [T] 192
Interdependenz-Doktrin (1964) 1615
Interessenverbände, Dt. Reich 757 765 767

1708 INT—ITA

–, Frankreich 795
–, Großbritannien 797-803
Interglazial ↗ Zwischeneiszeit
Internationale, I. (1864) 723 724
–, II. (1899) 724
–, Zweite 1666
–, s.a. Kominform
–, s.a. Komintern
Internationale Afrika-Association 1133
internationale Anerkennung, DDR 1395
–, UdSSR 967
Internationale Arbeiterschutzkfz., Erste (1890) 766
Internationale Arbeitsorganisation ↗ ILO
Internationale Atom-Energie-Kommission ↗ IAEA
internationale Beziehungen, DDR-UdSSR s.a. Deutschlandpolitik
internationale Beziehungen, Deutschland, BR-DDR s.a. Deutschlandpolitik
internationale Beziehungen (seit 1945) s.a. Außenpolitik
–, s.a. Entspannungspolitik
–, s.a. Friedenspolitik
–, s.a. friedliche Koexistenz
–, s.a. Heiratspolitik
–, s.a. kalter Krieg
–, s.a. Ost-West-Beziehungen
–, s.a. Palästinakonflikt
internationale Blockbildung, (seit 1945) 1227
internationale Bündnissysteme, (seit 1945) 1227
internationale Friedenspolitik, (seit 1945) 1227 1438
Internationale Investitionsbank, RGW 1368
internationale Organisationen (seit 1945) 1227-1239
Internationaler Gerichtshof (IGH) 1488 1491 1532 1533 1593 1647
Internationale Ruhrbehörde 1259
Internationaler Währungsfonds (IWF) 1648
Internationales Erdölkonsortium 1492
Internationales Militärtribunal in Nürnberg (1945) 1291
internationale Währungssysteme (seit 1945) 1230 1508 1648
internationale Wirtschaftssysteme (seit 1945) 1227 1230 1231
internationale Wirtschafts- u. Finanzpolitik (seit 1945) 1227 1437
Internationalismus, sozialistischer 1409
Interparlamentarische Organisation der ASEAN-Staaten ↗ AIPO
Interparlamentarische Sozialistische Kommission 724
Interregnum 185 186 187 T 208
Interstadiale 7
Intervention in Rußland (1918–1919) 965
Interventionsprinzip 730
Interzonenhandel 1243 1252 1264 G 1304

Intifada 1637 1638 1639
Intihuasi 1163
Inuit ↗ Eskimo
Inukai, Tsuyoshi 1041
Invasion (1944) 898 901 902 906
Investitur 401 425
Investiturstreit 408 409 424 425 464 467
–, Frankreich 447
Inyanga 1125
Iona, Kloster 331 368
Ionien 81 82 93 139 152 162 168 310
Ionier 96 102 143 T 106
Ionischer Aufstand 93 121
Ionische Wanderung 102 103
Iorga, Nikolae 999
Iovianus, Rom, Ks. 254 316
Iowa ↗ Präriestämme
IPC ↗ Iraq Petroleum Co.
IPGE 1514
Iphikrates 139 140
Ipsos, Schl. (301 v.) 154 160 169 176 178
Ipuki, Ägypten, Bildhauer 47
IRA (Irisch-Republikanische Armee) 1317-1319 1630
Irak 880 881 1064 1089 1090
–, (seit 1945) 1240 1265 1340 1444 1446 1447 1452 1457 1459 1460 1467-1469 1473 1620 1621 1636-1640
–, Entwicklungspolitik 1468 1469
–, Kurdenproblem 1467 1468 1469 1640
–, Mosulfrage 858 860
Irakisch-iranischer Krieg (1980–1988) 1239 1441 1448 1460 1469 1470 1493 1494 1620 1636 1639 1640 1643
Irakisch-Iranisches Protokoll (1975) 1460 1469
Irakisch-kuwaitischer Krieg (1990–1991) 1620 1621 1623 1628-1631 1636-1640 1642 1662
Iraku 1118
Iran-Contra-Affäre 1661 1662
Iran, (vor dem Hellenismus) 20 33 70-73 75 76 T 63
–, (hellenist. u. röm. Zeit) 161 312-317
–, (seit 1945) 1241 1242 1340 1447 1467 1469 1470 1473 1490-1494 1620 1636 1639 1640 1643 1644 1661
–, Entwicklungspolitik 1491 1492
Iran (islam. Zeit bis 1945) ↗ Persien
Iran (vor dem Hellenismus) s.a. Perserreich
Iraq Petroleum Co. (IPC) 1467 1607
Ireland-Bill (1949) 1318
Iren 292 T 331
–, Christianisierung 332
Irenäus, Lyon, B. 259
Irene, Byz., Ksn. 385
–, Byz., G. Philipps v. Schwaben 491
Irene, Ksn., Byz., G. Manuels I. ↗ Bertha v. Sulzbach
Irian Barat 1572 1574
Irian Jaya 1574
Irigoyen, Hipólito 1209
Irische Landliga 802
irischer Bürgerkrieg (1922–1923) 962

Irisch-Republikanische Armee ↗ IRA
Irisch, Spr. 367 368
Irish National Liberation Army ↗ INCA
Irish Remonstrance (1317) 573
Irjani, Abdar-Rahman al- 1473 1474
Irkutsk-Gruppe 1426
Irland, (MA) 366 367 368 468 469 573 574
–, –, Christianisierung 365 468
–, –, Kultur 367 368
–, –, Mission 367
–, –, Mönchskirchentum 367
–, (NZ) 678 680 682 722 802 962
–, (seit 1945) 1266 1268 1270 1272 1273 1318 1319 1630
Irmak, Sach 1340
Irminsul 340
Irnek, Hunnen, Kg. 372
Irnerius v. Bologna 395 441
Irokesen 1146
Irokesenbund 1170
Irokesenkrieg (1642–1653) 1170
Irokesenliga 1146
Ironsides 682
Ironsi, Johnson Aguiyi 1505 1506
iroschottische Mission 367
IRP ↗ Islamisch-Republikanische Partei
Isaak, Byz., Ks., I. Komnenos 489 492
–, –, –, II. Angelos 416 434 491
–, Erzvater 86
Isabeau, Frankreich, Kgn. 548 549 551
Isabel, Brasilien, Prn. 1210
Isabella, Kastilien, Kgn., I. 560 611 612 616 1188 S 559
–, –, –, II. 819
–, Kgn., G. Eduards II. v. England 543 565
–, –, G. Philipps d. Schönen v. Frankreich 543
–, –, G. Richards II. v. England 549
Isabella v. Brienne, Ksn. 417 494
Isabella v. Hennegau, Frankreich, Kgn. 450
Isagoras 120 121
Isaurier (Isaurer) 219 254 256 309 381
Isca Silurum (Caerleon) 293
Ischbi-Era, Isin, Kg. 40 73
Ischia ↗ Pithekussai
Ischtar 70 73 94
–, s.a. Anahita
–, s.a. Astarte
Isebel, Israel, Kg. 87
Iselin, Isaak 715
Isfahan 314 1096
Ishaq Khan, Ghulam 1653
Isidor, Sevilla, Eb. 356 364
Isin 52
Isin, Dyn. v. 73 75
Isinis, Ur, Kg. 40
Isin-Larsa-Zeit 40
Isis 159 160 281 288 302
Islam 1044 1062 1063 1066 1074 1475 1653 1656
–, Heiliger Krieg 1063
–, Konfessionen 1063
–, Kultur 1066 1070 1071
–, Philosophie 1066
Islamisch-arabische Welt, (bis 1945) 1062-1099

–, (seit 1945) 1441-149 1636 16374
Islamische Allianz 1445
Islamische Demokratische Allianz ↗ IDA
Islamische Konferenz (seit 1971) 1446-1448 1646
Islamisches Strafrecht 1476
Islamisch-Republikanische Partei (IRP) 1493
Islamisierung, Afrika, südl. Sahara 1109 1110
Island, (MA) 371 476 574 575
–, –, Christianisierung 334 371
–, (NZ) 827 876 885 986 1187
–, (seit 1945) 1337 1338 1357
Island (NZ) s.a. Dänemark
Ismail, Ägypten, Khedive 1091 1092
–, Persien, Schah, I. 1096
Ismail, Abdul Fattah 1474 1641
Ismailiten 1069 1459
–, s.a. Schiiten
Ismay, Hastings Lionel 1262
Isokrates 136 137 139-141 146 156
Isolationismus 1186
Isonzo, Schl. (1915–1917) 839 842 843 972
Isopolitie 179
Isperich ↗ Asparuch
Ispuinis, Urartu, Kg. 80
Israel, (Altertum) 84 86-89
–, (seit 1945) 1239 1443-1447 1449-1454 1457 1461 1462 1464-1466 1469 1471 1637-1640 1642 1647
–, –, Bevölkerung 1464
–, –, Gesellschaft u. Wirtschaft 1464 1465 1466
–, –, Name 86
–, –, pol. Org. 1464
–, –, Staats- und Ministerpräsidenten T 1465
–, –, Stämme 86 87
Israel (MA/NZ) ↗ Palästina
Israel (Altertum) s.a. Palästina
Israelisch-libanesisches Abkommen (1983) 1458 1462
Israeliten 53 83
Issa, Abdullah 1543
Issar 1144 1543 1544
Issa (Vis, Lissa) 271
Issos, Schl. (333) 149
Istachr 313 314
Istanbul 1083
–, Kfz., (1964) 1491
–, s.a. Byzantion
–, s.a. Konstantinopel
Isthmische Spiele 106 181 198 203 235 270
Istiklal-Partei 1094 1486 1487 1488
Istrien 201 272 854 1320
Isurium (Aldborough) 293
Iswoljski, Alexander P. 812 813
ITA (International Trade Association) 1228
Itaipú-Wasserkraftwerk 1610 1616
Italia, Africa, Prätorianerpräfektur 285
–, annonaria 267
–, bilanciata 537
–, Diözese 267
–, suburbicaria 267
Italica (bei Sevilla) 295
Italien, (Vorgeschichte) 21 35 42 46 50 54 57 58

–, (Altertum) 119 250 261 **262-269** 282 291 T 62
–, –, Bevölkerung 183
–, –, Diözese 267
–, –, Gesellschaft 264-265 267
–, –, pol. Org. 263 264 265 266 267
–, –, Regionen 266
–, –, Wirtschaft 164-165 267-268
–, (MA) 326 327 **352 353 356-362 436-442 530-539**
–, –, Architektur 361
–, –, Bankwesen **539**
–, –, byz. Präsenz 360
–, –, Condottieri **535**
–, –, Gesellschaft **441**
–, –, Handel u. Verkehr **441 442 538 539**
–, –, karoling. Herrschaft **358-360**
–, –, Kultur 361 440 441 537 538
–, –, Nationalkönige **360 361**
–, –, pol. Org. **440 441 530 531**
–, –, Rechtswesen **440 441**
–, –, Renaissance **537 538**
–, –, Seestädte **359**
–, –, Signorie **530 531**
–, –, Stadt **505**
–, –, Wirtschaft 361 362 441 442 **538 539**
–, –, Wissenschaft **537 538**
–, (NZ bis 1914) **692-697 813-818**
–, –, Gesellschaft 814 815 817
–, –, Kultur 603 604 607 **694**
–, –, Nationalbewegung 725 730 814 815 816 818
–, –, Parteien 818
–, –, Verfassung 815
–, –, Wahlrecht 817
–, –, Wirtschaft 816
–, (1914–1945) **972-977**
–, –, Außenpolitik 851 852 855 864-870 896 974
–, –, Einparteienstaat 974
–, –, Faschismus 833 849 850 857 899 972 973 974
–, –, Kirche 974
–, –, Kriegführung, (1915–1918) 844 972
–, –, –, (1940–1945) 879 880 881 883 885 892 900 901 975 976
–, –, Kriegsverluste (1915–1918) T 848
–, –, Verfassung 974
–, –, Wahlen, (1919) 973
–, –, –, (1921) 973
–, –, –, (1924) 973
–, –, –, (1929) 974
–, –, Widerstand 976
–, –, Wirtschafts- u. Finanzpolitik 973-975
–, (seit 1945) 1273 1275 **1319-1324** 1630 1631
–, –, Wirtschaft **1322** T **1323**
Italien (Altertum) s.a. Süditalien
Italienischer Einigungskrieg, (1859) 731
Italienischer Krieg, (1494–1516) 616 617
Italienisch-österreichischer Krieg (1866) 817
–, s.a. Deutscher Krieg
Italienisch-Ostafrika 880 1144
Italienisch-Somaliland 880
–, s.a. Somaliland
Italienisch-Türkischer Krieg (1911–1912) 818

Italienpolitik (MA), byz. 436
–, dt. 402 403 404 405 407 411 413 414 417 439 513 515
–, frz.(MA) 554 555
–, kastilische 558
Italiker 211
Italischer Bund ↗Bundesgenossen, röm.
Italos, myth. Kg. 262
Iteration 219
Iteso 1116
Ito, Hirobumi *1039* 1040
ITT-Konzern 1618
Itúrbide, Agustin de *1198* 1200
Itza-Dynastie 1155 1156
Itzcoatl, Aztekenherrscher 1157
Itzstein Johann v. *747*
Iulia Domna 245
Iulia Livilla, T. des Germanicus 234 S 233
Iulia Maesa 245
Iulia Mamaea 245
Iulia Soaemias 245
Iulia, T. Caesars 222 223
Iulia, T. des Augustus 228 S 233
Iulianischer Kalender 224 229
–, Rußland 688
Iulianus Apostata, Rom, Ks. **254** 270 285 291 303 306 316 S 253
Iulisch-claudische Dyn. 225-236 **233**
Iulium Carnicum 281
Iulius Africanus, S. 260
Iulius Agricola, Cn. 237 287 292 293
Iulius Agrippa, I., M. 232 258 302
Iulius Agrippa, II., M. 237 *302* 303
Iulius Alexander, Ti. 236 301 304
Iulius Caesar, C. 169 172 *220* 221 **222-224** 225 226 262 266 268-270 275 283-285 289-291 296 299 302 308 317 S 233
Iulius Civilis 236 284
Iulius Classicus 236 284
Iulius Eurycles, C. 269
Iulius Florus 232 284
Iulius Frontinus, Sex. 236 292
Iulius Paulus 244
Iulius Sabinus 284
Iulius Sacrovir 232 284
Iulius Secundus 288
Iulius Tettianus 237
Iulius Tutor 236 284
Iulius Vindex, C. 235 284 287
Iunius Blaesus, Q. 232
Iunius Brutus, Callaicus, D. 296
–, M. 224-226
Iunius Iuvenalis, D. *242*
Iunius Moderatus, Columella, L. 239 296
Iunius Silanus, M. 216
Iunonia 215 216
Iupiter ↗Jupiter
Ius auxilii 188
Ius intercedendi 188 219
Ius Italicum 270 299
Ius respondendi 240
Iustina, G. Valentinians I. 254
Iustinian, Rom, Ks. ↗Justinian, Byz., Ks.I.
Iustinos v. Flavia Neapolis 259
Iuvavum (Salzburg) 282

Iuvencus 297
Iuventius Celsus, P. 242
Iuventius Thalna, P. 176
Ivo v. Chartres 409
Ivois, Vtg. (935) 399
Iwan, Moskau, Zar, III. d. Gr. 578 584 *585* 685 686
–, –, –, IV. Grosny *686 697*
–, –, –, VI. *691*
Iwan Asen, Bulgarien, Zar, I. (Kalojan) 484 491
–, –, –, II. *484*
–, –, –, III. 588
–, Moskau, Gfst., I. Kalita *584*
IWF ↗Internationaler Währungsfonds
Iwojima 914
Ixtapalapa 1155
Izapa 1151
–, -Stil 1151
Izmir ↗Nikomedeia
–, ↗Smyrna

J

Jaalo 1112
Jabłoński, Henryk 1399
Jackson, Andrew *1176*
Jacquerie 546 547
Jadawa, Dyn. 1053
Jadwiga (Hedwig), Polen, Kgn. *581 584 586*
Jaffa, Vtg. (1229) 435
Jaga 1123 1124
Jagan, Cheddi 1604
Jagdmethoden 14
Jagiełło ↗Władysław II. Jagiełło, Polen, Kg.
Jagiellonen, Dyn. 522 581 **582** 712
Jagiellonenreich 580 581 **582 583** 587 **582** 712
Jagiełło-Wasa, Dyn. **712**
Jahja, Imam *1473*
Jahja Khan ↗Yahya Khan
Jahn, Friedrich Ludwig 743 744
Jahr, röm. 184
–, s.a. Kalender
Jahrtausendfeier ↗Tausendjahrfeier
Jahwe 86-88 167
Jaja, Opobo, Kg. 1113
Jakob, Erzvater 86
–, Aragon, Kg., I. d. Eroberer *461* 561
–, –, –, II. *561* S 559
–, England, Kg., I. 625 680 681 1166 1167 S 679
–, –, –, II. **679** 683 684
–, Schottland, Kg., I. *573*
–, –, –, IV. S 679
–, –, –, V. S 679
–, Zypern, Kg., II. 596
Jakobiner 780 792 793
Jakobinerklub 778
Jakobiten 308
Jakobitenaufstand (1715) 685
Jakobitische Kirche 308
Jakob v. d. Marken *432*
Jakobus d. Ä. 258
Jakobus d. J. 258 304
Jakob VI. ↗Jakob I., Kg., England
Jalta, Kfz. (1945) 905 972 1227 1241 1291 1396 1412
Jaluo 1116
Jamaica Labour Party ↗JLP
Jamaika 1193 1595 **1597 1598** 1665

Jamamoto, Isoruku 902
Jamani, Ahmed Saki *1470* 1640
Jamashita, Hobun 893
Jameson Raid 1136 1140
James, Stanislaus A. 1665
Jammu 1551
Jamnia 303
Jam Zapolski, Frd. (1582) 686
Janata ↗Dschanata
Jane Seymour, England, Kgn. *678*
Janitscharen 1073 1075 1081
Janjero 1109
Jankau, Schl. (1645) 627
Jansenismus 672 695 697
Jansenius, C. 695
Jansz, Willem *1220*
Januarsturm (1967) 1413
Janus 198 227 T 184
–, Zypern, Kg. 596
Jao Shu-shih 1416
Japan, (bis 1912) **1034-1040**
–, –, Adel 1036
–, –, Außenpolitik 733 1039 1049
–, –, Bevölkerung 1034
–, –, Gesellschaft 1035 **1036** 1038
–, –, Handel u. Verkehr 1038 1039
–, –, Kultur 1034 1035 1036
–, –, Landesabsperrung 1038
–, –, Landwirtschaft 1034
–, –, Missionierung 1037 1038
–, –, pol. Org. 1034-1040
–, –, Rechtswesen 1035
–, –, Religion 1034
–, –, Vorgeschichte 1034
–, (1912–1945) 885 915 **1040-1043**
–, –, Außenpolitik 833 849 851 864 865 866 869 870 882 885 1040 1041 1042
–, –, Kriegführung, (1914–1918) 844 1040
–, –, –, (1941–1945) 886 893 894 902 903 914 915 1042 1043
–, –, Kriegseintritt, (1914) 1040 T **834**
–, –, –, (1941) 886 1042
–, (seit 1945) 1231 1244 1275 1277 **1341-1347** 1440 1564 1658 1659
–, –, Handel 1273 1572 T **1344**
–, –, Parteien 1342
–, –, Wirtschaft 1568 T 1345 1346
Japanisch-Chinesischer Krieg, (1931) 863
–, (1937–1945) 866 870
Japoden 271 272 279 281
Japygen 124
Jarl Birger ↗Birger Jarl
Jarmuk (Yarmuk), Schl. (636) 304 306 384
Jaroslaw d. Weise, Kiew, Gft. 378 379 446 480
–, Nowgorod, Gft. 481
Jaroszewicz, Piotr *1398*
Jarres, Karl 927 G 928
Jarring, Gunnar *1453* 1454
Jaruzelski, Wojciech *1399* 1633
Jasa, Gesetzbuch 1013 1014
Jaschodharman, Indien, Kg. 1051
Jaschowarman, Indien, Kg. 1051

1710 JAS—JUD

Jasd 1071
Jasid, I., Kalif T 1064
–, II., Kalif T 1064
–, III., Kalif T 1064
Jasir Juhanim ↗Yasir Yuhanim
Jason v. Pherai 139 140 144
Jassy, Frd. (1792) 692 804 1080
Jastorfkultur 289
Jasus d. Gr., Äthiopien, Ks. 1108
Jathrib 85
Jatiya-Partei 1653
Jatti, Basappa Danappa *1557* 1558
Jaunde (Yaoundé) 1131 1267 1272
Jaurès, Jean 794 795
Java 981 1043
–, Übervölkerung 1574
–, s.a. Indonesien
–, s.a. Südostasien
Java-Mensch ↗Homo erectus
Javaner 1604
Jawara, David *1496*
Jaxartes 1009 1010 1015
Jay, John *1174* 1175
–, Vtg. (1794) 1176
Jayavarman II., Khmer, Kg. 1044
Jayawardene, Junis Richard *1563*
Jazygen ↗Iazygen
Jean, Luxemburg, Ghz. *1335*
Jeanne d'Arc *552* 556
Jebusiter 87
Jefferson, Thomas *777 1174 1175* 1176
Jehu, Israel, Kg. 75 87
Jekuno Amlak, Ägypten, Kg. 1108
Jelačić, Josef *749*
Jellicoe, John R. *840*
Je-lü Ta-schi, Kara-Chitai, Chan *1013*
Jelzin, Boris *1633*
Jemappes, Schl. (1792) 822
Jemen, (Altertum) 76 84 85 136 317
–, (20. Jh.) 1090 1444 1445 1447 1448
–, Arabische Rep. 1447 1448 **1473 1474** 1641
–, Demokratische Volksrepublik/Süd-Jemen 1447 1448 1473 **1474** 1641
–, -Krieg (1962–1969) 1443 1444
–, Republik (seit 1990) 1641
Jemen (MA/NZ) s.a. Aden
–, ↗Arabische Halbinsel
Jena, Schl. (1806) 727 739
Jenaer Burschenschaft 743
Jendretzky, Hans *1389*
Jenkins' Ear War (1740–1748) 1170
Jenné 1112
Jenninger, Philipp 1626
Jenseitsreligionen 158 208
Jenseitsvorstellungen, ägypt. 64-67
Jephta 86
Jeremia, Prophet 69 88
Jericho 18 19 32 40 85 304
–, –, –, II. 88
Jérôme, Westphalen, Kg. 782
Jerusalem, (vor dem Hellenismus) 68 77 87-89 94
–, (Hellenismus) 164 165 167

–, (röm. Herrschaft) 221 236 239 253 302 303
–, (MA) 433 434 494
–, (20. Jh.) 1450-1452 1457 1466
–, Apostelkonz. 258
–, christl. Urgemeinde 258 304 307
–, Kgr. 433 434 493 596 1069
–, Patrt. 303 304 329
–, Problem 1450
Jesaja d. Ä., Prophet 88
Jesaja d. J., Prophet 88
Jesdegerd ↗Yezdegird
Jessup, Philip C. *1243*
–, -Malik-Abk. (1949) 1243 1276
Jesuiten 605 607 643 696 697 701 714 814
–, Mission, Äthiopien 1108
Jesuitengesetz (1872) 762 763
Jesus 89 229 232 258 302 307
Jeunesses patriotes 955
Jhelam 1551
Jiang Zemin *1658*
Jinnah, Mohammad Ali *1559*
JLP 1597
Joachim, Brandenburg, Kft. 637
Joachim v. Fiore 431
João I., Kongo, Kg. 1123
Joas, Israel, Kg. 88
Jobst v. Mähren, Kg. *519*
Jochanan, Pharisäer 303
Jodl, Alfred *887* 888 912 1290 G 889
Joei-Kodex (1232) 1037
Joffe, Adolf A. 1030
Joffre, Joseph *835* 836 837 838 *952*
Johann, Antiocheia, Patr. *328*
–, Aragón, Kg., I. *562*
–, Aragon, Kg., II. 554 562 563 S 559
–, v. Bedford 551 552 *568*
–, v. Berry 556
–, Böhmen, Kg., d. Blinde *478* 512 514 533 544 556 *579* S 51
–, v. Brabant, IV. 551
–, Brandenburg, Kft., Sigismund *624*
–, Bretagne, Hz., v. Montfort 547 548
–, –, –, III. *544*
–, v. Brienne 493
–, Burgund, Hz., ohne Furcht 548 549 551
–, Dänemark-Norwegen, Kg., (Hans) *578*
–, England, Kg., ohne Land 428 450 451 463 *467* S 466
–, Frankreich, Kg., I. S 545
–, –, –, II. d. Gute 501 **546 547** S 545 550
–, v. Jandun *513*
–, Kastilien, Kg., I. *560* S 559
–, –, –, II. *560* S 559
–, Lancaster, Hz, v. Gent *566* 567
–, Moldau, Ft., d. Schreckliche 588
–, Namur, Grf., III. 551
–, Nassau, Moritz *1192*
–, v. Neumarkt *523*
–, Österreich, Ehz. *748* 751
–, –, Hz., Parricida 511
–, Pfalz-Zweibrücken, Hz., Kasimir *623*
–, Polen, Kg., I. Albrecht *583* 587 S 582 712

–, –, –, II. Kasimir *712* S 712
–, –, –, III. Sobieski 629 651 713 1079
–, Portugal, Kg., I. *563* S 462
–, –, –, II. *563* 611 612
–, –, –, III. 700 1192 S 462
–, –, –, IV. *700* S 462
–, –, –, V. *701*
–, –, –, VI. 1209
–, Sachsen, Kft., d. Beständige *637*
–, –, –, Friedrich 621 *640* 641
–, –, –, Georg III. *654*
–, Schweden, Kg., Sverkersson 472
–, –, –, III. *706*
–, Sizilien, Kg., I. S 559
–, Spanien, Kg., VI. 820
–, Ungarn, Kg., Zápolya *587*
Johann v. Gent (John of Gaunt) ↗Johann, v. Lancaster, Hz.
Johann Karl ↗Juan Carlos
Johann, Luxemburg, Ghz. ↗Jean
Johann, Schottland, Kg. ↗John Balliol
Johanna, Brabant, Hzn. 549
–, Kastilien, Kgn., d. Wahnsinnige *560* 561 618 *697* S 617
–, Navarra, Kgn., II. v. Évreux *460* 543 546 *563*
–, Neapel, Kgn., I. 527 528 532 534
–, –, –, II. 535
Johannes, Apostel 310
Johannes, d. Täufer 258
Johann Adam, Liechtenstein, Prinz *1357*
Johannes, Pp., I. 329
–, –, II. 329
–, –, VIII. 351 353
–, –, X. 355 360
–, –, XII. 402 421 436
–, –, XIII. 402 421
–, –, XIV. 422
–, –, XV. 422 444
–, –, XVI. 422
–, –, XVII. 422
–, –, XIX. 405 422
–, –, XXI. 431
–, –, XXII. 427 *513 527* 533
–, –, XXIII. (1410–1415) *519 529*
–, –, XXIII. (1958–1963) *1350*
–, –, Paul, I. *1350*
–, –, –, II. *1350* 1399 1506 1515 1576 1584 1587 1593 1631 1645
–, Äthiopien, Ks., IV. *1109*
–, Byz., Ks., I. Tzimiskes 436 *488*
–, –, –, II. Komnenos 434 482 *490*
–, –, –, III. Vatatzes (Nikaia) *593*
–, –, –, V. Palaiologos *595*
–, –, –, VI. Kantakuzenos *595*
–, –, –, VII. *595*
–, –, –, VIII. *595*
–, Konstantinopel, Patr., Chrysostomos 255 328
–, Rom, Ks., Primicerius 255 256
Johannes Cassian *330*
Johannes Damaskenos *385*
Johannes Duns Scotus ↗Duns Scotus
Johannes Gualbertus 426
Johannes Kapistran *432*
Johannes Kappadox *382*

Johannes Lagenator, v. Frankfurt *524*
Johannes Lydos *382*
Johannes Parvus *549*
Johannes v. Salisbury *393*
Johannes Scotus Eriugena *347*
Johannes Silentiarius 305
Johannes Skylitzes 488
Johannesson Olafur *1338*
Johannes v. Tepl *524* T 503
Johannes Teutonicus *427*
Johanneskirche, Damaskus 1065
Johanniter **436** 542 695
John, Bernard St. *1665*
–, Patrick R. 1600
–, Schottland, Kg., Balliol *572*
John of Gaunt ↗Johann, Hz. v. Lancaster
Johnson, Andrew *1181*
–, H.R.W. 1130
–, Lyndon B. 1268 1280 1281 1429
–, Prince Y. 1645
Joinville, Jean de *556* T 503
Jojachin, Juda, Kg. 88
Jojada 87
Jojakim, Juda, Kg. 88
Jollof 1126
Jom-Kippur-Krieg (1973) ↗Oktober-Krieg (1973)
Jomon-Kultur 1034
Jonas, Franz *1353*
Jonathan, Leabua *1537* 1650
Jonathan, Makkabäer 165-167
Jones, Ben J. 1665
Jong, Piet de *1331*
Jonnart, Célestin Charles *1006*
JONS (Juntas de Ofensiva Nacional-Sindicalista) 978
Jopadhola 1116
Jordan, Posen, B. *333*
–, Rudolf *938*
–, Sylvester *747*
–, Wilhelm *747*
Jordanes 256
Jordanien, (Altertum) 85 167
–, (seit 1945) 1444 1446 1451 **1462 1463** 1470 1637 1639
Jordanien (seit 1945) s.a. Palästina
–, s.a. Transjordanien
Jordansmühl-Kultur 28
Jorge Blanco, Salvador *1597*
Jørgensen, Anker *1336*
Joselmann v. Rosheim 498
Joseph, Ks., I. 630 *655* S 617
–, –, II. *658* **661 663** 696 713 822 S 664
–, Portugal, Kg., I. Emanuel 701 1193
–, Spanien, Kg. *814 819*
Josephinismus 663
Josephstämme Israels 86
Josia, Juda, Kg. 88
Josua 86
Jouhaud 1309
Jouvenel, Jean 549
Jovian, Rom, Ks. ↗Iovianus
Juan Carlos, Spanien, Kg. *1326*
Juárez, Benito *1198*
Juba, Mauretanien, Kg, I. 298
–, –, Kg., II. 298
Juba-Land 1144
Juda, Kgr. **87-89**
–, Stamm 87
Judäa, (vorröm. Zeit) 85 88 164 166 167

JUD—KAM *1711*

–, (röm. Prov. [Judaea]) 229
234-236 258 302-315 317
–, s.a. Palästina
Judar Pascha 1112
Judas Makkabaeus 165 167
Juden, (vor dem Hellenismus)
69 77
–, (im Hellenismus) 164 166
167
–, (Römerzeit) 234 239 250 254
258 297 301 **302-304** 307 310
313 318
–, (MA) **390 391 498 499**
–, (NZ) **1086-1089**
–, (seit 1945) 1450 1466
–, s.a. Israel
–, s.a. Juda
–, s.a. Judäa
–, s.a. Palästina
Judenaufstand, (66–70 n.) 258
302
–, (115–117) 238 270 301 303
–, (132–135) 303
Judenchristen 258 304 307
Judenemanzipation, Europa
725
–, Österreich 663
Judenitsch, Nikolaj N. *965*
Judenpogrome 433 514 Ⓣ 391
Judenrecht (MA) 391
Judentum, Religion **86-89** 167
–, Äthiopien 1108
–, Byz. Reich 383
–, England 564 565
–, Iberische Halbinsel 558
–, Kastilien 561
–, Westgotenreich 363
Judenverfolgung, (MA) 391
498 499 542 Ⓣ 391
–, (NZ) 872 934 939 942 943
1449
Judenvernichtung (1933–1945)
891 935 936 **945-946** 993 Ⓖ
890
Judith, Äthiopien, Kgn. 1108
–, G. Ks. Ludwigs d. Frommen
343
jüdische Untergrundorganisa-
tionen (seit 1945) 1450
Jülich-Clevischer Erbfolge-
streit (1609–1614) 624 645
668 702
Jünger Jesu 258
Jüten 364
Jütland 289 290
Jugnauth, Aneerood *1550*
Jugoslawien, (1914–1945) 848
856 880 881 905 910 976 1002
1002-1005
–, (seit 1945) 1253 1361 1362
1363 1366 **1408-1411** 1439
1635
–, –, Unabhängigkeitsbestre-
bungen 1635
Jugoslawien (Altertum) ↗ Dal-
matien
Jugoslawien (MA) ↗ Bosnien
–, ↗ Kroatien
–, ↗ Serbien
Jugoslawien (NZ bis 1914)
↗ Montenegro
–, ↗ Serbien
Jugurtha, Numidien, Kg. 216
Jugurthinischer Krieg
(111–105) *216*
Jujoma, Sam *1532*
Julian, Rom, Ks. ↗ Iulianus
Juliana, Niederlande, Kgn.
1331 1332

Julianischer Kalender ↗ Iuliani-
scher Kalender
Julikrise (1914) 833
Juliputsch (1917) 963
Julirevolution (1830) 725 730
743 **786**
Julius, Pp., I. 328
–, –, II. 693 695
–, –, III. 694 695
Juma, Omar Ali 1651
Jumbe, Aboud *1539* 1540
Junejo, Mohammad Khan
1653
Jungbronzezeit 51-55
–, Europa 53-55
–, Vorderer Orient 51-53
Jung, Edgar *941*
Junges Europa, Bewegung
(seit 1834) 725
Jungfern-Inseln 985 1184 1193
1194 1595
Jungfrau v. Orléans ↗ Jeanne
d'Arc
Jungneolithikum 21-23
–, Europa 22-23
–, Vorderer Orient 21
–, Westasien 21
Jungpaläolithikum 14-17
Jungsteinzeit ↗ Neolithikum
Jungtschechen 774
Jungtürken 1080 1082 1083
1086
Jungtunesische Partei 1095
Juni-Krieg (1967) (Sechstage-
krieg) 1235 1445 **1452** 1459
1461 1463 1465 1470 1477
1482
Junju, Buganda, Kg. 1117
Juno 188
Junot, Andoche *820*
Jupiter 184 188 250 288 303
–, Culminalis 283
–, Dolichenus 281 283 288 307
–, Heliopolitanus 281 307
–, Planet 1
Jura 5
–, Schweizer Kanton 831 1348
Juraševski, Peter *989*
Juri Dolguriki, Kiew, Gfst. 480
Jurisdiktion, röm. 209
–, s.a. Rechtswesen
Jury, Hugo *938*
Justin, Byz., Ks., I. 325 327 *382*
–, –, –, II. 311 *383*
Justinian (Iustinian), Byz., Ks.,
I. 249 271 302 309 311 316
324 325 326 329 362 *382*
–, –, –, II. 354 *384*
Justizwesen, Brandenburg-
Preußen 659
–, Dt. Reich 925 946
–, England 566
–, Frankreich 676
–, Österreich 661 663
–, Reich 638 639 641-644 652
–, Rußland 807.
–, s.a. politische Organisation
–, s.a. Rechtswesen
Jusuf, Mohammed *1494*
–, s.a. Yusuf
Juthungen 247 285 291
Juvenal ↗ Iunius Juvenalis, D.
Juxon-Smith, Andrew *1498*

K

Kaaba 1062
Kaaden, Vtg. (1534) 639

Kaarta 1112
Kaas, Ludwig *929* 932
Kabaka Nakibinge, Buganda,
Kg. 1117
Kabaka-Yekka-Partei ↗ KY
Kabaren 375
Kabir 1052
Kabul 1099
Kabús bin Said *1473* 1641
Kádár, János 1364 *1404* 1634
Kaderpartei, SED 1382 1384
1386
Kadesch, Schl. (1285 v.) 48 68
79
Kadisija, Schl. (636) 317
Kadscharen, Dyn. 1097
KADU 1542
Kärnten, (MA) 351 510
–, (NZ) 854 855 909 910 949 951
Kaffa 1109
Kaffern-Kriege 1138 1139
Kaffraria 1139
Kagan Bajan 372
Kaganowitsch, Lasar M. *1374*
Kahlenberg, Schl. (1683) 629
651 1079
Kahr, Gustav v. 926 927 941
Kai Kawus I., Seldschuken, Su.
1072
Kaikobad I., Seldschuken, Su.
1072
Kairo, (NZ) 1070
–, (seit 1945) 1443 1446 1453
–, Abk. (1969) 1446 1461
–, arabische Gipfelkfz.en 1452
–, Blockfreien-Kfz. (1952) 1232
–, Blockfreien-Kfz. (1962) 1233
–, Kfz. (1921) 1088
–, Kfz. (1943) 896 1033
–, Kfz. (1952) 1438
–, Kfz. (1962) 1439
–, Kfz. (1964) 1439 1444
–, Nationalcharta (1968) 1453
–, Nationalkongr. PLO 1453
Kaisareia, (Kappadokien)
(Kayseri) *309* 310
–, (Palästina) 302-304
–, s.a. Caesarea
–, s.a. Kayseri
Kaiser, röm. 230 Ⓢ 253 Ⓣ 225
Kaisergericht, röm. 240
Kaiserkonstitutionen **240**
Kaiserkrönung Karls d. Gr. 341
354 359
–, s.a. Zweikaiserproblem
Kaiserkrönung Ottos d. Gr. 402
421
Kaiserkult, röm. 230 242 253
257 259 296 310
Kaiser-Papst ↗ Papst-Kaiser
Kaisertitel (MA) 341
Kaisertum, Byz. 380 485 849
–, China 1025
–, Frankreich 782-784
–, Japan 1034
–, röm. 249 254 256 261
–, Röm.-dt. **402** 405 **418** 506 513
515 520
–, Rußland 689
Kaisertum, Byz. s.a. Zweikai-
serproblem
Kaisertum, röm. s.a. Kaiserkult
Kaisertum, Röm.-dt. s.a.
Papst-Kaiser
Kaisertum, Rußland s.a. Drit-
tes Rom
Kaiserwahl, Dtld. (1849) 749
Kait Bei, Ägypten, Su. 1071
Kalabrien, (Antike) 266

–, (MA) 360 437
Kalach 75
Kalasasaaya 1161
Kalat Dscharmo 90
Kaledonier ↗ Caledonier
Kalender, ägypt. 64
–, islam. 1492
–, Maya **1154**
Kalender (-reform) ↗ Gregoria-
nischer Kalender
–, ↗ Iulianischer Kalender
–, ↗ Revolutionskalender
Kalenjin 1542
Kálenjin-Sprachen 1118
Kalidasa 1051
Kalidura, Nubien, Kg. 1104
Kalifenreich (661–1258) 1014
1064-1070
Kalifornien 1178-1180 1198
Kalimantan 1570 1572
Kalisch, Vtg. (1343) 581
Kalixt, Pp., II. 410 425 448
–, –, III. 428 *530*
Kalixtiner 520 580
Kalka, Schl. (1223) 1014
Kalkutta 1054
Kállay, Miklós v. 898 *998*
Kallias-Friede (448/449 v.) 69
127
Kallikrates, achaiischer Politi-
ker 204
–, Baumeister 132
Kallikratidas 135
Kallimachos, v. Kyrene *158* 159
–, Polemarch 121
Kallinos *111*
Kallio, Kyösti *987* 988
Kallisthenes 148 150
Kallistratos 139 141
Kalmarer Union (1397) 577
Kalmarkrieg (1611–1613) 707
709
Kalmücken 1016
Kalojan, Zar, Bulg. ↗ Iwan
Asen, Zar, Bulg.
Kalonji, Albert *1517* 1518
Kaltenbrunner, Ernst *936*
kalter Krieg 1240 1241
1243-1247 1276 1290
1355-1363 1372 1438 1622
–, s.a. Ost-West-Beziehungen
Kalvinismus ↗ Calvinismus
Kamakura-Zeit, Japan 1036
Kamaldulenser 426
Kamara-Taylor, Christian *1498*
Kamarina 107 124
Kamba 1119
Kambodscha, (NZ) 1045 1046
–, (seit 1945) 1282 1432-1433
1654 1655 1657
Kambodschanisch-vietname-
sischer Krieg (1978/79)
↗ Vietnamesisch-kambod-
schanischer Krieg
Kambona, Oscar *1539*
Kambrium 3
Kambro-Normannen 469
Kambyses, Persien, Kg., I. 92
–, –, –, II. 69 93 1010
Kamelschlacht (656) 1063
Kamenjew, Leo B. *963* 964 966
969 970
Kameralismus 602 661
Kamerun, (NZ) 841 **1131 1132**
Ⓣ 763
–, (seit 1945) **1513** 1647
Kamerun-Mandat 1505
Kamerun National Democratic
Party ↗ KNDP

1712 KAM—KAS

Kami 1125
Kamieniec Podolski, Schl. (1672) 1079
Kamikaze 1037
Kamil, Mohammed Abdallah *1544*
Kaminaljuyu 1151 1153
Kamm-Keramik 38
Kammu, Japan, Ks. *1035*
Kamose 66
Kamougue, Abdelkadar *1511*
Kampala 1541
Kampanien 183 194 200 205 264 266 T 192
Kampmann, Viggo *1335*
Kampuchea ⁊ Kambodscha
Kamraj, Kumarasvami *1554*
Kanaan 85
Kanaanäer 66 73 74 82-84 86-88
Kanaanäisch, Spr. 82
Kanada **1170-1174 1286-1289** 1620 1660 1661
–, Bevölkerung T 1288
–, Industrie T 1287
–, Verfassung 1289
Kanagawa, Vtg. (1854) 1039
Kanaltunnel ⁊ Eurotunnel
Kanapos, Dekret (238 v.) 159
Kanarische Inseln 89 612 1488
Kanbalu 1120
Kandahar 1055 1099
Kandy, Kfz. (1954) 1438
Kanem 1109 1110
Kanembu 1109
Kanesch (Kültepe b. Kayseri) **74**
K'ang-hsi, China, Ks. 1025 T 1024
K'ang Yu-wei *1028*
Kania, Stanisław *1399*
Kaniembo, Lunda, Kg. 1123
Kanischka, Kuschanareich, Kg. 1050
Kankan Mansa Musa, Mali, Kg. 1111 1112
Kanne, Bernd v. *937*
Kano 1110
Kanonistik **427**
Kansas 1198
–, -Nebraska-Gesetz (1854) 1180
Kantabrer 227 296
Kant, Immanuel *609 610* 738
KANU 1542 1651
Kanuri 1109 1131 1510
Kanzelparagraph 763
Kao Kang 1416
Kao-tsu, China, Ks. 1020 1022
Kap der Guten Hoffnung, Umsegelung 612 613
Kapetinger, Dyn. 442 444 445 448 540 **545** S 443
Kaphyai 180
Kapiri Mposhi 1527
Kapital 717 723
Kapitalismus 723
–, s.a. Frühkapitalismus
Kapitolinische Trias 188
Kapitular 344
Kapitulation, dt. (1945) 912 913 947
–, jap. (1945) 915
Kapitulation, dt. (1945) s.a. Weltkrieg (1939–1945), dt. Kapitulation
Kapkolonie 1137-1140
Kapland **1126**
Kapodistrias, Johann Anton v. *830*

Kappadokien 74 81 84 152 154 156 165 168 **169 170** 218 221 223
–, röm. Prov. (Cappadocia) 170 232 235 **308-310** 311
Kappel, Schl. (1531) 638 714
Kapp-Lüttwitz-Putsch (1920) 924
Kapp, Wolfgang *918 924*
Kapstadt 1138
Kapuuo, Clemens *1533*
Kapuziner 432 607
Kapverden (seit 1945) 1329 **1497** 1644
Kapwepwe, Simon *1526*1527
Karachaniden, Karlukenherrscher 1068
Karachi 1559
Kara-Chitai-Reich 1013
Karadjordjević, Alexander *829*
Karagwe 1116
Karahüyük 41
Karaindasch, Babylon, Kg. 47
Kara Jusuf, Türkmenenherrscher 1072
Karakorum 1014
Karaman 1075
Karamanien 150
Karamanlis, Konstantin *1338* 1339 *1635*
Karame, Raschid *1461* 1462
Karami, Raschid 1638
Kara Mustafa, Osman. Reich, Großwesir *651*
Karatepe 58
Karbon 4 5
Kardia 147 T 106
Kardinalstaatssekretär, Vatikan 1350
Kardis, Frd. (1661) 687
Karen 1565
Karien 81 138 139 149 153 161 164 170 171 174 175 204
–, röm. Prov. (Caria) 309
Karien, röm. Prov. (Caria) s.a. Asia, röm. Prov.
Karikal 1553
Karim Chan Sänd 1097
Kariuki, Josiah M. *1542*
Karjalainen, Ahti *1359*
Karkar, Schl. (853/848) 84
Karkemisch, (Dscherablus) 58 *82* 84
–, Schl. (605 v.) 69 77 88
Karl, Ks., I. d. Gr. **339-341** 343 346 358 413 S 342
–, –, II. d. Kahle 343 **348** 350 352 **353** S 342
–, –, III. d. Dicke 349 350 **351** 353 360 S 342
–, –, IV. 501 **514 515** 517 520 523 527 533 *579* 589 S 511
–, –, V. *561* 605 616 **618-620** *634* 635 638 640 641 643 665 666 693 694 *697 701* 702 1077 S 617
–, –, VI. 629 630 *655 696*697 *699* 1191 S 617
–, –, VII. 630 631 *656*
–, Baden, Mgf., Friedrich *663*
–, v. Berry 554
–, v. Blois 544 547
–, v. Bourbon 666
–, Braunschweig, Hz., Wilhelm Ferdinand 778
–, Burg., Hz., d. Kühne *522* 525 *554* 557 *616 701*
–, England, Kg., I. 681 682 S 679

–, –, II. 682 683 1054 1167 S 679
–, Epeiros, Ft., II. 592
–, Frankenreich, Kg. S 342
–, Frankreich, Kg., IV. 543 S 443 545
–, –, V. d. Weise 534 543 **546-548** 556 S 545 550
–, –, VI. *548* 549 551 S 545 550
–, –, VII. **551-553** 557 S 545 550
–, –, VIII. 537 **555** 616 617 665 S 545 550
–, –, IX. *666* S 545
–, –, X. 786 S 673
–, Hohenzollern-Sigmaringen, Ft., Anton 755
–, Kephallenia, Pfgf., I. 592
–, Lothringen, Hz. 657
–, –, V. 629 *651* 652 1079
–, Mainz, Kft., Theodor v. Dalberg *663*
–, Navarra, Kg., II. d. Böse 546-548 563
–, –, III. 563
–, Neapel, Kg., I. v. Anjou 430 431 435 440 494 508 *531* 532 540 561 *591 594 596*
–, –, II. d. v. Anjou 431 531 532
–, Nevers-Gonzaga, Hz. *626*
–, Niederlothringen, Hz. 403 444
–, Österreich, Ehz. *769* 773
–, –, Ks., I. 843 847 848 949 996 997 S 664
–, Orléans, Hz. 549 *556*
–, Pfalz-Simmern, Kft. 654
–, Pfalz u. Bayern, Kft., Theodor *658* 663
–, Portugal, Kg., I. *820* S 796
–, Sachsen-Coburg-Gotha, Hz., Eduard 938 S 796
–, Sachsen-Weimar, Hz., August *658 663*
–, Sardinien, Kg., Albert 815 816
–, –, Emanuel I. 697
–, –, Felix 815
–, Schottland, Pr., Eduard 631
–, Schweden, Kg., VII. Sverkersson 471
–, –, VIII. Knutsson Bonde *577* 578
–, –, IX. *706* 707 711
–, –, X. Gustav 628 *707*
–, –, XI. 707
–, –, XII. 629 656 *708* 1079
–, –, XIII. *709*
–, –, XIV. Johann (Jean Baptiste Bernadotte) *783* 825
–, –, XV. 824 *825*
–, –, XVI. Gustav *1358*
–, Spanien, Kg., II. 629 *674 699*
–, –, IV. 818 *819*
–, Ungarn, Kg., I. Robert *586*
–, –, II. 534 586
–, v. Valois *540* 541 *591*
–, Westfrankenreich, Kg., d. Kind S 342
–, –, III. d. Einfältige **349** 398 399 S 342
–, Württemberg, Hz., Eugen *663*
–, IV. 543
Karl Albrecht, Bayern, Kft. ⁊Karl, Ks., VII.
Karl v. Anjou ⁊Karl, Neapel, Kg. I.

Karl, Neapel, Kg., III. ⁊Karl, Ungarn, Kg., II.
Karl, Rumänien, Kg.e⁊Carol
Karl, Epeiros, Ft., I. ⁊Karl, Kephallenia, Pfgf., I.
Karl, Sizilien, Kg., I. ⁊Karl, Neapel, Kg., I. v. Anjou
Karl, Spanien, Kg., I. ⁊Karl, Ks., V.
Karl, Spanien, Kg., III. ⁊Karl, Ks., VI.
Karl, Ungarn, Kg., III. ⁊Karl, Ks., VI.
Karl, Ungarn, Kg., IV. ⁊Karl, Österreich, Ks., I.
Karl Martell, HM 334 339 340 358 456
Karle, Guillaume 546 547
Karlmann, Frankenreich, HM 339 340
–, –, Kg. 340 S 342
–, Ostfrankenreich, Kg. 350 351 S 342
–, Westfrankenreich, Kg. S 342
Karlowitz, Frd. (1699) 629 652 713 1079
Karlsbader Beschlüsse 743
Karlskrona 1358
Karlukenreich **1068**
Karmal, Babrak 1494 1644
Karmaten 1067 1068
Karmeliter **429**
Karnak 43 47 *66* 67-69 301
Karnatik-Kriege, Erster (1746–1748) 1056
–, Zweiter (1751–1754) 1056
–, Dritter (1756–1763) 1056
Karneades 182
Karner 279
Karoline Henriette Christiane, Hessen-Darmstadt, Ldgfn. *663*
Karolinen 767 842 1214 1226 T 763
Karolinger, Dyn. 338 350 S 342
Karolingerzeit ⁊Frankenreich (ab 714)
Karolingische Minuskel 347
–, Renaissance 346
Károlyi, Julius v. *997*
–, Michael v. 848 *997*
Karpathen-Ukraine, (NZ) 868 913 993 995-998
–, (seit 1945) 1371
Karpathen-Ukraine (seit 1945) s.a. Ukrainische SSR
karpatische Hügelgräberkultur 49
Karpen 245-247 251 275 276 278
Karrhai 251 315
–, Schl. (53 v.) 228 305 314
Kartäuser **426 427**
Kart Hadashat *295*
–, s.a. Cartagena
–, s.a. Carthago Nova
Karthago, (Altertum) 58 83 84 **89 90** 93 119 120 124 **182** 195-202 262 268 269 294 298 300 T 62 299
–, christl. Gemeinde 260
–, (MA) 384 1064
Kartiden, Dyn. 1071
Karume, Abeid *1539*
Karum-Siedlungen 40
Karystos (Euboia) 125
Kasachische SSR 1016
Kasai 1133 1518

Kasan *686*
Kasanje 1122
–, -Reich 1135
Kasavubu, Joseph 1249 1517
  1517 1518 1520
Kaschauer Programm (1945)
  1400
Kaschmir 1055 1551
–, -Konflikt **1551** 1560
Kaschta, Nubien, Kg. 57
Kaschtiliasch III., Babylonien,
  Kg. 47
Kasenda, Mpinga *1520*
Kasimir, Polen, Hz., I. 477 *478*
–, –, Kg., I. 378 379
–, –, –, III. d. Gr. 579 **581** 583
–, –, –, IV. Andreas 580 584 585
  587 Ⓢ 582 712
–, Pommern, Hz., I. 413
Kasmenai 124
Kassaigebiet 1123
Kassander 152-154 **172** 177 178
Kassandreia 153 172 175
Kassel, Kfz. (1970) 1252
–, Kfz. (1971) 1394
Kassem, Abdel-Karim *1467*
Kassia 486
Kassinga 1534
Kassiten 44 73-75 91
Kasten-System, Indien 1048
Kastilien (MA) **458 459 558 560
  561** Ⓢ 458 559
Kastilis IV., Babylon, Kg. 52
Kastor, Galatien, Tetrarch *171*
Kataarchaikum 3
Kataban 85 317
Katalanische Kompanie 561
  591
Katalaunische Felder, Schl.
  (451) 256 288 *323* 1011
Katalonien, (MA) 562
–, (NZ) 978
–, Autonomiestatut (1981)
  1327
Katane (Catania) 107 110
–, s.a. Aitna
Katanga 1133 1134 1233 1249
–, -Gendarmen 1517-1520
Katanum 82
Kataonien 169
Katar 1472
Katayama, Tetsu *1342*
Katharina, England, Kgn. *551*
–, –, –, v. Aragón *677*
–, –, –, v. Braganza 1054
–, –, –, Howard *678*
–, –, –, Parr 678
–, Frkr., Kgn., v. Medici 623 666
  694
–, Rußland, Zarinnen, I. *689*
–, –, –, II. d. Gr. 658 *691 804*
–, v. Siena *527 537*
Katharina, Zypern, Kgn. ↗Cor-
  naro, Caterina
Kathedralen, Frkr. (MA) Ⓣ 455
Kathiawar 1551
Katholikenemanzipation 798
  799
Katholikos, Armenien 311
–, Sasanidenreich 315
Katholische, Assoziation 798
–, Kirche 253 255 259
–, –, Lateinamerika   1163
  1188-1190 1192 1196 1199
–, –, (MA) 335
–, –, Nordamerika 1168
–, –, (NZ) 605
–, –, Reformen 607
–, –, USA 1178

–, Könige 561
–, Soziallehre 818
Katholizismus, Belgien 823
–, Deutschland   607   621
  639-643 645 647 663 744 745
  749 752
–, Dt. Reich (1870/1871–1914)
  757 762 763
–, England 678 680 683
–, Frkr. 666 667
–, GB 798 799
–, It. 694 695
–, Korea 1033
–, Lateinamerika **1583 1584**
–, Ndld. 705
–, Polen 711-713
–, Schweiz 714 715
Katkow, Michail N. *809*
Katschin 1565
Katsina 1110 1646
Katte, Hans Hermann v. *656*
Katutura-Zwischenfall 1533
Katyn (1940) 872 896 971 993
Katzir, Ephraim Ⓣ 1465
KAU 1541
Kaufmann, Karl *938*
Kaufu, Toshiki *1659*
Kaulonia Ⓣ 107
Kaum Tani Persatuan Indone-
  sia Partei ↗KTPI
Kaunda, Kenneth *1526* 1527
  1530 1648
Kaunitz, Wenzel Anton v. 631
  657 658 675
Kavadh I., Sasaniden, Kg. 316
Kavamanga, Ghana, Kg. 1111
Kavango 1533
Kawawa, Rashidi *1539*
Kayah 1565
Kaya Maghan Cisse, Ghana,
  Kg. 1111
Kayibanda, Grégoire *1521* 1522
Kayla 1108
Kayseri 1069
Kaysone Phomvihan 1432
KCA (Kikuyu Central Associa-
  tion) 1143 1541
Kebbi 1110
Kedah, Sultanat 1046
Keilschrift 71 72 74 77 78 80 82
  83 90 93
Keistut, Litauen, Ft. 583 584
Keita, Madeira *1497*
–, Modibo *1495 1507*
Keitel, Wilhelm *888* 912 *937*
  942 943 945 947 1288 Ⓖ 889
Kejstut ↗Keistut
Kekkonen, Urho Kaleva *1358*
  1359
Kelantan, Sultanat 1046
Kellogg, Frank B. 1185
–, -Briand-Pakt (1928) 860 1185
Kelsos *259*
Kelten, (Alt.) 59 162 172 179 195
  273 279 281-283 289 291
–, –, Einfälle in Italien 190 193
  198 199
–, (MA) 364 **366-369**
Kelten (MA) s.a. Galater
–, s.a. Keltiberer
Keltiberer 59 201 202
Keltike 294
Keltisch, Spr. 369
Kemal Atatürk ↗Atatürk
Kemalismus **1084 1085** 1339
Kemmu-Restauration
  (1334–1336) 1037
Kenamun 47
Kenia ↗Kenya

Kenilorea, Peter 1660
Kennan, George Frost 1244
  1276
Kennedy, John F. 1244 1249
  1250 1251 1266 1267 1279
  1280 1281 1300 1315 1376
  1435 1567 1583
–, Robert F. *1281*
–, -Runde 1233 1235 1267 1268
Kenneth, MacAlpin, Schott-
  land, Kg. 368
Kentoripa, Schl. 196
Kentucky 1175 1176
Kentum-Sprache 78
Kenya African Democratic
  Union ↗KADU
Kenya African National Union
  ↗KANU
Kenya African Union ↗KAU
Kenya Independence Mouve-
  ment ↗KIM
Kenya (Kenia) 1143 **1541-1543**
  1651
Kenya National Party ↗KNP
Kenya People's Union ↗KPU
Kenyatta, Jomo 1143 *1541*
  1542 1543
Keos 140
Kephallenia 133 139
Kephisodotos 141
Kephissos, Schl. (1311) 591
Kepler, Johannes *609*
Kerala 1554 1555 1556
Keramik, (Neolithikum) 17
–, (Altneolithikum) 18 19
–, (Mittelneolithikum) 19-21
–, (Jungneolithikum) 21-23
–, (Altkupferzeit) 24-30
–, (Mittel- und Jungkupferzeit)
  30-38
–, (Frühbronzezeit) 40-43
–, (Ältere Bronzezeit) 43-47
–, (Mittelbronzezeit) 47-51
–, (Jungbronzezeit) 51-55
–, (Eisenzeit) 56-60
–, (minoische Kultur) 97
–, (korinthische) 115
–, (attische) 116 118 128
Kerbela, Schl. (680) 1064
Kérékou, Mathieu *1504* 1645
Kerenski, Alexander 845 *963*
  964 986
–, -Offensive (1917) 963
Kerkinitis Ⓣ 107
Kerma 66
Kerman 314
Kernwaffen 1281 1287 1622
  1624
–, Tests 1621
–, Vtg., (1963) 1280
–, –, (1971) 1253
–, –, (1974) 1254
Kerrl, Hanns *937*
Kersebleptes, Thraker, Kg. 141
  142 145-147
Kerullarios ↗Michael Kerulla-
  rios
Kesselring, Albert *947*
Ketriporis, Thraker, Kg. 141
Kettler, Gotthard *711*
Ketzertaufe 260
Keuper 5 6
Kgalagadi 1125
Khaiber-Paß 1047
Khalid, Saudi-Arabien, Kg.
  1470
Khalil, Abdullah *1475*
Khalistan 1558
Khama, Ngwato, Ft. 1126

–, Seretse 1538
–, Tshekedi 1538
Khamenei, Hojatoleslam Ali
  1493 1644
Khan, Ayub 1551
–, Yahya *1560*
Khartum 1092 1104
–, Kfz. (1967) 1445 1452 1473
Khieu Samphan 1425
Khmer, Königtum 1043 1044
Khoi 1125 1126
Khoikhoi 1138
Khoisaniden 1100 1126
Khoman, Thanat 1567
Khomeini, Ayatollah Ruhollah
  al- *1491* 1492 1493 1636 1643
  1644
Khri-slon-lde-brtsan, Tibet,
  Kg. 1016
Khun, Béla *997*
Khuzistan, Invasion (1980)
  1469 1493
Kiatcha, Abk. (1727) 1025
Kiautschou 767 1028 1041 Ⓣ
  763
Kibbuz 1086
Kidariten 316
Kiel, Frd. (1814) 825
–, Matrosenaufstand (1918)
  848 918
Kieros 168
Kiesinger, Kurt Georg 1251
  1270 1296 *1302* 1393
Kießling, Günther *1306*
Kiew, Gftm. 379 480 481
–, (MA) 481
–, Schl. (1941) 884
Kigeri, V. 1521 1522
Kikuyu 1119 1143 1541
Kikuyu Central Association
  ↗KCA
Kilikien 84 152 154 155 160 161
  166 167 170 *171 172*
–, röm. Prov. (Cilicia) 217 219
  221 223 258 269 308-310
Kilkenny, Statuten (1366) 573
Kilwa 1120
KIM 1542
Kimba, Evariste *1520*
Kimbanguismus 1132 1134
Kimbern 168 216 217 290 295
Kim Dae-jung *1348* 1658
Kim Il-sung 1426
Kimmerer 60 76 80 81 92 108
  143 310
Kimon 122 125-127
Kin ↗Chin
Kinadon 138
Kinderarbeit, Dtld. (1789–1914)
  744 Ⓣ 721
Kinderhilfe 1621
Kinderkreuzzug (1212) **435**
King, Martin Luther 1278 1280
  1281
–, William Lyon M. 1286
King George's War,
  (1740–1748) 1170
–, s.a. Österreichischer Erbfol-
  gekrieg
King William's War,
  (1689–1697) 1170
Kinnamos, Johannes *491*
Kinshasa ↗Zaïre
Kionga-Dreieck 1137 1143
Kios 168 175 Ⓣ 107
–, s.a. Prusias
Kirche, (Spätantike) 250 **252
  253**

1714 KIR—KÖN

–, (Früh-MA) **327-334** 345 **353-356** 364
–, (Hoch-MA) **420-436**
–, (Spät-MA) **498 499 526-530**
–, Byz. 486 488 489 593
–, DDR 1383 1388
–, Deutschland, (MA) 398 **401 402** 408 410 416 507 513 521
–, England (MA) **464** 468
–, Frkr. (Hoch-MA) 442 **446** 449
–, frühchristl. 258-261
–, Griechenland (MA) 485
–, griech.-orthod. 828 830
–, Irland 468
–, Island 476
–, Lateinamerika 1188-1190 1192 1196 1199
–, Polen (MA) 478
–, Polen (seit 1945) 1397-1399
–, rumänische 828
–, Schottland 470
–, Westgotenreich 364
–, s.a. Katholische Kirche
–, s.a. Katholizismus
–, s.a. Klerus
–, s.a. Päpste
–, s.a. Religionskonflikte
–, s.a. Theologie
Kirche, Byz. s.a. Ostkirche
Kirche, griech.-orthod. s.a. Ostkirche
Kirchenbauten, Dtld. T 500
–, s.a. Architektur
–, s.a. Basilika
–, s.a. Kunst
Kirchenkampf 940
Kirchenordnung, röm. 260
Kirchenpolitik ↗ Kirche-Staat
Kirchenprovinz 260
Kirchenrecht **427**
Kirchenreform, (MA) 421-427
–, (NZ) 687
Kirchenreform (NZ) s.a. Bettelorden
–, s.a. Cluniazensische Reform
–, s.a. Gregorianische Reformen
–, s.a. Mönchsorden
Kirchenspaltung (1054) 387 423 489
–, s.a. Abendländisches Schisma
Kirchenstaat, (MA) 340 354 **358** 440 530 531 **533** 534 535 **536 537**
–, (NZ) 692 693 **694 695 697** 698 726 **813-817** 819
–, s.a. Papsttum
Kirchenstein, Martynowitsch *990*
Kirche, Rechtswesen s.a. Kanonistik
–, ↗ Kirchenrecht
Kirche-Staat, (Spätantike) 238 250 251
–, (MA) 345
–, Byz. 488 490 594
–, Dt. Reich 762
–, England 466 467 565 566
–, Frankenreich 334
–, Frkr. 431 432 444-453 527 541 542 547 552
–, Preußen 744
–, Tschechoslowakei 1401
–, s.a. Inquisition
–, s.a. Konkordat
Kirche-Staat: Jugoslawien 1411
Kirche-Staat: (NZ), Schweiz 1356

Kirche-Staat, Reich ↗ Papst-Kaiser
Kirchschläger, Rudolf 1353
Kirgisen 1012 1013 1016
Kirgisische SSR 1016
Kiribati (Gilbertinseln) 1581
Kirk, Norman Eric *1580*
Kirkuk 91
Kirman 1068
Kirow, Sergej 969 970
Kisangani 1520
Kisapati-Stufe 54
Kisapostag-Gruppe 45
Kisch 25 72
Kischtmand, Sultan Ali *1644*
Kissinger, Henry Alfred 1253 1254 1271 1281 1283 1285 1421 1447 1454 1485 1530 1534
Kisumu 1542
Kiszczak, Czesław *1633*
Kitai ↗ Chitai
Kitara-Reich 1116
Kitchener, Horatio H. 1092
Kittikatschorn, Thanom *1567*
Kiwanuka, Benedicto *1540*
Ki-Zerbo, Joseph 1509
Kjoseiwanow, Georgi *1002*
Kjustendil, Schl. (1330) 588
Klarissen 432
Klassenkampf, Theorie 722
Klassik, mittelhochdt. T 419 **420**
Klaudios Ptolemaios 243 296 *611*
Klaus, Josef 1353
Klazomenai 139 T 106
Kleandros, Gela, Tyr. 123
Klearchos-Dekret 127
Kleinarmenien 311 **493 596**
–, s.a. Armenien
Kleinasien, (Vorgesch. u. Alt.) 65 74 76 77 92 94 103 138 148 149 152-157 159 203 247 255 259 317 T 62
–, –, hellenistische Monarchien **160-172**
–, –, röm. Prov.en **308-310**
–, (MA) 1068
Kleinasien (Vorgesch. u. Alt.) s.a. Hethiterreich
–, s.a. Lydien
–, s.a. Phryger
–, s.a. Urartu-R.
Kleinasien, röm. Prov.en s.a. Armenien
–, s.a. Asia
–, s.a. Bithynien
–, s.a. Galatien
–, s.a. Kappadokien
–, s.a. Karien
–, s.a. Kilikien
–, s.a. Lydien
–, s.a. Lykien
–, s.a. Pamphylien
–, s.a. Phrygien
–, s.a. Pontos
Kleinasien (MA) s.a. Byzantinisches Reich
Kleinasien (NZ) ↗ Anatolien
Kleinasien (seit 1945) ↗ Türkei
Kleindeutsche Lösung 749 750
Kleine Entente 994
Kleine Freihandelszone ↗ EFTA
Kleinias-Dekret 127
Kleinias von Sikyon 179
Kleist, Ewald v. *876*
Kleisthenes, athen. Politiker **120** 122

–, Sikyon, Tyr. T 109
Kleitarch 158
Kleitos, Admiral Polyperchons 153
–, Heerführer Alexander d. Gr. 148 150 177
Klemens v. Alexandreia *260* 302
Klemensbrief ↗ Clemensbrief
Klemens, Pp. ↗ Clemens
Kleombrotos I., Sparta, Kg. 140 T 112
Kleomenes, Sparta, Kg., I. 115 117 120 121 T 112
–, –, –, II. T 112
–, –, –, III. 174 180 181
Kleomenes Finanzverwalter 149
Kleon 134
Kleonymos von Sparta 179 194 262
Kleopatra, Ägypten, Kgn., I. 159 164 165
–, –, –, II. 159 160 166
–, –, –, III. 160
–, –, –, V. 160
–, –, –, VII. *160* 223 226 227 269 302 305
–, G. Kg. Philipps II. v. Makedonien 147
–, Seleukiden-R., Kgn., III. Thea 166 T 163
–, –, –, IV. 166 S 163
Kleophon 134-136
Kleph, Langobarden, Kg. 357
Klerikalismus (1789-1914), Frkr. 794
–, It. 813-818
–, Portugal 820
–, Spanien 818 819
Klerk, Frederik Willem de 1645 1650 1652
Kleruchie 121 125 127 134 135 138 142
Klerus, (Alt.) 260
–, Dtld. 507
–, England 678
–, Frkr. 675 676
–, (MA) **388**
Klesl, Melchior *645*
Kleve ↗ Jülich-Clevischer Erbfolgestreit
Klick-Sprachen 1100 1125 1126
Klientel, röm. 185-187 195 196 207 208 211 214 215 229 264 228 261
Klientelfürstentümer, röm. 221
Klima, Erde 3 4 6-8 T 10
Kliptown 1535
Klisthenos 125
Klöster ↗ Klosterwesen
Klosterbibliotheken 346
Klostergrundherrschaft 346
Klosterkultur 346 391
Klosterneuburger Chronik 502
Klosterwesen, (Völkerwanderungszeit) **330 331**
–, Frankenreich 337
–, (Früh-MA) **345 346**
Klosterwesen, Frankenreich s.a. Mönchtum
Kluck, Alexander *836*
Kluge, Günther v. 906 *947*
Klytaimnestra-Grab 99
KMT (Kuomintang-Nationalchinesische Volkspartei) 1029 1030 1361 1412 1565 1658
KNDP 1513

Knidos 139 158 T 107
Kniprode, Winrich v. 583
Kniva 246
KNOC 1471
Knossos 34
–, minoischer Palast 41 44 49 97
Knox, John *680*
KNP 1542
Knud Laward ↗ Knut Laward
Knut, Dänemark, Kg., II. d. Gr. 334 *365 366* 371 379 405 S 474
–, –, –, IV. d. Hl. 475 S 474
–, –, –, VI. 415
–, Laward, Schleswig, Hz. 410 475
–, Sverkersson, Schweden, Kg. 472
Koalitionskriege, Erster (1792-1797) 726 738 778
–, Zweiter (1799-1802) 726 738 804
–, Dritter (1805) 727 739 769 805 814
–, Vierter (1806/1807) 727 739
–, Fünfter (1809) 727 769
Koblenz, Hoftag (1338) 513
–, -Rittersturz, Kfz. (1948) 1294
KOC 1471
Kodratos 259
Köhler, Erich *1295*
Kök-türkisches Reich 1012
Köln, (Alt.) 290
–, Ebtm. 405 415 508
–, (MA) 523
–, Reichstag (1512) 634
–, s.a. Colonia Claudia Ara Augusta Agrippinensium
Kölner Dombaufest, (1842) 744
Kölner Kirchenstreit (1836-1841) 744
Kölner Krieg (1583) 644
König ↗ Königtum
König der Könige, Titel 160 311 313 315
Königgrätz, Schl. (1866) 754
Königliches Hofgericht, Dtld. 521
–, Kammergericht, Dtld. 521
Königsberg 911
Königsboten 343 344
Königsfriede (387) 82 94 139 140
Königsgräber, ägypt. ↗ Pyramiden
Königskrönung, dt. 399 401
Königsland, Hellenismus 156 158 161
Königswahl, dt. 515
–, s.a. Kurfürsten
–, s.a. Reich
Königtum, Athen 116
–, belg. 1326 1332
–, brit. (Alt.) 293
–, brit. (MA) 463
–, dt. (MA) 397-399 408-410 416 417 506 **507** 508 513 521
–, Elam 91
–, engl. (MA) 465-467 564
–, Epeiros 144
–, etrusk. 95
–, fränk. 335-338 340 343 345 348 350
–, frz. (MA) 442 444 **445** 448 449 453 540 546 553
–, frz. (NZ) 778
–, Griechenland (Alt.) 105
–, hellenist. **156 158** 161 172 313

KÖN—KON 1715

–, Hethiter 79
–, Hochkulturen(3. Jt.) 23-26 30-34
–, Hochkulturen(2. Jt.) 39-41 43-45 47-49 51-53
–, Hochkulturen(1. Jt.) 56
–, Homers Zeit 105
–, Iberische Halbinsel (MA) 557 558
–, kastil. 561
–, langobardisches 357
–, makedon. 143 144 151
–, minoisches 97
–, mittelalterl. 320 495
–, myken. 99 100
–, parthisches 311
–, pers. 93 151
–, röm. 183-186
–, sasanid. 315
–, Sparta 112-114
–, Völkerwanderungszeit 321
–, westgotisches 363
Königtum, ägypt. ↗Pharao
Königtum, dt. (MA) s.a. Kaisertum, Röm.-dt.
Königtum, parthisches s.a. König der Könige
Königtum,westgotisches s.a. Heerkönigtum
Köprülü, Husein 1079
–, Mustafa 1079
Koerber, Ernst v. *773 949*
Körner, Karl Theodor *741*
–, Theodor 1352
Körös-Kultur 18
Koerzition 190 214
Koexistenz ↗friedliche Koexistenz
Koexistenzpolitik, UdSSR 1235
–, USA 1235
Koexistenzpolitik, USA s.a. Entspannungspolitik
Koguryo 1031 1032
Kogyoku, Japan, Ksn. 1035
Kohl, Helmut *1305* 1306 1625
–, Michael 1253 *1395*
Kohleförderung, Dt. R. T 933
Kohorte 217
Koilesyrien 156 159 161 162 164-167
–, s.a. Syria Coele
Koine 157
–, eirene 136 138-140 147 154 178
–, symmachia 174
Koinon 136 153 157 270 271
Koinon der Nesioten ↗Nesiotenbund
Koinopragia 152
Koiso, Kuniaka 903
Koivisto, Mauno *1359* 1632
Kok, Adam 1139
Koko, Japan, Ks. 1035
Kokowzow, Wladimir N. *813*
Kolakowski, Leszek *1398*
Kolberg, Btm. 377
Kolchis 169
Kolchosenwirtschaft 969 1373 1375
–, s.a. Sowchosenwirtschaft
Kolin, Schl. (1757) 657
Kolingba, André 1512 1647
Kollaboration 879
Kollegialität, röm. 187 210 231 240
kollektive Führung 967 1363 1373 1374 1376 1377
Kollektivierung 1362

–, DDR 1383 1384 1388 1390
–, Polen 1397
–, Tschechoslowakei 1401
–, UdSSR *962 969*
Kololo 1122 1125
Koloman I., Ungarn u. Kroatien, Kg. 375 483
Kolonen, röm. 238 239 249-251 257 267 287 300 304 307
Kolonialismus, Expansion **733** T 734
–, (Früh-NZ) 610 614 615
–, (1789–1914) 801 G 732
–, (1914–1945) 850
–, (seit 1945) 1437 1438
Kolonialmacht, Belgien 823
–, Dt. Reich 766-768 T 732 733 763
–, England/Großbritannien, (1485–1789) 614 628 630 631 657 684 685 G 615
–, –, (1789–1914) T 732 733
–, Frkr., (1494–1789) 614 630 631 657 **671** 674 675 G 615
–, –, (1789–1914) 790 794 795 T 732 733
–, It. 817 818
–, Japan 733
–, Niederlande 614 702 **703** 821 G 615
–, Portugal 614 700 701 820 G 615 1328
–, Rußland G 615
–, Spanien 614 630 698 699 819 820 G 615
–, USA 733 734
Kolonialreiche, Afrika 1092-1095 1102 1103 1126-1144 T **1128**
–, Amerika 1164-1166 1188
–, Asien 1044-1047 1056-1057 **1058** 1059-1061 1087-1090
–, (Früh-NZ) 610 614 G 615
–, (NZ) **732** 733-736 G 732 733
Kolonien T **850**
–, brit. 1054 1595 1596
–, dt. 841 842 853 856 T **763**
–, frz. 892 1166
–, griech. 81 89 106 143
–, griech., in Italien 58
–, hellenist. 161 165
–, italienische 975
–, jüdische 88
–, karthagische 294
–, latinische 190 191 193 200 201 214 262-264 266
–, niederl. 1596
–, phönikische **83 84** 89 294
–, portugiesische 1054
–, röm. 191 193 201 206 213-215 219 223 224 227 230 234 236 240 246 261-264 266 270 274 276 277 279 282 286 296 299 300 306
–, US-amerikanische 1596
–, s.a. Handelskolonien
Kolonisation, (Neolithikum) 18
–, dt. 397
–, griech. 101 106-108 118-119 271 273 276 277 294 T 107
–, (MA) **388**
–, mykenische 101
Kolonisation (Altertum) s.a. Kolonien, griech.
–, s.a. Kolonien, latinische
–, s.a. Kolonien, römische
–, ↗Kolonisation, griech.
Kolonisation, dt. s.a. Ostkolonisation

Kolonistenrecht (MA) **388**
Kolophon 81 118 T 106 107
Koltschak, Alexander W. *965*
Kolumban ↗Columban
Kolumbianische Revolutionäre Streitkräfte ↗FARC
Kolumbien, (Indianerkulturen) 1157 1158
–, (1810–1945) **1203 1204**
–, (seit 1945) 1582 1584 1585 **1601-1602** 1604 1615 1666
Kolumbus, Christoph 560 611 *612* 1188 1193
Kolumbus-Reise, Erste (1492–1493) 612
–, Zweite (1493–1496) 613
–, Dritte (1498–1500) 613
–, Vierte (1502–1504) 613
Komeito 1343 1345
Kominform (Kommunistisches Informationsbüro) 970 1242 1243 1247 1363 1374 1375 1409
Komintern (Kommunistische Internationale) 849 851 856 858 860 865 896 955 965-967
Kommagene 232 305 306
Kommissarbefehl 882
Kommission des Indischen Ozeans 1550
Kommission für den Nationalen Dialog, Kolumbien 1602
Kommuneaufstand (1871) 792
Kommunismus 1362 1365 1367 1369 G 850
–, China 1029 1030 1031
–, Europa 722
–, Japan 1041
–, Philippinen 1046
–, Vietnam 1046
–, s.a. die einzelnen kommunistischen Parteien
–, s.a. Ideologie
–, s.a. Marxismus
Kommunismus, UdSSR ↗Sowjetkommunismus
Kommunistenaufstände, dt. (1921) 925
Kommunistische Internationale ↗Komintern
Kommunistische Parteien, Kfz.en 1364 1365 1367-1369
Kommunistische Partei Vietnams ↗KPV
Kommunistisches Manifest (1848) 722 723 745
kommunistische Staaten (vor 1945), Bevölkerung T 850
Kommunistische Welt, internationale Beziehungen 1361-1371
–, (seit 1945) 1361-1436 1624
Komnena, Anna *485 491*
Komnenen, Dyn. 489-491
Komödie, attische 137 157
–, griech. 132
Komoren (Comoren) 1101 1120 1121 1142 1546 **1547-1548** 1652
Komyo, Japan, Ks. 1037
Konaté, Mamadou *1507*
Koné, Marie 1507
Konferenz für Sicherheit und Zusammenarbeit in Europa ↗KSZE
Konfessionalisierung, (Früh-NZ) 605 607
–, Dtld. 619 637 638 640-645
–, Frkr. 666 667

Konföderation der Nationen malaiischen Ursprungs 1564
–, Peru-Bolivien (1836–1839) 1206
Konföderationsakte (1619) 646
Konföderation Senegambia 1495 1496
Konfuzianismus 1020 1028 1029 1031-1033
Konfuzius *1019* 1020 1422
Kong Le 1431
Kongo, Kgr. 1123 1124 1135
–, -Freistaat 1121 1133 1134
–, -Konferenz (1884–1885) 823 1102 1132 1133 1135
–, -Konflikt (1960–1963) 1233 1249 1251
–, -Niger-Familie 1106
Kongo-Brazzaville ↗Congo, VR
Kongo-Léopoldville ↗Zaire
Kongopolitik, belg. 1333 1334
Kongo, VR ↗Congo
Kongreßpartei, Indien 1555-1559 1652 1653
Kongreßpolen 805
Kongreß, USA 1175 G 1284
Konklave 431
Konkordat, Dt. Reich, (1933) 940
–, Frkr., (1516) 600
–, –, (1801) 781 814
–, It., (1929) 974
–, –, (1984) 1324 1350 1631
–, Österreich, (1934) 951
–, Spanien, (1851) 819
–, –, (1953) 1325
Konkordienformel (1577) 644
Konon 135 138 139
Konoye, Fumimaro 881 886 *1041* 1042
Konrad, Kg./Ks., I. 350 352 **398**
–, –, II. 378 379 **405** 407 438 446 S 406
–, –, III. 410 **411** 412 434 479 490 S 412
–, –, IV. **418** 508 S 412
–, Burgund, Kg. 350 445
–, Mainz, Eb. 493
–, Pfgf. b. Rhein 415
–, d. Rote, Hz., Lothringen 401
–, Schwaben, Hz. 403
–, v. Ammenhausen *524*
–, v. Gelnhausen 528 *529*
–, v. Masowien *479*
–, v. Megenberg *523*
–, v. Soest 523
–, v. Würzburg *524*
Konradin, Schwaben, Hz. *508*
Konradiner, Dyn. 350 352
Konservatismus **721** 729
–, Dtld. 752 762
–, GB 800 816
–, Österreich 742 770
Konso-Gruppe 1109
Konstans, Rom, Ks. ↗Constans
Konstans II., Byz., Ks. 353 357 *384*
Konstantin, Pp., I. 354
–, –, II. 354
–, Bulg., Zar, Tich 484
–, Byz., Ks., IV. *384*
–, –, –, V. *385*
–, –, –, VI. *385*
–, –, –, VII. Porphyrogenetos 374 *497*
–, –, –, VIII. *488*
–, –, –, IX. Monomachos 489

1716 KON—KRI

–, –, –, X. Dukas 489
–, –, –, XI. *595*
–, Griechenland, Kg., I. *831* 843 1005
–, –, –, II. 1339
–, Rom, Ks., I. d. Gr. 249 250 **251-253** 260 261 274 275 285 291 292 *297* 298 305-307 310 315 *356* Ⓢ 253
–, –, –, II. 251
–, –, –, III. 255 292 297
–, Rußland, Gft. 805 810
–, Serbien, Kg., Bodin 483
Konstantinische Fälschung **356**
Konstantinische Schenkung 354 392
Konstantin-Kyrillos ↗Kyrillos
Konstantinopel, (Alt.) 249 251 253 254 256 278 303 309 310
–, (MA) 317 382 384 386 434 491 498 521 595 597 611 1064 1065 1074
–, Frd. (1700) 1079
–, Konz., I. (381) 255 Ⓣ 288
–, –, II. (553) 382 Ⓣ 328
–, –, III. (680–681) 354 384 Ⓣ 328
–, –, IV. (869–870) 355 486
–, Patriarch 250 255 256 310 328 329 **381**
–, s.a. Byzantinisches Reich
–, s.a. Istanbul
Konstantius, Rom, Ks. ↗Constantius
Konstanz, Frd. (1183) 415 439
–, Konz. (1414–1418) 505 519 **529** 604 605 615
–, Vtg. (1153) 413 426
Konstanze, Aragón, Kgn. 561
–, Frkr., Kgn., v. Sizilien 445
–, v. Sizilien, Ksn. 415 416 428 439
Konstitutionalismus 722 **724 725**
–, Belg. 822
–, Dän. 827
–, Dtld. 724 739 741 742 **743** 745-752
–, It. 815
–, Ndld. 821
–, Rußland 803 804 805 810 812
–, Span. 819
Konsulartribun 189
Konsulat, röm. 186-189 205 209 212 217-219 227-229 231 252 264 266 Ⓣ 208
Konsulatsverfassung, Frkr. (1799) 781 Ⓣ 782
Konterrevolution 965
Kontinentalkongreß ↗Philadelphia, Kontinentalkongreß
Kontinentalsperre 783 798 820 821 825
Kontinentalverschiebung 5
Kontrollrat ↗Alliierter Kontrollrat
Konventsherrschaft (1792–1794) 778-780
Konya 1069 1072
Konzentrationslager ↗KZ
Konzertierte Aktion (1968) 1302
Konzile ↗bei den einzelnen Konzilsorten
–, ↗Ökumenische Konzile
Konziliarismus 495 519 526 **528 529**

Kooperationsrat der Arabischen Golfstaaten 1448
Koordinationsausschuß Guinea-Mali 1508
Kopenhagen, Frd. (1660) 710
–, Kfz., (1949) 1259
–, –, (1973) 1271
Kopernikus, Nikolaus 583 609
Kopfgeld-Dekret, Rumänien (1982) 1406
Kopp, Elisabeth *1357 1629*
Kopten 1067 1479
Koptisch, Schrift 301
–, Spr. 302 1104
Koptische Kirche 1107
Koptos 301
Koraisch, Geschl. 1062
Koran 1062 1066
Korbinian, Freising, B. *332*
Kordofan 1091 1105
Kordt, Erich 874
Kore ↗Demeter
Korea, (bis 1945) 915 **1031-1035** 1341
–, (seit 1945) 1241 1243 1347 1348 1426 1427
Koreakrieg (1950–1953) 1232 1243 1244 1245 1277 1278 1287 1348 1362 1363 1417 1426 1576
Koreanisch, Schrift 1032
Korea (seit 1945) s.a. Nordkorea
–, s.a. Südkorea
Korfanty, Woyciech *925*
Korfu, (MA) 590 591 593
–, (1918–1945) 973
–, s.a. Korkyra
Korinth, (vor dem Hellenismus) 108 **115 121** 126 133-135 138 142 147 148 Ⓣ 107 109
–, christl. Gemeinde 258
–, (hellenistische und röm. Zeit) 153-155 174 177-180 182 204 269-271
–, Isthmus von 99
Korinthischer, Bund (338–337) 136 142 147-150 154 176-178
–, Krieg (395–386) 138
Korisis, Alexander *1007*
Korkyra, (Korfu) 115 133 134 142 143 155
–, Melaina (Korčula) 271
Kormisos, Bulgaren, Chan 373
Kornilow-Putsch (1917) 964
Koroma, Ibrahim *1498*
Koroneia 141 142 182
Korragos 177
Korsika, (Alt.) 95 119 267
–, (MA) 533 561
–, (NZ) **697**
–, röm. Prov. (Corsica) 226 **269**
Kortrijk, Schl. (1302) *541*
Korutürk, Fahri 1340
Korvald, Lars *1337*
Korykos, Schl. (191 v.) 164
Koryo 1032
Kos, (Alt.) 138 141 142 158 168
–, (MA) 380
Kosaken 687 710 712 965
–, -Aufstand (1773–1774) 692
Kosambi 1049
Kosciuszko, Tadeusz 692 *714 804*
Kosmas, Hl. 307
Kosmos, spartan. 112-115
Kosovo, Unruhen (1981) 1411 1412 1635

–, ↗Amselfeld
Kosrae 1581
Kossäer ↗Kassiten
Kossuth, Lajos *770*
Kossygin, Alexej N. 1251 1281 1366 *1375* 1377 1380 *1381*
Kostjenki 16
Kostoboken 243 270 278
Kostow, Traitscho 1400
Kotelawala, John *1562*
Kotoka, Emmanuel *1501*
Kotoku, Japan, Ks. 1035
Kotor ↗Cattaro
Kotys, Thraker, Kg. 140
Kotzebue, August v. *743*
Kouandété, Maurice *1504*
Kountché, Seyni *1510* 1646
Kousseri, Schl. (1900) 1110
Kovácz, Béla 1403
Kovrat, Bulgaren, Chan *373*
Kozonguizi, J. *1532*
KPB (Kommunistische Partei Bulgariens) 1407
KPČ (Kommunistische Partei der Tschechoslowakei) 1401 1403 1634
KPCh (Kommunistische Partei Chinas) 866 1029 1031 1412 1413 1416 1423 1425 1426 1657
KPD (Kommunistische Partei Deutschlands), DDR 1382 1383 1384
–, Dtld., BR 1299
–, (1918–1933) 919 923-926 929 931 932 939 Ⓖ 922
KPdSU (Kommunistische Partei der Sowjetunion), (vor 1945) 962 963 967 969 970
–, (seit 1945) 1362 1363 1365 1366 1369 1372 1377 1378 1380-1382
KPI (Kommunistische Partei Italiens) 1323 1630 1631
KPJ (Kommunistische Partei Jugoslawiens) 1409
KPÖ (Kommunistische Partei Österreichs) 950
KPR (Kommunistische Partei Rußlands) 965 966 Ⓖ 967
KPU 1542
KPV 1655
Kraag, Johan 1667
Kraft, Adam *523*
Krag, Jens Otto *1335*
Krain 854
Krakau 583
–, Btm. 377
–, Freistaat 770
–, Vtg., (1525) 637
Kralitzer Bibel 580
Kraljević, Marko *589*
Kramář, Karl *774*
Krannon, Schl. (322) 152
Krateros, Heerführer Alexanders d.Gr. 148 150 152 177
–, Statthalter Makedoniens 174
Krates v. Mallos 158
Kreditwesen s.a. Bankwesen
Kreditwesen, BR Dtld. 1300
Kreide 6
Kreisauer Kreis 947
Kreisky, Bruno *1352* 1353 1628
Kremsier, Reichstag (1848/1849) 749 770
Krenides 145
–, s.a. Philippoi
Krenz, Egon 1628

Kreolen 1496 1497 1498 1549 1604 1605
Kreta, (Vorgeschichte) 27
–, (minoische-mykenische Kultur) 27 34 41 44 49 53 66 67 96-101 Ⓣ 96 107
–, (Hellenismus) 174 175 179 219
–, (röm. Prov. [Creta]) 221 269-271
–, (MA) 380 590 592 593
–, (NZ) 592 879 881 1079
Kreuger, Ivar 984
Kreuzfahrerstaaten 434 **493 494** 590-593 596 1069
Kreuzzüge **433-436** 449 450 452 453 490-492 1069
Kreuzzug, Erster (1096–1099) 425 **433**
–, Zweiter (1147–1149) 411 **434**
–, Dritter (1189–1192) 415 **434**
–, Vierter (1202–1204) **434**
–, Kinderkreuzzug (1212) **435**
–, Fünfter (1217–1221) **435**
–, Sechster (1248–1254) **435**
–, Kaiser Friedrichs II. (1228–1229) 417 **435**
–, Siebter (1270–1275) **435**
Kreuzzugsgedanke **433**
Krewo, Vtg. (1385) 581 584
Kriangsak Chamanand 1568
Krieg der Tripelallianz (1864/1865–1870) 1207
Kriegführung, Brandenburg-Preußen 628-631 649 651 656-658
–, China 902 1431
–, Dt. Reich, (1914–1918) 837-844 846 917 918
–, –, (1939–1945) 872 874-878 880-888 890-893 897 898 900-902 906-909 911 943 945-947
–, England/Großbritannien, (MA) **565-568**
–, –, (1485–1789) 624 628-632 657 658 680 681 684 685
–, –, (1789–1815) 726-729
–, –, (1815–1890) 730
–, –, (1914–1918) 837 839 840 842 843 846 847
–, –, (1939–1945) 875 878 880-883 885 891-894 900-903 906-910 914 915
–, Finnland 874 875 883 898
–, Frkr., (MA) 540 544 546-549 551-553
–, –, (1494–1648) 616 618-620 626 627 665 669
–, –, (1648–1789) 628-632 651 653 655-658 672 674 675
–, –, (1789–1914) 725-731 755 756 778-784
–, –, (1914–1918) 835-838 842 843 846
–, –, (1939–1945) 874-877 958
–, Griechenland (Alt.) 108 110 113
–, Italien, (vor 1915) 731 817
–, –, (1915–1918) 839 842 843
–, –, (1940–1945) 879 880 881 883 892 900
–, Japan, (1914–1918) 1040
–, –, (1941–1945) 1042-1043
–, Kanada 1172 1173
–, Österreich, (NZ bis 1804) 651 652 656-658
–, –, (1804–1867) 726-729 731 738 739 741 753 769-771

KRI—KUR *1717*

–, –, -Ungarn (1867–1918) 837-839 842-848 948
–, Osman. 730 843 845 847 1083 Ⓣ 834 836 848
–, Preußen, (1789–1815) 726-729 738 739
–, –, (1815–1871) 731 753 755 756
–, Reich, Röm.-dt. 619 646 647 653-656
–, Rumänien 843 844 846 882 883 898
–, Rußland, (1505–1795/1796) 628-632 658 687 691 692
–, –, (1789–1815) 726-729 804 805
–, –, (1815–1890) 730 806-810
–, –, (1914–1917) 837-839 842 963
–, Schweden, (1523–1648) 646 647 706 707
–, –, (1648–1789) 628 629 651 707-709
–, Serbien 839 844
–, Sparta 114
–, UdSSR (1939–1945) 872 874 875 877 883-885 887 888 890 895 897 898 907 909 911 915 971
–, Ungarn 883
–, USA, (1917–1918) 846 1184
–, –, (1941–1945) 887 891 893-895 900-903 905 907-909 914 915 1187
–, Vietnam 1431
–, s.a. Heerwesen
–, s.a. Rom
–, s.a. Weltkrieg
Kriegführung, Brandenburg-Preußen s.a. Kriegführung, Preußen
Krieg-in-Sicht-Krise (1875) 731 762
Kriegserklärungen, Erster Weltkrieg 737 833 835 836 844 963 1029 Ⓣ 834
–, Zweiter Weltkrieg 869 870 872 886 905 971 988 1001 1187 Ⓣ 873
Kriegsfolgen ↗ Kriegsverluste
Kriegskommunismus 962 965
Kriegskosten Ⓣ 847
–, Dt. Reich 917 933
Kriegskredite, Dt. Reich (1914–1918) 917
Kriegsmateriallieferungen, alliierte 1187 Ⓣ 886
Kriegsopferversorgung, dt. 1297
Kriegsrecht, Türkei (ab 1980) 1341
Kriegsschuld, Erster Weltkrieg 853 856
Kriegsverbrecher ↗ Kriegsschuld
Kriegsverbrecherprozesse ↗ Nürnberger Prozesse
Kriegsverluste, Erster Weltkrieg Ⓣ 848
–, –, Frkr. 952
–, Zweiter Weltkrieg **915 916** Ⓣ 916
–, –, Dt. Reich 885 Ⓣ 912
–, –, UdSSR 884 1371
Kriegswesen ↗ Heerwesen
–, ↗ Kriegführung
Kriegswirtschaft, Erster Weltkrieg 952
–, Zweiter Weltkrieg 946

Kriegszielpolitik, Erster Weltkrieg 844 852
–, –, Dt. Reich 917
–, –, Frkr. 952
–, Zweiter Weltkrieg, Dt. Reich 945
Krim, (Alt.) 169
–, (NZ) 692 1080 1129
Krim, Abd el- 1094
Krimkonferenz ↗ Jalta, Kfz. (1945)
Krimkrieg (1853–1856) 730 771 791 800 804 806 807 816 1082
Kristensen, Knud 1335
Krithote 140
Kritias 132 138
Kritolaos 182
Krixos 220
Kroatien, (MA) 374 **379 483** 489 490 587
–, (NZ) 854 880 899 910 997 1002-1005
Kroatien (Altert.) ↗ Dalmatien
–, ↗ Pannonien
Kroatien (seit 1945) ↗ Jugoslawien
Krofta, Kamill *994*
Kroisos, Lydien, Kg. 81 92 118
Krondomäne 442 Ⓖ 451
Kronstadt, Aufstand (1921) 966
Krosigk, Lutz Gf. Schwerin v. ↗ Schwerin von Krosigk
Kroton (Crotone) 119 120 200 262 Ⓣ 107
Kru 1115 1130
Krüger, Paulus 767 1140
–, -Depesche (1896) 735 767 1140
Krum, Bulgaren, Chan 373
Krupp 933 1291
Kruschwitz, Vtg. (1230) 417
Kschatrapa, Dyn. 1053
KSZE (Konferenz für Sicherheit und Zusammenarbeit in Europa) 1253 1254 1273 1359 1369 1378 1380 1411
KSZE-Folgetreffen, Paris (1990) 1622 1623
–, Wien (1989) 1621 1622
Ktesiphon 244 313-317
Ktica 223
KTPI 1605
Kuang-hsü, China, Ks. 1028 Ⓣ 1024
Kuba, (NZ) 613 819 1123 1183 1191 **1202**
–, (seit 1945) 1254 1255 **1433-1436** 1439 1583 1587 1593 1602 1604 1648-1650 1666
–, –, Wirtschaftspolitik **1433-1436**
–, -Krise (1962) 1241 1250 1279 1280 1366 1376 1435
Kubanische Revolution 1584
Kubanischer Sozialismus 1434 **1435** 1436
Kubilai ↗ Kublai Chan
Kubiliunas, Peter *991*
Kubitschek de Oliveira, Juscelino *1614*
Kublai Chan, Mongolenherrscher 1014 1024 1037 1044
Kudlich, Hans *748*
Kudrun Ⓣ 419
Küstenfischerkultur 1147
Kütahaya, Vtg. (1833) 1091
Kütschlüg, Naiman, Pr. 1013

Kütschük Kainardsche, Frd. (1774) 632 692
Kufa 1064
Kugelamphorenkultur 37
Kujawische Gruppe 30
Kukia 1111
Kuk, Karl v. *838*
Ku Klux Klan 1181 1184
Kulikower Feld, Schl. (1380) 585
Kulm ↗ Chełmno
Kulmye, Husain 1543
Kulp'o-ri 1031
Kult ↗ Mythologie
–, ↗ Religion
Kultur, (Früh-MA) **345-347**
–, (Hoch-MA) 391-397
–, (Spät-MA) **499-506**
–, (Früh-NZ) 602-610
–, Athen 137 157
–, Australien 1213
–, Babylonien 75 **77 78**
–, Böhmen **580**
–, Burg. 555-557
–, Byz. **380 487** 488 **593**
–, China **1019 1020 1022** 1025 1026 1027
–, Dtld., (MA) 398 419 479 Ⓣ 419 **420**
–, –, (NZ) 663 665
–, England **566 567**
–, Frankreich **337 345 346**
–, Frkr., (MA) **555-557**
–, –, (NZ) **666**
–, Hellenismus 157
–, Hethiter 79
–, It. (MA) 327 **361 440 441 537 538**
–, Japan 1034 1035 **1036** 1037 1039
–, Kalifenreich **1066**
–, Mauren 456
–, Ozeanien 1219
–, Polen **583**
–, Polynesien 1215
–, Rom (Alt.) 211 231 250 254
–, Rußland **480** 488 585
–, Sasaniden 316
–, Schweiz **715**
–, Skandinavien 471
–, Sumer **73**
–, UdSSR 969 1374
Kulturabkommen, Frkr.-Mauritius (1984) 1550
–, Österr.-UdSSR (1982) 1353
Kulturaustausch, China, VR-Australien 1579
Kulturkampf, Dt. Reich 757 763
–, It. 815 817 818
–, Österreich 772
Kulturpolitik, Brandenburg-Preußen 659
–, China, VR 1416 1418 1419
–, DDR 1383 1386 1388 1389 1390
–, Dtld., BR 1302
–, Dt. Reich 940
–, Frkr. 668 672 789 791 794 795
–, Kanada 1529
–, Österreich 663
–, Polen 1398
–, Preußen 744 767 768
–, Rußland 805-809
–, Türkei 1340
–, UdSSR 969
–, USA 1278
Kulturrevolution, China **1419-1420**
Kumanen 375 484 490

Kumaragupta, Indien, Kg. 1051
Kumasi 1114
Kumbi Saleh 1111
Kunaxa, Schl. (401 v.) 84 94 138
Kunda-Kultur 19
Kunersdorf, Schl. (1759) 631 658
Kung, China, Pr. 1027
K'ung-fu-tse ↗ Konfuzius
Kunst, (Paläolithikum) 15 16
–, (Neolithikum) 19-23
–, (Kupferzeit) 24-38
–, (Bronzezeit) 40-55
–, (Eisenzeit) 56-60
–, (MA) 347 396 397 **499-501**
–, (Früh-NZ) 603 604 **607 608**
–, Ägypten 66 67
–, Armenien 386
–, Athen 137
–, Australien 1214
–, Byz. **386** 487
–, Dtld. (MA) **522 523**
–, Etrusker 95
–, Frankenreich 347
–, Frkr., (MA) **453-455 556 557**
–, Griechenland 111 137 157
–, Hochkulturen, (3. Jt.) 23-26 30-34
–, –, (2. Jt.) 39 39-41 43-45 47-49 51-53
–, –, (1. Jt.) 56-58
–, It. (MA) 361 **441 538**
–, Melanesien 1218
–, Mikronesien 1218
–, minoische 98
–, mykenische 99
–, Ozeanien 1215 1218
–, Persien 93
–, Polynesien 1215 1218
–, Rom 211
–, Rußland **480**
–, Serb. 589
–, Sparta 113 114
–, Sumerer 72
Kuomintang ↗ KMT
Kupe, Tahiti, Hptl. 1219
Kupfer 1526 1594
Kupferzeit 23-38
Kurbrandenburg ↗ Brandenburg-Preußen
Kurbski, Andrei M., Rußland, Fst. *686*
Kurden 1640
Kurdenfrage 1441 1446 1447 1459 1467 1469
–, Irak 1467 1469
–, Iran 1467 1468 1469 1493
–, Türkei 1085 1636
Kurdistan 1241 1242 1467
Kurfürsten 506 507 513-515 517-519
–, -Rat 633
Kurhessen ↗ Hessen
Kurialen, röm. 249
Kuriatkomitien 187 189 211 212
Kurien, röm. 183 185 186 212
Kurie, päpstl. 605
Kurie, röm. ↗ Curia
–, ↗ Kurien
Kurigalsu, Babylon, Kg. 47
Kurilen 1341 1342 1343 1345 1375 1380 1658
Kurköln ↗ Köln, Ebtm.
Kurland (NZ) 711 804 805 838 845 911
–, s.a. Deutschordensstaat
Kurmainz ↗ Mainz, Ebtm.
Kurpfalz ↗ Pfalz
Kursachsen ↗ Sachsen

1718 KUR—LAT

Kurtraktat (1692) 655
Kurtrier ↗ Trier, Ebtm.
Kurupedion, Schl. (281 v.) 155
  160 161 169 170 172
Kurzes Parlament (1640) 681
Kusch 68 1103 1104 1107 1108
Kuschanareich 312 314-316
  1010 1011 1050
Kuschitische Sprachen 1100
  1103 1107 1109
Kustendil ↗ Kjustendil
Kusura 33
Kutaiba ibn Muslim 1065
Kutb-ud-Din-Aibak, Dehli, Su.
  1051 *1052*
Kutschera, Franz *938*
Kutusow, Michail Illariono-
  witsch *804*
Kuusinen, Otto Wilhelmo-
  witsch 874 *988*
Kuvale 1124
Kuwait 1447 1471 1472 1620
  1621 1636 1637 1640 1662
–, Kfz. (1973) 1454
Kuwaitkrise ↗ Irakisch-kuwaiti-
  scher Krieg (1990–1991)
Kuwait National Oil Co.
  ↗ KNOC
Kuwait Oil Co. ↗ KOC
KVAE (Konferenz über Ver-
  trauens- und sicherheitsbil-
  dende Maßnahmen in Euro-
  pa) 1621
Kviesis, Albert *989*
Kwangju-Massaker 1348
Kwango 1133
Kwanhama-Ambo 1135
Kwa-Sprachen 1114
KY 1540
Ky, Nguyen-Cao *1428* 1430
Kyamtwara 1116
Kyaxares, Meder, Kg. 77 81 92
  310
Kybele 80 288
Kydonia (Chania) 97
Kyffhäuser-Sage 418
Kykladen 96 97 177
Kykladenkultur 27 34 96 98 T
  96
Kylon 116
Kylydsch Arslan, Seldschu-
  ken, Su. 1072
Kyme (Kymai; Cumae) 95 108
  119 123 124 188 190 T 107
Kynoskephalai, Schl. (197 v.)
  164 175 181 203
Kyprian, Karthago, B. ↗ Cypri-
  an
Kyprianou, Spyros *1360* 1635
Kypseliden, Korinth, Tyr.n 115
  T 109
Kypselos, Korinth, Tyr. 115 T
  109
Kyrenaika ↗ Cyrenaica
Kyrene 69 149 156 159 160 T
  107
–, Edikte v. 270
–, röm. Prov. (Cyrene) 160 220
  269-271
Kyrill, Bulgarien, Pr. 1002
Kyrillisch 377
Kyrillos, Alexandreia, Patr. 302
  328 329
–, (Konstantin), Slawenmissio-
  nar 333 355 374 **376 377** *486*
Kyros, Persien, d.J., Satrap,
  Br., Dareios' II. 81 94 135 138
–, –, Kg., I. 92
–, –, –, II. d. Gr. 77 81 84 88 **92**
  93 118 1010 1049

Kythera 134
Kyzikos 140 T 106
–, Schl. (410) 135
KZ (Konzentrationslager) 935
  939 **945** 946 1573 G 936
–, s.a. die betr. Ortsnamen

L

Labarnas, Hethiter, Kg. 79
Labiau, Vtg. (1656) 651
Labici 193
Labienus, Q. 226 314
–, T. 221
Labor Party, Australien 1222
  1659
Labour-Front 1571
Labour Party, Großbritannien
  803 1313 1314 1315
–, Neuseeland 1660
La Bruyère, Jean de *672*
Labyrinth (Palast von Knos-
  sos) 98
Lacalle, Luis Alberto *1668*
Lachares, Athen, Tyr. 154 178
Laches 134
Lachmiden, Dyn. 316
Lacoste, Robert 1308
Lactantius 300
La Désirade 1194
Ladislaus, Böhmen, Kg., (V.)
  Postumus 521 *580* 586
–, Neapel, Kg. 534 535 586
–, Ungarn, Kg., I. 375
Laelius, C. 214
Länder ↗ die einzelnen Länder-
  namen
–, ↗ Föderalismus
–, ↗ Reich-Länder-Verhältnis
Länderräte (1945–1947)
  1291-1294
Laeti (Laeten) 288 323
Lafayette, Marie Joseph Mo-
  tier Marquis de *777* 778 786
  787
Lafitte, Jacques 786
–, Pierre 787
La Fontaine, Jean de *672*
Lafontaine, Oskar *1306* 1626
Lagasch 32 72 91
Lagerplätze (Paläolithikum) 13
  16
Lagiden ↗ Ptolemaier, Dyn.
Lagos, brit. Kolonie 1130
Lagos, V. v. Ptolemaios I. So-
  ter 159
La Gravette 15
La Habana ↗ Havanna
La Harpe, Frédéric Cézar de
  804
Lahore, Kfz. (1974) 1446
–, Resolution 1559
Laianci 281
Laibach, Kongreß (1821) 730
Laieninvestitur 424
Lakas Bahas, Demetrio Basilio
  1595
Lakas ng Bayan (Demokrati-
  sche Partei der Philippinen)
  1656
Lakatos, Géza *998*
Lakedaimon ↗ Sparta
Lakhmiden ↗ Lachmiden
Lakmien 140
Lakonien 111 112 126 180 181
Lal, Devi 1653
Lalibela, Äthiopien, Kg. 1108
Lamachos 135

La Madeleine 15 16
Lamaismus 1015 1017
Lamarca, Carlos 1616
Lamartine, Alphonse de 788
Lambaesis (Lambèse) T 299
Lambert, Italien, Kg. 360
Lambityeco 1155
Lambruschini 1614
Lambsdorff, Otto v. *1306* 1625
Lambsdorff-Papier 1306
Lambton, John George *1171*
Lamine-Guèye, Amadou 1127
  1495
Lamischer Krieg (323–322) 152
  177
Lamizane, Sangoulé *1508* 1509
Lammers, Hans Heinrich *938*
  943 945
Lampert v. Hersfeld *419*
Lampronatzi, Dyn. 596
Lampsakos 106 136 141 308
Lanasse, G. des Demetrios
  Poliorketes 155
Lancaster, Dyn. 568 570 S 569
Lancaster, Johann Hz. von
  ↗ Johann, Hz. v. Lancaster
Landanweisungen, röm. 215
  264
Landesfürstentum, dt. 600 606
  636 637 639-642 644 647 648
Landesfürstentum, dt. s.a.
  Landesherrschaft
landesherrliche Städte 516
Landesherrschaft, (Hoch-MA)
  387 398 399 401 415 **416 417**
–, (Spät-MA) 506 **507** 515 521
–, (NZ) 600
–, Frankreich 553
Landesherrschaft (NZ) s.a.
  Landesfürstentum
–, s.a. Territorialherrschaften
Landeshoheit 637
Landeskirchentum 637
Landfriede 633
–, (1555) 642
–, s.a. Augsburger Religions-
  und Landfrieden
–, s.a. Ewiger Landfriede
Landfriedensgesetz, dt. (1235)
  417
Landnamabok 476
Landstände ↗ Ständewesen
Landtags-Rezeß, kurmärki-
  scher (1653) 649
Landverteilungen, Rom 187
Landwirtschaft 345 **387 496**
  598 599 601 602 719 1237
  1238
–, Ägypten 65
–, Athen 104
–, Belize 1589
–, DDR 1382 1383 1386 **1388**
  1389 1390 T 1388
–, Dtld. 514
–, Dt. Reich 940
–, England 572
–, Frankreich 442
–, Griechenland 104
–, Italien 362 **539**
–, Karthago 182
–, Kuba 1426
–, Lateinamerika 1584
–, Rußland 804-808 812
–, Saint Kitts 1601
–, Saint Lucia 1600
–, Saint Vincent 1599
–, UdSSR 962 **1373-1375**
  1377-1379
–, USA 1175 1182

–, Vietnam 1431
–, s.a. Wirtschaft
Landwirtschaft, Antike ↗ Grie-
  chenland, Agrargeschichte
–, ↗ Rom, Agrargeschichte
Landwirtschaft, Kollektivie-
  rung 1362
Landwirtschaftsgesetz (1955)
  1299
Lanfranc, Canterbury, Eb. *463*
  464 470
Langa 1535
Lange, David *1580* 1660
Lange, Halvard 1264
Lange Mauern, Athen 126 127
Langensalza, Schl. (1866) 754
Langer Landtag (1661–1663)
  651
Langer Marsch (1934–1935)
  1030 1031
Langes Parlament (1640–1660)
  681
Langland, William *566* T 503
Lango 1116
Langobarden 249 289 290 325
–, Christianisierung 332
Langobardenfeldzug Karls d.
  Gr. 340
Langobardenreich (568–778)
  357
Languedoc 283
Lansana, David 1498
Lanusse, Alejandro 1613
Lanuvium (Lanuvio) 193
Laodike, G. Antiochos' II. 162
–, G. Antiochos' III. d. Gr. 169
–, G. des Perseus, Makedo-
  nien, Kg. 165
Laodikeia 306 309
–, Schl. (1147) 434
Laodikekrieg ↗ Syrischer
  Krieg, Dritter (246–241)
Lao Issara 1431
Laon, Kathedrale T 455
Laos, (bis 1945) 1046 1047
–, (seit 1945) 1250 **1431-1432**
  1433 1568 1655
Lao-tse 1020
La Paz, Generalstreik (1984)
  1609
La Petite-Terre 1194
La-Plata-Staaten 1618
Laporte, Pierre 1289
Lappen 1358
Larco Cox, Guillermo 1667
Largo Caballero, Francisco *979*
Lari 1516
–, -Kongo 1132
–, -Gruppe 26
La Rochefoucauld, François
  de *672*
La Rochelle 668
–, Schl. (1372) 548 558
Larrazábal, Wolfgang *1603*
Larsa 40
Larsam 73
La Sale, Antoine de 556
Lasalle, Ferdinand *753*
Las Casas, Bartolomé de *614*
  1188 1190
Las Indias ↗ Amerika, spani-
  sche Kolonien
Laskariden, Dyn. 593
Lasso, Orlando di *604*
Lastenausgleichsgesetz (1952)
  1298
Lateinamerika 1164 1188 **1195**
  1582-1586 1662

–, Bevölkerung T 1584 **1585**
–, Inflationsraten (1970–1976) T **1585**
–, Interamerikanischer Beistandspakt (1947) 1242
–, Nahrungsmittelversorgung (seit 1961) T 1586
–, pol. Org. 1582 **1583**
–, US-Interventionen 1183 1662
–, Wirtschaft 1231 1584
Lateinamerikanische Freihandelsvereinigung 434 438 590 **593 594**
Latein (MA) 337
Latènekultur 59 289 293
Laterankonzil, Erstes (1123) 425
–, Zweites (1139) 426
–, Drittes (1179) 428 430
–, Viertes (1214) 430
Lateranverträge (1929) 974 977
Latiner 95 183 184 186 190 210 211 215 263 264
Latinerbund 186 190 193 194
Latinerfest 184 190
Latinerkrieg (340–338) 194 T 192
Latinerrecht 215 217 224 234 236 240 265 268 270 286 296 299
latinische Stadtsiedlungen, Italien 58
latinisch-faliskische Kultur, Italien 57
Latino-Falisker 183
Latium 95 184-186 190 193 194 205 266 T 192
Lat Joor, Kajor, Ft. 1127
Latour, Theodor Gf. Baillet v. 749
La Trémoille, Georges de 552
Lattre de Tassigny, Jean de 1291
Laudon, Ernst Gideon v. 658 1080
Laud, William 681
Laufental 1356
Laugerud García, Kiell Eugenio 1589
Laureion 122 129
Laurentianisches Schisma (498) 329
Laurentius, Pp. 329
Lauriacum (Enns) 282 283
Laurier, Wilfrid 1172
Lausanne, Frd. (1912) 736 808
–, Frd. (1923) 1006 1084 1088
–, Kfz. (1922) 858
–, Kfz. (1932) 863
Lausitzer-Kultur 54 60
Lautulae, Schl. (315) 194
Laval-Mussolini-Abkommen (1935) 867
Laval, Pierre 864 879 891 906 954 955 956 958 975 1307
La Venta, Olmekensiedlung 1150
Lavinium 183 186
Law, John 674
Lawrence, Thomas Edward 847
Laxenburger Allianz (1682) 654
Lazar I., Serbien, Ft. 589
LDP 1658 1659
LDPD (Liberal-Demokratische Partei Deutschlands) 1383 1386 1628
Le-Duan 1429

Lee, Robert Edward 1181
Leeds, Kfz. (1978) 1457
Lee Kuan Yew 1571 1656
Lee Teng-hui 1658
Leeward-Inseln 1193
Lefèvre, Théo 1333
Lefkandi (Euboia), geometrische Kultur 103
Lefort, Franz 688
Legalisten-Schule, Chou-Dyn. 1020
leges de imperio 240
leges Liciniae Sextiae (367/366) 189
leges Porciae (2. Jh. v.) 214
Legien, Karl 766
Legio (León) 297
Legionen, röm. 184 217
Legionslegat, röm. 230
Legnano, Schl. (1177) 428
Leguia, Augusto Bernardino 1206
Lehnswesen **344 345**
–, byz. 486
–, England 572
–, Frkr. 442 **445** 540 547
–, Robert 345
–, s.a. Feudalismus
–, s.a. Grundherrschaft
Lehringen 14
Leibeigenschaft 496
–, Dtld. 663
–, Rußland 686 689 691 804-807
Leibniz, Gottfried Wilhelm 609 689
Leicester, Robert Dudley Gf. v. 623 702
Leichudes, Konstantin 489
Leif Erikson 371
Leigh, Gustavo 1619
Leih- u. Pachtgesetz (1941) 881 1187
Leiningen, Karl v. 748
Leipzig, Schl. (1812) 783
–, Schl. (1813) 728 825
Leitfossilien 1
Leiturgien 129 139 140
Lekhanya, Metsing 1650
Lelantinische Ebene (Lelantinisches Feld) 108 121
Lele 1123
Le Maire, Jacques 1225
Le Mas-d'Azil 16
Lemass, Seán 1318
Lemberg, Schl. (1914) 837
Lemmer, Ernst 1245
Lemnitzer, Lyman Louis 1266 1270
Lemnos 138
Lemus, José María 1590
Lengyel-Gruppe 23
Lenin, Wladimir I. 809 810 845 846 962 963 964 965 1418
Leningrad 967
–, s.a. Petrograd
Leninismus ↗ Marxismus
–, ↗ Sowjetkommunismus
Lentini ↗ Leontinoi
Lentulus, Cn. 220
Leo, Pp., I. 323 **328** 329
–, –, III. 341
–, –, IV. 353 354 359
–, –, VIII. 421
–, –, IX. 422 423 437 446
–, –, X. 634 665 695
–, –, XI. 695
–, –, XII. 815 T 817
–, –, XIII. 763 794 818 T 817
Leobatas, Sparta, Kg. T 112

Leo, Byz. bzw. Röm. R., Kaiser ↗ Leon
León **458 459**
Leon, Byz., Ks., I. 256 381
–, –, –, III. 354 384 385
–, –, –, IV. 385
–, –, –, V. 385
–, –, –, VI. d. Weise 487 488
–, Kleinarmenien, Kg., II. 493
–, Sparta, Kg. T 112
–, v. Thessalonike 486
–, s.a. Legio
Leonardo da Vinci 537 603 694
Leone, Giovanni 1322 1323 1324
Leoni, Raul 1603
Leonidas, Sparta, Kg., I. 122 T 112
–, –, –, II. T 112
Leonnatos 152
Leontinoi (Lentini) 119 123 133 135 T 107
Leontios 386
León Valencia, Guillermo 1602
Leopardi, Giacomo 815
Leopold, Ks., I. 628 649 651 **653-655** 688 S 617
–, –, II. 659 663 696 726 778 S 664
–, Baden, Ghz. 750
–, Belgien, Kg., I. 823 S 796
–, –, –, II. 823 824 874 1102 1121 1124 1133 1134 S 796
–, –, –, III. 876 906 **982 983** 1332 1333
–, Hohenzollern-Sigmaringen, Pr. 755 819
–, Österreich, Hz., I. 525
–, –, –, III. 517
–, –, –, V. 415
–, –, –, VI. 435
–, –, Mgf., IV. 411
Léopoldville 1133 1134
–, Kfz. (1960) 1518 1519
Leostadt 359
Leosthenes 141 152 177
Leotychidas, Sparta, Kg., I. T 112
–, –, –, II. 121 123 125 T 112
Leowa, Westgoten, Kg., I. 363
–, –, –, II. 363
Leowigild, Westgoten, Kg. 363
Lepanto, Schl. (1571) 457 623 698 1077
Lepcis Magna (Lebda) 298 300 T 299
Lepidus ↗ Aemilius Lepidus
Leptis ↗ Lepcis
Lerma, Francisco Gómez de Sandoval y Rojas,Hz. v. 698
Lerna (Argolis) 35 96
Lerroux, Alejandro 978
Lesbos T 106
Lesotho 1139 **1537** 1650
–, s.a. Basutoland
Les Saintes 1194
Lesseps, Ferdinand de 790 1091 1203
Lessing, Gotthold Ephraim 610
Leticia 1206
Lettland (NZ) 874 877 971 **989 990**
Lettow-Vorbeck, Paul v. 841 842 1142
Leuchtender Pfad ↗ Sendero Luminoso
Leukas 115 134 142
Leuke Kome 317-318
Leukimme, Schl. (435) 133

Leuktra, Schl. (371) 140
Leunawerke 917
Leuschner, Wilhelm 947
Leuthari, Ostgoten, Feldh. 326
Leuthen, Schl. (1757) 657
Levalloisien-Technik 13
levée en masse (1793) 726
Lévesque, René 1287 1289 1289
Levingston, Roberto 1613
Leviten 89
Lewanika, Lozi, Kg. 1122
Lewis, M. 1176
Lewisville 1145
Lex, (Rom), Aelia et Fufia (153) 214
–, –, Aelia Sentia (2) 229
–, –, Aurelia (790) 220
–, –, Canuleia (445) 189
–, –, Claudia (218) 205-207
–, –, de imperio Vespasiani 236
–, –, Domitia (104) 216
–, –, Gabinia (67) 220
–, –, Hieronica 268
–, –, Hortensia (287) 190 195 204
–, –, Iulia, (90) 265
–, –, –, de adulteriis (18) 228
–, –, –, de maritandis ordinibus (18) 228
–, –, Licinia Mucia (95) 217 265
–, –, Ogulnia (300) 190
–, –, Papia Poppaea (9) 229
–, –, Plautia Papiria (89) 266
–, –, Poetelia (326) 189
–, –, Pompeia (89) 266
–, –, Publilia Philonis (339) 189
–, –, sacrata 188
–, –, Thoria (111) 216
–, –, Titia (43) 226
–, –, Valeria, Cornelia (5) 229 232
–, –, –, de provocatione (300) 190
–, –, Villia annalis (180) 210 214 219
–, (Völkerwanderungszeit), Alamannorum 338
–, –, Baiuvariorum 338
–, –, Ribuaria 338
–, –, Romana Visigothorum 325
–, –, Salica 338
–, –, Saxonum 339
–, (MA/NZ), Regia (1665) 710
Ley, Robert 939 947
Leyden, Nikolaus Gerhaert v. 523
Leyte, Schl. (1944) 914
Lhasa 1017
–, Vtg. (1904) 1017
Liang Ch'i-ch'ao 1028
Liang, Dyn. 1023 G 1021
Liao, Dyn. 1023 G 1021 T 1018
Liao-yang, Schl. (1904) 1040
libanesischer Bürgerkrieg ↗ Libanon, Bürgerkrieg
Libanios, Rhetor 250 254 255 307
Libanon, (NZ) 1089 1444 1446 1456 1460-1462 1637-1639
–, –, Bevölkerung 1460-1462
–, –, Bürgerkrieg 1268 1461 1462
–, –, isr. Invasion (1982) 1457 1460 1462 1479
–, –, US-Intervention (1958) 1248
–, –, Wirtschaft 1460 1461

1720 LIB—LON

Liber 188 288 300
Libera 188
Liberal Central Association 800
Liberaldemokratische Partei ↗LDP
Liberale Partei Kolumbiens 1203 1601
Liberale Vereinigung 763
Liberalisierungsprogramm, Lateinamerika 1582
Liberalismus, Deutsches Reich (1870/1871–1914) 757 762
–, Deutschland (1815-1870) 744 745 752 755
–, Europa 722 729
–, Frankreich 780 781 786 788 791
–, Großbritannien 797-802
–, Italien 815-818
–, Rußland 804 810
Liberal Party ↗LP
Liber Censuum 428
Liberia 1115 1129 1130 1499 1645
Liber Iudiciorum 364
Liberius, Pp. 328
Liberman, Jewsej G. 1377
Libertät 641 643 653
Libertas Ecclesiae 409 420
Libreville (Gabon), OAU-Kfz. (1977) 1531
Libri Carolini 341
Liburner 271 272
Liburnien 272 273
Libya inferior 270
–, s.a. Kyrene
Libyen, (vorröm. Alt.) 68
Libyen, Antike ↗Afrika
–, ↗Kyrene
Libyen (NZ) 1095 1447 1473 1479 1480 1575 1620 1630 1642 1643 1646 1648 1661
–, Chemiewaffenfabrik 1623 1642
–, Entwicklungspolitik 1479 1480
–, Erdölpolitik 1480
Libyer 68 89
Libysche Arabische Republik ↗Libyen
Licet iuris (1338) 513 527
Lichnowsky, Felix v. 748
Licinisch-sextische Gesetzgebung (367/366) 189
Licinius, Rom, Ks. 251 261
–, Crassus, L. (Konsul 95) 217 224
–, –, M. (Konsul 30 v.) 269
–, –, M. (Triumvir) 219 220 221 222 223 305 314
–, –, P. (Konsul 171) 176
–, –, P. (Konsul 97) 296
–, Lucullus, L. 167 218 220 221 311 314
–, Macer, C. 220 224
–, Mucianus, C. 236 306
–, Murena, L. 218
Lidice 891 995
Liebknecht, Karl 919 923
–, Wilhelm 755
Liechtenstein 743 1357
Liegnitz, Schl. (1241) 418 479 481 1014
–, Schl. (1760) 658
Liga Angolana 1135
Liga der Arabischen Staaten ↗Arabische Liga

Liga Filippina 1046
Liga, kath. (seit 1609) 624 625 645 646
Liga Nacional Africana 1135
–, Liga von Cognac (1526) 618
Lige de Croix-de-Feux 955
Ligurer 201 283
Ligurien 262 266
Ligurinus 419
Ligurische Republik 726 780 813
Lihjaniter 85
Li Hsien-nien 1426
Li Hung-Chang, China, Ks. 809 1027 1028
Liktoren, röm. 186
Likud 1465 1466
Lilburne, John 682
Lillo, George 610
Lilybaeum 197 198 201 268
–, s.a. Lilybaion
Lilybaion (Marsala) 119
Lima 1189
–, Ebtm. 1190
–, UNIDO-Kfz. (1976) 1238
–, Vtg. (1829) 1206
Limann, Hilla 1502
Limes, röm. 236 237 243 244 246 247 251 279 284 285 291 300 303 306
Limnaea-Zeit 10
Limnai T 106
Limpopo 1124
Lincoln ↗Lindum
Lincoln, Abraham 1179 1180 1181
Lindisfarne, Kloster 331
Lindman, Arvid 826 984
Lindum (Lincoln) 293
Linear A 98
–, B 98 99
Lingala, Spr. 1121
Linggadjati, Vtg. (1946) 1572
Lingonen 199 284 285
Lingula 2
Linkskartell, Frkr. (1924–1926) 953
Linné, Carl v. 708
Lini, Walter Hayde 1660
Lin Piao 1411 1413-1415
Lin Tse-hsü 1026
Linz, Vtg. (1534) 639
Lipany, Schl. (1434) 580
Lipara T 107
Li Peng 1657 1658
Lippo, Fra Filippo 538
Lipski, Josef 869
Lisette, Gabriel 1510
Lissa, Schl. (866) 817
–, s.a. Issa
Lissabon 700 1262
–, Frd. (1668) 701
–, Univ. 562
Lissouba, Pascal 1516
Li Ssu 1020
List, Wilhelm 888
Lisulo, Daniel 1527
Li Ta-chao 1029
Litani-Fluß 1456
Litauen, (MA) 480 581 583 584
–, –, Christianisierung 518 581 584
–, (NZ) 710-712 714 804
–, (1914–1945) 838 845 856 868 874 877 971 990 991
Literatur, Äg. 66
–, armen. 311
–, babylon. 73 75
–, chin. 1026

–, Dän. 827
–, Dtld., (MA) 346 419 524 T 419 420 503
–, –, (NZ) 608
–, England, (MA) 463 566 567 T 503
–, –, (NZ) 608
–, Frkr., (MA) 453 454 502 555 556 T 503
–, –, (NZ) 608 671
–, griech. 104 111 125 132 137 157 158 307
–, hethit. 79
–, Indien 1048
–, Irland 367 368
–, Island (MA) 476
–, Israel 87
–, Italien, (MA) 361 441 502 537 T 503
–, –, (NZ) 815
–, Japan 1035 1036
–, Korea 1032
–, lat. (MA) 367
–, Mittelalter 396
–, röm. 211 213 224 231 242-244 250 288 300
–, Rußland 803
–, Skandinavien (MA) 471 T 503
–, Spätmittelalter 501 502 T 503
–, Spanien, (MA) T 503
–, –, (NZ) 608
–, sumerische 72
–, tschechische (MA) T 503
–, Volkssprachen 367 T 419 420 503
Literatur, Israel s.a. Altes Testament
Liternum (Literno) 213
Li Tsung-jen 1413
Little Rock 1279
Liturgie, christl. 381
Litwinow, Maksim M. 861 868 869 970
Litwinow,-Protokoll (1929) 861
Li Tzu-ch'eng 1025
Liudolf, Sachsen, Hz. 352
–, Schwaben, Hz. 401 402
Liudolfinger, Dyn. 350 352 398 405 S 400
Liudprand v. Cremona 405
Liu Hsiu, China, Ks. 1022
Liu Pang ↗Kao-tsu
Liu Shao-ch'i 1412 1416 1418-1420
Liutizen 403 404 410
Liutprand, Langobarden, Kg. 358
livery-maintenance-System 570
Livia Drusilla, G. des Augustus 226 227 229 232 233
Livius, Titus 187 231
–, Andronicus, L., Dichter 211
–, Drusus, M. (Volkstribun 122) 216
–, –, M. (Volkstribun 91) 217 218 265
–, Rom, Ks., Severus 256
Livland 686 687 707 708 711-713 805 846
Li Yüan ↗Kao-tsu
Lizinde, T. 1522
Ljapčev, Andreas 1001
Ljubljana ↗Emona
Ljudevit, Kroatien, Ft. 379
Llana, Queipo de 979
Lleras Camargo, Alberto 1602

Lleras Restrepo, Carlos 1602
Lloyd George, David 843 851 853 856 857
Llywelyn ab Iorwerth 470
Llywelyn ap Gruffydd, Ft. 564
–, Wales, Ft. 470
Loango 1123
Lobengula, Ndebele, Ft. 1114 1125 1136
Lobito 1525
Lobow, sowj. General 1624
Locarno, Kfz. (1925) 860 927
–, Vtg. (1925) 928 942 953 1185
Lochner, Stefan 523
Locke, John 609 610 684
Locri ↗Lokroi
Lodi-Dyn., Indien 1052
Lodi, Frd. (1454) 530 536 692
Löhne, (Spät-MA) 496
–, und Preise (Früh-NZ) 615
Löhr, Alexander 909
Loeper, Wilhelm 938
Löß 8
Löwe, Wilhelm 747
Logica nova 392
Logothet 386
Lo Jui-ch'ing 1419
Lokris 140 141 174 177 179 182 T 106 107
–, opunt. 126
Lokroi (Locri) 110 119 195 200 T 107
Lok Sabha 1552
Lollarden 567 568
Lollius, M. 228
–, Urbicus, Q. 292
Lombardei 95 437 770 771 780 791 813 814 816
Lombardenbund, (1167) 414 415 439
–, (1226) 417 418 440
Lomé, Abk. (1975) 1234 1238 1272 1599-1601 1648
Lomonossow, Michail W. 691
Lonardi, Eduardo 1612
Londinium, (London) 235 292 293
–, Schl. (296) 292
London, Abk. (1953) 1299
–, Außenminister-Kfz. (1947) 1242
–, Frd. (1913) 736
–, Kfz., (1831) 730 823
–, –, (1912) 736
–, –, (1921) 856
–, –, (Aug. 1922) 857
–, –, (Dez. 1922) 858
–, –, (1924) 859
–, –, (1938) 866
–, –, (1945) 1275
–, –, (1969) 1270
–, Sechsmächte-Kfz. (1947/1948) 1258 1259 1294
–, Vtg. (1474) 554
–, Vtg. (1914) 842
–, s.a. Londinium
London Company 1166
Londoner, Abk. (1944) 1244
–, Börse 680
–, Konv., Erste (1840) 730
–, –, Zweite (1841) 730 806
–, –, (1884) 1140
–, Neunmächte-Kfz. (1954) 1263 1299
–, Protokoll, (1830) 830
–, –, (1839) 823
–, –, (1852) 752 826
–, Schuldenabkommen (1953) 1299

LON—LYO *1721*

Longanus, Schl. 196
Long Boret 1433
Longo, Luigi 1323
Longowal, Harchand Singh 1652
Lon Nol *1433*
Lope de Vega *608*
Lopes, Henri *1516*
López, Arellano, Osvaldo *1591*
–, Carlos Antonio *1207*
–, Francisco Higino Craveiro *1328*
–, Francisco Solano *1207*
–, Mateos, Adolfo *1586*
–, Michelsen, Alfonso *1602*
–, Portillo, José 1587
–, Rega, J. 1613
Lopodunum (Ladenburg) 286
Lord-Protektor ↗Cromwell, Oliver
Lorenz, Peter *1305*
Loris-Melikow, Michail T. v. *809*
Lorris, Guillaume de ⊤ 503
Losämter, Athen 131
Los Angeles 1281
Los Angeles Man ↗Nordamerika, Vorgeschichte
Los-Barrancos-Kultur 1159
Loschi, Antonio 535
Los-Millares-Gruppe 37
Lossow, Otto v. 926 927
Lothar, Ks., I. 343 347 352-354 359 Ⓢ 342
–, Ks., II. Ⓢ 342
–, Ks., III. v. Supplinburg *410* **411** 425 438 475 478 Ⓢ 414
–, Frankreich, Kg. 403
–, Italien, Kg. 436
–, Lotharingien, Kg., II. Ⓢ 342
–, Westfrankenreich, Kg. 349 Ⓢ 342
Lothar v. Supplinburg, Sachsen, Hz. ↗Lothar III., Ks.
Lothringen, (MA) 351 398 399 407 445 522 551
–, (NZ) 629 647 656 669 670 672 674 713
–, -Habsburg, Dyn. 407
Lothringen (NZ) s.a. Elsaß-Lothringen
Lotzer, Sebastian *636*
Loúcheur, Louis *953*
Louis, Condé, Pr. v., II. *627 670*
–, Frankreich, Kg., Philippe 786 788 Ⓢ 673
Louisiana 1176 1177 1180
Louisy, Allan 1595 1600
Louis III. d'Anjou ↗Ludwig III., Neapel, Kg.
Loulu, Mohammed Mahmoud Quld *1490*
Lourenço Marques 1137
Louvois, François Michel Le Tellier, Marqu.de. *671*
Løve-Stufe 51
Lovo Cordero, Alfonso 1592
Loyola, Ignatius v. 607
Lozano Diaz, Julio *1591*
Lozi 1122 1526
LP 1528
LPG (Landwirtschaftliche Produktionsgenossenschaften) 1388 1389 1390
LSAP (Luxemburgische Sozialistische Arbeiterpartei) 1335
Luanda 1525
Luapula 1123

Luba 1122 1517 1517
Lubbers, Ruud *1332* 1629
Lublin 843
Lubliner Komitee 897 904 905 993 1389
–, Union (1569) 581 582 584 711
Lucan ↗Annaeus Lucanus, M.
Lucania ↗Lukanien
Lucas Garcia, Romeo 1589
Lucca 266 439 536
Lucera ↗Luceria
Luceria ⊤ 192 194
Luchazi 1122
Luciani, Albino ↗Johannes Pp., Paul I.
Lucilla, S. des Commodus 244
Lucius, Pp., II. 426
–, –, III. 415 428
Lucius Caesar, E. des Augustus 228 229
Lucka, Schl. (1307) 511
Lucknow-Pakt (1916) 1059
Lucretius Carus, T. *224*
Lucullus ↗Licinius Lucullus, L.
Lucunga 1524
Lucus Augusti (Lugo) 296
Ludditen-Unruhen (1811) 798
Ludendorff, Erich *837* 846 848 917-919 926 Ⓖ 928
Ludi ↗Spiele, röm.
Ludovico il Moro, Mailand, Hzg. 555
Ludwig, Ks., I. d. Fromme **343** 353 Ⓢ 342
–, –, II., Sohn Ks. Lothars I. 352 **353** 359 *360* Ⓢ 34
–, –, III. d. Blinde 360 Ⓢ 342
–, –, IV., d. Bayer 505 **512-514** 527 533 544 Ⓢ 512
–, Kg., II. d. Deutsche 343 347 348 **350 376** Ⓢ 342
–, –, III. d. J. 348 350 351 Ⓢ 342
–, –, IV. d. Kind 349 350 **351** Ⓢ 342
–, Baden, Mgf., Wilhelm I. 629 *652* 1079
–, Bayern, Kg., I. *745*
–, –, Hz., I. *417*
–, Blois, Grf. 434
–, Burg., Kg. 349
–, Flandern, Grf., v. Maele 548
–, –, –, v. Nevers *543*
–, Frankreich/Westfrankenreich, Kg., II. d. Stammler **348** Ⓢ 342
–, –, –, III. Ⓢ 342
–, –, –, IV. d. Überseeische 342 401 1044 Ⓢ 342
–, –, –, V. d. Faule 349 444 Ⓢ 342
–, –, –, VI. d. Dicke 442 447 448 449 Ⓢ 443
–, –, –, VII. 412 413 434 **449 450** 466 490 Ⓢ 443
–, –, –, VIII. 451 452 Ⓢ 443
–, –, –, IX. d. Heilige 435 440 **452 453** 468 Ⓢ 443 545
–, –, –, X. 460 *543* 546 Ⓢ 443 545
–, –, –, XI. 551 **553-555** 570 571 Ⓢ 545 550
–, –, –, XII. 617 665 693 Ⓢ 545 550
–, –, –, XIII. 625 668 670 Ⓢ 673
–, –, –, XIV. 608 628-630 651-655 **670-672 674** 684 699 704 705 1079 Ⓢ 673
–, –, –, XV. *674-676* 713 Ⓢ 673
–, –, –, XVI. 675 676 776 778 Ⓢ 673

–, –, –, XVIII. *783-786* Ⓢ 673
–, Holland, Kg. *821*
–, Monaco, Fürst, II. 1312
–, Neapel, Kg., II. v. Anjou *549*
–, –, –, III. v. Anjou 535
–, Orléans, Hzg. *549*
–, Portugal, Kg., I. *796* 820
–, Rhein, Pfgrf. b., III. 519
–, Sizilien, Kg., II. 533
–, Ungarn, Kg., I. d. Gr. (auch Kg. v. Polen) 517 532 581 *586*
–, –, –, II. (auch Kg. v. Böhmen) *580 587* Ⓢ 582
Ludwig v. Fossombrone 432
Ludwig II., Condé, Pr. ↗Condé, Louis II.
Lübeck, (MA) 523
–, Btm. 413
–, Frd. (1629) 626 647 709
–, Sängerfest (1847) 745
Lübke, Heinrich 1296 1300
Lübsow, Fürstengräber 290
Lüderitz, Adolf 1137
Lüderitzbucht 1137
Lügenfeld b. Colmar 343
Lueger, Karl *773* 774
Lü-shun 1028
Lütticher Bistumsstreit (1192) 415
Lüttwitz, Walter v. *924*
Lützen, Schl. (1632) 626 647 707
Luftkrieg, (1914–1918) 841
–, (1939–1945) 878 879 891 892 899-902 906 908 ⊤ 878
Lugalanda, Lagasch, Kg. 31
Lugalsaggesi, Umma, Kg. 31 72
Lugdunensis I, II, III, IV, röm. Prov.en 285
Lugdunensis I, II, III, IV, röm. Prov.en s.a. Gallien
Lugdunum (Lyon) 228 230 240 244 285 286-288
Lugier 289 290
Luguru 1119
Luguvallium (Carlisle) 293
Luitpold, Karantanien-Pannonien, Mgf. 351
–, Ostmark, Mgf. 403
Luitpoldinger, Dyn. 403
Lukaner 194 195
Lukanien 262 266 ⊤ 192
Lukian v. Antiocheia 307
Lukianos v. Samosata *243* 259
Lukiko 1540
Lule, Yusuf *1541*
Lull, Ramón ↗Raimundus Lullus
Lullubäer 32
Lullubu 91
Lully, Jean-Baptiste *608 672*
Lulua 1517
Lumumba, Patrice 1248 *1517* 1518
Luna, Kol. 201
Luna, Tristán de *1165*
Lund, Erzbistum 475
–, Frd. (1679) 708
Lunda, Bululu 1648
Lunda-Kazembe 1123
Lunda-Staat 1122
Lundula, Victor *1518* 1519
Lunéville, Frd. (1801) 727 738 814
Lung-shan-Kultur 1018 1019
Luo 1102 1105 1143 1542
–, -Gruppen 1116

Lupold v. Bebenburg 523
Lusaka, Abk. Portugal-FRELIMO 1532
–, Blockfreien-Kfz. (1970) 1236 1439
–, Kfz. (1974) 1530
–, Kfz. (1979) 1531
Lushan, Kfz. (1959) 1411
Lusignan, Dyn. 596
Lusinchi, Jaime *1604*
Lusitaner 201 202 220 295 296
Lusitania, röm. Prov. 296
Lusitania, röm. Prov. s.a. Iberische Halbinsel
Lusitania-Zwischenfall (1915) 841
Lusones *201*
Lutatius Catulus, C. 197
–, Q. 217
Lutetia (Paris) 286-288
Luther, Hans 859 926 *927* 928 930 Ⓖ 921
–, Martin 597 605 607 **634** 637 638 640 642 677 714
Lutheraner ↗Protestantismus
Luther-Schrifttum 606 635 637
Luthertum 637-640
–, Widerlehre 606
Luthuli, Albert *1535*
Lu Ting-i 1416 1419
Lutizen ↗Liutizen
Lutter a. Barenberge, Schl. (1626) 625 646
Luvier 96
Luwier 78
Luwisch, Spr. 79 81
Luxemburg, (MA) 551
–, (1815–1945) **824** 876 944 946 **983**
–, (seit 1945) 1261 1268 1270 1273 **1335** 1630
Luxemburger, Dyn. Ⓢ 511
Luxemburgische Sozialistische Arbeiterpartei ↗LSAP
Luxemburg, Rosa *724 919* 923
Luxeuil, Kl. 332 333 337
Luxor 66
–, s.a. Theben
Luyia 1143
Lwoo ↗Luo
Lwow, Georgj J. 845 *963* 964
Lyautey, Louis H. 1094
Lycia, röm. Prov. 234
Lycia, röm. Prov. s.a. Lykien
Lydiades, Megalopolis, Tyr. 180
Lydien 80 92 118 164 170 309 ⊤ 62
–, röm. Prov. (Lydia) 309
Lydien, röm. Prov. (Lydia) s.a. Asia, röm. Prov.
Lydisch, Spr. 81
Ly, Dyn. 1044
Lygdamis, Naxos, Tyr. ⊤ 109
Lykaonien 258 259
Lykien 81 149 152 164 **171 172** 204 ⊤ 62
–, röm. Prov. (Lycia-Pamphylia) 234 **308-310**
Lykisch, Spr. 81
Lykophron v. Pherai 141
Lykortas 181 182
Lykurgos 112 113 117
Lykurg, Redner 177
Lyles-Hill-Gruppe 29
Lynch, John („Jack") *1319*
Lyng, John *1337*
Lyon, Konz., (1245) 418 430
–, –, (1274) 423 431 594

–, Märtyrer von 259
–, s.a. Lugdunum
Lyons, Joseph Alois *1223* 1224
Lyppeios, Paionien, Kg. 141
Lyrik, Griech. 111
–, s.a. Dichtung
Lysander 135 136 137 138
Lysandra, T. Ptolemaios' I. Soter 155
Lysias, Redner *137*
–, Seleukidenreich, Stth. 165 167
Lysimacheia 153 164 172 175
Lysimachos 152-155 168 170 172 178
Lysipp, Bildhauer 157
Ly-Thanh-Tong, Dai-Viet, Ks. 1044
Lyttonbericht (1932) 863
Lytton, Victor Earl 863

M

Maadi 64
Maasai (Massai) 1102 1118 1143 1542
Maasina 1111 1112
Maas, Schl. (1914) 836
Maaßen, Karl Georg 743
Ma Ba, Marabut 1126
Mabea 1131
Ma Bellona 310
Macao (Macau) 1024 1028 1329 1631 1657
MacArthur, Douglas *894* 914 915 1043 1244 *1275* 1277 1341 1348 1426
Macau ↗ Macao
Macaulay, Thomas, B. 1058
Macauly, Herbert 1131
Macbeth, Schottland, Kg. 368
Maccius Plautus, T., Dichter *211*
MacDonald, James Ramsay 859 862 863 960 961 1061
–, John A. *1172*
Macedonia ↗ Makedonien
Macedonia, Diözese 270 278
Machado y Morales, Gerardo *1202*
Machaut, Guillaume de *556*
Machel, Samora *1532* 1649 1650
Machiavelli, Niccoló *537* *604* 695
Machtergreifung (1933) 863
–, s.a. Deutsches Reich (1933–1945)
Macias Nguema Byogo 1514
Mackensen, August v. *838* 843
Mackenzie, Alexander *1171*
–, King, William Lyon 1171 *1172*
Mac Mahon Award (1875) 1137
Mac-Mahon, Mari Edme *755* *792* 793
Macmillan, Harold 1249 1250 1264 1267 *1314* 1315
Macrianus, Usurpator 247 306
Macrinus, Rom, Ks. *225* *245* 306
Macrobius 250
Mactaris (Maktar) T 299
Madagaskar, (Anf.-Kolonialzeit) 1101 **1120 1121**
–, (Kolonialzeit bis 1945) **1142**
–, (seit 1945) 1479 **1545-1547** 1652

Madar, Mohammed Hawadle 1651
Madauros (Madaourouch) T 299
Madero, Francisco Ignacio *1199*
Madison, James 1174 1176
Madjaren ↗ Ungarn
Madras 1054 1555
Madrid, Frd. (1526) 618 666 693
–, Vtg. (1750) 1193
Madrid Hurtado, Miguel de la *1587*
Madsen-Mygdal, Thomas *985*
Madurell-Gruppe 29
Maeaten 292
Maecenas, C. 225 227 229 231 301
Mächtegleichgewicht
↗ Gleichgewicht der Mächte
Mächtesystem, europäisches 597 614 615-632 647 649 726-737 742 833-916
–, hellenistisches 203-204
Mähren, (Altertum) 289 290
–, (MA) **376 377** 510 579 587
–, (NZ) Christianisierung 333 376
–, s.a. Böhmen
Mährischer Ausgleich (1905) 773 774
Männerbünde, spartan. 112
Märtyrertum, christl. 259 302 310
Märtyrerverehrung 305 307
Märzrevolution (1848), dt. 725 745
–, östr. 770
Maes-Howe-Typ 37
Maezäer 272
Mäzenatentum, hellenist. 157
Mafeking 1538
Mafia 1630
MAFREMO (Malawi Freedom Movement) 1528
Maga, Hubert *1503* 1504
Magalhães, Fernão de *613* 1044 1189 *1225*
Magas, Herrscher v. Kyrene 159 161
Magdala, Schl. (1868) 1109
Magdalénien 15
Magdeburg, Ebtm. 333 377 402
Magdeburger Konzert, (1688) 654
Magdeburger Zenturien **319**
Magellan ↗ Magalhães, Fernão de
Magellan-Straße *613*
Magenta, Schl. (1859) 771 791 816
Maghreb, (16.–20. Jh.) **1093-1095**
–, (seit 1945) 1442 1445 1446
Magier, iran. 92 93
–, sasanid. 315
Maginot-Linie 876 877
Magister equitum 187 T 208
Magister militum ↗ Heermeister
Magistratur, röm. 186-190 208 **210** 211 212 214 219 224 227 232 240 261 267 T 208 **209**
Magistratur, röm. s.a. Ädilität
–, s.a. Ämter
–, s.a. Beamte
–, s.a. Konsulat
–, s.a. Prätur
–, s.a. Quästur

–, s.a. Volkstribunat
Magloire, Paul *1596*
Magna Charta (1215) **467 468**
Magna Graecia 119 262-263 268
Magna Mater 205
Magnentius, Rom, Ks. 297
Magnentius, Flavius Magnus, Usurpator 253
Magnesia, Schl. (188 v.) 169 171 203
Magneten T 106
Magnus, Dänemark, Kg. 411
–, Livland, Kg. 686
–, Norwegen, Kg., Barfuß 472 S 473
–,–,–, IV. d. Blinde S 473
–,–,–, V. S 473
–,–,–, VI. Haakonsson Lagaboetir 474 574 S 473
–, Norwegen u. Dänemark, Kg., d. Gute 472 S 473
–, Norwegen u. Schweden, Kg., VII. Eriksson 574
–, Sachsen, Hz. 409
–, Schweden, Kg., Birgersson Ladulas 472 574
Magnus Intercursus (1496) 677
Magnus Maximus, Rom, Ks. 297
Mago 90 182 201
Magoniden 90 182
Magsaysay, Ramón *1575*
Magyaren ↗ Ungarn
Mahabharata-Epos 1049
Mahafaly 1120
Mahatir bin Mohammed *1570* 1656
Mahayana-Buddhismus 1022 1049
Mahdi Mohammed, Ali 1651
Mahdi, Saddik el 1476 1641
–, -Aufstand, (1885), Sudan 1092
–, ↗ Muhammad Ahmad bin Abdallah
Mahdisten 1109
Mahé 1553
Mahendra, Nepal, Kg. *1563*
Mahmud, Ghasnavidenherrscher, v. Ghasna 1051 *1068*
–, Osman., Su., I. 1079
–,–,–, II. 1081
Mahmud al-Kaschgari 1068
Mahmud, Iskendar 1570
Maidanek (KZ) 890 945 993
Maider 148 276
Maidou, Henri 1512
Maier, Reinhold 1291
Maiga, Diamballa *1510*
Maigesetze (1873) 762
Mai'in, Reich v. 85
Mai-Konstitution (1791) 714
Mailand, (Antike) 249 250 251
–, (MA) 438 439 **532 534 536**
–, (NZ) 617 620 666 692 693 **696** 699
–, Ebtm. 409
–, Kaiserresidenz 267
–, s.a. Mediolanum
Mainake T 107
Mainfranken 336
–, s.a. Franken, Hztm.
Mainz 396
–, Ebtm. 333
–, Hoffest (1184) 415
–, Hoftag (1235) 417
–, Univ. (1784) 663

–, s.a. Mogontiacum
Mainzer Akzeptation (1439) 520
Mainzer Republik (1793) 738
Maiolus, Cluny, Abt 421
Maiorian, Rom, Ks. 256 297
Maipú, Schl. (1818) 1211
Mairevolution (1849), dt. 750
–, österr. 770
Maisur-Krieg, Zweiter (1780–1784) 1057
–, Dritter (1790–1792) 1057
–, Vierter (1799) 1057
Maitraka, Dyn. 1051
Maiunruhen (1968), Frankreich 1310
Maizière, Lothar de 1627 1628
Majapahit 1044
Majestätsbrief (1609) 645
Maji-Maji-Aufstand (1905) 1142
Majordomus ↗ Hausmeier
Major, John *1630*
Majuba Hill 1140
Makari, Moskau, Metr. *686*
Makarios, Zypern, Erzb., III. 1314 *1360*
Makedonen 158 161
–, byz. Dyn. **486-488**
Makedonien, (8.-4. Jh.) 121 133 136 139-142 **143 147** T 147
–, (4. Jh.) **147-151**
–, (Diadochenzeit) 152-154
–, (Hellenismus) 161 164 165 169 **172-176** 179-182 200 203
–, Name 143
–, röm. Prov. (Macedonia) 204 258 259 **269-271** T 196
Makedonien (Hellenismus) s.a. Antigoniden
Makedonien (MA) ↗ Bulgarisches Reich
–, ↗ Byzantinisches Reich
Makedonien (NZ) ↗ Mazedonien
makedonische Renaissance, Byz. **487**
Makedonisch-römische Kriege, Erster (215–205) 168 175 **181** 200
–, Zweiter (200–197) 164 170 175 **181** 203
–, Dritter (171–168) 168 170 **176 182** 204
Makhosetive, Swaziland, Pr. *1538* 1650
Makkabäer 165 166 167
Makkabäeraufstand (167–163) 165 167
Makonnen, Lidz. Endalkatzew *1544*
Maktum Bin Raschid al-Maktum 1641
Makua 1122 1137
Makuria 1104
Malabo 1514
Malaca (Málaga) 83 *237* 294
Malaiische Halbinsel ↗ Malakka
–, ↗ Malaya
Malaiischer Archipel 1043
Malaiisch, Spr. 1043 1570
Malakka 1043-1045 1569
Malambo 1158
Malan, Daniel François *1141* *1535*
Malasgird, Schl. (1055) 1068
Malatesta, Sigismondo *538*
Malawi 1122 1125 **1515** 1527 1528 1649

MAL—MAR *1723*

Malawi Congress Party ↗MCP
Malaya 1564 **1569-1570**
–, s.a. Malakka
Malayan Chinese Association
  ↗MCA
Malayan Indian Congress
  ↗MIC
Malaysia 1564 **1569-1570** 1577
  1656
Malcolm, Schottland, Kg., II.
  368
–, –, –, III. Canmore 368 470
Malediven 1552 **1563** 1654
Malenkow, Georgi M. 1245
  1363 1364 *1372* 1373-1375
  1373-1375
Malerei ↗Kunst
Malestroit, Vtg. (1343) 544
Malfatti, Franco 1270
Mali, (Soudan; Französisch-
  Sudan) 1486 1497 **1506-1507**
–, Föd. 1489 1495 1507 1508
  1646
–, Kgr. 1111 1112
–, s.a. Sudan
Malichos, Nabatäer, Kg., I. 317
–, –, –, II. 317
Malier ⊤ 106
Malik, Jakow A. *1243*
Malik Kafur 1052 1053
Malindi, Schl. (1587) 1120
Malinke 1111
Malinow, Alexander *1001*
Maller 150
Mallia-Palast, Kreta 34 41 44 49
  97
Mallius, Cn. 216 217
Mallorca 562
Malloum, Felix *1511*
Malmédy ↗Eupen-Malmédy
Malmö, Waffenstillstd. (1848)
  748
Malplaquet, Schl. (1709) 630
Malta, (Vorgeschichte) 35 41
–, (Altertum), Melite 83
–, (seit 1945) 1360 1631
Malta (MA/NZ) ↗Johanniter
Malteser ↗Johanniter
Malthi (Dorion) 97
Malthusianismus 794
Malthus, Thomas R. *719*
Malvinas-Inseln ↗Falkland-In-
  seln
Malwa-Reich 1052
Mamadu Lamin 1127
Mamaloni, Solomon 1660
Mameluken ↗Mamluken
Mamertiner 196 197 268
Mamilius Limetanus, C. 216
Mamluken 1067 **1070-1071**
  1091
Mamprusi 1110 1111
Managua, Vtg. (1960) 1582
Manasse, Juda, Kg. 88
–, Stamm 86
Mancham, James *1550*
Manchester-Liberalismus 801
Manco Capac, Inkaherrscher
  1162
Mandäer 313
Mandela, Nelson *1535* 1650
Mandingo 1111 1112 1114
Mandschu, Dyn. 1025 ⊤ 1024
Mandschukuo 863 1030 1041
Mandschurei 863 915 1020
  1024 1028 1040 1041 1341
  1412 1413
Mandume, Kwanhama-Am-
  bo-Hschr. 1135

Manduria, Schl. (338 v.) 262
Manetho *64*
Manfred, Sizilien, Kg. 440 *508*
  531 561 590 ⓈＳ 412
Mangalore, Frd. (1784) 1057
Mangbetu 1106
Mangueiras 1163
Mani *260 315*
Manicaland 1136
Manichäer/Manichäismus 251
  254 260 302 307 315 316 1012
  1013
Manigat, Leslie *1664*
Manila 914
–, Kfz. (1963) 1564
–, Vtg. (1954) 1263 1278 1564
Manilius, C. 221
Manipel 217
Manitoba 1661
–, Kolonie 1172
Maniu, Juliu *999*
Manjema 1121
Manley, Michael 1598 1665
Manlius Vulso, Cn. 203
Männäer 91
Mannerheim, Karl Gustav Emil
  v. *875* 898 *986-988* 1359
Manöver, Warschauer Pakt
  1371
Manorial-System **464 465** 572
Man, Reich 92
Mansart, Jules Hardouin *672*
Mansfeld, Ernst v. 625 *646*
Mansholt-Plan (1968) 1270
Mansholt, S.L. 1265
Manstein, Erich v. *876* 890
Mantanzima, Kaizer *1535*
Mantegna, Andrea *538*
Manteuffel, Otto v. *752*
Mantineia 125 140 179 180
–, Schl. (418 v.) 134
–, Schl. (207 v.) 181
Mantua, (Etruskerzeit) 58
–, (MA) 536
–, (NZ) 696
–, Syn. (1064) 408
Mantuanischer Erbfolgestreit
  (1629–1631) 626 694
Mantzikert, Schl. (1071) 489
Manuel, Byz., Ks., I. Komnenos
  411 412 434 438 482 484
  490-492 494
–, –, –, II. 592 *595*
Manuel, Portugal, Kg.e ↗Ema-
  nuel
Manufakturen 599 602
Manzoni, Alessandro *815*
Maoismus 1416 **1417 1418**
  1419 1420 **1422**
Mao-Kult 1419
Maori 1219 1224 1225
–, -Kultur 1219
Mao Tse-tung 915 *1030* 1031
  1282 1361 1364 1369 **1412**
  1419 1420 1423
Mao tun, Hsiung-nu, Hschr.
  1011 1020
Mapai 1464 1465
Maphilindo 1564
Maracaibo-Becken 1205
Marajó 1163
Marakanda (Samarkand) *150*
Marañón, Gregorio *978*
Marathen 1055 1056
–, -Kriege (1775–1782;
  1803–1805; 1817–1819) 1057
Marathon, Schl. (490) 93
  121-122
Marat, Jean Paul 777 778

Marbacher Bund (1405) 518
Marbod ↗Maroboduus
Marburg, (MA) 523
–, Univ. 637
Marburger Artikel (1529) 638
Marcel, Étienne *546* 547
Marcellinus Comes, Chronist
  256
Marcellus, Pp., II. *695*
–, C. (Konsul 50) 223
Marchais, Georges *1311*
Marchfeld, Schl. (1278) 477
  510
Marcia-Gruppe 22
Marcianopolis 278
Marcianus, Rom, Ks. ↗Markia-
  nos, Byz., Ks.
Marcinkowski, Karol *745*
Marcius, Coriolanus, Cn. 190
–, Philippus, Q. 176
–, Turbo, Q. 301
Marcona Mining Company
  1607
Marco-Polo-Brücke 868 1030
  1041
Marcos, Fernando *1575* 1576
Marcus, Pp. 328
Marcus Antonius ↗Antonius,
  M.
Marcus Aurelius, Rom, Ks. 239
  243 *259* 266 270 280 282 284
  291 299 306 309 317 ⊤ 225
Mardonios 121 123
Marduk 52 73 75 77
Mardukapaliddin, Babylonien,
  Kg. 76
Mare liberum ↗Freies Meer
Marema Tlou Party 1537
Marengo, Schl. (1800) 726 781
  814
Margai, Albert *1498*
–, Milton *1498*
Margarete 470
–, Ksn., v. Holland-Hennegau
  548
–, Burgund, Hzgn., v. York 554
–, v. Burgund, T. Ks. Maximili-
  ans *617*
–, Dänemark, Kgn., II. *1335*
–, Dänemark, Norwegen u.
  Schweden, Kgn. *576*
–, England, G. Kg. Heinrichs
  VI., v. Anjou *553 554 570*
–, Frankreich, Kgn., v. d. Pro-
  vence *540*
–, Niederlande, Gen.Statth., II.
  v. Parma *702*
–, Schottland, G. Kg. Mal-
  colms III. 470
–, Tirol, Gfn., Maultasch 513
Mari 31 *73* 82 86 87
Maria, Ksn., Theresia **617** 630
  631 655 *656* 658 661 674 *696*
  713 *822* ⓈＳ 664
–, v. Burgund, G. Maximilians
  I. *522* 554 *616 701*
–, England, Kgn., I. d. Kath. 622
  678 698 ⓈＳ 679
–, –, –, II. *684* ⓈＳ 679
–, Frankreich, Kgn., v. Brabant
  540
–, –, –, v. Medici *668*
–, –, –, Theresia 670
–, Kastilien, Kgn., de Molina
  558
–, Portugal, Kgn., II. 820
–, Schottland, Kgn., Stuart *680*
  ⓈＳ 679
–, Spanien, Kgn., Christina *819*

–, Ungarn, Kgn., G. Ks. Sigis-
  munds 581 *586*
–, –, –, S. Ks. Ferdinands I. *617*
Maria Antonietta ↗Marie An-
  toinette
Maria Luise, Frankreich, Ksn.
  ↗Marie Louise, Frankreich,
  Ksn.
Marianen 767 842 1042 1214
  1215 1226 1581 ⊤ 763
Marib 85 317 318
Marie, Luxemburg, Ghzgn.,
  Adelheid *824*
Marie Antoinette, Frankreich,
  Kgn. *676*
Marie-Galante 1194
Marie Louise, Frankreich, Ksn.
  769 783 814
Marienburg, Feste 522
Marighela, Carlos 1616
Marignano, Schl. (1515) *525*
  617 665 693
Marine ↗Flottenpolitik
Marinebrigade Ehrhardt 924
Maring, G. 1029
Maritza, Schl. (1371) 589
Marius, C. (Konsul 107) 168
  216-218 265 266 290 298 299
–, C. (Konsul 83) 219
–, C. (Konsul 82) 218
–, Gratidianus, M. 218
Marjannu-Reiche 44 48
Mark Aurel, Rom, Ks. ↗Mar-
  cus Aurelius
Marken 344 401
Markgrafenkrieg (1553) 641
Markianos, Byz., Ks. 256 329
  380 381
Markion 259
Markioniten 259
Marklo 339
Markomannen 237 243 244 272
  289-291
Markomannenkriege
  (166–180) 243 274 276 278
  284
Marktwirtschaft 1301 1648
–, s.a. soziale Marktwirtschaft
Markus I., Archipelago, Hz. 590
Markward v. Annweiler 415
Marlborough, John Churchill
  Hz. v. 630 655
Marmont, Auguste Viesse de
  784
Marmousets 549
Marne, Schl. (1914) 836 952
Maroboduus (Marbod), Mar-
  komannen, Kg. 229 232 272
  284 *290*
Marokkanisch und maureta-
  nisch verwaltete Sahara
  1488 1489
Marokkanisierung 1487 1488
Marokko, (Antike) 291
–, (NZ) 892 1094
–, (seit 1945) 1308 1326 1445
  1480 **1486-1488** 1521 1642
  1643 1648
–, -Kfz. (1906) 1094
–, -Krise, Erste (1905) 735 768
  795 818
–, -Vtg. (1911) 1131 1132
Marokko (Antike) s.a. Maure-
  tanien
Maroneia 145 176 ⊤ 106
Maroniten 494
Marozia, T. d. Theophylakt 361
Marquesas-Inseln 1214 1218
  1226 1581

1724 MAR—MEC

Marquet, Adrien *954*
Mars, Gott 250 288 300
Mars, Planet 1
Marsala 197
–, s.a. Lilybaion
Marschall v. Bieberstein, Adolf *766*
Marschallinseln ↗Marshallinseln
Marsch auf Rom (1922) 973
Marsch der Descamisados 1612
Marschflugkörper 1324 1332 1621 1629
Marseille s.a. Massalia
–, ↗Massilia
Marser 194
Marsfeldkundgebung (1791) 778
Marshall, George C. *1242* 1243 1258 *1276* 1297 *1413*
–, John *1580*
Marshallinseln 842 1214 1226 1581 1660 ⊤ 763
Marshall-Plan (ERP) 1258 1260 1276 1297 1330 1613
Marshallplan-Hilfe 1242
–, Polen 1361 1397
–, Tschechoslowakei 1361
Marsilius, v. Inghen 523
–, v. Padua 505 *513 529* 533
Mars Latobius 283
Marston Moor, Schl. (1644) 682
Martens, Wilfried *1334* 1629 1648
Marti, José *1202*
Martial ↗Valerius Martialis, M.
Martignac, Jean Baptiste Gay de 786
Martin, Pp., I. *353* 384
–, –, IV. 431 531 540 561 594
–, –, V. 519 *529* 531 535
–, Aragón u. Sizilien, Kg., I. 562 ⊥ 559
–, v. Dumio *332*
–, Sizilien, Kg., II. d. J. 533 ⊥ 559
–, v. Tours *330*
Martínez de Toledo ⊤ 503
Martínez Lacayo, Roberto 1592
Martínez Maximiliano Hernández *1201*
Martínez, Tomás Borge *1593*
Martínez Tomas ijorge 1574
Martini, Simone *538*
Martinique 1194 1596
Martinitz, Jaroslaw v. *646*
Martino, Gaetano 1264
Martow, Julij O. *809 810*
Marwan ibn Mohammed ibn Marwan, Kalif ⊤ 1064
Marx, Karl *722 723 745* 748
–, Wilhelm 859 927 928 ⊥ 921
Marxismus *722 723* 724 1362 1365 1367 1368 1369 1370 1583 1645
–, s.a. KP
–, s.a. Maoismus
Mary College 1168
Maryland 1166
Marzabotto 58
Masaccio *538*
Masada 236 302 303
Masaryk, Jan 996
–, Thomas G. *993* 994
Maschinen (MA) 387
Maschinen (NZ) ↗industrielle Revolution

Maseribane, Sekkonyana *1537*
Mashonaland 1136
Masinissa, Numidien, Kg. 182 201 202 298 300
Masire, Quett K.J. *1538*
Maskarin Goschala 1049
Maskat ↗Oman
Masowien 581
Massachusetts Bay Company 1166
Massageten 92
Massai ↗Maasai
Massalia (Marseille) 108 294 ⊤ 107
Massamba-Débat, Alphonse *1516*
Maße, Athen 117 127
Massengesellschaft 725
Massera 1614
Massilia (Marseille) *199* 223 283 287
–, s.a. Massalia
Massu, Jacques *1309*
Mastaba 25 26 30
Masud I., Ghasnavidenherrscher 1068
Masuren, Schl. (1914) 837 963
–, Schl. (1915) 837
Masur, Kurt 1627 1628
Masyumi-Partei 1573
Matabele ↗Ndebele
Matabeleland 1136 1531
Matacapan 1153
Matagalpa 1592
Mataswintha, Ostgoten, Kgn. 326
Mater et Magistra (1961) 1350
Materialismus, dialekt. 723
–, hist. 723
Maternus 297
Matero-Reform (1969) 1526
Mathematik, arab. 504
–, babylon. 73 77
–, griech. 158
–, Maya 1154
–, Mittelalter 392 504
–, Neuzeit 609
Mather, Cotton *1168*
–, Increase *1168*
–, Richard *1168*
Mather Dynasty ↗Puritaner
Mathilde, England, Kgn. *465*
–, Mgfn. 409
–, Tuszien, Mgfn. 407 410 424 *438*
Mathilde, Quedlinburg, Äbtissin *403*
Mathiopoulos, Margarita 1625
Mathura 1050
Mathy, Karl *747*
Matignon, Vtge. (1936) 956
Matsu 1349
Matsuoka, Yosuke 881 882 885 *1042*
Matswa, A. 1132 1516
Matthathias, Hasmonäer 167
Matteotti, Giacomo *973*
Matthäus v. Bascio *432*
Matthäus v. Krakau *523*
Matthei, Fernando 1619
Matthew Paris *463*
Matthews, Gabriel 1499
Matthias, Ks. 625 *644* 645 646
–, Ungarn, Kg., I. Corvinus 522 580 *587*
Matthijsz, Jan *639*
Matto Grosso 1193
Maudling, Reginald 1265
Mauer b. Heidelberg 12

Maulius Vulso, Cn. 171 203
Mau-Mau-Bewegung 1542
Maung Kha *1655*
Maung, Saw *1655*
Maupeou, René-Nicolas de *676*
Maupertius, Schl. (1356) 546
Maura, Antonio *977*
Mauren 243 297 298 456 457
–, s.a. Araber
–, s.a. Sarazenen
Mauretania Caesariensis, röm. Prov. 234 **298-300**
Mauretania Sitifensis, röm. Prov. **298-300**
Mauretania Tingitana, röm. Prov. 234 **298-300**
Mauretania Tingitana, röm. Prov. s.a. Mauretanien
Mauretanien, (Antike) 223
–, (röm. Prov.en) 234 243 298-300
–, (seit 1945) 1445 1486 **1489** **1490** 1643
Mauretanien (röm. Prov.en) s.a. Mauretania Caesariensis
–, s.a. Mauretania Tingitana
Mauretanische Volkspartei ↗PPM
Maurikios, Byz., Ks. 249 311 *383*
Maurisches Reich 1074
–, s.a. Iberische Halbinsel (MA)
Mauritian Militant Movement ↗MMM
Mauritis 1549-1550 1652
Mauritius, Eb., Braga ↗Gregor Pp., VIII.
Maurja, Dyn. 1049-1050
Maurja-Reich 312 1053
Mauroy, Pierre *1312*
Maurras, Charles 795 *955*
Maurya ↗Maurja
Mausawa 1545
Maussolos, Karien, Kg. 82 139 141
Mavia, Sarazenen, Kgn. 317
Mawanda, Buganda, Kg. 1117
Max, Baden, Pr. 848 *918*
–, Bayern, Kft., II. Emanuel 629 *652* 654 655 1079
Maxentius, Rom, Ks. 251 260 261
Maxima Caesariensis, röm. Prov. 292 293
Maxima Caesariensis, röm. Prov. s.a. Britannien
Maxima Sequanorum, röm. Prov. 285
Maxima Sequanorum, röm. Prov. s.a. Gallien
Maximianus, Rom, Ks. **250 251** 260 285 288 297 ⊥ 253
Maximilian, Ks., I. *522* 525 554 555 587 604 616 **633** 634 665 693 ⊥ 509 617
–, –, II. 643
–, Bayern, Kft., I. 625 626 *646* 647
–, –, III. Joseph 657 658
–, –, Kg., II. *745* ⊥ 617
–, Mexiko, Ks. 1198 1199
Maximilian, Pr., Baden ↗Max, Baden, Pr.
Maximilian II. Emanuel, Kft. ↗Max, Bayern, Kfst., II. Emanuel

Maximinus, Rom, Ks., Daia 251 261 301 305
–, –, –, Thrax *246* 284 285 ⊤ 225
Maximos d. Bekenner *384*
Maximos v. Ephesos 254
Maximum-Gesetze (1793) 779 780
Maximus Magnus, Rom, Ks. 254 255 292
Maxtla, Tepanekenherrscher 1156 1157
Maya 1150 1151 1153 1154 1155
–, Dialekte 1151
–, Kalender 1151 **1154**
–, Schrift 1151 **1154**
Mayapan, Toltekenreich 1156
Mayer, René 1264
Mayflower 681 1166
Mayotte 1142 1547 1548
Mayrisch, Emil *954*
Mayr, Michael 949
Mazaka Eusebia 170
Mazarin, Jules 627 628 668 **669** *670*
Mazdaismus 313 315 316
Mazedonien, (NZ) 839 1001-1003 1005 1082
Mazedonien (Alt.) ↗Makedonien
Mazedonien (MA) ↗Bulgarisches Reich
–, ↗Byzantinisches Reich
Mazedonien (seit 1945) ↗Griechenland
–, ↗Jugoslawien
Mazowiecki, Tadeusz 1633
Mazzini, Giuseppe *815* 816
Mba, Léon *1515*
Mbandzeni, Swazi-Hschr. 1126
Mbata 1123
Mbazogo, Teodoro Obiang Nguema 1514
MBFR (Mutual and Balanced Forces Reduction) 1253-1256 1378 1621
Mbida, André-Marie *1513*
Mboshi 1516
Mboya, Tom *1542*
Mbulu 1118
MCA 1549 1569 1570
MCCA 1582 1590 1591
McCarthyism 1275
McCarthy, Joseph Raymond 1275 *1278*
McCormick, Lynde D. 1262
McDonall Stuart, John *1221*
McKinley, William *1183*
McMahon-Linie 1554
McNamara, Robert St. 1250 1267
McNarney, Joseph Taggert *1274*
MCP 1527
MDB 1615 1616
MDP 1606
MDRM 1545 1546
MDV 1508
Méatchi, Antoine *1502*
Meaux, Kathedrale ⊤ 455
Mebaragesi, Mesopotamien, Kg. 25
Mébiame, Léon *1515*
Mechanisierung 716
–, s.a. industrielle Revolution
Mechmed ↗Mehmed
Mechthild v. Magdeburg 524
Mecklenburg 648

MEC—MIC *1725*

–, Btm. 407
Mecklenburg-Vorpommern 1626
MEDAC 1512
Medellin ↗Metellinum
Meder 75-77 81 91 **92** 310 ⊤ 63
Media Atropatene 312 313
Mediationsakte ↗Reichsdeputationshauptschluß (1803)
Mediatisierung 738
Medici, (Dyn.) 535 537 539
–, (Handelshaus) 599
–, Cosimo il Vecchio *535* 536
–, Lorenzo dei *536*
–, Piero di Cosimo 536
Médici, Emílio Garrastazú 1616
Medien 88 153 164 166
Medina 85 318 1062 1065 1076
Medina Angarita, Isaís *1603*
Medina del Campo. Vtg. (1431) 563 612 614
Medinet Habu, Totentempel 51 68
Mediolanum (Mailand) 199
–, s.a. Mailand
Medische Mauer 77
Medisches Reich ↗Meder
Medizin, arab. 1071
–, babylon. 75
–, griech. 119 158
–, Mittelalter 393 395
–, Neuzeit 609
Meech Lake Accord 1660 1661
Meerengenfrage 730 731 732 736 855 858 879 1082
–, s.a. Chersones
–, s.a. Hellespont
Meerengenkonvention (1841) ↗Londoner Konvention (1841)
Meerengen-Vtg. (1908) 736
Meerssen, Vtg. (870) 348 350
Mefo-Wechsel 933
Megabyzos 94 126
Megakles 116 117 122
megalithische Kulturen 37
Megalopolis 140 141 174 179 182
–, Schl. (331 v.) 149 177
Megara 108 111 116 126 133 134 142 147 153 154 174 178 179 ⊤ 106 107 109
–, Hyblaia 124 ⊤ 107
Megarisches Psephisma 128 133
Megasthenes 1047
Megat Iskandar Shah, Malakka, Kg. 1044
Megiddo 18 32 33 40 48 52
–, Schl. (1468 v.) 67
Mehmed, Osman., Su., I. 1073
–, –, –, II. 536 592 1074 1075
–, –, –, III. 1078
–, –, –, IV. 1078 1079
–, –, –, V. 1083
–, –, –, VI. 1083 1084
Mehmed Sokolly Pascha, Osman., Großwesir 1077
Mehrheitssozialisten ↗SPD
Meiji Tenno, Jpan, Ks. *1039*
Meinhard II., Görz-Tirol, Grf. 510
Meinhof, Ulrike *1305*
Mein Kampf 934
Meïr, Golda 1406 1465
Meißen, Btm. 402
Meißner, Otto *937*
Mejia Victores, Oscar Humberto *1589*

Mekka 318 1062 1065 1076
–, Moschee-Besetzung (1979) 1470
–, -Wallfahrt 1063
Melanchros, Mytilene/Lesbos, Tyr. ⊤ 109
Melanchthon, Philipp *637* 638 640 678
Melanesien **1214-1219** 1225 1581
Melas, Ephesos, Tyr. ⊤ 109
Melchioriten 639
Meletianer 250
Melfi, Konstitutionen v. (1231) 440
–, Syn. (1059) 437
Melgar Castro, Juan Alberto 1591
Melikschah, Seldschuken, Su. 1068
Melilla 1486 1631
Melite (Malta) *83*
Melitene 308
Meliton v. Sardeis 259
Melos 135
Memelland 853 855 856 868 925 948 990
Memelstatut (1924) 856 990
Memmius, C. (Volkstribun 111) 216 217
Memnonskolosse 67
Memnon von Rhodos 148 149 177
Memphis, Ägypten 25 64 67 68 126 159
–, Dekret (1296 v.) 159
Men 310
Menahem, Israel, Kg. 88
Menander, Baktrien, Kg. 1050
–, Komödiendichter 157
Mendaña de Neira, Álvaro de *1225*
Mende 1129
Mende, Erich *1302*
Menderes, Adnan *1339* 1340
Mendès-France, Pierre 1263 *1308*
Mendes, Francisco Macias *1496* 1497
Méndez Montenegro, Julio César *1588*
Mendoza, Pedro de *1190*
Menelaos, Bruder Ptolemaios'I. 154
Menelik II., Äthiopien, Ks. *818* *1109* 1144
Menem, Carlos *1668*
Menena 47
Menephtah, Ägypten, Kg. 51 52
Menes, Ägypten, Kg. 64
Menfö, Schl. (1045) 407
Mengistu, Haile Mariam *1545* 1651
Mengli Girai I., Krim, Chan 1075
Mennoniten 639 1168
Menschenopfer 182
Menschenrassen, Australien 1214
–, Ozeanien 1214 1225
–, Paläolithikum 13
–, s.a. Bevölkerung
–, s.a. Rassenpolitik
Menschenrechtsdeklaration, (1789) 777
–, (1948) 1231
Menschenrechtskonvention (1950) 1260

Menschenverluste ↗Kriegsverluste
Menschewiki 810 812 845 963-965
Menschikow, Alexander D. *689*
Mentuhotep I., Ägypten, Kg. 31 66
Menuas, Urartu, Kg. 80
Menzies, Robert *1224* *1576* 1577
Menzius 1019
Merbah, Kasdi *1643*
Mercado Común Centroamericano ↗MCCA
Mercator *611*
Merchant Adventurers 568
Merck, Ernst *747*
Meredith, James 1278
Merenptah, Ägypten, Kg. 68 86
Mérida, Kfz. (1963) 1328
–, s.a. Emerita Augusta
Merimde 18 19 61
Merina 1121 1142
Merkantilismus **601** 602 717 722 1166 1168
–, Dtld. 602
–, England 682
–, Frankreich 667 **671** 676
–, Rußland 688
–, s.a. Colbertinismus
Merkur, Gottheit 288
–, Planet 1
Mermnaden, Dyn. 81
Merobaudes, Rom, Heermeister 254
Meroë 68 1103 1104 1107
Meroitisch, Schr. 1103
–, Spr. 1103 1104
meroitische Kultur 1103
Merowinger, Dyn. ↗Frankenreich (bis 714)
Merseburg, Btm. 402 404
–, Frd., (1013) 404
–, –, (1033) 405
–, Hoftag (1135) 411
Mersin 18 19 21 26 78
Merw 1016
Merwan I., Kalif ⊤ 1064
Mesa, Moabiter, Kg. 87
MESAN 1512
Mesannepada, Ur, Kg. 31 72
Mesembria/am Schwarzen Meer ⊤ 107
Mesembria/Thrakien ⊤ 106
Meseta-Kultur 59
Mesilim, Mesopotamien, Kg. 25
Meskalamdug, Ur, Kg. 25 31
Meskiangnuna, Ur, Kg. 31
Mesoamerika, (Indianerkulturen) 1148-1157
–, (Kolonialzeit) 1188-1192
–, Staaten, (bis 1945) 1197-1204
–, –, (seit 1945) **1586-1595**
Mesolithikum 17
Mesopotamien, (Vorgeschichte) 19 21 69 70
–, (Alte Hochkulturen) 23 24 25 31 32 40 43 44 47 86 88 90
–, (hellenist. Zeit) 162 165 166
–, (Parther u. Sasaniden) 243 244-247 313 315
–, (röm. Prov. [Mesopotamia]) 238 314
–, (MA) 1063 1066-1069 1071 1072 1075

Mesopotamien (Alte Hochkulturen) s.a. Assyrien
–, s.a. Babylonien
Mesopotamien (NZ) ↗Irak
Mesozoikum 7
Mesrop 311
Messalina ↗Valeria Messalina
Messana (Messina) 124 196 197 198 262 268
–, s.a. Zankle
Messe, Giovanni *976*
Messene 154
Messenien 111 113 126 140 142 175 178 181
Messenische Kriege, Erster 113
–, Zweiter 113
Messias 88
Messina, Kfz. (1955) 1264
–, s.a. Messana
Messmer, Pierre *1310*
Messner, Zbigniew *1399*
Mestiri, Mahmoud *1482*
Metapontum (Metapont) 119 200 ⊤ 107
Metaurus, Schl. (207) 200
Metaxas, Joannis *1006* 1007
Metellinum (Medellin) 296
Metellus ↗Caecilius Metellus
Methodios 333 355 374 **376 377** *486*
Methodistenbewegung 797 798
Methone 140 143 145
Methuen-Vtg. (1703) 701
Metoiken 118 129
Metropolit 260 271 310
Metternich, Clemens v. 721 729 **742** 743 745 **769** 770 787 805
Metternichsches System 742 770 831
Metz, Bistum 669
–, Hoftag (1356) 515
–, Vtg. (1214) 575
México-City 1198 1199
–, Erzbistum 1190
Mexikanisch-amerikanischer Krieg (1846–1848) 1179 1198
Mexikanischer Bürgerkrieg, (1858–1861) 1198
–, (1910–1917) 1199
Mexikanisierung 1586
Mexiko, (1810–1945) **1197-1200**
–, (seit 1945) **1568-1570** 1582 1661-1663
Mexiko-Expedition, frz. (1861–1866) 791
Meyer, Alfred *938*
Mezzogiorno 1321 1322
MFA (Movimento das Forças Armadas) 1328 1329
Mfecane 1139
–, -Kriege 1136
Miao-Aufstand (1854–1872) 1027
MIC 1569
Michael, Byz., Ks., I. Rhangabé 341 *385*
–, –, –, II. 385
–, –, –, III. *486*
–, –, –, IV. 488
–, –, –, V. Kalaphates 489
–, –, –, VI. Parapinakes *489*
–, –, –, VII. Dukas 489
–, –, –, VIII. Palaiologos 590 **594**
–, Bulgarien, Zar, Schischman 588
–, Epeiros, Despot. I. 590 593

1726 MIC—MIT

–, –, –, II. 590
–, Konstantinopel, Patr., Kerullarios 489
–, Polen, Kg. 713
–, Rumänien, Kg., I. 878 905 999-1001 1405
–, Rußland, Zar 687
–, Serbien, Ft., III. Obrenović 829
–, –, Kg. 483
–, Siebenbürgen, Ft., I. Apafi 652
–, Walachei, Ft., d. Tapfere 588
Michael v. Cesena 527
Michaelis, Georg 918
–, Johann David 663
Michelangelo Buonarroti 603 607 694
Michelet, Jules 603
Michelozzo 535
Michelsberger Kultur 28
Michoacan 1157
Michow, Nikolaus 1002
Micipsa, Numidien, Kg. 216
Micombero, Michel 1523 1524
Midas, Phrygien, Kg. 76 80
Midea 99
Midhat Pascha, Osman, Großwesir 1082
Midway, Schl. (1942) 894 1042
Mierosławski, Ludwik 750
Mies, Schl. (1427) 520
Mieszko, Polen, Hz., I. 333 377 402
–, –, Kg., II. 378 404 405 478
Miettunen, Martti 1359
MIFERMA 1490
Migratio gentium 320
Mihajlov, Mihajlo 1410
Mihajlović, Draža 881 896 1004 1409
Mijikenda 1542
Miki, Takeo 1345 1346
Mikion 180
Miklas, Wilhelm 950
Miklós-Dalnóki, Bela 904
Mikojan, Anastas J. 1416
Mikolajczyk, Stanisław 896 913 993 1396 1397
Mikrolithik 19
Mikronesien 1214-1218 1581
–, s.a. Ozeanien
Mikythos, Messana u. Rhegion, Tyr. 124
Milan, Serbien, Herrscher, III. 829
–, –, Kg., IV. 829
Mi-la ras-pa 1017
Milavec̆-Gruppe 54
Milazzo ↗ Mylai
Milet 81 93 118 121 127 135 149 161 T 106 107 109
–, mykenische Kolonisation 101
Milet, Jacques 556
Milič, Jan ↗ Militsch, Johann
Militärausschuß für Nationalen Wiederaufbau, Zentralafr. Rep. 1512
Militärhilfe, BR Dtld.-Türkei 1273
–, Kuba-Nicaragua 1593
–, USA-El Salvador 1590
–, USA-Pakistan 1561
–, USA-Somalia 1543
Militärrat der nationalen Errettung, Polen 1399
Militärregime, Argentinien 1614

–, Guatemala 1589
–, Türkei 1341
Militärregime, Lateinamerika 1196 1584
Militärtribun 190
Militärwesen ↗ Heerwesen
–, ↗ Rüstung
Militsch, Johann 579
Miljutin, Dimitrij A. 808
Mill, John Stuart 722 800
Millerand, Alexandre 794 795 856 953
Millet-System 1074 G 1076
Milner, Alfred 1140
Milo ↗ Annius Milo, T.
Milon v. Kroton 120
Milošević, Slobodan 1635
Miltiades 121 122
–, Apologet 259
Milton, John 609
Milvische Brücke, Schl. (312) 251 261
Mimnermos 111
Min, Korea, Kgn. 1033
Minamoto, Geschl. 1036
–, Sanetomo 1036 1037
–, Yoriie 1036
–, Yoritomo 1036
–, Yoshinaka 1036
Minangkabau 1572
Minas Gerais 1193
Mindanao 1575
Mindaugas (Mindowe), Litauen, Fst. 480 583
Mindel-Eiszeit 8 12
Minderheiten, nationale 833 852 1441 1464 1493 1574
–, s.a. Nationalitäten
Minderheitenpolitik, Albanien 1412
–, Rumänien 1406
Mindestumtauschsatz, DDR 1395
Mindowe ↗ Mindaugas
Mindszenty, József 1403 1404
MINEROPERU 1607
Minerva 188
Ming, Dyn. 1024 G 1021 T 1018
Minh-Mang, Vietnam, Ks. 1045
Minin, Kusma 687
Ministeriale 388 390
Ministerpräsidentenkonferenz (1947) ↗ München, Kfz. (1947)
Minnesang 396 T 420
Minoische Kultur 97 98 T 62 96
–, Kreta 97-99
Minoritäten ↗ Minderheiten
–, s.a. Nationalitäten
Minoriten 429 432
Minos, Kreta, Kg. 96 98 101
Minotaurus 98
Minsk, Schl. (1941) 884
Mintoff, Dom 1360
Minto, Gilber John E. 1059
Minturnae T 192
Minucius Felix, Apologet 260 300
Minuit, Peter 1167
Miquel, Johann v. 752 757 766
MIR 1603 1618 1667
Mirabeau, Honoré Gf. v. 776
–, Victor Marquis de 676
Mirambo, Unyamwezi, Hptl. 1118
Mircea d. Gr. (d. Alte), Walachei, Ft. 588

Mirza, Iskander 1559
Mise d'Amiens (1264) 468
Misenum, Vtg. (39 v.) 226
Miskito-Indianer 1593
Missi dominici ↗ Königsboten
Mission, frühchristl. 258 259
–, iroschottische 367
Missionierung 331-334 614 T 331
–, Afrika 1102 1103 1117 1121 1123 1130
–, Amerika 1165 1166 1189 1190
–, Brasilien 1192
–, China 1024 1026
–, Deutschland 401 407 410
–, Irland 367
–, Japan 1037 1038
–, Rußland 686
–, Südostasien 1045
–, s.a. Christianisierung
Mississippi 1176 1180
–, -Fluß 1176
–, -Kultur 1146
Missouri 1176
Missouri-Kompromiß (1820) ↗ USA (1776–1945)
Mißtrauensvotum (1972) 1303
Mistra 591 592 594 595
–, s.a. Morea
Mitanni 67 74 83
–, -Reich 44 47 74 76 79
Mitbestimmung, Gesetz, (1951) 1298
–, –, (1971) 1303
Mitchell, James 1665
–, John Newton 1282
–, Thomas 1221
Mitenand-Initiative, Schweiz (1981) 1356
Mithradates, Armenien, Kg. 234
–, Parther, Kg., I. 166 313
–, –, –, II. 313 314
–, Pontos, Kg., I. Ktistes 169
–, –, –, II. 169
–, –, –, III. 169
–, –, –, IV. Philopator Philadelphos 169
–, –, –, V. Eupator 169 171
–, –, –, VI. Eupator Dionysos 168-171 308
Mithradatische Kriege 169
–, Erster (88–85) 218
–, Zweiter (83–81) 218
–, Dritter (74–63) 220 221 311
Mithras 94 281 283 288 313
Mithridates ↗ Mithradates
Mithrines, Armenien, Satrap 310
Mitla 1155
Mitra, Dyn. 1050
–, Gott 1048
Mitre, Bartholomé 1208
Mitsotakis, Konstantin 1635
Mittag, Günther 1391
Mittelalter 319-596
–, Begriff u. Einteilung 249 319 327
–, Bevölkerung 344 345 387 495
–, Bildungswesen 345-347 395 396 502
–, Ethik 392 505
–, Geschichtsschreibung u. Geschichtsbild 319 346 392 502
–, Gesellschaft 344 345 388-390 496-499
–, Kunst 347 396 397 499-501

–, Literatur 346 347 396 501-503
–, Philosophie 347 392-395 504 505
–, pol. Org. 343-345 387 389 495 497 498
–, Rechtswesen 344 345 395 502 504
–, Weltbild 392 499
–, Wirtschaft 344 345 387 388 495-497
–, Wissenschaften 346 347 395 396 504 505
Mittelalterwertung 319
Mittelamerika 1662-1664
–, s.a. Lateinamerika
–, s.a. Mesoamerika
Mittelamerikanischer Gemeinsamer Markt ↗ MCCA
Mittelasien ↗ Zentralasien
Mittelbantugebiet 1122-1124
Mittelbronzezeit 47-51
–, Europa 48-51
–, Italien 50
–, Mitteleuropa 50
–, Nordeuropa 51
–, Ost- und Südosteuropa 49
–, Sizilien 50
–, Vorderer Orient 47 48
–, Westeuropa 50 51
Mitteldeutscher Handelsverein (1828) 743 744
Mitteleuropa, (Jungneolithikum) 22 23
–, (Altkupferzeit) 28
–, (Mittel- u. Jungkupferzeit) 36
–, (Frühbronzezeit) 42
–, (Ältere Bronzezeit) 46
–, (Mittelbronzezeit) 50
–, (Jungbronzezeit) 54
–, (Früheisenzeit) 57
–, (Ältere Eisenzeit) 59
Mitteleuropa (Römerzeit) ↗ Gallien
–, ↗ Germanien
Mitteleuropa (MA) ↗ Deutschland
Mitteleuropa (NZ) 1625
–, s.a. Deutschland
–, s.a. Österreich
–, s.a. Österreich-Ungarn
–, s.a. Schweiz
–, s.a. Tschechoslowakei
Mitteleuropa (seit 1945) ↗ DDR
–, ↗ Deutschland
–, ↗ Österreich
–, ↗ Tschechoslowakei
mittelhelladische Kultur 45
Mittelkongo ↗ Französisch-Kongo
Mittellatein 396
–, s.a. Literatur, lat. (MA)
Mittelmächte ↗ Weltkrieg, Erster
Mittelminoische Kultur 41 44
–, Mittelneolithikum 19-21
–, Ägypten 19
–, Europa 20-21
–, Griechenland 20-21
–, Iran 20-21
–, Italien 21
–, Mesopotamien 19
–, Ost- u. Südosteuropa 20
–, Vorderer Orient 19-20
–, Westasien 19-20
–, Westeuropa 21
Mittelpaläolithikum 13-14
Mittelstand ↗ Bürgertum
Mittelstreckenraketen 1621 1622 1633 1640 1653 1661

Mitterrand, François *1310* 1311 1312 1549 1629
Mittlerer Osten ↗ Nahost
–, ↗ Vorderer Orient
Mixteken 1155 1157 1189
Mizoram 1653
MLN 1589
MLSTP 1514
MM 1548
MMM 1549 1652
MNC 1517
MNR 1608 1667
Moab 86
Moabitis 318
Moawija, Kalif, I. 1063 [T] 1064
–, –, II. [T] 1064
Mobilmachungen, (1914) 737 835
–, (1939) 869 870
Mobutu, Joseph D. 1251 1488 *1518* 1519-1521 1647
Moçambique ↗ Mozambik
Mock, Alois 1622
Moctezuma, Aztekenherrscher, I. Ilhuicamina 1157
–, –, II. Xocoyotzin 1157
Moczar, Mieczyslaw *1398*
Model, Walter 906 907
Modena 696 814 816
–, etruskische Kolonie 58
–, s.a. Mutina
Modrow, Hans 1628
Mönchskirchentum, Irland 367
Mönchsorden 429 430
Mönchtum, (Völkerwanderungszeit) **330 331**
–, (Früh-MA) **345 346**
–, (Hoch-MA) 421 **426 427**
–, ägyptisches 302 310
–, byz. **381**
–, fränk. 337 338
–, kleinasiat. 310
–, palästinensisches 305
–, s.a. Klosterwesen
Möngkä, Mongolenherrscher *1014*
Moerbeke, Wilhelm v. 393
Moësia, Diözese 278
–, Inferior, röm. Prov. 274
–, Prima, röm. Prov. 274
–, Secunda, röm. Prov. 274 278
–, Superior, röm. Prov. 274
Moesia, Secunda, röm. Prov. s.a. Thrakien
Moesia, Superior, röm. Prov. s.a. Mösien
Mösien, röm. Prov. (Moesia) 234 237 243 246 247 269 270 *273-275* 278 291
Mogadischu 1306 1545
Mogentiana [T] 280
Mogollon 1147
Mogontiacum (Moguntiacum; Mainz) 236 284-286
Mogulreich 1015 1052 **1054 1055**
Mohács, Schl., (1526) 580 587 618 637 1077
–, –, (1687) 652
Mohammed, Prophet *1062* 1063 1066 1096 1104
–, Ägypten, Pascha, Ali *787* 1081 1082 1091
–, Afghanistan, Kg., Sahir Schah 1099 *1494*
–, Ali Nasser 1641
–, Choresmien, Chwarismschah, II. 1013 1070
–, Delhi, Sul., Bin Toghluk 1052

–, Großmogul, Schah 1055
–, Marokko, Kg., V. *1486*
–, –, Su., V. ben Jusuf 1094
–, Özbeken, Chan, Schaibani 1016
–, Persien, Schah 1097
–, –, –, Ali 1098
–, Tunis, Bei, VII. el-Moncef 1095
–, –, –, VIII. al-Amin *1481*
–, s.a. Mehmed
–, s.a. Muhammad
Mohammed, Ali Nasser 1475
Mohammedanerkriege (1855–1877) 1027
Mohammed v. Ghor 1051
Mohammed ibn Abi Amir (Almansor), Feldh. 456
Mohammed ibn Bachtijar, Feldh. 1052
Mohammed, Persien, Schah Resa ↗ Resa Pahlevi
Mohammed, Prophet s.a. Islam
Mohato, Seeiso 1650
Mohawk-Indianer 1661
Mohendscho-Daro 1048
Mohieddin, Fuad *1642*
Mohikaner 1146
Mohisten 1020
Mohl, Robert v. *747*
Moi, Daniel arap *1543* 1651
Mojmir, Mähren, Fst. 376
Mojmiriden, Dyn. 376
Mokhehle, Ntsu *1537*
Molay, Jacques de *542*
Moldau, (MA) 586 **587 588**
–, (NZ) 691 692 713 828
–, s.a. Rumänien
Moldt, Ewald 1395
Molesme, Kl. 426
Molière, Jean Baptiste 608 *672*
Molina, Arturo Armando *1590*
–, Pallochia, Oscar 1607
Molinet, Jean *556*
Mollet, Guy 1264 *1308* 1309
Molluskensammler-Kultur 1147
Molon, Medien, Satrap 162
Molosser 144
Molotow, Wjatscheslaw 868 869 872 879 882 895 896 **969** *970* 1276 1364 *1372* 1373
Moltke, Helmuth James v. *947*
–, Helmuth v. *754* 755 836
Molukker 1331 1332
Mombasa 1143
Momoh, Joseph Saidu *1645*
Momo, Tonga, Kg. 1219
Momper, Walter *1626*
Monaco 1312
MONALIGE 1514
Monarchie, konstitutionelle 724
–, röm. 224 225 **229-231** **239-242**
–, s.a. Königtum
Monarchie, konstitutionelle s.a. Frühkonstitutionalismus
–, s.a. Konstitutionalismus
Monarchie, röm. s.a. Kaisertum, röm.
Moncada-Kaserne 1434
Monck, George *682*
Mondale, Walter F. 1286
Mondale, Walter Frederick *1285*
Mondgott, babylon. 72
Mondlane, Duardo *1531*

Monenergetismus 384
Monge Alvarez, Luis Alberto *1594*
Mongolei 1009 **1013-1015**
–, s.a. Mongolische Volksrepublik
Mongolen 492 1014 1015 1032 1071
Mongolenherrschaft, China 1014
–, Rußland **481** 1014
–, Vorderasien **1071-1072**
Mongolenherrschaft, China s.a. Yüan-Dyn.
Mongolische Revolutionäre Volkspartei 1015 1659
Mongolische Volksrepublik **1015 1408** 1657 1659
–, s.a. Mongolei
Mongolisch, Spr. 1015
MONIMA 1546
Monks Mound 1146
Monnet, Jean 1262 1264
Monophysitismus 302 303 305-307 318 324 329 380-382 1104 1107
Monotheismus 67 75 86 88 91-93 304 307
Monotheletismus 384
Monroedoktrin (1823) 1177 1197
Monroe, James *1176* 1197
Mons, Albanus, Kultstätte 58
–, Graupius, Schl. (84 n.) 292
–, Lactarius, Schl. (553) *326*
Montagu, Edward 1059
Montaignes, Michel Eyquem de *666*
Montanismus 259 260 310
Montanunion ↗ EGKS
Montanus 259
Montaperti, Schl. (1260) 440
Monte Alban 1153 1155
Montebello, Vtg. (1175) 414
Montecassino, Kl. 327 353 360 441
Monte Circeo ↗ Circeii
Monte Compatri ↗ Labici
Montecristo, Schl. (1241) 418
Montecuccoli, Raimund v. *651*
Montefeltre, Federico da *538*
Montenegro 273 589 830 839 844 1002 1004 1005 1082 [T] 834
Monteoru-Gruppe 45
Montesinos 1188
Montesquieu, Baron de *609 676*
Monteverdi, Claudio *608* 694
Montevideo, Vtg. (1960) 1582
Montezuma ↗ Moctezuma
Montferrat, Markgrafschaft 536
Montfort, Simon v. *468*
Montgelas, Maximilian v. *739*
Montgisard, Schl. (1177) 494
Montgomery, Bernard *892* 906 907 912 1291
Month-Tempel 47
Montini, Giovanni Battista ↗ Paul, Pp., VI.
Montmorency, Heinrich, Hzg. v. *668*
Montone, Braccio da *535*
Montreal 1170
Montreux, Abk. (1937) 1093
–, Kfz. (1936) 865 1085
Montserrat 1193
–, -Kultur 21

Monts, Pierre de *1166*
Monumentum Ancyranum 229
Mon-Volk 1044
Monzon, Vtg. (1626) 625 669
Moraczewski, Andreas *991*
Morales Bermúdez, Francisco *1607*
Morazán, Francisco *1200*
Morea, Ftm. 590 591
–, s.a. Mistra
Morelos y Pavón, José Maria *1197*
Moreno Garcia, Gabriel *1205*
More, Thomas *604 678*
Morgarten, Schl. (1315) 512 *525*
Morgenfeier von Brügge (1302) 541
Morgenländisches Schisma ↗ Kirchenspaltung (1054)
Morgenland ↗ Orient
Morgenthau, -Plan 903
Morgenthau jr., Henry 903
Morillo, Pablo *1203*
Moriner 284
Morinigo, H. 1610
Moriskenaufstand (1568–1570) 698
Moritz, Nassau-Oranien *623* 625 702
–, Sachsen, Kfst. 620 621 *640* 641
Morley, John 1059
–, -Minto-Reform (1909) 1059
Mormonen 1178
Mornington, Richard Earl of *1057*
Moro, Aldo *1322* 1324
–, Lodovico il *537 693*
Morosini, Thomas 593
Morrill Act (1862) 1180
Mortara, Schl. (1849) 771
Mortimer, Roger de *565*
Moru Naba 1508
Morus ↗ More
Mosaffar od-Din, Persien, Schah 1098
Mosambik ↗ Mozambik
Mościcki, Ignaz *992*
Moses 86-88
–, v. Koren 386
–, Maimonides *394*
Moshi, Kfz. (1979) 1541
Moshweshwe, Sotho-Hschr., I. 1126 1139 1650
–, –, II. 1537
Moskau, Außenminister-Kfz. (1947) 1242
–, Drittes Rom 685
–, Frd., (1920) 990
–, –, (1940) 988
–, Gftm. 584 **585**
–, Hauptstadt 965
–, Kernwaffen-Vtg. (1963) 1251
–, Kfz., (1944) 904
–, –, (1945) 1275
–, –, (1960) 1249
–, Patrt. 687
–, Univ. 691
–, Vtg., (1963) 1280
–, –, (1976) 1285
Moskauer, Ärztekomplott (1953) 1373
–, Deklaration der Vier Nationen (1943) 1350
–, Memorandum (1955) 1352
–, Rus 495
–, Sowjet 964
–, Vtg. (1970) 1303 1368 1378

1728 MOS—MYR

Moslem-Liga 1059 1061 1552 1559
Moslems s.a. Araber
–, ↗Islam
Mossadegh, Mohammed *1491*
Mossi 1110
–, -Staaten 1111
–, -Wagadugu 1110
–, -Yatenga 1110
Mossul ↗Mosul
Mostagedda 64
Mosto, Alvise da Ca'da ↗Ca-'da Mosto
Mosulfrage 858
Mosul Petroleum Co. (Irak) *610*
↗MPC
Mosulvertrag (1926) 860 1090
Mo Ti *1020*
Motier, Marie Joseph, Marquis de ↗Lafayette
Motlana, Nthato 1536
Motta, Giuseppe *1008*
Motyon 124
Motz, Friedrich v. 743
Moulin, Jean 959
Moumié, Felix *1513*
Mounier, Emmanuel 955
Mountbatten, Louis Lord 1317 *1552*
Moussavi, Mir Hossein *1493*
Moustérien 13
Moutet, Marius *1427*
Mouvement Démocratique de la Rénovation Malgache
↗MDRM
Mouvement Démocratique Voltaïque ↗MDV
Mouvement d'Evolution Démocratique de l'Afrique Central ↗MEDAC
Mouvement d'Evolution Sociale de l'Afrique Noire
↗MESAN
Mouvement Mahorias ↗MM
Mouvement National Congolais ↗MNC
Mouvement National pour l'Indépendance de Madagascar ↗MONIMA
Mouvement Populaire de la Révolution ↗MPR
Mouvement Populaire de la Révolution Africaine ↗MPA
Mouvement Populaire Wallon 1333
Mouvement Révolutionnaire National pour Développement ↗MRND
Mouvement Socialiste Africain ↗MSA
Mouvement Social Muhutu
↗MSM
Movimento das Forças Armadas ↗MFA
Movimento de Libertacão de São Tomé e Principe
↗MLSTP
Movimento Democrático Brasileiro ↗MDB
Movimento Nacionalista Revolucionnario ↗MNR
Movimento Popular de Libertação de Angola ↗MPLA
Movimiento de la Izquierda Revolucionaria ↗MIR
Movimiento de Liberación Nacional ↗MLN
Movimiento Democrático Peruano ↗MDP

Movimiento de Unión Nacional de la Guinea Ecuatorial
↗MUNGE
Movimiento Nacional de la Liberación de Guinea Ecuatorial ↗MONALIGE
Mowinckel, Johann Ludwig *984*
Moyo, Jason 1529
Mozambik (Mosambik; Moçambique) **1136 1137** 1328 1329 **1519** 1528 1530-1532 1537 1539 1649-1651
Mozart, Wolfgang Amadeus *610*
MP 1487 1488
Mpakati, A. *1528*
MPA (Mouvement Populaire de la Révolution Africaine) 1508
Mpangu 1123
MPC 1468
MPLA 1524 1525 1648
Mpondo 1139
Mpongwe 1515
Mpororo 1116
MPR (Mouvement Populaire de la Révolution) 1520 1521
MRND 1522
Mroudjae, Ali 1548
MRVP 1659
MR „13" 1588
Msali, Mohamed 1482 *1642*
MSA (Mouvement Socialiste Africain) 1516
MSA (Mutual Security Agency) 1232 1258 1262
Msika, Joseph *1528* 1529
Msiri, Lunda-Kazembe-Hschr. 1123
–, Yeke-Hschr. 1133
MSM (Mouvement Social Muhutu) 1521
Mswati III., Makhosetive 1650
Mthethwa 1125
MTLD 1483
Muawad, René *1639*
Mubarak, Hosni *1479* 1640 1642
Mubari 1117
Mucius Scaevola, P. (Konsul 133) 224
–, Q. Augur (Konsul 117) 224
–, Q. (Konsul 95) 217
Mudanya, Waffenstillstand (1922) 857
Mudenda, Elijah *1527*
Mudge, Dirk *1534*
Mudros, Waffenstillstand (1918) 847 1083 1087
Mühlberg a.d. Elbe, Schl. (1547) 621 641
Mühldorf/Inn, Schl. (1322) 512
Müller, -Armack, Alfred *1294*
–, Heinrich Ⓖ 936
–, Hermann 853 920 *924* 929 930 Ⓖ 921
–, Johannes v. *663*
–, Ludwig *940*
München, (MA) 523
–, Kfz., (1938) 867 870 942 957 975
–, -, (1947) 1293
–, Olympische Sommerspiele/Terroranschlag 1303
Münchener Abkommen 996
–, s.a. München Kfz. (1938)
Münchengrätz, Konv. (1833) 806

Münchhausen, Gerlach Adolph v. *663*
Münchshöfener Gruppe 28
Münnich, Burkhard Christoph v. *656 688* 691
Münster, Frd. (1648) 627 647
Münster, Frd. (1648) s.a. Westfälischer Frieden
Müntzer, Thomas *636* 637
Münzen, Athen 117 118 127
–, erste 81
–, s.a. Geld
–, s.a. Währung
Münzsystem, röm. 206
Mugabe, Robert 1529 *1529* 1531
Muhammad Ahmad bin Abdallah (Mahdi) 1104
Muhammed, Murtala *1506*
Muhirwa, André *1523*
Muhsin, Suhair *1453*
Mujib-ur-Rahman 1556 *1560* 1561
Mugabe, Robert 1624 1649
Mukden 863
–, Schl. (1905) 1040
Mulai Ahmed al-Mansur, Marokko, Sult. 1112
Mulamba, Léonard *1520*
Mulatten 1195 1196
Muldoon, Robert David *1580*
Mulele, Pierre *1519* 1520
Muliro, Masinde *1542*
Mulroney, Brian *1289* 1660 1661
Multan, Indien, Prov. 1051
multinationale Konzerne 1231
Multscher, Hans *523*
Mummius, L. 182 202 204
Mumtas Mahal *1055*
Munatius Plancus, L. 225 284
Munch, Peter R. *985*
Munda, Schl. (45 v.) 224 296
Mundhir III., Lachmiden, Fst. 318
Mundia, Nalumino *1527*
Mundo, Faustino del 1575
Munera 240 246 261 266
MUNGE 1514
Municipium ↗Munizipien
Municipium sine iure suffragii
↗Halbbürgergemeinde
Munizipalrecht 237
Munizipien, röm. 191 193 194 236 240 261 263 270 275 276 279 282 286 296 299 300
Munk, Kaj *986*
Munongo, Godefroid *1517*
Muñoz, Grandes, Agustín *980*
–, Marin, Luis 1600
Muntenien 273 275
Murad, Osman, Su., I. 588
–, -, -, II. 595 1074
–, -, -, III. 1077
–, -, -, IV. 1076 1078
–, -, -, V. 1082
Muranga 1119
Murat, Joachim *814*
Muratorisches Fragment 259
Murawjew, Konstantin 911 *1002*
Murbach, Kl. 333
Murdoch, Rupert 1630
Muromachi-Zeit 1037
Murr, Wilhelm *938*
Mursa (Osijek) 279-280 Ⓣ 280
–, Schl. (351) 253
Mursella Ⓣ 280
Mursilis, Hethiter, Kg., I. 43 48 79

–, –, –, II. 79
Murten, Schl. (1476) 522 *525* 616
Musa, Kalifenreich, Stth. *456*
Muschelkalk 5 6
Museion, Alexandreia 157 158
Museveni, Yoweri 1541 *1651*
Musik, (MA) 502
–, (NZ) **604 608 610** 672 694
Muslimbruderschaft 1641 1642
Muslim Committee of Action
↗MCA
Muslime ↗Araber
–, ↗Islam
Muspilli Ⓣ 419
Mussaffariden, Dyn. 1071
Mussius Aemilianus, L. 301
Mussolini, Benito 857 864 866 868-870 872 875 877 879 880 886 892 894 898 899 909 941 942 946 *972* **973-977**
Mustafa, Osman, Su., II. 1079
–, –, –, III. 1080
Mustafa Kemal Pascha ↗Atatürk, Kemal
Musti (Hr. Mest) Ⓣ 299
Musulamii 298
Musuya, Cleopa D. *1540*
Mutara III., Rwanda 1521
Mutesa, Buganda, Kg., I. 1117
–, Uganda, Kg., II. 1540
Mutianvua, Lunda-Hschr. 1133
Mutina (Modena) *201*
–, Schl. (43 v.) 225
Mutschmann, Martin *938*
Mutsuhito ↗Meiji
Mut-Tempel, Karnak 47
Mutterland-Partei, Türkei 1341
Mutual Security Agency
↗MSA
Mutualismus 722
Muwanga, Paulo *1541*
Muwatallis, Hethiter, Kg. 48 79
Muzorewa, Abel *1530* 1531
Mwambutsa II., Mwami, Burundi 1523
Mwami 1523
Mwanga II., Buganda, Kg. 1117
MWD (sowjetischer Geheimdienst) 1372 1376 1377
Mwene-Mutapa-Staat 1124 1125
Mwinyi, Ali Hassan *1540* 1650 1651
Myanmar 1654 1655
Mya-Zeit 10
My Lai 1282
Mykale 106
–, Schl. (479) 123
Mykenai, (Mykene) 125
–, Kgr. 99
–, mykenischer Palast 49 97 99
–, Schachtgräber 45
mykenische Kultur 96 97 98-101 102 115 Ⓣ 96
mykenische Zeit, Griechenland 98-101
Mykerinos, Ägypten, Kg. 26 65
Mylai, (Mylae; Milazzo) 107
–, Schl. (260 v.) 197
Mylasa 81 309
Myriokephalon, Schl. (1176) 434 491 494
Myrleia ↗Apameia
Myron, Sikyon, Tyr. Ⓣ 109
Myronides 126
Myrsilos, Mytilene/Lesbos, Tyr. Ⓣ 109

Myser 276
Mysien 81 164 168
Mysterien, eleusinische 255
Mysterien-Kulte 110 307
Mysterienreligionen 158
–, Rom 208
Mystik **393** 501 **504 505** 524 566
Mystizismus 605
–, Rußland 804 805 809
Mythologie, griech. 77 100 104-106 111
–, isländ. **476**
–, japan. 1034
–, korean. 1031
–, mittelalterliche 392
–, s.a. Religion
Mytilene/Lesbos 118 134 135 139 149 Ⓣ 109
Myus Ⓣ 106
Mzali ↗Msali
Mzila, Ngoni-Hschr. 1137
Mzilikazi, Ndebele-Hschr. 1114 1125 1136 1139

N

Nabatäer 153 306 307 317
Nabis, Sparta, Tyr. 175 176 181 203
Nabonid, Babylonien, Kg. 77 85 92
Nabupolassar, Babylonien, Kg. 76 77
Nachkriegswirtschaft, dt. 1292 1293 **1294**
Nachkriegszeit ↗Deutschland (seit 1945)
Nacht, Astronom, Ägypten 47
Nachtigal, Gustav 1131
Nadir, Persien, Schah 1080 1097
Nadir Schah, Afghanistan, Kg. 1055 1097 1099 1494
Näfels, Schl. (1388) 517 *525*
Naevius, Cn., Dichter *211*
–, Sutorius Macro 232
Nagaland 1554
Nagardschunakonda 1053
Nagasaki 915 1043 1187 1241 1275
Nag Hammadi (Choinoboskion) 302
Nagib, Mohammed *1476*
Nagran 318
Nagy, Jmre 1364 *1403*
Nagyrév-Gruppe 45
Nahost, Erkl., EG (1977) 1448
–, -Friedenskfz. (1973) 1454
–, -Friedenslösung (1978) 1457
–, -Konflikt (seit 1945) 1232 1233 1484 1487
–, -Kriege (seit 1945) 1447 1449 1451 1452
–, -Politik, Frankreich 1308
–, –, GB 1313 1314 1340
–, –, UdSSR 1374 1379 1380 1455-1458
–, –, UNO 1466
–, –, USA 1456 1457 1464 1466
–, -Resolution (1973), -UN-Sicherheitsrat 1237
Nahost-Krieg (1948) ↗Palästinakrieg
Nahost-Krieg (1956) ↗Sueskrise
Nahost-Krieg (1967) ↗Juni-Krieg
Nahost-Krieg (1973) ↗Oktober-Krieg

Nahrungsmittelversorgung ↗Welternährung
Nahua 1156
Nairobi, Kfz. (1973) 1237
Naissus (Naissos), Schl. (269) 247 274 275 276 278 291
Najibullah, Mohammed *1644*
Nakasone, Yasuhiro *1347* 1658 1659
Nakhon Phanom 1567
NAL 1501
Nama 1126 1137 1138
Namaliu, Rabbie 1660
Namibia 1533 1534 1624 1648-1650
–, s.a. Südwestafrika
Namibia National Convention ↗NNC
Namibia National Front ↗NNF
Namnonii 292
Namphy, Henri *1597* 1664
Nana Fadnawi *1057*
Nancy, Schl. (1477) 522 525 554
Nanda, Dyn. 1049
Nanda, Gulzari Lal *1555*
Nandi 1143
Nanking, Vtg. (1842) 1026
–, Waffenstillstand (1945) 1043
–, Nationalversammlung (1946–1948) 1406
Nanna 73
Nantes, Edikt (1598) 624 629 651 667
–, s.a. Portus Namnetum
Napata 56 98 1103
Napier, Charles 1058
Naplanum, Larsam, Kg. 73
Napoleon, Frkr., Ks., I. 696 **726-729** 739-741 769 770 780-782 784 785 813 814 819 822 825 831 1081 1176 1193 1209
–, –, –, III. 730 731 754 755 787 789 790 792 816 824 828 1198 1199
Napoleonische Kriege ↗Koalitionskriege
Napoleonisches Zeitalter, (1795–1815) 726
–, Deutschland, (1789–1815) **739-741**
–, Frkr., (1789–1815) **781-784**
–, internationale Beziehungen, (1789–1815) **727-729**
NAR 1665
Naramsin, Akkade, Kg. 72 78 82
Narasimhawarman I., Indien, Kg. 1053
Narathihapate, Burma, Kg. 1044
Narayan, Jayaprakash *1557* 1558
Nara-Zeit 1035
Narbo Martius (Narbonne) 285-287
Narbonensis I, II, röm. Prov.en 285
–, s.a. Gallien
Narbonne, Schl. (531) 362
–, s.a. Narbo Martius
Narcissus 234
Narni, Erasmo da *535*
Narnia Ⓣ 192
Narodniki 803 808-810
Narona 273
Narses, Byz., Feldh. 326 382
Narutowicz, Gabriel *991*

NASA (National Aeronautics and Space Administration) 1279
Nascimento, Lopo do *1525*
Naseby, Schl. (1645) 682
Nash, Walter *1580*
Nasionale Party ↗NP
Nasir, Amir Abrahim *1563*
–, Hisham 1640
Nasir od-Din, Schah, Persien 1097
Nasriden, Dyn. 457 560
Nassau 724 743 754
–, -Oranien, Dyn. 702
Nasser, Gamal Abdel 1247 1409 1438 *1443* 1444-1447 1451 1452 1461-1463 1473 *1476* 1478 1482
Nasution, Abdul Haris 1572
Natal 1138 **1139** 1140 1650
Nathan, Prophet 87
Nation, Begriff 320 **600**
National, Congress of British West Africa 1129
–, Constitution Party 1527
–, Convention of Freedom Parties 1533
National Alliance of Liberals 1501
Nationalbewegung, Bulg. 828
–, Dtld., (1789–1815) 741
–, –, (1815–1870) 742 743 745 752
–, Italien 725 730 814-816
Nationalbewußtsein, (MA) 499 520
–, (Frühneuzeit) 605
Nationalchina ↗Taiwan
National Convention Party ↗NCP
National Council of Namibia ↗NCN
National Council of Nigeria and the Cameroons ↗NCNC
National Democratic Front ↗NDF
National Democratic Party ↗NDP
National-Demokratische Partei (Ägypten) 1478 1479
Nationaldemokratische Partei Deutschlands ↗NPD
Nationale Allianz für den Wiederaufbau ↗NAR
Nationale Atomenergiekommission, USA 1275
Nationale Befreiungsarmee ↗ALN
Nationale Befreiungsbewegungen, Minderheiten 852
–, Organisation 1235
Nationale Befreiungsfront ↗FLN
–, ↗NLF
Nationale Befreiungsfront Vietnams, FNL 1421
Nationale Frage, Deutschland (1815–1870) 742 743 745
Nationale Front (Malaysia) 1656
Nationale Iranische Ölgesellschaft ↗NIOC
Nationale Minderheiten 852
–, s.a. Minderheiten
Nationale Partei, Neuseeland 1660
Nationale Partei Surinams ↗NPS
Nationale Protesttage, Chile 1619

Nationale Radikale Union, Griechenland 1338
Nationaler Block, Frankreich 953 954
Nationaler Demokratischer Kongreß ↗NDC
Nationale Republikaner (1825), USA 1177
Nationaler Militärrat, Surinam 1605
Nationaler sozialistischer Kongreß 1653
Nationale Volksbewegung ↗PNM
Nationaler Volkskongreß, China, Erster (1954) 1415
–, Zweiter (1959) 1418
–, Dritter (1964) 1419
–, Vierter (1975) 1422
–, Fünfter (1978) 1423 1425 1426
–, Sechster (1983) 1426
Nationales Befreiungsheer ↗ELN
Nationale Volksarmee, DDR 1390
Nationalismus, arabischer **1085-1086**
–, Balkanstaaten 722
–, Belg. 722
–, China 1029
–, Dtld. (1815–1870) 745
–, Dt. R. (vor 1914) 722 767
–, Europa **721 722** 833 857 858
–, Frankreich 794
–, Irland 722
–, Italien 722 815-818
–, Niederlande 721
–, Österreich-Ungarn 721 722
–, Osman. 721
–, Polen 722
–, Preußen 721
–, Rußland 721 803 804 809
–, Weltkriegszeit (1914–1945) 833 857 858
Nationalistische-Revolutionäre Bewegung ↗MNR
Nationalist Party 1223
Nationalitäten, Österreich-Ungarn (1867–1918) 722-774 949 Ⓣ 774
–, Österreich (1789–1867) 745 748 753 770
–, Osteuropa 1622
–, Rußland 962
–, Tschechoslowakei 993
–, UdSSR 1379
–, Weltkriegszeit 852
Nationalkomitee, der Freien Franzosen 858
–, Freies Dtld. 946
–, Freies Frkr. 877
–, für den Jeanclaudismus 1596
Nationalkonvent, frz. (1792) 778
National Labor Party, Australien 1223
National League for Democracy ↗NLD
Nationalliberale Partei 757 763 918 921
National Liberation Council ↗NLC
National Liberation Movement ↗NLM
National Oil Co. (Irak) ↗INOC
National Party (Bangla Desch) ↗BNP

1730 NAT—NIC

National Party (Grenada) ↗NP
National Party of Nigeria
  ↗NPN
National Patriotic Front of Liberia ↗NFPL
Nationalrat der Algerischen Revolution ↗CRNA
Nationalreligiöse Partei ↗NRP
National Resistance Army
  ↗NRA
Nationalsozialismus 833 849
  850 862 863 867 934 **945 946**
–, Herrschaftssystem 858 870
  934-936 941 945 946
Nationalstaaten, (1500–1789)
  600 601
–, (1789–1814) 724
–, (1914–1945) 852
Nationalstaatsbildung **600** 616
–, England 616
–, Frankreich 616 666
Nationalunion der Volkskräfte
  ↗UNFP
National Union of Mineworkers ↗NUM
Nationalversammlung, dt.
  (1919) 919 923
–, Frankreich, (1789) 776
–, –, (1871) 792
Nationalversammlung, dt.
  (1848) ↗Frankfurter, Nationalversammlung
NATO, (North Atlantic Treaty
  Organization) 1243 1251
  1259 1262 1263 1267 1268
  1271 1272 1277 1327 1443
  1636 G **1261**
–, –, Abrüstung 1621 1622
–, –, Doppelbeschluß (1979)
  1255 1336
–, –, Modernisierung 1623
–, –, Warschauer Pakt 1624
–, Atomstreitmacht 1264 1267
–, Euro-Gruppe 1270
–, -Länder T 1271
–, Politik, Dänemark 1335
–, –, Dtld., BR 1262 1264 1271
  1272
–, –, Frankreich 1309
–, –, Spanien 1327
–, –, Türkei 1262 1339 1340
–, -Strategie 1269
–, -Streitkräfte T **1255**
Natta, Alessandro *1324*1631
Natuf-Stufe 18
Naturrecht 601 614
Naturwissenschaften ↗Wissenschaft
Natusch Busch, Alberto 1609
Naukratis 69 *108* 158 301 T
  107
Naulochus, Schl. (37 v.) 226
Naumburg, Btm. 402
Naupaktos 134
–, Frd. (217) 175 180
Nauplia T 106
Nauru 1581 1660
Navajo 1147
Navarino, Schl. (1827) 806
Navarra **459 460** 560 **563**
Navarro, Carlos Arias *1326*
Navas de Tolosa, Schl. (1212)
  457 459
Navigationsakte, (1490) 677
–, (1651) 628 682 704 1168
Navon, Yitzhak T 1465
Nawab v. Arcot, Mogulreich,
  Stth. *1056*
Naxos, Antike 125 127 T 107
  109

–, Hzm. 591 592
NCN 1533 1534
NCNC 1505
NCP 1496
Ndahiro Ruyange, Rwanda,
  Kg. 1117
NDC 1665
Ndebele 1125 1136 1139
Ndele, A. 1519
NDF 1654
Ndiweni, Kayisa *1530*1531
Ndizeye, Charles *1523*
N'Djamena (Fort Lamy) 1511
ND (Nea Demokratia) 1635
Ndong, Atanasio 1514
Ndongo 1123
NDP 1528
NDP (Saint Vincent) 1665
NDPD (National-Demokratische Partei Deutschlands)
  1384
Nea Demokratia ↗ND (Nea
  Demokratia)
Neandertaler 2 13
Neapel, (MA) 359 361 439 502
  531 532 534-536 591
–, (NZ) 617 692 693 696 697 699
  726 782 814 817
Neapel (Antike) ↗Neapolis
Neapolis, (Neapel) 107
–, ↗Thrakien T 106
Nearch 150 151
Nebe, Arthur 947
Nebka, Ägypten, Kg. 65
Nebukadnezar, Babylon, Kg., I.
  52 75
–, –, –, II. 69 77 81 84 88
Necho, Ägypten, Kg., I. 68
–, –, –, II. 69 77 84 88 93
Necker, Jacques *676 776* 777
Nectaridus, comes litoris Saxonici 292
Nedić, Milan *1004*
Neerwinden, Schl. (1793) 726
  822
Negade-Kulturstufen 21 22 64
Neger 1179-1181 1190 1192
  1193 1195-1197 1202 1210
  1277-1281 T 1284
–, s.a. Afrika
–, s.a. Apartheidpolitik
–, s.a. Rassenpolitik
–, s.a. Sklavenfrage
Negriden 1100
Negrin, Juan *979*
Nehemia 89 94
Nehru, Jawaharlal Pandit 893
  894 1409 1438 *1551-1554*
–, Motilal *1060*
Neidhart v. Reuental T 420
Nekropole ↗Bestattungen
Nektanebos II., Ägypten, Kg.
  69
Neleus, Pylos, Kg. 99
Nemausus (Nîmes) 285 288
Nemeische Spiele 106
Nemeter 284
Nendaka, Victor *1519*
Nenni, Pietro *1320*1322
Néo-Destour 1095 1481
Neolithikum 17-23 1043
Neopatras, Hzm. 591
Neoptolemos, Molosser, Kg.
  145 154
Neo-Wafd-Partei, Äg. 1479
  1642
Nepal 1058 1552 **1563-1564**
  1654
Nepet (Nepi) 193 T 192

NEP (Neue Ökonomische Politik) 962 963
Nepos, Rom, Ks. 256 *324*
Nepotianus, Usurpator 253
Nepotismus 530
Neptun, Planet 1
Neri, Pompeo *696*
Nerio I., Athen, Hz. 591 592
Nero, Rom, Ks. 234 **235** 257 270
  282 284 303 305 309 311 314
  S 233 T 225
Nerses v. Lampron *493*
Nerses Schnorhali *493*
Nertschinsk, Vtg. (1689) 688
  1025
Nerva, Rom, Ks. 237 238 T 225
Nervier 222 223 283
Nesiotenbund 177 178
Nestor, Pylos, Kg. 99
Nestorianismus 316 382
Nestorius, Konstantinopel,
  Patr. 256 *328 380*
Neto, Agostinho *1524*1525
Netschajew, Sergej G. *808*
Neu-Amsterdam (New York)
  1167 1168
Neubraunschweig, Kolonie
  1171 1172
Neu-Calabar 1,113
Neu-Delhi, Kfz., (1947) 1438
–, –, (1949) 1438
–, UNIDO-Kfz. (1980) 1239
Neue Hebriden 1214 1225 1226
  1581
–, s.a. Vanuatu
Neue Heimat 1625
Neue Koreanische Demokratische Partei ↗NKDP
Neue Rheinische Zeitung 748
Neuer Kurs, (1890) 766
–, (1953) 1363 1373 1374
Neuer Ökonomischer Mechanismus, Bulgarien 1407
Neues Deutschland 1383 1390
Neues Forum 1627 1628
Neues ökonomisches System
  ↗NÖSPL
Neues Rom ↗Konstantinopel
–, s.a. Moskau, Drittes Rom
Neues Testament 250 258 259
Neufundland 613 1171 1172
  1287 1661
Neuguinea 842 1214 1225 1572
  1581 T 763
Neuilly, Frd. (1919) **854** 1001
Neuirland 1225
Neukaledonien 1214 1226 1581
  1660
Neukamerun 1131 1132
Neu-Niederlande 1167
Neun-Mächte, Abkommen
  (1922) 857
–, -Konferenz, London (1954)
  1299
Neuplatonismus 254 260
Neurath, Konstantin v. 868 *936*
  937 *942*995
Neuschottland 1171 1172
Neu-Schweden 1167 1168
Neuseeland, (NZ) 1214
  1224-1225
–, (seit 1945) 1440 1564 1579
  1580 1656 1659 1660
Neuspanien 1189
Neuß ↗Novaesium
Neußer Eid (1201) 416
Neustrien 336
Neutralität, Belgien 730 823
–, Österreich 1352

–, Schweiz 831 984 1007 1008
–, USA 1187 1189
–, s.a. bewaffnete Neutralität
Neutralitätsabk. (1902), Frankreich-Italien 735
Neutralitätsabk. (1983), Italien-Malta 1360
Neutronenwaffe 1255
Neuzeit 597-1008
–, Epochenbegriff 597-1008
Nevada 1179 1198
Neves, Tancredo *1616*1668
Neviodunum T 280
Nevis Reformation Party
  ↗NRP (Saint Nevis)
Newark 1281
New Deal **1186** 1277 1278
New Democratic Party ↗NDP
  (Saint Vincent)
New Hampshire 1166
Ne Win *1565* 1566 1567 1665
New Jersey 1167 1176
New Mexico 1179 1180 1198
New National Party ↗NNP
New Orleans, Schl. (1815)
  1176
New Orleans, Kolonie 1170
Newton, Isaac *609*
New York 1167 1176
–, Außenminister-Kfz., (1946)
  1242 1275
–, –, (1950) 1244
–, Wirtschafts- u. Sozialrats-Tagung (1978) 1238
Nexum ↗Schuldknechtschaft,
  röm.
Ney, Michel 784
NFPL (National Patriotic Front
  of Liberia) 1645
NFPO (Polit. Organisation Nationale Front) 1474
Ngahue, Tahiti, Hptl. 1219
Ngalula, J. 1518
Nganda Bolanda, Lunda Stth.
  1123
Ngaundre-Reich 1131
Ngendadumwe, Pierre 1523
Ngoni 1102 1119 1122 1125
  1136 1137 1142
Ngouabi, Marien *1516*
Nguema, Francisco Macias
  1514
Nguema Mbazogo ↗Mbazogo
Nguni-Sprachen 1125
Nguyen, Dyn. 1045
Nguyen-Ai-Quoc ↗Ho-Chi-Minh
Nguyen-Van-Linh *1655*
Nguza, Karl-i-Bond *1521*1647
Ngwane National Liberatory
  Congress ↗NNLC
Ngwato 1126
Niasa-Frovinz 1532
Niazi, Abdullah 1560
Nibelungenlied 256 T 419
Nicaea, (Nikaia), I. Konz. (325)
  252 2E0 307 310 T 328
Nicaea (Nice, Nizza) ↗Nikaia
Nicaea (Nikaia), II. Konz. (787)
  ↗Nikaia
Nicaragua, (1838–1945) 1201
–, (seit 1945) 1286 1436
  1592-1593 166:-1664
Niccoli, Niccolò *535*
Nichtangriffsabkommen
  (1925) ↗Locarno, Vtg. (1925)
Nichtangriffspakt (1939),
  Deutsches Reich-UdSSR
  869 870 943 970

Nichtangriffspakt (1984), Mozambik-Südafr. 1537
Nichtweiterverbreitungs-Vtg. ↗Nonproliferations-Vtg.
Nicola, Enrico de *1320*
Nicomachus Flavianus 255
Nidhi Bista, Kirti *1564*
Niebuhr, Barthold Georg *741*
Niederburgund ↗Burgund, Teilreich
Niedere Vereinigung T 497
Niederländischer Krieg (1672–1678) 628 653 654 672 704
Niederländisch-Guayana 1194
–, s.a. Surinam
Niederländisch-Indien 1054
Niederländisch-Indonesische Union 1572
Niederländisch-Ostindische Kompanie 1220
Niederländisch-Spanischer Krieg (1568–1648) 623 625
Niederländisch-Westindien 1194
Niederlande, (NZ) **701-705**
–, –, Gesellschaft 703 705
–, –, Kolonialmacht 628 702 703 G 615
–, –, pol. Org. 628 647 702 721 821 G 703
–, –, Wirtschaft 602 703 704 716
–, (1914–1945) **981-982**
–, –, dt. Besetzung 876 944 981
–, (seit 1945) 1273 **1330-1332** 1440 1629
Niederlande (Antike) ↗Germania Inferior, röm. Prov.
Niederlande (MA) ↗Burgund (MA)
Niedersachsen, (Altertum) 289
–, (seit 1945) 1292 1625 1626
Niedersachsen (MA) ↗Sachsen
Niedersachsen (NZ) ↗Hannover
Niederwald, Schloß, Kfz. (1948) 1295
Nieker, Wiellie van 1534
Niemöller, Martin *940*
Nien-Bund-Rebellion (1853–1868) 1027
Niethammer, Friedrich Immanuel 603
Niger 1127 1479 **1509 1510** 1646
Nigeria, (Kolonialzeit bis 1945) **1129-1131**
–, (seit 1945) **1505-1506** 1645 1646
–, –, Biafra-Krieg (1967–1970) 1506
–, –, Ibo-Problem 1505
Nigerian National Alliance 1505
Nigerian National Democratic Party ↗NNDP
Nigerian People's Party 1506
Nigerianisierung (1972) 1506
Niger-Kongo-Sprachfamilie 1100 1101
Nihavend, Schl. (642) 317
Nihilismus 803 808
Nijmegen ↗Noviomagus
Nijmegen Frd. ↗Nimwegen
Nika-Aufstand (532) 382
Nikaia, (Nicaea, Iznik) 310 1068
–, II. Konzil (787) 341 354 385 T 328
–, (Nice, Nizza) T 107

–, s.a. Nicaea
Nikaia, G. Demetrios' II. v. Madedonien 174
Nikaia, Ksr. **593 594**
Nikandros, Sparta, Kg. T *112*
Nikanor, makedonischer Feldherr 203
–, Schwiegersohn des Aristoteles 150 177
–, vornehmer Makedone, Stratege des Antigonos Monophthalmos 153
Nikephoros, Byz., Ks., I. 373 380 385
–, –, –, II. Phokas 360 485 *488*
–, –, –, III. Botaneiates 489
–, Epeiros, Despot, I. 591
Nikezić, Marko *1410*
Nikias 134 135
Nikias-Friede (421) 134
Niklas v. Wyle ↗Wyle
Nikokles, Paphos/Zypern, Kg. 153
–, Sikyon, Tyr. 179
Nikolaitismus 424
Nikolaj Nikolajewitsch, Rußld., Gft. *837*
Nikolaus, Pp., I. 352-354 359
–, –, II. 408 **423** 424 437
–, –, III. 427 431 510 531
–, –, IV. 431
–, –, V. 513 *527 530* 535 *537* 1108
–, Byz., Ks., I. 486
–, Montenegro, Ft., I. *830*
–, Rostock, Ft. 575
–, Rußland, Zar, I. 804 *806*
–, –, –, II. 768 804 *809* 810 812 813 845 963 965
Nikolaus v. Kues *505 520 523*
Nikolsburg, Frd. (1866) 754
Nikomedeia/Bithynien (Izmit) 168 249 250 309
Nikomedes, Bithynien, Kg., I. 161 *168* 171
–, –, –, II. Epiphanes *168* 171
–, –, –, III. Euergetes *168*
–, IV. Philopator *168* 169 220 308
Nikon, Moskau, Patr. *687*
Nikopolis, (Epeiros) 270
–, (Nikopol, Bulgarien), Schl. (1396) 586
nilo-saharische Sprachen 1100 1103 1105 1106 1109 1121
Niloten 1102
nilotische Sprachen 1105 1116
Niltal 61
Nîmes, Edikt (1629) 668
Nimrud 56
Nimwegen (Nijmegen), Frd. (1678/1679) 629 651 654 672 699 704
Ninive 70 74 76 77
–, Schl. (627) 383
Nintu 73
NIOC 1491 1492
Nippur 40 43 47 94
Nirwana 1049
Niš ↗Naissus
Nisa 313
Nisam, Mogulreich, Stth., v. Haiderabad *1056*
Nisam al-Mulk 1069
Nisamija-Hochschule 1069
Nisibis (Nesibin) *247* 315 316
Nisib, Schl. (1839) 1091
Nithard *346*

Nitra-Gruppe 45
Nitti, Saverio *972*
Niue 1581
Nivelle, Georges *838*
Nixon, Richard M. 1254 *1277* 1279 1280 **1281 1282 1283** 1343 1344 1378 1421 1430 1583
–, -Runde 1237
Nizäa ↗Nikaia
Nizami, Dyn. 1055
Nizza 816
–, Waffenstillstand (1538) 693
–, s.a. Nikaia (Nice, Nizza)
Njai, Alburi 1127
Njassaland ↗Nyasaland
N'Jie, Pierre *1496*
Njoya, Bamum-Hschr. 1113
NKDP 1658
Nkomati, Vtg. (1984) 1532
Nkomo, Joshua *1528* 1529 1530
Nkondo, Curtis 1536
Nkongolo, Luba, Kg. 1122
Nkore 1116
Nkrumah, Kwame *1500* 1501
Nkumbula, Harry *1526*
NKWD (sowjetischer Geheimdienst) 1372
NLC 1501
NLD 1655
NLF (Nationale Befreiungsfront, VR Jemen) 1474
NLM 1501
Nnamdi Azikiwe 1131
NNC 1533 1534
NNDP (Nigerian National Democratic Party) 1131 1505
NNF 1534
NNLC 1537
NNP (New National Party) 1599
Nobaden (Nobaten, Nobatier) 301 1104
Nobatia 1104
Nobatier ↗Nobaden
Nobel, Alfred *826* T 718
Nobelpreis, Stiftung (seit 1895) 826
Nobilität, röm. 189 195 207
Nobilität, röm. s.a. Adel
Nördlingen, Schl. (1634) 647 669
–, Schl. (1645) 669
Nördlinger Traktat (1702) 655
NÖSPL (Neues ökonomisches System der Planung und Leitung) **1391**
Nofretete, Ägypten, Kgn. 67
Nogaret, Wilhelm v. 542
Nok-Kultur 1110
Nola 218
Nominoe, Bretonische Mark, Gf. 348
Nomoi 110
Nonproliferations-Vtg. (1968) 1252 1316 1377 1378 1631 1640
Nooman, Yassin Said 1641
Norba 193
Norbanus, C. (Konsul 83) 217 218
Norbert v. Xanten *426*
Nordafrika, (Kalifen- u. Osmanenherrschaft) 1064 1066 1067 1069-1071 1076 1080 1081 1083
Nordafrika (Altertum) ↗Ägypten

–, ↗Africa
–, ↗Karthago
–, ↗Kyrene
–, ↗Mauretanien
–, ↗Numidien
–, ↗Tripolitanien
Nordafrika (seit 1918) ↗Ägypten
–, ↗Algerien
–, ↗Libyen
–, ↗Marokko
–, ↗Mauretanien
–, ↗Tunesien
Nordamerika, (Vorgeschichte und Indianerkulturen) 1145-1148
–, (Kolonialzeit) 1164-1170
Nordamerika (18.–20. Jh.) ↗Kanada
–, ↗USA
Nordatlantikpakt ↗NATO
Nordatlantikrat 1261 1262 1264
Nordatlantikvertrag 1259
Norddeutscher Bund 754 755
Norden, Albert *1391*
Nordeuropa, (Kupferzeit) 30 38
–, (Bronzezeit) 42 46 51 55
–, (Früheisenzeit) 57
Nordeuropa (Römerzeit) ↗Germanien
Nordeuropa (MA, NZ) ↗Skandinavien
Nordeuropa (NZ) 1632
Nordeuropa (seit 1945) ↗Skandinavien
Nordgermanen 289
Nordirland 962 1316-1317 1630
Nordirland-Gesetz (1982) 1318
Nordische Kriege:, Nordischer Siebenjähriger Krieg (1563–1570) 706 709
–, (Erster) Nordischer Krieg (1655–1660) 628 687 707 709 712
–, (Zweiter oder Großer) Nordischer Krieg (1700–1721) 629 655 688 704 708 710 713
Nordischer Rat 1357
Nord-Jemen ↗Jemen, Arab. Rep.
Nord-Korea **1426-1427** 1658
Nordli, Odvar *1337*
Nordnigeria 1110
–, s.a. Nigeria
Nordrhein-Westfalen 1289 1306 1626
Nordstaaten-Südstaaten-Konflikt, USA 1177-1180
Nord-Süd-Gipfelkonferenz (1981) 1239
Nord-Süd-Konflikt 1227 1234 1238 1447 1503
–, s.a. Entwicklungsländer
–, s.a. internationale Beziehungen
–, s.a. Weltwirtschaft
Nordvietnam ↗Vietnam
Nordwestenküstenkultur ↗Molluskensammler-Kultur
Nordwestgriechen 102 143
Nordzypern 1635 1636
Noreia, Schl. (113 v.) 216 290
Norfolkinsel 1222
Noricum 228
Noricum, röm. Prov. 234 243 **281-283**
–, Mediterraneum 282
–, Ripense 282
Noricum Ripense, röm. Prov. s.a. Noricum

1732 NOR—ÖST

Noriega, Manuel 1662, *1664*
Noriker 281
Normandie (MA) 349 **447** 450 463 466 467 553
Normannen 343 348 349 351 369 413
–, England **463**
–, Italien 437 439
–, Skandinavien **371**
Norodom I., Kambodscha, Kg. 1046
Norrköping, Vtg. (1604) 706
Norstad, Lauris 1264 1266
North, Frederick *685*
North Atlantic Treaty Organization ⤳ NATO
North Carolina 1167 1180
Northampton, Schl. (1460) 570
Northern Frontier District 1543
Northern People's Congress ⤳ NPC
Northern People's Party ⤳ NPP
Northern Rhodesia African National Congress ⤳ ANC
Northern Rhodesia Congress 1526
Northwest, Ordiance (1787) 1175
–, Rebellion (1885) 1172
Norwegen, (MA) **370 472-474 574 575 576-578**
–, –, Christianisierung 370
–, –, Könige S 473 T 574 **576**
–, (19./20. Jh.) **826 827** 874 875 890 910 944 **984 985**
–, (seit 1945) 1266 **1336 1337** 1632
Norwegen (Vorgeschichte u. Altertum) ⤳ Nordeuropa
Norwegen (16.–18. Jh.) ⤳ Dänemark
Norweger 364
Norwich, Julian v. 567
Nosek, Václav *1400*
Noske, Gustav 920 *923* 924
Nosy Bé 1142
Notabeln-Herrschaft, Frankreich 784-788
Notabeln-Monarchie, Frankreich **777**
Notion, Schl. (407) 135
Notitia Dignitatum 249 256
Notke, Bernt *523*
Notker, Balbulus (v. St. Gallen) *346*
–, Labeo (d. Deutsche) *396* T 419
Notstandsverfassung, BR Dtld. 1302
Notverordnungen, dt. (1930–1933) 930-932
Nouadibou, Kfz. (1970) 1490
Noua-Gruppe 54
Nouira, Hedi *1482*
Noumazalaye, Ambroise *1516*
Novaesium (Neuß) *285*
Novantae 292
Novara, Schl., (1513) 665 693
–, –, (1849) 771 816
Nova Redondo 1525
Novemberrevolution, dt. (1918) 848 849 918 919 934
Novembertraktat (1855) 825
Novempopulana, röm. Prov. 285
–, s.a. Gallien
Novilara-Kultur 59
Noviomagus (Nijmegen) *286*
Novotný, Antonín *1401*

Noyon, Kathedrale T 455
NP 1665
NPC 1505
NPD (Nationaldemokratische Partei Deutschlands) 1302
NPN 1506
NP (Nasionale Party) 1141 1535 1536 1650
NPP 1500
NPS 1604
Nquku, John *1537*
NRA 1651
NRP 1466
NRP (Saint Nevis) 1666
NSDAP, (Nationalsozialistische Deutsche Arbeiterpartei) 921 925 926 929-932 934 940 942 G 922
–, Antisemitismus 939 942
–, Entstehung 934
–, Führerprinzip 934 941
–, Mitgliedschaft T 934
–, Propaganda 934 939
NSDAP (Nationalsozialistische Deutsche Arbeiterpartei) s.a. Nationalsozialismus
Ntare V. 1523 1524
Ntombi, Swaziland, Prn. 1538
Nubien 56 64-69 93 301 1091 1103 1104
Nubisch, Spr. 1104
Nuer 1105
Nürnberg 516
–, Hoftag, (1274) 509
–, –, (1323) 513
–, –, (1356) 515
–, Humanistenzentrum 604
–, NS-Parteitage 942
–, Reichstag, (1522, 1522/1523, 1524) 635
–, –, (1542) 640
–, –, (1543) 640
–, Tag (1422) 519
Nürnberger, Anstand (1532) 619 638-640
–, Exekutionstag (1649–1651) 652
–, Gesetze (1935) 942
–, Prozesse (1945–1946) 1275 1291 **1292**
Nueva Granada 1191
Nujoma, Samuel *1650*
Null-Lösung 1633
NUM (National Union of Mineworkers) 1630
Numantia 202 294 295
Numa Pompilius, Rom, Kg. T 184
Numeiri, Dschafar Mohammed an- 1448 *1475* 1476
Numerianus, Rom, Ks. *248* 250 T 225
Numidia, röm. Prov. 244 **298-300**
–, –, Cirtensis **298-300**
–, –, Militaris **298-300**
Numidien 202 216 223
–, röm. Prov.en 246 **298-300**
Núñez, Rafael *1203*
Nupe 1110 1130
Nurhaci, Tungusen, Chan *1024*
Nuri as-Said ⤳ Said, Nuri as-Nuzi, Archiv 48
NVA ⤳ Nationale Volksarmee
Nyakyusa 1118
Nyamoya, Albin *1523* 1524
Nyamwezi 1142
Nyandoro, George *1528* 1529
Nyangwe 1121 1133

Nyasaland 1525 1528
–, s.a. Malawi
Nyasa-See 1118
Nyaturu 1118
Nyerere, Julius *1539* 1540 1651
Nygårdsvold, Johann Ludwig *984*
NYM (Nigerian Youth Movement) 1131
Nymphaion T 107
–, Vtg. (1261) 590 594
Nymphenburger Allianz (1741) 630
Nymphidius Sabinus, L. 235
Nystad, Frd. (1721) 629 689 708
Nyungu ya Mawe, Ukimbu, Hptl. 1118
Nzambimana, Edouard *1524*
Nzeogwu, C. 1505
Nzinga Nkuwu, Kongo, Kg. ⤳ João I.

O

OAPEC 1448 1454 1470 1471
OAS (Organisation Amerikanischer Staaten) 1197 1276 1435 1483 1583 1584 1587 1590-1592 1597 1599-1601 G **1583**
OAU 1486 1488 1511 1525 1529 1548 1643
Oaxaca 1153 1155-1157
Obasanjo, Olusegun *1506*
Obed-Stufe 21
Obeidi, Abdel Ati al- 1480
Obelisk 30 65
Obergrabzeit 42
Oberhaus, jap. 1347
Oberhaus, brit. 799 803
Oberlausitzer Städtebund T 497
Obernilgebiet, Östl. Sudan **1105 1106**
Oberschlesien (1918–1945) 953
–, Aufstand (1919/1921) 923-925
–, Volksabstimmung (1921) 853 855
Obervolta 1110 1111 1499 **1508-1509**
–, s.a. Burkina Faso
Obervoltagebiet, Westl. Sudan **1110 1111**
Obnuntiation 210 214 222
Obodas II., Nabatäer, Kg. 317
Obodriten 371 399 403 411
Obote, Milton 1539 *1540* 1541 1651
Obregón, Alvaro 1199 *1200*
Obrenović, Knez Miloš *829*
Obsequens, Schriftsteller 250
Occhetto, Achille *1631*
Oc-eo 1043
Ochab, Edward *1397*
Ochrid 374
–, Ebtm. 484
Ochs, Peter *831*
Ockergrabkultur 38
Ockham, Wilhelm v. *505* *513* 527 *529* 579
O'Connell, Daniel *798* 799
Ocran, Albert *1501*
Octavia, Schw. des Augustus 226
Octavianus ⤳ Augustus
Octavius, Cn. 218
–, M. (Volkstribun 133) 215

Octodurus (Martigny) *285*
Oda, Nubunaga *1037* 1038
Odainathos v. Palmyra 247 306 315
O'Dalaigh, Cearbhall *1319*
Odendaal-Plan 1533
Oder-Neiße-Grenze 1253 1397 1626
–, Görlitzer Vtg. (1950) 1362
Odessa 692
–, s.a. Tyras
Odessos T 107
Odilo, Bayern, Hz. 345
–, Cluny, Abt 421
Odinga, Oginga *1541* 1542
Odingar, Noel 1511
Odo, Blois, Grf., I. *445*
–, –, –, II. 445 446
–, Burgund, Hz., Heinrich 445
–, Mâcon, Gf., Wilhelm 445
–, Westfrankenreich, Kg. 349 S 443
Odoaker, Heermeister 256
–, Kg. *324* 325 381
Odriä, Manuel *1606*
Odrysen 276 277
Oduber Quiros, Daniel *1593*
OECD (Organization for Economic Co-operation and Development) 1238 1265
OEEC (Organization of European Economic Co-operation) 1258 1260 1264 1265 1276 1297 1313
öffentliche Finanzen, Athen 129 T 128
–, Dtld. (MA) **520**
–, Dt. Reich 917 926
–, Dtld., BR 1299 1302
–, England (MA) **565 566**
–, Frkr., (MA) **542 543 553** 554 555
–, –, (NZ) 665 674 1310 T 847
–, Österreich 661 663
–, Rom 206
–, s.a. Steuer
Öffnung Japans (1854) 1039
Ögädäi, Mongolen, Ft. 481 *1014*
Oehlenschläger, A.O. *827*
Ökologie 1662
Ökumenische Bewegung 1349
–, s.a. Unionsbestrebungen
Ökumenische Konzile, (325–787) T **328**
–, I. 260 310
–, II. 255
–, III. 256 310
–, IV. 256 310
–, VI. 354
–, VIII. 355
Öl (Erdöl) 1446 1447 1469 1470 1472 1492 1506 1526 1577 1580 1587
–, -Embargo 1237 1485
–, -Export 1480 1574
–, -Gesellschaften 1484
–, -Importe, USA 1456
–, -Preis 1236 1447
–, -Reserven 1467-1470 1472 1492
Oelßner, Fred *1390*
Österreich, (Vorgeschichte) 15
–, (MA) 351 403 413 477 509 510 521 522
–, (NZ bis 1804) **651 652 661 663**
–, –, pol. Org. G 662
–, (1804–1867) **769-771**
–, (1918–1938) **949-951 949-951**

-, -, Anschluß (1938) 942
-, (seit 1945) 911 **1350-1354** 1628
-, -, Fremdenverkehr T 1354
-, -, Nationalratswahlen (1949–1979) 1351-1353
-, -, Nationalratswahlen 1628
-, -, pol. Org. G **1351**
-, -, Wirtschaft 1352 T **1354**
Österreich (NZ bis 1804) s.a. Habsburg, Dyn.
-, s.a. Reich
Österreich (1804–1867) s.a. Deutscher Bund
-, s.a. Deutschland
Österreich (1867–1918) ↗Österreichische-Ungarn
Österreichische Credit-Anstalt 950
Österreichischer Erbfolgekrieg (1740–1748) **630 631** 656 **657** 674 685 695 696 705 1056 1170
österreichisch-preußischer Krieg (1866) 731
österreichisch-ungarischer Ausgleich (1867) 775
Österreich-Ungarn, (1867–1918) **771-775 948 949**
-, -, Nationalitäten 772 T 774
-, -, pol. Org. 771
Östliches Afrika 1650
ÖVP (Österreichische Volkspartei) 1351-1354 1628
Özal, Turgut 1341 1635
Özbeken 1015 1016 1072 1096
Ofen, osman. Erob. (1541) 640
-, Schl. (1686) 1079
Ofnethöhle 16
Ogaden-Gebiet 1144 1543 1544 1545 1651
Ogarkow, Nikolaj 1382
Ogham-Schrift 367
Oghusen 1013
Oglethorpe, James 1167
O'Higgins, Bernardo 1211
Ohio 1175
Ohira, Masoyoshi 1347
OHL (Oberste Heeresleitung) 836 848 917-919
Ohnesorg, Benno 1302
Ohnesorge, Wilhelm 937
Oikistes 107 108
Oikos 104 105 110 117 129
Oil-Rivers-Protektorat 1130
Oiniaden 177
Oinophyta, Schl. (457) 126
Ojeda, Alonso de 613 1188
Ojukwu, Otumegwu 1506
Okailiden (991–1096), Dyn. 1069
Okehazama, Schl. (1560) 1037
Okello, Basilio 1651
-, Titus 1651
O'Kelly, Sean 1318
OKH (Oberkommando des Heeres) 878
Okinawa 914 1028 1341 1343 1344 1347
-, Schl. (1945) 914 1043
Okkupation, röm. 189 193 216
Oktoberdiplom (1860) 753 771
Oktoberkrieg (Jom-Kippur-Krieg, 1973) 1237 1283 1380 1446 1454 1459 1463 1465 1469 1471 1478 1485
Oktobermanifest (1905) 810
Oktoberrevolution (1917) 833 844 845 919 953 962 964

OKW (Oberkommando der Wehrmacht) 878 899
Okzident ↗Abendland
Olaf, Dänemark, Kg., Hunger S 474
-, Dänemark u. Norwegen, Kg. 575 576
-, Norwegen, Kg., I. Tryggvasson 334 370 371
-, -, -, II. Haraldsson d. Heilige 370 S 473
-, -, -, III. Haraldsson Kyrre 472 S 473
-, -, -, V. 827 1337 1632
-, Schweden, Kg., Schoßkönig 370 371
Olaf, Norwegen, Kg., IV. ↗Olaf, Dänemark u. Norwegen, Kg.
Olah, Franz 1353
Olbia T 107
Olbricht, Friedrich 946
Oldcastle, John 568
Old Crow 1145
Oldenburg, Btm. 407
Oldoway-Schlucht 12
Old red 4
Oleg, Kiew, Ft. 378 487
Oleśnicki, Zbigniew 583
Olga, Kiew, Ftn. 333 378 487
Olgierd, Litauen, Gft. 583
Oligokyphus 2
Olinda 1616
Oliva, Frd. (1660) 628 651 707
Olivares, Gaspar de Guzmán, Hz. v. 627 699
Olivier, Borg 1360
Olivier de la Marche 556
Ollenhauer, Erich 1302
Ollivier, Emile 792
Olmeca 1155
Olmeken 1149 1150 1151
Olmützer Punktation (1850) 752 771
Olsagebiet ↗Teschen
Oltenien 273 275 276
Olybrius, Rom, Ks. 256
Olympia, Heiligtum 57
Olympias, G. Philipps II. v. Makedonien 145 147 152 153
Olympiasieger, Antike 115
Olympia, Spiele ↗Olympische Spiele
Olympichos, Karien, Dynast 174
Olympiodoros 178
Olympio, Sylvanus 1502
Olympische Spiele, (Antike) 103 106 150 255 270
-, Boykott (1980) 1255 1381 1425
-, Boykott (1984) 1371 1382 1406
-, (1936) 942
-, (1984) 1411
Olympius, magister officiorum 255
Olynthischer Krieg (349–348) 146
Olynthos 139 142 144 146
Olysthos 141
Omajjaden, Dyn. 456 1065 1066 T 1064
Oman 1443 1447 1472 1473
Omar, Kalif, I. 304 1063
-, -, II. ibn Abdal Asis 456 T 1064
Omar -i Chajjam 1069

Omdurman, Schl. (1898) 1092
Omri, Israel, Kg. 87
Omurtag, Bulgaren, Chan 373
Oñate-Vtg. (1617) 645
Ongania, Juan Carlos 1613
Onin-Kämpfe (1467–1477) 1037
Onn, Hussein 1570
Onomarchos 141 145
Ontario 1172
Opangault, Jacques 1516
OPEC (Organization of Petroleum Exporting Countries) 1233 1236 1237 1239 1431 1468 1469 1470 1506 1521 1587 1603 1620 1636
-, Kfz. (1974) 1238
Opis 150
Opitergium 281
Opitz, Martin 608
Opiumkrieg (1840–1842) 800 1026
Opladen 1292
OPO 1532 1533
Opone 1107
Oppidum Novum (Duperré) T 299
Opposition, kommunistische Welt ↗Dissidentenbewegung
Opus Dei 1326
Orange ↗Arausio
Oranienburg, KZ 945
Oranien, Dyn. 821
Oranje-Freistaat **1139 1140**
Oranmiyan, Benin, Kg. 1115
Oratorianer 607
Orchomenos 97 99 140 141 179 180 T 106
-, Schl. (86 v.) 218
Orden ↗Mönchsorden
-, ↗Mönchtum
-, ↗Ritterorden
Ordericus Vitalis 463
Ordinatio imperii (817) 343
Ordonnance Cabochienne 549
Ordoño, León-Kastilien, Kg., I. 458
Ordovizium 3
Oreos 142
Oresme, Nicolas 547
Oresten 175
Orestes, Heermeister, Rom 256 324
-, S. Agamemnons 115
Organisation Amerikanischer Staaten ↗OAS
Organisation der Erdölexportierenden Staaten ↗OPEC
Organisation der Vereinten Nationen ↗UNO
Organisation für Afrikanische Einheit ↗OAU
Organismen 2
Organization for Economic Co-operation and Development ↗OECD
Organization of Arabian Petroleum Exporting Countries ↗OAPEC
Organization of European Economic Co-operation ↗OEEC
Orgiastische Kulte 80
Orhogbua, Benin, Kg. 1115
Oriens, Diözese 270 303 306
-, Prätorianerpräfektur 270 303 306
Orient ↗Alter Orient

-, ↗Islamisch-arabische Welt
-, ↗Vorderer Orient
Orient-Dreibund (1887) 732 806
Orientkrise (1839–1841) 787
Origenes 260 302 304
Orinoco-Gebiet 1159
Orissa 1055 1555
Orkney-Inseln 370 472
Orlando di Lasso ↗Lasso
Orlando, Vittorio Emanuele 851
Orléans 288 336 552
-, Dyn. 537 553 665 **545 673**
-, Nationalkonz. (511) 335
Orlich Bolmareich, Francisco 1593
Orneai 141
Orobazos 313
Oroites 119
Orophernes, Kappadokien, Kg. 165 170
Oropos 140 182
Orosius 250 255 256 297 300
Orozco, Pascual 1199
Orphiker 111
Orseoli, Dyn. 437
Orsini, Dyn. 431 530 533
Ortega, Daniel 1664
Ortega y Gasset, José 978
Orthagoras, Sikyon, Tyr. T 109
Orthagoriden, Sikyon, Tyr.n T 109
Orthodoxe Kirche, Rußland 803 806 809
-, s.a. Ostkirche
Ortiagon 171
Ortnit T 419
Orvieto, Vtg. (1281) 594
Osei Tutu, Asante, Kg. 1115
Oshima, Hiroshi 869 882 885 894
Osiris 65 66 69 159
Oskar, Hohenzollern, Pr. 986
-, Schweden, Kg., I. 824-826
-, -, -, II. 827
Oslo (Christiana) 709
Osman, osman. Reich, Su., Abdulah 1543
-, -, -, Ahmed 1488
-, -, -, I. 1073
-, -, -, II. 1078
-, -, -, III. 1080
Osmanen, (1299–1918) 1073-1083
-, -Dyn., I., (1299–1566) S 1073
-, -, II., (1520–1648) S 1077
-, -, III., (1640–1808) S 1078
Osmanisches Reich 595 **1074-1083** 1085 1086
-, arabische Gebiete T **1083**
-, Gesellschaft G **1076**
-, pol. Org. G **1076**
Osmanismus 1082
Osnabrück, Frd. (1648) 627 647
Osóbka-Morawski, Eduard 993 1396
Osorio, O1scar 1589
Ospina, Mariano 1601
Osrhoene 243 244 313 314
Osroes, Parther, Kg. 238 314
Ossius, Corduba, B. ↗Hosius
Ostafrika **1119-1121** 1650
-, dt. Kolonie 842 T 763
-, italien. Kolonien 818
-, Küstenregion **1119 1120**
Ostafrika, dt. Kolonie s.a. Tanganyika

Ostafrikanische Gemeinschaft 1543
Ostafrikanischer Grabenbruch **1118**
Ostafrika-Protektorat 1143
Ostasien, (Anf.–1945) **1017-1043**
–, s.a. China
–, s.a. Japan
–, s.a. Korea
Ost-Bengalen 1559 1560
Ostblockpolitik, UdSSR 1374 1377 1378
Ostblockpolitik, UdSSR s.a. kommunistische Welt
–, s.a. Warschauer Pakt
Ostblockpolitik, China 1657
Oster, Hans *947*
Osterbotschaft (1917) 917
Osterfest 259
Oster-Insel 1214 1218 1225
Ostermann, Heinrich *689*691
Ostervald, Jean-Frédéric *715*
Osteuropa (NZ) 1632
Osteuropa und Südosteuropa, (Neolithikum) 20 22
–, (Kupferzeit) 27 28 35 36 38
–, (Bronzezeit) 45 49 54
–, (Eisenzeit) 59 60
–, (Früh-MA) 372-380
–, (Hoch-MA) 476-485
–, (Spät-MA) 578-592
–, (NZ bis 1789) 685-692 710-714
–, (1789–1914) 775 803-813 828-831
–, (1914–1945) 962-972 989-1007
–, (seit 1945) 1338-1339 1371-1381
–, Christianisierung **376 377**
–, Slawisierung 375
Ostfranken ↗ Franken, Hztm.
Ostfrankenreich **350-352**
–, pol. Org. 350
Ostgebiete, Dtld. (seit 1945) 1241
Ostgermanen 289 **321-327** T 327
Ostgoten 255 256 291 321 323-325
Ostgotenreich (493–526) **325 325-327**
Ost-Griqualand 1139
Osthilfe 931
Osthorn 1107-1109
Ostia 184 194 234 240 264 T 192
Ostjordanland ↗ Jordanien
Ostkirche **381** 384 423 593
–, s.a. Byzantinisches Reich, Kirche
–, s.a. Kirche, Byz.
Ostkolonisation, dt. 479
Ostmark ↗ Österreich (MA)
Ostmitteleuropa, röm. Herrschaft **278-283**
Ostpakistan 1559 1560 1561
–, s.a. Bangla Desch
Ostpolitik, BR Dtld. 1251-1253 1302-1305
Ostpreußen (MA) s.a. Deutscher Orden
–, s.a. Preußen (MA)
Ostpreußen (NZ) 837 872 910 911 924
Ostrakismos 122 125 127 135
Ostrogothen ↗ Ostgoten
Ostrom ↗ Byzantinisches Reich

–, s.a. Spätantike
Ostroróg, Jan *583*
Ostrumelien 828
Ostsamoa 1581
Ostsiedlung, dt. ↗ Ostkolonisation
Osttimor 1574
Ostturkestan 1009
Ostverträge, BR Dtld. 1252 1303 1368 1378 1398 1399
Ostverträge, BR Dtld. s.a. Moskauer Vtg.
–, s.a. Warschauer Vtg.
Ost-West-Beziehungen, (seit 1945) 1227 1234 1240-1255 1274 1279 1280 1449 1621
–, Entspannungspolitik 1241 1249 1251 1439
–, kalter Krieg 1240 1241 **1243-1247** 1276 1290
–, Klimaverschlechterung **1255-1256** 1371
–, Kooperationsphase **1241-1242**
–, Neuorientierungsphase **1247-1249**
–, Rüstungsbegrenzung 1241 1244-1248 1249 **1250** 1252 1253 T 1246
Ost-West-Beziehungen (seit 1945) s.a. kalter Krieg
–, s.a. Ostverträge
O'Sullivan, John L. 1178
Oswald, Lee Harvey 1280
Oswald v. Wolkenstein 502 *524* T 503
Otfried v. Weißenburg T 419
Othman, Kalif 1063
Otho, Rom, Ks. *236* 282 T 225
Otschirbat, Punsalmaagijn *1659*
Otomani-Gruppe 46 49
Otomi 1155
Ottawa, NATO-Kfz. (1974) 1271
Otto, Ks., I. d. Gr. 333 361 377 **399 401-403** 421 436 477 487 488 S 400
–, –, II. 402 **403** 436 437 488 S 400
–, –, III. *356* 375 377 378 392 **403 404** 437 444 488 S 400
–, –, IV. **416** 428 431 S 414
–, Athen, Hz., de la Roche 590
–, Bamberg, B., I. 410 478
–, Bayern, Hz., v. Northeim 408 410
–, –, –, v. Wittelsbach 415 416
–, Braunschweig-Lüneburg, Hz., d. Kind 417
–, Burg., Freigf., Wilhelm 350
–, –, Pfgf., IV. 510 541
–, Freising, B. 256 419 434
–, Griechenland, Kg., I. *830*
–, Kärnten, Hz. 403
–, Niederlothringen, Hz. 404 444
–, Sachsen, Hz., d. Erlauchte *352*
–, Schwaben, Hz. 403
–, Ungarn, Kg., v. Niederbayern 586
Otto, Ehz. v. Österreich, S. Ks. Karls ↗ Habsburg, Otto v.
Otto, Poitou, Gf. ↗ Otto, Ks., IV.
Ottokar aus der Geul *524* T 503
Ottokar, Kg.e, Böhmen ↗ Přemysl Ottokar

Ottonen ↗ Liudolfinger
Ottonenzeit, (919–1024) 398-405
–, Kultur **405**
Ottonenzeit (919–1024) s.a. Deutschland (MA)
ottonische Kunst 396
Ottonisch-salisches Reichskirchensystem **401 402**
Ouandie, Ernest *1513*
Oudenaarde, Schl. (1708) 630
Oueddei ↗ Queddeye, Goukouni
Ouedraogo, Jean Baptiste *1509*
Ouedraogo, Joseph 1509
Oufkir, Mohammed *1487*
Ouko, Robert 1651
Ould Daddah, Moktar *1489* 1490
Ould Haidallah, Mohammed Khouna *1490*
Ould Louly, Mohammed Mahmoud *1490*
Ouverture, Toussaint l' ↗ Toussaint l'Ouverture
Ovambo 1124 1533
Ovamboland People's Organization ↗ OPO
Ovando Gandia, Alfredo 1609
Ovidius Naso, P. 231
Ovilavae (Wels) 282
Ovimbundu 1124
–, -Reiche 1135
Owain Glyn Dwr ↗ Glendower
Owen, David A. 1254
–, Robert *722* 798
Owen Glendower ↗ Glendower
Owen-Young-Plan (1977) 1531
Oxenstjerna, Axel 626 *647* 707
Oxford, Univ. 395
Oxus 1011 1012 1015 *1068*1097 1099
Oxyartes 150
Oxyrhynchos 158
Oyo 1113
Ozeanien, (Anf.–Entdeckungen) **1214-1219**
–, (NZ) **1225 1226**
–, (seit 1945) **1564** 1659 1660
Ozon-Schicht 1620

P

Paasikivi, Juho Kusti *986 988 1358*
Paasio, Rafael *1359*
PAC 1535 1650
Paccha, Prn., Schyri 1160
Pacelli, Eugenio ↗ Pius XII., Pp.
Pachacamac 1161
Pachacutec Yupanqui, Inka, Ft. 1162
Pacheco Areco, Jorge 1611
Pachomios 302 *330*
Pacht- u. Leihgesetz ↗ Leih- u. Pachtgesetz
Pacorus ↗ Pakoros
Pactumeius Fronto, Q. 300
Pactum Ludovicianum 354
Padang 1572
Paderborn, Rtag. (777) 340
Paderewski, Ignas J. *991*
Padilla Arancibia, David 1609
Padua (MA) 439

Paechke 1032 1034
Pächter, röm. ↗ Kolonien
Päligner 194
Päpste, (384 bis 604) T **330**
–, (604 bis 1059) T **355**
–, (1058 bis 1304) T **425**
–, (1305 bis 1492) T **526**
–, (1492 bis 1799) T **695**
–, (1800 bis 1922) T **817**
–, (seit 1922) T **1350**
–, s.a. Papsttum
Paestum 195 T **192**
–, s.a. Poseidonia
Päts, Konstantin *989*
Páez, José Antonio *1204*
–, Pedro 1108
Pagan, Kgr. 1044
Pagasai 145
Page, E.C.G. *1223*
Pahirischschan, Dyn. 91
Pahlen, Konstantin J. v. d. *808*
Pahlevi, Dyn. 1098
PAIC (Afrikanische Partei für die Unabhängigkeit der Kapverden) 1497 1644
PAI (Parti Africain de l'Indépendance) 1495
PAIGC (Partido Africano da Independência da Guiné e Cabo Verde) 1496 1497
Paine, Thomas *797*
Paionen 145 146 155 276
Pais, Sidonio *981*
Pakijane 99 100
Pakistan 150 1245 1340 1473 1491 **1551-1561** 1644 1653
Pakistan People's Party ↗ PPP
Pakoros (Pacorus), Parther, Kg. 226 314
Paktsysteme, kommunistische Welt **1361-1365**
–, Lateinamerika **1582 1583**
–, Ozeanien 1564 1576
–, Südostasien **1564 1565** 1654
–, westliche Welt **1257-1273**
–, s.a. Bündnissystem
Paktsysteme, arabische Welt ↗ Arabische Liga
Palacky, František *746* 748 *770*
Paladio, Andrea *694*
Pala, Dyn. 1051
Paläolithikum **11-17**
–, Chronologie 11 12
–, Eiszeiten 12
–, Grabanlage 11
–, Werkzeuge 11 12
Paläozoikum 3
Paläer 78
Palästina, (vor den Erzvätern) 26 32 33 40 44 T 63
–, (vor dem Hellenismus) 48 52 66-69 74 76 77 82 83 **85-89** T 63
–, (hellenistische Zeit) 159 166 **167** 221
–, (röm. Prov.en [Palaestina I, II, III]) 232 237 239 258 259 **302-305**
–, (MA, NZ bis 1918) 843 1069 1070 1082
–, (1918–1945) **1088-1090**
–, (seit 1945) 1442 **1451** 1455 1637-1639
–, -Konflikt 1230 1448 1457
–, -Krieg (1948) 1450
Palästina (hellenistische Zeit) s.a. Judäa
Palästina (MA, NZ bis 1918) s.a. Kreuzfahrerstaaten

PAL—PAR *1735*

–, s.a: Kreuzzüge
Palästina (seit 1945) s.a. Israel
–, s.a. Jordanien
Palästina (vor dem Hellenismus) s.a. Israel
–, s.a. Juda
–, s.a. Judäa
–, s.a. Juden
–, s.a. Judentum
Palästinenser 1445-1451 1453 1455 1459 **1461** 1462 1463 1637
–, s.a. al-Fatah
–, s.a. Fedaijin
–, s.a. PLO
Palästinensische Befreiungsarmee ↗PLA
Palästinensische Befreiungsorganisation ↗PLO
Palästinensische Nationalcharta 1448 1453
Palästinensischer Nationalrat 1453 1456
Palaiologen, Dyn. 594
Palast, (Alt.), assyr. 75 76
–, babylon. 72 73
–, minoischer 41 44 49 97 99
–, pers. 93
–, röm. 235 250 273
–, (MA) 500 538 556
Palastkultur ↗Kreta, Minoische Kultur
Palast (NZ) ↗Schloß
Palau-Inseln 767 842 1215 1226 1581 ⊤ 763
–, s.a. Belau
Paleckis, Justus J. *991*
Palenque 1153
Palermo 83
–, s.a. Panormos
Palestrina, Giovanni Pierluigi 193 *604 694*
Palladas, Dichter 250
Palladius, Agrarschriftsteller 250 288
Palladius v. Ratiaria 275
Pallas 234
Pallawa, Dyn. 1053
Pallene 117
Palma (auf Mallorca) 295
Palma Carlos, Adelino da *1328*
Palme, Olof *1357 1358*
Palmer, A. Mitchell *1184*
–, Geoffrey *1660*
Palmyra 75 247 248 305-307 313
Palsson, Thorsteinn *1632*
PAM 1666
Pamphilos 304
Pamphylien 84 149 152 161 *171* 217
–, röm. Prov. (Pamphylia) 308-310
Pamphyloi 112
Pamplona ↗Pompaelo
Pamplona, Kgr. ↗Navarra
PAN (Partido de Acción Nacional) 1586 1617
Pan-African Congress ↗PAC
Panaitios, Leontinoi, Tyr. 119 123
Panaitus, Philosoph 213
Panama 1203 **1204** 1594 1595 1662 1664
–, Wirtschaft **1594**
Panama Canal Act 1594
Panama Company 1594
Panamakanal, Bau 1183 1204
–, Kanalvertrag **1594**

–, Kanalzone 1204 1596
Panama Railroad Co. 1594
panamerikanische Bewegung 1197 **1583**
panamerikanische Kfz. (1889) 1197
panamerikanische Union 1182 1197
panarabische Bewegung **1442-1448**
Panathenaien 118
Pandja, Dyn. 1053
Pandschab, (Alt.) 93 150 312
–, (NZ) 1058 1068 1552 1555 1559
–, Unruhen 1559 1652
Paneion, Schl. (200 v.) 159
Paneuropa-Bewegung 861
Pangaion-Gebirge 117
–, Silberminen 145
Panhellenion 271
Panhellenismus 136
Panhellenistische Soziale Bewegung ↗PASOK (Panhellenistische Soziale Bewegung)
Panin, Nikita J. *691*
Panipat, Schl., (1526) 1052 1054
–, –, (1761) 1056 ⌐
Panislamismus 1082
Pankhurst, Emmeline *803*
P'anmunjom 1278 1348 1426 1427
–, Waffenstillstand (1953) 1245 1278
Pannonia, Inferior, röm. Prov. 279
–, Prima, röm. Prov. 280
–, Secunda, röm. Prov. 280
–, Superior, röm. Prov. 279
Pannonia Inferior, röm. Prov. s.a. Pannonien
Pannonia Prima, röm. Prov. s.a. Pannonien
Pannonia Secunda, röm. Prov. s.a. Pannonien
Pannonia Superior, röm. Prov. s.a. Pannonien
Pannonien 226
–, Christianisierung 333
–, röm. Prov. (Illyricum, Pannonia) 228 229 232 237 238 243 247 256 272-275 **278-281** 282 291
–, –, Stadtgründungen ⊤ **280**
Pannonischer Aufstand (6–9) 229 272 277 279 281 284
Panormos (Palermo) *83* 119
Panormos ↗Panormos
Panormus, Schl. (250 v.) 197
Panslawismus 833 1080
Pantalica-Kultur 54
Pantauchos 155
Pantikapaion ⊤ 107
Pantschen Lama 1017 *1419*
Paoli, Pasquale *697*
Pap, Armenien, Kg. 311
PAP (People's Action Party) 1571
Papadópoulos, Georgios *1339*
Papago 1147
Papagos, Alexander *1338*
Papak, Istachr, Ft. 314
Papandreou, Andreas *1339* 1635
Papandreou, Georgios *1007 1338*
Papen, Franz v. 931 932 *936* 941 Ⓖ 921

Paphlagonien 82 152 168 169 308
Paphos 270 271
Papineau, Louis-Joseph 1171
Papinian ↗Aemilius Papinianus
Papinius Statius, P. *242*
Papirius Carbo, Cn. 216 218
Papirius Cursor, L. *194*
Pappos 250
Papst, Primat 260 387
–, -Frankreich, (MA) 447
–, -Kaiser 397 413 416-418 421 424 426 428 430 438-440 513 519 521 527
Papst-Kaiser s.a. Investiturstreit
–, s.a. Kaisertum, Röm.-dt.
Papsttum, (Spätantike) 250 257
–, (Früh-MA) 327-334 **353-356**
–, –, sog. Weiberregiment 361
–, (Hoch-MA) **420-436**
–, (Spät-MA) **526-530**
–, –, Konziliarismus **528 529**
–, –, Steuern **527 528**
–, (NZ) 605 692-694 **695 697**
–, Supremat 356
–, s.a. Päpste
–, s.a. Vatikan
Papsttum, Rechtswesen s.a. Kanonistik
–, ↗Kirchenrecht
Papstwahldekrete, (499) 329
–, (1059) **423** 438
–, (1274) 431
Papua-Neuguinea (seit 1975) ↗Papua-Niugini
Papua-Niugini 1581 1660
Papyrus 67
Paraguay 1190 **1207 1609** 1615 1667
Parakoimomenos Basileios 488
Paraná (Fluß) 1610 1616
Parauaia 145
Pardo y Barreda, José *1206*
Pare 1119
Parion 308 ⊤ 106
Paris 336 756 1307 ⊤ 455
–, Abk. (1973) 1282
–, Aufruhr (1789) 777
–, Außenminister-Kfz., (1946) 1242
–, –, (1949) 1243
–, Edikt (1585) 667
–, Frd., (1258) 453
–, –, (1763) 631 675 1056 1191
–, –, (1783) 632 1174
–, –, (1814) 728 783
–, –, (1815) 729 784
–, –, (1856) 730 791 807 1082
–, –, (1898) 1183 1202
–, –, (1947) 988 1320 1359 1403
–, Kfz., (1921) 856
–, –, (1929) 861
–, –, (1946) 1275
–, –, (1954) 1263 1299
–, –, (1960) 1249 1376
–, –, (1961) 1266
–, –, (1972) 1271
–, Univ. 442
–, Vietnam-Kfz. (1968–1973) 1429 1430
–, Vtg., (1229) 452
–, –, (1951) 1261
–, Weltausstellungen (1855/1867) 790
–, s.a. Lutetia

Pariser, Kommune 778 792
–, Konvention (1858) 828
–, Verträge, (1954) 1245 1263 1299
–, –, (1955) 1278
Pariser Bluthochzeit ↗Bartholomäusnacht
Pariser Friedensverträge, (1919/1920) 849 851-855
Paris, Frd. s.a. Pariser Friedensverträge
Paris, Kfz. s.a. Paris, Außenminister-Kfz.
–, s.a. Paris, Vietnam-Kfz.
Paris, Vtg. s.a. Pariser Friedensverträge
–, s.a. Pariser Verträge
Park Chung-hee *1348*
Parlament, England, (MA) **467-468** 565 566 **568** 571 572
–, –, (NZ) 677 680-684
–, Frankreich 670 674 676
–, Polen 711 712
–, Preußen 748
Parlamentarischer Rat **1295**
Parlamentarismus, Dtld./Dt. R., (1815–1870) 745-755
–, –, (1870/1871–1914) 757 769
–, –, (1914–1918) 917 918
–, –, (1919–1945) 920-923 924 927 929 941 Ⓖ 920 922 935
–, –, (seit 1945) 1290 1293 1301 1302 1386 Ⓖ 1296 1297 1393 ⊤ 1386
–, Europa 723 725
–, Frankreich 788 791 954
–, Großbritannien 797 799 800-803
–, Rußland 804 810 812
Parlamentsreform, brit. (1832) 799
Parler, Peter *501* 523
Parma 201 696 697 699 814
–, Plebiszit (1860) 816
–, Schl., (1248) 418
–, –, (1734) 696
PARMEHUTU (Parti du Mouvement de l'Emancipation Hutu) 1521
Parmenides *132*
Parmenio 142 146-150
Parnell, Charles Stuart *802*
Parner ↗Parther
Paropamisadai, Satrapie 312
Paros 122 ⊤ 106
Parow, Heinrich 576
Parr, Katharina ↗Katharina Parr
Parsuwa 91 92
Partai Nasional Indonesia ↗PBI
Partatua, Skythen, Kg. 76 92
Parteciaci, Dyn. 437
Partei der Institutionalisierten Revolution ↗PRI
Partei der Mauretanischen Neuordnung ↗PRM
Partei des Demokratischen Sozialismus ↗PDS
Parteien, Belg. 823 1325-1327
–, DDR 1376 1377 1380
–, Dtld., BR 1299
–, –, (1815–1870) 747
–, Dt. R., (1870/1871–1914) 757 763-765 767-769 Ⓖ **758 759**
–, –, (1914–1918) **917-919**
–, –, (1919–1933) 919-922 924-932
–, England (1485–1789) 683 685

1736 PAR—PEL

–, Frkr. 785-789 791 792 794 795 952-954 956-958
–, GB 800-803
–, It. 818
–, Japan 1040-1042
–, kommunist. 856
–, kommunist. Welt 1362-1365 1366 1369 1370
–, Kuba 1435 1436
–, Niederlande **1331**
–, Österreich 949 950 1351-1353
–, Österreich-Ungarn 773 774
–, Polen 1397
–, Portugal 1328 1329
–, Preußen 754
–, Rußland 803 810 812 963
–, Schweden 826
–, Schweiz 1008
–, sozialist. 723
–, Syrien 1458 1459
–, Tschechoslowakei 1400 1401
–, Türkei 1340
–, Uruguay 1208
Parteienauflösung, Dt. Reich (1933) 939 G 940
Parteiengesetz, Türkei (1983) 1341
Parteikfz., SED, (1949) 1386
–, –, (1952) 1388
Parteisäuberungen, KPdSU 1372
Parteitage, KPdSU 969 970 1363 1365 1366 1369 1373 1374-1377 1378
–, NSDAP 942
–, SED 1386 1388-1395
Parthamaspates, Parther, Kg. 238 314
Parthenon 127 132
Parthenopäische Republik (1799) 780
Parther 162 166 221 223 224 226 228 229 232 235 238 243-245 305 306 308 311
Partherkrieg (114–117) 238 303 314
Partherreich 77 162 **312-314**
–, pol. Org. **313**
Parthien 161 1010
Parthiner 175
Parti Africain de l'Indépendance ↗PAI
Parti Dahoméen de l'Unité ↗PDU
Parti de la Révolution Populaire du Bénin 1504
Parti de l'Unité Togolaise ↗PUT
Parti Démocrate Rural ↗PDR
Parti Démocratique de Guinée ↗PDG
Parti Démocratique de la Côte d'Ivoire ↗PDCI
Parti Démocratique Gabonais 1515
Parti Démocratique Sénégalais ↗PDS
Partido Africano da Independência da Guiné e Cabo Verde ↗PAIGC
Partido Colorado 1667 1668
Partido Conservador Nicaragüense ↗PCN
Partido Conservador Tradicionalista ↗PCT
Partido da Luta Unida dos Africanos de Angola ↗PLUA

Partido da Reconstrucão Nacional ↗PRN
Partido de Acción Nacional ↗PAN
Partido de Conciliación Nacional ↗PCN
Partido Demócrata Cristiano ↗PDC
Partido Democratico Angolana 1524
Partido Democrático Social ↗PDS
Partido do Movimento Democratico Brasileiro ↗PMDB
Partido Institucional Democrático ↗PID
Partido Justicialista ↗PJ (Peronisten)
Partido Liberal Nacionalista ↗PLN
Partido Nacional 1668
Partido Nacional Hondureño 1590
Partido Popular Democrático 1600
Partido Reformista ↗PR
Partido Revolucionario Febrista ↗PRF
Partido Revolucionario Institucional ↗PRI
Partido Trabalhista Brasileiro ↗PTB
Partido Unico Nacional 1514
Partido Unido 1594
Parti du Mouvement de l'Emancipation Hutu ↗PARME-HUTU
Parti du Peuple ↗PP
Parti Mauricien Social Démocrate ↗PMSD
Parti Nationaliste du Dahomey ↗PND
Parti Progressiste Congolais ↗PPC
Parti Progressiste de la Côte d'Ivoire ↗PPCI
Parti Progressiste Nigérien ↗PPN
Parti Progressiste Soudanais ↗PSP
Parti Progressiste Tchadien ↗PPT
Parti radical 794
Parti Socialiste Sénégalais ↗PSS
Parti socialiste-SFIO 794 795
Parti Solidaire Africain ↗PSA
Parti Togolais du Progrès ↗PTP
Partito Popolare 1315
Parti Travailliste ↗PT
Parti Unité National 1596
Parvi, Feruccio 1320
Pasargadai 92
Pascal, Blaise 672
Pascal-Truillot, Ertha 1664
Paschalis, Pp., I. 354
–, –, II. 410 425 447 464
–, –, III. 413 414 427 428
Paschtunistan-Frage 1494
Pašić, Nikola 829 1002
PASOK (Panhellenistische Soziale Bewegung) 1635
Paskewitsch, Iwan F. 806
Passahfest 88 259
Passarowitz, Frd. (1718) 656 696 1079
Passau, Vtg. (1552) 621 641 642 646

Pasternak, Boris 1375
Pastore, Giulio 1321
Pastorius, Daniel 1168
Pastrana Borrero, Misael 1602
Pataliputra 1049
Pataria-Volksbewegung 438
Patasse, Ange 1512
Patayan 1147
Patay, Schl. (1429) 552
Patel, Vallabhai 1552
pater familias 185
Pathanen 1494
Pathet Lao 1431 1432
Patil, S.K. 1555
Patkul, Johann Reinhold v. 708
patria potestas 185 207 243
Patriarch, jüd. 304
Patricius Romanorum 358
Patrick, Apostel Irlands 331 332 367
Patrimonium Petri 358 421
–, s.a. Kirchenstaat
Patrioten, USA 1177
Patristik 327
Patriziat, röm. 186-190 195 207 211 224 227 230 T **208**
Patroklos 174 179
Patronus 185 249 264
Patrozinium 249
patrum auctoritas 187
Pattakos, Stylianos 1339
Pauker, Ana 1405
Paul, Pp., I. 354 356
–, –, II. 530
–, –, III. 620 695
–, –, IV. 694 695
–, –, V. 432 695
–, –, VI. 1350 1584 1602
–, Griechenland, Kg., I. 1338
–, Jugoslawien, Pr. 1003
–, Rußland, Zar, I. 710 804
Paul-Bancour, Joseph 955
Paulinus, Patr., Aquileja 346
Paulskirchenverfassung ↗Frankfurter Nationalversammlung (1848)
Paulus, Ap. 257 307 310
–, B., Samosata 307
–, Diaconus 346 361
–, Friedrich 888 890 897
–, v. Theben 330
–, Trinci 432
Paulus, Jurist ↗Iulius Paulus
Paumotuinseln 1226 1581
Pauperismus, Dtld. 742 **744**
–, Europa **721**
–, Frkr. 785
–, Österreich 770
Pausanias, Schriftsteller 243
–, Sparta, Kg. 136 138 T 112
–, –, Regent 123 125
Pavelić, Ante 976 1004
Pavia, (MA) 356 361 439
–, Konz. (1160) 413 427
–, Rstag. (876) 353
–, Schl. (1525) 618 693
–, Syn. (1022) 404 422
Pavlov 16 17
Payer, Friedrich v. 918
Payne, Thomas 1174
Paz Estenssoro, Victor 1608 1667
Pazifikabkommen (1921) 1226
Pazifischer Verteidigungspakt ↗ANZUS
Paz Zamora, Jaime 1667
PBI 1572
PCC (Kommunistische Partei Kubas) 1435

PCC (People's Caretaker Council) 1529
PCN 1663
PCN (Partido Conservador Nicaraguense) 1592
PCN (Partido de Conciliación Nacional) 1590
PCT (Partido Conservador Tradicionalista) 1591
PDC (Parti Démocrate Chrétien), Burundi 1523
PDC (Partido Demôcrata Cristiano), Chile 1617-1618
–, El Salvador 1590
–, Paraguay 1610
–, Peru 1606
PDCI (Parti Démocratique de la Côte d'Ivoire) 1499 1500
PDCI/RDA 1499 1500
PDD 1504
PDFLP (Demokratische Volksfront für die Befreiung Palästinas) 1453
PDG (Parti Démocratique de Guinée) 1497
PDR (Parti Démocrate Rural) 1523
PDS (Partei des Demokratischen Sozialismus) 1627 1628
PDS (Parti Démocratique Sénégalais) 1495
PDS (Partido Democrático Social) 1616
PDU (Parti Dahoméen de l'Unité) 1504
Pearce-Kommission 1530
Pearl Harbor 886 1042 1187
Pearson, Lester Bowles 1264 1286-1288
Pedi-Sotho 1140
Pedius, Q. 225
Pedro ↗Peter
Peel, Robert 799 801
Pegolotti, Francesco 539
Peiraieus (Piräus) 121 126 127 140 153 154
Peirailus 139
Peisistratiden 115 **117** 118 122 T 109
Peisistratos, Athen, Tyr. **117** 144 T 109
Peitaiho, Kfz., (1960) 1418
–, (1962) 1418
Peithon 152
Peixoto, Floriano 1210
Pekah, Israel, Kg. 88
Peking-Mensch ↗Chou-k'outien
Peking, Vtg. (1860) 1027
Pelagius, Asturien, Ft. 457
–, Pp., I. 329
Pella 142 144 145 147 172 304
–, Giuseppe 1260 1321
–, -Plan 1260
Pellene 140 180
Pellico, Silvio 815
Pelopidas 139 140
Peloponnes, (Alt.) 111 122 153 155 174 175 177-179 181
Peloponnesische Liga 115 133-136
Peloponnesischer, Bund 138 140 179
–, Krieg (431–404) **133-136** 144
Peloponnes (MA) ↗Mistra
–, s.a. Morea
Peltasten 139
Pelusion (Pelusium), Schl. (525 v.) 69 165

Pemba 1120
Peñaranda, Enrique *1608*
Peña Sáenz, Roque 1209
Pendleton Act (1893) 1182
Penesten, Thessalien 103
P'eng Chen *1419*
P'eng Te-huai *1418* 1419 1426
Pennsylvania 1167
Penn, William *1167*
Pentakosiomedimnoi 116
Pentapolis, (It.) 357
–, (Schwarzes Meer) 274
Pentateuch 89
Pentathlos 119
Pentekontaëtie (479–431) **125-128**
People's Action Movement ↗PAM
People's Action Party ↗PAP
People's Caretaker Council ↗PCC
People's Democratic Party (PDP) 1475
People's National Congress ↗PNC
People's National Movement ↗PNM
People's National Party ↗PNP
People's Progressive Party ↗PPP
People's United Party 1596
Peparethos 140
Pepe, Guglielmo *815*
Peralta Azurdia, Enrique *1588*
Percival, Arthur 893
Percovich Roca, Luis 1607
Percy, Henry 568
Perdikkas, Feldherr Alexanders d.Gr. 148 150 152 159 177
–, Makedonien, Kg., I. 143
–, –, –, II. 133 144
–, –, –, III. 140 145 148
Pereda Asbun, Juan 1609
Pereira, Aristides *1497*
Perejaslaw, Vtg. (1654) 712
Peres, Schimon *1466* 1639
Perestroika 1632
Pérez, Carlos Andrés *1603* 1666
–, Jiménez, Marcos *1603*
–, Mariano Ospina *1602*
Pérez de Cuéllar, Javier *1643*
Pergamon 156 157 161 162 164 165 168 169 **170 171** 175 176 181 203
–, s.a. Asia, röm. Prov.
Peri, Jacopo *694*
Periam-Gruppe 46
Periandros, Korinth, Tyr. 110 115 T 109
Peribsen, Ägypten, Kg. 65
Périer, Jacob *787*
Peri, Jacopo *604*
Perikles 126 **127** 129 131-134
Perinthos 141 145 147 T 106
Perióken ↗Perioiken
Perioiken 103 113 114 138 140
Peripatetiker 137 157
Peripatos 137
Periplus Erithraei 1119 1120
Perlis, Sultanat 1046
Perm 5
Perón, Eva *1612*
–, Juan Domingo 1209 *1612* 1613
–, María Estela 1613
Peronismus 1209 **1612 1613** 1668

–, s.a. PJ (Peronisten)
Peroz I., Sasaniden, Kg. 316
Perperna, M. 171 220 296
Perrhaiber T 106
Perrhaibia 176
Perry, Matthew C. *1038* 1039 *1180*
Persaios 172
Persephone 110
Persepolis 91 93 94 150
Perser **92-94** 121-124 126 245 246 248 254 256 278
–, s.a. Achaimeniden
–, s.a. Sasaniden
Perserkriege, Alexanders d.Gr. 148
–, Byz. 382 383
–, griech. 93 94 121-123 125 144
Perserreich 69 77 81 82 84 85 **92-94** 138-141 147 **148-151** 161 T 62 63
Perseus, Makedonien, Kg. 165 *176* 181 182 203 204 S 173
Pershing-IA-Raketen 1621
Pershing-II-Raketen 1286
Pershing, John J. *1184*
Persien, (Alt.) 127 135 136 243 255 314-317
–, (MA) 1064 1067
–, (NZ) **1096-1099**
–, –, Reza-Schah-Regime **1098 1099**
–, s.a. Iran
Persienfeldzug, russ. (1722/1723) 689
Persis 150 153 312-314
Persischer Golf 1492
–, s.a. Hormus, Straße v.
–, s.a. Irak
–, s.a. Iran
–, s.a. Kuwait
–, s.a. Saudi-Arabien
–, s.a. VAE
Persisch, Spr. 93 1058 1064 1066 1068 1069 1072 1099
Persisch-türkischer Krieg (1579–1590) 1078
Persius Flaccus, A. *235*
Personalunion, Aragón-Sizilien 536
–, Dän.-Schleswig-Holstein 577
–, Norwegen-Schweden 824 825 827
–, Ung.-Kroatien 375
Personenkult ↗Mao-Kult
–, ↗Stalinismus
Personenverbandsstaat 345
Pertamina 1574
Pertinax, Rom, Ks. *244* T 225
Pertini, Sandro *1324*
Peru 1190 *1205* **1206** 1582 1584 **1606-1608** 1667
Peruanisierung 1607
Perusia (Perugia) *226*
Perusinischer Krieg (41 v.) 226
Peruzzi, Dyn. 539 599
Pescadoren 1028 1040
Pescennius Niger, C. 244 306
Peschiera-Gruppe 54
Peschwa Badschi Rao, Indien, Kg. 1056
Pessinus 171
Pessoa Câmara, Hélder ↗Câmara, Hélder
Pest, (Alt.) 133 243 247
–, (MA) **495**
–, –, Dtld. **514**
–, –, England 566

–, –, Frkr. 546
–, –, Iberische Halbinsel 557
–, –, It. 534
Pestalozzi, Johann Heinrich *715*
Pétain, Henri Philippe *843 877* 879 892 906 *952* 958 *1307*
Petar I. Petrović Njegoš, Montenegro, Herrscher *830*
Petén 1150 1153 1155
–, Itza 1156
Peter, Aragón, Kg.e, I. 460 S 460
–, –, –, II. 429 461 S 460
–, –, –, III. d. Gr. 461 531 540 *561* S 559
–, –, IV. d. Zeremoniöse 533 561 562 S 559
–, Bourbon, Hz., v. Beaujeu 555
–, Brasilien, Ks., (Pedro), I. 820 1209
–, –, –, II. 1209
–, Bulg., Zar 374 487
–, Jugoslawien, Kg., I. *1003*
–, –, –, II. 880 1003
–, Kastilien, Kg., I. d. Grausame 547 *558* S 559
–, Kroatien, Kg., Krešimir IV. 483
–, Kurland, Hz., Biron *692*
–, Portugal, Kg. (Pedro), I. 562 S 462
–, –, –, II. *701*
–, –, V. 820 S 796
–, Rußland, Zar, I. d. Gr. 629 *688* 689 691 1079
–, –, –, II. *689*
–, –, –, III. 631 658 689 *691*
–, Serbien, Kg., I. Karadjordjević *829*
–, Sizilien, Kg., II. 533 S 559
–, Ungarn, Kg. 407
–, Zypern, Kg., I. 596
–, –, –, II. 596
–, s.a. Petrus
Peter v. Castelnau *428* 452
Peterloo 798
Petersberger Abkommen (1949) 1260 1297
Petersburg 688
–, Akademie 691
–, Frd. (1882) 1028
–, s.a. Petrograd
Peters, Carl 1142
Peter von Ailly ↗Pierre d'Ailly
Peterwardein, Schl. (1716) 1079
Peter IV., Portugal, Kg. ↗Peter I., Ks., Brasilien
Peter IV. d. Zeremoniöse ↗Peter IV., Kg., Aragón
Pethsarath, Laos, Ft. *1431*
Petilius Cerialis, P. 292
Petition of Right (1628) 681
Petit, Jean ↗Johannes Parvus
Petitpierre, Max Edouard *1355*
Petkow, Nikola Dimitrow *1407*
Petljura, Simon *964*
Petőfi, Sándor *1404*
Petra 318
Petracco, Francesco ↗Petrarca
Petrarca, Francesco *505* 515 537 603 T 503
Petreius, M. 223
Petri, Laurentius *706*
–, Olaus *706*
Petrograd 688 844 845 963

–, s.a. Leningrad
Petrograder Sowjet 963 964
Petronila, Aragón, Kgn. 461 S 460
Petronius, Arbiter, C. 235
–, Rom, Ks., Maximus 256
Petroperu 1607
Petrović, Karadjordje *829*
Petrus, Ap. 258 304 307
–, Damiani *392* 423
–, Eremita *433*
–, Johannis Olivi *432 527*
–, Lombardus *393* 394
–, v. Pisa 346
–, Venerabilis 425
Petrus Abaelard ↗Abaelard
Petrus Canisius ↗Canisius
Petrusgrab, Rom 259
Petschenegen 374 375 378 379 484 490 1013
Petsche-Plan 1260
Peu-Richard-Gruppe 37
Peutinger, Conrad *505*
Pfälzischer Krieg (1688–1697) 629 654 655 674 684 699
Pfalzen 338 344
Pfalz (Pfalzgrafschaft, Kurpfalz, Rheinpfalz) 415 508 512 644 646 648 658
Pfalzseparation (1849) 750 751
Pfefferküste 1115
Pfeiffer, Reiner 1625
Pfeilkreuzler, Ungarn 858
Pfingsten 258
Pfizer, Paul Achatius *744*
Pfleiderer, Karl Georg *1245*
Pflimlin, Pierre *1309*
PFLO (Volksfront für die Befreiung des Oman) 1473
PFLP (Volksfront für die Befreiung Palästinas) 1453 1454
Pfordten, Ludwig v.d. *750* 752
Pfund Sterling, brit. 1313 1315 1316
Pfyner Kultur 29
Phaistos, minoischer Palast, Kreta 41 44 49 97
Phalanx, griech. 139
–, makedon. 147-149 152 156
–, röm. 187
Phalaris, Akragas, Tyr. 119 123 T 109
Pham Hung *1655*
Pham-Van-Dong *1429* 1430
Phanagoria T 107
Phanarioten, Osman. R. 1079
Phanomyong, Nai Pridi *1567*
Pharao 65 149 151 156 301
–, Göttlichkeit 25
Pharisäer 303 *304*
Pharnabazos, Persien, Satrap 138
Pharnakes, Pontos, Kg., I. 168-170
–, –, –, II. *169* 221 223
Pharos (Stari Grad, Hvar) 271
Pharsalos, Schl. (48 v.) 223
Phasis T 107
Pheidias 127 132
Pheidon, Argos, Kg. 113
Pheneos 180
Pherendates 93
Phibun Songkhram *1047*
Phidias ↗Pheidias
Phiditia 114
Phila 161
Philadelpheia (Amman) 167 *318*

1738 PHI—PLE

Philadelphia 1175
–, Kontinentalkongreß, (1774) 1174
–, –, (1775) 1174
Philae 302
Philakopi 99
Philanthropismus 798
Philemon *157*
Philetaira 170
Philetairos, Pergamon, Herrscher 161 170
Philip, André *955*
Philipp, Burgund, Hz., II. d. Kühne *547-549* 551
–, –, –, III. d. Gute **551** 552 554 *616*
–, Evreux, Gf, III. *460* 563
–, Frankreich, Kg., I. 446 447 ⒮ 443
–, –, –, II. Augustus 415 416 434 **450 452** 467 ⒮ 443
–, –, –, III. *540* ⒮ 443 545
–, –, –, IV. d. Schöne 431 432 460 511 526 527 **540-543** 545 ⒮ 443
–, –, –, V. *543* ⒮ 443 545
–, –, –, VI. *543* 544 546 550 ⒮ 443 545
–, Hessen, Ldgf., d. Großmütige 620 621 *637* 638-640
–, Kastilien, Kg., d. Schöne *616 617*
–, Makedonien, Kg., I. 143
–, –, –, II. 136 140-142 **145-148** 177 178 199
–, –, –, III. Arrhidaios 152 153 159
–, –, –, V. 159 164 168 170 **174-176** 180 181 200 201 203 204 ⒮ 173
–, Orléans, Hz., II. *674*
–, Pfalz-Neuburg, Kft., Wilhelm 654
–, v. Schwaben, Kg. *416* 434 *491* 508 558 ⒮ 412
–, Spanien, Kg., II. 608 622-624 666 678 694 *697* 698 700 *701* 702 ⒮ 462
–, –, –, III. 625 645 *698* 700 702
–, –, –, IV. 670 *699* 700
–, –, –, V. (v. Anjou) *629* 630 674
–, Tuszien, Hz. 415
Philipp, Arthur *1220*
Philipp, Österreich, Ehz., d. Schöne ⁄ Philipp, Kastilien, Kg., d. Schöne
Philipp, Portugal, Kg., I. ⁄ Philipp, Spanien, Kg., II.
Philipp, Seleukidenreich, Kg. ⁄ Philippos, Seleukidenreich, Kg.
Philipp v. Tarent 591
Philippa, England, Kgn., v. Hainault 564
–, Portugal, Kgn., v. Lancaster 563
Philippi ⁄ Philippoi
Philippinen, (Anf.–1945) 819 893 914 1042 1044-1047 1183 1186 1564 1570
–, (seit 1945) **1574 1575** 1656
Philippinen, Schl. (1944) ⁄ Leyte
Philippische Reden, Ciceros 225
–, des Demosthenes 142 147
Philippoi 145 271
–, Schl. (42 v.) 226 277
Philippopolis 278

Philippos, Seleukidenreich, Kg., II. *167*
–, –, Statthalter 165 167
Philippos, Maked. Kg.e ⁄ Philipp, Maked. Kg.e
Philippus, Ap. 310
–, Rom, Ks., Arabs 246 ⓣ *225*
Philister 52 53 68 85-87
Philokrates-Friede (346 v.) 142 146
Philologie, alexandrin. 158
Philomelos 141
Philon v. Alexandreia 234
Philopoimen 175 181 204
Philosophie, aristotelische 137 393 394
–, Athen 133
–, epikureische 224
–, Griechenland 125 132 137 156 157 213
–, Mittelalter **392-395 504 505**
–, Neuzeit **600 608-610** 672 676 722 724
–, peripatetische 224
–, platonische 224
–, stoische 224
Philostratos 310
Philotas 148 150
Phiops II., Äg., Kg. 30 66
Phlius 140 180
Phöniker 58 59 79 89 93 104 119 294
Phönikien 75 77 **82-84** 87 94 149 164 ⓣ 63
Phönikisch, Schrift 84
Phoinike, Frd. (205 v.) 175 201
Phoinix 154
Phokaia 108 119 294 ⓣ 106 107
Phokaier 89
Phokas, Byz., Ks. *383*
Phokien 152
Phokim 141
Phokion 141 142 177
Phokis 122 123 126 127 140-142 145-147 174 178 179 182 ⓣ 106
Phormio 134
Phosphatvorkommen 1489
Photios, Konstantinopel, Patr. *354 486* 487
Phraates, Parther, Kg., II. 166 313
–, –, –, IV. 314
–, –, –, V. 314
Phraortes, Medien, Kg. 92
Phratrie *104* 109 *116* 120
Phryger 58 **80** 83 101 143
Phrygia epiktetos 168 170
Phrygien 81 92 149 152 161 162 164 169 170 309 310
–, röm. Prov.en (Phrygia I, II) 259 309
–, s.a. Asia, röm. Prov.
Phthia 174
Phthioten ⓣ 106
Phthiotis 146
Phyle *104* 109 112 113 115 *116* 120 121 153 178
Physiokratismus, Theorie **602**
Piacenza 696 699
–, Frd. (1183) 415
–, Konz. (1094) 433
–, s.a. Placentia
Pianchi, Kusch, Kg. 68
Piano del Carpine, Giovanni da *1071*
Piano Notaro 29
Piasten, Dyn. 377 479 581
Piazetta, Giovanni Batista *697*

Piazza Armerina 250
Piccinino, Niccolò *535*
Piccolomini, Dyn. 530
Piccolomini, Enea Silvio de ⁄ Pius II., Pp.
Picenter 195
Picenum 266 ⓣ 192
Pichalo 1163
Pickney-Vtg. (1795) 1176
Picquigny, Frd. (1475) 554 571
Picten (Pikten) 251 253 292 364 368 ⓣ 331
–, Christianisierung 332
PID (Partido Institucional Democrático) 1589
Pieck, Wilhelm 1244 *1386*
Piemont 440 696 791 813
–, s.a. Sardinien (NZ)
Pierce, Franklin *1180*
Pierlot, Hubert *982*
Piérola, Nicolás *1206*
Pierre d'Ailly *529*
Pietro Orseolo II., Venedig, Doge 359
Pigalu 1514
Pikten ⁄ Picten
Pilger 305
Pilgerväter 681
Piliny-Gruppe 49 54
Pillersdorf, Franz v. *746*
Pillnitzer Deklaration (1791) 726 778
Piłsudski, Josef 965 *991* 992
Pima 1147
Pinarius Clemens, Cn. 284
Pindar 115 124 125
Pindaros, Tyr., Ephesos, Ephesos, Tyr. ⓣ 109
Pindling, Lyndon O. *1600* 1665
Pinenkir 91
Pinochet Ugarte, Augusto 1618 1619 1668
Pintasilgo, Maria de Lurdes *1323*
Pintat i Solans, Josep *1631*
Pintica, Diözese 309
Pinto Balsemão, Francisco *1330*
Pinto, Carlos Alberto Mota 1329
Pinto da Costa, Manuel 1515
Pinto Franco, João Fernando *820*
Pinzón, Vicente Yañez *1188*
Pippin, Kg., S. Karls d.Gr. 341 *352* ⒮ 342
–, Kg., I. S. Ludwigs d. Frommen ⒮ 342
–, Aquitanien, Kg., II. 348
–, Franken, Kg., I. 339 **340 354** 358 ⒮ 342
–, HM, I. *336*
–, –, II. *337 339*
Pippin, HM, III. ⁄ Pippin I., Kg., Franken
Pippiniden ⁄ Karolinger
Pippinische Schenkung (754/756) 340 354 358
Piräus ⁄ Peiraieus
Piratenküste ⁄ Vereinigte Arabische Emirate
Piraterie im Röm. Reich 166 171 172 198 204 216 217 219-221 269 272
Pirckheimer ⁄ Pirkheimer
Pires, Pedro 1497
Pirkheimer, Willibald *505*
Pirmin, Missionar *333*
Pisa, (Alt.) 113

–, (MA) 437-439 442 532 533
–, Konz. (1409) 518 528 605
Pisan, Christine de *556*
Pisanello *538*
Pisano, Giovanni *538*
Pisaurum (Pesaro) *214*
Pisidien 149 308 310
Pisidien, röm. Prov. ⁄ Galatien, röm. Prov.
Pisonische Verschwörung (65 n.) 235
Pistoia (MA) 439 532
Pithecinen 12
Pithekussai (Ischia) 108 ⓣ 107
Pitt, William d. Ä. 1174
–, William d. J. *685 797* 798 1057
Pittakos, Mytilene, Tyr. 110 118 ⓣ 109
Pittermann, Bruno *1352*
Pittsburgh, Vtg. (1918) 993
Pityus ⓣ 107
Pityusen 89
Pius, Pp., II. 522 *530* 538 *604*
–, –, III. *695*
–, –, IV. 622 *695*
–, –, V. *695*
–, –, VI. *697 814*
–, –, VII. 781 782 *814* ⓣ *817*
–, –, VIII. ⓣ *817*
–, –, IX. 772 789 *815* 816 ⓣ *817*
–, –, X. 552 *818* ⓣ *817*
–, –, XI. 866 942 977
–, –, XII. *924* 977 1349 1350
Piusverein 745 749
Pizarro, Francisco 1162 *1189*
–, Gonzalo *1190*
PJ (Peronisten) 1612 1668
PKI 1572
PLA (Palästinensische Befreiungsarmee) 1452 1453
Place, Francis 799
Placentia (Piacenza) 199 201
Planck, Erwin 947
Planetensysteme 1
Planetoide 1
Plan Inca 1607
Planinč, Milka *1411*
Plantagenet ⁄ Anjou-Plantagenet
Plantagenet, Gottfried ⁄ Gottfried, Anjou
Plantagenwirtschaft 182
Plan Tupac Amaru 1607
Planwirtschaft, China, VR 1415 1417 1423
–, DDR 1386 1388-1391 1394
–, kommunistische Welt allg. 1362 1363 1368
–, UdSSR (1918–1945) *962 966*
–, s.a. Fünfjahrespläne
–, s.a. Siebenjahrplan
–, s.a. Zehnjahresplan
Plassey, Schl. (1757) 1056
Platää ⁄ Plataiai
Plataiai 122 123 133 134 140
–, Schl. (479) 123 125
Platon 132 *137* 138 156
Platonismus 393 394
Platt Amendment (1901) 1183 1202
„Platz des Himmlischen Friedens" (Peking, Massaker 1989) 1657
Plautius, A. 291
–, Silvanus, Ti. 274
Plautus ⁄ Maccius Plautus, T.
Plaza Lasso, Galo *1605*
Plebejer 186-190 195 205 207 209 212 215

Plebiszit, röm. 190
–, Umbrien (1860) 817
–, Venetien (1866) 817
Plebs ↗Plebejer
Plechanow, Georgij W. 809 810
Plehwe, Wjatscheslaw K. 810
Pleistarchos, Bruder Kassanders 154
–, Sparta, Kg. T 112
Pleistoanax, Sparta, Kg. 127 T 112
Pleistozän 8 10
Pleistozänforschung 11
Plessy 1278
Pleuratos, Ardiaier, Kg. 146
Pleven, René 1260
–, -Plan 1260
PLF (Popular Liberation Front) 1545
Plinius, Caecilius Secundus C. (d.J.) 238 239 242 259 308 310
–, Secundus C. (d.Ä.) 183 237
Plintha 256
Pliozän 8
PLN 1664
PLN (Partido Liberal Nacionalista) 1592 1594
Ploești 911 1001
PLO (Palästinensische Befreiungsorganisation) 1238 1445 1448 1452 1453 1455 1456 1463 1469 1485 1637-1639
PLP 1665
PLU 1610
PLUA (Partido da Luta Unida dos Africanos de Angola) 1524
Plutarchos, v. Chaironeia 242
–, Eretria, Tyr. 141
Pluto, Planet 1
Pluvial ↗Regenzeit
PMDB 1668
PMSD (Parti Mauricien Social Démocrate) 1549 1550
PNC 1666
PNC (People's National Congress) 1604
PND (Parti Nationaliste du Dahomey) 1504
PNM (People's National Movement) 1598 1665
PNP (People's National Party) 1498 1502 1517 1597 1665
Poaty-Souchlaty, Alphonse 1647
Pobedonoszew, Konstantin P. 809
Podgorny, Nikolaj W. 1377 1380
Podolien 804
Poetovio (Ptuj) 279 280 283 T 280
Pogrome ↗Judenverfolgung
Pohl, Oswald 945
Poincaré, Raymond 795 857 858 952-954
Pojan ↗Apollonia
Polemarchos 116 131
Polen, (Altertum) 289
–, (MA) 333 377 378 405 407 478 479 580-583
–, (NZ) 710-714
–, (1914–1945) 838 845 856 866-870 872 885 896 905 943 944 966 970 991-993

–, (seit 1945) 1286 1361 1371 1381 1396-1399 1624 1631 1633
–, –, Wirtschaft T 1399
Polenfeldzug, dt. (1939) 872 943 945
Polenfrage (seit 1945) 1241 1626 1633
Polerno, Pontos, Kg. 308
Polignac, Jules Armand de 786
Poliochni 34
Polis, Blütezeit 120-137
–, Hellenismus 157
–, Niedergang 136-142
–, Staatsbildung 108-120
POLISARIO 1485 1488-1490 1643
Politische Demokratie (Lateinamerika) 1584
politische Organisation, (Alt.) 261-318
–, (MA) 390 495 G 389
–, (Früh-NZ) 615-632
–, (1789–1914) 724 725
–, (1914–1945) 833 857 858 870 G 850
–, Äg. (Alt.) 65 156
–, Afghanistan 1494
–, Athen, (7.–6. Jh.) 116
–, –, (6.–5. Jh.) 120 121 122
–, –, (4. Jh.) 137
–, Austr. 1579
–, Belg. 1333 1334
–, Benin 1503 1504
–, Bol. 1608 1609
–, Burg. (MA) 551
–, Burundi 1523
–, Byz. 380 485
–, China, VR G 1414
–, Congo, VR 1516
–, Costa Rica 1593
–, Dän. 709 1335 1336
–, DDR 1384 1386 1388 G 1392 1393 T 1385
–, Deutschordensstaat 518
–, Diadochenreiche 156
–, Dominikanische Rep. (seit 1945) 1597
–, Ecuador 1605
–, Elfenbeinküste 1499 1500
–, El Salvador 1589 1590
–, England (MA) 467 564 566 568 571 572
–, Frankenreich 334 337 343 344
–, Frkr., (MA) 444-448 540 542 543 553-555 G 451
–, –, (seit 1945) 1307
–, Gambia (seit 1945) 1496
–, GB 1312 1313 1316 1317 G 802
–, Ghana 1500-1502
–, Griechenland, (7. Jh.) 108 109
–, –, (7.–6. Jh.) 110
–, –, (4. Jh.) 136
–, Guinea-Bissau (seit 1945) 1496
–, Guinea (seit 1945) 1497
–, Honduras (seit 1945) 1590 1592
–, Iberische Halbinsel (MA) 557 558
–, Indien (seit 1945) 1552-1558
–, Indonesien (seit 1945) 1572 1573
–, Irak (seit 1945) 1467 1468
–, Iran (seit 1945) 1490-1494
–, Isr. 1464 1466

–, It. (MA) 440 441 530 531
–, Jemen, Arabische Republik 1473 1474
–, –, Demokratische Volksrepublik 1473 1474
–, Kamerun 1513
–, Kapverden 1497
–, Kenya 1541 1542
–, Kolumbien (seit 1945) 1601 1602
–, Lateinamerika 1195 1196 1582 1583
–, Lesotho 1537
–, Libanon 1460
–, Liberia 1499
–, Libyen 1479 1480
–, Madagaskar 1545 1546 1547
–, Maked. 156
–, Malawi 1527
–, Malaya 1569
–, Marokko 1486 1487 1488
–, Mauretanien 1489 1490
–, Mauritius 1549
–, Mexiko 1198 1199 1586 1587
–, Mozambik 1531
–, Neuseeland 1224 1225 1580 1581
–, Nicaragua 1592 1593
–, Niger 1509
–, Nigeria 1505-1506
–, Obervolta 1508-1509
–, Österreich, (NZ–1804) 661 663 G 662
–, –, (1804–1867) 743 746 749 753 770 771
–, –, (seit 1945) G 1351
–, Osman. 843 1075-1076 1080 1081-1084 G 1076
–, Ostgoten-R. 327
–, Pakistan 1559
–, Partherreich 313
–, Persien 1098
–, Peru (seit 1945) 1607
–, Philippinen (seit 1945) 1574
–, Polen (MA) 506 583
–, Preußen 741 743 748 749 751 752 762 G 740 751
–, Puerto Rico (seit 1945) 1600
–, Reich, Röm.-dt. 416 417 506 600 601 621 633 634 635 638 639 641-644 652 663
–, Rom, (Königszeit) 185 186
–, –, (Republik) 187-190 195 206 208-211 214-220 222 263-266
–, –, (Prinzipat) 227-231 234 238
–, –, (Spätantike) 249 251
–, Rußland 379 481 584
–, Sasanidenreich 315-316
–, Schweiz, (MA) 525
–, –, (NZ) 832
–, Seleukidenreich 156 161
–, Skandinavien 369 370
–, Sparta, (7. Jh.) 113
–, –, (6. Jh.) 114
–, Sudan 1475 1476
–, Syrien 1458-1460
–, Togo 1502 1503
–, Tschechoslowakei 1400 1401 1402
–, Türkei 1084 1085 1340
–, Tunesien 1481
–, UdSSR 963 965 966 970 G 1381
–, Uganda 1540 1541
–, Uruguay 1610
–, VAE 1472
–, Venezuela 1603
–, Westfrankenreich 349 350
–, Westgotenreich, Iberische Halbinsel 363 364

–, Zaire 1517-1521
–, Zambia 1526
–, Zimbabwe 1528-1531
–, s.a. Adel
–, s.a. Herrschaftssystem
–, s.a. Kaisertum
–, s.a. Kirche-Staat
–, s.a. Königtum
–, s.a. Landesherrschaft
–, s.a. Papst-Kaiser
–, s.a. Verfassung
–, s.a. Verwaltung
politische Systeme ↗politische Organisation
Politische Theorien, Revolutionszeitalter 721-724
Polizei, Athen 129
–, röm. 229
–, Spätantike 254
Polk, James Knox 1178 1179
Pollaiuolo, Antonio 538
Pollentia 295
–, Schl. (402) 255 322
Pollinger-Gruppe 28
Poll Tax 1630
Pollux ↗Castor und Pollux
Polnisch-deutscher Vertrag (1970) ↗Warschauer Vertrag
Polnische Bauernpartei 1396
Polnische Grenzen 1397
Polnischer Aufstand, (1794) 692 804
–, (1830--1831) 725 806
–, (1863) 725 807
Polnischer Schulstreik, (1906) 768
Polnischer Thronfolgekrieg, (1733–1735) 630 656 674 695 696 713
Polnische Teilung, Erste (1772) 632 658 675 692 713
–, Zweite (1793) 692 714 738 804
–, Dritte (1795) 692 714 738 804
Polnisch-russischer Krieg (1920) 991
Polnisch-schwedischer Krieg (1621–1629) 707
Polo, Marco 537 538 1024
Pol Pot 1433
Poltawa, Schl. (1709) 629
Polybios 157 182 204 206 208 213
Polydamas v. Pharsalos 139
Polydektes, Sparta, Kg. T 112
Polydoros, Sparta, Kg. T 112
Polyeuktos 157
Polykarpos, Smyrna, B. 259 310
Polykrates, Samos, Tyr. 119 T 109
Polynesien 1214-1219 1225 1581
Polyperchon 152-154 177 178
Polyzalos, Gela, Tyr. 124
Pombal, Sebastião José de Carvalho e Melo, Marqu. v. 701 1193
Pommerellen 581 582
Pommern, (Alt.) 289
–, (MA) 479
Pomoranen 410
Pompadour, Marquise de 675
Pompaelo (Pamplona) 296
Pompeii 211 237
Pompeiopolis 309
Pompeius, Magnus, Cn. 167 169 169-172 218-224 295 296

1740 POM—PRO

302 305 306 308 309 311 314 317
–, Q. 202
–, Sex. 224-226 268
–, Trogus 231 288
Pompidou, Georges 1267 1270 *1310* 1311
Pomponius, Mela 296
–, Sex. 244
Ponape 1581
Ponce, de Léon, Juan *1165*
–, Enriquez, Camilo *1585*
–, Vaidez, Frederico 1588
Pondoland 1139
Pongui, Ange Edouard *1647*
Pontiae T 192
Pontifex Maximus 212 213 221-228
Pontischer Krieg (182–179) 169
Pontius Pilatus 258
Ponto, Jürgen *1305*
Pontos 82 156 165 168 **169** 170 171 218
–, röm. Prov. (Pontus et Bithynia) 221 235 **308-310**
Pontus Polemoniacus 310
Póo, Fernão do 612
Popiełuszko, Jerzy 1399
Popillius Laenas, C. 159 165 204
–, M. 202
Popitz, Johannes *947*
Poppaea Sabina, G. Neros 235
Poppaeus Sabinus, C. 232
Poppo, Aquileia, Patr. 437
Popularen 215 221
Popularklage 117
Popular Liberation Front ↗ PLF
Populonia, latinische Siedlung 58
Populorum progressio 1350
Poquelin, Jean Baptiste *608 672*
Porcius Cato, (Uticensis), M. 172 221 222 223 269
Porcius Cato (der Zensor), M. 201 202 211 213
Porkkala 1359
Poro 1115
Porolissum 276
Poros, Magadha, Kg. 1049
–, Pandschab, Kg. 150
Porse, Knut *575*
Porsenna, Arruns 95 123 186
–, Clusium, Kg., Lars 186
Portacelli 1158
Portales, Diego *1211*
Port Arthur 1028 1040 1413 1416
–, Waffenstillstand (1905) 810
Porto Novo 1503
Portsmouth, Frd. (1905) 810 1033 1040 1183
Portugal, (MA) **461 462 562 563** S 462
–, (NZ) 614 **700 701** 725 730 **820 980 981** G 615 T 834
–, (seit 1945) 1256 **1327-1329** 1330 1440 1515 1529 1574 1622 1631 1648
–, –, Außenpolitik 1657
Portugal (Antike) ↗ Iberische Halbinsel
portugiesische, Entdeckungen, Afrika 1102 T 1128
–, Kolonien, Afrika 563
–, –, Amerika 1192 1193
–, –, Asien 1028 1044 1054 1328 1554

Portugiesisch-Indien 1328
Portugiesisch-Timor 1329
Portugiesisch, Spr. 1164
Portus Namnetum (Nantes) *287*
Posadowsky-Wehner, Artur v. *767* 768
Poseidon 100 106 133
Poseidonia 119 T 107
Poseidonios *289* 290 296
Posen, Btm. 377
–, Generalstreik (1956) **1397**
Posse, Arvid v. *825*
possessores 249
Possevino, Antonio *686*
Postumius Albinus, A. 211
Postumus, Gallien, Herrscher 247
Poteidaia 115 133 134 140 145 147
Potemkin, Grigori A. *692* 1080
Potentia (Potenza) *214*
Potestas der röm. Magistrate 209 *210*
Potocki, Dyn. 713
Potosi, Silbervorkommen 1190
Potsdam, Edikt (1685) 651
–, Kfz. (1945) **913 914** 915 1033 1043 1241 1274 **1291** 1382 1396
–, Tag (1933) 939
Pouget, Bertrand de 533
Poussin, Nicolas *672*
Póveda Burbano, Alfredo *1606*
Poverty Point-Komplex 1146
Poznań ↗ Posen
PP (Parti du Peuple) 1523
PPC (Parti Progressiste Congolais) 1516
PPCI (Parti Progressiste de la Côte d'Ivoire) 1499
PPM 1489 1490
PPN (Parti Progressiste Nigérien) 1509 1510
PPP (Pakistan People's Party) 1653
PPP (People's Progressive Party) 1496 1604
PPR (Polnische Arbeiterpartei) 1397
PPT (Parti Progressiste Tchadien) 1510
PR (Partido Reformista) 1597
PRA (Parti du Regroupement Africain) 1508 1509
Pra Dhammayano *1432*
Prädestinationslehre, Calvinismus 606 640
Praefectus urbi 227 228 232 261 266 G 241
Präfekt, Frkr. (1800) 781
Präfektur 227 230 231 243 266 274 282 301 G 241
–, s.a. Praefectus urbi
Präkambrium 3
Prämonstratenser *426*
Praeneste *193* 194 218 219
Präriestämme, Indianerkulturen 1146
Prärogative 204
Prätorianer 229 230 232 234-236 238 243 244 246 252 267
Prätorianerpräfektur 229 232 235 237 238 244 246 250-252 261 266 270 274 285 288 292 298 303 306 308 G 241
Prätur 187 204 205 208 209 212 219 229 268

Prätuttier 195 T 192
Praevallis, röm. Prov. 273
–, s.a. Dalmatien
Prag, Btm./Ebtm. 333 477 579
–, Frd., (1635) 626 647
–, –, (1866) 731 754
–, (MA) 501 522 523
–, –, Univ. 514 579
–, (1914–1945) 912
–, sowjetische Eroberung 912
–, Aufstand 912 996 1393
Prager, Burg 522 546
–, Fenstersturz (1618) 625 646
–, Frühling 1361
–, Kompaktaten (1433) 520 580
Pragmatische Sanktion, (1438) 530 552 600
–, (1549) 701
–, (1713) 630 631 655-657 661
Praguerie 553
Praia-das-Macas-Gruppe 37
Pramoj, Seni 1568
Prapa Charusathiara 1567
Prasad, Rajendra *1553* 1554
Prasiai T 106
Pratica di Mare ↗ Lavinium
Pratusagus, Britannien, Kg. 292
Praxiteles *137* 157
Prazo-System 1137
PRD 1503 1597
Předmost 16
Preise, (Spät-MA) **496**
–, England (MA) **496**
–, Frkr. **794** T **1311**
–, Österreich T **1354**
Preisedikt Diokletians 250
Premadasa, Ramasinghe *1654*
Prémontré, Kl. 426
Přemysliden, Dyn. 376 476 477 479 510 511 579
Přemysl Ottokar, Böhmen, Kg., I. 477
–, –, –, II. 477 *509* 510
Presbyter 258
Presbyterianer 1168
President's Rule, Indien (1958) 1554
–, Indien (1981) 1558
–, Indien (1983) 1559
Preßburg, Frd., (1491) 522 580 587
–, –, (1805) 727 739 814
–, Rtg. (1687) 652
–, Schl. (907) 351
Preston, Schl. (1648) 682
Pretoria 1140
–, Konv. (1881) 1140
Pretorius, Andries 1139
–, Marthinus *1140*
Preuß, Hugo *920* 921
Preußen, (MA) 518 519
–, Hztm. (16./17. Jh.) 713
–, Kgr. 721 724 726-731 738 739 **743-745** 748-752 **753-757** 762 765 **767-769**
–, –, Gesellschaft T **766**
–, –, pol. Org. 743 744 749 752 757 G **740**
–, –, Reformen 724 **739-741**
–, –, Verfassung 741 743 749 762 G **751**
–, Rep. (1919–1933/47) 920 930 931 1293
Preußenputsch (1932) 931
Preußen, Stamm ↗ Prußen
Preußen (1618–1789) ↗ Brandenburg-Preußen
Preußisch, -Eylau, Schl. (1807) 727

–, -österreichischer Dualismus 656-659 754
preußische, Annexionen 754
–, Reformen 724
preußischer Verfassungskonflikt (1862–1866) 753 754
Preußisches Allgemeines Landrecht 659 738
PRF (Partido Revolucionario Febrista) 1610
PRI (Partido Revolucionario Institucional) 1200 1586 1662
Price, George C. *1589* 1596
Priene T 106
Priester, Karthago 182
Priester, Äg. 68
Priestertümer, röm. 184 187 190 213 216 219
Prieto, Joaquin *1211*
Primat, päpstlicher ↗ Supremat
Primo de Rivera, José Antonio *978*
–, Miguel *977* 978
Prince Edward Island 1171 1172
Princeton University 1168
Principe 1329
Princip, Gavrilo 829
Prinzeps ↗ Kaiser, röm.
Prinzipat, (Antike) 214 216 **224-248** 249
–, (MA) 531
Prinzipat (Antike) s.a. Rom, (Prinzipat)
Priscillianisten 254
Priscillianus *297*
Prithwi Radsch Tschahamana, Indien, Kg. 1051
Privateigentum 722
Privernum T 192
Privileg 389
Privilegium, Andreanum (1224) 483
–, maius (1358/1359) 515
–, minus (1156) 413
–, Ottonianum (962) 421 436
PRM 1489
PRN 1468
Probouleuma 131
Probus, Rom, Ks. *248* 278 *291* T *225*
Procopius, Usurpator 254
Proculus 248
Profumo, John 1315
Progressive Association 1537
–, Liberal Party 1600
Progressive Conservative Party (Kanada) 1661
Progress Party 1501
Prohibition, USA 1178
Proklos, Schriftsteller 250
Prokonsul 189 208 219
–, s.a. Statthalter, röm.
Prokop d.Gr. *580*
Prokopios v. Kaisareia *382*
Prokopowitsch, Feofan *689*
Prokurator, röm. 231 234 238 240 244 246 261 269 280 282 285 303 305 308 318 G 241
Proletariat 723 724
–, s.a. Arbeiterschaft
Proletarier, röm. 216
Proletarischer Internationalismus 1364
Promagistratur 208
Propertius, S. 231
Propheten, Israel 87-89
–, Syrien 83

Prophetie, christl. 259
Proprätor 189 208 219
–, s.a. Statthalter, röm.
Prorogation 189 205
Proskriptionen, der Triumvirn 226
–, sullanische *219* 266
Protagoras 127 *132*
Protektorat Böhmen und Mähren ↗Böhmen und Mähren
Proterozoikum 3
Proterra 1615
Protestantismus 319 605 1168
–, Brandenburg-Preußen 661
–, Dänemark u. Norwegen 709
–, Deutschland (bis 1789) 606 619 621 637-647
–, Deutschland (nach 1789) 757 762 763
–, England/Großbritannien 678 680 684 798 799 802
–, Frankreich 666 667 672
–, Niederlande 705
–, Österreich 645
–, Polen 711-713
–, Schweden 706 707
–, Schweiz 714 715
Protestation v. Speyer (1529) 637
Proto-Bantu-Sprachen 1101
Proto-Eskimo-Kultur ↗Nordamerika, Vorgeschichte
Protohattier 78
Proto-Linear A 98
Protosonne 1
Protovillanova-Kultur 54 57 183
Proudhonisten 792
Proudhon, Pierre-Joseph *722*
Provence 283 1065
Provenzalisch, Spr. 502
Provinzen, röm. 196 198 201 205-207 209 215 232 236 237 239 246 250 **261** 267 ⒼG 241
Provinziallandtage, röm. 230 271 285 293 296 298 305 310
Provinzialverwaltung, röm. ↗Reichsverwaltung
Provinzlegat, röm. 231
–, s.a. Statthalter, röm.
Provisorischer Nationaler Verteidigungsrat, Ghana 1502
Provokation, röm. 188 214 222 265
Prudentius 256 297
Prusias, Bithynien, Kg., I. *168*
–, –, –, II. *168* 169 171 204
–, (vorher Kieros) 168
–, (vorher Kios) 168
Prußen 417 436 479 518
Prut, Schl. (1711) 1079
Pruzzen ↗Prußen
Prytanie 121 131
Prytanis, Sparta, Kg. ⓉT *112*
Przemysliden, Dyn. ↗Přemysliden
Przemysl II., Polen, Kg. 477 *479*
Psammetich, Ägypten, Kg., I. 68 69 108
–, –, –, II. 69
–, –, –, III. 69
Psammetichos, Korinth, Tyr. 115 ⓉT 109
PSA (Parti Solidaire Africain) 1517
PSD (Sozialistische Destour-Partei) 1481-1482
Psellos, Michael *489*
Pseudo-Dionysius Areopagita 393

Pseudoisidorische Dekretalen 356
Pseudoisidorische Fälschungen 354 **356**
PSL (Polnische Volkspartei) 1397
PS (Parti Socialiste du Sénégal) 1495
PSP (Parti Progressiste Soudanais) 1507 1507
PSS (Parti Socialiste Sénégalais) 1127
Psusennes, Ägypten, Kg. 52
Ptah 67
Ptahhotep 65 66
Ptah-Tempel 47
PTB (Partido Trabalhista Brasileiro) 1615
Pteranodon 6
Pteria, Schl. (547 v.) 81
Ptolemaeus ↗Prolemaios
Ptolemaeus, Claudius ↗Klaudios Ptolemaios
Ptolemaier (Lagiden), Dyn. 156 **158-160** 168 171 172 174 177 301 312 1104
Ptolemaierreich 161-162 164-166
Ptolemaios, Äg., Kg., I. Soter 148 152-155 157 158 **159** 178
–, –, –, II. Philadelphos 155 158 *159* 161 170 174 179
–, –, –, III. Euergetes 158 *159* 162 180
–, –, –, IV. Philopator *159* 162 164 175 180 203
–, –, –, V. Ephiphanes *159* 164 175
–, –, –, VI. Philometer *159* 165 166
–, –, –, VII. Neos Philopator *160*
–, –, –, VIII. Euergetes II. 159 160 165 166
–, –, –, IX. Soter II. Lathyros *160*
–, –, –, X. Alexandros *160*
–, –, –, XI. Alexandros II. *160*
–, –, –, XII. Neos Dionysos Auletes *160*
–, –, –, XIII. Philadelphos Philopator *160* 223
–, –, –, XIV. Philopator 160 223
–, –, –, XV. 160
–, Apion 269
–, Maked., Kg., Keraunos 155 159 172 178
–, Mauretanien, Kg. 234 298
Ptolemaios, Klaudios ↗Klaudios Ptolemaios
Ptolemais, (Äg.) 158 159 301
–, (Libyen) 271
–, (Palästina; im MA Akkon) 167
–, (Syrien) 162 165 305
PT (Parti Travailliste) 1549
PTP (Parti Togolais du Progrès) 1502
Pu'abi, Ur, Kgn. 25 72
Puapua, Tomasi 1660
Publikanen ↗Staatspacht
Publilius Philo, Q. 189
Pucará de Andalgalá 1163
Puebla 1157
Pueblo Bonito 1147
Puebloindianer 1147
Puerto, Hormiga 1158
–, Marquez 1149
Puerto Rico 819 1165 1183 1277 **1600** 1601 1665

Pütter, Johann Stephan *663*
Pugatschow, Jemeljan J. *692*
P'u-i ↗Hsüan-t'ung
Pulakeschin, Indien, Kg., I. 1053
–, –, –, II. 1051 1053
Pulcheria 255 256 *380*
PUN 1594
Puna, Kongreß (1885) 1058 1059
Punier 298 300
Punischer Krieg, Erster (264–241) 182 196 *197* 198 268 294 ⓉT 192
–, Zweiter (218–201) 182 196 **199-201** 203 205 208 211 214 216 263 265 272 283 294
–, Dritter (149–146) 169 *202*
Punt 65-67 1106
Punta del Este, Kfz. (1962) 1583
Pupienus, Rom, Ks. *246* ⓉT *225*
Puppe, Jean *937*
Puritaner 605 606 680 683 1166 1168
Puritanische Revolution **681 682**
Purron-Zeit 1149
PUSC 1664
Puschjamitra Schunga, Indien, Kg. 1050
Puschkin, Alexandr S. *688*
PUT (Parti de l'Unité Togolaise) 1502
Puteoli (Pozzuoli) *213* 226
Puttkamer, Robert v. *757*
Pydna 140 141 143 145 153
–, Schl. (168 v.) 176 182 204
Pygmäen 1100 1121
Pylos 49 99 100 135
Pym, Francis *1318*
Pym, John *681*
P'yongyang 1426 1427
Pyramiden 25 30 64-66
Pyrenäenfrieden (1659) 628 670 694 699
Pyrgi ⓉT 192
Pyrrhos, Epeiros, Kg. 154 155 172 174 178 179 195 196 262 263
Pyrrhoskrieg ⓉT 192
Pysttaleia 123
Pythagoräer 111
Pythagoras, Ephesos, Tyr. 118 ⓉT 109
–, Philosoph *111 119*
Pythagoreer 119
Pytheas v. Massalia 290 294
Pythische Spiele 106 146
Python 147
PZPR (Polnische Vereinigte Arbeiterpartei) 1396 1397 1398
P-Zwei-Skandal, It. (1981) 1324

Q

Quayle, James Danforth *1661*
Qadisiya ↗Kadisija
Qalat Jarmo ↗Kalat Dscharmo
Qatanum ↗Katanum
Quaden 237 243 244 246 254 275 280 285 289 290 322
Quadratus ↗Kodratos
Quadros, Jânio da Silva *1615*
Quadrupelallianz, (1718) 656
–, (1814) 728
–, (1815) 729

–, (1840) 1082 1091
Quäker 1167 1168
Quästionen 208 215 216
Quästur 187 189 209 212 219 230 267
Quartär ⒼG 9
Québec 1170 1172 1173 1287 1288 1289 1660 1661
–, Kfz., (1864) 1172
–, –, (1943) 896
–, –, (1944) 903
Queddeye, Goukouni 1511 1646
Quedlinburger Hausordnung (929) 399
Quedlinburg, Hoftag (973) 403
Queen Anne's War ↗Spanischer Erbfolgekrieg
Queensland 1222 **1577**
Quelimane 1530
Quemoy 1349 1417
–, -Krise (1958) 1349 1418
Quercia, Jacopo della *538*
Quesnay, François *676*
Quetzalcoatl Topiltzin, Tolteken, Herrscher 1155 1156
Quierzy-sur-Oise, Kapitular (877) 348
Quietus, Usurpator 247 306
Quilius, M. 308
Quinctilius, Varus, P. 229 284 290
Quinctius, Cincinnatus, L. 190
–, Flamininus, T. 164 170 175 181 203
Quinim Pholsena 1424
Quinquegentanei 251 298
Quintilian ↗Fabius Quintilianus, M.
Quintillus, Rom, Ks. 247 ⓉT *225*
Quirnheim, Albrecht Mertz v. 946
Quisling, Vidkun 874 875 890 *985*
Quito 1189
–, Kfz. (1974) 1602
Qumran 304

R

Raab, Julius *1352* 1353
Rabat 1445 1453
–, Kfz., (1969) 1445
–, –, (1974) 1453 1455 1463
–, Nationaler Pakt (1937) 1094
Rabbel II., Nabatäer, Kg. 317
Rabbiner *89* 303 304
Rabelais, François *666*
Rabih, Kanem-Borno, Ft. 1110
Rabin, Yitzhak 1456 *1465*
Rabta ↗Libyen (NZ), Chemiewaffenfabrik
Rabuka, Sitiveni 1660
Racine, Jean-Baptiste 608 *672*
Radagais 255 *322*
Radbruch, Gustav *920*
Radek, Karl *970*
RADER (Rassemblement Démocratique Ruandaise) 1521
Radetzky, Josef Wenzel v. *770* 771 *816*
Radhakrishnan, Sarvepalli *1554*
Radić, Stjepan *1002* 1003
Radikalsozialisten, Frankreich 794 795 1307
Radiokarbonuntersuchungen 12

1742 RAD—RÉG

radiometrische Methode 1
Radischtschew, Alexander N. 804
Radom, Konföderation (1767) 713
Radowitz, Joseph Maria v. 747 750 752
Radschagriha 1049
Radscharadscha I., Indien, Kg. 1053
Radschendra I., Indien, Kg. 1053
Radschja Sabha 1553
Radschputana 1055
Radschputen, Dyn. 1051
Raeder, Erich 899 937 Ⓖ 889
Rätekongreß, Berlin (1918) 919
Räter 284
Räterepublik, Bayern 923 949
Räterepublik, russische ↗UdSSR
Raetia I, II, röm. Prov.en 285
–, s.a. Rätien
Rätien, röm. Prov. (Raetia) 234 243 247 267 282 283-289
RAF, (Rote-Armee-Fraktion) 1305
Raffael 603 694
Rafsandjani, Ali Akbar 1643 1644
Raga 92
Ragnachar 332
Ragusa, Ebtm. 484
–, Rep. 589 592
Rahabeam, Juda, Kg. 87
Rahewin 419
Rahman, Abdul 1569
–, Mujib-ur 1560 1561
–, Putra, Abdur 1569
–, Shah Aziz-ur 1546
–, Zia-ur 1561
Raimund, Toulouse, Gf., IV. 433
–, –, –, V. 450
–, –, –, VI. 429
–, –, –, VIII. 452
Raimund Berenguer, Barcelona, Gf., I. 461
–, –, –, II. 461
–, –, –, III. 461
–, –, –, IV. 461
Raimund v. Peñaforte 427
Raimundus Lullus 394
Rainald v. Dassel, Köln, Eb. 413 427
Rain a. Lech, Schl. (1632) 626 647
Rainer, Friedrich 938
Rainer (Rainier) III., Monaco, Ft. 1312
Rajagopalachariar, Chakravarti 1553
Rajai, Mohammed Ali 1493
Rajecz, Burian 847
Rajk, László 1403
Rákosi, Mátyás 1403
Rakotoarijaoua, Desiré 1547
Rakotomalala, Joel 1547
Rakotoniaina, Justin 1547
Raleigh, Walter 1165
Ralliement Mauricien ↗RM
Ram, Jagjivan 1558
Rama, Thailand, Kg., IV. 1045
–, –, –, VIII. Amanda Mahidol 1567
–, –, –, IX. 1567
Ramadier, Paul 1308
Ramakrischna 1058
Ramanantsoa, Gabriel 1546

Ramda 1056
Rameau, Jean-Philippe 672
Ramek, Rudolf 950
Ramesseum 51
Ramessiden, Ramses III.-XI. 51
Ramgoolam, Seewoosagur 1549 1550 1652
Ramillies, Schl. (1706) 630
Ramiro, Aragon, Kg., I. 460 460 Ⓢ 458
–, –, –, II. d. Mönch 461 Ⓢ 460
Ramose, Ägypten, Wesir 47
Ramses, Äg., Kg., I. 67
–, –, –, II. 48 49 51 52 68 79 86
–, –, –, III. 51-53 68
–, –, –, IV. 52
–, –, –, XI. 52
–, -Stadt 68
Ramthibodi I., Ayuthya, Kg. 1044
Ranavalona III., Merina-R., Kgn. 1121 1142
Randschit Singh, Pandschab, Ft. 1058
Rangun 914 1565
–, Attentat (1983) 1567
Ranković, Aleksandar 1410
Rann von Katsch 1551
Ranulf v. Glanvill 466
Raoul, Alfred 1516
Rapacki, Adam 1248 1250 1252 1364 1398
–, -Plan (1957) 1248 1250 1364 1398
Rapallo, Vtg. (1922) 857 925 966
Raphael v. Fossombrone 432
Raphia 305
–, Schl., (217) 159 162
–, –, (720) 76
RAP (Rumänische Arbeiterpartei) 1405 1406
Ras al-Khaima (seit 1945) 1471 1491
Raschid, Dubai, Scheich 1472
Raschtrakuta, Dyn. 1053
Raseta, Joseph 1545
Ras Hafun ↗Opone
Rasin, Stepan T. 687
Raspe, Jan-Carl 1306
Rasputin, Grigori J. 809 963
Ras Schamra 18 19
Rassemblement Démocratique Africain ↗RDA
Rassemblement Démocratique Dahoméen ↗RDD
Rassemblement Démocratique Ruandaise ↗RADER
Rassemblement du Peuple Français ↗RPF
Rassemblement Wallon 1333
Rassenideologie ↗Antisemitismus
–, ↗Nationalsozialismus
–, ↗Rassenpolitik
Rassenpolitik, Afrika 1114 1138 1139 1141 1143
–, Dt. Reich 934 939 942 943 945 946
–, GB 1316
–, Südafrikanische Union 1126 1141 1145 1535 1536
–, USA 1179-1181 1278-1281
Rassentrennung 1141 1535 1536
Rassija, Delhi, Su. 1052
Rassismus ↗Antisemitismus
–, ↗Nationalsozialismus

–, ↗Rassenpolitik
Rastatter Kongreß (1797/1798) 738
Rastatt, Frd. (1714) 630 655 696 699
Rastislav, Mähren, Hz. 333 350 376 486
Rata, Polynesien, Hpltl. 1219
Rat der Ältesten 90
Rat der Deutschsprachigen Gemeinschaft ↗RDG
Rat der Dreihundert 90
Rat der Entente (1959) 1500 1503 1509
Rat der Europäischen Gemeinden 1260
Rat der Hundertvier 90 182
Rat der Volksbeauftragten 918 919
Rat der Volkskommissare 964
Rat für Arabische Wirtschaftseinheit (1964) 1444 1445
Rathenau, Walther 857 921 925
Rath, Ernst vom 867
Ratiaria 278
Rationalismus 608-610
Ratsimandrava, Richard 1546
Ratsiraka, Didier 1546 1652
Ratti, Achille ↗Pius XI., Pp.
Ratzeburg, Btm. 407
Rau, Johannes 1306 1626
Raumfahrt 1661
Rauschgifthandel ↗Drogenhandel
Rauschning, Hermann 948
Ravaillac, François 668
Raveaux, Franz 747
Ravenna, (Antike) 249 255
–, (MA) 327 357 385
–, Schl. (1512) 693
–, Syn., (967) 402 422
–, –, (1001) 404
Ravi 1536
Ravoahangy, Joseph 1545
Rawalpindi 1559
Rawlings, Jerry J. 1502
Raxa, Schl. (955) 402
Razak, Abdul 1570
RCD 1491
RDA (Rassemblemement Démocratique Africain) 1495 1497 1499 1507 1508 1509 1513 1515 1516
RDD (Rassemblement Démocratique Dahoméen) 1503
RDG (Rat der Deutschsprachigen Gemeinschaft) 1334
Re 65 67
Reagan, Ronald Wilson 1256 1286 1426 1457 1621 1658 1660 1661
Rechberg, Johann Bernhard v. 754
Rechmire, Äg., Wesir 47
Rechtsblock Likud 1466
Rechtswesen, (MA) 389 390 395 502-504
–, assyr. 75
–, babylon. 73
–, Brandenburg-Preußen 659
–, Byz. 382 386 486 487
–, China 1020
–, DDR 1389 1393 1395
–, Dtld. 507
–, Dt. R. 767 769
–, England 468 677
–, Frankenreich 338 344
–, Frkr. 442 782

–, Griechenland 105 137
–, hethit. 79 80
–, It. 440 441
–, Kast. 558
–, Österreich 658 661 663
–, Reich 633 636 638 639 642 644
–, Rom 187 188 240
–, Rußland 687
–, Skandinavien 471
Rechtswesen (Antike) ↗Rechtswesen, Griechenland
–, ↗Rechtswesen, Rom
Rechtswesen (MA) s.a. Rezeption
–, s.a. Römisches Recht
Rechtswissenschaft, Mittelalter 395
–, röm. 224 240 244
Recife 1616
Reconquista 457 557 558 561 610
Redarier 399 401
Reddy, Neelam Sanjiva 1556 1558
Redneraustausch (1966) 1251 1393
Redonda 1601
Red River Rebellion (1869–1870) 1172
Reformära, preuß. ↗Preußische Reformen
Reformation 597 604-607
–, Dänem. u. Norw. 709
–, Dtld. 605 606 634 635 637 638 640 641
–, England 605 606 678 680
–, Frkr. 605 606 622 640 666
–, Genf 640 714
–, Polen 711
–, Schweden 706
–, Schweiz 605 606 634 714
Reform Club 800
Reformpolitik, USA 1183 1186
Regalianus, Usurpator 247 280
Regalien 409 417 507
Regenbogenfraktion, Eur. Parlament 1274
Regenwald-Erhaltung 1662
Regensburg, Reichstage, (1532) 638
–, –, (1541) 640
–, –, (1546) 640
–, –, (1556–1557) 643
–, –, (1576) 644
–, –, (1603) 644
–, –, (1608) 645
–, –, (1640–1641) 627
–, –, (1653–1654) 652
Regensburg (Antike) ↗Reginum
Regensburger, Konvent (1524) 637
–, Kurfürstentag (1630) 626 647
–, Reichsabschied (1532) 638
–, Stillstand (1684) 654
Regenzeit 12
Reggio di Calabria ↗Rhegion
Regillus-See, Schl. (496) 123 188 190
Reginar Langhals, Franken, Gf. 352
Regino v. Prüm 346
Reginum (Regensburg) 285
Regionalisierungsgesetz, Belg. (1980) 1334
Régis de Cambacérès, Jean Jacques 781

REG—REV *1743*

Regnenses 291 292
Regnum teutonicorum 399 408
Rehobother 1137 1138
Reich, Röm.-dt., (MA) 387 399
506 **507**
–, –, (1493–1648) **633-649**
–, –, (1648–1789) **652-665**
–, –, Absolutismus d. Einzel-
staaten **659 661 663 665**
–, –, Verfassung (1648) **647 648**
–, –, Verwaltungs- u. Verfas-
sungsstruktur G **662**
Reich, Röm.-dt. s.a. Deutsch-
land
–, s.a. Dreißigjähriger Krieg
Reichenau, Kl. 333
Reichenau, Walter v. *941*
Reichenbach-Konvention
(1790) 659
Reich-Länder-Verhältnis,
Deutsches Reich 920
925-928 941
Reichsabschied, Jüngster
(1654) 652
Reichsautobahn 940
Reichsbank 762
Reichsbanner Schwarz-Rot-
Gold 923 930 G **940**
Reichsdeputationshaupt-
schluß (1803) 727 **738 739**
Reichsexekutionsordnung
(1555) 642
Reichsfarben 928
Reichsfinanzreform 769
Reichsfürsten 506-508 621 639
640 647 653
Reichsfürstenrat (1493–1648)
633
Reichsgericht 763
–, s.a. Reichskammergericht
Reichsgründung Bismarcks
(1867/1871) **755**
Reichsgründungen, Völker-
wanderungszeit **321-327**
Reichsgrundgesetz (1519) 635
Reichsgut 344
Reichshofrat 652
Reichsitalien **358-360** 436
Reichskammergericht 621 633
634 638 641-644 647 652
Reichskanzler 756 757 763
Reichskirche, dt. 401 402
–, Frankenreich 334 337 338
–, karolingische 345
Reichskonfessionsordnung
(1648) 647 648
Reichskreiseinteilung (1512)
634
Reichskreisordnung (1555) 642
Reichskrise (3. Jh.), Rom 245
246 257 260
Reichskristallnacht (1938) 943
Reichslandbund 923
Reichsleitung, dt. 840 843
Reichsmark ↗ Deutsches
Reich (1919–1933), Wäh-
rung
Reichsministerium, Dtld.
(1815–1870) 748-750
Reichsmünzordnung (1559)
643
Reichsnährstand 940
Reichspolizeiordnung (1577)
644
Reichspräsident 920
Reichspräsidentenverordnung
(1933) 939
Reichspräsidentenwahl,
(1919) 923

–, (1925) 921 927
–, (1925/1932) G **928**
–, (1932) 931
Reichsprotektorat ↗ Böhmen
und Mähren
Reichsregierung 918 920
923-929 936-938 943 G **921**
Reichsregiment 618 634 635
Reichsritterschaft 606 636 641
Reichssicherheitshauptamt
(RSHA) 935 936 945
Reichsstädte 498 506 **516** 633
642 665
Reichsstände 619 621 633-643
645 648 652 653 655
Reichsstatthalter, Dt. 938
Reichstag, Dt. R. 754 756 757
768 922
–, –, Auflösung, (Juni 1932) 931
–, –, –, (Sept. 1932) 932
–, –, –, (1933) 939
–, –, Wahlen, (1871–1912) T
760 761
–, –, –, (1920) 924
–, –, –, (1924) 927
–, –, –, (1928) 929
–, –, –, (1930) 930
–, –, –, (Juli 1932) 931
–, –, –, (Nov. 1932) 932
–, –, –, (März 1933) 939
–, –, –, (Nov. 1933) 940
Reichstagsbrand (1933) 939
Reichstag (1493–1789) ↗ ein-
zelne Rtge. unter Tagungs-
orten (seit 1663): Regens-
burg
Reichsteilung, Frankenreich
T 335
–, Rom 255
Reichsteilung, Rom s.a. Rom
(Spätantike)
Reichsverfassung, (1849) 745
746 752 754 G **750**
–, (1871) **757** G **756**
–, (1919) G **920**
Reichsverwaltung, röm. 210
211 219 221 227 230 231 234
236-238 **239-244** 249 250 G
252
–, (1493–1789) 643 644 653
Reichswehr 853 919 923-926
928 929
Reims 336 T 455
–, Konz. (1049) 422
–, s.a. Durocortorum
Reimser Bistumsstreit
(991–997) 444 445
Reinhardt, Walter *924*
Reinmar d. Alte T 420
Reiseberichte 182
Reitzenstein, Sigismund v. *739*
Rekkared, Westgoten, Kg. 332
363
Rekkeswind, Westgoten, Kg.
364
Relander, Lauri Christian *987*
religiöse Frage ↗ Religions-
konflikte
Religion, (Alt.), Äg. 67-69
–, –, Akkade 73 75
–, –, Arabien 85
–, –, Assyrien 74
–, –, Athen, (6. Jh. v.) 118
–, –, –, (5. Jh. v.) 133
–, –, Elam 91
–, –, Etrusker 95
–, –, Griechenland 103-105 110
111 158 304 307
–, –, Hethiter 79

–, –, Isr. **86-89**
–, –, Karthago 182
–, –, minoische Kultur 98
–, –, mykenische Kultur 99 100
–, –, Persien 93 94
–, –, Phönikien 90
–, –, Rom, (Königszeit) 184
–, –, –(Prinzipat) 230
–, –, –, (Republik) 187 188 208
210 213 214 227
–, –, – (Spätantike) 251 252˘254
255
–, –, Sasaniden 315
–, –, Sumer 72 73
–, außereuropäische Länder,
Afrika 1103
–, –, Amerika, span. Kolonien
1168 1189
–, –, Australien 1213 1214
–, –, China 1022
–, –, Indien 1048 1049
–, –, Japan 1034
–, –, Kalifenreich 1067
–, –, Lateinamerika 1164
–, –, Mikronesien 1218
–, –, Mogulreich (1526–1857)
1055
–, –, Nordamerika 1164
–, –, Osmanen 1074 1075 1078
G **1076**
–, –, Ozeanien 1218 1219
–, –, Polynesien 1218
–, –, Südostasien 1044
–, –, Zentralasien 1012
Religion, Isr. s.a. Judentum
Religion (MA) ↗ Christianisie-
rung
–, ↗ Kirche
Religion (NZ) ↗ Kirche
–, ↗ Religionskonflikte
–, ↗ Religionspolitik
Religionsfrieden (1555) **642**
Religionsgespräche 638-641
644 647
Religionskonflikte, (Früh-NZ)
602-610 619 621 634 635
637-641 643-645 647
–, s.a. Kirche-Staat
–, s.a. Papst-Kaiser
Religionskonflikte (seit 1945),
Indien 1558-1559
Religionspolitik, Absolutismus
600 601
–, Brandenburg-Preußen 651
661
–, Dtld. (NZ) 638 **640-642** 644
645 648
–, Dt. Reich (1933–1945) 940
942
–, England 680 683
–, Frkr. 652
–, Österreich 651
–, Reich 638 640-642 644 645
648
–, Rußland 689
–, UdSSR (seit 1945) 1373
Remaclus, Missionar 345
Remagen 907
Rembrandt Harmensz van
Rijn *607 694*
Remer 284
Remer, Ernst 946
Remigius, B., Reims *332*
Remón Cantero, José Antonio
1594
Renaissance **602-604**
–, Frankreich 666
–, Humanismus 603 607
–, Italien 537 538 603 604 607
694

–, Polen 711
RENAMO 1649 1650
Renard, André 1333
René, Albert *1550*
René v. Anjou 554
Reni, Guido *694*
Rennenkampff, Paul v. *837*
Renner, Karl *773* 911 *949* 950
1351
Renovatio, Romani Imperii 341
Renovatio Imperii 403 437 439
Rentenmark (1923) 926
Rentenversicherung, Dtld., BR
1300 1304
Reparationen, (1919–1933) 857
919 925 927 929 953 1185
–, (seit 1945) 1242 1384
Repetundengerichte, röm. 214
215 222 295
Repgow, Eike v. ↗ Eike v. Rep-
gow
Reptilien 2
Republikanische Partei, USA
862 1175 1177 1179 1286
1661
Republikanismus, frz. 787 788
791 793 794
Republik Bulgarien 1634
Republik Jemen ↗ Jemen, Re-
publik (seit 1990)
Republik Korea ↗ Südkorea
Republikschutzgesetz, (1922)
925
–, (1933) 939
Republik Ungarn 1634
Resa, Iran (Persien), Schah,
Chan 1098
–, Iran, Schah, Pahlevi 1099
1302 **1491-1494**
Resampa, André *1546*
Reschid Pascha, Osman.,
Großwesir 1081
Residenz 607 608
–, s.a. Palast
–, s.a. Schloß
Résistance 899 1307
Resistência Nacional Moçam-
bicana ↗ RENAMO
Reskripte der röm. Kaiser *240*
Restauratio Imperii 413
Restauration, (1815–1830) **721**
724 729
–, Dtld. 742 743
–, Italien 814
–, Rußland 804-806 809 810
Restitutionsedikt (1629) 626
646
Retief, P. 1139
Reuchlin, Johannes *603*
Réunion 1549
Réunionskammern, frz. 672
Réunionspolitik, frz. 654
Reuter, Ernst 1242 *1295*
Revindikation 509
Revisionismus 724 752-755
Revisionismusdebatte 723
Revolten ↗ Aufstände
Revolution, amerikanische
(1776) 1171 1173 1174
–, Deutschland, (1848/1849)
725 **745-752**
–, –, (1918/1919) 848 849
–, Frankreich, (1848) 788 789
–, Mexiko (1910–1917) 1199
–, Österreich-Ungarn 849
–, Portugal (1820) 725 730
–, Rußland, (1905–1907) 804
810 812
–, –, (1917) 844 845 849 962 963

1744 REV—ROM

–, Spanien (1820–1823) 725 730
–, Ungarn (1956) 1247
–, s.a. Aufstände
revolutionärer Sozialismus 724
Revolutionäres Komitee für
  Einheit und Aktion ↗ CRUA
Revolution, Frkr. (1789) ↗ Französische Revolution
Revolution, Rußland (1917)
  s.a. Oktoberrevolution
Revolutionskalender, frz. 779
Revolutionsrat, Iran 1493
–, Port. 1330
Revolutionstribunal, Frkr. 779
  780
Rex Francorum ↗ Königtum,
  fränk.
Rex sacrorum 187
Rey, Jean 1268 1270
Reynaud, Paul 875 877 957 958
Reza ↗ Resa
Rezeption d. röm. Rechts 395
  440 441
RF 1529 1531
RGW (Rat für Gegenseitige
  Wirtschaftshilfe) 1233 1362
  1363 1365 1366 1368 1371
  1374 1388 1391 1397 1621
  1623 1624 [G] 1365
–, Außenhandel [T] 1369 1370
–, Binnenhandel [T] 1370
–, Finanzpolitik 1366
–, Fünfjahrplan 1363
–, internationale Investitionsbank 1368
–, Kfz., (1956) 1364
–, –, (1958) 1365
–, –, (1959) 1365
–, –, (1962) 1366
–, –, (1974) 1368
–, –, (1975) 1368
–, –, (1976) 1369
–, –, (1978) 1371
–, Kfz. (1981) 1371
–, Mitglied Kuba 1436
–, Wirtschaftsbeziehungen
  1368 1371 1378
Rhamnus 154
Rhandeia, Abk. (63 n.) 311 314
Rhapta 1119 1120
Rhee, Syngman 1033 1340
Rhegion (Rhegium; Reggio di
  Calabria) 119 133 195 196
  201 263 [T] 107
Rheinbund, (1658) 628 653 670
–, (1806–1813) 727 728 739 741
  743 782
Rheinfranken 323
Rheinische, Allianz (1654) 653
–, Republik 926
Rheinischer   Städtebund,
  (1254) 418 508 516 [T] 497
–, (1381) 516 [T] 497
Rheinland-Pfalz   1292   1293
  1625
Rheinland (1918–1945) 865 927
  928 930 942
Rheinmetall 933
Rheinpfalz (bayrische Pfalz)
  750 751 926
–, s.a. Pfalz
Rhein-Ruhrgebiet,
  (1914–1945) 953 954
Rhein-Ruhrgebiet (1914–1945)
  s.a. Ruhrgebiet
Rhens, Kurverein (1338) 513
Rhetorenedikt (361) 254
Rhetorik, attische 137
–, röm. 224 250 288

Rhetra, Große 112 113
Rhobathon (Rawwafa) 317
Rhode 294
Rhode Island 1166 1178
Rhodes, British South Africa
  Company 1136
–, Cecil 801 1114 1125 1140
Rhodesian Front ↗ RF
Rhodesien 1124–1125 1526
–, s.a. Südrhodesien
–, s.a. Zimbabwe
Rhodope, röm. Prov. 278
Rhodope, röm. Provinz s.a.
  Thrakien
Rhodos, (vor dem Hellenismus) 101 138–142
–, (hellenistische u. röm. Zeit)
  154 157 164 168 171 175 176
  178 180–182 203 204 [T] 107
–, (MA) 380 591 592
–, (NZ) 1077
–, Abk. (1949) 1451
Riade, Schl. (933) 399
Ribas Reig, Oscar 1631
Ribaut, Jean 1165
Ribbentrop, Joachim v. 869
  872 875 879 882 885 894 898
  912 936 942 970 988
Ribemont, Vtg. (880) 348 350
  351
Ricci, Matteo 1024
Richar 332
Richard, Kg., v. Cornwall 430
–, England, Kg., Löwenherz
  415 434 450 467 492 466
–, –, –, II. 549 567 573 [S] 569
–, –, –, III. 571 [S] 569
–, Hz. v. York 570
Richard v. Aversa 437
Richelieu, Armand-Jean du
  Plessis 625-627 668 669 692
  785 1166
Richenza, Ksn. 410 411 [S] 414
Richmond 1180
Richter, Israel (Alt.) 86 304
Richter, Eugen 757
Richter Prada, Pedro 1607
Ricimer, Rom, Heermeister
  256 [S] 253
Ridgway, Matthew Bunker
  1262 1263 1277
Riebeeck, J. van 1138
Riego y Núñez, Rafael de 819
Riego-Zeit 1149
Riel, Louis 1172
Riemenschneider, Tilman 501
Rienzo, Cola di 515 527 533
Rifai, Said 1639
Rif-Kabylen 1094
Riga, Frd., (1920) 989
–, –, (1921) 966 991
–, Schl. (1917) 845
Rig-Weda 1048
Rijswijk, Frd. (1697) 629 655
  674 699 1170
Rimbert, Hamburg, B. 333
Rimini, Ariminum 198
Rimini, Bulle (1226) ↗ Goldene
  Bulle v. Rimini
Rin-chen bzang-po 1017
Ringadoo, Veerasamy 1652
Rio de Janeiro 1192
–, Protokoll (1942) 1205
–, Vtg., (1828) 1208
–, –, (1947) 1276
Rio de la Plata, Vize-Kgr. 1191
  1207
Rio-de-la-Plata-Gebiet   1190
  1191 1193

Rio de Oro 1488 1490
Rio-Grande-do-Sul-Gebiet
  1193
Rio Maranón 1606
Rio Muni 1514
Rio San Jacinto, Schl. (1836)
  1198
Rios Montt, Efrain 1589
Rios Morales, Juan Antonio
  1211
Ripka, Hubert 996
Ripoli-Gruppe 21
Risorgimento 814 815
Riß-Eiszeit 8 12
Ritter, röm. 204-209 215-217
  219-221 224 227 229 230 232
  234 238 240 243 244 246 265
  267 271 287 293 300 301 303
  307 309
–, s.a. Rittertum
Ritterbünde 517
Ritterkrieg (1522–1523) 636
Ritterorden 435
–, von Montesa 561
Rittertum 388 433
–, Dtld. 106 107 517
–, Frankreich 442
Rivadavia, Bernardino 1208
Rivera, Julio Adalberto 1590
Rivières du Sud ↗ Französisch-
  Guinea
Rixa Elisabeth, Polen u. Böhmen, Kgn. 477 479
Rizal, José Protasio 1046
RM 1549
RNI 1488
Roatta, Mario 976
Robert, Achaia, Ft., v. Tarent
  591
–, Burgund, Hz. 446
–, Cîteaux, Abt, v. Molesme
  426
–, Flandern, Grf., II. 433
–, Frankreich/Westfrankreich,
  Kg., I. 349 [S] 443
–, –, –, II. d. Fromme 444-446
  [S] 443
–, Franzien, Hz., d. Tapfere 349
–, Normandie, Hz. 433
–, –, –, Kurzhose 465
–, Normannen, Hz., Guiscard
  409 424 437 438 439 490
–, Schottland, Kg., Bruce 565
  572 573
–, –, –, II. 573
–, –, –, III. 573
Robert Grosseteste, B., Lincoln ↗ Grosseteste
Roberto, Holden 1524 1525
Roberts, J.J. 1129
Robespierre, Maximilien de
  778-780
Robinson, Arthur R. 1665
Robles Quiñones, José Maria
  Gil 978
Roca Argentino, Julio 1208
Rocard, Michel 1629
Rocco, Alfredo 974
Rockefeller, John Davison
  1274
–, Nelson Aldrich 1285 1610
Rocky Mountains 1176
Rocroi, Schl. (1643) 627 669
Roderich, Westgoten, Kg. 364
  456
Rodriguez, Andrés 1667
–, Cabrillo, Juan 1165
–, Lara, General Guillermo
  1606

Röhm-Affäre (1934) 941
Röhm, Ernst 935 937 941
Römerbrief 257
Römisch-deutsches   Reich
  ↗ Reich
Römische, Frage 817
–, Protokolle (1934) 974
–, Republik (1798) 780 814
Römisches Recht 382 395
Römisches Reich ↗ Rom
Römisches Reich (MA/NZ)
  ↗ Reich
Römische Verträge (1957)
  1264 1265
Rössen 23
Rößler, Konstantin 731
Roe, Thomas 1054
Röver, Karl 938
Roger, Sizilien, Kg., I. 437
–, –, –, II. 411 412 415 425 428
  437 438 440 482 485 490
Rogers-Plan (1969) 1454
Roggeveen, Jacob 1225
Rohstoff-Kfz. (1975) 1238
Rohstoffonds-Vtg. (1980) 1239
Rohstoffpolitik (seit 1945) 1233
  1234 1238
Roh Tae-woo 1658
Rojas Pinilla 1602
Rokoko 607
Rokossowski, Konstantin 1362
  1397 1398
Rolambo, Merina-Reich, Kg.
  1121
Roland, de la Platière, Jean
  Marie 778
–, (Hruodland), Breton. Mark,
  Gf. 340
Rolandslied 340
Rolle, Richard 566
Rollo, Normannen, Hz. 371
Rom, (Alt.) 183-261 [T] 183
–, –, Agrargeschichte 185 186
  187 189 192 193 195 205 206
  214 215 216 239 240 246 249
  250
–, –, Stadt 184 185 188 205 211
  222 229 231 235-239 250 253
  255 256 258 259 319 322 324
–, (Königszeit 8. Jh.–ca. 510) 58
  95 183-186 [T] 184
–, (Republik), Feste u. Feiern
  [T] 213
–, –, Gesellschaft [G] 207
–, –, Grundlinien 205-213
–, –, Magistraturen,   außerordentliche [T] 208
–, –, –, ordentliche [T] 209
–, –, öffentliche Finanzen [T]
  206
–, –, Organisation des Welthandels 211
–, –, Organisation des Weltreichs [T] 210
–, (alte Rep. ca. 510–ca. 270)
  186-195
–, –, Eroberung   Italiens
  190-195
–, –, Expansion [T] 191
–, –, innere   Entwicklung
  188-190
–, –, Kolonien [T] 192
–, –, Ständekämpfe 188-190
–, –, Tribus [T] 192
–, (mittlere Rep. 287–133) 160
  164 165 168-171 175 181
  195-214
–, –, innere Entwicklung 204
  205 213 214

–, –, Prov.-Errichtungen T **196**
–, (späte Rep. 133–44) 160 166 169-171 214-224
–, –, Kultur 224
–, –, sullanische Reformen **219**
–, (Prinzipat 44 v.–285 n.) 170 224-248
–, –, Gesellschaft 229 230 239 240
–, –, pol. Org. 229-231 231 **240** G **241**
–, –, Reichsverwaltung **239-242** 261
–, –, zur Zeit Hadrians G **241**
–, (Spätantike 284–476) 249-257
–, –, Dyn. **253**
–, –, Kirche **252**
–, –, Reichsverwaltung (5. Jh.) G **252**
–, (MA) 359 361
–, (NZ) 817 902
–, Patrt. 250 255 260
–, Welternährungs-Kfz. (1974) 1237
Rom (MA) s.a. Kirchenstaat
Rom (NZ) s.a. Kirchenstaat
–, s.a. Vatikan
Rom, Vtg. (1957) ↗Römische Verträge
Romagna 95
Romanik **396 397** 441 453
Romanisierung 240
Romanorum imperator ↗Kaisertum Röm.-dt.
Romanos, Byz., Ks., I. Lakapenos 374 **487**
–, –, –, II. 361 487 **488**
–, –, –, III. Argyros 488
–, –, –, IV. Diogenes 489
–, Melodos **382**
Romanow, Dyn. 687 804 806 963 965
Romantik, Dtld. 744
–, Frkr. 788
–, Geschichtsschreibung 319
Romero Barcelo, Carlos 1601
Romero, C.H. 1590
Romero, Oscar **1590**
Romidee 256
Rommel, Erwin **880** 885 891-893 900 901 906 **947** 975
Romtheologie 256
Romuald von Camaldoli 426
Romulus, Rom, Kg. 183 184
–, –, Ks., Augustulus 249 256 324
Roncaglia, Reichstag (1158) 439
Roncalli, Angelo Giuseppe ↗Johannes XXIII., Pp.
Roncesvalles, Schl. (778) 340
Ronsard, Clément Marot Pierre de **666**
Roon, Albrecht v. **753**
Roosebeke, Schl. (1382) 548
Roosevelt, Franklin D. 862 864 866 868 875 877-879 882 885 892 895 896 903 905 **943** 946 976 996 1042 1043 **1185 1186** 12741277 1396
–, Theodore **1183** 1197
Rosas, Juan Manuel de **1208**
Rosellón ↗Roussillon
Rosenberg, Alfred 884 **937** 945
–, Ethel **1274**
–, Julius **1274**
Rosenkriege **570**
Rosette, Stein v. 64 159

Roskilde, Frd. (1658) 628 707 710
Roßbach, Schl. (1757) 657
Rossi, Pellegrino **816**
Roswitha v. Gandersheim **405**
Rote Armee 965
Rote Armee-Fraktion ↗RAF
Rote Brigaden(Ital.) 1320
Rote Fahne (KPCh-Organ) 1418
Rote Garden (VR China) 1419 1420
Rote Khmer 1432 1433 1565
Roter Frontkämpferbund 923
Rotes Kreuz 816 832
Rothari, Langobarden, Kg. 357
Rothmann, Bernhard **639**
Rotschild, Lionel Nathan 802
Rotten Boroughs 797
Rouen 285 551 T **455**
Round-Table-Kfzn. (1931/1932) 1060 1061
Rousseau, Jean-Jacques **609** **610 676** 715
Roussillon 554 560 562
Rouvier, Maurice 795
Rowlatt-Gesetze (1919) 1060
Rowling, Wallace **1564**
Roxane, G. Alexanders d. Gr. 150 152 153
Roxas, Manuel **1574**
Roxolanen 238 247 274 275 278 291
Royalismus, Frkr. 780 782-787 792-794
Royal Niger Co. 1130 1131
Roye, E.J. 1129
Royer-Collard, Pierre-Paul 785
Rozebeke ↗Roosebeke
Rozvi-Reich 1136
RPF (Rassemblement du Peuple Français) 1308
Ruanda-Urundi, Kolonialzeit (bis 1945) 1134 1143
–, s.a. Burundi
–, s.a. Rwanda
Rubayi, Salim Ali **1474**
Rubelblock 1366 1372
Rubens, Peter Paul **607** 694
Rubico (Rubikon), Fluß 223
Rubljow, Andrei **585**
Rubruk, Wilhelm v. **1014** **1071**
Rudd 1136
Rudolf, Kg., I. (v. Habsburg) 431 477
–, –, II. (v. Habsburg) 624 **644** 645
–, Kg./Ks., v. Rheinfelden 408 409 424
–, Böhmen, Kg., I. **579**
–, Burgund, Kg., I. 350
–, –, –, III. 350 404 405 446
–, Ehz., Österreich **773**
–, Westfrankenreich, Kg. 349 399
Rudolf (II.), Kg., Italien ↗Rudolf II., Burgund
Rudolph-See 1118
Rückversicherungsvertrag (1887) 732 763 766 809
Rümelin, Gustav **747**
Rüstung 857 860 862 864 T **735 879**
–, chemische 1371
–, Dt. Reich, (1871–1918) 763 764 767-769 917 T **735**
–, –, (1933–1945) 864 865 932 933 941 942 946 T **878**

–, Frankreich 865 956 957 T **735**
–, Großbritannien 1265 1314 1315 T **735**
–, Italien 974
–, Japan 865
–, Kuwait 1471
–, Österreich-Ungarn 755
–, Taiwan 1349
–, UdSSR 1227 1247 1277 1278 1372 1373 1377 1379
–, USA 865 878 881 1186 1187 1241 1242 1247 1250 1277 1279
–, s.a. Flottenpolitik
–, s.a. Heerwesen
–, s.a. Wiederbewaffnung
Rüstungsbegrenzung (seit 1945) 1240 1247 1248 1255 1256 1286 1306 1441 1621 1623 1633 1661 1662
–, s.a. Abrüstung
Rüstungsgleichgewicht (seit 1945) 1255
Rüstungskooperation, Frkr.-BR Dtld. 1273
Rütlischwur 510
Ruge, Arnold **747**
Rugier 289 324
Ruhrbesetzung, (1921) 856 925
–, (1923) 858 859 925 953
Ruhrgebiet 856 858 924 927
Ruhrkampf (1923) 858 925 926
Ruhrproblem (seit 1945) 1257
Ruhrstatut (1949) 1259
Ruiz Cortines, Adolfo **1586**
Ruiz de Hita, Juan T **503**
Rujugira, Rwanda, Kg. 1117
Rumänen 484 485
Rumänien, (Alt.) 273
–, (MA) 485
–, (NZ) 828 910 999-1001 T **834** 836
–, (seit 1945) 1275 1371 **1405-1406** 1634
Rumänien (Alt.) s.a. Dakien
Rumänien (MA) s.a. Moldau
–, s.a. Siebenbürgen
–, s.a. Walachei
Rumänien (NZ) s.a. Siebenbürgen
Rumasa, span. Konzern 1327
Rumjanzew, Pjotr A. **692**
Rumor, Mariano **1322** 1323
Rumpfparlament, (1648) 682
–, (1849) 751
Rum-Seldschuken 1068 **1072**
Runciman, Walter **995**
Runder Tisch 1628 1633
Rundstedt, Gerd v. 901 906
Rupert, v. Deutz **419**
–, Salzburg, B. **332**
Ruprecht, Kg. 518 S 512
Rurikiden, Dyn. 480
Rusellae 58
Rushdie, Salman 1643 1644
Rusk, Dean 1567
–, -Thanat-Kommuniqué 1567
Russisch, -französische Marinekonvention (1912) 736
–, -französische Militärkonvention (1892) 735
–, -Japanischer Krieg (1904–1905) 804 810 1028 1033 1040 1041
–, -Polnischer Krieg (1920) 965
–, -Schwedischer Krieg, (1570–1583) 706
–, –, (1590–1595) 706

–, –, (1788–1790) 709
–, -Türkischer Krieg, (1677–1681) 687
–, –, (1695–1700) 688
–, –, (1735–1739) 656 691
–, –, (1768–1774) 632 692 1080
–, –, (1787–1792) 692
–, –, (1806–1812) 805 1081
–, –, (1828–1829) 730 806
–, –, (1877–1878) 731 734 804 808 828 1082
Russische Bibelgesellschaft (1814) 805
Rußland, (MA) 378 379 480 **584 585**
–, –, Christianisierung 487
–, –, Gesellschaft **480**
–, –, Kultur **480**
–, –, Mongolenherrschaft **481**
–, –, pol. Org. 379
–, –, (1505–1795/1796) **685-692**
–, –, Kolonialmacht G 615
–, –, pol. Org. **686 689**
–, –, Reformen Peters d.Gr. **688 689**
–, –, Regierung Iwans IV. **686**
–, –, Religionspolitik 689
–, –, smuta **687**
–, –, Verwaltung **689** G **690**
–, –, (1789–1914) **803-813**
–, –, Außenpolitik **807**
–, –, Eisenbahnbau **806**
–, –, Industrialisierung **806**
–, –, Innenpolitik 807
–, –, pol. Org. G **811**
–, –, Sozialstruktur 810
–, –, Verwaltung G **811**
–, –, (1914--1917) **962-964** T 834
–, s.a. Drittes Rom
Rußland (seit 1917) ↗UdSSR
Rußlandfeldzug, Hitler 879 882 883-885 887-890 897 898 910-912 945
Rustam 317
Rust, Bernhard **937**
–, Mathias 1633
Rusuccuru (Dellys?) T 299
Rutilius Namatianus 250 255 288
Ruysbroeck, Jan von **504**
Ruysbroeck, Wilhelm v. ↗Rubruk, Wilhelm v.
Rwagasore, Louis **1522** 1523
Rwanda 1116 **1117 1521 1522** 1648
–, s.a. Ruandi-Urundi
Rydberg, Viktor **826**
Rydzśmigly, Eduard **992**
Rykow, Alexej J. **966** 969 970
Ryswijk ↗Rijswijk
Ryti, Risto 874 898 **988**
Ryukyu-Inseln ↗Okinawa

S

SA, (Sturmabteilung) 931 934 935 941
Saad ↗Sabah, Saad Abdallah al-Salim Al, Kuwait, Kronprinz
Saad, Ifat, Su., al-Din II. 1107
–, Kuwait, Kronprinz, al-Abdallah **1471**
Saalfeld, Bund (1531) 638
Saalum 1126
Saarabkommen, (1954) 1263
–, (1956) 1264
Saarabstimmung, (1935) 941

1746 SAA—SAN

–, (1955) 1264
Saarfrage, (1919) 853 1257
1262
–, (1956) 1264 1299
Saargebiet 844 853 941 948 953
1242 1263 1264 1297
Saarland 1242 1257 1262 1264
1297 1306 1626
Saarstatut (1954) 1299
Saba 85 317 1194 1596
–, Abdallah as-Salim as- 1471
Sabäer 76 227 317 318
Sabah 1564 1569 1570 1573
1656
–, Saad Abdallah al-Salim Al,
Kuwait, Kronprinz 1636
–, Jaber al-Ahmad Al, Kuwait,
Emir 1471 1636 1640
Sabas 305
Sabbat 89
Sabeller 264
Sabiner 184 194 195 T 192
Sabinian, Pp. 353
Sabra, Palästinenserlager
1457 1466
Sabri, Ali 1478
Sá Caneiro, Francisco 1330
Sacco di Roma (1527) 619 693
Sachalin 1341
–, Bodenschätze 1347
–, Flugzeugabschuß (1983)
1256
Sacharja 89
Sacharow, Andrej 13771633
Sachsen, (MA) 251 254 290 292
323 339 352 T 331
–, Freistaat 924 926
–, (seit 1945) 1626
Sachsen-Anhalt (seit 1945)
1626
Sachsen-Coburg, Verfassung
(1821) 743
–, –, -Braganza, Dyn. 820
Sachsenhauser Appellation
(1324) 513
Sachsen-Hildburghausen,
Verfassung (1816) 743
Sachsenkriege Karls d.Gr. 340
341
Sachsenspiegel 419 502
Sachsen-Weimar-Eisenach,
Verfassung (1816) 724 743
Sachs, Hans 524
Sacriportus 218
Sacrum imperium 399
Sadaschiwaraja, Indien, Kg.
1054
Sadat, Anwar-as 1285
1446-1448 1454 1456 1457
1470 1478 1479
Saddam Hussein ↗Hussein,
Saddam
Sadduzäer 304
Sad Saghlul 1092
Sächsischer Städtebund
(1382) 516
Säkularisation 637 663 678 706
738 1360
Säkularisierung 607 608-610
663 689
Säkularspiele, röm. 228 237
245
Sängerfest, Lübeck (1847) 745
Säuberungen, stalinistische
(1935–1938) 970
Säugetiere 2 8
Saevates 281
Safawiden, Dyn. 1015 1016
1072 1074-1076 1096

Saffariden, Dyn. 1067
Safi, Persien, Schah, I. 1096
–, –, –, II. 1096
Sagasta, Práxedes Mateo 819
Sagauli, Vtg. (1816) 1058
SAG (Sowjetische Aktienge-
sellschaften) 1384 1388 1389
Saguira el-Hamra 1488 1489
Sagunt 198-200 220 295
Sahak, Katholikos 311
Sahara, Demokratische Arabi-
sche Rep. 1489
–, marokkanisch/maureta-
nisch verwaltet 1488 1489
Saharaouis 1448 1488 1489
Sahelzone 1109 1490
Sahir Schah ↗Mohammed
Sahir Schah, Afghanistan,
Kg.
Sa-huynh 1043
Saibou, Ali 1646
SAIC 1535
Said, Ägypten, Pascha 1091
–, bin Sultan al-Nahayan 1641
–, bin Taimur, Su. 1473
–, Ibrahim 1547
–, Mohammed, Cheikh 1547
–, –, Jaffar 1548
–, Nuri as- 1467
Saifi, Dyn. 1110
Saifuddin, Brunei, Su. 1569
Saika 1453
Saint Albans, Schl. (1455) 570
Saint Cloud, Pierre de T 503
Sainte Croix 1194
Sainte-Marie 1142
Saint-Germain-en-Laye, Edikt
(1570) 666
–, Frd., (1679) 629 651 672 708
–, –, (1919) 854 949
Saint John 1194
Saint Kitts (Saint Christopher)
1666
–, -Nevis 1601
Saint Laurent, Louis 1286
Saint Lucia 1595 1600 1665
Saint-Martin 1194
Saint Pierre et Miquelon 1596
Saint-Simon, Claude Henri de
722
Saint-Simonismus 790
Saint Vincent 1599 1665
Saint Vincent/Grenadines
1595
Saipan, Schl. (1944) 1042
Sais 68
Saisset, Bernard 541
Saiten, Dyn. 68
Sakalava 1121
Sakarauchi, Yoshio 1347
Saken ↗Skythen
Sakir, Hamat, Kg. 84
Sakkara 25 30 64 65
Saladin, Ägypten, Su. 434 494
1067 1070
Salado de Tarifa, Schl. (1340)
558 562
Salah, Ahmed Ben 1481
Salamis 116
–, Schl. (449 v.) 127
–, Schl. (480 v.) 94 123 124 144
–, (Zypern) 154 271
Salandra, Antonio 818 972
Salankamen, Schl. (1691) 1079
Salan, Raoul 1309
Salasser 227
Salazar, António de Oliveira
981 1135 1137 1327 1328
Salbai, Frd. (1782) 1057

Saldae (Bougie) T 299
Salderus, Caspar v. 710
Sale T 106
Saleh, Ali Abdallah 1463 1641
Salek, Mustafa Ould Moham-
med 1490
Salentiner 195
Salerno (MA) 359 437
–, s.a. Salernum
Salernum (Salerno) 213
Salfranken 254
Salier, Dyn. 406
Salierzeit, Kultur 419 T 419
420
Salim, Ahmed Salim 1540
Salinas de Gortari, Carlos 1662
1663
Salins, Schl. (1493) 522
Salisbury 1136
–, Eduard, Grf. v. 570
–, Richard Neville Warwick,
Grf. v. 570
–, s.a. Harare
Salla T 280
Sallal, Abdullah as- 1473
Salland 345
Sallustius Crispus, C. 224 298
Salluvier 220
Salmanassar, Assyrien, Kg., I.
52 74
–, –, –, III. 56 75 84 85 87
–, –, –, V. 76 88
Salomo, Isr., Kg. 83 85-87 294
–, Konstanz, B., III. 351 398
Salomonen 1214 1226 1581
1660
Salomonische Dyn. 1108
Salonae (Soli) 271 273
Salona, Mgfsch. 590
Saloniki ↗Thessalonike
Salpensa 237
Salpeter 1206 1211
Salpeterkrieg (1879–1883)
1206 1211
SALT (Strategic Arms Limit-
ation Talks), -I-Abk. (1972)
1252 1253 1254 1282 1378
1380
–, -II-Abkommen (1979) 1254
1255 1285 1378 1380 1381
1621
Saltykow, Peter v. 658
Salvator mundi (1301) 541
Salvianus 256
Salvidienus Rufus, Q. 225
Salvius Julianus, P. 239 240
242 300
Salzburg, Abstimmung (1921)
950
–, Ebtm. 341
–, Kftm. 738
–, Univ. 649
–, s.a. Iuvavum
Salzburger Annalen 399
Salzlagerstätten 4-6
Salzmarsch Gandhis (1930)
1060
Salzmünder Kultur 35
Samajwadi Dschanata Dal
(Demokratische Volkspartei
) 1653
Sam'al (Sendschirli) 84
Samaniden, Dyn. 1066
Samaria 76 88 258
Samarina 87
Samaritaner 88 89 303
Samarkand 807 1014 1016 1065
1068
Samarobriva (Amiens) 286

Samarra 1067
–, -Kultur 70 74
–, -Stufe 19
Sambaa 1119
Sambesi ↗Zambezi
Sambhadschi, Indien, Kg.
1056
Sambia ↗Zambia
Sambuu, Jamsrangiyn 1408
Samniten 95 193-195 219 265
266 T 192
Samnitenkriege, Erster
(343–341) 194
–, Zweiter (326–304) 189 194
–, Dritter (298–290) 194 T 192
Samnium 200 266
–, s.a. Samniten
Samoa 1214 1215
–, dt. Kolonie 767 T 763
–, -Inseln 842 1219 1225
–, i Sisifo 1581
Samori Ture, Senegal-Hschr.
1112 1129
Samos, (vor dem Hellenis-
mus) 103 118 127 135 136
139 140 T 106 109
–, (hellenistische u. röm. Zeit)
161 175 177 294
Samothrake 139 T 106
Sampsigeramos ↗Uranius
Antoninus
Samrongsen 1043
Samson v. Dol 332
Samsonow, Alexander 837
Samsuiluna, Babylonien, Kg.
73
Samsun 221
–, s.a. Amisos
Samudragupta, Indien, Kg., I.
1051
–, –, –, II. 1051
Samuel, Bulgarien, Zar 483 484
488
–, Prophet 87
Samurai 1036 1038
San, Lorenzo 1150
–, Martin, José de 1205 1211
–, Martin Grau, Ramón 1433
–, Remo, Kfz. (1920) 856 1087
Sana 1474
Sănatescu, Constantin 1001
San (Buschmänner) 1126
Sancha, Aragón, Kgn. 461
Sánchez, Hernández, Fidel
1590
–, Luis Alberto 1667
–, Vilella, Roberto 1600
Sancho, Aragón, Kg., Ramirez
459 460 S 460
–, Kastilien, Kg., II. S 458
–, –, –, III. 459 S 458
–, –, –, IV. 558 S 559
–, Navarra, Kg., d. Gr. 458 459
460 S 458
–, –, –, VI. d. Weise 459
–, –, –, VII. d. Starke 459
–, Portugal, Kg., I. 463 S 462
–, –, –, II. 463 S 462
Sandawe 1118
Sandfluß-Konvention (1852)
1140
Sandiford, Lloyd Erskine 1665
Sandinistische Befreiungs-
front 1592
Sandinistische Revolution
1584 1591
Sandino, Augusto César 1201
Sand, Karl Ludwig 743
Sandler, Richard 984

SAN—SCH 1747

Sandrokottos ↗Tschandra-
gupta
Sandschabi, Narim 1492
Sandschar, Seldschuken, Su.
1013 1069
San Francisco, Frd. (1951) 1277
1342
San Germano, Vtg. (1225) 430
Sanguinetti, Julio 1611
Sanguinetti, Julio Maria 1668
Sanhedrin 303 304
Sanherib, Assyrien, Kg. 57 76
88
San Ildefonso, Vtg. (1777) 1193
San José, EG-Konferenz
(1984) 1584
Sankara, Thomas 1509 1646
Sankt Gallen, Kanton 831
–, Klosterplan 346
Sankt Gotthard a.d. Raab,
Schl. (1664) 651 1079
Sankt Petersburg ↗Petersburg
Sankt Viktor, Kl. in Marseille
330
San Marino 1324 1631
San Salvador, Insel ↗Guanah-
ani
Sansculotten-Aufstand (1795)
780
Sansibar s.a. Tanzania
–, ↗Zanzibar
Sanskrit 1048 1050 1051
San Stefano, Frd. (1878) 731
762 808 828 829 1082
Santa, Anna, Antonio López
de 1198
–, Cruz, Andrés 1205 1206
–, -Cruz-Inseln 1214
–, Fe, Capitulaciones (1492)
1188
–, Hermandad 561
–, Isabel 1514
–, Lucia 1595 1600
Santa Lucia s.a. Saint Lucia
Santana, Pedro 1203
Santarém 1164
Santa Rosa Island 1145
Santer, Jacques 1335 1630
Santiago de Compostela 458
557
Santo Domingo ↗Haiti
Santorin ↗Thera
San Vicente, Kl. 353
San Yu 1567 1655
São Paulo 1192 1210
São Tomé/Principe 1329 1514
1515 1647
Sapaier 276 277
Sappho 111
Sara 1510
Saragat, Giuseppe 1320 1321
1322
Sara-Gruppen 1106
Sarajewo, Attentat (1914) 736
775 829
Sarapis ↗Serapis
Saratoga, Schl. (1777) 1174
Sarawak 1570 1573
Sarazenen 251 318 360 403 437
–, s.a. Araber
–, s.a. Arabereinfälle
–, s.a. Mauren
Sarbadare, Dyn. 1071
SARC (Gruppe für Südasiati-
sche Regionale Zusammen-
arbeit) 1552
Sardeis 81 118 121 138 149 160
–, Schl. (262 v.) 170
Sardinien, (Vorgeschichte) 35
42

–, (Alt.) 89 90 119 182
–, röm. Prov. (Sardinia) 198 226
267 268 T 196
–, (MA) 533 561
–, (NZ) 696 697 699
Sardur, Urartu, Kg., II. 80
Sargon, Assyrien, Kg., II. 76 84
85 88 92
–, Babylonien, Kg., I. 31 72 74
80
Sarkis, Elias 1461
Sarmaten 248 251 254 274 279
280 321
Sarmiento, Domingo Faustin
1208
Sarmizegetusa (Várhely) 238
Sarney, José 1616 1668
Sarraut, Albert 955 956
Sarten ↗Sogdier
Sarto, Andrea del 694
Sartsetakis, Christos 1339
Sasaniden, Dyn. 92 245 302
303 306 308 311 314-317 318
1010-1012 1050
Sasanidenreich, pol. Org. 315
316
Saskatchewan, Kolonie 1172
Sa-skya, Kloster 1017
Sasónow, Sergejei D. 813
Sassaniden ↗Sasaniden
Sassoferrato, Bartolo da 538
Sassou-Nguesso, Denis 1516
1647
Sassulitsch, Wera J. 808
Satala 308
Sathykow, Peter v. 658
Saticula T 192
Sato, Eisaku 1343 1344
Satrapien 93 148-150 161 313
Satricum 193
Satschagraha-Feldzug (1919)
1060
Sattar, Abdus 1561 1562
Sattiwasa, Mitanni, Kg. 74
Saturn, Gottheit 300
–, Planet 1
Saturnia 214
Sauckel, Fritz 891 938 943 946
Saud, Dyn. 1090
–, Saudi-Arabien, Kg. 1470
–, Wahhabiten-Feldh. 1090
Saud, Abdal Asis Ibn ↗Ibn
Saud, Kg., Saudi-Arabien
Saudi-Arabien 1090 1444 1446
1469 1470 1472-1474
1636-1638 1640 1662
Saul, Israel, Kg. 87
Saurier 6
Sauschtatar, Mitanni, Kg. 74
Saussure, Horace Bénédict de
715
Sava, Serbien, Eb. 484
Sava-Gruppe 22
Savak 1491
Savaria (Szombathely) T 280
Savia, röm. Prov. 280
–, s.a. Pannonien
Savigny, Friedrich Karl v. 741
Savimbi, Jonas 1525
Savonarola, Girolamo 537
Savoyen, (Alt.) 256 283
–, (MA) 436 440 506 536 554
–, (NZ) 697 699 791 816
Savoyen (NZ) s.a. Piemont
–, s.a. Sardinien (NZ)
Sawaba 1509
Saxo Grammaticus 475
Sayem, Abu Sadat Moham-
mad 1561

Sayn-Wittgenstein-Berleburg,
August von 750
SBZ (Sowjetische Besat-
zungszone) ↗DDR, Besat-
zungszeit
Scala, Cangrande della 532
–, (Scaliger), Dyn. 532
Scarbantia T 280
Scardona 273
Scarlatti, Alessandro 608 694
Scavenius, Erik 986
Scelba, Mario 1321
Schaabi, Kahtan asch- 1474
Schabaka, Kusch, Kg. 68
Schacht, Hjalmar 926 930 932
933 936 937 941-943 947
Schäffer, Fritz 1291
Schaerer, Eduardo 1207
Schärf, Adolf 1352
Schäuble, Wolfgang 1626
Schaff, Adam 1398
Schafirow, Peter P. 689
Schagir Bazar 70
Schahdschahan, Großmogul
1055
Schahpur I., Sasaniden, Kg.
306
Schah Roch, Ilchan 1071
Schahu, Indien, Kg. 1056
Schaibaniden, Dyn. 1015 1072
Schaka ↗Skythen
Schall, Adam 1026
Schamasch 73
Schamaschschumukin, Baby-
lonien, Kg. 76
Schamir, Jitzhak 1466 1639
Schams 85
Schamschi-Adad, Assyrien,
Kg., I. 74
–, –, –, V. 56
Schan 1565
Schantung ↗Shantung
Schappeler, Christoph 636
Schapur, Sasaniden, Kg.e 246
–, –, Kg., I. 246 247 315
–, –, –, II. 251 253 254 315 316
Schardscha 1472 1491
–, s.a. VAE
Scharett, Mosche 1465
Scharki-Sultanat, Dschaunpur
1052
Scharm el-Scheich 1451
Scharnhorst, Gerhard Johann
David v. 740
Scharon, Ariel 1466
Scharq, Mohammed Hassan
1644
Schatawahana, Dyn. 1050
–, s.a. Andhra
Schatila, Palästinenserlager
1457 1466
Schatt al-Arab 1469
Schaumburg-Lippe 743
–, Wilhelm Grf. v. 701
Schauprozesse, UdSSR
(1936–1938) 970
Schauschka 74
Schazar, Salman 1465
Schdanow, Andrej A. 969 1361
1362 1372 1374
Scheel, Gustav Adolf 938
–, Walter 1296 1302 1304
Scheer, Reinhard 840
Scheidemann, Philipp 848 918
920 923 928 G 921
Schelling, Friedrich Wilhelm
Joseph v. 803
Schengener Vertrag (1990)
1623

Schepilow, Dimitri T. 1375
Schepseskaf, Ägypten, Kg. 26
Scher Ali, Afghanistan, Schah
1099
Scherbengericht ↗Ostrakis-
mos
Scheremetew, Boris P. 689
Schermerhorn, Wilhelm 1330
Scher Schah Sur, Großmogul
1054 1055
Scheschonk I., Ägypten, Kg.
56 68 87
Scheuchzer, Johann Jakob
715
Schewardnadse, Eduard A.
1382 1632 1658
Schia ↗Schiiten
Schick Gutiérrez, Renè 1592
Schiefe Schlachtordnung 140
148
Schiesser, Horst 1625
Schießerlaß (1933) 939
Schigir-Kultur 19
Schihab, Fuad 1461
Schiiten 1063 1064 1066 1067
1069 1070 1072-1076 1096
1491 1492 1638
Schilhak-Inschuschinak, Elam,
Kg. 91
Schiller, Friedrich v. 663 738
753
–, Karl 1302
Schill, Ferdinand v. 741
Schilluk 1105
Schimmelmann, Heinrich Karl
710
Schintoismus 1034
Schirach, Baldur v. 938
Schiras 90
Schirdewan, Karl 1390
Schirren, Carl 808
Schischman, Dyn. 588
Schischunaga, Dyn. 1049
Schisma (1054) ↗Kirchenspal-
tung (1054)
Schisma, Großes (1378–1415)
↗Abendländisches Schis-
ma
Schiwadschi, Indien, Kg. 1055
1056
Schiwkow, Todor 1407 1408
1634
Schlangensäule 123
Schlegelberger, Franz 936
Schleicher, Kurt v. 929 931 932
941 G 921
Schleiermacher, Friedrich Da-
niel 741
Schlesien, (MA) 479 506 581
587
–, (NZ) 619 872
Schlesinger, James Rodney
1285
Schlesische Kriege, Erster
(1740–1742) 630 657
–, Zweiter (1744–1745) 631 657
Schlesische Kriege, Dritter
↗Siebenjähriger Krieg
Schleswig, (MA) 575-577 824
827
–, (NZ) 710 924 985
–, -Holstein (seit 1945) 1292
1625
–, -Holsteinische Frage 746
751-754 784 826 827
Schleyer, Hanns-Martin 1305
Schlieffen, Alfred v. 835
–, -Plan 835 876
Schlözer, August Ludwig v.
663

Schloß 607 608 672
Schlüter, Andreas *688*
Schlüter, Poul *1336*
Schmalkaldischer Bund (1531) 619 638-640
Schmalkaldischer Krieg (1546–1547) 620 640 641
Schmalklingentechnik 14
Schmerling, Anton v. *747-749 753 771*
Schmid, Carlo *1295*
Schmidt, Helmut 1254 1296 *1304* 1305 1306 1306 1396 1405
Schmitt, Kurt *936*
Schnurkeramikkultur 36
Schober, Johannes 950
Schönbrunn, Frd. (1809) 727 741 769
–, Vtg. (1805) 727
Schönfelder Gruppe 42
Schogun 1036
Schogunat 1036 1037
Scholastik *392-395* 501 *504*
Scholl, Hans 898
–, Sophie 898
Schongauer, Martin 523
Schotoku, Japan, Pr. *1034*
Schotten 292 332 368 T 331
Schottland, (röm.) 291-293
–, (MA) 368 *470 572 573*
–, (NZ) 678 685
–, (seit 1945) 1317
Schrift, Erfindung 71
–, etruskische 185
–, griechische 103
–, lateinische 185
–, Maya 1154
–, mykenische 96 100 103
–, s.a. Alphabet
–, s.a. Hieroglyphenschrift
–, s.a. Keilschrift
–, s.a. Linear A
–, s.a. Linear B
–, s.a. Proto-Linear-A
–, s.a. Silbenschrift
Schriftleitergesetz (1933) 940
Schriftlichkeit (MA) 391
Schröder, Gerhard (*1910) 1251 *1302*
Schröder, Gerhard (*1944) *1626*
Schroeder, Kurt v. *932*
Schuan-schuan-Reich 1011
Schütz, Heinrich *608*
Schuf-Berge 1458
–, Bürgerkrieg 1462
Schukairi, Ahmed 1445
Schukow, Georgij Konstantinowitsch *884* 890 1291 *1374* 1375
Schulaufsichtsgesetz (1872) 762
Schuldengesetze, röm. 218
Schuldenkrise (Entwicklungsländer) 1662
Schulden, Rom 187 190
Schuldknechtschaft *108*
–, Griechenland 116
–, Rom 187 189
Schulen ↗ Bildungswesen
Schulenburg, Friedrich Werner v.d. *947*
Schulgi, Ur, Kg. 32 72
Schulpflicht 794
Schultz, George P. 1637
Schulwesen ↗ Bildungswesen
Schulze-Delitzsch, Hermann *753*

Schumacher, Kurt *1291* 1295 1300
Schuman, Robert *1260*1264
Schuman-Plan 1260
Schunga, Dyn. 1050
Schurz, Carl *751*
Schuschnigg, Kurt 866 *942 951*
Schussenrieder Gruppe 28
Schutzhaft 939
Schutzstaffeln ↗ SS
Schutzzollpolitik 717 719
–, Dt. Reich 762 763
Schwaben, Hztm. 351
–, s.a. Alamannien
Schwabenkrieg (1499) 525
Schwäbischer, Bund (1488) 522 639
–, Städtebund (1376) 516
Schwarzburg-Rudolstadt 743
Schwarze Hammel, Dyn. 1072
Schwarzenberg, Adam v. *649*
–, Felix v. *749 752* 753 771
–, Karl Philipp zu *770*
Schwarzer Freitag ↗ Börsenkrach (1929)
Schwarzer Prinz ↗ Eduard, Engld., Pr.
Schwarzer September 1303 1453 1454 1463
Schwarze Schar 741
Schwarz-Rot-Gold 743 745 928
Schweden, (MA) 370 *471 472* 574 575 *576-578*
–, –, Christianisierung 471
–, –, Herrscher T *471 574*
–, –, (1523–1818) *706-709*
–, –, (1814–1914) *825 826*
–, –, (1914–1945) *984*
–, –, (seit 1945) *1357-1358* 1623 1632
Schweden (Alt.) ↗ Germanien, Freies
–, ↗ Nordeuropa
Schwedisch, -Dänischer Krieg (1643–1645) 627 709
–, -Französischer Krieg, (1635–1648) 626
–, -Westindien 1194
Schwedische Akademie 708
Schwedischer Krieg (1630–1635) 626
Schweinebucht, Invasion (1961) 1249 1280 1435
Schweiz, (MA) 497 510 512 517 521 522 *524-526*
–, (NZ) 605 606 634 647 *714 715* 725 *831 832* 1007 1008
–, (seit 1945) *1354-1356* 1629 T 1355 1356
Schweiz (Alt.) ↗ Alpenprovinzen
–, ↗ Gallia Cisalpina
–, ↗ Gallien
–, ↗ Germania Superior
–, ↗ Italien
–, ↗ Rätien
Schweizer Bauernkrieg (1653) 715
Schweizerkrieg (1499) ↗ Schwabenkrieg
Schwendi, Lazarus v. *643*
Schwerin 413
Schwerin v. Krosigk, Johann Ludwig (Lutz) 912 *936* 947
Schwertbrüder 518
Scipio ↗ Cornelius Scipio
Sclaveni 270
Scodra (Shkodër; Shkodra; Skutari) 273

Scolacium (Squillace) 215
Scoti ↗ Skoten
Scotus ↗ Duns Scotus
–, ↗ Johannes Scotus Eriugena
Scribonius Curio, C. 223 269
Scrope, York, Eb. 568
Scullin, James Henry *1223*
Scythia, Minor, röm. Prov. 274
Scythia, Minor, röm. Prov. s.a. Mösien
Scythia, röm. Prov. 278
–, s.a. Thrakien
SDI (Strategic Defense Initiative) 1621 1625 1661
SDP (Social Democratic Party) 1317
SDP (Sozialdemokratische Partei der DDR) 1627
SD (Sicherheitsdienst des Reichsführers SS) 935
Seaga, Edward *1598*
SEATO (South East Asia Treaty Organization) (1954) 1245 1263 1278 1443 1564 1567
Sebaste 302
Sebastian, Portugal, Kg. 700
Sebeos 386
Sebetwane, Kololo-Hschr. 1122
Sechem-chet, Ägypten, Kg. 25
Sechs-Tage-Krieg (1967) ↗ Juni-Krieg
Section Française de l'International Ouvrière ↗ SFIO
SED, (Sozialistische Einheitspartei Deutschlands) 1243 1382-1384 1386 1388-1395 1627 1628
–, –, Organisationsaufbau G 1387
Sedan, Schl. (1870) 755 792
Seeckt, Hans v. *924* 926 928
Seeley, Robert *801*
Seemacht T 737
–, England/Großbritannien 628 631 729
–, s.a. Flottenpolitik
–, s.a. Rüstung
Seeräuberei, antike ↗ Piraterie im Röm. Reich
Seerechts-Kfz. (1974) 1237
Seevölker 52 68 79 83 86 101
–, s.a. Philister
Segeda 202
Segeju 1120
Segesta 126 135
Segni ↗ Signia
Segni, Antonio *1321* 1322
Segovia, Vtg. (1475) 560
Segu 1112
Ségur, Philippe-Henri de *676*
Segusio (Susa) 285
Seidenstraße 313
Seidler, Ernst v. *949*
Seine-Oise-Marne-Gruppe 37
Sein Lwin 1655
Seipel, Ignaz *950*
Seiwa, Japan, Ks. 1035
Sejm, poln. Parlament 711 805 806 1397
Sejo, Korea, Kg. 1033
Sejong d. Gr., Korea, Kg. 1032
Sekenenre, Ägypten, Kg. 24
Sekgema, Botswana, Kg. 1538
Sekigahara, Schl. (1600) 1038
Sékou Touré, Ahmed *1497* 1498
SELA (Sistema Económico Latinoamericano) 1436 1587

Selbstbestimmungsrecht 845 846 852 866 868 1235
Seldschuken 1013 1068 1069
Seldte, Franz *936* 937
Seleukeia/Orontes 162
Seleukeia/Tigris 153 313
–, Syn. (410, 420) 315
Seleukeia-Ktesiphon, Katholikat 315
Seleukeia Pieria 161 162
Seleukiden, Dyn. 77 84 156 158 *160-167* 168-172 176 177 203 204 221 302 305 306 311-313 S 163
Seleukidenreich 77 *159-160*
Seleukos, Seleukidenreich, Kg., I. Nikator 152-155 160 161 164 168 170 1049
–, –, –, II. Kallinikos 159 *162* 169 312
–, –, –, III. Soter *162*
–, –, –, IV. Philopator *164* 165
–, –, –, VI. *167*
–, –, Prätendent, V. 166
Selgovae 292
Selim, Osman., Su., I. 1071 1075 1076
–, –, –, II. 596 1077
–, –, –, III. 1080 1081
Selinunt (Selinus) 135
Selinus (Selinunt) 107 119
Sella curulis 186
Sellasia, Schl. (222 v.) 174
Selymbria 141 T 106
Sembat, Marcel *952*
Semiramis, Assyrien, Kgn. 76
Semiten 66 *71-74* 82 84-86 89 1062
Semitisch, Spr. 85
Semjonow, Wladimir *1389*
Semnonen 289 290
Semonides *111*
Sempach, Schl. (1386) 517 *525*
Semper, Gottfried *750*
Sempronius Gracchus, C. 207 *215* 216 265 299
–, Ti. 201 202 207 215 265
Sempronius Longus, Ti. 199
Semstwo 807 810
Sena, Dyn. 1051
–, Gallica T 192
Senanayake, Don Stephen *1562*
–, Dudley Shelton *1562*
Senat, röm. 261 264-267 271 287 297 307 309
–, –, (Königszeit u. alte Republik) 184 186 187 189
–, –, (mittlere Republik) 195 196 205 207-209
–, –, (späte Republik) 214 215 219 221 222 224
–, –, (Prinzipat) 227 228 230-232 234 236-238 240 244 247
–, –, (Spätantike) 249 250 252 254
Senatus consultum ultimum *216* 217 220 225
Sendero Luminoso („Leuchtender Pfad") 1607 1667
Sendwe, Jason *1517*
Seneca, Familie 296
–, ↗ Annaeus Seneca, L.
Senegal 790 1126 1127 *1495* 1521 1643 1644
Senegal-Niger-Region 1111-1112
–, s.a. Niger
–, s.a. Senegal

Senegambia 1644
–, s.a. Konföderation Senegambia
Senekal 1139
Senghor, Léopold Sédar *1495* 1500 *1507*
Sengiden, Dyn. 1070
Senlis 501 T 455
–, Frd. (1489) 522
–, Vtg. (1493) 616
Sennar 1091 1104
Senonen 59 194 195
Sens 285 T 455
Senta, Schl. (1697) 1079
Sentinum, Schl. (295) 194
Senussi, Mohammed Idris as-, Libyen, Kg. ↗Idris
Separatismus, dt. 926
–, kroatischer 1003
–, rheinischer 858
Sepeia 121
Septembergesetze (1835) 787
Septembermorde (1792) 778
Septennial Act (1716) 685
Septimius, Florens Tertullianus, Q. *260* 300
–, Rom, Ks., Severus **244 245** 267 278 280 282 292 297 300-302 306 314 317 T 225
Sepúlveda, Juan Ginés de *614*
Seqiti-Krieg (1858/1865) 1193
Sequaner 284 285
Seraphine, Oliver 1600
Serapis (Sarapis) 159 288 302
Serben 374
Serbien, (Alt.) 273
–, (MA) 379 380 **483 484** 490 491 **588 589** 591 594
–, (NZ) 725 737 829 835 839 844 1001 1002 1004 1005 1074 1082 T 834 836
Serbien (Alt.) s.a. Mösien
Serbien (seit 1918) ↗Jugoslawien
Serden 276
Serdica 278
Sergios, Konstantinopel, Patr. 383
Sergius, Pp., I. 333 354
–, –, II. 354
–, –, III. 355
–, –, IV. 422
–, Catilina, L. 221 222
Serm Na Nakhom 1655
Serrano Elias, Jorge 1663
Serrano y Dominguez, Francisco *819*
Sertorius, Q. 220 295
Serubbabel 89
Servan-Schreiber, Jean-Jacques *1310* 1312
Servatus Lupus, Abt *346*
Servilius Caepio, Q. 202 216 217
Servilius Glaucia, C. 216 217
Servilius Isauricus, P., (Konsul 48 v.) 223
–, –, (Konsul 79) 219
Servilius Rullus, P. 221
Servitium regis 401
Servius Tullius, Rom, Kg. 185 T 184
Sesklo-Kultur 20
Sesostris, Ägypten, Kg., II. 66
–, –, –, III. 66
Sestius, P. 222
Sestos 123 140 145 T 106
Seth 65
Sethnacht, Ägypten, Kg. 51 68

Sethos, Ägypten, Kg., I. 67 68
–, –, –, II. 51
Setia *193* T 192
Settignano, Desiderio da *538*
Seuchen ↗Pest
Seuse, Heinrich *504* 524
Seuthers, Thraker, Kg. 139
Severer, Dyn. 244 245 299
Severin 282 *325*
Severing, Karl *920*
Severinus, Pp. 363 T 355
Severus Alexander, Rom, Ks. *245* 285 T 225
Seveso 1324
Sevilla, Teilkgr. 456
–, s.a. Hispalis
Sèvres, Frd. (1920) 855 858 1006 1084 1467
Sewastopol 730 806 807
Sexs (Almuñecar) *294*
Sextius Calvinus, C. 283
Seychellen 1550 1652
Seychelles People's Progressive Front ↗SPPF
Seychelles People's United Party ↗SPUP
Seychelles Taxpayers and Producers Association ↗STPA
Seydlitz, Friedrich Wilhelm v. *658*
Seydoux, François *953*
Seymouria 2
Seymour, Jane ↗Jane Seymour
Seyß-Inquart, Arthur 866 876 *937* 938 *942* 944 *951* 981
Sezessionskrieg (1861–1865) 1180 1181
Sezze ↗Setia
SFIO (Section Française de l'Internationale Ouvrière) 953 1127 1495 1516
Sforza, Carlo *977*
–, Francesco *535* 536 693
–, Giovanni Galeazzo 537
–, Ludovico 693
Shaba (Katanga) 1520
Shaftesbury, Antony *610*
Shagari, Shehu *1506* 1646
Shah, J.C. 1558
Shaka, Ifenilenja, Hptl. 1125 1139
Shakespeare, William *608*
Shang, Dyn. 1018 1019
Shanghai, -Gruppe 1426
–, Kfz. (1959) 1417
–, Kommuniqué (1972) 1421
Shangobolongongo, Kuba-Hschr. 1123
Shang-ti, Gott 1019
Shang Yang 1020
Shantung, Vtg. (1922) 857
Sharif, Mian Nawaz *1653*
Sharma, Shankar Dayal 1653
Sharpeville 1535
Sharp, Granville 1127
Shastri, Lal Bahadur *1554* 1555
Shawwa, Lul Mohammed *1511*
Shearer, H. *1598*
Shehu, Mehmet *1412*
Shekar, Chandra *1653*
Shepard, Alan Bartlett *1280*
Sherman, William T. *1181*
Shermarke, Abdi Rashid *1543*
Shetland-Inseln (MA) 370
Shigemitsu, Mamoru 902 903 915

Shih-Tsu ↗Kublai Chan
Shikotan 1343
Shimonoseki, Frd. (1895) 1028 1033 1040
Shirakawa, Japan, Ks. 1036
Shona 1136
Shore, John 1057
Showa-Zeit 1041
Shrestha, Marich Man Singh 1654
Shrewsbury, John Talbot, Earl of *553*
Shu-Han-Reich 1022
Shun-chih, China, Ks. 1025 T 1024
Shuster, Morgan 1098
Siam ↗Thailand
Sibirien 686 807 1016
Sicca Veneria (Le Kef) T 299
Sic et non 392
Sichem 40 52 86 87
Sicherheitsdienst ↗SD
Sicherheitspolizei ↗Sipo
Sicherheitsrat der UNO 1228 1230 1237 1450 1453 1454 1529 1636 1637 1643 1655 1656 1662
Sicherheitsratsmitglied, China, VR 1228 1230
–, Frankreich 1228 1230
–, Großbritannien 1228 1230
–, UdSSR 1228 1230
–, USA 1228 1230
Sicherheitsrats-Resolutionen ↗UNO-Resolutionen
Sicilia, röm. Prov. ↗Sizilien
Sickingen, Franz v. *636*
Siddhartha Gautama ↗Buddha
Sidiciner 194
Sidki, Atif *1642*
Sidonius, Apollinaris, B. *324*
–, Dichter 250
Sidonius Apollinaris s.a. Sollius Modestus Apollinaris Sidonius
Sidon (Saida) *83* 84 149 154 159 164 307
Sido, Sani Souna *1510*
Siebenbürgen, (Alt.) 273 275 276
–, (MA) 482 483
–, (NZ) 619 843 854 997 999
Siebenbürgen (Alt.) s.a. Dakien
Siebenbürgen (NZ) s.a. Rumänien
Siebenjähriger Krieg, (1756–1763) 631 657 658 675 684 685 691 699 708 1056
Siebenjähriger Krieg (1563–1570) ↗Nordische Kriege (1530–1570)
Siebenjahrplan, UdSSR (1959–1965) 1375
Sieben Weise 110
Siebzehnerausschuß (1848) 746
Siebzehnter Juni (1953) 1363
Siedlungen, (Neolithikum) 17
–, (Frühneolithikum) 18-19
–, (Mittelneolithikum) 19-21
–, (Jungneolithikum) 21-23
–, (Altkupferzeit) 24-30
–, (Mittel- und Jungkupferzeit) 30-38
–, (Frühbronzezeit) 40-43
–, (Ältere Bronzezeit) 43-47
–, (Mittelbronzezeit) 47-51

–, (Jungbronzezeit) 51
–, (Eisenzeit) 56-60
–, Hochkulturen, (3. Jt.) 23-26 30-34
–, –, (2. Jt.) 39-41 43-45 47-49 51-53
–, Melanesien 1216
–, Mikronesien 1216
–, Ozeanien 1216
–, Polynesien 1216
Siedlungsformen, Griechenland 103
–, Mittelalter 387
–, s.a. Stadt
Siedlungspolitik, Israel 1455 1456 **1464**
Siels Zuazo, H. 1609
Siemens 933
Siena (MA) 439 440 536
Sierra Leone 1115 **1127 1129** 1130 **1498 1499** 1645
Sierra Leone People's Party ↗SLPP
Siete Partidas 558
Sievershausen, Schl. (1553) 641
Sieyès, Emmanuel-Josephe *776* 781
Siffin, Schl. (657) 1063
Siga, Reich 298
Sigebert v. Gembloux *419*
Sigeion 117 T 106
Sigelion 141
Siger von Brabant *392*
Sigibert, Franken, Kg., I. 336 362
–, –, –, III. 336
Sigismund, Ks. 517 **519 520** 525 579 586 S 511
–, Burgunder, Kg. 329 332
–, Polen, Kg., I. d. Alte 583 711 S 582 712
–, –, –, II. August 583 *711* S 712
–, –, –, III. 687 *711* 712 S 712
–, Schweden, Kg. 706
–, Siebenbürgen, Ft., Báthory 588
Sigismund, Ungarn, Kg. ↗Sigismund, Ks.
Signia 184 *193*
Signorie, Italien **530 531**
Sigurd, Norwegen, Kg., Jórsalafari S 473
–, –, –, II. S 473
Sihanouk, Norodom, Kambodscha, Pr. *1432* 1433
Siin-Reich 1126
Sikeler 119 124
Sikh-Religion 1052
Sikhs, Autonomiebewegung 1558 1559 1652
Sikorski, Wladyslaw 896 *993*
Šik, Ota *1401*
Sikyon 134 140 153 154 157 177-179 T 109
Silas 258
Silbenschrift, kanaanäische 82
Siles Suazo, Hernán *1608*
Silingen 322
Silius, C. 234
–, Italicus *242*
Silla 1031 1032 1034
Silo 86
Silur 3 4
Siluren 236
Silva Candida ↗Humbert v. Silva Candida
Silvandre, Jean *1507*

1750 SIL—SOM

Silvanus, Usurpator 254
Silverius, Pp. 329
Silvester, Pp., I. 328 356
–, –, II. 392 403 405 *422* 444
–, –, III. 407 422
–, –, IV. 425
Silvesterpatent (1851/1852)
771
Sima, Horia 1000
Simango, Uria *1531*
Simbananiye, A. 1524
Simeon, Bulgarien, Zar, II.
1002
–, Stylites d. Ä. *328*
Simitthu (Chemtou) 300 Ⓣ 299
Simla, Abk. (1914) 1017
–, Kfz. (1972) 1551 1552
Simon, Makkabäer 165-167
–, Gustav 946
–, Heinrich *747*
–, John 864
–, v. Montfort 429 452
Simonides *111* 125
Simonie 409 424 428 447
Simons, Menno *639*
Simović, Duschan (Dušan) 880
1003
Simplicius, Pp. 329
Simson 86
–, Eduard *747 749 754*
Sin 77
Sinai 65 66 83 86 1466
Sinai-Abk. (1974/1975) ↗Trup-
penentflechtungs-Abk.
Sind 1049 1051 1055 1058 1559
Sindermann, Horst *1394*1395
Singapur, (NZ) 893 1042
1045-1047
–, (seit 1945) 1569 **1571 1572**
1577 1656
Singh, Buta 1653
–, Charan *1558*
–, Hari 1551
–, Vishnawath Pratap *1653*
Singhalesen, Sri Lanka 1563
Sin, Jaime 1576
Sin-leke-unini 75
Sinn-Fein-Bewegung 962 1630
Sinope *82* 169 308 Ⓣ 107
Sinowatz, Fred *1353* 1628
Sinowjew, Grigori J. *964* 966
969 970
Sinscharrischkun, Assyrien,
Kg. 77
Sint Eustatius 1194 1596
Sintflut 71 75
Sint Maarten 1194 1596
Sinuessa Ⓣ 192
Sinzogan, Benoit 1504
Sioux 1146
Sipontum (S. Maria di Sipon-
to) *213*
Sipo (Sicherheitspolizei SS)
935
Sippe 320
–, s.a. Gens
Siptah, Ägypten, Kg. 51
Siricius, Pp. *328*
Siriden, Dyn. 1069
Siris 119 Ⓣ 107
Sirmium (Sremska Mitrovica)
249 250 *279* Ⓣ 280
Široky, Villiam *1401*
Sisavang Vong, Laos, Kg. *1431*
Siscia (Šišak) *226 279* Ⓣ 280
Sisibut, Westgoten, Kg. 363
Sissoko, Filly-Dabo *1507*
Sistema Económico Latino-
americano ↗SELA

Sisulu, Walter *1535*
Sitalkes, Odrysen, Kg. 133
Sithole, Ndabaningi *1529*
Sitifis (Sétif) Ⓣ 299
Siva-Kult 1044
Siwa, Oase 69
Sixtus, Pp., IV. 530 536
–, –, V. *695*
Sizilianische Vesper (1282) 431
531 561 594
Sizilien, (Vorgeschichte) 35 41
50 54
–, (Alt.) 89 95 101 119 134 135
182
–, röm. Prov. (Sicilia) 195-198
200 201 217 219 225 226 228
268 Ⓣ 196
–, (MA) 360 385 415-417 428
430 437 439 489 531 **533** 558
–, Kgr. **437** 438 **440** 561 Ⓢ 559
–, (NZ) 656 **696** 699 898 900
1321
Skagerrak, Schl. (1916) 840
841
Skandagupta, Indien, Kg. 1051
Skanderbeg, Gjergj K. *592*
*1074*1075
Skandinavien, (Alt.) 289
–, (MA) 369-371 471-476 574
575
–, (16.–18. Jh.) 706-710
–, (1780/1789–1914) 824-827
–, (1914–1945) 983-985
Skandinavien (Alt.) s.a. Ger-
manien, Freies
–, s.a. Nordeuropa
Skandinavien (seit 1945) ↗Dä-
nemark
–, ↗Finnland
–, ↗Island
–, ↗Norwegen
–, ↗Schweden
Skandinavismus 825-827
Skënderbeu ↗Skanderbeg
Skerdilaïdas, Illyrer, Ft. 175
Skiathes 142
Skione 134
SKK (Sowjetische Kontroll-
kommission) 1386 1389
Sklaven 240
–, röm. 231 249 267 271
–, s.a. Unfreie
Sklavenaufstände 220
–, griech. 269
–, röm. 214 216 217 268
Sklavenbefreiung 799
Sklavenhandel 1102 1105-1106
1110 1113-1115 1119 1120
1124 1130 1133 1135 1138
Sklavenhandelsverbot (1807)
798
Sklaverei, Ägypten 66
–, Amerika 1166
–, –, engl. Kolonien 1168
–, –, span. Kolonien 1190
–, Athen 128 129
–, Babylon. 73
–, Brasilien 1192 1193 1209
1210
–, Griechenland 104 108
–, Hellenismus 157
–, Rom 205 207 208 214 217 238
239 250 257 303 307
–, USA 1175 1176-1181
Sklaverei, Afrika ↗Sklaven-
handel
Skopas, Politiker u. Söldner-
führer 164 180
–, von Paros, Bildhauer 137

Skopje, Schl. (1014) 488
Skordisker 272 277 279
Skoropadsky, Pavel P. *964*
Skoten (Scoti) 292 368
–, s.a. Gaelen
Skrzynski, Alexander *992*
Skupština 829 1409
Skutari (Shkodër) ↗Scodra
Skybolt-Projekt 1315
Skyros 125 138
Skythen (Saken, Schaka) 60
76 77 78 92 93 147 150
273-276 312-314 316 1010
1050
Skythes, Tyr., Zankle 123
Skythopolis 167 304 306
Slánský, Rudolf *1401*
Slavata, Wilhelm v. *646*
Slaven ↗Slawen
Slavnikiden, Dyn. 377 477
Slawek, Walery *992*
Slawen 321 333 373
–, Ausbreitung, Gliederung,
Landnahme **375 376**
–, Gräzisierung 380 Ⓣ 331
Slawenkongreß, (1848) 748
770
–, (1867) 808
Slawenpolitik, dt. 399 402 403
417
Slawische Kirche **376 377**
–, s.a. Ostkirche
Slawisch, Spr.n 502
Slawisierung 375
Slawonien, (MA) 380
–, (1919–1945) 854
Slawophilenbewegung 803
807
Slon-brtsan-sgam-po, Tibet,
Kg. 1016
Slowakei, (Alt.) 289
–, (1914–1945) 854 868 872 883
911 993 995 997 *998*
Slowakei (MA u. NZ) ↗Ungarn
Slowakei (1914–1945) s.a.
Tschechoslowakei
SLPP 1498 1499
Sluis, Schl. (1340) 544
Sluter, Claus *557*
SMAD (Sowjetische Militär-
administration Deutsch-
lands) 1382-1384 1386
Smetana, Anton *990*
Smith, Adam *722*
–, Ian 1315 *1529* 1530-1531
1649
Smolensker Komitee ↗Wlas-
sow-Armee
Smolensk, Schl. (1941) 884
Smuts, Jan Christiaan 1141
1142
Smuts-Gandhi-Übereinkunft
1141
Smyrna (Izmir) 81 118
–, s.a. Alt-Smyrna
Snaketown 1147
Sneevliet, Henricus ↗Maring,
G.
SNIM 1490
SNM 1651
Snofru, Ägypten, Kg. 26 65
Snorri Sturluson *476* Ⓣ 503
Snowy-River-Projekt *1576*
Soares, Mario 1329 *1330*1631
Soběslaw, Böhmen, Hz. 410
Sobhuza II., Swaziland, Kg.
*1537*1538
Sobibor, KZ 890 946 993
Sobrane 828

Sobukwe, Robert *1535*
Socarráz, Prio, Carlos *1433*
Social Democratic Party
↗SDP
Socii ↗Bundesgenossen, röm.
Soconusco 1157
Sodano, Angelo *1631*
Sögel 51
Söldner, (Alt.) 108 110 124 136
–, Äg. 66 68
–, Babylonien 77
–, Galat. 171
–, Griech. 138 139 149 177
–, jüd. 88
–, karthag. 89 182 198
–, maked. 145
–, schweizerische 525 526
–, weiße 1519 1520
–, s.a. Condottieri
Söldner, karthag. 182
Sofala 1120 1125
–, Prov. 1532
Soga, Geschl. 1034
Sogdiane (Sogdien) 92 150
162 1009-1011 1020
Sogdianos 94
Sogdier 1068
Soglo, Christophe *1504*
–, Nicéphore 1646
Soilih, Ali *1548*
Soissons 336
–, Kongr. (1728) 630
–, Schl. (486) 335
Soka Gakkai 1345
Sokoine, Edward *1540*
Sokolowski, Wassili D. *1243*
Sokomanu, George 1660
Sokoto, Sult. 1110 1111 1130
1131
Sokrates 132 133 *137*144
Sol 250 252
Solanki, Dyn. 1051
Soldaten ↗Heerwesen
–, s.a. Söldner
Soldatenhandel 665
Soldatenkönig ↗Friedrich Wil-
helm I., Preußen, Kg.
Soldatenräte ↗Arbeiter- und
Soldatenräte
Soleb 67
Solferino, Schl. (1859) 771 791
816
Solidarität, poln. Gewerk-
schaft 1399 1633
Solidarność ↗Solidarität, poln.
Gewerkschaft
Sol Invictus 248
Solis, Juan Diaz de *1189*
Solis Palma, Manuel 1664
Sollius Modestus Apollinaris
Sidonius, C. 288
Solon 110 111 **116 117** 125
Solonische Gesetze (594 v.)
116-117
Solutré 15 17
Solutréen 15
Solva 282
Solyson, Samos, Tyr. Ⓣ 109
Somali 1107 1108 1119 1543
Somalia 1446 1469 1479 **1543**
1651
–, s.a. Somaliland
Somalia National Movement
↗SNM
Somaliland 1143 1144
Somalische Sozialistische Re-
volutionspartei 1543
Somali Youth League ↗SYL
Somare, Michael 1660

SOM—SPA 1751

Somme, Schl. (1916) 837 838 841 952
Somoza, Luis 1592
Somoza Debayle, Anastasio („Tachito") 1592
Somoza-Diktatur 1201
Somoza García, Anastasio („Tacho") 1591 1592
Sonam Gyamtsho, Tibet, Dalai-Lama 1015
SONATRACH 1484 1485
Sonderbundskrieg (1847) 725 831
Sonderziehungsrechte ↗IMF
Songahram, Pibul 1567
Songkhram ↗Phibun
Songo-Mali, Jean Pierre 1512
Songrai 1111 1112
Songye 1133 1517
Soninke 1111
Sonjo 1118
Sonne 1
Sonnenfinsternis (763 v.) 56
Sonnengesang Echnatons 67
Sonnenheiligtümer, ägypt. 65
Sonnenstrahlungskurve 12
Sonnensystem 1
Sonni Ali, Songrai-Hschr. 1112
Sonntag 252
Soor, Schl. (1745) 657
Sophagasenos, Indien, Ft. 164
Sophistik 132 133 137 156
–, Zweite 243 310
Sophokles 132 133 137
Sopianae (Pécs) 279 280
Sora T 192 194
Sorben 341 352
Sorel, Georges 723
Sorge, Richard 883
Sorsa, Kalevi 1359
Soshangane 1137
Sosibios, Ägypten, Regent 159
Soso (Sosso) 1111
Sosthenes, Makedonien, Regent 172
Sotelo, José Calvo 979
Sothisdaten 64
Sotho 1122 1126 1139 1140
–, -Gruppen 1125
–, -Sprache 1122
Soto, Hernando de 1165
Soudan ↗Sudan
Soult, Nicolas Jean 784 787
Soumialot, G. 1519
Souphanouvong, Laos, Ft. 1431 1432
South African Indian Congress ↗SAIC
South Carolina 1167 1168 1177 1180 1181
Southeast Asia Treaty Organization ↗SEATO
South Pacific Bureau for Economic Co-operation 1581
South Sea Company 685
Southwest Africa National Union ↗SWANU
Southwest African People's Organization ↗SWAPO
Souvanna Phouma, Laos, Ft. 1431 1432
Souveränität, Absolutismus 600
–, DDR 1243 1389
–, Dtld., BR 1299
–, Schweiz 647 714
–, s.a. Unabhängigkeit
Sovrom (Sowjetisch-rumänische Gesellschaft) 1405

Sowchosenwirtschaft 1375
Soweto 1536
Sowjet 845 846 962 963 965
–, Moskau 845
–, Petrograd 810 845
Sowjetisch-deutscher Vertrag (1970) 1252 1303 1378
Sowjetische Aktiengesellschaft ↗SAG
Sowjetische Kontrollkommission ↗SKK
Sowjetische Militäradministration Deutschlands ↗SMAD
Sowjetkommunismus 833 849 962
Sowjetkongreß, Erster Allrussischer 963
–, Zweiter Allrussischer 845 964
–, Dritter 964
–, Fünfter 965
Sowjetpatriotismus 963
Sowjetrepublik 845
Sowjetsystem, DDR 1382
Sowjetunion ↗UdSSR
Sozialdemokratie 723
–, Rußland 803 809 810 812
–, Schweden 826
Sozialdemokratie, Dt. R./Dtld. ↗SPD
Sozialdemokratische Arbeiterpartei 755
–, Rußlands 810 813
–, s.a. SPD
Soziale Frage, (Spät-MA) 496-498
–, (Früh-NZ) 602 615
–, (NZ) 720
–, (seit 1945) 1227
–, Afrika 1499
–, Australien G 1562
–, DDR 1389 1390 1393 1395
–, Dtld., (Früh-NZ) 665 744 745
–, –, (1815–1870) 744 745
–, Dtld., BR 1299 1302-1306 T 1305
–, Dt. R., (1871–1918) 765 917 919
–, –, (1919–1933) 919 924 928 929 931
–, –, (1933–1945) 932 940 941
–, Frkr., (Früh-NZ) 674 675 676
–, –, (1789–1914) 783 785 787
–, –, (1914–1945) 953 955 956 958
–, Frkr. (seit 1945) 1312
–, GB 797-802 1318
–, Kanada 1289
–, Lateinamerika 1582 1584
–, Österreich 663 726-729 770
–, Rußland, (Früh-NZ) 689 691
–, –, (1789–1917) 804-809 812 845
–, USA 1278 1279 1280 1281
Soziale Frage (Antike) ↗Griechenland, Agrargeschichte
–, ↗Plebejer
–, ↗Rom, Agrargeschichte
–, ↗Schulden
–, ↗Schuldknechtschaft
Soziale Marktwirtschaft 1294 1295
Soziale Verbände 104
Soziale Werte, Rom 206 207
Soziale Werte, China ↗Konfuzianismus
Soziale Werte, Mittelalter ↗Mittelalter, Ethik

Sozialisierung ↗Kollektivierung
–, ↗Kommunismus
–, ↗Sozialismus
–, ↗Verstaatlichungen
Sozialismus 722
–, arabische Welt 1442
–, China 1029
–, Dt. R./Dtld. 745 747 748 752 753 755 762 764 766 767
–, Frkr. 787 789 791 792 794 795
–, Italien 818
–, Rußland 803 808 810
–, s.a. Kommunismus
–, s.a. Marxismus
–, s.a. Sozialdemokratie
Sozialismus, Afrika ↗tanzanischer Sozialismus
Sozialismus, arabische Welt s.a. Ägypten
–, s.a. Algerien
–, s.a. Baath
–, s.a. Irak
–, s.a. Syrien
–, s.a. Tunesien
Sozialismus, China s.a. Maoismus
Sozialismus, GB ↗Fabian Society
–, ↗Labour Party
Sozialismus, Lateinamerika ↗Chile
–, ↗Kuba
–, ↗Mexiko
–, ↗Peru
Sozialismus, Rußland s.a. UdSSR
Sozialistengesetze 762 766
Sozialistische Arbeiterpartei Deutschlands 762
Sozialistische Arbeits-Partei, Äg. 1479
Sozialistische Destour-Partei (PSD) 1481
–, s.a. Néo-Destour
Sozialistische Internationale 1261 1571 1666
Sozialistische Partei Österreichs ↗SPÖ
sozialistische Internationalismus 1409
sozialistischer Realismus 969
sozialistisches Lager 1361
–, s.a. kommunistische Welt
Sozial-liberale Koalition (1969-1982) 1302-1306
Sozialpolitik ↗Arbeits- und Sozialpolitik
Sozialrevolutionäre Partei Rußlands 810
Sozialstruktur ↗Gesellschaft
Spa 847 848
–, Kfz. (1920) 856
Spaak, Paul-Henri 1258 1264 1266 1332 1333
–, -Plan 1267
Spadolini, Giovanni 1324
Spätantike 249-257
–, s.a. Rom (Spätantike)
Späthelladisch 45
–, s.a. Griechenland (Helladikum)
Späth, Lothar 1627
Spätminoisch 44
–, s.a. Minoische Kultur
Spätmittelalter 495-506 507-596
–, Bevölkerung 497 T 495
–, Bildungswesen 502

–, Druckorte T 504
–, Geldentwertung 495 496
–, Geschichtsschreibung 502
–, Gesellschaft 495-499 T 497
–, Judentum 498 499 T 498
–, Kirche 498 499
–, Kunst 499-501
–, Landwirtschaft 496
–, Literatur 501 502 T 503
–, Löhne 496
–, Philosophie 504 505
–, polit. Organisation 495
–, Preise 496
–, Rechtswesen 502 504
–, soziale Frage 496-498
–, Stadt T 497
–, Theologie 504 505
–, Weltbild 504 505
–, Wirtschaft 495-497
–, Wissenschaft 504
–, Zunftwesen 497 498
–, s.a. Mittelalter
Späturnenfelderstufe 57
Spalato (Split) 250 251 273
Spanien, (1516–1788) 697-700
–, –, Bevölkerung 699
–, –, Gold- und Silbereinfuhren (1546–1645) G 698
–, –, Kolonialmacht 614 630 698 699 G 615
–, –, Kultur 700
–, –, Nationalstaatsbildung 616
–, –, Wirtschaft 697 698 700
–, (1789–1914) 818-820
–, –, Karlistenkriege (1834–1839) 819
–, (1914–1945) 977-980
–, –, Außen- und Kolonialpolitik 1326
–, –, Entwicklung des Franco-Regimes 1325
–, –, Franco-Regime 979-980 G 980
–, –, Marokkokrieg (1921–1926) 977
–, (seit 1945) 1256 1265 1325-1327 1622 1631
–, –, NATO-Eintritt 1273
Spanien (Altertum) s.a. Hispania Citerior
–, s.a. Hispania ulterior
–, ↗Iberische Halbinsel
Spanienfeldzug Karls d. Gr. 340
Spanien (MA) ↗Iberische Halbinsel
–, s.a. Westgotenreich
Spanien (Vorgeschichte) s.a. Iberische Halbinsel
–, ↗Südwesteuropa
Spanisch-amerikanischer Krieg (1898) 1183
spanischer Bürgerkrieg (1936–1939) 865 866 868 870 956 970 975 979
Spanischer Erbfolgekrieg (1701–1714) 629 630 655 674 684 685 695 699 701 704 705 1170 1191
Spanischer Unabhängigkeitskrieg (1808–1814) 819
Spanisch-Guinea ↗Äquatorial-Guinea
Spanisch-Niederländischer Krieg (1568--1648) 698 699 702
Spanisch-Sahara 1326 1485-1487 1488-1490
Spanisch, Spr. 1164

1752 SPA—STE

Sparta, (vor 500 v.) 81 105 **111-115** 121 T 107
–, –, (5. Jh.) 121 125-127
–, –, (4. Jh.) 133-142 144-146 149 154
–, (Hellenismus) 157 159 164 174 175 **177** 178-182 204
–, röm. Zeit 269
–, Artemis-Tempel 57
–, Kg.e T 112
Spartacus 220
–, -Aufstand (73–71) 220
Spartakusaufstand (1919) 923
Spartanisch-persischer Krieg (400–394) 138
SPD (Sozialdemokratische Partei Deutschlands) 762 764 765 769 917-921 923 924 926 928-931 939 940 1291 1292 1297 1300 1306 1625-1628 G 922
–, (1946) 1292
–, DDR 1382 1383
–, Parteikongreß (1903) 723
–, Parteitage, Bad Godesberg, (1946) 1292
–, –, –, (1959) 1300
–, –, Dresden (1903) 768
–, Programme, Erfurter (1891) 767
–, –, Godesberger (1959) 1300
–, –, Görlitzer (1921) 925
–, Revisionismusprogramm 768
Spee, Maximilian v. *840*
Speer, Albert 891 902 932 *937 946* 947
Speererworbenes Land 153 156 160
Speidel, Hans 1264
Speke, John H. 1117
Speranskij, Michail M. *805 806*
Sperrgesetz (1875) 762
Speyer 396 407 501
–, Hoftag (1273) 509
–, Reichstag, (1526) 637
–, –, (1529) 606 637
–, –, (1542) 640
–, –, (1544) 640
–, –, (1570) 643
Speyrer Protestation (1529) 619
Sphakteria 134
Sphinx von Giseh 65
Spichern, Schl. (1870) 755
Spiegelaffäre (1962) 1300
Spiele, Griechenland 105 106 125
–, röm. 184 213 229 230 235 240
Spina, etruskische Kolonie 58
Spinola, Ambrogio *625*
–, Antonio de *1328* 1329
–, Dyn. 536
Spiritualia 409
Spitamenes 150
Spitzbergen 1336 1337
Splendid isolation 801 803
Split ↗ Spalato
SPÖ (Sozialistische Partei Österreichs) 950 951 1351-1353 1628
Spoletium T 192
Spoleto, Aimone v. *976*
–, Hztm. 356-358 440
Sporenschlacht (1302) ↗ Kortrijk
SPP 1537
SPPF 1550 1652
Sprachdenkmäler, Frankreich T 454

Sprachen, Australien 1212
–, Mikronesien 1215
–, Ozeanien 1215
–, Polynesien 1215
–, s.a. die einzelnen Sprachen
Sprachengesetze, Belgien 823
Sprachgrenze, dt.-frz. 337
Spratly-Inseln 1657
Sprenger, Jakob *938*
Spreti, Karl v. *1588*
Springer, H.W. 1599
SPUP 1550
Sputnik 1375
–, -Schock 1375
Spychalski, Marian *1398*
Spytihněv, Böhmen, Ft. 376
Sri Lanka, (seit 1945) 1552 **1562** **1563** 1653 1654
Sri Vijaya-Reich 1043 1044
SRP (Sozialistische Reichspartei) 1299
SS (Schutzstaffeln) **935** 941
–, -Staat 945
–, -Verbot (1932) 931
SS-Zwanzig-Raketen 1255
Staaff, Karl Albert *826*
Staaten, Dtld. (1493–1789) 600
staatliche Entwicklungen (Früh–NZ) 600 601 **615-715**
Staatlichkeit, Hochkulturen, (3. Jt.) 23-26 30-34
–, –, (2. Jt.) 39-41 43-45 47-49 51-53
–, –, (1. Jt.) 56-58
Staatsbürgerschaft, DDR 1393
Staatsform, Frühneuzeit (1500–1789) **600 601**
–, Revolutionszeitalter (1789–1914) 724 725
Staatskult, Rom 188
Staatsnotwehrgesetz, Dt. Reich (1934) 941
Staatsordnung ↗ Politische Organisation
Staatsorgane, DDR 1393
–, Dtld. BR G 1296
–, Dt. Reich 766 G 920
–, s.a. Politische Organisation
Staatspacht, röm. 205 206 208
Staatspächter, röm. 239 *240*
Staatspächter, röm. s.a. Steuerpächter, röm.
Staatsphilosophie, röm. 224
Staatsschutzgesetz (1926) 974
Staatsstreich 1494
–, Tschechoslowakei (1948) 1276
–, Türkei (1960) 1340
–, s.a. Militärregime
–, s.a. Usurpationen
Staatstheorie, griech. 156
Staatsvertrag, Österreich (1955) 1245
Staat und Kirche ↗ Kirche-Staat
–, s.a. Papst-Kaiser
Stabilitätsprogramm, Dtld., BR 1304
Stachanow, Alexej *970*
Stachanowbewegung 970
Stack, Lee 1092
Stadt, (MA) **389 390 500 501** G 389 T 497
–, Alexanderreich 149-151
–, arab. 85
–, babylon. 72
–, Diadochenzeit 153
–, Dtld. 506 508 **515 516**
–, etrusk. **95** 184

–, Frkr. **442** 555
–, Griechenland 103
–, hellenist. 156 161
–, Iber. Halbinsel **557**
–, It. 439 **505**
–, italische 185
–, Kleinasien 78
–, latin. 95
–, phönik. 83 84
–, Polen 479
–, Röm. Reich 238 239 **240** 246 249 250 252 **261-318**
–, –, pol. Org. 267 268
–, Rußland 686
–, Sasanidenreich 315
Stadt (Alt.) s.a. Polis
–, s.a. Siedlungen, Hochkulturen
Stadt, Dtld. s.a. Reichsstädte
Stadtverwaltung (MA) **390** G 389
Städtebünde **516 517** T 497
–, s.a. die einzelnen Städtebünde
Städtekrieg, Erster (1388/89) 516
–, Zweiter (1449/50) 517
städtische Selbstverwaltung 739
–, s.a. Stadt
–, s.a. Stadtverwaltung
Stämme ↗ Stamm...
Ständekämpfe, Rom, alte Republik **187-190**
Stände, röm. ↗ Honestiores
–, ↗ Humiliores
–, ↗ Ritter, röm.
–, ↗ Senat, röm.
Ständewesen **388** 495
–, Dtld. 600 634 636
–, England 388 464
–, Frkr. 388 **540** 543 776
–, Iberische Halbinsel 557 558
Stageiros 134
Stahl, Friedrich Julius *721*
Stahlhelm (Bund der Frontsoldaten) 923 930
Stahlkartell (1926) 954
Stahlkonflikt, USA-Japan-EG (1982) 1273
Stahlpakt (1939) 870
Stalin, Josef *813* 870 882-885 887 894 895 903-905 913 915 962 *964* 966 967 **969** 971 993 1030 1043 1245 1275 1361 1363 1366 **1372** 1373 1396-1397 1406
Stalin-Ära **963** 969-972 1361 1362 1372 1373
Stalingrad, Schl. (1942/43) 878 890 895 897 946 971
Stalinismus 963 1372 1374
Stambul ↗ Istanbul
–, ↗ Konstantinopel
Stambulijski, Alexander *1001*
Stamfordbridge, Schl. (1066) 366
Stammesbildung 320
Stammesgemeinde 283 284 285 293
Stammesherzogtum 344 350 351 398 415
Stammesrechte, german. 338
Stammheimer Terroristenprozeß (1977) 1305
Standard Fruit, and Steamship Co. 1201
Standard Fruit Co. 1590 1593
Stanislaus, Krakau, B. *478*

–, Polen, Kg., I. Leszczyński 630 *656* 674 696 713
–, –, –, II. August (Poniatowski) 631 *658* 691 *713 714*
Stanley, Henry Morton 1117 1133
–, -Pool 1121 1123 1132 1133
Stanley Falls 1133
Stanleyville, Kfz. (1959) 1517
Starhemberg, Ernst-Rüdiger *951*
Stasis 108 113 116 123
Stateira, G. Alexanders d. Gr. 150
Statilius Taurus, T. 231
Statius ↗ Papinius Statius, P.
Statius Priscus, M. 243
Statoil, norw. Unternehmen 1337
Statthalter, röm. 205 206 208 211 230 246 250 252 261 268 270 274 276 292 295 303 306 308 309 G 241
Status von Westminster (1931) 1223
Statute of Labourers (1350) 566
Statute of Praemunire (1353) 566 678
Statute of Provisors (1351) 566
Statutum in favorem principum (1231) 417
Statut von Westminster (1931) 1173
Staufer, Dyn. 508 531 **412**
Staufer, Partei ↗ Ghibellinen
Stauferzeit **411-418**
–, Kultur **420** T *419 419*
Stauffenberg, Claus Gf. Schenk v. *910 946*
Stauning, Thorvald *985*
Stavisky, Alexandre 955
Steffens, Henrik *827*
Stegerwald, Adam *922 1291*
Steiermark, (MA) 351 415 510 522
–, (NZ) 855 911 950 951
Stein, Karl vom u. zum *739* 740 741
–, Lorenz v. 722
Steinberger, Bernhard 1390
Stein-Hardenbergsche Reformen ↗ preußische Reformen
Steinkammergruppe 36
Steinkohlenformationen 4
Steinwerkzeuge, (Paläolithikum) 11-14
–, (Neolithikum) 18 19
Stellungskrieg ↗ Weltkrieg (1914–1918)
Stempelsteuergesetz (1765), britisches 1173
Stenkil, Dyn. 471
Sten Sture, d. Ä. *578*
–, d. J. *578*
Stephan, Pp., II. 340 354 358
–, –, II. (III.) 356
–, –, III. 354
–, –, IV. 343 354
–, –, V. 355
–, –, VI. 355 361
–, –, IX. 422-424
–, Blois, Gf. 433 449
–, Bosnien, Kg., Tomaš 590
–, –, –, Tomašević 589
–, –, –, Tvrtko 589
–, England, Kg., v. Blois *465* 470 S 466

–, Herzegowina, Ft., Vukčić 590
–, Kroatien, Kg., Držislav 483
–, –, –, I. 483
–, Moldau, Ft., d. Gr. 588
–, Polen, Kg., IV. Báthory 711 S 712
–, Serbien, Kg., II. 484
–, –, Kg., Uroš I. 484
–, –, –, Uroš II. 484
–, –, –, Uroš III. 484 588
–, –, –, Uroš IV. Dušan 586 588 589
–, –, –, Uroš V. 589
–, Serbien, Ft., Lazarević 589
–, –, Gft., Nemanja 484 490
–, Siebenbürgen, Woiwode, II. Báthory 587
–, v. Thiers 426
–, Ungarn, Kg., I. d. Heilige 375 404
–, Zeta, Ft., Vojslav 483
Stephanus 258
Stepinac, Alojzije 1409
Stesichoros 294
Stettin, Frd. (1570) 516 706 709
Steuern s.a. öffentliche Finanzen
Steuer(n), ägypt. 65 158
–, assyr. 74
–, Athen 118 139
–, England (MA) 567
–, hellenist. 156
–, Kirche (Spät-MA) 527 528
–, makedon. 147
–, Papsttum (Spät-MA) 527 528
–, Persien 81 93 94
–, röm. 206 226 227 234 249 250 252 261 265 267 287 301-303 305
–, sasanid. 316
Steuerpächter, röm. 168 215 216 218 221 222 230 308
Steuerwesen ↗ öffentliche Finanzen
Stevenson, Adlai Ewing 1277
Stevens, Siaka 1498 1499
Stewart, Dyn. ↗ Stuart
Stichbandkeramik 23
Stična 59
Stieff, Helmut 947
Stikker, Dirk Uldo 1260 1266
Stikker-Plan 1260
Stilicho 249 255 322 S 253
Stillwell, Joseph 914
Stimson-Doktrin (1929) 1185
Stimson, Henry L. 903 1185
Stinnes, Hugo 927
Stinnes-Legien-Abk. (1919) 919
Štítný, Tomáš 579 T 503
Stoa 157 172 213
Stobbe, Dietrich 1306
Stockholm, Frd., (1719) 629 656 708
–, –, (1720) 656 708
–, Kfz. (1959) 1265
–, Konv. (1956) 1264
Stockholmer Blutbad (1520) 578
Stoecker, Adolf 762 763
Stoica, Chivu 1405
Stolbowo, Frd. (1617) 626 687 706
Stolypin, Pjotr A. 809 812
stone-bowl-culture 1116
Stonehenge 46
Stoph, Willi 1251 1252 1303 1392 1393-1395 1628

Storting 827
Stoß, Veit 501 523
STPA 1550
Strabon 231
Strafford, Thomas Wentworth, Earl of 681
Straits Settlements Penang 1569
Stralsund, Frd. (1370) 515
Straßburg, (MA) 523
–, (NZ) 604 629 654 945 1260 1265
–, Schl. (357) 291
Straßburg (Antike) ↗ Argentorate
Straßburger Eide (842) 343
Straßburger Kapitelstreit (1583–1604 644
Straßen, röm. 189 199 201 205 215 234 236 239 240 244 264 265 270 274 277 286 293 295 297 299 305 308 318 G 241
Strasser, Gregor 932 941
Stratege 120 125 129 G 130
Strategic Arms Limitation Talks ↗ SALT
Strategic Defense Initiative ↗ SDI
Strategie, Alexanderreich 152-155
–, Athen 122 131
–, hellenist. 161
–, Thrakien 277
Strathclyde 368
Stratioten, Byz. 383
Stratonike, T. Antiochos I. 162
–, T. der Demetrios Poliorketes 154
Straton v. Lampsakos 157
Straubing-Gruppe 46
Strauß, Franz Josef 1300 1302 1503 1625
Streibl, Max 1625
Stresa, Kfz., (1935) 865
–, –, (1958) 1265
Stresemann, Gustav 858-861 925 926 927 929 930 953 G 921
Strijdom, Johannes G. 1535
Stroessner, Alfredo 1610 1667
Stroop, Jürgen 898
Štrougal, Lubomir 1403
Struensee, Johann Friedrich 710
Struve, Gustav v. 746 749 751
Struwe, Peter B. 810
Stuart, Dyn. 573 680-684 679
Studium generale 395 396
Stülpnagel, Carl Heinrich v. 947
–, Otto 877
Stürgkh, Karl v. 949
Stützpunktabk. (1940), Estland-UdSSR 971
–, Lettland-UdSSR 971
–, Litauen-UdSSR 971
–, Philippinen – USA 1656
Stumpff, Hans-Jürgen 913
Stundenbücher 557
Sturla Thordharson 476
Sturluson ↗ Snorri Sturluson
Sturmabteilung ↗ SA
Sturzo, Luigi 972
Stuttgarter Rumpfparlament (1849) 751
Stuyvenberg-Abkommen (1978) 1334
Stuyvesant, Peter 1167
Suárez, Adolfo 1327

Suazo Cordova, Roberto 1591
subandine Kulturen 1163
Šubašić, Ivan 905 1004 1408
submykenische Kultur 102 103
Subsistenzkrisen (16.–18. Jh.) 598
Suciu-Gruppe 54
Sucre y de Alcalá, Antonio José de 1203 1205 1206
Sudan 794 1093 1103-1106 1109-1112 1127 1446 1475 1476 1545 1641 1647
Sudanesische Sozialistische Union 1476
Sudanvtg. (1899) 735
Sudetendeutsche Partei 994
–, Karlsbader Programme 995
Sudetengebiete, Sudetenland 866
Sudetenkrise (1938) 866 867 942 995
Sudetenland 866-868 870 943 994 995 996
Sueben 255 256 283 290 297 322 324 332
Südafrika 1124-1126
–, -Embargo (1986) 1622
–, Kapland 1126
–, Rep./Union 1648-1650 1652 1661 1666
–, Rhodesien 1124 1125
–, Südbantugebiet 1125 1126
–, Burenkrieg (1899–1902) 1140
–, Rep./Union 1138-1141 1314 1440 1528 1535-1537
–, -Embargo (1977) 1238
Südamerika 1157 1158 1666-1669
–, s.a. Lateinamerika
Südarabienkonfl. 1446
Südarabische Föderation 1474
Südasien 1047-1061
–, (seit 1945) 1652
Südaustralien 1222
süddeutsche Staaten, (1805/1806) 739
–, (1854/1860) 752
–, (1866/1867) 755
Südeuropa (NZ) 1630
Südindien 1053 1054
Süditalien 262-263
Süd-Jemen ↗ Jemen, DVR
Südkorea 1564 1658
Südliches Afrika 1648
Südneuguinea 1222
Südostasien 1043-1047 1564 1654
Südosteuropa, (Vorgeschichte) 38 42
–, (Antike) 271-278
Südosteuropa (MA) ↗ Ost- und Südosteuropa
Südosteuropa (NZ) 1635
–, s.a. unter den Einzelstaaten
Südrhodesien 1114 1315 1526
–, s.a. Zimbabwe-Rhodesien
Südsachalin 1342 1343
Südseeforum 1581
Südstaaten, USA ↗ Sezessionskrieg
Südtirol 848 854 973 975 1321 1322 1353 1630
–, Vtg., (1939) 943
–, –, (1969) 1353
Südvietnam 1564 1577
–, s.a. Vietnam
Südwestafrika (Kolonialzeit) 841 1126 1137 1138 T 763
–, s.a. Namibia

Südwesteuropa (Vorgeschichte) 29 35 37 50
Süleiman, Osman. Reich, Su., II. der Prächtige 619 1071 1075-1077
–, –, III. 1079
Süleimanköy 82
Suesabkommen (1954) 1314
Sueskanal 790 839 843 1091 1093 1247 1278 1451 1453 1455
Sueskrise (1956) 1247 1278 1308 1314 1451-1453 1463
Suessa, Aurunca T 192
–, Pometia 184
Suetonius, Paullinus, C. 235 292
–, Tranquillus, C. 242
Sufes (Hr. Sbiba) T 299
Sufet 90 300
Sufetula (Sbeïtla) T 299
Suffragetten ↗ Frauenbewegung
Sufismus 1066
Sugambrer 228 284
Suger, St.-Denis, Abt 449
Suharto, T.N.J. 1573 1574 1656
Suhe Bator 1015
Suidger, Bamberg, B. ↗ Clemens, Pp. II.
Sui, Dyn. 1022
Sukarno, Achmed 1046 1570 1572 1573
Sukzessionstheorie 259
Sulawesi 1572
Suleiman ibn Abdalmalik, Kalif T 1064
Sulla ↗ Cornelius Sulla
sullanische Reformen (81–80) 219
Sullo, Fiorentino 1322
Sully, Maximilian de Béthune, Hzg. v. 667 668
Sulpicius, Galba, P. 175 203
–, Rufus, P. 218
–, –, Ser. 224
Sumanguru, Soso, Ft. 1111
Sumatra 1572
Sumelocenna (Rottenburg) 286
Sumerer 71-75 82 91
Sumerisch, Spr. 73 82 90
Sung Chiao-jen 1029
Sung, Dyn. 1014 1023
Sunion 132
Sunjaata Keita, Mali, Kg. 1111
Sunna 1063 1064
Sunniten 1063 1064 1066 1068-1070 1072 1096 1638
Sun Yat-sen 1029 1030
Suppilulivuma I., Hethiter, Kg. 48 74 79
Supponiden, Dyn. 358
Supremat, päpstlicher 356
Suprematsakte (1534) 678
SURALCO 1604
Suramarit, Norodom, Kambodscha, Kg. 1432
Surinam (Niederländisch-Guayana) 1194 1604 1667
Susa 90-93 139 140 149
–, Massenhochzeit (324) 150
Susenyos, Äthiopien, Ks. 1108
Susiane 153
Suslow, Michail A. 1362 1381
Sutoku, Japan, Ks. 1036
Sutri, Synode (1046) 422 438
Sutri (Antike) ↗ Sutrium
Sutrium 193 T 192

1754 SUT—TAT

Sutruk-Nahunte, Elam, Kg. 52
Suworow, Alexander W. *692*
804
Suzuki, Kantaro 914 915 *1043*
Suzuki, Zenko *1347*
Svante Sture 578
Svarez, Karl Gottlieb *738*
Svatopluk, Mähren, Ft. *333* 377
Svear-R. 370
Svend, Dänemark, Kg.,
Estridsson 446 ⑤ 474
–, –, –, Gabelbart 334 ⑤ 474
Sverker, Schweden, Kg., d. Ä.
471
–, –, –, d. J. Karlsson 472
Sverkir, Dyn. 471
Sverre Sigurdsson, Norwegen, Kg. *473*
Svinhufvud, Per Evind v. *986*
987
Svoboda, Ludvik *1401* 1402
Swadeschi-Bewegung 1059
SWA-Frage 1532 1533
Swahili 1133
Swahili-Kultur 1120
SWA National Union ↗SWA-NU
Swan, John D. 1596
SWANU 1532 1533
SWAPO 1533-1534 1650
Swaradsch-Partei 1060
Swarredahab ↗Dahab, Abdul
Suwar al-
Swasey-Phase 1149 1151
Swazi 1125 1126
Swaziland 1140 **1537 1538** 1650
Swaziland Progressive Party
↗SPP
Sweben ↗Sueben
Sweitantra-Partei 1554
Swieten, Gerard von *663*
Swintila, Westgoten, Kg. 363
Swischtow, Frd. (1791) 659
1080
Swjatoslaw, Kiew, Gft. 374 **378**
488
Syagrius 288
Sybaris 119 120 Ⓣ 107
–, s.a. Thurioi
Sybota-Inseln, Schl. (433) 133
Sydney 1220
Syene (Assuan) 88
Syennesis, Herrschertitel 84
Sykes-Picot-Abkommen
(1916) 842 1087 1090
Sykophantie 132
SYL 1543
Symbolik (MA) 392
Symeon, d. Ä., Säulenheiliger
307 328
–, d. J., Säulenheiliger *307*
–, Metaphrastes *487*
–, d. Theologe *487*
Symeon d. Gr., Bulgaren, Zar
374 *483 487*
Symmachia 122 145 147 153
154 179 180
Symmachus, Pp. 327 329
–, Q. Aurelius (Konsul 391) 254
255
–, Schriftsteller 250
–, Schwiegervater des Boethius *325*
Symmorien, Athen 139
–, attische 141
Symonette, R. 1600
Sympolitie, griech. 138 157
Synagogen 89
Syndicat Agricole Africain
1499

Syndikalismus 723
Synesios 255 290
Syngman Rhee ↗Rhee
Synhedrion, Delisch-Attischer
Seebund 125
–, Griechenland 174
–, Hellenismus 156 161
–, Korinthischer Bund 147
–, panachaisches 271
–, zweiter Att. Seebund 139
Synkletos 90
Synkretismus 1103
Synnada 309
Synoden, christl. 259
Synoikismos 100 103 116 125
140
Syphax, Numidien, Ft. 201 298
Syrakus 119 124 134 135 182
188 195 200 268 Ⓣ 107
Syr-Darja 1010
–, s.a. Jaxartes
Syria, Coele, röm. Prov. 306
–, Phoenice, röm. Prov. 306
Syria Coele s.a. Syrien
Syrien, (vor dem Hellenismus)
66 67 69 73-75 77 79 **82-84** 85
87 89 101 Ⓣ 63
–, (Alexander d.Gr.) 149
–, (Diadochenzeit) 152-155
–, (Seleukiden)   156   157
160-167
–, (röm. Prov. [Syria]) 221-223
229 232 235 236 243 244 246
247 258 259 302 **305-308** 314
316 317
–, (Kalifen) 1063-1065 1070
–, (Osmanen) 1076
–, (1918–1945) 881 1087 **1089**
1458-1460 1487 1638 1639
–, (seit 1945) 1443-1447 1452
Syrischer   Krieg,   Erster
(274–271) *159*
–, Zweiter (259–253) 159 161
174
–, Dritter (246–241) 159 162
–, Vierter (219–217) 159 162
–, Fünfter (201–198) 159 164
167
–, Sechster (170–168) 159 165
167
Syrisch-irakische   Rivalität
1460
Syrisch-keltischer   Krieg
(275–271) 161
Syrisch-römischer   Krieg
(192–188) 164 168 203
Syrlin d.Ä., Jörg *523*
Syrový, Johann *995*
Syrup, Friedrich *938*
Syse, Jan 1632
Szálasi, Férencz 904 *997* 998
1403
Szepter 105
Szigeth 1077
Sztójay, Döme 899 *998*

T

TAA 1538 1539
Taaffe, Eduard v. *773*
Tabasco 1149 1587
Tabellargesetze   (139,   137),
röm. 214
Tabennese 302
Tabernae (Rheinzabern) 287
Tabone, Vincent 1631
Tabora 1118
Taboriten 520 579 580

Tacfarinas 232 298
Ta-Ch'ing-Dyn. ↗Ch'ing-Dyn.
(1636/1644–1912)
Tachmasp I., Persien, Schah
1096
Tachos, Ägypten, Kg. 69
Tacitus, Rom, Ks. 248 Ⓣ 225
–, ↗Cornelius Tacitus, P.
Tacna, Prov. 1206
–, Schl. (1880) 1206
Tadschikische SSR 1016
Tadsch Mahal 1055
Täbris 1076
Tae Han-Kaiserreich 1033
Täuferbewegung 606
Täuferreich,   Münster
(1534–1535) **639**
Taft, William 1183
Taft-Hartley-Gesetz   (1947)
1275 1276 1285
Tag der Barrikaden (1648) 670
Tagegelder ↗Diäten
Tagliacozzo, Schl. (1268) 508
Tagos 139
Tagsatzung 525
Taharka, Ägypten, Kg. 68
Tahiriden, Dyn. 1066
Tahiti 1226
Tahune-Stufe 18
Taiho-Kodex 1035
Taika-Reform (646) 1035
T'ai-p'ing-Aufstand
(1850–1864) 1027
Taira, Geschl. 1036
–, Kiyomori *1036*
Taisho Tenno, Japan, Ks. *1040*
1041
–, -Zeit (1912–1926) 1040 1041
T'ai-tsu, China, Ks. 1023
T'ai-tsung, China, Ks. 1016
1022
Taiwan 1285 1344 **1349** 1413
1416 1417 1418 1421 1564
1658
–, chin. Prov. (seit 1683) 1025
–, japan. Bes. (1895) 1028 1040
–, -Konflikt 1349 1417 1418
1421 1426
–, -USA 1285
Taiwan-Kommuniqué   (1982)
1426
Tajin 1153 1155
Tajo-Kultur 294
Takeshita, Noboru *1659*
Takudunu, Dahomey, Kg. 1115
Talal, Jordanien, Kg. *1462*
Tal der Könige 51
Talikota, Schl. (1565) 1054
Taljen 1028
Tallensi 1111
Talleyrand, Charles Maurice
de *781* 782-787
Tall, Wasfi al- *1463*
Talmud 304
Taman 169
Tambroni, Fernando *1321*
Tamerlan ↗Timur Leng
Tamilen 1562 1563 1653 1654
Tamilnad 1554 1555 1558
Tampico 1198
Tamworth-Manifest (1834) 799
Tamynai, Schl. (349 v.) 141
Tanagra, Schl. (457) 126
Tanais Ⓣ 107
Tanaka, Kakuei *1344* 1345 1346
1421
Tanasee, Schl. (1543) 1108
Tandschore 1055
Tang, Dyn. 1012 1013

T'ang, Dyn. 1022
Tanga 842
Tanganyika **1118 1142 1143**
–, -See 1118
–, s.a. Ostafrika
–, s.a. Tanzania
Tanganyika African Association ↗TAA
Tanganyika African National
Union ↗TANU
Tanger, Kfz. (1956) 1486
Tanguten 1014 1017
Tanin Kraivixien 1568
Tanis 52 56 68
Tanit 182 300
Tankred v. Lecce, Sizilien, Kg.
415 428
Tannenberg, Schl. (1410) 518
582 584
–, Schl. (1914) 837 963
Tanner, Väinö *987* 988
Tansania ↗Tanzania
T'an Ssu-t'ung *1028*
TANU 1539 1540
Tanzania   (Tanganyika)   (seit
1945) 1527 1532 **1538-1540**
1543 1648-1651
–, s.a. Tanganyika
tanzanischer Sozialismus 1539
Taoismus 1020 1022
taoistische Schule 1020
Tao-Kuang, China, Ks. Ⓣ 1024
TAP 1469
Tapae, Schl. (88 n.) 237
Tápé-Gruppe 49
Tapparelli d'Azeglio, Massimo
815
Taraki, Mohammed *1494*
Taraori, Schl. (1191) 1051
Tarapacá, Prov. 1206
Tarasidokissa ↗Zenon, Byz.,
Ks.
Tarasken 1156 1189
Taras (Tarentum, Taranto, Tarent) 101 Ⓣ 107
–, s.a. Tarent
Tardieu, André *954* 955
Tarent (Tarentum, Taranto)
113 124 194 195 200 215 226
262 263
–, s.a. Taras
Tarquinii (Tarquinia) 58 *193* 195
Tarquinius, Rom, Kg., Priscus
185 186 Ⓣ 184
–, –, –, Superbus 123 186 Ⓣ
184
Tarracina Ⓣ 192
Tarraconensis ↗Hispania Citerior
Tarraco   (Tarragona)   230
295-297
Tarragona ↗Tarraco
Tarsos 26 33 309
Tartessier 59
Tartessos 294
Tarxien-Stufe 41
Tasa-Stufe 21
Taschkent 807
Tasman, Abel *1220* 1224 1225
Tasmanien 1212 1220 1221
1222
Tassilo III., Bayern, Hz. 333 340
341
Tasso, Torquato *694*
Tata, Jamshedji *1058*
Tataren ↗Mongolen
Tătărescu, Gheorghe *1000*
Tatian, Apologet 259

TAT—THE 1755

Tatoga 1118
Taufe 260
–, s.a. Täuferbewegung
Taufik, Ägypten, Vizekg. 1092
Tauler, Johannes *504* 524
Tauriner 199
Taurisker 279
Tauroeis T 107
Tauroggen-Konvention (1812) 728
Tausendjahrfeier, Dtld. (1843) 744
–, Polen (1960–1966) 1398
–, Rom (248) 246
Tausret, Ägypten, Kgn. 51 68
Tauwetter-Periode, UdSSR 1373
Tavion 171
Taxila 1049
Taxiles, Herrscher von Taxila 150
Taylor, Charles 1645
–, Zachary *1179*
Tchad, Kolonialzeit (bis 1945) 1131 1132
–, (seit 1945) **1510 1511** 1642 1646 1647
–, –, Bürgerkrieg 1480 1511
Tchadseeregion **1109-1110**
Tchefunete-Kultur 1146
Tchicaya, Jean Félix *1516*
Teayo 1156
Technik, Australien, endogene Kulturen 1213
–, industrielle 717
–, Ozeanien, endogene Kulturen 1215
–, s.a. Erfindungen
–, s.a. Maschinen
Tecumseh, Shawnee, Hptl. 1171 1176
Tefnacht, Libyen, Kg. 68
Tegea 113 115 179 180
–, Schl. 125
Teheran 1285 1286 1494
–, Kfz., (1943) 896 993 1004
–, –, (1945) 1043
Tehuacan-Kultur 1149
Tehuantepec 1150 1157
Tei-Gruppe 45
Teja, Ostgoten, Kg. 325
Teje, Ägypten, Kgn. 67
Tekere, Eduard 1649
Teke-Reich ↗ Tio
Tektosagen 171
Telamon, Schl. (225 v.) 199
Telefunken 1312
Teleki, Pál 880 998
Teleklos, Sparta, Kg. T *112*
Telelat Ghassul 26 86
Telepinus, Hethiter, Usurpator 48 79
Tell, Arpatschija *70*
–, Asmar 31 32 40 43
–, as-Sauwan 19
–, Beycesultan 26
–, Brak 32
–, el-Amarna 47
–, es-Sauwan 70
–, Halaf 18
–, –, -Kultur *70* 74 78 82
–, Harmal 43
–, Hassuna 18 19
–, –, -Kultur 70 78
–, -i-Bakun 18 20
–, Matara 18
–, Siedlungen 18
–, Uqair 24
Telli, Diallo *1498*

Tello 31 40
Temenos 100 105
Temne 1127
Tempel, ägypt. 66-70 158 159 301
–, arab. 85
–, assyr. 71
–, babylon. 71 72 77
–, Elam 91
–, griech. 103 111 119 124 137
–, Jerusalem 87-89 92 303
–, syr. 83
Tempeldienst, jüd. 89
Tempelherrschaft, Syrien 306 307
Tempelstaaten 161
Tempelterritorien, hellenist. 156
Tempel und Paläste, Hochkulturen, (3. Jt.) 23-26 30-34
–, –, (2. Jt.) 39-41 43-45 47-49 51-53
–, –, (1. Jt.) 56
Tempelwirtschaft, Sumerer 71 73
Templerorden **436** 492 494 527 542 596
Temporalia 409
Tempsa *214*
Temudschin ↗ Dschingis Chan
Tenayuca 1156
Teng Hsiao-p'ing 1370 *1416* 1418 1419 1421 1422 1425 1657
Tenkterer 222 228 283 289 290
Tennessee 1175 1180
Tennes, Usurpator 84
Tenno 1034
Tenochtitlan (Mexico City) 1157 1189
Teos T 106 107
Teotihuacan 1152-1155
Tepaneken 1152-1155 1156 1157
Tepe, Djafarabad 20
–, Gaura 21 24 70 71
–, Giyan 20 33
–, Guran 18
–, Hissar 33 90
–, Sialk 18 20 90
Terauchi, Seiki *1040*
Terboven, Josef 875 890 *938* 944 985
Terentius, Afer, P., Dichter 211
–, Murena, A. 227
–, Varro, M. 183 200 223 224
Teres 147
Tergeste 281
Terillos, Himera, Tyr. 124
Terms of Trade 1235
Terpander, Dichter 113
Terra, Gabriel *1208*
Terremare-Gruppe 54
Territorialherrschaften 597
–, Dtld. 649
–, Frankreich 442 445-448 449
–, Italien 436
–, s.a. Landesfürsten
–, s.a. Landesherrschaften
Terrorherrschaft, Frkr. (1793) **779**
Terrorismus, BR Dtld. 1305 1306
–, GB 1316 1317
–, Iran 1493
–, Irland 802
–, Libyen 1642
–, Niederlande 1331 1332
–, Rußland 803 807 808 809 810

Terter, Dyn. 588
Tertiär 7 8
Tertullian ↗ Septimius Florens Tertullianus, Q.
Tervel, Bulgaren, Chan 373 381
Teschen, Frd., (1779) 658 692
–, –, (1919) 855
Teschup 74
Tessin 831
Testakte (1673) 683 684
Tetela 1517
Tete-Provinz 1532
Tet-Offensive (1968) 1029
Tetrarchie 249 250
Tetricus, Gallien, Herrscher 247
Tetzel, Johann *634*
Teudegisel, Westgoten, Kg. 362
Teudis, Westgoten, Kg. 362
Teufel, Erwin 1627
Teurnia 282 283
Teuschpa, Kimmerer, Kg. 92
Teuta, Illyrien, Kg.n 198
Teutoburger Wald, Schl. (9 n.) 229 284 290
Teutonen 216 217 290
Texas 1178-1180 1198
Tezcoco 1156
Tezozomoc, Tepanekenherrscher 1156
Thälmann, Ernst *922* 927 931 G 928
Thaer, Albrecht Daniel *741*
Thailändische Unabhängigkeitsbewegung 1567
Thailand 893 1044-1047 1285 1564 **1567 1568** 1655
Thai Patriotische Front 1567
·Thai-Völker 1044 1047
Thakin-Bewegung 1047
Thalassokratie, etrusk. 95
Thales 81 *111* 118
Thammasat-Universität 1568
Thamudener (Thamudäer) 85 317
Thamugadi (Timgad) T 299
Thanarat, Sarit *1567*
Than Tun 1566
Thapa, Surya Bahadur *1564*
Thapsos b. Syrakus 101
Thapsosstufe 50
Thapsus, Schl. (46 v.) *223*
Tharschisch ↗ Tartessos
Tharyps, Molosser, Kg. 144
Thasos 121 125 139 T 106
Thatcher, Margaret *1317* 1622 1623 1630
Theagenes, Megara, Tyr. 116 T 109
Theatiner 607
Theben, Ägypten 31 43 47 52 *66* 67 68 101
–, Griechenland, (mykenischer Palast) 49 99
–, –, (vor dem Hellenismus) 122 123 136 138 139 **140** 141 142
–, –, (Alexander, Hellenismus) 146-148 153 155 160 178
Theiß-Kultur 22
Themenverfassung 383 386
Themistios, Schriftsteller 250
Themistokles 121-123 125
Themptander, Oskar Robert *825*
Theobald, Champagne, Hzg., III. *459*
–, Navarra, Kg., IV. *459 460*

Theodahad, Ostgoten, Kg. *325* 326
Theoderich, Ostgoten, Kg., d. Gr. 324 **325** 326 327 339 362 381
–, –, –, Strabo 256
Theoderich (Theoderid), Westgoten, Kg., I. 323
–, –, –, II. **324**
Theodor, Äthiopien, Ks., II. *1109*
–, Epeiros, Despot, I. 590 593
–, Nikaia, Ks., II. 594
–, –, –, Laskaris *593*
–, Nubien, B. 302
–, Prodromos 491
Theodor v. Mopsuestia 382
Theodora, Byz., Ksn. *326* 382 *386* 488 489
–, G. d. Theophylakt 361
Theodoret v. Kyros *328* 382
Theodorus v. Tarsus, Canterbury, B. *333*
Theodosia T 107
Theodosius, Byz., Ks., II. 255 329 380
–, Rom, Ks., I. d. Gr. 250 *254* **255** 297 322 S 253
–, Vater von Ks. Theodosius I. 254 292
Theodulf v. Orléans 341 *346*
Theognis 111
Theokrit v. Syrakus *158*
Theologie, frühchristl. 260
–, MA *392-395*
–, Spätmittelalter **504-505**
–, der Befreiung 1584 1602
Theophan der Grieche *585*
Theophano (Theophanu), G. Ks. Ottos II. 402 403 436 *488* S 400
Theophilos, Byz., Ks. *385*
–, v. Antiocheia 259
–, Gothias *332*
Theophrast, Philosoph 153 *157* 178
Theophylakt, Rom, Stadtherr 361
Theopompos, Historiker 147 294
–, Sparta, Kg. 113 T 112
Theorikon 141 142
Theosophische Gesellschaft 1058
Theotokópulos, Domenikos *608*
Theramenes 135 136
Thera (Santorin) 98 T 107
Theresienstadt, KZ 945
Thermidorianer 780
Thermopylen, Schl., (480 v.) 122
–, –, (279 v.) 179
–, –, (191 v.) 164 181 203
Theron, Akragas, Tyr. 124
Thesen Luthers (1517) 605 634
Theseus, Athen, Kg. 98 116 125
Thesmotheten 116 131
Thespiai 122-123
Thespis 118
Thessalien, (vor dem Hellenismus) 103 122 125 126 136 139 141 144 145 *146* T 106
–, (Alexander, Hellenismus) 148 155 174-179 181
–, (Römerzeit) 269-271
Thessalischer Bund 136
–, s.a. Thessalien
Thessalonike 153 250 255 270 271

-, Kgr. 590 593
-, Vikariat 328
-, Vtg. (1148/1149) 490
Theten 104 117 126 129
Theudebert I., Franken, Kg. 332 336 338
Theudelinde, Langobarden, Kgn. 357
Theuderich, Franken, Kg. 335 336
Theudis, Ostgoten, Reg. 325
Theveste (Tébessa) T 299
Thiam, Habib 1495
Thiaumont T 838
Thibron 138
Thibursicum Bure (Teboursouk) T 299
Thierack, Otto Georg 937 946
Thierry v. Chartres 393
Thiers, Adolphe 786 787 789 792
Thietmar v. Merseburg 405
Thieu, Nguyen-Van 1428 1430
Thignica (Ain Tounga) T 299
Thiniten, Dyn. 64
Thiudimer, Ostgoten, Kg. 325
Thoas, Milet, Tyr. T 109
Tholoi 34 41 49
Tholos-Gräber 99
Thomas, v. Aquin 392 394 493
-, Becket, Canterbury, Eb. 412 428 450 466
-, Byz., Usurpator, d. Slawe 385
-, Epeiros, Despot, I. 591
-, -, -, II. 591
-, v. Kempen 505
-, v. Lancaster 565
Thomas Albert 845 952
Thomasin v. Circlaere T 420
Thomas Morus ↗ More
Thomson-Brandt, frz. Konzern 1312
Thora 89
Thorbecke, Johan Rudolf 821 822
Thorez, Maurice 955
Thorgeir, Island, Gesetzessprecher 334
Thorikos 99
Thorn, Frd., Erster (1411) 518 582
-, -, Zweiter (1466) 519 582
Thorner Blutgericht (1724) 713
Thorn, Gaston 1335
Thoroddsen, Gunnar 1338
Thraker 141 143-147 164 171 176
Thrakien 93 119 121 142 154 161 162 203 219 228 232
-, röm. Diözese 274 278
-, röm. Prov. (Thracia) 234 269 273 276-278
Thrasamund, Vandalen, Kg. 325
Thrasybulos, Athen, Politiker 135 138 139
-, Milet, Tyr. 110 115 118 T 109
-, Syrakus, Tyr. 124
Thrasydaios, Akragas, Tyr. 124
Thrasyllos 135
Thuburbo Maius (Hr. Kasbat) T 299
Thubursicu Numidarum (Khamissa) T 299
Thüringen 290 339 924 926
-, (seit 1945) 1626
Thüringer 325 336
Thugga (Dougga) 202 T 299

Thuku, Harry 1143
Thukydides, Historiker 98 101 129 132 134 143
-, Sohn des Melesias 127 128
Thule-Kultur 1148
Thunusida (Sidi Meskine) T 299
Thurgau 831
Thurioi (Thurii) 127 195 200
-, s.a. Sybaris
Thurstan, York, Eb. 470
Thutmosis, Ägypten, Kg., I. 67
-, -, -, III. 48 67
-, -, -, IV. 67
Thynis 168
Thysville 1518
Tibati-Reich 1131
Tibbu (Tubu) 1510 1511
Tiberias 304
Tiberios I. Konstantinos, Byz., Ks. 311 383
Tiberius, Rom, Ks. 225 228 229 231 232 272 279 284 290 305 S 233 T 170
Tibet 1009 1012 1016 1017 1025 1415 1417-1419 1563 1657 1658
-, -Abk. (1954) 1438
Tibetisch, Spr. 1015
Tibullus, Albius 231
Tibur (Tivoli) 193 194 238
Ticinus, Schl. (218 v.) 199
T'ien An-men-Zwischenfall (1976) 1423
Tientsin, Vtg. (1858) 1027
Tiepolo, Giovanni Battista 697
Tierkult, ägypt. 67
Tierra de los Indios 1158
Tierradentro-Komplex 1158
Tiffen (Kärnten) 282
Tiglatpilesar, Assyrien, Kg., I. 52 75 80
-, -, -, III. 57 76 80 84 85 88
Tigranes, Armenien, Kg., I. 167 169 170 221 305 311
-, -, -, II. 228
-, -, -, V. 235
Tigranocerta 221 311
Tigre 1107 1144 1651
Tigre People's Liberation Front ↗ TPLF
Tiguriner 216
Tikal 1153 1155
Tikar 1113
Tilak, Bal Gangadhar 1058 1059
Tillot, Guillaume du 697
Tilly, Johann v. 625 626 646 647
Tilsit, Frd. (1807) 727 739 805 825
Timarchos, Medien, Satrap 165
-, Milet, Tyr. 161
Timbuktu 1111 1112
Timisitheus 246
Timna 85
Timor 1574
Timotheos 139 140
Timur, Afghanistan, Schah 1099
Timuriden, Dyn. 1015 1016 1071 1072
Timur Leng, Mongolenherrscher 1014 1052 1071 1073
Tindemans, Leo 1272 1334
Tindiga ↗ Hadza
Tindouf 1486 1642
Tingi (Tanger) 298 T 299
Tinsulanonda, Prem 1568 1655

Tintoretto 694
Tios 168
Tio (Teke) 1121 1123 1124 1132
Tippu Tip 1121 1133
Tipu Sultan, Herrscher, Maisur 1057
Tirana, Vtg. (1919) 1005
-, -, (1927) 1005
Tiran, Meerenge 1451 1452
Tiran II., Armenien, Kg. 311
Tiribazos, Persien, Satrap 138
Tiridates, Armenien, Kg., I. 314
-, -, -, III. 235 251 311
Tirol, (MA) 513 515 522
-, (1914–1945) 950
Tiroler Aufstand (1809) 741 769
Tirpitz, Alfred v. 734 767 840 841
Tirpitz, Schlachtschiff 908
Tiryns, Kgr. 99 125
-, mykenischer Palast 49 97 99
Tiso, Jozef 868 995 996
Tissaphernes, Persien, Satrap 81 135 138
Tisza, István v. 773 775 949
-, Kálmán v. 772 775
Tiszapolgár-Kultur 28
Tithraustes, Persien, Satrap 138
Tito, Josip (Broz) 881 896 905 909 1004 1361 1363 1364 1368 1370 1397 1407 1408 1409-1411 1439 1635
Titoismus 1362 1364 1409 1410
Titulescu, Nicolae 1000
Titus, Rom, Ks. 236 237 T 225
-, Sabiner, Kg., Tatius 184
Tivoli ↗ Tibur
Tizian 603
Tizoc, Aztekenherrscher 1157
Tlacolula 1157
Tlaloc 1152
Tlapacoya 1145 1148 1151
Tlatelolco 1157
-, Vtg. 1587
Tlatilco, olmekische Siedlung 1151
Tlaxcalteken 1157
Tobago ↗ Trinidad und Tobago
Tocharer (Yüe-tschi) 312 1010
Todd, Reginald Garfield 1528
Todt, Fritz 891 937 946
-, Karl Gotthelf 750
Töpferscheibe 33
Togliatti, Palmiro 976 1321 1322
Togo 794 841 1127 1500 1501 1502 1503 1521 1645 T 763
Togo, Shigenori 886 914
Togrylbeg, Seldschuken, Su. 1068
Toi, Polynesien, Hptl. 1219
Tojo, Hideki 886 1042 1043
Tokelau-Inseln 1214 1225 1581
Tokio ↗ Tokyo
Tokugawa, Geschl. 1038
-, Hidetada 1038
-, Ieyasu 1038
-, Jemitsu 1038
-, Yoshinobu 1039
-, -Zeit 1038 1039
Tokyo 1039 1275
-, Kfz. (1943) 903 1042
-, -Runde (1978) 1238
-, Vtg. (1941) 1047
-, Weltwirtschaftskfz. (1979) 1239
Tolbert, William 1499

Toledanisches Reich ↗ Westgotenreich, Iberische Halbinsel
Toledo, (MA) 362 363 393 395 459 1069
-, Ebtm. 364
-, Konz., (589) 363 364
-, -, (633) 363
-, -, (653) 364
Tolentino, Frd. (1797) 813
Tolentino, Nicolò da 535
Toleranz, (Alt.) 257
-, Hellenismus 158
-, Persien 94
Toleranz (NZ) ↗ Aufklärung
Toleranzedikt (311) 251 261
Toleranzedikt (1598) ↗ Nantes
Toleranzpatent (1781) 663
Tolistobogier 171
Tolmides 126 127
Tolosanisches Reich 323 324
Tolstoj, Dimitri A. 807
-, Lew N. 803
Tolteken 1155 1156
Tomás, Américo (Deus Rodriguez) 1328
Tombalbaye, François 1510
Tomislaw, Kroatien, Kg. 374 379
Tomoi 278 T 107
Tomus Leonis 329
Tonga 1122 1214 1215 1225 1226 1581
Tongaland 1139
Tongking 1046
-, -Zwischenfall (1964) 1029
Tonjukuk 1012
Tontons Macoutes 1596
Toparchien 304
Torboleten 199
Tordesillas, Vtg. (1494) 560 613 614 1164 1188 1192
Torgau 907
-, Schl. (1760) 658
Torgau-Gotha, Vereinigung (1526) 637
Torgils Knutsson 574
Tories 683 685 800 801
-, USA 1177
-, s.a. Konservatismus
Torki ↗ Oghusen
Toro, Afrika 1541
-, am Duero, Schl. (1476) 560
Torone 140
Torp, Oscar 1336
Torre, Dyn. 532
Torres González, Juan Joseéé 1609
Torres Restrepo, Camilo 1602
Torrijos Herrera, Omar 1594 1595
Torwa, Dyn. 1124
-, Reich 1124 1125
Torydemokratie 800 801
Toscana, (NZ) 696 814 816
Toskana (MA) ↗ Tuszien
Totalitarismus, Deutsches Reich 935 940 941
-, UdSSR 963 969-972
Totenkopfverbände 935 936 G 936
Totenkult, Hochkulturen, (3. Jt.) 23-26 30-34
-, -, (2. Jt.) 39-41 43-45 47-49 51-53
Totila, Ostgoten, Kg. 326
Totleben, Eduard J. v. 808

TOT—TUR *1757*

Totonaken 1157
Toul, Btm. 669
Toulouse 448
Touré, Ahmed Sekou *1497* 1498
–, Amadou Toumani 1646
Tourismus 1600 1601
Tours (Caesarodunum) 285
–, Waffenstillstand (1444) 553
–, u. Poitiers, Schl. (732) 340 1065
Toussaint l'Ouverture, François Dominique *1202*
Townshend-Gesetze (1768) 1173
Town-ships 1136
Toxandrien 254
Toyoda, Soemu 885
Toyotomi, Hideyoshi 1033 *1038*
TPLF 1651
Trachonitis 302 318
Trades Union Congress 802
Trafalgar, Schl. (1805) 727
Tragödie, griech. 118 132
Traguiron (Trogir) 271
Traianopolis 278 309
Traianus, Rom, Ks. **238** 239 257 259 266 270 274 275 277 279 297 299 303 308 310 311 314 317 318 Ⓣ 225
Transarabische Pipeline ↗TAP
Trans-Himalaya-Highway 1563
Trans-Isthmischer Block 1151
Transitabkommen (1971), BR Dtld.-DDR 1253 1395
Transitverkehr, BR Dtld.-DDR 1306 1396
Transjordanien 1088
–, s.a. Jordanien
Transkei 1535
Translationstheorie 416
Transoxanien 1009 1012 1014 1015 1065 1069 1070 1096
Transpadana ↗Gallia Cisalpina
–, ↗Italien
Transsibirische Eisenbahn 809
Transvaal 1136 **1139 1140**
Traoré, Diara *1498*1645
–, Moussa *1507*1646
–, Zoumana 1509
Trapezunt, Ksr. 593 **596**
Trasimenischer See, Schl. (217 v.) 200
Traugutt, Romuald *807*
Travendal, Frd. (1700) 629
Trebia, Schl. (218 v.) 199
Treblinka, KZ 890 891 945 993 Ⓣ *225 247*
Trebonianus Gallus, Rom, Ks. Ⓣ *225 247*
Trebonius, C. 222 224
Treboul 50
Trejos Fernández, José Joaquin *1593*
Trenganu, Sultanat 1046
Trepow, Dimitrij F. *808*
Trerer 108
Tresckow, Hans Henning v. *947*
Tres Zapotes 1150 1151
Treverer 223 232 236 283 284
Treviso 439
Trezzini, Domenico *688*
Trianon, Frd. (1920) **854** 997 1396
Trias 5 6
Triaspolitik (1854/1860) 752
Triballer 148 273 276
Tribhuwana, Nepal, Kg. *1563*
Tribigild 255

Triboker 284 290
Tribonian *382*
Tribunizische Gewalt der röm. Kaiser 228 229 231 232 236
Tribur, Ft.ntag (1076) 424
–, Reichstag (887) 351
Tribus, röm. 184 185 189 191 193 204 212 216-218 263 Ⓣ 192
Tribut, röm. 206 211 215 240 246 261 267 268 291
Tributkomitien 189 209 211 212
Trichterbecherkultur 30 36
Tridentinum ↗Trient
Triennial Act 684
Trient, Konz. (1545–1563) 605 607 620-622 640 641 643
Trier, Ebtm. 508 511 512 514 519
Trier (Antike) ↗Augusta Treverorum
Trierer Schisma (1186–1189) 415
Triest 854 1320 1321 1409
Trilobiten 3
Trinh, Dyn. 1045
Trinidad und Tobago 1193 1595 **1598** 1665
Trinidad and Tobago Oil Co. ↗TRINTAC
Trinitarier 427
Trinovanten 291
TRINTAC 1598
Tripalo, Mirko *1410*
Triparadeisos, Reichsordnung (320) 152
Tripelallianz, (1668) 628 672
–, (1864/65) 1207
Tripolis/Libyen 736 818 1083
–, Charta (1969) 1479
–, Erkl. (1977) 1448
–, Kfz. (1976) 1575
Tripolis/Phönikien, (Tripoli) 84
Tripolitanien, röm. Prov. (Tripolitana) **298-300**
–, s.a. Tripolis
Tripolje-Kultur 27
Trittyen 120
Triumph, röm. 188
Triumvirat, Erstes (60 v.) 222
–, Zweites (43 v.) 225
Trizone 1277
Trochu, Louis Jules 792
Troia 26 33 34 41 44 101 148 183 277
Troianischer Krieg 99 **101**
Troizen 174
Trokmer 171
Troppau, Kongreß (1820) 730
Trotha, Lothar v. 1137 1138
Trott zu Solz, Adam v. *947*
Trotzki, Leo D. *810*845 963-967 969
Troubadour-Lyrik 396 453
Trovoada, Miguel 1514 1515
Troyes Ⓣ 455
–, Konz., (1107) 447
–, –, (1128) 436
–, Vtg., (1420) 551 552
–, s.a. Augustobona
Trpimir, Kroatien, Ft. 379
Trudeau, Pierre Elliott *1288*
True Whig Party ↗TWP
Trujillo, Héctor Bienvenido *1597*
–, y Molina, Rafael Leónidas *1203 1597*
Truk 1581

Truman, Harry S. 905 913 915 *1187* 1243 1258 1260 **1274-1277** 1338 1342 1413
–, -Doktrin (1947) 1242 1276 1338
Trumbić, Ante *1002*
Truong-Chinh *1429*
Truppenentflechtungs-Abk. (1974/1975) 1455
Trygger, Ernst *984*
Tsangli-Typ, Keramik 20
Tschad ↗Tchad
tschadische Sprachen 1100
Tschagatai, Mongolenherrscher *1014*
Tschahamana, Dyn. 1051
Tschaldyrán, Schl. (1514) 1076 1096
Tschalukja, Dyn. 1053
Tschamasp, Sasaniden, Kg. 316
Tschammer und Osten, Hans v. *937*
Tschandragupta, Indien, Kg. 154 312 1049 1051
Tschargataiden 1015
Tschechische Legion 965
Tschechische und slowakische Förderative Republik 1634
Tschechoslowakei, (1918–1945) **993-996**
–, (seit 1945) **1400-1402** 1621 1624 1631 1634
–, –, s.a. Tschechische und slowakische Förderative Republik
–, s.a. Böhmen
–, s.a. Mähren
–, s.a. Slowakei
Tscheka, sowjet. Geheimpolizei 964
Tschera, Dyn. 1053
Tschernembl, Georg Erasmus v. *646*
Tschernenko, Konstantin 1381 *1382* 1632 1657
Tschernobyl 1382 1620 1632
Tscherwenkow, Wulko *1407*
Tscheschme, Schl. (1770) 632 692
Tschischpisch, Persien, Kg. 92
Tschitscherin, Georgi W. 857 *966*
Tschogha Sembil 91
Tschoibalsan ↗Choybalsan
Tschola, Dyn. 1053
Tschuden 379
Tschuikow, Wassili *890*
Tsedenbal, Yumjaagiyn *1015 1408*
Tseng Kuo-fan 1027
Tshipola 1519
Tshombé, Moise *1517* 1518 1519 1520
Tsiebo, Calvin *1546*
Tsingtau (Tsing-tao) 842 844 1028 1029 1040
Tsiranana, Philibert *1546*
Tsolakoglu, Georgios 881 *1007*
Tsonga-Sprachen 1125
Tsong-kha-pa 1017
Tso Tsung-t'ang, China, Ks. 1027
Tsunyi-Kfz. (1935) 1030 1031
Tsushima, Schl. (1905) 1040
Tswana-Sotho-Sprachen 1125
Tuamotu 1214 1219 1225
Tuan-ch'eng-shih 1107

Tuareg 1111 1112 1507 1510
Tubelis, Josef *990*
Tubman, William *1499*
Tuchatschewski, Michail N. *970*
Tudeh-Partei 1241 1490 1494
–, Iran 1494
Tudhalijas, Hethiter, Kg., II. 48 79
–, –, –, III. 48
Tudor, Dyn. 570 571 616 677-680 **679**
Türkei, (bis 1945) **1083-1085**
–, (seit 1945) 1260 1273 1273 **1339-1341** 1491 1623 1636
–, arabische Gebiete 1085-1088 Ⓣ 1083
Türken, (MA) 373
–, (NZ) 1011 1068
Türkenkriege, (MA) 498
–, (NZ) 619 620 623 629 637 638 640 644 651-653 656 658 1077-1080
–, Byz. 489-491 594 595 1073 1074
–, ung. 519 586 587
–, s.a. Russisch-Türkischer Krieg
Türkesh, Alparslan *1636*
Türkisch, Schrift 1012 1015
–, Spr. 1015 1068 1072
türkische Reiche, Vorderasien 1070-1074
–, Zentralasien **1011 1012**
Türkische Republik Nordzypern 1360
Türkisch-griechischer Krieg (1897) 1082
Türkmenen **1072**
Türkmenische SSR 1016
Tughluk, Dyn. 1052
Tuka, Adalbert *994*
Tukaram *1056*
Tukulti-Ninurta, Assyrien, Kg., I. 52 74 75
–, –, –, II. 56
Tula 1152 1156
Tulear-Provinz 1546
Tullius Cicero, M. 172 208 220 *221* 222 223 *224* 225 226 268
Tullus Hostilius, Rom, Kg. Ⓣ 184
Tulpenzeit 1079
Tulul Akir 52
Tuluniden, Dyn. 1066
Tumb-Inseln 1491
Tuna, Samoa, Hptl. 1219
Tundjer 1105
Tunesien, (1847–1945) 892 1082 **1095** 1308 1444 1445 1446
–, (seit 1945) 1308 1446 **1481** 1642
Tunesien (Alt.) ↗Africa
Tunesisch-algerischer Freundschaftsvertrag (1982) 1490
tunesischer Sozialismus **1481**
T'ung-chih, China, Ks. Ⓣ *1024*
T'ung-chih-Restauration **1027**
Tung Chung-shu *1020*
Tungrer 285
Túpac, Inkaherrscher, Amarú 1191
–, –, Yupanqui 1161 1162
Tupamaros 1611
Turan *1010*1011
Turbay Ayala, Julio César *1601*
Turdaş-Gruppe 22

1758 TUR—UNI

Turenne, Henri ·de la Tour d'Auvergne, Gf. v. *627 670*
Turgenjew, Iwan S. *803*
Turgot, Anne-Robert-Jacques *676*
Turin, Hztm. 357
–, Schl. (1706) 630 696
–, Vtg. (1632) 669
Turkana 1118
Turkestan 312 807 1068
Turkestanische SSR 1016
Turkmantschaj, Frd. (1828) 806 1097
Turkmenen ↗Türkmenen
Turks-Inseln 1193 1595
Turksprachen 71
Turm zu Babel 77
Turner, John Napier *1289*
Turnhallen-Kfz. (1975) 1534
Tuschpa (Wan) *80*
Tuschratta, Mitanni, Kg. 74
Tusculum 186 188 190 193 ⊤ 191
Tuskulaner, Dyn. 422 437
Tuszien 440
Tutenchamun, Ägypten, Kg. 47 67
Tutsi 1102 1116 1117 1521 1522
–, -Ganwa 1522
Tuvalu (ehem. Elliceinseln) 1581 1660
Tuxtla-Statuette 1151
Tuzapan 1156
Twinger von Königshofen, Jakob ⊤ 503
TWP (True Whig Party) 1129 1130 1499
Tyana Eusebia 170
Tydings-McDuffie-Act (1934) 1275
Tyler, John *1178*
Tylis, Kgr. 171
Tymphaia 145
Tyrannis 136 157
–, Athen 117 125
–, Griechenland 109 118 119 174 179
–, Sizilien 123-125
Tyras (Odessa) ⊤ 107
Tyros (Sur), (vor dem Hellenismus) 77 83 84 87 89
–, (Alexander/Hellenismus) 149 154 159 162
–, (Römerzeit) 306 307
Tyrtaios *111* 113
Tzschirner ↗Erdmann Tzschirner
Tz'u-hsi, China, Ksn. *1028*

U

Ubaldi, Baldo degli *538*
Ubangi-Chari 1132
–, -Fluß 1132
–, s.a. Zentralafrikanische Republik
UBC 1590
Ubertin v. Casale *432*
Ubico Castañeda, Jorge *1200*
Ubier 284 290
U-Boot-Krieg ↗Weltkrieg, Erster, Seekrieg
–, ↗Weltkrieg, Zweiter, Seekrieg
UC 1513
Uccello, Paolo *535 538*
Ucciali, Vtg. (1899) 1144
Uchi Maius (Hr. Douamis) ⊤ *299*

UCPN 1502
UCR (Unión Civica Radical) 1614 1668
UDC 1547 1548
UDD 1503 1504
UDDIA 1516
UDF (Ungarisches Demokratisches Forum) 1634
UDF (Union pour la Démocratie Française) 1311
UDI (Unilateral Declaration of Independence) 1529
Udjuu Ongwakebi Untubu Nsinga *1521*
UDMA 1483
UDPM 1495
UDR 1310 1311
UDS 1495
Udschain 1049
UDSG 1515
UDSM 1546
UdSSR, (1918–1945) **962-972**
–, –, Bürgerkrieg **965**
–, –, Gesellschaft ⊤ **969**
–, –, Kollektivierung ⊤ **969**
–, –, Partei ⌷ **967**
–, (seit 1945) 1371-1381 1434 1441 1443 1445 1545 1624 1626 1631 1632
–, –, Afghanistan-Einmarsch (seit 1979) 1255 1633 1644
–, –, Außenhandel 1621
–, –, Außenpolitik 1256 1286 **1378** 1382 1426 1494 1621 1622 1626 1638 1640 1648 1652 1653 1656-1659 1666
–, –, Baltikum 1633
–, –, Dissidentenbewegung **1379**
–, –, Handel ⊤ **1380**
–, –, Industrie ⊤ **1379**
–, –, Landwirtschaft **1373** 1633
–, –, Nationalitätenfrage **1379**
–, –, Nationalitätenkonflikte 1632 1633
–, –, Privatwirtschaft 1633
–, –, Reformen 1632 1633
–, –, Separationstendenzen 1632 1633
–, –, Staatsaufbau ⌷ **1381**
–, –, Verfassung 1633
–, –, Wirtschaft 1632 1633 ⊤ **1379**
–, –, Wirtschaftshilfe 1620
–, Freundschaftsverträge *1362*
–, Freundschaftsverträge mit:, Bulgarien 1361
–, –, China (Nationalregierung) 1361 1412
–, –, China, VR 1362
–, –, DDR 1366 1392
–, –, Irak 1380
–, –, Mongolische VR 1361
–, –, Nordkorea 1426
–, –, Polen 972 1396
–, –, Rumänien 1361
–, –, Tschechoslowakei 1402
–, –, Ungarn 1361
–, –, Vietnam 1371
–, s.a. Rußland
UDT 1510
UDV 1508
UDV/RDA 1509
Überseehandel, (NZ) 599 614 615 1166
–, s.a. Handel
Ûgedai ↗Ögädäi
UFP 1526 1528 1529
Uganda 1143 1479 **1539-1541** 1648 1651

Uganda National Liberation Front ↗UNLF
Uganda People's Congress ↗UPC
Ugarit 40 48 52 53 **82 83**
Ugaritisch, Spr. 82
UGCC 1500
UGTA 1484
UGTT 1482
Uiberreither, Siegfried *938*
Uiguren-Reich 1012 1013
Uite-Rangiora, Rarotongo, Hptl. 1219
Ujamaa-Dörfer 1539
Ujiji 1118
Ukas 805 808
Ukimbu 1118
Uko, Korea, Kg. 1031
Ukraine, (MA) 584
–, (NZ) 687 712 713
–, (1914–1945) 845 846 905 964 1001
Ukrainische SSR 905 964 1372
Ulamburiasch, Babylonien, Kg. 74
Ulate Blanco 1593 *1593*
Ulbricht, Walter 1251 1367 *1382* 1383 1384 1389-1395
ULF 1598
Ulfila ↗Wulfila
ul-Haq, Zia- *1560* 1653
Uljanow, Alexander 809
Uljanow, Wladimir Ilijtsch ↗Lenin
Ullsten, Ola *1358*
Ulm 523
–, Schl. (1805) 727
Ulmanis, Karl *990*
Ulpian ↗Domitius Ulpianus
Ulpius Marcellus 244 292
Ulrich, Kärnten, Hz., II. 510
–, Wttbg., Hzg. *639*
Ulrich v. Zazikhofen ⊤ 420
Ulrike Eleonore, Schweden, Kgn. *708*
Ulster ↗Nordirland
Ultramontanismus, Frankreich 791
–, Italien 817
Ulura-Nationalpark, Australien 1579 1659
Umar as-Suhrawardi *1070*
Umar Taal, Senegal, Herrscher *1112*
Umberto, Italien, Generalstatthalter, (Kg. Humbert II.) 977
Umbrer 194
Umbrien 266 817 ⊤ 192
UME (Unión Militar Española) 978
Umezu, Yoshijiro 915
Umma 72
Umma (Nationale Unionspartei) 1475
Umme Jilmi, Kanem, Herrscher 1110
Umm Kasr 1447
UMNO 1569 1656
UMNO Baru (Neue UMNO) 1656
Um Nyobé, Reuben *1513*
UMOA (Westafrikanische Währungsunion) 1508
Umschuldungsabkommen, Chile 1619
–, Ecuador 1606
–, Jugoslawien 1411
–, Mexiko (1983) 1587

–, Peru 1607
–, Türkei (1979) 1341
Umtali 1136
Umweltschäden, Lateinamerika 1584
Umweltschutz 1240 1620 1622 1662
Umweltschutzabkommen, Mittelmeer (1983) 1240
UN ↗UNO
Unabhängige Sozialdemokratische Partei Deutschlands ↗USPD
Unabhängigkeitserklärungen (seit 1945) ⊤ 1440
Unabhängigkeitserklärung, USA (1776) 1174
Unam sanctam (1302) 541 542
UNAR 1521 1522
Unas, Äg., Kg. 30 65
UNCTAD (United Nations Conference on Trade and Development) 1230 1233 1234 1238 1240
Undenhout, Wim 1605
UNDOF 1455
UNEF 1451 1454 1455
UNESCO (United Nations Educational, Scientific and Cultural Organization) 1240
Unfehlbarkeitsdogma (1870) 757 817
UNFP 1486-1488
Unfreie 344 345
–, s.a. Sklaven
Ungarisches Demokratisches Forum ↗UDF
Ungarische Sozialistische Partei ↗USP
Ungarn, (MA) 351 **374 375** 398 401 402 **482 483** 489-491 519 521 522 **586 587** 588 589
–, (NZ) 619 620 629 651 652 **775** 847 867 880 883 899 904 905 911 **996-998** 1077
–, (seit 1945) 1247 1275 **1403-1405** 1622 1624 1634
–, –, Landesnamen 1261
Ungarn (Alt.) ↗Pannonien
Ungarnaufstand (1956) 1364 1404
Ungarneinfälle, Dtld. 398 399 402
–, It. 360 375
Ungarnintervention (1849) 806
Ungarnkonflikt (1956) 1232 1233 1247
União das Populaçoes de Angola ↗UPA
Unidad Popular ↗UP
UNIDO (United Nations Industrial Development Organization) 1235
–, Kfz. (1976) 1238
–, Kfz. (1980) 1239
UNIFIL 1456 1462
Union, Dänemark-Norwegen (1389–1814) 576
–, Dänemark-Norwegen-Schweden (1389–1523) 576-578
–, Polen-Litauen **581 582** 584
–, prot. (1608) 624 645 646
–, Westkirche-Ostkirche **423** 595
Unión Aragonesa (1287) 561
Union Camerounaise ↗UC
Unión Civica Radical ↗UCR
Union Comorienne pour le Progrès 1548 1652

UNI—USE *1759*

Union Démocratique Daho-
méenne ↗UDD
Union Démocratique de Dé-
fense des Intérêts Africains
↗UDDIA
Union Démocratique des Co-
mores ↗UDC
Union Démocratique du Peu-
ple Malien ↗UDPM
Union Démocratique et So-
ciale Gabonaise ↗UDSG
Union Démocratique Tcha-
dienne ↗UDT
Union Démocratique Voltai-
que ↗UDV
Union der Amerikanischen
Republiken 1197
Union des arabischen
Maghreb 1636
Union des Chefs et des Popu-
lations du Nord ↗UCPN
Union des Démocrates Soci-
aux Malgaches ↗UDSM
Union des interêts sociaux
congolais 1517
Union des Nigériens Indépen-
dants et Sympathisants
↗UNIS
Union des Populations Came-
rounaises ↗UPC
Union Européischer Föderali-
sten 1257
Union Française 1307
Union Minière 1518
Union Minière du Haut-Katan-
ga 1134
Union Nationale Ruandaise
↗UNAR
Union Nationale Tchadienne
↗UNT
Union Opositora 1592
Union Patriótica 977
Union pour la Démocratie
Française ↗UDF
Union pour la Nouvelle Répu-
blique ↗UNR
Union Progressiste Dahomé-
enne ↗UPD
Union Progressiste Nigérien-
ne ↗UPN
Union Sacrée 795 952
Unionsakte, GB (1801) 798
Unionsbestrebungen, kirchl.
423
–, s.a. ökumenische Bewe-
gung
Union Soudanaise ↗US
Unionspolitik Preußens
750-752
Union Voltaïque ↗UV
UNIP 1526
UNIS 1509
UNITA 1525 1648
United, Africa Co. 1130
–, Australia Party 1223
–, Bermuda Party 1581
–, Europe Movement 1258
–, Fruit Co. 1200 1201 1204 1588
1590 1593
–, Party 1141 1600
United Brands Co. ↗UBC
United Federal Party ↗UFP
United Gold Coast Convention
↗UGCC
United Labour Front ↗ULF
United Malay's National Or-
ganisation ↗UMNO
United National Independen-
ce Party ↗UNIP

United National Party ↗UNP
United Nations Organization
↗UNO
United Nations Relief and Re-
habilitation Administration
↗UNRRA
United Nations Relief and
Works Agency ↗UNRWA
United Party s.a. UP
United People's Party ↗UPP
United Progressive Grand Alli-
ance ↗UPGA
United Progressive Party
↗UPP
United Rhodesia Party ↗URP
United Swaziland Association
1538
United Workers Party ↗UWP
Unité et Progrès National
↗UPRONA
Universität, (MA) 395 T **396**
–, (NZ) **603**
UNLF 1541
Unni, Bremen-Hamburg, B.
333
UNO, (United Nations Organi-
zation) 852 895 1227 **1228**
1230 1243 1450 1494 1537
1548 1606 1643 1649 1650
1655 1656 G **1229**
–, –, Abrüstungskfz. (1978)
1238
–, –, Abrüstungskommission
1232
–, –, Achtzehn-Mächte-Aus-
schuß 1233 1250
–, –, Aggressionsdefinition
(1974) 1238
–, –, Atomkommission 1228
1232
–, –, Boykottbeschluß gegen
Spanien 1325
–, –, Entkolonialisierungsaus-
schuß 1665
–, –, Entkolonisierungs-Dekla-
ration (1960) 1328
–, –, Generalversammlung
1228 1230 1239 1240
–, –, Konvention gegen Folter
1620
–, –, Menschenrechtsdeklara-
tion 1231
–, –, Nahostpolitik 1455 1466
–, –, Nebenorgane 1228
–, –, Rohstoffonds-Vtg. (1980)
1239
–, –, Sicherheitsrat 1228 1230
1239 1240 1536 1573 1584
1620 1621 1636
–, –, Sonderorganisationen
1228
–, –, Spezialorgane 1228
–, –, Südafrika-Embargo
(1977) 1238
–, –, Treuhandschaftsrat 1228
1230
–, –, -Truppen 1232 1286 1451
1518 1519
–, –, Umweltrat (seit 1972)
1236 1240
–, –, Völkerrechts-Deklaration
(1970) 1236
–, –, Wirtschafts- u. Sozialrat
1228 1233
UNO-Beschluß, (Palästina,
1947) 1449
UNO-Charta 1228 1449
UNO-Mitgliedschaft, China,
VR 1236 1421

–, DDR 1253 1304 1395
–, Dtld., BR 1236 1253 1304
UNO-Resolution, Afrika (1965)
1235
–, Irakisch-iranischer Krieg
(1980–1988) 1620 1639 1640
1643
–, Irakisch-kuwaitischer Krieg
(1990–1991) 1620 1636 1637
–, Kaschmir (1948) 1551
–, Kolonialismus (1960) 1233
–, Korea (1950) 1232
–, Kuwait (1990) 1621
–, Libyen (1986) 1620
–, Palästina (1947) 1637
–, Rhodesien (1965) 1235
–, „194" (Palästinenser) 1451
–, „242" (Nahostresolution)
1235 **1450** 1453 1454 1456
Uno, Sosuke *1659*
UNP 1562
UNRRA (United Nations Re-
lief and Rehabilitation Ad-
ministration) 894 1274
UNR (Union pour la Nouvelle
République) 1309 1310
Unruochinger, Dyn. S 342
UNRWA 1451
Unstrut, Schl., (531) **336**
–, –, (933) 399
UNT 1511
Unterhaus 797 799
–, jap. 1347
Unternehmertum, brit.
797-801
–, dt. 762 764 765 919 921 922
927 932 934
–, frz. 788
Untertanen 600 601
Unterweltsbücher, ägypt. 67
Unterwisternitz 16 17
Unterwölbling-Gruppe 46
UNTSO 1451
U Nu *1565* 1566
Unyamwezi 1118 1123
UP 1496 1501 1526 1617
UPA 1524
UPC 1513 1540 1541
UPD 1503
Uperaci 281
UPGA 1505
UPN 1509
Uppsala, Ebtm. 471
–, Univ. 578
UPP (United People's Party)
1505
UPP (United Progressive Par-
ty) 1526 1527
UPRONA 1522-1524
UPS 1495 1495
Ur 25 31 40 43 47 72-74
Uraiyur 1053
Uranius Antoninus, Usurpator
247 306
Uranus, Planet 1
Urartäisch, Spr. 80
Urartu, Reich 56 58 75 76 80 81
92 310
Uratmosphäre 1 2
Urban, Pp., II. 424 433 447
–, –, III. 415 428
–, –, IV. 431
–, –, V. *527* 534
–, –, VI. *528* 534 548
–, –, VII. *695*
–, –, VIII. *695*
Urban Areas 1141
Urbanisierung, (MA) **442** 497
–, (NZ) **599** 719 G **720**

Urbanisierung (Antike)
↗Stadt, Röm. Reich
Urchristentum ↗Christentum,
frühes
–, ↗Gemeinde..., frühchristl.
–, ↗Kirche, frühchristl.
Urdu 1559
Urfa ↗Edessa
Uriu-Stufe 54
Urkundenfälschungen (MA)
356
Urmenschheit 11
Urmitz 28
Urnammu, Ur, Kg. 32 72
Urnansche, Lagasch, Kg. 25 31
Urnenfelderkultur 54 55 57 294
Urorganismus 2
URP 1528
Urquiza, Justo José de *1208*
Urriolagoitia, Mamerto *1608*
Ursinus, Pp. 254
Ursulinen 607
Uruguay **1207 1208** 1610 **1610**
1611 1615 1668
Uruguay-Runde 1621
Uruk 24 25 31 43 47 71 77
Urukagina, Lagasch, Kg. 31 72
Uruk-Stufe 23
Uruk-Warka 19
US, (Union Soudanaise) 1507
USA, (1776–1945) **1173-1187**
–, –, Einwanderung 1179 1182
1185 G 1178 1179
–, –, Gesellschaft 1175 1179
1182
–, –, Parteiensystem G 1177
–, –, Wirtschaft 1184 1186
–, (seit 1945) 1240-1255
1274-1286 1621 1661 1662
–, –, Arbeitspolitik T 1284
–, –, Assoziation mit Mikrone-
sien 1581
–, –, Außenhandel 1621 1622
T 1284
–, –, Außenpolitik 1256 1286
1382 1480 1621-1623 1637
1638 1640-1642 1644 1648
1654 1656-1658 1660-1664
–, –, Bevölkerung 1283
–, –, Dollarverfall 1620
–, –, Einwanderung 1661
–, –, Gesellschaft 1279 1283
1284
–, –, Hochzinspolitik 1273
–, –, Innenpolitik 1275 1277
1279 1280 1286
–, –, Irakisch-kuwaitischer
Krieg (1990–1991) 1636 1637
–, –, Militärstrategie 1255
–, –, Mittelamerikapolitik 1584
–, –, Nahostpolitik 1636
–, –, Staatsaufbau G 1284
–, –, Staatshaushalt 1240
–, –, Verfassung 1286
–, –, Wirtschaft 1279 1283 T
1283 1284
–, –, Wirtschaftspolitik 1659
–, s.a. Nordamerika
USA, Bürgerkrieg (1861–1865)
↗Sezessionskrieg
USAP (Ungarische sozialisti-
sche Arbeiterpartei) 1404
1634
Usatovo-Stufe 27
Usbeken ↗Özbeken
Usbekische SSR 1016
US-Dollar, Abwertung 1236
–, Leitwährung 1233 **1235 1236**
Userhet 47

USFP 1488
Usipeter 222 228 283 290
US-Menschenrechtsdoktrin (1948) 1604
USP (Ungarische Sozialistische Partei) 1634
USPD (Unabhängige Sozialdemokratische Partei Deutschlands) 917-919 923-925 G 922
US/RDA 1507
Ussuri-Konflikte, (1969) 1367 1378 1420
–, (1978) 1370
Ustaša (Ustascha) 858 1004 1409 1410
Usukuma 1118 1119
Usuman dan Fodio, Ful, Herrscher 1110
Usun Hasan, Türkmenen, Su. 588 1072 1075
Usurpationen im Röm. Reich 244-248 251 274 280 292 297-299 301 306
Utah, US-Staat 1178-1180 1198
U Thant, Sithu 1452 *1566*
Utica (Hr. Bou Chateur) 83 *201* 298 T 299
utopischer Sozialismus 722
Utraquisten 580
Utrecht, Frd. (1713) **630** 655 674 684 685 696 699 704 705 1170
–, Union (1579) 702
Uttarpradesch 1555
Utu 73
Utuhengal, Uruk, Kg. 32 72
UV 1508 1508
UWP 1665
Uyl, Joop den *1331* 1332
Uzen 484
Uzzano, Niccolò da 539

V

Vaballathos v. Palmyra 306
Vadimenischer See, Schl. (283) 195
VAE ↗ Vereinigte Arabische Emirate
Värälä, Frd. (1790) 804
Vaga (Béja) T 299
Vaida-Voivod, Alexandru *999*
Valarschapat 311
Valens, Rom, Ks. **254** 291 322
Valentia (Valence) 286 295
–, röm. Prov. 293
Valentia (Valence), röm. Prov. s.a. Britannien
Valentina Visconti, Orléans, Hzgn. *549*
Valentinian, Rom, Ks., I. **254** 285 S 253
–, –, –, II. *254* 255
–, –, –, III. *256* 323 324 328
Valentinianer 259
Valentinos 259
Valéra, Eamon De ↗ De Valéra
Valeria Messalina, G. des Claudius 234 *233*
Valeria, röm. Prov. 280
–, s.a. Pannonien
Valerianus, Rom, Ks. *247* 260 306 315 T 225
Valerius, Antias 224
–, Rom, Cäsar, Severus, Flavius 251

–, Asiaticus, D. 287
–, Catullus, C. *224*
–, Flaccus, L. 218 219
–, Martialis, M. *242* 297
–, Maximus 232
–, Messalla Corvinus, M. 231
Valla, Lorenzo *537 604*
Valle de Toluca 1152
Vallombrosaner 426
Valmy, Schl. (1792) 726 778
Valois, Dyn. 543 **550** 553 616 665 **545**
Valparaiso, Abk. (1884) 1206
Valsømagle-Stufe 51
Van Buren, Martin 1178
Vance, Cyrus 1397 1456
Vandalen 247 248 255 256 268 270 285 289-291 297 300 322-324 332
Vandalenreich, Afrika **323 326**
Vandenberg, Arthur Hendrick *1276*
Vanden Boeynants ↗ Boeynants
Vanderbilt 1201
Vangionen 284 290
Vanuatu, Rep. (Neue Hebriden) 1581 1660
VAR ↗ Vereinigte Arabische Republik
Vardanes, Kg., Parther 314
Vares, Johannes J. *989*
Vargas, Getúlio Dornellas *1210 1614*
Vargas Llosa, Mario 1667
Varius Hibrida, Q. 295
Varro ↗ Terentius Varro
Varus ↗ Quinctilius Varus, P.
Vasallität ↗ Lehnswesen
Vasco da Gama 1054
Vassiliou, Georgios *1636*
Vassy-Überfall (1562) 666
Vaterländischer Krieg ↗ Französisch-Russischer Krieg (1812)
Vaterlandspartei 917
Vatikan 817 974 **977** *1349* 1350 1631
–, italienisches Garantiegesetz (1871) 817
–, s.a. Kirchenstaat
–, s.a. Papsttum
Vatikanische Konzile, Erstes (1869–1870) 757 817
–, Zweites (1962–1965) 1350
Vatimius, P. 222
Vattel, Emer de *715*
Vattina-Gruppe 46
Vatya-Gruppe 46 49
Vauban, Sébastien le Prestre de *654 671*
Vaux T *838*
Vázquez, de Ayllón, Lucas *1165*
–, de Coronado, Francisco *1165*
VBA (Volksbefreiungsarmee, China) 1414
VdgB (Vereinigung der gegenseitigen Bauernhilfe 1282 1388
VEB (Volkseigene Betriebe) 1388
VEG, (Volkseigene Güter) 1388
Vegetius 250
Veii 58 95 184 185 188 189 *190* *193* T 192
Velasco, Alvarado, Juan 1606
–, Ibarra, José Maria 1605 *1605*

Velatice-Gruppe 54
Velia ↗ Elea
Velitrae (Velletri) *193*
Velleius Paterculus 232 281
Venda 1125
Venedey, Jakob *747*
Venedig, (bis Hoch-MA) **359** 437 438 441 442 483 490-492 494
–, (Spät-MA) 519 520 531 **533** **536** 589-592 594 596
–, (NZ) 614 620 692 696 **697** 698 814
–, Frd. (1177) 414 428 439
–, Handel 361
–, Kfz. (1956) 1264
–, Liga (1495) 616
–, Tag. (1958) 1265
Veneter 222 283
Venetien 95 266 770 782 813 814 817 1320
Venezuela 1159 **1204 1205** 1582 1584 1601 **1603** 1666
Venizelos, Eleutherios 843 *1005* 1006
Venkataraman, Ramaswami *1653*
Venlo, Vtg. (1543) 620
Ventidius Bassus, C. 314
–, P. 226 305
Venus, Planet 1
Venusia 195 T 192
Ver, Fabian 1576
Veracruz 1149
Vercellae (Vercelli), Schl. (101 v.) 217 290
Vercingetorix, Averner, Kg. 223 284
Verden ad Aller, Strafgericht (782) 340
Verdun, Bistum 669
–, Schl. (1916) *836* 837 841 952 T **838**
–, Vtg.e, (843) 343 **347** 348 350 359 744
–, –, (879) 350
Vereeniging, Frd. (1902) 1140
Vereinigte Arabische, Emirate **1471 1472** 1601
–, Republik (VAR) 1443 1444
Vereinigte Arabische Republik (VAR) s.a. Ägypten (seit 1945)
Vereinigte Hindostanische Reformpartei 1604
Vereinigter Landtag (1847) 745
Vereinigtes Königreich, GB u. Irland (1801) 798 802
Vereinigte Staaten von Amerika ↗ USA
Vereinigte Staaten von Mikronesien 1581
Vereinigung Arabischer Erdölexportländer ↗ OAPEC
Vereinigung der Europäischen Demokraten 1274
Vereinigung Volkseigener Betriebe ↗ VVB
Vereinte Nationen ↗ UNO
Vereintes Europäisches Komitee 1256
Verfassung, Äquatorial-Guinea 1514
–, Afgh. 1494
–, Belg. 822 1332
–, Burgenland (Österr.) 1353
–, Burundi 1524
–, Chile 1619
–, China 1413

–, –, VR **1414 1422**
–, DDR 1386 **1393** 1395 T **1385**
–, Dt. Reich, (1870/1871–1914) 765 766
–, –, (1914–1918) 918
–, –, (1933–1945) 939 941
–, England/GB, (1485–1789) 677 680
–, –, (1653) 682 G **683**
–, –, (1689) 684
–, –, (seit 1689) 797
–, Frkr., (1789) 777
–, –, (1851) 790
–, –, (1946) 1307
–, –, (1958) 1309
–, –, (1962) 1310
–, Haiti 1596
–, Kanada 1172 1173 1289
–, Karthago 182
–, Kuba 1202 1436
–, Kurhessen 752
–, Libyen 1480
–, Liechtenstein 743
–, Luxemburg 1335
–, Niederlande 1332
–, Niger 1509
–, Österreich, (1804–1867) 743 746 749 753 770 771
–, –, (1918–1938) 949 951
–, Österreich-Ungarn 948
–, Pakistan 1561
–, Panama 1595
–, Polen 1397 1399
–, Portugal 820 1330
–, Preußen, (1789–1870) 743 749
–, –, (1871–1918) 762
–, Reich, (1493–1648) 621 633 635 641-643
–, Schweiz, (1815) 831
–, –, (1848) 831
–, Spanien 819 849
–, Südafrika 1537
–, Syrien 1089
–, Togo 1503
–, Tschechoslowakei 1400-1402
–, Türkei 1084 1085 1340
–, Tunesien 1481 1482
–, UdSSR, (1918) 965
–, –, (1923) 966
–, –, (1936) 963 970
–, –, (1977) 1380
–, USA, (1776–1914) 1174 1175 1176 1179 1180 1182 1184
–, –, (1914–1945) 1184-1186
–, USA (seit 1945) 1286
–, Württemberg 724 743
–, s.a. Frühkonstitutionalismus
–, s.a. Politische Organisation
Verfassungskonvent, USA (1787) 1174
Vergesellschaftung ↗ Kollektivierung
Vergès, R. 1549
Vergilius Maro, P. 183 226 231 301
Verginius Rufus, L. 235
Vergniaud, Pierre Victurnien 778
Vergobret 283
Verhältniswahlrecht 1495
Verkehrswesen 717
–, s.a. Handel und Verkehr
Verlagssystem 599
Vermögensbildungsgesetz, BR Dtld. 1302
Vermont 1175
Verner, Paul *1390* 1394

VER—VOL *1761*

Verneuerte Landesordnung (1627) 646
Verona, (MA) 439
–, Kongreß (1822) 730 785 805
–, Rtg. (983) 403
–, Schl., (403) 255 322
–, –, (489) 325
–, Synode (1184) 428 430
Veroneser (Städte-) Bund (1163/1164) 413 439
Verrazano, Giovanni da *1165*
Verres, C. 220 268
Verrocchio *538*
Ver sacrum 264
Versailles 671 672
–, Frd., (1871) 792
–, –, (1919) 833 **853 854** 864 919 923 924 **953** 1041 1184 1223
–, Kaiserproklamation (1871) 756
–, Vtg. (1756) 675
Verstaatlichungen, Frankreich 1307
–, GB 1313
–, Griechenld. 1339
–, Irak 1468
–, Österreich 1351
–, Portugal 1329
–, Vietnam 1431
–, s.a. Kollektivierung
–, s.a. Säkularisation
Verteidigungsabkommen, Malta-Lybien (1980) 1360
Verteidigungspolitik, DDR 1391
–, Dtld., BR 1260 1297 1298
–, Frkr. 1267
–, kommunistische Welt 1363 1365-1367
–, USA 1242 1250 1276 1277 1282 1283
–, s.a. Heerwesen
Vértesszöllös 12
Vertragsküste ↗Vereinigte Arabische Emirate
Vertriebene, dt. Ⓣ 944
–, s.a. Flüchtlinge
Verulamium (St. Albans) 292
Verus, Rom, Ks. 239 *243* 317 Ⓣ 225
Vervins, Frd. (1598) 624 667 698
Verwaltung, Burg. **551**
–, Byz. **386** 485 487 **593**
–, China 1020 1022 1024 1025 Ⓖ **1026**
–, –, VR 1414
–, Dtld. (1493–1789) 665
–, Dt. Reich 766
–, England/Großbritannien, (MA) **463** 467 **571 572**
–, –, (NZ) 679 684
–, Frankenreich **337**
–, Frkr., (MA) 451 **540 542 543** 547 553
–, –, (NZ) 781 783 784 787 788 790
–, hellenist. 156
–, Japan 1034 1039
–, Österreich **661 663** Ⓖ **662**
–, Preußen **659 661** 743 744 757 Ⓖ **660 740**
–, Rußland, (1505–1795/1796) 686
–, –, (1789–1914) 804-810 Ⓖ **811**
–, s.a. Ämter
–, s.a. Beamte
–, s.a. politische Organisation
–, s.a. Reichsverwaltung

Verwaltung, röm. ↗Reichsverwaltung
Verweltlichung ↗Säkularisierung
Verwoerd, Hendrik F. *1535*
Vesalius, Andreas 609
Veselé-Gruppe 42
Veselinovo-Kultur 20
Veser ↗Westgoten
Vesontio (Besançon) 283 285 288
Vespasianus, Rom, Ks. 235 *236* 237 270 279 282 284 292 296 298 299 301 303 304 306 311 Ⓣ 225
Vesper von Ephesos (88 v.) 218
Vespucci, Amerigo 611 *613 1188*
Vesselény, Franz *651*
Vestiner Ⓣ 192
Vesuv, Ausbruch (79 n.) 237
Veszprém-Gruppe 46
Vetera (Xanten) 284 286
Veto 210
Vetranio, Usurpator 253
Vettersfelde 60
Vetulonia, latinische Siedlung 58
Vibius Pausa, C. 225
Vibo ↗Hipponion
Viborg, Vtg. (1609) 687
Vibo Valentia 214
Vicelin 411
Vicenza (MA) 439
Vichy-Regierung 877 **958**
Victoria Neusüdwales 1222
Victorinus, Gallien, Herrscher 247
Victory, Europe Day (1945) 1274
–, Japan Day (1945) 1275
Videla, Jorge Rafael 1613 *1614*
Vieira, João Bernardo *1497* 1644
Vienna (Vienne) 284-286 288
Vienne, Konz. (1311–1312) 527 542
Viennensis, Diözese 285
–, röm. Prov. 285
Viennensis, röm. Prov. s.a. Gallien
Vientiane, Kfz. (1984) 1432
Viererbande 1423 1425
Viererpakt (1933) 864
Vierkaiserjahr (69 n.) 235
Viermächteabkommen, (1922) 1041
–, (1971) 1303
–, (1972) 1303
Viermächtekonferenz (1955) 1245
Viermächteverwaltung, Dtld. 1274
Vier Modernisierungen 1422 1423
Vierte-Mai-Bewegung (1919) 1029
Vierzehn Punkte Wilsons 846 848 852
Vierzehnter Juli (1789) 793
Vietkong 1281 1285 1428 1432
–, s.a. FNL
Viet-minh 1047 1427 1428 1431
Vietnam 914 915 1029 1044-1077 1308 **1427-1430** 1568 1570 1654 1655 1657
–, -Abkommen (1973) 1253

Vietnamesisch-Chinesischer Krieg (1979) ↗Chinesisch-Vietnamesischer Krieg
Vietnamesisch-Kambodschanischer Krieg (1978/79) 1430 1433
Vietnamflüchtlinge 1430 1431
Vietnamkrieg (1960–1973) 1251 1280-1282 1343 **1429-1430**
Vigilius I., Pp. 329 382
Vigintivirat 230
Vikariat, päpstl. 288
–, spätantikes 250 267 270 285
Viktor, Pp., I. 259
–, –, II. 407 423
–, –, III. 424
–, –, IV. 413 427 450
–, Italien, Kg., Emmanuel II. *816* 817 819 868
–, –, –, Emmanuel III. *818* 898 *972* 975-977
–, Sard.-Piemont, Kg., I. *815*
–, Sav., Hz., Amadeus II. *695 696*
Viktoria, GB, Kgn. *764* 787 799 802 803 1058 Ⓢ 796
Viktorianisches Zeitalter (1837–1914) **800-803**
Viljoen, Marais *1536*
Villafranchium-Eiszeit 12
Villa, Francisco (Pancho) 1199
Villa Hadriana 238
Villalar, Schl. (1521) 697
Villani, Giovanni *502* Ⓣ 503
–, Matteo Ⓣ 503
Villanova-Kultur 58 59 95
Villanueva del Campo, Armando 1667
Villaroel, Gualberto *1608*
Villeda Morales, Ramón *1591*
Villèle, Joseph de 785
Villena, Schatz 294
Villingili, Kfz. (1984) 1552
Villmerger Kriege, Erster (1656) 715
–, Zweiter (1712) 715
Villon, François 502 *556*
Vinča-Kultur 28
Vinci ↗Leonardo da Vinci
Vindelica, röm. Prov. 228
Vindeliker ↗Alpenprovinzen, röm.
Vindobona (Wien) Ⓣ 280
Vindonissa (Windisch) 286
Vinicianische Verschwörung (66 n.) 235
Vipsanius Agrippa, M. 225-228 279 281 284 296 *233*
Virata, Cesar E.A. *1576*
Virchow, Rudolf 757 817
Virgil, Salzburg, B. *333*
–, ↗Vergilius Maro, P.
Virginia 680 1165 1166 1176 1180
Virgin Islands ↗Jungferninseln
Viriathus 202 295
Viritanassignation 189 191 193 195 205 206 215 264 299
Viroconium (Wroxeter) 293
Virunum (Zollfeld/Kärnten) 281 282
Vischer, Friedrich Theodor *747*
Vischtaspa 93
Visconti, Dyn. 532 534
–, Filippo Maria *534* 536
–, Giovanni Maria *534*
Visconti, Giangaleazzo ↗Giangaleazzo

Visegrád, Vtg. (1335) 579 581
Vitalianus, Pp. 353
Vitalienbrüder 576
Vitellia *193*
Vitellius, L. 234 314
–, Rom, Ks. 235 *236* Ⓣ 225
Viti 1214
Vitruvius 231
Vivaldi, Antonio *694 697*
Vivekananda *1058*
Vlachen ↗Walachen
Vladislav, Böhmen, Kg., I. *477*
–, Böhmen u. Ungarn (als Wladislaw II.), Kg., II. *580* **587** *617* 711 **582**
Vlad Tepes, Walachei, Ft. *588*
Vlastimir, Bulg., Zar 483
VOC (Vereinigte Ostindische Companie) 614 702 703 1054
Vo Chi Cong *1655*
Völkerbund 852 854 856 858 860 861 863-865 874
–, Verfassung 852 Ⓖ 851
Völkerrecht 614 852
Völkerwanderung 249 291
–, Begriff 320
Völkerwanderungszeit, (MA) 319-327
–, Völkerschaften Ⓣ 327
–, s.a. Mittelalter
Völkischer Beobachter 926 934
Vogel, Hans-Jochen *1306*
Vogtei 507
Vojninur, Kroatien, Ft. 379
Voldemaras, Augustin *990*
Volk, Begriff 320
Volksaufstand, DDR ↗Siebzehnter Juni
Volksbeauftragte ↗Rat der Volksbeauftragten
Volksbefreiungsarmee, China 1420
Volksbefreiungsfront Farabundo Marti ↗FPL
Volksdemokratien 1361 1362
Volksdemokratische Republik Korea ↗Nordkorea
Volkseigene Betriebe ↗VEB
–, ↗VVB
Volkseigene Güter ↗VEG
Volksfront für die Befreiung des Oman (PFLO) 1473
Volksfront für die Befreiung Palästinas ↗PFLP
Volksfront für die Befreiung von Saguira el-Hamra und Rio de Oro ↗POLISARIO
Volksfrontpolitik 1362
–, Alb. 1411
–, Bulg. 1407
–, DDR 1382 1383 1386
–, Jugosl. 1409
–, Polen 1396 1397
–, Rum. 1405
–, Tschechoslowakei 1400 1401
–, UdSSR (1918–1945) 970
–, Ung. 1403
Volksfrontregierung, Frkr. 956-957
Volksgemeinschaftsideologie 934
Volksgericht, Athen 117 126 131 137 Ⓖ 130
Volksherrschaftshof 947
Volkskammer ↗Verfassung, DDR
Volkskammerwahl, (1990) 1628

1762 VOL—WED

Volkskommune 1417
Volkskongreß, China ↗ Natio-
naler Volkskongreß
Volkskongreß, DDR 1386
Volksmujaheddin, Iran 1493
Volkspolizei ↗ VPO
Volkssprachen 396
–, s.a. die einzelnen Literatu-
ren und Sprachen
–, s.a. Literatur, Volkssprachen
Volkssturm (1944) 947
Volkstribunat, röm. 188 190
195 205 210 212 214-216 219
220 222 226
Volksunie 1333
Volksversammlung, Athen 117
126 131 135 Ⓖ 130
–, Griechenland 105
–, röm. 186 187 189 190 209 211
214 215 222 227 232 240 Ⓣ
212
–, spartan. 113 114
Volkswirtschaft ↗ Wirtschaft
Volkszählung 1625
Volkszählung, BR Dtld. (1983)
1306
Volkszahl ↗ Bevölkerung
Vollversammlung, UNO ↗ Ge-
neralversammlung
–, ↗ UNO
Vologaeses, Parther, Kg., I. 235
311 313 314
–, –, –, III. 243 314
–, –, –, IV. 314
–, –, –, V. 314
Volos 49
Volsinii 58
Volsker 95 184 188 190 193 Ⓣ
192
Voltaire 610 656 676
Volterra 58
Volturnum (Castel di Voltorno)
213
Volubilis (Ksar Pharaoun) 298
Ⓣ 299
Volusianus, Rom, Ks. 247 Ⓣ
225
Vongvichit, Phoumi 1655
Vonones I., Parther, Kg. 314
Voortrekker 1138 1139
Vorderer Orient, christl. Besit-
zungen (MA) 492-494 596
–, s.a. Alter Orient
–, s.a. Hochkulturen
–, s.a. Nahost
Vorderösterreich 770
Vordingborg, Frd. (1435) 577
Vorgeschichte 11-60
–, Afrika südlich der Sahara
1100
–, Amerika 1145
–, China 1018
–, Japan 1034
–, Korea 1031
–, Ozeanien 1214-1219
–, Südasien 1047
–, Südostasien 1043
Vorlausitzkultur 50
Vormärz (1815-1847) 742-745
Vorpommern s.a. Mecklen-
burg-Vorpommern
Vorster, Balthazar J. 1530 1536
Votadini 292
Voudou-Kult 1596
Vouillé (Vouglé), Schl. (507)
324 325 335
VPO (Volkspolizei), DDR 1384
Vranitzky, Franz 1628
Vratislav I., Böhmen, Kg. 477

Vršovci, Dyn. 477
Vučedol-Kultur 36
Vuk Branković, Serb., Ft. 589
590
Vulci 58 195 Ⓣ 192
Vulkanismus 5 6
Vulsinii 195
Vultumna 58
VVB (Vereinigung Volkseige-
ner Betriebe) 1384 1390

W

Waadt 831
Wackersdorf 1626
Wadai 1105
wa Dondo, Kengo 1521
Währung, ägypt. 159
–, Alexanderreich 151
–, Austr. Ⓖ 1562
–, Dt. Reich 762
–, GB 1313 1315 1316 1317
–, kleinasiat. 170
–, makedon. 145
–, pers. 93
–, röm. 218 235 244 247 250 264
–, Spätantike 252
–, USA 1186
–, s.a. Geldentwertung
–, s.a. Inflation
–, s.a. Münzen
Währungsprobleme (seit
1945) ↗ internationale Wäh-
rungssysteme
Währungsreform, Argentinien
1614
–, Dtld. 1243 1294 1384
–, Nigeria 1506
–, Österreich 1352
Währungssysteme (seit 1945)
↗ internationale Währungs-
systeme
Währungsunion (Deutschland
1990) 1626
Wafd-Partei, Äg. 1092
Wafd-Partei, Äg. s.a. Neo-
Wafd-Partei
Waffen ↗ Heerwesen
–, ↗ Rüstung
Waffen-SS 935
Waffenstillstand, (Erster Welt-
krieg) 847-849 851
–, Dt. Reich-Frkr., (1918) 952
–, Dt. Reich-Rußland, (1917)
964
–, Dt. Reich-Frkr., (1940) 958
–, Isr.-PLO (1981) 1457
Wagner, Eduard 947
–, Josef 938
–, Richard 750
–, Robert 938
Wagram, Schl. (1809) 769
Wahhabiten 1090 1091
Wahlkapitulation (1519) 635
Wahlrecht, Dt. Reich/Dtld. 745
754 757 917 920
–, Frkr. 781 785-789 793
–, GB 795 797-802
–, It. 817
–, Liechtenstein 1357
–, Preußen 757 765 767 769
–, Rußland 812
Wahlstatt, Schl. (1241) 418
1014
Waiblinger ↗ Ghibellinen
Waigel, Theo 1625
Wai-hai-wei 1028 Ⓣ 733
Waitangi, Vtg. (1840) 1224

Waitz, Georg 747
Wakataka, Dyn. 1053
Wakefield, Schl. (1460) 570
–, (NZ) 691 692 713 828 999
–, s.a. Rumänien
Walachen 484 485
Walahfrid Strabo 347
Walaricus 332
Waldeck, Franz v. 639
–, Georg Friedrich v. 653 654
–, -Rousseau, Pierre Marie 795
Waldeck, Ftm. 743
Waldemar, Brandenburg,
Mgf. 575
–, Dänemark, Kg., I. d. Gr. 413
475 Ⓢ 474
–, –, –, II. d. Sieger 417 475 Ⓢ
474
–, –, –, III. 575 576
–, –, –, IV. Atterdag 575 576
–, Schweden, Kg., Birgensson
472
Waldemar, Schleswig, Hz., V.
↗ Waldemar, Dän., Kg., III.
Waldenser 429
Waldes v. Lyon 429
Waldhausen, Konrad v. 579
Waldheim, Kurt 1238 1533
1534 1628
Waldland-Periode 1146
Waldlandstämme 1146
Waldseemüller, Martin 613
1188
Waldstätte 524
Waldstein ↗ Wallenstein
Wales, (Alt.) 291-293
–, (MA) 368 469 470 564 565
Wales (NZ) ↗ Britische Inseln
–, ↗ Großbritannien
Wałesa, Lech 1399 1633 1634
Walfischbucht 1126 1137 1534
Walid, Kalif, I. Ⓣ 1064
–, –, II. Ⓣ 1064
Walisisch, Spr. 369
Walker, William 1201
Wallace, William 572
Wallenstein, Albrecht v. 625
626 646 647
Wallia, Westgoten, Kg. 323
Wallis ↗ Alpenprovinzen, röm.
Wallmann, Walter 1625
Wallonien 1334
wallonische Bewegung 1333
Walpole, Robert 685
Walter v. Brienne, Athen, Hz.
532
Walternienburger Kultur 36
Walter ohne Habe 433
Walther v. d. Vogelweide 503
Ⓣ 420
Wamba, Westgoten, Kg. 364
Wan ↗ Tuschpa
–, ↗ uschpa
Wanax, mykenischer Kg. 100
Wandalen ↗ Vandalen
Wandel durch Annäherung
1301
Wanderbewegungen, Völker-
wanderungszeit 321-327
Wandiwash, Schl. (1760) 1056
Wang, China, Ks., An-shih
1023
–, –, –, Mang 1022
–, Ching-wei 1042
–, Dyn. 1032
–, Hung-wen 1415 1425
–, Korea, Kg., Kon 1032
–, Yang-ming 1024

Wannseekonferenz (1942) 890
946
Wappen 388
Waq-Waq 1125
Waräger 371 378
–, s.a. Wikinger
Wardhamana Mahawira 1049
Warioba, Joseph S. 1540
Warna, Schl. (1444) 586 589
1074
Warschau, Ghztum. 727 782
–, Getto 898 946 993
–, Schl. (1656) 649
Warschauer Pakt 1245 1363
1622 1624 1628 1634
–, Abrüstungsverhandlungen
1368
–, Außenministerkfz., (1971)
1368
–, –, (1970) 1368
–, Gipfelkonferenz (1983) 1371
1403
–, Konsultativtreffen, (1968)
1367
–, –, (1972) 1368
–, Manöver 1371
–, -Staaten 1363 1371-1408
–, -Streitkräfte Ⓣ 1255
–, Tagung, (1966) 1366
–, –, (1969) 1367
Warschauer Pazifikationstrak-
tat (1716) 713
Warschauer Vertrag (1970)
1303 1368 1398
Wartburgfest (1817) 743
Waruna 1048
Warvenzählung 12
Warwick, Richard N. ↗ Salis-
bury
Wasa, Dyn. 706 711 712
Wasa, Gustav ↗ Gustav Wasa
Washington 1175 1457
–, Abk. (1921/1922) 974
–, Abk. für Nahostfriedenslö-
sung (1978) 1457
–, Abrüstungskfz., (1921) 857
1041
–, –, –, (1922) 1185
–, Energiekfz. (1974) 1237
–, Weltraum-Vtg. (1967) 1251
Washington, George 1174
1175
Wasit 1064
Wasserleitungen, röm. 189
Wasserstoffbombe 1262 1277
Wassilewskij, Alexander 890
Wassili, Moskau, Gft., II. 584
585
–, Rußland, Gft., III. 685
–, –, Zar, IV. 687
Wassukkanni 74
Waterberg, Schl. (1904) 1137
Watergate-Affäre 1268
Waterloo, Schl. (1815) 729 784
Watson, John Christian 1222
Watt, James Ⓣ 718
Wat Tyler 567
Wavell, Indien, Vizekg., Lord
1552
Wazzan, Shafik al- 1462
Weaver, Robert C. 1281
Weber, Max 1168
–, Wilhelm Eduard 744 Ⓣ 718
Weberaufstand (1844) 744
Webster, Daniel 1179
Weddei ↗ Queddeye, Goukou-
ni
Weddeye ↗ Queddeye, Gou-
kouni

WED—WID *1763*

Weddigen, Otto *840*
Weden 1048
Wee Kim Wee *1656*
Wegener, Paul *938*
Wehlau, Vtg. (1657) 651 712
Wehrdienstgesetz, DDR (1982) 1396
Wehrhoheit, BRDtld. 1299
Wehrmacht, dt. 876 880 888 890-893 906 907 909 911 941 T 912
Wehrpflicht, Dt. Reich 757
–, Rußland 808
Wehrverbände, dt. 923 924
Weichsel, Schl. (1939) 872
Weigandt, Friedrich *636*
Weihnachten 252
Weimarer, Koalition 924 925
–, Republik *919 920*
–, Verfassung **920** 923 G **923**
Weinberger, Caspar W. 1625
Weinskandal (Östr.) 1354
Wei-Reich 1022
Weisheitslehren, ägypt. 65 66
Weiße Elster, Schl. (1080) ↗Hohenmölsen
Weiße Hammel, Dyn. 1072
Weißenburg, Schl. (1870) 755
Weißer Berg, Schl. (1620) 625 646
Weiße Revolution 1492
Weißer Lotus 1026
Weißrußland 964 965
Weitling, Wilhelm *722*
Weizmann, Chaim 1087 *1465*
Weizsäcker, Richard v. *1306* 1625
Wekerle, Alexander *949*
Welcker, Karl Theodor *747*
Welensky, Roy *1528*
Welf, Bayern, Hz., IV. 408
–, –, –, V. 424
–, –, –, VI. 411 412
–, –, –, VII. 414
Welfen, Dyn. **414**
Wellesley ↗Mornington
Welles, Sumner 875
Wellington, ANZUS-Tagung (1981) 1579
Wellington, Arthur Wellesley, Hz. v. *728 729* 784 *819*
Welser, Geschl. 599 1189
Weltanschauung ↗Ideologie
–, ↗Philosophie
–, ↗Religion
–, ↗Weltbild
Weltbank (IBRD) 1228 1239 1584 1620 1656 1658 1662
Weltbild, (Hoch-MA) 392
–, (Spät-MA) 504 505
–, (Früh-NZ) 611 614
–, s.a. Aufklärung
–, s.a. Humanismus
–, s.a. Renaissance
–, s.a. Säkularisierung
Welteinkommen G 1235
Weltenergiekonferenz (1989) 1620
Welternährung T 1237
Welternährungskonferenz (1974) 1237
Weltfrauenkonferenz 1620
Welthandel 719 729 862 1227 1273 G 1234 1622
–, Anteile d. Kontinente T 1239
–, Länderübersicht T 1239
Welthandelssystem **1230 1231**
Weltkinder-Gipfelkonferenz 1621

Weltkrieg, Erster (1914–1918) 833-849
–, –, Balkankrieg 839
–, –, Bewegungskrieg 835
–, –, Ententemächte 839 842 843 844 846 849 T 836
–, –, Friedensbemühungen 843 844 846
–, –, Friedensschlüsse 844 964
–, –, Gesamtverluste T 848
–, –, Inflation T 847
–, –, italienischer Kriegsschauplatz 839 842 843 848 972
–, –, Kolonialkrieg 841 842 1142
–, –, Kriegserklärungen 835 T 834
–, –, Kriegskredite 724
–, –, Kriegsschuld 853 856 919
–, –, Kriegsverlauf T 835
–, –, Kriegsverluste T 848
–, –, Kriegsziele 844
–, –, Luftkrieg 841
–, –, Mittelmächte 838 839 842-849 T 836
–, –, Mobilmachungen 737 835
–, –, Nebenkriegsschauplätze 839
–, –, Ostkrieg 837 838 843
–, –, Seekrieg 837 840 841 844 917
–, –, Stellungskrieg 836 837 841 952
–, –, Truppenstärken T 836
–, –, Ursachen 737 833
–, –, Vorgeschichte 736 737
–, –, Waffenstillstandsvereinbarungen 847-849 851 952 964
–, –, Westkrieg 835-837 843 846
–, –, s.a. Pariser Friedensverträge (1919/1920)
–, –, U-Boot-Krieg, ↗hier Seekrieg
–, Zweiter (1939–1945) 870-916
–, –, Afrikakrieg 880 881 883 885 891-893 900
–, –, alliierte Mächte 874-876 887 895-897 903-906 913
–, –, Anti-Hitler-Koalition 1240
–, –, Auswirkungen 833 **915 916**
–, –, Balkankrieg 880 881 909 976
–, –, Bombenkrieg 946
–, –, deutsche Angriffe 879 882 883 992
–, –, deutsche Kapitulation 895 897
–, –, deutsche Westoffensive 876
–, –, drôle de guerre 872 874
–, –, Finnisch-Sowjetischer Winterkrieg 874 875 971 988
–, –, Handelskrieg T 900
–, –, Hitlers Europa 890 891 898 899 943-946
–, –, italienischer Kriegsschauplatz 909
–, –, Kriegserklärungen 869 870
–, –, Kriegsverlauf T 871
–, –, Kriegsverluste T 916
–, –, Luftkrieg 878 882 883 899-903 906 908 914
–, –, Mobilmachungen 869 870
–, –, Naher Osten 892
–, –, nördlicher Kriegsschauplatz 910
–, –, Ostasien 893 894 902 903 914

–, –, Ostkrieg 877-879 882-885 887 888 890 897 898 910-912 945
–, –, Pazifikkrieg 886 893 894 902 903 914 1042
–, –, Polenfeldzug 872
–, –, Rüstungsproduktion T 879
–, –, Seekrieg 874 877 878 882 883 885 891 893 894 899-902 908 914
–, –, Teilung Dtld.s 903 904
–, –, Ursachen 849 870
–, –, Vorgeschichte 849
–, –, Waffenstillstandsabkommen 904 905 958 976
–, –, Westkrieg 876 877 882 885 891-893 899-902 906-910
Weltkriegszeitalter 833-916
–, pol. Systeme G 850
Weltmarkt 717 729 1231 1233 1240
Weltölreserven 1471
Weltorganisationen (seit 1945) **1227-1240** 1620
Weltraum, Militarisierung 1240
Weltraumfahrt ↗Erd-Satelliten
Weltraummacht, China 1251
–, UdSSR 1247 1248 1250 1375-1378
–, USA 1248 1250
Weltraumwaffen 1624
Weltraumvertrag (1967) 1251
Weltrevolution, kommunistische 849 967
Weltumsegelung, Erste (1519–1522) 613
Weltwährungssystem 1233 1235 1236
Weltwirtschaft, (1789–1918) 717 734
–, (1918–1945) 857 860-862
–, (seit 1945) **1227-1240** 1241 1620
Weltwirtschaftsbericht, IMF 1240
Weltwirtschaftskonferenzen ↗Wirtschaftsgipfelkonferenzen
Weltwirtschaftskrise (1929–1933) 849 863 870 934 952 954 1185 G 862
Weltwirtschaftsordnung 1439 1441
Wenck, Walther 912
Wende 90 ↗Cambio 90
Wenzel, Kg. *517 579* S 511
–, Böhmen, Ft. *476 477*
–, –, Kg., II. *477 478* 479 510 *579* 580
–, –, –, III. *477 580 586*
Wenzel, Kg., Polen, II. ↗Wenzel, Kg., Böhmen, II.
Wenzel IV. ↗Wenzel, Kg.
Werder, Kfz. (1948) 1384
Werenfels, Samuel *715*
Werner, Magdeburg, Eb. 408
–, Christian Pierre *1335*
–, -Bericht 1270
Wernher der Gartenaere *524*
Werwolf 947
Wesel 907
Wesley, John *797*
Wessex-Fazies 50
Wessex-Gruppe 46
Wessobrunner Gebet T 419
Westafrika 1644

Westbank 1457 1637 1639
Westerplatte 948
Westeuropa (NZ) 1629
Westeuropäische Union ↗WEU
Westfälischer Frieden (1648) **627 647 648** 669 707 714
Westfalen, Kgr. ↗Westphalen
Westfrankenreich (843–987) **348-350**
Westgermanen 289
Westgoten 249 251 254-256 288 291 297 321 **324** 325
Westgotenreich, Iberische Halbinsel **362-364**
–, Tolosanisches **323 324**
West-Griqualand 1139
Westindien **1193 1194 1202 1203 1595-1601** 1664-1666
West-Indische Compagnie 1192
Westindische Föderation 1598 1599
Westintegration, BRDtld. 1244 1295 1296-1299
West-Iran **1577**
Westliche Welt (seit 1945) **1255-1273** 1274-1360 1621 1622
Westminster, Frd. (1654) 704
Westminsterkonvention (1756) 631 657
Westminsterstatut 1580
West-östliches Schisma ↗Kirchenspaltung (1054)
Westpakistan 1559
–, s.a. Pakistan
Westphalen, Kgr. 741 782
Westpreußen 853 872 924 953
–, s.a. Preußen, Hztm.
Westrick, Ludger *1302*
Westsahara 1488 **1489** 1642 1643
Westsamoa 1564
Westunion, Westeuropäische Union ↗WEU
West- u. Ostturkestan **1015 1016** 1025
Westzonen, Dtld. 1289-1295
Wetterau 284 291
Wettstein, Johann Rudolf *714*
WEU (Westeuropäische Union, Westunion) 1245 1258 1260 1263 1266 1270 1622
Weyden, Rogier van der *501 557*
Weygand, -Linie 876
Weygand, Maxime *958 965 991*
Whigs, England 683
–, USA 1177-1179
Whisky-Rebellion (1794) 1175
Whitby, Synode (664) 365
Whitehead, Edgar *1528*
Whitlam, E.G. *1579*
Whitney, Eli *1175*
Whydah 1503
Wibert, Ravenna, Eb. ↗Clemens III., Pp.
Wichings, Neutra, B. *333*
Wiclif (Wyclif), John *567 579 605* T 503
Widerstand, dt. 940 946 947
Widerstandslehre, Calvinismus und Luthertum 606
Wido, lt., Kg. 360
–, Toskana, Mgf. 361
Widonen, Dyn. 358
Widschajanagara-Reich 1053 1054

Widukind, Sachsen, Hz. 339-341
–, v. Corvey 405
Wiederbewaffnung, BR Dtld. 1260
Wiedergutmachung, BR Dtld. 1299 1464
Wiedertäufer ↗Täuferbewegung
Wiedervereinigungspolitik, Dtld. 1243-1247 1263
Wieland, Christoph Martin 738
Wielopolski, Alexander v. 807
Wien, (MA) 523
–, (NZ) 619 651 911 1077 1079
–, (seit 1945) 1352
–, Frd., (1864) 753
–, –, (1866) 817
–, Jesuitenkolleg 643
–, Kfz., (1961) 1250 1280 1376
–, –, (seit 1973) 1254 1255
–, –, (1974) 1238
–, –, (1979) 1255 1381
–, Univ. 515
–, Vtg., (1606) 644
–, –, (1979) 1285
Wienbeck, Erich 938
Wiener, Fürstentag (1515) 617
–, Kongreß-Akte (1815) 728 729
–, Kongreß (1814–1815) 696 721 724 728 741 770 805 824 831
–, Konkordat (1448) 521
–, Memorandum der Westalliierten (1955) 1352
–, Schiedsspruch, Erster (1938) 867 998
–, –, Zweiter (1940) 878 998 1000
–, Schlußakte (1820) 741 743
–, Vorfriede (1735) 630 674 696
Wiesbaden ↗Aquae Mattiacorum
Wieselburger-Gruppe 45
Wiesloch, Schl. (1621) 625
Wietenberg-Gruppe 45 49
Wikinger 364 370 371 468
–, s.a. Normannen
–, s.a. Waräger
Wilberforce, William 798
Wilfrith, York, B. 333
Wilhelm, Dt. Ks., I. 745 751-753 755 756 762 764 826 S 650
–, –, II. 735 764-769 810 813 841 843 853 917-919 981 986 1082
–, Achaia, Ft., II. v. Villehardouin 590 594
–, Aquitanien, Hz., I. d. Fromme 421
–, –, –, V. 405
–, –, –, IX. 396 449
–, Bayern, Hz., IV. 640
–, Cleve, Hz., V. 620 639 640
–, England/GB, Kg., I. d. Eroberer 366 446 447 463 464 465 S 466
–, –, –, II. d. Rote 465 S 466
–, –, –, III. v. Oranien 628 629 654 672 674 684 704 S 679
–, –, –, IV. 799 S 796
–, v. Holland, Kg. 418 508
–, Luxemburg, Ghz., IV. 824
–, Ndld., Kg., I. 821
–, –, –, II. 821
–, –, –, III. 822
–, Stth. bzw. General-Stth., I. v. Oranien 623 702
–, –, –, II. v. Oranien 703

–, Oranien, Pr., IV. 705
–, Provence, Gf., I. 445
–, Schottland, Kg., I. d. Löwe 470
–, Sizilien, Kg., I. d. Böse 426 437
–, –, –, II. 415 437
–, Toulouse, Gf. 341
–, Wied, Pr. 1005
–, Wttbg., Hz., von Urach 990
–, –, Kg., I. 743
–, IV., Hz., Bayern 640
Wilhelm v. Malmesbury 463
Wilhelm, Oranien, Pr.en, I.-II. ↗Wilhelm, Stth. bzw. General-Stth.
Wilhelm, Oranien, Pr., III. ↗Wilhelm, England/GB, Kg., III.
Wilhelm, Oranien, Pr., IV. ↗Wilhelm, Ndld., Kg., I.
Wilhelm, Preußen, Kg., I. ↗Wilhelm, Dt. Ks. I.
Wilhelm v. Sabina 472
Wilhelm v. Salisbury 451
Wilhelm v. Tyrus 493
Wilhelmina, Ndld., Kgn. 822 874 981 1331
Wilhelminisches Zeitalter 764-768 768-769
Willehad 339
Willendorf 15
William College 1168
Williams, Eric Eustace 1598
–, Henry 1665
–, Roger 1166 1168
Willibald 345
Willibrord 333 334 339 345
Willigis, Mainz, Eb. 403 404
Williram v. Ebersberg T 419
Willoch, Kare 1337 1632
Wilmot, David 1179
Wilna 856
Wilson, Harold 1315 1316 1529
–, Horace 867
–, Woodrow 833 842-844 846-848 852 853 1183 1184
Wilzen 341 399
Wiman, Korea, Kg. 1031
Wimpfeling, Jakob 505 524
Wina, Sikota 1513
Winckelmann, Johann Joachim 697
Windhuk 1533
Windischgrätz, Alfred v. 748 749 770
Windmill-Hill-Kultur 29
Windsor, Geheimvertrag (1889) 1135 1137
–, Vtg. (1175) 469
Windthorst, Ludwig 757
Windward-Inseln 1193 1595 1599
Winfrid ↗Bonifatius
Wingti, Paias 1660
Winterhilfswerk 945
Winterkönig ↗Friedrich V., Pfalz, Kfst.
Winthron, John 1166
Wipo 419
Wirbeltiere 2 4
Wiriyamu 1532
Wirnt v. Grafenberg T 420
Wirth, Johann Georg August 744
–, Josef 925 G 921
Wirtschaft, (Paläolithikum) 17
–, (Neolithikum) 17 19-23
–, (Kupferzeit) 24 30

–, (Bronzezeit) 40-55
–, (Eisenzeit) 56-60
–, (Hochkulturen 3. Jt.) 23-26 30-34
–, (Hochkulturen 2. Jt.) 39-41 43-45 47-49 51-53
–, (Hochkulturen 1. Jt.) 56-58
–, (Antike) 262-318
–, (Hoch-MA) 387-389
–, (Spät-MA) 495-497
–, (NZ bis 1789) 598 599 601 602 611 614 615
–, (1789–1914) 716-719 729
–, (1914–1945) 860-862
–, (seit 1945) 1227 1230 1231
–, Äg. (Alt.) 61 65-68
–, Ass. 74
–, Athen 116 128 129
–, Australien 1212 1576-1579 G 1562
–, Babylonien 75 77
–, Belgien 823
–, Brandenburg-Preußen 659
–, Chile 1617 1618
–, China, (bis 1945) 1020 1023-1025 1027 1031
–, –, (seit 1945) 1415 1417 1418 1423 T 1422 1424 1425
–, Costa Rica 1593
–, Dän. 1335 1336
–, DDR 1384 1386 1389 1390 1391 T 1383 1391 1394
–, Dominikanische Rep. 1597
–, Dtld., (MA) 514-516
–, –, (1493–1789) 648 649
–, –, (1815–1870) 744
–, –, (seit 1945) 1242 1289 1290 1294 G 1293
–, Dtld., BR 1297 1298 1302 G 1304 T 1301 1303 1305
–, Dt. Reich, (1870/1871–1914) 762 764 765
–, –, (1914–1918) 917
–, –, (1919–1933) 858 862 863 926 927 929 930 T 929
–, –, (1933–1945) 932 933 941
–, Ecuador 1605
–, El Salvador 1590
–, England/GB, (1485–1789) 679 684
–, –, (1789–1914) 797-802 T 800
–, –, (1914–1945) 960 961
–, –, (seit 1945) 1312 1313 T 1315 1317
–, Etrusker 95
–, Frankreich 344 345
–, Frkr., (MA) 540 553 555
–, –, (1494–1789) 667 669 671 674 675 676
–, –, (1789–1914) 780 783 785 790 793 794 T 790
–, –, (1914–1945) 954
–, –, (seit 1945) 1307 T 1311
–, Ghana 1501
–, Griechenland (Alt.) 103 104 157
–, Hellenismus 156 1157
–, Honduras 1590 1591
–, Iberische Halbinsel (MA) 557
–, Indonesien 1574
–, Iran (seit 1945) 1492 1493
–, Israel 1465 1466
–, It., (MA) 361 362 441 442 538 539
–, –, (1796–1914) 816
–, –, (seit 1945) 1322 T 1323
–, Kanada 1172 1287 1288

–, Kenya 1542
–, Kolumbien 1601
–, kommunistische Welt 1362-1368 1371
–, Kuba 1434-1435
–, Kuwait 1471
–, Lateinamerika 1195-1197
–, Libanon 1460
–, Luxemburg 1335
–, Mexiko 1199 1586
–, minoische Kultur 97 98 100
–, mykenische Kultur 100
–, Neuseeland 1225 1580 1581
–, Nicaragua 1592 1593
–, Niederlande 703 704
–, Niger 1509
–, Österreich 1352 T 1354
–, Österreich-Ungarn 772
–, Ozeanien 1215 1216
–, Panama 1594
–, Paraguay 1609
–, Persien, (NZ) 1099 1100
–, Peru 1606-1608
–, Philippinen 1575
–, Polen 1397 1398 1399 T 1399
–, Portugal 701 1328 1329
–, Rom, (Republik) 185 187 188 205-208 214 215
–, –, (Prinzipat) 229 230 237 239 240 246
–, –, (Spätantike) 249 250 252
–, Schweden 825 826
–, Schweiz 715
–, Skand. 369
–, Span. 697 698 700
–, Sparta 114
–, Sudan 1475
–, Syrien 1458
–, Trinidad und Tobago 1598
–, Tschechoslowakei 1401
–, Türkei 1339 1340 1341
–, Tun. 1481 1482
–, UdSSR, (1918–1945) 969
–, –, (seit 1945) 1376 1377 T 1379
–, USA, (1776–1914) 1175 1180 1181 1182
–, –, (seit 1945) 1275 1279 1283 T 1283 1284
–, Venezuela 1204 1205 1603
–, s.a. Handel
–, s.a. Industrie
–, s.a. Landwirtschaft
–, s.a. Weltwirtschaft
Wirtschaft (Antike) s.a. Wirtschaft, Athen
–, s.a. Wirtschaft, Griechenland
–, s.a. Wirtschaft, Rom
Wirtschaft, Iran (seit 1945) s.a. Wirtschaft, Persien
Wirtschaft, Persien (NZ) s.a. Iran
Wirtschaftsbüro der Amerikanischen Republiken 1197
Wirtschaftsembargo 1639 1642
Wirtschaftsgipfelkonferenzen (seit 1945) 1240
Wirtschaftsgipfelkonferenzen (seit 1975) 1238 1239 1275 1306 1620
Wirtschaftskrise (1919–1945), Dt. Reich 929-932
–, Schweiz 1008
–, UdSSR 969
–, USA 1184
Wirtschaftskrise (seit 1945) 1241

WIR—ZAK

-, Israel 1465 1466
-, Jugoslawien 1411
-, Ostblock 1624
-, RGW-Staaten 1371
-, Rumänien 1406
Wirtschaftsliberalismus 1571
Wirtschaftsordnung, Eur. (1789–1914) 729
Wirtschaftspläne ↗Fünfjahrpläne
-, ↗Zehnjahresplan
Wirtschaftspolitik, Alg. **1485**
-, China, VR **1415 1417 1423**
-, Dtld., BR 1301
-, Eur. 717 729
-, GB 729
-, Irak **1468**
-, Iran **1492 1493**
-, Kanada **1287**
-, Kuba **1434 1435**
-, Kuwait 1474
-, Marokko **1487 1488**
-, Österreich 1352
-, RGW 1368 1369
-, Uruguay **1610 1611**
-, USA 1182
-, s.a. Fünfjahrplan
-, s.a. Wirtschafts- u. Finanzpolitik
-, s.a. Wirtschafts- u. Sozialpolitik
-, s.a. Zehnjahresplan
Wirtschaftsrat, Bizone 1293 1294
Wirtschaftssanktionen 1661
-, UNO gg. Irak 1636
-, USA gg. UdSSR 1286 1347
-, s.a. Getreideembargo
Wirtschafts- und Finanzpolitik, Brandenburg-Preußen 659 661
-, China 1020 **1023** 1026
-, Dtld. (Früh-NZ) 633 635 640 644
-, Dt. Reich, (1870/1871–1914) 762-765 767-769
-, –, (1919–1933) 857 859 862 923 927 929-931
-, –, (1933–1945) 932 933 941 943
-, Frkr. 667 675 676 781 783 790 954 956 957 1271
-, GB 798-801
-, Mexiko **1587**
-, Österreich 663
-, –, Rep. 1352 1353
-, Österreich-Ungarn 755
-, Rußland 688
-, UdSSR 966 967 1376
-, USA 862 1184 1186 1285
Wirtschafts- u. Sozialrat 1228 1238
Wirtschaftswunder, dt. **1297-1299**
Wischnugopa, Indien, Kg. 1051
Wisconsin-Eiszeit 12 1145
Wiśniowiecki, Michael K. ↗Michael, Polen, Kg.
Wissenschaft, (Hochkulturen) 56-58 66
-, (Antike) 157 158
-, (MA) 395 396 **504 537 538**
-, (Früh-NZ) **602-611**
wissenschaftlicher Sozialismus 722
Witbooi, Hendrik *1137*
Witichis, Ostgoten, Kg. *326* 336

Witizla, Böhmen, Ft. 376
Witold, Litauen, Ft. 518 *584*
Witos, Vinzenz *992*
Witt, Johan de *704*
Witte, Sergej J. *809 810*
Wittelsbacher, Dyn. 638 640 646 918 **512**
Wittenberg, Thesen (1517) 634
Wittenberger, Kapitulation (1547) 641
-, Wirren (1522) 606
Wittenweiler, Heinrich *524* [T] 503
Witterich, Westgoten, Kg. 363
Wittstock, Schl. (1636) 626
Witu-Gebiet 1143
Witwatersrand 1140
Witz, Konrad *523*
Witzleben, Erwin v. 947
Wjasma-Brjansk, Schl. (1941) 884
Wladimir, Kiew, Gft., I. d. Hl. 378 488
-, –, –, II. Monomach *480*
Wladislaw I., Ungarn, Kg. ↗Władysław III., Polen
Wladislaw II., Ungarn, Kg. ↗Vladislav II., Böhmen
Wladiwostok *807* 1027
-, Kfz. (1974) 1254
-, Vtg. (1974) 1380
Władysław, Oppeln, Hz. 581
-, Polen, Hz., I. Hermann *478*
-, –, –, II. 413 *478*
-, –, –, Kg., I. Łokietek *479* 581
-, –, –, II. Jagiełło 518 581 *584* 586 [S] 582 **712**
-, –, –, III. Warneńczyk (als Władysław, Ungarn, Kg., I.) 586 [S] 582 **712**
-, –, –, IV. *712* **712**
Władysław, Böhmen-Ungarn, Kg. ↗Vladislav II.
Władysław, Ungarn, Kg. I. ↗Władysław, Polen, Kg., III.
Wlassow, Andrej A. *888* 891 996
Wlassow-Armee 888 891 912 913 996 1400
Włodkowic, Paul *583*
Woddei ↗Queddeye, Goukouni
Wörner, Manfred *1306*
Wörth, Schl. (1870) 755
Wohlde 51
Wohlfahrtsausschuß, Frkr. 779
Wohlgemut, Michael *523*
Wojciechowski, Stanisław *992*
Wojtyla, Karol ↗Johannes, Pp., Paul II.
Wolf, Friedrich August *741*
Wolff, Christian v. 691
-, Karl 899
Wolfgang, Anhalt, Ft. 637
-, Neuburg, Pfgf., Wilhelm *624*
Wolfram v. Eschenbach [T] 420 503
Wolgabulgarisches Reich ↗Bulgaren
Wolhynien **479** 804
Wolkenstein, Oswald v. ↗Oswald v. Wolkenstein
Wollamo 1109
Wollweber, Ernst *1390*
Wolsey, Thomas *677 678*
Wood, Edward F.L. 866
Woodville, Elisabeth *570*
Worms 256 396
-, Reichstag, (1495) 633

-, –, (1521) 606 618 635
-, –, (1545) 640
Wormser, Edikt (1521) **635** 637 638
-, Konkordat (1122) **410** 425 438
-, Reformbeschlüsse (1495) **633**
-, Religionsgespräch (1557) 643
Woroschilow, Kliment J. *1374* 1376 1403
Wostok 1376
WPO (Warschauer Pakt-Organisation) ↗Warschauer Pakt
Wrangel, Friedrich v. *749*
-, Peter N.v. 965
Wu, China, Ks. 1020 1031
-, –, Ksn. *1023*
Wuchang, Kfz. (1958) 1417
Wu-ch'ang-Revolte 1029
Wu der Liang, China, Ks. 1022
Würm-Eiszeit 8 12 1145
Württemberg 290
-, Kftm. 738
-, Kgr. 724 739 743 744
-, Land 931
Württemberg-Baden 1291
Würzburg, Btm. 333
-, Hoftag (1138) 411
-, Kfz. (1860) 752
-, Syn. (1130) 410
Wu Han 1419
Wuhan, Kfz. (1958) 1417
Wulfila 254 275 276 *322 332*
Wullenwewer, Jürgen *709*
Wu-Reich, China 1022
Wu-ti, China, Ks. 313
Wyclif ↗Wiclif
Wyle, Niklas v. *505 524*
Wyoming 1179 1198
Wyschinskij, Andrej J. *1372*
Wyszyński, Stefan *1397* 1398

X

Xanten, Vtg. (1614) 624 645
Xanthippos, Athen, Politiker 122 123
-, Karthago, Söldnerführer 197
Xanthos 81
Xavier, Francisco de *1037*
Xenophanes *111* 119 125
Xenophon 93 *137* 138 140
Xerigordon, Schl. (1096) 433
Xerxes, Armenien, Kg. 164
-, Persien, Kg., I. 77 91 94 122 123 144
-, –, –, II. 94
Xhosa 1126 1138 1139 1650
Xiphilinos, Johannes 489
Xochicalco 1155

Y

Yaciretá-Agipé-Wasserkraftwerk 1610
Yagul 1155
Yahya Khan *1560* 1561
Yakub Beg 1027
Yale College 1168
Yalta ↗Jalta
Yamagata, Aritomo *1039*
Yamato, Dyn. 1034
-, Schlachtschiff 914
Yaméogo, Maurice *1508*

Yamoussoukro 1500
Yanam 1553
Yang, China, Ks. 1022 1032
-, –, –, Chien *1022*
Yang Shangkun *1657*
Yang-shao-Kultur 1018 1019
Yanik Tepe 33
Yao 1122
Yao-Gebiet 1528
Yaoundé ↗Jaunde
Yao Wen-yüan 1419 1420 1422 1425
Yap 1581
Yar-Adua, Shehu *1506*
Yarmuk ↗Jarmuk
Yarrows 37
Yasir Yuhanim II., Himyar, Kg. 317
Yaxchilan 1154
Yayoi-Kultur 1034
Ydigoras Fuentes, Miguel *1588*
Yeke 1133
Yemen ↗Jemen
Yen Chia-kan 1349
Yezdegird, Sasaniden, Kg., I. 315
-, –, –, II. 315
-, –, –, III. 311 317
Yhombi-Opango, Joachim 1516 1647
Yi-Dynastie 1032 1033
Yin-Dynastie ↗Shang-Dyn.
Yi Sung-gye 1032
Yi Su-shin 1033
Ynglinge 370
Yola, Emirat 1131
Yonai, Mitsumasa 903
Yon Sosa, Marco Antonio 1588
York, Dyn. 570 [S] 569
-, ↗Eburacum
Yorktown, Schl. (1781) 1174
Yoruba 1110 1113 1114 1130 1131
Yoshida, Shigeru 1341
Youlou, Fulbert *1516*
Young, Owen D. *861* 1185
Youngplan (1929) *861* 862 930 954 1185 1299
Youssef, Salah Ben *1481*
Youth-Congress, Indien 1558
Ypsilanti, Alexandros *830*
Yucatan 1149 1150 1155 1156
Yüan-Dynastie 1017 1024
Yüan Shih-k'ai *1028* 1029
Yüe-tschi ↗Tocharer
Yukon-Indianer 1660
Yukon Territory ↗Old Crow
Yungay, Schl. (1839) 1206
Yung-cheng, China, Ks. 1025 [T] *1024*

Z

Zabern-Affäre (1913) 769
Zacatecas 1152 1190
Zaccaria, Benedetto 591
Zacharias, Pp. 340 354 358
Zähringer, Dyn. 524
Zagwe, Dyn. 1108
Zahlungsbilanzdefizit, USA 1236
Zaïre-Fluß 1132
Zaïre (Kongo-Léopoldville) 1439 **1517-1521** 1647-1649
Zaisser, Wilhelm *1389*
Zakros-Palast 44 49
Zakynthos 139 181

1766 ZAL—ZYP

Zaleukos 110 119
Zalmoxis-Kult 278
Zama, Regia T 299
–, Schl. (202 v.) 201
Zambezi 842 1124
Zambezia 1532
Zambia **1526-1527** 1539
1648-1650
Zambia African National Congress ↗ZANC
Zamora, Niceto Alcalá 978
Zamoyski, Jan 712
ZANC 1526
Zanj ↗Bantu
Zankle (Messina) 123 T 107
–, s.a. Messana
Zankow, Alexandar 1001
ZANU (Zimbabwe African National Union) 1530-1532
1649
ZANU (PF) (Zimbabwe African National Union [Patriotic Front]) 1649
Zanzibar (Sansibar) 1142 1143
1538-1540 1651
Zapata, Emiliano 1199 1200
Zapoteken 1153 1155 1189
Zápotocký, Antonin 1401
ZAPU 1529 1530 1649
Zaragoza, Kgr. 461
–, ↗Caesaraugusta
Zara Jakob, Äthiopien, Kg. 1108
Zarathustra **91 92** 93 94 311
Zarathustrismus **91 92** 313 315 316
Zaria 1110
Zariadris, Armenien, Kg. 311
Zarismus, Rußland 803-807 810 962
Zarskoje Selo, Vtg. (1773) 710
Zauditu, Äthiopien, Ksn. 1144
Zayed, Abu Dhabi, Scheich 1472
Zebbug-Stufe 29
Zedekia, Juda, Kg. 88
Zedenbal ↗Tsedenbal
Zeeland, Paul van 982 1257
Zehnerclub 1236 1356
–, s.a. Elferclub
Zehnjahresplan, China (1976–1985) 1423
Zeila 1107
Zeitbestimmung, absolute 12
–, s.a. Kalender
Zeitrechnung 1
Zeitz, Btm. 402
Zeitzler, Kurt 888
Zela, Schl., (67 v.) 221
–, –, (47 v.) 169 223
Zeloten, Byz. 594 595

–, jüd. 303
Zengi, Mosul, Emir 434
Zeno, Armenien, Kg. 232
Zeno, Rom, Ks. ↗Zenon, Byz., Ks.
Zenobia v. Palmyra 247 301 306 307 317
Zenodotos 158
Zenon, Byz., Ks. 256 303 309 325 326 381
–, v. Kition 132 157 172
Zensur, röm. 189 207 209 219
Zensus, röm. 184 209 T 199
Zenta, Schl. (1697) 652
Zentenen 344
Zentralafrika 1646
Zentralafrikanische Föderation 1526-1529
Zentralafrikanische Republik 1132 **1512** 1647
zentralafrikanisches Feuchtsavannengebiet 1106
zentralafrikanisches Kaiserreich ↗Zentralafrikanische Republik
Zentralafrikanische Waldbrände 1121
Zentralamerikanische Konföderation **1200**
Zentralamerikanischer Gemeinsamer Markt 1582
zentralandine Kulturen 1160-1162
Zentralasien **1009-1017** 1659
Zentralbehörden **600 601**
Zentralgewalt 749 750
Zentralismus **600 601** 932
Zentralkomitee, SED 1388
Zentralverwaltung 748
Zentrum 757 762 763 766 768 769 918 919 921 923-925 927-929 931 932 939 G 922 940
Zenturiatkomitien 187-189 **204 205** 209 211 212
Zenturien 184 207 212
Zeppelin, Ferdinand v. T 718
Zeugitana, röm. Prov. **298-300**
Zeugiten 117 126
Zeus 100 123 157 158 167
Zeus-Ammon 149
ZGB (Zivilgesetzbuch) 1395
Zhao Ziyang 1657 1658
Ziaëlas, Bithynien, Kg. 168
Zia, Khaleda 1654
Zia-ul-Haq ↗ul-Haq, Zia-
Zikkurrat 24 25 31 47
Zimba 1120
Zimbabwe, (Rhodesien) 1114 **1528-1531** 1649
–, Stadt 1124 1125

Zimbabwe African National Union (Patriotic Front) ↗ZANU (PF)
Zimbabwe African Peoples Union ↗ZAPU
Zimbabwe People's Army ↗ZIPA
Zimbabwe (Rhodesien) s.a. Südrhodesien
Zimbabwe United People's Organization ↗ZUPO
Zimbabwe Unity Movement ↗ZUM
Zink, Burkhard T 503
Zinsou, Emile-Derlin 1503 1504
Zionismus 1085 1086 1089 1090 1449 1455
ZIPA 1530
Zipoites, Bithynien, Kg. 168
Zisterzienser 397 **426**
Zita, Österreich, Ksn. 843
Žižka, Jan 579
Zoe, Byz., Ksn. **488 489**
Zölle ↗Zoll
Zoe Palaiologina, Rußland, Zarin 585
Zogu, Achmed 1005
Zola, Emile 794
Zoli, Adone 1321
Zoll, assyr. 74
–, röm. 206 240 287 303 308
Zollgesetz (1818) 743
Zollparlament, dt. (1867) 755
Zolltarifpolitik 1230 1237
Zollunion 743 744
Zollunion der EG ↗EG
Zollunionspolitik 754
Zollverein 743 744 752 754 755
Zolotas, Xenophon 1635
Zone T 106
Zonenprotokolle ↗Weltkrieg (1939–1945), Teilung Deutschlands
Zorndorf, Schl. (1758) 631 658
Zoroaster ↗Zarathustra
Zoroastrismus ↗Zarathustrismus
Zosimos, Historiker 250 255 256
Zosimus, Pp. 328
Zouérate 1490
Zrinyi, Nikolaus v. 1077
Zselizer-Gruppe 23
Zsitvatorok, Frd. (1606) 1078
Zubhi, Mahmud al- 1638
Zuckergesetz, brit. (1764) 1173
Zülpich, Schl. (496?) ↗Alamannensieg Chlodwigs
Zürich, Frd. (1859) 731 816
Zug der Zehntausend 138

Zugewandte Orte 525
Zulu 1119 1122 1125 1126 1138 1139 1650
Zululand 1139
ZUM (Zimbabwe Unity Movement) 1649
Zunftwesen, (MA) **390 497 498** 501 531 532 548
–, (Früh-NZ) 599 656
ZUPO 1530 1531 [627
Zusmarshausen, Schl. (1648)
Zwane, Ambrose 1537 1538
Zwangendaba, Ngoni, Ft. 1114 1136
Zwanzigster Juli (1944) 910 **946** **947**
Zweibund, (1879), Dt. Reich-Österreich-Ungarn 732 763 773 808
–, (1894), Fkr.-Rußland 735
Zweikaiserproblem 385 402 436
Zwei-plus-Vier-Verhandlungen 1622 1623 1626
Zweischwertertheorie 329
Zweistromland ↗Mesopotamien
Zweite Republik, Frkr. (1848–1851) **788 789**
Zweiter Weltkrieg ↗Weltkrieg (1939–1945)
Zwei-Welten-Theorie (1946) 1372
Zwingli, Ulrich 605 606 634 638 714
Zwischeneiszeit 12
Zwischenkriegszeit, (1918/1919–1939) **849-869**
–, –, pol. Systeme G **850**
Zwischenseengebiet **1116**
Zwischenzonen-Theorie 1419
Zwölfer-Schiiten 1072 1096
Zwölfstädte, etrusk. 95
Zwölfstämme, Israel 86 87
Zwölftafelgesetzgebung 188
Zypern, (Vorgeschichte) 34 41 44
–, (Alt.) 76 101 **125-127** 141 149 153 154 156 159 160 165 172
–, –, röm. Prov. (Cyprus) 222 258 **269-271**
–, (MA) 384 491 **492 493 596**
–, (NZ) 1077 1082
–, (seit 1945) 1265 1339 1340 **1360** 1635 1636
Zypernfrage 1267 1338
Zypernkrise (1974) 1237 1339 1340
Zypernfrage 1267 1338
Zypernkrise (1974) 1237 1339 134

Nachweise für Grafiken, Stammtafeln und Tabellen

S. 10: R. Brinkmann, Abriß der Geologie II, Stuttgart (Enke Verlag) 1959. – S. 112: W. G. Forrest, A History of Sparta 950–192 B. C., London (Hutchinson) 1968. – S. 163, 173: H. H. Schmitt, in Lexikon der Alten Welt, Zürich–Stuttgart (Artemis) 1965. – S. 206: T. Frank, An Economic Survey of Ancient Rome I, Baltimore (The Johns Hopkins University Press) 1933. – S. 212: L. R. Taylor, Roman Voting Assemblies, Ann Arbor (The University of Michigan Press) 1966. – S. 213: Zahlen und Namen nach K. Latte, Römische Religionsgeschichte, Handbuch der Altertumswissenschaft V, 4, München (Verlag C. H. Beck) ²1967. – S. 400, 406, 458, 460, 462, 464, 473, 474, 509, 545, 559: Prof. Dr. Walther Kienast, Frankfurt/M. – S. 606 links: Atlas zur Kirchengeschichte, hg. v. H. Jedin, K. S. Latourette, J. Martin, Freiburg i. Br. (Herder) 1970. – S. 606 rechts, 649: Fragen an die Geschichte, hg. v. H. D. Schmidt, II, Frankfurt/M. (Hirschgraben) 1975. – S. 660, 662: R. Mandrou, Staatsräson und Vernunft, Propyläen Geschichte Europas III, Frankfurt/M.–Berlin–Wien (Ullstein-Propyläen) 1976. – S. 698: E. J. Hamilton, American Treasure and the Price Revolution in Spain 1501–1650, Cambridge, Mass. 1934 (reprinted by permission). – S. 703: E. W. Zeeden, Hegemonialkriege und Glaubenskämpfe, Propyläen Geschichte Europas II, 1977. – S. 716, 717 oben: D. S. Landes, Der entfesselte Prometheus, Köln (Kiepenheuer & Witsch) 1973. – S. 719: J. Kuczynski, Studien zur Geschichte des Kapitalismus, Berlin (Akademie-Verlag) 1957. – S. 721: Ders., Darstellung der Lage der Arbeiter in Deutschland, ebd. 1961. – S. 732 oben: L. Zimmermann, Der Imperialismus, Stuttgart (Klett) 1955. – S. 737: Nauticus XVI, 1914 (Mittler, Herford). – S. 740, 742: E. Weis, Der Durchbruch des Bürgertums, Propyläen Geschichte Europas IV, 1978. – S. 746: E. R. Huber, Deutsche Verfassungsgeschichte seit 1789 II, Stuttgart (Kohlhammer, ²1975) nach: M. Schwarz, MdR, Hannover (Verlag für Literatur und Zeitgeschehen) 1965. – S. 750, 756, 921, 922 oben, 928, 935, 940, 1296 oben, 1351, 1381, 1393; Redaktionsarchiv (Zahlenbilder), Berlin – Bielefeld – München (E. Schmidt Verlag). – S. 760, 761: Das Deutsche Kaiserreich 1871–1914, hg. v. G. A. Ritter, Göttingen (Vandenhoeck & Ruprecht) ²1975. – S. 764, 765 unten, 922 unten, 933 unten: Handbuch der deutschen Wirtschafts- und Sozialgeschichte, hg. v. H. Aubin u. W. Zorn, II, Stuttgart (Ernst Klett Verlag) 1976. – S. 765 oben: A. V. Desai, Real Wages in Germany 1871–1913, Oxford (Clarendon Press) 1968. – S. 766: Sitzungsprotokolle des Preußischen Abgeordnetenhauses, 14. 1. 1911. – S. 768: Verhandlungen des Reichstags, XII./I. Bd. 248, Berlin 1909. – S. 790, 794: T. J. Markovitch, L'industrie française de 1789 à 1964, IV (Economies et Sociétés), Paris (I.S.M.E.A., 11 rue Pierre et Marie Curie – 75005 Paris. – L'Institut de Sciences Mathématiques et Economiques Appliquées est un institut de recherche fondé en 1944 à Paris, par François Perroux, Professeur honoraire au Collège de France.) 1966. – S. 812: Die Russischen politischen Parteien von 1905–1907, hg. v. P. Scheibert, Darmstadt (Wissenschaftliche Buchgesellschaft) 1972. – S. 850: Wissen im Überblick, Die moderne Gesellschaft, Freiburg i. Br. (Herder) 1972. – S. 851: K. D. Bracher, Die Krise Europas, Propyläen Geschichte Europas VI, 1976. – S. 862: Wissen im Überblick, Die Weltgeschichte, Freiburg i. Br. (Herder) 1971. – S. 878 oben, 879: Die deutsche Industrie im Kriege 1939–1945, Berlin (Duncker & Humblot) 1954. – S. 886 oben, 912: H.-A. Jacobsen, Der Weg zur Teilung der Welt, Koblenz–Bonn (Verlag Wehr und Wissen) 1977. – S. 886 unten: Ders., 1939–1945, Darmstadt (Verlag Wehr und Wissen) 1961. – S. 890: G. Reitlinger, Die Endlösung, Berlin (Colloquium) 1956, ⁶1983. – S. 900: Prof. Dr. Jürgen Rohwer, Stuttgart. – S. 908: Dr. Gerhard Hümmelchen, Stuttgart. – S. 929: T. W. Mason, Sozialpolitik im Dritten Reich, Opladen (Westdeutscher Verlag) 1977. – S. 933 oben: Informationen zur politischen Bildung 123, 126, 127, Der Nationalsozialismus, Bonn (Bundeszentrale für politische Bildung) 1982. – S. 934: Martin Broszat, in: Mathilde Jamin, Zwischen den Klassen, Wuppertal (W. Hammer Verlag) 1986, S. 243. – S. 936 oben: Prof. Dr. Volker Hentschel, Mainz. – S. 944: Das Parlament, 3. Sept. 1977. – S. 967: Geschichte der Kommunistischen Partei der Sowjetunion III/2, Moskau (Verlag Progress) 1972. – S. 969 oben: Die Union der Sozialistischen Sowjetrepubliken, Handbuch, Düsseldorf (Brücken-Verlag) 1971. – S. 1437: Prof. Dr. Stefan Seitz, Freiburg i. Br.

Bilder erzählen Geschichte

— das ist die Idee der Reihe BildGeschichte im Verlag Ploetz. Maler, Baumeister und Bildhauer schufen in ihren Werken Abbilder von Herrschaft und Größe, schufen Mythen und Legenden — Bilder, die noch heute das faszinierende Wechselspiel von Kunst und Geschichte spiegeln.

BildGeschichte: eine Kulturgeschichte neuen Typs und ein außergewöhnliches Leseerlebnis zur Geschichte bedeutender Städte und folgenreicher kultureller Begegnungen.

Ein Beispiel, das sich anbietet, ist die Stadt Florenz zur Zeit der Renaissance: ein überschaubarer Raum und eine ereignisreiche Zeit, die ungewöhnlich viele bedeutende Künstler hervorgebracht haben. Die Kunstwerke einer Stadt wie Florenz, ihre Palazzi und Statuen, die Gemälde ihrer Museen und Kirchen können den Leser auf eine Reise in die Blütezeit der Stadtrepublik mitnehmen und ihm einen neuen, im wahrsten Sinne des Wortes »anschaulichen« Zugang zur Geschichte einer faszinierenden Epoche eröffnen.

Wir informieren Sie
gerne über weitere
Bücher aus unserem Verlag.
Fordern Sie unseren
Gesamtprospekt an:

Verlag Ploetz GmbH & Co. KG
Habsburgerstraße 116
7800 Freiburg

BildGeschichte: Florenz – Venedig – Rom

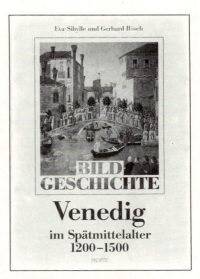

**Florenz zur Zeit
der Renaissance**
Die Kunst der Macht und die Botschaft der Bilder. Von Volker Reinhardt. 285 S., 58 Farbabb.
Geb. ISBN 3-87640-360-X

Spannend erzählt und durchgehend vierfarbig illustriert veranschaulicht der Band, wie sich das Auf und Ab florentinischer Geschichte zur Zeit der Medici in den Kunstwerken niederschlug.

**Venedig im Spätmittelalter
1200 – 1500.**
Von Eva Sibylle und Gerhard Rösch. 256 S., mit 60 überwiegend farbigen Abbildungen.
Geb. ISBN 3-87640-361-8

Mit dem Aufstieg Venedigs zur Vormacht im östlichen Mittelmeer wurde der Markuslöwe zum allgegenwärtigen Emblem venezianischer Herrschaft. Die in diesem Band versammelten Kunstwerke spiegeln die schillernde Legende und das politische Alltagsleben in der Blütezeit des alten Venedig.

**Rom – Kunst und Geschichte
1480 – 1650.** Von Volker Reinhardt. 288 S. mit 80 überwiegend farbigen Abbildungen.
Geb. ISBN 3-87640-363-4

Rom, wie es der heutige Besucher kennt, geht auf das ehrgeizige Stadtbauprogramm seiner Päpste zurück. In ihrem Auftrag schufen Künstler das Bild Roms als »steinernen« Spiegel des Papsttums.

Im Beiprogramm:
Feste der Renaissance
Kunst als Instrument der Macht. Von Roy Strong. 320 S. mit 115 SW-Abb. Gebunden. ISBN 3-87640-333-2

Die verschwenderischen Feste der Renaissance-Fürsten gelten als politische »Regierungserklärungen« und Spiegel der Philosophie dieser faszinierenden Epoche.